NomosKommentar

Prof. Dr. Ingo Saenger
Dr. Michael Inhester [Hrsg.]

GmbHG

Handkommentar

4. Auflage

Dr. Frank Bayer, Wirtschaftsprüfer, Steuerberater, Certified Public Accountant (USA) | **Dr. Ralf Bergjan** LL.M., Rechtsanwalt und Fachanwalt für Handels- und Gesellschaftsrecht | **Dr. Philipp Diers** LL.M., Rechtsanwalt, Wirtschaftsprüfer und Steuerberater | **Dr. Susanne Frank**, Notarin | **Dr. Michael Inhester**, Rechtsanwalt | **Dr. Alexander Kessler** LL.M., Rechtsanwalt und Fachanwalt für Internationales Wirtschaftsrecht | **Dr. Welf Klingsch** LL.M., Notar | **Dr. Stephan Kolmann**, Rechtsanwalt | **Dr. Oliver Lücke**, Rechtsanwalt und Fachanwalt für Arbeitsrecht | **Dr. Matthias Nordmeyer** M.Jur., Richter am Oberlandesgericht | **Prof. Dr. Holger Peres**, Rechtsanwalt | **Dr. Benedikt Pfisterer**, Notar | **Dr. Hartmut Rensen**, Richter am Bundesgerichtshof | **Nicole Riedemann**, Rechtsanwältin | **Prof. Dr. Ingo Saenger**, Universität Münster | **Dr. Stefan Simon**, Rechtsanwalt, Maître en Droit International et Européen, Fachanwalt für Handels- und Gesellschaftsrecht und für Arbeitsrecht | **Dr. Stephan Viskorf**, Rechtsanwalt und Steuerberater

Nomos

Zitiervorschlag: HK-GmbHG/Bearbeiter § ... Rn. ...

Die Deutsche Nationalbibliothek verzeichnet diese Publikation in der Deutschen Nationalbibliografie; detaillierte bibliografische Daten sind im Internet über http://dnb.d-nb.de abrufbar.

ISBN 978-3-8487-5926-2

4. Auflage 2020

Vorwort zur vierten Auflage

Bekanntlich ist das Gesellschaftsrecht eine äußerst „lebendige" Materie. Das gilt in besonderem Maße für das Recht der Gesellschaft mit beschränkter Haftung. Davon zeugen eine Vielzahl obergerichtlicher Entscheidungen, vor allem aber die umfangreiche Rechtsprechung des II. Zivilsenats des Bundesgerichtshofs. Diese zeichnet aktuelle Entwicklungen unternehmerischen Handelns nach und reagiert auf Gesetzesänderungen, die in diesem Rechtsgebiet mit besonderer Regelmäßigkeit eintreten und nicht selten europäisch beeinflusst sind.

Dem trägt auch die vierte Auflage dieses Kommentars Rechnung. Sie wird aufgrund von Gesetzesänderungen und Neuregelungen einerseits sowie neuester Rechtsprechung und entsprechend umfangreicher Literatur andererseits dreieinhalb Jahre nach Erscheinen der Vorauflage erforderlich. Die Obergerichte beschäftigen sich weiterhin mit Fragen, die insbesondere die „GmbH-Modernisierung" (MoMiG) von 2008 aufwirft. Die Aktualisierungen und Ergänzungen sind so vielfältig, dass hier nur wenige Beispiele Erwähnung finden können. So hat das Gesetz zur Umsetzung der Vierten EU-Geldwäscherichtlinie, zur Ausführung der EU-Geldtransferverordnung und zur Neuorganisation der Zentralstelle für Finanztraktionsuntersuchungen Änderungen in §§ 8 und 40 mit sich gebracht und die bereits vermehrt Gegenstand der Rechtsprechung bildende Gesellschafterliste weiter in den Fokus gerückt. Mit dem Gesetz zur Umsetzung der Zweiten Zahlungsdiensterichtlinie erfuhren die mit dem Abschlussprüfungsreformgesetz eingefügten Straf- und Bußgeldvorschriften der §§ 86 – 88 bereits nach einem Jahr ihre erste Änderung. Behandelt werden auch eine Reihe praxisrelevanter Fragen des Insolvenz- und Bilanzrechts. Vielfältige Einflüsse auf das GmbH-Recht hat die europäische Entwicklung. Hinzuweisen ist nur auf das Inkrafttreten der Gesellschaftsrechts-Richtlinie (EU) 2017/1132 und die EuGH-Rechtsprechung, nicht allein zur Niederlassungsfreiheit und Fragen des (grenzüberschreitenden) Umwandlungsrechts.

Ohne vielfältige Unterstützung wäre die Neuauflage nicht zu verwirklichen gewesen. Zu danken ist an erster Stelle den Lesern, die sich konstruktiv zur Vorauflage geäußert haben. Ihre Verbesserungsvorschläge stellen einen besonders wertvollen Beitrag zur Fortentwicklung des Werks dar. Auch die 4. Auflage bleibt auf diese kritische Begleitung angewiesen. Die Herausgeber sind für jeden Hinweis zur Verbesserung dankbar, der sie auf den unten genannten Wegen erreichen kann. Dank zu sagen ist auch Assistentinnen und Assistenten für ihre Mitwirkung bei der Vorbereitung der Neuauflage. Für andere mehr seien an dieser Stelle *Torsten Fitzke* genannt. Für die umfassende redaktionelle Betreuung und Bearbeitung der Manuskripte ist ihm ebenso wie *Andrea Freund* zu danken. Für die ausgezeichnete Unterstützung seitens des Lektorats des Nomos Verlags gebührt *Frank Michel* Dank.

Münster/München, im Januar 2020

Ingo Saenger　　　　Michael Inhester

Aus dem Vorwort zur 1. Auflage (2011)

Keine andere Unternehmensform erfreut sich seit mehr als einhundert Jahren so großer Beliebtheit wie die seit 1892 existierende Gesellschaft mit beschränkter Haftung. Mit dem Gesetz zur Modernisierung des GmbH-Rechts und zur Bekämpfung von Missbräuchen vom 23.10.2008 wurden die Weichen für die Zukunftsfähigkeit der GmbH gestellt. Sie wird sich im zunehmenden Wettbewerb europäischer Rechtsformen behaupten können.

Traditionsreiche Gesetze, die über lange Zeit durch Rechtsprechung und Gesetzgebung fortentwickelt wurden, brauchen lebendige und moderne Kommentierungen. Diesen Anspruch verfolgt der Handkommentar zum GmbH-Gesetz, der alle wichtigen Vorschriften des Rechts der Gesellschaften mit beschränkter Haftung zusammenführt.

Die Kommentierung orientiert sich an den Bedürfnissen der Praxis. Nach dem bewährten Konzept der NOMOS-Handkommentare werden alle Fragen wissenschaftlich fundiert, aber kompakt aufgegriffen. An allen relevanten Stellen sind register- und kostenrechtliche Ausführungen ebenso eingearbeitet wie Verfahrensfragen und die Querbezüge zum Handels- und Aktienrecht. In die Darstellung sind zahlreiche Formulierungshilfen und Beratungshinweise integriert. Im Anhang findet sich ein Mustergesellschaftsvertrag mit Hinweisen auf die relevanten Kommentarstellen.

Münster/München, im September 2010

Ingo Saenger | Michael Inhester

Hk-GmbHG im Internet: www.nomos-online.de

Zitiervorschlag: HK-GmbHG/*Bearbeiter* § ... Rn. ...

Zuschriften an die Herausgeber bitte an:

Prof. Dr. Ingo Saenger
Westfälische
Wilhelms-Universität Münster
Institut für Internationales
Wirtschaftsrecht
Universitätsstr. 14-16
48143 Münster
ingo.saenger@uni-muenster.de

RA Dr. Michael Inhester
P+P Pöllath + Partners
Hofstatt 1
80331 München
michael.inhester@pplaw.com

Bearbeiterverzeichnis

Dr. Frank Bayer, Wirtschaftsprüfer, Steuerberater, Certified Public Accountant (USA) (§ 42 a)

Dr. Ralf Bergjan LL.M., Rechtsanwalt und Fachanwalt für Handels- und Gesellschaftsrecht (§§ 45-51 b)

Dr. Philipp Diers LL.M., Rechtsanwalt, Wirtschaftsprüfer und Steuerberater (§§ 30-32; §§ 56, 56 a [gemeinsam mit *Inhester*])

Dr. Susanne Frank, Notarin (§§ 60-62, 65)

Dr. Michael Inhester, Rechtsanwalt (§§ 53-55 a; 56, 56 a [gemeinsam mit *Diers*], 57-58 f)

Dr. Alexander Kessler LL.M., Rechtsanwalt und Fachanwalt für Internationales Wirtschaftsrecht (Anhang Konzernrecht, Anhang Zweigniederlassung)

Dr. Welf Klingsch LL.M., Notar (§§ 29, 33, 34, Anhang Ausschluss und Austritt)

Dr. Stephan Kolmann, Rechtsanwalt (Vorbemerkung Krise und Insolvenz, § 64; §§ 66-74 [gemeinsam mit *Riedemann*], Anhang Gesellschafterfremdfinanzierung)

Dr. Oliver Lücke, Rechtsanwalt und Fachanwalt für Arbeitsrecht (§§ 35-40, 43-44 [gemeinsam mit *Simon*])

Dr. Matthias Nordmeyer M.Jur., Richter am Oberlandesgericht (§§ 75-77)

Prof. Dr. Holger Peres, Rechtsanwalt (§ 52)

Dr. Benedikt Pfisterer, Notar (§§ 1-12, 15, 16, Anhang Musterprotokolle, Anhang Mustergesellschaftsvertrag)

Dr. Hartmut Rensen, Richter am Bundesgerichtshof (Anhang Fehlerhaftigkeit von Gesellschafterbeschlüssen)

Nicole Riedemann, Rechtsanwältin (§§ 66-74 [gemeinsam mit *Kolmann*])

Prof. Dr. Ingo Saenger, Universität Münster (Einführung, §§ 13, 14, 18-28, 78-88)

Dr. Stefan Simon, Rechtsanwalt, Maître en Droit International et Européen, Fachanwalt für Handels- und Gesellschaftsrecht und für Arbeitsrecht (§§ 35-40, 43-44 [gemeinsam mit *Lücke*])

Dr. Stephan Viskorf, Rechtsanwalt und Steuerberater (§§ 41, 42)

Bearbeiterverzeichnis

Inhaltsverzeichnis

Literaturverzeichnis

Adler/Düring/Schmaltz, Rechnungslegung und Prüfung der Unternehmen, Kommentar, 6. Aufl. 1994 ff.

Baumbach/Hopt, Handelsgesetzbuch, 38. Aufl. 2018 (zit.: Baumbach/Hopt/*Bearbeiter*, HGB)

Baumbach/Hueck, Aktiengesetz, 13. Aufl. 1968 (zit.: Baumbach/Hueck, AktG)

Baumbach/Hueck, GmbHG, 22. Aufl. 2019 (zit.: Baumbach/Hueck/*Bearbeiter*)

Beck'scher Bilanzkommentar, hrsg. von Ellrott/Förschle/Kozikowski/Winkeljohann, Handels- und Steuerbilanz, 11. Aufl. 2018 (zit.: BeckBilKomm/*Bearbeiter*)

Beck'scher Online-Kommentar: GmbHG, hrsg. von Ziemons/Jaeger, Stand: 01.11.2019 (zit.: BeckOK/*Bearbeiter*)

Binz/Sorg, Die GmbH & Co KG im Gesellschafts- und Steuerrecht, Handbuch für Familienunternehmen, 12. Aufl. 2018

Blank/Börstinghaus, Miete, 5. Aufl. 2017

Bork/Schäfer (Hrsg.), Kommentar zum GmbH-Gesetz, 4. Aufl. 2019 (zit.: Bork/Schäfer/*Bearbeiter*)

Bormann/Kauka/Ockelmann, Handbuch GmbH-Recht, 3. Aufl. 2015

Braun (Hrsg.), Insolvenzordnung, Kommentar, 7. Aufl. 2017 (zit.: Braun/*Bearbeiter*, InsO)

Bunnemann/Zirngibl, Die Gesellschaft mit beschränkter Haftung in der Praxis, 2. Aufl. 2011 (zit.: Bunnemann/Zirngibl/*Bearbeiter*); 1. Aufl. unter dem Titel: Auswirkungen des MoMiG auf bestehende GmbHs

Ebenroth/Boujong/Joost/Strohn, Handelsgesetzbuch, Kommentar, Bd. 1: §§ 1–342 e, 4. Aufl. 2020, Bd. 2: §§ 343–475 h, 3. Aufl. 2015 (zit.: Ebenroth/Boujong/Joost/Strohn/*Bearbeiter*, HGB)

Eller, Liquidation der GmbH: Gesellschaftsrecht, Steuerrecht, Rechnungslegung, 3. Aufl. 2016 (zit.: *Eller*)

Emmerich/Habersack, Aktien- und GmbH-Konzernrecht, Kommentar, 9. Aufl. 2019

Ensthaler/Füller/Schmidt, Kommentar zum GmbH-Gesetz, 2. Aufl. 2010 (zit.: Ensthaler/Füller/Schmidt/*Bearbeiter*)

Erman, Handkommentar zum Bürgerlichen Gesetzbuch mit Einführungsgesetz, 15. Aufl. 2017 (zit.: Erman/*Bearbeiter*, BGB)

Frankfurter Kommentar zur Insolvenzordnung, hrsg. von Wimmer, 9. Aufl. 2018 (zit.: FK-InsO/*Bearbeiter*)

Gehrlein/Born/Simon, Gesetz betreffend die Gesellschaften mit beschränkter Haftung, 4. Aufl. 2019 (zit.: Gehrlein/Born/Simon/*Bearbeiter*)

Gehrlein/Witt/Volmer, GmbH–Recht in der Praxis, 4. Aufl. 2019

GmbH-Handbuch, hrsg. von Centrale für GmbH, Loseblatt (Stand: 168. EL, Juni 2019)

Goette, Die GmbH: Darstellung anhand der Rechtsprechung des BGH, 3. Aufl. 2019

Goette, Einführung in das neue GmbH-Recht: mit Materialien zum Gesetz zur Modernisierung des GmbH-Rechts und zur Bekämpfung von Missbräuchen (MoMiG), 2008

Goette/Habersack (Hrsg.), Das MoMiG in Wissenschaft und Praxis, 2009

Gottwald (Hrsg.), Insolvenzrechts-Handbuch, 5. Aufl. 2015 (zit.: Gottwald/*Bearbeiter*, Insolvenzrechts-Handbuch)

Graf-Schlicker (Hrsg.), Kommentar zur Insolvenzordnung, 4. Aufl. 2014 (zit.: Graf-Schlicker/*Bearbeiter*, InsO)

Grigoleit/Rieder, GmbH–Recht nach dem MoMiG, 2009 (zit.: *Grigoleit/Rieder*)

Grunewald, Gesellschaftsrecht, 10. Aufl. 2017

Gustavus/Böhringer/Melchior, Handelsregister-Anmeldungen, 9. Aufl. 2017

Habersack/Casper/Löbbe (Hrsg.), Gesetz betreffend die Gesellschaften mit beschränkter Haftung (GmbHG), Großkommentar, 3. Aufl. 2019 ff. (zit.: Habersack/Casper/Löbbe/*Bearbeiter*)

Habersack/Henssler, Mitbestimmungsrecht, 4. Aufl. 2018

Hachenburg, Gesetz betreffend die Gesellschaften mit beschränkter Haftung (GmbHG), Großkommentar, 8. Aufl. 1992 ff. (zit.: Hachenburg/*Bearbeiter*)

Hauschild/Kallrath/Wachter, Notarhandbuch Gesellschafts- und Unternehmensrecht, 2. Aufl. 2017

Heckschen/Heidinger, Die GmbH in der Gestaltungs- und Beratungspraxis, 4. Aufl. 2018

Heidelberger Kommentar GmbH-Recht, hrsg. von Bartl/Bartl/Beine/Koch/Schlarb/Schmitt, 8. Aufl. 2019 (zit.: Bartl/Bartl/Beine/Koch/Schlarb/Schmitt/*Bearbeiter*)

Heidelberger Kommentar zur Insolvenzordnung, hrsg. von Kayser/Thole, 9. Aufl. 2018 (zit.: HeidelbergerKommInsO/*Bearbeiter*)

Henckel/Gerhardt (Hrsg.), Insolvenzordnung, Großkommentar, 2004 ff. (zit.: Jaeger/*Bearbeiter*, InsO)

Henssler/Strohn (Hrsg.), Gesellschaftsrecht, 4. Auflage 2019 (zit.: Henssler/Strohn/*Bearbeiter*)

Herrler, Gesellschaftsrecht in der Notar- und Gestaltungspraxis, 2017 (zit.: Herrler/*Bearbeiter*)

Hesselmann/Tillmann/Mueller-Thuns, Handbuch der GmbH & Co. KG, 21. Aufl. 2016 (zit.: Hesselmann/Tillmann/Mueller-Thuns, Handbuch GmbH & Co. KG)

Heybrock (Hrsg.), Praxiskommentar zum GmbH-Recht, 2. Auflage 2010 (zit.: Heybrock/*Bearbeiter*)

Hirte, Kapitalgesellschaftsrecht, 8. Aufl. 2015

Hirte/Mülbert/Roth (Hrsg.), Großkommentar zum Aktiengesetz, 5. Aufl. 2015 ff. (Voraufl. hrsg. v. Hopt/Wiedemann; zit.: GKAktG/*Bearbeiter*)

Hoeren/Sieber/Holznagel, Multimediarecht, 47. Erg.-Lfg. 2019 (zit.: Hoeren/Sieber/Holznagel/*Bearbeiter*)

Hoffmann/Lehmann/Weinmann, Mitbestimmungsgesetz, Kommentar, 1978

Hoffmann/Preu, Der Aufsichtsrat, 5. Aufl. 2002

Hoffmann-Becking, Münchener Handbuch des Gesellschaftsrechts, Band 4: Aktiengesellschaft, 4. Aufl. 2015 (zit.: MünchHdbAG/*Bearbeiter*)

Hopt/Wiedemann (Hrsg.), Großkommentar zum Aktiengesetz, s. Hirte/Mülbert/Roth

Hüffer/Koch, Aktiengesetz, 13 Aufl. 2018 (zit.: Hüffer/*Koch*, AktG)
Koch, Gesellschaftsrecht, 11. Aufl. 2019
Hümmerich/Boecken/Düwell (Hrsg.), AnwaltKommentar Arbeitsrecht, 2. Aufl. 2010 (zit.: Hümmerich/Boecken/Düwell, Arbeitsrecht)
Kallmeyer, GmbH-Handbuch, 168. Lfg. 06.2019 (zit.: GmbH-HB/*Bearbeiter*)
Kallmeyer, Umwandlungsgesetz, 6. Aufl. 2017 (zit.: Kallmeyer/*Bearbeiter*)
Karsten, GmbH-Recht, 2009
Kindl/Meller-Hannich/Wolf (Hrsg.), Handkommentar, Gesamtes Recht der Zwangsvollstreckung, 3. Aufl. 2016 (zit.: Hk-ZV/*Bearbeiter*)
Klein, Abgabenordnung, Kommentar, 14. Aufl. 2018 (zit.: *Klein*, AO)
Kölner Kommentar zum Aktiengesetz, hrsg. von Zöllner/Noack, 3. Aufl. 2009 ff. (zit.: KölnerKommAktG/*Bearbeiter*)
Kölner Kommentar zum Umwandlungsgesetz, hrsg. von Dauner-Lieb/Simon, 2009 (zit.: KölnerKommUmwG/*Bearbeiter*)
Koppensteiner/Rüffler (Hrsg.), GmbH-Gesetz, Kommentar, 3. Aufl. 2007
Krieger/Schneider (Hrsg.), Handbuch Managerhaftung, 3. Aufl. 2017 (zit.: Krieger/Schneider/*Bearbeiter*, Handbuch Managerhaftung)
Kroiß/Everts/Poller, GmbH-Registerrecht, 2009
Kübler/Assmann, Gesellschaftsrecht, 6. Aufl. 2006
Kübler/Prütting/Bork, Kommentar zur Insolvenzordnung, 1998 ff. (Loseblatt) (zit.: Kübler/Prütting/*Bearbeiter*, InsO)
Langenfeld, GmbH-Vertragspraxis, 8. Aufl. 2019
Liebscher, GmbH-Konzernrecht: Die GmbH als Konzernbaustein, 2006
Lutter, Umwandlungsgesetz, 6. Aufl. 2019 (zit.: Lutter/*Bearbeiter*, UmwG)
Lutter/Hommelhoff, GmbH-Gesetz, Kommentar, 20. Aufl. 2020 (zit.: Lutter/Hommelhoff/*Bearbeiter*)
Lutter/Krieger, Rechte und Pflichten des Aufsichtsrats, 6. Aufl. 2014
Meyer-Landrut/Miller/Niehus, Gesetz betreffend die Gesellschaften mit beschränkter Haftung (GmbHG), Kommentar, 1987 ff. (zit.: Meyer-Landrut/Miller/Niehus/*Bearbeiter*)
Michalski/Heidinger/Leible/Schmidt, Kommentar zum Gesetz betreffend die Gesellschaften mit beschränkter Haftung (GmbH-Gesetz), 3. Aufl. 2017 (zit.: Michalski/*Bearbeiter*)
Prinz/Winkeljohann (Hrsg.), Beck'sches Handbuch der GmbH: Gesellschaftsrecht - Steuerrecht, 5. Aufl. 2014 (zit.: BeckHdbGmbH/*Bearbeiter*)
Müller-Glöge/Preis/Schmidt (Hrsg.), Erfurter Kommentar zum Arbeitsrecht, 19. Aufl. 2019
Münchener Anwalts-Handbuch GmbH-Recht, hrsg. von Römermann, 4. Aufl. 2018 (zit.: MAH GmbH-Recht)
Münchener Kommentar zum Aktiengesetz, hrsg. von Goette/Habersack, 4. Aufl. 2014 ff., Bände 1 und 2, §§ 1 – 117, 5. Aufl. 2019 (zit.: MKAktG/*Bearbeiter*)
Münchener Kommentar zum BGB, hrsg. von Säcker/Rixecker/Oetker/Limperg, 8. Aufl. 2018 ff. (zit.: MüKoBGB/*Bearbeiter*)
Münchener Kommentar zum GmbHG, hrsg. von Fleischer/Goette, 3. Aufl. 2018 f. (zit.: MüKoGmbHG/*Bearbeiter*)
Münchener Kommentar zum HGB, hrsg. von K Schmidt, 3. Aufl. 2010 ff. (zit.: MüKoHGB/*Bearbeiter*)

Münchener Kommentar zur ZPO, hrsg. von Rauscher/Krüger, 5. Aufl. 2016 f. (zit.: MüKoZPO/*Bearbeiter*)
Münchener Vertragshandbuch, Band 1: Gesellschaftsrecht, hrsg. von Böhm/Burmeister, 8. Aufl. 2018 (zit.: MünchVertragshdb/*Bearbeiter*)
Nerlich/Römermann (Hrsg.), Insolvenzordnung, 39. Aufl. 2019 (zit.: Nerlich/Römermann/*Bearbeiter*, InsO)
Oppenländer/Trölitzsch, Praxishandbuch der GmbH-Geschäftsführung, 2. Aufl. 2011 (zit.: Oppenländer/Trölitzsch/*Bearbeiter*)
Palandt, Bürgerliches Gesetzbuch, 78. Aufl. 2019 (zit.: Palandt/*Bearbeiter*)
Passarge/Torwegge, Die GmbH in der Liquidation, 2. Aufl. 2014 (zit.: *Passarge/Torwegge*)
Priester/Mayer/Wicke, Münchener Handbuch des Gesellschaftsrechts, Band 3: Gesellschaft mit beschränkter Haftung, 5. Aufl. 2018 (zit.: MünchHdbGmbH/*Bearbeiter*)
Raiser/Veil/Jacobs, Mitbestimmungsgesetz und Drittelbeteiligungsgesetz, 6. Aufl. 2015
Raiser/Veil, Recht der Kapitalgesellschaften, 6. Aufl. 2015
Ring/Grziwotz (Hrsg.), Systematischer Praxiskommentar GmbH-Recht, 3. Aufl. 2019 (zit.: SystPrKomm/*Bearbeiter*)
Rischbieter/Gröning (Hrsg.), Gründung und Leben der GmbH nach dem MoMiG, 2009
Röhricht/v Westphalen/Haas (Hrsg.), Handelsgesetzbuch (HGB), 5. Aufl. 2019 (zit.: Röhricht/v Westphalen/Haas/*Bearbeiter*, HGB)
Roth/Altmeppen, Gesetz betreffend die Gesellschaften mit beschränkter Haftung (GmbHG), 9. Aufl. 2019 (zit.: *Roth/Altmeppen*)
Rotthege, Beratung der GmbH, 3. Aufl. 2009
Rowedder/Schmidt-Leithoff, Gesetz betreffend die Gesellschaften mit beschränkter Haftung (GmbHG), Kommentar, 6. Aufl. 2017 (zit.: Rowedder/Schmidt-Leithoff/*Bearbeiter*)
Saenger (Hrsg.), Zivilprozessordnung, Handkommentar, 8. Aufl. 2019 (zit.: Hk-ZPO/*Bearbeiter*)
Saenger, Gesellschaftsrecht, 4. Aufl. 2018
Saenger/Aderhold/Lenkaitis/Speckmann (Hrsg.), Handels- und Gesellschaftsrecht, 2. Aufl. 2011
K Schmidt, Gesellschaftsrecht, 4. Aufl. 2002 (zit.: *K Schmidt*, GesR)
K Schmidt, Handelsrecht, 6. Aufl. 2014
K Schmidt/Uhlenbruck (Hrsg.), Die GmbH in der Krise, Sanierung und Insolvenz, 5. Aufl. 2016 (zit.: *K Schmidt/Uhlenbruck*, Die GmbH in der Krise)
Schmidt/Lutter (Hrsg.), Aktiengesetz, Kommentar, 3. Aufl. 2015 (zit.: Schmidt/Lutter/*Bearbeiter*, AktG)
Schmitt/Hörtnagel/Stratz, Umwandlungsgesetz/Umwandlungssteuergesetz, 8. Aufl. 2018 (zit.: Schmitt/Hörtnagel/Stratz/*Bearbeiter*)
Scholz, Kommentar zum GmbH-Gesetz, Bd. I (§§ 1–34), 12. Aufl. 2018; Bd. II u. III (§§ 35–52 u. §§ 53–85), 11. Aufl. 2015 (zit.: Scholz/*Bearbeiter*)
Schulze/Dörner/Ebert/Eckert/Hoeren/Kemper/Saenger/Schulte-Nölke/Staudinger, Bürgerliches Gesetzbuch, Handkommentar, 10. Aufl. 2019 (zit.: Hk-BGB/*Bearbeiter*)

Seibert (Hrsg.), Gesetz zur Modernisierung des GmbH-Rechts und zur Bekämpfung von Missbräuchen – MoMiG, 2008
Semler/von Schenk, Arbeitshandbuch für Aufsichtsratsmitglieder, 4. Aufl. 2013
Spindler/Stilz (Hrsg.), Kommentar zum Aktiengesetz, 4. Aufl. 2018 (zit.: Spindler/Stilz/*Bearbeiter*, AktG)
Staub, Großkommentar zum HGB, hrsg. von Canaris et al, 5. Aufl. 2009 ff. (zit.: Staub/*Bearbeiter*, HGB)
Staudinger/Großfeld, Einführungsgesetz zum Bürgerlichen Gesetzbuche/ IPR – Internationales Gesellschaftsrecht, bearbeitet von Großfeld, 14. Aufl. 1998
Thomas/Putzo, Zivilprozessordnung, Kommentar, 40. Aufl. 2019 (zit.: Thomas/Putzo/*Bearbeiter*, ZPO)
Tillmann/Mohr, GmbH-Geschäftsführer, 10. Aufl. 2013
Tillmann/Schiffers/Wälzholz/Rupp, Die GmbH im Gesellschafts- und Steuerrecht, 6. Aufl. 2015
Uhlenbruck (Hrsg.), Insolvenzordnung, Kommentar, 14. Aufl. 2015 (zit.: Uhlenbruck/*Bearbeiter*, InsO)
Ulmer/Habersack/Löbbe (Hrsg.), Gesetz betreffend die Gesellschaften mit beschränkter Haftung (GmbHG), Großkommentar, 2. Aufl. 2013 ff.; Folgeaufl. hrsg. v. Habersack/Casper/Löbbe (zit.: Ulmer/*Bearbeiter*)
v Gerkan/Hommelhoff (Hrsg.), Handbuch des Kapitalersatzrechts, 2. Aufl. 2002
Wabnitz/Janovsky (Hrsg.), Handbuch des Wirtschafts- und Steuerstrafrechts, 4. Aufl. 2014 (zit.: Wabnitz/Janovsky/*Bearbeiter*)
Wachter, GmbH-Geschäftsanteile im Erbfall – Erbrecht, Gesellschaftsrecht und Steuerrecht, 2012
Wicke, Gesetz betreffend die Gesellschaften mit beschränkter Haftung (GmbHG), Kommentar, 3. Aufl. 2016 (zit.: *Wicke*)
Widmann/Mayer, Umwandlungsrecht, Loseblatt, 178. Erg.-Lfg. 2019 (zit.: Widmann/Mayer/*Bearbeiter*)
Wiedemann, Gesellschaftsrecht, Band I, 1980
Wilhelm, Kapitalgesellschaftsrecht, 4. Aufl. 2018
Windbichler, Gesellschaftsrecht, 24. Aufl. 2017
Winkeljohann/Förschle/Deubert (Hrsg.), Sonderbilanzen: Von der Gründungsbilanz bis zur Liquidationsbilanz, 5. Aufl. 2016 (zit.: Winkeljohann/Förschle/Deubert/*Bearbeiter*)
Wlotzke/Wißmann/Koberski/Kleinsorge, Mitbestimmungsrecht, Kommentar, 4. Aufl. 2011 (zit.: Wlotzke/Wißmann/Koberski/Kleinsorge, MitbestG)
Zöller, Zivilprozessordnung, Kommentar, 32. Aufl. 2018 (zit.: Zöller/*Bearbeiter*, ZPO)

Allgemeines Abkürzungsverzeichnis

aA	**anderer Ansicht/Auffassung**
aaO	am angegebenen Ort
Abb.	Abbildung
abgedr.	abgedruckt
Abh.	Abhandlungen
Abk.	Abkommen
ABl.	Amtsblatt
abl.	ablehnend
Abs.	Absatz
abschl.	abschließend
Abschn.	Abschnitt
Abt.	Abteilung
abw.	abweichend
abzgl.	abzüglich
ADAC	Allgemeiner Deutscher Automobilclub
AdR	Ausschuss der Regionen
aE	am Ende
AEUV	Vertrag über die Arbeitsweise der Europäischen Union
aF	alte Fassung
AktR	Aktienrecht
allg.	allgemein
allgA	allgemeine Ansicht
allgM	allgemeine Meinung
Alt.	Alternative
aM	andere Meinung
amtl.	amtlich
Änd.	Änderung
ÄndG	Änderungsgesetz
Anh.	Anhang
Anl.	Anlage
Anm.	Anmerkung
ArbR	Arbeitsrecht
Arch.	Archiv
Arg.	Argumentation
Art.	Artikel
AsylR	Asylrecht
AT	Allgemeiner Teil
Auff.	Auffassung
aufgeh.	aufgehoben
Aufl.	Auflage
Aufs.	Aufsatz
ausdr.	ausdrücklich
ausf.	ausführlich
ausl.	ausländisch
AuslR	Ausländerrecht
ausschl.	ausschließlich
Az.	Aktenzeichen

b2 b	**business to business**
b2 c	business to consumer
BAnz.	Bundesanzeiger
Bad.	Baden
bad.	badisch
BArbBl.	Bundesarbeitsblatt
BankR	Bankrecht
BauR	Baurecht
Bay.	Bayern
bay.	bayerisch
Bbg.	Brandenburg
bbg.	brandenburgisch
Bd.	Band
Bde.	Bände
Bearb.	Bearbeiter
bearb.	bearbeitet
Begr.	Begründung
begr.	begründet
Beil.	Beilage
Bek.	Bekanntmachung
Bem.	Bemerkung
Ber.	Berichtigung
ber.	berichtigt
BerufsR	Berufsrecht
bes.	besonders
Beschl.	Beschluss
beschr.	beschränkt
Bespr.	Besprechung
bespr.	besprochen
bestr.	bestritten
Betr.	Betreff
betr.	betrifft, betreffend
BfJ	Bundesamt für Justiz
BGB	Bürgerliches Gesetzbuch
BGBl.	Bundesgesetzblatt
BGH	Bundesgerichtshof
BilanzR	Bilanzrecht
Bl.	Blatt
Bln.	Berlin
bln.	berlinerisch
BMJV	Bundesministerium für Justiz und Verbraucherschutz
BR	Bundesrat
BR-Drs.	Bundesrats-Drucksache
BR-Prot.	Bundesrats-Protokoll
BRD	Bundesrepublik Deutschland
Brem.	Bremen
brem.	bremisch
brit.	britisch

Bsp.	Beispiel
bspw.	beispielsweise
BStBl.	Bundessteuerblatt
BT	Bundestag; Besonderer Teil
BT-Drs.	Bundestags-Drucksache
BT-Prot.	Bundestags-Protokoll
Buchst.	Buchstabe
BürgerlR	Bürgerliches Recht
BW	Baden-Württemberg
bw.	baden-württembergisch
bzgl.	bezüglich
bzw.	beziehungsweise
c2 c	**consumer to consumer**
ca.	circa
d.	**der, des, durch**
Darst.	Darstellung
DDR	Deutsche Demokratische Republik
ders.	derselbe
dgl.	dergleichen, desgleichen
Dh	das heißt
dies.	dieselbe
diesbzgl.	diesbezüglich
diff.	differenziert, differenzierend
Dig.	Digesten
Diss.	Dissertation
div.	diverse
Dok.	Dokument
Drs.	Drucksache
dt.	deutsch
E	**Entwurf**
ebd.	ebenda
Ed.	Edition
ehem.	ehemalig
Einf.	Einführung
einf.	einführend
eing.	eingehend
Einl.	Einleitung
einschl.	einschließlich
EL	Ergänzungslieferung
Empf.	Empfehlung
endg.	endgültig
engl.	englisch
Entsch.	Entscheidung
Entschl.	Entschluss
entspr.	entspricht, entsprechend
EP	Europäisches Parlament
ER	Europäischer Rat

ErbR	Erbrecht
Erg.	Ergebnis, Ergänzung
erg.	ergänzend
Ergbd.	Ergänzungsband
Erkl.	Erklärung
Erl.	Erlass, Erläuterung
EStR	Einkommensteuerrecht, Einkommensteuerrichtlinie
etc	et cetera (und so weiter)
europ.	europäisch
EuropaR	Europarecht
ev.	evangelisch
eV.	eingetragener Verein
evtl.	eventuell
EZB	Europäische Zentralbank
f., ff.	**folgende Seite bzw. Seiten**
FamR	Familienrecht
Fn.	Fußnote
FG	Festgabe; Finanzgericht
frz.	französisch
FS	Festschrift
G	**Gesetz**
GBl.	Gesetzblatt
GE	Gesetzesentwurf
geänd.	geändert
geb.	geboren
gem.	gemäß
ges.	gesetzlich
GesR	Gesellschaftsrecht
GesundhR	Gesundheitsrecht
gewöhnl.	gewöhnlich
GewR	Gewerberecht
GewRS	Gewerblicher Rechtsschutz
ggf.	gegebenenfalls
ggü.	gegenüber
GKG	Gerichtskostengesetz
glA	gleicher Ansicht
GLE	Gleichlautendende Ländererlasse
GMBl.	Gemeinsames Ministerialblatt
Grdl.	Grundlage
grdl.	grundlegend
grds.	grundsätzlich
GS	Gedenkschrift, Gedächtnisschrift
GVBl.	Gesetz- und Verordnungsblatt
GVG	Gerichtsverfassungsgesetz
GVOBl.	Gesetz- und Verordnungsblatt
GWB	Gesetz gegen Wettbewerbsbeschränkungen

hA	**herrschende Ansicht/Auffassung**
Halbbd.	Halbband
HandelsR	Handelsrecht
Hmb.	Hamburg
hmb.	hamburgisch
HdB	Handbuch
Hess.	Hessen
hess.	hessisch
hins.	hinsichtlich
hL	herrschende Lehre
hM	herrschende Meinung
Hrsg.	Herausgeber
hrsg.	herausgegeben
Hs.	Halbsatz
ic	**in concreto/in casu**
idF	in der Fassung
idR	in der Regel
idS	in diesem Sinne
iE	im Einzelnen
iErg	im Ergebnis
ieS	im engeren Sinne
iHd	in Höhe des/der
IHK	Industrie- und Handelskammer
iHv	in Höhe von
iJ	im Jahre
Inf.	Information
insbes.	insbesondere
InsR	Insolvenzrecht
int.	international
IPR	Internationales Privatrecht
iRd	im Rahmen des/der
iS	im Sinne
iSd	im Sinne des/der
iSv	im Sinne von
it.	italienisch
iÜ	im Übrigen
iVm	in Verbindung mit
iW	im Wesentlichen
iwS	im weiteren Sinne
iZw	im Zweifel
Jg.	**Jahrgang**
Jge.	Jahrgänge
Jh.	Jahrhundert
JMBl.	Justizministerialblatt
JuMiKo	Justizministerkonferenz
jur.	juristisch

Kap.	**Kapitel**
KapMarktR	Kapitalmarktrecht
KapMarktStrafR	Kapitalmarktstrafrecht
KapMuG	Kapitalanleger-Musterverfahrensgesetz
KartellR	Kartellrecht
kath.	katholisch
Kfz	Kraftfahrzeug
Kj.	Kalenderjahr
Kl.	Kläger
kl.	klagend
Kom.	Komitee, Kommission
Komm.	Kommentar
KommunalR	Kommunalrecht
KonzernR	Konzernrecht
krit.	kritisch
Ld.	**Land**
LebensmittelR	Lebensmittelrecht
lfd.	laufend
Lfg.	Lieferung
Lit.	Literatur
lit.	litera
Lkw	Lastkraftwagen
Ls.	Leitsatz
LSA	Sachsen-Anhalt
LStR	Lohnsteuerrecht
lt.	laut
LT-Drs.	Landtags-Drucksache
mÄnd	**mit Änderungen**
mAnm	mit Anmerkung
MarkenR	Markenrecht
maW	mit anderen Worten
Mat.	Materialien
max.	maximal
MBl.	Ministerialblatt
mE	meines Erachtens
MedienR	Medienrecht
MedR	Medizinrecht
MFK	Musterfeststellungsklage
MFV	Musterfeststellungsverfahren
MFU	Musterfeststellungsurteil
MietR	Mietrecht
mind.	mindestens
Mio.	Million(en)
Mitt.	Mitteilung(en)
mN	mit Nachweisen
Mot.	Motive
Mrd.	Milliarde(n)
mspätÄnd	mit späteren Änderungen

mtl.	monatlich
MultimediaR	Multimediarecht
MV	Mecklenburg-Vorpommern
mv.	mecklenburg-vorpommerisch
mwH	mit weiteren Hinweisen
mwN	mit weiteren Nachweisen
mWv	mit Wirkung vom
nachf.	**nachfolgend**
Nachw.	Nachweise
Nds.	Niedersachsen
nds.	niedersächsisch
nF	neue Fassung
Nr.	Nummer
nrkr	nicht rechtskräftig
NRW	Nordrhein-Westfalen
nrw.	nordrhein-westfälisch
nv	nicht veröffentlicht
o.	**oben, oder**
oÄ	oder Ähnliche/s.
OEuR	Osteuroparecht
ÖffBauR	Öffentliches Baurecht
öffentl.	öffentlich
ÖffR	Öffentliches Recht
ÖffTarifR	Öffentliches Tarifrecht
OLG	Oberlandesgericht
Öst.	Österreich
öst.	österreichisch
og	oben genannte(r, s.)
oV	ohne Verfasser
PatentR	**Patentrecht**
PersGesR	Personengesellschaftsrecht
PharmaR	Pharmarecht
Pkw	Personenkraftwagen
POR	Polizei- und Ordnungsrecht
Preuß.	Preußen
preuß.	preußisch
PrivBauR	Privates Baurecht
PrivVersR	Privatversicherungsrecht
Prot.	Protokoll
Ranz.	**Reichsanzeiger**
rd.	rund
RdErl.	Runderlass
RdSchr.	Rundschreiben
RegE	Regierungsentwurf
RGBl.	Reichsgesetzblatt
RhPf.	Rheinland-Pfalz

rhpf.	rheinland-pfälzisch
rkr.	rechtskräftig
RL	Richtlinie
Rn.	Randnummer
Rs.	Rechtssache
Rspr.	Rechtsprechung
RVG	Rechtsanwaltsvergütungsgesetz
RVO	Rechtsverordnung; Reichsversicherungsordnung (SozR)
S.	**Seite(n), Satz**
s.	siehe
sa	siehe auch
Saarl.	Saarland
saarl.	saarländisch
SachenR	Sachenrecht
Sachs.	Sachsen
sächs.	sächsisch
sachsanh.	sachsen-anhaltinisch
SchlH	Schleswig-Holstein
schlh.	schleswig-holsteinisch
Schr.	Schrifttum, Schreiben
SchuldR	Schuldrecht
schweiz.	schweizerisch
Sen.	Senat
Slg.	Sammlung
s.o.	siehe oben
sog	so genannt
SozR	Sozialrecht
Sp.	Spalte
st.	ständig
StaatsR	Staatsrecht
Stellungn.	Stellungnahme
SteuerR	Steuerrecht
Stichw.	Stichwort
str.	streitig, strittig
StrafProzR	Strafprozessrecht
StrafR	Strafrecht
StrafVerfR	Strafverfahrensrecht
stRspr	ständige Rechtsprechung
StVR	Straßenverkehrsrecht
s. u.	siehe unten
Suppl.	Supplement
teilw.	**teilweise**
Thür.	Thüringen
thür.	thüringisch
Tz.	Textziffer

u.	**und**
ua	und andere, unter anderem
uÄ	und Ähnliches
uÄm	und Ähnliches mehr
Uabs.	Unterabsatz
Uabschn.	Unterabschnitt
uam	und anderes mehr
überarb.	überarbeitet
Überbl.	Überblick
überw.	überwiegend
Übk.	Übereinkommen
uE	unseres Erachtens
UklaG	Unterlassungsklagengesetz
Umf.	Umfang
umfangr.	umfangreich
umstr.	umstritten
UmwR	Umweltrecht
unstr.	unstreitig
unv.	unverändert, unveränderte Auflage
unveröff.	unveröffentlicht
unzutr.	unzutreffend
UrhR	Urheberrecht
Urt.	Urteil
usw	und so weiter
uU	unter Umständen
uvam	und vieles anderes mehr
uvm	und viele mehr
UWG	Gesetz gegen den unlauteren Wettbewerb
v.	**vom, von**
va	vor allem
vAw	von Amts wegen
Var.	Variante
Verf.	Verfasser, Verfassung
VerfassungsR	Verfassungsrecht
VergR	Vergaberecht
Verh.	Verhandlung
VerkehrsR	Verkehrsrecht
Veröff.	Veröffentlichung
Vers.	Versicherung
VersR	Versicherungsrecht
VertrR	Vertragsrecht
Verw.	Verwaltung
VerwProzR	Verwaltungsprozessrecht
VerwR	Verwaltungsrecht
VerwVerfR	Verwaltungsverfahrensrecht
Vfg.	Verfügung
vgl.	vergleiche
vH	von Hundert
VO	Verordnung

VölkerR	Völkerrecht
Vol., vol.	volume (Band)
Vorafl.	Vorauflage
Vorb.	Vorbemerkung
vorl.	vorläufig
Vorschr.	Vorschrift
VorstandsR	Vorstandsrecht
vs.	versus
VSBG	Verbraucherstreitbeilegungsgesetz
VSMK	Verbraucherschutzministerkonferenz
WEigR	**Wohnungseigentumsrecht**
WettbR	Wettbewerbsrecht
WirtschaftsR	Wirtschaftsrecht
Wiss.	Wissenschaft
wiss.	wissenschaftlich
Wj.	Wirtschaftsjahr
Württ.	Württemberg
württ.	württembergisch
zahlr.	**zahlreich**
zB	zum Beispiel
Ziff.	Ziffer
zit.	zitiert
ZivilProzR	Zivilprozessrecht
ZivilR	Zivilrecht
ZPO	Zivilprozessordnung
zT	zum Teil
zul.	zuletzt
zusf.	zusammenfassend
zust.	zustimmend
zutr.	zutreffend
zVb	zur Veröffentlichung bestimmt
ZVR	Zwangsvollstreckungsrecht
zw.	zweifelhaft
zzgl.	zuzüglich
zzt.	zurzeit

Einführung

Schrifttum

Atta, Der Brexit als Stresstest für die Wettbewerbsfähigkeit der UG (haftungsbeschränkt), GmbHR 2017, 567; *Bauerfeind/Tamcke*, Die Limited & Co. KG im Brexit: Rechtsrisiken trotz Austrittsabkommens – oder: die Geister, die ich rief, GmbHR 2019, 11; *Bayer/Hoffmann*, Neue Daten zur Unternehmergesellschaft, GmbHR 2012, R51; *dies.*, 10 Jahre MoMiG – 10 Jahre „Mini-GmbH", GmbHR 2018, 1156; *Bayer/Hoffmann/Lieder*, Ein Jahr MoMiG in der Unternehmenspraxis, GmbHR 2010, 9; *Bayer/Illhardt*, Darlegungs- und Beweislast im Recht der GmbH anhand praktischer Fallkonstellationen, Teil 1: Gründung und Kapitalaufbringung, GmbHR 2011, 505; Teil 2: Geschäftsanteil und Kapitalerhaltung, GmbHR 2011, 638; Teil 3: Geschäftsführer, Aufsichtsrat, Gesellschafterversammlung, GmbHR 2011, 751; *Berninger*, Aufstieg der UG (haftungsbeschränkt) zur vollwertigen GmbH, GmbHR 2011, 953; *Bormann/Stelmaszczyk*, Das kontinentaleuropäische Gesellschaftsrecht im Wettbewerb der Rechtsordnungen, ZIP 2018, 764; *Cannivé/Seebach*, Unternehmergesellschaft (haftungsbeschränkt) versus Europäische Privatgesellschaft (SPE): Wettbewerb der Ein-Euro-Gesellschaften?, GmbHR 2009, 519; *Eidenmüller*, Wettbewerb der Gesellschaftsrechte in Europa, ZIP 2002, 2233; *Fleischer*, Zur ergänzenden Anwendung von Aktienrecht auf die GmbH, GmbHR 2008, 673; *ders.*, 100 Jahre GmbH-Reform und 100 Jahre GmbH-Rundschau, GmbHR 2009, 1; *ders.*, Internationale Trends und Reformen im Recht der geschlossenen Kapitalgesellschaft, NZG 2014, 1081; *Fleischer/Wansleben*, Die GmbH & Co. KG als kautelarjuristische Erfolgsgeschichte, GmbHR 2017, 169; *dies*, Die GmbH & Co. KG in den Auslandsrechten, GmbHR 2017, 633; *Harbarth*, Zum Reformbedarf im GmbH-Recht: Generalrevision oder punktuelle Fortentwicklung?, ZGR 2016, 84; *Harbarth/Friedrichson*, 10 Jahre MoMiG – Welche Impulse benötigt das GmbH-Recht heute?, GmbHR 2018, 1174; *Heckschen*, Die GmbH-Gründung 10 Jahre nach MoMiG – Eine Bestandsaufnahme, GmbHR 2018, 1093; *Hippeli*, Treuepflichten in der GmbH, GmbHR 2016, 1257; *Hommelhoff/Freytag*, Wechselseitige Einflüsse von GmbH- und Aktienrecht (Teil I), DStR 1996, 1367; *dies.*, Wechselseitige Einflüsse von GmbH- und Aktienrecht (Teil II), DStR 1996, 1409; *Hülsmann*, GmbH-Geschäftsführer im Spiegel aktueller BGH-Rechtsprechung, GmbHR 2018, 393; *ders.*, Kapitalaufbringung in der GmbH im Spiegel aktueller BGH-Rechtsprechung, GmbHR 2019, 377; *Knaier*, Eine Rechtsformvariante bewegt Europa – 10 Jahre Unternehmergesellschaft in Deutschland und der EU, GmbHR 2018, 1181; *Kornblum*, Bundesweite Rechtstatsachen zum Unternehmens- und Gesellschaftsrecht, Stand 1.1.2019, GmbHR 2019, 689; *Kußmaul/Meyering/Schwarz*, Historische Entwicklung der GmbH-Besteuerung und Belastungsvergleich der laufenden Steuerbelastung von Kapital- und Personengesellschaften, GmbHR 2016, 385; *Lutter*, Zur Entwicklung der GmbH in Europa und in der Welt, GmbHR 2005, 1; *J Schmidt*, Auswirkungen des Brexits im Bereich des Gesellschaftsrecht, ZIP 2019, 1093; *K Schmidt*, Gesetzgebung und Rechtsfortbildung im Recht der GmbH und der Personengesellschaften, JZ 2009, 10; *Schumacher/Stadtmüller*, Quo vadis, SPE? – Auf dem Weg zu einer europäischen Gesellschaft nationalen Rechts?, GmbHR 2012, 682; *Seer*, Die Besteuerung der GmbH im Spiegel der Zeit, GmbHR 2009, 1036; *Strohn*, Aus der neueren Rechtsprechung des BGH zum Gesellschaftsrecht, Teil 1, DB 2012, 1137; Teil 2, DB 2012, 1193; *Teichmann*, Vertragsfreiheit im Innenverhältnis der GmbH-Gesellschafter, RNotZ 2013, 346; *Wachter*, GmbH-Gesellschafterliste: 10 Jahre nach MoMiG, GmbHR 2018, 1129; *Werner*, Aktuelle Entwicklungen des Rechts der Unternehmergesellschaft, GmbHR 2011, 459; *H P Westermann*, Die GmbH in der nationalen und internationalen Konkurrenz der Rechtsformen, GmbHR 2005, 4; *ders.*, Erfahrungen mit der Runderneuerung von Rechtsformen des Gesellschaftsrechts, GmbHR 2017, 683.

I. Das GmbHG – Entwicklung, Reform und Ausblick

1 Das Gesetz betr. die Gesellschaften mit beschränkter Haftung (GmbHG) regelt die zweite kapitalistische Gesellschaftsform neben der AG. 1892 eine Erfindung des Gesetzgebers,[1] ist die GmbH heute die meistgenutzte Gesellschaftsform (→ Rn. 16 ff.). Tragender Gedanke war die Schaffung einer einfacheren u. **kleineren Kapitalgesellschaft.**[2] Zwar wurde diese auf den persönlichen Zusammenschluss weniger Gesellschafter unter Ausschluss der Außenhaftung u. Begrenzung des Gläubigerzugriffs auf das Gesellschaftsvermögen zugeschnitten. Man orientierte sich aber am Leitbild der „kleinen AG“, bei der sich die Leistung der Gesellschafter auf die Übernahme ihrer Einlage u. eine gewisse Leitung u. Beaufsichtigung der Geschäfte beschränkt.[3] Die GmbH weist grds. einen weniger stark entwickelten Publikumsschutz auf, weil sie weder Publikumskapital zusammenzieht noch eine vergleichbare Fungibilität der Anteile aufweist.[4] Das GmbHG trägt die Handschrift eines Kompromisses zwischen der Orientierung an den Personengesellschaften u. dem Leitbild einer kleinen Kapitalgesellschaft, wenngleich letzteres überwog. Kleinen u. mittleren Unternehmen sollte mit einer größeren Dispositivität (vgl. § 23 V AktG) mehr Handlungsfreiheit als bei einer AG eingeräumt werden. Diese wird in der Praxis häufig zur personalistischen Ausgestaltung des Innenverhältnisses

---

1 *Fleischer*, GmbHR 08, 673 mwN; umfassend zur Entstehungsgeschichte *Habersack*/Casper/Löbbe/*Ulmer* Rn. A 3 ff.
2 *Habersack*/Casper/Löbbe/*Ulmer* Rn. A 4; *Fleischer*, GmbHR 09, 1, 7.
3 *Habersack*/Casper/Löbbe/*Ulmer* Rn. A 4; umfassend *Fleischer*, GmbHR 09, 1, 7 (Fn. 101); vgl. iÜ die Nachweise bei *Fleischer*, GmbHR 08, 673, 674 (Fn. 9).
4 Michalski/*J Schmidt*, Syst Darst 1 Rn. 44.

genutzt, wobei das Außenverhältnis nach wie vor Parallelen zur AG aufweist (→ Rn. 49).[5]

Als kapitalistische Gesellschaftsform verwirklicht die GmbH die Trennung von Haftung u. Handlung. Mit geringem Gründungsaufwand ist unternehmerisches Engagement ohne entspr. hohe finanzielle Verantwortlichkeit möglich. Dieser Konzeption trägt die rechtliche Struktur (→ Rn. 21 ff.) Rechnung. Die GmbH besitzt eigene Rechtspersönlichkeit (§ 13 I), ggü. den Gläubigern haftet grds. nur die Gesellschaft (§ 13 II) u. es besteht die Möglichkeit der Drittorganschaft (§ 35). Gerade im Innenverhältnis ist das GmbH-Recht weitgehend **dispositiv** (Satzungsautonomie). Dies eröffnet vielfältige Gestaltungsmöglichkeiten (→ Rn. 48 ff.). 2

1. Entwicklung des GmbHG

Das GmbHG ist während seines über 100jährigen Bestehens von gesetzgeberischem Aktionismus verschont geblieben. Einzig eine gewisse Annäherung an das Aktienrecht ist über die Jahrzehnte festzustellen. Die stabile Gesetzeslage dürfte maßgeblich zum Ansehen der GmbH als „Allzweckinstrument"[6] beigetragen haben – das kodifizierte GmbH-Recht hat sich als **stabil** erwiesen.[7] Seit Erl. des GmbHG 1892 wurde über 80 Jahre hinweg nahezu nichts verändert.[8] 3

Anders als das Aktienrecht, das von einer „Aktienrechtsreform in Permanenz" geprägt ist, war das GmbHG lange allenfalls von geringfügigen Änderungen betroffen.[9] Die wesentlichen Grundzüge wurden indes nicht berührt. Allein das PublizitätsG[10] von 1969 führte eine dem Aktienrecht angeglichene Publizitätspflicht ein. Eine allg. Publizitätspflicht iVm einer teilw. Pflicht zur Abschlussprüfung wurde erst aufgrund europarechtlicher Vorgaben 1985 durch das BiRiLiG[11] eingeführt (→ Rn. 46). Nicht zu verkennen ist auch der Einfluss von Rspr. u. Literatur auf die Entwicklung des GmbH-Rechts.[12] 4

Angesichts der Aktienrechtsreformen von 1937 u. 1965 u. eines Scheiterns entspr. GmbH-Reformen wurden hohe Erwartungen an die **Novelle** von 5

5 *Habersack*/Casper/Löbbe/*Ulmer* Rn. A 7. Zur Einordnung der GmbH zwischen kollektivistischer AG u. individualistischer Personengesellschaft *Fleischer*, GmbHR 09, 1, 12.

6 *H P Westermann*, GmbHR 05, 4; Lutter/*Hommelhoff* Rn. 6.

7 *H P Westermann*, GmbHR 05, 4; Lutter/*Hommelhoff* Rn. 7. Einen Überblick über 100 Jahre GmbH-Reform bietet *Fleischer*, GmbHR 09, 1 ff.

8 Lutter/*Hommelhoff* Rn. 6; wenngleich kein Mangel an Reformansätzen bestand, *Fleischer*, GmbHR 09, 1, 2 ff.

9 Überblick über die Änderungen bei Hachenburg/*Schilling*, 7. Aufl. 75, Einl. A. III. Rn. 5/S. 488; Lutter/*Hommelhoff* Rn. 7.

10 Gesetz zur Durchführung der Ersten Richtlinie des Rates der Europäischen Gemeinschaften zur Koordinierung des Gesellschaftsrechts v. 15.8.69, BGBl. I, S. 1146.

11 Gesetz zur Durchführung der Vierten, Siebenten und Achten Richtlinie des Rates der Europäischen Gemeinschaften zur Koordinierung des Gesellschaftsrechts v. 19.12.85, BGBl. I, S. 2355.

12 Lutter/*Hommelhoff* Rn. 7 mit Bsp; MüKoGmbHG/*Fleischer* Rn. 125 ff.

1980[13] gestellt. Im RegE GmbHG 1971/73[14] wurde eine gesetzliche Definition der GmbH (§ 1 RegE 1971) ebenso vorgeschlagen wie die Regelung eines GmbH-Konzernrechts.[15] Dies hätte den Charakter aber auch die minimalistische Regelungstechnik des GmbHG grdl. gewandelt. Nicht zul. deshalb scheiterten so weitgehende Reformbemühungen 1980.[16] Gleichwohl wurde zum 1.1.81 das Mindeststammkapital von 20.000 DM auf 50.000 DM erhöht u. ein Sachgründungsbericht sowie eine Einpersonen-Gründung eingeführt. Auch eine mehr oder minder gefestigte Rspr. wie die Differenzhaftung der Gründer (§ 9) sowie Regeln zum Gesellschafterdarlehen (§§ 32a/b aF) wurden Gesetz. Allein die Aufnahme der Rechtsprechungsregeln zeugt davon, dass die Novelle nicht mehr das Ziel der Vollständigkeit verfolgte.[17] An dieser mangelnden Vollständigkeit hat sich auch durch weitere Gesetzesänderungen u. schließlich auch aufgrund des MoMiG nichts geändert. Fragen der Beschlussanfechtung sowie das GmbH-Konzernrecht sind nach wie vor nicht im GmbHG geregelt, sondern müssen stets gesondert Berücksichtigung finden (→ Rn. 15).

6 Mit der Reform von **1994**[18] wurde die vereinfachte Kapitalherabsetzung in §§ 58 a–f. eingeführt. **1998** ergingen zahlreiche weitere Änderungen.[19] Schließlich wurden mit dem JKomG[20] u. dem EHUG[21] Gesetzesvorhaben verwirklicht, die mit ihren Regelungen zur **Unternehmenspublizität** auch das GmbH-Recht maßgeblich veränderten. Durch das EHUG wurde der elektronische Registerbetrieb eingeführt. Hiermit war keine Absenkung der Formerfordernisse verbunden. Anmeldungen sind weiterhin in öffentlich beglaubigter Form erforderlich. Dies sichert weiterhin die Beteiligung eines Notars.[22] Auch die **FGG-Reform**[23] wirkte sich zwar auf das GmbHG aus, was in der Gesamtbetrachtung aber zu vernachlässigen ist. Die für Handelsregisterverfahren relevanten Vorschriften der §§ 125 ff. FGG wurden mit Modifikationen in Buch 5 zum Verfahren in Registersachen übernommen.[24] Das **FamFG** ist eine systematisch aufgebaute u. in sich stimmige Verfahrensordnung, die zu Recht das nicht mehr zeitgemäße FGG ersetzte. Die unmittelbaren Änderungen des GmbHG beschränken sich auf redaktionelle Änderun-

13 Gesetz zur Änderung des Gesetzes betreffend die Gesellschaften mit beschränkter Haftung und anderer handelsrechtlicher Vorschriften v. 4.7.80, BGBl. I, S. 836; hierzu *Fleischer*, GmbHR 09, 1, 8 ff.

14 BT-Drs. VI/3088 sowie 7/253.

15 Nachweise bei *Fleischer*, GmbHR 09, 1, 6 ff.; *Habersack*/Casper/Löbbe/*Ulmer* Rn. A 57.

16 Lutter/*Hommelhoff* Rn. 8; zum Ganzen *Fleischer*, GmbHR 09, 1, 9 f.; krit. *K Schmidt*, JZ 09, 10, 16 f.

17 Lutter/*Hommelhoff* Rn. 8.

18 Durch das Einführungsgesetz zur Insolvenzordnung (EGInsO) v. 5.10.94, BGBl. I, S. 2911.

19 Durch EuroEG, HRefG, KonTraG, KapAEG u. EGInsOÄndG; zu den Änderungen Lutter/*Hommelhoff* Rn. 10 ff.

20 Gesetz über die Verwendung elektronischer Kommunikationsformen in der Justiz v. 22.3.05, BGBl. I, S. 837.

21 Gesetz über elektronische Handelsregister und Genossenschaftsregister sowie das Unternehmensregister v. 10.11.06, BGBl. I, S. 2553.

22 Zum Ganzen Lutter/*Hommelhoff* Rn. 15.

23 Gesetz zur Reform des Verfahrens in Familiensachen und in den Angelegenheiten der freiwilligen Gerichtsbarkeit (FGG-RG) v. 17.12.08, BGBl. I, S. 2586.

24 *Wicke* Rn. 27 mit Überblick über die nach FamFG bestehenden Verfahrensarten.

gen (§ 60 I Nr. 6, 7, § 71 III 2, §§ 66, 74, s. jeweils dort). Mittelbar ergeben sich durch den Verweis auf bestimmte Verfahrensarten (das FamFG führte das „unternehmensrechtliche Verfahren" ein) ebenfalls nur geringfügige Änderungen. Schließlich modernisierte auch das **BilMoG**[25] in Umsetzung von Änderungsrichtlinien zur 4. BilanzRL, 7. KonzernbilanzRL u. 8. AbschlussprüferRL das deutsche HGB-Bilanzrecht (s. § 42). Das HGB sollte hierdurch zu einem im Vergleich zu internationalen Rechnungslegungsstandards gleichwertigen, jedoch kostengünstigeren u. einfacher handhabbaren Regelwerk ausgebaut werden.[26]

Bei den Reformbemühungen der letzten Jahrzehnte stand iW der verbesserte **Schutz** des **Rechtsverkehrs** u. der **Gläubiger** sowie von **Minderheiten** im Vordergrund. Neben dem Gesetzgeber waren oft Literatur u. richterliche Rechtsfortbildung[27] Vorreiter der Entwicklung u. prägten Leitlinien, die später Gesetz wurden. Dies führte zu einer erschwerten Handhabbarkeit des GmbH-Rechts.[28] Nicht zu übersehen ist die **Europäisierung**, die auch im GmbH-Recht Spuren hinterlässt (→ Rn. 45 ff.). 7

2. MoMiG

Seit 2002 hegte das Bundesjustizministerium Pläne für eine GmbH-Reform.[29] Das in den Bundestag eingebrachte MindestkapG fiel der vorgezogenen Bundestagswahl zum Opfer; lediglich eine Absenkung des Mindestkapitals hätte zu kurz gegriffen. Viele Reformbegehren wurden später mit dem **MoMiG**[30] weiterverfolgt. 8

a) Anlass. Die größte GmbH-Reform seit Erl. des GmbH-Gesetzes 1892 ist auch vor dem Hintergrund der Schutzbemühungen des Gesetzgebers zu sehen (→ Rn. 7). Ausschlaggebend war aber va der Wettbewerbsgedanke: Die GmbH sah sich – nicht zuletzt auch aufgrund der Rspr.[31] des EuGH zur Niederlassungsfreiheit – verstärkter Konkurrenz durch die englische Limited ausgesetzt. Diese kann rasch gegründet werden u. kennt kein Mindeststammkapital. Zudem wies das GmbH-Recht mit zahlreichen strittigen Fragen (bspw. verdeckte Sacheinlage, Cash-Pooling, Gesellschafterdarlehen)[32] ein Risiko für Unternehmensgründer auf, welches durch das Aus- 9

25 Bilanzrechtsmodernisierungsgesetz v. 25.5.09, BGBl. I, S. 1102.
26 *Wicke* Rn. 26.
27 *H P Westermann*, GmbHR 05, 4, 5 nennt beispielhaft die Finanzierung des Unternehmens u. zT – daraus folgend – die Haftung der Gesellschafter ggü Gläubigern sowie ggü der Gesellschaft selber, u. spricht von mehreren Komplexen, die zwischen Unternehmenspraxis auf der einen sowie Rspr. u. Literatur auf der anderen Seite heftig umstritten waren.
28 *H P Westermann*, GmbHR 05, 4, 6.
29 Geplant war ein Gesetz zur Neuregelung des Mindestkapitals (MindestkapG), BR-Drucks 619/05; dazu *Seibert*, BB 05, 1061; *K Schmidt*, DB 05, 1095; vgl. auch *Habersack*/Casper/Löbbe/*Ulmer* Rn. A 101; MüKoGmbHG/*Fleischer* Rn. 116.
30 Gesetz zur Modernisierung des GmbH-Rechts und zur Bekämpfung von Missbräuchen v. 23.10.08, BGBl. I, S. 2026 mit Inkrafttreten zum 1.11.08; Materialien: RefE v. 29.5.06; RegE v. 23.5.07, BT-Drs. 16/6140; Empfehlungen des Rechtsausschusses, BT-Drs. 16/9737.
31 Als grdl. Urt. seien nur *Centros, Überseering* u. *Inspire Art* genannt (Rn. 62); auf Letzteres nimmt Begr. RegE BT-Drs. 16/6140, S. 25 Bezug.
32 Hierzu Lutter/*Hommelhoff* Rn. 25.

weichen auf eine andere Rechtsform (vermeintlich) vermieden werden konnte.

10 Zudem waren Missbräuche in Form von GmbH-„Bestattungen" offenkundig geworden. Mancherorts wurden GmbH, die sich in einer, teils durch die Geschäftsführung fahrlässig verschuldeten, Krise befanden, an neue Geschäftssitze verlegt, um einem Insolvenzverfahren am alten Geschäftssitz u. dem Zugriff der dortigen Gläubiger zu entgehen. Die Sitzverlegung erschwerte nicht nur die Forderungseintreibung, sondern konnte der Geschäftsführung auch helfen, evtl. Schadenersatzansprüchen zu entgehen. Nicht selten wurde eine GmbH schließlich vermögenslos im Handelsregister gelöscht.[33]

11 Mit dem MoMiG verfolgte der Gesetzgeber zwei **Zielsetzungen: Modernisierung u. Missbrauchsbekämpfung.** Der Gesetzgeber reagierte eher auf missbilligte Phänomene, als eigenständig das Gesellschaftsrecht zu gestalten. So entspricht auch die im RegE noch enthaltene Absenkung des Mindeststammkapitals,[34] die nach einjährigen Beratungen neben der Einführung der UG (hierzu → Rn. 71 ff.) als überflüssig verworfen wurde, eher gesetzgeberischem Reaktionismus als konsequent durchgeführter Reform. Das MoMiG ist ein (letztlich gelungener) Kompromiss.

12 b) **Missbrauchsbekämpfung.** Eine Vielzahl eher technischer Regelungen, die auf das MoMiG zurückgehen, sollen Missbräuche vermeiden: Das Problem der **Führungslosigkeit** der GmbH wird (§ 35 I 2, s. dort → Rn. 42 ff.) durch die Empfangszuständigkeit (Passivvertretung) jedes einzelnen Gesellschafters bekämpft. Kraft § 15 a III InsO (s. auch → Vor § 64 Rn. 121 ff.) ist bei Führungslosigkeit auch jeder einzelne Gesellschafter verpflichtet, ggf. Insolvenzantrag zu stellen. § 8 IV Nr. 1 normiert die **Publizität** der Geschäftsanschrift. Die Stärkung der Gesellschafterliste u. damit der Publizität der Gesellschafter (→ § 40 Rn. 1) wirkt sich ebenfalls positiv aus.[35]

13 c) **Modernisierung.** Maßgebliche Stoßrichtung der Modernisierung ist die **Deregulierung** unter dem Einfluss des europäischen Gesellschaftsrechts sowie konkurrierender ausländischer Rechtsformen.[36] Eine umfassende Reform insbes. des Mindestkapitals, der Kapitalerhaltung u. -aufbringung soll die GmbH im internationalen Vergleich wettbewerbsfähiger machen. Dem Druck anderer europäischer Rechtsformen auf Absenkung oder gänzlichen Verzicht des Mindeststammkapitals wurde durch die Einführung der **Unternehmergesellschaft** (haftungsbeschränkt) begegnet (zur UG → Rn. 71 ff. u. → § 5 a Rn. 1).[37] Die Kapitalaufbringung inkl. Sacheinlage u. verdeckter Sacheinlage wurde ebenfalls reformiert. Letzterer kommt nunmehr grds. Erfüllungswirkung zu (→ § 19 Rn. 46), iÜ gilt eine Diffe-

33 Lutter/*Hommelhoff* Rn. 26; vgl. auch *Fleischer*, GmbHR 09, 1, 10 mwN.
34 Begr. RegE BT-Drs. 16/6140, S. 25, 29 ff., basierend auf den ehemals mit den MindestkapG verfolgten Überlegungen.
35 Zum positiven Fazit auch *Wachter*, GmbHR 18, 1129 ff.
36 Begr. RegE BT-Drs. 16/6140, S. 25; hierzu noch Rn. 66.
37 Begr. RegE BT-Drs. 16/6140, S. 25 sah noch die Absenkung des Mindeststammkapitals auf 10.000 EUR vor; die Stammkapitalziffer wurde schließlich auf Empfehlung des Rechtsausschusses bei 25.000 EUR belassen.

renzhaftung. Die Kapitalerhaltung sowie das Eigenkapitalersatzrecht wurden umfassend neu gestaltet u. teils in das Insolvenzrecht verlagert. Insbes. das Cash-Pooling sollte verlässlich geregelt werden. Die vormals unübersichtliche Rechtslage im Eigenkapitalersatzrecht u. im Recht der Gesellschafterdarlehen wurde durch die Verlagerung in die InsO maßgeblich vereinfacht (s. zum Ganzen Anh. § 30). Flankiert wird dies durch eine Erweiterung der Geschäftsführerhaftung (vgl. § 64 S. 3). Diese Ergänzung des Gläubigerschutzes ist va in Verbindung mit § 30 relevant (→ § 30 Rn. 131).

Zur Verringerung des Gründungsaufwands wird ein Mustergesellschaftsvertrag als Anh. zum GmbHG angeboten, der die Gründung erleichtern u. beschleunigen soll (zum Ganzen auch → § 2 Rn. 43 ff.). Erhebliche Erleichterungen bringen auch die Neuregelungen zu Geschäftsanteilen. Der Nennbetrag muss auf volle Euro lauten (§ 5 II 1), wobei jeder Gesellschafter auch mehrere Anteile übernehmen kann (→ § 5 Rn. 11). Zugleich dient die zum Handelsregister einzureichenden Gesellschafterliste (zu Details → § 40 Rn. 8) als Legitimationsbasis, § 16 I. Geschäftsanteile können gutgläubig erworben werden, § 16 III (→ § 16 Rn. 27 ff.). Schließlich ist es zur Steigerung der internationalen Wettbewerbsfähigkeit der GmbH durch Wegfall des § 4 a II aF möglich, den Verwaltungssitz einer GmbH ins Ausland zu verlegen, ohne dass die faktische Sitzverlegung eine Auflösung nach sich zieht (→ § 4 a Rn. 11). 14

3. Zukunft des GmbHG

Dennoch weist das GmbHG weiterhin erhebliche **Lücken** auf. Es fehlen eigenständige Regelungen zum Konzernrecht (→ Anh. § 13 Rn. 5) sowie zur Beschlussanfechtung (→ Anh. § 47 Rn. 1).[38] Vielfach ist auf Aktienrecht, aber auch Personengesellschaftsrecht zurückzugreifen. Der Charakter des GmbHG als (weitgehend) minimalistische Regelungsgrundlage sollte jedoch bewahrt werden. Die **Europäisierung** (→ Rn. 45 ff.) des Gesellschaftsrechts kann den Gesetzgeber ggf. vor Umsetzungsschwierigkeiten stellen, wenn die GmbH auch weiterhin nicht umfassend kodifiziert ist. Nicht zul. erschließt sich die Bedeutung der GmbH aber aus ihrer Flexibilität. Daher ist weiteren Regelungsvorhaben mit Vorsicht zu begegnen. Nur so vermag die GmbH ein Allzweckinstrument zu bleiben. 15

II. Bedeutung und Strukturelemente

Die GmbH ist eine Erfolgsgeschichte. Ihre rechtstatsächliche Bedeutung in Deutschland (→ Rn. 17) hängt maßgeblich mit der Kombination verschiedener Strukturelemente (→ Rn. 21) sowie ihrer Flexibilität[39] zusammen. 16

1. Rechtstatsächliche Bedeutung

Die Verbreitung der GmbH in absoluten Zahlen wie auch ihre Popularität unter den (Kapital-)Gesellschaften insg. ist in den letzten Jahrzehnten stetig 17

38 Lutter/*Hommelhoff* Rn. 38.
39 Hierzu u. zur Bedeutung für ihren Erfolg *Habersack*/Casper/Löbbe/*Ulmer* Rn. A 119.

gestiegen.[40] Inzwischen gibt es mehr als **1.200.000** eingetragene GmbH in Deutschland.[41] Der deutlich überw. Teil der GmbH dürfte immer noch ein Stammkapital iH der Mindeststammkapitalziffer aufweisen.[42] Der Anteil der **Einpersonen-GmbH** an der Gesamtzahl der GmbH ist auf zul. etwa 60 % gestiegen.[43] Dies deutet auf die Bedeutung der GmbH als Konzerngesellschaft hin. Nur wenige GmbH dürften eine Gesellschafterzahl von 2–5 übersteigen.[44] Dies ist charakteristisch für „**personalistisch**" ausgestaltete GmbH, wenngleich dies nicht zwingend mit einer geringen Zahl von Gesellschaftern einhergehen muss.

18 In der Rechtspraxis ist die ausschließliche oder auch nur teilw. **Drittorganschaft** nicht der Regelfall. Nur etwa 20 % aller GmbH werden ausschließlich oder zumindest auch von einem Geschäftsführer geleitet, der nicht Gesellschafter ist, mehr als 80 % hingg. ausschließlich von Gesellschaftern, etwa die Hälfte gar von sämtlichen Gesellschaftern.[45] Die personalistisch strukturierte GmbH dominiert das Bild. Die Anzahl der GmbH, die als Komplementär an einer **GmbH & Co KG** beteiligt sind u. sich dort auf die Geschäftsführungsfunktion beschränken, wird amtlich nicht ausgewiesen. Bereits 2002 bestanden schätzungsweise 175.000 solcher GmbH,[46] weshalb die Zahl heute deutlich höher liegen dürfte. GmbH sollen ca. ein Drittel aller inländischen Umsätze mit Lieferungen u. Leistungen erwirtschaften.[47] Typischerweise wählen **mittelständische** Unternehmen die GmbH als Rechtsform. Bei Großunternehmen ist sie nur vereinzelt anzutreffen.[48] Hauptsächliches Gewicht kommt ihr in den Bereichen Dienstleistung u. Handel zu.[49]

19 Weit verbreitet dürfte die GmbH va im Bereich der **Unternehmensverbindungen** sein,[50] sei es aus steuerlichen Gründen (zB aufgrund von Betriebsaufspaltungen oder steuerbegünstigter Gewinn- u. Verlustzuweisung) oder weil bspw. Besitz u. Betrieb oder Mutter- u. Tochtergesellschaften getrennt oder Holdingstrukturen etabliert werden sollen. Nicht zul. ist die GmbH

40 *Habersack*/Casper/Löbbe/*Ulmer* Rn. A 102 ff., der das Wachstum zwischen 1950 u. 2005 mit 4.000 % beziffert; *Michalski/J Schmidt*, Syst Darst 1 Rn. 96 ff.; s. auch Baumbach/Hueck/*Fastrich* Rn. 15 ff.; MüKoGmbHG/*Fleischer* Rn. 199 ff.

41 Nach *Kornblum*, GmbHR 19, 689, 690 gab es zum 1.1.19 bundesweit 1.289.037 eingetragene GmbH bei steigender Tendenz.

42 *Michalski/J Schmidt*, Syst Darst 1 Rn. 105 f.; *Habersack*/Casper/Löbbe/*Ulmer* Rn. A 107 mwN für die Zeit bis 1992; MüKoGmbHG/*Fleischer* Rn. 204: mehr als zwei Drittel.

43 Michalski/*J Schmidt*, Syst Darst 1 Rn. 108.

44 *Habersack*/Casper/Löbbe/*Ulmer* Rn. A 110; Michalski/J Schmidt, Syst Darst 1 Rn. 108.

45 *Michalski/J Schmidt*, Syst Darst 1 Rn. 112; s. auch MüKoGmbHG/*Fleischer* Rn. 203.

46 *Habersack*/Casper/Löbbe/*Ulmer* Rn. A 112. Nach *Kornblum*, GmbHR 19, 689 ff. werden die in der Form der GmbH & Co KG betriebenen KGs nicht gesondert ausgewiesen, vgl. jedoch aaO die Nachweise zur Zahl der KGs insg.; die Zahl der Limited & Co KG nimmt stetig ab u. lag am 1.1.19 bundesweit bei ca. 2.300, während die UG weiter in den Vordergrund tritt u. am 1.1.19 rd 11.000 UG & Co KG existierten (*Kornblum* GmbHR 19, 689, 690).

47 *Wicke* Rn. 1 mwN.

48 Baumbach/Hueck/*Fastrich* Rn. 13; *Habersack*/Casper/Löbbe/*Ulmer* Rn. A 115.

49 *Wicke* Rn. 11; *Michalski/J Schmidt*, Syst Darst 1 Rn. 113.

50 *Habersack*/Casper/Löbbe/*Ulmer* Rn. A 122 f.; Baumbach/Hueck/*Fastrich* Rn. 14.

im Bereich der Stiftungen ebenso anzutreffen wie als Organisationsform für ausgelagerte Aufgaben der kommunalen, öffentlichen Hand.[51] Die Verbreitung der GmbH spiegelt sich in den Insolvenzstatistiken wider. Die Zahl der **GmbH-Insolvenzen** hat zul. (April 2019) etwa die Hälfte der gesamten Unternehmensinsolvenzen ausgemacht, wobei in weniger als einem Drittel dieser Fälle eine UG (haftungsbeschränkt) betroffen war.[52] Der Status der GmbH als Kapitalgesellschaft u. ihre Haftungsbeschränkung auf das Stammkapital bieten Erklärungsansätze für die hohe Anzahl der auf die GmbH entfallenden Verfahrensablehnungen mangels Masse.[53]

Als „Konkurrentin" der GmbH hat va die britische **Limited** von sich reden gemacht (→ Rn. 67). Seit 2009 nimmt die Anzahl der Limited jedoch kontinuierlich ab u. betrug am 1.1.19 ca. 6.800.[54] Davon fungieren aber wohl beachtliche ca. 30 % als Komplementäre von Limited & Co KGs.[55] Die **Unternehmergesellschaft (haftungsbeschränkt)** (→ Rn. 71 ff.) hatte schon bzgl. der Gründungszahlen einen beachtlichen Start zu verzeichnen. Bis zum 1.1.19 wurden über 143.500 UG erfasst, so dass es inzwischen knapp zwanzigmal so viele UG wie Limited gibt.[56] 20

2. Maßgebliche Strukturelemente

IU zum AktG (§ 1 I AktG) bietet das GmbHG keine gesetzliche **Definition** der GmbH. Wesentliche Merkmale ergeben sich jedoch aus den ersten beiden Abschn. des GmbHG, insbes. §§ 1, 2, 5, 11, 13. Demnach handelt es sich um eine auf Rechtsgeschäft (Gesellschaftsvertrag oder Satzung, vgl. §§ 2, 3) beruhende, mit Eintragung in das Handelsregister als juristische Person (§ 13) zur Entstehung kommende Kapitalgesellschaft (§§ 11 I, 13 I) mit auf das Gesellschaftsvermögen (§ 13 II) beschränkter Haftung, die zu jedem gesetzlich zulässigen Zweck gegründet werden u. eine beliebige Gesellschafteranzahl aufweisen kann (§ 1). Aus dem Gesetz lassen sich die wichtigsten **Strukturmerkmale** ableiten: Die GmbH ist Kapitalgesellschaft (→ Rn. 23), deren Gesellschafter im Außenverhältnis nicht persönlich haften (→ Rn. 24). Den Gläubigern steht einzig die Haftungsmasse der GmbH zur Verfügung, die jedoch besonders geschützt wird (→ Rn. 25). Die Gesellschafter sind nicht zur Geschäftsführung verpflichtet (→ Rn. 26), ihnen kommt aber insbes. als Minderheitsgesellschafter besonderer Schutz zu (→ Rn. 32 f.). Schließlich lässt sich die Kompetenzverteilung zwischen den Gesellschaftsorganen grds. in der Satzung umfangreich festlegen (→ Rn. 34). 21

51 *Wicke* Rn. 11; *Habersack*/Casper/Löbbe/*Ulmer* Rn. A 125.
52 Statistisches Bundesamt, Fachserie 2 (Unternehmen und Arbeitsstätten), Reihe 4.1 (Insolvenzverfahren), April 2019, S. 4; die Publikation erscheint monatlich u. ist jeweils unter https://www.destatis.de/DE/Themen/Branchen-Unternehmen/Unternehmen/Gewerbemeldungen-Insolvenzen/_inhalt.html verfügbar (abgerufen 23.7.2019); der relative Anteil lag in den letzten Jahrzehnten noch höher, vgl. hierzu *Habersack*/Casper/Löbbe/*Ulmer* Rn. A 129.
53 Über 50 % aller mangels Masse abgewiesener Unternehmensinsolvenzen sind solche über GmbH. Die UG (haftungsbeschränkt) macht auch hier etwa ein Drittel dieser Fälle aus, vgl. Statistisches Bundesamt, aaO (Fn. 53).
54 *Kornblum*, GmbHR 19, 689, 690.
55 *Kornblum*, GmbHR 19, 689, 690, beziffert deren Zahl auf ca. 2.300.
56 *Vgl. Kornblum*, GmbHR 19, 689, 690.

22 Trotz der gesetzlichen Strukturmerkmale besteht erhebliche **Gestaltungsfreiheit.** Große Bereiche des GmbH-Rechts sind – insbes. im Innenverhältnis – dispositiv. Die nahezu uneingeschränkte Satzungsautonomie kommt in § 45 I zum Ausdruck. Die GmbH kann sowohl kapitalistisch als auch personalistisch ausgestaltet werden (zu Erscheinungsformen → Rn. 48 ff.). Die Kombination aus unabänderlichen Strukturmerkmalen einer Kapitalgesellschaft u. Gestaltungsspielraum im Innenverhältnis ermöglicht es der GmbH, zugleich einen Mindeststandard an Seriosität zu wahren u. vielseitig verwendbar u. damit attraktiv für die Rechtspraxis zu sein.[57] Der Erfolg der GmbH dürfte auch darauf zurückzuführen sein, dass eine grdl. Balance von Gesetzgebung u. Rspr. nicht angetastet wird (→ Rn. 42). Auch für die GmbH gewinnt das Thema Corporate Governance weiter an Bedeutung.[58] Verfügbar sind bereits mehrere Kodex-Entwürfe sowohl für Familienunternehmen als auch die GmbH allg.[59] Angesichts der vielgestaltigen Erscheinungsformen der GmbH fehlt es indes an einer Vergleichbarkeit der einzelnen Unternehmen.[60] Daher empfiehlt sich die einzelfallbezogene Regelung ausgewählter Aspekte wie etwa zur Konfliktlösung oder für die Einrichtung eines Aufsichtsorgans. Dazu eröffnet die Gestaltungsfreiheit hinreichend Raum.

23 a) **Kapitalgesellschaft.** Die GmbH erwirbt mit ihrer Eintragung in das Handelsregister (→ § 11 Rn. 1 f.) die volle **Rechtsfähigkeit.** Sie ist damit juristische Person des Privatrechts u. kann grds. uneingeschränkt am Rechtsverkehr teilnehmen (§ 13 I). Sie ist durch ihre Organe, die Geschäftsführer (→ § 35 Rn. 4), handlungsfähig. Hiermit verbunden ist die unbeschränkte Handlungsfähigkeit u. Vertretungsmacht der Geschäftsführer sowie die Haftungskonzentration auf das Gesellschaftsvermögen unter grds. Ausschluss der Haftung einzelner Gesellschafter (§ 13 II). Die Zahl der Gesellschafter ist gesetzlich nicht beschränkt (vgl. § 1). Die GmbH verliert ihre Rechtsfähigkeit erst mit Löschung im Handelsregister. Sie gilt nach § 13 III als Handelsgesellschaft iSd HGB u. ist damit **Kaufmann kraft Rechtsform** (vgl. § 6 I HGB).

24 b) **Haftungsprivilegierung.** Die Attraktivität der GmbH ergibt sich auch aus der Haftungsprivilegierung, die sie ihren Gesellschaftern gewährt.[61] Eine Trennung von Herrschaft u. Haftung ist nicht nur Teil der neueren Wirtschaftsgeschichte, sondern als Anreizinstrument zur Bereitstellung von unternehmerischem Risikokapital volkswirtschaftlich zu begrüßen.[62] Die persönliche Gesellschafterhaftung für Gesellschaftsschulden ist nach § 13 II ausgeschlossen (zu Einschränkungen aus Gründen des Gläubigerschutzes → Rn. 28).

---

57 So auch *Fleischer*, GmbHR 08, 673.

58 Im Überblick MüKoGmbHG/*Fleischer* Rn. 295 ff.; zum aktuellen Stand auch *Wilsing/Winkler*, BB 19, 1603 ff.

59 Vgl. nur den Entwurf der Kommission Governance Kodex für Familienunternehmen, http://www.kodex-fuer-familienunternehmen.de; s. auch *Konnertz-Häußler*, GmbHR 12, 68.

60 *Wicke*, ZGR 12, 450, 487 f.

61 *Roth*/Altmeppen, 8. Aufl. 15, Rn. 16; *Michalski*, 2. Aufl. 10, Syst Darst 1 Rn. 39 ff. mwN.

62 Vgl. auch MüKoGmbHG/*Fleischer* Rn. 281 ff.

Zugleich sind Haftungsprivilegierung u. Gläubigerschutz eng miteinander verknüpft. Da die Haftung der GmbH auf das Gesellschaftsvermögen beschränkt ist, muss zumindest das Stammkapital den Gläubigern als Haftungsmasse erhalten bleiben. Schon die erhöhte Insolvenzanfälligkeit der GmbH (→ Rn. 19) deutet darauf hin, dass die Stammkapitalziffer vielfach nicht ausreicht, um dauerhaft die Fortführung des Geschäftsbetriebs zu gewährleisten. Hiergegen mag sich ein einzelner Geschäftspartner durch entspr. Vertragsgestaltung absichern. Im modernen Massengeschäft hingg. ist dies nicht möglich. Daher postulierte der Gesetzgeber zwei grdl. Regelungskonzepte: **Mindeststammkapital** u. **Publizität.** Die Publizitätspflichten sollen wie beim aktienrechtlichen Modell den Gläubiger- u. Klein- bzw. Minderheitsgesellschafterinteressen dienen.[63] Nach den Änderungen durch das BiRiLiG (→ Rn. 4, 46) treffen sie grds. jede GmbH, jedoch abgestuft nach Größenkriterien (iErg → § 42 Rn. 5 ff.). Die umfassenden u. komplexen Regeln zur **Kapitalaufbringung** (→ § 19 Rn. 1 f.) u. **Kapitalerhaltung** (→ § 30 Rn. 1 ff.) dienen der Sicherung eines (Mindest-)**Haftungsfonds** als Zugriffsobjekt der Gesellschaftsgläubiger.[64] 25

c) **Fremdorganschaft.** Das GmbHG hat zwar im Grundsatz das aktienrechtliche Prinzip der Drittorganschaft übernommen, jedoch entscheidend abgeschwächt.[65] Dem Grundsatz nach verdeutlicht das Prinzip der **Fremd- oder Drittorganschaft** mittels Trennung von Eigentümerstellung u. Geschäftsführung den Status einer GmbH als Kapitalgesellschaft. Hiervon abzugrenzen sind die Personengesellschaften, bei denen idR die Gesellschafter auch geschäftsführend tätig sind u. damit Selbstorganschaft vorliegt. 26

Nach § 6 III 1 können Gesellschafter oder andere Personen zu Geschäftsführern bestellt werden. Jedoch ist die Geschäftsführung eng mit der Gesellschafterstellung verknüpft. Die Geschäftsführer sind zwar das Geschäftsführungs- u. Vertretungsorgan der GmbH (→ § 35 Rn. 4 ff.), jedoch an die **Weisungen** der Gesellschafter **gebunden.**[66] Ihre jederzeitige Abberufung ist zudem ins Belieben der Gesellschafter gestellt (→ § 38 Rn. 4). Zudem ist der Aufsichtsrat anders als bei der AG grds. nur ein fakultatives Organ (s. noch → Rn. 37). Rechtstatsächlich ist Fremdorganschaft die Ausn. (→ Rn. 18). Etwa 80 % der GmbH werden ausschließlich von Gesellschaftern geführt, über die Hälfte sogar von sämtlichen Gesellschaftern. Die Vorherrschaft einer häufig mittels Satzungsregelungen personalistisch ausgestalteten GmbH schränkt somit die Verbreitung der Drittorganschaft ein. 27

d) **Gläubigerschutz.** Eine Haftungsprivilegierung auf das Gesellschaftsvermögen (→ Rn. 24) ist ohne adäquaten Gläubigerschutz nicht denkbar. Aufgrund seiner fundamentalen Bedeutung unterliegt der Gläubigerschutz seit 28

63 *Roth*/Altmeppen, 8. Aufl. 15, Rn. 33 mit teils krit. Anmerkung zu den Auswirkungen der Transparenz.
64 *Habersack*/Casper/Löbbe/*Ulmer* Rn. A 19.
65 Roth/*Altmeppen* § 6 Rn. 2 f.; vgl. auch MüKoGmbHG/*Fleischer* Rn. 25 ff. Zum aktienrechtlichen Prinzip der Drittorganschaft s. MKAktG/*Spindler*, AktG § 76 Rn. 127.
66 Zum Ganzen auch *Habersack*/Casper/Löbbe/*Ulmer* Rn. A 20.

jeher Reform(überlegung)en u. Kritik.[67] Wenngleich manche Auswüchse des Gläubigerschutzes das GmbH-Recht unnötig verkomplizierten (→ dazu etwa → Anh. § 30 Rn. 4 ff.), spricht die Akzeptanz der GmbH in der Rechtspraxis doch dafür, dass grdl. Gläubigerschutz sinnvoll u. notwendig ist. Das deutsche Verständnis von Gläubigerschutz u. Mindestkapital spielt auch im Wettbewerb der Gesellschaftsformen eine Rolle (→ Rn. 66). Missbräuchen muss insg. entgegengetreten werden, ohne die Flexibilität der GmbH als Rechtsform über Gebühr zu beeinträchtigen.

29 Dem Gläubigerschutz dient das **Mindeststammkapital** als dem Zugriff der Gesellschafter grds. entzogener Haftungsfonds. Diese Haftsumme ist angesichts der Haftungsprivilegierung der Gesellschafter zwingend notwendig. Als Leitgedanke liegt diesem Konzept zugrunde, dass zumindest ein Teil des Stammkapitals der Gesellschaft effektiv bei Gründung zufließen muss (§ 7 II, III), während für den übrigen Teil eine spätere Einlageverpflichtung bestehen kann (→ § 19 Rn. 8).[68] Hiervon erfolgte – um die Wettbewerbsfähigkeit der GmbH zu erhöhen (→ Rn. 71) – aufgrund des MoMiG jedenfalls eine teilw. Abkehr durch § 5 a (dort → § 5 a Rn. 10). Das als (Mindest-)Haftungsfonds dienende Mindeststammkapital muss zunächst so aufgebracht werden, dass es der Gesellschaft u. damit dem Zugriff der Gläubiger zur Verfügung steht (Grundsatz der realen Kapitalaufbringung); dies sichern die Regeln zur **Kapitalaufbringung** (→ § 19 Rn. 1 ff.). Auch während des Geschäftsbetriebes muss der Bestand des Haftungsfonds gesichert werden; dies sichern die Regeln zur **Kapitalerhaltung** (→ § 30 Rn. 1 u. 18 ff.). Hiervon ist anders als im Aktienrecht jedoch nicht ein generelles Verbot verdeckter Gewinnausschüttungen erfasst.[69]

30 Mit einer pauschalen Mindeststammkapitalziffer kann eine dem jeweils verfolgten Geschäft angemessene Kapitalausstattung naturgemäß nicht erreicht werden. Hieraus folgender **Kritik** am Gläubigerschutzprinzip kann jedoch nicht gefolgt werden. Eine stets genügende Eigenkapitalbasis eines Unternehmens ist praktisch nicht vorstellbar, da das individuelle Insolvenzrisiko kaum bestimmbar ist. Dies ist Rechtsverkehr u. Gläubiger idR bekannt u. tut der Teilnahme jedes Unternehmens am Wirtschaftsverkehr keinen Abbruch. So ist der Haftungsfonds iErg auch unzureichend gegen Auszehrungen durch Verluste geschützt. Hieraus aber eine Aufgabe des Mindeststammkapitals zu folgern, hieße, den Gläubigerschutz misszuverstehen: Ein Mindeststammkapital kann stets nur einen Mindestschutz garantieren.[70] Die Sicherung gegen aufzehrende Verluste muss beim rechtzeitigen Zeitpunkt der Eröffnung eines Insolvenzverfahrens ansetzen (→ § 64 Rn. 4 ff.).

31 Des Weiteren hat der BGH dem Gläubigerschutz das Instrument eines Haftungsdurchgriffs in Form der sog. **Existenzvernichtungshaftung** zur Seite

67 Überblick bei Ulmer/*Habersack* § 30 Rn. 1 ff. Grdl. zur vielfältigen Kritik am Grundkonzept der gesetzlichen Kapitalgarantie *Roth*/Altmeppen, 8. Aufl. 15, Rn. 27 ff. mwN.

68 Zudem wollte der Gesetzgeber eine Zugangsbeschränkung zur Rechtsform der GmbH auf vermögensmäßig entspr. qualifizierte Unternehmen errichten, vgl. BT-Drs. 8/1347, S. 32.

69 *Habersack*/Casper/Löbbe/*Ulmer* Rn. A 42 mwN.

70 Michalski/*Leitzen* § 5 Rn. 8.

gestellt.[71] Diese nunmehr aus § 826 BGB folgende (Innen-)Haftung sichert die Kapitalerhaltung des einmal angesammelten Haftungsfonds der GmbH (nur) gegen gezielte Vermögensentziehungen durch einen Gesellschafter (→ § 13 Rn. 108 ff.). In Anlehnung an eine entspr. BGH-Rspr. wurde mit der GmbH-Novelle 1980 (→ Rn. 5) der Gläubigerschutz insoweit flankiert, als dass Gesellschafterdarlehen, die in der Krise der Gesellschaft statt Eigenkapital gewährt wurden, in der Insolvenz nachrangig zu befriedigen waren u. damit faktisch unbefriedigt blieben (§§ 32a/b aF, nunmehr § 39 InsO). Zum Gläubigerschutz in der Vor-GmbH → § 11 Rn. 14 ff.

e) **Minderheitenschutz.** Die Bedeutung des Minderheitenschutzes für das GmbH-Recht folgt aus dem Zusammenwirken von Mehrheitsherrschaft sowie besonderer Flexibilität u. Dispositivität des GmbH-Innenrechts. Ohne gegenläufige Vorkehrungen wäre die Minderheit der Mehrheitsmacht iW schutzlos ausgeliefert.[72] Denn die Willensbildung der Gesellschafter erfolgt in der GmbH durch Beschluss in Gesellschafterversammlungen (§ 48 I) mit grds. einfacher Mehrheit nach Maßgabe der Kapitalanteile (§ 47).[73] Materiellrechtlich wird der Minderheitenschutz verschiedentlich verwirklicht. Zunächst können satzungsändernde Beschlüsse nur mit qualifizierter Mehrheit gefasst werden (§ 53 II), so dass (Minoritäts-)Gesellschaftern eine Sperrminorität zukommen kann. Ohne Zustimmung aller betroffenen Gesellschafter kann zudem ein Kernbereich von Gesellschafterrechten nicht angetastet werden (§ 53 III). Auch kann einer Minderheit ein Initiativrecht nach § 50 zukommen; zudem bestehen Informations- u. Einsichtnahmerecht (§ 51 a). 32

Angesichts der Gefahr von Beeinträchtigungen durch die Mehrheitsmacht hat die Rspr. va einen Gleichbehandlungsgrundsatz aller Gesellschafter (→ § 13 Rn. 64 ff.) sowie eine gesellschaftsrechtliche Treuepflicht (→ § 13 Rn. 19 ff.) anerkannt.[74] Diese können im Einzelfall einen angemessenen Interessenkompromiss herbeiführen; ihre Geltung ist jedoch auch zulasten der Minderheit denkbar (bspw. bei notwendiger Kapitalerhöhung). Angesichts der häufig rechtlich (§ 15 V) u. wirtschaftlich begrenzten Veräußerungsmöglichkeiten eines Geschäftsanteils, steht einem Minderheitsgesellschafter nicht immer der Ausweg einer schnellen Lösung des Engagements in der GmbH offen.[75] Da auch die Auflösung der GmbH nur unter qualifizierten Voraussetzungen durchsetzbar ist (→ § 61 Rn. 9 ff.), kommt dem Austrittsrecht (→ § 60 Rn. 59) besondere Bedeutung zu. 33

71 Seit BGH NJW 01, 3622 („Bremer Vulkan"), damals noch als Durchgriffsaußenhaftung. Die dogmatische Grundlage bildet seit BGH NJW 07, 2689 („Trihotel") eine schadensersatzrechtliche Innenhaftung kraft § 826 BGB. Zu den Anforderungen an einen „existenzvernichtenden Eingriff" BGH aaO; BGH NJW 02, 1803; 3024; 09, 2127; s. auch Roth/*Altmeppen* § 13 Rn. 73 ff. mwN.

72 *Habersack*/Casper/Löbbe/*Ulmer* Rn. A 36, 135.

73 Dies entspricht dem Status der GmbH als Kapitalgesellschaft. Bei Personengesellschaften gilt hingg. grds. das Einstimmigkeitsprinzip, vgl. § 119 HGB; zum Mehrheitsprinzip § 47 Rn. 12 f.; *Habersack*/Casper/Löbbe/*Ulmer* Rn. A 22.

74 Grdl. va BGH NJW 76, 191, wonach der Mehrheitsherrschaft erstmals grdl. Schranken durch die Treubindung auferlegt wurden.

75 *Roth*/Altmeppen, 8. Aufl. 15, Rn. 37; s. auch Scholz/*Westermann* Rn. 14 f.

34 f) **Kompetenzverteilung.** Oberstes Organ der hierarchisch strukturierten GmbH ist die **Gesellschafterversammlung** (§§ 45 ff.).[76] Sie ist das für die **Willensbildung** in der GmbH maßgebliche Organ mit grds. umfassender Kompetenz im Innenverhältnis. Die Zuständigkeit der Gesellschafterversammlung wird nicht nur kraft Gesetzes (vgl. § 46 Nr. 1–8, aber auch §§ 26 I, 53 I ua) begründet. Vielmehr können ihr durch Satzungsregelung weitere Zuständigkeiten zugewiesen sein. Andererseits können anderen Organen durch Satzungsregelung Zuständigkeiten der Gesellschafterversammlung übertragen werden (vgl. aber → § 53 Rn. 25 – zwingend).

35 Charakteristisch ist va das grds. unbeschränkte **Weisungsrecht** der Gesellschafterversammlung ggü. den Geschäftsführern, das grds. unabhängig vom Vorhandensein eines Aufsichtsrates besteht (aber → Rn. 37).[77] Einzig den Geschäftsführern teils aus Gründen des Gläubigerschutzes zugewiesene Zuständigkeiten (bspw. § 30, § 15 a InsO) begrenzen das Weisungsrecht der Gesellschafterversammlung. Zu Verfahrensregelungen s. die Kommentierung zu §§ 47–51.

36 Die Gesellschafterversammlung bestellt den oder die zwingend erforderlichen **Geschäftsführer** (§ 46 Nr. 5). Diese sind das nach außen auftretende Handlungsorgan der GmbH mit gem. §§ 35, 37 unbeschränkter u. unbeschränkbarer **Vertretungsmacht.** Ihnen obliegt die Umsetzung der Gesellschafterbeschlüsse in Geschäftsführungsangelegenheiten nach außen. Sie sind bereits im Gründungsstadium vor Anmeldung zum Handelsregister zu bestellen (§§ 7, 11, 78) u. grds. in sämtlichen Angelegenheiten der Gesellschaft den Weisungen der Gesellschafterversammlung unterworfen (→ Rn. 35). Eigenständige Aufgaben ohne Weisungsunterwerfung sind ihnen in § 49 III, § 15 a InsO übertragen, deren Nichtbeachtung ggf. nach § 84 bzw. § 15 a IV InsO Strafbarkeit zur Folge haben kann.

37 Als weiteres Organ kann die Satzung einen fakultativen **Aufsichtsrat** oder Beirat vorsehen, auf den in Ermangelung satzungsmäßiger Regelungen die Vorschriften des Aktienrechts Anwendung finden (§ 52 I). Der Aufsichtsrat hat grds. nur beratende u. überwachende Funktion. Die Gesellschafterversammlung bleibt auch im Fall eines **drittelparitätisch mitbestimmten, obligatorischen** Aufsichtsrats für Bestellung u. Abberufung der Geschäftsführer zuständig, §§ 1 I Nr. 3, 4 ff. DrittelbG.[78] Weitergehende Kompetenzen, insbes. für Maßnahmen betr. die Geschäftsführer, kommen allein dem **paritätischen obligatorischen** Aufsichtsrat nach MitbestG[79] sowie MontanMitbestG[80] zu (→ § 52 Rn. 189). Daneben müssen mitbestimmte Gesellschaften gem. §§ 52 II, 36 Zielgrößen für den Frauenanteil in Aufsichtsrat, Ge-

---

76 Die Organqualität der Gesellschafterversammlung ist umstr., dazu Ulmer/*Hüffer/Schürnbrand* § 45 Rn. 6 f.

77 *Habersack*/Casper/Löbbe/*Ulmer* Rn. A 31; *Michalski/J Schmidt* Syst Darst 1 Rn. 16 ff.

78 Drittelbeteiligungsgesetz v. 18.5.04, BGBl. I, S. 974.

79 Mitbestimmungsgesetz v. 4.5.76, BGBl. I, S. 1153.

80 Gesetz über die Mitbestimmung der Arbeitnehmer in den Aufsichtsräten und Vorständen der Unternehmen des Bergbaus und der Eisen und Stahl erzeugenden Industrie v. 21.5.51, BGBl. I, S. 347.

schäftsführung sowie den beiden darunter liegenden Führungsebenen festlegen.[81]

III. Rechtsquellen und Rechtsangleichung

Grundlage des GmbH-Rechts ist das **GmbHG** (zur Entwicklung → Rn. 3 ff.). Dieses wird durch zahlreiche Gesetze ergänzt, die teils spezifische Regelungen treffen, teils rechtsformübergreifend Anforderungen normieren. 38

1. Rechtsquellen

Neben den Vorschriften des GmbHG sind va die allg. handelsrechtlichen Regelungen des **HGB** sowie insbes. das Bilanzrecht (§§ 238 ff. HGB[82] u. insbes. für Kapitalgesellschaften §§ 264 ff. HGB) relevant. Auch die Regelungen der §§ 13 ff. HGB über die Behandlung der Zweigniederlassungen von Kapitalgesellschaften finden teilw. auf die GmbH Anwendung. Erhebliche Bedeutung haben die Regelungen des **UmwG**[83] über die Umwandlung (Verschmelzung, Spaltung, Formwechsel) von Rechtsträgern. Die GmbH ist verschmelzungsfähiger Rechtsträger (§ 3 I Nr. 2 Var 1 UmwG) u. damit grds. teilnahmefähiger Rechtsträger an Umwandlungsvorgängen. 39

Die Vorschriften der **InsO**[84] stehen seit Erl. des MoMiG (→ Rn. 8) im Fokus des GmbH-Rechts. §§ 10 II 2, 15, 15 a, 19 II, 26 III 1, 39 I Nr. 5, IV, V, 44 a, 101, 135, 143 III, 345 II 2 InsO tragen va den Folgen des MoMiG bei Führungslosigkeit einer GmbH u. bei der Behandlung von Gesellschafterdarlehen Rechnung. Erhebliche Auswirkungen auf das GmbH-Recht haben auch §§ 225 a II, III, 254 IV, 276 a InsO, die durch das **ESUG**[85] zur Erleichterung der Sanierung von Unternehmen eingeführt wurden. Die Registersachen u. unternehmensrechtlichen Verfahren (ehemalige Verfahren nach FGG) sind in §§ 374 ff. **FamFG**[86] geregelt. Die **Mitbestimmung** der Arbeitnehmer ist rechtsformübergreifend ausgestaltet, vgl. § 1 I MitbestG (schon → Rn. 37). Die aktienrechtlichen Regelungen über **verbundene Unternehmen** finden im Wege der Analogie auch auf das GmbH-Konzernrecht (→ Anh. § 13 Rn. 27 ff.) Anwendung. Nicht zul ist auch das Recht der Wettbewerbsbeschränkungen (GWB u. Art. 101 ff. AEUV [ex Art. 81 ff. EG]) zu beachten. Zu steuerlichen Regelungen → Rn. 74 f. 40

Rechtsgrundlage für die individuelle Ausgestaltung der GmbH u. für ihr Verhältnis zu ihren Gesellschaftern sowie das Verhältnis dieser untereinander ist aber die **Satzung** (Gesellschaftsvertrag) der GmbH (→ § 2 Rn. 4 u. → § 3 Rn. 1). 41

---

81 Ausf. zu Quoten u. Zielgrößen für Frauen in Führungspositionen *Junker/Schmidt-Pfitzner*, NZG 15, 929 sowie speziell zur GmbH *Müller-Bonanni/Forst*, GmbHR 15, 621.
82 Handelsgesetzbuch v. 10.5.1897, BGBl. 1897, S. 219.
83 Umwandlungsgesetz v. 28.10.94, BGBl. I, S. 3210.
84 Insolvenzordnung v. 5.10.94, BGBl. I, S. 2866.
85 Gesetz zur weiteren Erleichterung der Sanierung von Unternehmen v. 7.12.11, BGBl. I, S. 2582.
86 Gesetz über das Verfahren in Familiensachen und in den Angelegenheiten der freiwilligen Gerichtsbarkeit v. 17.12.08, BGBl. I, S. 2586.

2. Höchstrichterliche Rechtsfortbildung

42 Das GmbH-Recht weist seit jeher **Lücken** auf (bspw. fehlendes Konzern- sowie Beschlussmängelrecht).[87] Dies ist einerseits Kehrseite des Bestrebens nach größtmöglicher Flexibilität u. zurückhaltender Regelungsphilosophie. Andererseits scheiterten Bestrebungen des Gesetzgebers, eine umfassende GmbHG-Reform vorzunehmen (→ Rn. 5).[88]

43 Dem „Normenmangel“[89] kann zunächst mittels **Analogie** zu aktienrechtlichen oder personengesellschaftsrechtlichen Regelungen begegnet werden (zur hiervon zu trennenden Auslegung des Gesellschaftsvertrages → § 2 Rn. 10 ff.). Ebenso wie die GmbH ist die AG Körperschaft, so dass die analoge Anwendung von **Aktienrecht** grds. nahe liegt; stets ist jedoch den Besonderheiten der weniger regulierten u. im Innenverhältnis flexibleren GmbH Rechnung zu tragen.[90] Sofern Gemeinsamkeiten bestehen (insbes. hins. Außenverhältnis, Rechtsnatur u. Beschlussmängel), kann mit gebotener Zurückhaltung Aktienrecht entspr. herangezogen werden.[91] Nicht selten ist jedoch gerade das Innenverhältnis einer GmbH personalistisch ausgestaltet (hierzu → Rn. 27, 49), so dass eine entspr. Anwendung personengesellschaftlicher Regelungen näher liegt.[92] So gelten allg. Treuepflichten der Gesellschafter ggü. ihrer Gesellschaft sowie zwischen den Gesellschaftern untereinander aufgrund entspr. Anwendung des **Personengesellschaftsrechts** auch bei der GmbH.[93]

44 Neben der Analogieanwendung hat die Rspr. eigene Rechtsprechungsregeln entwickelt, um im Wege höchstrichterlicher **Rechtsfortbildung** das

---

87 *Wicke* Rn. 13; *Habersack*/Casper/Löbbe/*Ulmer* Rn. A 137 f.; MüKoGmbHG/*Fleischer* Rn. 151. Das Beschlussmängelrecht war bereits in §§ 128–135 RefE 1939 u. §§ 191–206 RegE 1971/73 vorgesehen, das Recht der verbundenen GmbH in §§ 230–266 RegE 1971/73 geregelt; die jeweiligen Entwürfe wurden jedoch nicht verabschiedet.

88 Diese hätte den Charakter des GmbH-Rechts mit ihrer Regelungsdichte grdl. verändert. Die RefE 1939 sowie 1969 waren mit ca. 180 bzw. 300 Paragrafen deutlich umfangreicher als das jeweils geltende GmbH-Recht, s. *Fleischer*, GmbHR 09, 1, 6 u. *K Schmidt*, JZ 09, 10, 16.

89 *Fleischer*, GmbHR 08, 673; der zudem zutr. darauf hinweist, dass das methodologische Instrumentarium vielfältiger sei u. mehr aufweise als eine Analogie.

90 Zu Strukturunterschieden zwischen den Gesellschaftsformen BGH NJW 84, 1893, 1895. Nach *Hommelhoff/Freytag*, DStR 96, 1409, 1416 frappiert die weit reichende Identität, mit der Probleme gelöst werden, angesichts der „fundamentalen Unterschiede“ zwischen GmbH- u. Aktienrecht.

91 *Habersack*/Casper/Löbbe/*Ulmer* Rn. A 27; s. auch BGH NJW 54, 385. Umfassend zur ergänzenden Anwendung von Aktienrecht auf die GmbH *Fleischer*, GmbHR 08, 673, der darauf hinweist, dass zur besseren Ausdifferenzierung statt gewöhnlicher Analogie methodologische Zwischenlösungen verwendet werden sollten. Zu wechselseitigen Einflüssen *Hommelhoff/Freytag*, DStR 96, 1367 u. 96, 1409.

92 BGH NJW 88, 1844, 1845: „Nicht selten wird die Interessenlage sowohl der Gesellschaft als auch der Gesellschafter bei der GmbH mehr derjenigen in einer handelsrechtlichen Personengesellschaft ähneln als derjenigen in der typischerweise durch Anonymität gekennzeichneten AG.“ Vgl auch *Fleischer*, GmbHR 08, 673, 674.

93 BGH NJW 76, 191; MüKoGmbHG/*Fleischer* Rn. 187; *Hommelhoff/Freytag*, DStR 96, 1367, 1369 mwN.

GmbH-Recht herauszubilden.[94] Insoweit sind insbes. die Rechtsprechungsregeln zum Eigenkapitalersatz zu erwähnen,[95] mit deren Fortgeltung trotz Erl. der Novellen-Regeln (§§ 32a/b GmbHG aF) in der GmbH-Novelle von 1980 der BGH eine Lücke im System des Gläubigerschutzes zu schließen beabsichtigte.[96] Ob der Gesetzgeber aus Gründen eines wirksamen Gläubigerschutzes bewusst Rspr. u. Rechtswissenschaft bei der Fortentwicklung des geltenden Rechts so wenig wie möglich einengen wollte,[97] ist zwar nicht eindeutig. Jedenfalls sollte die Rechtsfortbildung nicht allein Sache des parlamentarischen Gesetzgebers sein, so dass eine (zurückhaltende u.) flexible Weiterentwicklung durch die Rspr., geprägt durch Anregungen der Rechtswissenschaft, im Grundsatz zu begrüßen ist.[98]

3. Europäische Rechtsangleichung

Auch wenn die GmbH bislang nicht im Zentrum der Bemühungen der EU um eine Angleichung des Gesellschaftsrechts stand, wird sie doch durch eine Vielzahl europäischer Rechtsakte beeinflusst.[99] Rechtsangleichung iSd europäischen Bestrebungen im Gesellschaftsrecht ist va als Gleichwertigkeit der innerstaatlichen Regelungen statt Gleichheit zu verstehen.[100] Die Kenntnis der einschlägigen Richtlinien u. ihrer Umsetzung ist wegen des Gebots richtlinienkonformer Auslegung auch für die nationale Rechtsanwendung zwingend. 45

Mit Wirkung zum 20.7.2017 ist die **Gesellschaftsrechts-Richtlinie**[101] in Kraft getreten. Diese fasst verschiedene Richtlinien im Bereich des Gesellschaftsrechts zusammen. Sie tritt an die Stelle der früheren Bestimmungen der (Ersten) RL 2009/101/EG v. 16.9.2009 (Publizitäts-RL),[102] der (Zweiten) RL 2012/30/EU v. 25.10.2012 (Kapital-RL),[103] der (Dritten) RL 2011/35/EU v. 5.4.2011 (Verschmelzungs-RL),[104] der (Sechsten) 46

94 Instruktiv zur Rechtsfortbildung im Recht der GmbH durch Zusammenwirken von Gesetzgeber, Gerichten u. Rechtswissenschaft *K Schmidt*, JZ 09, 10 u. 15, der vom GmbH-Recht als „gesetzesgeleitete[m] Rechtsprechungsrecht" spricht; s. auch *Habersack*/Casper/Löbbe/*Ulmer* Rn. A 132 ff.

95 Genauer die Rechtsprechungsgrundsätze über kapitalersetzende Gesellschafterdarlehen, BGH NJW 84, 1891.

96 BGH NJW 84, 1891, 1892, wendet die Rechtsprechungsgrundsätze weiterhin an, da weder der Gesetzgeber habe erkennen lassen, dass er mit den Novellenregeln eine abschließende Regelung treffen wolle, noch einzig durch die Novellenregeln umfassender Gläubigerschutz gewährleistet wäre. Zu weiteren Gebieten der Rechtsfortbildung *K Schmidt*, JZ 09, 10, 15 mwN.

97 BGH NJW 84, 1891, 1892.

98 Vgl. auch *K Schmidt*, JZ 09, 10, 11 ff. *Fleischer*, GmbHR 09, 1, 11, spricht von einem „Kräftemessen zwischen Reformgesetzgeber und Rechtsprechung".

99 *Habersack*/Casper/Löbbe/*Ulmer* Rn. A 140. Umfassend zur Rechtsangleichung in der EU Habersack/Casper/Löbbe/*Behrens*/*Hoffmann* Rn. B 256 ff.; Lutter/*Hommelhoff* Rn. 41 ff.

100 Habersack/Casper/Löbbe/*Behrens*/*Hoffmann* Rn. B 257. Zur Rechtsangleichung in der EU eingehend MüKoBGB/*Kindler*, IntGesR Rn. 28 ff.

101 RL (EU) 2017/1132 des Europäischen Parlaments und des Rates über bestimmte Aspekte des Gesellschaftsrechts v. 14.6.2017, ABl. 2017 L 169, 46.

102 ABl. 2009 L 258, 11.

103 ABl. 2012 L 315, 74.

104 ABl. 2011 L 110, 1.

RL 82/891/EWG v. 17.12.1982 (Spaltungs-RL),[105] der (Zehnten) RL 2005/56/EG v. 26.10.2005 (RL über grenzüberschreitende Verschmelzungen)[106] u. der (Elften) RL 89/666/EWG v. 21.12.1989 (Zweigniederlassungs-RL),[107] ohne diese jedoch inhaltlich zu ändern. Zur besseren Orientierung enthält Anh. 4 der Gesellschaftsrechts-RL eine „Entsprechungstabelle", aus der sich entnehmen lässt, welche neu eingeführte Norm derjenigen der ersetzten Richtlinie entspricht. Weitere Ergänzungen stehen bereits mit Blick auf die digitale Gründung u. die erleichterte Durchführung grenzüberschreitender Verschmelzungen, Spaltungen u. Rechtsformwechsel im Binnenmarkt an. Denn die Änderungen, welche die Gesellschaftsrechts-RL 2019 aufgrund der Richtlinien zu Digitalisierung[108] u. Mobilität[109] (sog. „**EU Company Law Package**") erfahren hat, sind bis zum 1.8.2021 (Digitalisierung) bzw. 31.1.2023 (Mobilität) in nationales Recht umzusetzen.[110] Die Gesellschaftsrechts-RL flankiert eine Reihe weiterer Richtlinien. Von Relevanz sind va die RL 2013/34/EU über den Jahresabschluss, den konsolidierten Abschluss u. damit verbundene Berichte von Unternehmen bestimmter Rechtsformen v. 26.6.2013,[111] welche die vormalige Bilanz-RL 1978[112] u. die Konzernabschluss-RL 1983[113] zusammengeführt hat u. damit eine einheitliche u. abschließende Grundlage für die **Rechnungslegung** in der EU bildet, die (Achte) RL 2006/43/EG v. 17.5.2006 (Abschlussprüfer-RL)[114] u. die (Zwölfte) RL 2009/102/EG v. 16.9.2009 (Einpersonen-Gesellschafts-RL).[115]

46a Hinzuweisen ist in diesem Zusammenhang auch darauf, dass der deutsche Gesetzgeber angesichts des bevorstehenden „Brexit", also des Austritts des Vereinigten Königreichs aus der EU zum 31.1.20, bereits im Dezember 2018 ein Viertes Gesetz zur Änderung des Umwandlungsgesetzes[116] erlas-

---

105 ABl. 1982 L 378, 47.
106 ABl. 2005 L 310, 1.
107 ABl. 1989 L 395, 36.
108 RL (EU) 2019/1151 des Europäischen Parlaments und des Rates v. 20.6.2019 zur Änderung der Richtlinie (EU) 2017/1132 im Hinblick auf den Einsatz digitaler Werkzeuge und Verfahren im Gesellschaftsrecht, ABl. 2019 L 186, 80; dazu *Birkefeld/Schäfer*, BB 19, 2626; *Bormann/Stelmaszczyk*, NZG 19, 601; *Kindler*, DB 19, 1550; *Lieder*, NZG 20, 81; *Omlor*, DStR 19, 2544.
109 RL (EU) 2019/2121 des Europäischen Parlaments und des Rates v. 27.11.2019 zur Änderung der Richtlinie (EU) 2017/1132 in Bezug auf grenzüberschreitende Umwandlungen, Verschmelzungen und Spaltungen, ABl. 2019 L 321, 1; dazu *Bungert/Becker*, DB 19, 1609; *Kraft* BB 19, 1864; *Luy*, NJW 19, 1905; *Schulte*, NZG 20, 139; *Stelmaszczyk*, GmbHR 20, 61; *Teichmann*, NZG 19, 241.
110 Zum gesamten Company Law Package auch *Bayer/J Schmidt*, BB 19, 1922.
111 ABl. 2013 L 182, 19, zul. geänd. durch RL 2014/95/EU v. 22.10.2014, ABl. 2014 L 330, 1 u. RL 2017/828/EU v. 17.5.2017, ABl. 2017 L 132, 1; dazu etwa *Zwirner*, DStR 14, 439; *Verse/Wiersch*, EuZW 14, 375, 378; *Luttermann*, NZG 13, 1128.
112 ABl. 1978 L 222, 11.
113 ABl. 1983 L 193, 1.
114 ABl. 2006 L 157, 87; zul. geänd. durch die RL 2014/56/EU v. 16.4.2014, ABl. 2014 L 158, 196. Mit dieser RL wurde die frühere RL 84/253/EWG v. 10.4.1984, ABl. 1984 L 126, 20, aufgehoben.
115 ABl. 2009 L 258, 20, kodifizierte Neufassung der mehrfach geänd. RL 89/667/EWG v. 21.12.1989, ABl. 1989 L 395, 40.
116 BGBl. I 2018, S. 2694; dazu *Klett*, NZG 19, 292; *Lieder/Bialluch*, NJW 19, 805; *Luy*, DNotZ 19, 484; *Punte/Klemens*, GWR 19, 41.

sen hat. Dieses ergänzt §§ 122 a ff. UmwG um Vorschriften über die Hineinverschmelzung von Kapitalgesellschaften auf Personenhandelsgesellschaften. So können insbes. die Limited u. die PLC unter Nutzung eines Verschmelzungsverfahrens in eine KG, GmbH & Co. KG oder UG (haftungsbeschränkt) & Co. KG umgewandelt werden.[117]

Keine Rechtsangleichung wäre von der geplanten Europäischen Privatgesellschaft (Societas Privata Europaea – **SPE**) ausgegangen (→ Rn. 69). Vielmehr war die SPE als eigenständige Rechtsform speziell für kleine u. mittelständische Unternehmen geplant, deren Einführung jedoch gescheitert ist.[118] Ein neuer Impuls sollte aber von dem Vorschlag für eine Richtlinie über Gesellschaften mit beschränkter Haftung mit einem einzigen Gesellschafter (Societas Unius Personae – **SUP**) ausgehen.[119] Aber auch dieses Vorhaben wird derzeit nicht weiter verfolgt (hierzu → Rn. 70). 47

IV. Erscheinungsformen der GmbH

Der Ruf der GmbH als „**Allzweckinstrument**" wird durch ihre Zweckoffenheit, ihren Status als Kapitalgesellschaft sowie die weit reichende Gestaltungsfreiheit im Innenverhältnis begründet. Der rechtstatsächliche Befund (→ Rn. 17 ff.) deutet darauf hin, dass einzelne Erscheinungsformen den weit überwiegenden Teil der GmbH in Deutschland ausmachen. 48

1. Personalistische GmbH

Rechtstatsächlich dominiert die personalistisch ausgestaltete GmbH (→ Rn. 18). Hierunter ist eine GmbH mit meist nur wenigen Gesellschaftern zu verstehen, die unter Berücksichtigung gesellschafterlicher Gestaltungswünsche im Innenverhältnis dem Betrieb eines Unternehmens mittelständischer Prägung dient, in der zumindest einer der Gesellschafter auch als Geschäftsführer tätig ist. Weitere Gesellschafter sind häufig mittels Sitz im Aufsichts- oder Beirat in den Geschäftsbetrieb einbezogen. Vielfach werden – etwa zur Verankerung von Mitspracherechten der Familienstämme – im Innenverhältnis besondere Mitwirkungspflichten oder Veräußerungsbeschränkungen vereinbart.[120] Eine solche Ausgestaltung verdeutlicht, dass eine (personalistisch ausgestaltete) GmbH oft eher einer offenen Handels- oder Kommanditgesellschaft denn einer körperschaftlichen AG ähnelt. 49

2. Einpersonen-GmbH

GmbH mit nur einem Gesellschafter sind ebenfalls weit verbreitet (→ Rn. 17).[121] Zu einer Alleingesellschafterstellung kann es entweder durch Vereinigung aller Anteile in einer Hand nach Gründung oder von vornherein durch eine Einpersonen-Gründung kommen (vgl. § 1). Im Rechtsverkehr weist eine eingetragene Einpersonen-GmbH keine Unter- 50

117 BT-Drs. 19/5463, S. 1 f.
118 Dazu *Schumacher/Stadtmüller*, GmbHR 12, 682. Das Vorhaben wird nicht mehr weiterverfolgt, vgl. Anh. zu KOM (2013) 685 endg, 10.
119 KOM (2014) 212 endg.
120 *Michalski/J Schmidt*, Syst Darst 1 Rn. 29; *Ulmer* Rn. A 8.
121 MüKoGmbHG/*Fleischer* Rn. 41: 30–40 %.

schiede zur GmbH mit mehreren Gesellschaftern auf. Einzig im Innenverhältnis sind ggf. Sonderregeln zu beachten (vgl. § 48 III). Eine GmbH mit Alleingesellschafter ist wirtschaftlich va in zwei Konstellationen anzutreffen: Zum einen bei alleiniger Führung der Geschäfte mit Wunsch der Haftungsprivilegierung (bspw. bei Ausscheiden des vorherigen Geschäftspartners oder vorherigen Betriebs eines einzelkaufmännischen Unternehmens) u. andererseits bei Konzernstrukturen, wenn die Muttergesellschaft häufig alleinige Gesellschafterin mehrerer Töchter(-GmbH) ist (bspw. bei Trennung von Konzernsegmenten oder Trennung von Produktion u. Vertrieb).

3. GmbH im Konzern

51 Bei der Gestaltung von Unternehmensverbindungen wird idR auf die GmbH zurückgegriffen.[122] So kann die GmbH kostengünstig u. aufgrund des flexiblen Innenverhältnisses den jeweiligen Konzerngegebenheiten entspr. als Mutter-, Tochter- sowie Schwestergesellschaft oder als Holdinggesellschaft eingesetzt werden, die zudem bei Rückgriff auf sog. Vorratsgesellschaften kurzfristig einsetzbar ist. Auch die Weisungsgebundenheit der Geschäftsführer ggü. den Gesellschaftern u. ihr Status als Kapitalgesellschaft lassen die GmbH zu einer attraktiven Wahl bei abhängigen oder beherrschten Konzernunternehmen werden (Anh. zu § 13 Konzernrecht → Rn. 3). Mangels eigenem Konzernrecht der GmbH greifen Rspr. u. Schrifttum idR auf eine entspr. Anwendung des aktienrechtlichen Konzernrechts zurück (Anh. zu § 13 Konzernrecht → Rn. 6).

4. GmbH & Co. KG

52 In der Praxis ist der Einsatz der GmbH als Geschäftsführungsinstrument bzw. Komplementärin bei einer GmbH & Co. KG verbreitet (→ Rn. 18).[123] Auch diese Erscheinungsform wird maßgeblich durch die Flexibilität der GmbH ermöglicht, va weil die Beteiligungsquoten bei der GmbH idR häufig exakt mit den Beteiligungen der Kommanditisten übereinstimmen sollen. Es besteht bei dieser Verbindung von Kapital- u. Personengesellschaft idR Personenidentität zwischen Gesellschaftern u. Kommanditisten. Wirtschaftlich wird eine solche Gestaltung va wegen der durch die Verwendung einer GmbH möglichen Haftungsbeschränkung des iÜ unbeschränkt haftenden Komplementärs nachgefragt. Daneben können sich wegen der Besteuerung der KG als Personengesellschaft auch steuerliche Vorteile ergeben.[124] Auch die UG (haftungsbeschränkt) & Co. KG (→ § 5 a Rn. 29) findet zunehmend Verwendung, während die Verbreitung der Limited & Co. KG (→ Rn. 68) abnimmt.[125] Zum 1.1.19 ist der Bestand an UG & Co. KGs mittlerweile fast fünfmal so hoch wie der an Limited & Co. KGs.[126]

---

122 *Wicke* Rn. 11; *Habersack*/Casper/Löbbe/*Ulmer* Rn. A 122; MüKoGmbHG/*Fleischer* Rn. 47.
123 Zur Entwicklung *Fleischer*/*Wansleben*, GmbHR 17, 169 ff.
124 *Michalski*/*J Schmidt*, Syst Darst 1 Rn. 34; MüKoGmbHG/*Fleischer* Rn. 308.
125 *Kornblum*, GmbHR 19, 689, 690.
126 *Kornblum*, GmbHR 19, 689, 690.

5. GmbH & Still

Wie bei der Gestaltung der GmbH & Co KG versucht die Verknüpfung von GmbH u. stiller Gesellschaft (§§ 230 ff. HGB), Elemente des Personengesellschaftsrechts sowie steuerliche Vorteile mit den Vorteilen der GmbH zu verbinden. Bei einer GmbH & Still beteiligen sich natürliche Personen – idR die Gesellschafter der GmbH – als stille Gesellschafter am Handelsgewerbe der GmbH.[127] Die Gestaltung kann haftungs- sowie steuerrechtliche Vorteile aufweisen.[128] 53

V. GmbH und ausländische Rechtsordnungen

Die GmbH hat auch im ausländischen Geschäftsverkehr erhebliche Bedeutung. So führte sie als „unser erfolgreichster Exportartikel auf dem Gebiete des Rechts"[129] zur Einführung ähnlicher Kapitalgesellschaftsformen in vielen anderen Ländern.[130] 54

1. Ausländische Rechtsordnungen und GmbH-Recht

Eine wirksam nach ihrem jeweiligen Recht gegründete u. eingetragene, ausländische juristische Person, die ihren Satzungs- u. Verwaltungssitz im Ausland hat, wird im inländischen Geschäftsverkehr von der Rspr. als rechts- u. parteifähig anerkannt u. bedarf keiner besonderen formellen Anerkennung.[131] Zur Frage nach dem anwendbaren Recht auf eine nach ausländischem Recht gegründete Gesellschaft, die ihren tatsächlichen (Verwaltungs-)Sitz jedoch in Deutschland hat, → Rn. 57 ff. 55

Ausländische juristische u. natürliche Personen können unproblematisch eine deutsche GmbH gründen u. sich daran beteiligen. Ebenso kann eine inländische GmbH im Ausland tätig werden – sei es im Geschäftsverkehr, sei es bei der Gründung dortiger Gesellschaften – u. wird dabei grds. anerkannt. Ggf. gesondert zu beurteilen ist die Frage der Notwendigkeit hoheitlicher Genehmigungen zum Tätigwerden im ausländischen (nicht EU/EWR, wo keine Genehmigung erforderlich ist) Umfeld. Dies ist nach dem jeweiligen nationalen Recht zu beurteilen. Zur Verlegung des tatsächlichen (Verwaltungs-)Sitzes einer deutschen GmbH ins Ausland → Rn. 65. 56

2. Anwendbares Recht auf ausländische Gesellschaft mit Inlandssitz

Übt eine eingetragene Gesellschaft ihre Tätigkeit schwerpunktmäßig außerhalb desjenigen Landes aus, in dem sie gegründet u. ins Register eingetragen wurde – also bei Auseinanderfallen von Satzungs- u. Verwaltungssitz –, stellt sich die Frage nach dem auf sie anwendbaren Recht. Dabei sind Gesellschafts- bzw. Personalstatut des **Internationalen Privatrechts** zu ermitteln. 57

---

127 *Michalski/J Schmidt*, Syst Darst 1 Rn. 40.
128 Eingehend MüKoHGB/*K Schmidt*, § 230 Rn. 87 mwN.
129 Lutter/*Hommelhoff* Rn. 52; vgl. auch MüKoGmbHG/*Fleischer* Rn. 210.
130 Nachweise bei Lutter/*Hommelhoff* Rn. 52; *Lutter*, GmbHR 05, 1 ff.; *Habersack*/Casper/Löbbe/*Ulmer* Rn. A 7 a.
131 OLG Frankfurt NZG 99, 1097; Lutter/*Hommelhoff* Rn. 54 mwN; Baumbach/Hueck/*Fastrich* Rn. 61.

58 Nach deutscher Rspr. soll bei Auseinanderfallen von Satzungs- u. Verwaltungssitz dasjenige Recht Anwendung finden, in dessen Geltungsbereich die Gesellschaft ihren tatsächlichen Sitz – idR die Hauptverwaltung – hat (**Sitztheorie**).[132] Dies hat bei ausländischen Gesellschaften, die ihren tatsächlichen Sitz nach Deutschland verlegen, insbes. zur Folge, dass mangels Einhaltung der Gründungsvorschriften für eine deutsche Kapitalgesellschaft die Haftungsbeschränkung auf das Gesellschaftsvermögen entfällt.[133] Mit dieser Rspr. sollte va eine Umgehung der inländischen Kapitalaufbringungs- u. Gläubigerschutzvorschriften verhindert werden.[134]

59 Als alternativer Anknüpfungspunkt für das Gesellschaftsstatut kommt diejenige Rechtsordnung in Betracht, nach der die Gesellschaft gegründet wurde (**Gründungstheorie**).[135] Die Gründungstheorie bietet ein einfaches u. einheitlich anwendbares Kriterium zur Ermittlung des anwendbaren Personalstatuts an, da das Gründungsland durch Dokumente leicht feststellbar ist. Zudem kann so die Rechtssicherheit bei einmal erfolgter, erfolgreicher Gründung einer Gesellschaft erhöht werden. Freilich steht man der Gründungstheorie in Deutschland bisher weitgehend krit. ggü.[136]

60 Die Vorherrschaft der Sitztheorie in der – entscheidend von Schutzüberlegungen geprägten – höchstrichterlichen Rspr. wurde maßgeblich durch die Rspr. des **EuGH** zur Niederlassungsfreiheit für Gesellschaften aus Mitgliedstaaten der EU (u. aus dem EWR) eingeschränkt (→ Rn. 62 ff.). Schließlich sollte ein zwischenzeitlich (geplantes) **Gesetz zum IPR der Gesellschaften**[137] aufgrund Art. 10 I EGBGB-RefE die Geltung der Gründungstheorie für den deutschen Rechtsraum festlegen. Ob eine gesetzliche Festschreibung der Gründungstheorie erfolgt, ist jedoch nicht abzusehen.[138] Der BGH hält bislang daran fest, die Gründungstheorie für ausländische Gesellschaften nicht anzuerkennen.[139]

61 Auch **Staatsverträge** können eine Anknüpfung an das Gründungsstatut bewirken.[140] Dies hat zur Folge, dass zZ einzig Gesellschaften aus Ländern,

---

132 RGZ 117, 215, 217; BGH NJW 86, 2194, 2195; Baumbach/Hueck/*Fastrich* Rn. 63; umfassend MüKoBGB/*Kindler*, IntGesR Rn. 420 ff.; Michalski/*Leible* Syst Darst 2 Rn. 4 ff.

133 BGH NJW 09, 289, 291 („Trabrennbahn").

134 MüKoBGB/*Kindler*, IntGesR Rn. 423, spricht treffend von einem „Wächteramt" des betroffenen Staates; vgl. auch *H P Westermann*, GmbHR 05, 4, 9 ff.

135 Zu dieser vornehmlich aus dem US-amerikanischen Rechtskreis stammenden Theorie MüKoBGB/*Kindler*, IntGesR Rn. 359 ff. mwN; Michalski/*Leible* Syst Darst 2 Rn. 7 ff.; teils im Schrifttum vertreten, s. nur Habersack/Casper/Löbbe/*Behrens/Hoffmann* Rn. B 51 ff.

136 Zur Kritik an der Gründungstheorie MüKoBGB/*Kindler*, IntGesR Rn. 368 ff.

137 Referentenentwurf eines Gesetzes zum Internationalen Privatrecht der Gesellschaften, Vereine und juristischen Personen; dazu im Überblick Michalski/*Leible* Syst Darst 2 Rn. 16 ff.

138 BT-Drs. 16/11004, S. 7 f.

139 Im Fall einer schweizerischen AG, BGH NJW 09, 289 („Trabrennbahn"), dazu *R Koch/Eickmann*, AG 09, 73.

140 Zu nennen ist insbes. der Freundschafts-, Handels- und Schifffahrtsvertrag zwischen der Bundesrepublik Deutschland und den Vereinigten Staaten von Amerika v. 29.10.54, BGBl. II, S. 56, 487, der grds. die wechselseitige Anwendung der Gründungstheorie festlegt. Zum Ganzen u. mwN zu geschlossenen Staatsverträgen MüKoBGB/*Kindler*, IntGesR Rn. 328 f., 333 ff.

die weder der EU oder dem EWR angehören (hierzu → Rn. 64), noch entspr. bilaterale Staatsverträge mit Deutschland geschlossen haben, der Sitztheorie unterfallen.

3. Niederlassungsfreiheit

Die Rspr. des **EuGH** zur Niederlassungsfreiheit, Artt 49, 54 AEUV (ex Artt 43, 48 EG), hat die Freizügigkeit von Gesellschaften innerhalb der EU gestärkt. Sie betraf va mitgliedstaatliche Weg- u. Zuzugsbeschränkungen. Die **Zuzugsfreiheit** von Gesellschaften erkannte der EuGH in seinen Urteilen *Centros*,[141] *Überseering*[142] und *Inspire Art*[143] ausdrücklich an. Nationalen Regelungen, die in Mitgliedstaaten gegründeten Gesellschaften nach der **Verlegung ihres Geschäftssitzes** in einen anderen Mitgliedstaat die Partei- oder Rechtsfähigkeit verwehrten, versagte das Gericht angesichts von Artt 49, 54 AEUV die Anerkennung. Die Rechts- u. Parteifähigkeit müsse nach dem Recht des Gründungsstaates beurteilt werden. Auch in den Fällen grenzüberschreitender Umwandlungen misst der EuGH die Vorschriften des Aufnahmestaates am Maßstab der Niederlassungsfreiheit. Artt 49, 54 AEUV stehen danach zum einen nationalen Regelungen entgg., die pauschal die Verschmelzung von Gesellschaften aus dem EU-Ausland ausschließen (so das in der Rechtssache *Sevic*[144] betroffene frühere deutsche Umwandlungsrecht). Gleiches gilt nach dem Urteil *VALE*[145] für nationale Vorschriften, die den Formwechsel von EU-Auslandsgesellschaften – also iErg die **Verlegung des Satzungssitzes** – nicht zulassen. Mit der Entscheidung ***Polbud***[146] hat der EuGH inzwischen die Zulässigkeit der Verlegung allein des Satzungssitzes bestätigt, also die Frage bejaht, ob auch der Wechsel in das Rechtskleid einer Gesellschaft des Zielstaats unter Beibehaltung des tatsächlichen (Verwaltungs-)Sitzes im Herkunftsstaat der Niederlassungsfreiheit unterfällt.[147] Der EuGH[148] hat die Wahl der Rechtsform eines anderen Staates u. damit die Möglichkeit der isolierten Satzungssitzverlegung auch unabhängig von einer wirtschaftlichen Tätigkeit im Aufnahmemitgliedstaat als Form der Ausübung der Niederlassungsfreiheit anerkannt. Das ist insofern bemerkenswert, als diese Grundfreiheit nicht die freie Wahl der anwendbaren Rechtsordnung, sondern gerade die Möglichkeit der Ausübung wirtschaftlicher Tätigkeit in jedem Mitgliedstaat gewährleistet.[149] Dem tragen auch die 2019 erfolgten Änderungen der Gesellschaftsrechts-RL Rechnung (→ Rn. 46). 62

Anders gestaltet sich die Rechtslage beim **Wegzug:** Unter Aufrechterhaltung der in der Entscheidung *Daily Mail*[150] zum Ausdruck gekommenen 63

---

141 EuGH v. 9.3.99 – Rs C-212/97, NJW 99, 2027.
142 EuGH v. 5.11.02 – Rs C-208/00, NJW 02, 3614.
143 EuGH v. 30.9.03 – Rs C-167/01, NJW 03, 3331.
144 EuGH v. 13.12.05 – Rs C-411/03, NJW 06, 425.
145 EuGH v. 12.7.12 – Rs C-378/10, NJW 12, 2715.
146 EuGH v. 25.10.17 – Rs C-106/16, NJW 17, 3639.
147 Zum bisherigen Meinungsstand in Deutschland *Kieninger*, NJW 17, 3624, 3626.
148 EuGH v. 25.10.17 – C-106/16, NJW 17, 3639.
149 Zur Kritik etwa *Stelmaszczyk*, EuZW 17, 890, 893.
150 EuGH v. 27.9.88 – Rs C-81/87, NJW 89, 2186, noch zu Artt 52, 58 EWGV.

Grundsätze entschied der EuGH in der Rechtssache *Cartesio*,[151] dass Artt 49, 54 AEUV nationalen Rechtsvorschriften nicht entgegenstehen, die eine nach nationalem Recht gegründete Gesellschaft daran hindern, ihren Geschäftssitz identitätswahrend in einen anderen Mitgliedstaat zu verlegen (s. dazu aber auch sogleich → Rn. 65).

64 Auch Gesellschaften aus dem Gebiet des **EWR** unterliegen dem og Schutz u. sind entspr. ihres Gründungsstatuts zu beurteilen.[152] Der BGH folgte in seiner weiteren Rspr. den Vorgaben des EuGH u. setzte die Niederlassungsfreiheit für Gesellschaften aus dem EU-Ausland um.[153] Soweit (noch) möglich, wendet der BGH allerdings weiterhin die Sitztheorie an (→ Rn. 61).

4. Sitzverlegung einer inländischen GmbH ins Ausland

65 Ungeachtet der bisherigen Rspr. u. des Fehlens entspr. IPR-Regelungen (→ Rn. 60), regelt das MoMiG (→ Rn. 8 ff.) die **Wegzugsfreiheit** der deutschen GmbH.[154] § 4 a bestimmt, dass sich der Verwaltungssitz einer deutschen GmbH auch im Ausland befinden kann, solange nur der Satzungssitz nach wie vor einen Ort im Inland bezeichnet (→ § 4 a Rn. 10 f.). Hiermit wurde erstmals die identitätswahrende, grenzüberschreitende (Verwaltungs-)Sitzverlegung einer deutschen GmbH ermöglicht. Dies soll va die Attraktivität der GmbH im grenzüberschreitenden Rechtsverkehr u. als Tochtergesellschaft in Konzernunternehmen erhöhen.[155] Andererseits können insolvenzreife GmbH ihren Sitz nun gezielt in Länder mit weniger strengem Insolvenzrecht verlegen. Ob solche Verlegungen in der Praxis tatsächlich stattfinden werden u. welche Folgen sie ggf. nach sich ziehen, muss abgewartet werden.

VI. Die GmbH im Wettbewerb der Rechtsordnungen

1. Einfluss des Wettbewerbsgedankens

66 Die GmbH ist als Gesellschaftsform etabliert. Diese Rechtsform sowie vergleichbare Kapitalgesellschaftsmodelle anderer Länder sind aus den Rechtsordnungen nicht mehr hinwegzudenken. Die GmbH sah sich jedoch in jüngerer Zeit einer starken Konkurrenz ausländischer Kapitalgesellschaftsformen ausgesetzt. Aufgrund der europarechtlich garantierten Zuzugsfreiheit (→ Rn. 62) hatten sich insbes. Rechtsformen, die wie die Limited (→ Rn. 67) ein geringeres oder gar kein Mindeststammkapital kennen u. sich durch geringeren Gründungsaufwand auszeichnen, in Deutschland angesiedelt.[156] Beflügelt durch die europaweite Etablierung der Gründungstheorie (→ Rn. 59 ff.) entstand bereits ein Wettbewerb der

151 EuGH v. 16.12.08 – Rs C-210/06, NJW 09, 569.
152 Für den Fall einer liechtensteinischen AG BGH NJW 05, 3351.
153 BGH NJW 03, 1461; 05, 1648; vgl. auch BGH NZG 04, 1001; MüKoBGB/*Kindler*, IntGesR Rn. 154 ff.
154 Zur umstr. früheren Rechtslage Lutter/Hommelhoff/*Bayer* § 4 a Rn. 14 ff. mwN.
155 Begr. RegE BT-Drs. 16/6140, S. 25, 29 f.
156 Zu Problemen sog. „pseudo-foreign companies“ bzw. „Scheinauslandsgesellschaften“, die in ihrem Gründungsland nie wirkliche Geschäftstätigkeit entfalteten u. einzig zur Erlangung eines anderen Gründungsrechts genutzt wurden, MKAktG/*Ego*, Europ Aktienrecht, B. Europ Niederlassungsfreiheit Rn. 42, 341 f.

Gesellschaftsformen.[157] Ein solcher Wettbewerb ist aus Sicht der nachfragenden Unternehmensgründer zu begrüßen. Es entsteht trotz aller noch bestehenden Schranken ein gewisser Modernisierungsdruck, der in Deutschland maßgeblichen Anteil an der Modernisierung des GmbH-Rechts (→ Rn. 13) u. der Einführung der UG (haftungsbeschränkt) hatte (→ Rn. 71 ff.). Die Befürchtungen eines *„race to the bottom"*[158] haben sich letztlich nicht bewahrheitet. Insofern sollten die weiteren Auswirkungen dieses Wettbewerbs abgewartet werden.[159] Erst die Befassung mit Alternativen zum System des Gläubigerschutzes bei der GmbH macht deutlich, wo Stärken u. Schwächen des deutschen Ansatzes liegen u. wie dieser zukünftig gesetzgeberisch effizienter gestaltet werden kann. Die jetzige Konkurrenzsituation von GmbH, UG (haftungsbeschränkt), Limited u. künftig möglicherweise auch der SUP dürfte in einigen Jahren deutlich zeigen, welche Gesellschaftsformen aus welchen Gründen bevorzugt werden.

2. GmbH und Limited

Das oft angeführte Paradebeispiel[160] für eine effizientere Rechtsform, die *private company limited by shares*, deren Mindeststammkapital u. Gründungsvorschriften ggü. einer GmbH vorzugswürdig seien, hat sich in Deutschland trotz eines im Vergleich zum GmbHG deutlich umfangreicheren Regelungswerks mit 1.300 Paragrafen (**Companies Act 2006**) etablieren können.[161] Zum 1.1.19 beteiligen sich wohl rund 6.800 Limited am deutschen Rechtsverkehr.[162] Insbes. nach Einführung der UG (haftungsbeschränkt) (→ Rn. 71 ff.) ist deren Zahl rückläufig.[163] Schon zum 1.1.15 gab es mehr als zehnmal so viele UG wie Limited (→ Rn. 20).[164] 67

Angesichts der Komplexität des Zusammenspiels von englischem u. deutschem Gesellschaftsrecht ist es nicht überraschend, dass die Zahl der **Limited & Co KG** abnimmt, während die UG & Co KG zunehmende Ver- 68

157 Grdl. zur Betrachtung des deutschen Gesellschaftsrechts im Wettbewerb der Rechtsordnung *Eidenmüller*, in: Eidenmüller (Hrsg.), Ausländische Kapitalgesellschaften im deutschen Recht, 04, § 1 Rn. 10 ff.; *ders.*, ZIP 02, 2233, 2235 ff.; *Mellert/Verfürth*, Wettbewerb der Gesellschaftsformen, 06, S. 237 ff.; s. auch *H P Westermann*, GmbHR 05, 4; krit. MüKoBGB/*Kindler*, IntGesR Rn. 149 ff.

158 So noch BGH NZG 00, 926, 927; s. auch MüKoBGB/*Kindler*, IntGesR Rn. 149 ff.; krit. zum *„race to the bottom"* *Eidenmüller*, ZIP 02, 2233, 2236 f.

159 Instruktiv zum Ganzen *Eidenmüller*, in: Eidenmüller (Hrsg.), Ausländische Kapitalgesellschaften im deutschen Recht, 04, § 1 Rn. 17 ff., sowie zur theoretischen Grundlage eines wohlfahrtssteigernden Wettbewerbs *ders.*, ZIP 02, 2233, 2235; dies begrüßend *H P Westermann*, GmbHR 05, 4, 7.

160 Lutter/Hommelhoff/*Bayer*, 18. Aufl. 12, Anh. II zu § 4 a Rn. 1 mwN spricht von einem „Limited-Boom".

161 Das englische Gesellschaftsrecht ist, anders als im common law üblich, stark kodifiziert. Zu weiteren Rechtsquellen neben dem Companies Act *Just*, Die englische Limited in der Praxis, 3. Aufl. 08, Rn. 15 ff.; MüKoGmbHG/*Fleischer* Rn. 217 ff.; Lutter/Hommelhoff/*Bayer*, 18. Aufl. 12, Anh. II zu § 4 a Rn. 2.

162 *Kornblum*, GmbHR 19, 689, 690.

163 So gab es zum 1.1.15 noch 9.700 in Deutschland eingetragene Limited, *Kornblum*, GmbHR 15, 687, 688. Sa *Niemeier*, Status:Recht 09, 165.

164 *Kornblum*, GmbHR 15, 687, 688.

breitung findet.[165] So birgt die Verwendung englischer Gesellschaftsformen Risiken hins. der Haftung der *directors* u. ggf. auch der Gesellschafter. Außerdem ist eine Haftung wegen *fraudulent* oder *wrongful trading* zu beachten.[166] Hinzu treten Unwägbarkeiten eines bevorstehenden Austritts des Vereinigten Königreichs aus der EU (dazu bereits (→ Rn. 46), welche die Risiken einer Nutzung der Limited in Deutschland erheblich erhöhen.[167]

3. GmbH und Europäische Gesellschaftsformen (SPE und SUP)

69 Die Europäische Kommission hatte bereits 2008 den Entwurf einer Verordnung über die Europäische Privatgesellschaft (**Societas Privata Europaea – SPE**) vorgestellt.[168] Seither wurden unter französischer, tschechischer, schwedischer u. ungarischer Ratspräsidentschaft Änderungs- u. Kompromissvorschläge unterbreitet, über die letztlich keine Einigung erzielt werden konnte.[169] Die SPE sollte kleinen u. mittelständischen Unternehmen (KMU) die Geschäftstätigkeit mit grenzüberschreitendem Bezug im Binnenmarkt erleichtern u. deren Marktleistung verbessern. Ein flexibler gesellschaftsrechtlicher Rahmen, der speziell auf die Bedürfnisse von KMU zugeschnitten ist, sollte die nicht unerheblichen Kosten einer grenzüberschreitenden Tätigkeit aufgrund Gründung u. Betrieb verschiedener nationaler Gesellschaftsformen senken. Mit ihrer Einführung wäre die SPE eher in direkte **Konkurrenz** zur GmbH als zur UG (haftungsbeschränkt) getreten, da SPE wie auch GmbH eine gewisse Seriosität vermitteln – bei der GmbH durch ein Mindeststammkapital, bei der SPE durch höheren Beratungs- u. Gründungsaufwand.[170] Beide erschienen auch als geeignete Rechtsform für Akquisitionsvehikel sowie Konzernunternehmen.

Besondere Relevanz wies der fehlende **Mehrstaatlichkeitsbezug** im Verordnungsentwurf auf.[171] Dies hätte bedeutet, dass die (Neu-)Gründung einer SPE auch bei rein nationalem Tätigwerden möglich gewesen wäre. Dies wurde von einigen Mitgliedstaaten als Angriff auf nationale Gesellschaftsformen gewertet. Ein Mehrstaatenerfordernis hätte demggü. die Effektivität der SPE erheblich beeinträchtigt. Die Kommission hat den Entwurf inzwischen endgültig zurückgezogen, so dass die SPE rechtspolitisch va aufgrund von Unstimmigkeiten auf dem Gebiet der Mitbestimmung als gescheitert angesehen werden kann.[172]

---

165 Nach den Zahlen von *Kornblum*, GmbHR 19, 689, 690 stieg die Zahl der UG & Co KG im Vergleich von 2017 zu 2018 um 7,13 % an, während sich die Zahl der Limited & Co KG um 6,61 % verringerte.

166 Zum Ganzen Henssler/Strohn/*Servatius*, Int. GesR, Rn. 110 ff., 165 ff.

167 Ausf. *Seggewiße/Weber*, GmbHR 16, 1302 ff.; *Bauerfeind/Tamcke*, GmbHR 19, 11 ff.

168 KOM (2008) 396 endg; das Europäische Parlament hat den Verordnungsvorschlag am 10.3.09 in geänderter Fassung gebilligt.

169 S. dazu *Schumacher/Stadtmüller*, GmbHR 12, 682 mwN.

170 *Cannivé/Seebach*, GmbHR 09, 519, 526.

171 Vgl. dazu *Cannivé/Seebach*, GmbHR 09, 519, 520, mit weiteren Literaturnachweisen zur SPE.

172 Anh. zu KOM (2013) 685 endg, 10; MüKoGmbHG/*Fleischer* Rn. 271; zur Frage eines neuen Anlaufs zur Schaffung einer SPE *Harbarth*, GmbHR 18, 657 ff.; *Teichmann*, GmbHR 18, 713 ff.; *Schubel*, GmbHR 18, 769 ff. u. *Brandes*, GmbHR 18, 825 ff.

Auch der im April 2014 von der Kommission vorgelegte Vorschlag für eine Europäische Einpersonengesellschaft (Societas Unius Personae – SUP)[173] als Alternative zur gescheiterten SPE wird derzeit nicht weiterverfolgt[174] u. muss wohl ebenfalls als gescheitert angesehen werden.[175] Das Vorhaben hatte im Schrifttum eine Reihe krit. Stellungnahmen hervorgerufen.[176] Die SUP sollte keine supranationale Rechtsform darstellen, sondern iRd Neufassung der Einpersonengesellschafts-RL (2009/102/EG) eine Unterform der inländischen GmbH ohne Mindestkapital bilden. Die Rechtsform sollte als rechtsfähige Körperschaft mit nur einem Gesellschafter konzipiert sein u. auf kleinere u. mittlere Unternehmen (KMU) abzielen, um diesen die Gründung von Gesellschaften im Ausland zu erleichtern.[177] Dazu sollte insbes. ein auch vom Ausland her zugängliches Online-Gründungsverfahren dienen.[178] 70

4. Ausweg Unternehmergesellschaft (haftungsbeschränkt)?

Der deutsche Gesetzgeber hat die UG (haftungsbeschränkt) (→ § 5 a Rn. 1 ff., dort auch zur **UG & Co KG**) eingeführt, um dem „Druck auf Absenkung oder gänzlichen Verzicht auf ein Mindeststammkapital"[179] der GmbH zu begegnen. Die UG (haftungsbeschränkt) stellt als „GmbH in der Variante der haftungsbeschränkten Unternehmergesellschaft"[180] einen **Kompromiss** zwischen Forderungen nach einem Verzicht auf das Mindeststammkapital sowie der Bewahrung des Renommees der klassischen GmbH dar.[181] 71

Der Beitrag des deutschen Gesetzgebers zum Wettbewerb der Gesellschaftsformen wurde auf dem deutschen Rechtsmarkt begierig aufgenommen. Mit über 143.000 **Gründungen** bis zum 1.1.19 hat sich die UG (haftungsbeschränkt) am Markt etabliert.[182] Nach absoluten Zahlen sind die Unternehmensgründungen aber wohl nicht gestiegen. Vielmehr scheint die UG einfacher als bisher die GmbH zur Vermeidung der persönlichen Haftung genutzt zu werden.[183] Die **Kapitalisierung** der UG (haftungsbeschränkt) dürfte sich in der Praxis als dürftig erweisen. So haben wohl 60 % der bisher gegründeten UG (haftungsbeschränkt) nur ein Stammkapital von bis zu 1.000 EUR.[184] 72

173 Vorschlag v. 9.4.2014 KOM(2014) 212, http://eur-lex.europa.eu/legal-content/DE/TXT/HTML/?uri=CELEX:52014PC0212&from=DE (abgerufen 23.7.2019).
174 *Hirte*, NJW 17, 1213, 1215; *Bayer/Schmidt*, BB 17, 2114, 2118.
175 *Habersack/Verse*, Europäisches Gesellschaftsrecht, 5. Aufl. 19, § 10 Rn. 24.
176 S. *Wicke*, ZIP 14, 1414; *Jung*, GmbHR 14, 579; *Drygala*, EuZW 14, 491; *Omlor*, NZG 14, 1137; *Dreher*, NZG 14, 967; *Ries*, NZG 14, 569; vgl. auch *Bayer/Schmidt*, BB 15, 1731, 1733 f.
177 Dazu krit. *Kindler*, ZHR 179 (15), 330; *Hommelhoff*, GmbHR 14, 1065, 1075 sowie im Überblick *Beurskens*, GmbHR 14, 738; *Omlor*, NZG 14, 1137.
178 Dazu *Drygala*, EuZW 14, 491, 493 f.
179 Begr. RegE MoMiG, BT-Drs. 16/6140, S. 25.
180 Begr. RegE MoMiG, BT-Drs. 16/6140, S. 31.
181 S. auch *Wicke* § 5 a Rn. 1; Roth/*Altmeppen* § 5 a Rn. 1.
182 *Kornblum*, GmbHR 19, 689, 690.
183 Vgl. *Bayer/Hoffmann/Lieder*, GmbHR 10, 9, 10.
184 *Bayer/Hoffmann/Lieder*, GmbHR 10, 9, 11.

73 Als führend im „*race to the bottom*" wird man die UG (haftungsbeschränkt) dennoch nicht bezeichnen können (s. auch → § 5 a Rn. 1).[185] Statistische Auswertungen weisen naturgemäß Verzerrungen auf, da zunächst diejenigen Gründer eine UG (haftungsbeschränkt) bevorzugen, die anderweitig keine Möglichkeit zur Aufnahme eines Geschäftsbetriebes sehen. Ob die UG (haftungsbeschränkt) eine Erfolgsgeschichte wird oder das Potenzial unsolider u. unseriöser Gründungen erhöht, wird sich erst im Laufe der Zeit zeigen. Bis dahin wird der Markt ein jedenfalls im Vergleich zur GmbH erhöhtes Ausfallrisiko beim Geschäftsverkehr mit einer UG (haftungsbeschränkt) einzupreisen haben.[186]

VII. Steuerrecht

74 Das Steuerrecht der GmbH als Kapitalgesellschaft ist von **wechselnden Besteuerungssystemen** geprägt.[187] Der ursprünglichen Doppelbesteuerung von Gesellschaft (Körperschaftsteuer) u. Gesellschafter (Einkommensteuer auf ausgeschüttete Gewinne) folgte nach der Körperschaftsteuer-Reform 1976 das Vollanrechnungssystem (volle Anrechnung der Körperschaftsteuer auf die Einkommensteuer). Durch die Unternehmenssteuerreform 2001 wurde dann das Halbeinkünfteverfahren eingeführt, was wiederum zum 1.1.08 bzw. 2009 zugunsten der **Doppelbesteuerung** aufgegeben wurde.

75 Der Gewinn der GmbH wird auf Ebene der Gesellschaft mit **Körperschaftsteuer** (§ 23 I KStG,[188] zzgl. Solidaritätszuschlag) belegt. Auf Ebene des Gesellschafters hängt die Besteuerung der Ausschüttung davon ab, ob der Gesellschafter natürliche oder juristische Person ist. Hält eine natürliche Person die Beteiligung im Privatvermögen, fällt auf die Ausschüttung **Abgeltungsteuer** (§§ 3 Nr. 40, 32 d EStG,[189] zzgl. Solidaritätszuschlag) an. Im Betriebsvermögen unterliegt die Ausschüttung dem **Teileinkünfteverfahren** (§ 3 Nr. 40 EStG). Für eine Kapitalgesellschaft ist die Ausschüttung als Dividende zu 95 % **steuerfrei**. Zudem zahlt die GmbH an ihre Kommune **Gewerbesteuer**, deren Höhe vom Hebesatz abhängt.

---

185 Vgl. *Bayer/Hoffmann/Lieder*, GmbHR 10, 9, 12 f.
186 Ein eher positives Fazit ziehen *Bayer/Hoffmann*, GmbHR 18, 1156 ff. u. *Knaier*, GmbHR 18, 1181 ff.
187 Übersicht zur Besteuerung der GmbH bei *Seer*, GmbHR 09, 1036 ff. („es wurde viel geändert, aber nur wenig erreicht"); *Kußmaul/Meyering/Schwarz*, GmbHR 16, 385 ff.; ausf. MünchHdbGmbH/*Busch* § 58; aktuell *Schwedhelm/Olbing/Binnewies*, GmbHR 18, 1233.
188 Körperschaftsteuergesetz v. 15.10.02, BGBl. I, S. 4144.
189 Einkommensteuergesetz v. 8.10.09, BGBl. I, S. 3366.

Gesetz betreffend die Gesellschaften mit beschränkter Haftung (GmbHG)

In der Fassung der Bekanntmachung vom 20. Mai 1898[1] (RGBl. S. 846) (BGBl. III/FNA 4123-1)
zuletzt geändert durch Art. 10 G zur Umsetzung der Zweiten ZahlungsdiensteRL vom 17. Juli 2017 (BGBl. I S. 2446)

Abschnitt 1 [2]Errichtung der Gesellschaft

§ 1 Zweck; Gründerzahl

Gesellschaften mit beschränkter Haftung können nach Maßgabe der Bestimmungen dieses Gesetzes zu jedem gesetzlich zulässigen Zweck durch eine oder mehrere Personen errichtet werden.

Schrifttum

Fleischer/Wansleben, Die GmbH & Co. KG in den Auslandsrechten: Zirkulation eines gesellschaftsrechtlichen Regelungsmodells, GmbHR 2017, 633; *Goette*, Die GmbH nach der BGH-Rechtsprechung, 1997; *Hommelhoff*, Gestaltungsfreiheit im GmbH-Recht, in Gestaltungsfreiheit im Gesellschaftsrecht, S. 36; *Priester*, Nonprofit-GmbH – Satzungsgestaltung und Satzungsvollzug, GmbHR 1999, 149; *Steding*, Die gesellschafterlose GmbH – eine rechtlich zulässige Unternehmensvariante?, NZG 2003, 57; *Tieves*, Der Unternehmensgegenstand der Kapitalgesellschaft, 1998; *K Winkler*, Nichtgewerbliche, ideale, insbesondere politische Zielsetzungen als Inhalt von Gesellschaftsverträgen und Satzungen, NJW 1970, 449; *Wochner*, Die Stiftungs-GmbH, DStR 1998, 1835.

1 Neubekanntmachung des GmbHG v. 20.4.1892 (RGBl. S. 477) in der ab 1.1.1900 geltenden Fassung.
2 Siehe hierzu auch das
- MitbestimmungsG
- Montan-MitbestimmungsG
- MitbestimmungsergänzungsG.

I. Normzweck

1 § 1 führt den **Begriff** der „Gesellschaft mit beschränkter Haftung" ein, ohne ihn jedoch legal zu definieren oder ihm eine umfassendere Begriffsbestimmung zuteil werden zu lassen. Die den Begriff der GmbH iErg inhaltlich ausfüllenden Wesensmerkmale ergeben sich aus den nachfolgenden weiteren gesetzlichen Bestimmungen. Dennoch stellt § 1 auch in seiner knappen Formulierung zwei wichtige **materielle Vorgaben** für die GmbH an den Anfang des gesamten Gesetzes: Zum einen kann die GmbH zu jedem gesetzlich zulässigen Zweck errichtet werden, so dass dieser Gesellschaftsform damit eine grds. **uneingeschränkte**, nur von gesetzlichen Verboten begrenzte **Verwendungsform** eröffnet wird. Zum anderen kann die Errichtung einer GmbH sowohl durch mehrere als auch nur durch eine Person erfolgen; mit dieser seit der GmbH-Novelle von 1980 geltenden Regelung gestattet § 1 die **Einpersonen-Gründung** gleichrangig neben der **Mehrpersonen-Gründung.**

2 Den in § 1 wie auch in der Überschrift des Abschn. 1 vorkommenden Begriff der „**Errichtung**" verwendet das GmbHG anders als die insoweit mehr differenzierende Formulierung des AktG allg. iSv Gründung. Während also das AktG zwischen der „Errichtung" der Vor-AG durch Übernahme aller Aktien (§ 29 AktG) u. der erfolgten „**Gründung**" der AG durch ihre Handelsregistereintragung unterscheidet, umfasst der vom GmbHG verwendete Errichtungsbegriff den gesamten Gründungsvorgang bei einer GmbH, also den wirksamen Abschluss des notariell beurkundeten Gesellschaftsvertrages, die Bestellung des oder der Geschäftführer(s.), die Einlagenleistung, die Anmeldung zum Handelsregister, die Prüfung durch das Registergericht u. schließlich die den Gründungsvorgang abschließende Eintragung der GmbH im Handelsregister. Trotz dieser gesetzesterminologischen Unschärfe gebraucht man mittlerweile auch im GmbH-Recht den Begriff der „Errichtung" ieS der aktiengesetzlichen Systematik,[3] also für den Abschluss des notariell beurkundeten Gesellschaftsvertrages, mit welchem die Vor-GmbH existent ist.[4]

II. Gesellschaftszweck

1. Begriff, Abgrenzung

3 Nach heute ganz allgM ist der in § 1 wie auch in § 61 I verwendete Begriff „Zweck" bzw. „Gesellschaftszweck" von der in §§ 3 I Nr. 2, 10 I, 75 u. 76 vorkommenden Begrifflichkeit „Gegenstand des Unternehmens" zu unterscheiden. Allerdings findet sich zu der Frage, wie genau diese beiden Begriffe **Gesellschaftszweck** u. **Unternehmensgegenstand** voneinander abzugrenzen sind, ein sehr **breit gefächerter** u. zT auch durchaus verwirrender **Meinungsstand.**[5]

---

3 Baumbach/Hueck/*Fastrich* Rn. 2; Lutter/Hommelhoff/*Bayer* Rn. 1; Roth/*Altmeppen* Rn. 2.

4 Ausf. hierzu § 11 Rn. 3 ff.

5 Zum Meinungsstand auch MüKoGmbHG/*Fleischer* Rn. 7 f.; MHLS/*J. Schmidt* Rn. 3; vgl. auch BGH NZG 13, 293.

So wird von einigen vertreten, der Gesellschaftszweck betreffe in erster Linie das Innenverhältnis der Gesellschafter zueinander, indem er das gemeinsame Ziel für den Zusammenschluss der Gesellschafter darstelle, wogegen der Unternehmensgegenstand vorrangig die Tätigkeit der Gesellschaft im Außenverhältnis ggü. Dritten beschreibe.[6] Andere wiederum verstehen das Verhältnis der beiden Begriffe als eine Mittel-Zweck-Relation: Der Gegenstand bilde das Mittel, mit dem das Ziel (der Zweck) der Gesellschaft erreicht werden soll.[7] Eine nächste Auffassung sieht den Gesellschaftszweck als Oberbegriff an, der sowohl den Unternehmensgegenstand als auch das sog. Formalziel umfasse.[8] Manche betonen hingg., dass für den Regelfall einer erwerbswirtschaftlichen Betätigung Gesellschaftszweck u. Unternehmensgegenstand praktisch überein stimmten.[9] Innerhalb des Meinungsspektrums finden sich durchaus auch Kombinationen der vorstehend dargestellten unterschiedlichen Auffassungen u. in Einzelfragen auch Überschneidungen. 4

Das Gesetz selbst gibt keine klare Vorgabe für die Abgrenzung zwischen Gesellschaftszweck u. Unternehmensgegenstand. Die Vielfalt der diesbezüglich geäußerten Meinungen zeigt, dass dies je nach Blickwinkel ganz unterschiedlich gehandhabt werden kann u. je nachdem, bei welcher Einzelfrage oder Einzelnorm die inhaltliche Bestimmung des Begriffs Gesellschaftszweck von Nöten ist, wohl auch unterschiedlich zu handhaben ist.[10] 5

2. Festlegung und Änderung

Während der Unternehmensgegenstand gem. § 3 I Nr. 2 zwingend in den Gesellschaftsvertrag aufzunehmen ist, schreibt das Gesetz dies für den Gesellschaftszweck nicht vor, so dass dessen **ausdrückliche Bezeichnung** im Gesellschaftsvertrag vielfach **unterbleibt**. Für den Fall allerdings, dass der Gesellschaftszweck atypischerweise nicht auf Gewinnerzielung gerichtet sein sollte (hierzu → Rn. 11 f.), verlangt die ganz hM seine explizite Festlegung in der Satzung.[11] Dies kann zusammen mit der Bestimmung des Unternehmensgegenstandes in Form einer einheitlichen Zweckklausel geschehen.[12] Ist der Gesellschaftszweck wie ganz überw. nicht ausdrücklicher Satzungsbestandteil, so muss er im Wege der **Auslegung ermittelt** werden. Wichtigste Erkenntnisquelle hierfür ist der Unternehmensgegenstand.[13] Daneben können andere Bestimmungen des Gesellschaftsvertrags sowie die ganze Anlage des Unternehmens berücksichtigt werden.[14] 6

Für eine **Änderung** des Gesellschaftszwecks ist nach hM in entspr. Anwendung des § 33 I 2 BGB die **Zustimmung sämtlicher Gesellschafter** erforder- 7

6 Baumbach/Hueck/*Fastrich* Rn. 5.
7 *Wicke* Rn. 2; Lutter/Hommelhoff/*Bayer* Rn. 3; MHLS/*J. Schmidt* Rn. 4.
8 *K Schmidt*, GesR, § 4 II 3, S. 65 f.
9 Rowedder/*C. Schmidt-Leithoff* Rn. 6.
10 IdS auch MüKoGmbHG/*Fleischer* Rn. 10.
11 Lutter/Hommelhoff/*Bayer* Rn. 4; MüKoGmbHG/*Fleischer* Rn. 13; *Wicke* Rn. 2.
12 MüKoGmbHG/*Fleischer* Rn. 13.
13 Baumbach/Hueck/*Fastrich* Rn. 5; MHLS/*J. Schmidt* Rn. 6; MüKoGmbHG/*Fleischer* Rn. 14.
14 MüKoGmbHG/*Fleischer* Rn. 14.

lich,[15] wohingegen die Änderung des Unternehmensgegenstandes mit einer Mehrheit von drei Vierteln der abgegebenen Stimmen möglich ist. Eine Änderung des Zwecks lässt die Identität der GmbH als juristische Person unberührt.[16]

3. Zulässige Zwecke

8 Nach § 1 kann eine GmbH zu jedem gesetzlich zulässigen Zweck gegründet werden. Zulässig ist ein Zweck, wenn er **nicht gegen ein gesetzliches Verbot** (§ 134 BGB) **oder gegen die guten Sitten** (§ 138 BGB) **verstößt.**[17] Damit ist die GmbH vom Gesetzgeber in ihrem Tätigkeitsgebiet kaum beschränkt,[18] anders als zB die Handelsgesellschaften, welche durch die §§ 1 I, 105 I, II, 161 I HGB von dem Betrieb eines Handelsgewerbes oder der Vermögensverwaltung abhängig gemacht werden. Die GmbH ist demggü. kraft Gesetzes u. ohne Rücksicht auf ihren Unternehmensgegenstand u. ihren Gesellschaftszweck stets Handelsgesellschaft (§ 13 III) u. damit Kaufmann kraft Rechtsform (§ 6 I, II HGB). Auf diese Weise steht mit der freien Wahl der GmbH als Rechtsform auch die kaufmännische Qualifikation zur Wahl.[19] In systematischer Hinsicht unterteilt man die für eine GmbH in Betracht kommenden Zwecke üblicherweise in erwerbswirtschaftliche, sonstige wirtschaftliche u. ideelle Zwecke.[20]

9 a) **Erwerbswirtschaftliche Zwecke.** Erwerbswirtschaftliche Zwecke liegen vor bei Unternehmen, die auf Gewinnerzielung ausgerichtet sind.[21] Damit sind in die erwerbswirtschaftlichen Zwecke insbes. eingebunden die Erzielung von Einkünften aus Gewerbebetrieb, Land- u. Forstwirtschaft, freiberuflicher Tätigkeit, Kapitalvermögen u. Vermietung u. Verpachtung.[22] Im Regelfall wird die GmbH den wirtschaftlichen Zweck der Gewinnerzielung durch den **Betrieb eines Gewerbes** verfolgen. Dies gilt auch dann, wenn die GmbH als geschäftsführende Komplementärin einer GmbH & Co KG oder GmbH & Co KGaA eingesetzt wird.[23]

10 Aber auch iR **freiberuflicher Tätigkeit** kommt der GmbH eine zunehmende Bedeutung zu. Während aus gesellschaftsrechtlicher Sicht seit jeher keine Bedenken gegen die Verfolgung freiberuflicher Tätigkeiten in der Rechtsform der GmbH bestehen,[24] standen dem früher vielfach **berufs- u. standesrechtliche Regelungen** entgg. Heute jedoch ausdrücklich gesetzlich zugelassen u. verbreitet sind Gesellschaften in Rechtsform der GmbH für Steuerberater (§§ 49 ff. StBerG), für Wirtschaftsprüfer (§§ 27 ff. WPO), für Rechtsanwälte (§§ 59 c ff. BRAO) sowie für Patentanwälte (§§ 52 c ff.

---

15 Rowedder/*C. Schmidt-Leithoff* Rn. 6; MHLS/*J. Schmidt* Rn. 7; MüKoGmbHG/*Fleischer* Rn. 15; *Wicke* Rn. 2.
16 OLG Jena GmbHR 13, 1142; *Wicke* Rn. 2.
17 MünchHdbGesR/*Riemenschneider/Freitag*, § 4 Rn. 2.
18 MHLS/*J. Schmidt* Rn. 9.
19 Roth/*Altmeppen* Rn. 4.
20 Baumbach/Hueck/*Fastrich* Rn. 6; Roth/*Altmeppen* Rn. 9 ff.; MüKoGmbHG/*Fleischer* Rn. 17.
21 BGHZ 33, 324.
22 MünchHdbGesR/*Riemenschneider/Freitag*, § 4 Rn. 3.
23 *Wicke* Rn. 3; Lutter/Hommelhoff/*Bayer* Rn. 7.
24 MüKoGmbHG/*Fleischer* Rn. 22.

PatAnwO). Ohne spezialgesetzliche Regelung heute ebenfalls anerkannt ist die GmbH als zulässige Organisationsform für Architekten[25] u. Ingenieure.[26] Der BGH hat ferner die Verwendung der GmbH durch Zahnärzte[27] u. Heilpraktiker[28] bei hinreichender Unabhängigkeit der Berufsträger gebilligt. Nach einer Entscheidung des OLG Düsseldorf[29] gilt dies gem. § 29 II 3 HeilBerG unter bestimmten Voraussetzungen auch für den Betrieb einer Tierarztpraxis in der Rechtsform der GmbH, wohingg. das OLG München[30] die Zulässigkeit einer GmbH als Organisationsform für eine Tierarztpraxis vor dem Hintergrund landesgesetzlicher Regelungen verneint. Durch einzelne Landesgesetze verboten ist die GmbH auch als Berufsausübungsform für Ärzte.[31] Ein Berufsausübungsverbot in Form der GmbH besteht ferner für Apotheker (§ 8 ApothekenG). Schließlich sind auch Notare von der Rechtsform der GmbH ausgeschlossen, da sie nach §§ 1, 9 III BNotO Träger eines ihnen persönlich zugewiesenen öffentlichen Amtes sind.[32] Als zur GmbH konkurrierende Organisationsform für die Ausübung freier Berufe etabliert sich zunehmend die personengesellschaftlich verfasste Partnerschaftsgesellschaft (PartG), insbes. die seit dem 19.7.13 zugelassene Partnerschaftsgesellschaft mit beschränkter Berufshaftung (PartG mbB), bei welcher gem. § 8 IV PartGG ebenfalls die Haftung auf das Gesellschaftsvermögen beschränkt ist.[33] Anders als bei der GmbH u. anderen Kapitalgesellschaften unterliegt die PartG keiner Gewerbesteuer.

b) Sonstige wirtschaftliche Zwecke. Hierunter fasst man die **nicht gewerblichen u. nicht unmittelbar gewinnorientierten Zweckverfolgungen.**[34] Diese 11
können in ihren Erscheinungsformen vielfältig sein. So zählt man hierzu die in der Rechtsform der GmbH auftretenden öffentlichen u. gemischtwirtschaftlichen Unternehmen insbes. im Bereich der öffentlichen Daseinsvorsorge,[35] aber auch als GmbH verfasste Wirtschaftsverbände, welche die Wahrung u. Förderung der wirtschaftlichen Interessen ihrer Mitglieder bezwecken,[36] ferner Kartelle u. Syndikate in Gestalt einer GmbH (natürlich nur in den engen Grenzen, die ihnen durch das GWB u. das EU-Kartellrecht gesetzt sind),[37] des Weiteren die Verwendung einer GmbH als Treuhandgesellschaft zur Vermögens- u. Kapitalverwaltung, etwa zur Verwaltung des Vermögens nicht selbst rechtsfähiger Personenvereinigungen oder zur Bildung gesonderter Vermögensmassen für bestimmte Zwecke (Bsp: Verwaltung von Gewerkschaftsvermögen).[38]

25 OLG Düsseldorf GRUR 96, 370 ff.; Roth/*Altmeppen* Rn. 11.
26 OLG Hamm GmbHR 97, 599; MHLS/*J. Schmidt* Rn. 15.
27 BGHZ 124, 224.
28 BGH GRUR 92, 175.
29 OLG Düsseldorf FGPrax 07, 93.
30 OLG München GmbHR 15, 318.
31 Baumbach/Hueck/*Fastrich* Rn. 9 mwN; MHLS/*J. Schmidt* Rn. 16.
32 Roth/*Altmeppen* Rn. 12; MüKoGmbHG/*Fleischer* Rn. 22.
33 *Wicke* Rn. 4.
34 Baumbach/Hueck/*Fastrich* Rn. 10; MüKoGmbHG/*Fleischer* Rn. 21.
35 Scholz/*Cramer* Rn. 19; Lutter/Hommelhoff/*Bayer* Rn. 10.
36 Roth/*Altmeppen* Rn. 10.
37 Baumbach/Hueck/*Fastrich* Rn. 10; MünchHdbGesR/*Riemenschneider/Freitag*, § 4 Rn. 3.
38 Scholz/*Cramer* Rn. 16; Baumbach/Hueck/*Fastrich* Rn. 11.

12 c) **Ideelle Zwecke.** Als zweckoffene Organisationsform kann die GmbH auch zu ideellen, dh **nichtwirtschaftlichen Zweckverfolgungen** eingesetzt werden.[39] Solche Zwecke können zB geselliger, sportlicher, wissenschaftlicher, künstlerischer, politischer, religiöser oder karitativer Art sein.[40] Jedoch ist die GmbH in diesen Bereichen als Organisationsform für eine Vielzahl von Mitgliedern mit häufigem Mitgliederwechsel aufgrund der durch § 15 erschwerten Anteilsübertragung[41] eher weniger geeignet u. hier die Rechtsform des eingetragenen oder auch nicht-eingetragenen Vereins vorteilhafter.[42] Spezielle Steuerbegünstigungen genießt die GmbH, wenn sie nach ihrer Satzung ausschließlich u. unmittelbar gemeinnützige, wohltätige oder kirchliche Zwecke iSd §§ 51 ff. AO verfolgt, wobei hierfür nach § 60 AO konkrete Angaben in der Satzung erforderlich sind, auf welche Art u. Weise die gemeinnützige Zweckverfolgung geschehen soll.[43] Der Rechtsformzusatz „gGmbH" war nach einer Entscheidung des OLG München[44] früher unzulässig, ist nunmehr aber seit 2013 durch § 4 Satz 2 ausdrücklich gestattet.

4. Unzulässige Zwecke

13 Unzulässige Zwecke sind solche, die gegen ein **gesetzliches Verbot** (§ 134 BGB) oder die **guten Sitten** (§ 138 BGB) verstoßen.[45] Maßgeblich für die Unzulässigkeitsprüfung ist nach hM der wirkliche, nicht der angegebene, uU nur vorgeschobene Zweck.[46] Die Vornahme lediglich einzelner unzulässiger Geschäfte lässt die Zulässigkeit des Gesellschaftszwecks unberührt, allerdings kann in diesen Fällen eine Amtsauflösung gem. § 62 in Betracht kommen.[47]

14 a) **Gesetzesverstoß.** Unzulässigkeit aufgrund Gesetzesverstoß liegt vor, wenn entweder durch ein besonderes Gesetz die Rechtsform der GmbH für bestimmte Zwecke ausgeschlossen ist oder wenn der Gesellschaftszweck als solcher gegen ein Gesetz verstößt (§ 134 BGB).[48]

15 aa) **Spezialgesetzliche Rechtsformvorschriften.** Die Rechtform der GmbH ist aufgrund spezialgesetzlicher Vorschriften für einige Bereiche ausgeschlossen: So für Versicherungsunternehmen (§ 7 I VAG – nur AG, SE oder VVaG), private Bausparkassen (§ 2 I BausparkG – nur AG), Apotheken (§ 8 ApoG – nur natürliche Personen, GbR oder OHG), Hypothekenbanken (§ 2 HypBankG – nur AG oder KGaA), Schiffspfandbriefbanken (§ 2 I SchBkG – nur AG oder KGaA), ferner auch für das Versteigerungsgewerbe

39 MüKoGmbHG/*Fleischer* Rn. 25; Scholz/*Emmerich* Rn. 13; MHLS/*J. Schmidt* Rn. 20.
40 Baumbach/Hueck/*Fastrich* Rn. 12; MünchHdbGesR/*Riemenschneider/Freitag*, § 4 Rn. 3; MüKoGmbHG/*Fleischer* Rn. 25.
41 § 15 Rn. 2.
42 Lutter/Hommelhoff/*Bayer* Rn. 11; Baumbach/Hueck/*Fastrich* Rn. 12.
43 *Priester*, GmbHR 99, 149; *Wochner*, DStR 98, 1835; *Wicke* Rn. 5.
44 OLG München NJW 07, 1601.
45 Scholz/*Cramer* Rn. 37; Roth/*Altmeppen* Rn. 16; Baumbach/Hueck/*Fastrich* Rn. 13.
46 MünchHdbGesR/*Riemenschneider/Freitag*, § 4 Rn. 2; MüKoGmbHG/*Fleischer* Rn. 35.
47 Lutter/Hommelhoff/*Bayer* Rn. 12; MüKoGmbHG/*Fleischer* Rn. 36.
48 Baumbach/Hueck/*Fastrich* Rn. 13.

(§ 34 b V 1 GewO – nur natürliche Personen).[49] Zur Ausübung freiberuflicher Tätigkeiten in der Rechtsform einer GmbH → Rn. 10.

bb) § 134 BGB. Eine Nichtigkeit des Gesellschaftszwecks wegen Verstoß gegen ein Verbotsgesetz kommt nur in Ausnahmefällen in Betracht. Gesetzliche Verbote iSd § 134 BGB können **Rechtsvorschriften aller Art u. jeder Stufe** sein, also Gemeinschaftsrecht, Bundesgesetze, Landesgesetze, Rechtsverordnungen, gemeindliche Satzungen.[50] Die Schutzrichtung der Verbotsnorm ist unerheblich, so dass ein zu beachtendes Verbotsgesetz auch dann vorliegt, wenn es nicht dem Schutz öffentlicher oder allg. Interessen, sondern dem Schutz von Gruppen- oder Einzelinteressen dient.[51] Bsp für eine aus dem Verstoß gegen ein Verbotsgesetz resultierende Unzulässigkeit des Gesellschaftszwecks sind: Verletzung eines staatlichen Monopols,[52] gesetzwidriges Glücksspiel, unbefugte Ausbeutung fremder Schutzrechte, gezielte Steuerhinterziehung, gewerbsmäßiger Schmuggel oder Hehlerei, nicht erlaubnisfähige Kartelle.[53] 16

Für eine Reihe von Tätigkeiten ist nach dem Gesetz eine **besondere öffentlich-rechtliche Genehmigung** erforderlich (etwa nach HandwO, GastG, KWG, PBefG, § 34 c GewO).[54] Aufgrund der Aufhebung des § 8 I Nr. 6 aF durch das MoMiG wird das Vorliegen einer solchen Genehmigung im Eintragungsverfahren nicht mehr geprüft (→ § 8 Rn. 10). Solange die Erteilung der Genehmigung noch möglich ist, führt das Nichtvorliegen einer solchen Genehmigung nicht zu einer Unzulässigkeit des Gesellschaftszwecks. Die endgültige Verweigerung der Genehmigung kann allerdings die Auflösung der Gesellschaft gem. § 61 nach sich ziehen.[55] 17

Bei einer **GmbH-Gründung durch Ausländer**, die nach den für sie geltenden aufenthaltsrechtlichen Vorschriften zu einer Erwerbstätigkeit im Inland nicht befugt sind, liegt nach mittlerweile hM grds. kein zur Unzulässigkeit des Gesellschaftszwecks liegender Gesetzesverstoß vor.[56] Eine Beteiligung von Ausländern als Gesellschafter sowie ihre Bestellung zu Geschäftsführern sind allg. ohne besondere Voraussetzung möglich (→ Rn. 24 u. → § 6 Rn. 11). Werden durch die aktive Tätigkeit in der Gesellschaft ausländerrechtliche Vorschriften verletzt, richten sich die Folgen daraus alleine nach diesen Vorschriften.[57] Nur in Ausnahmefällen kann eine Unzulässigkeit des Gesellschaftszwecks angenommen werden, wenn die GmbH nur oder vorrangig den Zweck hat, die persönlich verbotene inländische Erwerbstätigkeit zu ermöglichen.[58] 18

49 Roth/*Altmeppen* Rn. 18; Baumbach/Hueck/*Fastrich* Rn. 14.
50 MHLS/*J. Schmidt* Rn. 23; Baumbach/Hueck/*Fastrich* Rn. 15.
51 Baumbach/Hueck/*Fastrich* Rn. 15.
52 BayObLG DB 72, 1015.
53 Scholz/*Cramer* Rn. 40; MüKoGmbHG/*Fleischer* Rn. 38.
54 Ausf. zu den staatlichen Genehmigungserfordernissen *Gottwald*, MittBayNot 01, 164.
55 Lutter/Hommelhoff/*Bayer* Rn. 17.
56 MüKoGmbHG/*Fleischer* Rn. 40; Baumbach/Hueck/*Fastrich* Rn. 16; Lutter/Hommelhoff/*Bayer* Rn. 16.
57 Baumbach/Hueck/*Fastrich* Rn. 16; Lutter/Hommelhoff/*Bayer* Rn. 16.
58 Baumbach/Hueck/*Fastrich* Rn. 16; Scholz/*Cramer* § 2 Rn. 40; Lutter/Hommelhoff/*Bayer* Rn. 16.

19 **b) Sittenverstoß.** Unzulässig ist der Gesellschaftszweck ferner bei einem Verstoß gegen die guten Sitten (§ 138 BGB). Bsp hierfür ist der organisierte u. systematische Austausch von Finanzwechseln.[59] Der vormals in diesem Zusammenhang ebenfalls häufig verortete Betrieb eines Bordells oder Sex-Shop dürfte zum einen aufgrund der mittlerweile gewandelten Sozialmoral u. zum anderen wegen der nunmehr bestehenden gesetzlichen Vorschriften aus dem Prostitutionsgesetz von 2001[60] idR zulässig sein.[61]

5. Rechtsfolgen bei unzulässigem Gesellschaftszweck

20 Vor Eintragung der Gesellschaft in das Handelsregister führt ein unzulässiger Gesellschaftszweck zur **Nichtigkeit des Gesellschaftsvertrages** u. hindert damit gem. § 9c II Nr. 3 die Handelsregistereintragung.[62] Die Nichtigkeit des Gesellschaftsvertrages kann von jedermann geltend gemacht werden.[63] Ist die Gesellschaft als Vorgesellschaft in Vollzug gesetzt worden, aber noch nicht im Handelsregister eingetragen, so ist diese grds. nach den Regeln über die **fehlerhafte Gesellschaft** zu behandeln,[64] es sei denn, es handelt sich um einen Fall eines schweren Gesetzes- oder Sittenverstoßes, in denen das Institut der fehlerhaften Gesellschaft gerade keine Anwendung findet.[65]

21 Wird die Gesellschaft trotz unzulässigen Gesellschaftszwecks in das Handelsregister eingetragen, ist sie **als GmbH** zunächst einmal **entstanden** (§ 11 I), wenngleich der Mangel des Gesellschaftszwecks hierdurch nicht geheilt ist.[66] Liegt – wie im Regelfall – nicht nur ein unzulässiger Gesellschaftszweck, sondern auch ein unzulässiger Unternehmensgegenstand vor, kann nach **§ 75 Nichtigkeitsklage** erhoben werden; darüber hinaus ist in diesem Fall gem. **§ 397 FamFG** die **Amtslöschung** möglich.[67] Ist ausnahmsweise zwar der Unternehmensgegenstand zulässig, der Gesellschaftszweck jedoch unzulässig, kommt allein eine Anwendung des **§ 61** in Betracht, also eine **Auflösungsklage** wegen Vorhandenseins eines wichtigen Grundes; dag erfasst § 399 IV FamFG diesen Fall nicht, so dass eine Amtsauflösung auf Grundlage dieser Vorschrift nicht betrieben werden kann.[68] Allerdings kann bei Gefährdung des Gemeinwohls eine **Amtsauflösung gem. § 62** erfolgen.[69]

59 BGHZ 27, 172.
60 BGBl. 01 I, S. 3983.
61 MüKoGmbHG/*Fleischer* Rn. 41; Scholz/*Cramer* Rn. 41; Lutter/Hommelhoff/*Bayer* Rn. 14.
62 MüKoGmbHG/*Fleischer* Rn. 42; Baumbach/Hueck/*Fastrich* Rn. 17; Scholz/*Cramer* Rn. 43.
63 BayObLGZ 72, 126, 129; MHLS/*J. Schmidt* Rn. 26.
64 Baumbach/Hueck/*Fastrich* Rn. 17; MHLS/*J. Schmidt* Rn. 26.
65 Scholz/*Cramer* Rn. 42.
66 MüKoGmbHG/*Fleischer* Rn. 44; MHLS/*J. Schmidt* Rn. 28; Baumbach/Hueck/*Fastrich* Rn. 17; Lutter/Hommelhoff/*Bayer* Rn. 19.
67 MHLS/*J. Schmidt* Rn. 30; Baumbach/Hueck/*Fastrich* Rn. 17.
68 Lutter/Hommelhoff/*Bayer* Rn. 19; MüKoGmbHG/*Fleischer* Rn. 44; Baumbach/Hueck/*Fastrich* Rn. 17.
69 Baumbach/Hueck/*Fastrich* Rn. 17; Lutter/Hommelhoff/*Bayer* Rn. 19; MHLS/*J. Schmidt* Rn. 29.

Bei Vorliegen eines unzulässigen Gesellschaftszwecks können die Gesellschafter eine **Heilung** der Nichtigkeitsfolge für den Gesellschaftsvertrag ex nunc dadurch bewirken, dass sie durch einstimmigen Gesellschafterbeschluss (§ 33 I 2 BGB analog → Rn. 7) den unzulässigen Gesellschaftszweck in einen zulässigen ändern.[70] 22

III. Gesellschafter

1. Eigenschaft

Das GmbHG selbst legt für die Eigenschaft als Gesellschafter einer GmbH keine Voraussetzungen fest, sondern spricht in § 1 nur allg. von „Personen" als taugliche Gründer einer GmbH. Für die jeweilige Frage nach der Eignung als Gründer u. nach der Eignung als erst später hinzutretender Gesellschafter gelten dieselben Beurteilungsgrundsätze.[71] 23

a) **Natürliche Personen.** Jede natürliche Person kann Gesellschafter einer GmbH sein.[72] Dies gilt uneingeschränkt auch für **Ausländer.** Das Gesetz verlangt für den Gründungsvorgang weder die deutsche Staatsangehörigkeit noch Wohnsitz oder gewöhnlichen Aufenthalt in Deutschland oder eine Aufenthaltserlaubnis.[73] Die Vorschriften des Ausländerrechts, des Außenwirtschafts- u. Devisenrechts etc sind keine Wirksamkeitsvoraussetzung für die Beteiligung einer ausländischen Person bei der Gründung einer GmbH.[74] Etwas anderes kann unter dem Gesichtspunkt der Unzulässigkeit des Gesellschaftszwecks nur in Ausnahmefällen dann angenommen werden, wenn die GmbH nur oder vorrangig den Zweck hat, die persönlich verbotene inländische Erwerbstätigkeit zu ermöglichen (→ Rn. 18). Zur Bestellung eines Ausländers zum Geschäftsführer → § 6 Rn. 11. 24

aa) **Nicht unbeschränkt Geschäftsfähige.** Nicht unbeschränkt Geschäftsfähige bedürfen bei der Gründung der Mitwirkung ihres **gesetzlichen Vertreters,** weil die Beteiligung an einer GmbH aufgrund der mit der Gesellschafterstellung verbundenen Haftungsrisiken (§§ 24, 31) in keinem Fall nur rechtlich vorteilhaft iSd § 107 BGB ist.[75] Beteiligt sich der gesetzliche Vertreter selbst als Gründungsgesellschafter oder wird er als Vertreter eines anderen Gründungsgesellschafters tätig, liegt ein Fall des **§ 181 BGB** vor, der die Bestellung eines **Ergänzungspflegers** für den nicht voll Geschäftsfähigen erforderlich macht (§§ 1629 II 1, 1795 II, 1909 BGB). Daneben bedarf der für den nicht unbeschränkt Geschäftsfähigen handelnde Vertreter nach ganz herrschender und auch zutr. Ansicht für den Abschluss des Gesellschaftsvertrages stets der **Genehmigung durch das Familien- bzw. Betreuungsgericht.** Dies folgt zum einen aus § 1822 Nr. 3 BGB (iVm § 1643 BGB), wenn der Zweck der GmbH – wie im Regefall – der Betrieb eines 25

---

70 Scholz/*Cramer* Rn. 48; MHLS/*J. Schmidt* Rn. 31; Lutter/Hommelhoff/*Bayer* Rn. 23; Baumbach/Hueck/*Fastrich* Rn. 19.
71 Roth/*Altmeppen* Rn. 22; Baumbach/Hueck/*Fastrich* Rn. 23.
72 MüKoGmbHG/*Fleischer* Rn. 48; Baumbach/Hueck/*Fastrich* Rn. 24; Scholz/*Cramer* § 2 Rn. 46.
73 MHLS/*J. Schmidt* § 2 Rn. 8; Scholz/*Cramer* § 2 Rn. 47.
74 Baumbach/Hueck/*Fastrich* Rn. 29; Roth/*Altmeppen* Rn. 22.
75 MHLS/*J. Schmidt* § 2 Rn. 11; Scholz/*Cramer* § 2 Rn. 48.

Erwerbsgeschäfts ist,[76] ergibt sich aber zum anderen – u. zwar unabhängig von dem konkreten Gesellschaftszweck – aus § 1822 Nr. 10 BGB (iVm § 1643 BGB), weil mit der Gründung einer GmbH immer die Gefahr einer persönlichen Haftung für die Verbindlichkeiten der Vorgesellschaft sowie einer persönlichen Inanspruchnahme aufgrund der §§ 24 u. 31 verbunden u. damit die „Übernahme einer fremden Verbindlichkeit" iSd § 1822 Nr. 10 BGB gegeben ist.[77]

26 Die Gründungsbeteiligung eines **Betreuten**, der gem. § 1903 BGB unter Einwilligungsvorbehalt steht, richtet sich nach den vorstehend dargestellten Grundsätzen für die Beteiligung eines nicht unbeschränkt Geschäftsfähigen, dh für den Betreuten handelt der **Betreuer**, der für den Abschluss des Gesellschaftsvertrags der **Genehmigung des Betreuungsgerichts** bedarf (§ 1908 i BGB). Allerdings ist im Fall des Vorliegens eines Ausschlussgrundes aus § 181 BGB nicht ein Ergänzungspfleger, sondern nach § 1899 IV BGB ein anderer Betreuer zu bestellen.[78]

27 **bb) Güterrechtliche Besonderheiten.** Bei der Beteiligung von verheirateten Personen als Gründer sind evtl. bestehende güterrechtliche Besonderheiten zu beachten. Ist ein Gründer im gesetzlichen Güterstand der **Zugewinngemeinschaft** verheiratet, so bedarf er zur Einlage eines Vermögensgegenstandes, der für die anderen Gründer erkennbar sein ganzes oder nahezu ganzes Vermögen ausmacht, gem. **§ 1365 BGB** der Zustimmung seines Ehegatten, wobei dieses güterrechtliche Zustimmungserfordernis bei genauer Betrachtung wohl nur anlässlich einer Sacheinlagenverpflichtung Anwendung finden kann.[79] Leben Eheleute in Gütergemeinschaft, kann sich einer von ihnen nur dann alleine an der Gründung einer GmbH beteiligen, wenn die von ihm zu übernehmenden Geschäftsanteile nicht in das Gesamtgut fallen, weil sie entweder mit Mitteln des Vorbehaltsgut erworben werden oder unübertragbar ausgestaltet sind.[80] Anderenfalls ist die Gütergemeinschaft als Gesamthandsgemeinschaft Gründer der GmbH (hierzu → Rn. 31).

28 **cc) Einzelkaufleute.** Ein Einzelkaufmann kann sich sowohl unter seinem **eigenen Namen** als auch unter seiner **Firma** an einer GmbH beteiligen.[81] Verwendet er seine Firma, so kommt dadurch unwiderlegbar zum Ausdruck, dass die Beteiligung seiner Unternehmenssphäre zuzurechnen ist (§§ 343, 344 HGB).[82] Nachdem durch das MoMiG die Übernahme mehrerer Geschäftsanteile durch einen Gesellschafter bei der Gründung zulässig wurde, kann sich ein Einzelkaufmann nunmehr iRd Gründung **sowohl un-**

76 *Roth*/Altmeppen Rn. 28; MüKoGmbHG/*Fleischer* Rn. 49; Scholz/*Cramer* § 2 Rn. 49.
77 Scholz/*Cramer* § 2 Rn. 50; MHLS/*J. Schmidt* § 2 Rn. 14; Baumbach/Hueck/*Fastrich* § 2 Rn. 27.
78 Baumbach/Hueck/*Fastrich* Rn. 26; MHLS/*J. Schmidt* § 2 Rn. 53.
79 MüKoGmbHG/*J Mayer* § 2 Rn. 83; Baumbach/Hueck/*Fastrich* Rn. 27.
80 MHLS/*J. Schmidt* § 2 Rn. 18.
81 Baumbach/Hueck/*Fastrich* Rn. 28; *Wicke* Rn. 10; MHLS/*J. Schmidt* § 2 Rn. 19.
82 Roth/*Altmeppen* Rn. 30; Scholz/*Cramer* § 2 Rn. 55; MüKoGmbHG/*Fleischer* Rn. 52.

ter seinem eigenen Namen als auch unter seiner Firma an der GmbH beteiligen.[83]

29 b) **Juristische Personen.** Juristische Personen können uneingeschränkt Gründer u. Gesellschafter einer GmbH sein. Somit kann sich also insbes. eine **GmbH, AG, KGaA, SE, ein eV oder eine rechtfähige Stiftung** an einer GmbH beteiligen. Dies gilt auch für eine **Vor-GmbH**, eine **Vor-AG** u. eine **Vor-KGaA**, also eine bereits errichtete, aber noch nicht im Handelsregister eingetragene Gesellschaft vorgenannter Art (hierzu → § 11 Rn. 3 ff.).[84] Auch **juristische Personen des öffentlichen Rechts** sind grds. taugliche Gründer u. Gesellschafter einer GmbH; allerdings können sich bei diesen Grenzen für eine zulässige Beteiligung aus ihren gesetzlichen Grundlagen u. öffentlich-rechtlichen Aufgabenstellungen ergeben.[85] **Ausländische juristische Personen** weisen Gründer- u. Gesellschafterfähigkeit auf, wenn sie nach ihrem Heimatrecht Rechtsfähigkeit besitzen.[86]

30 c) **Personengesellschaften.** Für die **Personenhandelsgesellschaften**, also die OHG u. die KG, wie auch für die **Partnerschaftsgesellschaft** u. die **EWIV** gilt jeweils dasselbe wie für die juristischen Personen: Auch sie können ohne Einschränkung Gründer u. Gesellschafter einer GmbH sein,[87] u. zwar auch bei einer Einpersonengründung (→ Rn. 40 ff.). IÜ ist wegen der Trennung von Gesamthands- u. Gesellschaftervermögen natürlich auch eine Mehrpersonengründung durch eine Personenhandelsgesellschaft gemeinsam mit einem oder mehreren ihrer Gesellschafter möglich.[88]

31 d) **Sonstige Gesamthandsgemeinschaften.** Allg. anerkannt ist die Gründerfähigkeit der **BGB-Gesellschaft.**[89] Diese anfänglich nicht gänzlich unbestrittene,[90] jedoch bereits seit längerem ganz herrschende Auffassung hat durch die jüngere Rspr. des BGH zur Teilrechtsfähigkeit der BGB-Gesellschaft[91] nochmals deutliche Bestätigung erfahren. Die Gründerfähigkeit der BGB-Gesellschaft erstreckt sich auch auf die Gründung einer Einpersonen-GmbH.[92] Da es jedoch bei der BGB-Gesellschaft keinerlei Registerpublizität gibt, sind sowohl im Gesellschaftsvertrag der GmbH wie auch in der Gesellschafterliste gem. § 40 nicht nur die BGB-Gesellschaft, sondern auch alle ihre Gesellschafter aufzuführen (→ § 3 Rn. 24 u. → § 40 Rn. 5). Desgleichen wird zwischenzeitlich auch der **Erbengemeinschaft** u. der **ehelichen Gütergemeinschaft** sowie dem **nichtrechtsfähigen Verein** die Fähig-

83 Baumbach/Hueck/*Fastrich* Rn. 28; MHLS/*J. Schmidt* § 2 Rn. 19; *Wicke* Rn. 10.
84 Scholz/*Cramer* § 2 Rn. 59; Baumbach/Hueck/*Fastrich* Rn. 31.
85 BGHZ 20, 119, 123; MüKoGmbHG/*Fleischer* Rn. 54.
86 Lutter/Hommelhoff/*Bayer* § 2 Rn. 9; MüKoGmbHG/*Fleischer* Rn. 52.
87 Scholz/*Cramer* § 2 Rn. 60; MüKoGmbHG/*Fleischer* Rn. 56; Baumbach/Hueck/*Fastrich* Rn. 32; Lutter/Hommelhoff/*Bayer* § 2 Rn. 7.
88 Baumbach/Hueck/*Fastrich* Rn. 32; MüKoGmbHG/*Fleischer* Rn. 56.
89 BGHZ 78, 311; *Roth*/Altmeppen Rn. 34; Lutter/Hommelhoff/*Bayer* § 2 Rn. 8; MüKoGmbHG/*Fleischer* Rn. 57; Scholz/*Cramer* § 2 Rn. 61; MHLS/*J. Schmidt* § 2 Rn. 23.
90 Zur Entwicklung des Meinungsstandes s. Scholz/*Cramer* § 2 Rn. 61.
91 BGHZ 146, 341; 142, 315.
92 Lutter/Hommelhoff/*Bayer* § 2 Rn. 8; Baumbach/Hueck/*Fastrich* Rn. 33; Roth/*Altmeppen* Rn. 30.

keit zur Teilnahme an der Gründung einer GmbH, u. zwar auch bei Gründung einer Einpersonen-GmbH, allg. zuerkannt.[93]

32 e) **Treuhänder.** Bei einer **Treuhand** beteiligt sich der **Treuhänder** selbst **im eigenen Namen** an der GmbH, handelt jedoch **für fremde Rechnung**, da die wirtschaftlichen Folgen der Beteiligung durch den Treugeber getragen werden. Die jeweiligen Motive für die Einschaltung von Treuhändern sind unterschiedlich u. vielfältig. Sie können zB aus dem Wunsch des Treugebers bestehen, nicht nach außen hin als Gesellschafter aufzutreten u. die (wirtschaftliche) Gesellschafterstellung verdeckt zu lassen, wobei sich aus der gesellschafterlichen Treuepflicht eine Verpflichtung des Treugebers ergeben kann, wenigstens den Mitgesellschaftern die Treuhandschaft offen zu legen, insbes. wenn die Übertragbarkeit der Geschäftsanteile durch entspr. Satzungsbestimmungen beschränkt ist.[94] Von anderen wiederum wird eine Treuhandschaft zur Erzielung steuerlicher Vorteile gewählt. Eine Treuhandkonstruktion ist **auch bei Gründung der GmbH zulässig.** Sie stellt idR weder ein Scheingeschäft (§ 117 BGB) noch eine gesetzes- oder sittenwidrige Umgehung von Gründungs- oder Haftungsvorschriften (§§ 134, 138 BGB) dar.[95]

33 **Gesellschafter der GmbH** mit allen Rechten u. Pflichten ist **allein der Treuhänder.** Die Beziehungen zwischen dem Treuhänder u. dem Treugeber sind ausschließlich **schuldrechtlicher Natur** u. zumeist im Auftragsrecht (§§ 662 ff. BGB) verankert. Zu beachten ist, dass der Treuhandvertrag zwischen Treuhänder u. Treugeber gem. § 15 II u. III beurkundungsbedürftig sein kann u. ein Verstoß gegen eine bestehende Beurkundungspflicht zur Nichtigkeit des Treuhandvertrages führt (→ § 15 Rn. 93).

34 Obgleich für das gesellschaftsrechtliche Verhältnis grds. nur der Treuhänder als Gesellschafter maßgeblich ist, **erstreckt** sich der Anwendungsbereich **einiger Normen** ausdrücklich auch **auf den Treugeber:** So § 9 a IV für die Gründungshaftung (s. dort → Rn. 13) u. § 39 I Nr. 5 InsO für die insolvenzrechtliche Nachrangigkeit von Ansprüchen auf Rückzahlung von durch den Treugeber an die GmbH ausgereichten Darlehen. Ferner kann der Stimmrechtsausschluss des § 47 IV auch Umstände in der Person des Treugebers erfassen (→ § 47 Rn. 23) u. können als Ausschluss-, Austritts- u. Auflösungsgründe auch solche in der Person des Treugebers bedeutsam u. maßgeblich sein (→ § 34 Rn. 35 u. → § 61 Rn. 14). Ob darüber hinaus der **Treugeber** ganz allg. den **Regeln der Gesellschafterhaftung** für die Aufbringung u. Erhaltung des Stammkapitals **unterliegt**, ist **strittig.**[96] Der BGH bejaht dies u. wendet dementspr die §§ 19, 24, 30 u. 31 auf den Treugeber entspr. an.[97] Dag wenden sich beachtliche Teile der Literatur, die für eine analoge Anwendung dieser Haftungsvorschriften auf den Treugeber weder Raum noch Anlass sehen, da durch den Anspruch des Treuhänders gegen

---

93 Baumbach/Hueck/*Fastrich* Rn. 35 ff.; Roth/*Altmeppen* Rn. 35; MHLS/*J. Schmidt* § 2 Rn. 24 ff.
94 OLG Hamburg NJW-RR 93, 868; MHLS/*J. Schmidt* § 2 Rn. 29.
95 Baumbach/Hueck/*Fastrich* Rn. 41; MHLS/*J. Schmidt* § 2 Rn. 29; Scholz/*Cramer* § 2 Rn. 68.
96 Eine ausf. Darstellung des diesbzgl Meinungsstandes gibt MüKoGmbHG/*J Mayer,* § 2 Rn. 56.
97 BGHZ 31, 258; 118, 107; idS auch Lutter/Hommelhoff/*Bayer* § 2 Rn. 11.

den Treugeber auf Aufwendungsersatz gem. § 670 BGB die Aufbringung u. Erhaltung des Stammkapitals ausreichend geschützt sei.[98] Diese die Rspr. des BGH ablehnende Auffassung ist zutr., u. zwar nicht nur aufgrund der von ihr vorgetragenen Gründe, sondern auch u. va deshalb, weil eine analoge Anwendung der Vorschriften über die Gesellschafterhaftung auf den Treugeber in unzulässiger Weise die dogmatischen Grundlagen einer Treuhandschaft u. die Voraussetzungen einer Analogie negiert. Gesellschafter u. damit den Vorschriften über die Gesellschafterhaftung unterworfen ist in jedem Fall der Treuhänder. Warum im Fall des Bestehens einer Treuhandschaft, die ja nicht durch gesellschaftsrechtlich relevanten Akt, sondern allein durch Vereinbarung zwischen dem Treuhänder u. dem Treugeber begründet wird, darüber hinaus auch der Treugeber, zu dem keinerlei Gesellschafterverhältnis besteht, zusätzlich in die Haftung genommen werden u. es damit zu einer Verdoppelung der Haftungspersonen kommen soll, ist nicht begründbar. Es fehlt für eine analoge Anwendung der Gesellschafterhaftungsvorschriften auf den Treugeber zumindest an einem Regelungsbedarf.

f) **Testamentsvollstrecker.** Bei der Frage, ob u. inwieweit ein Testamentsvollstrecker mit Wirkung für den Nachlass bei oder für eine Beteiligung an einer GmbH tätig werden kann, ist zu differenzieren: Bei einem zum Zeitpunkt des Erbfalls im Nachlassvermögen **vorhandenen Geschäftsanteil** einer im Handelsregister eingetragenen GmbH geht dieser Geschäftsanteil auf den oder die Erben über u. unterliegt damit der Verwaltungsbefugnis des Testamentsvollstreckers, der mit diesem Geschäftsanteil gem. den Anordnungen des Erblassers zu verfahren hat. Hat der Erblasser **Auseinandersetzungsvollstreckung** iSv § 2204 BGB angeordnet, so hat der Testamentsvollstrecker die Pflicht, den Geschäftsanteil iRd Erbauseinandersetzung an den oder die Erben bzw. den oder die bestimmten Vermächtnisnehmer zu übertragen. Bis dahin stehen dem Testamentsvollstrecker die Verwaltungsrechte an dem Geschäftsanteil zu, jedoch nur beschränkt auf diese Aufgabenstellung.[99] Bei einer angeordneten **Verwaltungsvollstreckung** gem. § 2205 BGB kann der Testamentsvollstrecker grds. ohne inhaltliche Beschränkung alle Vermögens- u. Verwaltungsrechte des betroffenen Geschäftsanteils im eigenen Namen ausüben u. somit sämtliche Rechtshandlungen in der Gesellschaft vornehmen, die sich aus der Gesellschaftereigenschaft des oder der Erben ergeben.[100] Dies umfasst auch die Ausübung des Stimmrechts durch den Testamentsvollstrecker. Eine persönliche Verpflichtung der Erben darf jedoch aus dem Verwaltungshandeln des Testamentsvollstreckers nicht resultieren (§§ 2206, 2207 BGB).[101] 35

War die GmbH beim Tode des Erblassers bereits **errichtet**, aber **noch nicht im Handelsregister eingetragen**, so hat der Erblasser selbst vor seinem Tode den Geschäftsanteil bereits übernommen. In diesem Fall geht die Gründerposition auf den oder die Erben über u. hat der Testamentsvollstrecker alle Handlungen vorzunehmen, die für die Eintragung der Gesellschaft in das 36

98 Baumbach/Hueck/*Fastrich* Rn. 44.
99 MüKoGmbHG/*J Mayer,* § 2 Rn. 105.
100 BGH NJW 59, 1820; BayObLG NJW 76, 1693; Scholz/*Emmerich* § 2 Rn. 47.
101 Scholz/*Cramer* § 2 Rn. 56; MHLS/*J. Schmidt* § 2 Rn. 27.

Handelsregister erforderlich sind, insbes. eine noch ausstehende Leistung der auf den übernommenen Geschäftsanteil zu bewirkenden Einlageleistung mit Mitteln des Nachlasses vorzunehmen.[102] Eine solchermaßen bestehende Einlagenverpflichtung stellt eine Nachlassverbindlichkeit dar, für welche der oder die Erben haften, wobei ihnen diesbzgl die Möglichkeit der erbrechtlichen Haftungsbeschränkung gem. §§ 1967, 1975 BGB offensteht.[103]

37 Strittig beurteilt wird die Frage, ob sich ein Testamentsvollstrecker auch an einer **noch nicht erfolgten Gründung** einer GmbH beteiligen kann.[104] Nach zutr. u. wohl auch hA kann sich ein Testamentsvollstrecker nur dann an der Gründung durch Abschluss eines neuen Gesellschaftsvertrages beteiligen, wenn die Erben dem zugestimmt haben, da der Testamentsvollstrecker gem. §§ 2206 ff. BGB nur den Nachlass, nicht aber die Erben persönlich verpflichten darf, die Gründung der Gesellschaft aber für die Erben eine persönliche Haftung gem. § 24 nach sich ziehen würde.[105]

38 **g) Persönliche Qualifikationen durch Gesellschaftsvertrag.** Im Gesellschaftsvertrag kann festgelegt werden, dass die Gesellschafter eine bestimmte Qualifikation, etwa hins. des Berufes, der ausgeübten Tätigkeit, des Mindestalters oder der Familienzugehörigkeit aufweisen müssen. Dies kommt häufig bei einer Freiberufler-GmbH (zB Steuerberater, Wirtschaftsprüfer oder Rechtsanwälte) vor, bei denen das Standesrecht vielfach solche besonderen Qualifikationen für die Berufsträgerschaft im Gesellschaftsvertrag ausdrücklich verlangt. Solche Klauseln entfalten **im Außenverhältnis keine Wirkung** u. sind vom Registergericht auch nicht als Eintragungsvoraussetzung zu prüfen.[106] Ebenso hängt bei einer späteren Anteilsübertragung deren Wirksamkeit nicht davon ab, dass der Erwerber die besonderen Qualifikationen erfüllt,[107] weshalb in diesen Fällen eine die geforderte Qualifikation absichernde Vinkulierungsbestimmung im Gesellschaftsvertrag empfehlenswert ist. Allerdings kann der Umstand des Fehlens oder des Verlustes einer von der Satzung verlangten besonderen Qualifikation bei einer entspr. Regelung im Gesellschaftsvertrag einen **Grund für den Ausschluss** eines Gesellschafters **oder die Auflösung** der Gesellschaft darstellen.[108]

2. Anzahl

39 § 1 formuliert ausdrücklich, dass die Errichtung einer GmbH sowohl durch mehrere als auch nur durch eine Person erfolgen kann. Mit dieser seit der GmbH-Novelle von 1980 geltenden Regelung gestattet das Gesetz die **Einpersonen-Gründung** gleichrangig neben der **Mehrpersonen-Gründung.**

---

102 Baumbach/Hueck/*Fastrich* Rn. 47; Scholz/*Cramer* § 2 Rn. 57.
103 Scholz/*Cramer* § 2 Rn. 47 a; Baumbach/Hueck/*Fastrich* Rn. 47.
104 Zum Meinungsstand s. MüKoGmbHG/*J. Mayer,* § 2 Rn. 103; MHLS/*J. Schmidt* § 2 Rn. 27; Scholz/*Cramer* § 2 Rn. 58.
105 Lutter/Hommelhoff/*Bayer* § 2 Rn. 10; Roth/*Altmeppen* Rn. 31; Scholz/*Cramer* § 2 Rn. 58.
106 MHLS/*J. Schmidt* § 2 Rn. 105.
107 Baumbach/Hueck/*Fastrich* Rn. 38.
108 Roth/*Altmeppen* Rn. 24; MHLS/*J. Schmidt* § 2 Rn. 31.

a) **Einpersonen-GmbH.** Eine Einpersonen-GmbH liegt vor, wenn sich alle Geschäftsanteile in der Hand eines Gesellschafters oder daneben in der Hand der Gesellschaft befinden.[109] Die **Zulässigkeit** einer nachträglich (also nach Gründung) entstehenden Einpersonen-GmbH durch Vereinigung aller Geschäftsanteile in einer Hand ist bereits **seit langem unzweifelhaft.**[110] Seit der GmbH-Novelle von 1980 lässt das Gesetz auch die unmittelbare Einpersonengründung zu. 40

Die **Zielsetzungen,** welche mit einer Einpersonen-GmbH verfolgt werden, sind vielfältig, ihr Anwendungsbereich ist dementspr breit gefächert: Oftmals wird die Einpersonen-GmbH durch einen Alleinunternehmer zum Zwecke der Haftungsbeschränkung auf eine besondere Vermögensmasse u. damit zur Risikobegrenzung verwandt, eine Erscheinungsform, die durch die mit dem MoMiG eingeführte Möglichkeit der Gründung einer UG (haftungsbeschränkt) mit nur minimalem Stammkapital künftig wohl noch häufiger anzutreffen sein wird. Bedeutung hat die Einpersonen-GmbH aber auch als Tochterunternehmen im Konzernverbund, als Komplementärin einer GmbH & Co KG sowie als Organisationsform für die wirtschaftliche Betätigung der öffentlichen Hand.[111] 41

Die Einpersonen-GmbH unterscheidet sich in ihrer **rechtlichen Ausgestaltung** grds. nicht von der Mehrpersonen-GmbH. Sie nimmt aber insoweit eine **Sonderstellung** ein, als sie eben nur einen Gesellschafter hat, was insbes. bei der Einpersonengründung zu einer gewissen dogmatischen Eigenständigkeit führt (→ Rn. 43) u. sie im Regelungsbereich der Gesellschafterbeschlüsse in § 48 III einer eigenen Formvorschrift unterwirft. Ist der Alleingesellschafter zugleich Geschäftsführer, ist gem. § 35 III 1 der Regelungsgehalt des § 181 BGB auf ihn anwendbar u. ist zum Nachweis eines zwischen dem Alleingesellschafter u. der von ihm vertretenen GmbH abgeschlossenen Rechtsgeschäfts unverzüglich eine Niederschrift anzufertigen (§ 35 III 2). Die für die Einpersonengründung ehedem vorhandenen Sondervorschriften im Bereich der Kapitalaufbringung (§§ 7 II 3, 8 II 2, 19 IV jeweils aF) wurden jedoch durch das MoMiG aufgehoben. 42

Die **Gründung** einer Einpersonen-GmbH ist **dogmatisch** etwas **anders einzuordnen** als die Gründung einer Mehrpersonen-GmbH, da der Gesellschaftsvertrag nur durch eine Person nicht im Wege eines wirklichen Vertragsschlusses zustande gebracht werden kann. Vielmehr wird bei der Gründung einer Einpersonen-GmbH der Gesellschaftsvertrag durch eine **einseitige, nicht empfangsbedürftige Willenserklärung** des Gründers errichtet[112] (hierzu auch → § 2 Rn. 8). Gegenstand umfangreicher Diskussion ist die Frage, ob nach erfolgter Errichtung einer Einpersonen-GmbH, aber vor ihrer Handelsregistereintragung, eine **Einpersonen-Vorgesellschaft** vorhanden ist u. welche **Rechtsnatur** diese aufweist.[113] Diese Frage stellt sich des- 43

109 MüKoGmbHG/*Fleischer* Rn. 61; MHLS/*J. Schmidt* Rn. 33; Baumbach/Hueck/*Fastrich* Rn. 49.
110 Roth/*Altmeppen* Rn. 21; MHLS/*J. Schmidt* Rn. 33; MüKoGmbHG/*Fleischer* Rn. 61.
111 Lutter/Hommelhoff/*Bayer* Rn. 25; MüKoGmbHG/*Fleischer* Rn. 63; Baumbach/Hueck/*Fastrich* Rn. 52.
112 BGHZ 91, 148; Scholz/*Cramer* Rn. 55; MHLS/*J. Schmidt* Rn. 34.
113 Hierzu MüKoGmbHG/*Fleischer* Rn. 69; Scholz/*Cramer* Rn. 66.

halb, weil bei der Einpersonen-GmbH eine aus mehreren Personen bestehende Vorgesellschaft als Gesamthand fehlt, u. es eigentlich keine Einpersonen-Gesamthand geben kann.[114] Die mittlerweile hM[115] hierzu vertritt die Auffassung, dass auch bei der Errichtung einer Einpersonengesellschaft eine teilrechtsfähige Vor-GmbH entsteht, die bereits Organe haben u. Trägerin von Rechten u. Pflichten sein kann u. damit handlungs- u. insolvenzfähig ist (→ § 11 Rn. 37 ff.).

44 Auch die Einpersonen-GmbH ist eine **eigenständige juristische Person**, deren Vermögen rechtlich klar von dem Vermögen ihres Alleingesellschafters zu unterscheiden ist. Für die Verbindlichkeiten einer Einpersonen-GmbH haftet den Gläubigern nach § 13 II ausschließlich das Gesellschaftsvermögen, wie auch umgekehrt das Gesellschaftsvermögen der GmbH nicht für persönliche Verbindlichkeiten ihres Alleingesellschafters haftet.[116] Ein Durchbrechung dieses sog. **Trennungsprinzips** im Wege des Durchgriffs mit Gesellschaftsverbindlichkeiten auf den Alleingesellschafter ist auch bei der Einpersonen-GmbH nur in Ausnahmefällen u. nur unter den strengen Voraussetzungen der Rspr. zur Durchgriffshaftung (→ § 13 Rn. 12 ff.) möglich.

45 b) **Keinmann-GmbH.** Da nach § 1 wenigstens eine Person an der Gründung einer GmbH mitwirken muss, kann es eine **„Keinmanngründung"** nicht geben. Jedoch könnten bestimmte Vorgänge theoretisch dazu führen, dass die GmbH alle Gesellschafter verliert, etwa beim Erwerb eigener Geschäftsanteile durch die Gesellschaft (§ 33), bei der Einziehung von Geschäftsanteilen (§ 34) oder bei der Kaduzierung von Geschäftsanteilen (§ 21). Ob das Entstehen einer solchen Keinmann-GmbH für zulässig erachtet werden kann u. wenn ja, unter welchen Voraussetzungen bzw. mit welchen Einschränkungen, wird in der Literatur **unterschiedlich beurteilt.**[117] Die wohl herrschende Auffassung lehnt zwar die Möglichkeit einer Vereinigung aller Geschäftsanteile bei der GmbH nicht von vornherein ab, lässt diese aber nur als Übergangszustand zu, der zudem zu einer Auflösung der Gesellschaft führt, wobei nach erfolgter Übertragung eines Geschäftsanteils auf einen Gesellschafter dieser sodann die Fortsetzung der Gesellschaft beschließen kann.[118]

§ 2 Form des Gesellschaftsvertrags

(1) [1]Der Gesellschaftsvertrag bedarf notarieller Form. [2]Er ist von sämtlichen Gesellschaftern zu unterzeichnen.

(1 a) [1]Die Gesellschaft kann in einem vereinfachten Verfahren gegründet werden, wenn sie höchstens drei Gesellschafter und einen Geschäftsführer hat. [2]Für die Gründung im vereinfachten Verfahren ist das in der Anlage

---

114 MüKoGmbHG/*Fleischer* Rn. 69.
115 *Raiser/Veil*, KapGesR, § 26 Rn. 89; *K Schmidt*, GesR, § 40 II 2 a; Scholz/*Cramer* Rn. 66; MüKoGmbHG/*Fleischer* Rn. 69.
116 BGHZ 21, 383; 22, 230; 26, 33; Baumbach/Hueck/*Fastrich* Rn. 56.
117 Eine Darstellung des Meinungsstandes gibt MüKoGmbHG/*Fleischer* Rn. 80 ff.
118 *K Schmidt*, GesR, § 33 V 2 b; Rowedder/Schmidt-Leithoff/*Pentz* § 33 Rn. 27.

bestimmte Musterprotokoll zu verwenden. [3]Darüber hinaus dürfen keine vom Gesetz abweichenden Bestimmungen getroffen werden. [4]Das Musterprotokoll gilt zugleich als Gesellschafterliste. [5]Im Übrigen finden auf das Musterprotokoll die Vorschriften dieses Gesetzes über den Gesellschaftsvertrag entsprechende Anwendung.

(2) Die Unterzeichnung durch Bevollmächtigte ist nur auf Grund einer notariell errichteten oder beglaubigten Vollmacht zulässig.

Schrifttum

Bayer/Hoffmann/Schmidt, Satzungskomplexität und Mustersatzung, GmbHR 2007, 953; *Beneke*, Auslandsbeurkundungen im GmbH-Recht: Anknüpfung und Substitution, RIW 2002, 280; *Dignas*, Die Auslandsbeurkundung im deutschen GmbH-Recht, GmbHR 2005, 139; *Dürr*, Die nach- bzw. nicht-bevollmächtigte Einpersonen-Gründung einer GmbH, GmbHR 2008, 408; *Fastrich*, Erste Erfahrungen mit der UG (haftungsbeschränkt), in: Gesellschaftsrecht in der Diskussion, 2010, S. 119; *Goette*, Auslandsbeurkundungen im Kapitalgesellschaftsrecht, DStR 1996, 709; *Heckschen*, Gründungserleichterungen nach dem MoMiG – Zweifelsfragen in der Praxis, DStR 2009, 166; *Heidinger/Blath*, Das Musterprotokoll – Mehr Fluch als Segen?, ZNotP 2010, 376 u. 402; *Herrler/König*, Praxisfragen des Musterprotokolls unter besonderer Berücksichtigung der aktuellen instanzgerichtlichen Rechtsprechung, DStR 2010, 2138; *Katschinski/Rawert*, Stangenware versus Maßanzug: Vertragsgestaltung im GmbH-Recht nach Inkrafttreten des MoMiG, ZIP 2008, 1993; *König/Bormann*, Die Reform des Rechts der Gesellschaften mit beschränkter Haftung, DNotZ 2008, 652; *Noack*, Gesellschaftervereinbarungen bei Kapitalgesellschaften, 1994, S. 80; *Paschke*, Die fehlerhafte Korporation, ZHR 155 (1991), 1; *Priester*, Das Gesellschaftsverhältnis im Vorgründungsstadium – Einheit oder Dualismus?, GmbHR 1995, 481; *Reinicke*, Die Formbedürftigkeit einer Vollmacht zum Abschluss eines GmbH-Vorvertrages, NJW 1969, 1830; *Römermann*, Die vereinfachte Gründungmittels Musterprotokoll, GmbHR Sonderheft Oktober 2008, 16; *C Schäfer*, Die Lehre vom fehlerhaften Verband, 2002; *Schürnbrand*, Die Ausübung von Gesellschafterrechten in der GmbH durch Erbengemeinschaften, NZG 2016, 241; *Sikora/Regler/Tiedtke*, Die Auswirkungen des MoMiG auf die Notarkosten, MittBayNot 2008, 437; *Sommer/Weitbrecht*, Salvatorische Klauseln in GmbH-Verträgen, GmbHR 1991, 449; *Tonikidis*, Die Gründung einer Einpersonen-GmbH durch einen vollmachtlosen Stellvertreter, MittBayNot 2014, 514; *Wachter*, Vertretungsfragen bei der Gründung einer Einpersonen-GmbH, GmbHR 2003, 660; *Wälzholz*, Das MoMiG kommt: Ein Überblick über die neuen Regelungen, GmbHR 2008, 841; *ders*, Die Reform des GmbH-Rechts, MittBayNot 2008, 425; *Weigl*, Die Geschäftsführerbestellung im Musterprotokoll gemäß „MoMiG" und Änderungen der Bestellung und Vertretung, Notar 2008, 378; *Wicke*, Die Bedeutung der öffentlichen Beurkundung im GmbH-Recht, ZIP 2006, 977; *ders*, Abweichungen und Änderungen beim Musterprotokoll gemäß § 2 Abs. 1 a GmbHG, DNotZ 2012, 15; *Wiedemann*, Die Auslegung von Satzungen und Gesellschaftsverträgen, DNotZ Sonderheft 1977, 99.

I. Normzweck

1 § 2 erklärt zum einen den Gesellschaftsvertrag zur Grundlage der Gründung u. des Bestehens einer GmbH u. bestimmt zum anderen die formellen Voraussetzungen für seinen Abschluss u. damit für die Errichtung einer GmbH: Der Gesellschaftsvertrag ist notariell zu beurkunden u. von allen Gesellschaftern zu unterzeichnen (Abs. 1). Der Abschluss des Gesellschaftsvertrages durch Bevollmächtigte ist zulässig, wobei die Vollmacht hierbei der notariell beurkundeten oder beglaubigten Form bedarf (Abs. 2). Der durch das MoMiG neu eingeführte Abs. 1 a hat die Möglichkeit der Gründung einer GmbH in einem vereinfachten Verfahren geschaffen.

2 Die Gründung einer GmbH vollzieht sich in mehreren Schritten: Mit wirksamem Abschluss des Gesellschaftsvertrages in notariell beurkundeter Form ist die Gesellschaft errichtet (zur terminologischen Unterscheidung zwischen „Errichtung" u. „Gründung" → § 1 Rn. 2) u. damit als sog. Vorgesellschaft oder Vor-GmbH in bereits eigener Rechtssubjektivität existent (zur Vor-GmbH → § 11 Rn. 3 ff.). Mit oder nach der Errichtung der Gesellschaft sind durch Beschluss der Gründungsgesellschafter ein oder mehrere Geschäftsführer zu bestellen (§ 6). Sodann haben die Gründungsgesellschafter ihre auf die von ihnen übernommenen Geschäftsanteile zu bewirkenden Einlagen an die Gesellschaft zu leisten (§ 7 II u. III). Danach ist die Gesellschaft durch den oder die Geschäftsführer beim Handelsregister zur Eintragung anzumelden (§§ 7 u. 8). Das Registergericht trägt die Gesellschaft nach positiver Prüfung der Anmeldung in das Handelsregister ein (§ 10), womit die GmbH als juristische Person entsteht (§ 11).

3 Neben dem vorstehend beschriebenen Gründungsvorgang kann eine GmbH auch noch auf andere Weise zur Entstehung gelangen, so etwa nach dem UmwG durch Spaltung zur Neugründung, Verschmelzung durch Neugründung oder Formwechsel. Hierbei stellen die umwandlungsrechtlichen Vorschriften den Formerfordernissen des § 2 entspr. Vorgaben auf.[1]

1 Baumbach/Hueck/*Fastrich* Rn. 2; Roth/*Altmeppen* Rn. 3.

II. Gesellschaftsvertrag

1. Funktion

Dem in § 2 genannten Gesellschaftsvertrag kommt eine „**Doppelfunktion**" zu:[2] So ist er zum einen das **Errichtungsgeschäft** der GmbH, also die Vereinbarung ihrer Gründer bzw. die Erklärung ihres Einpersonengründers über die Errichtung der Gesellschaft, mit welcher die bzw. der Gründer schuldrechtlich verpflichtet werden, ihre Einlagen zu leisten u. die Gesellschaft entstehen zu lassen.[3] Zum anderen aber bildet der Gesellschaftsvertrag die Grundlage der durch die Handelsregistereintragung entstandenen eigenständigen juristischen Person in Gestalt ihres **körperschaftlichen Statuts** (idS gemeinhin auch als „**Satzung**" bezeichnet), mit welcher ihre Beziehungen zu den Gesellschaftern u. die Rechtsstellung ihrer Organe geregelt werden.[4] Die Satzungsregelungen wirken insofern über die an der Errichtung Beteiligten hinaus u. sind als Verfassung der Gesellschaft auch für künftige Mitglieder bindend u. haben außerdem auch für den allg. Rechtsverkehr Bedeutung.[5] Diese beiden Funktionen des Gesellschaftsvertrages weisen im zeitlichen Ablauf der Gründung u. des Bestehens einer GmbH unterschiedliche Gewichtung auf. So hat nach der Errichtung der Gesellschaft bis zu ihrer Eintragung das Errichtungsgeschäft mit seinen den oder die Gründer bindenden schuldrechtlichen Verpflichtungen, die Einlagen zu leisten u. die Gesellschaft durch Handelsregistereintragung zur Existenz zu bringen, ein für diesen Zeitraum größeres Gewicht als das ebenso nach außen hin wirkende körperschaftliche Statut (wenngleich dieses auch bereits die Grundlage für die Organisation u. das Handeln der Vor-GmbH bildet → § 11 Rn. 4 ff.). Mit Eintragung der Gesellschaft in das Handelsregister sind diese auf den Abschluss der Gründung gerichteten Verpflichtungen des oder der Gründer erfüllt, womit sich der Gesellschaftsvertrag gleichsam verselbstständigt[6] u. in erster Linie seine organisationsrechtlichen Wirkungen entfaltet. 4

2. Rechtsnatur

Die Erörterung der Rechtsnatur des Gesellschaftsvertrages bedarf zunächst einer allg. Betrachtung u. sodann eines besonderen Eingehens auf die Einpersonen-GmbH. 5

a) **Allgemeines.** Die Frage nach der Rechtsnatur des Gesellschaftsvertrages wird nach wie vor unterschiedlich u. **strittig** beantwortet,[7] was letztlich Ausdruck seiner vorstehend beschriebenen doppelten Funktionalität ist. IW stehen sich hier 3 Auffassungen ggü.: Die sog. **Vertragstheorie** sieht den Gesellschaftsvertrag als normalen schuldrechtlichen Vertrag, auf den die Regelungen des BGB über Schuldverträge ohne weitere Modifizierungen 6

---

2 So MüKoGmbHG/*J Mayer* Rn. 4; MHLS/*J. Schmidt* Rn. 32; Scholz/*Cramer* Rn. 3; Baumbach/Hueck/*Fastrich* Rn. 3.
3 Roth/*Altmeppen* Rn. 4; Lutter/Hommelhoff/*Bayer* Rn. 12.
4 Baumbach/Hueck/*Fastrich* Rn. 3; MüKoGmbHG/*J Mayer* Rn. 4.
5 *Wicke* Rn. 2.
6 So auch MüKoGmbHG/*J Mayer* Rn. 4.
7 Einen ausführlichen Überblick über den Streitstand geben MüKoGmbHG/*J Mayer* Rn. 5 ff.; MHLS/*J. Schmidt* Rn. 33; Scholz/*Cramer* Rn. 5 f.

anwendbar sind.[8] Nach der sog. **Normentheorie** ist der Gesellschaftsvertrag als objektives, also ggü. jedermann geltendes Recht zu qualifizieren, welches die Gründer mit Errichtung der Gesellschaft kraft staatlicher Delegation schaffen.[9] Zwischen diesen beiden Meinungen vermittelnd ist die va von der Rspr. vertretene sog. **modifizierte Normentheorie** der Ansicht, dass der Gesellschaftsvertrag bei seinem Abschlussvorgang, also bei Errichtung der Gesellschaft, den allg. rechtsgeschäftlichen Regeln unterliegt, er jedoch ab Eintragung der Gesellschaft in das Handelsregister wie objektives Recht zu behandeln ist.[10]

7 Der vorstehend dargestellte Streit über die dogmatische Einordnung der Rechtsnatur des Gesellschaftsvertrages mutet aus dem Blickwinkel der Praxis insofern etwas sonderbar an, als sich die unterschiedlichen Theorien über die Lösung der diversen Einzelprobleme eigentlich weitgehend einig sind:[11] Der Gesellschaftsvertrag ist auf jeden Fall ein **Rechtsgeschäft**, so dass die allg. Vorschriften des BGB über Rechtsgeschäfte Anwendung finden.[12] Dies gilt für die Regelungen über **Willenserklärungen** (§§ 105 ff. u. 116 ff. BGB) sowie über den Abschluss von **Verträgen** (§§ 145 ff. BGB).[13] Zwar begründet der Gesellschaftsvertrag für die Gesellschafter schuldrechtliche Verpflichtungen, doch sind diese nicht auf den Austausch von Leistungen gerichtet, so dass die §§ 320 ff. BGB nicht anwendbar sind, insbes. kein Zurückbehaltungsrecht eines Gesellschafters aus § 320 BGB besteht, wenn ein anderer Gesellschafter seine Leistung nicht erbringt.[14] Diese weitgehend übereinstimmend vertretene Handhabung iVm der dem Gesellschaftsvertrag eigentümlichen doppelten Funktionalität (→ Rn. 4) lässt sich in dogmatischer Hinsicht am überzeugendsten u. ohne innere Widersprüche auf der Grundlage der modifizierten Normentheorie erklären, wonach der Gesellschaftsvertrag als besonderer **Organisationsvertrag** zu begreifen ist.[15]

8 **b) Einpersonen-GmbH.** Die Gründung einer Einpersonen-GmbH kann bereits rein begriffslogisch nicht durch einen Vertragsschluss im terminologisch zwingenden Sinne einer Vereinbarung zwischen mehreren Personen geschehen. Vielmehr handelt es sich bei der Errichtung einer Einpersonen-GmbH um ein **einseitiges Rechtsgeschäft.** Der Gesellschaftsvertrag gelangt hier durch eine **einseitige, nicht empfangsbedürftige Willenserklärung** des Gründers zur Entstehung. Dem Organisationsvertrag bei der Mehrpersonen-GmbH entspricht hier als Gründungsvorgang ein einseitiger **Organisa-**

8 *Flume*, Juristische Person, § 9 I; *K Schmidt*, GesR, § 5 I 1; *Lutter*, AcP 180 (80), 95, 97.
9 *O v. Gierke*, Genossenschaftstheorien, 1887, S. 132 ff.; *Meyer-Cording*, Die Vereinsstrafe, 57, S. 43, 46 ff.; MüKoBGB/*Reuter*, § 25 Rn. 17 ff.
10 RGZ 165, 143 f.; BGHZ 21, 370, 373 ff.; 47, 172, 179 f.; OLG Frankfurt WM 85, 1466, 1468.
11 MHLS/*J. Schmidt* Rn. 33; MüKoGmbHG/*J Mayer* Rn. 8.
12 *Roth*/Altmeppen Rn. 4; Baumbach/Hueck/*Fastrich* Rn. 6; MHLS/*J. Schmidt* Rn. 35.
13 MHLS/*J. Schmidt* 2 Rn. 35; Baumbach/Hueck/*Fastrich* Rn. 6; Roth/*Altmeppen* Rn. 10.
14 Baumbach/Hueck/*Fastrich* Rn. 6; MHLS/*J. Schmidt* Rn. 35; Scholz/*Cramer* Rn. 6.
15 Ebenso MüKoGmbHG/*J Mayer* Rn. 9; MHLS/*J. Schmidt* Rn. 34.

tionsakt.[16] Auf die Errichtung sind die Vorschriften des BGB über einseitige Rechtsgeschäfte anwendbar.[17] Nach Eintragung der GmbH in das Handelsregister ist auch der Gesellschaftsvertrag der Einpersonen-GmbH wie objektives Recht zu behandeln.[18]

3. Inhalt

Der Mindestinhalt des Gesellschaftsvertrages wird durch § 3 I vorgegeben. 9
Die durch diese Vorschrift zwingend in den Gesellschaftsvertrag aufzunehmenden Bestimmungen werden daher auch als **obligatorische** oder **notwendige Regelungen** bezeichnet (→ § 3 Rn. 3). IÜ besteht **Vertragsfreiheit** (§ 311 I BGB), so dass die Gesellschafter die Regelungen des Gesellschaftsvertrages durch Aufnahme **fakultativer** oder **freiwilliger Bestimmungen** (→ § 3 Rn. 3) auf ihre individuellen Bedürfnisse zuschneiden können.[19] Die Gesellschafter sind damit frei zu entscheiden, ob u. welche weiteren organisationsrechtlichen Regelungen sie über den Mindestinhalt hinaus in die Satzung mit aufnehmen möchten. Unter diesen organisationsrechtlichen Regelungen versteht man diejenigen Satzungsbestimmungen, welche für einen unbestimmten Personenkreis, nämlich für die derzeitigen, aber auch für die künftigen Gesellschafter gelten u. in erster Linie die Identität der Gesellschaft (Firma, Sitz, Gegenstand), ihre Kapitalausstattung, ihre Rechtsverhältnisse nach außen u. das Verhältnisse der Gesellschaftsorgane untereinander regeln.[20] Diese Bestimmungen des Gesellschaftsvertrages, welche die eigentliche Verfassung der Gesellschaft darstellen,[21] werden auch **materielle** oder **echte** oder **korporative Satzungsbestandteile** genannt.[22] Die solchermaßen materiellen Satzungsbestimmungen können nur nach den Regelungen über die Satzungsänderung in den §§ 53ff. abgeändert werden.[23] Darüber hinaus kann der Gesellschaftsvertrag aber auch Regelungen enthalten, die lediglich schuldrechtliche Individualvereinbarungen einzelner oder mehrerer oder aller Gesellschafter sind u. damit auch außerhalb des Gesellschaftsvertrages getroffen werden könnten. Diese Regelungen werden zumeist als **unechte** oder **formelle** oder **nichtkorporative** Satzungsbestandteile bezeichnet.[24] Im Einzelfall kann sich die Abgrenzung zwischen materiellen u. nur formellen Satzungsbestandteilen als sehr schwierig gestalten (→ § 3 Rn. 3f.).

4. Auslegung

Bei der Frage nach den Grundsätzen für die Auslegung des Gesellschafts- 10
vertrages ist wiederum nach der Doppelfunktion zu differenzieren, welche

16 Baumbach/Hueck/*Fastrich* Rn. 7.
17 Baumbach/Hueck/*Fastrich* Rn. 7.
18 MHLS/*J. Schmidt* Rn. 36; MüKoGmbHG/*J Mayer* Rn. 11.
19 Scholz/*Cziupka* § 3 Rn. 11.
20 BGHZ 116, 359, 362; NJW-RR 93, 607; Roth/*Altmeppen* Rn. 5; MHLS/*J. Schmidt* Rn. 39.
21 MüKoGmbHG/*J Mayer* Rn. 14.
22 *Wicke*, DNotZ 06, 419ff.; MHLS/*J. Schmidt* Rn. 39; MüKoGmbHG/*J Mayer* Rn. 14.
23 Roth/*Altmeppen* Rn. 7.
24 Lutter/Hommelhoff/*Bayer* Rn. 12; MHLS/*J. Schmidt* Rn. 40; MüKoGmbHG/*J Mayer* Rn. 15.

dem Gesellschaftsvertrag zu eigen ist (→ Rn. 4), also nach seinen körperschaftlichen Bestimmungen einerseits u. nach seinen individualrechtlichen Bestimmungen andererseits.[25]

11 a) **Körperschaftliche Bestimmungen.** Die körperschaftlichen Bestimmungen des Gesellschaftsvertrages sind nach außen wirkende, sich an einen unbestimmten Personenkreis richtende Regelungen u. folglich objektives Recht.[26] Damit sind sie auch nur einer **objektiven „normenähnlichen"**[27] **Auslegung** aus sich selbst heraus u. auf der Grundlage allg. zugänglicher Unterlagen zugänglich.[28] Es gelten hierbei die gleichen Grundsätze wie bei der Auslegung von Gesetzen.[29] Ausgangspunkt ist der Wortlaut der körperschaftlichen Satzungsbestimmung.[30] Daneben sind der Sinnzusammenhang der Regelung u. ihr erkennbarer Zweck von Bedeutung.[31] Nicht allg. erkennbare Umstände, wie etwa Wille, Vorstellungen u. Erwägungen der Gesellschafter können nicht herangezogen werden,[32] da die Auslegung körperschaftlicher Bestimmungen nicht zu unterschiedlichen Ergebnissen führen darf, sondern für alle Beteiligten einheitlich u. gleichmäßig erfolgen muss.[33] Die körperschaftlichen Satzungsbestimmungen unterliegen damit auch einer **uneingeschränkten Überprüfung durch das Revisionsgericht.**[34]

12 b) **Individualrechtliche Bestimmungen.** Die individualrechtlichen Bestimmungen des Gesellschaftsvertrages, also zum einen die schuldrechtlichen Vereinbarungen der Gründer betr. ihre wechselseitigen Verpflichtungen, die Einlagen zu leisten u. die Gesellschaft durch Handelsregistereintragung zur Existenz zu bringen (→ Rn. 4), u. zum anderen die formellen, nicht korporationsrechtlichen Satzungsbestimmungen (→ Rn. 9) unterliegen ohne Einschränkungen den **allg. Regeln der Vertragsauslegung aus §§ 133, 157 BGB** unter Heranziehung aller verfügbarer Quellen.[35] Die **revisionsgerichtliche Nachprüfbarkeit** ist hier auf die Verletzung von Gesetz oder allg. anerkannten Auslegungsregeln **beschränkt.**[36]

25 So insbes. die Rspr. des BGH: BGHZ 14, 25; 18, 205; 36, 296; 123, 347. S. auch den jeweils ausf. Überblick bei MHLS/*J. Schmidt* Rn. 81 ff.; MüKoGmbHG/*J Mayer* Rn. 150 ff.
26 Lutter/Hommelhoff/*Bayer* Rn. 13.
27 So Scholz/*Emmerich* 11. Auflage Rn. 35.
28 BGH NZG 11, 1420; OLG Hamm ZIP 15, 971.
29 BGH NJW 69, 131; Baumbach/Hueck/*Fastrich* Rn. 31; Lutter/Hommelhoff/*Bayer* Rn. 13.
30 Scholz/*Emmerich* 11. Auflage Rn. 36; Baumbach/Hueck/*Fastrich* Rn. 31.
31 Scholz/*Emmerich* 11. Auflage Rn. 36.
32 BGHZ 123, 347, 350; Lutter/Hommelhoff/*Bayer* Rn. 13.
33 BGHZ 14, 26, 36 f.; 36, 296, 315.
34 BGH NZG 11, 1420; BGHZ 9, 281; 15, 328; 48, 144; 116, 359, 364; *Wicke* Rn. 4; Baumbach/Hueck/*Fastrich* Rn. 31.
35 BGHZ 14, 26, 36 f.; 36, 296, 315; MüKoGmbHG/*J Mayer* Rn. 153; Baumbach/Hueck/*Fastrich* Rn. 32; Lutter/Hommelhoff/*Bayer* Rn. 14.
36 Baumbach/Hueck/*Fastrich* Rn. 32.

III. Form und Abschluss des Gesellschaftsvertrags (Abs. 1)

1. Notarielle Beurkundung

Gem. Abs. 1 bedarf der Gesellschaftsvertrag der notariellen Beurkundung u. der Unterzeichnung durch alle Gesellschafter. **Zweck des Formgebotes**[37] ist zum einen der Schutz des Rechtsverkehrs durch die mit der notariellen Beurkundung geschaffenen **Rechtssicherheit.**[38] Daneben dient die notarielle Beurkundung aber auch **individualschutzrechtlichen Zwecken.** So nimmt sie zum einen eine **Warnfunktion** dergestalt wahr, dass den Gründern die Bedeutsamkeit ihrer Willenserklärungen durch die notarielle Belehrung bewusst gemacht wird u. sie dadurch vor übereilten Entscheidungen geschützt werden.[39] Zum anderen soll die notarielle Beurkundung eine **materielle Richtigkeitsgewähr** bewirken, also die Sicherheit, dass der abgeschlossene Gesellschaftsvertrag dem geltenden Recht entspricht,[40] u. eine juristische Beratung durch einen neutralen Sachkenner sicherstellen.[41] Vereinzelte Stimmen im Schrifttum zweifeln diese Zwecke (u. damit wohl auch die Rechtfertigung) der notariellen Beurkundung mit der Begründung an, die Gesellschafter könnten auf die Belehrung durch den Notar verzichten, so dass die Richtigkeitsgewähr der Beurkundung nur beschränkte Wirkung habe.[42] Diese Meinung geht allerdings bereits insofern fehl, als ihr Begründungsansatz schlichtweg falsch ist. Die Belehrung über die rechtliche Tragweite des beurkundeten Rechtsgeschäfts gehört nach § 17 I 1 BeurkG zu den Kardinalspflichten des Notars u. seiner Tätigkeit u. ist als solche auch nicht seitens der Beteiligten verzichtbar.[43] 13

a) **Zuständigkeit. Ausschließlich zuständig** für die Beurkundung sind im Inland die **Notare.** Nach § 127 a BGB kann die notarielle Beurkundung durch einen gerichtlichen Vergleich ersetzt werden, wenn die Erklärungen in ein nach den Vorschriften der ZPO errichtetes Protokoll aufgenommen werden.[44] Ein Vergleich im Schiedsverfahren nach § 1053 III ZPO genügt dem Formerfordernis nicht, wenn dadurch die notarielle Form umgangen werden soll.[45] Im **Ausland** sind für die Beurkundung die **deutschen Konsularbeamte** zuständig (§ 10 KonsularG).[46] 14

In **örtlicher Hinsicht** gibt § 10 a II BNotO Vorgaben für das Tätigwerden des Notars. Danach soll der Notar seine Urkundstätigkeit grds. nur innerhalb seines Amtsbereichs ausüben. Eine Überschreitung des örtlichen Zuständigkeitsbereichs durch den Notar macht die Beurkundung jedoch nicht unwirksam (§ 11 III BNotO, § 2 BeurkG), sofern sie nur im Inland erfolgt. 15

37 Eine sehr ausf. Darstellung der Zwecke des Formgebotes gibt MüKoGmbHG/*J Mayer* Rn. 20 ff.
38 RGZ 66, 116, 121; 149, 385, 395; *Roth*/Altmeppen Rn. 16; Scholz/*Cramer* Rn. 10.
39 MüKoGmbHG/*J Mayer* Rn. 22.
40 BGHZ 105, 324, 338; NJW-RR 88, 288; MHLS/*J. Schmidt* Rn. 45.
41 *Wicke* Rn. 5.
42 So *Michalski* 2. Auflage Rn. 14 Rn. 14; die Belehrungspflicht verzichtbar erachtet auch Scholz/*Emmerich* 11. Auflage Rn. 13.
43 S. nur *Winkler*, BeurkG, § 17 Rn. 224; so auch Scholz/*Cramer* Rn. 10.
44 MüKoGmbHG/*J Mayer* Rn. 25.
45 OLG München GmbHR 05, 1568.
46 KonsularG v. 11.9.74, BGBl. I, S. 2317.

Nimmt dag ein deutscher Notar eine Beurkundung im Ausland vor, so ist diese nichtig.[47]

16 **b) Verfahren.** Rechtliche Grundlage für das bei der notariellen Beurkundung einzuhaltende Verfahren bilden die **§§ 6 ff. BeurkG**, die Vorschriften über die **Beurkundung von Willenserklärungen**. Danach ist über den gesamten Gesellschaftsvertrag eine **notarielle Niederschrift** anzufertigen, die den bei dem Beurkundungsverfahren Anwesenden in Gegenwart des Notars **vorgelesen**, von ihnen **genehmigt** u. von ihnen u. dem Notar **eigenhändig unterschrieben** werden muss (§§ 9, 13 BeurkG).[48] In der Praxis hat sich eingebürgert, die eigentliche Satzung der Gesellschaft dem notariellen Gründungsprotokoll, welches iÜ die Gründungserklärungen sowie die Übernahme der Geschäftsanteile u. ggf. die Geschäftsführerbestellung enthält, als Anlage beizufügen, um die sich aus § 54 ergebende Pflicht zur Einreichung eines vollständigen neuen Satzungswortlautes bei späteren Satzungsänderungen besser handhaben zu können. Die Bestimmungen in der Anlage werden durch die Verweisung im „Urkundsmantel" zum Bestandteil der notariellen Niederschrift (§ 9 I 2 BeurkG).[49] Eine gesonderte Unterzeichnung der Anlage durch die am Beurkundungsverfahren Beteiligten ist hierbei nicht erforderlich.

17 Die Beurkundung des Gesellschaftsvertrages kann auch in einer **anderen als der deutschen Sprache** vorgenommen werden, wenn der Notar dieser fremden Sprache hinreichend kundig ist (§ 5 II 2 BeurkG). Allerdings muss in einem solchen Fall der Anmeldung der Gesellschaft beim Handelsregister eine deutsche Übersetzung durch einen öffentlich bestellten Übersetzer beigefügt werden, da die Gerichtssprache Deutsch ist.[50]

18 **Abs. 1 S. 2** verlangt, dass der Gesellschaftsvertrag von sämtlichen Gesellschaftern zu unterzeichnen ist. Dies bedeutet jedoch **nicht**, dass seine Beurkundung bei **gleichzeitiger Anwesenheit** aller Gesellschafter zu erfolgen hat.[51] Es reicht vielmehr aus, dass jeder Gründer den Gesellschaftsvertrag iS inhaltlich übereinstimmender Willenserklärungen (sog. Beitrittserklärungen) beurkunden lässt, u. sei es auch in getrennten Beurkundungsverhandlungen, ggf. bei verschiedenen Notaren.[52] Ein Zugang der durch den Notar beurkundeten Willenserklärungen an die anderen Mitgründer ist nicht erforderlich.[53] Der Gesellschaftsvertrag kommt mit der Beurkundung der letzten Willenserklärung eines Gründers zustande.[54]

19 Auch bei getrennten Beurkundungen liegt ein **einheitliches Rechtsgeschäft** zwischen allen Gesellschaftern vor, die auch sämtlich in dem Gesellschaftsvertrag eine Stammeinlage zu übernehmen haben (§ 3 I Nr. 4) – sog. **Einheitsgründung.**[55] Eine **Stufengründung** dergestalt, dass zunächst der Gesell-

47 BGHZ 138, 359, 362; Scholz/*Cramer* Rn. 14; MüKoGmbHG/*J Mayer* Rn. 26.
48 MüKoGmbHG/*J Mayer* Rn. 27.
49 *Winkler*, BeurkG, § 9 Rn. 56; MüKoGmbHG/*J Mayer* Rn. 28.
50 LG Düsseldorf GmbHR 99, 609; *Wicke* Rn. 5; MüKoGmbHG/*J Mayer* Rn. 28.
51 Baumbach/Hueck/*Fastrich* Rn. 10; MHLS/*J. Schmidt* Rn. 51; Scholz/*Cramer* Rn. 23.
52 Baumbach/Hueck/*Fastrich* Rn. 10; Scholz/*Cramer* Rn. 23.
53 MHLS/*J. Schmidt* Rn. 51; MüKoGmbHG/*J Mayer* Rn. 29.
54 MüKoGmbHG/*J Mayer* Rn. 29.
55 Scholz/*Cramer* Rn. 23.

schaftsvertrag durch einen oder mehrere Gründer festgestellt wird u. sodann andere Gesellschafter nach Errichtung der Gesellschaft im Gründungsstadium durch Beitrittserklärung weitere Geschäftsanteile übernehmen, ist **nicht möglich.**[56]

c) **Ausländischer Notar.** Die Frage, ob auch ein ausländischer Notar wirksam die Errichtung einer deutschen GmbH beurkunden kann, wird unterschiedlich u. **strittig** beantwortet. Nach hM genügt bei **statusrelevanten gesellschaftsrechtlichen Vorgängen** wie Gründung, Satzungsänderung u. Umwandlung die Wahrung der **Ortsform** gem. Art. 11 I Alt 2 EGBGB **nicht.**[57] Dies bedeutet jedoch nicht, dass damit die Beurkundung durch einen ausländischen Notar von vornherein ausgeschlossen ist. Vielmehr lässt die hM die Beurkundung der Errichtung einer deutschen GmbH durch einen ausländischen Notar dann zu, wenn diese Beurkundung einer solchen durch einen deutschen Notar **gleichwertig** ist, weil die ausländische Urkundsperson nach Vorbildung u. Stellung im Rechtsleben eine der Tätigkeit des deutschen Notars entspr. Funktion ausübt u. ein in den Grundsätzen dem deutschen entspr. Beurkundungsrecht anwendet.[58] Eine solche Gleichwertigkeit wird etwa bejaht für Notare in Zürich u. Basel, für österreichische u. niederländische Notare sowie für weite Teile des sog. lateinischen Notariats (Italien, Spanien, Frankreich, Belgien).[59] Es mehren sich allerdings die **krit. Stimmen,** welche die **hM zu Recht ablehnen** u. hierbei insbes. ins Feld führen, dass das von ihnen vertretene Gleichwertigkeitskriterium der Bedeutung u. Vielfalt der Zwecke des notariellen Formgebotes nicht gerecht werde.[60] Auch einige Instanzgerichte haben eine Gleichwertigkeit der Beurkundung durch einen ausländischen Notar verneint.[61] Es wird sich daher in der Praxis bereits aus reinen Vorsichtsgründen empfehlen, die Beurkundung des Gesellschaftsvertrages durch einen deutschen Notar vornehmen zu lassen. 20

d) **Umfang der Beurkundungspflicht.** Es ist der **gesamte Gesellschaftsvertrag** zu beurkunden, also nicht nur die nach § 3 I **obligatorischen Regelungen**, sondern auch die nur **fakultativen Bestimmungen**[62] (s. zu diesen Begrifflichkeiten → Rn. 9 u. → § 3 Rn. 3). Nach **hM** werden von dieser Beurkundungspflicht jedoch nur diejenigen fakultativen Bestimmungen erfasst, die entweder unter § 3 II fallen oder **körperschaftsrechtliche Wirkungen,** 21

56 Baumbach/Hueck/*Fastrich* Rn. 11.
57 *Kindler*, AG 07, 725; Baumbach/Hueck/*Fastrich* Rn. 9; Roth/*Altmeppen* Rn. 19; Lutter/Hommelhoff/*Bayer* Rn. 18; *Goette*, FS Boujong, 96, S. 131, 137 ff.; aA OLG Düseldorf NJW 89, 2200.
58 BGHZ 80, 76, 78 f.; OLG München GmbHR 98, 46; OLG Düsseldorf NJW 89, 2200; Baumbach/Hueck/*Fastrich* Rn. 9; *Roth*/Altmeppen Rn. 20; Scholz/*Emmerich* 11. Auflage Rn. 18 c.
59 BGHZ 80, 76; OLG München GmbHR 98, 46; OLG Düsseldorf NJW 89, 2200; *Michalski* 2. Auflage Rn. 14 Rn. 22; Scholz/*Emmerich* 11. Auflage Rn. 18 c.
60 Lutter/Hommelhoff/*Bayer* Rn. 18; MüKoGmbHG/*J Mayer* Rn. 52 ff.; Scholz/*Cramer* Rn. 19; *Goette*, DStR 96, 709 ff.; *Heckschen*, DB 90, 161 ff.
61 LG Augsburg DB 96, 1666; AG Köln DB 89, 2423.
62 MHLS/*J. Schmidt* Rn. 46; Baumbach/Hueck/*Fastrich* Rn. 12; Scholz/*Cramer* Rn. 12.

also Satzungscharakter haben.[63] Damit müssen sämtliche fakultativen Regelungen, die nach dem Willen der Gesellschafter für die Gesellschaft oder für künftige Gesellschafter verbindlich sein sollen (wie zB die Begründung von Sonderrechten[64] oder Wettbewerbsverboten[65] für Gesellschafter), mit beurkundet werden.[66] Die hM lässt den Gesellschaftern jedoch ausdrücklich die Freiheit, neben dem Gesellschaftsvertrag weitere schuldrechtliche Vereinbarungen zu treffen, die nur Wirkungen zwischen ihnen entfalten u. künftige Gesellschafter ohne deren ausdrückliche Übernahme nicht binden u. die damit auch nicht beurkundungspflichtig sein sollen.[67] Diese Auffassung läuft letztlich bei den fakultativen Regelungen auf eine Wahlfreiheit der Gesellschafter bzgl. der von der Beurkundungspflicht erfassten Regelungen hinaus, da es ja ihnen selbst überlassen ist, ob die Bestimmungen korporationsrechtlich ausgestaltet werden u. damit der Beurkundungspflicht unterliegen oder nur als schuldrechtliche Vereinbarungen Geltung unter den vereinbarenden Gesellschaftern haben sollen.[68] Es finden sich daher mittlerweile im Schrifttum auch andere Stimmen, die vor dem Hintergrund der mit einer notariellen Beurkundung verfolgten Zwecke (→ Rn. 13) von einer umfassenden Beurkundungspflicht aller Vereinbarungen ausgehen, die mit dem Gesellschaftsvertrag iSe „Stehens und Fallens“[69] rechtlich zusammenhängen.[70]

2. Änderungen

22 Änderungen u. Ergänzungen des Gesellschaftsvertrages in der Zeit zwischen der Errichtung der GmbH u. ihrer Handelsregistereintragung sind **möglich**, bedürfen aber nach ganz hM stets der in **§ 2 vorgeschriebenen Form**, also der **Mitwirkung sämtlicher Gesellschafter** u. der **notariellen Beurkundung.**[71] Die §§ 53 ff. gelten für die GmbH erst nach ihrer erfolgten Handelsregistereintragung.[72] Daher ist auch ein Gesellschafterwechsel im Zeitraum zwischen Errichtung u. Eintragung nur durch Änderung des Gesellschaftsvertrages in der Form des § 2 möglich.[73] Allerdings ist auch eine auf die Handelsregistereintragung der Gesellschaft aufschiebend bedingte

63 Baumbach/Hueck/*Fastrich* Rn. 12; Lutter/Hommelhoff/*Bayer* Rn. 18; Scholz/*Cramer* Rn. 13.
64 RGZ 170, 358, 368; BGH NJW 69, 131.
65 RG NJW 30, 2676.
66 So Baumbach/Hueck/*Fastrich* Rn. 12; Scholz/*Cramer* Rn. 12.
67 RGZ 83, 216, 219; 170, 358, 367 f.; BGH WM 69, 1321; MHLS/*J. Schmidt* Rn. 47; Scholz/*Cramer* Rn. 13; Lutter/Hommelhoff/*Bayer* Rn. 18; Baumbach/Hueck/*Fastrich* Rn. 12.
68 Hierauf weist zu Recht hin MüKoGmbHG/*J Mayer* Rn. 38.
69 So das Kriterium für die Beurkundungspflicht im Zusammenhang mit § 311 b I BGB – BGHZ 76, 43; 101, 393, 396; NJW 02, 2559; Palandt/*Grüneberg* BGB § 311 b Rn. 32.
70 So va MüKoGmbHG/*J Mayer* Rn. 40 ff.
71 Lutter/Hommelhoff/*Bayer* Rn. 33; Baumbach/Hueck/*Fastrich* Rn. 13; MHLS/*J. Schmidt* Rn. 79.
72 AA *Priester*, ZIP 87, 280, 282 ff.; Scholz/*K Schmidt* § 11 Rn. 47.
73 BGHZ 21, 246; 29, 300; NJW 97, 1507; NZG 05, 263; OLG Jena GmbHR 13, 145; Baumbach/Hueck/*Fastrich* Rn. 13; MHLS/*J. Schmidt* Rn. 80.

Abtretung eines insoweit künftigen Geschäftsanteils zulässig,[74] die jedoch dann erst mit der Registereintragung wirksam wird (→ § 15 Rn. 54).

3. Formmängel

Fehlt es an der notariellen Beurkundung, so ist der Gesellschaftsvertrag **nichtig** (§ 125 S. 1 BGB), die Gesellschaft also nicht wirksam errichtet. Das Registergericht darf die Gesellschaft in einem solchen Fall nicht in das Handelsregister eintragen (§ 9 c I). Erfolgt dennoch eine Handelsregistereintragung, so ist damit der Formmangel geheilt u. die GmbH auf der Grundlage des Gesellschaftsvertrages wirksam entstanden.[75] 23

IV. Vollmacht und Vertretung (Abs. 2)

1. Vollmacht

Gem. Abs. 2 können sich die Gründungsgesellschafter beim Abschluss des Gesellschaftsvertrages durch Bevollmächtigte vertreten lassen. Die Vollmacht bedarf hierbei der notariellen Beurkundung (§ 128 BGB, §§ 8 ff. BeurkG) oder Beglaubigung (§ 129 BGB, §§ 39, 40 BeurkG). Bei diesem Formerfordernis handelt es sich nach allgM nicht um eine bloße Ordnungsvorschrift, sondern vielmehr um eine materielle Wirksamkeitsvoraussetzung.[76] 24

Hins. der **Zuständigkeit** für die notarielle Beurkundung der Vollmacht gelten die oben unter → Rn. 14 gemachten Ausführungen. Für die **Beglaubigung** sind natürlich ebenfalls in erster Linie die **deutschen Notare** zuständig. Im **Ausland** kann die Beglaubigung durch einen **deutschen Konsularbeamten** vorgenommen werden (§ 10 II KonsularG).[77] Aber auch die Beglaubigung durch einen **ausländischen Notar** erfüllt das Formgebot des Abs. 2, wobei sich die Feststellung über die Identität des bzw. der die Vollmacht Unterzeichnenden aus dem Beglaubigungsvermerk eindeutig ergeben muss,[78] was gerade bei „Beglaubigungen" durch angelsächsische Notare nicht immer der Fall ist. Ferner ist zu beachten, dass bei einer Beglaubigung durch einen ausländischen Notar für die Anerkennung dieser ausländischen öffentlichen Urkunde im Inland zusätzlich eine **Legalisation** (§ 13 II KonsularG) oder zumindest eine sog. **Apostille**[79] notwendig ist, es sei denn, die Anerkennung der ausländischen Urkunde ist durch zwischenstaatliches Abkommen vereinbart.[80] 25

74 Baumbach/Hueck/*Fastrich* Rn. 13.
75 Scholz/*Cramer* Rn. 25; Baumbach/Hueck/*Fastrich* Rn. 15; MHLS/*J. Schmidt* Rn. 67.
76 MHLS/*J. Schmidt* Rn. 68; MüKoGmbHG/*J Mayer* Rn. 65; Scholz/*Cramer* Rn. 31.
77 KonsularG v. 11.9.74, BGBl. I, S. 2317.
78 MüKoGmbHG/*J Mayer* Rn. 67.
79 S. Haager Übereinkommen zur Befreiung ausländischer öffentlicher Urkunden von der Legalisation v. 5.10.61 – dazu Gesetz v. 21.6.65, BGBl. II, S. 875; zum Verfahren *Bindseil*, DNotZ 92, 275, 280 f.
80 So etwa im Verhältnis zu Belgien, Dänemark, Frankreich, Griechenland, Italien u Österreich; vgl. hierzu auch Becksches NotarHdB/*Zimmermann*, H Rn. 236 ff.

26 Einer notariell beurkundeten oder beglaubigten Vollmacht soll es trotz des Wortlautes von Abs. 2 nicht bedürfen, wenn eine **öffentliche Behörde** eine Vollmacht in einer **öffentlichen Urkunde** iSv § 415 I ZPO erteilt hat.[81]

27 Aus der Vollmacht muss sich zweifelsfrei ergeben, dass der Vertreter zum Abschluss des Gesellschaftsvertrages ermächtigt ist.[82] IÜ sind an den Inhalt keine besonderen Anforderungen zu stellen; insbes. bedarf es nicht in jedem Fall einer Spezialvollmacht; auch eine **Generalvollmacht** in der durch Abs. 2 geforderten Form genügt.[83] Dementspr ist auch eine **Prokura** ausreichend; der Prokurist ist nach ganz allgM trotz des eigentlich rechtsgeschäftlichen Charakters der Prokura für die Gründung einer GmbH hinreichend legitimiert, wenn er als solcher im Handelsregister eingetragen ist u. so seine Vertretungsmacht nachweisen kann.[84]

28 Das **Selbstkontrahierungsverbot des § 181 BGB** gilt auch für den bei Gründung einer GmbH handelnden Bevollmächtigten, wobei natürlich der Vollmachtgeber in der Vollmacht eine **Befreiung** von diesem Verbot erteilen kann, u. zwar auch in konkludenter Form. Zu beachten ist in diesem Zusammenhang allerdings, dass ein organschaftlicher Vertreter, der nicht selbst von § 181 BGB befreit ist, auch seinerseits an einen Bevollmächtigten keine Befreiung von § 181 BGB erteilen kann.[85] Liegt keine Befreiung von § 181 BGB vor, ist das unter Verstoß gegen diese Vorschrift vorgenommene Errichtungsgeschäft zunächst schwebend unwirksam. Der jeweils Vertretene kann es nachträglich genehmigen (als organschaftlicher Vertreter wiederum nur, wenn er selbst von § 181 BGB befreit ist).

29 Ist keine Vollmacht erteilt oder fehlt ihr die nach Abs. 2 erforderliche Form, so handelt der **Vertreter ohne Vertretungsmacht.** Bei einer **Mehrpersonengründung** ist der Abschluss des Gesellschaftsvertrages damit erst einmal **schwebend unwirksam.** Der vollmachtlos Vertretene kann den Vertrag gem. § 177 I BGB **genehmigen** u. ihn damit wirksam werden lassen. Nach ganz allgM bedarf die Genehmigung hierbei entgg. der Regelung des § 182 II BGB ebenfalls der Form des Abs. 2.[86] Bei einer **Einpersonengründung** ist das durch einen vollmachtlosen Vertreter vorgenommene Errichtungsgeschäft gem. § 180 S. 1 BGB **nichtig** u. kann auch nicht genehmigt werden.[87] Dies wird in der Praxis leider gelegentlich übersehen, u. zwar auch durch manche Notare u. Registergerichte. Allenfalls eine Bestätigung iSv § 141 BGB durch formgerechte Wiederholung kann in einem solchen Fall eine Wirksamkeit (ex nunc) herbeiführen.[88]

---

81 OLG Düsseldorf GmbHR 98, 238; Baumbach/Hueck/*Fastrich* Rn. 20.
82 MHLS/*J. Schmidt* Rn. 69.
83 Lutter/Hommelhoff/*Bayer* Rn. 21; Roth/*Altmeppen* Rn. 30; Baumbach/Hueck/*Fastrich* Rn. 21.
84 Scholz/*Cramer* Rn. 33; MHLS/*J. Schmidt* Rn. 70; Lutter/Hommelhoff/*Bayer* Rn. 21; *Roth*/Altmeppen Rn. 29; Baumbach/Hueck/*Fastrich* Rn. 21.
85 BGHZ 64, 76; MHLS/*J. Schmidt* Rn. 72.
86 OLG Düsseldorf NJW-RR 96, 550; OLG Köln WM 96, 207; Roth/*Altmeppen* Rn. 32; Baumbach/Hueck/*Fastrich* Rn. 22; MHLS/*J. Schmidt* Rn. 73.
87 LG Berlin GmbHR 96, 123; *Wachter*, GmbHR 03, 660; MHLS/*J. Schmidt* Rn. 74; Baumbach/Hueck/*Fastrich* Rn. 22; Lutter/Hommelhoff/*Bayer* Rn. 22; neuerdings krit. *Hasselmann,* ZIP 12, 1947; *Tonikidis,* MittBayNot 14, 514.
88 Baumbach/Hueck/*Fastrich* Rn. 22.

Wird die GmbH trotz **Vollmachtsmangels** in das Handelsregister **eingetragen**, so ist hins. der hierdurch entstandenen GmbH (§ 11) zu differenzieren: Wurde eine Vollmacht erteilt, jedoch nicht in der nach Abs. 2 erforderlichen Form, so wird der Formmangel der Vollmacht durch die Eintragung geheilt (wie der Formmangel des Gesellschaftsvertrages selbst → Rn. 23).[89] Fehlt es hingg. bereits an einer wie auch immer gearteten Erteilung der Vollmacht, so wird dieser Mangel durch die Handelsregistereintragung nicht geheilt. Es handelt sich hierbei um einen Fall der unwirksamen Beitrittserklärung (→ Rn. 36 ff.). Die Gesellschaft ist zunächst existent, allerdings ist der Geschäftsanteil des vollmachtlos Vertretenen nicht zur Entstehung gelangt. Die Gesellschaft kann daher gem. § 399 IV FamFG aufgelöst werden.[90] 30

2. Sonstige Vertretung

Abs. 2 regelt nur die rechtsgeschäftlich erteilte Vollmacht u. gilt natürlich nicht für die Fälle gesetzlicher oder organschaftlicher Vertretungsmacht. Gesetzliche Vertreter weisen sich durch ihre Standesamtsurkunde bzw. durch ihre betreuungs- oder familiengerichtliche Bestellungsurkunde aus. Im Handelsregister eingetragene organschaftliche Vertreter legitimieren sich durch einen entspr. Handelsregisterauszug. 31

V. Mängel des Gesellschaftsvertrages oder der Beitrittserklärung

1. Mängel des Gesellschaftsvertrages

Unabhängig von der Frage nach der Rechtsnatur des Gesellschaftsvertrages ist unbestritten, dass sowohl der Abschluss des Gesellschaftsvertrages bei einer Mehrpersonengründung als auch der einseitige Organisationsakt der Feststellung des Gesellschaftsvertrages bei einer Einpersonengründung **Rechtsgeschäfte** sind (→ Rn. 7). Damit gelten für diese grds. die **allg. Regelungen des BGB** über die **Nichtigkeit** u. **Anfechtbarkeit** von Willenserklärungen u. Rechtsgeschäften.[91] Nichtigkeit kann etwa vorliegen bei Nichteinhaltung des Formgebotes aus Abs. 1 (§ 125 BGB → Rn. 23), bei einem Mangel der Vollmacht (→ Rn. 29), bei Sittenwidrigkeit (§ 138 BGB) oder bei Verstoß gegen ein gesetzliches Verbot (§ 134 BGB). Eine Anfechtung kommt in Betracht bei Irrtum, Täuschung oder Drohung (§§ 119, 123 BGB). Diese eigentlich für Austauschgeschäfte u. andere zweiseitige Rechtsgeschäfte geschaffenen[92] allg. Vorschriften des BGB würden jedoch bei uneingeschränkter Anwendung auf den Gesellschaftsvertrag, der die Grundlage für eine auf Dauer angelegte Organisationseinheit darstellt u. als solche vielfältige Rechtsbeziehungen zwischen deren Mitgliedern u. der Außenwelt begründet,[93] nicht in jedem Fall zu interessengerechten Ergebnissen führen. Es ist daher allg. anerkannt, dass die Anwendbarkeit dieser Vorschriften u. ihrer Rechtsfolgen auf die gesellschaftsvertraglichen 32

89 Baumbach/Hueck/*Fastrich* Rn. 23; MHLS/*J. Schmidt* Rn. 77; Scholz/*Cramer* Rn. 38.
90 MHLS/*J. Schmidt* Rn. 78.
91 MüKoGmbHG/*J Mayer* Rn. 169; Baumbach/Hueck/*Fastrich* Rn. 37; *Wicke* Rn. 10.
92 So MüKoGmbHG/*J Mayer* Rn. 169.
93 MHLS/*J. Schmidt* Rn. 129; MüKoGmbHG/*J Mayer* Rn. 169.

Rechtsverhältnisse **Einschränkungen u. Modifizierungen** erfahren muss.[94] Man unterscheidet in diesem Zusammenhang gemeinhin **nach den unterschiedlichen Gründungsstadien** der GmbH wie folgt:

33 **a) Errichtete, aber noch nicht eingetragene und noch nicht in Vollzug gesetzte GmbH.** Wurde die Gesellschaft zwar bereits errichtet, also der Gesellschaftsvertrag abgeschlossen, aber noch nicht in das Handelsregister eingetragen, u. hat die Gesellschaft auch noch keine Geschäftstätigkeit aufgenommen u. ebenso noch keine Einlagenleistung der Gesellschafter entgegengenommen,[95] so gelten die **allg. Vorschriften** des BGB über die Nichtigkeit u. Anfechtbarkeit von Willenserklärungen u. Rechtsgeschäften u. die daraus resultierenden Rechtsfolgen **ohne jedwede Einschränkung.**[96]

34 **b) Errichtete, noch nicht eingetragene, jedoch bereits in Vollzug gesetzte GmbH.** Hat die Gesellschaft eine Geschäftstätigkeit aufgenommen oder durch Leistung der Einlagen oder auf andere Weise Gesellschaftsvermögen gebildet, so ist sie in Vollzug gesetzt.[97] Aus Gründen der Rechtssicherheit u. des Verkehrsschutzes kann in diesem Stadium eine Rückabwicklung nach den allg. Grundsätzen nicht mehr durchgeführt werden. Es finden daher die **Grundsätze über die fehlerhafte Gesellschaft** Anwendung.[98] Danach ist die Gesellschaft zunächst als bestehende anzusehen.[99] Sie kann jedoch, falls der Mangel nicht behoben wird, mit Wirkung **ex-nunc aufgelöst** u. **liquidiert** werden. Nach hM wird die Auflösung durch entspr. Erklärung eines Gesellschafters gem. § 723 I 2 BGB ggü. der Gesellschaft u. den Mitgesellschaftern bewirkt,[100] die im Fall des Vorliegens von Nichtigkeitsgründen durch jeden Gesellschafter u. im Fall des Vorliegens von Anfechtungsgründen durch den anfechtungsberechtigten Gesellschafter abgegeben werden kann;[101] die Erhebung einer Auflösungsklage analog § 61 oder § 133 HGB ist nicht erforderlich.[102]

35 **c) Eingetragene GmbH.** Wird die GmbH trotz eines Mangels in das Handelsregister eingetragen, so ist sie zumindest zunächst **wirksam entstanden** (§ 11) u. genießt damit gewissen **Bestandsschutz.**[103] Der Formmangel des Gesellschaftsvertrages oder einer Vollmacht wird durch die Eintragung geheilt (→ Rn. 23 u. 30). Vorhandene Mängel können nur noch unter den **abschließend geregelten Voraussetzungen** u. Verfahren in § 75 (**Nichtig-**

---

94 Scholz/*Cramer* Rn. 84 ff.; MüKoGmbHG/*J Mayer* Rn. 169 ff.; MHLS/*J. Schmidt* Rn. 129 ff.; Baumbach/Hueck/*Fastrich* Rn. 37 ff.; Lutter/Hommelhoff/*Bayer* Rn. 23 ff.; Roth/*Altmeppen* Rn. 37 ff.

95 Vgl. zum Begriff der „Invollzugsetzung" Scholz/*Cramer* Rn. 86; MüKoGmbHG/*J Mayer* Rn. 174.

96 Baumbach/Hueck/*Fastrich* Rn. 38; MHLS/*J. Schmidt* Rn. 131; MüKoGmbHG/*J Mayer* Rn. 174; Scholz/*Cramer* Rn. 85; Roth/*Altmeppen* Rn. 38.

97 S. Fn. 94.

98 BGHZ 13, 323; Baumbach/Hueck/*Fastrich* Rn. 39; MHLS/*J. Schmidt* Rn. 133; MüKoGmbHG/*J Mayer* Rn. 175; Scholz/*Emmerich* 11. Auflage Rn. 64 a; Roth/*Altmeppen* Rn. 39; Lutter/Hommelhoff/*Bayer* Rn. 24.

99 MüKoGmbHG/*J Mayer* Rn. 175.

100 MHLS/*J. Schmidt* Rn. 133; Baumbach/Hueck/*Fastrich* Rn. 39; Roth/*Altmeppen* Rn. 39; MüKoGmbHG/*J Mayer* Rn. 176.

101 Baumbach/Hueck/*Fastrich* Rn. 39.

102 AA Scholz/*K Schmidt* § 11 Rn. 55.

103 Roth/*Altmeppen* Rn. 41.

keitsklage), § 397 FamFG (**Amtslöschung**) u. § 399 FamFG (**Amtsauflösung**) geltend gemacht werden.[104] Eine Nichtigkeitsklage nach § 75 kann also nur dann erfolgreich erhoben werden, wenn der Gesellschaftsvertrag keine Bestimmung über die Höhe des Stammkapitals oder keine bzw. eine nichtige Bestimmung über den Unternehmensgegenstand aufweist. In diesen Fällen ist zudem das Amtslöschungsverfahren gem. § 397 S. 2 FamFG eröffnet. Sind im Gesellschaftsvertrag keine oder nichtige Angaben zu Firma, Sitz oder den Kapitalübernahmen der Gesellschafter enthalten oder weist der Gesellschaftsvertrag eine nichtige Bestimmung über die Höhe des Stammkapitals auf, findet das Amtsauflösungsverfahrens nach § 399 FamFG statt. Alle anderen Mängel werden grds. durch die Eintragung der Gesellschaft geheilt.[105]

2. Mängel der Beitrittserklärung

Ist nicht der gesamte Gesellschaftsvertrag von einem Fehler betroffen, sondern weisen nur **einzelne Beitrittserklärungen** von Gesellschaftern Mängel auf, so unterliegen diese im Grundsatz zunächst einmal denselben Mangelhaftigkeitsregeln[106] (→ Rn. 32 ff.), dh vor Invollzugsetzung u. Handelsregistereintragung der Gesellschaft sind hierauf die allg. Vorschriften des BGB über die Nichtigkeit u. Anfechtbarkeit von Willenserklärungen u. Rechtsgeschäften uneingeschränkt anwendbar.[107] Wird die Gesellschaft in Vollzug gesetzt, so kann der Mangel entspr. den vorstehenden Darstellungen regelmäßig nur für die Zukunft geltend gemacht werden.[108] Nach erfolgter Eintragung erlangt auch die eigentlich zunächst mangelhafte Beitrittserklärung Bestandsschutz.[109] 36

In Abweichung von diesen allg. Grundsätzen führt jedoch ein Mangel in den nachfolgend genannten besonders schweren Ausnahmefällen dazu, dass auch nach Invollzugsetzung der Gesellschaft u. sogar nach ihrer Handelsregistereintragung die Beitrittserklärung unheilbar unwirksam ist u. damit für den betroffenen Gesellschafter keinerlei Bindung entfaltet.[110] Diese besonders schweren Ausnahmefälle liegen nur in **zwei Fallgruppen** vor, nämlich **zum einen**, wenn die Beitrittserklärung von einem Geschäftsunfähigen oder beschränkt Geschäftsfähigen oder von einem gesetzlichen Vertreter ohne die notwendige familien- bzw. betreuungsgerichtliche Genehmigung abgegeben wurde, u. **zum anderen**, wenn bei dem Betroffenen jegliche Mitwirkung fehlt oder seine Mitwirkung erzwungen wurde, also in Fällen der Vertretung ohne Vertretungsmacht oder der Unterschriftenfäl- 37

104 MHLS/*J. Schmidt* Rn. 136; Lutter/Hommelhoff/*Bayer* Rn. 25; Baumbach/Hueck/*Fastrich* Rn. 40 ff.
105 MHLS/*J. Schmidt* Rn. 141.
106 Baumbach/Hueck/*Fastrich* Rn. 44.
107 *Wicke* Rn. 11.
108 Lutter/Hommelhoff/*Bayer* Rn. 27 f.
109 Roth/*Altmeppen* Rn. 43.
110 MüKoGmbHG/*J Mayer* Rn. 184; Baumbach/Hueck/*Fastrich* Rn. 44; MHLS/*J. Schmidt* Rn. 142 ff.

schung oder der gewaltsam oder durch Drohung mit Gewalt herbeigeführten Beitrittserklärung.[111]

38 Ist die Beitrittserklärung nach den vorgenannten Grundsätzen unwirksam, so ist der fehlerhaft Beigetretene **nicht Gesellschafter** geworden.[112] Sein **Geschäftsanteil** u. seine Einlageverpflichtung sind **nicht entstanden.**[113] Etwa von ihm bereits geleistete Einlagen sind nach Bereicherungsrecht zurück zu erstatten.[114] Die Folge ist, dass das Stammkapital u. die Summe der Nennbeträge der existenten Geschäftsanteile entgg. der durch das MoMiG neu geschaffenen Vorgabe des § 5 III 2 auseinanderfallen. Diese gesetzeswidrige Differenz lässt sich entweder durch Durchführung einer entspr. Kapitalherabsetzung[115] oder durch Übernahmevereinbarung mit einem Erwerber analog § 55 auf der Grundlage eines entspr. Gesellschafterbeschlusses[116] beheben. Eine aus dem neuen § 5 III 2 ableitbare proportionale Zwangsbeteiligung der übrigen Gesellschafter mit der Folge ihrer gesamtschuldnerischen Haftung für die Einlagenforderung[117] wird man trotz der eigentlich zwingenden Vorgabe dieser Vorschrift betr. die Übereinstimmung zwischen dem Stammkapital u. der Summe der Nennbeträge aller bestehenden Geschäftsanteile nicht annehmen können.[118]

39 Sind **sämtliche Beitrittserklärungen** unwirksam, die vermeintliche Gesellschaft aber dennoch im Handelsregister eingetragen, so ist diese analog §§ 395, 397 FamFG zu löschen.[119]

VI. Vorvertrag

40 Vor der eigentlichen Errichtung der Gesellschaft durch Abschluss des Gesellschaftsvertrages können sich die künftigen Gründer u. Gesellschafter in einem **Vorvertrag** verpflichten, die GmbH zu errichten u. das Gründungsverfahren zu betreiben.[120] Dieser Vorvertrag wird häufig auch als **Vorgründungsvertrag** bezeichnet.[121] Zweck des Vorvertrages ist es, eine sofortige, erforderlichenfalls einklagbare Bindung herbeizuführen.[122] Nach ganz hM bedarf auch der Vorvertrag wie der Gesellschaftsvertrag selbst der **notariellen Form** des **Abs. 1,**[123] da ansonsten die Zielsetzung dieser Formvorschrift unterlaufen werden würde. Ebenso muss die **Vollmacht** zum Abschluss eines Vorvertrages **analog Abs. 2** notariell beurkundet oder beglaubigt

111 Roth/*Altmeppen* Rn. 40.; Lutter/Hommelhoff/*Bayer* Rn. 29; Baumbach/Hueck/*Fastrich* Rn. 44; *Wicke* Rn. 11.
112 MHLS/*J. Schmidt* Rn. 142; Baumbach/Hueck/*Fastrich* Rn. 45.
113 Roth/*Altmeppen* Rn. 42.
114 *Wicke* Rn. 11; Scholz/*Cramer* Rn. 97.
115 Scholz/*Cramer* Rn. 98.
116 Hierzu MüKoGmbHG/*J Mayer* Rn. 199; Lutter/Hommelhoff/*Bayer* Rn. 30.
117 Als denkbare Rechtsfolge angesprochen von *Wicke* Rn. 11.
118 So auch Roth/*Altmeppen* Rn. 47.
119 Baumbach/Hueck/*Fastrich* Rn. 46; *Wicke* Rn. 11; aA Roth/*Altmeppen* Rn. 45; Lutter/Hommelhoff/*Bayer* Rn. 31; Scholz/*Cramer* Rn. 96.
120 Lutter/Hommelhoff/*Bayer* Rn. 32; MHLS/*J. Schmidt* Rn. 151; Baumbach/Hueck/*Fastrich* Rn. 33.
121 Baumbach/Hueck/*Fastrich* Rn. 33.
122 MüKoGmbHG/*J Mayer* Rn. 208.
123 RGZ 66, 120; 130, 75; 156, 138; BGH WM 73, 68; Scholz/*Cramer* Rn. 108; MüKoGmbHG/*J Mayer* Rn. 209; Lutter/Hommelhoff/*Bayer* Rn. 32; Baumbach/Hueck/*Fastrich* Rn. 33.

sein.[124] Sind die Formerfordernisse nicht eingehalten, so ist der Vorvertrag nichtig. Aufgrund des Schutzzweckes des § 2 ist in diesem Fall auch eine Erfüllungshaftung ausgeschlossen.[125]

Da der Zweck des Vorvertrages ist, eine sofortige, erforderlichenfalls einklagbare Bindung der Vertragsteile zu bewirken, hat der Vorvertrag **inhaltlich ausreichend bestimmt** zu sein. Er muss dementspr die Einigung über die beabsichtigte Gründung einer GmbH u. den nach § 3 I obligatorischen sowie ggf. den übrigen nach dem Willen der Vertragsschließenden relevanten Inhalt des noch abzuschließenden Gesellschaftsvertrages enthalten.[126] Die diesbzgl Regelungen müssen so bestimmt sein, dass im Streitfall ein Gericht dem Vorvertrag zumindest im Wege der Auslegung den Inhalt des abzuschließenden Gesellschaftsvertrages entnehmen u. ein entspr. Urteil erlassen kann (§ 894 ZPO).[127] 41

Durch Abschluss des Vorvertrages entsteht zwischen den Vertragsschließenden eine GbR, die sog. **Vorgründungsgesellschaft.**[128] Zu den Einzelheiten dieser Vorgründungsgesellschaft → § 11 Rn. 31 ff. Die Vorgründungsgesellschaft endet mit Erreichung des vereinbarten Zwecks (§ 726 BGB), also mit Errichtung der Gesellschaft durch Abschluss des Gesellschaftsvertrages in der Form des Abs. 1.[129] 42

VII. Vereinfachtes Gründungsverfahren (Abs. 1 a)

1. Allgemeines

Zur Erleichterung der Gründung einer GmbH in Standardfällen u. zur Steigerung der Wettbewerbsfähigkeit der GmbH insbes. ggü. ausländischen Rechtsformen[130] hat der Gesetzgeber mit dem MoMiG in Abs. 1 a ein vereinfachtes Verfahren zur Gründung einer GmbH bereitgestellt: Die Gründung unter Verwendung eines **gesetzlichen Musterprotokolls.** Das im Zuge des Gesetzgebungsverfahrens ebenfalls erwogene Modell der Gründung einer GmbH durch Verwendung eines beurkundungsfreien Mustervertrages mit bloßer Unterschriftsbeglaubigung[131] wurde nicht Gesetz. Das Musterprotokoll bedarf wie jeder andere GmbH-Gesellschaftsvertrag der **notariellen Beurkundung.** Das Gesetz gibt **zwei Musterprotokolle** vor: Eines für die Gründung einer **Einpersonengesellschaft** u. eines für die Gründung einer **Mehrpersonengesellschaft mit bis zu 3 Gesellschaftern** (hier im Anhang zu § 2). Wichtig hierbei ist, dass über die in dem jeweiligen Musterprotokoll als ausfüllungsbedürftige Lücken gekennzeichneten Stellen hi- 43

124 Lutter/Hommelhoff/*Bayer* Rn. 32; Baumbach/Hueck/*Fastrich* Rn. 33; Scholz/*Cramer* Rn. 108; MüKoGmbHG/*J Mayer* Rn. 210.
125 BGH NJW-RR 88, 288; Baumbach/Hueck/*Fastrich* Rn. 34; Lutter/Hommelhoff/*Bayer* Rn. 32.
126 Baumbach/Hueck/*Fastrich* Rn. 34; Lutter/Hommelhoff/*Bayer* Rn. 32.
127 OLG Karlsruhe NJW-RR 96, 997; Scholz/*Cramer* Rn. 105; MüKoGmbHG/*J Mayer* Rn. 214; Lutter/Hommelhoff/*Bayer* Rn. 32; Baumbach/Hueck/*Fastrich* Rn. 34.
128 Lutter/Hommelhoff/*Bayer* Rn. 32; Baumbach/Hueck/*Fastrich* Rn. 36; Scholz/*Emmerich* 11. Auflage Rn. 86; MüKoGmbHG/*J Mayer* Rn. 217.
129 MüKoGmbHG/*J Mayer* Rn. 222.
130 BegrRegE BR-Drucks 354/07, S. 60; Rechtsausschuss BT-Drs. 16/9737, S. 93.
131 So noch der RegE BR-Drucks 354/07; zur Gesetzgebungsgeschichte *Römermann* GmbHR Sonderheft Oktober 08, 16.

naus **keinerlei Änderungen an dem gesetzlichen Musterprotokoll** vorgenommen werden dürfen (Abs. 1 a S. 3). Neben der Bereitstellung eines standardisierten Vertragsmusters liegt die Vereinfachung der Gründung in diesem Verfahren auch darin, dass durch das Musterprotokoll **3 Gründungsdokumente zusammengefasst** werden: Der Gesellschaftsvertrag, die Geschäftsführerbestellung u. die Gesellschafterliste (Abs. 1 a S. 4). Damit ist neben dem Musterprotokoll für die Einreichung der Gründung beim Handelsregister nur noch die Handelsregisteranmeldung erforderlich, für die es kein gesetzliches Muster gibt.

44 Für die **Kosten** einer Gründung im vereinfachten Verfahren gilt: Bei Gründung einer GmbH mit „normalem" Mindeststammkapital von 25.000 EUR gelten auch im vereinfachten Verfahren für die Bewertung der Beurkundung des Gründungsvorgangs mit den gesellschaftsvertraglichen Regelungen dieselben Grundsätze wie bei einer Gründung im herkömmlichen Verfahren (→ Rn. 56). Das Kostenprivileg der §§ 105 VI, 107 I 2 GNotKG kommt aufgrund des Mindeststammkapitals von 25.000 EUR hier nicht zum Tragen (anders bei Gründung einer UG (haftungsbeschränkt) im vereinfachten Verfahren → § 5 a Rn. 5).[132] Kostenrechtliche Vorzüge ergeben sich jedoch daraus, dass bei Verwendung des gesetzlichen Musterprotokolls keine Notargebühren für die Geschäftsführerbestellung[133] u. die Gesellschafterliste anfallen. Da diese im gesetzlichen Musterprotokoll mit enthalten sind, gelten sie als gegenstandsgleich u. lösen damit keine gesonderten Gebühren aus.[134]

2. Voraussetzungen

45 Das vereinfachte Gründungsverfahren steht nur für die **Bargründung** von Gesellschaften mit **maximal 3 Gesellschaftern** u. **einem Geschäftsführer** offen.

46 **Gründerfähig** sind ausweislich der im Musterprotokoll vorgenommenen Unterscheidungen („Herr/Frau", „Juristische Person") in jedem Fall **natürliche u. juristische Personen**. Auch wenn die Musterprotokolle durch ihre vorstehend wiedergegebenen Formulierungen bei reiner Wortlautbetrachtung etwas anderes nahelegen könnten, so ist auch den **Personengesellschaften** die uneingeschränkte Fähigkeit zuzuerkennen, sich als Gründer in einem vereinfachten Verfahren zu beteiligen.[135] Dies gilt für alle Personengesellschaften, also nicht nur für diejenigen, die in einem Handels- oder Partnerschaftsregister eingetragen sind.[136] Es gibt keinerlei Hinweise, dass der Gesetzgeber das vereinfachte Verfahren nur einem eingeschränkten Kreis der ansonsten Gründerfähigen (hierzu → § 1 Rn. 23 ff.) zuteil werden lassen wollte. Für die Feststellung der zulässigen Gründerzahl zählt nur die Personengesellschaft, nicht die an ihr beteiligten Gesellschafter.[137]

132 Lutter/Hommelhoff/*Bayer* Rn. 57; MüKoGmbHG/*J Mayer* Rn. 226.
133 OLG Celle DNotZ 11, 70.
134 Ausf. hierzu *Sikora/Regler/Tiedtke*, MittBayNot 08, 437, 440.
135 MüKoGmbHG/*J Mayer* Rn. 228; Baumbach/Hueck/*Fastrich* Rn. 17; Lutter/Hommelhoff/*Bayer* Rn. 39; Scholz/*Wicke* Rn. 124; aA *Noack*, DB 07, 1395, 1398.
136 So aber *Michalski* 2. Auflage Rn. 108.
137 MüKoGmbHG/*J Mayer* Rn. 228; Baumbach/Hueck/*Fastrich* Rn. 17.

Maßgeblicher Zeitpunkt für die Frage nach der Einhaltung der vom Gesetz für das vereinfachte Verfahren vorgeschriebenen Höchstanzahl der Gesellschafter u. der Geschäftsführer ist die Eintragung der Gesellschaft in das Handelsregister. Daher können unmittelbar nach der Handelsregistereintragung neue Gesellschafter oder Geschäftsführer aufgenommen werden.[138] 47

3. Einzelheiten des Musterprotokolls

Inhaltlich umfasst das jeweilige Musterprotokoll zunächst den Gesellschaftsvertrag mit den nach § 3 I erforderlichen Mindestangaben. Unter Nr. 1 sind **Firma** u. **Sitz** der Gesellschaft anzugeben. Unter Nr. 2 ist der **Gegenstand des Unternehmens** aufzuführen. Die hieran jeweils zu stellenden Anforderungen unterscheiden sich nicht von denjenigen bei der „normalen" Gründung. 48

Die **Festlegung des Stammkapitals** u. bei der Mehrpersonengründung die Bestimmung der von den einzelnen Gründern übernommenen **Geschäftsanteile** haben unter Nr. 3 des Musterprotokolls zu erfolgen. Für den Betrag des Stammkapitals gelten keine Besonderheiten. Zu beachten ist allerdings, dass abw. von der Gründung im klassischen Verfahren (→ § 5 Rn. 11) bei einer Gründung durch Verwendung des gesetzlichen Musterprotokolls **jeder Gesellschafter nur einen einheitlichen Geschäftsanteil** übernehmen kann.[139] Ferner lässt die Formulierung des gesetzlichen Musterprotokolls nur eine Einlagenerbringung in Geld, mithin eine **Bargründung** zu. Die **Sachgründung** einer GmbH ist im Wege des vereinfachten Verfahrens nach Abs. 1 a **nicht möglich.**[140] Die Rechtsfolgen einer bei Gründung im vereinfachten Verfahren stattgefundenen verdeckten Sacheinlage richten sich dennoch nach § 19 IV (Differenzhaftung).[141] Grds. besteht die Wahlmöglichkeit, die Einlage auf den/die übernommenen Geschäftsanteil(e) in voller Höhe sofort oder zunächst nur zu 50 % zu leisten. Sofern mithilfe des Musterprotokolls eine UG gegründet errichtet werden soll, ist die Bareinlage jedoch sofort in voller Höhe zu erbringen (§ 5 a II 1). 49

In Nr. 4 des Musterprotokolls ist der **Geschäftsführer** mit Name, Geburtsdatum u. Wohnanschrift zu nennen. Die Gesellschaft kann bei der Gründung im vereinfachten Verfahren zunächst nur einen Geschäftsführer haben, der auch zwingend von den Beschränkungen des § 181 BGB befreit ist. Ist die Gesellschaft einmal gegründet, können aber danach durch Gesellschafterbeschluss ein oder mehrere weitere Geschäftsführer bestellt werden. Einigermaßen schwierig ist es, die **Vertretungsbefugnis** des im vereinfachten Gründungsverfahren durch das Musterprotokoll bestellten Geschäftsführers zu bestimmen. Dies liegt daran, dass im gesetzlichen Musterprotokoll zwar die Bestellung eines Geschäftsführers u. dessen konkrete Befreiung von den Beschränkungen des § 181 BGB vorgesehen ist, die we- 50

138 MHLS/*J. Schmidt* Rn. 96; MüKoGmbHG/*J Mayer* Rn. 229.
139 MHLS/*J. Schmidt* Rn. 109; *Tebben*, RNotZ 08, 441, 443.
140 MüKoGmbHG/*J Mayer* Rn. 243; Lutter/Hommelhoff/*Bayer* Rn. 39.
141 MüKoGmbHG/*J Mayer* Rn. 243; *Wicke* Rn. 16; Scholz/*Wicke* Rn. 135; Baumbach/Hueck/*Fastrich* Rn. 55; aA *Bormann/Urlichs*, GmbHR, Sonderheft Oktober 08, 37, 42; *Herrler*, DB 08, 2347, 2349.

nigen gesellschaftsvertraglichen Bestimmungen aber weder eine abstrakte Vertretungsregelung der Geschäftsführer noch eine gesellschaftsvertragliche Grundlage allg. Art zur Möglichkeit der Befreiung des bzw. der Geschäftsführer von den Beschränkungen des § 181 BGB beinhalten. Auf dem Boden der bisherigen Dogmatik zu diesem Themenbereich steht man ziemlich ratlos vor dieser gesetzgeberischen Schöpfung.[142] Als einigermaßen gesichert darf gelten, dass die Geschäftsführerbestellung im Musterprotokoll **kein materieller Satzungsbestandteil** ist, sondern es sich hierbei um einen unechten (nur formellen) Satzungsbestandteil handelt, so dass spätere Änderungen, auch die Bestellung von weiteren Geschäftsführern, durch bloßen Gesellschafterbeschluss möglich sind u. nicht etwa einer förmlichen Satzungsänderung (§§ 53 ff.) bedürfen.[143] Auch bedeutet die Geschäftsführerbestellung der im Musterprotokoll benannten Person, wenn diese zugleich Gesellschafter ist, nicht etwa ein satzungsmäßiges Sonderrecht auf Geschäftsführung, so dass deren Abberufung nur aus wichtigem Grund zulässig wäre.[144] Mangels anderweitiger gesellschaftsvertraglicher Bestimmung gilt hins. der Vertretungsbefugnis des im Musterprotokoll bestellten Geschäftsführers die gesetzliche Regelung in **§ 35 II 2** als abstrakte Vertretungsvorgabe, so dass bei der Bestellung weiterer Geschäftsführer alle Geschäftsführer, also auch der ursprünglich im Musterprotokoll bestellte, gemeinschaftlich vertreten (was auch so als abstrakte Vertretungsregelung in die Anmeldung zum Handelsregister aufzunehmen ist),[145] es sei denn, dass durch vorherige Satzungsänderung die Grundlage für eine abw. Vertretungsbefugnis geschaffen wird.[146] Auch eine Befreiung von den Beschränkungen des § 181 BGB kann für neue Geschäftsführer nur nach entspr. Satzungsänderung (Schaffung einer in der Satzung vorgesehenen Befreiungsmöglichkeit → § 3 Rn. 26) erfolgen,[147] wobei die durch das Musterprotokoll erteilte Befreiung des anfänglich bestellten Geschäftsführers von den Beschränkungen des § 181 BGB ohne Weiteres bestehen bleibt, auch wenn später weitere Geschäftsführer bestellt werden (str).[148]

51 Nach der verbindlichen Regelung in Nr. 5 des Musterprotokolls trägt die Gesellschaft den Gründungsaufwand nur bis zu einem Betrag von 300 EUR, höchstens jedoch bis zum Betrag ihres Stammkapitals, wenn die-

---

142 Vgl. hierzu ausf. *Weigel*, Notar 08, 378 ff.

143 OLG Bremen NZG 09, 1193; OLG Stuttgart NZG 09, 754; OLG Hamm NZG 09, 1431; OLG Rostock GmbHR 10, 872; Scholz/*Wicke* Rn. 126; Baumbach/Hueck/*Fastrich* Rn. 57; *Tebben*, RNotZ 08, 441, 443 f.; Lutter/Hommelhoff/*Bayer* Rn. 47; MüKoGmbHG/*J Mayer* Rn. 246; *Sikora/Regler/Tiedtke*, MittBayNot 08, 437, 439 f.; aA *Weigel*, Notar 08, 378 ff.

144 *Wicke* Rn. 17; Baumbach/Hueck/*Fastrich* Rn. 57.

145 OLG Stuttgart NZG 09, 754; OLG Hamm NZG 09, 1431; OLG Bremen NJW 10, 542.

146 OLG Hamm NZG 11, 705; *Wälzholz*, MittBayNot 08, 425, 427; *Wicke* Rn. 17.

147 OLG Stuttgart NZG 09, 754, 755; OLG Bremen NZG 09, 1193; OLG Hamm RNotZ 11, 193; *Wälzholz*, MittBayNot 08, 425, 427; Lutter/Hommelhoff/*Bayer* Rn. 47; Scholz/*Wicke* Rn. 127; Baumbach/Hueck/*Fastrich* Rn. 59; aA MüKoGmbHG/*J Mayer* Rn. 247.

148 MüKoGmbHG/*J Mayer* Rn. 247; Scholz/*Wicke* Rn. 127; *Heidinger/Blath*, ZNotP 10, 402, 403; aA OLG Stuttgart NZG 09, 754, 755; Baumbach/Hueck/*Fastrich* Rn. 59.

ses bei der UG niedriger sein sollte. Darüber hinaus gehende Kosten tragen die Gesellschafter im Verhältnis ihrer Beteiligung.

Nr. 7 des Musterprotokolls ist die Stelle, an welcher der die Errichtung der Gesellschaft beurkundende Notar seine **Belehrungshinweise** einzufügen hat. Was den Inhalt u. den Umfang dieser Belehrungshinweise anbelangt, werden keine Vorgaben gemacht, so dass der Notar auf der Grundlage seiner berufs- u. standesrechtlichen Pflichten frei ist, wie er diese Hinweise iErg ausgestaltet. Neben den allg. Belehrungen, die für jede Gründung einer GmbH gelten, sollte der Notar an dieser Stelle aber auch auf die evtl. vorhandenen besonderen Risiken bei der Verwendung des gesetzlichen Musterprotokolls eingehen (→ Rn. 55). 52

4. Keine abweichenden Bestimmungen

Nach Abs. 1 a S. 3 dürfen über die in dem jeweiligen Musterprotokoll als ausfüllungsbedürftige Lücken gekennzeichneten Stellen hinaus **keinerlei Änderungen an dem gesetzlichen Musterprotokoll** vorgenommen werden. Zu beachten ist in diesem Zusammenhang allerdings, dass beurkundungsrechtlich gebotene Ergänzungen nicht als solchermaßen unzulässige Änderungen zu qualifizieren sind. Dies gilt für alle Angaben zur notariellen Identitätsfeststellung, zum Güterstand, zur Zustimmung eines Ehegatten, zur Vertretung eines Gründers, zum Fehlen einer Vorbefassung oder zur beurkundungsrechtlich notwendigen Zuziehung von Zeugen oder Dolmetscher, die somit sämtlich zulässig sind.[149] Ebenso stellen völlig unbedeutende Abwandlungen bei Zeichensetzung, Satzstellung u. Wortwahl, die keinerlei Auswirkungen auf den Inhalt haben, keine unzulässigen Abänderungen u. Ergänzungen des Musterprotokolls dar.[150] Darüber hinausgehende Änderungen sind jedoch unzulässig u. schließen das vereinfachte Gründungsverfahren aus.[151] 53

Wird gegen das **Verbot der Vornahme von Änderungen** an dem gesetzlichen Musterprotokoll verstoßen oder nehmen mehr als 3 Gesellschafter an der Errichtung mittels Musterprotokoll teil oder werden mehr als nur ein Geschäftsführer bestellt, so lässt dies die Wirksamkeit der erfolgten Errichtung unberührt, da ja die Formvorschrift des Abs. 1 eingehalten ist u. das Musterprotokoll alle nach § 3 I erforderlichen obligatorischen Bestimmungen des Gesellschaftsvertrages enthält.[152] Allerdings handelt es sich dann nicht mehr um eine Gründung im vereinfachten Verfahren, so dass die gebührenrechtliche Privilegierung entfällt u. dem Handelsregister eine gesonderte Gesellschafterliste einzureichen ist (§ 8 I Nr. 3).[153] Das OLG München verlangt in einem solchen Fall ferner die Vorlage eines geänderten Ge- 54

149 MüKoGmbHG/*J Mayer* Rn. 231; *Wälzholz*, MittBayNot 08, 425, 427; DNotI-Report 09, 57, 58.

150 So *Wicke* Rn. 18; vgl. auch OLG München GmbHR 10, 1262; OLG Düsseldorf DStR 11, 2106, 2107.

151 Baumbach/Hueck/*Fastrich* Rn. 50.

152 Baumbach/Hueck/*Fastrich* Rn. 18; Lutter/Hommelhoff/*Bayer* Rn. 55; MüKoGmbHG/*J Mayer* Rn. 233.

153 *H P Westermann* in Scholz, Nachtrag MoMiG Rn. 19; MHLS/*J. Schmidt* Rn. 104; MüKoGmbHG/*J Mayer* Rn. 233; *Heckschen*, DStR 09, 166, 168; DNotI-Report 09, 57, 58.

sellschaftsvertrages, der um eine satzungsmäßige Grundlage für die Befreiung des Geschäftsführers von den Beschränkungen des § 181 BGB ergänzt ist.[154]

5. Stellungnahme

55 Das vereinfachte Gründungsverfahren erscheint in seiner Gesetz gewordenen Gestalt als eher unausgegorenes Konstrukt. Es weist zum einen durchaus handfeste handwerkliche Mängel auf (s. nur die Frage nach der Einordnung der Vertretungsbefugnis des durch das Musterprotokoll bestellten Geschäftsführers u. deren abstrakte Grundlage → Rn. 50). Zum anderen ist es aufgrund der bestenfalls rudimentär zu nennenden Satzungsbestimmungen im Musterprotokoll zumindest für eine Mehrpersonengesellschaft vollkommen ungeeignet, fehlen doch hier die ansonsten üblichen u. eigentlich auch unverzichtbaren Regelungen zur Vinkulierung von Geschäftsanteilen, zur Durchführung von Gesellschafterversammlungen, zur Kündigung der Gesellschaft, zur Einziehung von Geschäftsanteilen, zur Vererbung u. zur Abfindung beim Ausscheiden eines Gesellschafters.[155] Auch die zwingende Befreiung des Geschäftsführers von den Beschränkungen des § 181 BGB erscheint fragwürdig u. wird va in Fällen der Gründung von Konzerntochtergesellschaften dazu führen, dass eine Gründung unter Verwendung des Musterprotokolls hier von vornherein ausscheidet. Schließlich erweist sich auch der Kostenvorteil der Gründung im vereinfachten Verfahren im Vergleich zu klassischen Gründung als eher unbedeutend, es sei denn, es wird eine UG (haftungsbeschränkt) errichtet (→ Rn. 44). All dies lässt das vereinfachte Gründungsverfahren allenfalls bei Errichtung einer Einpersonengesellschaft in Gestalt einer UG als erwägenswert erscheinen.

VIII. Kosten

56 Für die Beurkundung des Gesellschaftsvertrages fällt bei einer Mehrpersonen-Gründung eine 2,0-Gebühr nach KV 21100 GNotKG an. Geschäftswert ist hierbei der Betrag des Stammkapitals bzw. – soweit ein Agio für die Übernahme der Geschäftsanteile vereinbart ist – der Übernahmebetrag der Geschäftsanteile, mindestens jedoch 30.000 EUR (§ 97 I GNotKG). Im Fall einer Einpersonen-Gründung fällt nur eine 1,0-Gebühr nach KV 21200 GNotKG an – Geschäftswert wie vor. Soweit in der Gründungsurkunde auch die Bestellung des oder der Geschäftsführer enthalten ist, ist dies beim Geschäftswert für die 2,0-Gebühr gesondert in Ansatz zu bringen, u. zwar mit 1% des Stammkapitals, mindestens jedoch mit 30.000 EUR (§ 110 Nr. 1 GNotKG).

154 OLG München GmbHR 10, 755.
155 Dies kritisieren auch MüKoGmbHG/*J Mayer* Rn. 255; Lutter/Hommelhoff/*Bayer* Rn. 54; *Wicke* Rn. 15.

Anhang zu § 2: Musterprotokolle

a) Musterprotokoll für die Gründung einer Einpersonengesellschaft

▶ UR. Nr. ... 1

Heute, den ...,

erschien vor mir, ...,

Notar/in mit dem Amtssitz in ...,

Herr/Frau[1] ...[2].

1. Der Erschienene errichtet hiermit nach § 2 Abs. 1a GmbHG eine Gesellschaft mit beschränkter Haftung unter der Firma ... mit dem Sitz in ...
2. Gegenstand des Unternehmens ist ...
3. Das Stammkapital der Gesellschaft beträgt ... EUR (i.W. ... Euro) und wird vollständig von Herrn/Frau[1] ... (Geschäftsanteil Nr. 1) übernommen. Die Einlage ist in Geld zu erbringen, und zwar sofort in voller Höhe/zu 50 Prozent sofort, im Übrigen sobald die Gesellschafterversammlung ihre Einforderung beschließt[3].
4. Zum Geschäftführer der Gesellschaft wird Herr/Frau[4] ..., geboren am ..., wohnhaft in ... bestellt. Der Geschäftsführer ist von den Beschränkungen des § 181 des Bürgerlichen Gesetzbuchs befreit.
5. Die Gesellschaft trägt die mit der Gründung verbundenen Kosten bis zu einem Gesamtbetrag von 300 EUR, höchstens jedoch bis zum Betrag ihres Stammkapitals. Darüber hinausgehende Kosten trägt der Gesellschafter.
6. Von dieser Urkunde erhält eine Ausfertigung der Gesellschafter, beglaubigte Ablichtungen die Gesellschaft und das Registergericht (in elektronischer Form) sowie eine einfache Abschrift das Finanzamt – Körperschaftsteuerstelle –.
7. Der Erschienene wurde vom Notar/von der Notarin insbesondere auf Folgendes hingewiesen: ... ◀

Hinweise:

1) Nicht Zutreffendes streichen. Bei juristischen Personen ist die Anrede Herr/Frau wegzulassen.

2) Hier sind neben der Bezeichung des Gesellschafters und den Angaben zur notariellen Identitätsfeststellung ggf. der Güterstand und die Zustimmung des Ehegatten sowie die Angaben zu einer etwaigen Vertretung zu vermerken.

3) Nicht Zutreffendes streichen. Bei der Unternehmergesellschaft muss die zweite Alternative gestrichen werden.

4) Nicht Zutreffendes streichen.

b) Musterprotokoll für die Gründung einer Mehrpersonengesellschaft mit bis zu 3 Gesellschaftern

2 ▶ UR. Nr. ...

Heute, den ...,

erschienen vor mir, ...,

Notar/in mit dem Amtssitz in ...,

Herr/Frau[1] ...[2].

Herr/Frau[1] ... [2].

Herr/Frau[1] ...[2].

1. Die Erschienenen errichten hiermit nach § 2 Abs. 1 a GmbHG eine Gesellschaft mit beschränkter Haftung unter der Firma ... mit dem Sitz in ...
2. Gegenstand des Unternehmens ist ...
3. Das Stammkapital der Gesellschaft beträgt ... EUR (i.W. ... Euro) und wird wie folgt übernommen:
   Herr/Frau[1] ... übernimmt einen Geschäftsanteil mit einem Nennbetrag in Höhe von ... EUR (i.W. ... Euro) (Geschäftsanteil Nr. 1),
   Herr/Frau[1] ... übernimmt einen Geschäftsanteil mit einem Nennbetrag in Höhe von ... EUR (i.W. ... Euro) (Geschäftsanteil Nr. 2),
   Herr/Frau[1] ... übernimmt einen Geschäftsanteil mit einem Nennbetrag in Höhe von ... EUR (i.W. ... Euro) (Geschäftsanteil Nr. 3).
   Die Einlagen sind in Geld zu erbringen, und zwar sofort in voller Höhe/zu 50 Prozent sofort, im Übrigen sobald die Gesellschafterversammlung ihre Einforderung beschließt[3].
4. Zum Geschäftführer der Gesellschaft wird Herr/Frau[4] ..., geboren am ..., wohnhaft in ..., bestellt. Der Geschäftsführer ist von den Beschränkungen des § 181 des Bürgerlichen Gesetzbuchs befreit.
5. Die Gesellschaft trägt die mit der Gründung verbundenen Kosten bis zu einem Gesamtbetrag von 300 EUR, höchstens jedoch bis zum Betrag ihres Stammkapitals. Darüber hinausgehende Kosten tragen die Gesellschafter im Verhältnis der Nennbeträge ihrer Geschäftsanteile.
6. Von dieser Urkunde erhält eine Ausfertigung jeder Gesellschafter, beglaubigte Ablichtungen die Gesellschaft und das Registergericht (in elektronischer Form) sowie eine einfache Abschrift das Finanzamt – Körperschaftsteuerstelle –.
7. Die Erschienenen wurden vom Notar/von der Notarin insbesondere auf Folgendes hingewiesen: ... ◀

Hinweise:

1) Nicht Zutreffendes streichen. Bei juristischen Personen ist die Anrede Herr/Frau wegzulassen.

2) Hier sind neben der Bezeichung des Gesellschafters und den Angaben zur notariellen Identitätsfeststellung ggf. der Güterstand und die Zustimmung des Ehegatten sowie die Angaben zu einer etwaigen Vertretung zu vermerken.

3) Nicht Zutreffendes streichen. Bei der Unternehmergesellschaft muss die zweite Alternative gestrichen werden.

4) Nicht Zutreffendes streichen.

§ 3 Inhalt des Gesellschaftsvertrags

(1) Der Gesellschaftsvertrag muß enthalten:

1. die Firma und den Sitz der Gesellschaft,

2. den Gegenstand des Unternehmens,

3. den Betrag des Stammkapitals,

4. die Zahl und die Nennbeträge der Geschäftsanteile, die jeder Gesellschafter gegen Einlage auf das Stammkapital (Stammeinlage) übernimmt.

(2) Soll das Unternehmen auf eine gewisse Zeit beschränkt sein oder sollen den Gesellschaftern außer der Leistung von Kapitaleinlagen noch andere Verpflichtungen gegenüber der Gesellschaft auferlegt werden, so bedürfen auch diese Bestimmungen der Aufnahme in den Gesellschaftsvertrag.

Schrifttum

Altmeppen, Zur Mantelverwendung in der GmbH – Zugleich Besprechung von BGH, Beschluss vom 9.12.2002 – II ZB 12/02, NZG 2003, 145; *Bachmann*, Abschied von der „wirtschaftlichen Neugründung"?, NZG 2011, 441; *Bärwaldt/Balda*, Praktische Hinweise für den Umgang mit Vorrats- und Mantelgesellschaften, GmbHR 2004, 50, 350; *Bayer*, Schiedsfähigkeit von GmbH-Streitigkeiten, ZIP 2002, 881; *Blasche*, Individualisierung sowie Über- und Unterschreitung des Unternehmensgegenstandes, DB 2011, 517; *Bohrer*, Kann eine GmbH wirtschaftlich neu gegründet werden? – Von Mänteln, Mimikry-Gesellschaften und Vertrauenshaftung, DNotZ 2003, 888; *Ebbing*, Satzungsmäßige Schiedsklauseln, NZG 1999, 754; *Eickelberg*, SUP, EGVP, ePerso und XML – Die schöne neue (digitale) Welt der GmbH-Gründung, NZG 2015, 81; *Goette*, Haftungsfragen bei der Verwendung von Vorratsgesellschaften und „leeren" GmbH-Mänteln, DStR 2004, 461; *Habersack*, Wider das Dogma von der unbeschränkten Gesellschafterhaftung bei wirtschaftlicher Neugründung einer AG oder GmbH, AG 2010, 845; *Heckschen*, Aktuelle Beratungshinweise zur GmbH-Satzung – Unternehmensgegenstand, Bekanntmachung, Anteilserwerb, GmbHR 2007, 198; *Heidenhain*, Anwendung der Gründungsvorschriften des GmbH-Gesetzes auf die wirtschaftliche Neugründung einer Gesellschaft, NZG 2003, 1051, *Heidinger*, Die wirtschaftliche Neugründung, ZGR 2005, 101; *Heidinger/Meyding*, Der Gläubigerschutz bei der wirtschaftlichen Neugründung von Kapitalgesellschaften, NZG 2003, 1129; *Heinze*, „Präventivkontrolle" der Kapitalaufbringung bei der wirtschaftlichen Neugründung?, GmbHR 2011, 962; *Heyer/Reichert-Clauß*, Sichere Verwendung von Vorratsgesellschaften – die Anforderungen der Rechtsprechung, NZG 2005, 193; *Hüffer*, Die Haftung bei wirtschaftlicher Neugründung unter Verstoß gegen die Offenlegungspflicht, NJW 2011, 1772; *Kallmeyer*, Ist die Wiederbelebung einer Mantel-GmbH wirklich strenger zu behandeln als der Formwechsel einer AG in eine GmbH?, DB 2003, 2583; *ders*, Mehrfachaufbringung des Stammkapitals einer GmbH, GmbHR 2003, 322; *Kleindiek*, Mantelverwendung und Mindestkapitalerfordernis, FS Priester, 2007, S. 369; *Krolop*, Zur Begrenzung der Unterbilanzhaftung bei Vorrats- und Mantelgründung, ZIP 2011, 305; *Kuleisa*, Vorbelastungshaftung bei der wirtschaftlichen Neugründung, DB 2011, 575; *Lieder*, Wirtschaftliche Neugründung: Grundsatzfragen und aktuelle Entwicklungen, DStR 2012, 137; *Mayer*, Mantelkauf und Mantelverwendung – (k)ein Problem, NJW 2000, 175; *Noack*, Gesellschaftervereinbarungen bei Kapitalgesellschaften, 1994; *Reichert/Harbarth*, Statutarische Schiedsklauseln, NZG 2003, 379; *Schaub*, Zur Anwendung der Gründungsvorschriften auf Vorratsgesellschaften, DNotZ 2003, 447; *K Schmidt*, Vorratsgründung, Mantelkauf und Mantelverwendung, NJW 2004, 1345; *ders*, Die Verwendung von GmbH-Mänteln und ihre Haftungsfolgen: ein Thema von gestern?, ZIP 2010, 857; *Schütz*, Haftungsfragen im Zusammenhang mit der wirtschaftlichen Neugründung, NZG 2004, 764; *Thaeter*, Von Mänteln und Vorräten – zur Figur der wirtschaftlichen Neugründung, DB 2003, 2112; *Ulmer*, „Satzungsgleiche" Gesellschaftervereinbarungen bei der GmbH? – Zum Für und Wider der Trennung zwischen Satzung und schuldrechtlichen Gesellschafterabreden, FS Röhricht, 2005, S. 633; *Ulrich*, Verwendung von Vorratsgesellschaften und gebrauchten Gesellschaftsmänteln nach dem BGH-Beschluss vom 7. Juli 2003, WM 2003, 1814; *Wälzholz*, Vorbelastungshaftung und Vertrauensschutz bei gebrauchten GmbH-Mänteln oder – der Nebel lichtet sich langsam, NZG 2005, 203; *Westermann*, Das Verhältnis von Satzung und Nebenordnungen in der Kapitalgesellschaft, 1994; *Wicke*, Risiko Mantelverwendung – Die wirtschaftliche Neugründung vor der Reform des GmbH-Rechts, NZG 2005, 409; *ders*, Echte und unechte Bestandteile im Gesellschaftsvertrag der GmbH, DNotZ 2006, 419; *Zöllner*, Inhaltsfreiheit bei Gesellschaftsverträgen, FS GmbHG, 1992, S. 85 ff.

I. Normzweck

1 § 3 regelt den **Inhalt des Gesellschaftsvertrages** einer GmbH, u. zwar dergestalt, dass er in seinem **Abs. 1** den **zwingenden Mindestinhalt** festlegt, den jeder Gesellschaftsvertrag aufweisen muss, u. in seinem **Abs. 2** für bestimmte Regelungen deren Wirksamkeit von der Aufnahme in den Gesellschaftsvertrag abhängig macht. Mit dem durch Abs. 1 gesetzten Erfordernis der Angabe von Firma, Sitz u. Gegenstand macht das Gesetz die grdl. Identitätsmerkmale einer GmbH zu den Entstehungsvoraussetzungen der Gesellschaft als juristische Person.[1] Abs. 2 sieht die Möglichkeit der Vereinbarung von **freiwilligen (fakultativen) Satzungsbestimmungen** vor, also solchen, die nicht notwendigerweise zum Bestandteil eines Gesellschaftsvertrages gemacht werden müssen. In seinem konkreten Inhalt bezieht sich Abs. 2 dabei auf fakultative, aber formbedürftige Regelungen zur zeitlichen Beschränkung der Gesellschaft u. zur Begründung von Nebenverpflichtungen. Über diesen unmittelbaren Regelungsgehalt hinaus kann der Vorschrift jedoch auch die grdl. Zulässigkeit solcher fakultativer Bestimmungen entnommen werden, die bezogen auf andere Inhalte auch an zahlreichen sonstigen Stellen des GmbHG vorgesehen (§§ 5 IV 1, 15 V, 17 III, 19 III, 26 I, 34 I, 52 I u. 60 II) u. auch außerhalb der gesetzlichen Erwähnungen umfassend anerkannt sind.[2] § 3 regelt den Inhalt des Gesellschaftsvertrages also nicht abschließend, so dass den Gesellschaftern Raum bleibt, die von ihnen gewünschten u. individuell auf ihre Bedürfnisse zugeschnitte-

1 MüKoGmbHG/*Wicke* Rn. 1.
2 Scholz/*Cziupka* Rn. 2.

nen Regelungen über § 3 hinaus ebenfalls mit in den Gesellschaftsvertrag aufzunehmen.

In den §§ 2 u. 3 wie auch in den sonstigen Bestimmungen des GmbHG (zB §§ 15, 29, 53) ist stets nur vom „**Gesellschaftsvertrag**" die Rede. Anders als das Aktienrecht gebraucht das GmbHG den Begriff der „**Satzung**" nicht. Ein sachlicher Unterschied ergibt sich aus dieser abw. Terminologie jedoch nicht.[3] Sowohl der Begriff „Gesellschaftsvertrag" als auch der Begriff „Satzung" meinen das verbandsrechtliche Organisationsstatut der Gesellschaft. Somit können diese Begriffe auch unterschiedslos u. **synonym** verwendet werden. 2

II. Allgemeines

1. Typologie der Satzungsbestimmungen

Gemeinhin unterscheidet man die einzelnen Satzungsbestimmungen nach folgenden Kategorien bzw. Begriffspaaren: 3

- **Obligatorische (notwendige) Bestimmungen:** Das sind diejenigen Regelungen, die durch Abs. 1 zum zwingenden Inhalt eines Gesellschaftsvertrages gemacht werden.[4]
- **Fakultative (freiwillige) Bestimmungen:** Hierunter sind alle anderen über den Mindestinhalt des Abs. 1 hinausgehenden Regelungen zu verstehen;[5] wobei hier wiederum unterschieden wird zwischen **fakultativen, aber formbedürftigen Regelungen** – also solchen, deren Vereinbarung im Belieben der Gesellschafter steht, die jedoch für ihre rechtswirksame Vereinbarung der Aufnahme in den notariell zu beurkundenden Gesellschaftsvertrag bedürfen[6] (so die in Abs. 2 erwähnten) – u. **sonstigen fakultativen Regelungen**, deren Aufnahme in den Gesellschaftsvertrag zwar möglich, aber für ihre Wirksamkeit nicht erforderlich ist.[7]
- **Korporative (körperschaftliche) Bestimmungen:** So werden die organisationsrechtlichen Satzungsregelungen bezeichnet, die für einen unbestimmten Personenkreis, nämlich für die derzeitigen, aber auch für die künftigen Gesellschafter gelten u. in erster Linie die Identität der Gesellschaft (Firma, Sitz, Gegenstand), ihre Kapitalausstattung, ihre Rechtsverhältnisse nach außen u. das Verhältnisse der Gesellschaftsorgane untereinander regeln.[8] Zu den korporativen Satzungsbestimmungen gehören die Satzungsregelungen über den Gesellschaftszweck,[9] den Unternehmensgegenstand,[10] die Kapitalverhältnisse, die Übernahme von Geschäftsanteilen gegen Sacheinlagen,[11] die Vinkulierung der An-

3 MüKoGmbHG/*Wicke* Rn. 101.
4 MHLS/*J. Schmidt* Rn. 1; *Roth*/Altmeppen Rn. 1 f.; Baumbach/Hueck/*Fastrich* Rn. 2; MünchHdbGesR/*Heinrich*/*Heidinger*, § 19 Rn. 1.
5 *Wicke* Rn. 1; Baumbach/Hueck/*Fastrich* Rn. 2; MüKoGmbHG/*Wicke* Rn. 3.
6 Baumbach/Hueck/*Fastrich* Rn. 2; MHLS/*J. Schmidt* Rn. 2; Scholz/*Cziupka* Rn. 3.
7 MHLS/*J. Schmidt* Rn. 3; Baumbach/Hueck/*Fastrich* Rn. 2.
8 BGH NJW-RR 93, 607; Scholz/*Cziupka* Rn. 60; *Priester*, DB 79, 681.
9 BGH NJW 83, 1910.
10 BGH WM 66, 446.
11 BGH BB 66, 1410.

teile,[12] die Kompetenzverteilung zwischen den Gesellschaftsorganen,[13] das Stimmrecht[14] u. die Gewinnverteilung.[15]

- **Nichtkorporative** oder auch **individualrechtliche Bestimmungen:** Hierunter fasst man solche Regelungen des Gesellschaftsvertrags, die lediglich schuldrechtliche Individualvereinbarungen einzelner oder mehrerer oder aller Gesellschafter sind u. damit auch außerhalb des Gesellschaftsvertrages getroffen werden könnten.[16]
- Inhaltlich eng mit der Typisierung nach korporativen u. nichtkorporativen Bestimmungen verbunden ist die Unterscheidung zwischen **echten u. unechten Satzungsbestandteilen**[17] oder auch terminologisch anders, aber inhaltlich wohl identisch,[18] zwischen **materiellen u. formellen Satzungsbestimmungen.**[19] Als wesentliches Merkmal der echten Satzungsbestandteile sieht man ihre umfassende rechtliche Wirkung, die sich nicht nur auf die am Vertrag oder der Beschlussfassung Beteiligten erstreckt, sondern auch künftige Mitglieder bindet u. darüber hinaus unmittelbar für dritte Personen wie Gläubiger der Gesellschaft Bedeutung haben kann.[20] Demggü. handelt es sich bei den unechten Satzungsbestandteilen um im Gesellschaftsvertrag enthaltene Vereinbarungen, die nicht die Identität der Gesellschaft u. auch nicht das Rechtsverhältnis der Gesellschafter zur Gesellschaft betreffen, somit keinen organisationsrechtlichen Charakter haben u. dementspr gar nicht in der Satzung enthalten sein müssten, um wirksam zu sein.[21] Die Gegenüberstellung der Unterscheidungsmerkmale zwischen einerseits korporativen u. nicht korporativen Bestimmungen u. andererseits echten u. unechten Satzungsbestandteilen zeigt, dass die korporativen Bestimmungen mit den echten Satzungsbestandteilen u. die nichtkorporativen Bestimmungen mit den unechten Satzungsbestandteilen inhaltlich nahezu übereinstimmen u. oftmals auch synonym gebraucht werden. Wobei es durchaus Stimmen gibt, die betonen, dass die Terminologie in Randbereichen divergieren könne[22] oder – noch deutlicher in der Unterscheidung – dass man diese Begrifflichkeiten nicht miteinander verwechseln dürfe, da sie zwar verwandt, aber in wesentlichen Punkten andersartig seien.[23] Worin allerdings konkret diese Andersartigkeit bestehen soll, ist nur schwer wirklich zu erfassen.

4 Die vorstehend dargestellten Unterscheidungen sind nicht etwa als voneinander unabhängige Kategorien zu betrachten. Vielmehr weisen sie in vielen Bereichen durchaus weitreichende **Überschneidungen** auf. So sind die obligatorischen Bestimmungen stets korporativer Natur u. damit echte Sat-

---

12 BGH NJW 67, 2159.
13 BGH DStR 96, 111.
14 BGHZ 14, 36.
15 BGHZ 18, 208.
16 BGHZ 38, 155, 161; Baumbach/Hueck/*Fastrich* Rn. 3; *Priester*, DB 79, 681, 682.
17 Lutter/Hommelhoff/*Bayer* Rn. 69; MüKoGmbHG/*Wicke* Rn. 102.
18 S. aber Baumbach/Hueck/*Fastrich* Rn. 3 aE.
19 MHLS/*J. Schmidt* § 2 Rn. 88; MüKoGmbHG/*Wicke* Rn. 103.
20 MüKoGmbHG/*Wicke* Rn. 102; Scholz/*Cziupka* Rn. 60.
21 Scholz/*Cziupka* Rn. 60; MüKoGmbHG/*Wicke* Rn. 103.
22 So MüKoGmbHG/*Wicke* Rn. 102.
23 So Baumbach/Hueck/*Fastrich* Rn. 3.

zungsbestandteile, wohingegen es fakultative korporative (so zB die in Abs. 2 oder § 5 IV 1 aufgeführten) u. fakultative nichtkorporative Satzungsregelungen geben kann, was wiederum entscheidend ist für die Frage ihres materiellen oder nur formellen Charakters. Dies zeigt, dass diese unterschiedlichen Kategorisierungen aus den verschiedenen Betrachtungsebenen resultieren. Je nachdem unter welchem Aspekt bzw. aus welcher Perspektive man den Gehalt der einzelnen Satzungsbestimmung ergründet, erfolgt die Einordnung in die einzelnen Typisierungsbereiche. Zur **unterschiedlichen Auslegung** korporativer u. nichtkorporativer Satzungsbestimmungen → § 2 Rn. 10 ff.

2. Satzungsautonomie

Im Gegensatz zu dem für das Aktienrecht geltenden Grundsatz der formellen Satzungsstrenge (§ 23 V AktG) besteht nach dem gesetzlichen Leitbild der GmbH über die in Abs. 1 gemachten zwingenden Vorgaben hinaus weitgehende **inhaltliche Gestaltungsfreiheit**, die nur durch vereinzelte zwingende gesetzliche Vorschriften, insbes. zur Kapitalaufbringung u. -erhaltung, sowie durch die allg. Schranken der Privatautonomie (§§ 134, 138 BGB) begrenzt wird.[24] Die Vorschriften zur AGB-Kontrolle (§§ 305 ff. BGB) sind auf den Gesellschaftsvertrag nicht anwendbar (§ 310 IV 1 BGB).[25] Die aus dieser Satzungsautonomie resultierende Flexibilität in der Gestaltung der gesellschaftsvertraglichen Verhältnisse ist einer der wesentlichen Vorzüge der GmbH u. macht diese Gesellschaftsform damit zu einem nach Maß anfertigbaren, passgenauen Rechtskleid. 5

III. Notwendiger Inhalt (Abs. 1)

Abs. 1 legt in **abschließender** Art u. Weise den **Mindestinhalt** des Gesellschaftsvertrages fest.[26] Die nach Abs. 1 notwendigen Angaben müssen bestimmt u. unbedingt sein.[27] Fehlt ein Bestandteil des Mindestinhaltes oder ist eine diesbzgl Vereinbarung unwirksam, so liegt kein wirksamer Gesellschaftsvertrag vor; auf § 139 BGB kommt es hierbei nicht an.[28] Mängel des gem. Abs. 1 notwendigen Inhalts machen den Gesellschaftsvertrag nichtig. Zu den Folgen → § 2 Rn. 32 ff. 6

1. Firma (Abs. 1 Nr. 1)

Mit der durch den Gesellschaftsvertrag erfolgenden Bestimmung der Firma erhält die Gesellschaft den sie individualisierenden Namen. Die Firma hat den Vorgaben des § 4 zu entsprechen (s. die Erläuterungen dort). 7

2. Sitz (Abs. 1 Nr. 1)

Der Gesellschaftsvertrag hat eine bestimmte politische Gemeinde im Inland als statutarischen Sitz anzugeben (§ 4 a s. die Erläuterungen dort). 8

24 MüKoGmbHG/*Wicke* Rn. 1; Baumbach/Hueck/*Fastrich* Rn. 4; ausf. zur Satzungsautonomie MünchHdbGesR/*Grziwotz*, § 18 Rn. 1 ff.
25 Roth/*Altmeppen* § 2 Rn. 4; MHLS/*J. Schmidt* § 2 Rn. 42.
26 Baumbach/Hueck/*Fastrich* Rn. 5.
27 Baumbach/Hueck/*Fastrich* Rn. 19.
28 Roth/*Altmeppen* Rn. 2.

3. Gegenstand des Unternehmens (Abs. 1 Nr. 2)

9 Der Unternehmensgegenstand ist **nicht gleichbedeutend mit dem Gesellschaftszweck.** Beide können zwar übereinstimmen – u. eine solche zumindest weitgehende Übereinstimmung wird im Regelfall einer erwerbswirtschaftlich tätigen GmbH auch oftmals vorliegen –, doch zwingend ist dies nicht (s. zur Abgrenzung → § 1 Rn. 3 ff.). Anders als beim Unternehmensgegenstand verlangt das Gesetz die Aufnahme des Gesellschaftszwecks in die Satzung der Gesellschaft nicht, so dass eine solche Aufnahme selbst bei einem evtl. vorhandenen Unterschied zwischen Unternehmenszweck u. Unternehmensgegenstand vielfach unterbleibt. Für den Fall allerdings, dass der Gesellschaftszweck atypischerweise nicht auf Gewinnerzielung gerichtet sein sollte (hierzu → § 1 Rn. 11 ff.), verlangt die ganz hM seine explizite Festlegung in der Satzung.[29] Dies kann zusammen mit der Bestimmung des Unternehmensgegenstandes in Form einer einheitlichen Zweckklausel geschehen.[30]

10 Der Unternehmensgegenstand bezeichnet die **Art u. den Bereich der unternehmerischen Tätigkeit** der Gesellschaft.[31] Durch seine Angabe sollen sich die interessierten Verkehrskreise über die Tätigkeit in groben Zügen unterrichten können.[32] Im gesellschaftsrechtlichen Innenverhältnis soll der Unternehmensgegenstand als Satzungsbestandteil einen gewissen Schutz insbes. für Minderheitsgesellschafter vor einer willkürlichen Änderung oder Ausweitung der Gesellschaftstätigkeit bieten.[33] Ferner bestimmt er den Umfang der Gesellschafter-Treuepflichten sowie die Reichweite eines Wettbewerbsverbotes von Geschäftsführern u. Gesellschaftern.[34] Konkrete Vorgaben, wie genau der Unternehmensgegenstand zu beschreiben ist, enthält das GmbHG nicht. Nach hM muss die Angabe des Gegenstandes **hinreichend aussagekräftig** u. **informativ** sein, **farblose** u. nichtssagend allg. Umschreibungen sind **nicht ausreichend.**[35] Es muss der **Schwerpunkt der Geschäftstätigkeit** der Gesellschaft angegeben werden u. die Angabe muss erkennen lassen, in welchem **Geschäftszweig** (Branche – zB Textilien, Haushaltsgeräte, Immobilien) u. auf welche **Weise** (zB Produktion, Vertrieb, Beratung) sich die Gesellschaft betätigen will.[36] Zu unbestimmt sind: „Produktion und Vertrieb von Waren aller Art“,[37] „Handelsgeschäfte aller Art“,[38] „Handel mit Waren aller Art“,[39] „Betreiben von Handelsgeschäften“.[40] Ausreichend hingg.: „Betrieb von Gaststätten“,[41] „Durchführung

29 Lutter/Hommelhoff/*Bayer* § 1 Rn. 4; MüKoGmbHG/*Fleischer* § 1 Rn. 13; *Wicke* § 1 Rn. 2.
30 MüKoGmbHG/*Fleischer* § 1 Rn. 13.
31 Baumbach/Hueck/*Fastrich* Rn. 7; *Roth*/Altmeppen Rn. 4.
32 *Wicke* Rn. 4.
33 Scholz/*Cziupka* Rn. 9; Baumbach/Hueck/*Fastrich* Rn. 7.
34 *Wicke* Rn. 4.
35 MüKoGmbHG/*Wicke* Rn. 13; Lutter/Hommelhoff/*Bayer* Rn. 6.
36 Scholz/*Cziupka* Rn. 10; MüKoGmbHG/*Wicke* Rn. 13.
37 BayObLG BB 94, 1811.
38 BayObLG NZG 03, 482.
39 BayObLG GmbHR 03, 414, 415.
40 BayObLG BB 95, 1814.
41 OLG Frankfurt DB 80, 75.

von Hochbaumaßnahmen".[42] Ergänzende Zusätze wie „... und alle damit zusammenhängende Geschäfte" oder „... sowie alle Rechtshandlungen und Geschäfte, die diesem Zweck dienlich sind" sind zulässig, sofern sie sich auf einen hinreichend konkretisierten Hauptgegenstand beziehen.[43] Inwieweit solche unbestimmten formelhaften Zusätze Sinn machen, steht allerdings auf einem anderen Blatt. Auch negative Abgrenzungen wie „Genehmigungspflichtige Tätigkeiten werden nicht ausgeübt" sind möglich, wenn iÜ eine ausreichend positive Umschreibung erfolgt.[44]

Bei einer GmbH, die **Komplementärin** einer KG werden soll, ist nicht mehr 11
die Angabe auch des Unternehmensgegenstandes der KG erforderlich,[45] vielmehr genügt nach hM die Bezeichnung der konkreten KG[46] (etwa „... die Beteiligung als persönlich haftende Gesellschafterin an der X-GmbH & Co KG mit dem Sitz in Y"). Richtigerweise wird man die mittlerweile freizügigere Handhabung der hM sogar noch ausdehnen u. auch die allg. Angabe „... Beteiligung als persönlich haftende Gesellschafterin an Kommanditgesellschaften" ohne Bezeichnung der konkreten KG für ausreichend erachten müssen;[47] dies lässt mittlerweile auch die Praxis vieler Registergerichte zu.

Genügen die konkreten Angaben zum Unternehmensgegenstand nicht den 12
durch Abs. 1 Nr. 2 gestellten Anforderungen, so besteht ein **Eintragungshindernis** (§ 9 c II Nr. 1), u. das Registergericht hat eine Zwischenverfügung zur Beseitigung des Eintragungshindernisses zu erlassen u. bei unterbliebener Beseitigung die Eintragung abzulehnen. Die Beseitigung des Eintragungshindernisses kann nur durch entspr. Änderung des Gesellschaftsvertrages in der Form des § 2 erfolgen. Hat das Registergericht gleichwohl eingetragen, gilt Folgendes: Weist der Gesellschaftsvertrag eine Angabe zum Unternehmensgegenstand auf, ist diese jedoch nicht hinreichend individualisiert, so ist kein Nichtigkeitsgrund nach § 75 gegeben;[48] die fehlende Individualisierung stellt lediglich einen Ordnungsmangel dar, der nach der Handelsregistereintragung nicht mehr geltend gemacht werden kann,[49] so dass dieser Mangel durch die Eintragung gleichsam geheilt wurde.[50] Fehlt hingg. die Angabe zum Unternehmensgegenstand gänzlich oder ist sie wegen Gesetzesverstoßes (§ 134 BGB) oder Sittenwidrigkeit (§ 138 BGB) oder reiner Abgabe zum Schein (§ 117 BGB)[51] unwirksam, kann Nichtigkeitsklage nach § 75 erhoben u. das Amtslöschungsverfahren nach § 397 FamFG eingeleitet werden.[52]

42 OLG Köln OLGZ 81, 429.
43 Roth/*Altmeppen* Rn. 6; *Wicke* Rn. 6; Baumbach/Hueck/*Fastrich* Rn. 8.
44 OLG München ZIP 12, 2107; MHLS/*J. Schmidt* Rn. 19.
45 So noch die frühere Rspr. BayObLG GmbHR 76, 38; OLG Hamburg BB 68, 267.
46 BayObLG BB 95, 1814; Lutter/Hommelhoff/*Bayer* Rn. 7; Baumbach/Hueck/*Fastrich* Rn. 9; Roth/*Altmeppen* Rn. 7.
47 So auch MüKoGmbHG/*Wicke* Rn. 20; aA Lutter/Hommelhoff/*Bayer* Rn. 7; MHLS/*J. Schmidt* Rn. 22.
48 Baumbach/Hueck/*Fastrich* Rn. 10; Roth/*Altmeppen* Rn. 15.
49 Scholz/*Cziupka* Rn. 19; *Michalski* Rn. 15; Roth/*Altmeppen* Rn. 15.
50 *Wicke* Rn. 7.
51 BGHZ 102, 209, 213; BayObLG NZG 00, 987, 988.
52 *Michalski* Rn. 15; *Roth*/Altmeppen Rn. 14.

13 Wie spätere rein **faktische**, wenngleich mit dem Willen der Gesellschafter erfolgende **Änderungen des Unternehmensgegenstandes** ohne entspr. Anpassung der Satzung zu beurteilen sind, ist strittig.[53] Nach zutr. wohl hM sind hier § 75 (Nichtigkeitsklage) sowie § 397 FamFG (Amtslöschungsverfahren) nicht, und zwar auch nicht analog anzuwenden,[54] vielmehr ist § 399 FamFG anwendbar, dh Amtsauflösung, wenn nach vorheriger Fristsetzung der Mangel nicht beseitigt wurde.[55]

4. Gründung einer Vorratsgesellschaft sowie Verwendung einer Vorrats- bzw. Mantelgesellschaft

14 Von dem „**Mantel**" einer GmbH spricht man, wenn die Gesellschaft zwar **existent**, also insbes. im Handelsregister eingetragen ist, jedoch über ihre bloße Existenz hinaus gegenwärtig keinen weiteren Zweck verfolgt u. in keiner Weise am Geschäftsverkehr teilnimmt, insofern also **unternehmenslos** ist, sondern lediglich ihr eigenes Vermögen verwaltet.[56] Ein solcher Mantel kann bereits originär **durch Gründung** entstehen, indem die Gründer eine Gesellschaft auf Vorrat errichten, die zunächst nicht am Wirtschaftsverkehr teilhaben, sondern erst später – ggf. nach ihrem Erwerb durch Dritte – als Unternehmen aktiviert werden soll; der Mantel kann sich aber auch aus einer **zunächst geschäftlich tätigen** GmbH, die dann ihren Geschäftsbetrieb einstellt u. damit **unternehmenslos wird**, entwickeln. Im Folgenden wird zur besseren terminologischen Unterscheidung der originär durch Gründung entstehende Mantel als „Vorratsgesellschaft" u. die nach Einstellung ihres bisherigen Geschäftsbetriebs unternehmenslos gewordene Gesellschaft als „Mantelgesellschaft" bezeichnet. Während der Verwendung einer solchen Mantelgesellschaft im Rechts- u. Wirtschaftsverkehr keine überragende Bedeutung zukommt, ist die Gründung von Vorratsgesellschaften u. deren Verwendung in der Praxis weit verbreitet. Vorratsgesellschaften werden va als Aquisitionsvehikel bei M&A-Transaktionen oder Umstrukturierungsmaßnahmen benötigt,[57] sind aber generell in den Fällen gefragt, in denen eine GmbH möglichst schnell zur Verfügung stehen muss u. die Beteiligten ein zeitaufwändiges Neugründungsverfahren nicht durchlaufen wollen oder aufgrund des Termindrucks nicht mehr durchlaufen können. Die Vorratsgesellschaft betreibt kein Gewerbe u. muss daher auch keine IHK-Beiträge entrichten.[58]

15 **a) Gründung einer Vorratsgesellschaft.** Nach heute ganz hM ist die Gründung einer Vorratsgesellschaft **zulässig**, sofern sie **offen** erfolgt, dh wenn der Zweck der Gesellschaft als Mantel für eine erst zu einem späteren Zeitpunkt aufzunehmende unternehmerische Tätigkeit bei der Angabe des Un-

---

53 Eine Darstellung des Streitstandes gibt MHLS/*J. Schmidt* Rn. 26.
54 Baumbach/Hueck/*Fastrich* Rn. 10; MHLS/*J. Schmidt* Rn. 26; aA *Wicke* Rn. 7 u. noch 2. Aufl. Rn. 13.
55 So auch Baumbach/Hueck/*Fastrich* Rn. 10.
56 MüKoGmbHG/*Wicke* Rn. 24; MHLS/*J. Schmidt* Rn. 109; *K Schmidt*, GesR § 4 III 1, S. 67.
57 *Schaub*, NJW 03, 2125; *Heidinger/Meyding*, NZG 03, 129; MüKoGmbHG/*Wicke* Rn. 26.
58 VG Mainz NotBZ 04, 78, 79; Lutter/Hommelhoff/*Bayer* Rn. 9.

ternehmensgegenstandes hinreichend deutlich zum Ausdruck kommt.[59] Dies erfolgt üblicherweise u. insoweit auch anerkannt mit der Formulierung des Unternehmensgegenstandes als **„Verwaltung eigenen Vermögens“**.[60] Im Hinblick auf § 18 II HGB darf die Firma der Gesellschaft zudem nicht irreführend auf eine aktive Geschäftstätigkeit hindeuten.[61] Die **verdeckte** Gründung einer Vorratsgesellschaft – dh die Benennung eines **fiktiven Unternehmensgegenstandes**, der in absehbarer Zeit gar nicht verwirklicht werden soll – ist hingg. **unzulässig.** In einem solchen Fall ist die Angabe des Unternehmensgegenstandes als Scheinbestimmung gem. § 117 BGB nichtig. Eine Eintragung der Gesellschaft in das Handelsregister darf nicht erfolgen; wird sie dennoch eingetragen, so gelten § 75 (Nichtigkeitsklage) sowie § 397 FamFG (Amtslöschungsverfahren) (→ Rn. 12).[62]

b) Verwendung einer Vorrats- bzw. Mantelgesellschaft. Auch die **Verwendung** einer Vorrats- oder Mantelgesellschaft, also ihre Aktivierung durch Aufnahme einer unternehmerischen Tätigkeit u. ihre dadurch bewirkte (Wieder-) Einführung in den Rechts- u. Wirtschaftsverkehr – bei der Vorratsgesellschaft häufig nach dem Erwerb der Geschäftsanteile durch Dritte – ist nach heute ganz hM grds. **zulässig** u. stellt für sich insbes. keinen Verstoß gegen die §§ 134, 138 BGB dar.[63] Der **BGH** hat diesen Vorgang der Reaktivierung einer bislang oder zwischenzeitlich unternehmenslos gewesenen GmbH als **„wirtschaftliche Neugründung“** bezeichnet u. hierfür einige ganz grdl. Vorgaben gemacht.[64] Hiernach sind in den Fällen der wirtschaftlichen Neugründung **die der Gewährleistung der Kapitalausstattung dienenden Gründungsvorschriften** des GmbHG einschl. der **registergerichtlichen Kontrolle** entspr. anzuwenden. Konkret bedeutet dies: Die Geschäftsführer haben dem Registergericht die wirtschaftliche Neugründung **offenzulegen.** Dies geschieht im Fall der Verwendung einer Vorratsgesellschaft im Zuge der Anmeldung der hierbei idR durchzuführenden Satzungsänderungen u. des Wechsels in der Geschäftsführung der Gesellschaft.[65] Erfolgen im Einzelfall, insbes. bei der Verwendung einer reaktivierten Mantelgesellschaft, keine Maßnahmen der Satzungsänderung u. des Geschäftsführungswechsels, so ist die wirtschaftliche Neugründung dem Registergericht gleichwohl durch gesonderte Erklärung der Geschäftsfüh- 16

59 BGHZ 117, 323, 330 ff. (AG); 153, 158, 160 ff. (GmbH); *Priester*, DB 83, 2291, 2298 f.; *Meyer*, ZIP 94, 1661 ff.; *K Schmidt*, NJW 04, 1345, 1346 f.; MüKoGmbHG/*Wicke* Rn. 28; MHLS/*J. Schmidt* Rn. 113; Scholz/*Cziupka* Rn. 17; Baumbach/Hueck/*Fastrich* Rn. 11; Roth/*Altmeppen* Rn. 56; Lutter/Hommelhoff/*Bayer* Rn. 8.

60 *Priester*, DB 83, 2291, 2298 sowie die Nachweise in Fn. 59.

61 MüKoGmbHG/*Wicke* Rn. 28.

62 BGHZ 117, 323; Lutter/Hommelhoff/*Bayer* Rn. 8; Baumbach/Hueck/*Fastrich* Rn. 11; Roth/*Altmeppen* Rn. 57; Scholz/*Cziupka* Rn. 19; MHLS/*J. Schmidt* Rn. 114; MüKoGmbHG/*Wicke* Rn. 28.

63 BGHZ 155, 318; ZIP 10, 621; BayObLG NZG 99, 666, 667; *Mayer*, NJW 00, 175, 177; *Priester*, DB 83, 2291; *K Schmidt*, GesR § 4 III 3, S. 71; MüKoGmbHG/*Wicke* Rn. 29; *Michalski* Rn. 23; Scholz/*Cziupka* Rn. 22; Baumbach/Hueck/*Fastrich* Rn. 12.

64 BGH NJW 12, 1875 Rn. 13; BGHZ 153, 158; 155, 318; NZG 06, 306, 307; s. auch BGH ZIP 10, 621 u. BAG NZI 08, 450 Rn. 61 ff.

65 Lutter/Hommelhoff/*Bayer* Rn. 12; MHLS/*J. Schmidt* Rn. 120; *Hüffer*, NZG 11, 1257, 1258.

rung offenzulegen.[66] Bei dieser Offenlegung haben die Geschäftsführer **entspr. § 8 II zu versichern,** dass ein dem Stammkapitalbetrag der Gesellschaft entspr. Gesellschaftsvermögen vorhanden ist u. sich zumindest in Höhe der nach § 7 II u. III zu bestimmenden Mindesteinzahlungen zu ihrer freien Verfügung befindet.[67] Dies umfasst die Versicherung, dass es in diesem Umfang auch nicht bereits durch Verluste ganz oder teilw. aufgebraucht wurde.[68] Zu beachten ist, dass sich die Versicherung der ordnungsgemäßen Kapitalausstattung betragsmäßig an dem konkreten **satzungsmäßigen Stammkapital** der Gesellschaft u. nicht etwa an dem gesetzlichen Mindestkapital aus § 5 I zu orientieren hat.[69] Die Offenlegung der wirtschaftlichen Neugründung nebst Versicherung der ordnungsgemäßen Kapitalausstattung ist entspr. §§ 7 I, 78 **von allen Geschäftsführern** vorzunehmen, unabhängig von ihrer sonstigen Vertretungsbefugnis.[70] Im Fall falscher Angaben haften die Geschäftsführer ggü. der Gesellschaft analog § 9 a.[71] Eine strafrechtliche Verantwortlichkeit gem. § 82 scheidet jedoch wegen des strafrechtlichen Analogieverbotes nach Art. 103 II GG aus.[72] Das Registergericht hat die von den Geschäftsführern nach den vorgenannten Grundsätzen abgegebene Versicherung entspr. § 9 c iVm § 26 FamFG zu prüfen.

17 Vom BGH (noch) nicht entschieden ist, ob bei einem von einem Gesellschafter im Zuge der Reaktivierung der Gesellschaft in die GmbH einzubringenden Sachwert die **Sachgründungsvorschriften** zur Anwendung kommen.[73] Man wird dies zu bejahen haben, so dass in einem solchen Fall der Sachgegenstand analog § 7 III zum Zeitpunkt der Offenlegung der wirtschaftlichen Neugründung vollständig bewirkt sein u. mit dem Inhalt des § 5 IV 1 iRd Geschäftsführerversicherung entspr. § 8 II angegeben werden muss.[74] Konsequenterweise sind dann auch die Regeln über die **verdeckte Sacheinlage** einschl. **§ 19 IV** analog anzuwenden.[75] Auch **§ 19 V** hat bei der Verwendung einer Vorrats- oder Mantelgesellschaft entspr. Anwendung zu finden, was bedeutet, dass es der Leistung von Geldmitteln zur freien Verfügung der Geschäftsführer nicht entgegensteht, wenn diese absprachegemäß an die Gesellschafter zurückgezahlt werden, vorausgesetzt,

66 BGH NJW 12, 1875 Rn. 13; BGHZ 155, 318.
67 BGH NJW 12, 1875 Rn. 13; BGHZ 153, 158; OLG Nürnberg RNotZ 11, 557, 560 f.; *Michalski* Rn. 28; *Krafka*, ZGR 03, 577, 585 f.; *Heidenhain*, NZG 03, 1051, 1052 f.
68 BGHZ 153, 158; MHLS/*J. Schmidt* Rn. 120.
69 BGHZ 155, 318; ebenso *Ihrig*, BB 98, 1197, 1202; *Goette*, DStR 04, 461, 464; Scholz/*Cziupka* Rn. 31; Lutter/Hommelhoff/*Bayer* Rn. 12; Baumbach/Hueck/*Fastrich* Rn. 13 b.
70 *Krafka*, ZGR 03, 577, 585; *Altmeppen*, NZG 03, 145, 146; Lutter/Hommelhoff/*Bayer* Rn. 12; *Michalski* Rn. 28.
71 BGH NZG 10, 1066 Rn. 13.
72 BGH NZG 12, 539, 541; OLG Frankfurt GmbHR 92, 456; *Wicke*, NZG 05, 409, 414; Lutter/Hommelhoff/*Bayer* Rn. 14; MHLS/*J. Schmidt* Rn. 127.
73 In der Lit. str; bejahend: *Schick*, GmbHR 97, 982, 984; *Jacobs*, DZWIR 04, 309, 314; verneinend: *Meilicke*, BB 03, 857, 859.
74 *Wicke* Rn. 12.
75 So auch Baumbach/Hueck/*Fastrich* Rn. 13 a; Lutter/Hommelhoff/*Bayer* Rn. 22; aA *Heidinger*, ZGR 05, 101, 115; *Svoboda*, GmbHR 05, 649, 655.

dem steht ein vollwertiger, die Erfordernisse des § 19 V erfüllender Rückgewähranspruch ggü.[76]

Der BGH trägt dem bei der Verwendung einer Vorrats- oder Mantelgesellschaft zu beachtenden **Prinzip der realen Kapitalaufbringung** neben der von ihm postulierten präventiven registergerichtlichen Kontrolle auch dadurch Rechnung, dass er auf die Gesellschafter die Grundsätze der **Unterbilanzhaftung** (→ § 11 Rn. 45 ff.) anwendet.[77] Maßgeblicher Zeitpunkt für die Unterbilanzhaftung in diesen Fällen ist der Tag der Offenlegung der wirtschaftlichen Neugründung ggü. dem Registergericht[78] bzw. – nach der Rspr. des BGH – bei einer unterbliebenen Offenlegung der Tag, an welchem die wirtschaftliche Neugründung durch Aufnahme der wirtschaftlichen Tätigkeit nach außen in Erscheinung tritt.[79] Zu einer Haftung kann es daher nicht kommen, wenn das Stammkapital beim (Wieder-)Eintritt in den Rechts- u. Wirtschaftsverkehr durch das Vermögen der Gesellschaft gedeckt ist u. lediglich die Offenlegung fehlt.[80] Ferner kann vor dem Hintergrund der soeben dargestellten neueren Rspr. die vormals vertretene Auffassung, wonach die Unterbilanzhaftung bei Unterbleiben der Offenlegung der wirtschaftliche Neugründung keiner zeitlichen Begrenzung unterliegt,[81] nicht mehr aufrecht erhalten werden. Auch für die Unterbilanzhaftung ist Bezugsgröße das satzungsmäßige Stammkapital u. nicht etwa das Mindestkapital aus § 5 I.[82] Die Unterbilanzhaftung ist hierbei nicht auf die Höhe des Stammkapitals beschränkt, sondern umfasst im Falle eines negativen Wertes auch dessen Ausgleich.[83] Eine die Gesellschafter treffende Unterbilanzhaftung setzt voraus, dass sie der Geschäftsaufnahme vor erfolgter Offenlegung zugestimmt haben.[84] Für die **Verjährung** der Haftungsansprüche gilt § 9 II analog, also eine zehnjährige Verjährungsfrist, die mit der Anzeige der wirtschaftlichen Neugründung beim Handelsregister[85] bzw. bei einer unterbliebenen Offenlegung mit der nach außen in Erscheinung tretenden Aufnahme der wirtschaftlichen Tätigkeit beginnt.[86] Bei **Altfällen**, also Verwendungen einer Vorrats- oder Mantelgesellschaft vor Veröffentlichung des BGH-Beschlusses vom 7.3.03, beginnt die Verjährung aus Gründen des Vertrauensschutzes bereits mit der Verwendung der Gesellschaft.[87] Neben der Unterbilanzhaftung der Gesellschafter kann nach dem BGH auch eine **Handelndenhaftung** analog § 11 II (→ § 11 Rn. 23 ff.) zur Anwendung kommen, wenn schon vor der Offenlegung der wirtschaftlichen 18

---

76 *Wicke* Rn. 12; Lutter/Hommelhoff/*Bayer* Rn. 22; Baumbach/Hueck/*Fastrich* Rn. 13 a.
77 BGH NJW 12, 1875 Rn. 20; NZG 11, 1066 Rn. 19; BGHZ 155, 318.
78 BGHZ 155, 318; *Goette*, DStR 04, 461, 464; Baumbach/Hueck/*Fastrich* Rn. 12; Lutter/Hommelhoff/*Bayer* Rn. 14.
79 BGH NJW 12, 1875 Rn. 20, 28.
80 KG NZG 10, 387; Baumbach/Hueck/*Fastrich* Rn. 13 c; *Bachmann*, NJW 12, 579, 581.
81 *Heidinger*, ZGR 05, 101, 110; *Wälzholz*, NZG 05, 203, 204.
82 BGHZ 155, 318; Baumbach/Hueck/*Fastrich* Rn. 13 b; MHLS/*J. Schmidt* Rn. 124.
83 BGH NJW 12, 1875 Rn. 20, 28; Baumbach/Hueck/*Fastrich* Rn. 13 c.
84 BGH NZG 12, 539; BAG BeckRS 08, 51837.
85 OLG Köln ZIP 08, 973; OLG Schleswig NZG 07, 75.
86 Baumbach/Hueck/*Fastrich* Rn. 13 c.
87 BGH DStR 08, 933 mAnm *Goette*.

Neugründung Geschäfte aufgenommen werden, ohne dass dem alle Gesellschafter zugestimmt hätten.[88]

19 In der Praxis kann sich die **Abgrenzung** zwischen einem Fall der Reaktivierung u. Verwendung einer unternehmenslos gewordenen Mantelgesellschaft mit den Konsequenzen der vorstehend beschriebenen BGH-Rspr. u. einem Fall der bloßen **Umstrukturierung** oder Sanierung einer Gesellschaft, für welche die Grundsätze zur wirtschaftlichen Neugründung nicht gelten, als durchaus schwierig erweisen.[89] Der BGH stellt für eine Unterscheidung dieser beiden Fälle darauf ab, ob die betroffene Gesellschaft noch ein aktives Unternehmen betreibt, an welches in wirtschaftlich noch gewichtbarer Weise angeknüpft wird, sei es auch unter wesentlicher u. tiefgreifender Umgestaltung seines Tätigkeitsgebiets (dann bloße Umstrukturierung) oder ob es sich tatsächlich um einen leer gewordenen Mantel ohne Geschäftsbetrieb handelt (dann wirtschaftliche Neugründung).[90] Auf die Vornahme von Satzungsänderungen oder eines Austauschs der Geschäftsführung bei der betroffenen Gesellschaft kommt es nicht an, dh ein Fall der wirtschaftlichen Neugründung kann auch dann vorliegen, wenn solche Maßnahmen nicht stattfinden,[91] u. umgekehrt kann auch ein bloßer Umstrukturierungsfall gegeben sein, wenn die Satzung umfassend geändert u. die Geschäftsführung ausgetauscht wird. Eine lediglich verzögerte erstmalige Aufnahme der Geschäftstätigkeit einer neu gegründeten Gesellschaft stellt keine wirtschaftliche Neugründung dar, da keine Vorratsgründung gegeben ist, wenn der satzungsmäßige Unternehmensgegenstand auch tatsächlich realisiert werden soll.[92] In Zweifelsfällen sollte stets eine zumindest vorsorgliche Offenlegung einer wirtschaftlichen Neugründung erfolgen, allein um die uU weitreichenden Konsequenzen der Unterbilanz- u. Handelndenhaftung (→ Rn. 18) zu vermeiden.

5. Betrag des Stammkapitals (Abs. 1 Nr. 3)

20 Der Gesellschaftsvertrag muss auch die Höhe des Stammkapitals angeben, u. zwar in **genauer Höhe** u. auf **Euro** lautend. Dieses Stammkapital legt als **Garantieziffer** den Betrag fest, der mind. als Reinvermögen zur Befriedigung der Gläubiger der Gesellschaft zur Verfügung stehen soll, sog. **Haftungsfonds.**[93] Das GmbHG sieht an zahlreichen Stellen Regelungen vor, die der Aufbringung u. Erhaltung des Stammkapitals dienen bzw. diese sicherstellen sollen (§§ 5, 7 II u. III, 9, 11, 19 ff., 24, 30, 82). Trotz dieser gesetzlichen Bestimmungen bietet das Stammkapital keine Gewähr für eine der geschäftlichen Tätigkeit der Gesellschaft angemessene Kapitalausstattung. Dies schon deshalb, weil der Mindestbetrag von 25.000 EUR aus § 5 I unabhängig davon gilt, ob die Gesellschaft einen evtl. höheren individuellen Kapitalbedarf hat.

---

88 BGH NZG 11, 1066, Rn. 11 ff.; BGHZ 155, 318; BAG BeckRS 08, 51837.

89 Hieran knüpft auch die Kritik eines Teils der Lit., vgl. *Altmeppen*, DB 03, 2050, 2051 ff.; *Heidenhain*, NZG 03, 1051, 1052 ff.; *Thaeter*, DB 03, 2112, 2114 f.

90 BGHZ 155, 318.

91 *Wicke* Rn. 11.

92 BGH NZG 10, 427; Baumbach/Hueck/*Fastrich* Rn. 13 d; *Lieder*, NZG 10, 410, 411.

93 Baumbach/Hueck/*Fastrich* Rn. 14; vgl. auch MüKoGmbHG/*Wicke* Rn. 43.

Die Angabe des Stammkapitalbetrags hat **im Gesellschaftsvertrag selbst** zu erfolgen. Es ist daher nicht ausreichend, wenn sich der Betrag des Stammkapitals nur mittels anderer zum Handelsregister eingereichter Unterlagen, etwa der Handelsregisteranmeldung ermitteln lässt.[94] Nach zutr. hM genügt es ebenfalls nicht, dass sich der Stammkapitalbetrag nur aus der Addition der im Gesellschaftsvertrag genau bezifferten Nennbeträge aller Geschäftsanteile ermitteln lässt.[95] Eine **Änderung** des Stammkapitalbetrags vor erfolgter Handelsregistereintragung der Gesellschaft kann nur durch Änderung des Gesellschaftsvertrages als Gründungsvereinbarung unter Mitwirkung aller Gesellschafter in der Form des § 2 erfolgen. Nach Handelsregistereintragung ist eine Änderung nur durch Kapitalerhöhung bzw. Kapitalherabsetzung gem. §§ 55 ff. bzw. §§ 58 ff. möglich. Der bisherige Betrag des Stammkapitals muss dann im Gesellschaftsvertrag nicht mehr angegeben werden.[96] Jedoch ist der neue Stammkapitalbetrag anzugeben.[97] Diejenige Auffassung, welche die Angabe des neuen Stammkapitalbetrags für entbehrlich hält,[98] ist abzulehnen. Der Regelung in Abs. 1 Nr. 3 ist klar zu entnehmen, dass der Stammkapitalbetrag eine für den Rechts- u. Wirtschaftverkehr entscheidende Größe darstellt, die ohne weiteren Aufwand ersichtlich sein u. damit stets, also nicht nur bei Gründung der Gesellschaft unmittelbar im Gesellschaftsvertrag selbst enthalten sein muss. 21

6. Zahl und Nennbeträge der Geschäftsanteile (Abs. 1 Nr. 4)

Während vor Inkrafttreten des MoMiG jeder Gesellschafter bei der Gründung der Gesellschaft nur einen Geschäftsanteil übernehmen konnte, ist es ihm nunmehr durch § 5 II 2 gestattet, auch mehrere Geschäftsanteile zu übernehmen. Dementspr sind jetzt nach Abs. 1 Nr. 4 im Gesellschaftsvertrag sowohl die **Zahl** als auch die **Nennbeträge** der von den einzelnen Gesellschaftern **übernommenen Geschäftsanteile** anzugeben. Eine Nummerierung der Geschäftsanteile in der Satzung wie sie nach § 8 I Nr. 3 für die Gesellschafterliste vorgesehen ist, verlangt das Gesetz nicht,[99] wobei sie dennoch zweckmäßig sein mag.[100] Die Summe der Nennbeträge aller Geschäftsanteile muss gem. § 5 III 2 mit dem Stammkapital übereinstimmen. Zur Mindesthöhe des einzelnen Geschäftsanteils, zur Gestaltung der Einlage, insbes. zu Sacheinlagen s. die Erläuterungen zu § 5. 22

Das Gesetz unterscheidet nunmehr terminologisch sauber zwischen dem **„Geschäftsanteil"**, der die Mitgliedschaft als Inbegriff aller Rechte u. Pflichten des Gesellschafters aus dem Gesellschaftsverhältnis verkörpert,[101] 23

94 KG OLGR 40, 191, 192; Scholz/*Cziupka* Rn. 47; MHLS/*J. Schmidt* Rn. 28; Baumbach/Hueck/*Fastrich* Rn. 15.
95 MüKoGmbHG/*Wicke* Rn. 46; MHLS/*J. Schmidt* Rn. 28; Lutter/Hommelhoff/*Bayer* Rn. 25; Scholz/*Cziupka* Rn. 48; aA Baumbach/Hueck/*Fastrich* Rn. 15.
96 KG JW 37, 2655; BayObLG DB 71, 88 f.; *Roth*/Altmeppen Rn. 8; MHLS/*J. Schmidt* Rn. 29; Baumbach/Hueck/*Fastrich* Rn. 15.
97 Baumbach/Hueck/*Fastrich* Rn. 15; Scholz/*Cziupka* Rn. 49.
98 So noch *Roth*/Altmeppen 8. Auflage Rn. 19 – mittlerweile jedoch die Angabe des neuen Stammkapitalbetrages ebenso für notwendig erachtend Roth/*Altmeppen* 9. Auflage Rn. 8.
99 Baumbach/Hueck/*Fastrich* Rn. 16.
100 *Apfelbaum*, Notar 08, 160, 163; *Katschinski/Rawert*, ZIP 08, 1993, 1995.
101 MHLS/*J. Schmidt* Rn. 32.

u. der **„Stammeinlage“**, welche nach der Legaldefinition des Abs. 1 Nr. 4 die „Einlage auf das Stammkapital“ bezeichnet. Auf die Stammeinlage bezieht sich die bei der Gründung u. Kapitalerhöhung gegen Einlagen entstehende Einlagenverpflichtung der Gründer bzw. Übernehmer.[102]

24 Der Geschäftsanteil ist mit seinem Nennbetrag als festem Betrag in Euro anzugeben. Mit den Angaben der Geschäftsanteile müssen nach allgM die **Namen der Gesellschafter**, denen die einzelnen Anteile zuzuordnen sind, verbunden sein, da sich aus diesem Zusammenhang die jeweilige individuelle Beitragspflicht ablesen lassen muss.[103] Ist eine GbR Gründerin, so müssen ungeachtet der ihr mittlerweile zuerkannten Teilrechtsfähigkeit deren sämtliche Gesellschafter aufgeführt werden, da es an einer sonstigen Registerpublizität der GbR fehlt.[104] Die Angaben zu den Namen der Gründer u. den von diesen übernommenen Geschäftsanteilen können nach erfolgter Handelsregistereintragung der Gesellschaft bei einer späteren Satzungsänderung oder -neufassung wieder aus dem Gesellschaftsvertrag gestrichen werden, u. zwar nach zutr. Auffassung auch dann, wenn die Einlagen noch nicht vollständig geleistet sind.[105] Zu beachten ist jedoch, dass nach hM im Fall von Sacheinlagen die diesbzgl in der Satzung enthaltenen Angaben analog § 27 V AktG iVm § 26 IV AktG nicht vor Ablauf von 5 Jahren gestrichen werden dürfen (→ § 5 Rn. 45). Bei einer späteren Kapitalerhöhung ist zwar nach zutr. Ansicht der neue Stammkapitalbetrag in die Satzung mit aufzunehmen (→ Rn. 21), nicht jedoch die Namen der Übernehmer u. die von diesen übernommenen Geschäftsanteile.[106]

IV. Fakultativer, aber formbedürftiger Inhalt

1. Allgemeines

25 Die in Abs. 2 genannten Regelungen sind **freiwilliger Art**. Wenn die Gesellschafter sie allerdings vereinbaren möchten, dann müssen sie für ihre Wirksamkeit in den Gesellschaftsvertrag mit aufgenommen werden u. unterliegen damit dem **Formerfordernis** aus § 2. Ob unter Verstoß gegen Abs. 2 außerhalb des Gesellschaftsvertrags getroffene Vereinbarungen gem. § 140 BGB in schuldrechtliche Verpflichtungen umgedeutet werden können, ist strittig.[107] Weisen in den Gesellschaftsvertrag aufgenommene Regelungen iSv Abs. 2 Mängel auf, die zu ihrer Nichtigkeit führen, so macht dies den Gesellschaftsvertrag auch iÜ nur unwirksam, wenn man gem. § 139 BGB zu dem Ergebnis kommen muss, dass er nicht selbstständig bestehen bleiben kann.[108] Das Gleiche hat zu gelten, wenn solche Regelungen

---

102 RegBegr. BR-Drucks 354/07, S. 63 f.; Baumbach/Hueck/*Fastrich* Rn. 16.

103 Roth/*Altmeppen* Rn. 12; Lutter/Hommelhoff/*Bayer* Rn. 31; MüKoGmbHG/*Wicke* Rn. 54; Baumbach/Hueck/*Fastrich* Rn. 16; MHLS/*J. Schmidt* Rn. 36.

104 Baumbach/Hueck/*Fastrich* Rn. 16.

105 Wie hier OLG Rostock NZG 11, 992, 993; OLG München NZG 10, 998, 999; BayObLG NJW 97, 73, 74; *Priester*, GmbHR 73, 169, 170 f.; MHLS/*J. Schmidt* Rn. 35; Baumbach/Hueck/*Fastrich* Rn. 18; Lutter/Hommelhoff/*Bayer* Rn. 23; jedenfalls bei vollständig geleisteter Einlage BayObLGZ 70, 285, 289; KG DNotZ 40, 157 f.

106 Roth/*Altmeppen* Rn. 13; Baumbach/Hueck/*Fastrich* Rn. 18.

107 Bejahend: *Roth*/Altmeppen 8. Aufl. Rn. 20; verneinend: Baumbach/Hueck/*Fastrich* Rn. 24.

108 Baumbach/Hueck/*Fastrich* Rn. 24.

deshalb unwirksam sind, weil sie außerhalb des Gesellschaftsvertrages getroffen wurden. IdR wird das Interesse der Gesellschafter an der Erhaltung der Gesellschaft überwiegen, so dass die Nichtigkeit des fakultativen Vertragsbestandteils nicht zur Nichtigkeit des Gesamtvertrages führt.[109] Nach Eintragung der GmbH in das Handelsregister ist die Gesellschaft in jedem Fall wirksam, allenfalls kommt in schwerwiegenden Fällen eine Auflösungsklage nach § 61 in Betracht.[110]

Abs. 2 ist hins. der fakultativen Satzungsbestimmungen **nicht abschließend.** 26
Über die dort genannten beiden Regelungsinhalte hinaus sieht das Gesetz an zahlreichen weiteren Stellen die Möglichkeit von fakultativen Satzungsbestimmungen vor, etwa in §§ 5 III, 12, 15 V, 19 II 2, 26 I, 34 I, 52 I, 55 a, 60 II, teilw. auch als erlaubte Abweichung von dispositiven Normen, so §§ 28, 29, 35 II, 37 I, 38 II, 45 II, 53 II, 60 I Nr. 2, 66 I, 72 S. 2. IÜ lässt es die im GmbH-Recht bestehende Satzungsautonomie (→ Rn. 5) innerhalb deren allg. Grenzen zu, Regelungen in der Satzung va zur weiteren Organisation u. Verfassung der Gesellschaft auch ohne ausdrücklichen gesetzlichen Vorbehalt zu implementieren.[111] Wollen die Gesellschafter solche Regelungen mit Wirkung für u. gegen alle jetzigen sowie alle künftigen Gesellschafter u. die Gesellschaft treffen, so müssen diese als **korporative Bestimmungen u. echte Satzungsbestandteile** (→ Rn. 3) Aufnahme in den Gesellschaftsvertrag finden. **Bsp** solcher Regelungen sind: Einsetzung eines Beirats,[112] Übernahme des Gründungsaufwands durch die Gesellschaft,[113] Ermächtigung der Gesellschafterversammlung zur Befreiung der Geschäftsführer von den Beschränkungen des § 181 BGB,[114] Schiedsklauseln,[115] Gerichtsstandsklauseln.[116]

Rechte u. Pflichten Dritter ggü. der Gesellschaft wie auch ggü. den Gesell- 27
schaftern können im Verhältnis zu diesen Dritten **nicht satzungsgemäß** iS echter Satzungsbestandteile (→ Rn. 3) begründet werden.[117] Entspr. Satzungsbestimmungen können allenfalls schuldrechtlichen Charakter aufweisen, wobei ein Dritter nicht ohne seine Mitwirkung verpflichtet werden kann. Eine Berechtigung kann dem Dritten hingg. als Vertrag zugunsten Dritter zukommen, sofern dies im Einzelfall so gewollt war.[118]

2. Zeitliche Beschränkung des Unternehmens

Grds. ist die Gesellschaft auch ohne ausdrückliche Bestimmung im Gesell- 28
schaftsvertrag auf **unbestimmte Zeit** gegründet.[119] Eine Befristung der Ge-

---

109 MHLS/*J. Schmidt* Rn. 40; iErg ebenso MüKoGmbHG/*Wicke* Rn. 58.
110 MüKoGmbHG/*Wicke* Rn. 58; *Michalski* Rn. 51; Baumbach/Hueck/*Fastrich* Rn. 24.
111 MüKoGmbHG/*Wicke* Rn. 57; Baumbach/Hueck/*Fastrich* Rn. 25.
112 MHLS/*J. Schmidt* Rn. 84.
113 BGHZ 107, 1, 4 ff.; NJW 98, 233; OLG Düsseldorf GmbHR 87, 59; OLG Hamm OLGZ 84, 46, 47.
114 BGHZ 87, 59, 60; OLG Hamm GmbHR 98, 682.
115 OLG München NZG 99, 780, *Böttcher/Fischer*, NZG 11, 601 ff.; *Ebbing*, NZG 99, 754; Baumbach/Hueck/*Fastrich* Rn. 25.
116 Roth/*Altmeppen* Rn. 19.
117 Baumbach/Hueck/*Fastrich* Rn. 26; MHLS/*J. Schmidt* Rn. 86.
118 Baumbach/Hueck/*Fastrich* Rn. 26; MHLS/*J. Schmidt* Rn. 86.
119 Roth/*Altmeppen* Rn. 20; Baumbach/Hueck/*Fastrich* Rn. 27.

sellschaft nach Abs. 2 ist somit eine Ausnahmeregelung, die der Aufnahme in den Gesellschaftsvertrag selbst bedarf; eine Bezugnahme auf andere Urkunden genügt nicht.[120] Jedoch soll eine dem Gesellschaftsvertrag konkludent zu entnehmende Befristung genügen.[121] Die Befristung ist gem. § 10 II 1 im Handelsregister einzutragen, wobei dieser Eintragung lediglich deklaratorische Bedeutung zukommt.[122] Nach dem Wortlaut von Abs. 2 muss der Zeitraum der Befristung gewiss sein; dies erfordert eine **exakt bestimmte** oder zumindest **objektiv genau bestimmbare Zeit.**[123] Damit kann die Befristung nicht nur durch Angabe eines Kalenderdatums oder einer festen Frist erfolgen, vielmehr ist auch die Anknüpfung an ein künftiges Ereignis möglich, sofern dessen Eintritt gewiss sowie hinreichend sicher feststellbar ist, mag auch der Zeitpunkt seines Eintritts noch nicht feststehen (zB Tod eines Gesellschafters oder Geschäftsführers).[124]

29 Als problematisch insbes. hins. des Minderheitenschutzes erweisen sich **Veränderungen** einer im Gesellschaftsvertrag enthaltenen Befristung, also deren Verlängerung oder Verkürzung. Nach hM ist für eine solche Veränderung ein Beschluss mit satzungsändernder Mehrheit nach § 53 II ausreichend, Einstimmigkeit aller Gesellschafter hierzu also nicht erforderlich.[125] Ebenso steht den überstimmten Gesellschaftern kein allg. Austrittsrecht gegen Abfindungsleistung zu.[126] Ergibt sich jedoch aus dem Gesellschaftsvertrag, dass einzelnen Gesellschaftern ein Sonderrecht auf Auflösung der Gesellschaft zu einem bestimmten Zeitpunkt oder umgekehrt auf Einhaltung einer gewissen Vertragsdauer zusteht, so wird man bei einer Veränderung der Befristung deren Zustimmung für erforderlich halten müssen.[127] Das gleiche gilt für den Fall, dass einzelne Gesellschafter nebenleistungspflichtig sind u. die Änderung der Befristung ihre Leistungspflicht verlängert; auch dann ist für die Verlängerung der Befristung die Zustimmung dieser Gesellschafter erforderlich.[128]

30 Enthält der Gesellschaftsvertrag eine wirksame Befristung, so ist die Gesellschaft nach **Ablauf der Frist** automatisch aufgelöst (§ 60 I Nr. 1) u. abzuwickeln, es sei denn, die Gesellschafter fassen einen satzungsändernden Fortsetzungsbeschluss.[129] Die Handelsregistereintragung der Auflösung (§ 65) hat auch hier nur deklaratorische Bedeutung.

3. Nebenleistungspflichten, besondere Rechte, Sonderrechte

31 Neben der Leistung von Stammeinlagen kann der Gesellschaftsvertrag gem. Abs. 2 den Gesellschaftern, u. zwar allen oder auch nur einzelnen,

120 RGZ 79, 418, 422; MHLS/*J. Schmidt* Rn. 41.
121 RGZ 79, 418, 422; MHLS/*J. Schmidt* Rn. 41.
122 Baumbach/Hueck/*Fastrich* Rn. 27; *Michalski* Rn. 52.
123 Baumbach/Hueck/*Fastrich* Rn. 27.
124 BayObLG BB 75, 249 f.; Lutter/Hommelhoff/*Bayer* Rn. 35; Roth/*Altmeppen* Rn. 21; Baumbach/Hueck/*Fastrich* Rn. 27.
125 MüKoGmbHG/*Wicke* Rn. 63; Baumbach/Hueck/*Fastrich* Rn. 25, Scholz/*Cziupka* Rn. 67; Lutter/Hommelhoff/*Bayer* Rn. 35; Baumbach/Hueck/*Fastrich* Rn. 29; MHLS/*J. Schmidt* Rn. 46.
126 Baumbach/Hueck/*Fastrich* Rn. 29; aA Scholz/*Cziupka* Rn. 67.
127 So überzeugend MHLS/*J. Schmidt* Rn. 46; Baumbach/Hueck/*Fastrich* Rn. 30.
128 Baumbach/Hueck/*Fastrich* Rn. 30; MHLS/*J. Schmidt* Rn. 46.
129 Scholz/*Cziupka* Rn. 64; MHLS/*J. Schmidt* Rn. 47.

weitere Leistungspflichten auferlegen. Allg. anerkannt, wenngleich in Abs. 2 nicht ausdrücklich erwähnt ist, dass der Gesellschaftsvertrag den Gesellschaftern gleichsam umgekehrt auch **besondere Rechte** einräumen kann (soweit nur einzelnen eingeräumt: „**Sonderrechte**" → Rn. 40). Die Freiheit in der Gestaltung solch möglicher Nebenpflichten u. besonderer Rechte ist hierbei aufgrund der im GmbH-Recht geltenden Satzungsautonomie (→ Rn. 5) groß. Typischerweise erhält die GmbH durch die Vereinbarung satzungsmäßiger Nebenleistungspflichten u/oder besonderer Rechte einen **personalistischen Charakter**, der je nach dem Umfang dieser Pflichten u. Rechte mehr oder weniger ausgeprägt ist.[130]

Die Nebenleistungspflichten u. die besonderen Rechte bestehen zwischen dem einzelnen Gesellschafter u. der Gesellschaft; sie sind gesellschaftsrechtlicher Natur u. Bestandteil der im Geschäftsanteil verkörperten Mitgliedschaft.[131] Als solche sind sie zu unterscheiden von den bloß schuldrechtlichen Verpflichtungen, welche die Gesellschafter untereinander außerhalb des Gesellschaftsvertrages treffen (→ Rn. 45). Sollen die Pflichten bzw. Rechte an die Mitgliedschaft gebunden sein, so handelt es sich um Nebenleistungspflichten bzw. besondere Rechte iSd Abs. 2, so dass ihre förmliche Festlegung in der Satzung erforderlich ist.[132] 32

Rechte u. Pflichten können sich auf denselben Gegenstand beziehen, zB Recht u. Pflicht zur Geschäftsführung oder Liefer- u. Abnahmepflicht;[133] in einem solchen Fall spricht man von „**Pflichtrecht**".[134] 33

a) **Nebenleistungspflichten.** Die Nebenleistungspflichten treffen die Gesellschafter zusätzlich zur Einlageverpflichtung u. ggf. zu Nachschusspflichten gem. § 26. Besteht die Nebenleistungspflicht in einer Geld- oder Sachleistung, so muss sie von der **Stammeinlage** (→ Rn. 23) sowie dem **Nachschuss abgegrenzt** werden. Die Abgrenzung ist von entscheidender Bedeutung, da die Nebenleistungspflichten nicht den Vorschriften über die Kapitalaufbringung u. -erhaltung (§§ 5, 7, 9, 19–24, 30) unterliegen. Zur Vornahme der Abgrenzung bedarf es der Ermittlung von **Art u. Inhalt** der in Frage stehenden Leistungspflicht durch Auslegung der körperschaftlichen Satzungsbestandteile **nach objektiven Kriterien.**[135] Charakteristisch für eine Stammeinlage ist, dass sie der Bildung des Stammkapitals dient; die Summe der den Stammeinlagen zugrunde liegenden Geschäftsanteile muss mit dem Stammkapital übereinstimmen (§ 5 III 2); die den Stammeinlagen zugrunde liegenden Geschäftsanteile sind im Gesellschaftsvertrag in der nach Abs. 1 Nr. 4 gebotenen Form anzugeben (→ Rn. 22).[136] Dem Vorstehenden entspr. Regelungen im Gesellschaftsvertrag sprechen daher für die Annahme einer Stammeinlage; normalerweise sollte es bei einer vernünftigen Formulierung 34

---

130 Roth/*Altmeppen* Rn. 23; vgl. hierzu auch Scholz/*Cziupka* Rn. 66; Baumbach/Hueck/*Fastrich* Rn. 33.
131 MHLS/*J. Schmidt* Rn. 49; *Roth*/Altmeppen Rn. 26.
132 BGH BB 93, 676, 677; OLG Frankfurt GmbHR 92, 665, 666; Lutter/Hommelhoff/*Bayer* Rn. 36.
133 Baumbach/Hueck/*Fastrich* Rn. 45; Roth/*Altmeppen* § 14 Rn. 21.
134 MHLS/*J. Schmidt* Rn. 78.
135 Hierzu MüKoGmbHG/*Wicke* Rn. 70 ff.; Scholz/*Cziupka* Rn. 78; MHLS/*J. Schmidt* Rn. 50; Baumbach/Hueck/*Fastrich* Rn. 35.
136 S. Baumbach/Hueck/*Fastrich* Rn. 35; MHLS/*J. Schmidt* Rn. 51.

der diesbzgl gesellschaftsrechtlichen Bestimmungen eigentlich zu keinen Abgrenzungsschwierigkeiten zwischen Stammeinlagen u. Nebenleistungspflichten kommen. Nachschüsse dienen ebenfalls der Stärkung der Kapitalausstattung der Gesellschaft u. sind grds. nicht als frei auflösbare Mittelzuführungen konzipiert; in formeller Betrachtung ist ihre Einforderung von einem vorherigen Gesellschafterbeschluss abhängig.[137] All dies gilt für Nebenleistungspflichten nicht, die weitaus flexibler ausgestaltet werden können, so dass eine gesellschaftsvertragliche Regelung der Leistungspflicht, die von den vorstehend dargestellten materiellen u. formellen Kriterien für eine Stammeinlage bzw. Nachschusspflicht uU deutlich abweicht, eher eine Nebenleistungspflicht nahelegt.

35 Nebenleistungspflichten müssen so **bestimmt** sein, dass die verpflichteten Gesellschafter in der Lage sind, das Ausmaß der auf sie zukommenden Verpflichtungen ohne Weiteres zu überschauen.[138] Allg. Formulierungen (zB „... ist das Notwendige und Zumutbare zu veranlassen“) genügen diesem Bestimmtheitserfordernis nicht.[139] Erforderlich ist insbes. die Benennung einer Obergrenze oder die Ausgabe sonstiger Kriterien, die das Risiko für den Gesellschafter eingrenzen.[140]

36 Nebenleistungspflichten können **bedingt** u. **befristet** ausgestaltet werden.[141] Ihre rechtliche Durchführung richtet sich in erster Linie nach dem Gesellschaftsvertrag, in zweiter Linie nach etwa bestehenden Ausführungsverträgen u. iÜ nach den allg. Bestimmungen des BGB,[142] wobei die Rechte u. Pflichten im Einzelfall durch das gesellschafterliche Treueverhältnis modifiziert werden können.[143] Die AGB-Vorschriften der §§ 305 ff. BGB finden gem. § 310 IV 1 BGB keine Anwendung.[144]

37 Nebenleistungspflichten sind Bestandteil der im Geschäftsanteil verkörperten Mitgliedschaft u. **gehen** daher bei einer Übertragung oder Vererbung mit dem Geschäftsanteil, an den sie gebunden sind, **auf den Erwerber über.**[145] Dies gilt jedoch nicht für solche Nebenpflichten, die ihrem Inhalt nach höchstpersönlich sind,[146] zB oftmals bei einer Verpflichtung zur Übernahme der Geschäftsführung. Für bereits fällige Leistungspflichten haften Veräußerer u. Erwerber gem. § 16 II.[147] Eine Ausfallhaftung nach § 24 besteht nicht.[148]

137 Baumbach/Hueck/*Fastrich* Rn. 35.
138 BGH GmbHR 08, 258; NJW-RR 89, 228, 229; OLG Hamm NZG 02, 421; MüKoGmbHG/*Wicke* Rn. 68; MHLS/*J. Schmidt* Rn. 55; Baumbach/Hueck/*Fastrich* Rn. 38.
139 Lutter/Hommelhoff/*Bayer* Rn. 46.
140 BGH ZIP 08, 266; Lutter/Hommelhoff/*Bayer* Rn. 46.
141 *Roth*/Altmeppen Rn. 24.
142 Lutter/Hommelhoff/*Bayer* Rn. 49; MHLS/*J. Schmidt* Rn. 66; ausf. hierzu MüKoGmbHG/*Wicke* Rn. 88 ff.; Baumbach/Hueck/*Fastrich* Rn. 47.
143 Scholz/*Emmerich* Rn. 84 ff. mwN.
144 MHLS/*J. Schmidt* Rn. 66; Baumbach/Hueck/*Fastrich* Rn. 47.
145 BGH NJW-RR 93, 607; Lutter/Hommelhoff/*Bayer* Rn. 48; MHLS/*J. Schmidt* Rn. 66; Roth/*Altmeppen* Rn. 26; Baumbach/Hueck/*Fastrich* Rn. 49.
146 MüKoGmbHG/*Wicke* Rn. 95; Baumbach/Hueck/*Fastrich* Rn. 49; Lutter/Hommelhoff/*Bayer* Rn. 48; MHLS/*J. Schmidt* Rn. 71; Roth/*Altmeppen* Rn. 26.
147 Baumbach/Hueck/*Fastrich* Rn. 49; *Roth*/Altmeppen Rn. 26; Lutter/Hommelhoff/*Bayer* Rn. 48.
148 Lutter/Hommelhoff/*Bayer* Rn. 48.

Eine Nebenleistungspflicht kann durch **Satzungsänderung** (§ 53) **aufgehoben** werden. Ferner kann die Satzung Beendigungsgründe, etwa ein Kündigungsrecht, eine auflösende Bedingung oder eine Befristung vorsehen.[149] Fehlen solche gesellschaftsvertragliche Regelungen, so besteht grds. keine Möglichkeit für den Gesellschafter, sich einseitig von der Pflicht zu lösen, insbes. kein gesetzliches ordentliches Kündigungsrecht.[150] Auch bei Dienstleistungspflichten scheidet eine entspr. Anwendbarkeit von § 624 BGB aus.[151] Allerdings besteht nach zutr. Ansicht in besonders schwer wiegenden Fällen, in denen dem Gesellschafter die weitere Erbringung der Nebenleistungspflichten schlechthin unzumutbar ist, ein Kündigungsrecht aus wichtigem Grund.[152] Darüber hinaus können Störungen aus dem Bereich der Nebenleistungspflicht auf das gesellschaftsrechtliche Grundverhältnis durchschlagen u. solchermaßen eine Auflösungsklage gem. § 61 oder einen Austritt aus wichtigem Grund rechtfertigen.[153] Dies wirkt sich freilich nicht nur auf die Nebenleistungspflicht, sondern auf die Gesellschaft bzw. das Gesellschaftsverhältnis insg. aus.[154] 38

In der **Ausgestaltung von Nebenleistungspflichten** haben die Gesellschafter weitreichende Freiheiten, dementspr groß ist die Bandbreite möglicher Regelungsinhalte. Im Folgenden einige **Bsp:**[155] 39

- **Pflichten zu Geldleistungen:** Diese können einmalige oder wiederkehrende (regelmäßige oder unregelmäßige) Zahlungspflichten begründen. Praxisrelevantes Bsp für eine Nebenleistungspflicht in Gestalt einer einmaligen Zahlungspflicht ist das Agio (Aufgeld) bei Übernahme eines Geschäftsanteils (→ § 5 Rn. 14). Anders als in der aktienrechtlichen Dogmatik finden auf das statutarische Agio im GmbH-Recht nicht die gläubigerschützenden Vorschriften zur Kapitalaufbringung u. -erhaltung Anwendung,[156] vielmehr ist ein statutarisches Agio bei der GmbH als korporative Nebenleistungspflicht zu qualifizieren; es unterliegt damit nicht der Registerkontrolle.[157] Ein Aufgeld kann aber auch lediglich schuldrechtlich vereinbart werden.[158] Bsp für Verpflichtungen zu wiederkehrenden Zahlungen sind Beiträge zu laufenden Unkosten, Ausgleich bestimmter Fehlbeträge[159] oder Zahlung von Umlagen.[160]

---

149 MHLS/*J. Schmidt* Rn. 72; Baumbach/Hueck/*Fastrich* Rn. 50; vgl. auch OLG Hamburg BeckRS 14, 7011.
150 MüKoGmbHG/*Wicke* Rn. 96; Baumbach/Hueck/*Fastrich* Rn. 50; Lutter/Hommelhoff/*Bayer* Rn. 47; MHLS/*J. Schmidt* Rn. 73.
151 Scholz/*Cziupka* Rn. 91; *Michalski* Rn. 68; Baumbach/Hueck/*Fastrich* Rn. 50; Lutter/Hommelhoff/*Bayer* Rn. 48.
152 Scholz/*Cziupka* Rn. 91; Baumbach/Hueck/*Fastrich* Rn. 51; MüKoGmbHG/*Wicke* Rn. 96; *Bergmann*, ZHR 99 (1934), 373; MHLS/*J. Schmidt* Rn. 73; aA Lutter/Hommelhoff/*Bayer* Rn. 47.
153 Roth/*Altmeppen* Rn. 37; Lutter/Hommelhoff/*Bayer* Rn. 47; MHLS/*J. Schmidt* Rn. 73; mit Einschränkungen auch Baumbach/Hueck/*Fastrich* Rn. 51.
154 MHLS/*J. Schmidt* Rn. 46.
155 Weitere Bsp mit ausf. Erläuterungen finden sich bei MüKoGmbHG/*Wicke* Rn. 77 ff.
156 BGH GmbHR 08, 147, 148; Lutter/Hommelhoff/*Bayer* Rn. 39.
157 MüKoGmbHG/*Wicke* Rn. 77.
158 OLG Köln NZG 07, 108.
159 Baumbach/Hueck/*Fastrich* Rn. 39.
160 MHLS/*J. Schmidt* Rn. 58.

An Stelle reiner Geldzahlungen können auch geldwerte Verpflichtungen begründet werden, wie eine Pflicht zur Gewährung eines Darlehens[161] oder zur Stellung einer Bürgschaft oder einer sonstigen Sicherheit.[162]

- **Pflichten zu Sachleistungen:** Diese können in einer Pflicht zur Übertragung von Sachen (zB Grundstücke, Fahrzeuge) oder Rechten (zB Patente, Gesellschaftsanteile) oder zur Nutzungsüberlassung von Gegenständen (zB Geschäftsräume, Maschinen) bestehen.[163] Ferner kommen laufende Lieferpflichten für bestimmte Erzeugnisse eines Gesellschafters u. umgekehrt Abnahmepflichten für Produkte der Gesellschaft in Betracht.[164]
- Große Praxisbedeutung als Nebenleistungspflichten haben auch korporative Ankaufs- oder Erwerbsrechte der Gesellschafter hins. ihrer Geschäftsanteile,[165] ferner auch Anteils-Mitveräußerungsrechte oder -pflichten[166] sowie Anteils-Andienungsverpflichtungen.[167]
- **Handlungspflichten:** Wichtiges Bsp für Handlungspflichten sind Dienstleistungsverpflichtungen zB zur Tätigkeit als Geschäftsführer oder als Berater.[168]
- **Unterlassungspflichten:** Bsp mit großer Praxisbedeutung sind Wettbewerbsverbote.[169]

40 **b) Besondere Rechte, Sonderrechte.** In der Satzung können für Gesellschafter nicht nur Nebenleistungspflichten, sondern auch **besondere Rechte** begründet werden. Sofern diese besonderen Rechte nur einem oder mehreren Gesellschaftern gewährt werden, spricht man auch von **„Sonderrechten"**. Nach allg. Definition versteht man unter Sonderrechte mitgliedschaftliche Rechte, die einem oder mehreren Gesellschaftern ggü. den übrigen Gesellschaftern eine Sonderstellung einräumen.[170] Hiervon abzugrenzen sind die sog. **„Sondervorteile"**, die keinen korporativen Charakter haben, sondern mit den begünstigten Gesellschaftern lediglich schuldrechtlich vereinbart wurden u. damit nicht Bestandteil der Mitgliedschaft sind.[171] Ungeachtet dessen sind jedoch auch Sondervorteile – wie Sonderrechte – nur wirksam, wenn sie im Gesellschaftsvertrag enthalten sind.[172]

41 Sonderrechte bedürfen für ihre Wirksamkeit der **Aufnahme in den Gesellschaftsvertrag** mit den dafür geltenden Formerfordernissen.[173] Sie können bereits bei Gründung der Gesellschaft in den Gesellschaftsvertrag aufgenommen oder später durch Satzungsänderung geschaffen werden, wobei in

161 Scholz/*Cziupka* Rn. 76; *Wicke* Rn. 22.
162 Baumbach/Hueck/*Fastrich* Rn. 39.
163 Scholz/*Cziupka* Rn. 79.
164 Baumbach/Hueck/*Fastrich* Rn. 40.
165 MüKoGmbHG/*Wicke* Rn. 79.
166 *Wicke* Rn. 22.
167 Baumbach/Hueck/*Fastrich* Rn. 41.
168 Scholz/*Cziupka* Rn. 82; MHLS/*J. Schmidt* Rn. 61.
169 Hierzu ausf. MüKoGmbHG/*Wicke* Rn. 83; Baumbach/Hueck/*Fastrich* Rn. 43.
170 MHLS/*J. Schmidt* Rn. 77.
171 Scholz/*Cziupka* Rn. 94; MHLS/*J. Schmidt* Rn. 77.
172 MHLS/*J. Schmidt* Rn. 79; Scholz/*Emmerich* Rn. 101; Baumbach/Hueck/*Fastrich* Rn. 46.
173 BGH NJW 69, 131; GmbHR 82, 129, 130; Baumbach/Hueck/*Fastrich* Rn. 45; Scholz/*Cziupka* Rn. 96; MHLS/*J. Schmidt* Rn. 79.

letzterem Fall wegen des Gleichbehandlungsgrundsatzes alle nicht bevorrechtigten Gesellschafter zustimmen müssen.[174] Eine Aufhebung oder Einschränkung von bestehenden Sonderrechten bedarf neben einem satzungsändernden Beschluss auch der Zustimmung des bzw. der Betroffenen.[175]

Bsp für Sonderrechte sind:[176] Recht auf Geschäftsführung, Entsenderecht in die Geschäftsführung oder einen Beirat/Aufsichtsrat, erhöhtes Gewinnanteilsrecht, Erlösverteilungsvorzugsrecht im Fall der Veräußerung oder Liquidation der Gesellschaft, Vetorecht, erhöhtes Stimmrecht, Weisungsrecht, besonderes Auskunfts- u. Informationsrecht, Benutzungsrecht, Erwerbsrecht – Vorkaufsrecht – Mitveräußerungsrecht – Andienungsrecht, Warenbezugsrecht, Belieferungsrecht. 42

V. Sonstiger fakultativer Inhalt

Es ist möglich, in den Gesellschaftsvertrag auch sonstige Regelungen mit aufzunehmen, die nicht korporativ zu treffen sind, sondern ebenso außerhalb der Satzung wirksam begründet werden könnten. Es handelt sich dann um **unechte**, lediglich **formelle Satzungsbestandteile** (→ Rn. 3). Diese Regelungen können durchaus innergesellschaftliche Verhältnisse betreffen, zB Geschäftsordnungen von Gesellschaftsorganen, Bestellung von Geschäftsführern u. Ausgestaltung ihrer persönlichen Stellung oder Vereinbarung über die Ausübung von Stimmrechten.[177] Da solchen Regelungen aber auch als Nebenleistungspflichten bzw. Sonderrechte korporative Wirkung iS echter Satzungsbestandteile zukommen kann, muss im Einzelfall eine sorgfältige **Abgrenzung** vorgenommen werden bzw. ist bei der Vorbereitung solcher Bestimmungen der Satzungsgestalter angehalten, eine klare bzw. klarstellende Zuordnung zu formulieren. 43

Im Gesellschaftsvertrag können ferner **beliebige schuldrechtliche Vereinbarungen** zwischen Gesellschaftern enthalten sein, die genauso gut auch durch eine gesonderte formfreie Abrede außerhalb der Satzung hätten getroffen werden können. Auch hier handelt es sich um **unechte Satzungsbestandteile** (→ Rn. 3), die vielleicht nur aus Gründen der Übersichtlichkeit u. Vollständigkeit mit in die Satzung aufgenommen wurden.[178] Solche Bestimmungen sind ausschließlich **individualrechtlicher Natur** (→ Rn. 3). 44

VI. Nebenvereinbarungen

Neben- oder Zusatzvereinbarungen zwischen allen oder einigen Gesellschaftern außerhalb des Gesellschaftsvertrages sind als nur **schuldrechtliche Abreden** auf Grundlage der Bestimmungen des BGB möglich, **binden** aber **nicht künftige Gesellschafter**.[179] Der Inhalt solcher Vereinbarungen kann iRd Vertragsfreiheit grds. frei gestaltet werden.[180] Bsp solcher Neben- 45

174 MHLS/*J. Schmidt* Rn. 79.
175 Baumbach/Hueck/*Fastrich* Rn. 50; MHLS/*J. Schmidt* Rn. 79.
176 Vgl. hierzu MüKoGmbHG/*Wicke* Rn. 98; Baumbach/Hueck/*Fastrich* Rn. 46; MHLS/*J. Schmidt* Rn. 81.
177 Baumbach/Hueck/*Fastrich* Rn. 53.
178 Baumbach/Hueck/*Fastrich* Rn. 54.
179 BGH NJW-RR 93, 607; *Roth*/Altmeppen Rn. 43.
180 Baumbach/Hueck/*Fastrich* Rn. 57; Scholz/*Cziupka* Rn. 104 ff.

oder Zusatzvereinbarungen sind: Stimmbindungsvereinbarungen,[181] Vorkaufsrechte, Andienungspflichten,[182] Mitveräußerungsrechte, Mitveräußerungspflichten,[183] Verpflichtungen zur Leistung von Geld- oder Sachwerten in die freie Rücklage (§ 272 II Nr. 4 HGB) der Gesellschaft, Verpflichtungen zur Darlehensgewährung.[184]

§ 4 Firma

[1]Die Firma der Gesellschaft muß, auch wenn sie nach § 22 des Handelsgesetzbuchs oder nach anderen gesetzlichen Vorschriften fortgeführt wird, die Bezeichnung „Gesellschaft mit beschränkter Haftung" oder eine allgemein verständliche Abkürzung dieser Bezeichnung enthalten. [2]Verfolgt die Gesellschaft ausschließlich und unmittelbar steuerbegünstigte Zwecke nach den §§ 51 bis 68 der Abgabenordnung kann die Abkürzung „gGmbH" lauten.

Schrifttum

Ammon, Die Sachfirma der Kapitalgesellschaft, DStR 1994, 325; *ders*, Gesellschaftsrechtliche und sonstige Neuerungen im Handelsrechtsreformgesetz – Ein Überblick, DStR 1998, 1474; *Beyerlein*, Die Firm@ – Das @-Zeichen als Firmenbestandteil und dessen handelsregisterliche Eintragungsfähigkeit, WRP 2005, 582; *Bokelmann*, Das Recht der Firmen und Geschäftsbezeichnungen, 5. Aufl 2000; *Heckschen*, Firmenbildung und Firmenverwertung – aktuelle Tendenzen, NotBZ 2006, 346; *Heinrich*, Firmenwahrheit und Firmenbeständigkeit, 1982; *Kanzleiter*, Zur Zulässigkeit der Verwendung aussprechbarer Abkürzungen bei der Firmenbildung, MittBayNot 2007, 140; *Kiesel/Neises/Plewa/Poneleit/Rolfes/Wurster*, Das Firmenrecht in der IHK-Praxis – Klassische Probleme bei der Suche nach dem Unternehmensnamen, DNotZ 2015, 740; *Lutter/Welp*, Das neue Firmenrecht der Kapitalgesellschaften, ZIP 1999, 1073; *Möller*, Das neue Firmenrecht in der Rechtsprechung. Eine kritische Bestandsaufnahme, DNotZ 2000, 830; *Paulick*, Das Ende der gGmbH im Gemeinnützigkeitsrecht?, DNotZ 2008, 167; *K Schmidt*, Das Handelsrechtsreformgesetz, NJW 1998, 2161; *Schulenburg*, Die Abkürzung im Firmenrecht der Kapitalgesellschaften, NZG 2000, 156; *Schulte/Warnke*, Vier Jahre nach der HGB-Reform – Das neue Firmenrecht der GmbH im Handelsregisterverfahren, GmbHR 2002, 626; *Uhlenbruck*, Die Firma als Teil der Insolvenzmasse, ZIP 2000, 401.

181 Roth/*Altmeppen* Rn. 44.
182 Roth/*Altmeppen* Rn. 44.
183 MüKoGmbHG/*Wicke* Rn. 131.
184 Scholz/*Cziupka* Rn. 109.

I. Normzweck

Die Vorgabe aus § 3 I Nr. 1, wonach der Gesellschaftsvertrag der GmbH die Firma der Gesellschaft zu enthalten hat, wird durch § 4 aufgegriffen u. einer **inhaltlichen Regelung** zugeführt, die aber – gerade angesichts der Tatsache, dass diese Vorschrift die zentrale firmenrechtliche Norm des GmbHG darstellt[1] – bemerkenswert knapp ausfällt. Denn § 4 regelt seit seiner Neufassung durch das Handelsrechtsreformgesetzes[2] (HRefG) am 1.7.98 nur noch den **Rechtsformzusatz** der GmbH. Für die eigentliche Firmenbildung auch der GmbH gelten seitdem die **allg. firmenrechtlichen Vorschriften** der §§ 17 ff. HGB, die seinerzeit durch das HRefG ebenfalls umfassend neu gestaltet wurden. Mit der Neufassung des § 4 durch das HRefG sind die bis dahin in Kraft gewesenen Regeln der Firmenbildung bei der GmbH[3] grdl. geändert, in erster Linie deutlich liberalisiert worden.[4] Satz 2 der Vorschrift wurde durch Art. 7 des Gesetzes zur Stärkung des Ehrenamtes (EhrAmtStG) vom 21.3.2013 – BGBl. I S. 556 – neu angefügt und lässt nunmehr für Gesellschaften, die ausschließlich und unmittelbar steuerbegünstigte Zwecke verfolgen, die Firmierung als „gGmbH" ausdrücklich zu.[5] 1

II. Firma

Die Firma der GmbH ist ihr **Name, unter dem sie als juristische Person im Rechtsverkehr auftritt** (§ 17 I HGB). Nach § 3 I Nr. 1 muss der Gesellschaftsvertrag einer GmbH zwingend ihre Firma enthalten, so dass jede GmbH eine Firma führen muss, u. zwar auch dann, wenn sie keine wirtschaftlichen Zwecke verfolgt (→ § 1 Rn. 12).[6] Die Firma der GmbH wird in das Handelsregister eingetragen (§ 10 I). Sie ist das wesentliche **Mittel der Kennzeichnung** einer Gesellschaft u. dient damit ihrer **Individualisierung** u. Unterscheidbarkeit von anderen Gesellschaften (vgl. § 18 HGB).[7] Es gilt der **Grundsatz der Firmeneinheit**, dh die GmbH kann nur eine einzige Firma haben, selbst wenn sie mehrere getrennte u. ggf. verschiedenartige Unternehmen betreibt.[8] Eine Ausn. hiervon gilt nur bei der Zweigniederlassung (→ Rn. 18). Für die Rechts- u. Verkehrssicherheit ist die eindeutige Bezeichnung der GmbH durch eine einheitliche Firma unverzichtbar.[9] Da- 2

1 MüKoGmbHG/*J Mayer* Rn. 1.
2 Handelsrechtsreformgesetz v. 22.6.98, BGBl. I, S. 1479.
3 S. zur alten Rechtslage die Darstellungen bei Scholz/*Emmerich* 11.Auflage Rn. 1 a ff.; MüKoGmbHG/*J Mayer* Rn. 2 f.
4 BegrRegE BR-Drucks 340/97, S. 19 f., 35 f.
5 Die Zulässigkeit einer solchen Firmierung wurde durch OLG München NJW 07, 1601 nach bisherigem Recht verneint.
6 Baumbach/Hueck/*Fastrich* Rn. 2; MHLS/*Mock* Rn. 12.
7 BGH WM 69, 1321, 1321; OLG Celle GmbHR 99, 412; Scholz/*Cziupka* Rn. 3; Lutter/Hommelhoff/*Bayer* Rn. 3; MHLS/*Mock* Rn. 16.
8 MüKoGmbHG/*J Mayer* Rn. 9; MHLS/*Mock* Rn. 14; Lutter/Hommelhoff/*Bayer* Rn. 3; *Roth*/Altmeppen Rn. 2; Baumbach/Hueck/*Fastrich* Rn. 2; *Ammon*, DStR 94, 325.
9 Baumbach/Hueck/*Fastrich* Rn. 2.

her gilt der Grundsatz der Firmeneinheit u. damit das Verbot der Führung mehrerer Firmen auch dann, wenn die GmbH ein weiteres Unternehmen erwirbt, das sie unter dessen Firma fortführen möchte.[10] Die Fortführung der übernommenen Firma kann hier allenfalls durch Bildung einer Zweigniederlassung für das erworbene Unternehmen mit Filialfirma (→ Rn. 18) oder durch Einbringung des erworbenen Unternehmens in eine selbstständige Tochtergesellschaft mit eigener Firma realisiert werden.[11]

3 Die Firma der GmbH steht unter dem vollen gesetzlichen Firmen- u. Namensschutz in all seinen Ausprägungen, u. zwar ggf. auch markenrechtlicher oder wettbewerbsrechtlicher Art (vgl. §§ 12, 823 BGB, § 37 HGB, §§ 5, 15 MarkenG, §§ 3, 4 Nr. 7 u. 10 UWG).[12]

III. Grundsätze der Firmenbildung

1. Freie Firmenbildung

4 Das HRefG (→ Rn. 1) hat das Recht der Firmenbildung auch für die GmbH weitgehend **liberalisiert.** Die bis dahin für die GmbH zu beachtenden Beschränkungen auf eine aus dem Unternehmensgegenstand abgeleitete Sachfirma oder auf eine aus Gesellschafternamen bestehende Personenfirma (§ 4 aF) wurden gänzlich aufgehoben. Der neue § 4 regelt nunmehr alleine noch die Notwendigkeit des auf die GmbH hindeutenden Rechtsformzusatzes. IÜ gelten für die eigentliche Firmenbildung die **allg. firmenrechtlichen Vorschriften der §§ 17 ff. HGB.** Hierbei sind insbes. von Bedeutung: § 18 I HGB (Unterscheidungs- u. Kennzeichnungskraft → Rn. 7 ff.), § 18 II HGB (Irreführungsverbot → Rn. 11 ff.) sowie § 30 HGB (örtliche Unterscheidbarkeit → Rn. 10).

5 Mit dem HRefG hat also für die GmbH der **Grundsatz der freien Firmenbildung** Einzug gehalten. So kann die GmbH eine **Personenfirma** bilden, die den Namen eines oder mehrerer Gesellschafter enthält („Balduin Kunze GmbH"). Der als Gesellschafter beteiligte Namensträger muss dieser Namensverwendung zustimmen, wobei eine solche Zustimmung idR konkludent in der Unterzeichnung des Gesellschaftsvertrages bei Gründung bzw. in der zustimmenden Mitwirkung iR des Gesellschafterbeschlusses bei einer Satzungsänderung liegen wird. Nach Ausscheiden des namensgebenden Gesellschafters kann die Firma auch ohne dessen Zustimmung fortgeführt werden, wenn nicht etwas anderes vereinbart ist; § 24 II gilt für die GmbH nicht.[13]

6 Die GmbH kann auch eine **Sachfirma** wählen, also mit der Firmierung einen Bezug zum Unternehmensgegenstand herstellen (s. aber zu den Problemkreisen der Gattungsbegriffe u. der Unterscheidungskraft bei einer reinen Sachfirma → Rn. 9). Ferner sind auch **Kombinationen** aus Personen- u. Sachfirma („Schulze Maschinenbau GmbH") möglich. Insbes. kann

---

10 BGHZ 67, 166, 168; MüKoGmbHG/*J Mayer* Rn. 9; Lutter/Hommelhoff/*Bayer* Rn. 3; Baumbach/Hueck/*Fastrich* Rn. 2.
11 Baumbach/Hueck/*Fastrich* Rn. 2.
12 *Wicke* Rn. 1; Baumbach/Hueck/*Fastrich* Rn. 4.
13 Baumbach/Hueck/*Fastrich* Rn. 3; *Wicke* Rn. 2.

nunmehr aber genauso eine reine **Fantasiefirma** („Evonic", „Gloostar", „Luna", „Happy Mondays") gebildet werden.[14]

2. Kennzeichnungs- und Unterscheidungskraft (§ 18 I HGB)

Gem. § 18 I HGB muss die Firma zur **Kennzeichnung** der GmbH **geeignet** sein u. **Unterscheidungskraft** besitzen. 7

Das Erfordernis der **Kennzeichnungskraft** resultiert aus der **Namensfunktion** der Firma, also ihrer notwendigen individualisierenden Fähigkeit. Dies setzt eine **aussprechbare Bezeichnung** voraus,[15] die bei reinen Bildern oder Bildzeichen (zB Herz, Kreuz, Pfeil) fehlt, die somit auch nicht Firmenbestandteil sein können.[16] Die Zeichen „+" sowie „&" sind hingg. als aussprechbare Firmenbestandteile anerkannt.[17] Unterschiedliche Beurteilung hins. der firmenrechtlichen Zulässigkeit erfährt das Zeichen „@"; während insbes. die registergerichtliche Praxis u. die Entscheidungen der Instanzgerichte eine Verwendbarkeit dieses Zeichens als Bestandteil der Firma überw. verneinen,[18] neigen die mehrheitliche Auffassung in der Literatur u. einige Einzelentscheidungen der Rspr. dazu, seine grds. Zulässigkeit als Firmenbestandteil zu bejahen.[19] Buchstabenfolgen – auch Abkürzungen – u. Zahlen, die sich als Worte aussprechen oder zumindest – wenn auch ohne eigenen Sinngehalt – artikulieren lassen,[20] sind zulässig (so zB „BMW", „Pro 7", „1 2 fly", „B 52", „1 & 1").[21] Überw. werden auch in Ziffern ausgedrückte reine Zahlenreihen („4711-GmbH") als ausreichend kennzeichnungskräftig u. damit zulässig anerkannt, wenn sie aussprechbar u. sinngebend sind.[22] Mangels Aussprechbarkeit nicht eintragungsfähig sind aber lange Buchstabenfolgen („AAAAA-GmbH") u. lange Zahlenketten („12345678910-GmbH").[23] **Fremdsprachige Begriffe** stören die Kennzeichnungskraft nicht,[24] allerdings ist eine **lateinische Schreibweise erforderlich**, so dass zB arabische oder chinesische Schriftzeichen iRd Firmenbildung unzulässig sind.[25] 8

14 BayObLG ZIP 00, 835, 837; MHLS/*Mock* Rn. 34; Lutter/Hommelhoff/*Bayer* Rn. 4.
15 BGHZ 14, 160; NZG 09, 192.
16 BGHZ 14, 160; Baumbach/Hueck/*Fastrich* Rn. 6 a; MHLS/*Mock* Rn. 24; MüKo-GmbHG/*J Mayer* Rn. 28.
17 BGH NZG 09, 192; Baumbach/Hueck/*Fastrich* Rn. 6 a.
18 BayObLG GmbHR 01, 476; OLG Braunschweig WRP 01, 287; LG Braunschweig MittBayNot 00, 569.
19 LG Berlin NZG 04, 532; Lutter/Hommelhoff/*Bayer* Rn. 19; MHLS/*Mock* Rn. 24; Scholz/*Cziupka* Rn. 29; Baumbach/Hueck/*Fastrich* Rn. 6 a; *Wicke* Rn. 3; *Odersky*, MittBayNot 00, 533; *Wachter*, GmbHR 01, 477.
20 OLG Hamm ZIP 08, 791.
21 MüKoGmbHG/*J Mayer* Rn. 9; Lutter/Hommelhoff/*Bayer* Rn. 18; *Wicke* Rn. 3; Baumbach/Hueck/*Fastrich* Rn. 6 a.
22 Ulmer/*Heinrich* Rn. 16; Lutter/Hommelhoff/*Bayer* Rn. 17; MüKoGmbHG/*J Mayer* Rn. 27; aA KG NZG 13, 1153; *Kögel*, BB 98, 1645; *Müther*, GmbHR 98, 1058, 1060.
23 OLG Celle GmbHR 99, 412; Lutter/Hommelhoff/*Bayer* Rn. 17; Roth/*Altmeppen* Rn. 15; *Wicke* Rn. 3.
24 *Wicke* Rn. 3.
25 MüKoGmbHG/*J Mayer* Rn. 26; MHLS/*Mock* Rn. 19.

9 **Unterscheidungskraft** besitzt die Firma, **wenn sie abstrakt u. generell geeignet ist, den Unternehmensträger von anderen zu unterscheiden.**[26] Bei sog. Allerweltsnamen („Müller", „Meier", „Schmidt") ist die Unterscheidungskraft idR nicht in ausreichendem Maße vorhanden, um sie als alleinigen Firmenbestandteil akzeptieren zu können, so dass die Hinzunahme weiterer individualisierender Bestandteile, wie etwa einen (auch abgekürzten) Vornamen („J. Müller GmbH") oder einen akademischen Titel („Dr. Meier GmbH"), erforderlich ist.[27] Ebenso sind auch reine Branchen- oder Gattungsbezeichnungen („Gebäudereinigung", „Maschinenbau", „Autohandel") für sich selbst noch nicht hinreichend unterscheidungskräftig, da sie auf eine unbestimmte Vielzahl anderer Unternehmen derselben Branche zutreffen.[28] Auch hier bedarf es weiterer individualisierender Zusätze.[29] Das gleiche gilt für rein geographische Angaben (unzulässig daher zB „Bodensee-GmbH", „München-GmbH").[30]

3. Örtliche Unterscheidbarkeit (§ 30 HGB)

10 Neben der abstrakten firmenrechtlichen Unterscheidungskraft muss sich die Firma gem. § 30 HGB auch **konkret** von anderen Firmen **am selben Ort bzw. in derselben Gemeinde** unterscheiden. Ein nur unterschiedlicher Rechtsformzusatz bei ansonsten gleicher Firma genügt nach hM für eine solche örtliche Unterscheidbarkeit nicht.[31]

4. Irreführungsverbot (§ 18 II HGB)

11 Gem. § 18 II HGB darf die Firma keine Angaben enthalten, die geeignet sind, über geschäftliche Verhältnisse, die für die angesprochenen Verkehrskreise wesentlich sind, irrezuführen. Dies entspricht dem **Grundsatz der Firmenwahrheit** u. gilt als allg. Prinzip für die ganze Firma.[32] Demnach dürfen die Firma sowie sämtliche Firmenbestandteile einschl. des Rechtsformzusatzes durch ihre Art u. durch die Wahl ihrer Worte nicht über Tätigkeit u. Bedeutung bzw. Verhältnisse der betr. GmbH täuschen.[33] Zu beurteilen ist in erster Linie der **Gesamteindruck**, aber auch einzelne Bestandteile für sich, wenn die Möglichkeit einer isolierten Verwendung – etwa als Schlagwort – besteht.[34]

12 Unzulässig wegen bestehender Irreführungsgefahr sind Firmenbestandteile, die als Hinweis auf eine andere **Rechtsform** angesehen werden könnten. So

---

26 BayObLG NJW-RR 03, 1544; MüKoGmbHG/*J Mayer* Rn. 31; *Wicke* Rn. 4.
27 *Müther*, GmbHR 98, 1058, 1059; Baumbach/Hueck/*Fastrich* Rn. 6 b; *Wicke* Rn. 4; *Roth*/Altmeppen Rn. 5; aA MHLS/*Mock* Rn. 32.
28 OLG Hamm NJW 61, 2018; OLG Düsseldorf BB 71, Beil 9, 15; OLG Hamm DNotZ 78, 112; OLG Oldenburg DB 90, 519; BayObLG NJW-RR 98, 40; Baumbach/Hueck/*Fastrich* Rn. 6 b; MüKoGmbHG/*J Mayer* Rn. 41; aA MHLS/*Mock* Rn. 28.
29 OLG Frankfurt Rpfleger 06, 266.
30 OLG Frankfurt FGPrax 05, 133; MüKoGmbHG/*J Mayer* Rn. 41; Lutter/Hommelhoff/*Bayer* Rn. 10; aA MHLS/*Mock* Rn. 29.
31 BGHZ 24, 245; 46, 12; *Ulmer/Heinrich Rn.* 78 f.; Baumbach/Hueck/*Fastrich* Rn. 7; aA *Kögel*, Rpfleger 98, 317, 320; *Wicke* Rn. 5; MHLS/*Mock* Rn. 36.
32 Baumbach/Hueck/*Fastrich* Rn. 8.
33 Lutter/Hommelhoff/*Bayer* Rn. 28.
34 Baumbach/Hueck/*Fastrich* Rn. 8; vgl. auch BGHZ 22, 88.

ist etwa der Zusatz „**Partner**" oder „**& Partner**" wegen seiner auf die Partnerschaftsgesellschaft hindeutenden Wirkung als Bestandteil der Firma einer GmbH nicht verwendbar.[35] Vorsicht geboten ist auch bei der Verwendung von Begriffen wie „**Institut**" oder „**Anstalt**" oder „**Akademie**", da diese den Eindruck nicht gewerblicher, öffentlicher Trägerschaft hervorrufen können.[36] Hingg. wird der Begriff „**Stiftung**" idR auch als Bestandteil der Firma einer GmbH verwendet werden können, da die Verkehrskreise hiermit eher eine bestimmte, meist altruistische Widmung des Gesellschaftsvermögens u. nicht die Rechtsform der Stiftung verbinden.[37] Die Verwendung des Begriffs „Group" oder „Gruppe" als Firmenbestandteil ist nur zulässig, wenn die Gesellschaft Inhaber mehrerer regelmäßig selbstständiger Unternehmen ist.[38]

Geographische Zusätze u. Ortsangaben müssen zutr. sein, also realen Bezug zum Sitz oder Tätigkeitsbereich der Gesellschaft oder zur Produktherkunft haben.[39] So wäre zB die Firma „Münchener Backwarenhandel" für eine Gesellschaft mit dem Sitz u. tatsächlichen Handels- sowie Tätigkeitsbereich in Hannover irreführend. Inwieweit daneben noch eine bedeutende, herausgehobene Marktposition der Gesellschaft in dem durch die Firma bezeichneten Gebiet hinzukommen muss, wird unterschiedlich beurteilt.[40] Richtigerweise wird man dies wohl nach dem konkreten Einzelfall unter Berücksichtigung der Auffassung der relevanten Verkehrskreise, insbes. nach den örtlichen Branchenverhältnissen u. nach der Art der Verwendung des Zusatzes zu beurteilen haben.[41] Gerade letzterer Aspekt, also die Art der Verwendung des Zusatzes ist hierbei von wesentlicher Bedeutung. Die überw. Praxis der Registergerichte lässt nämlich die Voranstellung der geographischen Bezeichnung („Münchener Backwarenhandel") nur bei besonderer Bedeutung oder herausgehobener Marktposition der Gesellschaft in dem durch die Firma benannten räumlichen Bereich zu.[42] Hingg. wird eine Hintanstellung („Backwarenhandel München") eher als Hinweis auf das tatsächliche Tätigkeitsgebiet gewertet, der als solcher aber keine besondere Stellung in diesem räumlichen Bereich verlangt.[43] 13

Auch **Gegenstands- u. Tätigkeitsbezeichnungen** dürfen nicht irreführend sein, so dass Sachfirmen mit der tatsächlichen Unternehmenstätigkeit übereinstimmen müssen.[44] So ist zB ein Firmenbestandteil „Rechtsanwälte und 14

35 OLG Frankfurt NZG 06, 272; KG NZG 04, 614; OLG Frankfurt BB 05, 99.
36 OLG Düsseldorf FGPrax 04, 294; *Bokelmann*, GmbHR 98, 63; *Müther*, GmbHR 98, 1058; Baumbach/Hueck/*Fastrich* Rn. 9 b; Lutter/Hommelhoff/*Bayer* Rn. 38.
37 OLG Stuttgart NJW 64, 1231; Baumbach/Hueck/*Fastrich* Rn. 9 a; *Wicke* Rn. 7.
38 OLG Jena GmbHR 14, 428.
39 OLG Frankfurt FGPrax 05, 133.
40 Das Erfordernis einer besonderen Bedeutung bzw. herausgehobenen Marktposition in dem zur Firma gehörenden örtlichen Bereich bejahend: *Lutter/Welp*, ZIP 99, 1073, 1080; verneinend: MHLS/*Mock* Rn. 40.
41 So Baumbach/Hueck/*Fastrich* Rn. 10; vgl. auch OLG München DStR 10, 991 (liSp).
42 OLG Stuttgart NJW 06, 2273 („Bodenseekanzlei" unzulässig).
43 KG NZG 08, 80 („Autodienst Berlin" zulässig); OLG Frankfurt DB 08, 1488 („Hausverwaltung Rhein Main" zulässig).
44 Baumbach/Hueck/*Fastrich* Rn. 11; *Lutter/Welp*, ZIP 99, 1081; Scholz/*Cziupka* Rn. 54.

Steuerberatung" unzulässig bei einer reinen Rechtsanwaltsgesellschaft ohne tätige Steuerberater,[45] ebenso „Treuhand" bei einer reinen Steuerberatung.[46] Eine Unzulässigkeit der Firma kann sich ferner bei **gesetzlich vorgeschriebenen Gegenstandsbezeichnungen** dadurch ergeben, dass die eine solche Bezeichnung verwendende Gesellschaft nicht die entspr. Voraussetzungen erfüllt; so bei „Rechtsanwaltsgesellschaft" (§ 59k II BRAO) oder „Steuerberatungsgesellschaft" (§§ 53, 161 StBerG).[47] Die Verwendung der Begriffe „Bank" oder „Sparkasse" ist auch in Wortverbindungen grds. nur für Kreditinstitute zulässig (§§ 39 ff. KWG), ebenso „Kapitalanlage" oder „Investment" oder „Invest" nur für Kapitalanlagegesellschaften (§ 3 InvG).[48]

15 Die Verwendung des **Namens eines Nichtgesellschafters** in der Firma der Gesellschaft kann nur dann eine Irreführung begründen, wenn dieser Name eine Relevanz für die beteiligten Verkehrskreise hat u. seine Verwendung die Vorstellung einer maßgeblichen Beteiligung des Namensträgers hervorruft.[49] Dies ist insbes. für Namen von **Personen des öffentlichen Lebens** der Fall (zB „Michael Schumacher Autozubehör GmbH").[50] Bei allerdings längst verstorbenen berühmten Persönlichkeiten („Galileo Galilei GmbH") kann eine Irreführungsgefahr nicht mehr angenommen werden.[51]

16 **Akademische Titel** können in eine Firma nur Aufnahme finden, wenn die Person, welcher der Titel zugeordnet ist, diesen auch berechtigterweise führt u. wenn es sich bei dem Titelträger um den Geschäftsinhaber oder einen die Gesellschaftsbelange maßgeblich mitbestimmenden Gesellschafter handelt.[52] Hat der Titel keinen sachlichen Bezug zum Unternehmen, so ist die abw. Fakultät anzugeben (zB „Dr. theol." bei einem Unternehmen aus dem Heilmittelbereich).[53]

5. Rechtsformzusatz

17 Gem. § 4 muss die Firma einer GmbH stets die Bezeichnung **„Gesellschaft mit beschränkter Haftung"** oder eine **allg. verständliche Abkürzung** dieser Bezeichnung enthalten. Als solchermaßen zulässige Abkürzung u. wohl nahezu ausnahmslos üblich ist das Kürzel **„GmbH"**. Denkbar sind aber auch andere Abkürzungen wie „Ges.mbH" oder „Ges.m.b.H."; auch diese Abkürzungen wird die Allgemeinheit wohl als Kurzform für die Gesellschaft mit beschränkter Haftung ansehen u. verstehen.[54] Der Rechtsformzusatz kann auch in Wortverbindungen enthalten sein u. an grds. beliebiger Stelle platziert werden, wenn die umfassende Verständlichkeit gewahrt bleibt (zB

45 OLG Rostock NZG 06, 587; *Wicke* Rn. 9.
46 OLG Frankfurt DB 80, 1641.
47 Baumbach/Hueck/*Fastrich* Rn. 11.
48 MüKoGmbHG/*J Mayer* Rn. 93; *Roth*/Altmeppen Rn. 20; Baumbach/Hueck/*Fastrich* Rn. 11; *Wicke* Rn. 9.
49 LG München I MittBayNot 07, 71; LG Wiesbaden NZG 04, 829; Scholz/*Cziupka* Rn. 62; Baumbach/Hueck/*Fastrich* Rn. 12; *Wicke* Rn. 10.
50 Lutter/Hommelhoff/*Bayer* Rn. 35.
51 Lutter/Hommelhoff/*Bayer* Rn. 35; *Wicke* Rn. 10.
52 BGH NJW-RR 92, 367; *Wicke* Rn. 10.
53 Roth/*Altmeppen* Rn. 8; Baumbach/Hueck/*Fastrich* Rn. 13.
54 Lutter/Hommelhoff/*Bayer* Rn. 24.

„Maschinenbaugesellschaft mbH“ oder „Gesellschaft für Anwendersysteme mbH“).[55] Verfolgt die Gesellschaft ausschließlich u. unmittelbar steuerbegünstigte Zwecke nach den §§ 51–68 AO, dann kann der Rechtsformzusatz nach dem im Jahr 2013 neu eingefügten S. 2 der Vorschrift auch „gGmbH“ lauten[56] (zur entsprechenden Frage bei der UG → § 5 a Rn. 8). Um allerdings eine Irreführungsgefahr zu vermeiden, muss die Gesellschaft nach ihrem satzungsmäßigen Gegenstand auch tatsächlich solche steuerbegünstigte Zwecke verfolgen, wobei ein ausdrücklicher Verweis auf die genannten Vorschriften in der Satzung nicht erforderlich sein soll.[57] Wird der Rechtsformzusatz im geschäftlichen Verkehr weggelassen, so kann dies zu einer Rechtsscheinhaftung der Handelnden, in erster Linie also des Geschäftsführers führen.[58]

IV. Besondere Fälle der Firmenbildung

1. Firma der Zweigniederlassung

Die Firma der Zweigniederlassung **kann** völlig **mit der Firma der Hauptniederlassung übereinstimmen**, ohne dass ein das Vorliegen einer Zweigniederlassung deutlich machender Zusatz („... Zweigniederlassung Augsburg“) erforderlich wäre.[59] Möglich ist aber auch, dass die Gesellschaft die Zweigniederlassung unter einer eigenständigen Firma führt. Hierfür ist die **Aufnahme** dieser für die Zweigniederlassung selbstständigen Firma **in den Gesellschaftsvertrag** erforderlich.[60] Die eigenständige Firma muss den allg. rechtlichen Anforderungen an eine Firma genügen u. den Rechtsformzusatz nach § 4 enthalten.[61] Auch bei einer selbstständigen Firma der Zweigniederlassung muss diese aber den Zusammenhang mit der Hauptniederlassung eindeutig erkennen lassen (zB „Autohandel Georg Schulze, Zweigniederlassung der Planet Autovertriebs-GmbH“); dies gebietet der Grundsatz der Firmeneinheit (→ Rn. 2).[62] 18

2. Vorgesellschaft, GmbH in Liquidation

Die Vorgesellschaft (→ § 11 Rn. 3 ff.) führt die Firma der zukünftigen GmbH. Allerdings hat sie der Firma einen Zusatz beizustellen („**in Gründung**“ oder „**i.Gr.**“), der dem Rechtsverkehr offenlegt, dass es sich um eine Vorgesellschaft handelt.[63] Nach herrschender u. zutr. Auffassung nimmt 19

55 BGHZ 62, 233; MHLS/*Mock* Rn. 82; Baumbach/Hueck/*Fastrich* Rn. 14; aA Roth/*Altmeppen* Rn. 18.
56 AA noch OLG München NJW 07, 1601.
57 So *Wicke*, MittBayNot 14, 19 f.
58 BGH NJW 12, 2871; 07, 1529; OLG Düsseldorf GmbHR 11, 767; Baumbach/Hueck/*Fastrich* Rn. 15; *Wicke* Rn. 11.
59 RGZ 113, 213, 218; MHLS/*Mock* Rn. 54; Baumbach/Hueck/*Fastrich* Rn. 17.
60 BayObLG DB 90, 1607; MHLS/*Mock* Rn. 54; Baumbach/Hueck/*Fastrich* Rn. 17; Scholz/*Cziupka* Rn. 87; Lutter/Hommelhoff/*Bayer* Rn. 8.
61 MHLS/*Mock* Rn. 54; Baumbach/Hueck/*Fastrich* Rn. 17; Scholz/*Cziupka* Rn. 87.
62 Lutter/Hommelhoff/*Bayer* Rn. 8; MHLS/*Mock* Rn. 54; Baumbach/Hueck/*Fastrich* Rn. 17.
63 BGH NJW 85, 737; MüKoGmbHG/*Merkt*, § 11 Rn. 48; Baumbach/Hueck/*Fastrich* § 11 Rn. 13; Lutter/Hommelhoff/*Bayer* § 11 Rn. 9; Scholz/*K Schmidt* § 11 Rn. 3.

die Vorgesellschaft neben dem allg. Namensschutz auch bereits am Firmenschutz vollumfänglich teil.[64]

20 Befindet sich die GmbH im Liquidationsstadium, so hat sie der Firma einen Zusatz anzufügen („**in Liquidation**“ oder „**i.L.**“), der dies dem Rechtsverkehr kenntlich macht. Dies stellt keine förmliche Firmenänderung dar.[65] Die Eröffnung eines Insolvenzverfahrens führt zur Auflösung der Gesellschaft (§ 60 I Nr. 4), so dass hins. der Firmierung das Vorgesagte gilt. Sonstige Firmenzusätze sind im Insolvenzverfahren nicht notwendig.

3. Fortführung einer bestehenden Firma

21 Bei Erwerb u. Übernahme eines Handelsgeschäfts kann die bestehende Firma gem. den Vorschriften aus **§§ 22 ff. HGB** mit Zustimmung des bisher Berechtigten fortgeführt werden. Die Firma darf hierbei grds. nur unverändert fortgeführt werden, wobei ein das Nachfolgeverhältnis andeutender Zusatz (§ 22 I HGB) beigefügt werden kann u. ein nicht mehr zutr. Rechtsformzusatz anzupassen ist.[66] Gem. §§ 25, 27 haftet der Erwerber bei Fortführung der alten Firma für alle in dem übernommenen Handelsgeschäft begründeten Verbindlichkeiten, sofern nicht eine abw. Vereinbarung in das Handelsregister eingetragen u. bekannt gemacht oder besonders mitgeteilt wird.[67]

V. Änderung der Firma

22 Eine Änderung der Firma ist jederzeit möglich. **Vor Eintragung** der Gesellschaft in das Handelsregister bedarf sie der in **§ 2** vorgeschriebenen Form, also der Mitwirkung sämtlicher Gesellschafter u. der notariellen Beurkundung (→ § 2 Rn. 22).[68] **Nach Handelsregistereintragung** hat die Änderung der Firma im Wege der **Satzungsänderung** gem. §§ 53, 54 zu erfolgen. Es gelten auch bei der Änderung dieselben Erfordernisse wie bei einer erstmaligen Neubildung der Firma.[69] Ggf. ist eine Änderung der Firma sogar zwingend erforderlich, wenn im Fall einer Sachfirma der Unternehmensgegenstand grdl. geändert wurde u. die alte Firmierung nunmehr die diesbzgl Gefahr der Irreführung in sich birgt.[70]

VI. Rechtsfolgen einer unzulässigen Firma

1. Vor Handelsregistereintragung der GmbH

23 Die Vereinbarung einer gegen die firmenrechtlichen Vorschriften verstoßenden u. daher unzulässigen Firma führt gem. § 134 BGB zu deren **Nichtigkeit.**[71] Da die Firma nach § 3 I Nr. 1 zum notwendigen Inhalt des Gesell-

64 BGH NJW 93, 459; Scholz/*K Schmidt* § 11 Rn. 30; Baumbach/Hueck/*Fastrich* Rn. 18.
65 Baumbach/Hueck/*Fastrich* Rn. 19.
66 MHLS/*Mock* Rn. 60; Baumbach/Hueck/*Fastrich* Rn. 21.
67 BGHZ 29, 1.
68 Lutter/Hommelhoff/*Bayer* § 2 Rn. 33; Roth/*Altmeppen* § 2 Rn. 7; Baumbach/Hueck/*Fastrich* § 2 Rn. 13; MHLS/*J. Schmidt* § 2 Rn. 79.
69 BayObLG DB 84, 1672; NJW 88, 2480.
70 Baumbach/Hueck/*Fastrich* Rn. 26.
71 MüKoGmbHG/*J Mayer* Rn. 138; MHLS/*Mock* Rn. 71; Lutter/Hommelhoff/*Bayer* § 2 Rn. 47; Scholz/*Cziupka* Rn. 88.

schaftsvertrags gehört, kann dies die Nichtigkeit des gesamten Gesellschaftsvertrags bedeuten, was letztlich aber auf der Grundlage von § 139 zu beurteilen ist.[72] Nach zutr. Auffassung gilt die Nichtigkeitsfolge auch bei Verstößen gegen § 30 HGB.[73] Die Unzulässigkeit u. damit Nichtigkeit der Firma stellt ein **Eintragungshindernis** gem. § 9 c II Nr. 1 dar. In Bezug auf die Irreführungseignung der Firma ist jedoch zu beachten, dass § 18 II 2 dem Registergericht die Vorgabe macht, eine solche Irreführungseignung nur bei Ersichtlichkeit zu berücksichtigen, was zu einem nur eingeschränkten Umfang der Prüfung durch das Registergericht führt.[74]

2. Nach Handelsregistereintragung der GmbH

Trägt das Registergericht die GmbH trotz der mangelhaften u. damit nichtigen Firma in das Handelsregister ein, so lässt dies die GmbH **wirksam entstehen.**[75] Das Fehlen oder die Unzulässigkeit der Firma ist kein Nichtigkeitsgrund nach § 75, so dass sowohl eine Nichtigkeitsklage als auch das Amtslöschungsverfahren nach § 397 FamFG ausscheiden (s. auch → § 2 Rn. 35). Allerdings ist das **Amtsauflösungsverfahren** nach § 399 FamFG eröffnet. Alternativ zum Amtsauflösungsverfahren kann das Registergericht auch im Wege des **Firmenmissbrauchsverfahrens** nach § 37 I HGB iVm § 392 FamFG versuchen, die Gesellschaft über ein Zwangsgeld zu einer Firmenänderung zu bewegen.[76] 24

Wird die Firma **nachträglich im Wege der Satzungsänderung** in eine unzulässige Firma geändert, so ist der entspr. Gesellschafterbeschluss analog § 241 Nr. 3 AktG **nichtig** u. die Änderung der Firma darf nicht in das Handelsregister eingetragen werden.[77] Auch hier ist der reduzierte Prüfungsmaßstab des § 18 II 2 HGB zu beachten.[78] Wird die Firma dennoch eingetragen, so ist wiederum das **Amtsauflösungsverfahren** nach § 399 FamFG eröffnet u. kann **alternativ** das **Firmenmissbrauchsverfahrens** nach § 37 I HGB iVm § 392 FamFG beschritten werden (str).[79] 25

Wird eine **Sachfirma** nachträglich aufgrund einer Änderung des Tätigkeitsbereichs **unzulässig**, so ist nach der zutr. u. herrschenden Auffassung neben 26

72 MüKoGmbHG/*J Mayer* Rn. 138; MHLS/*Mock* § 2 Rn. 71.

73 MüKoGmbHG/*J Mayer* Rn. 138; Lutter/Hommelhoff/*Bayer* § 2 Rn. 47; Scholz/*Cziupka* Rn. 88; Roth/*Altmeppen* Rn. 44; aA Baumbach/Hueck/*Fastrich* Rn. 28; MHLS/*Mock* Rn. 71.

74 S. hierzu ausf. MüKoGmbHG/*J Mayer* Rn. 58 ff. mwN.

75 *Ammon*, DStR 94, 325, 327; MüKoGmbHG/*J Mayer* Rn. 140; MHLS/*Mock* Rn. 73; Lutter/Hommelhoff/*Bayer* § 2 Rn. 47; Scholz/*Cziupka* Rn. 89; Baumbach/Hueck/*Fastrich* Rn. 30.

76 BayObLG GmbHR 89, 291, 292; MHLS/*Mock* Rn. 74; Lutter/Hommelhoff/*Bayer* § 2 Rn. 47; Baumbach/Hueck/*Fastrich* Rn. 31.

77 Lutter/Hommelhoff/*Bayer* § 2 Rn. 49; *Wicke* Rn. 17; Baumbach/Hueck/*Fastrich* Rn. 34 (unter Ausn. von § 30 HGB); aA MHLS/*Mock* Rn. 77 (nur anfechtbar).

78 MHLS/*Mock* Rn. 77.

79 MHLS/*Mock* § 2 Rn. 107; Lutter/Hommelhoff/*Bayer* § 2 Rn. 49; *Wicke* Rn. 17; aA Baumbach/Hueck/*Fastrich* Rn. 34 (idR Amtslöschung des nichtigen Satzungsänderungsbeschlusses nach § 398 FamFG).

dem **Firmenmissbrauchsverfahren** nach § 37 I HGB iVm § 392 FamFG auch das **Amtsauflösungsverfahren** nach § 399 FamFG eröffnet.[80]

§ 4 a Sitz der Gesellschaft

Sitz der Gesellschaft ist der Ort im Inland, den der Gesellschaftsvertrag bestimmt.

Schrifttum

Bode/Bron, Brexit als Risiko für die Anerkennung von Limited und LLP?, GmbHR 2016, R129; *Campos Nave*, Die Liberalisierung der Wegzugsfreiheit in Europa, BB 2008, 1410; *Gausing/Mäsch/Peters*, Deutsche Ltd., PLC und LLP: Gesellschaften mit beschränkter Lebensdauer? – Folgen eines Brexits für pseudo-englische Gesellschaften mit Verwaltungssitz in Deutschland, IPRax 3027, 49; *Fingerhuth/Rumpf*, MoMiG und die grenzüberschreitende Sitzverlegung – Die Sitztheorie ein lebendes Fossil, IPRax 2008, 90; *Franz/Laeger*, Die Mobilität deutscher Kapitalgesellschaften nach Umsetzung des MoMiG unter Einbeziehung des Referentenentwurfs zum internationalen Gesellschaftsrecht, BB 2008, 678; *Grohmann/Gruschinske*, Die identitätswahrende grenzüberschreitende Satzungssitzverlegung in Europa – Schein oder Realität?, GmbHR 2008, 27; *Kindler*, GmbH-Reform und internationales Gesellschaftsrecht, AG 2007, 721; *Koch/Eickmann*, Gründungs- oder Sitztheorie? Eine „never ending story"?, AG 2009, 73; *Peters*, Verlegung des tatsächlichen Verwaltungssitzes der GmbH ins Ausland. Aufgabe der Sitztheorie durch das MoMiG?, GmbHR 2008, 245; *Wachter*, Die GmbH nach MoMiG im internationalen Rechtsverkehr, GmbHR Sonderheft Oktober 2008, 80.

I. Normzweck

1 Die Vorschrift wurde durch das Handelsrechtsreformgesetz[1] (HRefG) mit Wirkung zum 1.1.99 neu in das GmbHG eingefügt. Danach musste der Satzungssitz regelmäßig an dem Ort sein, an dem sich ein Betrieb oder die Geschäftsleitung oder die Verwaltung der Gesellschaft befindet (Abs. 2 aF). Durch das MoMiG wurde der vormalige Abs. 2 aufgehoben u. in Abs. 1 nach dem Wort „Ort" die Wörter „im Inland" eingefügt.[2] Damit wurde die **Koppelung des Satzungssitzes an den Verwaltungssitz aufgegeben**. Der Sitz der Gesellschaft ist nunmehr schlichtweg derjenige Ort, den die Satzung als solchen benennt. Bis auf die Notwendigkeit, dass der als Sitz zu bestimmende Ort im Inland belegen sein muss, gibt das Gesetz keinerlei weitere Vorgaben. Somit besteht jetzt ausdrücklich **freie (Satzungs-) Sitz-**

80 Lutter/Hommelhoff/*Bayer* § 2 Rn. 48; *Wicke* Rn. 17; MHLS/*Mock* Rn. 76; aA BayObLG GmbHR 80, 11, 11; Scholz/*Cziupka* Rn. 90; Baumbach/Hueck/*Fastrich* Rn. 33 (nicht auch § 399 FamFG, sondern nur § 392 FamFG).
1 Handelsrechtsreformgesetz v. 22.6.98, BGBl. I, S. 1479.
2 MüKoGmbHG/*J Mayer* Rn. 2.

wahl im Inland, u. zwar völlig unabhängig davon, wo sich die Verwaltung oder Betriebsstätten der Gesellschaft befinden.

Zweck der Neuregelung ist zum einen, deutschen Gesellschaften die Möglichkeit zu eröffnen, ihre Geschäftstätigkeit auch ausschl iR von (Zweig-) Niederlassungen, welche alle Geschäftstätigkeiten erfassen, außerhalb Deutschlands zu entfalten.[3] Zum anderen sollen ausländische Unternehmen einen Anreiz erhalten, die Rechtsform der deutschen GmbH für ihre Unternehmenstätigkeit zu wählen, auch wenn sich diese Unternehmenstätigkeit ausschl im Ausland abspielt.[4] 2

Möglichen Gefahren dieser Liberalisierung des Sitzrechtes ist der Gesetzgeber dadurch begegnet, dass nunmehr jede GmbH nach § 8 IV Nr. 1 eine **inländische Geschäftsanschrift** benötigt, die auch in das Handelsregister eingetragen wird (§ 10 I 1). Scheitert eine Zustellung an diese, ist eine öffentliche Zustellung von Schriftstücken möglich (§§ 15 a, 31 HGB, § 185 Nr. 2 ZPO); s. hierzu auch → § 8 Rn. 18. 3

II. Satzungssitz

1. Bestimmung im Gesellschaftsvertrag, Bedeutung

Gem. § 4 a ist Sitz der Gesellschaft derjenige **Ort im Inland, den der Gesellschaftsvertrag bestimmt.** Damit normiert das Gesetz ausschl den durch die Satzung benannten Ort als den für den Sitz der Gesellschaft maßgeblichen Ort (**Satzungssitz**), lässt aber gleichzeitig eine vollkommen **freie Sitzwahl** im Inland zu. 4

Der (durch die Satzung bestimmte) Sitz der Gesellschaft ist wesentlich für die örtliche Zuständigkeit des Handelsregisters (§ 7 I), den allg. Gerichtsstand der Gesellschaft (§ 17 ZPO), die Zuständigkeit des Insolvenzgerichts (§ 3 I 1 InsO) sowie für die Bestimmung der Hauptniederlassung iSd § 13 I HGB.[5] Ferner ist der Satzungssitz Erfüllungsort für die Rechte u. Pflichten der GmbH ggü. ihren Organmitgliedern[6] sowie analog § 121 V AktG bei Fehlen abw. gesellschaftsvertraglicher Regelungen auch derjenige Ort, an dem die Gesellschafterversammlungen stattzufinden haben.[7] 5

2. Sitzwahl

Der vom Gesellschaftsvertrag zum Sitz bestimmte Ort muss **zwingend im Inland** liegen. Der Gesellschaftsvertrag hat hierbei eine bestimmte **politische Gemeinde** anzugeben.[8] Die zusätzliche Angabe eines Gemeindeteils schadet nicht,[9] jedoch kann ein bloßer Gemeindeteil ohne die übergeordnete politische Gemeinde nicht zum Sitz bestimmt werden.[10] Bei Großgemeinden mit mehreren Gerichtsbezirken ist eine weitere Konkretisierung 6

3 BegrRegE BR-Drucks 354/07, S. 65.
4 BegrRegE BR-Drucks 354/07, S. 65.
5 Baumbach/Hueck/*Fastrich* Rn. 2.
6 BGH WM 85, 283 f.; Lutter/Hommelhoff/*Bayer* Rn. 4; *Wicke* Rn. 2.
7 *Wicke* Rn. 2; Baumbach/Hueck/*Fastrich* Rn. 2; Lutter/Hommelhoff/*Bayer* Rn. 4.
8 Scholz/*Cziupka* Rn. 9; Roth/*Altmeppen* Rn. 6; MüKoGmbHG/*J Mayer* Rn. 4; Baumbach/Hueck/*Fastrich* Rn. 3; MHLS/*J. Schmidt* Rn. 6.
9 BayObLG BB 76, 622.
10 MüKoGmbHG/*J Mayer* Rn. 4.

geboten.[11] Die Angabe des Satzungssitzes muss inhaltlich **hinreichend bestimmt** sein,[12] was insbes. bedeutet, dass bei Ortsnamen, die in Deutschland mehrfach vorkommen, ein weiterer individualisierender Zusatz beizustellen ist (zB „Neustadt (Hessen)"). Jede GmbH darf **nur einen Satzungssitz** haben, auch wenn sie mehrere Betriebe oder Verwaltungen unterhält. Die Zulassung eines **Doppelsitzes** kann allenfalls für eng begrenzte, außerordentliche Ausnahmefälle erfolgen,[13] wird zT aber für die GmbH auch gänzlich abgelehnt.[14]

7 Durch die Aufhebung des Abs. 2 aF muss nunmehr der durch die Satzung zum Sitz bestimmte Ort nicht mehr im Zusammenhang mit Verwaltung, Geschäftsleitung oder Betrieb der Gesellschaft stehen. Damit lässt das Gesetz jetzt bei der Festlegung des Sitzes innerhalb Deutschlands vollkommene Freiheit gelten. Diesbzgl Einschränkungen unter dem Gesichtspunkt des Rechtsmissbrauchs[15] sind nicht angebracht u. mit der der Neuregelung zugrunde liegenden klaren gesetzgeberischen Intention auch nicht vereinbar.[16] Damit ist zB auch die Wahl eines Satzungssitzes unter dem Gesichtspunkt der Effizienz des dafür zuständigen Registergerichts nicht zu beanstanden.[17]

3. Verlegung des Satzungssitzes

8 Die nur innerhalb Deutschlands mögliche Verlegung des Satzungssitzes (zu den Konsequenzen der Verlegung des Satzungssitzes in das Ausland → Rn. 10) bedarf einer **Satzungsänderung** gem. §§ 53, 54. Der Beschluss über die Sitzverlegung ist zum Handelsregister des alten Sitzes anzumelden, das die formelle Ordnungsgemäßheit der Anmeldung prüft u. danach die Unterlagen der Gesellschaft an das für den neuen Sitz zuständige Registergericht übermittelt, dem sodann die sachliche Prüfung der Anmeldung obliegt.[18]

4. Rechtsfolgen unzulässiger Sitzbestimmung

9 Fehlt eine gesellschaftsvertragliche Bestimmung des Sitzes oder ist sie fehlerhaft u. damit unzulässig (zB Auslandssitz oder mangelnde Bestimmtheit)[19] besteht ein **Eintragungshindernis** nach § 9 c u. hat das Registergericht dementspr die Handelsregistereintragung abzulehnen. Trägt das Gericht die Gesellschaft trotz des Mangels in das Handelsregister ein, so lässt dies die GmbH **wirksam entstehen.**[20] Das Fehlen oder die Unzulässigkeit

---

11 Lutter/Hommelhoff/*Bayer* Rn. 5; Baumbach/Hueck/*Fastrich* Rn. 3; *Wicke* Rn. 3.
12 MüKoGmbHG/*J Mayer* Rn. 4.
13 OLG Brandenburg NotBZ 06, 22; LG Potsdam NotBZ 04, 402; *Wicke* Rn. 3; *Ulmer* Rn. 32 ff.; MüKoGmbHG/*J Mayer* Rn. 11; MHLS/*J. Schmidt* Rn. 8.
14 *Krafka/Willer*, Registerrecht, Rn. 355; Baumbach/Hueck/*Fastrich* Rn. 6; *Kögel*, GmbHR 98, 1108.
15 KG ZIP 11, 1566; Baumbach/Hueck/*Fastrich* Rn. 4.
16 IErg wohl ebenso MüKoGmbHG/*J Mayer* Rn. 9; Roth/*Altmeppen* Rn. 7; *Wicke* Rn. 5.
17 *Hoffmann*, ZIP 07, 1582.
18 *Wicke* Rn. 4. Vgl. hierzu auch OLG Köln NZG 05, 87; OLG Zweibrücken GmbHR 92, 678.
19 *Wicke* Rn. 6; MüKoGmbHG/*J Mayer* Rn. 77.
20 MüKoGmbHG/*J Mayer* Rn. 79.

der Sitzbestimmung ist kein Nichtigkeitsgrund nach § 75, so dass sowohl eine Nichtigkeitsklage als auch das Amtslöschungsverfahren nach § 397 FamFG ausscheiden (s. auch → § 2 Rn. 35). Allerdings ist das **Amtsauflösungsverfahren** nach § 399 FamFG eröffnet. Wird der Sitz nachträglich im Wege der Satzungsänderung in unzulässiger Weise geändert, so ist der entspr. Gesellschafterbeschluss analog § 241 Nr. 3 AktG nichtig u. darf nicht in das Handelsregister eingetragen werden.[21] Im Fall einer dennoch erfolgten Eintragung ist wiederum das Amtsauflösungsverfahren nach § 399 FamFG eröffnet (str.).[22]

III. Sitzverlegung ins Ausland

1. Verlegung des Satzungssitzes ins Ausland

Wie sich aus § 4 a eindeutig ergibt („Ort im Inland"), ist eine Verlegung 10 des Satzungssitzes einer deutschen GmbH in das Ausland unter Wahrung der Identität der Gesellschaft als deutsche GmbH nach geltendem Recht **nicht möglich.**[23] Ein dennoch mit dieser Zielsetzung gefasster Gesellschafterbeschluss ist nach zutr. Auffassung entspr. § 241 Nr. 3 AktG nichtig.[24] Die noch hM betrachtet einen solchen Beschluss allerdings als Auflösungsbeschluss, der zur Liquidation der Gesellschaft führt.[25] Zu beachten ist in diesem Zusammenhang die neuere Rspr. des EuGH in der Rechtssache Vale:[26] Hiernach verstößt eine nationale Regelung, welche zwar inländischen Gesellschaften die Möglichkeit einer Umwandlung gewährt, aber die Umwandlung einer dem Recht eines anderen Mitgliedstaats unterliegenden Gesellschaft in eine inländische Gesellschaft im Wege der Gründung verwehrt, gegen die Niederlassungsfreiheit. IErg lässt der EuGH damit eine rechtsformwechselnde Sitzverlegung in das Ausland zu, wenn das Recht des Zuzugsstaates auch für seine nationalen Gesellschaften einen Rechtsformwechsel zulässt. Damit kann auch eine deutsche GmbH ihren Satzungssitz (u zwar ggf. auch ohne gleichzeitige Wegverlegung des Verwaltungssitzes, wenn der Zuzugsstaat das nicht verlangt) in das Ausland verlegen mit der Folge, dass sich die deutsche GmbH formwechselnd in eine Gesellschaftsform des Zuzugsstaates wandelt. Allerdings muss die Gesellschaft im Zuzugsstaat zumindest eine reale Ansiedlung errichten, u. zwar unabhängig davon, ob der Zuzugsstaat das verlangt, weil nur unter dieser Voraussetzung die Niederlassungsfreiheit überhaupt zum Tragen kommt.[27] In umgekehrter Richtung bedeutet dies, dass eine ausländische Gesellschaft durch Verlegung ihres Satzungssitzes hierher nach Maßgabe des deutschen UmwG u. damit auch unter Einhaltung des deutschen Gründungsrechts formwechselnd zur deutschen GmbH werden kann, u. zwar ohne dass sie

21 Baumbach/Hueck/*Fastrich* Rn. 7; *Wicke* Rn. 6; MHLS/*J. Schmidt* Rn. 28.
22 *Wicke* Rn. 6; MHLS/*J. Schmidt* Rn. 28; Lutter/Hommelhoff/*Bayer* Rn. 19; aA MüKoGmbHG/*J Mayer* Rn. 80; Baumbach/Hueck/*Fastrich* Rn. 7 (Amtslöschung des Beschlusses nach § 398 FamFG).
23 *Roth*/Altmeppen Rn. 10; Baumbach/Hueck/*Fastrich* Rn. 9; *Wicke* Rn. 10; MHLS/*J. Schmidt* Rn. 18.
24 *Kindler*, AG 07, 723; *Wicke* Rn. 10.
25 Baumbach/Hueck/*Fastrich* Rn. 9 mwN.
26 EuGH NZG 12, 871.
27 S. hierzu auch *Schön*, ZGR 13, 350 f.; *Kindler*, EuZW 12, 891; *Roth*, ZIP 12, 1744; Roth/*Altmeppen* Rn. 14 ff.

notwendigerweise auch den Verwaltungssitz in Deutschland zu nehmen hätte, weil § 4 a dies nicht verlangt. Allerdings hat sie wenigstens eine tatsächliche Ansiedlung in Deutschland zu begründen.[28]

2. Verlegung des Verwaltungssitzes ins Ausland

11 Nach der Neufassung des § 4 a ist es einer deutschen GmbH nunmehr ohne Weiteres **möglich**, ihren Verwaltungssitz in das Ausland zu verlegen unter Beibehaltung ihres Satzungssitzes in Deutschland. Damit kann die GmbH in Deutschland als reine „Briefkastengesellschaft“[29] geführt werden, wobei maßgebliches Recht für alle gesellschaftsrechtlichen Belange auch bei einem ausländischen Verwaltungssitz immer das deutsche GmbH-Recht bleibt.[30]

Anhang zu § 4 a: Zweigniederlassung (§§ 13 ff. HGB)

§ 13 HGB Zweigniederlassungen von Unternehmen mit Sitz im Inland

(1) [1]Die Errichtung einer Zweigniederlassung ist von einem Einzelkaufmann oder einer juristischen Person beim Gericht der Hauptniederlassung, von einer Handelsgesellschaft beim Gericht des Sitzes der Gesellschaft, unter Angabe des Ortes und der inländischen Geschäftsanschrift der Zweigniederlassung und des Zusatzes, falls der Firma der Zweigniederlassung ein solcher beigefügt wird, zur Eintragung anzumelden. [2]In gleicher Weise sind spätere Änderungen der die Zweigniederlassung betreffenden einzutragenden Tatsachen anzumelden.

(2) Das zuständige Gericht trägt die Zweigniederlassung auf dem Registerblatt der Hauptniederlassung oder des Sitzes unter Angabe des Ortes sowie der inländischen Geschäftsanschrift der Zweigniederlassung und des Zusatzes, falls der Firma der Zweigniederlassung ein solcher beigefügt ist, ein, es sei denn, die Zweigniederlassung ist offensichtlich nicht errichtet worden.

(3) Die Absätze 1 und 2 gelten entsprechend für die Aufhebung der Zweigniederlassung.

§§ 13 a bis 13 c HGB (aufgehoben)

§ 13 d HGB Sitz oder Hauptniederlassung im Ausland

(1) Befindet sich die Hauptniederlassung eines Einzelkaufmanns oder einer juristischen Person oder der Sitz einer Handelsgesellschaft im Ausland, so haben alle eine inländische Zweigniederlassung betreffenden Anmeldungen, Einreichungen und Eintragungen bei dem Gericht zu erfolgen, in dessen Bezirk die Zweigniederlassung besteht.

(2) Die Eintragung der Errichtung der Zweigniederlassung hat auch den Ort und die inländische Geschäftsanschrift der Zweigniederlassung zu enthalten; ist der Firma der Zweigniederlassung ein Zusatz beigefügt, so ist auch dieser einzutragen.

(3) Im übrigen gelten für die Anmeldungen, Einreichungen, Eintragungen, Bekanntmachungen und Änderungen einzutragender Tatsachen, die die Zweigniederlassung eines Einzelkaufmanns, einer Handelsgesellschaft oder einer juristischen Person mit

28 OLG Nürnberg ZIP 14, 128; hierzu auch *Schaper*, ZIP 14, 810; *Melchior*, GmbHR 14, R305 u. 311.
29 So *Wicke* Rn. 12.
30 *Wicke* Rn. 12.

Ausnahme von Aktiengesellschaften, Kommanditgesellschaften auf Aktien und Gesellschaften mit beschränkter Haftung betreffen, die Vorschriften für Hauptniederlassungen oder Niederlassungen am Sitz der Gesellschaft sinngemäß, soweit nicht das ausländische Recht Abweichungen nötig macht.

§ 13 e HGB Zweigniederlassungen von Kapitalgesellschaften mit Sitz im Ausland

(1) Für Zweigniederlassungen von Aktiengesellschaften und Gesellschaften mit beschränkter Haftung mit Sitz im Ausland gelten ergänzend zu § 13 d die folgenden Vorschriften.

(2) [1]Die Errichtung einer Zweigniederlassung einer Aktiengesellschaft ist durch den Vorstand, die Errichtung einer Zweigniederlassung einer Gesellschaft mit beschränkter Haftung ist durch die Geschäftsführer zur Eintragung in das Handelsregister anzumelden. [2]Bei der Anmeldung ist das Bestehen der Gesellschaft als solcher nachzuweisen. [3]Die Anmeldung hat auch eine inländische Geschäftsanschrift und den Gegenstand der Zweigniederlassung zu enthalten. [4]Daneben kann eine Person, die für Willenserklärungen und Zustellungen an die Gesellschaft empfangsberechtigt ist, mit einer inländischen Anschrift zur Eintragung in das Handelsregister angemeldet werden; Dritten gegenüber gilt die Empfangsberechtigung als fortbestehend, bis sie im Handelsregister gelöscht und die Löschung bekannt gemacht worden ist, es sei denn, dass die fehlende Empfangsberechtigung dem Dritten bekannt war. [5]In der Anmeldung sind ferner anzugeben

1. das Register, bei dem die Gesellschaft geführt wird, und die Nummer des Registereintrags, sofern das Recht des Staates, in dem die Gesellschaft ihren Sitz hat, eine Registereintragung vorsieht;
2. die Rechtsform der Gesellschaft;
3. die Personen, die befugt sind, als ständige Vertreter für die Tätigkeit der Zweigniederlassung die Gesellschaft gerichtlich und außergerichtlich zu vertreten, unter Angabe ihrer Befugnisse;
4. wenn die Gesellschaft nicht dem Recht eines Mitgliedstaates der Europäischen Union oder eines anderen Vertragsstaates des Abkommens über den Europäischen Wirtschaftsraum unterliegt, das Recht des Staates, dem die Gesellschaft unterliegt.

(3) [1]Die in Absatz 2 Satz 5 Nr. 3 genannten Personen haben jede Änderung dieser Personen oder der Vertretungsbefugnis einer dieser Personen zur Eintragung in das Handelsregister anzumelden. [2]Für die gesetzlichen Vertreter der Gesellschaft gelten in Bezug auf die Zweigniederlassung § 76 Abs. 3 Satz 2 und 3 des Aktiengesetzes sowie § 6 Abs. 2 Satz 2 und 3 des Gesetzes betreffend die Gesellschaften mit beschränkter Haftung entsprechend.

(3 a) [1]An die in Absatz 2 Satz 5 Nr. 3 genannten Personen als Vertreter der Gesellschaft können unter der im Handelsregister eingetragenen inländischen Geschäftsanschrift der Zweigniederlassung Willenserklärungen abgegeben und Schriftstücke zugestellt werden. [2]Unabhängig hiervon können die Abgabe und die Zustellung auch unter der eingetragenen Anschrift der empfangsberechtigten Person nach Absatz 2 Satz 4 erfolgen.

(4) Die in Absatz 2 Satz 5 Nr. 3 genannten Personen oder, wenn solche nicht angemeldet sind, die gesetzlichen Vertreter der Gesellschaft haben die Eröffnung oder die Ablehnung der Eröffnung eines Insolvenzverfahrens oder ähnlichen Verfahrens über das Vermögen der Gesellschaft zur Eintragung in das Handelsregister anzumelden.

(5) [1]Errichtet eine Gesellschaft mehrere Zweigniederlassungen im Inland, so brauchen die Satzung oder der Gesellschaftsvertrag sowie deren Änderungen nach Wahl der Gesellschaft nur zum Handelsregister einer dieser Zweigniederlassungen eingereicht zu werden. [2]In diesem Fall haben die nach Absatz 2 Satz 1 Anmeldepflichtigen zur Eintragung in den Handelsregistern der übrigen Zweigniederlassungen anzumel-

den, welches Register die Gesellschaft gewählt hat und unter welcher Nummer die Zweigniederlassung eingetragen ist.

(6) Die Landesjustizverwaltungen stellen sicher, dass die Daten einer Kapitalgesellschaft mit Sitz im Ausland, die im Rahmen des Europäischen Systems der Registervernetzung (§ 9b) empfangen werden, an das Registergericht weitergeleitet werden, das für eine inländische Zweigniederlassung dieser Gesellschaft zuständig ist.

§ 13 f HGB Zweigniederlassungen von Aktiengesellschaften mit Sitz im Ausland

(1) Für Zweigniederlassungen von Aktiengesellschaften mit Sitz im Ausland gelten ergänzend die folgenden Vorschriften.

(2) [1]Der Anmeldung ist die Satzung in öffentlich beglaubigter Abschrift und, sofern die Satzung nicht in deutscher Sprache erstellt ist, eine beglaubigte Übersetzung in deutscher Sprache beizufügen. [2]Die Vorschriften des § 37 Abs. 2 und 3 des Aktiengesetzes finden Anwendung. [3]Soweit nicht das ausländische Recht eine Abweichung nötig macht, sind in die Anmeldung die in § 23 Abs. 3 und 4 sowie den §§ 24 und 25 Satz 2 des Aktiengesetzes vorgesehenen Bestimmungen und Bestimmungen der Satzung über die Zusammensetzung des Vorstandes aufzunehmen; erfolgt die Anmeldung in den ersten zwei Jahren nach der Eintragung der Gesellschaft in das Handelsregister ihres Sitzes, sind auch die Angaben über Festsetzungen nach den §§ 26 und 27 des Aktiengesetzes und der Ausgabebetrag der Aktien sowie Name und Wohnort der Gründer aufzunehmen. [4]Der Anmeldung ist die für den Sitz der Gesellschaft ergangene gerichtliche Bekanntmachung beizufügen.

(3) Die Eintragung der Errichtung der Zweigniederlassung hat auch die Angaben nach § 39 des Aktiengesetzes sowie die Angaben nach § 13 e Abs. 2 Satz 3 bis 5 zu enthalten.

(4) [1]Änderungen der Satzung der ausländischen Gesellschaft sind durch den Vorstand zur Eintragung in das Handelsregister anzumelden. [2]Für die Anmeldung gelten die Vorschriften des § 181 Abs. 1 und 2 des Aktiengesetzes sinngemäß, soweit nicht das ausländische Recht Abweichungen nötig macht.

(5) Im übrigen gelten die Vorschriften der §§ 81, 263 Satz 1, § 266 Abs. 1 und 2, § 273 Abs. 1 Satz 1 des Aktiengesetzes sinngemäß, soweit nicht das ausländische Recht Abweichungen nötig macht.

(6) Für die Aufhebung einer Zweigniederlassung gelten die Vorschriften über ihre Errichtung sinngemäß.

(7) Die Vorschriften über Zweigniederlassungen von Aktiengesellschaften mit Sitz im Ausland gelten sinngemäß für Zweigniederlassungen von Kommanditgesellschaften auf Aktien mit Sitz im Ausland, soweit sich aus den Vorschriften der §§ 278 bis 290 des Aktiengesetzes oder aus dem Fehlen eines Vorstands nichts anderes ergibt.

§ 13 g HGB Zweigniederlassungen von Gesellschaften mit beschränkter Haftung mit Sitz im Ausland

(1) Für Zweigniederlassungen von Gesellschaften mit beschränkter Haftung mit Sitz im Ausland gelten ergänzend die folgenden Vorschriften.

(2) [1]Der Anmeldung ist der Gesellschaftsvertrag in öffentlich beglaubigter Abschrift und, sofern der Gesellschaftsvertrag nicht in deutscher Sprache erstellt ist, eine beglaubigte Übersetzung in deutscher Sprache beizufügen. [2]Die Vorschriften des § 8 Abs. 1 Nr. 2 und Abs. 3 und 4 des Gesetzes betreffend die Gesellschaften mit beschränkter Haftung sind anzuwenden. [3]Wird die Errichtung der Zweigniederlassung in den ersten zwei Jahren nach der Eintragung der Gesellschaft in das Handelsregister ihres Sitzes angemeldet, so sind in die Anmeldung auch die nach § 5 Abs. 4 des Gesetzes betreffend die Gesellschaften mit beschränkter Haftung getroffenen Festset-

zungen aufzunehmen, soweit nicht das ausländische Recht Abweichungen nötig macht.

(3) Die Eintragung der Errichtung der Zweigniederlassung hat auch die Angaben nach § 10 des Gesetzes betreffend die Gesellschaften mit beschränkter Haftung sowie die Angaben nach § 13 e Abs. 2 Satz 3 bis 5 zu enthalten.

(4) [1]Änderungen des Gesellschaftsvertrages der ausländischen Gesellschaft sind durch die Geschäftsführer zur Eintragung in das Handelsregister anzumelden. [2]Für die Anmeldung gelten die Vorschriften des § 54 Abs. 1 und 2 des Gesetzes betreffend die Gesellschaften mit beschränkter Haftung sinngemäß, soweit nicht das ausländische Recht Abweichungen nötig macht.

(5) Im übrigen gelten die Vorschriften der §§ 39, 65 Abs. 1 Satz 1, § 67 Abs. 1 und 2, § 74 Abs. 1 Satz 1 des Gesetzes betreffend die Gesellschaften mit beschränkter Haftung sinngemäß, soweit nicht das ausländische Recht Abweichungen nötig macht.

(6) Für die Aufhebung einer Zweigniederlassung gelten die Vorschriften über ihre Errichtung sinngemäß.

§ 13 h HGB Verlegung des Sitzes einer Hauptniederlassung im Inland

(1) Wird die Hauptniederlassung eines Einzelkaufmanns oder einer juristischen Person oder der Sitz einer Handelsgesellschaft im Inland verlegt, so ist die Verlegung beim Gericht der bisherigen Hauptniederlassung oder des bisherigen Sitzes anzumelden.

(2) [1]Wird die Hauptniederlassung oder der Sitz aus dem Bezirk des Gerichts der bisherigen Hauptniederlassung oder des bisherigen Sitzes verlegt, so hat dieses unverzüglich von Amts wegen die Verlegung dem Gericht der neuen Hauptniederlassung oder des neuen Sitzes mitzuteilen. [2]Der Mitteilung sind die Eintragungen für die bisherige Hauptniederlassung oder den bisherigen Sitz sowie die bei dem bisher zuständigen Gericht aufbewahrten Urkunden beizufügen. [3]Das Gericht der neuen Hauptniederlassung oder des neuen Sitzes hat zu prüfen, ob die Hauptniederlassung oder der Sitz ordnungsgemäß verlegt und § 30 beachtet ist. [4]Ist dies der Fall, so hat es die Verlegung einzutragen und dabei die ihm mitgeteilten Eintragungen ohne weitere Nachprüfung in sein Handelsregister zu übernehmen. [5]Die Eintragung ist dem Gericht der bisherigen Hauptniederlassung oder des bisherigen Sitzes mitzuteilen. [6]Dieses hat die erforderlichen Eintragungen von Amts wegen vorzunehmen.

(3) [1]Wird die Hauptniederlassung oder der Sitz an einen anderen Ort innerhalb des Bezirks des Gerichts der bisherigen Hauptniederlassung oder des bisherigen Sitzes verlegt, so hat das Gericht zu prüfen, ob die Hauptniederlassung oder der Sitz ordnungsgemäß verlegt und § 30 beachtet ist. [2]Ist dies der Fall, so hat es die Verlegung einzutragen.

I. Grundlagen

1 §§ 13–13 g HGB enthalten das allg. Recht der Zweigniederlassung. Sie unterscheiden zwischen Zweigniederlassungen von Unternehmen mit Sitz im **Inland** (§ 13 HGB, näher → Rn. 10 ff.) u. von Zweigniederlassungen von Unternehmen mit Sitz im **Ausland** (§ 13 d–§ 13 g HGB, näher → Rn. 19 ff.). Sie sind grds. rechtsformübergreifend angelegt u. gelten daher auch für die GmbH.[1] Daneben können je nach Gesellschaftsform Branche Sonderbestimmungen zu beachten sein (vgl. § 14 GenG, § 53 b KWG, § 106 VAG).

2 Die Vorschriften über Zweigniederlassungen von Unternehmen mit Sitz im Ausland (§ 13 d–§ 13 g HGB) sind dabei vom Allg zum Besonderen aufgebaut: § 13 d HGB gilt für alle Unternehmen (mit Sitz oder Hauptniederlassung im Ausland), § 13 e HGB für Kapitalgesellschaften, § 13 f HGB für Kapitalgesellschaften, die der AG (Abs. 1–6) oder der KGaA entsprechen (§ 13 f HGB VII), u. § 13 g HGB gilt für Gesellschaften, die der GmbH entsprechen. IÜ finden grds. die für Hauptniederlassungen geltenden Vorschriften entspr. Anwendung (§ 13 d HGB IV).

1. Rechtsgrundlagen

3 Die §§ 13 ff. HGB sind durch das **EHUG** wesentlich geändert worden.[2] Durch das EHUG ist insbes. das gesonderte Handelsregister der Zweigniederlassung für Unternehmen mit Sitz im Inland abgeschafft worden; seitdem ist die Zweigniederlassung beim Register der Hauptniederlassung zu führen (§ 13 I 1 HGB). Zu den Änderungen durch das EHUG gehört auch die Aufhebung der §§ 13 a–13 c HGB. Nach dem EHUG hat ferner das **MoMiG** Änderungen an den §§ 13 ff. HGB vorgenommen, indem es ins-

1 Zur Empirik siehe *Bayer* AG 2019, R148.
2 Gesetz über elektronische Handelsregister und Genossenschaftsregister sowie das Unternehmensregister (EHUG) v. 10.11.06, BGBl. I 06, S. 2553.

bes. das Erfordernis, eine inländische Geschäftsanschrift anzugeben, eingeführt hat (→ Rn. 29).

Einzelne, die §§ 13 ff. HGB **ergänzende Vorschriften** finden sich in der Handelsregisterverordnung.[3] **Übergangsvorschriften** zu den §§ 13 ff. HGB sind in Art. 34 u. Art. 61 EGHGB enthalten. 4

Die für Zweigniederlassungen von Unternehmen mit Sitz im **Ausland** geltenden Vorschriften der §§ 13 d HGB ff. gelten sowohl für Gesellschaften mit Sitz in Mitgliedstaaten der EU als auch für Unternehmen mit Sitz in sonstigen Staaten. Soweit sie für erstere Gesellschaften gelten, setzen die §§ 13 d ff. HGB die **europarechtliche Zweigniederlassungsrichtlinie** um.[4] Dies ist nach hM ordnungsgemäß erfolgt.[5] Soweit die §§ 13 d ff. HGB auf EU-Gesellschaften angewendet werden, sind sie nach Maßgabe des europarechtlichen Grundsatzes der gemeinschaftsrechtskonformen Auslegung unter Berücksichtigung des Europarechts auszulegen, u. zwar nicht nur im Hinblick auf die Zweigniederlassungsrichtlinie, sondern auch im Hinblick auf die Niederlassungsfreiheit nach Art. 43, 48 EGV.[6] Mit Wirkung zum 31.12.2014 wurde § 13 e HGB um einen Abs. 6 ergänzt, demzufolge die Landesjustizverwaltungen sicherzustellen haben, dass die Daten einer Kapitalgesellschaft mit Sitz im Ausland, die iR des neuen Europäischen Systems der Registervernetzung (§ 9 b) empfangen werden, an das Registergericht weitergeleitet werden, das für eine inländische Zweigniederlassung dieser Gesellschaft zuständig ist. Dies Ergänzung erfolgte iRd Umsetzung der RL 2012/17/EU über die Verknüpfung von Zentral-, Handels- u. Gesellschaftsregistern in der Europäischen Union in das deutsche Recht durch das Gesetz zur Umsetzung der RL 2012/17/EU.[7] 5

2. Begriff der Zweigniederlassung

Eine Zweigniederlassung liegt vor, wenn einem Teil des (Gesamt-) Unternehmens des Rechtsträgers eine gewisse Selbständigkeit in der unternehmensinternen Organisation u. in der Teilnahme am Rechtsverkehr zukommt.[8] Die frühere Rspr. bejahte die erforderliche Mindestorganisation in sachlicher Hinsicht regelmäßig nur, wenn bei dem Teilunternehmen eine gesonderte Buchführung erfolgte.[9] Es wird zu Recht darauf hingewiesen, dass diesem Kriterium heutzutage keine entscheidende Bedeutung mehr zukommen kann.[10] Ein wichtiges Kriterium ist die räumliche Abtrennung vom übrigen Unternehmen. Der Begriff der Zweigniederlassung ist vom 6

3 Verordnung über die Einrichtung und Führung des Handelsregisters, zul. geänd. durch Gesetz v. 4.8.09, BGBl. I 09, S. 2713.

4 Elfte Richtlinie (89/666/EWG) des Rates v. 21.12.89 über die Offenlegung von Zweigniederlassungen, die in einem Mitgliedsstaat von Gesellschaften bestimmter Rechtsformen errichtet wurden, die dem Recht eines anderen Staates unterliegen, ABl 89, L 395, S. 36.

5 Baumbach/*Hopt*, HGB, § 13 d Rn. 1 mwN.

6 BGH NJW 07, 2328; OLG München NZG 07, 824, 825.

7 BGBl. I 14, S. 2409; Überblick bei *Terbrack*, DStR 15, 236.

8 Zur weiteren Konkretisierung dieser Merkmale etwa Baumbach/*Hopt*, HGB, § 13 Rn. 3 mwN; Bayer AG 2019, R148.

9 BGH BB 72, 1068; BayObLG MittBayNot 79, 122.

10 Baumbach/*Hopt*, HGB, § 13 Rn. 4 mwN Vgl. aber MüKoHGB/Krafka, 4. Auflage 2016, § 13, Rn. 9.

steuerrechtlichen Begriff der **Betriebsstätte** (§ 12 AO) zu unterscheiden. Letzterer ist weiter als der der Zweigniederlassung.

3. Rechtsnatur der Zweigniederlassung und Rechtsfolgen

7 Die Zweigniederlassung ist eine sachliche Einheit u. daher **keine Rechtsperson** bzw. kein Rechtsträger. Sie kann deswegen weder Vertragspartei sein noch hat sie selbst Organe oder rechtsgeschäftliche Vertreter. Allerdings können die iR von § 164 BGB anerkannten Grundsätze über das unternehmensbezogene Geschäft dazu führen, dass im Namen einer Zweigniederlassung abgegebene Erklärungen als Erklärungen des Rechtsträgers, dem die Zweigniederlassung angehört, anzusehen sind.

8 Die Zweigniederlassung hat ua in den folgenden Hinsichten **rechtliche Relevanz:**

- Die Errichtung einer Zweigniederlassung löst die **Anmeldepflichten** nach §§ 13 I 1, 13 d I HGB aus.
- Mangels Rechtsfähigkeit hat die Zweigniederlassung zwar keine eigenen Vertreter, jedoch kann die **Vertretungsbefugnis** von Prokuristen (§ 50 III HGB) u. Handlungsbevollmächtigten (§ 54 I HGB) des Rechtsträgers auf die Zweigniederlassung (mit Wirkung im Außenverhältnis) **beschränkt** werden.[11] Bei einem Geschäftsführer einer GmbH ist dies nicht möglich (§ 37 II 2 GmbHG).[12] Anders ist dies beim persönlich haftenden Gesellschafter einer Personenhandelsgesellschaft (§ 126 III HGB).
- Gem. § 21 I ZPO (besonderer **Gerichtsstand** der Niederlassung) können Klagen gegen den Unternehmensträger, die sich auf die Niederlassung beziehen, bei dem Gericht des Ortes erhoben werden, an dem sich die Niederlassung befindet. Insbes. kann die Klage dort zugestellt werden.[13]
- Bei grenzüberschreitenden Sachverhalten knüpft die **EuGVVO** an die Zweigniederlassung besondere **Zuständigkeiten** (vgl. etwa Art. 5 Nr. 5, Art. 15 II EuGVVO).[14] Für Art. 15 II EuGVVO hat der BGH entschieden, dass diese Bestimmung nicht anwendbar ist, wenn die Zweigniederlassung bereits vor Einreichung der Klage aufgelöst worden ist.[15]
- Aus der Errichtung einer Zweigniederlassung oder deren Eintragung in das Handelsregister folgt nicht, dass ggü. der Zweigniederlassung zugeordneten Vertretern mit Wirkung für den Unternehmensträger Willenserklärungen abgegeben oder Schriftstücke zugestellt werden können. Bei Kapitalgesellschaften mit Sitz im Ausland kommt jedoch ausnahmsweise den in § 13 e II 5 Nr. 3 HGB genannten Personen eine solche **Empfangsberechtigung** zu (§ 13 e IIIa 1; vgl. iÜ auch § 15 a HGB).

---

11 Etwa BGH NJW 88, 1840.
12 Vgl. *Roth*/Altmeppen § 4 a Rn. 30.
13 Baumbach/*Hopt*, HGB, § 13 Rn. 4.
14 Verordnung (EG) Nr. 44/2001 des Rates v. 22.12.00 über die gerichtliche Zuständigkeit und die Anerkennung und Vollstreckung von Entscheidungen in Zivil- und Handelssachen, ABl 01, L 12, S. 1 u. ABl 01, L 307, S. 28.
15 BGH ZIP 07, 1676; vgl. *Schwenker*, IBR 07, 1265.

- Für Zweigniederlassungen von Kapitalgesellschaften mit Sitz im EU-Ausland unterwirft § **325** a HGB die gesetzlichen Vertreter der **Offenlegung** nach § 325 HGB.
- Eine Zweigniederlassung kann gleichzeitig eine **Betriebsstätte** iSd Steuerrechts (§ 12 AO) sein.

4. Errichtung, Änderungen, Verlegung und Aufhebung der Zweigniederlassung

Die vorgenannten Vorgänge sind jeweils rein tatsächlicher Art. Sofern die §§ 13 ff. HGB dazu verpflichten, diese Vorgänge zur Eintragung in das Handelsregister anzumelden, ist die Eintragung folglich rein deklaratorisch. Die Vornahme der vorgenannten Maßnahmen fällt grds. in die Zuständigkeit der Geschäftsführung des Unternehmensträgers.[16] 9

II. Zweigniederlassungen von Unternehmen mit Sitz im Inland (§ 13 HGB)

§ 13 HGB regelt die Zweigniederlassungen von Unternehmen (genauer: Unternehmensträgern) mit Sitz im Inland. § 13 h HGB betrifft demggü. seinem Wortlaut nach die Verlegung einer **Hauptniederlassung** im Inland. 10

1. Anforderungen an die Anmeldung der Errichtung der Zweigniederlassung und Voraussetzungen für deren Eintragung

Mit Errichtung der Zweigniederlassung ist der Unternehmensträger verpflichtet, die Errichtung der Zweigniederlassung zur Eintragung in das Handelsregister anzumelden (§ 13 I 1 HGB). Zur Durchsetzung dieser Pflicht kann das Registergericht ein **Zwangsgeld** festsetzen (§ 14 HGB). 11

Ist der Unternehmensträger eine Gesellschaft, sind im Innenverhältnis die Mitglieder des Geschäftsführungsorgans verpflichtet, die Anmeldung vorzunehmen. Es genügt, wenn die Anmeldung durch die organschaftlichen Vertreter in vertretungsbefugter Zusammensetzung unterzeichnet wird.[17] Für die **Form** der Anmeldung gilt § 12 HGB. 12

Die Anmeldung ist bei dem **Gericht des Sitzes** der Gesellschaft bzw. der Hauptniederlassung einzureichen (§ 13 I 1 HGB). Seit dem Inkrafttreten des EHUG führt das Gericht des Sitzes bzw. der Hauptniederlassung auch das weitere Verfahren durch. 13

Zum **Inhalt der Anmeldung** gehört zunächst der Ort der Zweigniederlassung und die inländische Geschäftsanschrift der Zweigniederlassung (§ 13 I 1 HGB). Die Geschäftsanschrift muss aus Straße u. Hausnummer u. Ort mit Postleitzahl bestehen; die Angabe eines Postfaches genügt nicht.[18] Gem. § 13 I 1 HGB ist ferner der (Firmen-) Zusatz anzugeben, falls der Firma der Zweigniederlassung ein solcher beigefügt wird. Verbreitet wird ver- 14

16 Baumbach/*Hopt*, HGB, § 13 Rn. 6 mwN.
17 Etwa *Roth*/Altmeppen § 4 a Rn. 27.
18 Ebenroth/Boujong/Joost/Strohn/*Pentz*, HGB, § 13, Rn. 43; *Wachter*, GmbHR 06, 779.

treten, dass (abw. vom Wortlaut des § 13 I 1 HGB) die Firma in jedem Falle anzugeben ist.[19]

▶ Der ... hat unter der Firma „..., Zweigniederlassung ...“ eine Zweigniederlassung errichtet. Die Zweigniederlassung befindet sich in .... ◀

Insgesamt sind drei verschiedene Möglichkeiten zur Firmierung der Zweigniederlassung denkbar:[20] Zunächst können die Firmen der Hauptniederlassung und der Zweigniederlassung vollständig identisch sein. Weiterhin kann der Firma der Zweigniederlassung ein Zusatz hinzugefügt werden, der auf ihre Eigenschaft als Filiale hindeutet. Diese Alternative wird derzeit am häufigsten gewählt. Zuletzt kann für die Zweigniederlassung eine von der Hauptfirma völlig verschiedene Firmierung gewählt werden, wobei jedoch ein Zusatz verwendet werden muss, der den Zusammenhang mit der Hauptfirma verdeutlicht.

15 Bei der errichteten Zweigniederlassung muss es sich um eine Zweigniederlassung **im Inland** handeln. Zweigniederlassungen im Ausland von Unternehmen mit Sitz im Inland sind weder nach § 13 I 1 HGB eintragungspflichtig noch eintragungsfähig.[21] Angemeldete inländische Zweigniederlassungen werden nicht eigenständig bei den Filialregistern eingetragen, sondern im Registerblatt der Hauptniederlassung erfasst, um Mehrfacherfassungen von Rechtsträgern entgegenzuwirken.[22] Die daraus resultierenden Rechercheschwierigkeiten wurden durch die Überarbeitung der Abfragemaske des Registerportals im Frühling 2019 weitestgehend behoben.[23]

2. Eintragung der Errichtung

16 Ob die Zweigniederlassung tatsächlich errichtet worden ist, hat das **Registergericht** grds. nicht zu **prüfen**. Ausnahmsweise hat es die Eintragung jedoch abzulehnen, wenn offensichtlich ist, dass die Zweigniederlassung nicht errichtet worden ist (§ 13 II HGB aE). Eine firmenrechtliche Prüfung nach § 30 HGB findet nicht statt.[24]

17 Die **Eintragung** in das Handelsregister durch das Registergericht hat grds. die Angaben zu enthalten, die Gegenstand der Anmeldung sind. Die **Bekanntmachung** der Eintragung erfolgt nach Maßgabe von § 10 HGB.

3. Änderungen einzutragender Tatsachen und Aufhebung der Zweigniederlassung

18 **Ändern** sich die Tatsachen, die die Zweigniederlassung betreffen, ist diese Änderung in gleicher Weise wie die Errichtung (§ 13 I 1 HGB) anzumelden (§ 13 I 2 HGB). Auch diese Anmeldung hat folglich ggü. dem Registergericht der Hauptniederlassung zu erfolgen. Ferner gelten § 13 I, II HGB bei einer **Aufhebung** der Zweigniederlassung entspr. (§ 13 III HGB).

19 Näher etwa Baumbach/*Hopt*, HGB, § 13 Rn. 7, 10.
20 *Bayer* AG 2019, R148, R151.
21 OLG Düsseldorf NZG 09, 1355.
22 *Bayer* AG 2019, R148.
23 *Bayer* AG 2019, R148.
24 Baumbach/*Hopt*, HGB, § 13 Rn. 13;Baumbach/Hopt, HGB, § 13, Rn. 13. Zur Reichweite der Prüfungspflichten des Registergerichts nach der Rechtslage vor Inkrafttreten des EHUG etwa BayObLG MittBayNot 95, 406.

▶ **Beispiel: Verlegung einer Zweigniederlassung**

Die Zweigniederlassung in ... wurde nach ... verlegt. Die Firma der Zweigniederlassung lautet nunmehr: .... Die auf die Zweigniederlassung beschränkten Prokuren bleiben bestehen. Die Zweigniederlassung befindet sich in ....

Beispiel: Aufhebung einer Zweigniederlassung

Die Zweigniederlassung in ... wurde aufgehoben. Die auf die Zweigniederlassung beschränkten Prokuren sind erloschen. ◀

III. Zweigniederlassungen von Unternehmen mit Sitz im Ausland (§§ 13 d–13 g)

Für Zweigniederlassungen von Unternehmensträgern mit Sitz im Ausland 19
gelten die §§ 13 d–13 g HGB. Während § 13 d HGB für sämtliche Unternehmensträger mit Sitz im Ausland gilt, stellt § 13 e HGB ergänzende Vorschriften für Kapitalgesellschaften mit Sitz im Ausland auf, welche für die von §§ 13 f, 13 g HGB erfassten Kapitalgesellschaftsformen wiederum durch diese Vorschriften ergänzt werden (→ Rn. 2).

1. Anwendbarkeit der §§ 13 d–13 g HGB

a) **Sitz im Ausland.** Der Unternehmensträger muss seinen Sitz im Ausland 20
haben, dh einem **ausländischen Gesellschaftsstatut** unterliegen, welches dem Unternehmensträger eine eigene Rechtspersönlichkeit zuspricht.[25] Erfasst sind sowohl Unternehmensträger mit Sitz in einem Mitgliedstaat der EU als auch Unternehmensträger mit Sitz in Drittstaaten.

b) **Kapitalgesellschaft und Art der Kapitalgesellschaft** (**§§ 13 e–13 g** 21
HGB). § 13 e gilt nur für Zweigniederlassungen einer „Aktiengesellschaft" u. einer „Gesellschaft mit beschränkter Haftung", § 13 f HGB für Zweigniederlassungen der ersteren u. § 13 g HGB für Zweigniederlassungen der letzteren. Die gesetzliche Formulierung meint jeweils, dass die Gesellschaftsform des ausländischen Rechts mit der jeweils genannten Gesellschaftsform des deutschen Rechts **vergleichbar** sein muss.[26] Dabei ist davon auszugehen, dass § 13 e entgg. dem Wortlaut von § 13 e I HGB auch für Gesellschaften sind, die mit der deutschen KGaA vergleichbar sind (arg e § 13 f VII HGB). Bei Gesellschaften mit Sitz in einem Mitgliedstaat der EU ist die Frage der Vergleichbarkeit nach verbreiteter Auffassung anhand der Zwölften gesellschaftsrechtlichen Richtlinie zu beantworten.[27] Richtigerweise ist insoweit jedoch nicht auf die Zwölfte gesellschaftsrechtliche Richtlinie, sondern auf die Publizitätsrichtlinie als die für Kapitalgesellschaften grdl. Richtlinie abzustellen.[28] Als Gesellschaft mit beschränkter

25 Vgl. BayOLG NZG 98, 936.
26 *Bönner,* RNotZ 2015, 253 (263).
27 OLG Frankfurt NZG 06, 515; Baumbach/*Hopt*, HGB, § 13 e Rn. 1.
28 Erste (gesellschaftsrechtliche) Richtlinie des Rates v. 9.3.68 (68/151 EWG) zur Koordinierung der Schutzbestimmungen, die in den Mitgliedsstaaten den Gesellschaften iSd Artikels 58 II des Vertrages im Interesse der Gesellschafter sowie Dritter vorgeschrieben sind um diese Bestimmungen gleichwertig zu gestalten, konsolidierte Fassung abrufbar unter www.europa.eu.

Haftung (§§ 13 e, 13 g HGB) ist insbes. die *private limited company* (plc) des englischen Rechts („Limited“) anzusehen.[29]

22 c) **Zweigniederlassung im Inland.** Die Gesellschaft mit Sitz im Ausland muss eine Zweigniederlassung in Deutschland haben. Insoweit gilt grds. der anerkannte Begriff der Zweigniederlassung (→ Rn. 6), der bei Unternehmen mit Sitz im EU-Ausland allerdings wegen des Gebots der europarechtskonformen Auslegung (→ Rn. 5) Modifikationen erfahren kann.[30]

23 Beschränkt sich die Tätigkeit einer Auslandsgesellschaft darauf, die **Komplementärstellung** in einer Kommanditgesellschaft nach deutschem Recht zu übernehmen, erfüllt dies nach hM nicht den Begriff der Zweigniederlassung.[31]

24 d) **Kein Erfordernis einer Hauptniederlassung im Ausland.** Aus der Rspr. des EuGH folgt, dass die Anwendbarkeit der §§ 13 d–13 g HGB bei Gesellschaften mit Sitz im EU-Ausland grds. nicht davon abhängt, dass der Unternehmensträger im Ausland über eine Hauptniederlassung verfügt.[32]

2. Anforderungen an die Anmeldung der Errichtung der Zweigniederlassung und Voraussetzungen für deren Eintragung

25 Die §§ 13 d–13 g HGB stellen weit reichende Anforderungen an die Anmeldung von Zweigniederlassungen von Unternehmen, insbes. Kapitalgesellschaften, mit Sitz im Ausland auf. Deren Einhaltung hat das Registergericht auch insoweit zu überprüfen, als **ausländisches Recht** (vgl. auch §§ 13 d III HGB aE, 13 f II 3 HGB, 13 g II 3 HGB) anzuwenden ist.[33] Die Pflicht zur Anmeldung der Errichtung einer Zweigniederlassung folgt aus §§ 13 d I, 13 I HGB. Zuständig ist das Gericht, in dessen Bezirk die Zweigniederlassung besteht. Dies gilt nach hM auch, wenn bereits eine andere Zweigniederlassung besteht.[34]

26 a) **Zuständiges Organ.** Für die Anmeldung zuständiges Organ ist bei einer der AG entspr. Gesellschaft der Vorstand, bei einer der GmbH entspr. Gesellschaft der Geschäftsführer (§ 13 e II 1 HGB). Die Vertretungsbefugnis der Handelnden ist nachzuweisen.[35] Handeln die *directors* einer englischen ***private limited company***, genügt grds. die Vorlage der *articles of association* der Gesellschaft bzw. eines Beschlusses der Gesellschafter über die Bestellung der *directors*.[36]

27 b) **Sprache.** Die Anmeldung selbst muss in deutscher Sprache verfasst sein.[37] Wegen der Sprache von Satzung bzw. Gesellschaftsvertrag

29 BGH NZG 07, 592; s. ferner etwa Baumbach/*Hopt*, HGB, § 13 e Rn. 1.
30 Baumbach/*Hopt*, HGB, § 13 Rn. 3.
31 OLG Frankfurt ZIP 08, 1286.
32 EuGH Rs C-212/97, Slg 99, I-1459 („Centros“); vgl. OLG Zweibrücken NZG 03, 537; LG Trier NZG 03, 778.
33 BayOLG NJW 99, 654, 656; Baumbach/*Hopt*, HGB, § 13 d Rn. 2 mwN.
34 OLG Schleswig NZG 07, 918.
35 Etwa KG NZG 04, 49.
36 OLG Dresden DNotZ 08, 146.
37 Ebenroth/Boujong/Joost/Strohn/*Pentz*, HGB, § 13 f, Rn. 22.

→ Rn. 34. Bei sonstigen Unterlagen in ausländischer Sprache kann das Registergericht jedenfalls eine deutsche **Übersetzung** verlangen.[38]

c) **Erforderlicher Inhalt der Anmeldung. aa) Errichtung der Zweigniederlassung.** Zunächst ist in der Anmeldung anzugeben, dass die Errichtung einer Zweigniederlassung zur Eintragung in das Handelsregister angemeldet wird. Nicht erforderlich ist, der Anmeldung einen Beschluss der Gesellschafter des Rechtsträgers über die Errichtung der Zweigniederlassung beizufügen.[39] Nicht geklärt ist bislang, inwieweit das Registergericht zu prüfen hat, ob die Zweigniederlassung tatsächlich errichtet wurde. Je nach der – recht unterschiedlichen – Praxis der Registergerichte kann es erforderlich sein, der Anmeldung ferner Nachweise hierüber beizufügen (zB ggf. Gewerbeanmeldung für die Zweigniederlassung, Mietvertrag).[40] 28

bb) Inländische Geschäftsanschrift, Gegenstand und Firma der Zweigniederlassung. In der Anmeldung ist ferner die **inländische Geschäftsanschrift** der Zweigniederlassung anzugeben (§§ 13 d II, 13 e II 3 HGB). Der inländischen Geschäftsanschrift kommt vor allem wegen der Regelung über die Empfangsberechtigung in § 13 e IIIa 1 HGB Bedeutung zu (→ Rn. 8). 29

Ferner muss in der Anmeldung der (Unternehmens-)**Gegenstand** der Zweigniederlassung angegeben werden (§§ 13 d II, 13 e II 3 HGB). Hierzu ist erforderlich, dass der Gegenstand hinreichend konkretisiert u. individualisiert bezeichnet wird; eine bloß abstrakte Angabe eines Unternehmensgegenstands genügt nicht.[41] Der Unternehmensgegenstand des Unternehmensträgers muss weder angegeben werden noch hat das deutsche Registergericht zu prüfen, ob der Gegenstand der Zweigniederlassung vom Unternehmensgegenstand des Unternehmensträgers gedeckt ist.[42] 30

Aus § 13 d II Hs. 2 HGB folgt, dass in die Anmeldung auch Angaben zur **Firma** der Zweigniederlassung aufzunehmen sein können.[43] Die Anforderungen des § 18 I, II HGB müssen grds. gewahrt sein. Inwieweit für EU-Gesellschaften Erleichterungen gelten, ist nicht gesichert.[44] 31

cc) Angaben und Nachweise zum Rechtsträger der Zweigniederlassung (§§ 13 e II 2, 13 g II, 13 f II HGB). Von den Angaben u. Nachweisen, die die Zweigniederlassung als solche betreffen, sind diejenigen zu unterscheiden, die die Gesellschaft oder den sonstigen (ausländischen) Rechtsträger betreffen, zu dessen Vermögen die Zweigniederlassung gehört. Hierüber finden sich in § 13 e HGB Regelungen, die für alle Kapitalgesellschaften (mit Sitz im Ausland) gelten (insbes. § 13 e II 2, 5 HGB). Handelt es sich 32

38 Ebenroth/Boujong/Joost/Strohn/*Pentz*, HGB, § 13 f, Rn. 22.
39 OLG Düsseldorf GmbHR 06, 548.
40 Vgl. OLG Karlsruhe NZG 12, 553 mwN mit Anm. *Anhäusser*, GmbHR 11, 1324.
41 OLG Düsseldorf NZG 06, 317, 318; vgl. auch OLG Hamm NZG 05, 930.
42 OLG Frankfurt GmbHR 06, 259; OLG Hamm ZIP 05, 1871; aA LG Cottbus ZIP 05, 2214.
43 Näher *Roth*/Altmeppen § 4 a Rn. 27; Baumbach/*Hopt*, HGB, § 13 d Rn. 4 mwN Vgl zur Firma der Zweigniederlassung auch BayObLG NJW-RR 92, 1062.
44 Für eine „starke" Anwendung von § 18 HGB auch im Falle von EU-Gesellschaften s. OLG München NZG 11, 157 („Zahnarztpraxis Ltd."). Vgl. ferner OLG München DB 07, 2032 („Planung für Küche und Bad Limited"); KG NZG 08, 80 („Autodienst-Berlin Limited"); sehr weitgehend LG Aachen NZG 07, 600 („Auskunft Ltd"); vgl. hierzu *Clausnitzer*, DNotZ 08, 484.

um eine AG, KGaA oder eine GmbH, ergeben sich weitere Anforderungen aus § 13 f II, III bzw. § 13 g II, III HGB. IErg:

33 Zunächst sind verschiedene **Grundangaben** zu machen: So sind das Register u. die Registernummer der Gesellschaft (§ 13 e II 5 Nr. 1 HGB), deren Rechtsform (§ 13 e II 5 Nr. 3 HGB) u. ggf. das auf die Gesellschaft anzuwendende Recht (§ 13 e II 5 Nr. 4 HGB) anzugeben. Im Falle der AG bzw. KGaA kommen Angaben über Firma, Unternehmensgegenstand, Grundkapital u. Aktien, die Zahl der vertretungsberechtigten Personen u. über Bekanntmachungen hinzu, soweit das ausländische Recht keine Abweichungen erforderlich macht (§ 13 f II 3 HGB iVm § 23 III, IV AktG). Vergleichbares ergibt sich im Falle der GmbH (über § 13 g III HGB iVm § 10 GmbHG). Zwei wichtige Fragen, die sich in diesem Zusammenhang stellen, hat der BGH in 2019 dem EuGH zur Vorabentscheidung vorgelegt:[45] Zunächst soll geklärt werden, ob Art. 30 der Richtlinie (EU) 2017/1132 einer nationalen Regelung entgegensteht, nach der für die Eintragung einer Zweigniederlassung einer GmbH mit Sitz in einem ausländischen Mitgliedsstaat in das Handelsregister die Angabe der Höhe des Stammkapitals oder eines vergleichbaren Kapitalwerts erforderlich ist. Ferner hat der BGH dem EuGH die Frage vorgelegt, ob Art. 30 der Richtlinie einer nationalen Regelung entgegensteht, nach der der Geschäftsführer einer solchen GmbH bei Eintragung die Versicherung abgeben muss, dass in seiner Person kein Bestellungshindernis nach nationalem Recht in Form eines gerichtlichen oder behördlichen Berufs- oder Gewerbeverbots, das mit dem Unternehmensgegenstand der Gesellschaft ganz oder teilweise übereinstimmt, oder in Form einer rechtskräftigen Verurteilung wegen bestimmter Straftaten vorliegt und dass er insoweit über seine unbeschränkte Auskunftspflicht gegenüber dem Gericht durch einen Notar, einen Vertreter eines vergleichbar rechtsberatenden Berufs oder einen Konsularbeamten belehrt worden ist. Der Ausgang des Verfahrens bleibt abzuwarten. Anzugeben ist ferner – neben der inländischen Geschäftsanschrift der Zweigniederlassung (→ Rn. 29) – eine inländische Geschäftsanschrift der Gesellschaft (§ 13 f II 2 HGB iVm § 37 III Nr. 1 AktG bzw. § 13 g II 2 HGB iVm § 8 IV Nr. 1 GmbHG). Erfolgt die Eintragung innerhalb der ersten zwei Jahre seit Gründung der Gesellschaft, sind außerdem Angaben zur Gründung u. zur Leistung der Einlagen zu machen (§ 13 f II 3 Hs. 2 iVm §§ 26, 27 AktG bzw. § 13 g II 3 iVm § 5 IV GmbHG).

34 Gem. § 13 e II 2 HGB ist ferner das **Bestehen der Gesellschaft nachzuweisen**. Bei AG u. GmbH gehört hierzu zunächst die Vorlage der Satzung bzw. des Gesellschaftsvertrags; diese sind der Anmeldung als Anlage in öffentlich beglaubigter Abschrift beizufügen (§§ 13 f II 1, 13 g II 1 HGB). Einzureichen ist die im Zeitpunkt der Anmeldung geltende Fassung.[46] Im Falle der *public limited company* genügt nach der Rspr. des OLG Hamm die Vorlage eines Ausdrucks der beim Companies House hinterlegten elektronischen Fassung des Gesellschaftsvertrags u. einer Bescheinigung eines englischen Notary Public, mit der dieser bestätigt, dass beide Fassungen iden-

45 BGH II ZB 25/17, BeckRS 2019, 11449.
46 Etwa Ebenroth/Boujong/Joost/Strohn/*Pentz*, HGB, § 13 f Rn. 7.

tisch sind.[47] Ist die Satzung bzw. der Gesellschaftsvertrag nicht in deutscher Sprache verfasst, ist als Anlage ferner eine beglaubigte Übersetzung in deutscher Sprache beizufügen (§§ 13 f II 1, 13 g II 1 HGB). Eine Übersetzung durch einen gerichtlich bestellten Dolmetscher genügt.[48] Errichtet eine Gesellschaft mehrere Zweigniederlassungen im Inland, so brauchen die Satzung oder der Gesellschaftsvertrag (sowie deren Änderungen) nach Wahl der Gesellschaft nur zum Handelsregister einer dieser Zweigniederlassungen eingereicht zu werden (§ 13 e V 1 HGB). In diesem Fall ist jedoch bei den Handelsregistern der übrigen Zweigniederlassungen anzumelden, welches Handelsregister die Gesellschaft als zentrales Handelsregister ausgewählt hat u. unter welcher Nummer die Zweigniederlassung eingetragen ist (§ 13 e V 2 HGB).

Anzugeben sind ferner die **Personen der Geschäftsführer** bzw. sonstigen Geschäftsleiter (vgl. § 13 f III HGB iVm § 39 AktG bzw. § 13 g III HGB iVm § 10 GmbHG) u. Art u. Umfang ihrer Vertretungsbefugnis (§ 13 f III 2 HGB iVm § 37 III Nr. 2 AktG bzw. § 13 g II 2 iVm § 8 IV Nr. 2 GmbHG).[49] Bei der GmbH sind der Anmeldung Nachweise über die Legitimation der Geschäftsleiter beizufügen (§ 13 g II 2 iVm § 8 I Nr. 2 GmbHG).[50] Gem. § 13 e III 2 HGB gelten im Falle von AG, KGaA u. GmbH für die gesetzlichen Vertreter der Gesellschaft die Bestellungshindernisse nach § 76 III 2, 3 AktG u. § 6 II 2, 3 GmbHG entspr.[51] Im Falle von AG, KGaA u. GmbH ist dementspr in der Anmeldung zu versichern, dass in der Person der Geschäftsleiter keine Bestellungshindernisse vorliegen (§ 13 f II 2 HGB iVm § 37 II AktG bzw. § 13 g II 2 HGB iVm § 8 III GmbHG). Diese Versicherung ist nach verbreiteter Auffassung von allen Geschäftsleitern des Unternehmens u. nicht nur von denen der Zweigniederlassung abzugeben.[52] Anzugeben sind ferner Art u. Umfang der Vertretungsbefugnis der Geschäftsleiter der Gesellschaft (§ 13 f II 2 HGB iVm § 37 III Nr. 2 AktG bzw. § 13 g II 2 HGB iVm § 8 IV Nr. 2 GmbHG). Bei einem *director* einer englischen *private limited company* kann nach hM keine Befreiung von den Beschränkungen des § 181 BGB angemeldet werden.[53] 35

dd) Angaben zum ständigen Vertreter der Zweigniederlassung (§ 13 e II 5 Nr. 3 HGB). Handelt es sich um eine Kapitalgesellschaft, sind in die Anmeldung gem. § 13 e II 5 Nr. 3 HGB ferner die Personen anzugeben, die befugt sind, als ständige Vertreter für die Tätigkeit der Zweigniederlassung die Gesellschaft gerichtlich u. außergerichtlich **zu vertreten,** wobei str. ist, 36

47 OLG Hamm NJW-RR 11, 396.
48 OLG Hamm NZG 08, 949.
49 Bei der englischen Ltd kann nach Auffassung des OLG Frankfurt aM ein *director*, der für die Ltd nur gesamtvertretungsberechtigt ist, alleine eingetragen werden, wenn er hins. der Angelegenheiten der Zweigniederlassung einzelvertretungsberechtigt ist, NJW-RR 15, 873.
50 Vgl. OLG Karlsruhe NZG 12, 553 f.
51 Vor Inkrafttreten dieser Vorschriften bereits BGH NJW 07, 2328 (für Gewerbeverbot); vgl. *Mankowski*, BB 06, 1173.
52 Baumbach/*Hopt*, HGB, § 13 g Rn. 3.
53 Vgl. OLG Frankfurt GmbHR 09, 214; OLG München NJW-RR 05, 1486.

ob der ständige Vertreter lediglich rechtsgeschäftlich vertritt[54] oder aber organschaftliche Befugnisse hat.[55]

Anzugeben sind ferner die Befugnisse dieser Personen. An diese Eintragung knüpft sich die Empfangsberechtigung nach § 13e IIIa 1 HGB. Der einzige gesetzliche Vertreter der Gesellschaft kann nach hM nicht gleichzeitig ständiger Vertreter sein.[56] Bei mehreren gesetzlichen Vertretern ist str, ob einer von diesen ständiger Vertreter sein kann.[57] Gibt es nur einen ständigen Vertreter, kann nicht angemeldet werden, diesem stehe Einzelprokura zu, da er ohnehin einzelvertretungsberechtigt ist.[58] Str. ist, ob der organschaftliche Vertreter der Hauptniederlassung auch als ständiger Vertreter der Zweigniederlassung eingetragen werden kann[59] u. ob die Befreiung des ständigen Vertreters von den Beschränkungen des § 181 dann eintragungsfähig wäre.[60]

3. Eintragung der Errichtung

37 Das Registergericht hat die Anmeldung einschließlich der Anlagen zur Anmeldung daraufhin **zu prüfen**, ob die Anforderungen der §§ 13d ff. HGB gewahrt sind. Ist dies der Fall, ist es verpflichtet, die Eintragung zu verfügen. Vorschriften über den Inhalt der Eintragung enthalten § 13d II HGB für sämtliche Unternehmen mit Sitz im Ausland u. §§ 13f III, 13g III HGB für AGs, KGaAs (§ 13f VII HGB) u. GmbHs mit Sitz im Ausland.

4. Weitere Anmeldungen

38 Die §§ 13d ff. HGB sehen verschiedene weitere Anmeldepflichten vor:[61]

39 Für alle Kapitalgesellschaften mit Sitz im Ausland gilt, dass die in § 13e II 5 Nr. 3 HGB genannten Personen jede **Änderung dieser Personen oder der Vertretungsbefugnis** einer dieser Personen zur Eintragung in das Handelsregister anzumelden haben (§ 13e III 1 HGB). Endet die Vertretungsbefugnis des einzigen ständigen Vertreters, kann dieser die deswegen erforderliche Anmeldung nach § 13e III 1 HGB nach hM nicht (mehr) vornehmen. Ein neu bestellter ständiger Vertreter kann die Anmeldung vornehmen, wenn er seine Bestellung u. seine Anmeldebefugnis nachweist. Anderenfalls müssen die gesetzlichen Vertreter der Gesellschaft die Anmeldung vornehmen.[62]

40 Ferner haben die in § 13e II 5 Nr. 3 HGB genannten Personen oder, wenn solche nicht angemeldet sind, die gesetzlichen Vertreter der Gesellschaft die

---

54 OLG Bremen DNotZ 13, 472; OLG München NJW-RR 06, 1042.
55 *Krafka/Willer/Kühn*, Registerrecht, 9. Aufl. 13, Teil 1 Rn. 317; ablehnend MK-HGB/*Krafka*, 4. Aufl. 16, § 13e, Rn. 15.
56 OLG Karlsruhe NZG 12, 553, 554. Zur Eintragung eines Prokuristen s. *Kühn/Krafka*, NZG 11, 209.
57 Näher *Krafka/Willer/Kühn*, Registerrecht, 9. Aufl. 13, Teil 1 Rn. 317 mwN.
58 OLG München NZG 11, 1072 mit Anm. *Schneider*, BB 11, 2452.
59 Vgl. hierzu *Hoger*, NZG 15, 1219 Rn. 1223.
60 Verneinend die stRspr, vgl. etwa OLG München NZG 06, 512 u. OLG Hamm FGPrax 06, 276; bejahend die hL, vgl. etwa MüKoHGB/*Krafka* § 13e Rn. 15; Staub/*Koch* HGB § 13e Rn. 34; *Hoger* NZG 15, 1219 Rn. 1223 mwN.
61 Näher dazu *Heinze*, RNotZ 09, 586.
62 OLG München NZG 11, 1072 mit Anm. *Schneider*, BB 11, 2452.

Eröffnung oder die Ablehnung der Eröffnung eines **Insolvenzverfahrens** oder eines ähnl Verfahrens über das Vermögen der Gesellschaft zur Eintragung in das Handelsregister anzumelden (§ 13e IV HGB). Auch diese Bestimmung findet auf alle Kapitalgesellschaften Anwendung.

Bei einer AG, KGaA (§ 13f VII HGB) u. einer GmbH ist ferner jede **Änderung der Satzung bzw. des Gesellschaftsvertrags** anzumelden (§§ 13f IV, 13g IV HGB). Die Anmeldung durch die Geschäftsleiter der Gesellschaft in vertretungsberechtigter Zahl genügt.[63] Obwohl es insoweit an einer ausdrücklichen Anordnung fehlt (vgl. §§ 13f II 1, 13d II 1 HGB), gilt auch für die Anmeldung einer Änderung der Satzung bzw. des Gesellschaftsvertrags, dass der Anmeldung eine beglaubigte Übersetzung der Änderung beizufügen ist, wenn diese nicht in deutscher Sprache verfasst ist.[64] Nach der Rspr. des KG ist analog §§ 13f IV, 13g IV HGB ferner ein (Form-)**Wechsel der Rechtsform** der Gesellschaft anzumelden (vgl. auch § 13e II 5 Nr. 2 HGB); der Gesellschaftsvertrag der Gesellschaft in ihrer neuen Rechtsform ist unter Beachtung von §§ 13f II 1, 13g II 1 HGB einzureichen.[65] 41

Weitere Anmeldepflichten folgen für AG u. KGaA (§ 13f VII HGB) aus § 13f V HGB iVm den dort genannten Vorschriften des AktG, für GmbHs gem. § 13g V HGB iVm den dort genannten Vorschriften des GmbHG. Anzumelden ist hiernach insbes. jede Änderung in den Personen, die gesetzlich zur Vertretung der (ausländischen) Gesellschaft berufen sind. Bei Anmeldung eines neuen Vertreters hat dieser gem. § 13f V HGB, § 81 III AktG bzw. § 13g V HGB, § 39 III GmbHG zu versichern, dass keine der genannten Bestellungshindernisse bestehen.[66] 42

Schließlich bestimmen §§ 13f VI, 13g VI HGB, dass auch die **Aufhebung der Zweigniederlassung** zur Eintragung in das Handelsregister anzumelden ist.[67] Die für die Errichtung geltenden Vorschriften in §§ 13d ff. HGB gelten entspr. Nach hM kann auch eine **Verlegung** der Zweigniederlassung als solche eingetragen werden (vgl. § 20 S. 1 2. Fall HRV).[68] Die Anmeldepflicht folgt aus einer Analogie zu § 13 I HGB oder zu § 13h I HGB. Für das weitere Verfahren gelten § 13h II, III HGB nach hM entspr.[69] 43

5. Löschung der Zweigniederlassung

Das Registergericht hat die Eintragung der Zweigniederlassung gem. § 395 FamFG vAw oder auf Antrag zu **löschen**, wenn die ausländische Gesellschaft, zu der die Zweigniederlassung gehört, erloschen ist. Dies ist nach einer Entscheidung des KG für eine englische *public limited company* anzunehmen, wenn sich aus dem englischen Register (Companies House) er- 44

63 Ebenroth/Boujong/Joost/Strohn/*Pentz*, HGB, § 13f Rn. 20.
64 Ebenroth/Boujong/Joost/Strohn/*Pentz*, HGB, § 13f Rn. 22.
65 KG NZG 12, 353 (nur Ls.) = BeckRS 12, 03824.
66 KG DNotZ 12, 791 (für eine österreichische GmbH).
67 Hierzu LG Krefeld NZG 06, 676.
68 *Krafka/Willer/Kühn*, Registerrecht, 9. Aufl. 13, Teil 1 Rn. 309 mwN Vgl bereits OLG Stuttgart NJW 64, 112.
69 Vgl. OLG München NZG 11, 117. Zum Umfang der Prüfung des Gerichts der neuen Niederlassung nach § 13h II 3 1. Fall HGB s. OLG Köln NZG 05, 87; LG Augsburg NZG 11, 195.

gibt, dass die Gesellschaft „dissolved" ist.[70] Eine Löschung der Zweigniederlassung auf der Grundlage von § 394 FamFG scheidet aus.[71]

§ 5 Stammkapital; Geschäftsanteil

(1) Das Stammkapital der Gesellschaft muß mindestens fünfundzwanzigtausend Euro betragen.

(2) [1]Der Nennbetrag jedes Geschäftsanteils muss auf volle Euro lauten. [2]Ein Gesellschafter kann bei Errichtung der Gesellschaft mehrere Geschäftsanteile übernehmen.

(3) [1]Die Höhe der Nennbeträge der einzelnen Geschäftsanteile kann verschieden bestimmt werden. [2]Die Summe der Nennbeträge aller Geschäftsanteile muss mit dem Stammkapital übereinstimmen.

(4) [1]Sollen Sacheinlagen geleistet werden, so müssen der Gegenstand der Sacheinlage und der Nennbetrag des Geschäftsanteils, auf den sich die Sacheinlage bezieht, im Gesellschaftsvertrag festgesetzt werden. [2]Die Gesellschafter haben in einem Sachgründungsbericht die für die Angemessenheit der Leistungen für Sacheinlagen wesentlichen Umstände darzulegen und beim Übergang eines Unternehmens auf die Gesellschaft die Jahresergebnisse der beiden letzten Geschäftsjahre anzugeben.

Schrifttum

Barta, Das Kapitalsystem von GmbH und AG, GmbHR 2005, 657; *Bayer*, Moderner Kapitalschutz, ZGR 2007, 220; *Boehme*, Kapitalaufbringung durch Sacheinlagen, 1999; *ders*, Sacheinlagefähigkeit von Lizenzen, GmbHR 2000, 841; *Bongen/Renauld*, Sachübernahmen, GmbHR 1992, 100; *Bork*, Die Einlagefähigkeit obligatorischer Nutzungsrechte, ZHR 154 (1990), 205; *Drygala*, Stammkapital heute – Zum veränderten Verständnis vom System des festen Kapitals und seinen Konsequenzen, ZGR 2006, 567; *Ekhold*, Materielle Unterkapitalisierung, 2002; *Ekkenga*, Zur Aktivierungs- und Einlagefähigkeit von Nutzungsrechten nach Handelsbilanz- und Gesellschaftsrecht, ZHR 161 (1997), 599; *Fabritius*, Vermögensbindung in AG und GmbH – tiefgreifender Unterschied oder grundsätzliche Identität?, ZHR 144 (1980), 628; *Fleck*, Der Grundsatz der Kapitalerhaltung – seine Ausweitung und Grenzen, FS GmbHG, 1992, S. 391; *Frey*, Einlagen in Kapitalgesellschaften, 1990; *Gehrlein*, Der aktuelle Stand des neuen GmbH-Rechts, Der Konzern 2007, 771; *Giedinghagen/Lakenberg*, Kapitalaufbringungen durch Dienstleistungen?, NZG 2009, 201; *Götting*, Die Einlagefähigkeit von Lizenzen an Immaterialgüterrechten, AG 1999, 1; *Haas*, Mindestkapital und Gläubigerschutz in der GmbH, DStR 2006, 993; *Habersack*, Die gemischte Sacheinlage, FS Konzern, 2006, S. 179; *ders*, Verdeckte (gemischte) Sacheinlage, Sachübernahme und Nachgründung im Aktienrecht, ZGR 2008, 48; *Heckschen*, Die GmbH-Reform – Wege und Irrwege, DStR 2007, 144; *Hirte*, Die „Große GmbH-Reform" – Ein Überblick über das Gesetz zur Modernisierung des GmbH-Rechts und zur Bekämpfung von Missbräuchen, NZG 2008, 761; *Hoffmann*, Die unzulässige Einlage von Dienstleistungen im GmbH- und Aktienrecht, NZG 2001, 433; *Hoffmann-Becking*, Der Einbringungsvertrag zur Sacheinlage eines Unternehmens oder Unternehmensteils in der Kapitalgesellschaft, FS Lutter, 2000, S. 453; *Joost*, Grundlagen und Rechtsfolgen der Kapitalerhaltungsregeln in der GmbH, ZHR 148 (1984), 27; *Kindler*, Grundzüge des neuen Kapitalgesellschaftsrechts, NJW 2008, 3249; *Kleindiek*, Die Einziehung von GmbH-Geschäftsanteilen und das Konvergenzgebot aus § 5 III 2 GmbHG, NZG 2015, 489; *Krüger*, Mindestkapital und Gläubigerschutz, 2005; *Lutter*, Fehler schaffen neue Fehler – gegen die

70 KG NZG 12, 230.
71 OLG Frankfurt aM NZG 11, 158.

Divergenztheorie bei §§ 5 Abs. 3, 34 GmbHG, FS Meilicke 2010, S. 481; *Markwardt*, Kapitalaufbringung nach dem MoMiG, BB 2008; 2414; *Mülbert*, Sacheinlagepflicht, Sacheinlagevereinbarung und Sacheinlagefestsetzungen im Aktien- und GmbH-Recht, FS Priester, S. 2007, 485; *Pentz*, Genehmigtes Kapital, Belegschaftsaktien und Sacheinlagefähigkeit obligatorischer Nutzungsrechte – das adidas-Urteil des BGH, ZGR 2001, 901; *Priester*, Die Festsetzungen im GmbH-Vertrag bei Einbringung von Unternehmen, BB 1980, 19; *ders*, Kapitalaufbringung, FS GmbHG, 1992, S. 159; *G H Roth*, Unterkapitalisierung und persönliche Haftung, ZGR 1993, 182; *K Schmidt*, Obligatorische Nutzungsrechte als Sacheinlagen, ZHR 154 (1990), 237; *Trebben*, Die Reform der GmbH – das MoMiG in der notariellen Praxis, RNotZ 2008, 441; Ulmer, Die Einziehung von GmbH-Anteilen – ein Opfer der MoMiG-Reform, DB 2010, 321; *Wagner*, Gründung bzw. Kapitalerhöhung von Kapitalgesellschaften: Aufgeld auf satzungsmäßiger bzw. schuldrechtlicher Grundlage, DB 2004, 293; *Wälzholz*, Die Reform der GmbH-Rechts, MittBayNot 2008, 425; *Weitbrecht*, Haftung der Gesellschafter bei Unterkapitalisierung, 1990; *Wohlschlegel*, Gleichbehandlung von Sacheinlagen und Sachübernahmen im Gründungsrecht der GmbH, DB 1995, 2053.

I. Normzweck

§ 5 ist die **grdl. Vorschrift für die Kapitalausstattung der GmbH.** IVm § 3 I Nr. 3 u. Nr. 4, welche die zwingende Aufnahme des Stammkapitalbetrags sowie der Zahl u. Nennbeträge der von jedem Gesellschafter übernommenen Geschäftsanteile in den Gesellschaftsvertrag vorschreiben, bildet sie die **das Wesen der GmbH als Kapitalgesellschaft prägende Norm.** Sie ist zugleich der zentrale Bezugspunkt für diejenigen Vorschriften des GmbHG, welche die Aufbringung u. Erhaltung des Stammkapitals sichern sollen (§§ 7 II u. III, 9 ff., 19 ff., 24, 30 ff.). Die fundamentale Bedeutung von § 5 zeigt sich auch daran, dass sie in ihrem Anwendungsbereich über die Gründung der Gesellschaft hinausreicht u. sie Geltung auch für Maßnahmen der Kapitalerhöhung (§ 55 IV) sowie der Kapitalherabsetzung (§§ 58, 58 a) beansprucht. 1

In ihrem **Abs. 1** legt die Vorschrift das Mindeststammkapital auf 25.000 EUR fest. In **Abs. 2**, der inhaltlich durch das MoMiG mit wesentlichen Neuerungen versehen wurde, wird als Mindesthöhe jedes Geschäftsanteils ein Euro bestimmt u. damit zugleich die für Geschäftsanteile geltende Teilbarkeitsregel aufgestellt; ferner wird die Übernahme auch mehrerer 2

Geschäftsanteile durch einen Gesellschafter gestattet. **Abs. 3** stellt klar, dass die Geschäftsanteile unterschiedlich hohe Nennbeträge aufweisen können, die Summe der Nennbeträge aller Geschäftsanteile jedoch dem Stammkapital zu entsprechen hat. **Abs. 4** schließlich regelt die Besonderheiten der Sachgründung. Zur Euroumstellung von Altgesellschaften mit auf DM lautendem Stammkapital siehe § 1 EGGmbH.[1]

II. Stammkapital (Abs. 1, 3)

1. Höhe, Festlegung

3 § 5 bestimmt für das Stammkapital einer GmbH einen gesetzlichen **Mindestbetrag von 25.000 EUR**. Dieser Mindestbetrag darf nicht unterschritten werden, u. zwar auch nicht durch eine spätere Kapitalherabsetzung (§ 58 II 1). Allerdings gestattet § 5 a für die Gründung einer **UG (haftungsbeschränkt)** ein Stammkapital auch unter dem Mindestbetrag von Abs. 1 (s. die Erläuterungen zu § 5 a). Ferner kann bei einer vereinfachten Kapitalherabsetzung, die zugleich mit einer Barkapitalerhöhung verbunden wird, in einem ersten unselbstständigen Zwischenschritt das Stammkapital zunächst auch auf einen Betrag unter den Mindestbetrag aus Abs. 1 – sogar bis auf null – herabgesetzt werden, wenn durch die mit der Herabsetzung gleichzeitig beschlossene Kapitalerhöhung der Mindestbetrag nach Abs. 1 wieder erreicht wird (§ 58 a IV – sog. **Kapitalschnitt** – → § 58 a Rn. 28 ff.). Eine Obergrenze für das Stammkapital besteht nicht, so dass die Gesellschafter das Stammkapital auf jeden beliebigen Betrag ab 25.000 EUR festlegen können.

4 Es gibt branchenspezifische Sondervorschriften, die für Gesellschaften mit einem bestimmten Unternehmensgegenstand über Abs. 1 hinausgehende Anforderungen an das Stammkapital stellen: So müssen Kapitalanlagegesellschaften ein eingezahltes Stammkapital von mind. 300.000 EUR (§ 11 I Nr. 1 InvG) u. Unternehmensbeteiligungsgesellschaften ein solches von mind. 1 Mio EUR (§ 2 IV UBGG) aufweisen. Für Kreditinstitute u. andere Finanzdienstleister verlangt § 10 I KWG eine „angemessene" Eigenkapitalausstattung u. durch § 33 I 1 Nr. 1 lit. a–g ein „ausreichendes" Anfangskapital. Hieraus werden je nach Geschäftszweig unterschiedliche Mindeststammkapitalbeträge abgeleitet, die jeweils über dem in Abs. 1 genannten Betrag liegen.[2]

5 Das Stammkapital muss gem. § 3 I Nr. 3 **im Gesellschaftsvertrag festgesetzt** werden, u. zwar in **genauer Höhe** u. auf **Euro** lautend (→ § 3 Rn. 20 f.). Eine **Änderung** des Stammkapitalbetrags vor erfolgter Handelsregistereintragung der Gesellschaft kann nur durch Änderung des Gesellschaftsvertrages als Gründungsvereinbarung unter Mitwirkung aller Gesellschafter in der Form des § 2 erfolgen. Nach Handelsregistereintragung ist eine Änderung nur durch Kapitalerhöhung bzw. Kapitalherabsetzung gem. §§ 55 ff. bzw. §§ 58 ff. möglich.

---

1 Hierzu auch Baumbach/Hueck/*Fastrich* Rn. 58 ff.
2 MüKoGmbHG/*Schwandtner* Rn. 32.

2. Funktion des Stammkapitals, Unterkapitalisierung

Das Stammkapital legt in seiner **theoretischen** Ausrichtung als **Garantieziffer** den Betrag fest, der mind. als Reinvermögen zur Befriedigung der Gläubiger der Gesellschaft zur Verfügung stehen soll, sog. **Haftungsfonds.**[3] Dies geschieht dadurch, dass mit dem Stammkapitalbetrag die Summe fixiert wird, welche die Gesellschafter bei Gründung der Gesellschaft als Einlagen aufzubringen haben bzw. – soweit sie diese noch nicht aufgebracht haben – der Gesellschaft schulden.[4] Neben Vorschriften betr. die Absicherung der **Erbringung des Stammkapitals** (va §§ 7 II u. III, 9, 19ff., 24) hält das GmbHG auch Normen bereit, die der **Erhaltung des Stammkapitals** dienen u. sicherstellen sollen, dass das Gesellschaftsvermögen in Höhe der Stammkapitalziffer von den Gesellschaftern nicht für private Zwecke in Anspruch genommen wird.[5] Allerdings setzt das Gesetz die Funktionsweise des Stammkapitals als Haftungsfonds nun nicht etwa dergestalt um, dass die von den Gesellschaftern geleisteten Einlagen thesauriert werden müssten; vielmehr kann das durch Einlagen aufgebrachte Gesellschaftsvermögen vollumfänglich in den Geld- u. Wirtschaftskreislauf eingebracht werden.[6] Daher dürfen die Begriffe „Garantieziffer" u. „Haftungsfonds" nicht darüber hinwegtäuschen, dass dem Stammkapital in der Realität des Wirtschaftslebens eine wirkliche Garantiefunktion nicht zukommen kann. Der statutarische Stammkapitalbetrag sagt nämlich nichts darüber aus, ob das Vermögen für einen möglichen Zugriff der Gläubiger tatsächlich noch vorhanden ist, da die von den Gesellschaftern eingelegten Mittel alsbald nach der Gründung in der operativen Tätigkeit der Gesellschaft eingesetzt u. verloren sein können.[7] Seine **gläubigerschützende Funktion** entfaltet das Stammkapital daher nur als **Kontrollgröße**, an der die zu Beginn der wirtschaftlichen Tätigkeit geschuldeten bzw. notwendigen Beiträge gemessen werden.[8] Ferner gibt es den **rechnerischen Teil des Gesellschaftsvermögens** an, **der nicht an die Gesellschafter verteilt werden darf** (§§ 30ff.).[9] 6

Die Gesellschafter einer GmbH sollten sich bei der Bemessung des Stammkapitals nicht nur an dem Mindesterfordernis des Abs. 1 orientieren, sondern auch den konkreten Eigenkapitalbedarf der wirtschaftlichen Tätigkeit ihres Unternehmens berücksichtigen.[10] Eine spezielle gesetzliche Verpflichtung, der Gesellschaft das betriebswirtschaftlich erforderliche Eigenkapital zur Verfügung zu stellen, besteht jedoch nicht.[11] Wenn das Eigenkapital der Gesellschaft (dessen wesentlicher Bestandteil das Stammkapital ist) nicht in einem betriebswirtschaftlich angemessenen Verhältnis zu Art u. Umfang der geschäftlichen Tätigkeit des Unternehmens steht, liegt eine **Unterkapitalisierung** vor. Man unterscheidet hier zwischen einer formellen oder auch nominellen u. einer materiellen Unterkapitalisierung. 7

3 Baumbach/Hueck/*Fastrich* § 3 Rn. 14; vgl. auch MüKoGmbHG/*Wicke*, § 3 Rn. 43.
4 MHLS/*Leitzen* Rn. 8.
5 MüKoGmbHG/*Schwandtner* Rn. 30.
6 BGHZ 119, 117, 187; MüKoGmbHG/*Schwandtner* Rn. 29.
7 Scholz/*Veil* Rn. 8.
8 MHLS/*Leitzen* Rn. 8.
9 Lutter/Hommelhoff/*Bayer* Rn. 2.
10 Roth/*Altmeppen* Rn. 4.
11 Baumbach/Hueck/*Fastrich* Rn. 5.

8 **Formelle (nominelle) Unterkapitalisierung** ist gegeben, wenn der Gesellschaft zwar ausreichende Mittel zur Verfügung stehen, ihr diese jedoch nicht als Eigenkapital, sondern als Fremdkapital, insbes. durch Gesellschafterdarlehen gewährt wurden.[12] Den mit einer solch formellen Unterkapitalisierung verbundenen Gefahren für außenstehende Gesellschaftsgläubiger wurde u. wird durch die Rspr. u. Gesetzgebung bereits seit längerem begegnet: Bis zum Inkrafttreten des MoMiG durch die zunächst von der Rspr. entwickelten Grundsätze zum Eigenkapitalersatz,[13] die dann in den §§ 32 a, 32 b aF auch ihren gesetzlichen Niederschlag gefunden hatten. An die Stelle dieser Grundsätze ist nunmehr die Nachrangigkeit von Rückforderungsansprüchen aus Gesellschafterhilfen im Insolvenzverfahren gem. § 39 I Nr. 5 iVm Abs. 5 InsO getreten (Gesellschafterfremdfinanzierung → Rn. 4 ff.). Daher ist eine nur formelle Unterkapitalisierung iRd Entscheidungsfreiheit der Gesellschafter bei der Wahl ihrer Finanzierungsmittel grds. hinzunehmen.[14]

9 **Materielle Unterkapitalisierung** liegt vor, wenn der Gesellschaft die erforderlichen Mittel überhaupt nicht im angemessenen Umfang zur Verfügung stehen, die Gesellschaft also unterfinanziert oder in betriebswirtschaftlich unangemessenem Umfang fremdfinanziert ist.[15] Die Problematik der materiellen Unterkapitalisierung hat bislang keine spezialgesetzliche Lösung erfahren. Von einem Teil der Literatur wurde hierzu ein eigenständiges Haftungsinstitut der qualifizierten Unterkapitalisierung entworfen, dass bei einer schwerwiegenden materiellen Unterkapitalisierung zu einer Haftung der Gesellschafter führen soll, wobei die Voraussetzungen u. die Ausgestaltung einer solchen Haftung durchaus unterschiedlich angenommen werden, insbes. ob die Haftung verschuldensabhängig ist oder nicht u. ob es sich um eine Innen- oder Außenhaftung handelt.[16] Der BGH jedoch hat richtigerweise ein derart eigenständiges Haftungsinstitut der materiellen Unterkapitalisierung abgelehnt u. beurteilt die Unterkapitalisierung alleine nach § 826 BGB unter dem Gesichtspunkt der sittenwidrigen Gläubigerschädigung.[17]

III. Geschäftsanteile (Abs. 2, 3)

1. Begriff, Nennbetrag, Mehrfachbeteiligung

10 Der Geschäftsanteil bezeichnet die **Mitgliedschaft** des Gesellschafters an der Gesellschaft als **Inbegriff aller seiner Rechte u. Pflichten** aus dem Ge-

12 MüKoGmbHG/*Schwandtner* Rn. 30; Roth/*Altmeppen* Rn. 12.
13 BGHZ 31, 258; OLG Hamburg BB 73, 1231; BSG ZIP 96, 1134.
14 So MüKoGmbHG/*Schwandtner* Rn. 30.
15 Baumbach/Hueck/*Fastrich* Rn. 6; MüKoGmbHG/*Schwandtner* Rn. 36; MHLS/*Leitzen* Rn. 17.
16 Vgl. zu den Einzelheiten Scholz/*Bitter* § 13 Rn. 105 ff. mwN; *Ulmer*, FS Duden, 77, S. 661, 676 ff.; *Lutter*, ZGR 82, 244, 247; *Lutter/Hommelhoff*, ZGR 79, 31, 57; *Wiedemann*, GesR I, S. 224, 572; *Rehbinder*, FS Fischer, 79, S. 579, 593; *K Schmidt*, JZ 84, 771, 777; *ders.*, GesR § 9 IV 4 c, § 18 II 5; *Priester*, ZGR 93, 512, 521 ff.; *Altmeppen*, ZIP 99, 881, 882.
17 BGHZ 176, 204; 142, 116, 123; 68, 312; NJW 79, 2104; NJW-RR 88, 1181; 91, 1312; 92, 1061.

sellschaftsverhältnis.[18] Er wird in einem **Nennbetrag** ausgedrückt u. beziffert so die Höhe der Beteiligung des jeweiligen Gesellschafters am Stammkapital der Gesellschaft.[19] Die Relation der Summe aller Geschäftsanteile eines Gesellschafters zum Gesamtbetrag des Stammkapitals bestimmt die Beteiligungsquote des Gesellschafters. Aus § 3 I Nr. 4 ergibt sich, dass **jeder Gesellschafter zumindest einen Geschäftsanteil** zu übernehmen hat.[20] Die Mitgliedschaft an einer GmbH ohne Übernahme bzw. Innehaben eines Geschäftsanteils ist nicht möglich.[21]

Gem. Abs. 2 S. 1 muss der Nennbetrag eines jeden Geschäftsanteils nunmehr auf **volle Euro** lauten, **mind.** also **1 EUR** betragen. Vor Inkrafttreten des MoMiG bestimmte Abs. 1 aF iVm Abs. 3 S. 2 aF noch, dass jeder Geschäftsanteil mind. auf 100 EUR lauten u. durch 50 EUR teilbar sein müsse. Ein Höchstbetrag für einen Geschäftsanteil besteht nicht. Gem. Abs. 3 S. 1 kann die Höhe der Nennbeträge der einzelnen Geschäftsanteile u. damit zugleich auch die Einlagepflicht hierauf unterschiedlich hoch sein; dies gilt auch für mehrere Geschäftsanteile, die von nur einem Gesellschafter übernommen bzw. gehalten werden.[22] Gem. Abs. 2 S. 2 kann ein Gesellschafter bei der Errichtung einer GmbH, wie auch bei einer Kapitalerhöhung (§ 55 IV verweist auf Abs. 2) mehrere Geschäftsanteile übernehmen (**Mehrfachbeteiligung**). Diese durch das MoMiG neu eingeführte Regelung stellt eine diametrale Abkehr zur bis dahin geltenden Rechtslage dar, bei welcher Abs. 2 aF eine Übernahme mehrerer Geschäftsanteile durch einen Gesellschafter ausdrücklich untersagt hatte. Die Gesellschaft selbst kann iRd Gründung keinen Geschäftsanteil übernehmen (**Verbot der Selbstzeichnung**).[23] 11

Nach § 3 I Nr. 4 sind im Gesellschaftsvertrag sowohl die **Zahl** als auch die **Nennbeträge** der von den einzelnen Gesellschaftern **übernommenen Geschäftsanteile** festzusetzen. Jeder Geschäftsanteil ist hierbei mit seinem Nennbetrag als festem Betrag in Euro anzugeben (→ § 3 Rn. 22). § 8 I Nr. 3 verlangt für die dem Handelsregister einzureichende Gesellschafterliste eine Nummerierung der Geschäftsanteile. Im Gesellschaftsvertrag muss eine solche Nummerierung eigentlich nicht erfolgen,[24] allerdings kann sie auch dort durchaus zweckmäßig sein.[25] 12

Eine spätere **Teilung** von Geschäftsanteilen unter Beachtung von Abs. 2 S. 1 ist durch Beschluss der Gesellschafterversammlung (§ 46 Nr. 4) möglich (→ § 46 Rn. 18 ff.). 13

---

18 BGH DB 72, 132; RGZ 82, 167; Scholz/*Veil* Rn. 24; MHLS/*Leitzen* Rn. 31; *Roth*/Altmeppen Rn. 18.
19 Roth/*Altmeppen* Rn. 5.
20 Lutter/Hommelhoff/*Bayer* Rn. 6.
21 Roth/*Altmeppen* Rn. 5; MüKoGmbHG/*Schwandtner* Rn. 39.
22 Baumbach/Hueck/*Fastrich* Rn. 7.
23 MüKoGmbHG/*Schwandtner* Rn. 40; MHLS/*Leitzen* Rn. 36; Lutter/Hommelhoff/*Bayer* Rn. 10.
24 Baumbach/Hueck/*Fastrich* Rn. 7.
25 *Apfelbaum*, Notar 08, 160, 163; *Katschinski/Rawert*, ZIP 08, 1993, 1995.

2. Korrespondenzgebot (Abs. 3 S. 2)

14 Nach Abs. 3 S. 2 muss die Summe der Nennbeträge aller Geschäftsanteile mit dem Stammkapital übereinstimmen. Dies bedeutet zunächst, dass die Nennbeträge der von den Gründern übernommenen Geschäftsanteile das Stammkapital voll abdecken müssen (**Vollübernahme**); damit ist ausgeschlossen, dass ein zunächst noch nicht übernommener Geschäftsanteil gleichsam in Reserve gehalten wird für spätere Übernehmer.[26] Der Grundsatz der Vollübernahme stellt ferner sicher, dass es zu keiner Täuschung von Gläubigern der Gesellschaft über die Höhe des insg. haftenden Kapitals kommt, da auf diese Weise die tatsächlich erfolgten Anteilsübernahmen den Nennbetrag des Stammkapitals nicht unterschreiten können.[27] Ua aus diesem Grunde ist nach ganz allgM auch eine sog. **Unterpari-Emission**, also die Vereinbarung der Übernahme eines Geschäftsanteils gegen eine unter seinem Nennbetrag liegende Einlagenleistung, **unzulässig.**[28] Das Verbot der Unterpari-Emission wird ferner aus dem Erlassverbot des § 19 II u. der Differenzhaftung nach § 9 abgeleitet,[29] so dass es auch im GmbH-Recht gilt, trotz Fehlens einer § 9 I AktG entspr. ausdrücklichen Bestimmung. Die **Überpari-Emission**, also die Vereinbarung einer den Nennbetrag des Geschäftsanteils übersteigenden Einlagenleistung, ist hingg. zulässig.[30] Die Verpflichtung des Übernehmers zur zusätzlichen Zahlung eines den Nennbetrag des Geschäftsanteils übersteigenden Betrags (**Aufgeld** oder **Agio**) stellt eine Nebenleistungspflicht iSd § 3 II dar (→ § 3 Rn. 39), unterfällt also nicht den Stammkapitalregeln u. lässt somit das Korrespondenzgebot unberührt.

15 Das in Abs. 3 S. 2 enthaltene Korrespondenzgebot war auch bereits vor Inkrafttreten des MoMiG geltendes Recht (Abs. 3 S. 3 aF). Durch das MoMiG wurde die Vorschrift eigentlich nur sprachlich an den vom Gesetz nunmehr konsequent verwandten Begriff des Geschäftsanteils angepasst. Überraschend ist daher, dass die RegBegr. zum MoMiG der Ansicht ist, die erfolgten Modifizierungen hätten auch eine **Änderung der materiellen Rechtslage** mit sich gebracht, u. zwar dergestalt, dass das Korrespondenzgebot – anders als nach altem Recht – nunmehr auch nach der Gründungsphase Geltung beanspruche u. somit für die GmbH **auf Dauer** zwingend sei.[31] Dies sollte zB dazu führen, dass ein Beschluss über die Einziehung eines Geschäftsanteils nicht mehr hätte gefasst werden können ohne gleichzeitigen Beschluss über eine Kapitalherabsetzung oder über eine Aufstockung der verbliebenen Geschäftsanteile oder über die Bildung eines neuen Geschäftsanteils. Dem im Kern unverändert gebliebenen Gesetzeswortlaut lässt sich diese Änderung der materiellen Rechtslage eigentlich nicht ent-

26 MHLS/*Leitzen* Rn. 35.
27 MHLS/*Leitzen* Rn. 37.
28 BGHZ 68, 191, 195; Roth/*Altmeppen* Rn. 7; Baumbach/Hueck/*Fastrich* Rn. 7; Lutter/Hommelhoff/*Bayer* Rn. 8; MHLS/*Leitzen* Rn. 37; Scholz/*Veil* Rn. 34.
29 MüKoGmbHG/*Schwandtner* Rn. 49.
30 AllgM Lutter/Hommelhoff/*Bayer* Rn. 8; Baumbach/Hueck/*Fastrich* Rn. 11; Roth/*Altmeppen* Rn. 8; MHLS/*Leitzen* Rn. 38; MüKoGmbHG/*Märtens* Rn. 50.
31 RegBegr. BR-Drucks 354/07, S. 69.

nehmen.[32] Die Auffassung der RegBegr. hat daher Kritik erfahren,[33] aber zunächst wohl überw. Zustimmung.[34] Allerdings hat der BGH nunmehr richtigerweise entschieden, dass der Beschluss über die Einziehung eines Geschäftsanteils nicht deshalb nichtig oder anfechtbar ist, weil die Gesellschafterversammlung nicht gleichzeitig Maßnahmen ergriffen hat, um ein Auseinanderfallen der Summe der Nennbeträge der nach der Einziehung verbleibenden Geschäftsanteile u. dem Stammkapital zu verhindern.[35] (Näheres → § 34 Rn. 59.)

IV. Rechtfolgen bei Verstößen gegen Abs. 1–3

Die Abs. 1–3 sind **zwingendes Recht.** Wird gegen ihre Vorgaben verstoßen, 16
so sind die im Gesellschaftsvertrag enthaltenen Festsetzungen des Stammkapitals bzw. der Geschäftsanteile u. ihrer Nennbeträge **gem. § 134 BGB nichtig.** Da es sich bei diesen Festsetzungen um obligatorische Satzungsbestimmungen handelt (§ 3 I Nr. 3 u. 4), ist damit der gesamte Gesellschaftsvertrag nichtig. Damit besteht ein **Eintragungshindernis** nach **§ 9 c.** Bei der bereits in Vollzug gesetzten, wenngleich noch nicht eingetragenen Gesellschaft finden die Grundsätze über die **fehlerhafte Gesellschaft** Anwendung (→ § 2 Rn. 34). Erfolgt trotz der vorhandenen Mängel u. der daraus resultierenden Nichtigkeit des Gesellschaftsvertrages eine **Eintragung in das Handelsregister**, so kann eine Nichtigkeitsklage gem. § 75 nur erhoben werden, wenn eine Bestimmung über die Höhe des Stammkapitals gänzlich fehlt; in einem solchen Fall ist auch das Amtslöschungsverfahren gem. § 397 FamFG eröffnet. Ansonsten, also wenn es sich um eine Nichtigkeit der satzungsmäßigen Festsetzungen des Stammkapitals bzw. der Geschäftsanteile u. ihrer Nennbeträge handelt, kann nur ein Amtsauflösungsverfahren nach § 399 IV FamFG iVm § 60 I Nr. 6 durchgeführt werden.

V. Sacheinlagen (Abs. 4)

1. Allgemeines

Die von den Gesellschaftern auf die übernommenen Geschäftsanteile zu erbringenden Einlagen können als Bareinlagen oder als Sacheinlagen vereinbart werden. Wird eine **Sacheinlage** vereinbart u. bezieht sich demgem die Verpflichtung zur Einlagenleistung nicht auf Geld, sondern auf andere Vermögenswerte, so führt dies zu **besonderen Risiken** für den **Grundsatz der realen Aufbringung des Stammkapitals.** Denn der einzubringende Sachgegenstand hat keinen feststehenden Nominalwert, so dass die begründete Gefahr besteht, dass der tatsächliche Wert der Sacheinlage hinter dem Nennbetrag des Geschäftsanteils, für den er vereinbart wurde, zurückbleibt.[36] Aus Sicht der **Gläubiger** der Gesellschaft besteht somit das Risiko, dass ihnen eine **geringere Haftungsmasse** als nach dem Nominalbetrag des 17

---

32 So auch MüKoGmbHG/*Schwandtner* Rn. 44.
33 Baumbach/Hueck/*Fastrich* Rn. 10.
34 *Gehrlein*, Der Konzern 07, 771, 774; *Wachter*, GmbHR-Sonderheft MoMiG 08, 5, S. 11; Lutter/Hommelhoff/*Bayer* Rn. 6.
35 BGH NZG 15, 429.
36 MüKoGmbHG/*Schwandtner* Rn. 62; Baumbach/Hueck/*Fastrich* Rn. 15.

Stammkapitals erwartbar zur Verfügung steht.[37] Um diesen Gefahren u. Risiken zu begegnen, sieht das Gesetz daher für die Sacheinlage **spezielle Anforderungen u. Kontrollmechanismen** vor: Die Vereinbarung einer Sacheinlage bedarf einer ausdrücklichen u. besonderen Festsetzung im Gesellschaftsvertrag (Abs. 4 S. 1); die Gesellschafter haben einen Sachgründungsbericht zu erstellen (Abs. 4 S. 2); die Sacheinlage muss vollständig vor Vornahme der Handelsregisteranmeldung bewirkt worden sein (§ 7 III); der Anmeldung sind Nachweise über die zutr. Bewertung des Sacheinlagegegenstandes beizufügen (§ 8 I Nr. 4 u. 5); die registerliche Kontrolle erstreckt sich auch auf die Bewertung der Sacheinlage (§ 9 c I 2); es besteht eine Differenzhaftung des Gesellschafters für den Fall der Überbewertung der Sacheinlage (§ 9); diese Differenzhaftung ist von der Ausfallhaftung der Mitgesellschafter umfasst (§§ 22, 24).[38]

18 Abs. 4 verwendet den Begriff der Sacheinlage, ohne ihn jedoch näher zu definieren. Unter dem **Begriff der Sacheinlage** ieS versteht man jede Einlage auf das Stammkapital, die bestimmungsgemäß nicht in Geld zu leisten ist.[39] Es ist ferner allgM, dass unter den von Abs. 4 gebrauchten Begriff der Sacheinlage auch die sog. **Sachübernahme** zu fassen ist, also die Übernahme eines nicht in Geld bestehenden Vermögenswertes durch die Gesellschaft unter Verrechnung mit der den Gesellschafter treffenden Bareinlageverpflichtung (s. auch → Rn. 40 ff.).[40] Rechtsgeschäfte mit Dritten können im GmbH-Recht jedoch grds. nicht als Sachübername angesehen werden,[41] es sei denn, die Übertragung des Sachgegenstandes durch einen Dritten stellt eine für den Gesellschafter befreiende Leistung dar (§ 267 BGB).[42]

19 Eine **Nachgründungsregelung** entspr. der aktienrechtlichen Vorschrift des § 52 AktG **besteht** für die GmbH **nicht.** Kommt es im zeitlichen Zusammenhang mit der Gründung einer GmbH zu einem entgeltlichen Erwerbsgeschäft zwischen der GmbH u. einem ihrer Gründer, das zur Folge hat, dass der Gründer der Gesellschaft einen Sachgegenstand überträgt u. hierfür von der Gesellschaft eine Gegenleistung erhält, ist dies ggf. als **verdeckte Sacheinlage** zu werten u. nach deren Regeln zu behandeln (→ Rn. 54).[43] IÜ kann eine Sachleistung durch einen Gesellschafter auch als **Nebenleistungspflicht iSv § 3 II** im Gesellschaftsvertrag vereinbart werden[44] (→ § 3 Rn. 34 ff.), mit der Folge, dass diese nicht als Einlage auf den übernommenen Geschäftsanteil zu qualifizieren ist u. somit auch nicht den Sachgründungsvorschriften unterliegt.[45] Vorsicht ist allerdings geboten bei der Vereinbarung einer Nebenleistungspflicht in Gestalt einer entgeltlichen Sachleistungsverpflichtung, bei der also der leistende Gesellschafter von der Ge-

---

37 MHLS/*Leitzen* Rn. 49; Roth/*Altmeppen* Rn. 13; *Wicke* Rn. 10.
38 BGHZ 132, 141, 152.
39 Lutter/Hommelhoff/*Bayer* Rn. 12; MHLS/*Leitzen* Rn. 52; Baumbach/Hueck/*Fastrich* Rn. 16; Scholz/*Veil* Rn. 34.
40 Baumbach/Hueck/*Fastrich* Rn. 16; Roth/*Altmeppen* Rn. 20; MHLS/*Leitzen* Rn. 53.
41 BGH NZG 07, 300, 301; MHLS/*Leitzen* Rn. 53.
42 MHLS/*Leitzen* Rn. 53; Roth/*Altmeppen* Rn. 28; so ist wohl auch Baumbach/Hueck/*Fastrich* Rn. 16 zu verstehen.
43 Baumbach/Hueck/*Fastrich* Rn. 17.
44 BGH ZIP 08, 26.
45 Baumbach/Hueck/*Fastrich* Rn. 17.

sellschaft eine Vergütung für den übertragenen Sachgegenstand erhält. Dies wird überw. als verdeckte Sacheinlage zu gelten haben mit den sich hieran anschließenden Folgen (→ Rn. 54 sowie → § 19 Rn. 44 ff.).

Fehlen die von Abs. 4 S. 1 für die Vereinbarung einer Sacheinlage geforderten besonderen **Festsetzungen im Gesellschaftsvertrag** u. werden diese auch nicht vor der Eintragung der Gesellschaft in das Handelsregister durch Änderung des Gesellschaftsvertrages unter Mitwirkung aller Gesellschafter in der Form des § 2 aufgenommen, so kann der Gesellschafter seine Einlageverpflichtung **alleine in Geld erfüllen.** Durch die Leistung eines anderen Vermögensgegenstandes wird er von seiner Bareinlagepflicht nicht befreit.[46] 20

Durchaus häufig in der Praxis anzutreffen – insbes. bei Unternehmenseinbringungen im Transaktionsbereich – sind sog. **gemischte Sacheinlagen.** Hierunter versteht man eine Sacheinlage, deren Wert den vereinbarten Stammeinlagebetrag übersteigt u. dieser übersteigende Wert dem Inferenten rückvergütet wird, zB als Barauszahlung oder als Darlehensbuchung.[47] Die gemischte Sacheinlage stellt ein **einheitliches Rechtsgeschäft** gesellschaftsvertraglicher Art dar, das in seinem gesamten Umfang den Regeln über die Sacheinlage unterliegt.[48] Die Beurteilung der Werthaltigkeit der Sacheinlage ist hier sowohl von dem Betrag der Anrechnung auf die Einlagepflicht, als auch von dem Umfang der Rückvergütung abhängig, so dass die Angaben hierzu in den Gesellschaftsvertrag aufgenommen werden müssen u. in vollem Umfang der registerlichen Kontrolle nach § 9 c I 2 unterliegen.[49] Steht die Rückvergütung als fester Betrag fest, ist dieser Betrag im Gesellschaftsvertrag wiederzugeben. Soweit die Rückvergütungshöhe zum Zeitpunkt des Abschlusses des Gesellschaftsvertrages noch nicht als fixer Betrag festgelegt werden kann – was insbes. bei Einlagegegenständen mit schwankendem Wert, wie etwa Unternehmen, häufig der Fall ist – reicht es nach hM aus, Art u. Umfang des Vergütungsanspruchs im Gesellschaftsvertrag objektiv bestimmbar zu beschreiben, so dass das Registergericht den Anspruch anhand der zur Anmeldung einzureichenden Unterlagen ermitteln u. prüfen kann.[50] Allerdings liegt nach einer Entscheidung des BGH bei einer teilbaren Leistung, bei der ein Teil als offene Sacheinlage eingebracht wird, während ein weiterer Teil in zeitlichem Zusammenhang mit der Sacheinlage gegen Entgelt übertragen wird, nicht stets, sondern nur bei entspr. Parteivereinbarung eine gemischte Sacheinlage vor.[51] 21

46 Baumbach/Hueck/*Fastrich* Rn. 18.

47 BGH WM 00, 2304, 2305; OLG Stuttgart GmbHR 82, 109, 110; OLG Köln GmbHR 99, 288, 290; MüKoGmbHG/*Schwandtner* Rn. 208; MHLS/*Leitzen* Rn. 55; *Roth*/Altmeppen Rn. 18; Baumbach/Hueck/*Fastrich* Rn. 20.

48 BGH NJW 98, 1951, 1952; BGHZ 170, 47; 173, 145; 175, 265; MüKoGmbHG/*Schwandtner* Rn. 210; MHLS/*Leitzen* Rn. 57; Baumbach/Hueck/*Fastrich* Rn. 20; Scholz/*Veil* Rn. 82.

49 BGHZ 170, 4; 173, 145; Baumbach/Hueck/*Fastrich* Rn. 20.

50 OLG Zweibrücken GmbHR 81, 214, 215; *Priester*, GmbHR 82, 112, 113; MüKoGmbHG/*Märtens* Rn. 213; MHLS/*Leitzen* Rn. 57; Baumbach/Hueck/*Fastrich* Rn. 20; Scholz/*Veil* Rn. 83; Roth/*Altmeppen* Rn. 34.

51 BGH NZG 12, 75; hierzu auch *Wicke* Rn. 12.

22 Nicht zu verwechseln mit der vorstehend beschriebenen gemischten Sacheinlage, ist die sog. **Mischeinlage**, bei der die Einlagepflicht sowohl in der Einbringung eines Sachgegenstandes als auch in der Zahlung eines Geldbetrags besteht.[52] Auch die Mischeinlage bildet eine rechtsgeschäftliche Einheit u. ist somit mit ihrem gesamten Inhalt in den Gesellschaftsvertrag aufzunehmen.[53]

2. Einzelheiten zur Sacheinlage

23 **a) Gegenstand der Sacheinlage. aa) Einlagefähigkeit.** Welche Gegenstände als für eine Sacheinlage tauglich in Betracht kommen, lässt sich dem Gesetz nicht unmittelbar entnehmen. Nach ganz hM gibt hierfür jedoch § 27 II AktG eine auch für das GmbH-Recht verwertbare Vorgabe, indem diese Vorschrift Sacheinlagefähigkeit all jenen Vermögensgegenständen zuerkennt, „deren wirtschaftlicher Wert feststellbar ist“. Somit sind auf dieser Grundlage auch bei der GmbH in allg. Umschreibung all jene **Vermögensgegenstände sacheinlagefähig, die einen feststellbaren Wert haben u. auf die Gesellschaft iSe wirtschaftlichen Verwertbarkeit übertragen werden können.**[54] Auf eine **Bilanzierungsfähigkeit** des Sachgegenstandes kommt es nach hM nicht an.[55] IErg strittig beurteilt wird die Frage, ob der Gegenstand übertragbar u. einzelverwertbar sein muss.[56] Als wohl hM hat sich hier folgende Auffassung herausgebildet: Eine Übertragbarkeit ist insofern unerlässlich, als sie die Grundvoraussetzung der Einbringung in die Gesellschaft ist.[57] Daraus ist aber nicht zu folgern, dass der Gegenstand einem Gläubiger als Zugriffsobjekt iR einer Einzelzwangsvollstreckung zur Verfügung stehen können muss. Eine wirtschaftliche Verwertbarkeit des Gegenstandes durch die GmbH[58] u. die Möglichkeit, dass der Gegenstand iRd Gesamtunternehmens den Interessen von Gesellschaftsgläubigern nutzbar gemacht werden kann, ist ausreichend.[59] Daher ist zB auch eine Firma trotz ihrer eingeschränkten individuellen Veräußerbarkeit ein sacheinlagefähiger Gegenstand.[60]

24 **Nicht** einlagefähig sind **schuldrechtliche Ansprüche gegen den einlagepflichtigen Gesellschafter selbst**, da hierdurch nur die gesellschaftsrechtliche Einlagenverpflichtung gegen eine schuldrechtliche, deutlich weniger abgesicherte Verpflichtung genau des gleichen Schuldners ausgetauscht

52 MüKoGmbHG/*Schwandtner* Rn. 216; Baumbach/Hueck/*Fastrich* Rn. 20.
53 MüKoGmbHG/*Schwandtner* Rn. 216; Baumbach/Hueck/*Fastrich* Rn. 20.
54 Ebenso idS, wenn auch iErg mit gewissen Unterschieden in den Formulierungen: MHLS/*Leitzen* Rn. 63; Lutter/Hommelhoff/*Bayer* Rn. 14; Roth/*Altmeppen* Rn. 22; Baumbach/Hueck/*Fastrich* Rn. 23.
55 BGHZ 29, 300, 304; *Hüffer*, NJW 79, 1065, 1067; *Götting*, AG 99, 1, 2; *Boehme*, GmbHR 00, 841, 843; Baumbach/Hueck/*Fastrich* Rn. 23; MüKoGmbHG/*Schwandtner* Rn. 70; MHLS/*Leitzen* Rn. 64; str. aA *Knobbe-Keuk*, ZGR 80, 214, 216; *Ekenga*, ZHR 161 (97), 599, 618; Rowedder/Schmidt-Leithoff/*Zimmermann* § 56 Rn. 6.
56 Eine ausf. Darstellung des Meinungsstandes findet sich bei MüKoGmbHG/*Schwandtner* Rn. 73 ff.; MHLS/*Leitzen* Rn. 66 f.
57 Baumbach/Hueck/*Fastrich* Rn. 23.
58 Lutter/Hommelhoff/*Bayer* Rn. 14.
59 Baumbach/Hueck/*Fastrich* Rn. 23; MHLS/*Leitzen* Rn. 67; MüKoGmbHG/*Schwandtner* Rn. 75; Scholz/*Veil* Rn. 44.
60 MHLS/*Leitzen* Rn. 67.

würde, was im Widerspruch stünde zum Gebot der realen Kapitalaufbringung.[61] Allerdings ist zu beachten, dass der durch das MoMiG neu geschaffene § 19 V in seinem Anwendungsbereich des sog. Hin- u. Herzahlens einen solchen, systematisch ähnl Verpflichtungsaustausch nunmehr zulässt. Allg. Folgerungen können hieraus jedoch nicht abgeleitet werden. Aus den vorstehend aufgeführten Gründen sind damit ebenfalls nicht sacheinlagefähig: Verpflichtungen des einlagepflichtigen Gesellschafters zur Erbringung eigener Dienstleistungen; eigener Wechselakzept; eigene Bürgschaft; eigenes Darlehensversprechen.[62] Durch Verfügung bestellte Rechte an Vemögensgegenständen des Gesellschafters wie zB Grundpfandrechte, Nießbrauch, Reallasten sind hingg. aufgrund ihrer dinglichen Wirkung ohne Weiteres einlagefähig.

Ansprüche des Gesellschafters gegen die Gesellschaft selbst sind ebenfalls 25
grds. einlagefähig.[63] Häufiger Fall in der Praxis ist die Einbringung einer Darlehensforderung des Gesellschafters ggü. der Gesellschaft.

bb) Einzelfälle. Sachen sind allg. einlagefähig, u. zwar bewegliche wie un- 26
bewegliche (Grundstücke). Noch nicht existente Sachen können wegen § 7 III nur dann eingelegt werden, wenn sie spätestens zum Zeitpunkt der Handelsregisteranmeldung entstanden u. übertragen sind.[64] Bei der Einbringung eines Grundstücks ist eine darauf lastende valutierte Grundschuld wertmindernd zu berücksichtigen.[65] Der zur Einlage verpflichtete Gesellschafter braucht iÜ nicht selbst Eigentümer der Sache zu sein, da es gleichgültig ist, wer die Übereignung vornimmt, wenn die Sache nur wirksam iSv § 7 III in das Vermögen der Gesellschaft übergeht.[66] Die Leistung auf die Einlageverpflichtung kann also auch durch einen Dritten erfolgen (§ 267).

Forderungen u. Ansprüche aller Art des Einlegers gegen Dritte sind eben- 27
falls taugliche Einlagegegenstände. Es kann sich hierbei um Geldforderungen, aber auch zB um Ansprüche auf Übereignung oder Verschaffung einer Sache handeln. Die einzubringenden Forderungen bzw. Ansprüche müssen jedoch **übertragbar** sein.[67] Forderungen gegen den Einleger selbst sind nicht einlagefähig (→ Rn. 24). **Künftige Forderungen** können nur eingebracht werden, wenn sie spätestens bis zum Zeitpunkt der Handelsregisteranmeldung existent geworden sind (§ 7 III).[68] **Bedingte Forderungen** sind keine tauglichen Einlagegegenstände, da ihre Entstehung ungewiss ist.[69] **Befristete Forderungen** hingg. sind einlagefähig.[70] Besonderes Augenmerk

61 BGH ZIP 09, 713, 714; BGHZ 165, 113, 116; 153, 107; Lutter/Hommelhoff/*Bayer* Rn. 15; Baumbach/Hueck/*Fastrich* Rn. 24; Roth/*Altmeppen* Rn. 29.
62 Baumbach/Hueck/*Fastrich* Rn. 24; Roth/*Altmeppen* Rn. 29.
63 BGHZ 15, 52; NJW 01, 67; OLG Schleswig NZG 01, 566; Roth/*Altmeppen* Rn. 30.
64 Lutter/Hommelhoff/*Bayer* Rn. 16; Baumbach/Hueck/*Fastrich* Rn. 25.
65 OLG Frankfurt NZG 06, 631.
66 *Roth*/Altmeppen Rn. 26.
67 Baumbach/Hueck/*Fastrich* Rn. 24; Lutter/Hommelhoff/*Bayer* Rn. 17.
68 Baumbach/Hueck/*Fastrich* Rn. 27.
69 BGH BB 78, 1635 f.; Lutter/Hommelhoff/*Bayer* Rn. 17; Baumbach/Hueck/*Fastrich* Rn. 27.
70 Scholz/*Veil* Rn. 47; Baumbach/Hueck/*Fastrich* Rn. 27; Lutter/Hommelhoff/*Bayer* Rn. 17.

ist bei den Forderungen auf ihre Werthaltigkeit zu legen. Bestrittene, zweifelhafte u. befristete Forderungen sind zwar nicht von vornherein von einer Einlage ausgeschlossen, doch müssen solche Umstände iR ihrer Bewertung berücksichtigt werden.[71] Einlagefähig sind auch **Forderungen gegen die Gesellschaft.**

28 **Nicht einlagefähig** nach herrschender u. zutr. Meinung sind **Ansprüche auf Dienstleistungen** oder **personengebundene Werkleistungen**, u. zwar nicht nur solche ggü. dem einlagepflichtigen Gesellschafter selbst, sondern auch solche ggü. Dritten.[72] Dies ergibt sich aus der auch für das GmbH-Recht geltenden Wertung des § 27 II sowie aus der Erwägung heraus, dass der Wert der Dienstleistung maßgeblich davon abhängt, dass der zur Dienstleistung Verpflichtete seinen Dienst auch tatsächlich persönlich erbringt, was aber wegen der Möglichkeit des Eintritts von Arbeitsunfähigkeit beim Dienstleistungsverpflichteten ungewiss ist (u bleibt), so dass die Bewertung einer solchen Verpflichtung unüberwindbaren Schwierigkeiten begegnet.

29 **Sonstige Rechte**, auch bzw. gerade solche absoluter Art, können ebenfalls eingelegt werden. Dies gilt für beschränkte **dingliche Rechte** wie Erbbaurechte, Nießbrauch, Grundpfandrechte, aber auch für **Immaterialgüterrechte**,[73] also Patente, Gebrauchsmuster, Geschmacksmuster, Markenrechte, Urheberrechte[74] sowie **Lizenzen** daran, ferner gewerblich verwertbares **Know-how.**[75] Einlagefähig sind auch **Erbanteile** (§§ 2033 ff. BGB) sowie **Mitgliedschaftsrechte**, auch an einer stillen Gesellschaft oder an einem Verein, ferner Genossenschaftsanteile, Aktien, Geschäftsanteile an anderen Gesellschaften, sofern sie nach der Satzung des betroffenen Verbandes bzw. der betroffenen Gesellschaft abtretbar sind.[76]

30 In der Diskussion steht die **Einlagefähigkeit von obligatorischen Nutzungsrechten** wie Gebrauchsüberlassung an Grundstücken, Gebäuden, sonstigen Sachen, Handelsgeschäften, Immaterialgüterrechten oder Erfinderrechten (Lizenzen). Während die Einlagefähigkeit solcher Nutzungsrechte an Gegenständen gesellschaftsfremder Dritter allg. anerkannt ist,[77] herrscht hins. der Einlagefähigkeit derartiger Nutzungsrechte an Gegenständen des Einlagepflichtigen Streit.[78] Die zutr. hM bejaht auch die Einlagefähigkeit obligatorischer Nutzungsrechte an Gegenständen des Einlagepflichtigen, wenn der Gesellschaft der unmittelbare Besitz am Gegenstand eingeräumt wird u. durch entspr. Vereinbarungen ein kurzfristiges Erlöschen des Nutzungs-

---

71 *Groh*, BB 97, 2523; Roth/*Altmeppen* Rn. 27; Baumbach/Hueck/*Fastrich* Rn. 27.
72 BGH NZG 09, 463; Scholz/*Veil* Rn. 52; Baumbach/Hueck/*Fastrich* Rn. 27; Lutter/Hommelhoff/*Bayer* Rn. 18; aA MHLS/*Leitzen* Rn. 112.
73 *Ingerl/Rohnke*, NJW 94, 1253; *Götting*, AG 99, 1.
74 BGHZ 29, 300.
75 BGH DB 93, 323 obiter; Scholz/*Winter/Westermann* Rn. 50.
76 BGHZ 13, 179, 182; OLG Celle WM 88, 1375; Lutter/Hommelhoff/*Bayer* Rn. 19; Baumbach/Hueck/*Fastrich* Rn. 26.
77 *Bork*, ZHR 154 (90), 205, 208; *Knobbe-Keuk*, ZGR 80, 214, 223; *Bordewin*, DStR 88, 227, 231; *Groh*, DB 88, 514, 520; Roth/*Altmeppen* Rn. 24; Lutter/Hommelhoff/*Bayer* Rn. 22; Scholz/*Veil* Rn. 46; Baumbach/Hueck/*Fastrich* Rn. 25.
78 Ein Überblick über den Meinungsstand findet sich bei MHLS/*Leitzen* Rn. 98 ff.; MüKoGmbHG/*Schwandtner* Rn. 86 ff.

bzw. Besitzrechts (etwa durch Kündigung des Einlagepflichtigen oder sein Ausscheiden aus der Gesellschaft) ausgeschlossen wird.[79]

Auch ein **Kapitalnutzungsrecht** in Gestalt eines der Gesellschaft längerfristig gewährten zinslosen Darlehens wird entspr. den Regeln für die Einräumung obligatorischer Nutzungsrechte überw. als einlagefähig angesehen.[80] Allerdings hat das Darlehen während seiner Laufzeit unkündbar zu sein.[81] 31

Es können nicht nur einzelne Vermögensgegenstände, sondern auch **Sach- u. Rechtsgesamtheiten** als Sacheinlage in eine GmbH eingebracht werden. Dies gilt etwa für ein Warenlager, eine Betriebs- u. Büroeinrichtung, ein Wertpapierdepot, einen Nachlass etc[82] Wichtigster Anwendungsfall in der Praxis ist aber die Einbringung eines Handelsgeschäfts bzw. Unternehmens.[83] Zulässig u. gängig ist die Einbringung des **Unternehmens** als Ganzes mit allen Aktiva u. Passiva. Wird dies so in den nach Abs. 4 erforderlichen Festsetzungen im Gesellschaftsvertrag formuliert, erübrigt sich eine weitere Auflistung aller von der Einbringung erfasster Einzelgegenstände (→ Rn. 44). Zu beachten ist, dass bei einer im Gesellschaftsvertrag unterbliebenen Benennung auch der Passiva (oder der anderweitig bezeichneten Verbindlichkeiten) als zum Einlagevorgang gehörig das Unternehmensvermögen unbelastet einzubringen ist.[84] Wichtig bei der Einbringung eines Unternehmens, welches als laufender Betrieb besteht u. fortgeführt wird, ist die Festsetzung eines Übergangs- bzw. Übertragungsstichtags. Dieser kann auch zeitlich vor dem Datum der Entstehung der GmbH (bzw. bei einer Sachkapitalerhöhung vor Entstehung des neuen Geschäftsanteils) liegen.[85] Üblich u. zulässig ist zB die Vereinbarung, dass das Unternehmen vom letzten Bilanzstichtag an als für Rechnung der GmbH geführt gilt.[86] Als Alternative zur Einbringung des Unternehmens als Sacheinlage kann sich uU auch die **Umwandlung** nach dem UmwG empfehlen, etwa in Form der Ausgliederung aus dem Vermögen eines Einzelkaufmanns (§§ 152 ff. UmwG) oder als Formwechsel einer Personenhandelsgesellschaft (OHG oder KG) in die GmbH (§§ 214 ff. UmwG). Eine solche Umwandlung bewirkt eine Gesamtrechtsnachfolge bzw. beim Formwechsel eine bloße Änderung des Rechtskleids u. macht so eine Einzelübertragung aller zum Vermögen des Unternehmens gehörenden Gegenstände überflüssig. 32

79 BGH NJW-RR 04, 1341, 1343; *Roth*/Altmeppen Rn. 24; Lutter/Hommelhoff/*Bayer* Rn. 22; Scholz/*Veil* Rn. 46; Baumbach/Hueck/*Fastrich* Rn. 25; MünchHdbGesR/*Heinrich*, § 9 Rn. 13; *Bork*, ZHR 154 (90), 205 ff.; differenzierend MüKoGmbHG/*Märtens* Rn. 86 ff.; MHLS/*Leitzen* Rn. 99 ff.; abl. *Knobbe-Keuk*, ZGR 80, 214; *Fabritius*, Die Überlassung von Anlagevermögen an die GmbH durch Gesellschafter, 88, S. 161 ff.; *Ekkenga*, ZHR 161 (97), 599 ff.

80 Lutter/Hommelhoff/*Bayer* Rn. 23; Baumbach/Hueck/*Fastrich* Rn. 25; Scholz/*Veil* Rn. 46; aA *K Schmidt*, GesR § 20 II 3.

81 Lutter/Hommelhoff/*Bayer* Rn. 23.

82 Baumbach/Hueck/*Fastrich* Rn. 29.

83 Vgl. hierzu BGHZ 45, 338; 68, 191; NJW 92, 2698; BayObLG DB 79, 1075; OLG Düsseldorf GmbHR 96, 214; Scholz/*Veil* Rn. 54; Lutter/Hommelhoff/*Bayer* Rn. 20; Roth/*Altmeppen* Rn. 32; Baumbach/Hueck/*Fastrich* Rn. 30 ff.; MüKoGmbHG/*Schwandtner* Rn. 101 ff.; MHLS/*Leitzen* Rn. 179 ff.

84 OLG Düsseldorf GmbHR 93, 441, 442; *Priester*, BB 80, 20; Scholz/*Veil* Rn. 54 a; Baumbach/Hueck/*Fastrich* Rn. 30.

85 Lutter/Hommelhoff/*Bayer* Rn. 20.

86 Baumbach/Hueck/*Fastrich* Rn. 31.

33 b) **Bewertung.** Aus dem Grundsatz der Aufbringung u. Erhaltung des Stammkapitals ist unmittelbar ableitbar, dass der **Wert der Sacheinlage den Nennbetrag des Geschäftsanteils**, auf den sich die Sacheinlage bezieht, **voll decken** muss.[87] Auch bei einer Sacheinlage gilt das strenge Verbot der **Unterpari-Emission** (→ Rn. 14), so dass es einen irgendwie gearteten Bewertungsspielraum iSe Freiraums für Überbewertungen nicht geben kann.[88] Die Bewertung hat anhand objektiver Kriterien zu erfolgen. Obergrenze für die Bewertung der Sacheinlage ist der Zeitwert des Einlagegegenstandes.[89] Soweit vorhanden bzw. ermittelbar ist dies der Marktpreis, ansonsten derjenige Betrag, den die GmbH bei anderweitiger Beschaffung aufbringen müsste.[90] In bilanzrechtlicher Terminologie ausgedrückt ist bei Gegenständen des Umlaufvermögens deren Veräußerungswert[91] u. bei Gegenständen des Anlagevermögens deren Wiederbeschaffungswert[92] maßgeblich. Für die Bewertung von Unternehmen werden verschiedene Methoden genannt: Ertragswert zuzüglich geschätzter Nettoeinzelveräußerungspreise der nicht betriebsnotwendigen Vermögensgegenstände, mind. aber Liquidationswert;[93] Ertragswert oder Liquidationswert nach Teilwerten;[94] Discounted-Cash-Flow-Verfahren.[95]

34 Liegt der objektive Wert des Sacheinlagegegenstandes über dem Nennbetrag des Geschäftsanteils, auf den sich die Sacheinlage bezieht, so stellt dies aus Sicht des GmbH-Rechts kein Problem dar. Strittig ist aber, wie mit dem insoweit überschießenden Wert bilanziell zu verfahren ist, nämlich ob er gleich einem echten Agio § 272 II Nr. 1 HGB unterfällt oder zu den sonstigen Rücklagenleistungen nach § 272 II Nr. 4 HGB gehört.[96] Für den Fall, dass ein den erforderlichen Einlagebetrag übersteigender Wert des Einlagegegenstandes im Bereich des Möglichen erscheint, sollte man sich diesem Streit nicht aussetzen, sondern in den Sacheinlagefestsetzungen des Gesellschaftsvertrages ausdrücklich bestimmen, nach welcher der beiden vorgenannten bilanziellen Positionen der Wertüberschuss zu behandeln ist.

35 Maßgeblicher **Zeitpunkt** für die Bewertung ist die **Anmeldung** der Gesellschaft zum Handelsregister (arg § 9 I).[97] Zu dem für die Beurteilung durch das Registergericht gem. § 9 c relevanten Zeitpunkt → § 9 c Rn. 11.

36 c) **Willensmängel, Leistungsstörungen.** Die nach Abs. 4 S. 1 im Gesellschaftsvertrag enthaltene Vereinbarung über die Erbringung einer Sachein-

87 Baumbach/Hueck/*Fastrich* Rn. 33.
88 Lutter/Hommelhoff/*Bayer* Rn. 24; Scholz/*Veil* Rn. 57; Baumbach/Hueck/*Fastrich* Rn. 33.
89 OLG Köln GmbHR 98, 42, 43.
90 OLG Düsseldorf WM 91, 1670 f.; s. auch Lutter/Hommelhoff/*Bayer* Rn. 25.
91 RG LZ 12, 666; MHLS/*Leitzen* Rn. 161; Scholz/*Veil* Rn. 57; Baumbach/Hueck/*Fastrich* Rn. 34; MünchHdbGesR/*Heinrich*, § 9 Rn. 19; *Hüffer*, JuS 83, 165.
92 OLG Frankfurt DNotZ 06, 941 f.; KG MittBayNot 05, 147, 148; OLG Düsseldorf WM 91, 1669; Scholz/*Veil* Rn. 57; MHLS/*Leitzen* Rn. 161.
93 MüKoGmbHG/*Schwandtner* Rn. 149; Baumbach/Hueck/*Fastrich* Rn. 34.
94 Lutter/Hommelhoff/*Bayer* Rn. 25.
95 LG Freiburg BeckRS 09, 06213.
96 Ein Überblick zum Meinungsstand findet sich bei Baumbach/Hueck/*Fastrich* Rn. 33.
97 OLG Düsseldorf WM 91, 1669; Lutter/Hommelhoff/*Bayer* Rn. 28; Baumbach/Hueck/*Fastrich* Rn. 34; Scholz/*Veil* Rn. 58.

lage hat **korporativen Charakter** (→ Rn. 43 sowie → § 3 Rn. 3). Damit können die Bestimmungen des BGB über Willensmängel sowie die auf rein schuldrechtliche Vertragsbeziehungen abstellenden Regelungen des allg. u. besonderen Leistungsstörungsrechts allenfalls **modifizierte Anwendung** finden.[98] Für die Sacheinlagevereinbarung stellt va der Grundsatz der realen Kapitalaufbringung eine wichtige Vorgabe für die Behandlung von Willensmängeln u. Leistungsstörungen dar.[99]

Eine mit **Willensmängel** behaftete Sacheinlagevereinbarung unterliegt bis zur Eintragung der Gesellschaft im Handelsregister den Regelungen über mangelhafte Gesellschaftsverträge (→ § 2 Rn. 32 ff.) u. kann damit bis dahin grds. angefochten werden, wenn die Voraussetzungen der §§ 119, 123 BGB gegeben sind.[100] Eine nur die Sacheinlagepflicht betr. Teilanfechtung mit der Folge, dass an deren Stelle dann eine Bareinlagepflicht treten, die Errichtung der Gesellschaft iÜ aber bestehen bleiben würde, ist nur möglich, wenn der Gesellschaftsvertrag auch ohne Sacheinlage abgeschlossen worden wäre.[101] Nach erfolgter Handelsregistereintragung kommt im Interesse eines erweiterten Bestandsschutzes eine Anfechtung nicht mehr in Betracht (→ § 2 Rn. 35).[102] 37

In Fällen anfänglicher wie nachträglicher **Unmöglichkeit** wird der einlagepflichtige Gesellschafter nach § 275 BGB von seiner Sacheinlagepflicht frei. An ihre Stelle tritt ohne Weiteres eine Pflicht zur Bareinlage in entspr. Höhe.[103] 38

Hins. der rechtlichen Behandlung von **Sach- u. Rechtsmängeln** besteht ein in Einzelheiten breit gefächertes Meinungsspektrum. So wird zT vertreten, dass alleine die Regelung über die Differenzhaftung aus § 9 anwendbar sei, da diese alle anderen Vorschriften verdränge.[104] Die hM jedoch begreift § 9 zwar als Grundlage einer unverzichtbaren Mindesthaftung,[105] lässt aber daneben ein in seinen Rechtsfolgen zT modifiziertes kaufrechtliches Gewährleistungsrecht Anwendung finden.[106] 39

d) Sachübernahmen. Eine Sachübernahme liegt vor, wenn die Einlage auf den übernommenen Geschäftsanteil nach den gesellschaftsvertraglichen Regelungen zwar in bar zu erfolgen hat, die Einlageschuld aber durch Verrechnung mit einer gegen die Gesellschaft gerichteten Vergütungsforderung getilgt werden darf, die aus einem Vertrag (zB Kaufvertrag) über die Überlassung eines zur Sacheinlage geeigneten Gegenstandes resultiert (→ Rn. 18).[107] Auf die Sachübernahme finden grds. **alle Vorschriften über** 40

98 MHLS/*Leitzen* Rn. 166.
99 Baumbach/Hueck/*Fastrich* Rn. 36.
100 Michalski/*Zeidler* Rn. 168; Baumbach/Hueck/*Fastrich* Rn. 37.
101 Baumbach/Hueck/*Fastrich* Rn. 37; Scholz/*Veil* Rn. 96.
102 MHLS/*Leitzen* Rn. 169; Baumbach/Hueck/*Fastrich* Rn. 37.
103 Lutter/Hommelhoff/*Bayer* Rn. 30; Baumbach/Hueck/*Fastrich* Rn. 38; MHLS/*Leitzen* Rn. 171 ff.; Rowedder/C. *Schmidt-Leithoff* Rn. 40.
104 MHLS/*Leitzen* Rn. 176; *K Schmidt*, GesR § 20 III 3 d u. 4; wohl auch Lutter/Hommelhoff/*Bayer* Rn. 30.
105 Roth/*Altmeppen* Rn. 43; Baumbach/Hueck/*Fastrich* Rn. 39.
106 Scholz/*Veil* Rn. 66; *Roth*/Altmeppen Rn. 43; Baumbach/Hueck/*Fastrich* Rn. 39; *Klaiber*, DZWIR 07, 313 ff.
107 So die zutr. Definition von MüKoGmbHG/*Schwandtner* Rn. 187.

die Sachgründung Anwendung.[108] Dies bedeutet: Es muss sich um einen einlagefähigen Gegenstand handeln (→ Rn. 23 ff.); die Festsetzungen bzgl. der Sachübernahme müssen unter Bezeichnung des betroffenen Gegenstands u. der Höhe der zur Verrechnung gestellten Vergütungsforderung in den Gesellschaftsvertrag aufgenommen werden (→ Rn. 43 ff.); die Bewertung des Gegenstands der Sachübernahme hat anhand der oben (→ Rn. 33) dargestellten Grundsätze zu erfolgen; es ist in jedem Fall ein Sachgründungsbericht (→ Rn. 51 ff.) zu erstellen (auch wenn § 19 II 2 nicht auf § 5 IV 2 verweist);[109] der Gegenstand der Sachübernahme ist vor Anmeldung der Gesellschaft zum Handelsregister endgültig zu leisten u. auch die Verrechnung mit der Bareinlagepflicht ist vor diesem Zeitpunkt vorzunehmen (arg § 7 III);[110] der einlagepflichtige Gesellschafter wird nur in Höhe des objektiven Wertes des Sachübernahmegegenstands von seiner Barleistungspflicht frei.

41 Auf zwei Punkte ist gesondert hinzuweisen: Der Gesellschaftsvertrag hat neben der Übernahme des Geschäftsanteils gegen Bareinlage durch den betroffenen Gesellschafter auch gem. Abs. 4 S. 1 die eigentliche Sachübernahmevereinbarung, also die Anrechnungsmöglichkeit unter Bezeichnung des betroffenen Gegenstands u. der Höhe der zur Verrechnung gestellten Vergütungsforderung (→ Rn. 40) zu enthalten. Teilw. wird auch die Aufnahme des der Sachübernahme zugrunde liegenden schuldrechtlichen Erwerbsgeschäfts in den Gesellschaftsvertrag verlangt.[111] Dies erscheint jedoch überzogen u. ist weder nach Abs. 4 S. 1 noch aufgrund teleologischer Erwägungen von Nöten.

42 Da das schuldrechtliche Erwerbsgeschäft vom Gründungsgeschehen getrennt zu betrachten ist – wenngleich verbunden über die Anrechnungsvereinbarung –, sind auf dieses Erwerbsgeschäft die allg. Regeln des BGB über Willensmängel, Leistungsstörungen u. Mängelhaftung uneingeschränkt anwendbar. Soweit dadurch die Verrechnung mit der Einlagepflicht entfällt bzw. eingeschränkt wird, bleibt es bei der ursprünglichen Bareinlagepflicht des Gesellschafters.[112]

3. Festsetzungen der Sacheinlagevereinbarung im Gesellschaftsvertrag

43 Die Sacheinlagevereinbarung hat die nach Abs. 4 S. 1 erforderlichen Festsetzungen zu beinhalten u. ist gem. dieser Vorschrift notwendig in den Gesellschaftsvertrag aufzunehmen. Sie gehört zu den **korporativen Bestimmungen** des Gesellschaftsvertrages (→ Rn. 36) u. ist daher nur einer **objektiven Auslegung** (→ § 2 Rn. 11) zugänglich.[113]

---

108 Lutter/Hommelhoff/*Bayer* Rn. 38; MHLS/*Leitzen* Rn. 53; Baumbach/Hueck/*Fastrich* Rn. 40; MüKoGmbHG/*Schwandtner* Rn. 187.
109 Scholz/*Veil* Rn. 104; MHLS/*Leitzen* Rn. 53; MüKoGmbHG/*Schwandtner* Rn. 199; aA wenigstens zT Lutter/Hommelhoff/*Bayer* Rn. 40, der Sachgründungsbericht nur für den Fall für erforderlich hält, dass der den Gegenstand Leistende ein Gründergesellschafter ist.
110 Str, wie hier MHLS/*Leitzen* Rn. 53; Lutter/Hommelhoff/*Bayer* Rn. 39; Baumbach/Hueck/*Fastrich* Rn. 41; Roth/*Altmeppen* Rn. 21; aA *Wicke* Rn. 17.
111 So Baumbach/Hueck/*Fastrich* Rn. 40.
112 Baumbach/Hueck/*Fastrich* Rn. 42; Lutter/Hommelhoff/*Bayer* Rn. 40.
113 Baumbach/Hueck/*Fastrich* Rn. 21.

IErg müssen die gesellschaftsvertraglichen Festsetzungen nach Abs. 4 S. 1 Folgendes enthalten: 44

- **Den Namen des zur Sacheinlage Verpflichteten.** Dies ergibt sich zwar nicht ausdrücklich aus dem Gesetz, aber aus den allg. Erwägungen heraus, dass ansonsten eine Zuordnung der Sacheinlagepflicht nicht möglich u. die Festsetzung insg. zu unbestimmt wäre.[114]
- **Den Gegenstand der Sacheinlage.** Dieser muss so genau bezeichnet sein, dass die Identität zweifelsfrei feststeht. Welche Anforderungen konkret zu stellen sind, richtet sich in erster Linie nach der Art des einzubringenden Gegenstandes.[115] Ist der Einlagegegenstand ein Handelsgeschäft bzw. Unternehmen, so ist eine Formulierung „mit allen Aktiva und Passiva" ausreichend, wenn das Unternehmen selbst mit seiner Bezeichnung ggf. Firma u. seinem Sitz genau benannt wird. In einem solchen Fall erübrigt sich eine weitere Auflistung aller von der Einbringung erfasster Einzelgegenstände (→ Rn. 32). Sollen jedoch bestimmte Gegenstände von der ansonsten generellen Einbringung nicht umfasst sein, so sind diese Gegenstände genau zu bezeichnen.[116]
- **Nennbetrag des Geschäftsanteils, auf den sich die Sacheinlage bezieht.** Anzugeben ist der Euro-Betrag des betr. Geschäftsanteils bzw. der betr. Geschäftsanteile. Erfolgt eine Mischeinlage (→ Rn. 22), dann muss sowohl der Nennbetrag, auf den die Sacheinlage entfällt, als auch der Nennbetrag, auf den die Bareinlage entfällt, angegeben werden. Eine Angabe des Wertes des Sacheinlagegegenstandes ist nicht von Nöten.[117]

Nach hM sind die gem. Abs. 4 S. 1 vorgenommenen gesellschaftsvertraglichen Festsetzungen über Sacheinlagen auch bei späteren Satzungsänderungen für eine Frist von bislang **5 Jahren** ab Eintragung der Gesellschaft im Handelsregister **beizubehalten.** Dies wird ohne eigentliche gesetzliche Grundlage aus einer Analogie zu § 27 V abgeleitet.[118] Aufgrund der zwischenzeitlich erfolgten Verlängerung der Verjährungsfrist des § 9 II auf 10 Jahre wird mittlerweile auch eine Verlängerung der Beibehaltungspflicht auf ebenfalls 10 Jahre diskutiert.[119] 45

Fehlen die von Abs. 4 S. 1 verlangten Angaben oder sind sie unvollständig, so ist die Sacheinlagevereinbarung **unwirksam.**[120] Das Registergericht hat die Eintragung der Gesellschaft abzulehnen (§ 9 c). Die Rechtslage iÜ ist für das Stadium **vor Eintragung** der GmbH **umstritten.** Teile der Literatur sind der Ansicht, dass nur die Sacheinlagevereinbarung unwirksam sei, nicht aber die Beitrittserklärung des betroffenen Gesellschafters; dieser sei 46

---

114 Scholz/*Veil* Rn. 87; Roth/*Altmeppen* Rn. 34; Lutter/Hommelhoff/*Bayer* Rn. 31; MüKoGmbHG/*Schwandtner* Rn. 221; MHLS/*Leitzen* Rn. 125; Baumbach/Hueck/*Fastrich* Rn. 44.
115 Vgl. hierzu ausf. MHLS/*Leitzen* Rn. 126 ff.; MüKoGmbHG/*Schwandtner* Rn. 223 ff.
116 Baumbach/Hueck/*Fastrich* Rn. 45.
117 MHLS/*Leitzen* Rn. 132; Baumbach/Hueck/*Fastrich* Rn. 46.
118 *Priester*, DNotZ 80, 520; Rowedder/*C. Schmidt-Leithoff* Rn. 56; Baumbach/Hueck/*Fastrich* Rn. 49; MüKoGmbHG/*Schwandtner* Rn. 220.
119 So Baumbach/Hueck/*Fastrich* Rn. 49; MüKoGmbHG/*Schwandtner* Rn. 220.
120 BGHZ 45, 338; GmbHR 78, 268; KG NZG 99, 1235.

daher jetzt bareinlagepflichtig.[121] Andere wiederum halten die Beitrittserklärung des betroffenen Gesellschafters generell für unwirksam.[122] Vorzuziehen ist die dritte in diesem Zusammenhang vertretene Auffassung, die § 139 BGB anwendet u. danach differenziert, ob die Gesellschaft auch ohne die geplante Sacheinlage gegründet worden wäre.[123] Wenn der betroffene Gründer nur unter der Voraussetzung der Möglichkeit seiner Sachleistung an der Gründung teilgenommen hat oder die anderen Gründer ihn nur aufgrund der versprochenen Sachleistung an der Gründung beteiligt haben, dann sind sowohl die Beitrittserklärung des betroffenen Gründers als auch der Gesellschaftsvertrag insg. als unwirksam anzusehen. Bei in Vollzug gesetzter Gesellschaft greifen dann die Regeln über die fehlerhafte Gesellschaft (→ § 2 Rn. 34).[124] Wäre die Gesellschaft jedoch auch ohne die Sacheinlage mit entspr. Geldeinlagenleistung des betroffenen Gesellschafters errichtet worden, so bleiben die Gründung u. die Beitrittserklärung des Gesellschafters wirksam u. dieser ist nun verpflichtet, eine Bareinlage zu leisten.

47 Wird die Gesellschaft trotz des Mangels bzgl. Abs. 4 S. 1 in das Handelsregister **eingetragen**, so kann die Unwirksamkeit des Gesellschaftsvertrages nicht mehr geltend gemacht werden u. ist insoweit **geheilt**.[125] Der von der fehlgeschlagenen Sacheinlagevereinbarung betroffene Gesellschafter ist **bareinlagepflichtig.** Es wird jedoch in **analoger** Anwendung von **§ 19 IV** eine Anrechnung des eingebrachten Vermögensgegenstandes stattzufinden haben.[126]

4. Änderung der Einlageform

48 Ein Änderung der im Gesellschaftsvertrag zunächst vorgesehenen Einlageform, dh ein Übergang von der Bar- in eine Sacheinlage u. umgekehrt ist **vor der Eintragung** der Gesellschaft in das Handelsregister durch Änderungsvereinbarung in der Form des § 2 unter Mitwirkung aller Gesellschafter möglich u. zulässig.[127] Eine etwa bereits erfolgte Handelsregisteranmeldung ist hierbei ggf. zu wiederholen.[128]

49 **Nach** erfolgter **Handelsregistereintragung** ist die Änderung einer Sach- in eine Bareinlage ebenfalls möglich, u. zwar durch einen satzungsändernden Gesellschafterbeschluss, der allerdings angesichts einer möglichen Mithaftung aus § 24 nur mit Zustimmung aller Gesellschafter gefasst werden kann.[129]

121 Lutter/Hommelhoff/*Bayer* Rn. 32; Rowedder/*C. Schmidt-Leithoff* Rn. 39.
122 Scholz/*Veil* Rn. 93.
123 MHLS/*Leitzen* Rn. 137; MüKoGmbHG/*Schwandtner* Rn. 235 f.
124 MHLS/*Leitzen* Rn. 137; MüKoGmbHG/*Schwandtner* Rn. 235.
125 MHLS/*Leitzen* Rn. 139; Lutter/Hommelhoff/*Bayer* Rn. 32; MüKoGmbHG/*Schwandtner* Rn. 240.
126 Lutter/Hommelhoff/*Bayer* Rn. 32; MüKoGmbHG/*Schwandtner* Rn. 240.
127 LG Berlin GmbHR 94, 557; Baumbach/Hueck/*Fastrich* Rn. 52; Michalski/*Zeidler* Rn. 145; Lutter/Hommelhoff/*Bayer* Rn. 37.
128 *Wicke* Rn. 16; MHLS/*Leitzen* Rn. 145.
129 Baumbach/Hueck/*Fastrich* Rn. 52; *Wicke* Rn. 16; Lutter/Hommelhoff/*Bayer* Rn. 37.

Die Umwandlung einer Bar- in eine Sacheinlage nach erfolgter Handelsregistereintragung ist ebenfalls anzuerkennen. Sie hat nach dem Verfahren zu erfolgen, welches für die Heilung einer verdeckten Sacheinlage entwickelt wurde (satzungsändernder Beschluss, Sachgründungsbericht, Wertnachweis).[130] 50

5. Sachgründungsbericht

Gem. Abs. 4 S. 2 ist für jede Sachgründung zwingend ein Sachgründungsbericht erforderlich. Er ist einer der Grundlagen für die Prüfung durch das Registergericht nach § 9c I 2 u. soll die Erwägungen der Gründer für die Bemessung des Einlagewerts kenntlich machen. Der Bericht bedarf der Schriftform (arg § 8 I Nr. 4) u. ist von allen Gründern zu unterzeichnen.[131] Eine rechtsgeschäftliche Vertretung ist hierbei nicht zulässig;[132] dies ergibt sich aus der Strafbewehrtheit nach § 82 I Nr. 2 sowie aus funktionalen Gründen. Der Bericht ist zusammen mit der Anmeldung dem Handelsregister einzureichen (§ 8 I Nr. 4). 51

Inhaltlich muss der Sachgründungsbericht alle für die Beurteilung der Angemessenheit der Sacheinlage durch das Registergericht wesentlichen Angaben enthalten (Abs. 4 S. 2). Welche Angaben der Bericht konkret zu enthalten hat, richtet sich nach dem jeweiligen Einlagegegenstand. Maßgeblich sind die jeweils für die Wertbemessung entscheidenden Faktoren,[133] zB Anschaffungs- bzw. Herstellerpreis, Markt- oder Börsenpreis, nachweisbare Anschaffungskosten, Herstellungszeitpunkt, Zustand des Gegenstandes, Nutzungsmöglichkeit für die Gesellschaft. Bei Einbringung eines Unternehmens ist zusätzlich zwingend das Jahresergebnis der letzten beiden Geschäftsjahre anzugeben (Abs. 4 S. 2 Hs. 2). Die Einreichung von Jahresabschlüssen ist nicht erforderlich, mag aber im Einzelfall zweckmäßig sein. 52

Ein fehlender Bericht oder inhaltliche bzw. formale Mängel stellen ein (behebbares) Eintragungshindernis dar. Erfolgt die Handelsregistereintragung trotz vorhandenen Mangels, hat ein solcher keine weiteren Folgen.[134] 53

6. Verdeckte Sacheinlage

Die formalen wie inhaltlichen Anforderungen der gesetzlichen Vorschriften zur Sacheinlage sowie die bei einer Sacheinlage bestehenden Kontrollmechanismen können dazu führen, dass von den Beteiligten zur Vermeidung dieser gesetzlichen Hürden ein Umgehungsweg entwickelt u. ggf. auch beschritten wird, bei dem zwar zunächst formell eine Bareinlage vereinbart u. auch geleistet wird, anschließend aber ein Rechtgeschäft (zB Kauf) zwischen der Gesellschaft u. dem bareinlagepflichtigen Gesellschafter stattfindet, durch welches die Gesellschaft vom Gesellschafter den Sachgegenstand 54

130 S. iErg Baumbach/Hueck/*Fastrich* Rn. 53; MHLS/*Leitzen* Rn. 146.
131 MHLS/*Leitzen* Rn. 149; Lutter/Hommelhoff/*Bayer* Rn. 34; Baumbach/Hueck/*Fastrich* Rn. 54; Roth/*Altmeppen* Rn. 39.
132 MHLS/*Leitzen* Rn. 150; Lutter/Hommelhoff/*Bayer* Rn. 34; Baumbach/Hueck/*Fastrich* Rn. 54; Roth/*Altmeppen* Rn. 39.
133 MHLS/*Leitzen* Rn. 151.
134 BGH NZG 04, 910, 911; Roth/*Altmeppen* Rn. 41; Baumbach/Hueck/*Fastrich* Rn. 56.

u. der Gesellschafter von der Gesellschaft als Vergütung Geldmittel erhält. Für solche Umgehungswege hatte die Rspr. unter dem Begriff der „verdeckten Sacheinlage" besondere Rechtsfolgen entwickelt, die in der Literatur in ihren Einzelheiten durchaus umstritten waren. Das MoMiG hat nunmehr in § 19 IV den Begriff der verdeckten Sacheinlage legal definiert u. auch ihre Rechtsfolgen einer ausdrücklichen gesetzlichen Regelung zugeführt. Insofern darf zur verdeckten Sacheinlage auf die Erläuterungen zu § 19 (→ Rn. 44 ff.) verwiesen werden.

VI. Gründungsaufwand und Sondervorteile

55 Im GmbHG findet sich keine § 26 AktG entspr. Bestimmung über Sondervorteile u. Gründungsaufwand. Unter **Gründungsaufwand** sind all jene Kosten zu verstehen, die den Gesellschaftern u. der Gesellschaft bei der Errichtung der GmbH u. der Erbringung der Einlagen entstehen.[135] Dies umfasst die notwendigen Kosten der Gründung (Gebühren bei Notar u. Registergericht, Steuern) wie auch Entgelte für als Berater hinzugezogene Dritte (zB Anwälte, Wirtschaftsprüfer, Steuerberater).[136] Zum Gründungsaufwand gerechnet wird von der hM[137] auch der sog. **Gründerlohn,** also eine an Gesellschafter gezahlte Vergütung für ihre Leistungen im Zuge der Gründung.[138] **Sondervorteile** sind Leistungen (nicht zwingend in Geld) an einen oder mehrere Gründungsgesellschafter oder Dritte aus Anlass der Gründung ohne konkrete Gegenleistung.[139] Anders als die sog. Sonderrechte (→ § 3 Rn. 40 ff.) sind Sondervorteile nicht mit einem bestimmten Geschäftsanteil verbunden.

56 Die hM wendet § 26 AktG wenigsten zT analog auch auf die GmbH an. Dies hat folgende Auswirkungen: Soll der Gründungsaufwand durch die GmbH getragen werden, so bedarf er einer Aufnahme in den Gesellschaftsvertrag. Ohne eine solche Festsetzung im Gesellschaftsvertrag kann der Gründungsaufwand nicht von der Gesellschaft übernommen werden, sondern geht zulasten der Gesellschafter. Dies gilt auch für den gesetzlich von der GmbH geschuldeten Gründungsaufwand, wie zB die Kosten der Handelsregisteranmeldung.[140] Auch Sondervorteile bedürfen zu ihrer Wirksamkeit der Aufnahme in den Gesellschaftsvertrag.[141]

57 Der Gründungsaufwand ist in seinem Gesamtumfang wenigstens als Schätzbetrag in der Satzung festzulegen. Eine nachträgliche, also nach erfolgter Handelsregistereintragung erfolgende Übernahme durch die Gesellschaft – etwa durch satzungsändernden Beschluss – ist nicht möglich.[142] Der Gründungsaufwand muss in der Satzung auch bei späteren Satzungsänderungen beibehalten werden, damit unzulässige Zahlungen verfolgt

---

135 MHLS/*Leitzen* Rn. 200.
136 *Roth*/Altmeppen Rn. 46.
137 OLG Hamm BB 84, 87, 88; Scholz/*Veil* Rn. 111; MünchHdbGesR/*Heinrich* Rn. 13.
138 Roth/*Altmeppen* Rn. 46.
139 MüKoGmbHG/*Schwandtner* Rn. 278; Michalski/*Zeidler* Rn. 204.
140 BGHZ 107, 1; Baumbach/Hueck/*Fastrich* Rn. 57; MHLS/*Leitzen* Rn. 200.
141 MünchHdbGesR/*Heinrich* Rn. 14; Baumbach/Hueck/*Fastrich* Rn. 57; MHLS/*Leitzen* Rn. 204.
142 Baumbach/Hueck/*Fastrich* Rn. 57; MHLS/*Leitzen* Rn. 202; Scholz/*Veil* Rn. 113.

werden können.[143] Die Beibehaltungsfrist ist strittig: ZT wird eine feste Frist von 5 Jahren ab der Handelsregistereintragung der Gesellschaft,[144] zT eine Frist bis zum Ablauf der Verjährung nach § 31 V (also 10 Jahre) verlangt.[145]

Inwieweit der Gründungsaufwand den gesetzlichen Vorschriften zur Kapitalerhaltung – insbes. § 30 – unterliegt, ist strittig.[146] Nach zutr. Ansicht unterfallen (allein) diejenigen zum Gründungsaufwand zählenden Kosten nicht der Kapitalbindung, die kraft Gesetzes entstehen oder nach Art u. Umfang angemessen sind.[147] In diesem Umfang greift auch die Vorbelastungshaftung nicht ein.[148] Sondervorteile werden hingg. von den Kapitalbindungsvorschriften, namentlich von § 30, voll erfasst. Dies gilt auch für den Gründerlohn, schon allein deshalb, weil er entgg. der hM (→ Rn. 55) nicht zum Gründungsaufwand, sondern wegen seines Charakters als Vergütung für persönliche Leistungen der Gründer (also nicht etwa als Erstattung der ihnen entstandenen Kosten) zu den Sondervorteilen zu zählen ist.[149] 58

§ 5 a Unternehmergesellschaft

(1) Eine Gesellschaft, die mit einem Stammkapital gegründet wird, das den Betrag des Mindeststammkapitals nach § 5 Abs. 1 unterschreitet, muss in der Firma abweichend von § 4 die Bezeichnung „Unternehmergesellschaft (haftungsbeschränkt)" oder „UG (haftungsbeschränkt)" führen.

(2) [1]Abweichend von § 7 Abs. 2 darf die Anmeldung erst erfolgen, wenn das Stammkapital in voller Höhe eingezahlt ist. [2]Sacheinlagen sind ausgeschlossen.

(3) [1]In der Bilanz des nach den §§ 242, 264 des Handelsgesetzbuchs aufzustellenden Jahresabschlusses ist eine gesetzliche Rücklage zu bilden, in die ein Viertel des um einen Verlustvortrag aus dem Vorjahr geminderten Jahresüberschusses einzustellen ist. [2]Die Rücklage darf nur verwandt werden

1. für Zwecke des § 57 c;
2. zum Ausgleich eines Jahresfehlbetrags, soweit er nicht durch einen Gewinnvortrag aus dem Vorjahr gedeckt ist;
3. zum Ausgleich eines Verlustvortrags aus dem Vorjahr, soweit er nicht durch einen Jahresüberschuss gedeckt ist.

(4) Abweichend von § 49 Abs. 3 muss die Versammlung der Gesellschafter bei drohender Zahlungsunfähigkeit unverzüglich einberufen werden.

(5) Erhöht die Gesellschaft ihr Stammkapital so, dass es den Betrag des Mindeststammkapitals nach § 5 Abs. 1 erreicht oder übersteigt, finden die

143 Baumbach/Hueck/*Fastrich* Rn. 57.
144 LG Berlin GmbHR 93, 590; MüKoGmbHG/*Schwandtner* Rn. 290; *Ulmer* Rn. 217.
145 Baumbach/Hueck/*Fastrich* Rn. 57.
146 Vgl. die Darstellungen des Meinungsstandes bei MHLS/*Leitzen* Rn. 203.
147 Baumbach/Hueck/*Fastrich* Rn. 57; *Ulmer* Rn. 217; MHLS/*Leitzen* Rn. 203.
148 Baumbach/Hueck/*Fastrich* Rn. 57; MHLS/*Leitzen* Rn. 203.
149 IErg ebenso MHLS/*Leitzen* Rn. 201.

Absätze 1 bis 4 keine Anwendung mehr; die Firma nach Absatz 1 darf beibehalten werden.

Schrifttum

Bayer/Hoffmann, Die Unternehmergesellschaft (haftungsbeschränkt) des MoMiG zum Jahreswechsel 2008/2009 – eine erste Bilanz, GmbHR 2009, 124; *Drygala*, Zweifelsfragen im Regierungsentwurf zum MoMiG, NZG 2007, 561; *Freitag/Riemenschneider*, Die Unternehmergesellschaft – „GmbH light" als Konkurrenz für die Limited, ZIP 2007, 1485; *Gehrlein*, Der aktuelle Stand des neuen GmbH-Rechts, Der Konzern 2007, 771; *Goette/Habersack* (Hrsg), Das MoMiG in Wissenschaft und Praxis, 2009; *Grigoleit/Rieder*, GmbH-Recht nach dem MoMiG, 2009; *Heckschen*, Die GmbH-Reform – Wege und Irrwege, DStR 2007, 1442; *Heeg*, Die UG (haftungsbeschränkt) & Co. KG als (weiteres) hybrides Rechtsgebilde im deutschen Gesellschaftsrecht, DB 2009, 719; *Heinemann*, Die Unternehmergesellschaft als Zielgesellschaft von Formwechsel, Verschmelzung und Spaltung nach dem Umwandlungsgesetz, NZG 2008, 820; *Hennrichs*, Kapitalschutz bei GmbH, UG (haftungsbeschränkt) und SPE, NZG 2009, 921; *Hirte*, Die Unternehmergesellschaft (UG) nach dem Gesetz zur Modernisierung des GmbH-Rechts und zur Bekämpfung von Missbräuchen (MoMiG), ZInsO 2008, 933; *Joost*, Unternehmergesellschaft, Unterbilanz und Verlustanzeige, ZIP 2008, 2242; *Katschinski/Rawert*, Stangenware versus Maßanzug: Vertragsgestaltung im GmbH-Recht nach Inkrafttreten des MoMiG, ZIP 2008, 1993; *Klose*, Die Stammkapitalerhöhung der Unternehmergesellschaft (haftungsbeschränkt), GmbHR 2009, 294; *Kock/Vater/Mraz*, Die Zulässigkeit einer UG (haftungsbeschränkt) & Co. KG auch bei Gewinnausschluss zu Lasten der Komplementärin, BB 2009, 848; *König/Bormann*, Die Reform des Rechts der Gesellschaften mit beschränkter Haftung, DNotZ 2008, 652; *Leyendecker*, Rechtsökonomische Überlegungen zur Einführung der Unternehmergesellschaft (haftungsbeschränkt), GmbHR 2008, 302; *Lutter*, Für eine Unternehmer-Gesellschaft (UG) – Zur notwendigen Erweiterung der geplanten GmbH-Reform, Beil zu BB 2006 Heft 27, 1; *Meister*, Die Auswirkungen des MoMiG auf das Umwandlungsrecht, NZG 2008, 767; *Miras*, Die bisherige Rechtsprechung zur Unternehmergesellschaft – Eine kritische Analyse, DB 2010, 2488; *ders*, Aktuelle Fragen zur Unternehmergesellschaft (haftungsbeschränkt), NZG 2012, 486; *Niemeier*, Die „Mini-GmbH" (UG) trotz Marktwende bei der Limited?, ZIP 2007, 1794; *Pentz*, Verdeckte Sacheinlage und UG (haftungsbeschränkt), FS Goette 2011, S. 355; *Rischbieter/Gröning*, Gründung und Leben der GmbH nach dem MoMiG, 2009; *Römermann/Passarge*, Die GmbH & Co. KG ist tot – es lebe die UG & Co. KG!, ZIP 2009, 1479; *Rousseau/Hoyer*, Die UG als aufnehmender Rechtsträger im Rahmen einer Verschmelzung, GmbHR 2016, 1023; *Schärtl*, Gesetzliche Rücklage und Unternehmergesellschaft (haftungsbeschränkt) – ein Beispiel für ungenutzte Steuerungsmöglichkeiten des Gesetzgebers?, GmbHR 2008, R 81; *Schulte*, Zwei Jahre MoMiG – aktuelle Problemfelder im Handelsregisterverfahren, GmbHR 2010, 1128; *Seibert*, Der Regierungsentwurf des MoMiG und die haftungsbeschränkte Unternehmergesellschaft, GmbHR 2007, 673; *Stenzel*, Die Pflicht zur Bildung einer gesetzlichen Rücklage bei der UG (haftungsbeschränkt) und die Folgen für die Wirksamkeit des Gesellschaftsvertrages einer UG (haftungsbeschränkt) & Co. KG, NZG 2009, 168; *Tebben*, Die Reform der GmbH – das MoMiG in der notariellen Praxis, RNotZ 2008, 441; *Tettinger*, UG (umwandlungsbeschränkt)? – Die Unternehmergesellschaft nach dem MoMiG-Entwurf und das UmwG, Der Konzern 2008, 75; *Veil*, Die Unternehmergesellschaft nach dem Regierungsentwurf des MoMiG – Regelungsmodell und Praxistauglichkeit, GmbHR 2007, 1080; *ders*, Die Unternehmergesellschaft im System der Kapitalgesellschaften, ZGR 2009, 623; *Wachter*, Die neue Unternehmergesellschaft (haftungsbeschränkt), GmbHR Sonderheft Oktober 2008, 25; *ders*, Auswirkungen der Finanzmarktkrise auf die neue Unternehmergesellschaft (haftungsbeschränkt), GmbHR 2008, 1296; *Werner*, Aktuelle Entwicklung des Rechts der Unternehmergesellschaft, GmbHR 2011, 459; *Wilhelm*, „Unternehmergesellschaft (haftungsbeschränkt)" – Der neue § 5 a GmbHG in dem RegE zum MoMiG, DB 2007, 1510.

I. Normzweck

Die durch das MoMiG mit § 5 a neu eingeführte Unternehmergesellschaft (haftungsbeschränkt) – im Folgenden **UG** – ist die Antwort des deutschen Gesetzgebers auf die im Zuge der Entscheidungen des EuGH zur europäischen Niederlassungsfreiheit – bekannt unter den Schlagworten Centros, Überseering, Inspire Art[1] – zunehmend erfolgte Verbreitung der englischen Private Company Limited by Shares – kurz **Limited** – mit tatsächlichem Sitz in Deutschland.[2] Durch diese Entwicklung stand die GmbH in **Konkurrenz zu anderen europäischen Gesellschaftsformen** mit teilw. geringeren Gründungsanforderungen.[3] Um zu vermeiden, dass die GmbH hierdurch im Inland immer mehr an Bedeutung verliert, war man bestrebt, mit der UG gleichsam ein inländisches Konkurrenzmodell zur Limited zu schaffen.[4] Darüber hinaus sollten durch den Verzicht auf ein vorgegebenes Mindeststammkapital **Existenzgründungen** va in Branchenbereichen mit geringen Eigenkapitalerfordernissen **gefördert** u. es auch kapitalschwachen jungen Existenzgründern ermöglicht werden, ihr Haftungsrisiko zu begrenzen.[5] Statt der Einführung einer völlig neuen Gesellschaftsform hat sich der Gesetzgeber entschieden, lediglich eine **Rechtsformvariante** der GmbH[6] zu schaffen, welche den vorstehend geschilderten Bedürfnissen der Praxis entgegenkommt, aber auf den allg. rechtlichen Grundlagen der GmbH fußt, so dass es ausreichend war, mit § 5 a eine eigentlich recht kurze Vorschrift mit den Sonderregeln für die UG einzuführen u. sich ansonsten in der Systematik der GmbH zu bewegen. Dies hat einen unverhältnismäßigen Regulierungsaufwand u. durch die Verortung im vertrauten Terrain auch eine zumindest vorübergehende Rechtsunsicherheit vermieden.[7] 1

1 RS C-212/97 = NJW 99, 2027; C-208/00 = NJW 02, 3614; C-167/01 = NJW 03, 3331.
2 MüKoGmbHG/*Rieder* Rn. 1.
3 Baumbach/Hueck/*Fastrich* Rn. 1.
4 Ausf. zum Vergleich Limited – UG: *Miras*, Unternehmergesellschaft, Rn. 99 ff.
5 Baumbach/Hueck/*Fastrich* Rn. 1.
6 BegrRegE, BR-Drucks 354/07, S. 71.
7 *Seibert*, GmbHR 07, 673, 674; MHLS/*J. Schmidt* Rn. 3.

II. Rechtsnatur

1. Rechtsform

2 Ungeachtet ihrer gesetzlich vorgeschriebenen abw. Firmierung ist die UG **keine eigene Rechtsform**, sondern eine Gesellschaft mit beschränkter Haftung.[8] Sie kann insofern als „**Rechtsformvariante**"[9] oder „**Unterform**"[10] der GmbH bezeichnet werden. Dies bedeutet, dass auf sie ohne besondere Verweisung das **gesamte GmbH-Recht** anwendbar ist, soweit sich aus den Sonderregelungen des § 5 a keine Abweichungen ergeben.[11] Dh insbes.:[12]

- Die UG kann sowohl als Ein- als auch als Mehrpersonengesellschaft gegründet u. geführt werden.
- Sie kann im Wege der „klassischen" Gründung aber auch im vereinfachten Verfahren gem. § 2 Ia unter Verwendung des gesetzlichen Musterprotokolls errichtet werden; letztgenannte Gründungsart stellt aufgrund der dadurch anwendbaren kostenrechtlichen Privilegierung (→ § 2 Rn. 44) in der Praxis sogar den Regelfall ihrer Errichtung dar.
- Für die Geschäftführer gelten die Ausschlussregeln des § 6 II u. die sonstigen Vorschriften betr. ihre Stellung im Verhältnis zur Gesellschafterversammlung (§§ 38 I, 37, 46).
- Die Abtretung von Geschäftsanteilen bedarf der notariellen Beurkundung (§ 15 III u. IV).
- Die Gesellschafterversammlung stellt den Jahresabschluss fest u. beschließt über die Gewinnverwendung (§§ 46 Nr. 1, 29 II).
- Jede Satzungsänderung bedarf eines notariell zu beurkundenden Gesellschafterbeschlusses mit einer Mehrheit von 75 % der abgegebenen Stimmen.

2. Kaufmanns- und Unternehmereigenschaft

3 Die UG ist als GmbH stets **Kaufmann kraft Rechtsform** (§ 13 III iVm § 6 II HGB). Sie ist ferner gem. § 13 I **juristische Person** u. damit **Unternehmer** iSd § 14 I BGB, soweit sie Leistungen gegen Entgelt anbietet.[13]

3. Sonderregelungen aus § 5 a im Überblick

4 Die durch § 5 a für die UG aufgestellten Sonderregelungen sind die Folgenden:[14] **Abs. 1** lässt als eigentliches Wesensmerkmal der UG in Abweichung von § 5 die Gründung mit einem **geringeren Stammkapital als 25.000 EUR** zu (→ Rn. 9), wobei dies durch den vom Gesetz zwingend verlangten **besonderen Firmenzusatz** (→ Rn. 8) gleichsam für den Rechtsverkehr zu kennzeichnen ist. **Abs. 2** schreibt die **Volleinzahlung** der Bareinlagen vor u. **schließt** zugleich **Sacheinlagen** bei der UG **aus** (→ Rn. 10 ff.). In **Abs. 3**

8 *Seibert*, GmbHR 07, 673, 675; *Bormann*, DNotZ 08, 652; *Wilhelm*, DB 07, 1510; *Breitenstein/Meyding*, BB 07, 1457; Roth/*Altmeppen* Rn. 4; MHLS/*J. Schmidt* Rn. 3; Scholz/*Westermann* Rn. 7.
9 BegrRegE, BR-Drucks 354/07, S. 71; Baumbach/Hueck/*Fastrich* Rn. 7.
10 MHLS/*J. Schmidt* Rn. 3; *Lutter*/Hommelhoff Rn. 2; *Wicke* Rn. 3.
11 *Seibert*, GmbHR 07, 673, 675; Roth/*Altmeppen* Rn. 4; Baumbach/Hueck/*Fastrich* Rn. 7; *Lutter*/Hommelhoff Rn. 4; *Wicke* Rn. 2; Scholz/*Westermann* Rn. 7.
12 Vgl. hierzu auch *Lutter*/Hommelhoff Rn. 4; Scholz/*Westermann* Rn. 7.
13 Baumbach/Hueck/*Fastrich* Rn. 7.
14 Vgl. hierzu auch *Wicke* Rn. 2.

wird die Pflicht zur Bildung einer **gesetzlichen Rücklage** in Höhe eines Viertels des um einen Verlustvortrag geminderten Jahresüberschusses normiert, die nur für Kapitalerhöhungen aus Gesellschaftsmitteln u. zum Ausgleich eines Jahresfehlbetrags bzw. Verlustvortrags verwendet werden darf (→ Rn. 19 ff.). **Abs. 4** enthält eine modifizierte **Pflicht zur Einberufung der Gesellschafterversammlung** im Fall drohender Zahlungsunfähigkeit (→ Rn. 23 f.). **Abs. 5** schließlich beschreibt den **Weg aus der UG in** die „normale" **GmbH**, erlaubt aber für diesen Fall die Weiterverwendung des besonderen Firmenzusatzes (→ Rn. 25 ff.).

III. Entstehung

1. Gründung, Form, Zweck

Für die Gründung der UG gelten die allg. Vorschriften der GmbH.[15] Sie kann somit als Ein- oder Mehrpersonengesellschaft durch natürliche u. juristische Personen, Personengesellschaften sowie Gesamthandsgemeinschaften nach den generellen Regeln über die Gründerfähigkeit (→ § 1 Rn. 23 ff.) errichtet werden. Der Gesellschaftsvertrag ist gem. § 2 I notariell zu beurkunden.[16] Die UG kann im Wege der „klassischen" Gründung aber auch im vereinfachten Verfahren gem. § 2 Ia unter Verwendung des gesetzlichen Musterprotokolls errichtet werden (→ § 2 Rn. 43 ff.). Bei letztgenannter Gründungsart besteht eine gebührenrechtliche Kostenprivilegierung, die sich gerade bei einer UG mit einem deutlich unter 25.000 EUR liegenden Stammkapital durchaus bemerkbar machen kann (→ § 2 Rn. 44). Zur Kritik am vereinfachten Gründungsverfahren → § 2 Rn. 55. 5

Auch für den **Gesellschaftszweck** u. den **Unternehmensgegenstand** gelten die allg. Regeln, insbes. kann auch die UG für alle gesetzlich zulässigen Zwecke gegründet werden (→ § 1 Rn. 8).[17] So kann eine UG bei entspr. fachlicher Qualifikation u. finanzieller Ausstattung Verwalter einer Wohnungseigentümergemeinschaft sein.[18] 6

Die Anmeldung der UG zur Eintragung in das Handelsregister erfolgt ebenfalls nach den allg. Regeln der §§ 7 u. 8, wobei in Abweichung von § 7 II das Stammkapital vor Vornahme der Anmeldung in voller Höhe eingezahlt sein muss[19] (Abs. 2 S. 1; → Rn. 10). 7

2. Rechtsformzusatz

Die Firma der UG muss in Abweichung von § 4 zwingend den Rechtsformzusatz „**Unternehmergesellschaft (haftungsbeschränkt)**" oder „**UG (haftungsbeschränkt)**" führen. Diese durch Abs. 1 gemachte gesetzliche Vorgabe ist **exakt** u. **buchstabengetreu** einzuhalten,[20] insbes. ist eine Abkürzung des Zusatzes „(haftungsbeschränkt)" nicht zulässig.[21] Für die neben dem 8

15 Baumbach/Hueck/*Fastrich* Rn. 8; *Lutter*/Hommelhoff Rn. 7; MHLS/*J. Schmidt* Rn. 43.
16 *Lutter*/Hommelhoff Rn. 7.
17 MüKoGmbHG/*Rieder* Rn. 7; vgl. auch BGH DStR 12, 1617.
18 BGH NJW 12, 3175.
19 *Lutter*/Hommelhoff Rn. 7.
20 OLG Hamburg GmbHR 11, 657; Roth/*Altmeppen* Rn. 6; *Wicke* Rn. 6.
21 BegrRegE, BR-Drucks 354/07, S. 71; MHLS/*J. Schmidt* Rn. 4.

Rechtsformzusatz stehenden Firmenbestandteile (Firmenkern) gilt § 4.[22] Hält sich die Gesellschaft nicht an die gesetzliche Vorgabe aus Abs. 1, indem sie im Geschäftsverkehr den Rechtsformzusatz weglässt, unverständlich verkürzt oder einen falschen Rechtsformzusatz (etwa GmbH) verwendet, so soll dies nach einer in der Literatur vertretenen u. vom BGH bestätigten Auffassung zu einer uU unbeschränkten persönlichen Haftung der Gesellschafter bzw. des Geschäftsführers nach allg. Rechtsscheingrundsätzen führen können.[23] Es finden sich allerdings auch Stimmen, die betonen, dass man nach verschiedenen Fallgruppen der Falschbezeichnung u. ihren Rechts- bzw. Haftungsfolgen zu differenzieren habe.[24] Ob eine UG, welche ausschließlich u. unmittelbar steuerbegünstigte Zwecke nach den §§ 51–68 AO verfolgt, entsprechend der Rechtslage bei der GmbH (→ § 4 Rn. 17) den abgekürzten Rechtsformzusatz „gUG (haftungsbeschränkt)" verwenden darf,[25] wird unterschiedlich beurteilt. Die zutreffende Meinung verneint dies und lässt aufgrund der ausdrücklichen Vorgabe für den Rechtsformzusatz in § 5 a I nur die ausgeschriebene Bezeichnung „gemeinnützig" als Firmenbestandteil bei der UG zu.[26]

3. Stammkapital, Geschäftsanteile

9 Eigentliches Wesenmerkmal der UG ist, dass sie ein Stammkapital hat, welches den ansonsten durch § 5 I vorgegebenen Mindestbetrag von 25.000 EUR unterschreitet (§ 5 a I). Das Stammkapital kann von den Gründern grds. frei gewählt werden, es muss jedoch, um eine UG zur Entstehung zu bringen, unter 25.000 EUR betragen, da sonst eine GmbH vorliegt.[27] Auch für die UG gelten § 3 I Nr. 4 u. § 5 II, dh jeder Gründer muss zumindest einen Geschäftsanteil übernehmen, der auf volle Euro lauten u. damit mind. 1 EUR betragen muss. Damit kann in der Tat eine UG mit nur einem Gesellschafter mit einem Stammkapital von 1 EUR (jedoch nicht darunter) errichtet werden. In allg. Formulierung kann also als Stammkapital einer UG jeder volle Eurobetrag zwischen 1 EUR u. 24.999 EUR festgesetzt werden.[28] Die Gesellschafter einer UG sollten jedoch trotz der Möglichkeit, eine 1-Euro-Gesellschaft zu gründen, für eine ausreichende Finanzausstattung ihrer UG Sorge tragen, denn ohne ausreichendes Eigenkapital ist die Gesellschaft rasch überschuldet u. damit insolvenzantragspflichtig.[29] Dies kann rechnerisch bei einer UG mit nur minimaler Eigenkapitalausstattung schon zeitgleich oder zumindest zeitnah mit der Errichtung der Gesellschaft eintreten, wenn die anfallenden u. von der

22 *Lutter*/Hommelhoff Rn. 25.
23 BGH NZG 12, 989; *Gehrlein*, Der Konzern 07, 771, 780; *Freitag/Riemenschneider*, ZIP 07, 1485 f.; Baumbach/Hueck/*Fastrich* Rn. 9; *Lutter*/Hommelhoff Rn. 26.
24 S. ausf. MHLS/*J. Schmidt* Rn. 7; vgl. auch Roth/*Altmeppen* Rn. 9.
25 Dies bejahend: Baumbach/Hueck/*Fastrich* § 4 Rn. 9 a; MHLS/*Mock* § 4 Rn. 86; Scholz/*Cziupka* § 4 Rn. 12.
26 OLG Karlsruhe BeckRS 2019, 11620; MüKoGmbHG/*Rieder* Rn. 56 b; Roth/*Altmeppen* Rn. 7.
27 Baumbach/Hueck/*Fastrich* Rn. 10.
28 MüKoGmbHG/*Rieder* Rn. 8; Baumbach/Hueck/*Fastrich* Rn. 10; *Lutter*/Hommelhoff Rn. 9; MHLS/*J. Schmidt* Rn. 8; *Wicke* Rn. 5; Roth/*Altmeppen* Rn. 10.
29 Vgl. auch *Wicke* Rn. 5; *Lutter*/Hommelhoff Rn. 11; MHLS/*J. Schmidt* Rn. 8; MüKoGmbHG/*Rieder* Rn. 11 f.; *Drygala*, NZG 07, 561.

UG übernommenen Gründungskosten das vorhandene Eigenkapital aufgezehrt haben. Zwar ist eine Übernahme der Gründungskosten durch die Gesellschaft, die sofort zu einer Überschuldung führen würde, nicht zulässig,[30] doch auch wenn die Übernahme auf den Stammkapitalbetrag beschränkt wird, tritt unmittelbar beim Hinzutreten weiterer Verbindlichkeiten die Überschuldungssituation ein, wenn nicht auf andere Weise für eine ausreichende Kapitalausstattung der Gesellschaft gesorgt wurde.

4. Volleinzahlungspflicht, Sacheinlageverbot (Abs. 2)

Während bei einer normalen GmbH gem. § 7 II die Handelsregisteranmeldung bereits erfolgen kann, wenn auf jeden Geschäftsanteil mind. ein Viertel u. insg. wenigstens die Hälfte des gesetzlichen Mindeststammkapitals (also 12.500 EUR = 1/2 von 25.000 EUR) eingezahlt sind (→ § 7 Rn. 7 ff.), darf bei der UG die Anmeldung dem Handelsregister gem. Abs. 2 S. 2 erst dann eingereicht werden, wenn das Stammkapital in voller Höhe eingezahlt ist. Grund hierfür ist, dass bei der UG das Stammkapital frei festgesetzt u. damit auf den Umfang der eigenen Leistungsfähigkeit bemessen werden kann, so dass die Möglichkeit einer Halbeinzahlung nicht erforderlich ist.[31] Damit steht der UG aber auch nicht die Gestaltung offen, durch Festlegung eines Stammkapitalbetrags in der doppelten Höhe der vorgesehenen tatsächlichen Kapitalzufuhr eine durch die bestehende Einlageschuld u. ihre gesetzliche Haftungsabsicherung bewirkte entspr. höhere Kreditwürdigkeit der Gesellschaft bei vorerst nur hälftigem Kapitaleinsatz herzustellen.[32] In den Fällen, in denen beabsichtigt ist, bei Gründung der Gesellschaft 12.500 EUR oder mehr als Einlagenleistung einzuzahlen, wird das für die UG geltende Erfordernis der Volleinzahlung wohl meist dazu führen, dass statt einer UG eine GmbH mit einem Stammkapital von 25.000 EUR gewählt wird, da ja bei der GmbH – u. zwar mittlerweile auch bei der Einpersonen-GmbH (→ § 7 Rn. 2) – zunächst nur die Hälfte dieses Stammkapitalbetrages einzuzahlen ist.[33] Das Gebot der Volleinzahlung gilt auch für eine Kapitalerhöhung bei der UG.[34] Zur Frage, ob es auch auf eine Kapitalerhöhung anzuwenden ist, mit welcher das Stammkapital der Gesellschaft auf 25.000 EUR oder mehr erhöht u. damit die UG in eine reguläre GmbH überführt wird, su → Rn. 26. 10

Unterschiedlich beurteilt wird die Frage, ob die gesetzliche Regelung aus § 19 V zur Zulässigkeit einer sog. Hin- u. Herzahlung für den Fall, dass der Gesellschaft ggü. dem Gesellschafter ein vollwertiger u. jederzeit fälliger oder zumindest ein jederzeit zur Fälligkeit zu bringender Rückgewähranspruch zusteht, auch auf die UG angewendet werden kann. Während dies zT mit der Begründung verneint wird, das Volleinzahlungsgebot stehe einer Anwendbarkeit des § 19 V auf die UG entgg,[35] lässt die wohl 11

30 *Schärtl*, GmbHR 07, R305; *Seibert*, GmbHR 07, 673, 675; *Drygala*, NZG 07, 561, 562; Roth/*Altmeppen* Rn. 13.
31 BegrRegE, BR-Drucks 354/07, S. 71.
32 Roth/*Altmeppen* Rn. 16.
33 *Weber*, BB 09, 842, 844; *Römermann/Passarge*, ZIP 09, 1497, 1501; MüKo-GmbHG/*Rieder* Rn. 18.
34 Roth/*Altmeppen* Rn. 17; *Wicke* Rn. 7.
35 So *Wicke* Rn. 7; Scholz/*Wicke*, § 2 Rn. 107.

hM zutreffenderweise § 19 V auch für die UG uneingeschränkt gelten.[36] Weder vom Wortlaut noch von der systematischen Stellung des § 19 V sind Beschränkungen für dessen Anwendbarkeit auf die UG ersichtlich.[37] Die rechtliche Behandlung von Einlagenrückzahlungen u. deren Zulässigkeit unter den Voraussetzungen des § 19 V hat mit einer Unterscheidung zwischen Voll- u. Mindesteinzahlungen nichts zu tun.[38] Abs. 2 S. 1 beschränkt vom Wortlaut u. Sinngehalt her nur die nach § 7 II zulässige Teileinzahlung u. wird damit durch das Hin- u. Herzahlen nicht berührt.[39]

12 Gem. Abs. 2 S. 2 ist die Vereinbarung von **Sacheinlagen** für die UG **verboten**. Grund hierfür ist, dass die freie Festsetzung des Stammkapitals Sacheinlagen entbehrlich macht, u. ferner, dass für die Gründung der UG ein einfacher u. komplikationsfreier Modus festgeschrieben werden sollte.[40] Nach ganz allgM gilt das Sacheinlageverbot nicht nur für die Gründung einer UG, sondern auch für bei ihr später stattfindende Kapitalerhöhungen.[41] Zur Frage, ob es auch auf eine Kapitalerhöhung anzuwenden ist, mit welcher das Stammkapital der Gesellschaft auf 25.000 EUR oder mehr erhöht u. damit die UG in eine reguläre GmbH überführt wird, su → Rn. 26.

13 Wird entgg. Abs. 2 S. 2 eine Sacheinlage vereinbart, so ist diese **Sacheinlagenvereinbarung** gem. § 134 BGB **nichtig** u. die UG darf nicht in das Handelsregister eingetragen werden.[42] Die Nichtigkeit der Sacheinlagenvereinbarung hat jedoch nicht zwangsläufig auch die Nichtigkeit der Verpflichtung zur Erbringung einer Einlage an sich u. schon gar nicht die Nichtigkeit des gesamten Gesellschaftsvertrages zur Folge.[43] Wurde die GmbH trotz der nichtigen Sacheinlagevereinbarung in das Handelsregister eingetragen, so kann diese nichtige Vereinbarung, wenngleich sie auch nach der Eintragung unwirksam bleibt,[44] nicht mehr den Gesellschaftsvertrag insg. zu Fall bringen.[45] Für die betroffene Beitrittserklärung gilt nach erfolgter Handelsregistereintragung dieselbe Rechtsfolge wie bei einem Verstoß gegen § 5 IV, dh sie bleibt gültig u. die Einlageverpflichtung besteht als Geldeinlagepflicht fort.[46]

14 Umstritten ist, ob die gesetzliche Regelung zur **verdeckten Sacheinlage** in **§ 19 IV** auf die UG anwendbar ist. Dies wird von Teilen der Literatur ver-

36 *Heckschen*, DStR 09, 166, 171; Baumbach/Hueck/*Fastrich* Rn. 12; MHLS/*J. Schmidt* Rn. 14; Roth/*Altmeppen* Rn. 18; MüKoGmbHG/*Rieder* Rn. 24; *Lutter*/Hommelhoff Rn. 8.
37 MHLS/*J. Schmidt* Rn. 14.
38 Roth/*Altmeppen* Rn. 18.
39 MHLS/*J. Schmidt* Rn. 14.
40 Roth/*Altmeppen* Rn. 19.
41 Scholz/*Westermann* Rn. 18; Baumbach/Hueck/*Fastrich* Rn. 13; *Wicke* Rn. 7; Roth/*Altmeppen* Rn. 21; *Lutter*/Hommelhoff Rn. 12; *Klose*, GmbHR 09, 294 f.
42 *Wicke* Rn. 8; MüKoGmbHG/*Rieder* Rn. 21; Roth/*Altmeppen* Rn. 20.
43 MüKoGmbHG/*Rieder* Rn. 21; Roth/*Altmeppen* Rn. 20; *Römermann/Passarge*, ZIP 09, 1497, 1501; *Hirte*, ZInsO 08, 933, 935; aA *Freitag/Riemenschneider*, ZIP 07, 1485, 1486; *Lutter*/Hommelhoff Rn. 12 u. wohl auch Scholz/*Westermann*, Rn. 18.
44 *Römermann/Passarge*, ZIP 09, 1497, 1501; MüKoGmbHG/*Rieder* Rn. 21; aA *Gehrlein*, Der Konzern 07, 771, 779.
45 *Wicke* Rn. 8.
46 MüKoGmbHG/*Rieder* Rn. 21; Roth/*Altmeppen* Rn. 19.

neint mit dem Argument, das Sacheinlagenverbot des Abs. 2 S. 2 erfasse sowohl offene als auch verdeckte Sacheinlagen, da es ansonsten widersprüchlich wäre, einerseits Sacheinlagen bei der UG generell zu verbieten, andererseits verdeckten Sacheinlagen auf der Rechtsfolgenseite die Privilegien des § 19 IV zu gewähren, was zur weitgehenden Wirkungslosigkeit des Sacheinlageverbotes führen würde.[47] Die Vertreter dieser Auffassung wenden folglich bei der UG die vor dem MoMiG geltenden Grundsätze zur verdeckten Sacheinlage an u. betrachten dementspr die Bareinlagepflicht als durch eine verdeckte Sacheinlage nicht erfüllt, das Sachübernahmegeschäft als unwirksam[48] und eine Anrechnung des Wertes des eingebrachten Vermögensgegenstandes auf die Einlageverpflichtung als nicht statthaft.[49] Nach zutr. Gegenauffassung findet jedoch die Regelung des § 19 IV auch auf die UG Anwendung.[50] Der Wortlaut des neu gefassten § 19 IV schließt die verdeckte Sacheinlage bei der zeitgleich neu geschaffenen UG mit ein. Es gibt keinerlei Anhaltspunkte dafür, dass bei § 19 IV für die UG nach § 5 a eine Ausn. gelten soll.[51] Auch die Betrachtung der Zielsetzung beider Normen führt zu diesem Ergebnis: Das lediglich als Vereinfachungsregel für das Gründungsverfahren konzipierte Sacheinlageverbot in Abs. 2 S. 2 rechtfertigt nicht, die vor dem Inkrafttreten des MoMiG geltenden u. in ihren Auswirkungen problematischen Rechtsfolgen verdeckter Sacheinlagen auf die UG weiterhin anzuwenden.[52]

5. Sonstige Entstehungsformen und Beteiligung an Umwandlungsvorgängen

15 Nach dem Wortlaut des Abs. 1 entsteht eine UG in erster Linie im Wege der Neugründung.[53] Es ist natürlich auch zulässig, eine UG als **Vorratsgesellschaft** zu gründen, so dass auch der Erwerb einer als UG gegründeten Vorratsgesellschaft möglich ist; das Gleiche gilt für den Erwerb einer **Mantelgesellschaft** in Form der UG.[54] Hierbei sind die allg. Regeln über die wirtschaftliche Neugründung zu beachten (→ § 3 Rn. 16 ff.). Allerdings kann eine bestehende GmbH **nicht durch Kapitalherabsetzung** unter den gesetzlichen Mindestbetrag aus § 5 I zu einer UG werden. Dies ist bereits durch §§ 58 II 1, 5 I ausdrücklich untersagt u. folgt iÜ aus der allg. Erwägung heraus, dass die UG in erster Linie der Erleichterung von Neugründungen dienen soll.[55] Ein gegen § 58 II 1 verstoßender Beschluss über die

47 *Katschinski/Rawert*, ZIP 08, 1993, 1998; *Wachter*, GmbHR-Sonderheft 08, 25, 32 f.; Baumbach/Hueck/*Fastrich* Rn. 12; *Wicke* Rn. 8.
48 Anders *Wicke* Rn. 8, der Erfüllungsgeschäft wohl als wirksam erachtet, so dass der eingebrachte Vermögensgegenstand von der UG zurück zu übertragen wäre.
49 Baumbach/Hueck/*Fastrich* Rn. 12.
50 MüKoGmbHG/*Rieder* Rn. 23; MHLS/*J. Schmidt* Rn. 11; *Lutter*/Hommelhoff Rn. 13; Roth/*Altmeppen* Rn. 24; *Witt*, ZIP 09, 1102, 1104 ff.; *Römermann/Passarge*, ZIP 09, 1497, 1502; *Veil*, ZGR 09, 623, 631; *Wälzholz*, GmbHR 08, 841, 842.
51 Roth/*Altmeppen* Rn. 24.
52 MüKoGmbHG/*Rieder* Rn. 23.
53 MHLS/*J. Schmidt* Rn. 43.
54 Baumbach/Hueck/*Fastrich* Rn. 15; *Wicke* Rn. 4.
55 Baumbach/Hueck/*Fastrich* Rn. 16.

Herabsetzung des Stammkapitals einer GmbH unter die Schwelle des § 5 I ist nichtig.[56]

16 Eine **Entstehung** der UG **durch Umwandlung scheitert** an dem Sacheinlageverbot des Abs. 2 S. 2.[57] Zwar gilt es als Ausgangspunkt festzuhalten, dass die UG als Unterform der GmbH grds. ein geeigneter umwandlungsfähiger Rechtsträger ist, so dass sie sich an Umwandlungsvorgängen nach dem UmwG sowohl als Ausgangs- als auch als Zielrechtsträger beteiligen kann,[58] doch gilt dies nur soweit, als das Sacheinlageverbot aus Abs. 2 S. 2 dem nicht entgegensteht.[59] Damit scheiden alle Umwandlungsvorgänge aus, bei denen das Stammkapital der UG nicht durch Barleistung, sondern im Wege der Einbringung des Vermögens der umzuwandelnden Gesellschaft als Sacheinlage aufgebracht wird.[60] Folglich entfallen eine **Verschmelzung** wie auch eine **Aufspaltung zur Neugründung** einer UG. Auch der **Formwechsel in eine UG ist nicht zulässig.** Der Formwechsel aus einer GmbH in eine UG ist schon deshalb nicht möglich, weil die UG als Unterform der GmbH keinen anderen Rechtsträger iSd §§ 190 ff. UmwG darstellt.[61] Der Formwechsel aus anderen Gesellschaftsformen ist wiederum durch das Sacheinlageverbot ausgeschlossen, da auch in diesen Fällen das vorhandene Gesellschaftsvermögen zum Vermögen der UG würde, was als Sacheinlage zu qualifizieren ist.[62]

17 Bei **sonstigen Umwandlungsvorgängen** unter Beteiligung einer **UG als Zielrechtsträger** ist zu unterscheiden. Sieht das UmwG zwingend eine Gewährung von Anteilen an dem Zielrechtsträger vor, scheidet die UG wegen des bestehenden Sacheinlageverbotes als tauglicher Zielrechtsträger aus.[63] Damit kann eine UG nicht aufnehmender Rechtsträger bei einer Verschmelzung oder Spaltung zur Aufnahme sein, sofern diese mit einer Kapitalerhöhung beim aufnehmenden Rechtsträger verbunden ist.[64] Etwas anderes kann allenfalls dann gelten, wenn die mit dem Umwandlungsvorgang verbundene Kapitalerhöhung zu einem Zielkapital von 25.000 EUR oder mehr führen soll, da nach der nunmehr hM das Sacheinlageverbot einen solchen Kapitalerhöhungsfall nicht erfasst[65] (strittig → Rn. 26). Bei einer Verschmelzung oder Spaltung ohne Kapitalerhöhung kann eine UG wie eine reguläre GmbH behandelt werden, da sich hierfür aus § 5 a keinerlei Einschränkungen ergeben.[66]

56 Baumbach/Hueck/*Fastrich* Rn. 16.
57 MHLS/*J. Schmidt* Rn. 45; MüKoGmbHG/*Rieder* Rn. 52.
58 MüKoGmbHG/*Rieder* Rn. 49; *Lutter*/Hommelhoff Rn. 33; *Wicke* Rn. 15; MHLS/*J. Schmidt* Rn. 44; Scholz/*Westermann* Rn. 37; *Bormann*, GmbHR 07, 897, 899; *Freitag/Riemenschneider*, ZIP 07, 1485, 1491.
59 BGH NJW 11, 1883 Rn. 12; MHLS/*J. Schmidt* Rn. 146 Baumbach/Hueck/*Fastrich* Rn. 17; MüKoGmbHG/*Rieder* Rn. 49.
60 Baumbach/Hueck/*Fastrich* Rn. 17; *Heinemann*, NZG 08, 820, 821.
61 *Freitag/Riemenschneider*, ZIP 07, 1485, 1491; *Heckschen*, DStR 09, 166, 171; Baumbach/Hueck/*Fastrich* Rn. 17.
62 Baumbach/Hueck/*Fastrich* Rn. 17; *Lutter*/Hommelhoff Rn. 33.
63 MüKoGmbHG/*Rieder* Rn. 51; aA *Lutter*/Hommelhoff Rn. 33.
64 MHLS/*J. Schmidt* Rn. 48; *Wicke* Rn. 16.
65 *Tettinger*, Der Konzern 08, 77; *Wicke* Rn. 16; MHLS/*J. Schmidt* Rn. 48; Roth/*Altmeppen* Rn. 47; MüKoGmbHG/*Rieder* Rn. 52.
66 MHLS/*J. Schmidt* Rn. 48.

Für die UG als **Ausgangsrechtsträger** eines Umwandlungsvorganges bestehen hingg. keine Einschränkungen, da es in diesen Fällen nicht zu einer Kollision mit dem Sacheinlageverbot des Abs. 2 S. 2 kommen kann.[67] Folglich kann die UG auf einen anderen Rechtsträger verschmolzen werden oder als übertragender Rechtsträger an Spaltungsvorgängen teilnehmen. Ferner kann eine UG durch Formwechsel eine andere Rechtsform erhalten. Ein nach den Vorschriften des UmwG stattfindender Formwechsel in eine GmbH ist jedoch nicht möglich, da die UG als Unterform der GmbH bereits eine solche ist u. es damit an einem wirklichen Wechsel der Rechtsform mangelt.[68] 18

IV. Pflicht zur Rücklagenbildung (Abs. 3)

1. Allgemeines

Die Gefahren für eine ausreichende Kapitalausstattung der UG, welche aus der Möglichkeit resultieren können, das Stammkapital unterhalb des sonst durch § 5 I normierten Mindestbetrags frei zu wählen, sind nach den Vorgaben des Gesetzgebers durch eine Verpflichtung zur Bildung einer gesetzlichen Rücklage zu kompensieren. So ist gem. Abs. 3 S. 1 zwingend eine Rücklage zu bilden, in die jeweils 25 % des um einen Verlustvortrag geminderten Jahresüberschusses einzustellen sind. Durch diese Thesaurierungspflicht soll das Anwachsen der Eigenkapitalausstattung der UG in Richtung einer regulären GmbH gesichert u. zugleich eine Motivation geschaffen werden, das Stammkapital auf den gesetzlichen Mindestbetrag zu erhöhen.[69] Dies macht deutlich, dass die UG als Übergangsform konzipiert ist, die den Einstieg in die reguläre GmbH erleichtern soll.[70] Die Pflicht zur Rücklagenbildung ist sowohl zeitlich als auch bzgl. des Betrages unbegrenzt, dh solange die UG als solche besteht, also noch keine Erhöhung ihres Stammkapitals auf mind. 25.000 EUR stattgefunden hat, ist der gesetzlichen Thesaurierungspflicht zu entsprechen, u. zwar auch dann noch, wenn die Summe aus Stammkapital u. gebildeter Rücklage die Schwelle zum gesetzlichen Mindestkapital erreicht oder überschritten hat. Durch diese fortbestehende Thesaurierungspflicht wird ein spürbarer Druck auf die Gesellschafter ausgeübt, die UG bei Erreichen der für das Mindeststammkapital aus § 5 I notwendigen Eigenkapitalausstattung in eine normale GmbH zu überführen.[71] Denn die Pflicht zur Rücklagenbildung endet erst mit der Umwandlung der UG in eine reguläre GmbH durch Erhöhung des Stammkapitals auf mind. 25.000 EUR gem. Abs. 5.[72] 19

Aus der in Abs. 3 normierten Verpflichtung zur Thesaurierung eines Teils der erzielten Gewinne folgt **keine Verpflichtung zur Gewinnerzielung.** Das Gesetz verlangt lediglich für den Fall, dass ein Gewinn erzielt wird, hiervon 25 % in die Rücklage einzustellen, u. trifft keine Anordnung, es müsse 20

67 MüKoGmbHG/*Rieder* Rn. 50; Baumbach/Hueck/*Fastrich* Rn. 19; *Wicke* Rn. 16 f.
68 MüKoGmbHG/*Rieder* Rn. 50; Baumbach/Hueck/*Fastrich* Rn. 19.
69 *Roth*/Altmeppen Rn. 25; Baumbach/Hueck/*Fastrich* Rn. 21; MHLS/*J. Schmidt* Rn. 16.
70 Michalski/*Miras* Rn. 68.
71 *Joost*, ZIP 07, 2242, 2245; *Freitag/Riemenschneider*, ZIP 07, 1485, 1488; *Wicke* Rn. 9; Baumbach/Hueck/*Fastrich* Rn. 21.
72 Roth/*Altmeppen* Rn. 26.

auf jeden Fall Gewinn erzielt werden.[73] Mithin ist auch eine „gewinnlose“ UG möglich u. zulässig, so dass gegen die Verwendung einer UG als vom Gewinn u. Vermögen ausgeschlossene Komplementärin einer KG wie auch als verpflichtete Partei eines Gewinnabführungsvertrages keine Bedenken bestehen (→ Rn. 29).[74]

2. Zweckbindung

21 Abs. 3 S. 2 begründet in Höhe der gesetzlichen Rücklage eine über § 30 hinausgehende Ausschüttungssperre.[75] Die Rücklage darf nur verwendet werden für eine Kapitalerhöhung aus Gesellschaftsmitteln gem. § 57 c (Nr. 1), zum Ausgleich eines nicht durch einen Gewinnvortrag aus dem Vorjahr gedeckten Jahresfehlbetrags (Nr. 2) sowie zum Ausgleich eines nicht durch einen Jahresüberschuss gedeckten Verlustvortrags aus dem Vorjahr (Nr. 3). Eine Auflösung der Rücklage zum Zwecke von Ausschüttungen an die Gesellschafter ist ausdrücklich nicht erlaubt, so dass damit auch ihre Verwendung für eine Kapitalerhöhung im Wege des Schütt-aus-hol-zurück-Verfahrens ausgeschlossen ist.[76] Sind neben der gesetzlichen Rücklage nach Abs. 3 noch zusätzlich freie Rücklagen vorhanden, so müssen diese nicht vorrangig zu einem Verlustausgleich herangezogen werden,[77] so dass in einem solchen Fall der Verlustausgleich aus der gesetzlichen Rücklage des Abs. 3 erfolgen u. aus den zusätzlichen freien Rücklagen eine Ausschüttung an die Gesellschafter vorgenommen werden kann. Die gesetzliche Rücklage nach § 5 III ist kein Stammkapital, so dass die Kapitalerhaltungsvorschrift des § 30 auf sie nicht anwendbar ist.[78]

3. Verstöße

22 Ein Verstoß gegen die Vorgaben des Abs. 3 führt analog § 256 I Nr. 1 AktG zur Nichtigkeit der Feststellung des Jahresabschlusses u. analog § 253 AktG auch zur Nichtigkeit des darauf fußenden Gewinnverwendungsbeschlusses.[79] Insoweit unzulässig ausgeschüttete Gewinne sind von den Gesellschaftern zurückzugewähren.[80] Geschäftsführer, die eine rechtswidrige Ausschüttung veranlasst haben, haften für etwaige Schadensfolgen gem. § 43 persönlich.[81]

73 *Lutter*/Hommelhoff Rn. 18; Roth/*Altmeppen* Rn. 26.
74 *Lutter*/Hommelhoff Rn. 18; Roth/*Altmeppen* Rn. 39.
75 *Wicke* Rn. 10.
76 Roth/*Altmeppen* Rn. 27.
77 MüKoGmbHG/*Rieder* Rn. 27; *Wicke* Rn. 10; Roth/*Altmeppen* Rn. 28.
78 *Noack*, DB 07, 1395, 1396; *Wachter*, GmbHR-Sonderheft 08, 25, 34; MüKoGmbHG/*Rieder* Rn. 30; aA Baumbach/Hueck/*Fastrich* Rn. 26; *Roth*/Altmeppen Rn. 29; *Freitag/Riemenschneider*, ZIP 07, 1485, 1488.
79 RegBegr. BR-Drucks 354/07, S. 72; *Gehrlein*, Der Konzern 07, 771, 780; Baumbach/Hueck/*Fastrich* Rn. 26; *Roth*/Altmeppen Rn. 29.
80 *Lutter*/Hommelhoff Rn. 16; MüKoGmbHG/*Rieder* Rn. 30; Roth/*Altmeppen* Rn. 29; Baumbach/Hueck/*Fastrich* Rn. 26.
81 *Katschinski/Rawert*, ZIP 08, 1993, 1998; MüKoGmbHG/*Rieder* Rn. 30.

V. Pflicht zur Einberufung der Gesellschafterversammlung bei drohender Zahlungsunfähigkeit (Abs. 4)

Für die normale GmbH normiert § 49 III die Pflicht des Geschäftsführers, eine außerordentliche Gesellschafterversammlung einzuberufen, wenn ein Verlust in Höhe der Hälfte des Stammkapitals eingetreten ist. Diese Vorgabe wird für die UG mit Abs. 4 ersetzt durch die Einberufungsverpflichtung des Geschäftsführers bei drohender Zahlungsunfähigkeit. Dies erscheint sinnvoll, weil bei der UG kein gesetzliches Mindeststammkapital besteht, sich dieses vielmehr auch auf einen Minimalbetrag beschränken u. in einem solchen Fall bereits kurz nach der Gründung aufgebraucht sein kann.[82] Inhaltlich verweist Abs. 4 mit seiner Anknüpfung an die drohende Zahlungsunfähigkeit auf § 18 II InsO, wonach eine solche drohende Zahlungsunfähigkeit dann vorliegt, wenn der Schuldner „voraussichtlich nicht in der Lage sein wird, die bestehenden Zahlungspflichten im Zeitpunkt der Fälligkeit zu erfüllen". Somit ist für die Beurteilung des Vorliegens einer solch drohenden Zahlungsunfähigkeit eine Prognose über die künftige Liquiditätsentwicklung der Gesellschaft erforderlich.[83] In Teilen der Literatur wird die in Abs. 4 enthaltene Regelung mit dem Hinweis kritisiert, dass es bei Vorliegen einer drohenden Zahlungsunfähigkeit für eine Gesellschafterversammlung zum Zwecke der Einleitung geeigneter Rettungsmaßnahmen häufig schon zu spät sei.[84] Dies ist nicht von der Hand zu weisen; allerdings gilt es zu bedenken, dass auch für die UG die allg. Einberufungspflicht aus § 49 II gilt, wonach eine Gesellschafterversammlung auch dann einzuberufen ist, wenn dies im Interesse der Gesellschaft erforderlich scheint. Dieser Generalklausel wird bei der UG angesichts der im Krisenfall bestehenden Schwierigkeiten mit der Eignung u. Handhabung des Abs. 4 eine größere u. wirkungsvollere Bedeutung zukommen als die an die drohende Zahlungsunfähigkeit knüpfende Einberufungspflicht.[85] 23

Ein **Unterlassen** der Einberufung trotz Vorliegens der Voraussetzung nach Abs. 4 bzw. § 49 II kann zu einer Schadensersatzpflicht des Geschäftsführers gem. § 43 II führen.[86] 24

VI. Übergang in die GmbH (Abs. 5)

Wird das Stammkapital der UG auf den regulären Mindestbetrag gem. § 5 I von 25.000 EUR oder auf einen darüber liegenden Betrag erhöht, so fallen sämtliche Beschränkungen des § 5 a weg. Die Gesellschaft ist damit ipso iure zur normalen GmbH geworden.[87] Bei diesem Übergang von der UG zur GmbH handelt es sich nicht um eine formwechselnde Umwandlung im Rechtssinne,[88] vielmehr stellt sich dieser Vorgang als „Abstreifen einiger für die Unternehmergesellschaft bestimmender Sonderregeln" dar.[89] Die 25

82 Baumbach/Hueck/*Fastrich* Rn. 27; *Lutter*/Hommelhoff Rn. 28.
83 *Lutter*/Hommelhoff Rn. 28.
84 *Joost*, ZIP 07, 2242, 2248; *Veil*, GmbHR 07, 1080, 1083.
85 Roth/*Altmeppen* Rn. 41; Baumbach/Hueck/*Fastrich* Rn. 27; *Wicke* Rn. 13.
86 Baumbach/Hueck/*Fastrich* Rn. 28.
87 Roth/*Altmeppen* Rn. 43.
88 MüKoGmbHG/*Rieder* Rn. 37; Roth/*Altmeppen* Rn. 43, Baumbach/Hueck/*Fastrich* Rn. 32.
89 So Scholz/*Westermann*, Rn. 37.

Identität der Gesellschaft ändert sich nicht. Daher ist der Übergang in die normale GmbH auch steuerneutral.[90] Der bloße Umstand, dass die UG ein Eigenkapital in Höhe der Mindestkapitalsumme aus § 5 I faktisch erreicht hat, bewirkt für sich alleine noch nicht den Übergang der Gesellschaft in eine reguläre GmbH, vielmehr sind hierfür ein formeller Kapitalerhöhungsbeschluss sowie dessen Eintragung in das Handelsregister erforderlich,[91] wobei eine Verpflichtung zur Kapitalerhöhung nicht besteht.[92] Die Kapitalerhöhung kann dabei aus Gesellschaftsmitteln (§ 57 c) unter Verwendung der gesetzlichen Rücklage nach Abs. 3 oder gegen Einlagen erfolgen. Unerheblich ist, ob das ursprüngliche Stammkapital der Gesellschaft noch vorhanden ist.[93]

26 Höchst strittig u. unterschiedlich beurteilt wurde die Frage, ob bei einer **Kapitalerhöhung auf 25.000 EUR** oder mehr das Volleinzahlungsgebot des Abs. 2 S. 1 u. das Sacheinlageverbot aus Abs. 2 S. 2 Anwendung finden. Der BGH hat zwischenzeitlich eindeutig entschieden, dass das Sacheinlageverbot für eine Kapitalerhöhung, die zu einem Zielkapital von 25.000 EUR oder mehr führen soll, nicht gilt, eine UG also durch Sachkapitalerhöhung auf mind. 25.000 EUR in eine reguläre GmbH überführt werden kann.[94] Konsequenterweise wird man vor dem Hintergrund dieser Rspr. nunmehr auch davon ausgehen müssen, dass bei einer solchen Kapitalerhöhung, durch welche das Mindeststammkapital der GmbH erreicht oder überschritten wird, auch das Volleinzahlungsgebot keine Anwendung findet, man also nur eine Mindesteinzahlung nach §§ 56 a, 57 II, 7 II verlangen kann;[95] allerdings wird man hier in einer analogen Anwendung des § 7 II 2 (u demgem über das bei einer Barkapitalerhöhung ansonsten alleine geltende Gebot der Vierteleinzahlung hinaus) fordern müssen, dass insg. ein Mindestbetrag von 12.500 EUR aufzubringen ist.[96]

27 Nach **erfolgter Kapitalerhöhung** auf mindestens 25.000 EUR entfallen sämtliche Sonderregeln u. Verpflichtungen aus § 5 a. Eine Pflicht zur Bildung der gesetzlichen Rücklage gem. Abs. 3 besteht nicht mehr u. die noch vorhandene gebildete Rücklage ist nunmehr frei u. kann aufgelöst werden.[97]

---

90 MüKoGmbHG/*Rieder* Rn. 37.
91 MHLS/*J. Schmidt* Rn. 38; Baumbach/Hueck/*Fastrich* Rn. 32.
92 Roth/*Altmeppen* Rn. 33; Michalski/*Miras* Rn. 110.
93 Baumbach/Hueck/*Fastrich* Rn. 32; MüKoGmbHG/*Rieder* Rn. 39.
94 BGH NJW 11, 1881; ebenso OLG München NZG 12, 104; OLG Hamm RNotZ 11, 439; OLG Stuttgart DStR 11, 2261; *Freitag/Riemenschneider*, ZIP 07, 1485, 1491; *Klose*, GmbHR 09, 294, 295; *Wicke* Rn. 7; *Roth*/Altmeppen Rn. 21; MHLS/*J. Schmidt* Rn. 12; MüKoGmbHG/*Rieder* Rn. 40 ff.; aA *Heckschen*, DStR 09, 166; *Lutter*/Hommelhoff Rn. 24; bzgl. Sacheinlageverbot *Gehrlein*, Der Konzern 07, 771, 779; *Seibert*, GmbHR 07, 673, 676; *Wachter*, GmbHR-Sonderheft 08, 25, 32; *Bormann*, GmbHR 07, 897, 901.
95 So OLG München NZG 12, 104; OLG Hamm RNotZ 11, 439; OLG Stuttgart DStR 11, 2261; Baumbach/Hueck/*Fastrich* Rn. 33; Roth/*Altmeppen* Rn. 17; *Miras*, DStR 11, 1379; aA *Heckschen*, DStR 09, 166; *Lutter*/Hommelhoff Rn. 24.
96 Baumbach/Hueck/*Fastrich* Rn. 33; Roth/*Altmeppen* Rn. 17; Scholz/*Westermann* Rn. 16.
97 Roth/*Altmeppen* Rn. 52; Baumbach/Hueck/*Fastrich* Rn. 34; krit. zur Auflösung der Rücklage *Freitag/Riemenschneider*, ZIP 07, 1485, 1491.

Mit dem Übergang von der UG in die GmbH wird der bis dahin nach Abs. 1 zu verwendende Rechtsformzusatz unrichtig. Allerdings erlaubt **Abs. 5 Hs. 2** ausdrücklich, dass die Gesellschaft ihren bisherigen Rechtsformzusatz weiter verwenden darf. Sie kann aber natürlich auch durch Satzungsänderung ihre Firma bzgl. des Rechtsformzusatzes nunmehr in die für eine GmbH nach § 4 zulässige Bezeichnung ändern. 28

VII. UG (haftungsbeschränkt) & Co KG

Die UG ist als Unterform der GmbH juristische Person. Sie kann sich daher an anderen Unternehmen u. Gesellschaften genauso beteiligen wie eine reguläre GmbH. Insbes. kann die UG uneingeschränkt Komplementärin einer KG sein, u. zwar auch in der Ausgestaltung, dass sie am Gewinn u. Vermögen der KG nicht beteiligt ist.[98] Die Thesaurierungspflicht aus Abs. 3 steht dem nicht entgg. (→ Rn. 20) u. macht es auch nicht erforderlich, die UG zwingend am Kapital oder jedenfalls Gewinn der KG zu beteiligen.[99] 29

§ 6 Geschäftsführer

(1) Die Gesellschaft muß einen oder mehrere Geschäftsführer haben.

(2) [1]Geschäftsführer kann nur eine natürliche, unbeschränkt geschäftsfähige Person sein. [2]Geschäftsführer kann nicht sein, wer

1. als Betreuter bei der Besorgung seiner Vermögensangelegenheiten ganz oder teilweise einem Einwilligungsvorbehalt (§ 1903 des Bürgerlichen Gesetzbuchs) unterliegt,

2. aufgrund eines gerichtlichen Urteils oder einer vollziehbaren Entscheidung einer Verwaltungsbehörde einen Beruf, einen Berufszweig, ein Gewerbe oder einen Gewerbezweig nicht ausüben darf, sofern der Unternehmensgegenstand ganz oder teilweise mit dem Gegenstand des Verbots übereinstimmt,

3. wegen einer oder mehrerer vorsätzlich begangener Straftaten

a) des Unterlassens der Stellung des Antrags auf Eröffnung des Insolvenzverfahrens (Insolvenzverschleppung),

b) nach den §§ 283 bis 283 d des Strafgesetzbuchs (Insolvenzstraftaten),

c) der falschen Angaben nach § 82 dieses Gesetzes oder § 399 des Aktiengesetzes,

d) der unrichtigen Darstellung nach § 400 des Aktiengesetzes, § 331 des Handelsgesetzbuchs, § 313 des Umwandlungsgesetzes oder § 17 des Publizitätsgesetzes oder

e) nach den §§ 263 bis 264 a oder den §§ 265 b bis 266 a des Strafgesetzbuchs zu einer Freiheitsstrafe von mindestens einem Jahr

---

98 *Hirte*, ZInsO 08, 933, 935; *Lutter*/Hommelhoff Rn. 18; Roth/*Altmeppen* Rn. 38; MHLS/*J. Schmidt* Rn. 51.

99 So aber iErg *Wicke* Rn. 19; *Gehrlein*, Der Konzern 07, 771, 779; *Wachter*, GmbHR-Sonderheft 08, 25, 33; *Veil*, GmbHR 07, 1080, 1084; differenzierend Baumbach/Hueck/*Fastrich* Rn. 36.

verurteilt worden ist; dieser Ausschluss gilt für die Dauer von fünf Jahren seit der Rechtskraft des Urteils, wobei die Zeit nicht eingerechnet wird, in welcher der Täter auf behördliche Anordnung in einer Anstalt verwahrt worden ist.

[3]Satz 2 Nr. 3 gilt entsprechend bei einer Verurteilung im Ausland wegen einer Tat, die mit den in Satz 2 Nr. 3 genannten Taten vergleichbar ist.

(3) [1]Zu Geschäftsführern können Gesellschafter oder andere Personen bestellt werden. [2]Die Bestellung erfolgt entweder im Gesellschaftsvertrag oder nach Maßgabe der Bestimmungen des dritten Abschnitts.

(4) Ist im Gesellschaftsvertrag bestimmt, daß sämtliche Gesellschafter zur Geschäftsführung berechtigt sein sollen, so gelten nur die der Gesellschaft bei Festsetzung dieser Bestimmung angehörenden Personen als die bestellten Geschäftsführer.

(5) Gesellschafter, die vorsätzlich oder grob fahrlässig einer Person, die nicht Geschäftsführer sein kann, die Führung der Geschäfte überlassen, haften der Gesellschaft solidarisch für den Schaden, der dadurch entsteht, dass diese Person die ihr gegenüber der Gesellschaft bestehenden Obliegenheiten verletzt.

Schrifttum

Bauer, Der Notgeschäftsführer in der GmbH, 2006; *Beuthien/Grätsch*, Vereinsautonomie und Satzungsrechte Dritter, ZHR 156 (1992), 459; *dies*, Einfluß Dritter auf die Organbesetzung und Geschäftsführung bei Vereinen, Kapitalgesellschaften und Genossenschaften, ZHR 157 (1993), 483; *Böttcher/Hassner*, Inhabilität des strafrechtlich verurteilten Geschäftsführers nach MoMiG, GmbHR 2009, 1321; *Bohlscheid*, Ausländer als Gesellschafter und Geschäftsführer einer deutschen GmbH, RNotZ 2005, 505; *Deutler*, „Betreute" als Geschäftsführer – Versicherungen bei der Anmeldung, GmbHR 1992, 252; *Dinkhoff*, Der faktische Geschäftsführer in der GmbH, 2003; *Drygala*, Zur Neuregelung der Tätigkeitsverbote für Geschäftsleiter von Kapitalgesellschaften, ZIP 2005, 423; *Erdmann*, Ausländische Staatsangehörige in Geschäftsführungen und Vorständen deutscher GmbHs und AGs, NZG 2002, 503; *Gustavus*, Probleme mit der GmbH ohne Geschäftsführer, GmbHR 1992, 15; *Helmschrott*, Der Notgeschäftsführer – eine notleidende Regelung, ZIP 2001, 636; *Heßeler*, Der „Ausländer als Geschäftsführer" – das Ende der Diskussion durch das MoMiG?!, GmbHR 2009, 759; *Hübner*, § 21 FamFG als Hindernis bei der Abberufung des GmbH-Geschäftsführers, NZG 2016, 933; *Melchior*, Ausländer als GmbH-Geschäftsführer, DB 1997, 413; *Neelmeier/Huth*, Ausländer als Geschäftsführer einer GmbH, GmbHR 2005, 1409; *Ries*, Der ausländische Geschäftsführer, NZG 2010, 209; *Schneider/Schneider*, Die persönliche Haftung der GmbH-Gesellschafter bei Überlassung der Geschäftsführung an Personen, die nicht Geschäftsführer sein können, GmbHR 2012, 365; *Siegmann/Vogel*, Die Verantwortlichkeit des Strohmanngeschäftsführers einer GmbH, ZIP 1994, 1821; *Singer*, Die Bestellung eines Notgeschäftsführers in der GmbH, NWB 2017, 1450; *Wachter*, Ausländer als GmbH-Gesellschafter und -Geschäftsführer, ZIP 1999, 1577; *Weyand*, Gesetzlicher Ausschluss vom Geschäftsführeramt, ZInsO 2007, 754; *ders*, Strafrechtliche Aspekte des MoMiG im Zusammenhang mit juristischen Personen, ZInsO 2008, 702.

I. Normzweck

§ 6 ist die **Grundnorm** zur organschaftlichen Stellung der Geschäftsführer. 1
Sie ist als solche aber nur ein Teil der die Geschäftsführer betr. gesetzlichen Vorschriften u. daher im Kontext mit den §§ 35 ff. u. § 46 Nr. 5 zu betrachten, welche weitere Regelungen zur Rechtsstellung der Geschäftsführer beinhalten. Die insoweit in den Abschnitt über die Errichtung der Gesellschaft vorgezogene Stellung von § 6 lässt sich daraus erklären, dass bereits die sich im Gründungsstadium befindliche Gesellschaft ein für sie handlungsberechtigtes Organ benötigt.

Nach Abs. 1 muss jede Gesellschaft zwingend einen oder mehrere Ge- 2
schäftsführer haben. Damit macht die Vorschrift den bzw. die Geschäftsführer zum **obligatorischen Handlungsorgan** zur Führung der Geschäfte u. zur Vertretung der Gesellschaft (§§ 35 ff.). Abs. 2 trifft Regelungen zu den **persönlichen Voraussetzungen** für die Bestellung als Geschäftsführer u. zu diesbzgl Ausschlussgründen. Hier hat das MoMiG den Katalog der als **Ausschlussgründe** relevanten strafrechtlichen Verurteilungen ggü. der bis dahin geltenden Rechtslage erweitert, indem ihm bestimmte Vermögensdelikte, die vorsätzliche Insolvenzverschleppung sowie Verurteilungen wegen vorsätzlicher falschen Angaben nach gesellschafts-, umwandlungs- u. handelsrechtlichen Vorschriften hinzugefügt u. nunmehr auch ausländische Verurteilungen wegen vergleichbarer Straftaten mit einbezogen wurden. Abs. 3 stellt klar, dass sowohl **Selbstorganschaft** als auch **Drittorganschaft** zulässig sind u. regelt die Art der Geschäftsführerbestellung. Abs. 4 beinhaltet eine **Auslegungsregel** für den Fall, dass der Gesellschaftsvertrag in ganz allg., nicht individualisierter Formulierung sämtliche Gesellschafter zu Geschäftsführern bestimmt. Der ebenfalls durch das MoMiG neu eingefügte Abs. 5 schließlich normiert eine **Schadenersatzpflicht** für diejenigen Gesellschafter, die einer durch die gesetzlichen Bestimmungen von der Geschäftsführung ausgeschlossenen Person die Führung der Geschäfte der Gesellschaft überlassen haben.

II. Geschäftsführer als notwendiges Handlungsorgan

1. Funktion

3 Die GmbH hat zwei notwendige Organe: Den bzw. die **Geschäftsführer** u. die **Gesellschafter in ihrer Gesamtheit** (§§ 45 ff.), letztere häufig in Gestalt der Gesellschafterversammlung wirkend.[1] Ein **Aufsichtsrat** ist nur unter den besonderen Voraussetzungen eines Mitbestimmungsgesetzes vorgeschrieben (→ § 52 Rn. 118 ff.). Während die Gesamtheit der Gesellschafter innerhalb der GmbH das Organ der **Willensbildung** ist, dem die Grundlagenentscheidungen obliegen, sind der bzw. die Geschäftführer das Organ der **Willensausführung.** Dies kommt in der Geschäftsführungsbefugnis u. der Vertretungsbefugnis (§§ 35 ff.) als den Kernkompetenzen der Geschäftsführer unmittelbar zum Ausdruck. Die Geschäftsführer haben also die Gesellschaft zu vertreten u. ihre Geschäfte nach Maßgabe der Satzung u. der Weisungen der Gesellschafter mit der Sorgfalt eines ordentlichen Geschäftsmannes (§ 43 I) zu führen.[2] Nach § 37 II kann die Vertretungsbefugnis nicht entzogen oder auf ein anderes Organ übertragen werden. Allerdings lässt dies das umfassende Weisungsrecht der Gesamtheit der Gesellschafter ggü. den Geschäftsführern unberührt.[3]

4 Der Geschäftsführer selbst ist **nicht Kaufmann** iSv § 1 HGB.[4] Kaufmannseigenschaft kommt nach § 13 III iVm § 6 HGB alleine der GmbH zu, u. zwar unabhängig davon, ob sie ein Handelsgewerbe betreibt. Auch **Unternehmer** iSv § 14 BGB ist – mangels eigener gewerblicher oder selbstständiger Tätigkeit – **nicht** der Geschäftsführer, sondern nur die von ihm vertretene GmbH.[5]

5 Die **Bezeichnung** „Geschäftsführer" für die zum Vertretungsorgan der GmbH gehörenden Personen ist sowohl für ihre Handelsregistereintragung als auch für die Angaben auf Geschäftsbriefen gem. § 35 a zwingend. IÜ aber sind die Gesellschafter frei, durch Regelung im Gesellschaftsvertrag oder durch einfachen Gesellschafterbeschluss eine andere Bezeichnung (zB „CEO" oder „Direktor" oder „Generaldirektor") zu wählen,[6] allerdings muss im Rechts- u. Wirtschaftsverkehr stets klar zum Ausdruck kommen, dass die handelnden Personen als Leitungsorgan einer GmbH agieren.[7] Die Funktion eines „Vorsitzenden" oder eines „Sprechers der Geschäftsführung" kann nicht in das Handelsregister eingetragen werden.[8]

2. Anzahl (Abs. 1)

6 Nach Abs. 1 muss jede GmbH mind. einen Geschäftsführer, kann aber auch mehrere Geschäftsführer haben. Darüber hinaus macht das GmbHG

1 Scholz/*Schneider/Schneider* Rn. 3; MHLS/*Tebben* Rn. 4; Roth/*Altmeppen* Rn. 2; Baumbach/Hueck/*Fastrich* Rn. 1; Lutter/Hommelhoff/*Kleindiek* Rn. 3.
2 MüKoGmbHG/*Goette* Rn. 12.
3 MHLS/*Tebben* Rn. 4.
4 BGHZ 165, 43; NJW 96, 1468; OLG Düsseldorf BB 94, 2101, 2102; Roth/*Altmeppen* Rn. 5; *Wicke* Rn. 2.
5 BGHZ 165, 43; NJW 04, 3039, 3040; Roth/*Altmeppen* Rn. 5; *Wicke* Rn. 2.
6 Scholz/*Schneider/Schneider* Rn. 6; *Wicke* Rn. 2; Lutter/Hommelhoff/*Kleindiek* Rn. 4.
7 Lutter/Hommelhoff/*Kleindiek* Rn. 4.
8 OLG München ZIP 12, 672; *Blasche,* EWiR 12, 486; *Wicke* Rn. 2.

keine Vorgaben für die Zahl der Geschäftsführer. Bei einer nach MitbestG oder MontanMitbestG mitbestimmten GmbH müssen jedoch mind. zwei Geschäftsführer vorhanden sein, da hier ein Arbeitsdirektor als weiterer gleichberechtigter Geschäftsführer zu bestellen ist (§ 33 MitBestG, § 13 MontanMitbestG, § 13 MontanMitbestErgG).[9] Auch einige gewerberechtliche Vorschriften schreiben mind. zwei Geschäftsführer vor, zB § 33 I Nr. 5 KWG für Kreditinstitute u. § 7b Nr. 2 InvG für Kapitalanlagegesellschaften.[10] Die Gesellschafter können die Zahl der Geschäftsführer in der **Satzung** festlegen oder sie durch einfachen **Beschluss** (§ 46 Nr. 5 – ausdrücklich oder konkludent zusammen mit dem Bestellungsbeschluss) bestimmen.[11] Hierbei kann eine genau fixierte Zahl, aber auch eine Mindest- u/oder Höchstzahl angeordnet werden. Macht die Satzung zur Anzahl der Geschäftsführer Vorgaben, so kann eine Abweichung hiervon nur nach vorheriger entspr. Änderung der Satzung erfolgen, dh das Bestellungsorgan ist an diese Vorgaben gebunden, solange nicht die Satzung förmlich geändert wird.[12] Bestellungsbeschlüsse, die von solchen satzungsmäßigen Vorgaben abweichen, sind nach allg. Regeln anfechtbar.[13] Die bloße Bestellung mehrerer Geschäftsführer in der Satzung enthält idR keine Festlegung über die Anzahl der Geschäftsführer, die dann nur noch durch eine förmliche Satzungsänderung abgeändert werden könnte.[14] Ob die Delegation der Kompetenz für die Bestellung der Geschäftsführer zugleich auch die Delegation der Kompetenz für die Bestimmung der Anzahl der Geschäftsführer umfasst, muss im Einzelfall durch Auslegung ermittelt werden.[15]

3. Zulässigkeit der Fremdorganschaft (Abs. 3 S. 1)

Nach Abs. 3 S. 1 können zu Geschäftsführern sowohl Gesellschafter als 7
auch andere Personen bestellt werden. Damit besteht bei der GmbH – anders als im Recht der Personengesellschaften – **kein Gebot der Selbstorganschaft,**[16] vielmehr ist die Möglichkeit einer Fremdorganschaft (Drittorganschaft)[17] durch Bestellung von Geschäftsführern außerhalb des Gesellschafterkreises ausdrücklich gesetzlich zugestanden. Umgekehrt ist die Bestellung eines Gesellschafters zum Geschäftsführer u. damit die Selbstorganschaft gleichfalls möglich (keine Inkompatibilität zwischen Gesellschafter- u. Geschäftführerstellung)[18] u. in der Praxis in überw. Anzahl auch so anzutreffen.[19] Das Gesetz selbst unterscheidet grds. nicht, ob ein Geschäfts-

9 MHLS/*Tebben* Rn. 5 u. 14; Baumbach/Hueck/*Fastrich* Rn. 5.
10 MHLS/*Tebben* Rn. 14.
11 MüKoGmbHG/*Goette* Rn. 8; Roth/*Altmeppen* Rn. 3; Baumbach/Hueck/*Fastrich* Rn. 5; Lutter/Hommelhoff/*Kleindiek* Rn. 6; MHLS/*Tebben* Rn. 16.
12 Scholz/*Schneider/Schneider* Rn. 7; MüKoGmbHG/*Goette* Rn. 9; Baumbach/Hueck/*Fastrich* Rn. 5.
13 Baumbach/Hueck/*Fastrich* Rn. 5; MüKoGmbHG/*Goette* Rn. 9; MHLS/*Tebben* Rn. 15.
14 MünchHdbGesR/*Heinrich* Rn. 7; Scholz/*Schneider/Schneider* Rn. 7; MHLS/*Tebben* Rn. 15; Baumbach/Hueck/*Fastrich* Rn. 5.
15 OLG Stuttgart GmbHR 99, 537, 538; MHLS/*Tebben* Rn. 16; Baumbach/Hueck/*Fastrich* Rn. 5.
16 Baumbach/Hueck/*Fastrich* Rn. 5; MHLS/*Tebben* Rn. 29.
17 Scholz/*Schneider/Schneider* Rn. 14; Roth/*Altmeppen* Rn. 2; *Wicke* Rn. 2.
18 MHLS/*Tebben* Rn. 29.
19 MüKoGmbHG/*Goette* Rn. 13.

führer zugleich Gesellschafter ist oder nicht. Allein § 35 III trifft für die Einpersonen-GmbH mit einem Gesellschafter als Geschäftsführer eine besondere Regelung, die allerdings bzgl. der Anwendbarkeit von § 181 BGB auf Rechtsgeschäfte zwischen dem Alleingesellschafter u. der von ihm als alleinigem Geschäftsführer vertretenen GmbH (§ 35 III 1) lediglich klarstellende Bedeutung hat, da § 181 BGB natürlich immer zu beachten ist, also auch bei der Mehrpersonen-GmbH u. auch bei einer Fremdgeschäftsführung.

4. Wegfall von Geschäftsführern

8 Ein Wegfall sämtlicher Geschäftführer bei der GmbH lässt zwar ihren **Bestand unberührt,** doch ist sie dann als juristische Person nicht handlungsfähig, da ihr jegliches Vertretungsorgan abhanden gekommen ist. Die Vertretung durch einen vorhandenen Prokuristen oder Handlungsbevollmächtigten mag für die von der jeweiligen Vertretungsmacht gedeckten Bereiche vorübergehend ein rechtsgeschäftliches Tätigwerden ermöglichen, doch kann dies als alleinige Handlungsgrundlage kein Zustand von Dauer sein.[20] Daher ist eine **sofortige Neubestellung** von Geschäftsführern in der für eine Vertretung der Gesellschaft erforderlichen Zahl notwendig.[21] Gesellschafter können für die Einberufung einer über die Neubestellung eines Geschäftsführers beschließenden Gesellschafterversammlung unter den Voraussetzungen des § 50 selbst sorgen. Bei Dringlichkeit kann auch vom Registergericht auf Antrag ein **Notgeschäftsführer** bestellt werden (→ Rn. 25 ff.). Der Antrag kann sowohl von einem Gesellschafter als auch von einem Gesellschaftsgläubiger gestellt werden (→ Rn. 26). Von sich aus kann das Registergericht jedoch weder die Bestellung eines Notgeschäftsführers vornehmen noch von den Gesellschaftern die Bestellung eines regulären Geschäftsführers erzwingen (zB durch Zwangsgeld).[22] In Fällen, in denen der führungslosen GmbH ggü. eine Willenserklärung abzugeben oder ihr ein Schriftstück zuzustellen ist, bietet nunmehr der durch das MoMiG neu eingefügte § 35 I 2 Hilfestellung, indem er für diese Zwecke jeden Gesellschafter zum Empfangsvertreter erklärt (→ § 35 Rn. 41 ff.).

III. Allgemeine Eignungsvoraussetzungen

1. Natürliche, unbeschränkt geschäftsfähige Person (Abs. 2 S. 1)

9 Gem. Abs. 2 S. 1 kann nur eine natürliche, unbeschränkt geschäftsfähige Person zum Geschäftsführer bestellt werden. Mit dem Erfordernis der natürlichen Person ist klargestellt, dass eine juristische Person nicht zum Geschäftsführer bestellt werden kann, ebenso nicht eine Handelsgesellschaft, Gesamthandsgemeinschaft oder eine sonstige Personenvereinigung.[23] Damit unterstreicht das Gesetz die besondere ggü. der Gesellschaft wie auch

---

20 Baumbach/Hueck/*Fastrich* Rn. 6.

21 BGH NJW 85, 637; Lutter/Hommelhoff/*Kleindiek* Rn. 7; MHLS/*Tebben* Rn. 8; Baumbach/Hueck/*Fastrich* Rn. 6.

22 KG KGJ 45, 180; Scholz/*Schneider/Schneider* Rn. 4; Baumbach/Hueck/*Fastrich* Rn. 6; MHLS/*Tebben* Rn. 8.

23 *Ulmer* Rn. 8; Scholz/*Schneider/Schneider* Rn. 11; MHLS/*Tebben* Rn. 18; Roth/*Altmeppen* Rn. 6.

ggü. der Allgemeinheit bestehende persönliche Verantwortung des Geschäftsführers als Leitungsperson.[24]

10 Die Voraussetzung der unbeschränkten Geschäftsfähigkeit schließt geschäftsunfähige u. nur beschränkt geschäftsfähige Personen (Minderjährige) generell als Geschäftsführer aus. Dieser Ausschluss gilt für **Minderjährige** auch dann, wenn sie mit Zustimmung ihres gesetzlichen Vertreters u. familiengerichtlicher Genehmigung zum Geschäftsführer bestellt werden sollen.[25]

2. Ausländer

11 Für die Bestellung als Geschäftsführer sind Staatsangehörigkeit, Wohnsitz, gewöhnlicher Aufenthalt, Arbeits- oder Gewerbeerlaubnis sowie Kenntnisse der deutschen Sprache **ohne Belang.**[26] Somit können grds. auch Ausländer zum Geschäftsführer bestellt werden. Dies ist insoweit unstr. Dem Geschäftsführer muss es aber jederzeit möglich sein, seine gesetzlichen Mindestpflichten (zB aus den §§ 41, 43 III, 15 a I InsO) zu erfüllen.[27] Hieraus wird von manchen abgeleitet, dass bei ausländischen Leitungsorganen gefordert werden müsse, dass sie sich ständig im Inland aufhalten oder zumindest jederzeit ungehindert einreisen dürften.[28] Dies ist unproblematisch bei Staatsangehörigen eines EU-Mitgliedslandes u. ebenso bei ausländischen Staatsangehörigen, die für eine Dauer von bis zu 3 Monaten ohne Visum in die Bundesrepublik Deutschland einreisen dürfen.[29] Die Geschäftsführerbestellung sonstiger Staatsangehöriger soll aber dieser Ansicht nach von dem Nachweis abhängig sein, dass der betr. Ausländer jederzeit die Möglichkeit hat, in das Inland einzureisen. Ohne einen solchen Nachweis soll der Ausländer nicht zum Geschäftsführer bestellt werden können, ein dennoch erfolgter Bestellungsakt unwirksam sein.[30] Diese Auffassung ist jedoch abzulehnen.[31] Sie findet keinerlei gesetzliche Grundlage,[32] geht an den praktischen Bedürfnissen vorbei u. würde die Wirksamkeit der Ge-

24 MüKoGmbHG/*Goette* Rn. 18.

25 OLG Hamm NJW-RR 92, 1253; Baumbach/Hueck/*Fastrich* Rn. 9; MüKoGmbHG/*Goette* Rn. 19.

26 OLG Düsseldorf GmbHR 78, 110; OLG Frankfurt NJW 77, 1595; OLG Hamm NJW-RR 00, 37; OLG Frankfurt GmbHR 01, 434; OLG Dresden GmbHR 03, 537; Roth/*Altmeppen* Rn. 33 f.; MHLS/*Tebben* Rn. 32; *Wicke* Rn. 7; Lutter/Hommelhoff/*Kleindiek* Rn. 14; Baumbach/Hueck/*Fastrich* Rn. 9; ausf. *Erdmann*, NZG 02, 503 ff.

27 BGH NJW 81, 2126; OLG Zweibrücken NZG 01, 857; OLG Hamm NJW-RR 00, 37; Scholz/*Schneider/Schneider* Rn. 19; MHLS/*Tebben* Rn. 32.

28 OLG Celle ZIP 07, 1157; OLG Hamm GmbHR 99, 1089; OLG Köln GmbHR 99, 182, 183; OLG Zweibrücken NZG 01, 857.

29 OLG Frankfurt NZG 01, 757; OLG Stuttgart NZG 06, 789.

30 OLG Celle ZIP 07, 1157; OLG Hamm GmbHR 99, 1089; OLG Köln GmbHR 99, 182, 183; OLG Zweibrücken NZG 01, 857; Scholz/*Schneider/Schneider* Rn. 17 f.; *Haase*, GmbHR 99, 1091; *Teichmann*, IPRax 00, 110.

31 So auch OLG München NZG 10, 157, 158; OLG Düsseldorf NZG 09, 678; MüKoGmbHG/*Goette* Rn. 20; Roth/*Altmeppen* Rn. 41; Michalski/*Tebben* Rn. 32; Lutter/Hommelhoff/*Kleindiek* Rn. 15; Baumbach/Hueck/*Fastrich* Rn. 9; *Krafka/Willer* Rn. 958; *Erdmann*, NZG 02, 503, 506.

32 Baumbach/Hueck/*Fastrich* Rn. 9; MHLS/*Tebben* Rn. 32.

schäftsführerbestellung an Unwägbarkeiten des Einzelfalles knüpfen, die mit dem gebotenen Verkehrsschutz nicht vereinbar sind.[33]

IV. Gesetzliche Ausschlussgründe

1. Betreuter unter Einwilligungsvorbehalt (Abs. 2 S. 2 Nr. 1)

12 Unter Betreuung stehende Personen, die bei der Besorgung ihrer Vermögensangelegenheiten ganz oder teilw. einem **Einwilligungsvorbehalt** unterliegen, können nicht zum Geschäftsführer bestellt werden.[34] Die Anordnung einer Betreuung alleine stellt damit noch kein Bestellungshindernis dar.[35] Besteht kein Einwilligungsvorbehalt oder bezieht sich dieser nicht auf Vermögensangelegenheiten, kann auch ein Betreuter Geschäftsführer sein, solange er geschäftsfähig ist.[36]

2. Berufs- bzw. Gewerbeverbot (Abs. 2 S. 2 Nr. 2)

13 Berufs- oder Gewerbeverbote, welche durch gerichtliches Urteil (zB § 70 StGB) oder einen vollziehbare Verwaltungsakt (zB nach § 35 GewO) ausgesprochen werden, schließen für die Dauer ihrer Wirksamkeit die von dem Verbot betroffene Person von der Geschäftsführerstellung aus, jedoch nur, wenn der satzungsmäßige oder der tatsächliche **Unternehmensgegenstand** der GmbH wenigstens zT im Bereich der vom Verbot erfassten beruflichen bzw. gewerblichen Tätigkeit liegt.[37] Nicht erforderlich ist, dass gerade die Tätigkeit als Geschäftsführer untersagt ist; es reicht, wenn sich das Verbot auf eine entspr. selbstständige Tätigkeit bezieht.[38] Ein gegen die GmbH selbst ausgesprochenes Gewerbeverbot erstreckt sich nicht automatisch auch auf ihren Geschäftsführer.[39] Wirkung als Bestellungshindernis entfaltet ein Verbot erst dann, wenn es **vollziehbar** ist.[40] Damit stellt ein vom Gericht nach § 70 a StGB zur Bewährung ausgesetztes Verbot kein Bestellungshindernis dar.[41] Ebenso (noch) nicht vollziehbar u. damit (noch) kein Bestellungshindernis ist eine behördliche Verbotsverfügung, gegen die der Betroffene im Rechtsbehelfs- bzw. Klagewege vorgeht, es sei denn, sie wurde für sofort vollziehbar erklärt.[42] Eine vorläufige Untersagung der Berufsausübung nach § 132 a StPO u. eine Betriebsuntersagung nach § 16 III HandwO stellen generell keine für das Entstehen eines Bestellungshindernisses iSv Abs. 2 S. 2 Nr. 3 ausreichende gerichtliche oder behördliche Ent-

---

33 Lutter/Hommelhoff/*Kleindiek* Rn. 15.
34 OLG Brandenburg NotBZ 12, 34.
35 MüKoGmbHG/*Goette* Rn. 26.
36 MHLS/*Tebben* Rn. 20; Lutter/Hommelhoff/*Kleindiek* Rn. 18.
37 KG GmbHR 12, 91; MünchHdbGesR/*Heinrich* Rn. 12; Scholz/*Schneider/Schneider* Rn. 27; Baumbach/Hueck/*Fastrich* Rn. 12; Roth/*Altmeppen* Rn. 9; MHLS/*Tebben* Rn. 21; Lutter/Hommelhoff/*Kleindiek* Rn. 19 f.
38 OLG Frankfurt DB 94, 2282; MüKoGmbHG/*Goette* Rn. 27; MHLS/*Tebben* Rn. 21; Roth/*Altmeppen* Rn. 9; Baumbach/Hueck/*Fastrich* Rn. 12.
39 BayObLG GmbHR 87, 20, 21 f.; Lutter/Hommelhoff/*Kleindiek* Rn. 20; MüKoGmbHG/*Goette* Rn. 27; MHLS/*Tebben* Rn. 21.
40 MüKoGmbHG/*Goette* Rn. 29; MHLS/*Tebben* Rn. 22.
41 MüKoGmbHG/*Goette* Rn. 29; MHLS/*Tebben* Rn. 22.
42 MüKoGmbHG/*Goette* Rn. 29.

scheidung dar.[43] Ein durch Urteil eines ausländischen Gerichts oder durch Entscheidung einer ausländischen Behörde ausgesprochenes Berufs- oder Gewerbeverbot schließt gleichfalls die Bestellung zum Geschäftsführer nicht aus, da Abs. 2 S. 3 ausdrücklich nur für die in Abs. 2 S. 2 Nr. 3 aufgeführten Straftaten eine Gleichstellung ausländischer Verurteilungen anordnet.[44]

3. Verurteilung wegen Straftaten (Abs. 2 S. 2 Nr. 3)

Bereits nach bisheriger Rechtslage konnte ein wegen einer **Insolvenzstraftat** 14
nach den §§ 283–283 d StGB rechtskräftig Verurteilter nicht Geschäftsführer einer GmbH sein. Dies gilt gem. Abs. 2 Nr. 3 b) nach wie vor u. unverändert. Allerdings hat der Gesetzgeber mit dem MoMiG den **Katalog** der insoweit als Ausschlussgrund für eine Geschäftsführerbestellung relevanten Straftaten deutlich **erweitert** u. nunmehr auch folgende Straftatbestände hierin aufgenommen: **Insolvenzverschleppung** (§ 15 a IV InsO – vormals § 84 I Nr. 2 GmbHG, § 401 I Nr. 2 AktG, § 130 b HGB jeweils aF); **falsche Angaben** nach § 82 GmbHG oder § 399 AktG; unrichtige Darstellung nach § 400 AktG, § 331 HGB, § 313 UmwG u. § 17 PublG; **§§ 263–264 a StGB** (Betrug, Computerbetrug, Subventionsbetrug, Kapitalanlagebetrug) sowie **§§ 265 b–266 a StGB** (Kreditbetrug, Sportwettbetrug, Manipulation von berufssportlichen Wettbewerben, Untreue, Vorenthaltung u. Veruntreuen von Arbeitsentgelt). Wer wegen einer oder mehrerer **vorsätzlich** (!) begangener Straftaten der vorstehend genannten Tatbestände verurteilt wird, kann für die Dauer von **5 Jahren** ab Rechtskraft des Urteils nicht zum Geschäftsführer einer GmbH bestellt werden, wobei dies für eine Verurteilung nach den §§ 263–264 a StGB u. §§ 265 b–266 a StGB nur gilt, sofern eine Freiheitsstrafe von mind. einem Jahr verhängt wird; auch eine zur Bewährung ausgesetzte Freiheitsstrafe von wenigstens einem Jahr lässt den Ausschlussgrund des Abs. 2 S. 2 Nr. 3 e) entstehen.[45] Bei den übrigen zum Straftatenkatalog des Abs. 2 S. 2 Nr. 3 gehörenden Delikten ist das im Urteil ausgesprochene Strafmaß unerheblich für die Entstehung des Ausschlussgrundes. Ein Bestellungshindernis liegt bei einem entsprechenden Schuldspruch auch dann vor, wenn der Täter unter Strafvorbehalt nach § 59 I StGB nur verwarnt wurde.[46] Die Aufzählung der in Abs. 2 S. 2 Nr. 3 genannten Tatbestände ist abschließend, eine Erstreckung oder entspr. Anwendung auf andere wirtschaftliche Straftatbestände kommt nicht in Betracht.[47] Das Bestellungshindernis nach Abs. 2 S. 2 Nr. 3 wird allein durch die entspr. Verurteilung begründet, unabhängig davon, ob die Straftat in einem Bereich verübt wurde, der zum Unternehmensgegenstand gehört, u. unabhängig davon, ob ein Berufsverbot nach § 70 StGB verhängt wird.[48] Die Ausschlussfrist von 5 Jahren beginnt ab Eintritt der Rechtskraft der

43 Baumbach/Hueck/*Fastrich* Rn. 12; MHLS/*Tebben* Rn. 21; Lutter/Hommelhoff/*Kleindiek* Rn. 19 f.; MüKoGmbHG/*Goette* Rn. 29.
44 Lutter/Hommelhoff/*Kleindiek* Rn. 19; Baumbach/Hueck/*Fastrich* Rn. 14.
45 MHLS/*Tebben* Rn. 24.
46 OLG Naumburg ZIP 2017, 1519 (1520); Roth/*Altmeppen* Rn. 11.
47 Baumbach/Hueck/*Fastrich* Rn. 13; MHLS/*Tebben* Rn. 24.
48 MüKoGmbHG/*Goette* Rn. 30 u. 32; Baumbach/Hueck/*Fastrich* Rn. 13; MHLS/*Tebben* Rn. 24; Lutter/Hommelhoff/*Kleindiek* Rn. 21.

Verurteilung; ihre Berechnung richtet sich nach den §§ 186 ff. BGB;[49] nicht eingerechnet wird ein Zeitraum, in welchem der Täter auf behördliche Anordnung in einer Anstalt verwahrt worden ist (Abs. 2 S. 2 Nr. 3 aE).

15 Mit dem durch das MoMiG neu eingefügten Abs. 2 S. 3 stellt das Gesetz nunmehr klar, dass auch eine **Verurteilung im Ausland** wegen einer den Katalogstraftaten des Abs. 2 S. 2 Nr. 3 **vergleichbaren Tat** ein Bestellungshindernis darstellt, eine Auffassung, die von der hM bereits zur alten Rechtslage vertreten wurde.[50] Auch diesbzgl ist für den Beginn der Fünf-Jahres-Frist der Eintritt der Rechtskraft der Verurteilung maßgeblich.[51] Bei der Versicherung des Geschäftsführers gem. § 8 III genügt in der Formulierung eine Bezugnahme auf vergleichbare „Straftaten" im Ausland, es muss nicht wie im Gesetzeswortlaut des Abs. 2 S. 3 der Begriff „Tat" verwendet werden.[52]

4. Übergangsregelung, § 3 II EGGmbHG

16 Das MoMiG hat den Katalog der insoweit als Ausschlussgrund für eine Geschäftsführerbestellung relevanten Straftaten deutlich erweitert. Dies hätte ohne eine Übergangsregelung dazu geführt, dass Geschäftsführer, die in den vergangenen 5 Jahren eine Verurteilung wegen einer Straftat erfahren hatten, die bislang die Geschäftsführerbestellung nicht hinderte, nunmehr aber durch das MoMiG zu einer relevanten Katalogstraftat geworden ist, mit dem Inkrafttreten des MoMiG ihre Geschäftsführerstellung ohne Weiteres verloren hätten. Daher regelt § 3 II EGGmbHG diesbzgl Folgendes: Bei einer Person, die vor dem Inkrafttreten des MoMiG am 1.11.08 zum Geschäftsführer bestellt worden ist, führt eine Verurteilung wegen einer durch das MoMiG neu eingeführten Katalogstraftat nicht zu einem Verlust ihres Geschäftsführeramtes, wenn diese Verurteilung vor dem Inkrafttreten des MoMiG am 1.11.08 rechtskräftig geworden ist. In diesem Umfang besteht also **Vertrauensschutz**.[53]

V. Rechtsfolgen eines Verstoßes gegen die gesetzlichen Eignungsvoraussetzungen und Ausschlussgründe

17 Fehlt eine der gesetzlichen Eignungsvoraussetzungen nach Abs. 2 S. 1 oder liegt ein gesetzlicher Ausschlussgrund nach Abs. 2 S. 2 u. 3 vor, so macht dies die Geschäftsführerbestellung **nichtig**, ohne dass es auf eine Kenntnis des die Nichtigkeit auslösenden Mangels ankäme.[54] Die Eintragung des Geschäftsführers in das Handelsregister führt nicht zu einer Heilung der

49 Lutter/Hommelhoff/*Kleindiek* Rn. 21; MHLS/*Tebben* Rn. 26; MüKoGmbHG/*Goette* Rn. 32.
50 OLG Naumburg GmbHR 00, 378; Scholz/*Schneider/Schneider* Rn. 28; Roth/*Altmeppen*, 5. Aufl. Rn. 8.
51 BGH NZG 11, 871 Rn. 13.
52 OLG München NZG 14, 1150.
53 MüKoGmbHG/*Goette* Rn. 38.
54 OLG Frankfurt/M GmbHR 11, 1156; BayObLG DB 87, 1882; 83, 2408; OLG Frankfurt/M DB 94, 2282; OLG Naumburg GmbHR 00, 378, 379 f.; Roth/*Altmeppen* Rn. 23; Baumbach/Hueck/*Fastrich* Rn. 17; Lutter/Hommelhoff/*Kleindiek* Rn. 12; MHLS/*Tebben* Rn. 88; MüKoGmbHG/*Goette* Rn. 43; Scholz/*Schneider* Rn. 31; *Wicke* Rn. 6.

Nichtigkeitsfolge.[55] Ebenso bewirkt auch der spätere Wegfall eines die Nichtigkeit der Bestellung zunächst auslösenden Mangels keine Heilung; hier ist eine Neubestellung erforderlich.[56] Fallen die gesetzlichen Eignungsvoraussetzungen nach einer zunächst wirksamen Bestellung weg oder tritt nachträglich ein gesetzlicher Ausschlussgrund ein, so endet nach allgM in diesem Zeitpunkt das Amt **ipso iure**, ohne dass es einer Abberufung oder sonstigen Entschließung des zuständigen Bestellungsorgans bedarf.[57] Die Eintragung des Geschäftsführers im Handelsregister ist dann vAw zu löschen.[58] Vor einer erfolgten Löschung wird der Rechtsverkehr durch § 15 HGB geschützt. Dieser Schutz bezieht sich aber nur auf die Stellung der im Handelsregister eingetragenen Person als Geschäftsführer der GmbH, nicht auch darauf, dass diese Person geschäftsfähig ist, da die Geschäftsfähigkeit keine eintragungspflichtige Tatsache darstellt.[59] Allerdings kann auch bei Geschäftsunfähigkeit des Geschäftsführers eine Bindung der Gesellschaft aufgrund allg. Rechtsscheingrundsätze in Betracht kommen, wenn die Geschäftsunfähigkeit für die Gesellschafter erkennbar war, diese aber untätig blieben.[60]

VI. Bestellung

1. Allgemeines

Die Bestellung eines Geschäftsführers ist ein **körperschaftlicher Akt** u. als 18
solcher von dem Abschluss des Anstellungsvertrages, der das Anstellungsverhältnis zwischen dem Geschäftsführer u. der Gesellschaft begründet u. regelt (→ § 35 Rn. 47 ff.), zu unterscheiden.[61] Eine erfolgte Bestellung ist der bestellten Person ggü. durch rechtsgeschäftliche Erklärung mitzuteilen u. von dieser auch **anzunehmen.**[62] Erst mit der Annahme, die auch konkludent erfolgen kann, wird die Bestellung wirksam;[63] die **Eintragung** des Geschäftsführers in das **Handelsregister** hat hingg. nur **deklaratorische** Bedeutung.[64] Eine Pflicht zur Annahme u. damit zur Übernahme eines Geschäftsführeramtes besteht grds. nicht, es sei denn, eine entspr. Verpflichtung wurde als Nebenleistungspflicht gem. § 3 II im Gesellschaftsvertrag (→ § 3

55 MHLS/*Tebben* Rn. 88; Baumbach/Hueck/*Fastrich* Rn. 17.

56 BayObLG NJW-RR 93, 612; 89, 934, 935; OLG Naumburg GmbHR 00, 378, 379 f.; MüKoGmbHG/*Goette* Rn. 44; Roth/*Altmeppen* Rn. 23.

57 BGHZ 115, 78, 80; BayObLG BB 82, 1508; OLG Düsseldorf ZIP 00, 622, 624; OLG Naumburg GmbHR 00, 378, 379 f.; Roth/*Altmeppen* Rn. 23; Baumbach/Hueck/*Fastrich* Rn. 17; Lutter/Hommelhoff/*Kleindiek* Rn. 12; MHLS/*Tebben* Rn. 89; MüKoGmbHG/*Goette* Rn. 45; Scholz/*Schneider/Schneider* Rn. 38; *Wicke* Rn. 6.

58 OLG Karlsruhe NZG 14, 1238; OLG München NZG 11, 394; BayObLG NJW-RR 89, 934, 935; OLG Zweibrücken NZG 01, 857; Roth/*Altmeppen* Rn. 23; MHLS/*Tebben* Rn. 89.

59 BGHZ 115, 78, 82; MüKoGmbHG/*Goette* Rn. 48; Roth/*Altmeppen* Rn. 24; Baumbach/Hueck/*Fastrich* Rn. 17; MHLS/*Tebben* Rn. 91.

60 BGHZ 115, 78, 82 f.; Baumbach/Hueck/*Fastrich* Rn. 17; MHLS/*Tebben* Rn. 91; *Wicke* Rn. 6; aA Roth/*Altmeppen* Rn. 25 – Haftung nur aus § 311 II BGB (cic).

61 MHLS/*Tebben* Rn. 91; Baumbach/Hueck/*Fastrich* Rn. 25; Roth/*Altmeppen* Rn. 38.

62 MHLS/*Tebben* Rn. 41; MüKoGmbHG/*Goette* Rn. 57; Baumbach/Hueck/*Fastrich* Rn. 25; Lutter/Hommelhoff/*Kleindiek* Rn. 42; *Wicke* Rn. 10.

63 MüKoGmbHG/*Goette* Rn. 57; Lutter/Hommelhoff/*Kleindiek* Rn. 42.

64 BGH NJW 96, 257; MHLS/*Tebben* Rn. 43; MüKoGmbHG/*Goette* Rn. 57; *Wicke* Rn. 10.

Rn. 39) oder durch spezielle anderweitige Vereinbarung gesondert übernommen.[65]

2. Bestellung durch Gesellschafterbeschluss (Abs. 3 S. 2 Var 2)

19 Soweit der Gesellschaftsvertrag oder mitbestimmungsrechtliche Vorschriften (→ Rn. 20) keine andere Vorgaben machen, erfolgt – auch in der Vorgesellschaft – die Bestellung eines Geschäftsführers entspr. der gesetzlichen Grundsatzregel durch **Gesellschafterbeschluss** mit einfacher Mehrheit (Abs. 3 S. 2 Var 2, § 47 I). Die Satzung kann jedoch hierfür auch qualifizierte Mehrheitserfordernisse aufstellen.[66] Ein Gesellschafterbeschluss ist ebenso von Nöten, wenn die Satzung zwar vorsieht, dass bei Eintritt gewisser Voraussetzungen eine bestimmte Person Geschäftsführer werden soll, durch diese Regelung aber kein automatischer Eintritt in das Amt statuiert wird.[67] Gleiches gilt bei einem bindenden Vorschlags- bzw. Benennungsrecht. Auch hier muss die Geschäftsführerbestellung durch entspr. Gesellschafterbeschluss erst noch umgesetzt werden, wobei die Gesellschafter ihr Stimmrecht entspr. den Verpflichtungen aus der Satzung bzw. dem bindenden Vorschlag auszuüben haben.[68] Ein organschaftlicher Vertreter eines Gesellschafters kann bei der Beschlussfassung über seine Bestellung zum Geschäftsführer bei der Tochter-GmbH nur mitwirken, wenn er als organschaftlicher Vertreter der Mutter von den Beschränkungen des § 181 BGB befreit ist.[69] Handelt es sich bei der Muttergesellschaft um eine AG, so ist str, ob der Aufsichtsrat an der Beschlussfassung mitzuwirken hat.[70]

3. Bestellung durch den Aufsichtsrat bei mitbestimmter GmbH

20 Untersteht eine GmbH den mitbestimmungsrechtlichen Regelungen des DrittelbG, gelten für die Zuständigkeit zur Bestellung der Geschäftsführer keine abw. Regelungen.[71] In voll mitbestimmten u. montanmitbestimmten Gesellschaften hat die Bestellung der Geschäftsführer jedoch zwingend durch den obligatorischen Aufsichtsrat zu erfolgen (§ 31 MitbestG, § 12 MontanMitbestG, § 13 MontanMitbestErgG). Nach wohl überw. Auffassung sind aber die im Gründungsstadium zu bestellenden ersten Geschäftsführer einer GmbH auch bei einer voll mitbestimmten bzw. montanmitbestimmten Gesellschaft nach den allg. Regeln des Abs. 3 S. 2 zu bestellen, da

65 BGH NJW 85, 637; MüKoGmbHG/*Goette* Rn. 59; Lutter/Hommelhoff/*Kleindiek* Rn. 42.

66 OLG München FGPrax 07, 181, 283; MHLS/*Tebben* Rn. 45; Baumbach/Hueck/*Fastrich* Rn. 28.

67 RGZ 170, 371; Baumbach/Hueck/*Fastrich* Rn. 28; MHLS/*Tebben* Rn. 47.

68 OLG Düsseldorf NJW 90, 1122; MüKoGmbHG/*Goette* Rn. 73; Baumbach/Hueck/*Fastrich* Rn. 28.

69 BayObLG GmbHR 01, 72; LG Berlin NJW-RR 97, 1534; *Wicke* Rn. 11; Roth/*Altmeppen* Rn. 57; MHLS/*Tebben* Rn. 46.

70 Abl. OLG München NZG 12, 710; befürwortend LG Berlin NJW-RR 97, 1534; s. hierzu auch *Wicke* Rn. 11.

71 Roth/*Altmeppen* Rn. 64; MHLS/*Tebben* Rn. 66; vgl. auch noch zum alten BetrVG 52 *Meier/Pech*, DStR 95, 1195, 1198.

die Voraussetzungen für die Mitbestimmung frühestens mit Eintragung der GmbH vorliegen (s. hierzu auch → § 11 Rn. 5).[72]

4. Bestellung im Gesellschaftsvertrag (Abs. 3 S. 2 Var 1)

Wie sich aus Abs. 3 S. 2 ergibt, kann die Bestellung des Geschäftführers auch in den **Gesellschaftsvertrag** aufgenommen werden. Erfolgt demgem die Geschäftsführerbestellung im Gesellschaftsvertrag, so kann allein aus diesem Umstand noch nicht abgeleitet werden, dass sie als echter Satzungsbestandteil (→ § 3 Rn. 3) zu qualifizieren ist, mit der Folge, dass eine spätere Änderung der konkreten Vertretungsbefugnis oder eine Abberufung nur mittels förmlicher Satzungsänderung durchgeführt werden könnte.[73] Allerdings kann die Bestellung des Geschäftsführers im Gesellschaftsvertrag durchaus mit korporativer Wirkung versehen u. sie damit zu einem **echten Satzungsbestandteil** gemacht werden. Für die Annahme eines derart körperschaftlichen Charakters müssen sich allerdings aus dem Gesellschaftsvertrag selbst ausreichende Anhaltspunkte ergeben.[74] Auch bei einer als echter Satzungsbestandteil ausgestalteten Geschäftsführerbestellung im Gesellschaftsvertrag kann die Möglichkeit der Abberufung des bestellten Geschäftsführers aus wichtigem Grund nicht ausgeschlossen werden.[75] 21

▶ **§ 6 Vertretung**

(...) Zum Geschäftsführer wird bestellt .... Dieser vertritt stets einzeln und ist von den Beschränkungen des § 181 BGB befreit. ◀

Über die korporativ verfasste Geschäftsführerbestellung hinaus kann man für einen Gesellschafter-Geschäftsführer durch entspr. gesellschaftsvertragliche Regelung auch ein echtes **Sonderrecht** nach § 3 II auf Bestellung als Geschäftsführer begründen (s. hierzu auch → § 3 Rn. 40 ff.). Dies hat zur Folge, dass es für eine spätere Änderung der konkreten Vertretungsbefugnis oder eine Abberufung nicht nur einer förmlichen Satzungsänderung, sondern auch der Zustimmung des betroffenen Gesellschafter-Geschäftsführers bedarf.[76] Auch bei der Gestaltung als echtes Sonderrecht kann die Möglichkeit der Abberufung des bestellten Geschäftsführers aus wichtigem Grund nicht ausgeschlossen werden.[77] IdR sind derartige Sonderrechte auf Geschäftsführerbestellung **höchstpersönlicher Natur**, so dass sie bei einem Übergang des Geschäftsanteils auf einen anderen Inhaber als den Sonderberechtigten erlöschen.[78] Die Auslegung des Gesellschaftsvertrages kann bei Vorhandensein hinreichender Anhaltspunkte aber auch zu dem Ergeb- 22

---

72 MüKoGmbHG/*Goette* Rn. 64; *Ulmer* Rn. 32; MHLS/*Tebben* Rn. 67; Roth/*Altmeppen* Rn. 65.

73 BGH NJW 55, 1716; Scholz/*Schneider/Schneider* Rn. 82; *Ulmer* Rn. 24; Baumbach/Hueck/*Fastrich* Rn. 26; Roth/*Altmeppen* Rn. 56; *Wicke* Rn. 12.

74 BGH BB 81, 926; NJW 69, 131; MüKoGmbHG/*Goette* Rn. 66; MHLS/*Tebben* Rn. 51.

75 Baumbach/Hueck/*Fastrich* Rn. 26.

76 Roth/*Altmeppen* Rn. 58; MHLS/*Tebben* Rn. 52; Baumbach/Hueck/*Fastrich* Rn. 27; MüKoGmbHG/*Goette* Rn. 67 u. 72.

77 BGHZ 86, 177, 179; WM 84, 29; MHLS/*Tebben* Rn. 52; Baumbach/Hueck/*Fastrich* Rn. 27.

78 MüKoGmbHG/*Goette* Rn. 71; Scholz/*Schneider* Rn. 84; Baumbach/Hueck/*Fastrich* Rn. 27; *Fleck*, GmbHR 70, 221, 223.

nis gelangen, dass das Sonderrecht in nicht persönlicher Weise mit dem Geschäftsanteil verbunden ist, so dass es bei einem Übergang des Geschäftsanteils auf einen neuen Inhaber ebenso auf diesen übergeht.[79]

5. Delegation der Bestellungskompetenz

23 Da § 46 Nr. 5 nicht zwingender Natur ist, kann die Zuständigkeit für die Bestellung von Geschäftsführern durch entspr. Regelung im **Gesellschaftsvertrag** auch einem anderen **Gesellschaftsorgan**, zB einem fakultativen Aufsichtsrat, einem Beirat oder auch einzelnen Gesellschaftern zugewiesen werden.[80] Dies kann für alle zu bestellenden Geschäftsführer oder auch nur für einzelne erfolgen.[81] Hierbei kann das mit der Bestellungskompetenz betraute Gesellschaftsorgan teilw. oder auch ganz mit Nichtgesellschaftern besetzt sein.[82]

24 **Strittig** ist allerdings, ob auch außenstehenden **Dritten**, etwa Behörden oder Kreditgebern, die Bestellungskompetenz zugewiesen werden kann. Während dies von einem Teil der Literatur unter Hinweis auf das einzuhaltende Prinzip der Selbstorganisation generell abgelehnt wird,[83] lässt die hM zutreffenderweise eine Zuweisung der Bestellungskompetenz auch an Dritte zu.[84] Da es der Gesellschafterversammlung jederzeit möglich ist, durch satzungsändernden Beschluss die Bestellungskompetenz wieder an sich zu ziehen oder sie einem anderen Gesellschaftsorgan zuzuweisen, ist das Prinzip der Selbstorganisation auch bei einer Delegation an Dritte nicht verletzt.[85]

6. Gerichtliche Bestellung eines Notgeschäftsführers

25 Sind die ursprünglich bestellten Geschäftsführer sämtlich weggefallen oder rechtlich verhindert, so kann in dringenden Fällen auch die gerichtliche Bestellung eines **Notgeschäftsführers** in entspr. Anwendung von **§ 29 BGB** in Betracht kommen.[86] Ein dringender Fall liegt vor, wenn (i) die zuständigen Gesellschaftsorgane selbst nicht in der Lage sind, die Führungslosigkeit der Gesellschaft innerhalb einer angemessenen Frist zu beheben – etwa weil die Gesellschafter untereinander zerstritten u. daher mehrheitliche Entscheidungen nicht möglich sind[87] oder weil die Erbfolge eines verstorbenen Ge-

---

79 Vgl. hierzu MüKoGmbHG/*Goette* Rn. 71.

80 AllgM, s. BGHZ 43, 261, 264; GmbHR 73, 279; Scholz/*Schneider/Schneider* Rn. 88; Roth/*Altmeppen* Rn. 53; MHLS/*Tebben* Rn. 61; MüKoGmbHG/*Goette* Rn. 60; Baumbach/Hueck/*Fastrich* Rn. 30.

81 MüKoGmbHG/*Goette* Rn. 60; Baumbach/Hueck/*Fastrich* Rn. 30.

82 Scholz/*Schneider/Schneider* Rn. 88; MHLS/*Tebben* Rn. 61; MüKoGmbHG/*Goette* Rn. 60; Baumbach/Hueck/*Fastrich* Rn. 30.

83 *Ulmer*, FS W Werner, 84, S. 911, 917 ff.; Baumbach/Hueck/*Zöllner* § 46 Rn. 34 a.

84 Baumbach/Hueck/*Fastrich* Rn. 31; MHLS/*Tebben* Rn. 63; MüKoGmbHG/*Goette* Rn. 61; Roth/*Altmeppen* Rn. 59; *Beuthien/Gätsch*, ZHR 157 (93), 483, 493 f.; *Hammen*, WM 94, 765 ff.

85 MHLS/*Tebben* Rn. 63; Roth/*Altmeppen* Rn. 59.

86 AllgM BGHZ 6, 232; OLG München FGPrax 07, 281, 283; BayObLG BB 97, 2546; OLG Düsseldorf DB 97, 1071; OLG Frankfurt GmbHR 01, 436; Scholz/*Schneider/Schneider* Rn. 96 ff.; Roth/*Altmeppen* Rn. 43; MHLS/*Tebben* Rn. 72; MüKoGmbHG/*Goette* Rn. 77; Baumbach/Hueck/*Fastrich* Rn. 32.

87 BayObLG GmbHR 98, 1125; 99, 1291; OLG München DStR 07, 1925; MüKoGmbHG/*Goette* Rn. 77; *Wicke* Rn. 17; Roth/*Altmeppen* Rn. 43.

sellschafter-Geschäftsführers noch nicht geklärt ist u. deshalb ein Beschluss über die Neubestellung eines Geschäftsführers in der gebotenen Zeit nicht gefasst werden kann – u. (ii) der Gesellschaft oder einem anderen Beteiligten ein Schaden droht oder eine alsbald erforderliche Handlung nicht vorgenommen werden kann.[88]

Die Bestellung eines Notgeschäftsführers kann **nur auf Antrag** erfolgen.[89] 26
Antragsberechtigt sind die Gesellschafter, ein etwa noch vorhandener, aber alleine nicht vertretungsbefugter Geschäftsführer, ein Mitglied eines sonstigen Gesellschaftsorgans (Aufsichtsrat oder Beirat) sowie Gläubiger der Gesellschaft oder sonstige Stellen, ggü. denen die Gesellschaft in Verpflichtungen steht (zB Behörden),[90] jedoch wohl regelmäßig nicht die Staatsanwaltschaft.[91] Die Bestellung erfolgt im Verfahren nach dem FamFG; zuständig ist das AG – Registergericht – am Gesellschaftssitz.[92] Ein **Vergütungsanspruch** des Notgeschäftsführers besteht nur ggü. der GmbH, nicht ggü. den Gesellschaftern u. auch nicht ggü. der Staatskasse.[93]

Das Registergericht ist bei seiner Bestellung an etwaige Vorgaben des Ge- 27
sellschaftsvertrages betr. die Anzahl, die Vertretungsbefugnis u. besondere Qualifikationserfordernisse gebunden.[94] Es kann allerdings eine in der Satzung vorhandene Ermächtigungsgrundlage zur Erteilung von Einzelvertretungsbefugnis ausnutzen.[95]

Das **Amt** des Notgeschäftsführers **endet** mit der ordnungsgemäßen Bestel- 28
lung eines oder – soweit nach der Satzung zur Vertretungsbefugnis u. damit Handlungsfähigkeit der Gesellschaft erforderlich – ggf. auch mehrerer Geschäftsführer durch das zuständige Bestellungsorgan.[96] Eine Abberufung durch die Gesellschafter ist nicht möglich; diese können allenfalls beim Registergericht eine Abberufung aus wichtigem Grund beantragen.[97]

VII. Gesellschafterhaftung bei Amtsunfähigkeit einer geschäftsführenden Person (Abs. 5)

Der durch das MoMiG neu eingefügte Abs. 5 normiert eine gesamtschuld- 29
nerische Schadenersatzpflicht (Innenhaftung) für diejenigen Gesellschafter, die in vorsätzlicher oder grob fahrlässiger Weise einer durch die gesetzlichen Bestimmungen von der Geschäftsführung ausgeschlossenen Person

88 OLG München DStR 07, 1925; OLG Frankfurt GmbHR 01, 436; OLG Zweibrücken GmbHR 01, 571; *Wicke* Rn. 17; Roth/*Altmeppen* Rn. 49; MHLS/*Tebben* Rn. 75; MüKoGmbHG/*Goette* Rn. 77; Baumbach/Hueck/*Fastrich* Rn. 32.
89 Scholz/*Schneider/Schneider* Rn. 94; MHLS/*Tebben* Rn. 77; Baumbach/Hueck/*Fastrich* Rn. 32.
90 MHLS/*Tebben* Rn. 77; Baumbach/Hueck/*Fastrich* Rn. 32; *Wicke* Rn. 16.
91 OLG Frankfurt ZIP 14, 1226.
92 Baumbach/Hueck/*Fastrich* Rn. 32; MHLS/*Tebben* Rn. 78.
93 Scholz/*Schneider/Schneider* Rn. 104; Roth/*Altmeppen* Rn. 53; Baumbach/Hueck/*Fastrich* Rn. 32; *Wicke* Rn. 18.
94 BayObLG NJW 81, 995; Scholz/*Schneider/Schneider* Rn. 103; MHLS/*Tebben* Rn. 77; Baumbach/Hueck/*Fastrich* Rn. 32.
95 BayObLG GmbHR 98, 1125; *Wicke* Rn. 18.
96 BGH NJW 81, 1041; MüKoGmbHG/*Goette* Rn. 77; Roth/*Altmeppen* Rn. 48; Baumbach/Hueck/*Fastrich* Rn. 32.
97 OLG München GmbHR 94, 259; OLG Düsseldorf ZIP 97, 846; Roth/*Altmeppen* Rn. 53; MüKoGmbHG/*Goette* Rn. 77.

die Führung der Geschäfte der Gesellschaft überlassen haben.[98] Die Haftungsvorschrift zielt auf die Vermeidung des Einsatzes von Geschäftsführern unter Verstoß gegen Abs. 2, unabhängig davon, dass in einem solchen Fall die Bestellung als solche unwirksam ist bzw. – bei nachträglich eintretender Inhabilität – unwirksam wird (→ Rn. 17).[99] Die von Abs. 5 genannte „Person, die nicht Geschäftsführer sein kann", ist demgem eine solche, bei der eine der gesetzlichen Eignungsvoraussetzungen nach Abs. 2 S. 1 fehlt oder bei der ein gesetzlicher Ausschlussgrund nach Abs. 2 S. 2 u. 3 vorliegt.

30 Weitere tatbestandliche Voraussetzung des Abs. 5 ist, dass dieser nach Abs. 2 amtsunfähigen Person **„die Führung der Geschäfte"** überlassen wurde. Eine „Führung der Geschäfte" setzt voraus, dass die amtsunfähige Person nach Art, Umfang u. Verantwortung einem Geschäftsführer vergleichbar auf die Geschicke der GmbH Einfluss nimmt.[100] Hierbei kommt es auf das Überlassen der tatsächlichen Führung der Geschäfte an.[101] Eine tatsächliche Führung der Geschäfte liegt aber nicht nur in den Fällen vor, in denen eine unwirksame oder unwirksam gewordene Bestellung einer amtsunfähigen Person zum Geschäftsführer gegeben ist, sondern auch dann, wenn überhaupt kein Bestellungsakt erfolgt, sondern der inhabilen Person nur faktisch die Führung der Geschäft überantwortet wurde.[102] Ferner sind unter das Tatbestandsmerkmal der „Führung der Geschäfte" auch die Fälle einzubeziehen, in denen ein amtsfähiger **Strohmann** zum Geschäftsführer bestellt wird, die Geschäfte aber in Wahrheit von einer nach Abs. 2 nicht berufungsfähigen Person geführt werden.[103]

31 Die Führung der Geschäfte muss **„überlassen"** werden. Dies umfasst nicht nur ein aktives Tätigwerden etwa durch (unwirksame) Bestellung oder sonstige Überantwortung. Ein Überlassen idS ist auch gegeben, wenn die Geschäfte der Gesellschaft durch eine inhabile Person geführt werden u. der Gesellschafter hiergg nicht einschreitet.[104]

32 Die aus Abs. 5 folgende Verpflichtung, die Führung der Geschäfte nicht inhabilen Personen zu überlassen, trifft die Gesellschafter. Problematisch ist hierbei die Bemessung der Anforderungen, die an **Minderheitsgesellschafter** zu stellen sind, damit diese der Haftung aus Abs. 5 entgehen. Wird die Überantwortung der faktischen Geschäftsführung an amtsunfähige Personen von Mehrheitsgesellschaftern betrieben oder ein Einschreiten gegen eine solche faktische Geschäftsführung durch Mehrheitsgesellschafter verhindert, so wird ein lediglich resignatives Verhalten eines Minderheitsgesellschafters nicht ausreichen, ihn von seiner Haftung aus Abs. 5 zu befrei-

98 Ausf. zu diesem Haftungstatbestand Lutter/Hommelhoff/*Kleindiek* Rn. 44 ff.
99 *Wicke* Rn. 20.
100 Baumbach/Hueck/*Fastrich* Rn. 19.
101 MHLS/*Tebben* Rn. 100; Baumbach/Hueck/*Fastrich* Rn. 19.
102 So auch MHLS/*Tebben* Rn. 100; Lutter/Hommelhoff/*Kleindiek* Rn. 48; Baumbach/Hueck/*Fastrich* Rn. 20; *Gehrlein*, Der Konzern 07, 771, 794; *Heckschen*, DStR 07, 1442, 1449; aA *Wachter*, NotBZ 08, 361, 379.
103 MüKoGmbHG/*Goette* Rn. 51; Lutter/Hommelhoff/*Kleindiek* Rn. 47; diesbzgl zweifelnd MHLS/*Tebben* Rn. 101.
104 Roth/*Altmeppen* Rn. 27; MüKoGmbHG/*Goette* Rn. 51; Lutter/Hommelhoff/*Kleindiek* Rn. 46; Baumbach/Hueck/*Fastrich* Rn. 20.

en.[105] Auch die bloße Stimmrechtsausübung gegen den Einsatz der inhabilen Person kann eine Vermeidung der Haftung des Minderheitsgesellschafters noch nicht bewirken.[106] Vielmehr wird man von dem Minderheitsgesellschafter wenigstens verlangen müssen, dass er notfalls seine Minderheitsrechte nach § 50 ausübt u. sie – soweit notwendig – auch gerichtlich durchsetzt.[107]

In **subjektiver Hinsicht** muss bei dem Gesellschafter **Vorsatz** oder **grobe** 33 **Fahrlässigkeit** vorliegen, was dann zu bejahen ist, wenn er um die Amtsunfähigkeit der Person u. um ihre Ausübung der tatsächlichen Geschäftsführung weiß oder dies zumindest aufgrund deutlich vorliegender Umstände hätte wissen müssen.[108] Eine Haftung nach Abs. 5 besteht nur für solche Schäden, die der Gesellschaft durch eine **Pflichtverletzung** (§ 43 II) der inhabilen Person bei der Führung der Geschäfte entstanden sind. Die Gesellschafterhaftung greift folglich nur bei einem Vorgang ein, bei welchem auch eine ordnungsgemäß zum Geschäftsführer bestellte habile Person aufgrund einer vorwerfbaren Pflichtverletzung ggü. der Gesellschaft haften würde.[109]

Ist ein **fakultativer** oder **obligatorischer Aufsichtsrat** das für die Geschäfts- 34 führerbestellung zuständige Organ, so gilt für diesen nach zutr. Auffassung **Abs. 5 entspr.**[110]

§ 7 Anmeldung der Gesellschaft

(1) Die Gesellschaft ist bei dem Gericht, in dessen Bezirk sie ihren Sitz hat, zur Eintragung in das Handelsregister anzumelden.

(2) [1]Die Anmeldung darf erst erfolgen, wenn auf jeden Geschäftsanteil, soweit nicht Sacheinlagen vereinbart sind, ein Viertel des Nennbetrags eingezahlt ist. [2]Insgesamt muß auf das Stammkapital mindestens soviel eingezahlt sein, daß der Gesamtbetrag der eingezahlten Geldeinlagen zuzüglich des Gesamtnennbetrags der Geschäftsanteile, für die Sacheinlagen zu leisten sind, die Hälfte des Mindeststammkapitals gemäß § 5 Abs. 1 erreicht.

(3) Die Sacheinlagen sind vor der Anmeldung der Gesellschaft zur Eintragung in das Handelsregister so an die Gesellschaft zu bewirken, daß sie endgültig zur freien Verfügung der Geschäftsführer stehen.

Schrifttum

Blecker, Die Leistung der Mindesteinlage in Geld zur „endgültig freien Verfügung“ der Geschäftsleitung bei AG und GmbH im Fall der Gründung und Kapitalerhöhung, 1995; *Bormann/Urlichs*, Kapitalaufbringung und Kapitalerhaltung nach dem MoMiG,

105 MüKoGmbHG/*Goette* Rn. 53.
106 So auch Roth/*Altmeppen* Rn. 28; aA *Wicke* Rn. 21; MHLS/*Tebben* Rn. 103.
107 MüKoGmbHG/*Goette* Rn. 53; Roth/*Altmeppen* Rn. 28; Baumbach/Hueck/*Fastrich* Rn. 21.
108 Baumbach/Hueck/*Fastrich* Rn. 22; Lutter/Hommelhoff/*Kleindiek* Rn. 50.
109 MHLS/*Tebben* Rn. 102; MüKoGmbHG/*Goette* Rn. 55; enger (Haftung nur für Pflichtverletzungen, in welchen sich die Gründe der Amtsunfähigkeit verwirklichen) Baumbach/Hueck/*Fastrich* Rn. 23; *Wicke* Rn. 20.
110 MüKoGmbHG/*Goette* Rn. 55; Roth/*Altmeppen* Rn. 30; *Wicke* Rn. 22.

GmbHR-Sonderheft MoMiG 2008, S. 37; *Cahn*, Kapitalaufbringung im Cash Pool, ZHR 166 (2002), 278; *Habetha*, Verdeckte Sacheinlage, endgültig freie Verfügung, Drittzusammenrechnung und „Heilung" nach fehlgeschlagenen Bareinzahlungen im GmbH-Recht, ZGR 1998, 305; *Hommelhoff/Kleindiek*, Schuldrechtliche Verwendungspflichten und „freie Verfügung" bei der Barkapitalerhöhung, ZIP 1987, 477; *Ihrig*, Die endgültig freie Verfügung über die Einlage von Kapitalgesellschaften, 1991; *Joost*, Vorbelastungshaftung und Leistung der Bareinlage in das Vermögen der Vor-GmbH vor Fälligkeit, ZGR 1989, 554; *D Mayer*, Dispositionen über die Einlagenleistungen vor Eintragung der GmbH im Handelsregister, FS Schippel, 1996, S. 473; *Müther*, Die Prüfungspflichten des Registergerichts im elektronischen Handelsregister, Rpfleger 2008, 233; *Roth*, Die wertgleiche Deckung als Eintragungsvoraussetzung, ZHR 167 (2003), 89; *ders*, Die freie Verfügung über die Einlage, FS Semler, 1993, S. 299; *K Schmidt*, Barkapitalaufbringung und „freie Verfügung" bei der Aktiengesellschaft und der GmbH, AG 1986, 106; *Servatius*, Die besondere Zweckbindung des Stammkapitals bei Drittgeschäften mit Gesellschaftern, DStR 2004, 1176; *Spiegelberger/Walz*, Die Prüfung der Kapitalaufbringung im Rahmen der GmbH-Gründung, GmbHR 1998, 761; *Ulmer*, Die Voreinzahlung auf Barkapitalerhöhungen im GmbH-Recht – Von Fallstricken und Fußangeln, FS Westermann, 2008, S. 1567.

I. Normzweck

1 Aus **Abs. 1** ergibt sich, dass die Anmeldung die notwendige **Voraussetzung** für die **Handelsregistereintragung** der GmbH (§ 10) u. damit für ihre Entstehung (§ 11 I) ist. Dies bedeutet in knapper Diktion: Ohne Anmeldung keine Eintragung (**Anmeldeprinzip**) u. ohne Eintragung keine GmbH. Die **Abs. 2 u. 3** statuieren sodann wichtige **materielle Voraussetzungen** für die Anmeldung, nämlich das Erfordernis u. den Umfang der von den Gründern vor Anmeldung jeweils zu erbringenden Mindestleistungen auf die von ihnen übernommenen Geschäftsanteile, u. zwar getrennt nach Bareinlagen (Abs. 2 S. 1) u. Sacheinlagen (Abs. 3) sowie mit einem auf das gesamte Stammkapital bezogenen Mindestbetrag für die Summe aller Einlagenleistungen versehen (Abs. 2 S. 2). Dies soll sicherstellen, dass schon zum Start der Gesellschaft auf jeden der übernommenen Geschäftsanteile Einlagen in einem gewissen Mindestumfang erbracht werden u. insg. wenigstens 12.500 EUR zur Verfügung stehen u. damit die Gesellschaft nicht ohne ein reales eigenes Gesellschaftsvermögen ins Leben tritt.[1] Die Vorgaben aus Abs. 2 u. 3 sind **zwingend**, dh durch die Satzung können keine geringeren Einlagenleistungen festgelegt werden. Bei Kapitalerhöhungen gelten Abs. 2 S. 1 u. Abs. 3 entspr. (§ 56 a).

2 Durch das MoMiG wurde Abs. 2 neu gefasst. Hierbei haben die S. 1 u. 2 lediglich sprachliche Änderungen redaktioneller Art erfahren, indem nun-

1 MüKoGmbHG/*Herrler* Rn. 1.

mehr statt von „Stammeinlagen" von „Geschäftsanteilen" die Rede ist. Der vormalige S. 3 mit seiner Sondervorschrift für die Kapitalaufbringung bei Einpersonengründungen (Volleinzahlung oder Stellung von Sicherheiten für die noch ausstehende Einlagenleistung bei Teileinzahlung) wurde aufgehoben, so dass jetzt auch die Einpersonengründung genau den gleichen Regeln unterliegt wie die Mehrpersonengründung.

II. Anmeldung (Abs. 1)

1. Rechtsnatur und Form

Die Anmeldung ist ein **verfahrensrechtlicher Antrag** an das zuständige Registergericht auf Eintragung der GmbH u. damit **Prozesserklärung** nach FamFG, also keine Willenserklärung iSd BGB,[2] wenngleich sie auch materiellrechtliche Elemente aufweist, wie die Haftungsvorschrift des § 9 a bei falschen Angaben u. der strafrechtliche Tatbestand des § 82 zeigen.[3] Die **Vorschriften** des **BGB** über **Willenserklärungen** sind daher nicht direkt anwendbar, sondern können nur **analog** herangezogen werden, soweit dem die primäre Rechtsnatur der Anmeldung als Verfahrenshandlung nicht entgegensteht.[4] Die Anmeldung hat **schriftlich** u. gem. § 12 I HGB **in öffentlich beglaubigter Form** zu erfolgen, dh die Anmeldung ist durch die Geschäftsführer zu unterzeichnen u. die Unterschriften sind notariell zu beglaubigen (§ 129 BGB). Zuständig für die Beglaubigung der Unterschriften sind im **Inland** deutsche **Notare** (§ 129 BGB, §§ 29, 40 BeurkG, § 20 I 1 BNotO). Im **Ausland** sind für die Beglaubigung die **deutschen Konsularbeamte** zuständig (§ 10 KonsularG).[5] Die Beglaubigung kann grds. auch durch einen **ausländischen Notar** erfolgen, wobei sich die Feststellung über die Identität des bzw. der die Anmeldung Unterzeichnenden aus dem Beglaubigungsvermerk eindeutig ergeben muss, was gerade bei „Beglaubigungen" durch angelsächsische Notare nicht immer der Fall ist. Ferner ist zu beachten, dass bei einer Beglaubigung durch einen ausländischen Notar für die Anerkennung dieser ausländischen öffentlichen Urkunde im Inland zusätzlich eine **Legalisation** (§ 13 II KonsularG) oder zumindest eine sog. **Apostille**[6] notwendig ist, es sei denn, die Anerkennung der ausländischen Urkunde ist durch zwischenstaatliches Abkommen vereinbart.[7] Die öffentliche Beglaubigung wird durch die notarielle Beurkundung ersetzt (§ 129 II BGB). Die Anmeldung ist zusammen mit ihren Anlagen (→ § 8 Rn. 3 ff.) elektronisch in notariell beglaubigter Form beim zuständigen Registergericht (→ Rn. 3) einzureichen.[8] 3

---

2 Scholz/*Veil* Rn. 12; Lutter/Hommelhoff/*Bayer* Rn. 1; MHLS/*Tebben* Rn. 11.

3 MüKoGmbHG/*Herrler* Rn. 12.

4 Scholz/*Veil* Rn. 12; Einzelheiten zur analogen Anwendung der Vorschriften des BGB über Willenserklärungen finden sich bei MüKoGmbHG/*Herrler* Rn. 14 ff.

5 KonsularG v. 11.9.74, BGBl. I, S. 2317.

6 S. Haager Übereinkommen zur Befreiung ausländischer öffentlicher Urkunden von der Legalisation v. 5.10.61 – dazu Gesetz v. 21.6.65, BGBl. II, S. 875; zum Verfahren *Bindseil*, DNotZ 92, 275, 280 f.

7 So etwa im Verhältnis zu Belgien, Dänemark, Frankreich, Griechenland, Italien u. Österreich; vgl. hierzu auch BeckNotarHdB/*Zimmermann*, H Rn. 236 ff. sowie Ebenroth/Boujong/Joost/Strohn/*Schaub*, HGB § 12 Anh.

8 *Wicke* Rn. 1; Lutter/Hommelhoff/*Bayer* Rn. 2; *Sikora/Schwab*, MittBayNot 07, 2.

2. Anmeldebefugnis

4 Die Anmeldung hat durch die **Geschäftführer** zu erfolgen. Diese handeln hierbei im Namen der Vorgesellschaft.[9] Gem. § 78 ist die Anmeldung zwingend durch **sämtliche Geschäftsführer** vorzunehmen,[10] auch durch stellvertretende Geschäftsführer,[11] unabhängig von ihrer sonstigen Vertretungsbefugnis.[12] Wegen der von den anmeldenden Geschäftsführern gem. § 8 II u. III abzugebenden Versicherungen sowie der zivil- u. strafrechtlichen Verantwortlichkeit für die Richtigkeit der zum Zwecke der Eintragung gemachten Angaben, haben die Geschäftsführer nach hM die Anmeldung auch **höchstpersönlich** vorzunehmen, dh eine Stellvertretung hierbei ist ausgeschlossen.[13] Eine öffentlich-rechtliche Verpflichtung zur Anmeldung der GmbH besteht nicht. Das Registergericht kann die Anmeldung auch nicht – etwa durch Zwangsgeld – erzwingen (§ 79 II).[14] Der Vorgesellschaft ggü. sind die Geschäftsführer jedoch zur ordnungsgemäßen Anmeldung verpflichtet. Hierauf können die Gesellschafter notfalls klagen u. nach § 888 ZPO vollstrecken,[15] allerdings wird idR eine Abberufung der Geschäftsführer unter Bestellung neuer Geschäftsführer rascher u. unkomplizierter zum gewünschten Ergebnis führen.

3. Zuständigkeit

5 Zuständig für die Eintragung der Gesellschaft u. damit auch für die Entgegennahme der Anmeldung ist in **sachlicher** Hinsicht das jeweilige **AG** als Registergericht, in dessen Bezirk ein LG seinen Sitz hat (§ 376 I FamFG). Gem. § 376 II FamFG kann aber durch landesrechtliche Verordnung geregelt werden, dass ein AG für mehrere Landgerichtsbezirke das Handelsregister zentral führt. Die **örtliche** Zuständigkeit richtet sich nach dem gem. §§ 3 I Nr. 1, 4 a im Gesellschaftsvertrag bestimmten Sitz der Gesellschaft.

4. Rechtsfolgen von Mängeln

6 Ist die Anmeldung wegen Verstoß gegen eines der vorstehend aufgeführten Erfordernisse mangelbehaftet, so stellt dies ein **Eintragungshindernis** dar, welches bei Nichtbehebung zu einer Zurückweisung der Anmeldung führt.[16] Zur gerichtlichen Prüfung → § 9 c Rn. 3 ff. Wird die Gesellschaft

---

9 BGHZ 105, 324, 327; 117, 323, 325 ff.; OLG Naumburg GmbHR 98, 236; Baumbach/Hueck/*Fastrich* Rn. 2; Roth/*Altmeppen* Rn. 5; MüKoGmbHG/*Herrler* Rn. 27; aA BayObLG 88, 380: Geschäftsführer handeln im eigenen Namen.

10 BayObLG WM 84, 638; Lutter/Hommelhoff/*Bayer* Rn. 1; Baumbach/Hueck/*Fastrich* Rn. 2; MüKoGmbHG/*Herrler* Rn. 27; MHLS/*Tebben* Rn. 7; Scholz/*Veil* Rn. 10.

11 Baumbach/Hueck/*Fastrich* Rn. 2; MüKoGmbHG/*Schaub* Rn. 27; MHLS/*Tebben* Rn. 7.

12 KG OLG 41, 208; Scholz/*Veil* Rn. 10; MüKoGmbHG/*Herrler* Rn. 27.

13 BayObLG NJW 87, 136; Scholz/*Veil* Rn. 10; Lutter/Hommelhoff/*Bayer* Rn. 1; Baumbach/Hueck/*Fastrich* Rn. 2; MüKoGmbHG/*Herrler* Rn. 28; MHLS/*Tebben* Rn. 8; Roth/*Altmeppen* Rn. 5.

14 MHLS/*Tebben* Rn. 9; Baumbach/Hueck/*Fastrich* Rn. 2; Lutter/Hommelhoff/*Bayer* Rn. 1.

15 Scholz/*Veil* Rn. 6; Baumbach/Hueck/*Fastrich* Rn. 2; Lutter/Hommelhoff/*Bayer* Rn. 1.

16 Roth/*Altmeppen* Rn. 9; Baumbach/Hueck/*Fastrich* Rn. 4.

trotz mangelbehafteter Anmeldung eingetragen, so kann ein solcher Mangel grds. nicht mehr geltend gemacht werden u. ist damit idS geheilt.[17] In schwerwiegenden Ausnahmefällen lässt die hM eine Amtslöschung nach § 395 FamFG zu, etwa wenn eine Anmeldung gänzlich fehlt oder sie von einem Unbefugten, also einem Nichtgeschäftsführer vorgenommen wurde (dies gilt auch, wenn die Bestellung des Geschäftsführers wegen Verstoß gegen § 6 II nichtig ist) oder sie nicht vom Willen aller Geschäftsführer getragen war.[18]

III. Die Mindesteinzahlung bei Geldeinlagen (Abs. 2)

1. Mindesteinzahlung auf jeden Geschäftsanteil

Bei einer in **Geld** zu leistenden Einlage ist vor der Anmeldung mind. **ein Viertel** des jeweiligen Nennbetrags jedes einzelnen Geschäftsanteils einzuzahlen (Abs. 2 S. 1). Eine unter der Mindestgrenze von einem Viertel des Nennbetrags bleibende Einzahlung auf einen Geschäftsanteil kann auch nicht durch eine höhere Einzahlung auf einen anderen Geschäftsanteil kompensiert werden, selbst wenn insg. der notwendige Betrag erreicht wird.[19] Bei einem Geschäftsanteil, auf den die Einlage zT in Geld u. zT als Sacheinlage zu leisten ist (**Mischeinlage** → § 5 Rn. 22), muss neben der vollständigen Bewirkung der Sacheinlage der in Geld zu leistende Teil zu einem Viertel einbezahlt werden.[20] Die Mindesteinzahlung von einem Viertel auf den Bareinlageteil ist unabhängig von dem angerechneten Wert der Sacheinlage immer zu leisten, auch wenn der Sacheinlageteil mindestens ein Viertel oder mehr als die Hälfte des Nennbetrags des Geschäftsanteils abdeckt. Eine davon abweichende Regelung in der Satzung ist gem. § 19 II nichtig.[21] 7

Höhere Einlagenleistungen als die vom Gesetz verlangten Mindestbeträge sind natürlich möglich. Ein vereinbartes **Agio** (→ § 3 Rn. 39 u. → § 5 Rn. 14) unterfällt nach allgM nicht Abs. 2, da es eine Nebenleistungspflicht iSd § 3 II darstellt u. somit die Stammkapitalregeln hierauf nicht anwendbar sind (anders die Rechtslage bei der AG – s. § 36 a I AktG).[22] 8

2. Gesamtbetrag der Mindesteinzahlungen

Gem. Abs. 2 S. 2 muss vor der Anmeldung insg. ein Betrag in Höhe der **Hälfte des Mindeststammkapitals** nach § 5 I, also ein Betrag iHv 12.500 EUR geleistet sein. Bei einer reinen Bargründung mit einem Stammkapital von unter 50.000 EUR muss daher ungeachtet Abs. 2 S. 1 von einem oder mehreren Gesellschaftern mehr als ein Viertel des Nennbetrags des jeweiligen Geschäftsanteils eingezahlt werden.[23] Sind sowohl 9

17 MüKoGmbHG/*Herrler* Rn. 41; Scholz/*Veil* Rn. 15; Roth/*Altmeppen* Rn. 10.
18 MüKoGmbHG/*Herrler* Rn. 42 ff.; Roth/*Altmeppen* Rn. 10; MHLS/*Tebben* Rn. 17.
19 RGSt 33, 252 f.; Scholz/*Veil* Rn. 19; MHLS/*Tebben* Rn. 19; Roth/*Altmeppen* Rn. 15.
20 OLG Celle ZIP 2016, 734; Baumbach/Hueck/*Fastrich* Rn. 5; Roth/*Altmeppen* Rn. 17; MHLS/*Tebben* Rn. 21; Lutter/Hommelhoff/*Bayer* Rn. 4.
21 OLG Celle ZIP 2016, 734; Roth/*Altmeppen* Rn. 17; *Sammet*, NZG 2016, 344; aA *Cavin*, NZG 2016, 734.
22 Lutter/Hommelhoff/*Bayer* Rn. 4; Baumbach/Hueck/*Fastrich* Rn. 5 a; *Wicke* Rn. 6.
23 MHLS/*Tebben* Rn. 23.

Geld- als auch Sacheinlagen zu leisten, so ist die Sacheinlage voll zu bewirken (Abs. 3) u. der Differenzbetrag zwischen dem anzusetzenden Wert der Sacheinlage u. dem Mindestbetrag von 12.500 EUR in Geld zu erbringen. Sollen ausschließlich Sacheinlagen geleistet werden, so hat Abs. 2 S. 2 keine Bedeutung, da Sacheinlagen gem. Abs. 3 vor der Anmeldung immer vollständig zu bewirken sind u. damit notwendigerweise das gesamte nominale Stammkapital aufzubringen ist.[24]

3. UG (haftungsbeschränkt)

10 Bei der UG (haftungsbeschränkt) ist auf jeden Geschäftsanteil der volle Nennbetrag einzuzahlen, da § 5 a II 1 die Leistung des gesamten Stammkapitals vor Anmeldung verlangt; Sacheinlagen sind bei der UG (haftungsbeschränkt) nach § 5 a II 2 nicht zulässig (→ § 5 a Rn. 12).

4. Leistung der Geldeinlage

11 a) **Empfänger.** Der Anspruch auf Leistung der Einlage steht immer der **Vorgesellschaft** zu, daher kann auch der Empfänger der Geldleistung stets nur die Vor-GmbH sein, also alleine an diese mit Erfüllungswirkung geleistet werden.[25] Dies bedeutet auch, dass eine Zahlung an die Vorgründungsgesellschaft (→ § 11 Rn. 31 ff.) vor Abschluss des Gesellschaftsvertrages (**Vorauszahlung**) grds. keine ordnungsgemäße Einlagenleistung darstellt, da zu diesem Zeitpunkt die Einlageverpflichtung noch gar nicht besteht u. das Vermögen der Vorgründungsgesellschaft nicht automatisch auf die Vor-GmbH übergeht (→ § 11 Rn. 35).[26] Eine Tilgungswirkung kann der Leistung an die Vorgesellschaft ausnahmsweise nur dann zukommen, wenn die Vorauszahlung mit einer klaren Zweckbestimmung getroffen wurde u. die Geldleistung auf die Vorgesellschaft dergestalt ungeschmälert übergeht, dass der Einlagebetrag zur Zeit der Übernahme des Kontos durch die Vorgesellschaft noch als ausscheidbarer Vermögensgegenstand unangetastet vorhanden u. vom übrigen Vermögen isoliert u. abgrenzbar ist.[27]

12 Auch einer **Zahlung an Gesellschaftsgläubiger** kommt nach zutr. hM aus Gründen der Sicherstellung einer effektiven Registerkontrolle sowie wegen fehlender freien Verfügbarkeit der Geschäftsführung (→ Rn. 16) keine Erfüllungswirkung für die Einlagenleistung zu,[28] u. zwar selbst dann nicht, wenn sie entspr. § 362 II BGB auf Veranlassung oder mit Einwilligung der Geschäftsführer erfolgt.[29]

13 Im Schrifttum wird vielfach die Auffassung vertreten, dass eine **Einzahlung auf ein Anderkonto** (zB Notaranderkonto) jedenfalls dann eine ordnungs-

---

24 MHLS/*Tebben* Rn. 24.
25 Scholz/*Veil* Rn. 27; Lutter/Hommelhoff/*Bayer* Rn. 14; MHLS/*Tebben* Rn. 26; Baumbach/Hueck/*Fastrich* Rn. 8.
26 BGH NJW 92, 2698 f.; OLG Hamm GmbHR 92, 750, 751; MHLS/*Tebben* Rn. 26; Lutter/Hommelhoff/*Bayer* Rn. 14.
27 BGH NJW 01, 1647, 1648; OLG Frankfurt NZG 05, 556; OLG Düsseldorf GmbHR 94, 398; OLG Stuttgart GmbHR 95, 118; MüKoGmbHG/*Herrler* Rn. 69; Scholz/*Veil* Rn. 27; Lutter/Hommelhoff/*Bayer* Rn. 14.
28 BGH NZG 11, 667 Rn. 12.
29 BGHZ 119, 177; 150, 197; Scholz/*Veil* Rn. 33; Baumbach/Hueck/*Fastrich* Rn. 9; MüKoGmbHG/*Herrler* Rn. 75; aA Lutter/Hommelhoff/*Bayer* Rn. 16.

gemäße Erbringung der Einlage darstelle, wenn sie mit der einseitig unwiderruflichen Anweisung an den das Anderkonto führenden Treuhänder geschehe, den hinterlegten Betrag nach Anmeldung bzw. Eintragung an die Geschäftsführer zu übermitteln.[30] Diese Ansicht ist abzulehnen. Eine Einzahlung auf ein Anderkonto, u. zwar auch auf ein Notaranderkonto, erfüllt unter keinen Umständen die Voraussetzungen einer ordnungsgemäß erbrachten Einlagenleistung. Wenn auch durch eine entspr. Hinterlegungsanweisung der später stattfindende Mittelzufluss an die Gesellschaft sichergestellt werden kann, ist doch entscheidend, dass – solange eine Auszahlung an die Gesellschaft noch nicht erfolgt ist – der hinterlegte Betrag auch nicht zur freien Verfügung der Geschäftsführer steht (→ Rn. 16), hat er doch seinen eigentlichen Empfänger noch gar nicht erreicht. Es ist ja gerade der Zweck einer Anderkontohinterlegung, den hinterlegten Betrag zunächst dem Zugriff der Beteiligten zu entziehen u. ihn allein der Verfügung des das Anderkonto führenden Treuhänders zu unterstellen. Dies entspricht aber nicht dem Kriterium der freien Verfügbarkeit.

b) **Zahlungsmodalitäten.** Abs. 2 verlangt, dass der Mindestbetrag „eingezahlt" wird. Unter Einzahlung iSd Vorschrift ist nicht nur die **Barzahlung** zu verstehen. Vielmehr kann man hierunter jede Leistung fassen, die nach der Verkehrsgewohnheit der Barzahlung gleich zu erachten ist u. die jederzeit mit Sicherheit ohne Wertverlust in Geld umgesetzt werden kann.[31] Solchermaßen gleichwertig ist ohne Zweifel die **Überweisung** auf ein Bankkonto der Vorgesellschaft, die zu einer Gutschrift in Euro führt (zur Einzahlung auf ein debitorisches Konto → Rn. 16).[32] Dies gilt auch, wenn die kontoführende Bank Mitgesellschafterin der GmbH ist.[33] Hingg. ist die Hingabe von **Schecks** oder **Wechseln** nach hM keine ausreichende Einzahlung iSv Abs. 2; Erfüllungswirkung tritt hier erst mit der tatsächlichen Einlösung u. Barauszahlung bzw. Kontogutschrift ein.[34] Eine Geldeinlage kann auch im Fall der Gründung einer **Einpersonen-Gesellschaft** grds. durch Barzahlung erbracht werden, allerdings reicht ein bloßes Präsentieren der Geldscheine durch den Alleingesellschafter u. zugleich Geschäftsführer der GmbH ggü. dem die Registeranmeldung beglaubigenden Notar nicht aus, vielmehr ist erforderlich, dass der zur Einlagezahlung bestimmte Bargeldbetrag aus dem Privatvermögen des Gründungsgesellschafters ausgesondert wird u. in einer für außenstehende Dritte objektiv erkennbaren Weise in das Sondervermögen der errichteten GmbH gelangt.[35] Abs. 2 erfordert iÜ nicht, dass der Gesellschafter die Einzahlung persönlich oder aus eigenen Mitteln leistet, vielmehr kann die **Zahlung** gem. § 267 I BGB auch **durch einen Dritten** für Rechnung des Gesellschafters erfolgen, wenn eine 14

30 So *Wicke* Rn. 7; Baumbach/Hueck/*Fastrich* Rn. 8; MüKoGmbHG/*Herrler* Rn. 86; Lutter/Hommelhoff/*Bayer* Rn. 11.
31 RGZ 41, 120, 122; 72, 266, 268; Scholz/*Veil* Rn. 30; MHLS/*Tebben* Rn. 28.
32 BGHZ 45, 347; MHLS/*Tebben* Rn. 29; Baumbach/Hueck/*Fastrich* Rn. 8; Roth/*Altmeppen* Rn. 25.
33 Scholz/*Veil* Rn. 31; Baumbach/Hueck/*Fastrich* Rn. 8; Lutter/Hommelhoff/*Bayer* Rn. 11.
34 OLG Dresden ZIP 99, 1885, 1886; Lutter/Hommelhoff/*Bayer* Rn. 13; MüKoGmbHG/*Herrler* Rn. 64; MHLS/*Tebben* Rn. 32; *Wicke* Rn. 7.
35 OLG Oldenburg NZG 08, 32; MüKoGmbHG/*Herrler* Rn. 62; *Wicke* Rn. 7; Baumbach/Hueck/*Fastrich* Rn. 9.

entspr. Tilgungsbestimmung wenigstens im Wege der Auslegung ermittelt werden kann.[36]

15 Eine **Aufrechnung des Gesellschafters** mit einer Forderung gegen die GmbH stellt keine ordnungsgemäße Zahlung dar, es sei denn, es handelt sich um eine im Gesellschaftsvertrag vereinbarte Sachübernahme mit Verrechnungsabrede (§ 19 II 2 → § 5 Rn. 40 u. → § 19 Rn. 26 ff.).[37] Ebenso ist umgekehrt eine **Aufrechnung der GmbH** gegen eine Forderung des Gesellschafters ausgeschlossen, da eine solche Forderung nur im Wege der Sacheinlage in die GmbH eingebracht werden kann; alles andere stellt eine verdeckte Sacheinlage dar (→ § 19 Rn. 44 ff.).[38]

16 **c) Leistung zur endgültig freien Verfügung.** Wie sich aus § 5 III 2 sowie § 8 II 1 ergibt, hat auch bei Bareinlagen die Einzahlung stets so zu erfolgen, dass der eingezahlte Betrag zur **endgültig freien Verfügung der Geschäftsführer** steht.[39] Hierfür ist erforderlich, dass der Einleger seine Verfügungsmacht an dem Geldbetrag endgültig u. ohne Beschränkungen oder Vorbehalte zugunsten der Vorgesellschaft aufgegeben hat u. die Geschäftsführer über die Einlage verfügen konnten.[40] Daran fehlt es, wenn die erbrachte Einlage vereinbarungsgemäß wieder an den Gesellschafter zurückfließt; dies kann etwa bei einem Vorgang der verdeckten Sacheinlage geschehen (→ § 19 Rn. 44 ff.) oder in einem Fall des sog. Hin- u. Herzahlens; letzterer – im Konzernverbund oftmals in seiner speziellen Ausprägung des sog. Cash Pools anzutreffen – ist nur unter den besonderen Voraussetzungen des § 19 V zulässig (→ § 19 Rn. 95 ff.). Eine freie Verfügbarkeit ist ebenfalls nicht gegeben bei Zahlungen auf ein **gesperrtes**[41] oder **gepfändetes**[42] **Konto.**[43] Bei einer Zahlung auf ein **debitorisches Konto** ist zu unterscheiden: Die Einzahlung ist dann zur freien Verfügung der Geschäftsführung u. damit für den Leistenden befreiend erfolgt, wenn über den eingezahlten Betrag innerhalb einer vereinbarten, nicht gekündigten Kreditlinie verfügt werden kann;[44] besteht hingg. keine Kreditlinie oder ist sie bereits ausgeschöpft oder gekündigt, so dass die Bank die eingezahlten Mittel sofort mit dem Debetsaldo verrechnen kann, ist der Betrag nicht zur freien

36 BGH GmbHR 95, 119, 120; OLG Brandenburg GmbHR 00, 238; Baumbach/Hueck/*Fastrich* Rn. 9; MüKoGmbHG/*Herrler* Rn. 78; MHLS/*Tebben* Rn. 35; Lutter/Hommelhoff/*Bayer* Rn. 13; Scholz/*Veil* Rn. 32.

37 Lutter/Hommelhoff/*Bayer* Rn. 13.

38 Scholz/*Veil* Rn. 33; Baumbach/Hueck/*Fastrich* Rn. 9; Lutter/Hommelhoff/*Bayer* Rn. 13.

39 Scholz/*Veil* Rn. 34; Baumbach/Hueck/*Fastrich* Rn. 10; MüKoGmbHG/*Herrler* Rn. 61; Lutter/Hommelhoff/*Bayer* Rn. 25 f.

40 BGHZ 113, 335, 348 f.; MünchHdbGesR/*Heinrich* Rn. 12; Baumbach/Hueck/*Fastrich* Rn. 10; MHLS/*Tebben* Rn. 48; *Mülbert*, ZHR 154 (90), 156 ff., 182 ff.

41 BGH GmbHR 62, 233; BayObLG 98, 737.

42 BayObLG GmbHR 98, 736, 737; LG Flensburg GmbHR 98, 739.

43 Vgl. zum Ganzen auch Baumbach/Hueck/*Fastrich* Rn. 10; Lutter/Hommelhoff/*Bayer* Rn. 21; Scholz/*Veil* Rn. 40.

44 BGH NJW 91, 226; 91, 1294; ZIP 96, 1466; GmbHR 02, 545; 05, 229; MüKoGmbHG/*Herrler* Rn. 84; Lutter/Hommelhoff/*Bayer* Rn. 21; MHLS/*Tebben* Rn. 54; Baumbach/Hueck/*Fastrich* Rn. 11; Roth/*Altmeppen* Rn. 29.

Verfügung der Geschäftsführer geleistet.[45] Auch eine rein tatsächliche Duldung einer Überziehung oder Kreditlinienüberschreitung seitens der Bank reicht für die Annahme einer freien Verfügbarkeit seitens der Geschäftsführer nicht aus.[46] Das Kriterium der freien Verfügbarkeit ist allerdings nicht verletzt, wenn der Geschäftsführer die auf einem Haben-Konto eingegangene Gutschrift auf ein debitorisches Konto weiterleiten lässt, da diese Weiterleitung ja geradezu Ausdruck einer ausgeübten freien Verfügbarkeit ist.[47] Nach einer in Teilen der Rspr. u. Literatur vertretenen Auffassung soll eine freie Verfügbarkeit auch gegeben sein, wenn der Gesellschafter die Einzahlung auf ein debitorisches Konto ohne bzw. außerhalb einer Kreditlinie auf ausdrückliche Anweisung des Geschäftsführers vornimmt.[48] Dies erscheint zweifelhaft, handelt es sich doch bei diesem Vorgang um nichts anderes als eine Leistung an einen Gesellschaftsgläubiger auf Anweisung des Geschäftsführers, die nach ganz überw. Auffassung die Voraussetzung einer Zahlung an die (Vor-) Gesellschaft zu deren freien Verfügung nicht erfüllt (→ Rn. 16).

Schuldrechtliche Verwendungsabreden (etwa Absprache, mit dem eingezahlten Geld einen bestimmten Gegenstand zu erwerben) stehen nach allgM einer Freien Verfügbarkeit nicht entgg,[49] allerdings dürfen die eingezahlten Mittel nicht unmittelbar oder mittelbar an den Einleger (oder auch an einen nahen Angehörigen des Einlegers) zurückfließen.[50] 17

IV. Sacheinlagen (Abs. 3)

Gem. Abs. 3 sind **Sacheinlagen** vor der Anmeldung **vollständig zu bewirken.** Dies gilt auch für **Sachübernahmen** mit Verrechnungsabrede (→ § 5 Rn. 40).[51] Bewirken iSd Vorschrift bedeutet, dass das jeweilige Erfüllungsgeschäft wirksam vollzogen sein muss.[52] Dies erfordert je nach Art des Einlagegegenstandes unterschiedliche Erfüllungshandlungen: Bei Gebrauchsüberlassung die Einräumung der tatsächlichen Nutzungsmöglichkeit, bei beweglichen Sachen deren Übereignung, bei Rechten deren Übertragung.[53] Bei Grundstücken lässt die hM es allerdings im Hinblick auf die uU lange u. von den Beteiligten nicht zu beeinflussende Verfahrensdauer der Grundbucheintragung bereits genügen, wenn die Auflassung erklärt, die Eigentumsumschreibung bewilligt (§§ 19, 20 GBO) u. beim Grundbuchamt be- 18

45 BGH NJW 91, 226; OLG Stuttgart GmbHR 95, 115; OLG Naumburg NZG 01, 230; MüKoGmbHG/*Herrler* Rn. 84; Lutter/Hommelhoff/*Bayer* Rn. 21; Baumbach/Hueck/*Fastrich* Rn. 11.

46 OLG Dresden GmbHR 99, 1035, 1036; *Spindler*, ZGR 97, 537, 547; Scholz/*Veil* Rn. 40; MüKoGmbHG/*Herrler* Rn. 84; Lutter/Hommelhoff/*Bayer* Rn. 21.

47 BGH NJW 91, 226; OLG Dresden BB 99, 2211; MHLS/*Tebben* Rn. 54; MüKoGmbHG/*Herrler* Rn. 85.

48 OLG Bamberg OLGR 03, 126; OLG Oldenburg ZInsO 08, 1086, 1087; Baumbach/Hueck/*Fastrich* Rn. 11; Lutter/Hommelhoff/*Bayer* Rn. 22.

49 OLG Dresden ZIP 99, 1885; *Hommelhoff/Kleindiek*, ZIP 87, 477; Scholz/*Veil* Rn. 39; Lutter/Hommelhoff/*Bayer* Rn. 23; *Wicke* Rn. 9.

50 BGH NJW 06, 509; OLG Oldenburg BeckRS 07, 13627; *Wicke* Rn. 9.

51 *Ulmer* Rn. 27; Scholz/*Veil* Rn. 22; Baumbach/Hueck/*Fastrich* Rn. 12; Lutter/Hommelhoff/*Bayer* Rn. 4.

52 BGHZ 45, 338; MüKoGmbHG/*Herrler* Rn. 87; MHLS/*Tebben* Rn. 40; Scholz/*Veil* Rn. 39; Rowedder/*C. Schmidt-Leithoff* Rn. 36.

53 Roth/*Altmeppen* Rn. 40; *Wicke* Rn. 8; MüKoGmbHG/*Herrler* Rn. 87.

antragt (§§ 13, 17 GBO) ist.[54] Die bloße Eintragung einer Vormerkung ist jedoch nicht ausreichend.[55] Die Vor-GmbH ist grundbuchfähig (→ § 11 Rn. 8).

§ 8 Inhalt der Anmeldung[1]

(1) Der Anmeldung müssen beigefügt sein:

1. der Gesellschaftsvertrag und im Fall des § 2 Abs. 2 die Vollmachten der Vertreter, welche den Gesellschaftsvertrag unterzeichnet haben, oder eine beglaubigte Abschrift dieser Urkunden,
2. die Legitimation der Geschäftsführer, sofern dieselben nicht im Gesellschaftsvertrag bestellt sind,
3. eine von den Anmeldenden unterschriebene Liste der Gesellschafter nach den Vorgaben des § 40,
4. im Fall des § 5 Abs. 4 die Verträge, die den Festsetzungen zugrunde liegen oder zu ihrer Ausführung geschlossen worden sind, und der Sachgründungsbericht,
5. wenn Sacheinlagen vereinbart sind, Unterlagen darüber, daß der Wert der Sacheinlagen den Nennbetrag der dafür übernommenen Geschäftsanteile erreicht.

(2) [1]In der Anmeldung ist die Versicherung abzugeben, daß die in § 7 Abs. 2 und 3 bezeichneten Leistungen auf die Geschäftsanteile bewirkt sind und daß der Gegenstand der Leistungen sich endgültig in der freien Verfügung der Geschäftsführer befindet. [2]Das Gericht kann bei erheblichen Zweifeln an der Richtigkeit der Versicherung Nachweise (unter anderem Einzahlungsbelege) verlangen.

(3) [1]In der Anmeldung haben die Geschäftsführer zu versichern, daß keine Umstände vorliegen, die ihrer Bestellung nach § 6 Abs. 2 Satz 2 Nr. 2 und 3 sowie Satz 3 entgegenstehen, und daß sie über ihre unbeschränkte Auskunftspflicht gegenüber dem Gericht belehrt worden sind. [2]Die Belehrung nach § 53 Abs. 2 des Bundeszentralregistergesetzes kann schriftlich vorgenommen werden; sie kann auch durch einen Notar oder einen im Ausland bestellten Notar, durch einen Vertreter eines vergleichbaren rechtsberatenden Berufs oder einen Konsularbeamten erfolgen.

(4) In der Anmeldung sind ferner anzugeben

1. eine inländische Geschäftsanschrift,
2. Art und Umfang der Vertretungsbefugnis der Geschäftsführer.

(5) Für die Einreichung von Unterlagen nach diesem Gesetz gilt § 12 Abs. 2 des Handelsgesetzbuchs entsprechend.

---

54 *Priester*, DNotZ 80, 523; *Ulmer* Rn. 51; Baumbach/Hueck/*Fastrich* Rn. 14; Lutter/Hommelhoff/*Bayer* Rn. 17; Roth/*Altmeppen* Rn. 41; MHLS/*Tebben* Rn. 42; aA Scholz/*Veil* Rn. 43; Rowedder/C. *Schmidt-Leithoff* Rn. 36 – erforderlich: Eintragung der Vorgesellschaft als Eigentümer im Grundbuch.

55 *K Schmidt*, NJW 80, 1770; Baumbach/Hueck/*Fastrich* Rn. 14; Roth/*Altmeppen* Rn. 41; *Wicke* Rn. 8; aA wohl *Ulmer* Rn. 51; Lutter/Hommelhoff/*Bayer* Rn. 17.

1 Beachte hierzu Übergangsvorschrift in § 8 EGGmbHG.

Schrifttum

Altmeppen, Befreiung vom Selbstkontrahierungsverbot als eintragungspflichtige Tatsache?, DNotZ 2008, 305; *Bartovics*, Nochmals: Die Belehrung des im Ausland weilenden Geschäftsführers, GmbHR 1998, 778; *Bärwaldt*, Die Anmeldung zukünftiger Tatsachen zum Handelsregister, GmbHR 2000, 421; *ders*, Der Zeitpunkt der Richtigkeit der Versicherung der Geschäftsführung über die Leistung der Stammeinlagen und deren endgültig freie Verfügbarkeit, GmbHR 2003, 524; *Cahn*, Kapitalaufbringung im Cash Pool, ZHR 166 (2002), 278; *Fritzsche*, Abgabe und Wirksamwerden der Geschäftsführerversicherung nach § 8 Abs. 2 GmbHG, Rpfleger 2002, 552; *Ihrig*, Die endgültig freie Verfügung über die Einlage von Kapitalgesellschaften, 1991; *Leitzen*, Öffentlich-rechtliche Genehmigungen nach dem MoMiG, GmbHR 2009, 480; *Lindemeier*, Die Versicherung des Geschäftsführers einer GmbH gegenüber dem Registergericht zur Sicherung der Kapitalaufbringung, RNotZ 2003, 503; *Müther*, Die Prüfungspflichten des Registergerichts im elektronischen Handelsregister, Rpfleger 2008, 233; *Roth*, Die wertgleiche Deckung als Eintragungsvoraussetzung, ZHR 167 (2003), 89; *ders*, Die freie Verfügung über die Einlage, FS Semler, 1993, S. 299; *K Schmidt*, Barkapitalaufbringung und „freie Verfügung" bei der Aktiengesellschaft und der GmbH, AG 1986, 106; *Servatius*, Die besondere Zweckbindung des Stammkapitals bei Drittgeschäften mit Gesellschaftern, DStR 2004, 1176; *Steffek*, Zustellungen und Zugang von Willenserklärungen nach dem Regierungsentwurf zum MoMiG – Inhalt und Bedeutung der Änderungen für GmbHs, AGs und ausländische Kapitalgesellschaften, BB 2007, 2077; *Tebben*, Die Reform der GmbH – das MoMiG in der notariellen Praxis, RNotZ 2008, 441; *Wachter*, GmbH-Reform: Auswirkungen auf die Gründung einer „klassischen" GmbH, NotBZ 2008, 361; *Wicke*, Pflicht zur Anmeldung einer inländischen Geschäftsanschrift nach der Übergangsvorschrift des § 3 I EGGmbHG, NZG 2009, 296.

I. Normzweck

§ 8 regelt die **inhaltlichen Anforderungen** an die Anmeldung gem. § 7 I u. 1
bestimmt die ihr **beizufügenden Unterlagen.** Abs. 1 enthält eine Auflistung der Anlagen, die zusammen mit der Anmeldung zum Handelsregister einzureichen sind. Die Abs. 2 u. 3 legen die von dem oder den Geschäftsführern abzugebenden Versicherungen fest. Abs. 4 verlangt weitere, in die Anmeldung aufzunehmende Angaben zur inländischen Geschäftsanschrift u. zur Vertretungsbefugnis der Geschäftsführer. Abs. 5 schließlich stellt mit seinem Verweis auf § 12 II HGB klar, dass nicht nur die Anmeldung selbst, sondern auch alle mit ihr zusammen einzureichenden Unterlagen dem Handelsregister in elektronischer Form vorgelegt werden müssen.

2 Die Vorschrift hat durch das **MoMiG** zum einen einige sprachliche Modifizierungen eher redaktioneller Art erfahren, zum anderen sind aber auch inhaltliche Änderungen erfolgt: So in Abs. 2 S. 2, wonach das Gericht bei erheblichen Zweifeln an der Richtigkeit der von den Geschäftsführern abgegebenen Versicherung Nachweise (ua Einzahlungsbelege) verlangen kann; ferner wurde in Abs. 3 S. 2 der Kreis der zur Belehrung über die unbeschränkte Auskunftspflicht fähigen Personen erweitert; in Abs. 4 schließlich wurde die notwendige Angabe einer inländischen Geschäftsanschrift normiert.

II. Anlagen der Anmeldung (Abs. 1)

1. Gesellschaftsvertrag und Vollmachten (Abs. 1 Nr. 1)

3 Der Gesellschaftsvertrag wie auch etwa bei Gründung zur Anwendung gekommene Vollmachten sind dem Registergericht in **elektronisch beglaubigten Abschriften** (§ 12 HGB, § 39 a BeurkG) einzureichen. Hierbei ist der Gesellschaftsvertrag in einer einheitlichen vollständigen Vertragsurkunde vorzulegen.[2] Erfolgt vor der Eintragung der Gesellschaft in das Handelsregister eine Änderung des Gesellschaftsvertrages, so ist dessen letzter Stand in einer einheitlichen Urkunde entspr. § 54 I 2 nachzureichen.[3] Sämtliche Dokumente sind in deutscher Sprache, bei Beurkundung eines fremdsprachigen Textes in deutscher Übersetzung vorzulegen.[4]

4 Die bei Abschluss des Gesellschaftsvertrages verwendeten rechtsgeschäftlichen **Vollmachten** sind idR der Gründungsurkunde selbst in Urschrift bzw. Ausfertigung oder in beglaubigter Abschrift beigefügt (§ 12 BeurkG). Hat ein **gesetzlicher Vertreter** mitgewirkt, so bestimmt sich der Nachweis seiner Legitimation nach den für seine Vertretungsmacht geltenden Vorschriften.[5] Bei organschaftlicher Vertretung von im Handelsregister eingetragenen Gesellschaften oder bei Vertretung durch einen Prokuristen ist ein beglaubigter Handelsregisterauszug oder eine notarielle Vertretungsbescheinigung gem. § 21 BNotO vorzulegen. Wird das insoweit relevante Handelsregister bei dem für die Anmeldung zuständigen Gericht geführt, reicht eine Bezugnahme auf die Registerakten desselben Gerichts.[6]

2. Legitimation der Geschäftsführer (Abs. 1 Nr. 2)

5 Sofern die Geschäftsführer nicht bereits im Gesellschaftsvertrag selbst oder in der Mantelurkunde der notariellen Gründungsniederschrift bestellt sind, ist der **Gesellschafterbeschluss** oder der sonstige Bestellungsakt eines anderweitigen Bestellungsorgans (→ § 6 Rn. 18 u. 23) dem Registergericht in elektronischer Aufzeichnung der Urschrift oder elektronisch beglaubigter Abschrift einzureichen. Der Geschäftsführer ist in der Anmeldung mit vol-

---

2 BayObLG DB 88, 2354; OLG Frankfurt BB 81, 694; OLG Köln GmbHR 73, 11; OLG Stuttgart DNotZ 79, 359; *Winkler*, DNotZ 80, 582; Baumbach/Hueck/*Fastrich* Rn. 4.
3 OLG Frankfurt BB 81, 694; BayObLG DB 88, 2354; KG DB 97, 270; *Wicke* Rn. 2; MHLS/*Tebben* Rn. 6.
4 Lutter/Hommelhoff/*Bayer* Rn. 2; Roth/*Altmeppen* Rn. 2.
5 MüKoGmbHG/*Herrler* Rn. 8.
6 MüKoGmbHG/*Herrler* Rn. 8; MHLS/*Tebben* Rn. 7.

lem **Namen, Geburtsdatum** u. **Wohnort** anzugeben (§ 43 Nr. 4 HRV); seine Privatanschrift braucht hingg. nicht mitgeteilt zu werden.[7] Bei einem Ausländer als Geschäftsführer ist die Vorlage einer Aufenthaltserlaubnis oder eines sonstigen ausländer- bzw. aufenthaltsrechtlichen Nachweises betr. seine Aufenthalts- oder zumindest Einreisebefugnis nicht vorzulegen, da dies für die Geschäftsführerbestellung ohne Belang ist (sehr str. → § 6 Rn. 11).[8]

3. Gesellschafterliste (Abs. 1 Nr. 3)

Die Regelung in Bezug auf die Gesellschafterliste verweist seit ihrer Neufassung vom 23.6.2017[9] schlicht auf die neuen Vorgaben des gleichzeitig geänderten § 40. Es ist somit eine von sämtlichen Geschäftsführern (§ 78) unterzeichnete **Gesellschafterliste** einzureichen, welche Name, Vorname, Geburtsdatum u. Wohnort eines jeden Gesellschafters, bei juristischen Personen u. Handelsgesellschaften deren Firma u. Sitz,[10] die Nennbeträge u. die lfd Nrn der von den Gesellschaftern jeweils übernommenen Geschäftsanteile sowie die durch den jeweiligen Nennbetrag eines Geschäftsanteils vermittelte jeweilige prozentuale Beteiligung am Stammkapital und für den Fall, dass ein Gesellschafter mehrere Geschäftsanteile hält, dessen Gesamtumfang der Beteiligung am Stammkapital in Prozent aufführt. Ist eine **GbR** als Gesellschafter beteiligt, muss – da die GbR eine nicht eingetragene Gesellschaft iSv § 40 2 ist – auch jeder Gesellschafter der GbR in die Liste mit aufgenommen werden;[11] ebenso bei Erbengemeinschaften jedes Mitglied.[12] Bei einem Einzelkaufmann als Gesellschafter ist strittig, ob er allein unter seiner Firma in die Liste aufgenommen werden kann[13] oder ob auch die Nennung des bürgerlichen Namens notwendig ist.[14] Maßgeblicher Zeitpunkt für den Inhalt der Liste ist derjenige der Anmeldung, dh kommt es nach der Anmeldung, aber vor der Eintragung zu einer Veränderung im Bestand der Gesellschafter oder im Umfang ihrer Beteiligung, so ist nicht etwa die bereits mit der Anmeldung vorgelegte Liste zu korrigieren, sondern ein neue Liste nach § 40 einzureichen.[15] Wird die GmbH im **vereinfachten Verfahren** nach § 2 Ia gegründet (→ § 2 Rn. 43 ff.), bedarf es keiner gesonderten Einreichung einer Gesellschafterliste, weil hier das Musterprotokoll gem. § 2 Ia 4 zugleich als Gesellschafterliste gilt. 6

4. Verträge über Sacheinlagen, Sachgründungsbericht (Abs. 1 Nr. 4)

Im Fall einer **Sachgründung** wie auch bei einer **Sachübernahme** (→ § 5 Rn. 40) sind neben dem Sachgründungsbericht gem. § 5 IV 2 auch die der Übertragung der Sachgegenstände zugrunde liegenden **Abreden** in elektronischer Aufzeichnung einzureichen, u. zwar sowohl der schuldrechtliche 7

7 *Seibert/Vedemann*, GmbHR 07, 17.
8 Baumbach/Hueck/*Fastrich* Rn. 6.
9 BGBl. 2017 I 1822.
10 *Wachter*, NotBZ 08, 361, 385.
11 BGHZ 148, 291, 295 f.; Scholz/*Veil* Rn. 10; *Wicke* Rn. 4; Baumbach/Hueck/*Fastrich* Rn. 7; Lutter/Hommelhoff/*Bayer* Rn. 4; MüKoGmbHG/*Herrler* Rn. 15.
12 *Wicke* Rn. 4.
13 So Scholz/*Veil* Rn. 10; Rowedder/*C. Schmidt-Leithoff* Rn. 6; *Wicke* Rn. 4.
14 *Ulmer* Rn. 7; Baumbach/Hueck/*Fastrich* Rn. 7; MüKoGmbHG/*Herrler* Rn. 15.
15 MüKoGmbHG/*Herrler* Rn. 17; Baumbach/Hueck/*Fastrich* Rn. 7; Lutter/Hommelhoff/*Bayer* Rn. 4.

Vertrag als auch die Vereinbarung über das dingliche Erfüllungsgeschäft. Dies gilt allerdings nur, sofern ein Vertrag in schriftlicher Form überhaupt vorliegt. Abs. 1 Nr. 4 statuiert also nicht etwa ein eigenständiges Schriftformgebot.[16] Existieren keine schriftlichen Vereinbarungen, muss auch nichts eingereicht werden, allerdings ist dann iRd Anmeldung eine ausdrückliche Anzeige zu machen, dass keine schriftlichen Vereinbarungen vorhanden sind.[17]

5. Unterlagen über den Wert der Sacheinlagen (Abs. 1 Nr. 5)

8 Die nach Abs. 1 Nr. 5 für Sacheinlagen beizufügenden **Bewertungsunterlagen** dienen dazu, dem Registergericht die erforderlichen Informationen für die Kontrolle des Wertes der vereinbarten Sacheinlage (s. § 9 c I 2) zu verschaffen.[18] Die Art der dem Gericht als Wertnachweis vorzulegenden Unterlagen hängt vom jeweiligen Gegenstand der Sacheinlage ab.[19] In Betracht kommen zB Preislisten, Börsenkurse, Quittungen oder Rechnungen, aber auch Sachverständigengutachten.[20] Bei Unternehmenseinbringungen wird idR die Vorlage einer zeitnahen ggf. testierten Bilanz erforderlich sein.[21]

6. Weitere Anlagen

9 Wird vor Handelsregistereintragung der GmbH ein **Aufsichtsrat** bestellt, so sind nach § 52 II 1 iVm § 37 IV Nr. 3 u. 3 a die Urkunden über seine Bestellung sowie eine Liste der Aufsichtsratsmitglieder einzureichen. Unerheblich ist hierbei, ob es sich um einen obligatorischen oder fakultativen Aufsichtsrat handelt.[22]

10 Die vormals durch Abs. 1 Nr. 6 aF normierte Pflicht zur Vorlage einer für den Gegenstand des Unternehmens erforderlichen **staatlichen Genehmigung** wurde durch das MoMiG im Interesse der Beschleunigung des Gründungsverfahrens **aufgehoben** u. besteht somit nicht mehr. Die Genehmigungserfordernisse selbst bleiben hiervon allerdings unberührt.[23]

III. Die Versicherungen der Geschäftsführer (Abs. 2 und 3)

1. Allgemeines

11 Voraussetzungen für die Handelsregistereintragung der GmbH sind sowohl die erfolgte Leistung der Mindesteinlagen gem. § 7 II als auch das Fehlen von Bestellungshindernissen bei den Geschäftsführern nach § 6 II 2 Nr. 2 u. 3 sowie S. 3.[24] Daher haben die anmeldenden Geschäftsführer beides zu

16 *Wicke* Rn. 5; Lutter/Hommelhoff/*Bayer* Rn. 5.
17 *Priester*, DNotZ 80, 521; *Ulmer* Rn. 10; Scholz//*Veil* Rn. 14; *Wicke* Rn. 5; Baumbach/Hueck/*Fastrich* Rn. 8; Lutter/Hommelhoff/*Bayer* Rn. 5; MüKoGmbHG/*Herrler* Rn. 19; Roth/*Altmeppen* Rn. 6.
18 MüKoGmbHG/*Herrler* Rn. 24.
19 Baumbach/Hueck/*Fastrich* Rn. 9; Lutter/Hommelhoff/*Bayer* Rn. 6.
20 Hierzu ausf. MüKoGmbHG/*Herrler* Rn. 27.
21 OLG Düsseldorf WM 95, 1840; *Priester*, BB 80, 21; Scholz/*Veil* Rn. 18; Baumbach/Hueck/*Fastrich* Rn. 9; Lutter/Hommelhoff/*Bayer* Rn. 6.
22 Scholz/*Veil* Rn. 19; *Wicke* Rn. 7.
23 MüKoGmbHG/*Herrler* Rn. 31.
24 MHLS/*Tebben* Rn. 28.

versichern (Abs. 2 S. 1 u. Abs. 3 S. 1). Unter „Versicherung“ ist hierbei die Abgabe einer **Erklärung über das Vorliegen bzw. Nichtvorliegen der in den Vorschriften genannten Umstände** zu verstehen.[25] Die Versicherung ist durch sämtliche Anmeldepersonen abzugeben, dh durch **alle Geschäftsführer** einschl. ihrer Stellvertreter (→ § 7 Rn. 4).[26] Wegen der zivil- u. strafrechtlichen Verantwortlichkeit für die Richtigkeit der Versicherungen (§§ 9a, 82 I), haben die Geschäftsführer diese Versicherungen jeweils **höchstpersönlich** abzugeben, dh eine Stellvertretung ist hierbei ausgeschlossen (→ § 7 Rn. 4).[27] IdR sind die Versicherungen Bestandteil der Handelsregisteranmeldung, zwingend ist dies aber nicht; sie können genauso in einem gesonderten Schriftstück in öffentlich beglaubigter Form abgegeben werden.[28] Begrifflich muss nicht notwendigerweise der Ausdruck „versichern“ verwendet werden.[29] Vielmehr genügt jede Wendung, die hinreichend erkennen lässt, dass es sich um eine eigenverantwortliche Erklärung des Betroffenen handelt.[30]

2. Bewirkung der Leistung zur freien Verfügung (Abs. 2)

Die Versicherung nach § 7 II 1 muss sowohl die Erklärung umfassen, dass 12
die in § 7 II bestimmten **Mindesteinlagen geleistet** sind, als auch, dass sie sich in der **freien Verfügung der Geschäftsführer** befinden.[31] Eine allg. gehaltene Erklärung etwa dergestalt, dass auf jeden Geschäftsanteil der gesetzliche Mindestbetrag eingezahlt sei, ist nicht ausreichend.[32] Vielmehr muss aus der Versicherung konkret hervorgehen, welcher Gesellschafter welche Art von Einlage (Bar- oder Sacheinlage) in welcher ziffernmäßig anzugebenden Höhe auf welchen Geschäftsanteil geleistet hat u. wie hoch schließlich der Gesamtbetrag der geleisteten Einlagen ist.[33] Dies bedeutet gerade auch für die Fälle, in denen ein Gesellschafter gem. § 5 II 2 mehrere Geschäftsanteile übernommen hat, dass die Versicherung klar erkennen lassen muss, wie viel er – ziffernmäßig bezeichnet – auf welchen Geschäftsanteil eingezahlt hat.[34] Bei Sacheinlagen muss aus der Versicherung der Einlagegegenstand zumindest durch Bezugsnahme auf die Anmeldeunterlagen hervorgehen.[35] Allein wenn das Stammkapital vollständig geleistet wurde, genügt eine Versicherung mit eben diesem Inhalt ohne weitere betragsmäßige Einzelangaben.[36]

---

25 MüKoGmbHG/*Herrler* Rn. 33.
26 Baumbach/Hueck/*Fastrich* Rn. 11; Lutter/Hommelhoff/*Bayer* Rn. 10; MüKoGmbHG/*Herrler* Rn. 33; MHLS/*Tebben* Rn. 28.
27 BGHZ 116, 190; Baumbach/Hueck/*Fastrich* Rn. 11; Lutter/Hommelhoff/*Bayer* Rn. 10; MüKoGmbHG/*Herrler* Rn. 33; MHLS/*Tebben* Rn. 28.
28 Rowedder/*Schmidt-Leithoff* Rn. 17; Scholz/*Veil* Rn. 23.
29 OLG Karlsruhe NZG 12, 598.
30 BayObLG BB 87, 2119; Baumbach/Hueck/*Fastrich* Rn. 11; Lutter/Hommelhoff/*Bayer* Rn. 9; MüKoGmbHG/*Herrler* Rn. 33; MHLS/*Tebben* Rn. 28.
31 MüKoGmbHG/*Herrler* Rn. 37.
32 BayObLG DB 80, 438 u. 439; OLG Hamm DB 82, 945; OLG Celle GmbHR 86, 309; Scholz/*Veil* Rn. 26; Baumbach/Hueck/*Fastrich* Rn. 12.
33 MüKoGmbHG/*Herrler* Rn. 39; MHLS/*Tebben* Rn. 32; Lutter/Hommelhoff/*Bayer* Rn. 11.
34 MHLS/*Tebben* Rn. 32; *Wicke* Rn. 9.
35 *Wicke* Rn. 9.
36 OLG Frankfurt BB 92; OLG Düsseldorf DNotZ 86, 180.

13 Die Versicherung muss sich auch darauf erstrecken, dass sich die geleisteten Einlagen endgültig in der **freien Verfügung der Geschäftsführer** befinden. Dies bedeutet in erster Linie, dass keine Beschränkungen oder Vorbehalte der Einleger bestehen, die Einlagen also tatsächlich u. rechtlich endgültig in das Gesellschaftsvermögen übergegangen u. dort **zum Zeitpunkt der Anmeldung** zumindest ihrem Wert nach noch uneingeschränkt, jedoch nicht notwendig gegenständlich unverändert vorhanden sind (sog. **wertgleiche Deckung**).[37] Zu beachten ist, dass sich die Rechtslage bei der Kapitalerhöhung etwas anders darstellt. Dort reicht es aus, dass die Einlage nach dem Kapitalerhöhungsbeschluss zur freien Verfügung der Geschäftsführer gelangte u. in der Folge nicht an den Einleger zurückgezahlt wurde (ausf. → § 57 Rn. 16).[38] Zur **verdeckten Sacheinlage** u. zu den Fällen des **Hin- u. Herzahlens** → § 7 Rn. 16 u. → § 19 Rn. 44 ff. u. 95 ff.

14 Nach allgM sind in die Versicherung auch Angaben darüber aufzunehmen, inwieweit das Anfangskapital der Gesellschaft **durch Verbindlichkeiten vorbelastet** ist u. ob ggf. solche Vorbelastungen durch anderweitigen Vermögenszuwachs bereits wieder ausgeglichen wurden.[39] Vorbelastungen, die aus Gründungsaufwand (→ § 5 Rn. 55) resultieren, sind unschädlich, sofern der Gründungsaufwand im Gesellschaftsvertrag als von der Gesellschaft zu tragen festgesetzt wurde.[40]

15 **Nachweise** über die ordnungsgemäß erfolgten Einlagenleistungen etwa in Form von Einzahlungsbelegen oder Bankbestätigungen sind grds. nicht erforderlich. Kommen aber dem Registergericht iR seiner Prüfung nach § 9 c erhebliche Zweifel, so kann es gem. Abs. 2 S. 2 doch entspr. Nachweise, namentlich Einzahlungsbelege verlangen. Diese durch das MoMiG neu eingeführte Vorschrift macht durch die Beschränkung eines Nachweisverlangens auf Fälle erheblichen Zweifels klar, dass eine routinemäßige Nachweisforderung nicht der gesetzgeberischen Intention entspricht u. daher auch nicht registergerichtliche Praxis sein darf.[41]

3. Nichtvorliegen von Bestellungshindernissen, erfolgte Belehrung (Abs. 3)

16 Abs. 3 verlangt die Versicherung eines jeden Geschäftsführers, u. zwar **jeweils einzeln für seine Person**, dass bei ihm keine Bestellungshindernisse gem. § 6 II 2 Nr. 2 u. 3 sowie S. 3 vorliegen. Die Versicherung muss sich nicht auf das Vorhandensein der persönlichen Eignungsvoraussetzungen gem. § 6 II 1 (natürliche Person, unbeschränkt geschäftsfähig) sowie auf das Fehlen des Ausschlussgrundes nach § 6 II 2 Nr. 1 (Berufs- bzw. Gewerbeuntersagungen) beziehen.[42] Sinn auch dieser Versicherung ist, dem Re-

---

37 BGHZ 119, 177, 186 ff.; *Ulmer* § 7 Rn. 55; Scholz/*Veil* Rn. 27; *Wicke* Rn. 10; Roth/*Altmeppen* Rn. 29; Baumbach/Hueck/*Fastrich* Rn. 13; MHLS/*Tebben* Rn. 35; MüKoGmbHG/*Herrler* Rn. 40.
38 BGHZ 150, 197, 199.
39 BGHZ 80, 129, 143; BayObLG DB 91, 2536; KG DB 97, 270; *Ulmer* Rn. 32; Baumbach/Hueck/*Fastrich* Rn. 14; Roth/*Altmeppen* Rn. 29; MüKoGmbHG/*Herrler* Rn. 41.
40 MüKoGmbHG/*Herrler* Rn. 41; Baumbach/Hueck/*Fastrich* Rn. 14.
41 RegBegr. BR-Drucks 354/07, S. 79.
42 OLG Hamm NZG 10, 1435.

gistergericht die Prüfung nach § 9 c zu erleichtern.[43] Nach bislang hM sind iR dieser Versicherung die gesetzlichen Hindernisse unter Berücksichtigung des Unternehmensgegenstandes je einzeln aufzuführen u. zu verneinen,[44] eine pauschale Verneinung unter Bezug auf § 6 II 2 Nr. 2 u. 3 sowie S. 3 wurde insoweit als nicht ausreichend erachtet.[45] Allerdings hat der BGH zwischenzeitlich zu den Bestellungshindernissen aus § 6 II 2 Nr. 3 entschieden, dass iRd entspr. Versicherung weder die in dieser Vorschrift genannten Straftatbestände noch die in Rede stehenden vergleichbaren Bestimmungen des ausländischen Rechts iErg aufgeführt werden müssen.[46] Vor dem Hintergrund dieser Rspr. wird demgem nunmehr zumindest bzgl. der Bestellungshindernisse aus § 6 II 2 Nr. 3 auch vertreten, dass hier eine pauschale Bezugnahme auf eben diese Vorschrift genüge.[47] Anderes soll aber nach wie vor für die Versicherung hins. der Bestellungshindernisse aus § 6 II 2 Nr. 2 gelten.[48] Zu beachten u. iRd Versicherung dementspr auch hinreichend deutlich zu formulieren ist, dass der relevante Fünf-Jahres-Zeitraum nicht schon mit der Verurteilung, sondern erst mit Eintritt deren Rechtskraft beginnt.[49]

Die Geschäftsführer müssen ferner versichern, über ihre **unbeschränkte Auskunftspflicht** ggü. dem Registergericht gem. § 53 II BZRG **belehrt worden** zu sein. Diese Belehrung kann nach dem neuen Wortlaut des Abs. 3 S. 2 auch schriftlich erfolgen, wobei dies lediglich eine Klarstellung bedeutet, da auch schon nach altem Recht eine schriftliche Belehrung allg. anerkannt war. Allerdings hat die durch das MoMiG bewirkte Änderung des Abs. 3 S. 2 auch eine echte Neuerung gebracht, indem der Kreis der zur Belehrung Befugten erweitert wurde. Die Belehrung kann – insofern unverändert – durch einen deutschen Notar, aber nunmehr ausdrücklich auch durch einen im Ausland bestellten Notar oder durch einen Vertreter eines (dem Notar) vergleichbaren rechtsberatenden Berufs (also insbes. durch einen Rechtsanwalt)[50] oder durch einen Konsularbeamten erfolgen. 17

IV. Angaben zur inländischen Geschäftsanschrift und zur Vertretungsbefugnis (Abs. 4)

1. Inländische Geschäftsanschrift

Die Notwendigkeit der Angabe einer inländischen Geschäftsanschrift in der Anmeldung gem. Abs. 4 Nr. 1 wurde durch das MoMiG eingeführt. Dies soll der **leichteren Identifikation** u. Auffindung der Gesellschaft dienen u. es ihr va erschweren, sich vor ihren Gläubigern „zu verstecken“.[51] Denn die in der Anmeldung angegebene Geschäftsanschrift wird im Han- 18

43 Lutter/Hommelhoff/*Bayer* Rn. 12.
44 BayObLG DB 82, 273; 83, 2408; Baumbach/Hueck/*Fastrich* Rn. 16; *Wicke* Rn. 16.
45 OLG München GmbHR 09, 829; OLG Düsseldorf NJW-RR 97, 414; MünchHdbGesR/*Heinrich* Rn. 12.
46 BGH NZG 10, 829; vgl. auch Baumbach/Hueck/*Fastrich* Rn. 16.
47 OLG Hamm NZG 11, 710.
48 OLG Frankfurt/M GmbHR 11, 1156.
49 Vgl. BGH NZG 11, 871.
50 RegBegr. BR-Drucks 354/07, S. 80; *Wicke* Rn. 16; Baumbach/Hueck/*Fastrich* Rn. 16; Lutter/Hommelhoff/*Bayer* Rn. 18.
51 Roth/*Altmeppen* Rn. 37.

delsregister eingetragen (§ 10 I) u. bekannt gemacht (§ 10 HGB). Auf diese Weise kann sie von jedermann im Handelsregister oder im elektronischen Unternehmensregister eingesehen werden (§ 9 HGB).[52] § 31 HGB verpflichtet dazu, **jede Änderung** der Geschäftsanschrift in öffentlicher Form (§ 12 HGB) ebenfalls dem Handelsregister zur Eintragung **anzumelden.**[53] Gem. § 35 II 3 können unter der eingetragenen Geschäftsanschrift Willenserklärungen abgegeben u. Schriftstücke zugestellt werden, wobei eine unwiderlegliche Vermutung besteht, dass dort ein Vertreter der Gesellschaft erreicht werden kann.[54] Ist an der eingetragenen Geschäftsanschrift eine Zustellung aus tatsächlichen Gründen nicht möglich, kann gem. § 15 a HGB, § 185 Nr. 2 ZPO die öffentliche Zustellung erfolgen.

19 IdR wird die Geschäftsanschrift mit der Anschrift des Sitzes der Hauptverwaltung, eines Geschäftslokals oder des maßgeblichen Betriebs übereinstimmen. Doch ist dies keinesfalls zwingend. Grds. ist die **Geschäftsanschrift** im Inland **frei wählbar.**[55] Auch die Angabe einer c/o Anschrift ist grds. zulässig.[56]

20 § 3 I EGGmbHG sieht für Altgesellschaften folgende **Übergangsregelung** vor. Diese mussten ihre inländische Geschäftsanschrift anlässlich der nächsten Handelsregisteranmeldung, spätestens jedoch bis zum 31.10.09 zur Eintragung in das Handelsregister anmelden, es sei denn, diese Anschrift wurde dem Gericht bereits nach § 24 II HRV mitgeteilt u. ist noch zutr. Bei allen Gesellschaften, die bis zum 31.10.09 dem Gericht keine andere Geschäftsanschrift mitgeteilt haben, wird (nach u. nach) die nach § 24 II HRV bekannte Anschrift als inländische Geschäftsanschrift eingetragen.

2. Vertretungsbefugnis

21 Gem. Abs. 4 Nr. 2 hat die Anmeldung auch Angaben zu **Art u. Umfang der Vertretungsbefugnis** der Geschäftsführer zu enthalten. Da diese gem. § 10 I 2 in das Handelsregister eingetragen wird, ist sie auch von der Anmeldepflicht umfasst. In der Anmeldung ist zunächst die sog. **abstrakte Vertretungsbefugnis** anzugeben, also diejenige, die sich allg. u. ohne Bezug auf einen konkreten Geschäftsführer aus den Regelungen des Gesellschaftsvertrages ergibt, oder – sofern solche gesellschaftsvertraglichen Regelungen nicht vorhanden sind – durch § 35 II 1 vorgegeben wird.[57] Die bloße Bezugnahme auf den Gesellschaftsvertrag oder die gesetzliche Vorschrift des § 35 II 1 genügt hierbei nicht, vielmehr muss die abstrakte Vertretungsbefugnis ausdrücklich, vollständig u. generell ausformuliert werden.[58] Weicht

52 *Wicke* Rn. 17.
53 OLG Düsseldorf GmbHR 15, 195.
54 MHLS/*Tebben* Rn. 48.
55 *Wachter*, NotBZ 08, 361, 382; *Steffek*, BB 07, 2077, 2078; Baumbach/Hueck/*Fastrich* Rn. 17; MHLS/*Tebben* Rn. 49.
56 OLG Naumburg NZG 09, 965; OLG Hamm NJW-RR 11, 685; OLG Rostock NZG 11, 279.
57 OLG Frankfurt GmbHR 88, 65; MüKoGmbHG/*Herrler* Rn. 61; MHLS/*Tebben* Rn. 52; Roth/*Altmeppen* Rn. 40; *Wicke* Rn. 18.
58 BGHZ 63, 261; BayObLG GmbHR 81, 59; OLG Düsseldorf NJW 89, 3100; LG Wuppertal GmbHR 93, 99; Scholz/*Veil* Rn. 35; Baumbach/Hueck/*Fastrich* Rn. 19; Roth/*Altmeppen* Rn. 40; MüKoGmbHG/*Herrler* Rn. 62; MHLS/*Tebben* Rn. 52.

die **konkrete Vertretungsbefugnis** einzelner oder aller Geschäftsführer von der abstrakten Vertretungsregelung ab, so ist auch diese konkrete Vertretungsbefugnis bezogen auf den jeweiligen Geschäftsführer mit anzumelden.[59] Ebenso anzumelden ist die **Befreiung vom Verbot des Selbstkontrahierens nach § 181 BGB.**[60] Bloße gesellschaftsvertragliche Ermächtigungen zur Befreiung einzelner Geschäftsführer von den Beschränkungen des § 181 BGB oder zur Erteilung von Einzelvertretungsbefugnis bei abstrakter Gesamtvertretungsbefugnis (sog. **Öffnungsklauseln**) fallen nicht unter Abs. 4 Nr. 2 u. müssen daher nicht angemeldet werden.[61]

Bei Gründung einer GmbH im vereinfachten Verfahren gem. § 2 Ia unter Verwendung des **gesetzlichen Musterprotokolls** (→ § 2 Rn. 43 ff.) ist die doch eher unglücklich geratene Bestimmung der **Geschäftsführerbestellung** in Nr. 4 des gesetzlichen Musterprotokolls für die Registeranmeldung wie folgt zu behandeln (→ § 2 Rn. 50): Die Geschäftsführerbestellung im Musterprotokoll ist **kein materieller Satzungsbestandteil**, so dass mangels anderweitiger gesellschaftsvertraglicher Bestimmungen hins. der Vertretungsbefugnis des im Musterprotokoll bestellten Geschäftsführers die gesetzliche Regelung in **§ 35 II 1** als abstrakte Vertretungsvorgabe gilt u. dementspr auch so anzumelden ist.[62] Die Befreiung des Geschäftsführers von den Beschränkungen des § 181 BGB ist keine abstrakte Vertretungsregelung, sondern Bestandteil der konkreten Vertretungsbefugnis des durch das Musterprotokoll bestellten Geschäftsführers u. daher bei dieser anzumelden.[63] Später bestellte weitere Geschäftsführer sind damit also nicht ohne Weiteres auch von den Beschränkungen des § 181 BGB befreit. Die Befreiung des nach Musterprotokoll bestellten ersten Geschäftsführers von den Beschränkungen des § 181 BGB bleibt aber auch dann bestehen, wenn später weitere Geschäftsführer bestellt werden.[64] 22

V. Einreichung in elektronischer Form (Abs. 5)

Abs. 5 verweist auf § 12 II HGB, der wiederum regelt, dass dem Handelsregister im Zuge einer Anmeldung vorzulegende Dokumente in **elektronischer Form** einzureichen sind. Soweit nach dem Gesetz die Einreichung eines Dokuments in einfacher unbeglaubigter Abschrift genügt, hat dies nunmehr im elektronischen Wege als unbeglaubigte elektronische Aufzeichnung zu erfolgen (so zB bei der Gesellschafterliste nach Abs. 1 Nr. 3). Wird hingg. die Vorlage eines Dokuments in beglaubigter Abschrift verlangt, so ist dem Handelsregister eine nach §§ 39, 39 a BeurkG elektronisch beglau- 23

59 OLG Bremen NJW 10, 542; BayObLG GmbHR 97, 741; DNotZ 75, 117 ff.; Scholz/*Veil* Rn. 35; Baumbach/Hueck/*Fastrich* Rn. 19; Roth/*Altmeppen* Rn. 40; MüKoGmbHG/*Herrler* Rn. 61; MHLS/*Tebben* Rn. 54; *Krafka*/Willer/*Kühn*, Registerrecht, Rn. 949.

60 BGHZ 87, 59; OLG Frankfurt NJW 83, 944; BayObLG DB 00, 37; *Wicke* Rn. 18; Baumbach/Hueck/*Fastrich* Rn. 19; MüKoGmbHG/*Herrler* Rn. 64.

61 BayObLG WM 82, 1033; OLG Frankfurt BB 84, 238; GmbHR 88, 65; OLG Hamm GmbHR 93, 500; Scholz/*Veil* Rn. 35; Baumbach/Hueck/*Fastrich* Rn. 19; Roth/*Altmeppen* Rn. 42; MüKoGmbHG/*Herrler* Rn. 66; MHLS/*Tebben* Rn. 55.

62 OLG Stuttgart NZG 09, 754; *Ries*, NZG 09, 739; MüKoGmbHG/*Herrler* Rn. 65.

63 MüKoGmbHG/*Herrler* Rn. 65.

64 *Ries*, NZG 09, 739; MüKoGmbHG/*Herrler* Rn. 65; aA OLG Stuttgart NZG 09, 754.

bigte Abschrift zu übermitteln (so zB bzgl. des Gesellschaftsvertrages gem. Abs. 1 Nr. 1).

§ 9 Überbewertung der Sacheinlagen

(1) [1]Erreicht der Wert einer Sacheinlage im Zeitpunkt der Anmeldung der Gesellschaft zur Eintragung in das Handelsregister nicht den Nennbetrag des dafür übernommenen Geschäftsanteils, hat der Gesellschafter in Höhe des Fehlbetrags eine Einlage in Geld zu leisten. [2]Sonstige Ansprüche bleiben unberührt.

(2) Der Anspruch der Gesellschaft nach Absatz 1 Satz 1 verjährt in zehn Jahren seit der Eintragung der Gesellschaft in das Handelsregister.

Schrifttum

Gienow, Zur Differenzhaftung nach § 9 GmbHG, FS Semler, 1993, S. 165; *Priester*, Zur Frage der Kapitalerhöhung mit gemischter Sacheinlage, GmbHR 1982, 112; *G Schaefer/Grützedieck*, Die Haftung des Gesellschafters für mangelhafte Sacheinlagen, DB 2006, 1040; *Schneider*, Die Sicherung der Kapitalaufbringung bei Gründung der GmbH, MittRhNotK 1992, 165; *Trölitzsch*, Differenzhaftung für Sacheinlagen in Kapitalgesellschaften, 1998; *Urban*, Die Differenzhaftung des GmbH-Gesellschafters im Zusammenhang mit der Überbewertung von Sacheinlagen, FS Sandrock, 1995, S. 305; *Wellkamp*, Sacheinlage und Differenzhaftung in der GmbH, INF 1994, 433; *Wieneke*, Die Differenzhaftung des Inferenten und die Zulässigkeit eines Vergleichs über ihre Höhe, NZG 2012, 136.

I. Normzweck

1 § 9 dient der **Sicherung der Kapitalaufbringung bei Sachgründung,**[1] indem sie eine Differenzhaftung des Sacheinlegers bei einer Überbewertung seiner Sacheinlage normiert. Der Sacheinleger hat den insoweit bestehenden Fehlbetrag der GmbH in Geld auszugleichen (Abs. 1 S. 1). Der durch das MoMiG neu eingefügte Abs. 1 S. 2 stellt klar, dass andere Ansprüche gegen den Sacheinleger durch die Differenzhaftung nicht ausgeschlossen werden. Abs. 2 regelt die Verjährung des Haftungsanspruchs aus Abs. 1 S. 1. Die Vorschrift ist **zwingendes Recht** u. kann daher nicht abbedungen werden.[2]

2 Auch § 9 hat durch das **MoMiG** Änderungen erfahren. Neben eher sprachlichen Anpassungen redaktioneller Art in Abs. 1 S. 1 wurde Abs. 1 S. 2 neu eingefügt u. die Verjährungsfrist in Abs. 2 von bislang 5 auf nunmehr 10 Jahre verlängert.

3 Gem. § 56 II gilt § 9 auch bei Kapitalerhöhungen gegen Sacheinlagen. Ferner findet die Vorschrift Anwendung bei einer formwechselnden Umwandlung in eine GmbH aus einer anderen Rechtsform als einer Kapitalgesellschaft (§§ 197, 219 UmwG), bei einer Verschmelzung bzw. Spaltung durch

1 Scholz/*Veil* Rn. 1.
2 *Wicke* Rn. 1; Baumbach/Hueck/*Fastrich* Rn. 1.

Neugründung (§ 36 II UmwG bzw. § 135 II UmwG) sowie bei einer Verschmelzung bzw. Spaltung mit Kapitalerhöhung (§ 55 I UmwG bzw. § 125 S. 1 UmwG).[3]

II. Voraussetzungen des Anspruchs

1. Sacheinlage

Der Begriff der Sacheinlage in § 9 ist genauso zu verstehen wie derjenige in 4
§ 5 IV. Somit fallen hierunter **alle Einlagen auf das Stammkapital, die bestimmungsgemäß nicht in Geld zu leisten sind** (→ § 5 Rn. 18). Ferner ist allg. Meinung, dass unter den Begriff der Sacheinlage auch die sog. **Sachübernahme** zu fassen ist, also die Übernahme eines nicht in Geld bestehenden Vermögenswertes durch die Gesellschaft unter Verrechnung mit der den Gesellschafter treffenden Bareinlageverpflichtung (→ § 5 Rn. 40), so dass also der Anwendungsbereich des § 9 sich ebenso auf die Sachübernahme erstreckt.[4] Bei **Mischeinlagen** betrifft die Vorschrift denjenigen Teil, der nicht in Geld zu leisten ist.[5] Die Differenzhaftung bezieht sich auf den jeweiligen Geschäftsanteil, auf den der Sacheinlagegegenstand nach den Festsetzungen des Gesellschaftsvertrags zu leisten ist. Falls auf einen Geschäftsanteil mehrere Sachgegenstände einzubringen sind, so ist deren Gesamtwert maßgeblich.[6] Allerdings kann kein Ausgleich von Minderwerten eines Gesellschafters mit Mehrwerten der Sacheinlagen von anderen Gesellschaftern stattfinden.[7] Dies gilt nicht nur dann, wenn verschiedene Gesellschafter Sacheinlagen übernommen haben, sondern auch, wenn ein Gesellschafter gem. § 5 II 2 mehrere Geschäftsanteile übernommen hat.[8]

2. Differenz

Vorliegen u. Umfang des Haftungsanspruchs werden durch die **Differenz** 5
zwischen einerseits dem Nennbetrag des übernommenen Geschäftsanteils u. andererseits dem Wert des hierauf erbrachten Gegenstandes bestimmt.[9] Ein im Gesellschaftsvertrag vereinbartes Agio ist nicht zu berücksichtigen, da dieses nach ganz überw. Meinung im GmbH-Recht nicht den Stammkapitalregeln unterfällt (s. auch → § 5 Rn. 14) u. somit auch § 9 hierauf keine Anwendung findet.[10] Hins. des Sacheinlagegegenstandes ist dessen **tatsächlicher objektiver Wert zum Zeitpunkt der Anmeldung** maßgeblich.[11] Bei Gegenständen des Anlagevermögens ist grds. vom Wiederbeschaffungswert u. bei Gegenständen des Umlaufvermögens von deren Verkehrswert auszugehen.[12] Bei eingebrachten Unternehmen ist deren Ertragswert (nicht Sub-

3 MHLS/*Tebben* Rn. 3; Baumbach/Hueck/*Fastrich* Rn. 1.
4 MüKoGmbHG/*Schwandtner* Rn. 8; Scholz/*Veil* Rn. 4; Baumbach/Hueck/*Fastrich* Rn. 2; Roth/*Altmeppen* Rn. 2.
5 Lutter/Hommelhoff/*Bayer* Rn. 3.
6 OLG Düsseldorf NJW-RR 92, 427; Scholz/*Veil* Rn. 12; Roth/*Altmeppen* Rn. 2.
7 Roth/*Altmeppen* Rn. 2.
8 *Wicke* Rn. 2.
9 MHLS/*Tebben* Rn. 6; Lutter/Hommelhoff/*Bayer* Rn. 4; Roth/*Altmeppen* Rn. 3.
10 MüKoGmbHG/*Schwandtner* Rn. 13; Lutter/Hommelhoff/*Bayer* Rn. 4.
11 Lutter/Hommelhoff/*Bayer* Rn. 4; Baumbach/Hueck/*Fastrich* Rn. 3; MüKoGmbHG/*Schwandtner* Rn. 14; *Wicke* Rn. 3.
12 MHLS/*Tebben* Rn. 8.

stanzwert) maßgeblich.[13] Jede auch nur geringfügige Wertunterschreitung führt zu einer Differenzhaftung nach § 9,[14] hindert aber uU nicht die Eintragung, da § 9c I 2 die Ablehnung der Eintragung an eine „nicht unwesentliche" Überbewertung knüpft. Auf ein Verschulden des Sacheinlegers kommt es nicht an.[15] Ebenso ist der Grund für die Überbewertung vollkommen unerheblich.

6 Maßgeblicher Zeitpunkt für die Ermittlung einer etwaigen Wertdifferenz ist nach dem ausdrücklichen u. unmissverständlichen Gesetzeswortlaut der **Zeitpunkt des Eingangs der Anmeldung beim Handelsregister,** also nicht der Zeitpunkt des Abschlusses des Gesellschaftsvertrages u. auch nicht derjenige der Einbringung.[16] Wertveränderungen nach dem Zeitpunkt der Anmeldung gehen zugunsten bzw. zulasten der GmbH.[17] Führt ein nach der Anmeldung eingetretener Wertverlust zu einer Unterbilanz, ohne dass die Eintragung abgelehnt wird, ist die Differenz nach den Grundsätzen der Vorbelastungshaftung (→ § 11 Rn. 45 ff.) von allen Gesellschaftern auszugleichen.[18] Im Fall einer verdeckten Sacheinlage ist der Zeitpunkt der Überlassung des Sacheinlagegegenstandes an die Gesellschaft maßgeblich, falls diese Überlassung später als die Anmeldung erfolgt.[19]

7 Die **Beweislast** für eine Wertdifferenz trägt nach allg. Regeln die Gesellschaft. Nach hM tritt jedoch bei begründeten Zweifeln an der Vollwertigkeit der Sacheinlage eine Beweislastumkehr zulasten des Sacheinlegers ein.[20]

III. Inhalt des Anspruchs

8 Der Anspruch der Gesellschaft aus der Differenzhaftung führt zu einer **Geldeinlagepflicht** des Sacheinlegers, auf welche grds. die allg. Vorschriften über Geldeinlagen anwendbar sind.[21] Somit gelten die Beschränkungen des § 19 II u. III, also insbes. das Aufrechnungs- u. Erlassverbot; ferner besteht die Möglichkeit der Kaduzierung nach § 21 u. es greift die Ausfallhaftung der übrigen Gesellschafter nach § 24.[22] Der **Zeitpunkt der Fälligkeit** des Anspruchs aus Abs. 1 S. 1 ist strittig.[23] Nach zutr. Ansicht wird er mit dem Eingang der Anmeldung beim Handelsregister fällig; die Eintragung ist dafür nicht erforderlich.[24]

---

13 Lutter/Hommelhoff/*Bayer* Rn. 4; Scholz/*Veil* Rn. 9.
14 Baumbach/Hueck/*Fastrich* Rn. 3; Lutter/Hommelhoff/*Bayer* Rn. 4; Roth/*Altmeppen* Rn. 6.
15 MüKoGmbHG/*Schwandtner* Rn. 19; MHLS/*Tebben* Rn. 12.
16 Roth/*Altmeppen* Rn. 8; Baumbach/Hueck/*Fastrich* Rn. 4.
17 *Wicke* Rn. 4.
18 Baumbach/Hueck/*Fastrich* Rn. 4; Roth/*Altmeppen* Rn. 8; *Wicke* Rn. 4.
19 *Wicke* Rn. 4.
20 OLG Naumburg GmbHR 98, 385, 386; OLG München GmbHR 94, 712; MHLS/*Tebben* Rn. 13; Baumbach/Hueck/*Fastrich* Rn. 8; Lutter/Hommelhoff/*Bayer* Rn. 10; aA (keine Beweislastumkehr) Scholz/*Veil* Rn. 18.
21 *Ulmer* Rn. 4; Roth/*Altmeppen* Rn. 11; Baumbach/Hueck/*Fastrich* Rn. 5.
22 Lutter/Hommelhoff/*Bayer* Rn. 9; Baumbach/Hueck/*Fastrich* Rn. 5; *Wicke* Rn. 5.
23 S. zur Darstellung des Meinungsstandes MüKoGmbHG/*Schwandtner* Rn. 23 ff.; MHLS/*Tebben* Rn. 18.
24 So auch MHLS/*Tebben* Rn. 18; Baumbach/Hueck/*Fastrich* Rn. 8; *Wicke* Rn. 5.

IV. Sonstige Ansprüche

Abs. 1 S. 2 stellt klar, dass Ansprüche der Gesellschaft aus anderen Rechtsgründen neben der Differenzhaftung des Abs. 1 S. 1 bestehen können.[25] Als solche weiteren Ansprüche kommen insbes. in Betracht: Gründerhaftungsansprüche aus § 9 a,[26] Gewährleistungsansprüche bei mangelhafter Sacheinlage;[27] Ansprüche aus Verlustdeckungs- u. Vorbelastungshaftung (→ § 11 Rn. 15 ff. u. 45 ff.); Ansprüche aus allg. deliktsrechtlichen Vorschriften (§§ 826, 823 II BGB iVm § 263 StGB);[28] Ansprüche aus einer über § 9 hinausgehenden Garantiehaftung für die Vollwertigkeit der Einlage bis zur Handelsregistereintragung;[29] Ansprüche auf ein Agio, das durch die Sacheinlage nicht vollständig gedeckt ist.[30] 9

V. Verjährung

Nach Abs. 2 verjährt der Anspruch aus Differenzhaftung in **10 Jahren** seit der Eintragung der GmbH in das Handelsregister. Für die Fristberechnung wie auch für eine Hemmung oder Unterbrechung der Verjährungsfrist gelten die allg. Vorschriften der §§ 187 ff. BGB. Aus Gründen des Gläubigerschutzes ist eine Verkürzung der Frist nicht möglich, wohl aber eine Verlängerung bis zur Obergrenze von 30 Jahren aus § 202 II BGB.[31] 10

§ 9 a Ersatzansprüche der Gesellschaft

(1) Werden zum Zweck der Errichtung der Gesellschaft falsche Angaben gemacht, so haben die Gesellschafter und Geschäftsführer der Gesellschaft als Gesamtschuldner fehlende Einzahlungen zu leisten, eine Vergütung, die nicht unter den Gründungsaufwand aufgenommen ist, zu ersetzen und für den sonst entstehenden Schaden Ersatz zu leisten.

(2) Wird die Gesellschaft von Gesellschaftern durch Einlagen oder Gründungsaufwand vorsätzlich oder aus grober Fahrlässigkeit geschädigt, so sind ihr alle Gesellschafter als Gesamtschuldner zum Ersatz verpflichtet.

(3) Von diesen Verpflichtungen ist ein Gesellschafter oder ein Geschäftsführer befreit, wenn er die die Ersatzpflicht begründenden Tatsachen weder kannte noch bei Anwendung der Sorgfalt eines ordentlichen Geschäftsmannes kennen mußte.

(4) [1]Neben den Gesellschaftern sind in gleicher Weise Personen verantwortlich, für deren Rechnung die Gesellschafter Geschäftsanteile übernommen haben. [2]Sie können sich auf ihre eigene Unkenntnis nicht wegen solcher Umstände berufen, die ein für ihre Rechnung handelnder Gesellschafter kannte oder bei Anwendung der Sorgfalt eines ordentlichen Geschäftsmannes kennen mußte.

25 *Wicke* Rn. 6.
26 Baumbach/Hueck/*Fastrich* Rn. 9.
27 MHLS/*Tebben* Rn. 21.
28 *Wicke* Rn. 6; Lutter/Hommelhoff/*Bayer* Rn. 12.
29 BGH GmbHR 99, 232; OLG Köln GmbHR 98, 42.
30 Lutter/Hommelhoff/*Bayer* Rn. 12.
31 Baumbach/Hueck/*Fastrich* Rn. 10; *Wicke* Rn. 7.

Schrifttum

Dreher, Die Gründungshaftung bei der GmbH, DStR 1992, 33; *Lowin*, Die Gründungshaftung bei der GmbH nach § 9 a GmbHG, 1987.

I. Normzweck

1 § 9 a beinhaltet die Regelungen zur **Gründerhaftung**. Die Vorschrift normiert die zivilrechtliche Verantwortlichkeit der **Gesellschafter** einschl. ihrer **Hintermänner** sowie der **Geschäftsführer** bei Gründung der GmbH. Nach Abs. 1 haften Gesellschafter u. Geschäftsführer für falsche Angaben gesamtschuldnerisch. Abs. 2 sieht eine ergänzende gesamtschuldnerische Haftung der Gesellschafter vor für durch Einlagen oder Gründungsaufwand verursachte Schäden. Abs. 3 gründet diese Haftung auf vermutetes, wenngleich widerlegbares Verschulden. Abs. 4 schließlich erstreckt die Haftung auf etwaige Hintermänner von Gesellschaftern.

2 Zweck der Vorschrift ist es, die **Ordnungsmäßigkeit der Gründung** sowie die reale **Aufbringung u. Erhaltung des satzungsmäßig festgesetzten Stammkapitals** zu gewährleisten, indem die an der Gründung beteiligten Personen zur Beachtung der Gründungsvorschriften angehalten werden.[1]

3 Sämtliche durch § 9 a statuierten Ansprüche stehen **der Gesellschaft** zu. Die Vorschrift ist zwingendes Recht u. kann daher nicht abbedungen werden.[2] Sie wird ergänzt durch § 9 b, der Regelungen zum Anspruchsverzicht u. zur Verjährung des Anspruchs trifft.

4 Gem. § 57 IV findet Abs. 1 u. 3 bei einer Kapitalerhöhung auf Geschäftsführer entspr. Anwendung. Ferner gilt § 9 a auch bei einigen Umwandlungsfällen, die zur Entstehung einer GmbH führen, wobei die der Haftung unterworfenen Personen zT abw. bestimmt sind.[3] Zur analogen Anwendung des § 9 a auf Fälle der sog. wirtschaftlichen Neugründung → § 3 Rn. 18.

II. Allgemeines

5 Sämtliche Ersatzansprüche aus § 9 a **stehen der GmbH zu** u. **setzen deren Eintragung voraus.**[4] Über die Geltendmachung der Ansprüche beschließt gem. § 46 Nr. 8 die Gesellschafterversammlung, wobei der betroffene Gesellschafter nach § 47 IV 2 kein Stimmrecht hat.[5] Allerdings ist ein solcher

1 MüKoGmbHG/*Herrler* Rn. 2.
2 Roth/*Altmeppen* Rn. 10; MüKoGmbHG/*Herrler* Rn. 4; Baumbach/Hueck/*Fastrich* Rn. 1; Scholz/*Veil* Rn. 7.
3 Vgl. hierzu ausf. MüKoGmbHG/*Herrler* Rn. 10 f.
4 KG GmbHR 11, 821, 822; OLG Rostock GmbHR 95, 658; *Ulmer* Rn. 9; Scholz/*Veil* Rn. 4; Roth/*Altmeppen* Rn. 12; Baumbach/Hueck/*Fastrich* Rn. 19; MüKoGmbHG/*Herrler* Rn. 12; MHLS/*Tebben* Rn. 24.
5 Lutter/Hommelhoff/*Bayer* Rn. 1; *Wicke* Rn. 2.

Gesellschafterbeschluss nicht erforderlich bei einer Inanspruchnahme von Hintermännern auf der Grundlage von Abs. 4 sowie allg. bei einer Geltendmachung der Haftungsansprüche durch den Insolvenzverwalter.[6]

Anspruchsgegner sind die **Gesellschafter** u. deren **Hintermänner** sowie – ausschl im Fall des Abs. 1 – auch die **Geschäftsführer**.[7] Nach herrschender u. zutr. Auffassung haften auch vor der Handelsregistereintragung beigetretene Gesellschafter u. Geschäftsführer in vollem Umfang, während Gesellschafter u. Geschäftsführer, die vor der Eintragung ausgeschieden sind, keine Haftung aus § 9 a treffen kann, da die Verantwortung für die ordnungsgemäße Gründung nach dieser Vorschrift auf den Zeitpunkt der Eintragung bezogen ist.[8] Mehrere Haftende sind der GmbH ggü. als Gesamtschuldner nach §§ 421 ff. BGB verantwortlich. Der interne Ausgleich zwischen den Gesamtschuldnern richtet sich in erster Linie nach etwa vorhandenen vertraglichen Vereinbarungen, in zweiter Linie nach dem Verschuldensgrad entspr. § 254 I BGB u. ansonsten gem. § 426 I 1 BGB.[9] 6

Gem. § 9 b II verjähren die Ansprüche aus § 9 a in 5 Jahren (→ § 9 b Rn. 5). 7

III. Haftung wegen falscher Angaben (Abs. 1)

1. Angaben

Das haftungsbegründende Tatbestandsmerkmal des Abs. 1 sind die falschen Angaben, die zum Zwecke der Errichtung der Gesellschaft gemacht werden. Hierunter fallen zuvorderst alle Angaben, die im Gründungsverfahren **dem Registergericht ggü.** zu machen bzw. offenzulegen sind, also die Versicherungen nach § 8 II u. III, aber auch alle Angaben, die in den nach § 8 I einzureichenden Schriftstücken enthalten sind.[10] Die Angaben können sich demgem beziehen auf Einlagen u. deren Übernahme, auf die Mindestleistungen nach § 7 II u. III u. deren freie Verfügbarkeit.[11] Ferner zählen hierzu die im Sachgründungsbericht enthaltenen Angaben, insbes. zur Werthaltigkeit der Sacheinlage, die Angaben zu Vorbelastungen, aber auch Angaben, welche eine verdeckte Sacheinlage ermöglichen sollen.[12] Auch zusätzliche freiwillige, also vom Gesetz nicht geforderte Angaben, können im Fall ihrer Unrichtigkeit eine Haftung begründen, sofern sie nur zum Gründungsverfahren gehören.[13] IÜ sind nicht nur falsche Angaben ggü. dem Registergericht haftungsbegründend, vielmehr können auch **Dritten ggü.** gemachte falsche Angaben zu einer Haftung nach Abs. 1 führen, 8

6 OLG Schleswig NZG 01, 84; Baumbach/Hueck/*Fastrich* Rn. 20; Lutter/Hommelhoff/*Bayer* Rn. 1; MHLS/*Tebben* Rn. 25.

7 *Wicke* Rn. 2.

8 OLG Rostock GmbHR 95, 658 f.; Baumbach/Hueck/*Fastrich* Rn. 2; Lutter/Hommelhoff/*Bayer* Rn. 2; Rowedder/C. *Schmidt-Leithoff* Rn. 12; Scholz/*Veil* Rn. 24.

9 Baumbach/Hueck/*Fastrich* Rn. 5.

10 Roth/*Altmeppen* Rn. 5.

11 OLG Celle NZG 00, 1178.

12 Baumbach/Hueck/*Fastrich* Rn. 8; Lutter/Hommelhoff/*Bayer* Rn. 3; Roth/*Altmeppen* Rn. 6; MHLS/*Tebben* Rn. 5 ff.

13 OLG Köln GmbHR 98, 42; Roth/*Altmeppen* Rn. 7; *Ulmer* Rn. 13; Rowedder/C. *Schmidt-Leithoff* Rn. 8.

zB Angaben ggü. Geschäftsführern, Mitgesellschaftern, Sachverständigen etc[14] Desgleichen ist auch unerheblich, von wem die falschen Angaben gemacht werden. Diese müssen zur Entstehung der Haftung also nicht notwendigerweise von den Haftungspersonen stammen, sondern können **auch von Dritten** (zB dem Sachverständigen iRd Bewertung der Sacheinlage) abgegeben sein.[15] Erforderlich ist allerdings immer, dass ein enger Zusammenhang mit dem Gründungsverfahren besteht u. die Angaben für die Ordnungsgemäßheit der Gründung erheblich sein können.[16] Für all das haften die Gesellschafter u. Geschäftsführer, u. zwar unabhängig davon, ob sie die falschen Angaben veranlasst haben; ein Zurechnungskorrektiv findet alleine über das Erfordernis des Verschuldens nach Abs. 3 statt (→ Rn. 10).[17]

2. Falschheit der Angaben

9 Falsch iSd Abs. 1 sind die Angaben dann, wenn sie **unrichtig** oder **unvollständig** sind, so dass sich ein falsches Bild ergibt, oder sie entgg. einer gesetzlichen Anordnung ganz **fehlen.**[18] Maßgeblicher Zeitpunkt für die Beurteilung, ob eine Falschangabe vorliegt, ist derjenige der Äußerung der die Angabe enthaltenden Erklärung,[19] zumeist also der Zeitpunkt der Handelsregisteranmeldung. Werden gemachte Angaben erst nach diesem Zeitpunkt unrichtig, besteht somit keine Berichtigungspflicht.[20]

3. Verschulden

10 Die Haftung ist **verschuldensabhängig,** wobei das Verschulden nach Abs. 3 **gesetzlich vermutet** wird. Leichte Fahrlässigkeit genügt, auch leicht fahrlässige Unkenntnis der haftungsbegründenden Handlung eines anderen (→ Rn. 8).[21] Maßstab ist die Sorgfalt eines ordentlichen Geschäftsmannes, so dass keine Berufung auf mangelnde individuelle Kenntnis oder Erfahrung möglich ist.[22]

4. Umfang der Haftung

11 Da der Haftungstatbestand des Abs. 1 konzipiert ist als Einstandspflicht der Gesellschafter u. Geschäftsführer dafür, dass die vorgegebenen Umstände der Gründung der Gesellschaft tatsächlich gegeben sind, ist die Gesellschaft so zu stellen, wie sie stünde, wenn die falschen Angaben richtig wären (nicht etwa nur so, wie wenn sie nicht gemacht worden wären).[23] Wie das Gesetz selbst konkretisiert, ist etwa die Differenz zwischen einer

14 Lutter/Hommelhoff/*Bayer* Rn. 3; Roth/*Altmeppen* Rn. 7; Baumbach/Hueck/*Fastrich* Rn. 11.
15 Scholz/*Veil* Rn. 11; Rowedder/C. *Schmidt-Leithoff* Rn. 7; Lutter/Hommelhoff/*Bayer* Rn. 3; Baumbach/Hueck/*Fastrich* Rn. 11.
16 Baumbach/Hueck/*Fastrich* Rn. 11; *Wicke* Rn. 4.
17 Lutter/Hommelhoff/*Bayer* Rn. 3.
18 OLG Bremen GmbHR 98, 41; Baumbach/Hueck/*Fastrich* Rn. 12; Roth/*Altmeppen* Rn. 8; Scholz/*Veil* Rn. 20; Lutter/Hommelhoff/*Bayer* Rn. 4.
19 *Wicke* Rn. 5; Lutter/Hommelhoff/*Bayer* Rn. 5.
20 OLG Bremen GmbHR 98, 40, 41 f.; Baumbach/Hueck/*Fastrich* Rn. 12.
21 Baumbach/Hueck/*Fastrich* Rn. 17.
22 *Wicke* Rn. 6.
23 Baumbach/Hueck/*Fastrich* Rn. 13; Roth/*Altmeppen* Rn. 17; Scholz/*Veil* Rn. 30 ff.

tatsächlichen u. behaupteten Einlage zu leisten oder ein zu Unrecht von der Gesellschaft bezahlter Gründerlohn zu erstatten, aber auch alle sonstigen Schäden zu ersetzen, einschl. eines etwa entgangenen Gewinns.[24]

IV. Schadenersatzhaftung nach Abs. 2

Abs. 2 macht **Gesellschafter** (nicht auch Geschäftsführer) für schuldhaft verursachte Schäden im Zusammenhang mit **Einlagen** oder **Gründungsaufwand** haftbar. Der Haftungstatbestand aus Abs. 2 ist ggü. dem aus Abs. 1 **subsidiär**, so dass er nicht zur Anwendung kommt, wenn die Schäden aus für Abs. 1 relevanten falschen Angaben resultieren.[25] Voraussetzung der Haftung ist, dass der Verursacher des Schadens vorsätzlich oder grob fahrlässig gehandelt hat. Ist dies der Fall, dann haften die übrigen Gesellschafter schon bei leichter fahrlässiger Unkenntnis (Abs. 3) des Schädigungssachverhalts gesamtschuldnerisch mit.[26] Als Bsp eines haftungsauslösenden Vorgangs wird etwa angeführt: Erstattung von im Gesellschaftsvertrag zwar festgelegtem, aber völlig unverhältnismäßigem Gründungsaufwand.[27] 12

V. Hintermännerhaftung (Abs. 4)

Für die Fälle, in denen Gesellschafter bei der Gründung als **Treuhänder** oder **Strohmänner** aufgetreten sind u. für Rechnung anderer Personen (**Hintermänner**) gehandelt haben, erstreckt Abs. 4 die in den Abs. 1 u. 2 für die unmittelbaren Gesellschafter normierte Haftung auch auf diese Hintermänner. Damit haften dann also zwei Personen für eine Mitgliedschaft.[28] Die Hintermänner müssen sich zur Vermeidung einer Haftung in zweifacher Hinsicht entlasten, nämlich sowohl für die eigene Person als auch für ihren Treuhänder bzw. Strohmann (Abs. 4 S. 2).[29] Auf offene Stellvertreter u. Bevollmächtigte findet Abs. 4 keine Anwendung.[30] 13

§ 9 b Verzicht auf Ersatzansprüche

(1) [1]Ein Verzicht der Gesellschaft auf Ersatzansprüche nach § 9 a oder ein Vergleich der Gesellschaft über diese Ansprüche ist unwirksam, soweit der Ersatz zur Befriedigung der Gläubiger der Gesellschaft erforderlich ist. [2]Dies gilt nicht, wenn der Ersatzpflichtige zahlungsunfähig ist und sich zur Abwendung des Insolvenzverfahrens mit seinen Gläubigern vergleicht oder wenn die Ersatzpflicht in einem Insolvenzplan geregelt wird.

(2) [1]Ersatzansprüche der Gesellschaft nach § 9 a verjähren in fünf Jahren. [2]Die Verjährung beginnt mit der Eintragung der Gesellschaft in das Han-

24 *Wicke* Rn. 7.
25 *Ulmer* Rn. 47; Lutter/Hommelhoff/*Bayer* Rn. 9; Baumbach/Hueck/*Fastrich* Rn. 18; Roth/*Altmeppen* Rn. 20; Scholz/*Veil* Rn. 35.
26 Baumbach/Hueck/*Fastrich* Rn. 18; Roth/*Altmeppen* Rn. 19; Scholz/*Veil* Rn. 38; *Wicke* Rn. 8.
27 Lutter/Hommelhoff/*Bayer* Rn. 9.
28 Lutter/Hommelhoff/*Bayer* Rn. 13.
29 *Wicke* Rn. 9.
30 Lutter/Hommelhoff/*Bayer* Rn. 12.

delsregister oder, wenn die zum Ersatz verpflichtende Handlung später begangen worden ist, mit der Vornahme der Handlung.

Schrifttum

Haas, Der Verzicht und Vergleich auf Haftungsansprüche gegen den GmbH-Geschäftsführer, ZInsO 2007, 464.

I. Normzweck

1 Die Vorschrift sichert die Durchsetzbarkeit der Ersatzansprüche nach § 9 a,[1] dient insoweit aber dem Gläubigerschutz u. nicht dem Schutz der Gesellschafter oder der Gesellschaft selbst.[2] Abs. 1 schränkt die Möglichkeit eines Verzichts u. eines Vergleichs bei Ansprüchen aus § 9 a ein; Abs. 2 regelt die Verjährung dieser Ansprüche.

2 Gem. § 57 IV gilt § 9 b entspr. für Ansprüche gegen die Geschäftsführer bei Kapitalerhöhungen. Ferner findet Abs. 1 auch Anwendung auf Ansprüche gegen Geschäftsführer wegen Pflichtverletzungen nach § 43 III u. § 64 (§ 64 S. 4).

II. Verzicht und Vergleich

3 **Abs. 1 erfasst** zum einen den Anspruchsverzicht als Vertrag zwischen der GmbH u. dem haftpflichtigen Schuldner in Gestalt eines Erlassvertrages oder eines negativen Schuldanerkenntnisses (§ 397 BGB) sowie zum anderen den Vergleich iSd § 779 BGB einschl. des Prozessvergleichs.[3] Auch der prozessuale Verzicht u. das prozessuale Anerkenntnis unterliegen den Schranken des Abs. 1.[4] Ferner ist § 9 b entspr. anzuwenden auf eine Abtretung ohne hinreichende Gegenleistung u. die Annahme einer unzureichenden Leistung an Erfüllungs Statt.[5] Ein solcher Verzicht bzw. Vergleich ist an u. für sich zulässig u. zunächst wirksam, wobei die Entscheidung hierüber im Innenverhältnis einer Beschlussfassung der Gesellschafterversammlung nach § 46 Nr. 8 bedarf, bei welcher der Schuldner als betroffener Gesellschafter gem. § 47 IV nicht stimmberechtigt ist.[6] Die Wirkung des Abs. 1 S. 1 entspricht derjenigen einer auflösenden Bedingung nach § 158 II BGB,[7] dh wenn u. soweit die Bedingung, dass der (durch Verzicht oder Vergleich beseitigte) Ersatzanspruch zur Gläubigerbefriedigung erforderlich ist, eintritt, führt dies zur Unwirksamkeit der betroffenen Vereinbarung bzw. des betroffenen Vorgangs.[8] Die Unwirksamkeit tritt spätestens ein mit Eröffnung des Insolvenzverfahrens über das Vermögen der GmbH oder mit Ablehnung der Eröffnung mangels Masse, aber auch schon vor-

1 Roth/*Altmeppen* Rn. 1.
2 MüKoGmbHG/*Herrler* Rn. 1; MHLS/*Tebben* Rn. 1; Baumbach/Hueck/*Fastrich* Rn. 1.
3 Baumbach/Hueck/*Fastrich* Rn. 2; Roth/*Altmeppen* Rn. 2; Lutter/Hommelhoff/*Bayer* Rn. 1; MüKoGmbHG/*Herrler* Rn. 12 ff.; MHLS/*Tebben* Rn. 2 ff.
4 Roth/*Altmeppen* Rn. 2; MüKoGmbHG/*Herrler* Rn. 14.
5 OLG Hamm NZG 01, 1144; Lutter/Hommelhoff/*Bayer* Rn. 1; *Wicke* Rn. 1.
6 Lutter/Hommelhoff/*Bayer* Rn. 1; Baumbach/Hueck/*Fastrich* Rn. 2; Roth/*Altmeppen* Rn. 2.
7 *Ulmer* Rn. 15; Scholz/*Veil* Rn. 10.
8 Roth/*Altmeppen* Rn. 3; *Wicke* Rn. 1; Baumbach/Hueck/*Fastrich* Rn. 2.

her bei Zahlungsunfähigkeit oder Überschuldung der GmbH.[9] Weitergehend wird zutreffenderweise vertreten, dass auch schon ernsthafte, nicht nur vorübergehende Zahlungsschwierigkeiten der GmbH die Unwirksamkeitsfolge nach sich ziehen.[10]

Nach der **Ausnahmeregelung des Abs. 1 S. 2** bleibt das eigentlich unter Abs. 1 S. 1 fallende Rechtsgeschäft voll wirksam, wenn der Schuldner aus § 9 a zahlungsunfähig ist u. sich zur Abwendung des Insolvenzverfahrens mit seinen Gläubigern vergleicht oder die Ersatzpflicht in einem Insolvenzplan geregelt wird. Der Zahlungsunfähigkeit des Schuldners aus § 9 a wird dessen Überschuldung gleichgestellt.[11] 4

III. Verjährung

Gem. Abs. 2 verjähren Ansprüche aus § 9 a in 5 Jahren ab Handelsregistereintragung der Gesellschaft bzw. – wenn die zur Ersatzpflicht führende Handlung später begangen wurde (bezieht sich auf § 9 a II bzw. IV)[12] – ab Vornahme der Handlung. Für Hemmung u. Unterbrechung der Verjährung gelten die allg. Vorschriften (§§ 203 ff. BGB).[13] Aus Gründen des Gläubigerschutzes ist die Verjährungsfrist zwingend u. kann auch nicht durch Vereinbarung verkürzt werden.[14] 5

§ 9 c Ablehnung der Eintragung

(1) [1]Ist die Gesellschaft nicht ordnungsgemäß errichtet und angemeldet, so hat das Gericht die Eintragung abzulehnen. [2]Dies gilt auch, wenn Sacheinlagen nicht unwesentlich überbewertet worden sind.

(2) Wegen einer mangelhaften, fehlenden oder nichtigen Bestimmung des Gesellschaftsvertrages darf das Gericht die Eintragung nach Absatz 1 nur ablehnen, soweit diese Bestimmung, ihr Fehlen oder ihre Nichtigkeit

1. **Tatsachen oder Rechtsverhältnisse betrifft, die nach § 3 Abs. 1 oder auf Grund anderer zwingender gesetzlicher Vorschriften in dem Gesellschaftsvertrag bestimmt sein müssen oder die in das Handelsregister einzutragen oder von dem Gericht bekanntzumachen sind,**
2. **Vorschriften verletzt, die ausschließlich oder überwiegend zum Schutze der Gläubiger der Gesellschaft oder sonst im öffentlichen Interesse gegeben sind, oder**
3. **die Nichtigkeit des Gesellschaftsvertrages zur Folge hat.**

Schrifttum

Ammon, Die Prüfungsbefugnis des Registergerichts bei GmbH-Anmeldungen – besteht Reformbedarf?, DStR 1995, 1311; *Gustavus/Böhringer/Melchior*, Handelsregister-Anmeldungen, 7. Aufl 2009; *Holzer*, Die inhaltliche Kontrolle des Gesellschaftsvertrages der GmbH – ein Beitrag zu Prüfungsrecht und Prüfungspflicht des Registergerichts,

9 Baumbach/Hueck/*Fastrich* Rn. 2; Roth/*Altmeppen* Rn. 3; *Wicke* Rn. 1.
10 MüKoGmbHG/*Herrler* Rn. 18; Scholz/*Veil* Rn. 8; Lutter/Hommelhoff/*Bayer* Rn. 2.
11 Roth/*Altmeppen* Rn. 4; Lutter/Hommelhoff/*Bayer* Rn. 3; Scholz/*Veil* Rn. 12.
12 Lutter/Hommelhoff/*Bayer* Rn. 4.
13 *Wicke* Rn. 2.
14 Roth/*Altmeppen* Rn. 8; *Wicke* Rn. 2.

WiB 1997, 290; *Keilbach*, Die Prüfungsaufgaben der Registergerichte, MittRhNotK 2000, 365; *Müther*, Die Prüfungspflichten des Registergerichts im elektronischen Handelsregister, Rpfleger 2008, 233; *Priester*, Handelsrechtsreformgesetz – Schwerpunkte aus notarieller Sicht, DNotZ 1998, 691; *Stumpf*, Das Handelsregister nach der HGB-Reform, BB 1998, 2380; *Ullrich*, Registergerichtliche Inhaltskontrolle von Gesellschaftsverträgen und Satzungsänderungsbeschlüssen, 2006.

I. Normzweck

1 § 9 c regelt das **Prüfungsrecht** u. die **Prüfungspflicht** des Registergerichts. Zweck der Vorschrift ist sicherzustellen, dass nur ordnungsgemäß errichtete u. angemeldete Gesellschaften in das Handelsregister eingetragen werden.[1] Abs. 1 S. 1 stellt hierbei den allg. Prüfungsgrundsatz für Registereintragungen voran. Abs. 1 S. 2 benennt das spezifische Problem bei Sacheinlagen (→ § 5 Rn. 17). Abs. 2 beschränkt den Prüfungsumfang im Hinblick auf inhaltliche Mängel des Gesellschaftsvertrags sowohl im Interesse einer beschleunigten Ersteintragung der GmbH als auch mit dem Ziel einer Entlastung der Registergerichte.[2]

2 Gem. § 57 a ist Abs. 1 entspr. anwendbar bei Kapitalerhöhungen. Darüber hinaus wird Abs. 1 als **allg. programmatischer Prüfungsgrundsatz** verstanden, der auch in anderen Fällen einer **Satzungsänderung** Anwendung findet.[3]

II. Umfang der Prüfung, Verfahren

1. Umfang der Prüfung

3 Die Prüfung des Registergerichts erstreckt sich auf **alle formellen u. materiellen gesetzlichen Eintragungsvoraussetzungen.**[4] Grundlage der Prüfung ist die Anmeldung samt den ihr beizufügenden Unterlagen. Das Registergericht ist hierauf allerdings nicht beschränkt. Es kann gem. § 26 FamFG auch **weitere Ermittlungen** anstellen.[5] Ein praxisrelevantes Bsp solch weiterer Ermittlungen nennt das Gesetz in § 8 II 2 selbst: Bestehen erhebliche Zweifel an der Versicherung der Geschäftsführer nach § 8 II 1, so kann das Gericht Nachweise, ua Einzahlungsbelege verlangen (→ § 8 Rn. 15). Es kann aber auch zB selbst sachverständige Prüfer bestellen, etwa um die

1 MüKoGmbHG/*Wicke* Rn. 1; Baumbach/Hueck/*Fastrich* Rn. 1.
2 MüKoGmbHG/*Wicke* Rn. 1; Roth/*Altmeppen* Rn. 8.
3 KG GmbHR 97, 708, 709; BayObLG DB 01, 1981; Scholz/*Veil* Rn. 7; Baumbach/Hueck/*Fastrich* Rn. 1; MüKoGmbHG/*Wicke* Rn. 2.
4 BGHZ 113, 335, 351; GmbHR 97, 708; BayObLG BB 83, 83; Scholz/*Veil* Rn. 7; Baumbach/Hueck/*Fastrich* Rn. 2; MüKoGmbHG/*Wicke* Rn. 5; MHLS/*Tebben* Rn. 7; Roth/*Altmeppen* Rn. 3.
5 Baumbach/Hueck/*Fastrich* Rn. 2.

Werthaltigkeit von Sacheinlagen beurteilen zu lassen.[6] Über die Art u. Weise der weiteren Sachverhaltsaufklärung entscheidet das Registergericht nach pflichtgemäßem Ermessen.[7] Allerdings darf die Prüfungsintensität auch nicht über Gebühr erhöht werden. Die Gesellschafter haben bei Erfüllung der rechtlichen Anforderungen einen Anspruch auf Eintragung ihrer GmbH, der auch ohne zeitliche Verzögerung zu erfüllen ist.[8] Daher hat das Registergericht seine Prüfung im Regelfall auf die vorgeschriebenen Anmeldeunterlagen zu beschränken u. kann nur im Einzelfall, wenn begründete Zweifel an der ordnungsgemäßen Errichtung oder Anmeldung bestehen, in weitere Ermittlungen eintreten.[9]

2. Verfahren

Stellt das Gericht behebbare Mängel fest oder benötigt es zur endgültigen 4
Entscheidung weitere Nachweise, so erlässt es eine **Zwischenverfügung** gem. § 26 S. 2 HRV. Stellt das Gericht einen nicht behebbaren Mangel fest, so hat es die Eintragung abzulehnen, wird jedoch zweckmäßigerweise zunächst die Rücknahme der Anmeldung aus Gründen der Kostenersparnis anregen.[10] Sowohl eine Zwischenverfügung als auch eine endgültige Ablehnung der Eintragung sind mit einer **Beschwerde** gem. §§ 58 ff. FamFG anfechtbar (gem. § 63 I FamFG Beschwerdefrist 1 Monat). Gegen eine ablehnende Entscheidung ist die Rechtsbeschwerde statthaft, wenn sie das Beschwerdegericht zugelassen hat, §§ 70 ff. FamFG. **Beschwerdeberechtigt** ist die **Vor-GmbH** u. nicht etwa deren Geschäftsführer oder Gesellschafter.[11] Obgleich die Anmeldung selbst von sämtlichen Geschäftsführern vorzunehmen ist (→ § 7 Rn. 4), lässt die Rspr. für die Einlegung der Beschwerde u. die Vertretung im Beschwerdeverfahren ein Handeln der Geschäftsführer in vertretungsberechtigter Zahl genügen.[12]

III. Inhalt der Prüfung

1. Ordnungsgemäße Errichtung und Anmeldung (Abs. 1 S. 2)

Aus Abs. 1 S. 1 ergibt sich, dass sich die Prüfung auf die **formellen u. mate-** 5
riellen Voraussetzungen einer ordnungsgemäßen Errichtung u. Anmeldung zu erstrecken hat.

In **formeller Hinsicht**[13] wird das Gericht zunächst seine sachliche u. örtli- 6
che Zuständigkeit prüfen (→ § 7 Rn. 5). Sodann wird es in die Prüfung der formgerechten Errichtung der Gründungsurkunde einschl. der formgerechten Erteilung etwaiger Vollmachten (§ 2 I u. II) eintreten. Dann hat sich die Prüfung mit der Ordnungsgemäßheit der Anmeldung (§§ 7 u. 8) zu befas-

---

6 *Ulmer* Rn. 14; Roth/*Altmeppen* Rn. 9; Baumbach/Hueck/*Fastrich* Rn. 2; MHLS/*Tebben* Rn. 6.
7 MHLS/*Tebben* Rn. 6.
8 BGH NJW 91, 1754, 1758; KG GmbHR 98, 786, 787; MüKoGmbHG/*Wicke* Rn. 4; Lutter/Hommelhoff/*Bayer* Rn. 3.
9 BGH NZG 11, 907; KG GmbHR 12, 400; Baumbach/Hueck/*Fastrich* Rn. 2.
10 OLG Hamm OLGZ 73, 267 f.
11 BGHZ 107, 1, 2; 117, 323, 325 ff.; BayObLG DB 95, 1801.
12 BGHZ 117, 327, 329.
13 S. hierzu auch MüKoGmbHG/*Wicke* Rn. 6; MHLS/*Tebben* Rn. 8; Baumbach/Hueck/*Fastrich* Rn. 4.

sen, insbes., ob die Anmeldung von allen zur Unterzeichnung Verpflichteten unterschrieben u. sämtliche Unterschriften öffentlich beglaubigt sind, ob die Anmeldung alle notwendigen Angaben u. Versicherungen enthält u. ihr alle erforderlichen Anlagen beigefügt sind.

7 Die Prüfung der **materiellen Eintragungsvoraussetzungen**[14] hat sich mit den folgenden Gegenständen zu befassen: Der ordnungsgemäßen rechtsgeschäftlichen Errichtung der Gesellschaft (§ 2), der Wirksamkeit aller Beitrittserklärungen (§ 2), der Rechtsfähigkeit u. ordnungsgemäßen Vertretung aller Gründer (§§ 1, 2), dem Vorliegen aller etwa erforderlichen Genehmigungen (zB Familien- oder Betreuungsgericht), der Vereinbarung aller nach § 3 zwingend in die Satzung aufzunehmenden Bestimmungen, der Zulässigkeit von Firma (§ 4) u. Sitz (§ 4 a), der hinreichenden Bestimmung des Unternehmensgegenstandes (§ 3 I Nr. 2), der ordnungsgemäßen Festlegung u. Übernahme des Stammkapitals u. der Geschäftsanteile (§ 3 I Nr. 3 u. 4, § 5), der vollständigen Leistung der Mindesteinzahlungen nach § 7 II bzw. der Einbringung von Sacheinlagen nach § 7 III, der wirksamen Bestellung der Geschäftsführer (§ 6) einschl. der inhaltlichen Richtigkeit der von ihnen abgegebenen Versicherungen (§ 8).

2. Inhaltliche Mängel des Gesellschaftsvertrages (Abs. 2)

8 Bei inhaltlichen Mängeln des Gesellschaftsvertrages ist die registergerichtliche Prüfung **auf die in Abs. 2 enthaltenen Versagungsgründe beschränkt.** Gem. **Abs. 2 Nr. 1** darf die Eintragung nicht erfolgen, wenn der durch § 3 I vorgeschriebene Mindestinhalt unvollständig oder mangelhaft vereinbart wurde. Dies erfordert eine Prüfung von (→ Rn. 7): Firma u. Sitz (§ 3 I Nr. 1), Unternehmensgegenstand (§ 3 I Nr. 2), Stammkapital u. Geschäftsanteile. Ferner hat sich die Prüfung nach Abs. 2 Nr. 1 mit den aufgrund anderer zwingender gesetzlicher Vorschriften in den Gesellschaftsvertrag aufzunehmenden Bestimmungen zu befassen. Hierzu gehören zB: Im Fall der Vereinbarung von Sacheinlagen deren ordnungsgemäße Festsetzung (§ 5 IV);[15] wenn der anfallende Gründungsaufwand durch die GmbH getragen werden soll, so bedarf er einer Aufnahme in den Gesellschaftsvertrag (→ § 5 Rn. 56), so dass auch eine solche Bestimmung dann der richterlichen Kontrolle unterliegt.[16] Des weiteren hat sich die Prüfung nach Abs. 2 Nr. 1 auf solche Tatsachen u. Rechtsverhältnisse zu erstrecken, die in das Handelsregister einzutragen sind: Dies betrifft gem. § 10 ua die Bestellung der Geschäftsführer u. deren Vertretungsbefugnisse,[17] eine mögliche Bestimmung über die Zeitdauer sowie ein genehmigtes Kapital.[18]

9 Gem. **Abs. 2 Nr. 2** muss das Registergericht die Eintragung auch dann ablehnen, wenn Vorschriften des Gläubigerschutzes oder andere Normen, die im öffentlichen Interesse gegeben sind, durch Satzungsbestimmungen ver-

14 S. hierzu auch MüKoGmbHG/*Wicke* Rn. 7; MHLS/*Tebben* Rn. 9; Baumbach/Hueck/*Fastrich* Rn. 4.
15 *Wicke* Rn. 7.
16 Roth/*Altmeppen* Rn. 23; Baumbach/Hueck/*Fastrich* Rn. 5.
17 Lutter/Hommelhoff/*Bayer* Rn. 6.
18 *Wicke* Rn. 7.

letzt werden. Damit wird auf die Rspr. u. Literatur zu § 241 Nr. 3 AktG Bezug genommen (→ Anhang § 47 Rn. 32 ff.).[19]

Schließlich hat das Registergericht gem. **Abs. 2 Nr. 3** allg. zu prüfen, ob das Fehlen oder die Nichtigkeit einer Satzungsbestimmung zur Nichtigkeit des ganzen Gesellschaftsvertrages führt. Dies ist auf dem Boden der hM recht häufig anzunehmen, da diese die Auslegungsregel des § 139 BGB auch auf den Gesellschaftsvertrag anwendet;[20] damit wird das Gericht jedoch gezwungen, den Gesellschaftsvertrag insg. durchzusehen, so dass die mit Abs. 2 eigentlich bezweckte Beschleunigung u. Erleichterung des Eintragungsverfahrens ad absurdum geführt wird.[21] 10

3. Sacheinlagen

Für die Prüfung der Bewertung von Sacheinlagen stellt Abs. 2 S. 2 eine Sondervorschrift auf: Das Gericht hat eine Prüfung der Bewertung vorzunehmen, die sich jedoch auf die Frage zu beschränken hat, ob eine **„nicht unwesentliche“** Überbewertung vorliegt. Diese durch das MoMiG neu eingefügte Eingrenzung soll der Vermeidung von zusätzlichen Kosten u. Zeitverzögerungen bei Sachgründungen dienen. Grundlagen der gerichtlichen Prüfung sind der Sachgründungsbericht u. die sonstigen der Anmeldung beigefügten Unterlagen sowie die Versicherungen der Geschäftsführer (§ 8 I Nr. 4 u. 5, II).[22] Sofern sich aber für das Registergericht nach Durchsicht der Anmeldung u. der ihr beigefügten Unterlagen begründete Zweifel ergeben, die auf eine nicht unwesentliche Überbewertung der Sacheinlage hindeuten, kann es auch weitere Unterlagen (Preislisten, Sachverständigengutachten etc) anfordern.[23] Nach hM ist **maßgeblicher Zeitpunkt** für die Bewertung von Sacheinlagen iRd registergerichtlichen Prüfung nach Abs. 1 S. 2 derjenige der Eintragung der Gesellschaft in das Handelsregister.[24] Die zutr. Gegenauffassung stellt hingg. – gerade auch mit der Intention einer gleichen Handhabung wie bei § 9 (→ § 9 Rn. 6) – auf den Zeitpunkt der Anmeldung ab.[25] 11

4. Vorbelastungen

Das Registergericht hat auch zu prüfen, dass **keine Unterbilanz** vorliegt. Hierzu haben die Geschäftsführer bei der Anmeldung Erklärungen zu etwa bestehenden Vorbelastungen abzugeben (→ § 8 Rn. 14). Auch hier ist der für die Prüfung des Gerichts **maßgebliche Zeitpunkt** strittig. Während manche wiederum auf den Zeitpunkt der Eintragung der Gesellschaft in das Handelsregister abstellen,[26] kommt es nach zutr. Auffassung auch in 12

19 Baumbach/Hueck/*Fastrich* Rn. 5.
20 S. hierzu die Darstellung des Meinungsstandes bei MüKoGmbHG/*Wicke* Rn. 26 mwN.
21 Krit. auch MHLS/*Tebben* Rn. 21; Lutter/Hommelhoff/*Bayer* Rn. 11; Baumbach/Hueck/*Fastrich* Rn. 5.
22 Baumbach/Hueck/*Fastrich* Rn. 7 a.
23 *Wicke* Rn. 6.
24 BGHZ 80, 129, 136 f.; BayObLG GmbHR 92, 109, 110; Roth/*Altmeppen* Rn. 15.
25 OLG Düsseldorf GmbHR 96, 214, 216; Baumbach/Hueck/*Fastrich* Rn. 10; MHLS/*Tebben* Rn. 34 ff.; MüKoGmbHG/*Wicke* Rn. 40 ff.
26 OLG Hamm DB 93, 86 f.; BayObLG BB 98, 2439 f.; Roth/*Altmeppen* Rn. 17.

diesem Zusammenhang auf den Zeitpunkt der Anmeldung an,[27] so dass bei einer erst nach der Anmeldung eintretenden Unterbilanz die Eintragung in das Handelsregister nicht verweigert werden darf, vielmehr die Vorbelastungshaftung (→ § 11 Rn. 45 ff.) greift.[28]

§ 10 Inhalt der Eintragung

(1) [1]Bei der Eintragung in das Handelsregister sind die Firma und der Sitz der Gesellschaft, eine inländische Geschäftsanschrift, der Gegenstand des Unternehmens, die Höhe des Stammkapitals, der Tag des Abschlusses des Gesellschaftsvertrages und die Personen der Geschäftsführer anzugeben. [2]Ferner ist einzutragen, welche Vertretungsbefugnis die Geschäftsführer haben.

(2) [1]Enthält der Gesellschaftsvertrag Bestimmungen über die Zeitdauer der Gesellschaft oder über das genehmigte Kapital, so sind auch diese Bestimmungen einzutragen. [2]Wenn eine Person, die für Willenserklärungen und Zustellungen an die Gesellschaft empfangsberechtigt ist, mit einer inländischen Anschrift zur Eintragung in das Handelsregister angemeldet wird, sind auch diese Angaben einzutragen; Dritten gegenüber gilt die Empfangsberechtigung als fortbestehend, bis sie im Handelsregister gelöscht und die Löschung bekannt gemacht worden ist, es sei denn, dass die fehlende Empfangsberechtigung dem Dritten bekannt war.

Schrifttum

Steffek, Zustellungen und Zugang von Willenserklärungen nach dem Regierungsentwurf zum MoMiG – Inhalt und Bedeutung der Änderungen für GmbHs, AGs und ausländische Kapitalgesellschaften, BB 2007, 2077.

I. Normzweck

1 § 10 schreibt vor, **mit welchen Angaben** die neu gegründete GmbH in das Handelsregister **einzutragen** ist. Sie trifft damit Regelungen für den Schlussakt des Gründungsverfahrens. Die Regelung in § 10 ist **abschließend.**[1] Durch das MoMiG wurde in Abs. 1 S. 1 als zwingender Eintragungsinhalt die inländische Geschäftsanschrift aufgenommen u. Abs. 2 um den neuen S. 2 ergänzt, der die Eintragung einer fakultativen weiteren Zustellungsadresse ermöglicht. Das Gesetz zur Umsetzung der Aktionärsrechterichtlinie (ARUG) hat Abs. 2 S. 1 geändert u. sichergestellt, dass das genehmigte Kapital (§ 55 a) im Handelsregister eingetragen werden kann.

II. Eintragungsinhalt

2 Als **notwendigen Inhalt** der Eintragungen schreibt Abs. 1 vor: **Firma** u. **Sitz** der GmbH (§ 3 I Nr. 1), die **inländische Geschäftsanschrift** (§ 8 IV) – eine

27 Lutter/Hommelhoff/*Bayer* Rn. 19; Baumbach/Hueck/*Fastrich* Rn. 12; MHLS/*Tebben* Rn. 29; MüKoGmbHG/*Wicke* Rn. 40 ff.
28 Lutter/Hommelhoff/*Bayer* Rn. 19; Baumbach/Hueck/*Fastrich* Rn. 12.
1 Baumbach/Hueck/*Fastrich* Rn. 1.

c/o-Anschrift ist grds. ausreichend,[2] der **Gegenstand des Unternehmens** (§ 3 I Nr. 2) u. die **Höhe des Stammkapitals** (§ 3 I Nr. 3), der **Tag des Abschlusses des Gesellschaftsvertrages** (§ 2) sowie die **Personen der Geschäftsführer** u. ihre **Vertretungsbefugnis.** Die Geschäftsführer werden unter Angabe ihres Vornamens, Familiennamens, Geburtsdatums u. Wohnortes eingetragen (§ 43 Nr. 4 HRV). Soweit vorhanden sind auch Stellvertreter von Geschäftsführern (§ 44) einzutragen,[3] wobei sie aber nicht als solche zu bezeichnen sind.[4] Bei der Vertretungsbefugnis ist die **abstrakte Vertretungsregelung** nach Satzung oder Gesetz einzutragen u. – sofern hiervon für einzelne oder mehrere Geschäftsführer Abw gilt – auch deren **konkrete Vertretungsbefugnis** (→ § 8 Rn. 21).[5] Einzutragen ist auch die Befreiung eines Geschäftsführers vom Selbstkontrahierungsverbot des § 181 BGB.[6]

Enthält der Gesellschaftsvertrag Bestimmungen über eine **zeitliche Beschränkung** der GmbH, sind gem. Abs. 2 auch diese einzutragen; das Gleiche gilt für ein etwa vorhandenes **genehmigtes Kapital** nach § 55 a. 3

Neben der verpflichtenden Angabe der inländischen Geschäftsanschrift gem. § 8 IV kann eine GmbH nunmehr gem. Abs. 2 S. 2 fakultativ eine **Person,** die für Willenserklärungen u. Zustellungen an die Gesellschaft **empfangsberechtigt** ist, mit einer inländischen Anschrift zur Eintragung in das Handelsregister anmelden u. dort eintragen lassen. Nach der gesetzgeberischen Konzeption soll der Sinn eines solchen im Handelsregister eingetragenen Zustellungsempfängers darin liegen, für die GmbH die Gefahr einer öffentlichen Zustellung zu verringern, da eine solche bei Existenz einer eingetragenen empfangsberechtigten Person erst dann stattfinden kann, wenn eine Zustellung auch unter der Anschrift dieses zusätzlichen Empfangsvertreters gescheitert ist (§ 185 Nr. 2 ZPO).[7] Als empfangsberechtigte Person kommt sowohl eine **natürliche Person** (Gesellschafter, Steuerberater oder Rechtsanwalt) als auch eine **juristische Person** (Rechtsanwalts-GmbH) in Betracht.[8] Die empfangsberechtigte Person wird im Handelsregister mit Familienname u. Vorname bzw. Firma u. Rechtsform sowie inländischer Anschrift eingetragen (§ 43 Nr. 2 b HRV). Änderungen der Person oder der Adresse sowie der Wegfall der empfangsberechtigten Person sind zur Eintragung in das Handelsregister anzumelden. Nach Abs. 2 S. 2 Hs. 2 gilt die Empfangsberechtigung als fortbestehend, bis sie im Handelsregister gelöscht u. die Löschung bekannt gemacht worden ist. Diese Publizitätswirkung der unrichtig gewordenen Handelsregistereintragung ersetzt aber nur im Innenverhältnis die fehlende Empfangsberechtigung. Kann an die eingetragene Person aus tatsächlichen Gründen keine Zustellung mehr erfolgen, etwa weil sie verzogen ist, dann bleibt nur der Weg der öffentlichen Zustellung.[9] 4

2 OLG Naumburg NZG 09, 965; für die Fälle sog. Firmenbestattungen aA OLG Rostock NZG 11, 279.
3 Roth/*Altmeppen* Rn. 3; Baumbach/Hueck/*Fastrich* Rn. 2; *Wicke* Rn. 2.
4 BGH NJW 98, 1071; BayObLG DB 97, 818.
5 MüKoGmbHG/*Herrler* Rn. 29 f.; Lutter/Hommelhoff/*Bayer* Rn. 6.
6 OLG Stuttgart DNotZ 08, 303; Baumbach/Hueck/*Fastrich* Rn. 2.
7 Roth/*Altmeppen* Rn. 10; Baumbach/Hueck/*Fastrich* Rn. 4; *Wicke* Rn. 3.
8 MüKoGmbHG/*Herrler* Rn. 41; Baumbach/Hueck/*Fastrich* Rn. 5.
9 Baumbach/Hueck/*Fastrich* Rn. 5; *Wicke* Rn. 5.

III. Wirkung der Eintragung

5 Die Eintragung lässt die GmbH als juristische Person entstehen (§ 11 I). Mängel der Eintragung beeinträchtigen deren Wirkung grds. nicht; sie sind vAw zu berichtigen.[10] Zur Heilungswirkung der Eintragung hins. materieller Mängel des Gesellschaftsvertrages → § 2 Rn. 23.

§ 11 Rechtszustand vor der Eintragung

(1) Vor der Eintragung in das Handelsregister des Sitzes der Gesellschaft besteht die Gesellschaft mit beschränkter Haftung als solche nicht.

(2) Ist vor der Eintragung im Namen der Gesellschaft gehandelt worden, so haften die Handelnden persönlich und solidarisch.

Schrifttum

Altmeppen, Konkursantragspflicht in der Vor-GmbH?, ZIP 1997, 273; *ders*, Das unvermeidliche Scheitern des Innenhaftungskonzepts in der Vor-GmbH, NJW 1997, 3272; *Baumann/Müller*, Die Haftung der Gründungsgesellschafter bei der echten und unechten Vor-GmbH, NZG 2001, 218; *Bayer/Lieder*, Vorbelastungshaftung und Vorbelastungsbilanz, insbesondere bei späterer Auffüllung des Haftungsfonds, Besprechung der Entscheidung BGHZ 165, 391, ZGR 2006, 875; *Beuthien*, Zur Haftung bei der Vorgenossenschaft – Kritik an der Rechtsprechung des BGH zur Vorgesellschaft, WM 2002, 2201; *Cebulla*, Haftungsmodelle bei der GmbH-Gründung, NZG 2001, 972; *Dreher/Kreiling*, Haftung des wahren Rechtsträgers bei betriebsbezogenen Geschäften im Namen der noch nicht existierenden GmbH, EWiR 1998, 417; *Drygala*, Anwendbare Vorschriften für das Ausscheiden eines Gesellschafters aus einer Vorgesellschaft und für die Abwicklung, JZ 2007, 997; *Ehses*, Die Gründerhaftung in der Vorgesellschaft, 2000; *Geißler*, Fragen zum Insolvenzverfahren der Vor-GmbH, DZWiR 2009, 52; *Michalski/Sixt*, Die Haftung in der Vorgründungs-GmbH, FS Boujong, 1996, S. 349; *Gehrlein*, Die Haftung in den verschiedenen Gründungsphasen einer GmbH, DB 1996, 561; *Goette*, Aktuelle Rechtsprechung zur GmbH – Kapitalschutz und Organhaftung, DStR 2003, 887; *Gummert*, Die Haftungsverfassung der Vor-GmbH nach der jüngsten Rechtsprechung des BGH, DStR 1997, 1007; *Hueck*, Vorgesellschaft, FS 100 Jahre GmbHG, 1992, S. 127; *John*, Die Gründung der Einmann-GmbH, 1986; *Kappet*, Das Vorgründungsstadium von Kapitalgesellschaften, 2006; *Kießling*, Vorgründungs- und Vorgesellschaften, 1999; *Kort*, Die Haftung der Beteiligten im Vorgründungsstadium einer GmbH, DStR 1991, 1317; *Luttermann/Lingl*, Unterbilanzhaftung, Organisationseinheit der Vor-GmbH und Haftungskonzept, NZG 2006, 454; *Merkt*, Die Einpersonen-Vor-GmbH im Spiegel der rechtswissenschaftlichen Diskussion, FS Karsten Schmidt, 2009, S. 1161; *Nordhues*, Gesellschafterhaftung in der Vorgesellschaft und Vorgründungsgesellschaft, 2003; *Petersen*, Die fehlgeschlagene Einmanngründung – liquidationsloses Erlöschen oder Fiktion des Fortbestandes?, NZG 2004, 400; *Priester*, Das Gesellschaftsverhältnis im Vorgründungsstadium – Einheit oder Dualismus?, GmbHR 1995, 481; *Raab*, Die Haftung der Gesellschafter der Vor-GmbH im System der Gesellschaft, WM 1999, 1596; *Sandberger*, Die Haftung bei der Vorgesellschaft – Zur Interaktion von Richterrecht und Rechtsdogmatik, FS Fikentscher, 1998, S. 389; *Servatius*, Der Anfang vom Ende der unechten Vorgesellschaft?, NJW 2001, 1696; *K Schmidt*, Einmanngründung und Einmann-Vorgesellschaft, ZHR 145 (1981), 540; *ders*, Zur Haftungsverfassung der Vor-GmbH, ZIP 1997, 671; *Ulmer/Ihrig*, Die Rechtsnatur der Einmann-Gründungsorganisation, GmbHR 1988, 373; *Wiegand*, Offene Fragen zur neuen Gründerhaftung in der Vor-GmbH, BB 1998, 1065; *Zöllner*, Die sog. Gründerhaftung – Bemerkungen zum Rätsel der Vorgesellschaft, FS Wiedemann, 2002, S. 1383.

10 Roth/*Altmeppen* Rn. 18; Baumbach/Hueck/*Fastrich* Rn. 6.

I. Normzweck

1 § 11 bestimmt in seinem Abs. 1 die **Eintragung der Gesellschaft** in das **Handelsregister** zum entscheidenden **Schlussstein** ihres **Gründungsverfahrens.** Erst mit der Handelsregistereintragung ist die Gesellschaft als GmbH existent. Daneben statuiert die Vorschrift in Abs. 2 einen Haftungstatbestand für den Fall, dass bereits vor Handelsregistereintragung der Gesellschaft in deren Namen gehandelt wurde. Insg. ist die Regelung recht knapp gehalten, allerdings lässt sie über ihren unmittelbaren Inhalt hinaus erkennen, dass auch bereits vor der Handelsregistereintragung ein rechtlich relevantes Vorstadium der GmbH bestehen muss, für welches § 11 selbst jedoch nur fragmentarische Bestimmungen bereit hält. Auf dieser bescheidenen Grundlage wurde durch die Rspr. u. Literatur eine komplexe **Dogmatik der Vorgesellschaft** entwickelt.[1]

2 Nach Abs. 1 kommt der Registereintragung **konstitutive Wirkung** zu für die Entstehung der GmbH als solche, dh als juristische Person (§ 13); die Bekanntmachung der Eintragung nach § 10 ist in diesem Zusammenhang unerheblich.[2] Auf den Weg zur Entstehung gebracht ist die GmbH allerdings bereits mit dem **Abschluss** des notariell zu beurkundenden **Gesellschaftsvertrags.** Damit ist die Gesellschaft errichtet u. die **Vorgesellschaft** –

1 Einen kurzen Abriss über den Prozess der Entwicklung des Systems der Vorgesellschaft gibt MüKoGmbHG/*Merkt* Rn. 3.
2 Roth/*Altmeppen* Rn. 2; Baumbach/Hueck/*Fastrich* Rn. 2.

oder auch **Vor-GmbH** – (→ Rn. 3 ff.) existent. In Einzelfällen kann der Errichtung der Gesellschaft u. der dadurch bewirkten Entstehung der Vor-GmbH sogar noch eine weitere Entwicklungsstufe vorgelagert sein, die sog. **Vorgründungsgesellschaft** als vorbereitender Zusammenschluss der Gründer mittels vertraglicher Vereinbarung (→ Rn. 31 ff.). Es ist allerdings zu betonen, dass eine solche Vorgründungsgesellschaft keinesfalls den Regelfall darstellt u. nur bei Vorliegen einer entspr. vertraglichen Verbindung der künftigen Gründer als vorhanden betrachtet werden kann.

II. Vorgesellschaft

1. Begriff und Rechtsnatur

3 Unter dem Begriff der Vorgesellschaft versteht man das **zwischen der Errichtung der Gesellschaft u. ihrer Entstehung vorhandene Rechtsgebilde.**[3] Die Vorgesellschaft beginnt daher mit dem Abschluss des notariell zu beurkundenden Gesellschaftsvertrages u. endet mit der Eintragung der Gesellschaft in das Handelsregister, sofern es nicht vor einer Handelsregistereintragung auf andere Weise zu einer Beendigung der Vorgesellschaft kommt (→ Rn. 19). Nach mittlerweile ganz überw. Meinung ist die Vorgesellschaft als Vorstufe u. notwendiges Durchgangsstadium auf dem Weg zur GmbH eine **Rechtsform eigener Art („sui generis")**,[4] die sich mit der Handelsregistereintragung ipso iure mit all ihren Aktiva u. Passiva in eine GmbH umwandelt u. mit dieser identisch ist[5] (s. auch → Rn. 43). Danach sind auf die Vorgesellschaft neben den Bestimmungen des Gesellschaftsvertrags bereits die Normen des GmbH-Rechts anzuwenden, soweit diese nicht die Eintragung voraussetzen oder sonst mit der Beschränkung auf das Gründungsstadium nicht vereinbar sind.[6]

2. Verhältnis der Gesellschafter untereinander

4 Bereits unmittelbar aus dem Gesellschaftsvertrag ergibt sich die **Verpflichtung** der Gesellschafter, die **Mindesteinlagen zu leisten** (§ 7 II u. III). Darüber hinaus resultiert aus dem Gründungszweck die weitere Verpflichtung der Gesellschafter untereinander, alle **für die Handelsregistereintragung der Gesellschaft erforderlichen Handlungen vorzunehmen**, also Geschäftsführer zu bestellen (soweit nicht bereits in der Gründungsurkunde geschehen), ggf. einen Sachgründungsbericht zu verfassen, Auskünfte zu erteilen u. Unterlagen beizubringen.[7] UU kann auch eine Verpflichtung bestehen, Eintragungshindernisse durch Satzungsänderung zu beheben.[8] **Änderungen des Gesellschaftsvertrags**, die vor Registereintragung der Gesellschaft wirksam werden sollen, bedürfen einer Vereinbarung aller Gesellschafter in der

---

3 MüKoGmbHG/*Merkt* Rn. 4; MHLS/*Blath* Rn. 42; Lutter/Hommelhoff/*Bayer* Rn. 5; Scholz/*K Schmidt* Rn. 21.
4 BGHZ 21, 242, 246; 45, 338, 347; 51, 30, 32; 72, 45, 48 f.; 80, 129, 132; 134, 333, 336; NJW 00, 1193, 1194; MüKoGmbHG/*Merkt* Rn. 9; MHLS/*Blath* Rn. 43; Scholz/*K Schmidt* Rn. 24; Lutter/Hommelhoff/*Bayer* Rn. 5; Baumbach/Hueck/*Fastrich* Rn. 6.
5 BGHZ 80, 129, 138; Scholz/*K Schmidt* Rn. 25; Lutter/Hommelhoff/*Bayer* Rn. 5.
6 BGH NJW 00, 1193, 1194; Lutter/Hommelhoff/*Bayer* Rn. 7; *Wicke* Rn. 3.
7 Baumbach/Hueck/*Fastrich* Rn. 8; *Wicke* Rn. 4.
8 Scholz/*K Schmidt* Rn. 43.

Form des § 2. Die hM vertritt die Auffassung, dass allg. die in den §§ 53 ff. enthaltenen Vorschriften über Satzungsänderungen erst ab der Handelsregistereintragung der Gesellschaft gelten (→ § 2 Rn. 22). Allerdings findet sich hierzu auch eine differenzierte Ansicht, die in überzeugender Weise darlegt, dass genauso schon vor Handelsregistereintragung der Gesellschaft eine Beschlussfassung über die Änderung der Satzung im Verfahren nach §§ 53 ff. möglich ist, ein solcher Beschluss jedoch erst unmittelbar nach Handelsregistereintragung der Gesellschaft seinerseits in das Handelsregister eingetragen werden u. damit auch erst dann Wirksamkeit entfalten kann.[9] Ein **Gesellschafterwechsel** im Zeitraum zwischen Errichtung u. Eintragung ist ebenso nur durch Änderung des Gesellschaftsvertrages in der Form des § 2 zu erreichen (→ § 2 Rn. 22).[10] Allerdings ist auch eine auf die Handelsregistereintragung der Gesellschaft aufschiebend bedingte Abtretung eines insoweit künftigen Geschäftsanteils zulässig,[11] die jedoch dann erst mit der Registereintragung wirksam wird (→ § 15 Rn. 54). Für allg. Gesellschafterbeschlüsse, auch solche zur Geschäftsführung, gelten die §§ 45 ff., insbes. das Mehrheitsprinzip aus § 47 I.[12]

3. Geschäftsführung, Aufsichtsrat

Die **Geschäftsführungsbefugnis** obliegt auch in der Vorgesellschaft bereits den **Geschäftsführern**,[13] welche die Vor-GmbH zudem nach außen vertreten (→ Rn. 8). Sie sind insbes. für die Anmeldung der Gesellschaft beim Handelsregister (§§ 7, 8) u. die anderen Gründergeschäfte[14] zuständig u. auch erforderlich.[15] Falls die Bestellung der Geschäftsführer nicht schon in der Gründungsurkunde vorgenommen wurde, hat sie – mangels abw. Regelungen im Gesellschaftsvertrag – durch Gesellschafterbeschluss mit einfacher Mehrheit zu erfolgen.[16] Die Geschäftsführer sind im Innenverhältnis – wie bei der eingetragenen GmbH – den Weisungen der Gesellschafterversammlung unterworfen.[17] 5

Was die Geschäftsführungsbefugnis anbelangt, so sind die Geschäftsführer nach insoweit einhelliger Auffassung jedenfalls befugt (u auch verpflichtet), die **Handelsregistereintragung** der Gesellschaft **zu betreiben** u. hierzu alle erforderlichen Handlungen vorzunehmen. Sie haben also die Einlagen der Gesellschafter entgegenzunehmen, eine Gesellschafterliste zu erstellen, bei einer Sachgründung ggf. Unterlagen bzgl. der Werthaltigkeit des Einlagegegenstandes zu beschaffen sowie die Anmeldung der Gesellschaft zum Han- 6

9 Scholz/*K Schmidt* Rn. 48.
10 BGHZ 21, 246; 29, 300; NJW 97, 1507; NZG 05, 263; Baumbach/Hueck/*Fastrich* § 2 Rn. 13; Roth/*Altmeppen* § 2 Rn. 27; MHLS/*J. Schmidt* § 2 Rn. 40.
11 Baumbach/Hueck/*Fastrich* § 2 Rn. 13.
12 Scholz/*K Schmidt* Rn. 46; *Wicke* Rn. 4; Baumbach/Hueck/*Fastrich* Rn. 9; Roth/*Altmeppen* Rn. 40; aA Lutter/Hommelhoff/*Bayer* Rn. 12 (zumindest für Beschlüsse in Geschäftsführungsangelegenheiten Einstimmigkeit).
13 Roth/*Altmeppen* Rn. 32; MHLS/*Blath* Rn. 53; MüKoGmbHG/*Merkt* Rn. 21; Baumbach/Hueck/*Fastrich* Rn. 9.
14 BGHZ 86, 22, 126.
15 MHLS/*Blath* Rn. 53.
16 BGHZ 80, 212, 214; Scholz/*K Schmidt* Rn. 49; Baumbach/Hueck/*Fastrich* Rn. 9.
17 *Wicke* Rn. 4; Roth/*Altmeppen* Rn. 48.

delsregister vorzunehmen.[18] Auch bzgl. eines evtl. **weiteren Umfangs der Geschäftsführungsbefugnis** besteht zumindest iErg überw. Einigkeit, wenn auch die dogmatischen Begründungsansätze unterschiedlich sind:[19] Die Geschäftsführer der Vorgesellschaft sind grds. auf die zur Vollendung der Gründung der Gesellschaft notwendigen Rechtsgeschäfte beschränkt. Für alle darüber hinaus gehenden Betätigungen, insbes. für die **Aufnahme des Geschäftsbetriebs** vor Eintragung, bedürfen die Geschäftsführer einer **Ermächtigung** bzw. **Zustimmung aller Gesellschafter** entweder im Gesellschaftsvertrag oder durch Gesellschafterbeschluss oder gesonderte Erklärung.[20] Dies folgt aus den erheblichen Haftungsrisiken, welche für die Gesellschafter bei einer Aufnahme der werbenden Tätigkeit vor Handelsregistereintragung entstehen.[21] Diese Ermächtigung kann ausdrücklich oder konkludent erfolgen; das Formerfordernis aus § 2 gilt hierfür nicht.[22] Bei einer Sachgründung kann regelmäßig von einer konkludenten Ermächtigung zur Verwaltung u. Erhaltung des Sacheinlagegegenstandes ausgegangen werden, was bei einer Unternehmenseinbringung die Befugnis zur Weiterführung des Geschäftsbetriebs umfasst.[23]

7 Ein aufgrund entspr. Bestimmung des Gesellschaftsvertrags einzurichtender **fakultativer Aufsichtsrat/Beirat** ist bereits in der Vorgesellschaft zu bestellen, wenn ihm durch die gesellschaftsvertragliche Regelung Zuständigkeiten u. Kompetenzen zugewiesen wurden, deren Ausübung es schon in der Vorgesellschaft bedarf (zB Bestellung von Geschäftsführern).[24] Strittig ist, ob auch ein nach §§ 1, 4 DrittelbG oder §§ 1, 6 MitbestG einzurichtender **obligatorischer Aufsichtsrat** bereits in der Vorgesellschaft zu bestellen ist. Teilw. wird dies mit dem Hinweis verneint, dass das zu verlangende Rechtsformkriterium der GmbH vor deren Eintragung noch nicht gegeben sei.[25] Teilw. wird dag eine Anwendung der mitbestimmungsrechtlichen Vorschriften auf die Vor-GmbH u. damit die Notwendigkeit einer bei ihr stattfindenden Aufsichtsratsbestellung bejaht.[26] Wiederum andere wollen die §§ 30, 31 AktG analog angewandt wissen.[27]

4. Teilnahme am Rechtsverkehr, Vertretung

8 Die Vorgesellschaft ist wegen der fehlenden Eintragung im Handelsregister **noch keine juristische Person**. Dennoch ist unzweifelhaft, dass sie bereits

18 Baumbach/Hueck/*Fastrich* Rn. 10; MHLS/*Blath* Rn. 55; MüKoGmbHG/*Merkt* Rn. 23.
19 Überblick hierzu bei MüKoGmbHG/*Merkt* Rn. 24.
20 BGHZ 80, 129, 139; 80, 183; OLG Hamm WM 85, 658; MHLS/*Blath* Rn. 55; MüKoGmbHG/*Merkt* Rn. 24; Baumbach/Hueck/*Fastrich* Rn. 10; Roth/*Altmeppen* Rn. 49; Lutter/Hommelhoff/*Bayer* Rn. 9 iVm 11; Scholz/*K Schmidt* Rn. 50.
21 MHLS/*Blath* Rn. 55.
22 BGHZ 80, 129, 139; MHLS/*Blath* Rn. 55.
23 BGHZ 53, 210, 212; 80, 129, 139; MüKoGmbHG/*Merkt* Rn. 24; MHLS/*Blath* Rn. 55; Baumbach/Hueck/*Fastrich* Rn. 10.
24 Roth/*Altmeppen* Rn. 39; Baumbach/Hueck/*Fastrich* Rn. 11; MüKoGmbHG/*Merkt* Rn. 28; MHLS/*Blath* Rn. 57.
25 Roth/*Altmeppen* Rn. 39; Baumbach/Hueck/*Fastrich* Rn. 11; Scholz/*K Schmidt* Rn. 52; MüKoGmbHG/*Merkt* Rn. 30.
26 Rowedder/Schmidt-Leithoff/*Koppensteiner* 5. Aufl. § 52 Rn. 22.
27 Rowedder/C. *Schmidt-Leithoff* Rn. 53 ff.; Baumbach/Hueck/*Zöllner/Noack* § 52 Rn. 88; MHLS/*Blath* Rn. 57.

Träger von Rechten u. Pflichten sein kann.[28] Wie diese Möglichkeit der Vorgesellschaft, am Rechtsverkehr teilzunehmen, rechtlich einzuordnen ist, wird unterschiedlich beurteilt. So findet sich die Auffassung, der Vorgesellschaft komme insoweit eine **Teilrechtsfähigkeit** zu,[29] wobei hieraus von manchen der Schluss gezogen wird, dass es sich damit bei ihr um eine **gesamthänderische Personenvereinigung** handele;[30] andere wiederum betonen, die Vorgesellschaft sei ein **eigener Typus eines rechtsfähigen Verbands.**[31] Am weitesten geht die Ansicht, welche die Vorgesellschaft als **vollwertige Trägerin von Rechten u. Pflichten** ansieht u. sie in ihrer rechtlichen Behandlung als stark der juristischen Person angenähert betrachtet.[32] Hierbei finden sich auch gänzlich uneingeschränkte Formulierungen, wonach die Vor-GmbH „rechtsfähig, dh voll handlungsfähig" sei u. „dabei ex lege keiner Beschränkung mehr" unterliege.[33] Obgleich sich die dargestellten Auffassungen also in ihren dogmatischen Klassifizierungen unterscheiden, kommen sie bei den Einzelfragen doch häufig zu übereinstimmenden Ergebnissen. So ist einhellig anerkannt, dass die Vor-GmbH grundrechtsfähig[34] sowie namens- u. firmenfähig ist[35] u. bereits am Prioritätsschutz ggü. einer späteren Firma teilnimmt.[36] Die Firma der Vorgesellschaft entspricht der Firma der zukünftigen GmbH. Allerdings hat die Vor-GmbH der Firma einen Zusatz beizustellen („in Gründung" oder „i.Gr."), der dem Rechtsverkehr offenlegt, dass es sich um eine Vorgesellschaft handelt.[37] Die Vorgesellschaft ist ferner grundbuchfähig,[38] kontofähig,[39] wechsel- u. scheckfähig,[40] aktiv u. passiv parteifähig[41] sowie insolvenzfähig.[42] Die Vor-GmbH kann sich an anderen Gesellschaften beteiligen, insbes. auch als persönlich haftende Gesellschafterin an einer KG.[43]

---

28 BGHZ 80, 129, 132; 117, 323, 326; BayObLGZ 85, 368 ff.; MüKoGmbHG/*Merkt* Rn. 47; Scholz/*K Schmidt* Rn. 27.
29 MHLS/*Blath* Rn. 47; *Ulmer* Rn. 59.
30 *Ulmer* Rn. 41; *Beuthien*, ZIP 96, 310.
31 MHLS/*Blath* Rn. 47; ähnl wohl MüKoGmbHG/*Merkt* Rn. 47.
32 Scholz/*K Schmidt* Rn. 27 ff.
33 Lutter/Hommelhoff/*Bayer* Rn. 5.
34 BVerfG GmbHR 14, 301.
35 BGHZ 120, 103; LG Düsseldorf NJW-RR 87, 874; *Priester*, EWiR 91, 581; Baumbach/Hueck/*Fastrich* Rn. 13; Lutter/Hommelhoff/*Bayer* Rn. 9; MHLS/*Blath* Rn. 58; MüKoGmbHG/*Merkt* Rn. 48.
36 Lutter/Hommelhoff/*Bayer* Rn. 9.
37 MüKoGmbHG/*Merkt* Rn. 48; Baumbach/Hueck/*Fastrich* Rn. 13; Lutter/Hommelhoff/*Bayer* Rn. 9; Scholz/*K Schmidt* Rn. 30.
38 BGHZ 45, 348; BayObLG DB 86, 106; Scholz/*K Schmidt* Rn. 33; Baumbach/Hueck/*Fastrich* Rn. 14; MüKoGmbHG/*Merkt* Rn. 53; MHLS/*Blath* Rn. 59.
39 BGHZ 45, 37; OLG Naumburg GmbHR 98, 239; Baumbach/Hueck/*Fastrich* Rn. 14; MHLS/*Blath* Rn. 59.
40 BGHZ 117, 323, 326; Scholz/*K Schmidt* Rn. 31; Lutter/Hommelhoff/*Bayer* Rn. 9; Baumbach/Hueck/*Fastrich* Rn. 15; MHLS/*Blath* Rn. 59.
41 BGH NJW 98, 1079; Scholz/*K Schmidt* Rn. 34; Lutter/Hommelhoff/*Bayer* Rn. 9; Baumbach/Hueck/*Fastrich* Rn. 17; MHLS/*Blath* Rn. 60.
42 BGH ZIP 03, 2123; *Haas*, DStR 99, 985; Scholz/*K Schmidt* Rn. 35; Lutter/Hommelhoff/*Bayer* Rn. 9; Baumbach/Hueck/*Fastrich* Rn. 17; MHLS/*Blath* Rn. 61; MüKoGmbHG/*Merkt* Rn. 54.
43 BGHZ 80, 132; NJW 92, 1824; Scholz/*K Schmidt* Rn. 162; *Wicke* Rn. 3; MHLS/*Blath* Rn. 80; Baumbach/Hueck/*Fastrich* Rn. 16.

9 Unterschiedlich beurteilt wird allerdings die Frage, ob die Vorgesellschaft bereits eine **Handelsgesellschaft** ist. Während dies zT generell bejaht wird,[44] ist die hM zutreffenderweise der Ansicht, dass die Vor-GmbH nur dann eine Handelsgesellschaft ist, wenn sie nach Einbringung eines Unternehmens oder nach sonstiger Aufnahme ihres Geschäftsbetriebs vor Registereintragung ein Handelsgewerbe iSd § 1 I u. II HGB betreibt.[45] Ist dies der Fall, dann finden die handelsrechtlichen Vorschriften auf sie Anwendung, etwa bzgl. der Bestellung von Prokuristen u. Handlungsbevollmächtigten (§§ 48 ff. HGB) sowie über Handelsgeschäfte (§§ 343 ff. HGB).

10 Die Vorgesellschaft wird **durch die Geschäftsführer vertreten**, u. zwar in vertretungsberechtigter Zahl nach den für sie lt Gesellschaftsvertrag oder Gesetz (§ 35) geltenden Regeln.[46] Als Organ der Vorgesellschaft handeln die Geschäftsführer unmittelbar nur für diese.[47] Auch wenn die Geschäftsführer die Firma der GmbH ohne einen auf die Vorgesellschaft hindeutenden Zusatz (→ Rn. 8) verwenden, vertreten sie nach den Regeln über **unternehmensbezogene Rechtsgeschäfte** die Vor-GmbH, da diese bis zur Handelsregistereintragung Trägerin des Unternehmens ist.[48]

11 Umstritten ist die Frage, nach welchen **Regeln** sich die **Vertretungsmacht** der Geschäftsführer richtet u. – damit eng verbunden – welchen **Umfang** diese Vertretungsmacht aufweist. Die noch hM[49] ist der Ansicht, dass § 37 II auf die Vertretungsmacht der Geschäftsführer der Vorgesellschaft **nicht anwendbar** ist, hier vielmehr die allg. Grundsätze des bürgerlichen Rechts bzw. des Handelsrechts zu gelten haben. Danach ist den Geschäftsführern der Vorgesellschaft eine Vertretungsmacht nur iR ihrer Geschäftsführungsbefugnis, die wiederum durch den Zweck der Vorgesellschaft geprägt wird, zuzuerkennen. Da sich die Geschäftsführungsbefugnis in der Vor-GmbH entspr. ihrer üblichen Zwecksetzung grds. auf die zur Vollendung der Gründung der Gesellschaft notwendigen Rechtsgeschäfte beschränkt (→ Rn. 6), kommt diese Auffassung zu dem Ergebnis, dass die Aufnahme einer werbenden Tätigkeit von der Vertretungsmacht der Geschäftführer nicht gedeckt ist, es sei denn, sämtliche Gesellschafter haben hierzu – im Gesellschaftsvertrag oder durch gesonderten Beschluss bzw. Erklärung (die keiner besonderen Form bedarf) – ihre Zustimmung erteilt u. damit die Geschäftsführungsbefugnis sowie – hiermit zusammenhängend – die Vertretungsmacht entspr. erweitert.[50] Zur Begründung der Nichtanwendung von § 37 II führen die Vertreter dieser Ansicht überw. an, dass die Annahme einer uneingeschränkten Vertretungsmacht zu einem unbilligen Haftungsrisiko der Gesellschafter der Vorgesellschaft führen würde, da diese ja

44 *Roth*/Altmeppen 8. Aufl. Rn. 44.
45 Baumbach/Hueck/*Fastrich* Rn. 13; Lutter/Hommelhoff/*Bayer* Rn. 8; Scholz/*K Schmidt* Rn. 29 f.
46 Lutter/Hommelhoff/*Bayer* Rn. 14.
47 Baumbach/Hueck/*Fastrich* Rn. 18.
48 BGH BB 90, 86; BayObLG BB 86, 549; KG GmbHR 93, 648; Baumbach/Hueck/*Fastrich* Rn. 18; Scholz/*K Schmidt* Rn. 61.
49 BGHZ 53, 210, 212; 65, 378, 383; 72, 45, 49; 80, 129, 139; Baumbach/Hueck/*Fastrich* Rn. 19; Lutter/Hommelhoff/*Bayer* Rn. 14; MüKoGmbHG/*Merkt* Rn. 63; *Ulmer* Rn. 68; Rowedder/C. *Schmidt-Leithoff* Rn. 83.
50 MüKoGmbHG/*Merkt* Rn. 63; Baumbach/Hueck/*Fastrich* Rn. 20.

unbeschränkt persönlich für entstehende Verluste der Vorgesellschaft einzustehen haben.[51]

Demggü. ist nach einer im Vordringen befindlichen Auffassung § 37 II auch auf die Vor-GmbH anzuwenden u. die **Vertretungsmacht** ihrer Geschäftsführer damit im Außenverhältnis **unbeschränkt u. unbeschränkbar.**[52] Zur Begründung wird angeführt, dass die Vorgesellschaft – wie mittlerweile allg. anerkannt – selbstständige Trägerin von Rechten u. Pflichten u. als solche der GmbH bereits stark angenähert ist, so dass sich auch die Vertretungsmacht an den für die eingetragene GmbH geltenden Regeln zu orientieren hat. Des Weiteren wird ins Feld geführt, dass das Risiko der Überschreitung der Geschäftsführungsbefugnis im Innenverhältnis nicht den Gläubigern der Vorgesellschaft auferlegt werden darf.[53] Dieser Ansicht ist zuzustimmen. Die Auffassung der hM führt zu einer nicht hinnehmbaren Verquickung der ansonsten im Vertretungsrecht klar unterschiedenen Ebenen Innenverhältnis (Geschäftsführungsbefugnis) u. Außenverhältnis (Vertretungsmacht).[54] Dies ist umso unverständlicher als die systematische Entwicklung der Vorgesellschaft in den letzten Jahren zu Recht davon geprägt war, sie als Vorstufe der GmbH u. damit dieser zunehmend wesensähnlich zu begreifen. Wenn nun aber gerade eines der charakteristischen Kennzeichen der Kapitalgesellschaft GmbH, nämlich die Unbeschränktheit der Vertretungsmacht ihrer Vertretungsorgane, für die Vorgesellschaft nicht gelten soll, so erweist sich dies nicht nur als eigenartig systemwidrig – u. auch nicht etwa durch die noch fehlende Registereintragung rechtfertigbar –, sondern auch als für den Rechts- u. Wirtschaftsverkehr durchaus überraschend. Den Geschäftspartnern der Vorgesellschaft ein derart unerwartetes Risiko aufzubürden, erscheint unangemessen. 12

5. Haftung

Bei der Frage nach der Haftung in der Vorgesellschaft muss unterschieden werden zwischen der **Haftung** der **Vorgesellschaft** selbst (→ Rn. 14), der **Haftung** ihrer **Gesellschafter** (→ Rn. 15 ff.) sowie der Haftung der in ihrem Namen Auftretenden (Abs. 2 – sog. **Handelndenhaftung** → Rn. 23 ff.). 13

a) Haftung der Vorgesellschaft. Die Vorgesellschaft haftet mit ihrem Vermögen für die in ihrem Namen oder im Namen der künftigen GmbH begründeten Verbindlichkeiten.[55] Ferner kann sie analog § 31 BGB eine Haftung für zum Schadenersatz verpflichtendes Verhalten ihrer Geschäftsführer treffen.[56] 14

---

51 Baumbach/Hueck/*Fastrich* Rn. 19; Lutter/Hommelhoff/*Bayer* Rn. 14.

52 Scholz/*K Schmidt* Rn. 63 f.; MHLS/*Blath* Rn. 63; MünchHdbGesR/*Gummert*, § 16 Rn. 49; *Raiser/Veil*, KapGesR § 26 Rn. 122; *W-H Roth*, ZGR 84, 597, 609; *Weimar*, GmbHR 88, 289, 292; *Beuthien*, NJW 97, 565 ff.

53 Scholz/*K Schmidt* Rn. 64; MHLS/*Blath* Rn. 63.

54 IdS auch MHLS/*Blath* Rn. 63.

55 Baumbach/Hueck/*Fastrich* Rn. 22; Lutter/Hommelhoff/*Bayer* Rn. 16; Scholz/*K Schmidt* Rn. 70 ff.; *Wicke* Rn. 6; MHLS/*Blath* Rn. 64.

56 OLG Stuttgart NJW-RR 89, 637, 638; *Beuthien*, BB 96, 1337; Baumbach/Hueck/*Fastrich* Rn. 22; Lutter/Hommelhoff/*Bayer* Rn. 16; *Wicke* Rn. 6; MHLS/*Blath* Rn. 64.

15 **b) Haftung der Gesellschafter – Verlustdeckungshaftung als Innenhaftung.** Da die Haftung der Gesellschafter der Vor-GmbH im Gesetz nicht geregelt ist, war es an der Rspr., ein entspr. Haftungssystem zu entwickeln.[57] Zunächst nahm der BGH für das Stadium bis zu Eintragung der Gesellschaft in das Handelsregister eine beschränkte persönliche Außenhaftung der Gesellschafter an, aufgrund derer die Gesellschafter den Gläubigern der Vorgesellschaft unmittelbar persönlich mit ihrem Privatvermögen hafteten, allerdings begrenzt auf die Höhe ihrer Einlageschuld, soweit die Einlage noch nicht geleistet war.[58] Diese Rspr. hat der BGH nach anhaltend deutlicher Kritik insbes. aus dem Schrifttum[59] in einer Grundsatzentscheidung vom 27.1.97[60] aufgegeben u. an deren Stelle eine **unbeschränkte, anteilige Innenhaftung** der Gesellschafter der Vor-GmbH (sog. **Verlustdeckungshaftung**) gesetzt. Diese Verlustdeckungshaftung ist als einer von zwei Bestandteilen eines Gesamtkonzepts der einheitlichen Gründerhaftung zu begreifen. Der andere Bestandteil ist die sog. **Vorbelastungshaftung** oder auch **Unterbilanzhaftung** (→ Rn. 45 ff.), welche ebenso als unbeschränkte, anteilige Innenhaftung ausgestaltet ist, aber erst mit Eintragung der Gesellschaft im Handelsregister zum Tragen kommt (anstelle der bis dahin greifenden Verlustdeckungshaftung). Damit ist diese vom BGH entwickelte Gründerhaftung ein ganzheitlich zu betrachtendes System einer Gesellschafterinnenhaftung, die bis zur Eintragung der Gesellschaft in das Handelsregister als Verlustdeckungshaftung u. danach als Vorbelastungs- oder Unterbilanzhaftung bezeichnet wird (s. auch → Rn. 46).

16 Das Wesen der Verlustdeckungshaftung als anteilige Innenhaftung bedeutet, dass die Gründer **ggü. der Vor-GmbH** nach dem **Verhältnis ihrer Beteiligung** an der Gesellschaft für alle vom Gesellschaftsvermögen nicht abgedeckten Verluste haften, u. zwar unabhängig davon, ob sie ihre Einlagen bereits erbracht haben oder nicht.[61] Außenstehende Gläubiger der Vorgesellschaft haben regelmäßig keine unmittelbaren Ansprüche gegen die Gründer (zu den Ausn. → Rn. 18), können sich aber die entspr. Ansprüche der Vor-GmbH pfänden u. überweisen lassen.[62] Ist ein Haftungsanspruch gegen einen Gesellschafter nicht durchsetzbar, so besteht für die Mitgesellschafter eine **Ausfallhaftung** gem. § 24.[63] Die Haftung ist nicht auf eine bestimmte Höhe begrenzt;[64] sie trifft allerdings nur diejenigen Gesellschafter der Vor-GmbH, die einer Aufnahme des Geschäftsbetriebs vor Handelsregistereintragung **zugestimmt** haben.[65] Die Verlustdeckungshaftung entsteht erst, wenn die **Eintragung** der GmbH **gescheitert** ist.[66] Ein Scheitern kann angenommen werden bei einer Rücknahme des Eintragungsantrags, bei

57 Eine ausf. Darstellung der Rechtsprechungsentwicklung findet sich bei MüKo-GmbHG/*Merkt* Rn. 73 sowie bei MHLS/*Blath* Rn. 65.
58 BGHZ 65, 378, 382; 72, 45, 49; 80, 182, 183.
59 Hierzu Baumbach/Hueck/*Fastrich* Rn. 23.
60 BGHZ 134, 333, 336.
61 Lutter/Hommelhoff/*Bayer* Rn. 17.
62 *Wicke* Rn. 7; Lutter/Hommelhoff/*Bayer* Rn. 17.
63 Baumbach/Hueck/*Fastrich* Rn. 25; Lutter/Hommelhoff/*Bayer* Rn. 17.
64 MHLS/Blath Rn. 66; Baumbach/Hueck/*Fastrich* Rn. 25.
65 BGHZ 134, 333, 342; Baumbach/Hueck/*Fastrich* Rn. 25; *Ulmer* Rn. 120.
66 Krit. hierzu MHLS/*Blath* Rn. 69; Baumbach/Hueck/*Fastrich* Rn. 26; *Ulmer* Rn. 121; *Lutter*, JuS 98, 1073, 1076.

einer Ablehnung der Eintragung, nach einem Auflösungsbeschluss,[67] nach Stellung eines Insolvenzantrags durch den Geschäftsführer,[68] nach Insolvenzeröffnung oder nach Ablehnung der Eröffnung mangels Masse.[69]

Die Rspr. des BGH zur Verlustdeckungshaftung hat einiges an **Kritik** erfahren.[70] Diese betrifft insbes. das Konzept der Binnenhaftung sowie die Haftungsvoraussetzung des Scheiterns der Eintragung. Teile der Literatur haben daher auch ein Gegenmodell entworfen, das sog. **Konzept der unbeschränkten Außenhaftung.**[71] Die Praxis wird jedoch bis auf weiteres von dem vorstehend beschriebenen Haftungssystem des BGH als anzuwendendem Recht auszugehen haben. 17

c) **Unmittelbare Außenhaftung der Gesellschafter in Sonderfällen.** Da es sich bei der Verlustdeckungshaftung um eine Innenhaftung handelt, scheidet eine unmittelbare Inanspruchnahme von Gesellschaftern durch Gläubiger der Vorgesellschaft grds. aus. Allerdings hat die Rspr. in einigen wenigen, wenngleich in der Praxis bedeutsamen **Ausnahmefällen** dennoch eine **unmittelbare Außenhaftung** des bzw. der Gesellschafter der Vor-GmbH angenommen: So bei einer Einpersonen-Vorgesellschaft[72] – ein Zugriff der Gläubiger auf das Vermögen der Vor-GmbH ist hier deshalb nicht möglich, weil nach hM bei einem Scheitern der Einpersonen-Vorgesellschaft deren Sondervermögen automatisch ohne Liquidation kraft Gesamtrechtsnachfolge auf ihren Alleingesellschafter übergeht (→ Rn. 39), der somit als einziges Haftungssubjekt übrigbleibt. Des Weiteren besteht eine Gesellschafteraußenhaftung, wenn die Vorgesellschaft nur einen Gläubiger hat.[73] Dritter Anwendungsfall ist die Vermögenslosigkeit der Vor-GmbH[74] – Vermögenslosigkeit ist jedenfalls dann anzunehmen, wenn die Eröffnung eines Insolvenzverfahrens mangels Masse abgelehnt oder aus diesem Grund ein eröffnetes Verfahren eingestellt wird u. keine Anhaltspunkte für dennoch existierendes Vermögen vorhanden sind.[75] Zu beachten ist in allen Fällen, dass mehrere Gesellschafter bei einer bestehenden Außenhaftung nicht etwa gesamtschuldnerisch, sondern nur **anteilig** entspr. ihrer Beteiligung haften.[76] 18

67 BGH NJW 03, 429, 430.
68 BGH NJW 03, 429, 430.
69 S. zum Ganzen auch Baumbach/Hueck/*Fastrich* Rn. 26.
70 Vgl. etwa MHLS/*Blath* Rn. 67 ff.; Roth/*Altmeppen* Rn. 86 ff.; Scholz/*K Schmidt* Rn. 82 ff.; Lutter/Hommelhoff/*Bayer* Rn. 19; Rowedder/*C. Schmidt-Leithoff* Rn. 96 ff.; *Altmeppen*, NJW 97, 3272 ff.; *Raab*, WM 99, 1596, 1604 ff.
71 S. hierzu Lutter/Hommelhoff/*Bayer* Rn. 19; Scholz/*K Schmidt* Rn. 82 ff.; *Altmeppen*, NJW 97, 3272 ff.; *Raab*, WM 99, 1596, 1604 ff.; *Zöllner*, FS Wiedemann, 02, S. 1383.
72 BGH NJW 97, 1509.
73 BGHZ 134, 333, 341; OLG Dresden GmbHR 98, 188.
74 BGHZ 134, 341; BAG NZG 06, 507; BFH NJW 98, 2926; OLG Stuttgart NZG 01, 86.
75 BAG NJW 97, 3331; 98, 628; BFH NJW 98, 2926; zu weiteren Kriterien einer Vermögenslosigkeit s. Baumbach/Hueck/*Fastrich* Rn. 27; *Gummert*, DStR 97, 1010; *Brandes*, WM 98, 2.
76 BAG NJW 97, 3331; BFH NJW 98, 2926; Baumbach/Hueck/*Fastrich* Rn. 27; aA HessLAG GmbHR 98, 783; Rowedder/*C. Schmidt-Leithoff* Rn. 100.

6. Auflösung und Liquidation der Vorgesellschaft

19 Regelfall der Beendigung der Vorgesellschaft ist die **Eintragung** der GmbH in das **Handelsregister.** Damit ist die GmbH entstanden u. die Vorgesellschaft in ihr aufgegangen u. somit erloschen.[77] Daneben kann die Vor-GmbH jedoch auch durch **Auflösung** beendet werden. Wichtiger Grund für eine Auflösung ist die endgültige Ablehnung der Handelsregistereintragung. Damit hat die Vorgesellschaft ihren Zweck verfehlt u. ist analog § 726 BGB ohne Weiteres aufgelöst.[78] IÜ sind die in § 60 aufgeführten Auflösungsgründe weitgehend auch auf die Vor-GmbH entspr. anwendbar.[79] So können die Gesellschafter die Auflösung selbst beschließen (§ 60 I Nr. 2). Ein solcher Beschluss bedarf einer 3/4-Mehrheit oder der abw. satzungsmäßigen Mehrheit.[80] Ein die Auflösung anordnendes Urteil oder eine entspr. Entscheidung einer Verwaltungsbehörde iSv § 60 I Nr. 3 bewirkt ebenfalls die Auflösung der Vor-GmbH.[81] Gleiches gilt bei Eröffnung des Insolvenzverfahrens über das Vermögen der Vorgesellschaft (§ 60 I Nr. 4) oder einer Ablehnung der Eröffnung mangels Masse (§ 60 I Nr. 5). Des Weiteren führt eine außerordentliche Kündigung eines Gesellschafters zu einer Auflösung der Vor-GmbH.[82] Die Kündigung u. damit der Eintritt der Auflösungswirkung erfolgt durch entspr. Erklärung des kündigenden Gesellschafters ggü. allen Mitgesellschaftern;[83] eine Kündigungsklage entspr. § 61 ist hingg. nicht erforderlich, da diese Vorschrift nur auf im Handelsregister eingetragene u. damit als juristische Personen existente Gesellschaften Anwendung finden kann.[84] Der Tod oder die Insolvenz eines Gesellschafters führt nicht zur Auflösung der Vorgesellschaft.[85]

20 Die aufgelöste Gesellschaft ist nach den Regeln der **§§ 66 ff.** zu **liquidieren.**[86] Etwas anderes gilt nur für die **Einpersonen-Vorgesellschaft,** deren Sondervermögen im Fall ihres Scheiterns automatisch ohne Liquidation kraft Gesamtrechtsnachfolge auf ihren Alleingesellschafter übergeht (→ Rn. 39). Die früher vertretene Auffassung, dass auf die Liquidation der Vorgesellschaft die §§ 730 ff. BGB entspr. anzuwenden seien,[87] wird der mittlerweile allg. anerkannten körperschaftlichen Struktur der Vor-GmbH nicht gerecht u. kann als überholt gelten.

---

77 MüKoGmbHG/*Merkt* Rn. 42.
78 Lutter/Hommelhoff/*Bayer* Rn. 20; Baumbach/Hueck/*Fastrich* Rn. 30; Rowedder/*C. Schmidt-Leithoff* Rn. 66.
79 MHLS/*Blath* Rn. 72.
80 AllgM Scholz/*K Schmidt* Rn. 55; Lutter/Hommelhoff/*Bayer* Rn. 20; Baumbach/Hueck/*Fastrich* Rn. 30; MHLS/*Blath* Rn. 72.
81 MHLS/*Blath* Rn. 72.
82 Baumbach/Hueck/*Fastrich* Rn. 30; Lutter/Hommelhoff/*Bayer* Rn. 20.
83 Baumbach/Hueck/*Fastrich* Rn. 30.
84 BGHZ 169, 270, 275; MünchHdbGesR/*Heinrich*, § 12 Rn. 13; Baumbach/Hueck/*Fastrich* Rn. 30; Lutter/Hommelhoff/*Bayer* Rn. 20; Roth/*Altmeppen* Rn. 46; aA OLG Hamm GmbHR 94, 706 f.; MHLS/*Blath* Rn. 72; Scholz/*K Schmidt* Rn. 55.
85 Scholz/*K Schmidt* Rn. 55; MHLS/*Blath* Rn. 72; Baumbach/Hueck/*Fastrich* Rn. 30; Lutter/Hommelhoff/*Bayer* Rn. 20; MüKoGmbHG/*Merkt* Rn. 45.
86 BGH NJW 08, 2441; 98, 1079, 1080; Scholz/*K Schmidt* Rn. 56; MHLS/*Blath* Rn. 73; Baumbach/Hueck/*Fastrich* Rn. 31; Lutter/Hommelhoff/*Bayer* Rn. 20; MüKoGmbHG/*Merkt* Rn. 46.
87 BGHZ 51, 30, 34; 86, 122, 127; OLG Düsseldorf GmbHR 94, 178; *Fleck*, ZGR 75, 215.

7. Unechte Vorgesellschaft

Als unechte Vorgesellschaften bezeichnet man solche, bei denen trotz erfolgtem Abschluss des Gesellschaftsvertrags in der nach § 2 erforderlichen Form die **Handelsregistereintragung** der Gesellschaft **von vornherein nicht beabsichtigt** war[88] oder später (freiwillig oder erzwungenermaßen) **aufgegeben**, die Geschäftstätigkeit aber dennoch fortgeführt wurde.[89] In letzterem Fall sprechen manche auch von einer **fehlgeschlagenen Vorgesellschaft.**[90] Diesen die Handelsregistereintragung nicht oder nicht mehr betreibenden Gesellschaften kann der Status einer Vorgesellschaft nicht (mehr) zuerkannt werden, da dieser dem Wesen dieser Gesellschaftsform nach zwingend die bestehende Absicht der Vollendung der Gründung durch Registereintragung voraussetzt.[91] Daher unterliegen diese Personenvereinigungen von Anbeginn (bei noch nie vorhandener Eintragungsabsicht) bzw. vom Zeitpunkt des Wegfalls der Eintragungsabsicht an dem Recht der **BGB-Gesellschaft** (§§ 705 ff. BGB) bzw. – wenn die Gesellschaft ein Handelsgewerbe gem. § 1 II HGB betreibt – der **OHG** (§§ 105 ff. HGB).[92] Wird eine ursprünglich vorhandene Eintragungsabsicht aufgegeben u. die Gesellschaft nicht unverzüglich liquidiert, sondern ihre Geschäftstätigkeit fortgesetzt, ist die ehemalige Vor-GmbH ab diesem Zeitpunkt GbR bzw. OHG. Es handelt sich jedoch um dieselbe Gesellschaft, allerdings nunmehr in einem anderen Rechtskleid;[93] ihre Rechtsverhältnisse einschl. Verbindlichkeiten bestehen fort, dgl auch ihre Parteifähigkeit.[94] 21

Auf die unechte Vorgesellschaft u. ihre Gesellschafter sind die **Regeln der personengesellschaftsrechtlichen Haftung** vollumfänglich anwendbar.[95] Dies bedeutet eine unbeschränkte persönliche u. in voller Höhe bestehende Außenhaftung der Gesellschafter gem. § 128 HGB in jedem Fall für alle ab dem Zeitpunkt der Aufgabe der Eintragungsabsicht begründeten Verbindlichkeiten der Gesellschaft.[96] Nach ganz hM erfasst diese Haftung aber auch sämtliche **Altschulden** der Vorgesellschaft, also diejenigen, die vor Aufgabe der Eintragungsabsicht entstanden sind,[97] da es in diesen Fällen 22

88 BGHZ 22, 240 ff.; NJW 00, 1193, 1194; Baumbach/Hueck/*Fastrich* Rn. 312; Lutter/Hommelhoff/*Bayer* Rn. 22.
89 BGH NZG 04, 663; NJW 03, 429, 430; BAG NJW 00; MHLS/*Blath* Rn. 79; Baumbach/Hueck/*Fastrich* Rn. 32; Lutter/Hommelhoff/*Bayer* Rn. 21; Scholz/*K Schmidt* Rn. 143; Roth/*Altmeppen* Rn. 23.
90 Lutter/Hommelhoff/*Bayer* Rn. 21.
91 MHLS/*Blath* Rn. 79; Baumbach/Hueck/*Fastrich* Rn. 32.
92 BGHZ 22, 240, 244 f.; 32, 310; NZG 00, 373, 374; BGHZ 152, 290; BFH GmbHR 98, 854; 88, 404; Scholz/*K Schmidt* Rn. 143; MHLS/*Blath* Rn. 79; Baumbach/Hueck/*Fastrich* Rn. 32; Lutter/Hommelhoff/*Bayer* Rn. 21; Roth/*Altmeppen* Rn. 23; MüKoGmbHG/*Merkt* Rn. 174.
93 Vgl. Roth/*Altmeppen* Rn. 23.
94 BGH ZIP 06, 2267; 08, 11025.
95 Baumbach/Hueck/*Fastrich* Rn. 33.
96 BGHZ 22, 240, 243; 51, 32; 80, 142; BAG NJW 98, 628; BFH NJW 98, 2926; Scholz/*K Schmidt* Rn. 143; MHLS/*Blath* Rn. 79; Baumbach/Hueck/*Fastrich* Rn. 33; Lutter/Hommelhoff/*Bayer* Rn. 21; MüKoGmbHG/*Merkt* Rn. 179.
97 BGHZ 80, 129, 142 f.; NZG 00, 373, 374; Scholz/*K Schmidt* Rn. 143; MHLS/*Blath* Rn. 79; Baumbach/Hueck/*Fastrich* Rn. 33; Lutter/Hommelhoff/*Bayer* Rn. 21; MüKoGmbHG/*Merkt* Rn. 179.

zu einer rückwirkenden Anwendung der personengesellschaftsrechtlichen Haftungsregeln kommen muss.[98]

III. Handelndenhaftung (Abs. 2)

1. Zweck der Vorschrift, Allgemeines

23 Der Haftungstatbestand des Abs. 2 ist die einzige Vorschrift des GmbHG, die sich unmittelbar mit einer rechtsgeschäftlichen Tätigkeit vor Handelsregistereintragung der GmbH befasst.[99] Sie bildet damit den eigentlichen Ausgangspunkt für die von der Rspr. u. Literatur betriebene Entwicklung einer Dogmatik der Gründungs-, insbes. Haftungsverfassung einer im Werden begriffenen GmbH. Ironischerweise verlor die Vorschrift aber umso mehr an eigenständiger Bedeutung, je weiter u. differenzierter diese dogmatische Entwicklung voranschritt.[100] Der Zweck von Abs. 2 wurde ehedem darin gesehen, zum einen eine **Straf- u. Druckfunktion** zu erfüllen, um die Geschäftsführer zu einer baldigen Anmeldung der Gesellschaft zur Eintragung in das Handelsregister zu bewegen,[101] u. zum anderen eine **Sicherungsfunktion** dergestalt wahrzunehmen, dass den Gläubigern mit dieser den Handelnden in die Pflicht nehmenden Norm bereits vor Entstehung der GmbH durch Registereintragung ein haftender Schuldner zur Verfügung stand.[102] Diese Funktionen haben mit der zwischenzeitlichen Akzeptanz eines geschäftlichen Tätigwerdens der Gesellschaft auch schon vor Handelsregistereintragung u. der Anerkennung einer grds. unbeschränkten Haftung der Vorgesellschaft u. ihrer Gesellschafter zunehmend **an Bedeutung verloren.**[103] Mittlerweile sieht die wohl hM die Funktion der Handelndenhaftung aus Abs. 2 va darin, den Gläubigern einen **Ausgleich** dafür zu geben, dass die **Kapitalgrundlage** der Vorgesellschaft **noch nicht** im gleichen Maße wie bei der eingetragenen GmbH **gewährleistet** ist.[104] Es finden sich aber auch Stimmen, die eine Art **ergänzende Sicherungsfunktion** der Vorschrift in den Konstellationen betonen, in denen eine Haftung der Vorgesellschaft u. ihrer Gesellschafter nicht in Betracht kommt, etwa weil der Handelnde seine Vertretungsmacht überschritten hat oder ein Rechtsgeschäft abgeschlossen wurde, zu dem die Gründungsgesellschafter nicht ihre Zustimmung erteilt hatten.[105]

24 Die Handelndenhaftung aus Abs. 2 ist auf den **Zeitraum zwischen der Errichtung** der Gesellschaft durch Abschluss des Gesellschaftsvertrages (§ 2) u. ihrer **Handelsregistereintragung** beschränkt. Die Vorschrift ist hingg. nicht anwendbar auf ein Handeln iRd Vorgründungsgesellschaft

98 Lutter/Hommelhoff/*Bayer* Rn. 21.
99 Roth/*Altmeppen* Rn. 114.
100 MHLS/*Blath* Rn. 84; Baumbach/Hueck/*Fastrich* Rn. 45; Lutter/Hommelhoff/*Bayer* Rn. 24.
101 RGZ 47, 1, 2; 55, 302, 304; 70, 296, 301.
102 BGHZ 47, 25, 29 f.; 53, 210, 214; 65, 378, 380 f.; 66, 359, 360; 69, 95, 103.
103 MüKoGmbHG/*Merkt* Rn. 117 ff.; Scholz/*K. Schmidt* Rn. 92 f.; MHLS/*Blath* Rn. 87; Baumbach/Hueck/*Fastrich* Rn. 45; Lutter/Hommelhoff/*Bayer* Rn. 24.
104 BGHZ 80, 182, 183; *Sandberger*, FS Fikentscher, 98, S. 414 ff.; Scholz/*K Schmidt* Rn. 93; Baumbach/Hueck/*Fastrich* Rn. 45.
105 Lutter/Hommelhoff/*Bayer* Rn. 24; Baumbach/Hueck/*Fastrich* Rn. 45.

(→ Rn. 31 ff.).[106] Jedoch ist Abs. 2 analog auch auf die Fälle einer **wirtschaftlichen Neugründung** anzuwenden, wenn bei der Verwendung einer Vorrats- oder Mantelgesellschaft eine geschäftliche Tätigkeit ohne Zustimmung aller Gesellschafter begonnen wird (s. auch → § 3 Rn. 18).[107] Die Handelndenhaftung kann durch Vereinbarung mit dem Vertragspartner **ausgeschlossen** oder **eingeschränkt** werden.[108] Jedoch kann in dem bloßen Umstand, dass der Vertragspartner die Verhältnisse kennt, noch kein stillschweigender Haftungsausschluss gesehen werden.[109]

2. Handelnder

Handelnder iSv Abs. 2 ist, **wer als Geschäftsführer oder wie ein solcher für die künftige GmbH tätig wird.**[110] Unter diesen Handelndenbegriff fällt also nicht nur der tatsächlich bestellte, sondern auch der nur **faktische Geschäftsführer**, also derjenige, bei dem keine wirksame Geschäftsführerbestellung vorliegt, der aber wie ein Geschäftsführer auftritt.[111] Ein Gesellschafter, der zwar der Aufnahme des Geschäftsbetriebs zugestimmt oder diese veranlasst hat, aber nicht als Geschäftsführer bestellt ist u. auch nicht als solcher auftritt, kann demnach nicht Handelnder iSv Abs. 2 sein.[112] Auch Prokuristen, Handlungsbevollmächtigte oder auf Grundlage einer sonstigen rechtsgeschäftlichen Vollmacht agierende Vertreter der Gesellschaft sind keine Handelnde.[113] Jedoch erfüllt auch der Geschäftsführer den Handelndenbegriff, der einen Bevollmächtigten für sich handeln lässt.[114] 25

106 BGHZ 91, 148; BAG NJW 06, 3230; OLG Hamburg GmbHR 87, 477; OLG Hamm BB 92, 1081; OLG Karlsruhe GmbHR 88, 482; Scholz/*K Schmidt* Rn. 97; MHLS/*Blath* Rn. 93; MüKoGmbHG/*Merkt* Rn. 123; Lutter/Hommelhoff/*Bayer* Rn. 27; Roth/*Altmeppen* Rn. 117.

107 BGH NZG 11, 1066 Rn. 12; BGHZ 155, 318, 327; KG NZG 98, 731; LG Hamburg GmbHR 97, 895; Baumbach/Hueck/*Fastrich* Rn. 46; Lutter/Hommelhoff/*Bayer* Rn. 25; aA Scholz/*K Schmidt* Rn. 99; MHLS/*Blath* Rn. 94; MüKoGmbHG/*Merkt* Rn. 124; *Heerma*, GmbHR 99, 640 ff.; *Werner*, NZG 99, 146 ff.; *Keller*, DZWIR 05, 133, 137 f.; *Wicke*, NZG 05, 409, 411.

108 BGHZ 15, 206; 53, 213; Baumbach/Hueck/*Fastrich* Rn. 52; Lutter/Hommelhoff/*Bayer* Rn. 28.

109 Baumbach/Hueck/*Fastrich* Rn. 52.

110 BGHZ 47, 25; 65, 378, 380; 91, 148, 149; *Ulmer* Rn. 133; Scholz/*K Schmidt* Rn. 101; MüKoGmbHG/*Merkt* Rn. 129; Lutter/Hommelhoff/*Bayer* Rn. 26; Baumbach/Hueck/*Fastrich* Rn. 47.

111 BGHZ 65, 378, 380; 66, 359, 360; WM 80, 955; MüKoGmbHG/*Merkt* Rn. 129; Lutter/Hommelhoff/*Bayer* Rn. 26.

112 Roth/*Altmeppen* Rn. 116; Baumbach/Hueck/*Fastrich* Rn. 47; Lutter/Hommelhoff/*Bayer* Rn. 26.

113 BGHZ 66, 359, 361; MüKoGmbHG/*Merkt* Rn. 130; Scholz/*K Schmidt* Rn. 105; Roth/*Altmeppen* Rn. 116; Baumbach/Hueck/*Fastrich* Rn. 47; Lutter/Hommelhoff/*Bayer* Rn. 26; *Beuthien*, ZIP 96, 360, 368.

114 BGHZ 53, 206; NJW 74, 1284; WM 83, 230; OLG Hamm GmbHR 97, 602; Baumbach/Hueck/*Fastrich* Rn. 47; Lutter/Hommelhoff/*Bayer* Rn. 26.

3. Handeln im Namen der Gesellschaft

26 Abs. 2 setzt ein Handeln im Namen der Gesellschaft voraus. Dies bedeutet zunächst einmal ein **rechtsgeschäftliches**[115] oder **rechtsgeschäftsähnliches**[116] Handeln. Die Vorschrift findet daher auf Verbindlichkeiten, die kraft Gesetzes entstehen, etwa Sozialversicherungsbeiträge oder Steuern, keine Anwendung.[117] Ferner ist ein Handeln **ggü. außenstehenden Dritten** erforderlich, so dass Abs. 2 nicht greift bei Handlungen ggü. Gesellschaftern u. Beitrittswilligen.[118] Ohne Belang ist es, ob der Dritte bei der Vornahme des Rechtsgeschäfts bzw. der rechtsgeschäftsähnlichen Handlung gewusst oder nicht gewusst hat, dass die GmbH noch nicht entstanden ist.[119]

27 Strittig ist, ob Abs. 2 **nur** bei einem Handeln **im Namen der künftigen GmbH**[120] oder auch bei einem Handeln **im Namen der Vorgesellschaft**[121] gilt. Nach zutr. Ansicht ist dem Wirkungskreis des Abs. 2 auch das Handeln im Namen der Vorgesellschaft zu unterstellen. Eine andere Wertung würde der dogmatischen Einordnung der Vorgesellschaft als unmittelbare Vorstufe der künftigen GmbH nicht gerecht u. brächte überdies in der Praxis erhebliche Abgrenzungsschwierigkeiten u. eher zufällige Ergebnisse mit sich.[122]

4. Umfang der Haftung

28 Der Umfang der Haftung ist nach dem Grundsatz zu bemessen, dass der Gläubiger **nicht schlechter**, aber auch **nicht besser** gestellt werden darf, als wenn die GmbH bei Vornahme des Rechtsgeschäfts bzw. der rechtsgeschäftsähnlichen Handlung bereits eingetragen gewesen wäre.[123] IdS ist die Haftung **akzessorisch** zur Schuld der Gesellschaft.[124] Daher sind auf die Haftungsansprüche ggü. dem Handelnden die gleichen Verjährungsregeln anzuwenden wie sie für das die Haftung auslösende Rechtsgeschäft mit der Vorgesellschaft gelten.[125] Allg. kann der in Anspruch genommene Geschäftsführer dem Gläubiger alle Einwendungen u. Einreden entgegenhal-

---

115 BGHZ 53, 214; 65, 380; 76, 320, 325; Rowedder/*Schmidt-Leithoff* Rn. 120; Roth/*Altmeppen* Rn. 118; Baumbach/Hueck/*Fastrich* Rn. 49; MHLS/*Blath* Rn. 95.
116 OLG Karlsruhe NZG 98, 268 f.; MHLS/*Blath* Rn. 95; Baumbach/Hueck/*Fastrich* Rn. 49.
117 BSG BB 86, 2271 f.; OLG Saarbrücken GmbHR 92, 307; FG Düsseldorf UStR 82, 191; MHLS/*Blath* Rn. 95; Baumbach/Hueck/*Fastrich* Rn. 49; Scholz/*K Schmidt* Rn. 106.
118 BGHZ 15, 206; Baumbach/Hueck/*Fastrich* Rn. 49; MHLS/*Blath* Rn. 96.
119 Lutter/Hommelhoff/*Bayer* Rn. 28.
120 So BGHZ 66, 359; 72, 45, 47; OLG Hamm WM 85, 658, 660.
121 So Roth/*Altmeppen* Rn. 120; *Ulmer* Rn. 137; Rowedder/*Schmidt-Leithoff* Rn. 118; Scholz/*K Schmidt* Rn. 107; Baumbach/Hueck/*Fastrich* Rn. 48; Lutter/Hommelhoff/*Bayer* Rn. 27; MHLS/*Blath* Rn. 99; MüKoGmbHG/*Merkt* Rn. 133.
122 MHLS/*Blath* Rn. 99 ff.; Lutter/Hommelhoff/*Bayer* Rn. 27.
123 BGHZ 53, 214; 69, 104; MüKoGmbHG/*Merkt* Rn. 137; Lutter/Hommelhoff/*Bayer* Rn. 28; Baumbach/Hueck/*Fastrich* Rn. 51; MHLS/*Blath* Rn. 103.
124 MüKoGmbHG/*Merkt* Rn. 137; MHLS/*Blath* Rn. 104; Scholz/*K Schmidt* Rn. 111.
125 RGZ 75, 205; BGHZ 69, 104; Lutter/Hommelhoff/*Bayer* Rn. 28; Baumbach/Hueck/*Fastrich* Rn. 51.

ten, die auch die Vorgesellschaft hat (§ 129 HGB analog).[126] Gegenansprüche aus dem die Haftung auslösenden Rechtsgeschäft stehen aber nur der Vorgesellschaft zu.[127] Mehrere gemeinsam Handelnde haften nach Abs. 2 **gesamtschuldnerisch.**

5. Erlöschen der Haftung

Die Haftung erlischt ohne Mitwirkung des Gläubigers mit der **Entstehung** 29
der GmbH durch ihre **Eintragung in das Handelsregister.**[128] Auch bereits entstandene Ansprüche aus Abs. 2 erlöschen mit der Registereintragung.[129] Denn nunmehr ist der Zweck der Vorschrift erfüllt, da dem Gläubiger jetzt aufgrund der Identität der GmbH mit der in ihr aufgegangenen Vorgesellschaft (→ Rn. 43) die GmbH haftet. Vor diesem Hintergrund ist einleuchtend, dass die **Haftung** auch nach erfolgter Registereintragung der GmbH in den Fällen **bestehen bleibt,** in denen der Handelnde die Vorgesellschaft u. damit auch die später eingetragene GmbH nicht verpflichten konnte, weil er ohne Vertretungsmacht gehandelt oder diese überschritten hat.[130] Die Handelndenhaftung bleibt ferner auch dann bestehen, wenn es nicht zur Eintragung der GmbH kommt.[131]

6. Erstattungsanspruch

Hat ein Geschäftführer iR seiner Geschäftsführungsbefugnis gehandelt, so 30
steht ihm bei einer Inanspruchnahme seiner Person aus Abs. 2 ggü. der Vorgesellschaft u. nach erfolgter Handelsregistereintragung ggü. der GmbH aus dem **Anstellungsvertrag** ein **Anspruch auf Aufwendungsersatz** gem. §§ 675 I, 670 BGB zu.[132] Dieser Anspruch ist gem. § 257 BGB auch auf Freistellung gerichtet. Hat ein Geschäftsführer jedoch mit seinem Handeln die Geschäftsführungsbefugnis überschritten, kommt allenfalls aus **Geschäftsführung ohne Auftrag** ein Anspruch gegen die Vorgesellschaft bzw. die GmbH auf Aufwendungsersatz nach den strengeren Regeln der §§ 677, 679, 683 BGB in Betracht.[133] Diese Ansprüche sind alle gegen die Vorgesellschaft bzw. nach Registereintragung gegen die GmbH gerichtet. Ein Anspruch direkt gegen die Gesellschafter muss wegen des für ihre Inanspruchnahme geltenden Prinzips der Innenhaftung (→ Rn. 16) ausscheiden, es sei denn, es liegt einer der Ausnahmefälle für ihre unmittelbare Außenhaftung (→ Rn. 18) vor.[134]

---

126 MHLS/*Blath* Rn. 104; Scholz/*K Schmidt* Rn. 111.
127 Baumbach/Hueck/*Fastrich* Rn. 51.
128 BGHZ 80, 182; NJW 82, 932; 83, 2822; Lutter/Hommelhoff/*Bayer* Rn. 29; Baumbach/Hueck/*Fastrich* Rn. 53; MHLS/*Blath* Rn. 108; Scholz/*K Schmidt* Rn. 118; Roth/*Altmeppen* Rn. 126.
129 MHLS/*Blath* Rn. 108.
130 BGHZ 80, 182; Baumbach/Hueck/*Fastrich* Rn. 53; Lutter/Hommelhoff/*Bayer* Rn. 29; MHLS/*Blath* Rn. 109.
131 Baumbach/Hueck/*Fastrich* Rn. 53.
132 MHLS/*Blath* Rn. 110; Lutter/Hommelhoff/*Bayer* Rn. 30; Baumbach/Hueck/*Fastrich* Rn. 54; *Roth*/Altmeppen Rn. 34.
133 MHLS/*Blath* Rn. 111; Baumbach/Hueck/*Fastrich* Rn. 54.
134 Baumbach/Hueck/*Fastrich* Rn. 54.

IV. Vorgründungsgesellschaft

1. Begriff, Rechtsnatur

31 Unter einer Vorgründungsgesellschaft versteht man den **vor Abschluss des** eigentlichen **Gesellschaftsvertrages** (§§ 2, 3) erfolgenden **vertraglichen Zusammenschluss mehrerer Personen zur Vorbereitung der Gründung einer** GmbH.[135] Dieser Zusammenschluss kann in seiner inhaltlichen Ausgestaltung unterschiedlich sein. Soll er die Beteiligten zum Abschluss des Gesellschaftsvertrags verpflichten, so bedarf er der notariellen Form des § 2 (s. auch → § 2 Rn. 40).[136] Allerdings kann er auch nur die Verpflichtung beinhalten, fördernd auf die spätere Errichtung der GmbH durch Vornahme bestimmter Vorbereitungshandlungen hinzuwirken; in einem solchen Fall ist die Zusammenschlussvereinbarung auch formlos möglich.[137] Die Vorgründungsgesellschaft ist streng von der Vorgesellschaft zu unterscheiden. Während die Vorgesellschaft mit dem Abschluss des Gesellschaftsvertrages als notwendige Vorstufe der GmbH entsteht, kann es zu einer Vorgründungsgesellschaft nur vor Abschluss des Gesellschaftsvertrages kommen. Die Vorgründungsgesellschaft ist weder mit der Vorgesellschaft noch mit der späteren GmbH identisch;[138] sie geht auch nicht etwa in der Vorgesellschaft auf (→ Rn. 35). Zu betonen ist ferner, dass die Entstehung einer solche Vorgründungsgesellschaft weder zwingend ist noch den Regelfall darstellt u. damit nur bei Vorliegen einer feststellbaren vertraglichen Verbindung der künftigen Gründer als vorhanden betrachtet werden kann.

32 Die Vorgründungsgesellschaft ist eine **BGB-Innengesellschaft** nach §§ 705 ff. BGB[139] bzw. – wenn sie ein Handelsgewerbe betreibt – eine **OHG** gem. §§ 1 I, 105 I HGB.[140] Sie kann bereits im Rechtsverkehr auftreten u. es kann in ihrem Namen gehandelt werden.[141] Wird ohne Offenlegung der noch nicht erfolgten Gründung für die künftige GmbH gehandelt, so wird weder diese noch ihre Vorgesellschaft, sondern nach den Grundsätzen des unternehmensbezogenen Geschäfts der wahre Rechtsträger des Unternehmens verpflichtet, also entweder die Vorgründungsgesellschaft oder – bei einer beabsichtigten Einpersonengründung – der alleinige Gründer als Einzelkaufmann.[142]

135 MüKoGmbHG/*Merkt* Rn. 99 f.; Lutter/Hommelhoff/*Bayer* Rn. 2; Baumbach/Hueck/*Fastrich* Rn. 35; *Wicke* Rn. 2.
136 BGH BB 88, 159; Scholz/*K Schmidt* Rn. 12; Lutter/Hommelhoff/*Bayer* Rn. 4; Baumbach/Hueck/*Fastrich* Rn. 35; MHLS/*Blath* Rn. 7.
137 *Priester*, GmbHR 95, 481, 485; MüKoGmbHG/*Merkt* Rn. 100; Baumbach/Hueck/*Fastrich* Rn. 35.
138 Lutter/Hommelhoff/*Bayer* Rn. 2; Scholz/*K Schmidt* Rn. 20.
139 MüKoGmbHG/*Merkt* Rn. 104; Roth/*Altmeppen* Rn. 4; Baumbach/Hueck/*Fastrich* Rn. 36; Lutter/Hommelhoff/*Bayer* Rn. 2; *Wicke* Rn. 2. In der Lit. finden sich Stimmen, die dogmatisch u. terminologisch differenzieren wollen zwischen den Vorvertragspflichten der Gründer im Innenverhältnis als (BGB-) Innengesellschaft einerseits u. der durch Mitunternehmerschaft der Gründer entstehenden Außengesellschaft andererseits – s. *K Schmidt*, GmbHR 82, 6 ff.; Scholz/*K Schmidt* Rn. 9 u. 14 f.; MHLS/*Blath* Rn. 14 ff. u. 20 ff.
140 BGH NJW 83, 2822 f.; BGHZ 91, 151; NJW 92, 2698; 98, 1645; Roth/*Altmeppen* Rn. 4; Baumbach/Hueck/*Fastrich* Rn. 36; Lutter/Hommelhoff/*Bayer* Rn. 2.
141 Baumbach/Hueck/*Fastrich* Rn. 36.
142 BGHZ 91, 148, 152; NJW 98, 1645; ZIP 98, 1223 f.; *K Schmidt*, GmbHR 98, 615 f.; Baumbach/Hueck/*Fastrich* Rn. 36; Lutter/Hommelhoff/*Bayer* Rn. 3.

2. Haftung der Gesellschafter

Für die Vorgründungsgesellschaft gelten nicht die Regeln der Vorgesellschaft (hierzu → Rn. 13 ff.), dh auch nicht das Konzept der Gründerhaftung als Gesellschafterinnenhaftung. Vielmehr haften die Gesellschafter der Vorgründungsgesellschaft für alle Verbindlichkeiten, die durch geschäftliches Tätigwerden der Vorgründungsgesellschaft zur Entstehung gelangen, **nach den Regeln der BGB-Gesellschaft** bzw. **OHG unmittelbar persönlich.**[143] Die Haftung der Gesellschafter ist begründet, wenn sie mit der Aufnahme der geschäftlichen Tätigkeit der Vorgründungsgesellschaft einverstanden sind.[144] Die persönliche Haftung der Gesellschafter kann nur durch mit dem Geschäftspartner individualvertraglich vereinbarte ausdrückliche Begrenzung der Haftung auf das Gesellschaftsvermögen der Vorgründungsgesellschaft[145] oder dadurch vermieden werden, dass das betr. Rechtsgeschäft im Namen der künftigen GmbH unter der aufschiebenden Wirksamkeitsbedingung ihrer Entstehung u. vorbehaltlich ihrer dann zu erfolgenden Genehmigung vereinbart wird.[146] 33

Die **Handelndenhaftung** nach Abs. 2 findet bei der Vorgründungsgesellschaft **keine Anwendung**, da für sie neben der unmittelbaren u. unbeschränkten Gesellschafterhaftung kein Bedarf besteht.[147] 34

3. Verhältnis zur Vorgesellschaft

Zwischen der Vorgründungsgesellschaft u. der Vorgesellschaft gilt das **Prinzip der Diskontinuität**,[148] dh die Vorgründungsgesellschaft ist nicht Vorstufe der Vorgesellschaft u. damit auch nicht Vorläufer der künftigen GmbH.[149] Es findet daher auch kein automatischer Übergang der Aktiva u. Passiva von der Vorgründungsgesellschaft auf die Vorgesellschaft statt. Sofern ein entspr. Übergang gewünscht wird, hat hins. bestehender Vermögensgegenstände u. Rechte eine Einzelübertragung u. hins. vorhandener Verbindlichkeiten eine Schuldübernahme gem. §§ 414, 415 BGB zu erfolgen,[150] was für die Wirksamkeit der befreienden Schuldübernahme die Zustimmung des jeweiligen Gläubigers erforderlich macht.[151] Kann eine solche Zustimmung nicht erlangt werden, bleibt die Haftung der Gesellschafter der Vorgründungsgesellschaft für die Verbindlichkeiten im Außenverhältnis bestehen.[152] 35

143 BGH GmbHR 85, 114; LAG Köln ZIP 05, 2158; *Ulmer* Rn. 2; Lutter/Hommelhoff/*Bayer* Rn. 2; Baumbach/Hueck/*Fastrich* Rn. 37.
144 BGH ZIP 04, 1208; *Gehrlein*, BB 04, 2361; Lutter/Hommelhoff/*Bayer* Rn. 2.
145 Baumbach/Hueck/*Fastrich* Rn. 37.
146 *K Schmidt*, GmbHR 98, 616 f.; MHLS/*Blath* Rn. 37; Baumbach/Hueck/*Fastrich* Rn. 37.
147 BGHZ 91, 148 ff.; DStR 96, 1015; NJW-RR 01, 1042; Roth/*Altmeppen* Rn. 13; Baumbach/Hueck/*Fastrich* Rn. 37; Lutter/Hommelhoff/*Bayer* Rn. 2.
148 *Michalski/Funke* Rn. 26.
149 BGHZ 91, 151; WM 96, 722; NJW 98, 1645; NJW-RR 01, 1042; MüKoGmbHG/*Merkt* Rn. 110; MHLS/*Blath* Rn. 26; Baumbach/Hueck/*Fastrich* Rn. 38; Lutter/Hommelhoff/*Bayer* Rn. 2.
150 MüKoGmbHG/*Merkt* Rn. 110; *Michalski/Funke* Rn. 26; Baumbach/Hueck/*Fastrich* Rn. 38; Lutter/Hommelhoff/*Bayer* Rn. 2.
151 MüKoGmbHG/*Merkt* Rn. 110; Baumbach/Hueck/*Fastrich* Rn. 38.
152 BGH NJW 83, 2822; NJW-RR 01, 1042, 1043.

4. Beendigung

36 IaR endet die Vorgründungsgesellschaft durch **Zweckerreichung** gem. § 726 BGB, wenn die Gründer den Gesellschaftsvertrag der GmbH in notarieller Form (§ 2) abgeschlossen, die GmbH damit errichtet u. die Vorgesellschaft zur Entstehung gebracht haben.[153] UU kann die Vorgründungsgesellschaft aber auch noch fortbestehen, wenn sich aus der ihr zugrunde liegenden Vereinbarung entnehmen lässt, dass ihre Zwecke über den Abschluss des GmbH-Gesellschaftsvertrags hinausreichen.[154] Ein Recht zur **ordentlichen Kündigung** wird den Gesellschaftern idR wegen der im Wesen der Vorgründungsgesellschaft liegenden zeitlichen Begrenztheit ihres Zwecks (bis zum Abschluss des Gesellschaftsvertrags) **nicht zustehen,**[155] allenfalls bei einer deutlichen Überschreitung des für die Zweckerreichung vorgesehenen oder allg. üblichen Zeitraums.[156] Ein Recht zur **außerordentlichen Kündigung** gem. § 723 I 2 BGB besteht hingg. bei Vorliegen eines wichtigen Grundes **jederzeit.**[157] Ob die Vorgründungsgesellschaft durch den Tod eines Gesellschafters aufgelöst wird, hängt vom Einzelfall ab.[158]

V. Die Einpersonen-GmbH vor Handelsregistereintragung

1. Allgemeines, Problemstellung

37 Aus § 1 ergibt sich, dass das Gesetz die **Einpersonengründung gleichrangig neben der Mehrpersonengründung** gestattet (→ § 1 Rn. 39). Über diesen Grundsatz hinaus enthält das GmbHG jedoch keine Sonderbestimmungen für die Gründung einer Einpersonen-GmbH. Diese findet daher nach den gleichen Vorschriften u. Regeln statt wie die Mehrpersonengründung. Auch bei der Einpersonengründung muss es daher zwischen Errichtung der Gesellschaft u. Handelsregistereintragung eine in gewisser Weise verselbstständigte rechtliche Einheit geben, die zwingend als etwas anderes zu begreifen ist, als der Gründergesellschafter selbst. Allerdings fehlt bei der Einpersonengründung ein aus mehreren Gründern gebildeter Personenverband, der als Rechtsträger der Vorgesellschaft dienen könnte. Dies macht die dogmatische Einordnung des Gründungsstadiums der Einpersonen-GmbH gerade für diejenigen schwierig, welche die Vorgesellschaft bei der Mehrpersonengründung als grds. gesamthänderisch strukturiert betrachten.[159] Es besteht jedoch iErg Einigkeit, dass das **Vermögen der Einpersonengesellschaft** im Gründungsstadium als **vom Privatvermögen des Gründers strikt getrennt** anzusehen ist.[160] Die Begründungsansätze für diese übereinstimmende Ansicht sind unterschiedlich. Während manche das Ver-

153 Scholz/*K Schmidt* Rn. 13; MüKoGmbHG/*Merkt* Rn. 111; Baumbach/Hueck/*Fastrich* Rn. 39.
154 MHLS/*Blath* Rn. 24; Scholz/*K Schmidt* Rn. 13 u. 19; Baumbach/Hueck/*Fastrich* Rn. 39.
155 MüKoGmbHG/*Merkt* Rn. 112; Baumbach/Hueck/*Fastrich* Rn. 39.
156 RGZ 87, 164, 166; MüKoGmbHG/*Merkt* Rn. 112; Baumbach/Hueck/*Fastrich* Rn. 39; *Priester*, GmbHR 95, 481, 485; Scholz/*K Schmidt* Rn. 13.
157 MüKoGmbHG/*Merkt* Rn. 112; Baumbach/Hueck/*Fastrich* Rn. 39.
158 Hierzu MüKoGmbHG/*Merkt* Rn. 113.
159 *Ulmer* Rn. 22; *Ulmer/Ihrig*, GmbHR 88, 374 ff.; hierzu auch Scholz/*K Schmidt* Rn. 149.
160 MüKoGmbHG/*Merkt* Rn. 191.

mögen der im Gründungsprozess befindlichen Einpersonengesellschaft als **organisatorisch verselbstständigtes Sondervermögen des Gründers** begreifen,[161] können diejenigen, welche der Vorgesellschaft als unmittelbarer Vorstufe zur GmbH ganz allg. bereits körperschaftlichen Charakter zuerkennen, die **Vorgesellschaft selbst als Zuordnungssubjekt des Gesellschaftsvermögens** vor Handelsregistereintragung qualifizieren (insoweit ohne Unterschied zur Mehrpersonen-Vorgesellschaft).[162]

2. Einzelheiten

38 Trotz der unterschiedlichen dogmatischen Ansätze ist allg. anerkannt, dass die **Regeln über die Vorgesellschaft** (→ Rn. 3 ff.) weitgehend **auch auf die Einpersonengründung anzuwenden** sind.[163] Die Einpersonen-Vorgesellschaft benötigt wenigstens einen Geschäftsführer; der Alleingesellschafter kann sich hierbei auch selbst zum Geschäftsführer bestellen, wobei dann § 35 III zu beachten ist.[164] Die Erbringung der Einlagen hat durch klare rechtsgeschäftliche Übertragung auf die Vorgesellschaft zu erfolgen; der Vermögensübergang muss nach außen erkennbar sein.[165] Die Einpersonen-Vorgesellschaft kann ebenso wie die Mehrpersonen-Vorgesellschaft unbeschränkt am Rechtsverkehr teilnehmen u. Träger von Rechten u. Pflichten sein (→ Rn. 8).[166] Sie ist also firmen-, konto- grundbuch-, wechsel-/scheck-, partei- u. insolvenzfähig.[167] Mit Eintragung der GmbH in das Handelsregister geht die Einpersonen-Vorgesellschaft in der GmbH auf, so dass ihr Vermögen u. ihre Verbindlichkeiten nunmehr bei der GmbH liegen.[168]

39 Im Fall der Aufgabe oder des endgültigen Scheiterns der Handelsregistereintragung findet allerdings nach hM bei der Einpersonen-Vorgesellschaft **keine Liquidation** statt, vielmehr fallen in einem solchen Fall sämtliche Aktiva u. Passiva der Vorgesellschaft ipso iure dem Gründer zu, der im Wege der **Gesamtrechtsnachfolge** in alle Rechte u. Pflichten der Vorgesellschaft eintritt.[169]

161 *Ulmer* Rn. 24 f.; *Roth*/Altmeppen Rn. 81.

162 *Goette*, DStR 01, 1395, 1397; Scholz/*K Schmidt* Rn. 147; MHLS/*Blath* Rn. 74; Baumbach/Hueck/*Fastrich* Rn. 42; *K Schmidt*, GesR § 40 II 3; MünchHdbGesR/*Gummert*, § 16 Rn. 110; *Raiser/Veil*, KapGesR § 26 Rn. 87. Von einer Einmann-Gründungsgesellschaft spricht auch BGH NZG 99, 960.

163 *Wicke* Rn. 16; Baumbach/Hueck/*Fastrich* Rn. 42.

164 Baumbach/Hueck/*Fastrich* Rn. 43; Lutter/Hommelhoff/*Bayer* Rn. 31.

165 BayObLG DB 94, 524; *Michalski/Funke* Rn. 78; Baumbach/Hueck/*Fastrich* Rn. 43; MHLS/*Blath* Rn. 74; Baumbach/Hueck/*Fastrich* Rn. 42; Scholz/*K Schmidt* Rn. 151; Lutter/Hommelhoff/*Bayer* Rn. 31.

166 OLG Köln BB 97, 1118, 1119; Scholz/*K Schmidt* Rn. 150; Baumbach/Hueck/*Fastrich* Rn. 43; Lutter/Hommelhoff/*Bayer* Rn. 31; *Wicke* Rn. 16; MüKo-GmbHG/*Merkt* Rn. 197.

167 Baumbach/Hueck/*Fastrich* Rn. 43.

168 Lutter/Hommelhoff/*Bayer* Rn. 31; Baumbach/Hueck/*Fastrich* Rn. 43; *Wicke* Rn. 16.

169 BGH NZG 99, 960, 961; LG Berlin GmbHR 01, 391, 392; Lutter/Hommelhoff/*Bayer* Rn. 31; Roth/*Altmeppen* Rn. 111; MünchHdbGesR/*Gummert*, § 16 Rn. 125; MHLS/*Blath* Rn. 76; MüKoGmbHG/*Merkt* Rn. 204; aA *Petersen*, NZG 04, 400, 405 ff.; krit. auch Baumbach/Hueck/*Fastrich* Rn. 43.

40 Anders als bei der Mehrpersonen-Vorgesellschaft ist die unbeschränkte **Verlustdeckungshaftungshaftung** des alleinigen Gründers **keine** anteilige **Innenhaftung**, sondern immer eine **unbeschränkte Außenhaftung**,[170] die allerdings in ihrer Entstehung auch vom Scheitern der Registereintragung abhängig ist.[171] Anteilig kann die Haftung schon deshalb nicht sein, weil nur ein Gründer vorhanden ist, der dementspr in der vollen Verantwortlichkeit steht. Eine Innenhaftung muss ausscheiden, weil nach hM bei einem Scheitern der Einpersonen-Vorgesellschaft deren Sondervermögen automatisch ohne Liquidation kraft Gesamtrechtsnachfolge auf ihren Alleingesellschafter übergeht (→ Rn. 39), der somit als einziges Haftungssubjekt übrigbleibt. Mit Eintragung der GmbH in das Handelsregister wird diese Außenhaftung aber nach den Grundsätzen der **Unterbilanzhaftung** in eine **Innenhaftung** ggü. der GmbH umgewandelt.[172] Neben der Gründerhaftung besteht auch bei der Einpersonen-Vorgesellschaft die **Handelndenhaftung** nach Abs. 2 (hierzu → Rn. 23 ff.), wobei von dieser nur die Personen erfasst werden, welche im Namen der künftigen GmbH bzw. der Vor-GmbH handeln, in erster Linie also der oder die Geschäftsführer.[173] Der Alleingesellschafter, der nicht zugleich Geschäftsführer ist oder als solcher auftritt, unterfällt damit nicht der Haftung aus Abs. 2.[174]

VI. Wirkung der Handelsregistereintragung

1. Entstehung der GmbH – Erlöschen der Handelndenhaftung

41 Mit der Eintragung in das Handelsregister **entsteht** die GmbH als **juristische Person**. Die Handelsregistereintragung ist mithin eine für die Existenz der GmbH **konstitutive Voraussetzung.**[175]

42 Ebenso mit der Eintragung der GmbH in das Handelsregister **erlischt** ohne weitere Mitwirkung der Gläubiger die **Handelndenhaftung** aus Abs. 2 mit Ausn. einer Haftung für die Fälle, bei denen der Handelnde die Vorgesellschaft u. damit auch die später eingetragene GmbH nicht verpflichten konnte, weil er ohne Vertretungsmacht gehandelt oder diese überschritten hat (→ Rn. 18).

2. Verhältnis zur Vorgesellschaft

43 Die durch das Errichtungsgeschäft, also den Abschluss des Gesellschaftsvertrages zur Entstehung gelangte **Vor-GmbH** geht mit der Handelsregistereintragung der GmbH in selbiger auf u. **endet** als eigene Gesellschaft. An die Stelle der Vorgesellschaft tritt die GmbH.[176] Auf welche Weise dieser Wechsel von der Vor-GmbH zur GmbH vonstatten geht, wird unterschiedlich beurteilt. Nach einer Auffassung geschieht dies durch Übergang sämtlicher Rechte u. Pflichten der Vorgesellschaft im Wege der **Gesamt-**

170 BGHZ 134, 333, 341; MüKoGmbHG/*Merkt* Rn. 198; MHLS/*Blath* Rn. 77; Baumbach/Hueck/*Fastrich* Rn. 44; *Wicke* Rn. 16; Roth/*Altmeppen* Rn. 110.
171 Baumbach/Hueck/*Fastrich* Rn. 44; aA Roth/*Altmeppen* Rn. 110.
172 BGH NZG 06, 64; *Wicke* Rn. 16.
173 Baumbach/Hueck/*Fastrich* Rn. 44; MHLS/*Blath* Rn. 77.
174 BGHZ 91, 148, 149 f.; MHLS/*Blath* Rn. 77; Baumbach/Hueck/*Fastrich* Rn. 44; aA *Ulmer*, BB 80, 1001, 1005; *Fleck*, GmbHR 83, 5, 17.
175 MüKoGmbHG/*Merkt* Rn. 148; MHLS/*Blath* Rn. 114.
176 MHLS/*Blath* Rn. 115; Baumbach/Hueck/*Fastrich* Rn. 55.

rechtsnachfolge auf die eingetragene GmbH[177] – ähnl einer umwandlungsrechtlichen Verschmelzung durch Aufnahme. Nach anderer, vorzugswürdiger Ansicht, besteht zwischen der Vorgesellschaft u. der eingetragenen GmbH eine vollständige Identität, aus welcher sich auch eine Identität der Rechtsverhältnisse ableitet, so dass ein Übergang von Rechten u. Pflichten iSe Rechtsnachfolge gar nicht erforderlich ist (**Identitätstheorie**).[178] Die Identitätstheorie wird dem Vorgang des Wechsels von der Vorgesellschaft in die eingetragene GmbH besser gerecht. Nimmt man die Theorie der Gesamtrechtsnachfolge ernst, dann müsste es sich bei der Vorgesellschaft u. der Vor-GmbH um zwei unterschiedliche Rechtsträger handeln. Wie diese aus einem Errichtungsakt resultieren sollen, lässt sich iR dieser Ansicht nicht ohne Theoriebruch erklären. Tatsächlich bedeutet doch der Wechsel der Vorgesellschaft zur eingetragenen GmbH, dass derselben Gesellschaft durch die Handelsregistereintragung ein neues Rechtskleid übergezogen wird, der Rechtsträger also identisch bleibt u. lediglich eine andere Rechtsform erhält – ähnl dem umwandlungsrechtlichen Formwechsel.

Die mittlerweile einhellig anerkannte Ansicht, dass mit der Handelsregis- 44
tereintragung die entstandene GmbH Inhaber sämtlicher in der Vorgesellschaft begründeten Rechte u. Pflichten wird, galt früher nicht uneingeschränkt. Aus dem **Unversehrtheitsgrundsatz**, also dem Prinzip, dass das Stammkapital zum Zeitpunkt der Handelsregistereintragung der GmbH vollständig vorhanden sein muss,[179] wurde früher das sog. **Vorbelastungsverbot** abgeleitet. Danach durften Verbindlichkeiten der Vorgesellschaft nur in engen Grenzen auf die eingetragene GmbH übergehen.[180] Dieses Vorbelastungsverbot hat der BGH in einer Grundsatzentscheidung aus dem Jahre 1981 ausdrücklich aufgegeben u. durch die **Vorbelastungshaftung** der Gesellschafter (→ Rn. 45) ersetzt.[181]

3. Haftungsfolgen für die Gesellschafter – Vorbelastungshaftung

a) **Allgemeines.** Als Ausgleich für die Aufgabe des Vorbelastungsverbots 45
(→ Rn. 44) hat der BGH zur Absicherung des Unversehrtheitsgrundsatzes (→ Rn. 44) eine allg. **Differenzhaftung** der Gesellschafter, die sog. **Vorbelastungshaftung** oder auch **Unterbilanzhaftung** entwickelt.[182] Danach haften die Gesellschafter ggü. der Gesellschaft **anteilig für eine zum Zeitpunkt der Eintragung der Gesellschaft in das Handelsregister vorhandene Differenz zwischen dem Wert des Vermögens der Gesellschaft u. dem Stammkapital.** Diese Haftung ist ausnahmslos eine **reine Innenhaftung** ggü. der Gesellschaft. Die für die Verlustdeckungshaftung anerkannten Außenhaftungs-Sonderfälle bei Vermögenslosigkeit der Gesellschaft u. bei Vorliegen

177 *Ulmer* Rn. 87 ff.; Baumbach/Hueck/*Fastrich* Rn. 56; *Ulmer*, FS Ballerstedt, 75, S. 279, 300; *Hüffer*, JuS 83, 161, 167.
178 Scholz/*K Schmidt* Rn. 133; Rowedder/*C. Schmidt-Leithoff* Rn. 135; *Weimar*, GmbHR 88, 289, 291; *Scholz*, GmbHR 56, 3, 4; *Dilcher*, JuS 66, 89, 92 ff.
179 BGHZ 80, 129, 140; 105, 300; 134, 333, 338; Lutter/Hommelhoff/*Bayer* Rn. 32; Baumbach/Hueck/*Fastrich* Rn. 58; *Ulmer* Rn. 100.
180 Vgl. die Darstellungen bei MüKoGmbHG/*Merkt* Rn. 149; MHLS/*Blath* Rn. 121; Baumbach/Hueck/*Fastrich* Rn. 59.
181 BGHZ 80, 129.
182 BGHZ 80, 129, 140 ff.; 80, 183 f.; 105, 300, 302 ff.; 134, 333, 338.

einer Einpersonen-GmbH (→ Rn. 18) gelten für die Vorbelastungshaftung nicht.[183] Die Vorbelastungshaftung stellt also einen in höchstrichterlicher Rechtsfortbildung entwickelten eigenen Haftungstatbestand dar,[184] der den Unversehrtheitsgrundsatz nunmehr wertmäßig sichert,[185] dh die geleisteten Einlagen selbst müssen bis zur Eintragung zwar nicht unversehrt bleiben, werden sie jedoch belastet, dann sind die insoweit eingetretenen Verluste durch die Gesellschafter auszugleichen.[186] Ist ein Haftungsanspruch gegen einen Gesellschafter nicht durchsetzbar, so besteht für die Mitgesellschafter eine **Ausfallhaftung** gem. § 24.[187]

46 Die Vorbelastungshaftung bildet zusammen mit der vom BGH später entwickelten Verlustdeckungshaftung als Haftungstatbestand für im Stadium der Vorgesellschaft eingetretene Vermögensverluste der Gesellschaft ein **einheitliches Konzept einer Gründerhaftung.** Scheitert die Handelsregistereintragung, kommt die Verlustdeckungshaftung zum Tragen. Wird die Gesellschaft jedoch in das Handelsregister eingetragen, dann geht die Verlustdeckungshaftung insoweit in der Vorbelastungshaftung auf, als diejenigen Vermögensverluste der Vorgesellschaft, die – bei einem Scheitern der Eintragung – zu einer Verlustdeckungshaftung geführt hätten, nunmehr für die Vorbelastungshaftung relevant sind[188] (s. auch → Rn. 15).

47 **b) Einzelheiten.** Eine Inanspruchnahme der Gesellschafter aus Vorbelastungshaftung setzt voraus, dass sie der **Aufnahme des Geschäftsbetriebs** vor Handelsregistereintragung der Gesellschaft **zugestimmt** haben, da ihnen ansonsten die dadurch bewirkte Unterbilanz nicht zugerechnet werden kann.[189]

48 Weitere tatbestandliche Voraussetzung für das Entstehen der Vorbelastungshaftung ist die **Eintragung der Gesellschaft in das Handelsregister.** Unterbleibt die Handelsregistereintragung, kann kein Anspruch aus Vorbelastungshaftung bestehen, allenfalls ein Anspruch aus Verlustdeckungshaftung (→ Rn. 15 ff.).[190]

49 Nach hM ist der Zeitpunkt der **Handelsregistereintragung** auch der für die Entstehung u. den Umfang der Vorbelastungshaftung **maßgebliche Zeitpunkt.** Eine Vorbelastungshaftung besteht nur, wenn zu diesem Zeitpunkt eine Differenz zwischen dem Wert des Vermögens der Gesellschaft u. dem Stammkapital besteht, u. die Höhe einer solchen Differenz zu diesem Zeitpunkt bestimmt den Umfang der Haftung.[191]

183 BGH NZG 06, 64.
184 MüKoGmbHG/*Merkt* Rn. 158.
185 BGHZ 80, 129, 141.
186 MüKoGmbHG/*Merkt* Rn. 156; MHLS/*Blath* Rn. 120 u. 130.
187 BGHZ 80, 129, 141; Scholz/*K Schmidt* Rn. 128; Lutter/Hommelhoff/*Bayer* Rn. 33; Baumbach/Hueck/*Fastrich* Rn. 61; MüKoGmbHG/*Merkt* Rn. 162.
188 Baumbach/Hueck/*Fastrich* Rn. 62 u. 66; MHLS/*Blath* Rn. 126.
189 MüKoGmbHG/*Merkt* Rn. 159; MHLS/*Blath* Rn. 133.
190 BGHZ 80, 129, 140 f.; NZG 03, 393, 394; MüKoGmbHG/*Merkt* Rn. 160; MHLS/*Blath* Rn. 132; Baumbach/Hueck/*Fastrich* Rn. 63.
191 BGHZ 80, 129, 141; 134, 333, 338; MHLS/*Blath* Rn. 135 ff.; Baumbach/Hueck/*Fastrich* Rn. 63; MüKoGmbHG/*Merkt* Rn. 165; differenzierend Scholz/*K Schmidt* Rn. 126.

Die Gesellschafter haben für den Differenzbetrag zwischen dem tatsächlichen Wert des Gesellschaftsvermögens u. dem nominellen Stammkapital, dh für die sog. Unterbilanz, anteilig einzustehen.[192] Nach herrschender u. zutr. Auffassung umfasst die Haftung grds. **jede Differenz** zwischen Vermögen u. Stammkapital, unabhängig vom Grund des Fehlbetrags.[193] Davon **ausgenommen** sind nur die **Gründungskosten**, die in der Satzung der GmbH von der Gesellschaft förmlich übernommen wurden.[194] Die Haftung ist weder durch die Höhe des Stammkapitals noch durch die Höhe der einzelnen Stammeinlagen der Gründer begrenzt, sie erstreckt sich vielmehr auf den vollen zum Zeitpunkt der Handelsregistereintragung vorhandenen Verlust der Gesellschaft.[195] 50

Zur Feststellung der Vorbelastungshaftung u. ihres Umfangs ist, bezogen auf den Zeitpunkt der Handelsregistereintragung der Gesellschaft, eine **Vorbelastungsbilanz** als Vermögensbilanz[196] aufzustellen. Ist die Gesellschaft im Zeitpunkt der Handelsregistereintragung nicht überschuldet u. kann fortgeführt werden, so sind die Aktiva mit Fortführungswerten zu bilanzieren.[197] Besteht hingg. eine negative Fortführungsprognose, hat die Bilanzierung zu Veräußerungswerten zu erfolgen.[198] Wenn ausnahmsweise durch die Aufnahme des Geschäftsbetriebs iRd Vor-GmbH bereits ein am Markt bewährtes Unternehmen entstanden ist, welches als solches einen eigenen Vermögenswert repräsentiert, kann die Bewertung nach der Ertragswertmethode erfolgen.[199] Gesellschafterdarlehen sind immer zu passivieren, auch wenn sie mit einem Rangrücktritt versehen sind.[200] An der notwendigen Passivierung von Drittdarlehen ändert auch das Vorliegen einer Gesellschafterbürgschaft für die Darlehensverpflichtung nichts.[201] 51

Die Gesellschafter haften der GmbH nicht als Gesamtschuldner, sondern **anteilig**, dh im Verhältnis der Nennbeträge der von ihnen übernommenen Geschäftsanteile. Die Einforderung der Haftungsbeträge erfolgt durch den Geschäftsführer.[202] Der Haftungsanspruch der Gesellschaft auf Beseitigung der Unterbilanz ist zu behandeln wie ein Anspruch auf Leistung fehlender 52

192 BGHZ 165, 391, 401; MüKoGmbHG/*Merkt* Rn. 162; MHLS/*Blath* Rn. 135.
193 BGHZ 105, 300, 303; Lutter/Hommelhoff/*Bayer* Rn. 33; Baumbach/Hueck/*Fastrich* Rn. 64; MüKoGmbHG/*Merkt* Rn. 163; MHLS/*Blath* Rn. 141; aA – Haftung nur für operative Verluste aus der laufenden Geschäftstätigkeit – Scholz/*K Schmidt* Rn. 129 ff.
194 BGHZ 80, 129, 141; NJW 98, 233; Baumbach/Hueck/*Fastrich* Rn. 64; MüKoGmbHG/*Merkt* Rn. 163; MHLS/*Blath* Rn. 141.
195 BGHZ 105, 300, 303; MüKoGmbHG/*Merkt* Rn. 162; MHLS/*Blath* Rn. 142.
196 Scholz/*K Schmidt* Rn. 129; MüKoGmbHG/*Merkt* Rn. 165.
197 BGHZ 140, 35, 37; 165, 391, 396 f.; Lutter/Hommelhoff/*Bayer* Rn. 33; MüKoGmbHG/*Merkt* Rn. 165.
198 BGH NJW 98, 233; *Wicke* Rn. 8; Baumbach/Hueck/*Fastrich* Rn. 64.
199 BGHZ 165, 391; Lutter/Hommelhoff/*Bayer* Rn. 34; Baumbach/Hueck/*Fastrich* Rn. 64; *Wicke* Rn. 8; MüKoGmbHG/*Merkt* Rn. 165; *Bayer/Lieder*, ZGR 06, 875, 893 ff.; *Luttermann/Lingl*, NZG 06, 454 f.
200 Lutter/Hommelhoff/*Bayer* Rn. 36; Baumbach/Hueck/*Fastrich* Rn. 64.
201 OLG München NJW-RR 01, 968, 969; MHLS/*Blath* Rn. 140; Baumbach/Hueck/*Fastrich* Rn. 64.
202 Baumbach/Hueck/*Fastrich* Rn. 64; MHLS/*Blath* Rn. 143.

Bareinlagen u. unterliegt den strengen **Regeln der Kapitalaufbringung.**[203] Dies bedeutet, dass die Einzahlung nach § 19 zu erfolgen hat, gem. § 20 Verzugszinsen gefordert werden können, die Kaduzierung des Geschäftsanteils nach §§ 21 ff. zulässig ist u. Ausfallhaftung gem. § 24 besteht.[204] Der Anspruch verjährt analog § 9 II in 10 Jahren ab Handelsregistereintragung.[205]

53 Nach hM entfällt der Anspruch gegen die Gesellschafter aus der Vorbelastungshaftung nicht automatisch dadurch, dass die im Zeitpunkt der Eintragung der Gesellschaft in das Handelsregister vorhandene Unterbilanz später etwa durch Gewinne oder Auflösung von Rücklagen anderweitig ausgeglichen wird.[206]

54 Die **Darlegungs- u. Beweislast** für das Bestehen von Ansprüchen aus einer Vorbelastungshaftung trifft nach allg. Regeln grds. die Gesellschaft bzw. im Fall der Insolvenz den Insolvenzverwalter.[207] Ist eine Vorbelastungsbilanz auf den Eintragungsstichtag nicht erstellt worden, ergeben sich aber hinreichende Anhaltspunkte dafür, dass das Stammkapital der Gesellschaft schon im Gründungsstadium angegriffen wurde, so ist es nach den Grundsätzen der sog. sekundären Behauptungslast an den Gesellschaftern, darzulegen u. zu beweisen, dass eine Unterbilanz nicht bestanden hat.[208] Dies gilt auch für die Darlegung u. den Beweis, dass schon vor der Handelsregistereintragung ein am Markt bewährtes Unternehmen mit eigenem Vermögenswert existiert hat u. die Bewertung folglich nach der Ertragswertmethode vorzunehmen ist (→ Rn. 51).[209] Für haftungsausschließende Tatsachen trägt nach allg. Regeln der Gesellschafter die Beweislast.[210]

§ 12 Bekanntmachungen der Gesellschaft

[1]Bestimmt das Gesetz oder der Gesellschaftsvertrag, dass von der Gesellschaft etwas bekannt zu machen ist, so erfolgt die Bekanntmachung im Bundesanzeiger (Gesellschaftsblatt). [2]Daneben kann der Gesellschaftsvertrag andere öffentliche Blätter oder elektronische Informationsmedien als Gesellschaftsblätter bezeichnen.

---

203 BGH NZG 12, 539; BGHZ 80, 129, 141; 124, 282, 283; *Wicke* Rn. 9; Scholz/*K Schmidt* Rn. 128; MüKoGmbHG/*Merkt* Rn. 166; Baumbach/Hueck/*Fastrich* Rn. 64; MHLS/*Blath* Rn. 143.
204 MüKoGmbHG/*Merkt* Rn. 166; Baumbach/Hueck/*Fastrich* Rn. 64; MHLS/*Blath* Rn. 143.
205 MüKoGmbHG/*Merkt* Rn. 168; Baumbach/Hueck/*Fastrich* Rn. 64; *Wicke* Rn. 9; Lutter/Hommelhoff/*Bayer* Rn. 38; aA – nach wie vor 5 Jahre – MHLS/*Blath* Rn. 145.
206 BGHZ 165, 391, 401; *Gehrlein*, BB 06, 910; *Luttermann/Lingl*, NZG 06, 454, 455; *Weitemeyer*, NZG 06, 648; *Wicke* Rn. 9; Baumbach/Hueck/*Fastrich* Rn. 64; aA Scholz/*K Schmidt* Rn. 131 a; Lutter/Hommelhoff/*Bayer* Rn. 38.
207 BGH NJW 98, 233, 234; OLG Düsseldorf WM 93, 1961; MüKoGmbHG/*Merkt* Rn. 167; Baumbach/Hueck/*Fastrich* Rn. 65.
208 BGH NZG 03, 393.
209 BGHZ 165, 391, 398.
210 Lutter/Hommelhoff/*Bayer* Rn. 40.

Schrifttum

Apfelbaum, Wichtige Änderungen für Notare durch das EHUG jenseits der elektronischen Handelsregisteranmeldung, DNotZ 2007, 166; *Krafka*, Gesellschaftsrechtliche Auswirkungen des Justizkommunikationsgesetzes, MittBayNot 2005, 293; *Noack*, Neue Publizitätspflichten und Publizitätsmedien für Unternehmen – eine Bestandsaufnahme nach EHUG und TUG, WM 2007, 377; *ders*, Pflichtbekanntmachungen bei der GmbH – Neue Regeln durch das Justizkommunikationsgesetz, DB 2005, 599; *Spindler/Kramski*, Der elektronische Bundesanzeiger als zwingendes Gesellschaftsblatt für Pflichtbekanntmachungen der GmbH, NZG 2005, 746; *Stuppi*, Bekanntmachungen der GmbH nach § 12 GmbHG, GmbHR 2006, 138.

I. Normzweck

1 § 12 legt den Begriff der **„Gesellschaftsblätter“** als Bezeichnung für die Bekanntmachungsmedien der GmbH fest u. bestimmt zugleich den (elektronisch geführten) **Bundesanzeiger** zum zwingenden **„Basis-Gesellschaftsblatt“**[1] der GmbH. Die vom Gesetz oder dem Gesellschaftsvertrag geforderten Bekanntmachungen der Gesellschaft haben daher in jedem Fall im (elektronisch geführten) Bundesanzeiger zu erfolgen (S. 1). Daneben kann der Gesellschaftsvertrag aber auch noch **weitere Publikationsmedien** zu Gesellschaftsblättern bestimmen (S. 2). Ist dies der Fall, dann haben die Bekanntmachungen der Gesellschaft auch in diesen weiteren Publikationsmedien zu erfolgen.

2 S. 1 u. 2 ist durch das JKomG[2] am 1.4.05 in Kraft getreten. Vormaliger **S. 3** wurde durch das EHUG[3] mit Wirkung zum 1.1.07 angefügt, um Unsicherheiten in der Anwendung alter Satzungsbestimmungen, die noch den Papier-Bundesanzeiger als Bekanntmachungsmedium angeben, zu beseitigen, u. wurde durch das BAnzDiG[4] v. 22.12.11 wieder aufgehoben, da der Bundesanzeiger seither ausschließlich als elektronische Ausgabe vorliegt.

3 Die Vorschrift dient der **Vereinheitlichung der Bekanntmachungsvorschriften** sowie deren **sprachlichen Angleichung,**[5] indem sie die bis zu ihrem Inkrafttreten nur für die AG geltende Bekanntmachungspflicht im (nur noch elektronisch geführten) Bundesanzeiger nunmehr auch auf die GmbH ausgedehnt hat, so dass Bekanntmachungen von Kapitalgesellschaften jetzt

1 So RegBegr. BT-Drs. 15/4067, S. 56.
2 Art. 12 Nr. 1 des Gesetzes über die Verwendung elektronischer Kommunikationsformen in der Justiz (JKomG) v. 22.3.05, BGBl. I, S. 837.
3 Art. 10 Nr. 2 a des Gesetzes über elektronische Handelsregister und Genossenschaftsregister sowie das Unternehmensregister (EHUG) v. 10.11.06, BGBl. I, S. 2553, 2579.
4 Gesetz zur Änderung von Vorschriften über Verkündung und Bekanntmachungen sowie der Zivilprozessordnung, des Gesetzes betreffend die Einführung der Zivilprozessordnung und der Abgabenordnung v. 22.12.11, BGBl. I 12, S. 3044, in Kraft getreten am 1.4.12.
5 BegrRegE JKomG, BT-Drs. 15/4067, S. 56.

einheitlich im (nur noch elektronisch geführten) Bundesanzeiger, der auch übergreifend als Gesellschaftsblatt bezeichnet wird, zu erfolgen haben.[6]

4 Die Festlegung des Bundesanzeigers zum Pflicht-Gesellschaftsblatt der GmbH hat auch die **Interessen der Gesellschaftsgläubiger** im Blick, die sich auf diese Weise ohne nennenswerte Kosten jederzeit informieren können.[7]

II. Bekanntmachungen im Bundesanzeiger als Pflicht-Gesellschaftsblatt (S. 1)

5 Der (nur noch elektronisch geführte) Bundesanzeiger ist unter der Internetseite www.bundesanzeiger.de abrufbar. Hrsg. ist das Bundesministerium der Justiz. Betreiber der Internetseite ist die Bundesanzeiger Verlagsgesellschaft mbH mit dem Sitz in Köln. Recherchen im elektronisch geführten Bundesanzeiger sind kostenfrei.

6 S. 1 bestimmt den (nur noch elektronisch geführten) Bundesanzeiger zum **zwingenden Publikationsmedium** jeder GmbH für alle vom Gesetz oder von der Satzung verlangten Bekanntmachungen. Die Bekanntmachung erfolgt in deutscher Sprache durch Einstellung auf der Internetseite. Der Nachweis über die durchgeführte Bekanntmachung, insbes. ggü dem Registergericht, kann durch Angabe der Internet-Fundstelle erfolgen,[8] wobei auch die Beifügung eines Ausdrucks empfehlenswert ist.

7 Das GmbHG sieht **Pflichtbekanntmachungen** in folgenden Fällen vor: § 30 II 2 (Beschluss über die Rückzahlung von Nachschüssen), § 58 I Nr. 1 u. 3 (Beschluss auf Herabsetzung des Stammkapitals), §§ 65 II 2, 73 (Auflösung der Gesellschaft mit Gläubigeraufforderung), § 75 II iVm § 246 IV AktG (Nichtigkeitsklage) sowie § 19 S. 1 MitbestG (Wechsel von Mitgliedern im obligatorischen Aufsichtsrat).

8 Wie sich aus S. 1 ergibt, kann der **Gesellschaftsvertrag** auch **weitere Fälle** bestimmen, bei denen eine Bekanntmachung stattzufinden hat. Häufig angeführtes Bsp ist die zusätzliche Bekanntmachung einer durch eingeschriebenen Brief erfolgten Einberufung zu einer Gesellschafterversammlung.[9] Werden solche weiteren Bekanntmachungsfälle durch den Gesellschaftsvertrag bestimmt, so hat die Bekanntmachung immer zumindest auch im (elektronisch geführten) Bundesanzeiger zu erfolgen. Eine gesellschaftsvertragliche Gestaltung dahin gehend, dass in einem solchen Fall einer allein durch Gesellschaftsvertrag angeordneten Bekanntmachung diese unter Ausschluss des (elektronisch geführten) Bundesanzeigers nur in einem anderen Publikationsmedium stattzufinden hat, ist aufgrund des eindeutigen Wortlauts von S. 1 u. 2 nicht zulässig.[10]

9 § 12 gilt nur für **Bekanntmachungen der Gesellschaft.** Für Bekanntmachungen des Registergerichts über die Eintragungen im Handelsregister findet § 10 HGB Anwendung.[11]

---

6 MHLS/*Blath* Rn. 2.
7 Scholz/*Veil* Rn. 2.
8 Roth/*Altmeppen* Rn. 3; *Wicke* Rn. 1.
9 MHLS/*Blath* Rn. 6; Scholz/*Veil* Rn. 5; *Wicke* Rn. 2.
10 So auch Baumbach/Hueck/*Fastrich* Rn. 5; MHLS/*Blath* Rn. 9; Roth/*Altmeppen* Rn. 8; Scholz/*Veil* Rn. 7; aA *Wicke* Rn. 2.
11 MHLS/*Blath* Rn. 7; Baumbach/Hueck/*Fastrich* Rn. 5.

III. Bekanntmachungen in weiteren Gesellschaftsblättern (S. 2)

Gem. S. 2 kann der Gesellschaftsvertrag andere öffentliche Blätter oder elektronische Informationsmedien als **weitere Gesellschaftsblätter** bestimmen. Als „öffentliche Blätter" kommen Zeitungen u. Zeitschriften, als „elektronische Informationsmedien" etwa die Internetseite der Gesellschaft oder Internetseiten privater Dienstanbieter in Betracht.[12] Die Bestimmung solcher weiteren Gesellschaftsblätter kann hierbei allg. für alle Bekanntmachungsfälle erfolgen. Dgl ist aber ebenso eine selektive, also nur für einzelne (gesetzlich oder gesellschaftsvertraglich) angeordnete Bekanntmachungsfälle geltende Bestimmung weiterer Gesellschaftsblätter möglich.[13] Die weiteren Gesellschaftsblätter können aufgrund des eindeutigen Wortlauts von S. 2 nur als **zusätzliche Bekanntmachungsmedien** neben dem (elektronisch geführten) Bundesanzeiger u. nicht an seiner Stelle angeordnet werden (→ Rn. 8).[14] 10

Legt der Gesellschaftsvertrag weitere Gesellschaftsblätter fest, so beansprucht diese Regelung **uneingeschränkte Geltung.** Dies bedeutet, dass in einem solchen Fall die Bekanntmachung nur im (elektronisch geführten) Bundesanzeiger nicht ausreichend ist u. ohne Bekanntmachung auch in den weiteren Gesellschaftsblättern insbes. nicht die von einer Bekanntmachung abhängigen Fristen (zB § 58 I Nr. 1 u. 3, §§ 65 II, 73 I) in Gang gesetzt werden. Es muss also stets eine Bekanntmachung sowohl im (elektronisch geführten) Bundesanzeiger als auch in den durch Gesellschaftsvertrag bestimmten weiteren Gesellschaftsblättern durchgeführt werden. Rechtswirkungen – insbes. für einen Fristbeginn – entfaltet die Bekanntmachung erst ab dem Tag, an dem die letzte der hiernach notwendigen Veröffentlichungen stattgefunden hat.[15] 11

Da durch eine gesellschaftsvertragliche Anordnung weiterer Gesellschaftsblätter die Veröffentlichungskosten erhöht u. die Gefahren einer nicht umfassenden u. damit keine Rechtswirkung entfaltenden Bekanntmachung gesteigert werden, ist von einer Bestimmung weiterer Gesellschaftsblätter im Gesellschaftsvertrag abzuraten.[16] 12

IV. Fehlerhafte Bekanntmachungen

Fehlerhafte Bekanntmachungen entfalten **keine Rechtswirkungen** u. setzen **keine Frist** in Gang.[17] 13

12 *Wicke* Rn. 3; *Spindler/Kramski*, NZG 05, 746, 747; Lutter/Hommelhoff/*Bayer* Rn. 6.
13 *Roth*/Altmeppen Rn. 5; *Wicke* Rn. 3.
14 Baumbach/Hueck/*Fastrich* Rn. 5; MHLS/*Blath* Rn. 9; Roth/*Altmeppen* Rn. 8; Scholz/*Veil* Rn. 7; Lutter/Hommelhoff/*Bayer* Rn. 3.
15 MHLS/*Blath* Rn. 10; Baumbach/Hueck/*Fastrich* Rn. 8; Roth/*Altmeppen* Rn. 9; Scholz/*Veil* Rn. 9.
16 So auch Scholz/*Veil* Rn. 7; Baumbach/Hueck/*Fastrich* Rn. 7; MHLS/*Blath* Rn. 9.
17 Scholz/*Veil* Rn. 10; Baumbach/Hueck/*Fastrich* Rn. 9; MHLS/*Blath* Rn. 13.

Abschnitt 2 Rechtsverhältnisse der Gesellschaft und der Gesellschafter

§ 13 Juristische Person; Handelsgesellschaft

(1) Die Gesellschaft mit beschränkter Haftung als solche hat selbständig ihre Rechte und Pflichten; sie kann Eigentum und andere dingliche Rechte an Grundstücken erwerben, vor Gericht klagen und verklagt werden.

(2) Für die Verbindlichkeiten der Gesellschaft haftet den Gläubigern derselben nur das Gesellschaftsvermögen.

(3) Die Gesellschaft gilt als Handelsgesellschaft im Sinne des Handelsgesetzbuchs.

I. Normzweck

Die Vorschrift beinhaltet drei Kernaussagen zu Rechtsnatur u. Eigenschaften der GmbH. Wirksam entstanden, besitzt die Gesellschaft eigene Rechtspersönlichkeit (Abs. 1). Sie haftet grds. selbst für ihre Verbindlichkeiten (Abs. 2) u. unterliegt als Formkaufmann iSd § 6 HGB stets den Vorschriften des Handelsrechts (Abs. 3). Die beiden ersten Abs. sind Grundlage für die vermögensrechtliche Trennung zwischen Gesellschaftsvermögen einerseits u. Vermögen der Gesellschafter andererseits (Trennungsprinzip). Damit wird die vom Gesetzgeber aus wirtschaftspolitischen Gründen bezweckte Haftungsbeschränkung auf das Gesellschaftsvermögen ermöglicht.[1] 1

II. Die GmbH als Rechtsperson

1. Rechtsnatur, Beginn und Erlöschen (Abs. 1)

Mit Eintragung im Handelsregister erlangt die GmbH Rechtsfähigkeit (§ 11 I). Sie ist **juristische Person**,[2] was der Gesetzestext offenlässt, die amtliche Überschrift aber bestätigt. Das Ende der Rechtsfähigkeit ist gesetzlich nicht geregelt. Unumstritten ist, dass weder Auflösung (§§ 60 ff.) noch Nichtigkeitserklärung (§§ 75 ff., 397 ff. FamFG) zum Erlöschen der Gesellschaft führen. Während teilw. der Beendigungszeitpunkt (**vollständiges Erlöschen**) bereits mit Löschung im Handelsregister eintreten soll,[3] geschieht dies nach hA erst mit Abschluss des Abwicklungsverfahrens (Vermögenslosigkeit) u. Löschung im Handelsregister.[4] Das kumulative Zusammentreffen von Vermögenslosigkeit u. Eintragung der Löschung in das Handelsre- 2

1 Baumbach/Hueck/*Fastrich* Rn. 7; Habersack/Casper/Löbbe/*Raiser* Rn. 47; Scholz/*Bitter* Rn. 55.
2 Roth/*Altmeppen* Rn. 1; Michalski/*Lieder* Rn. 1.
3 So Rowedder/Schmidt-Leithoff/*Pentz* Rn. 9.
4 BGH NJW 15, 1424, 1425; NZG 12, 918; Roth/*Altmeppen* Rn. 2; Michalski/*Lieder* Rn. 15 ff.; Scholz/*Bitter* Rn. 9 ff.

gister wird auch als Lehre vom Doppeltatbestand verstanden.[5] Für den Fall, dass nach erfolgter Abwicklung noch Vermögen vorhanden ist, kommt es zu einem Nachtragsliquidationsverfahren.[6] Verschmelzung u. Umwandlung führen gleichermaßen zum Erlöschen der Gesellschaft (vgl. § 20 I Nr. 2 UmwG bzw. § 36 I iVm § 20 I Nr. 2 UmwG), nicht jedoch der Formwechsel (§ 202 I Nr. 1 UmwG).

2. Haftung der Gesellschaft, Trennungsprinzip (Abs. 2)

3 Die GmbH haftet unbeschränkt für ihre Verbindlichkeiten (Abs. 2). Der Grundsatz ergänzt die in Abs. 1 beschriebene rechtliche Selbstständigkeit der Gesellschaft u. gewährleistet die vermögensrechtliche Trennung zwischen Gesellschafts- u. Gesellschaftervermögen (**Trennungsprinzip**). Die Gesellschafter sind damit – freilich nicht ohne Ausn[7] – von möglichen Haftungsverpflichtungen befreit. Das Prinzip findet seine Grenzen u. wird durchbrochen, sofern Rechtsgründe hinzutreten, die eine persönliche Haftung der Gesellschafter im Einzelfall rechtfertigen. So kommt eine persönliche Haftung der Gesellschafter iRd Durchgriffshaftung, der Haftung aus cic, der Existenzvernichtungshaftung sowie der vorsätzlichen sittenwidrigen Schädigung nach § 826 BGB in Betracht.[8]

4 Der Zugriff auf das Vermögen der Gesellschafter ist im Regelfall ausgeschlossen. Gesellschaftsgläubiger sind iRd Zwangsvollstreckung auf die Pfändung von Ansprüchen der Gesellschaft ggü. ihren Gesellschaftern nach §§ 829, 835 ff. ZPO verwiesen.[9] Nur für den Sonderfall einer vermögenslosen oder bereits gelöschten Gesellschaft, bei der ein letztverbliebener Gläubiger Ansprüche geltend macht, wird vereinzelt ein direkter Zugriff auf das Gesellschaftervermögen in analoger Anwendung der §§ 93 V, 117 V, 309 IV, 310 IV, 317 IV, 318 IV AktG befürwortet.[10]

3. Handelsgesellschaft (Abs. 3)

5 Die GmbH ist unabhängig vom konkreten Unternehmensgegenstand stets Handelsgesellschaft (Abs. 3 iVm § 6 I HGB, **Formkaufmann**); auf sie sind die Vorschriften der §§ 343 ff. HGB über Handelsgeschäfte anwendbar.[11] Steht ihr im Rechtsverkehr ein Verbraucher (§ 13 BGB) ggü, gelten aufgrund ihrer **Unternehmereigenschaft** iSd § 14 BGB die verbraucherschützenden Sondervorschriften des BGB[12] u. der eingeschränkte Anwendungsbereich der AGB-Kontrolle (§ 310 I BGB).[13] Die Vorschriften der GewO sind hingg. nur anwendbar, wenn die GmbH tatsächlich ein Gewerbe be-

5 Scholz/*Bitter* Rn. 10; ausf. zur Beendigungsproblematik MüKoGmbHG/*Merkt* Rn. 10.
6 BGH WM 15, 1297, 1298; Roth/*Altmeppen* § 65 Rn. 23.
7 Überblick bei Baumbach/Hueck/*Fastrich* Rn. 10 f.
8 Vgl. zur Haftung der Gesellschafter Rn. 80 ff.
9 Roth/*Altmeppen* Rn. 67.
10 Lutter/Hommelhoff/*Bayer* Rn. 6; MüKoGmbHG/*Merkt* Rn. 334 mwN.
11 Ganz hM, vgl. Baumbach/Hueck/*Fastrich* Rn. 73; Scholz/*Bitter* Rn. 47 f.; Habersack/Casper/Löbbe/*Raiser* Rn. 49.
12 Übersicht bei Roth/*Altmeppen* Rn. 12.
13 Baumbach/Hueck/*Fastrich* Rn. 73.

treibt.[14] Maßgeblich sind ferner § 38 ZPO (Gerichtsstandsvereinbarungen) u. § 95 I Nr. 1 GVG (Handelssachen).

4. Rechtsfähigkeit

a) Allgemeines. Die Rechtsfähigkeit der GmbH ist umfassend u. nur durch ihr Wesen als juristische Person beschränkt, namentlich dort, wo die rechtliche Handlungsfähigkeit natürliche Eigenschaften wie etwa Geschlecht, Alter oder Verwandtschaft zur Voraussetzung hat. Eine Beschränkung der Rechtsfähigkeit durch die Reichweite des Gesellschaftszwecks (sog. ultra vires-Lehre) ist dem deutschen Rechtskreis dag fremd.[15] Abs. 1 nennt explizit die Möglichkeit des Eigentumserwerbs u. des Erwerbs dinglicher Rechte sowie die Aktiv- u. Passivlegitimation vor Gericht. Diese Aufzählung ist nicht abschließend, iE: 6

b) Privatrecht. Die GmbH besitzt rechtsgeschäftliche Handlungsfähigkeit im eigenen u. im fremden Namen (aufgrund Vollmacht, Handlungsvollmacht). Prokura kann ihr als juristischer Person mangels Vertrauensstellung hingg. nicht erteilt werden.[16] Sie kann nicht Arbeitnehmer sein u. ist somit bei der Verpflichtung zu Diensten ausschließlich zum Abschluss nicht-arbeitsrechtlicher Verträge befähigt. Besitz wird der Gesellschaft über ihre Organe (§ 35) zugerechnet, insbes. durch den Geschäftsführer (Organbesitz).[17] Sofern Handlungen ihrer Organe zu Schadensersatzverpflichtungen führen, werden diese gem. § 31 BGB zugerechnet.[18] Die GmbH ist erbfähig u. kann als Testamentsvollstrecker u. Nachlasspfleger fungieren. Sie kann selbst Gesellschafterin anderer Gesellschaften sein. Die anschaulichste Konstellation ist dabei die Rechtsform der GmbH & Co. KG. 7

Für die Firma der GmbH (§ 4) entfaltet das allg. Persönlichkeitsrecht namens- u. zeichenrechtlichen Schutz (§ 12 BGB, §§ 5, 15 MarkenG).[19] Die Rspr. gewährt zivil- u. strafrechtlichen Ehrenschutz für juristische Personen nur zurückhaltend in den Funktionen der GmbH als Arbeitgeber oder Wirtschaftsunternehmen.[20] Eine umfassende Anwendung des allg. Persönlichkeitsrechts auf die juristische Person GmbH samt durchsetzbarer Abwehr- u. Schadensersatzansprüche ist damit nicht verbunden.[21] 8

---

14 Rowedder/Schmidt-Leithoff/*Pentz* Rn. 34.

15 Scholz/*Bitter* Rn. 16; ausf. *Michalski/Funke*, 2. Aufl. 10, Rn. 37 ff.

16 KG NZG 02, 48 f.; Baumbach/Hueck/*Fastrich* Rn. 4; Michalski/*Lieder* Rn. 46; MüKoGmbHG/*Merkt* Rn. 26; Roth/*Altmeppen* Rn. 3.

17 BGHZ 56, 73, 77 = NJW 71, 1358; BGHZ 57, 66 = NJW 72, 43; Baumbach/Hueck/*Fastrich* Rn. 4; Roth/*Altmeppen* Rn. 4 mwN.

18 Einzelheiten zu Deliktsfähigkeit u. Haftungsbegründung bei Scholz/*Bitter* Rn. 21; Michalski/*Lieder* Rn. 32 ff.

19 Habersack/Casper/Löbbe/*Raiser* Rn. 15.

20 Bspw. BGHSt 6, 186, 191; BGH NJW 75, 1882, 1884; BGHZ 91, 117, 120 = NJW 84, 1956; BGHZ 98, 94, 97 = NJW 86, 2951; vgl. dazu Habersack/Casper/Löbbe/*Raiser* Rn. 16.

21 Umfassenden Schutz des Persönlichkeitsrechts befürwortend Scholz/*Bitter* Rn. 23; Michalski/*Lieder* Rn. 37 ff.; einschr. Baumbach/Hueck/*Fastrich* Rn. 4. Die Reichweite ausdrücklich offenlassend BVerfGE 106, 28, 42 = NJW 02, 3619, 3622.

9 Die GmbH kann zwar Inhaberin gewerblicher Schutzrechte, nicht jedoch Erfinderin oder Urheberin sein (anders nur im Fall der Erbfolge, vgl. §§ 7, 28 UrhG).[22]

10 c) **Öffentliches Recht (Steuerrecht).** Art. 19 III GG verleiht der GmbH als juristischer Person den Schutz der – vornehmlich wirtschaftlichen – Grundrechte.[23] Sie ist beteiligtenfähig u. wird vertreten durch ihre Geschäftsführer im Verwaltungsverfahren (§§ 11 Nr. 1, 12 I Nr. 3 VwVfG), vor Verwaltungsgerichten (§§ 61 Nr. 1, 62 III VwGO) sowie vor dem BVerfG (§ 90 BVerfGG). Öffentlich-rechtliche Vorschriften sind im Einzelfall daraufhin zu überprüfen, ob sie ihrem Sinngehalt nach auf juristische Personen angewandt werden können. Alternativ ist auf die Person des/der Geschäftsführer abzustellen.[24]

11 Als juristische Person unterliegt die GmbH Steuerpflichten (§§ 33, 64 AO). Ihre Verbindlichkeiten ergeben sich va aus KStG, UStG u. GewStG, die auch durch Steuerstrafen vollstreckt werden können (vgl. §§ 33, 377 AO).

12 d) **Strafrecht, Ordnungswidrigkeiten.** Während die GmbH strafrechtlich nicht belangt werden kann,[25] können ihr ggü. Geldbußen verhängt werden, wenn ihre Geschäftsführer in organschaftlicher Funktion Straftaten oder Ordnungswidrigkeiten begehen (§ 30 OWiG), zB Verletzung der Aufsichtspflicht in Unternehmen (§ 130 OWiG).[26]

5. Prozessrechtliche Stellung, Schiedsgerichte

13 Die GmbH ist **parteifähig** (§ 13 I aE, § 50 I ZPO) u., vertreten durch ihre Geschäftsführer oder Liquidatoren, **prozessfähig**[27] (§§ 51 f. ZPO). Geschäftsführer können nur durch Parteivernehmung (§§ 445 ff., 455 ZPO), nicht aber als Zeugen aussagen.[28] Diese Einschränkung gilt nicht für Gesellschafter.[29] Da die Gesellschafter durch einen bei der GmbH eingetretenen Schaden nicht unmittelbar betroffen sind, steht ihnen hins. der Gesellschaftsinterna kein Zeugnisverweigerungsrecht aus § 384 Nr. 1 ZPO zu.[30] Für die Vertretung der Gesellschaft sind die Gesellschafter zuständig, sofern es um Ansprüche gegen Geschäftsführer geht (§ 46 Nr. 8). Die GmbH kann **Prozesskostenhilfe** (§§ 114, 116 S. 1 Nr. 2 ZPO) beantragen, wobei ihre Gesellschafter als wirtschaftlich Beteiligte iSd Vorschrift außerstande sein müssen, die anfallenden Kosten zu decken.[31]

22 Habersack/Casper/Löbbe/*Raiser* Rn. 15.
23 Dazu Scholz/*Bitter* Rn. 32.
24 Scholz/*Bitter* Rn. 31; Rowedder/Schmidt-Leithoff/*Pentz* Rn. 21.
25 Vgl. zur Diskussion über die Einführung der strafrechtlichen Verantwortlichkeit von Unternehmen aber *Heuking/von Coelln*, BB 14, 3016; *Kutschaty*, ZRP 13, 74; *Beulke/Moosmayer*, CCZ 14, 146; MüKoGmbHG/*Merkt* Rn. 79 mwN.
26 Michalski/*Lieder* Rn. 103; Scholz/*Bitter* Rn. 33.
27 Str., praktisch aber ohne Relevanz, vgl. Rowedder/Schmidt-Leithoff/*Pentz* Rn. 24; Baumbach/Hueck/*Fastrich* Rn. 8 mwN.
28 MüKoGmbHG/*Merkt* Rn. 51; Habersack/Casper/Löbbe/*Raiser* Rn. 35.
29 Roth/*Altmeppen* Rn. 6; Michalski/*Lieder* Rn. 61.
30 MüKoGmbHG/*Merkt* Rn. 54.
31 Lutter/Hommelhoff/*Bayer* Rn. 15; zu den Voraussetzungen Michalski/*Lieder* Rn. 66 ff.

Der Sitz der Gesellschaft ist maßgeblich für ihren allg. **Gerichtsstand** (§ 17 I 1 ZPO). Ein besonderer Gerichtsstand kann in der Satzung verankert werden (§ 17 III ZPO). Zustellungen können mit Blick auf § 35 II 3 auch für den Fall von Gesamtvertretung nur an einen Geschäftsführer bewirkt werden (§ 170 III ZPO).[32] 14

Die Satzung, der sich mit seinem Eintritt in die Gesellschaft auch der Erwerber eines Geschäftsanteils unterwirft,[33] kann für Streitigkeiten unter Gesellschaftern oder aus dem Gesellschaftsverhältnis die Zuständigkeit von **Schiedsgerichten** anordnen (§ 1066 ZPO).[34] Die Formvorschrift des § 1031 ZPO findet keine Anwendung, soweit dies Teil der körperschaftsrechtlichen Bestimmungen der Satzung u. nicht einer individualvertraglichen Abrede im Gesellschaftsvertrag ist.[35] In Schiedsverfahren besitzt die Gesellschaft ebenfalls Parteifähigkeit. Erfasst werden können alle vermögensrechtlichen Streitigkeiten aus dem Gesellschaftsverhältnis, solche über die Wirksamkeit der Aufbringung des Stammkapitals[36] u. ebenso Beschlussmängelstreitigkeiten.[37] S. dazu iE → Anh. → § 47 Rn. 132 ff. 15

III. Rechts- und Pflichtenkreis der Gesellschafter

1. Mitgliedschaftsrechtliche Stellung

Die Stellung des GmbH-Gesellschafters ist geprägt von Rechtsbeziehungen zur Gesellschaft einerseits u. von Rechten u. Pflichten ggü. Mitgesellschaftern andererseits.[38] Dass ein Rechtsverhältnis der Gesellschafter untereinander besteht, kann seit dem ITT-Urteil des BGH als hM bezeichnet werden.[39] Dies gilt selbst für die stärker körperschaftlich geprägte AG.[40] 16

Die wichtige Rolle der Gesellschafterversammlung sowie flexible Gestaltungsmöglichkeiten im Gesellschaftsvertrag können der GmbH – im Vergleich zur AG – eine personalistische Prägung verleihen, die durch weitreichende Einflussmöglichkeiten der Gesellschafter gekennzeichnet ist. Eine stärker kapitalistische Prägung ist jedoch ebenso möglich. Die unterschiedlichen Erscheinungsformen der GmbH sind für die Bestimmung der Rechte u. Pflichten im Gesellschafterkreis zu berücksichtigen. Es ist damit stets auch auf die Realstruktur der jeweiligen Gesellschaft abzustellen.[41] 17

32 Rowedder/Schmidt-Leithoff/*Pentz* Rn. 26; Scholz/*Bitter* Rn. 36.

33 BGHZ 71, 162, 165 = NJW 78, 1585, 1586.

34 Habersack/Casper/Löbbe/*Raiser* Rn. 37 ff.; Baumbach/Hueck/*Fastrich* Rn. 9; Roth/*Altmeppen* Rn. 6.

35 Scholz/*Bitter* Rn. 43; MüKoGmbHG/*Merkt* Rn. 67; Michalski/*Lieder* Rn. 78; Baumbach/Hueck/*Fastrich* Rn. 9.

36 BGHZ 160, 127 = NJW 04, 2898, 2899.

37 BGHZ 180, 221, 224 f. = NJW 09, 1962 – Schiedsfähigkeit II. Vgl. auch Hk-ZPO/*Saenger* § 1030 Rn. 2, 10 f.

38 Baumbach/Hueck/*Fastrich* Rn. 19; Roth/*Altmeppen* Rn. 14; Lutter/Hommelhoff/*Bayer* § 14 Rn. 30.

39 BGHZ 65, 15, 18 f. – ITT; Baumbach/Hueck/*Fastrich* Rn. 20; Habersack/Casper/Löbbe/*Raiser* Rn. 8 ff.; ausf. Michalski/*Lieder* Rn. 141 ff.; für die früher herrschende, eine Rechtsbeziehung abl. Ansicht vgl. *Flume*, ZIP 96, 161 mwN.

40 BGHZ 103, 184, 194 ff. – Linotype; 129, 136, 142 ff. – Girmes.

41 Baumbach/Hueck/*Fastrich* Rn. 22; Lutter/Hommelhoff/*Bayer* § 14 Rn. 29; Michalski/*Lieder* Rn. 155.

18 Neben Treue- u. Mitwirkungspflichten gilt unter den Gesellschaftern eine gesellschaftsrechtliche Ausprägung des Grundsatzes der Gleichbehandlung. Insbes. die Stellung der Minderheitsgesellschafter wird durch die Möglichkeit der Gesellschafterklage (sog. actio pro socio) gestärkt. Während eine Ansicht vertritt, dass der Gesellschafter im Wege der actio pro socio ein eigenes, aus der Mitgliedschaft abgeleitetes Recht geltend macht,[42] geht die hM davon aus, dass die actio pro socio eine Form der Prozessstandschaft ist, mittels derer der Gesellschafter fremde Rechte, nämlich die der Gesellschaft, geltend macht.[43]

2. Treue- und Mitwirkungspflichten

Schrifttum

Dreher, Die gesellschaftsrechtliche Treuepflicht bei der GmbH, DStR 1993, 1632; *Einhaus/Selter*, Die Treuepflicht des GmbH-Gesellschafters zwischen Ausschüttungs- und Thesaurierungsinteresse, GmbHR 2016, 1177; *Fleischer/Harzmeier*, Zur Abdingbarkeit der Treuepflichten bei Personengesellschaft und GmbH, NZG 2015, 1289; *Flume*, Die Rechtsprechung des II. Zivilsenats des BGH zur Treuepflicht des GmbH-Gesellschafters und des Aktionärs, ZIP 1996, 161; *Hartmann*, Der Schutz der GmbH vor ihren Gesellschaftern – Zu den Grenzen gesellschafterlicher Disposition über die Treuepflicht gegenüber der Gesellschaft, GmbHR 1999, 1061; *Henze*, Treuepflichten der Gesellschafter im Kapitalgesellschaftsrecht, ZHR 162 (1998), 186; *Hippeli*, Treuepflichten in der GmbH – Aktuelle Entwicklungen in der Rechtsprechung, GmbHR 2016, 1257; *Lutter*, Treuepflichten und ihre Anwendungsprobleme, ZHR 162 (1998), 164; *Peifer*, Die Pflichtenstellung des Alleingesellschafters gegenüber der GmbH, GmbHR 2008, 1074; *Reiff/Ettinger*, Gesellschaftsrechtliche Treuepflichten im Zusammenhang mit der Heilung von verdeckten Sacheinlagen bei der GmbH, DStR 2004, 1258; *Thole*, Treuepflicht-Torpedo? Die gesellschaftsrechtliche Treuepflicht im Insolvenzverfahren, ZIP 2013, 1937; *Ulmer*, Zur Treuepflicht zwischen GmbH-Gesellschaftern, NJW 1976, 192; *Ulrich*, Zur Frage der Zustimmung zu einem Sanierungsbeschluss aus gesellschafterlicher Treuepflicht, GmbHR 2010, 36; *Weber*, Vormitgliedschaftliche Treuebindungen, 1999; *Winter*, Mitgliedschaftliche Treuebindungen im GmbH-Recht, 1988.

19 a) **Allgemeines. aa) Inhalt.** Die für Gesellschafter ggü. Mitgesellschaftern u. der GmbH bestehende Pflicht zur Treue u. Mitwirkung (**Treuepflicht**) ist geprägt von dem Gedanken der Gesellschafterloyalität, der Pflicht zu Zweckförderung u. Schadensabwendung sowie der gebotenen Rücksichtnahme auf die Belange der Mitgesellschafter.[44]

20 Als gesellschaftsrechtliche Generalklausel ist die Treuepflicht stets u. nur unter Bezug auf die konkreten Verhältnisse der Gesellschaft zu bestimmen.[45] Eine präzise Abgrenzung der vielfältigen Treuepflichten ist abstrakt kaum möglich. Es lassen sich jedoch wiederkehrende Problemfelder u. in der Rechtswirklichkeit auftretende Spannungsverhältnisse zwischen Gesellschaftern erkennen u. Bewertungsparameter für die Ausformung der Treuepflicht bestimmen.

21 **bb) Grundlage, Anwendungsbereich.** Die rechtsdogmatische Grundlage der Treuepflicht wird gemeinhin in der gesellschaftsvertraglich vereinbarten Pflicht zur Zweckförderung (§ 705 BGB) unter Einbeziehung des

---

42 Roth/*Altmeppen* Rn. 17; Habersack/Casper/Löbbe/*Raiser* § 14 Rn. 58.
43 Baumbach/Hueck/*Fastrich* Rn. 37; Michalski/*Ebbing* § 14 Rn. 95 f.; MüKo-GmbHG/*Merkt* Rn. 322 f.; dazu ausf. unter Rn. 72 ff.
44 BGHZ 9, 157, 163; Baumbach/Hueck/*Fastrich* Rn. 21; Michalski/*Lieder* Rn. 131; MüKoGmbHG/*Merkt* Rn. 88; Habersack/Casper/Löbbe/*Raiser* § 14 Rn. 77.
45 MüKoGmbHG/*Merkt* Rn. 89; Baumbach/Hueck/*Fastrich* Rn. 22 f.

Grundsatzes von Treu u. Glauben (§ 242 BGB) gesehen.[46] Sie ist Ausprägung u. Ausgleich für die im Personenverband ermöglichte Einwirkung auf die Interessen der Mitgesellschafter.[47] Ihre Wirkung entfaltet sich über die gesamte Lebensspanne der GmbH, **von der Vorgesellschaft bis in das Stadium der Abwicklung.**[48] Die Anwendung der Treuepflicht ist Ausfluss der mitgliedschaftsrechtlichen Stellung der Gesellschafter u. nicht an die Höhe der Beteiligung gekoppelt.[49]

Die Treuepflicht besitzt ferner einen bedeutsamen Anwendungsbereich im Recht der verbundenen Unternehmen.[50] 22

In der **Einpersonen-Gesellschaft** ist die Rücksichtnahme auf Mitgesellschafter entbehrlich u. wird aufgrund des Interessengleichlaufs zwischen einzigem Gesellschafter u. Gesellschaft grds. verneint.[51] Ausgenommen hiervon bleibt eine etwaige Haftung aus Kapitalerhaltungsvorschriften (§§ 30, 31) bzw. existenzvernichtendem Eingriff.[52] 23

cc) Funktionen und Wirkungsweise. Der Treuepflicht kommen verschiedene Funktionen zu. Im Interesse des Minderheitenschutzes können Stimmrechte der Mehrheit eingeschränkt sein (**Schrankenfunktion**). Umgekehrt kann aber auch die Minderheit verpflichtet sein, bestimmte Mitwirkungs- u. Kontrollrechte auszuüben, wenn dies im Gesellschaftsinteresse zwingend erforderlich u. zumutbar ist. Begründet wird diese Einschränkung der Gesellschaftersouveränität mit der Notwendigkeit, das gesellschaftliche **Zusammenwirken** zu **gewährleisten.**[53] Letztlich dient die Treuepflicht damit der effektiven Verfolgung der im Gesellschaftszweck zum Ausdruck kommenden Ziele.[54] Die **Schadensabwendung** steht dag im Vordergrund, wenn treuwidrige Handlungen mit Unterlassungspflichten belegt sind. 24

b) Parameter zur Bestimmung von Treue- und Mitwirkungspflichten. Allgemeingültige Aussagen zur Reichweite von Treue- u. Mitwirkungspflichten sind ausschließlich mit Blick auf die Wertungen möglich, die den zahlreichen Einzelentscheidungen zugrunde liegen. In der Tendenz, die stets an den Gegebenheiten des Einzelfalls iR einer umfassenden **Interessenabwägung** zu prüfen ist, ergibt sich damit folgendes Bild: 25

Eine hohe **Beteiligungsquote** oder eine durch besondere Stimmrechte begründete Rechtsmacht führt idR zu einer gesteigerten Pflicht zur Rücksichtnahme auf die Belange der Mitgesellschafter, da ein Mehrheitsgesell- 26

46 Roth/*Altmeppen* Rn. 31; Scholz/*Seibt* § 14 Rn. 71; Michalski/*Lieder* Rn. 135.
47 Lutter/Hommelhoff/*Bayer* § 14 Rn. 29; Michalski/*Lieder* Rn. 135.
48 Baumbach/Hueck/*Fastrich* Rn. 20; zu vormitgliedschaftlichen Treuepflichten vgl. Scholz/*Seibt* § 14 Rn. 75; Rowedder/Schmidt-Leithoff/*Pentz* Rn. 39; zu Treuepflichten im Insolvenzverfahren BGH NJW 19, 1289, 1290 f.
49 Baumbach/Hueck/*Fastrich* Rn. 22; Michalski/*Lieder* Rn. 146; MüKoGmbHG/*Merkt* Rn. 104.
50 Dazu iE Rowedder/Schmidt-Leithoff/*Pentz* Rn. 70 ff. u. MüKoGmbHG/*Liebscher* Anh. § 13 Rn. 373, 393 f.
51 BGHZ 119, 257, 261; 122, 333, 336; Baumbach/Hueck/*Fastrich* Rn. 20; Roth/*Altmeppen* Rn. 58 ff. mwN.
52 S. ausf. zur Problematik der Treuepflicht in der Einpersonen-GmbH MüKoGmbHG/*Merkt* Rn. 105 ff.
53 Baumbach/Hueck/*Fastrich* Rn. 24; vgl. Michalski/*Lieder* Rn. 192 zur Teilnahmepflicht bei Gesellschafterversammlung mwN.
54 Michalski/*Lieder* Rn. 131.

schafter stärker an die Treuepflicht gebunden sein wird als der Inhaber einer Sperrminorität.[55] Dabei kann auch die reale Machtverteilung in der Gesellschaft durch faktische Einflussmöglichkeiten Auslöser für treuepflichtbedingte Verhaltensanforderungen sein.[56] Auch die Dauer der Beteiligung kann Einfluss auf die Intensität der Treuepflicht haben.

27 Eine vergleichbar gesteigerte Treuebindung ergibt sich abhängig von der **Realstruktur** der Gesellschaft.[57] Je stärker die Gesellschaft personalistisch geprägt ist, mithin von gegenseitigem Vertrauen der Gesellschafter untereinander lebt, umso höhere Anforderungen sind an die Ausübung gesellschaftsbezogener Rechte der Gesellschafter zu stellen.[58]

28 Umgekehrt kann auch die Verhinderungsmöglichkeit (zB Sperrminorität) eines einzelnen Gesellschafters bei wichtigen Strukturmaßnahmen eine **Mitwirkungspflicht** hervorrufen.[59] Dabei ist die Verantwortung des Minderheitsgesellschafters umso stärker, je bedeutsamer die jeweilige Maßnahme für das Wohl der Gesellschaft insg. ist.[60]

29 Als Maßstab für einzelne Gesellschaftermaßnahmen wird der im öffentlichen Recht entwickelte Grundsatz der **Verhältnismäßigkeit** herangezogen. Eine Maßnahme muss somit geeignet u. erforderlich sein, um ein legitimes Gesellschafterinteresse zu verfolgen. Die Durchsetzung des Interesses darf nicht außer Verhältnis zu etwaigen Nachteilen für die Gesellschaft oder Mitgesellschafter stehen.[61]

30 **Eigennützige Rechte** (Austritt, Gewinnbezugsrechte), für die eine graduell schwächere Treuepflicht besteht, sind zu unterscheiden von **uneigennützigen Rechten** (etwa Geschäftsführung), für die das Interesse der GmbH im Vordergrund steht (vgl. § 705 BGB) u. die eine gesteigerte Treuepflicht begründen können.[62]

31 **c) Fallgruppen und praktische Bedeutung. aa) Maßnahmen zur Verfassung der Gesellschaft; Strukturänderungen**[63] Die Verfassung der GmbH ist maßgeblich geprägt durch ihre Satzung. Im Fall von **Satzungsänderungen** sind treuepflichtbedingte Bindungen des Abstimmungsverhaltens ultima ratio u. absolute Ausn., denn die privatautonome Entscheidungsfindung u. Ausübung von Gesellschafterrechten wird hier besonders stark eingeschränkt.[64] Deshalb sind die besonderen Voraussetzungen der Verhältnismäßigkeit zu beachten. Ein bestimmtes Abstimmungsverhalten muss für die Gesellschaft unbedingt notwendig sein u. ihr Interesse das des einzelnen Gesellschafters eindeutig überwiegen. So kann eine Zustimmungspflicht bestehen, wenn eine Maßnahme zur Erhaltung wesentlicher von den Gesellschaftern geschaffener Werte oder zur Vermeidung erheblicher Verluste

55 MüKoGmbHG/*Merkt* Rn. 104.
56 Michalski/*Lieder* Rn. 155.
57 Baumbach/Hueck/*Fastrich* Rn. 22; Scholz/*Bitter* Rn. 51.
58 BGHZ 9, 157, 163; Baumbach/Hueck/*Fastrich* Rn. 22.
59 BGHZ 98, 280; MüKoGmbHG/*Merkt* Rn. 116 ff.
60 MüKoGmbHG/*Merkt* Rn. 121.
61 Michalski/*Lieder* Rn. 159; MüKoGmbHG/*Merkt* Rn. 93.
62 Rowedder/Schmidt-Leithoff/*Pentz* Rn. 40; MüKoGmbHG/*Merkt* Rn. 92.
63 Ausf. *Henze*, ZHR 162 (98), 186 ff. für die AG unter Hinweis auf die Unterschiede zur GmbH; *Vorwerk*/*Wimmers*, GmbHR 98, 717 ff.
64 Baumbach/Hueck/*Fastrich* Rn. 29; Michalski/*Lieder* Rn. 183.

für die Gesellschaft oder die Gesellschafter objektiv unabweisbar erforderlich ist.[65] Zugleich muss diese aber unter Abwägung der übrigen Interessen dem betroffenen Gesellschafter auch zumutbar sein.[66] Wenn Gesellschaftszweck u. Interesse der Gesellschaft gerade diese Maßnahme zwingend gebieten u. der Gesellschafter seine Zustimmung ohne vertretbaren Grund verweigert, kann eine Zustimmungspflicht selbst zu einer Maßnahme der Geschäftsführung bestehen.[67]

Generell ist die Begründung zusätzlicher Leistungspflichten der Gesellschafter schon mit Blick auf die gesetzlich angeordnete Einstimmigkeit solcher Entscheidungen (§ 53 III) bedenklich.[68] Der BGH hat die erhöhten Voraussetzungen für einen Beschluss zur **Kapitalerhöhung** bejaht, der infolge einer Gesetzesänderung erforderlich wurde u. auch nach den übrigen Umständen des Einzelfalls gerechtfertigt schien.[69] Die Blockade einer Kapitalerhöhung kann trotz eines daraus resultierenden Verlusts der Sperrminorität unzulässig sein, wenn ein Gesellschafter nicht in der Lage ist, sich hieran zu beteiligen.[70] In Sanierungsfällen, wenn also Maßnahmen zum Erhalt der Gesellschaft dringend geboten sind, kann sich ein anderer Maßstab ergeben, der die Rechte des einzelnen Gesellschafters stärker einschränkt. So kann ein Beschluss zur **krisenbedingten Kapitalherabsetzung** zustimmungspflichtig sein, wenn dies der einzig gangbare Weg zur Sanierung der Gesellschaft ist.[71] Die Ausübung eines gesellschaftsvertraglich gewährten Widerspruchsrechts kann treuwidrig sein, wenn hierdurch eine erforderliche Umstrukturierungsmaßnahme verhindert würde.[72] 32

Ist im Gründungsstadium der GmbH die Eintragung im Handelsregister gefährdet, weil **Gründungsmängel** vorliegen (zB verdeckte Sacheinlage), so kann eine Pflicht zur Beseitigung solcher Mängel bestehen.[73] Ein durch den Mehrheitsgesellschafter herbeigeführter **Auflösungsbeschluss** verstößt gegen die Treuepflicht, wenn er unter Absprache mit der Geschäftsführung zu dem Zweck erfolgt, die Minderheit aus der Gesellschaft zu drängen u. sich den Zugriff auf den Geschäftsbetrieb zu sichern.[74] Eine vergleichbare u. ebenfalls treuwidrige Ausübung des Stimmrechts liegt vor, wenn die Mehrheitsgesellschafterin über die Ausgliederung von Geschäftsteilen an 33

65 BGH NJW 16, 2739, 2740; Bork/Schäfer/*Weller/Discher* Rn. 11.
66 Lutter/Hommelhoff/*Bayer* § 47 Rn. 17.
67 BGH NJW 16, 2739 f.; dazu auch Baumbach/Hueck/*Fastrich* Rn. 29 a.
68 Scholz/*Seibt* § 14 Rn. 84.
69 BGHZ 98, 276, 279 ff. für den Fall drohender Amtslöschung gem. § 60 I Nr. 7 iVm § 144 a IV FGG aF, nunmehr § 399 IV FamFG.
70 *Häsemeyer*, ZHR 160 (96), 109 ff.; Michalski/*Lieder* Rn. 163.
71 BGHZ 129, 136, 151 ff. (AG) – Girmes; vgl. *Döge*, ZIP 18, 1220, 1221 f. („Blockadeverbot"). MüKoGmbHG/*Merkt* Rn. 151 spricht sich für die Anwendung der „Sanieren oder Ausscheiden"-Rspr. des BGH (NJW 10, 65; 11, 1667; 15, 2882) auf die GmbH aus; einschr. aber *Döge*, ZIP 18, 1220, 1222 ff.; ausf. dazu *Priester*, ZIP 10, 497 ff.
72 OLG Stuttgart NZG 00, 490.
73 BGHZ 155, 329 zu §§ 5 IV, 19 V aF; Baumbach/Hueck/*Fastrich* § 11 Rn. 8; Rowedder/Schmidt-Leithoff/*Pentz* Rn. 45; Scholz/*K Schmidt* § 11 Rn. 52; ausf. zur Heilung verdeckter Sacheinlagen nach dem MoMiG *Heidinger/Knaier*, GmbHR 15, 1 ff.
74 BGHZ 76, 352, 355 ff.; 103, 184, 193 ff. – Linotype – zur AG; zu ähnl. Fallkonstellationen mwN Michalski/*Lieder* Rn. 178.

eine ebenfalls von ihr kontrollierte Gesellschaft entscheidet, ohne hierfür einen angemessenen Gegenwert zu verlangen.[75]

34 bb) **Geschäftsführungsmaßnahmen.** Dem Gesellschaftsinteresse kommt eine besonders hohe Bedeutung bei uneigennützigen Geschäftsführungsangelegenheiten (§ 37 I) zu, also solchen Rechten, die nicht allein im Interesse einzelner Gesellschafter bestehen. Dies ist insbes. bei Beschlüssen über die Gesellschaftsorganisation der Fall. Dabei wird den Gesellschaftern unternehmerisches Ermessen eingeräumt, dessen Ausübung keine Treuepflichtverletzung darstellt, solange sie mit der Sorgfalt eines ordentlichen Kaufmanns erfolgt;[76] Zweckmäßigkeit der Stimmabgabe sowie Beweggründe des Gesellschafters unterliegen insoweit nicht der richterlichen Beurteilung.[77]

35 **Personelle Entscheidungen**, die Bestellung u. Abberufung[78] von Geschäftsführern (§ 38), Aufsichtsräten, Prokuristen u. Handlungsbevollmächtigten oder auch Wirtschaftsprüfern (§ 42 a I 2) dürfen nicht von sachfremden Motiven geleitet sein, sondern haben im Gesellschaftsinteresse zu erfolgen. Treuwidrig ist bspw. die Auswechslung der Geschäftsführung während eines Rechtsstreits gegen den (mit-) beschließenden Gesellschafter[79] oder zu dem Zweck, einzelne Gesellschafter aus der Gesellschaft zu verdrängen.[80] Die Entsendung eines Aufsichtsratsmitglieds[81] ist ebenso unzulässig wie die Abberufung eines Abschlussprüfers,[82] wenn sie ohne sachlichen Grund u. entgg. den Interessen der Gesellschaft geschieht.

36 Die Gesellschafter sind verpflichtet, an der **Feststellung des Jahresabschlusses** (§§ 42 a I 1, 46 Nr. 1) mitzuwirken. Hierbei, u. bei der Beschlussfassung über die **Gewinnverwendung** (§ 29 I), sind die Interessen der Mitgesellschafter an der Gewinnausschüttung von Bedeutung. So kann eine überhöhte Rücklagenbildung gegen die Treuepflicht verstoßen, wenn sie einen Umfang annimmt, der den Ausschüttungsbedarf der Mitgesellschafter außer Betracht lässt.[83] Gewinnansprüche des Gesellschafters im Verhältnis zur Gesellschaft können treuwidrig sein, wenn ihre Durchsetzung zu ernsthaften Liquiditätsengpässen führen würde.[84] Als Obergrenze ist deshalb stets auch auf den Liquiditätsbedarf der Gesellschaft zu achten, deren finanzielle Existenzgrundlage nicht entzogen werden darf.[85]

37 **Entlastungsbeschlüsse** ggü. der Geschäftsführung können rechtswidrig sein, wenn die Geschäftsführung pflichtwidrig Maßnahmen zugunsten

---

75 OLG Stuttgart DB 01, 854, 859 f.
76 OLG Düsseldorf ZIP 96, 1083, 1087; Scholz/*Seibt* § 14 Rn. 92; s. auch BGH NJW 16, 2739, 2740.
77 BGH NJW 16, 2739, 2740; OLG München NZG 16, 1149, 1150; Baumbach/Hueck/*Fastrich* Rn. 29 a; Michalski/*Lieder* Rn. 183; *Paefgen*, ZIP 16, 2293, 2296 ff. auch zum Zusammenhang mit der Business Judgement Rule.
78 OLG Hamm GmbHR 16, 1154.
79 OLG München NZG 99, 407, 408.
80 BGH DStR 94, 214 mAnm *Goette*; BGH GmbHR 91, 62; Michalski/*Lieder* Rn. 167, 167 mwN; Scholz/*Seibt* § 14 Rn. 96; allg. *Pentz*, GmbHR 17, 801, 812 f.
81 RGZ 165, 68, 79.
82 BGH NJW-RR 92, 167; GmbHR 91, 568, 569.
83 OLG Hamm GmbHR 92, 458 f.; Scholz/*Seibt* § 14 Rn. 103.
84 Baumbach/Hueck/*Fastrich* Rn. 27; Michalski/*Lieder* Rn. 175.
85 Lutter/*Hommelhoff* § 29 Rn. 22.

einer bestimmten Gruppe von Gesellschaftern getroffen hat,[86] wie bspw. wenn der Mehrheitsgesellschafter entgg. den Interessen der Gesellschaft die Verfolgung von Pflichtverletzungen verhindert[87] oder wenn ihm ungerechtfertigt Vorteile gewährt wurden.

Aus der Treuepflicht kann sich ferner eine Einschränkung der **Weisungsbefugnisse** der Gesellschafter (§ 37 I) ergeben, so zB wenn ein Geschäftsführer dazu angewiesen wird, Prozesse zu führen, die keine Erfolgsaussichten haben.[88] Ob es sich dabei um die Ausübung von Stimmrechten, statutarischer Weisungsrechte oder die bloß faktische Durchsetzung der Mehrheitsmeinung handelt, ist unerheblich.[89] 38

Werden Gesellschafterbeschlüsse von einem Gesellschafter-Geschäftsführer nicht ausgeführt, so kann dies einen Verstoß gegen die ihm obliegende Treuepflicht bedeuten.[90] 39

cc) **Verhaltenspflichten aus Schädigungsverbot.** Die Gesellschafter haben sich so zu verhalten, dass der Gesellschaft u. den Mitgesellschaftern kein Schaden entsteht (**Schädigungsverbot**). So besteht zB die Pflicht, **kreditschädigende Äußerungen** zu unterlassen.[91] Sondervorteile in Form von Vermögenszuwendungen dürfen einzelnen Gesellschaftern nicht gewährt werden.[92] 40

Das Schädigungsverbot ist va dort relevant, wo eine Interessenkollision zwischen Gesellschafter- u. Gesellschaftsinteresse vorliegt. Das ist regelmäßig der Fall, wenn ein Gesellschafter solche **Geschäftschancen** verfolgt, die der Gesellschaft zustehen. Nach der sog. Geschäftschancenlehre ist es Gesellschaftern u. Geschäftsführern verboten, konkrete Geschäftschancen der Gesellschaft für sich selbst auf eigene Rechnung zu nutzen.[93] Die Feststellung, wem eine Geschäftschance gebührt, kann Probleme bereiten. Bei der Beurteilung spielen der objektive Ursprung u. die Umstände eine Rolle, durch die der Gesellschafter von einer Geschäftschance erfahren hat.[94] Indikatoren für die Zuordnung der Geschäftschance zur Gesellschaft können bereits getätigte Aufwendungen der Gesellschaft oder die wirtschaftliche Bedeutung der Geschäftschance sein.[95] Für einen Geschäftsführer kann auch die Kenntniserlangung im privaten Bereich dazu führen, dass die Geschäftschance der GmbH zuzurechnen ist.[96] 41

Problematisch können auch **Drittgeschäfte** sein, also Rechtsgeschäfte zwischen Gesellschaft u. Gesellschafter, die einen Leistungsaustausch bezwecken. So kann nach der Rspr. der Rückerstattungsanspruch eines Gesell- 42

86 MüKoGmbHG/*Merkt* Rn. 135.
87 OLG Düsseldorf NZG 01, 991, 994 f.
88 OLG Düsseldorf GmbHR 94, 172, 175 f.
89 BGHZ 65, 15, 18 f. – ITT.
90 BGH GmbHR 99, 186; Rowedder/Schmidt-Leithoff/*Pentz* Rn. 60.
91 OLG Dresden NZG 99, 1220; Roth/*Altmeppen* Rn. 51.
92 Michalski/*Lieder* Rn. 166 mwN.
93 S. umfassend zur gesellschaftsrechtlichen Geschäftschancenlehre Michalski/*Lieder* Rn. 214 ff.
94 Roth/*Altmeppen* Rn. 45.
95 Zu Kriterien u. Rechtsfolgen ausf. Michalski/*Lieder* Rn. 216 ff.; MüKoGmbHG/*Merkt* Rn. 279 ff. mwN.
96 BGH ZIP 85, 1484, 1485; Roth/*Altmeppen* § 43 Rn. 30.

schafterdarlehens kraft Treuepflicht ausgeschlossen sein, wenn der Gesellschaft hierdurch ein Schaden entstehen würde u. der Forderungsausfall dem Gesellschafter zuzumuten ist.[97] Drittgeschäfte sind wegen der vermögensrechtlichen Trennung zwischen Gesellschaft u. Gesellschafter jedoch im Grundsatz neutral zu bewerten. Die Rspr. lehnt es deshalb häufig ab, einem Gesellschafter die Ausübung seiner Rechte unter Hinweis auf die gesellschaftliche Treuepflicht zu verwehren, etwa wenn sich dieser auf die Formnichtigkeit iR eines Grundstückserwerbs beruft, nachdem die Gesellschaft bereits Baumaßnahmen auf dem betr. Grundstück eingeleitet hat.[98]

43 dd) **Maßnahmen betreffend die Gesellschafterstruktur.** Das Recht zur freiwilligen Beendigung der Mitgliedschaft kann nur in Ausnahmefällen durch die Treuepflicht beschränkt werden. So kann die Ausübung eines statutarisch eingeräumten **Kündigungsrechts,** das zur Auflösung der Gesellschaft führen würde, treuwidrig sein, wenn dem Gesellschafter ein zumutbares (den Liquidationserlös deckendes) Angebot zur Übernahme der Geschäftsanteile durch die übrigen Gesellschafter unterbreitet worden ist.[99]

44 Auch die **Auflösungsklage** kann unter einem in der Treuepflicht begründeten Vorbehalt stehen. Besteht ein wichtiger Grund, einen Gesellschafter auszuschließen, oder ist der Austritt zumutbar, kann die von ihm erhobene Auflösungsklage treuwidrig sein.[100] Spiegelbildlich ist die Durchführung eines Ausschließungsverfahrens geboten, wenn gewichtige Gründe vorliegen, die einen Ausschluss rechtfertigen.[101]

45 Geht mit der Veräußerung eines Geschäftsanteils eine Gefahr für die Gesellschaft einher, wenn zB ein unmittelbarer Konkurrent auf der Erwerberseite steht, kann dies ebenfalls gegen die Treuepflicht verstoßen.[102] Indes ist eine willkürliche Zustimmungsverweigerung iRd **Abtretung** eines Geschäftsanteils, etwa an Angehörige des Gesellschafters, unzulässig.[103] Ebenso kann im Einzelfall die Zustimmung zur Anteilsübertragung erforderlich sein, wenn diese zur Sanierung der Gesellschaft unabdingbar ist.[104]

46 ee) **Informations- und Aufklärungspflichten.** Das **Auskunfts- u. Einsichtsrecht** des Gesellschafters nach § 51 a I ist nach den Grundsätzen der Treuepflicht so zu gewähren, dass die übrigen Gesellschafter ihre Interessen effektiv wahrnehmen können. Bei ihrem Auskunftsverlangen haben die Gesellschafter Rücksicht auf die Funktionsfähigkeit der Gesellschaft zu nehmen. Wird diese beeinträchtigt, kann ein Verstoß gegen die Treuepflicht

97 RG JW 37, 1986 (OHG); OLG Karlsruhe GmbHR 03, 1359, 1360; für vorübergehenden Zinsverzicht BGH WM 85, 195, 196 (Publikums-KG); Roth/*Altmeppen* Rn. 57.
98 BGH NJW 89, 166, 167 f.
99 Michalski/*Lieder* Rn. 178; Scholz/*Seibt* § 14 Rn. 107.
100 BGH NJW 85, 1901.
101 BGHZ 98, 276, 279; *Henze,* ZHR 162 (98), 186, 195 f.; *Stefanik/Punte*, GWR 18, 403 ff.; → Rn. 63.
102 Lutter/Hommelhoff/*Bayer* § 14 Rn. 36.
103 OLG Hamm NZG 00, 1185, 1186 ff.; für die zulässige Verweigerung der Zustimmung iR vorweggenommener Erbfolge OLG Brandenburg NZG 02, 872; allg. zu Rücksichtnahmepflichten *Ziemons/Jaeger,* AG 96, 358 ff.
104 Michalski/*Lieder* Rn. 192.

vorliegen.[105] So erlangte Informationen sind vertraulich u. Dritten ggü. geheim zu halten.[106]

Aus der Treuepflicht können sich auch **Informations- u. Offenlegungspflichten** ggü. Gesellschaftsorganen oder Mitgesellschaftern ergeben. Dies kommt bspw. bei Vorliegen von Treuhandverhältnissen,[107] der Gewährung von Sondervorteilen oder hins. des Umfangs der Vergütung eines Gesellschafter-Geschäftsführers in Betracht.[108] Erfordert die Abtretung von Geschäftsanteilen die Zustimmung der Mitgesellschafter, hat der veräußernde Gesellschafter über seine Absicht u. die Eigenschaften des Erwerbers angemessen aufzuklären.[109] 47

Stehen sich Gesellschafter persönlich nahe, können **Aufklärungspflichten** über den Bedeutungsgehalt einer Abstimmung auch ggü. dem unerfahrenen Teil bestehen, wenn dieser nicht anwaltlich beraten ist.[110] 48

ff) **Wettbewerbsverbot.** Anders als im HGB (§§ 112, 113 HGB) sind im GmbHG keine Wettbewerbsverbote für Gesellschafter normiert. Daraus lässt sich ableiten, dass GmbH-Gesellschafter grds. keinem generellen Wettbewerbsverbot unterliegen. Gleichwohl kann sich bei Hinzutreten weiterer Umstände ein Wettbewerbsverbot ergeben, ähnl wie dies für Kommanditisten anerkannt ist, die trotz ihrer gesetzlichen Befreiung (165 HGB) einer Wettbewerbsbeschränkung kraft Treuepflicht unterliegen können.[111] 49

Voraussetzung hierfür ist, dass ein Gesellschafter kraft seiner Beteiligung oder besonderer Stimmrechte **beherrschenden Einfluss** auf die Gesellschaft ausüben kann. Von der Geschäftsführung ausgeschlossene Minderheitsgesellschafter unterliegen regelmäßig keinem aus der Treuepflicht abzuleitenden Wettbewerbsverbot, denn ohne besonderen Einfluss besteht auch keine Gefährdungslage für die Gesellschaft.[112] Entspr. gilt – mangels entgegenstehender Interessen weiterer Gesellschafter – bei der Einpersonen-GmbH bis zur Grenze einer nach § 30 relevanten Auszahlung, die geeignet ist, das zur Deckung des Stammkapitals vorhandene Vermögen anzugreifen.[113] Von der sachlichen Reichweite eines Wettbewerbsverbots wird idR ebenso nicht die rein kapitalistische Minderheitsbeteiligung eines Gesellschafter-Geschäftsführers an einer Konkurrenzgesellschaft erfasst, der weder im Unternehmen tätig ist noch die Möglichkeit hat, dieses zu beherrschen oder Einfluss auf unternehmerische Entscheidungen zu nehmen.[114] 50

Bei der personalistisch strukturierten GmbH, die dem gesetzlichen Leitbild der Personengesellschaft nahekommt, wird häufig eine **Analogie zu den** 51

105 OLG Stuttgart GmbHR 83, 242, 243; Scholz/*Seibt* § 14 Rn. 112 mwN; zum Informationsanspruch nach Ausscheiden *R Werner*, GmbHR 16, 852, 853 ff.
106 OLG Frankfurt DB 92, 2489, 2490; Baumbach/Hueck/*Fastrich* Rn. 28.
107 OLG Hamburg BB 93, 1030; Lutter/Hommelhoff/*Bayer* § 14 Rn. 36.
108 BGH NJW 07, 917; Roth/*Altmeppen* Rn. 51.
109 Vertiefend *Götze,* ZGR 99, 202 ff.
110 BGH DB 91, 2588; Lutter/Hommelhoff/*Bayer* § 14 Rn. 36.
111 Grdl. BGHZ 89, 162, 165 f. – Heumann/Ogilvy; Lutter/Hommelhoff/*Bayer* § 14 Rn. 39; Michalski/*Lieder* Rn. 265.
112 Roth/*Altmeppen* Rn. 50; Scholz/*Seibt* § 14 Rn. 113.
113 BGH NJW 93, 1922; BFH NJW 96, 1559 f.
114 OLG Stuttgart GmbHR 17, 913, 916; Roth/*Altmeppen* § 43 Rn. 29; *Sedlmaier/Rüppell*, BB 17, 1923, 1926.

§§ 112, 113 HGB befürwortet.[115] Diese ist mit Blick auf die Realstruktur einer Gesellschaft indes nur anzunehmen, wenn die Interessenlage tatsächlich vergleichbar ist, die Gesellschafter also eine unternehmerische Rolle inne haben u. nicht lediglich zu Anlagezwecken ohne weitergehende Einflussmöglichkeiten beteiligt sind.[116]

52 Ist ein Gesellschafter aus der Gesellschaft ausgeschieden, kann sich kein Wettbewerbsverbot aus der Treuepflicht mehr ergeben.[117] **Vertragliche, auch nachvertragliche**[118] **Wettbewerbsverbote** sind grds. möglich, stehen jedoch im Spannungsfeld von Berufsfreiheit des Gesellschafters (Grenzen nach Art. 12 GG iVm § 138 I BGB) u, soweit ein Verbot geeignet ist, die Marktverhältnisse zu beeinflussen, mit § 1 GWB, Art. 101 AEUV.[119] Ein vertraglich vereinbartes Wettbewerbsverbot ist dementspr nur zulässig, wenn es eine zeitliche, räumliche u. gegenständliche Begrenzung erfährt.[120] Umgekehrt ist auch die Befreiung von Wettbewerbsverboten möglich.[121]

53 **d) Rechtsfolgen.** Hins. der Rechtsfolgen bei Verstößen gegen die Treuepflicht ist zu differenzieren:

54 **aa) Beschlüsse.** Die treuwidrige Stimmabgabe[122] eines Gesellschafters ist nichtig (§ 134 BGB) u. die Stimme bei der Beschlussfassung nicht mitzuzählen.[123] Beruht ein Gesellschafterbeschluss auf einer rechtswidrig mitgezählten Stimme, so kann hiergegen bis zur förmlichen Feststellung durch den Versammlungsleiter im Wege der einfachen Feststellungsklage gerichtlich vorgegangen werden. Nach der Beschlussfeststellung ist ein Gesellschafterbeschluss nur noch iR u. unter den besonderen Voraussetzungen (insbes. Frist) der Anfechtungsklage entspr. § 243 I, II AktG angreifbar.[124]

55 **bb) Handlungs-, Unterlassungs- und Stimmpflichten.** Auf der Treuepflicht basierende Handlungspflichten sind im Wege der Leistungsklage durchsetzbar. Ist bei der Mitwirkung an Gesellschafterbeschlüssen eine bestimmte Art der Stimmabgabe geboten, so kann diese gem. § 894 ZPO durchgesetzt werden.[125] Ein effektiveres Vorgehen kann darin liegen, die Anfechtungsklage mit einer **positiven Beschlussfeststellungsklage** zu verbinden, da hier die Rechtskraft eines Leistungsurteils nicht abzuwarten ist.[126] Es erfolgt

115 Bspw. Michalski/*Lieder* Rn. 228.
116 Roth/*Altmeppen* Rn. 50; Rowedder/Schmidt-Leithoff/*Pentz* Rn. 89.
117 AllgM Rowedder/Schmidt-Leithoff/*Pentz* Rn. 90.
118 Dazu MüKoGmbHG/*Merkt* Rn. 236 ff.; Michalski/*Lieder* Rn. 242 ff.
119 Zu Kriterien, differenzierend nach Realstruktur der Gesellschaft Michalski/*Lieder* Rn. 226 ff.
120 MüKoGmbHG/*Merkt* Rn. 229; auch insoweit beträgt die zeitliche Grenze (einer Kundenschutzklausel) idR 2 Jahre, vgl. BGH NJW 15, 1012, 1013. Zu Grenzen in gegenständlicher Hinsicht s. BGH GmbHR 17, 913, 916 f. u. OLG Hamm GmbHR 17, 245, 246 f.
121 Näher MüKoGmbHG/*Merkt* Rn. 267 ff., 274; Michalski/*Lieder* Rn. 277 ff.
122 Zu Fallgruppen vgl. iE MüKoGmbHG/*Merkt* Rn. 111 ff.
123 BGH NJW 88, 969, 970; NJW-RR 93, 1253, 1254; Scholz/*K Schmidt* § 47 Rn. 32; Baumbach/Hueck/*Fastrich* Rn. 30; aA aber MüKoGmbHG/*Merkt* Rn. 188 f.
124 Baumbach/Hueck/*Fastrich* Rn. 30; Scholz/*Seibt* § 14 Rn. 121.
125 BGH NJW 67, 1963, 1965 f.; MüKoGmbHG/*Merkt* Rn. 191; Michalski/*Lieder* Rn. 200.
126 OLG Koblenz NJW-RR 89, 1057, 1058.

dann inzident die Überprüfung der aus der Treuepflicht gebotenen Stimmabgabe.[127]

Im Vorfeld der Stimmabgabe kann ein treuepflichtgemäßes Abstimmungsverhalten eines Gesellschafters durch einstweilige Verfügung erzwungen werden.[128] Wegen der damit einhergehenden enormen Beeinträchtigung der Stimmrechtsausübung des Gesellschafters ist das Gebot des geringstmöglichen Eingriffs zu beachten.[129] Demzufolge muss der Gesellschaft oder Mitgesellschaftern ein schwerer Schaden drohen, der nur durch präventive Maßnahmen verhindert werden kann. 56

Treuwidrige Maßnahmen, die außerhalb der Gesellschafterversammlung ergriffen werden, sind nichtig u. damit unwirksam. 57

cc) **Schuldhafte Treuepflichtverletzung.** Die schuldhafte Verletzung der Treuepflicht kann Schadensersatzansprüche der Gesellschaft u. ihrer Gesellschafter begründen.[130] Verletzt die GmbH Pflichten ggü. ihren Gesellschaftern, etwa wegen Missachtung des Gleichbehandlungsgrundsatzes als besonderer Ausprägung der Treuepflicht, so können nur diese anspruchsberechtigt sein. Dag ist ein sog. **Reflexschaden** der Gesellschafter, also ein durch die Wertminderung ihrer Beteiligung eingetretener mittelbarer Schaden, nicht ersatzfähig.[131] Schadensersatzansprüche der Gesellschaft sind durch die Geschäftsführung auf der Grundlage eines Gesellschafterbeschlusses (§ 46 Nr. 8) zu verfolgen. § 47 IV statuiert für diesen Fall ein Stimmverbot des betroffenen Gesellschafters. Einzelne Gesellschafter besitzen über die Grundsätze der **actio pro socio** die Möglichkeit, etwaige Ansprüche zugunsten der Gesellschaft geltend zu machen.[132] 58

Als **Verschuldensmaßstab** ist wegen der schuldrechtlichen Prägung der Treuepflicht § 276 BGB heranzuziehen. Abw. von diesem Grundsatz ist bei Geschäftsführungsmaßnahmen, etwa Weisungen an die Geschäftsführung, die Sorgfalt eines ordentlichen Geschäftsmannes entspr. § 43 maßgeblich, so dass auch hier unternehmerisches Ermessen zugebilligt werden muss.[133] Es wird darüber hinaus diskutiert, ob Gesellschaftern die Haftungsprivilegierung der §§ 708, 277 BGB zugutekommt. Eine Privilegierung ist jedoch abzulehnen u. § 276 BGB einschlägig,[134] der auch eine Haftung für leichte Fahrlässigkeit vorsieht. 59

Bislang ungeklärt ist die Frage, ob vor der Geltendmachung von Schadensersatzansprüchen eines Gesellschafters zunächst ein gegen die Treuepflicht verstoßender Beschluss anzufechten ist.[135] Wäre dies nicht der Fall, könnte 60

127 Rowedder/Schmidt-Leithoff/*Pentz* Rn. 78; Michalski/*Lieder* Rn. 198.
128 OLG Hamburg NJW 92, 186 f.; OLG Frankfurt GmbHR 93, 161; OLG Hamm GmbHR 93, 163; MüKoGmbHG/*Merkt* Rn. 191.
129 Michalski/*Lieder* Rn. 201; MüKoGmbHG/*Merkt* Rn. 191.
130 Lutter/Hommelhoff/*Bayer* § 14 Rn. 44 mwN.
131 AllgM Roth/*Altmeppen* Rn. 43.
132 Vgl. Rn. 72 ff.
133 BGH NJW 76, 191, 192; Rowedder/Schmidt-Leithoff/*Pentz* Rn. 85 mwN.
134 MüKoGmbHG/*Merkt* Rn. 211; Rowedder/Schmidt-Leithoff/*Pentz* Rn. 85; aA Michalski/*Lieder* Rn. 207.
135 Offen gelassen BGHZ 129, 136, 158 f. = NJW 95, 1739, 1745 – Girmes, AG; zum Streitstand vgl. Rowedder/Schmidt-Leithoff/*Pentz* Rn. 42 mwN; Habersack/Casper/Löbbe/*Raiser* § 14 Rn. 82.

die **Fristbindung der Anfechtungsklage** (§ 246 I AktG analog) durch unmittelbare Geltendmachung von Schadensersatzansprüchen unterlaufen werden. Im Interesse des durch die Anfechtungsfrist bezweckten Rechtsfriedens spricht viel dafür, zwar nicht die Entstehung des Schadensersatzanspruchs, wohl aber dessen Geltendmachung an das Fristerfordernis zu koppeln.[136] Mit Eintritt der Bestandskraft des Gesellschafterbeschlusses sind Schadensersatzansprüche somit ausgeschlossen, sofern nicht innerhalb der Anfechtungsfrist von einem Monat Klage erhoben wurde.

61 Die **Verjährung** von Ersatzansprüchen beträgt regelmäßig 3 Jahre (§ 195 BGB), maximal 30 Jahre im Fall des Vorliegens besonderer Voraussetzungen gem. § 199 II, III BGB. Längere Verjährungsfristen für Gesellschafter-Geschäftsführer werden verdrängt (zB § 43 IV).[137] Wurde die Treuepflicht durch mehrere Gesellschafter verletzt, haften diese als Gesamtschuldner.

62 **dd) Verstoß gegen Wettbewerbsverbote; Geschäftschancen.** Ein Verstoß gegen treuepflichtbedingte Wettbewerbsverbote führt in entspr. Anwendung des **§ 113 HGB** zu Schadensersatzansprüchen, wahlweise (elektive Anspruchskonkurrenz) auch zu einem Eintrittsrecht der Gesellschaft. Die gleichen Rechtsfolgen knüpfen sich an die rechtswidrige Nutzung von Geschäftschancen, die der Gesellschaft zuzuordnen sind.[138] Die **steuerliche Behandlung** von Verstößen gegen Wettbewerbsverbote hat durch die Rspr. des BFH unter dem Gesichtspunkt der **verdeckten Gewinnausschüttung** (**vGA**, § 8 III KStG) besondere Bedeutung erlangt. Eine vGA liegt demnach vor, wenn etwaige Schadensersatzansprüche der GmbH aus § 113 HGB gegen einen Gesellschafter nicht geltend gemacht werden.[139] Auch die entgeltlose Befreiung von einem Wettbewerbsverbot oder die Nutzung von Geschäftschancen der Gesellschaft können unter diese Kategorie fallen.[140] Der BFH sieht im Gegensatz zu seiner früheren Rspr.[141] eine vGA aber erst dann als gegeben an, wenn damit gegen § 30 verstoßen wird.[142]

63 **ee) Schwerwiegende Treuepflichtverstöße.** Besonders drastische Rechtsfolgen wie die **Ausschließung** aus wichtigem Grund oder, sofern vertraglich vorgesehen, die **Einziehung** des Geschäftsanteils (§ 34), sind nur bei schwerwiegendsten Verstößen gegen die Treuepflicht durch Gesellschafter denkbar.[143] Insoweit kommen bspw. kreditschädigende Äußerungen über eine insolvenzbedrohte GmbH oder die treuwidrig unterlassene Informati-

136 So auch Michalski/*Lieder* Rn. 203; Scholz/*Seibt* § 14 Rn. 125; MüKoGmbHG/*Merkt* Rn. 209.
137 Str., wie hier Michalski/*Lieder* Rn. 208; Rowedder/Schmidt-Leithoff/*Pentz* Rn. 85; MüKoGmbHG/*Merkt* Rn. 213; hingg. für die Geltung der jeweils längeren Frist Scholz/*Seibt* § 14 Rn. 125; Baumbach/Hueck/*Fastrich* Rn. 30 mit Hinweis auf die überholte Rspr. zu § 195 aF BGH NJW 99, 781.
138 Rowedder/Schmidt-Leithoff/*Pentz* Rn. 86, 93; Scholz/*Seibt* § 14 Rn. 126.
139 Michalski/*Lieder* Rn. 319.
140 Lutter/Hommelhoff/*Bayer*, 19. Aufl. 16, § 14 Rn. 41.
141 Zur früheren Rspr. vgl. BFHE 157, 408; 157, 138 u. 156, 484.
142 BFH 178, 371 ff.; ausf. dazu Roth/*Altmeppen* § 30 Rn. 88 ff.
143 BGHZ 9, 157, 163; 16, 317, 322; MüKoGmbHG/*Merkt* Rn. 193 ff.; Baumbach/Hueck/*Fastrich* Rn. 30 mwN; vgl. auch die Erläuterungen zu § 34 Rn. 32 ff.; zur persönlichen Haftung von Gesellschaftern für die Haftung ausscheidender GmbH-Gesellschafter unter dem Gesichtspunkt der Treuepflicht BGHZ 210, 186 = NZG 16, 742; *Zinger*, ZGR 17, 196 ff.

on über ein gegen den Geschäftsführer laufendes Verfahren wegen Anlagebetrugs, über das eine Gesellschafterin Kenntnis hatte, in Betracht.[144] Es ist stets zu fragen, ob nicht ein **milderes Mittel** verfügbar ist, etwa die Abberufung eines Gesellschafter-Geschäftsführers. Während die Einziehung durch einfachen Gesellschafterbeschluss herbeizuführen ist, muss für die Ausschließung eines Gesellschafters Klage erhoben werden, der wiederum ein Gesellschafterbeschluss vorausgehen muss.[145]

3. Gleichbehandlungsgrundsatz

Schrifttum

Konow, Der Grundsatz der gleichmäßigen Behandlung der GmbH-Gesellschafter bei der Gewinnverteilung, GmbHR 1973, 121; *Raiser*, Der Gleichheitsgrundsatz im Privatrecht, ZHR 111 (1948), 75; *Verse*, Der Gleichbehandlungsgrundsatz im Recht der Kapitalgesellschaften, 2006.

a) Allgemeines. Der Gleichbehandlungsgrundsatz ist **Ausdruck des Minderheitenschutzes.** Er kommt im Gesetz an verschiedenen Stellen zum Vorschein (§§ 14, 19 I, 24, 26 III, 29 III, 31 III, 47 II, 53 III, 72). Die dogmatische Einordnung[146] dieses allg. anerkannten gesellschaftsrechtlichen Prinzips (vgl. auch § 53 a AktG) ist dabei weniger relevant[147] als seine inhaltliche Reichweite u. praktischen Anwendungsfälle. Abzugrenzen ist der (gesellschaftsrechtliche) Gleichbehandlungsgrundsatz von den Regelungen des AGG, dessen Zielrichtung zwar ebenfalls den Diskriminierungsschutz umfasst, dessen Regelungen aber tatbestandlich nicht einschlägig sind (vgl. § 19 AGG).[148] Der Grundsatz entfaltet keinen Schutzgesetzcharakter iSd § 823 II BGB, bei einer Verletzung kann jedoch § 826 BGB relevant sein.[149] 64

Die Pflicht zur Gleichbehandlung bindet sowohl die Gesellschaft einschl. ihrer Organe (insbes. Gesellschafterversammlung u. Geschäftsführung) als auch Gesellschafter, wenn sie kraft ihrer Rechtsposition Einfluss auf ihre Mitgesellschafter nehmen können. 65

b) Inhalt. Der Grundsatz lässt sich kurzgefasst als **Verbot der Willkür** definieren. Willkür liegt vor, wenn ohne sachlichen Grund[150] u. gegen den Willen eines Gesellschafters, dh ohne vorherige Zustimmung, eine Ungleichbehandlung stattfindet. Spiegelbildlich ist auch die willkürliche Gleichbehandlung ungleicher Sachverhalte unzulässig. 66

Eine **vorherige Zustimmung** kann etwa in der Einräumung von Sonderrechten bei Abschluss des Gesellschaftsvertrages liegen. Auch nachträgliche Satzungsänderungen mit Wirkung für einzelne Gesellschafter sind nach den Grundsätzen der **Vertragsautonomie** nicht zu beanstanden. Der generelle Ausschluss des Gleichbehandlungsgrundsatzes ist hingg. nicht mög- 67

---

144 OLG Dresden NZG 99, 1220; OLG Brandenburg NZG 99, 828, 832 mit Anm. *Michalski/de Vries*; allg. zur Kasuistik vgl. Michalski/*Lieder* Rn. 209 ff.
145 MüKoGmbHG/*Merkt* Rn. 197.
146 Ausf. Herleitung bei Habersack/Casper/Löbbe/*Raiser* § 14 Rn. 113 ff.; zu gesetzlichen Grundlagen vgl. Michalski/*Lieder* Rn. 110 f.
147 Baumbach/Hueck/*Fastrich* Rn. 31.
148 MüKoGmbHG/*Merkt* Rn. 287.
149 Scholz/*Seibt* § 14 Rn. 63.
150 Baumbach/Hueck/*Fastrich* Rn. 32; Michalski/*Lieder* Rn. 108.

lich.[151] Ein **sachlicher Grund** ist gegeben, wenn das Interesse der Gesellschaft das Interesse des Gesellschafters überwiegt.[152] Die Rspr. des BVerfG betr. Art. 3 I GG kann zur Bestimmung von Ungleichbehandlungen herangezogen werden. Demnach ist eine Ungleichbehandlung willkürlich, wenn zwischen zwei Gruppen von Gesellschaftern keine Unterschiede bestehen, die nach ihrer Art und ihrem Gewicht die unterschiedliche Behandlung sachlich rechtfertigen könnten.[153]

68 Für die **Feststellung einer Ungleichbehandlung** ist bei der GmbH als Kapitalgesellschaft grds. ein relativer, sich am jeweiligen Beteiligungsverhältnis orientierender Maßstab anzulegen.[154] Unverzichtbare Mitgliedschaftsrechte (zB Teilnahme an Gesellschafterversammlung, Auskunfts- u. Einsichtsrechte, Klagerecht) stehen hingg. allen Gesellschaftern zu gleichen Teilen zu u. sind damit keiner Abstufung nach den relativen Beteiligungsverhältnissen zugänglich. Hier gilt folglich ein absoluter Maßstab nach Köpfen.[155]

69 Ob auch **Drittgeschäfte** erfasst sind, ist umstritten. Dies wird vereinzelt mit dem Argument bejaht, dass bei Austauschgeschäften zwischen der Gesellschaft u. einem Gesellschafter eine Beeinflussung von Art u. Umfang der Gegenleistung nicht ausgeschlossen werden könne. Solange es nicht der unternehmerischen Vernunft widerspreche, sei es deshalb geboten, die Gleichbehandlung der Gesellschafter auch hier zu fordern.[156] Dag ist jedoch einzuwenden, dass der Gleichbehandlungsgrundsatz in erster Linie auf den Schutz mitgliedschaftlicher Rechte abzielt. Austauschgeschäfte sind daher nur bei Hinzutreten weiterer – gesellschaftsrechtlich relevanter – Umstände einer Überprüfung nach dem Grundsatz der Gleichbehandlung zugänglich. Das ist etwa der Fall, wenn das konkrete Geschäft als verdeckte Gewinnausschüttung zu qualifizieren ist, weil hierbei unmittelbar die Interessen der Mitgesellschafter berührt werden.[157]

70 c) **Anwendungsfälle**[158] Vorwiegender Anwendungsbereich des Gleichheitsgrundsatzes sind **verdeckte Gewinnausschüttung, Bezugsrechtsausschlüsse** bei Kapitalerhöhungen sowie die Gewährung von **Sondervorteilen.** Wiederholt hat sich die Rspr. mit der Vergütung von Gesellschafter-Geschäftsführern auseinandergesetzt,[159] die an objektive Kriterien gebunden sein muss.[160] Die Gewährung von Sonderrechten kann gegen den Gleichbehandlungsgrundsatz verstoßen, wenn sie sich bei Zeichnung neuer Ge-

151 Lutter/Hommelhoff/*Bayer* § 14 Rn. 47; Michalski/*Lieder* Rn. 109; *Blath*, RNotZ 17, 218, 222 f.
152 Michalski/*Lieder* Rn. 123.
153 Auf der Grundlage von BVerfGE 55, 72, 88 die Gemeinsamkeiten betonend Michalski/*Lieder* Rn. 114; zust. MüKoGmbHG/*Merkt* Rn. 288.
154 Michalski/*Lieder* Rn. 117 f.; MüKoGmbHG/*Merkt* Rn. 296.
155 Baumbach/Hueck/*Fastrich* Rn. 32; Michalski/*Lieder* Rn. 119; MüKoGmbHG/*Merkt* Rn. 297.
156 Roth/*Altmeppen* Rn. 64.
157 BGHZ 111, 224, 227 = NJW 90, 2625; MüKoGmbHG/*Merkt* Rn. 293; Baumbach/Hueck/*Fastrich* Rn. 34; Michalski/*Lieder* Rn. 121 f.
158 Weitergehende Nachw. zu Einzelfällen bei Michalski/*Lieder* Rn. 124 ff.; MüKoGmbHG/*Merkt* Rn. 308 ff.; Habersack/Casper/Löbbe/*Raiser* § 14 Rn. 121 f.
159 So zB BGH GmbHR 08, 1092 mit Anm. *Podewils* zur rückwirkenden Erhöhung.
160 Vgl. OLG Hamm GmbHR 96, 768, 769.

schäftsanteile auch auf ältere Anteile erstrecken sollen.[161] Die Einforderung von Kapitaleinlagen hat gleichmäßig zu erfolgen, ist aber nicht schon deshalb unzulässig, weil ein Gesellschafter zahlungsunfähig ist.[162] Einer Übertragung von Geschäftsanteilen darf nicht willkürlich widersprochen werden.[163]

d) **Rechtsfolgen.** Auch die **Rechtsfolgen** einer Verletzung des Gleichbehandlungsgrundsatzes sind, ähnl wie bei der Treuepflicht, von der Natur der jeweiligen Maßnahme abhängig. Verstöße müssen rückgängig gemacht werden oder durch eine vergleichbare Behandlung aller Berechtigten ausgeglichen werden. Bevorteilte Gesellschafter können verpflichtet sein, entspr. Maßnahmen die erforderliche Zustimmung zu erteilen.[164] Gegen den Gleichbehandlungsgrundsatz verstoßende Beschlüsse sind anfechtbar.[165] Gravierende Eingriffe in Gesellschafterrechte, insbes. Eingriffe in Sonderrechte, sind schwebend unwirksam. Diese können jedoch durch den benachteiligten Gesellschafter rückwirkend genehmigt werden. Weil der Gleichbehandlungsgrundsatz eine spezielle Ausprägung der Treuepflicht ist, kann ein Verstoß auch Schadensersatzpflichten begründen.[166] 71

4. Gesellschafterklage (actio pro socio)

Schrifttum

Eickhoff, Die Gesellschafterklage im Recht der GmbH, 1987; *Grunewald*, Die Gesellschafterklage in Personengesellschaften und GmbHs, 1990; *Kowalski*, Die Gesellschafterklage und § 46 Nr 8 GmbHG – kein unlösbares Problem, ZIP 1995, 1315; *Lutz*, Prozessvertretung der GmbH gegenüber dem Geschäftsführer und actio pro socio bei einstweiligen Verfügungen, NZG 2015, 424; *Raiser*, Das Recht der Gesellschafterklagen, ZHR 153 (1989), 1; *Schanbacher*, Actio pro socio – zur Dogmatik der Gesellschafterklage, AG 1999, 21; *Ulrich/Jäckel*, Drittfeststellungsklagen im Gesellschaftsrecht und ihre Überschneidung mit der actio pro socio, NZG 2009, 1132; *Zöllner*, Die sog. Gesellschafterklagen im Kapitalgesellschaftsrecht, ZGR 1988, 392.

a) **Allgemeines.** Die actio pro socio ist ein Instrument des Minderheitenschutzes. Sie ermöglicht Gesellschaftern, Ansprüche gegen Mitgesellschafter geltend zu machen, die der Gesellschaft zwar zustehen, von den Gesellschaftsorganen aber nicht durchgesetzt werden. Hintergrund sind häufig Interessenkonflikte der Mehrheitsgesellschafter, die idR kein Interesse an der Verfolgung von Ansprüchen gegen sich selbst haben.[167] Die Klage richtet sich dabei auf Leistung an die Gesellschaft.[168] Die actio pro socio ist **zwingendes Recht**, kann also nicht gesellschaftsvertraglich abbedungen 72

161 RGZ 76, 155, 158; MüKoGmbHG/*Merkt* Rn. 309.
162 RGZ 149, 293, 300; Michalski/*Lieder* Rn. 125.
163 Rowedder/Schmidt-Leithoff/*Pentz* Rn. 107.
164 Michalski/*Lieder* Rn. 129.
165 Scholz/*Seibt* § 14 Rn. 61; MüKoGmbHG/*Merkt* Rn. 302.
166 Rowedder/Schmidt-Leithoff/*Pentz* Rn. 107.
167 Michalski/*Ebbing* § 14 Rn. 96; allg. zur Durchsetzung von Ansprüchen gegen Geschäftsführer durch Minderheitsgesellschafter *R Werner*, GmbHR 17, 849 ff.
168 Lutter/Hommelhoff/*Bayer* Rn. 51; Rowedder/Schmidt-Leithoff/*Pentz*, Rn. 128.

werden.[169] Bei einem Verstoß gegen die gesellschaftliche Treuepflicht kann sich ihre Ausübung als rechtsmissbräuchlich erweisen.[170]

73 b) **Rechtsnatur.** Die Rechtsnatur der actio pro socio ist umstritten u. hat Folgen für die Zulässigkeitsvoraussetzungen einer Klage. Während die wohl (noch) hM die Klage als Geltendmachung fremder Rechte im eigenen Namen versteht (**Prozessstandschaft**),[171] sehen andere die actio pro socio als Verfolgung u. klageweise Geltendmachung eines eigenen mitgliedschaftlichen Rechts.[172] Letztere Auffassung beruht auf der Ansicht, dass die actio pro socio notwendig sei, um die Rechtsmacht der Mehrheit durch eine gerichtliche Überprüfungsmöglichkeit der Minderheit auszugleichen.[173]

74 Die hM weist dag zutr. darauf hin, dass die **Zuständigkeitsordnung** der GmbH zunächst ein Vorgehen ihrer Organe vorsieht, weil ihr die Geltendmachung von Ansprüchen als eigenständiger Rechtsperson zugewiesen ist. Daraus ergibt sich eine **subsidiäre Notzuständigkeit** der Minderheit, deren Voraussetzungen jedoch durch anerkannte Ausnahmetatbestände[174] nicht allzu hoch sind. Damit wird ein angemessener Ausgleich zwischen der Wahrung der Organisationsverfassung der GmbH einerseits u. den Interessen der Minderheitsgesellschafter andererseits hergestellt. Ein eigener Anspruch der Gesellschafter aus dem Mitgliedschaftsverhältnis ist daher abzulehnen.

75 c) **Anwendungsbereich. aa) Sachlich und personell.** Gegenstand einer Gesellschafterklage können nur solche Ansprüche sein, die sich unmittelbar **aus dem Gesellschaftsverhältnis** gegen Gesellschafter oder diesen nahestehende Personen herleiten. Das kann va für beherrschende Konzernunternehmen gelten.[175]

76 Die Klage kann sich gegen die Verletzung der Treuepflicht[176] oder von Wettbewerbsverboten richten. Auch Rückgewähransprüche der Gesellschaft aus § 31 sowie Haftungsansprüche aus Vorbelastung oder Ansprüche aus § 43 gegen einen Gesellschafter-Geschäftsführer können auf diese Weise geltend gemacht werden.[177]

77 Ansprüche aus Drittgeschäften sind nicht im Wege der actio pro socio zu verfolgen.[178] Ebenso ist eine Ausdehnung auf Ansprüche der Gesellschaft gegen Organmitglieder ausgeschlossen, soweit diese nicht zugleich Gesell-

---

169 Baumbach/Hueck/*Fastrich* Rn. 37; aA Michalski/*Ebbing* § 14 Rn. 98: abdingbar, falls Minderheitenschutz anders gewährleistet.

170 BGH NZG 19, 702; 10, 783; Baumbach/Hueck/*Fastrich* Rn. 38; Bork/Schäfer/*Weller/Discher* Rn. 20.

171 BGH NJW 91, 1884; OLG Düsseldorf ZIP 94, 621; Lutter/Hommelhoff/*Bayer* Rn. 54; Michalski/*Ebbing* § 14 Rn. 95 f.; Baumbach/Hueck/*Fastrich* Rn. 37; Scholz/*K Schmidt* § 46 Rn. 161.

172 Roth/*Altmeppen* Rn. 17 mwN; Rowedder/Schmidt-Leithoff/*Pentz* Rn. 131; Habersack/Casper/Löbbe/*Raiser* § 14 Rn. 58.

173 Habersack/Casper/Löbbe/*Raiser* § 14 Rn. 57.

174 Vgl. MüKoGmbHG/*Merkt* Rn. 330 zu Ausn. mwN; Baumbach/Hueck/*Fastrich* Rn. 39.

175 Baumbach/Hueck/*Fastrich* Rn. 38; MüKoGmbHG/*Merkt* Rn. 327.

176 BGH NZG 05, 216.

177 Michalski/*Ebbing* § 14 Rn. 99.

178 BGH WM 82, 928; MüKoGmbHG/*Merkt* Rn. 327.

schafterpflichten verletzen.[179] In Betracht kommt eine actio pro socia indes im Fall der einstweiligen Verfügungen der GmbH gegen ihren einzigen vertretungsberechtigten Geschäftsführer.[180] Auch nach seinem Ausscheiden kann ein Gesellschafter befugt sein, eine Gesellschafterklage fortzuführen, sofern ein rechtliches Interesse hierfür besteht. Dies ist etwa der Fall, wenn die Schädigung des Gesellschaftsvermögens durch ungerechtfertigte Privatentnahmen durch Mitgesellschafter Auswirkungen auf Höhe oder Durchsetzbarkeit des Abfindungsanspruchs des Ausgeschiedenen hat u. mittelbar auch diesen schädigt.[181]

bb) Subsidiarität. Ist die actio pro socio als Prozessstandschaft zu begreifen, muss im Grundsatz gelten, dass Gesellschafter **vor Klageerhebung** auf ein Tätigwerden der Gesellschaft verwiesen sind. Sie müssen somit zunächst im Wege der **Anfechtungs- u. Beschlussfeststellungsklage** einen Gesellschafterbeschluss angreifen, der die Geltendmachung berechtigter Ansprüche der Gesellschaft unzulässig unterdrückt.[182] Das gilt für Ersatzansprüche gegen Gesellschafter (notwendiger Beschluss gem. § 46 Nr. 8) gleichermaßen wie für Ansprüche auf die Leistung von Einlagen, die erst mit einem Gesellschafterbeschluss fällig werden (§ 46 Nr. 2) sowie für Nachschüsse gem. § 26 I, die ebenfalls einen Beschluss voraussetzen. **Ausn.** von diesem Grundsatz sind jedoch in solchen Konstellationen anerkannt, in denen die Gesellschafterversammlung überhaupt nicht tätig wird oder die Mehrheitsverhältnisse so eindeutig gegen eine positive Beschlussfassung sprechen, dass es einer bloßen Formalität gleichkäme, die Herbeiführung zu fordern. Das ist im Fall einer Zweipersonen-GmbH anzunehmen, wenn der betroffene Gesellschafter ohnehin von dem Stimmverbot des § 47 IV erfasst ist.[183] 78

d) Wirkungsweise. Ein im Wege der actio pro socio erstrittenes Urteil wirkt für u. gegen die Gesellschaft.[184] Der klagende Gesellschafter trägt das Prozesskostenrisiko. 79

IV. Haftung der Gesellschafter

1. Grundsatz: Haftungsbeschränkung (Abs. 2)

Für Verbindlichkeiten der Gesellschaft haftet gem. Abs. 2 nur das Gesellschaftsvermögen. Es handelt sich um eine Haftungsbeschränkung. Wer unternehmerisch tätig wird, haftet grds. als Einzelkaufmann unbeschränkt; werden mehrere gemeinschaftlich unternehmerisch tätig, haften diese regel- 80

179 BGH NZG 18, 220 f.; OLG Jena NZG 14, 391 (zu Abberufungsstreitigkeiten); Baumbach/Hueck/*Fastrich* Rn. 38; Lutter/Hommelhoff/*Bayer* Rn. 53; Michalski/*Ebbing* § 14 Rn. 101 mwN; diff. Roth/*Altmeppen* Rn. 27.

180 Lutter/Hommelhoff/*Bayer* Rn. 53; vgl. OLG Jena GmbHR 14, 706, 708; Roth/*Altmeppen* Rn. 28; ausf. *Lutz*, NZG 15, 424, 427 ff.

181 OLG Düsseldorf, GmbHR 16, 542, 544; hierzu *Bayer*, GmbHR 16, 505 ff.

182 MüKoGmbHG/*Merkt* Rn. 331.

183 S. ausf. zur umstrittenen Frage der Subsidiarität der actio pro socio MüKoGmbHG/*Merkt* Rn. 328 ff.

184 Baumbach/Hueck/*Fastrich* Rn. 39; Michalski/*Ebbing* § 14 Rn. 105; anders die Gegenansicht, die die actio pro socio als eigenes Recht des Gesellschafters begreift, vgl. Roth/*Altmeppen* Rn. 19; Rowedder/Schmidt-Leithoff/*Pentz* Rn. 134.

mäßig als OHG-Gesellschafter gesamtschuldnerisch u. unbeschränkt (§ 128 HGB).

81 Die Haftungsbeschränkung des Abs. 2 wird in der Rspr. auch als **Haftungsprivileg** bezeichnet.[185] Von dieser Terminologie ist abzuraten. Der Begriff des Privilegs wird heute im allg. Sprachgebrauch eher herabsetzend iSe ungerechtfertigten Vorteils verwendet. Deshalb überrascht es nicht, dass die Haftungsbeschränkung des Abs. 2 gerade in solchen Konstellationen als Privileg bezeichnet wird, in denen die Berufung darauf verwehrt wird.[186] Der Begriff Privileg nimmt in diesen Fällen das Ergebnis tendenziell vorweg oder untermauert dieses jedenfalls begrifflich u. nicht mit Argumenten.

82 Die Haftungsbeschränkung des Abs. 2 ist kein Privileg, sondern **funktional begründet u.** gerechtfertigt. Sie entspricht dem für juristische Personen geltenden Trennungsprinzip.[187] Die Möglichkeit der haftungsbeschränkten Teilnahme am Rechtsverkehr soll die Bereitschaft fördern, unternehmerisch tätig zu werden. Es ist der Zweck der Haftungsbeschränkung u. die vom Gesetzgeber tolerierte Konsequenz, dass die Gesellschafter mit der Haftungsbeschränkung einseitig Risiken auf die Gläubiger verlagern.[188]

2. Gläubigerschutz und Gesellschafterhaftung

83 Als Ausgleich für die durch Abs. 2 bedingte Risikoverlagerung dienen die Regeln des Gläubigerschutzes. Hierzu zählen in der GmbH va die **Kapitalaufbringungs- u. Kapitalerhaltungsvorschriften** (vgl. §§ 7–9 c, 19–28, 30–32), die **Insolvenzantragspflicht** (§ 15 a I, III InsO), das **Zahlungsverbot bei Insolvenzreife** (§ 64 S. 1), die Geschäftsführerhaftung bei **Insolvenzverursachung** (§ 64 S. 3), der **Nachrang** von Gesellschafterdarlehen in der Insolvenz (§ 39 I Nr. 5 InsO) u. die diesbzgl **Anfechtungsvorschriften** (§ 135 InsO). Teil des gesetzlichen Gläubigerschutzkonzepts sind auch bestimmte Haftungstatbestände der Gesellschafter ggü. der Gesellschaft (sog. Innenhaftung), die verschuldensunabhängige (zB § 31 I) u. verschuldensabhängige (zB § 31 II) Elemente enthalten.[189]

84 Übersteigen die Verbindlichkeiten der GmbH ihr Vermögen, stellt sich für die Gesellschaftsgläubiger die Frage, ob sie die Geschäftsführer u. Gesellschafter persönlich zur Befriedigung ihrer Forderungen gegen die Gesellschaft heranziehen können. Soweit der Gesellschafter dem Gläubiger unmittelbar haftet (**Außenhaftung**), kann der Gläubiger den Gesellschafter direkt verklagen. Soweit nur eine Haftung des Gesellschafters ggü. der GmbH begründet ist (**Innenhaftung**), ist der Gesellschaftsgläubiger darauf angewiesen, zunächst die GmbH zu verklagen u. im Erfolgsfall in deren Ansprüche gegen den Gesellschafter zu vollstrecken.[190]

85 Soweit die Haftung des Gesellschafters nicht vertraglicher Art ist, steht sie naturgemäß in einem Spannungsverhältnis zu Abs. 2. Da Haftungstatbe-

---

185 BGH NZG 02, 914, 915 – KBV.
186 BGH NZG 02, 914 – KBV.
187 Oben Rn. 3. Vgl. auch MüKoGmbHG/*Merkt* Rn. 332; Habersack/Casper/Löbbe/*Raiser* Rn. 51.
188 Baumbach/Hueck/*Fastrich* Rn. 40.
189 MüKoGmbHG/*Merkt* Rn. 332; Michalski/*Lieder* Rn. 336.
190 Roth/*Altmeppen* Rn. 67.

stände stets die Tendenz zur Ausdehnung haben, ist das vom Gesetzgeber beabsichtigte Gleichgewicht zwischen Haftungsbeschränkung u. Gläubigerschutz latent instabil.

3. Die Innen- und Außenhaftung des Gesellschafters

Die gesetzliche Haftung des Gesellschafters mit Gläubigerschutzbezug ist grds. als Innenhaftung ausgestaltet, dh nur ggü. der Gesellschaft. Daneben haben sich mit der Zeit jedoch auch Außenhaftungstatbestände ergeben. 86

a) **Innenhaftung mit Gläubigerschutzbezug.** Der Gesellschafter haftet der GmbH von Gesetzes wegen grds. nur dafür, dass die auf seine Geschäftsanteile entfallende Stammeinlage ordnungsgemäß erbracht wird (§ 19) u. er keine Auszahlungen aus dem zur Erhaltung des Stammkapitals erforderlichen Gesellschaftsvermögen erhält (§ 31). Diese Haftung dient dem Gläubigerschutz u. ist im Grundsatz verschuldensunabhängig. 87

Eine weitergehende Innenhaftung des Gesellschafters ergibt sich aus § 823 II BGB, wenn der Gesellschafter gegen Schutzgesetze verstößt, die dem Schutz des Gesellschaftsvermögens dienen. Hierzu zählt insbes. der Tatbestand der Untreue, § 266 StGB.[191] Solche Schutzgesetzverletzungen bieten den Gläubigern nur einen Reflexschutz. 88

Die Rspr. behält sich zudem vor, weitere Haftungstatbestände im Wege der richterlichen Rechtsfortbildung zu begründen u. fortzuentwickeln. Prominentes Bsp. ist die Haftung wegen **existenzvernichtenden Eingriffs,** die der BGH seit der Trihotel-Rspr.[192] als Innenhaftung versteht. 89

b) **Außenhaftung mit Gläubigerschutzbezug.** Der Gesellschafter haftet den Gläubigern für Gesellschaftsverbindlichkeiten unmittelbar grds. nur, wenn er sich hierzu privatautonom verpflichtet hat, sei es aufgrund von Bürgschaft, Garantie, Schuldbeitritt oder anderweitig.[193] Im Grenzbereich zwischen privatautonomer u. gesetzlicher Außenhaftung steht die Vertrauenshaftung des Gesellschafters.[194] 90

Eine gesetzliche Außenhaftung des Gesellschafters mit Gläubigerbezug kann sich dag ergeben, wenn der Gesellschafter die Gläubiger sittenwidrig schädigt (§ 826 BGB) oder schuldhaft gegen Schutzgesetze verstößt, die unmittelbar dem Schutz der Gläubiger dienen (§ 823 II BGB). In Betracht kommt insbes. eine Haftung wegen Insolvenzverschleppung, § 823 II BGB iVm § 15 a InsO, oder wegen Betrugs, § 823 II BGB iVm § 263 StGB.[195] 91

Schließlich kann sich eine Außenhaftung des Gesellschafters aus der im Wege richterlicher Rechtsfortbildung entwickelten **Durchgriffshaftung** ergeben. Nach dieser Rspr. gibt es Konstellationen, in denen es dem Gesellschafter verwehrt ist, sich auf die Haftungsbeschränkung des Abs. 2 zu berufen, u. er deshalb **analog § 128 HGB** wie ein OHG-Gesellschafter für sämtliche Verbindlichkeiten der Gesellschaft persönlich haftet.[196] 92

---

191 MüKoGmbHG/*Merkt* Rn. 341 f.
192 BGH NZG 07, 667 – Trihotel; vgl. zur Existenzvernichtungshaftung Rn. 108 ff.
193 MüKoGmbHG/*Merkt* Rn. 335 ff.; Scholz/*Bitter* Rn. 91 ff.
194 Habersack/Casper/Löbbe/*Raiser* Rn. 115.
195 Michalski/*Lieder* Rn. 375.
196 Ausf. Rn. 95 ff.

4. Vertrauenshaftung

93 Eine unmittelbare Haftung des Gesellschafters ggü. Gläubigern der Gesellschaft kann auf die Grundsätze der culpa in contrahendo (cic) gestützt werden, wenn der Gesellschafter ein **wirtschaftliches Eigeninteresse** hat (§ 311 III 1 BGB), woran die Rspr. jedoch hohe Anforderungen stellt.[197] Mittelbare Interessen sind ebenso unschädlich wie eine hohe Beteiligung des Gesellschafters.[198] Die Situation muss mit dem Tätigwerden in eigener Sache vergleichbar sein, damit dem Gesellschafter ein wirtschaftliches Eigeninteresse unterstellt werden kann.[199] Hat der Gesellschafter (häufig in Funktion des Gesellschafter-Geschäftsführers) **besonderes persönliches Vertrauen** in Anspruch genommen (vgl. § 311 III 2 BGB), ist eine Haftung ebenfalls nur unter engen Voraussetzungen anzunehmen (sog. Sachwalterhaftung). Dabei genügt nicht allein die Verletzung von Aufklärungspflichten. Es muss vielmehr ein zusätzliches Vertrauen auf die Richtigkeit u. Vollständigkeit von Erklärungen hervorgerufen werden, das bei Verletzung zu Schadensersatzpflichten führen kann (§§ 311 III u. II, 241 II, 276, 280 I BGB).[200]

94 Setzt ein Gesellschafter zurechenbar einen **Rechtsschein** ggü. einem gutgläubigen Geschäftspartner dahin gehend, dass er persönlich für die begründeten Verpflichtungen einstehen werde, kann er zur Haftung verpflichtet sein.[201] Bsp für einen solchen Rechtsschein ist die fehlende – gesetzlich vorgeschriebene (vgl. §§ 17 HGB, 35 III, 35 a) – Kennzeichnung als haftungsbeschränkte Rechtsperson (GmbH-Zusatz).[202] Ein Rechtsschein kann auch bestehen, wenn ein zuvor persönlich haftender Gesellschafter seine Haftung beschränkt, die Mitteilung darüber jedoch ggü. seinem Geschäftspartner unterlässt.[203] Im Fall der Rechtsscheinhaftung nimmt die Rspr. an, dass der Gesellschafter neben der Gesellschaft verpflichtet wird u. unabhängig von der Zahlungsfähigkeit der GmbH direkt in Anspruch genommen werden kann.[204] Dies widerspricht jedoch dem Rechtsgedanken des § 178 BGB u. wird aufgrund der ungerechtfertigten Besserstellung des Gesellschaftsgläubigers zu Recht in Zweifel gezogen.[205]

5. Durchgriffshaftung

Schrifttum

Altmeppen, Abschied vom „Durchgriff" im Kapitalgesellschaftsrecht, NJW 2007, 2657; *Hölzle*, Materielle Unterkapitalisierung und Existenzvernichtungshaftung – Das Phantom als Fallgruppe der Durchgriffshaftung, ZIP 2004, 1729; *Müller-Freienfels*,

---

197 BGHZ 126, 181, 183 ff.; BGH WM 92, 735; Habersack/Casper/Löbbe/*Raiser* Rn. 114.

198 OLG Köln NZG 00, 439; MüKoGmbHG/*Merkt* Rn. 340.

199 Michalski/*Lieder* Rn. 374.

200 Zur Entwicklung der Rspr. u. der jetzt restriktiveren Auffassung des BGH vgl. *Michalski/Funke* Rn. 335 mwN; s. auch OLG Stuttgart WM 17, 233, 234 f.

201 Habersack/Casper/Löbbe/*Raiser* Rn. 115 ff.

202 *Scholz/Bitter* Rn. 94; MüKoGmbHG/*Merkt* Rn. 339.

203 BGH NJW 72, 1418, 1419; MüKoGmbHG/*Merkt* Rn. 339 mit weiteren Bsp.

204 So BGH NJW 91, 2627; 12, 2871 (Handeln für UG (haftungsbeschränkt) mit Rechtsformzusatz „GmbH").

205 MüKoGmbHG/*Merkt* Rn. 339; Roth/*Altmeppen* § 35 Rn. 38 ff.; *Pietzarka*, GmbHR 17, 73.

Zur Lehre vom sog. „Durchgriff" bei juristischen Personen des Privatrechts, AcP 156 (1957), 522; *Philipp/Weber*, Materielle Unterkapitalisierung als Durchgriffshaftung im Lichte der jüngeren BGH-Rechtsprechung zur Existenzvernichtung, DB 2006, 142; *Raiser*, Die Haftungsbeschränkung ist kein Merkmal der juristischen Person, FS Lutter, 2000, 637; *Schaefer/Fackler*, Durchgriffshaftung wegen allgemeiner Unterkapitalisierung?, NZG 2007, 377; *Schodder*, Zur Durchgriffshaftung, EWiR 2009, 81; *Schwab*, Die Durchgriffshaftung des GmbH-Gesellschafters bei Verjährung der ursprünglichen Gesellschaftsverbindlichkeit, GmbHR 2012, 121; *Steffek*, Der subjektive Tatbestand der Gesellschafterhaftung im Recht der GmbH – zugleich ein Beitrag zum Haftungsdurchgriff, JZ 2009, 77; *Wiedemann*, Reflexionen zur Durchgriffshaftung – Zugleich Besprechung des Urteils BGH WM 2002, 1804 – KBV, ZGR 2003, 283.

a) Überblick. Zu einer Durchgriffshaftung kommt es nur in besonderen Ausnahmefällen, in denen der GmbH-Gesellschafter für Verbindlichkeiten der Gesellschaft einstehen u. dafür mit seinem Privatvermögen haften muss. Es handelt sich um Konstellationen, in denen die Berufung auf das Haftungsprivileg des Abs. 2 versagt u. die haftungsausschließende Trennung zwischen Gesellschaft u. Gesellschafter aufgehoben wird. Die Schuldverpflichtung der Gesellschaft greift dann auf den Gesellschafter durch. 95

Entscheidender Maßstab hierfür ist nach der Rspr. die Beurteilung des konkreten Sachverhalts nach den Grundsätzen von Treu u. Glauben iSd § 242 BGB. Ergibt sich danach, dass die Berufung auf das Trennungsprinzip des Abs. 2 eine unzulässige Rechtsausübung darstellt, weil die Rechtsform der juristischen Person offenkundig dazu benutzt worden ist, einen von der Rechtsordnung nicht mehr zu billigenden Erfolg herbeizuführen, entfällt die Haftungsbeschränkung.[206] Es ist nämlich nicht Zweck des Abs. 2, durch die von ihm angeordnete Trennung zwischen Haftung von Gesellschaft einerseits u. Gesellschaftern andererseits solche Verhaltensweisen u. Folgen abzusichern, die mit der Rechtsordnung in Widerspruch stehen u. so die zweckgerichtete Funktion anderer Normen zu verhindern. 96

Der Missbrauch kann sowohl in der missbräuchlichen Gründung u. dem Einsatz der juristischen Person bestehen als auch in der missbräuchlichen Berufung auf die rechtliche Selbstständigkeit einer zunächst ohne Missbrauch gegründeten juristischen Person. Entscheidend ist, ob das Festhalten am gesetzlichen Trennungsprinzip zu Ergebnissen führt, die mit der geltenden Rechtsordnung – u. sei es im weitesten Sinne – nicht mehr vereinbar sind. Dieser Ausgangspunkt belegt, dass von dem Rechtsinstitut der Durchgriffshaftung nur mit aller Vorsicht Gebrauch gemacht werden darf, denn es darf nicht dazu führen, die Regel des Abs. 2 aufzuheben. Über die Rechtsform der juristischen Person darf nämlich nicht leichtfertig oder schrankenlos hinweggegangen werden.[207] 97

Die Durchgriffshaftung kann nur anhand von Fallgruppen konkretisiert werden. Hiervon wurden zahlreiche diskutiert, bislang aber nur wenige allg. anerkannt.[208] 98

b) Vermögensvermischung. Nach hM kommt eine Durchgriffshaftung analog § 128 HGB in Betracht, wenn die Abgrenzung zwischen Gesellschafts- u. Privatvermögen durch eine undurchsichtige Buchführung oder auf ande- 99

206 Scholz/*Bitter* Rn. 114; Roth/*Altmeppen* Rn. 131.
207 BSG NJW 84, 2117, 2118.
208 Baumbach/Hueck/*Fastrich* Rn. 45 ff.; Michalski/*Lieder* Rn. 395 ff.

re Weise verschleiert worden ist. In diesen Fällen vermögen Kapitalerhaltungsvorschriften, deren Einhaltung ein unverzichtbarer Ausgleich für die Beschränkung der Haftung auf das Gesellschaftsvermögen (Abs. 2) ist, ihren Zweck nicht zu erfüllen.[209] Dies kann es rechtfertigen, Gläubigern außer dem nicht mehr wirksam geschützten Haftungsfonds der Gesellschaft ausnahmsweise auch das Privatvermögen der Gesellschafter zur Verfügung zu stellen.

100 Für die Annahme einer durchgriffsbegründenden Vermögensvermischung genügt aber nicht schon das Fehlen einer „doppelten Buchführung" gem. § 41, § 238 HGB, solange sich die Vermögenszuflüsse u. -abflüsse sowie die Trennung von Gesellschafts- u. Privatvermögen der Gesellschafter aufgrund sonstiger vorhandener Unterlagen nachvollziehen lassen. Die Buchführungspflicht obliegt gem. § 41 dem Geschäftsführer. Deren Verletzung kann Schadensersatzansprüche der Gesellschaft gegen ihn nach § 43 auslösen, führt aber nicht ohne Weiteres zu einer Durchgriffs- oder sonstigen Außenhaftung des Gesellschafters ggü. den Gesellschaftsgläubigern. Haftungsgrund hierfür ist nicht die mangelhafte Buchführung, sondern der Tatbestand der von dem Gesellschafter zu verantwortenden u. die Kapitalschutzvorschriften missachtenden „Vermögensvermischung". Ergibt sich unter diesen Voraussetzungen eine Unkontrollierbarkeit der Zahlungsvorgänge mit der Folge, dass die Vermögensmassen der Gesellschaft u. des Gesellschafters nicht mehr unterschieden werden können, greift die Haftung des Gesellschafters ein. Darlegungs- u. beweispflichtig dafür ist im Grundsatz der Kläger. Diesem kommen allerdings die Grundsätze über die sekundäre Behauptungslast zugute, weil sich der Gesellschafter als derjenige, der die Verhältnisse der Gesellschaft kennen muss, nicht auf ein pauschales Bestreiten zurückziehen darf.[210]

101 Die Durchgriffshaftung wegen Vermögensvermischung ist keine Zustands-, sondern eine Verhaltenshaftung wegen Rechtsformmissbrauchs. Unter diesen Gesichtspunkten trifft sie nur diejenigen Gesellschafter, die aufgrund des ihnen in dieser Stellung gegebenen Einflusses in der Gesellschaft für den Vermögensvermischungstatbestand verantwortlich sind. Wer wegen geringer Beteiligung u. fehlender interner Mitspracherechte einen solchen Einfluss nicht auszuüben vermag, kann für den Tatbestand, der die Voraussetzungen für die Beschränkung der Haftung auf das Gesellschaftsvermögen entfallen lässt, nicht verantwortlich gemacht werden. Über derartige Einflussmöglichkeiten verfügen idR nur solche Gesellschafter, die auf die Gesellschaft einen beherrschenden Einfluss ausüben können.[211] Dazu gehören Minderheitsgesellschafter nur dann, wenn sie aufgrund besonderer tatsächlicher oder rechtlicher Umstände die Geschicke des Unternehmens bestimmen können. Dies ist etwa der Fall, wenn einem Gesellschafter zwar nicht rechtlich, wohl aber wirtschaftlich die Mehrheit der Anteile gehört, weil andere Gesellschafter ihre Anteile als Treuhänder für ihn halten, oder

209 BGH NZG 06, 350, 352; NJW 94, 1801, 1802; 86, 188; 85, 740; Habersack/Casper/Löbbe/*Raiser* Rn. 124 f.; zur Abgrenzung zu gegenständlicher Vermögensvermischung u. Sphärenvermischung Scholz/*Bitter* Rn. 135 ff.
210 BGH NZG 06, 350, 352.
211 Michalski/*Lieder* Rn. 398; Lutter/Hommelhoff/*Bayer* Rn. 19.

wenn er, wie die ständige Übung gezeigt hat, in der Gesellschafterversammlung immer mit der Unterstützung bestimmter anderer Gesellschafter rechnen kann, mit denen zusammen er über die Mehrheit verfügt.[212]

Die Tatsache, dass der Minderheitsgesellschafter als Ehepartner des Mehrheitsgesellschafters von den durch diesen der Gesellschaft entzogenen Geldern in Form eines beiden zugutekommenden mehr oder weniger aufwendigen Lebensstils profitiert haben mag, reicht nicht aus, um eine Verantwortlichkeit des Minderheitsgesellschafters im oben genannten Sinne zu begründen.[213] Ebenso wenig reicht der Umstand, dass der Minderheitsgesellschafter zugleich Geschäftsführer der GmbH war, für seine eigene Durchgriffshaftung aus. 102

Die Durchgriffshaftung trifft als Verhaltenshaftung auch nicht den Allein- oder Mehrheitsgesellschafter, wenn dieser seinerseits das Opfer eines ungetreuen Fremdgeschäftsführers ist. Wollte man anders entscheiden, liefe dies darauf hinaus, dass der durch einen ungetreuen Fremdgeschäftsführer geschädigte Gesellschafter neben dem Schaden „seiner" Gesellschaft auch noch die Folgen einer Durchgriffshaftung zu tragen hätte. Ein GmbH-Gesellschafter ist gem. § 46 Nr. 6 im eigenen Interesse zur Überwachung der Geschäftsführung berechtigt, nicht aber dazu im Interesse der Gläubiger verpflichtet. Die Tatsache allein, dass sich ein Gesellschafter besser hätte informieren u. auch intervenieren können, begründet noch keine Haftung. Allenfalls eine Haftung aus § 826 BGB kommt in Betracht, wenn ein Gesellschafter sehenden Auges eine Gläubigerschädigung durch den Geschäftsführer geschehen lässt.[214] 103

Stellt der Fremdgeschäftsführer die Buchhaltung vollständig ein, rechtfertigt dies noch nicht die Annahme eines Rechtsformmissbrauchs auf Seiten des Allein- oder Mehrheitsgesellschafters, solange nicht nachgewiesen ist, dass er diese Untätigkeit veranlasst, gefördert oder durch verdeckte Entnahmen aus dem Gesellschaftsvermögen hiervon profitiert hat.[215] Erfolgen die Entnahmen aus dem Gesellschaftsvermögen durch einen Dritten, ist zu prüfen, ob dessen Verhalten dem Allein- oder Mehrheitsgesellschafter zuzurechnen ist. Das kommt insbes. in Betracht, wenn zwischen dem Dritten u. dem Allein- oder Mehrheitsgesellschafter ein persönliches Näheverhältnis besteht (zB Ehepartner) u. er die nahestehende Person als Geschäftsführer oder faktischen Geschäftsführer eingesetzt hat. Durch eine interne Aufteilung der Funktionen eines Allein- oder Mehrheitsgesellschafters u. eines von ihm eingesetzten tatsächlichen oder faktischen Geschäftsführers kann eine Durchgriffshaftung des Gesellschafters nicht verhindert werden.[216] 104

In der Insolvenz der GmbH ist der Insolvenzverwalter entspr. § 93 InsO befugt, eine etwaige Durchgriffshaftung des Gesellschafters wegen Vermögensvermischung geltend zu machen, um eine gleichmäßige Befriedigung 105

212 BGH NJW 94, 1801, 1802.
213 BGH NJW 94, 1801, 1802.
214 BGH NZG 06, 350, 353.
215 BGH NZG 06, 350, 353.
216 BGH NZG 06, 350, 353.

der Gesellschaftsgläubiger aus dem vorhandenen Vermögen des persönlich haftenden Gesellschafters zu gewährleisten.[217]

106 Der Durchgriffstatbestand der Vermögensvermischung ist durch die Rspr. zum existenzvernichtenden Eingriff nicht überholt. Denn es handelt sich hier um Fälle, in denen eine Kontrolle über die Verwendung des haftenden Gesellschaftsvermögens vereitelt wird. Das kann insbes. dann in Betracht kommen, wenn es an einer Buchführung überhaupt fehlt.[218]

107 c) **Materielle Unterkapitalisierung.** In der Literatur ist lange eine Durchgriffshaftung wegen materieller Unterkapitalisierung befürwortet worden. Darunter versteht man die (evident) unzureichende Ausstattung der Gesellschaft mit haftendem Kapital. Mit dem GAMMA-Urteil hat der BGH einer Durchgriffshaftung wegen materieller Unterkapitalisierung aber unmissverständlich eine Absage erteilt.[219] Ausdrücklich offengelassen hat das Gericht aber, ob innerhalb des Tatbestands des § 826 BGB – ähnl wie in Fällen des existenzvernichtenden Eingriffs – Anlass u. Raum für die Bildung einer besonderen Fallgruppe der „Haftung wegen Unterkapitalisierung einer GmbH" bleibt. Dabei müssten allerdings der Haftungstatbestand u. dessen Rechtsfolgen einer bestimmten generalisierenden Einordnung zugänglich sein.[220]

6. Existenzvernichtungshaftung (§ 826 BGB)

Schrifttum

Altmeppen, Abschied vom „Durchgriff" im Kapitalgesellschaftsrecht, NJW 2007, 2657; *Beck*, Neues von der Existenzvernichtungshaftung im Konzern und in der Liquidation?, DStR 2012, 2135; *Bisle*, Zum existenzvernichtenden Eingriff durch Gesellschafter-Geschäftsführer einer GmbH, DStR 2012, 1514; *Dauner-Lieb*, Die Existenzvernichtungshaftung als deliktische Innenhaftung gemäß § 826 BGB, ZGR 2008, 34; *Gehrlein*, Die Existenzvernichtungshaftung im Wandel der Rechtsprechung, WM 2008, 761; *Geißler*, Die Existenzvernichtungshaftung in ihren tatbestandlichen Ausprägungen unter Einbezug der (aktuellen und persistierenden) Streitfragen, DZWIR 2019, 301; *Hermann/Woedtke*, Haftung von Gesellschaftern für Verbindlichkeiten einer GmbH – Grenzen des existenzvernichtenden Eingriffs, BB 2012, 2255; *dies*, Beginn der Verjährung bei Ansprüchen wegen existenzvernichtenden Eingriffs gegen mittelbare GmbH-Gesellschafter, NZG 2012, 1297; *Keßler*, Die Durchgriffshaftung der GmbH-Gesellschafter wegen "existenzgefährdender" Eingriffe – Zur dogmatischen Konzeption des Gläubigerschutzes in der GmbH, GmbHR 2002, 945; *Lieder*, Die Existenzvernichtungshaftung als verbandsübergreifende Durchgriffshaftung, FS Pannen, 2017, S. 439; *Osterloh-Konrad*, Abkehr vom Durchgriff: Die Existenzvernichtungshaftung des GmbH-Gesellschafters nach „Trihotel", ZHR 172 (2008), 274; *Prütting*, Existenzvernichtungshaftung – Der lange Weg bis Trihotel, JuS 2018, 409; *Röck*, Die Anforderungen der Existenzvernichtungshaftung nach Trihotel – Eine Zwischenbilanz, DZWIR 2012, 97; *Schön*, Zur Existenzvernichtungshaftung der juristischen Person, ZHR 168 (2004), 268; *Schröder*, Zur Frage der Haftung bei einem existenzvernichtenden Eingriff, GmbHR 2007, 934; *Stöber*, Die Haftung für existenzvernichtende Eingriffe, ZIP 2013, 2295; *Strohn*, Existenzvernichtungshaftung – Vermögensvermischungshaftung – Durchgriffshaftung, ZInsO 2008, 706; *Theiselmann*, Die Existenzvernichtungshaftung

217 BGH NZG 06, 350, 352; Habersack/Casper/Löbbe/*Raiser* Rn. 128.
218 BGH NZG 06, 350, 352.
219 BGHZ 176, 204 = NZG 08, 547 – GAMMA; krit. Scholz/*Bitter* Rn. 143 ff.; *ders.*, ZInsO 18, 625, 658 f.
220 BGH NZG 08, 547, 548 f.; ausf. zu materieller Unterkapitalisierung Michalski/*Lieder* Rn. 406 ff.

im Wandel, GmbHR 2007, 904; *Veil*, Gesellschafterhaftung wegen existenzvernichtenden Eingriffs und materieller Unterkapitalisierung, NJW 2008, 3264.

a) **Überblick.** Zur Vermeidung einer durch das gesetzliche System der Gesellschafterhaftung offen gelassenen Schutzlücke hat die Rspr. seit längerem um eine ergänzende Haftung des Gesellschafters gerungen. An deren Anfang stand die Haftung im sog. qualifiziert faktischen Konzern.[221] Diese hat der BGH 2001 zugunsten der Existenzvernichtungshaftung aufgegeben.[222] Hierunter verstand der BGH eine Haftung des Gesellschafters für missbräuchliche, zur Insolvenz der Gesellschaft führende oder diese vertiefende „kompensationslose" Eingriffe in deren der Zweckbindung zur vorrangigen Befriedigung der Gesellschaftsgläubiger dienendes Gesellschaftsvermögen. 108

Ausgangspunkt für das Erfordernis einer Verantwortlichkeit des Gesellschafters im Fall kompensationsloser, zur Insolvenz führender – oder diese vertiefender – Eingriffe in das auch als Haftungsfonds für die Gläubiger dienende Gesellschaftsvermögen ist eine Lücke im Kapitalschutzrecht der GmbH in Bezug auf Eingriffe des Gesellschafters, die nicht oder nicht in vollem Umfang durch die §§ 30, 31 ausgeglichen werden können. Dabei handelt es sich namentlich um Eingriffe des Gesellschafters, die als solche oder deren Folgen in der für § 30 maßgeblichen Stichtagsbilanz zu fortgeführten Buchwerten nicht oder nur ungenügend abgebildet werden, so dass die Schutzfunktion der Kapitalerhaltungsvorschriften von vornherein versagt. Ferner geht es um Eingriffe, bei denen eine Rückgewähr nach § 31 allein die Insolvenz nicht mehr zu beseitigen vermag.[223] 109

Die Bremer Vulkan[224]-Rspr. verstand die Existenzvernichtungshaftung zunächst als ein eigenständiges Haftungsinstitut, das an den Missbrauch der Rechtsform anknüpfte u. dementspr als Durchgriffs(außen)haftung des Gesellschafters ggü. den Gesellschaftsgläubigern ausgestaltet war.[225] Mit der **Trihotel-Entscheidung**[226] hat der BGH diese eigenständige Haftungsfigur aufgegeben. Stattdessen knüpft er die Existenzvernichtungshaftung des Gesellschafters nunmehr an die **missbräuchliche Schädigung** des im Gläubigerinteresse zweckgebundenen Gesellschaftsvermögens an u. ordnet sie – in Gestalt einer schadensersatzrechtlichen Innenhaftung ggü. der Gesellschaft – allein in **§ 826 BGB** als eine besondere Fallgruppe der sittenwidrigen vor- 110

221 BGH NJW 93, 1200 – TBB.
222 BGHZ 149, 10 = NJW 01, 3622 – Bremer Vulkan; fortgesetzt in BGH NJW 02, 1803; BGHZ 151, 181 = NJW 02, 3024 – KBV; NZG 05, 177 – Vertragshändler; NZG 05, 214 – Handelsvertreter.
223 BGHZ 173, 246 = NZG 07, 667, 670 – Trihotel.
224 BGHZ 149, 10 = NJW 01, 3622 – Bremer Vulkan.
225 Dazu Habersack/Casper/Löbbe/*Raiser* Rn. 145 ff.
226 BGHZ 173, 246 = NZG 07, 667 – Trihotel; dazu auch Habersack/Casper/Löbbe/*Raiser* Rn. 151 f.

sätzlichen Schädigung ein.[227] Das Modell einer Innenhaftung begegnet aber zumindest in Fällen masseloser Insolvenz berechtigter Kritik.[228]

111 b) **Adressaten.** Adressat der Existenzvernichtungshaftung ist neben dem Gesellschafter auch derjenige, der zwar nicht an der geschädigten GmbH, wohl aber an einer Gesellschaft beteiligt ist, die ihrerseits Gesellschafterin der GmbH ist (Gesellschafter-Gesellschafter). Dies gilt jedenfalls, wenn er einen beherrschenden Einfluss auf die (geschädigte) Gesellschaft ausüben kann. In dieser Lage ist nicht auf die formaljuristische Konstruktion, sondern auf die tatsächliche Einflussmöglichkeit abzustellen. Es wäre unbillig, wenn sich derjenige, in dessen Händen die Entscheidungsstränge der verschiedenen Gesellschaften zusammenlaufen, mit dem Hinweis auf seinen nur mittelbaren Anteilsbesitz der Verantwortung entziehen u. die Gläubiger auf eine Inanspruchnahme der zwischengeschalteten Gesellschaft verweisen könnte. Wer in einer solchen Konstellation wie ein Gesellschafter handelt, muss sich auch wie ein solcher behandeln lassen.[229]

112 Daneben reicht für eine Haftungszurechnung iRd Haftungskonzepts nach § 826 BGB eine Beteiligung gem. § 830 BGB aus.[230] Dabei kommt auch eine Inanspruchnahme von Nicht-Gesellschaftern oder früheren Gesellschaften in Betracht.[231]

113 c) **Haftungsvoraussetzungen.** Die Existenzvernichtungshaftung nach § 826 BGB erfordert eine sittenwidrige Schädigung des Gesellschaftsvermögens. Diese ist nach der Rspr. zu bejahen, wenn der Gesellschafter der Gesellschaft **Vermögen entzieht**, dadurch die **Insolvenz** der Gesellschaft herbeiführt oder vertieft, u. dies zum unmittelbaren oder mittelbaren **Vorteil** des Gesellschafters („Selbstbedienung") oder eines Dritten geschieht.[232] Allein die Schädigung des Vermögens der Gesellschaft ohne Verlagerung von Vermögen bzw. (mittelbare) Begünstigung des Gesellschafters erfüllt hingg. nicht das Merkmal der Sittenwidrigkeit, für das hier nur Umstände relevant werden, die Ausdruck einer Missachtung des Prinzips der Vermögenstrennung u. der Kapitalbindung sind.[233]

114 Als Entziehung von Gesellschaftsvermögen sind **kompensationslose Eingriffe** in das Gesellschaftsvermögen zu verstehen. Die typischen Fälle der Entziehung von Gesellschaftsvermögen betreffen die kompensationslose

---

227 BGHZ 173, 246 = NZG 07, 667, 668 – Trihotel; in diese Richtung bereits BGH NJW 02, 3024 – KBV; NZG 04, 1107 – Rheumaklinik; ausf. zur Entwicklung MüKoGmbHG/*Liebscher* Anh. § 13 Rn. 519 ff. S. auch *Dauner-Lieb,* DStR 06, 2034, 2041; *Kleindiek,* ZGR 07, 276, 301; *Weller,* ZIP 07, 1681, 1689. Überblick über das Echo auf die Entscheidung bei Habersack/Casper/Löbbe/*Raiser* Rn. 153 f.

228 Habersack/*Casper*/Löbbe Anh. § 77 Rn. 116 f., 163; Scholz/*Bitter* Rn. 159 f.; Habersack/Casper/Löbbe/*Raiser* Rn. 166, 169; Lutter/Hommelhoff/*Bayer* Rn. 46; Michalski/*Lieder* Rn. 434 ff.; *Lieder*, FS Pannen, 17, S. 439, 445 ff.; *Fischinger*, Haftungsbeschränkung im Bürgerlichen Recht, 15, S. 327 ff.

229 BGH NZG 07, 667, 672 – Trihotel; Baumbach/Hueck/*Fastrich* Rn. 65.

230 *BGH NZG 07, 667, 672* – Trihotel; Habersack/Casper/Löbbe/*Raiser* Rn. 164; Michalski/*Lieder* Rn. 463.

231 LAG Hamm DStR 15, 2140, 2142; Michalski/*Lieder* Rn. 461; *Wicke* Rn. 8.

232 BGH NZG 07, 667, 670 – Trihotel; Habersack/Casper/Löbbe/*Raiser* Rn. 155 ff.; Michalski/*Lieder* Rn. 442 ff.

233 BGH NJW 19, 589, 593 f.; aA MüKoGmbHG/*Liebscher* Anh. § 13 Rn. 545 f.

Übertragung von Vermögensgegenständen der GmbH auf den Gesellschafter. Dabei ist unbeachtlich, ob die übertragenen Vermögensgegenstände bei der GmbH bilanziert oder nicht bilanziert sind.[234] In Betracht kommt auch die Übertragung von Verbindlichkeiten auf eine GmbH, wenn in deren Folge ihre Haftungsmasse zielgerichtet u. betriebsfremden Zwecken dienend verkürzt wird.[235]

Ob das Verhalten des Gesellschafters einen kompensationslosen Eingriff darstellt, ist iR einer **wirtschaftlichen Gesamtbetrachtung** zu bestimmen. Zieht ein Gesellschafter Forderungen der GmbH auf sein eigenes Konto ein u. verwendet die dadurch erlangten Mittel sodann zur Tilgung von Verbindlichkeiten der GmbH, liegt darin schon tatbestandlich keine Entziehung von Gesellschaftsvermögen.[236] Ebenso wenig ist eine Entziehung von Gesellschaftsvermögen zu bejahen, wenn sich der Gesellschafter zwar Sicherheiten aus dem GmbH-Vermögen bestellen lässt, die GmbH jedoch das Sicherungsgut unverändert weiternutzen darf u. dieses auch nicht zur Besicherung eigener Kredite benötigt.[237] Die einvernehmliche Aufhebung eines für die Gesellschaft wesentlichen Pachtvertrags durch den Gesellschafter ist jedenfalls dann keine Entziehung von Gesellschaftsvermögen, wenn sich die GmbH mit erheblichen Pachtzahlungen im Rückstand befindet u. der Gesellschafter deshalb zur fristlosen Kündigung des Vertrags berechtigt gewesen wäre.[238] Entspr. gilt, wenn das Vermögen einer GmbH in Liquidation an eine von ihr abhängige Gesellschaft übertragen wird, ohne dass diese Übertragung unter Wert erfolgt.[239] 115

Kompensationslose Eingriffe in das Gesellschaftsvermögen sind auch dergestalt denkbar, dass der Gesellschafter eigene Verbindlichkeiten oder Verbindlichkeiten einer von ihm beherrschten Gesellschaft auf die GmbH überträgt. Das führt zu Abgrenzungsfragen im Hinblick auf die Fälle materieller Unterkapitalisierung. Überträgt der Gesellschafter Rechtsverhältnisse auf die GmbH u. ist schon im Zeitpunkt der Übertragung absehbar, dass die GmbH nicht in der Lage sein wird, die iR dieser Rechtsverhältnisse entstehenden Verbindlichkeiten zu begleichen, handelt es sich nach der GAMMA-Entscheidung des BGH nicht um eine sittenwidrige Entziehung von Gesellschaftsvermögen u. folglich um keinen Fall der Existenzvernichtungshaftung.[240] 116

Im Trihotel-Urteil hatte sich der BGH mit der Frage zu befassen, ob eine haftungsbegründende Entziehung von Gesellschaftsvermögen auch dergestalt denkbar ist, dass der Gesellschafter die Bedingungen eines zwischen ihm u. der GmbH bestehenden Austauschvertrags zu seinen Gunsten anpasst. Dies ist möglich, wenn infolge der Anpassung das Verhältnis von 117

234 Habersack/Casper/Löbbe/*Raiser* Rn. 157 f.
235 BGH NJW 19, 589, 592; Michalski/*Lieder* Rn. 443; *Schluck/Amend*, DStR 19, 1312, 1316.
236 BGH NZG 08, 597, 598 – Compupore.
237 BGH NZG 07, 667, 673 – Trihotel.
238 BGH NZG 07, 667, 673 – Trihotel.
239 BGH NZG 12, 667, 669 – Wirtschaftsakademie.
240 BGH NZG 08, 547 – GAMMA; Roth/*Altmeppen* Rn. 85.

Leistung u. Gegenleistung aus Sicht der GmbH grob unangemessen u. damit unternehmerisch unvertretbar ist.[241]

118 Als Fall der Entziehung von Gesellschaftsvermögen kommt auch die prozessuale Vereitelung der Durchsetzung von Ansprüchen der GmbH gegen den Gesellschafter in Betracht.[242] Diese Konstellation ist insofern atypisch, als hier rechtlich gesehen keine Vermögensgegenstände der GmbH auf den Gesellschafter übertragen, sondern in dessen Interesse vernichtet werden.

119 Die sittenwidrige Schädigung des Gesellschaftsvermögens muss zudem **vorsätzlich** geschehen. Dem Vorsatzerfordernis des § 826 BGB ist genügt, wenn dem handelnden Gesellschafter bewusst ist, dass durch von ihm selbst oder mit seiner Zustimmung veranlasste Maßnahmen das Gesellschaftsvermögen sittenwidrig geschädigt wird. Dafür reicht es aus, dass ihm die Tatsachen bewusst sind, die den Eingriff sittenwidrig machen, während ein Bewusstsein der Sittenwidrigkeit nicht erforderlich ist. Eine derartige Sittenwidrigkeit betrifft nicht nur die Fälle, in denen die Vermögensentziehung erfolgt, um den Zugriff der Gläubiger auf dieses Vermögen zu verhindern. Sie ist vielmehr auch anzunehmen, wenn die faktische dauerhafte Beeinträchtigung der Erfüllung der Verbindlichkeiten die voraussehbare Folge des Eingriffs ist u. der Gesellschafter diese Rechtsfolge in Erkenntnis ihres möglichen Eintritts billigend in Kauf genommen hat.[243]

120 In zeitlicher Hinsicht beginnt die Existenzvernichtungshaftung mit dem Zeitpunkt der Eintragung der Gesellschaft u. endet erst mit deren Vollbeendigung. Insbes. findet die Existenzvernichtungshaftung somit auch in der **Liquidation** der Gesellschaft Anwendung.[244]

121 d) **Rechtsfolgen.** Auf der Rechtsfolgenseite verpflichtet die Existenzvernichtungshaftung nach allg. deliktischen Grundsätzen zum Ersatz des Wertes der entzogenen Vermögenspositionen sowie der im Zusammenhang mit der Vermögensentziehung adäquat kausal entstandenen Schäden.[245] Auf den Schadensersatzanspruch sind ab dem Zeitpunkt der Entziehung Verzugszinsen zu entrichten.[246]

122 e) **Beweislastverteilung.** Die Gesellschaft als Gläubigerin trägt iR von § 826 BGB grds. die Darlegungs- u. Beweislast für alle objektiven u. subjektiven Tatbestandsmerkmale des Delikts u. hat in diesem Rahmen mithin auch den vollen Kausalitätsnachweis zu erbringen.[247]

123 f) **Forderungszuständigkeit.** Die Existenzvernichtungshaftung nach § 826 BGB ist keine Haftung wegen sittenwidriger Gläubigerschädigung, sondern wegen sittenwidriger Schädigung des Gesellschaftsvermögens. Daher ist es folgerichtig, dass diese Haftung eine reine **Innenhaftung** ist, bei der die Gesellschaft als unmittelbar an ihrem – freilich zweckgebundenen Vermögen – Geschädigte die Gläubigerin des Anspruchs ist. Demggü. ist dem Gesell-

241 BGH NZG 07, 667, 673 – Trihotel.
242 BGH NZG 09, 545, 546 – Sanitary.
243 BGH NZG 07, 667, 671 – Trihotel; MüKoGmbHG/*Liebscher* Anh. § 13 Rn. 570 f.
244 BGH NZG 09, 545 – Sanitary.
245 BGH NZG 09, 545, 547 – Sanitary.
246 BGH NZI 08, 238; Lutter/Hommelhoff/*Bayer* Rn. 41.
247 BGH NZG 07, 667, 672 – Trihotel; Michalski/*Lieder* Rn. 466.

schaftsgläubiger als nur „mittelbar“ von der Eingriffsfolge Betroffenem – zumindest grds. – nicht der direkte, mit dem Anspruch der Gesellschaft konkurrierende, gleichartige Deliktsanspruch gegen den Gesellschafter zu gewähren.[248] Der BGH hat in der Trihotel-Entscheidung offen gelassen, ob dies in besonders gelagerten Ausnahmefällen – etwa wenn das Restvermögen der Gesellschaft gezielt zum Zwecke der Schädigung eines einzigen verbliebenen Gesellschaftsgläubigers beiseite geschafft wird – anders zu beurteilen sein könnte.[249]

Bei Insolvenzreife ist im Fall der Eröffnung des Insolvenzverfahrens der originär der Gesellschaft zustehende Anspruch wegen Existenzvernichtung aus § 826 BGB vom Insolvenzverwalter geltend zu machen, ohne dass es – anders als nach dem früheren Außenhaftungsmodell – zur Begründung der Zuständigkeit des Insolvenzverwalters einer Analogie zu § 93 InsO bedarf.[250] 124

Im Fall der Nichteröffnung des Insolvenzverfahrens – insbes. bei masseloser Insolvenz – können die Gesellschaftsgläubiger den Gesellschafter nicht ohne Weiteres unmittelbar selbst in Anspruch nehmen. Außerhalb des Insolvenzverfahrens sind die Gläubiger daher auf den Umweg verwiesen, erst aufgrund eines Titels gegen die Gesellschaft nach Pfändung u. Überweisung der Gesellschaftsansprüche gegen den Gesellschafter vorgehen zu können.[251] 125

g) **Konkurrenzen.** Nach der Bremer Vulkan[252]-Rspr. war die Existenzvernichtungshaftung subsidiär ggü. der Haftung des Gesellschafters aus §§ 30, 31. Das Haftungskonzept der Trihotel-Rspr. begründet demggü. eine Anspruchskonkurrenz beider Ansprüche, soweit sie sich überschneiden. Dadurch wird der Gesellschaft bzw. dem Insolvenzverwalter die Rechtsverfolgung in zulässiger Weise erleichtert. Selbst wenn der Nachweis eines existenzvernichtenden Eingriffs iSd § 826 BGB nicht gelingt, kann nämlich so die Rechtsverfolgung ohne Änderung des prozessualen Streitverhältnisses wenigstens im Umfang verbotener Auszahlungen iSv §§ 30, 31 erfolgreich sein.[253] Die Existenzvernichtungshaftung findet aber nur auf solche Konstellationen Anwendung, welche nicht durch §§ 30, 31 hinreichend erfasst werden, da insofern bestehende Lücken geschlossen werden sollen.[254] 126

Die deliktische Neuausrichtung der Existenzvernichtungshaftung durch die Trihotel-Entscheidung ist ohne Einfluss auf eine mögliche **Untreuestrafbarkeit** des Gesellschafters bzw. seiner Geschäftsleiter. Zwar ist die zivilrechtliche Pflicht, existenzvernichtende Eingriffe zu unterlassen, nicht deckungsgleich mit der Vermögensbetreuungspflicht iSd § 266 StGB, kann jedoch zu dieser erstarken.[255] 127

248 BGH NZG 07, 667, 671 – Trihotel; Habersack/Casper/Löbbe/*Raiser* Rn. 165.
249 BGH NZG 07, 667, 671 – Trihotel.
250 BGH NZG 07, 667, 671 – Trihotel.
251 BGH NZG 07, 667, 671 – Trihotel; Habersack/Casper/Löbbe/*Raiser* Rn. 169.
252 BGH NJW 01, 3622 – Bremer Vulkan.
253 BGH NZG 07, 667, 672 – Trihotel; MüKoGmbHG/*Liebscher* Anh. § 13 Rn. 575 f. mwN.
254 BGH GmbHR 15, 644, 645; Baumbach/Hueck/*Fastrich* Rn. 60; *Wicke* Rn. 5.
255 BGH NZG 09, 1152, 1154 – Refugium.

128 h) **Verjährung.** Auch wenn die Existenzvernichtungshaftung das gesetzliche System der Gesellschafterhaftung gem. §§ 30, 31 ergänzen soll, verjähren Ansprüche wegen Existenzvernichtungshaftung gleichwohl nicht nach Sondervorschriften des GmbHG, sondern nach den **allg. Verjährungsregeln** für Deliktsansprüche.[256]

7. Aschenputtelfälle

129 Die sog. „Aschenputtelfälle" sind Konstellationen, in denen die Gesellschafter einer GmbH die Gesellschaft so ausgestaltet haben, dass Nachteile aus der Geschäftstätigkeit notwendig die Gläubiger der Gesellschaft treffen mussten. Anfänglich betraf dies vor allem Fälle aus dem Baugewerbe:[257] Ein Bauherr gründet zur Durchführung eines Bauvorhabens eine GmbH, die aber nicht Eigentümerin der Immobilie ist. Eigentümer der Immobilie bleibt der Bauherr. Sämtliche Verträge, die zur Durchführung des Bauvorhabens erforderlich sind, werden über die GmbH abgewickelt, die als eine Art Generalunternehmer fungiert. Die GmbH wird nur über Beiträge des Bauherrn finanziert; es kann sich dabei zB um Einlagen, Darlehen oder Einnahmen aus einem Generalunternehmervertrag handeln. Zum Problem wird diese Konstellation, wenn die GmbH nicht in der Lage ist, ihre Verbindlichkeiten zu erfüllen, u. Gläubigern, die ihre Leistung vollständig erbracht haben, der Zugriff auf die Immobilie verwehrt bleibt, weil diese nicht im Eigentum der GmbH steht u. auch nicht aufgrund von Grundpfandrechten den Gläubigern der GmbH haftet.

130 Die Gerichte haben die Verurteilung des Gesellschafters in diesen u. anderen Aschenputtelfällen wahlweise auf die Haftung wegen sittenwidriger Gläubigerschädigung (§ 826 BGB), auf die Haftung wegen Verschuldens bei Vertragsverhandlungen (heute § 311 II BGB), Insolvenzverschleppung (§ 823 II BGB iVm § 64) u./oder Betrugs (§ 823 II BGB iVm § 263 StGB), aber auch auf die Durchgriffshaftung gestützt.[258]

131 Typisch für die Aschenputtelfälle sind die unzureichende Kapitalisierung der betroffenen Gesellschaften sowie die fehlende Aufklärung der Gläubiger über diese unzureichende Ausstattung. Es handelt sich in den eindeutigen Fällen folglich um eine Mischung aus materieller Unterkapitalisierung u. arglistiger Täuschung. Diese Mischung begründet jedoch richtigerweise keine Durchgriffshaftung, sondern eine Haftung wegen sittenwidriger **Gläubigerschädigung** (§§ 826, 830 BGB).[259] Anders als die hiervon zu unterscheidende Existenzvernichtungshaftung ist die Haftung wegen sittenwidriger Gläubigerschädigung eine Haftung unmittelbar ggü. den Gesellschaftsgläubigern u. damit eine Außenhaftung.

---

256 BGH NZG 09, 545, 548 – Sanitary; zum Beginn der Verjährung BGH NZG 12, 1069, 1070.
257 BGH NJW 79, 2104; NJW-RR 92, 1061; OLG Oldenburg NZG 00, 555; OLG Dresden BeckRS 07, 05999; OLG Naumburg BeckRS 08, 12854.
258 OLG Naumburg GmbHR 08, 1149 = BeckRS 08, 12854.
259 So auch BGHZ 176, 204 = NZG 08, 547, 548 – GAMMA; Baumbach/Hueck/*Fastrich* Rn. 51 mwN.

8. Die Doppelschadensliquidation des Gesellschafters

Von einem Doppelschaden spricht man, wenn die Gesellschaft als Folge der Pflichtverletzung eines Dritten einen Schaden erleidet u. der Gesellschafter hierdurch eine Werteinbuße in seiner Beteiligung erleidet. In solchen Fällen stellt sich die Frage, ob der Gesellschafter berechtigt ist, seinen Schaden u/oder den Schaden der Gesellschaft zu liquidieren, u. ob er berechtigt ist, Zahlung an sich selbst oder nur Zahlung an die Gesellschaft zu verlangen. Bei der Beantwortung dieser Frage wird danach differenziert, ob der Schaden unmittelbar oder nur mittelbar bei der Gesellschaft entsteht. 132

a) **Folgeschadensliquidation („gesellschafterfreundlicher Durchgriff“).** 133 Wird der geschäftsführende Alleingesellschafter einer Kapitalgesellschaft unmittelbar in seinen eigenen Rechten verletzt u. entsteht dadurch seiner Gesellschaft ein Schaden, ohne dass die Gesellschaft selbst einen Anspruch gegen den Schädiger hat, umfasst der Schadensersatzanspruch des Alleingesellschafters auch den Schaden der Gesellschaft.[260] Dies ist kein Fall der Drittschadensliquidation im herkömmlichen Sinne. Denn der Alleingesellschafter liquidiert hier keinen (nur) fremden Schaden, sondern seinen eigenen Schaden in Form der Werteinbuße seiner Gesellschaftsbeteiligung, die allerdings die Folge von Einbußen im Gesellschaftsvermögen ist.[261] Daher kann man diese Fälle auch als **Folgeschadensliquidation** bezeichnen. Gebräuchlicher ist die Bezeichnung des „gesellschafterfreundlichen Durchgriffs“,[262] was aber letztlich nicht passt, weil in diesen Fällen nirgends durchgegriffen wird.

Ein Beispielsfall hierfür ist die durch einen Dritten deliktisch verursachte Unfallverletzung des geschäftsführenden Alleingesellschafters, die zu dessen Arbeitsunfähigkeit führt. Hat er gegen seine Gesellschaft einen Anspruch auf Gehaltsfortzahlung, erleidet er keinen Verdienstausfallschaden. Die GmbH erleidet aber einen Vermögensnachteil in Form der entgangenen Arbeitsleistung. Der Gesellschafter kann dann den Vermögensnachteil der GmbH als seinen Schaden in Höhe der Gehaltsfortzahlung ersetzt verlangen.[263] Stellt die GmbH anstelle des verletzten geschäftsführenden Alleingesellschafters eine andere Kraft ein, so besteht der Vermögensnachteil der Gesellschaft, den der geschäftsführende Alleingesellschafter als Schaden liquidieren kann, nicht in der entgangenen Arbeitsleistung, sondern in den Lohnkosten für die Ersatzkraft.[264] 134

Wird der geschäftsführende Alleingesellschafter infolge einer Unfallverletzung arbeitsunfähig u. entgeht der Gesellschaft dadurch ein Geschäftsgewinn, kann der Gesellschafter den entgangenen Gewinn der Gesellschaft 135

---

260 BGH NJW 74, 134; 77, 1283; NJW-RR 89, 684; 91, 551; 95, 864; OLG Hamm NJW-RR 02, 1259; OLG Nürnberg NStZ-RR 03, 62.

261 BGH NJW-RR 89, 684; Scholz/*Bitter* Rn. 182; Michalski/*Lieder* Rn. 480. Hingg. sehen Baumbach/Hueck/*Fastrich* Rn. 16 u. Habersack/Casper/Löbbe/*Raiser* Rn. 60 dies als Drittschadensliquidation an.

262 S. nur Habersack/Casper/Löbbe/*Raiser* Rn. 58; Michalski/*Lieder* Rn. 480.

263 BGH NJW 77, 1283.

264 BGH NJW-RR 91, 551 für den ähnlich gelagerten Fall, dass die GmbH wegen unberechtigter Entziehung der Fahrerlaubnis des geschäftsführenden Alleingesellschafters einen Aushilfsfahrer eingestellt hat.

als seinen Schaden ersetzt verlangen.[265] Das Gleiche gilt, wenn der geschäftsführende Alleingesellschafter in Untersuchungshaft genommen, später jedoch freigesprochen wird mit der Folge, dass er Anspruch auf Entschädigung nach dem StrEG (Gesetz über die Entschädigung für Strafverfolgungsmaßnahmen) hat. Vermag der Gesellschafter zu beweisen, dass die GmbH durch seine Untersuchungshaft einen Vermögensnachteil erlitten hat, kann er diesen als seinen Schaden liquidieren.[266] Ähnl hat der BGH in einem Fall entschieden, in dem eine Gemeinde die vom geschäftsführenden Alleingesellschafter beantragte Baugenehmigung rechtswidrig versagt hatte.[267]

136 In den Fällen der Folgeschadensliquidation ist es ohne Bedeutung, dass die etwaige Schmälerung oder Vergrößerung des GmbH-Gewinns aus betriebswirtschaftlichen u. steuerlichen Gründen nicht völlig identisch mit dem ist, was auf den Gesellschafter als Gewinn zufließt oder von ihm als Verlust zu tragen ist.[268]

137 Grds. kann der Alleingesellschafter bei der Folgeschadensliquidation vom Schädiger – wenn auch aus „eigenem" Recht – nur Leistung von Schadensersatz in das Vermögen seiner Gesellschaft verlangen. IErg wird sein Schaden also dadurch ausgeglichen, dass der Gesellschaft der entstandene Verlust durch die Ersatzleistung des Schädigers wieder zufließt u. damit auch ihn entschädigt. Diese Zweckbestimmung der Ersatzleistung tritt jedoch im Verhältnis zwischen Geschädigtem u. Schädiger zurück, wenn – mangels eines mit dem Ersatzanspruch des Gesellschafters konkurrierenden Schadensersatzanspruchs der Gesellschaft – Zahlung an die Gesellschaft statt an den Gesellschafter für den mit der Klage belangten Schädiger ohne schutzwertes Interesse ist. In dem Fall kann der Gesellschafter Zahlung auch an sich verlangen. Ob u. inwieweit er seiner Gesellschaft ggü. verpflichtet ist, den empfangenen Betrag abzuführen, berührt die Schadensersatzverpflichtung des Schädigers dann nicht.[269]

138 Die Rspr. hat die Folgeschadensliquidation zunächst nur für den Fall der Einpersonen-GmbH begründet, u. zwar mit der Erwägung, dass die Einpersonen-GmbH für die schadensrechtliche Beurteilung als ein in besonderer Form verwalteter Teil des dem Alleingesellschafter gehörenden Vermögens erscheint.[270] Dem Fall des Alleingesellschafters hat die Rspr. später den Fall gleichgestellt, dass der klagende Gesellschafter mit 95 % oder mehr am Stammkapital beteiligt ist.[271] Allerdings kann der Gesellschafter in diesem Fall den Vermögensnachteil bei der GmbH nur in Höhe seiner Beteiligungsquote ersetzt verlangen.[272] Das führt zu der Frage, ob die Folgeschadensliquidation auch in Fällen anwendbar ist, in denen der Gesellschafter mit weniger als 95 % am Stammkapital beteiligt ist, u. wenn ja, ob es überhaupt eine Mindestbeteiligungshöhe gibt. Da es bei der Folge-

265 BGH NJW 77, 1283.
266 BGH NJW-RR 89, 684.
267 BGH NJW 95, 864.
268 BGH NJW-RR 91, 551, 552.
269 BGH NJW 77, 1283, 1284.
270 BGH NJW-RR 89, 684.
271 BGH NJW-RR 91, 551, 552.
272 BGH NJW-RR 91, 551, 552.

schadensliquidation nach zutr. Auffassung um die haftungsausfüllende Kausalität geht u. nicht um die Beurteilung der GmbH als ein in besonderer Form verwalteter Teil des dem Alleingesellschafter gehörenden Vermögens,[273] ist eine Mindestbeteiligungshöhe richtigerweise abzulehnen.[274]

Im Hinblick auf das Verhältnis des geschädigten Gesellschafters zu weiteren Gesellschaftern als auch zur GmbH (Kapitalerhaltung) stellt sich zudem die Frage, ob der Gesellschafter verpflichtet ist, seinen privat liquidierten Folgeschaden an die GmbH abzuführen. Das ist jedenfalls zu bejahen, wenn der Schaden der Gesellschaft in einer Zahlung an den unmittelbar geschädigten Gesellschafter besteht (etwa Gehaltsfortzahlung an den geschädigten Gesellschafter).[275] 139

b) **Gesellschaftsschadensliquidation.** Die Rspr. zur Folgeschadensliquidation ist von der ITT-/Girmes-Rspr. zu unterscheiden.[276] Diese betrifft den Fall, dass ein Gesellschafter seine Treuepflicht ggü. seinem Mitgesellschafter schuldhaft verletzt u. sich dadurch diesem ggü. schadensersatzpflichtig gemacht hat. Wird die Gesellschaft infolge der Treuepflichtverletzung geschädigt, erleidet der verletzte Gesellschafter einen **Reflexschaden** in Form einer Werteinbuße seiner Beteiligung. Nach der ITT-/Girmes-Rspr. ist der Gesellschafter aber nicht berechtigt, diesen zu liquidieren, also Zahlung eines Betrags in Höhe des Reflexschadens an sich zu verlangen. Vielmehr ist er berechtigt, vom Schädiger Ausgleich des am Gesellschaftsvermögen entstandenen Schadens durch Leistung an die Gesellschaft zu verlangen.[277] Dabei ist es unerheblich, ob der Gesellschaft gegen den Schädiger ein eigener Schadensersatzanspruch zusteht. 140

Die ITT-/Girmes-Rspr. gilt auch, wenn sich die Gesellschaft bereits in der Insolvenz befindet.[278] Richtigerweise findet sie auch Anwendung, wenn die Gesellschaft bereits im Handelsregister gelöscht ist. In diesem Fall ist eine Nachtragsliquidation durchzuführen. 141

Die Schadensliquidation nach der ITT-/Girmes-Rspr. geht in zwei Punkten über die Folgeschadensliquidation hinaus: Sie ist nicht auf Fälle beschränkt, in denen der klagende Gesellschafter Alleingesellschafter oder nahezu Alleingesellschafter ist. Zudem liquidiert der Gesellschafter hier nicht seinen eigenen Reflexschaden, sondern den Schaden der Gesellschaft, es handelt sich also um einen Fall der Drittschadensliquidation. Damit zusammenhängend ist der liquidationsfähige Schaden nicht der Höhe nach auf den Reflexschaden des klagenden Aktionärs beschränkt. 142

Von der ITT-/Girmes-Rspr. wie auch von der Folgeschadensliquidation zu unterscheiden sind die Fälle, in denen der Schädiger die GmbH deliktisch oder sonst pflichtwidrig schädigt u. deswegen ggü. der GmbH ersatzpflichtig ist, die Schädigung jedoch zugleich ein Delikt oder eine Pflichtwidrigkeit im Verhältnis zum (Allein-) Gesellschafter darstellt, so dass der Schädi- 143

273 Roth/*Altmeppen* Rn. 155.
274 AA Habersack/Casper/Löbbe/*Raiser* Rn. 60.
275 Scholz/*Bitter* Rn. 181; Lutter/Hommelhoff/*Bayer* Rn. 50.
276 BGH NJW 76, 191 – ITT; 87, 1077; 95, 1739 – Girmes; 13, 2586.
277 BGH NJW 95, 1739, 1747 – Girmes; MüKoGmbHG/*Merkt* Rn. 368; Michalski/*Lieder* Rn. 481.
278 BGH NJW 13, 2586, 2587.

ger grds. auch diesem ggü. ersatzpflichtig ist. Wenn hier die Schädigung **primär** die GmbH trifft u. sich der Schaden des Gesellschafters auf die Werteinbuße seiner Beteiligung beschränkt, ist er nicht berechtigt, seinen eigenen (Reflex-) Schaden durch Zahlung an sich selbst zu liquidieren. Das gilt auch, wenn er Alleingesellschafter ist.[279] Er sollte jedoch berechtigt sein, den Schaden der Gesellschaft durch Zahlung an diese zu liquidieren.

9. Umgekehrter Durchgriff

144 Mit dem sog. „umgekehrten Durchgriff" sind Fälle gemeint, in denen der Gläubiger des Gesellschafters von Gesetzes wegen, dh ohne rechtsgeschäftliche Grundlage, unmittelbar auf das Vermögen der GmbH zugreifen will. Vereinzelt ist ein solcher Zugriff für möglich gehalten worden, wenn der Gläubiger des Alleingesellschafters in das Vermögen der Einpersonen-GmbH vollstreckt hat. Der GmbH ist in diesem Fall die Drittwiderspruchsklage mit dem Argument verwehrt worden, zwischen Gesellschaft u. ihrem Alleingesellschafter bestehe wirtschaftliche Identität.[280]

145 Dem ist der BGH zu Recht entgegengetreten. Der Gläubiger des Gesellschafters hat in keinem Fall von Gesetzes wegen Zugriff auf das Vermögen der GmbH. Hins. des Gesellschaftsvermögens u. des Privatvermögens gilt das **Trennungsprinzip**. Für Gesellschaftsschulden haftet nur die GmbH mit ihrem Vermögen (Abs. 2). GmbH u. Alleingesellschafter sind nicht nur selbstständige, voneinander grds. unabhängige Rechtsträger, sie verfügen auch über gesonderte Vermögensmassen, die unterschiedlichen Gläubigern haften. Schon deshalb muss die GmbH in der Lage sein, Eingriffe von persönlichen Gläubigern ihres Gesellschafters in ihr Vermögen mit der Drittwiderspruchsklage abzuwehren. Auch im Verhältnis zwischen Einpersonen-GmbH u. Alleingesellschafter kommt es auf die rechtliche Zuordnung der einzelnen Gegenstände an.[281]

146 Somit ist der Gläubiger des Gesellschafters darauf beschränkt, in das Vermögen des Gesellschafters zu vollstrecken, zu dem freilich auch dessen Beteiligung an der Gesellschaft gehört. Etwas anderes gilt nur, wenn die GmbH ggü. dem Gläubiger des Gesellschafters die Haftung für dessen Verbindlichkeiten rechtsgeschäftlich übernommen hat.

V. Zurechnungsdurchgriff

147 Ebenso wie eine mangelnde Sphärenabgrenzung unter Durchbrechung des Trennungsprinzips eine Durchgriffshaftung zu begründen vermag (→ Rn. 95 ff.), können wirtschaftliche Identität u. Nähe von GmbH u. Gesellschaftern dazu führen, sowohl bei der Anwendung gesetzlicher Normen als auch bei der sachgerechten Vertragsauslegung nicht zwischen beiden zu unterscheiden.[282] Die Fallgestaltungen eines solchen „Zurechnungsdurchgriffs" sind vielfältig. Praktisch relevant wird dies va bei der Zurechnung

279 OLG Hamm NJW-RR 02, 1259.
280 OLG Hamm NJW 77, 1159.
281 BGH NJW 04, 217, 218; MüKoGmbHG/*Merkt* Rn. 366; Habersack/Casper/Löbbe/*Raiser* Rn. 56; Michalski/*Lieder* Rn. 428.
282 Baumbach/Hueck/*Fastrich* Rn. 15; Lutter/Hommelhoff/*Bayer* Rn. 14. Zur Herleitung vgl. Rn. 96 u. Gehrlein/Ekkenga/Simon/*Maul* Rn. 27.

von Kenntnissen u. persönlichen Eigenschaften, in Fällen gutgläubigen Erwerbs u. auch im Zusammenhang mit Wettbewerbsverboten.[283]

Folgende **Einzelfälle** sind besonders hervorzuheben: 148

- Unproblematisch werden der GmbH Wissen (§ 166 I BGB) u. Verhalten (§ 31 BGB) ihrer Organe zugerechnet.[284] Vom Zurechnungsdurchgriff werden demggü. Alleingesellschafter bzw. hinter der GmbH stehende maßgebliche Gesellschafter erfasst, die nicht zugleich Geschäftsführer sind.[285] Dies gilt iRd **Anfechtung** nach § 119 II BGB, etwa wegen Irrtums über die Person oder Zuverlässigkeit des Alleingesellschafters bzw. faktischen Geschäftsführers,[286] ebenso wie nach § 123 II BGB, weshalb der den Geschäftspartner der GmbH arglistig täuschende Alleingesellschafter nicht als Dritter angesehen wird.[287]
- **Darlehen** einer dritten GmbH an die Gesellschaft werden als Gesellschafterdarlehen den Gesellschaftern zugerechnet, wenn diese sämtliche Anteile der Darlehensgeber halten.[288] 149
- Der **gutgläubige Erwerb** (nach §§ 892, 932 ff. BGB, § 366 HGB, § 16 III GmbHG, Art. 16 II WG, Art. 21 ScheckG) setzt stets ein Verkehrsgeschäft voraus, das nur angenommen werden kann, wenn auf beiden Seiten nicht dieselben Personen beteiligt sind. Das wird im Verhältnis von Gesellschaft u. Alleingesellschafter gerade angenommen, weshalb gutgläubiger Erwerb ausscheidet.[289] Hingg. kommt dieser mangels Personenidentität in Betracht, wenn auf der Veräußererseite nicht alle Gesellschafter mitwirken,[290] es sei denn, der fehlende Gesellschafter hält nur einen geringen Anteil u. seine Mitgliedschaft dient allein der Vortäuschung eines Verkehrsgeschäfts.[291] Demggü. kann ein Gesellschafter von der Gesellschaft nur gutgläubig erwerben, wenn er eine so geringe Beteiligung hält, die ihm jede Einflussnahme unmöglich macht.[292] 150
- In der **Insolvenz** gelten Gesellschafter u. deren Angehörige als nahestehende Personen iSv § 138 InsO, § 3 II AnfG.[293] Entspr. gilt im umgekehrten Verhältnis.[294] 151
- Einem Makler gebührt keine **Maklerprovision** iSv § 652 BGB für ein Geschäft, welches er an eine GmbH vermittelt, an der er maßgeblich 152

283 Zu praktischen Fallgestaltungen ausf. Rowedder/Schmidt-Leithoff/*Pentz* Rn. 161 ff.; Habersack/Casper/Löbbe/*Raiser* Rn. 29 ff.
284 Habersack/Casper/Löbbe/*Raiser* Rn. 25; Lutter/Hommelhoff/*Bayer* Rn. 14.
285 Scholz/*Bitter* Rn. 77; Lutter/Hommelhoff/*Bayer* Rn. 14.
286 RGZ 143, 429, 431; Baumbach/Hueck/*Fastrich* Rn. 15; Scholz/*Bitter* Rn. 86.
287 BGH NJW 90, 1915; MüKoGmbHG/*Merkt* Rn. 347.
288 BGH NZG 05, 395, 396 (vor Geltung des MoMiG). S. auch Anh. § 30 Rn. 83 ff., insbes. 95 f.
289 BGHZ 173, 71, 77 = NJW 07, 3204, 3205; Scholz/*Bitter* Rn. 78; Lutter/Hommelhoff/*Bayer* Rn. 16.
290 BGHZ 173, 71, 77 = NJW 07, 3204, 3206; Scholz/*Bitter* Rn. 79.
291 Scholz/*Bitter* Rn. 80; Lutter/Hommelhoff/*Bayer* Rn. 16.
292 Lutter/Hommelhoff/*Bayer* Rn. 16.
293 BGHZ 58, 24 = WM 72, 133; OLG Hamm GmbHR 87, 23 f.; Baumbach/Hueck/*Fastrich* Rn. 15.
294 BGH NJW 86, 1047, 1049 f.; 72, 495.

beteiligt ist.[295] Dies gilt ebenso, wenn es sich sowohl bei Makler als auch dem Dritten um Kapitalgesellschaften handelt, die von derselben Person wirtschaftlich beherrscht werden.[296]

153 ▪ Auf die Gesellschafter ist nach § 116 S. 1 Nr. 2 ZPO auch abzustellen, wenn iRd Antrags auf Gewährung von **Prozesskostenhilfe** die Mittellosigkeit der wirtschaftlich Beteiligten zu beurteilen ist.[297]

154 ▪ Dag wird ein Unternehmer idR nicht die Einräumung einer Bauhandwerker-**Sicherungshypothek** am Grundstück des Gesellschafters verlangen können, wenn Besteller die Gesellschaft ist.[298] Anderes gilt, wenn die Haftungstrennung bereits durchbrochen ist, etwa wegen einer Mitverpflichtung des Gesellschafters in Form einer Bürgschaft.[299]

155 ▪ Schließlich können sich unter dem Gesichtspunkt des Zurechnungsdurchgriffs aus Verträgen der Gesellschaft mit Dritten **Wettbewerbsverbote**, Auskunfts- u. Unterlassungspflichten auch der Gesellschafter ggü. diesen Dritten ergeben.[300] Denn es würde bspw. dem Zweck eines Vertrages entgegenlaufen, in dem sich die Gesellschaft zur Unterlassung von Wettbewerb verpflichtet, wenn die Gesellschafter selbst oder mittels einer neu gegründeten Gesellschaft in Wettbewerb treten würden.[301]

Anhang zu § 13: Konzernrecht

295 BGH NJW 85, 2473, 2474; 71, 1839, 1840; Scholz/*Bitter* Rn. 84.
296 BGH NJW 74, 1130, 1131.
297 OLG München GmbHR 86, 46; Scholz/*Bitter* Rn. 85.
298 Scholz/*Bitter* Rn. 87 f.
299 BGHZ 102, 95, 100 ff. = NJW 88, 255, 257.
300 Gehrlein/Ekkenga/Simon/*Maul* Rn. 35.
301 BGHZ 59, 64 = WM 72, 882; Scholz/*Bitter* Rn. 83; Michalski/*Lieder* Rn. 345.

A. Grundlagen

I. Allgemeines

Das zumeist als Konzernrecht bezeichnete Recht der verbundenen Unternehmen (vgl. den Titel des dritten Buches des AktG, §§ 291 ff. AktG) regelt die Gefahren, die von einer Verbindung zwischen zwei Unternehmen (vgl. §§ 15 ff. AktG, näher → Rn. 20 ff.) ausgehen. Es wird deswegen häufig zutr. als Schutzrecht bezeichnet. Abgesehen vom Fall des Gleichordnungskonzerns (vgl. §§ 18 II AktG) zeichnen sich die vom Konzernrecht erfassten Unternehmensverbindungen dadurch aus, dass das eine Unternehmen – die Obergesellschaft – Einfluss auf das andere Unternehmen – die Untergesellschaft – nehmen kann. Die **spezifische Konzerngefahr** liegt darin, dass die Obergesellschaft unternehmerische Interessen außerhalb der Gesellschaft 1 verfolgen könnte, die stark genug sind, um ihretwegen die Möglichkeit zur Einflussnahme auf die Gesellschaft zum Nachteil der Gesellschaft auszuüben.[1]

2 Diese Gefahr droht zunächst den Gläubigern der Untergesellschaft; deren Schutz ist der primäre **Zweck des Konzernrechts.** Daneben bezweckt das Konzernrecht den Schutz etwaiger außenstehender Gesellschafter der Gesellschaft. Ist die Untergesellschaft eine GmbH (sog. GmbH-Konzern), kommt diesem Schutzzweck des Konzernrechts in der Rechtswirklichkeit allerdings lediglich eine sehr begrenzte Bedeutung zu.[2] Darüber hinaus bezweckt das Konzernrecht, zumindest in Teilbereichen, auch den Schutz von Gesellschaftern der Obergesellschaft.

3 Die **Bedeutung des GmbH-Konzernrechts** ist enorm, weil sich die GmbH in besonderer Weise als Konzernbaustein eignet. Zum einen bringt sie die Vorteile einer Kapitalgesellschaft mit sich. Zum anderen räumt das GmbH-Recht den Gesellschaftern bereits von Gesetzes wegen eine besonders starke Stellung ein, indem die Gesellschafter insbes. berechtigt sind, der Geschäftsführung Weisungen zu erteilen (§ 37 I 2. Fall) u. Geschäftsführer ohne das Erfordernis eines wichtigen Grundes abzuberufen (§§ 46 Nr. 5, 38 I), wobei die von den Gesellschaftern zu fassenden Beschlüsse grds. mit der einfachen Mehrheit der abgegebenen Stimmen gefasst werden können (§ 47 I). Als weiterer Vorteil der GmbH erweist sich der im Vergleich zur AG deutlich schwächere Kapitalschutz des GmbH-Rechts. Diese Rechtsformeigenschaften der GmbH haben dazu geführt, dass Schätzungen zufolge 30–40 % aller GmbH – zum 1.1.12 waren es über eine Million Stück[3] – Teil einer Unternehmensverbindung iSd §§ 15 ff. AktG sind.[4]

II. Rechtsgrundlagen

1. Konzerngesellschaftsrecht

4 Mit dem Begriff des Konzernrechts sind iaR die Vorschriften u. sonstigen Rechtssätze gesellschaftsrechtlicher Natur gemeint, die auf Unternehmensverbindungen Anwendung finden:

5 Das geltende GmbH-Gesetz enthält kein positives, die GmbH betr. Recht der verbundenen Unternehmen.[5] Gesetzgebungsvorhaben in den 1970er-Jahren zur Schaffung eines GmbH-Konzernrechts[6] verliefen nicht erfolgreich. Derzeit beabsichtigt der deutsche Gesetzgeber angabegemäß nicht, ein gesetzliches GmbH-Konzernrecht zu schaffen.[7]

6 Mangels spezifischer Vorschriften für den GmbH-Konzern liegt es nahe, die Vorschriften des Aktienkonzernrechts (§§ 291–318 AktG) analog anzuwenden. Eine weitgehend **analoge Anwendung des Aktienkonzernrechts** auf die GmbH entspricht für den Bereich des Vertragskonzernrechts (vgl.

1 BGHZ 115, 187, 190; 122, 123, 126.
2 Lutter/Hommelhoff Rn. 7.
3 *Kornblum*, GmbHR 12, 728, 729.
4 Scholz/*Emmerich* Rn. 3; MüKoGmbHG/*Liebscher* Rn. 5 mwN.
5 Hommelhoff, ZGR 2019, 382.
6 Regierungsentwurf eines neuen GmbH-Gesetzes von 1973, BT-Drs. VI/3088, dort §§ 230 ff.; neu eingebracht im Jahre 1974 als BT-Drs. VII/253.
7 Roth/*Altmeppen* Rn. 1.

§§ 291–307 AktG) heute ganz hM (näher → Rn. 108 ff.). Im Bereich des faktischen Konzerns lehnt es die hM hingg. zutreffenderweise weitgehend ab, die aktienrechtlichen Vorschriften (vgl. §§ 311–318 AktG) analog anzuwenden (näher → Rn. 47 ff.).

Unmittelbar anwendbar auf die GmbH sind allerdings die allg. konzernrechtlichen Definitionsnormen der §§ 15–19 AktG (näher → Rn. 20 ff.). Daneben finden sich punktuelle Einzelvorschriften, die für die GmbH ausdrücklich Konzernsachverhalte regeln. Dies gilt allerdings, wenn man einmal von der durch das MoMiG neu eingeführten Vorschrift des § 30 I 2 1. Fall (→ Rn. 189) absieht, nur für eher unbedeutende Gesichtspunkte (vgl. etwa § 51 a II 1). 7

Die hiernach bestehende, erhebliche Lücke in einem gesetzlichen GmbH-Konzernrecht wird durch die Instrumente u. Prinzipien des **allg. GmbH-Rechts** geschlossen, die in Konzernsachverhalten durch ihre Handhabung in Rspr. u. Literatur ggf. eine besondere Ausprägung erfahren. Der Anwendung allg. Instrumente kommt insbes. im Bereich des faktischen Konzerns ganz erhebliche Bedeutung zu. Insbes. geht es um die Anwendung der folgenden allg. Institute (näher jeweils im Folgenden): 8

- das Verbot der Einlagenrückgewähr (§§ 30, 31),
- die mitgliedschaftliche Treuepflicht des (herrschenden) Gesellschafters,
- das jedem Gesellschafter obliegende Verbot, in existenzvernichtender Weise in das Vermögen der GmbH einzugreifen, u. die Haftung des Gesellschafters für solche existenzvernichtenden Eingriffe,
- das jedem Gesellschafter obliegende Gleichbehandlungsgebot,
- der Ausschluss vom Stimmrecht bei Gesellschafterbeschlüssen in den von § 47 IV genannten Fällen u. ggf. sonstigen Fällen der Interessenkollision, u
- das mitgliedschaftliche (u ggf. organschaftliche) Wettbewerbsverbot.

2. Konzernrechtliche Nebenbereiche

Außerhalb des Gesellschaftsrechts werden Unternehmensverbindungen auch in vielen anderen Rechtsbereichen Regelungen unterworfen: 9

Dies gilt va für das **Konzernrechnungslegungsrecht** der §§ 290 ff. HGB. Dieses ist wie die Definitionsnormen der §§ 15 ff. AktG rechtsformneutral ausgestaltet u. somit ohne Weiteres auch auf eine an einer Unternehmensverbindung beteiligte GmbH anzuwenden, sofern die dort normierten Anwendungsvoraussetzungen erfüllt sind. 10

Im **Arbeitsrecht** trifft insbes. das **Mitbestimmungsrecht** wichtige konzernrechtliche Regelungen. Im Anwendungsbereich des Mitbestimmungsgesetzes werden Arbeitnehmer eines Konzernunternehmens dem herrschenden Unternehmen wie eigene Arbeitnehmer zugerechnet (§ 5 I 1 MitbestG; zum Konzernbegriff des § 5 I 1 MitbestG → Rn. 34). Weitere Konzernsachverhalte regeln die § 5 II u. III MitbestG. Auch das DrittelbG enthält in seinem § 2 konzernrechtliche Regelungen. Eine Zurechnung von Arbeitnehmern einer Untergesellschaft an die Obergesellschaft erfolgt anders als nach § 5 I 1 MitbestG jedoch nicht bereits mit Vorliegen eines Konzernverhältnisses, sondern nur, wenn zwischen den Unternehmen ein Beherr- 11 schungsvertrag besteht oder das abhängige Unternehmen in das herrschende Unternehmen eingegliedert ist (§ 2 II DrittelbG). Folglich genügen weder ein Gewinnabführungsvertrag[8] noch faktische Abhängigkeit.[9] Das **Kollektivarbeitsrecht** regelt ebenfalls einzelne konzernrechtliche Sachverhalte. Zu berücksichtigen sind insbes. die §§ 54 ff. BetrVG über den Konzernbetriebsrat.[10] Probleme bereitet auch die Behandlung der Arbeitnehmerüberlassung im Konzern.[11] Im Individualarbeitsrecht gibt es kaum ausdrückliche Vorschriften zu Konzernsachverhalten; jedoch stellen sich auch hier eine Reihe konzernspezifischer Rechtsfragen.[12]

12 Ein **Konzerninsolvenzrecht** gibt es im geltenden Recht bislang nicht; auch im Anwendungsbereich der EUInsVO findet sich dies nur in Ansätzen.[13] Dies führt zu dem unbefriedigenden Zustand, dass auch ein Insolvenzverwalter, der für verschiedene Konzerngesellschaften zum Insolvenzverwalter bestellt worden ist, grds. jedes Einzelverfahren u. jede Insolvenzmasse getrennt zu betrachten hat. Dies kann Maßnahmen, die bei einer Gesamtbetrachtung der Konzerngesellschaften erforderlich oder zweckmäßig wären, unmöglich machen.

3. Europarecht

13 Eine geschlossene Kodifizierung eines Konzernrechts auf europäischer Ebene ist vorerst nicht zu erwarten. Das Vorhaben, als Neunte gesellschaftsrechtliche Richtlinie eine Konzernrechtsrichtlinie zu erlassen (Vorentwurf von 1984), kann als gescheitert bezeichnet werden.[14] Die Einpersonengesellschafts-Richtlinie (Zwölfte gesellschaftsrechtliche Richtlinie) hat nach zutr. Auffassung keinen konzernrechtlichen Regelungsgehalt.[15] Eine gesetzgeberische Umsetzung des Vorschlags für ein allg. angelegtes, europäisches Konzernrecht, den das Forum europaeum Konzernrecht im Jahre 1998 unterbreitet hat,[16] ist ebenfalls unwahrscheinlich. Auf europäischer Ebene finden sich allerdings durchaus vereinzelte Regelungen zu Konzernsachverhalten. Hervorzuheben ist etwa Art. 24 a der für Aktiengesellschaften geltenden Kapitalrichtlinie (ursprünglich Zweite gesellschaftsrechtliche Richtlinie), der im Zusammenhang mit der Regelung der Zeichnung oder des Erwerbs von Aktien durch eine Gesellschaft, an der die Aktiengesellschaft beteiligt ist, einige Regelungen trifft, die mit den allg. konzernrechtlichen Definitionsnormen der §§ 15–19 AktG vergleichbar sind. Bestimmungen über

---

8 OLG Düsseldorf WM 97, 668 (für § 77 a BetrVG 1952).

9 OLG Zweibrücken NZG 06, 31 („Eckes") mit Anm. *Oetker*, EWiR 05, 859; LG Berlin AG 07, 455 = ZIP 07, 424.

10 Überblick über die Zuständigkeiten des Konzernbetriebsrats bei *Christoffer*, BB 08, 951.

11 Hierzu BAG BB 06, 383; BAG BB 04, 2753; BAG BB 98, 1640; LAG SchlH DB 08, 2428; LAG Bln BB 05, 672; *Martens*, DB 85, 2144; *Brose*, NZA 05, 797; *Brors/Schüren*, BB 04, 2745; *Gaul*, BB 96, 1224.

12 Näher MüKoGmbHG/*Liebscher* Rn. 1099 ff.

13 Näher MüKoGmbHG/*Liebscher* Rn. 1130 ff.

14 Baumbach/Hueck/*Beurskens* SchlAnhKonzernR Rn. 11; zu dem Vorentwurf von 1984 etwa *Lutter*, Europäisches Unternehmensrecht: Grundlagen, Stand und Entwicklung, S. 239 ff. auch mwN zum Konzernrecht auf europäischer Ebene im Allg.

15 Vgl. in diesem Zusammenhang etwa *Hirte*, ZIP 92, 1122; *Drygala*, ZIP 92, 1528.

16 ZGR 98, 672.

verbundene Unternehmen finden sich zudem in der KMU-Empfehlung,[17] zu der der EuGH entschieden hat, dass Unternehmen auch verbunden sind, wenn sie in demselben Markt oder in benachbarten Märkten tätig sind u. die hinter den Unternehmen stehenden natürlichen Personen die unternehmerischen Entscheidungen eng aufeinander abstimmen.[18]

Hiervon zu unterscheiden sind die allg. europarechtlichen **Diskriminierungsverbote.** Diese haben ebenso wie Diskriminierungsverbote in Doppelbesteuerungsabkommen große Bedeutung für das deutsche Organschaftsrecht u. damit auch für das Konzernrecht. So verstieß die Beschränkung der körperschaftsteuerlichen Organschaft auf Organgesellschaften mit Sitz im Inland gemäß § 14 KStG in seiner bis zum 26.2.2013 geltenden Fassung insoweit gegen die europarechtliche Niederlassungsfreiheit (Art. 43, 48 EUV = Art. 49, 54 AEUV), als es um die Zurechnung sog. endgültiger Verluste iSd *Marks & Spencer*-Rspr. des EuGH[19] der ausländischen Tochtergesellschaft geht u. eine rechtliche bindende Verpflichtung der Obergesellschaft zur Übernahme der Verluste der Untergesellschaft besteht.[20] Zur gewerbesteuerlichen Organschaft hat der BFH für das DBA mit Großbritannien entschieden, dass eine Kapitalgesellschaft mit Geschäftsleitung u. Sitz im Inland iR einer gewerbesteuerlichen Organschaft Organgesellschaft eines in Großbritannien ansässigen gewerblichen Unternehmens als Organträger sein kann, da die entgegenstehende Beschränkung in § 14 Hs. 2 u. § 14 Nr. 3 S. 1 KStG 1999 iVm § 2 I 2 GewStG 1999 gegen das Diskriminierungsverbot des Art XX Abs. 4 u. 5 DBA-Großbritannien 1964/1970 verstoße.[21] Der Gesetzgeber hat hieraufhin u. als Folge eines von der Kommission eingeleiteten Vertragsverletzungsverfahrens § 14 I 1 KStG geändert, der nunmehr vorsieht, das Erfordernis des doppelten Inlandsbezugs (Sitz u. Ort der Geschäftsleitung im Inland) für die Organgesellschaft aufzugeben u. stattdessen in erster Linie an die inländische Geschäftsleitung anzuknüpfen u. den Sitz in einem EU- oder EWR-Mitgliedstaat ausreichen zu lassen. 14

B. Das allgemeine Recht der verbundenen Unternehmen

I. Anwendbarkeit des deutschen Konzernrechts

Weist ein konzernrechtlicher Sachverhalt Auslandsbezug auf, ist in einem ersten Schritt zu prüfen, welches (Sach-)Recht auf den Sachverhalt anzuwenden ist. Dieser Rechtsbereich des internationalen Konzernrechts bzw. **Konzernkollisionsrechts** ist bislang nicht positivrechtlich geregelt. Da auch in Rspr. u. Literatur viele Fragen unterschiedlich beantwortet werden, bestehen erhebliche Unsicherheiten. 15

17 Empf. 2003/361/EG.
18 EuGH, NZG 14, 436 („HaTeFo").
19 Dazu etwa *Mayr*, BB 08, 1816.
20 FG Hannover DStRE 10, 474.
21 BFH GmbHR 11, 547 entgg. BMF-Schreiben v. 8.12.04, BStBl I, S. 1181 = GmbHR 05, 67. Vgl. *Früchtl*, GmbHR 11, R225. Zum DBA-USA 1989 s. BFH GmbHR 03, 722.

1. Faktischer Konzern

16 Für den faktischen Konzern wird verbreitet davon ausgegangen, dass bei einem faktischen Unternehmensverbund mit einer GmbH, die ihren Sitz in Deutschland hat, deutsches Konzernrecht zur Anwendung komme, insbes. auch hins. der Rechte u. Pflichten des ausländischen herrschenden Unternehmens.[22] Richtigerweise ist zunächst zu betonen, dass das internationale Konzernrecht keinen eigenständigen Teilrechtsbereich des internationalen Privatrechts bildet, sondern unselbständiger Teil des internationalen Gesellschaftsrechts ist. Hieraus folgt, dass sich die das Konzernverhältnis betr. Fragen nach dem Gesellschaftsstatut der abhängigen Gesellschaft richten.[23]

17 Folglich sind auch im Bereich des internationalen Konzernrechts, zumindest soweit es um das faktische Konzernverhältnis geht, die Rechtsentwicklungen zu berücksichtigen, die sich zum Verhältnis von Sitz- u. Gründungstheorie im Allg ergeben haben.

2. Vertragskonzern/Unternehmensvertrag

18 Zunehmend Bedeutung erlangen grenzüberschreitende Unternehmensverträge.[24]

19 Gesellschaftsrechtlich entspricht es heute ganz hM, dass Unternehmensverträge mit einer ausländischen Obergesellschaft nicht per se unwirksam sind. Teilw. wird die Wirksamkeit des Vertrags noch davon abhängig gemacht, dass die Vertragsparteien im Vertrag ausdrücklich vorsehen, dass der Vertrag deutschem Recht unterliegt u. dass ein Gerichtsstand in Deutschland vereinbart wird. Enthält der Vertrag keine Regelung über das anzuwendende Recht (u hält man den Vertrag auch ohne eine solche Bestimmung für wirksam), sind auch die den Unternehmensvertrag betr. Fragen dem Gesellschaftsstatut zuzurechnen. Nach zutr., allerdings bestrittener Auffassung gilt dies nicht nur für die Unternehmensverträge mit Verlustausgleichspflicht (§ 291 AktG, → Rn. 108 ff.), sondern auch für die Unternehmensverträge mit Austauschcharakter iSv § 292 AktG (→ Rn. 270 ff.).[25] Nach einer Entscheidung des BFH aus 2011 ist es in gesellschaftsrechtlicher Sicht unbedenklich, wenn eine deutsche GmbH einen Gewinnabführungsvertrag mit einer ausländischen Gesellschaft als herrschendem Unternehmen schließt.[26] Im Vordergrund steht daher die Frage, inwieweit grenzüberschreitende Unternehmensverträge steuerliche Anerkennung finden (dazu → Rn. 14). Nach Auffassung des OLG Stuttgart richtet sich ein grenzüberschreitender Unternehmensvertrag mit einer in Deutschland ansässigen Untergesellschaft nur insoweit nach deutschem Recht, als es um den Schutz der Aktionäre u. Gläubiger der Untergesell-

22 *Lutter*/Hommelhoff Rn. 98; zur Anwendbarkeit von § 54 BetrVG bei ausländischer Konzernspitze vgl. BAG NZA 07, 999 mit Anm. *Dzida/Hohenstatt*, NZA 07, 945.
23 LG München I ZIP 08, 555 mwN (unter Ziff. B. II. 2. der Entscheidungsgründe, für die AG) mAnm *Goslar*, DB 08, 800; Roth/*Altmeppen* Rn. 161 ff. mwN.
24 Zu grenzüberschreitenden (isolierten) Beherrschungsverträgen s. den empirischen Bericht von *Bayer/Hoffmann*, AG-Report 10, 363.
25 Roth/*Altmeppen* Rn. 172 f. mwN.
26 BFH DStR 12, 509 Rn. 21.

schaft geht; § 293 II u. §§ 293 a ff. AktG würden daher auf Ebene der ausländischen Obergesellschaft nicht gelten.[27]

II. Begriff der verbundenen Unternehmen (§§ 15–19 AktG)

Die grdlg konzernrechtlichen Definitionsnormen der §§ 15–19 AktG gelten nach allgM wegen ihrer rechtsformneutralen Ausgestaltung auch im GmbH-Konzern. **Europarechtliche Vorgaben** für den Begriff der Unternehmensverbindung im Allg gibt es bislang keine. Allerdings enthalten verschiedene europäische Rechtsakte in bestimmten Zusammenhängen Regelungen zur Unternehmensverbindung. Hierzu zählen neben der Kapitalrichtlinie u. der Konzernabschlussrichtlinie die Empfehlung der Kommission über den Begriff der KMU, der iRd deutschen InvZulG 2005 unmittelbare rechtliche Bedeutung zukommt, weil dieses Gesetz für den KMU-Begriff auf die Empfehlung Bezug nimmt.[28] 20

1. Begriff des Unternehmens

Gem. §§ 15–19 AktG können an einer von diesen Vorschriften erfassten Unternehmensverbindung nur Rechtspersonen beteiligt sein, die ein Unternehmen iSd Vorschriften u. nicht eine reine Privatperson sind.[29] Hierdurch grenzt das Gesetz das (besondere) Konzernrecht vom (allg.) Gesellschaftsrecht ab.[30] 21

Da im Aktienkonzern die meisten Regelungsfragen über spezifische konzernrechtliche Instrumente gelöst werden, kommt dem Unternehmensbegriff im Aktienrecht gesteigerte Bedeutung zu. Im GmbH-Konzern ist die **Bedeutung des Unternehmensbegriffs** hingg. deutlich geringer. Für den Bereich des faktischen Konzerns folgt dies daraus, dass wesentliche Regelungsfragen mit Instrumenten des allg. Gesellschaftsrechts gelöst werden. Insbes. ist die Haftung wegen existenzvernichtenden Eingriffs keine konzernrechtliche Haftung, sondern knüpft an die Gesellschafterstellung als solche an (näher → Rn. 8). Auch Treuepflicht u. Gleichbehandlungsgebot obliegen dem (Mehrheits-)Gesellschafter als solchem u. erfordern nicht, dass der Gesellschafter Unternehmen iSd §§ 15–19 AktG ist. Im Bereich des Vertragskonzernrechts verringert sich die Bedeutung des Unternehmensbegriffs dadurch, dass nach zutr. u. im Vordringen befindlicher Meinung der Abschluss eines Unternehmensvertrags nicht voraussetzt, dass die Obergesellschaft bereits im Zeitpunkt vor Abschluss des Unternehmensvertrags ein Unternehmen iSd §§ 15–19 AktG ist. Nach Vertragsschluss ist die Obergesellschaft herrschendes Unternehmen (§ 15 5. Fall AktG, → Rn. 131). Damit verbleiben im GmbH-Konzernrecht nur einzelne Rechtssätze, etwa im Bereich des Konzerneingangsschutzes, bei denen der Unternehmensbegriff relevant wird.[31] 22

27 OLG Stuttgart BeckRS 13, 10389 = AG 13, 724.
28 S. anschaulich EuGH NZG 14, 436 („HaTeFo") mit Anm. *Möller*, EWiR 14, 737.
29 Der Begriff des Unternehmens ist auch für das Kartellrecht von zentraler Bedeutung. Der dortige Unternehmensbegriff deckt sich nicht mit dem konzernrechtlichen Unternehmensbegriff.
30 Vgl. etwa Scholz/*Emmerich* Rn. 14 a.
31 *Lutter*/Hommelhoff Rn. 7 mwN.

23 Nach gefestigter Rspr. ist der Gesellschafter ein Unternehmen, wenn er die Möglichkeit hat, außerhalb der Gesellschaft unternehmerische Interessen zu verfolgen.[32] Wegen der Rechtsformneutralität des Unternehmensbegriffs kann **jede Rechtsperson** (jeder Rechtsträger) Unternehmen iSd §§ 15–19 AktG sein, etwa auch eine natürliche Person u. eine Gesellschaft bürgerlichen Rechts (§ 124 HGB analog).[33]

24 Die **Möglichkeit**, außerhalb der Gesellschaft **anderweitige unternehmerische Interessen zu verfolgen**, genügt; es kommt nicht darauf an, ob der Gesellschafter von dieser Möglichkeit tatsächlich Gebrauch macht.[34] Die anderweitigen unternehmerischen Interessen kann der Gesellschafter dadurch verfolgen, dass er selbst ein Einzelunternehmen betreibt[35] oder als Freiberufler tätig ist[36] oder – und dies ist der Hauptfall – an einer anderen Gesellschaft maßgeblich beteiligt ist. Diese Beteiligung muss so stark sein, dass sie die Möglichkeit eröffnet, leitenden Einfluss auf das andere Unternehmen auszuüben.[37] Dies erfordert idR, jedoch nicht zwingend, eine Mehrheitsbeteiligung iSv § 16 AktG.[38]

25 Hiernach können auch **Körperschaften des öffentlichen Rechts** Unternehmen im konzernrechtlichen Sinne sein u. sind dies auch idR[39] Die ehemalige Treuhandanstalt war allerdings gem. gesetzlicher Sondervorschrift von den Vorschriften des Aktiengesetzes über herrschende Unternehmen ausgenommen (§ 28 a S. 1 EGAktG).

26 Nach dem Vorgesagten ist auch eine **Holding-Gesellschaft**, die an mehr als nur einer Gesellschaft maßgeblich beteiligt ist, ohne Weiteres Unternehmen im konzernrechtlichen Sinne. Fraglich kann dies in mehrstufigen Holding-Strukturen aber für den Fall sein, dass es nur eine Zwischenholding ist, die an mehreren Gesellschaften maßgeblich beteiligt ist, während diese Holding-Gesellschaft ihrerseits nur einen Gesellschafter hat. Die Unternehmenseigenschaft dieser Spitzen-Holding wird nicht selten verneint; nach zutr. Auffassung ist jedoch auch deren Unternehmensqualität zumindest für den Fall zu bejahen, dass die Spitzen-Holding die Enkelgesellschaften über die Zwischenholding leitet.[40] Ferner ist anerkannt, dass auch eine **ausländische Gesellschaft** ein Unternehmen im Sinne der §§ 15 ff. AktG sein kann.[41]

---

32 Aus der Rspr. BGH NJW 01, 2973; NJW 01, 370; vergleichbare Formeln werden auch in den anderen Gerichtsbarkeiten zugrunde gelegt, vgl. BAG AG 96, 369; BSG AG 95, 279, 282.

33 Zu den weitergehenden Anforderungen, die im Hinblick auf die GbR vertreten werden, MKAktG/*Bayer* § 15 Rn. 29 mwN.

34 Vgl. etwa BGHZ 135, 107, 113.

35 BGHZ 115, 187, 191.

36 BGH NJW 94, 3288.

37 BGHZ 148, 123; *Lutter*/Hommelhoff, Rn. 8; Scholz/*Emmerich* Rn. 16.

38 *Lutter*/Hommelhoff Rn. 8.

39 BGHZ 69, 334 für die Bundesrepublik Deutschland („VEBA Gelsenberg"); BGHZ 107, 113 für das Land Niedersachsen („VW"); vgl. auch OLG Köln NZG 09, 951. IRd Unternehmensbegriffs des deutschen Kartellrechts hat der BGH auch die Unternehmenseigenschaft der Versorgungsanstalt des Bundes u. der Länder bejaht, BGH AG 14, 158.

40 Roth/*Altmeppen* Rn. 9.

41 *Emmerich*/Habersack, § 15, Rn. 12; *Schall* in: Spindler/Stilz, AktG, § 15, Rn. 10.

2. Verbundenes Unternehmen

Der Oberbegriff für die von §§ 15–19 AktG erfassten Unternehmen ist der Begriff des verbundenen Unternehmens (§ 15 AktG). Die Vorschrift nennt 5 Fälle, in denen Unternehmen verbundene Unternehmen iSd Konzernrechts sind: 27

- Unternehmen, die im Verhältnis zueinander in Mehrheitsbesitz stehen oder mit Mehrheit beteiligt sind (§ 16 AktG),
- abhängige u. herrschende Unternehmen (§ 17 AktG),
- Konzernunternehmen (§ 18 AktG),
- wechselseitig beteiligte Unternehmen (§ 19 AktG), u
- Vertragsteile eines Unternehmensvertrags (§§ 291, 292 AktG).

Wenn andere gesetzliche Bestimmungen auf Unternehmensverbindungen abstellen, knüpfen sie idR an eine der vorgenannten Arten der Unternehmensverbindung (§§ 16–19 AktG) an. Eine Anknüpfung an den Begriff des verbundenen Unternehmens ist seltener, kommt aber ebenfalls vor, etwa in § 51 a II 1.[42] 28

Dem Handelsbilanzrecht liegt eine **eigenständige Definition** der verbundenen Unternehmen zugrunde (§ 271 II HGB, teilw. iVm § 290 II HGB).[43] Diese Definitionen sind, insbes. wegen der unterschiedlichen gesetzlichen Zwecke, nur teilw. deckungsgleich. 29

Eine Unternehmensverbindung iSv § 15 AktG setzt eine Beziehung zwischen zwei Unternehmen voraus, die dem einen Unternehmen **gesellschaftsrechtlich vermittelte** Einflussnahmemöglichkeiten gibt.[44] Hieraus folgt, dass eine Unternehmensverbindung iSv § 15 AktG endet, wenn über das Vermögen der Untergesellschaft das **Regelinsolvenzverfahren eröffnet** worden ist.[45] Ab diesem Zeitpunkt geht nämlich die Befugnis, das Vermögen der Gesellschaft zu verwalten u. über dieses Vermögen zu verfügen, auf den Insolvenzverwalter über (§ 80 I InsO). Zwar stehen den Gesellschaftern des insolventen Rechtsträgers bei bestimmten organisationsrechtlichen Strukturmaßnahmen noch Mitwirkungszuständigkeiten zu. Diese vermitteln jedoch keine hinreichende Möglichkeit, laufenden Einfluss auf das Unternehmen der Gesellschaft zu nehmen. Gleiches dürfte bereits ab der Bestellung eines vorl. Insolvenzverwalters gelten, sofern das Insolvenzgericht – wie üblich – zumindest einen Zustimmungsvorbehalt zugunsten des vorl. Insolvenzverwalters angeordnet hat (§ 21 II 1 Nr. 2 2. Fall InsO). Dem entspricht es, dass in diesem Fall nach der Rspr. des BFH die organisatorische Eingliederung iRd umsatzsteuerlichen Organschaft endet.[46] Hieran ändert sich grds. nichts, wenn auch die Obergesellschaft insolvent u. dieselbe Per- 30

42 Zu weiteren Vorschriften s. MüKoGmbHG/*Liebscher* Rn. 55.

43 Zu den Modifikationen durch das BilMoG *Lüdenbach/Freiberg*, BB 09, 1230.

44 Scholz/*Emmerich* Rn. 15. Aus der Rspr. BGH, Beschl. v. 23.4.12 – II ZR 229/10 (Mobilcom/France Telecom); OLG Schleswig BeckRS 10, 29118.

45 Auch im Steuerrecht ist für die umsatzsteuerliche Organschaft weitgehend anerkannt, dass diese mit Eröffnung des Insolvenzverfahrens über das Vermögen der Untergesellschaft endet, vgl. in diesem Zusammenhang zu einer vergleichbaren Frage jüngst BGH NZI 09, 530; dazu BMF-Schreiben v. 1.12.09 – IV B 8 – S. 7105/09/10003 (Nichtanwendungserlass), DB 09, 2754.

46 BFH Urt. v. 8.8.13 – V R 18/13.

son Insolvenzverwalter ist, da der Insolvenzverwalter auf das jeweilige Verfahren bezogene Interessen zu wahren hat. Nimmt man hiernach an, dass die Unternehmensverbindung mit Eröffnung des Insolvenzverfahrens über das Vermögen der Untergesellschaft endet, ist hiermit noch nicht gleichzeitig über das Schicksal eines bestehenden Unternehmensvertrags entschieden (dazu → Rn. 257 ff.).

3. Mehrheitsbeteiligung, Abhängigkeit und Konzern

31 §§ 16–18 AktG enthalten die wichtigsten Arten der Unternehmensverbindung u. nehmen durch Vermutungsregelungen aufeinander Bezug. § 16 I AktG definiert die **Mehrheitsbeteiligung** als den Fall, dass einem anderen Unternehmen die Mehrheit der Anteile gehört (Kapitalmehrheit) oder die Mehrheit der Stimmrechte zusteht (Stimmrechtsmehrheit). IR von § 16 I AktG ist die Zurechnungsvorschrift des § 16 IV AktG zu berücksichtigen. Von einem nach Maßgabe von § 16 AktG im Mehrheitsbesitz stehenden Unternehmen wird vermutet, dass es von dem anderen Unternehmen **abhängig** ist (§ 17 II AktG). Allg. ist ein Unternehmen abhängig, wenn ein anderes Unternehmen unmittelbar oder mittelbar einen beherrschenden Einfluss auf das Unternehmen ausüben kann (§ 17 I AktG). Von einem abhängigen Unternehmen wird vermutet, dass es mit dem herrschenden Unternehmen einen **Konzern** bildet (§ 18 I 3 AktG). Allg. liegt ein Konzern vor, wenn ein oder mehrere abhängige Unternehmen unter der einheitlichen Leitung des herrschenden Unternehmens zusammengefasst sind (§ 18 I 1 AktG). Gemäß § 18 II AktG liegt bei einheitlicher Leitung ein Konzern auch dann vor, wenn die beteiligten Unternehmen nicht voneinander abhängig sind (sog. Gleichordnungskonzern).

32 Diese Vorschriften finden auch im GmbH-Konzern Anwendung, jedoch können sich hier Besonderheiten ergeben. Insbes. besteht wegen der Gestaltungsfreiheit im GmbH-Recht (§ 45 II) anders als im Aktienrecht die Möglichkeit, dass die Kapitalmehrheit oder die (allg.) Stimmrechtsmehrheit keinen hinreichenden Einfluss vermitteln, weil anderen Gesellschaftern **Mehrstimmrechte oder individuelle Sonderrechte** zustehen. Andererseits können hierdurch auch einem Gesellschafter hinreichende Einflussnahmemöglichkeiten zukommen, ohne dass er über die Kapitalmehrheit oder über die allg. Stimmrechtsmehrheit verfügt. Relevant ist stets, ob der Gesellschafter bei besonders wichtigen Beschlussgegenständen in seiner Person über die erforderliche Mehrheit verfügt oder den Beschluss kraft Sonderrechts zustande bringen kann. Zu diesen Beschlussgegenständen gehören insbes. die Bestellung u. Abberufung des Geschäftsführers u. die Erteilung von Weisungen an die Geschäftsführung.[47] Ebenso wie im AG-Konzern kann die Abhängigkeitsvermutung des § 17 II AktG auch im GmbH-Konzern dadurch entkräftet werden, dass die Gesellschaft u. der Gesellschafter einen **Entherrschungsvertrag** schließen.[48]

---

47 Etwa *Lutter*/Hommelhoff Rn. 10; Baumbach/Hueck/*Beurskens* SchlAnhKonzernR Rn. 27.

48 Zu solchen Verträgen etwa *Bayer*/*Hoffmann*, AG-Report 14, R107; *K Schmidt*, FS Hommelhoff, 12, S. 985.

Wie bereits im Wortlaut des § 17 I AktG zum Ausdruck kommt, genügt es für die Annahme eines Abhängigkeitsverhältnisses, wenn die Obergesellschaft einen beherrschenden Einfluss ausüben kann; ob sie diesen Einfluss tatsächlich ausübt, ist unerheblich. Hierdurch wird der Tatbestand der Abhängigkeit abgegrenzt vom **Konzernverhältnis** iSv § 18 I 1 AktG. Ein solches liegt nur vor, wenn das herrschende Unternehmen das abhängige leitet u. wenn das abhängige (oder mehrere abhängige) Unternehmen unter der **einheitlichen Leitung** des herrschenden Unternehmens zusammengefasst sind. Welche Anforderungen an die einheitliche Leitung iSv § 18 I 1 AktG zu stellen sind, ist iErg str. Nach der Mindermeinung ist hierfür erforderlich, dass die Obergesellschaft die Leitung in allen wesentlichen unternehmerischen Entscheidungen übernommen hat u. in all diesen Bereichen zentrale Vorgaben ohne Rücksicht auf die Selbstständigkeit der abhängigen Unternehmen durchsetzt. Nach dem herrschenden, weiteren Verständnis genügt hingg, dass dies in einem der zentralen Unternehmensbereiche (neben dem Finanzwesen etwa Einkauf, Verkauf, Personal) erfolgt.[49] In der praktischen Rechtsanwendung ergeben sich hierbei ganz erhebliche Unsicherheiten. Diese werden allerdings dadurch gelindert, dass zumeist die Konzernvermutung des § 18 I 3 AktG einschlägig ist, die vom herrschenden Unternehmen nur schwer widerlegt werden kann.[50] 33

Dem Konzernbegriff kommt ua im **Mitbestimmungsrecht** besondere Bedeutung zu. Dort hat sich zu § 5 I 1 MitbestG – va unter dem Stichwort des „Konzerns im Konzern“ – eine umfangreiche Rspr. entwickelt.[51] Für § 5 I 1 MitbestG war lange sehr umstritten, ob trotz des ausdrücklichen Verweises auf § 18 I AktG ein eigenständiger mitbestimmungsrechtlicher Konzernbegriff gilt, der grds. weiter wäre als der des § 18 I AktG.[52] Das BAG hat dies für nun § 2 I DrittelbG ausdrücklich abgelehnt.[53] In vergleichbarer Weise entschied das BAG zu § 54 I BetrVG, der die Errichtung des Konzernbetriebsrats regelt u. ebenfalls auf § 18 I AktG verweist.[54] Eine Fiktion des herrschenden Unternehmens für mitbestimmungsrechtliche Zwecke enthält § 5 III MitbestG. Diese Vorschrift greift insbes. dann ein, wenn das Unternehmen, welches die einheitliche Leitung ausübt, seinen Sitz im Ausland hat.[55] 34

IR von § 290 II HGB u. § 22 I WpHG (→ Rn. 55) wird verbreitet davon ausgegangen, dass bei der **GmbH & Co KG** u. der GmbH & Co KGaA die Komplementärgesellschaft im Verhältnis zur KG bzw. KGaA als Mutterunternehmen anzusehen sei. Auch die Rspr. des BAG geht deutlich in diese Richtung, wenn sie für die GmbH & Co KG zu dem Ergebnis kommt, im 35

49 Näher etwa Scholz/*Emmerich* Rn. 33.
50 Baumbach/Hueck/*Beurskens* SchlAnhKonzernR Rn. 23.
51 Etwa OLG München WM 09, 558; OLG Stuttgart DB 89, 1128, 1129; BayObLG BB 98, 2129, 2130.
52 Bejahend BayObLG BB 98, 2129, 2130; OLG Stuttgart DB 89, 1128, 1129. Näher *Seibt*, ZIP 08, 1301; *Redeke*, DB 08, 2408; *Mensching/Rosseburg*, DStR 08, 1224.
53 BAG 12, 754 mit Anm. *Ostermaier*, GWR 12, 255.
54 BAG NZA 11, 866 (kein „Sparten-Konzernbetriebsrat“) mit Anm. *Schrader*, GWR 11, 371 u. *Winzer/Baeck*, NZG 11, 944.
55 Vgl. etwa OLG Frankfurt DB 08, 1032. Vgl. in diesem Zusammenhang auch *Eberspächer*, ZIP 08, 1951.

Verhältnis zwischen KG u. einem Mehrheitsgesellschafter der Komplementärgesellschaft greife stets die Vermutung des § 17 I AktG ein. Die Richtigkeit dieser Auffassung ist fraglich; keinesfalls darf sie dazu führen, auch für allg. konzernrechtliche Zwecke anzunehmen, dass die Komplementärgesellschaft im Verhältnis zur KG bzw. KGaA herrschendes Unternehmen sei.[56]

4. Wechselseitig beteiligte Unternehmen

36 § 19 I AktG regelt den Fall, dass zwei Unternehmen wechselseitig aneinander beteiligt sind u. jedem Unternehmen mehr als der vierte Teil der Anteile des anderen Unternehmens (unter Berücksichtigung von § 16 IV AktG) gehört. Liegt im jeweiligen Verhältnis eine Mehrheitsbeteiligung (§ 16 AktG) oder eine Abhängigkeit (§ 17 AktG) vor (sog. **qualifizierte** wechselseitige Beteiligung), ordnen § 19 II, III AktG ein Beherrschungsverhältnis an. Andernfalls (**einfache** wechselseitige Beteiligung) kommt im Aktienkonzern § 328 AktG zur Anwendung. Für den GmbH-Konzern wird überw. vertreten, dass **§ 328 I–III AktG** (zu § 328 IV AktG → Rn. 60) nicht zur Anwendung kommt, wenn beide Unternehmen die Rechtsform der GmbH haben.[57]

III. Überblick über die Rechtsfolgen einer Unternehmensverbindung im Sinne von §§ 15–19 AktG

37 Ist eine Beziehung zwischen zwei Unternehmen als Unternehmensverbindung iSv §§ 15–19 AktG einzustufen, kann dies in ganz verschiedenen Rechtsbereichen ganz unterschiedliche Rechtsfolgen auslösen. Primäre u. wichtigste Rechtsfolge ist, dass mit Entstehung der Unternehmensverbindung das **gesellschaftsrechtliche Konzernrecht** eingreift, welches im Folgenden näher dargestellt wird. Ferner können die angesprochenen **konzernrechtlichen Nebenbereiche** zur Anwendung kommen (, insbes. das Konzernrechnungslegungsrecht der §§ 290 ff. HGB u. die beschriebenen mitbestimmungs- u. kollektivarbeitsrechtlichen Regelungen (→ Rn. 9 ff.).

38 Es ist ein Kennzeichen des gesellschaftsrechtlichen Konzernrechts in Deutschland, dass die Unternehmensverbindung als solche keine **Haftung** der Obergesellschaft für Verbindlichkeiten der Untergesellschaft begründet. Dies ist Kern des Trennungsprinzips. Allerdings gibt es Ausn. u. Durchbrechungen, die im Einzelfall zu einer Erstreckung der Haftung auf die Obergesellschaft oder andere Konzerngesellschaften führen können (näher unten → Rn. 46).

39 Bereits im allg. Zivilrecht ist ferner relevant, dass im Konzern eine **Wissenszurechnung** stattfinden kann.[58] An den **Vertretungs**regeln ändert die Unternehmensverbindung grds. zwar nichts. Jedoch können die Grundsätze über Anscheins- u. Duldungsvollmacht in Konzernsachverhalten unter

---

56 Zutr. etwa *Binz/Sorg*, Die GmbH & Co. KG, § 14 Rn. 53 ff.; näher *Kessler*, Die rechtlichen Möglichkeiten der Kommanditaktionäre einer GmbH & Co. KGaA zur Einwirkung auf die Geschäftsführung, 03, S. 237 ff. mwN.
57 Scholz/*Emmerich* Rn. 35.
58 Vgl. etwa OLG München BB 07, 14; OLG Düsseldorf NZG 09, 429.

erleichterten Voraussetzungen zur Anwendung gelangen.[59] Ist eine Person Mitglied des Organs mehrerer Konzerngesellschaften, muss ein Kläger, der aus dem Verhalten dieser Person Ansprüche gegen eine bestimmte Konzerngesellschaft geltend macht, Umstände dafür darlegen, dass die Person gerade im Pflichtenkreis der in Anspruch genommenen Gesellschaft gehandelt hat; allein der Vortrag, die Person sei Organ gewesen, genügt nicht.[60] Eine unklare Auftragserteilung an ein Konzernunternehmen richtet sich im Zweifel an die selbstständige Gesellschaft innerhalb eines Konzerns, die mit der nachgefragten Tätigkeit tatsächlich betraut ist. Folglich haftet regelmäßig nur diese Gesellschaft für Pflichtverletzungen im Zusammenhang mit der Auftragserfüllung, nicht die übrigen dem Konzern angehörigen Gesellschaften. Auch eine Mithaftung anderer Konzerngesellschaften unter dem Gesichtspunkt der Rechtsscheinhaftung kommt in einem solchen Fall grundsätzlich nicht in Betracht.[61] Die Unternehmensverbindung, insbes. ein Unternehmensvertrag, kann sich auch auf **bestehende Rechtsverhältnisse** der Untergesellschaft auswirken. So fragt sich bspw., wie sich der Abschluss eines Beherrschungs- oder Gewinnabführungsvertrags auf bestehende Genussscheine auswirkt, insbes. ob den Genussscheininhabern ab dem Zeitpunkt des Abschlusses des Unternehmensvertrags ein Anspruch auf eine feste Zahlung ähnl einem Ausgleichsanspruch nach § 304 AktG zusteht.[62] Ferner ist daran zu denken, dass durch das Zustandekommen einer Unternehmensverbindung **change-of-control-Klauseln** ausgelöst werden können. Besonders zu beachten sind **Zurechnungstatbestände**, die zT beträchtliche Auswirkungen zeitigen. So knüpfen etwa die Zurechnungstatbestände des WpHG u. des WpÜG insbes. an die Unternehmensverbindung an, allerdings unter Rückgriff auf den Begriff des Tochterunternehmens iSv § 290 HGB (§ 34 I 1 Nr. 1, III WpHG, § 30 I 1 Nr. 1 WpÜG).

Auch im Mitbestimmungs- und Arbeitsrecht existieren wichtige Zurechnungstatbestände, die an die Unternehmensverbindung anknüpfen, insbes. in § 5 MitbestG u. § 2 DrittelbG. IRd Anpassung von Betriebsrenten nach § 16 BetrAVG führt das Bestehen eines Beherrschungsvertrags dazu, dass es grds. auf die wirtschaftliche Lage der Obergesellschaft ankommt (Berechnungsdurchgriff).[63] Eine Arbeitnehmerüberlassung ist grundsätzlich ausnahmsweise erlaubnisfrei, wenn sie zwischen Konzernunternehmen (§ 18 AktG) erfolgt. Auch in diesem Zusammenhang ist es unschädlich, wenn das Unternehmen ein ausländisches ist, sei es, dass das ausländische Unternehmen ver- oder entleiht.[64] 40

59 Näher *Fleischer*, ZHR 163 (99), 471.
60 BGH BeckRS 14, 23725 mit Anm. *A Kessler*, GWR 15, 32.
61 OLG Saarbrücken BeckRS 2018, 24110, Rn. 21.
62 BGH NZG 13, 987 („Eurohypo") mit Anm. *Maerker/Wagner*, DB 13, 2549; Vorinstanz: OLG Frankfurt ZIP 12, 79.
63 BAG BeckRS 15, 68603 = ZIP 15, 1137; vgl. hierzu auch *Löwisch*, ZIP 15, 209, 210–212; OLG Frankfurt aM ZIP 15, 846 mit Anm. *Rolfs/Heikel*, EWiR 15, 329. Vgl. ferner BAG ZIP 11, 1433.
64 Schüren/*Hamann*, AÜG, § 1, Rn. 630; *Ulrici*, AÜG, § 1, Rn. 161; *Ulrici* in: Boecken/Düwell/Diller/Hanau, Gesamtes Arbeitsrecht, § 1 AÜG, Rn. 77; *Kock* in: BeckOK ArbR, § 1 AÜG, Rn. 219.

41 Ferner kann die Unternehmensverbindung dazu führen, dass die an ihr beteiligten Unternehmen als **nahestehende Personen** einzustufen sind, ein Konzept, welches insbes. § 138 II InsO u. § 1 II AStG zugrunde liegt. So führt etwa nach einer in der Rspr. vertretenen Auffassung ein auf personeller Verflechtung beruhendes Abhängigkeitsverhältnis iSv § 17 AktG dazu, dass die Voraussetzungen des § 138 II InsO zu bejahen sind.[65] Ferner erstreckt sich der persönliche Anwendungsbereich von § 39 I Nr. 5 InsO auf Unternehmen, die mit einem Gesellschafter verbunden sind.[66]

42 In verschiedenen Rechtsbereichen finden sich zudem Vorschriften, die an das Vorliegen einer Unternehmensverbindung eine begünstigende Regelung knüpfen (sog. **Konzernprivilege**). Ein wichtiges Beispiel ist § 6 a GrEStG.[67]

43 Im Bereich der Rechnungslegung knüpfen – neben den Konzernrechnungslegungsvorschriften der §§ 290 ff. HGB – auch Vorschriften des allg. **Rechnungslegungsrechts** an Konzernsachverhalte an. Zu diesen Vorschriften gehört va § 264 III HGB, der es bei Einbeziehung der Gesellschaft in einen Konzernabschluss unter bestimmten Voraussetzungen erlaubt, eine Untergesellschaft von der Pflicht zur Aufstellung des Jahresabschlusses u. damit der Pflicht zu dessen Offenlegung auszunehmen. Zentrale Voraussetzung ist, dass zwischen der Obergesellschaft, die den Konzernabschluss aufstellt, u. der fraglichen Gesellschaft eine Verlustausgleichspflicht besteht, sei es, dass dies unmittelbar der Fall ist, sei es, dass eine durchgehende Kette von Verlustausgleichspflichten besteht.[68] Im mehrstufigen Konzern (dh im Verhältnis zwischen Mutter-, Tochter- u. Enkelgesellschaft) gilt dieses Erfordernis nach hM auch dann, wenn die vermittelnde Tochtergesellschaft eine Personengesellschaft ist.[69] Gemäß der seit dem 20.12.2012 geltenden Fassung von § 264 III HGB kann die Obergesellschaft ihren Sitz in Deutschland oder in einem anderen EU-Staat haben.[70] Zu den spezifisch konzernrechtlichen Rechnungslegungsvorschriften gehört ferner die durch das Bilanzrechtsmodernisierungsgesetz[71] eingeführte Vorschrift des § 272 IV HGB, nach der die von §§ 264 ff. HGB erfassten Gesellschaften in ihrer Bilanz im Eigenkapital (§ 266 III lit. A Nr. 2 HGB) eine Rücklage für Anteile zu bilden haben, die die Gesellschaft an einem Unternehmen hält, das im Verhältnis zur Gesellschaft herrschendes Unternehmen ist oder mit Mehrheit an der Gesellschaft beteiligt ist (vgl. auch § 328 AktG).

44 Die Unternehmensverbindung kann auch im **Kapitalmarktrecht** Rechtsfolgen auslösen, die zT von weitreichender Tragweite sind. Neben den genannten Zurechnungstatbeständen ist bspw. jedenfalls beim Vertragskon-

65 LG Freiburg GmbHR 06, 704. Vgl. auch OLG München BB 03, 979, das eine Tochtergesellschaft als „wirtschaftlich Beteiligten" iSv § 116 S. 1 ZPO einstuft.
66 BGH NJW 11, 1503, 1504 mit Anm. *Spahlinger/Müller*, BB 11, 853; *Keller*, GWR 11, 171. Vgl. auch BGH NJW-RR 08, 1134.
67 Zu den Folgerungen aus einem fehlenden Konzernprivileg im Datenschutzrecht s. *Schulz*, BB 11, 2552.
68 Zur Anwendbarkeit auf Enkelgesellschaften, wenn Tochtergesellschaft eine Personengesellschaft ohne Unternehmensvertrag ist, LG Bonn NZG 13, 1272.
69 LG Bonn NZG 13, 433.
70 Zur auf Deutschland beschränkten, europarechtswidrigen Vorfassung der Norm BVerfG 13, 464.
71 BGBl. 09 I, S. 1102.

zern zu berücksichtigen, dass es erforderlich sein kann, in einen Verkaufsprospekt, der sich auf die abhängige Gesellschaft bezieht, Angaben darüber aufzunehmen, welche Risiken sich aus dem Unternehmensvertrag für die Gesellschaft u. ihre Gesellschafter ergeben.[72]

Auch **strafrechtliche** Normen knüpfen an das Abhängigkeitsverhältnis bzw. den Konzern an (vgl. § 5 Nr. 7 StGB). Besteht zwischen zwei Unternehmen eine relevante Unternehmensverbindung, kann dies aber auch Vorteile für die beteiligten Unternehmen auslösen. So kann in Bereichen der Rechtsordnung die **Weitergabe von Informationen** unter erleichterten Voraussetzungen zulässig sein, wenn die beteiligten Unternehmen einem Konzern angehören.[73] Aus der Unternehmensverbindung ergeben sich auch verschiedene Informationsrechte der Unter- gegen die Obergesellschaft.[74] 45

IV. Insbesondere: Haftungsstrukturen im Konzern/Durchbrechungen des Trennungsprinzips

Zu den wesentlichen Strukturprinzipien des deutschen Gesellschaftsrechts gehört das Trennungsprinzip, demzufolge jede Gesellschaft (jeder Rechtsträger) gesondert zu betrachten ist, dh die Beziehungen der Gläubiger sich auf einen bestimmten Rechtsträger beziehen u. dem Gläubigerzugriff, wenn es sich wie zumeist um eine Kapitalgesellschaft handelt, grds. allein das Vermögen dieses Rechtsträgers unterliegt. Insbes. gibt es nach hM keine allg. Haftung oder allg. Zurechnung zulasten der Konzernobergesellschaft aus einem Konzernvertrauen oder einer Konzernleitungspflicht. Vielmehr bedarf es der gesonderten Feststellung im jeweiligen Einzelfall, dass ein bestimmter Haftungstatbestand eingreift. Allerdings ist festzustellen, dass die Ansätze, die zu einer Haftung des Gesellschafters bzw. des herrschenden Unternehmens führen, zahlreich sind und zunehmen, so dass sich die grundlegende Frage nach dem heutigen Stellenwert des Trennungsprinzips stellt.[75] Einige wichtige Durchbrechungen des Trennungsprinzips sind: 46

1. Die wichtigste u. weitgehendste Durchbrechung ist die Haftung der Obergesellschaft im **Vertragskonzern** (§§ 302, 303 AktG u. Sondertatbestände). Sie kommt der personengesellschaftsrechtlichen Haftung des Gesellschafters für Verbindlichkeiten der Gesellschaft recht nahe. Ähnl weitgehend war die Haftung im sog. qualifiziert faktischen Konzern gemäß der früheren, zwischenzeitlich aufgegebenen Rspr. des BGH (näher → Rn. 101).
2. Als zweites sind die Normen u. Instrumente zu nennen, die – wenn auch nur punktuell – eine Haftung des Gesellschafters bei **unzulässigen Leistungen der Gesellschaft an den Gesellschafter** auslösen (näher

72 Vgl. das Verfahren zur Wohnungsbau Leipzig-West AG, BGH, Urt. v. 18.9.12 – XI ZR 344/11; OLG Frankfurt aM ZIP 11, 1909 mit Anm. *Hofauer*, GWR 11, 388; vgl. demggü. BGH BeckRS 09, 86670 (zu § 172 IV HGB) mit Anm. *Wolfer*, GWR 09, 469.

73 Vgl. etwa *Singhof*, ZGR 01, 146 so zur konzerninternen Weitergabe von Insiderinformationen iSv § 13 WpHG.

74 S. BGH AG 09, 579.

75 Durchbrechungen des Trennungsprinzips können auch am Europarecht zu messen sein, vgl. EuGH, EuZW 11, 149 („Idryma Typou").

→ Rn. 93 ff.). Hierzu gehört gerade auch die deliktsrechtlich begründete Existenzvernichtungshaftung nach § 826 BGB. Ferner kann § 831 BGB eine Haftung der Obergesellschaft begründen, wenn die Untergesellschaft (ausnahmsweise) als Verrichtungsgehilfin der Obergesellschaft einzustufen ist.[76]

3. Zu einer sehr weitreichenden Durchbrechung des Trennungsprinzips kommt es im europäischen Kartellrecht. Nach der Rspr. des EuGH haftet für **Kartellbußen nach EU-Kartellrecht** grds. die gesamte „wirtschaftliche Einheit".[77] Hieraus folgt insbes. eine grds. Haftung der Obergesellschaft für die Kartellbuße einer Tochtergesellschaft. Der Ausgleich im Innenverhältnis unter den haftenden Konzerngesellschaften richtet sich nach nationalem Recht.[78] Bei Anwendbarkeit deutschen Rechts gilt vorbehaltlich gesonderter Vereinbarungen § 426 I BGB.[79]
4. Auch bei Kartellbußen nach GWB u. im allg. Ordnungswidrigkeitenrecht kann es auf der Grundlage von **§ 130 OWiG** zu einer Verantwortlichkeit der Obergesellschaft für Rechtsverstöße der Untergesellschaft kommen.[80] Das OLG München hat in einem Urteil aus dem Jahre 2014 im entschiedenen Fall eine Haftung der Organe der Obergesellschaft u. der Obergesellschaft (§§ 130, 30 OWiG) zwar abgelehnt. Es hat in den Gründen der Entscheidung aber ausgeführt, dass eine Haftung der Vertreter der Obergesellschaft nach § 130 OWiG möglich ist. Dies sei der Fall, wenn diese eine konzernrechtliche Aufsichtspflicht verletzen. Diese werde ausgelöst, wenn die Obergesellschaft in einem bestimmten Umfang Einfluss auf die Untergesellschaft nehme, so dass die Gefahr der Verletzung betriebsbezogener Pflichten entstehe.[81]
5. Daneben kann es in verschiedenen **Einzelzusammenhängen** zu Durchbrechungen des Trennungsprinzips kommen. So soll nach Auffassung des LG München I im mehrstufigen Konzern (dh im Verhältnis von Mutter-, Tochter- u. Enkelgesellschaft) im Falle der Führungslosigkeit der Enkelgesellschaft die Muttergesellschaft aufgrund bzw. analog § 15 a III GmbHG insolvenzantragspflichtig sein, wenn die Tochtergesellschaft ebenfalls führungslos ist.[82]
6. Schließlich enthält das **öffentliche Recht** (auch außerhalb des Kartell- und Ordnungswidrigkeitenrechts) Durchbrechungen des Trennungs-

---

76 BGH NJW 13, 1002; BGH BeckRS 10, 17069.

77 Vgl. etwa EuGH BeckRS 15, 80345 (für die Zurechnung des Verhaltens einer Tochtergesellschaft bei der Frage, ob ein bußgelderhöhender Wiederholungsfall vorliegt); EuGH BeckRS 11, 81413 (Elf Aquitaine) mit Anm. *Murach*, GWR 11, 478.

78 Vgl. EuGH BeckRS 14, 80702 = WuW 14, 749 mit Anm. *H-P Roth*, GWR 14, 374.

79 BGH NJW 15, 1763 („Calciumcarbid-Kartell II") mit Anm. *Bürger*, WuW 15, 348 u. *Dreher*, EWiR 15, 231.

80 Näher *Koch*, AG 09, 564; *Ost*, NZKart 13, 25.

81 OLG München BB 15, 2004. Vgl. hierzu *Koch*, WM 09, 1013 sowie anschaulich *aus der Entstehungsgeschichte* zur 8. GWB-Novelle die Gegenäußerung der Bundesregierung in BT-Drs. 17/9852, S. 49, in der die Forderung nach einer kartellrechtlichen Regelung zu den Aufsichtspflichten im Konzern mit dem Argument zurückgewiesen wird, der bestehende Rechtsrahmen reiche aus, um Aufsichtspflichtverletzungen im Konzern zu erfassen u. ggf. zu ahnden.

82 LG München I ZIP 13, 1739.

prinzips. So kann ein Verhalten der Tochtergesellschaft dem herrschenden Unternehmen über Verrichtungsgehilfentatbestände zuzurechnen sein.[83] Daneben kommen Haftungserstreckungen auf das herrschende Unternehmen in Verbands- und Sondergesetzen des Bundes (vgl. zB § 4 III 4 BBodSchG) und der Länder vor. In diesen Zusammenhang gehört auch der Entwurf eines Gesetzes zur Nachhaftung für Rückbau- und Entsorgungskosten im Kernenergiebereich, welcher für sämtliche öffentlich-rechtliche Verpflichtungen des Betreibers eines Atomkraftwerks vorsieht, dass für diese Verpflichtungen jedes Unternehmen haftet, welches die Betreibergesellschaft beherrscht.[84]

C. Faktischer Konzern

Das Recht des faktischen Konzerns umfasst die Rechtssätze, die die Entstehung eines Abhängigkeitsverhältnisses mit einer Gesellschaft u. deren Folgen regeln, wenn mit der Gesellschaft kein Beherrschungsvertrag besteht (vgl. die gesetzliche Überschrift vor §§ 311 ff. AktG). Ein anderer Unternehmensvertrag als der Beherrschungsvertrag schließt die Anwendung des Rechts des faktischen Konzerns grds. nicht aus. Beim Gewinnabführungsvertrag greift allerdings weitgehend das Vertragskonzernrecht ein, da hier beim Abschluss des Vertrages dieselben Vorkehrungen wie beim Beherrschungsvertrag gelten u. auch beim Gewinnabführungsvertrag ein Verlustausgleichsanspruch der Untergesellschaft besteht. Auch §§ 30, 31 gelten seit Inkrafttreten des MoMiG grds. nicht bei Bestehen eines Gewinnabführungsvertrags (näher → Rn. 188 f.). 47

Beim faktischen Konzern ist zwischen dem Zustand bis zur Abhängigkeitsbegründung (unten II., → Rn. 52 ff.) u. dem Zustand danach (unten III., → Rn. 82 ff.) zu unterscheiden. Die Regeln, die für den ersten Bereich gelten, werden häufig als **Konzerneingangs- oder Konzernbildungskontrolle** bezeichnet, die Regeln für den zweiten Bereich als **Konzernleitungskontrolle**. Beide Begriffe sind etwas eng, als Schlagworte jedoch geeignet. 48

I. Anzuwendende Rechtssätze

Ein gesetzliches Konzernrecht für die GmbH als Untergesellschaft gibt es nicht (näher → Rn. 4 ff.). Für den AG-Konzern enthalten die §§ 311 ff. AktG Bestimmungen über die faktische Konzernierung. Nach ganz hM können diese nicht analog auf den GmbH-Konzern angewendet werden.[85] Vielmehr hat sich das Recht des faktischen GmbH-Konzerns auf Grundlage einer jahrzehntelangen Unternehmenspraxis in Literatur und Rechtsprechung entwickelt.[86] 49

Dies schließt es allerdings nicht aus, einzelne Regelungsinhalte des Rechts des faktischen AG-Konzerns auf den faktischen GmbH-Konzern zu übertragen, etwa den Nachteilsbegriff des § 311 AktG iRd Benachteiligungsverbots (dazu → Rn. 95). 50

83 So VG Düsseldorf, BeckRS 10, 50723 für § 17 III OBG NW.
84 Gesetzesentwurf der Bundesregierung vom 9.11.2015, BT-Drs. 18/6615.
85 S. nur BGHZ 149, 10 („Bremer Vulkan").
86 Hommelhoff, ZGR 2019, 398 f.

51 Lediglich einzelne gesetzliche Bestimmungen über die faktische Konzernierung erfassen auch die GmbH. Daher kommt bei der faktisch konzernierten GmbH den Regeln des allg. GmbH-Rechts, die den Schutz der Gläubiger der Gesellschaft u. etwaiger Minderheitsgesellschafter bezwecken, besondere Bedeutung zu (→ Rn. 8).

II. Schutz vor der Entstehung eines Abhängigkeitsverhältnisses (Konzerneingangskontrolle)

52 Es besteht heute Einigkeit darüber, dass sich die Rechtsstellung von Gläubigern u. Minderheitsgesellschaftern in wesentlicher Weise dadurch nachteilig verändert, dass die Gesellschaft von einem anderen Unternehmen iSv § 17 AktG abhängig wird.[87]

53 Dementspr enthält das Konzernrecht verschiedene Rechtsregeln, die die Entstehung eines Abhängigkeitsverhältnisses bestimmten Anforderungen unterwerfen, um auf diese Weise Minderheitsgesellschafter u. Gläubiger vor der Abhängigkeitsbegründung zu schützen. Diese Rechtsregeln werden häufig auch als **Konzernbildungskontrolle** bezeichnet. Begrifflich erfasst die Konzernbildungskontrolle auch die Abhängigkeitsbegründung im Zusammenhang mit dem Abschluss eines Unternehmensvertrags (zum Schutz der Gesellschafter bei Begründung eines Unternehmensvertrags → Rn. 128 ff.). In erster Linie wird unter diesem Stichwort jedoch der Fall behandelt, dass die Abhängigkeitsbegründung nicht im Zusammenhang mit dem Abschluss eines Unternehmensvertrags steht.

1. Mitteilungspflichten

54 In aller Regel setzt die Abhängigkeitsbegründung voraus, dass das später herrschende Unternehmen Anteile an der Gesellschaft erwirbt, ggf. auch in Schritten. Ein gewisser Schutz von Mitgesellschaftern u. Gläubigern wird folglich dadurch erreicht, dass Gesellschafter Rechtspflichten unterworfen werden, die **Höhe ihres Anteilsbesitzes** zu veröffentlichen oder in anderer Weise mitzuteilen.

55 a) **§§ 21 ff. WpHG.** Für die börsennotierte Gesellschaft (AG, KGaA u. SE) bilden die Mitteilungspflichten der **§§ 33 ff. WpHG** ein Kernstück der wertpapierhandelsrechtlichen Regelungen. Diese gelten für die GmbH nicht, da die Anteile an einer GmbH nicht börsenfähig sind u. die Emission von Schuldtiteln nicht ausreicht, um die Anwendbarkeit der §§ 33 ff. WpHG zu begründen.

56 Der Erwerb von Anteilen an der GmbH kann jedoch eine Mitteilungspflicht nach § 33 I 1 WpHG auslösen, wenn der GmbH Stimmrechte an einem Emittenten nach Maßgabe von § 34 WpHG **zuzurechnen** sind. Nach wohl herrschender, insbes. von der BaFin vertretener Auffassung hat bereits der Umstand, dass eine GmbH geschäftsführende **Komplementärin** einer KG oder KGaA ist, grds. zur Folge, dass Stimmrechte, die der KG bzw. KGaA gehören oder zuzurechnen sind, der GmbH zuzurechnen

87 Zur Entstehung des Abhängigkeitsverhältnisses als der „archimedische Punkt" der Unternehmensverbindung s. *Lutter/Timm*, NJW 82, 409, 411.

sind.[88] Dies auf das Konzernrecht im Allg zu übertragen, wäre unrichtig (→ Rn. 35).

b) § 21 I–III AktG. Der Erwerb von Anteilen an einer GmbH kann ferner die Mitteilungspflicht nach **§ 21 I–III AktG** auslösen. Voraussetzung hierfür ist, dass es eine AG ist, die unmittelbar oder mittelbar (§ 21 I 2 AktG) mehr als 25 % (§ 21 I 1 WpHG) oder mehr als 50 % (§ 21 II AktG) an der GmbH erwirbt oder eine solche Beteiligung nicht mehr inne hat (§ 21 III AktG). Diese Mitteilungspflichten werden nicht selten übersehen.[89] 57

An eine Nichterfüllung dieser Mitteilungspflichten hat der Gesetzgeber in § 21 IV AktG die harte Rechtsfolge des grds. vorübergehenden Rechtsverlusts geknüpft, welche iW der Regelung in § 20 VII AktG entspricht (vgl. auch § 28 WpHG). Diese Bestimmungen werden von der Rspr. streng gehandhabt.[90] 58

Eine gewisse Linderung dieser harten Rechtsfolge liegt allein in der Rspr. des BGH, dass ein Gesellschafterbeschluss, an dem ein gem. § 20 VII AktG nicht stimmberechtigter Aktionär mitgewirkt hat, selbst dann nur anfechtbar (dh **nicht nichtig**) ist, wenn der Gesellschafter der einzige Gesellschafter der Gesellschaft ist.[91] 59

c) § 328 IV AktG analog. Ferner gilt nach verbreiteter Auffassung die Mitteilungspflicht bei wechselseitiger Beteiligung nach **§ 328 IV AktG** analog für wechselseitige Beteiligungen zwischen einer GmbH u. einer weiteren GmbH oder anderen Kapitalgesellschaft mit Sitz im Inland.[92] 60

d) Treuepflicht. Schließlich kann sich aus der **Treuepflicht** des Gesellschafters eine Verpflichtung ergeben, seinen Beteiligungsbesitz u. seine Beziehungen zu ihm übergeordneten Unternehmen offen zu legen.[93] 61

2. Kontrolle abhängigkeitsbegründender Gesellschafterbeschlüsse

Ein wesentliches Element der Konzernbildungskontrolle wird ferner in der Kontrolle von Gesellschafterbeschlüssen gesehen, welche die Entstehung eines Abhängigkeitsverhältnisses zur Folge haben. Auch der Umstand, dass es zu diesem Bereich eher wenige Gerichtsentscheidungen gibt, bestätigt, dass die praktische Bedeutung einer derartigen Beschlusskontrolle weit hinter dem rechtswissenschaftlichen Interesse zurückbleibt. 62

Anschauliche **Beispiele** eines abhängigkeitsbegründenden Gesellschafterbeschlusses sind etwa die Zustimmung zur Übertragung eines Geschäftsanteils an der Gesellschaft auf einen dann herrschenden Gesellschafter, wenn der Gesellschaftsvertrag einen Vinkulierungsvorbehalt nach § 15 V zugunsten der Gesellschafter enthält. Weitere Beispiele sind die Aufhebung eines gesellschaftsvertraglichen Tätigkeits- oder Wettbewerbsverbots u. der Beschluss über eine Kapitalerhöhung, durch die ein Teilnehmer der Kapitalerhöhung zum herrschenden Unternehmen würde. 63

88 BaFin, Emittentenleitfaden 09, S. 138.
89 Hierzu etwa *Leuering/Simon*, NJW-Spezial 04, 267.
90 Überblick über die Rspr. bei *Paudtke*, NZG 09, 939.
91 BGH NZG 06, 505.
92 Scholz/*Emmerich* Rn. 39 mwN.
93 Scholz/*Emmerich* Rn. 40.

64 Va die Entscheidung über die folgenden Gesichtspunkte bestimmt den **Umfang der Beschlusskontrolle:**

- Bestehen einer Zuständigkeit (Mitwirkungskompetenz) der Gesellschafter,
- Bestimmung der Mehrheit, derer der Beschluss bedarf,
- Geltung eines Stimmverbots (vgl. § 47 IV) für den begünstigten Gesellschafter, u
- Erfordernis eines sachlichen Grundes (materielle Beschlusskontrolle).

65 a) **Allgemeine (ungeschriebene) Zuständigkeit der Gesellschafter bei Abhängigkeitsbegründung.** Ein sehr weitgehender Schutz würde stattfinden, wenn die Gesellschafter einer GmbH einem allg. Abhängigkeitsbegründungsverbot unterlägen. Zumindest für **personalistische Gesellschaften** wird dies weitgehend befürwortet. Der Gesellschafter wird für verpflichtet gehalten, die Unabhängigkeit der Gesellschaft zu respektieren u. alles zu unterlassen, was die Selbständigkeit der Gesellschaft beeinträchtigen könnte.

66 Bestünde diese Pflicht, könnte der Gesellschafter einen Verstoß gegen diese Pflicht nur dadurch abwenden, dass er vor Begründung der Abhängigkeit die Zustimmung seiner Mitgesellschafter einholt. Konsequenz wäre, dass die Übertragung eines Geschäftsanteils an der Gesellschaft auch dann der Zustimmung der Gesellschafter unterliegen könnte, wenn es an einer Vinkulierungsklausel im Gesellschaftsvertrag (§ 15 V) fehlt.

67 Die Gegenauffassung kommt hingg. mit Recht zu dem Ergebnis, dass es ein allg. Abhängigkeitsbegründungsverbot nicht gibt.[94]

68 b) **Aufhebung einer schützenden Bestimmung des Gesellschaftsvertrags und Befreiung hiervon.** Im GmbH-rechtlichen Schrifttum wird verbreitet davon ausgegangen, der Gesellschafter einer GmbH habe in erster Linie selbst für seinen Schutz zu sorgen, indem er darauf hinwirkt, dass entspr. Bestimmungen in den Gesellschaftsvertrag der Gesellschaft aufgenommen werden. Finden sich vor diesem Hintergrund im Gesellschaftsvertrag der Gesellschaft Bestimmungen, die die Minderheitsgesellschafter schützen, fragt sich, welche Anforderungen gelten, wenn der Mehrheitsgesellschafter eine Aufhebung dieser gesellschaftsvertraglichen Bestimmungen betreibt oder wenn er erreichen möchte, dass ihm durch Beschluss der Gesellschafter eine Befreiung von der gesellschaftsvertraglichen Bestimmung erteilt wird.

69 Diese Frage wird va am Beispiel des gesellschaftsvertraglichen **Wettbewerbsverbots** diskutiert. Enthält die gesellschaftsvertragliche Regelung eine Öffnungsklausel, derzufolge die Gesellschafterversammlung Befreiung von dem Wettbewerbsverbot erteilen kann, genügt für diese Beschlussfassung (vorbehaltlich abw. gesellschaftsvertraglicher Regelungen) die einfache Mehrheit des § 47 I, wobei der Gesellschafter, der von dem Wettbewerbsverbot befreit werden soll, allerdings dem Stimmverbot nach § 47 IV unterliegt. Ferner unterliegt der Beschluss einer materiellen Beschlusskontrolle, sofern die Gesellschaft infolge der Befreiung des Gesellschafters vom Wett-

94 Ausf. MüKoGmbHG/*Liebscher* Rn. 261 ff.

bewerbsverbot von diesem Gesellschafter abhängig würde. Dies ist der Inhalt der viel beachteten *Süssen*-Entscheidung des BGH aus dem Jahre 1981, deren Inhalt weiterhin überw. Zustimmung findet.[95]

Eine **Aufhebung** eines Wettbewerbsverbots ist eine Änderung des Gesell- 70
schaftsvertrags u. bedarf daher der qualifizierten Mehrheit des § 53 II 1 GmbHG. Auch bei diesem Beschluss ist der begünstigte Gesellschafter vom Stimmrecht ausgeschlossen u. es findet nach hM eine materielle Beschlusskontrolle statt.[96]

Diese Grundsätze **gelten entspr.** für die Aufhebung sonstiger gesellschafts- 71
vertraglicher Regelungen zum Schutz vor der Abhängigkeitsbegründung bzw. für die Befreiung von solchen Regelungen.[97]

Darüber hinaus ist zu berücksichtigen, dass der Beschluss sogar der indivi- 72
duellen Zustimmung jedes betroffenen Gesellschafters bedarf, sofern die aufzuhebende Bestimmung ein **Sonderrecht** iSd § 35 BGB beinhaltet.[98]

c) **Anteilsübertragung.** Die Gesellschaft kann ferner dadurch von einem 73
Unternehmen abhängig werden, dass vorhandene Gesellschafter Geschäftsanteile auf das Unternehmen übertragen, die dem Unternehmen eine für die konzernrechtliche Beherrschung ausreichende Beteiligungsquote vermitteln. Enthält der Gesellschaftsvertrag der Gesellschaft **keine Vinkulierung** iSv § 15 V, bedarf die Übertragung nach zutr. Auffassung nicht der Zustimmung der Gesellschafter, da es ein allg. Abhängigkeitsbegründungsverbot kraft Treupflicht nicht gibt (→ Rn. 65 ff.).

Enthält der Gesellschaftsvertrag hingg. eine **Vinkulierungsklausel** nach 74
§ 15 V, ist danach zu differenzieren, ob die Klausel vorsieht, dass die Übertragung der Zustimmung der Gesellschaft oder der Gesellschafter bedarf. Im ersten Falle hängt die Wirksamkeit der Anteilsübertragung grds. nur davon ab, ob die Zustimmung der Gesellschaft, zu erteilen durch die Geschäftsführung, vorliegt. Aus § 15 V folgt mittelbar, dass dies auch dann gilt, wenn man mit der hM davon ausgeht, dass die Erteilung der Zustimmung durch den Geschäftsführer im Innenverhältnis auch ohne ausdrückliche Regelung in der Satzung eines Zustimmungsbeschlusses der Gesellschafter bedarf, sofern der Gesellschaftsvertrag nicht bestimmt, dass allein der Geschäftsführer diese Entscheidung zu treffen hat.[99]

Sieht der Gesellschaftsvertrag hingg. nicht die Zustimmung der Gesell- 75
schaft (oder des Geschäftsführers), sondern die **Zustimmung der Gesellschafter** (oder der Gesellschafterversammlung) vor, fragt sich, inwieweit der Gesellschafterbeschluss wegen seiner abhängigkeitsbegründenden Wirkungen besonderen Anforderungen unterliegt:

Str. ist zunächst, welcher **Mehrheit** dieser Beschluss bedarf. Nach einer 76
starken Auffassung bedarf der Beschluss zwingend einer Mehrheit von drei Vierteln der abgegebenen Stimmen mit der Folge, dass eine gesellschaftsvertragliche Regelung, die die einfache Mehrheit genügen lässt, unwirksam

95 BGH NJW 81, 1512; näher etwa MüKoGmbHG/*Liebscher* Rn. 278 f.
96 AA Michalski/*Servatius*, Syst Darst 4 Rn. 423 mwN.
97 Etwa MünchHdbGesR/*Decher* § 68 Rn. 5 mwN.
98 MüKoGmbHG/*Liebscher* Rn. 270; Scholz/*Emmerich* Rn. 49.
99 BGH NJW 88, 2241.

wäre.[100] Nach anderer Auffassung genügt hingg. die einfache Mehrheit des § 47 I, sofern der Gesellschaftsvertrag keine höhere Mehrheit vorsieht.[101]

77 Stark umstritten ist, ob der veräußernde Gesellschafter bei der Abstimmung gem. § 47 IV **vom Stimmrecht ausgeschlossen** ist. Anders als bei der Befreiung vom Wettbewerbsverbot (→ Rn. 70) verneint die wohl überw. Meinung dies.[102]

78 Befürwortet man eine **materielle Kontrolle** abhängigkeitsbegründender Beschlüsse (→ Rn. 65), hat dies auch für den Beschluss über die Zustimmung zur Anteilsübertragung zu gelten.[103]

79 d) **Kapitalerhöhung.** Einen abhängigkeitsbegründenden Beteiligungsumfang kann ein Unternehmen ferner dadurch erlangen, dass es iR einer Kapitalerhöhung (§§ 55 ff.) Geschäftsanteile an der Gesellschaft erwirbt. Typischerweise erfolgt die Kapitalerhöhung in diesem Fall unter Ausschluss des Bezugsrechts der vorhandenen Gesellschafter.

80 Kraft der ausdrücklichen Regelung in § 53 II 1 bedarf der Gesellschafterbeschluss jedenfalls einer **Mehrheit** von drei Vierteln der abgegebenen Stimmen. Die Frage nach der Anwendung von **§ 47 IV** dürfte sich nur dann stellen, wenn das Unternehmen, das durch die Kapitalerhöhung eine abhängigkeitsbegründende Mehrheit an der Gesellschaft erlangen könnte, bereits Gesellschafter ist. In diesem Fall spricht nichts dag, diese Frage ebenso wie bei der Anteilsübertragung zu entscheiden (→ Rn. 76).

81 Erfolgt die Kapitalerhöhung mit Bezugsrechtsausschluss (§ 186 III AktG analog), findet jedenfalls aus diesem Grunde eine **materielle Beschlusskontrolle** statt.[104] IR dieser Beschlusskontrolle ist dann auch der Gesichtspunkt der Abhängigkeitsbegründung zu würdigen. Erfolgt die Kapitalerhöhung ohne Bezugsrechtsausschluss, hat eine materielle Beschlusskontrolle stattzufinden, sofern man diese allg. bei abhängigkeitsbegründenden Beschlüssen vornimmt (→ Rn. 65 ff.).

III. Schutz bei bestehendem Abhängigkeitsverhältnis

1. Kein Abhängigkeitsbericht

82 Ein wesentliches Element der **aktienrechtlichen** Regelungen über den faktischen Konzern ist der sog. Abhängigkeitsbericht. Hierbei handelt es sich um einen **Bericht des Vorstands** über Beziehungen der Gesellschaft zu verbundenen Unternehmen (§ 312 AktG), der sowohl vom Abschlussprüfer (§ 313 AktG) als auch vom Aufsichtsrat (§ 314 AktG) zu prüfen ist. Darüber hinaus haben Minderheitsgesellschafter das Recht auf eine Sonderprüfung dieser Beziehungen der Gesellschaft zu verbundenen Unternehmen (§ 315 AktG). Hierdurch wird eine allg. Vorkehrung gegen unangemessene Einwirkungen eines Mehrheitsgesellschafters auf die Gesellschaft getroffen.

---

100 MünchHdbGesR/*Decher* § 68 Rn. 10 mwN.
101 So wohl MüKoGmbHG/*Liebscher* Rn. 271.
102 Scholz/*Emmerich* Rn. 49, 51.
103 Vgl. etwa MünchHdbGesR/*Decher* § 68 Rn. 10.
104 S. nur Baumbach/Hueck/*Zöllner*/*Fastrich* § 55 Rn. 26 f. mwN.

Für die GmbH entspricht es ganz hM, dass diese Vorschriften **nicht analog** gelten.[105] In der Tat besteht für eine solche Analogie kein Bedürfnis, da der GmbH-Gesellschafter über sein weitreichendes Informationsrecht nach § 51 a auch Auskunft über die Beziehungen der Gesellschaft zu verbundenen Unternehmen verlangen kann. Zudem wird verbreitet angenommen, dass der herrschende Gesellschafter auf der Grundlage seiner Treuepflicht zum Minderheitsgesellschafter verpflichtet sein kann, Auskunft über Beziehungen zu Unternehmen zu geben, mit denen er verbunden ist.[106] 83

2. Wettbewerbsverbot

Einen gewissen allg. Schutz der Untergesellschaft bewirkt es auch, wenn der herrschende Gesellschafter einem Wettbewerbsverbot unterliegt.[107] 84

a) **Gesellschaftsvertragliches Wettbewerbsverbot.** Unterwirft der Gesellschaftsvertrag der Gesellschaft die Gesellschafter einem Wettbewerbsverbot, ist zunächst zu prüfen, ob dieses insbes. unter kartellrechtlichen Gesichtspunkten wirksam ist. Ist dies zu bejahen, ist gem. der gesellschaftsvertraglichen Bestimmung zu entscheiden, inwieweit dem herrschenden Gesellschafter eine Wettbewerbstätigkeit außerhalb der Gesellschaft erlaubt ist. 85

Es lässt sich nicht ausschließen, dass ein solches gesellschaftsvertragliches Wettbewerbsverbot für einen **mittelbaren herrschenden Gesellschafter** entspr. gilt.[108] 86

b) **Mitgliedschaftliches Wettbewerbsverbot von Rechts wegen.** Enthält der Gesellschaftsvertrag der Gesellschaft kein Wettbewerbsverbot (→ Rn. 85 f.), fragt sich, ob der herrschende Gesellschafter gleichwohl, dh von Rechts wegen, einem Wettbewerbsverbot unterliegt. 87

Anders als persönlich haftende Gesellschafter einer Personengesellschaft (§ 112 HGB) unterliegen Gesellschafter einer GmbH grds. von Rechts wegen keinem Wettbewerbsverbot.[109] Ist ein Gesellschafter jedoch herrschendes Unternehmen iSd Konzernrechts, unterliegt er nach hM einem – am ehesten aus der mitgliedschaftlichen Treuepflicht abzuleitenden – (konzernrechtlichen) Wettbewerbsverbot, sofern es sich nicht um eine Einmann-Gesellschaft handelt.[110] 88

Diesem Wettbewerbsverbot kann je nach den Umständen des Einzelfalles nicht nur der herrschende Gesellschafter selbst, sondern auch ein Unternehmen unterliegen, das den Gesellschafter beherrscht.[111] Mitglieder eines Organs des Gesellschafters als solche unterliegen dem Wettbewerbsverbot hingg. nicht.[112] 89

---

105 Scholz/*Emmerich*, Rn. 12.
106 Scholz/*Emmerich* Rn. 40.
107 *Wilde*, NZG 10, 252.
108 Vgl. BGH NJW 84, 1351.
109 OLG Frankfurt DB 92, 2489, 2490; OLG Köln BB 91, 859 mwN.
110 Vgl. BGH NJW 84, 1351 („Heumann/Ogilvy"); OLG Karlsruhe GmbHR 99, 539 f.
111 BGH NJW 84, 1351 (für § 112 HGB).
112 BGH NZG 09, 744 („Gruner+Jahr") (für § 112 HGB).

90 Verbreitet wird angenommen, dass dieses konzernrechtliche Wettbewerbsverbot nicht gelte, wenn die GmbH **kapitalistisch verfasst** sei.[113]

91 Da das Wettbewerbsverbot allein dem Schutz von Minderheitsgesellschaftern dient, gilt es nicht, wenn **keine Minderheitsgesellschafter** vorhanden sind. Ein Verstoß gegen das Wettbewerbsverbot liegt ferner dann nicht vor, wenn sämtliche Minderheitsgesellschafter der Wettbewerbstätigkeit des herrschenden Gesellschafters zugestimmt haben. Dies erfordert keine entspr. Regelung in der Satzung; vielmehr genügt es, wenn jeder Minderheitsgesellschafter durch entspr. Willenserklärungen (ausdrücklich oder stillschweigend) seine Zustimmung erklärt hat.[114]

92 c) **Organschaftliches Wettbewerbsverbot.** Ist der herrschende Gesellschafter eine natürliche Person u. gleichzeitig Geschäftsführer der Gesellschaft, unterliegt er – ggf. zusätzlich – dem organschaftlichen Wettbewerbsverbot des GmbH-Geschäftsführers analog § 88 AktG.

3. Schutz vor Einwirkungen des herrschenden Unternehmens

93 Wesentlicher Regelungsbereich des Rechts des faktischen Konzerns ist es, die Untergesellschaft u. damit deren Gläubiger u. Minderheitsgesellschafter vor Einwirkungen des herrschenden Unternehmens auf die Gesellschaft zu schützen. Insbes. in diesem Bereich kommen Instrumenten des allg. Gesellschaftsrechts besondere Bedeutung zu (→ Rn. 8). Manche der einschlägigen Instrumente gelten für jede abhängige GmbH, dh auch für die Einmann-GmbH, weil sie (auch) gläubigerschützender Natur sind. Andere kommen nur zur Anwendung, wenn die Untergesellschaft außenstehende Gesellschafter hat (vgl. iErg im Folgenden).[115]

In der Praxis haben Einwirkungen des Mehrheitsgesellschafters die größte Bedeutung, mit denen dieser zu erreichen sucht, dass die Gesellschaft eine Leistung an ihn erbringt oder einen Wert (va auch eine Geschäftschance) an ihn überträgt. Diese Perspektive steht im Folgenden im Vordergrund. Im Einzelfall kann die Einwirkung des Mehrheitsgesellschafters aber auch umgekehrt darin liegen, das Vermögen der Gesellschaft insg. bei dieser zu belassen, um auf diese Weise einen Minderheitsgesellschafter „auszuhungern“. In diesem Bereich ist in der Praxis die Frage am bedeutsamsten, welchen Vorgaben die Beschlussfassung unterliegt, Gewinne in der Gesellschaft zu belassen (**Thesaurierung**).[116]

94 a) **§§ 30, 31.** Im AG-Konzern regeln in erster Linie §§ 311, 317 AktG, inwieweit die Obergesellschaft auf die Untergesellschaft einwirken kann. Wie dargelegt, gelten §§ 311, 317 AktG nach ganz hM im GmbH-Konzern nicht analog. Erste Schranke für Einwirkungen der Obergesellschaft auf die Untergesellschaft ist vielmehr das Verbot der Einlagenrückgewähr aus **§§ 31, 30** (ausf. dort). Auch dieses Instrument des allg. Gesellschaftsrechts

---

113 MüKoGmbHG/*Liebscher* Rn. 259 mwN.
114 *Zutr. MüKoGmbHG/Liebscher* Rn. 260.
115 Anschaulich zu der Perspektive, Leistung der Gesellschaft an den Gesellschafter nach den im Folgenden dargestellten Rechtsgrundlagen zu prüfen, vgl. etwa den Fall BGH GmbHR 15, 644 m krit. Anm. *Ulrich/Schlichting*.
116 Zusammenfassend zum Minderheitenschutz bei Gewinnthesaurierung *Fleischer*, NZG 15, 289.

entfaltet seine besondere Bedeutung in **faktischen Unternehmensverbindungen.**[117] Besteht ein Beherrschungs- oder Gewinnabführungsvertrag, gelten §§ 30, 31 gem. § 30 I 2 1. Fall idF des MoMiG grds. nicht (näher → Rn. 188 ff.).

Anders als § 57 AktG schützen §§ 30, 31 das Vermögen der Gesellschaft bei Leistungen an den Gesellschafter nicht insg., sondern nur in Höhe des **Stammkapitals** der GmbH. Folglich verstoßen nachteilige Einwirkungen der Obergesellschaft auf die Untergesellschaft nicht gegen §§ 30, 31, sofern die Untergesellschaft nach den iR von §§ 30, 31 geltenden Grundsätzen über freies Eigenkapital verfügt, das die Höhe des zugefügten Nachteils übersteigt. 95

b) **Organhaftung.** §§ 30, 31 werden flankiert von **§ 64 S. 1 u. 3** u. anderen Organhaftungstatbeständen Im Vordergrund steht die Haftung des Geschäftsführers nach § 64 S. 1, der ab Insolvenzreife der (Unter-)Gesellschaft iSv §§ 17 II, 19 II InsO eingreift (näher bei § 64). Die Haftung von Mitgliedern eines Aufsichtsrats für Pflichtverstöße in der Krise der Gesellschaft erlangt immer mehr an Bedeutung.[118] Ist der Aufsichtsrat nach dem MitbestG 1976 gebildet, unterliegen Aufsichtsratsmitglieder einer Haftung, die weitgehend § 64 S. 1 entspricht (§ 25 I 1 Nr. 2 MitbestG, §§ 116 S. 1, 93 III Nr. 6 AktG). 96

Anders als §§ 30, 31 GmbHG knüpfen die Organhaftungstatbestände nicht unmittelbar an die Leistung der Gesellschaft an den Gesellschafter an, sondern an die Beteiligung des Organmitglieds an dieser Leistung. Aus konzernrechtlicher Sicht ist der hierdurch bewirkte Schutz somit nur mittelbarer Art. Nur im Ausnahmefall ist das herrschende Unternehmen eine natürliche Person u. gleichzeitig Organmitglied. Bei einem Alleingesellschafter-Geschäftsführer setzt die Haftung als Organ voraus, dass dieser gegen eine Pflicht verstoßen hat, die nicht durch eine Weisung der Gesellschafter (§ 37 I 2. Fall) außer Kraft gesetzt werden kann.[119]

c) **Benachteiligungsverbot kraft Treuepflicht.** Nach zutr. hM ist der herrschende Gesellschafter einer GmbH kraft seiner **Treuepflicht** ggü. der Gesellschaft u. seinen Mitgesellschaftern in allg. Weise verpflichtet, der GmbH keine Nachteile zuzufügen.[120] Solche Nachteilszufügungen sind folglich rechtlich unzulässig. Hierdurch unterscheidet sich das GmbH-Konzernrecht vom AG-Konzernrecht, welches die Nachteilszufügung erlaubt, sofern der Nachteil aE des Geschäftsjahrs der Gesellschaft ausgeglichen wird (§ 317 I 1 AktG). 97

Zur Konkretisierung des **Nachteils** iSd GmbH-konzernrechtlichen Benachteiligungsverbots kann auf die Grundsätze zurückgegriffen werden, die iRd 98

117 Da es somit im GmbH-Konzern kein spezifisch konzernrechtliches Schutzinstrument gibt, entfällt die für den AG-Konzern sehr wichtige Frage, wie sich das allg. Verbot der Einlagenrückgewähr (§ 57 AktG) zum Konzernrecht (§§ 311, 317 AktG) verhält, s. BGH NZG 09, 107 (MPS); BGH NZG 12, 1030 (HVB/UniCredit).

118 Vgl. BGH NZG 10, 1186 (Doberlug).

119 BGH NZG 09, 1385 mit Anm. *Krause*, BB 10, 19.

120 Etwa MünchHdbGesR/*Decher* § 68 Rn. 17 mwN; Scholz/*Emmerich*, Rn. 56.

Nachteilsbegriffs der §§ 311, 317 AktG anerkannt sind.[121] Folglich ist eine von der Obergesellschaft veranlasste Maßnahme der Untergesellschaft nur zulässig, wenn die Gesellschaft die Maßnahme ggü. einem unabhängigen Dritten in gleicher Weise vorgenommen hätte. Bei Vereinbarungen zwischen Gesellschaft u. herrschendem Unternehmen müssen die Bedingungen des Vertrags folglich angemessen sein, dh solchen entsprechen, die am freien Markt mit einem Dritten vereinbart worden wären.[122]

99 Da das Benachteiligungsverbot allein den Schutz von Minderheitsgesellschaftern bezweckt, findet es keine Anwendung, wenn die Gesellschaft **keine Minderheitsgesellschafter** hat.[123]

100 d) **Haftung wegen existenzvernichtenden Eingriffs** (**§ 826 BGB**). Weitere Schranke für Einwirkungen der Obergesellschaft auf die Untergesellschaft ist das Verbot des existenzvernichtenden Eingriffs aus § 826 BGB. Bei diesem Haftungstatbestand handelt es sich ebenfalls nicht um ein spezifisch konzernrechtliches, sondern um ein allg. gesellschaftsrechtliches Instrument. Gleichwohl entfaltet es dann seine besondere Bedeutung, wenn der einflussnehmende Gesellschafter herrschendes Unternehmen iSd Konzernrechts (→ Rn. 22 ff.) ist.

101 Die Konturen der Haftung für existenzvernichtende Eingriffe sind alles andere als klar. Bei konzernrechtlichen Sachverhalten gilt dies in besonderem Maße, weil es in Konzernen häufig zu sehr dichten Einflussnahmen der Obergesellschaft auf die Untergesellschaft kommt mit der Folge, dass sich einzelne nachteilige Maßnahmen nicht voneinander isolieren lassen. Diese Tatsache war Grundlage für die frühere Rspr. des BGH zum sog. **qualifiziert faktischen Konzern**. Inhalt dieser Rspr. war va, dass für die Haftung des herrschenden Unternehmens nicht mehr an eine konkrete Handlung angeknüpft, sondern das herrschende Unternehmen einer Zustandshaftung auf Verlustausgleich analog § 302 AktG unterworfen wurde. Diese Rspr. hat der BGH mit dem Übergang zur Haftung aus existenzvernichtendem Eingriff aufgegeben. Das Problem, dass sich Einzelmaßnahmen ggf. kaum voneinander isolieren lassen, stellt sich somit wieder. Einer Entscheidung des BVerfG aus dem Jahre 2011 dürfte zu entnehmen sein, dass es auch auf Grundlage des heute geltenden Rechtszustands erheblich ist, ob die Einflussnahme auf die Untergesellschaft derart dicht ist, dass das System des Ausgleichs einzelner nachteiliger Einwirkungen versagt.[124] Welche Folgerungen sich hieraus genau ergeben, ist derzeit weitgehend offen.

102 e) **§ 823 II BGB in Verbindung mit strafrechtlichen Vorschriften.** Neben § 826 BGB folgt aus § 823 II BGB iVm strafrechtlichen Normen eine weitere Schranke für Einwirkungen der Obergesellschaft auf die Untergesellschaft. Insbes. iR von § 266 StGB (**Untreue**) entwickelt sich zunehmend eine schwer überschaubare Rspr.,[125] die ihren Anwendungsbereich gerade auch in konzernrechtlichen Zusammenhängen hat.

---

121 MünchHdbGesR/*Decher* § 68 Rn. 21 mwN.
122 MünchHdbGesR/*Decher* § 68 Rn. 21 mwN.
123 Vgl. Baumbach/Hueck/*Beurskens* SchlAnhKonzernR Rn. 70.
124 BVerfG WM 11, 1946 = BeckRS 11, 24112 (Tz 19 f.).
125 Aus jüngerer Zeit etwa BGH NZG 09, 1202 (Veranlassung der Gewährung von Leistungen an eine Muttergesellschaft); OLG Stuttgart BB 09, 1833.

f) **Insolvenzanfechtungsrecht.** Weitere Schranke für Einwirkungen der Obergesellschaft auf die Untergesellschaft sind die Vorschriften über die Insolvenzanfechtung (§§ 129 ff. InsO). Allerdings lassen sich diese Vorschriften bei der Rechtsgestaltung nur eingeschränkt im Vorhinein berücksichtigen; primär kommen sie ex-post nach Eröffnung des Insolvenzverfahrens über das Vermögen der Gesellschaft zur Anwendung. 103

Bei der Anwendung der Anfechtungsvorschriften in Konzernsachverhalten stellen sich verschiedene Zweifelsfragen.[126] Eine Anfechtung ist unter erleichterten Voraussetzungen zulässig, wenn der Anfechtungsgegner eine **nahestehende Person** (§ 138 InsO) ist. Hierunter fällt gerade auch der wesentlich beteiligte Gesellschafter (§ 138 I Nr. 4 InsO).[127] Für Verträge mit einer nahestehenden Person enthält § 133 II 1 InsO einen besonderen Anfechtungstatbestand. Ferner gelten besondere Vermutungsregelungen (§§ 130 III, 131 II 2 InsO), wenn der Anfechtungsgegner eine nahestehende Person ist. 104

Weiterhin kann eine Leistung der Gesellschaft auf einen Anspruch, der sich gegen eine andere Konzerngesellschaft richtet, als **unentgeltliche Leistung** unter den erleichterten Voraussetzungen des § 134 InsO anfechtbar sein.[128] 105

g) **Kein allgemeiner Vermögensschutz jenseits der Stammkapitalziffer.** Teilw. wird vertreten, dass aus Gläubigerschutzgesichtspunkten auch ein Alleingesellschafter (bei Vorhandensein von Minderheitsgesellschaftern → Rn. 93 ff.) unter bestimmten Umständen in allg. Weise verpflichtet ist, das Vermögen der Gesellschaft jenseits des durch §§ 31, 30 gewährleisteten Schutzes nicht zu beeinträchtigen. Die überw. Meinung lehnt dies ab.[129] 106

Dieser Auffassung ist zu folgen, weil der vorgenannte Ansatz nicht mit dem heute erreichten Rechtszustand beim Schutz der Gläubiger einer GmbH in Einklang steht. Dieser Schutz wird in allg. Weise durch das Verbot der Einlagenrückgewähr nach §§ 31, 30 (mit § 64 u. § 43) u. in punktueller Weise durch die an Einzeleinwirkungen anknüpfende Haftung wegen existenzvernichtenden Eingriffs gewährleistet. In dieses System lässt sich ein weiterer allg. Haftungsansatz nicht sachgerecht einfügen. 107

D. Vertragskonzernrecht

Vom Recht des faktischen Konzerns (→ Rn. 47 ff.) ist das Recht der Unternehmensverträge, das auch als **Vertragskonzernrecht** bezeichnet wird, zu unterscheiden (vgl. §§ 291–307 AktG). Bei den Unternehmensverträgen unterscheidet das Gesetz zwischen **dem Beherrschungsvertrag u. dem Gewinnabführungsvertrag** einerseits (vgl. § 291 I AktG) u. **anderen Unterneh-** 108

126 Überblick bei *Wenner/Schuster*, ZIP 08, 1512. Zur Anfechtung von Zahlungen iRd Umsatzsteuerorganschaft s. BGH DStR 12, 527; BFH DStR 09, 2670.

127 Zu § 138 II InsO im konzernrechtlichen Zusammenhang vgl. LG Freiburg GmbHR 06, 704.

128 So hat BFH DStR 09, 2670 für den Fall, dass in einer umsatzsteuerlichen Organschaft die Organgesellschaft kurz vor Eröffnung des Insolvenzverfahrens über ihr Vermögen die Steuerschuld des Organträgers erfüllt, entschieden, dass die Zahlung der Organgesellschaft nach § 134 InsO anfechtbar ist, wenn die Steuerforderung ggü. dem Organträger nicht werthaltig (uneinbringlich) war.

129 Etwa *Lutter*/Hommelhoff Rn. 26 mwN.

mensverträgen iSv § 292 AktG andererseits (zu letzteren näher unten → Rn. 270 ff.). Diese Differenzierung ergibt sich daraus, dass das beherrschungsvertragliche Weisungsrecht u. der Gewinnabführungsanspruch aus einem Gewinnabführungsvertrag einen besonders weitgehenden Eingriff in die gesellschaftsrechtliche Verfassung der Untergesellschaft beinhalten. Aus diesem Grunde stuft die Rspr. diese Unternehmensverträge als gesellschaftsrechtliche Organisationsverträge ein,[130] während die von § 292 AktG erfassten Unternehmensverträge in erster Linie schuldrechtliche Austauschverträge sind (→ Rn. 270). Auf Rechtsfolgenseite ist die wichtigste Auswirkung dieser Unterscheidung, dass nur der Beherrschungsvertrag u. der Gewinnabführungsvertrag – vom Fall des § 302 II AktG abgesehen – die Verlustausgleichspflicht des herrschenden Unternehmens nach § 302 I AktG begründen.

109 Eine Pflicht des herrschenden Unternehmens, einen Unternehmensvertrag abzuschließen u. einen faktischen Konzern auf diese Weise in einen Vertragskonzern zu überführen, besteht grds. nicht.[131]

I. Gründe für den Abschluss eines Beherrschungs- oder Gewinnabführungsvertrags/Folgen

110 Va die nachstehenden Folgen der Begründung eines Beherrschungs- oder Gewinnabführungsvertrags kommen als Grund für die Beteiligten in Betracht, einen Beherrschungs- oder Gewinnabführungsvertrag abzuschließen. Zu sonstigen, teils unbeabsichtigten Folgen des Abschlusses eines solchen Vertrags → Rn. 37 ff.

1. Konzernrechtliches Weisungsrecht

111 Im Aktienkonzern kommt dem beherrschungsvertraglichen **Weisungsrecht** (vgl. § 308 II AktG) große Bedeutung zu, weil es nur auf diese Weise möglich ist, die Unabhängigkeit des Vorstands als Geschäftsführungsorgan (vgl. § 76 I AktG) zu durchbrechen. Da bei der GmbH der Geschäftsführer bereits von Gesetzes wegen Weisungen der Gesellschafter unterliegt (§ 37 I 2. Fall), kommt dem Beherrschungsvertrag im GmbH-Recht deutlich geringere Bedeutung zu. Hat die Untergesellschaft außenstehende Gesellschafter, verbleibt allerdings auch im GmbH-Recht der Vorteil, dass das beherrschungsvertragliche Weisungsrecht ein Individualrecht des herrschenden Unternehmens ist u. dieses somit Weisungen erteilen kann, ohne dies über den aufwendigen u. angreifbaren Weg eines in einer Gesellschafterversammlung gefassten Gesellschafterbeschlusses tun zu müssen. Zudem sind auf der Grundlage eines Beherrschungsvertrags auch nachteilige Weisungen zulässig, während dies im faktischen Konzern nach zutr. Auffassung nicht der Fall ist, wenn Minderheitsgesellschafter vorhanden sind (→ Rn. 97 ff.).[132]

---

130 Etwa BGH NJW 88, 1326 („Familienheim").
131 BayObLG NJW 93, 1804, 1805 („BSW"). Vgl. auch OLG Köln 09, 416 sowie BVerfG WM 11, 1946.
132 Zum Vorstehenden etwa Scholz/*Emmerich* Rn. 134 f.

2. Steuerliche Organschaft

Im GmbH-Recht im Vordergrund steht der Gewinnabführungsvertrag, weil ein solcher Vertrag erforderlich ist, um die körperschaftsteuerliche **Organschaft** zu begründen (§§ 14 I 1, 17 KStG). Die Organschaft bewirkt, dass der Obergesellschaft (Organträger) das steuerliche Ergebnis der Untergesellschaft (Organgesellschaft) grds. zugerechnet wird. Auch die gewerbesteuerliche Organschaft setzt das Bestehen eines Gewinnabführungsvertrags voraus (§ 2 II 2 GewStG).[133] Die umsatzsteuerliche Organschaft (§ 2 II Nr. 2 UStG) setzt nicht voraus, dass ein Unternehmensvertrag besteht. Nach Klärung durch den BFH im Jahre 2011 genügt ein Unternehmensvertrag umgekehrt auch nicht, um die finanzielle Eingliederung iRd umsatzsteuerlichen Organschaft zu begründen. Entscheidend ist vielmehr, ob der Organträger unmittelbar oder mittelbar an der Organgesellschaft beteiligt ist.[134] Ferner kommt der Abhängigkeitsvermutung nach § 17 II AktG keine Bedeutung im Hinblick auf die organisatorische Eingliederung iSv § 2 II Nr. 2 UStG zu.[135] 112

3. Lockerung des Kapitalschutzes

Grund für den Abschluss eines Beherrschungs- oder Gewinnabführungsvertrags kann es ferner sein, den **Kapitalschutz** auf Ebene der Untergesellschaft zu **lockern** (hierzu näher → Rn. 188 ff.). 113

4. Verbesserung der wirtschaftlichen Lage der Untergesellschaft

Mit dem Abschluss eines Beherrschungs- oder Gewinnabführungsvertrags kann ferner bezweckt sein, die **wirtschaftliche Lage** der Untergesellschaft zu **verbessern**, gerade im Hinblick auf die Gewährung von Mitteln durch dritte Kapitalgeber. In dieser Hinsicht ist der Abschluss eines Unternehmensvertrags häufig die nächste Stufe, nachdem die Obergesellschaft eine Patronatserklärung zugunsten der Untergesellschaft abgegeben hat (zu dieser → Rn. 275 ff.). 114

a) **Sicherung des handelsbilanziellen Eigenkapitals.** Zur Verbesserung der Bonität u. Kreditwürdigkeit der Untergesellschaft sind Beherrschungs- u. Gewinnabführungsvertrag va deswegen geeignet, weil sich während des Bestehens des Vertrags das handelsbilanzielle Eigenkapital der Untergesellschaft wegen des Verlustausgleichsanspruchs nach § 302 I AktG nicht verringern kann, solange die Obergesellschaft solvent ist. Hierdurch sind eine Unterbilanz u. eine handelsbilanzielle Überschuldung der Untergesellschaft während der Vertragslaufzeit ausgeschlossen, falls die Gesellschaft nicht bereits bei Abschluss des Vertrags in der Unterbilanz oder handelsbilanziell überschuldet war. 115

b) **Kreditunwürdigkeit und Insolvenzreife.** Vom handelsbilanziellen Bild sind Kreditunwürdigkeit iSd früheren Eigenkapitalersatzrechts u. Insol- 116

---

133 Zu den steuerlichen Folgen eines Verzichts auf den Gewinnabführungsanspruch FG Münster BeckRS 14, 96455.

134 BFH DStR 11, 623 (XI. Senat; Aufgabe von BFH NZG 99, 516).

135 BFH ZIP 09, 1009 = BB 08, 2109 mAnm *Kaufmann/Schmitz-Herscheidt*, BB 08, 2111 u. Anm. *Groß/Krieg*, FD-StR 08, 262840.

venzreife zu unterscheiden. Für erstere ist entschieden, dass ein Beherrschungs- u. Gewinnabführungsvertrag die Kreditunwürdigkeit nicht (zwingend) ausschließt.[136] Das Bestehen des Vertrags ist aber – bei Vollwertigkeit angenommener Verlustausgleichsansprüche – durchaus ein Umstand, der iRd Prüfung der Kreditwürdigkeit stark für die Kreditwürdigkeit spricht.

117 Nicht gesichert ist, inwieweit der Unternehmensvertrag geeignet ist, die Insolvenzreife (§§ 19 II, 17 II InsO) auszuschließen.[137] Die rechnerische insolvenzrechtliche Überschuldung wird durch das Bestehen des Vertrags richtigerweise nicht (generell) ausgeschlossen.[138] In den Überschuldungsstatus sind aber Ansprüche aus § 302 I AktG, die – mit Ablauf des Geschäftsjahres oder wegen Beendigung des Vertrags – bereits entstanden sind, einzustellen, wenn der Anspruch vollwertig ist.[139] Die iRd Fortführungsprognose relevante Liquiditätsbetrachtung kann nicht mit einem Hinweis auf einen bestehenden Unternehmensvertrag ihr Bewenden haben, da sich aus dem Unternehmensvertrag nach hM ein Anspruch der Untergesellschaft auf unterjährige Liquiditätsunterstützung – dessen Erfüllung zudem zu erwarten sein müsste – nicht ergibt (näher → Rn. 218). Insoweit unterscheidet sich der (typische) Unternehmensvertrag von der (typischen) Patronatserklärung (zu dieser näher unten 275 ff.). Wegen des fehlenden Anspruchs auf unterjährige Liquidität ist der Unternehmensvertrag auch nicht geeignet, die Zahlungsunfähigkeit (§ 17 InsO) auszuschließen. Inwieweit ein entstandener Verlustausgleichsanspruch bei der Prüfung der Zahlungsfähigkeit im Planungszeitraum berücksichtigt werden kann, hängt davon ab, ob mit der erforderlichen Wahrscheinlichkeit zu erwarten ist, dass die Obergesellschaft rechtzeitig in fraglicher Höhe auf den Anspruch leistet.

5. Sonstige Motive und Rechtsfolgen

118 Im Einzelfall können verschiedene sonstige Umstände Motiv sein, einen Unternehmensvertrag abzuschließen. Nicht selten ist bspw. zu beobachten, dass ein Unternehmensvertrag mit Verlustübernahmepflicht abgeschlossen wird, um eine Offenlegung des Jahresabschlusses der Untergesellschaft zu verhindern (vgl. § 264 III HGB).

Daneben kann der Unternehmensvertrag vielfältige, teils unbeabsichtigte weitere Rechtsfolgen auslösen. Hierzu gehören zunächst verschiedene der Rechtsfolgen, die sich an die Unternehmensverbindung knüpfen (zu diesen → Rn. 37 ff.). Ferner kann sich der Unternehmensvertrag auf bestehende Rechtsverhältnisse der Untergesellschaft auswirken. So hat der BGH entschieden, dass Genussscheinbedingungen nach den Regeln des Wegfalls der Geschäftsgrundlage (§ 313 BGB) dahin gehend anzupassen sind, dass auf die Genussscheine die vollen ursprünglich vorgesehenen Ausschüttungen erbracht werden müssen u. die Rückzahlungsansprüche nicht herabgesetzt werden dürfen, sofern die Prognose hins. der Ertragsentwicklung der Ge-

136 BGH NJW 88, 3143 (HSW); KG GmbHG 98, 938, 939 f.
137 Vgl. in diesem Zusammenhang etwa MKAktG/*Altmeppen* § 297 Rn. 118 f.
138 Vgl. aber auch BGH NJW 06, 3279, 3282.
139 Vgl. in diesem Zusammenhang auch BFH BeckRS 90, 22009659.

sellschaft bei Abschluss des Beherrschungs- u. Gewinnabführungsvertrags entspr. positiv gewesen sei.[140]

Bisweilen übersehen wird die Zurechnungsvorschrift des § 2 II DrittelbG, die allerdings nur durch einen Beherrschungsvertrag ausgelöst wird, nicht durch einen (isolierten) Gewinnabführungsvertrag. Außerdem kann sich das Bestehen eines Unternehmensvertrags auf die Frage auswirken, inwieweit zwischen Gesellschaften eines (ggf. ehemaligen) Konzerns ein Gesamtschuldnerausgleich (§ 426 BGB) stattzufinden hat.[141]

II. Der Inhalt des Vertrags

Der Inhalt eines Unternehmensvertrags[142] ist schon deswegen mit besonderer Sorgfalt abzufassen, weil der Unternehmensvertrag weit reichende Rechtsfolgen auslöst. Zudem folgt dies daraus, dass zumindest Beherrschungs- u. Gewinnabführungsverträge streng **objektiv auszulegen** sind.[143] 119

1. Weisungsrecht, Gewinnabführungsanspruch, Verlustübernahme

Die Grundbestimmungen des Unternehmensvertrags sind beim Beherrschungsvertrag Regelungen über das Weisungsrecht der Obergesellschaft (vgl. § 308 I AktG), beim Gewinnabführungsvertrag Bestimmungen über den Gewinnabführungsanspruch der Obergesellschaft. 120

Für die **steuerliche Anerkennung** des Gewinnabführungsvertrags mit einer GmbH forderte § 17 2 Nr. 2 KStG in seiner Fassung bis zur Änderung durch das Gesetz vom 20.2.2013, dass im Vertrag eine **Verlustübernahme** entspr. den Vorschriften des § 302 AktG vereinbart wird. Diese Regelung war in mehrfacher Hinsicht unklar und hat zu einer umfangreichen Rechtsprechung über die steuerliche Anerkennung von Gewinnabführungsverträgen mit einer GmbH geführt.[144] Aus diesem Grund fand und findet sich bis heute in vielen Gewinnabführungsverträgen eine weitgehend wörtliche Übernahme von Bestimmungen des § 302 AktG. Dies wirft bei Anwendbarkeit von § 17 KStG in seiner vorgenannten Fassung die Frage auf, ob die steuerliche Anerkennung zu versagen ist, wenn der Gesetzgeber Ände- 121

---

140 BGH BKR 14, 115; Anderes gilt, wenn die Genussscheinbedingungen bereits Regelungen für den Fall des Abschlusses eines Beherrschungs- u. Gewinnabführungsvertrags enthalten.

141 Vgl. BGH BeckRS 15, 00033.

142 Formulare von Unternehmensverträgen mit einer GmbH als Untergesellschaft finden sich etwa bei MünchVertragshdb/*Hoffmann-Becking*, Form. X. 8 (S. 1409 ff.); *Friedrichsen/Kollmorgen*, in: David ua, Gesellschaftsrecht, 09, § 8 Rn. 29.

143 Für Regelungen zum Vertragsbeginn u. zur Vertragslaufzeit BFH BeckRS 11, 94542; BGH DStR 09, 100 (mit Vorinstanz FG Berlin-Brandenburg DStRE 08, 355); OLG München BB 09, 631 mit Anm. *Jänig*, BB 09, 633; FG Baden-Württemburg BeckRS 12, 94474 („30.12." statt „31.12."); allg. zur objektiven Auslegung von Gewinnabführungsverträgen durch den BFH *Nodoushani*, DStR 09, 620; vgl. ferner *Süß/Maier*, DStR 09, 789. Krit. zur rein objektiven Auslegung von Unternehmensverträgen *Grunewald*, ZGR 09, 647.

144 Vgl. insbes. BFH DStR 10, 858 (mit BVerfG zum Az. 2 BvR 998/10); aA FG Köln DStRE 06, 535 u. erneut FG Köln EFG 09, 1969. Dies gilt nach hM sowohl für § 302 I AktG als auch für § 302 III AktG, etwa BFH GmbHR 06, 890. Näher hierzu *Rödder*, DStR 10, 1218; *Hahn*, DStR 09, 1834; *Wulf*, AG 10, 34; *Walter/Speidel*, GmbHR 10, R17.

rungen an § 302 AktG vornimmt, wie etwa durch die Einfügung der Verjährungsvorschrift in § 302 IV AktG durch das am 15.12.04 in Kraft getretene Verjährungsanpassungsgesetz (näher unten → Rn. 212).[145] Nach der Rspr. des BFH fordert § 17 2 Nr. 2 KStG in seiner vorgenannten Fassung auch eine Regelung der Verjährung bzw. einen Verweis auf § 302 IV AktG.[146] § 17 2 KStG in seiner durch Gesetz vom 20.2.2013[147] geänderten Fassung bestimmt nunmehr, dass eine Verlustübernahme durch Verweis auf die Vorschriften des § 302 des Aktiengesetzes in seiner jeweils gültigen Fassung zu vereinbaren ist (**dynamischer Verweis**). Vor dem Inkrafttreten des vorgenannten Gesetzes geschlossene Verträge, die den früheren Anforderungen nicht genügten, könnten innerhalb einer am 31.12.2014 abgelaufenen Frist angepasst werden (§ 34 Abs. 10 b EStG). Für nicht angepasste Altverträge gelten im Grundsatz weiterhin die früheren Anforderungen.

122 Für die steuerliche Anerkennung eines Gewinnabführungsvertrags muss sich der Gewinnabführungsanspruch gem. § 14 I 1 KStG auf den ganzen Gewinn der Untergesellschaft (vgl. § 291 I 1 2. Fall AktG) beziehen. Bezieht sich der Anspruch nur auf den Gewinn aus einem bestimmten Betrieb der Untergesellschaft, vermag der Vertrag mithin keine steuerliche Organschaft zu begründen.[148] Außerdem muss der Vertrag für mind. 5 Jahre abgeschlossen sein.[149]

2. Ausgleich und Abfindung

123 In dem bei der GmbH seltenen Fall, dass die Gesellschaft im Zeitpunkt des Vertragsschlusses außenstehende Gesellschafter hat, fragt sich, ob der Vertrag analog §§ 304, 305 AktG Bestimmungen über **Ausgleich u. Abfindung** zugunsten der außenstehenden Gesellschafter enthalten muss. Nach der Auffassung derjenigen, die für den Beschluss der Gesellschafter über die Zustimmung zum Abschluss des Vertrags Einstimmigkeit fordern (näher → Rn. 138), erübrigt sich dieses Erfordernis. Nach der Gegenauffassung, die eine Mehrheit von drei Vierteln der abgegebenen Stimmen ausreichen lässt, ist hingg. kompensierend erforderlich, dass in den Vertrag Ausgleichs- u. Abfindungsregeln nach dem Vorbild der §§ 304, 305 AktG aufgenommen werden. Str. ist, ob die Unangemessenheit von Ausgleich oder Abfindung wie bei der AG nur im Spruchverfahren (§§ 304 III 2, 3, 305 V

145 Gesetz zur Anpassung von Verjährungsvorschriften an das Gesetz zur Modernisierung des Schuldrechts v. 9.12.04, BGBl. I, S. 3214.

146 S. zuletzt BFH DStR 11, 219; DStR 10, 1984 (Berichtigung zu BFH NZG 10, 1158) mit Anm. *Süß/Maier*, SteuK 10, 417. Die Finanzverwaltung beanstandet es allerdings nicht, wenn vor dem 1.1.06 abgeschlossene Gewinnabführungsverträge einen Hinweis auf § 302 IV AktG nicht enthalten; auch eine Anpassung dieser Verträge ist nicht erforderlich, BMF-Schreiben v. 16.12.05, DStR 06, 40. Vgl. ferner *Walter/Speidel*, GmbHR 10, R17, R18. Zu sonstigen Bezugnahmen im Vertrag s. *BMF-Schreiben v. 19.10.10*, DStR 10, 2193.

147 Gesetz zur Änderung und Vereinfachung der Unternehmensbesteuerung und des steuerlichen Reisekostenrechts, BGBl. 2013, I S. 285.

148 Vgl. BFH GmbHR 11, 836.

149 Zur Frage, wie eine Rückbeziehung zu behandeln ist, FG Düsseldorf DStR 15, 1044; Revision anhängig beim BFH unter I R 19/15.

AktG jeweils iVm dem Spruchverfahrensgesetz) oder auch iRd **Klage** gegen den Zustimmungsbeschluss gerügt werden kann.[150]

3. Vertragsbeginn, Vertragsdauer und Kündigung

Zum Inhalt eines jeden Beherrschungs- u. Gewinnabführungsvertrags gehören regelmäßig ferner Regelungen über **den Vertragsbeginn u. die Vertragsdauer.** Dabei hält es die hM entgg. einer beachtlichen Gegenauffassung für unzulässig, die Beherrschungswirkung auf einen Zeitpunkt zurückzubeziehen, der vor dem Wirksamwerden des Vertrags durch seine Eintragung in das Handelsregister (§ 54 III analog oder § 294 II AktG analog, → Rn. 154) liegt.[151] Für den Gewinnabführungsvertrag ist eine Rückwirkung hingg. allg. insoweit anerkannt, als dass der Gewinnabführungsanspruch ohne Weiteres für den gesamten Gewinn des laufenden Jahres, in dem die Handelsregistereintragung erfolgt, vereinbart werden kann.[152] Handelt es sich um einen kombinierten Beherrschungs- u. Gewinnabführungsvertrag u. enthält dieser eine allg., dh auch die Beherrschungskomponente erfassende Rückwirkungsklausel, so führt die damit für den Beherrschungsteil verbundene Teilnichtigkeit des Vertrags nicht zur Nichtigkeit der Gewinnabführungskomponente.[153] 124

Bei Regelungen zur Vertragsdauer im Gewinnabführungsvertrag ist zu berücksichtigen, dass für die steuerliche Anerkennung des Vertrags erforderlich ist, dass der Vertrag auf mind. **5 Jahre** abgeschlossen ist (§ 14 I 1 Nr. 3 S. 1 KStG). Jahre idS sind nach hM Zeitjahre, dh nicht Geschäfts- bzw. Wirtschaftsjahre.[154] Die 5-Jahres-Frist beginnt mit einem im Vertrag genannten Datum nur dann, wenn dieses innerhalb des Jahres liegt, in dem das Bestehen des Vertrags in das Handelsregister eingetragen u. der Vertrag damit wirksam wird (§ 294 II AktG analog).[155] 125

Ferner empfiehlt es sich, eine Regelung zur ordentlichen **Kündigung** u. zur Kündigung des Unternehmensvertrags aus wichtigem Grund in den Vertrag aufzunehmen u. hierbei zu bestimmen, welche Ereignisse einen wichtigen Grund darstellen. Insbesondere empfiehlt sich in aller Regel, als wichtiger Grund den Fall zu bestimmen, dass die Obergesellschaft ihre Anteile an der Untergesellschaft (ggf. an einen Dritten) veräußert. Regelungen im Vertrag zum Vorliegen eines wichtigen Grundes vermögen allerdings nicht sicherzustellen, dass die geregelten Fälle gleichzeitig steuerlich als wichtiger Grund iSv § 14 I 1 Nr. 3 S. 2 KStG anerkannt werden (näher → Rn. 246). 126

---

150 Für Ersteres etwa Michalski/*Servatius*, Syst Darst 4 Rn. 106 mwN.

151 OLG Karlsruhe AG 94, 283. Für die AG sehr weitgehend anerkannt, s. etwa *OLG München* AG 91, 358, 359; OLG Hamburg NJW 90, 3024; offen gelassen von BGHZ 122, 211, 223. Für die GmbH aA Roth/*Altmeppen* Rn. 35; Baumbach/Hueck/*Beurskens* SchlAnhKonzernR Rn. 97 f.

152 BGHZ 122, 211, 223 ff. (für die AG); OLG Hamburg NJW 90, 3024 (für die AG). Zur Frage der Zulässigkeit einer Rückwirkung des Gewinnabführungsvertrags über das laufende Geschäftsjahr hinaus s. die Nachweise bei Michalski/*Zeidler*, 1. Aufl., Syst Darst 4 Rn. 81 Fn. 246; BFH DStR 09, 100 dürfte so zu verstehen sein, dass steuerlich eine Rückwirkung über das laufende Jahr hinaus nicht möglich ist; für die AG klar idS etwa OLG München AG 91, 358, 359.

153 Michalski/*Zeidler*, 1. Aufl., Syst Darst 4 Rn. 81 mwN.

154 FG Köln GmbHR 10, 442 mwN.

155 BFH DStR 09, 100.

4. Weitere Regelungen

127 Im Einzelfall können sich weitere Regelungen im Unternehmensvertrag als zweckmäßig erweisen.[156] Wegen des organisationsrechtlichen Charakters des Unternehmensvertrags u. der damit verbundenen, ausschließlich objektiven Auslegung des Vertrags sollten solche jedoch nur mit Bedacht in den Unternehmensvertrag aufgenommen werden.

III. Die Begründung des Vertrags

128 Ein Unternehmensvertrag wird nur wirksam, wenn er ordnungsgemäß begründet worden ist. Die Anforderungen hieran ergeben sich in vielen Bereichen aus einer Analogie zu Vorschriften der §§ 291 ff. AktG; in anderen Bereichen gelten jedoch, wie im Folgenden dargelegt, GmbH-konzernrechtliche Besonderheiten. Mängel bei der Vertragsbegründung ziehen grds. die Nichtigkeit des Vertrags nach sich. Bei bestimmten Mängeln können allerdings die Grundsätze über **fehlerhafte Unternehmensverträge** dazu führen, dass der Vertrag trotz des Mangels als wirksam zu behandeln ist (→ Rn. 266 ff.). Die Nichtigkeit eines in das Handelsregister eingetragenen Vertrags kann nach hM nicht in das Handelsregister eingetragen werden.[157]

1. Anforderungen an die Vertragsparteien

129 Die an dem Vertrag beteiligten Personen müssen rechtlich bestehen. Auf die Rechtsform kommt es nicht an. Folglich kann der Vertrag auch mit einer Gesellschaft bürgerlichen Rechts bestehen. Dies ist insbes. relevant, wenn die Untergesellschaft von mehreren Obergesellschaften, die im Verhältnis untereinander eine GbR bilden, abhängig ist (sog. **Mehrmütterorganschaft**).[158] Ist die Untergesellschaft eine Vorgründungsgesellschaft, geht der Vertrag nicht von Gesetzes wegen (automatisch) auf die Vorgesellschaft u. die spätere Gesellschaft über, sondern es bedarf eines gesonderten Übertragungsaktes bzw. eines Neuabschlusses.[159] Der Abschluss des Vertrags mit einer Vorgesellschaft als Untergesellschaft dürfte zulässig sein; der Vertrag geht dann von Gesetzes wegen (automatisch) auf die Gesellschaft über.

130 Das abhängige Unternehmen muss seinen **Sitz** in Deutschland haben.[160] Der Sitz des herrschenden Unternehmens kann nach hM hingg. im Ausland liegen; das deutsche GmbH-Vertragskonzernrecht findet in diesem Fall gleichwohl Anwendung.[161]

131 Voraussetzung ist nicht, dass die Untergesellschaft bereits im Zeitpunkt vor Abschluss des Vertrags von der Obergesellschaft **abhängig** ist; es ist nicht

---

156 Zur Vertragsfreiheit bei Unternehmensverträgen s. *Hahn*, DStR 09, 589. Zu besonderen Anforderungen bei Abschluss von Beherrschungsverträgen mit einem versicherungsrechtlichen Schadenabwicklungsunternehmen *Wendt* DB 14, 1241.
157 OLG Hamm NZG 09, 1117 (es bleibt das Amtslöschungsverfahren nach § 142 FGG).
158 Zur *Mehrmütterorganschaft* etwa BFH BB 00, 80 mwN.
159 Vgl. BFH MittRhNotK 90, 232 = BeckRS 89, 22009243.
160 BGH NZG 05, 214, 215; für die AG ganz hM, siehe nur *Hüffer*, AktG, § 291 Rn. 5.
161 Für die AG ganz hM, OLG Düsseldorf NJW-RR 07, 330, 331; *Hüffer*, AktG, § 291 Rn. 8 mwN; vgl. auch BGH NJW 92, 2760 („ASEA/BBC I").

einmal eine Beteiligung der Obergesellschaft an der Untergesellschaft erforderlich. Str. ist, ob die Obergesellschaft bereits im Zeitpunkt vor dem Abschluss des Vertrags **Unternehmen** iSd Konzernrechts sein muss. Dies ist trotz des im Ausgangspunkt entgegenstehenden Wortlauts von § 291 I 1 AktG zu verneinen.[162] Mit Wirksamwerden des Vertrags sind die Vertragsparteien verbundene Unternehmen (§ 15 5. Fall AktG).

Die **Solvenz u. Bonität** der Obergesellschaft unterliegt grds. keinen besonderen Anforderungen. Allerdings dürfte der Abschluss des Unternehmensvertrags unzulässig sein, wenn die Obergesellschaft bereits im Zeitpunkt des Vertragsabschlusses voraussichtlich nicht in der Lage sein wird, ihre Verpflichtungen aus dem Vertrag zu erfüllen (§ 297 I 2 AktG analog). In besonderen Konstellationen kann es sich empfehlen, dass eine finanzstarke Gesellschaft aus dem Konzern der Obergesellschaft mit Vertragsschluss eine Patronatserklärung zugunsten der Obergesellschaft abgibt. 132

2. Abschluss des Vertrags

Der Unternehmensvertrag wird durch die **Vertretungsorgane** der beteiligten Unternehmen abgeschlossen (vgl. auch § 4 I 1 UmwG), bei der abhängigen GmbH folglich durch den Geschäftsführer. Für diese Vertretungshandlung des Geschäftsführers ist **§ 37 II** von Vornherein **nicht anwendbar,**[163] da das Wirksamwerden des Vertrags von weiteren Voraussetzungen abhängt (→ Rn. 139 und → Rn. 154 ff.). 133

3. Form des Vertrags, Nichtigkeitsgründe

Der Unternehmensvertrag bedarf nach ganz hM jedenfalls der **Schriftform** des § 126 BGB (§ 293 AktG analog).[164] Anderenfalls ist der Vertrag nichtig (§ 125 S. 1 BGB). Das Schriftformerfordernis ist im Zusammenhang mit der organisationsrechtlichen Natur des Unternehmensvertrags zu sehen, die es iaR ausschließt, dem Unternehmensvertrag durch Auslegung einen Inhalt zu geben, der von seinem Wortlaut abweicht (→ Rn. 119). Das Schriftformerfordernis gilt nach näherer Maßgabe der zu § 311 b I BGB, § 15 IV entwickelten Grundsätze auch für Nebenabreden.[165] Folglich können mündlich getroffene Nebenabreden gem. § 139 BGB zur Nichtigkeit des Vertrags führen. Enthält der Vertrag ein Abfindungsangebot (§ 305 AktG analog, → Rn. 138), bedarf der Vertrag nicht nur der Schriftform, sondern gem. § 15 IV der **notariellen Beurkundung.**[166] 134

Der **Unternehmensvertrag** kann nach den allgemeinen Vorschriften nichtig sein, insbesondere nach § 134 BGB, wenn er gegen zwingende aktienrechtliche Vorschriften verstößt. Eine Nichtigkeit aus diesem Grunde ist gege- 134a

---

162 *Hüffer*, AktG, § 291 Rn. 8; *Lutter*/Hommelhoff Rn. 7; wohl auch Baumbach/Hueck/*Beurskens* SchlAnhKonzernR Rn. 110 f; *K. Schmidt*, FS Koppensteiner, 2001, S. 191, 207 f.

163 Ganz hM, s. BGH NJW 89, 295, 296 („Supermarkt"); Vorinstanz BayObLG WM 88, 1229.

164 BGH NJW 89, 295, 299 („Supermarkt").

165 OLG Stuttgart NZG 00, 93, 94 (für einen Teilgewinnabführungsvertrag bei der AG); OLG Celle AG 00, 280 f.

166 Ganz hM, s. nur *Lutter*/Hommelhoff Rn. 50. Zu den Kosten bei notarieller Beurkundung s. etwa Kroiß/*Everts*/Poller, GmbH-Registerrecht, Rn. 756.

ben, wenn die Gesellschaft einen Gewinnabführungsvertrag schließt und hierbei verkennt, dass sie bereits einem Gewinnabführungsvertrag unterliegt (etwa weil sie unrichtigerweise davon ausgegangen ist, dass der Erstvertrag aufgrund einer Verschmelzung der Obergesellschaft erloschen sei). Es können nicht zwei Gewinnabführungsverträge wirksam nebeneinander bestehen. Bereits aufgrund des Erstvertrags ist die Gesellschaft verpflichtet, ihren ganzen Gewinn abzuführen. Dieser durch den Erstvertrag begründete Rechtszustand ist zwingend (ua § 292 Abs. 1 Nr. 1 AktG, Grundsatz des numerus clausus der Unternehmensverträge, § 301 AktG). Der Zweitvertrag (dessen Erfüllung zudem auch unmöglich wäre) würde hierin eingreifen und ist daher nach § 134 BGB nichtig. Dies gilt auch, wenn die Obergesellschaft des Erst- und Zweitvertrags identisch sind. In diesem Fall ist aber in einem ersten Schritt zu prüfen, ob das Verhältnis zwischen Zweit- und Erstvertrag in anderer Weise sachgerecht aufgelöst werden kann, etwa durch Umdeutung des Zweitvertrags in eine Änderung (§ 295 AktG) des Erstvertrags. Dies kommt trotz des Umstands in Betracht, dass Unternehmensverträge im Grundsatz objektiv auszulegen sind.

4. Zustimmung der Gesellschafter der abhängigen GmbH

135 Der Abschluss des Unternehmensvertrags bedarf nach allg. Auffassung der Zustimmung der Gesellschafter der abhängigen GmbH.[167] Eine gesellschaftsvertragliche Regelung, die den Geschäftsführer zum Abschluss eines Unternehmensvertrags **ermächtigt**, reicht nach zutr. hM nicht.[168] Gleiches gilt für einen entspr. Beschluss der Gesellschafter.

136 a) **Art des Zustimmungserfordernisses und erforderliche Mehrheit bei Beschlussfassung.** Da va das Erfordernis der Zustimmung der Gesellschafter der Untergesellschaft darüber entscheidet, wie weit der Schutz der Gesellschafterminderheit im Vertragskonzern reicht, sind die Einzelheiten, die für die Zustimmung der Gesellschafter gelten, **umstritten**. Das Meinungsbild ist vielfältig, da die Einzelheiten des Zustimmungserfordernisses mit anderen Ansätzen zum Schutz der Minderheit in Zusammenhang gebracht werden.

137 Eine Auffassung, die sich insbes. auf eine Analogie zu § 33 I 2 BGB stützt, fordert die Zustimmung aller Gesellschafter.[169] Hierdurch wird dem einzelnen Gesellschafter ein **individuelles Zustimmungsrecht** zugesprochen. Dessen Bedeutung liegt zum einen darin, dass das Zustimmungserfordernis, vorbehaltlich einer abw. Regelung im Gesellschaftsvertrag, nicht daran gebunden ist, dass der Gesellschafter in einer Gesellschafterversammlung erscheint. Allerdings dürfte der Gesellschafter kraft der ihm obliegenden Treuepflicht verpflichtet sein, sich innerhalb einer angemessenen Frist zu erklären. Zum anderen besteht ein individuelles Zustimmungsrecht iZw auch dann, wenn der Gesellschafter bei Beschlüssen der Gesellschafterversammlung vom Stimmrecht ausgeschlossen ist.

---

167 Formular für einen Beschluss der Gesellschafter einer GmbH als Untergesellschaft zum Abschluss eines Beherrschungs- u. Gewinnabführungsvertrags etwa *Friedrichsen/Kollmorgen*, in: David ua, Gesellschaftsrecht, 09, § 8 Rn. 31.

168 Etwa *Krieger*, DStR 92, 432, 434 mwN.

169 Vgl. die Nachweise bei MüKoGmbHG/*Liebscher* Rn. 715 f.

Die ganz hM geht demggü. zu Recht nicht von individuellen Zustimmungsrechten der Gesellschafter, sondern von einem **Beschlusserfordernis** aus.[170] Dies wird mit einer Analogie zu § 53 I oder – u. dies liegt wegen der in § 293 I 4 AktG getroffenen Wertung näher – zu § 293 I 1 AktG begründet. Str. ist jedoch, ob dieser Beschluss (nach der gesetzlichen Ausgangslage) sämtlicher abgegebener Stimmen (**Einstimmigkeit**) oder nur einer **Mehrheit von drei Vierteln** der abgegebenen Stimmen (vgl. § 53 II 1) bedarf. Der BGH hat diese Frage bislang ausdrücklich offen gelassen.[171] Instanzgerichtliche Rspr. hierzu liegt, soweit ersichtlich, nicht vor. Im Schrifttum dürften die Stimmen, die einen einstimmigen Beschluss für erforderlich halten, überwiegen.[172] Die Gegenauffassung, die die Dreiviertel-Mehrheit ausreichen lässt, fordert allerdings kompensierend, dass der Vertrag im Falle eines Mehrheitsbeschlusses Abfindungs- u. Ausgleichsregelungen entspr. §§ 304, 305 AktG enthalten muss (→ Rn. 123). Manche Vertreter dieser Auffassung nehmen darüber hinaus an, dass bei einer Mehrheitsentscheidung zusätzlicher Minderheitenschutz dadurch zu gewährleisten ist, dass eine materielle Beschlusskontrolle stattfindet (→ Rn. 144), das herrschende Unternehmen einem Stimmverbot zu unterwerfen ist (→ Rn. 144) oder die Vorschriften der §§ 293 a ff. AktG zumindest teilw. analog anzuwenden sind. 138

b) **Rechtsfolge des Zustimmungserfordernisses.** Das Erfordernis der Zustimmung der Gesellschafter der abhängigen GmbH hat nach ganz hM echte Außenwirkung.[173] Folglich ist der Unternehmensvertrag unwirksam, solange die Gesellschafter der abhängigen GmbH nicht ordnungsgemäß zugestimmt haben (vgl. auch § 13 I 1 UmwG). Fehlt jede Zustimmung der Gesellschafter, können hierüber nach hM auch die Grundsätze über den fehlerhaften Unternehmensvertrag nicht hinweg helfen (→ Rn. 266 ff.). 139

c) **Vorbereitung des Zustimmungsbeschlusses.** Soll der Zustimmungsbeschluss wie regelmäßig in einer Gesellschafterversammlung gefasst werden, sind die allg. Bestimmungen des Gesellschaftsvertrags der Untergesellschaft u. des GmbHG zu berücksichtigen. Bei der **Ankündigung des Tagesordnungspunktes** (§ 51 II) genügt es, wenn Vertragsart u. Obergesellschaft angegeben werden (Beispiel: „Zustimmung zum Abschluss eines Beherrschungs- und Gewinnabführungsvertrags zwischen der Gesellschaft und der X AG, Y-Stadt"). Es ist nicht zwingend, idR aber empfehlenswert, der Einladung zur Gesellschafterversammlung eine Abschrift des Vertrags (oder des Vertragsentwurfs) als Anlage beizufügen. Zu dem Erfordernis eines **Vertragsberichts** u. einer **Vertragsprüfung** sowie den **Informationsrechten** der Gesellschafter → Rn. 151 ff. 140

d) **Form und Inhalt des Zustimmungsbeschlusses.** Der Beschluss der Gesellschafter der abhängigen GmbH, mit dem diese dem Abschluss des Unternehmensvertrags zustimmen, bedarf nach ganz hM der **notariellen Beur-** 141

170 Grdlg BGH NJW 89, 295, 297 („Supermarkt"); BGH NJW 92, 1452, 1454 („Siemens/NRG").
171 BGH NJW 89, 295 („Supermarkt").
172 Etwa Baumbach/Hueck/*Beurskens* SchlAnhKonzernR Rn. 106 mwN; näher zum Streitstand *Halm*, NZG 00, 728, 729 ff. mit umfangreichen Nachweisen.
173 BGH NJW 89, 295 („Supermarkt"); OLG Oldenburg NZG 00, 1138.

kundung (§ 53 II 1 Hs. 1 analog).[174] Die **Kosten** der Beurkundung richten sich nach §§ 47, 47 c I, 41 a IV KostO.[175]

142 Der Zustimmungsbeschluss enthält lediglich die Aussage, dass die Gesellschafter dem Abschluss des näher bezeichneten Unternehmensvertrags zustimmen. Dem Beschluss ist der **Vertrag als Anlage** beizufügen.[176]

143 Analog § 4 II UmwG dürfte es auch zulässig sein, wenn Gegenstand des Beschlusses nur ein **Entwurf** des Vertrags ist; freilich muss in diesem Fall der anschließend abgeschlossene Vertrag dem Entwurf entsprechen (nur mit Ausn. rein redaktioneller Änderungen).

144 e) **Weitere Anforderungen an den Beschluss.** Daneben kommen va folgende Anforderungen an den Beschluss in Betracht:

- Manche Vertreter der Auffassung, die die Dreiviertel-Mehrheit für die Beschlussfassung ausreichen lassen, fordern kompensierend, dass der Beschluss einer **sachlichen Rechtfertigung** bedürfe, u. unterwerfen den Beschluss auf diese Weise einer besonderen materiellen Beschlusskontrolle.[177] Die hM folgt dem nicht.[178] Dem ist zuzustimmen, weil es gesetzeskonformer ist, zusätzlichen Minderheitenschutz durch eine analoge Anwendung von §§ 304, 305 AktG zu gewährleisten. Folglich verbleibt allein die allg., auf Missbrauchsfälle beschränkte materielle Beschlusskontrolle, die bei keinem Gesellschafterbeschluss von Vornherein ausgeschlossen ist.
- Andere Autoren nehmen an, als Ausgleich für die Zulassung der Mehrheitsentscheidung sei das herrschende Unternehmen einem **Stimmverbot** (§ 47 IV) zu unterwerfen. Die hM lehnt dies ebenfalls zu Recht ab.[179] Ist das herrschende Unternehmen alleiniger Gesellschafter, kommt eine Anwendung von § 47 IV bereits von vornherein nicht in Betracht.[180]

5. Zustimmung der Gesellschafter des herrschenden Unternehmens

145 Ein Beherrschungs- oder Gewinnabführungsvertrag wird ferner nur wirksam, wenn die Gesellschafter des herrschenden Unternehmens dem Abschluss des Vertrags zugestimmt haben. Dies folgt für Obergesellschaften in der Rechtsform der AG oder KGaA aus § 293 II 1 AktG, iÜ, insbes. bei einer GmbH, nach heute ganz hM aus einer **Analogie zu § 293 II 1 AktG.**[181] Dies gilt nach hM auch dann, wenn die Obergesellschaft sämtliche Anteile an der Untergesellschaft hält.[182] Zwar spricht vieles dafür, § 62

---

174 BGH NJW 89, 295 („Supermarkt"); OLG Oldenburg NZG 00, 1138.
175 Kroiß/*Everts*/Poller, GmbH-Registerrecht, Rn. 757.
176 Etwa *Friedrichsen*/*Kollmorgen*, in: David ua, Gesellschaftsrecht, 09, § 8 Rn. 15.
177 Etwa *Timm*, BB 81, 1491, 1495.
178 Rowedder/Schmidt-Leithoff/*Koppensteiner* Anh. § 52 Rn. 56; *Kort*, Der Abschluss von Beherrschungs- und Gewinnabführungsverträgen im GmbH-Recht, 86, S. 121 f.
179 S. etwa *Krieger*, DStR 92, 432, 435.
180 BGH NJW 89, 295, 297 („Supermarkt").
181 BGH NJW 89, 295, 297 („Supermarkt"); NJW 92, 1452, 1453 („Siemens/NRG") gegen OLG Düsseldorf WM 91, 2103; OLG Zweibrücken GmbHR 99, 665; LG Mannheim GmbHR 94, 810; Scholz/*Emmerich* Rn. 148 mwN.
182 *Lutter*/Hommelhoff Rn. 53 mwN.

UmwG analog anzuwenden; eine gesicherte Grundlage hierfür gibt es bislang aber nicht.

Ist herrschendes Unternehmen eine AG oder KGaA, gelten für den Zustimmungsbeschluss der Hauptversammlung die aktienrechtlichen Bestimmungen, insbes. § 293 II 2 AktG u. das Erfordernis einer **notariellen Beurkundung** des Beschlusses gemäß § 130 I 1 AktG. Ist das herrschende Unternehmen eine GmbH, bedarf der Zustimmungsbeschluss nach hM nicht der notariellen Beurkundung.[183] Dasselbe gilt, wenn das herrschende Unternehmen eine sonstige andere Rechtsform als die vorgenannten hat.[184] Grds. ist dem Beschluss der Vertrag als **Anlage** beizufügen.[185] 146

Aus diesen Erfordernissen folgt nach hM, dass auch auf Seiten des herrschenden Unternehmens gesellschaftsvertragliche Klauseln unzulässig sind, die die Geschäftsführung zum Abschluss eines Unternehmensvertrags **ermächtigen**. Es gibt allerdings gewichtige Stimmen, nach denen hiervon zumindest für Bagatellfälle eine Ausn. zu machen ist.[186] Dieser Ansatz wird durch die gesetzgeberische Wertung in dem 1995 eingeführten § 62 UmwG gestärkt. 147

6. Sonstige Zustimmungserfordernisse

Hat die abhängige GmbH atypischerweise einen **Aufsichtsrat**, kann der Abschluss des Unternehmensvertrags durch die Geschäftsführung der Zustimmung des Aufsichtsrats unterliegen (§ 52 I oder § 25 I 1 Nr. 2 MitbestG bzw. § 1 I Nr. 3 S. 2 DrittelbG jeweils iVm § 111 IV 2 AktG). Hat die Obergesellschaft einen Aufsichtsrat, kann dessen Zustimmung nach § 111 IV 2 AktG (ggf. iVm § 52 I, § 25 I 1 Nr. 2 MitbestG und § 1 I Nr. 3 S. 2 DrittelbG) oder nach § 32 I 1 MitbestG erforderlich sein. 148

Ist ein Gesellschafter des herrschenden Unternehmens seinerseits eine Gesellschaft (insbes. **mehrstufiger Konzern**), können auf dieser – dann dritten – Ebene zumindest im Innenverhältnis weitere Zustimmungserfordernisse zu berücksichtigen sein. Hiervon zu unterscheiden ist der Fall, dass der Vertrag nicht mit einem Gesellschafter, sondern einem (ggf. mittelbaren) Gesellschafter des Gesellschafters geschlossen wird (dh etwa zwischen Mutter- u. Enkelgesellschaft). Hier besteht auf den Zwischenebenen (dh etwa auf Ebene der Tochtergesellschaft) grds. kein Zustimmungserfordernis.[187] 149

Hat die Gesellschaft vor Abschluss des Unternehmensvertrags Darlehen, Anleihemittel oder sonstige Kapitalmittel aufgenommen, kann sich aus dem zugrunde liegenden Rechtsverhältnis ergeben, dass vor Abschluss des 150

183 BGHZ 105, 324, 337 („Supermarkt"); Baumbach/Hueck/*Beurskens* SchlAnhKonzernR Rn. 102; *Heckschen*/Heidinger, Die GmbH in der Gestaltungs- und Beratungspraxis, § 15 Rn. 2 (aA noch *Heckschen*, DB 89, 29, 30). Zu den Kosten, falls gleichwohl notariell beurkundet wird, Kroiß/*Everts*/Poller, GmbH-Registerrecht, Rn. 758.

184 Scholz/*Emmerich* Rn. 149.

185 Etwa Scholz/*Emmerich* Rn. 149.

186 *Priester*, DB 89, 1013, 1017; dem folgend *Krieger*, DStR 92, 432, 434; vgl. auch LG Mannheim GmbHR 94, 810.

187 LG Düsseldorf DB 04, 428 mwN mit Anm. *Pentz*, DB 04, 1543.

Unternehmensvertrags die **Zustimmung der Kapitalgeberseite** einzuholen ist. Dieses Zustimmungserfordernis wirkt allerdings nicht im Außenverhältnis. Gleichwohl muss vor Abschluss des Unternehmensvertrags gewürdigt werden, wie sich der Unternehmensvertrag zu dem vorhandenen Finanzierungsinstrument verhält. Dies gilt va bei Abschluss eines Gewinnabführungsvertrags im Hinblick auf jährliche Rechte des Kapitalgebers, die an das Jahresergebnis der Gesellschaft anknüpfen, da dieses ab Abschluss des Vertrags immer null beträgt.

Der Abschluss eines Unternehmensvertrags kann einen Zusammenschluss iSv § 37 GWB darstellen u. bedarf in diesem Fall grds. der Freigabe durch das **Bundeskartellamt.** Allerdings genießt der Vertrag ab seiner Eintragung Bestandsschutz (§ 41 I Nr. 2 GWB). Umstritten u. bislang nicht höchstrichterlich entschieden ist, ob der Abschluss u. die Änderung eines Unternehmensvertrags mit einer Sparkasse der **Zustimmung des Sparkassenträgers** bedürfen.[188]

7. Vertragsbericht, Vertragsprüfung und Informationsrechte der Gesellschafter

151 a) **Grundsatz.** Für Unternehmensverträge **zwischen AGs** oder KGaAs bestimmen die §§ 293 a–293 e AktG, dass ein Bericht über den Unternehmensvertrag zu erstatten ist (§ 293 a AktG) u. der Vertrag durch einen sachverständigen Prüfer zu prüfen ist (§§ 293 b–293 e AktG). Inwieweit diese Vorschriften für den **GmbH-Konzern** gelten, ist gerichtlich bislang, soweit ersichtlich, nicht entschieden u. im Schrifttum str. Von Interesse ist zunächst der Fall, dass die **Obergesellschaft ebenfalls eine GmbH** ist oder eine andere Rechtsform als die einer AG oder KGaA hat. Die meisten Stimmen machen die Frage der analogen Anwendung von §§ 293 a ff. AktG davon abhängig, welche Anforderungen man an die Zustimmung der Gesellschafter zum Abschluss des Vertrags stellt. Diejenigen, die die Zustimmung eines jeden Gesellschafters fordern, lehnen eine analoge Anwendung von §§ 293 a ff. AktG zumeist ab, da jeder Gesellschafter die Möglichkeit habe, seine Zustimmung von den Informationen abhängig zu machen, die der Gesellschafter für erforderlich hält.[189] Diejenigen, die einen Mehrheitsbeschluss ausreichen lassen, halten hingg. überw. eine analoge Anwendung für erforderlich.[190] Nach einer weiteren Auffassung sind die §§ 293 a ff. AktG in jedem Falle analog anzuwenden.[191] Dem entgegengesetzt wird auch vertreten, dass die §§ 293 a ff. in keinem Fall analog anzuwenden, sondern lediglich bei der Konkretisierung des allg. Informationsrechts des GmbH-Gesellschafters nach § 51 a zu berücksichtigen sind.[192]

188 *Verneinend OLG München* WM 14, 1634, 1635; bejahend OLG Celle GmbHR 14, 1094.
189 Etwa *Hüffer*, AktG, § 293 a Rn. 5 f.; näher *Bungert*, DB 95, 1449 1452 ff.
190 S. die Nachweise bei MüKoGmbHG/*Liebscher* Rn. 737.
191 *Lutter*/Hommelhoff Rn. 59.
192 Roth/*Altmeppen* Rn. 48.

Ist **Obergesellschaft eine AG oder KGaA**, gelten die §§ 293 a ff. AktG jedenfalls für die Obergesellschaft zugunsten der Gesellschafter der Obergesellschaft.[193] 152

b) **Ausnahmen.** Soweit hiernach die §§ 293 a ff. AktG analog anzuwenden sind, gelten auch die Ausnahmetatbestände der §§ 293 a III AktG u. § 293 b I letzter Hs., II AktG.[194] § 293 a III AktG bestimmt für den Vertragsbericht, dass dieser nicht erforderlich ist, wenn alle Anteilsinhaber sowohl der Unter- als auch der Obergesellschaft durch öffentlich beglaubigte Erklärung auf die Erstattung des Berichts **verzichtet** haben. Diese Verzichtserklärung ist nach der – inkonsequenten – gesetzlichen Lage auch dann erforderlich, wenn die Obergesellschaft **alleinige Gesellschafterin** der Untergesellschaft ist. Dies ergibt sich aus einem Gegenschluss zu § 293 b I letzter Hs. AktG.[195] Abgesehen von diesem Fall ist eine Prüfung des Unternehmensvertrags ferner ebenfalls dann entbehrlich, wenn alle Anteilsinhaber sowohl der Unter- als auch der Obergesellschaft auf die Prüfung durch öffentlich beglaubigte Erklärung verzichtet haben (§ 293 b II iVm § 293 a III AktG). 153

8. Anmeldung und Eintragung des Bestehens des Vertrags in das Handelsregister

Nach heute allg. Auffassung werden ein Beherrschungsvertrag u. ein Gewinnabführungsvertrag nur wirksam, wenn das Bestehen des Vertrags in das **Handelsregister der Untergesellschaft eingetragen** worden ist. Die Eintragung ist mithin konstitutive Voraussetzung für das Wirksamwerden des Vertrags.[196] Die frühere Rspr. u. wohl auch heute noch hM stützt dies primär auf eine analoge Anwendung von § 54 III;[197] systemkonformer ist die analoge Anwendung von § 294 II AktG. Die Eintragung des Bestehens eines Unternehmensvertrags nimmt nach hM nicht an der positiven Publizitätswirkung des Handelsregisters nach § 15 III HGB teil.[198] Da das Eintragungserfordernis beim Unternehmensvertrag konstitutiver Natur ist, wäre es denkbar, der Eintragung Heilungswirkung beizumessen. Diese kommt der Eintragung jedoch nach zutr. hM nicht zu; es bleibt bei dem allg. Regime (insbes. § 242 I AktG, ggf. § 246 a I 1 2. Fall bei der AG u. KGaA; Sondervorschriften wie § 41 I 3 GWB). 154

Die Anmeldepflichten der Geschäftsführer der Untergesellschaft ergeben sich aus einer entspr. Anwendung von § 294 I AktG.[199] Der **Anmeldung** 155

193 *Hüffer*, AktG, § 293 a Rn. 5 f.; wohl auch Scholz/*Emmerich* Rn. 150.
194 *Lutter*/Hommelhoff Rn. 58.
195 *Hüffer*, AktG, § 293 a Rn. 22; *Bungert*, DB 95, 1384, 1388 f.
196 Zu der Frage, ob die Grundsätze über den fehlerhaften Unternehmensvertrag über eine fehlende Eintragung hinweg helfen können, s. Rn. 241. Ist die (Unter-)Gesellschaft eine Personengesellschaft, ist die Handelsregistereintragung nach hM weder erforderlich noch möglich, vgl. OLG München GmbHR 11, 376 mit Anm. *Wachter*, BB 11, 724.
197 Etwa MüKoGmbHG/*Liebscher* Rn. 743 f. mit zahlreichen Nachweisen.
198 OLG Hamm NZG 09, 1117 mwN.
199 Formular für die Anmeldung des Bestehens eines Beherrschungs- u. Gewinnabführungsvertrags mit einer GmbH als Untergesellschaft etwa bei *Friedrichsen/Kollmorgen*, in: David ua, Gesellschaftsrecht, 09, § 8 Rn. 35. Zu den Kosten Kroiß/*Everts*/Poller, GmbH-Registerrecht, Rn. 759.

sind analog § 294 I 2 AktG jedenfalls als Anlagen (in Urschrift, Ausfertigung oder öffentlich beglaubigter Abschrift) beizufügen:

- der Unternehmensvertrag,
- der Zustimmungsbeschluss der Gesellschafter der Untergesellschaft, u
- der Zustimmungsbeschluss der Gesellschafter der Obergesellschaft.

156 Ist eine **öffentlich-rechtliche Körperschaft** Vertragspartei, kann es zudem erforderlich sein, die Genehmigung einer Aufsichtsbehörde vorzulegen.[200] Ist Klage gegen den Zustimmungsbeschluss erhoben oder ist dies angekündigt, dürfte der Geschäftsführer verpflichtet sein, hierauf bei der Anmeldung hinzuweisen. Die Klage löst einerseits keine Registersperre aus, kann aber auch nicht durch ein Freigabeverfahren vorzeitig überwunden werden; § 246 a AktG gilt für die GmbH nicht analog.[201] Es liegt im pflichtgemäßen Ermessen des Registerrichters, ob er die Eintragung trotz Klage verfügt.[202]

157 Einer Eintragung des Vertrags in das **Handelsregister der Obergesellschaft** bedarf es nach ganz hM nicht.[203] Wenn das Bestehen des Vertrags versehentlich bei der Obergesellschaft eingetragen wurde, ist seine Amtslöschung nach Auffassung des OLG Celle nur nach vorheriger Ermessensausübung des Gerichts zulässig.[204]

IV. Rechte und Pflichten der Beteiligten

1. Rechte der Obergesellschaft gegen die Untergesellschaft

158 a) **Weisungsrecht der Obergesellschaft.** Prägender Inhalt des Beherrschungsvertrags ist das Recht der Obergesellschaft, der Geschäftsführung der abhängigen GmbH Weisungen zu erteilen (§ 291 I 1 AktG, § 308 I AktG analog).

159 aa) **Beteiligte und Rechtsfolge. Inhaber** des Weisungsrechts ist die Obergesellschaft. **Gegner u. Adressat** des Weisungsrechts sind ausschließlich die Geschäftsführer der abhängigen GmbH.[205] Weisungen ggü. anderen Organen der abhängigen GmbH sind somit ebenso unzulässig wie Weisungen ggü. Mitarbeitern der abhängigen GmbH, die keine Geschäftsführer sind. Es bleibt der Obergesellschaft die Möglichkeit, die Geschäftsführung anzuweisen, ggü. Mitarbeitern der Gesellschaft iRd arbeits- bzw. dienstrechtlichen Weisungsrechts der Untergesellschaft Richtlinien oder sonstige Vorgaben zu begründen.

160 Dem Weisungsrecht entspricht auf Seiten der Geschäftsführung eine **Verpflichtung, die Weisung** zu befolgen u. ggf. auszuführen. Dies gilt gem. § 308 I 2 AktG analog – anders als bei Weisungen über die Gesellschafterversammlung nach § 37 I 2. Fall im faktischen Konzern (→ Rn. 97 ff.) – auch dann, wenn die Weisung nachteilig für die abhängige Gesellschaft ist.

200 So OLG München ZIP 09, 1520 für eine Gemeinde.
201 S. MüKoGmbHG/*Liebscher* Rn. 747.
202 Vgl. *Lutter*/Hommelhoff Rn. 62.
203 S. nur Baumbach/Hueck/*Beurskens* SchlAnhKonzernR Rn. 109 mwN Aus der Rspr. AG Duisburg GmbHR 94, 811.
204 OLG Celle BeckRS 14, 70290 = ZIP 14, 1837.
205 Scholz/*Emmerich* Rn. 171.

Das Recht, Weisungen zu erteilen, beinhaltet das Recht der Obergesellschaft, in sonstiger Weise auf die Geschäftsführung der Untergesellschaft Einfluss zu nehmen, etwa durch Richtlinien oder Hinweise für die zukünftige Zusammenarbeit. Im faktischen Konzern besteht hingg. die Gefahr, dass solche Einflussnahmen unzulässig sind. 161

Die **Geschäftsführung** der Untergesellschaft ist verpflichtet, vor Befolgung bzw. Ausführung der Weisung zu **prüfen**, ob die positiven Voraussetzungen des Weisungsrechts gegeben (→ Rn. 163 ff.) u. die Grenzen des Weisungsrechts gewahrt sind (→ Rn. 166 ff.). Zu den Rechtsfolgen einer unzulässigen Weisung → Rn. 224 ff. 162

bb) Positive Voraussetzungen. Das Weisungsrecht setzt zunächst einen **wirksamen Beherrschungsvertrag** voraus, dh entweder einen ordnungsgemäß geschlossenen oder einen nach den Grundsätzen über den fehlerhaften Unternehmensvertrag als wirksam zu behandelnden Beherrschungsvertrag. Besteht nur ein Gewinnabführungsvertrag, gelten die allg. Regelungen, so dass eine Weisung der Obergesellschaft iaR unzulässig ist. 163

Wie sich aus § 291 I 1, § 308 I 1 AktG analog ergibt, muss sich die Weisung auf die **Leitung der abhängigen GmbH beziehen**. Dieser Begriff ist weit zu verstehen u. umfasst den gesamten Bereich der Geschäftsführung u. Vertretung der abhängigen Gesellschaft.[206] Hierunter fallen solche Maßnahmen nicht, die entweder zwingend in die Zuständigkeit der Gesellschafterversammlung oder eines obligatorischen Aufsichtsrats fallen oder die zwar grds. einem anderen Organ als der Gesellschafterversammlung, nicht jedoch der Geschäftsführung übertragen werden können.[207] Hierzu gehören insbes. die Bestellung u. Abberufung von Geschäftsführern der abhängigen Gesellschaft (§ 46 Nr. 5, § 31 I MitbestG iVm § 84 I AktG), Änderungen des Gesellschaftsvertrags einschl. Kapitalveränderungen (§§ 53 ff.), die Änderung, Aufrechterhaltung oder Aufhebung des zugrunde liegenden Beherrschungsvertrags (§ 299 AktG analog), die Zustimmung zum Abschluss eines Unternehmensvertrags zwischen der abhängigen GmbH als Obergesellschaft mit einer weiteren Gesellschaft (§ 293 II AktG analog)[208] u. die Verpflichtung zur Veräußerung des gesamten Gesellschaftsvermögens analog § 179 a AktG.[209] 164

Ist die Weisung für die abhängige Gesellschaft nachteilig, ist weitere Voraussetzung, dass die Weisung analog § 308 I 2 AktG im **Konzerninteresse** liegt.[210] 165

cc) Grenzen des Weisungsrechts. Das Weisungsrecht der Obergesellschaft unterliegt verschiedenen Grenzen. Dies entspricht heute allgM; die Konkretisierung dieser Grenzen u. ihre Anwendung auf den Einzelfall kann sich jedoch als schwierig erweisen. 166

206 Scholz/*Emmerich* Rn. 174 mwN.
207 OLG Stuttgart NZG 98, 601, 602 („Dornier").
208 OLG Karlsruhe AG 91, 144, 146 (für die AG).
209 OLG Stuttgart NZG 98, 601, 602.
210 OLG Düsseldorf AG 90, 490, 492 („DAB/Hansa"); Scholz/*Emmerich* Rn. 176; vgl. in diesem Zusammenhang auch OLG Nürnberg AG 00, 228, 229.

167 (1) **Unternehmensvertrag, Gesellschaftsvertrag und allgemeine Gesetze.** Nach zutr. Auffassung können Ober- u. Untergesellschaft den Umfang des Weisungsrechts **im Unternehmensvertrag** ausgestalten, insbes. auf bestimmte Teilbereiche des Unternehmens der abhängigen GmbH beschränken.[211] Verstoßen Weisungen gegen diese Einschränkungen, sind sie unzulässig.

168 Zudem sind alle Weisungen unzulässig, die die Behandlung des **Verlustausgleichsanspruchs** betreffen, etwa den Verlustausgleichsanspruch nicht geltend zu machen, zu stunden, in ein Darlehen umzuwandeln oder im Zusammenhang mit der Erfüllung des Anspruchs sonstige Erklärungen abzugeben.[212]

169 Ferner dürfen Weisungen nicht gegen (ausdrückliche) Bestimmungen des **Gesellschaftsvertrags** der abhängigen Gesellschaft verstoßen. So darf die Obergesellschaft die Geschäftsführung insbes. nicht anweisen, neue Tätigkeiten außerhalb des gesellschaftsvertraglich bestimmten Unternehmensgegenstands aufzunehmen.[213] IRd **§§ 134, 138 BGB** bilden ferner die allg. gesetzlichen Vorschriften eine Grenze für das Weisungsrecht.[214]

170 (2) **§§ 30, 31.** Wie sich aus § 30 I 2 1. Fall ergibt, beschränkt das Verbot der Einlagenrückgewähr nach §§ 31, 30 das beherrschungsvertragliche Weisungsrecht grds. nicht. Dasselbe galt gemäß § 291 III AktG analog vor Inkrafttreten des MoMiG (→ Rn. 189). §§ 30, 31 greifen als Schranke für beherrschungsvertragliche Weisungen jedoch wieder ein, wenn die Obergesellschaft im Zeitpunkt der Weisung den aE des Geschäftsjahres entstehenden Verlustausgleichsanspruch der Untergesellschaft voraussichtlich nicht erfüllen kann, dh der **Verlustausgleichsanspruch nicht vollwertig** ist (→ Rn. 189).

171 (3) **Verbot der Existenzgefährdung.** Nach hM sind Weisungen unzulässig, die die Existenz (bzw. die Überlebensfähigkeit) der abhängigen Gesellschaft gefährden, sei es dass diese Existenzgefährdung während des Bestehens des Vertrags oder nach Vertragsende eintritt.[215] Dieses Verbot wird aus unterschiedlichen rechtlichen Gesichtspunkten abgeleitet. Seitdem der BGH die Existenzvernichtungshaftung in **§ 826 BGB** verortet hat, scheint es am überzeugendsten, auch das Verbot existenzgefährdender Weisungen deliktsrechtlich zu begründen. Nach allg. zivilrechtlichen Grundsätzen ist der potenziell Geschädigte nicht gehalten, zunächst die Rechtsgutsverletzung abzuwarten, sondern er ist berechtigt, bei drohender Verletzung Unterlassung zu verlangen.

172 Wie dieses Verbot zu konkretisieren ist, ist noch nicht gesichert. Vielfach wird davon ausgegangen, dass ein Verstoß nicht vorliege, wenn im Zeitpunkt einer an sich existenzgefährdenden Weisung damit zu rechnen ist,

---

211 Michalski/*Servatius*, Syst Darst 4 Rn. 113.
212 Etwa *Tielmann/Wolf*, DStR 06, 1947, 1949 mwN.
213 Scholz/*Emmerich* Rn. 177 a.
214 S. etwa Scholz/*Emmerich* Rn. 177; Rowedder/Schmidt-Leithoff/*Koppensteiner* Anh. § 52 Rn. 109.
215 BGH WM 99, 1565, 1567; OLG Düsseldorf AG 90, 490, 492 („DAB/Hansa"); Scholz/*Emmerich* Rn. 178 f.

dass die Obergesellschaft den **Verlustausgleichsanspruch erfüllen kann.**[216] Bestehen hieran Zweifel, wäre der Verlustausgleichsanspruch ausreichend zu sichern. Zutr. hieran ist, dass eine Weisung unzulässig ist, wenn die Obergesellschaft im Zeitpunkt der Weisungserteilung voraussichtlich nicht in der Lage ist, ihre Verpflichtungen aus dem Unternehmensvertrag zu erfüllen. Ab diesem Zeitpunkt ist ein Beherrschungs- u. Gewinnabführungsvertrag auch von Vornherein nicht mehr geeignet, eine Insolvenzreife u. damit eine Existenzgefährdung der Untergesellschaft auszuschließen. Zur Konkretisierung dieser Voraussetzung kann auf die Grundsätze zurückgegriffen werden, die zu § 297 I 2 AktG (vgl. noch → Rn. 262) anerkannt sind, sowie auf die Kriterien zur Ermittlung der bilanziellen Vollwertigkeit.

Ist nach diesen Kriterien die Vollwertigkeit eines Verlustausgleichsanspruchs zu bejahen, bleibt Vorsicht geboten, ob allein dieser Umstand eine Existenzgefährdung bzw. eine Insolvenzreife der Untergesellschaft auszuschließen vermag. Zutr. ist darauf hingewiesen worden, dass dieser Ansatz in manchen Fällen eine Existenzgefährdung nicht beseitigen kann, da der Verlustausgleichsanspruch erst zum Geschäftsjahresende entsteht u. daher eine unterjährig entstehende Zahlungsunfähigkeit nicht abwenden kann.[217] Daraus folgt insbes., dass im Fall des **Abzugs liquider Mittel**[218] der Untergesellschaft die Existenzgefährdung bzw. Insolvenzreife der Untergesellschaft nicht sicher allein mit dem Argument abgelehnt werden kann, etwaige Verlustausgleichsansprüche der Untergesellschaft seien vollwertig. Vielmehr lässt sich dies nur dann bejahen, wenn die Grundsätze, die für die Ermittlung der Zahlungsunfähigkeit iSv § 17 InsO gelten, zu dem Ergebnis führen, dass der – erst am Geschäftsjahresende entstehende – Verlustausgleichsanspruch ausreicht, um die Zahlungsunfähigkeit auszuschließen. Anderes könnte nur gelten, wenn man annähme, dass der Untergesellschaft aus dem Unternehmensvertrag ein Anspruch auf unterjährige Liquiditätsausstattung zusteht und mit dessen rechtzeitiger Erfüllung zu rechnen ist. Ersteres ist nach zutr. hM jedoch nicht der Fall (näher → Rn. 218 f.). 173

Dementspr kann ferner die Übertragung eines Gegenstands des Anlagevermögens existenzgefährdend sein, falls dieser **stille Reserven** enthält, die erforderlich sind, um eine insolvenzrechtliche Überschuldung der Untergesellschaft auszuschließen. 174

Daneben werden im Zusammenhang mit dem Verbot der Existenzgefährdung zahlreiche **weitere Einzelfälle** diskutiert.[219] 175

(4) Verhältnis zu Mitwirkungsbefugnissen von Instanzen der Untergesellschaft. Das Weisungsrecht der Obergesellschaft aus dem Beherrschungsvertrag geht dem Weisungsrecht der **Gesellschafterversammlung** nach § 37 I 2. Fall vor.[220] Fraglich ist, wie sich das Weisungsrecht zu dem auch bei der GmbH bestehenden Zustimmungsvorbehalt der Gesellschafterversammlung bei besonders wichtigen Geschäftsführungsmaßnahmen entspr. den aktienrechtlichen Holzmüller-Grundsätzen verhält. Nach zutr. Auffas- 176

216 MüKoGmbHG/*Liebscher* Rn. 833 ff.
217 Michalski/*Servatius*, Syst Darst 4 Rn. 124.
218 Vgl. auch *Wessels*, ZIP 04, 793, 797 f.
219 Näher etwa MüKoGmbHG/*Liebscher* Rn. 792 ff. mwN.
220 OLG Stuttgart NZG 98, 601, 602 („Dornier"); Roth/*Altmeppen* Rn. 50 f.

sung[221] besteht auch dieses Mitwirkungsrecht mit Abschluss des Vertrags nicht mehr, da Gegenstand des Weisungsrechts der gesamte Bereich der Geschäftsführung u. der Vertretung der Untergesellschaft ist. Erst wenn die Schwelle des § 179 a AktG analog erreicht ist, läuft das Weisungsrecht leer (→ Rn. 164). Nach (nicht unzweifelhafter) hM[222] ist eine beherrschungsvertragliche Weisung ohne Beteiligung der Gesellschafterversammlung ferner unzulässig, wenn die Befolgung der Weisung auf eine Über- oder Unterschreitung des Unternehmensgegenstands der abhängigen Gesellschaft hinausläuft.

177 In gleicher Weise sind Mitwirkungsrechte zugunsten eines einzelnen **Gesellschafters** der abhängigen GmbH, welche im GmbH-Recht durchaus in zulässiger Weise vereinbart werden können, außer Kraft gesetzt.

178 Bei Mitwirkungsbefugnissen eines **Aufsichtsrats** der abhängigen GmbH ist zu unterscheiden: Mitwirkungsbefugnisse eines freiwillig gebildeten Aufsichtsrats (§ 52) sind nach zutr. hM außer Kraft gesetzt, da ein solcher Aufsichtsrat seine Befugnisse von der Gesellschafterversammlung ableitet. Mitwirkungsbefugnisse eines obligatorischen, dh nach einem der Mitbestimmungsgesetze gebildeten Aufsichtsrats bestehen nach hM hingg. fort. Es gilt § 308 III AktG analog.[223]

179 **b) Anspruch auf Gewinnabführung.** Prägender Inhalt eines Gewinnabführungsvertrags (§ 291 I 1 2. Fall AktG analog) ist der Anspruch der Obergesellschaft gegen die Untergesellschaft auf Gewinnabführung. Soll der Gewinnabführungsvertrag die regelmäßig beabsichtigte steuerliche **Organschaft** (→ Rn. 112) begründen, muss der Vertrag über die erforderliche Zeit **durchgeführt** worden sein (§§ 14 I 1 Nr. 3 S. 1, 17 KStG). Dies erfordert grds. insbes., dass die Obergesellschaft ihren Anspruch auf Gewinnabführung so, wie er ihr nach Maßgabe des objektiven Rechts zusteht, geltend macht.[224]

180 **aa) Rechtsfolge.** Der Gewinnabführungsvertrag gibt der Obergesellschaft Anspruch auf Abführung des **gesamten, ohne die Gewinnabführung entstehenden Jahresüberschusses** (vgl. § 275 II Nr. 20, III Nr. 19 HGB). Ist nach dem Vertrag weniger abzuführen, handelt es sich um einen Teilgewinnabführungsvertrag nach § 292 I Nr. 2 AktG analog (→ Rn. 271). In der Gewinn- u. Verlustrechnung der Obergesellschaft ist der Ertrag aus der Gewinnabführung gesondert auszuweisen (§ 277 III 2 HGB).

181 **§ 301 S. 1 AktG** bestimmt den Betrag, den die Untergesellschaft **höchstens** als Gewinn abführen darf. Diese zwingende, durch das BilMoG um einen dritten Fall ergänzte[225] Vorschrift gilt in ihrem ersten u. dritten Fall analog

221 Michalski/*Zeidler*, 1. Aufl., Syst Darst 4 Rn. 104.
222 OLG Stuttgart NZG 98, 601, 602 f. („Dornier"); OLG Düsseldorf AG 90, 490, 492; OLG Nürnberg AG 00, 228, 229 („WBG"); Scholz/*Emmerich* Rn. 177 a.
223 S. nur Scholz/*Emmerich* Rn. 173 mwN.
224 Zur Korrektur einer unrichtigen Gewinnabführung vor diesem steuerlichen Hintergrund s. *Meining*, GmbHR 10, 309.
225 Art. 5 Nr. 18 des Gesetzes zur Modernisierung des Bilanzrechts v. 25.5.09, BGBl. I, S. 1102.

für die GmbH.[226] Lediglich der zweite Fall, die Einstellung von Beträgen in die gesetzliche Rücklage nach § 300 AktG, ist spezifisch aktienrechtlicher Natur u. nicht auf die GmbH anzuwenden. Die Geltung von § 301 S. 1 AktG hat nach hM zur Folge, dass die Obergesellschaft den genannten Höchstbetrag zum einen auszuschöpfen hat, zum anderen nicht überschreiten darf, wenn die steuerliche Anerkennung der Organschaft gewährleistet sein soll.[227]

Die Änderung von § 301 S. 1 AktG durch das BilMoG hat grds. keine Auswirkung auf die steuerliche Anerkennung der Organschaft. Bei der Durchführung der Gewinnabführung sind jedoch die Neuregelungen zum Höchstbetrag der Gewinnabführung nach § 301 S. 1 AktG auch dann zu beachten, falls der Vertrag Abw vorsieht.[228] 182

Der Gewinnabführungsanspruch gibt der Obergesellschaft keinen Anspruch auf Voraus- oder Abschlagszahlungen. Ein solcher Anspruch kann aber wirksam im Unternehmensvertrag begründet werden. Auch dann unterliegt eine Vorauszahlung denselben Anforderungen, die für eine Vorabgewinnausschüttung gelten. 183

bb) Voraussetzungen und Sonstiges. Der Gewinnabführungsanspruch setzt voraus, dass ein ordnungsgemäßer oder nach den Grundsätzen über den fehlerhaften Unternehmensvertrag (→ Rn. 266 ff.) als **wirksam** zu behandelnder **Gewinnabführungsvertrag** besteht. 184

Der Gewinnabführungsanspruch ist ein auf Leistung in Geld gerichteter Anspruch. Folglich kann die Untergesellschaft nach näherer Maßgabe der §§ 387 ff. BGB mit Zahlungsansprüchen, die ihr gegen die Obergesellschaft zustehen, ggü. dem Gewinnabführungsanspruch **aufrechnen.** Deswegen können Gewinnabführungsansprüche bei ordnungsgemäßer Tilgungsbestimmung grds. ohne Weiteres über ein Verrechnungskonto zwischen Untergesellschaft u. Obergesellschaft verbucht u. verrechnet werden. Probleme ergeben sich allerdings dann, wenn ein Gewinnabführungsanspruch der Obergesellschaft auf diese Weise verwendet worden ist, um einen Verlustausgleichsanspruch der Untergesellschaft aus einem Vorjahr zu erfüllen, da dies nur unter bestimmten Voraussetzungen zulässig ist (→ Rn. 206 ff.). Einen Einlageanspruch der Untergesellschaft aus einer Kapitalerhöhung kann die Obergesellschaft durch Anrechnung eines Gewinnabführungsanspruchs nur nach Maßgabe der Vorschriften über die Sacheinlage erfüllen (vgl. § 56). 185

Zeitpunkt der **Entstehung, Fälligkeit und Verzinsung** des Gewinnabführungsanspruchs sind str. (zum Verlustausgleichsanspruch → Rn. 203 und → Rn. 217).[229] Ein Verzicht auf den Gewinnabführungsanspruch (im Wege eines Erlassvertrags) ist konzernrechtlich ohne Weiteres zulässig.[230] 186

226 Unter Berücksichtigung der Änderung durch das BilMoG etwa *Kieker/Vollmar*, DStR 09, 842.
227 Dötsch/Jost/Pung/Witt/*Witt/Dötsch*, KStG, § 14 Rn. 173.
228 BMF-Schreiben vom 14.1.10 – IV C 2 – S. 2770/09/10002, DStR 10, 113.
229 Näher *Wolf*, NZG 07, 641; *Prokopf*, DB 07, 900; *Philippi*, BB 06, 1809.
230 Zu den steuerlichen Folgen FG Münster BeckRS 14, 96455.

187 Im Hinblick auf die steuerliche Organschaft, die durch den Gewinnabführungsvertrag begründet wird (→ Rn. 112), finden sich nicht selten Vereinbarungen zwischen Unter- u. Obergesellschaft darüber, dass die Untergesellschaft im Verhältnis zur Obergesellschaft bestimmte, auf die Untergesellschaft entfallende Steuern zu tragen hat (**Steuerumlagen**).[231] Regelmäßig macht es wirtschaftlich keinen Unterschied, ob die Untergesellschaft einen bestimmten Betrag als Steuerumlage oder einen um die Steuerumlage erhöhten Gewinn an die Obergesellschaft abführt.[232]

188 **c) Lockerung des Kapitalschutzes auf Ebene der Untergesellschaft.** Reflexartige Rechte der Obergesellschaft begründet ein Beherrschungs- bzw. Gewinnabführungsvertrag dadurch, dass das Bestehen eines solchen Vertrags in einem gewissen Umfang zur Lockerung des Kapitalschutzes auf Ebene der Untergesellschaft führt:

189 Für das **Verbot der Einlagenrückgewähr nach §§ 30, 31** bestimmt § 30 I, dass das Verbot der Einlagenrückgewähr nach § 30 I 1 nicht bei Leistungen gilt, die bei Bestehen eines Beherrschungs- oder Gewinnabführungsvertrags erfolgen (§ 30 I 2 1. Fall; näher → § 30 Rn. 110 ff.). Umstritten ist, ob die Anwendung dieses Ausnahmetatbestands voraussetzt, dass im Zeitpunkt der Leistung zu erwarten ist, dass der am Geschäftsjahresende entstehende unternehmensvertragliche Verlustausgleichsanspruch der Untergesellschaft nach § 302 I AktG analog vollwertig ist. Das OLG Frankfurt aM hat dies verneint, allerdings bei der Würdigung einer sog. *limitation language* einer aufsteigenden Sicherheit u. lediglich iR einer Hilfsüberlegung. Im Schrifttum wird die Frage von einer starken Auffassung bejaht.[233] Die insoweit bestehenden Unsicherheiten unterstreichen die Bedeutung, welche der Entscheidung des Geschäftsführers der Untergesellschaft über eine Kündigung des Vertrags aus wichtigem Grund zukommt. Im Einzelfall kann er gehalten sein, eine solche Kündigung auszusprechen, um jedenfalls hierdurch den Ausnahmetatbestand des § 30 I 2 1. Fall zu beseitigen.

Vor Inkrafttreten des MoMiG waren die Auswirkungen eines Unternehmensvertrags mit Verlustausgleichsanspruch auf den Umfang des Kapitalschutzes auf Ebene der Untergesellschaft nicht gesetzlich geregelt. Die zutr. hM kam zu dem Ergebnis, dass die Vorschrift des § 291 III AktG idF vor Inkrafttreten des MoMiG analog auf den GmbH-Konzern anzuwenden ist. Nach dieser Vorschrift waren allein Leistungen vom Verbot der Einlagenrückgewähr ausgenommen, die „aufgrund" des Vertrags erfolgen. Dies sind zum einen Leistungen, die die Untergesellschaft in Ausführung einer Weisung, die die Obergesellschaft auf der Grundlage eines Beherrschungsvertrags ausgesprochen hat, erbringt. Im Falle des bei der GmbH besonders häufigen isolierten Gewinnabführungsvertrags war gem. § 291 III

231 Hierzu näher etwa *Forster/Mühlbauer*, DStR 02, 1470.
232 BGH NJW-RR 04, 474 (auch zu weiteren Erstattungsfragen).
233 Vgl. etwa *Altmeppen*, ZIP 09, 49, 55; *Mühlbert/Leuschner*, NZG 09, 281, 287; Bunnemann/Zirngibl/*Rose*, Auswirkungen des MoMiG auf bestehende GmbHs, § 6 Rn. 130.

AktG aF analog jedoch nach zutr. hM allein die Gewinnabführung selbst vom Verbot der Einlagenrückgewähr ausgenommen.[234]

Unter diesem Gesichtspunkt bringt das **MoMiG** folglich eine ganz erhebliche Lockerung des Kapitalschutzes bei der GmbH mit sich. Für die Entscheidung, ob insoweit das GmbHG idF des MoMiG oder idF vor Inkrafttreten des MoMiG maßgeblich ist, ist die entspr. Rspr. zur Anwendbarkeit des früheren Eigenkapitalersatzrechts[235] analog anzuwenden. Die vorgenannte Lockerung des Kapitalschutzes durch das MoMiG wird allerdings durch die ebenfalls durch das MoMiG eingeführte Vorschrift des **§ 64 S. 3** eingeschränkt, die gerade Zahlungen an einen Gesellschafter in den Blick nimmt (näher → § 64 Rn. 69 ff.). 190

Besonders zu beachten ist, dass der Ausnahmetatbestand des § 30 I 2 1. Fall nur ggü. dem Verbot der Einlagenrückgewähr (§§ 30, 31) gilt. Unberührt bleiben folglich **§ 64 S. 1** u. **S. 3.** Ferner ist die Haftung wegen existenzvernichtenden Eingriffs nach **§ 826 BGB** (→ Rn. 100 ff.) auch bei Bestehen eines Beherrschungs- oder Gewinnabführungsvertrags anwendbar.[236] Auch das **Insolvenzanfechtungsrecht** (→ Rn. 103 ff.) u. die möglicherweise einschlägigen **strafrechtlichen Vorschriften** (→ Rn. 102) kommen grds. unabhängig davon zur Anwendung, ob im maßgeblichen Zeitpunkt ein Unternehmensvertrag bestand. IRd Anwendung dieser Bestimmungen kann freilich dem Bestehen des Vertrags Rechnung zu tragen sein. 191

2. Rechte gegen die Obergesellschaft

a) **Anspruch der Untergesellschaft auf Verlustausgleich analog § 302 AktG.** Während des Bestehens eines Beherrschungs- oder eines Gewinnabführungsvertrags hat die GmbH (Untergesellschaft) nach allgM einen Anspruch gegen die Obergesellschaft auf Verlustausgleich analog § 302 I AktG. Dieser Anspruch ist nicht dispositiv u. folgt jedenfalls aus dem Gesetz, so dass es in den meisten Zusammenhängen nicht darauf ankommt, ob der Beherrschungs- oder Gewinnabführungsvertrag selbst einen Anspruch der Untergesellschaft auf Verlustausgleich enthält (zur Erforderlichkeit einer vertraglichen Vereinbarung der Verlustübernahme aus steuerlichen Gründen → Rn. 121).[237] 192

aa) **Rechtsfolge.** Auszugleichen ist der sonst entstehende Jahresfehlbetrag der Untergesellschaft. Jahresfehlbetrag idS ist der Betrag, der sich aus der **Gewinn- u. Verlustrechnung** der Gesellschaft als Jahresfehlbetrag vor der Verlustübernahme ergibt (§ 275 II Nr. 20 oder § 275 III Nr. 19 HGB). 193

Da nach diesem Betrag gem. § 277 III 2 HGB (Erträge aus Verlustübernahme) der Verlustausgleichsanspruch der Untergesellschaft in der Gewinn- u. 194

234 *Tyrgala/Kremer*, ZIP 07, 1289, 1297; *Pentz*, ZIP 06, 781, 786; *Mühlbert/Leuschner*, NZG 09, 281, 287; *Wilhelm*, DB 00, 2729, 2730; *Schmolke*, Kapitalerhaltung in der GmbH nach dem MoMiG 2009, § 30 Rn. 169 mwN.

235 BGH ZIP 09, 609 („Gut Buschow"); ebenso bereits OLG Köln NZI 09, 128 mit Anm. *Felke*, GmbHR 09, 260; ferner OLG Jena GmbHR 09, 431; hierzu ferner etwa *Lorenz*, GmbHR 09, 135.

236 BGH NJW 07, 2689 („TRIHOTEL"); Saenger/Aderhold/Lenkaitis/Speckmann/*Bergjan/Greitemann*, Handels- und Gesellschaftsrecht, § 11 Rn. 268.

237 Scholz/*Emmerich* Rn. 181 mwN.

Verlustrechnung zu berücksichtigen ist, hat die Untergesellschaft iErg keinen Jahresfehlbetrag, sondern zwingend ein Jahresergebnis von Null. Aus diesem Grunde spricht § 302 I AktG von dem **„sonst entstehenden“** Jahresfehlbetrag.

195 **Maßgeblich** für den Jahresfehlbetrag der Untergesellschaft sind nach hM allein die **einschlägigen rechtlichen Vorschriften** u. sonstigen Regelungen des geltenden Bilanzrechts.[238] Auf einen vorliegenden u. ggf. festgestellten Jahresabschluss der Untergesellschaft kommt es folglich nicht an. Für die Obergesellschaft ergibt sich hieraus das erhebliche Risiko, dass ein Insolvenzverwalter der Untergesellschaft oder bei einer Veräußerung der Beteiligung an der Untergesellschaft ein neuer Gesellschafter den Jahresfehlbetrag der Untergesellschaft auch für lang zurückliegende Geschäftsjahre neu ermittelt u. hieraus Ansprüche gegen die Obergesellschaft ableitet.[239] Im letzteren Fall der Veräußerung der Beteiligung ist der Obergesellschaft folglich dringend zu raten, sich einen – ggf. gesicherten – Freistellungsanspruch gegen den Erwerber einräumen zu lassen. Akzeptiert dies der Erwerber nicht, wird ggf. nur eine Veräußerung der Vermögensgegenstände der Untergesellschaft im Wege der Einzelrechtsübertragung (Asset Deal) in Betracht kommen.

196 Übt die Untergesellschaft bei der Aufstellung des Abschlusses, der der Ermittlung des Fehlbetrags zugrunde liegt, **Ansatz- u. Bewertungswahlrechte** aus, kann sie der Obergesellschaft ggü. zur Rücksichtnahme auf deren angemessene Belange verpflichtet sein.[240]

197 Ist der Verlust eines Zeitraums auszugleichen, der im Laufe eines Geschäftsjahres („unterjährig“) endet, kann die Höhe des Anspruchs nach § 287 ZPO geschätzt werden, wenn es nicht möglich ist, auf den unterjährigen Stichtag einen Zwischenabschluss aufzustellen.[241]

198 Bei der Anwendung von § 302 I AktG im GmbH-Konzern ist str, ob das herrschende Unternehmen zwingend den gesamten Jahresfehlbetrag der Untergesellschaft auszugleichen hat oder ob der Ausgleichsanspruch der Untergesellschaft nur insoweit besteht, als der Verlust das **Stammkapital** der Gesellschaft angreift. Die hM nimmt ersteres an.[242] Bedeutung kommt dieser Frage iaR nicht zu, da der Vertrag die Regelung des § 302 AktG inkorporieren muss, um die regelmäßig angestrebte steuerliche Organschaft begründen zu können (→ Rn. 121). In diesem Fall erstreckt sich der Verlustausgleich auf den gesamten sonst entstehenden Jahresfehlbetrag.[243]

199 Gem. § 302 I Hs. 2 AktG (analog) besteht die Verlustausgleichspflicht insoweit nicht, als der Jahresfehlbetrag dadurch ausgeglichen wird, dass den anderen **Gewinnrücklagen** (§ 266 III A. III. 4. HGB) Beträge entnommen

238 BGH NJW 00, 210 mit Anm. *Hoffmann*, NZG 00, 205; krit. hierzu *Krieger*, NZG 05, 787.
239 Vgl. etwa *Hentzen*, NZG 08, 201, 202; *Simon/Leuering*, NJW-Spezial 06, 123.
240 Etwa Schmidt/Lutter/*Stephan*, AktG, § 302 Rn. 22 mwN (für die AG); vgl. auch OLG Frankfurt aM NZG 00, 603.
241 BGH NJW 02, 822, 824 (sub 3).
242 Etwa Baumbach/Hueck/*Beurskens*, SchlAnhKonzernR Rn. 121; näher u. aA Michalski/*Servatius*, Syst Darst 4 Rn. 176 f.
243 Michalski/*Servatius*, Syst Darst 4 Rn. 176 f.

werden, die während der Vertragsdauer in sie eingestellt worden sind. Nach jedenfalls im GmbH-Konzern ganz überwiegender Auffassung gilt dies analog für – während der Vertragsdauer geschaffene – Kapitalrücklagen iSv § 272 II Nr. 4 HGB.[244] Hierfür spricht nicht zuletzt die Entstehungsgeschichte des § 302 I 2. Hs. AktG, der ursprünglich allgemein von „freien Rücklagen" sprach.[245] Insbesondere ist eine Verwendung von vertraglichen Kapitalrücklagen iSv § 272 II Nr. 4 HGB zum Zwecke der Verlustsaldierung (zivilrechtlich) zulässig und wirksam, wenn der zugrunde liegende Unternehmensvertrag eine entsprechende Regelung enthält.[246] Da folglich § 302 I Hs. 2 AktG die Frage, welche Rücklagen zur Verlustsaldierung verwendet werden können, nicht abschließend regelt, beinhaltet eine vertragliche Regelung, nach der Kapitalrücklagen iSv § 272 II Nr. 4 HGB zur Verlustverrechnung verwendet werden können, keine Abweichung von § 302 I AktG. Der von § 17 I 2 KStG geforderte Verweis auf § 302 AktG wird durch eine solche Regelung somit nicht in Frage gestellt. Eine andere Frage ist, ob die tatsächliche *Verwendung* von Kapitalrücklagen iSv § 272 II Nr. 4 HGB zum Zwecke der Verlustsaldierung die steuerliche Organschaft beseitigt. Dies wird im Steuerrecht ganz überwiegend bejaht.

bb) Voraussetzungen und Fälligkeit. Voraussetzung eines Anspruchs auf Verlustübernahme ist zunächst ein wirksamer oder als wirksam zu behandelnder Beherrschungs- oder Gewinnabführungsvertrag. Aus dem Wort „oder" in § 302 I AktG folgt, dass auch ein isolierter Gewinnabführungsvertrag genügt. 200

Der Jahresfehlbetrag muss während des Bestehens des Vertrags entstanden sein. Bei **unterjähriger Beendigung** des Vertrags ist der bis dahin entstandene Jahresfehlbetrag auszugleichen.[247] In diesem Fall sind die Vertragsparteien verpflichtet, einen Zwischenabschluss auf den unterjährigen Beendigungszeitpunkt aufzustellen. Praktische Probleme kann dies bereiten, wenn der Vertrag endete, ohne dass den Parteien dies bewusst war, zB uU durch Verschmelzung der Untergesellschaft (→ Rn. 264). 201

Für den Anspruch aus § 302 I AktG kommt es nicht darauf an, inwieweit die Obergesellschaft im fraglichen Zeitraum auf die Untergesellschaft **ein-** 202

244 Etwa *Liebscher*, in: Münchener Kommentar zum GmbHG, 1. Aufl. 2015, Anh. § 13 Rn. 864 f.; Ausführlich *Hüffer*, in Burgard ua, Festschrift für Uwe H. Schneider, 2011, Gewinnabführung und Verlustsaldierung unter Entnahme aus der gem. § 272 Abs. 2 Nr. 4 HGB innervertraglich gebildeten Kapitalrücklage, Seiten 559 ff. MünchHdbAG/*Krieger*, § 70 Rn. 68 (für die AG) befürwortet zudem eine Analogie für die satzungsmäßigen Gewinnrücklagen (§ 266 A. III. 3. HGB).

245 Durch das Bilanzrichtlinien-Gesetz 1985 wurden die Worte "freie Rücklagen" jeweils durch die Worte "andere Gewinnrücklagen" ersetzt (Gesetz zur Durchführung der Vierten, Siebenten und Achten Richtlinie des Rates der Europäischen Gemeinschaften zur Koordinierung des Gesellschaftsrechts, BGBl. I 1985, 2355). Beweggrund für diese Gesetzesänderung waren ausweislich der Gesetzesbegründung lediglich "begriffliche Anpassungen" (Beschlussempfehlung und Bericht des Rechtsausschusses zu dem Entwurf eines Gesetzes zur Durchführung der Vierten Richtlinie des Rates der Europäischen Gemeinschaften zur Koordinierung des Gesellschaftsrechts (Bilanzrichtlinie-Gesetz), BT-Drs. 10/4268 vom 18.11.1985, 128).

246 Vgl. OLG Frankfurt aM, NZG 2000, 603, 604 (rechtskräftig durch Nichtannahmebeschluss des BGH v. 17.7. 2000 – II ZR 239/99); *Liebscher*, aaO.

247 Ganz hM, s. nur BGHZ 103, 1, 9 f.

gewirkt hat.[248] Hiervon unberührt bleibt natürlich der Fall, dass die Einwirkung der Obergesellschaft einen gewinnmindernden Verlust bei der Untergesellschaft herbeigeführt hat.

203 Der Anspruch der Untergesellschaft auf Verlustausgleich **entsteht** nach hM mit Ablauf des Bilanzstichtags,[249] genauer gesagt mit Beginn des darauf folgenden Tages. Nach hM wird der Anspruch in diesem Zeitpunkt gem. § 271 I BGB gleichzeitig **fällig** (zur Verzinsung → Rn. 217).[250] Nach der Gegenauffassung wird der Anspruch erst fällig, wenn der Jahresabschluss (bzw. Zwischenabschluss) der Untergesellschaft festgestellt worden ist.[251] Bei unterjähriger Beendigung entsteht der Anspruch im Zeitpunkt der unterjährigen Beendigung,[252] nicht (notwendigerweise) erst mit Ablauf des Tages, in dessen Lauf das beendigende Ereignis fällt. Im selben Zeitpunkt wird der Anspruch fällig (§ 271 I BGB).[253] Steht der Verlust zu diesem Zeitpunkt noch nicht fest, hat die Obergesellschaft einen vorläufig errechneten Betrag an die Untergesellschaft zu leisten; stellt sich später heraus, dass der vorläufig geleistete Betrag zu hoch war, hat die Obergesellschaft Anspruch auf Rückgewähr.[254]

204 **cc) Einwendungen, insbesondere Erfüllung. (1) Rücklagenentnahme.** Eine Verpflichtung zum Verlustausgleich besteht zunächst gem. § 302 I Hs. 2 AktG insoweit nicht, als der Verlust dadurch ausgeglichen wird, dass bestimmten **Rücklagen** Beträge entnommen werden, die während der Vertragslaufzeit in sie eingestellt worden sind (näher → Rn. 199). Dies setzt voraus, dass eine entspr. Rücklagenverwendung bei Feststellung des Jahresabschlusses über die fragliche Periode beschlossen wurde.

205 **(2) Verzicht, Vergleich und Ähnliches.** Die zwingende Vorschrift des § 302 III AktG gilt für die abhängige GmbH ebenfalls analog, ohne dass es auf den Inhalt des Unternehmensvertrags ankommt.[255] Daher sind ein **Verzicht** u. ein **Vergleich** vor dem in § 302 III 1 AktG genannten Zeitpunkt grds. unwirksam. Ein Vergleich idS ist grds. auch eine Stundung des – sofort fälligen (→ Rn. 203) – Anspruchs.[256] Unter den Voraussetzungen des § 302 III 2 AktG kann ein Verzicht oder ein Vergleich ausnahmsweise vor dem in S. 1 genannten Zeitpunkt vorgenommen werden. Der erste Fall dieses Ausnahmetatbestands liegt vor, wenn das herrschende Unternehmen zahlungsunfähig ist u. sich zur Abwendung des Insolvenzverfahrens mit seinen Gläubigern vergleicht (sog. Abwendungsvergleich). Zahlungsunfähigkeit idS ist Zahlungsunfähigkeit iSv § 17 InsO. Wegen der Möglichkeiten des herrschenden Unternehmens zur Einwirkung auf die Untergesellschaft fragt sich, ob bei der Prüfung der Zahlungsunfähigkeit der Obergesellschaft der Verlustausgleichsanspruch der Untergesellschaft unabhängig

248 BGHZ 116, 37.
249 BGH NJW 00, 210.
250 BGH NJW 00, 210; vgl. auch LG Bochum GmbHR 87, 24, 26.
251 Vgl. die Nachweise bei MünchHdbGesR/*Decher*, § 70 Rn. 26.
252 *Spindler/Klöhn*, NZG 05, 584 nwN.
253 BGH NJW 00, 210 entspr.
254 BGH NZG 15, 912, Rn. 28.
255 Etwa *Emmerich*/Habersack, Aktien- und GmbH-Konzernrecht, § 302 Rn. 50. Vgl. auch LG Bochum GmbHR 87, 24, 26.
256 Etwa *Hoffmann-Becking*, WiB 94, 57, 62.

davon zu berücksichtigen ist, ob die Untergesellschaft den Anspruch gesondert geltend gemacht hat. Dies u. weitere Einzelheiten von § 302 III 2 1. Fall AktG sind nach wie vor weitgehend ungeklärt.[257]

§ 302 III 3 AktG gilt für die GmbH ebenfalls analog. Ist es der Insolvenzverwalter, der den Vergleich für die Untergesellschaft schließen möchte, ist die Vorschrift nicht anwendbar, da sie ihrem Sinn u. Zweck nicht einschlägig u. zudem die Wertung der § 80, § 199 S. 2 InsO vorrangig ist. Dies gilt auch für Insolvenzverfahren, in denen mit einer Ausschüttung an Gesellschafter nach § 199 S. 2 InsO zu rechnen ist, da die Einziehungs- u. Verteilungsregelungen der InsO vorgehen.

(3) **Auf- und Verrechnung.** Entgg. einer viel beachteten, vom BGH aufgehobenen Entscheidung des OLG Jena[258] ist es für die Obergesellschaft nicht ausgeschlossen, den Verlustausgleichsanspruch der Untergesellschaft durch **Aufrechnung** nach §§ 387 ff. BGB mit einer Gegenforderung der Obergesellschaft zu erfüllen. Insbes. gelten § 19 II 2, § 66 I 2 AktG nicht analog. Auch nach dem BGH unterliegt die Aufrechnung aber neben den §§ 387 ff. BGB besonderen konzernrechtlichen Voraussetzungen. Eine wirksame Aufrechnung setzt nach dem BGH va voraus, dass die Gegenforderung der Obergesellschaft vollwertig (werthaltig) ist u. – zumindest bei Sachverhalten, die nach der Rechtslage vor Inkrafttreten des MoMiG zu beurteilen sind – (insbes.) nicht eigenkapitalersetzend nach Maßgabe des früheren Eigenkapitalersatzrechts sind; die Beweislast hierfür obliegt jeweils der Obergesellschaft.[259] Maßgeblicher Zeitpunkt für die Frage der Vollwertigkeit ist trotz § 389 BGB der der (wirksam abgegebenen) Aufrechnungserklärung.[260] Ob dem Vollwertigkeitskriterium noch eine eigenständige Bedeutung zukommt, nachdem der Gesetzgeber des MoMiG im Rahmen des Verbots der Einlagenrückgewähr die bilanzielle Betrachtungsweise festgeschrieben hat, ist noch weitgehend ungeklärt. 206

Wenn der BGH in seiner Entscheidung aus dem Jahre 2006 fordert, die zur Aufrechnung verwendete Forderung dürfe auch nicht eigenkapitalersetzend sein, dürfte dies nur eine Berücksichtigung des sich aus § 390 BGB iVm der Einrede aus §§ 30, 31 aF analog ergebenden Gesichtspunkts sein, so dass dieses Erfordernis für eine Aufrechnung, die nach Inkrafttreten des MoMiG erklärt wird, nicht gilt. Kaum gesicherte Erkenntnisse gibt es bislang zu der Frage, wie das **Erfordernis der Vollwertigkeit zu konkretisieren** ist. Es mit Insolvenzreife (§§ 17, 19 InsO) gleichzusetzen, dürfte etwas zu kurz greifen. Anderenfalls ergäbe sich das wenig sachgerechte Ergebnis, dass die Untergesellschaft eine Aufrechnung nur ablehnen u. Zahlung verlangen könnte, wenn sie gleichzeitig insolvenzantragspflichtig ist. Richti- 207

257 Weiterführend *Emmerich*/Habersack, Aktien- und GmbH-Konzernrecht, § 302 Rn. 51 ff. mwN.

258 NZG 05, 716; dazu *Hentzen*, AG 06, 133; *Grunewald*, NZG 05, 781; *Priester*, BB 05, 2483; *Liebscher*, ZIP 06, 1221; *Tielmann/Wolf*, DStR 06, 1947; *Petersen*, GmbHR 05, 1031.

259 BGH NJW 06, 3279; dazu etwa *Theiselmann*, GmbHR 06, 931. Zu steuerrechtlichen Implikationen *Neyer*, BB 07, 413.

260 BGH NJW 06, 3279, 3281 (sub III. 1.). Ebenso wohl *Reuter*, DB 05, 2339, 2343; aA (ohne Begründung) *Rodewald*, BB 06, 1877, 1878, der wohl die Aufrechnungslage für maßgeblich hält.

gerweise fehlt die Vollwertigkeit auch dann, wenn die Gesellschaft kreditunwürdig (iSd früheren Eigenkapitalersatzrechts) ist.

208 Aus der Entscheidung des BGH aus dem Jahre 2006 ergibt sich neben dem Vollwertigkeitserfordernis, dass das Erfüllungsgeschäft **bestimmt u. eindeutig** sein muss. Dies läuft in der Praxis darauf hinaus, dass für alle Erfüllungsarten außer der Zahlung eine schriftliche Erklärung bzw. Vereinbarung zu empfehlen ist. Das OLG München hat in einer rechtskräftigen Entscheidung aus dem Jahre 2013 bestätigt, dass **Buchungen** alleine keine hinreichende Erklärung belegen. Im entschiedenen Fall hat es aus diesem Grunde bereits eine Aufrechnungserklärung (bzw. Verrechnungsabrede) verneint; Fragen der Vollwertigkeit der Gegenforderung stellten sich daher nicht mehr.[261]

209 Die vorgenannten Anforderungen gelten für eine **Verrechnung** in gleicher Weise.[262] Entspr. gelten sie für eine **Aufrechnung durch die Untergesellschaft.**[263]

210 (4) **Anrechnung.** Die vorstehenden Einschränkungen gelten nur für Leistungen auf den entstandenen Verlustausgleichsanspruch. Verlustmindernde Ereignisse, die bis zum Geschäftsjahresende eingetreten sind, sind mithin allein an allg. Maßstäben zu messen u. gehen bei Wirksamkeit ohne Weiteres in das (bilanzielle) Ergebnis iSv § 302 I AktG analog ein. Verzichtet die Obergesellschaft bspw. vor Ende des Geschäftsjahres auf eine Forderung gegen die Gesellschaft, verbessert dies das Ergebnis der Gesellschaft als außerordentlicher Ertrag daher auch dann iHd Betrags der Forderung, wenn die Forderung als eigenkapitalersetzend iSd früheren Eigenkapitalersatzrechts einzustufen wäre.[264]

Dies erklärt, warum der BGH die **Anrechnung** prinzipiell anders behandelt als die Aufrechnung. Zahlungen an die Untergesellschaft (also Vorauszahlungen auf einen etwaigen künftigen Verlustausgleichsanspruch) mindern den Verlustausgleichsanspruch ohne Rücksicht auf die Vollwertigkeitsfrage, sofern diese auf einer eindeutigen, zuvor getroffenen Anrechnungsvereinbarung beruhen.[265] Dies gilt – bei entsprechender Vereinbarung – auch, wenn die Zahlung durch eine andere Konzerngesellschaft erfolgt. In der Praxis erfolgen solche Vorauszahlungen zumeist im Rahmen eines Cash Poolings mit der Untergesellschaft. Im Ausgangspunkt bestehen keine Bedenken, jede einzelne Zahlung an die Gesellschaft im Rahmen des Cash Poolings mit der Anrechungswirkung auszustatten (also insoweit unter Ausblendung etwa gegenläufiger Zahlungen der Gesellschaft im Rahmen des Cash Poolings). Bestehen die Vorausleistungen nicht aus Zahlungen, sondern aus anderen Leistungen, kann die Erfüllungswirkung aber auch bei der Anrechnung von einem Werterfordernis abhängen. So bewirken anzurechnende Sachleistungen nach der Rechtsprechung des BGH nur in Höhe des Verkehrswerts des übertragenen Gegenstands die Erfüllung. Über-

261 *OLG München* ZIP 14, 1067 Rn. 56; Nichtzulassungsbeschwerden zurückgewiesen durch BGH NZG 15, 912.
262 Vgl. OLG München ZIP 14, 1067.
263 Vgl. MünchHdbAG/*Krieger*, § 70 Rn. 71 (für die AG).
264 S. etwa Schmidt/Lutter/*Stephan*, AktG, § 302 Rn. 20 mwN.
265 BGH NJW 06, 3279.

nimmt es die Obergesellschaft im Rahmen der Anrechnungsvereinbarung, eine Verbindlichkeit der Gesellschaft zu erfüllen, ist nicht gesichert, ob die Erfüllung des Verlustausgleichsanspruchs in Höhe des Betrags der Verbindlichkeit eintritt (Nominalwertprinzip) oder nur im Umfang der Werthaltigkeit der Forderung des Gläubigers gegen die Gesellschaft. Die besseren Gründe sprechen für ersteres. Die hM zur Erfüllung eines Einlageanspruchs macht die Erfüllungswirkung zwar von der Werthaltigkeit der Forderung des Gläubigers abhängig. Unabhängig davon, dass der Verlustausgleichsanspruch weniger hart als der Einlageanspruch ist, geht es in der vorliegenden Konstellation aber nicht um den bereits entstandenen Anspruch. Vor dem Bilanzstichtag gilt beim Verlustausgleichsanspruch auch im Falle eines Forderungsverzichts und anderer verlustmindernder Ereignisse (s. oben) anerkanntermaßen kein materielles Werthaltigkeitserfordernis.[266]

dd) Verjährung. § 302 IV AktG, der auch im GmbH-Konzern gilt, regelt 211
die **Verjährung** des Verlustausgleichsanspruchs u. weicht dabei von dem allg. Verjährungskonzept der §§ 194 ff. BGB ab (Sonderverjährung). Nach § 302 IV AktG beträgt die Verjährungsfrist 10 Jahre. Diese Frist beginnt nicht mit der Entstehung des (einzelnen) Verlustausgleichsanspruchs (vgl. § 199 I Nr. 1 BGB), sondern mit der Bekanntmachung der Beendigung des Unternehmensvertrags (§ 10 HGB). § 302 IV AktG ist durch das am 15.12.04 in Kraft getretene Verjährungsanpassungsgesetz angeführt worden,[267] um zu verhindern, dass in der Vergangenheit entstandene Verlustausgleichsansprüche in der kurzen Regelverjährung nach §§ 195, 199 BGB idF des SchRModG (ggf. iVm Art. 229 § 6 IV EGBGB) verjähren. Vor Inkrafttreten des SchRModG unterlagen Verlustausgleichsansprüche nach hM der 30-jährigen Regelverjährung ab Entstehung des Anspruchs (§§ 195, 199 BGB aF).[268] § 302 IV AktG gilt unmittelbar nur für Verlustausgleichsansprüche, die nach dem Inkrafttreten des Verjährungsanpassungsg am 15.12.04 entstanden sind. Über Art. 229 § 12 II EGBGB, der auch im GmbH-Konzern Anwendung findet, gilt § 302 IV AktG allerdings in weitem Umfang – jedoch mit Modifikationen – auch für Ansprüche, die vor dem 15.12.04 entstanden sind.[269] Angesichts der Wertung des § 197 BGB ist der Wortlaut von § 302 IV AktG dahin zu reduzieren, dass die Vorschrift insoweit nicht gilt, als sie zu einer Verjährungsfrist von mehr als 30 Jahren führen würde.

ee) Geltendmachung und Sonstiges. Außerhalb der Insolvenz der Gesell- 212
schaft ist jedenfalls die Geschäftsführung der Gesellschaft berechtigt, den Anspruch **geltend zu machen** (§ 35). Hierbei unterliegt der Geschäftsführer der Gesellschaft der gesetzlichen Verpflichtung, den Verlustausgleichsanspruch geltend zu machen; eine entgegenstehende Weisung des herrschenden Unternehmens oder des Gesellschafters ist nichtig.[270] Gläubiger der

266 Zu Fällen des Hin- und Herzahlens bei § 302 AktG etwa *Hentzen* AG 17, 885.
267 Eingeführt durch Art. 11 Nr. 6 des Gesetzes zur Anpassung von Verjährungsvorschriften an das Gesetz zur Modernisierung des Schuldrechts v. 9.12.04, BGBl. I, S. 3214.
268 BGH NJW 02, 822; OLG Oldenburg NZG 00, 1138.
269 Näher zu Verjährungsfragen Schmidt/Lutter/*Stephan*, AktG, § 302 Rn. 76 f.
270 BGH NZG 15, 912 Rn. 29.

Gesellschaft sind nach zutr. hM selbst nicht berechtigt, den Anspruch im eigenen Namen oder im Namen der Gesellschaft geltend zu machen.[271] Sie können auf den Verlustausgleichsanspruch nur durch Pfändung u. Überweisung (§§ 829, 835 ZPO) zugreifen.

213 Fraglich ist, ob auch ein (Minderheits-) Gesellschafter der Untergesellschaft berechtigt ist, den Anspruch geltend zu machen. Für die AG bejaht dies die hM; dies kann wegen des Gegenschlusses zu §§ 309 IV 1, 2, 317 IV AktG nicht überzeugen.[272] Da für die GmbH die actio pro socio recht weitgehend anerkannt ist, kann man für die GmbH jedoch anders entscheiden.[273]

214 Nach einer Entscheidung des LG Bochum kann eine Klage aus § 302 AktG gegen ein herrschendes Unternehmen, das Gesellschafter ist oder war, auch im besonderen Gerichtsstand der Mitgliedschaft nach § 22 ZPO erhoben werden, zumindest sofern es sich um einen kombinierten Beherrschungs- u. Gewinnabführungsvertrag handelt.[274] Dies erscheint nicht unzweifelhaft, da ein Unternehmensvertrag zwar tatsächlich häufig, nicht jedoch rechtlich zwingend mit der Gesellschafterstellung einhergeht (→ Rn. 131). Aus diesem Grunde dürfte sich § 22 ZPO ferner nicht anwenden lassen, wenn das herrschende Unternehmen nur mittelbarer Gesellschafter ist oder war.[275] Unabhängig von § 22 ZPO dürfte aber § 29 I ZPO dazu führen, dass auch das Gericht am Sitz der Gesellschaft sachlich zuständig ist.

215 **In der Insolvenz** der Gesellschaft fällt die Geltendmachung des Anspruchs in die alleinige Zuständigkeit des Insolvenzverwalters (§§ 80 I, 35 I InsO). Wollte man den Gesellschaftsgläubigern außerhalb der Insolvenz der Gesellschaft ein eigenes Klagerecht zusprechen (→ Rn. 213), so endete dies jedenfalls mit Insolvenzeröffnung (arg e §§ 309 IV 5, 309 IV AktG, Rechtsgedanke des § 93 InsO).

216 Die Untergesellschaft kann ihren Verlustausgleichsanspruch an einen Dritten nur unter der Voraussetzung **abtreten**, dass sie hierfür unmittelbar einen vollen Gegenwert erhält.[276] Unter derselben Voraussetzung sind auch die **Bestellung eines Pfandrechts** u. eine **Sicherungsabtretung** zulässig.[277]

217 Das herrschende Unternehmen hat den Verlustausgleichsanspruch nach hM ab Fälligkeit des Anspruchs (→ Rn. 203) gem. §§ 352, 353 HGB mit 5 % pa zu **verzinsen.**[278] Weniger gesichert ist, unter welchen Voraussetzungen das herrschende Unternehmen ferner Verzugszinsen nach § 288 BGB schuldet.[279] Auch wenn das herrschende Unternehmen hiernach geschulde-

271 S. etwa *Hüffer*, AktG, § 302 Rn. 24 mwN (für die AG).
272 *Hüffer*, AktG, § 302 Rn. 24.
273 Vgl. auch Baumbach/Hueck/*Beurskens* SchlAnhKonzernR Rn. 121.
274 LG Bochum ZIP 86, 1386 mAnm *Timm.*
275 AA aber *Timm*, ZIP 86, 1387, 1388.
276 Michalski/*Servatius*, Syst Darst 4 Rn. 173; *Hüffer*, AktG, § 302 Rn. 17 mwN (für die AG).
277 S. die vorigen Nachweise.
278 *BGH NJW 00, 210, 211* („Die Zuerkennung der Zinsen beruht auf §§ 352, 353 HGB."); ferner die ganz hM im Schrifttum, s. etwa *Emmerich*/Habersack, Aktien- und GmbH-Konzernrecht, § 302 Rn. 40 a; aA *Thoß*, DB 07, 206.
279 S. hierzu BGH NZG 15, 912 Rn. 27 ff.; *Emmerich*/Habersack, Aktien- und GmbH-Konzernrecht, § 302 Rn. 40 a; GKAktG/*Hirte*, § 302 Rn. 64; *Thoß*, DB 07, 206, 207 f.

te Zinsen nicht oder nicht in voller Höhe gezahlt hat, stellt dies die steuerliche Anerkennung des Unternehmensvertrags nicht in Frage.[280]

b) Anspruch der Untergesellschaft auf unterjährige Zahlungen (Liquiditätsunterstützung). Str. ist, ob sich aus einem Beherrschungs- oder Gewinnabführungsvertrag ein Anspruch der Untergesellschaft gegen die Obergesellschaft auf unterjährige Zahlungen, dh Zahlungen außerhalb des eigentlichen Verlustausgleichs nach § 302 I AktG, ergibt, wenn die Untergesellschaft auf eine solche Liquiditätsunterstützung angewiesen ist. Als Grundlage eines solchen Anspruchs käme eine erweiterte Anwendung von § 302 I AktG oder der Unternehmensvertrag selbst als Rechtsquelle von Nebenpflichten der Vertragsparteien in Betracht. Die hM kommt zu dem Ergebnis, dass ein solcher Anspruch der Untergesellschaft nicht besteht.[281] Bei der Entscheidung dieser Frage ist auch zu berücksichtigen, dass die Anerkennung eines Anspruchs der Untergesellschaft auf unterjährige Liquiditätszufuhr gleichzeitig bedeuten würde, dass der Untergesellschaft ein **Schadensersatzanspruch** zusteht, wenn die Obergesellschaft dieser Pflicht nicht oder nicht im erforderlichen Umfang nachkommt. Hierdurch würde man der Untergesellschaft letztlich einen Anspruch auf Ersatz des gesamten Insolvenzschadens zusprechen, wenn die Untergesellschaft – wie wahrscheinlich in vielen Fällen – wegen der unterbliebenen Liquiditätszufuhr in die Insolvenz fällt. Eine derart weitgehende Rechtsfolge ohne klare Äußerung des Gesetzgebers aus übergeordneten Gesichtspunkten herleiten zu wollen, erscheint nicht gerechtfertigt. 218

Von einem allg. Anspruch der Untergesellschaft auf unterjährige Liquiditätszufuhr ist der Fall zu unterscheiden, dass die Obergesellschaft der Untergesellschaft **zuvor Liquidität entzogen** hat (auch iR eines Cash Poolings), welche die Untergesellschaft nun wieder benötigt. Hier ist ein (Rück-) Zahlungsanspruch der Untergesellschaft durchaus denkbar.[282] Auch in diesem Fall folgt die Anspruchsgrundlage aber nicht aus dem Unternehmensvertrag, sondern aus dem Rechtsverhältnis, das den Zahlungen zugrunde liegt (insbes. Darlehen). 219

c) Anspruch der Untergesellschaft auf Rückgewähr zu Unrecht abgeführter Gewinne. Ebenso wie der auszugleichende Verlust richtet sich der abzuführende Gewinn allein nach dem objektiv richtigen Ergebnis der Untergesellschaft zum maßgeblichen Zeitpunkt.[283] Hat die Untergesellschaft auf einen (ggf. vermeintlichen) Gewinnabführungsanspruch zu viel Gewinn abgeführt, hat sie Anspruch gegen die Obergesellschaft auf Rückgewähr. Dasselbe gilt, wenn sie ohne hinreichende bilanzielle Grundlage (ggf. im Vor- 220

280 BMF-Schreiben v. 15.10.07, GmbHR 07, 1230; vgl. auch *Wernicke/Scheunemann*, DStR 06, 1399; *Prokopf*, DB 07, 900.
281 BGH NJW 88, 3143, 3147; OLG Hamburg NJW-RR 88, 46 = AG 88, 22, 23; KG GmbHR 98, 938, 939 f.; aus der Lit. etwa KölnerKommAktG/*Koppensteiner*, § 297 Rn. 18 (für die AG) mwN; *Witt*, NZG 06, 735, 736; vgl. zudem *Priester*, ZIP 89, 1301. AA bei „existenzbedrohenden Zahlungsschwierigkeiten" *Tielmann/Wolf*, DStR 06, 1947, 1951 mwN.
282 Michalski/*Zeidler*, 1. Aufl., Syst Darst 4 Rn. 117 mwN.
283 AA (dh festgestellter Jahresabschluss maßgeblich) *Wolf*, NZG 07, 641, 643 ff.; *Gärtner*, AG 14, 793, 794.

aus) mit Bezug auf einen Gewinnabführungsanspruch eine Leistung an die Obergesellschaft erbracht hat.

221 Umstritten ist, aufgrund welcher Anspruchsgrundlage die Erstattung überhöhter Gewinnabführungen verlangt werden kann. Teilw. wird vertreten, der Anspruch ergebe sich aus § 62 AktG.[284] Nach aA ist richtige Anspruchsgrundlage der Gewinnabführungsvertrag iVm § 301 AktG[285] oder § 302 AktG analog[286] u. nach einer weiteren Ansicht § 812 BGB.[287] Eine weitere Auffassung folgert den Anspruch aus einem Schadensersatzanspruch nach §§ 309, 317 AktG (analog), § 280 BGB.[288] Richtig dürfte sein, dass der Rückgewähranspruch konzernrechtlicher Natur ist u. am ehesten aus einer analogen Anwendung von § 302 AktG folgt. Der Anspruch unterliegt denselben Regeln, die für den Verlustausgleichsanspruch gelten (insbes. § 302 III, IV, eingeschränkte Aufrechnungsmöglichkeit),[289] da es nicht erheblich sein kann, auf welchen Betrag das unzutreffend ermittelte Jahresergebnis lautet.

222 **d) Anspruch der Gläubiger der Untergesellschaft auf Sicherheitsleistung (§ 303 AktG analog).** Nach ganz hM steht den Gläubigern der Untergesellschaft nach Maßgabe von § 303 AktG analog ein Anspruch auf Sicherheitsleistung gegen die Obergesellschaft zu, wenn der Beherrschungs- oder Gewinnabführungsvertrag endet.[290] Dies gilt ausnahmsweise nicht, wenn der Vertrag dadurch endet, dass die Untergesellschaft auf die Obergesellschaft verschmolzen wird oder umgekehrt und der Vertrag deshalb durch Konfusion erlischt. Denn in diesem Fall erhält der Gläubiger der Untergesellschaft bereits aufgrund der Verschmelzung vollständigen Zugriff auf das Vermögen der Obergesellschaft. Dies geht unter Berücksichtigung von § 303 Abs. 3 AktG über den Schutz hinaus, der § 303 AktG dem Gläubiger gewährt. Folglich ist § 303 AktG im Wege der teleologischen Reduktion auf den Fall der Verschmelzung der Vertragsparteien nicht anzuwenden (es bedarf daher in diesem Fall auch weder einer Anmeldung und Eintragung nach § 298 AktG noch des Hinweises nach § 303 Abs. 1 Satz 2 AktG). Dem Gläubiger bleibt der umwandlungsrechtliche und allgemeine Gläubigerschutz. Der Anspruch aus § 303 Abs. 1 AktG setzt voraus, dass die **Forderung** des Gläubigers **begründet** worden ist, bevor die Eintragung der Beendigung des Vertrags in das Handelsregister nach § 10 HGB bekannt gemacht worden ist. Eine Begründung der Forderung idS ist gegeben, wenn der Rechtsgrund der Forderung vor der Bekanntmachung gelegt worden

---

284 LG Bonn AG 06, 465 (ohne Begründung; obiter dictum); *Hüffer*, AktG § 301 Rn. 11; *Mylich*, AG 11, 765, 772; *Gärtner*, AG 14, 793, 796 mwN.

285 *Emmerich*/Habersack, Aktien- und GmbH-Konzernrecht, § 301 Rn. 10; dag *Brandes*, FS M Winter, 11, S. 43, 46.

286 *Servatius*/Grigoleit, AktG § 301 Rn. 2.

287 *Gärtner*, AG 14, 793, 796.

288 Spindler/Stilz/*Veil*, AktG, § 301 Rn. 20; Rowedder/Schmidt-Leithoff/*Pentz*, GmbHG § 30 Rn. 65.

289 Etwa *Mylich*, AG 11, 765, 772 (für die AG), demzufolge bei der AG mit dem Rückgewähranspruch analog § 302 AktG sogar ein Rückgewähranspruch aus § 62 AktG konkurriert.

290 S. nur Scholz/*Emmerich* Rn. 180 mwN.

ist.[291] Der Anspruch des Gläubigers auf Sicherheitsleistung besteht grds. auch für Zins- u. Kostenerstattungsansprüche des Gläubigers.[292] Um bei Dauerschuldverhältnissen eine Endloshaftung der Obergesellschaft aus § 303 I AktG auszuschließen, ist ihre Haftung aus § 303 I AktG analog §§ 26, 160 HGB u. § 327 IV AktG auf Ansprüche begrenzt, die vor Ablauf von 5 Jahren nach der Bekanntmachung fällig werden u. hinreichend geltend gemacht wurden.[293]

Ausnahmsweise folgt aus § 303 I AktG nicht nur ein Anspruch auf Sicherheitsleistung, sondern ein Anspruch des Gläubigers gegen die Obergesellschaft **auf Zahlung**, wenn feststeht, dass der Gläubiger mit seiner Forderung gegen die Untergesellschaft ausfällt (sog. Ausfallhaftung).[294] Dies ist nach verbreiteter Auffassung bereits anzunehmen, wenn über das Vermögen der Untergesellschaft das **Insolvenzverfahren** eröffnet worden ist, nicht erst nach dessen Beendigung.[295] Ob nach Eröffnung des Insolvenzverfahrens die Geltendmachung des Anspruchs aus § 303 AktG analog § 93 InsO, § 171 II HGB dem Insolvenzverwalter der Untergesellschaft obliegt, ist bislang nicht höchstrichterlich entschieden.[296] Für § 133 UmwG hat der BGH entschieden, dass § 93 InsO nicht analog gilt.[297] Es sprechen wohl die besseren Gründe dafür, diese Entscheidung auf § 303 AktG zu übertragen. Materiellrechtlicher Inhaber des Anspruchs bleibt in jedem Fall der jeweilige Gläubiger der Untergesellschaft. 223

Wird über das Vermögen der Obergesellschaft das Insolvenzverfahren eröffnet, ist der Anspruch aus § 303 AktG im dortigen Verfahren auch dann (nur) Insolvenzforderung, wenn der Unternehmensvertrag aufgrund dieser Insolvenzeröffnung endete.

e) **Rechte bei unzulässiger Einwirkung der Obergesellschaft auf die Untergesellschaft.** Wirkt die Obergesellschaft (durch ihre Organe) bei Bestehen eines Beherrschungs- oder Gewinnabführungsvertrags in unzulässiger Weise, insbes. durch eine unzulässige beherrschungsvertragliche Weisung, auf die Untergesellschaft ein, kann dies verschiedene Ansprüche u. Rechte auslösen: 224

aa) Ansprüche gegen die Obergesellschaft. Nach ganz hM ist die Obergesellschaft ggü. der Untergesellschaft verpflichtet, bei der Erteilung von Weisungen die Anforderungen einzuhalten, die für beherrschungsvertragliche Weisungen gelten (zu diesen näher → Rn. 158 ff.). Teilw. wird diese Pflicht dem Beherrschungsvertrag als Nebenpflicht entnommen, teilw. aus der organschaftlichen Treuepflicht abgeleitet. Grundlage eines Schadensersatzan- 225

---

291 Etwa OLGR Köln 08, 387 mit Anm. *Schuback*, BB 08, 1141; vgl. OLG Frankfurt NZG 00, 933, 934 mit Anm. *Hoffmann*, NZG 00, 935.
292 BGHZ 115, 187.
293 BGH BeckRS 14, 20662.
294 BGHZ 95, 330; 115, 187.
295 Roth/*Altmeppen* Rn. 75 mwN; aA OLG Frankfurt NZG 00, 933, 934.
296 Näher *Emmerich*/Habersack, Aktien- und GmbH-Konzernrecht, § 303 Rn. 25 mwN; ausf. *Bork*, ZIP 12, 1001; aus der Rspr. verneinend etwa OLG Frankfurt AG 01, 139 (für § 171 II HGB).
297 BGH NZG 13, 1072 mit Anm. *Krings*, GWR 13, 365.

spruchs der Untergesellschaft ist dann § 280 I 1 BGB.[298] Dogmatisch ist es ebenfalls möglich, diese Verpflichtung des herrschenden Unternehmens § 309 I AktG zu entnehmen u. diese Vorschrift im GmbH-Konzern analog anzuwenden.[299] Für die **Darlegungs- u. Beweislast** ist § 309 II 2 AktG (doppelt) analog anzuwenden.[300]

226 Ein **Vergleich** über den Anspruch oder ein **Verzicht** darauf ist grds. nur unter den Voraussetzungen des § 309 III AktG analog zulässig. Dies gilt nach verbreiteter Auffassung allerdings nur insoweit, als die Schadensersatzleistung des herrschenden Unternehmens erforderlich ist, um das Stammkapital der Untergesellschaft zu decken; jenseits dieses Betrags soll die Haftung analog § 309 AktG disponibel sein.[301]

227 Zur **Geltendmachung** des Anspruchs ist außerhalb der Insolvenz primär die Geschäftsführung der Untergesellschaft berufen. Nach zutr. Auffassung kann der Anspruch der Gesellschaft jedoch auch von einem einzelnen Gesellschafter geltend gemacht werden, der allerdings nur Leistung an die Gesellschaft verlangen kann (§ 309 IV 1, 2 AktG analog). Ob auch Gläubiger der Untergesellschaft analog § 309 IV 3 AktG zur Geltendmachung des Anspruchs berechtigt sind, ist str.[302] Ein etwaiger Aufsichtsrat der Untergesellschaft ist grds. nicht berechtigt, den Anspruch der Gesellschaft geltend zu machen; anderes könnte allerdings gelten, wenn der Pflichtverstoß darin liegt, dass die Bestimmungen des § 308 III AktG analog nicht beachtet worden sind. In der Insolvenz obliegt die Geltendmachung des Anspruchs allein dem Insolvenzverwalter bzw. Sachwalter (vgl. § 309 IV 5 AktG; § 80 InsO).

228 Vor Erteilung der Weisung steht der Untergesellschaft nach verbreiteter Auffassung ein Anspruch gegen die Obergesellschaft auf **Unterlassung** der Weisung zu, der ebenfalls auch vom einzelnen Gesellschafter geltend gemacht werden kann.[303]

229 **bb) Ansprüche gegen die gesetzlichen Vertreter.** Im GmbH-Konzern findet ferner § 309 II AktG analoge Anwendung, demzufolge bei Erteilung einer rechtswidrigen Weisung auch die **gesetzlichen Vertreter** der Obergesellschaft ggü. der Untergesellschaft zum Schadensersatz verpflichtet sind.[304] Dieser Haftung kommt va Bedeutung zu, nachdem die Obergesellschaft in Insolvenz gefallen ist. Für die Haftung der gesetzlichen Vertreter der Obergesellschaft gilt der Sorgfaltsmaßstab des § 309 I AktG analog. Bedeutsam ist insoweit va, dass die gesetzlichen Vertreter der Obergesellschaft für verpflichtet gehalten werden, bei Bestehen eines Cash-Pools laufend zu überprüfen, dass der Verlustausgleichsanspruch der Untergesellschaft vollwertig

---

298 Etwa Scholz/*Emmerich* Rn. 183 f.; vgl. Baumbach/Hueck/*Beurskens* SchlAnhKonzernR Rn. 121 f; vgl. auch OLG Düsseldorf DB 90, 1394, 1397.
299 Etwa Roth/*Altmeppen* Rn. 79 mwN; Scholz/*Emmerich* Rn. 183.
300 *Michalski/Servatius*, Syst Darst 4 Rn. 159; iErg ebenso wohl Scholz/*Emmerich* Rn. 183.
301 Roth/*Altmeppen* Rn. 81; Scholz/*Emmerich*, Rn. 182.
302 Hierzu etwa Roth/*Altmeppen* Rn. 80 f.
303 Michalski/*Zeidler*, 1. Aufl., Syst Darst 4 Rn. 108 mwN.
304 Ganz hM, etwaScholz/*Emmerich*, Rn. 184.

ist.[305] Im Verhältnis zur Untergesellschaft haften die gesetzlichen Vertreter der Obergesellschaft neben der Obergesellschaft als Gesamtschuldner (§ 309 II 1 AktG analog). Im Verhältnis zur Obergesellschaft kann den gesetzlichen Vertretern ein Freistellungsanspruch zustehen.[306] Eine rechtskräftige Entscheidung des OLG Düsseldorf aus dem Jahre 2013 erhöht die Haftungsrisiken der Organmitglieder der Obergesellschaft im Konzern erheblich, wenn diese – wie häufig – Führungsgesellschaft iR eines **Cash Pooling**-Systems ist. Hiernach haften die Organmitglieder der Tochtergesellschaft aus der Insolvenzverschleppungshaftung auf Ersatz des Neugläubigerschadens nach § 823 II BGB iVm § 15 a InsO, wenn sie nach Insolvenzreife der Obergesellschaft weiterhin Cash-Pool-Zahlungen der Untergesellschaft entgegennehmen.[307]

Ferner können die **Geschäftsführer der Untergesellschaft** für die Ausführung einer unzulässigen Weisung auf Schadensersatz haften; § 310 AktG gilt im GmbH-Konzern analog.[308] 230

cc) **Weitere Anspruchsgrundlagen.** Neben den vorgenannten Ansprüchen können unzulässige Einwirkungen der Obergesellschaften auf die Untergesellschaft Ansprüche aus weiteren Anspruchsgrundlagen auslösen, insbes. aus § 31 I, wenn der Verlustausgleichsanspruch der Untergesellschaft im Zeitpunkt der Leistung nicht vollwertig war (→ Rn. 189), ferner aus Haftung wegen existenzvernichtenden Eingriffs nach § 826 BGB (→ Rn. 100 f.) oder aus Tatbeständen der Durchgriffshaftung.[309] 231

V. Die Änderung des Vertrags

Unter- u. Obergesellschaft können eine Vereinbarung zur Änderung des Beherrschungs- oder Gewinnabführungsvertrags schließen (§ 311 I BGB). Im Grundsatz besteht unter Rückgriff auf § 295 I AktG Einigkeit, dass eine Änderung eines Beherrschungs- oder Gewinnabführungsvertrags denselben Anforderungen unterliegt wie der Abschluss des Vertrags (→ Rn. 128 ff.).[310] Bei Einzelfragen werden hingg. bisweilen abw. Standpunkte vertreten.[311] Wegen § 295 I AktG müssen die Wertungen grds. gleich ausfallen. Dies gilt insbes. für die Mehrheit, der der Zustimmungsbeschluss der Gesellschafter der Untergesellschaft bedarf, u. für die Frage, ob die Zustimmung der Gesellschafter der Obergesellschaft erforderlich ist. Der BFH hat jüngst noch einmal ausdrücklich bestätigt, dass die Änderung eines Beherrschungs- u. Gewinnabführungsvertrags mit einer GmbH der Zustimmung der Gesellschafter der GmbH u. der Eintragung des Vertrags in das Handelsregister der GmbH bedarf.[312] Die für den Abschluss gelten- 232

305 Näher Roth/*Altmeppen* Rn. 80; vgl. BGH ZIP 09, 70 („MPS") für den faktischen AG-Konzern.
306 Roth/*Altmeppen* Rn. 80.
307 OLG Düsseldorf ZIP 15, 73 („Babcock Borsig").
308 Etwa Michalski/*Servatius*, Syst Darst 4 Rn. 164 mwN.
309 Etwa *Servatius*/Grigoleit, AktG § 302 Rn. 1.
310 EtwaScholz/*Emmerich* Rn. 186.Baumbach/Hueck/*Beurskens* SchlAnhKonzernR Rn. 124 mwN.
311 *Emmerich*/Habersack, Aktien- und GmbH-Konzernrecht, § 295 Rn. 4 ff.
312 BFH DStR 09, 100 mit Anm. *Süß/Mayer*, DStR 09, 789, mit Anm. *Burwitz*, NZG 09, 254.

den Bestimmungen gelten nach wohl hM auch bei nur redaktionellen oder sonstigen geringfügigen Änderungen.[313]

233 Sollen Bestimmungen des Vertrags über den Anspruch außenstehender Gesellschafter auf **Ausgleich** oder **Abfindung** (→ Rn. 123) geändert werden, ist nach einer Auffassung die Zustimmung jedes außenstehenden Gesellschafters erforderlich,[314] während die Gegenauffassung einen Sonderbeschluss der außenstehenden Gesellschafter analog § 295 II AktG genügen lässt.[315] Betrifft die Änderung die Bestimmungen des Vertrags über Ausgleich u. Abfindung nicht unmittelbar, bringt die Änderung jedoch wesentliche weitere Nachteile für die abhängige Gesellschaft mit sich (zB Verlängerung eines Vertrags mit einer festen Laufzeit), so kann es erforderlich sein, Ausgleich u. Abfindung neu zu bestimmen.[316] Diskutiert worden ist dies insbes. für den Fall des Beitritts eines weiteren herrschenden Unternehmens zu einem bestehenden Vertrag. Nach hM führt dies nicht dazu, dass Ausgleich u. Abfindung neu festzusetzen sind.[317]

234 Bei besonders schwerwiegenden Änderungen oder einer gänzlichen Neufassung ist ferner zu prüfen, ob hierdurch die für die steuerliche Anerkennung erforderliche **Mindestlaufzeit von 5 Jahren** unterbrochen wird.

VI. Die Beendigung des Vertrags

1. Folgen der Beendigung

235 Die Beendigung eines Beherrschungs- oder Gewinnabführungsvertrags löst unterschiedliche, häufig gravierende Rechtsfolgen aus, darunter:

- Mit wirksamer Beendigung des Vertrags **entfällt das konzernrechtliche Sonderrecht**, das mit dem Bestehen des Vertrags verbunden ist. In der Praxis besteht bspw. häufig das Interesse der Obergesellschaft, Risiken aus ihrer Verlustausgleichspflicht analog § 302 AktG zu reduzieren. Zu beachten ist, dass mit Beendigung des Unternehmensvertrags das Kapital der Untergesellschaft wieder nach Maßgabe der allg. Bestimmungen (insbes. § 30 I 1) geschützt ist.
- Das unternehmensvertragliche Sonderrecht entfällt erst ab dem Beendigungszeitpunkt, dh erst mit Wirkung für die Zukunft, da eine rückwirkende Beendigung nicht in Betracht kommt (vgl. § 296 I 2 AktG). Dies bedeutet va, dass die Obergesellschaft verpflichtet bleibt, **Verluste** der Untergesellschaft – letztmalig – nach § 302 I AktG **auf den Beendigungszeitpunkt auszugleichen**. Fällt der Beendigungszeitpunkt nicht auf den Schluss eines Geschäftsjahres der Untergesellschaft, muss grds. ein Zwischenabschluss aufgestellt werden (→ Rn. 197).
- Die Beendigung des Beherrschungs- oder Gewinnabführungsvertrags löst die Verpflichtung der Obergesellschaft **analog § 303 AktG** aus, den Gläubigern der Untergesellschaft Sicherheit zu leisten (näher → Rn. 222 ff.).

---

313 Michalski/*Servatius*, Syst Darst 4 Rn. 188 mwN; Scholz/*Emmerich* Rn. 187.
314 Etwa *Lutter*/Hommelhoff Rn. 69.
315 Näher Scholz/*Emmerich* Rn. 187.
316 *Lutter*/Hommelhoff Rn. 69.
317 BGHZ 119, 1 („Asea/BBC I“); NJW 98, 1866 („Asea/BBC II“).

- Ausgesprochen schwierig zu beantworten ist die Frage, ob sich aus anderen rechtlichen Gesichtspunkten ein Schutz der Untergesellschaft u. ihrer Gläubiger bei Vertragsbeendigung ergibt, der über § 302, § 303 AktG analog hinausgeht. Diskutiert wird in diesem Zusammenhang insbes., ob der Untergesellschaft ein Anspruch gegen die Obergesellschaft auf **„Wiederaufbauhilfe"** zustehen kann. Die hM verneint dies.[318] Dem ist zuzustimmen, da mit den Instrumenten des allg. Gesellschaftsrechts nicht die spezifischen Wertungen des Konzernrechts ausgehebelt werden sollten. Dem würde es insbes. widersprechen, eine Beendigung des Unternehmensvertrags auf Veranlassung der Obergesellschaft als existenzvernichtenden Eingriff einzustufen. Vielmehr ist der gebotene Schutz der Gesellschaft u. ihrer Gläubiger durch das konzernrechtliche Sonderrecht, das während des Bestehens des Vertrags gilt, u. über die Anforderungen, die an eine wirksame Beendigung gestellt werden, zu gewährleisten.
- Eine Durchbrechung der vorstehenden Grundsätze findet in **arbeits- bzw. versorgungsrechtlichen Zusammenhängen** statt. Nach der Rechtsprechung des BAG treffen das herrschende Unternehmen bei der Beendigung eines Unternehmensvertrags vergleichbare Ausstattungsverpflichtungen wie den übertragenden Rechtsträger bei der Ausgliederung von Versorgungsverbindlichkeiten.[319]
- Die Beendigung eines Unternehmensvertrags ist zur **Eintragung in das Handelsregister** anzumelden (→ Rn. 265). Solange die Eintragung nicht erfolgt und bekanntgemacht ist, beginnt die **Frist des § 303 AktG** analog (näher dazu → Rn. 222) nicht zu laufen. Dies hat insbes. Bedeutung bei Beendigungsgründen, die nicht rechtsgeschäftlicher Art sind, insbes. Insolvenz oder Verschmelzung der Untergesellschaft.
- Mit der Beendigung entfallen auch die **steuerlichen Wirkungen** des Unternehmensvertrags (→ Rn. 112), sofern diese nicht aufgrund anderer Umstände bereits zuvor entfallen sind. Die steuerlichen Wirkungen entfallen zunächst nur für die Zukunft, dh den Zeitraum ab dem Beendigungszeitpunkt. Allerdings können die steuerlichen Wirkungen – mit regelmäßig gravierenden Nachteilen – zugleich für die Vergangenheit entfallen, falls der Vertrag nicht für eine Zeit von mind. 5 Jahren abgeschlossen u. durchgeführt wurde. Dies hängt gem. § 14 I 1 Nr. 2 KStG davon ab, ob ein steuerrechtlich anerkannter wichtiger Grund für eine vorzeitige Beendigung gegeben ist.[320]

2. Beendigungsgründe

a) **Zeitablauf.** Auch ein Unternehmensvertrag kann befristet werden; er endet dann mit Ablauf der Zeit, für die der Vertrag eingegangen ist.[321] Ist 236

318 Für die AG: *Hüffer*, AktG, § 297 Rn. 9 mwN; *Altmeppen*, ZHR 171 (07), 320, 328 f.; vgl. auch OLG Düsseldorf AG 90, 490, 492.

319 BAG NZA 10, 641 mit Anm. *Otte*, GWR 09, 368.

320 Dazu näher unten Rn. 246 sowie Körperschaftsteuerrichtlinien, R 60 Abs. 6. Entgg. des – zu eng geratenen – Wortlauts von § 14 I 1 Nr. 2 KStG kommt es auf die Art der Beendigung nicht an, vgl. FG Berlin-Brandenburg GmbHR 12, 413; dazu *Walter*, GmbHR 12, 670.

321 Etwa *Wicke* Rn. 7.

als Beendigungszeitpunkt ein Termin genannt, tritt die Beendigung zu diesem Termin ein. Ist im Vertrag hingg. eine Frist genannt („fünf Jahre ab Beginn") ist zu prüfen, wann der Vertrag wirksam geworden ist. Dies ist nicht zwingend der dafür in Gewinnabführungsverträgen häufig genannte Termin für den Beginn des Vertrags. Vielmehr ist dieser nur maßgeblich, wenn der Vertrag noch im selben Geschäftsjahr wirksam geworden ist (→ Rn. 124).

237 **b) Kündigung. aa) Ordentliche Kündigung.** Das Gesetz enthält keine Bestimmungen über die ordentliche Kündigung eines Unternehmensvertrags. Allein § 297 II 1 AktG enthält eine Einzelregelung, die an eine ordentliche Kündigung des Unternehmensvertrags anknüpft. Unzweifelhaft können die Vertragsparteien im Unternehmensvertrag eine ordentliche Kündigung vorsehen. Hierbei besteht recht weitgehende Vertragsfreiheit.[322] Insbes. sieht es die hM trotz des in § 296 I 1 AktG enthaltenden Rechtsgedankens als zulässig an, als Zeitpunkt, zu dem die Kündigung wirksam wird, nicht das Ende des Geschäftsjahres, sondern einen anderen Zeitpunkt zu bestimmen.[323] Sieht der Vertrag selbst keine ordentliche Kündigung des Unternehmensvertrags vor, so ist str, ob sich aus allg. Rechtsgrundsätzen ergibt, dass die Parteien den Vertrag ordentlich kündigen können. Die wohl hM verneint dies.[324] Diejenigen, die eine ordentliche Kündigung auch ohne vertragliche Bestimmung zulassen, wenden für die Kündigungsfrist u. den Kündigungstermin verbreitet § 132 HGB analog an.

238 Bei der Kündigung durch die Untergesellschaft war lange str, ob es sich hierbei um eine Geschäftsführungsangelegenheit handelt oder ob die Kündigung eines **Beschlusses der Gesellschafter** bedarf. Im letzteren Falle war wiederum str, ob die Obergesellschaft bei der Beschlussfassung einem Stimmverbot unterliegt.[325] Der BGH hat nunmehr entschieden, dass die Kündigung eines Gesellschafterbeschlusses – anders als im AG-Konzern – keine Geschäftsführungsangelegenheit ist u. die Obergesellschaft bei der Beschlussfassung über die Kündigung nicht vom Stimmrecht ausgeschlossen ist.[326] Der BGH hat hierbei nicht entschieden, ob der Beschluss der notariellen Beurkundung bedarf. Die Gründe der Entscheidung sprechen eher dafür.[327] Enthält der Vertrag Ausgleichs- oder Abfindungsregeln (→ Rn. 123), bedarf die Kündigung analog § 297 II AktG eines (Sonder-) Zustimmungsbeschlusses der außenstehenden Gesellschafter.[328]

239 Eine ordentliche Kündigung vor Ablauf des 5-Jahres-Zeitraums des § 14 I 1 Nr. 3 S. 1 KStG beseitigt rückwirkend die **steuerliche Organschaft.**

322 *Hahn*, DStR 09, 589, 592.
323 BGHZ 122, 211, 231.
324 Etwa Baumbach/Hueck/*Beurskens* SchlAnhKonzernR Rn. 129; wohl Michalski/*Servatius*, Syst Darst 4 Rn. 224.
325 Vgl. etwa Baumbach/Hueck/*Beurskens* SchlAnhKonzernR Rn. 129; Roth/*Altmeppen* Rn. 100.
326 BGH NJW-RR 11, 1117, 1118 mit Anm. *Veranneman*, GWR 11, 356. Ferner hierzu *Peters/Hecker*, DStR 12, 86; *Müller-Eising/Schmitt*, NZG 11, 1100; *Theiselmann*, BB 11, 2819.
327 Vgl. *Peters/Hecker*, DStR 12, 86, 87; aA (dh keine Beurkundung erforderlich) *Theiselmann*, BB 11, 2819.
328 Etwa Scholz/*Emmerich* Rn. 191.

Aus diesem Grunde wird in Gewinnabführungsverträgen üblicherweise vorgesehen, dass der Vertrag auf 5 Jahre (seit seinem Wirksamwerden) abgeschlossen ist; diese Regelung beinhaltet einen Ausschluss jeder ordentlichen Kündigung während dieses Zeitraums.

Auch die Erklärung einer ordentlichen Kündigung dürfte der **Schriftform** bedürfen (analog § 297 III AktG).[329] Die **Frist**, die für die ordentliche Kündigung gilt, muss zwingend eingehalten werden.[330]

Endet die Kündigungsfrist – wie zumeist – gem. dem Unternehmensvertrag mit dem Ende eines Geschäftsjahres der Untergesellschaft u. ändert die Untergesellschaft während der laufenden Kündigungsfrist ihr Geschäftsjahr, verschiebt sich der Zeitpunkt, zu dem Kündigung wirksam wird, entspr. Es ist nämlich davon auszugehen, dass die Untergesellschaft bei der Vereinbarung der Kündigungsregelung im Unternehmensvertrag einen Gleichlauf zwischen Geschäftsjahr u. Wirksamkeitszeitpunkt sicherstellen wollte. Folglich obliegt es der Obergesellschaft, darauf zu achten, dass weder sie noch dritte Gesellschafter während einer laufenden Kündigungsfrist das Geschäftsjahr ändern. 240

bb) Außerordentliche Kündigung. Analog § 297 I 1 AktG kann ein Unternehmensvertrag aus wichtigem Grunde ohne Einhaltung einer Kündigungsfrist gekündigt werden.[331] Diese Norm ist **zwingendes Recht** u. kann folglich im Unternehmensvertrag nicht abbedungen werden. Die hM hält es allerdings recht weitgehend für zulässig, im Unternehmensvertrag **Fälle zu definieren**, in denen insbes. ein wichtiger Grund vorliegt.[332] 241

(1) Kündigungsgrund. Allg. liegt ein wichtiger Grund vor, wenn dem kündigenden Vertragsteil die Fortsetzung des Vertrags bis zu dessen anderweitigem Ende nicht zuzumuten ist.[333] 242

Ob es einen wichtigen Grund idS darstellt, wenn die Obergesellschaft ihre **Beteiligung an der Untergesellschaft veräußert** oder nicht mehr über die Mehrheit der Anteile an der Untergesellschaft verfügt, wird unterschiedlich beantwortet. Die überw. Meinung kommt zu dem Ergebnis, dass dies zumindest grds. keinen wichtigen Grund darstellt, da es das herrschende Unternehmen andernfalls in der Hand hätte, sich seinen Verpflichtungen aus dem Unternehmensvertrag zu entziehen.[334] Manche Vertreter dieser Auf- 243

329 Etwa OLG München, AG 11, 467, 468.
330 Nicht halten lässt sich die Auffassung von LG Bochum GmbHG 87, 24, 25, das herrschende Unternehmen brauche die vertraglich bestimmte Frist nicht einzuhalten, wenn ihm dies iR eines Verkaufs seiner Beteiligung an der Untergesellschaft nicht möglich sei.
331 AllgM, aus der Rspr. etwa OLG Düsseldorf NJW-RR 95, 233, 234.
332 Näher Michalski/*Servatius*, Syst Darst 4 Rn. 240 mwN.
333 Etwa Baumbach/Hueck/*Beuerskens* SchlAnhKonzernR Rn. 131; Michalski/*Servatius*, Syst Darst 4 Rn. 237.
334 Etwa OLG Düsseldorf NJW-RR 95, 233, 234; OLG Oldenburg NZG 00, 1138; LG Frankenthal ZIP 88, 1460 ff.; aus der Lit. etwa Baumbach/Hueck/*Beurskens* SchlAnhKonzernR Rn. 131; aA etwa *Wicke* Rn. 7; ferner wohl LG Dortmund DB 93, 1916. Übergreifend *Ulrich*, GmbHR 04, 1000.

fassung lassen jedoch Ausn. zu.[335] Der BGH hat die Frage in seinem Urteil vom 16.6.2015 offen gelassen.[336] Jedenfalls die Übertragung der Beteiligung der Obergesellschaft an ein mit der Obergesellschaft verbundenes Unternehmen (**konzerninterne Veräußerung**) reicht nicht aus, um einen wichtigen Grund annehmen zu können.[337] Der BGH hat in einem anderen Zusammenhang entschieden, dass es keinen wichtigen Grund darstellt, wenn ein Minderheitsgesellschafter seine Beteiligung an der Gesellschaft (ohne Belastung durch den Unternehmensvertrag) veräußern möchte.[338] Weitgehend außer Streit steht, dass die Veräußerung der Beteiligung an der Untergesellschaft (zumindest an einen konzernfremden Dritten) als wichtiger Grund im Vertrag definiert werden kann.[339]

244 Liegt hiernach in der Veräußerung der Beteiligung (oder dem Verlust der Anteils- oder Stimmrechtsmehrheit) ein wichtiger Grund, dürfte in tatsächlicher Hinsicht bereits eine „Veräußerung" vorliegen, wenn das schuldrechtliche Geschäft, das der Veräußerung bzw. dem Verlust zugrunde liegt, wirksam geworden ist, bevor die Kündigung erklärt wird, sofern es in hohem Maße wahrscheinlich ist, dass es zum dinglichen Vollzug kommt.

245 Analog § 297 I 2 liegt ein wichtiger Grund insbes. ferner vor, wenn der andere Vertragsteil voraussichtlich **nicht in der Lage** sein wird, seine aufgrund des Vertrags bestehenden **Verpflichtungen zu erfüllen** (→ Rn. 262). Beschließt das herrschende Unternehmen als Gesellschafter der abhängigen Gesellschaft deren Auflösung, stellt dies keinen wichtigen Grund dar.[340]

246 **Besondere Vorsicht** ist bei der Frage geboten, ob Umstände, die hiernach einen wichtigen Grund iSv § 297 I 1 AktG darstellen, gleichzeitig **steuerlich** einen **wichtigen Grund** iSv § 14 I 1 Nr. 3 S. 2 KStG bilden. Es gibt insoweit keinen zwingenden Gleichlauf; es kann auch nicht davon ausgegangen werden, dass alle in R 60 VI der KSt-Richtlinien genannten Fälle einen wichtigen Grund iSv § 14 I 1 Nr. 3 S. 2 KStG darstellen. So stellt die **Veräußerung** sämtlicher Anteile an der Untergesellschaft keinen steuerlich anerkannten Beendigungsgrund dar, wenn die Anteile nur an eine andere Konzerngesellschaft veräußert werden und der Vertrag aus Sicht der Parteien seinen Zweck der Konzernverlustverrechnung erfüllt hat.[341] Eine **Einbringung** der Anteile in eine andere Gesellschaft als solche ist ebenfalls nicht hinreichend; vielmehr müssen konkrete Umstände hinzukommen, nach de-

335 So deuten OLG Düsseldorf NJW-RR 95, 233, 234 u. LG Frankenthal ZIP 88, 1460 an, dass bei „wirtschaftlichen Zwängen zur Anteilsveräußerung" ein wichtiger Grund anzunehmen sein könnte; enger Scholz/*Emmerich* Rn. 193, der eine Ausn. nur annehmen möchte, wenn ohne eine außerordentliche Kündigung des Vertrags die Existenz der Obergesellschaft unmittelbar gefährdet wäre.

336 BGH NZG 15, 912 Rn. 20.

337 BGH NZG 15, 912 Rn. 20; FG Niedersachsen GmbHR 12, 917 mit Anm. *Kimpel/Weppner*, GWR 12, 427 u. Anm. *Altrichter-Herzberg*, GmbHR 12, 921 für § 14 I 1 Nr. 3 S. 2 KStG, nrkr, Revision anhängig beim BFH unter I R 45/12.

338 BGH NJW-RR 11, 1117, 1118.

339 Michalski/*Servatius*, Syst Darst 4 Rn. 237.

340 OLG München NZG 11, 867.

341 BFH, I R 45/12, NZG 14, 558.Vorinstanz FG Niedersachsen GmbHR 12, 917 mit Anm. *Kimpel/Weppner*, GWR 12, 427 u. Anm. *Altrichter-Herzberg*, GmbHR 12, 921.

nen auszuschließen ist, dass die vorzeitige Beendigung der unmittelbaren Organschaft auf steuerlichen Motiven beruhte.[342]

(2) **Beschluss der Gesellschafter der Untergesellschaft.** In gleicher Weise wie bei der ordentlichen Kündigung stellt sich die Frage, ob die außerordentliche Kündigung eines zustimmenden **Beschlusses der Gesellschafter** der Untergesellschaft bedarf (→ Rn. 238). 247

(3) **Erklärung der Kündigung und Frist.** Die Erklärung der außerordentlichen Kündigung bedarf analog § 297 III AktG der Schriftform.[343] Die außerordentliche Kündigung unterliegt nach hM der Bestimmung des § 314 III BGB u. ist daher **fristgebunden.**[344] Nach § 314 III BGB kann der Kündigungsberechtigte nur innerhalb einer angemessenen Frist kündigen, nachdem er vom Kündigungsgrund Kenntnis erlangt hat. Neben der Kenntnis der zugrunde liegenden tatsächlichen Umstände wird man hierbei die Erkenntnis schwieriger Rechtsfragen einzubeziehen haben. Bei der Frage, auf wessen Kenntnis abzustellen ist, dürfte man ebenso entscheiden können wie für § 626 II 2 BGB bei der Kündigung des Anstellungsvertrags des Geschäftsführers. 248

c) **Aufhebung.** Ein Unternehmensvertrag mit einer GmbH kann nach allgM durch Vereinbarung zwischen den Parteien aufgehoben (vgl. § 296 AktG) werden.[345] 249

aa) **Zulässiger Aufhebungszeitpunkt.** Eine Regelung in einem Aufhebungsvertrag, derzufolge die Aufhebung **rückwirkend** erfolgt, ist nach ganz hM gemäß § 134 BGB iVm § 296 I 2 AktG analog unwirksam.[346] Damit ist gem. § 139 BGB regelmäßig der gesamte Aufhebungsvertrag unwirksam. Jedoch ist der Vertrag, von Ausnahmefällen abgesehen, gem. § 140 BGB in eine Aufhebung zum nächstmöglichen Zeitpunkt umzudeuten.[347] Das Rückwirkungsverbot des § 296 I 2 AktG gilt seinem Wortlaut nach für alle Unternehmensverträge; für die Verträge iSd § 292 AktG zumindest im GmbH-Konzern abw. entscheiden zu wollen, liegt nicht nahe.[348] 250

Jahrzehntelang war umstritten, ob für den GmbH-Konzern ferner die Vorschrift des § 296 I 1 AktG mit der Folge analog gilt, dass die Aufhebung nur zum **Ende des Geschäftsjahres** (oder des sonst vertraglich bestimmten Abrechnungszeitraums) erfolgen kann. Diese Frage hat der BGH nunmehr bejaht; § 296 I 1 AktG gilt im GmbH-Konzern analog.[349] Bei unwirksamer 251

342 FG Hessen, BeckRS 2015, 95998.
343 Etwa OLG München AG 11, 467.
344 Etwa OLG München AG 11, 467; Michalski/*Servatius*, 1. Aufl., Syst Darst 4 Rn. 239.
345 Übergreifend hierzu *E Vetter*, ZIP 95, 345.
346 BGH NJW 02, 822, 823; OLG Oldenburg NZG 00, 1138.
347 MüKoGmbHG/*Liebscher* Rn. 986 mwN.
348 Bedenklich ist daher die gegenteilige Auffassung des OLG Zweibrücken in BeckRS 14, 01111.
349 BGH NZG 15, 912 Rn. 15 ff.; noch offen gelassen von BGH NJW 02, 822, 823 (betrifft primär § 296 I 2 AktG) unter Aufhebung von OLG Oldenburg NZG 00, 1138, das die Anwendung von § 296 I 1 AktG bejaht hatte (ohne Begründung; obiter dictum). Ebenso wie der BGH zuvor insbes. bereits OLG München BeckRS 12, 07692 mit Anm. *Diederichsen*, GWR 12, 331217; am Rande bejahend auch OLG Düsseldorf NJW-RR 95, 233, 235 (ohne Begründung; obiter dictum).

unterjähriger Aufhebung läuft der Vertrag (u ggf. die Verlustausgleichspflicht) weiter, jedenfalls bis zum Ende des Geschäftsjahrs. Als Möglichkeit, eine frühere Beendigung durch Aufhebung zu erreichen, verbleibt, das Geschäftsjahr der Untergesellschaft – mit den entspr. Folgen insbes. für die Erstellung des Jahresabschlusses – zu ändern. Eine Umgehung von § 296 I 1 AktG (analog) liegt hierin nicht.[350] Die Satzungsänderung über die Änderung des Geschäftsjahrs muss nach hM vor Ablauf des verkürzten (Rumpf-)Geschäftsjahrs in das Handelsregister eingetragen sein.

252 **bb) Form.** Der Aufhebungsvertrag bedarf nach ganz hM gem. § 296 I 3 AktG analog der Schriftform.[351]

253 **cc) Zustimmung der Gesellschafter der abhängigen GmbH.** Nach einer verbreiteten Auffassung hat es mit dem hiernach gegebenen Abschluss des Aufhebungsvertrags durch die Geschäftsführung der abhängigen GmbH – entspr. der Rechtslage bei der AG (§ 296 I AktG) – sein Bewenden.[352] Nach der Gegenauffassung hängt die Wirksamkeit des Aufhebungsvertrags hingg. davon ab, dass die Gesellschafter der Untergesellschaft der Aufhebung in gleicher Weise wie dem Abschluss eines Vertrags zustimmen (teilw. sog. actus-contrarius-Theorie).[353] Die Entscheidung des BGH zur Beteiligung der Gesellschafter an einer ordentlichen Kündigung des Unternehmensvertrags (→ Rn. 238) spricht dafür, dass ein Gesellschafterbeschluss erforderlich ist. Wegen dieser Entscheidung u. des Umstands, dass das Meinungsbild in der Literatur in etwa geteilt ist, muss dringend empfohlen werden, die Gesellschafter der Untergesellschaft zu beteiligen, solange der BGH die Frage nicht ausdrücklich – eher wider Erwarten – abw. entschieden hat. Hält man einen Gesellschafterbeschluss für erforderlich, spricht Überwiegendes dafür, dass dieser der notariellen Beurkundung bedarf.[354]

254 Unabhängig von der vorgenannten Streitfrage ist bei einer abhängigen Gesellschaft, der **außenstehende Gesellschafter** angehören, ein Aufhebungsvertrag nur wirksam, wenn die außenstehenden Gesellschafter der Aufhebung gem. dem für die GmbH analog geltenden § 296 II AktG durch Sonderbeschluss zugestimmt haben.[355]

255 **dd) Beteiligung der Gesellschafter der Obergesellschaft.** Auch wenn man mit der vorgenannten Auffassung die Zustimmung der Gesellschafter der Untergesellschaft für erforderlich hält, ist eine Zustimmung der Gesellschafter der Obergesellschaft zum Aufhebungsvertrag nach zutr. Auffassung nicht erforderlich.[356]

---

350 *Grüner*, NZG 01, 35, 36.
351 OLG Düsseldorf NJW-RR 95, 233, 234.
352 OLG Frankfurt NJW-RR 94, 296; OLG Karlsruhe NJW-RR 94, 1062; Roth/*Altmeppen* Rn. 106; ausf. zum Meinungsbild Scholz/*Emmerich* Rn. 196; *Ulrich*, GmbHR 04, 1000, 1003 f.
353 OLG Oldenburg NZG 00, 1138 (aufgehoben durch BGH NJW 02, 822, jedoch *aus anderen Gründen); LG* Konstanz ZIP 92, 1736 (aufgehoben durch OLG Karlsruhe, aaO); aus dem Schrifttum etwa Baumbach/Hueck/*Beurskens* SchlAnhKonzernR Rn. 133 f. (allerdings soll grds. einfache Mehrheit ausreichend sein).
354 Ebenso AG Hamburg, GmbHR 2013, 311.
355 LG Essen NZG 98, 860, 861; Scholz/*Emmerich* Rn. 195.
356 Vgl. Michalski/*Servatius*, Syst Darst 4 Rn. 206 mwN.

256 **ee) Eintragung des Aufhebungsvertrags in das Handelsregister der Untergesellschaft.** Folgt man der Auffassung, die eine Zustimmung der Gesellschafter der Untergesellschaft für erforderlich hält, ist nach teilw. vertretener Auffassung zur Wirksamkeit des Aufhebungsvertrags ferner erforderlich, dass der Aufhebungsvertrag in das Handelsregister der Untergesellschaft eingetragen wird.[357] Nach dieser Auffassung wäre die Rechtslage bei der GmbH insoweit strenger als bei der AG, bei der die Eintragung der Beendigung des Unternehmensvertrags gemäß § 298 AktG nur deklaratorische Wirkung hat. Diese (Minder-) Meinung würde nicht nur zu praktischen Undurchführbarkeiten führen, sondern ist auch in der Sache unrichtig, da ein Grund für diese Verschärfung der Rechtslage ggü. dem Aktienkonzernrecht, demzufolge die Eintragung der Beendigung lediglich deklaratorische Bedeutung hat, nicht erkennbar ist..[358] Dass der BGH bei Einzelfragen, die primär den Bereich der Vertragsbegründung betreffen, Anknüpfungen an die §§ 53, 54 GmbHG sucht, ändert hieran nichts, da der äußere Rechtsrahmen des Vertragskonzernrechts durch die §§ 291 ff. GmbHG vorgegeben ist.[359]

256a **ff) Insolvenzanfechtung.** Betrachtet man nur das Zivil- u. Steuerrecht, lassen sich mit der Aufhebung grds. dieselben Folgen erreichen wie mit einer Kündigung. Bei einer Gesamtwürdigung liegt der entscheidende Nachteil ggü. einer Kündigung der Obergesellschaft allerdings darin, dass im Falle der Aufhebung die Untergesellschaft an der Beendigung des Unternehmensvertrags durch entspr. Willenserklärung mitwirkt. Im Falle der Eröffnung eines Insolvenzverfahrens über das Vermögen der Untergesellschaft kann dieses Rechtsgeschäft der Insolvenzanfechtung unterliegen (§§ 129 ff. InsO). Daher ist der Obergesellschaft im Verkaufsfall iZw zu raten, den Unternehmensvertrag aus Anlass des Verkaufs außerordentlich zu kündigen (anstatt eine Aufhebung anzustreben).

257 **d) Insolvenz und Krise.** Vor Inkrafttreten der InsO, dh unter Geltung der Konkurs- u. der Vergleichsordnung, führte die Eröffnung des Konkursverfahrens über das Vermögen einer Vertragspartei nach hM dazu, dass der Unternehmensvertrag automatisch, dh von Gesetzes wegen endete.[360] Bei Eröffnung eines Vergleichsverfahrens wurde angenommen, dass der Vertrag nicht automatisch endet, die Rechte der Obergesellschaft jedoch gewissen Beschränkungen unterliegen u. beide Vertragsparteien zur außerordentlichen Kündigung des Vertrags berechtigt sind.[361] Seit Inkrafttreten der InsO hat sich ein neues, allerdings wenig einheitliches Meinungsbild ergeben,[362] weil nach der InsO das Insolvenzverfahren nicht mehr zwingend auf die Liquidation der Gesellschaft ausgerichtet, sondern eine Fortführung der Gesellschaft möglich ist (vgl. § 1 S. 1 InsO).

---

357 Scholz/*Emmerich* Rn. 197 mwN.
358 BayObLG NZG 03, 479, 480 mwN; Baumbach/Hueck/*Beuerskens* SchlAnhKonzernR Rn. 134.
359 Vgl. in dieser Richtung BGH NZG 2019, 1149 Rn. 22.
360 BGH NJW 88, 1326, 1327 („Familienheim"); zahlreiche wN zur früheren Rechtslage bei MKAktG/*Altmeppen*, § 297 Rn. 103; aA etwa BFHE 90, 370.
361 BGH NJW 88, 1326, 1327 („Familienheim").
362 Überblick bei *Freudenberg*, ZIP 09, 2037.

258 aa) **Insolvenz der Untergesellschaft.** (1) **Eröffnung des Insolvenzverfahrens.** Auch auf Grundlage der InsO vertritt eine starke Auffassung nach wie vor, dass die Eröffnung des Insolvenzverfahrens über das Vermögen der Untergesellschaft zur automatischen Beendigung des Unternehmensvertrags führe. Dies gelte allenfalls dann nicht, wenn das Insolvenzgericht bei der Insolvenzeröffnung Eigenverwaltung (§§ 270 ff. InsO) anordne.[363] Nach der Gegenauffassung soll der Vertrag hingg. fortbestehen, wobei allerdings ganz überw. gleichzeitig angenommen wird, dass die Wirkungen des Unternehmensvertrags u. die Rechte der Parteien daraus ruhen bzw. suspendiert seien.[364] Es scheint die Vorstellung vorzuherrschen, dass die Rechte der Vertragsparteien aus dem Vertrag so lange ruhen, bis die Parteien vereinbaren, das Ruhen der Rechte zu beenden.[365] Manche Autoren ziehen primär das allg. Insolvenzrecht, insbes. § 103 InsO, heran.[366] Der Auffassung, dass der Vertrag von Gesetzes wegen endet, ist zuzustimmen, weil sich mit der Insolvenzeröffnung der Gesellschaftszweck der Untergesellschaft in so wesentlicher Weise ändert, dass hierdurch die Geschäftsgrundlage für den Unternehmensvertrag entfallen ist. Der Hinweis in diesem Zusammenhang, der Fall einer insolventen Untergesellschaft könne bei Bestehen eines Unternehmensvertrags mit Verlustausgleichsanspruch gegen eine hinreichend solvente Obergesellschaft gar nicht auftreten,[367] trifft nur im Regelfall, nicht jedoch allg. zu,[368] so dass sich hierdurch die Frage nicht erledigt. Mit Ansätzen, auch nur ausnahmsweise einen Fortbestand des Unternehmensvertrags anzunehmen, ist seit der Entscheidung des BGH vom 16.6.2015 noch größere Vorsicht geboten, in welcher der BGH – zwar ohne nähere Differenzierung u. iR eines obiter dictum – davon ausgeht, dass es durch „Insolvenz" zu einer unterjährigen Beendigung des Vertrags kommt.[369]

259 (2) **Krise und Insolvenzreife.** Nach allgM haben weder Insolvenzreife (§§ 17–19 InsO) der Untergesellschaft noch eine Krise der Untergesellschaft (iSd früheren Eigenkapitalersatzrechts) unmittelbare Auswirkung auf den Bestand des Unternehmensvertrags. Grds. ist die Obergesellschaft in diesen Fällen auch nicht zur außerordentlichen Kündigung des Unternehmensvertrags aus wichtigem Grund berechtigt, da die Obergesellschaft diese Risiken mit dem Abschluss des Unternehmensvertrags gerade übernommen hat.[370] Nach wohl hM ist die Obergesellschaft in diesen Fällen jedoch ausnahmsweise zur Kündigung berechtigt, wenn zusätzliche Voraus-

---

363 Etwa *Hüffer*, AktG, § 297 Rn. 22 a (für die AG); MünchHdbAG/*Krieger*, § 70 Rn. 201 (für die AG); *ders.*, in: FS Metzeler, 03, S. 139 (für die AG); Spindler/Stilz/*Veil*, AktG, § 297 Rn. 38 (für die AG); *Mühl/Wagenseil*, NZG 09, 1253, 1258.

364 KölnerKommAktG/*Koppensteiner*, § 297 Rn. 47; Uhlenbruck/*Hirte*, InsO, § 11 Rn. 398; *Noack*, Gesellschaftsrecht, Rn. 723 ff.

365 Uhlenbruck/*Hirte*, InsO, § 11 Rn. 398.

366 *Freudenberg*, ZIP 09, 2037, 2039 mwN.

367 Roth/*Altmeppen* Rn. 94.

368 Ebenso wohl Baumbach/Hueck/*Beurskens* SchlAnhKonzernR Rn. 135.

369 BGH NZG 15, 912 Rn. 18.

370 S. nur *Emmerich*/Habersack, Aktien- und GmbH-Konzernrecht, § 297 Rn. 20, 22. Restriktiv auch OLG München NZG 11, 867, 868; FG Berlin-Brandenburg GmbHR 12, 413 mit Anm. *Walter*, GmbHR 12, 670.

setzungen vorliegen. So wird insbes. vertreten, die Obergesellschaft sei zur Kündigung berechtigt, wenn die weitere Erfüllung der Verpflichtungen aus dem Unternehmensvertrag die Obergesellschaft unmittelbar in ihrer wirtschaftlichen Existenz bedrohen würde u. der eingetretene bedrohliche Zustand von der Obergesellschaft nicht zu vertreten ist, sondern auf einer allg., wirtschaftlichen Entwicklung oder auf höherer Gewalt beruht.[371] Bei der Prüfung des Vertretenmüssens im vorgenannten Sinne ist insbes. zu berücksichtigen, dass der dem herrschenden Unternehmen zuzurechnende Risikobereich in dem Maße als erweitert anzusehen ist, in dem es Einfluss auf die abhängige Gesellschaft genommen hat.[372]

An der Einschlägigkeit der vorgenannten Grundsätze ändert es nichts, wenn in einem gegen die Untergesellschaft gerichteten Insolvenzeröffnungsverfahren Maßnahmen nach § 21 InsO angeordnet worden sind (**vorl. Insolvenzverfahren**). 260

bb) Insolvenz der Obergesellschaft. (1) Eröffnung des Insolvenzverfahrens. Die Frage, welche Auswirkung die Eröffnung des Insolvenzverfahrens über das Vermögen der Obergesellschaft auf den Bestand des Unternehmensvertrags hat, ist in einigen Gerichtsentscheidungen erwähnt, jedoch bislang, soweit ersichtlich, nicht entschieden worden.[373] Im Schrifttum dürfte die Auffassung überwiegen, die eine automatische Beendigung des Unternehmensvertrags annimmt.[374] Dieser Auffassung könnte auch der BGH zuzurechnen sein.[375] Auch für die Insolvenz der Obergesellschaft wird allerdings die Gegenauffassung vertreten, derzufolge der Vertrag unter „Suspension" seiner Wirkungen fortbestehe (→ Rn. 258).[376] 261

(2) Krise und Insolvenzreife. Weder Krise noch Insolvenzreife der Obergesellschaft führen zu einer automatischen Beendigung des Unternehmensvertrags. Jedenfalls bei Insolvenzreife u. regelmäßig auch bei Krise ist aber die **Untergesellschaft** gem. § 297 I 2 AktG analog berechtigt, den Vertrag aus wichtigem Grunde fristlos zu **kündigen.** Umstritten ist, ob die Verschlechterung der Vermögenslage der Obergesellschaft die **Obergesellschaft selbst zur Kündigung** berechtigt.[377] Eine starke Auffassung bejaht dies.[378] Nach 262

---

371 Etwa *Emmerich*/Habersack, Aktien- und GmbH-Konzernrecht, § 297 Rn. 22; wN bei *Philippi/Neveling*, BB 03, 1685, 1688; wohl auch Spindler/Stilz/*Veil*, AktG, § 297 Rn. 15 (für die AG).

372 *Wilken/Ziems*, FS Metzeler, 03, S. 153, 159; *Philippi/Neveling*, WB 03, 1685, 1688.

373 OLG Hamburg NZG 02, 189 scheint iR eines obiter dictums der Auffassung zuzuneigen, dass der Vertrag automatisch endet („regelmäßig"); offen OLG Frankfurt aM ZIP 04, 777 mit Anm. *Ferslev*, EWiR 04, 697; offen auch OLG Brandenburg, Urt. v. 9.9.05 – 4 u. 60/05 (unter Ziff. II.1. a) der Entscheidungsgründe); offen ferner AG Duisburg NZI 02, 556, 559 („Babcock Borsig AG").

374 Für die GmbH etwa Roth/*Altmeppen* Rn. 93; Baumbach/Hueck/*Beurskens* SchlAnhKonzernR Rn. 135; ausf. *Berthold*, Unternehmensverträge in der Insolvenz, 04, Rn. 213 ff.

375 BGH NZG 15, 912, Rn. 18 (ohne Differenzierung zwischen Unter- u. Obergesellschaft).

376 Etwa *Zeidler*, NZG 99, 692, 697; *Trendelenburg*, NJW 02, 647, 649.

377 Angesprochen, aber nicht entschieden in BGH NJW 88, 1326, 1327 („Familienheim").

378 Etwa *Hüffer*, AktG, § 297 Rn. 5 mwN (für die AG); MünchHdbAG/*Krieger*, § 70 Rn. 5 (für die AG).

der Gegenauffassung muss hinzukommen, dass die Obergesellschaft die Verschlechterung ihrer Vermögenslage nicht zu vertreten hat u. dass die weitere Erfüllung der Verpflichtungen der Obergesellschaft aus dem Unternehmensvertrag die Existenz der Obergesellschaft gefährden würde.[379]

263 Auch hier ändert sich an dem Vorstehenden nichts Grds dadurch, dass auf Ebene der Obergesellschaft ein **Insolvenzeröffnungsverfahren** eingeleitet u. ggf. ein vorläufiger Insolvenzverwalter bestellt worden ist (§ 21 InsO). In diesem Fall gilt aber ebenfalls, dass die Bestellung eines vorl. Insolvenzverwalters ein Indiz dafür ist, dass die Voraussetzungen des § 297 I 2 AktG gegeben sind.

264 e) **Umwandlung.** Die Auswirkungen einer Umwandlung iSv § 1 I UmwG der Unter- oder der Obergesellschaft auf den Bestand des Unternehmensvertrags sind gesetzlich nicht geregelt. In diesem Bereich ist vieles **str.**[380] Weitgehend anerkannt ist allerdings, dass die **Verschmelzung des herrschenden Unternehmens** auf einen anderen Rechtsträger nicht zu einer automatischen Beendigung des Unternehmensvertrags führt, sondern dass die Rechtsstellung des herrschenden Unternehmens aus dem Unternehmensvertrag auf der Grundlage von § 20 I Nr. 1 UmwG auf den übernehmenden Rechtsträger übergeht.[381] Der Untergesellschaft kann in diesem Fall aber ein Recht zur Kündigung des Unternehmensvertrags aus wichtigem Grund zustehen. Auch ein Formwechsel des herrschenden Unternehmens lässt nach hM den Bestand des Vertrags jedenfalls grds. unberührt.[382] Für einen Formwechsel einer zur Teilgewinnabführung verpflichteten Gesellschaft hat der BGH entschieden, dass Unternehmensverträge mit dem Rechtsträger in dessen geänderter Rechtsform fortbestehen, es sei denn, das Vertragsverhältnis ist mit der Rechtsform der verpflichteten Gesellschaft nicht vereinbar.[383] Eine leicht anders gelagerte Frage ist, ob die Rechtsstellung als Obergesellschaft iRd sog. personengesellschaftsrechtlichen Anwachsung am Übergang des Vermögens der Obergesellschaft auf den letzten Gesellschafter teilnimmt.[384]

3. Anmeldung und Eintragung der Beendigung in das Handelsregister

265 Die Beendigung eines Unternehmensvertrags ist nach allgM zur Eintragung in das Handelsregister anzumelden (§ 298 AktG analog).[385] Die Eintra-

---

379 *Emmerich*/Habersack, Aktien- und GmbH-Konzernrecht, § 297 Rn. 22; Spindler/Stilz/*Veil*, AktG, § 297 Rn. 16 (für die AG); enger *Trendelenburg*, NJW 02, 647, 650, derzufolge die Verschlechterung der eigenen Vermögenslage die Obergesellschaft keinesfalls zur Kündigung aus wichtigem Grund berechtigt.

380 Näher etwa Michalski/*Zeidler*, 1. Aufl., Syst Darst 4 Rn. 163 ff., der anschaulich einerseits zwischen Unter- u. Obergesellschaft u. andererseits zwischen den verschiedenen Umwandlungsarten (Verschmelzung, Spaltung u. Formwechsel) differenziert.

381 LG Bonn GmbHR 96, 774; Baumbach/Hueck/*Beurskens* SchlAnhKonzernR Rn. 136.

382 OLG Düsseldorf NZG 05, 280; LG München I WM 12, 698, 700.

383 BGH NZG 2019, 1149.

384 Bejahend LG München I WM 12, 698, 700 mwN.

385 Ganz hM, s. nur Baumbach/Hueck/*Beurskens* SchlAnhKonzernR Rn. 126 mwN Formular bei *Friedrichsen/Kollmorgen*, in: David ua, Gesellschaftsrecht, 09, § 8 Rn. 61 (am Beispiel der Aufhebung).

gung hat lediglich **deklaratorische**, dh keine konstitutive Wirkung,[386] und zwar nach zutr. Auffassung auch im Falle der Beendigung durch Aufhebungsvertrag. Schon deswegen fehlt es an einer Grundlage, der Eintragung eine irgendwie geartete Heilungswirkung beizumessen.[387]

Auch wenn die Eintragung folglich nicht erforderlich ist, um die materiellrechtliche Wirksamkeit der Beendigung herbeizuführen, besteht gleichwohl ein Interesse an einer raschen Eintragung, da anderenfalls die **Frist des § 303 AktG** analog (näher dazu → Rn. 222) nicht zu laufen beginnen kann. Dies führt zu einer erheblichen Verschärfung der Risiken aus § 303 AktG analog, wenn ein Beendigungsgrund (zB Verschmelzung der Untergesellschaft) nicht als solcher erkannt worden ist.

VII. Der fehlerhafte Unternehmensvertrag

Ist ein Unternehmensvertrag nicht ordnungsgemäß begründet worden, fin- 266
den auf bestimmte Wirksamkeitsmängel nach hM die Grundsätze über die fehlerhafte Gesellschaft entspr. Anwendung, so dass der Mangel nur mit Wirkung für die Zukunft geltend gemacht werden kann, wenn der Vertrag in Vollzug gesetzt worden ist.[388]

Diese Grundsätze **finden** etwa **Anwendung**, wenn der Zustimmungsbe- 267
schluss der Gesellschafter der Untergesellschaft nicht beurkundet worden ist. Nach einem Urt. des BGH, welches im Nachgang zur Supermarkt-Entscheidung des BGH ergangen ist, greifen diese Grundsätze ferner ein, wenn das Bestehen des Vertrags entgg. § 294 II AktG analog nicht in das Handelsregister der Untergesellschaft eingetragen worden ist.[389] Es trifft zu, dass diese Rspr. nur für die Übergangsphase nach der Supermarkt-Entscheidung, die erstmals höchstrichterlich die analoge Anwendung von § 294 II AktG im Vertragskonzern festgeschrieben hat, gerechtfertigt ist. Heute liegt in einer fehlenden Eintragung des Vertrags ein Mangel, über den die Lehre vom fehlerhaften Unternehmensvertrag nicht hinweg helfen kann.[390] Die Grundsätze über den fehlerhaften Unternehmensvertrag finden ferner keine Anwendung, wenn es am Zustimmungsbeschluss der Gesellschafter der Untergesellschaft insgesamt fehlt u. die Gesellschafter der Untergesellschaft auch keine anderweitige Kenntnis vom Vollzug des Vertrags haben.[391]

Der Unternehmensvertrag ist insbes. in hinreichender Weise in **Vollzug** ge- 268
setzt (bzw. durchgeführt), wenn die Untergesellschaft Gewinne (ohne Gewinnverteilungsbeschluss nach § 29) an die Obergesellschaft abgeführt hat,

386 Aus der jüngeren Rspr. etwa OLG München NZG 11, 1183 f. mwN; aus der Lit. etwa Baumbach/Hueck/*Beurskens* SchlAnhKonzernR Rn. 126.

387 Damit ist es nicht vereinbar, im Falle der Eintragung einer unwirksamen Beendigung in das Handelsregister die Grundsätze über den fehlerhaften Unternehmensvertrag entspr. anzuwenden, vgl. *Müller-Eising/Schmitt*, NZG 11, 1100.

388 Etwa BGHZ 103, 1 („Familienheim"); 116, 37, 39; NZG 02, 128; vgl. aus jüngerer Zeit etwa *Kort*, NZG 09, 364.

389 BGH NJW 02, 822; ebenso OLG Oldenburg NZG 00, 1138.

390 MüKoGmbHG/*Liebscher* Rn. 694 f.; Baumbach/Hueck/*Beurskens* SchlAnhKonzernR Rn. 127.

391 Etwa Baumbach/Hueck/*Beurskens* SchlAnhKonzernR Rn. 127.

ferner, wenn die Obergesellschaft Verluste ausgeglichen oder Weisungen erteilt hat.

269 Gelten hiernach die Grundsätze über den fehlerhaften Unternehmensvertrag, ist der Vertrag so lange als wirksam zu behandeln, bis sich eine Vertragspartei auf die **Unwirksamkeit beruft**. Dies ist jederzeit möglich.[392] Nach hM bedarf es hierzu allerdings einer ausdrücklichen Erklärung, in der der fragliche Mangel als Grund angeführt wird.[393] Inwieweit die Geschäftsführung der Untergesellschaft verpflichtet ist, sich auf die Unwirksamkeit zu berufen, hängt von den Umständen des Einzelfalls ab.

VIII. Sonstige Unternehmensverträge

270 Das Aktiengesetz stellt dem Beherrschungsvertrag u. dem Gewinnabführungsvertrag als Unternehmensverträge mit allg. Verlustausgleichspflicht (§ 291 AktG) in § 292 AktG sog. andere Unternehmensverträge ggü. Grund für diese Differenzierung ist nach hM, dass es sich bei den anderen Unternehmensverträgen primär um schuldrechtliche **Austauschverträge** handelt, die anders als der Beherrschungs- u. der Gewinnabführungsvertrag nicht in das Organisationsgefüge der Untergesellschaft eingreifen.[394]

1. Erfasste Vertragsarten

271 Andere Unternehmensverträge im vorgenannten Sinne sind:

- Als ersten Fall nennt § 292 I Nr. 1 AktG die **Gewinngemeinschaft.** Bei dieser verpflichtet sich die Untergesellschaft, ihren Gewinn (oder den Gewinn einzelner ihrer Betriebe) ganz oder zT mit dem Gewinn anderer Unternehmen (oder einzelner Betriebe anderer Unternehmen) zur Aufteilung eines gemeinschaftlichen Gewinns zusammenzulegen. Gewinngemeinschaften sind auch unter Beteiligung von GmbHs möglich; ihre praktische Bedeutung ist jedoch gering.[395]
- Als zweiten Fall erfasst § 292 I AktG einen Vertrag, durch den sich die Untergesellschaft verpflichtet, den Gewinn einzelner ihrer Betriebe ganz oder zT an ein anderes Unternehmen abzuführen (**Teilgewinnabführungsvertrag**). Bei der AG kommt § 292 I Nr. 2 AktG ganz erhebliche Bedeutung zu, weil die hM die **stille Gesellschaft** mit einer AG als einen Teilgewinnabführungsvertrag iSv § 292 I Nr. 2 AktG einstuft.[396] Für die GmbH ist seit langem streitig, ob für einen Teilgewinnabführungsvertrag die §§ 291 ff. AktG oder die §§ 53, 54 GmbHG analog anzuwenden sind (mit der Folge, dass die Wirksamkeit insbesondere von einer Handelsregistereintragung abhinge), oder ob eigenständige Regelungen gelten. Der BGH hat nun entschieden, dass der Teilgewinnabführungsvertrag bei der GmbH keinen besonderen Wirksamkeitsan-

392 BGH NJW 02, 822.
393 Vgl. für die fehlerhafte Gesellschaft BGH NZG 13, 1060 Rn. 23 mwN.
394 Etwa Scholz/*Emmerich* Rn. 208.
395 Michalski/*Zeidler*, Syst Darst 4 Rn. 344 ff.
396 OLG Hamburg DB 11, 811 (Revision beim BGH anhängig unter II ZR 50/11) (HSH Nordbank AG); LG München I BeckRS 10, 03716; *Hüffer*, AktG, § 292 Rn. 15 mwN; aA OLG Schleswig BeckRS 11, 04808 mit Anm. *Heider/Hirte*, GWR 11, 160 (Revision beim BGH anhängig unter II ZR 59/11) (ebenfalls HSH Nordbank AG).

forderungen unterliegt, wenn der Vertrag keine satzungsüberlagernde Wirkung hat. Eine satzungsüberlagernde Wirkung bestehe nicht, wenn nur 20 % des Gewinns abzuführen seien. Ob eine satzungsüberlegende Wirkung zu bejahen sei, wenn der ein Großteil oder zumindest überwiegender Teil des Gewinns abzuführen sei, ließ der BGH offen.[397] Aus dieser BGH-Entscheidung ergeben sich auch Konsequenzen für die Sonderfrage, inwieweit eine stille Gesellschaft mit einer GmbH als Teilgewinnabführungsvertrag einzustufen und infolgedessen möglicherweise besonderen Wirksamkeitserfordernissen unterliegt.[398] Auch bei Besserungsabreden, die an den Jahresüberschuss anknüpfen, kann sich die Frage stellen, ob Teilgewinnabführungsvertrag vorliegt.[399] Ein Teilgewinnabführungsvertrag ist nicht geeignet, die steuerliche Organschaft nach §§ 14, 17 KStG zu begründen.[400]

- § 292 I AktG erfasst in Nr. 3 ferner den **Betriebspachtvertrag**[401] u. den **Betriebsüberlassungsvertrag.** Beim Betriebspachtvertrag führt der andere Vertragsteil den Betrieb der Gesellschaft auf eigene Rechnung u. im eigenen Namen, während beim Betriebsüberlassungsvertrag der andere Vertragsteil den Betrieb der Gesellschaft nur auf eigene Rechnung, jedoch im Namen der Gesellschaft führt.
- Nicht ausdrücklich von § 292 I Nr. 3 AktG erfasst ist der **Betriebsführungsvertrag.**[402] Beim Betriebsführungsvertrag führt der andere Vertragsteil den Betrieb der Gesellschaft sowohl auf Rechnung der Gesellschaft als auch im Namen der Gesellschaft. Die Abgrenzung zum Betriebspachtvertrag kann im Einzelfall Schwierigkeiten bereiten.[403] Je nach Ausgestaltung des Betriebsführungsvertrags stellt die hM diesen Vertrag den von § 292 I Nr. 3 AktG genannten Verträgen gleich.[404]

2. Anwendbarkeit der Bestimmungen für Unternehmensverträge

a) **Grundsatz.** Fällt ein Vertrag unter § 292 I AktG, hat dies im **AG-Konzern** zur Folge, dass auf diesen Vertrag all diejenigen Vorschriften anzuwenden sind, die an den **Unternehmensvertrag im Allg** anknüpfen. Dies sind insbes. die Vorschriften über das Zustimmungserfordernis auf Ebene der Untergesellschaft (§ 293 I AktG), die Berichts- u. Prüfungspflichten nach § 293 a ff. AktG, das Erfordernis der Eintragung des Vertrags in das Handelsregister (§ 294 AktG) u. die Vorschriften über die Änderung u. Beendigung des Vertrags (§§ 295–298 AktG). Vorschriften, die an das Vorliegen eines **Beherrschungs- oder Gewinnabführungsvertrags** anknüpfen, fin- 272

397 BGH, NZG 19, 1149.
398 Schon vor der vorgenannten BGH-Entscheidung ablehnend OLG München DStR 11, 1139 mwN auch zur Gegenauffassung; vgl. auch BayObLG NJW-RR 03, 908, 909.
399 Vgl. OLG München AG 09, 372.
400 BFH AG 11, 683.
401 Formular bei MünchVertragshdb/*Hoffmann-Becking*, Form X. 12 (S. 1424 ff.). Zur Verbreitung *Bayer/Hoffmann*, AG-Report 11, R71.
402 Formular bei MünchVertragshdb/*Hoffmann-Becking*, Form X. 11 (S. 1420 ff.). Instruktiv zu konzerninternen Betriebsführungsverträgen *Huber*, ZHR 152 (88), 123. Zu letzteren ferner *Winter/Theisen*, AG 11, 662.
403 Näher etwa *Fenzl*, Der Konzern 06, 18.
404 Etwa Scholz/*Emmerich* Rn. 220.

den auf andere Unternehmensverträge hingg. keine Anwendung. Dies gilt insbes. für die Verlustausgleichspflicht nach § 302 I AktG, wobei allerdings zu berücksichtigen ist, dass auch beim Betriebspachtvertrag u. Betriebsüberlassungsvertrag eine Verlustausgleichspflicht besteht, wenn die Untergesellschaft von der betriebsführenden Gesellschaft abhängig ist (§ 302 II AktG).

273 Nach hM gilt die vorstehende Rechtslage entspr., wenn die Untergesellschaft eine **GmbH** ist.[405] *Altmeppen* hat zutr. darauf hingewiesen, dass die Rechtswirklichkeit (u wohl auch die Handhabung der Finanzverwaltung) mit dieser hM nicht in Einklang steht, da davon auszugehen ist, dass zahlreiche Verträge, die nach dem Vorgesagten unter § 292 AktG fielen, insbes. nicht gem. § 294 AktG analog in das Handelsregister eingetragen sind. Dies gilt insbes. für Betriebspachtverträgen gleichzustellende Betriebsführungsverträge (→ Rn. 271) u. für stille Gesellschaften mit einer GmbH. Dementspr wird von einer starken Gegenauffassung vertreten, dass andere Unternehmensverträge iSv § 292 AktG mit einer GmbH als Untergesellschaft anders als im Aktienrecht nicht – zumindest nicht vollumfänglich – den §§ 293 ff. AktG unterliegen.[406]

274 **b) Verdeckter bzw. atypischer Beherrschungsvertrag.** Von der Frage nach der grds. Anwendbarkeit der §§ 293 ff. AktG auf andere Unternehmensverträge mit einer GmbH als Untergesellschaft (→ Rn. 271 f.) ist der Fall zu unterscheiden, dass ein Vertrag mit einer GmbH sich der Sache nach als ein Beherrschungs- oder Gewinnabführungsvertrag darstellt. Dies kommt insbes. bei Betriebspacht-, Betriebsüberlassungs- u. Betriebsführungsverträgen in Betracht. Für solche Verträge ist weitgehend anerkannt, dass auf sie aus Gründen des Umgehungsschutzes die Vorschriften über Beherrschungs- u. Gewinnabführungsverträge entspr. anzuwenden sind.[407]

E. Patronatserklärung

275 Vorstufe zum Abschluss eines Unternehmensvertrags mit Verlustausgleichspflicht ist häufig eine sog. Patronatserklärung. Die Patronatserklärung ist kein Spezifikum des Konzernrechts, sondern ein allg. Instrument der Gesellschafterfinanzierung. Teilw. findet sie als Sicherungsinstrument auch in anderen Zusammenhängen Anwendung. Gleichwohl hat sie in Konzernsachverhalten die größte praktische Bedeutung. Obwohl sich Gerichtsentscheidungen zur Patronatserklärung mehren, bestehen nach wie vor Unsicherheiten in der Behandlung von Patronatserklärungen. Diese Schwierigkeiten ergeben sich auch daraus, dass Patronatserklärungen ganz unter-

405 Etwa Scholz/*Emmerich* Rn. 211, 218 mit zahlreichen Nachweisen. Zur Anwendung der aktienrechtlichen Vorschriften auf die stille Gesellschaft mit der GmbH (als Teilgewinnabführungsvertrag, vgl. Rn. 245) ferner etwa *Mühl/Wagenseil*, NZG 09, 1253 mwN.

406 Roth/*Altmeppen* Rn. 126 mwN; ebenso für den Betriebspachtvertrag LG Paderborn *BeckRS 08, 21150;* für den Teilgewinnabführungsvertrag KG NJW-RR 14, 858.

407 Roth/*Altmeppen* Rn. 126; *Ederle*, AG 10, 273; vgl. aus der jüngeren Rspr. OLG Schleswig AG 09, 374. Zur Anwendung der Grundsätze des fehlerhaften Unternehmensvertrags (Rn. 240) auf einen verdeckten Beherrschungsvertrag *Kort*, NZG 09, 364.

schiedlichen Zwecken dienen u. dementspr unterschiedliche Inhalte aufweisen u. üblicherweise sehr knapp formuliert sind. Dabei können die Haftungsgefahren, die für den Patron mit einer Patronatserklärung einhergehen, denjenigen aus einem Unternehmensvertrag gleichkommen oder diese sogar noch übersteigen.[408] Um diese Risiken einzugrenzen, empfiehlt sich aus Sicht des Patrons dringend, die Patronatserklärung klar u. hinreichend ausführlich zu gestalten, insbes. die Ausstattungsverpflichtung des Patrons u. die Beendigung der Patronatserklärung u. etwaige Lösungsmöglichkeiten des Patrons klar zu regeln.

I. Begriff, Arten und Inhalt

Unter einer Patronatserklärung versteht man eine Erklärung einer Person 276
(des sog. Patrons), in der dieser Aussagen in Bezug auf eine Gesellschaft zu dem Zweck trifft, die Gesellschaft finanziell zu unterstützen. IaR ist der Patron unmittelbarer oder mittelbarer Gesellschafter der Gesellschaft.[409] Je nach Rechtsqualität der Aussagen des Patrons in der Erklärung wird zwischen weichen u. harten Patronatserklärungen unterschieden.[410] Patronatserklärungen sind grds. nach §§ 133, 157 BGB **auszulegen.** Handelt es sich um allg. Geschäftsbedingungen, ist die Erklärung objektiv auszulegen.[411]

1. Weiche Patronatserklärung

Eine weiche Patronatserklärung liegt vor, wenn der Patron in der Erklä- 277
rung keine rechtliche Verpflichtung eingeht, sondern lediglich Aussagen zu tatsächlichen Umständen trifft oder Absichtserklärungen abgibt. In die erstere Fallgruppe gehören bspw. Erklärungen, in denen der Patron angibt, in einem bestimmten Umfang an der Gesellschaft beteiligt zu sein oder ein Geschäft zwischen der Gesellschaft u. einem ihrer Geschäftspartner zur Kenntnis genommen zu haben. Absichtserklärungen beziehen sich häufig darauf, die Beteiligung an der Gesellschaft aufrechtzuerhalten oder die Geschäftspolitik nicht zu ändern. Auch wenn eine weiche Patronatserklärung keine Primäransprüche begründet, kann sie gleichwohl eine Haftung des Patrons auslösen (→ Rn. 290).

---

408 Anschaulich etwa OLG Düsseldorf WM 11, 601 mit Anm. *Kessler*, BB 11, 1492.

409 Zu dem seltenen Fall, dass ein gesellschaftsfremder Dritter eine patronatsähnliche Unterstützungserklärung abgibt, vgl. Ebenroth/Boujong/Joost/Strohn/*Allstadt-Schmitz*, HGB, Bd. 2, BankR IV Rn. 663 mwN.

410 S. zu den verschiedenen Erscheinungsformen von Patronatserklärungen (insbes. weichen Patronatserklärungen) auch IDW Rechnungslegungshinweis: Handelsrechtliche Vermerk- und Berichterstattungspflicht bei Patronatserklärungen, IDW RH HFA 1.013, Stand 22.2.08.

411 So im Fall des KG WM 11, 1072.

2. Harte Patronatserklärung

278 Geht der Patron in der Erklärung hingg. eine eigene Verpflichtung (vgl. § 241 I BGB) ein, spricht man von einer harten Patronatserklärung.[412] Ob eine Patronatserklärung hart oder weich ist, ist durch Auslegung der Erklärung zu ermitteln. Da eine solche Auslegung typischerweise mit Unsicherheiten verbunden ist, empfehlen sich klare Formulierungen in der Patronatserklärung.

279 a) **Externe und interne harte Patronatserklärung.** Die Verpflichtung, die der Patron mit einer harten Patronatserklärung übernimmt, kann ggü. dem Dritten (sog. externe Patronatserklärung)[413] oder ggü. der Gesellschaft (sog. interne Patronatserklärung) eingegangen werden. Diese Unterscheidung ist nicht nur für die Rechtsfolgen der Patronatserklärung (→ Rn. 290 ff.) von besonderer Bedeutung, sondern auch für Einzelheiten der Beendigung (→ Rn. 310 ff.).

280 Patronatserklärungen, die dem ersten Anschein nach rein interne Patronatserklärungen sind, können im Einzelfall gleichzeitig den Regeln über externe Patronatserklärungen unterliegen. Dies gilt etwa dann, wenn die Gesellschaft die Patronatserklärung bestimmungsgemäß ggü. Dritten als Sicherungsmittel einsetzt. Die bloße Weitergabe der Erklärung durch die Geschäftsführung der Gesellschaft ohne Beteiligung des Patrons genügt hierfür jedoch nicht.[414]

281 b) **Art und Inhalt der Unterstützungsverpflichtung des Patrons.** Auch Art u. Inhalt der Verpflichtung des Patrons können unterschiedlich sein. Zunächst ist denkbar, dass sich der Patron verpflichtet, **Verluste** der Gesellschaft zu decken.[415] Diese Verpflichtung entspricht iW der Rechtsfolge der Verlustausgleichsverpflichtung nach § 302 AktG u. ist bilanzbezogen.

282 Häufiger enthalten Patronatserklärungen aber ausdr. liquiditätsbezogene Zusagen des Patrons. Eine solche **Liquiditätszusage** enthält insbes. die verbreitete Formulierung, dass sich der Patron verpflichte, die Gesellschaft finanziell jederzeit so auszustatten, dass diese in der Lage ist, ihre fälligen Verbindlichkeiten zu erfüllen. Enthält eine interne Patronatserklärung eine solche Liquiditätskomponente, reichen die Wirkungen einer solchen Erklärung insoweit weiter als die Rechtsfolgen eines Unternehmensvertrags mit Verlustausgleichspflicht, da die Gesellschaft bei Letzterem nach hM keinen Anspruch auf unterjährige Liquiditätsausstattung hat (→ Rn. 218). Eine solche Patronatserklärung ist daher – anders als ein Verlustausgleichsan-

---

412 Etwa *Emmerich*/Habersack, Aktien- und GmbH-Konzernrecht, § 302 Rn. 10. Teilw. sind auch andere Abgrenzungen zwischen dem Begriff der harten u. der weichen Patronatserklärung anzutreffen, vgl. etwa *Saenger/Merkelbach*, WM 07, 2309, die das Charakteristikum der harten Patronatserklärung darin sehen, dass der Patron eine finanzielle Unterstützungsverpflichtung eingeht, während eine weiche Patronatserklärung ebenfalls Rechtspflichten des Patrons (sonstigen Inhalts) enthalten kann.

413 Näher anschaulich *Wittig*, WM 03, 1981 insbes. zu Patronatserklärungen, die sich auf Finanzierungsverträge beziehen. Zu Patronatserklärungen für Mietverträge *Bomhard/Haase*, BB 10, 2651.

414 IErg str, vgl. hierzu *Ziemons*, GWR 09, 411 mwN.

415 Vgl. etwa *Emmerich*/Habersack, Aktien- und GmbH-Konzernrecht, § 302 Rn. 10.

spruch nach § 302 AktG – auch geeignet, den Insolvenzgrund der Zahlungsunfähigkeit unterjährig auszuschließen (→ Rn. 304 f.).

Enthält die Patronatserklärung die Verpflichtung des Patrons, eine **Überschuldung** der Gesellschaft zu verhindern, so ist diese Verpflichtung grds. ebenso wie die Verlustausgleichsverpflichtung bilanzbezogen. Ist hierbei – wie regelmäßig – die insolvenzrechtliche Überschuldung (§ 19 InsO) gemeint, gilt dies allerdings nur eingeschränkt. Sofern eine Überschuldung der Gesellschaft gerade deswegen droht, weil es an einer hinreichenden Liquiditätsprognose, wie sie iRd Fortführungsprognose nach § 19 II 1 InsO erforderlich ist, fehlt, muss der Patron auch entspr. liquide Mittel zur Verfügung stellen. 283

c) **Sonstige Regelungen.** Häufig werden Patronatserklärungen abgegeben, ohne dass die Verpflichtungen des Patrons der **Höhe** nach beschränkt werden. Eine solche Beschränkung ist ohne Weiteres zulässig u. aus Sicht des Patrons grds. empfehlenswert.[416] Allerdings wird bei externen Patronatserklärungen eine solche Höchstbetragsangabe vom Gläubiger möglicherweise nicht akzeptiert. Bei internen Patronatserklärungen kann sie dem Zweck, eine Insolvenzreife der Gesellschaft in jedem Falle zu verhindern, widersprechen. 284

Daneben kommen **weitere Regelungen** in Betracht, etwa zu etwaigen Ansprüchen des Patrons gegen die Gesellschaft nach einer Ausreichung von Mitteln an die Gesellschaft oder an Gläubiger der Gesellschaft, Regelungen zu Lösungsmöglichkeiten des Patrons u. zur Beendigung der Vereinbarung iÜ u. Regelungen zum anwendbaren Recht (vgl. hierzu noch im Folgenden). 285

II. Wirksamkeit der Patronatserklärung

Die harte Patronatserklärung ist ein einseitig verpflichtender Vertrag. Daher müssen die Anforderungen für das Zustandekommen vertraglicher Einigungen erfüllt sein (**§§ 130 ff., §§ 145 ff., 164 ff. BGB**). Der Zugang der Annahmeerklärung des Dritten bzw. der Gesellschaft ist allerdings regelmäßig gem. § 151 S. 1 BGB entbehrlich.[417] Besondere Fragen des wirksamen Vertragsschlusses stellen sich, wenn der Patron die Erklärung ggü. der Allgemeinheit (ad incertas personas) abgegeben hat.[418] Ist der Patronatsgeber eine Gemeinde, kann zur ordnungsgemäßen Vertretung der Gemeinde gehören, dass die Aufsichtsbehörde der Patronatserklärung zugestimmt hat.[419] Ist die Patronatserklärung als allg. Geschäftsbedingung einzustufen,[420] sind zudem die §§ 305 ff. BGB zu berücksichtigen. 286

416 Vgl. die Fälle BGH DStR 10, 2258 u. SächsLAG DStR 12, 615.
417 Ebenroth/Boujong/Joost/Strohn/*Allstadt-Schmitz*, HGB, Bd. 2, BankR IV Rn. 705 mwN.
418 Ebenroth/Boujong/Joost/Strohn/*Allstadt-Schmitz*, HGB, Bd. 2, BankR IV Rn. 698ff mwN.
419 BGH NJW 10, 144.
420 So in KG WM 11, 1072.

287 Nach hM unterliegt auch die harte Patronatserklärung keiner gesetzlichen **Formvorschrift**, weder nach § 766 BGB, sofern diese trotz § 350 HGB iÜ anwendbar wäre,[421] noch nach § 518 I 2 BGB.[422]

288 Die vereinzelt anzutreffende Auffassung, Patronatserklärungen typischen Inhalts könnten wegen mangelnder **Bestimmtheit** unwirksam sein, ist abzulehnen.[423]

289 Nach ganz hM unterliegt eine Patronatserklärung auch dann nicht den Anforderungen der **§§ 293, 294 AktG** (analog), wenn die Patronatserklärung eine § 302 AktG entspr. Verlustausgleichsverpflichtung (→ Rn. 282) enthält. Erst wenn im Zusammenhang mit der Patronatserklärung atypischerweise Rechte des Patrons zur Einwirkung auf die Gesellschaft begründet werden, die den Rechten der Obergesellschaft bei Beherrschungs- oder Gewinnabführungsvertrag entsprechen, kann ein verdeckter Unternehmensvertrag vorliegen mit der Folge, dass §§ 293 ff. AktG entspr. anzuwenden sind (→ Rn. 274).

III. Rechtsfolgen der Patronatserklärung

1. Weiche Patronatserklärung

290 Versteht man die weiche Patronatserklärung – wie hier – allein als eine Erklärung, die lediglich tatsächliche Umstände bestätigt oder Absichtserklärungen enthält, bringt die weiche Patronatserklärung keine Primäransprüche des anderen Teils hervor. Der Patron kann aber nach den Grundsätzen über die cic (§§ 311 II, 241 II BGB) haften.[424] Dies ist dem Grunde nach etwa dann der Fall, wenn die vom Patron bestätigte Tatsache unwahr ist. Selbst wenn sich eine Haftung des Patrons dem Grunde nach – ausnahmsweise – feststellen lässt, bereiten Kausalität u. Schaden häufig Probleme.[425]

291 Weiche Patronatserklärungen brauchen grds. nicht nach § 251 S. 1 HGB unter der Bilanz des Patrons vermerkt werden.[426]

2. Harte Patronatserklärung

292 Bei den Rechtsfolgen der harten Patronatserklärung ist zwischen der externen u. der internen Patronatserklärung zu unterscheiden.

293 **a) Externe harte Patronatserklärung. aa) Rechte des Dritten.** Die externe harte Patronatserklärung gibt dem Dritten einen Primär- bzw. **Erfüllungsanspruch** gegen den Patron. Dieser Anspruch ist typischerweise auf Leistung an die Gesellschaft gerichtet, der Patron schuldet also ggü. dem Gläu-

421 Etwa *von Rosenberg/Kruse*, BB 03, 641 mwN.
422 BGH NZG 06, 543 (Sportgate); Ebenroth/Boujong/Joost/Strohn/*Allstadt-Schmitz*, HGB, Bd. 2, BankR IV Rn. 678 mwN Zu einer telefonisch erteilten externen Patronatserklärung s. BGH NZI 11, 536.
423 OLG München ZIP 04, 2102, 2104.
424 Etwa OLG Düsseldorf GmbHR 03, 178.
425 Näher unter Würdigung verschiedener denkbarer Inhalte weicher Patronatserklärungen *Saenger/Merkelbach*, WM 07, 2309.
426 Etwa OLG München ZIP 04, 2102, 2104; Ebenroth/Boujong/Joost/Strohn/*Allstadt-Schmitz*, HGB, Bd. 2, BankR IV Rn. 736; näher zur Vermerkpflichtigkeit IDW RH HFA 1.013, Stand 22.2.08.

biger nur Leistung an diese.[427] Hierin unterscheidet sich die Patronatserklärung von Bürgschaft, Garantie u. Mithaftung, die jeweils einen Anspruch des Gläubigers auf Zahlung an sich begründen.

Welche Unterstützungsleistungen der Patron an die Gesellschaft erbringt, steht grds. im Ermessen des Patrons. Abw. kann sich aus der Patronatserklärung ergeben. Der Patron ist nach hM seinerseits unabhängig von § 267 BGB berechtigt, seine Leistung unmittelbar an einen Gläubiger der Gesellschaft zu erbringen.[428] Damit reduziert sich das Risiko des Patrons, abermals leisten zu müssen, weil die Gesellschaft eine frühere Leistung des Patrons nicht dazu verwendet hat, die Gläubigerforderung zu erfüllen (sog. Weiterleitungsrisiko). 294

Der Erfüllungsanspruch ist **akzessorisch** zu der Verbindlichkeit der Gesellschaft ggü. dem Dritten.[429] Wird die Patronatserklärung wirksam **beendet** (→ Rn. 310 ff.), ist str, inwieweit die Verbindlichkeit der Gesellschaft im Zeitpunkt der Beendigung entstanden u. durchsetzbar gewesen sein muss. Nach einer Auffassung genügt es, wenn die Verbindlichkeit bis zur Beendigung der Patronatserklärung begründet worden ist.[430] Folgt man dieser Auffassung, kann zur Konkretisierung auf die Grundsätze zurückgegriffen werden, die iR von § 160 HGB anerkannt sind. Nach der Gegenauffassung, die zT Parallelen zum Bürgschaftsrecht ziehen möchte, muss die Verbindlichkeit hingg. im Beendigungszeitpunkt bereits fällig gewesen sein.[431] Vorzugswürdig erscheint im Regelfall die erstgenannte Auffassung, da die Verpflichtung, die der Patron in einer externen Patronatserklärung eingeht, zumeist eher der allg. Haftung eines persönlich haftenden Gesellschafters einer Personengesellschaft entspricht als einer Bürgschaftsverpflichtung. Unstr. ist, dass in der Patronatserklärung wirksam bestimmt werden kann, dass sich die Erklärung nur auf Verbindlichkeiten erstreckt, die vor Beendigung auch fällig geworden sind.[432] Es empfiehlt sich daher, diese Frage in der Patronatserklärung ausdr. zu regeln. 295

Verstößt der Patron gegen die vorstehende Primärverpflichtung, steht dem Dritten ein Anspruch auf **Schadensersatz** gegen den Patron nach § 280 BGB zu. Dies gilt nach zutr. hM gerade auch dann, wenn die Gesellschaft in die Insolvenz fällt.[433] Dieser Anspruch ist naturgemäß – anders als der Erfüllungsanspruch – auf Leistung an den Gläubiger gerichtet.[434] Nach wohl hM steht mit einer Eröffnung des Insolvenzverfahrens über das Vermögen der Gesellschaft fest, dass der Patron seine Unterstützungsverpflichtung iSv § 280 I 1 BGB verletzt hat. An einer schuldhaften Verletzung der 296

427 Vgl. aber die Entscheidung des BGH NZG 03, 725, 726, in der es allerdings der Sache nach eher um eine Mithaftung ging.
428 Ebenroth/Boujong/Joost/Strohn/*Allstadt-Schmitz*, HGB, Bd. 2, BankR IV Rn. 739.
429 *Emmerich*/Habersack, Aktien- und GmbH-Konzernrecht, § 302 Rn. 12.
430 *Ziemons*, GWR 09, 411; *von Rosenberg/Kruse*, BB 03, 641, 645. S. auch OLG München ZIP 04, 2102, 2105.
431 OLG München DB 03, 711 (für Beendigung durch Fristablauf).
432 So in dem Fall BGH DStR 10, 2258.
433 Etwa BGH NJW 92, 2093; OLG München DB 03, 711. Vgl. allg. BGH NJW 10, 144.
434 Etwa BGH NZI 11, 536 Rn. 20 mwN.

Ausstattungsverpflichtung fehlt es nach hM nicht deswegen, weil der Empfänger der Patronatserklärung den Patron nicht aufgefordert hat, seine Ausstattungsverpflichtung zu erfüllen.[435] Den nach §§ 280, 249 ff. BGB zu ersetzenden Schaden hat das OLG Düsseldorf im Falle einer nicht betragsmäßig beschränkten Patronatserklärung mit dem Betrag der Forderungen gleichgesetzt, die dem Erklärungsempfänger im Zeitpunkt der Insolvenzeröffnung gegen die Gesellschaft zustehen.[436] In einem Insolvenzverfahren über das Vermögen des Patrons braucht sich der Dritte bis zu seiner Befriedigung eine etwaige Quote, die er dem Insolvenzverfahren über das Vermögen der Gesellschaft erzielt, nicht anrechnen zu lassen (§ 43 InsO).[437]

297 Die **Verjährung** des Schadensersatzanspruchs des Dritten aus § 280 BGB beginnt nicht bereits mit Abgabe der Patronatserklärung; vielmehr richtet sich die Verjährung nach den allg. Bestimmungen über die Regelverjährung, §§ 195, 199 BGB. Teilw. wird angenommen, dass der Schadensersatzanspruch im Fall einer Insolvenz der Gesellschaft hiernach erst mit Eröffnung des Insolvenzverfahrens entstehe.[438] Dies ist jedoch nicht zwingend. Vielmehr kann der Patron seine Unterstützungsverpflichtung schon zuvor verletzt haben, u. auch ein Schaden des Patrons kann zuvor bereits in für die Verjährung hinreichender Weise gegeben sein. Allerdings wird es zu diesem Zeitpunkt häufig noch an der nach § 199 I 2 BGB erforderlichen Kenntnis des Dritten fehlen.

298 Da die externe Patronatserklärung hiernach echte eigene Rechte des Dritten begründet, ist sie geeignetes **Mittel zur** Kreditsicherung (Personalsicherheit). In den Büchern des Patrons ist die Patronatserklärung gem. §§ 251 S. 1, 268 VII HGB **unter der Bilanz zu vermerken.** Darf bzw. muss der Patron ernsthaft befürchten, aus der Patronatserklärung in Anspruch genommen zu werden, hat er seine Verpflichtungen hieraus als **Rückstellung oder Verbindlichkeit** zu passivieren.[439]

299 Ist die Erklärung *ad incertas personas* oder zeitgleich ggü. mehreren Gläubigern abgegeben worden, spricht einiges dafür, dass in der **Insolvenz** der Gesellschaft der Insolvenzverwalter der Gesellschaft analog **§ 93 InsO** anstelle der Gläubiger berufen ist, die Rechte der Gläubiger gegen den Patron geltend zu machen.[440]

300 **bb) Rechte der Gesellschaft.** Nach hM begründet die externe Patronatserklärung (unmittelbar) **keine Rechte** der Gesellschaft. Daher ist eine externe Patronatserklärung nach hM **nicht geeignet**, eine **Insolvenzreife** der Gesell-

435 OLG Düsseldorf WM 11, 601 mit Anm. *Kessler*, BB 11, 1492.
436 OLG Düsseldorf WM 11, 601 mit Anm. *Kessler*, BB 11, 1492.
437 Vgl. BGH NJW 92, 2093 (zu § 68 KO).
438 OLG Celle NZG 09, 308, 309.
439 BFH DStRE 07, 393, 394.
440 Näher zur Analogiefähigkeit von § 93 InsO etwa *Brinkmann*, Die Bedeutung der §§ 92, 93 InsO für den Umfang der Insolvenz- und Sanierungsmasse, Diss 00; *J Schmidt*, Die Gesellschafterbürgschaft in der Insolvenz der Personenhandelsgesellschaft – eine Untersuchung zur Reichweite des § 93 InsO, Diss 05.

schaft **auszuschließen.**[441] Entspr. gilt für die handelsrechtliche Fortführungsprämisse (§ 252 I Nr. 2 HGB).

Die Richtigkeit dieser kann im Einzelfall jedoch fraglich sein. Es ist nämlich nicht auszuschließen, dass (im Fall einer externen Erklärung) zwischen Gesellschaft u. Patron ein **Gesamtschuldverhältnis** iSd §§ 421 ff. BGB vorliegt.[442] Dies legt va die Entscheidung des BGH in NJW 92, 2093 nahe. In dieser zu § 43 InsO (§ 68 KO) ergangenen Entscheidung musste der BGH diese Frage zwar nicht unmittelbar entscheiden, da eine für § 43 InsO (§ 68 KO) hinreichende Haftungsverbundenheit auch gegeben sein kann, wenn keine Gesamtschuld vorliegt. Der BGH hat jedoch entschieden, dass der Patron nicht nach der Gesellschaft, sondern neben der Gesellschaft hafte. Nähme man ein Gesamtschuldverhältnis an, könnten der Gesellschaft gegen den Patron der Ausgleichsanspruch aus § 426 I BGB in seinen unterschiedlichen Ausprägungen zustehen.[443] Inwieweit dies der Fall ist, hängt vom Innenverhältnis zwischen Gesellschaft u. Patron ab. Häufig wird dieses ergeben, dass die Gesellschaft die Belastung alleine tragen soll, dies ist jedoch nicht zwingend. 301

b) Interne harte Patronatserklärung. aa) Rechte der Gesellschaft. Bei der internen Patronatserklärung ist Vertragspartner des Patrons die Gesellschaft. Daher ergeben sich aus den Verpflichtungen, die der Patron in der Patronatserklärung eingeht, bei der internen Patronatserklärung entspr. Ansprüche der Gesellschaft gegen den Patron. Ebenso wie bei der externen Patronatserklärung stehen der Gesellschaft zunächst entsprechende **Primär- bzw. Erfüllungsansprüche** zu. Der Inhalt dieser Ansprüche hängt vom Inhalt der Patronatserklärung ab (→ Rn. 281 ff.). Verletzt der Patron seine Unterstützungsverpflichtung, kann der Gesellschaft ein **Schadensersatzanspruch** (§ 280 BGB) gegen den Patron zustehen. Der Geschäftsführer der Gesellschaft ist verpflichtet, diese Ansprüche bei Bedarf geltend zu machen (§ 43 I). 302

Nicht gänzlich geklärt ist weiterhin das Schicksal des Mittelgewährungsanspruchs der Gesellschaft gegen den Patron in der **Insolvenz** der Gesellschaft. Nach einer viel beachteten Entscheidung des OLG Celle aus dem Jahre 2000 sollen etwaige Ansprüche aus einer internen Patronatserklärung mit Eröffnung des Insolvenzverfahrens über das Vermögen der Gesellschaft untergehen.[444] Als Rechtsgrundlage für dieses Ergebnis kommt entweder eine Auslegung der Patronatserklärung oder das Institut des Wegfalls der Geschäftsgrundlage in Betracht. Die mittlerweile hM kommt 303

441 So für die Zahlungsunfähigkeit BGH NZI 11, 536 Rn. 20 f. mwN mit Anm. *Commandeur/Kappstein*, NZG 11, 857, Anm. *Rieder*, GWR 11, 293 u. Anm. *Schmid*, BB 11, 1778; ferner etwa OLG Celle NZG 09, 308, 309; *Haußer/Heeg*, ZIP 10, 1427, 1431.

442 Zu einem weiteren denkbaren Fall vgl. *von Rosenberg/Kruse*, BB 03, 641, 647, die für die Rechtslage vor Inkrafttreten des MoMiG unter bestimmten Umständen zu dem Ergebnis kommen, dass die Gesellschaft den Freistellungsanspruch, der ihr im Zusammenhang mit § 32 a II GmbHG aF während ihrer Krise gegen den Gesellschafter zusteht, aktivieren könne.

443 Hierzu BGH NJW 10, 60.

444 OLG Celle BeckRS 00, 30119818; ebenso etwa *von Rosenberg/Kruse*, BB 03, 641, 644. Ähnl für den Fall einer gesellschaftsvertraglichen Verlustübernahmeregelung OLG Schleswig BeckRS 15, 12063 = NZI 15, 803 mit abl. Anm. *Hölzle*.

hingg. zu dem gegenteiligen Ergebnis, dass Ansprüche aus der internen Patronatserklärung durch die Insolvenzeröffnung nicht berührt werden u. folglich vom Insolvenzverwalter der Gesellschaft geltend gemacht werden können.[445] Dasselbe gilt in der Krise der Gesellschaft oder während eines vorläufigen Insolvenzverfahrens für den Geschäftsführer.

304 Da eine interne Patronatserklärung mithin eigene Rechte der Gesellschaft begründet, ist eine solche Erklärung geeignet, bei der Gesellschaft **Insolvenzgründe auszuschließen.** Hierin liegt vielfach auch das entscheidende Motiv für die Abgabe der Erklärung. Häufig wird hierbei allerdings nicht deutlich genug zwischen dem Insolvenzgrund der Überschuldung (§ 19 InsO) u. dem Insolvenzgrund der Zahlungsunfähigkeit (§ 17 InsO) unterschieden. Für jeden Insolvenzgrund muss gesondert beantwortet werden, ob die Patronatserklärung hinreichende Ansprüche der Gesellschaft begründet. Dies erfordert als erstes, dass die Erklärung (wie typischerweise u. ggf. nach entspr. Auslegung) eine Liquiditätszusage des Patrons enthält, dh einen Anspruch der Gesellschaft auf Zahlung begründet (→ Rn. 282).

305 Ferner ist erforderlich, dass die Ansprüche der Gesellschaft gegen den Patron **vollwertig** sind.[446] Hierzu bedarf es jedenfalls der (rechtlichen) Durchsetzbarkeit der Forderung u. der hinreichenden Bonität des Patrons. Weiteres Erfordernis für eine Beseitigung der Insolvenzreife ist nach wohl hM, dass dem Patron kein Anspruch auf Rückzahlung bzw. Erstattung von zur Verfügung gestellten Mitteln zusteht[447] oder zumindest (in Bezug auf die rechnerische Überschuldung) für diesen Anspruch ein **Rangrücktritt** iSv §§ 19 II 2, 39 II InsO vereinbart worden ist.[448] Allerdings ist auch ohne ausdrückliche Regelung iZw davon auszugehen, dass ein solcher Ausschluss oder Nachrang vereinbart ist.[449]

306 Hat der Patron die Patronatserklärung wirksam gekündigt, können Ansprüche aus der Patronatserklärung für die Zeit bis zum Wirksamwerden der **Kündigung** berücksichtigt werden, für die Zeit danach nicht mehr. Entspr. gilt, wenn die Patronatserklärung eine Kündigung des Patrons zulässt, etwa geregelte Kündigungsvoraussetzungen vorliegen oder wahrscheinlich eintreten u. der Patron die Kündigung beabsichtigt. Die Kündbarkeit als solche führt hingg. nicht dazu, dass Ansprüche aus einer Patronatserklärung bei der Prüfung der Insolvenzreife nicht berücksichtigt werden könnten.[450]

---

445 BGH NZI 11, 536 Rn. 19 (obiter dictum); OLG München ZIP 04, 2102, 2104 f.; ebenso etwa Ebenroth/Boujong/Joost/Strohn/*Allstadt-Schmitz*, HGB, Bd. 2, BankR IV Rn. 733; *Haußer/Heeg*, ZIP 10, 1427, 1431 f.; *Ziemons*, GWR 09, 411; wohl auch BFH DStRE 07, 393, 394 mwN; ferner wohl auch BGH NZG 06, 543, 544 für eine in einer Patronatserklärung enthaltene Verlustübernahmeverpflichtung. Nicht behandelt von BGH DStR 10, 2258.

446 Etwa OLG Celle NZG 09, 308, 309; *Rieder*, GWR 10, 544; *Haußer/Heeg*, ZIP 10, 1427, 1432; *Ziemons*, GWR 09, 411.

447 Hierzu *von Rosenberg/Kruse*, BB 03, 641, 642 mwN; *Ziemons*, GWR 09, 411.

448 *Rieder*, GWR 10, 544; *Haußer/Heeg*, ZIP 10, 1427, 1432; vgl. hierzu auch den Wortlaut der Patronatserklärung, die der Entscheidung BGH DStR 10, 2258 zugrunde lag.

449 Etwa *Uhlenbruck*, InsO, 13. Aufl. 10, § 19 Rn. 79.

450 AA wohl *Kaiser*, ZIP 11, 2136, 2138.

Unter Berücksichtigung der vorgenannten Anforderungen ist eine Patronatserklärung mit Liquiditätskomponente auch geeignet, die Verpflichtung des Geschäftsführers nach § 64 S. 3 nicht eingreifen zu lassen.[451]

bb) Rechte von Gläubigern der Gesellschaft. Nach zutr. hM begründet eine interne Patronatserklärung keine unmittelbaren Rechte von Gläubigern der Gesellschaft.[452] Insbes. enthält die interne Patronatserklärung keinen echten Vertrag zugunsten Dritter.[453] Anderes gilt, wenn die Patronatserklärung ausdr. als Vertrag zugunsten der Gläubiger ausgestaltet ist.[454] 307

In dem Normalfall, dass die Patronatserklärung keine Rechte des Dritten begründet, bleibt diesem aber nach hM die Möglichkeit, nach allg. Grundsätzen in die Ansprüche der Gesellschaft gegen den Patron zu vollstrecken.[455] 308

Hiervon zu unterscheiden ist die str. Frage, ob die Gesellschaft ihre Rechte gegen den Patron aus einer internen Patronatserklärung wirksam an einen Dritten abtreten kann mit der Folge, dass dieser im Anschluss aus **abgetretenem Recht** gegen den Patron vorgehen kann. Die wohl überw. Auffassung hält eine Abtretung für zulässig. Andere nehmen einen Abtretungsausschluss nach § 399 1. oder 2. Fall BGB an.[456] 309

cc) Rechte des Patrons nach Mittelgewährung. Ob bei einer konzerninternen Patronatserklärung die Gesellschaft die zugesagten Mittel darlehensweise erhalten oder aber nicht zur Rückzahlung an die Patronin verpflichtet sein soll, hängt vom Inhalt der getroffenen Vereinbarung ab.[457] Dies ist im Wege der Auslegung zu ermitteln. Das OLG Frankfurt aM ist in einer Entscheidung aus dem Jahre 2012 im Wege einer Gesamtschau aller Umstände zu dem Schluss gelangt, dass der Patron im entschiedenen Fall einen Anspruch auf Rückzahlung der Mittel hat.[458] 309a

IV. Beendigung der Patronatserklärung

Wegen der weitreichenden Rechtsfolgen, die sich aus der Patronatserklärung zulasten des Patrons ergeben können, ist von besonderer praktischer Bedeutung, wie eine Patronatserklärungen ihre Beendigung findet. 310

1. Weiche Patronatserklärung

Bei der weichen Patronatserklärung stellt sich diese Frage nicht im eigentlichen Sinne, da diese keine Rechtsverpflichtung des Patrons enthält. Bei der weichen Patronatserklärung kann der Patron jedoch immerhin daran interessiert sein, einen mit der Erklärung verbundenen Vertrauenstatbestand zu beseitigen. Hierzu genügt grds. jede Erklärung ggü. den auf der anderen Seite Beteiligten. Hierzu sollten vorsorglich sämtliche Gläubiger gezählt 311

451 *Ziemons*, GWR 09, 411.
452 Aus der Rspr. etwa BFH DStRE 07, 393, 394.
453 Näher *von Rosenberg/Kruse*, BB 03, 641, 642 f.
454 So etwa in dem Fall OLG Frankfurt BeckRS 09, 24483 (insoweit in NZG 10 381 nicht abgedr).
455 Etwa *Emmerich*/Habersack, Aktien- und GmbH-Konzernrecht, § 302 Rn. 11.
456 Näher *von Rosenberg/Kruse*, BB 03, 641, 643 f.
457 BGH NJW 10, 3442 Rn. 32.
458 OLG Frankfurt aM, GmbHR 13, 139, rkr (Nichtzulassungsbeschwerde zurückgewiesen, BGH, IV ZR 362/12).

werden, denen die Erklärung zur Kenntnis gelangt sein könnte.[459] Dass solche Erklärungen nur für die Zukunft wirken u. bereits verwirklichte Vertrauenstatbestände nicht beseitigen können, versteht sich von selbst. Auch im letztgenannten Fall können entspr. Erklärungen des Patrons jedoch zweckmäßig sein, um im Bereich des Schadens ansonsten entstehende Zurechnungszusammenhänge zu unterbrechen.

2. Harte Patronatserklärung

312 Da die harte Patronatserklärung eine eigenständige Verpflichtung des Patrons begründet, findet die Erklärung nur insofern ihre Beendigung, als dies in der Erklärung wirksam vereinbart ist oder der Patron zur Beendigung berechtigt ist. Zur Frage, ob die Beendigung die Haftung des Patrons für Verbindlichkeiten der Gesellschaft beseitigen kann, die zu diesem Zeitpunkt bereits begründet sind, → Rn. 295.

313 Wenig geklärt ist, ob eine Beendigung einer internen Patronatserklärung auf Betreiben des Patrons eine **Haftung des Patrons** auslösen kann, sei es aus der mitgliedschaftlichen Treuepflicht oder nach § 826 BGB unter dem Gesichtspunkt des existenzvernichtenden Eingriffs.[460] Eine solche Haftung ist jedenfalls dann abzulehnen, wenn der Patron kraft eines Rechts, das gesetzlich besteht oder vor Eintritt der Krise der Gesellschaft vereinbart war, zur Beendigung berechtigt war.

314 **a) Befristung und auflösende Bedingung.** Möglicher Beendigungsgrund ist zunächst § 163 BGB, da eine Patronatserklärung nach ganz hM wirksam **befristet** werden kann.[461]

315 Ferner kann die Patronatserklärung nach hM unter eine **auflösende Bedingung** (§ 158 II BGB) gestellt werden. Die Einzelheiten sind allerdings bislang wenig geklärt. So ist etwa unklar, ob der Eintritt der auflösenden Bedingung in jeder Hinsicht allein für die Zukunft wirkt (vgl. in diesem Zusammenhang § 158 II Hs. 2 BGB). Ferner wird man aus Gründen der Rechtssicherheit zu fordern haben, dass die Bedingung hinreichend bestimmt ist. So erscheint fraglich, ob zulässigerweise als auflösende Bedingung vorgesehen werden kann, dass die Gesellschaft nicht mehr überschuldet ist. Ohne ausdr. Regelung in der Erklärung steht eine Patronatserklärung iZw nicht unter der auflösenden Bedingung, dass der Patron an der Gesellschaft beteiligt bleibt.[462]

316 **b) Eröffnung des Insolvenzverfahrens über das Vermögen der Gesellschaft und Krise der Gesellschaft.** Wird über das Vermögen der Gesellschaft das Insolvenzverfahren eröffnet, beseitigt dies nach zutr. hM weder bei der internen noch der externen Patronatserklärung Ansprüche gegen den Patron, die bis zu diesem Zeitpunkt entstanden sind (→ Rn. 296 für die externe u. → Rn. 303 für die interne Erklärung). Hiervon zu unterscheiden ist das zu-

459 Zur Vertrauenshaftung ggü. Gläubigern, die der Patron nicht erreicht hat s. *von Rosenberg/Kruse*, BB 03, 641, 646.
460 Hierzu die Überlegungen *von Rosenberg/Kruse*, BB 03, 641, 648 f. u. den Hinweis von *Guski*, EWiR 10, 757, 758.
461 Etwa OLG München DB 03, 711.
462 Ebenroth/Boujong/Joost/Strohn/*Allstadt-Schmitz*, HGB, Bd. 2, BankR IV Rn. 758.

künftige Schicksal der Patronatserklärung ab Eröffnung des Insolvenzverfahrens. Hier spricht vieles dafür, analog zu der wohl hM zum Unternehmensvertrag anzunehmen, dass die Erklärung mit der Insolvenzeröffnung von Rechts wegen (automatisch) ihre Beendigung findet.

Gerät die Gesellschaft in die Krise, hat allein dieser Umstand keine Auswirkung auf den Bestand der Erklärung. Es fragt sich aber, ob der Patron die Erklärung aus diesem Grunde kündigen kann (→ Rn. 322 f.). 317

c) **Kündigung.** Eine wirksame Kündigung des Patrons, die nur ex nunc wirken kann, setzt voraus, dass dieser zur Kündigung berechtigt ist u. sein Kündigungsrecht keinen Einschränkungen unterliegt. Die folgende Darstellung betrifft in erster Linie die interne (harte) Patronatserklärung. Für die externe Patronatserklärung werden Einzelfragen angesprochen; zudem lassen sich in vielen Belangen Parallelen zur Rechtslage bei der internen Patronatserklärung ziehen. 318

aa) **Bestehen eines Kündigungsrechts.** Es empfiehlt sich, in der Patronatserklärung ausdr. zu regeln, unter welchen Voraussetzungen u. mit welchen Folgen der Patron die Patronatserklärung kündigen kann. Dies ist in recht weitem Umfange möglich u. zulässig. Nach einer grdlg Entscheidung des BGH zur Patronatserklärung aus dem Jahre 2010 („Star 21") kann ein solches **Kündigungsrecht** auch konkludent **vereinbart** sein u. insbes. den Inhalt haben, dass der Patron zur Kündigung berechtigt ist, nachdem geprüft wurde u. geklärt ist, ob die Gesellschaft saniert werden kann.[463] Damit erteilt der BGH gleichzeitig den Stimmen eine Absage, die bereits aus dem Umstand, dass die Patronatserklärung nach Eintritt der Krise der Gesellschaft abgegeben wurde, zwingend folgern wollten, dass sich der Patron nicht vor Beseitigung der Krise von der Erklärung lösen kann. 319

Enthält die Patronatserklärung weder ausdr. noch konkludent Regelungen über die Kündigung durch den Patron, fragt sich, welche **gesetzlichen Kündigungsrechte** dem Patron zustehen. Handelt es sich um eine unbefristete externe Patronatserklärung, können nach verbreiteter Auffassung die **Grundsätze über die Kündigung unbefristeter Bürgschaften** entspr. angewendet werden. Danach ist eine Kündigung zulässig, wenn die Erklärung eine gewisse Zeit bestanden hat u. eine hinreichende Kündigungsfrist eingehalten wird.[464] Für den erstgenannten Zeitraum wird häufig ein Zeitraum von 3 Jahren genannt.[465] 320

Da die Patronatserklärung ein Dauerschuldverhältnis begründet, kann der Patron die Erklärung nach Maßgabe von **§ 314 BGB** aus wichtigem Grund ohne Einhaltung einer Kündigungsfrist kündigen. Str. ist, ob ein wichtiger Grund gegeben ist, wenn der Patron seine **Beteiligung** an der Gesellschaft 321

463 BGH DStR 10, 2258 = NJW 10, 3442 = NZG 10, 1267 = ZIP 10, 2092 = DB 10, 2381 mit Anm. *Guski*, EWiR 10, 757, Anm. *Veranneman*, GWR 10, 522 u. Anm. *Ries/Böhner*, FD-InsR 10, 310693. Im Schrifttum ist diese Entscheidung durchaus krit. aufgenommen worden, etwa *Tetzlaff*, WM 10, 1016 mwN Ausf. *Heeg*, BB 11, 1160; *Maier-Reimer/Etzbach*, NJW 11, 1110.

464 Etwa Ebenroth/Boujong/Joost/Strohn/*Allstadt-Schmitz*, HGB, Bd. 2, BankR IV Rn. 760.

465 *Ziemons*, GWR 09, 411.

veräußert. Dies wird nicht selten bejaht.[466] Demggü. ist zu berücksichtigen, dass die hM für den Unternehmensvertrag zu dem Ergebnis kommt, dass die Veräußerung der Beteiligung – vorbehaltlich abw. Vereinbarung – keinen wichtigen Grund zur Kündigung darstellt (→ Rn. 243 f.). Da in beiden Fällen die Gesellschafterstellung nicht zwingende Voraussetzung für die Begründung des jeweiligen Rechtsverhältnisses ist, bleibt fraglich, ob es gerechtfertigt ist, die beiden Fälle unterschiedlich zu beurteilen. Jedenfalls empfiehlt sich auch insoweit eine ausdr. Regelung in der Patronatserklärung. Keinesfalls genügt es, wenn der Patron seine Beteiligung nur – ggf. an eine andere Tochtergesellschaft – überträgt, um einen Kündigungsgrund zu schaffen, da dies eine unzulässige Umgehung wäre.

322 Bei der Frage, inwieweit eine **Verschlechterung der Vermögensverhältnisse** der Gesellschaft einen (wichtigen) Grund zur Kündigung der Patronatserklärung darstellt, muss unterschieden werden. Nach der Rspr. des BGH ist zunächst zu prüfen, ob die Patronatserklärung eine ggf. konkludente Regelung dahin gehend enthält, dass die Erklärung nur solange Bestand haben sollte, bis geklärt ist, ob die Gesellschaft sanierungsfähig ist oder nicht (→ Rn. 319). Enthält die Patronatserklärung eine solche Regelung nicht (etwa weil sie vor Eintritt der Krise der Gesellschaft abgegeben wurde), ist str, ob der Patron zur außerordentlichen Kündigung berechtigt ist. Manche bejahen dies unter Hinweis auf § 490 BGB. Die Gegenauffassung begründet ihr gegenteiliges Ergebnis damit, der Patron habe mit der Patronatserklärung gerade das Risiko übernommen, dass sich die Vermögensverhältnisse der Gesellschaft verschlechtern.[467] Richtig erscheint, insoweit deutlicher zwischen interner u. externer Patronatserklärung zu unterscheiden. Für die interne Patronatserklärung trifft es zu, in Übereinstimmung mit der hM zum Unternehmensvertrag anzunehmen, dass die Obergesellschaft das Risiko des Vermögensverfalls gerade übernommen hat u. daher nicht aus diesem Grunde zur außerordentlichen Kündigung berechtigt ist. Für die externe Patronatserklärung kann hingg. durchaus eine Parallele zum Darlehens- oder Bürgschaftsrecht gezogen werden. Bis zur Wirksamkeit der Kündigung begründete bzw. fällig gewordene Verpflichtungen der Gesellschaft werden durch die Kündigung ohnehin nicht beeinträchtigt.[468]

323 **bb) Einschränkungen eines bestehenden Kündigungsrechts.** Auf zweiter Stufe fragt sich, ob ein iÜ bestehendes Kündigungsrecht des Patrons aus besonderen Gründen eingeschränkt oder ausgeschlossen sein kann.

324 **(1) Früheres Eigenkapitalersatzrecht.** Es war lange Zeit unklar, inwieweit das bis zum Inkrafttreten des MoMiG geltende Eigenkapitalersatzrecht (§§ 32 a, 32 b GmbHG aF, §§ 30, 31 GmbHG aF analog) die Kündigung einer Patronatserklärung einschränkte. Der BGH hat zutr. klargestellt, dass diese Grundsätze nicht geeignet sind, die Unwirksamkeit der Kündigung einer Patronatserklärung zu begründen. Dies folge daraus, dass das Eigenkapitalersatzrecht seiner Rechtsfolge nach ein Abzugsverbot sei, jedoch

466 *Rieder*, GWR 10, 544; *von Rosenberg/Kruse*, BB 03, 641, 645 mwN; Ebenroth/Boujong/Joost/Strohn/*Allstadt-Schmitz*, HGB, Bd. 2, BankR IV Rn. 761.
467 Etwa Ebenroth/Boujong/Joost/Strohn/*Allstadt-Schmitz*, HGB, Bd. 2, BankR IV Rn. 761 mwN.
468 BGH DStR 10, 2258, 2262 u. Rn. 269.

nicht eine Verpflichtung zur Zuführung von Mitteln begründen (bzw. zwingend aufrechterhalten).[469]

Folglich können diese Grundsätze erst eingreifen, wenn es im Zusammenhang mit der Patronatserklärung zu **Leistungen** (an die Gesellschaft oder zugunsten der Gesellschaft) gekommen ist. Dies ist va in zwei Fallkonstellationen denkbar: Zunächst ist an den Fall zu denken, dass der Patron in Erfüllung seiner Verpflichtungen aus der Patronatserklärung der Gesellschaft Mittel zur Verfügung gestellt hat. Steht dem Patron infolgedessen nach dem Inhalt der Patronatserklärung ein Rückgriffsanspruch gegen die Gesellschaft zu, kann dieser eigenkapitalersetzenden Charakter erlangen, wenn der Gesellschafter den Anspruch nicht geltend macht, sondern „stehen lässt“. Entspr. gilt, wenn der Patron für die Gesellschaft an einen Gläubiger geleistet hat u. ihm infolgedessen ein Freistellungsanspruch (als Erstattungsanspruch) gegen die Gesellschaft zusteht.[470] 325

Zum zweiten ist zu berücksichtigen, dass eine externe Patronatserklärung – anders als eine interne Patronatserklärung – im Regelfall eine **Gesellschaftersicherheit** iSd früheren Eigenkapitalersatzrechts (vgl. § 32 a II GmbHG aF) ist.[471] Eine Anwendung des früheren Eigenkapitalersatzrechts setzt in diesem Fall ferner voraus, dass das Darlehen des Dritten der Gesellschaft zu einem Zeitpunkt gewährt wurde, als sich diese in der Krise befand. 326

(2) Insolvenzanfechtung. Der BGH hat für § 135 InsO aF entschieden, dass die berechtigte Kündigung einer Patronatserklärung keine Befriedigung einer Forderung des Patrons sei. Erst u. nur die Forderung, die dem Patron nach einer Ausreichung von Mitteln gegen die Gesellschaft zustehen kann, könne gleichgestellte Forderung iSv § 135 InsO aF sein.[472] Dies lässt sich auf § 135 I InsO nF übertragen. Zu anderen Anfechtungstatbeständen hat sich der BGH in der genannten Entscheidung nicht geäußert. 327

(3) Grundsätze über den sogenannten Finanzplankredit. Auf der Grundlage der Auffassung, die dem Patron (im Fall einer internen Patronatserklärung) bei einer Verschlechterung der Vermögensverhältnisse der Gesellschaft ein Kündigungsrecht zugesteht (→ Rn. 322), fragt sich weiter, ob eine Kündigung, die nach Eintritt der Krise erklärt wird, zumindest nach den **Grundsätzen über den sog. Finanzplankredit**[473] unwirksam sein kann. Dies lässt sich auch nach der Entscheidung des BGH aus dem Jahre 2010 nicht ausschließen.[474] In Betracht kommt dies, wenn der Patronatserklärung nach den Umständen einlageähnlicher Charakter zukommt, sie gleichsam „Überlebensgarantie“ für die Gesellschaft sein sollte. Letzteres fehlte in dem vom BGH entschiedenen Fall, dürfte sich bei Patronatserklärungen ansonsten aber nicht selten feststellen lassen. 328

d) Aufhebung. Der Vertrag, der in der Patronatserklärung liegt, kann nicht nur durch Kündigung, sondern grds. auch durch Aufhebungsvertrag been- 329

469 DStR 10, 2258, 2260. Vgl. zuvor bereits *von Rosenberg/Kruse*, BB 03, 641, 648.
470 BGH DStR 10, 2258, 2261; etwa *Rieder*, GWR 10, 544.
471 Etwa *von Rosenberg/Kruse*, BB 03, 641, 647 mwN; *Rieder*, GWR 10, 544.
472 BGH DStR 10, 2258, 2262; noch aA OLG München ZIP 04, 2102, 2105 f.; *Haußer/Heeg*, ZIP 10, 1427, 1432.
473 BGH DStR 99, 1198.
474 BGH DStR 10, 2258, 2261.

det werden.[475] Dies bedarf bei der externen Patronatserklärung der Mitwirkung der jeweiligen Gläubiger. Ebenso wie andere Beendigungsgründe wirkt die Aufhebung nur ex nunc u. beseitigt Ansprüche, die bis zu diesem Zeitpunkt ggü. dem Patron begründet bzw. fällig geworden sind (→ Rn. 295), nicht, sofern dies nicht wirksam gesondert vereinbart wird. Bei späterer Insolvenz der Gesellschaft dürfte die Aufhebung einer Patronatserklärung trotz der einschränkenden Aussagen des BGH zur Anfechtbarkeit einer Kündigung (→ Rn. 327) der Insolvenzanfechtung nach §§ 129 ff. InsO unterliegen.[476]

§ 14 Einlagepflicht

[1]Auf jeden Geschäftsanteil ist eine Einlage zu leisten. [2]Die Höhe der zu leistenden Einlage richtet sich nach dem bei der Errichtung der Gesellschaft im Gesellschaftsvertrag festgesetzten Nennbetrag des Geschäftsanteils. [3]Im Fall der Kapitalerhöhung bestimmt sich die Höhe der zu leistenden Einlage nach dem in der Übernahmeerklärung festgesetzten Nennbetrag des Geschäftsanteils.

I. Normzweck

1 Die im Zuge des MoMiG neu gefasste Vorschrift regelt die Pflicht zur Leistung einer **Einlage auf den Geschäftsanteil**. Ebenso wie mit der Neufassung von § 3 I Nr. 4 wird der Geschäftsanteil des Gesellschafters als Inbegriff seiner Rechte u. Pflichten in den Vordergrund gerückt. Der Begriff des „Betrags der Stammeinlage" wurde durch den des „Geschäftsanteils" ersetzt u. so die Terminologie an das Verständnis der Praxis u. an das Aktienrecht angeglichen u. vereinfacht.[1] Darauf aufbauend regeln S. 2 u. 3 die Höhe der Einlage.

475 OLG München ZIP 04, 2102, 2105.
476 Etwa *Tetzlaff*, WM 10, 1016, 1021.
1 BT-Drs. 16/6140, S. 28, 37, → § 3 Rn. 23.

II. Inhalt

1. Einlagepflicht und Höhe der Einlage

Der Gesellschafter hat für die Übernahme des Geschäftsanteils eine **Einlage zu übernehmen.** Dies ergibt sich bereits aus § 3 I Nr. 4 u. wird durch S. 1 lediglich klar gestellt.[2] In den S. 2 u. 3 wird das Verhältnis zwischen dem bezeichneten Nennbetrag des Geschäftsanteils u. der zu leistenden Einlage festgelegt. Dabei wird berücksichtigt, dass sich der Nennbetrag aufgrund einer Einziehung eines Geschäftsanteils nach § 34 oder infolge einer Kapitalerhöhung aus Gesellschaftsmitteln nach § 57 h I erhöhen kann. Aus der Formulierung der S. 2 u. 3 ergibt sich, dass die Höhe der Einlagepflicht hiervon nicht berührt wird.[3] 2

2. Geschäftsanteil

a) **Bedeutung, Entstehen, Erlöschen.** Der Geschäftsanteil verkörpert die **Summe der Rechte u. Pflichten** des Gesellschafters in der GmbH[4] u. damit seine Mitgliedschaft. Er **entsteht** nicht bereits mit Abschluss des Gesellschaftsvertrags, sondern erst mit Eintragung der GmbH ins Handelsregister. Zuvor besteht der Geschäftsanteil als solcher nicht (§§ 11 I, 13).[5] **Erworben wird der Geschäftsanteil** entweder gegen eine Einlage auf das Stammkapital bei der Gründung (§ 3 I Nr. 4) oder im Zuge einer Kapitalerhöhung (§§ 55 ff.). Ein Gesellschafter kann bereits bei der Gründung mehrere Geschäftsanteile übernehmen (§§ 3 I Nr. 4, 5 II 2). Das Verhältnis der Nennbeträge der Geschäftsanteile bestimmt grds. die Rechte u. Pflichten im Verhältnis zu den Mitgesellschaftern (vgl. § 26 II, § 29 I, § 47 II). Vielfach eröffnet das Gesetz jedoch die Möglichkeit, durch den Gesellschaftsvertrag abw. Regelungen zu treffen (§ 29 III 2, § 72 S. 2, → § 47 Rn. 7 zum Stimmrecht). In der Praxis wird hiervon regelmäßig Gebrauch gemacht, etwa zur Rücklagenbildung bei der Gewinnverteilung. Untergehen kann der Geschäftsanteil durch Löschung der GmbH (§ 74), wirksame Einziehung (§ 34) oder gezielte Kapitalherabsetzung (§ 58). Auch bei Verschmelzung auf einen anderen Rechtsträger (§ 20 UmwG) oder Aufspaltung (§ 131 I UmwG) **erlischt der Geschäftsanteil.** Dies gilt aber nicht im Fall des Formwechsels, bei dem der Geschäftsanteil zwar seine Rechtsnatur verliert, gleichwohl aber Existenz u. Identität beibehält (§ 202 I Nr. 2 UmwG).[6] Bei Austritt oder Ausschluss, Kaduzierung (§ 21) sowie im Fall des Abandons (§ 27) bleibt der Geschäftsanteil ebenfalls bestehen. 3

b) **Wert des Geschäftsanteils.** Der Nennbetrag (§ 5 II 1) des Geschäftsanteils deckt sich nicht mit dessen **wirtschaftlichem Wert,** sondern gewährt einen bestimmten Anteil am Gesellschaftsvermögen. Da es für Geschäftsanteile keinen Marktpreis gibt, lässt sich der wirtschaftliche Wert nur indirekt anhand des jeweiligen Wertes des Unternehmens bestimmen. Dieser 4

---

2 AA MüKoGmbHG/*Reichert*/*Weller* Rn. 4, die § 14 als *die* neue Anspruchsgrundlage betr. die Einlageleistung bezeichnen.
3 BT-Drs. 16/6140, S. 37.
4 RGZ 82, 167, 169; BGH BB 72, 10, 11; Michalski/*Ebbing* Rn. 2.
5 Scholz/*Seibt* Rn. 4; Lutter/Hommelhoff/*Bayer* Rn. 4; aA MüKoGmbHG/*Reichert*/*Weller* Rn. 11; Habersack/Casper/Löbbe/*Raiser* Rn. 4, 8.
6 Habersack/Casper/Löbbe/*Raiser* Rn. 9.

wiederum lässt sich nach verschiedenen Methoden berechnen. Einigkeit besteht darüber, dass bei einem Unternehmen nicht lediglich das Netto-Gesamtvermögen (Substanzwert), sondern wegen der Zukunftsausrichtung auch die zu erwartenden Erträge des Unternehmens maßgeblich sind. Obwohl die Rspr. mehr als eine Methode zur Wertermittlung anerkennt,[7] wendet sie daher im Regelfall die sog. Ertragswertmethode an.[8] Bei dieser wird der Einnahmeüberschuss kapitalisiert, dh auf den Stichtag der Bewertung abgezinst.[9] Der **Buchwert** hingg, der sich aus der Handels- oder Steuerbilanz ergibt, weicht durch die Vielzahl gestalterischer Möglichkeiten im Bilanzrecht u. dem handelsrechtlichen Grundsatz der vorsichtigen Bewertung (sog. Vorsichtsprinzip, § 252 I Nr. 4 HGB) regelmäßig stark vom „wirklichen" Wert des Geschäftsanteils ab. Er wird jedoch häufig zur Bestimmung der Höhe eines Abfindungsanspruchs herangezogen.

5 c) **Anteilsscheine.** IdR sind die Geschäftsanteile unverbrieft. Über den Geschäftsanteil können aber aufgrund der Satzung oder eines Gesellschafterbeschlusses Anteilsscheine durch die Geschäftsführer ausgestellt werden. Anders als Aktien oder Orderpapiere verbriefen sie aber nicht das Recht u. sind damit keine Wertpapiere, sondern dienen lediglich **zum Beweis.**[10] Deshalb können sie auch nicht als Anknüpfungspunkt für einen gutgläubigen Erwerb[11] dienen. Auch kann ein Anspruch auf Anteilsübertragung nicht im Wege des Urkundsprozesses geltend gemacht werden.[12] Anteilsscheine sind von Gewinnanteils-, Dividenden- u. Genussscheinen strikt abzugrenzen, da diese jeweils als Wertpapiere ausgestellt werden können.[13] Die **Übertragung** der Anteilsscheine erfolgt analog § 952 BGB, es sei denn, sie ist zur Wirksamkeitsvoraussetzung für die Übertragung des Geschäftsanteils gemacht worden (§ 15 V). Dann muss das Beweispapier gesondert nach §§ 929 ff. BGB übertragen werden. Die rechtliche Bedeutung von Anteilsscheinen ist in der Praxis sehr gering.

3. Inhalt der Mitgliedschaft

6 Die durch den Geschäftsanteil verkörperte Mitgliedschaft ist geprägt von **Rechten u. Pflichten.** Als Bestandteil der Mitgliedschaft werden diese mit übertragen u. vererbt. Dabei kann der Geschäftsanteil nur mit sämtlichen Mitgliedschaftsrechten übertragen werden. Eine **Übertragung einzelner Bestandteile** der Mitgliedschaft, besonders des Stimmrechts, ist nicht möglich (sog. Einheitlichkeit der Mitgliedschaft oder Abspaltungsverbot, näher

---

7 BGH NJW 78, 1316, 1318; 93, 2101, 2103.
8 BVerfG NJW 07, 573, 577; BGH NJW 92, 892, 895; 93, 2101, 2103; OLG Köln GmbHR 98, 641, 642; OLGR Frankfurt 09, 374. S. aber auch BGH NZG 98, 644, 646 zur Anwendung der Substanzwertmethode bei einer LPG. Zur Beweiswürdigung im Prozess Roth/*Altmeppen* Rn. 6.
9 Ausf. *Großfeld/Egger/Tönnes*, Recht der Unternehmensbewertung, 8. Aufl. 16, S. 69 f., 269 ff.; Fleischer/Hüttemann/*Böcking/Nowak*, Rechtshandbuch Unternehmensbewertung, 15, § 4 Rn. 30 ff.; *Piltz*, Die Unternehmensbewertung in der Rechtsprechung, 3. Aufl. 94, S. 16 ff.
10 OLG Köln GmbHR 95, 293.
11 Ein solcher ist seit dem MoMiG unter Anknüpfung an die Gesellschafterliste unter bestimmten Voraussetzungen möglich, → § 16 Rn. 27 ff.
12 OLG Köln GmbHR 95, 293.
13 Baumbach/Hueck/*Fastrich* Rn. 10.

→ § 47 Rn. 7).[14] Als subjektives Recht wird die Mitgliedschaft durch § 823 I BGB als **„sonstiges Recht"** geschützt.[15] Relevant wird dies aber nur im Fall der Beeinträchtigung der Mitgliedschaft als solcher durch einen Dritten. Eine Schädigung der Gesellschaft, die sich als **Reflexschaden** auch auf den Wert des Geschäftsanteils auswirkt, reicht nicht aus.[16]

Zwischen den Gesellschaftern untereinander bzw. der Gesellschaft u. den Gesellschaftern können auch Rechte u. Pflichten bestehen, die keinen oder keinen ausschließlich mitgliedschaftlichen Charakter haben (→ Rn. 11). Diese **schuldrechtlichen Vereinbarungen** lassen sich in Drittrechte u. Gläubigerrechte unterteilen. Sie gehen nicht automatisch auf den rechtsgeschäftlichen Nachfolger über, sondern bedürfen der Abtretung oder Schuldübernahme.[17] **Drittrechte** entstehen immer, wenn die Gesellschaft mit einem Gesellschafter ein Geschäft wie mit einem außen stehenden Dritten schließt.[18] Obwohl sich der Gesellschafter wie ein Dritter am Geschäft beteiligt, halten das Insolvenzrecht (etwa §§ 39 I Nr. 5, 135 InsO bei Gesellschafterdarlehen, näher → Anh. § 30 Rn. 28 ff.) u. das Steuerrecht (verdeckte Gewinnausschüttungen, näher → § 29 Rn. 68 ff.) hierfür besondere Vorschriften bereit. Wenn die Gesellschafterstellung für Vertragsschluss oder -konditionen erheblich ist, gelten zudem der Gleichbehandlungsgrundsatz u. die gesellschaftliche Treuepflicht (→ Rn. 13 ff.).[19] **Gläubigerrechte** sind hingg aus der mitgliedschaftlichen Position entstehende schuldrechtliche Ansprüche wie etwa der festgesetzte Gewinnanspruch (→ § 29 Rn. 59 ff.).[20] Sie sind weder unmittelbare Mitgliedschaftsrechte noch rein schuldrechtliche Ansprüche ohne mitgliedschaftlichen Bezug. Gläubigerrechte unterliegen nicht dem Abspaltungsverbot,[21] wohl aber der Treuepflicht. Sie gehen zwar auf einen Erben, nicht aber auf einen rechtsgeschäftlichen Nachfolger über. Die Abgrenzung wirft insbes. dann Probleme auf, wenn die rein schuldrechtlichen Vereinbarungen mit den mitgliedschaftlichen Rechten u. Pflichten in einem Dokument zusammengefasst sind (sog. unechte Satzungsbestandteile, näher → § 3 Rn. 3 f.). 7

Die Mitgliedschaftsrechte lassen sie sich in Vermögensrechte u. Verwaltungsrechte (= Mitwirkungsrechte) unterteilen. Ihre Ausübung kann an die Vorlage des Anteilsscheins geknüpft werden (→ Rn. 5). 8

a) Vermögens- und Verwaltungsrechte. Zu den **Vermögensrechten** zählen etwa der Gewinnanspruch (§ 29 I), der Anspruch auf den Liquidationserlös (§ 72), das Verfügungsrecht über den Geschäftsanteil (§ 15 I), das Bezugsrecht bei einer Kapitalerhöhung (analog § 186 AktG, → § 55 Rn. 28) 9

---

14 BGH NJW 65, 1378 f.; MüKoGmbHG/*Reichert/Weller* Rn. 119; Roth/*Altmeppen* Rn. 13; Lutter/Hommelhoff/*Bayer* Rn. 22; Baumbach/Hueck/*Fastrich* Rn. 20.
15 RGZ 100, 274, 278; BGH NJW 90, 2877, 2878; Baumbach/Hueck/*Fastrich* Rn. 6; Michalski/*Ebbing* Rn. 43 ff.
16 RGZ 158, 248, 255; Scholz/*Seibt* Rn. 13; Habersack/Casper/Löbbe/*Raiser* Rn. 23.
17 Lutter /Hommelhoff/*Bayer* Rn. 21.
18 Habersack/Casper/Löbbe/*Raiser* Rn. 40; Michalski/*Ebbing* Rn. 51.
19 Scholz/*Seibt* Rn. 24; Baumbach/*Fastrich* Rn. 12; Habersack/Casper/Löbbe/*Raiser* Rn. 41.
20 Baumbach/Hueck/*Fastrich* Rn. 12; Habersack/Casper/Löbbe/*Raiser* Rn. 44; Michalski/*Ebbing* Rn. 54.
21 Baumbach/Hueck/*Fastrich* Rn. 20; Roth/*Altmeppen* Rn. 15.

u. der Abfindungsanspruch.[22] Der Gewinnanspruch kann für einzelne Geschäftsanteile u. damit für einzelne Gesellschafter ausgeschlossen werden.[23] Bei der gemeinnützigen GmbH (→ § 1 Rn. 12) empfiehlt sich der Ausschluss von Gewinn- u. Liquidationsansprüchen. Denn hier ist der Verzicht der Gesellschafter auf Zahlungen aus dem Gesellschaftsvermögen Voraussetzung für die Steuerbegünstigung (§§ 55 I Nr. 4, 61 AO).

10 Dem Gesellschafter stehen daneben **Verwaltungs- oder Mitwirkungsrechte** zu, etwa das Recht auf Einberufung u. Teilnahme an der Gesellschafterversammlung, das Stimmrecht (iErg → § 47 Rn. 1), der Auskunftsanspruch (§ 51 a) u. das Recht zur Anfechtung von Gesellschafterbeschlüssen (→ Anh. § 47 Rn. 52). Ein Ausschluss des Stimmrechts (stimmrechtsloser Geschäftsanteil) ist möglich u. kann sogar mit dem Ausschluss des Gewinnrechts kombiniert werden.[24] Eine unzulässige Aushöhlung der Gesellschafterrechte ist hierin jedenfalls dann nicht zu sehen, wenn dem Gesellschafter noch weitere Mitwirkungs- u. Anfechtungsrechte sowie sein Liquidationsanspruch verbleiben.[25] Unzulässig ist hingg ein Stimmrechtsausschluss sämtlicher Gesellschafter, weil so ein gesetzlich notwendiges Beschlussorgan beseitigt würde.[26] Auch das Recht zur Teilnahme an der Gesellschafterversammlung kann beschränkt werden, soweit dadurch nicht der unantastbare Kern der Mitgliedschaft betroffen ist.[27]

11 **b) Besondere Mitgliedschaftsrechte.** Der Gesellschaftsvertrag kann einzelnen oder mehreren Gesellschaftern Rechte einräumen, die diesen eine über die allg. Mitgliedschaftsrechte hinausgehende Sonderstellung verschaffen (sog. **Sonderrechte**).[28] Diese können aufgrund der weitreichenden Gestaltungsfreiheit (§ 45) ganz verschiedenartig sein. Die Grenzen werden durch zwingendes GmbH-Recht (insbes. § 30) sowie §§ 134, 138 BGB bestimmt.[29] In Betracht kommen bspw. das Recht auf Vorzugsdividende oder auf einen erhöhten Anteil am Liquidationserlös, das Recht der Zustimmung zur Veräußerung eines Geschäftsanteils gem. § 15 V, ein erhöhtes Stimmrecht in der Gesellschafterversammlung u. das Recht zur Ernennung des Geschäftsführers.[30] Die Rspr. nimmt teilw. an, dass der gesellschaftsvertragliche Vorbehalt der Zustimmung aller Gesellschafter zum Abschluss bestimmter Rechtsgeschäfte ein individuelles Sonderrecht der Gesellschaf-

22 → § 34 Rn. 40 ff.
23 BGH NJW 54, 1563.
24 Zur disquotalen Verteilung von Gesellschafterrechten *R Werner*, NWB 19, 959 ff.; insbes. zur Modifikation des Stimmrechts u. mit Formulierungsvorschlägen *Blath*, RNotZ 17, 218, 227 ff.
25 BGH NJW 54, 1563, 1564; für Einzelfallbeurteilung Baumbach/Hueck/*Fastrich* Rn. 15; zum Gebot einheitlicher Stimmausübung einer Erbengemeinschaft s. BGH WM 67, 113 (KG) u. → § 18 Rn. 2 f.
26 MüKoGmbHG/*Reichert*/*Weller* Rn. 91; Scholz/*Seibt* Rn. 40.
27 BGH NJW-RR 89, 347, 348 (Entsendung nur eines Vertreters bei juristischer Person als Gesellschafter).
28 BGH NJW-RR 89, 542, 543; NJW 69, 131; dazu auch MüKoGmbHG/*Reichert*/*Weller* Rn. 95 ff.
29 Scholz/*Seibt* Rn. 29.
30 Habersack/Casper/Löbbe/*Raiser* Rn. 29; MüKoGmbHG/*Reichert*/*Weller* Rn. 97 ff.

ter auf Zustimmung begründet.[31] Bei der Übertragung des Geschäftsanteils werden grds. auch die damit verbundenen Sonderrechte übertragen, es sei denn, aus dem Gesellschaftsvertrag ergibt sich etwas anderes.[32] Sonderrechte können entspr. § 35 BGB nur mit Zustimmung des betroffenen Gesellschafters geändert oder entzogen werden. Ohne diese Zustimmung ist der entspr. Gesellschafterbeschluss schwebend unwirksam.[33] Ein Geschäftsanteil, der mit Sonderrechten ausgestattet ist, die unabhängig von der Person des Gesellschafters sind, wird als Vorzugsgeschäftsanteil bezeichnet.[34] Davon zu unterscheiden sind die an die Person des Gesellschafters geknüpften Sondervorteile.[35] Sie sind nicht übertragbar. Keine Mitgliedschaftsrechte, sondern nur schuldrechtliche Ansprüche gegen die GmbH gewähren **Genussrechte.**[36] Diese sind regelmäßig, aber nicht notwendigerweise, in Genussscheinen verbrieft. Anders als Anteilsscheine (→ Rn. 5) stellen diese Wertpapiere dar.[37]

c) **Einlagepflicht und Nebenleistungen.** Da nach § 13 II den Gläubigern nur das Gesellschaftsvermögen haftet, besteht die Hauptpflicht der Gesellschafter darin, ihre **Einlage zu erbringen** (§ 3 I Nr. 4) u. der Gesellschaft zu belassen (Grundsatz der Kapitalaufbringung u. Kapitalerhaltung). In den Fällen der §§ 24, 31 bestehen zudem Ausgleichs- bzw. Schadensersatzpflichten. Daneben kann nach dem Gesellschaftsvertrag eine Pflicht zur Erbringung von **Nebenleistungen,** wie etwa eines Agios,[38] bestehen (§ 3 II). Zu weiteren Bsp → § 3 Rn. 39.[39] Anders als bei § 55 I AktG, der nur wiederkehrende, nicht in Geld bestehende Leistungen zulässt, ist deren Art nicht festgelegt, so dass ein weiter Gestaltungsspielraum eröffnet wird. Nebenleistungen dienen anders als Stammeinlagen u. Nachschüsse (§§ 26 ff.) nicht der Bildung u. nur ausnahmsweise der Erg des Stammkapitals. Sie unterliegen daher grds. nicht den strengen Regeln für die Kapitalaufbringung u. -erhaltung.[40] 12

d) **Treuepflicht und Gleichbehandlungsgebot. aa) Treuepflicht.** Zwischen den GmbH-Gesellschaftern untereinander sowie ggü der Gesellschaft besteht eine Treuepflicht.[41] In der Einpersonen-GmbH ist hingg eine Treuepflicht abzulehnen, da dem Gesellschafter ggü kein schützenswertes Eigen- 13

31 OLG Hamm GmbHR 16, 358, 359; zust. zur konkreten Sachverhaltskonstellation *Blasche*, notar 16, 198, 199; aA Baumbach/Hueck/*Fastrich* Rn. 18; *Wachter*, GmbHR 16, 363, 364.
32 Scholz/*Seibt* Rn. 32.
33 BGH WM 55, 259, 260; NJW-RR 89, 542, 543.
34 Terminologie iErg str., s. Lutter/Hommelhoff/*Bayer* Rn. 12; Habersack/Casper/Löbbe/*Raiser* Rn. 27 f.
35 Lutter/Hommelhoff/*Bayer* Rn. 12.
36 BGH NJW 93, 57, 59 f. (zu §§ 160 I Nr. 6 aF, 221 III AktG). Nach hM ist die Beziehung zwischen Unternehmensträger u. Genussscheininhaber als „Dauerschuldverhältnis eigener Art" einzuordnen, BGH NJW 93, 57, 63; aA *Schön*, JZ 93, 925 ff. (stille Gesellschaft, §§ 230 ff. HGB).
37 Baumbach/Hueck/*Fastrich* Rn. 10.
38 OLG Köln NZG 07, 108.
39 Ausf. auch *Geißler*, DZWIR 18, 151, 154 ff.
40 OLG Brandenburg NZG 06, 756, 757.
41 BGHZ 65, 15, 18; NJW 87, 189 (Kapitalerhöhung); zur Abdingbarkeit der Treuepflicht *Fleischer/Harzmeier*, NZG 15, 1289 ff.

interesse der Gesellschaft besteht.[42] Der Gläubigerschutz wird in diesem Fall durch die Existenzvernichtungshaftung gewährleistet (→ § 13 Rn. 108 ff.). Auch wenn mit Blick auf die aus der Treuepflicht abzuleitenden Rechtsfolgen Zurückhaltung geboten ist,[43] ist doch anerkannt, dass die Intensität der Treupflicht mit dem Einfluss des Gesellschafters auf die Gesellschaft steigt.[44] Eine personalistische Ausgestaltung ist jedoch nicht konstitutive Voraussetzung.[45] Die Treuepflicht schützt die Gesellschaft u. die Mitgesellschafter vor **unzulässiger Rechtsausübung.** So vermag sie etwa Zustimmungspflichten, bspw. zu einer Änderung des Gesellschaftsvertrags,[46] zu der Abberufung eines Geschäftsführers[47] bzw. zu Maßnahmen der Geschäftsführung, die zur Erhaltung wesentlicher Werte oder zur Vermeidung erheblicher Verluste erforderlich sind,[48] zu begründen.[49] Zu den Konsequenzen der Treuepflicht im Zusammenhang mit der Stimmrechtsausübung u. zu Rechtsschutzfragen → § 47 Rn. 9. Die Rechtsfolgen der **Verletzung der Treuepflicht** bestimmen sich nach dem Einzelfall. Sie kann zu Schadensersatzansprüchen sowie zur Anfechtbarkeit entspr. Gesellschafterbeschlüsse führen.[50] Treuepflichtverletzungen unterliegen der Regelverjährung gem. § 195.[51] S. zum Ganzen auch → § 13 Rn. 19 ff.

14 Ebenso können sich aus der Treuepflicht entspr. § 112 HGB **Wettbewerbsverbote** ergeben (s. auch → § 13 Rn. 49 ff.). Die analoge Anwendung von § 112 HGB ist geboten, wenn der Gesellschafter im Innenverhältnis maßgeblichen Einfluss auf die Gesellschaft nehmen kann.[52] Hierfür ist eine 50%-ige Beteiligung allein noch nicht ausreichend.[53] Erst recht genügt die Ausübung des Informationsanspruchs aus § 51 a nicht für ein Wettbewerbsverbot.[54] Indes unterliegt der Alleingesellschafter keinem Wettbewerbsverbot.[55] Ebenso entfällt es bei einvernehmlichem Handeln in der mehrgliedrigen GmbH.[56] Von dem aus der Treuepflicht folgenden Wettbewerbsverbot kann nur die Satzung befreien.[57] Der Schadensersatzanspruch analog § 113 I HGB wegen Verletzung des Wettbewerbsverbotes verjährt

---

42 BGHZ 122, 333, 336; 142, 92, 95; Scholz/*Seibt* Rn. 74.
43 BGH WM 65, 744; 75, 744 f. („besonders gelagerte Ausnahmefälle").
44 BGH NJW 84, 1351, 1352.
45 Lutter/Hommelhoff/*Bayer* Rn. 29; Habersack/Casper/Löbbe/*Raiser* Rn. 79.
46 BGH NJW 87, 189, 190 f.
47 BGH NJW 91, 846.
48 BGH NJW 16, 2739 f.
49 Zu aktuellen Entwicklungen der Rspr. zur Treuepflicht in der GmbH *Hippeli*, GmbHR 16, 1257 ff.
50 Scholz/*Seibt* Rn. 120 f.; Rowedder/Schmidt-Leithoff/*Pentz* § 13 Rn. 77 ff.
51 BGH NJW 99, 781 zum alten Recht; Roth/*Altmeppen* § 13 Rn. 42; für jeweils längere Frist bei konkurrierender Haftung aus § 43 Baumbach/Hueck/*Fastrich* § 13 Rn. 30.
52 BGH NJW 84, 1351, 1352; 02, 1046, 1047; OLG Köln BB 08, 800, 801; für großzügige Handhabung *Mertens/Cahn*, FS Heinsius, 91, 558; zu Einzelfällen Lutter/Hommelhoff/*Bayer* Rn. 39.
53 OLG Karlsruhe GmbHR 99, 539 f.; Roth/*Altmeppen* § 13 Rn. 46.
54 *Michalski/Lieder § 13 Rn. 237.* Die Treuepflicht gebietet aber eine vertrauliche Behandlung der in Ausübung des Informationsrechts aus § 51 a erlangten Informationen, iErg Lutter/Hommelhoff/*Bayer* § 51 a Rn. 31 ff.
55 BGHZ 122, 333, 336; NZG 08, 187, 188.
56 BGHZ 142, 93, 95.
57 Habersack/Casper/Löbbe/*Raiser* Rn. 111.

in der kurzen Frist des § 113 III HGB.[58] Um den betroffenen Gesellschafter nicht ungerechtfertigt zu begünstigen, gilt dies jedoch nicht bei einer darüber hinausgehenden Pflichtverletzung.[59] Verstößt ein Gesellschafterbeschluss gegen ein Wettbewerbsverbot, ist dieser anfechtbar.[60]

bb) **Gleichbehandlungsgebot.** Wie im Personengesellschaftsrecht gilt auch bei der GmbH das **Gleichbehandlungsgebot,** das teils als spezielle Ausformung der Treuepflicht angesehen,[61] teils aus dem Minderheitenschutz hergeleitet[62] wird. Das Gleichbehandlungsgebot verbietet eine willkürliche u. sachlich nicht gerechtfertigte Ungleichbehandlung.[63] Damit geht allerdings kein Verbot einher, den Gesellschaftern im Gesellschaftsvertrag unterschiedliche Rechte einzuräumen. Das würde dem weitgehend dispositiven Charakter der Vorschriften über die GmbH, der etwa in § 45 II zum Ausdruck kommt, widersprechen. Vielmehr wird für die Ungleichbehandlung lediglich ein sachlicher Grund vorausgesetzt. Daher können Geschäftsanteile mit Sonderrechten ausgestattet werden (→ Rn. 11). 15

4. Treuhand und Unterbeteiligung am Geschäftsanteil

Die wirtschaftliche Beteiligung an einer GmbH ohne Offenlegung der eigenen Identität kann im Wege der **Einschaltung eines Treuhänders** erfolgen.[64] Dieser wird Gesellschafter mit allen Rechten u. Pflichten. Mit dem Treugeber ist er lediglich über den schuldrechtlichen Treuhandvertrag verbunden. Darin werden dem Treugeber regelmäßig umfangreiche Weisungsbefugnisse, Informationsrechte u. eine Stimmrechtsvollmacht eingeräumt.[65] Im Gegenzug steht dem Treuhänder gegen den Treugeber ein Freistellungsanspruch für den Fall zu, dass dieser aufgrund seiner Gesellschafterstellung im Außenverhältnis haften muss.[66] Treuhandverträge sind regelmäßig als Auftrags- bzw. Geschäftsbesorgungsverträge ausgestaltet u. unterliegen schuldrechtlichen Regelungen. Möglich ist aber auch, dass eine **Unterbeteiligung** vorliegt, Treugeber u. Treuhänder also teilw gleiche Interessen verfolgen.[67] Die Rechtsbeziehung unterliegt dann den gesellschaftsrechtlichen Regelungen (§ 705 BGB, §§ 230 ff. HGB), was insbes. Auswirkungen auf die Kündigungsmöglichkeiten (§ 723 III BGB) hat. 16

Auch wenn der Treuhänder formal Gesellschafter ist, trägt der Treugeber doch das wirtschaftliche Risiko. Die Gesellschafterstellung wird also in einen wirtschaftlichen u. einen formalen Teil aufgespalten. Als wirtschaftlich Beteiligter **haftet der Treugeber** nach § 9 a IV der Gesellschaft neben dem Treuhänder. Die Rspr. bürdet dem Treugeber darüber hinaus sowohl 17

58 OLG Köln BB 08, 800, 801; Lutter/Hommelhoff/*Kleindiek*, Anh. § 6 Rn. 24; Baumbach/Hopt/*Roth*, § 113 Rn. 10.
59 OLG Köln BB 08, 800, 801; BGH WM 72, 1229, 1230 (für die KG).
60 BGHZ 80, 69; Habersack/Casper/Löbbe/*Raiser* Rn. 112.
61 Scholz/*Seibt* Rn. 52.
62 *Raiser/Veil*, Kapitalgesellschaftsrecht, § 38 Rn. 54 ff., § 11 Rn. 58; *K Schmidt*, GesR § 16 II 4 (S. 416).
63 BGH NJW 92, 892, 893; *Blath*, RNotZ 17, 218, 222 mit Beispielen.
64 Ausf. *Blaurock/Berninger*, GmbHR 90, 11 ff.; *Schaub*, DStR 95, 1634 ff.
65 S. etwa OLG Köln NZG 02, 870, 871.
66 BGH NJW 01, 2092.
67 Zum Verhältnis von Treuhand u. Unterbeteiligung BGH NJW 94, 2886.

die Pflicht zur ordnungsgemäßen Einlageleistung[68] (§§ 19, 24) als auch zur Kapitalerhaltung (§§ 30, 31)[69] auf u. verschafft Gläubigern so iErg einen weiteren Schuldner. Hins der Haftung bei der Vor-GmbH hat der BGH[70] freilich keinen Direktanspruch von Gläubigern gegen den Treugeber angenommen, sondern dessen Zahlungspflicht aus abgetretenem Freistellungsanspruch des Treuhänders hergeleitet. S. zum Ganzen auch → § 13 Rn. 101, → § 15 Rn. 92 ff., → § 24 Rn. 6 u. → Anh. § 30 Rn. 90.

§ 15 Übertragung von Geschäftsanteilen

(1) Die Geschäftsanteile sind veräußerlich und vererblich.

(2) Erwirbt ein Gesellschafter zu seinem ursprünglichen Geschäftsanteil weitere Geschäftsanteile, so behalten dieselben ihre Selbständigkeit.

(3) Zur Abtretung von Geschäftsanteilen durch Gesellschafter bedarf es eines in notarieller Form geschlossenen Vertrages.

(4) [1]Der notariellen Form bedarf auch eine Vereinbarung, durch welche die Verpflichtung eines Gesellschafters zur Abtretung eines Geschäftsanteils begründet wird. [2]Eine ohne diese Form getroffene Vereinbarung wird jedoch durch den nach Maßgabe des vorigen Absatzes geschlossenen Abtretungsvertrag gültig.

(5) Durch den Gesellschaftsvertrag kann die Abtretung der Geschäftsanteile an weitere Voraussetzungen geknüpft, insbesondere von der Genehmigung der Gesellschaft abhängig gemacht werden.

Schrifttum

Allgemein: *Armbrüster*, Treuhänderische Beteiligung an Gesellschaften, 2001; *Asmus*, Die vinkulierte Mitgliedschaft, 2001; *Brauer/Levedag*, Die Zusammenlegung eines verpfändeten GmbH-Geschäftsanteils mit einem pfandfreien GmbH-Geschäftsanteil ohne Zustimmung des Pfandgläubigers, GmbHR 2002, 572; *Ehlke*, Vinkulierung bei GmbH-Kapitalerhöhungen und anderen Fällen des Gesellschaftereintritts ohne Anteilsübertragung, DB 1995, 561; *Fischer*, Die Haftung des Unternehmenskäufers nach neuem Schuldrecht, DStR 2004, 276; *Förl*, Die neue Teilbarkeit von Geschäftsanteilen – einfach (und) gut?, RNotZ 2008, 409; *Frank*, Der Nießbrauch an Gesellschaftsanteilen, MittBayNot 2010, 96; *Fricke*, Der Nießbrauch an einem GmbH-Geschäftsanteil – Zivil- und Steuerrecht, GmbHR 2008, 739; *Grunewald*, Rechts- und Sachmängelhaftung beim Kauf von Unternehmensteilen, NZG 2003, 372; *Habersack*, Die unentgeltliche Einziehung des Geschäftsanteils beim Tode des GmbH-Gesellschafters, ZIP 1990, 625; *Heckschen*, Auswirkungen des MoMiG auf die Übertragung von GmbH-Anteilen von Todes wegen, ZErb 2008, 246; *Ivo*, Die Vererbung von GmbH-Geschäftsanteilen, ZEV 2006, 252; *ders*, Die Vererbung von GmbH-Geschäftsanteilen nach Inkrafttreten des MoMiG, ZEV 2009, 333; *Jasper/Rust*, Die Zusammenlegung von GmbH-Geschäftsanteilen, DB 2000, 1549; *Kowalski*, Vinkulierte Geschäftsanteile – Übertragungen und Umgehungen, GmbHR 1992, 347; *Langner/Heydel*, Nachfolgeklauseln im GmbH-Gesellschaftsvertrag, GmbHR 2006, 291; *dies*, Vererbung von GmbH-Geschäftsanteilen – Sicherstellung einer familieninternen Nachfolge, GmbHR 2005, 377; *Leyendecker/Mackensen*, Beurkundung des Equity Commitment Letter beim Unternehmenskauf, NZG 2012, 129; *Liebscher*, Umgehungsresistenz von Vinkulierungsklauseln, ZIP 2003, 825; *Maier-Reimer/Webering*, Verwertung von Pfandrechten an Unternehmensbeteili-

---

68 BGH NJW 60, 285; 92, 2023, 2024 ff.
69 BGH NJW 60, 285; 80, 592; 04, 1111.
70 BGH NJW 01, 2092.

gungen, BB 2003, 1630; *Meyer*, Der Nießbrauch an GmbH-Geschäftsanteilen und Aktien, 2002; *Priester*, Nachfolgeklauseln im GmbH-Vertrag, GmbHR 1981, 206; *Reichert/Weller*, Der GmbH-Geschäftsanteil, Übertragung und Vinkulierung, 2006; *Roth*, Pfändung und Verpfändung von Gesellschaftsanteilen, ZGR 2000, 187; *Schlieter*, Die Verpfändung von GmbH-Geschäftsanteilen, 2009; *Seibt*, Rechtssicherheit beim Unternehmens-, Beteiligungs- und Anteilskauf – Analyse der Änderungen bei §§ 444, 639 BGB, NZG 2004, 801; *Singhoff/Seiler/Schlitt*, Mittelbare Geschäftsbeteiligungen, 2004; *Transfeld*, Anteilsübertragung trotz Vinkulierung – ein vermeintlicher Widerspruch?, GmbHR 2010, 185; *Triebel/Hölzle*, Schuldrechtsreform und Unternehmenskaufverträge, BB 2002, 521; *Wälzholz*, Rückforderungsrechte bei Gesellschaftsanteilen nach vorweggenommener Erbfolge, Zulässigkeit, Abfindung und Vertragsgestaltung, GmbHR 2007, 1177; *Zeilinger*, Das Verhältnis der Parteien zur GmbH und ihren Gesellschaftern bei der fehlerhaften rechtsgeschäftlichen Übertragung eines GmbH-Geschäftsanteils, NZG 2001, 871.

Zur notariellen Beurkundung: *Albers*, Kauf und Übertragung von GmbH-Anteilen im Ausland, GmbHR 2011, 1078; *Armbrüster*, Zur Beurkundung von Treuhandabreden über GmbH-Anteile, DNotZ 1997, 762; *Benecke*, Auslandsbeurkundung im GmbH-Recht: Anknüpfung und Substitution, RIW 2002, 280; *Berger/Kleissl*, Neue Unsicherheiten bei Auslandsbeurkundung von GmbH-Geschäftsanteilen, DB 2008, 2235; *Binz/Meyer*, Beurkundungspflicht bei der GmbH & Co. KG, NJW 2002, 3054; *Brück*, Rechtsprobleme der Auslandsbeurkundung im Gesellschaftsrecht, DB 2004, 2409; *Dyhr*, Das Formgebot bei der Übertragung von Gesellschaftsanteilen, 1998; *Engel*, Beurkundungen im Ausland bei GmbH-Geschäftsanteilsabtretungen, DStR 2008, 1593; *Goette*, Auslandsbeurkundungen im Kapitalgesellschaftsrecht, DStR 1996, 709; *Hadding*, Zum gesetzlich notwendigen Umfang der notariellen Beurkundung der „Vereinbarung", einen GmbH-Geschäftsanteil zu übertragen, ZIP 2003, 2133; *Heidenhain*, Zum Umfang der notariellen Beurkundung bei der Veräußerung von Geschäftsanteilen, NJW 1999, 3073; *Herrmann*, Der Umfang von Finanzierungszusagen – Keine Verbesserung durch das MoMiG, GmbHR 2009, 625; *Kanzleiter*, Der Umfang der Beurkundungsbedürftigkeit bei verbundenen Rechtsgeschäften, DNotZ 1994, 275; *Kindler*, Geschäftsanteilsabtretungen im Ausland, 2010; *ders*, Keine Geltung des Ortsstatuts für Geschäftsanteilsabtretungen im Ausland, BB 2010, 74; *Loritz*, Rechtsfragen der notariellen Beurkundung bei Verkauf und Abtretung von GmbH-Geschäftsanteilen, DNotZ 2000, 90; *Pilger*, Die Unwirksamkeit der Beurkundung der Abtretung von Geschäftsanteilen in der Schweiz, BB 2005, 1285; *Reithmann*, Mitwirkung des ausländischen Notars bei der Geschäftsanteilsabtretung nach dem MoMiG, GmbHR 2009, 699; *Saenger/Scheuch*, Auslandsbeurkundung bei der GmbH – Konsequenzen aus MoMiG und Reform des Schweizer Obligationenrechts, BB 2008, 65; *Stoppel*, Reichweite der Heilung bei fehlender Beurkundung, GmbHR 2010, 225; *Ulrich/Böhle*, Die Auslandsbeurkundung im M & A-Geschäft, GmbHR 2007, 566; *Walz/Fembacher*, Zweck und Umfang der Beurkundung nach § 15 GmbHG, NZG 2003, 1134; *Wicke*, Die Bedeutung der öffentlichen Beurkundung im GmbH-Recht, ZIP 2006, 977.

I. Normzweck

1 Die Vorschrift regelt die Übertragung von Geschäftsanteilen einschl. des Erwerbs von Todes wegen. Ausgehend von dem durch ihren Abs. 1 statuierten **Grundsatz der freien Übertragbarkeit** unter Lebenden (Veräußerlichkeit) wie auch von Todes wegen (Vererblichkeit) bindet sie mit ihren Abs. 3 u. 4 die Übertragung sowohl im dinglichen als auch im schuldrechtlichen Tatbestand an die **Form der notariellen Beurkundung.** Abs. 2 normiert die Selbstständigkeit der Geschäftsanteile beim nachträglichen Erwerb weiterer Geschäftsanteile durch einen Gesellschafter. Abs. 5 schließlich lässt Erschwerungen der Übertragung durch gesellschaftsvertragliche Regelungen zu.

II. Veräußerlichkeit und Vererblichkeit (Abs. 1)

1. Veräußerlichkeit

2 a) **Allgemeines.** In Abs. 1 ist der **Grundsatz der freien Übertragbarkeit** von Geschäftsanteilen normiert. Dieser Grundsatz ist Ausdruck des allg. **korporationsrechtlichen Prinzips der Lösbarkeit der Mitgliedschaft.**[1] Da das Gesetz für die GmbH weder eine ordentliche Kündigung noch einen sonstigen Austritt aus der Gesellschaft vorsieht, wird dieses Prinzip über die freie Übertragbarkeit der Geschäftsanteile realisiert. Wenngleich das Gesetz damit die freie Übertragbarkeit zum programmatischen Wesensmerkmal der GmbH bestimmt, ist doch die eigentliche **Verkehrsfähigkeit** von GmbH-Geschäftsanteilen in mehrfacher Hinsicht eingeschränkt bzw. einschränkbar. Zunächst erfolgt eine solche Einschränkung durch das Gesetz selbst aufgrund der für die Übertragung geltenden Formerfordernisse der

1 MüKoGmbHG/*Reichert/Weller* Rn. 4.

Abs. 3 u. 4 (→ Rn. 23 ff. u. 52 ff.) sowie wegen des Ausschlusses der wertpapiermäßigen Verbriefung (→ § 14 Rn. 5). Ferner kann durch entspr. Regelungen im Gesellschaftsvertrag die Abtretung von Geschäftsanteilen erschwert u. nach heute ganz allgM sogar gänzlich ausgeschlossen werden (→ Rn. 71 ff.). Folge hieraus u. damit aber auch selbst eine weitere Einschränkung der Verkehrsfähigkeit in tatsächlicher Hinsicht ist, dass es einen organisierten Markt iSe Börse für GmbH-Geschäftsanteile nicht gibt.[2]

In der **Freiberufler-GmbH** (Rechtsanwälte, Wirtschaftsprüfer, Steuerberater, Ärzte) gelten spezialgesetzliche, überwiegend standesrechtliche **Sondervorschriften**, welche die Abtretung regelmäßig nur an Angehörige der jeweiligen Berufsgruppe zulassen, da nur diese Gesellschafter einer solchen GmbH sein dürfen (vgl. § 59 e I BRAO, § 50 a I Nr. 1, 3 StBerG, § 28 IV 1 Nr. 1 WPO, § 95 I SGB V). Hins. der Rechtsfolgen bei einem Verstoß gegen diese Vorschriften durch Übertragungsvereinbarung mit einem nicht zur Berufsgruppe gehörenden Erwerber besteht Streit. Eine Auffassung erachtet in diesen Fällen die Abtretung nach § 134 BGB für unwirksam.[3] Nach Ansicht der Gegenmeinung lässt ein Verstoß gegen eine solch spezialgesetzlich geforderte besondere Qualifizierung die Wirksamkeit der Abtretung unberührt; allerdings sei binnen einer zu setzenden Frist der ordnungsgemäße Zustand herzustellen, anderenfalls nach Ablauf der Frist die Zulassung der Gesellschaft zur Berufsausübung widerrufen werden könne.[4] Richtigerweise ist zu differenzieren: Die Nichteinhaltung der spezialgesetzlichen Qualifizierungsvorschrift an sich hindert die Wirksamkeit der Abtretung nicht. Sofern allerdings die Satzung der betroffenen Gesellschaft – wie fast ausnahmslos – die Abtretung eines Geschäftsanteils nur an Angehörige der jeweiligen Berufsgruppe zulässt, so hat eine solche Bestimmung als Vinkulierungsklausel (→ Rn. 71 ff.) zu gelten, deren Missachtung nach allg. Regeln zur Unwirksamkeit der Abtretung führt. 3

Auch **Teile** eines Geschäftsanteils können veräußert werden. Zu beachten ist diesbzgl aber, dass es nach Abschaffung des § 17 durch das MoMiG nunmehr für die Teilung eines Geschäftsanteils gem. § 46 Nr. 4 eines entspr. Beschlusses der Gesellschafterversammlung bedarf,[5] die bloße Teilungserklärung des Anteilsinhabers also nicht ausreicht, es sei denn, die Satzung der Gesellschaft regelt dies anders (→ § 46 Rn. 18 ff.). Ein Geschäftsanteil kann auch an mehrere Erwerber gemeinsam übertragen werden, so dass auf Erwerberseite eine **Bruchteils- oder Gesamthandsgemeinschaft** entsteht (dazu § 18).[6] Es ist ferner möglich, die Übertragung eines Geschäftsanteils **bedingt** oder **befristet** zu gestalten, so dass der dingliche Übergang erst mit Eintritt der Bedingung bzw. Ablauf der Frist stattfindet (→ Rn. 55).[7] 4

2 Roth/*Altmeppen* Rn. 2; MHLS/*Ebbing* Rn. 2.
3 So MüKoGmbHG/*Reichert*/*Weller* Rn. 8; *Henssler*, NJW 99, 241, 243.
4 Roth/*Altmeppen* Rn. 3.
5 Baumbach/Hueck/*Fastrich* Rn. 2; *Wicke* Rn. 2.
6 MHLS/*Ebbing* Rn. 4; Baumbach/Hueck/*Fastrich* Rn. 2.
7 Lutter/Hommelhoff/*Bayer* Rn. 4; *Wicke* Rn. 2.

5 Gegenstand der Veräußerung u. Übertragung kann auch ein **künftiger Geschäftsanteil** sein, der erst durch Handelsregistereintragung der Gesellschaft oder einer Kapitalerhöhung entsteht,[8] wobei dann auf die Bestimmbarkeit (→ Rn. 59) des von der Übertragung erfassten künftigen Geschäftsanteils ein besonderes Augenmerk zu richten ist.[9] Der dingliche Rechtsübergang vollzieht sich in einem solchen Fall mit dem Entstehen des Geschäftsanteils, also mit der Eintragung der GmbH oder der Kapitalerhöhung in das Handelsregister.[10] Davon abzugrenzen ist ein Gesellschafterwechsel in der Vorgesellschaft, der nur durch Änderung des Gesellschaftsvertrages erfolgen kann (→ § 2 Rn. 22).

6 Auch in der **Liquidation** der GmbH bleibt der Geschäftsanteil gem. § 15 veräußerlich u. abtretbar.[11]

7 **b) Veräußerung.** Der **Begriff der Veräußerung** iSd § 15 ist in einem weiten Sinne zu verstehen. Er erfasst grds. jedes auf die Übertragung eines Geschäftsanteils gerichtete Rechtsgeschäft.[12] An der Veräußerung beteiligt sein können Dritte, Mitgesellschafter oder – unter den Voraussetzungen des § 33 – auch die Gesellschaft selbst.[13] Dem allg. **Abstraktionsprinzip** folgend, ist auch bei der Veräußerung eines Geschäftsanteils – wie bei jeder Veräußerung von Gegenständen im Rechtssinne – zwischen dem **Kausalgeschäft** u. dem **Verfügungsgeschäft** zu unterscheiden.[14] Diese Differenzierung liegt auch der Systematik von Abs. 3 u. 4 zugrunde. Kausalgeschäftlicher Hauptfall der Veräußerung eines Geschäftsanteils ist der **Kaufvertrag** (**Anteils- u. Unternehmenskauf** → Rn. 48 ff.). Das Verpflichtungsgeschäft kann aber ebenso sonstiger Art sein, zB Tausch, Schenkung oder Einbringung von Geschäftsanteilen in ein anderes Unternehmen. Ist die Abtretung eines Geschäftsanteils mangelbehaftet, sind die Grundsätze über die fehlerhafte Gesellschaft nicht anwendbar, die Abtretung ist daher regelmäßig unwirksam.[15]

8 Der **Veräußerung gleichgestellte Rechtsgeschäfte** sind die Vereinbarung einer **Treuhand** (→ Rn. 92 ff.), die **Sicherungsabtretung** (→ Rn. 92), die **Unterbeteiligung** (→ Rn. 95) sowie die Bestellung eines **Pfandrechts** (→ Rn. 85 ff.) oder eines **Nießbrauchs** (→ Rn. 89 ff.) an einem GmbH-Geschäftsanteil.[16]

2. Vererblichkeit

9 **a) Allgemeines.** Die Vererbung von Geschäftsanteilen richtet sich bei einer GmbH **ausschließlich nach dem Erbrecht**; der Geschäftsanteil gehört ohne

---

8 RGZ 74, 358; 87, 248; BGHZ 21, 245; 29, 303; BGH GmbHR 95, 119, 120; 99, 707, 708 f.; Scholz/*Seibt* Rn. 12; MHLS/*Ebbing* Rn. 4; Baumbach/Hueck/*Fastrich* Rn. 2.
9 Lutter/Hommelhoff/*Bayer* Rn. 4.
10 Scholz/*Seibt* Rn. 12.
11 KG GmbHR 96, 921; Scholz/*Seibt* Rn. 13; *Wicke* Rn. 2.
12 MüKoGmbHG/*Reichert*/*Weller* Rn. 11.
13 Roth/*Altmeppen* Rn. 4.
14 MüKoGmbHG/*Reichert*/*Weller* Rn. 15; Roth/*Altmeppen* Rn. 4.
15 BGH NZG 15, 478; *Wicke* Rn. 2.
16 MüKoGmbHG/*Reichert*/*Weller* Rn. 13.

Besonderheiten zum Nachlass.[17] Eine kraft gesellschaftsvertraglicher Regelung eintretende Sonderrechtsnachfolge, wie sie bei Personengesellschaften möglich ist, kann für GmbH-Geschäftsanteile nicht begründet werden.[18] Insoweit kann für die GmbH – gerade auch in Abgrenzung zum Recht der Personengesellschaften – von einem „**Vorrang des Erbrechts vor dem Gesellschaftsrecht**" gesprochen werden.[19] Demgem geht der Geschäftsanteil eines verstorbenen Gesellschafters mit dessen Tod ipso iure im Wege der **Gesamtrechtsnachfolge** gem. § 1922 BGB auf den oder die gesetzlichen oder durch Verfügung von Todes wegen bestimmten Erben über. Dies gilt auch für Sonderrechte u. Nebenleistungsverpflichtungen, soweit diese nicht höchstpersönlich sind.[20]

Ggü. der Gesellschaft gelten der oder die Erben gem. § 16 I 1 aber erst dann als Inhaber des Geschäftsanteils, wenn er bzw. sie in die **Gesellschafterliste** eingefügt wurde(n) u. diese neue Gesellschafterliste Aufnahme in das Handelsregister erfahren hat. Erst ab diesem Zeitpunkt sind der oder die Erben zur Ausübung ihrer Gesellschafterrechte aus dem ererbten Geschäftsanteil in der Lage. Vor diesem Zeitpunkt von dem oder den Erben in Bezug auf das Gesellschaftsverhältnis vorgenommene Rechthandlungen gelten nur dann als von Anfang an wirksam, wenn die Liste unverzüglich nach Vornahme der Rechtshandlung in das Handelsregister aufgenommen wurde (§ 16 I 2; → § 16 Rn. 18 ff.). Der bzw. die Erben sollte(n) daher so bald als möglich von der Geschäftsführung die Einreichung einer neuen Gesellschafterliste beim Handelsregister verlangen; der Gesellschaft ggü. ist die Erbfolge iZw durch Erbschein oder notarielles Testament mit Eröffnungsniederschrift nachzuweisen.[21] 10

Der Erbe **haftet** gem. **§ 1967 I BGB** für die **Nachlassverbindlichkeiten.** Somit haftet er auch für rückständige Einlagen (§§ 3 I Nr. 4, 14, 19, 55) u. Nachschüsse (§ 26). Dgl trifft ihn die Ausfallhaftung nach § 24. Miterben haften gesamtschuldnerisch (§ 2058 BGB). Nach ganz hM kann der Erbe jedoch seine **Haftung** nach Maßgabe der allg. erbrechtlichen Bestimmungen aus den **§§ 1975 ff. BGB** auf den Nachlass **beschränken.**[22] Diese Haftungsbeschränkung ist jedoch nur für die **vor dem Erbfall begründeten** Verbindlichkeiten möglich. Für alle Verbindlichkeiten, die aus Handlungen des Erben nach dem Erbfall resultieren (zB Übernahme eines Geschäftsanteils aus einer Kapitalerhöhung), haftet er ohne Rücksicht auf seine Erbenstellung unbeschränkt.[23] 11

Mehrere Erben werden gem. §§ 1922, 2032 BGB **Inhaber** des Geschäftsanteils **zur gesamten Hand** (dazu § 18). Eine Abtretung iRd Erbauseinandersetzung, sei es durch reale Teilung des Geschäftsanteils gem. § 46 Nr. 4 u. 12

17 Baumbach/Hueck/*Fastrich* Rn. 9; Roth/*Altmeppen* Rn. 28; MHLS/*Ebbing* Rn. 6.
18 OLG Koblenz GmbHR 95, 586, 587; Scholz/*Seibt* Rn. 28; Baumbach/Hueck/*Fastrich* Rn. 9; Lutter/Hommelhoff/*Bayer* Rn. 11; *Wicke* Rn. 2; Roth/*Altmeppen* Rn. 28.
19 So MHLS/*Ebbing* Rn. 6.
20 Baumbach/Hueck/*Fastrich* Rn. 10.
21 Lutter/Hommelhoff/*Bayer* Rn. 12; MHLS/*Ebbing* Rn. 10.
22 Baumbach/Hueck/*Fastrich* Rn. 10; Lutter/Hommelhoff/*Bayer* Rn. 11; MHLS/*Ebbing* Rn. 19; Scholz/*Seibt* § 18 Rn. 27.
23 MHLS/*Ebbing* Rn. 20; Lutter/Hommelhoff/*Bayer* Rn. 11.

Übertragung der durch Teilung entstandenen Geschäftsanteile auf die einzelnen Miterben, sei es durch Abtretung des gesamten Geschäftsanteils an nur einen Miterben unterliegt der Formvorschrift des Abs. 3.[24] Ob u. in welchem Umfang bei einer solchen **Abtretung zum Zwecke der Auseinandersetzung** durch die Satzung aufgestellte **Beschränkungen iSv Abs. 5** zu beachten u. einzuhalten sind, ist **strittig**: Nach einer Auffassung gelten solche Beschränkungen auch im Fall der Abtretung zur Durchführung einer Erbauseinandersetzung ohne weitere Besonderheiten.[25] Nach im Vordringen befindlicher Auffassung ist zu differenzieren wie folgt:[26] Schränkt die Satzung die freie Vererblichkeit des Geschäftsanteils nicht ausdrücklich durch sog. „Nachfolgeklauseln" (→ Rn. 16 ff.) ein, so ist iZw eine teleologische Reduktion dahin gehend vorzunehmen, dass sich die Einschränkung von „Veräußerungen" nicht auch auf die Abtretung iR von Erbauseinandersetzungen bezieht. Etwas anderes gilt, wenn kraft Nachfolgeklauseln keine uneingeschränkte Vererbbarkeit des Geschäftsanteils besteht.[27] Von der Verfügung über den zum Nachlass der Erbengemeinschaft gehörenden Geschäftsanteil ist die **Verfügung eines Miterben über seinen Erbanteil** streng zu trennen. Eine solche Erbanteilsverfügung stellt keine Abtretung iSd Abs. 3 dar, sondern erfolgt auf der Grundlage von § 2033 BGB. Selbst wenn also zum Nachlass einer Erbengemeinschaft ein GmbH-Geschäftsanteil gehört, unterliegt die Verfügung eines Miterben über seinen hieran bestehenden Erbanteil nicht den statuarischen Abtretungsbeschränkungen nach Abs. 5.[28]

13 **b) Auf einen Geschäftsanteil bezogene Verfügungen von Todes wegen.** Ein Geschäftsanteil kann natürlich auch Gegenstand eines **Vermächtnisses** sein. In einem solchen Fall hat der Vermächtnisnehmer gem. § 2174 BGB ggü. dem oder den Erben einen Anspruch auf formwirksame (Abs. 3) Abtretung des Geschäftsanteils.[29] Durch die Satzung aufgestellte Beschränkungen für die Abtretung iSv Abs. 5 sind nach ganz hM iRd Vermächtniserfüllung zu beachten u. einzuhalten.[30] Ist nach der Satzung der Gesellschaft für die Erfüllung des Vermächtnisses eine Zustimmung der anderen Gesellschafter oder der Gesellschaft oder ihrer Organe erforderlich, so hat der Erbe alle ihm möglichen u. zumutbaren Maßnahmen zu ergreifen, um diese Zustimmung herbeizuführen.[31]

14 Auch die Anordnung von **Vor-/Nacherbschaft** bzgl. eines Geschäftsanteils ist zulässig.[32] Der Vorerbe hat bis zum Eintritt des Nacherbfalls grds. die

---

24 Baumbach/Hueck/*Fastrich* Rn. 11.
25 OLG Düsseldorf NJW-RR 87, 732, 734; Baumbach/Hueck/*Fastrich* Rn. 11; Rowedder/Schmidt-Leithoff/*Görner* Rn. 117.
26 Roth/*Altmeppen* Rn. 32 ff.; MHLS/*Ebbing* Rn. 18; Scholz/*Seibt* Rn. 36.
27 Vgl. auch BGHZ 92, 386, 390 ff.
28 BGHZ 92, 386, 393; Baumbach/Hueck/*Fastrich* Rn. 11; Roth/*Altmeppen* Rn. 34.
29 Scholz/*Seibt* Rn. 24; MüKoGmbHG/*Reichert*/*Weller* Rn. 466.
30 Lutter/Hommelhoff/*Bayer* Rn. 18; Roth/*Altmeppen* Rn. 38; Baumbach/Hueck/*Fastrich* Rn. 15; aA *Petzold*, GmbHR 77, 27; differenzierend Scholz/*Seibt* Rn. 36; MüKoGmbHG/*Reichert*/*Weller* Rn. 466.
31 Michalski/*Ebbing* Rn. 39; MüKoGmbHG/*Reichert*/*Weller* Rn. 467; Lutter/Hommelhoff/*Bayer* Rn. 18; Baumbach/Hueck/*Fastrich* Rn. 15.
32 MüKoGmbHG/*Reichert*/*Weller* Rn. 473; MHLS/*Ebbing* Rn. 42; Lutter/Hommelhoff/*Bayer* Rn. 20.

Stellung eines Vollerben, u. zwar bezogen auf den Geschäftsanteil mit allen Rechten u. Pflichten. Er unterliegt auch bzgl. des zum Nachlass gehörenden Geschäftsanteils den für ihn geltenden **erbrechtlichen Beschränkungen** aus §§ 2113 ff. BGB.[33] Unentgeltliche Verfügungen des Vorerben über den Geschäftsanteil werden im Zeitpunkt des Nacherbfalls unwirksam (§ 2313 II BGB). Zu den unentgeltlichen Verfügungen zählen: Abtretung u. Belastung des Geschäftsanteils ohne angemessenes Entgelt sowie Kündigung oder Austritt ohne zureichenden Grund oder ohne angemessene Abfindung.[34] Keine unentgeltlichen Verfügungen sind: Ausübung von Verwaltungsrechten (zB Stimmrecht); Erfüllung von vorher begründeten statuarischen Abtretungspflichten; Austritt aus wichtigem Grund.[35] In der Zeit der Vorerbschaft anfallende **Nutzungen**, insbes. Gewinnanteile nach § 29 **stehen** im Verhältnis zum Nacherben alleine **dem Vorerben zu.**[36] Surrogate fallen jedoch nach § 2111 I BGB in den Nachlass. Zu den Surrogaten idS gehören: ein Einziehungsentgelt; Ansprüche auf Liquidationserlöse; die bei einer Kapitalerhöhung erworbenen Geschäftsanteile, wenn die Kapitalerhöhung aus Gesellschaftsmitteln erfolgt ist oder wenn die neuen Geschäftsanteile aufgrund eines Bezugsrechts oder mit Nachlassmitteln erworben wurden.[37]

Im Fall einer vom Erblasser angeordneten **Testamentsvollstreckung** steht der zum Nachlass gehörende Geschäftsanteil unter der Verwaltung des Testamentsvollstreckers. Hat der Erblasser uneingeschränkte Testamentsvollstreckung angeordnet u. bestehen keine entgegenstehenden Satzungsbestimmungen, so ist der Testamentsvollstrecker berechtigt u. verpflichtet, **alle Rechte** aus dem Geschäftsanteil, also sowohl die Vermögens- als auch die Verwaltungsrechte (Stimmrecht, Minderheitsrechte, Informationsrechte) **wahrzunehmen.**[38] Es sind jedoch auch hier die für einen Testamentsvollstrecker allg. geltenden Beschränkungen zu beachten: So ist der Testamentsvollstrecker nach § 2205 S. 3 BGB, abgesehen von Anstandsschenkungen, **nicht zu unentgeltlichen Verfügungen** über den Geschäftsanteil **befugt**; allerdings findet diese Vorschrift keine Anwendung, soweit der Testamentsvollstrecker in Vollzug von Teilungsanordnungen,[39] Vermächtnissen oder testamentarischen Auflagen[40] handelt.[41] Ferner darf der Testamentsvollstrecker gem. §§ 2206 ff. BGB nur den Nachlass, nicht aber die Erben persönlich verpflichten, so dass er zB einer **Kapitalerhöhung** nur zustimmen darf, wenn sie aus **Gesellschaftsmitteln** erfolgt. Für eine **Kapitalerhöhung gegen Einlagen** kann der Testamentsvollstrecker hingg. nur nach vorheriger Zustimmung des bzw. der Erben stimmen, sofern die Einlagen nicht aus dem Nachlass erbracht werden können u. gewährleistet ist, dass 15

33 Baumbach/Hueck/*Fastrich* Rn. 16.
34 MHLS/*Ebbing* Rn. 46.
35 Lutter/Hommelhoff/*Bayer* Rn. 20; MHLS/*Ebbing* Rn. 46.
36 Baumbach/Hueck/*Fastrich* Rn. 16; MüKoGmbHG/*Reichert*/*Weller* Rn. 480.
37 MHLS/*Ebbing* Rn. 45; Baumbach/Hueck/*Fastrich* Rn. 16; Lutter/Hommelhoff/*Bayer* Rn. 20.
38 BGH NJW 59, 1820; Baumbach/Hueck/*Fastrich* Rn. 17; Lutter/Hommelhoff/*Bayer* Rn. 21; MHLS/*Ebbing* Rn. 50.
39 OLG Düsseldorf GmbHR 90, 504, 507.
40 OLG Düsseldorf GmbHR 90, 504, 507.
41 MHLS/*Ebbing* Rn. 51; Lutter/Hommelhoff/*Bayer* Rn. 21.

der Nachlass zur Deckung einer evtl. Ausfallhaftung nach § 24 ausreicht.[42] Die Rechtsstellung des Testamentsvollstreckers kann durch **spezielle Anordnung** iRd **Verfügung von Todes wegen** des Erblassers **eingeschränkt** werden, etwa durch Anordnung einer bloßen Auseinandersetzungsvollstreckung mit der Folge, dass der Testamentsvollstrecker bis zum Abschluss der Auseinandersetzung nur die Verwaltungsrechte aus dem Geschäftsanteil wahrnehmen, jedoch über den Anteil nicht (auch nicht entgeltlich) verfügen darf.[43] Auch die **Satzung** kann Regelungen, welche die **Befugnisse des Testamentsvollstreckers einschränken**, dergestalt enthalten, dass sie die Ausübung der Verwaltungsrechte, nicht jedoch der Vermögensrechte, durch den Testamentsvollstrecker ausschließt.[44] Sie stehen dann dem bzw. den Erben zu. In diesem Fall ist durch Auslegung des Erblasserwillens zu entscheiden, ob zumindest die vermögensrechtlichen Ansprüche der Testamentsvollstreckung unterliegen.[45] IÜ ist die Stellung der Erben darauf beschränkt, dass sie von dem Testamentsvollstrecker die ordnungsgemäße Verwaltung des Nachlasses verlangen können.[46]

16 **c) Satzungsregelungen.** Die **Satzung kann die Vererblichkeit des Geschäftsanteils nicht ausschließen** u. auch nicht beschränken oder abändern.[47] Aus diesem Grunde ist auch eine durch Satzungsregelung angeordnete sog. **automatische** (also ohne weiteren Gesellschafterbeschluss erfolgende) **Einziehung** des Geschäftsanteils im Fall des Todes des Gesellschafters mit der damit beabsichtigten Folge, dass der Geschäftsanteil nicht in den Nachlass fällt, **nicht möglich.**[48] Durch Nachfolgeregelung in Gestalt sog. **Nachfolgeklauseln** kann die Satzung jedoch gleichwohl das weitere Schicksal des Geschäftsanteils nach dem Erbfall regeln, dh den übrigen Gesellschaftern ein Instrumentarium an die Hand geben, mit dessen Hilfe diese entscheiden können, ob die zunächst in die Gesellschafterstellung einrückenden Erben endgültig Gesellschafter bleiben können.[49] Hierbei kommen insbes. die folgenden Regelungen in Betracht:

17 **aa) Einziehung oder Kaduzierung.** Die Satzung kann für den Fall des Todes eines Gesellschafters die Gesellschafter ermächtigen oder verpflichten, den Geschäftsanteil des verstorbenen Gesellschafters einzuziehen (§ 34) oder zu kaduzieren (analog § 21). Die Einziehung lässt den Geschäftsanteil untergehen (→ § 34 Rn. 57), während er bei der Kaduzierung erhalten

---

42 MüKoGmbHG/*Reichert/Weller* Rn. 492; MHLS/*Ebbing* Rn. 50.

43 Rowedder/Schmidt-Leithoff/*Görner* Rn. 126; MHLS/*Ebbing* Rn. 52.

44 OLG Frankfurt EWiR 09, 83; Lutter/Hommelhoff/*Bayer* Rn. 21; MHLS/*Ebbing* Rn. 53; Baumbach/Hueck/*Fastrich* Rn. 17; Scholz/*Seibt* Rn. 250.

45 Baumbach/Hueck/*Fastrich* Rn. 17; Scholz/*Seibt* Rn. 250.

46 BGH NZG 14, 948.

47 AllgM, vgl. Roth/*Altmeppen* Rn. 28; MüKoGmbHG/*Reichert/Weller* Rn. 438; MHLS/*Ebbing* Rn. 22; Scholz/*Seibt* Rn. 27; Baumbach/Hueck/*Fastrich* Rn. 12; Lutter/Hommelhoff/*Bayer* Rn. 11.

48 Ganz hM, vgl. MüKoGmbHG/*Reichert/Weller* Rn. 441; MHLS/*Ebbing* Rn. 7; Scholz/*Seibt* Rn. 27; Baumbach/Hueck/*Fastrich* Rn. 12; Lutter/Hommelhoff/*Bayer* Rn. 11; offen gelassen in BGH GmbHR 77, 81; aA *Finger*, GmbHR 75, 97, 98 f.; *Däubler*, Die Vererbung des Geschäftsanteils bei der GmbH, S. 115 ff.

49 BGHZ 92, 386, 391; OLG Koblenz GmbHR 95, 586, 587; MüKoGmbHG/*Reichert/Weller* Rn. 450; MHLS/*Ebbing* Rn. 23; Scholz/*Seibt* Rn. 29; Baumbach/Hueck/*Fastrich* Rn. 13.

bleibt (→ § 21 Rn. 24). Hierbei kann die **Satzung** die Einziehung bzw. Kaduzierung **verpflichtend anordnen** oder auch nur **als Recht begründen.**[50] Die genannten Maßnahmen können ganz allg. für den Fall des Todes eines Gesellschafters ohne weitere Erfordernisse angeordnet werden.[51] Es ist jedoch auch möglich, die Einziehung bzw. Kaduzierung nur unter weiteren, qualifizierten Voraussetzungen zuzulassen, etwa nur dann, wenn die Person, auf welche der Geschäftsanteil von Todes wegen übergeht, nicht zu einem durch die Satzung bestimmten Personenkreis (zB Mitgesellschafter, Abkömmlinge, Ehegatte) gehört.[52] Die Befugnis zur Einziehung bzw. Kaduzierung kann befristet werden.[53] In Ermangelung einer Fristbestimmung kann dem Sinn der jeweiligen Klausel zu entnehmen sein, dass die Maßnahme nur binnen angemessener Zeit nach dem Tode des Gesellschafters vorgenommen werden kann.[54] Inwieweit den von der Einziehung bzw. Kaduzierung betroffenen Erben eine **Abfindung** zu leisten ist, wird grds. durch die Satzung bestimmt, welche auch die Berechnung u. Höhe sowie die Fälligkeit u. sonstigen Zahlungsbestimmungen der Abfindung regeln kann.[55] Zu Fällen, in denen die Abfindung hinter dem Verkehrswert des betroffenen Geschäftsanteils zurückbleibt, wird teilw. die Meinung vertreten, dies stelle ein Schenkungsversprechen von Todes wegen gem. § 2301 I BGB dar.[56] Nun sprechen gegen diese Auffassung bereits ganz grdl. Erwägungen;[57] in jedem Fall jedoch liegt ein Vollzug der Schenkung unter Lebenden nach § 2301 II BGB vor.[58]

bb) Abtretungsverpflichtung. Die Satzung kann ferner bestimmen, dass die Erben des verstorbenen Gesellschafters den ererbten Geschäftsanteil an eine oder mehrere bestimmte Personen abzutretenden haben (sog. **Abtretungsklausel**).[59] Bei dem von der Satzung diesbzgl bestimmten Personenkreis kann es sich zB um Mitgesellschafter, die Gesellschaft selbst, bestimmte Miterben oder auch Dritte handeln. Eine solche Abtretungsverpflichtung stellt eine gesellschaftsvertragliche Nebenleistungspflicht iSv § 3 II dar (→ § 3 Rn. 31 ff.).[60] Die satzungsmäßige Abtretungsklausel kann hierbei dem Begünstigten im Wege eines Vertrages zugunsten Dritte gem. §§ 328, 331 BGB auch ein eigenes Recht auf Abtretung ggü. den Gesellschafter-Erben einräumen. In einem solchen Fall spricht man auch von 18

50 BGH GmbHR 77, 81; OLG München ZIP 84, 1349, 1350; OLG Brandenburg NZG 00, 485 ff.; Lutter/Hommelhoff/*Bayer* Rn. 19; MüKoGmbHG/*Reichert/Weller* Rn. 457.
51 MüKoGmbHG/*Reichert/Weller* Rn. 458; Scholz/*Seibt* Rn. 30.
52 BGH BB 77, 563; Scholz/*Seibt* Rn. 30; MHLS/*Ebbing* Rn. 31; Lutter/Hommelhoff/*Bayer* Rn. 19.
53 OLG München ZIP 84, 1349, 1350; Michalski/*Ebbing* Rn. 31.
54 BGH BB 77, 563; OLG München ZIP 84, 1349, 1350; MüKoGmbHG/*Reichert/Weller* Rn. 458.
55 Lutter/Hommelhoff/*Bayer* Rn. 17; Michalski/*Ebbing* Rn. 33.
56 *Finger*, GmbHR 75, 97, 99 f.; *Käppler*, ZGR 78, 542, 551 ff.
57 S. die zutr. Ausführungen von Scholz/*Seibt* Rn. 33; MHLS/*Ebbing* Rn. 34.
58 Lutter/Hommelhoff/*Bayer* Rn. 17; MHLS/*Ebbing* Rn. 34; Baumbach/Hueck/*Fastrich* Rn. 14.
59 OLG Koblenz GmbHR 95, 586, 587; *Bacher/v. Blumenthal*, NZG 08, 406, 408 f.; MüKoGmbHG/*Reichert/Weller* Rn. 452; Lutter/Hommelhoff/*Bayer* Rn. 15; Scholz/*Seibt* Rn. 32.
60 MüKoGmbHG/*Reichert/Weller* Rn. 452.

einem **Eintrittsrecht** bzw. einer **Eintrittsklausel.**[61] Um eine Blockade durch die Erben des verstorbenen Gesellschafters zu verhindern, kann die GmbH selbst gem. § 185 BGB ermächtigt werden, die Abtretung vorzunehmen (sog. **Zwangsabtretung**).[62] Die Erfüllung der Abtretungsverpflichtung hat durch entspr. Vereinbarung in der Form des Abs. 3 zu erfolgen. Etwa in der Satzung nach Abs. 5 für eine Abtretung enthaltene Zustimmungserfordernisse müssen hierbei nicht eingehalten werden, da die Gesellschafter ihre diesbzgl Zustimmung durch Aufnahme dieser Nachfolgeregelung in die Satzung gleichsam schon vorab erteilt haben.[63] Für das an die von der Abtretungsverpflichtung betroffenen Erben ggf. zu leistende **Entgelt** gelten die Ausführungen zur Abfindung im Fall der Einziehung bzw. Kaduzierung (→ Rn. 17).

19 cc) **Inhaltsänderungen.** Möglich sind schließlich auch Satzungsbestimmungen, die beim Tode eines Gesellschafters dazu führen, dass dessen Geschäftsanteil inhaltliche Änderungen erfährt. Denkbar hierbei sind sowohl Vergünstigungen für den Erben, etwa der Wegfall bislang bestehender Nebenpflichten (Nachschusspflichten, Wettbewerbsverbote etc), aber auch eintretende Beschränkungen in der mitgliedschaftlichen Rechtsstellung etwa durch das Erlöschen bisheriger Sonderrechte.[64]

III. Selbstständigkeit mehrerer Geschäftsanteile und deren Zusammenlegung (Abs. 2)

1. Selbstständigkeit

20 Nach Abs. 2 bleibt jeder Geschäftsanteil selbstständig, auch wenn sich mehrere oder sämtliche Anteile als Folge eines Hinzuerwerbs in einer Hand vereinigen. Dies gilt grds. für alle Arten des Hinzuerwerbs, also bei Veräußerung, Erbfolge oder Kapitalerhöhung durch Ausgabe neuer Geschäftsanteile.[65] Eine durch bloßen Hinzuerwerb erfolgende automatische Vereinigung mehrerer in einer Hand befindlicher Geschäftsanteile findet demgem nicht statt. Jeder Anteil behält seinen Nennbetrag, u. die Anteile sind völlig unabhängig voneinander zu behandeln.[66] Unter Geltung von § 5 II 2 aF, der eine Übernahme mehrerer Geschäftsanteile durch einen Gesellschafter bei Gründung oder Kapitalerhöhung (§ 55 IV aF) untersagte, hatte Abs. 2 insoweit eine wichtige klarstellende Funktion. Nachdem das MoMiG aber für § 5 II 2 gleichsam eine Systemumkehr bewirkt hat u. nunmehr ein Gesellschafter bei Gründung oder Kapitalerhöhung auch mehrere selbststän-

61 Lutter/Hommelhoff/*Bayer* Rn. 15; MüKoGmbHG/*Reichert/Weller* Rn. 454; Baumbach/Hueck/*Fastrich* Rn. 13.
62 Lutter/Hommelhoff/*Bayer* Rn. 15; vgl. hierzu auch Scholz/*Seibt* Rn. 32; MüKoGmbHG/*Reichert/Weller* Rn. 456.
63 OLG Koblenz GmbHR 95, 586, 587; MüKoGmbHG/*Reichert/Weller* Rn. 453; Lutter/Hommelhoff/*Bayer* Rn. 16; MHLS/*Ebbing* Rn. 29.
64 Hierzu MüKoGmbHG/*Reichert/Weller* Rn. 459; MHLS/*Ebbing* Rn. 32; Scholz/*Seibt* Rn. 34.
65 MHLS/*Ebbing* Rn. 173.
66 Scholz/*Seibt* Rn. 99; MHLS/*Ebbing* Rn. 173; MüKoGmbHG/*Reichert/Weller* Rn. 181.

dige Geschäftsanteile übernehmen kann, drückt Abs. 2 für den Hinzuerwerbsfall eigentlich nur noch Selbstverständliches aus.[67]

2. Zusammenlegung

Ungeachtet der Regelung in Abs. 2 ist eine Zusammenlegung mehrerer selbstständiger Geschäftsanteile zu einem einheitlichen Geschäftsanteil **grds. zulässig.**[68] Es darf hierdurch allerdings nicht zu einer Beeinträchtigung der Rückgriffsmöglichkeiten auf den Rechtsvorgänger für noch nicht voll eingezahlte Anteile (§ 22) bzw. noch nicht vollständig geleistete beschränkte Nachschusspflichten (§ 28) kommen.[69] Daher ist eine Zusammenlegung nach ganz hM nur zulässig, **wenn die Stammeinlagen** auf die betroffenen Geschäftsanteile **vollständig eingezahlt** sind u. eine **Nachschusspflicht nicht besteht.**[70] Ebenso kann ein nach § 23 verwerteter kaduzierter Anteil oder ein solcher, bei dem eine Inanspruchnahme des Rechtsvorgängers wegen § 22 III nicht mehr in Betracht kommt, mit einem voll einbezahlten Anteil vereinigt werden.[71] Eine Zusammenlegung von Geschäftsanteilen ist ferner nur möglich, soweit die betroffenen Anteile die gleichen Rechte vermitteln u. die gleichen Pflichten beinhalten u. nicht unterschiedlich mit Rechten Dritter belastet sind.[72] 21

Die Zusammenlegung erfolgt durch **Beschluss der Gesellschafterversammlung** (§ 46 Nr. 4).[73] Nach zutr. hM bedarf die Zusammenlegung ferner der **Zustimmung des betroffenen Gesellschafters,** sofern sich die Erlaubnis zur Zusammenlegung nicht schon aus der Satzung ergibt.[74] Nach mittlerweile ebenso ganz hM ist für die Zusammenlegung eine besondere Gestattung oder Ermächtigung in der Satzung nicht erforderlich.[75] 22

IV. Der Verpflichtungsvertrag, Form, Heilung (Abs. 4)

1. Allgemeines

Nicht nur die Abtretung des Geschäftsanteils selbst (Abs. 3; → Rn. 52 ff.), sondern auch jede schuldrechtliche Vereinbarung, durch die eine Verpflichtung zur Abtretung begründet wird, bedarf gem. Abs. 4 der notariellen Form. In der Praxis sind idR schon aus Kostengründen sowohl das Ver- 23

67 Baumbach/Hueck/*Fastrich* Rn. 18; Lutter/Hommelhoff/*Bayer* Rn. 22.
68 RGZ 142, 36, 42; BGHZ 42, 89, 92; 63, 116, 117 f.; NJW 89, 168; Scholz/*Seibt* Rn. 45; MHLS/*Ebbing* Rn. 174; Lutter/Hommelhoff/*Bayer* Rn. 23; MüKo-GmbHG/*Reichert/Weller* Rn. 184.
69 Baumbach/Hueck/*Fastrich* Rn. 19.
70 BGHZ 42, 89, 92 f.; 63, 116, 118; KG NJW-RR 97, 1259; MüKoGmbHG/*Reichert/Weller* Rn. 185; Roth/*Altmeppen* Rn. 40; Lutter/Hommelhoff/*Bayer* Rn. 23; Scholz/*Seibt* Rn. 45; MHLS/*Ebbing* Rn. 174; Baumbach/Hueck/*Fastrich* Rn. 19.
71 MHLS/*Ebbing* Rn. 174; MüKoGmbHG/*Reichert/Weller* Rn. 185; Baumbach/Hueck/*Fastrich* Rn. 19.
72 Scholz/*Seibt* Rn. 45; MHLS/*Ebbing* Rn. 174.
73 Roth/*Altmeppen* Rn. 40; MüKoGmbHG/*Reichert/Weller* Rn. 187; Baumbach/Hueck/*Fastrich* Rn. 19.
74 MüKoGmbHG/*Reichert/Weller* Rn. 188; Baumbach/Hueck/*Fastrich* Rn. 19; Lutter/Hommelhoff/*Bayer* Rn. 23; aA MHLS/*Ebbing* Rn. 175.
75 KG NZG 00, 787, 788; Lutter/Hommelhoff/*Bayer* Rn. 23; Baumbach/Hueck/*Fastrich* Rn. 19; Scholz/*Seibt* Rn. 46; MüKoGmbHG/*Reichert/Weller* Rn. 189.

pflichtungsgeschäft als auch die Abtretung in ein u. derselben Urkunde enthalten.

24 Der **Zweck des Beurkundungserfordernisses** wird – wie auch bei der Abtretung (→ Rn. 52) – überw. darin gesehen, den Handel mit GmbH-Geschäftsanteilen zu erschweren u. den Beweis über die Anteilsverhältnisse zu gewährleisten.[76] Primär soll also nach der ratio legis zum einen der spekulative Handel mit Geschäftsanteilen unterbunden, jedenfalls erschwert werden[77] u. zum anderen soll die Beurkundung einen ausreichend sicheren u. beweiskräftig dokumentierten Anknüpfungspunkt für die Ermittlung der Anteilsinhaberschaft liefern.[78] Daneben führt die Mitwirkung des Notars zu einer Erhöhung der Richtigkeitsgewähr im Hinblick auf Veränderungen in den Beteiligungsverhältnissen.[79] Eine im Vordringen befindliche Auffassung schreibt dem Beurkundungserfordernis daneben richtigerweise auch noch weitere Zwecke zu: Zum einen den einer materiellen Richtigkeitsgewähr, also der durch die fachmännische Beurkundung bewirkten Sicherstellung, dass die Abtretungsvereinbarung dem geltenden Recht entspricht, u. zum anderen den einer Beratungs- u. Belehrungssicherung, indem den Beteiligten in Person des Notars eine juristische Beratung durch einen neutralen Sachkenner zuteil wird.[80]

2. Vereinbarung

25 Nicht jede Begründung einer Verpflichtung zur Abtretung eines Geschäftsanteils bedarf gem. Abs. 4 der notariellen Beurkundung, sondern nur eine solche, die durch **Vereinbarung**, also Vertragsschluss bewirkt wird.[81] Abtretungsverpflichtungen, die auf nur einseitige Rechtsgeschäfte zurückgehen oder auf einem gesetzlichen Rechtsverhältnis beruhen, fallen folglich nicht unter Abs. 4.[82] Damit erfasst das Formerfordernis dieser Vorschrift nicht Verpflichtungsbegründungen durch Vermächtnis (§ 2174 BGB), Auflage (§ 1940 BGB), Teilungsanordnung (§ 2048 I BGB), Stiftungsgeschäft (§§ 81, 82 BGB) oder Auslobung (§ 657 BGB).[83] Auch der Auseinandersetzungsplan des Testamentsvollstreckers (§ 2204 II BGB) sowie ein gesellschaftsrechtlicher Auflösungs- u. Liquidationsbeschluss sind keine Vereinbarungen iSd Abs. 4.[84] Allerdings muss auch bei einer obligatorischen Übertragungsverpflichtung, deren Begründung nicht unter Abs. 4 fällt, die

76 BGH GmbHR 08, 589 Tz 14; NJW 06, 590; 99, 2594; 96, 3338, 3339; *Wicke* Rn. 12; *Brandes*, WM 00, 217 f.; Roth/*Altmeppen* Rn. 66; MüKoGmbHG/*Reichert/Weller* Rn. 16.
77 BGHZ 75, 352, 353 ff.; 127, 129, 135; *Hadding*, ZIP 03, 2133, 2138 f.; MüKoGmbHG/*Reichert/Weller* Rn. 16.
78 BGHZ 13, 49, 52; 141, 207, 211.
79 BGH NZG 14, 184, 188.
80 OLG Stuttgart DB 89, 1817; *Walz/Fembacher*, NZG 03, 1134; *Ruhwinkel*, DNotZ 07, 238; Roth/*Altmeppen* Rn. 66; *Wicke* Rn. 12; krit. hierzu MüKoGmbHG/*Reichert/Weller* Rn. 18; Scholz/*Seibt* Rn. 7.
81 Baumbach/Hueck/*Fastrich* Rn. 31; Lutter/Hommelhoff/*Bayer* Rn. 45; MHLS/*Ebbing* Rn. 57; Scholz/*Seibt* Rn. 48; MüKoGmbHG/*Reichert/Weller* Rn. 82.
82 MüKoGmbHG/*Reichert/Weller* Rn. 82.
83 S. die Nachweise in Fn. 74.
84 MHLS/*Ebbing* Rn. 57; Scholz/*Seibt* Rn. 48.

Erfüllung in Gestalt der Abtretung des Geschäftsanteils stets notariell beurkundet werden (Abs. 3; → Rn. 52 ff.).[85]

3. Verpflichtung zur Abtretung

Von dem Formerfordernis des Abs. 4 werden nur solche Vereinbarungen erfasst, die **unmittelbar** eine Verpflichtung zur Abtretung eines Geschäftsanteils begründen, erweitern oder ändern.[86] Die Abtretungsverpflichtung muss zwar nicht der einzige oder hauptsächliche Regelungsinhalt sein, aber sie darf sich auch **nicht nur als mittelbare oder gesetzliche Folge** aus der Vereinbarung **ergeben.**[87] Daher unterliegt ein Auftrag zum Erwerb eines Geschäftsanteils nicht dem Abs. 4, weil sich die Pflicht des Auftragnehmers zur Abtretung des Geschäftsanteils an den Auftraggeber nur als gesetzliche Folge aus § 667 BGB ergibt.[88] Das Gleiche gilt für den Kommissionsvertrag.[89] Auch wenn in diesen Fällen die Verpflichtung zur Abtretung ausdrückliche Aufnahme in den Vertrag erfahren hat, ändert dies an der Formfreiheit nichts, da dies rein deklaratorischen Charakter hat.[90] 26

Auch die Verpflichtung, einen Geschäftsanteil innerhalb eines bestimmten Zeitraums oder unter bestimmten Bedingungen nicht zu veräußern, ist ebenso formlos gültig,[91] wie die Vereinbarung eines Maklervertrages, selbst wenn dieser einen Provisionsanspruch auch für das Nichtzustandekommen des Kaufvertrages vorsieht u. damit mittelbar Druck zur Veräußerung ausübt.[92] 27

Für den Anwendungsbereich des Abs. 4 **kommt es auf die Rechtsnatur einer Vereinbarung nicht an.** Der notariellen Form bedürfen daher nicht nur der **Kauf**, sondern zB auch der **Tausch**, die **Schenkung** (auch jenseits des § 518 I 1 BGB) oder ein **Vergleich**, der die Verpflichtung zur Übertragung eines Geschäftsanteils enthält (§ 797 BGB), dgl die Vereinbarung eines **Vorkaufs- oder Übernahmerechts (Option),**[93] wohingg. die Erklärung über die Ausübung eines Vorkaufs- oder Übernahmerechts grds. nicht beurkundungspflichtig ist.[94] 28

Für das Erfordernis der notariellen Beurkundung aus Abs. 4 ist es einerlei, ob die Abtretung an den Vertragspartner selbst oder an einen Dritten erfolgen soll.[95] Auch eine bedingte[96] oder nur wahlweise übernommene oder 29

---

85 Roth/*Altmeppen* Rn. 79; MüKoGmbHG/*Reichert/Weller* Rn. 83.
86 MüKoGmbHG/*Reichert/Weller* Rn. 84.
87 RGZ 113, 149 f.; BGH NJW 69, 2049; DStR 98, 539; Michalski/*Ebbing* Rn. 59; MüKoGmbHG/*Reichert/Weller* Rn. 85; Baumbach/Hueck/*Fastrich* Rn. 32; Lutter/Hommelhoff/*Bayer* Rn. 48.
88 BGH WM 71, 306, 307; Baumbach/Hueck/*Fastrich* Rn. 34.
89 RGZ 80, 102; Scholz/*Seibt* Rn. 53; Roth/*Altmeppen* Rn. 79.
90 RGZ 82, 354; MHLS/*Ebbing* Rn. 60; Baumbach/Hueck/*Fastrich* Rn. 34.
91 Scholz/*Seibt* Rn. 50.
92 BGH BB 97, 1277; MHLS/*Ebbing* Rn. 61.
93 Baumbach/Hueck/*Fastrich* Rn. 31; Lutter/Hommelhoff/*Bayer* Rn. 45; ausf. zu Vorkaufs- u. Übernahmerechten Michalski/*Ebbing* Rn. 68 ff.; MüKoGmbHG/*Reichert/Weller* Rn. 93 ff.
94 RGZ 113, 149 f.; BGH NJW 69, 2049; DStR 98, 539; Scholz/*Seibt* Rn. 54; Baumbach/Hueck/*Fastrich* Rn. 31; Lutter/Hommelhoff/*Bayer* Rn. 46.
95 RGZ 50, 165; 149, 397; MHLS/*Ebbing* Rn. 64.
96 OLG Karlsruhe GmbHR 91, 19; Scholz/*Seibt* Rn. 50.

nur auf Verlangen zu erfüllende[97] Verpflichtung löst das Beurkundungserfordernis aus. Formbedürftigkeit besteht auch dann, wenn der von der Abtretungsverpflichtung erfasste Geschäftsanteil nach erfolgter Errichtung der betroffenen GmbH erst noch zu beschaffen ist[98] oder erst künftig entsteht.[99] Allerdings soll eine Vereinbarung über die Abtretung eines erst noch zu beschaffenden Geschäftsanteils dann nicht formbedürftig sein, wenn sie vor Errichtung der betroffenen GmbH (also vor Beurkundung ihres Gesellschaftsvertrages) abgeschlossen wird.[100] Hingg. unterliegt die Verpflichtung zur Abtretung eines obligatorischen Anspruchs auf Übertragung eines Geschäftsanteils nach mittlerweile hM dem Formerfordernis aus Abs. 4.[101]

30 Ein **Vorvertrag**, der die Vertragsteile zum Abschluss einer eine Abtretungspflicht begründenden Vereinbarung verpflichtet, bedarf ebenfalls der notariellen Beurkundung gem. Abs. 4.[102]

31 **Gesellschaftsverträge** u. **Auseinandersetzungsvereinbarungen** unterfallen dann dem Erfordernis der notariellen Beurkundung, wenn sie zur Abtretung eines Geschäftsanteils verpflichten.[103] Wichtiger u. in der Praxis leider nicht selten übersehener Anwendungsfall ist der Gesellschaftsvertrag einer Einheits-KG, welcher die Verpflichtung des bzw. der Kommanditisten enthält, ihre Geschäftsanteile an der Komplementär-GmbH in die KG einzubringen u. an diese abzutreten; eine solche Gestaltung des KG-Vertrages macht diesen beurkundungspflichtig.

32 Trotz des Wortlauts von Abs. 4, der von der Begründung der Verpflichtung „eines Gesellschafters" spricht, ist nach ganz hM auch die **Verpflichtung der Gesellschaft**, eigene Geschäftsanteile (§ 33) oder kaduzierte u. abandonnierte Geschäftsanteile (§§ 23 S. 2, 27 II 2) abzutreten, von Abs. 4 erfasst.[104]

33 Das Rückgängigmachen, also die **Aufhebung einer Abtretungsverpflichtung** begründet keine Abtretungspflicht u. ist daher **formfrei** möglich.[105] Zu beachten ist jedoch, dass in den Fällen, in welchen die dingliche Abtretung bereits erfolgt ist, die Rückabtretung gem. Abs. 3 der notariellen Beurkundung bedarf.

---

97 Baumbach/Hueck/*Fastrich* Rn. 33; MHLS/*Ebbing* Rn. 64.
98 RGZ 149, 397.
99 BGHZ 21, 245; ZIP 99, 925.
100 BGHZ 141, 207, 213; NZG 06, 590; Baumbach/Hueck/*Fastrich* Rn. 35; hierzu zu Recht krit. Roth/*Altmeppen* Rn. 80.
101 BGHZ 75, 352, 354 f.; MHLS/*Ebbing* Rn. 87; Roth/*Altmeppen* Rn. 76; Baumbach/Hueck/*Fastrich* Rn. 26; aA Scholz/*Seibt* Rn. 58.
102 MüKoGmbHG/*Reichert/Weller* Rn. 104; Lutter/Hommelhoff/*Bayer* Rn. 46; MHLS/*Ebbing* Rn. 64.
103 BGH NJW 10, 619; hierzu ausf. MHLS/*Ebbing* Rn. 65 ff.; Scholz/*Seibt* Rn. 51.
104 Scholz/*Seibt* Rn. 65; Lutter/Hommelhoff/*Bayer* Rn. 46; Baumbach/Hueck/*Fastrich* Rn. 33.
105 MHLS/*Ebbing* Rn. 79; Scholz/*Seibt* Rn. 61; Baumbach/Hueck/*Fastrich* Rn. 35; MüKoGmbHG/*Reichert/Weller* Rn. 104.

Ebenso keiner Form bedarf die Verpflichtung zur Abtretung einzelner mit dem Geschäftsanteil verbundener Rechte (zB Anspruch auf Bilanzgewinn oder Liquidationserlös).[106] 34

Das Formerfordernis des Abs. 4 gilt ferner nicht, wenn der Übergang des Geschäftsanteils kraft Gesetzes erfolgt.[107] Damit sind insbes. alle Anwachsungsvorgänge, bei denen das (einen Geschäftsanteil beinhaltende) Vermögen einer Personengesellschaft durch Ausscheiden aller Gesellschafter bis auf einen dem Verbleibenden anwächst, nicht vom Beurkundungserfordernis erfasst. Verpflichtungsverträge betr. die Übertragung von Anteilen einer Gesamthand, zu deren Vermögen ein Geschäftsanteil gehört, sind ebenfalls nicht beurkundungspflichtig, da sie ja nicht auf die unmittelbare Übertragung des Geschäftsanteils selbst gerichtet sind.[108] Etwas anderes gilt nur, wenn die Gesamthand ausschließlich zum Zwecke der Umgehung des Formerfordernisses aus Abs. 4 errichtet wurde.[109] 35

4. Verpflichtung zur Abnahme (Erwerbspflicht)

Nach dem reinen Wortlaut des Abs. 4 wäre eine Verpflichtung zur Abnahme eines Geschäftsanteils vom Anwendungsbereich dieser Vorschrift eigentlich nicht erfasst. Es ist jedoch bereits seit langem allgM in Rspr. u. Literatur, dass auch die Verpflichtung zum Erwerb eines Geschäftsanteils dem Formerfordernis aus Abs. 4 unterfällt, u. zwar unabhängig davon, ob damit zugleich eine (bedingte) Abtretungspflicht begründet wird.[110] Dies gilt auch für die mit einem Dritten vereinbarte Erwerbspflicht.[111] Somit sind auch auf Geschäftsanteile bezogene Rückkaufsvereinbarungen u. Rückkaufgarantien grds. beurkundungspflichtig.[112] 36

5. Umfang des Beurkundungserfordernisses

Nach hM bezieht sich die Formbedürftigkeit nach Abs. 4 nicht nur auf die **Hauptpflicht** zur Abtretung eines Geschäftsanteils, sondern grds. auch auf alle damit verbundenen **Nebenabreden**, die nach dem Willen der Parteien Bestandteil der Vereinbarung über die Verpflichtung zur Abtretung sein sollen.[113] Damit ist grds. der gesamte Vertrag mit allen seinen mit der Abtretungsverpflichtung zusammenhängenden Vereinbarungen zu beurkunden (sog. **Vollständigkeitsgrundsatz**).[114] Dies umfasst neben dem Geschäftsanteil u. seiner Übertragung die Bestimmungen zur Gegenleistung 37

106 Lutter/Hommelhoff/*Bayer* Rn. 48; Baumbach/Hueck/*Fastrich* Rn. 35.
107 Baumbach/Hueck/*Fastrich* Rn. 35.
108 BGH GmbHR 08, 589 Tz 14 ff.; Baumbach/Hueck/*Fastrich* Rn. 35.
109 S. die Nachweise in Fn. 105.
110 RGZ 57, 60, 61; 102, 63, 64; 127, 65, 71; 149, 385, 397; OLG München BB 95, 427, 428; GmbHR 96, 607, 608; Scholz/*Seibt* Rn. 52; Roth/*Altmeppen* Rn. 78; Lutter/Hommelhoff/*Bayer* Rn. 46; MHLS/*Ebbing* Rn. 107; Baumbach/Hueck/*Fastrich* Rn. 35.
111 OLG München DB 95, 316.
112 RGZ 76, 310; Baumbach/Hueck/*Fastrich* Rn. 33.
113 BGH NJW 02, 142, 143; MüKoGmbHG/*Reichert*/*Weller* Rn. 106; MHLS/*Ebbing* Rn. 89; Baumbach/Hueck/*Fastrich* Rn. 30; Lutter/Hommelhoff/*Bayer* Rn. 49; Roth/*Altmeppen* Rn. 70; Scholz/*Seibt* Rn. 66.
114 MüKoGmbHG/*Reichert*/*Weller* Rn. 106.

(also beim Kaufvertrag den Kaufpreis),[115] die Vereinbarungen zur Mängelhaftung bzw. etwaige Garantievereinbarungen, die einzelnen Regelungen der Vertragserfüllung, die Übereinkunft zur Kostentragung[116] sowie eine etwaige Freistellungsvereinbarung.[117] Auch eine evtl. Vertragsstrafe ist hiernach mit zu beurkunden.[118] Es unterfallen somit auch ansonsten nicht formbedürftige Abreden der Beurkundungspflicht aus Abs. 4, wenn davon auszugehen ist, dass sie nicht ohne die Verpflichtung zur Abtretung getroffen worden wären.[119] So sind etwa bei der Veräußerung von Anteilen an einer GmbH & Co KG idR neben den Vereinbarungen betr. die Übertragung der Geschäftsanteile an der Komplementär-GmbH auch die Abreden über den Erwerb der Kommanditanteile zu beurkunden.[120] Nach der Rspr. des BGH muss jedoch eine Schiedsgerichtsordnung nicht Bestandteil der notariellen Niederschrift sein.[121]

38 Ebenso sind spätere **Änderungen** der vertraglichen Vereinbarungen beurkundungspflichtig, sofern sie **vor** Wirksamkeit der Geschäftsanteilsabtretung erfolgen, u. zwar auch dann, wenn sie nur Nebenabreden betreffen.[122] Änderungen, die erst **nach** wirksamer Abtretung des Geschäftsanteils vorgenommen werden, sind hingg. formfrei möglich.[123]

39 Eine **Vollmacht** zur Abtretung bzw. zur Vereinbarung einer Verpflichtung zur Abtretung bedarf nach der Regel des § 167 II BGB grds. nicht der Form des Abs. 3 bzw. 4, u. zwar auch dann nicht, wenn der Bevollmächtigte von den Beschränkungen des § 181 BGB befreit wird.[124] Nach zutr. hM kann auch eine unwiderrufliche Vollmacht formlos erteilt werden.[125] Ebenso bedarf auch die **Genehmigung** des vollmachtlos Vertretenen gem. § 177 I keiner besonderen Form (§ 182 II BGB).[126]

6. Verfahren

40 **Zuständig** für die Vornahme der Beurkundung sind im Inland die **Notare**. Nach § 127 a BGB wird die notarielle Beurkundung durch einen gerichtlichen Vergleich ersetzt, wenn die Erklärungen in ein nach den Vorschriften der ZPO errichtetes Protokoll aufgenommen werden.[127] Ein Vergleich im Schiedsverfahren nach § 1053 III ZPO („Schiedsspruch mit vereinbartem

115 RGZ 65, 38, 39.
116 MüKoGmbHG/*Reichert*/*Weller* Rn. 107.
117 OLG Hamburg ZIP 07, 1008, 1010.
118 OLG München BB 95, 427, 428.
119 BGH WM 95, 670, 671; DB 86, 1513 f.; OLG Karlsruhe GmbHR 91, 19, 20; MHLS/*Ebbing* Rn. 90.
120 BGH DB 86, 1513, 1514; *Kempermann*, NJW 91, 648; MHLS/*Ebbing* Rn. 90.
121 BGH NZG 14, 1155; s. auch OLG München NZG 14, 994.
122 BGH NJW 89, 291; MüKoGmbHG/*Reichert*/*Weller* Rn. 109; Roth/*Altmeppen* Rn. 73.
123 MHLS/*Ebbing* Rn. 92.
124 BGHZ 13, 49, 52 f.; 19, 69, 72; Scholz/*Seibt* Rn. 95; Lutter/Hommelhoff/*Bayer* Rn. 32; Roth/*Altmeppen* Rn. 86; Baumbach/Hueck/*Fastrich* Rn. 23; MHLS/*Ebbing* Rn. 93.
125 BGHZ 13, 49, 53; MüKoGmbHG/*Reichert*/*Weller* Rn. 62; MHLS/*Ebbing* Rn. 94; Baumbach/Hueck/*Fastrich* Rn. 23; Lutter/Hommelhoff/*Bayer* Rn. 32.
126 BGH ZIP 00, 1007, 1009; Roth/*Altmeppen* Rn. 86; Baumbach/Hueck/*Fastrich* Rn. 23; Lutter/Hommelhoff/*Bayer* Rn. 32.
127 MüKoGmbHG/*Reichert*/*Weller* Rn. 59; Scholz/*Seibt* Rn. 80.

Inhalt") genügt dem Formerfordernis ebenso.[128] Im **Ausland** kann die Beurkundung durch **deutsche Konsularbeamte** erfolgen (§ 10 KonsularG).[129] Nimmt dag ein deutscher Notar eine Beurkundung im Ausland vor, so ist diese nichtig, weil die Hoheitsbefugnisse des deutschen Notars auf das deutsche Staatsgebiet beschränkt sind (zur Beurkundung durch einen ausländischen Notar → Rn. 65 ff.).[130]

Rechtliche Grundlage für das bei der notariellen Beurkundung einzuhaltende Verfahren bilden die **§§ 6 ff. BeurkG**, die Vorschriften über die **Beurkundung von Willenserklärungen.**[131] Danach ist über den gesamten Veräußerungsvertrag eine **notarielle Niederschrift** anzufertigen, die den bei dem Beurkundungsverfahren Anwesenden in Gegenwart des Notars **vorgelesen,** von ihnen **genehmigt** u. von ihnen u. dem Notar **eigenhändig unterschrieben** werden muss (§§ 9, 13 BeurkG). Die bloße Beglaubigung der Unterschriften genügt nicht.[132] Zu beurkunden ist der gesamte Veräußerungsvertrag, also die Willenserklärungen beider Vertragspartner. Dies setzt nicht zwingend eine gleichzeitige Anwesenheit von Veräußerer u. Erwerber voraus.[133] Vielmehr kann auch eine gesonderte Beurkundung der beiden korrespondierenden Willenserklärungen iSe Angebots u. seiner Annahme erfolgen.[134] 41

7. Formmangel, Nichtigkeit, Heilung

Ein Verstoß gegen die Formvorschrift des Abs. 4 führt gem. § 125 S. 1 BGB zur **Nichtigkeit** des gesamten Verpflichtungsvertrages.[135] Die Treuepflicht eines Gesellschafters schließt seine Berufung auf die Formnichtigkeit nicht aus.[136] Die Geltendmachung der Formnichtigkeit kann nur in ganz außergewöhnlichen Ausnahmefällen eine unzulässige Rechtsausübung darstellen.[137] 42

Die Nichtigkeit des Verpflichtungsvertrages wegen Formmangels wird jedoch gem. Abs. 4 S. 2 durch die formgerechte u. **wirksame Abtretung** des Geschäftsanteils **geheilt,** u. zwar auch dann, wenn das Verpflichtungsgeschäft u. die Abtretung in derselben Urkunde enthalten sind.[138] In zeitlicher Hinsicht kann der die Heilung bewirkende Abtretungsvertrag vor, mit oder nach dem Verpflichtungsvertrag geschlossen werden.[139] Die Heilungs- 43

128 MHLS/*Ebbing* Rn. 96.
129 KonsularG v. 11.9.74, BGBl. I, S. 2317.
130 MüKoGmbHG/*Reichert*/*Weller* Rn. 55.
131 Baumbach/Hueck/*Fastrich* Rn. 22; Lutter/Hommelhoff/*Bayer* Rn. 25; Scholz/*Seibt* Rn. 80.
132 MüKoGmbHG/*Reichert*/*Weller* Rn. 55; Scholz/*H Winter*/*Seibt* Rn. 80.
133 MüKoGmbHG/*Reichert*/*Weller* Rn. 57.
134 MHLS/*Ebbing* Rn. 89; MüKoGmbHG/*Reichert*/*Weller* Rn. 57; Scholz/*Seibt* Rn. 80.
135 RGZ 43, 136; Baumbach/Hueck/*Fastrich* Rn. 36; Lutter/Hommelhoff/*Bayer* Rn. 52; Scholz/*Seibt* Rn. 68; MHLS/*Ebbing* Rn. 100; Roth/*Altmeppen* Rn. 81.
136 BGH WM 88, 1367, 1369; MHLS/*Ebbing* Rn. 100.
137 Hierzu ausf. MüKoGmbHG/*Reichert*/*Weller* Rn. 75.
138 BGHZ 127, 132; GmbHR 93, 106; OLG Frankfurt/M NZG 12, 466; Roth/*Altmeppen* Rn. 81.
139 BGH NJW 93, 1843; MHLS/*Ebbing* Rn. 103; Scholz/*Seibt* Rn. 72.

wirkung tritt **ex nunc** ein.[140] Dies gilt auch dann, wenn die Abtretung aufschiebend bedingt erfolgte u. die Bedingung eintritt oder auf die Bedingung verzichtet wurde.[141] Um die Heilung herbeizuführen, muss der Abtretungsvertrag nicht nur hins. des Formerfordernisses aus Abs. 3, sondern auch iÜ voll wirksam sein.[142]

44 Die Heilung erfasst den **gesamten Verpflichtungsvertrag** einschl. aller etwaigen (nicht beurkundeten) **Nebenabreden.**[143] Enthält der formnichtige Kausalvertrag Verpflichtungen zur Abtretung mehrerer Geschäftsanteile, so tritt die Heilungswirkung nur hins. des- bzw. derjenigen Geschäftsanteile ein, deren Abtretung wirksam vorgenommen wurde;[144] bilden aber die Verpflichtungen zur Abtretung mehrerer Geschäftsanteile eine sachliche u. damit rechtliche Einheit, kann eine Heilung erst mit Wirksamkeit sämtlicher Abtretungen eintreten.[145] Das wirksame Verfügungsgeschäft heilt **nur Formmängel, nicht** aber **sonstige Mängel** der schuldrechtlichen Vereinbarung.[146]

45 Die Heilung setzt eine zum Zeitpunkt der Abtretung bestehende **fortwährende Willensübereinstimmung** der Vertragsteile in Bezug auf das Verpflichtungsgeschäft voraus.[147] Steht die Abtretung unter einer aufschiebenden Bedingung, so kommt es hins. der Willensübereinstimmung auf den Zeitpunkt der Vornahme der Abtretung u. nicht auf denjenigen des Bedingungseintritts an.[148]

8. Familien- bzw. betreuungsgerichtliche Genehmigung

46 Der Erwerb wie auch die Veräußerung eines Geschäftsanteils durch nicht unbeschränkt Geschäftsfähige bedürfen **grds. keiner** familien- bzw. betreuungsgerichtlichen **Genehmigung.**[149] Dieser Grundsatz gilt auch für den entgeltlichen Erwerb oder die Veräußerung von Geschäftsanteilen an einer GmbH, die ein Erwerbsgeschäft betreibt.[150] Nur in Ausnahmefällen, nämlich dann, wenn der entgeltliche Erwerb oder die Veräußerung des Geschäftsanteils dem Erwerb oder der Veräußerung eines Erwerbsgeschäfts **wirtschaftlich gleichkommt**, ist gem. §§ 1643 I, **1822 Nr. 3 Hs. 1,** 1908 i BGB eine familien- bzw. betreuungsgerichtliche Genehmigung erforderlich.[151] Unter welchen Umständen dies anzunehmen ist, wird unterschied-

140 Roth/*Altmeppen* Rn. 81; Baumbach/Hueck/*Fastrich* Rn. 36; Lutter/Hommelhoff/*Bayer* Rn. 53; MüKoGmbHG/*Reichert/Weller* Rn. 132.
141 BGH NJW 98, 2360; MHLS/*Ebbing* Rn. 111.
142 BGH GmbHR 89, 194, 195; Scholz/*Seibt* Rn. 70; MHLS/*Ebbing* Rn. 106.
143 MHLS/*Ebbing* Rn. 110.
144 BGH NJW 02, 142; Roth/*Altmeppen* Rn. 82.
145 Baumbach/Hueck/*Fastrich* Rn. 36.
146 Scholz/*Seibt* Rn. 75; MHLS/*Ebbing* Rn. 109; Baumbach/Hueck/*Fastrich* Rn. 36; MüKoGmbHG/*Reichert/Weller* Rn. 125.
147 BGHZ 127, 129, 133 ff.; 138, 195; OLG München BB 96, 1296; Lutter/Hommelhoff/*Bayer* Rn. 53; Baumbach/Hueck/*Fastrich* Rn. 36.
148 BGHZ 127, 129, 133 ff.; MHLS/*Ebbing* Rn. 107.
149 Baumbach/Hueck/*Fastrich* Rn. 3.
150 BGHZ 107, 23, 28; Lutter/Hommelhoff/*Bayer* Rn. 53; MüKoGmbHG/*Reichert/Weller* Rn. 501.
151 BGH ZEV 03, 375; MüKoGmbHG/*Reichert/Weller* Rn. 502; MHLS/*Ebbing* Rn. 168.

lich beurteilt. Der BGH sieht eine Genehmigungspflicht dann gegeben, wenn die Beteiligung des nicht unbeschränkt Geschäftsfähigen 50 % übersteigt oder wenn nur Minderjährige an der GmbH beteiligt sind u. alle Anteile veräußert werden.[152] Andere wiederum setzen die Schwelle für eine Genehmigungspflicht höher u. betrachten diese nur dann als gegeben, wenn der unbeschränkt Geschäftsfähige (nahezu) sämtliche Anteile der ein Erwerbsgeschäft betreibenden GmbH entgeltlich erwirbt oder veräußert.[153] Die **schenkungsweise** erfolgende Übertragung eines Geschäftsanteils an einen nicht unbeschränkt Geschäftsfähigen ist **nicht** nach § 1822 Nr. 3 BGB genehmigungspflichtig.[154]

Ferner kommt für den Erwerb eines Geschäftsanteils durch einen nicht un- 47
beschränkt Geschäftsfähigen nach §§ 1643 I, **1822 Nr. 10,** 1908 i BGB eine Pflicht zur familien- bzw. betreuungsgerichtlichen Genehmigung nach hM dann in Betracht, wenn die konkrete Möglichkeit der Inanspruchnahme des nicht unbeschränkt Geschäftsfähigen für Verbindlichkeiten von Mitgesellschaftern nach §§ 24 oder 31 III besteht,[155] also nur, wenn bei Mitgesellschaftern noch Einlagen rückständig sind (auch aus Differenz- oder Vorbelastungshaftung) oder Rückzahlungspflichten nach § 31 tatsächlich bestehen.[156] Die bloß theoretische Möglichkeit einer künftigen Mithaftung aus § 31 III löst die Genehmigungspflicht nach § 1822 Nr. 10 BGB jedoch nicht aus.[157] Bei einem Unternehmenskauf kann auch die gesamtschuldnerische Mithaftung des nicht unbeschränkt Geschäftsfähigen als einer von mehreren Verkäufern für Gewährleistungs- oder Garantieansprüche des Käufers eine Genehmigung nach § 1822 Nr. 10 BGB erforderlich machen.[158]

9. Mängelhaftung beim Anteilskauf

Der Kauf von Geschäftsanteilen ist **Rechtskauf**. Die Schuldrechtsreform 48
vom 1.1.02 hat den Rechtskauf dem Sachkauf gleichgestellt (§ 453 I BGB), so dass sich die gesetzlichen Ansprüche u. damit auch die Mängelhaftungsansprüche des Käufers eines Geschäftsanteils aus einer entspr. Anwendung der Vorschriften über den Sachkauf ergeben. Der Verkäufer eines Geschäftsanteils ist gem. §§ 453 I, 433 I 2 BGB verpflichtet, diesen dem Käufer frei von Sach- u. Rechtsmängeln zu verschaffen. Die Rechtsfolgen eines Mangels ergeben sich aus den §§ 434 ff. BGB.[159] Da das Gesetz nunmehr den Gleichlauf der Rechtsfolgen von Sach- u. Rechtsmängeln normiert, kommt der nach altem Recht wichtigen Unterscheidung zwischen Sach- u.

152 BGH ZEV 03, 375, 376.
153 *MHLS/Ebbing* Rn. 168; Baumbach/Hueck/*Fastrich* Rn. 4; Scholz/*Seibt* Rn. 244.
154 BGHZ 107, 23, 28 ff.
155 BGHZ 107, 23, 28; Lutter/Hommelhoff/*Bayer* Rn. 8; Baumbach/Hueck/*Fastrich* Rn. 5; Scholz/*Seibt* Rn. 244.
156 Baumbach/Hueck/*Fastrich* Rn. 5.
157 BGHZ 107, 23, 28; MüKoGmbHG/*Reichert*/*Weller* Rn. 503; Baumbach/Hueck/*Fastrich* Rn. 5.
158 Lutter/Hommelhoff/*Bayer* Rn. 8; MHLS/*Ebbing* Rn. 107; Baumbach/Hueck/*Fastrich* Rn. 5.
159 Zum Rechtsfolgensystem bei mangelhaften Geschäftsanteilen vgl. Scholz/*Seibt* Rn. 165 ff.; MHLS/*Ebbing* Rn. 176; Roth/*Altmeppen* Rn. 13 ff.

Rechtsmängeln mittlerweile keine entscheidende Bedeutung mehr zu.[160] Weil aber ein Recht grds. keinen Sachmangel aufweisen kann, haftet der Verkäufer eines Geschäftsanteils dennoch idR gem. §§ 453 I, 433 I 2, 435 BGB **nur für** das Vorliegen von **Rechtsmängeln**, nicht auch von Sachmängeln, es sei denn, es liegen die besonderen Voraussetzungen eines Unternehmenskaufs vor (→ Rn. 51).[161] Eine Haftung des Verkäufers für die Beschaffenheit des von der GmbH betriebenen Unternehmens oder einzelner zum Vermögen der GmbH gehörender Gegenstände oder bei der GmbH bestehender Verbindlichkeiten ist damit beim Verkauf von Geschäftsanteilen, der nicht als Unternehmenskauf zu qualifizieren ist, ausgeschlossen, wenn hierfür nicht eine gesonderte vertragliche Haftung oder Garantie übernommen wurde.[162]

49 Ein **Rechtsmangel** liegt vor, wenn der verkaufte Geschäftsanteil nicht in dem vertraglich festgelegten Umfang besteht oder dem Geschäftsanteil im Anteilskaufvertrag nicht übernommene Rechte Dritter, wie etwa ein Pfandrecht oder Nießbrauch, entgegenstehen.[163] Ein Rechtsmangel ist ferner gegeben, wenn der Geschäftsanteil nicht die vereinbarte Größe hat oder nicht die versprochenen Rechte (zB Stimmrechte, Höhe der Gewinnbeteiligung) gewährt,[164] des Weiteren, wenn bei ihm nicht vereinbarte Einlagenrückstände oder Nachschusspflichten vorhanden sind.[165] Ferner besteht ein Rechtsmangel, wenn sich die Gesellschaft im Insolvenzverfahren oder in der Liquidation befindet[166] oder allg. der Bestand des Geschäftsanteils gefährdet ist, weil ein Verfahren zu seiner Beseitigung schwebt oder ernstlich droht.[167] Wurde zwar ein Insolvenzantrag noch nicht gestellt, liegt aber dennoch Insolvenzreife vor, so ist dies nach zutr. Ansicht ebenfalls als Rechtsmangel zu werten.[168]

50 Besteht der verkaufte Geschäftsanteil nicht oder nicht mehr, betrifft dies die Verschaffungspflicht des Verkäufers aus §§ 453 I, 433 S. 1 BGB, so dass in einem solchen Fall nicht ein Rechtsmangel gegeben ist, sondern Unmöglichkeit, für welche der Verkäufer nach den allg. Regeln der §§ 311 a, 280 I u. III, 281, 283 BGB haftet.[169] Dies gilt auch, wenn eine Abtretung des Geschäftsanteils an den Käufer aufgrund bestehender satzungsmäßiger Vinkulierungsbestimmungen (→ Rn. 71 ff.) scheitert.

51 Handelt es sich bei einem Geschäftsanteilskauf wirtschaftlich um einen **Unternehmenskauf**, so haftet der Verkäufer in einem solchen Fall nicht nur für Rechtsmängel des bzw. der verkauften Geschäftsanteile, sondern gem. §§ 453 I, 434, 437 BGB auch für das Vorliegen von **Sachmängeln des Un-**

160 Lutter/Hommelhoff/*Bayer* Rn. 9; MHLS/*Ebbing* Rn. 176.
161 Baumbach/Hueck/*Fastrich* Rn. 6; MHLS/*Ebbing* Rn. 177.
162 MHLS/*Ebbing* Rn. 177.
163 Palandt/*Weidenkaff* BGB § 453 Rn. 18; Scholz/*Seibt* Rn. 144.
164 Palandt/*Weidenkaff* BGB § 453 Rn. 23; Roth/*Altmeppen* Rn. 8.
165 *Wicke* Rn. 4.
166 Roth/*Altmeppen* Rn. 9; Baumbach/Hueck/*Fastrich* Rn. 6.
167 Scholz/*Seibt* Rn. 145; Baumbach/Hueck/*Fastrich* Rn. 6.
168 Roth/*Altmeppen* Rn. 9 f.; Scholz/*Seibt* Rn. 145; *Wicke* Rn. 4; aA BGH NJW 80, 2408.
169 MHLS/*Ebbing* Rn. 177; Baumbach/Hueck/*Fastrich* Rn. 6; Scholz/*Seibt* Rn. 146; aA Palandt/*Weidenkaff* BGB § 453 Rn. 21.

ternehmens einschl. der zum Vermögen der GmbH gehörenden Gegenstände.[170] Die Frage, bei welchem Sachverhalt von einem wirtschaftlichen Erwerb des Unternehmens auszugehen ist, wird unterschiedlich beurteilt. Unstrittig liegt ein Unternehmenskauf vor beim Erwerb sämtlicher Anteile an einer GmbH oder wenn der verbleibende Rest so geringfügig ist, dass dennoch das Unternehmen als im Ganzen verkauft angesehen werden kann.[171] Der Erwerb einer einfachen Anteilsmehrheit wiederum wird für die Annahme eines Unternehmenskaufs im vorstehenden Sinne nicht ausreichen.[172] Der BGH stellt allg. auf den wirtschaftlichen Vertragszweck u. den Umfang der durch den Erwerb vermittelten unternehmerischen Einflussmöglichkeiten (beruhend auf der Beteiligungsgröße u. der gesellschaftsvertraglichen Gestaltung) ab.[173] Vor dem Hintergrund dieser Kriterien wird man mind. den Erwerb von 75 % des Stammkapitals u. damit einer satzungsändernden Mehrheit verlangen müssen, um von einem wirtschaftlichen Unternehmenskauf ausgehen zu können,[174] wobei man auch dies nicht als schematische Grenze betrachten darf, sondern stets die Umstände des Einzelfalles zu berücksichtigen hat. Liegt ein Unternehmenskauf vor, so trifft den Verkäufer regelmäßig eine gesteigerte Aufklärungspflicht über die für das Unternehmen wertbildenden Faktoren.[175] Insbes. beim Unternehmenskauf ersetzt die Praxis die gesetzliche Mängelhaftung überw. durch selbstständige Verkäufer- u. ggf. auch Käufergarantien gem. § 311 I BGB, die ein eigenes, von den gesetzlichen Regelungen unabhängiges Haftungssystem schaffen.[176] Die nach der Schuldrechtsreform vor dem Hintergrund des Wortlauts von § 444 BGB aF bestehende Unsicherheit über die Zulässigkeit der üblichen Beschränkungen solcher Garantievereinbarungen wurde durch eine gesetzgeberische Klarstellung im Wortlaut dieser Vorschrift („soweit") mittlerweile beseitigt.[177]

V. Der Abtretungsvertrag, Form (Abs. 3)

1. Allgemeines

Gem. Abs. 3 bedarf die Abtretung eines Geschäftsanteils der **notariellen** 52
Form. Die Abtretung ist eine **vertragliche Vereinbarung** zwischen dem Veräußerer u. dem Erwerber gem. §§ 413, 398 BGB, der unmittelbar den **Übergang des Geschäftsanteils** auf den Erwerber im Wege der Einzelrechtsnachfolge zum Gegenstand u. zur Folge hat.[178] Die Abtretung stellt das Verfügungs- bzw. Erfüllungsgeschäft zu dem in Abs. 4 geregelten Verpflichtungsgeschäft oder einer auf sonstige Weise begründeten bzw. bestehenden Verpflichtung zur Übertragung eines Geschäftsanteils dar. Die Formvor-

---

170 BGHZ 65, 250; Baumbach/Hueck/*Fastrich* Rn. 7; MHLS/*Ebbing* Rn. 178; Lutter/Hommelhoff/*Bayer* Rn. 10; Scholz/*Seibt* Rn. 153.

171 BGHZ 65, 250; NJW 69, 184; 138, 195, 204; NZG 01, 751, 752; Baumbach/Hueck/*Fastrich* Rn. 7; Scholz/*Seibt* Rn. 153.

172 So aber *Hommelhoff*, ZGR 82, 366, 378 f.; *Schröcker*, ZGR 05, 63, 65.

173 BGHZ 65, 250; NJW 80, 2409.

174 BGH NJW 80, 2409; Baumbach/Hueck/*Fastrich* Rn. 7; Scholz/*Seibt* Rn. 153.

175 BGH DStR 02, 1098; Baumbach/Hueck/*Fastrich* Rn. 7.

176 Hierzu ausf. etwa *Holzapfel/Pöllath*, Recht und Praxis des Unternehmenskaufs, 15. Aufl., Rn. 838 ff.

177 Baumbach/Hueck/*Fastrich* Rn. 7; *Wicke* Rn. 6.

178 Scholz/*Seibt* Rn. 77.

schrift des Abs. 3 ist **zwingendes Recht.** Die Zwecke des Beurkundungserfordernisses sind die gleichen wie beim Verpflichtungsgeschäft nach Abs. 4, so dass diesbzgl auf die dortigen Ausführungen (→ Rn. 24) verwiesen werden darf.

53 Das Beurkundungserfordernis aus Abs. 3 besteht für alle Abtretungen unabhängig davon, ob ihnen ein beurkundetes Verpflichtungsgeschäft iSd Abs. 4 zugrunde liegt. Damit sind auch solche Abtretungen formbedürftig, die in Erfüllung einer durch Gesetz oder letztwilliger Verfügung zur Entstehung gebrachten Verpflichtung erfolgen.[179] Die formwirksame Abtretung kann zwar ein formungültiges Verpflichtungsgeschäft heilen, doch gilt dies nicht umgekehrt.[180] Vielfach werden das Verpflichtungsgeschäft u. die Abtretung in eine Urkunde aufgenommen, zwingend ist dies allerdings nicht. Außerhalb des Formerfordernisses aus Abs. 4 liegende Gültigkeitsmängel des Kausalgeschäfts berühren grds. nicht die Wirksamkeit einer formwirksam erfolgten Abtretung; der Erwerber ist in einem solchen Fall auf bereicherungsrechtlicher Grundlage (§§ 812, 818 BGB) zur Rückabtretung verpflichtet.[181] Nur ausnahmsweise, etwa bei Anfechtung wegen arglistiger Täuschung, erfasst der Mangel sowohl das Kausal- als auch das Erfüllungsgeschäft.

54 Auch **künftige Geschäftsanteile** – vor Handelsregistereintragung der Gründung oder Kapitalerhöhung einer GmbH – können Gegenstand einer Abtretung sein; auch für diese gilt das Formerfordernis des Abs. 3.[182] Wirksamkeit erlangt eine solche Abtretung künftiger Geschäftsanteile allerdings erst mit der Handelsregistereintragung der Gründung bzw. Kapitalerhöhung u. damit mit der Entstehung des betroffenen Geschäftsanteils.[183]

55 Die Abtretung eines Geschäftsanteils kann unter einer (oder mehreren) **aufschiebenden** oder **auflösenden Bedingungen** stehen.[184] Häufiger Fall ist die auf die vollständige Kaufpreiszahlung bedingte Geschäftsanteilsabtretung beim Anteilskaufvertrag als klassisches Sicherungsmittel des Verkäufers. Der aus einer bestehenden Bedingung Begünstigte kann einseitig durch formlose u. keiner Annahme bedürfende Erklärung auf die Bedingung verzichten,[185] womit die Abtretung ex nunc wirksam wird.[186] Auch eine **befristete** Abtretung ist zulässig.[187]

56 Die **Einbringung** eines Geschäftsanteils in eine Gesamthandsgemeinschaft oder in eine juristische Person untersteht der Formpflicht des Abs. 3 ebenso[188] wie die **Auseinandersetzung** einer am Geschäftsanteil bestehenden Gemeinschaft, sei es durch reale Teilung des Geschäftsanteils u. Übertragung der Teilgeschäftsanteile oder durch Abtretung des Geschäftsanteils

179 Baumbach/Hueck/*Fastrich* Rn. 25.
180 MHLS/*Ebbing* Rn. 114.
181 Scholz/*Seibt* Rn. 90.
182 Baumbach/Hueck/*Fastrich* Rn. 24.
183 BGHZ 21, 242, 245; BB 05, 1259 ff.; MHLS/*Ebbing* Rn. 122; Lutter/Hommelhoff/*Bayer* Rn. 4.
184 BGHZ 127, 133; BB 89, 372.
185 BGH NJW-RR 89, 291; NJW 94, 3227, 3228; MHLS/*Ebbing* Rn. 118.
186 BGH GmbHR 98, 635.
187 MHLS/*Ebbing* Rn. 118; Baumbach/Hueck/*Fastrich* Rn. 24.
188 Lutter/Hommelhoff/*Bayer* Rn. 29; Baumbach/Hueck/*Fastrich* Rn. 25.

zum Alleineigentum nur eines Mitglieds der Gemeinschaft.[189] Im Formerfordernis genauso zu behandeln ist auch die **Bestätigung** einer unwirksamen Abtretung[190] sowie – in umgekehrter Richtung – die **Aufhebung** einer wirksamen Abtretung; letztere stellt iErg eine Rückabtretung dar u. ist damit wie jede **Rückübertragung** nach Abs. 3 notariell zu beurkunden.[191] Ebenso bedarf die Abtretung eines **Anspruchs auf Übertragung eines Geschäftsanteils** nach zutr. Ansicht der notariellen Form.[192] Gleichfalls formbedürftig gem. Abs. 3 ist die Sicherungsabtretung (→ Rn. 92), die Treuhandabtretung (→ Rn. 93) u. die Verpfändung (→ Rn. 85 ff.).

Für einen Übergang des Geschäftsanteils auf andere Weise als durch rechtsgeschäftliche Abtretung – etwa kraft **Gesetzes, Hoheitsakt** oder **Anwachsung** – gilt Abs. 3 hingg. nicht,[193] so dass diese Vorschrift keine Anwendung findet auf alle Fälle der **Gesamtrechtsnachfolge,** also **Erbfolge, umwandlungsrechtliche Vorgänge** (Verschmelzung, Spaltung, Formwechsel) u. die Tatbestände der **dinglichen Surrogation** (§§ 718 II, 1418 II Nr. 3, 1473, 1638 II, 1646, 2019, 2041, 2111 I BGB).[194] Dem Formerfordernis des Abs. 3 unterliegt ebenso nicht die Übertragung von **Anteilen** an einer **Gesamthand,** zu deren Vermögen ein Geschäftsanteil gehört, da es sich hierbei nicht um die unmittelbare Übertragung des Geschäftsanteils selbst handelt.[195] Auch die Abtretung **einzelner** aus dem Geschäftsanteil erwachsender **Vermögensrechte,** wie Anspruch auf Gewinnanteil oder Auseinandersetzungsguthaben ist formfrei möglich;[196] etwas anderes gilt nur, wenn die Gesamthand ausschließlich zum Zwecke der Umgehung des Formerfordernisses errichtet wurde.[197] 57

Abs. 3 spricht von der Anteilsabtretung „durch **Gesellschafter**". Dies meint den materiell Berechtigten oder den in der Gesellschafterliste nach § 40 I eingetragenen Nichtberechtigten, bei dem die Regelung zum Gutglaubenserwerb aus § 16 III greift. Die Formpflicht des Abs. 3 gilt auch für die GmbH selbst beim Erwerb eigener Anteile gem. § 33 II wie auch bei deren Weiterabtretung. 58

2. Bestimmtheit

Von für die Wirksamkeit der Abtretung entscheidender Bedeutung ist, dass in der Abtretungsvereinbarung sowohl die **Person des Erwerbers** als auch der **Gegenstand der Abtretung** hinreichend genau **bestimmt** sein müssen.[198] Dies folgt für den von der Abtretung erfassten Geschäftsanteil bereits aus 59

189 Baumbach/Hueck/*Fastrich* Rn. 25; Scholz/*Seibt* Rn. 93.
190 BGH NJW 85, 2579.
191 Scholz/*Seibt* Rn. 91; MHLS/*Ebbing* Rn. 118.
192 Str, vgl. die Nachweise zum Verpflichtungsgeschäft gem. Abs. 4 o Rn. 29 u. Fn. 98.
193 MHLS/*Ebbing* Rn. 119; Baumbach/Hueck/*Fastrich* Rn. 27.
194 Scholz/*Seibt* Rn. 93; Michalski/*Ebbing* Rn. 120; Baumbach/Hueck/*Fastrich* Rn. 27.
195 Baumbach/Hueck/*Fastrich* Rn. 27.
196 RGZ 82, 170; BGH DB 83, 2513; Lutter/Hommelhoff/*Bayer* Rn. 7.
197 BGH GmbHR 08, 589 Tz 14 ff.; Baumbach/Hueck/*Fastrich* Rn. 35.
198 RG JW 30, 2680; 32, 1008, 1009; BGH NZG 10, 908 Rn. 4; KG Berlin NJW-RR 97, 1259; MHLS/*Ebbing* Rn. 116; Baumbach/Hueck/*Fastrich* Rn. 22.

dem allg. **sachenrechtlichen Bestimmtheitsgrundsatz.**[199] Es muss zweifelsfrei feststehen, welcher Geschäftsanteil übergehen soll. Mangelt es an der erforderlichen Bestimmtheit des Abtretungsgegenstandes, so ist die Abtretung nichtig.[200] Besitzt der Abtretende mehrere Geschäftsanteile mit gleichen Nennbeträgen, von denen nur einzelne abgetreten werden sollen, so bedarf es für die hinreichende Individualisierung noch weiterer unterscheidungsfähiger Angaben. Die durch das MoMiG neu eingeführte Nummerierung der Geschäftsanteile in der Gesellschafterliste (§ 40 I 1) gibt der Praxis nunmehr eigentlich hierfür ein gutes Bestimmungsinstrument an die Hand. Allerdings sind noch eine Vielzahl aktueller Listen vorhanden, bei welchen eine Nummerierung noch nicht erfolgt ist. IÜ sollte man auch bei schon nummerierten Listen einer GmbH, die bereits vor Inkrafttreten des MoMiG existent war, Vorsicht walten lassen: In Fällen, in denen eine Nummerierung von mehreren Geschäftsanteilen eines Gesellschafters mit gleichem Nennbetrag erfolgte, ohne dass aus der Liste durch ergänzende Anmerkungen ersichtlich ist, welcher der nominal gleichen Geschäftsanteile welche lfd Nummer erhalten hat, hat die Nummerierung keine Individualisierung gebracht, so dass die bloße Verwendung der lfd Nr. in der Abtretungsvereinbarung dem Bestimmtheitsgrundsatz nicht genügt, die Abtretung mithin unwirksam ist. Auch hier bedarf es daher weiterer unterscheidungsfähiger Angaben, wie zB zu den unterschiedlichen Erwerbshistorien der Geschäftsanteile.

60 Haben die Vertragsteile der Abtretungsvereinbarung die Person des Erwerbers oder den Geschäftsanteil nur falsch bezeichnet, meinen aber übereinstimmend die richtige Person bzw. den richtigen Geschäftsanteil, so schadet die reine Falschbezeichnung, wenn die richtige Person bzw. der richtige Geschäftsanteil trotzdem aus der Vereinbarung hinreichend bestimmt ableitbar ist, nicht (**falsa demonstratio non nocet**).[201]

3. Verfahren

61 Der notariellen Form nach Abs. 3 bedarf der **Abtretungsvertrag** als solcher **in all seinen Bestandteilen.**[202] Formlos wirksam jedoch ist die **Genehmigung** einer vom **Nichtberechtigten** in notarieller Form vorgenommenen Abtretung.[203] Zu den Einzelheiten des **Verfahrens** der notariellen Beurkundung darf hier auf die vorstehenden Ausführungen zum Verpflichtungsvertrag verwiesen werden (→ Rn. 40 f.), ebenso für die **Vollmacht** (→ Rn. 39). Zur Beurkundung der Abtretung durch einen **ausländischen Notar** → Rn. 65 ff.

4. Wirkung formwirksamer Abtretung

62 Mit der formwirksamen Abtretung geht der Geschäftsanteil **mit allen mitgliedschaftlichen Rechten** (auch Nebenrechten – §§ 413, 401 BGB) u.

199 Vgl. auch Scholz/*Seibt* Rn. 89.
200 RG JW30, 2680; OLG Düsseldorf MDR 78, 668; GmbHR 97, 603, 605; Scholz/*Seibt* Rn. 89; Lutter/Hommelhoff/*Bayer* Rn. 31.
201 Scholz/*Seibt* Rn. 89; MHLS/*Ebbing* Rn. 117.
202 MHLS/*Ebbing* Rn. 125.
203 BGH WM 89, 256, 259.

Pflichten auf den Erwerber über.[204] Hiervon ausgenommen sind **höchstpersönliche Rechte** des Veräußerers.[205] **Gewinnansprüche** ggü. der Gesellschaft gehen ebenfalls insoweit auf den Erwerber über, als über sie noch kein Gewinnverwendungsbeschluss gefasst wurde, in diesem Fall aber dann auch für diejenigen Zeiträume, die vor dem Übertragungsstichtag liegen. Der diesbzgl interne Ausgleich zwischen Veräußerer u. Erwerber richtet sich nach den vertraglichen Vereinbarungen bzw. ansonsten nach § 101 Nr. 2 Hs. 2 BGB.[206] Im Verhältnis zur Gesellschaft gilt der Erwerber gem. § 16 I erst dann als Inhaber des Geschäftsanteils, wenn er in der im Handelsregister aufgenommenen **Gesellschafterliste** eingetragen ist (→ § 16 Rn. 2 ff.). War der Veräußerer Nichtberechtigter, so ist ein gutgläubiger Erwerb auf der Grundlage von § 16 III möglich (→ § 16 Rn. 27 ff.). Mit der formgerechten u. wirksamen Abtretung des Geschäftsanteils wird ein formnichtiger Verpflichtungsvertrag gem. Abs. 4 S. 2 **geheilt** (→ Rn. 43 ff.).

5. Formmangel, Nichtigkeit

Ein Verstoß gegen die Formvorschrift des Abs. 3 führt gem. § 125 S. 1 BGB 63
zur **Nichtigkeit** der Abtretung.[207] Die formnichtige Abtretung entfaltet keine Heilungswirkung für das ebenfalls formnichtige Kausalgeschäft u. kann ihrerseits nicht geheilt werden.[208] Es bleibt nur eine formgerechte erneute Abtretung, um den Übergang des Geschäftsanteils mit Wirkung ex nunc herbeizuführen; hierfür gilt § 141 BGB.[209] Die Nichtigkeit der Abtretung kann sich auch aus anderen Gründen als dem Formverstoß ergeben; es finden die allg. Regeln des BGB Anwendung.[210]

Wird der Gesellschafterwechsel trotz Nichtigkeit der Abtretung **tatsächlich** 64
vollzogen u. „gelebt", gelten nach hM im Verhältnis zur GmbH **nicht** die Grundsätze der **fehlerhaften Gesellschaft**, da § 16 I u. II hierfür spezielle Regelungen vorsehen.[211] Auch im Verhältnis zwischen den Parteien der fehlerhaften Abtretung erfolgt keine Einschränkung der an die Nichtigkeit knüpfenden allg. zivilrechtlichen Vorschriften, so dass insbes. die bereicherungsrechtlichen Bestimmungen ohne Abstriche Anwendung finden.[212]

VI. Geschäftsanteilsveräußerung mit Auslandsbezug – Ausländischer Notar

1. Allgemeines

Bei Veräußerung eines Geschäftsanteils an einer deutschen GmbH mit Aus- 65
landsbezug stellt sich zunächst die Frage, welches Recht (deutsches oder ausländisches) gilt. Sodann ist auf der Grundlage des ermittelten Rechts zu

204 Lutter/Hommelhoff/*Bayer* Rn. 31; Baumbach/Hueck/*Fastrich* Rn. 28.
205 MHLS/*Ebbing* Rn. 127.
206 BGH NJW 98, 1314; Baumbach/Hueck/*Fastrich* Rn. 28.
207 Baumbach/Hueck/*Fastrich* Rn. 29; Lutter/Hommelhoff/*Bayer* Rn. 40; Roth/*Altmeppen* Rn. 81.
208 MHLS/*Ebbing* Rn. 128.
209 Scholz/*Seibt* Rn. 103; Baumbach/Hueck/*Fastrich* Rn. 29.
210 MHLS/*Ebbing* Rn. 128.
211 BGH NZG 15, 478; NJW 90, 1916; ZIP 05, 253, 254; Lutter/Hommelhoff/*Bayer* Rn. 42; Baumbach/Hueck/*Fastrich* Rn. 29.
212 BGH NZG 07, 271 Rn. 20; Baumbach/Hueck/*Fastrich* Rn. 29.

klären, welche Formvorschriften einzuhalten sind. Gelangt man hierbei iErg zur Geltung des deutschen Rechts u. zur Notwendigkeit der Einhaltung der notariellen Form, stellt sich schließlich die Frage, ob auch die Beurkundung der Geschäftsanteilsveräußerung durch einen ausländischen Notar diesem Formerfordernis aus Abs. 3 bzw. 4 genügt.[213]

2. Kollisionsrechtliche Anknüpfung

66 Bei der Ermittlung der **kollisionsrechtlichen Anknüpfungsnorm** für den Vorgang der Veräußerung eines Geschäftsanteils an einer deutschen GmbH hat man zwischen dem Verpflichtungsgeschäft iSd Abs. 4 u. der Abtretung nach Abs. 3 als Verfügungsgeschäft zu unterscheiden.

67 **a) Verpflichtungsgeschäft.** Für das **Verpflichtungsgeschäft** gilt nach ganz hM das **Schuldvertragsstatut** (Art. 3 Rom I-VO).[214] Damit können die Vertragsteile das für das Verpflichtungsgeschäft geltende Recht gem. Art. 3 Rom I-VO frei wählen.[215] Erfolgt keine Rechtswahl, so ist das Schuldvertragsstatut objektiv anzuknüpfen, dh es kommt darauf an, zu welcher Rechtsordnung das Verpflichtungsgeschäft die engste Bindung aufweist.[216] Wird ausländisches Recht gewählt oder führt die objektive Anknüpfung zur Anwendung ausländischen Rechts, gilt Abs. 4 nicht,[217] sondern sind die einschlägigen Formvorschriften des ausländischen Rechts maßgeblich. Beurteilt sich das Verpflichtungsgeschäft nach deutschem Recht, so findet grds. Abs. 4 Anwendung. Die hM lässt aber auch hier gem. Art. 11 I 2. Alt EGBGB die **Ortsform** (→ Rn. 68) zu.[218]

68 **b) Verfügungsgeschäft.** Für das **Verfügungsgeschäft**, also die Abtretung, ist hingg. das **Gesellschaftsstatut** maßgebend.[219] **Strittig** hierbei ist, ob in diesem Zusammenhang auch Art. 11 I 2. Alt EGBGB (**Ortsform**) anwendbar ist, so dass bei der Abtretung deutscher GmbH-Anteile im Ausland die Einhaltung der vom ausländischen Recht vorgesehenen Form ausreichend wäre, es sei denn, das Ortsrecht kennt kein der Übertragung eines GmbH-Geschäftsanteils vergleichbares Recht u. hält deshalb hierfür keine Form bereit. Die hM bejaht die Anwendbarkeit des Art. 11 I 2. Alt EGBGB auch auf den Abtretungsvorgang.[220] Die zutr. Gegenmeinung lehnt hingg. eine Ortsformanknüpfung für Geschäftsanteilsabtretungen ab.[221] Zur Begrün-

213 Ausf. zur Geschäftsanteilsübertragung mit Auslandsberührung MüKoGmbHG/*Reichert/Weller* Rn. 133 ff.
214 BGH DB 04, 2631, 2632; NJW 96, 54, 55; 87, 1141; Scholz/*Seibt* Rn. 82; Lutter/Hommelhoff/*Bayer* Rn. 43.
215 MüKoGmbHG/*Reichert/Weller* Rn. 165.
216 MüKoGmbHG/*Reichert/Weller* Rn. 165; MHLS/*Leible*, Syst Darst 2 Rn. 106 f.
217 Lutter/Hommelhoff/*Bayer* Rn. 43.
218 OLG München GmbHR 98, 46; *Goette*, DStR 96, 709, 711; MüKoGmbHG/*Reichert/Weller* Rn. 167; Lutter/Hommelhoff/*Bayer* Rn. 43.
219 Scholz/*Seibt* Rn. 82; MüKoGmbHG/*Reichert/Weller* Rn. 134 f.; Lutter/Hommelhoff/*Bayer* Rn. 43.
220 *Engel*, DStR 08, 1593, 1594; *Saenger/Scheuch*, BB 08, 65, 67 ff.; *Kröll*, ZGR 00, 111, 122 ff.; Baumbach/Hueck/*Fastrich* Rn. 22; Roth/*Altmeppen* Rn. 87; Scholz/*Seibt* Rn. 82; MHLS/*Ebbing* Rn. 97; MüKoGmbHG/*Reichert/Weller* Rn. 158.
221 Lutter/Hommelhoff/*Bayer* Rn. 28; MüKoBGB/*Kindler*, IntHdlsGesR Rn. 532; Staudinger/*Großfeld*, IntGesR Rn. 492 ff.; *König/Götte/Bormann*, NZG 09, 881, 882 f.

dung wird hierbei überzeugend angeführt, dass die Zulässigkeit einer Anwendung der Ortsform auf Anteilsabtretungen dem Normzweck des Abs. 3 (→ Rn. 52 u. 24) zuwider läuft, da eine nach dem örtlichen Recht evtl. anwendbare schriftliche oder gar nur mündliche Form weder der Beweissicherung dient noch den freien Handel mit Geschäftsanteilen erschwert.[222] IÜ hat auch das MoMiG neue gewichtige Gründe geschaffen, eine Zulässigkeit der Ortsform auf Anteilsabtretungen zu verneinen: § 40 II nF verpflichtet den die Anteilsabtretung beurkundenden Notar zur Einreichung einer aktualisierten Gesellschafterliste. Wenn nun der Gesetzgeber durch die Neuregelung zur bescheinigten Gesellschafterliste dem beurkundenden deutschen[223] Notar diese besondere Verpflichtung mit dem Ziel auferlegte, als amtszuverlässiger Dritter für die Richtigkeit der Gesellschafterliste zu sorgen,[224] u. damit die Stellung u. Bedeutung dieser Beurkundungsperson iRd Abtretungsverfahrens als Sachwalter zum einen für die Beweissicherung der Abtretung an sich u. zum anderen für die Richtigkeit der Gesellschafterliste noch gestärkt u. besonders betont hat, dann wäre es geradezu widersinnig, über eine Anknüpfung an die Ortsform evtl. eine gänzlich formfreie oder im Formerfordernis abgeschwächte Abtretung zuzulassen, bei welcher zudem keine Verpflichtung zur Einreichung einer speziell bescheinigten neuen Gesellschafterliste bestünde.[225]

Vor dem Hintergrund der vorstehend beschriebenen unterschiedlichen Auf- 69
fassungen u. angesichts des Umstandes, dass eine klare höchstrichterliche Stellungnahme zur Zulässigkeit der Ortsformanknüpfung für die Anteilsabtretung (noch) nicht vorliegt, kann der Praxis ungeachtet der eigentlich hM von der Durchführung einer Abtretung im Ausland unter Beachtung allein der dort geltenden Formerfordernisse nur abgeraten werden.[226]

3. Substituierbarkeit des deutschen durch einen ausländischen Notar

Finden nach den vorstehend dargestellten Grundsätzen auf eine Geschäfts- 70
anteilsabtretung die deutschen Formvorschriften des Abs. 3 bzw. 4 Anwendung, so stellt sich die weitere Frage, ob das Erfordernis der notariellen Form auch dann erfüllt ist, wenn die Beurkundung der Geschäftsanteilsveräußerung nicht durch einen deutschen, sondern durch einen ausländischen Notar erfolgt. Die hM lässt eine Beurkundung von Geschäftsanteilsveräußerungen durch einen ausländischen Notar dann zu, wenn diese Beurkundung einer solchen durch einen deutschen Notar **gleichwertig** ist, weil die ausländische Urkundsperson nach Vorbildung u. Stellung im Rechtsleben eine der Tätigkeit des deutschen Notars entspr. Funktion ausübt u. ein in den Grundsätzen dem deutschen entspr. Beurkundungsrecht anwen-

222 MüKoBGB/*Kindler*, IntHdlsGesR Rn. 532 f.; vgl. auch Lutter/Hommelhoff/*Bayer* Rn. 28.

223 Einen ausländischen Notar trifft diese Verpflichtung nicht – vgl. *Saenger/Scheuch*, BB 08, 65, 67; Baumbach/Hueck/*Zöllner/Noack* § 40 Rn. 69 mwN.

224 Baumbach/Hueck/*Zöllner/Noack* § 40 Rn. 49.

225 Vgl. auch OLG München DB 13, 510; LG Frankfurt/M BB 09, 2500, 2501; *König/Götte/Bormann*, NZG 09, 881, 884; aA OLG Düsseldorf NJW 11, 1370; MHLS/*Ebbing* Rn. 98; MüKoGmbHG/*Reichert/Weller* Rn. 158; Baumbach/Hueck/*Fastrich* Rn. 22; Roth/*Altmeppen* § 2 Rn. 88; Scholz/*Seibt* Rn. 87 c.

226 So auch MüKoGmbHG/*Reichert/Weller* Rn. 159.

det.[227] Eine solche Gleichwertigkeit wird etwa bejaht für Notare in Zürich u. Basel, für österreichische u. niederländische Notare sowie für weite Teile des sog. lateinischen Notariats (Italien, Spanien, Frankreich, Belgien).[228] Es finden sich allerdings gerade in jüngster Zeit zunehmend **krit. Stimmen**, welche die **hM** insbes. vor dem Hintergrund der durch das MoMiG eingeführten Neuerungen **zu Recht** in Frage stellen.[229] In der Tat hat die durch § 40 II nF eingeführte Verpflichtung des die Anteilsabtretung beurkundenden Notars zur Einreichung einer aktualisierten Gesellschafterliste ein gewichtiges Argument geliefert, die Substituierbarkeit eines deutschen Notars durch einen ausländischen Notar bei Geschäftsanteilsabtretungen in Zweifel zu ziehen. Insoweit darf auf die in → Rn. 68 gemachten Ausführungen verwiesen werden. Die Neuregelung zur bescheinigten Gesellschafterliste hat die Stellung u. Bedeutung des deutschen Notars iRd Abtretungsverfahrens als Sachwalter sowohl für die Beweissicherung der Abtretung an sich als auch für die Richtigkeit der Gesellschafterliste gestärkt u. besonders akzentuiert. Diese erhöhte Bedeutung wurde nur dem deutschen Notar zuteil, weil nur er aus § 40 II zur Einreichung der neuen von ihm bescheinigten Liste verpflichtet ist. Den ausländischen Notar trifft diese Verpflichtung nicht.[230] Ist also nur bei Beurkundung einer Anteilsabtretung durch einen deutschen Notar die Funktionsfähigkeit des Systems der bescheinigten Gesellschafterliste gesichert, so kann man die Gleichwertigkeit des ausländischen Notars iSd Substitutions-Rspr. nicht mehr bejahen.[231] Der BGH[232] hat allerdings mittlerweile die hier vertretene Auffassung abgelehnt u. entschieden, dass aus der fehlenden Verpflichtung eines ausländischen Notars zur Einreichung einer von ihm bescheinigten Liste nicht gefolgert werden könne, dass dem ausländischen Notar auch die Berechtigung abzusprechen sei, eine solche Liste einzureichen. Die bisherigen Grundsätze der Rspr. zur Substituierbarkeit des deutschen durch einen ausländischen Notar können hiernach also weiterhin Anwendung finden.[233]

VII. Gesellschaftsvertragliche Abtretungserschwerungen (Abs. 5)

1. Allgemeines

71 Die Satzung kann die **Abtretung** von Geschäftsanteilen an weitere Voraussetzungen knüpfen, sog. **Vinkulierung.** Der Zweck von Vinkulierungsklauseln liegt zum einen in der Kontrolle des Gesellschafterkreises als Instru-

---

227 BGHZ 199, 270 Tz 6 ff.; 80, 76, 78 f.; NJW-RR 89, 1259, 1261; OLG München GmbHR 98, 46; OLG Düsseldorf NJW 89, 2200; 11, 1370; Baumbach/Hueck/*Fastrich* Rn. 22; Roth/*Altmeppen* § 2 Rn. 88; Scholz/*Seibt* Rn. 84; MüKo-GmbHG/*Reichert/Weller* Rn. 143 ff.

228 BGHZ 80, 76; OLG München GmbHR 98, 46; OLG Düsseldorf NJW 89, 2200; MüKoGmbHG/*Reichert/Weller* Rn. 147 ff.; MHLS/*Ebbing* Rn. 97.

229 LG Frankfurt BB 09, 2500, 2501; *Fetsch*, RNotZ 07, 532, 534; vgl. auch *Wicke* Rn. 20 sowie zul. OLG München DB 13, 510.

230 *Saenger/Scheuch*, BB 08, 65, 67; Baumbach/Hueck/*Zöllner/Noack* § 40 Rn. 69 mwN; ob ein ausländischer Notar überhaupt einreichungsfähig ist, wird unterschiedlich beurteilt, vgl. § 40 Rn. 21 f.

231 IdS auch LG Frankfurt/M BB 09, 2500, 2501; aA Roth/*Altmeppen* § 2 Rn. 88; MüKoGmbHG/*Reichert/Weller* Rn. 144.

232 BGHZ 199, 270 Tz 6 ff.

233 S. hierzu auch Roth/*Altmeppen* Rn. 93.

ment zur Verhinderung des Eindringens von unerwünschten Dritten, woran va bei personalistisch geprägten Gesellschaften ein großes Interesse besteht.[234] Zum anderen kann die Vinkulierung aber auch ein Mittel zur Aufrechterhaltung oder zumindest zur Regulierung bestehender Beteiligungsverhältnisse sein.[235] Satzungsmäßigen Vinkulierungsklauseln kommt in der Praxis eine außerordentlich wichtige Bedeutung zu, u. sie sind demgem häufig anzutreffen. Bei einer Freiberufler-GmbH sind sie sogar oftmals standesrechtlich zwingend vorgeschrieben (→ Rn. 3).[236] Werden die von der Satzung aufgestellten weiteren Abtretungsvoraussetzungen nicht erfüllt, so ist die Abtretung unwirksam.[237] Etwas anderes gilt nur, wenn die Abtretung unter Zustimmung aller Gesellschafter erfolgte; hier gelten die Grundsätze der satzungsdurchbrechenden Gesellschafterbeschlüsse (→ § 53 Rn. 19 ff.).[238] Die schuldrechtliche Verpflichtung zur Abtretung kann keiner Vinkulierung unterworfen werden.[239] Scheitert der Vollzug des Kausalgeschäfts an der Vinkulierung, so haftet der Veräußerer auf Schadensersatz wegen Nichterfüllung.[240]

Neben der in Abs. 5 ausdrücklich genannten **Genehmigung/Zustimmung** 72
der Gesellschaft kann die Satzung die Abtretung auch von anderen Erfordernissen abhängig machen. In Betracht kommen hierbei insbes.: Die **Zustimmung** der **Gesellschafterversammlung** (mit regelbaren qualifizierten Mehrheitserfordernissen), die Zustimmung einzelner, mehrerer oder aller **Gesellschafter**, die Zustimmung eines etwa bestehenden **Beirats** oder **Aufsichtsrats** sowie die Zustimmung der **Geschäftsführung**. Ob die Abtretung auch von der Zustimmung eines **Dritten** abhängig gemacht werden kann, wird **unterschiedlich beurteilt**. Die hM bejaht dies.[241] Nach zutr. Ansicht ist dies jedoch nicht zulässig, da einem gesellschaftsfremden Dritten kein gesellschaftsvertragliches Recht eingeräumt werden darf.[242] Neben den vorstehend beschriebenen Zustimmungserfordernissen kann die Satzung auch **Vorkaufs- oder sonstige (Vor-)Erwerbsrechte** zugunsten der Gesellschafter oder der Gesellschaft vorsehen, deren Verfahren im Abtretungsfalle zu durchlaufen ist u. deren Nichtausübung auch Voraussetzung für die Wirksamkeit der Abtretung sein kann.[243]

Bei der Ausgestaltung der Vinkulierung im Einzelnen ist die Satzung weit- 73
gehend **frei** u. kann **Differenzierungen** vornehmen.[244] So kann die Vinkulierung auf alle bestehenden Anteile oder nur auf einzelne oder bestimmte mehrere Anteile erstreckt werden. Ebenso können bestimmte Abtretungsvorgänge von der Vinkulierung befreit werden (zB an Mitgesellschafter

234 MHLS/*Ebbing* Rn. 130.
235 MüKoGmbHG/*Reichert*/*Weller* Rn. 359; Lutter/Hommelhoff/*Bayer* Rn. 58.
236 Baumbach/Hueck/*Fastrich* Rn. 37.
237 OLG Schleswig GmbHR 99, 35.
238 MHLS/*Ebbing* Rn. 131; Baumbach/Hueck/*Fastrich* Rn. 37.
239 Roth/*Altmeppen* Rn. 91; MüKoGmbHG/*Reichert*/*Weller* Rn. 362; Baumbach/Hueck/*Fastrich* Rn. 37.
240 Roth/*Altmeppen* Rn. 91.
241 Baumbach/Hueck/*Fastrich* Rn. 38; MHLS/*Ebbing* Rn. 152; MüKoGmbHG/*Reichert*/*Weller* Rn. 428.
242 So auch Scholz/*Seibt* Rn. 122; *Wicke* Rn. 23.
243 Baumbach/Hueck/*Fastrich* Rn. 37 u. 38.
244 Lutter/Hommelhoff/*Bayer* Rn. 61.

oder nahe Angehörige) oder kann umgekehrt die Vinkulierung nur für bestimmte Abtretungsfälle gelten (etwa nur für Abtretungen an Nicht-Gesellschafter).[245]

74 Bei einer **Einpersonengesellschaft** sind die Vinkulierungsbestimmungen im Wege teleologischer Reduktion als **unbeachtlich** zu betrachten.[246] Dies gilt auch für eine **Zweipersonengesellschaft,** wenn der eine Gesellschafter alle seine Geschäftsanteile an den anderen Gesellschafter veräußert.[247]

75 Bestehende Vinkulierungen erfassen **nur rechtsgeschäftliche Übertragungen** im Wege der Abtretung u. erstrecken sich somit **nicht** auf einen gesetzlichen Erwerb, wie etwa **Erbfolge, Verschmelzung** oder **Anwachsung.**[248] Jedoch können neben der Abtretung auch anderweitige Verfügungen über den Geschäftsanteil, insbes. dessen **dingliche Belastung** etwa mit einem Pfandrecht oder Nießbrauch in eine Vinkulierung einbezogen werden.[249] Ferner gelten bestehende statutarische Abtretungsbeschränkungen nach Abs. 5 **analog** für eine **Abtretung des Bezugsrechts** bei Kapitalerhöhungen.[250]

76 Die Satzung kann die Abtretung eines Geschäftsanteils nicht nur erschweren, sondern nach ganz hM auch **vollständig ausschließen.**[251] Den Gesellschaftern verbleibt in einem solchen Fall ein Austritts- bzw. Kündigungsrecht aus wichtigem Grund.[252]

2. Festlegung in der Satzung

77 Die Abtretungsbeschränkungen müssen in der **Satzung** angeordnet sein, u. zwar in **klarer u. eindeutiger** Weise.[253] Es genügt jedoch, wenn sie sich bei objektiver Auslegung des Gesellschaftsvertrages (→ § 2 Rn. 11) mit hinreichender Deutlichkeit aus der Satzung ergeben.[254] Außerhalb der Satzung bestehende Vereinbarungen der Gesellschafter haben nur schuldrechtliche Wirkung u. stellen somit keine dinglich wirkenden Erfordernisse dar.[255] Abtretungsbeschränkungen können auch **nachträglich** durch Satzungsänderung **eingeführt** oder **erschwert** werden. In einem solchen Fall bedarf der entspr. Beschluss der Gesellschafterversammlung jedoch nach **hM** analog § 180 II AktG der **Zustimmung aller betroffenen Gesellschafter,** da in die freie Veräußerlichkeit der Mitgliedschaft als relativ unentziehbares Recht

245 MüKoGmbHG/*Reichert/Weller* Rn. 394; Baumbach/Hueck/*Fastrich* Rn. 39.
246 BGH NJW-RR 91, 926; Lutter/Hommelhoff/*Bayer* Rn. 59; Baumbach/Hueck/*Fastrich* Rn. 39.
247 OLG Hamm NZG 99, 600; *Wicke* Rn. 22; MüKoGmbHG/*Reichert/Weller* Rn. 367; Scholz/*Seibt* Rn. 134.
248 Lutter/Hommelhoff/*Bayer* Rn. 64; *Wicke* Rn. 22.
249 Lutter/Hommelhoff/*Bayer* Rn. 64.
250 Scholz/*Seibt* Rn. 110; Baumbach/Hueck/*Fastrich* Rn. 39.
251 BayObLG WM 89, 142; Michalski/*Ebbing* Rn. 138; MüKoGmbHG/*Reichert/Weller* Rn. 393; Roth/*Altmeppen* Rn. 104; Baumbach/Hueck/*Fastrich* Rn. 38.
252 MHLS/*Ebbing* Rn. 138; MüKoGmbHG/*Reichert/Weller* Rn. 393.
253 BGHZ 48, 144.
254 Baumbach/Hueck/*Fastrich* Rn. 40; MüKoGmbHG/*Reichert/Weller* Rn. 392; MHLS/*Ebbing* Rn. 137.
255 MüKoGmbHG/*Reichert/Weller* Rn. 392.

eines Gesellschafters eingegriffen wird.[256] Für eine **nachträgliche Aufhebung** oder **Erleichterung** bestehender Vinkulierungsbestimmungen reicht grds. die gesetzlich bzw. durch strengere Regelung im Gesellschaftsvertrag vorgeschriebene satzungsändernde Mehrheit.[257] Dies gilt jedoch nicht, wenn die in der Satzung enthaltene Abtretungsbeschränkung ein relativ unentziehbares Recht eines oder mehrerer Gesellschafter darstellt; dann bedarf eine Aufhebung oder Erleichterung immer der Zustimmung der insoweit durch Sonderrecht begünstigten Gesellschafter.[258] Verlangt die aufzuhebende bzw. einzuschränkende bisherige Satzungsbestimmung für eine Anteilsabtretung die Zustimmung aller Gesellschafter, so ist auch für den Gesellschafterbeschluss über die Aufhebung bzw. Einschränkung dieser Vinkulierungsbestimmung die Zustimmung aller Gesellschafter von Nöten.[259]

3. Zustimmung

Die Genehmigung nach Abs. 5 meint **Zustimmung gem. §§ 182 ff. BGB.**[260] 78
Sie kann damit vor, mit oder nach der Abtretung erklärt werden, u. zwar jeweils sogar dann, wenn die Satzung nach ihrem Wortlaut eine vorherige Zustimmung verlangt.[261] Die Zustimmung ist eine einseitige empfangsbedürftige Willenserklärung, die gem. § 182 I BGB sowohl dem Veräußerer als auch dem Erwerber des Geschäftsanteils ggü. erklärt werden kann.[262] Sie bedarf keiner besonderen Form, wenn nicht die Satzung ein Formerfordernis vorgibt,[263] u. kann dementspr auch konkludent erklärt werden.[264] Wird jedoch die Zustimmung nicht in der durch die Satzung verlangten Form erteilt, ist sie gem. § 125 S. 2 BGB nichtig, wobei es im Einzelfall Auslegungsfrage sein kann, ob das durch die Satzung festgelegte Formerfordernis wirklich materielle Wirksamkeitsvoraussetzung ist oder ihm lediglich Beweisfunktion zukommt.[265]

Wer Zustimmung zu erteilen hat, bestimmt sich danach, wen die in der 79
Satzung enthaltene Vinkulierungsbestimmung als Zuständigen bestimmt. Ist hiernach in Umsetzung des gesetzlichen Vorschlags von Abs. 5 eine **Zustimmung der Gesellschaft** erforderlich, so ist diese Zustimmung durch den oder die **Geschäftsführer** auf der Grundlage ihrer organschaftlichen Vertre-

256 OLG München GmbHR 08, 541; MHLS/*Ebbing* Rn. 133; Lutter/Hommelhoff/*Bayer* Rn. 62; Baumbach/Hueck/*Fastrich* Rn. 40; MüKoGmbHG/*Reichert*/*Weller* Rn. 395.
257 Roth/*Altmeppen* § 2 Rn. 92; MHLS/*Ebbing* Rn. 134; Lutter/Hommelhoff/*Bayer* Rn. 63; Baumbach/Hueck/*Fastrich* Rn. 40.
258 OLG Düsseldorf GmbHR 64, 250; MHLS/*Ebbing* Rn. 134; Lutter/Hommelhoff/*Bayer* Rn. 63.
259 Baumbach/Hueck/*Fastrich* Rn. 40; Lutter/Hommelhoff/*Bayer* Rn. 63.
260 Roth/*Altmeppen* Rn. 94; MHLS/*Ebbing* Rn. 140; Lutter/Hommelhoff/*Bayer* Rn. 66; Baumbach/Hueck/*Fastrich* Rn. 41.
261 BGH NJW 65, 1377; OLG Celle GmbHR 99, 131.
262 MHLS/*Ebbing* Rn. 140.
263 Baumbach/Hueck/*Fastrich* Rn. 45.
264 BGH NZG 06, 627.
265 OLG Hamm NZG 99, 600; Scholz/*Seibt* Rn. 131; MHLS/*Ebbing* Rn. 141; Baumbach/Hueck/*Fastrich* Rn. 45.

tungsmacht in vertretungsberechtigter Zahl zu erteilen.[266] Im Regelfall wird die Geschäftsführung für die Erteilung der Zustimmung im Innenverhältnis eines entspr. Gesellschafterbeschlusses bedürfen,[267] doch lässt das Fehlen eines solchen Beschlusses die Wirksamkeit einer dennoch erteilten Zustimmung im Außenverhältnis unberührt;[268] etwas anderes kann allenfalls bei Anwendung der allg. Regeln über den **Missbrauch der Vertretungsmacht** gelten, also wenn für den Empfänger der Zustimmungserklärung das Fehlen des internen Gesellschafterbeschlusses evident ist.[269]

80 Ist nach der Satzung die Zustimmung der **Gesellschafterversammlung** einzuholen, so ist ein entspr. zustimmender Beschluss auch im Außenverhältnis Voraussetzung für die Wirksamkeit der Abtretung.[270] Sofern die Satzung nichts anderes bestimmt, genügt für die Beschlussfassung die einfache Mehrheit[271] u. ist der Veräußerer mit stimmberechtigt.[272] Nach hM hat die Gesellschafterversammlung die Zustimmung zu erteilen u. auch selbst zu erklären; eine gesonderte Erklärung der beschlossenen Zustimmung durch die Geschäftsführung hat demgem nicht zu erfolgen.[273] Die Gesellschafterversammlung kann zwar auch einen Geschäftsführer zur Mitteilung der Zustimmungserklärung ermächtigen,[274] doch wenn eine solche Ermächtigung nicht vorliegt, entfaltet die durch einen Geschäftsführer erklärte Zustimmung keine Wirkung.[275] Sofern nach der Satzung die Zustimmung eines **anderen Gesellschaftsorgans** (zB Beirat, Aufsichtsrat) erforderlich ist, gelten die vorstehenden Ausführungen zur Zustimmung durch die Gesellschafterversammlung entspr., jedoch mit der Besonderheit, dass der Veräußerer oder Erwerber als Organmitglied nach hM einem Stimmverbot unterliegen soll.[276]

81 Verlangt die Satzung in ungenauer Weise die Zustimmung **„der Gesellschafter"**, so ist im Auslegungswege zu ermitteln, ob damit die Zustimmung durch alle Gesellschafter oder nur die Zustimmung einer Mehrheit von Gesellschaftern gemeint ist. Soweit alle oder einzelne Gesellschafter zustimmen müssen, ist die Zustimmung nach hM auch von diesen zu erklären.[277]

82 Die Entscheidung über die Erteilung oder Versagung der Zustimmung steht mangels anderweitiger Vorgaben im **pflichtgemäßen Ermessen** des für die

---

266 BGHZ 14, 25, 31; Roth/*Altmeppen* Rn. 94; Baumbach/Hueck/*Fastrich* Rn. 42; MHLS/*Ebbing* Rn. 143.
267 Lutter/Hommelhoff/*Bayer* Rn. 66; Baumbach/Hueck/*Fastrich* Rn. 42.
268 MüKoGmbHG/*Reichert/Weller* Rn. 420; Lutter/Hommelhoff/*Bayer* Rn. 66; Baumbach/Hueck/*Fastrich* Rn. 42.
269 BGH NJW 88, 2241; OLG Hamburg DB 92, 1628; Roth/*Altmeppen* Rn. 94; Baumbach/Hueck/*Fastrich* Rn. 42.
270 Lutter/Hommelhoff/*Bayer* Rn. 67.
271 BGHZ 48, 163, 167.
272 Lutter/Hommelhoff/*Bayer* Rn. 67.
273 OLG Koblenz BB 89, 672; Scholz/*Seibt* Rn. 121 u. 130; MHLS/*Ebbing* Rn. 148; Baumbach/Hueck/*Fastrich* Rn. 43; *Wicke* Rn. 25.
274 MHLS/*Ebbing* Rn. 148; Baumbach/Hueck/*Fastrich* Rn. 43.
275 MHLS/*Ebbing* Rn. 148.
276 Lutter/Hommelhoff/*Bayer* Rn. 70.
277 Baumbach/Hueck/*Fastrich* Rn. 44.

Zustimmung Zuständigen.[278] Der Veräußerer hat einen Anspruch darauf, dass der für die Zustimmung Zuständige innerhalb einer angemessenen Frist über die Erteilung der Zustimmung entscheidet u. sich erklärt.[279] Ein **Anspruch auf Erteilung** der Zustimmung **besteht** aber grds. **nicht**, es sei denn, ein solcher lässt sich einer konkreten Satzungsregelung entnehmen oder aber der Gleichbehandlungsgrundsatz oder – in Ausnahmefällen – die gesellschafterliche Treuepflicht gebieten die Erteilung.[280]

Solange die Genehmigung noch nicht erteilt, aber auch noch nicht versagt wurde, ist die Abtretung **schwebend unwirksam.**[281] Wird die Zustimmung erteilt, so wird die Abtretung gem. § 184 I BGB **ex tunc wirksam.**[282] Zwischenzeitlich getroffenen Verfügungen des Veräußerers werden gem. § 184 II BGB unwirksam; zwischenzeitliche Satzungsänderungen muss der Erwerber gegen sich gelten lassen.[283] Die einmal erteilte Zustimmung ist unwiderruflich.[284] Wird die Zustimmung verweigert, ist die Abtretung endgültig unwirksam,[285] es sei denn, die Verweigerung ist im Einzelfall als rechtsmissbräuchlich zu qualifizieren.[286] Eine vor der Abtretung erklärte Zustimmungsversagung hindert jedoch eine spätere Zustimmung nicht.[287] 83

4. Umgehungen

Eine in der Satzung verankerte Vinkulierung kann für betroffene Gesellschafter Motiv u. Anlass sein, Gestaltungen mit dem Ziel der Umgehung der satzungsmäßigen Abtretungsbeschränkung umzusetzen, also rechtliche Konstruktionen zu wählen, bei denen zwar der Geschäftsanteil selbst nicht abgetreten wird, die aber zu einem der Abtretung möglichst nahe kommenden Ergebnis führen u. ohne Zustimmung durchgeführt werden können.[288] In Betracht kommt hier zunächst die rein „wirtschaftliche" Übertragung des Geschäftsanteils mittels **Treuhandvertrag** an einen Treugeber, für den der wirtschaftlich veräußernde Gesellschafter künftig den Geschäftsanteil als Treuhänder hält. Die hM zieht auch den Abschluss eines solchen Treuhandvertrags in den Anwendungsbereich einer Vinkulierungsklausel, so dass eine ohne Zustimmung geschlossene Treuhandvereinbarung unwirksam ist.[289] Eine weitere Umgehung einer Vinkulierungsklausel kann in dem Vorgang gesehen werden, dass ein Gesellschafter seinen Geschäftsanteil über eine **Tochtergesellschaft** hält u. nun den Anteil an der Tochtergesell- 84

---

278 *Wicke* Rn. 26; Baumbach/Hueck/*Fastrich* Rn. 46.
279 MHLS/*Ebbing* Rn. 153.
280 OLG Koblenz DB 89, 672; KG Berlin NZG 01, 508; *Wicke* Rn. 26; Baumbach/Hueck/*Fastrich* Rn. 46; Scholz/*Seibt* Rn. 127.
281 BGHZ 13, 179, 186; 48, 163, 166; Roth/*Altmeppen* Rn. 100; MHLS/*Ebbing* Rn. 156; Baumbach/Hueck/*Fastrich* Rn. 47; Lutter/Hommelhoff/*Bayer* Rn. 76.
282 Lutter/Hommelhoff/*Bayer* Rn. 76.
283 Lutter/Hommelhoff/*Bayer* Rn. 76.
284 Baumbach/Hueck/*Fastrich* Rn. 47; *Wicke* Rn. 26.
285 BGHZ 13, 187; 48, 166; Baumbach/Hueck/*Fastrich* Rn. 47; Scholz/*Seibt* Rn. 133.
286 BGH NZG 06, 627.
287 BGHZ 48, 163, 166; Baumbach/Hueck/*Fastrich* Rn. 47; Lutter/Hommelhoff/*Bayer* Rn. 77.
288 Vgl. hierzu Roth/*Altmeppen* Rn. 109 ff.; MHLS/*Ebbing* Rn. 164 ff.; Lutter/Hommelhoff/*Bayer* Rn. 79 ff.; Scholz/*Seibt* Rn. 111 f.
289 Scholz/*Seibt* Rn. 111; Roth/*Altmeppen* Rn. 109; MHLS/*Ebbing* Rn. 164.

schaft veräußert. Auch dieses Geschehen verstößt nach hM gegen eine vorhandene Vinkulierungsklausel, wenn nicht die Zustimmung zur Übertragung der Tochtergesellschaft eingeholt wird, es sei denn, aus der Satzungsregelung ist eine andere Wertung abzuleiten.[290] Allerdings ist zu beachten, dass dieser Verstoß nicht etwa den Abtretungsvorgang bei der Tochtergesellschaft unwirksam macht, sondern lediglich eine schuldrechtlich wirkende Pflichtverletzung des betroffenen Gesellschafters darstellt, die ihn zu Schadensersatz verpflichtet.[291] Eine in diesem Zusammenhang ebenfalls diskutierte Variante ist die Beteiligung einer **Holdinggesellschaft** an einer GmbH, bei welcher die Anteile an der Holdinggesellschaft u. damit nur mittelbar auch die Anteile an der GmbH selbst veräußert werden. Unter welchen Voraussetzungen ein solcher mittelbarer Gesellschafterwechsel von einer Vinkulierungsklausel erfasst wird, hängt von den Umständen des Einzelfalles ab. Doch gilt auch hier: Selbst wenn dies einen Verstoß gegen eine solche Klausel darstellt, berührt dies die Wirksamkeit der Abtretung der Anteile an der Holdinggesellschaft nicht, sondern führt nur zu Schadensersatzansprüchen gegen den betr. Gesellschafter.[292]

VIII. Belastungen, Treuhand, Unterbeteiligung, Zwangsvollstreckung, Insolvenz

1. Verpfändung

85 Die Verpfändung eines Geschäftsanteils ist gem. § 1274 I 1 BGB unter den gleichen Voraussetzungen wie eine Abtretung zulässig. Die Pfandrechtsbestellung bedarf daher gem. §§ 1274 I 1 BGB, 15 III der **notariellen Beurkundung.** Für die Verpflichtung zur Verpfändung gilt jedoch nach ganz hM nicht die Form des Abs. 4.[293] Gegenstand der Pfandrechtsbestellung kann jeder Geschäftsanteil sein, also auch ein erst **künftig** entstehender.[294] Die Verpfändung kann auch (aufschiebend oder auflösend) **bedingt** vorgenommen werden.[295] Für die Abtretung geltende **statutarische Beschränkungen** gem. Abs. 5 sind auch iRd Verpfändung zu beachten, wobei die Satzung solche Beschränkungen auch gesondert nur für die Verpfändung vorsehen oder – umgekehrt – hierfür nicht gelten lassen kann.[296] Einer **Anzeige** der Verpfändung des Anteils an sich an die Gesellschaft gem. § 1280 BGB bedarf es **nicht,** da sich diese Vorschrift nur auf Forderungen u. nicht auf absolute Rechte wie das Mitgliedschaftsrecht bezieht.[297] Allerdings ist eine solche Anzeige dann erforderlich, wenn die Verpfändung (auch) aus der Mitgliedschaft fließende Forderungen des Gesellschafters, zB Gewinnan-

---

290 BGH ZIP 87, 166; Roth/*Altmeppen* Rn. 110; MHLS/*Ebbing* Rn. 164.
291 Lutter/Hommelhoff/*Bayer* Rn. 81; Roth/*Altmeppen* Rn. 110.
292 MHLS/*Ebbing* Rn. 166; Roth/*Altmeppen* Rn. 111.
293 RGZ 58, 223, 225; *v. Rom*, WM 07, 2223 ff.; MüKoGmbHG/*Reichert/Weller* Rn. 285; Lutter/Hommelhoff/*Bayer* Rn. 81; MHLS/*Ebbing* Rn. 222.
294 MüKoGmbHG/*Reichert/Weller* Rn. 279; Baumbach/Hueck/*Fastrich* Rn. 48; Roth/*Altmeppen* Rn. 53.
295 MHLS/*Ebbing* Rn. 221; Baumbach/Hueck/*Fastrich* Rn. 48.
296 Scholz/*Seibt* Rn. 172; MHLS/*Ebbing* Rn. 220; Baumbach/Hueck/*Fastrich* Rn. 49; Lutter/Hommelhoff/*Bayer* Rn. 97.
297 RGZ 57, 414, 415; MüKoGmbHG/*Reichert/Weller* Rn. 288; Baumbach/Hueck/*Fastrich* Rn. 49; Roth/*Altmeppen* Rn. 53; MHLS/*Ebbing* Rn. 220.

sprüche erfasst.[298] Die Verpfändung wird nicht als Belastung des Geschäftsanteils in die Gesellschafterliste gem. § 16 aufgenommen.[299] Die **Aufhebung** des Pfandrechts ist nach allgM **formlos** möglich.[300]

Der Verpfänder **bleibt Gesellschafter mit allen Mitgliedschaftsrechten u. -pflichten**, insbes. auch dem Stimmrecht.[301] Der Pfandgläubiger erhält grds. nur das Recht, sich aus dem Geschäftsanteil nach den pfandrechtlichen Vorschriften zu befriedigen (§ 1277 BGB). Daher kann der Gesellschafter auch nach der Bestellung des Pfandrechts sein Stimmrecht sogar dann ausüben, wenn dies zum Untergang des Anteils führt.[302] Der Gesellschafter kann auch ohne Zustimmung des Pfandgläubigers den Geschäftsanteil auf einen Dritten übertragen, wobei das Pfandrecht an dem Anteil natürlich bestehen bleibt. Nur mit Zustimmung des Pfandgläubigers wirksam sind aber die Ausübung eines in der Satzung eingeräumten ordentlichen Kündigungsrechts durch den Gesellschafter sowie die Zustimmung des Gesellschafters zur Einziehung seines Geschäftsanteils (§ 1276 BGB).[303] Im **Innenverhältnis** ist der Gesellschafter als Verpfänder ggü. dem Pfandgläubiger verpflichtet, bei der Ausübung seiner Mitgliedschaftsrechte auf die Belange des Pfandgläubigers Rücksicht zu nehmen.[304] Der Pfandgläubiger kann nach allg. Grundsätzen **Stimmrechtsvollmacht** erhalten. Eine **Ermächtigung** an den Pfandgläubiger zur **Stimmrechtsausübung** im eigenen Namen ist jedoch nach zutr. Ansicht wegen des bestehenden Abspaltungsverbots **nicht möglich.**[305] 86

Die **Nutzungen** aus dem Anteil, dh die **Gewinnansprüche** verbleiben grds. beim Gesellschafter, es sei denn, Verpfänder u. Pfandgläubiger vereinbaren ausdrücklich, dass die Gewinnansprüche dem Pfandgläubiger zustehen sollen (Nutzungspfandrecht – §§ 1273 II, 1213 I BGB).[306] Die Gewinnansprüche können auch selbst (mit)verpfändet werden.[307] Bei einer Liquidation der Gesellschaft setzt sich das Pfandrecht analog § 1287 BGB am Liquidationsguthaben fort, dgl am Einziehungsentgelt u. am Abfindungsanspruch des ausgetretenen oder ausgeschlossenen Gesellschafters.[308] 87

Die **Befriedigung** des Pfandgläubigers erfolgt gem. § 1277 BGB im Wege der **Zwangsvollstreckung** oder nach den §§ 1235, 1245 BGB. Bei **freihändiger Veräußerung** sind die Formvorschriften des Abs. 3 u. 4 einzuhalten. Eine in der Satzung enthaltene Vinkulierungsklausel bedarf im Zuge der 88

298 MüKoGmbHG/*Reichert/Weller* Rn. 288.
299 *Wicke* Rn. 28.
300 Baumbach/Hueck/*Fastrich* Rn. 49; *Wicke* Rn. 28.
301 RGZ 139, 227; 157, 55; Baumbach/Hueck/*Fastrich* Rn. 50.
302 MHLS/*Ebbing* Rn. 227; Scholz/*Seibt* Rn. 178; Baumbach/Hueck/*Fastrich* Rn. 50.
303 MHLS/*Ebbing* Rn. 228; Baumbach/Hueck/*Fastrich* Rn. 50.
304 Scholz/*Seibt* Rn. 179; Michalski/*Ebbing* Rn. 229.
305 Sehr str; wie hier Lutter/Hommelhoff/*Bayer* Rn. 99; Baumbach/Hueck/*Fastrich* Rn. 50; Roth/*Altmeppen* Rn. 53; aA OLG Celle NZG 07, 391; *Wicke* Rn. 29.
306 MüKoGmbHG/*Reichert/Weller* Rn. 291; Baumbach/Hueck/*Fastrich* Rn. 51; MHLS/*Ebbing* Rn. 224; Scholz/*Seibt* Rn. 181.
307 MHLS/*Ebbing* Rn. 225; MüKoGmbHG/*Reichert/Weller* Rn. 291.
308 Baumbach/Hueck/*Fastrich* Rn. 51; Scholz/*Seibt* Rn. 184 ff.

freihändigen Veräußerung keiner Beachtung mehr, da in der Zustimmung zur Verpfändung generell auch eine Zustimmung zur Verwertung liegt.[309]

2. Nießbrauch

89 Die Bestellung eines Nießbrauchs am Geschäftsanteil ist **zulässig**. Sie erfolgt gem. § 1069 I BGB wie bei der Übertragung eines Geschäftsanteils, so dass das **Formerfordernis aus Abs. 3** einzuhalten ist. Für die Verpflichtung zur Bestellung eines Nießbrauchs gilt jedoch nach ganz hM nicht die Form des Abs. 4.[310] Die Nießbrauchsbestellung wird nicht als Belastung des Geschäftsanteils in die Gesellschafterliste gem. § 16 aufgenommen.[311] Allerdings setzt die Geltendmachung von Ansprüchen des Nießbrauchsberechtigten ggü. der GmbH die Anzeige der Nießbrauchsbestellung voraus (§ 407 BGB analog).[312] Die **Aufhebung** des Nießbrauchs ist nach allgM **formlos** möglich.[313] Der Nießbrauchsberechtigte kann den Nießbrauch auch durch einseitige Erklärung ggü. dem Anteilsinhaber zum Erlöschen bringen (§§ 1072, 1064 BGB).[314]

90 Dem Nießbrauchsberechtigten stehen die **Nutzungen** (§§ 1030, 100 BGB) zu, also der anteilige Gewinn,[315] nicht aber das Bezugsrecht bei Kapitalerhöhungen.[316] Bei einer **Kapitalerhöhung aus Gesellschaftsmittel** erstreckt sich der Nießbrauch jedoch auch auf die von dem Besteller hinzuerworbenen Geschäftsanteile.[317] Bei einer **Kapitalerhöhung gegen Einlagen** hingg. besteht nach hM für den Nießbrauchsberechtigten nur ein Anspruch auf Bestellung eines zusätzlichen Nießbrauchsrechts am neuen Geschäftsanteil in einem lediglich anteiligen Umfang, nämlich nur insoweit, als der belastete Geschäftsanteil durch die Kapitalerhöhung eine Werteinbuße erlitten hat.[318] Bei einer **Liquidation** der Gesellschaft setzt sich der Nießbrauch am Liquidationsguthaben fort, dgl am Einziehungsentgelt u. am Abfindungsanspruch des ausgetretenen oder ausgeschlossenen Gesellschafters.[319]

91 Der Nießbrauch ändert an der Gesellschafterstellung des Bestellers nichts. Die Verwaltungsrechte in Gestalt der **nicht abspaltbaren Mitgliedschaftsrechte** verbleiben daher beim Gesellschafter. Dies ist einigermaßen unstr. bzgl. etwaiger Sonderrechte wie zB auf Entsendung von Aufsichtsrats- oder Beiratsmitgliedern oder auf Geschäftsführung.[320] Die Frage, ob auch das

309 Lutter/Hommelhoff/*Bayer* Rn. 100; Baumbach/Hueck/*Fastrich* Rn. 51; MüKoGmbHG/*Reichert/Weller* Rn. 322.
310 MüKoGmbHG/*Reichert/Weller* Rn. 326; Lutter/Hommelhoff/*Bayer* Rn. 101; MHLS/*Ebbing* Rn. 193; Baumbach/Hueck/*Fastrich* Rn. 52.
311 Baumbach/Hueck/*Fastrich* Rn. 52.
312 *Wicke* Rn. 30.
313 Baumbach/Hueck/*Fastrich* Rn. 52; MHLS/*Ebbing* Rn. 205.
314 MHLS/*Ebbing* Rn. 205.
315 Lutter/Hommelhoff/*Bayer* Rn. 101; MHLS/*Ebbing* Rn. 194; Baumbach/Hueck/*Fastrich* Rn. 54.
316 BGHZ 58, 319; Baumbach/Hueck/*Fastrich* Rn. 54; Scholz/*Seibt* Rn. 214.
317 Scholz/*Seibt* Rn. 216; MHLS/*Ebbing* Rn. 197; Lutter/Hommelhoff/*Bayer* Rn. 101; Baumbach/Hueck/*Fastrich* Rn. 54.
318 Scholz/*Seibt* Rn. 216; MHLS/*Ebbing* Rn. 197; Lutter/Hommelhoff/*Bayer* Rn. 101; Baumbach/Hueck/*Fastrich* Rn. 54.
319 Baumbach/Hueck/*Fastrich* Rn. 54; Scholz/*Seibt* Rn. 215.
320 MHLS/*Ebbing* Rn. 198; Scholz/*Seibt* Rn. 217; Baumbach/Hueck/*Fastrich* Rn. 53.

Stimmrecht (zwingend) beim Gesellschafter verbleibt oder aber etwa auf den Nießbrauchsberechtigten übergeht bzw. übergehen kann, wird unterschiedlich u. strittig beurteilt.[321] Die wohl hM lehnt jedwede Übertragung oder Aufspaltung des Stimmrechts ab, so dass dem Nießbrauchsberechtigten weder durch Ermächtigung noch durch Legitimationszession ein originäres Stimmrecht zukommen kann.[322] Jedoch ist auch nach hM eine Bevollmächtigung des Nießbrauchsberechtigten zur Stimmrechtsausübung zulässig. Der Gesellschafter hat bei Ausübung der Mitgliedschaftsrechte auf die Belange des Nießbrauchsberechtigten Rücksicht zu nehmen.[323]

3. Treuhand

92 Die Treuhand an einem Geschäftsanteil wird durch vertragliche Vereinbarung zwischen dem Treugeber u. dem Treuhänder begründet. Dabei ist Inhaber des Geschäftsanteils u. damit Gesellschafter der Treuhänder, der als solcher im Außenverhältnis ggü. der Gesellschaft u. ggü. Dritten alle mit dem Anteil zusammenhängenden Rechte u. Pflichten ausübt bzw. trägt. Im Verhältnis zum Treugeber treffen den Treuhänder jedoch die Verpflichtungen aus dem Treuhandvertrag, die bei der sog. **uneigennützigen Verwaltungstreuhand** üblicherweise ein umfassendes Kontroll- u. Weisungsrecht des Treugebers vorsehen, mit der Folge, dass wirtschaftlicher Inhaber des Geschäftsanteils der Treugeber ist u. der Treuhänder die Mitgliedschaftsrechte zwar im eigenen Namen, aber für fremde Rechnung ausübt.[324] Im Innenverhältnis anders strukturiert ist die sog. **eigennützige Sicherungstreuhand**, bei welcher das Treuhandverhältnis primär den Interessen des Treuhänders an einer dinglichen Sicherung dient.[325]

93 Der Abschluss eines Treuhandvertrages unterfällt iaR der Formvorschrift des Abs. 4 bzw. 3.[326] Dies gilt ohne Einschränkung bei der sog. **Übertragungstreuhand,** bei welcher der Treugeber zunächst Inhaber des Geschäftsanteils ist u. diesen iRd Treuhandvertrages auf den Treuhänder überträgt.[327] Die Übertragung des Geschäftsanteils auf den Treuhänder bedarf hierbei der Form des Abs. 3 u. die zugrundeliegende schuldrechtliche Treuhandabrede wegen der darin enthaltenen Abtretungsverpflichtung des Treugebers sowie der Erwerbsverpflichtung des Treuhänders der Form des Abs. 4.[328] Ebenso formbedürftig ist nach hM die sog. **Vereinbarungstreuhand,** bei welcher der Gesellschafter mit einem Dritten vereinbart, seinen bislang auf eigene Rechnung gehaltenen Geschäftsanteil künftig treuhände-

321 Vgl. hierzu ausf. MüKoGmbHG/*Reichert*/*Weller* Rn. 336 f.; MHLS/*Ebbing* Rn. 201 f.
322 BGH NZG *99, 150*; OLG Koblenz ZIP 92, 844; Scholz/*Seibt* Rn. 217; Baumbach/Hueck/*Fastrich* Rn. 53.
323 *Wicke* Rn. 30.
324 Vgl. hierzu auch MüKoGmbHG/*Reichert*/*Weller* Rn. 197.
325 MüKoGmbHG/*Reichert*/*Weller* Rn. 196.
326 MHLS/*Ebbing* Rn. 208; *Wicke* Rn. 31.
327 *Heckschen*/Heidinger, Die GmbH in der Gestaltungs- und Beratungspraxis, 2. Aufl. 09, § 3 Rn. 98; Scholz/*Seibt* Rn. 230; Lutter/Hommelhoff/*Bayer* Rn. 91; MHLS/*Ebbing* Rn. 209; MüKoGmbHG/*Reichert*/*Weller* Rn. 211.
328 MüKoGmbHG/*Reichert*/*Weller* Rn. 211.

risch für diesen Dritten zu halten.[329] Dies folgt daraus, dass eine solche Vereinbarungstreuhand einer Anteilsabtretung wirtschaftlich gleichsteht u. folglich Abs. 3 analog anzuwenden ist.[330] Die Formbedürftigkeit der sog. **Erwerbstreuhand**, bei welcher der Treuhänder mit dem Treugeber vereinbart, dass er bei Gründung einer GmbH oder anlässlich einer Kapitalerhöhung für Rechnung des Treugebers einen Geschäftsanteil übernimmt u. für diesen hält, wird unterschiedlich beurteilt. Nach einer Ansicht soll sie formlos wirksam sein.[331] Eine im Vordringen befindliche Auffassung unterstellt jedoch zutreffenderweise auch die Erwerbstreuhand grds. unter die Formpflicht des Abs. 4.[332] Begründet wird dies überw. mit dem Sinn u. Zweck dieser Vorschrift sowie dem Ziel der Vermeidung von missbräuchlichen Umgehungen.[333] Formfrei ist jedoch die Erwerbstreuhand nach ganz überw. Meinung, wenn sie sich auf einen künftigen Geschäftsanteil aus einer GmbH-Gründung oder Kapitalerhöhung bezieht, bei welchem die Errichtung der Gesellschaft bzw. der Kapitalerhöhungsbeschluss noch nicht beurkundet wurde u. damit noch kein im Entstehen begriffener Geschäftsanteil vorliegt.[334] Die **Abtretung** sowie die **Rückabtretung** im Zuge der Begründung bzw. Beendigung eines Treuhandverhältnisses sind stets gem. Abs. 3 zu beurkunden.[335]

94 **Statutarische Abtretungsbeschränkungen** iSv Abs. 5 gelten nach hM auch für den Abschluss von Treuhandverträgen, so dass eine ohne Zustimmung geschlossene Treuhandvereinbarung unwirksam ist.[336] Das gleiche gilt für Vereinbarungen über den Wechsel des Treugebers bei unverändertem Treuhänder.[337]

4. Unterbeteiligung

95 Eine Unterbeteiligung ist eine stille Beteiligung an einem Geschäftsanteil.[338] Durch die Unterbeteiligung wird eine **BGB-Innengesellschaft** begründet, auf welche die §§ 705 ff. BGB u. ggf. zT die §§ 230 ff. HGB anzuwenden sind.[339] Der Unterbeteiligte ist nicht an der GmbH, sondern an dem Geschäftsanteil eines Gesellschafters beteiligt u. steht nur zu diesem, nicht

329 BGHZ 141, 207, 213; DStR 06, 1378, 1379; Baumbach/Hueck/*Fastrich* Rn. 57; Lutter/Hommelhoff/*Bayer* Rn. 92; MHLS/*Ebbing* Rn. 209; MüKoGmbHG/*Reichert*/*Weller* Rn. 215.
330 Baumbach/Hueck/*Fastrich* Rn. 57.
331 Scholz/*Seibt* Rn. 230.
332 MüKoGmbHG/*Reichert*/*Weller* Rn. 214; Baumbach/Hueck/*Fastrich* Rn. 56; MHLS/*Ebbing* Rn. 208.
333 Baumbach/Hueck/*Fastrich* Rn. 56; MüKoGmbHG/*Reichert*/*Weller* Rn. 214.
334 BGHZ 141, 207, 213; OLG Celle NZG 01, 368; Lutter/Hommelhoff/*Bayer* Rn. 90; MHLS/*Ebbing* Rn. 210; MüKoGmbHG/*Reichert*/*Weller* Rn. 214; Baumbach/Hueck/*Fastrich* Rn. 56; Wicke Rn. 31.
335 BGH NJW 65, 1376; Baumbach/Hueck/*Fastrich* Rn. 57; Wicke Rn. 31; Lutter/Hommelhoff/*Bayer* Rn. 93.
336 Scholz/*Seibt* Rn. 111; Roth/*Altmeppen* Rn. 109; MHLS/*Ebbing* Rn. 164.
337 Baumbach/Hueck/*Fastrich* Rn. 58.
338 Dazu iErg: Hk-ZV/*Koch*, Schwerpunktbeitrag „Zwangsvollstreckung in Gesellschaftsanteile" Rn. 18 ff.; MHLS/*Ebbing* Rn. 185.
339 Lutter/Hommelhoff/*Bayer* Rn. 96; Baumbach/Hueck/*Fastrich* Rn. 59.

auch zur GmbH in einem Gesellschaftsverhältnis.[340] Daher gelten die Vorschriften des GmbHG grds. nicht für die Unterbeteiligung.[341] So unterliegen die Begründung, Übertragung u. Beendigung einer Unterbeteiligung nicht den Formerfordernissen aus Abs. 3 u. 4, es sei denn, es wird für die Beendigung der Unterbeteiligung eine Pflicht zur (teilw) Übertragung des Geschäftsanteils vereinbart.[342] Statutarische Abtretungsbeschränkungen gem. Abs. 5 gelten für Unterbeteiligungen nicht.[343] Die Satzung der GmbH kann jedoch ausdrücklich die Einräumung einer Unterbeteiligung verbieten oder von einem Zustimmungserfordernis abhängig machen.[344] Verstößt ein Gesellschafter gegen eine solche Satzungsbestimmung, so lässt dies die Wirksamkeit der vereinbarten Unterbeteiligung unberührt, jedoch kann dies ggf. zu einem Ausschluss des Hauptbeteiligten aus der GmbH führen.[345]

5. Zwangsvollstreckung

Der Geschäftsanteil eines Gesellschafters kann gem. **§ 857 ZPO** gepfändet 96
werden.[346] Die **Gesellschaft** ist nach hM **Drittschuldner** iSd §§ 857, 829 ZPO, so dass zur Bewirkung der Pfändung eine Zustellung auch an diese erfolgen muss.[347] In der Satzung enthaltene **Vinkulierungsbestimmungen** gem. Abs. 5 **entfalten** in der Zwangsvollstreckung **keine Wirkung** u. hindern diese somit nicht.[348] Auch die Pfändung als solche kann durch die Satzung nicht ausgeschlossen werden.[349] Allerdings kann die Satzung die Möglichkeit der Einziehung des Geschäftsanteils für den Fall seiner Pfändung vorsehen,[350] wobei die Einziehung nur gegen Abfindungsleistung erfolgen kann.[351] Durch die Pfändung erhält der Pfandgläubiger ein **Pfandrecht** an dem Geschäftsanteil. Das Verfügungsverbot des § 829 I 2 ZPO hindert den Gesellschafter nach hM nicht daran, den Geschäftsanteil abzu-

340 MHLS/*Ebbing* Rn. 185; vgl. auch BGH WM 66, 188, 190; *K Schmidt*, GesR, S. 1866.

341 Baumbach/Hueck/*Fastrich* Rn. 59.

342 Lutter/Hommelhoff/*Bayer* Rn. 96; Baumbach/Hueck/*Fastrich* Rn. 59; Roth/*Altmeppen* Rn. 65.

343 MüKoGmbHG/*Reichert/Weller* Rn. 253; MHLS/*Ebbing* Rn. 187; Lutter/Hommelhoff/*Bayer* Rn. 96.

344 Roth/*Altmeppen* Rn. 65; MüKoGmbHG/*Reichert/Weller* Rn. 254; Lutter/Hommelhoff/*Bayer* Rn. 96.

345 MüKoGmbHG/*Reichert/Weller* Rn. 254; Lutter/Hommelhoff/*Bayer* Rn. 96; MHLS/*Ebbing* Rn. 187.

346 BGHZ 104, 354; 65, 24; Baumbach/Hueck/*Fastrich* Rn. 60; Roth/*Altmeppen* Rn. 62; Lutter/Hommelhoff/*Bayer* Rn. 83; MHLS/*Ebbing* Rn. 236.

347 Baumbach/Hueck/*Fastrich* Rn. 60; Roth/*Altmeppen* Rn. 62; Scholz/*Seibt* Rn. 195; MHLS/*Ebbing* Rn. 236; MüKoGmbHG/*Reichert/Weller* Rn. 517.

348 BGHZ 32, 151, 155; 65, 26; MHLS/*Ebbing* Rn. 236; Lutter/Hommelhoff/*Bayer* Rn. 83; Roth/*Altmeppen* Rn. 62.

349 BGHZ 32, 151, 155; Roth/*Altmeppen* Rn. 62; Baumbach/Hueck/*Fastrich* Rn. 60; Scholz/*Seibt* Rn. 202.

350 Baumbach/Hueck/*Fastrich* Rn. 61; zu weiteren an die Pfändung eines Geschäftsanteils knüpfenden Satzungsregelungen vgl. MüKoGmbHG/*Reichert/Weller* Rn. 541 ff.; MHLS/*Ebbing* Rn. 244 ff.

351 Zur satzungsmäßigen Regelung der Abfindungshöhe vgl. MHLS/*Ebbing* Rn. 247; Baumbach/Hueck/*Fastrich* Rn. 61; MüKoGmbHG/*Reichert/Weller* Rn. 549 f.

treten, da das Pfandrecht in diesem Fall stets bestehen bleibt.[352] Der Gesellschafter bleibt nach hM weiterhin zur uneingeschränkten Ausübung seiner Mitgliedschaftsrechte, insbes. des Stimmrechts befugt,[353] kann allerdings keine Zustimmung zur freiwilligen Einziehung (§ 34 II) u. zu einer nach der Satzung zulässigen ordentlichen Kündigung erklären.[354] Bei einer Liquidation der Gesellschaft setzt sich das durch Pfändung erlangte Pfandrecht am Liquidationsguthaben fort, dgl am Einziehungsentgelt u. am Abfindungsanspruch des ausgetretenen oder ausgeschlossenen Gesellschafters.[355] Die **Verwertung** des gepfändeten Geschäftsanteils erfolgt durch Veräußerung gem. § 857 V ZPO auf Anordnung des Vollstreckungsgerichts § 844 ZPO.[356] Als Veräußerungsart kann das Vollstreckungsgericht die Versteigerung oder den freihändigen Verkauf anordnen. Eine Überweisung zur Einziehung ist unzulässig.[357] Nur beim freihändigen Verkauf bedarf die Übertragung der notariellen Form aus Abs. 3.[358] Gesellschaftsvertragliche Abtretungsbeschränkungen gem. Abs. 5 gelten nach hM im Zuge der Verwertung nicht.[359]

6. Insolvenz

97 Bei einer Insolvenz des Gesellschafters fällt der Geschäftsanteil in die Insolvenzmasse. Der Insolvenzverwalter übt sämtliche mitgliedschaftlichen Gesellschafterrechte aus, einschl. des Stimmrechts.[360] Die Satzung kann jedoch für diesen Fall nach hM das Ruhen des Stimmrechts anordnen.[361] Inhaber des Geschäftsanteils bleibt – bis zu seiner etwaigen Verwertung oder Einziehung – der Gesellschafter.[362] Bei einer im Zuge der Verwertung erfolgenden Veräußerung des Geschäftsanteils durch den Insolvenzverwalter sind die Formerfordernisse des Abs. 3 u. 4 zu beachten.[363] In der Satzung enthaltene Vinkulierungsbestimmungen nach Abs. 5 gelten nach hM bei der Veräußerung durch den Insolvenzverwalter nicht.[364] Im Verhältnis zur GmbH gilt § 16.[365]

---

352 Lutter/Hommelhoff/*Bayer* Rn. 83; Roth/*Altmeppen* Rn. 63; Baumbach/Hueck/*Fastrich* Rn. 62.
353 *Wicke* Rn. 32; Lutter/Hommelhoff/*Bayer* Rn. 83; Baumbach/Hueck/*Fastrich* Rn. 62.
354 Lutter/Hommelhoff/*Bayer* Rn. 83.
355 BGH BB 72, 10; Scholz/*Seibt* Rn. 196; Baumbach/Hueck/*Fastrich* Rn. 62.
356 Lutter/Hommelhoff/*Bayer* Rn. 85.
357 MüKoGmbHG/*Reichert*/*Weller* Rn. 537; Baumbach/Hueck/*Fastrich* Rn. 63.
358 *Wicke* Rn. 32; Baumbach/Hueck/*Fastrich* Rn. 63.
359 Baumbach/Hueck/*Fastrich* Rn. 63; MüKoGmbHG/*Reichert*/*Weller* Rn. 539; MHLS/*Ebbing* Rn. 241; aA Lutter/Hommelhoff/*Bayer* Rn. 86.
360 Lutter/Hommelhoff/*Bayer* Rn. 88.
361 Baumbach/Hueck/*Fastrich* Rn. 63; *Wicke* Rn. 33; Scholz/*Seibt* Rn. 254.
362 Lutter/Hommelhoff/*Bayer* Rn. 88.
363 Baumbach/Hueck/*Fastrich* Rn. 64.
364 Roth/*Altmeppen* Rn. 64; Baumbach/Hueck/*Fastrich* Rn. 64; *Wicke* Rn. 33; aA Lutter/Hommelhoff/*Bayer* Rn. 88.
365 Lutter/Hommelhoff/*Bayer* Rn. 88; Baumbach/Hueck/*Fastrich* Rn. 64.

§16 Rechtsstellung bei Wechsel der Gesellschafter oder Veränderung des Umfangs ihrer Beteiligung; Erwerb vom Nichtberechtigten

(1) [1]Im Verhältnis zur Gesellschaft gilt im Fall einer Veränderung in den Personen der Gesellschafter oder des Umfangs ihrer Beteiligung als Inhaber eines Geschäftsanteils nur, wer als solcher in der im Handelsregister aufgenommenen Gesellschafterliste (§ 40) eingetragen ist. [2]Eine vom Erwerber in Bezug auf das Gesellschaftsverhältnis vorgenommene Rechtshandlung gilt als von Anfang an wirksam, wenn die Liste unverzüglich nach Vornahme der Rechtshandlung in das Handelsregister aufgenommen wird.

(2) Für Einlageverpflichtungen, die in dem Zeitpunkt rückständig sind, ab dem der Erwerber gemäß Absatz 1 Satz 1 im Verhältnis zur Gesellschaft als Inhaber des Geschäftsanteils gilt, haftet der Erwerber neben dem Veräußerer.

(3) [1]Der Erwerber kann einen Geschäftsanteil oder ein Recht daran durch Rechtsgeschäft wirksam vom Nichtberechtigten erwerben, wenn der Veräußerer als Inhaber des Geschäftsanteils in der im Handelsregister aufgenommenen Gesellschafterliste eingetragen ist. [2]Dies gilt nicht, wenn die Liste zum Zeitpunkt des Erwerbs hinsichtlich des Geschäftsanteils weniger als drei Jahre unrichtig und die Unrichtigkeit dem Berechtigten nicht zuzurechnen ist. [3]Ein gutgläubiger Erwerb ist ferner nicht möglich, wenn dem Erwerber die mangelnde Berechtigung bekannt oder infolge grober Fahrlässigkeit unbekannt ist oder der Liste ein Widerspruch zugeordnet ist. [4]Die Zuordnung eines Widerspruchs erfolgt aufgrund einer einstweiligen Verfügung oder aufgrund einer Bewilligung desjenigen, gegen dessen Berechtigung sich der Widerspruch richtet. [5]Eine Gefährdung des Rechts des Widersprechenden muss nicht glaubhaft gemacht werden.

Schrifttum

Altmeppen, Abschied von der „unwiderlegbar vermuteten" Mitgliedschaft des Scheingesellschafters in der Kapitalgesellschaft, ZIP 2009, 345; *Apfelbaum*, Das Merkmal der Zurechenbarkeit beim gutgläubigen Erwerb von GmbH-Anteilen, BB 2008, 2470; *Barthel*, § 16 Abs. 1 S. 2 GmbHG n.F. – Ein neuer Anwendungsbereich für eine wirksame Verpflichtung einer GmbH im Außenverhältnis nach den Grundsätzen der fehlerhaften Organstellung, GmbHR 2009, 569; *Bednarz*, Die Gesellschafterliste als Rechtsscheinträger für einen gutgläubigen Erwerb von GmbH-Geschäftsanteilen, BB 2008, 1854; *Berninger*, Gesellschafterliste und Übergangsproblematik der Einreichungsverantwortlichkeit bei nachträglicher Berichtigung, GmbHR 2009, 679; *Böttcher/Blaschke*, Gutgläubiger Erwerb von Geschäftsanteilen entsprechend der in der Gesellschafterliste eingetragenen Stückelung nach dem MoMiG, NZG 2007, 565; *Bohrer*, Fehlerquellen und gutgläubiger Erwerb im Geschäftsanteilsverkehr – Das Vertrauensschutzkonzept im Regierungsentwurf MoMiG, DStR 2007, 995; *Dittert*, Einstweiliger Rechtsschutz gegen falsche GmbH-Gesellschafterliste, NZG 2015, 221; *Gasteyer/Goldschmidt*, Der schwebend unwirksam bestellte Geschäftsführer nach einem Gesellschafterwechsel – Wirksamkeit seiner Rechtshandlungen nach § 16 Abs. 1 GmbHG idF des MoMiG, ZIP 2008, 1906; *Goette/Habersack*, Das MoMiG in Wissenschaft und Praxis, 2009; *Götze/Bressler*, Praxisfragen der Gesellschafterliste und des gutgläubigen Erwerbs von Geschäftsanteilen nach dem MoMiG, NZG 2007, 492; *Gottschalk*, Neue Regelungen für die Gesellschafterliste und die Geschäftsanteile sowie gutgläubiger Erwerb von Geschäftsanteilen nach dem MoMiG, DZWIR 2009, 45; *Grunewald*, Der gutgläubige Erwerb von GmbH-Anteilen: Eine neue Option, Der Konzern 2007, 13; *Grunewald/Gehling/Rodewig*, Gutgläubiger Erwerb von GmbH-Anteilen, ZIP 2006,

685; *Hamann*, GmbH-Anteilserwerb vom Nichtberechtigten, NZG 2007, 492; *Hasselmann*, Die Gesellschafterliste nach § 40 GmbHG: Inhalt und Zuständigkeit, NZG 2009, 449; *ders*, Die Gesellschafterliste nach dem MoMiG, NZG 2009, 409; *Harbarth*, Gutgläubiger Erwerb von GmbH-Geschäftsanteilen nach dem MoMiG-RegE, ZIP 2008, 57; *Heckschen*, Auswirkungen des MoMiG auf die Übertragung von GmbH-Anteilen von Todes wegen und im Wege der vorweggenommenen Erbfolge, ZErb 2008, 246; *Heidingerr*, Die Totengräber der Gesellschafterliste, GmbHR 2017, 273; *Herrler*, (Stark) beschränkte Publizitätswirkung der GmbH-Gesellschafterliste? – Schutz des Rechtsverkehrs de lege lata und de lege ferenda, NZG 2011, 1321; *Klöckner*, Praxisprobleme beim gutgläubigen Erwerb von GmbH-Geschäftsanteilen, NZG 2008, 841; *Kort*, Offene Fragen zu Gesellschafterliste, Gesellschafterstellung und gutgläubigem Anteilserwerb (§§ 40 und 16 GmbHG nF), GmbHR 2009, 169; *Link*, Gesellschafterliste und gutgläubiger Erwerb von GmbH-Anteilen aus Sicht der Notarpraxis, RNotZ 2009, 193; *D Mayer*, Der Erwerb einer GmbH nach den Änderungen durch das MoMiG, DNotZ 2008, 403; *ders*, Aufwertung der Gesellschafterliste durch das MoMiG – Fluch oder Segen, ZIP 2009, 1037; *Mayer/Färber*, Gutgläubiger Erwerb von GmbH-Geschäftsanteilen bei aufschiebend bedingter Anteilsabtretung?, GmbHR 2011, 785; *Omlor/Spies*, Grundfragen der Gesellschafterliste, MittBayNot 2011, 353; *Preuß*, Gesellschafterliste, Legitimation gegenüber der Gesellschaft und gutgläubiger Erwerb von GmbH-Anteilen, ZGR 2008, 676; *Reymann*, Gutgläubiger Erwerb und Rechte an GmbH-Geschäftsanteilen, WM 2008, 2095; *ders*, Zurechnungssystem und Regelungsebene der GmbH-Gesellschafterliste, BB 2009, 506; *ders*, Aufschiebend bedingte Geschäftsanteilsabtretung und Zwischenverfügungen bei der GmbH, GmbHR 2009, 343; *Rodewald*, Gutgläubiger Erwerb von Geschäftsanteilen nach dem MoMiG – drei Fragen zum Umfang der Legal Due Diligence, GmbHR 2009, 196; *Vossius*, Gutgläubiger Erwerb von GmbH-Anteilen nach dem MoMiG, DB 2007, 2299; *Wachter*, GmbH-Reform – Auswirkungen auf die Übertragung von GmbH-Geschäftsanteilen, ZNotP 2008, 378; *Wälzholz*, Die Reform des GmbH-Rechts, MittBayNot 2008, 425; *Weigl*, Die Sicherung des Erwerbers oder Treugebers eines Geschäftsanteils durch eine aufschiebend bedingte Abtretung nach Inkrafttreten des MoMiG, MittBayNot 2009, 116; *Wicke*, Gründung, Satzungsgestaltung und Anteilsabtretung nach der GmbH-Reform, NotBZ 2009, 1; *Zessel*, Gutgläubiger Erwerb von GmbH-Geschäftsanteilen nach dem MoMiG, GmbHR 2009, 303.

I. Normzweck

1 § 16 wurde durch das MoMiG umfassend u. grdl. umgestaltet. Die Vorschrift bestimmt in **Abs. 1** für den Fall der Veränderung in den Personen der Gesellschafter oder des Umfangs ihrer Beteiligung die **Eintragung in die Gesellschafterliste** nach § 40 zur maßgeblichen **Voraussetzung für die Legitimation** einer solchen Veränderung u. des von ihr betroffenen Gesellschafters ggü. der Gesellschaft u. macht damit die Listeneintragung zum entscheidenden Erfordernis für die Entstehung bzw. Veränderung der mitgliedschaftlichen Rechtsbeziehungen zwischen der GmbH u. dem Gesellschafter. Dies soll zum einen Transparenz über die Anteilseignerstruktur schaffen u. zum anderen der Missbrauchsbekämpfung dienen.[1] **Abs. 2** regelt die Haftung für **rückständige Einlagenleistungen** u. entspricht inhaltlich dem Abs. 3 aF **Abs. 3** in seiner neuen Fassung hat die Möglichkeit eines **gutgläubigen Erwerbs** von Geschäftsanteilen in das deutsche Recht eingeführt. Alle in den Abs. 1–3 enthaltenen Regelungen knüpfen an die Gesellschafterliste iSv § 40 an, eine Vorschrift, die ihrerseits durch das MoMiG novelliert wurde u. zur Art u. Weise der Führung der Gesellschafterliste sowie zu den für die Führung verantwortlichen Personen inhaltlich deutlich modifizierte Bestimmungen bereit hält. Die Neufassung des § 16 hat für die Gesellschafterliste eine erhebliche Aufwertung mit sich gebracht.[2] § 16 ist **zwingendes Recht**, kann also durch Satzung nicht abbedungen werden.[3]

II. Gesellschafterstellung im Verhältnis zur Gesellschaft (Abs. 1)

1. Allgemeines, Legitimationswirkung

2 Die Eintragung in die Gesellschafterliste u. deren Einreichung zur Aufnahme in das Handelsregister als Legitimationserfordernis ggü. der Gesellschaft ist bei sämtlichen Veränderungen in den Personen der Gesellschafter oder des Umfangs ihrer Beteiligung notwendig. Damit gilt Abs. 1 für alle Fälle einer Gesellschafter- bzw. Anteilsveränderung, also nicht nur für rechgeschäftlich bewirkte Veränderungen, sondern auch für solche, die kraft Gesetzes erfolgen, zB Erbfall oder Umwandlung.[4] Eine **Veränderung** liegt immer dann vor, wenn ein Umstand eingetreten ist, der materiellrechtlich in personeller oder sachlicher Hinsicht eine Abweichung zu den Eintragungen der zul. beim Handelsregister eingereichten u. aufgenommenen Liste bewirkt hat (→ § 40 Rn. 8).[5] **Belastungen** eines Geschäftsanteils, etwa durch Verpfändung, Nießbrauch oder Pfändung, stellen keine Veränderungen iSd §§ 16 u. 40 dar, so dass diese nicht in die Gesellschafterliste eingetragen werden u. nach hM auch nicht eintragungsfähig sind (→ § 40 Rn. 10).[6] Die Geltendmachung von Rechten des Pfandgläubigers oder Nießbrauchers ggü. der Gesellschaft ist damit von der Gesellschafterliste

1 RegBegr. BR-Drs. 354/07, S. 84.
2 MüKoGmbHG/*Heidinger* Rn. 1.
3 Lutter/Hommelhoff/*Bayer* Rn. 1; Baumbach/Hueck/*Fastrich* Rn. 1.
4 *Kort*, GmbHR 08, 169, 173; Roth/*Altmeppen* Rn. 2; Baumbach/Hueck/*Fastrich* Rn. 9; Lutter/Hommelhoff/*Bayer* Rn. 5.
5 Vgl. auch Lutter/Hommelhoff/*Bayer* Rn. 6.
6 S. Scholz/*Seibt* Rn. 20 mwN.

unabhängig, bedarf jedoch nach zT vertretener Auffassung einer Anzeige der erfolgten Verpfändung bzw. Nießbrauchsbestellung ggü. der Gesellschaft (→ § 15 Rn. 85 u. 89).[7] Nach dem Wortlaut der Vorschrift gilt die Legitimationswirkung u. das Legitimationserfordernis aus Abs. 1 nur für den „Fall einer Veränderung", so dass die anlässlich der Gründung der Gesellschaft in das Handelsregister aufgenommene Gesellschafterliste hiervon nicht erfasst wäre. Die hM wendet Abs. 1 jedoch **auch** auf die **Gründungsgesellschafterliste** an, u. zwar bei einer Gründung im vereinfachten Verfahren (§ 2 Ia) dgl auf die in dem Musterprotokoll verkörperte Gesellschafterliste.[8]

3 **Zuständig** für die Aktualisierung der Gesellschafterliste u. deren Einreichung beim Handelsregister sind gem. § 40 I die Geschäftsführer bzw. – soweit ein Notar an den Veränderungen mitgewirkt hat – dieser Notar (§ 40 II). Ob ein **ausländischer Notar**, der die Beurkundung der Abtretung eines Geschäftsanteils einer deutschen GmbH vorgenommen hat (hierzu auch → § 15 Rn. 65 ff.), ebenfalls zur Einreichung einer Gesellschafterliste berechtigt bzw. verpflichtet ist, wird unterschiedlich beurteilt (→ § 40 Rn. 22). Nach einer Ansicht ist es dem ausländischen Notar verwehrt, dem Handelsregister eine neue bescheinigte Gesellschafterliste einzureichen.[9] Eine andere Auffassung sieht den ausländischen Notar zur Listeneinreichung zwar befugt, allerdings nicht verpflichtet an.[10] Die Geschäftsführer u. der Notar handeln aufgrund einer **gesetzlichen Verpflichtung** u. sind Weisungen der Beteiligten nicht unterworfen.[11] Allerdings können die Geschäftsführer gem. § 40 I 2 grds. nur auf entspr. **Mitteilung** u. **Nachweis** einer eingetretenen Veränderung tätig werden (→ § 40 Rn. 13 ff.). Stellt sich nachträglich die Unrichtigkeit einer eingereichten Liste heraus, so sind die Geschäftsführer grds. nicht befugt, von sich aus eine berichtigte Liste einzureichen (str. → § 40 Rn. 15).[12]

4 Voraussetzung für die Entfaltung der Legitimationswirkung der Gesellschafterliste nach Abs. 1 ist, dass diese im Handelsregister **aufgenommen** wurde. Aufgenommen ist die Liste, wenn sie in dem für das entspr. Registerblatt bestimmten Registerordner (§ 9 I HRV) eingestellt ist. Dieser Registerordner wird mittlerweile elektronisch geführt u. ist online zugänglich.[13] Gesellschafterlisten, die noch vor Inkrafttreten des Gesetzes über elektronische Handelsregister u. Genossenschaftsregister sowie das Unternehmensregister (EHUG) am 1.1.07 eingereicht u. bislang nicht online gestellt wurden, sind dennoch als im Handelsregister aufgenommen anzusehen, wenn sie sich im sog. Sonderband der Papierregister (§ 8 II HRV aF)

7 *Wicke* Rn. 10; Lutter/Hommelhoff/*Bayer* Rn. 9.
8 MHLS/*Ebbing* Rn. 20; MüKoGmbHG/*Heidinger* Rn. 30; Lutter/Hommelhoff/*Bayer* Rn. 12; Scholz/*Seibt* Rn. 17; Baumbach/Hueck/*Fastrich* Rn. 9.
9 MüKoGmbHG/*Heidinger* Rn. 35; MHLS/*Ebbing* Rn. 33; *Rodewald*, GmbHR 09, 196; *Berger/Kleissl*, DB 08, 2235, 2239.
10 BGHZ 199, 270 Tz 6 ff.; OLG Düsseldorf NJW 11, 1370; *Schneider*, GmbHR 09, 393, 396; *Vossius*, DB 07, 2299, 2304; *D Mayer*, DNotZ 08, 403, 411.
11 Baumbach/Hueck/*Fastrich* Rn. 4.
12 *D Mayer*, DNotZ 08, 403, 412; Baumbach/Hueck/*Fastrich* Rn. 5.
13 *Seibert/Wedemann*, GmbHR 07, 17 ff.; MüKoGmbHG/*Heidinger* Rn. 80.

befinden.[14] Das **Registergericht** hat nur eine **verwahrende** u. die Kenntnisnahme ermöglichende **Funktion**, so dass eingereichte Listen vom Registergericht **nicht** auf ihre inhaltliche **Richtigkeit** überprüft werden.[15]

Zu beachten ist, dass die Eintragung in die Gesellschafterliste nach Abs. 1 **keine Wirksamkeitsvoraussetzung** der Abtretung oder sonstigen Veränderung in der Person oder der Beteiligung eines Gesellschafters darstellt.[16] Bei einer wirksamen Abtretung ist der Erwerber Inhaber des Geschäftsanteil auch ohne eine Eintragung in die neue Gesellschafterliste u. deren Aufnahme in das Handelsregister, so dass er zB über den erworbenen Geschäftsanteil seinerseits wirksam verfügen kann. Umgekehrt werden etwaige Mängel einer Abtretung nicht durch eine Eintragung in die Gesellschafterliste geheilt.[17] Abs. 1 betrifft alleine das Verhältnis der beim Wechsel der Gesellschafter bzw. der Veränderung der Beteiligung Betroffenen zur Gesellschaft.[18] In dieser Funktion bewirkt die Vorschrift aber auch die **unwiderlegbare Vermutung,** dass der in der Form des Abs. 1 Legitimierte im Verhältnis zur Gesellschaft unabhängig von der materiellen Rechtslage Gesellschafter ist.[19] Auch das Registergericht ist an die Wirkung des § 16 I gebunden.[20] Damit ist zwischen einer **formalen Gesellschafterstellung,** die sich aus der Eintragung der im Handelsregister aufgenommenen Gesellschafterliste ableitet, u. einer **materiellrechtlichen Gesellschafterstellung,** die durch den wirksamen Erwerb eines Geschäftsanteil begründet wird, zu unterscheiden.[21] Die formale Gesellschafterstellung ist Voraussetzung für die Ausübung der mitgliedschaftlichen Gesellschafterrechte ggü. der Gesellschaft (Abs. 1) u. Grundlage der Haftung für rückständige Einlagenleistungen (Abs. 2 → Rn. 22 ff.); zugleich setzt sie einen Rechtsschein, an welchen die Möglichkeit eines gutgläubigen Erwerbs vom materiell Nichtberechtigten anknüpft (Abs. 3 → Rn. 27 ff.).[22] Der materiellrechtliche Inhaber des Geschäftsanteils kann über diesen wirksam verfügen u. hat Anspruch auf Aufnahme in die Gesellschafterliste. 5

Die unwiderlegliche Vermutung der Berechtigung des in der Gesellschafterliste Eingetragenen bezieht sich sowohl auf die **Person** des **Anteilsinhabers** als auch auf den **Umfang** seiner **Beteiligung** u. erfasst damit alle mitgliedschaftlichen Vermögens- u. Verwaltungsrechte, so dass die Eintragung in der Gesellschafterliste ebenso maßgeblich ist für das Teilnahmerecht an Gesellschafterversammlungen, das dem einzelnen Gesellschafter zustehende Stimmrecht, das Auskunftsrecht, das Anfechtungsrecht, das Bezugsrecht 6

14 Roth/*Altmeppen* Rn. 4; vgl. auch MüKoGmbHG/*Heidinger* Rn. 80.
15 *MHLS/Ebbing* Rn. 28; MüKoGmbHG/*Heidinger* Rn. 82.
16 Baumbach/Hueck/*Fastrich* Rn. 2.
17 *Wicke* Rn. 2.
18 MüKoGmbHG/*Heidinger* Rn. 2.
19 *Wicke* Rn. 3; MüKoGmbHG/*Heidinger* Rn. 2; Lutter/Hommelhoff/*Bayer* Rn. 20. Teilw. wird in dogmatisch etwas anderer Einordnung auch eine gesetzliche Fiktion der Anteilsinhaberschaft angenommen, so etwa MHLS/*Ebbing* Rn. 51 mwN.
20 OLG Frankfurt aM ZIP 2017, 1278; Roth/*Altmeppen* Rn. 5.
21 MHLS/*Ebbing* Rn. 3.
22 MHLS/*Ebbing* Rn. 3.

u. den Anteil am zu verteilenden Gewinn.[23] Ist der in der Gesellschafterliste Eingetragene nicht oder nicht in dem eingetragenen Umfang Inhaber des betroffenen Geschäftsanteils, so kann er die aus dem Geschäftsanteil folgenden Gesellschafterrechte dennoch im eingetragenen Umfang ausüben. Dies gilt selbst dann, wenn der Gesellschaft das Fehlen seiner materiellrechtlichen Berechtigung positiv bekannt ist.[24]

7 Für **Altfälle**, also Veränderungen in der Person eines Gesellschafters oder im Umfang der Beteiligung, die vor dem 1.11.08 (dem Zeitpunkt des Inkrafttretens des durch das MoMiG neu gefassten § 16) erfolgten, gibt es keine gesetzliche Übergangsregelung. Die Regelung aus § 3 III EGGmbHG bezieht sich allein auf den Sonderfall des Abs. 3 u. kann für Abs. 1 nicht, u. zwar auch nicht entspr. herangezogen werden.[25] Allerdings können die Altfälle auch ohne explizite Übergangsregelung behandelt werden. Hierbei gilt: Veränderungen, die vor dem 1.11.08 erfolgten u. nach der bis dahin geltenden Rechtslage auch ordnungsgemäß ggü. der Gesellschaft angemeldet wurden (Abs. 1 aF), haben ihre dadurch nach altem Recht begründete Legitimation ggü. der Gesellschaft auch nach dem Inkrafttreten des MoMiG behalten, u. zwar selbst dann, wenn die Gesellschafterliste insoweit nicht zutr. Eintragungen aufweist. Es wäre vollkommen widersinnig u. würde auch zu untragbaren u. mit allg. Rechtsprinzipien nicht im Einklang stehenden Ergebnissen führen, wenn man die durch Anmeldung nach alter Rechtslage erlangte relative Gesellschafterposition durch das bloße Inkrafttreten des MoMiG als entzogen betrachten würde.[26]

2. Grenzen der Legitimationswirkung

8 Es ist allgM, dass die vorstehend beschriebene Legitimationswirkung der Gesellschafterliste (→ Rn. 2 ff.) nicht vollkommen uneingeschränkt gelten kann.[27] Bei den nachfolgend dargestellten Konstellationen hat die durch Abs. 1 S. 1 der Gesellschafterliste eigentlich zukommende Wirkung hinter der materiellen Rechtslage zurückzutreten, so dass auch im Verhältnis zur Gesellschaft nicht der in der Liste Eingetragene, sondern der Voreingetragene als Inhaber des Geschäftsanteils gilt.

9 **a) Fehlerhafte Listenerstellung.** Ist bloß der Inhalt der erstellten u. in das Handelsregister aufgenommenen Liste fehlerhaft, so lässt dies deren Legitimationswirkung grds. unberührt. Es ist ja die eigentliche Funktion des Abs. 1 S. 1, dass dem in der Liste eingetragenen Nichtberechtigten die unwiderlegliche Vermutung seiner Gesellschafterstellung ggü. der Gesellschaft zukommt. Etwas anderes muss allerdings für den Fall gelten, dass in der Liste ein **nicht existenter Geschäftsanteil** zugeordnet wird. Da die Gesell-

23 BGH NZG 15, 480; OLG Zweibrücken GmbHR 12, 689; Baumbach/Hueck/*Fastrich* Rn. 11; *Wicke* Rn. 3; MHLS/*Ebbing* Rn. 53.

24 OLG Bremen GmbHR 12, 687; MHLS/*Ebbing* Rn. 51; MüKoGmbHG/*Heidinger* Rn. 154; Roth/*Altmeppen* Rn. 6; Lutter/Hommelhoff/*Bayer* Rn. 20.

25 Baumbach/Hueck/*Fastrich* Rn. 13.

26 So auch LG München I NZG 10, 394, 395; Baumbach/Hueck/*Fastrich* Rn. 13; MHLS/*Ebbing* Rn. 207; *D Mayer*, ZIP 09, 1037, 1040; aA MüKoGmbHG/*Heidinger* Rn. 106 ff.; Scholz/*Seibt* Rn. 108; *Saenger/Sandhaus*, DNotZ 12, 346, 350 ff.

27 MüKoGmbHG/*Heidinger* Rn. 43 ff.; MHLS/*Ebbing* Rn. 61 ff.; Scholz/*Seibt* Rn. 26; Baumbach/Hueck/*Fastrich* Rn. 11; Roth/*Altmeppen* Rn. 11 ff.

schafterliste nur die Berechtigung an einem bestehenden Geschäftsanteil mit unwiderleglicher Vermutungswirkung ausweisen, nicht jedoch einen nicht existenten Geschäftsanteil zur Entstehung bringen kann, entfaltet die Gesellschafterliste für den gar nicht vorhandenen Geschäftsanteil keine Wirkung.[28]

Voraussetzung für den Eintritt der Legitimationswirkung ist ferner, dass die Änderung der Gesellschafterliste u. deren Einreichung zum Handelsregister von der **zuständigen Person**, also dem Geschäftsführer oder dem an der Veränderung mitwirkenden Notar (→ Rn. 3) erfolgte, u. zwar aufgrund einer **zurechenbaren Mitteilung** eines hierzu Befugten (§ 40 I 2).[29] An einer solchen zurechenbaren Mitteilung fehlt es von vornherein, wenn die Mitteilung durch Fälschung, durch einen unbefugten Dritten (im Übertragungsfalle also nicht durch den Veräußerer oder Erwerber), durch einen Vertreter ohne Vertretungsmacht, aufgrund vis absoluta oder durch einen nicht unbeschränkt Geschäftsfähigen erfolgt.[30] In all diesen Fällen kommt der auf dieser Grundlage erstellten u. in das Handelsregister aufgenommenen Gesellschafterliste keine Legitimationswirkung nach Abs. 1 S. 1 zu. Sonstige Mängel in der Mitteilung, auch wenn diese zu ihrer Nichtigkeit oder Anfechtbarkeit führen,[31] berühren hingg. die Legitimationswirkung der Gesellschafterliste nicht u. können nur mit Wirkung für die Zukunft dergestalt geltend gemacht werden, dass eine erneut geänderte Gesellschafterliste einzureichen ist.[32] 10

Wird die Gesellschafterliste nicht durch den zuständigen Geschäftsführer oder den zuständigen Notar (→ Rn. 3), sondern von einem **unzuständigen Dritten** ausgestellt u. dem Handelsregister eingereicht, so kommt ihr ebenfalls keine Legitimationswirkung gem. Abs. 1 S. 1 zu.[33] Das Fehlen der in § 40 II 2 vorgesehenen **Notarbescheinigung** ändert jedoch nach allgM an der Legitimationswirkung der in das Handelsregister aufgenommenen Gesellschafterliste nichts.[34] 11

b) Mängelbehaftete Anteilsübertragung. Die **Unwirksamkeit** der in der Gesellschafterliste ausgewiesenen **Geschäftsanteilsübertragung** lässt die **Legitimationswirkung** der Gesellschafterliste grds. **unberührt.**[35] Im Gegenteil erlangt die Legitimationswirkung ja gerade in einem solchen Fall die ihr durch die gesetzliche Regelung zugedachte Bedeutung, da der in der Gesellschafterliste Eingetragene u. der materiellrechtliche Inhaber des Geschäftsanteils auseinanderfallen.[36] Bestimmte besonders **qualifizierte Mängel** kön- 12

---

28 MHLS/*Ebbing* Rn. 68.
29 Lutter/Hommelhoff/*Bayer* Rn. 13.
30 *Reymann*, BB 09, 506, 507; Scholz/*Seibt* Rn. 29; Baumbach/Hueck/*Fastrich* Rn. 12; *Roth/Altmeppen* Rn. 12; Lutter/Hommelhoff/*Bayer* Rn. 14; *Wicke* Rn. 9.
31 Vgl. hierzu Scholz/*Seibt* Rn. 28.
32 Lutter/Hommelhoff/*Bayer* Rn. 15; Scholz/*Seibt* Rn. 29; Baumbach/Hueck/*Fastrich* Rn. 12; MüKoGmbHG/*Heidinger* Rn. 62 f.
33 *Wicke* Rn. 9; MüKoGmbHG/*Heidinger* Rn. 67; MHLS/*Ebbing* Rn. 76.
34 MHLS/*Ebbing* Rn. 71; MüKoGmbHG/*Heidinger* Rn. 75; *Kort*, GmbHR 09, 169, 172; *D Mayer*, DNotZ 08, 403, 415; Lutter/Hommelhoff/*Bayer* Rn. 13.
35 Roth/*Altmeppen* Rn. 17; Lutter/Hommelhoff/*Bayer* Rn. 25; *Wicke* Rn. 4; Scholz/*Seibt* Rn. 26; Baumbach/Hueck/*Fastrich* Rn. 12; MüKoGmbHG/*Heidinger* Rn. 50; MHLS/*Ebbing* Rn. 84.
36 So auch MHLS/*Ebbing* Rn. 84.

nen jedoch im Einzelfall ausnahmsweise dazu führen, dass die Legitimationswirkung der Gesellschafterliste hinter die materielle Rechtslage zurücktreten hat, so dass der in der Liste Eingetragene trotz Abs. 1 S. 1 auch ggü. der Gesellschaft nicht als Gesellschafter gilt. Dies wird man anzunehmen haben in Fällen der Unwirksamkeit der Anteilsübertragung aufgrund nicht unbeschränkter Geschäftsfähigkeit, bei vis absoluta u. bei Handeln eines Vertreters ohne Vertretungsmacht.[37]

3. Rechtslage bis zur Aufnahme der neuen Gesellschafterliste in das Handelsregister

13 Vor der Eintragung der Veränderung in die Gesellschafterliste u. deren Aufnahme in das Handelsregister gilt in jedem Fall noch **der durch die alte Liste Legitimierte** als Inhaber des Geschäftsanteils.[38] Die Gesellschaft ist berechtigt u. verpflichtet, ihn weiterhin als Gesellschafter zu behandeln,[39] u. zwar solange, bis die neue Gesellschafterliste in das Handelsregister aufgenommen wurde. Bis zu diesem Zeitpunkt muss der Erwerber alle von dem durch die letzte Gesellschafterliste Legitimierten vorgenommenen mitgliedschaftsrechtlichen Handlungen ggü. der Gesellschaft wie auch umgekehrt die Handlungen der Gesellschaft ggü. diesem gegen sich gelten lassen.[40] Gewinnausschüttungen kann die Gesellschaft mit Erfüllungswirkung nur ggü. dem durch die letzte Liste formell Legitimierten vornehmen.[41] Auch die Teilnahme an Gesellschafterversammlungen, die Ausübung des Stimmrechts ist bis zur Aufnahme der neuen Gesellschafterliste in das Handelsregister nur dem alten Gesellschafter möglich.[42] Das Gleiche gilt für die Erhebung einer Anfechtungsklage.[43]

14 **Verpflichtungen ggü. der Gesellschaft** treffen bis zur Aufnahme der neuen Gesellschafterliste in das Handelsregister alleine den Veräußerer. Dies gilt auch für solche, die in der Zeit zwischen materiell wirksamer Abtretung u. Aufnahme der neuen Liste in das Handelsregister entstehen.[44] Allerdings kann sich aus dem schuldrechtlichen Verhältnis zwischen dem Veräußerer u. dem Erwerber des Geschäftsanteils ergeben, dass der Erwerber den Veräußerer auch schon vor diesem Zeitpunkt von möglichen Inanspruchnahmen durch die Gesellschaft freizustellen hat.

15 Besondere Diskussion erfährt die Legitimationssystematik des Abs. 1 S. 1 beim **Erbfall**.[45] Dies resultiert daraus, dass beim Tode eines Gesellschafters dessen Geschäftsanteil im Wege der Universalsukzession gem. § 1922 BGB auf den Erben übergeht u. dieser damit in die Rechtsstellung des verstorbe-

37 Scholz/*Seibt* Rn. 26; Roth/*Altmeppen* Rn. 12; *Wicke* Rn. 4; Baumbach/Hueck/*Fastrich* Rn. 12; MüKoGmbHG/*Heidinger* Rn. 51; MHLS/*Ebbing* Rn. 84.
38 Baumbach/Hueck/*Fastrich* Rn. 14; Roth/*Altmeppen* Rn. 6.
39 Roth/*Altmeppen* Rn. 6.
40 MHLS/*Ebbing* Rn. 116; Baumbach/Hueck/*Fastrich* Rn. 14; Lutter/Hommelhoff/*Bayer* Rn. 32; Scholz/*Seibt* Rn. 39.
41 *Wicke* Rn. 3; Roth/*Altmeppen* Rn. 6.
42 Vgl. auch OLG Zweibrücken NZG 12, 471.
43 So noch zum alten Legitimationssystem der Anmeldung BGH NJW 69, 133; OLG Düsseldorf DB 96, 568.
44 Baumbach/Hueck/*Fastrich* Rn. 15.
45 Vgl. etwa *Wicke* Rn. 6 f.; Baumbach/Hueck/*Fastrich* Rn. 17; MHLS/*Ebbing* Rn. 95 ff.; MüKoGmbHG/*Heidinger* Rn. 129 ff.

nen Gesellschafters vollumfänglich eintritt, es jedoch keinen bisherigen Gesellschafter mehr gibt, auf den die Rechte u. Pflichten vor Einreichung einer geänderten Gesellschafterliste bezogen werden könnten.[46] Unstr. ist, dass aufgrund der eingetretenen Veränderung eine **neue Gesellschafterliste** mit der Person des Erben zum Handelsregister **einzureichen** ist,[47] wenngleich die Eintragung des Erben in die Gesellschafterliste u. deren Aufnahme in das Handelsregister für den Erwerb des Geschäftsanteil durch den Erben nicht erforderlich ist.[48] IÜ gilt nach wohl herrschender u. zutr. Auffassung Folgendes: **Vor Einreichung u. Aufnahme** der neuen, den Erben ausweisenden **Gesellschafterliste** kann die GmbH diesen allein auf erbrechtlicher Grundlage als Rechtsnachfolger des verstorbenen Gesellschafters in Anspruch nehmen, wobei dem Erben die Möglichkeit verbleibt, seine diesbezgl Haftung gem. §§ 1975 ff. BGB auf den Nachlass zu beschränken.[49] Adressat eigener, vom Nachlass dann gelöster mitgliedschaftlicher Pflichten wird der Erbe erst mit der Eintragung u. Handelsregisteraufnahme der neuen Gesellschafterliste.[50] Strittig ist, ob der Erbe auch noch nach der Registereinstellung der ihn ausweisenden neuen Gesellschafterliste seine Haftung auf den Nachlass beschränken kann.[51] Die aus der Inhaberschaft des Geschäftsanteils folgenden **Gesellschafterrechte**, also auch das Teilnahmerecht an Gesellschafterversammlungen, das Stimmrecht sowie das Gewinnbezugsrecht, kann der Erbe erst **nach seiner Eintragung** in die neue Gesellschafterliste u. deren Aufnahme in das Handelsregister ausüben.[52] **Gewinnansprüche**, die vor Aufnahme der neuen Gesellschafterliste in das Handelsregister fällig geworden sind, stehen dem Erben allerdings kraft Erbrechts zu, wobei für deren Geltendmachung die Einreichung u. Aufnahme der neuen Gesellschafterliste erforderlich ist.[53] Nach erfolgter Listeneintragung berührt der Wegfall der Erbenstellung etwa durch Ausschlagung (§ 1945 BGB) oder Eintritt des Nacherbfalles (§§ 2106, 2139 BGB) die Rechtsstellung des eingetragenen Gesellschafters grds. nicht. In der Zwischenzeit erfolgte Ausübungen der Gesellschafterrechte sowie Rechthandlungen, welche die Gesellschaft ggü. dem in der Liste Eingetragenen vorgenommen hat, wirken auch für u. gegen den dann als Erbe Eintretenden.[54] Das Gleiche gilt für den Scheinerben.[55]

4. Rechtslage nach Aufnahme der neuen Gesellschafterliste in das Handelsregister

Mit der erfolgten Aufnahme der neuen Gesellschafterliste in das Handels- 16
register gehen im Verhältnis zur Gesellschaft **sämtliche** aus dem Geschäfts-

46 Baumbach/Hueck/*Fastrich* Rn. 10.
47 *Wicke* Rn. 6.
48 MHLS/*Ebbing* Rn. 95; MüKoGmbHG/*Heidinger* Rn. 131.
49 Baumbach/Hueck/*Fastrich* Rn. 17; *Wicke* Rn. 6.
50 *Wicke* Rn. 6.
51 Bejahend *Wicke* Rn. 7; verneinend Baumbach/Hueck/*Fastrich* Rn. 17.
52 Scholz/*Seibt* Rn. 41; MüKoGmbHG/*Heidinger* Rn. 130; *Wicke* Rn. 6 f.; Baumbach/Hueck/*Fastrich* Rn. 17; MHLS/*Ebbing* Rn. 96.
53 Baumbach/Hueck/*Fastrich* Rn. 17.
54 Lutter/Hommelhoff/*Bayer* Rn. 35; MHLS/*Ebbing* Rn. 100; MüKoGmbHG/*Heidinger* Rn. 133; *Wicke* Rn. 7; Baumbach/Hueck/*Fastrich* Rn. 17.
55 Baumbach/Hueck/*Fastrich* Rn. 17; *Wicke* Rn. 7; MHLS/*Ebbing* Rn. 99.

anteil fließenden **Mitgliedschaftsrechte** u. **-pflichten** auf den Erwerber als neuen Gesellschafter über, der insoweit an die Stelle des Veräußerers tritt.[56] Von diesem Zeitpunkt an kann somit nur noch der Erwerber die mit dem Geschäftsanteil verbundenen Rechte ausüben u. geltend machen. Dies gilt für alle mitgliedschaftlichen **Vermögens-** u. **Verwaltungsrechte**, also insbes. auch für das Recht zur Teilnahme an Gesellschafterversammlungen, das Stimmrecht, das Auskunftsrecht, das Anfechtungsrecht sowie das Bezugsrecht.[57] Auch das Gewinnbezugsrecht steht ab diesem Moment nur dem Erwerber zu.[58] Im Verhältnis zwischen Veräußerer u. Erwerber können die der Veräußerung zugrunde liegenden schuldrechtlichen Vereinbarungen natürlich auch regeln, welchen Anteil an einer noch nicht ausgeschütteten Dividende der Erwerber dem Veräußerer herauszugeben hat. Fehlt es an einer solchen Vereinbarung, hat der Veräußerer gem. § 101 Nr. 2 Hs. 2 BGB gegen den Erwerber einen Anspruch auf zeitanteilige Abführung des Gewinns.[59] Allerdings betrifft dies nur das Innenverhältnis zwischen Veräußerer u. Erwerber.

17 Die vorstehend beschriebene Übergangswirkung betrifft aber nicht nur alle Rechte, sondern auch **alle mitgliedschaftlichen Pflichten**, so dass den Erwerber ab diesem Zeitpunkt ggü. der Gesellschaft auch die Haftung trifft für rückständige Einlagen auf den betroffenen Geschäftsanteil, ferner die Ausfallhaftung für Einlageverpflichtungen der Mitgesellschafter (§ 24), dgl etwa bestehende Nachschuss- u. Nebenleistungspflichten (§ 3 II 2).[60]

5. Rückwirkung nach unverzüglicher Aufnahme der Liste in das Handelsregister (Abs. 1 S. 2)

18 Gem. Abs. 1 S. 2 wird eine vom Erwerber in Bezug auf das Gesellschaftsverhältnis vorgenommene Rechtshandlung dann als von Anfang an wirksam angesehen, wenn die Gesellschafterliste unverzüglich nach Vornahme der Rechtshandlung in das Handelsregister aufgenommen wird. Damit durchbricht diese Regelung das durch Abs. 1 S. 1 aufgestellte Prinzip, wonach nur der durch die im Handelsregister aufgenommene Gesellschafterliste formell Legitimierte zur Vornahme von Rechtshandlungen, insbes. zu Beschlussfassungen berechtigt ist. Denn dieses Prinzip führt in der Praxis immer dann zu Problemen, wenn unmittelbar nach Wirksamwerden einer Anteilsabtretung eine Gesellschafterversammlung durch den Erwerber abgehalten werden soll (zB um die alten Geschäftsführer abzuberufen u. neue zu bestellen oder um Satzungsänderungen zu beschließen). Dem Bedürfnis der Praxis, in diesen Fällen nicht auf die Aufnahme der neuen Gesellschafterliste in das Handelsregister warten zu müssen, trägt die Sonderregelung des Abs. 1 S. 2 Rechnung.[61] Demnach sind derartige durch den Er-

56 MüKoGmbHG/*Heidinger* Rn. 155; Baumbach/Hueck/*Fastrich* Rn. 17; *Wicke* Rn. 3; MHLS/*Ebbing* Rn. 53.
57 MHLS/*Ebbing* Rn. 53; *Heckschen*, Das MoMiG in der notariellen Praxis Rn. 461; MüKoGmbHG/*Heidinger* Rn. 156 f.
58 MüKoGmbHG/*Heidinger* Rn. 157.
59 BGH DB 95, 619; NJW 98, 1314; MüKoGmbHG/*Heidinger* Rn. 157.
60 *Wicke* Rn. 3; MHLS/*Ebbing* Rn. 55.
61 Roth/*Altmeppen* Rn. 7; MüKoGmbHG/*Heidinger* Rn. 142; *Wicke* Rn. 11.

werber **ansonsten wirksam** durchgeführte[62] Rechtshandlungen zwar zunächst schwebend unwirksam, sie werden aber wirksam, wenn die neue Liste unverzüglich nach der Vornahme in das Handelsregister aufgenommen wird. Dieser Wirksamkeitseintritt erfolgt mit **Rückwirkung.** Geschieht die Aufnahme der Gesellschafterliste in das Handelsregister hingg. nicht unverzüglich, dann sind die Rechtshandlungen **endgültig unwirksam.**[63]

Die gesetzgeberische Konstruktion der zunächst schwebenden Unwirksamkeit mit sich anschließendem rückwirkenden Wirksamkeitseintritt führt insbes. **bei Statusbeschlüssen**, also bei der Bestellung u. Abberufung von Geschäftsführern oder Beirats- bzw. Aufsichtsratsmitgliedern zu nicht unerheblichen **dogmatischen Problemen.**[64] Der Zustand der zunächst schwebenden Unwirksamkeit bewirkt bei dem Handeln eines auf Grundlage von Abs. 1 S. 2 durch den Erwerber **neu bestellten Geschäftsführers**, dass auch alle von ihm in der Zwischenzeit ab seiner Bestellung vorgenommenen Handlungen zunächst einmal schwebend unwirksam sind u. erst mit unverzüglicher Aufnahme der neuen Gesellschafterliste in das Handelsregister rückwirkend wirksam werden.[65] Ein Ablauf, der gerade bei von dem Geschäftsführer in der Zwischenzeit etwa vorgenommenen einseitigen Rechtsgeschäften als durchaus problematisch zu bezeichnen ist.[66] Auch die auf der Grundlage von Abs. 1 S. 2 erfolgende Abberufung eines Geschäftsführers bringt erhebliche Schwierigkeiten mit sich, ist sie ja zunächst einmal schwebend unwirksam, so dass die von dem alten Geschäftsführer in der Zwischenzeit im Namen der GmbH vorgenommenen Rechtshandlungen eigentlich vorerst wirksam sind u. mit dem Eintritt der Wirkungen des Abs. 1 S. 2 dann ex tunc ihre Wirksamkeit wieder verlieren, ein Ergebnis, das von manchen Stimmen in der Literatur als „kaum erträglich" angesehen wird.[67] 19

Bei nicht **unverzüglicher** Aufnahme der neuen Gesellschafterliste in das Handelsregister sind die auf der Basis von Abs. 1 S. 2 vorgenommenen Rechtshandlungen endgültig unwirksam (→ Rn. 18). **Unverzüglich** bedeutet nach § 121 I 1 BGB **ohne schuldhaftes Zögern.** Die zulässige Dauer der hiernach noch zulässigen Zeitspanne ist schwer zu beurteilen u. wird auch immer vom Einzelfall abhängen. Die im Schrifttum andiskutierte Frist von einem Monat erscheint eher zu lang.[68] Im Regelfall sollte jedoch angesichts des Umstandes, dass sowohl die Einreichung der Liste als auch ihre Aufnahme in das Handelsregister stattzufinden haben, ein Zeitraum von 14 Tagen noch als unverzüglich angesehen werden. Worauf sich die **Schuldhaftigkeit** des Zögerns aus der Begriffsdefinition der Unverzüglichkeit beziehen soll, wird unterschiedlich beurteilt. Da die Liste nach dem Wortlaut von Abs. 1 S. 2 auch unverzüglich in das Handelsregister aufzunehmen ist, 20

62 Lutter/Hommelhoff/*Bayer* Rn. 36; MüKoGmbHG/*Heidinger* Rn. 142.
63 BegrRegE, BT-Drs. 16/6140, S. 38; *D Mayer*, DNotZ 08, 403, 405; *Hasselmann*, NZG 09, 409, 411.
64 MüKoGmbHG/*Heidinger* Rn. 143; Baumbach/Hueck/*Fastrich* Rn. 20; *Wicke* Rn. 11; Roth/*Altmeppen* Rn. 7 f.; Lutter/Hommelhoff/*Bayer* Rn. 39.
65 *Gasteyer/Goldschmidt*, ZIP 08, 1906, 1907 f.; Roth/*Altmeppen* Rn. 7.
66 Lutter/Hommelhoff/*Bayer* Rn. 39.
67 So Roth/*Altmeppen* Rn. 8; iErg ebenso MüKoGmbHG/*Heidinger* Rn. 143.
68 So auch Lutter/Hommelhoff/*Bayer* Rn. 37.

wird man wohl auch ein schuldhaftes Zögern des Registergerichts als Hindernis für die Wirkung des Abs. 1 S. 2 anzusehen haben.[69]

21 In der **Praxis** kann man die mit der Regelung des Abs. 1 S. 2 verbundenen Probleme dadurch umgehen, dass der **Veräußerer** den Rechtshandlungen des Erwerbers **zustimmt** bzw. an diesen **mitwirkt** oder aber dem Erwerber eine **Vollmacht** zur Vornahme der Rechtshandlungen erteilt.[70]

III. Haftung für rückständige Einlagen (Abs. 2)

1. Allgemeines

22 Abs. 2 entspricht inhaltlich dem Abs. 3 aF (vor Inkrafttreten des MoMiG am 1.11.08). Die Vorschrift ordnet eine Haftung des **Erwerbers** eines Geschäftsanteils für **Einlageverpflichtungen** an, die zum Zeitpunkt der Aufnahme der aktualisierten Gesellschafterliste in das Handelsregister **rückständig** sind. Neben dem Erwerber **haftet** der **Veräußerer** für diese rückständigen Einlageverpflichtungen **fort.** Erwerber u. Veräußerer haften insoweit als **Gesamtschuldner.**[71] Die Gesellschaft kann beide wahlweise in Anspruch nehmen, die rückständige Einlagenverpflichtung aber insg. nur einmal verlangen.[72] Für den Innenausgleich gilt mangels abw. Vertragsregelung § 426 I 1 BGB.[73] Neben der Haftung aus Abs. 2 bleibt die subsidiäre Haftung des Veräußerers nach §§ 22, 28 unberührt.[74]

23 Der Begriff der „rückständigen Einlageverpflichtungen" hat dieselbe Auslegung zu erfahren, wie die von Abs. 3 aF verwendete Terminologie der „rückständigen Leistungen".[75] Unter **„Einlageverpflichtungen"** fallen alle Leistungen, zu denen der Inhaber eines Geschäftsanteils als solcher verpflichtet ist,[76] etwa Stammeinlagen (§ 3 I Nr. 4) – u. zwar auch solche, bei denen die Einlageverpflichtung aus der Verwendung einer Vorrats- oder Mantelgesellschaft resultiert –,[77] ferner Leistungsverpflichtungen aus verdeckter Sacheinlage (§ 19 IV),[78] aus Differenzhaftung (§ 9),[79] aus Vorbelastungshaftung, aus Nachschusspflichten (§§ 26 ff.), aus Nebenleistungspflichten (§ 3 II)[80] u. aus Ausfallhaftung (§ 24).[81] Hingg. haftet der Erwer-

69 So auch MüKoGmbHG/*Heidinger* Rn. 144; *Gasteyer/Goldschmidt*, ZIP 08, 1906, 1909; MHLS/*Ebbing* Rn. 129; *Hasselmann*, NZG 09, 409, 411; aA *Wachter*, ZNotP 08, 373, 382; *D Mayer*, ZIP 09, 1037, 1041; Lutter/Hommelhoff/*Bayer* Rn. 37; Baumbach/Hueck/*Fastrich* Rn. 21.
70 Lutter/Hommelhoff/*Bayer* Rn. 40; MüKoGmbHG/*Heidinger* Rn. 146.
71 Scholz/*Seibt* Rn. 54.
72 MHLS/*Ebbing* Rn. 155.
73 Lutter/Hommelhoff/*Bayer* Rn. 45.
74 Baumbach/Hueck/*Fastrich* Rn. 23; *Wicke* Rn. 12.
75 BegrRegE BR-Drs. 354/07, S. 86 f.; *D Mayer*, DNotZ 08, 403, 405 f.; Lutter/Hommelhoff/*Bayer* Rn. 43; MHLS/*Ebbing* Rn. 136; Roth/*Altmeppen* Rn. 31.
76 MHLS/*Ebbing* Rn. 137.
77 BGH NJW 12, 1875; GmbHR 03, 227; OLG München NZG 10, 544, 545; OLG Celle GmbHR 05, 1496, 1497; OLG Düsseldorf NZG 04, 380, 381.
78 OLG Schleswig ZIP 00, 1833.
79 BGHZ 68, 191, 196.
80 Baumbach/Hueck/*Fastrich* Rn. 23; Lutter/Hommelhoff/*Bayer* Rn. 42; MHLS/*Ebbing* Rn. 137.
81 OLG Köln ZIP 93, 1389, 1393.

ber nicht für die Erstattung einer verbotenen Einlagenrückgewähr gem. § 31, da für diese lediglich der Empfänger unmittelbar haftet.[82]

Rückständig ist eine Einlageverpflichtung dann, wenn sie fällig ist u. noch nicht erbracht wurde.[83] Die Fälligkeit wird für den Mindestbetrag der Stammeinlagen nach dem Gesetz u. iÜ durch den Gesellschaftsvertrag, einen Gesellschafterbeschluss oder gem. einer gesonderten Aufforderung durch die Geschäftsführung bestimmt.[84] 24

Maßgeblicher Zeitpunkt für den Eintritt der Haftung ist die Aufnahme der aktualisierten Gesellschafterliste in das Handelsregister. Aus der Perspektive des Veräußerers bedeutet dies, dass er zwar für die zu diesem Zeitpunkt rückständigen Einlageverpflichtungen weiter haftet, u. zwar neben dem hierfür durch Abs. 2 in die Mithaftung einbezogenen Erwerber, allerdings trifft den Veräußerer keine Haftung mehr für Einlageverpflichtungen, die erst nach diesem Zeitpunkt fällig werden, da er dann nach der Grundregel des Abs. 1 S. 1 ggü. der Gesellschaft nicht mehr als Gesellschafter gilt;[85] für diese nach der Aufnahme der aktualisierten Liste in das Handelsregister fällig werdenden Einlageverpflichtungen haftet alleine der Erwerber. 25

2. Scheinerwerber

Problematisch u. str. war nach altem Recht u. ist nach wie vor auch unter Geltung des neuen Rechts die Haftung des sog. **Scheinerwerbers** für rückständige Einlageverpflichtungen, also die Haftung desjenigen, der als Erwerber eines Geschäftsanteils in die beim Handelsregister aufgenommene Liste eingetragen wurde, bei dem sich aber dann herausstellt, dass der Anteilserwerb materiellrechtlich nicht wirksam geworden ist. Zum alten Recht hat der BGH zunächst entschieden, dass ein Scheinerwerber auch nach erfolgtem Widerruf seiner Anmeldung ggü. der Gesellschaft gem. Abs. 3 aF für bis dahin fällig gewordene u. rückständige Leistungen weiter haftet.[86] In einer späteren Entscheidung stellte der BGH – insoweit nicht ganz eindeutig – zwar einerseits darauf ab, dass die Haftung für rückständige Stammeinlagen nach § 16 III aF den wirksamen Erwerb eines Geschäftsanteils voraussetze, betonte aber andererseits, dass in dem konkret entschiedenen Fall auch die Anmeldung gem. § 16 I aF unwirksam gewesen sei,[87] so dass diese Entscheidung überw. nicht als eigentliche Abkehr von der bisher verfolgten Linie betrachtet wird.[88] Die hM in der Literatur hat hingg. dahin gehend differenziert, dass eine vom Scheinerwerber in der Zwischenzeit erbrachte Einlagenleistung mit Rechtsgrund erfolgt sei u. daher auch nach einem Widerruf der Anmeldung von der Gesellschaft nicht kondiziert werden könne, dass aber die Haftung des Scheinerwerbers hins. noch ausstehender Einlagen*leistungen mit* dem Widerruf der Anmeldung 26

82 *Wicke* Rn. 12; Lutter/Hommelhoff/*Bayer* Rn. 42; Roth/*Altmeppen* Rn. 33; Baumbach/Hueck/*Fastrich* Rn. 23; aA MHLS/*Ebbing* Rn. 137.
83 BGHZ 132, 133, 137; Lutter/Hommelhoff/*Bayer* Rn. 44; MHLS/*Ebbing* Rn. 142; Scholz/*Seibt* Rn. 53.
84 Roth/*Altmeppen* Rn. 39; MHLS/*Ebbing* Rn. 142; *Wicke* Rn. 12.
85 MüKoGmbHG/*Heidinger* Rn. 182 f.; MHLS/*Ebbing* Rn. 138.
86 BGH NJW 07, 1058, 1059; BGHZ 84, 47, 50.
87 BGH NZG 10, 908.
88 Vgl. Baumbach/Hueck/*Fastrich* Rn. 24.

erlösche.[89] Auch nach neuem Recht wird die vorstehend beschriebene Problematik uneinheitlich beurteilt. Während eine Auffassung iSd differenzierten Betrachtung der bisherigen hM im Schrifttum u. gegen die Ansicht des BGH zutreffenderweise eine Haftung des Scheinerwerbers nach Abs. 2 für noch ausstehende rückständige Einlageverpflichtungen nach einer Korrektur der falschen, den Scheinerwerber als Gesellschafter ausweisenden Gesellschafterliste ablehnt,[90] sind andere der Ansicht, dass die Neufassung des § 16 durch das MoMiG eine neue rechtliche Situation geschaffen habe, auf deren Grundlage die Haftung des Scheinerwerbers nach Abs. 2 auch dann bestehen bleibe, wenn die im Handelsregister aufgenommene Gesellschafterliste korrigiert wurde.[91]

IV. Gutgläubiger Erwerb vom Nichtberechtigten (Abs. 3)

1. Allgemeines

27 Mit dem neuen Abs. 3 wurde erstmals das **Institut des gutgläubigen Erwerbs** von GmbH-Geschäftsanteilen in das deutsche Recht **eingeführt.** Zielsetzung der Regelung war, der Praxis die bis dahin im Vorfeld einer Anteilsabtretung sehr aufwendig durchzuführende u. nicht immer zu einem sicheren Ergebnis gelangende Prüfung der tatsächlichen Inhaberschaft des Veräußerers an dem abzutretenden Geschäftsanteil durch lückenlose Kontrolle der Kette sämtlicher Abtretungsvorgänge seit der Gründung („**chain of title**") zu ersparen oder zumindest zu reduzieren. Die Möglichkeit eines gutgläubigen Erwerbs von Geschäftsanteilen sollte also eine **Erhöhung der Rechtssicherheit** u. eine **Senkung von Transaktionskosten** bewirken.[92] Inhaltlich ermöglicht Abs. 3 den rechtsgeschäftlichen gutgläubigen Erwerb von Geschäftsanteilen oder von Rechten an Geschäftsanteilen vom Nichtberechtigten, wenn dieser als Inhaber des Geschäftsanteils in der im Handelsregister aufgenommenen Gesellschafterliste eingetragen ist, es sei denn, die Liste ist weniger als 3 Jahre unrichtig u. die Unrichtigkeit ist dem wahren Inhaber nicht zuzurechnen oder der Liste ist ein Widerspruch zugeordnet. Die Vorschrift lehnt sich zT an die Regelung des **§ 892 BGB** an.[93] Da die Gesellschafterliste aber privat geführt wird, das Handelsregister also nur verwahrende u. publizierende Stelle ist, gibt es keinen vollständigen Gleichlauf mit dem grundbuchlichen Gutglaubenstatbestand.[94] Durch Abs. 3 geschützt wird nur der **gute Glaube an die Verfügungsbefugnis** des in der Gesellschafterliste eingetragenen Veräußerers. **Keinen Schutz** erfahren hingg. der gute Glaube an die **Existenz** oder die **Lastenfreiheit** des Geschäftsanteils, so dass weder der gutgläubige Erwerb eines nicht existenten Geschäftsanteils[95] (→ Rn. 35) noch der gutgläubig lastenfreie Erwerb eines

89 Vgl. hierzu die Übersichten bei Baumbach/Hueck/*Fastrich* Rn. 24; Roth/*Altmeppen* Rn. 43; Lutter/Hommelhoff/*Bayer* Rn. 46; MHLS/*Ebbing* Rn. 150.
90 Roth/*Altmeppen* Rn. 45 f.; Lutter/Hommelhoff/*Bayer* Rn. 47; differenzierter Baumbach/Hueck/*Fastrich* Rn. 24.
91 *MHLS/Ebbing* Rn. 153; MüKoGmbHG/Heidinger Rn. 195, 197.
92 BegrRegE BR-Drs. 354/07, S. 87.
93 BegrRegE BR-Drs. 354/07, S. 87.
94 BegrRegE BT-Drs. 16/6140, S. 38.
95 *Kort*, GmbHR 09, 169 ff.; MüKoGmbHG/*Heidinger* Rn. 25; MHLS/*Ebbing* Rn. 163; *Wälzholz*, MittBayNot 08, 425, 436.

Geschäftsanteils[96] (→ Rn. 36) möglich ist. Ebenso **nicht** durch Abs. 3 **geschützt** ist der **gute Glaube an die freie Übertragbarkeit** von Geschäftsanteilen, da in der Satzung enthaltene Vinkulierungsbestimmungen nach § 15 V aus der Gesellschafterliste nicht ersichtlich u. damit der Rechtsscheinwirkung dieser Liste entzogen sind.[97]

Tatbestandliche Voraussetzungen des Gutglaubenserwerbs nach Abs. 3 sind: (i) Eine **Gesellschafterliste als Rechtsscheinsträger** (→ Rn. 30 ff.) mit der Eintragung des Nichtberechtigten als Inhaber (ii) eines **bestehenden Geschäftsanteils** (→ Rn. 35), (iii) ein **rechtsgeschäftlicher Erwerb** (→ Rn. 38 ff.) dieses Geschäftsanteils oder eines **Rechts an dem Geschäftsanteil** (→ Rn. 37), (iv) die **Zurechenbarkeit** (→ Rn. 41) der Listenunrichtigkeit an den wahren Berechtigten oder der **Ablauf der Drei-Jahres-Frist** (→ Rn. 42), (v.) die **mangelnde Kenntnis oder grob fahrlässige Unkenntnis** (→ Rn. 43) des Erwerbers von der Unrichtigkeit sowie (vi) das **Fehlen eines** der Liste zugeordneten **Widerspruchs** (→ Rn. 44 f.). 28

Die **Wirkungen des gutgläubigen Erwerbs** eines Geschäftsanteils entsprechen denjenigen des Erwerbs vom Berechtigten. Der Geschäftsanteil geht durch das Rechtsgeschäft zwischen dem Scheingesellschafter als durch die Listeneintragung formal Berechtigtem u. dem Erwerber von dem materiellrechtlichen u. damit wahren Inhaber auf den Erwerber über. Vorhandene beschränkte Rechte an dem Geschäftsanteil (zB Pfandrecht oder Nießbrauch) bleiben bestehen.[98] 29

2. Gesellschafterliste als Rechtsscheinträger

Anknüpfungspunkt für den gutgläubigen Erwerb ist die zum **Rechtsscheinträger** aufgewertete **Gesellschafterliste.**[99] Hierzu zählt die Gesellschafterliste des Geschäftsführers nach § 40 I, die bescheinigte Gesellschafterliste des Notars nach § 40 II sowie die dem Musterprotokoll des vereinfachten Gründungsverfahrens qua Gesetz (§ 2 Ia 4) zugewiesene Funktion der Gesellschafterliste (→ § 2 Rn. 43).[100] Es muss sich um eine im **Handelsregister aufgenommene** Gesellschafterliste handeln. Aufgenommen ist die Liste, wenn sie in dem für das entspr. Registerblatt bestimmten Registerordner (§ 9 I HRV) eingestellt ist. Dieser Registerordner wird mittlerweile elektronisch geführt u. ist online zugänglich.[101] Gesellschafterlisten, die noch vor Inkrafttreten des Gesetzes über elektronische Handelsregister u. Genossenschaftsregister sowie das Unternehmensregister (EHUG) am 1.1.07 eingereicht u. bislang nicht online gestellt wurden, sind dennoch als im Handelsregister aufgenommen anzusehen, wenn sie sich im sog. Sonderband der Papierregister (§ 8 II HRV aF) befinden.[102] 30

---

96 OLG München NZG 11, 473, 474; Baumbach/Hueck/*Fastrich* Rn. 26.
97 *Hamann*, NZG 07, 492, 494; *D Mayer*, DNotZ 08, 403, 418; Roth/*Altmeppen* Rn. 71; Lutter/Hommelhoff/*Bayer* Rn. 62.
98 MHLS/*Ebbing* Rn. 254.
99 Lutter/Hommelhoff/*Bayer* Rn. 52.
100 Michalski/*Ebbing* Rn. 187; Lutter/Hommelhoff/*Bayer* Rn. 52; MüKoGmbHG/*Heidinger* Rn. 211.
101 *Seibert/Wedemann*, GmbHR 07, 17 ff.; MüKoGmbHG/*Heidinger* Rn. 80.
102 Roth/*Altmeppen* Rn. 4; vgl. auch MüKoGmbHG/*Heidinger* Rn. 80.

31 Um wirksamer Rechtsscheinträger zu sein, hat die Gesellschafterliste iW **den formalen Anforderungen des § 40 zu entsprechen.**[103] Dies muss zumindest ihrem äußeren Anschein nach gelten. Dies bedeutet: Sind die Formalanforderungen des § 40 ganz offensichtlich nicht erfüllt, liegt kein hinreichender Rechtsscheinträger vor u. scheidet damit ein gutgläubiger Erwerb von vornherein aus.[104] Dies gilt etwa bei einer fehlenden Unterzeichnung durch den Geschäftsführer oder den Notar oder wenn der legitimierte Inhaber nicht eindeutig identifizierbar oder die Liste in sich widersprüchlich ist.[105] Hingg. ist das erkennbare Fehlen oder die Unrichtigkeit einzelner Angaben (etwa das Geburtsdatum oder der Wohnort eines Gesellschafters) für die Rechtsscheinwirkung unschädlich, wenn der vermeintliche Inhaber des Geschäftsanteils zweifelsfrei ausgemacht werden kann.[106] Gleiches gilt, wenn der Geschäftsanteil nicht ordnungsgemäß nummeriert ist, sofern er nur anhand der Gesellschafterliste eindeutig erkennbar bleibt.[107]

32 **Strittig** ist, ob die Gesellschafterliste auch über den äußeren Anschein hinaus **authentisch** zu sein hat, insbes. also von einer befugten Person bzw. befugten Personen, nämlich dem Notar oder den Geschäftsführern in vertretungsberechtigter Zahl, unterzeichnet u. dem Gericht auf Veranlassung der Gesellschaft zugegangen sein muss. Nach wohl hM ist dies zu verneinen. Danach soll der gutgläubige Erwerb auch dann möglich sein, wenn ein Unbefugter ohne Kenntnis der Geschäftsführer u. Gesellschafter dem Handelsregister eine unrichtige Gesellschafterliste eingereicht hat; dies soll selbst für eine von einem Unbefugten bewusst gefälschte Gesellschafterliste gelten.[108] Nach zutr. Gegenansicht muss hingg. für die Eröffnung des Gutglaubensschutzes aus Abs. 3 eine von einer befugten Person bzw. von befugten Personen (bei Geschäftsführern in vertretungsberechtigter Zahl) unterschriebene Liste vorliegen, die Unterschriften müssen echt sein u. die Liste muss dem Gericht auf Veranlassung der Gesellschaft zugegangen sein.[109]

33 Ebenfalls **strittig** beantwortet wird die Frage, ob bei einer durch den Notar gem. § 40 II 1 erstellten Gesellschafterliste das **Fehlen der Notarbescheinigung** nach § 40 II 2 einen gutgläubigen Erwerb ausschließt. Nach richtiger Auffassung ist das Fehlen der Notarbescheinigung für die Rechtsscheinwirkung der Liste unschädlich,[110] da die versehentlich unbescheinigte Notar-

103 *Bohrer*, DStR 07, 995, 998; *Preuß*, ZGR 08, 676, 688; *D Mayer*, DNotZ 08, 403, 418; *Vossius*, DB 07, 229, 2300; Lutter/Hommelhoff/*Bayer* Rn. 53; *Wicke* Rn. 14.

104 Lutter/Hommelhoff/*Bayer* Rn. 53.

105 Baumbach/Hueck/*Fastrich* Rn. 29; *Vossius*, DB 07, 2299, 2300; *D Mayer*, DNotZ 08, 403, 418; MüKoGmbHG/*Heidinger* Rn. 217.

106 *Vossius*, DB 07, 2299, 2300; *D Mayer*, DNotZ 08, 403, 418 f.; Lutter/Hommelhoff/*Bayer* Rn. 55; *Wicke* Rn. 14; Baumbach/Hueck/*Fastrich* Rn. 29.

107 Lutter/Hommelhoff/*Bayer* Rn. 55; *Wicke* Rn. 14; *Vossius*, DB 07, 2299, 2300 f.

108 *Vossius*, DB 07, 2299, 2301; *Apfelbaum*, BB 08, 2470, 2472; *Wachter*, GmbHR Sonderheft MoMiG 08, 51, 59; *Reymann*, BB 09, 506, 509 f.; Lutter/Hommelhoff/*Bayer* Rn. 54; MüKoGmbHG/*Heidinger* Rn. 218; MHLS/*Ebbing* Rn. 197.

109 Roth/*Altmeppen* Rn. 12; *Wicke* Rn. 14; *Bohrer*, DStR 07, 995, 998.

110 *Kort*, GmbHR 09, 169, 172; *D Mayer*, DNotZ 08, 403, 415; Roth/*Altmeppen* Rn. 64; MüKoGmbHG/*Heidinger* Rn. 230; Lutter/Hommelhoff/*Bayer* Rn. 53; aA *Wicke* Rn. 14; *Bohrer*, DStR 07, 995, 998.

liste bezogen auf ihre den Rechtsschein auslösende Vertrauenswirkung nicht für geringwertiger erachtet werden kann als die stets unbescheinigte Geschäftsführerliste.[111]

34 Unterschiedlich beurteilt wird ferner, ob die Gesellschafterliste einen Gutglaubensschutz nach Abs. 3 auch für den Fall einer **bedingten Abtretung des Geschäftsanteils** entfaltet. Bei einer bedingten Abtretung gelten grds. § 161 I u. II BGB, dh Zwischenverfügungen des Veräußerers werden mit Bedingungseintritt unwirksam. Fraglich ist nunmehr, ob ein Zweiterwerber, der den Geschäftsanteil vom nach wie vor bis zum Bedingungseintritt in die Liste eingetragenen Veräußerer erwirbt, diesen Geschäftsanteil über § 161 III BGB iVm § 16 III dergestalt erwerben kann, dass er sein Recht auch nach Bedingungseintritt zulasten des Ersterwerbers behält. Der BGH sowie Teile der Literatur haben dies iErg zutr. abgelehnt.[112] Zur damit zusammenhängenden Frage, ob sich ein erhöhter Schutz des Ersterwerbers gegen Zwischenverfügungen des Veräußerers durch einen vom Veräußerer bewilligten **Widerspruch** erreichen lässt, → Rn. 45.

3. Geschäftsanteil

35 Nur ein existenter Geschäftsanteil kann Gegenstand eines gutgläubigen Erwerbs sein, da durch Abs. 3 nur der gute Glaube an die Verfügungsbefugnis des in der Gesellschafterliste eingetragenen Veräußerers geschützt wird. **Nicht bestehende** Geschäftsanteile können hingg. **nicht gutgläubig erworben** werden.[113] IErg kontrovers beurteilt wird die Frage, ob ein gutgläubiger Erwerb nach Maßgabe einer in der Gesellschafterliste aufgeführten **unrichtigen Stückelung** der Geschäftsanteile möglich ist. Bei dieser Fragestellung sind verschiedene Konstellationen zu unterscheiden: Ist eine Stückelung wegen Verstoßes gegen § 5 II 1 unzulässig (zB „Geschäftsanteil im Nennbetrag von 75,50 EUR"), so führt eine solchermaßen fehlerhafte Stückelung zu einer Nicht-Existenz des ausgewiesenen Geschäftsanteils. Ein solcher nicht existierender Geschäftsanteil kann nach der vorstehend dargestellten Grundregel nicht gutgläubig erworben werden.[114]

In der Literatur intensiv diskutiert wird in diesem Zusammenhang eine andere Fallgruppe, bei der in der Gesellschafterliste zwar eine nach § 5 II 1 zulässige Stückelung ausgewiesen wird, diese aber nicht der materiellen Rechtslage entspricht.[115] So etwa bei der versehentlichen Auflistung tat-

---

111 MüKoGmbHG/*Heidinger* Rn. 230.

112 BGH NZG 11, 1268 Rn. 11; OLG München NZG 11, 473, 475; OLG Hamburg NZG 10, 1157; *Preuß*, ZGR 08, 691 ff.; *Weigl*, MittBayNot 09, 116, 117 f.; *D Mayer*, ZIP 09, 1037, 1050; *Zessel*, GmbHR 09, 303, 305; *Link*, RNotZ 09, 193; Baumbach/Hueck/*Fastrich* Rn. 29; aA *Reymann*, GmbHR 09, 343; *Vossius*, DB 07, 2299, 2301; *Wachter*, GmbHR Sonderheft MoMiG 08, 51, 61; MHLS/*Ebbing* Rn. 183, 237, 249; Lutter/Hommelhoff/*Bayer* Rn. 63; Roth/*Altmeppen* Rn. 74. Ausf. zum diesbzgl Meinungsstand MüKoGmbHG/*Heidinger* Rn. 257 ff., 283 ff. sowie Baumbach/Hueck/*Fastrich* Rn. 29.

113 Lutter/Hommelhoff/*Bayer* Rn. 58; Roth/*Altmeppen* Rn. 51; Baumbach/Hueck/*Fastrich* Rn. 28.

114 MüKoGmbHG/*Heidinger* Rn. 279.

115 *Böttcher/Blasche*, NZG 07, 569; *Wicke* Rn. 15; Lutter/Hommelhoff/*Bayer* Rn. 59; Roth/*Altmeppen* Rn. 66 ff.; Baumbach/Hueck/*Fastrich* Rn. 28; MüKoGmbHG/*Heidinger* Rn. 278 ff.; Scholz/*Seibt* Rn. 70 ff.

sächlich mehrerer Geschäftsanteile als nur ein Geschäftsanteil oder umgekehrt von tatsächlich einem Geschäftsanteil als mehrere Geschäftsanteile. Hierzu wird die Auffassung vertreten, entscheidend sei alleine, dass der Geschäftsanteil einem bestimmten Gesellschafter zweifelsfrei zugeordnet werden könne.[116] Auf dieser Grundlage soll etwa bei einem einheitlichen Geschäftsanteil, der in der Liste fälschlich als zwei Anteile ausgewiesen ist (zB statt richtig ein Anteil von 1.000 EUR fehlerhaft zwei Anteile von je 500 EUR), die Veräußerung nur eines der aufgeführten Anteile zum gutgläubigen Erwerb nach Abs. 3 führen.[117] Diese Meinung ist abzulehnen,[118] da sie iErg zu einem gutgläubigen Erwerb eines nicht in diesem Umfang existenten Geschäftsanteils führen würde.

Die vorstehend dargestellte Grundregel verbietet aber nicht nur den gutgläubigen Erwerb eines überhaupt nicht vorhandenen Geschäftsanteils, sondern auch den gutgläubigen Erwerb eines nicht im ausgewiesenen Umfang bestehenden Geschäftsanteils, da sich Umfang u. Existenz letztlich nicht trennen lassen. Anders ausgedrückt: Besteht der Geschäftsanteil nicht in dem ausgewiesenen Umfang, so ist er in dieser Form auch nicht existent.[119] Der andere Fall, dass tatsächlich mehrere Geschäftsanteile in der Liste fälschlicherweise als nur ein Geschäftsanteil ausgewiesen werden (zB statt richtig zwei Anteile von je 500 EUR fehlerhaft ein Anteil von 1.000 EUR) u. der Veräußerer diesen einen Geschäftsanteil an einen Erwerber überträgt, lässt sich idR ohne Rückgriff auf das Institut des gutgläubigen Erwerbs lösen. Denn hier wird die Auslegung der Willenserklärungen, welche der Übertragung zugrunde liegen, meist zu dem Ergebnis kommen, dass Veräußerer u. Erwerber die Übertragung der Geschäftsanteile im Umfang der bestehenden Nennbetragssumme gewollt haben.[120] Der Umstand, dass sie in der Abtretungsvereinbarung statt der in Wirklichkeit bestehenden zwei Geschäftsanteile von einem einheitlichen Geschäftsanteil ausgegangen sind, ist nach dem Grundsatz „falsa demonstratio non nocet“ (→ § 15 Rn. 60) unbeachtlich, so dass trotz der erfolgten Falschbezeichnung die beiden tatsächlich bestehenden Einzelgeschäftsanteile wirksam an den Erwerber abgetreten wurden.[121]

36 Auf der Grundlage von Abs. 3 **nicht möglich** ist ein **gutgläubig lastenfreier Erwerb** von Geschäftsanteilen, da Belastungen nicht in die Gesellschafterliste eingetragen werden können (→ Rn. 2) u. damit der Rechtsscheinwirkung der Gesellschafterliste entzogen sind.[122]

116 *Böttcher/Blasche*, NZG 07, 565, 566 ff.; *Klöckner*, NZG 08, 841, 844 f.; *Ziemons*, BB 06, Beil 7, S. 9, 11; *Flesner*, NZG 06, 641, 643; *Gottschalk*, DZWIR 09, 45, 49 f.

117 *Böttcher/Blasche*, NZG 07, 565, 566 ff.; *Wicke* Rn. 15; wohl auch Scholz/*Seibt* Rn. 72.

118 So auch *D Mayer*, DNotZ 08, 403, 418; Wachter, GmbH Sonderheft MoMiG 08, 51, 59; Lutter/Hommelhoff/*Bayer* Rn. 59; Roth/*Altmeppen* Rn. 67 f.; MüKoGmbHG/*Heidinger* Rn. 282.

119 Ähnl wohl MüKoGmbHG/*Heidinger* Rn. 282.

120 BGH NJW-RR 87, 807, 808.

121 Scholz/*Seibt* Rn. 72; Lutter/Hommelhoff/*Bayer* Rn. 59.

122 Baumbach/Hueck/*Fastrich* Rn. 28; Lutter/Hommelhoff/*Bayer* Rn. 60; Roth/*Altmeppen* Rn. 69.

4. Recht an einem Geschäftsanteil

Abs. 3 findet auch Anwendung auf die Bestellung von **Rechten an einem Geschäftsanteil**, also zB auf die Einräumung eines **Pfandrechts** (§§ 1273 ff. BGB) oder eines **Nießbrauchs** (§§ 1068 ff. BGB). Diese können bei Vorliegen der Voraussetzungen des Abs. 3 vom in der Gesellschafterliste eingetragenen Nichtberechtigten gutgläubig erworben werden. Der gutgläubige Erwerb einer **Unterbeteiligung** wie auch einer **Treugeberstellung** iR einer Vereinbarungstreuhand ist jedoch nicht möglich, da in diesen Fällen keine Veränderung in der dinglichen Rechtslage beabsichtigt ist, was eine Voraussetzung für die Anwendbarkeit von Abs. 3 darstellt.[123] Auch ein Pfändungspfandrecht kann nicht gutgläubig erworben werden, da es insoweit an einem rechtsgeschäftlichen Erwerb fehlt (→ Rn. 38). 37

5. Rechtsgeschäftlicher Erwerb

Nur ein rechtsgeschäftlicher Erwerb eines Geschäftsanteils oder eines Rechts an einem Geschäftsanteil kann zu einem gutgläubigen Erwerb führen. Damit **scheidet** für alle **kraft Gesetzes** erfolgenden Erwerbsvorgänge, zB Erbfall (§§ 1922, 1967 BGB), Umwandlung (§§ 2 ff. UmwG) oder Begründung einer Gütergemeinschaft (§ 1416 BGB) der Gutglaubensschutz aus Abs. 3 **aus.**[124] Gleiches gilt für den Erwerb eines Geschäftsanteils durch **Zuschlag** in der **Zwangsversteigerung.**[125] Nach zutr. Auffassung ist auch ein Erwerb durch Gesellschafterbeschluss, wie etwa bei der **Einziehung** eines Geschäftsanteils, nicht als rechtsgeschäftlicher Erwerb iSd Abs. 3 anzusehen.[126] Ein rechtsgeschäftlicher Erwerb mit der Folge der Anwendbarkeit der Gutglaubensvorschriften liegt hingg. insbes. vor bei einer Abtretung (auch Teilabtretung), bei einer Veräußerung des Anteils durch die Gesellschaft nach erfolgter Kaduzierung, bei einer Verpfändung sowie bei einer Nießbrauchsbestellung.[127] 38

Nach dem Vorbild der §§ 932, 892 BGB muss der Erwerb ferner durch ein **Verkehrsgeschäft** erfolgen, dh Veräußerer u. Erwerber des Geschäftsanteils dürfen **rechtlich u. wirtschaftlich nicht identisch** sein.[128] Dies verlangt, dass auf Erwerberseite mind. eine Person beteiligt ist, die nicht auch auf der Veräußererseite beteiligt ist.[129] Veräußerer u. Erwerber dürfen zudem nicht von der gleichen Person vertreten werden.[130] Kein Verkehrsgeschäft liegt 39

---

123 *D Mayer*, DNotZ 08, 403, 419; Lutter/Hommelhoff/*Bayer* Rn. 57; Roth/*Altmeppen* Rn. 70; MHLS/*Ebbing* Rn. 244; Baumbach/Hueck/*Fastrich* Rn. 26.

124 Roth/*Altmeppen* Rn. 77; Lutter/Hommelhoff/*Bayer* Rn. 69; MHLS/*Ebbing* Rn. 171; Baumbach/Hueck/*Fastrich* Rn. 30; MüKoGmbHG/*Heidinger* Rn. 288; *Wicke* Rn. 18; Scholz/*Seibt* Rn. 64.

125 *Wachter*, GmbHR Sonderheft MoMiG 08, 51, 59; *D Mayer*, DNotZ 08, 403, 420; Lutter/Hommelhoff/*Bayer* Rn. 65; Michalski/*Ebbing* Rn. 174.

126 *Vossius*, DB 07, 2299, 2300; *Wachter*, GmbHR Sonderheft MoMiG 08, 51, 59; Roth/*Altmeppen* Rn. 77; Lutter/Hommelhoff/*Bayer* Rn. 65; Baumbach/Hueck/*Fastrich* Rn. 30; aA *Wicke* Rn. 18.

127 Baumbach/Hueck/*Fastrich* Rn. 30.

128 Roth/*Altmeppen* Rn. 78; Lutter/Hommelhoff/*Bayer* Rn. 66; MHLS/*Ebbing* Rn. 175; Baumbach/Hueck/*Fastrich* Rn. 31; MüKoGmbHG/*Heidinger* Rn. 289; *Wicke* Rn. 19.

129 MHLS/*Ebbing* Rn. 176; Roth/*Altmeppen* Rn. 78.

130 MHLS/*Ebbing* Rn. 176.

also zB vor bei einer Übertragung des Anteils von nichtberechtigten Eltern an ihr von ihnen vertretenes minderjähriges Kind[131] sowie bei einer Abtretung des Geschäftsanteils vom Nichtberechtigten an eine in seiner Alleininhaberschaft stehende GmbH.[132]

40 Das Erwerbsrechtsgeschäft muss **iÜ wirksam** sein.[133] Daran kann es fehlen bei nicht unbeschränkter Geschäftsfähigkeit eines Beteiligten, bei Willensmängeln, bei Handeln eines Vertreters ohne Vertretungsmacht sowie bei gesetzlichen Verfügungsbeschränkungen[134] (zB § 1365 BGB – eine in der Transaktionspraxis gerne übersehene Vorschrift), ferner bei einer in der Satzung der GmbH enthaltenen Vinkulierungsklausel gem. § 15 V.[135] Der durch Abs. 3 begründete Gutglaubensschutz überwindet nämlich nur eine fehlende Berechtigung des Veräußerers an dem Geschäftsanteil, nicht auch andere Übertragungshindernisse u. Verfügungsbeschränkungen.[136]

6. Zurechenbarkeit der Listenunrichtigkeit an den wahren Berechtigten

41 Ist dem wahren Anteilsinhaber die Unrichtigkeit der Gesellschafterliste **zuzurechnen**, so ist **sofort** nach Aufnahme der unrichtigen Gesellschafterliste ein **gutgläubiger Erwerb möglich.**[137] Nach zwischenzeitlich verbreiteter Auffassung im Schrifttum ist dem Berechtigten die Unrichtigkeit der Gesellschafterliste dann zuzurechnen, wenn er die Unrichtigkeit **(mit-) veranlasst** oder **(mit) zu verantworten** hat.[138] Auf ein Verschulden des Berechtigten kommt es nicht an.[139] So liegt eine zurechenbare Unrichtigkeit etwa dann vor, wenn sich der Erwerber eines Geschäftsanteils nicht darum gekümmert hat, dass die Gesellschafterliste geändert wird u. seine Rechtsstellung richtig wiedergibt,[140] indem er es zB unterlassen hat, den die Veräußerung beurkundenden Notar über den Eintritt einer Abtretungsbedingung zu informieren, damit dieser sodann die geänderte Gesellschafterliste zum Handelsregister einreicht.[141] Eine Zurechenbarkeit ist ferner zB in dem Fall anzunehmen, dass zunächst der Scheinerbe des früheren Gesellschafters in der Gesellschafterliste eingetragen wird u. der wahre Erbe es nach seiner Kenntnis vom Erbfall unterlässt, die Geschäftsführer zur Einreichung einer berichtigten Liste zu veranlassen.[142] Eine Zurechenbarkeit liegt auch allg. immer dann vor, wenn der Berechtigte von der die Unrichtigkeit der Liste

---

131 MüKoGmbHG/*Heidinger* Rn. 289; Lutter/Hommelhoff/*Bayer* Rn. 66; MHLS/*Ebbing* Rn. 177.
132 *D Mayer*, DNotZ 08, 403, 420; *Wicke* Rn. 19.
133 Lutter/Hommelhoff/*Bayer* Rn. 64; MHLS/*Ebbing* Rn. 179; Roth/*Altmeppen* Rn. 79; *Wicke* Rn. 20.
134 *Wicke* Rn. 20.
135 MüKoGmbHG/*Heidinger* Rn. 276.
136 MHLS/*Ebbing* Rn. 180.
137 Roth/*Altmeppen* Rn. 80.
138 *Wachter*, GmbHR Sonderheft MoMiG 08, 51, 60; *Götze/Bressler*, NZG 07, 894, 897; D *Mayer*, DNotZ 08, 403, 421; *Vossius*, DB 07, 2299, 2302; Roth/*Altmeppen* Rn. 80; Lutter/Hommelhoff/*Bayer* Rn. 80; in etwas anderer Diktion Baumbach/Hueck/*Fastrich* Rn. 33, der darauf abstellen will, ob die Unrichtigkeit im Risikobereich des Berechtigten lag.
139 *Kort*, GmbHR 09, Rn. 49 f.; Lutter/Hommelhoff/*Bayer* Rn. 80.
140 *Wicke* Rn. 22.
141 Baumbach/Hueck/*Fastrich* Rn. 34.
142 BegrRegE MoMiG, BT-Drs. 16/6140, S. 39; *Wicke* Rn. 22.

bewirkenden Veränderung wusste u. diese hätte verhindern können, es aber nicht getan hat.[143] Nicht zurechenbar ist dem Berechtigten hingg. das Versäumnis des Notars, gem. § 40 II dem Handelsregister eine aktualisierte Gesellschafterliste einzureichen.[144] An der Zurechenbarkeit fehlt es auch, wenn der Geschäftsführer ohne Wissen des Berechtigten dem Handelsregister eine falsche Liste zuleitet, aus der sich die Rechtsstellung des Berechtigten nicht mehr oder nicht mehr vollständig ergibt.[145]

7. Dreijahresfrist bei fehlender Zurechenbarkeit

Ist dem Berechtigten die Unrichtigkeit der Liste nicht zuzurechnen (→ Rn. 41), so scheidet ein gutgläubiger Erwerb aus, wenn die Liste weniger als **3 Jahre** unrichtig ist. Nach Ablauf der Dreijahresfrist ist ein gutgläubiger Erwerb auch beim Fehlen einer solchen Zurechenbarkeit möglich. Für den Fristbeginn ist zu unterscheiden: War die Gesellschafterliste bereits **bei** ihrer **Erstellung unrichtig,** so ist maßgeblicher Zeitpunkt für den **Fristbeginn** die **Aufnahme** der unrichtigen Liste in das Handelsregister (zur Aufnahme → Rn. 30), nicht bereits ihre Einreichung.[146] Wurde die Gesellschafterliste hingg. erst **später unrichtig,** dann beginnt die Frist in dem **Zeitpunkt,** in dem die Liste **fehlerhaft** wurde.[147] Die Unrichtigkeit muss über den gesamten Zeitraum von 3 Jahren andauern. Wird die unrichtige Liste zwischenzeitlich durch eine richtige Liste ersetzt, beginnt die Dreijahresfrist bei einer später eintretenden erneuten Listenunrichtigkeit wieder neu zu laufen.[148] Für die Dreijahresfrist ist entscheidend, dass die Liste hins. des betroffenen Geschäftsanteils **dauerhaft** u. **ununterbrochen** einen falschen Inhaber ausgewiesen hat, wobei nicht erforderlich ist, dass stets dieselbe nichtberechtigte Person als Inhaber eingetragen war.[149] Unerheblich ist auch, ob während des Dreijahreszeitraums eine oder mehrere unrichtige Listen in das Handelsregister aufgenommen wurden, sofern nur alle Listen bzgl. des betroffenen Geschäftsanteils ununterbrochen einen Nichtberechtigten als Inhaber aufgeführt haben.[150] Der Veräußerer muss also nicht selbst über einen Zeitraum von 3 Jahren als Inhaber des Geschäftsanteils in der im Handelsregister aufgenommenen Gesellschafterliste eingetragen gewesen sein.[151] 42

8. Keine Kenntnis oder grob fahrlässige Unkenntnis

Ein gutgläubiger Erwerb ist ausgeschlossen, wenn dem Erwerber die mangelnde Berechtigung bekannt oder infolge grober Fahrlässigkeit unbekannt ist. Hier gelten die gleichen Grundsätze, wie sie auch zu den §§ 892, 932 43

---

143 MHLS/*Ebbing* Rn. 214.
144 Roth/*Altmeppen* Rn. 80.
145 BegrRegE MoMiG, BT-Drs. 16/6140, S. 39.
146 *Kort*, GmbHR, 09, 169, 175; *Vossius*, DB 07, 2299, 2301; *Zessel*, GmbHR 09, 303, 304; *Gottschalk*, DZWiR 09, 45, 50; Lutter/Hommelhoff/*Bayer* Rn. 79; Baumbach/Hueck/*Fastrich* Rn. 36.
147 *D Mayer*, DNotZ 08, 403, 420; Lutter/Hommelhoff/*Bayer* Rn. 79; Roth/*Altmeppen* Rn. 83; MüKoGmbHG/*Heidinger* Rn. 234.
148 MHLS/*Ebbing* Rn. 217; *Wicke* Rn. 21; Baumbach/Hueck/*Fastrich* Rn. 36.
149 *Vossius*, DB 07, 2299, 2303; Lutter/Hommelhoff/*Bayer* Rn. 78; *Wicke* Rn. 21.
150 Roth/*Altmeppen* Rn. 83; Baumbach/Hueck/*Fastrich* Rn. 36.
151 MHLS/*Ebbing* Rn. 218.

BGB entwickelt wurden.[152] **Kenntnis** liegt vor, wenn der Erwerber **positiv weiß**, dass ein anderer als der eingetragene Veräußerer Inhaber des Geschäftsanteils ist.[153] Die Kenntnis der Tatsachen, aus denen sich die fehlende Berechtigung des Veräußerers ergibt, bedeutet keine positive Kenntnis, wenn der Erwerber aus diesen Tatsachen die falschen oder keine Schlüsse zieht u. ihm damit die Nichtberechtigung des Veräußerers nicht bewusst wird;[154] allerdings können in einem solchen Fall uU die Voraussetzungen für eine grob fahrlässige Unkenntnis vorliegen. **Grob fahrlässige Unkenntnis** ist gegeben, wenn die im Verkehr erforderliche Sorgfalt in besonderem Maße außer Acht gelassen wird, dh nicht beachtet wird, was unter gegebenen Umständen jedermann hätte einleuchten müssen.[155] Das **Unterlassen** einer **Due-Diligence-Prüfung** führt regelmäßig nicht zu einer grob fahrlässigen Unkenntnis des Erwerbers, es sei denn, es bestehen aufgrund konkreter Anhaltspunkte Zweifel an der Inhaberschaft des Veräußerers.[156] Die Beweislast für die Bösgläubigkeit trägt der wahre Rechtsinhaber.[157] **Maßgeblicher Zeitpunkt** für die Gutgläubigkeit ist in Anlehnung an die zu §§ 892, 932 geltenden Prinzipien derjenige der **Vollendung des Rechtserwerbs.**[158] Bei einer unbedingt vereinbarten Abtretung ist dies der Zeitpunkt der dinglichen Einigung über die Übertragung. Wird die Abtretung aufschiebend bedingt erklärt oder fehlen für die Wirksamkeit der Abtretung noch notwendige Genehmigungen, so differenziert die hM wie folgt: Bei einer bedingten Abtretung muss die Gutgläubigkeit bis zum Zeitpunkt des Eintritts der Bedingung fortbestehen, sofern die Parteien den Eintritt der Bedingung beeinflussen können.[159] IÜ ist bei einer aufschiebend bedingten Abtretung der Zeitpunkt der Einigung, nicht der des Bedingungseintritts maßgeblich.[160] Ist für das Wirksamwerden der Abtretung eine öffentlich-rechtliche Genehmigung erforderlich, muss die Gutgläubigkeit bis zum Zeitpunkt der Beantragung dieser Genehmigung bestehen.[161]

9. Widerspruch

44 Ein gutgläubiger Erwerb ist ausgeschlossen, wenn der Gesellschafterliste ein Widerspruch zugeordnet ist. Die **Zuordnung** des Widerspruchs erfolgt aufgrund einer **Bewilligung des formal Eingetragenen**, gegen dessen Be-

152 Lutter/Hommelhoff/*Bayer* Rn. 67; MHLS/*Ebbing* Rn. 220.
153 MHLS/*Ebbing* Rn. 221.
154 Baumbach/Hueck/*Fastrich* Rn. 38.
155 Baumbach/Hueck/*Fastrich* Rn. 38.
156 *Wicke* Rn. 23; *Götze/Bressler*, NZG 07, 894, 897; *D Mayer*, DNotZ 08, 403, 422.
157 Roth/*Altmeppen* Rn. 84.
158 MüKoGmbHG/*Heidinger* Rn. 246; Scholz/*Seibt* Rn. 87; Lutter/Hommelhoff/*Bayer* Rn. 68; Baumbach/Hueck/*Fastrich* Rn. 38.
159 *Götze/Bressler*, NZG 07, 894, 898 f.; *D Mayer*, DNotZ 08, 403, 422; *Vossius*, DB 07, 2299, 2303; MüKoGmbHG/*Heidinger* Rn. 247; Michalski/*Ebbing* Rn. 224; aA Roth/*Altmeppen* Rn. 85: Maßgeblich immer nur Zeitpunkt der dinglichen Einigung, auch bei bedingter Abtretung, u. zwar unabhängig von der Einflussnahmemöglichkeit auf den Eintritt der Bedingung.
160 Lutter/Hommelhoff/*Bayer* Rn. 68.
161 *Götze/Bressler*, NZG 07, 894, 898 f.; *D Mayer*, DNotZ 08, 403, 422; *Wicke* Rn. 23; aA Baumbach/Hueck/*Fastrich* Rn. 38: Maßgeblich Zeitpunkt der Genehmigungserteilung.

rechtigung sich der Widerspruch richtet, oder aufgrund einer **einstweiligen Verfügung.** Die Zuordnung des Widerspruchs geschieht **technisch** dadurch, dass der elektronisch eingereichte (§ 12 II 1 HGB) Widerspruch mit der Gesellschafterliste im Registerordner so verbunden wird, dass ein Abruf der Liste ohne Widerspruch nicht möglich ist.[162] Die **Bewilligung** des formal Eingetragenen ist eine einseitige, formfreie u. empfangsbedürftige Willenserklärung, die ggü. dem Handelsregister oder ggü. dem Widersprechenden abgegeben werden kann, wobei sie im letzteren Fall dann noch dem Handelsregister unter Authentizitätsnachweis vorgelegt werden muss.[163] Die **einstweilige Verfügung** ersetzt die Bewilligung des formal Eingetragenen. **Antragsberechtigt** sind der **wahre Inhaber** des Geschäftsanteils[164] u. – wenn die Beteiligungsverhältnisse objektiv zweifelhaft sind, so dass nicht einfach gem. § 40 I eine neue richtige Gesellschafterliste eingereicht werden kann – nach hM auch der **Geschäftsführer** der GmbH.[165] Eine Antragsberechtigung der **anderen Gesellschafter** ist strittig.[166] **Antragsgegner** ist derjenige, der nach Behauptung des Antragsstellers zu Unrecht als Inhaber des Geschäftsanteils in der Gesellschafterliste eingetragen ist.[167] Der zugeordnete Widerspruch **zerstört den guten Glauben** gem. Abs. 3, lässt hingg. die Legitimationswirkung des Abs. 1 unberührt.[168] Ferner kann der als Inhaber des Geschäftsanteils Eingetragene auch nach Zuordnung eines Widerspruchs, wenn er dennoch der materiell Berechtigte ist, wirksam über den Geschäftsanteil verfügen.[169]

Unterschiedlich beurteilt wird die Frage, ob ein **Widerspruch** auch zum 45
Zwecke der Sicherung eines Erwerbers iR einer **aufschiebend bedingten Geschäftsanteilsabtretung** (→ Rn. 34) bewilligt u. zugeordnet werden kann. Nach zutr. Ansicht ist dies zu verneinen, u. zwar schlicht deshalb, weil vor Eintritt der Bedingung der in der Liste eingetragene Veräußerer ja nach wie vor den Geschäftsanteil inne hat, die Gesellschafterliste also nicht unrichtig ist u. somit diese entscheidende gesetzliche Voraussetzung für die Zuordnung eines Widerspruchs fehlt.[170] IÜ besteht nach der Rspr. des BGH auch gar kein Bedürfnis für einen solchen Widerspruchsschutz, da nach einer bedingten Anteilsabtretung anderweitige Zwischenverfügungen

162 Lutter/Hommelhoff/*Bayer* Rn. 70.
163 MHLS/*Ebbing* Rn. 227.
164 Roth/*Altmeppen* Rn. 89; *Wicke* Rn. 24; MüKoGmbHG/*Heidinger* Rn. 253; MHLS/*Ebbing* Rn. 228.
165 *D Mayer*, DNotZ 08, 403, 422; *Kort*, GmbHR 09, 169 ff.; Roth/*Altmeppen* Rn. 89; *Wicke* Rn. 24; MüKoGmbHG/*Heidinger* Rn. 253; MHLS/*Ebbing* Rn. 228; aA Scholz/*Seibt* Rn. 87.
166 Bejahend Michalski/*Ebbing* Rn. 228; verneinend: *D Mayer*, DNotZ 08, 403, 422; *Harbarth*, ZIP 08, 57, 61; Scholz/*Seibt* Rn. 87.
167 MüKoGmbHG/*Heidinger* Rn. 251, 254; MHLS/*Ebbing* Rn. 228.
168 Lutter/Hommelhoff/*Bayer* Rn. 71.
169 *Harbarth*, ZIP 08, 57, 60; *Wachter*, ZNotP 08, 378, 396; Lutter/Hommelhoff/*Bayer* Rn. 71.
170 IErg ebenso OLG München NZG 11, 473, 475; Baumbach/Hueck/*Fastrich* Rn. 29; *Weigl*, MittBayNot 09, 116, 117; *Preuß*, ZGR 08, 676, 681 f.; aA LG Köln NZG 09, 1195; *Vossius*, DB 07, 2299, 2301; *Oppermann*, ZIP 09, 651, 652; *Wachter*, ZNotP 08, 378, 397; *Wicke*, NotBZ 09, 1, 15; MüKoGmbHG/*Heidinger* Rn. 257 ff., 283 ff.; MHLS/*Ebbing* Rn. 238; Lutter/Hommelhoff/*Bayer* Rn. 72; Roth/*Altmeppen* Rn. 88.

des Noch-Inhabers nicht zu einem gutgläubigen Erwerb beim Zwischenerwerber führen können.[171]

10. Übergangsregelung

46 Gem. § 3 III EGGmbHG findet § 16 III auf Gesellschafterlisten, die bereits vor Inkrafttreten des MoMiG am 1.11.08 unrichtig waren, mit zeitlicher Verzögerung Anwendung, u. zwar dergestalt, dass ein gutgläubiger Erwerb bei einer dem Berechtigten zurechenbaren Unrichtigkeit der Liste (→ Rn. 41) frühestens ab dem 2.5.09 u. bei einer dem Berechtigten nicht zurechenbaren Unrichtigkeit frühestens ab dem 2.11.11 erfolgen konnte.[172] Wurde oder wird die Gesellschafterliste allerdings erst nach Inkrafttreten des MoMiG am 1.11.08 unrichtig, gilt Abs. 3 auch für Altgesellschaften uneingeschränkt.[173]

§ 17 (weggefallen)

§ 18 Mitberechtigung am Geschäftsanteil

(1) Steht ein Geschäftsanteil mehreren Mitberechtigten ungeteilt zu, so können sie die Rechte aus demselben nur gemeinschaftlich ausüben.

(2) Für die auf den Geschäftsanteil zu bewirkenden Leistungen haften sie der Gesellschaft solidarisch.

(3) [1]Rechtshandlungen, welche die Gesellschaft gegenüber dem Inhaber des Anteils vorzunehmen hat, sind, sofern nicht ein gemeinsamer Vertreter der Mitberechtigten vorhanden ist, wirksam, wenn sie auch nur gegenüber einem Mitberechtigten vorgenommen werden. [2]Gegenüber mehreren Erben eines Gesellschafters findet diese Bestimmung nur in bezug auf Rechtshandlungen Anwendung, welche nach Ablauf eines Monats seit dem Anfall der Erbschaft vorgenommen werden.

I. Normzweck

1 Die Stellung der Gesellschaft soll durch die Mitberechtigung mehrerer Personen an einem Geschäftsanteil nicht verschlechtert werden.[1] Deshalb gestattet die Regelung – die Vorbild der aktienrechtlichen Bestimmung des

171 BGH NZG 11, 1268 Rn. 11; s. auch Rn. 34.
172 Lutter/Hommelhoff/*Bayer* Rn. 83; Roth/*Altmeppen* Rn. 90; Baumbach/Hueck/*Fastrich* Rn. 42.
173 Baumbach/Hueck/*Fastrich* Rn. 43.
1 Begr. GmbHG-Entwurf, Verhandlungen des Reichstags, Bd. 125, Nr. 660, S. 3715, 3740.

§ 69 AktG ist[2] – einer Mehrheit von Beteiligten nur eine **einheitliche u. gemeinschaftliche Geltendmachung ihrer Rechte.** Geregelt wird ausschließlich das Verhältnis der Gesellschafter zur Gesellschaft.[3] Die Rechtsbeziehungen der Gesellschafter untereinander[4] sowie zu Dritten bleiben unberührt.

II. Inhalt

2 Voraussetzung ist die **Mitberechtigung** mehrerer am Geschäftsanteil. Diese muss der Gesellschaft ggü wirksam sein (§ 16 I iVm § 40). Ein Geschäftsanteil wird mehreren Berechtigten zugeordnet bei der **Bruchteilsgemeinschaft** (§§ 741 ff. BGB), der **ehelichen Gütergemeinschaft** (§§ 1415 ff. BGB) sowie der **Erbengemeinschaft** (§§ 2032 ff. BGB).[5] Auch die (nicht rechtsfähige) BGB-Innengesellschaft unterfällt der Regelung.[6] **Keine** Mitberechtigung begründen die Unterbeteiligung,[7] die nur schuldrechtliche Ansprüche vermittelt, sowie Pfandrecht u. Nießbrauch, die keine dingliche Mitberechtigung auf gleichrangiger Ebene begründen.[8] Keine Anwendung findet § 18, wenn der Geschäftsanteil dinglich nur einem Rechtsträger zugeordnet ist. Natürliche u. juristische Personen[9] unterfallen deshalb ebenso wenig § 18 wie die Personengesellschaften oHG u. KG, deren Rechtsfähigkeit in §§ 124, 161 II HGB verankert ist.[10] Dafür spricht insbes., dass die vertretungsberechtigten Gesellschafter aus dem Handelsregister ersichtlich sind (§§ 106 II Nr. 4, 107 HGB).[11] Auch auf die BGB-Außengesellschaft, der inzwischen Rechtsfähigkeit zukommt,[12] ist § 18 nicht anwendbar.[13] Das Argument der Publizität der Vertretungsberechtigten greift hier jedoch mangels Eintragung in das Handelsregister nicht.[14] Entspr. gilt für die Europäische Wirtschaftliche Interessenvereinigung (EWIV) u. die Partnerschaftsge-

---

2 § 69 AktG geht zurück auf §§ 223 HGB-E bzw. 225 HGB aF. Diese Vorschrift schloss sich an die Bestimmungen des § 18 an, vgl. Denkschrift zum Entwurf eines HGB, Verhandlungen des Reichstags, Bd. 156, Nr. 632, S. 3141, 3206.
3 Scholz/*Seibt* Rn. 2; Lutter/Hommelhoff/*Bayer* Rn. 6; Michalski/*Ebbing* Rn. 3.
4 Ausf. *J Schmidt*, NZG 15, 1049, 1050 f.
5 Rowedder/Schmidt-Leithoff/*Pentz* Rn. 3; Lutter/Hommelhoff/*Bayer* Rn. 2; Scholz/*Seibt* Rn. 5 f.; MüKoGmbHG/*Reichert*/*Weller* Rn. 6 ff.; *J Schmidt*, NZG 15, 1049, 1052 ff. Vgl. zur Erbengemeinschaft OLG Stuttgart GmbHR 15, 192 f. sowie iE *Raue*, GmbHR 15, 121; *Schürnbrand*, NZG 16, 241.
6 Lutter/Hommelhoff/*Bayer* Rn. 3; Scholz/*Seibt* Rn. 7 a; MüKoGmbHG/*Reichert*/*Weller* Rn. 25.
7 OLG Frankfurt GmbHR 87, 57; Lutter/Hommelhoff/*Bayer* Rn. 2; Rowedder/Schmidt-Leithoff/*Pentz* Rn. 4.
8 Michalski/*Ebbing* Rn. 7; Lutter/Hommelhoff/*Bayer* Rn. 2; Roth/*Altmeppen* Rn. 7.
9 Speziell zur Kommune als Inhaberin eines GmbH-Geschäftsanteils *Dietl*, KommJur 19, 45, 46.
10 Roth/*Altmeppen* Rn. 3; Baumbach/Hueck/*Fastrich* Rn. 2; MüKoGmbHG/*Reichert*/*Weller* Rn. 20.
11 Scholz/*Seibt* Rn. 3 a.
12 BGH NJW 01, 1056, ganz hM.
13 Roth/*Altmeppen* Rn. 6; Bork/Schäfer/*Brandes* Rn. 2; MüKoGmbHG/*Reichert*/*Weller* Rn. 24 ff.; nunmehr auch Michalski/*Ebbing* Rn. 18 ff.
14 Michalski/*Ebbing* Rn. 19.

sellschaft.[15] Auch der nicht rechtsfähige Verein ist wegen seiner körperschaftlichen Struktur vom Anwendungsbereich des § 18 ausgenommen.[16]

1. Gemeinschaftliche Rechtsausübung (Abs. 1)

3 Die Mitberechtigten müssen ihre Gesellschafterrechte **einheitlich** u. daher grds. **gemeinschaftlich** ausüben.[17] Es genügt Alleinhandeln u. anschließende Genehmigung der übrigen Mitberechtigten (§ 184 I BGB).[18] Die der Stimmausübung zugrunde liegende Willensbildung richtet sich grds. nach dem Recht der jeweiligen Rechtsgemeinschaft.[19] Gemeinschaftlich ausgeübt werden müssen nicht nur die Mitverwaltungsrechte (etwa Stimmrechte, Auskunftsrechte),[20] sondern auch die Vermögensrechte (Gewinnanspruch). Auch Anfechtungs- oder Nichtigkeitsklagen (→ Anh. § 47 Rn. 1 ff.) können nur gemeinschaftlich erhoben werden. Ebenso kann das Austrittsrecht nur gemeinschaftlich ausgeübt werden.[21] Für Kenntnis oder Kennenmüssen bestimmter Umstände wirkt die Kenntnis eines Mitberechtigten gegen alle; ist ein gemeinsamer Vertreter bestellt, kommt es auf diesen an.[22] Eine **Ausn** von der Verpflichtung zur gemeinschaftlichen Rechtsausübung besteht, wenn nach dem jeweiligen Innenrecht der Rechtsgemeinschaft Handlungsbefugnis für einen einzelnen oder die Mehrheit der Mitberechtigten bestehen (zB § 2038 I 2 Hs. 2 BGB).[23]

4 Alternativ kann ein **gemeinsamer Vertreter** bestellt werden.[24] Dies wird idR zweckmäßig sein u. im Interesse der GmbH liegen. Die Satzung sollte daher gemeinschaftliche Rechtsausübung ausschließen u. zur Bestellung eines gemeinsamen Vertreters verpflichten. Dies ist zulässig, weil eine einheitliche Geltendmachung der Gesellschafterrechte iSd § 18 bewirkt wird.[25] Die Bestellung erfolgt grds. formlos nach den Vorschriften der jeweiligen Rechtsgemeinschaft, also ggf. mit Mehrheitsbeschluss.[26] Für den gemeinsamen Vertreter gilt § 174 BGB.

---

15 Scholz/*Seibt* Rn. 3 a; Roth/*Altmeppen* Rn. 4.

16 Inzwischen hM, vgl. Habersack/Casper/*Löbbe* Rn. 14; Roth/*Altmeppen* Rn. 5; Lutter/Hommelhoff/*Bayer* Rn. 3; Scholz/*Seibt* Rn. 3 a; Michalski/*Ebbing* Rn. 32.

17 Begr. GmbHG-Entwurf, Verhandlungen des Reichstags, Bd. 125, Nr. 660, S. 3715, 3740; BGH NJW 89, 2694, 2697 (zu § 2038 I 2 BGB). Zur Frage, ob die Mitberechtigten Gesellschafter sind, Scholz/*Seibt* Rn. 12 u. Habersack/Casper/*Löbbe* Rn. 9 f.

18 Habersack/Casper/*Löbbe* Rn. 24; Baumbach/Hueck/*Fastrich* Rn. 4.

19 Hierzu Rowedder/Schmidt-Leithoff/*Pentz* Rn. 7 ff.; MüKoGmbHG/*Reichert*/*Weller* Rn. 61 ff.; zur Willensbildung u. Stimmrechtsausübung einer Erbengemeinschaft *Klein*, BWNotZ 18, 84.

20 OLG München GmbHR 18, 196, 199.

21 S. zum Ganzen Baumbach/Hueck/*Fastrich* Rn. 4.

22 Lutter/Hommelhoff/*Bayer* Rn. 4; Baumbach/Hueck/*Fastrich* Rn. 4 f.

23 BGH NJW 89, 2694, 2697; Lutter/Hommelhoff/*Bayer* Rn. 5; Habersack/Casper/*Löbbe* Rn. 23; Roth/*Altmeppen* Rn. 13 f.; differenzierend Michalski/*Ebbing* Rn. 44 f.

24 BGH NJW 68, 743. Dieser kann zeitlich u. sachlich beschränkt bestellt werden, Baumbach/Hueck/*Fastrich* Rn. 5; ausf. MüKoGmbHG/*Reichert*/*Weller* Rn. 67 ff.

25 IErg ebenso Lutter/Hommelhoff/*Bayer* Rn. 4; Michalski/*Ebbing* Rn. 38; Roth/*Altmeppen* Rn. 15; Scholz/*Seibt* Rn. 19; Baumbach/Hueck/*Fastrich* Rn. 6.

26 Scholz/*Seibt* Rn. 21; Rowedder/Schmidt-Leithoff/*Pentz* Rn. 15 ff.

2. Haftung (Abs. 2)

Die Mitberechtigten am Geschäftsanteil haften der Gesellschaft **zwingend**[27] für die auf den Geschäftsanteil ggü der Gesellschaft zu bewirkenden Leistungen (bspw. rückständige Stammeinlagen oder Nachschussverpflichtungen) als **Gesamtschuldner** (§ 421 BGB). Dies gilt grds. unabhängig davon, welche Rechtsform der gemeinschaftlichen Mitberechtigung besteht.[28] Jedoch wird die Anwendung des § 2059 BGB bei der Erbengemeinschaft nicht beschränkt, hingg aber die der §§ 2060, 2061 BGB.[29] Bei Nichtleistung kann die GmbH nach §§ 20 ff. vorgehen. Bei Ausscheiden eines Mitberechtigten gilt § 16 (→ § 16 Rn. 2 ff.). § 18 regelt nicht die Haftung im Innenverhältnis. Insoweit gilt § 426 BGB, wenn sich nicht aus Gesetz oder Vertrag ein anderes ergibt, was idR aber der Fall ist. 5

3. Rechtshandlungen der Gesellschaft (Abs. 3)

Die Gesellschaft kann nach **Abs. 3 S. 1** Rechtshandlungen ggü einem Mitberechtigten mit Wirkung gegen alle vornehmen.[30] Ist ein gemeinsamer Vertreter bestellt, entfällt das Schutzbedürfnis. Erlangt die Gesellschaft positive Kenntnis von der Bestellung, ist eine Vornahme von Rechtshandlungen nur noch ggü dem Vertreter oder der Gesamtheit der Beteiligten möglich.[31] **Rechtshandlungen** iSv Abs. 3 sind nur solche, die die Gesellschaft ggü dem Inhaber eines Geschäftsanteils vorzunehmen hat,[32] dh **einseitige Rechtsgeschäfte** (Einforderung von Stammeinlageleistungen, Einladung zur Gesellschafterversammlung, Mahnung, Kündigung), nicht hingg Abschluss von Verträgen (auch nicht Vertragsangebot oder Annahme).[33] 6

Die **Erbengemeinschaft** wird durch **Abs. 3 S. 2** insoweit privilegiert, als die Regelung des Abs. 3 S. 1 erst einen Monat nach dem Erbfall (§ 1922 I BGB) zur Anwendung gelangt.[34] Den Beteiligten soll hierdurch genügend Zeit zur Bestellung eines gemeinsamen Vertreters gegeben werden. Vor Bestellung eines Vertreters ist die Rechtshandlung ggü allen Miterben vorzunehmen. Bei einem Nacherbfall beginnt der Lauf der Frist erneut.[35] 7

---

27 OLG Hamm NJW-RR 96, 482, 483; Lutter/Hommelhoff/*Bayer* Rn. 7; Bork/Schäfer/*Brandes* Rn. 9; Rowedder/Schmidt-Leithoff/*Pentz* Rn. 23; MüKoGmbHG/*Reichert*/*Weller* Rn. 85.

28 Erfasst sind alle Leistungen, die auf der Gesellschafterstellung beruhen; Rowedder/Schmidt-Leithoff/*Pentz* Rn. 22; Scholz/*Seibt* Rn. 25 ff.

29 Lutter/Hommelhoff/*Bayer* Rn. 7; Scholz/*Seibt* Rn. 26; ausf. MüKoGmbHG/*Reichert*/*Weller* Rn. 89 ff.

30 Begr. GmbHG-Entwurf, Verhandlungen des Reichstags, Bd. 125, Nr. 660, S. 3715, 3740. Besitzt ein Mitberechtigter einen weiteren Geschäftsanteil, muss die Rechtshandlung ihm ggü. *erkennbar in seiner* Eigenschaft als Mitberechtigter vorgenommen werden, um gegen andere zu wirken, Scholz/*Seibt* Rn. 34; Baumbach/Hueck/*Fastrich* Rn. 11.

31 Roth/*Altmeppen* Rn. 20; MüKoGmbHG/*Reichert*/*Weller* Rn. 112, 114; Baumbach/Hueck/*Fastrich* Rn. 10.

32 Begr. GmbHG-Entwurf, Verhandlungen des Reichstags, Bd. 125, Nr. 660, S. 3715, 3740.

33 Scholz/*Seibt* Rn. 34; Rowedder/Schmidt-Leithoff/*Pentz* Rn. 28 ff.; Lutter/Hommelhoff/*Bayer* Rn. 8; Baumbach/Hueck/*Fastrich* Rn. 9; abw. Roth/*Altmeppen* Rn. 19; Bork/Schäfer/*Brandes* Rn. 14.

34 S. auch OLG Karlsruhe GmbHR 17, 295, 296.

35 Lutter/Hommelhoff/*Bayer* Rn. 9; Roth/*Altmeppen* Rn. 21.

§ 19 Leistung der Einlagen

(1) Die Einzahlungen auf die Geschäftsanteile sind nach dem Verhältnis der Geldeinlagen zu leisten.

(2) [1]Von der Verpflichtung zur Leistung der Einlagen können die Gesellschafter nicht befreit werden. [2]Gegen den Anspruch der Gesellschaft ist die Aufrechnung nur zulässig mit einer Forderung aus der Überlassung von Vermögensgegenständen, deren Anrechnung auf die Einlageverpflichtung nach § 5 Abs. 4 Satz 1 vereinbart worden ist. [3]An dem Gegenstand einer Sacheinlage kann wegen Forderungen, welche sich nicht auf den Gegenstand beziehen, kein Zurückbehaltungsrecht geltend gemacht werden.

(3) Durch eine Kapitalherabsetzung können die Gesellschafter von der Verpflichtung zur Leistung von Einlagen höchstens in Höhe des Betrags befreit werden, um den das Stammkapital herabgesetzt worden ist.

(4) [1]Ist eine Geldeinlage eines Gesellschafters bei wirtschaftlicher Betrachtung und aufgrund einer im Zusammenhang mit der Übernahme der Geldeinlage getroffenen Abrede vollständig oder teilweise als Sacheinlage zu bewerten (verdeckte Sacheinlage), so befreit dies den Gesellschafter nicht von seiner Einlageverpflichtung. [2]Jedoch sind die Verträge über die Sacheinlage und die Rechtshandlungen zu ihrer Ausführung nicht unwirksam. [3]Auf die fortbestehende Geldeinlagepflicht des Gesellschafters wird der Wert des Vermögensgegenstandes im Zeitpunkt der Anmeldung der Gesellschaft zur Eintragung in das Handelsregister oder im Zeitpunkt seiner Überlassung an die Gesellschaft, falls diese später erfolgt, angerechnet. [4]Die Anrechnung erfolgt nicht vor Eintragung der Gesellschaft in das Handelsregister. [5]Die Beweislast für die Werthaltigkeit des Vermögensgegenstandes trägt der Gesellschafter.

(5) [1]Ist vor der Einlage eine Leistung an den Gesellschafter vereinbart worden, die wirtschaftlich einer Rückzahlung der Einlage entspricht und die nicht als verdeckte Sacheinlage im Sinne von Absatz 4 zu beurteilen ist, so befreit dies den Gesellschafter von seiner Einlageverpflichtung nur dann, wenn die Leistung durch einen vollwertigen Rückgewähranspruch gedeckt ist, der jederzeit fällig ist oder durch fristlose Kündigung durch die Gesellschaft fällig werden kann. [2]Eine solche Leistung oder die Vereinbarung einer solchen Leistung ist in der Anmeldung nach § 8 anzugeben.

(6) [1]Der Anspruch der Gesellschaft auf Leistung der Einlagen verjährt in zehn Jahren von seiner Entstehung an. [2]Wird das Insolvenzverfahren über das Vermögen der Gesellschaft eröffnet, so tritt die Verjährung nicht vor Ablauf von sechs Monaten ab dem Zeitpunkt der Eröffnung ein.

Schrifttum

Andrianesis, Die Neuregelung der verdeckten Sacheinlagen bei der AG durch das ARUG, WM 2011, 968; *Dauner-Lieb*, Die Auswirkungen des MoMiG auf die Behandlung verdeckter Sacheinlagen im Aktienrecht, AG 2009, 217; *Heidinger/Knaier*, Die Heilung der verdeckten Sacheinlage und der Austausch des Einlagegegenstandes nach dem MoMiG, GmbHR 2015, 1; *Henkel*, Kapitalaufbringung bei der GmbH nach dem MoMiG – Hin- und Herzahlen, NZI 2010, 84; *Herrler*, (Keine) Erleichterung der Kapitalaufbringung durch § 19 Abs. 5 GmbHG – Offene Fragen und praktische Schwierigkeiten beim sog. „Hin- und Herzahlen", in: Bayer/Koch (Hrsg.), Aktuelles GmbH-Recht, 2013, S. 95; *Hülsmann*, Kapitalaufbringung in der GmbH im Spiegel aktueller

BGH-Rechtsprechung, GmbHR 2019, 377; *Komo*, Kapitalaufbringung im Cash Pool – aktuelle Entwicklungen in Rechtsprechung und Literatur, BB 2011, 2307; *Lieder*, Kapitalaufbringung im Cash Pool nach neuem Recht, GmbHR 2009, 1177; *ders.*, 10 Jahre Kapitalschutz nach dem MoMiG, GmbHR 2018, 1116; *Maier-Reimer/Wenzel*, Kapitalaufbringung in der GmbH nach dem MoMiG, ZIP 2008, 1449; *dies*, Nochmals: Die Anrechnung der verdeckten Sacheinlage nach dem MoMiG, ZIP 2009, 1185; *Müller*, Rechtsfolgen verdeckter Sacheinlagen, NZG 2011, 761; *Nagel/Meder*, Laufende Rechtsstreitigkeiten wegen verdeckter Sacheinlagen – Auswirkungen des § 3 Abs. 4 EGGmbHG i.V.m. § 19 Abs. 4 GmbHG n.F., ZInsO 2009, 944; *Pentz*, Die Bedeutung der Sacheinlagefähigkeit für die verdeckte Sacheinlage und den Kapitalersatz sowie erste höchstrichterliche Aussagen zum Hin- und Herzahlen nach MoMiG, GmbHR 2009, 505; *ders*, Verdeckte Sacheinlagen nach dem MoMiG und prozessuale Folgen des Übergangsrechts, GmbHR 2009, 126; *Rezori*, Die Kapitalaufbringung bei der GmbH-Gründung – Ausgewählte Gesichtspunkte und Neuregelung der §§ 19 Abs. 4 und Abs. 5 GmbHG, RNotZ 2011, 125; *Roth*, Neue Fallstricke beim Hin- und Herzahlen – Cash Pool, NJW 2009, 3397; *Saenger*, Gegenwart und Zukunft des Cash Pooling, FS Westermann, 2008, S. 1381; *Ulmer*, Die „Anrechnung" (MoMiG) des Wertes verdeckter Sacheinlagen auf die Bareinlageforderung der GmbH – ein neues Erfüllungssurrogat?, ZIP 2009, 293; *Veil/Werner*, Die Regelung der verdeckten Sacheinlage – eine gelungene Rechtsfortbildung des GmbH-Rechts und bürgerlich-rechtlichen Erfüllungsregimes?, GmbHR 2009, 729.

I. Normzweck und Anwendungsbereich

1 Im Zusammenspiel mit §§ 20–25 trägt die Norm dem **Grundsatz der realen Kapitalaufbringung** Rechnung. Wie die systematische Stellung belegt, konzentriert sie sich insbes. auf die nach der Gründung ausstehende Einlageschuld. § 19 ist daher im Zusammenhang mit §§ 7 II, III, 8 II, 9, 9 a, 9 b, 20 ff., 55 ff. zu sehen. Soweit sie die Kapitalaufbringung betrifft (Abs. 2–6), ist sie **zwingender** Natur. Abs. 1 regelt hingg. allein das Innenverhältnis u. ist daher dispositiv (→ Rn. 5). Abs. **1** (→ Rn. 4 ff.) statuiert für die Einzahlung von Bareinlagen den Grundsatz gleichmäßiger Behandlung. Abs. **2** u. **3** (→ Rn. 18 ff.) versagen Gesellschaftern Befreiungen von der Einlagepflicht. Tatbestand u. Rechtsfolgen einer verdeckten Sacheinlage sind in Abs. **4** (→ Rn. 44 ff.) geregelt. Der Sonderfall des Hin- u. Herzahlens bei der Kapitalaufbringung ist Gegenstand von Abs. **5** (→ Rn. 95 ff.), während Abs. **6** (→ Rn. 131 ff.) eine 10-jährige Verjährung für Einlageforderungen bestimmt. Die heutige Regelung beruht auf dem **MoMiG**[1] (Einl. → Rn. 8), das Abs. 4 u. 5 grdl. neu gefasst u. die vormals drastischen Folgen der strengen Rechtsanwendung durch die Rspr. (→ Rn. 45) abgeschwächt hat.[2]

2 Gem. dem Wortlaut („Einzahlungen") ist **§ 19 I** auf **alle Bareinlageverpflichtungen** anzuwenden, sowohl auf Mindesteinlagepflichten bei Gründung (→ § 7 Rn. 7 ff. – oder auch gesellschaftsvertraglich festgelegte, darüber hinausgehende Geldeinlageverpflichtungen zu diesem Zeitpunkt) u. Resteinlageverpflichtungen nach Eintragung der Gesellschaft als auch auf Geld gerichtete Einlageansprüche im Zusammenhang mit Kapitalerhöhun-

1 Gesetz zur Modernisierung des GmbH-Rechts und zur Bekämpfung von Missbräuchen v. 23.10.08, BGBl. I 08, S. 2026.
2 Begr. RegE, BT-Drs. 16/6140, S. 25, 39 ff.

gen.[3] Sacheinlagen sind hingg. stets vollständig vor Eintragung der Gesellschaft zu leisten (§ 7 III), weshalb § 19 I hierauf grds. nicht anwendbar ist. Bei einer Mischeinlage erstreckt sich § 19 I nur auf den Betrag der Geldeinlageverpflichtung.[4] Auf **sonstige Zahlungspflichten** der Gesellschafter ist die Vorschrift anwendbar, wenn der gesetzlichen Wertung entnommen werden kann, dass diese grds. alle Gesellschafter gleichmäßig treffen sollen.[5] So gilt Abs. 1 für die Vorbelastungs-, Verlustdeckungs- u. Ausfallhaftung der Gesellschafter,[6] für Nachschüsse[7] (→ § 26 Rn. 2) u. mangels anderweitiger gesellschaftsvertraglicher Abrede auch für Verbindlichkeiten aus der Übernahme eines Agios sowie für Nebenleistungspflichten nach § 3 II.[8] Nicht anwendbar ist § 19 I hingg. auf Zahlungen aufgrund der Differenzhaftung, § 9 I.[9]

§ 19 II u. III erstrecken sich gleichermaßen auf **Bar- u. Sacheinlage**verpflichtungen, weil diese der Aufbringung des Stammkapitals dienen. Sie erfassen daneben auch sonstige Zahlungspflichten (Neben- u. Folgeansprüche wie bspw. Ausfallhaftungs- oder Differenzhaftungsansprüche), während Nebenleistungsansprüche, die neben einem Geschäftsanteil bewirkt werden müssen, nicht dem Anwendungsbereich unterfallen.[10] Der Geltung von § 19 II u. III für Einlageansprüche im Stadium der **Vor-GmbH** (nicht dag für die Vorgründungsgesellschaft)[11] wird entgegengehalten, dass sich nach (missverständlicher) Sicht des BGH die „strengen Kapitalschutzvorschriften […] jedenfalls nicht unmittelbar und uneingeschränkt auf die Vorgesellschaft“[12] übertragen ließen. Dies kann jedoch nicht zur Vernachlässigung des Schutzes der Kapitalaufbringung führen, der gerade im Gründungsstadium notwendig ist. Daher unterliegen Einlageansprüche auch in diesem Stadium ebenso wie Ansprüche aus Vorbelastungshaftung § 19 II u. 3

3 Ebenso Michalski/*Ebbing* Rn. 2; Lutter/Hommelhoff/*Bayer* Rn. 2; Baumbach/Hueck/*Fastrich* Rn. 4; Habersack/*Casper*/Löbbe Rn. 23; *Wicke* Rn. 2; vgl. auch BT-Drs. 8/1347, S. 38; aA Roth/*Altmeppen* Rn. 1. Zum weiten Anwendungsbereich auch OLG Hamm NJW-RR 01, 1182. Zur Behandlung neuer Einlageforderungen neben noch offenstehenden Einlageansprüchen bei Kapitalerhöhung Rn. 5.

4 Lutter/Hommelhoff/*Bayer* Rn. 2; Scholz/*Veil* Rn. 21; Rowedder/Schmidt-Leithoff/*Pentz* Rn. 4, 22; MüKoGmbHG/*Schwandtner* Rn. 33.

5 Habersack/*Casper*/Löbbe Rn. 28; MüKoGmbHG/*Schwandtner* Rn. 40. Andernfalls werden sich entspr. Erg idR aus der Anwendung des allg. Gleichbehandlungsgrundsatzes (§ 13 Rn. 64 ff.) ergeben.

6 Lutter/Hommelhoff/*Bayer* Rn. 2; Habersack/*Casper*/Löbbe Rn. 28; aA Rowedder/Schmidt-Leithoff/*Pentz* Rn. 14.

7 Michalski/*Ebbing* Rn. 7; Habersack/*Casper*/Löbbe Rn. 29; aA Rowedder/Schmidt-Leithoff/*Pentz* Rn. 14.

8 Bzgl. Agio ebenso Habersack/*Casper*/Löbbe Rn. 29; Scholz/*Veil* Rn. 19; Lutter/Hommelhoff/*Bayer* Rn. 2; bzgl. Nebenleistungspflichten ebenso Habersack/*Casper*/Löbbe Rn. 29; Scholz/*Veil* Rn. 19; aA Lutter/Hommelhoff/*Bayer* Rn. 2.

9 Habersack/*Casper*/Löbbe Rn. 28; MüKoGmbHG/*Schwandtner* Rn. 41; aA Lutter/Hommelhoff/*Bayer* Rn. 2; Scholz/*Veil* Rn. 19.

10 Lutter/Hommelhoff/*Bayer* Rn. 3; Rowedder/Schmidt-Leithoff/*Pentz* Rn. 36 f.; Habersack/*Casper*/Löbbe Rn. 47.

11 Unstr. keine Anwendbarkeit, da diese GbR oder OHG ist; vgl. BGH NJW 84, 2164.

12 BGH NJW 81, 1373, 1374; s. auch BGH WM 80, 955.

III.[13] Die Gesellschafter können insoweit aber gesellschaftsvertragliche Änderungen vornehmen,[14] ohne dass § 19 dem entgegensteht.

II. Inhalt

1. Leistung der Einlagen (Abs. 1)

4 Einzahlungen auf die Geschäftsanteile durch die Gesellschafter sind nach dem Verhältnis der Geldeinlagen zu leisten.

5 a) **Gleichbehandlung.** Abs. 1 schreibt das Prinzip der **Gleichbehandlung** der Gesellschafter hins. **Zeitpunkt u. Höhe der Leistung** fest.[15] Maßstab ist das Verhältnis der Geldeinlagen.[16] Zahlungsunfähigkeit oder -unwilligkeit eines Gesellschafters bleiben ohne Auswirkungen auf die Heranziehung der übrigen Gesellschafter.[17] Die Pflicht zur Gleichbehandlung gilt auch in der Liquidation sowie hins. ausgeschiedener Gesellschafter.[18] Die gleichmäßige Behandlung aller Gesellschafter wird durch einen jederzeitigen Auskunftsanspruch (§ 51 a) eines Gesellschafters über alle Einforderungen gesichert.[19] Der Gesellschafter darf bis zur Auskunftserteilung die Zahlung verweigern, iÜ treten die Rechtsfolgen der §§ 20, 21 nicht ein.[20] Im Fall einer Kapitalerhöhung sind bei noch offenen, ursprünglichen Geldeinlagen diese nicht vorrangig, sondern gleichmäßig mit den neuen Einlagen einzufordern.[21] Abs. 1 ist **dispositiv,**[22] so dass gesellschaftsvertraglich abw. Fälligkeiten geregelt werden können. Bei Zustimmung aller benachteiligten Gesellschafter ist dies auch nachträglich möglich, darf dann jedoch nicht gegen Abs. 2 (→ Rn. 18) verstoßen.[23]

6 Bei **Verletzung** des Gleichbehandlungsgebots ist der entspr. Gesellschafterbeschluss (nur) anfechtbar bzw. zeitigt die Zahlungsaufforderung nicht die Fälligkeit der Einlageleistung (hierzu → Rn. 8). Eine geleistete Einlage kann bei einem Verstoß gegen Abs. 1 nicht zurückgefordert werden; die Einlage ist aber bei späterer Einforderung anzurechnen.[24]

7 b) **Schuldner der Zahlungspflicht.** Schuldner der Einlagepflicht ist der Gesellschafter, der zum Fälligkeitszeitpunkt Inhaber des Geschäftsanteils ist,

---

13 Wie hier Lutter/Hommelhoff/*Bayer* Rn. 4; Scholz/*Veil* Rn. 49; Habersack/*Casper*/Löbbe Rn. 50 f.; Rowedder/Schmidt-Leithoff/*Pentz* Rn. 38; abw. Michalski/*Ebbing* Rn. 52 f.; MüKoGmbHG/*Schwandtner* Rn. 52 ff.

14 Scholz/*Veil* Rn. 49; Lutter/Hommelhoff/*Bayer* Rn. 4.

15 RGZ 132, 392, 396; Lutter/Hommelhoff/*Bayer* Rn. 5; Michalski/*Ebbing* Rn. 20 ff.; MüKoGmbHG/*Schwandtner* Rn. 31.

16 Begr. GmbHG-Entwurf, Verhandlungen des Reichstags, Bd. 125, Nr. 660, S. 3715, 3740.

17 Lutter/Hommelhoff/*Bayer* Rn. 5; vgl. auch RGZ 149, 293; OLG Hamm NJW-RR 01, 1182.

18 OLG Hamm NJW-RR 01, 1182; Michalski/*Ebbing* Rn. 17.

19 Michalski/*Ebbing* Rn. 23; Lutter/Hommelhoff/*Bayer* Rn. 7.

20 RGZ 65, 432, 435; Baumbach/Hueck/*Fastrich* Rn. 11; Habersack/*Casper*/Löbbe Rn. 40.

21 Roth/*Altmeppen* Rn. 5; Habersack/*Casper*/Löbbe Rn. 27; Michalski/*Ebbing* Rn. 22.

22 BT-Drs. 8/1347, S. 37 f.; RGZ 149, 293, 300; Roth/*Altmeppen* Rn. 4; MüKoGmbHG/*Schwandtner* Rn. 45.

23 Baumbach/Hueck/*Fastrich* Rn. 10; Lutter/Hommelhoff/*Bayer* Rn. 6.

24 Lutter/Hommelhoff/*Bayer* Rn. 7; Habersack/*Casper*/Löbbe Rn. 42.

§§ 16, 40. Rechtsvorgänger haften nach § 22, Mitgesellschafter nach § 24. Bei einer Strohmanngründung haftet der Hintermann wie ein Gesellschafter.[25] Zur Leistung durch Dritte → Rn. 13.

c) **Fälligkeit.** Die Mindeststammeinlagen (§§ 7 II, 56 a) müssen bereits vor Anmeldung der Gründung bzw. Kapitalerhöhung geleistet worden sein. Für die Reststammeinlagen gilt – vorbehaltlich Abs. 2 – vorrangig eine mögliche **Regelung** im Gesellschaftsvertrag bzw. im Kapitalerhöhungsbeschluss.[26] Ist dort ein eindeutiger Zahlungstermin festgesetzt, sind sowohl der Gesellschafterbeschluss (§ 46 Nr. 2) als auch die Anforderung durch die Geschäftsführung entbehrlich. Gesellschaftsvertraglich kann die Fälligkeit der Einlagepflicht grds. nach Belieben bestimmt werden, vgl. § 45 II. 8

Eine solche bereits vorweg gesellschaftsvertraglich festgelegte Terminbestimmung der Zahlungspflicht ist im Gegensatz zum rechtsgeschäftlichen Hinausschieben der Zahlungspflicht (Stundung, → Rn. 24) zulässig.[27] Es wäre aber bedenklich, müssten Gläubiger eine „auf ewig" hinausgeschobene Fälligkeit hinnehmen. Die Haftungsgarantie der Stammkapitalziffer würde in ihrer Bedeutung ausgehöhlt, wenn die tatsächliche Aufbringung des Stammkapitals jahrelang aufgeschoben werden könnte.[28] Deshalb wird jedenfalls bei dringendem Finanzbedarf eine Stimmpflicht der Gesellschafter entweder für einen Einforderungsbeschluss oder für eine die vorzeitige Einforderung ermöglichende Satzungsänderung[29] befürwortet. 9

Wurde kein Zahlungstermin festgelegt, ist die Bareinlage durch **Gesellschafterbeschluss** nach § 46 Nr. 2 einzufordern.[30] Dabei ist jeder Gesellschafter stimmberechtigt. § 47 IV 2 Alt 1 gilt nicht.[31] Einzig in Zwangsvollstreckung, Liquidation u. Insolvenz ist der Gesellschafterbeschluss entbehrlich.[32] Der willensbildende Gesellschafterbeschluss wirkt nur im Innenverhältnis u. bedarf zur Umsetzung nach außen der **Anforderung** der Einlagen ggü. den Verpflichteten durch die Geschäftsführung. Diese ist formfrei, aber empfangsbedürftig[33] u. ausnahmsweise entbehrlich, wenn der Verpflichtete bei der Beschlussfassung anwesend war u. die Entscheidung zur Kenntnis genommen hat.[34] Wenn die Gesellschafter einvernehm- 10

25 Grdl. BGH NJW 92, 2023; 60, 285; Baumbach/Hueck/*Fastrich* Rn. 6.
26 RG JW 15, 195; OLG Zweibrücken GmbHR 96, 122; OLG Dresden GmbHR 97, 946, 947; Lutter/Hommelhoff/*Bayer* Rn. 8.
27 Habersack/*Casper*/Löbbe Rn. 72; Baumbach/Hueck/*Fastrich* Rn. 6; Roth/*Altmeppen* Rn. 10.
28 So bspw. auch MüKoGmbHG/*Schwandtner* Rn. 20.
29 Habersack/*Casper*/Löbbe Rn. 72; Baumbach/Hueck/*Fastrich* Rn. 8; Rowedder/Schmidt-Leithoff/*Pentz* Rn. 10; aA MünchHdbGmbH/*Gummert* § 50 Rn. 13: automatische Fälligkeit.
30 BGH GmbHR 61, 144; 87, 224, 225; Lutter/Hommelhoff/*Bayer* Rn. 9.
31 BGH NJW 91, 172, 173; Michalski/*Ebbing* Rn. 11; Lutter/Hommelhoff/*Bayer* Rn. 9.
32 Zur Zwangsvollstreckung RGZ 138, 106, 111; Lutter/Hommelhoff/*Bayer* Rn. 9; zur Insolvenz BGH NZG 08, 73, 74; OLG Jena NZG 07, 717; OLG Hamm GmbHR 85, 326, 327; RGZ 149, 293.
33 Eine Anforderung ohne Gesellschafterbeschluss ist unwirksam, RGZ 138, 106, 111.
34 Dogmatisch nicht zweifelsfrei BGH NJW 02, 3774, 3775; OLG Dresden GmbHR 97, 946, 947; Lutter/Hommelhoff/*Bayer* Rn. 9; aA OLG München GmbHR 85, 56, 57; Baumbach/Hueck/*Fastrich* Rn. 7.

lich (auch konkludent) einen Zahlungstermin festgesetzt haben, können Anforderung u. Einforderung entbehrlich sein.[35]

11 Die Zuständigkeit zur Beschlussfassung kann mittels eindeutiger gesellschaftsvertraglicher Regelung auf den Aufsichtsrat oder ein entspr. Organ **delegiert** werden. Auch kann die Geschäftsführung zur eigenständigen Einforderung nach unternehmerischem Ermessen ermächtigt werden.[36] Die Gesellschafter sind jedoch nicht verpflichtet, die Reststammeinlagen überhaupt aufzubringen. Eine gesetzliche Einzahlungspflicht fehlt. Da das Stammkapital aber als Haftungsrahmen dient, können die Gesellschafter im Haftungsfall zur Einzahlung aufgefordert werden.

12 d) **Zahlungsmodalitäten.** Die (Geld)Einlage ist grds. so zu leisten, wie sie geschuldet ist. IdR bedarf es der sofortigen (→ § 20 Rn. 4) Zahlung der Einlage in bar oder durch Überweisung auf ein Konto der Gesellschaft, vgl. § 54 III 1 AktG. Um eine **Erfüllung** der Resteinlageschuld zu bewirken, sind weniger strenge Anforderungen zu erfüllen wie bei dem Aufbringen der Mindesteinlage nach §§ 7 II, 56 a. Die Resteinlagen müssen sich nicht „endgültig in der freien Verfügung der Geschäftsführer" befinden, § 8 II.[37] Vielmehr sind Reststammeinlagen dann geleistet u. die Einlageschuld erfüllt, wenn das Vermögen der GmbH um einen vollwertigen, unbeschränkten u. definitiven Vermögenszufluss iHd Reststammeinlagen vermehrt wurde.[38] Der Geldbetrag muss objektiv erkennbar in das Gesellschaftsvermögen übergehen.[39] Die Leistung einer verdeckten Sacheinlage kann eine anteilige Erfüllung bewirken (→ Rn. 69). Für Einlageleistungen vor Fälligkeit gilt § 271 II BGB; zu künftigen Kapitalerhöhungen → § 56 a Rn. 18.

13 Die Erfüllung der Einlageschuld durch Gesellschafter erfordert keine ausdrückliche **Tilgungsbestimmung**. Die Zahlung muss sich nur einem bestimmten Schuldverhältnis zuordnen lassen, §§ 362, 366 BGB.[40] Maßgeblich ist dabei die Sicht des Leistungsempfängers, also des Geschäftsführers.[41] Dies gilt auch, wenn die Zahlung höher ist als die offene Einlageschuld.[42] IÜ kann die Tilgungsbestimmung nachgeholt werden, solange der gezahlte Betrag der GmbH noch unverbraucht zur Verfügung steht;[43] insbes. auch bei **Leistung an einen Dritten**[44] sowie umgekehrt bei nach § 267

35 BGH NJW 02, 3774, 3775; 06, 906, 907; Lutter/Hommelhoff/*Bayer* Rn. 9.
36 RGZ 138, 106, 111; Michalski/*Ebbing* Rn. 10; Lutter/Hommelhoff/*Bayer* Rn. 10. Zu den Anforderungen OLG Celle GmbHR 97, 748, 749. Nach BGH DStR 96, 111 mAnm *Goette* genügt die Formulierung, die Reststammeinlage werde „nach Anforderung durch die Geschäftsführung fällig", nicht. S. auch RGZ 65, 432, 433 f.
37 BGH NJW 94, 1477, 1479 f.; OLG Dresden ZIP 99, 1885; Roth/*Altmeppen* Rn. 21; Lutter/Hommelhoff/*Bayer* Rn. 12.
38 OLG München GmbHR 17, 39; OLG Düsseldorf NJW-RR 95, 869; OLG Hamm ZIP 00, 358; OLG Dresden ZIP 99, 1885; Lutter/Hommelhoff/*Bayer* Rn. 12; Roth/*Altmeppen* Rn. 21.
39 OLG Oldenburg NZG 08, 32 (für Einpersonen-Gründung).
40 OLG Hamm RNotZ 11, 437, 439.
41 BGH NJW 92, 2698, 2699; Michalski/*Ebbing* Rn. 33; MüKoGmbHG/*Schwandtner* Rn. 25.
42 OLG München GmbHR 06, 935.
43 OLG Köln NZG 01, 1042; Michalski/*Ebbing* Rn. 34.
44 OLG Celle GmbHR 06, 443; OLG Naumburg NJW-RR 99, 1641; Michalski/*Ebbing* Rn. 35 ff.

BGB zulässiger Leistung **durch** einen **Dritten.**[45] Eine nachträgliche Zweckumwidmung ist hingg. unzulässig.[46] Vorbehalte oder mit der Leistung verbundene Bedingungen sind nicht mit dem Grundsatz der realen Kapitalaufbringung vereinbar (→ Rn. 16).

Bei **Zahlung** direkt **an Gläubiger** der GmbH ist zu differenzieren: Eine Zahlung als Bareinlage für die **Mindesteinlagen** ist auch bei Einwilligung (§ 362 II BGB) der Geschäftsführung ausgeschlossen.[47] Mindesteinlagen müssen zur freien Verfügung der Geschäftsführung stehen (§§ 7 II, 8 II, 56 a, 57 II), was registergerichtlich nachzuprüfen (§§ 9 c, 57 a) u. Ausdruck des Grundsatzes realer Kapitalaufbringung ist. **Reststammeinlagen** können hingg. durch Zahlung an Gesellschaftsgläubiger erbracht werden. Dies ist erfüllungswirksam, wenn die Zahlung auf Veranlassung der Gesellschaft erfolgt u. die Forderung gegen die Gesellschaft vollwertig, fällig u. liquide ist.[48] Zudem bedarf es der hinreichenden Bestimmtheit der Drittforderung u. einer ausdrücklichen Tilgungsbestimmung bezogen auf diese Forderung.[49] Dies gilt entspr. für die **GmbH & Co KG:** Die Einlageforderung einer (Komplementär-)GmbH ist nicht erfüllt, wenn die Einlagemittel umgehend als Darlehen an die vom Inferenten beherrschte KG weiterfließen, da dies den Schutz der Eigengläubiger der GmbH zu umgehen droht (→ Rn. 59).[50] 14

Die Zahlung auf ein **debitorisches Konto** führt dann zur Erfüllung der Einlageverpflichtung ggü. der Gesellschaft, wenn diese die Möglichkeit erhält, über die Einlagemittel in entspr. Höhe frei zu verfügen (bspw. innerhalb eingeräumten Kreditrahmens oder aufgrund stillschweigender Gestattung der Bank).[51] Eine **Scheck**zahlung ist grds. Leistung erfüllungshalber; Erfüllung tritt erst bei Zufluss des Erlöses ein. Die Leistung der Bareinlage auf ein **eigenes Konto** des Gesellschafters, das zugleich als Geschäftskonto der (Vor-)GmbH genutzt wird, tilgt die Einlageschuld, wenn u. soweit die Geschäftsführung das Guthaben tatsächlich einsetzt, um Gesellschaftsverbindlichkeiten zu begleichen.[52] 15

Keine Erfüllung tritt bei einer Leistung unter Vorbehalt oder Bedingung ein,[53] ebenso grds. bei absprachegemäßem, umgehenden Rückfluss der eingezahlten Einlagemittel als Darlehen (Hin- u. Herzahlen, → Rn. 95 ff.).[54] Auch Zahlungen mit wirtschaftlichen Mitteln der Gesellschaft (bspw. durch vorhergehende Darlehensvergabe an Gesellschafter oder Mithaf- 16

45 BGH NJW 92, 2698; 95, 128; Michalski/*Ebbing* Rn. 39.
46 BGH DStR 92, 1137, 1138; *95, 1158, 1159;* Michalski/*Ebbing* Rn. 34.
47 BGH NJW 86, 989 (GmbH); 92, 3300 (AG); s. auch OLG Hamm NJW-RR 00, 848; Baumbach/Hueck/*Fastrich* Rn. 13; Habersack/*Casper*/Löbbe Rn. 63.
48 BGH NJW 86, 989; Habersack/*Casper*/Löbbe Rn. 63.
49 OLG München GmbHR 17, 39, 40; krit. zum Erfordernis der ausdrücklichen Tilgungsbestimmung *Cramer*, EWiR 17, 235, 236.
50 BGH NZG 08, 143; NJW 03, 825; 86, 989; OLG Hamm NJW-RR 00, 848.
51 BGH NZG 05, 180; OLG Dresden NJW-RR 00, 112, 113; Michalski/*Ebbing* Rn. 32.
52 BGH NJW 01, 1647.
53 Lutter/Hommelhoff/*Bayer* Rn. 13.
54 BGH NJW 03, 825; 06, 509; 06, 906.

tung) genügen nicht.[55] Nach Abs. 5 steht eine entspr. vor Einlageleistung getroffene Abrede der Erfüllung der Einlageschuld nicht entgg., wenn sie durch einen vollwertigen u. liquiden Rückgewähranspruch gedeckt ist (→ Rn. 97 ff., 107 ff.). An einer Erfüllung der Einlageschuld fehlt es in jedem Fall bei Aushändigung von Bargeld an einen Gesellschafter-Geschäftsführer, der sich in desolater finanzieller Lage befindet u. das Geld für seinen Lebensunterhalt benötigt.[56]

17 e) **Beweislast.** Die Beweislast für die ordnungsgemäße Erfüllung der Einlageverpflichtung trägt grds. der **Gesellschafter.**[57] Auch bei lange zurückliegenden Zahlungen u. zwischenzeitlichem Erwerb des Geschäftsanteils gilt grds. nichts anderes.[58] Im Einzelfall kann hins. der Frage des Beweismaßes aber zu differenzieren sein; so können dem Gesellschafter die Grundsätze über die sog. sekundäre Behauptungslast zu Gute kommen. Der Nachweis erfolgt idR mittels der Vorlage von Zahlungsbelegen u. Kontoführungsunterlagen. Jahresabschlüsse oder Prüfberichte reichen als Nachweis nicht aus.[59] Bei unstr. oder bewiesener Einlageleistung auf ein Konto der Gesellschaft ist von der Erfüllung der Einlageschuld auszugehen; den ein Hin- u. Herzahlen behauptenden Insolvenzverwalter trifft die Vortragslast, konkrete Anhaltspunkte dafür darzutun, dass die Gesellschaft gehindert war, über den eingezahlten Betrag zu verfügen.[60] Bei Klagen (bspw. des Insolvenzverwalters) gegen Gesellschafter aus § 24 obliegt die Beweislast dem Kläger (idR dem Verwalter oder der Gesellschaft).[61]

2. Befreiung von der Leistungspflicht (Abs. 2 S. 1, Abs. 3)

18 a) **Verbot einschränkender Disposition.** Jede rechtsgeschäftliche Beeinträchtigung der Pflicht zur Einlageleistung ist unzulässig (Abs. 2 S. 1). Das Verbot einschränkender („quantitative oder qualitative Abschwächung")[62] Disposition über den Einlageanspruch der Gesellschaft ist derart grdl. für den **Grundsatz der realen Kapitalaufbringung**, dass Abs. 2 S. 1 entspr. weit auszulegen ist. Dies gilt für Bar- sowie Sacheinlageverpflichtungen u. zusammenhängende Neben- u. Folgeansprüche (→ Rn. 3). Enger war noch der Wortlaut vor der Neufassung 1980 („weder erlassen noch gestundet"), auch wenn der Gesetzgeber den Wortlaut wohl nur klarer fassen wollte.[63] Allerdings hat der Gesetzgeber das in Abs. 2 S. 1 niedergelegte Verbot

55 BGH NZG 06, 716; OLG München NZG 05, 311; OLG Stuttgart NZG 04, 675; s. auch Bsp. bei Lutter/Hommelhoff/*Bayer* Rn. 13.

56 OLG München GmbHR 17, 39 f.; s. dazu *Cramer*, EWiR 17, 235, 236.

57 StRspr, BGH NZG 14, 264, 266; NJW 07, 3067; 92, 2698; Michalski/*Ebbing* Rn. 41.

58 BGH DStR 04, 2112 mAnm *Goette*; DStR 05, 297 mAnm *Goette*; NJW 07, 3067; OLG Jena ZIP 13, 1378 f.; Zeitabstand seit behaupteter Einlageleistung 16 (!) Jahre; s. auch Baumbach/Hueck/*Fastrich* Rn. 15.

59 OLG Brandenburg DB 06, 996, 997; OLG Thüringen GmbHR 17, 754, 758 mAnm *Kuna*.

60 BGH WM 14, 265, 266; OLG Thüringen GmbHR 17, 754 mAnm *Kuna*.

61 BGH NJW 96, 2306; OLG Köln NZG 09, 505.

62 Baumbach/Hueck/*Fastrich* Rn. 16; ähnl. Michalski/*Ebbing* Rn. 47; Habersack/*Casper*/Löbbe Rn. 56 f.

63 Begr. RegE, BT-Drs. 8/1347, S. 38: „... in einer gegenüber § 19 Abs. 2 GmbHG klareren Fassung ...".

durch Abs. 4, 5 u. die damit einhergehenden Wertanrechnungen (→ Rn. 68 ff.) bzw. Einlagenrückflüsse bei qualifizierten Rückgewähransprüchen (→ Rn. 107 ff.) (möglicherweise sogar unbewusst) qualitativ eingeschränkt. Dies führt zu Wertungswidersprüchen (→ Rn. 46, 108 f.), kann jedoch nicht zwangsläufig zur Zulässigkeit von qualitativen Abschwächungen der Einlagepflicht führen.[64]

Bei **Verstoß** gegen Abs. 2 S. 1 besteht die Einlagepflicht unverändert fort. 19
Ein entspr. Umgehungswille oä ist nicht erforderlich. Ein entspr. Gesellschafterbeschluss ist aufgrund der Verletzung öffentlichen Interesses (Gläubigerschutz) nichtig,[65] Handlungen der Geschäftsführung sind unwirksam u. gegen Abs. 2 S. 1 verstoßende Rechtsgeschäfte nichtig (§ 134 BGB), wenn sich nicht aus Abs. 4 etwas anderes ergibt.

Kein Verstoß gegen Abs. 2 S. 1 liegt vor, wenn noch im Gründungsstadium 20
der Gesellschaftsvertrag einstimmig geändert wird u. die Kapitalausstattung sowie Einlageverpflichtungen neu festgelegt werden.[66] Hierfür gilt § 58 nicht. Im **Liquidationsstadium** gilt Abs. 2 S. 1 grds. ebenso. Anderes gilt nach Einstellung des Geschäftsbetriebs u. Befriedigung aller Gesellschaftsgläubiger, wenn weitere Verbindlichkeiten nicht mehr zu erwarten sind. Dann erfordert der Normzweck des Abs. 2 S. 1 nicht länger die Einhaltung des Befreiungsverbots sowie des Aufrechnungsverbotes (Abs. 2 S. 1, 2),[67] weil kein entgegenstehendes Gläubigerinteresse mehr besteht.[68]

Die Befreiung von der Einlageverpflichtung durch eine **Kapitalherabset-** 21
zung stellt eine **Ausn.** vom Verbot des Abs. 2 S. 1 dar, ist allerdings nur im Umfang des Herabsetzungsbetrags möglich (Abs. 3). Der Kapitalherabsetzungsbetrag (§ 58) bildet die maximal zulässige Obergrenze, in dessen Höhe die Gesellschafter von ihrer Verpflichtung zur Einlageleistung entbunden werden können; § 58 II 2 ist zu beachten (→ § 58 Rn. 7 ff.).

b) Leistungsbefreiende Maßnahmen im Einzelnen. Unzulässig ist nach 22
Abs. 2 S. 1 insbes. der vollständige oder teilw. **Erlass** (§ 397 I BGB) der Einlageverpflichtung. Dies gilt auch für ein negatives Schuldanerkenntnis (§ 397 II BGB) sowie jede gleichwertige Form rechtsgeschäftlicher Verzichtserklärung.[69] Ebenso scheidet eine Novation aus, bei der die Einlageverpflichtung durch eine andere Verpflichtung ersetzt wird.[70] Unzulässig ist es auch, im Gesellschaftsvertrag zwar die Übernahme einer Mischeinlage zu vereinbaren, aber zugleich vorzusehen, dass vor der Eintragung neben

---

64 So aber wohl Baumbach/Hueck/*Fastrich* Rn. 16.

65 Scholz/*Veil* Rn. 56; Baumbach/Hueck/*Fastrich* Rn. 17.

66 Baumbach/Hueck/*Fastrich* Rn. 17; Habersack/*Casper*/Löbbe Rn. 50; Scholz/*Veil* Rn. 49; Roth/*Altmeppen* Rn. 35.

67 RGZ 149, 293, 298; BGH NJW 68, 398, 399; s. auch BGH BB 76, 852; NJW 63, 102; Habersack/*Casper*/Löbbe Rn. 52, 74; Michalski/*Ebbing* Rn. 55.

68 Krit. *Altmeppen*, ZIP 17, 497, 501, der darauf hinweist, dass auch die Interessen der Gesellschafter zu beachten seien, die gem. § 72 einen Anspruch auf den Liquidationsüberschuss haben; dahingehend auch Rowedder/Schmidt-Leithoff/*Pentz* Rn. 65.

69 Habersack/*Casper*/Löbbe Rn. 54; Baumbach/Hueck/*Fastrich* Rn. 19; Michalski/*Ebbing* Rn. 58 ff.

70 Bspw. in Form von Vereinbarungsdarlehen, die idR den §§ 21 ff. unterliegenden Einlagenanspruch durch einen bloßen schuldrechtlichen Anspruch ersetzen; zu hiervon abzugrenzenden Fällen nach Abs. 5 s. Rn. 95 ff.

der Einbringung der Sacheinlage keine weitere Zahlung u. insbes. nicht ein Viertel auf die Bareinlagepflicht zu erbringen ist.[71]

23 Grds. nicht möglich ist auch die Annahme einer anderen Leistung **an Erfüllungs statt** (§ 364 I BGB).[72] Aus Abs. 4 (→ Rn. 44 ff.) ergibt sich aber folgende Besonderheit: Wurde zwar eine Bareinlage vereinbart, soll die Gesellschaft aber bei wirtschaftlicher Betrachtung vom Inferenten aufgrund eines im Zusammenhang mit der Einlagenübernahme abgeschlossenen Gegengeschäfts oder sonstiger Absprache einen Sachwert erhalten, ist iErg der Sachleistungswert auf die Geldeinlagepflicht anzurechnen (Abs. 4 S. 3). Wird hingg. erst zu einem späteren Zeitpunkt zwischen Gesellschaft u. Inferent der Erhalt eines Sachwerts vereinbart, was den Voraussetzungen des Abs. 4 nicht genügt, sind nach Abs. 2 S. 1 vollständiger oder teilw. Erlass der Einlageverpflichtung oder Annahme an Erfüllungs statt unzulässig u. es bleibt die privilegierende Rechtsfolge des Abs. 4 S. 3 versagt.[73] Dies mag zu einem Wertungswiderspruch führen. Aus einer Gesamtschau – sowohl des Verbots einschränkender Disposition, des allg. Aufrechnungsverbots, Abs. 2 S. 2 u. des Grundsatzes realer Kapitalaufbringung – ergibt sich jedoch, dass die Anrechnung nach **Abs. 4 S. 3 nicht entspr.** auf andere Fälle der Annahme einer Sachleistung angewandt werden kann[74] u. dem das Verbot des Abs. 2 S. 1 entgg. steht. Auch wenn so eine im Zusammenhang mit der Einlagenübernahme vorgenommene Absprache über die Annahme der Leistung einer verdeckten Sacheinlage an Erfüllungs statt privilegiert wird, besteht zumindest in anderen Fällen der Anreiz zur Beachtung der Kapitalaufbringungsvorschriften. Freilich wird bei zeitlichem u. sachlichem Zusammenhang häufig die Vermutung der Vorabsprache nicht widerlegt werden können, so dass Abs. 4 unmittelbar anwendbar ist.[75]

24 Zulässig ist die Leistung **erfüllungshalber** (§ 364 II BGB), da hier die Einlageforderung erst dann untergeht, wenn die Gesellschaft volle Befriedigung erlangt hat. Unzulässig ist hingg. das rechtsgeschäftliche Hinausschieben der Fälligkeit der Einlageleistung, also die **Stundung**. Eine solche liegt nur vor, wenn die gesellschaftsvertraglich geregelte Fälligkeit hinausgeschoben wird, nicht aber, wenn bei fehlender Festlegung kein Einforderungsbeschluss gefasst wird.[76] Es kann jedoch nicht zulässig sein, bereits im Gesellschaftsvertrag die Fälligkeit der übrigen Einlageleistungen beliebig hinauszuschieben (→ Rn. 9).

25 Ein **Vergleich** über die Einlageverpflichtung – nach § 779 BGB oder als Prozessvergleich – kann nur zulässig sein, wenn dieser der Beseitigung erheblicher rechtlicher oder tatsächlicher Unsicherheiten im Wege gegenseiti-

---

71 OLG Celle NZG 16, 300 = GmbHR 16, 288 mAnm *Wachter*.

72 Bspw. Erfüllung der Einlageverpflichtung durch Abtretung einer Forderung; Baumbach/Hueck/*Fastrich* Rn. 28; *Wicke* Rn. 9; Michalski/*Ebbing* Rn. 58; MüKo-GmbHG/*Schwandtner* Rn. 63; Habersack/*Casper*/Löbbe Rn. 57; aA wohl *Heinze*, GmbHR 08, 1065, 1069.

73 Ebenso Baumbach/Hueck/*Fastrich* Rn. 28.

74 AA Lutter/Hommelhoff/*Bayer* Rn. 70; *Wicke* Rn. 24; Baumbach/Hueck/*Fastrich* Rn. 53; Scholz/*Veil* Rn. 102; s. auch *Herrler*, DB 08, 2347, 2351 f.; *Veil*, ZIP 07, 1241, 1246.

75 Baumbach/Hueck/*Fastrich* Rn. 28 a.

76 Lutter/Hommelhoff/*Bayer* Rn. 19; Scholz/*Veil* Rn. 60 f.; Michalski/*Ebbing* Rn. 67.

gen Nachgebens etwa über Wert oder Mängel von Sacheinlagen dient u. nicht lediglich vorgeschoben ist.[77] Diese unklaren Anforderungen erscheinen aufgrund der Bedeutung des Grundsatzes realer Kapitalaufbringung sowie des Verbots einschränkender Disposition bedenklich.[78] Jedoch spricht die **Schiedsfähigkeit**[79] von Streitigkeiten über die Wirksamkeit der Aufbringung des Stammkapitals für die Zulässigkeit eines „echten" Vergleichs. Nicht zulässig ist ein Vergleich hingg, soweit er nicht die Einlageforderung selbst betrifft, sondern bspw. aufgrund der Zahlungsunfähigkeit des Einlagenschuldners geschlossen wird. Insoweit sind §§ 21 ff. vorrangig.[80] In der Insolvenz ist die Einbeziehung in einen Insolvenzplan unzulässig.[81] Soweit ein zulässiger Vergleich den Schuldner von seiner Leistungspflicht befreit, wirkt dies auch zugunsten der nach §§ 22, 24 Haftenden.[82] Der Vergleichsabschluss bedarf der Zustimmung der Gesellschafterversammlung (§ 46 Nr. 2 GmbHG entspr.).

3. Aufrechnung und Zurückbehaltung (Abs. 2 S. 2, 3)

Das Aufrechnungsverbot des Abs. 2 S. 2 **untersagt** einseitig dem Gesell- 26
schafter die **Aufrechnung** mit einer eigenen Forderung gegen die Einlageforderung der GmbH, während umgekehrt die Aufrechnung der Gesellschaft mit ihrer Einlageforderung hiervon grds. unberührt bleibt. Die Regelung soll den Kreis der aufrechenbaren Forderungen stark einschränken.[83] Eine **Ausn.** besteht nach Abs. 2 S. 2 für **Sachübernahmen** (zum Begriff → § 5 Rn. 40). Wenn in Gründungssatzung oder Kapitalerhöhungsbeschluss (§ 56 II) eine Sachübernahme gem. § 5 IV 1 vereinbart wurde, ist eine Anrechnung ausnahmsweise zulässig. Dies betrifft allerdings nur den Fall, dass nicht bereits iR von § 5 IV 1 die unmittelbare Anrechnung auf die Einlageverpflichtung festgeschrieben wurde. Die Vollwertigkeit der Forderung aus dem Sachübernahmegeschäft ist nicht relevant. Die Wertdeckung wird bereits iRd Handelsregistereintragung überprüft (§ 9 c). Zudem begründet eine Überbewertung eine Differenzhaftung (→ § 9 Rn. 5). Fehlt es an einer wirksamen Sachübernahmevereinbarung nach § 5 IV 1, ist jedwede Aufrechnung bzw. Verrechnung mit Vergütungsansprüchen des Gesellschafters grds. unzulässig (s. aber noch → Rn. 33 u. 34), unabhängig von der Vollwertigkeit der Forderung.[84] Das Aufrechnungsverbot gilt in der Liquidation ebenso wie im Insolvenzverfahren, jedoch jeweils iRd je-

---

77 IErg ganz hM, RGZ 79, 271, 274; BGH NJW 04, 2898; OLG Hamm GmbHR 88, 308; Lutter/Hommelhoff/*Bayer* Rn. 20; diff. Scholz/*Veil* Rn. 64 ff.; Michalski/*Ebbing* Rn. 71 ff.; Rowedder/Schmidt-Leithoff/*Pentz* Rn. 60; MüKoGmbHG/*Schwandtner* Rn. 70; krit. Habersack/*Casper*/Löbbe Rn. 65 f.

78 So auch Baumbach/Hueck/*Fastrich* Rn. 20; Habersack/*Casper*/Löbbe/*Ulmer* Rn. 66.

79 BGH NJW 04, 2898.

80 Roth/*Altmeppen* Rn. 30; Habersack/*Casper*/Löbbe Rn. 69; Scholz/*Veil* Rn. 66.

81 Lutter/Hommelhoff/*Bayer* Rn. 21; Habersack/*Casper*/Löbbe Rn. 69.

82 Scholz/*Veil* Rn. 68; Roth/*Altmeppen* Rn. 31; Lutter/Hommelhoff/*Bayer* Rn. 20.

83 Lutter/Hommelhoff/*Bayer* Rn. 27; Michalski/*Ebbing* Rn. 78; BGHZ 15, 52, 58; NJW 59, 1413.

84 Lutter/Hommelhoff/*Bayer* Rn. 40; Habersack/*Casper*/Löbbe Rn. 80.

weiligen Verfahrenszwecke, also nicht, wenn sämtliche denkbaren Gläubigerinteressen befriedigt sind.[85]

27 a) **Aufrechnung durch Gesellschafter** (Abs. 2 S. 2). Die einseitige Aufrechnung durch den Einlageschuldner ist **grds. unzulässig.**[86] Das Aufrechnungsverbot erstreckt sich auch auf die Differenz- u. Vormännerhaftung, die Ausfallhaftung nach § 24,[87] die Erstattungsschuld nach § 31 I[88] sowie auf Ansprüche aus Unterbilanzhaftung.[89] Die Aufrechnung durch den Gesellschafter ist unabhängig vom Rechtsgrund seiner Forderung (bspw. Schadensersatzanspruch aus Gesellschaftsverhältnis; durch Abtretung von Drittem erworbene Forderung; Vergütungsanspruch aus verdeckter Sacheinlage zugrunde liegendem Geschäft)[90] u. Zeitpunkt deren Entstehung unzulässig.[91]

28 Der Aufrechnungsausschluss nach Abs. 2 S. 2 war von jeher **eng auszulegen**, eine dennoch erklärte Aufrechnung ohne Berufungsmöglichkeit auf § 242 BGB wirkungslos.[92] Diese Rechtslage mag angesichts der heutigen Fassung von **Abs. 4** zumindest zweifelhaft erscheinen (→ Rn. 23). Wirtschaftlich entspricht eine Aufrechnung der Einbringung einer Gesellschafterforderung bspw. auf Vergütung für Sachleistung gegen die Gesellschaft, also einer Sacheinlage ohne vorherige Festlegung in der Satzung (oder im Kapitalerhöhungsbeschluss). Wenn die Aufrechnung daher aufgrund einer im Zusammenhang mit der Einlagenübernahme getroffenen Abrede erfolgt, also im Einvernehmen mit der Gesellschaft, besteht wiederum der Wertungswiderspruch, dass diese Form der Aufrechnung als Fall einer **verdeckten Sacheinlage** nach Abs. 4 S. 3 privilegiert ist.[93] Entspr. Abs. 4 S. 3 könnte deshalb mit Eintragung der Gesellschaft eine Anrechnung der Vergütungsforderung auf die Einlageleistung erfolgen, wenn der Gesellschafter diese im Wege einer verdeckten Sacheinlage als Erfüllungssurrogat eingebracht hat.[94] Dem ist nicht zuzustimmen. Als Ausnahmeregelung ist Abs. 4 S. 3 eng auszulegen u. angesichts der Bedeutung u. Klarheit des Aufrechnungsverbots eine entspr. Anwendung abzulehnen.[95]

---

85 BGHZ 15, 52, 56; NJW 79, 216; Baumbach/Hueck/*Fastrich* Rn. 30; Lutter/Hommelhoff/*Bayer* Rn. 52 f.; Habersack/*Casper*/Löbbe Rn. 82.

86 Lutter/Hommelhoff/*Bayer* Rn. 24; Michalski/*Ebbing* Rn. 81 ff.; Roth/*Altmeppen* Rn. 38; Baumbach/Hueck/*Fastrich* Rn. 30; Habersack/*Casper*/Löbbe Rn. 79; MüKoGmbHG/*Schwandtner* Rn. 80.

87 Roth/*Altmeppen* Rn. 40; Baumbach/Hueck/*Fastrich* Rn. 30; Habersack/*Casper*/Löbbe Rn. 77.

88 BGH NJW 01, 830.

89 BGH NJW 06, 1594.

90 Baumbach/Hueck/*Fastrich* Rn. 30; s. auch OLG Celle GmbHR 06, 433.

91 Lutter/Hommelhoff/*Bayer* Rn. 24; MüKoGmbHG/*Schwandtner* Rn. 82; Habersack/*Casper*/Löbbe Rn. 79.

92 BGH GmbHR 83, 194; Roth/*Altmeppen* Rn. 39; Lutter/Hommelhoff/*Bayer* Rn. 25; Rowedder/Schmidt-Leithoff/*Pentz* Rn. 70.

93 Es dürfte bei einer Aufrechnung iVm einer Sachübernahme praktisch schwierig sein, den Voraussetzungen des § 5 IV 1 zu genügen, vgl. Roth/*Altmeppen* Rn. 41 ff.

94 Hierfür mit Unterschieden iErg *Wicke* Rn. 12; Roth/*Altmeppen* Rn. 42.; Scholz/*Veil* Rn. 85; s. auch zum RegE *Veil*, ZIP 07, 1241, 1246.

95 Ähnl. Lutter/Hommelhoff/*Bayer* Rn. 25; Bork/Schäfer/*Bartels* Rn. 7; Baumbach/Hueck/*Fastrich* Rn. 32; s. auch *Gehrlein*, Der Konzern 07, 771, 784.

Zur Ausn. bei ordnungsgemäß vereinbarten Sachübernahmen nach Abs. 2 S. 2 → Rn. 26. 29

b) Aufrechnung durch Gesellschaft. Die Aufrechnung seitens der Gesellschaft mit der Einlageforderung wird durch Abs. 2 S. 2 **nicht ausgeschlossen.**[96] 30

aa) Allgemeine Aufrechnungsschranken. Indes muss über den Wortlaut des Abs. 2 S. 2 hinaus auch die Gesellschaft im Interesse des Grundsatzes der **realen Kapitalaufbringung** das Aufrechnungsverbot beachten, weshalb Aufrechnung oder Abschluss einer Aufrechnungsvereinbarung nur zulässig u. wirksam sind, wenn sie wirtschaftlich zur vollen Erbringung der Einlage führen. Dem Gesellschafter muss ein Anspruch zustehen, der so gut wie Bargeld ist.[97] Die gleichartige **Gegenforderung** des Gesellschafters muss daher nach stRspr[98] u. ganz hL[99] vollwertig,[100] fällig u. liquide sein. **Liquide** ist die Gegenforderung, wenn sie nach Prüfung durch den Geschäftsführer nach Grund u. Höhe unstr. ist u. außer Zweifel steht; ein bloßes Nichtbestreiten genügt nicht.[101] Sie muss zudem **fällig** sein, um einen Liquiditätsverlust zu vermeiden.[102] **Vollwertigkeit** setzt voraus, dass die Gesellschaft zum Aufrechnungszeitpunkt mit dem Gesellschaftsvermögen nach Höhe u. Liquidität alle fälligen Forderungen ihrer Gläubiger einschließlich der Gegenforderung sicher erfüllen kann.[103] Damit ist die Aufrechnung ausgeschlossen, wenn die GmbH sicher zahlungsunfähig oder überschuldet ist (§ 17 II bzw. § 19 II InsO). In diesem Fall ist die Aufrechnung vollständig u. nicht nur anteilig ausgeschlossen.[104] 31

Ausnahmsweise kann eine Aufrechnung auch bei fehlender Vollwertigkeit im Interesse der Gesellschaft liegen, so dass die Einschränkungen der Aufrechnungen nicht gelten, wenn die Einlageforderung aufgrund der Lage des Inferenten wirtschaftlich nicht vollwertig ist u. aufgrund dessen auch eine Kaduzierung (§§ 21 ff.) mit anschließender Verwertung keinen Erfolg verspricht.[105] Dies sichert dem Normzweck entspr. die reale Kapitalaufbrin- 32

---

96 Zum Ausschluss der Aufrechnung jedenfalls in Höhe der Mindesteinlage für die Vorgesellschaft § 7 Rn. 15.
97 Habersack/*Casper*/Löbbe Rn. 86.
98 BGHZ 15, 52; NJW 94, 1477; 02, 3774; 09, 1418, 1419.
99 Lutter/Hommelhoff/*Bayer* Rn. 28; Baumbach/Hueck/*Fastrich* Rn. 37; Michalski/*Ebbing* Rn. 88 ff.; Rowedder/Schmidt-Leithoff/*Pentz* Rn. 74, 80 ff.; Habersack/*Casper*/Löbbe Rn. 90 ff.; krit. nur *Frey*, Einlagen in Kapitalgesellschaften, 1990, S. 49 ff.
100 Gegen das Vollwertigkeitsprinzip aber MüKoGmbHG/*Schwandtner* Rn. 98.
101 RGZ 85, 351, 354; OLG Naumburg NZG 00, 1052, 1053; Baumbach/Hueck/*Fastrich* Rn. 37; Lutter/Hommelhoff/*Bayer* Rn. 33; MüKoGmbHG/*Schwandtner* Rn. 104; Scholz/*Veil* Rn. 75.
102 BGHZ 15, 52, 57; OLG Hamm GmbHR 94, 399; Scholz/*Veil* Rn. 74.
103 BGH NJW 94, 1477; 84, 1891; Lutter/Hommelhoff/*Bayer* Rn. 31; Michalski/*Ebbing* Rn. 91.
104 Baumbach/Hueck/*Fastrich* Rn. 37; aA Rowedder/Schmidt-Leithoff/*Pentz* Rn. 81, der mit Blick auf § 19 IV ein anteiliges Erlöschen der Einlageforderung befürwortet.
105 BGHZ 15, 52, 57; NJW 79, 216; Lutter/Hommelhoff/*Bayer* Rn. 38; Baumbach/Hueck/*Fastrich* Rn. 37; Rowedder/Schmidt-Leithoff/*Pentz* Rn. 85; Michalski/*Ebbing* Rn. 93; Scholz/*Veil* Rn. 78.

gung. Die Aussichten eines grds. vorrangigen Kaduzierungsverfahrens sind jedoch zu berücksichtigen.

33 bb) **Aufrechnung gegen Vergütungsforderung aus sacheinlagefähigen Leistungen.** Auch die Gesellschaft muss mit Blick auf die Gefährdung der realen Kapitalaufbringung bei der Aufrechnung mit ihrer Einlageforderung gegen Vergütungsforderungen eines Gesellschafters aus sacheinlagefähigen Leistungen gewissen Schranken unterliegen (zur Aufrechnung seitens des Gesellschafters → Rn. 27).[106] Soweit eine **Festsetzung** nach § 5 IV 1 **erfolgt** ist, also eine wirksame Sachübernahmeverpflichtung vorliegt, unterliegt die Gesellschaft **keinen Aufrechnungsbeschränkungen.** Ausnahmsweise muss eine Aufrechnung durch die Gesellschaft auch **ohne Festsetzung** zulässig sein, wenn die Bareinlageforderung gegen den Inferenten aufgrund dessen wirtschaftlich schlechter Lage uneinbringlich oder ernsthaft **gefährdet** ist u. die Aufrechterhaltung der Aufrechnungsschranken die Gesellschaft schädigen würde.[107]

34 Unter dem Gesichtspunkt der für Sacheinlagen bzw. -übernahmen gebotenen Festsetzungen nach §§ 5 IV 1, 56 I u. den damit verbundenen u. bedeutenden Regelungen der §§ 9 ff., kann bei einer **nicht erfolgten Festsetzung** eine Aufrechnung durch die Gesellschaft nicht ohne Weiteres zulässig sein. Allerdings kann die Möglichkeit der Wertanrechnung nach Abs. 4 bestehen (→ Rn. 68 ff.). Zunächst ist zwischen den unter allg. Voraussetzungen (→ Rn. 31) grds. aufrechenbaren u. wegen Umgehung der Sacheinlagevorschriften grds. nicht aufrechenbaren Forderungen zu unterscheiden.[108]

35 **Nicht aufrechenbar** sind die bei Begründung der Einlagepflicht durch Anteilsübernahme im Zusammenhang mit Gründung oder Kapitalerhöhung bereits bestehenden Gesellschafterforderungen (**Altforderungen**).[109] Diese können als Vergütung für Sachleistungen oder auf andere Weise (bspw. aufgrund Gesellschafterdarlehens, als stehen gelassener Gewinn oder unter einem Ausschüttungs-Rückhol-Verfahren)[110] entstanden sein. Solche Forderungen sind sacheinlagefähig u. daher auch nur unter Beachtung der Sacheinlagevorschriften zur Tilgung der Einlageverpflichtung anzuerkennen. Zur Anwendung des Abs. 4 → Rn. 55.

36 Bei später entstandenen Forderungen (**Neuforderungen**) ist nach der **Festsetzungsfähigkeit** der Forderung nach § 5 IV 1 zu **differenzieren.**[111] Eine Aufrechnung durch die Gesellschaft ist unzulässig, soweit eine entspr. Forderung nach § 5 IV hätte festgesetzt werden müssen, etwa wenn die Aufrechnung mit einer Entgeltforderung für eine nach Begründung der Einlagepflicht entstandene Sachleistung von Beginn an geplant war.[112] Zur An-

---

106 Baumbach/Hueck/*Fastrich* Rn. 33 b ff.

107 Ebenso Baumbach/Hueck/*Fastrich* Rn. 35; s. auch BGHZ 15, 52, 59; Habersack/*Casper*/Löbbe Rn. 110.

108 Baumbach/Hueck/*Fastrich* Rn. 34 ff.; Scholz/*Veil* Rn. 80 ff.

109 BGH NJW 03, 825, 826; 02, 3774, 3776; Baumbach/Hueck/*Fastrich* Rn. 34; Habersack/*Casper*/Löbbe Rn. 98; Lutter/Hommelhoff/*Bayer* Rn. 28; *Wicke* Rn. 14; Scholz/*Veil* Rn. 81; Michalski/*Ebbing* Rn. 87.

110 BGH NJW 02, 3774, 3776; s. zur Ausn. BGH NJW 97, 2516.

111 Ebenso Baumbach/Hueck/*Fastrich* Rn. 35; aA Scholz/*Veil* Rn. 80: pauschale Zulassung der Aufrechnung.

112 Baumbach/Hueck/*Fastrich* Rn. 35.

wendung des Abs. 4 → Rn. 56. Anderes gilt für nichtsacheinlagefähige Leistungen (→ § 5 Rn. 28 ff. – bspw. Dienstleistungen)[113] sowie nach Begründung der Einlageverpflichtung entstandene Gesellschafterforderungen, die nicht Gegenstand einer Abrede waren u. bei denen das Vorliegen einer Abrede mangels sachlichem oder zeitlichem Zusammenhang auch nicht vermutet wird. Hier droht keine Umgehung der Sacheinlagevorschriften, weshalb die reale Kapitalaufbringung durch Sicherstellung der Einlagenwerthaltigkeit (§ 9c I 2) nicht gefährdet ist; die allg. Voraussetzungen (→ Rn. 31) sind weiterhin zu beachten.

cc) **Aufrechnungserklärung und Beweislast.** Das Vorliegen der Voraussetzungen bestimmt sich nach **objektiven** Maßstäben im **Zeitpunkt der** erklärten **Aufrechnung.**[114] Die subjektive Auffassung der Beteiligten ist irrelevant. Die **Beweislast** für das Vorliegen der Aufrechnungsvoraussetzungen trifft idR den Einlagepflichtigen, der sich hierauf beruft.[115] 37

Die Aufrechnung wird **durch** den **Geschäftsführer** erklärt, der hierüber nach pflichtgemäßem Ermessen zu entscheiden hat.[116] Möglich ist auch der Abschluss einer Aufrechnungsvereinbarung.[117] Mit der Bedeutung des Abs. 2 für den Grundsatz der realen Kapitalaufbringung ist es unvereinbar, die Aufrechnung durch einen von § 181 BGB befreiten Gesellschafter-Geschäftsführer ggü. sich selbst zuzulassen.[118] Gegenteilige Entscheidungen des BGH[119] entbehren einer Begründung. 38

dd) Rechtsfolge. Eine zulässige Aufrechnung führt nach § 389 BGB zur Erfüllung, soweit sich die Forderungen decken. Liegen die allg. Aufrechnungs**voraussetzungen** für eine Aufrechnungserklärung seitens der Gesellschaft **nicht vor,** ist fraglich, ob die Aufrechnung insg. unwirksam ist[120] oder nunmehr aufgrund **analoger Anwendung** des **Abs. 4 S. 3** in Höhe des Teilwerts der Forderung eine Anrechnung erfolgt.[121] Zwar sind Charakter des Abs. 4 S. 3 als Ausnahmevorschrift sowie Bedeutung des Aufrechnungsverbots zu beachten. Jedoch gilt letzteres kraft Wortlaut gerade grds. nicht in gleicher Weise für die Aufrechnung seitens der Gesellschaft. Daher ist Abs. 4 S. 3 entspr. anzuwenden, so dass eine Anrechnung in der Höhe stattfindet, in der es für die GmbH objektiv von Wert ist. 39

c) **Zurückbehaltungsrecht (Abs. 2 S. 3).** Der Einlageschuldner (von Bar- wie Sacheinlagen) kann ggü. der Einlageforderung der Gesellschaft grds. 40

---

113 BGH NZG 09, 463 – Qivive; hierzu u. Rn. 61.
114 Lutter/Hommelhoff/*Bayer* Rn. 34; Baumbach/Hueck/*Fastrich* Rn. 37.
115 BGH NJW 03, 825, 826; 92, 2229; Habersack/*Casper*/Löbbe Rn. 101; *Bayer/Illhard*, GmbHR 11, 505, 509.
116 Lutter/Hommelhoff/*Bayer* Rn. 35; Scholz/*Veil* Rn. 96; Michalski/*Ebbing* Rn. 100.
117 Unwirksam u. unzulässig aber Verpflichtung zu zukünftiger Aufrechnungserklärung, BGH NJW 79, 216.
118 Daher zu Recht hierzu u. zu entspr. Beschluss der Gesellschafterversammlung abl. Baumbach/Hueck/*Fastrich* Rn. 40; Lutter/Hommelhoff/*Bayer* Rn. 35; Habersack/*Casper*/Löbbe Rn. 100; Scholz/*Veil* Rn. 96; OLG Hamm ZIP 88, 1057; OLG Düsseldorf NZG 00, 690.
119 BGH NJW 02, 3774, 3776; 03, 825.
120 RGZ 94, 61; Habersack/*Casper*/Löbbe Rn. 89.
121 Lutter/Hommelhoff/*Bayer* Rn. 36; Baumbach/Hueck/*Fastrich* Rn. 39; Roth/*Altmeppen* Rn. 48; *Wicke* Rn. 14.

kein Zurückbehaltungsrecht geltend machen.[122] Die alleinige **Ausn.** bildet Abs. 2 S. 3, wonach ein Gesellschafter ausnahmsweise eine Forderung bezogen auf den Gegenstand einer **Sacheinlage** geltend machen kann. Bsp sind der fällige Anspruch auf Verwendungsersatz (§§ 1000, 1001 BGB) oder auf Schadensersatz (§ 273 II BGB), nicht jedoch das kaufmännische Zurückbehaltungsrecht (§ 369 HGB).[123] Für **Bareinlagen** ist die Zurückbehaltung nicht ausdrücklich geregelt. Die Unzulässigkeit folgt jedoch aus dem Normzweck der Sicherung der realen Kapitalaufbringung.[124]

4. Abtretung, Verpfändung und Pfändung der Einlageforderung

41 Die Einlageforderung ist nach allg. Vorschriften **abtretbar** (§§ 398 ff. BGB) u. **verpfändbar** (§ 1274 II BGB).[125] Dies gilt auch für die Mindesteinlage.[126] Aus Gründen der realen Kapitalaufbringung gilt aber als Wirksamkeitsvoraussetzung die **Einschränkung**, dass der GmbH hierfür eine **vollwertige Gegenleistung** zufließen muss (zum Begriff der Vollwertigkeit → Rn. 31).[127] Auch der Anspruch eines die Pfändung betreibenden Gläubigers muss vollwertig sein. Die vollwertige Gegenleistung muss in einer Barleistung oder der Befreiung von einer liquiden, vollwertigen u. fälligen Verpflichtung bestehen.[128] Diese Einschränkung gilt **ausnahmsweise** nicht, wenn die Sicherung der realen Kapitalaufbringung u. -erhaltung nicht weiter erforderlich ist. Dies ist etwa im Liquidationsstadium der Fall, soweit der Geschäftsbetrieb eingestellt u. die Einlageforderung der Befriedigung des letzten verbliebenen Gläubigers dient.[129] Dies kann auch bei mangels Masse abgelehnter Insolvenzverfahrenseröffnung gelten.[130]

42 a) **Abtretung.** Die **Rechtsstellung** des **Einlageschuldners** wird durch die Abtretung nicht berührt; das Gleichbehandlungsgebot (Abs. 1) gilt weiterhin.[131] Auch kann dieser weiterhin alle ihm ggü. der Gesellschaft zustehenden **Einreden** geltend machen (§ 404 BGB). Er ist jedoch entgg. § 406 BGB an einer gegen Abs. 2 S. 2 verstoßenden Aufrechnung mit einer Forderung gegen die Gesellschaft gehindert, da andernfalls aufgrund eines möglichen Regresses des Zessionars Abs. 2 S. 2 ausgehebelt werden könnte.[132] Mit einer (selbst nicht vollwertigen) Forderung gegen den Zessionar kann er

---

122 RGZ 83, 266, 268; Lutter/Hommelhoff/*Bayer* Rn. 41; *Wicke* Rn. 15; Michalski/*Ebbing* Rn. 104.
123 Baumbach/Hueck/*Fastrich* Rn. 41; Habersack/*Casper*/Löbbe Rn. 104; MüKo-GmbHG/*Schwandtner* Rn. 127; Rowedder/Schmidt-Leithoff/*Pentz* Rn. 93.
124 RGZ 83, 266, 268; Baumbach/Hueck/*Fastrich* Rn. 41; Lutter/Hommelhoff/*Bayer* Rn. 41; Scholz/*Veil* Rn. 97.
125 StRspr, RGZ 85, 351, 352; BGH NJW 70, 469; 92, 2229.
126 Überzeugend Lutter/Hommelhoff/*Bayer* Rn. 42; s. auch Habersack/*Casper*/Löbbe Rn. 106.
127 BGH NJW 92, 2229; Baumbach/Hueck/*Fastrich* Rn. 42; Michalski/*Ebbing* Rn. 126; Roth/*Altmeppen* Rn. 16; Habersack/*Casper*/Löbbe Rn. 108; aA *K Schmidt*, ZHR 93, 291, 310 ff.
128 Roth/*Altmeppen* Rn. 20; Scholz/*Veil* Rn. 108.
129 RGZ 156, 23, 25; BGH NJW 63, 102; 68, 398, 399; 92, 2229; Lutter/Hommelhoff/*Bayer* Rn. 49.
130 Baumbach/Hueck/*Fastrich* Rn. 42; *Wicke* Rn. 16.
131 BGH NJW 78, 160, 162; Scholz/*Veil* Rn. 110.
132 BGH NJW 70, 469; Lutter/Hommelhoff/*Bayer* Rn. 44; Habersack/*Casper*/Löbbe Rn. 110.

aber aufrechnen, da die Forderung nach der Abtretung nicht mehr der strengen Kapitalbindung unterliegt.[133] Daher ist auch die Kaduzierung als Maßnahme zur Kapitalaufbringung nach Abtretung, Verpfändung u. auch Pfändung nicht mehr möglich.[134] Die **Fälligkeit** der Einlageforderung beurteilt sich weiterhin nach der Satzung. Die Abtretung ändert hieran nichts. Es kann also ein Gesellschafterbeschluss nach §46 Nr. 2 erforderlich sein.[135]

b) **Verpfändung/Pfändung.** Auch bei der **Verpfändung** kann der Einlageschuldner sich weiterhin auf das Gleichbehandlungsgebot berufen. Sowohl Verpfändung als auch Pfändung der Einlageforderung sind (wie die Abtretung) nur zulässig, wenn der Gesellschaft in Form der Forderung des Pfandgläubigers eine **vollwertige** (→ Rn. 31) Gegenforderung zufließt.[136] Anderes kann im Bereich von Liquidation u. Insolvenz gelten.[137] Mit einer **Pfändung** der Einlageforderung können Gläubiger zulässigerweise auf die Haftungsgarantie der Gesellschaft zugreifen. Ist der Gesellschafter als Einlageschuldner zugleich Gläubiger, steht freilich der Pfändung der Einlageforderung gegen sich selbst Abs. 2 entgg.[138] Die Pfändung führt im Gegensatz zur Abtretung u. Verpfändung **stets** u. unabhängig von einem Einforderungsbeschluss nach §46 Nr. 2 zur **Fälligkeit** der Einlageforderung.[139] Das Gleichbehandlungsgebot (Abs. 1) gilt aufgrund des Vollstreckungscharakters der Pfändung insoweit nicht.[140] 43

5. Verdeckte Sacheinlage (Abs. 4)

a) **Normzweck und Entstehungsgeschichte.** Soll die Einlage ganz oder teilw. als Sacheinlage erbracht werden, muss dies im Gesellschaftsvertrag ausdrücklich festgelegt sein; die satzungsmäßige Offenlegung ermöglicht Transparenz, Bewertung u. Kontrolle durch das Registergericht (§§ 5 IV, 7 III, 9, 9 c, 56). Als verdeckte Sacheinlage wird seit jeher ein Sachverhalt bezeichnet, bei dem die **Sacheinlagevorschriften** gerade dadurch **unterlaufen** werden, dass zwar gesellschaftsvertraglich eine Bareinlageverpflichtung festgesetzt wird, die Gesellschaft aber bei wirtschaftlicher Betrachtung aufgrund einer im Zusammenhang mit der Einlagenübernahme getroffenen Abrede keine Geldmittel, sondern nur einen Sachwert erhalten soll.[141] Entspricht der Wert der verdeckt eingebrachten Sachen nicht dem Nennbetrag 44

---

133 BGH NJW 70, 469.
134 Baumbach/Hueck/*Fastrich* Rn. 43; Michalski/*Ebbing* Rn. 128; Habersack/*Casper*/Löbbe Rn. 109; aA zur Kaduzierung nach Pfändung Lutter/Hommelhoff/*Bayer* Rn. 51.
135 Lutter/Hommelhoff/*Bayer* Rn. 44; Baumbach/Hueck/*Fastrich* Rn. 43.
136 Str., so BGH NJW 92, 2229; Lutter/Hommelhoff/*Bayer* Rn. 49; Habersack/*Casper*/Löbbe Rn. 111; aA Michalski/*Ebbing* Rn. 114 ff.; *K Schmidt*, ZHR 93, 291, 310 ff.
137 BGH NJW 01, 304; Scholz/*Veil* Rn. 109; Lutter/Hommelhoff/*Bayer* Rn. 49.
138 Baumbach/Hueck/*Fastrich* Rn. 42; *Roth*/Altmeppen Rn. 19; Scholz/*Veil* Rn. 111.
139 RGZ 149, 293, 301; Lutter/Hommelhoff/*Bayer* Rn. 51; Habersack/*Casper*/Löbbe Rn. 112.
140 BGH NJW 80, 2253; Baumbach/Hueck/*Fastrich* Rn. 44; Michalski/*Ebbing* Rn. 119 ff.
141 StRspr, BGH DStR 16, 923, 926; NJW 09, 2375; 07, 3425; 03, 3127; 06, 1736; ausf. *Geißler*, ZInsO 15, 182 ff.

der dafür übernommenen Geschäftsanteile, beeinträchtigt dies die **reale Kapitalaufbringung** u. damit den Gläubigerschutz. Die als Bareinlage satzungsmäßig festgeschriebene Einlage soll gleichwohl, obwohl sie nicht als Sacheinlage ausgewiesen wurde, dennoch als eine solche Einlage qualifiziert werden. Die Rechtsfolgen (→ Rn. 65 ff.) werden dabei in Abs. 4 umfassender als die Tatbestandsvoraussetzungen (→ Rn. 47 ff.) geregelt.

45 **Vor** der Reform durch das **MoMiG** (→ Einl. Rn. 9 u. o. → Rn. 1) wurde die Erbringung einer verdeckten Sacheinlage als Umgehung der gesetzlichen Vorschriften über Sacheinlagen angesehen.[142] Der erbrachten Einzahlung wurde deshalb von der Rspr. keine Erfüllungswirkung zugesprochen. Die zwischen Inferent u. Gesellschaft abgeschlossenen schuldrechtlichen u. dinglichen Verträge waren als Umgehungsgeschäft entspr. § 27 III 1 AktG nichtig.[143] Dies führte zu wechselseitigen Ersatz- u. Herausgabeansprüchen. Diese Rechtslage galt auch iR von Cash-Pool-Systemen.[144] Zur nachträglichen Heilung einer verdeckten Sacheinlage musste der Inferent den Sachwert einbringen,[145] der allerdings zum Zeitpunkt der erneuten Einbringung werthaltig sein musste. Aufgrund dieser Rechtsprechungsgrundsätze zur verdeckten Sacheinlage war der Gesellschafter der Gefahr ausgesetzt, in der Insolvenz der Gesellschaft idR wirtschaftlich ein zweites Mal leisten zu müssen. Zudem erkannte der BGH keine generelle Bereichsausnahme für ein „gewöhnliches Umsatzgeschäft im Rahmen des laufenden Geschäftsverkehrs"[146] an. Die erhebliche Rechtsunsicherheit hervorrufende Rechtslage stieß auf weitgehende Kritik. Eindringlich wurde eine **gesetzliche Lösung** gefordert u. dabei die Einführung einer Differenzhaftung auf Rechtsfolgenseite favorisiert.[147]

46 Dieser Kritik wollte der RegE des MoMiG begegnen u. das Recht der verdeckten Sacheinlage unter erstmaliger gesetzlicher Definition va dadurch deregulieren u. die Rechtsfolgen abmildern,[148] dass eine verdeckte Sacheinlage unter bestimmten Voraussetzungen (vgl. § 19 IV 1 RegE) Erfüllungswirkung haben sollte (Erfüllungslösung). Für den evtl. aufgrund einer Wertunterdeckung noch ausstehenden Einlagebetrag sollte eine Differenzhaftung normiert werden (§ 19 IV 2 RegE). Dies stieß auf erhebliche va dogmatische Bedenken, die selbst von den Befürwortern der Regelung ein-

---

142 Ausf. zur alten Rechtslage Habersack/*Casper*/Löbbe Rn. 113; Rowedder/Schmidt-Leithoff/*Pentz* Rn. 100 ff.; Scholz/*Veil* Rn. 116 ff.; MüKoGmbHG/*Schwandtner* Rn. 166 ff.; *Pentz*, FS K Schmidt, 09, S. 1265, 1269 ff.

143 StRspr; s. nur BGH NJW 94, 1477; 1479 f.; 03, 3127, 3129 f.; zum Ganzen auch *Veil*, ZIP 07, 1241, 1242; ausf. zur Rechtslage vor MoMiG s. Nachweise bei Fn. 143.

144 BGH NJW 06, 1736: kein „Sonderrecht" für in Cash-Pool einbezogene Gesellschaften, s. Rn. 124 ff.

145 BGH NJW 03, 3127; 96, 1473.

146 BGH NZG 08, 311, 312; zur AG bereits NJW 07, 765.

147 *Grunewald*, WM 06, 2333, 2335 f.; *Grunewald*, FS Rowedder, 94, S. 111, 114 ff.; *Krieger*, ZGR 96, 674, 691. S. *Veil*, ZIP 07, 1241, 1242 zu Reformvorschlägen; dazu auch die Beschlüsse des 66. Deutschen Juristentages 2006, Beschl. 8.b), S. 22 (http://www.djt.de/files/djt/66/66_DJT_Beschluesse.pdf).

148 Begr. RegE MoMiG, BT-Drs. 16/6140, S. 39 ff. Zur Anwendung auf die Unternehmergesellschaft (haftungsbeschränkt) § 5 a Rn. 14, Habersack/*Casper*/Löbbe Rn. 120 f. u. *Witt*, ZIP 09, 1102 ff.

geräumt wurden.[149] Daher folgte der Gesetzgeber einem Vorschlag des Handelsrechtsausschusses des DAV[150] u. entschied sich für eine **Anrechnungslösung.** Nunmehr sind Verträge über die verdeckte Sacheinlage sowie die zu ihrer Ausführung vorgenommenen Rechtsgeschäfte wirksam (Abs. 4 S. 2). Der Wert des Vermögensgegenstandes wird kraft Gesetzes (Abs. 4 S. 3) nach Eintragung in das Handelsregister auf seine weiterhin bestehende Bareinlagepflicht angerechnet, der betroffene Gesellschafter jedoch nicht von seiner Einlagepflicht befreit (Abs. 4 S. 1). Es sollte insg. deutlich werden, dass trotz Wirksamkeit der Verträge über die verdeckte Sacheinlage nach wie vor die Sacheinlagevorschriften umgangen werden, was für die Geschäftsführer strafrechtlich relevant sein kann (→ § 82 Rn. 13 ff.). IErg haftet der Inferent jedenfalls (nur) auf den Differenzbetrag, um den die Bareinlageverpflichtung den Wert des eingebrachten Vermögensgegenstandes überschreitet. Diese Anrechnungslösung wirft erhebliche Auslegungsschwierigkeiten auf (s. bspw. → Rn. 72 ff.).[151] Auch dogmatisch begegnet eine dem deutschen Recht grds. fremde gesetzliche Anrechnung mit Erlöschenswirkung[152] Kritik (→ Rn. 72). Die mit der geltenden Regelung einhergehenden Wertungs- u. Systemschwierigkeiten (→ Rn. 23, 28) sind bedenklich,[153] weil die Unterscheidung zwischen Bar- u. Sacheinlage letztlich verschwimmt.

b) Voraussetzungen. Nach der **Legaldefinition** in **Abs. 4 S. 1** handelt es sich um eine verdeckte Sacheinlage, wenn „eine Geldeinlage eines Gesellschafters bei wirtschaftlicher Betrachtung und aufgrund einer im Zusammenhang mit der Übernahme der Geldeinlage getroffenen Abrede vollständig oder teilweise als Sacheinlage zu bewerten" ist. Der Gesetzgeber knüpft damit an die ursprünglich von der Rspr. entwickelte Definition (→ Rn. 44) an,[154] weshalb die zum früheren Recht entwickelten Rechtsprechungsgrundsätze auch weiterhin bedeutsam sind.[155] 47

aa) Leistung einer Sacheinlage statt Bareinlage. Die Bareinlage eines Gesellschafters muss bei **wirtschaftlicher Betrachtung** (objektiv) vollständig oder teilw. als Sacheinlage zu **bewerten** sein. IR einer verdeckten Sacheinlage wird ein wirtschaftlich zusammengehöriger Vorgang in eine Barzeichnung u. in ein Erwerbsgeschäft mit der Gesellschaft aufgespalten, so dass ihr formal eine Bareinlage zugeführt wird, das Bargeld jedoch im Zusammenhang mit einem zweiten Rechtsgeschäft gegen die Zuführung eines anderen Gegenstandes zurückgewährt wird. So erhält die Gesellschaft im wirtschaftlichen Ergebnis statt der Bar- eine Sacheinlage u. damit statt Bar- 48

149 Zu Bedenken *Ulmer*, ZIP 08, 45, 50 ff.; *Priester*, ZIP 08, 55 f.; *Büchel*, GmbHR 07, 1065, 1070; vgl. auch *Veil*, ZIP 07, 1241; *Heckschen*, DStR 07, 1442, 1448 f.
150 Abgedruckt NZG 07, 211, 221 f.
151 Krit. *Veil/Werner*, GmbHR 09, 729; *Bayer*, ZGR 07, 220, 234.
152 Zu Regelungen zur Anrechnung im BGB aber *Ulmer*, ZIP 09, 293, 296.
153 Krit. auch *Dauner-Lieb*, AG 09, 217, 219 ff.; Lutter/Hommelhoff/*Bayer* Rn. 56; MüKoGmbHG/*Schwandtner* Rn. 175 ff.
154 Begr. RegE MoMiG, BT-Drs. 16/6140, S. 40; s. auch o. Rn. 44 mwN.
155 BGH DStR 16, 923, 926; NZG 09, 463; *Veil*, ZIP 07, 1241, 1242; krit. zur Definition *Pentz*, GmbHR 09, 505, 507; *Gesell*, BB 07, 2241, 2246.

geld einen Gegenstand mit gegenwärtig erfassbarem Vermögenswert (→ § 5 Rn. 18).[156]

49 **Gegenstand** einer verdeckten Sacheinlage kann **nur** eine **sacheinlagefähige Leistung** sein (zu Dienstleistungen → Rn. 61).[157] Andernfalls greift der den Regelungen zur verdeckten Sacheinlage innewohnende Vorwurf der Umgehung der gläubigerschützenden Sacheinlagevorschriften nicht, welche die Offenlegung u. präventive Wertdeckungsprüfung ermöglichen sollen, weil der Inferent den erstrebten (Einlage-) Erfolg nicht unter Beachtung von Abs. 4 hätte erreichen können. Allerdings kann **Abs. 5** eingreifen (→ Rn. 99). **Klassischer Fall** einer verdeckten Sacheinlage ist die Lieferung von Waren oder anderen sacheinlagefähigen Gegenständen durch den Gesellschafter an die Gesellschaft mit anschließender Verrechnung des Kaufpreises mit der Bareinlageschuld. Alternativ werden Bareinlage u. Kaufpreis hin- u. hergezahlt.[158]

50 **bb) Abrede zwischen den Beteiligten.** Zusätzlich bedarf es nach Abs. 4 S. 1 einer im Zusammenhang mit der Übernahme der Geldeinlage getroffenen **Abrede**, wonach der Gesellschaft wirtschaftlich iErg eine Sachleistung zufließen soll.[159] Die Parteien müssen das die Bewertung der Einlage als verdeckte Sacheinlage tragende Ergebnis gewollt haben.[160] Bereits zum früheren Recht war anerkannt, dass die verdeckte Sacheinlage eine Umgehungs- bzw. Verwendungsabrede zwischen Einlageschuldner u. Mitgesellschaftern (anlässlich Gründung oder Kapitalerhöhung) bzw. Geschäftsführung (bzgl. Erfüllung der Einlagepflicht) voraussetzt.[161] Eine stillschweigende Billigung kann einer Abrede gleichgestellt sein.[162] Dieses subjektive Merkmal verhindert, dass die Gesellschafter andernfalls wegen erheblicher Rechtsunsicherheit über einen langen Zeitraum hinweg keinerlei Rechtsgeschäfte mit der Gesellschaft vornehmen würden. Nach dem Gesetzeswortlaut setzt eine verdeckte Sacheinlage auch bei einer **Einpersonen**-Gründung eine Abrede voraus. Jedoch vermag eine entspr. Vereinbarung schon deshalb nicht getroffen zu werden, weil es an einer Mehrzahl von Gesellschaftern fehlt. Die „Abrede" ist in diesem Fall weit zu verstehen. Ein entspr. **„Vorhaben"** des alleinigen Gründungsgesellschafters bzw. Alleingesellschafters bei einer Kapitalerhöhung genügt.[163]

51 Die Frage des Vorliegens einer solchen Abrede wird selten relevant (zur Beweislast → Rn. 91). Denn hierfür wird eine **tatsächliche Vermutung** be-

156 Zu Fallgruppen solcher Austauschgeschäfte u. Rn. 53 ff.; vgl. iErg auch Habersack/*Casper*/Löbbe Rn. 125 ff.

157 BGH NZG 10, 343, 344 – Eurobike; NJW 09, 2375, 2376; 06, 906, 907; 06, 509; *Habersack*, GWR 09, 129; krit. *Pentz*, GmbHR 09, 505, 508 f.

158 BGH NJW 96, 1473; 02, 3774; Lutter/Hommelhoff/*Bayer* Rn. 58.

159 Noch zur aF BGH NJW 06, 1736; 03, 825; 02, 3774; *Theiselmann*, Der Konzern 09, 460, 462; s. auch Lutter/Hommelhoff/*Bayer* Rn. 62; Habersack/*Casper*/Löbbe Rn. 139.

160 Roth/*Altmeppen* Rn. 81; MüKoGmbHG/*Schwandtner* Rn. 224; Habersack/*Casper*/Löbbe Rn. 139.

161 BGH NJW 96, 1286; noch offen gelassen BGH NJW 90, 982; 94, 1477.

162 BGH NJW 06, 1736, 1737.

163 Scholz/*Veil* Rn. 130; Roth/*Altmeppen* Rn. 85; Lutter/Hommelhoff/*Bayer* Rn. 64. Noch zur aF BGH NZG 08, 311; zur Rechtslage vor MoMiG s. Nachweise bei Fn. 143.

gründet, wenn zwischen Einlageleistung u. Erfüllung des zwischen Gesellschaftern vereinbarten Gegengeschäfts ein **enger zeitlicher u. sachlicher Zusammenhang** besteht.[164] Diese von der Rspr. noch zum früheren Recht anerkannte Vermutung wollte der Gesetzgeber wegen der Besorgnis einer evtl. Umgehung normierter Fristen nicht festschreiben. Es sei allerdings der Rspr. freigestellt, die Voraussetzungen der verdeckten Sacheinlage „innerhalb der gegebenen Definition zu entwickeln und Beweisregeln mit Zeitfaktoren zu verbinden".[165] Das grds. Vorliegen irgendeines sachlichen u. zeitlichen Zusammenhangs zwischen Bareinlage u. Gegengeschäft genügt allerdings nicht, um hieran die Vermutung einer Abrede zu knüpfen. Es erscheint geboten, zumindest einen engen zeitlichen Zusammenhang von **nicht mehr als 6 Monaten** zwischen Bareinlage u. Gegengeschäft zu verlangen.[166] Wird eine entspr. Vorabrede allerdings **nachgewiesen**, findet Abs. 4 auch Anwendung, wenn ein zeitlicher Zusammenhang nicht besteht.[167]

Eine **Umgehungsabsicht** der Beteiligten ist **nicht** Voraussetzung für das Vorliegen einer verdeckten Sacheinlage.[168] Eine objektive Verletzung des Zwecks der Sacheinlagevorschriften genügt.[169] 52

c) Fallgruppen. aa) Umsatzgeschäfte zwischen GmbH und Gesellschafter. IdR liegt bei einem gewöhnlichen Umsatzgeschäft zwischen Gesellschafter u. GmbH iRd laufenden Geschäftsverkehrs **keine verdeckte Sacheinlage** vor. Allerdings schließt das Vorliegen eines solchen Umsatzgeschäfts die verdeckte Sacheinlage keinesfalls aus – es existiert keine entspr. Bereichsausnahme.[170] Zwar mag der Wert hiervon betroffener Gegenstände leicht u. zuverlässig zu ermitteln sein, dies ist aber für das Eingreifen von Abs. 4 nicht entscheidend, u. der Grundsatz realer Kapitalaufbringung gebietet die Beachtung der Offenlegung u. präventiven Werthaltigkeitskontrolle durch die Sacheinlagevorschriften (§§ 7 II, III, 8 II, 9, 9 c I 2, 56). Die leicht zu ermittelnde Werthaltigkeit dürfte dem Gesellschafter iR von Abs. 4 S. 5 (→ Rn. 91) zugutekommen. An der Beurteilung der Umsatzgeschäfte hat sich durch das MoMiG nichts geändert;[171] jedoch hat es die Notwendigkeit einer Vermeidung der nach altem Recht drohenden drastischen Rechtsfolgen verdeckter Sacheinlagen verringert. 53

164 BGH NJW 94, 1477; 96, 1286, 1288; 02, 3774; 03, 825; 06, 1736, 1737; differenziert zur Bedeutung des Zusammenhangs Roth/*Altmeppen* Rn. 88 ff.
165 Begr. RegE MoMiG, BT-Drs. 16/6140, S. 41.
166 KG GmbHR 11, 821, 822; OLG Köln NZG 99, 459, 460; offen gelassen BGH NJW 02, 3774, 3777: keine Vermutung jedenfalls bei mehr als 8 Monaten. Ebenso Habersack/*Casper*/Löbbe Rn. 142; s. auch Scholz/*Veil* Rn. 129; Baumbach/Hueck/*Fastrich* Rn. 49 a. Gegen eine zeitliche Begrenzung aber *Henze*, ZHR 90, 105, 113 f.
167 BGH NJW 96, 1473, 1475; Lutter/Hommelhoff/*Bayer* Rn. 63; *Wicke* Rn. 20.
168 AllgM, s. nur Scholz/*Veil* Rn. 128.
169 BGHZ 175, 265 = NZG 08, 425, 426.
170 BGH NJW 07, 765, 768 (AG); NZG 08, 311, 312 (GmbH). S. auch Lutter/Hommelhoff/*Bayer* Rn. 63; MüKoGmbHG/*Schwandtner* Rn. 194; differenzierend Baumbach/Hueck/*Fastrich* Rn. 29 a; aA Rowedder/Schmidt-Leithoff/*Pentz* Rn. 116; *Henze*, ZHR 90, 105, 112 f.; wohl auch OLG Hamm NZG 05, 184, 185.
171 Begr. RegE MoMiG, BT-Drs. 16/6140, S. 40 f.; *Veil*, ZIP 07, 1241, 1242.

54 **bb) Verrechnung mit Forderungen des Gesellschafters.** Gegenstand einer Sacheinlage können neben Vermögenswerten auch **Forderungen** (→ § 5 Rn. 27) des Inferenten **gegen** die **GmbH** (nicht jedoch Ersetzung durch nur schuldrechtliche Forderung gegen den Gesellschafter, → § 5 Rn. 24) sein, deren Einbringung in die Gesellschaft das Erlöschen der Schuld durch Konfusion bewirkt oder die mit dem Einlageanspruch der Gesellschaft verrechnet werden. Hierbei ist zwischen Alt- u. Neuforderungen zu unterscheiden (zum Begriff → Rn. 35 f.).

55 **Altforderungen** sind sacheinlagefähig u. können daher zur Aufbringung der Einlage verwendet werden.[172] Daher unterfällt bspw. die Tilgung oder Verrechnung von bei Begründung der (Kapitalerhöhungs-)Einlagepflicht bereits bestehenden Darlehen, Gewinnansprüchen aus bereits übernommenem Anteil oder von Miet- u. Pachtzinsansprüchen oder sonstigen Forderungen als verdeckte Sacheinlage der Regelung des **Abs. 4,**[173] da dies idR im engen zeitlichen Zusammenhang mit der Einlagenübernahme geschieht u. damit das Vorliegen einer entspr. (Verrechnungs-)Abrede vermutet wird oder eine solche Abrede von Beginn an vorlag (→ Rn. 51). Als Sacheinlage kann auch ein Bereicherungsanspruch eingebracht werden, der daraus resultiert, dass der Gesellschafter auf eine geplante Kapitalerhöhung gezahlt hat, ohne dass seine Einlageschuld hierdurch getilgt wurde.[174] Dabei ist es für das Vorliegen einer verdeckten Sacheinlage auch unerheblich, ob zuerst die geschuldete Bareinlage eingezahlt u. sodann zur Tilgung der Gesellschafterforderung zurückgezahlt wird oder umgekehrt erst die Gesellschafterforderung getilgt u. der erhaltene Betrag sodann ganz oder teilw. als Bareinlage zurückgezahlt wird.[175]

56 Bei **Neuforderungen** ist nach der Festsetzungsfähigkeit iSv § 5 IV 1 zu differenzieren (s. schon → Rn. 36): War die Verrechnung mit einer später entstehenden entspr. Entgeltforderung des Gesellschafters (grds. sacheinlagefähig, § 5 IV 1) bspw. aus einem Sachübernahmegeschäft von Beginn an verabredet, unterfällt dies als verdeckte Sacheinlage ebenfalls Abs. 4.[176] Bei nicht sacheinlagefähigen Leistungen (bspw. Dienstleistungen, → Rn. 61) sowie bei nach Begründung der Einlageverpflichtung entstandenen Gesellschafterforderungen, die nicht Gegenstand einer Abrede waren u. bei denen das Vorliegen einer Abrede mangels sachlichem oder zeitlichem Zusammenhang auch nicht vermutet wird, droht hingg. keine Umgehung der Sacheinlagevorschriften, so dass diese verrechnet werden können (→ Rn. 36); Abs. 4 ist nicht anwendbar. Zur Annahme an Erfüllungs statt → Rn. 23.

---

172 Lutter/Hommelhoff/*Bayer* Rn. 66; Baumbach/Hueck/*Fastrich* Rn. 51; ausf. *Habersack/Weber*, ZGR 14, 509.
173 Scholz/*Veil* Rn. 124; Baumbach/Hueck/*Fastrich* Rn. 46; Lutter/Hommelhoff/*Bayer* Rn. 66. Zur Rechtslage vor MoMiG s. Nachweise bei Fn. 143 u. BGH NJW 94, 1477, 1479; 96, 1473, 1474.
174 BGH NZG 12, 1067, 1069; GmbHR 16, 479, 481; s. dazu *Wicke*, DStR 16, 1115; *Lubberich*, DNotZ 16, 811.
175 BGH DStR 16, 923, 926 = GmbHR 16, 479, 481 f. mAnm *Illhardt*.
176 BGH NZG 10, 343, 345 – Eurobike; BGH NJW 02, 3774, 3776; 96, 1473, 1474 f.; Lutter/Hommelhoff/*Bayer* Rn. 66; Baumbach/Hueck/*Fastrich* Rn. 51.

cc) Einschaltung dritter Person. Eine verdeckte Sacheinlage kann auch bei Einschaltung Dritter auf Seiten der Gesellschaft oder des Gesellschafters vorliegen, wenn der Dritte dem Gesellschafter oder der Gesellschaft **zugerechnet** werden kann. Hierbei können iRd Darlegungs- u. Beweislast die Wertungen der §§ 89 III 1, 115 II AktG, 138 I InsO zu berücksichtigen sein.[177] 57

Bei Beteiligung eines Dritten auf Seiten des Gesellschafters ist entscheidend, ob der Gesellschafter durch die Leistung der Gesellschaft an den Dritten mittelbar **in gleicher Weise begünstigt** wird wie im Fall einer Leistung unmittelbar an ihn selbst.[178] Dies ist insbes. bei der Einbindung eines vom Inferenten beherrschten Unternehmens in den Kapitalaufbringungsvorgang der Fall.[179] Auch weitgehende personelle Identität der Gesellschafterkreise zweier Unternehmen kann genügen.[180] Ebenso wird der Leistungsaustausch mit Personen zugerechnet, die im Innenverhältnis für Rechnung des Einlageschuldners handeln oder für deren Rechnung der Einlageschuldner zeichnet.[181] Eine verdeckte Sacheinlage liegt nicht vor, wenn mit der Bareinlage ein Darlehen abgelöst wird, für dessen Rückzahlung sich der Inferent verbürgt hat.[182] 58

Diese Grundsätze gelten auch für die Komplementär-GmbH einer **GmbH & Co KG.** Die Einlageforderung der GmbH ist nicht erfüllt, wenn die an sie gezahlten Mittel umgehend als „Darlehen" an die vom Inferenten beherrschte KG weiterfließen.[183] Dies entspricht bei wirtschaftlicher Betrachtung unter dem Gesichtspunkt realer Kapitalaufbringung dem Fall, dass dem Inferenten umgehend seine Einlage zurückgezahlt wird u. dieser sodann selbst der KG ein Darlehen gewährt. 59

Von einem (mittelbaren) Einlagenrückfluss an den Inferenten sind zulässige **schuldrechtliche Absprachen** zwischen Inferent u. Gesellschaft **über** die **Mittelverwendung** abzugrenzen. Keine verdeckte Sacheinlage liegt vor, wenn die von einer Zwischenholding auf das erhöhte Kapital ihrer Tochter-GmbH geleistete Bareinlage absprachegemäß zum Erwerb des Unternehmens einer Schwestergesellschaft verwandt wird, an welchem die Inferentin weder direkt noch mittelbar beteiligt ist.[184] In einem solchen Fall ist entscheidend, dass der Kaufpreis weder an die Inferentin oder die Konzern- 60

177 Dazu auch Lutter/Hommelhoff/*Bayer* Rn. 73; MüKoGmbHG/*Schwandtner* Rn. 240.

178 BGH NZG 10, 343, 344 – Eurobike; NJW 94, 1477, 1478; NZG 08, 143, 144; Scholz/*Veil* Rn. 122; Michalski/*Ebbing* Rn. 149; ausf. MüKoGmbHG/*Schwandtner* Rn. 234 ff.

179 BGH NZG 18, 1144; BGHZ 182, 103 = NZG 09, 944, 947 – Cash-Pool II; BGH NJW 94, 1477, 1478.

180 BGH NJW 07, 765.

181 BGH NJW 90, 982, 986 (Treuhandvertrag); NJW 86, 837 (Zwischenfinanzierungskredit); OLG Düsseldorf ZIP 91, 161, 166; Lutter/Hommelhoff/*Bayer* Rn. 72.

182 BGH NZG 11, 667, 668.

183 BGH NZG 08, 143; vgl. auch BGH NJW 03, 825; MüKoGmbHG/*Schwandtner* Rn. 260; aA Lutter/Hommelhoff/*Bayer* Rn. 74.

184 BGH NJW 07, 3285, 3286; iErg ebenso *Bork*, NZG 07, 375 f.; krit. aber Lutter/Hommelhoff/*Bayer* Rn. 72; *Bormann*, GmbHR 07, 435, 436; s. auch BGH NJW 92, 2698; 03, 825; aA Vorinstanz OLG München ZIP 05, 1923.

mutter zurückfließt noch die Beteiligten für Rechnung der Konzernmutter handeln, so dass die Konzernverbindung der Unternehmen iErg irrelevant ist. Die Annahme einer verdeckten Sacheinlage in solchen Fällen liefe auf erhebliche Probleme bei vielen Konzernumstrukturierungen u. auf einen faktischen Zwang zur Sachkapitalerhöhung hinaus.[185] Zur Anwendbarkeit der Abs. 4, 5 auf Einlageleistungen auf ein in ein **Cash-Pool**-System einbezogenes Konto → Rn. 124 ff.

61 **dd) Dienstleistungen.** Erbringt der Gesellschafter nach Leistung einer Bareinlage eine entgeltliche **Dienstleistung** für die Gesellschaft, ist dies idR **keine verdeckte Sacheinlage.**[186] Auch wenn dabei ein „faktischer Einlagenrückfluss" angestrebt wird, sind Dienstleistungen eines Gesellschafters weder sacheinlagefähig noch können sie Gegenstand einer Sachübernahme sein, vgl. § 27 II AktG. Ihre Durchsetzung stieße wegen §§ 887, 888 III ZPO auf Schwierigkeiten. Damit droht keine Umgehung der Sacheinlagevorschriften. Da die Sacheinlagevorschriften selbst Dienstleistungen nicht erfassen, kann daher im GmbH-Recht kein „Verbot" ihrer Verabredung im Zusammenhang mit einer Einlageleistung aus § 27 II AktG abgeleitet werden. Abs. 4 ist auch nicht analog anwendbar.[187] Andernfalls könnte ein an der Bargründung oder -kapitalerhöhung beteiligter Gesellschafter im Anschluss nicht als Geschäftsführer für die GmbH entgeltlich tätig werden. Bestehende Schranken sind jedoch § 30 sowie auch die Existenzvernichtungshaftung (zu Abs. 5 → Rn. 118).[188]

62 **ee) Bezahlung aus Agio.** Wird das der verdeckten Sacheinlage zugrunde liegende Erwerbsgeschäft der Gesellschaft mit ihrem Gesellschafter aus Mitteln der Gesellschaft bezahlt, die nicht den eingelegten Bareinlagen entsprechen, sondern dem sonstigen freien Vermögen entstammen, ändert dies nichts daran, dass gleichwohl eine verdeckte Sacheinlage vorliegen kann. Denn einer **gegenständlichen Identität** der vom Inferenten ein- u. an ihn zurückgezahlten Geldmittel bedarf es als Voraussetzung für eine verdeckte Sacheinlage **nicht.**[189] Wird der Kaufpreis für einen verdeckt eingebrachten Sachgegenstand hingg. nur mit der Gesellschaft über die Bareinlage hinaus zur Verfügung gestellten Beträgen (**Agio,** → § 5 Rn. 14) bezahlt u. der Kaufvertrag nach Eintragung der GmbH abgeschlossen, unterfällt dieses Agio aber nicht den Kapitalaufbringungsvorschriften.[190]

---

185 BGH NJW 07, 3285, 3287.

186 BGH NJW 09, 2375, 2376; NZG 10, 343 – Eurobike; Lutter/Hommelhoff/*Bayer* Rn. 59; *Wicke* Rn. 23; umfassend *Giedinghagen/Lakenberg*, NZG 09, 201 ff.; *Theusinger/Liese*, NZG 09, 641 ff.; aA Vorinstanz OLG Düsseldorf BB 08, 180; *Hoffmann*, NZG 01, 433.

187 BGH NJW 09, 2375, 2376; NZG 10, 343 – Eurobike; *T Bezzenberger*, JZ 07, 946, 948.

188 BGH NJW 09, 2375, 2378; NZG 10, 343, 345 – Eurobike; Scholz/*Veil* Rn. 126; *Giedinghagen/Lakenberg*, NZG 09, 201, 206; *Theusinger/Liese*, NZG 09, 641, 644.

189 BGH NJW 09, 2886, 2887 (AG); NZG 08, 425; *W Müller*, NJW 09, 2861; *Priester*, ZIP 91, 345, 349; aA *Henze*, ZHR 90, 105, 108, 113.

190 BGH NZG 08, 76 (AG) mAnm *Haberstock*, NZG 08, 220; Scholz/*Veil* § 5 Rn. 21; Scholz/*Veil* Rn. 47; Habersack/*Casper*/Löbbe/*Ulmer* Rn. 47; aA *Herchen*, GmbHR 08, 149, 150.

ff) Gemischte Sacheinlagen. Die Regelungen über die Behandlung verdeckter Sacheinlagen kommen auch bei sog. **gemischten Sacheinlagen** (zum Begriff → § 5 Rn. 21) zur Anwendung.[191] Weil auch in solchen Fällen eine Werthaltigkeitskontrolle erforderlich ist, werden diese von § 19 IV 1 („teilweise als Sacheinlage") erfasst. 63

gg) Sonstige Umgehungsgeschäfte. Wird die baldige Rückgewähr einer erbrachten Bareinlage gegen Annahme einer Sachleistung des Gesellschafters nicht im Zusammenhang mit der Übernahme der Geldeinlage, sondern erst später vereinbart, ist dies unzulässig (vgl. §§ 7 II, 8 II, 19 II 1),[192] jedoch **kein Fall des Abs. 4.** Eine solche **Leistung an Erfüllungs statt** verstößt gegen Abs. 2 S. 1; eine analoge Anwendung der Rechtsfolgen des Abs. 4 ist abzulehnen (dazu iErg → Rn. 23). 64

d) Rechtsfolge. Eine verdeckte Sacheinlage **befreit** den Gesellschafter **nicht** von seiner Einlagepflicht (Abs. 4 S. 1), sondern es wird lediglich der **Wert** des Vermögensgegenstandes darauf **angerechnet** (Abs. 4 S. 3: „fortbestehende Geldeinlagepflicht"). Die **Verträge** über die verdeckte Sacheinlage sowie zur Ausführung vorgenommenen Rechtshandlungen sind **wirksam** (Abs. 4 S. 2). 65

aa) Fortbestehen der Einlageverpflichtung. Bei Vorliegen einer verdeckten Sacheinlage befreit die **Geldleistung** nicht von der Einlagepflicht (in Abs. 4 S. 1 müsste es statt „dies" richtig „diese" heißen). Die **fehlende Erfüllungswirkung** ist Sinn der Neufassung von Abs. 4 aufgrund des MoMiG, die eine Umgehung der Sacheinlagevorschriften weiterhin grds. sanktionieren (→ Rn. 88) u. zugleich sicherstellen will, dass der Geschäftsführer keine Versicherung nach § 8 II abgeben darf (s. noch → Rn. 87 u. → § 82 Rn. 14).[193] Die Einhaltung der Offenlegung u. Werthaltigkeitskontrolle iRd Sacheinlagevorschriften soll abgesichert werden. Bei Offenlegung seitens der Gesellschaft besteht ein Eintragungshindernis (§ 9 c I 1).[194] Die Gesellschafter können vor Eintragung die Satzung entspr. § 5 IV 1 ändern u. nach durchgeführtem Sacheinlageverfahren den Eintragungsantrag korrigieren (zur Heilung nach Eintragung → Rn. 92). Die Eintragung kann durch einen (praktisch schwer nachweisbaren) Verzicht der Gesellschafter auf eine vorabgesprochene verdeckte Sacheinlage erreicht werden.[195] 66

bb) Wirksamkeit der Verträge über Sacheinlage und Ausführungshandlungen. Entgg. früherem Recht (→ Rn. 45), wonach aufgrund entspr. Anwendung des § 27 III 1 AktG aF sowohl schuldrechtliches Verpflichtungsgeschäft als auch dingliches Erfüllungsgeschäft unwirksam waren, sind Ver- 67

---

191 BGH NJW 07, 3425; 07, 765; Scholz/*Veil* Rn. 123, 146 ff.; Baumbach/Hueck/*Fastrich* Rn. 46; Habersack/*Casper*/Löbbe Rn. 175; Fallbeispiele bei *Veil/Werner*, GmbHR 09, 729, 735.

192 Lutter/Hommelhoff/*Bayer* Rn. 70; s. auch *Ulmer*, ZHR 90, 128, 140 f.

193 Strafbarkeit nach § 82 str.; ebenso Begr. Rechtsausschuss, BT-Drs. 16/9737, S. 56; Baumbach/Hueck/*Fastrich* Rn. 47; Scholz/*Veil* Rn. 159 f.; Lutter/Hommelhoff/*Bayer* Rn. 85; Roth/*Altmeppen* Rn. 111 ff.; *Ulmer*, ZIP 09, 293, 301; Ulmer/*Ransiek* § 82 Rn. 32; Michalski/*Danneker* § 82 Rn. 99, 105 ff., 167 ff.; aA hins. Strafbarkeit noch Begr. RegE MoMiG, BT Drucks 16/6140, S. 40.

194 Roth/*Altmeppen* Rn. 95 f.; *Wicke* Rn. 27. Begr. Rechtsausschuss MoMiG, BT-Drs. 16/9737, S. 56 spricht missverständlich von „kann".

195 Baumbach/Hueck/*Fastrich* Rn. 55.

träge über die verdeckte Sacheinlage u. zu ihrer Ausführung vorgenommene Rechtshandlungen **wirksam** (Abs. 4 S. 2). So soll nicht nur Rechtssicherheit geschaffen, sondern es sollen auch früher aufgrund analoger Anwendung von § 27 III AktG aF entstandene Probleme vermieden werden.[196] Die Wirksamkeit des schuldrechtlichen Verpflichtungsgeschäfts hat zur Folge, dass ein Gesellschafter, der seine Geldeinlage aufgrund entspr. Vorabrede über die zukünftige Rückzahlung seiner Einlage gegen Sachleistung erfüllungsunwirksam geleistet hat, gleichwohl die Durchführung des verdeckten Geschäfts als Vertragserfüllung erzwingen kann. Zur Anwendbarkeit der Kapitalerhaltungsvorschriften → Rn. 82, 86.

68 cc) **Anrechnung des Werts des Vermögensgegenstandes.** Der verdeckt eingebrachte Vermögensgegenstand wird mit seinem Wert (zur Bewertung → Rn. 77) im **Zeitpunkt der Anmeldung** der Gründung bzw. Kapitalerhöhung oder, soweit diese später erfolgt, im Zeitpunkt seiner Überlassung an die GmbH kraft Gesetzes auf die Bareinlageverpflichtung **angerechnet** (Abs. 4 S. 3), so dass dieser damit teilw. oder vollständig erlischt (Abs. 4 S. 3, 4).[197]

69 (1) **Anrechnungslösung.** Soweit der Betrag des übernommenen Geschäftsanteils den (Zeit-)Wert des eingebrachten Vermögensgegenstandes übersteigt, besteht die Bareinlagepflicht fort.[198] Es kann die Möglichkeit bestehen, die Deckungslücke durch Anrechnung weiterer Sachleistungen zu erfüllen.[199] Durch die Anrechnung soll die sich früher ergebende Härte einer häufig in der Insolvenz notwendigen erneuten Inanspruchnahme des Gesellschafters beseitigt werden (→ Rn. 45).

70 (a) Die Anrechnung erfolgt **kraft Gesetzes**, frühestens jedoch mit Eintragung der Gesellschaft ins Handelsregister, sofern die Sachleistung zu diesem Zeitpunkt bereits erfolgt ist, ansonsten im späteren Zeitpunkt der Überlassung an die Gesellschaft. Willenserklärungen der Parteien oder eine Aufrechnung sind nicht erforderlich.[200] Nichts anderes gilt, wenn die Erfüllung der Einlageverpflichtung durch Verrechnung mit einer Forderung des Gesellschafters erfolgen soll (Alt- oder sacheinlagefähige Neuforderung, → Rn. 55 f.). Hierbei wird eine entspr. Verrechnungsabrede entweder im Zusammenhang mit der Übernahme der Einlage getroffen oder deren Vorliegen bei engem sachlichen u. zeitlichen Zusammenhang vermutet, so dass die Anrechnung ebenfalls kraft Gesetzes frühestens mit Eintragung der Gesellschaft ins Handelsregister erfolgen kann. Eine vorherige Erklärung der Verrechnung durch den Geschäftsführer ist nicht erforderlich.[201] Zur Haftung der Geschäftsführer u. Gesellschafter für verbleibende Einlagedifferenzen → Rn. 88 f.

71 (b) Übernimmt ein Gesellschafter **mehrere Geschäftsanteile** u. erbringt eine verdeckte Sacheinlage, sind alle Geschäftsanteile dieses Gesellschafters be-

196 S. zu den Problemen nur *Ulmer*, 1. Aufl. 05, Rn. 133 ff.; Rowedder/Schmidt-Leithoff/*Pentz*, 4. Aufl. 02, Rn. 127 ff.
197 Habersack/*Casper*/Löbbe Rn. 153.
198 Habersack/*Casper*/Löbbe Rn. 168.
199 *Veil*, ZIP 07, 1241, 1246.
200 Habersack/*Casper*/Löbbe Rn. 161.
201 Diesbzgl. aA Baumbach/Hueck/*Fastrich* Rn. 59.

troffen. Der Umfang der verdeckten Sacheinlage an den einzelnen Geschäftsanteilen bestimmt sich nach dem Verhältnis der vom Gesellschafter geleisteten Einlagebeträge zueinander.[202]

(c) Problematisch ist die **Dogmatik** der Anrechnung. Eine Anrechnung ist als Erfüllungssurrogat bisher unbekannt. Die angebotenen Lösungsvorschläge vermögen letztlich sämtlich nicht zu überzeugen. So lässt sich die zunächst erbrachte Bar- oder Sachleistung nicht als **Leistung erfüllungshalber** (§ 364 II BGB) qualifizieren. Denn eine ursprünglich erbrachte Barleistung mit zunächst fehlender Erfüllungswirkung ist keine neue Verbindlichkeit iSv § 364 II BGB. Eine Sachleistung ist nicht erfüllungstauglich, weil bei der verdeckten Sacheinlage entspr. satzungsmäßige Feststellungen fehlen.[203] Ebenso lässt sich Abs. 4 S. 3 nicht als Fall nachträglich kraft Gesetzes wirksam werdender **Leistung an Erfüllungs statt**[204] qualifizieren, so dass die Sachleistung an die Stelle der Barleistung träte u. § 365 BGB Anwendung fände. Dies berücksichtigt die Abkehr vom Modell der Erfüllungslösung (→ Rn. 46) nur ungenügend. Va aber erlischt nach Abs. 4 S. 3 nicht zwingend die Einlageforderung in gesamter Höhe, sondern nur in Höhe des Wertes des verdeckt eingebrachten Vermögensgegenstandes. Eine ggf. iÜ in Höhe des nach Anrechnung verbleibenden Restbetrages fortbestehende Einlagepflicht wäre mit der Dogmatik einer Leistung an Erfüllungs statt nicht zu vereinbaren.[205] Auch böte ein solches Verständnis keine überzeugende Lösung für den Fall, dass die verabredete Sachleistung doch unterbleibt. 72

Auch lässt sich in der Anrechnung kein Fall der auf § 242 BGB zurückgehenden **Vorteilsausgleichung**[206] sehen. Das Argument, die Anrechnung verfolge ähnl § 326 II 2 BGB das Ziel, den der Gesellschaft aufgrund der Kombination aus erfüllungsunwirksamer Barleistung u. Sacheinlagengeschäft zugeflossenen Vorteil zugunsten des Einlagepflichtigen auszugleichen,[207] beruht auf der fraglichen Annahme von Abs. 4 S. 3 als Bereicherungsrecht verdrängendes lex specialis (→ Rn. 74).[208] Ebenso vermögen die Vorschläge nicht zu überzeugen, die Anrechnung als **verrechnungsähnliches Erfüllungssurrogat eigener Art** zu qualifizieren[209] bzw. die gesetzliche Konzeption als **Parallele zur Differenzhaftung bei der offenen Sach-** 73

202 Habersack/*Casper*/Löbbe Rn. 169.
203 Ebenso Baumbach/Hueck/*Fastrich* Rn. 61; s. auch *Ulmer*, ZIP 08, 45, 51.
204 So *Maier-Reimer/Wenzel*, ZIP 08, 1449, 1452; *dies.*, ZIP 09, 1185, 1191; *Fuchs*, BB 09, 170, 172; *Herrler*, DB 08, 2347, 2352; überzeugende aA *Ulmer*, ZIP 08, 45, 51; *Ulmer*, ZIP 09, 293, 295; *Dauner-Lieb*, AG 09, 217, 222; *Veil/Werner*, ZIP 09, 729, 730.
205 Baumbach/Hueck/*Fastrich* Rn. 62.
206 *Ulmer*, ZIP 09, 293 ff.; krit. *Dauner-Lieb*, AG 09, 217, 224 f.
207 *Ulmer*, ZIP 09, 293, 297; ähnl. MüKoGmbHG/*Schwandtner* Rn. 276 (gesetzliche Kürzung).
208 *Ulmer*, ZIP 09, 293, 298; dag. überzeugend *Maier-Reimer/Wenzel*, ZIP 09, 1185, 1189.
209 *Pentz*, FS K Schmidt, 09, S. 1265, 1275; *ders.*, GmbHR 09, 126, 127; vgl. auch *Veil/Werner*, GmbHR 09, 729, 730; Scholz/*Veil* Rn. 140; Bork/Schäfer/*Bartels* Rn. 24; aA Baumbach/Hueck/*Fastrich* Rn. 62.

übernahme zu verstehen.[210] Hieraus lassen sich weder konkrete Rechtsfolgen ableiten noch wird dem besondere Mechanismus des Abs. 4 hinreichend Rechnung getragen.

74 Letztlich belegt die Vielzahl der Vorschläge zur Einordnung der Anrechnungslösung des Abs. 4, dass es sich hierbei um einen dogmatisch nicht einzuordnenden Fremdkörper handelt.[211] Dem **Wortlaut** des Abs. 4 S. 1 ist zu entnehmen, dass der Geldleistung auf die Bareinlageverpflichtung (nur) die Erfüllungswirkung aberkannt wird, zugleich sind die Verträge u. Rechtshandlungen bzgl. der verdeckten Sacheinlage nach Abs. 4 S. 2 wirksam. Daher lässt bei einem **Hin- u. Herzahlen** die trotz erbrachter Barleistung zunächst fortbestehende Einlageverpflichtung des Inferenten **keinen Kondiktionsanspruch** des Gesellschafters nach § 812 I BGB gegen die Gesellschaft bzgl. des geleisteten Betrages entstehen.[212] Einzig die Erfüllungswirkung der Barleistung wird im Fall einer verdeckten Sacheinlage **vorübergehend** suspendiert, weil diese Barleistung gegen eine wertmäßig ungeprüfte Sachleistung wieder an den Inferenten zurückfließen soll. Der Wirksamkeitsanordnung des Abs. 4 S. 2 bzgl. der Verträge über die Sacheinlage u. die zur ihrer Ausführung vorgenommenen Rechtshandlungen ist nicht zu entnehmen, dass es zu einer Umgestaltung der Rechtsverhältnisse kraft Gesetzes kommt, mit der Folge, dass die von der Gesellschaft an den Inferenten erbrachte (Rückfluss-)Leistung nunmehr dazu dient, den vermeintlich bestehenden Kondiktionsanspruch des Gesellschafters zu tilgen.[213] Ein gesetzlicher Eingriff in privatautonome Rechtsverhältnisse dieses Ausmaßes vermag aber nicht zu überzeugen. Auch wenn das anfänglich geplante Verkehrsgeschäft u. damit die verdeckte Sacheinlage später scheitert, ergibt sich nichts anderes. Die satzungsmäßig festgelegte Bareinlage wurde dann wirksam erbracht.[214]

75 (**d**) Mit der erst ab Eintragung in das Handelsregister möglichen Wertanrechnung kraft Gesetzes nach Abs. 4 S. 3 entfällt die vorübergehende Suspendierung der Erfüllungswirkung. Die **Anrechnung beseitigt**, soweit sie reicht, ex nunc einzig die **ursprüngliche Unwirksamkeit der Erfüllung** der erbrachten Barleistung.[215] Ex nunc tritt Erfüllung in Höhe des tatsächlichen Werts des verdeckt eingebrachten Vermögensgegenstandes ein. Die ursprüngliche Barleistung wird entspr. erfüllungswirksam. Dies gilt eben-

210 Lutter/Hommelhoff/*Bayer* Rn. 83, im Anschluss an *Benz*, Verdeckte Sacheinlage und Einlagenrückzahlung im reformierten GmbH-Recht, 09; abl. Roth/*Altmeppen* Rn. 102.

211 Habersack/*Casper*/Löbbe Rn. 163 bezeichnet die Anrechnung als „eigenständiges Institut", das „nur im wirtschaftlichen Ergebnis zu einem der Erfüllung vergleichbaren Ergebnis" führe.

212 Lutter/Hommelhoff/*Bayer* Rn. 83; Baumbach/Hueck/*Fastrich* Rn. 63; Roth/*Altmeppen* Rn. 100, 102; Bork/Schäfer/*Bartels* Rn. 24; abw. *Ulmer*, ZIP 09, 293, 298: Abs. 4 S. 3 verdränge als lex specialis das Bereicherungsrecht. AA Scholz/*Veil* Rn. 138; *W Müller*, NJW 09, 2862, 2863; *Maier-Reimer/Wenzel*, ZIP 08, 1449, 1452; *dies.*, ZIP 09, 1185, 1186; *Veil/Werner*, GmbHR 09, 729, 731; *Pentz*, GmbHR 09, 126, 127 f., der zugleich anschaulich die dogmatischen Probleme der Anerkennung eines Kondiktionsanspruchs darlegt.

213 So aber Scholz/*Veil* Rn. 137, 140; ähnl. *Maier-Reimer/Wenzel*, ZIP 08, 1449, 1452; *Veil/Werner*, GmbHR 09, 729, 732 f.

214 So auch Roth/*Altmeppen* Rn. 103.

215 Baumbach/Hueck/*Fastrich* Rn. 63; ähnl. *Heinze*, GmbHR 08, 1065, 1066.

falls, wenn die Gesellschafter die verabredete Sachleistung endgültig aufgeben, da der erbrachten Barleistung dann die Erfüllungswirkung nicht mehr zu versagen ist.[216] Entspr. gilt für Fälle der **Verrechnung** mit Forderungen (→ Rn. 70). Die Verrechnung, der zunächst grds. keine Erfüllungswirkung zukommt, wird in Höhe des realen Wertes der Alt- oder Neuforderung ex nunc wirksam.

(2) **Zeitpunkt der Anrechnung.** Die Anrechnung erfolgt **nicht vor der Eintragung** im Handelsregister (Abs. 4 S. 4). Der Zeitpunkt der Anrechnung ist auf die Eintragung oder eine mögliche spätere Überlassung des Sacheinlagegegenstandes festgelegt.[217] Eintragungshindernis u. Strafandrohung (→ Rn. 66) bleiben bestehen. 76

(3) **Bewertung.** Vom Zeitpunkt der Anrechnung zu unterscheiden ist der **Zeitpunkt** der Bewertung des verdeckt eingebrachten Vermögensgegenstandes, der gesetzlich auf die **Anmeldung** der Gesellschaft zum Handelsregister **oder**, falls diese später erfolgt, die **Überlassung** des Vermögensgegenstandes an die Gesellschaft festgelegt ist (Abs. 4 S. 3). Das Abstellen auf den Zeitpunkt der Anmeldung entspricht der Regelung des § 9. Unter der **Überlassung** ist die Sachleistung zu verstehen, idR also die Verschaffung von Eigentum u. Besitz.[218] Für die Bewertung ist entspr. dem Grundsatz der realen Kapitalaufbringung der **objektive Wert** maßgeblich, bei der Verrechnung mit einer Forderung ihr realer Wert. Eine mögliche Wertsteigerung zum Zeitpunkt einer Veräußerung durch die Gesellschaft ist unbeachtlich. Der Wert des Vermögensgegenstandes kann durch **Mängel** gemindert werden. Bei Sachmängelansprüchen ist erst die erfolgte Nachlieferung oder -besserung werterhöhend zu berücksichtigen.[219] 77

dd) **Beispielhafte Fallgestaltungen.** Bei den Bsp.[220] wird unterstellt, dass ein Sachverhalt vorliegt, der eine Wertung als verdeckte Sacheinlage iSv Abs. 4 rechtfertigt u. dass die Gesellschaft bzw. die Kapitalerhöhung bereits in das Handelsregister eingetragen wurde. 78

(1) **Verdeckte Sacheinlage. Bsp.:** Der Gesellschafter schuldet eine Bareinlage iHv 100.000 EUR u. schließt mit der Gesellschaft einen Kaufvertrag über einen Vermögensgegenstand im Wert von 100.000 EUR zum Preis von 100.000 EUR. 79

Infolge der Eintragung beseitigt die Anrechnung nach Abs. 4 S. 3 die ursprüngliche fehlende Erfüllungswirksamkeit der Barleistung (bei Hin- u. Herzahlen) in Höhe des Gegenstandswerts bzw. die zunächst keine Erfüllungswirkung besitzende Verrechnung (bei Forderungsverrechnung) wird iHv 100.000 EUR wirksam. Alle Rechtsgeschäfte sind wirksam, die Gesellschaft ist Eigentümerin des Vermögensgegenstandes. 80

216 Baumbach/Hueck/*Fastrich* Rn. 63.
217 S. auch Habersack/*Casper*/Löbbe Rn. 170.
218 Baumbach/Hueck/*Fastrich* Rn. 64; abw. *Bormann*/Kauka/Ockelmann Kap. 4 Rn. 226: nur Eigentumsübergang.
219 Baumbach/Hueck/*Fastrich* Rn. 64.
220 In Anlehnung an *Maier-Reimer/Wenzel*, ZIP 08, 1449, 1452; *Veil/Werner*, GmbHR 09, 729, 735 f.

81 (2) **Verdeckte gemischte Sacheinlage. Bsp.**: Der Gesellschafter schuldet eine Bareinlage iHv 100.000 EUR u. schließt mit der Gesellschaft einen Kaufvertrag über einen Vermögensgegenstand im Wert von 120.000 EUR zum Preis von 150.000 EUR.

82 Die Anrechnung des Wertes der verdeckt eingelegten Sache auf die fortbestehende Bareinlageverpflichtung nach Abs. 4 S. 3 darf im Fall der verdeckten gemischten Sacheinlage nicht zulasten des übrigen Gesellschaftsvermögens gehen. Der Grundsatz der realen Kapitalaufbringung gebietet es deshalb, vor der Anrechnung von dem tatsächlichen Wert der eingelegten Sache den Betrag abzuziehen, der von der Gesellschaft aus dem Gesellschaftsvermögen über den Nominalbetrag der Bareinlage hinaus als Gegenleistung aufgewendet worden ist.[221] Im Fall einer verabredeten Verrechnung der Kaufpreisforderung von 150.000 EUR, die nur iHv 120.000 EUR werthaltig ist, mit einer Einlageverpflichtung von 100.000 EUR bewirkt die Verrechnung somit ein Erlöschen der Einlagepflicht nur iHv 70.000 EUR. Mit anderen Worten ist schlicht von der Summe aus Bareinlage u. Wert der Sachleistung (100.000 + 120.000 EUR) die Gegenleistung der Gesellschaft (150.000 EUR) in Abzug zu bringen.

83 (3) **Teilweise verdeckte Sacheinlage. Bsp.**: Der Gesellschafter schuldet eine Bareinlage iHv 100.000 EUR u. schließt mit der Gesellschaft einen Kaufvertrag über einen Vermögensgegenstand im Wert von 90.000 EUR zum Preis von 90.000 EUR.

84 Die Lösung ergibt sich aus Abs. 4 S. 1, wonach eine Geldeinlage „vollständig oder teilweise" als Sacheinlage zu bewerten sein kann. Die Rechtsfolgen des Abs. 4 sind im hier betrachteten Fall daher auf den Gegenstandswert iHv 90.000 EUR beschränkt.[222] Bei einem Hin- u. Herzahlen kommt der erbrachten vollen Barleistung iHv 10.000 EUR sofortige Erfüllungswirkung zu. Der übrige Teil unterfällt als verdeckte Sacheinlage der Anrechnungslösung, die entspr. des Gegenstandswerts iHv 90.000 EUR nach Anmeldung bzw. Überlassung die fehlende Erfüllungswirkung der Bareinlage beseitigt (→ Rn. 69). IR einer Verrechnung der Forderungen ergibt sich iErg nichts anderes. Der Verrechnung kommt iHv 90.000 EUR ex nunc Erfüllungswirkung zu. Es verbleibt ein nicht Abs. 4 unterfallender, noch zu leistender Resteinlagebetrag iHv 10.000 EUR.

85 (4) **Übermäßige Entgeltvereinbarung. Bsp.**: Der Gesellschafter schuldet eine Bareinlage iHv 100.000 EUR u. schließt mit der Gesellschaft einen Kaufvertrag über einen Vermögensgegenstand im Wert von 100.000 EUR zum Preis von 400.000 EUR.

86 Es kann zu einem erheblichen Vermögensabfluss bei der Gesellschaft kommen, wenn das für die Einbringung der verdeckten Sachleistung vereinbarte Entgelt den Wert der Sachleistung erheblich übersteigt (vgl. verdeckt ge-

---

221 BGHZ 185, 44 = NJW 10, 1948, 1954 – AdCoCom; Lutter/Hommelhoff/*Bayer* Rn. 91.

222 Lutter/Hommelhoff/*Bayer* Rn. 93; *Heinze*, GmbHR 08, 1065, 1067; *Bormann/Urlichs*, GmbHR Sonderheft MoMiG 08, 37, 39; aA *Veil/Werner*, GmbHR 09, 729, 736.

mischte Sacheinlage, → Rn. 81). Die inzwischen wohl überw. Ansicht[223] gelangt durch teleologische Reduktion des Abs. 4 S. 3 zu einer Anrechnungssperre u. nimmt entspr. § 9 I einen Differenzhaftungsanspruch des Inferenten auf den Fehlbetrag an. Hingg. ist der BGH[224] zul. von einer zu erstattenden unzulässigen Auszahlung nach §§ 30, 31 ausgegangen.[225]

ee) **„Sanktionsgefälle“ und Haftung.** Auf der Rechtsfolgenseite bleibt in mehrfacher Hinsicht ein „Sanktionsgefälle“[226] bestehen. Dies ist nicht widerspruchsfrei. Zunächst trägt nach Abs. 4 S. 5 der Inferent im Fall einer verdeckten Sacheinlage die Beweislast für die Vollwertigkeit seiner Leistung (→ Rn. 91). Die **Vorschriften** über die **Offenlegung** von Sacheinlagen sind nach wie vor **zwingend;** es besteht kein Wahlrecht. So darf die Geschäftsführung iRd Anmeldung der Gründung oder Kapitalerhöhung bei Vorliegen einer verdeckten Sacheinlage gem. §§ 7 II, 8 II, 57 II keinesfalls die **Versicherung** abgeben, dass der Einlagebetrag endgültig zu ihrer freien Verfügung geleistet wurde. Die Wertanrechnung erfolgt nach Abs. 4 S. 4 gerade nicht vor Eintragung in das Handelsregister. Das Registergericht muss bei entspr. Kenntnis im Eintragungsverfahren gem. § 9 c den Tatbestand einer verdeckten Sacheinlage beanstanden (Eintragungshindernis, → Rn. 66). 87

Eine dennoch abgegebene, fehlerhafte **Geschäftsführer**versicherung kann gem. § 82 I Nr. 1 **strafrechtlich** (→ § 82 Rn. 10) u. nach § 9 a (→ § 9 a Rn. 8) **zivilrechtlich** relevant sein. Im Fall einer Verurteilung wird der Geschäftsführer für 5 Jahre vom Geschäftsführeramt ausgeschlossen (→ § 6 Rn. 14). Ob sich Geschäftsführer auf einen Vorsatz ausschließenden Tatbestandsirrtum iSv § 16 StGB berufen können, dürfte angesichts der zu erwartenden Hinweispraxis der Notare fraglich sein.[227] Legt der Geschäftsführer die verdeckte Sacheinlage offen, erfolgt keine Eintragung. Legt er sie hingg. trotz Kenntnis nicht offen, macht er unwahre Angaben, was grds. strafbar ist. Einzig bei fehlender Kenntnis ist die Sachlage aufgrund der Neuregelung des MoMiG entschärft worden. Dies zeigt die **Widersprüchlichkeit** der Gesetzesreform (→ Rn. 46).[228] Der Geschäftsführer handelt zudem bei Abschluss u. Ausführung der Verträge pflichtwidrig, wenn er statt einer Bareinlage eine Sacheinlage annimmt, was eine Haftung nach **§ 43 II** in Höhe der Wertdifferenz begründen kann, soweit die fortbestehende Bareinlagepflicht nicht realisierbar ist.[229] Zudem kann er ggf. aus wichtigem Grund abberufen u. sein Anstellungsvertrag gekündigt werden.[230] 88

---

223 Baumbach/Hueck/*Fastrich* Rn. 58; Lutter/Hommelhoff/*Bayer* Rn. 91 f.; Habersack/*Casper*/Löbbe Rn. 178; *Bormann*/Kauka/Ockelmann Kap. 4 Rn. 220 ff.
224 So noch BGHZ 185, 44 = NJW 10, 1948, 1954 – AdCoCom.
225 Dem BGH folgend MüKoGmbHG/*Schwandtner* Rn. 287; Scholz/*Veil* Rn. 149.
226 Begr. RegE MoMiG, BT-Drs. 16/6140, S. 40.
227 *Altmeppen*, ZIP 09, 1545, 1549.
228 Lutter/Hommelhoff/*Bayer* Rn. 87.
229 Lutter/Hommelhoff/*Bayer* Rn. 86; *Roth*/Altmeppen Rn. 111; *Gehrlein*, Der Konzern 07, 771, 784; Begr. RegE MoMiG, BT-Drs. 16/6140, S. 40.
230 *Veil*, ZIP 07, 1241, 1244.

89 Der **Gesellschafter** ist zwar einer Haftung nach § 9a ausgesetzt, jedoch nicht strafrechtlich verantwortlich iSv § 82 I Nr. 1.[231] Die übrigen Gesellschafter kann eine subsidiäre Ausfallhaftung (§ 24) für nicht gedeckte, offene Einlagereste treffen.[232]

90 Nach Abs. 4 ist für die Wertanrechnung **keine Zustimmung** der übrigen **Gesellschafter** erforderlich. Die Anrechnung hat im Verhältnis der Gesellschafter untereinander **keine legitimierende Wirkung** (zur Heilung → Rn. 92). Hieraus können sich innergesellschaftliche Streitigkeiten ergeben. Dies wirft die Frage nach einem mitgliedschaftlichen Anspruch auf Unterlassung oder gar Rückabwicklung auf.[233] Daneben haben Minderheitsgesellschafter die Möglichkeit, im Wege der actio pro socio (→ § 13 Rn. 42 ff.) für die Gesellschaft etwaige mittels der verdeckten Sacheinlage entstandene Schäden oder Wertminderungen ihres Anteilsrechts notfalls gerichtlich geltend zu machen.[234]

91 e) **Beweislast.** Die Beweislast für das **Vorliegen** einer (ggf. nicht schuldtilgenden) verdeckten Sacheinlage obliegt nach allg. Beweislastgrundsätzen der GmbH, in der Praxis meist dem Insolvenzverwalter.[235] Demgegenüber obliegt die Beweislast für die **Werthaltigkeit** des verdeckt eingebrachten Vermögensgegenstandes nach **Abs. 4 S. 5** dem Inferenten. Mangels ordnungsgemäßer Offenlegung der Sacheinlage müssen Unklarheiten über die Werthaltigkeit zu seinen Lasten gehen.[236] Der Inferent ist gehalten, die Sacheinlagevorschriften zu beachten, weil ihm andernfalls der Beweis der Werthaltigkeit bis zum Ablauf der Verjährung (insbes. im Insolvenzverfahren über die Gesellschaft) obliegen kann. Ein vorsorglich erstelltes „**Schubladengutachten**“ dürfte dabei nicht ohne Weiteres genügen.[237] Zudem dürfte ein solches Gutachten mit Blick auf ein „strafrechtliches Geständnis“ bzgl. einer falschen Versicherung (§ 82) nicht unproblematisch sein. Eine analoge Anwendung der Erleichterungen nach § 33a AktG ist denkbar.[238] Möglich sind ein selbstständiges Beweisverfahren nach §§ 485 ff. ZPO u. auch eine Klage auf Feststellung des Sachwerts[239] mit Blick darauf, dass entweder die Einlageleistung durch die bare Einlage erfüllt wurde oder die Einlagepflicht durch Anrechnung des Wertes eines werthaltigen, verdeckt eingelegten Vermögensgegenstandes erfüllt ist.

92 f) **Heilung.** Die Möglichkeiten der Heilung einer verdeckten Sacheinlage **durch Satzungsänderung** nach den vom BGH entwickelten Grundsätzen

---

231 Begr. RegE MoMiG, BT-Drs. 16/6140, S. 40; Baumbach/Hueck/*Fastrich* Rn. 59; Lutter/Hommelhoff/*Bayer* Rn. 86.
232 Baumbach/Hueck/*Fastrich* Rn. 59; Rowedder/Schmidt-Leithoff/*Pentz* Rn. 166.
233 *Veil*, ZIP 07, 1241, 1244; *Wicke* Rn. 28; Lutter/Hommelhoff/*Bayer* Rn. 77.
234 Zum Ganzen Handelsrechtsausschuss DAV, NZG 07, 735, 740; *Wicke* Rn. 28; Baumbach/Hueck/*Fastrich* Rn. 60.
235 Zur Bedeutung des Zusammenhangs hierfür *Roth*/Altmeppen Rn. 88 ff.; *Bayer/Illhard*, GmbHR 11, 505, 511.
236 Begr. RegE MoMiG, BT-Drs. 16/6140, S. 40.
237 *Gehrlein*, Der Konzern 07, 771, 784; *Wicke* Rn. 28; Baumbach/Hueck/*Fastrich* Rn. 65; Lutter/Hommelhoff/*Bayer* Rn. 79; MüKoGmbHG/*Schwandtner* Rn. 303; Handelsrechtsausschuss DAV, NZG 07, 735, 740.
238 Baumbach/Hueck/*Fastrich* Rn. 65; *Bormann*/Kauka/Ockelmann Kap. 4 Rn. 234.
239 Lutter/Hommelhoff/*Bayer* Rn. 79; Handelsrechtsausschuss DAV, NZG 07, 735, 740; *Gehrlein*, Der Konzern 07, 771, 784.

sollten nach dem gesetzgeberischen Willen durch die Neufassung von Abs. 4 weder eingeschränkt noch abgeschafft werden.[240] Die Heilung der verdeckten Sacheinlage ist grds. weiterhin ex nunc (bezogen auf den Eintragungszeitpunkt im Handelsregister) im Wege einer Satzungsänderung möglich.[241] Dies muss wirksam mit satzungsändernder Mehrheit erfolgen u. die Änderung der Bar- in eine Sacheinlagepflicht muss dem Erfordernis der Angaben nach § 5 IV 1 Rechnung tragen.[242] Weiterhin ist ein Sachgründungsbericht über diese Änderung der Einlagendeckung zu erstatten. Die Vollwertigkeit einer einzubringenden Forderung ist durch testierte Bilanz nachzuweisen. Schließlich ist der Satzungsänderungsbeschluss unter Vorlage von Sachgründungsbericht, testierter Bilanz u. Einbringungsverträgen zur Eintragung in das Handelsregister anzumelden. Die Geschäftsführer haben Werthaltigkeit u. Einbringung der Sacheinlage zu versichern.[243]

Auf **Rechtsfolgenseite** sind schuldrechtliches u. dingliches Geschäft zwar ohnehin nach Abs. 4 wirksam u. der verdeckten Sacheinlage kann letztlich Erfüllungswirkung zukommen (→ Rn. 69). Gleichwohl kann eine **Heilung vorteilhaft** sein. Diese vermag die Sachleistung ggü. den Mitgesellschaftern zu legalisieren, Geschäftsführer von einer möglichen Haftung (→ Rn. 88) wegen Annahme einer verdeckten Sacheinlage befreien u. zur Wiederherstellung der günstigeren, originären Beweislast bzgl. der Werthaltigkeit im Hinblick auf die Differenzhaftung nach § 9 I führen.[244] Freilich kann nach Eröffnung des Insolvenzverfahrens die Heilung nicht mehr herbeigeführt werden, weil die Gesellschafterversammlung ab diesem Zeitpunkt nicht mehr über den Einlageanspruch verfügen kann, sondern allein der Insolvenzverwalter.[245] 93

Problematisch kann die Heilung sein, wenn nach Abs. 4 bereits die Wertanrechnung auf die Bareinlageverpflichtung erfolgt ist. Der Zeitpunkt der Werthaltigkeit ist insbes. bedeutsam, wenn es inzwischen zu einer Wertminderung des eingebrachten Vermögensgegenstandes gekommen ist. Vor der Neufassung des § 19 kam es insoweit auf den Zeitpunkt der Anmeldung der heilenden Satzungsänderung beim Handelsregister an.[246] Nach „neuem" Recht ist die Einbringung einer verdeckten Sacheinlage nunmehr auch unabhängig von der Heilung möglich. Durch eine entspr. Satzungsänderung würde die kraft Anrechnung bereits erfüllte Bareinlagepflicht aber aufgehoben. Zudem wäre der verdeckt eingebrachte Vermögensgegenstand auch schon wirksam übertragen (Abs. 4 S. 2). Deshalb kann im Fall der Heilung, welche die bereits erfolgte Anrechnung lediglich nachvollziehen soll, die **Bewertung** der einzubringenden Sache nach Abs. 4 S. 3 nur auf 94

240 Begr. RegE MoMiG, BT Drucks 16/6140, S. 40; s. zur Heilung BGH NJW 96, 1473; 02, 3774.
241 Habersack/*Casper*/Löbbe Rn. 198.
242 Zum Verfahren BGH NJW 96, 1473, 1476 f.; abw. zur Rechtslage nach MoMiG Lutter/Hommelhoff/*Bayer* Rn. 96 ff.; *Heidinger/Knaier,* GmbHR 15, 1.
243 Zum Zeitpunkt der Werthaltigkeit s. sogleich Rn. 94 u. Habersack/*Casper*/Löbbe Rn. 197.
244 Ob dies gänzlich gelingt, ist str.; vgl. *Veil*, ZIP 07, 771, 784; Baumbach/Hueck/*Fastrich* Rn. 67; Lutter/Hommelhoff/*Bayer* Rn. 95.
245 *Gehrlein*, Der Konzern 07, 771, 784; *Wirsch*, GmbHR 07, 736 f.; *Wicke* Rn. 29.
246 BGHZ 132, 141 = DStR 96, 795, 798; Habersack/*Casper*/Löbbe Rn. 197.

den Anmeldungs- bzw. bei späterer Überlassung auf den Einbringungszeitpunkt bezogen werden, so dass zwischenzeitliche Wertminderungen unberücksichtigt bleiben.[247] Wenn die Mitgesellschafter zuvor ihr Einverständnis zur Durchführung der verdeckten Sacheinlage gegeben haben, sind sie kraft gesellschaftlicher Treuepflicht auch zur Mitwirkung an der Heilung u. zur **Zustimmung** zur Satzungsänderung verpflichtet.[248]

6. Hin- und Herzahlen (Abs. 5)

95 a) **Normzweck und Entwicklung.** Ein **Hin- u. Herzahlen** bezeichnet idR einen Sachverhalt, bei dem die Bareinlage iR eines Darlehens absprachegemäß an den Gesellschafter zurückgereicht wird, womit eine **verdeckte Finanzierung der Einlagemittel durch die Gesellschaft** erfolgt. Für die Kapitalaufbringung leistet der Gesellschafter iErg nichts, da seine Leistung idR nicht zur freien Verfügung der Gesellschaft gestanden hat (vgl. § 8 II) u. damit gegen die Kapitalaufbringungsvorschriften verstoßen wurde. Bei wirtschaftlicher Betrachtung wird die (durch §§ 22, 16 II, 24, 21 abgesicherte) **mitgliedschaftliche Leistungspflicht** durch einen schwächeren **schuldrechtlichen Anspruch ersetzt.** Auf diesen Anspruch finden etwa die zuvor genannten Haftungsregelungen keine Anwendung. Abs. 5 findet auch bei Verwendung von Vorrats- u. Mantelgesellschaften („wirtschaftliche Neugründung") entspr. Anwendung.[249]

96 aa) Nach **früherer Rspr.** wurden die Zahlungsvorgänge als nullum behandelt sowie die Darlehensabrede als unwirksam angesehen.[250] Die **Einlageschuld** bestand in voller Höhe fort, die als „Darlehensrückzahlung" deklarierte Zahlung an die Gesellschaft führte aber zur Tilgung der Einlageschuld,[251] wenn sich die spätere Leistung der Einlageverpflichtung eindeutig objektiv zuordnen ließ.[252] Anders als bei einer verdeckten Sacheinlage (→ Rn. 45) bestand für den Gesellschafter nicht das Risiko einer doppelten Leistung.

97 **bb)** Mit dem **MoMiG** wurde das Hin- u. Herzahlen erstmalig geregelt.[253] So sollte Rechtsunsicherheit beseitigt u. ebenso wie im Recht der Kapitalerhaltung (→ § 30 Rn. 19) die wirtschaftliche Betätigung von Gesellschaften durch die Einführung einer **bilanziellen Betrachtungsweise** erleichtert wer-

---

247 Habersack/*Casper*/Löbbe Rn. 197; Lutter/Hommelhoff/*Bayer* Rn. 98; Scholz/*Veil* Rn. 163; MüKoGmbHG/*Schwandtner* Rn. 299.

248 Zum früheren Recht BGH NJW 03, 3127; *Pentz*, ZIP 03, 2093, 2097; *Krieger*, ZGR 96, 674, 686. Zur Rechtslage nach MoMiG Lutter/Hommelhoff/*Bayer* Rn. 96; Baumbach/Hueck/*Fastrich* Rn. 67; unklar *Bormann*/Kauka/Ockelmann Kap. 4 Rn. 261, 269.

249 Vgl. dazu § 3 Rn. 17.

250 BGH NZG 06, 716, 717; 06, 227, 228; 04, 24, 25; 03, 168, 169.

251 BGH NZG 06, 716, 717 f.; 06, 24, 25; auch bei Ratenzahlung, BGH NZG 08, 511.

252 BGH NZG 08, 511, 512.

253 Um die Sachnähe zur verdeckten Sacheinlage zu unterstreichen, fand die ursprünglich als § 8 II 2 GmbHG-RegE vorgesehene Bestimmung auf Empfehlung des Rechtsausschusses in § 19 V ihre Regelung. Begr. Rechtsausschuss, BT-Drs. 16/9737, S. 56.

den (s. noch → Rn. 108, 109 ff.).[254] Eine **Rückzahlung** steht der Erfüllung der Einlageschuld nach Abs. 5 S. 1 **nicht entgg., wenn** (nicht: **soweit**) sie durch einen bei seiner Entstehung **vollwertigen Rückgewähranspruch** gedeckt ist, der in dem Sinne liquide ist, dass er jederzeit fällig ist oder durch fristlose Kündigung seitens der Gesellschaft fällig gestellt werden kann. Diese Anforderungen sollen gewährleisten, dass der „Austausch" der mitgliedschaftlichen Leistungspflicht durch einen bloß schuldrechtlichen Anspruch nicht mit einer qualitativen Abschwächung einhergeht.[255] Der gesamte Sachverhalt ist zudem in der Anmeldung nach § 8 anzugeben.

b) Voraussetzungen. Anders als früher (→ Rn. 45) kann der vorab verein- 98
barte wirtschaftliche Rückfluss der Bareinlageleistung an den einbringenden Gesellschafter **Erfüllungswirkung** haben u. diesen damit von seiner Einlageverpflichtung befreien, wenn die (Rückfluss-) Leistung durch einen vollwertigen Rückgewähranspruch gedeckt ist, der jederzeit fällig ist oder durch fristlose Kündigung durch die Gesellschaft fällig werden kann (Abs. 5 S. 1). Dies gilt sowohl für die Mindest- als auch für die Reststammeinlage.[256] Im Vergleich zur früheren Rechtslage ist der Inferent privilegiert, weil bereits der ursprünglichen Bareinlageleistung u. nicht erst der „Darlehensrückzahlung" Erfüllungswirkung zukommen kann. Die Regelung des Hin- u. Herzahlens ist von der verdeckten Sacheinlage (→ Rn. 44 ff.) sowie sonstigen Geschäften mit Gesellschaftern abzugrenzen, die nicht mit der Einlageleistung zusammenhängen u. den Kapitalerhaltungsregeln (va §§ 30 f.) unterliegen.

aa) Subsidiarität gegenüber verdeckter Sacheinlage. Nach seinem Wortlaut 99
ist Abs. 5 S. 1 **subsidiär** ggü. Abs. 4. Das Hin- u. Herzahlen darf nicht bereits als verdeckte Sacheinlage iSv Abs. 4 zu beurteilen sein. Anders als bei einem Hin- u. Herzahlen des Einlagebetrags wird bei einer verdeckten Sacheinlage anstelle der geschuldeten Bareinlage in Wahrheit ein anderer, sacheinlagefähiger Gegenstand eingebracht, so dass die Gesellschaft iErg einen Sachwert erhält.[257] Während dabei zumindest ein Mittelzuwachs erreicht oder eine (Alt-) Forderung des Gesellschafters getilgt wird, leistet der Inferent beim Hin- u. Herzahlen aufgrund des Einlagenrückflusses unter dem Gesichtspunkt der Kapitalaufbringung nichts u. die Bareinlage wird wirtschaftlich von der Gesellschaft finanziert.

Die **Abgrenzung** kann im Einzelfall problematisch sein.[258] Die Fälle des Er- 100
werbs eines sacheinlagefähigen Gegenstands oder der Verrechnung einer sacheinlagefähigen Gesellschafterforderung mit der Einlageforderung unterfallen unzweifelhaft Abs. 4. Hingg. ist die Situation bei der (Hin- u) **Rückgewähr** von Sacheinlagen schwerer zu beurteilen. Einerseits betrifft Abs. 4 im Gegensatz zu Abs. 5 tatbestandlich nur „Geldeinlage[n]", andererseits spricht Abs. 5 von der „Rückzahlung" der Einlage. Es erscheint

254 Begr. RegE MoMiG, BT-Drs. 16/6140, S. 34 f. Diese Neuregelung ist zu begrüßen, s. *Saenger*, FS Westermann, 08, S. 1381, 1395 ff.; krit. aber Lutter/Hommelhoff/*Bayer* Rn. 104; *Ulmer*, ZIP 08, 45, 53 ff.

255 Begr. RegE MoMiG, BT-Drs. 16/6140, S. 35.

256 Baumbach/Hueck/*Fastrich* Rn. 70.

257 BGH NZG 06, 24 f.

258 Dazu OLG Köln GmbHR 10, 1213, 1214; ausf. *Hermanns*, DNotZ 11, 325.

überzeugender, entspr. der Zweckrichtung solche Fälle Abs. 4 zu unterstellen, wenn nur der Gegenstand der „Rückzahlung" betroffen ist (→ Rn. 48). Auch die Abgrenzung des Hin- u. Herzahlens zur Sacheinlage bspw. im Cash-Pool (→ Rn. 124 ff.) kann problematisch sein.

101 **bb) Verabredeter Mittelrückfluss.** Wie bei der verdeckten Sacheinlage (dort → Rn. 50 ff.) ist der Zusammenhang des Vermögensabflusses bei der Gesellschaft mit der Einlageleistung des Inferenten anhand des Kriteriums der **Vorabsprache** zu beurteilen. Diese muss **vor Erbringung der Einlage** u. vor Anmeldung der Gesellschaft bzw. Kapitalerhöhung, § 56 a, getroffen worden sein.[259] Noch nicht abschließend geklärt ist, ob die indizielle Wirkung des sachlichen u. zeitlichen Zusammenhangs bei der verdeckten Sacheinlage (→ Rn. 51) auf das Hin- u. Herzahlen zu übertragen ist, so dass der Zusammenhang zwischen Auszahlung u. Leistung der Bareinlage als Indiz die **Vermutung** einer Vorabsprache begründen kann.[260]

102 Spätere Einlagenrückflüsse, die nicht auf einer (Vor-)Absprache oder auf einer mit zeitlichen Abstand zur Einlagenleistung vereinbarten Absprache beruhen, sind nach den Kapitalerhaltungsregeln (insbes. § 30) zu beurteilen. Eine entspr. Anwendung von Abs. 5 auf solche Fälle ist wegen Vermischung von Kapitalaufbringungs- u. -erhaltungsregeln ebenso abzulehnen, wie die Anerkennung der Einlageleistung erst mit erfolgter Rückgewähr der Leistung.[261]

103 Der Inferent muss die Bareinlage zunächst **erbracht** haben. Diese muss sodann entspr. der Vorabsprache an ihn **zurückgeflossen** sein. Dabei muss ein Rückgewähranspruch für die Gesellschaft begründet worden sein, etwa aufgrund Darlehens oder Treuhandabrede. Anders als nach früherem Recht ist das zugrundeliegende **Rechtsverhältnis wirksam** (arg ex Abs. 5 S. 1). Die Leistung der Gesellschaft besteht idR in einer Geldleistung, muss jedoch nur „wirtschaftlich einer Rückzahlung der Einlage" entsprechen (Abs. 5 S. 1), so dass auch Forderungsabtretung oder sonstige Sachwertgewährung (Sachdarlehen) denkbar sind.[262] Die Leistung muss durch einen vollwertigen Rückzahlungsanspruch (→ Rn. 98) gedeckt sein.

104 Nichts anderes gilt bei dem Einlagenrückfluss an ein **vom Gesellschafter beherrschtes Unternehmen**, bspw. beim Rückfluss der an die **Komplementär-GmbH** geleisteten Bareinlage als „Darlehen" an die vom Gesellschafter beherrschte **KG.**[263] Entscheidend ist, dass der Inferent bei wirtschaftlicher Betrachtung durch die Weiterleitung des Einlagebetrags mittelbar in gleicher Weise begünstigt wird wie bei einem unmittelbaren Rückfluss an ihn selbst. Es gelten insoweit dieselben Grundsätze wie bei Abs. 4 (→ Rn. 58).

---

259 Baumbach/Hueck/*Fastrich* Rn. 73; Scholz/*Veil* Rn. 180; MüKoGmbHG/*Schwandtner* Rn. 332; *Maier-Reimer/Wenzel*, ZIP 08, 1449, 1453.

260 Dafür BGH NZG 08, 511, 512; Scholz/*Veil* Rn. 180; Lutter/Hommelhoff/*Bayer* Rn. 108; wohl auch Michalski/*Ebbing* Rn. 170.

261 Abl. auch *Bormann*, GmbHR 07, 897, 902; Lutter/Hommelhoff/*Bayer* Rn. 110; *Wicke* Rn. 36; wohl auch Michalski/*Ebbing* Rn. 169; aA aber *Wälzholz*, MittBayNot 08, 425, 432; *Wachter*, NotBZ 08, 361, 368.

262 Baumbach/Hueck/*Fastrich* Rn. 76; Scholz/*Veil* Rn. 177.

263 BGH NZG 08, 143; Scholz/*Veil* Rn. 178; Lutter/Hommelhoff/*Bayer* Rn. 102. Zum Cash Pool-Bezug *Lieder*, GmbHR 09, 1177, 1184; *Theiselmann*, Der Konzern 09, 460, 464 f.

Dem Hin- u. Herzahlen steht wegen der wirtschaftlichen Vergleichbarkeit, für welche die Reihenfolge der Leistungen belanglos ist, auch ohne ausdrückliche gesetzliche Regelung das **Her- u. Hinzahlen** gleich, bei dem die Einlagemittel nicht an den Inferenten zurückgereicht werden, sondern die Gesellschaft diesem die Mittel bereits vor dessen Zahlung aus ihrem Vermögen (etwa darlehensweise) zur Verfügung stellt.[264] 105

Nach Wortlaut u. Zweck des Abs. 5 ist in Fällen, in denen keinerlei effektiver Zahlungsvorgang stattfindet (bspw. **Vereinbarungsdarlehen**), eine Grenze der Anwendbarkeit des Abs. 5 zu ziehen. Ein solcher Sachverhalt kann auch keine verdeckte Sacheinlage darstellen, da schuldrechtliche Forderungen der Gesellschaft gegen den Gesellschafter nicht sacheinlagefähig sind (→ Rn. 54 u. → § 5 Rn. 24). 106

cc) **Rückgewähranspruch.** Eine Rückzahlung der Einlagemittel (→ Rn. 97) steht der Erfüllung der Einlageschuld (nur) dann nicht entgg, **wenn** sie durch einen bei seiner Entstehung (→ Rn. 97) **vollwertigen** Rückgewähranspruch **gedeckt** ist. Dieser muss **liquide** idS sein, dass er **jederzeit fällig** ist oder durch fristlose Kündigung durch die GmbH **fällig** gestellt **werden kann.** Zudem ist der Mittelrückfluss oder die Vereinbarung hierüber in der Anmeldung nach § 8 anzugeben. 107

(1) Der Gesetzgeber hat offen gelassen, welche Anforderungen an die **Vollwertigkeit** des Rückgewähranspruchs zu stellen sind.[265] Ausgangspunkt der Begriffsbestimmung muss das gesetzgeberische Anliegen sein, zu einer **bilanziellen Betrachtungsweise** (→ Rn. 109) zurückzukehren.[266] Bei der Auslegung ist zudem zu berücksichtigen, dass nur die Anforderungen an die Vollwertigkeit u. Deckung des Rückgewähranspruchs es ermöglichen, der Einlageleistung trotz Rückflusses – u. damit dem Ersetzen der mitgliedschaftlichen durch eine schuldrechtliche Leistungspflicht (→ Rn. 97) – Erfüllungswirkung (→ Rn. 120) zuzusprechen. Ist die Einlagenrückzahlung der Gesellschaft durch einen vollwertigen Gegenleistungs- oder Rückzahlungsanspruch gedeckt, findet lediglich ein bilanzieller Aktivtausch statt, der nicht gegen die Grundsätze realer Kapitalaufbringung verstößt. 108

Die Vollwertigkeit ist daher zu bejahen, wenn die Forderung gegen den Gesellschafter bilanziell in voller Höhe angesetzt werden darf (vgl. § 253 109

---

264 BGH NZG 04, 618; 06, 716, 717; 10, 343, 345 – Eurobike; Scholz/*Veil* Rn. 178; *Henkel*, NZI 10, 84, 85; für analoge Anwendung Lutter/Hommelhoff/*Bayer* Rn. 128; *Maier-Reimer/Wenzel*, ZIP 08, 1449, 1454; Roth/*Altmeppen* Rn. 131; aA Baumbach/Hueck/*Fastrich* Rn. 75; *Bormann/Urlichs*, GmbHR Sonderheft MoMiG 08, 37, 43.

265 Begr. RegE MoMiG, BT-Drs. 16/6140, S. 35, 41: Durchsetzbarkeit als Teil der Definition bedürfe keiner besonderen Erwähnung.

266 Begr. RegE MoMiG, BT-Drs. 16/6140, S. 35, 41 f. zu § 30. Zu den Folgerungen Scholz/*Veil* Rn. 182; Lutter/Hommelhoff/*Bayer* Rn. 114 ff.; MüKoGmbHG/*Schwandtner* Rn. 342; Habersack/*Casper*/Löbbe Rn. 212; *Kallmeyer*, DB 07, 2755; krit. *Büchel*, GmbHR 07, 1065, 1067; vgl. auch BGH NJW 09, 850, 851 f.; *Saenger*, FS Westermann, 08, S. 1381, 1397 f.

HGB).[267] Dies bestimmt sich grds. nach der **Risikobelastung** der Forderung zum Zeitpunkt der Mittelausreichung (→ Rn. 117), der später auch ein niedrigerer Wert beizulegen sein kann.[268] Das Vermögen des Gesellschafters muss zur Deckung aller seiner Verbindlichkeiten einschließlich der Rückgewährverpflichtung ausreichen.[269] Zudem darf nicht damit zu rechnen sein, dass bereits bei Mittelausgabe die Rückgewähr zum Zeitpunkt der späteren Fälligkeit der Leistung auch nur teilw. nicht mehr möglich ist.[270] Eine mangelnde Vollwertigkeit kann sich insbes. aus einem Ausfall-, Beitreibungs- oder Wechselkursrisiko ergeben.[271] Da ein Ausfallrisiko nie ausgeschlossen werden kann, bedarf es begründeter tatsächlicher Anhaltspunkte. Ändern sich die der bilanziellen Bewertung der Forderung zugrundeliegenden Umstände nach Mittelausreichung, kann dies zu einer Rückforderungspflicht führen (→ Rn. 117). S. zur Vollwertigkeit iÜ → § 30 Rn. 98 ff.

110 (2) Die **Verzinsung** der Forderung wirkt sich auf die Beurteilung ihrer Vollwertigkeit aus.[272] Ist die Forderung unverzinslich oder nicht marktüblich verzinst, kann sie auf ihren Barwert abzuschreiben sein.[273] Vereinbart der Geschäftsführer keinerlei Verzinsung oder eine Unterverzinsung, kann uU ein Schadensersatzanspruch nach § 43 II bestehen, wenn ein Schadensnachweis erbracht werden kann.

111 (3) Die Bestellung einer **Sicherheit** dürfte bei ausreichender Solvenz des Inferenten grds. nicht erforderlich sein.[274] Bei Eintritt einer Bonitätsverschlechterung kann die Bestellung einer Sicherheit allerdings die Vollwertigkeit erhalten. Zur sonst in Betracht kommenden Rückforderungspflicht → Rn. 117.

---

267 So auch BGH NJW 09, 850, 852 („vernünftige kaufmännische Beurteilung", § 253 HGB); Scholz/*Veil* Rn. 182; Lutter/Hommelhoff/*Bayer* Rn. 115; Begr. RegE MoMiG, BT-Drs. 16/6140, S. 41 zu § 30; *Schluck-Amend/Penke*, DStR 09, 1433, 1436; *Büchel*, GmbHR 07, 1065, 1067; *Kallmeyer*, DB 07, 2755; *Winter*, DStR 07, 1484, 1486; ausf. *Wirsch*, Der Konzern 09, 443, 446 ff.; aA wohl Baumbach/Hueck/*Fastrich* Rn. 76 a; *Bormann/Urlichs*, GmbHR Sonderheft MoMiG 08, 37, 43 f.

268 Ebenroth/Boujong/Joost/Strohn/*Böcking/Gros* HGB § 253 Rn. 112 ff.; MüKoHGB/*Ballwieser* § 253 Rn. 60.

269 *Lieder*, GmbHR 09, 1177, 1181; *Wirsch*, Der Konzern 09, 443, 447; Baumbach/Hueck/*Fastrich* Rn. 76 a; *Henkel*, NZI 10, 84, 85; Lutter/Hommelhoff/*Bayer* Rn. 115; Michalski/*Ebbing* Rn. 173; ähnl. Begr. Reg MoMiG, BT-Drs. 16/6140, S. 76; s. auch BGH NJW 09, 850, 852.

270 Lutter/Hommelhoff/*Bayer* Rn. 115; abw. *Schall*, ZGR 09, 126, 141 ff.

271 Ebenroth/Boujong/Joost/Strohn/*Böcking/Gros* HGB § 253 Rn. 112 ff.; MüKoHGB/*Ballwieser* § 253 Rn. 60; Ensthaler/*Lezius* HGB § 253 Rn. 25; vgl. auch *Wirsch*, Der Konzern 09, 443, 447 ff.

272 Zur Erforderlichkeit der Verzinsung ebenso *Mülbert/Leuschner*, NZG 09, 281, 282 f.; *Henkel*, NZI 10, 84, 86; *Lieder*, GmbHR 09, 1177, 1182; *Heckschen*, DStR 09, 166, 173; ausf. *Wirsch*, Der Konzern 09, 443, 448 ff.; krit. BGH NJW 09, 850, 852; aA Roth/*Altmeppen* Rn. 133.

273 MüKoHGB/*Ballwieser* § 253 Rn. 60; Ebenroth/Boujong/Joost/Strohn/*Wiedmann* HGB § 253 Rn. 113; zu Risiken der verdeckten Gewinnausschüttung diesbzgl. *Podewils*, GmbHR 09, 803, 805 f.

274 *Wirsch*, Der Konzern 09, 443, 447; *Henkel*, NZI 10, 84, 86; Baumbach/Hueck/*Fastrich* Rn. 77; MüKoGmbHG/*Schwandtner* Rn. 344; Roth/*Altmeppen* Rn. 133; *Heckschen*, DStR 09, 166, 173; vgl. dazu auch BGH NJW 09, 850, 852.

112 (4) Die Leistung muss durch den vollwertigen Rückgewähranspruch zudem **gedeckt** sein. Das Deckungsgebot erfordert etwa bei Austauschverträgen, dass der Zahlungsanspruch gegen den Inferenten die tatsächliche Leistung nach Markt- u. nicht nach Abschreibungswerten decken muss.[275]

113 (5) Die Bedingung jederzeitiger **Fälligkeit** bzw. **Möglichkeit der Fälligstellung** des Rückgewähranspruchs durch fristlose Kündigung trägt Bedenken[276] gegen eine Aushöhlung des Grundsatzes der realen Kapitalaufbringung Rechnung, ermöglicht aber gleichwohl das Cash-Pooling (→ Rn. 124). Um dem Rechnung zu tragen, muss der Geschäftsführer über die zurückgeflossene Einlage frei verfügen können. Der Rückzahlungsanspruch muss **liquide** idS sein, dass der Durchsetzung keine Einwendungen oder Einreden entgegenstehen u. die Forderung unstr. ist.[277] Eine jederzeitige Möglichkeit der Fälligstellung besteht nur, wenn das Darlehen zu jeder Zeit u. ohne Grund fristlos gekündigt werden kann.[278] Eine jederzeitige Zugriffsmöglichkeit im Cash-Pool (→ Rn. 124) dürfte dem nicht genügen.[279] Ob der Liquiditätsanforderung insg. tatsächlich genüge getan ist, kann sich erst im Ernstfall erweisen.

114 (6) Die Vollwertigkeit, Liquidität u. Deckung müssen nach **objektiven Maßstäben** gegeben sein.[280] Der subjektive Kenntnisstand der Beteiligten ist irrelevant.

115 **dd) Offenlegung.** Der Tatbestand eines **Hin- u. Herzahlens** ist in der **Anmeldung** der Gründung oder Kapitalerhöhung **offenzulegen** (Abs. 5 S. 2). Dies ermöglicht dem Registergericht die Prüfung, ob die Voraussetzungen der Erfüllungswirkung gegeben sind.[281] Um diese zu erleichtern, ist die Beifügung eines Werthaltigkeits- u. Liquiditätsnachweises zu empfehlen, den das Registergericht auch verlangen kann.[282] Die fehlende Offenlegung begründet ein Eintragungshindernis (→ Rn. 121). Darüber hinaus darf die **Versicherung** über die Einlageleistung in diesem Fall nur abgegeben werden, **wenn** die Deckung gewährleistet ist u. **nicht** (nur) **soweit** ein vollwertiger Gegenanspruch besteht. Der Gegenanspruch muss also im vollen Umfang vollwertig sein (→ Rn. 97).

116 Die Verpflichtung zur Offenlegung des Einlagenrückflusses bzw. der Vereinbarung hierüber trifft als gesetzliche Pflicht den Geschäftsführer. Fraglich ist, ob die Offenlegung nach § 8 darüber hinausgehend **Wirksamkeitsvoraussetzung** für eine andernfalls nicht bestehende Erfüllungswirkung ist. Dies ist bereits nach dem Wortlaut u. aus systematischen Gründen zu **ver-**

---

275 Begr. RegE MoMiG, BT-Drs. 16/6140, S. 41 zu § 30; s. auch *Mülbert/Leuschner*, NZG 09, 281, 283; *Wirsch*, Der Konzern 09, 443, 450.

276 *Ulmer*, ZIP 08, 45, 54.

277 *Henkel*, NZI 10, 84, 86; *Lieder*, GmbHR 09, 1177, 1183; Lutter/Hommelhoff/*Bayer* Rn. 116; MüKoGmbHG/*Schwandtner* Rn. 350.

278 BGH NJW 09, 3091, 3094; zust. *Theiselmann*, Der Konzern 09, 460, 464.

279 BGH NJW 09, 3091, 3093 f.; Habersack/*Casper*/Löbbe Rn. 231; aA *Ulmer*, ZIP 08, 45, 54.

280 *Lieder*, GmbHR 09, 1177, 1183; *Henkel*, NZI 10, 84, 85; *Bormann/Urlichs*, GmbHR Sonderheft MoMiG 08, 37, 44; Lutter/Hommelhoff/*Bayer* Rn. 117.

281 Begr. Rechtsausschuss, BT-Drs. 16/9737, S. 56. Zu den benötigten Angaben Lutter/Hommelhoff/*Bayer* Rn. 112.

282 OLG München RNotZ 11, 312, 313.

neinen.[283] Der gesonderten Regelung in Abs. 5 S. 2 ist keinerlei Wirkung in Bezug auf die Erfüllungswirkung zu entnehmen. Sie ist verfahrensrechtlicher Natur u. soll dem Registerrichter die Prüfung der Erfüllung ermöglichen. Insbes. die systematische Stellung der Verpflichtung zur Offenlegung in Abs. 5 S. 2 spricht gegen eine konstitutive Wirkung der Rechtsfolge des Abs. 5 S. 1. Auch wird es bei Altfällen nie zu einer Offenlegung gekommen sein.[284] Auf diese ist Abs. 5 aber anzuwenden (→ Rn. 136). Dennoch ist aufgrund der bisherigen Rspr. des BGH zu empfehlen, sich einer ordnungsgemäßen Anmeldung zu versichern.

117 ee) **Zeitpunkt.** Für die Beurteilung der Vollwertigkeit sowie der jederzeitigen Realisierbarkeit des Rückgewähranspruchs ist der **Zeitpunkt der Mittelausreichung** maßgeblich.[285] Den Geschäftsführer kann eine **Rückforderungspflicht** treffen, deren Verletzung eine Haftung nach § 43 II nach sich ziehen kann. Eine solche kommt va bei Verschlechterungen in der Sphäre des Inferenten in Betracht.[286] Eine entspr. Beurteilungsmöglichkeit kann bei einem upstream loan die Verankerung geeigneter Informationspflichten, etwa ein Frühwarnsystem, erforderlich machen.[287]

118 ff) **Fallgruppen.** Erbringt der Gesellschafter nach Leistung einer Bareinlage eine entgeltliche **Dienstleistung** für die Gesellschaft, ist dies idR **weder** eine **verdeckte Sacheinlage** (→ Rn. 61) **noch** ein Fall des **Abs. 5.**[288] Kennzeichnend für ein Hin- u. Herzahlen ist die verdeckte Finanzierung der Einlagemittel durch die Gesellschaft. Dies geschieht bei einer Entlohnung für erbrachte Dienstleistungen nicht. Zu beachten ist allerdings § 8 II. Die **Bareinlage** des Inferenten muss **zur freien Verfügung** der Gesellschaft geleistet worden sein, dh sie muss in den Geldkreislauf der Gesellschaft eingespeist u. darf nicht für Zwecke der Rückzahlung „reserviert" werden.[289] Insoweit

283 Ebenso *Avvento*, BB 10, 202, 203 f.; *Henkel*, NZI 10, 84, 86; *Herrler*, DStR 11, 2255, 2257; *Schockenhoff/Wexler-Uhlich*, NZG 09, 1327, 1328 ff.; Baumbach/Hueck/*Fastrich* Rn. 80; Lutter/Hommelhoff/*Bayer* Rn. 122; MüKoGmbHG/*Schwandtner* Rn. 354 f.; Roth/*Altmeppen* Rn. 144 ff.; ausf. u. mit teleologischen Argumenten *Roth*, NJW 09, 3397, 3398 ff. u. *Lieder*, GmbHR 09, 1177, 1179 f.; aA ohne nähere Begründung sowie Heilungsmöglichkeit versagend (!) BGH NJW 09, 2375, 2377 (obiter dictum); NJW 09, 3091, 3093; OLG Koblenz MittBayNot 11, 330, 331; der Rspr. folgend Habersack/*Casper*/Löbbe Rn. 216; s. auch *Heckschen*, DStR 09, 166, 173; *Pentz*, GmbHR 09, 505, 511; *Theiselmann*, Der Konzern 09, 460, 463; Scholz/*Veil* Rn. 187, 191.

284 Dennoch gilt nach Ansicht des OLG Koblenz MittBayNot 11, 330, 331 das Offenlegungserfordernis auch für Altfälle.

285 Scholz/*Veil* Rn. 183; *Wicke* Rn. 36; Baumbach/Hueck/*Fastrich* Rn. 79; *Bormann*, GmbHR 07, 897, 902; *Gehrlein*, Der Konzern 07, 771, 782; *Schluck-Amend/Penke*, DStR 09, 1433, 1436; aA *Herrler*, DStR 11, 2255, 2260; MüKoGmbHG/*Schwandtner* Rn. 348: Zeitpunkt der Anmeldung.

286 Vgl. Begr. RegE MoMiG, BT-Drs. 16/6140, S. 41 zu § 30; BGH NJW 09, 850, 852; *Lieder*, GmbHR 09, 1177, 1184; Baumbach/Hueck/*Fastrich* Rn. 79; s. auch *Saenger*, FS Westermann, 08, S. 1381, 1398.

287 BGH NJW 09, 850, 852; *Lieder*, GmbHR 09, 1177, 1184; Baumbach/Hueck/*Fastrich* Rn. 79; *Henze*, WM 05, 717, 726; krit. *Mülbert/Leuschner*, NZG 09, 281, 283.

288 BGH NJW 09, 2375, 2376; *Scholz/Veil* Rn. 179.

289 BGH NJW 09, 2375, 2376; NZG 10, 343, 345 – Eurobike; *Theusinger/Liese*, NZG 09, 641, 644; krit. zum Begriff des „Reservierens" *Beneke*, ZIP 10, 105, 108.

ist beachtlich, ob die Gesellschaft verpflichtet ist, die Leistungen des Inferenten abzunehmen.[290] Dienen Einlagemittel allein der Umsetzung von Investitionsentscheidungen der Gesellschafter, sind **Verwendungsabsprachen** unschädlich. Anderes gilt, wenn die Abrede sich auf die Umgehung der Kapitalaufbringung bezieht, etwa bei darlehensweisem Rückfluss oder einem Rückfluss iSd Abs. 4.[291]

Ungeklärt ist die Anwendbarkeit, wenn der Entgeltcharakter der Zahlung nur vorgeschoben ist, der Beratungsvertrag nur zum Schein abgeschlossen wurde oder das Honorar in einem **Missverhältnis** zur vereinbarten oder erbrachten Beratungsleistung steht. Einerseits kann dies eine verdeckte Finanzierung der Einlage iSv **Abs. 5** darstellen,[292] andererseits sind auch **§ 30 f.** zu beachten. Ein nicht zu **Marktbedingungen** abgeschlossener Dienstvertrag, dessen Erfüllung zur Entstehung oder Vertiefung einer Unterbilanz führt, kann einen Rückzahlungsanspruch auslösen (§ 31).[293] Zudem kann die Geschäftsführerhaftung bestehen (§ 43 II). 119

c) Rechtsfolgen. aa) Erfüllung der Einlagepflicht. Das Hin- u. Herzahlen bewirkt unter den Voraussetzungen des Abs. 5 S. 1 die **wirksame Erfüllung** der **gesamten Einlagepflicht.** Dies gilt trotz des Erfordernisses der Leistung zur endgültigen freien Verfügung der Gesellschaft nach § 8 II 1.[294] Mit der mitgliedschaftlichen Einlagepflicht erlischt auch die flankierende Haftung für Einlageschulden auf der Grundlage von §§ 16 II, 24, 22, die auf den schuldrechtlichen Rückgewähranspruch keine Anwendung finden. Mangelt es an einer Tatbestandsvoraussetzung (→ Rn. 98), ist die Einlagepflicht anders als bei der verdeckten Sacheinlage nach Abs. 4 S. 3 insg. nicht erfüllt. Diese „**Alles oder Nichts**"-Lösung des Abs. 5[295] überzeugt angesichts des ggü. der Einbringung eines Sachwerts strukturell schwächeren schuldrechtlichen Anspruchs (→ Rn. 95 ff.). In diesem Fall sind §§ 16 II, 24, 22 weiterhin auf den Einlageanspruch anzuwenden. Ist der Rückzahlungsanspruch nach dem maßgeblichen Zeitpunkt der Mittelausreichung (→ Rn. 117) nicht mehr vollwertig, ändert dies nichts an der Erfüllungswirkung, es kann jedoch eine Rückforderungspflicht des Geschäftsführers bestehen (→ Rn. 117). 120

bb) Registergerichtliche Prüfung und Haftungsfolgen. Aufgrund der durch tatbestandsmäßiges Hin- u. Herzahlen eintretenden Erfüllungswirkung darf das **Registergericht** die Eintragung nach § 9 c I 1 nicht verweigern. Die Eintragung ist hingg. abzulehnen, wenn nach Prüfung bspw. mangels Vollwertigkeit des Rückzahlungsanspruchs die Einlagentilgung nach Abs. 5 S. 1 nicht eingetreten ist. Ein Verstoß gegen die Offenlegungspflicht des Abs. 5 121

290 *Theusinger/Liese*, NZG 09, 641, 644; s. auch OLG Düsseldorf DStR 08, 2079.
291 BGH NJW 09, 2375, 2376; *Beneke*, ZIP 10, 105, 108.
292 BGH NZG 10, 343, 345 f. – Eurobike; ähnl. *Beneke*, ZIP 10, 105, 109; vgl. auch *Schluck-Amend/Penke*, DStR 09, 1433, 1439.
293 *Herrler*, JA 09, 529, 533.
294 Begr. Rechtsauschuss, BT-Drs. 16/9737, S. 56. Zur Frage der Aufrechnungsmöglichkeit s. nur Baumbach/Hueck/*Fastrich* Rn. 83.
295 Begr. RegE MoMiG, BT-Drs. 16/6140, S. 76.

S. 2 begründet ebenfalls ein Eintragungshindernis u. den Tatbestand falscher Angaben iSv § 82 I Nr. 1, 3.[296]

122 Ist die Einlagepflicht aufgrund eines nicht tatbestandsmäßigen Rückzahlungsanspruchs (→ Rn. 98) nicht getilgt, ist die nach § 8 II 1 abzugebende **Versicherung**, dass die Leistungen auf die Geschäftsanteile bewirkt sind (zur Entbehrlichkeit der „Leistung zur endgültigen freien Verfügung" → Rn. 118), unrichtig. Dies kann zur Strafbarkeit nach § 82 I Nr. 1, 3 (dort → Rn. 14, 22) führen.[297] Zudem haften Geschäftsführung u. Gesellschafter nach § 9 a.

123 Geschäftsführer **haften** nach § 43 II, wenn sie nach Eintritt der Erfüllungswirkung bei sich verschlechternder Bonität des Gesellschafters die Forderung auf Rückzahlung der Einlagemittel nicht rechtzeitig geltend machen.[298] Zur Rückforderungspflicht u. Notwendigkeit fortlaufender Prüfung durch die Geschäftsführung → Rn. 117.

124 **d) Cash-Pool-Systeme.** (1) IR eines zentralen Cash-Managements mit Liquiditätsausgleich (**Cash-Pooling**) werden innerhalb eines Konzerns die Kreditkosten dadurch minimiert, dass derzeitig verfügbare u. nicht benötigte liquide Mittel von Tochtergesellschaften an die Muttergesellschaft oder eine dezidierte Finanzierungsgesellschaft darlehensweise über Kontensysteme ausgereicht u. sodann an andere Tochtergesellschaften weitergereicht oder unmittelbar von der Muttergesellschaft verwendet werden.[299] **Vor** der **Neuregelung** der §§ 19 V, 30 I durch das MoMiG erkannte die Rspr. kein „Sonderrecht" der Kapitalaufbringung für die in ein Cash-Pool-System einbezogenen GmbH an, weshalb die Kapitalaufbringungs- u. Kapitalerhaltungsregeln uneingeschränkte Anwendung fanden.[300] Der Gesetzgeber wollte mit der Regelung einer sofortigen Erfüllungswirkung des Hin- u. Herzahlens iRd **MoMiG** insbes. die „ökonomisch sinnvoll[en]" Cash-Management-Systeme der Konzerne auf eine tragfähige rechtliche Grundlage stellen.[301] Die Kapitalaufbringung im Cash-Pool bleibt allerdings **grds. unzulässig**, einzig die Rechtsfolgen werden durch Abs. 4, 5 erheblich entschärft.[302]

---

296 Ausf. *Roth*, NJW 09, 3397, 3398; *Herrler*, JA 09, 529, 534; *Lieder*, GmbHR 09, 1177, 1180; aA u. krit. zur Strafbarkeit der Geschäftsleiter *Altmeppen*, ZIP 09, 1545, 1549 ff.

297 Lutter/Hommelhoff/*Bayer* Rn. 122; *Roth*, NJW 09, 3397, 3398; *Henkel*, NZI 10, 84, 87; *Schluck-Amend/Penke*, DStR 09, 1433, 1437; *Heckschen*, DStR 09, 166, 173; aA *Altmeppen*, ZIP 09, 1545, 1550.

298 Lutter/Hommelhoff/*Bayer* Rn. 119; *Heckschen*, DStR 09, 166, 173; *Henkel*, NZI 10, 84, 88.

299 Zur Funktionsweise des physischen Cash Pooling *Saenger*, FS Westermann, 08, S. 1381, 1382 f. Zur Bedeutung bei Ermittlung der insolvenzrechtlichen Zahlungsunfähigkeit *Saenger/R Koch*, GmbHR 10, 113, 115 ff. Zu den Besonderheiten im Cash-Pool iE auch Habersack/*Casper*/Löbbe Rn. 225 ff.

300 BGH NJW 04, 1111 – November-Urteil; 06, 1736; *Lieder*, GmbHR 09, 1177 f.; ausf. *Saenger*, FS Westermann, 08, S. 1381, 1384 ff.; Lutter/Hommelhoff/*Bayer* *Rn. 129 ff.*

301 Begr. RegE MoMiG, BT-Drs. 16/6140, S. 34, 41; vgl. *Saenger*, FS Westermann, 08, S. 1381, 1395 ff. Bzgl. des Gelingens dieses Vorhabens krit. *Benecke*, ZIP 10, 105, 109; *Altmeppen*, ZIP 09, 1545.

302 Zum Konflikt des Cash-Pooling mit dem Kapitalschutz der GmbH *Neumann*, GmbHR 16, 1016, 1018 ff.

(2) Wird bei einer in ein Cash-Pool-System eingebundenen Konzerngesellschaft eine Kapitalerhöhung vorgenommen, gestaltet sich die **Abgrenzung** von verdeckten Sacheinlagen iSv Abs. 4 (mit der Rechtsfolge der Anrechnungslösung) u. Hin- u. Herzahlen iSv Abs. 5 (mit der Rechtsfolge der vollständigen Erfüllungswirkung) schwierig: Entscheidend ist, ob die Gesellschaft vor der Kapitalerhöhung ggü. dem Cash-Pool ein Guthaben oder eine Verbindlichkeit aufwies.[303] 125

(a) Soweit im Zeitpunkt der Weiterleitung des Einlagebetrags der **Saldo** auf dem Zentralkonto zulasten der GmbH **negativ** ist, liegt eine **verdeckte Sacheinlage** vor.[304] Der Gesellschaft fließt durch die Weiterleitung der Einlagemittel auf das Cash-Pool-Zentralkonto nicht der Bareinlagebetrag, sondern im wirtschaftlichen Ergebnis die Befreiung von der Verbindlichkeit aus der Cash-Pool-Verbindung zu. Dies erfolgt unter Nichtbeachtung der Sachkapitalerhöhungsvorschriften u. ist damit verdeckte Sacheinlage mit der Folge, dass nach Eintragung der Kapitalerhöhung der Wert der Forderung auf die fortbestehende Einlageverpflichtung angerechnet wird (zu den Rechtsfolgen iÜ → Rn. 69 ff.). Der Geschäftsführer gibt diesbzgl bei der Anmeldung idR eine falsche Versicherung ab (zur Rechtsfolge → Rn. 88). 126

(b) Ist der Saldo jedoch **ausgeglichen oder** zugunsten der GmbH **positiv**, liegt ein **Hin- u. Herzahlen** vor.[305] Die (Tochter-) Gesellschaft gewährt der leistenden Muttergesellschaft mit der Weiterleitung der Mittel an das Zentralkonto ein Darlehen, wodurch die Einlageschuld nur unter den Voraussetzungen des Abs. 5 S. 1 (→ Rn. 98 ff.) erlischt. An diesen Anforderungen sind Cash-Pool-Vereinbarungen, insbes. bzgl. der Liquidität (→ Rn. 113), in der Praxis auszurichten. Zudem ist die Offenlegungspflicht (→ Rn. 115) zu beachten. 127

(c) Hatte die GmbH zwar ggü. dem Cash-Pool Verbindlichkeiten, war der Saldo auf dem Zentralkonto also zulasten der GmbH negativ, **übersteigt** der übernommene u. geleistete **Einlagebetrag** der Inferentin jedoch diesen **Negativsaldo**, liegt insoweit eine **verdeckte Sacheinlage** vor, als die Einlageleistung der Verbindlichkeit entspricht. In Höhe des darüber hinausgehenden Betrags liegt ein **Hin- u. Herzahlen** vor.[306] Daraus ergibt sich, dass die Kapitalerhöhung in diesem Fall teils als Sachkapitalerhöhung, teils als Barkapitalerhöhung unter Offenlegung der Darlehensabrede u. unter Beifügung eines Werthaltigkeits- u. Liquiditätsnachweises durchgeführt werden muss.[307] Erfolgt eine Anmeldung als reine Barkapitalerhöhung, gilt für den dem negativen Saldo entspr. Teil der Einlageleistung mit Eintragung der 128

---

303 BGH NJW 09, 3091 – Cash Pool II; *Herrler*, JA 09, 529, 532; *Komo*, BB 11, 2307, 2310; *Lieder*, GmbHR 09, 1177, 1178 ff.; *Merkner/Schmidt-Bendun*, NJW 09, 3072, 3073 f.; Lutter/Hommelhoff/*Bayer* Rn. 130 ff.; *Klein*, ZIP 17, 258, 262. Habersack/*Casper*/Löbbe Rn. 227 plädiert hingg. für eine einheitliche Anwendung von Abs. 5 – als ggü. Abs. 4 ausnahmsweise speziellerer Vorschrift – auf jegliche Form der Einlagenerbringung im Zusammenhang mit einem Cash Pool.

304 BGH NJW 09, 3091, 3092; *Maier-Reimer/Wenzel*, ZIP 08, 1449, 1454; *Theiselmann*, Der Konzern 09, 460, 462; *Kupjetz/Peter*, GmbHR 12, 498, 500; *Klein*, ZIP 17, 258, 262.

305 BGH NJW 09, 3091, 3092; *Theiselmann*, Der Konzern 09, 460, 463 ff.; *Klein*, ZIP 17, 258, 262; ausf. *Lieder*, GmbHR 09, 1177, 1181 ff.

306 BGH NJW 09, 3091, 3092 f.; *Maier-Reimer/Wenzel*, ZIP 08, 1449, 1454.

307 *Herrler*, JA 09, 529, 532.

Anrechnungsmechanismus nach Abs. 4 S. 3, während iÜ unter Beachtung der Voraussetzungen nach Abs. 5 S. 1 die Einlageleistung erfüllt ist.[308]

129 e) **Beweislast.** Die **Beweislast** für die Bareinlageleistung obliegt nach allg. Grundsätzen dem Gesellschafter, für den erfüllungshindernden Rückfluss obliegt sie der Gesellschaft. Die Wirksamkeit der Erfüllung wegen Vollwertigkeit der Forderung u. jederzeitiger Realisierbarkeit nach Abs. 5 hat wiederum der Gesellschafter zu beweisen.[309]

130 f) **Heilung.** Kommt es zu einer Darlehensgewährung oder einer sonstigen Auszahlung der Bareinlage an den Gesellschafter, die aber **nicht den Voraussetzungen des Abs. 5** entspricht – insbes. aufgrund fehlender Vollwertigkeit des Rückzahlungsanspruchs –, tritt die Erfüllungswirkung der Bareinlageleistung nicht ein. Der Darlehensvertrag ist nichtig; der Geschäftsführer haftet nach § 43 II. Die Pflicht, das Vorliegen der Voraussetzungen von Abs. 5 zu beurteilen, u. ein möglicher Konflikt mit Gesellschafterinteressen, schaffen für den Geschäftsführer ein erhebliches Haftungsrisiko. Die **Rückzahlung** der rechtsgrundlos überlassenen Darlehensvaluta kann auch künftig zur **Erfüllung** der Einlageschuld ex nunc u. damit zur **Heilung** führen,[310] jedenfalls sofern sich die erbrachten Zahlungen zweifelsfrei der noch bestehenden Bareinlageverpflichtung zuordnen lassen.[311]

7. Verjährung (Abs. 6)

131 Bis zur Einführung des Abs. 6 durch das Ges v. 9.12.04[312] war die Verjährung des Einlageanspruchs nicht geregelt. Dadurch unterlagen Einlageverpflichtungen ursprünglich der bis 31.12.01 geltenden Regelverjährung von 30 Jahren, was ab Inkrafttreten des SMG zur Geltung der neuen Regelverjährung von 3 Jahren (§ 195 BGB) geführt hätte. Dies stand im Wertungswiderspruch nicht nur zu § 9 II aF, sondern entwertete auch die Kapitalaufbringung als zentrales Gläubigerschutzinstrument.[313] Zum 15.12.04 wurde deshalb nach dem Vorbild von § 199 IV BGB die **10-jährige Verjährungsfrist** festgeschrieben.[314] Diese **beginnt** trotz des abw. Wortlauts mit der **Fälligkeit** der Einlageforderung u. nicht mit deren Entstehung.[315] Da-

---

308 Habersack/*Casper*/Löbbe Rn. 227 schlägt hingg. zur Vermeidung zufälliger Ergebnisse vor, Abs. 5 als ggü. Abs. 4 speziellere Regelung einheitlich auf jegliche Form der Einlagenerbringung im Zusammenhang mit einem Cash-Pool anzuwenden.

309 *Roth*, NJW 09, 3397, 3398 f.; *Lieder*, GmbHR 09, 1177, 1183; Baumbach/Hueck/*Fastrich* Rn. 81; Lutter/Hommelhoff/*Bayer* Rn. 117; MüKoGmbHG/*Schwandtner* Rn. 361; *Gehrlein*, Der Konzern 07, 771, 781; aA *Büchel*, GmbHR 07, 1065, 1067 f.

310 Begr. RegE MoMiG, BT-Drs. 16/6140, S. 34 f. Vgl. zur Heilung nur BGH NZG 06, 716, 718; NZG 06, 24, 25.

311 Diesbzgl. die Heilungsanforderungen verschärfend BGH NJW 09, 3091, 3093; zust. *Lieder*, GmbHR 09, 1177, 1183. Zur Bedeutung der Offenlegung nach Abs. 5 S. 2 für die Heilung s. Rn. 116.

312 Gesetz zur Anpassung von Verjährungsvorschriften an das Gesetz zur Modernisierung des Schuldrechts v. 9.12.04, BGBl. I 04, S. 3214.

313 Baumbach/Hueck/*Fastrich* Rn. 85; Rowedder/Schmidt-Leithoff/*Pentz* Rn. 26 f.

314 RegBegr., BT-Drs. 15/3653, S. 20.

315 RegBegr., BT-Drs. 15/3653, S. 20; Michalski/*Ebbing* Rn. 190; Roth/*Altmeppen* Rn. 154; Baumbach/Hueck/*Fastrich* Rn. 86; MüKoGmbHG/*Schwandtner* Rn. 373; *Thiessen*, ZHR 04, 503, 519.

mit ist der satzungsmäßige Fälligkeitstermin oder die Einforderung iSv § 20 (dort → Rn. 3) für den Verjährungsbeginn maßgeblich. Die Eröffnung eines **Insolvenzverfahrens** über das Vermögen der Gesellschaft bewirkt eine **Ablaufhemmung** von 6 Monaten (Abs. 6 S. 2). Dies ermöglicht dem Insolvenzverwalter, mögliche Ansprüche zu prüfen u. verjährungshemmende Maßnahmen zu ergreifen.[316]

Die iRd Gründung zu erbringenden **Mindest- u. Sacheinlagen** (§ 7 II, III) sind bereits vor der Registeranmeldung zu leisten, weshalb eine Verjährungsproblematik idR nicht besteht. Fließen bereits erbrachte Barleistungen iR einer verdeckten Sacheinlage oder aufgrund einer nicht nach Abs. 5 privilegierten Rückzahlung an den Inferenten zurück, läuft die Verjährung für eine noch nicht erfüllte Resteinlagepflicht gleichwohl ab deren Fälligkeit.[317] Für den Anspruch der Gesellschaft auf Zahlung eines Agios wird die Geltung des Abs. 6 hingg. überw. abgelehnt.[318] 132

Sind Einlageansprüche bereits verjährt, kommt zumindest eine **Haftung der Geschäftsführung** wegen Sorgfaltspflichtverletzung (§ 43) in Betracht.[319] Dies schiebt einen endgültigen Verlust um weitere 5 Jahre hinaus (§ 43 IV) beginnend mit dem schadensverursachenden Ereignis des Eintritts der Verjährung der Einlageansprüche.[320] Schließlich kann es eine nach §§ 129 ff. InsO, § 3 f. AnfG anfechtbare Rechtshandlung darstellen, die Einlageansprüche verjähren zu lassen.[321] 133

Für Einlageschulden, die nach dem 14.12.04 fällig waren oder gestellt wurden, gilt allein Abs. 6, weil insoweit die Fälligkeit für die Beurteilung der Verjährung entscheidend ist. Für frühere Ansprüche gilt einerseits die **Übergangsregelung** des Art. 229 § 12 II EGBGB,[322] zudem ist Art. 229 § 6 IV EGBGB zu beachten. Einlageansprüche, die zwischen dem 1.1.02 u. dem 14.12.04 fällig wurden, verjähren nach Art. 229 § 12 II 1 EGBGB mit 10-jähriger Verjährungsfrist; freilich wird der seit dem 1.1.02 bis zum 14.12.04 abgelaufene Zeitraum in die Verjährungsfrist eingerechnet (Art. 229 § 12 II 2 EGBGB). Diese Ansprüche konnten wegen der 3-jährigen Verjährungsfrist bis zum 15.12.04 noch nicht verjährt sein. Problematisch sind Einlageschulden, deren Verjährung bereits vor dem 1.1.02 begonnen hatte. Deren 30-jährige Verjährung kann bis zum 14.12.04 vollendet worden sein. War jedoch ein Einlageanspruch am 15.12.04 noch nicht verjährt, berechnet sich die Verjährung gem. Art. 229 § 12 II 1 EGBGB als Verlängerung der Regelverjährung des SMG nunmehr allein nach der 10-jährigen Verjährungsfrist. Auf die 10-jährige Frist ist nur (!) 134

316 RegBegr., BT-Drs. 15/3653, S. 20.
317 RegBegr., BT-Drs. 15/3653, S. 24; Roth/*Altmeppen* Rn. 156; Baumbach/Hueck/*Fastrich* Rn. 86.
318 Baumbach/Hueck/*Fastrich* Rn. 86; BeckOK/*Ziemons* Rn. 260; Lutter/Hommelhoff/*Bayer* Rn. 16; Michalski/*Ebbing* Rn. 191; MüKoGmbHG/*Schwandtner* Rn. 371; Scholz/*Veil* Rn. 196; aA hins. des statuarischen Agios Schiedsgericht Hamburg GmbHR 08, 934, 939 f.; ausf. *Kaiser/Berbuer*, GmbHR 17, 732, 734 ff.
319 *Wicke* Rn. 39; Roth/*Altmeppen* Rn. 155.
320 RegBegr., BT-Drs. 15/3653, S. 21, 25.
321 RegBegr., BT-Drs. 15/3653, S. 21, 25; s. auch Roth/*Altmeppen* Rn. 155; Baumbach/Hueck/*Fastrich* Rn. 86.
322 Abs. 2 ist Sondervorschrift zu Abs. 1, vgl. Begr. RegE, BT-Drs. 15/3653, S. 16.

der seit 1.1.02 abgelaufene Zeitraum anzurechnen (Art. 229 § 12 II 2 EGBGB).[323] Soweit zum 1.1.02 mehr als 20 Jahre der ursprünglich 30-jährigen Verjährung abgelaufen waren, könnte dies zu einer Verlängerung der Frist auf über 30 Jahre führen. Dem steht jedoch der Sinn der Übergangsregelung entgg, die einzig die vorzeitige 3-jährige Verjährung unterbinden wollte.[324]

135 Eine **Verwirkung** des Einlageanspruchs erscheint schon aufgrund der 10-jährigen Verjährungsfrist u. des erforderlichen Zeitmoments schwerlich vorstellbar.[325] Obgleich teilw. für denkbar erachtet,[326] überzeugt es angesichts des Grundsatzes der realen Kapitalaufbringung u. der damit verbundenen Wertung des Abs. 2 S. 1 nicht, eine Verwirkung durch besondere Umstände in der Sphäre der betr. Personen anzuerkennen.[327]

8. Übergangsregelung zu Abs. 4 und 5

136 Nach der Übergangsvorschrift des § 3 IV EGGmbHG gelten Abs. 4 u. 5 auch für Einlagenleistungen, die vor dem 1.11.08 bewirkt wurden, soweit diese nach alter Rechtslage wegen der Vereinbarung einer Einlagenrückgewähr oder wegen einer verdeckten Sacheinlage keine Erfüllung der Einlagenverpflichtung bewirkt haben. Dies gilt unabhängig davon, in welcher Instanz bereits ein Rechtsstreit anhängig ist. Ausgenommen sind nach § 3 IV 2 EGGmbHG lediglich Fälle, in denen über die sich aufgrund der früheren Rechtslage ergebenden Ansprüche bereits vor dem 1.11.08 rechtskräftig durch Urteil entschieden oder die durch eine wirksame Vereinbarung zwischen Gesellschaft u. Gesellschafter erledigt wurden.

137 In Altfällen profitieren Einlageleistende daher von der für sie grds. günstigeren Neuregelung. Allerdings werden durch diese Rückwirkung diejenigen Rechte, die etwa durch die Unwirksamkeit des Sachübernahmegeschäfts entstanden oder nicht erloschen sind, nachträglich aberkannt.[328] So ist ein nach alter Rechtslage entspr. § 27 II AktG nichtiger Eigentumserwerb an verdeckt eingebrachten Sachen nachträglich wirksam.[329] IErg wird hiermit zahlreichen ursprünglich schlüssigen Klagen von Insolvenzverwaltern nachträglich der Boden entzogen.[330] Ob die rückwirkende An-

---

323 BGH NZG 08, 311, 313; s. auch OLG Köln ZIP 07, 1819, 1822; Baumbach/Hueck/*Fastrich* Rn. 87.

324 Baumbach/Hueck/*Fastrich* Rn. 87; *Stenzel*, BB 08, 1077, 1080.

325 Zutr. Roth/*Altmeppen* Rn. 159. S. zum Zeitmoment nur MüKoBGB/*Schubert* § 242 Rn. 378 ff.

326 Baumbach/Hueck/*Fastrich* Rn. 88; Habersack/*Casper*/Löbbe/*Ulmer* Rn. 22; Michalski/*Ebbing* Rn. 194.

327 Roth/*Altmeppen* Rn. 159; Rowedder/Schmidt-Leithoff/*Pentz* Rn. 29; Michalski/*Ebbing* Rn. 194.

328 *Roth*/Altmeppen, 8. Aufl. 15, Rn. 117; umfassend Scholz/*Seibt* § 3 EGGmbHG Rn. 8 ff.

329 Scholz/*Veil* Rn. 169; *Wicke* Rn. 30; *Gehrlein*, Der Konzern 07, 771, 784. Fraglich ist freilich der Zeitpunkt, s. Lutter/Hommelhoff/*Bayer*, 19. Aufl. 16, Rn. 137.

330 *Nagel/Meder*, ZInsO 09, 944, 946; *Wicke* Rn. 30; s. auch Baumbach/Hueck/*Fastrich* Rn. 90. Zur Frage der Kostenlast umfassend *Nagel/Meder*, ZInsO 09, 944, 946 u. 950 ff.; Lutter/Hommelhoff/*Bayer*, 19. Aufl. 16, Rn. 137 mit Fn. 5.

wendung des neuen Rechts (ex tunc oder ex nunc?) verfassungsgemäß ist, wird in der Lit. unterschiedlich beurteilt.[331]

Der BGH hält dies für unbedenklich.[332] § 3 IV EGGmbHG beinhalte eine verfassungsrechtlich grds. zulässige unechte Rückwirkung bzw. tatbestandliche Rückanknüpfung. Es stelle keine verbotene Rückwirkung dar, wenn der Gesetzgeber mit der rückwirkenden Wirksamerklärung des Verpflichtungs- u. Erfüllungsgeschäfts in die sachenrechtliche Lage eingreife. Der nach alter Rechtslage gescheiterte Kapitalaufbringungsvorgang sei noch nicht abgeschlossen, weshalb keine echte Rückwirkung mit ggf. entspr. strengeren Voraussetzungen vorliege. § 3 IV EGGmbHG entspreche iÜ dem Gebot eines gerechten Interessenausgleichs u. sei als zulässige Inhalts- u. Schrankenbestimmung auch sachlich gerechtfertigt.[333] 138

§ 20 Verzugszinsen

Ein Gesellschafter, welcher den auf die Stammeinlage eingeforderten Betrag nicht zur rechten Zeit einzahlt, ist zur Entrichtung von Verzugszinsen von Rechts wegen verpflichtet.

I. Normzweck

Die Vorschrift soll durch eine ggü. §§ 286, 288 BGB erleichterte Verzinsungspflicht die rechtzeitige Einzahlung der Stammeinlagen im Interesse der Gesellschaftsgläubiger sichern.[1] Dies dient der Förderung der ordnungsgemäßen Kapitalaufbringung. Die Vorschrift wurde nicht durch das MoMiG angepasst u. spricht deshalb noch von „Stammeinlage“ statt „Einlage“ (→ § 14 Rn. 1).[2] 1

---

331 Umfassend *Nagel/Meder*, ZInsO 09, 944, 947; Baumbach/Hueck/*Fastrich* Rn. 89 ff.; MüKoGmbHG/*Schwandtner* Rn. 362 ff. Vgl. einerseits Lutter/Hommelhoff/*Bayer*, 19. Aufl. 16, Rn. 137; *Fuchs*, BB 09, 170, 176; Scholz/*Seibt*, § 3 EGGmbHG Rn. 8 u. andererseits *Bormann*, GmbHR 07, 897, 900 ff.; *Heinze*, GmbHR 08, 1065, 1073 ff.; krit. *Pentz*, GmbHR 09, 505, 506 f.; *ders.*, GmbHG 09, 126, 130.

332 BGHZ 185, 44 = NJW 10, 1948, 1950 ff. – AdCoCom; noch offen gelassen BGH NJW 09, 2375.

333 BGH NJW 10, 1948, 1952 f.; zust. *Altmeppen*, NJW 10, 1955; ausf. *Pentz*, GmbHR 10, 673, 676 f. sowie *Haas/Vogel*, NZG 10, 1081.

1 Begr. GmbHG-Entwurf, Verhandlungen des Reichstags, Bd. 125, Nr. 660, S. 3715, 3741 f.

2 Der Begriff Stammeinlage sollte nur übergangsweise beibehalten werden, vgl. BT-Drs. 16/6140, S. 28 f.

II. Inhalt

1. Voraussetzungen

2 § 20 erfasst **Bareinlagen** auf das Stammkapital, dh Mindest- sowie Reststammeinlage sowie Bareinlagen aufgrund Kapitalerhöhung.[3] Auch Ansprüche aus Differenzhaftung, Vorbelastungshaftung sowie Bareinlagepflichten anstelle fehlgeschlagener Sacheinlage (alte Rechtslage) u. Wertdifferenzen nach der Anrechnungslösung (→ § 19 Rn. 69) sind nach § 20 zu verzinsen.[4] Bei Mischeinlagen (→ § 5 Rn. 22) ist die Norm nur auf den in bar zu erbringenden Teil anwendbar. Erfasst sind weder Sacheinlagen noch sonstige Leistungspflichten (Nebenleistungen, Nachschüsse) oder Ansprüche gem. §§ 22, 24.[5] Für diese sowie andere Leistungspflichten bleibt es bei der allg. Verzugsregelung.

3 **Eingeforderte** Beträge sind nur solche, die durch den Geschäftsführer aufgrund eines Gesellschafterbeschlusses **angefordert** wurden.[6] Die Anforderung ist formlos, aber empfangsbedürftig; sie kann grds. auch mündlich erfolgen. Eine öffentliche Bekanntmachung in statuarisch bestimmten Veröffentlichungsblättern genügt nicht, weil diese nicht den Zugang gewährleistet.[7] Eine Anforderung ist nicht nötig, wenn gesellschaftsvertraglich Zahlungstermine festgelegt sind oder der Beschluss in Anwesenheit des Einlageschuldners gefasst wurde.[8] Die **Satzung** kann grds. Abweichendes festlegen, angesichts des zwingenden Charakters von § 20 (→ Rn. 5) jedoch nur bzgl. Formalitäten der Einforderung u. Fälligkeit.[9] Mit Eröffnung des Insolvenzverfahrens geht das Recht zur Anforderung auf den Insolvenzverwalter über.[10] Bei Einforderung u. Verzinsung ist das **Gleichbehandlungsgebot** (→ § 19 Rn. 5) zu beachten. Eine nicht satzungsgemäße Einforderung bei nur einem Gesellschafter oder eine nicht anteilsgemäße Einforderung führt ebenso wie eine unterschiedliche Frist zur Anfechtbarkeit des zugrunde liegenden Gesellschafterbeschlusses.[11] Dieser bleibt jedoch wirksam, bis er für nichtig erklärt wird. Erst mit erfolgreicher Anfechtung entfallen Säumnis u. Zinspflicht rückwirkend.[12] Bei (nur) mangelhafter Anforderung besteht ein Leistungsverweigerungsrecht.[13] Der Gesellschafter kann vor dem Hintergrund des Gleichbehandlungsgebots von der Gesellschaft **Auskunft** über die Einforderung der Einlagen der Mitgesellschafter verlan-

---

3 Rowedder/Schmidt-Leithoff/*Pentz* Rn. 1; Baumbach/Hueck/*Fastrich* Rn. 2; Scholz/*Veil* Rn. 2, 4.
4 Roth/*Altmeppen* Rn. 2; Scholz/*Veil* Rn. 2, 4, MüKoGmbHG/*Schwandtner* Rn. 3 f.
5 Lutter/Hommelhoff/*Bayer* Rn. 1; Rowedder/Schmidt-Leithoff/*Pentz* Rn. 1.
6 OLG München GmbHR 85, 56; Lutter/Hommelhoff/*Bayer* Rn. 3. Zu Anforderungen an die Einforderung Scholz/*Veil* Rn. 7 ff.; zur Entbehrlichkeit Habersack/Casper/Löbbe/*Leuschner* Rn. 25 ff.
7 Str., wie hier Scholz/*Veil* Rn. 12; Michalski/*Ebbing* Rn. 16; Rowedder/Schmidt-Leithoff/*Pentz* Rn. 12; aA RGZ 85, 366, 368; Baumbach/Hueck/*Fastrich* Rn. 4.
8 OLG Zweibrücken GmbHR 96, 122; OLG Oldenburg NZG 08, 32, 35; OLG Dresden GmbHR 97, 946; Roth/*Altmeppen* Rn. 4 f.; Michalski/*Ebbing* Rn. 17 f.
9 Ähnl. Roth/*Altmeppen* Rn. 3; Rowedder/Schmidt-Leithoff/*Pentz* Rn. 10 ff.
10 Michalski/*Ebbing* Rn. 19.
11 Roth/*Altmeppen* Rn. 7; Rowedder/Schmidt-Leithoff/*Pentz* Rn. 8.
12 OLG Köln NJW-RR 88, 356, 357; Habersack/Casper/Löbbe/*Leuschner* Rn. 22; Scholz/*Veil* Rn. 14.
13 Scholz/*Veil* Rn. 14; s. auch Michalski/*Ebbing* Rn. 26 ff.

gen u. bis zu deren Gewährung seine Leistung verweigern.[14] Für die Zeit zwischen Fälligkeit u. Auskunftserteilung besteht selbst dann keine Säumnis, wenn sich herausstellt, dass das Gleichbehandlungsgebot gewahrt wurde, soweit das Auskunftsverlangen nicht rechtsmissbräuchlich war.[15]

Der Gesellschafter ist nach Eintritt der Fälligkeit (→ Rn. 3) zur sofortigen Zahlung[16] verpflichtet (§ 271 I BGB). Hierbei gilt ein objektiver Maßstab, dh es ist so schnell zu leisten wie nach den Umständen möglich.[17] Eine gesonderte Mahnung seitens der Gesellschaft ist nicht erforderlich. Mangelndes Verschulden einer **nicht rechtzeitigen Zahlung** entlastet den Gesellschafter nicht.[18] Befindet sich die Gesellschaft im Annahmeverzug, besteht die Zinspflicht für diese Zeit nicht.[19] 4

2. Rechtsfolge

Der säumige Gesellschafter sowie dessen Rechtsnachfolger (§ 16 II) sind zur Zahlung von 4 % Zinsen verpflichtet. Mitberechtigte (§ 18 II) haften gesamtschuldnerisch. Eine Haftung der Mitgesellschafter nach § 24 oder der Rechtsvorgänger nach § 22 für Zinsen besteht nicht.[20] Es handelt sich entgg. dem Wortlaut um **Fälligkeitszinsen** (§ 246 BGB).[21] § 288 BGB ist ebenso wie § 352 HGB[22] nicht anwendbar. Die Zinspflicht kann **gesellschaftsvertraglich** erhöht werden. Diese kann jedoch nicht herabgesetzt oder erlassen werden, da § 20 zwingendes Recht ist.[23] Die Nichterwähnung in § 25 beruht auf einem Redaktionsversehen.[24] Zudem dient § 20 ebenso wie § 19 – dessen zwingender Charakter anerkannt ist, obgleich die Vorschrift in § 25 ebenfalls keine Erwähnung findet (→ § 19 Rn. 1) – der Kapitalaufbringung. Daher sind Verzicht u. Erlass ebenso unwirksam wie 5

14 RGZ 65, 432, 435.
15 Habersack/Casper/Löbbe/*Leuschner* Rn. 22; Michalski/*Ebbing* Rn. 28.
16 Baumbach/Hueck/*Fastrich* Rn. 5; Rowedder/Schmidt-Leithoff/*Pentz* Rn. 17; Roth/*Altmeppen* Rn. 6; Scholz/*Veil* Rn. 15.
17 OLG Oldenburg NZG 08, 32, 35 (2–3 Tage); OLG Brandenburg NZG 01, 366, 367 (2–3 Tage).
18 Lutter/Hommelhoff/*Bayer* Rn. 4; Habersack/Casper/Löbbe/*Leuschner* Rn. 18; aA Rowedder/Schmidt-Leithoff/*Pentz* Rn. 17, 19.
19 Habersack/Casper/Löbbe/*Leuschner* Rn. 20; Scholz/*Veil* Rn. 16.
20 MüKoGmbHG/*Schwandtner* Rn. 14; Baumbach/Hueck/*Fastrich* Rn. 7; Habersack/Casper/Löbbe/*Leuschner* Rn. 44.
21 Ganz hM Der Wortlaut von 1892 ist nicht mit dem des BGB abgestimmt, vgl. Parallelregelung des § 63 II AktG; OLG Oldenburg NZG 08, 32, 35; OLG Brandenburg NZG 01, 366, 367; MüKoGmbHG/*Schwandtner* Rn. 12; Roth/*Altmeppen* Rn. 10; aA Rowedder/Schmidt-Leithoff/*Pentz* Rn. 19.
22 Stammeinlagenübernahme durch Gesellschafter kein Handelsgeschäft für GmbH; str., ebenso OLG Köln NJW-RR 95, 552, 553; Roth/*Altmeppen* Rn. 9; Lutter/Hommelhoff/*Bayer* Rn. 5; diff. Scholz/*Veil* Rn. 17; aA Habersack/Casper/Löbbe/*Leuschner* Rn. 42.
23 Str., vgl. Lutter/Hommelhoff/*Bayer* Rn. 5; Roth/*Altmeppen* Rn. 11; Rowedder/Schmidt-Leithoff/*Pentz* Rn. 2; Michalski/*Ebbing* Rn. 32; aA Baumbach/Hueck/*Fastrich* Rn. 1, 6.
24 Begr. GmbHG-Entwurf, Verhandlungen des Reichstags, Bd. 125, Nr. 660, S. 3715, 3742, spricht von den „Rechtsfolgen [der] §§ 20 bis 24".

Aufrechnung u. Stundung.[25] Auf die Zinsforderung des § 20 ist die **Verjährungsfrist** des § 19 VI entspr. anzuwenden.[26] Dies entspricht der gesetzgeberischen Intention einer einheitlichen Zehnjahresfrist für Kapitalaufbringung u. -erhaltung im GmbH-Recht.[27] Diese beginnt im Regelfall mit Anspruchsentstehung. Ggü dem an subjektive Kriterien anknüpfenden Beginn der Regelverjährung §§ 195, 199 BGB ist dies vorzugswürdig, weil die Gesellschaftsgläubiger idR weder von den anspruchsbegründenden Umständen noch von der Person des Schuldners Kenntnis haben.[28]

3. Weitergehende Ansprüche

6 Weitergehende **Schadenersatzansprüche** wegen Verzugs (§§ 286 ff. BGB) sind nicht ausgeschlossen, wenn deren Voraussetzungen vorliegen. Ein Anspruch auf Verzugszinsen gem. § 288 BGB ist denkbar. Keine Anwendung finden §§ 286 III u. 288 II BGB, da es sich bei der Einlageforderung nicht um eine Entgeltforderung iS dieser Vorschriften handelt.[29] Ansprüche aus §§ 286 ff. BGB können nicht kumulativ neben dem Zinsanspruch des § 20 geltend gemacht werden; vielmehr erfolgt eine Anrechnung.[30] Die Satzung kann neben der Verzinsungspflicht (→ Rn. 5) bei verspäteter Zahlung auch eine **Vertragsstrafe** vorsehen. Entscheidend für die Frage, ob beide Sanktionen kumulativ bestehen sollen, ist die Satzungsregelung. Eine Vertragsstrafenregelung kann auch später mit Zustimmung aller Gesellschafter (§ 53 III) vereinbart werden. Es gelten grds. §§ 339 ff. BGB, weshalb eine richterliche **Herabsetzung** (§ 343 BGB) möglich ist. § 348 HGB ist nicht anwendbar,[31] ebenso nicht § 309 Nr. 6 BGB (§ 310 IV 1). Die Vertragsstrafe kann einerseits in Geld, andererseits auch in der Beschränkung oder im Verlust von Mitgliedschaftsrechten (bspw. Stimmrecht o Gewinnbezugsrecht) bestehen.[32] Der Höhe nach muss die Vertragsstrafe an objektiv nachvollziehbare Kriterien (zB Dauer der Säumnis) gebunden sein.[33] Ferner kann sie die Zinspflicht nur ergänzen, nicht ändern oder ersetzen.[34] Die

---

25 Str., wie hier Lutter/Hommelhoff/*Bayer* Rn. 5; Michalski/*Ebbing* Rn. 38; aA Scholz/*Veil* Rn. 20 u. Rowedder/Schmidt-Leithoff/*Pentz* Rn. 28: Aufrechnung zulässig; Roth/*Altmeppen* Rn. 11 u. MüKoGmbHG/*Schwandtner* Rn. 22 ff.: Aufrechnung u. Stundung zulässig, letzterer aber diff. bzgl. des Erlasses; Habersack/Casper/Löbbe/*Leuschner* Rn. 45 u. Baumbach/Hueck/*Fastrich* Rn. 1, 7: auch Erlass zulässig.

26 Wie hier MüKoGmbHG/*Schwandtner* Rn. 17; Michalski/*Ebbing* Rn. 25; Gehrlein/Born/Simon/*Sirchich von Kis-Sira* Rn. 13.

27 RegE zum Gesetz der Anpassung von Verjährungsvorschriften an das Gesetz zur Modernisierung des Schuldrechts, BT-Drs. 15/3653, S. 12.

28 RegE zum Gesetz der Anpassung von Verjährungsvorschriften an das Gesetz zur Modernisierung des Schuldrechts, BT-Drs. 15/3653, S. 11.

29 Habersack/Casper/Löbbe/*Leuschner* Rn. 49; MüKoGmbHG/*Schwandtner* Rn. 26 f.

30 Michalski/*Ebbing* Rn. 41; MüKoGmbHG/*Schwandtner* Rn. 28; Scholz/*Veil* Rn. 21.

31 Str. MüKoGmbHG/*Schwandtner* Rn. 42; Roth/*Altmeppen* Rn. 13 u. Rowedder/Schmidt-Leithoff/*Pentz* Rn. 25 ist zuzustimmen, dass §§ 343 ff. HGB für Einlagenübernahmen nicht passen u. mit der Gesellschaftergleichbehandlung nicht vereinbar sind; aA Scholz/*Veil* Rn. 27; Lutter/Hommelhoff/*Bayer* Rn. 7; Baumbach/Hueck/*Fastrich* Rn. 9.

32 Baumbach/Hueck/*Fastrich* Rn. 9; Scholz/*Veil* Rn. 26; MüKoGmbHG/*Schwandtner* Rn. 32 f.

33 Michalski/*Ebbing* Rn. 49.

34 BGH NJW 63, 1197; abw. Scholz/*Veil* Rn. 28.

Vertragsstrafe kann anders als die Zinspflicht erlassen oder gestundet werden,[35] wobei das Gebot der Gleichbehandlung beachtet werden muss.[36] Auch die Aufrechnung ist möglich.[37]

§ 21 Kaduzierung

(1) [1]Im Fall verzögerter Einzahlung kann an den säumigen Gesellschafter eine erneute Aufforderung zur Zahlung binnen einer zu bestimmenden Nachfrist unter Androhung seines Ausschlusses mit dem Geschäftsanteil, auf welchen die Zahlung zu erfolgen hat, erlassen werden. [2]Die Aufforderung erfolgt mittels eingeschriebenen Briefes. [3]Die Nachfrist muß mindestens einen Monat betragen.

(2) [1]Nach fruchtlosem Ablauf der Frist ist der säumige Gesellschafter seines Geschäftsanteils und der geleisteten Teilzahlungen zugunsten der Gesellschaft verlustig zu erklären. [2]Die Erklärung erfolgt mittels eingeschriebenen Briefes.

(3) Wegen des Ausfalls, welchen die Gesellschaft an dem rückständigen Betrag oder den später auf den Geschäftsanteil eingeforderten Beträgen der Stammeinlage erleidet, bleibt ihr der ausgeschlossene Gesellschafter verhaftet.

Schrifttum

Bartholomäus, Der GmbH-Gesellschafter in der Insolvenz, 2008; *Clevinghaus*, Voraussetzungen und Folgen der Einziehung von GmbH-Geschäftsanteilen, RNotZ 2011, 449; *Dietsch*, Besonderheiten beim Kauf und Abtretung von kaduzierten GmbH-Geschäftsanteilen, NotBZ 1999, 201; *Hörstel*, Der Ausschluss des GmbH-Gesellschafters durch Kaduzierung, NJW 1994, 965; *Hülsmann*, Kapitalaufbringung in der GmbH im Spiegel aktueller BGH-Rechtsprechung, GmbHR 2019, 377; *Lieder/Becker*, Gesellschafterliste und Zwangseinziehung, GmbHR 2019, 441; *Melber*, Die Kaduzierung in der GmbH, 1993; *ders.*, Zur Kaduzierung des GmbH-Gesellschafters trotz freiwilliger vollständiger Einlageleistung vor Eintragung der GmbH, GmbHR 1991, 563; *Michalski/Schulenburg*, Pfändung von Kaduzierungsansprüchen und Kaduzierung bei Einmann-Gesellschaften, NZG 1999, 431; *Schuler*, Die Kaduzierung von GmbH-Anteilen, GmbHR 1961, 98; *Stefanink/Punte*, Der Ausschluss eines Gesellschafters aus der GmbH, GWR 2018, 403; *Wehrstedt/Füssenich*, Die Einziehung von GmbH-Geschäftsanteilen – Alternativen und Gestaltungsvorschlag, GmbHR 2006, 698; *R. Werner*, Ausschluss eines Gesellschafters aus der GmbH: Alternativen zur Einziehung, GmbHR 2019, 753.

35 Scholz/*Veil* Rn. 29; Lutter/Hommelhoff/*Bayer* Rn. 7.
36 Str, wie hier Lutter/Hommelhoff/*Bayer* Rn. 7; Michalski/*Ebbing* Rn. 49.
37 Scholz/*Veil* Rn. 29.

I. Normzweck

1 Das in §§ 21–25 geregelte **Kaduzierungsverfahren** ermöglicht der Gesellschaft, rückständige Leistungen auf die Stammeinlage zu erzwingen. Es stellt ein überaus scharfes Schwert dar, weil es den entschädigungslosen Zwangsausschluss (Abs. 2 S. 1 Hs. 1), den Verlust bereits geleisteter Zahlungen (Abs. 2 S. 1 Hs. 2) u. eine weiter bestehende (Ausfall-) Haftung (Abs. 3) des nicht rechtzeitig leistenden Gesellschafters zur Folge hat. Dies mag auch der Grund sein, warum das Verfahren eher als Druckmittel dient u. in der Praxis eine eher untergeordnete Rolle spielt.[1] Der betroffene Gesellschafter wird dabei durch eine gewisse **Formalisierung des Verfahrens** geschützt u. kann die weitreichenden Folgen durch Leistung bis zum Zugang der Verlustigerklärung (Abs. 2) noch abwenden.

2 Da die Vorschrift der Sicherstellung der Kapitalaufbringung dient, ist sie nach § 25 **zwingend.** Eine jede Erleichterung zugunsten der Gesellschafter ist daher zu jedem denkbaren Zeitpunkt unzulässig,[2] eine weitergehende Verschärfung zugunsten der Gläubiger ist dagegen zulässig. Weitere Möglichkeiten des Verlustes des Geschäftsanteils, wie etwa die Einziehung gem. § 34 (Amortisation), der Austritt oder Ausschluss aus wichtigem Grund oder die Auflösung der Gesellschaft (§ 60), bleiben grds. daneben bestehen. Die Besonderheit der Kaduzierung ist unter anderem, dass sie zwar zum Verlust, aber nicht zum Untergang des Mitgliedschaftsanteils führt. Dieser soll vielmehr unter Fortbestand der Gesellschaft auf einen anderen Gesellschafter übergehen.[3] Da das Stammkapital der UG (haftungsbeschränkt) nach § 5 a II bei Anmeldung in voller Höhe eingezahlt sein muss, sind die Vorschriften des Kaduzierungsverfahrens dort nicht besonders relevant.[4]

II. Inhalt

1. Voraussetzungen (Abs. 1)

3 a) **Bareinzahlungspflicht.** Die Möglichkeit der Durchführung des Kaduzierungsverfahrens steht nur bei verzögerter Erfüllung der **Bareinzahlungspflicht** auf den Geschäftsanteil des Gesellschafters – sei es bei Übernahme des Geschäftsanteils bei der Gründung oder bei späterer Kapitalerhöhung – offen. Nicht anwendbar ist es bei der Nichterbringung der Sacheinlageverpflichtung nach §§ 7 II, 8 II, zumal diese schon vor Anmeldung der GmbH besteht u. das Kaduzierungsverfahren eine bereits entstandene GmbH voraussetzt.[5] Lebt die Bareinzahlungspflicht anstelle der Sacheinlagepflicht jedoch wieder auf (zB wegen Unmöglichkeit, → § 5 Rn. 38) oder tritt sie als Differenzhaftung gem. § 9 neben diese, ist der Anwendungsbereich ebenso

1 Michalski/*Ebbing* Rn. 8 mwN; aus der Praxis bspw. OLG Hamm GmbHR 10, 707 ff.
2 Scholz/*Emmerich* Rn. 3; Baumbach/Hueck/*Fastrich* Rn. 1.
3 Zur Abgrenzung s. auch *Michalski/Schulenberg*, NZG 99, 431.
4 Ebenso Roth/*Altmeppen* Rn. 1; *Wicke*, DB 19, 529, 532 weist auf die Relevanz in Sonderfällen hin, etwa bei unzulässigem Hin- u. Herzahlen.
5 Michalski/*Ebbing* Rn. 15; Baumbach/Hueck/*Kersting* Rn. 3.

wie auch bei der Unterbilanzhaftung wieder eröffnet.[6] Gleiches gilt auch bei einer gemischten Einlage (→ § 5 Rn. 21), wenn der Gesellschafter hins. des Bareinlageteils säumig ist.[7] Um eine Umgehung zu verhindern, erfasst die Kaduzierung dann den gesamten Geschäftsanteil.[8]

Nicht anwendbar sind §§ 21 ff. hingg. bei Nichterfüllung sonstiger Zahlungspflichten, wie etwa der Zahlung eines Agios, einer Mithaftung nach § 24, der Rückzahlungspflicht nach § 31, der Haftung wegen sonstiger Nebenpflichtverletzungen, wenn nicht eine Verschärfung in der Satzung auch für diese Fälle die Möglichkeit der Kaduzierung vorsieht.[9] Eine solche Erweiterung auf andere gesellschafterliche (Neben-) Pflichten ist – soweit die Kapitalaufbringung nicht beeinträchtigt wird – zulässig.[10] 4

Hat die Gesellschaft die Einlageforderung gegen vollwertige Barzahlung (vgl. § 19) **abgetreten oder verpfändet**, ist die Kaduzierung ausgeschlossen. Der Gesellschaft ist der wirtschaftliche Wert des Anteils zugeflossen u. dem ausschließlichen Zweck der Kapitalaufbringung wurde Rechnung getragen.[11] Anderes gilt bei der **Pfändung** der Forderung. Diese dient nur der Sicherung der Gesellschaftsverbindlichkeit. Der wirtschaftliche Wert der Einlageforderung kommt der Gesellschaft daher erst bei Einziehung durch den Gläubiger u. Erlöschen der Verbindlichkeit zugute.[12] 5

b) Säumiger Gesellschafter. Die Einzahlung ist verzögert, wenn der Gesellschafter (wie bei § 20) trotz **Fälligkeit** nicht leistet. Auf ein Verschulden (§§ 286 IV, 276 I BGB) kommt es dabei nicht an. Ist gesellschaftsvertraglich kein eindeutiger Zahlungstermin festgesetzt, bedarf es zur Fälligkeit gem. § 46 Nr. 2 zunächst eines Beschlusses der Gesellschafterversammlung.[13] Erforderlich ist sodann grds. die Einforderung des Betrags durch den oder die Geschäftsführer,[14] es sei denn, der betr. Gesellschafter ist bei der Beschlussfassung anwesend.[15] Auch die Erhebung einer Zahlungsklage gegen den Gesellschafter ist ausreichend.[16] Im Fall der Insolvenz ist ein Beschluss der Gesellschafter entbehrlich u. wird die Einforderung vom Insolvenzverwalter beschlossen.[17] So wird die Kaduzierung auch in der Ein-Per- 6

6 BGH NZG 03, 393, 394; Scholz/*Emmerich* Rn. 5 a; Michalski/*Ebbing* Rn. 17 f.; krit. *Melber*, GmbHR 91, 563, 566 f.
7 Roth/*Altmeppen* Rn. 5; Lutter/Hommelhoff/*Bayer* Rn. 3.
8 MüKoGmbHG/*Schütz* Rn. 12.
9 Michalski/*Ebbing* Rn. 26 ff.
10 BGH NJW 83, 2880, 2881; KG OLGZ 42, 220.
11 MüKoGmbHG/*Schütz* Rn. 18; Lutter/Hommelhoff/*Bayer* Rn. 4.
12 OLG Celle GmbHR 94, 801; Habersack/Casper/Löbbe/*Leuschner* Rn. 20; Scholz/*Emmerich* Rn. 12; aA, da nicht differenzierend, Baumbach/Hueck/*Fastrich* § 19 Rn. 43; Habersack/*Casper*/Löbbe § 19 Rn. 109, 111; s. dazu auch *Schulenberg/Michalski*, NZG 99, 431, 434.
13 HM, Scholz/*Emmerich* Rn. 7 b f.; Baumbach/Hueck/*Fastrich* Rn. 4; nach Scholz/*Emmerich* Rn. 7 f kann durch eine eindeutige gesellschaftsvertragliche Regelung die Zuständigkeit der Einforderung auch ganz dem Geschäftsführer übertragen werden.
14 OLG Celle GmbHR 97, 748, 749; Baumbach/Hueck/*Fastrich* Rn. 4; Michalski/*Ebbing* Rn. 33.
15 Str., wie hier OLG Dresden NZG 99, 448, 449; Scholz/*Emmerich* Rn. 7 e; Lutter/Hommelhoff/*Bayer* Rn. 7; aA Baumbach/Hueck/*Fastrich* Rn. 4.
16 OLG Dresden NZG 98, 852, 853.
17 OLG Celle GmbHR 94, 801.

sonen-GmbH relevant.[18] Säumnis tritt nicht ein, wenn der Gesellschafter nach § 273 BGB die Leistung etwa wegen eines Verstoßes gegen den Gleichbehandlungsgrundsatz rechtzeitig, also bei Zahlungsaufforderung, verweigert.[19]

7 c) **Erneute Aufforderung zur Zahlung.** Der die Fälligkeit auslösenden Zahlungseinforderung (→ Rn. 6) muss nach Abs. 1 S. 1 zur Kaduzierung zwingend eine **erneute Zahlungsaufforderung** folgen. Die Aufforderungen dürfen nicht miteinander verbunden werden. Vielmehr muss dem Gesellschafter nach dem ersten Einfordern eine angemessene Zeitspanne zur Prüfung u. Zahlung eingeräumt werden.[20] Eine strikte zeitliche Vorgabe gibt es aber nicht. Ferner darf die erneute Aufforderung im Gegensatz zur fällig stellenden Erklärung erst nach Eintragung der Gesellschaft erfolgen, da ein bereits entstandener Geschäftsanteil vorausgesetzt wird.[21]

8 aa) **Adressat.** Die erneute Zahlungsaufforderung hat ggü. dem säumigen **Gesellschafter** zu erfolgen. Dies kann grds. nur ein solcher sein, der nach **§ 16 I** ggü. der Gesellschaft als Gesellschafter gilt, also aktuell in der beim Handelsregister aufgenommenen Gesellschafterliste als Inhaber des Anteils geführt wird.[22] Wird der Anteil veräußert u. erfolgt keine entspr. Aktualisierung der Gesellschafterliste, muss der Rechtsnachfolger die ggü. dem Legitimierten erfolgte Zahlungsaufforderung gegen sich gelten lassen (§ 16 II).[23] Die Insolvenz des Gesellschafters schließt eine Kaduzierung nicht aus. Das Verfahren wird in diesem Fall gegen den Insolvenzverwalter geführt.[24]

9 Sind **mehrere Gesellschafter säumig**, muss das Kaduzierungsverfahren nicht zwingend gegen alle eingeleitet werden. Trotz bestehender Gleichbehandlungspflicht ist ein unterschiedliches Vorgehen aufgrund sachlicher Differenzierung im Interesse des Grundsatzes der Kapitalaufbringung zulässig.[25] So kann in Bezug auf den einen eher eine Zahlungsklage angezeigt sein u. hingg. bezüglich des anderen weiteres Abwarten (zB auf eine sich einstellende Zahlungsfähigkeit) erfolgversprechend erscheinen.[26] Die Grenze stellt jedenfalls das Willkürverbot dar. Ein Verstoß führt zur Nichtigkeit des jeweils vorgenommenen Verfahrensschrittes u. gibt dem Gesellschafter ein Leistungsverweigerungsrecht (§ 273 BGB), so dass dieser nicht mehr als säumig gilt.[27] Steht ein Geschäftsanteil mehreren Mitberechtigten ungeteilt

---

18 Dazu ausf. *Michalski/Schulenberg*, NZG 99, 431.
19 MünchHdbGmbH/*Gummert* § 50 Rn. 184; zur Rechtzeitigkeit OLG Köln NJW-RR 88, 356 f.; zur Gleichbehandlungspflicht s. Rn. 9.
20 Scholz/*Emmerich* Rn. 15; Roth/*Altmeppen* Rn. 7.
21 RGZ 58, 55, 57; OLG München GmbHR 85, 56; MünchHdbGmbH/*Gummert* § 50 Rn. 189.
22 Lutter/Hommelhoff/*Bayer* Rn. 2; MünchHdbGmbH/*Gummert* § 50 Rn. 192 lässt die Kaduzierung auch beim noch nicht eingetragenen Erben zu; so auch MüKoGmbHG/*Schütz* Rn. 80.
23 Roth/*Altmeppen* Rn. 8.
24 MüKoGmbHG/*Schütz* Rn. 29; Habersack/Casper/Löbbe/*Leuschner* Rn. 19.
25 OLG Hamm GmbHR 10, 707, 708; Scholz/*Emmerich* Rn. 14, grds. „strikte Beachtung" des Gebotes erforderlich. Zum Grundsatz der Gleichbehandlung vgl. auch *Wehrstedt/Füssenich*, GmbHR 06, 698, 700 u. *Hörstel*, NJW 94, 965, 967.
26 Baumbach/Hueck/*Fastrich* Rn. 7; dazu auch OLG Hamm GmbHR 10, 707, 708.
27 Zum Leistungsverweigerungsrecht OLG Hamm GmbHR 10, 707, 708.

zu, ist § 18 anzuwenden, so dass die Aufforderung ggü. einem Mitberechtigten ausreichend ist (§ 18 III).

bb) Erklärender. Das Kaduzierungsverfahren wird durch die GmbH betrieben, so dass nur diese zur Aufforderung berechtigt ist. Nach § 35 wird sie dabei **durch ihren Geschäftsführer** vertreten, im Insolvenzverfahren durch den Insolvenzverwalter.[28] Eine gesellschaftsvertragliche Übertragung auf andere Organe (Gesellschafterversammlung, Beirat) bleibt möglich.[29] Eines ermächtigenden Gesellschafterbeschlusses bedarf es nicht.[30] Vielmehr entscheidet der Geschäftsführer nach pflichtgemäßem Ermessen (§ 43 I), wenn nicht ein bindender Gesellschafterbeschluss[31] oder auch eine entspr. gesellschaftsvertragliche Regelung anderes vorschreibt.[32] 10

IÜ ist das Recht auf Kaduzierung u. Aufforderung zur Zahlung nicht an Dritte, etwa Gesellschaftsgläubiger, abtretbar oder (ver-) pfändbar.[33] Dritte können die Gesellschaft insbes. nicht zur Kaduzierung zwingen. 11

cc) Inhalt. Die erneute Zahlungsaufforderung muss zwingend folgenden inhaltlichen Anforderungen genügen: Der säumige Gesellschafter muss zur Zahlung des rückständigen Einlagebetrages **aufgefordert** werden. Bei mehreren Anteilen ist deutlich zu machen, auf welchen Teil sich die konkrete Aufforderung bezieht.[34] Ist der eingeforderte Betrag geringer als der geschuldete, bedarf es zur Verhinderung der Kaduzierung nur der Zahlung des geringeren Betrages. An der Wirksamkeit der Aufforderung ändert dies nichts. Auch wenn fälschlicherweise zu viel eingefordert wird, ist die Zahlungsaufforderung nicht unwirksam,[35] da der Gesellschafter jedenfalls weiß, dass er den gesamten noch offenen Betrag zu leisten hat. 12

Neben der Zahlungsaufforderung hat die Gesellschaft **eine Nachfrist zu setzen,** die gem. Abs. 1 S. 3 mind. einen Monat betragen muss. Eine Frist von 4 Wochen ist zu kurz u. damit nicht ausreichend.[36] Außerdem muss die Frist eindeutig gesetzt sein. Bezeichnungen wie „prompt" oder „sofort" genügen nicht. Wegen des eindeutigen Wortlauts u. des Schutzes des Gesellschafters macht eine zu kurze Frist die Aufforderung unwirksam u. setzt nicht die vorgeschriebene Frist in Gang.[37] Auch in der Insolvenz ist das formelle Verfahren, somit auch die Monatsfrist, zwingend einzuhal- 13

28 OLG Dresden NZG 98, 852, 853; Michalski/*Ebbing* Rn. 61.
29 Scholz/*Emmerich* Rn. 10.
30 Zum Fall der Insolvenz OLG Jena ZIP 07, 1571, 1573.
31 Michalski/*Ebbing* Rn. 59; Baumbach/Hueck/*Fastrich* Rn. 6, der dem Beschluss sogar Außenwirkung zukommen lassen will. Der säumige Gesellschafter unterliegt dann jedenfalls einem Stimmverbot, vgl. *Römermann*, in: MAH GmbH-Recht § 15 Rn. 152.
32 Habersack/Casper/Löbbe/*Leuschner* Rn. 6.
33 Habersack/Casper/Löbbe/*Leuschner* Rn. 24; Baumbach/Hueck/*Fastrich* Rn. 6.
34 Roth/*Altmeppen* Rn. 8.
35 HM, OLG Hamburg WM 93, 1751, 1753; Habersack/Casper/Löbbe/*Leuschner* Rn. 34; Baumbach/Hueck/*Fastrich* Rn. 5; aA Scholz/*Emmerich* Rn. 16 (wenn nicht ganz unerheblich zuviel); Roth/*Altmeppen* Rn. 11.
36 Habersack/Casper/Löbbe/*Leuschner* Rn. 35; Roth/*Altmeppen* Rn. 12.
37 HM, OLG Jena NZG 07, 717, 719 f.; Rowedder/Schmidt-Leithoff/*Pentz* Rn. 20; Habersack/Casper/Löbbe/*Leuschner* Rn. 35; aA OLG München OLGR 22, 15, 16; Michalski/*Ebbing* Rn. 71.

ten.[38] Die Frist beginnt mit Zugang beim Gesellschafter[39] u. wird nach §§ 187 ff. BGB berechnet.

14 Dem Gesellschafter ist der Ausschluss mit dem Geschäftsanteil, auf den zu zahlen ist, für den Fall **anzudrohen**, dass nicht fristgerecht geleistet wird. Die drohende Konsequenz der Kaduzierung muss dabei hinreichend deutlich gemacht werden.[40] Die Verwendung eines bestimmten Wortlauts, etwa die Benutzung der gesetzlichen Begrifflichkeiten, ist aber nicht zwingend. Die Aufforderung kann bspw. lauten:

▶ Wir fordern Sie hiermit erneut auf, den Betrag von ... EUR auf den übernommenen Geschäftsanteil in Höhe von ... EUR bis zum ... an die Gesellschaft zu zahlen. Wenn Sie den eingeforderten Betrag innerhalb der Frist nicht vollständig leisten, werden Sie mit diesem Geschäftsanteil aus der Gesellschaft ausgeschlossen. ◀

15 **dd) Form.** Gem. Abs. 1 S. 2 hat die Aufforderung mittels **eingeschriebenen Briefes** (Übergabe- oder Einwurf-Einschreiben)[41] zu erfolgen. Strengere Zustellungsformen, derer sich die Gesellschaft freiwillig bedient, wie die Zustellung durch den Gerichtsvollzieher (§ 132 I BGB) oder die öffentliche Zustellung (§ 132 II BGB) sind zulässig[42] u. aus Beweisgründen regelmäßig empfehlenswert. Die Veröffentlichung in Gesellschaftsblättern genügt hingg. nicht.[43] Gleiches gilt für die Erklärung zu Protokoll des Gerichts, wenn nicht eine Zustellung mittels Empfangsbekenntnis erfolgt.[44] Eine Abbedingung der Formvorschrift durch zwingende gesellschaftsvertragliche Vorgaben ist, auch soweit es sich um eine Verschärfung handelt, nicht zulässig.[45] Denn eine solche würde die Praktikabilität des Verfahrens erschweren u. damit § 25 widersprechen.

16 **ee) Zugang.** Die Aufforderung ist eine einseitige empfangsbedürftige Willenserklärung,[46] die dem Gesellschafter gem. § 130 I BGB **zugehen** muss. Die allg. Regeln bzgl. des Zugangs – insbes. die der Zugangsvereitelung[47] – finden Anwendung.[48] Den Beweis des Zugangs der Zahlungsaufforderung kann die Gesellschaft nicht bereits durch den Nachweis der Absendung durch Vorlage des Einlieferungsscheins führen;[49] vielmehr streitet der Beweis des ersten Anscheins nur dann für den Zugang eines Einschreibens,

38 OLG Jena NZG 07, 717, 719 f.
39 OLG Hamburg OLGE 37, 3; Michalski/*Ebbing* Rn. 72.
40 Habersack/Casper/Löbbe/*Leuschner* Rn. 37; Baumbach/Hueck/*Fastrich* Rn. 5 b.
41 BGHZ 212, 104 = NZG 16, 1417 f.; zust. *Bayer*, GmbHR 17, 33, 34; *Keil*, EWiR 16, 751; *Lieder/Bialluch*, NZG 17, 9.
42 OLG Hamm GmbHR 95, 663 f.; Scholz/*Emmerich* Rn. 19 a.
43 Lutter/Hommelhoff/*Bayer* Rn. 8.
44 OLG Rostock GmbHR 97, 449, 450; Habersack/Casper/Löbbe/*Leuschner* Rn. 39.
45 Str.; Baumbach/Hueck/*Fastrich* Rn. 8; Habersack/Casper/Löbbe/*Leuschner* Rn. 39; aA Scholz/*Emmerich* Rn. 19 b (Verschärfung zulässig).
46 Henssler/Strohn/*Verse* Rn. 7, 21 qualifiziert diese als rechtsgeschäftsähnliche Handlung, auf die aber § 130 BGB ebenfalls anwendbar ist; offengelassen in BGHZ 212, 104 = NZG 16, 1417, 1418.
47 S. dazu etwa Hk-BGB/*Dörner* § 130 Rn. 7.
48 Ausf. *Bayer*, GmbHR 17, 33, 35 f.
49 So noch Michalski/*Ebbing* Rn. 79.

wenn der Absender den Einlieferungsbeleg zusammen mit der Reproduktion des Auslieferungsbelegs vorlegt.[50]

2. Ausschluss (Abs. 2)

17 a) **Fruchtloser Fristablauf.** Für eine wirksame Kaduzierung ist der **fruchtlose Fristablauf** vor der Verlustigerklärung zwingend abzuwarten. Eine vorzeitige Erklärung ist unwirksam, selbst wenn die Zahlung innerhalb der Frist nicht mehr erfolgt.[51] Der säumige Gesellschafter kann bis zum Zugang der Erklärung nach Abs. 2 – also auch nach Fristablauf – die Kaduzierung durch vollständige Erfüllung abwenden.[52] Zur Abwendung müssen nicht etwa auch Nebenleistungen, Verzugszinsen oder Vertragsstrafen, sondern nur der eingeforderte Geschäftsanteil geleistet werden.[53] Die Kaduzierungserklärung darf dem Gesellschafter in diesem Fall nicht vor – wohl aber gleichzeitig mit – dem Eingang der Zahlung bei der Gesellschaft zugehen.[54] Die Beweislast für die ordnungsgemäße Erbringung des offenen Einlagebetrages trägt der Gesellschafter.[55]

18 b) **Verlustigerklärung.** Um den Ausschluss des Gesellschafters zu bewirken, muss die Verlustigerklärung als empfangsbedürftige Willenserklärung dem betr. Gesellschafter zugehen. Es handelt sich um ein (unwiderrufliches) **Gestaltungsrecht** der GmbH, das durch den sie vertretenden Geschäftsführer (im Fall der Insolvenz durch den Verwalter) ausgeübt wird. Entgg. des Wortlauts in Abs. 2 S. 1 („ist") besteht keine Pflicht zur Abgabe der Erklärung. Vielmehr liegt das weitere Vorgehen im pflichtgemäßen Ermessen (§ 43 I) des Geschäftsführers.[56] Insbes. ist es auch weiterhin möglich, den ursprünglichen Erfüllungsanspruch durchzusetzen.[57]

19 **Inhaltlich** muss die Erklärung zwar nicht mit dem Gesetzeswortlaut übereinstimmen. Dies mag jedoch sinnvoll sein,[58] da dem Gesellschafter deutlich gemacht werden muss, dass er seines Geschäftsanteils u. der erbrachten Teilleistung für verlustig erklärt wird. In Betracht kommt bspw. die Formulierung:

▶ Da Sie nicht fristgerecht geleistet haben, erklären wir Sie hiermit Ihres Geschäftsanteils in Höhe von ... EUR (und der darauf geleisteten Teilzahlungen) zugunsten der Gesellschaft für verlustig. ◀

20 Die Verlustigerklärung hat gem. **Abs. 2 S. 2** mittels eingeschriebenen Briefes zu erfolgen. Die Verwendung einer strengeren Form ist aber möglich.[59]

21 Hins. einer etwaigen **Erklärungsfrist** ist lediglich die Grenze der Verwirkung zu beachten. Dabei genügt auch der Ablauf von 6 Monaten nicht,

---

50 BGHZ 212, 104 = NZG 16, 1417, *1419;* Scholz/*Emmerich* Rn. 19; *Bayer*, GmbHR *17, 33, 35; Lieder/Bialluch*, NZG 17, 9, 12 ff.; zu den Praxisfolgen *Glienke*, BB 16, 3025.
51 Habersack/Casper/Löbbe/*Leuschner* Rn. 51; Baumbach/Hueck/*Fastrich* Rn. 9.
52 MüKoGmbHG/*Schütz* Rn. 85; Scholz/*Emmerich* Rn. 20 a.
53 Habersack/Casper/Löbbe/*Leuschner* Rn. 43; Roth/*Altmeppen* Rn. 15.
54 Habersack/Casper/Löbbe/*Leuschner* Rn. 43; Baumbach/Hueck/*Fastrich* Rn. 9.
55 Zu den genauen Anforderungen an den Nachweis s. Michalski/*Ebbing* Rn. 86.
56 RGZ 51, 416, 417; MünchHdbGmbH/*Gummert* § 50 Rn. 194.
57 Roth/*Altmeppen* Rn. 15.
58 Habersack/Casper/Löbbe/*Leuschner* Rn. 56.
59 MüKoGmbHG/*Schütz* Rn. 86.

wenn der Ausschluss dennoch offensichtlich weiterhin angestrebt wird u. damit das Umstandsmoment fehlt.[60] Geht die Erklärung – unabhängig von der Abgabe derselben – schon vor Ablauf der Frist zu, ist sie wirkungslos.[61] Dies gilt auch, wenn innerhalb der Frist nicht mehr geleistet wird. Auf die Wirksamkeit des Verfahrens oder des Fristablaufs hat die verfrühte Erklärung keine Auswirkungen.

22 c) **Wirkung der Kaduzierung. aa) Verlust der Mitgliedschaft.** Der Gesellschafter **verliert** mit Zugang der Erklärung (→ Rn. 18) den betr. **Geschäftsanteil** u., unabhängig vom Umfang, die gesamten darauf bereits geleisteten Teilzahlungen. Dies gilt nicht nur für Bar- u. Sacheinlagen, sondern auch für etwaig geleistete Nachschüsse u. Nebenleistungen. Der Verlust sämtlicher Mitgliedschaftsrechte wirkt ex nunc, so dass einerseits bereits entstandene Gläubigerrechte, wie etwa der durch einen Gewinnverwendungsbeschluss entstandene Anspruch auf rückständigen Gewinn,[62] u. andererseits auch bereits vorher fällig gewordene Nebenpflichten (§ 3 II) sowie eine Ausfallhaftung nach § 24,[63] erhalten bleiben. Auch Drittgläubigerrechte (u. -pflichten), die also auf Rechtsbeziehungen beruhen, welche der Gesellschafter wie ein Dritter mit der GmbH unterhält – also nicht auf der Mitgliedschaft beruhen –, gehen nicht unter. Indes gibt der Ausschluss als solcher grds. auch kein Recht zur Kündigung eines entspr. Rechtsverhältnisses aus wichtigem Grund.[64]

23 Trotz der weitreichenden Folgen erlangt der Gesellschafter keinen **Anspruch auf Ersatz** oder gar eine Abfindungszahlung.[65] Im Gegenzug geht nur die Einlageforderung der Gesellschaft unter. Der Ausschluss ist iÜ insoweit **unwiderruflich**, als der Gesellschafter die Einlage nicht mehr freiwillig erbringen kann, um so wieder an den Anteil zu gelangen.[66] Bestehen bleibt aber die Möglichkeit der Gesellschaft, mit Zustimmung der übrigen Gesellschafter den verlorenen Geschäftsanteil an den Ausgeschlossenen Zug um Zug gegen Zahlung der Einlage nebst Kosten u. Zinsen abzutreten.[67] Ansonsten bleibt jedenfalls die Ausfallhaftung des Ausgeschlossenen ggü. der Gesellschaft nach Abs. 3.

24 **bb) Anfall zugunsten der Gesellschaft.** Der Geschäftsanteil geht nicht unter oder wird herrenlos, sondern **fällt der Gesellschaft zu.**[68] Diese ist so-

---

60 OLG Hamburg GmbHR 94, 249.

61 HM Habersack/Casper/Löbbe/*Leuschner* Rn. 51; Baumbach/Hueck/*Fastrich* Rn. 9; Lutter/Hommelhoff/*Bayer* Rn. 12; Roth/*Altmeppen* Rn. 16; aA Michalski/*Ebbing* Rn. 99 u. MüKoGmbHG/*Schütz* Rn. 82, die schon die Abgabe der Erklärung vor Fristablauf für unzulässig halten.

62 Scholz/*Emmerich* Rn. 27; Habersack/Casper/Löbbe/*Leuschner* Rn. 58; ohne Erfordernis eines Gewinnverwendungsbeschlusses OLG Hamm GmbHR 89, 126.

63 Michalski/*Ebbing* Rn. 108.

64 Dazu Habersack/Casper/Löbbe/*Leuschner* Rn. 58.

65 HM, OLG Hamm GmbHR 10, 707, 709; Baumbach/Hueck/*Fastrich* Rn. 11; Roth/*Altmeppen* Rn. 17; aA *Melber*, Die Kaduzierung in der GmbH, S. 206 ff.

66 Michalski/*Ebbing* Rn. 107.

67 *Römermann/Passarge*, in: MAH GmbH-Recht § 14 Rn. 84; aA MüKoGmbHG/*Schütz* Rn. 90; zu beachten ist auch die Möglichkeit, den Anteil iRd Versteigerung zu erwerben (s. § 23 Rn. 6).

68 Dogmatisch umstritten; wie hier Habersack/Casper/Löbbe/*Leuschner* Rn. 64; Scholz/*Emmerich* Rn. 29; Lutter/Hommelhoff/*Bayer* Rn. 15; aA RGZ 98, 276, 278; BGHZ 42, 89, 92.

dann lediglich in ihrer Verfügungsbefugnis nach Maßgabe der §§ 22, 23 beschränkt u. wird dabei nicht etwa nur Treuhänderin für einen späteren Erwerber.[69] Die Annahme eines Treuhandverhältnisses würde der Ratio des Verfahrens, den Ausgeschlossenen vor nicht erforderlicher u. verfrühter Inanspruchnahme nach § 21 III zu schützen u. die Kapitalaufbringung zu sichern, nicht entsprechen.[70] Das vorgeschriebene Verwertungsverfahren (→ Rn. 28) schließt iÜ auch die vorherige (Ver-) Pfändung des Geschäftsanteils u. die Aktivierung in der Bilanz aus.[71] Als Inhaberin des Anteils kann sich die Gesellschaft schließlich auch als solche in die Gesellschafterliste eintragen lassen (§§ 16, 40).

Die mit dem kaduzierten Geschäftsanteil **verbundenen Rechte** wie das Stimmrecht ruhen. Ob dies jedoch auch für das Gewinnbezugsrecht gilt, ist umstritten. So wird vertreten, dass das entstehende Bezugsrecht dem Anteil anhaftet u. mit diesem auf einen späteren Erwerber übergeht.[72] Jedoch steht der Geschäftsanteil vorübergehend der Gesellschaft selbst zu, so dass ein Gewinnbezugsrecht in diesem Moment schon deshalb ausgeschlossen ist (→ § 33 Rn. 33) u. ein übergangsfähiger Anspruch gar nicht entsteht.[73] Vielmehr sind die entstehenden Dividenden auf die verbliebenen Gesellschafter entspr. ihres Anteils zu verteilen.[74] 25

Rechte Dritter (Pfandrecht, Nießbrauch) an dem kaduzierten Geschäftsanteil erlöschen. Eine eingeleitete Zwangsvollstreckung ist einzustellen (§ 771 ZPO).[75] Ein zu erzielender Erlös soll der Gesellschaft u. nicht einem etwaigen Pfandgläubiger zufallen.[76] Der Dritte hat bis zur Erklärung nach Abs. 2 jedoch die Möglichkeit, durch Leistung auf den Geschäftsanteil (§ 267 BGB) die Kaduzierungsvoraussetzungen zu beseitigen u. jene so zu verhindern.[77] 26

3. Ausfallhaftung (Abs. 3)

Durch die Kaduzierung erlischt zwar die primäre Pflicht auf Leistung auf den Geschäftsanteil (→ Rn. 23). Bestehen bleibt aber die unbefristete **Haftung des ausgeschlossenen Gesellschafters** für den erlittenen Ausfall der Gesellschaft nach Abs. 3. 27

a) Voraussetzungen. Die Ausfallhaftung ist als **subsidiäre Haftung** ausgestaltet. Sie kommt nur in Betracht, wenn die Gesellschaft nach Heranziehung aller Rechtsvorgänger (§ 22) u., bei Erfolglosigkeit, eines Anteilsverkaufs (§ 23) wegen des rückständigen Betrags oder der später auf den Ge- 28

69 Michalski/*Ebbing* Rn. 116; MüKoGmbHG/*Schütz* Rn. 100 f.; Roth/*Altmeppen* Rn. 19; aA Baumbach/Hueck/*Fastrich* Rn. 12; ohne Begründung *Wehrstedt/Füssenich*, GmbHR 06, 698, 700.
70 So auch Roth/*Altmeppen* Rn. 19.
71 Lutter/Hommelhoff/*Bayer* Rn. 15; Baumbach/Hueck/*Fastrich* Rn. 12.
72 Baumbach/Hueck/*Fastrich* Rn. 12.
73 So auch Habersack/Casper/Löbbe/*Leuschner* Rn. 67 mwN; Roth/*Altmeppen* Rn. 20.
74 MüKoGmbHG/*Schütz* Rn. 102 f.
75 Lutter/Hommelhoff/*Bayer* Rn. 14; Scholz/*Emmerich* Rn. 28; aA *Melber*, Die Kaduzierung in der GmbH, S. 174 ff.
76 Habersack/Casper/Löbbe/*Leuschner* Rn. 62.
77 MüKoGmbHG/*Schütz* Rn. 109; Rowedder/Schmidt-Leithoff/*Pentz* Rn. 40.

schäftsanteil eingeforderten Beträge der Stammeinlage einen Ausfall erleidet. Hins. des Verkaufs (§ 23) genügt es, wenn dieser ernsthaft versucht wurde oder bereits von vornherein als offensichtlich aussichtslos ausscheiden musste.[78] Findet ein Verkauf statt u. ist der Erwerber säumig, muss das Kaduzierungsverfahren zunächst gegen diesen erfolglos durchgeführt worden sein, damit der Ausgeschlossene wegen der später eingeforderten Beträge in Anspruch genommen werden kann. Erst dann hat die Gesellschaft einen Ausfall erlitten.[79] Der Erst- u. der Letztkaduzierte haften dann ggü. der Gesellschaft als Gesamtschuldner.[80] Eine vorherige Inanspruchnahme der übrigen Gesellschafter nach § 24 ist nicht erforderlich; diese ist wiederum nachrangig ggü. der Ausfallhaftung nach § 21 III.

29 b) **Umfang.** Die Haftung umfasst zunächst den **rückständigen Teil des Stammkapitals,** aufgrund dessen das Kaduzierungsverfahren durchgeführt wurde, u. die bis zum Ausschluss sonst fällig gewordenen Verbindlichkeiten; bzgl. nach Ausschluss fällig werdender Beträge → § 24 Rn. 10. Entspr. des Grundsatzes der Kapitalaufbringung u. -erhaltung muss der Gesellschafter auch für die im Verfahren (Verkauf, Versteigerung) entstandenen Kosten aufkommen,[81] die bei ordnungsgemäßer Leistung nicht entstanden wären. Ansonsten entfällt nach Ausschluss etwa die Haftung gem. § 24 für offene Beträge der (jetzt ehemaligen) Mitgesellschafter. Erlass, Verzicht, Stundung oder Aufrechnung des Anspruchs aus § 21 III sind unzulässig; es gilt § 19 II, III.[82]

30 c) **Zahlungswirkung.** Mit der Zahlung **erlischt die Forderung** der Gesellschaft im Hinblick auf den betr. Geschäftsanteil. Ein Erwerb des Geschäftsanteils erfolgt dadurch nicht; auch nicht gem. § 22 IV.[83] Die Kaduzierungswirkung (→ Rn. 23) wird rückwirkend nicht gegenstandslos. Will der ausgeschlossene Gesellschafter deshalb nach Kaduzierung wieder an „seinen" Geschäftsanteil gelangen, kann er diesen nur iRd Versteigerung oder eines Kaufs nach § 23 erwerben u. damit uU auch einen Verkauf unter Wert verhindern. Ist der Kaufpreis geringer als der eingeforderte Betrag, bleibt bzgl. der Differenz die Haftung nach Abs. 3.

31 d) **Verfahren/Beweislast.** Da es sich um eine Anspruchsvoraussetzung handelt, hat die Gesellschaft im Fall der „Ausfallklage" zu beweisen, dass das Verfahren nach den §§ 22, 23 erfolg- oder aussichtslos war. Die Zahlungsunfähigkeit der Rechtsvorgänger wird gem. § 22 II vermutet, kann aber durch den ausgeschlossenen Gesellschafter insofern widerlegt werden, als die Inanspruchnahme der Rechtsvorgänger doch möglich ist.[84] Gerichtsstand ist der allg. der Gesellschaft (§ 22 ZPO), also deren Sitz (§ 17 ZPO).[85]

---

78 Roth/*Altmeppen* Rn. 23; Baumbach/Hueck/*Fastrich* Rn. 15.
79 Lutter/Hommelhoff/*Bayer* Rn. 17; Michalski/*Ebbing* Rn. 146 mwN.
80 Habersack/Casper/Löbbe/*Leuschner* Rn. 79; MüKoGmbHG/*Schütz* Rn. 116.
81 HM, Scholz/*Emmerich* Rn. 36 a; MünchHdbGmbH/*Gummert* § 50 Rn. 212.
82 RGZ 98, 276, 277; Michalski/*Ebbing* Rn. 141.
83 Michalski/*Ebbing* Rn. 152; MüKoGmbHG/*Schütz* Rn. 127 f.
84 OLG Hamburg OLGZ 37, 3.
85 Baumbach/Hueck/*Fastrich* Rn. 16; Habersack/Casper/Löbbe/*Leuschner* Rn. 90.

III. Mängel/Rechtsbehelf

Fehlen die für die Kaduzierung erforderlichen **materiellen Voraussetzungen** oder gibt es **Verfahrensfehler** (zur fehlerhaften Betragsangabe → Rn. 12), ist die Kaduzierung nichtig. Der Gesellschafter bleibt Inhaber des Geschäftsanteils u. kann dies zB mittels einer Feststellungsklage klären lassen. Eine Wiederholung der Kaduzierung kommt bei formellen Fehlern in Betracht, vermag aber nicht ohne Weiteres die nachfolgenden Akte zu heilen, so dass eine Neuvornahme erforderlich ist.[86] Da ein Erwerb nach § 22 IV oder § 23 eine wirksame Kaduzierung voraussetzt, ist dieser unwirksam.[87] Im Fall des § 22 IV scheidet auch ein gutgläubiger Erwerb aus, weil es an der rechtsgeschäftlichen Grundlage fehlt.[88] Bei der Veräußerung nach § 23 kommt hingg. gutgläubiger Erwerb nach § 16 III aufgrund dreijähriger unwidersprochener Eintragung der Gesellschaft als Inhaberin (→ Rn. 24) fehlerhaft kaduzierter Geschäftsanteile in der Gesellschafterliste in Betracht.[89] 32

Als **Rechtsbehelf** hat der (nicht wirksam) ausgeschlossene Gesellschafter die Möglichkeit, dies ggü. der GmbH oder einem zahlenden Rechtsvorgänger (§ 22 IV) durch Feststellungsklage klären zu lassen.[90] 33

§ 22 Haftung der Rechtsvorgänger

(1) Für eine von dem ausgeschlossenen Gesellschafter nicht erfüllte Einlageverpflichtung haftet der Gesellschaft auch der letzte und jeder frühere Rechtsvorgänger des Ausgeschlossenen, der im Verhältnis zu ihr als Inhaber des Geschäftsanteils gilt.

(2) Ein früherer Rechtsvorgänger haftet nur, soweit die Zahlung von dessen Rechtsnachfolger nicht zu erlangen ist; dies ist bis zum Beweis des Gegenteils anzunehmen, wenn der letztere die Zahlung nicht bis zum Ablauf eines Monats geleistet hat, nachdem an ihn die Zahlungsaufforderung und an den Rechtsvorgänger die Benachrichtigung von derselben erfolgt ist.

(3) [1]Die Haftung des Rechtsvorgängers ist auf die innerhalb der Frist von fünf Jahren auf die Einlageverpflichtung eingeforderten Leistungen beschränkt. [2]Die Frist beginnt mit dem Tag, ab welchem der Rechtsnachfolger im Verhältnis zur Gesellschaft als Inhaber des Geschäftsanteils gilt.

(4) Der Rechtsvorgänger erwirbt gegen Zahlung des rückständigen Betrages den Geschäftsanteil des ausgeschlossenen Gesellschafters.

86 Scholz/*Emmerich* Rn. 32; Baumbach/Hueck/*Fastrich* Rn. 17.
87 OLG Rostock GmbHR 97, 449; Lutter/Hommelhoff/*Bayer* Rn. 18; Baumbach/Hueck/*Fastrich* Rn. 17.
88 Baumbach/Hueck/*Fastrich* Rn. 17.
89 Vgl. § 23 Rn. 18. Ebenso Habersack/Casper/Löbbe/*Leuschner* Rn. 74; MüKo-GmbHG/*Schütz* Rn. 140; Baumbach/Hueck/*Fastrich* Rn. 17; Roth/*Altmeppen* Rn. 22; Michalski/*Ebbing* Rn. 133.
90 *Römermann/Passarge*, in: MAH GmbH-Recht § 14 Rn. 84; Habersack/Casper/Löbbe/*Leuschner* Rn. 77; diff. Rowedder/Schmidt-Leithoff/*Pentz* Rn. 62.

I. Normzweck

1 § 22 stellt die **zweite Stufe** im regulierten Verfahren der Sicherung der Kapitalaufbringung dar u. regelt im Anschluss an § 21 die Haftung der Rechtsvorgänger des ausgeschlossenen Gesellschafters für rückständige Stammeinlagebeträge. Der Gesellschaft sollen möglichst viele frühere Gesellschafter als Rückgriffsschuldner zur Verfügung stehen (Abs. 1). Zentraler Gedanke der Vorschrift (Abs. 2) ist jedoch, dass ein früherer Rechtsvorgänger nur subsidiär (u zeitlich begrenzt, Abs. 3) ggü. einem Späteren haftet („Staffelregress").[1] Der Zahlende erhält kraft Gesetzes den zuvor kaduzierten Geschäftsanteil (Abs. 4). Die Regelung ist nicht disponibel (§ 25); nur Verschärfungen sind zulässig.[2] Durch das Gesetz zur Modernisierung des GmbH-Rechts u. Bekämpfung von Missbräuchen (MoMiG)[3] wurden Abs. 1 u. Abs. 3 an den geänderten § 16 angepasst u. sprachlich leicht modifiziert.

2 Gem. **§ 16 II** kann die Haftung eines Rechtsvorgängers für rückständige Einlageverpflichtungen bereits vor der Kaduzierung bestehen. Diese gesamtschuldnerische Haftung wird durch die Zahlungsverpflichtung in § 22 nicht verdrängt.[4] Der Gesellschaft, vertreten durch ihren Geschäftsführer (§ 43), steht insoweit ein Wahlrecht zu.[5] IU zum Vorgehen nach dieser Vorschrift scheidet bei einer Inanspruchnahme nach § 16 II ein Anteilserwerb nach § 22 IV aus.[6] Die Gesellschaft erhält dann keinen neuen Gesellschafter.

II. Inhalt

1. Haftungsanspruch (Abs. 1)

3 a) **Ausgeschlossener Gesellschafter.** Für die Inanspruchnahme nach Abs. 1 (iÜ auch für den Anteilserwerb nach Abs. 4) ist erforderlich, dass der frühere Gesellschafter rechtswirksam gem. § 21 ausgeschlossen wurde.[7] Dies gilt auch in der Insolvenz der Gesellschaft.[8] Entspr. haben die Rechtsvor-

1 Habersack/Casper/Löbbe/*Leuschner* Rn. 2; Baumbach/Hueck/*Fastrich* Rn. 1.
2 Habersack/Casper/Löbbe/*Leuschner* Rn. 4.
3 Gesetz v. 23.10.08 (BGBl. I S. 2026).
4 Habersack/Casper/Löbbe/*Leuschner* Rn. 6; Michalski/*Ebbing* Rn. 99 ff.; Baumbach/Hueck/*Fastrich* Rn. 2.
5 Scholz/*Emmerich* Rn. 5; MüKoGmbHG/*Schütz* Rn. 12; Roth/*Altmeppen* Rn. 10.
6 HM, Michalski/*Ebbing* Rn. 102; Lutter/Hommelhoff/*Bayer* Rn. 19; aA Baumbach/Hueck/*Fastrich* Rn. 2, nach dem der Anteil bei Vorliegen der entspr. Voraussetzungen übergehen soll.
7 RGZ 86, 419, 420.
8 OLG Hamburg NZG 02, 53 f.

gänger die Möglichkeit, die Unwirksamkeit der Kaduzierung – auch durch Klage – geltend zu machen.[9]

b) Rechtsvorgänger des Ausgeschlossenen. Früherer Rechtsvorgänger ist jeder, der vor dem ausgeschlossenen Gesellschafter Inhaber des kaduzierten Geschäftsanteils war u. dessen **Stellung** gem. § 16, also durch Eintragung, auch **wirksam geworden** ist.[10] Dies gilt auch dann, wenn der Geschäftsanteil nur treuhänderisch verwaltet wurde.[11] Bei einem Pfandverkauf ist der Schuldner u. nicht der (Vollstreckungs-) Gläubiger Gesellschafter u. damit Rechtsvorgänger.[12] Bei einem Anteilserwerb durch Gesamtrechtsnachfolge (Erbfall, Umwandlung) oder auf anderem gesetzlichem Wege (Anwachsung nach § 738 I 1 BGB) war vor Inkrafttreten des MoMiG zum 1.11.08 nach alter Rechtslage eine Anmeldung bei der Gesellschaft nicht erforderlich,[13] weshalb bei solchen Altfällen für eine Inanspruchnahme vom Erfordernis der Legitimation nach § 16 abzusehen ist.[14] Seither ist jedoch auch hier eine Eintragung als Voraussetzung der Inanspruchnahme zu verlangen (→ § 16 Rn. 15).[15] Erlangt jemand durch Veräußerung den Geschäftsanteil als Zwischenerwerber, haftet dieser aber nur bei Eintragung in der Gesellschafterliste (§ 16) weiter. Die Haftung entfällt bei **Nichtigkeit** (etwa wegen Anfechtung, § 142 I BGB) der Übertragung, nicht jedoch wenn die Übertragung nach Anmeldung sonst rückgängig gemacht wird.[16] Solange – bei unwirksamer Übertragung – ein (Schein-) Rechtsvorgänger jedenfalls gem. § 16 ggü. der Gesellschaft als ein solcher gilt, kann er sich nicht auf die materiellrechtlich nicht bestehende Gesellschafterstellung berufen. Vielmehr muss er sich um die Berichtigung der Liste bemühen, um eine Inanspruchnahme zu vermeiden.[17] 4

Der **Gründungsgesellschafter** ist stets haftender Rechtsvorgänger. Scheidet dieser noch vor Eintragung der Gesellschaft (§ 2) durch Satzungsänderung aus, entfällt diese Eigenschaft.[18] Anderes gilt aber, wenn der zukünftige Geschäftsanteil schon im Voraus mit Wirkung der Eintragung abgetreten wird.[19] Hat der **Ausgeschlossene** den Anteil früher schon einmal besessen, kann er auch selbst Rechtsvorgänger sein u. daher bei Zahlung seinen Anteil – anders als bei § 21 III – über Abs. 4 zurück erwerben. Stand der Anteil **mehreren** gemeinsam zu, haften diese als Gesamtschuldner (§ 18 II). 5

c) Rechtsfolge. Der Rechtsvorgänger haftet für die noch **rückständige Bareinlage.** Bereits erfolgte Teilleistungen sind insofern anzurechnen. Dazu 6

---

9 Michalski/*Ebbing* Rn. 9; Roth/*Altmeppen* Rn. 2.
10 BGH NZG 15, 1002, 1003; OLG Hamm GmbHR 88, 266, 267; Habersack/Casper/Löbbe/*Leuschner* Rn. 32.
11 LG Ulm GmbHR 00, 241 (Ls.); Roth/*Altmeppen* Rn. 5; MüKoGmbHG/*Schütz* Rn. 37.
12 Habersack/Casper/Löbbe/*Leuschner* Rn. 26; Michalski/*Ebbing* Rn. 13.
13 HM, Lutter/Hommelhoff/*Bayer* Rn. 4 a; Scholz/*Emmerich* Rn. 6 c.
14 Offen lassend Scholz/*Emmerich* Rn. 6 c; jedenfalls nicht ausdrücklich bejahend Baumbach/Hueck/*Fastrich* Rn. 4; MünchHdbGmbH/*Gummert* § 50 Rn. 200.
15 Lutter/Hommelhoff/*Bayer* Rn. 4 a; MüKoGmbHG/*Schütz* Rn. 39 ff.; Michalski/*Ebbing* Rn. 22; aA Roth/*Altmeppen* Rn. 3 f.
16 Habersack/Casper/Löbbe/*Leuschner* Rn. 27 f.; Baumbach/Hueck/*Fastrich* Rn. 4.
17 Dazu *Altmeppen*, ZIP 09, 345, 352 f.
18 Scholz/*Emmerich* Rn. 6 b; Lutter/Hommelhoff/*Bayer* Rn. 4 a.
19 Michalski/*Ebbing* Rn. 17; Roth/*Altmeppen* Rn. 6.

zählen im Hinblick auf den Grundsatz der Kapitalaufbringung auch erst nach der Kaduzierung fällig gewordene Beträge.[20] Nicht einzustehen haben die Rechtsvorgänger aber für Zinsen (§ 20), Vertragsstrafen etc[21] Bezüglich Sach- u. Mischeinlageverpflichtung gilt das zu § 21 Gesagte (→ § 21 Rn. 3).

7 Die **Haftung erlischt** durch Erfüllung. § 19 II, III sind anwendbar.[22] Auch besteht keine Zahlungspflicht, wenn einer der Rechtsvorgänger (oder sonstiger Dritter, § 267 BGB) vollständig zahlt oder eine wirksame Veräußerung des Geschäftsanteils (§ 23) erfolgt.[23] Die (vermutete) Zahlungsunfähigkeit lässt die Haftung nicht entfallen, sondern eröffnet nur Regress beim Rechtsvorgänger (→ Rn. 9). Stellt sich später die Zahlungsfähigkeit eines (gem. § 22 II vorrangig haftenden) Rechtsnachfolgers heraus, ist eine Inanspruchnahme ausgeschlossen.

2. Staffelregress (Abs. 2)

8 a) **Allgemeiner Grundsatz.** Die Rechtsvorgänger des ausgeschlossenen Gesellschafters müssen in der zwingend vorgeschriebenen **Reihenfolge des Abs. 2** in Anspruch genommen werden. Sie haften nicht etwa gesamtschuldnerisch, sondern jeweils subsidiär ggü. dem jeweiligen Rechtsnachfolger in umgekehrter Reihenfolge des Anteilserwerbs (sog. Staffelregress).[24]

9 Der **„letzte" Rechtsvorgänger** des ausgeschlossenen Gesellschafters kann dementspr sofort „primär" in Anspruch genommen werden. Dieser Anspruch entsteht mit Kaduzierung des Geschäftsanteils, u. zwar unabhängig von der Zahlungsfähigkeit des Ausgeschlossenen; Abs. 2 gilt hier nicht.[25] Für die Inanspruchnahme des jeweils nächsten Rechtsvorgängers bedarf es dann aber der Zahlungsunfähigkeit aller seiner Rechtsnachfolger.

10 b) **Zahlungsunfähigkeit.** Will die Gesellschaft einen Rechtsvorgänger (nicht den Unmittelbaren, → Rn. 9) in Anspruch nehmen, muss sie die Zahlungsunfähigkeit sämtlicher Rechtsnachfolger beweisen.[26] Gem. **Abs. 2 Hs. 2** greift die widerlegliche Vermutung der Zahlungsunfähigkeit, wenn der Rechtsnachfolger nicht bis zum Ablauf eines Monats gezahlt hat, nachdem an ihn die Zahlungsaufforderung u. an seinen Rechtsvorgänger die Benachrichtigung hiervon erfolgt sind. Diese beiden Erklärungen sind zwar formlos möglich. Aus Beweisgründen ist insbes. eine mündliche Erklärung unzweckmäßig.[27] Die Monatsfrist beginnt mit Zugang der letzten der beiden Erklärungen.[28]

20 Habersack/Casper/Löbbe/*Leuschner* Rn. 11; Lutter/Hommelhoff/*Bayer* Rn. 2.
21 Habersack/Casper/Löbbe/*Leuschner* Rn. 12; Scholz/*Emmerich* Rn. 13 a.
22 RGZ 92, 365, 366; 98, 276, 277; OLG Köln GmbHR 87, 478.
23 RGZ 85, 237, 241; BGHZ 42, 89, 92; MüKoGmbHG/*Schütz* Rn. 31; Scholz/*Emmerich* Rn. 17.
24 Dazu ausf. Baumbach/Hueck/*Fastrich* Rn. 5.
25 HM, OLG Dresden GmbHR 98, 884, 886; Michalski/*Ebbing* Rn. 27; Roth/*Altmeppen* Rn. 12; aA OLG Köln WM 87, 537, 538.
26 MünchHdbGmbH/*Gummert* § 50 Rn. 201; Baumbach/Hueck/*Fastrich* Rn. 6.
27 Habersack/Casper/Löbbe/*Leuschner* Rn. 45.
28 Michalski/*Ebbing* Rn. 43; Scholz/*Emmerich* Rn. 9 c.

Die Vermutung der Zahlungsunfähigkeit kann von jedem früheren Rechtsvorgänger hins. eines jeden Rechtsnachfolgers **widerlegt** werden.[29] Die Gesellschaft ist dann wiederum auf dessen Inanspruchnahme verwiesen. Sie hat aber auch die Möglichkeit, die Zahlungsunfähigkeit anders zu beweisen.[30] Die Vermutung findet auch beim „letzten" Rechtsvorgänger Anwendung, obwohl es eine Benachrichtigung nicht geben kann.[31] Die Gesellschaft kann bei Eingreifen der Vermutung dann also zur nächsten Stufe, der Verwertung nach § 23, sowie im Folgenden zu den Maßnahmen aus § 21 III u. § 24 übergehen. 11

Auch wenn die Zahlungsunfähigkeit des Rechtsvorgängers vermutet oder gar bewiesen ist, steht es der Gesellschaft frei, diesen dennoch **in Anspruch zu nehmen.** Ist er nunmehr zahlungsfähig, muss die Gesellschaft, soweit ein Rechtsvorgänger Teilleistungen erbracht hat, diesem den gezahlten Teil zurückerstatten, wenn der jetzt Zahlungsfähige voll leistet.[32] Hatte ein Rechtsvorgänger aber schon voll geleistet, scheidet dies aus, da der Rechtserwerb gem. Abs. 4 endgültig ist.[33] Diese Ansicht ermöglicht es der GmbH, die Regresskette effizient zu durchlaufen, ohne sich der Möglichkeit eines Vorgehens gegen bereits übergangene Rechtsvorgänger zu begeben.[34] 12

3. Fünfjährige Haftungsbegründungsfrist (Abs. 3)

Die Haftung des jeweiligen Rechtsvorgängers wird nur begründet, wenn die Bareinlage innerhalb von 5 Jahren nach seinem Ausscheiden fällig wird. Außer der Anforderung durch die Geschäftsführer (ein bloßer Gesellschafterbeschluss nach § 46 Nr. 2 genügt nicht) ggü. dem nunmehr ausgeschlossenen Gesellschafter oder, bei späterer Einforderung, seinem Rechtsvorgänger, ist als ein die Frist wahrendes „Einfordern" auch ein entspr. satzungsmäßiger Zahlungstermin ausreichend.[35] Für zu spät eingeforderte Beträge ist ein Vorgehen nach § 22 ausgeschlossen. 13

Nach Abs. 3 S. 2 ist für den Fristbeginn die wirksame Eintragung des Rechtsnachfolgers in die Gesellschafterliste (§ 16 I iVm § 40 I) maßgeblich.[36] Die Frist berechnet sich nach §§ 187 f. BGB. Die innerhalb der Haftungsbegründungsfrist fällig gewordenen Ansprüche unterliegen der allg. Verjährung von 3 Jahren (§ 195 BGB).[37] 14

4. Erwerb des Geschäftsanteils (Abs. 4)

a) Zahlung des rückständigen Betrags. Gegen Zahlung des rückständigen Betrags erwirbt der Rechtsvorgänger den Geschäftsanteil des ausgeschlossenen Gesellschafters. **Voraussetzung** ist, dass der Geschäftsanteil wirksam kaduziert wurde u. der nach Abs. 2 Haftende (→ Rn. 16) voll zahlt 15

29 Michalski/*Ebbing* Rn. 44; Roth/*Altmeppen* Rn. 14.
30 Baumbach/Hueck/*Fastrich* Rn. 6; Michalski/*Ebbing* Rn. 35.
31 Habersack/Casper/Löbbe/*Leuschner* Rn. 48; MüKoGmbHG/*Schütz* Rn. 57; Lutter/Hommelhoff/*Bayer* Rn. 6; Bork/Schäfer/*Bartels* Rn. 4; aA noch RGZ 85, 237, 241.
32 Habersack/Casper/Löbbe/*Leuschner* Rn. 56; Lutter/Hommelhoff/*Bayer* Rn. 18.
33 Roth/*Altmeppen* Rn. 15.
34 Wie hier Roth/*Altmeppen* Rn. 17.
35 HM, Michalski/*Ebbing* Rn. 52; Habersack/Casper/Löbbe/*Leuschner* Rn. 17.
36 AA in den Fällen der Gesamtrechtsnachfolge: MüKoGmbHG/*Schütz* Rn. 23.
37 Michalski/*Ebbing* Rn. 60; Scholz/*Emmerich* Rn. 16.

(→ Rn. 17). Ein gutgläubiger Erwerb des Anteils bei Fehlen der Voraussetzungen ist ausgeschlossen.[38] War die Kaduzierung unwirksam, bleibt dem Zahlenden nur ein Anspruch aus ungerechtfertigter Bereicherung.[39]

16 Erwerben kann den Geschäftsanteil nur der nach Abs. 2 **tatsächlich Haftende.** Es muss sich somit um einen Rechtsvorgänger des Ausgeschlossenen handeln der iRd Staffelregresses „an der Reihe ist", die Zahlungsunfähigkeit seiner Rechtsnachfolger also feststeht oder vermutet wird.[40] Ob bei Zahlung durch einen Nichthaftenden (zB eines Vormanns) § 267 BGB mit der Folge anzuwenden ist, dass der tatsächlich Haftende den Anteil erwirbt, ist str. Problematisch ist insofern, dass Letzterem der Geschäftsanteil dadurch aufgedrängt wird. Doch ist diese Verfahrensweise ungeachtet des streng formalisierten Verfahrens zuzulassen, da sie dem übergeordneten Ziel der Kapitalaufbringung dient.[41]

17 Erforderlich ist, dass die **gesamte noch ausstehende Einlageschuld** endgültig gezahlt wird. Bereits zuvor geleistete Teilzahlungen (durch den Ausgeschlossenen oder auch Rechtsnachfolger) werden zugunsten des letztlich Zahlenden berücksichtigt. Konsequenz ist, dass derjenige, der eine unbedeutende Abschlusssumme zahlt, u. nicht der vorher einen wesentlich größeren Anteil leistende Rechtsnachfolger den Anteil erwerben kann. Auch wenn die Haftung nach Abs. 3 beschränkt ist, erfordert der Anteilserwerb die vollständige Zahlung. In den Genuss des Haftungsprivilegs kommt daher nur, wer auf den Erwerb verzichtet.[42] Die Kapitalaufbringung steht auch hier im Vordergrund. Der Zahlung von Verzugszinsen, Vertragsstrafen oder sonstigen Kosten bedarf es aber nicht.[43]

18 **b) Übergang des Geschäftsanteils.** Mit Zahlung geht der Geschäftsanteil **kraft Gesetz** auf den zahlenden Rechtsvorgänger über.[44] Der Erwerb ist weder vom Willen des Zahlenden noch von dem der Gesellschaft abhängig. Auch anderweitige gesellschaftsvertragliche Regelungen (Vorkaufsrechte oder Abtretungsbeschränkungen gem. § 15 V) verhindern den Übergang nicht.[45] Zur Legitimation ggü. der Gesellschaft (§ 16 I) hat der Geschäftsführer eine aktualisierte Gesellschafterliste zur Aufnahme in das Handelsregister einzureichen (§ 40 I). Ab diesem Zeitpunkt kann der Erwerber seine Gesellschafterrechte in vollem Umfang wahrnehmen.

19 Der Zahlende wird **ex nunc** wieder Gesellschafter. Die zwingend übergehenden Rechte u. Pflichten richten sich jedoch nach der aktuellen (ggf. zwi-

---

38 Scholz/*Emmerich* Rn. 20; Michalski/*Ebbing* Rn. 79.
39 Baumbach/Hueck/*Fastrich* Rn. 11; Michalski/*Ebbing* Rn. 109.
40 OLG Hamm DB 88, 1311; Habersack/Casper/Löbbe/*Leuschner* Rn. 54; Baumbach/Hueck/*Fastrich* Rn. 10.
41 So auch Habersack/Casper/Löbbe/*Leuschner* Rn. 59; Scholz/*Emmerich* Rn. 19 a; aA Roth/*Altmeppen* Rn. 20 u. MüKoGmbHG/*Schütz* Rn. 68, die die Zahlung von der Zustimmung des Haftenden abhängig machen wollen; Michalski/*Ebbing* Rn. 84 will hingg. nur den Übergang des Geschäftsanteils von der Zustimmung des Haftenden abhängig machen.
42 Michalski/*Ebbing* Rn. 87; Habersack/Casper/Löbbe/*Leuschner* Rn. 58.
43 Vgl. dazu Rn. 6.
44 Habersack/Casper/Löbbe/*Leuschner* Rn. 60; Roth/*Altmeppen* Rn. 22.
45 Baumbach/Hueck/*Fastrich* Rn. 11.

schenzeitlich geänderten) Satzung im Zeitpunkt des Übergangs.[46] Die Haftung erstreckt sich dabei va auf die später fälligen Einlagepflichten. Für bereits vor der Kaduzierung fällige Nebenpflichten, Verzugsschäden oder Vertragsstrafen haftet aber nur der ausgeschlossene Gesellschafter.[47] Gewinnansprüche, die nach der Kaduzierung entstanden sind, stehen der Gesellschaft u. nicht dem Erwerber zu.[48] Etwaige **Rechte Dritter** (zB Pfandrechte) an dem Geschäftsanteil sind mit der Kaduzierung erloschen u. entstehen selbst dann nicht neu, wenn der Erwerbende sie ehemals begründet hatte.[49]

Der Erwerber ist weder Rechtsnachfolger der Gesellschaft noch des Kadu- 20
zierten.[50] Vielmehr rückt er kraft Gesetz an seinen **ursprünglichen Platz** in der Veräußerungskette ein. Dies hat zur Folge, dass seine Rechtsnachfolger durch den Erwerb endgültig enthaftet sind.[51] Die Rechtsvorgänger können bei erneuter Kaduzierung jedoch wieder einer Haftung aus § 22 I ausgesetzt sein. Etwaige **Ausgleichsansprüche** ergeben sich nach dieser Vorschrift nicht. Insoweit ist das Vertragsverhältnis (ggf. aber auch Ansprüche aus Delikt) maßgeblich.[52] Keinen generellen Erstattungsanspruch (etwa aus § 426 I BGB) hat insbes. auch der Rechtsvorgänger, der Teilzahlungen geleistet u. dem Erwerber damit einen „vergünstigten" Anteilserwerb ermöglicht hat.[53]

§ 23 Versteigerung des Geschäftsanteils

[1]Ist die Zahlung des rückständigen Betrages von Rechtsvorgängern nicht zu erlangen, so kann die Gesellschaft den Geschäftsanteil im Wege öffentlicher Versteigerung verkaufen lassen. [2]Eine andere Art des Verkaufs ist nur mit Zustimmung des ausgeschlossenen Gesellschafters zulässig.

Schrifttum

Bürger, Notar als Auktionator: Die Versteigerung von Geschäftsanteilen, NotBZ 2011, 8; *Guntau*, Die Versteigerung eines Geschäftsanteiles durch den Gerichtsvollzieher in den Fällen der §§ 23, 27 und § 28 GmbH-Gesetz sowie des § 65 Akt-Gesetz; zugleich

46 Rowedder/Schmidt-Leithoff/*Pentz* Rn. 33; Scholz/*Emmerich* Rn. 22.
47 Michalski/*Ebbing* Rn. 94; Baumbach/Hueck/*Fastrich* Rn. 12.
48 Vgl. dazu § 21 Rn. 25; wie hier Michalski/*Ebbing* Rn. 94; Scholz/*Emmerich* Rn. 22; aA Baumbach/Hueck/*Fastrich* Rn. 12 iVm § 21 Rn. 12.
49 Habersack/Casper/Löbbe/*Leuschner* Rn. 64; Michalski/*Ebbing* Rn. 95.
50 BGHZ 42, 89, 92.
51 Baumbach/Hueck/*Fastrich* Rn. 12; *Schuler*, GmbHR 61, 98, 101. AA aber Lutter/Hommelhoff/*Bayer* Rn. 15; Michalski/*Ebbing* Rn. 21; MüKoGmbHG/*Schütz* Rn. 73; Scholz/*Emmerich* Rn. 23; Habersack/Casper/Löbbe/*Leuschner* Rn. 63; Roth/*Altmeppen* Rn. 24, wonach der Erwerber Rechtsnachfolger der Gesellschaft ist, weil diese während der Kaduzierung Inhaberin des Geschäftsanteils wird. Die Kette der Rechtsvorgänger gehe damit vom Erwerber über die Gesellschaft u. den Kaduzierten auf alle bisherigen Vormänner zurück. Für die Haftung nach § 22 scheide die Gesellschaft selbst aus der Kette aus. Es schade auch nicht, dass der Erwerber in der Regresskette als Vormann wieder auftauche. Dies geschehe auch sonst bei Hin- u. Zurückkauf eines Anteils.
52 Michalski/*Ebbing* Rn. 106 f.; Baumbach/Hueck/*Fastrich* Rn. 10.
53 MüKoGmbHG/*Schütz* Rn. 78; Roth/*Altmeppen* Rn. 25.

zu § 246 Nr. 8 GVGA, DGVZ 1982, 161; *Polzius*, Die Versteigerung von GmbH-Anteilen nach der ZPO und dem GmbHG, DGVZ 1987, 17.

I. Normzweck

1 Nach dem Ausschluss des Gesellschafters (§ 21) u. der erfolglosen Inanspruchnahme der Rechtsvorgänger (§ 22) stellt der Zwangsverkauf des Geschäftsanteils in § 23 die **dritte Stufe** des Kaduzierungsverfahrens dar. Gleichzeitig ist der Verkauf durch öffentliche Versteigerung (S. 1) bzw. eine andere Art des Verkaufs (S. 2) grds. Voraussetzung für die Ausfallhaftung des Ausgeschlossenen (§ 21 III) (→ § 21 Rn. 28) u. dann subsidiär für die der anderen Gesellschafter nach § 24 (→ § 24 Rn. 3 f.). Da die Vorschrift der Kapitalaufbringung dient, ist nur eine Vereinfachung der Verwertung zugunsten der Gesellschaft zulässig; iÜ handelt es sich um zwingendes Recht (§ 25).

II. Inhalt

1. Voraussetzungen

2 Die Veräußerung durch Zwangsverkauf setzt eine **rechtswirksame Kaduzierung** nach § 21 u. die erfolglose **Inanspruchnahme etwaiger Rechtsvorgänger** nach § 22 auf den rückständigen Betrag voraus. Dieser umfasst die volle rückständige Geldeinlage, für welche die Rechtsvorgänger nach § 22 haften.[1] Die widerlegliche Vermutung der Zahlungsunfähigkeit des § 22 II Hs. 2 (→ § 22 Rn. 10) findet hier Anwendung.[2] Fehlt eine der Voraussetzungen, ist die Gesellschaft nicht verfügungsbefugt u. ein Verkauf unwirksam (vgl. dazu → Rn. 17 f.).

2. Anteilsverkauf

3 a) **Ermessen.** Bei Vorliegen der Voraussetzungen **„kann"** die Gesellschaft den Geschäftsanteil verkaufen. Eine Verpflichtung dazu besteht weder ggü. dem Ausgeschlossenen, den Rechtsvorgängern noch den Mitgesellschaftern.[3] Soweit kein bindender Gesellschafterbeschluss vorliegt, entscheidet der Geschäftsführer (insbes. im Hinblick auf den Grundsatz der Kapital-

1 Habersack/Casper/Löbbe/*Leuschner* Rn. 6; Michalski/*Ebbing* Rn. 9.
2 Michalski/*Ebbing* Rn. 7; Lutter/Hommelhoff/*Bayer* Rn. 2.
3 HM, Habersack/Casper/Löbbe/*Leuschner* Rn. 8; aA Lutter/Hommelhoff/*Bayer* Rn. 3, der von einer Verwertungspflicht durch die Geschäftsführer ausgeht; MünchHdbGmbH/*Gummert* § 50 Rn. 205 will den Gesellschaftern gar einen Anspruch auf Verwertung zusprechen.

aufbringung) über das Vorgehen nach pflichtgemäßem Ermessen. Er kann – sogar mehrere Jahre – abwarten, bis sich ein günstiger Verkaufstermin ergibt.[4] Versäumt er einen solchen schuldhaft, kommt eine Haftung gem. § 43 II in Betracht. Zur Erleichterung des Nachweises der schuldhaften Pflichtverletzung hat der Ausgeschlossene das Recht, Einsicht in die Unterlagen zu nehmen.[5]

Für die Inanspruchnahme nach § 21 III u. § 24 ist der Verkaufsversuch 4
aber zwingend. Dies gilt nicht, wenn der Verkauf von vornherein **aussichtslos**, der Geschäftsanteil also unverkäuflich ist.[6] Die Kapitalaufbringung wäre durch weitere Kosten noch mehr gefährdet. Den Beweis der Aussichtslosigkeit hat die Gesellschaft zu erbringen. Erleichterungen gelten aber in der Insolvenz, wenn die Gesellschaft nicht sanierungsfähig ist.[7] Der Verkauf erfolgt dann durch den Insolvenzverwalter.

b) Öffentliche Versteigerung (S. 1). Der Verkauf erfolgt gem. S. 1 grds. im 5
Wege öffentlicher Versteigerung (§§ 383 III, 156 BGB). Diese wird durch den **Gerichtsvollzieher** oder eine sonst befugte Person (zB Notar)[8] durchgeführt.[9] Der Ort der Versteigerung ist nicht zwingend am Sitz der Gesellschaft, sondern wird von dieser bestimmt. Maßgeblich ist insofern die Aussicht, einen großen Teilnehmerkreis u. schließlich einen hohen Erlös zu erzielen.[10] Hins. des **Verfahrens** ist zu beachten, dass Zeit u. Ort öffentlich bekannt zu machen sind (§ 383 III 2). Es empfiehlt sich eine Bekanntmachung in einschlägigen Blättern, in denen Ankündigung üblicherweise erfolgt.[11] Die alleinige Bekanntmachung in den Geschäftsblättern ist nicht ausreichend.[12]

▶ **Ankündigung der öffentlichen Versteigerung eines Geschäftsanteils im Nennbetrag von ... Euro an der ... GmbH mit Sitz in ...**

Am ... um ... Uhr wird in den Geschäftsräumen der Gesellschaft in der ... (Adresse) die Versteigerung des kaduzierten Geschäftsanteils des früheren Gesellschafters ... im Nennbetrag von ... Euro durch den Gerichtsvollzieher ... statt. Auf den Geschäftsanteil ist bereits ein Betrag von ... Euro eingezahlt. ◀

Der **Kreis der Mitbietenden** ist nicht beschränkt oder beschränkbar. Insbes. 6
können auch der Ausgeschlossene, die Rechtsvorgänger oder Gesellschafter teilnehmen.[13] Nicht mitsteigern darf aber die Gesellschaft selbst. Dies ergibt sich, soweit man die GmbH nicht schon als Inhaberin des Anteils ansieht (vgl. dazu → Rn. 10), jedenfalls aus § 33 I.[14]

---

4 OLG Nürnberg NZG 02, *578, 579;* Michalski/*Ebbing* Rn. 12; MüKoGmbHG/*Schütz Rn. 16, 19.*
5 OLG Nürnberg NZG 02, 578, 579.
6 Habersack/Casper/Löbbe/*Leuschner* Rn. 9; Baumbach/Hueck/*Fastrich* Rn. 3.
7 OLG Hamm GmbHR 93, 360, 362; dazu Roth/*Altmeppen* Rn. 7.
8 Hierzu *Bürger*, NotBZ 11, 8 ff.
9 MüKoGmbHG/*Schütz* Rn. 27; Scholz/*Emmerich* Rn. 9.
10 MünchHdbGmbH/*Gummert* § 50 Rn. 206; Scholz/*Emmerich* Rn. 10.
11 *Guntau*, DGVZ 82, 161, 164.
12 MüKoGmbHG/*Schütz* Rn. 28.
13 Michalski/*Ebbing* Rn. 21.
14 RGZ 98, 276, 279.

7 Der **Zuschlag** wird durch den Versteigerer im Namen der Gesellschaft erteilt. Die Veräußerung kann dabei von einer Genehmigung durch die Gesellschaft abhängig gemacht werden.[15] Eine Abtretungsbeschränkung durch den Gesellschaftsvertrag (§ 15 V) greift hingg. nicht. Auch die Formvorschriften des § 15 III, IV sind nicht einzuhalten.[16] Der Meistbietende hat nach Zuschlag den Kaufvertrag sofort durch Barzahlung zu erfüllen. § 1238 I BGB ist entspr. anwendbar.[17] Der Geschäftsführer hat daraufhin gem. § 40 I die aktuelle Gesellschafterliste zum Handelsregister einzureichen, um insbes. die Legitimationswirkung ggü. der Gesellschaft herbeizuführen (§ 16 I).

8 c) **Andere Art des Verkaufs (S. 2).** Mit (formloser) Zustimmung des ausgeschlossenen Gesellschafters (§§ 182 ff. BGB) ist auch eine andere Art des Verkaufs zulässig.[18] Darunter fällt insbes. der **freihändige Verkauf.**[19] Erfasst wird aber auch die Versteigerung ohne Einhaltung der (formellen) Voraussetzungen des S. 1, also etwa unter Beschränkung des Bieterkreises.[20] Die Zustimmung ist entbehrlich, wenn eine entspr. Regelung bereits in der Satzung vorhanden ist.[21] Bei nachträglicher Einfügung ist nach § 53 III die Zustimmung aller Gesellschafter erforderlich.[22]

9 Im Gegensatz zur öffentlichen Versteigerung sind bei freihändigem Verkauf die **Formvorschriften**[23] ebenso zu beachten wie die Veräußerungsbeschränkungen des § 15 V.[24] Im Verkauf durch die Gesellschaft kann ihre etwa erforderliche Genehmigung liegen, nicht aber die der Gesellschafterversammlung.[25] Wird freihändig verkauft, kann der Kaufpreis nach dem Grundsatz des § 19 nicht **gestundet**, aufgerechnet oder erlassen werden.[26] Gerät der Käufer mit der Zahlung des Kaufpreises in Rückstand, ist wiederum die Kaduzierung möglich.[27]

10 d) **Erfolglosigkeit der Veräußerung.** Ist der Geschäftsanteil unverwertbar, also **unveräußerlich**, wird die Gesellschaft unbeschränkte Inhaberin des Anteils, so dass etwa bestehende Verfügungsbeschränkungen entfallen.[28] Unveräußerlichkeit ist gegeben, wenn mehrere (ernsthafte) Verkaufsversu-

---

15 Roth/*Altmeppen* Rn. 8; Baumbach/Hueck/*Fastrich* Rn. 4; MüKoGmbHG/*Schütz* Rn. 35; aA Habersack/Casper/Löbbe/*Leuschner* Rn. 24, der diese Konstellation unter „andere Art des Verkaufs" (S. 2) fasst.

16 MünchHdbGmbH/*Gummert* § 50 Rn. 206; Scholz/*Emmerich* Rn. 13.

17 Habersack/Casper/Löbbe/*Leuschner* Rn. 21; Michalski/*Ebbing* Rn. 29 mwN; aA Lutter/Hommelhoff/*Bayer* Rn. 4.

18 Zweckmäßig erscheint die Frage nach der Erteilung einer solchen Zustimmung schon zusammen mit der Verlustigerklärung gem. § 21 II (vgl. § 21 Rn. 18).

19 BGHZ 42, 89.

20 Rowedder/Schmidt-Leithoff/*Pentz* Rn. 19; Michalski/*Ebbing* Rn. 39.

21 MüKoGmbHG/*Schütz* Rn. 51; Lutter/Hommelhoff/*Bayer* Rn. 5.

22 Baumbach/Hueck/*Fastrich* Rn. 5; Habersack/Casper/Löbbe/*Leuschner* Rn. 4.

23 HM, Habersack/Casper/Löbbe/*Leuschner* Rn. 28; Scholz/*Emmerich* Rn. 17; krit. Roth/*Altmeppen* Rn. 11.

24 Baumbach/Hueck/*Fastrich* Rn. 5; Roth/*Altmeppen* Rn. 12. Nach aA ist hingg. § 19 auf die Kaufpreisforderung anwendbar u. eine Stundung unzulässig, vgl. Scholz/*Emmerich* Rn. 17; MüKoGmbHG/*Schütz* Rn. 53.

25 Baumbach/Hueck/*Fastrich* Rn. 5; Lutter/Hommelhoff/*Bayer* Rn. 5.

26 Habersack/Casper/Löbbe/*Leuschner* Rn. 34; Scholz/*Emmerich* Rn. 18; Michalski/*Ebbing* Rn. 46; MüKoGmbHG/*Schütz* Rn. 54.

27 BGHZ 42, 89, 93; dazu auch unten Rn. 16.

28 Michalski/*Ebbing* Rn. 71; MüKoGmbHG/*Schütz* Rn. 76.

che erfolglos waren oder ein Verkauf von vornherein aussichtslos ist.[29] Nimmt man nach erfolgter Kaduzierung nur ein Treuhandverhältnis an, wird die Gesellschaft erst jetzt Eigentümerin (→ § 21 Rn. 24). § 33 steht einem Erwerb jedenfalls nicht entgegen.[30] Hins. der noch ausstehenden Einlageschuld kommt es nicht zur Konfusion.[31] Weitere Rechtsfolge ist die Ausfallhaftung auf den gesamten ausstehenden Betrag nach §§ 21 III, 24.

3. Wirkung

a) **Erwerb.** Der Käufer erwirbt den Geschäftsanteil **originär** u. wird Gesellschafter mit allen **Rechten u. Pflichten,** wie sie zum Zeitpunkt des Erwerbs bestehen. Er wird wie ein Gründungsgesellschafter angesehen u. hat daher keine Rechtsvorgänger.[32] Die Verpflichtung zur Zahlung des Kaufpreises ersetzt die Haftung auf die rückständige Einlage, wegen der die Kaduzierung erfolgte;[33] einen verbleibenden Fehlbetrag haben nach § 24 die übrigen Gesellschafter aufzubringen. Als Gesellschafter haftet der Erwerber aber für später fällige Einlageforderungen. Da es an einem übergangsfähigen Anspruch fehlt, können zwischenzeitlich entstandene Gewinnansprüche nicht übergehen (→ § 21 Rn. 25).[34] 11

Der Geschäftsanteil wird frei von **Rechten Dritter** (Pfandrechten oder sonstigen dinglichen Rechten) erworben. Diese sind bereits durch die Kaduzierung untergegangen. Danach entstandene Rechte erlöschen jedenfalls bei einer öffentlichen Versteigerung analog § 1242 II BGB.[35] 12

b) **Erlös aus Veräußerung.** Der **Erlös aus dem Anteilsverkauf** steht der Gesellschaft zu. Zunächst sind die Kosten für die Veräußerung zu begleichen. Erst dann ist er auf die ausstehende Einlageschuld anzurechnen.[36] Da der Erlös an die Stelle der Einlageschuld tritt, gelten insoweit die Vorschriften des § 19.[37] Der Erwerber wird im Gegenzug von jeder Haftung bzgl. der rückständigen Einlage frei. 13

Kann der erzielte Erlös die Verkaufskosten u. die Einlageschuld nicht decken (**Mindererlös**), haftet dafür zunächst der Ausgeschlossene nach § 21 III u. subsidiär die anderen Gesellschafter iRd Ausfallhaftung nach § 24. Den Erwerber trifft jedenfalls keine weiter gehende Zahlungspflicht.[38] Auch die Rechtsvorgänger sind mit dem Zwangsverkauf endgültig befreit (→ § 22 Rn. 7). 14

Ein erzielter **Mehrerlös** steht der Gesellschaft als Inhaberin der Kaufpreisforderung zu u. ist wie ein Agio (§ 272 II Nr. 1 HGB) zu behandeln. Er kommt dem Erwerber bei später fällig werdenden Einlageforderungen 15

---

29 MünchHdbGmbH/*Gummert* § 50 Rn. 211; Michalski/*Ebbing* Rn. 68 f.
30 Scholz/*Emmerich* Rn. 32; Roth/*Altmeppen* Rn. 20.
31 HM, Habersack/Casper/Löbbe/*Leuschner* Rn. 48; Lutter/Hommelhoff/*Bayer* Rn. 6.
32 BGHZ 42, 89, 92; Michalski/*Ebbing* Rn. 55; aA Roth/*Altmeppen* Rn. 13.
33 Scholz/*Emmerich* Rn. 21; Habersack/Casper/Löbbe/*Leuschner* Rn. 33.
34 Michalski/*Ebbing* Rn. 54.
35 Habersack/Casper/Löbbe/*Leuschner* Rn. 35; MüKoGmbHG/*Schütz* Rn. 59; iErg auch, aber ohne Heranziehung des § 1242 II BGB: Baumbach/Hueck/*Fastrich* Rn. 7.
36 MünchHdbGmbH/*Gummert* § 50 Rn. 209.
37 BGHZ 42, 89, 93; Scholz/*Emmerich* Rn. 18.
38 Roth/*Altmeppen* Rn. 15; Habersack/Casper/Löbbe/*Leuschner* Rn. 38.

nicht zugute.[39] Nur der ausgeschlossene Gesellschafter vermag vom „Mehrwert" u. damit Mehrerlös seines früheren Geschäftsanteils zu profitieren. So hat eine Anrechnung iR einer Haftung nach § 21 III bei später fällig werdenden Beträgen zu erfolgen.[40]

16 c) **Säumnis des Erwerbers.** Gerät der Erwerber mit der Zahlung des Kaufpreises oder auch wegen später fällig werdender Einlageverpflichtungen in Verzug, kann der Geschäftsanteil bei Vorliegen der entspr. Voraussetzungen **wiederum kaduziert werden.** Da es in diesem Fall keine Rechtsvorgänger gibt (→ Rn. 11), kann die zweite Stufe des § 22 übersprungen u. sogleich zur Verwertung gem. § 23 übergegangen werden.[41] Hiergegen wendet sich eine im Vordringen befindliche Ansicht, wonach die Gesellschaft als Rechtsvorgängerin des Erwerbers zu betrachten sei, weil sie den Anteil als verfügungsbefugte Rechtsinhaberin gegen Entgelt veräußere.[42] IRd dann eintretenden Haftung nach § 21 III, die nunmehr beide Ausgeschlossenen trifft, ist dem Erstkaduzierten jedenfalls im Innenverhältnis ein Gesamtschuldnerausgleich nach § 426 BGB gegen Letzteren zuzuerkennen.[43]

III. Mängel

1. Fehlen von Verwertungsvoraussetzungen

17 Sind die Voraussetzungen des Zwangsverkaufs (→ Rn. 2) nicht gegeben, ist dieser **unwirksam** u. der Käufer erwirbt nichts. Der ursprünglich wirksam entstandene Geschäftsanteil muss wirksam kaduziert worden sein, da es sonst an einer Verfügungsberechtigung der Gesellschaft fehlt.[44] Eine Heilung durch eine ordnungsgemäße nachträgliche Kaduzierung ist jedoch möglich, § 185 II BGB.[45] Ebenso macht ein fehlender vorheriger Rückgriff auf die Rechtsnachfolger gem. § 22 den Erwerb unwirksam.[46] Eine Nachholung des Regresses kommt auch hier in Betracht.

18 Indes ist ein **gutgläubiger Erwerb** nach § 16 III möglich, wenn die Gesellschaft für mind. 3 Jahre zu Unrecht als Inhaberin des Geschäftsanteils in der Gesellschafterliste eingetragen ist u. der zu Unrecht Kaduzierte keinen Widerspruch erwirkt hat.[47] Denn die Möglichkeit des gutgläubigen Erwerbs von Gesellschaftsanteilen erfasst auch die Überwindung der fehlenden Verfügungsbefugnis der Gesellschaft.[48]

---

39 Michalski/*Ebbing* Rn. 60; Roth/*Altmeppen* Rn. 16.
40 Scholz/*Emmerich* Rn. 26; Habersack/Casper/Löbbe/*Leuschner* Rn. 38; *Melber*, Die Kaduzierung in der GmbH, S. 184 f.; aA Baumbach/Hueck/*Fastrich* Rn. 8; Lutter/Hommelhoff/*Bayer* Rn. 8.
41 BGHZ 42, 89, 92; Michalski/*Ebbing* Rn. 66.
42 Scholz/*Emmerich* Rn. 21 ff.; Habersack/Casper/Löbbe/*Leuschner* Rn. 35 f.; Roth/*Altmeppen* Rn. 13.
43 Scholz/*Emmerich* § 21 Rn. 35; Michalski/*Ebbing* Rn. 66.
44 OLG Rostock GmbHR 97, 449; Baumbach/Hueck/*Fastrich* Rn. 10; Habersack/Casper/Löbbe/*Leuschner* Rn. 40.
45 HM, RGZ 85, 237, 239; Michalski/*Ebbing* Rn. 81; Scholz/*Emmerich* Rn. 28; aA Lutter/Hommelhoff/*Bayer* Rn. 10.
46 OLG Hamm GmbHR 88, 266 f.; Habersack/Casper/Löbbe/*Leuschner* Rn. 42; Roth/*Altmeppen* Rn. 2; aA noch RGZ 85, 237, 241.
47 Habersack/Casper/Löbbe/*Leuschner* Rn. 40; Roth/*Altmeppen* Rn. 2; MüKo-GmbHG/*Schütz* Rn. 38, 85.
48 Vgl. § 16 Rn. 27.

2. Verfahrensmängel

19 Auch nicht unwesentliche **Fehler im Verfahren** der Verwertung, etwa mangelnde Bekanntmachung oder Beauftragung einer unzuständigen Versteigerungsperson, machen den Zwangsverkauf unwirksam.[49] Der ausgeschlossene Gesellschafter kann jedoch nachträglich genehmigen u. die Veräußerung damit ex tunc zu einer wirksamen „anderen Art des Verkaufs" nach S. 2 machen.[50]

3. Leistungsstörung

20 Die Frage der Haftung der Gesellschaft bei Leistungsstörungen iRd Kaufvertrages richtet sich nach dem Bürgerlichen Recht. Bei Unwirksamkeit der Veräußerung oder gar dauerhafter Unmöglichkeit hat die Gesellschaft wegen §§ 437, 453 BGB gem. §§ 280 ff. BGB **Schadensersatz** zu leisten.[51] Bei anfänglicher Unmöglichkeit, so bei Nichtbestehen des Geschäftsanteils, greift die Ersatzpflicht nach § 311 a II BGB ein.

§ 24 Aufbringung von Fehlbeträgen

[1]Soweit eine Stammeinlage weder von den Zahlungspflichtigen eingezogen, noch durch Verkauf des Geschäftsanteils gedeckt werden kann, haben die übrigen Gesellschafter den Fehlbetrag nach Verhältnis ihrer Geschäftsanteile aufzubringen. [2]Beiträge, welche von einzelnen Gesellschaftern nicht zu erlangen sind, werden nach dem bezeichneten Verhältnis auf die übrigen verteilt.

Schrifttum

Bayer/Scholz, Grundsätzliche und technische Fragen zur Ausfallhaftung der Mitgesellschafter nach § 24 GmbHG, GmbHR 2016, 89; *dies.*, Ausfallhaftung gemäß § 24 GmbHG nach Anteilsabtretung an später kaduzierten Mitgesellschafter, NZG 2015, 1089; *Foerster*, Die übrigen Gesellschafter gem. § 24 GmbHG, NZG 2019, 366; *Gaiser*, Die Freistellung geringfügig beteiligter Gesellschafter von der Ausfallhaftung nach § 24 GmbHG im Rahmen einer Kapitalerhöhung, GmbHR 1999, 210; *Gätsch*, Ausfallhaftung von Mitgesellschaftern für rückständige Einlagen und verbotswidrige Ausschüttungen – Summenmäßige Beschränkung?, BB 1999, 701; *Grunewald*, Die Verantwortlichkeit des gering beteiligten GmbH-Gesellschafters für Kapitalaufbringung und -erhaltung, FS Lutter (2000), 413; *Köhl*, Die Ausfallhaftung von Hintermännern bzw. Treugebern für nicht geleistete Stammeinlagenzahlungen, GmbHR 1998, 119; *Lieder*, Ausfallhaftung und Anteilsübertragung, ZGR 2016, 760; *Lieder/Jena*, Neuere Entwicklungen zur Ausfallhaftung nach § 24 GmbHG, DZWiR 2019, 401; *Robrecht*, Haftung der Gesellschafter für nicht eingezahlte Stammeinlagen im Konkurs der GmbH, GmbHR 1995, 809; *K. Schmidt*, Summenmäßige Grenzen der Haftung von Mitgesellschaftern aus rückständigen Einlagen (§ 24 GmbHG) und verbotenen Ausschüttungen (§ 31 III GmbHG), BB 1985, 154; *ders.*, Die begrenzte Ausfallhaftung nach §§ 24, 31 Abs. 3 GmbHG im System des GmbH-Haftungsrechts, FS Raiser (2005), 311; *Ulmer*, Zur Treuhand an GmbH-Anteilen: Haftung des Treugebers für Einlageansprüche der GmbH?, ZHR 156 (1992), 377; *Wicke*, Risiko Ausfallhaftung für Mitgesellschafter bei

49 Scholz/*Emmerich* Rn. 29; Habersack/Casper/Löbbe/*Leuschner* Rn. 45; MüKo-GmbHG/*Schütz* Rn. 90.
50 Michalski/*Ebbing* Rn. 89; Baumbach/Hueck/*Fastrich* Rn. 11.
51 Habersack/Casper/Löbbe/*Leuschner* Rn. 39 ff.; Lutter/Hommelhoff/*Bayer* Rn. 13; Roth/*Altmeppen* Rn. 13.

der GmbH – Zugleich Besprechung von BGH-Urteil vom 18.9.2018 – II ZR 312/16, DB 2018 S. 2808, DB 2019, 529.

I. Normzweck

1 Die anteilige Ausfallhaftung der Gesellschafter in § 24 ist nach §§ 21–23 die **vierte u. letzte Stufe des Kaduzierungsverfahrens** zur Erbringung des Stammkapitals u. soll die reale Kapitalaufbringung endgültig sichern. Jeder Gesellschafter gerät damit bei Uneinbringlichkeit des Einlagebetrages in die Haftung, ggf. sogar im Umfang des gesamten Stammkapitals der Gesellschaft. Dieser wesentliche Unterschied zur AG u. die harte Konsequenz für den einzelnen Gesellschafter haben ihren Grund in der im Vergleich zur AG erleichterten Gründung u. sind Ausdruck der personenbezogenen Struktur.[1] Die Vorschrift ist zwingend (§ 25), nur Verschärfungen bleiben zulässig.[2] Eine Parallelregelung betr. die Erstattung verbotener Rückzahlungen findet sich in § 31 III.

II. Inhalt

1. Voraussetzungen

2 a) **Stammeinlage.** Als Teil des Kaduzierungsverfahrens (§ 21–24) erstreckt sich die Ausfallhaftung nur auf rückständige **Bareinlagebeträge** auf die Stammeinlage. Daneben werden – wie auch iR von § 21 (→ § 21 Rn. 3) – die Zahlungspflichten aus der Differenzhaftung (§ 9), der Unterbilanzhaftung[3] (→ § 11 Rn. 45 ff.) u. für den in bar zu erbringenden Teil bei der gemischten Einlage (→ § 5 Rn. 21) erfasst. Die Vorschrift ist auch bei der Verlustdeckungshaftung in der Vorgesellschaft (→ § 11 Rn. 45 ff.) entspr. anwendbar, auch wenn hier die Voraussetzung der Kaduzierung nicht gegeben sein kann.[4] Ausgeschlossen ist die Haftung für Sachleistungen u. auch für Zinsen, Vertragsstrafen oder sonstige Nebenleistungen (§ 3).[5] IÜ erfasst die Ausfallhaftung nicht nur die Einlagebeträge, wegen derer kaduziert wurde, sondern auch solche, die erst danach eingefordert oder fällig wurden.[6] Darauf, dass der ausstehende Betrag tatsächlich zur Deckung von Schulden erforderlich ist, kommt es – im Umkehrschluss zu § 31 III – nicht an.[7]

---

1 RegBegr. GmbHG-E S. 3715, 3730.
2 MüKoGmbHG/*Schütz* Rn. 11; Habersack/Casper/Löbbe/*Leuschner* Rn. 11.
3 BGHZ 80, 129, 141; GmbHR 82, 235.
4 Baumbach/Hueck/*Fastrich* Rn. 2; *Ulmer/Habersack* § 11 Rn. 82; *Gummert*, DStR 97, 1009; aA Roth/*Altmeppen* Rn. 3.
5 Baumbach/Hueck/*Fastrich* Rn. 2; Michalski/*Ebbing* Rn. 12.
6 Roth/*Altmeppen* Rn. 4; Michalski/*Ebbing* Rn. 14.
7 Habersack/Casper/Löbbe/*Leuschner* Rn. 21; Baumbach/Hueck/*Fastrich* Rn. 3.

b) Subsidiarität. Die Ausfallhaftung nach § 24 stellt die **letzte Stufe des Kaduzierungsverfahrens** dar, weshalb alle Möglichkeiten der Kapitalaufbringung nach § 21–§ 24 ausgeschöpft worden sein müssen. Zunächst muss daher eine wirksame **Kaduzierung nach § 21** erfolgt sein.[8] Auf die Zahlungsfähigkeit des Ausgeschlossenen kommt es dabei nicht an.[9] Die Gesellschaft muss jedenfalls nachweisen, dass die Stammeinlage nicht geleistet wurde.[10] Wird in einem Prozess gegen den daraufhin ausgeschlossenen GmbH-Gesellschafter rechtskräftig festgestellt, dass er die Einlage nicht eingezahlt hat, ist das Gericht im Folgeprozess gegen Mitgesellschafter wegen der Klage auf Zahlung des Fehlbetrages nach § 24 nicht an die rechtskräftige Feststellung aus dem Vorprozess gebunden.[11] 3

Sodann muss die Gesellschaft versucht haben, die ausstehende Einlage iRd **Staffelregresses (§ 22)** von den Rechtsvorgängern zu erlangen. Die Vermutung der Zahlungsunfähigkeit nach § 22 II greift zu ihren Gunsten auch hier ein.[12] Auch die dritte Stufe, der **Verkauf des Anteils gem. § 23**, muss durchgeführt u. jedenfalls hins. eines Teilbetrages erfolglos gewesen sein. Diese Pflicht zur Durchführung des Verkaufsverfahrens entfällt aber bei Aussichtslosigkeit (→ § 23 Rn. 4).[13] Schließlich muss die Gesellschaft nochmals erfolglos versucht haben, den ausgeschlossenen Gesellschafter wegen des ausstehenden Betrags in Anspruch zu nehmen (**§ 21 III**). Der Nachweis der Zahlungsunfähigkeit wird insoweit nicht gem. § 22 II vermutet. Vielmehr muss die Gesellschaft die Erfolglosigkeit oder Aussichtslosigkeit beweisen.[14] Es bedarf aber nicht stets der Vornahme von Vollstreckungsmaßnahmen gegen den Ausgeschlossenen.[15] Auch ein Anfechtungsprozess gegen den Empfänger von Leistungen aus dem Vermögen der Gesellschaft ist jedenfalls bei unsicherem Prozesserfolg im Ausland entbehrlich.[16] 4

2. Haftung

a) Übrige Gesellschafter. Schuldner der GmbH sind **alle übrigen Gesellschafter**, die gem. § 16 I iVm § 40 ggü. der GmbH als solche gelten, also in der Gesellschafterliste eingetragen sind,[17] nicht aber der – nach § 21 III vorrangig haftende – Ausgeschlossene u. der Erwerber nach § 23 (→ § 23 Rn. 11). Indes gilt § 16 I 1 mangels Rückwirkungsanordnung nicht für Sachverhalte aus der Zeit vor Inkrafttreten des MoMiG zum 1.11.2008; als „übrige Gesellschafter" gelten insoweit die bei der Gesellschaft nach 5

8 RGZ 86, 419, 421.
9 Michalski/*Ebbing* Rn. 16; Baumbach/Hueck/*Fastrich* Rn. 3; MüKoGmbHG/*Schütz* Rn. 17.
10 BGHZ 132, 390, 394; OLG Köln NZG 09, 505, 506.
11 BGH NZG 05, 180.
12 Scholz/*Emmerich* Rn. 4 a; Lutter/Hommelhoff/*Bayer* Rn. 2.
13 Habersack/Casper/Löbbe/*Leuschner* Rn. 19; Roth/*Altmeppen* Rn. 8.
14 OLG Hamburg OLGE 37, 5; OLG Köln ZIP 93, 1389, 1392; MünchHdbGmbH/*Gummert* § 50 Rn. 215.
15 OLG Hamburg OLGE 37, 5.
16 OLG Hamm GmbHR 93, 360, 362 f.
17 Nach *Foerster*, NZG 19, 366, 371 f. haftet auch ein nichteingetragener Gesellschafter.

§ 16 I 1 aF angemeldeten Erwerber.[18] Auf die Art ihrer Einlageverpflichtung (etwa Sacheinlage) kommt es nicht an.[19] Veräußert jemand seinen künftigen Anteil schon vor Eintragung der Gesellschaft, scheidet die Haftung aus.[20] Die bloße Preisgabe des Geschäftsanteils nach § 27 befreit hingg. nicht von der Zahlungsverpflichtung.[21]

6 Soweit die GmbH **eigene Anteile** hält, muss eine Zahlungsverpflichtung ausscheiden. Denn dadurch würde in entspr. Höhe Konfusion eintreten u. die Kapitalaufbringung wäre durch die entfallende Zahlungsverpflichtung gefährdet.[22] Als formelle Gesellschafter haften auch Treuhänder oder Strohmänner, die einen Anteil für Dritte halten. Der Hintermann oder Treugeber kann jedoch nach § 24 wegen Fehlens dieser formalen Gesellschafterstellung nicht in Anspruch genommen werden; daran kann auch eine wirtschaftliche Betrachtung nichts ändern.[23]

7 Der **maßgebliche Zeitpunkt** für das Vorliegen der Gesellschafterstellung ist umstritten.[24] Richtigerweise ist auf den Zeitpunkt der Fälligkeit[25] der Einlageschuld abzustellen, wegen derer die Kaduzierung nach § 21 erfolgte.[26] Der Anspruch der Gesellschaft auf Ausfallhaftung entsteht daher schon früh unter der aufschiebenden Bedingung des Eintritts der weiteren Voraussetzung des § 24 (→ Rn. 3 f.).[27] Die Ausfallhaftung trifft aber auch, wie der BGH[28] klargestellt hat, einen Gesellschafter, der die Gesellschafterstellung erst nach Fälligkeit der Einlageforderung erlangt[29] (was selbst dann gilt, wenn sein Geschäftsanteil durch Teilung des Anteils des bisherigen Alleingesellschafters, der seine fällige Einlageschuld nicht erbracht hat, entstanden u. ihm übertragen worden ist),[30] u. ebenso den, dessen eigener Gesellschaftsanteil danach kaduziert wird.[31] Die Gegenansicht,[32] die sich auf eine fehlende gesetzliche Verankerung beruft, stellt auf den Zeitpunkt ab,

18 BGH NZG 18, 1344, 1345 f.; zust. *Wicke*, DB 19, 529, 531 f.
19 Michalski/*Ebbing* Rn. 24; Baumbach/Hueck/*Fastrich* Rn. 4.
20 OLG Köln GmbHR 97, 546; Roth/*Altmeppen* Rn. 10; aA Michalski/*Ebbing* Rn. 23.
21 Michalski/*Ebbing* Rn. 25.
22 Habersack/Casper/Löbbe/*Leuschner* Rn. 32; Rowedder/Schmidt-Leithoff/*Pentz* Rn. 21.
23 *Ulmer*, ZHR 156 (92), 377 ff.; Michalski/*Ebbing* Rn. 45; aA gefestigte Rspr. BGHZ 118, 107 u. Lutter/Hommelhoff/*Bayer* Rn. 13; vgl. dazu auch *Köhl*, GmbHR 98, 119.
24 Zum Streitstand *Bayer/Scholz*, NZG 15, 1089, 1092 f.
25 Zur Frage der Fälligkeit *Wicke*, DB 19, 529, 532.
26 BGH NZG 15, 1002, 1003 f. (selbst wenn der in Anspruch genommene ehemalige Gesellschafter seinen Geschäftsanteil an den später Kaduzierten abgetreten hatte); BGHZ 132, 390, 393 ff. = NJW 96, 2306, 2307; OLG Köln ZIP 93, 1389, 1392; Roth/*Altmeppen* Rn. 14; Lutter/Hommelhoff/*Bayer* Rn. 9; Baumbach/Hueck/*Fastrich* Rn. 6; *Bayer/Scholz*, GmbHR 16, 89, 90 ff.
27 BGH NZG 18, 1344, 1345.
28 BGH NZG 18, 1344, 1345; s. auch Habersack/Casper/Löbbe/*Leuschner* Rn. 23 ff.
29 Ebenso *Schütz*, DStR 19, 111, 112; *Pfisterer*, DB 19, 478 f.; krit. aber *Foerster*, NZG 19, 366, 369 f.; *Wicke*, DB 19, 529, 530.
30 BGH NZG 18, 1344, 1345.
31 LG Hildesheim NZG 98, 158 f.
32 MüKoGmbHG/*Schütz* Rn. 31; Michalski/*Ebbing* Rn. 30 allerdings mit der Maßgabe, dass auch die Einforderung der Beträge nach § 24 noch vor der Veräußerung des Geschäftsanteils stattgefunden haben muss.

in dem der Anspruch aus § 24 geltend gemacht werden kann. Ein solch später Zeitpunkt würde den Gesellschaftern aber die Möglichkeit eröffnen, den Geschäftsanteil noch vor der drohenden Inanspruchnahme zu veräußern.[33] Dies widerspräche der iRd Kaduzierung maßgeblichen Ratio der Kapitalaufbringung. Ausreichend ist es jedenfalls nicht, wenn die Gesellschafterstellung zu keinem der beiden Zeitpunkte, sondern nur dazwischen bestand.[34]

Im Zusammenhang mit einer **Kapitalerhöhung**, durch die neue Gesellschaf- 8
ter aufgenommen werden, haften alte u. neue Gesellschafter gleichermaßen für Rückstände aus sämtlichen – alten wie neuen – Einlageverpflichtungen.[35] Eine Differenzierung ist sowohl mit dem Wortlaut, der von allen „übrigen Gesellschaftern" spricht, als auch mit dem Grundsatz der Kapitalaufbringung unvereinbar. Aus dem gleichen Grund ist auch keine Unterscheidung zwischen den der Kapitalerhöhung zustimmenden bzw. den diese ablehnenden Gesellschaftern angezeigt. Zur Vermeidung eines unzumutbaren Risikos ist Altgesellschaftern, die unverzüglich nach der Kapitalerhöhung widersprochen haben, jedoch ein Austrittsrecht aus wichtigem Grund zuzugestehen.[36] Schließlich ist auch die teilw. vertretene Auffassung[37] abzulehnen, nach der nicht geschäftsführende Gesellschafter mit einer Beteiligung von unter 10 % entspr. § 39 V InsO von der Ausfallhaftung bei Kapitalerhöhungen befreit sein können. Insoweit fehlt es bereits an einer Vergleichbarkeit der Interessenlage.

Wird bei einer **Verschmelzung** auf eine GmbH übertragen, haften die Ge- 9
sellschafter der übertragenden Gesellschaft zunächst für ausstehende Einlagen bei der aufnehmenden Gesellschaft. Der Schutz dieser Gesellschafter erfolgt über das Zustimmungserfordernis aller bei der Beschlussfassung anwesenden Anteilsinhaber gem. § 51 I 3 UmwG. Umgekehrt müssen auch die Gesellschafter der aufnehmenden Gesellschaft für etwa ausstehende Einlagen bei der übertragenden Gesellschaft einstehen. Insoweit bedarf es sogar einer Zustimmung aller Gesellschafter des übernehmenden Rechtsträgers (§ 51 I 3 UmwG).[38]

b) Haftungsumfang. Bei Vorliegen der Voraussetzungen haftet jeder Mit- 10
gesellschafter für den **gesamten Bareinlagebetrag**, der nach Durchführung des Kaduzierungsverfahrens (§§ 21–23) noch offen ist. Auch später fällig gewordene, auf den kaduzierten Anteil fallende Einlageforderungen, sind erfasst.[39] Wurde die Gesellschaft ordnungsgemäß gegründet – u. sind keine Zahlungen entgg. § 30 I geleistet worden (§ 31 III) – kommt daher wegen

33 BGHZ 132, 390, 394; Roth/*Altmeppen* Rn. 15; ausf. *Bayer/Scholz*, NZG 15, 1089, 1093 ff.

34 *OLG* Celle GmbHR 95, 124; Michalski/*Ebbing* Rn. 32; aA *Bayer/Scholz*, NZG 15, 1089, 1097.

35 RGZ 82, 116, 118 ff.; 132, 392, 394 ff.; LG Mönchengladbach ZIP 86, 306; Habersack/Casper/Löbbe/*Leuschner* Rn. 33 f.; Roth/*Altmeppen* Rn. 17; mit Ausführungen zur früheren Gegenansicht s. Scholz/*Emmerich* Rn. 16 f.

36 LG Mönchengladbach ZIP 86, 306; Michalski/*Ebbing* Rn. 52; Baumbach/Hueck/*Fastrich* Rn. 5; MüKoGmbHG/*Schütz* Rn. 55; aA Rowedder/Schmidt-Leithoff/*Pentz* Rn. 31.

37 *Grunewald*, FS Lutter, 00, 413, 416 ff.; *Gaiser*, GmbHR 99, 210, 213 ff.

38 Roth/*Altmeppen* Rn. 13 mwN.

39 Scholz/*Emmerich* Rn. 3 a; Michalski/*Ebbing* Rn. 57.

§ 7 II 1 eine Haftung iHv drei Viertel des gesamten Stammkapitals in Betracht, wenn die Mitgesellschafter ihre Stammeinlagen nicht leisten.

11 Umstritten ist, ob ein Gesellschafter auch über den gesamten Betrag des Stammkapitals hinaus in Anspruch genommen werden kann. Diese Frage stellt sich etwa iRd Vorbelastungshaftung oder auch wenn eine unterwertige Sacheneinlage, bspw. ein kontaminiertes Grundstück oder ein überschuldetes Unternehmen, in die Gesellschaft eingebracht werden u. damit ein negativer Wert geleistet wurde.[40] Eine **Haftungsbeschränkung** wird iW damit begründet, dass das Risiko der Gesellschafter überschaubar bleiben müsse.[41] ISd Kapitalaufbringung u. mangels gesetzlicher Grundlage ist eine solche Beschränkung aber abzulehnen.[42] Die Gesellschafter haben in ihrer Gesamtheit Verantwortung für die Aufbringung der Stammkapitalziffer übernommen. Entspr. Absicherungen bzw. die vorherige Einholung von Informationen – insbes. durch notarielle Belehrung (§ 17 I 1 BeurkG) – ist ihnen insofern zuzumuten.[43]

12 Die Gesellschafter haften nicht gesamtschuldnerisch, sondern anteilig nach dem Verhältnis ihrer Geschäftsanteile. Folge dieser **Haftung pro rata** ist, dass ein Gesellschafter nicht voll leisten muss, um danach im Innenverhältnis Ausgleich zu erlangen. Das Verhältnis bemisst sich allein nach den Nennbeträgen, u. zwar unabhängig davon, ob es sich um eine Bar- oder Sacheinlage handelt u. wie viel darauf tatsächlich schon an die Gesellschaft geleistet wurde.[44] Der kaduzierte u. ein etwaiger eigener Anteil der GmbH bleiben bei der Berechnung unberücksichtigt.

13 Soweit diese Beiträge von einzelnen Gesellschaftern nicht zu erlangen sind, haften die Mitgesellschafter wiederum nach dem Verhältnis ihrer Anteile für diesen **Fehlbetrag (S. 2)**. Die Vermutung der Zahlungsunfähigkeit gem. § 22 II greift nicht. Bzgl. des Nachweises gelten vielmehr die unter → Rn. 4 gemachten Ausführungen.[45] Eine Kaduzierung des Geschäftsanteils ist bei Säumnis des Zahlungsverpflichteten nach § 24 S. 1 nicht möglich. Unter Berücksichtigung des § 33 steht das Zwangsmittel der Pfändung des Anteils aber grds. offen.[46] Auch die Vereinbarung von Sanktionen (zB Ausschluss) im Gesellschaftsvertrag ist zulässig.[47]

14 Der Anspruch gegen die Gesellschafter nach § 24 **verjährt** wie der Anspruch auf Zahlung der Einlage (§ 19 VI) nach bislang überw. Ansicht regelmäßig in 10 Jahren (dazu → § 19 Rn. 131).[48] Der BGH geht hingegen

---

40 Habersack/Casper/Löbbe/*Leuschner* Rn. 44; *K Schmidt*, GesR, 4. Aufl., S. 1128 f.
41 Beschränkung befürwortend *K Schmidt*, BB 85, 154 f.; *ders.*, BB 95, 529, 532; *ders.*, FS Raiser, 05, 311, 317; Baumbach/Hueck/*Fastrich* Rn. 7; *Wicke*, DB 19, 529, 533 f. Für eine Beschränkung *de lege ferenda* spricht sich *Lieder*, ZGR 16, 760, 779 aus.
42 Beschränkung abl. Habersack/Casper/Löbbe/*Leuschner* Rn. 44; Michalski/*Ebbing* Rn. 63; Lutter/Hommelhoff/*Bayer* Rn. 8; MüKoGmbHG/*Schütz* Rn. 71; *Gätsch*, BB 99, 701; *Wilhelm*, FS Flume II, 78, 337, 361 f.
43 Habersack/Casper/Löbbe/*Leuschner* Rn. 44.
44 Scholz/*Emmerich* Rn. 18; MüKoGmbHG/*Schütz* Rn. 60.
45 Habersack/Casper/Löbbe/*Leuschner* Rn. 43; Roth/*Altmeppen* Rn. 24.
46 Michalski/*Ebbing* Rn. 75; Baumbach/Hueck/*Fastrich* Rn. 8.
47 Roth/*Altmeppen* Rn. 23.
48 Wie hier Baumbach/Hueck/*Fastrich* Rn. 9; Lutter/Hommelhoff/*Bayer* Rn. 14.

von der dreijährigen Regelverjährung nach §§ 195, 199 BGB aus.[49] Der Anspruch ist abtretbar u. auch pfändbar.[50] IÜ gelten § 19 II u. V, da die Haftungsnorm der Kapitalaufbringung dient.[51]

c) **Durchsetzung des Anspruchs.** Der Anspruch der Gesellschaft auf Ausfallhaftung wird **von den Geschäftsführern** geltend gemacht, wobei es keines ermächtigenden Beschlusses der Gesellschafterversammlung (§ 46) bedarf. Sie haben bei ihrem Vorgehen iRd allg. Sorgfaltspflicht (§ 43) den Gleichbehandlungsgrundsatz zu beachten.[52] IÜ steht ihnen im Hinblick auf den Grundsatz der Kapitalerbringung kein Ermessensspielraum zu.[53] Im Insolvenzverfahren erfolgt die Einforderung des Anspruchs durch den Insolvenzverwalter. In diesem Fall u. bei der Liquidation darf die Einforderung – anders als sonst – aber nur insoweit erfolgen, als der Betrag zur Befriedigung der tatsächlichen Gläubiger erforderlich ist.[54] 15

3. Rechtsfolge der Zahlung

Die Gesellschafter werden durch die Erfüllung des Anspruchs von der **Leistungspflicht ggü. der Gesellschaft** befreit. Durch die Zahlung auf den kaduzierten Geschäftsanteil erwirbt der Mitgesellschafter diesen aber nicht etwa wie der Rechtsvorgänger gem. § 22 IV.[55] Der Anteil steht der Gesellschaft zu (→ § 23 Rn. 10), so dass der Gesellschafter jedenfalls mittelbar an dem wirtschaftlichen Wert partizipiert. Ein der Gesellschaft bei Erfolglosigkeit der Verwertung nach § 23 verbleibender offener Teil kann von dieser jederzeit noch verwertet werden.[56] 16

III. Interner Ausgleich

Den zahlenden Mitgesellschaftern steht zunächst ein **Ausgleichsanspruch** gegen den Ausgeschlossenen zu. Dies ist mit unterschiedlicher Begründung allgM u. jedenfalls im Hinblick auf dessen vorrangige Zahlungsverpflichtung nach § 21 III auch gerechtfertigt.[57] Anderes gilt ggü. den Rechtsvorgängern des Kaduzierten, deren Zahlungspflicht schon mit Veräußerung nach § 23 (→ § 23 Rn. 14) bzw. mit Zahlung durch die Mitgesellschafter erloschen ist.[58] Im Fall des Eintretens für zahlungsunfähige Mitgesellschafter nach S. 2, ist diesen ggü. ein Rückgriffsrecht zuzugestehen.[59] 17

---

49 BGH NZG 18, 1344, 1348 f.; Habersack/Casper/Löbbe/*Leuschner* Rn. 55; Henssler/Strohn/*Verse* Rn. 11; *Foerster*, NZG 19, 366, 372.
50 Michalski/*Ebbing* Rn. 86; Baumbach/Hueck/*Fastrich* Rn. 9.
51 RGZ 92, 365, 366; 123, 8; Lutter/Hommelhoff/*Bayer* Rn. 14.
52 MüKoGmbHG/*Schütz* Rn. 74; dazu ausf. Michalski/*Ebbing* Rn. 101 f.
53 Lutter/Hommelhoff/*Bayer* Rn. 1; Michalski/*Ebbing* Rn. 100; Differenzierungen zB bzgl. der Erfolgsaussichten zulässig.
54 MünchHdbGmbH/*Gummert* § 50 Rn. 216; Baumbach/Hueck/*Fastrich* Rn. 9; zur Liquidation OLG Köln OLGZ 13, 25; zum Konkurs (jetzt Insolvenz) *Robrecht*, DB 72, 1469, 1471; zur Beweislastverteilung *Robrecht*, GmbHR 95, 809, 811.
55 Scholz/*Emmerich* Rn. 23; vgl. auch Habersack/Casper/Löbbe/*Leuschner* Rn. 57 mit ausf. Begründung.
56 Habersack/Casper/Löbbe/*Leuschner* Rn. 57.
57 Dazu Habersack/Casper/Löbbe/*Leuschner* Rn. 58; Scholz/*Emmerich* Rn. 24; Rowedder/Schmidt-Leithoff/*Pentz* Rn. 26; MüKoGmbHG/*Schütz* Rn. 90.
58 Scholz/*Emmerich* Rn. 24; Baumbach/Hueck/*Fastrich* Rn. 10.
59 Habersack/Casper/Löbbe/*Leuschner* Rn. 59; Michalski/*Ebbing* Rn. 93.

18 Sind die Geschäftsführer der Pflicht zur ordnungsgemäßen Durchführung des Kaduzierungsverfahrens nicht nachgekommen, kommt neben der **Schadensersatzpflicht** ggü. der Gesellschaft (§ 43 II) auch eine solche ggü. den Gesellschaftern in Betracht. Die Ersatzpflicht ergibt sich aus einer Analogie zu § 31 VI[60] u. greift ein, wenn die Geschäftsführer schuldhaft eine bestehende Deckungsmöglichkeit nicht nutzen u. der Zahlende bei ordnungsgemäßem Verfahren jedenfalls in geringerem Umfang in Anspruch genommen worden wäre. In Anspruchskonkurrenz dazu steht die Haftung aus Delikt (§§ 823, 826 BGB).

§ 25 Zwingende Vorschriften

Von den in den §§ 21 bis 24 bezeichneten Rechtsfolgen können die Gesellschafter nicht befreit werden.

1 Entspr. des Zwecks, der Aufbringung des Stammkapitals zu dienen, stellt die Vorschrift klar, dass die gesamten Regelungen des Kaduzierungsverfahrens der §§ 21–24 zwingend sind. Eine jede Erleichterung zugunsten der Gesellschafter ist daher zu jedem denkbaren Zeitpunkt unzulässig. Zulässig sind allein Satzungsregelungen, die die Kapitalaufbringung für die Gesellschaft erleichtern u. daher eine Erschwerung für die Gesellschafter darstellen, etwa Verkürzung von Fristen oder die Statuierung einer gesamtschuldnerischen Haftung bei § 24.[1]

§ 26 Nachschusspflicht

(1) Im Gesellschaftsvertrag kann bestimmt werden, daß die Gesellschafter über die Nennbeträge der Geschäftsanteile hinaus die Einforderung von weiteren Einzahlungen (Nachschüssen) beschließen können.

(2) Die Einzahlung der Nachschüsse hat nach Verhältnis der Geschäftsanteile zu erfolgen.

(3) Die Nachschußpflicht kann im Gesellschaftsvertrag auf einen bestimmten, nach Verhältnis der Geschäftsanteile festzusetzenden Betrag beschränkt werden.

Schrifttum

Guntau, Die Versteigerung eines Geschäftsanteiles durch den Gerichtsvollzieher in den Fällen der §§ 23, 27 und § 28 GmbH-Gesetz sowie des § 65 Akt-Gesetz; zugleich zu § 246 Nr. 8 GVGA, DGVZ 1982, 161; *Hommelhoff/Kleindiek*, Flexible Finanzierungsinstrumente im GmbH-Recht, FS GmbHG, 1992, S. 421; *Kaminski*, Nachschusspflichten, 1965; *Polzius*, Die Versteigerung von GmbH-Anteilen nach der ZPO und dem GmbHG, DGVZ 1987, 17; *Winter*, Nachschüsse – besser als ihr Ruf, GStB 1997, Bd 7, S. 10.

60 HM, Scholz/*Emmerich* Rn. 25; Rowedder/Schmidt-Leithoff/*Pentz* Rn. 27; MüKo-GmbHG/*Schütz* Rn. 93; diese Analogie abl. Baumbach/Hueck/*Fastrich* Rn. 10.
1 Michalski/*Ebbing* Rn. 7 ff. mwN hins. Haftungsverschärfungen.

I. Normzweck

1 §§ 26–28 eröffnen die praktisch wenig genutzte[1] Möglichkeit, im Gesellschaftsvertrag eine **Nachschusspflicht** vorzusehen, u. regeln deren nähere Ausgestaltung. Der Gesetzgeber hat damit eine flexible Handhabe geschaffen, mit der das Stammkapital niedrig gehalten u. bei Bedarf ergänzt werden kann, ohne an die strengen Bestimmungen der §§ 55–58 gebunden zu sein. Gleichwohl werden in der Praxis zu diesem Zweck vorwiegend Gesellschafterdarlehen genutzt.[2] Das MoMiG passte Abs. 1 sprachlich an die Neufassung des § 3 I Nr. 4 an wonach die Nennbeträge zwingend im Gesellschaftsvertrag aufzuführen sind.

II. Inhalt

1. Begriff und Abgrenzung

2 Nachschüsse sind nach der Legaldefinition des Abs. 1 Einzahlungen, die über die Nennbeträge der Geschäftsanteile hinausgehen. Von **Nebenleistungen** (§ 3 II) u. sonstigen Verträgen eigener Art zugunsten der Gesellschaft[3] unterscheiden sie sich dadurch, dass sie zwingend auf Geldleistung gerichtet sind u. es für ihre Einforderung eines gesonderten Beschlusses bedarf. Nebenleistungen können hingg. so ausgestaltet werden, dass bereits in der Satzung Art, Umfang u. Leistungszeit festgesetzt werden u. eine unmittelbare Einforderung möglich ist.[4] Außerdem können schuldrechtliche Nebenleistungen außerhalb der Satzung formlos vereinbart werden. Diese verschiedenen Ausgestaltungsmöglichkeiten u. die Warnfunktion der notariellen Beurkundung (§§ 2, 53) stehen regelmäßig einer Umdeutung (§ 140 BGB) von Nachschüssen in eine schuldrechtliche Nebenleistungsvereinbarung entgg.[5] Die zur Sicherung der Kapitalaufbringung u. -erhaltung für **Stammeinlagen** anzuwendenden Vorschriften (insbes. §§ 19, 30 u. die Ausfallhaftung des § 24) sowie das Verbot der verdeckten Sacheneinlage (→ § 19 Rn. 44 ff.) finden auf Nachschüsse keine Anwendung. Ebenso wenig unterliegen Nachschüsse der Regelung des § 19 II,[6] so dass Aufrechnung u. Stundung möglich sind. Eine Grenze bildet insoweit aber stets § 30 I, der etwa eingreift, wenn der Erlass der Nachschussforderung eine

1 Lutter/Hommelhoff/*Bayer* Rn. 1; Michalski/*Mock* Rn. 2; MünchHdbGmbH/*D Mayer/Weiler* § 20 Rn. 17; *Hommelhoff/Kleindiek*, FS 100 Jahre GmbHG, 92, S. 421 ff.
2 Lutter/Hommelhoff/*Bayer* Rn. 2, auch zu möglichen Beweggründen.
3 Dazu KG NZG 00, 688, 689; OLG Hamm GmbHR 78, 271.
4 OLG Brandenburg NZG 06, 756, 757; zur Abgrenzung auch OLG Frankfurt NJW-RR 92, 1512, 1513.
5 OLG München GmbHR 00, 981; Roth/*Altmeppen* Rn. 4; aA *Bork*, EWiR 00, 631.
6 RGZ 133, 297; Baumbach/Hueck/*Fastrich* Rn. 2.

Unterbilanz zur Folge hat.[7] Außerdem kann sich ein Recht zur Verweigerung von Nachschüssen aus dem Gleichbehandlungsgrundsatz ergeben.[8] **Gesellschafterdarlehen** sind iU zu Nachschüssen nicht gesellschaftsrechtlich geschuldet u. werden üblicherweise individuell vereinbart u. verzinst.[9]

2. Ausgestaltungsmöglichkeiten

3 Die Nachschusspflicht muss zwingend **in der Satzung** geregelt werden (Abs. 1) u. kann beschränkt (§§ 26 III, 28; → Rn. 4) oder unbeschränkt (§ 27) ausgestaltet sein. Auch können beide Gestaltungsformen kombiniert werden (gemischte Nachschusspflicht, §§ 27 IV, 28 I 2). Sie kann vom Eintreten bestimmter Voraussetzungen abhängig gemacht werden.[10] Ihre **nachträgliche Einführung** bedarf nach § 53 III der Zustimmung aller Gesellschafter. Gleiches gilt für ihre Erweiterung oder Beschränkung. Grund dafür ist, dass der einzelne Gesellschafter sein Recht aus § 27 verliert, wenn sich die unbeschränkte Nachschusspflicht in eine beschränkte wandelt.[11] Eine Abweichung von Abs. 2, der Ausfluss des Gleichbehandlungsgebotes ist,[12] ist mit Zustimmung der Gesellschafter möglich, so dass die Nachschusspflicht in unterschiedlicher Höhe u. begrenzt auf einzelne Gesellschafter begründet werden kann.[13]

3. Beschränkte und unbeschränkte Nachschusspflicht

4 Gem. § 26 III kann die Nachschusspflicht auf einen „bestimmten, nach Verhältnis der Geschäftsanteile festzusetzenden" Betrag beschränkt werden. Hiervon ist abhängig, ob für das weitere **Verfahren § 27 oder § 28** Anwendung findet. Eine beschränkte Nachschusspflicht liegt etwa vor, wenn ein Gesamtbetrag oder die auf den einzelnen Gesellschafter bzw. Geschäftsanteil entfallenden Beträge festgesetzt werden. Außerdem können jährliche Höchstbeträge oder eine Quote vom Stammkapital genannt werden; dabei genügt, dass die Höhe von vornherein ausreichend bestimmbar ist. Nicht jedoch hinreichend bestimmt u. als beschränkte Nachschusspflicht anzusehen ist die Angabe lediglich eines prozentualen Anteils am ausgeschütteten Gewinn.[14]

III. Verfahren

1. Einforderung der Nachschüsse

5 Zur Verwirklichung der zwingend im Gesellschaftsvertrag festzulegenden Nachschusspflicht bedarf es eines **Gesellschafterbeschlusses.** Weitere Organe der GmbH (etwa Aufsichts- oder Beirat, dazu § 52) können zwar an der

---

7 Michalski/*Mock* Rn. 39; Lutter/Hommelhoff/*Bayer* Rn. 9.
8 Roth/*Altmeppen* Rn. 14; Lutter/Hommelhoff/*Bayer* Rn. 9.
9 KG NZG 00, 688, 689; Lutter/Hommelhoff/*Bayer* Rn. 6.
10 OLG Schleswig GmbHR 94, 250 (Nachschusspflicht nur bei Auflösung, nicht bei Insolvenz).
11 Roth/*Altmeppen* Rn. 8; Lutter/Hommelhoff/*Bayer* Rn. 11; Baumbach/Hueck/*Fastrich* Rn. 7.
12 Baumbach/Hueck/*Fastrich* Rn. 6; *Goette*, DStR 94, 1129.
13 Roth/*Altmeppen* Rn. 8; Baumbach/Hueck/*Fastrich* Rn. 6.
14 Roth/*Altmeppen* Rn. 16; Baumbach/Hueck/*Fastrich* Rn. 4; aA *Esch*, NJW 78, 2529, 2532 unter Hinweis auf die Bestimmbarkeit.

Beschlussfassung beteiligt werden. Die Entscheidung darf jedoch nicht vollständig auf sie übertragen werden.[15]

Da erst der Einforderungsbeschluss den Anspruch der Gesellschaft entstehen lässt,[16] sind Verfügungen wie Abtretung oder Pfändung erst ab diesem Zeitpunkt möglich.[17] Vor der Einforderung der Nachschüsse bedarf es der **vollständigen Einforderung der Stammeinlagen.** Deren vollständige Einzahlung ist allerdings nicht erforderlich,[18] wie sich im Umkehrschluss aus § 27 I 1 u. § 28 II ergibt. Die Einforderung kann regelmäßig nicht erzwungen werden,[19] sondern steht im **Ermessen der Gesellschafterversammlung,** das allerdings durch die Treuepflicht eingeschränkt wird.[20] Eine beschränkte Nachschusspflicht kann auch in mehreren Teilbeträgen eingefordert werden. Der durch den Beschluss entstandene Anspruch wird durch die Geschäftsführer geltend gemacht (§ 35 I). Die Anforderung erfolgt durch formlos gültige, empfangsbedürftige Erklärung.[21] Dies entspricht den Voraussetzungen bei der Anforderung von Einlagen (→ § 20 Rn. 3), so dass man wie dort davon ausgehen kann, dass im Fall der Anwesenheit der Gesellschafter u. Festlegung aller Zahlungsangaben bei Beschlussfassung auf eine Anforderung verzichtet werden kann.[22] Verpflichtet werden die im Zeitpunkt der Fälligkeit der Nachschüsse in der Gesellschafterliste nach § 16 I iVm § 40 I aufgeführten Gesellschafter (→ § 16 Rn. 22 ff.). 6

2. Rückzahlung

Nach **§ 30 II** können Nachschüsse zurückgezahlt werden, soweit sie nicht zur Deckung von Verlusten des Stammkapitals erforderlich sind. Einschränkungen der Rückzahlung regelt § 30 II 2, 3. Zurückgezahlte Nachschüsse gelten nach § 30 II 4 als nicht eingezogen. Die Rückzahlung wird fällig (§ 271 BGB), wenn die Gesellschafterversammlung nach § 46 Nr. 3 mit einfacher Mehrheit (§ 47 I) einen entspr. Beschluss fasst. Abw. Regelungen, wie etwa die Entbehrlichkeit eines solchen Beschlusses, sind bei der Rückzahlung – anders als bei der Einforderung – möglich (näher → § 45 Rn. 8 ff.). 7

IV. Rechnungslegung

Gezahlte Nachschüsse sind als **Kapitalrücklage** nach § 272 II Nr. 4 HGB zu bilanzieren (§ 42 II 3).[23] Gem. § 57 d III können sie bei fehlender sonstiger 8

15 RGZ 70, 330 f.; MüKoGmbHG/*Schütz* Rn. 56; Lutter/Hommelhoff/*Bayer* Rn. 8; Roth/*Altmeppen* Rn. 10; zu den Rechtsfolgen Scholz/*Emmerich* Rn. 14 a.

16 RGZ 70, 326, 330; Baumbach/Hueck/*Fastrich* Rn. 8; Habersack/Casper/Löbbe/*Leuschner* Rn. 46. Hingg. entsteht die Pflicht zur Zahlung des Nennbetrags des Geschäftsanteils (Stammeinlage) bereits mit dem Abschluss des Gesellschaftsvertrags u. wird mit dem Einforderungsbeschluss lediglich fällig.

17 Lutter/Hommelhoff/*Bayer* Rn. 8.

18 RGZ 87, 179, 180 ff.; Baumbach/Hueck/*Fastrich* Rn. 8.

19 Dazu OLG Schleswig GmbHR 94, 710 = DStR 94, 1129 mAnm *Goette*.

20 MüKoGmbHG/*Schütz* Rn. 60; Roth/*Altmeppen* Rn. 9; Baumbach/Hueck/*Fastrich* Rn. 8.

21 Baumbach/Hueck/*Fastrich* Rn. 9.

22 Wie hier Henssler/Strohn/*Verse* Rn. 17; abl. Baumbach/Hueck/*Fastrich* Rn. 9, der allerdings auch bei der Beurteilung der Einlagenanforderung von der hM abweicht.

23 OLG Brandenburg NZG 06, 756, 757; OLG Frankfurt NJW-RR 92, 1512, 1513.

Zweckbestimmung in Stammkapital umgewandelt werden. Zur Nutzung im Ausschüttungs-Rückholverfahren → § 57 c Rn. 5. Aktiviert werden müssen Nachschüsse in dem Augenblick, in dem ihre Einziehung beschlossen ist, sie tatsächlich eingefordert sind u. ein Recht zum Abandon nicht besteht (§ 42 II 1, 2).

§ 27 Unbeschränkte Nachschusspflicht

(1) [1]Ist die Nachschußpflicht nicht auf einen bestimmten Betrag beschränkt, so hat jeder Gesellschafter, falls er die Stammeinlage vollständig eingezahlt hat, das Recht, sich von der Zahlung des auf den Geschäftsanteil eingeforderten Nachschusses dadurch zu befreien, daß er innerhalb eines Monats nach der Aufforderung zur Einzahlung den Geschäftsanteil der Gesellschaft zur Befriedigung aus demselben zur Verfügung stellt. [2]Ebenso kann die Gesellschaft, wenn der Gesellschafter binnen der angegebenen Frist weder von der bezeichneten Befugnis Gebrauch macht, noch die Einzahlung leistet, demselben mittels eingeschriebenen Briefes erklären, daß sie den Geschäftsanteil als zur Verfügung gestellt betrachte.

(2) [1]Die Gesellschaft hat den Geschäftsanteil innerhalb eines Monats nach der Erklärung des Gesellschafters oder der Gesellschaft im Wege öffentlicher Versteigerung verkaufen zu lassen. [2]Eine andere Art des Verkaufs ist nur mit Zustimmung des Gesellschafters zulässig. [3]Ein nach Deckung der Verkaufskosten und des rückständigen Nachschusses verbleibender Überschuß gebührt dem Gesellschafter.

(3) [1]Ist die Befriedigung der Gesellschaft durch den Verkauf nicht zu erlangen, so fällt der Geschäftsanteil der Gesellschaft zu. [2]Dieselbe ist befugt, den Anteil für eigene Rechnung zu veräußern.

(4) Im Gesellschaftsvertrag kann die Anwendung der vorstehenden Bestimmungen auf den Fall beschränkt werden, daß die auf den Geschäftsanteil eingeforderten Nachschüsse einen bestimmten Betrag überschreiten.

I. Normzweck

1 § 27 räumt dem Gesellschafter das Recht ein, sich von einer unbeschränkten Nachschusspflicht (§ 26) zu befreien, indem er der Gesellschaft seinen

Geschäftsanteil zur Befriedigung zur Verfügung stellt (**Recht zum Abandon**; Preisgaberecht). So werden die Gesellschafter davor bewahrt, für sie unüberschaubare Risiken einzugehen, weshalb das Preisgaberecht auch unabdingbar ist.[1] Ob der damit einhergehende Verlust des Geschäftsanteils ausreichend entschädigt wird, hängt von dem durch die Veräußerung erzielten Mehrerlös (Abs. 2 S. 3) ab. Der Gesellschafter mag insoweit häufig vor die schwere Wahl gestellt sein, ob der eingeforderte Nachschuss geleistet oder aber der Anteil aufgegeben wird. Zugleich gibt Abs. 1 S. 2 auch der Gesellschaft ein wirksames Mittel an die Hand, eingeforderte Nachschüsse rasch zu realisieren.[2] Die Verwertung des Anteils nach erfolgter Preisgabe erfolgt sodann im Verfahren nach Abs. 2. Ist der Anteil unverwertbar, fällt er gem. Abs. 3 der Gesellschaft anheim.

II. Inhalt

1. Die Preisgabe (Abs. 1)

a) Voraussetzungen. aa) Einforderung des Nachschusses. Das Preisgaberecht besteht nur bei gesellschaftsvertraglich vereinbarter **unbeschränkter Nachschusspflicht** (zum Begriff → § 26 Rn. 4). Der Nachschuss muss von der Gesellschafterversammlung wirksam eingefordert worden sein (→ § 26 Rn. 5 f.). Möglich ist die Preisgabe erst ab der die Fälligkeit auslösenden Zahlungsaufforderung durch den Geschäftsführer ggü. dem betr. Gesellschafter.[3] Eine zuvor erklärte Preisgabe wird deshalb zu diesem Zeitpunkt wirksam. Einer besonderen Form oder der Einhaltung einer Frist bedarf diese Aufforderung indes nicht.[4] 2

bb) Vollständige Einzahlung der Stammeinlage. Aus Gründen der Kapitalaufbringung ist Voraussetzung, dass die betr. **Stammeinlage voll eingezahlt** sein muss. Die bloße Einforderung wie bei § 26 (→ § 26 Rn. 5 f.) genügt im Umkehrschluss nicht. Sonstige Verbindlichkeiten, wie Zinsen, Nebenleistungen nach § 3 II, Vertragsstrafen etc sind hiervon nicht erfasst.[5] Wird die Preisgabeerklärung schon vor Leistung der vollen Einlage erklärt, ist diese hins. der fristgerechten (→ Rn. 5) vollständigen Zahlung aufschiebend bedingt (str.).[6] Zahlt der Gesellschafter auch bis dahin nicht, hat die Gesellschaft neben der klageweisen Durchsetzung die Möglichkeit, das Kaduzierungsverfahren (§§ 21 ff.) zu betreiben. Zur Zahlung des eingeforderten Nachschusses – anders bei einer künftigen Nachschusspflicht –[7] bleibt der Gesellschafter trotz Ausschlusses aus der Gesellschaft aber verpflichtet. 3

---

1 RGZ 128, 1, 16 f.; dazu ausf. Habersack/Casper/Löbbe/*Leuschner* Rn. 3.
2 Habersack/Casper/Löbbe/*Leuschner* Rn. 37.
3 Str., wie hier Michalski/*Mock* Rn. 14; MüKoGmbHG/*Schütz* Rn. 33; Baumbach/Hueck/*Fastrich* Rn. 3; aA Habersack/Casper/Löbbe/*Leuschner* Rn. 12.
4 Habersack/Casper/Löbbe/*Leuschner* Rn. 13 f.; MüKoGmbHG/*Schütz* Rn. 34.
5 Scholz/*Emmerich* Rn. 7 f.; Roth/*Altmeppen* Rn. 4; zur Frage der Vorbelastungshaftung s. Michalski/*Mock* Rn. 10 mwN.
6 Lutter/Hommelhoff/*Bayer* Rn. 1; ähnl. Scholz/*Emmerich* Rn. 7 a; aA aber Michalski/*Mock* Rn. 11, wonach die unwirksame Ausübung des Preisgaberechts nicht durch eine spätere Einlageleistung wirksam werden kann, sondern es der erneuten Ausübung bedarf.
7 Ulmer/*Müller* Rn. 15; Roth/*Altmeppen* Rn. 5.

4 cc) **Zahlungsrückstand.** Das Recht auf Preisgabe entfällt, wenn die **Nachschussforderung vollständig erfüllt** wird. Wurden nur Teilzahlungen geleistet, bleibt dieses entspr. bestehen. Kommt es im letzteren Fall zur Preisgabe bzw. der Verwertung durch die Gesellschaft (→ Rn. 10), steht dem teilw. Zahlenden ein Anspruch auf Rückerstattung des Geleisteten gem. § 812 I 2 Alt 2 BGB zu.[8] IÜ hat der Gesellschafter bis zur endgültigen Verwertung – also auch nach Fristablauf (→ Rn. 5) – noch die Möglichkeit, vollständig zu leisten u. diese so noch zu verhindern.[9]

5 **b) Ausübungserklärung. aa) Preisgabeerklärung durch Gesellschafter (Abs. 1 S. 1).** Liegen die Voraussetzungen vor, hat der Gesellschafter einen Monat Zeit, seinen Anteil aufzugeben. Maßgeblich für die Rechtzeitigkeit ist dabei der Zugang bei der GmbH (vgl. § 35 II 2). Die **Ein-Monats-Frist** beginnt mit dem Zugang der Zahlungsaufforderung bei dem Geschäftsführer u. berechnet sich nach §§ 187 I, 188 II BGB. Diese Frist lässt sich zugunsten der Gesellschafter verlängern, u. zwar seitens der Geschäftsführer durch die Anforderung, von den Gesellschaftern durch den Einforderungsbeschluss oder aber bereits durch eine entspr. Bestimmung im Gesellschaftsvertrag.[10] Eine Verkürzung ist indes nicht möglich. Mit Fristablauf geht das sog. Abandonrecht vom Gesellschafter auf die Gesellschaft über (→ Rn. 7). Die Gesellschaft kann eine verspätete Erklärung des Gesellschafters aber immer noch akzeptieren,[11] da sie selbst schon zur entspr. Erklärung gem. Abs. 1 S. 2 berechtigt wäre.

6 Die Preisgabeerklärung ist eine einseitige, empfangsbedürftige Willenserklärung, die nicht widerruflich, jedoch entspr. allg. Regeln (§§ 119 ff. BGB) anfechtbar ist. Besondere **formelle Anforderungen** bestehen nicht.[12] In inhaltlicher Hinsicht muss allerdings hinreichend deutlich werden, dass der Geschäftsanteil der Gesellschaft zwecks Befriedigung wegen der Nachschussforderung zur Verfügung gestellt wird.[13] Zur Erklärung befugt ist nur derjenige Gesellschafter, der ggü. der Gesellschaft als ein solcher gilt (§ 16 I). Dieser ist zur Abgabe der Erklärung u. damit zur Aufgabe des Geschäftsanteils aber keineswegs verpflichtet. Das **freie Ermessen** wird weder durch eine etwa tatsächlich bestehende wirtschaftliche Leistungsfähigkeit[14] noch durch die vorherige Zustimmung zur Einforderung von Nachschüssen begrenzt.[15] Die Gesellschaft hat bei der Verwertungsentscheidung das Gleichbehandlungsgebot zu beachten.[16] Es ist aber nicht ausgeschlossen, dass sie wegen Sachverhaltsunterschieden zu abw. Entscheidungen kommen kann.

---

8 Vgl. Rowedder/Schmidt-Leithoff/*Pentz* Rn. 14 (nach § 812 I 2 Alt. 2); Michalski/*Mock* Rn. 16 (nach § 812 I 2 Alt 1); Roth/*Altmeppen* Rn. 8 (nach § 812 I 2 Alt 1).
9 Michalski/*Mock* Rn. 36.
10 Scholz/*Emmerich* Rn. 12; einschränkend bzgl. der Möglichkeit der Verlängerung durch Geschäftsführer bei widersprechenden Gesellschafterbeschluss Ulmer/*Müller* Rn. 29.
11 Scholz/*Emmerich* Rn. 12; Baumbach/Hueck/*Fastrich* Rn. 5.
12 Scholz/*Emmerich* Rn. 15; MüKoGmbHG/*Schütz* Rn. 50; Baumbach/Hueck/*Fastrich* Rn. 5.
13 Michalski/*Mock* Rn. 26; Habersack/Casper/Löbbe/*Leuschner* Rn. 30.
14 RGZ 128, 1, 17; Baumbach/Hueck/*Fastrich* Rn. 5.
15 Habersack/Casper/Löbbe/*Leuschner* Rn. 20.
16 Habersack/Casper/Löbbe/*Leuschner* Rn. 40; Baumbach/Hueck/*Fastrich* Rn. 6.

bb) Fingierte Preisgabe durch Gesellschaft (Abs. 1 S. 2). Hat der Gesellschafter weder seine Nachschusspflicht erfüllt noch gem. Abs. 1 S. 1 abandonniert, geht das Recht zur Preisgabe („fingierter Abandon") mit Ablauf der Monatsfrist (→ Rn. 5) auf die Gesellschaft über. Das entstehende **Wahlrecht** wird nach pflichtgemäßem Ermessen – im Hinblick auf schnellstmögliche Durchsetzung[17] u. bestmögliche Realisierungschance des Anspruchs[18] – von den Geschäftsführern ausgeübt. Auch der Gleichbehandlungsgrundsatz ist in diese Erwägungen einzubeziehen.[19] Ein Gesellschafterbeschluss ist entbehrlich. In zeitlicher Hinsicht ist nur die allg. Grenze der Verwirkung zu beachten.[20] Der zahlungspflichtige Gesellschafter kann den Anteilsverlust aber gleichwohl noch bis zur Ausübung des Rechts durch vollständige Zahlung **verhindern.** Die (unwiderrufliche) Erklärung der Gesellschaft muss inhaltlich klar sein u. deutlich machen, dass die Gesellschaft „den Geschäftsanteil als zur Verfügung gestellt betrachtet";[21] sie erfolgt iÜ mittels eingeschriebenem Brief[22] (Übergabe- oder Einwurf-Einschreiben).[23] 7

2. Rechtsfolgen

a) Unmittelbare Auswirkungen. aa) Haftung. Durch die (fingierte) Preisgabe gem. Abs. 1 entfällt nicht etwa die grds. Verpflichtung zur Leistung des Nachschusses. Vielmehr ist die Haftung des Gesellschafters nunmehr auf den preisgegebenen Geschäftsanteil **beschränkt.** Für sonstige Verpflichtungen, insbes. für andere noch offene Nachschuss- oder Nebenpflichten, muss der Gesellschafter weiterhin unbegrenzt einstehen.[24] Auch jetzt hat der Gesellschafter noch die Möglichkeit, durch vollständige Zahlung des Nachschusses die bevorstehende Folgen des Abs. 2, 3 u. den damit einhergehenden Verlust des Anteils zu verhindern.[25] 8

bb) Verfügungsbefugnis. Anders als bei der Kaduzierung (→ § 21 Rn. 22 ff.) verliert der Gesellschafter durch die Erklärung nach Abs. 1 nicht unmittelbar seine **Stellung als Gesellschafter** in der GmbH. Bis zur Anteilsverwertung nach Abs. 2 bzw. des Anfalls zugunsten der GmbH gem. Abs. 3 können daher weiter Verwaltungsrechte (insbes. das Stimmrecht) ausgeübt u. Vermögensrechte (etwa Gewinnbezugsansprüche) geltend gemacht werden.[26] Die Gesellschaft erlangt aber ein **Verwertungsrecht an dem Anteil,** wodurch sie befähigt wird, im Folgenden als Berechtigte über diesen zu 9

17 Scholz/*Emmerich* Rn. 17; aufgrund des ggü. der Klage erheblich kürzeren Verfahrens mag das Vorgehen gem. § 27 I 2 oft angezeigt sein, vgl. dazu auch Habersack/Casper/Löbbe/*Leuschner* Rn. 37.
18 Habersack/Casper/Löbbe/*Leuschner* Rn. 40 weist darauf hin, dass sich die gesellschafterliche Haftung nach Ausübung des Rechts auf den Anteil beschränkt.
19 Dazu auch Rowedder/Schmidt-Leithoff/*Pentz* Rn. 35.
20 Roth/*Altmeppen* Rn. 11; Henssler/Strohn/*Verse* Rn. 10.
21 Scholz/*Emmerich* Rn. 17; MüKoGmbHG/*Schütz* Rn. 60; Habersack/Casper/Löbbe/*Leuschner* Rn. 43.
22 S. zu dem Mindestformerfordernis weitergehend Scholz/*Emmerich* Rn. 17.
23 BGHZ 212, 104 = NZG 16, 1417 f.
24 Roth/*Altmeppen* Rn. 13; Habersack/Casper/Löbbe/*Leuschner* Rn. 45.
25 Rowedder/Schmidt-Leithoff/*Pentz* Rn. 32 f.; Ulmer/*Müller* Rn. 45.
26 Scholz/*Emmerich* Rn. 19; MüKoGmbHG/*Schütz* Rn. 64; Lutter/Hommelhoff/*Bayer* Rn. 2.

verfügen. Im Gegenzug büßt der betr. Gesellschafter die Verfügungsbefugnis über denselben ein, was eine Veräußerung oder Belastung des Anteils durch ihn unwirksam macht.[27] Eine Vollstreckung in den Geschäftsanteil durch Gläubiger des Gesellschafters ist weiterhin möglich, ohne aber die Vorrangigkeit des gesellschaftlichen Verwertungsrechts zu beeinträchtigen.[28] Ein entspr. Vorgehen seitens der Gläubiger der Gesellschaft ist ausgeschlossen, solange deren Schuldnerin, die GmbH, noch nicht Inhaberin des Anteils ist.

10 **b) Verwertungsverfahren (Abs. 2).** Ab Preisgabe des Geschäftsanteils verbleibt der Gesellschaft ein Monat, um den Geschäftsanteil zu veräußern. Nach Ablauf der grds. disponiblen **Frist** wird eine dennoch vorgenommene Veräußerung zwar nicht unwirksam, die Gesellschaft kann sich ggü. dem preisgebenden Gesellschafter aber schadensersatzpflichtig machen.[29]

11 Die Anteilsveräußerung hat grds. im Wege der **öffentlichen Versteigerung (Abs. 2 S. 1)** zu erfolgen. Das Verfahren entspricht iW dem der Versteigerung iRd Kaduzierung (→ § 23 Rn. 5 ff.).[30] Indes erfolgt die Veräußerung hier trotz fehlender Inhaberschaft der GmbH am Anteil im Namen der GmbH u. lediglich auf Rechnung des Gesellschafters.[31] Die Gesellschaft treffen mithin auch die vertraglichen Pflichten (§§ 433 ff. BGB). Bei der Versteigerung kann jeder mitbieten, insbes. auch der betroffene Gesellschafter, die Mitgesellschafter u, da die Einlage gem. Abs. 1 voll eingezahlt sein muss (vgl. § 33 I), auch die Gesellschaft selbst.[32] Der Zuschlag darf – nach pflichtgemäßem Ermessen – auch erteilt werden, wenn durch den Erlös zwar die Kosten des Verfahrens, nicht aber die offene Nachschussforderung gedeckt werden kann.[33] Eine **andere Art des Verkaufs (Abs. 2 S. 2)** – insbes. die freihändige Veräußerung –, ist ebenso wie ein Unterlassen der Versteigerung wegen Aussichtslosigkeit ohne die (formlose) Zustimmung des bisherigen Anteilsinhabers unzulässig u. daher unwirksam.[34]

12 Mit Veräußerung des Anteils verliert der **Gesellschafter** seinen Anteil. Von der Nachschusspflicht wird er – unabhängig vom erzielten Erlös – endgültig frei. Übersteigt der Erlös die Kosten u. den rückständigen Nachschuss, gebührt der Überschuss dem bisherigen Gesellschafter (Abs. 2 S. 3); eine etwaige Aufrechnung seitens der Gesellschaft bleibt aber möglich.[35] Der **Anteilserwerber** tritt als Gesellschafter mit entspr. Rechten u. Pflichten an die Stelle des bisherigen Gesellschafters. Für rückständige Verpflichtungen

---

27 Habersack/Casper/Löbbe/*Leuschner* Rn. 45. AA Scholz/*Emmerich* Rn. 21; Roth/*Altmeppen* Rn. 12, die eine solche Verfügung zwar zulassen, diese aber ggü. einem Erwerber nicht wirken lassen wollen.
28 AllgM, Scholz/*Emmerich* Rn. 21; Michalski/*Zeidler* Rn. 35; zum Fall der Insolvenz des Gesellschafters s. iÜ Habersack/Casper/Löbbe/*Leuschner* Rn. 48.
29 Habersack/Casper/Löbbe/*Leuschner* Rn. 53; Roth/*Altmeppen* Rn. 14.
30 MüKoGmbHG/*Schütz* Rn. 76; Lutter/Hommelhoff/*Bayer* Rn. 3.
31 Habersack/Casper/Löbbe/*Leuschner* Rn. 54; Roth/*Altmeppen* Rn. 16.
32 *Guntau*, DGVZ 82, 161, 168; Baumbach/Hueck/*Fastrich* Rn. 8.
33 Habersack/Casper/Löbbe/*Leuschner* Rn. 51; Scholz/*Emmerich* Rn. 23 weist darauf hin, dass iRd pflichtgemäßen Ermessens auch die Erwägung Berücksichtigung finden kann, ob es sich beim potenziellen Ersteigerer um einen Mitbewerber handelt.
34 Scholz/*Emmerich* Rn. 24; Baumbach/Hueck/*Fastrich* Rn. 8.
35 Baumbach/Hueck/*Fastrich* Rn. 8; Rowedder/Schmidt-Leithoff/*Pentz* Rn. 44.

muss er gem. § 16 II aufkommen.[36] Von den untergegangenen Nachschussforderungen ist er aber nicht betroffen.[37]

Rechte Dritter (Pfandrechte, Nießbrauch) an dem Geschäftsanteil erlöschen gem. § 1242 II BGB, u. zwar unabhängig davon, ob die Bestellung vor oder nach Einforderung des Nachschusses oder der Preisgabe erfolgte.[38] Gleichwohl ist eine Zustimmung des Pfandgläubigers oder Nießbrauchers zu keinem Zeitpunkt erforderlich; §§ 1071, 1276 BGB gelten nicht.[39] Wird ein Übererlös erzielt, setzen sich die Rechte jedoch daran fort (§§ 1273, 1247 BGB). 13

c) **Erwerb durch Gesellschaft (Abs. 3).** Schlägt der Verkaufsversuch fehl, weil eine Befriedigung nicht zu erlangen ist, oder wird auf einen Verkaufsversuch (wegen Aussichtslosigkeit) mit Zustimmung des Gesellschafters (Abs. 2 S. 2) verzichtet, geht der Anteil frei von Rechten Dritter **kraft Gesetzes auf die GmbH** über. §§ 15 u. 16 finden keine Anwendung.[40] Der Gesellschafter wird entschädigungslos aus der Gesellschaft verdrängt.[41] Zugleich erlischt aber zumindest die Forderung auf Nachschusszahlung. Auch Rechte Dritter an dem Geschäftsanteil erlöschen entschädigungslos.[42] 14

Die Gesellschaft kann über den Anteil nunmehr frei verfügen u. diesen insbes. auch weiterveräußern (Abs. 3 S. 2). Anders als iR von Abs. 2 (→ Rn. 12) gebührt auch ein etwaiger **Übererlös** allein der Gesellschaft.[43] Erwirbt jemand den Anteil erst jetzt unmittelbar von der GmbH u. damit nicht als Rechtsnachfolger des Gesellschafters, droht keine Haftung für rückständige Einlageverpflichtungen nach § 16 II.[44] 15

3. Gemischte Nachschusspflicht (Abs. 4)

Die Möglichkeit, sich von der unbeschränkten Nachschusspflicht (→ § 26 Rn. 3 f.) zu befreien (Abs. 1–3), kann in der Satzung auch auf die Fälle beschränkt werden, dass die eingeforderten Nachschüsse insgesamt einen bestimmten Betrag übersteigen.[45] Solange dieser Betrag nicht erreicht ist, bleibt der Gesellschaft gem. § 28 I 2 die Möglichkeit der Kaduzierung (§§ 21 ff.). 16

---

36 HM Scholz/*Emmerich* Rn. 26; Baumbach/Hueck/*Fastrich* Rn. 8; zweifelnd Roth/*Altmeppen* Rn. 17.
37 Habersack/Casper/Löbbe/*Leuschner* Rn. 55; MüKoGmbHG/*Schütz* Rn. 85.
38 Scholz/*Emmerich* Rn. 28; Roth/*Altmeppen* Rn. 18; MüKoGmbHG/*Schütz* Rn. 88.
39 Habersack/Casper/Löbbe/*Leuschner* Rn. 57.
40 *Polzius,* DGVZ 87, 17, 25; Habersack/Casper/Löbbe/*Leuschner* Rn. 61; Baumbach/Hueck/*Fastrich* Rn. 9.
41 MüKoGmbHG/*Schütz* Rn. 95.
42 Ganz hM, *Schuler,* NJW 60, 1423, 1427; Habersack/Casper/Löbbe/*Leuschner* Rn. 66; Baumbach/Hueck/*Fastrich* Rn. 10.
43 Roth/*Altmeppen* Rn. 21; MüKoGmbHG/*Schütz* Rn. 98; Habersack/Casper/Löbbe/*Leuschner* Rn. 65.
44 Michalski/*Mock* Rn. 49; Baumbach/Hueck/*Fastrich* Rn. 9.
45 Dazu ausf. Habersack/Casper/Löbbe/*Leuschner* Rn. 67.

§ 28 Beschränkte Nachschusspflicht

(1) [1]Ist die Nachschußpflicht auf einen bestimmten Betrag beschränkt, so finden, wenn im Gesellschaftsvertrag nicht ein anderes festgesetzt ist, im Fall verzögerter Einzahlung von Nachschüssen die auf die Einzahlung der Stammeinlagen bezüglichen Vorschriften der §§ 21 bis 23 entsprechende Anwendung. [2]Das gleiche gilt im Fall des § 27 Abs. 4 auch bei unbeschränkter Nachschußpflicht, soweit die Nachschüsse den im Gesellschaftsvertrag festgesetzten Betrag nicht überschreiten.

(2) Im Gesellschaftsvertrag kann bestimmt werden, daß die Einforderung von Nachschüssen, auf deren Zahlung die Vorschriften der §§ 21 bis 23 Anwendung finden, schon vor vollständiger Einforderung der Stammeinlagen zulässig ist.

I. Normzweck

1 Die Vorschrift (**Abs. 1**) sichert der Gesellschaft in den Fällen der beschränkten (§ 26 III) u. gemischten (§ 27 IV) Nachschusspflicht die Aufbringung der Nachschüsse, indem sie auf das für die verzögerte Einzahlung von Stammeinlagen anzuwendende Verfahren (§§ 21–23) verweist. Die Gesellschafter hingg. genießen in diesen Fällen der beschränkten Nachschusspflicht insofern keinen Schutz, als das Preisgaberecht gem. § 27 grds. nicht besteht. Diese Härte ist jedoch damit zu rechtfertigen, dass ihre Nachschusspflicht gerade beschränkt u. Gefahren daher absehbar sind.[1] Auch steht es den Gesellschaftern frei, in der Satzung andere Regelungen zu treffen, denn § 28 ist abdingbar (→ Rn. 3). In **Abs. 2** wird bei entspr. gesellschaftsvertraglicher Ausgestaltung von dem Grundsatz der vollständigen Einforderung der Stammeinlagen zugunsten einer vorherigen Einforderung beschränkter Nachschüsse eine Ausn. gemacht.

II. Inhalt

1. Voraussetzungen

2 **a) Verzögerte Zahlung auf Nachschussforderung.** Der Anwendungsbereich umfasst zunächst die Fälle **beschränkter Nachschusspflicht** iSd § 26 III (→ § 26 Rn. 4). In Abs. 1 S. 2 wird dieser auch auf Fälle der **gemischten Nachschusspflicht** (→ § 27 Rn. 16) erweitert, soweit die Nachschüsse den in der Satzung festgelegten Betrag nicht überschreiten; maßgeblich dafür ist die Summe aller ehemals u. aktuell eingeforderten Nachschussbeträge.[2] Die

1 Vgl. auch Roth/*Altmeppen* Rn. 1.
2 Baumbach/Hueck/*Fastrich* Rn. 2; Habersack/Casper/Löbbe/*Leuschner* Rn. 13.

Zahlung auf die wirksam eingeforderten Nachschüsse (→ § 26 Rn. 5 f.) muss iÜ **verzögert** sein. Der Gesellschafter darf die Nachschussforderung also trotz Fälligkeit nicht vollständig erfüllt haben. Auf einen Verzug iSd § 286 BGB kommt es indes nicht an.[3]

b) Keine andere gesellschaftsvertragliche Regelungen. Der Gesellschaftsvertrag kann **andere Regelungen** treffen (Abs. 1 S. 1), die die Anwendbarkeit der §§ 21 ff. ausschließen, erweitern oder auch nur hins. einzelner Verfahrensschritte u. Rechtsfolgen modifizieren. Denkbar ist etwa eine Verschärfung dahin, dass über die Kaduzierung hinaus eine Ausfallhaftung der übrigen Gesellschafter gem. § 24 angeordnet wird.[4] In Betracht kommt zB ebenso die Einführung des Preisgabeverfahrens nach Maßgabe des § 27 auch in Fällen der beschränkten Nachschusspflicht. Um die Aufbringung des Stammkapitals nicht zu gefährden, kann dies allerdings nur unter der Voraussetzung der vollständigen Einzahlung der Stammeinlage erfolgen.[5] 3

2. Rechtsfolgen

a) Kaduzierungsvorschriften. Die Gesellschaft hat nunmehr die Möglichkeit, das **Kaduzierungsverfahren** zu betreiben. Die Vorschriften der §§ 21–23 – nicht § 24 – finden in der Weise Anwendung, dass die Nachschussforderung dem eingeforderten Stammeinlagebetrag gleichgestellt wird.[6] In der Konsequenz kann dies den entschädigungslosen Ausschluss des Gesellschafters zur Folge haben. Die Gesellschaft muss dieses weit reichende Verfahren jedoch nicht zwingend nutzen, sondern kann den Anspruch auch weiterhin im Wege der Klage u. Vollstreckung durchsetzen.[7] 4

Der ausgeschlossene **Gesellschafter haftet** gem. § 21 III nicht nur für alle Nachschussforderungen, die bis zu seinem Ausschluss fällig geworden sind, sondern auch für solche, die zwar noch nicht fällig, aber bereits eingefordert waren.[8] Auch die **Rechtsvorgänger** können gem. § 22 für die offene Nachschussforderung in Anspruch genommen werden, wenn u. nur soweit die Nachschusspflicht bei Ausscheiden aus der Gesellschaft (§ 16) im Gesellschaftsvertrag statuiert war.[9] Ist auch dies nicht erfolgreich, kann der Zwangsverkauf nach § 23 erfolgen (vgl. dazu §§ 21 ff.). Eine Solidarhaftung der übrigen Gesellschafter gem. § 24 gibt es grds. nicht. 5

Sind nicht nur die Einzahlung der Nachschüsse, sondern **auch Stammeinlagezahlungen rückständig**, stehen zwei Kaduzierungsverfahren in Konkurrenz zueinander. Um der Sicherung der Kapitalaufbringung Rechnung zu tragen, muss die Gesellschaft in diesem Fall vorrangig oder jedenfalls gleichzeitig auch wegen der Stammeinlage gem. §§ 21 ff. vorgehen.[10] Nur so steht ihr das strenge unabdingbare (§ 25) Kaduzierungsverfahren voll- 6

3 Scholz/*Emmerich* Rn. 4; Michalski/*Mock* Rn. 6; vgl. zur verspäteten Zahlung auch § 20 Rn. 4.
4 Roth/*Altmeppen* Rn. 9; Scholz/*Emmerich* Rn. 10.
5 Baumbach/Hueck/*Fastrich* Rn. 3; Lutter/Hommelhoff/*Bayer* Rn. 4.
6 Roth/*Altmeppen* Rn. 3.
7 Michalski/*Mock* Rn. 8; MüKoGmbHG/*Schütz* Rn. 18.
8 HM, Scholz/*Emmerich* Rn. 5; Rowedder/Schmidt-Leithoff/*Pentz* Rn. 2.
9 Scholz/*Emmerich* Rn. 7 f.; Roth/*Altmeppen* Rn. 5.
10 Habersack/Casper/Löbbe/*Leuschner* Rn. 7; Baumbach/Hueck/*Fastrich* Rn. 8.

ständig zur Verfügung. Auch greift die Ausfallhaftung der übrigen Gesellschafter nach § 24 grds. nur bei Kaduzierung wegen der rückständigen Stammeinlage ein.

7 **b) Nachschuss trotz fehlender Einlageleistung** (Abs. 2). In beiden Fällen der Nachschusspflicht (Abs. 1 S. 1 u. 2) kann die Satzung von dem grds. Erfordernis der vollständigen Einforderung der Stammeinlage (→ § 26 Rn. 6) eine Ausn. machen u. damit eine **vorzeitige Einforderung von Nachschüssen** erlauben. Möglich ist dies nur bei beschränkten Nachschüssen, weil §§ 21–23 nur hier uneingeschränkt anwendbar sind.[11] Voraussetzung ist, dass der Gesellschaftsvertrag dies nicht nur ausdrücklich erlaubt, sondern iÜ keinerlei Abweichungen zu den §§ 21–23 – etwa die Statuierung eines Preisgaberechts – vorsieht.[12] Die Nachschüsse, die daraufhin schon vor Einforderung bzw. Einzahlung der Stammeinlage erbracht werden, unterliegen der **Bindung des § 30 II 3.**[13] Eine Rückzahlung der Nachschüsse ist damit bis zur vollen Einzahlung des Stammkapitals unzulässig.

§ 29 Ergebnisverwendung

(1) [1]Die Gesellschafter haben Anspruch auf den Jahresüberschuß zuzüglich eines Gewinnvortrags und abzüglich eines Verlustvortrags, soweit der sich ergebende Betrag nicht nach Gesetz oder Gesellschaftsvertrag, durch Beschluß nach Absatz 2 oder als zusätzlicher Aufwand auf Grund des Beschlusses über die Verwendung des Ergebnisses von der Verteilung unter die Gesellschafter ausgeschlossen ist. [2]Wird die Bilanz unter Berücksichtigung der teilweisen Ergebnisverwendung aufgestellt oder werden Rücklagen aufgelöst, so haben die Gesellschafter abweichend von Satz 1 Anspruch auf den Bilanzgewinn.

(2) Im Beschluß über die Verwendung des Ergebnisses können die Gesellschafter, wenn der Gesellschaftsvertrag nichts anderes bestimmt, Beträge in Gewinnrücklagen einstellen oder als Gewinn vortragen.

(3) [1]Die Verteilung erfolgt nach Verhältnis der Geschäftsanteile. [2]Im Gesellschaftsvertrag kann ein anderer Maßstab der Verteilung festgesetzt werden.

(4) [1]Unbeschadet der Absätze 1 und 2 und abweichender Gewinnverteilungsabreden nach Absatz 3 Satz 2 können die Geschäftsführer mit Zustimmung des Aufsichtsrats oder der Gesellschafter den Eigenkapitalanteil von Wertaufholungen bei Vermögensgegenständen des Anlage- und Umlaufvermögens in andere Gewinnrücklagen einstellen. [2]Der Betrag dieser Rücklagen ist in der Bilanz gesondert auszuweisen; er kann auch im Anhang angegeben werden.

11 Habersack/Casper/Löbbe/*Leuschner* Rn. 16; Michalski/*Mock* Rn. 15; Roth/*Altmeppen* Rn. 7.
12 Scholz/*Emmerich* Rn. 12; MüKoGmbHG/*Schütz* Rn. 24.
13 Roth/*Altmeppen* Rn. 8; Lutter/Hommelhoff/*Bayer* Rn. 6.

I. Normzweck/Überblick

Für die Ergebnisverwendung in der werbenden Gesellschaft enthält § 29 gesetzliche Regelungen, ist aber **dispositiv.**[1] Abs. 1 u. 2 schaffen die Möglichkeit der Gewinnthesaurierung aufgrund eines Beschlusses mit einfacher Mehrheit, so dass der Anspruch des einzelnen Gesellschafters auf Gewinnausschüttung stets unter dem Vorbehalt eines solchen Beschlusses steht.[2] Abs. 3 legt einen Verteilungsschlüssel fest, wonach der Anteil jedes Gesellschafters am Gewinn seinem Anteil am Stammkapital entspricht. Abs. 4 u. Abs. 1 S. 2 regeln den Sonderfall, dass Teile des Gewinns nur aus Wertauf- 1

1 Baumbach/Hueck/*Fastrich* Rn. 3; Gehrlein/Born/Simon/*Beckmann/Hofmann* Rn. 1, Scholz/*Verse* Rn. 1 u. 99. Ausgenommen von der Dispositionsfreiheit sind aber zwingende Vorschriften hins. Kapitalerhaltung, Bilanzierung u. Buchführung sowohl außerhalb dieser Norm als auch nach Abs. 4 S. 2, worauf MüKoGmbHG/*Ekkenga* Rn. 6 u. Ulmer/*Müller* Rn. 2 zu Recht hinweisen.

2 Roth/*Altmeppen* Rn. 1; Gehrlein/Born/Simon/*Beckmann/Hofmann* Rn. 1.

holungen nach § 253 V HGB stammen. In der **Liquidation** wird § 29 durch die §§ 72 f. verdrängt (→ § 69 Rn. 7 mN).

2 Bis 1986 war das Verhältnis von grds. Thesaurierungsmöglichkeit u. Gewinnausschüttung umgekehrt: Nach dem Vollausschüttungsgebot des § 29 aF hatte jeder Gesellschafter einen (nur mit seiner Zustimmung einziehbaren) Anspruch auf Ausschüttung des Jahresüberschusses.[3] Für **Altgesellschaften** sollen diese Regelungen trotz zwischenzeitlicher Aufhebung der Übergangsvorschrift[4] fortgelten.[5]

1. Terminologie

3 Grundlage des Ausschüttungsanspruchs nach Abs. 1 S. 1 ist das **(Jahres-)Ergebnis** (Abs. 1 u. 2), dh der Jahresüberschuss zuzüglich eines Gewinnvortrags u. abzüglich eines Verlustvortrags (§ 266 III A IV HGB).[6] Der **Jahresüberschuss** (Abs. 1 S. 1), landläufig als „Gewinn" bezeichnet, ergibt sich wiederum als Saldo der Gewinn- u. Verlustrechnung (§ 275 II Nr. 17, III Nr. 16 HGB) sowie als Überschuss der Aktiv- über die Passivposten in der Bilanz (§ 266 III A V HGB).[7]

4 An Stelle des Jahresergebnisses ist der **Bilanzgewinn** Grundlage des Ausschüttungsanspruchs (Abs. 1 S. 2), wenn das Jahresergebnis bereits bei der Aufstellung der Bilanz teilw. zur Bildung von nicht zwingend vorgeschriebenen Rücklagen (sog. **diskretionäre Rücklagen**) verwendet wird (§§ 268 I, 270 II HGB) oder wenn Rücklagen aufgelöst werden, da hierdurch jeweils der ausschüttungsfähige „Gewinn" verändert wird.[8] In diesem Fall ist ein Gewinn- oder Verlustvortrag bereits rechnerisch einbezogen (§ 268 I 2 Hs. 2 HGB).

5 Der in Abs. 1 S. 1 aE genannte **zusätzliche Aufwand** aufgrund des Verwendungsbeschlusses bezeichnet solchen Aufwand, der dadurch entsteht, dass der Ergebnisverwendungsbeschluss Ausschüttungen in anderer Höhe vorsieht als von der Geschäftsführung bei der Aufstellung des Jahresabschlusses erwartet. Eine höhere steuerliche Belastung konnte sich bis 2008 ergeben, da thesaurierte Gewinne bis dahin einem höheren Körperschaftsteuersatz unterlagen als ausgeschüttete.[9] Bedeutung hat der zusätzliche Aufwand derzeit nur bei solchen Gewinnbeteiligungen Dritter, deren Höhe von der Gewinnausschüttung an die Gesellschafter abhängt, bspw. bestimmten Formen von Genussrechten.[10]

---

3 BGHZ 105, 210.
4 Art. 12 § 7 GmbHGÄndG, aufgehoben durch Art. 43 des Gesetzes über die weitere Bereinigung von Bundesrecht v. 8.12.2010 (BGBl. I 10 S. 1864).
5 Gehrlein/Born/Simon/*Beckmann*/*Hofmann* Rn. 1; MüKoGmbHG/*Ekkenga* Rn. 277; zweifelnd *Roth*/Altmeppen 8. Aufl. Rn. 3, der Altgesellschaften zu Recht dringend eine Klarstellung in der Satzung empfiehlt; zum Übergangsrecht vgl. Voraufl Rn. 2 u. eingehend Michalski/*Salje* 2. Aufl. Rn. 144 ff. u. MüKoGmbHG/*Ekkenga* 1. Aufl. Rn. 277 ff.
6 Roth/*Altmeppen* Rn. 3; Lutter/*Hommelhoff* Rn. 2.
7 Roth/*Altmeppen* Rn. 3; Lutter/*Hommelhoff* Rn. 2.
8 Roth/*Altmeppen* Rn. 3; Lutter/*Hommelhoff* Rn. 2; eingehend Scholz/*Verse* Rn. 31 ff.
9 Roth/*Altmeppen* Rn. 3; MüKoGmbHG/*Ekkenga* Rn. 20.
10 MüKoGmbHG/*Ekkenga* Rn. 20; Baumbach/Hueck/*Fastrich* Rn. 27.

Ferner ist zwischen Aufstellung u. Feststellung des Jahresabschlusses zu unterscheiden. Die **Aufstellung** bezeichnet die Anfertigung des Entwurfs des Jahresabschlusses durch die Geschäftsführer (§ 42 a I 1). Die **Feststellung des Jahresabschlusses** erfolgt sodann durch Beschluss der Gesellschafter (§§ 42 a, 46 Nr. 1) oder eines anderen dazu berufenen Organs (§ 45 I). Sofern der festgestellte Jahresabschluss einen Gewinn ausweist, schließt sich der **Verwendungsbeschluss** (§ 46 Nr. 1) an, in dem die Gesellschafter (oder ein anderes in der Satzung bestimmtes Organ, § 45 II) über die **Ergebnisverwendung** (dh Thesaurierung oder Ausschüttung) entscheiden. Nur soweit demnach ein Betrag zur Ausschüttung vorgesehen ist, folgt die **Ergebnisverteilung** (unter den Gesellschaftern). 6

2. Mitgliedschaftliches Gewinnbezugsrecht

Abs. 1 S. 1 gewährt jedem Gesellschafter grds. einen Anspruch auf seinen Anteil an einem etwa vorhandenen Gewinn, stellt diesen Anspruch jedoch unter den Vorbehalt eines Ausschlusses oder einer Reduzierung durch Gesetz, Satzung, Gesellschafterbeschluss oder zusätzlichen Aufwand. Zu unterscheiden ist daher zwischen zwei verschiedenen Rechten. Das abstrakte, mit der Mitgliedschaft untrennbar verbundene **Gewinnbezugs- oder Gewinnstammrecht** der Gesellschafter,[11] welches einer **Anwartschaft** ähnelt,[12] gewährt ein Recht auf regelmäßige Teilhabe am wirtschaftlichen Erfolg der Gesellschaft, aber nicht auf bestimmte Zahlungen. Zu einem regelmäßig wiederkehrenden konkreten **Auszahlungs- oder Gewinnanspruch** wächst das Stammrecht erst über die Zwischenschritte Aufstellung des Jahresabschlusses mit Gewinnausweis, Feststellungsbeschluss und Verwendungsbeschluss heran, worauf der einzelne Gesellschafter jeweils einen Anspruch hat (dazu → Rn. 18, 28 u. 55). IVm dem Anspruch auf Beteiligung am Liquidationserlös (§ 72) wird durch das Gewinnbezugsrecht das Stammrecht auf Beteiligung am Gesellschaftsvermögen gesichert.[13] Wirtschaftlich handelt es sich dabei um das wichtigste Mitgliedschaftsrecht,[14] zumal die Erzielung eines Veräußerungserlöses bei der GmbH aufwändiger und bei entspr. Satzungsgestaltung insgesamt schwieriger ist als bei einer börsennotierten AG.[15] 7

Ein **Ausschluss** oder eine Modifizierung des Gewinnstammrechts in der Satzung ist, auch für einzelne Gesellschafter, dennoch zulässig,[16] eine spä- 8

11 Michalski/*Mock* Rn. 32 f.; Roth/*Altmeppen* Rn. 5; Scholz/*Verse* Rn. 10; Lutter/*Hommelhoff* Rn. 3, Baumbach/Hueck/*Fastrich* Rn. 48; Ulmer/*Müller* Rn. 6.

12 Von einer Anwartschaft unterscheidet sich das Gewinnstammrecht aber insofern, als es keine gesicherte Erwartung auf künftige Zahlungen gewähren kann, denn der spätere konkrete Auszahlungsanspruch hängt zum einen davon ab, dass überhaupt ein Gewinn erwirtschaftet wird, zum anderen davon, dass ein etwa erzielter Gewinn auch zur Ausschüttung gelangt u. nicht thesauriert wird, worauf MüKoGmbHG/*Ekkenga* Rn. 39 zutr. hinweist; aA Michalski/*Salje* 2. Aufl. Rn. 23. Andererseits geht das Gewinnstammrecht aber über eine „bloße Exspektanz“ hinaus (zutr. Gehrlein/Born/Simon/*Beckmann*/*Hofmann* Rn. 2).

13 Ulmer/*Müller* Rn. 6; Scholz/*Verse* Rn. 9.

14 Ulmer/*Müller* Rn. 6; Scholz/*Verse* Rn. 9.

15 Zu Recht Gehrlein/Born/Simon/*Beckmann*/*Hofmann* Rn. 2.

16 Lutter/*Hommelhoff* Rn. 3; Ulmer/*Müller* Rn. 7 mwN zu sog. *Tracking Stocks* in Rn. 7 a; MüKoGmbHG/*Ekkenga* Rn. 68.

tere **Verschlechterung** eines einmal begründeten Stammrechts bedarf jedoch einer Satzungsänderung unter Zustimmung aller betroffenen Gesellschafter.[17] Eine derartige Verschlechterung ist insbes. die Aufhebung oder Verminderung eines in der Satzung festgelegten Sonderrechts, bspw. einer Mindestdividende,[18] oder die Einführung einer Thesaurierungsklausel.[19] Eine Verschlechterung idS ist aber auch die Änderung eines in der Satzung festgelegten oder altrechtlich fortgeltenden Vollausschüttungsgebots.[20] Zwar kommen nicht ausgeschüttete Gewinne dem Gesellschaftsvermögen zugute, so dass die Teilhabe des Gesellschafters hieran über seinen Anspruch auf Beteiligung am Liquidationserlös weiter gesichert bleibt u. damit das Stammrecht auf Teilhabe am Gesamtvermögen der Gesellschaft nicht angetastet wird.[21] Der Anspruch auf periodische Teilhabe am Vermögenszuwachs der Gesellschaft als besonderer Ausprägung dieses Stammrechts wird jedoch beeinträchtigt u. bedarf daher der Mitwirkung des betroffenen Gesellschafters.

9 Das Gewinnstammrecht kann als Mitgliedschaftsrecht nicht vom Geschäftsanteil isoliert veräußert werden (Abspaltungsverbot) u. geht daher bei einer **Übertragung des Geschäftsanteils** zwingend auf den Erwerber über; der konkrete Auszahlungsanspruch entsteht daher grds. in der Person, die zum Zeitpunkt von dessen Entstehung, also der Fassung des Gewinnverwendungsbeschlusses, Gesellschafter ist (→ Rn. 55 f.).[22] Im Verhältnis zwischen den Vertragsparteien sind hingg. abw. Vereinbarungen zulässig, insbes. nach der Beteiligungszeit.[23] Behält sich der Veräußerer im Vertrag mit dem Erwerber den Gewinnanspruch für das laufende Geschäftsjahr bzw. bis zum Übertragungszeitpunkt vor, so wird dies als (teilw) Rückabtretung des künftigen Gewinnauszahlungsanspruchs auszulegen sein.[24]

3. Verluste

10 Verluste wirken sich zunächst insofern auf die einzelnen Gesellschafter aus, als deren ausschüttungsfähiger Gewinn (uU auch in mehreren Folgejahren durch einen entspr. Verlustvortrag) aufgezehrt wird, außerdem steht im Falle der Beendigung der Gesellschaft ein geringerer bzw. im Falle der Insolvenz ggf. gar kein Liquidationserlös zur Verfügung.[25] Anders als bei Per-

---

17 Lutter/*Hommelhoff* Rn. 3; Scholz/*Verse* Rn. 76.
18 Lutter/*Hommelhoff* Rn. 3; Ulmer/*Müller* Rn. 8; MüKoGmbHG/*Ekkenga* Rn. 175.
19 So mit Unterschieden im Detail einerseits *Roth*/Altmeppen 8. Aufl. Rn. 23 (bei Teilthesaurierungsklausel nur erforderlich, sofern auch der Verteilungsmaßstab geändert wird); andererseits Baumbach/Hueck/*Fastrich* Rn. 37 (erforderlich bei dauerndem Ausschluss); wieder anders u. teleologisch überzeugend MüKoGmbHG/*Ekkenga* Rn. 175, der nach Umfang der Thesaurierung differenzieren will u. eine Grenze bei ca. 80 % vorschlägt, welche auch den zu § 1365 BGB entwickelten Grundsätzen entspräche.
20 AA Lutter/*Hommelhoff* Rn. 3. Zu beachten ist ferner, dass für Altgesellschaften das Übergangsrecht zur vereinfachten Satzungsänderung ausgelaufen ist.
21 Insoweit zutr. Lutter/*Hommelhoff* Rn. 3.
22 BGH GmbHR 98, 538, 539; Michalski/*Mock* Rn. 108; Ulmer/*Müller* Rn. 9; Scholz/*Verse* Rn. 9; MüKoGmbHG/*Ekkenga* Rn. 39 u. 121 f.
23 MüKoGmbHG/*Ekkenga* Rn. 60 m Bsp aus der Vertragspraxis.
24 BGH NZG 04, 912; Baumbach/Hueck/*Fastrich* Rn. 59 mwN.
25 *Roth*/Altmeppen 8. Aufl. Rn. 4.

sonengesellschaften nimmt aber regelmäßig kein Gesellschafter persönlich an Verlusten der Gesellschaft teil, sofern die Stammeinlage bereits voll erbracht ist. Dieser Grundsatz kann jedoch durch eine Verpflichtung zur Erbringung von Nebenleistungen (§ 3 II) oder Nachschüssen (§§ 26 ff.) in der Satzung durchbrochen werden, außerdem können die Gesellschafter rein schuldrechtliche Ausgleichspflichten, auch zugunsten der Gesellschaft als Drittem iSv § 328 BGB,[26] vereinbaren oder eine Kapitalerhöhung nach vorangegangener nomineller Kapitalherabsetzung beschließen.[27] Besonderheiten gelten im **Vertragskonzern** u. bei **Patronatserklärungen** (→ Anh. § 13 Rn. 192 ff., 290 ff.).

II. Ergebnisverwendung (Abs. 1, 2)

Der konkrete, fällige Gewinnanspruch setzt die Aufstellung des Jahresabschlusses, den Ausweis eines positiven Jahresergebnisses oder Bilanzgewinns, die Feststellung dieses Jahresabschlusses sowie einen darauf aufbauenden Verwendungsbeschluss (str., → Rn. 55) voraus. Auch im Falle der zulässigen Zusammenfassung von Feststellungsbeschluss u. Verwendungsbeschluss liegen 2 voneinander zu unterscheidende Entscheidungen vor.[28] Fehlt eines der 3 genannten Elemente, auf die der Verwendungsbeschluss aufbaut, so ist letzterer nichtig.[29] 11

1. Aufstellung des Jahresabschlusses

a) **Grundlagen.** Der Jahresabschluss weist das Jahresergebnis oder den Bilanzgewinn u. damit die Vermögensmasse aus, über deren Ausschüttung im Verwendungsbeschluss entschieden wird. Das Jahresergebnis ergibt sich aus dem Jahresabschluss, den die Geschäftsführer nach den Vorgaben aus Gesetz (§§ 242 ff.; 264 ff. HGB, § 42), GoB u. dem Gesellschaftsvertrag aufstellen (Einzelheiten dazu in §§ 41–42 a),[30] beim Bilanzgewinn ist zusätzlich die (teilw) Einstellung des Ergebnisses in Rücklagen oder die Auflösung von Rücklagen bereits im Jahresabschluss berücksichtigt (→ Rn. 4). 12

Ob die Geschäftsführer den Jahresabschluss schon unter (ganzer oder teilw) **Verwendung des Jahresergebnisses** (dh Bildung von Rücklagen) aufstellen können u. dann nur noch einen entspr. geringeren Bilanzgewinn auszuweisen brauchen (Abs. 1 S. 2; § 268 I HGB, → Rn. 4), richtet sich mangels genauerer Regelungen im Gesellschaftsvertrag nach der Zuständigkeitsverteilung für Feststellungs- u. Verwendungsbeschluss. De facto werden nämlich durch die Verwendung des Jahresergebnisses im Jahresabschluss Entscheidungsmöglichkeiten aus dem Gewinnverwendungsbeschluss in den Feststellungsbeschluss vorgezogen. Sofern die Zuständigkeit für beide Beschlüsse dem Normalstatut entspr. bei den Gesellschaftern liegt, kann für die Abschlussaufstellung ohne Weiteres das Jahresergebnis verwendet werden, da die Gesellschafter ihnen nicht genehme Bilanzwahl- 13

---

26 MüKoGmbHG/*Ekkenga* Rn. 2; Ulmer/*Müller* Rn. 16 mwN.
27 MüKoGmbHG/*Ekkenga* Rn. 2.
28 Lutter/*Hommelhoff* Rn. 5; *Crezelius*, in: FS GmbHG, 92, S. 318.
29 MüKoGmbHG/*Ekkenga* Rn. 161; Michalski/*Mock* Rn. 200; Roth/*Altmeppen* Rn. 11 ff.
30 Lutter/*Hommelhoff* Rn. 5.

möglichkeiten der Geschäftsführer im Feststellungsbeschluss selbst korrigieren können. Etwas anderes gilt, wenn die Zuständigkeiten für die Abschlussfeststellung u. den Verwendungsbeschluss auseinanderfallen (zB bei Feststellungskompetenz eines Beirats oder der Geschäftsführer). Dann ist regelmäßig nicht davon auszugehen, dass den Geschäftsführern bei der Bilanzaufstellung die Möglichkeit der vollständigen oder teilw. Ergebnisverwendung zustehen soll, da anderenfalls die Kompetenz der Gesellschafter massiv verkürzt würde, über die Gewinnverwendung frei zu entscheiden.[31] Möglich bleibt aber eine solche Kompetenzbeschränkung der Gesellschafter durch ausdrückliche Satzungsbestimmung, welche den Geschäftsführern selbst bei divergierender Organzuständigkeit für Feststellungs- u. Verwendungsbeschluss die Befugnis zu bindenden Entscheidungen darüber einräumt, freie Rücklagen zu bilden[32] bzw. bestehende Rücklagen aufzulösen.[33]

14 b) **Verwendbares Ergebnis.** Nur ein in der festgestellten Bilanz ausgewiesenes Jahresergebnis bzw. ein Bilanzgewinn kann Gegenstand des anschließenden Verwendungsbeschlusses sein. Bereits bei der Aufstellung des Abschlusses sind jedoch einige Sonderfälle zu beachten, in denen die Bildung von Rücklagen zwingend vorgeschrieben ist bzw. die zu einer Verringerung des Überschusses u. somit in beiden Fällen zu einer Verringerung des Ergebnisses führen.

15 Zwingend zu bildende **Rücklagen** sind nicht erst im Ergebnisverwendungsbeschluss, sondern bereits bei der Aufstellung des Abschlusses zu berücksichtigen, da über die Verwendung der in die Rücklage einzustellenden Mittel von vornherein nicht mehr frei entschieden werden kann.[34] Die Pflicht zur Rücklagenbildung kann sich zunächst aus gesetzlichen Vorschriften ergeben, insbes. aus § 272 IV 3 HGB (Anteile an einem herrschenden oder mit Mehrheit beteiligten Unternehmen), § 272 Ia u. Ib HGB (eigene Anteile), § 5 a III (bei der UG) u. § 58 c S. 1 (Nichteintritt angenommener Verluste nach Kapitalherabsetzung).[35] Hierzu dürfte auch die im Gesetz als Ausschüttungssperre bezeichnete Bildung von Zwangsrücklagen nach § 268 VIII HGB im Zusammenhang mit selbstgeschaffenen Vermögensgegenständen des Anlagevermögens (§ 248 II HGB), mit aktiven latenten Steuern (§ 274 I 2 HGB) oder mit Vermögensgegenständen zur Erfüllung von Schulden aus Altersversorgungsverpflichtungen (§ 246 II 2 HGB) zu zählen sein.[36] Die Pflicht zur Rücklagenbildung kann sich aber auch aus der Satzung ergeben u. ist dann ebenfalls bereits bei der Abschlussaufstellung zu beachten.[37]

---

31 Eingehend zum Ganzen Scholz/*Verse* Rn. 33; Lutter/*Hommelhoff* Rn. 6; Roth/*Altmeppen* Rn. 20; Baumbach/Hueck/*Fastrich* Rn. 9; Ulmer/*Müller* Rn. 68; aA (Einschränkung nur bei Übertragung der Feststellungskompetenz auf Geschäftsführer) MüKoGmbHG/*Ekkenga* Rn. 138.

32 Lutter/*Hommelhoff* Rn. 6; Roth/*Altmeppen* Rn. 20; MüKoGmbHG/*Ekkenga* Rn. 145; Michalski/*Mock* Rn. 72.

33 MüKoGmbHG/*Ekkenga* Rn. 36.

34 Scholz/*Verse* Rn. 32 mwN.

35 Ulmer/*Müller* Rn. 57 b u. 67 a.

36 Ulmer/*Müller* Rn. 57 b; ebenso wohl Lutter/*Hommelhoff* Rn. 9; aA Scholz/*Verse* Rn. 29; Ulmer/*Müller* Rn. 67 a.

37 Scholz/*Verse* Rn. 32; Ulmer/*Müller* Rn. 67 a.

Muss die Gesellschaft das Jahresergebnis aufgrund eines rechtswirksamen **Gewinnabführungsvertrages** (vgl. dazu eingehend Anhang zu → § 13 Rn. 108 ff.), ganz oder teilw. abführen, so ist dies bereits bei der Aufstellung des Jahresabschlusses als Passivposten entspr. zu berücksichtigen. Entspr. gilt für Gewinnbeteiligungsrechte Dritter wie **Genussrechte**[38] oder gewinnabhängige Geschäftsführertantiemen. Auch sie mindern den Jahresüberschuss.[39] 16

2. Feststellung des Jahresabschlusses

a) **Überblick.** Der aufgestellte Jahresabschluss ist von den Gesellschaftern oder von dem nach der Satzung dazu berufenen Organ u. zwingend innerhalb der Fristen nach § 42 a II[40] durch Beschluss festzustellen (§§ 42 a, 46 Nr. 1). Sofern die Geschäftsführer nicht durch Satzung zur Feststellung des Jahresabschlusses berufen sind, haben sie keine Entscheidungskompetenz, auch nicht mit Blick auf Bilanzierungswahlrechte(→ Rn. 13).[41] Der von den Geschäftsführern aufgestellte Jahresabschluss hat daher regelmäßig Entwurfscharakter, so dass bei der Feststellung des Abschlusses von den Vorschlägen der Geschäftsführung beliebig abgewichen werden kann.[42] Erst durch den Feststellungsbeschluss wird der Jahresabschluss wirksam u. damit für die Gesellschafter untereinander u. für die Gesellschaft im Außenverhältnis bindend.[43] Das im festgestellten Abschluss ausgewiesene Jahresergebnis bzw. der Bilanzgewinn kann im Verwendungsbeschluss nicht mehr geändert werden.[44] 17

b) **Erzwingbarkeit.** Da ein festgestellter Jahresabschluss zwingende Voraussetzung für die Entstehung eines Gewinnauszahlungsanspruches ist, hat jeder Gesellschafter nach zutr., wohl nun hM einen Anspruch gegen die Gesellschaft auf Fassung eines Feststellungsbeschlusses, welcher durch Leistungsklage geltend gemacht werden kann.[45] 18

c) **Fehlerhafter Feststellungsbeschluss.** Der festgestellte Jahresabschluss ist bei Verstoß gegen Gesetz oder Satzung vom Feststellungsorgan zu berichtigen.[46] Unterbleibt dies, ist der Beschluss bei schweren Mängeln analog § 256 AktG, insbes. also bei Verletzung von Regeln zum Schutz von Gläubigern oder der Allgeneinheit, nichtig u. iÜ anfechtbar.[47] 19

Die Anfechtung ist nicht entspr. § 257 I 2 AktG ausgeschlossen.[48] 20

---

38 Baumbach/Hueck/*Fastrich* Rn. 88 ff. Anders jedoch im Steuerrecht, vgl. § 8 III 2 KStG, dazu Rn. 82.
39 *BGHZ 18, 208.*
40 Ulmer/*Müller* Rn. 33 f.
41 Lutter/*Hommelhoff* Rn. 12.
42 Scholz/*Verse* Rn. 13 a; Roth/*Altmeppen* Rn. 18.
43 Ulmer/*Müller* Rn. 31; Scholz/*Verse* Rn. 13.
44 Scholz/*Verse* Rn. 42; MüKoGmbHG/*Ekkenga* Rn. 146 mwN.
45 Ausf. MüKoGmbHG/*Ekkenga* Rn. 45 ff.; Gehrlein/Born/Simon/*Beckmann/Hofmann* Rn. 21 mwN.
46 Scholz/*Verse* Rn. 23.
47 Eingehend Scholz/*Verse* Rn. 24 f. u. MüKoGmbHG/*Ekkenga* Rn. 102 f.
48 Lutter/*Hommelhoff* Rn. 15.

3. Ergebnisverwendungsbeschluss

21 a) **Allgemeines.** Sofern der festgestellte Jahresabschluss ein verwendungsfähiges Ergebnis ausweist, ist zwingend innerhalb der Fristen nach § 42 a II ein Verwendungsbeschluss zu fassen.[49] Während der Abschluss das Ergebnis des zurückliegenden Geschäftsjahres festhält, beinhaltet der Verwendungsbeschluss auch eine Prognose über den künftigen Finanzbedarf der Gesellschaft.[50] Dem für die Beschlussfassung zuständigen Organ müssen die Geschäftsführer daher rechtzeitig den Jahresabschluss u. den Lagebericht als Grundlage der Entscheidungsfindung zukommen lassen u. ggf. erläutern.[51] Die Wochenfrist des § 51 I wird dafür regelmäßig nicht ausreichen.[52]

22 Sofern kein wirksamer Gewinnabführungsvertrag besteht oder die Satzung kein anderes Verfahren vorschreibt (etwa Befreiung vom Erfordernis eines Ergebnisverwendungsbeschlusses),[53] ist ein Ergebnisverwendungsbeschluss unerlässliche Voraussetzung für eine wirksame Ergebnisverwendung, insbes. für die Ansprüche der Gesellschafter auf Gewinnauszahlung in Konkretisierung des mitgliedschaftlichen Gewinnbezugsrechts (→ Rn. 7, 8). Daher ist ein Beschluss selbst dann notwendig, wenn die Verwendung des Ergebnisses vollständig durch Gesetz oder Satzung vorgegeben ist.[54]

23 b) **Zuständigkeit.** Zuständig für den Verwendungsbeschluss ist die Gesellschafterversammlung (§§ 29 II, 46 Nr. 1), die mit einfacher Mehrheit entscheidet (§ 47).

24 Im Gesellschaftsvertrag kann eine abw. Organzuständigkeit (bspw. von Aufsichtsrat,[55] Beirat[56] oder Geschäftsführern) geregelt werden, selbst wenn das Organ mit Nichtgesellschaftern besetzt ist,[57] nicht jedoch von gesellschaftsfremden Dritten.[58] Die Zuständigkeit für die Feststellung des Jahresabschlusses muss dabei nicht mit der Zuständigkeit zur Ergebnisverwendung übereinstimmen,[59] eine Übereinstimmung dieser Kompetenzen wird auch nicht gesetzlich vermutet.[60] Hins. der erforderlichen Mehrheiten sind ebenfalls abw. Regelungen in der Satzung zulässig.[61]

25 c) **Inhalt des Ergebnisverwendungsbeschlusses.** Stehen nach dem festgestellten Jahresabschluss ausschüttungsfähige freie Mittel (positives Jahresergebnis bzw. Bilanzgewinn) zur Verfügung, so wird im Verwendungsbe-

49 Ulmer/*Müller* Rn. 69 f.
50 So zutr. Scholz/*Verse* Rn. 36 – im Falle der Bilanzierung unter teilw. Ergebnisverwendung ist allerdings auch im Abschluss schon ein Prognoseelement enthalten.
51 Lutter/*Hommelhoff* Rn. 19; Ulmer/*Müller* Rn. 46 bejaht diese Pflichten zutr. (auch) bereits bei der Vorbereitung des Feststellungsbeschlusses.
52 Zutr. Lutter/*Hommelhoff* Rn. 19.
53 Lutter/*Hommelhoff* Rn. 18; Scholz/*Verse* Rn. 38.
54 Baumbach/Hueck/*Fastrich* Rn. 35 f., 38; Scholz/*Verse* Rn. 38.
55 Dazu zählt auch ein mitbestimmter Aufsichtsrat, vgl. *Vollmer*, ZGR 79, 164 f.
56 OLG Düsseldorf GmbHR 83, 124 f.
57 *Einschränkend* Lutter/*Hommelhoff* Rn. 20 (zeitlich beschränkte Amtsdauer von Nichtgesellschaftern).
58 Vgl. Michalski/*Salje* 2. Aufl. 2010 Rn. 69 mwN.
59 Scholz/*Verse* Rn. 41; zu den Folgen für die Abschlussaufstellung s. jedoch Rn. 13.
60 Ulmer/*Müller* Rn. 68; MüKoGmbHG/*Ekkenga* Rn. 137.
61 Scholz/*Verse* Rn. 40; MüKoGmbHG/*Ekkenga* Rn. 141.

schluss darüber entschieden, wie mit diesem Gewinn verfahren wird. Möglich sind die **Ausschüttung** an die Gesellschafter, die Einstellung in eine **Rücklage** (dh dauerhaft bis zu deren Auflösung iR einer Abschlussfeststellung) u. der **Gewinnvortrag** (dh Übertragung in das Folgejahr, wo er das Ergebnis erhöht u. erneut zur Disposition steht).[62] Hins. der **Bindung an den Jahresabschluss** ist zu differenzieren. Der Jahresabschluss ist dahin gehend bindend, dass im Verwendungsbeschluss nicht mehr in die Ergebnisermittlung eingegriffen (bspw. durch Änderungen an oder Bildung von Rückstellungen) u. bei Bilanzaufstellung unter teilw. Gewinnverwendung der ausgewiesene Bilanzgewinn nicht mehr geändert werden darf (bspw. durch – weitere – Auflösung von Rücklagen oder Rücknahme von Ausschüttungen).[63] Zulässig, da Entscheidung über die Verwendung des ausgewiesenen Gewinns, ist dag die Erhöhung von Rücklagen.[64]

Das im Jahresabschluss bindend festgestellte **verwendbare Ergebnis**, welches Gegenstand des Verwendungsbeschlusses ist, stimmt nicht zwingend vollständig mit dem **ausschüttungsfähigen Ergebnis** überein, da auch iRd Verwendung ggf. noch Ausschüttungssperren zu beachten sind.[65] **Nicht Inhalt** des Verwendungsbeschlusses, da nicht ein Ergebnis iSv § 29 betr, sind Entscheidungen über Ausschüttungen über das ausgewiesene Ergebnis bzw. den Bilanzgewinn hinaus, sie sind iRd Kapitalerhaltungsvorschriften gleichwohl zulässig.[66] 26

d) Erzwingbarkeit des Ergebnisverwendungsbeschlusses. Der Ergebnisverwendungsbeschluss begründet den Anspruch des einzelnen Gesellschafters auf Auszahlung des Gewinns als Konkretisierung des allg., mitgliedschaftlichen Gewinnbezugsrechts (→ Rn. 7). Dieses Gewinnbezugsrecht wird unzulässig beeinträchtigt, wenn der Ergebnisverwendungsbeschluss oder der Beschluss über die Feststellung des Jahresabschlusses ohne sachlichen Grund verzögert wird (insbes. über die zeitliche Grenzen des § 42 a II hinaus) oder gänzlich unterbleibt. Eine Gesellschafterminderheit mit mind. 10 % des Stammkapitals kann in diesem Fall eine Gesellschafterversammlung samt Ankündigung einer entsprechenden Beschlussfassung verlangen bzw. selbst bewirken (§ 50) u. ggf. eine Auflösungsklage nach § 61 erheben.[67] 27

Unabhängig davon hat jeder Gesellschafter einen klagbaren Anspruch auf Fassung des Ergebnisverwendungsbeschlusses.[68] Der Anspruch ist grds. gegen die Gesellschaft zu richten.[69] Im Falle einer Klage handelt es sich um 28

62 Näher hierzu Scholz/*Verse* Rn. 44 ff.
63 IErg MüKoGmbHG/*Ekkenga* Rn. 146 f.; vgl. auch Baumbach/Hueck/*Fastrich* Rn. 9 u. 47.
64 AllgM, vgl. Scholz/*Verse* Rn. 45; MüKoGmbHG/*Ekkenga* Rn. 148 mwN; Ulmer/*Müller* Rn. 66.
65 ZB nach § 58 d; vgl. Scholz/*Verse* Rn. 29; die Ausschüttungssperre nach § 268 VIII HGB dürfte dag schon bei der Bilanzaufstellung zu beachten sein, vgl. Rn. 15.
66 Scholz/*Verse* Rn. 42; Ulmer/*Müller* Rn. 2; Baumbach/Hueck/*Fastrich* Rn. 4; im Grundsatz auch MüKoGmbHG/*Ekkenga* Rn. 6.
67 Baumbach/Hueck/*Fastrich* Rn. 39.
68 HM, vgl. allein Lutter/*Hommelhoff* Rn. 30, 32; Roth/*Altmeppen* Rn. 43 f.50; Scholz/*Verse* Rn. 62; *Zöllner*, ZGR 88, 392, 416 ff.; Baumbach/Hueck/*Fastrich* Rn. 40 mwN; aA MüKoGmbHG/*Ekkenga* Rn. 52.
69 Auch bei einer Zweipersonen-GmbH, LG Karlsruhe GmbHR 98, 687.

eine Leistungsklage, gerichtet auf einen Ergebnisverwendungsbeschluss zur Vollausschüttung.[70] Die Vollstreckung richtet sich nach § 894 ZPO.[71] Bei einer personalistisch ausgeprägten Gesellschaft kann der Anspruch auch ggü. den Mitgesellschaftern iR einer Leistungsklage wegen Verletzung ihrer Treuepflicht geltend gemacht werden;[72] die Vollstreckung richtet sich nach § 888 ZPO.[73] Voraussetzung ist in jedem Fall, dass ein bereits festgestellter Jahresabschluss vorliegt. Fehlt dieser, kann der Anspruch gleichzeitig auch hierauf gerichtet werden.[74]

29 Ein einklagbarer Anspuch auf unmittelbare Auszahlung an den Gesellschafter besteht ohne Beschluss oder dessen Ersetzung durch rechtskräftiges Urteil nicht.[75] Dies gilt auch dann, wenn der Jahresabschluss sowie Gesetz u. Satzung keinen Spielraum für den Inhalt des Beschlusses lassen. Entspr. gilt bei Nichtigkeit oder wirksamer Anfechtung des Ergebnisverwendungsbeschlusses (→ Rn. 42 ff.).

30 e) **Minderheitenschutz.** Die Gesellschaftermehrheit entscheidet nach unternehmerischem Ermessen darüber, ob u. in welchem Umfang das Jahresergebnis einbehalten und Reserven (Gewinnrücklage u. -vortrag) gebildet werden sollen. Sie kann dadurch die Verteilung des Gewinns einschränken oder ganz ausschließen. Dies entspricht grds. dem Sinn u. Zweck des in § 29 zur Geltung kommenden Prinzips der autonomen Gewinnthesaurierung zur Selbstfinanzierung (→ Rn. 1, 2). Darin liegt jedoch die Gefahr der Benachteiligung der Gesellschafterminderheit durch übermäßige Reservenbildung zulasten der Gewinnverteilung bis hin zu dem Extremfall eines gezielten „Aushungerns" von Gesellschaftern durch jahrelanges Vorenthalten der Dividende.[76]

31 Im Extremfall können sich die benachteiligten Gesellschafter auf allg. Rechtsgrundsätze (§§ 138, 242, 826 BGB) berufen, etwa dann, wenn Gesellschafter ihre Mehrheit nachweisbar eigensüchtig u. gezielt zum Nachteil der Minderheit ausnutzen.[77] Problematischer sind jedoch die Fälle, in denen kein deutliches Missverhältnis besteht u. eine Benachteiligungsabsicht der Mehrheit nicht offen zu Tage tritt. Denn eine ausdrückliche Regelung zum Schutz von Gewinninteressen einzelner Gesellschafter sieht das GmbHG nicht vor; der im Regierungsentwurf zum BiRiLiG entspr. zu § 254 AktG vorgesehene § 42 h GmbHG-E ist nicht Gesetz geworden. Auch scheuen sich die Gerichte im Hinblick auf den gesetzlich vorgegebenen unternehmerischen **Ermessensspielraum zur Thesaurierung** von Ge-

---

70 AA noch 2. Aufl.: nach billigem Ermessen des Gerichts; wie jetzt hier Scholz/*Verse* Rn. 62 mwN.
71 Baumbach/Hueck/*Fastrich* Rn. 41; Scholz/*Verse* Rn. 62.
72 *Hueck*, in: FS Steindorff, 90, S. 53 f.
73 Lutter/*Hommelhoff* Rn. 31.
74 Baumbach/Hueck/*Fastrich* Rn. 40.
75 *HM*, vgl. allein Baumbach/Hueck/*Fastrich* Rn. 42; abw. Lutter/*Hommelhoff* Rn. 17, 32.
76 Scholz/*Verse* Rn. 53 ff.; Baumbach/Hueck/*Fastrich* Rn. 29 ff.; Lutter/*Hommelhoff* Rn. 21 ff.; *Bork/Oepen*, ZGR 02, 241, 252 ff.; instruktiv OLG Nürnberg NZG 08, 948.
77 OLG München BB 90, 369; OLG Nürnberg NZG 08, 948.

winnen zu Recht, einen Ergebnisverwendungsbeschluss als sachfremd u. einseitig zulasten der Minderheit zu qualifizieren.[78]

Daraus kann aber nicht der Schluss gezogen werden, eine Gesellschafterminderheit sei mit Ausn. der Extremfälle schutzlos gestellt.[79] Die Mehrheit der Gesellschafter wird durch ihre Bindung an ihre **Treuepflicht** (dazu → § 13 Rn. 19 ff.) beschränkt, die Grundlage für einen Schutz der Minderheit ist. Auch wenn dieses Prinzip allg. anerkannt ist,[80] besteht keine Einigkeit darüber, wie die konkreten Grenzen für eine noch zulässige Mehrheitsentscheidung zu ziehen sind. Die Vorschläge reichen von einer Begrenzung auf die Fälle, die eine Gesellschafterminderheit nur unter besonderen Umständen des Einzelfalles vor der Mehrheit schützen wollen,[81] bis hin zur Unzulässigkeit jeder nicht mehr kaufmännisch vertretbaren Rücklagenbildung.[82] 32

Vorzugswürdig ist die Auffassung,[83] wonach im Einzelfall zu entscheiden ist, ob eine Mehrheitsentscheidung noch den Grundsätzen der **Erforderlichkeit u. Verhältnismäßigkeit** entspricht. Danach ist zwischen dem Gesellschaftsinteresse an der Bildung von Rücklagen zur Zukunftssicherung u. dauerhaften Liquiditätserhaltung einerseits u. dem Gesellschafterinteresse an einer Gewinnausschüttung andererseits abzuwägen.[84] 33

Dabei sind sämtliche gegenseitigen Interessen zu berücksichtigen,[85] soweit sie nicht gesellschaftsfremd sind. Zu ihnen zählen auf Seiten der Gesellschaft insbes. (nicht abschließend):[86] die für die Erfüllung des Gesellschaftszwecks u. die weitere Entwicklung erforderlichen Mittel einschließlich angemessener Planungs-, Forschungs- und Entwicklungskosten, Liquiditätsreserven zur Absicherung von Gewährleistungs-, Haftungs- und Abfindungsrisiken, die allg. wirtschaftliche Situation der Gesellschaft (Höhe, Form und Verfügbarkeit von Eigenkapital, Kreditfähigkeit und Kreditrahmen, Höhe u. Laufzeit von Verbindlichkeiten; allg. Marktsituation u. Prognose für die Gesellschaft u. deren Tätigkeitsbereich). Vorkehrungen, auch für ungewöhnliche Entwicklungen u. Veränderungen der Gesellschaft und ihrer Tätigkeit müssen Gesellschafter jedenfalls insoweit als ordnungsgemäß hinnehmen, als sie letzteren zugestimmt haben.[87] Auf Seiten der Gesellschafter sind insbes. deren wirtschaftliche Situation und das Vertrauen auf die Fortführung einer Unternehmenspraxis in Bezug auf Gewinnverwendungen zu beachten.[88] 34

---

78 OLG Düsseldorf NZG 01, 1086; OLG Nürnberg NZG 08, 948.
79 HM, vgl. *Lutter/Hommelhoff* Rn. 21 ff.; Baumbach/Hueck/*Fastrich* Rn. 29 ff.
80 OLG Hamm DB 91, 2477; Baumbach/Hueck/*Fastrich* Rn. 30 mwN.
81 OLG München BB 90, 369; OLG Nürnberg NZG 08, 948; *Liebs*, DB 86, 2422.
82 *Ehlke*, DB 87, 678.
83 BGHZ 132, 263 für die KG; OLG Nürnberg NZG 08, 948; OLG Hamm DB 91, 2477; iErg hM, vgl. nur Scholz/*Verse* Rn. 55 ff.; Baumbach/Hueck/*Fastrich* Rn. 32 mwN; Roth/*Altmeppen* Rn. 30 ff.
84 Allg. Grundsatz, vgl. BGH 132, 263 (dort zur KG).
85 OLG Nürnberg, DB 2008, 2415, 2419.
86 Baumbach/Hueck/*Fastrich* Rn. 32, OLG Nürnberg, DB 2008, 2415, 2419.
87 Baumbach/Hueck/*Fastrich* Rn. 32.
88 OLG Nürnberg, DB 2008, 2415, 2419.

35 Grds. **nicht** zu berücksichtigen sind **gesellschaftsfremde Interessen** der Mehrheits- (auch Konzerninteresse der Mehrheit) oder Minderheitsgesellschafter. Insbes. ist die persönliche Ausgabenplanung u. Lebenshaltung reine Privatsache. Dies ist im Einzelfall anders zu beurteilen, wenn sich aus der Satzung oder aufgrund einer personalistisch geprägten Struktur einer Gesellschaft mit wenigen Gesellschaftern oder Gesellschafterstämmen ergibt, dass ein Gewinn zumindest auch den Minderheitsgesellschaftern zur Bestreitung ihres Lebensunterhaltes dienen soll (etwa bei Familiengesellschaften). Bei schlechter Ertragslage der Gesellschaft muss aber das Interesse der Minderheitsgesellschafter an einer Gewinnausschüttung hinter eine notwendige Reservenbildung zurücktreten, da auch die Minderheitsgesellschafter einer Treuepflicht unterliegen. Umgekehrt ist eine großzügige Bildung von Reserven möglich, wenn trotzdem eine für die Minderheitsgesellschafter angemessene Gewinnverteilung möglich ist.

36 Der **Maßstab** für die Erforderlichkeit u. die Verhältnismäßigkeit der Reservenbildung ist objektiv u. richtet sich nach der verständigen kaufmännischen Beurteilung im **Zeitpunkt** der Fassung des Ergebnisverwendungsbeschlusses.[89] Die Beurteilung umfasst den ganzen Ergebnisverwendungsbeschluss, also neben Gewinnrücklagen u. -vortrag nach Abs. 2 auch Rücklagen, die im Beschluss nach Gesetz u. Satzung (Abs. 1 S. 1) erfolgen müssen. Bereits im zugrunde liegenden Jahresabschluss gebildete Rücklagen gehören ebenso wie andere schon vorhandene Rücklagen zu den Abwägungskriterien. Soweit nach den og Kriterien keine eindeutige Wertung möglich ist, ist der vom Gesetz vorgegebene unternehmerische Ermessensspielraum der Gesellschaftermehrheit im Zweifelsfall zu berücksichtigen, pauschalierende, an der 4%-Regel in § 254 Abs. 1 AktG oder an § 58 Abs. 2 AktG orientierte Annahmen sind für die GmbH nicht anwendbar.[90]

37 Eine nach vorstehenden Maßstäben nicht gerechtfertigte Reservenbildung ist mit Zustimmung aller Gesellschafter als konkludenter Dividendenverzicht zulässig,[91] anderenfalls wegen eines Verstoßes gegen die Treuepflicht anfechtbar.[92] Für das Vorliegen der Voraussetzungen einer Treuepflichtverletzung sind die Minderheitsgesellschafter im Streitfall darlegungs- u. beweispflichtig.[93] Zur Vermeidung von Streitigkeiten ist daher eine verbindli-

---

89 OLG Nürnberg, DB 2008, 2415, 2419.

90 Gegen die Annahme einer Regelungslücke spricht der Umstand, dass die in § 42 h GmbHG-E vorgesehene Einführung einer Entsprechung zu § 254 Abs. 1 AktG ausdrücklich nicht Gesetz geworden ist (BT-Drs. 10/4268 S. 131). Auch wird dieser aus dem Aktienrecht stammende Ansatz der regelmäßig personalistisch strukturierten GmbH nicht gerecht, selbst eine Anwendung nur auf kapitalistisch strukturierte Gesellschaften begegnet dem Problem der fehlenden Regelungslücke und schüfe überdies nur neue Abgrenzungsprobleme. IErg. ebenso Gehrlein/Born/Simon/*Beckmann/Hofmann* Rn. 38; MüKoGmbHG/*Ekkenga* Rn. 156; aA *Lutter/Hommelhoff* Rn. 25 (Thesaurierung bis zu 60 % des Überschusses, maximal bis zum Erreichen der Höhe des Stammkapitals), Baumbach/Hueck/*Fastrich* Rn. 32 (4%-Regel aus § 254 Abs. 1 AktG analog bei kapitalistisch strukturierten Gesellschaften); Roth/*Altmeppen* Rn. 33 (§ 254 Abs. 1 AktG analog mit regelmäßig höherer Dividende).

91 Baumbach/Hueck/*Fastrich* Rn. 34.

92 Baumbach/Hueck/*Fastrich* Rn. 34.

93 Zu Recht wegen eines anzuerkennenden Kernbereichs unternehmerischer Autonomie restriktiv bei der Annahme von Treuepflichtverletzungen OLG Nürnberg, DB 2008, 2415, 2419; krit. dazu Baumbach/Hueck/*Fastrich* Rn. 34 Fn. 52.

che Regelung über die Ergebnisverwendung in der Satzung (→ Rn. 38) zweckmäßig.[94] Ein Austrittrecht für benachteilige Minderheitsgesellschafter besteht aufgrund eines anfechtbaren Ergebnisverwendungsbeschlusses nicht.[95]

f) **Abweichende Regelung der Ergebnisverwendung durch Satzung.** Formelle und materiellrechtliche Abweichungen durch die Satzung vom gesetzlichen Regelfall sind in vielfältiger Weise möglich und üblich. So kann insbesondere in formeller Hinsicht bspw. die **Zuständigkeit** zur Beschlussfassung von der Gesellschafterversammlung auf ein anderes Organ verlagert werden (→ Rn. 24), ebenso können die Verfahrensregeln über die Beschlussfassung geändert werden. Inhaltlich können die gesetzlichen Regelungen in Abs. 1 u. Abs. 2 modifiziert oder vollständig abbedungen werden. 38

Die Satzung kann Fix-, Höchst- u. Mindestquoten sowohl für die Ausschüttung als auch für die Bildung von Reserven vorgeben,[96] deren Berechnung an **sonstige Voraussetzungen** knüpfen, etwa in Beziehung zu bereits vorhandenen Rücklagen setzen, und zwar allgemein oder nur in Bezug auf bestimmte Geschäftsanteile (zB Gewinnvorzug, Verzinsung der Einlage →50), oder allg. Rahmenbedingungen setzen.[97] Zulässig sind als Extreme auch eine Anordnung der Vollausschüttung[98] (entsprechend dem früheren gesetzliche Leitbild) oder der zeitweise oder dauerhafte Ausschluss jeglicher Gewinnausschüttung.[99] Für nur einzelne Gesellschafter kann dies iErg bereits über die Regelung eines abw. Verteilungsmaßstabs nach Abs. 3 erreicht werden. Soweit nach den Vorgaben der Satzung ein Ermessensspielraum verbleibt, sind die Grundsätze der Gleichbehandlung u. Treuepflicht der Gesellschafter sowie des Minderheitenschutzes (→ Rn. 30 ff.) zu beachten. 39

Die Vorgaben der Satzung zur Gewinnverwendung sind für das zuständige Entscheidungsorgan bindend. Für eine abweichende Verwendung ist somit eine förmliche Satzungsänderung erforderlich, für satzungsdurchbrechende Beschlüsse außerhalb einer Satzungsänderung ist hier (anders als bei der Gewinnverteilung → Rn. 52) kein Raum, da die Entscheidung über Mittelabfluss oder -thesaurierung Dauerwirkung für die finanzielle Lage der Gesellschaft entfaltet.[100] Im Einzelfall können Gesellschafter aber aufgrund ihrer Treuepflicht im Falle einer wirtschaftlichen Notlage der Gesellschaft zur Mitwirkung verpflichtet sein.[101] 40

Nachträglich können Bestimmungen für die Gewinnverwendung durch **Satzungsänderung** eingeführt oder abgeändert werden. IÜ ist, insbes. wenn 41

---

94 Lutter/*Hommelhoff* Rn. 26; *Ehlke*, DB 87, 676 f.; *Hommelhoff/Hartmann/Hillers*, DNotZ 86, 326 ff.
95 Baumbach/Hueck/*Fastrich* Rn. 34 mwN.
96 Formulierungen bei Heckschen/Heidinger Kap. 7 Rn. 46 u. *Hauschild/Kallrath/*Wachter § 16 Rn. 270.
97 Zum Ganzen Baumbach/Hueck/*Fastrich* Rn. 35.
98 Formulierungsvorschlag bei Herrler/*Görner* § 6 Rn. 995.
99 AllgM: BGHZ 14, 271; BayOblG DB 87, 2350.
100 Zutr. OLG Dresden NZG 2012, 507; zust. Anm. Zapf NotBZ 2012, 110 111; ebenso Heckschen/Heidinger Kap. 7 Rn. 45; MüKoGmbHG/*Ekkenga* Rn. 156.
101 Baumbach/Hueck/*Fastrich* Rn. 35; MüKoGmbHG/*Ekkenga* Rn. 156.

ein bestehendes Gewinnbezugsrecht eingeschränkt werden soll, keine Zustimmung aller Gesellschafter (entspr. § 53 III) notwendig. Ausreichend ist insoweit die normale **satzungsändernde Mehrheit,**[102] wobei die Satzungsänderung dem Grundsatz der Gleichbehandlung der Gesellschafter entsprechen muss u. den Grenzen der Treuepflicht der Gesellschafter unterliegt. Werden Gesellschafter ungleich behandelt, ist eine Zustimmung der benachteiligten Gesellschafter erforderlich. Im Hinblick auf die Beachtung der Treuepflicht muss die Satzungsänderung sich am Gesellschaftsinteresse orientieren u. den Gesellschafterinteressen, insbes. denen der Minderheit, in den Grenzen der Erforderlichkeit u. Verhältnismäßigkeit entsprechen. Tiefgreifende Eingriffe sind daher nur mit Zustimmung aller Gesellschafter möglich.[103] Zur Beseitigung von Mindestdividenden u. Vollausschüttungsregelungen → Rn. 8.

42 **g) Mängel des Ergebnisverwendungsbeschlusses.** Für Mängel des Ergebnisverwendungsbeschlusses gelten grds. die allg. Regeln zu Beschlussmängeln,[104] vgl. dazu die Kommentierung von § 47, Verstöße gegen gesetzliche oder gesellschaftsvertragliche Vorgaben zur Gewinnverwendung führen grundsätzlich zur **Anfechtbarkeit,** nicht zur Nichtigkeit des Beschlusses. Erfolgt eine Anfechtung nicht fristgerecht, wird er trotz des Mangels bestandskräftig. Da Feststellung des Jahresabschlusses, Verwendungsbeschluss und Auszahlungsanspruch aufeinander aufbauen, haben Mängel auf jeder Ebene allerdings Auswirkungen auf die nachfolgenden Ebenen (→ Rn. 11).

43 Der Verwendungsbeschluss setzt zwingend die Feststellung eines Gewinns voraus. Ist der Feststellungsbeschluss von vornherein nichtig oder durch Anfechtung beseitigt, ist auch der darauf beruhende Ergebnisverwendungsbeschluss entspr. § 253 AktG **nichtig.**[105] Ein Beschluss über die Ausschüttung eines im ordnungsgemäß festgestellten Jahresergebnis gar nicht ausgewiesenen „Gewinns" ist wegen Gläubigergefährdung entsprechend § 241 Nr. 3 AktG ebenfalls nichtig.[106]

44 Eine erfolgreiche Anfechtung des Ergebnisverwendungsbeschlusses beseitigt auch alle Gewinnauszahlungsansprüche der Gesellschafter; Nichtigkeit des Ergebnisverwendungsbeschlusses führt dazu, dass Gewinnauszahlungsansprüche gar nicht erst entstehen.[107] Zur Entstehung der Ansprüche ist ein erneuter Beschluss herbeizuführen. Zur Rückzahlung bereits erfolgter Aussschüttungen → Rn. 54.

45 **h) Änderung von Ergebnisverwendungsbeschlüssen.** Beschlüsse zur Thesaurierung von Gewinnen können frei aufgehoben oder abgeändert werden, während Beschlüsse zur Ausschüttung von Gewinnen nur mit Zustimmung aller Gesellschafter aufgehoben oder verändert werden können, da

102 *Lutter/Hommelhoff* Rn. 3; Baumbach/Hueck/*Fastrich* Rn. 37.
103 Zum Ganzen Baumbach/Hueck/*Fastrich* Rn. 37.
104 Scholz/*Verse* Rn. 64.
105 OLG Hamm DB 91, 1924; Scholz/*Verse* Rn. 65.
106 MüKoGmbHG/*Ekkenga* Rn. 162.
107 Baumbach/Hueck/*Fastrich* Rn. 44.

die Gesellschafter mit dem Ergebnisverwendungsbeschluss einen konkreten Anspruch auf Auszahlung des Gewinns erhalten.[108]

III. Wertaufholungen (Abs. 4)

1. Gegenstand und Zweck der Vorschrift

Abs. 4 schafft eine besondere Gestaltungsmöglichkeit im Zusammenhang mit einer Wertaufholung, dh der nach § 253 V HGB vorgeschriebenen **Rücknahme sachlich überholter Abschreibungen.**[109] Diese Wertberichtigung erhöht das für die Ergebnisverwendung zur Verfügung stehende Jahresergebnis. Um diese Mittel aber der Gesellschaft zu erhalten, ermöglicht Abs. 4 die erleichterte Zuführung zum Eigenkapital in Form von Gewinnrücklagen durch einfachen Mehrheitsbeschluss.[110] Diese Möglichkeit besteht unabhängig davon, ob die Gesellschaft tatsächlich einen Jahresüberschuss erzielt hat.[111] Praktische Bedeutung hat dies insbes. für Altgesellschaften, für die nach § 29 aF noch das Vollausschüttungsgebot gilt (→ Rn. 2), sowie für Gesellschaften mit statutarischem Vollausschüttungsgebot.[112] Allerdings ist Abs. 4 selbst wieder dispositiv.[113] 46

2. Zuständigkeit, Verfahren

Nach zutr. hM[114] ist Abs. 4 trotz des missverständlichen Wortlauts dahin gehend auszulegen, dass den Geschäftsführern oder einem etwaigen Aufsichtsrat lediglich die Initiative zur Bildung von entspr. Gewinnrücklagen bei der Aufstellung der Bilanz zukommt, während die Gesellschafterversammlung (mangels abw. Satzungsregelungen) das Recht hat, mit einfacher Mehrheit gem. § 46 Nr. 1 endgültig über die Bildung der Gewinnrücklagen im Beschluss über die Feststellung des Jahresergebnisses zu entscheiden. Soweit dies im Einzelfall nicht geschehen ist, ist eine Nachholung im Ergebnisverwendungsbeschluss neben oder an Stelle von den nach Abs. 2 zu bildenden Rücklagen möglich.[115] 47

108 Lutter/*Hommelhoff* Rn. 29; *Priester*, ZIP 00, 261.

109 Baumbach/Hueck/*Fastrich* Rn. 19. Eine gleichlautende Regelung für steuerliche Passivposten wurde für Geschäftsjahre ab 2016 durch Art. 6 des Bilanzrichtlinie-Umsetzungsgesetzes vom 17.7.2015 (BGBl. I 15 S. 1245) gestrichen. Ihr Anwendungsbereich dürfte schon vorher dadurch entfallen sein, dass die zugrunde liegenden Bilanzregelungen in §§ 247 III u. 273 S. 1 HGB aF bereits 2009 durch das BilMoG abgeschafft wurden, vgl. MüKoGmbHG/*Ekkenga* Rn. 242; Lutter/*Hommelhoff* Rn. 2.

110 Bericht des Rechtsausschusses, BT-Drs. 10/4268, S. 124; Roth/*Altmeppen* Rn. 35; Baumbach/Hueck/*Fastrich* Rn. 19 u. 21.

111 HM, vgl. MüKoGmbHG/*Ekkenga* Rn. 241 mit zutr. Verweis auf den Wortlaut „unbeschadet der Abs. 1 und 2“ (zu weitgehend aber angesichts der vom Gesetzgeber gewollten Aushebelung eines statutarischen oder gesetzlichen Vollausschüttungsgebots dessen Annahme, hierin läge die eigentliche Bestimmung der Norm); Scholz/*Verse* Rn. 102; Ulmer/*Müller* Rn. 178.

112 Lutter/*Hommelhoff* Rn. 35; Baumbach/Hueck/*Fastrich* Rn. 18; Roth/*Altmeppen* Rn. 36; Gehrlein/Born/Simon/*Beckmann*/*Hofmann* Rn. 11; *Hommelhoff*, ZGR 86, 418, 437.

113 Baumbach/Hueck/*Fastrich* Rn. 18.

114 Vgl. allein Lutter/*Hommelhoff* Rn. 34; Baumbach/Hueck/*Fastrich* Rn. 20; MüKoGmbHG/*Ekkenga* Rn. 244 jeweils mwN; aA Michalski/*Mock* Rn. 221.

115 Baumbach/Hueck/*Fastrich* Rn. 21.

IV. Ergebnisverteilung (Abs. 3)

1. Verteilungsschlüssel

48 Einziger gesetzlicher Maßstab für den zur Ausschüttung bestimmten Gewinn ist das **Verhältnis der Nennbeträge der Geschäftsanteile** (§ 29 III 1), nicht berücksichtigt werden allerdings Anteile, die von der Gesellschaft selbst gehalten werden oder eingezogen wurden.[116] Für den gesetzlichen Verteilungsschlüssel ist dabei unerheblich, in welchem Verhältnis die Einzahlungen geleistet sind oder ob die Differenzforderung wegen einer überbewerteten Sacheinlage noch nicht ausgeglichen ist.[117] Nicht differenziert wird zwischen alten Anteilen u. aus einer Kapitalerhöhung während des Geschäftsjahres stammenden neuen Anteilen.[118]

49 § 29 III 1 ist jedoch ausdrücklich dispositiv (§ 29 III 2), durch die Satzung kann bis zur Grenze der Sittenwidrigkeit (§ 138) eine **abw. Regelung** des Verteilungsmaßstabes angeordnet werden. Die Satzung kann dabei an verschiedene (auch gesellschaftsfremde) Bezugsgrößen anknüpfen, bspw. auf das Verhältnis der tatsächlich auf das Stammkapital geleisteten Einlagen, den Gewinnbezug von der Volleinzahlung abhängig machen sowie den Gewinnbezug erst von einem bestimmten Zeitpunkt an gewähren.[119] Auch Kombinationen verschiedener Anknüpfungspunkte wie eine Verteilung teils nach Köpfen, teils nach den Nennbeträgen der Geschäftsanteile ist möglich.[120]

50 Zulässig ist auch die Bevorzugung bestimmter Gesellschafter durch eine **Vorzugsdividende**, also durch die ungleiche Ausgestaltung der Gewinnbeteiligung in der Satzung,[121] oder die Benachteiligung bestimmter Gesellschafter durch deren vorübergehenden oder dauerhaften Ausschluss vom Gewinnbezug.[122] Soweit dies in der ursprünglichen Satzung geschieht, liegt kein Verstoß gegen den Gleichbehandlungsgrundsatz vor, da sämtliche Gesellschafter durch Mitwirkung bei der Gründung oder späteren Eintritt in Kenntnis der Satzung ihr Einverständnis mit dieser Regelung bekundet haben.[123]

51 Ein bestimmter (gesetzlicher oder satzungsmäßiger) Verteilungsschlüssel kann im Gesellschaftsvertrag auch durch eine **Öffnungsklausel** ergänzt (nicht aber völlig ersetzt)[124] werden, nach der im Einzelfall eine abw. Verteilung nach Maßgabe eines Gesellschafterbeschlusses möglich ist (sog. **dis-**

116 BGH NJW 95, 102.
117 Roth/*Altmeppen* Rn. 46.
118 Lutter/*Hommelhoff* Rn. 37.
119 BGHZ 14, 273.
120 RGZ 104, 350; zum Ganzen mit weiteren Beispielen Baumbach/Hueck/*Fastrich* Rn. 52; Lutter/*Hommelhoff* Rn. 37.
121 Formulierungen bei Heckschen/Heidinger Kap. 7 Rn. 60 u. Herrler/*Görner* § 6 Rn. 997.
122 Baumbach/Hueck/*Fastrich* Rn. 52.
123 Baumbach/Hueck/*Fastrich* Rn. 52.
124 MüKoGmbHG/*Ekkenga* Rn. 192.

quotale oder **inkongruente Gewinnausschüttung**).[125] Eine solche Klausel ermöglicht ein hohes Maß an Flexibilität, ohne dass der Aufwand einer Satzungsänderung betrieben werden müsste. Bei der Formulierung der Öffnungsklausel ist aber zu gewährleisten, dass ein solcher Beschluss nicht ohne Zustimmung des benachteiligten Gesellschafters gefasst werden kann.[126]

Im vorstehend genannten weiten Umfang kann ein vom gesetzlichen Regelfall abweichender Verteilungsmaßstab auch nachträglich durch eine **Satzungsänderung** eingeführt, eine bestehende vertragliche Regelung modifiziert werden. Allerdings ist bei einer solchen Satzungsänderung aus Gründen der Gleichbehandlung stets die Zustimmung der benachteiligen Gesellschafter erforderlich.[127] Entspr. gilt für **satzungsdurchbrechende Beschlüsse**, mit denen ohne Öffnungsklausel eine von der Satzung abw. Verteilung festgelegt werden soll. Dabei ist allerdings nach hM zu unterscheiden:[128] Bezieht sich der Beschluss über den Einzelfall hinaus auf die Zukunft (zustandsbegründender Beschluss), ist er materiell satzungsändernd u. bedarf zu seiner Wirksamkeit der Form der §§ 53, 54 (notarielle Beurkundung, Anmeldung unter Einreichung des geänderten Satzungstextes u. Eintragung).[129] Bezieht er sich dag auf einen einmaligen Vorgang (punktueller Beschluss), so ist er lediglich von den Gesellschaftern anfechtbar, die dem Beschluss nicht zugestimmt haben.[130] 52

Eine für die einzelnen Gesellschafter unterschiedliche Aufteilung zwischen ausgeschütteten u. thesaurierten Gewinnen zur Bildung von personenbezogenen Rücklagenkonten[131] („gespaltene Ausschüttung") kann ebenfalls beschlossen werden, bedarf aber der Zustimmung aller Gesellschafter.[132] 53

---

125 BayObLG NJW-RR 02, 248 f.; Scholz/*Verse* Rn. 75; ausf. *Priester*, FS Welf Müller, S. 113 ff. Zu den Voraussetzungen der steuerlichen Anerkennung s. Schreiben des BMF vom 17.12.2013 – IV C 2 – S. 2750-a/11/10001, BStBl 14 I S. 63, großzügiger FG Köln Urt. V. 14.9.2016 – 9 K 1560/14 (nrkr). Formulierungen bei Herrler/*Görner* § 6 Rn. 999 u. *Hauschild/Kallrath*/Wachter § 16 Rn. 275. Eingehend *Grever* RNotZ 2019, 1.

126 Nach OLG München MittBayNot 11, 416 soll sogar eine Öffnungsklausel zulässig sein, welche in Ausnahmefällen eine Beschlussfassung ohne ausdrückliche Zustimmung des benachteiligten Gesellschafters ermöglicht, nämlich dann, wenn eine wegen Beschlussunfähigkeit der ersten Gesellschafterversammlung einberufene zweite Versammlung unabhängig vom vertretenen Kapital beschlussfähig ist u. der Gesellschafter auch an dieser Versammlung nicht teilnimmt. Diese Lockerung dürfte jedoch wegen des erheblichen Missbrauchspotentials zu weit gehen.

127 HM: Baumbach/Hueck/*Fastrich* Rn. 53; Roth/*Altmeppen* Rn. 49; Scholz/*Verse* Rn. 76; Lutter/*Hommelhoff* Rn. 39.

128 BGHZ 123, 15, 19. Gegen diese Differenzierung *Inhester* § 53 Rn. 22 ff., der punktuelle Entscheidungen ohne Zukunftswirkung für kaum denkbar hält – allerdings ist der einmalige Verteilungsbeschluss – anders als der Verwendungsbeschluss – tatsächlich ein solcher Fall, da es in jedem Fall zum einmaligen Mittelabfluss kommt u. aus Sicht der Gesellschaft unerheblich ist, wem die Mittel anteilig zufließen.

129 Lutter/Hommelhoff/*Bayer* § 53 Rn. 30; OLG Köln NZG 2019, 306 mwN.

130 Lutter/Hommelhoff/*Bayer* § 53 Rn. 31.

131 *Priester*, DStR 01, 795.

132 Lutter/*Hommelhoff* Rn. 39.

2. Auszahlung

54 Die Gewinnauszahlung darf nicht zu einer Beeinträchtigung des Stammkapitals führen. Zwar lässt der Ergebnisverwendungsbeschluss bei nachträglicher Unterdeckung auch einen beeinträchtigenden Auszahlungsanspruch entstehen, jedoch bleibt dessen Grundlage das Gesellschaftsverhältnis, so dass der strikte **Kapitalerhaltungsgrundsatz** des § 30 I Anwendung findet.[133] Die Auszahlung ist also unzulässig, wenn sich herausstellt, dass sie mangels einer ausschüttungsfähigen Vermögensmasse das Stammkapital mindern würde.[134] In der Insolvenz der Gesellschaft ist ein solcher, das Stammkapital beeinträchtigender Auszahlungsanspruch als nachrangige Insolvenzforderung gem. § 39 I Nr. 5 InsO zu behandeln.[135] Unter Verstoß gegen § 30 erfolgte Auszahlungen sind bereits nach § 31 zurückzuzahlen. Auszahlungen ohne wirksamen Ergebnisverwendungsbeschluss (zu Beschlussmängeln → Rn. 42 ff.) fehlt die Rechtsgrundlage, so dass sie auch außerhalb des Anwendungsbereichs von § 30 nach Bereicherungsrecht zurückzuzahlen sind, allerdings nur in den Grenzen des § 32.[136]

3. Gewinnanspruch

55 a) **Entstehung.** Als fälliges, klagbares, abtretbares u. pfändbares Gläubigerrecht entsteht der Gewinnanspruch mit dem Ergebnisverwendungsbeschluss, dh mit dem Beschluss der Gesellschafterversammlung (oder dem nach Satzung dazu berufenen Organ), einen bestimmtem Betrag des festgestellten Jahresüberschusses oder Bilanzgewinnes an die Gesellschafter auszuschütten.[137] Wird der Beschluss erst nach Abtretung des Anteils an die Gesellschaft gefasst, kann daher gar kein Auszahlungsanspruch mehr entstehen, sofern der bedingte Anspruch nicht schon vor der Abtretung des Geschäftsanteils seinerseits an den Veräußerer zurück abgetreten wurde (→ Rn. 56; → § 33 Rn. 33). Ein weiterer Beschluss darüber, wie der für die Gesellschafter bereitgestellte Beitrag unter diesen verteilt werden soll (Ergebnisverteilungsbeschluss), ist für die Entstehung des konkreten Gewinnanspruchs nicht erforderlich.[138] Der Gewinnanspruch ist vom mitgliedschaftlichen Gewinnbezugsrecht bzw. Gewinnstammrecht zu unterscheiden (→ Rn. 7, 8).

56 b) **Berechtigter.** Die Anspruchsberechtigung richtet sich nach der Gesellschafterstellung im **Zeitpunkt** des Ergebnisverwendungsbeschlusses, so dass bei einer Übertragung des Geschäftsanteils der Anspruch grds. demje-

---

133 HM: Baumbach/Hueck/*Fastrich* Rn. 56 mwN; differenzierend Scholz/*Verse* Rn. 91 f.

134 Baumbach/Hueck/*Fastrich* Rn. 56; aA jetzt Roth/*Altmeppen* Rn. 15.

135 Baumbach/Hueck/*Fastrich* Rn. 56; differenzierend Scholz/*Verse* Rn. 96.

136 Baumbach/Hueck/*Fastrich* Rn. 44; MüKoGmbHG/*Ekkenga* Rn. f., je mN.

137 BGH NJW 98, 1314 u. 3646; 04, 912, Baumbach/Hueck/*Fastrich Rn.* 49; Roth/*Altmeppen* Rn. 8; Scholz/*Verse* Rn. 10, 37 u. 78 mit überzeugendem Wortlautargument u. mwN; aA insoweit Lutter/*Hommelhoff* Rn. 4; *Hommelhoff*, in: FS Rowedder, 94, S. 171, wonach der Auszahlungsanspruch als „vorläufig gehemmt" mit der Abschlussfeststellung entstehe, nur die Fälligkeit des Anspruchs durch den Verwendungsbeschluss bestimmt werde u. sich aus dem Wortlaut keine Anhaltpunkte für die Gegenauffassung herleiten ließen; dem folgend auch MüKoGmbHG/*Ekkenga* Rn. 78 ff.

138 Ebenso, trotz zT irreführender Begrifflichkeiten, Roth/*Altmeppen* Rn. 46.

nigen zusteht, der in diesem Zeitpunkt schon bzw. noch Inhaber des Anteils ist (→ Rn. 9; → Rn. 60). Dies gilt entspr., sofern der Geschäftsanteil mit einem Nießbrauch belastet ist. Ob bereits vor der Übertragung entstandene Gewinnansprüche auf den Erwerber übergehen, richtet sich nach der konkreten Vereinbarung. Umgekehrt können zukünftige Gewinnansprüche weiterhin dem (Alt-) Gesellschafter zustehen, was als (teilw) Rückabtretung des Gewinnanspruchs auszulegen ist (→ Rn. 9). Bei der Einziehung eines Geschäftsanteils stehen dem betroffenen Gesellschafter nur die Gewinnansprüche zu, für die bereits ein Ergebnisverwendungsbeschluss gefasst worden ist, bevor er aus der Gesellschaft wirksam ausscheidet.[139]

c) **Inhalt.** Der Gewinnanspruch ist grds. auf Auszahlung von Geld gerichtet. 57 Bei entspr. Satzungsregelung oder mit Zustimmung des betroffenen Gesellschafters u. unter Beachtung des Gleichbehandlungsgebots sind jedoch auch reine Sachleistungen oder Wahlrechte zwischen Sach- u. Geldleistungen möglich.[140] Für Kapitalerhöhungen aus Gesellschaftsmitteln als Sonderform der Sachdividende gelten zusätzlich die Besonderheiten nach § 57 c.[141]

Ein wirksam entstandener Gewinnanspruch kann ohne Zustimmung aller 58 Gesellschafter durch einen späteren Beschluss nicht mehr entzogen oder verändert werden (→ Rn. 45). Etwaige zustimmungslose Beschlüsse sind unwirksam u. brauchen nicht angefochten zu werden.[142] Auch ein Mangel an liquiden Mitteln oder Verluste ändern daran nichts. Allerdings gilt der strikte Kapitalerhaltungsgrundsatz des § 30 I (→ Rn. 54).

d) **Verjährung.** Der einzelne Auszahlungsanspruch verjährt gem. § 195 59 BGB in 3 Jahren. Die Satzung kann diese Frist in den Grenzen des § 202 II BGB verlängern oder verkürzen. Sind Dividendenscheine (Gewinnanteilsscheine) ausgegeben worden, gelten die Fristen für Vorlegung u. Verjährung nach § 801 II iVm I 2 bzw. III BGB.[143]

e) **Übertragung.** Der Gewinnanspruch ist als selbstständiges Gläubiger- 60 recht grds. (vorbehaltlich einer Satzungsregelung entspr. § 399 BGB) abtretbar sowie ver- u. pfändbar, wobei die Abtretung oder Verpfändung keinen besonderen gesellschaftsrechtlichen Formvorschriften unterliegen. Vor seiner Entstehung unterliegen Abtretung u. Pfändung des künftigen Auszahlungsanspruchs den für zukünftige Ansprüche geltenden Regeln, sofern die Satzung dem nicht entgegensteht.[144] Zu beachten ist, dass auch in diesem Fall der Gewinnauszahlungsanspruch erst mit dem Ergebnisverwendungsbeschluss entsteht. Die Entstehung erfolgt unmittelbar in der Person des Zessionars ohne Durchgangserwerb des Gesellschafters.[145] Gleiches gilt für den Anspruchserwerb eines Nießbrauchers.[146]

139 BGHZ 139, 299.
140 Ulmer/*Müller* Rn. 122 f.; Scholz/*Verse* Rn. 80 f.; Baumbach/Hueck/*Fastrich* Rn. 55.
141 Ulmer/*Müller* Rn. 123 a.
142 RGZ 87, 387; Baumbach/Hueck/*Fastrich* Rn. 50; Scholz/*Verse* Rn. 70.
143 Baumbach/Hueck/*Fastrich* Rn. 57; Lutter/*Hommelhoff* Rn. 41.
144 BGH NZG 04, 912; Michalski/*Mock* Rn. 116.
145 RGZ 98, 320; Baumbach/Hueck/*Fastrich* Rn. 58; aA MüKoGmbHG/*Ekkenga* Rn. 120.
146 RGZ 87, 386; Baumbach/Hueck/*Fastrich* Rn. 58.

61 Bis zu seiner Entstehung ist der Gewinnanspruch mit dem Gewinnstammrecht verbunden u. unterliegt als solches allein den Befugnissen der Gesellschafter. Die Gesellschafter können daher grundsätzlich alle zur Gewinnverteilung führenden Maßnahmen ohne Rücksicht auf die Interessen von Zessionaren (auch Altgesellschaftern → Rn. 9 u. → Rn. 56), Nießbrauchern u. Pfandgläubigern treffen.[147] Da letztere keine Gesellschafter (mehr) sind, nehmen sie an den Gesellschafterversammlungen nicht teil u. haben auch kein Auskunfts- u. Einsichtsrecht nach § 51 a. Allerdings können einzelne (Neu-) Gesellschafter durch Vereinbarungen aus dem Anteilserwerbsvertrag gegenüber dem veräußernden Altgesellschafter gebunden sein.[148] Schadensersatzansprüche kann der Veräußerer eines Geschäftsanteils daher nicht gegenüber der Gesellschaft oder allen Gesellschaftern, sondern nur ggü. dem Erwerber als (Neu-) Gesellschafter geltend machen, wenn eine vertraglich vereinbarte Rückabtretung von Auszahlungsansprüchen durch einen Thesaurierungsbeschluss ins Leere läuft.[149]

62 f) **Vorschüsse, Vorzugsrechte, Entnahmerechte. Gewinnvorschüsse** bzw. Vorabausschüttungen auf einen zu erwartenden Gewinnanspruch, der aber noch nicht entstanden ist, sind grds. zulässig.[150] Zur Vornahme ist weder eine Satzungsgrundlage[151] noch die Aufstellung einer Zwischenbilanz[152] erforderlich. Einer Regelung in der Satzung bedarf es jedoch dann, wenn (einzelnen oder allen) Gesellschaftern ein Anspruch auf Zahlung von Vorschüssen gewährt werden soll.[153] Allerdings ist stets ein Vorschussbeschluss von der Gesellschafterversammlung zu fassen (§ 46 Nr. 1).[154] **Wirksamkeitsvoraussetzung** eines solchen Beschlusses ist zunächst die Erwartung eines Jahresergebnisses bzw. eines Bilanzgewinns mind. in Höhe der Summe aller Vorschüsse.[155] Darüber hinaus dürfen die Vorschüsse weder zu einer Verletzung des durch § 30 geschützten Stammkapitals noch zu einer sonstigen Existenzgefährdung der Gesellschaft führen.[156] Nach zutr. Ansicht sind diese Voraussetzungen mit der Sorgfalt eines ordentlichen Kaufmanns zu prüfen, so dass eine Vorausberechnung u. eine Liquiditätsprognose erforderlich sind.[157] Der aufgrund des Vorschussbeschlusses bereitgestellte Betrag ist entspr. dem für die Gesellschaft geltenden Verteilungsschlüssel zu verteilen.

---

147 Baumbach/Hueck/*Fastrich* Rn. 58, einschränkend BGH NZG 04, 912.
148 BGH NZG 04, 912.
149 BGH NZG 04, 912: Anspruch aus positiver Vertragsverletzung (jetzt § 280 I BGB).
150 Baumbach/Hueck/*Fastrich* Rn. 60; Roth/*Altmeppen* Rn. 69; Lutter/*Hommelhoff* Rn. 45 jeweils mwN.
151 Baumbach/Hueck/*Fastrich* Rn. 60; Gehrlein/Born/Simon/*Beckmann*/*Hofmann* Rn. 39.
152 Baumbach/Hueck/*Fastrich* Rn. 61; Gehrlein/Born/Simon/*Beckmann*/*Hofmann* Rn. 39.
153 Baumbach/Hueck/*Fastrich* Rn. 64; Formulierungsvorschlag bei *Hauschild*/*Kallrath*/Wachter § 16 Rn. 277.
154 OLG Hamm GmbHR 92, 457.
155 OLG Hamm GmbHR 92, 457.
156 Lutter/*Hommelhoff* Rn. 45.
157 Baumbach/Hueck/*Fastrich* Rn. 61; Lutter/*Hommelhoff* Rn. 45; aA Scholz/*Verse* Rn. 108.

Bei der Aufstellung des Jahresabschlusses sind Vorschüsse besonders zu berücksichtigen – bereits ausgezahlte Vorschüsse zwingend als (teilw) Ergebnisverwendung, bereits beschlossene, aber noch nicht ausgezahlte Vorschüsse sind entweder als Passivposten aufzunehmen oder beim Gewinn entspr. zu kennzeichnen.[158] Stellt sich dabei heraus, dass das Jahresergebnis hinter den Vorabausschüttungen zurückbleibt, so sind iHd **Unterdeckung** Rücklagen aufzulösen.[159] Soweit dadurch die Unterdeckung nicht beseitigt werden kann, müssen die Vorabausschüttungen entspr. dem Verteilungsschlüssel zurückgezahlt werden (§ 812 I 2, Alt 1 BGB).[160] Ein Ausschluss der Rückzahlung nach § 32 oder eine Berufung auf Entreicherung nach § 818 III BGB sind dabei ausgeschlossen, weil die Empfänger mit einer Rückzahlung rechnen mussten.[161] 63

Auch individuelle **Entnahmerechte** der Gesellschafter (also ein Recht, Ausschüttungen unabhängig von einem ausschüttungsfähigen Jahresergebnis verlangen zu können) können unter Beachtung der vorgenannten Voraussetzungen (Verankerung in Satzung, Wahrung der Kapitalerhaltung) eingeräumt werden.[162] Soweit dies zu einer Ungleichbehandlung der Gesellschafter führt, ist die Zustimmung aller Gesellschafter erforderlich.[163] Zu Vorzugsrechten → Rn. 50. 64

g) **Verbriefung.** Gewinnansprüche können in Form von Dividendenscheinen, beliebige Vermögensrechte in Form von Genussscheinen als echte Wertpapiere verbrieft werden (§ 363 HGB).[164] 65

V. Verdeckte Gewinnausschüttungen

1. Tatbestand

Verdeckte Gewinnausschüttungen (vGA) liegen vor, wenn die Gesellschaft einzelnen oder allen Gesellschaftern außerhalb der förmlichen Gewinnverteilung **Leistungen** aus dem Gesellschaftvermögen **ohne äquivalente Gegenleistungen** gewährt.[165] Der gesellschaftsrechtliche Begriff ist nicht identisch mit dem steuerlichen Begriff. 66

Beispiele:[166] 67

Fingierte Austauschgeschäfte u. Beschäftigungsverhältnisse, überhöhtes Gehalt eines Gesellschafter-Geschäftsführers,[167] Pensionszusagen, Waren-

158 Ulmer/*Müller* Rn. 148 mwN; Scholz/*Verse* Rn. 32.
159 Lutter/*Hommelhoff* Rn. 46.
160 Str, aA BGH NZG 09, 659; Scholz/*Verse* Rn. 109 (jeweils für konkludente vertragliche Abrede); *Roth*/Altmeppen *Rn. 57;* Lutter/*Hommelhoff* Rn. 46; RGZ 85, *43, 45 (jeweils für* § 812 I 2 Alt 2 BGB); wie hier Scholz/*Emmerich*, 10. Aufl. Rn. 86 a; Ulmer/*Müller* Rn. 145.
161 Lutter/*Hommelhoff* Rn. 46; MüKoGmbHG/*Ekkenga* Rn. 248.
162 Lutter/*Hommelhoff* Rn. 46; ähnlich, jedoch ohne Satzungsregelung zu fordern: Roth/*Altmeppen* Rn. 76 ff.
163 Lutter/*Hommelhoff* Rn. 46; Roth/*Altmeppen* Rn. 77.
164 Roth/*Altmeppen* Rn. 51, Baumbach/Hueck/*Fastrich* Rn. 87 ff.
165 Baumbach/Hueck/*Fastrich* Rn. 68; Roth/*Altmeppen* Rn. 53; Scholz/*Verse* Rn. 115.
166 Baumbach/Hueck/*Fastrich* Rn. 69.
167 BGHZ 111, 224; OLG Düsseldorf DB 89, 1963; OLG Hamm DB 92, 673.

lieferungen zu Vorzugspreisen/unterhalb des Marktpreises[168] oder Warenbezug zu überhöhten Preisen,[169] Nutzungsüberlassung von Vermögensgegenständen des Gesellschaftvermögens ohne Entgelt oder zu verbilligten Konditionen, insbes. hins. Mieträumen,[170] übermäßige Vorschüsse auf nicht fällige Forderungen,[171] zu hohe Verzinsung von Gesellschafterdarlehen, Gewährung von niedrigverzinslichen oder unverzinslichen Darlehen an Gesellschafter,[172] Konzernumlage ohne hinreichende Gegenleistung.[173]

68 Eine vGA kann daneben auch der Verzicht auf Rechte der Gesellschaft gegen den Gesellschafter,[174] insbes. der **Verzicht auf Ersatzansprüche** u. die konsequente Nichtgeltendmachung solcher Ansprüche sein.[175] Auch die Stundung von Ansprüchen gegen den Gesellschafter, etwa im Bereich des § 30,[176] sowie die Zahlung oder sonstige Leistung an einen Dritten für Rechnung oder zum Vorteil des Gesellschafters ohne Eigeninteresse der Gesellschaft kann eine vGA sein.[177] Dies gilt auch für Zahlungen auf Veranlassung von Konzernunternehmen.[178]

2. Abgrenzung zu fremdüblichen Geschäften

69 Die Abgrenzung zwischen vGA u. fremdüblichen Geschäften richtet sich danach, ob ein gewissenhafter, unter kaufmännischen Grundsätzen handelnder Geschäftsführer unter den gleichen Bedingungen das Geschäft auch so mit einem Dritten abgeschlossen hätte, ob also das konkrete Geschäft durch betriebliche Gründe unter Berücksichtigung des Gesellschaftszwecks gerechtfertigt erscheint.[179] Maßgeblich ist insoweit eine Bewertung des konkreten Geschäftes **nach objektiven Gesichtspunkten** („Maßstab eines ordentlichen und gewissenhaften Kaufmannes"); subjektive Absichten, insbes. eine etwaige Begünstigungsabsicht, sind hingg. für die Abgrenzung nicht entscheidend,[180] ebenso wenig der buchmäßige Ausweis bzw. die bilanzielle Erfassung der verdeckten Gewinnausschüttung.[181]

3. Zulässigkeit

70 Im Gegensatz zum Aktienrecht (§§ 57, 58 V AktG) sind verdeckte Gewinnausschüttungen nicht ohne Weiteres unzulässig. Die Zulässigkeit ist vielmehr im Einzelfall unter den Gesichtspunkten des Gläubigerschutzes

---

168 BGH NJW 87, 1194.
169 BGHZ 31, 275; OLG Celle NJW 93, 739; (Gleiches gilt bei Erwerb u. Veräußerung eigener Anteile, vgl. hierzu BMF-Schreiben vom 27.11.2013, IV C 2 – S 2742/07/10009, BStBl 13 I S. 1615).
170 BGH DB 72, 1575.
171 RG HRR 41, 132.
172 RG JW 36, 180.
173 BGHZ 65, 15.
174 Ausgeschlossen bzgl. der Stammeinlage oder anderer, ihr entspr. Ansprüche (§ 19 II).
175 Baumbach/Hueck/*Fastrich* Rn. 68;*Schulze-Osterloh*, FR 93, 74 ff.
176 Baumbach/Hueck/*Fastrich* Rn. 69.
177 Ulmer/*Müller* Rn. 165; Roth/*Altmeppen* Rn. 53 je mwN.
178 *Schneider*, ZGR 85, 279 mwN.
179 AllgM vgl. nur Baumbach/Hueck/*Fastrich* Rn. 70 mwN sowie BGHZ 111, 224, 227 f.; GmbHR 96, 112; NJW 87, 1194; OLG Düsseldorf DB 89, 1963; OLG Celle NJW 93, 739.
180 BGH GmbHR 96, 111.
181 Baumbach/Hueck/*Fastrich* Rn. 70.

iSd Kapitalerhaltungsgrundsatzes nach § 30, der Gleichbehandlung der Gesellschafter sowie der Treuepflicht u. der innergesellschaftlichen Kompetenzverteilung zu ermitteln.[182] Sofern kein existenzbedrohender Eingriff vorliegt, besteht daher kein Anspruch der Gesellschaft gegen den Alleingesellschafter, wenn dieser ohne Verletzung des § 30 Vermögensgegenstände des Gesellschaftsvermögens in sein Privatvermögen überführt.[183]

a) Kapitalerhaltung. Eine verdeckte Gewinnausschüttung, die gegen den Kapitalerhaltungsgrundsatz des § 30 verstößt, ist unzulässig u. führt zu einer Rückzahlungspflicht nach § 31.[184] Soweit ein etwaiger Beschluss zur Vornahme der Ausschüttung gefasst wird, ist dieser nichtig.[185] Für die Ausschüttung fehlt es in diesem Fall an einer Rechtsgrundlage.[186] 71

b) Gleichbehandlung. Verdeckte Gewinnausschüttungen müssen dem Grundsatz der Gleichbehandlung der Gesellschafter entsprechen, dh sie müssen allen Gesellschaftern gleichmäßig zugutekommen. Eine Ausn. gilt dann, wenn die Abweichung in der Satzung vorgesehen ist oder alle benachteiligten Gesellschafter zustimmen. Soweit gegen den Gleichbehandlungsgrundsatz durch einen Ausschüttungsbeschluss verstoßen wird, ist dieser anfechtbar. Die Anfechtung beseitigt die Grundlage für die Ausschüttung u. löst einen Rückzahlungsanspruch gegen den begünstigten Gesellschafter aus. Im Falle des Verstoßes gegen den Gleichbehandlungsgrundsatz durch ein anderes Organ als die Gesellschafterversammlung, insbes. den Geschäftsführer, verletzt dies regelmäßig auch die gesellschaftsinterne Kompetenzverteilung mit der Folge der Rückzahlungspflicht.[187] Trifft dies nicht zu u. liegt kein Verstoß gegen § 30 vor, so kann der Verstoß gegen die Gleichbehandlung konkret durch einen Ausgleich der benachteiligten Gesellschafter geschehen, etwa durch Zahlung einer Geldleistung oder entspr. Sachleistung.[188] Ist dies nicht möglich, so bleibt nur die Rückzahlung des Vorteils nach Bereicherungsrecht (→ Rn. 75). 72

c) Treuepflicht. Die Treuepflicht ist insbes. verletzt, wenn der Mehrheitsgesellschafter seinen Einfluss zur Durchsetzung der verdeckten Gewinnausschüttung im eigenen oder sonstigen gesellschaftsfremden Interesse ausübt. Ein entspr. Beschluss ist wie im Falle des Verstoßes gegen den Gleichbehandlungsgrundsatz anfechtbar. Daneben steht aufgrund der Treuepflichtverletzung der Gesellschaft ein Schadensersatzanspruch gegen den verletzenden (Mehrheits-) Gesellschafter zu. Ein Anspruch der benachteiligten Gesellschafter gegen den verletzenden (Mehrheits-) Gesellschafter auf Ersatz der ihnen mittelbar entstandenen Schäden ist hingg. grds. ausgeschlossen.[189] 73

---

182 HM, wenn auch mit unterschiedlicher Gewichtung der Grenzen für eine Zulässigkeit der vGA, vgl. allein Baumbach/Hueck/*Fastrich* Rn. 71 mwN.
183 BGHZ 122, 333, 336; 119, 257, 262; ZIP 99, 1352.
184 OLG Düsseldorf DB 89, 1963; OLG Celle NJW 93, 739.
185 Entspr. § 248 Nr. 3 AktG.
186 Baumbach/Hueck/*Fastrich* Rn. 72.
187 Baumbach/Hueck/*Fastrich* Rn. 73.
188 BGH DB 72, 1575 u. iErg auch OLG Karlsruhe WM 84, 656; Baumbach/Hueck/*Fastrich* Rn. 73; Roth/*Altmeppen* Rn. 66; Lutter/*Hommelhoff* Rn. 57.
189 BGH GmbHR 96, 112; Baumbach/Hueck/*Fastrich* Rn. 74; Lutter/*Hommelhoff* Rn. 56 (mit Hinweisen zu Ausn); Scholz/*Verse* Rn. 129.

74 d) **Innergesellschaftliche Kompetenzverteilung.** Nach dem gesetzlichen Normalstatut (§§ 29 II, 46 Nr. 1) sind Ausschüttungen aus dem Gesellschaftsvermögen als Maßnahmen der Ergebnisverwendung der Gesellschafterversammlung zugewiesen. Verdeckte, nicht durch einen Beschluss gedeckte Ausschüttungen, die durch ein anderes Organ, insbes. die Geschäftsführer vorgenommen werden, verstoßen gegen diese innergesellschaftliche Kompetenzverteilung u. sind unzulässig.[190] Dies gilt nicht, wenn die Ausschüttung durch die Satzung vorgegeben ist, die Zuständigkeit für den Beschluss über die Ausschüttung von der Gesellschafterversammlung auf das handelnde Organ übertragen wurde oder alle Gesellschafter mit der Ausschüttung einverstanden waren.[191] Bei Unzulässigkeit der Ausschüttung ist die Leistung grds. von dem begünstigten Gesellschafter zurückzufordern (→ Rn. 75). Der Zuständigkeitsverstoß kann aber auch durch eine (nachträgliche) Genehmigung aller Gesellschafter geheilt werden.[192]

4. Rückzahlungspflicht

75 Die Pflicht zur Rückzahlung einer unzulässig gewährten, verdeckten Gewinnausschüttung ist allg. anerkannt. Umstritten ist jedoch die Rechtsgrundlage. Während für den Verstoß gegen den Kapitalerhaltungsgrundsatz mit § 31 eine Anspruchsgrundlage besteht, ist unklar, nach welchen Regelungen in sonstigen Fällen zurückzufordern ist. Nach hM[193] richtet sich die Rückzahlung nach Bereicherungsrecht. Dem ist zuzustimmen. Eine analoge Anwendung des § 31, auch ohne Begrenzung von § 31 II u. III,[194] scheidet aus, da die weitreichende Erstattungshaftung aus § 31 nicht ohne Weiteres auf im Prinzip erlaubte Ausschüttungen übertragbar ist, die allein aus Gründen der Verletzung des Gleichbehandlungsgrundsatzes oder der innergesellschaftlichen Kompetenzverteilung unzulässig sind u. mit denen kein Verstoß gegen § 30 verbunden ist.[195]

VI. Steuerrecht

1. Überblick

76 Die von der Gesellschaft erzielten u. an die Gesellschafter ausgeschütteten Gewinne sind sowohl auf Ebene der Gesellschaft als auch auf Ebene der Gesellschafter steuerbar (Trennungsprinzip). Die damit einhergehende Mehrfachbelastung wird aber durch Anpassung der Steuersätze u. Bemessungsgrundlagen auf beiden Ebenen reduziert.

190 OLG Brandenburg GmbHR 97, 750; Baumbach/Hueck/*Fastrich* Rn. 75 mwN; *Crezelius*, FS GmbHG, 92, S. 332 f.; weiter gehend Roth/*Altmeppen* Rn. 59.
191 Roth/*Altmeppen* Rn. 59; Baumbach/Hueck/*Fastrich* Rn. 75.
192 Baumbach/Hueck/*Fastrich* Rn. 75.
193 OLG Brandenburg GmbHR 97, 750; OLG Frankfurt GmbHR 05, 558; Baumbach/Hueck/*Fastrich* Rn. 76; Scholz/*Verse* Rn. 125 ff.; aA Lutter/*Hommelhoff* Rn. 54: § 31 analog.
194 So aber Lutter/*Hommelhoff* Rn. 54; jetzt auch Roth/*Altmeppen* Rn. 67 f.
195 Baumbach/Hueck/*Fastrich* Rn. 76; Scholz/*Verse* Rn. 125 ff., je mit näherer Begründung.

2. Ebene der Gesellschaft

Auf der Ebene der Gesellschaft fallen auf den Gewinn unabhängig von einer evtl. Ausschüttung Körperschaft- u. Gewerbesteuer an. 77

a) Körperschaftsteuer. aa) Steuerpflicht und Ermittlung des zu versteuernden Einkommens. Die GmbH ist als Kapitalgesellschaft iSd § 1 I Nr. 1 KStG unbeschränkt steuerpflichtig, wenn sie ihren **Sitz oder Ort der Geschäftsleitung** (= gesellschaftrechtlicher Verwaltungssitz) **im Inland** hat. Rechtsfolge der unbeschränkten Steuerpflicht ist, dass die Gesellschaft mit ihren weltweiten, dh auch **im Ausland erwirtschafteten Einkünften,** körperschaftsteuerpflichtig ist (sog. Welteinkommensprinzip, § 1 II KStG). Eine evtl. damit verbundene Doppelbelastung der Einkünfte durch das Steuerrecht des ausländischen Quellenstaates wird allerdings regelmäßig durch eine Freistellung der ausländischen Einkünfte oder der Anrechnung der ausländischen Steuer auf die deutsche Körperschaftsteuer nach Maßgabe eines Doppelbesteuerungsabkommens (DBA) mit dem ausländischen Staat vermieden. Soweit kein DBA besteht, sieht § 26 KStG die unilaterale Anrechnung der ausländischen Steuer vor. 78

Hat die Gesellschaft weder ihren Sitz noch ihren Ort der Geschäftsleitung im Inland, so ist sie lediglich beschränkt körperschaftsteuerpflichtig (§ 2 I KStG). In der Folge unterliegt sie nur mit ihren Einkünften aus inländischen Quellen der deutschen Körperschaftsteuerpflicht. 79

Die Körperschaftsteuer bemisst sich nach dem zu versteuernden Einkommen der Gesellschaft (§ 7 KStG). Dieses ist das gem. § 8 I KStG nach den Regeln des EStG zu ermittelte Einkommen der Gesellschaft, vermindert um einen etwaigen Freibetrag nach § 24 KStG (der Freibetrag des § 25 KStG findet bei GmbHs keine Anwendung). Ausgangspunkt ist damit der Gewinn der Gesellschaft, der sich aus einem Betriebsvermögensvergleich des jeweiligen Wirtschaftsjahres iR einer aus der Handelsbilanz unter Anwendung steuerrechtlicher Ansatz- u. Bewertungsvorschriften entwickelten Steuerbilanz ergibt (§§ 4 I, 5 I EStG). Dabei macht es keinen Unterschied, ob der Gewinn an die Gesellschafter ausgeschüttet wurde oder nicht (§ 8 III 1 KStG). Soweit sie nicht nach § 9 I Nr. 2 KStG abzugsfähig sind, erhöhen Spenden den Gewinn. Das Gleiche gilt für die in § 10 KStG genannten nicht oder nur beschränkt abziehbaren Aufwendungen, wie zB Aufsichtsratsvergütungen (§ 10 Nr. 4 KStG), die nur zur Hälfte abziehbar sind. 80

Der Körperschaftsteuersatz beträgt ab dem Veranlagungszeitraum 2008 einheitlich 15 % (§ 23 I KStG), auch nach dem Gesetz zur Rückführung des Solidaritätszuschlags 1995 vom 10.12.2019 zuzüglich des Solidaritätszuschlages von 5,5 % der Steuer (§ 4 SolzG). 81

***bb)* Verdeckte Gewinnausschüttungen, Genussrechte.** Verdeckte Gewinnausschüttungen (vGA) u. Ausschüttungen auf Genussrechte sind nach § 8 III 2 KStG steuerlich unbeachtliche Gewinnverwendungen u. mindern nicht die Bemessungsgrundlage der Gesellschaft, dh deren steuerbares Einkommen. Beim Empfänger führen sie zu Einkünften aus Kapitalvermögen 82

(§ 20 I Nr. 1 S. 2 EStG), bei vGA ggf. sogar zu einer Belastung mit Schenkungsteuer.[196]

83 Nach steuerrechtlicher **Definition** erfordert eine vGA positiv eine Vermögensminderung oder verhinderte Vermögensmehrung, die durch das Gesellschaftsverhältnis veranlasst ist u. sich auf die Einkommenshöhe auswirkt. Negative Voraussetzung ist das Fehlen des Zusammenhangs mit einer ordnungsgemäßen Gewinnverteilung.[197]

84 Durch das Gesellschaftsverhältnis veranlasst sind dabei solche Geschäfte, die unter den gleichen Bedingungen nicht mit einem gesellschaftsfremden Dritten getätigt worden wären. Maßstab für die Annahme einer vGA ist daher – wie auch im Zivilrecht (→ Rn. 69) – der **Fremdvergleich**. Ebenso wie im Zivilrecht sind subjektive Absichten des handelnden Geschäftsführers oder der buchmäßige Ausweis bzw. die bilanzielle Erfassung der verdeckten Gewinnausschüttung auch hier ohne Bedeutung. Zu den möglichen Anwendungsfällen einer verdeckten Gewinnausschüttung → Rn. 67, 68.

85 Anders als im Zivilrecht besteht im Steuerrecht jedoch **keine Differenzierung zwischen zulässigen oder unzulässigen vGA** (vgl. dazu → Rn. 70). In der Praxis der Steuerverfahren spielt daher der Streitpunkt einer verdeckten Gewinnausschüttung eine größere Rolle als dies bei Auseinandersetzungen zwischen Gesellschaftern über die Rückzahlung einer vGA der Fall ist (vgl. dazu → Rn. 75). Insbes. überhöhte Bezüge von Gesellschafter-Geschäftsführern oder Beratungsverträge mit Gesellschaftern sind häufig Gegenstand in Steuerverfahren.[198] IRd Fremdvergleichs prüft die Finanzverwaltung, ob die Gesellschaft in einem ähnl Fall mit einem Nicht-Gesellschafter ebenso verfährt wie im konkreten Fall mit dem Gesellschafter (interner Fremdvergleich), bzw. wie andere Gesellschaften sich bei Leistungen an Nicht-Gesellschafter verhalten hätten (externer Fremdvergleich). In gewissen Grenzen ist dabei auch das unternehmerische Ermessen der Gesellschafter über die Vermögensdispositionen der Gesellschaft zu berücksichtigen, zB bei der entgeltlichen Wahrnehmung von Geschäftschancen durch Gesellschafter außerhalb ihrer eigentlichen Geschäftsführertätigkeiten.[199]

86 Ein weiterer in der Praxis häufiger Fall der vGA ist die Begleichung ihrer eigenen **Gründungskosten** durch die Gesellschaft ohne ausreichende Grundlage für diese Übernahme in der Satzung. Nicht genügend ist die pauschale Überwälzung der Gründungskosten von den Gesellschaftern auf die Gesellschaft, auch der zu erwartende Höchstbetrag, bis zu dem das Stammkapital hierdurch vorbelastet werden darf, ist in der Satzung anzugeben.[200] Insbes. bei einer nach Musterprotokoll errichteten UG mit geringer Stammkapitalausstattung führt die Übernahme des Gründungsaufwands wegen der Begrenzung der Vorbelastung auf die Höhe des Stammkapitals nach Nr. 5 des Musterprotokolls regelmäßig zu einer vGA.

---

196 Eingehend *Hutmacher*, ZNotP 12, 255 ff.
197 R 36 I 1 KStR; BFH BStBl II 92, S. 434.
198 Vgl. BFH NJW 96, 477; NJW 98.
199 BFH NJW 97, 1807.
200 BFH GmbHR 97, 1168; iErg zum Gründungsaufwand § 5 Rn. 55 ff.

Ggü. einem beherrschenden Gesellschafter liegt darüber hinaus eine Veranlassung durch das Gesellschaftsverhältnis u. damit eine vGA bereits dann vor, wenn eine Leistung des Gesellschafters überhaupt vergütet wird, ohne dass es schon vorher eine wirksame, klare u. eindeutige zivilrechtliche Vereinbarung über Grund u. Höhe einer solchen Vergütung gäbe; Gleiches gilt bei Vergütungen, die von einer solchen Vereinbarung abweichen.[201] In diesem Fall liegt eine vGA also auch dann vor, wenn die Vermögensminderung oder verhinderte Vermögensmehrung im konkreten Fall dem Fremdvergleich standhält. Dies gilt selbst für Leistungen an für sich genommen nicht beherrschende Gesellschafter, die aber gleichgerichtete Interessen verfolgen u. deshalb von der Rspr. als beherrschende Personengruppe gewertet werden.[202] 87

Die vorstehend skizzierten Grundsätze gelten auch für Leistungen an einem Gesellschafter **nahestehende Personen.**[203] 88

cc) **Betriebsausgaben.** Betriebsausgaben der Gesellschaft werden bei der Gewinnermittlung nach § 8 I 1 KStG, §§ 4 I, 5 I EStG berücksichtigt u. mindern auf diese Weise das zu versteuernde Einkommen der Gesellschaft. Auch **Sondervergütungen an Gesellschafter** wie Geschäftsführergehälter, Miet- u. Pachtzinsen oder Darlehenszinsen, sind – soweit keine vGA vorliegt oder eine besondere Regelung eingreift, die den Abzug ausschließt (zB Abzugsunfähigkeit der Gewerbesteuer, § 4 Vb EStG) oder beschränkt (zB Aufsichtsratsvergütungen, § 10 Nr. 4 KStG) – abziehbare Betriebsausgaben.[204] **Zinsaufwendungen** für Fremdkapital können aber von gewissen Ausn. abgesehen (§ 8 a II u. III KStG) nach § 8 a I KStG iVm § 4 h EStG nur bis zur Höhe der individuell zu ermittelnden sog. Zinsschranke ertragsmindernd angesetzt u. iÜ nur auf zukünftige Wirtschaftsjahre vorgetragen werden.[205] Beim jeweiligen Leistungsempfänger bleiben die Sondervergütungen bzw. Zinseinnahmen steuerbar. Im Zusammenhang mit dem Gesellschafter-Geschäftsführer können einkommensmindernd **Pensionsrückstellungen** gebildet werden, wobei wiederum die Grundsätze der vGA zu beachten sind.[206] 89

dd) Verluste. Nach § 8 I KStG iVm § 10 d EStG ist in gewissen Grenzen eine Verrechnung von Verlusten mit Gewinnen aus anderen Veranlagungszeiträumen (Verlustrücktrag) u. mit Gewinnen aus zukünftigen Veranlagungszeiträumen (Verlustvortrag) möglich. Die Fortführung von Verlustvorträgen beim Beteiligungserwerb ist aber nur in engen Grenzen, beim **Mantelkauf** praktisch gar nicht mehr möglich: Bei Beteiligungserwerben von mehr als 25 % innerhalb eines 5-Jahres-Zeitraums entfällt ein bislang nicht genutzter Verlust anteilig in Höhe des Beteiligungserwerbes (§ 8 c I 1 KStG); bei einem Beteiligungserwerb von mehr als 50 % entfallen nicht genutzte Verluste im vollen Umfang (§ 8 c I 2 KStG). Ausn. gelten bei (anteili- 90

201 R 36 II 1 KStR.
202 BFH GmbHR 05, 494.
203 R 36 I 3 KStR.
204 *Roth*/Altmeppen 8. Aufl. Rn. 80.
205 *Roth*/Altmeppen 8. Aufl. Rn. 80 mwN (Vorlageverfahren beim BVerfG anhängig, Az. 2 BvL 1/16).
206 *Roth*/Altmeppen 8. Aufl. Rn. 82 mwN.

gen) stillen Reserven im inländischen Betriebsvermögen der Gesellschaft, welche mind. die Höhe der Verluste erreichen (§ 8 c I 6 KStG), beim Beteiligungserwerb zum Zwecke der Unternehmenssanierung (§ 8 c Ia KStG)[207] u. bei identischen (mittelbaren oder unmittelbaren) Beteiligungsverhältnissen an übertragendem u. übernehmendem Rechtsträger (§ 8 c I 5 KStG). Auf Antrag können Verluste auch nach einem grundsätzlich schädlichen Beteiligungserwerb weiterhin genutzt werden, wenn der Geschäftsbetrieb erhalten bleibt (fortführungsgebundener Verlustvortrag, § 8 d KStG). Für die Praxis wichtige Ausn. vom Anwendungsbereich des § 8 c KStG stellen auch der Anfall im Wege der Erbschaft sowie der Erwerb iR einer Erbauseinandersetzung oder durch **vorweggenommene Erbfolge** dar, bei den beiden letztgenannten aber nur bei vollständiger Unentgeltlichkeit.[208] Da die vorweggenommene Erbfolge nicht legaldefiniert ist u. mittels einer Vielzahl von Gestaltungsmitteln verwirklicht werden kann,[209] empfiehlt sich für die Vertragspraxis, den Zweck ausdrücklich zu benennen.

91 b) **Gewerbesteuer.** Die Gewerbesteuer der Gesellschaft bemisst sich nach ihrem Gewerbeertrag. Nach § 7 GewStG ist der Gewerbeertrag der nach den Vorschriften des EStG oder des KStG zu ermittelnde Gewinn aus dem Gewerbebetrieb, der bei der Ermittlung des Einkommens für den dem Erhebungszeitraum (§ 14 GewStG = grds. das Kalenderjahr) entspr. Veranlagungszeitraum zu berücksichtigen ist, vermehrt u. vermindert um die in den §§ 8 u. 9 GewStG bezeichneten Hinzurechnungen u. Kürzungen.

92 Hinzurechnungen u. Kürzungen erfolgen in erheblichem Umfang. Insbes. wird ein Viertel der Finanzierungsaufwendungen dem Gewinn der Gesellschaft aus Gewerbebetrieb hinzugerechnet, soweit sie den Betrag von 100.000 EUR übersteigen. Finanzierungsaufwendungen sind dabei Entgelte für Schulden (insbes. § 8 Nr. 1 a GewStG, Darlehenszinsen), Rentenzahlungen u. dauernden Lasten (§ 8 Nr. 1 b GewStG), die Gewinnanteile stiller Gesellschafter (§ 8 Nr. 1 c GewStG) u. auch die Finanzierungsanteile in Mieten, Pachten u. Leasingraten an beweglichen u. unbeweglichen Wirtschaftsgütern des Anlagevermögens (§ 8 Nr. 1 d u. e GewStG) sowie in Konzessionen u. Lizenzen (§ 8 Nr. 1 f GewStG). Neben den Finanzierungsaufwendungen sind – für die Besteuerung der GmbH wichtig – auch etwaige nach den Vorschriften des Teileinkünfteverfahrens steuerfrei gestellte Dividenden hinzuzurechnen (§ 8 Nr. 5 GewStG). Die Gewerbesteuermesszahl liegt derzeit bei 3,5 % (§ 11 II GewStG).

93 Die effektive Belastung mit Gewerbesteuer richtet sich nach den Gewerbesteuerhebesätzen, die von den Gemeinden, in denen die GmbH Betriebstätten unterhält (§§ 16, 28 ff. GewStG), festgesetzt werden. Der Mindesthebesatz beträgt 200 % (§ 16 IV 2 GewStG) u. der Durchschnittshebesatz rund 400 %, was iErg zu einer effektiven Belastung mit Gewerbesteuer mit durchschnittlich 14 % führt.[210]

---

207 Weitgehend suspendiert durch § 34 VI KStG.
208 BMF Rundschreiben v. 4.7.2008, IV C 7 – S 2745-a/08/10001, Rn. 4.
209 Palandt/*Edenhofer*, vor § 1922 Rn. 7.
210 *Roth*/Altmeppen 8. Aufl. Rn. 82 b.

3. Ebene der Gesellschafter

Die an die einzelnen Gesellschafter ausgeschütteten Gewinnanteile (Dividenden) sind nach § 20 I Nr. 1 S. 1 EStG steuerpflichtig. Dem gleichgestellt sind verdeckte Gewinnausschüttungen nach § 20 I Nr. 1 S. 2 EStG, bei denen ggf. auch Schenkungsteuer nach § 15 IV ErbStG anfallen kann.[211] 94

Soweit es sich bei dem Gesellschafter um eine **Kapitalgesellschaft** handelt, bleiben die ausgeschütteten Gewinne grds. im vollen Umfang nach § 8 b I KStG von der (Körperschaft-)Steuer befreit. Aufgrund des pauschalen Betriebsausgabenabzugsverbots von 5 % der jeweiligen Ausschüttung nach § 8 b V KStG tritt die Steuerfreiheit effektiv jedoch nur zu 95 % ein. 95

Für eine **natürliche Person** oder **Personen(handels)gesellschaft** als Gesellschafter ist zwischen Gewinnanteilen aus Beteiligungen im Privatvermögen u. aus Beteiligungen im Betriebsvermögen zu unterscheiden. Beteiligungen im Privatvermögen unterliegen der Abgeltungsteuer, wonach auf ausgeschüttete Dividenden ein Steuersatz von 25 % zur Anwendung kommt (§ 32 d I EStG). Die Steuer wird dabei als Kapitalertragsteuer nach § 43 EStG im Steuerabzugsverfahren erhoben, wobei die Gesellschaft zur Einbehaltung u. Abführung verpflichtet ist. 96

Der Abzug hat grds. Abgeltungswirkung, dh mit dem Abzug ist die Steuer auf die Kapitaleinnahmen abgegolten, so dass ohne besonderen Antrag (vgl. § 32 d VI EStG) keine Veranlagung dieser Einnahmen u. damit keine Anwendung des individuellen Steuersatzes erfolgt. 97

Wird die Beteiligung im Betriebsvermögen gehalten, unterliegen die Gewinne dem **Teileinkünfteverfahren**, nach dem 40 % der Gewinnanteile steuerfrei sind (§ 3 Nr. 40 lit. d) EStG). Die verbleibenden 60 % steuerpflichtiger Gewinn sind in die Veranlagung zur Einkommensteuer einzubeziehen u. unterliegen dem individuellen Steuersatz des Gesellschafters. 98

Nach § 32 d II Nr. 3 EStG besteht die Möglichkeit, einen Antrag auf Anwendung des Teileinkünfteverfahrens für Gewinnanteile im Privatvermögen zu stellen. Voraussetzung für den Antrag ist, dass der Gesellschafter im Veranlagungszeitraum, für den der Antrag erstmals gestellt wird, entweder unmittelbar oder mittelbar zu mind. 25 % an der Gesellschaft beteiligt ist oder zu mind. 1 % an der Gesellschaft beteiligt u. beruflich für diese tätig ist. 99

Verluste der Gesellschaft können, anders als bei steuerlich „transparenten" Personengesellschaften, nicht mit Einkünften der Gesellschafter verrechnet werden (Trennungsprinzip). Allerdings können Verluste (dh Differenz zwischen Anschaffungskosten u. Veräußerungserlös bzw. Rückzahlung durch die *Gesellschaft) der Beteiligung* bei Anteilsveräußerung, Gesellschaftsauflösung etc nach den Vorgaben der §§ 17, 3 c EStG mit Gewinnen aus anderen Einkünften verrechnet werden. Nachschüsse in der Krise der Gesellschaft u. Einlagen gelten dabei als nachträgliche Anschaffungskosten (vgl. § 17 IV EStG). 100

---

211 Eingehend *Hutmacher*, ZNotP 12, 255 ff.

§ 30 Kapitalerhaltung

(1) [1]Das zur Erhaltung des Stammkapitals erforderliche Vermögen der Gesellschaft darf an die Gesellschafter nicht ausgezahlt werden. [2]Satz 1 gilt nicht bei Leistungen, die bei Bestehen eines Beherrschungs- oder Gewinnabführungsvertrags (§ 291 des Aktiengesetzes) erfolgen, oder durch einen vollwertigen Gegenleistungs- oder Rückgewähranspruch gegen den Gesellschafter gedeckt sind. [3]Satz 1 ist zudem nicht anzuwenden auf die Rückgewähr eines Gesellschafterdarlehens und Leistungen auf Forderungen aus Rechtshandlungen, die einem Gesellschafterdarlehen wirtschaftlich entsprechen.

(2) [1]Eingezahlte Nachschüsse können, soweit sie nicht zur Deckung eines Verlustes am Stammkapital erforderlich sind, an die Gesellschafter zurückgezahlt werden. [2]Die Zurückzahlung darf nicht vor Ablauf von drei Monaten erfolgen, nachdem der Rückzahlungsbeschluß nach § 12 bekanntgemacht ist. [3]Im Fall des § 28 Abs. 2 ist die Zurückzahlung von Nachschüssen vor der Volleinzahlung des Stammkapitals unzulässig. [4]Zurückgezahlte Nachschüsse gelten als nicht eingezogen.

Schrifttum

Altmeppen, „Upstream-Loans", Cash Pooling und Kapitalerhaltung nach neuem Recht, ZIP 2009, 49; *Brocker/Rockstroh*, Upstream-Darlehen und Cash-Pooling in der GmbH nach der Rückkehr zur bilanziellen Betrachtungsweise, BB 2009, 730; *Cahn*, Kredite an Gesellschafter, Der Konzern 2009, 67; *Diers*, Gläubiger- und Minderheitenschutz bei Verschmelzung des Erwerbsvehikels auf die Zielgesellschaft, in: Forum Unternehmenskauf 2012, S. 11; *Eusani*, Darlehensverzinsung und Kapitalerhaltung beim Cash Pooling nach dem MoMiG, GmbHR 2009, 795; *ders*, Das neue Deckungsgebot und Leistungen causa societatis nach § 30 Abs. 1 GmbHG, GmbHR 2009, 512; *Flume*, Kapitalerhaltung und Konzernfinanzierung, GmbHR 2011, 1258; *Gehrlein*, Die Behandlung von Gesellschafterdarlehen durch das MoMiG, BB 2008, 846; *Gummert*, Die Kapitalerhaltung bei der Komplementär-GmbH einer GmbH & Co. KG, DStR 2015, 761; *Heckschen*, Kapitalerhaltung und DownStream-Merger, GmbHR 2008, 802; *Klein/Stephanblome*, Der Downstream Merger – aktuelle umwandlungs- und gesellschaftsrechtliche Fragestellungen, ZGR 2007, 351; *Kropff*, Nettoausweis des Gezeichneten Kapitals und Kapitalschutz, ZIP 2009, 1137; *Link*, Droht dem Verkäufer von GmbH-Anteilen bei Leveraged-Buyout-Transaktionen eine Haftung für Verbindlichkeiten der Zielgesellschaft?, ZIP 2007, 1397; *K. Schmidt*, Mittelaufbringung und Mittelverwendung bei der GmbH & Co. KG, ZIP 2008, 481; *ders.*, Gesellschaftsrecht: Verbotene Ausschüttung durch Sicherheitenbestellung, JuS 2017, 1217; *Stimpel*, Zum Auszahlungsverbot des § 30 Abs. 1 GmbHG – Die Befreiung vom handelsbilanziellen Denken und die Unzulässigkeit von Vermögenszuwendungen an Gesellschafter gegen hinausgeschobene schuldrechtliche Ausgleichsverpflichtungen, FS 100 Jahre GmbHG, 1992, S. 335 ff; *Tillmann*, Upstream-Sicherheiten der GmbH im Lichte der Kapitalerhaltung, NZG 2008, 401; *Werner*, Geschäftsführerhaftung und Kapitalerhaltung bei der GmbH & Co. KG, NWB 2015, 2296.

I. Allgemeines

Wer von § 30 spricht, meint damit iaR (nur) Abs. 1, den Dreh- u. Angelpunkt des Kapitalerhaltungsrechts im GmbH-Recht. Abs. 2, der sich mit der Rückzahlung von Nachschüssen befasst, spielt dag in der Rechtspraxis kaum eine Rolle, was daran liegt, dass formelle Nachschüsse gem. §§ 26 ff. im Rechtsleben nur äußerst selten vorkommen. 1

1. Normzweck des Abs. 1

Abs. 1 enthält die zentrale Gläubigerschutzregelung neben den §§ 31–33, 43 III, 43 a sowie Bestimmungen der InsO u. des AnfG. § 30 zielt darauf ab, den Haftungsfonds für die Gesellschaftsgläubiger als Ausgleich für die fehlende persönliche Haftung der Gesellschafter zu erhalten. Hierzu ist es erforderlich, dass einerseits die Kapitalaufbringung effektiv gewährleistet 2 ist u. andererseits Rückflüsse an die Gesellschafter verhindert werden.[1] Die Sicherung der Kapitalaufbringung u. die Sicherung der Kapitalerhaltung sind somit eng verzahnt. Auszahlungen an die Gesellschafter sind hiernach nur zulässig, sofern das Vermögen der Gesellschaft nach Abdeckung aller Verbindlichkeiten noch über dem Betrag der in der Satzung ausgewiesenen Stammkapitalziffer liegt. Rücklagen, die über diesen Betrag hinausgehen, können jedoch ohne Verstoß gegen § 30 I auf der Grundlage von Gesellschafterbeschlüssen ausgeschüttet werden.[2] Die Kapitalerhaltungsvorschriften des GmbH-Rechts schützen die Gläubiger jedoch nicht vor Verlusten, die im allg. Geschäftsgang entstanden sind u. das Stammkapital aufzehren (sog. Verwirtschaften).

3 Auch wenn der primäre Zweck des Abs. 1 der Gläubigerschutz ist, haben sich sowohl der Gesetzgeber beim Erlass, als auch die Rechtspraxis bei der Auslegung u. Anwendung des Abs. 1 nicht ausschließlich daran orientiert. Der Gläubigerschutz geht mit seinen Verboten u. Einschränkungen stets auf Kosten der Handlungsfreiheit. Es ist das Ziel des Gesetzgebers u. die Aufgabe der Rechtspraxis, hier einen **angemessenen Ausgleich der widerstreitenden Interessen** zu finden u. stets neu zu suchen. Das wirkt sich auch auf die Bestimmung des Normzwecks aus: Normzweck ist nicht schlicht der Gläubigerschutz. Normzweck u. Aufgabe des Norminterpreten ist vielmehr, im Spannungsfeld von Gläubigerschutz u. Handlungsfreiheit praktisch angemessene, dh interessengerechte u. verallgemeinerungsfähige Lösungen zu finden.

4 In der Rspr. zu Abs. 1 ist der Gesichtspunkt der Handlungsfreiheit mitunter etwas zu kurz gekommen.[3] So geschehen im vielbeachteten Novemberurteil des BGH von 2003.[4] Die Folge war, dass der Gesetzgeber mit dem MoMiG im Interesse der Handlungsfreiheit korrigierend eingegriffen hat. Tatsächlich sind die durch das MoMiG eingeführten Änderungen des Abs. 1 überschaubar.

2. Inhalt

5 In verkürzter Form bestimmt Abs. 1, dass die Gesellschaft ihr gebundenes Kapital nicht an ihre Gesellschafter auszahlen darf. Die Regelung ist somit in erster Linie ein **Verbot**, u. zwar ein Auszahlungsverbot. Diesem Verbot entspricht ein **Leistungsverweigerungsrecht** der Gesellschaft: Was die Gesellschaft nicht auszahlen darf, kann der Gesellschafter (vorläufig) nicht einfordern.

---

1 Baumbach/Hueck/*Fastrich* Rn. 5.

2 Zu beachten sind etwaige Ausschüttungsbeschränkungen aus konkurrierenden Schutzinstituten, insbes. die sog. Existenzvernichtungshaftung nach § 826 BGB, vgl. Rn. 128.

3 Dabei dürfte es sich um eine deformation professionelle handeln, die daraus resultiert, dass die Gerichte allzu oft über Sachverhalte zu entscheiden haben, in denen die Beteiligten auf Seiten der Gesellschaft ihre Handlungsfreiheit eindeutig missbraucht haben.

4 BGH NJW 04, 1111.

3. Zwingendes Recht

Die Regelung des Abs. 1 ist zwingend u. somit einer satzungsmäßigen Disposition unzugänglich. Es handelt sich hierbei jedoch nicht um ein Schutzgesetz zugunsten der Gläubiger iSv § 823 II BGB. § 31 u. die sonstigen Sanktionen stellen abschließende Spezialregelungen dar. 6

II. Das Auszahlungsverbot (Abs. 1 S. 1)

1. Schutzgegenstand

Abs. 1 schützt das Gesellschaftsvermögen, welches zur Erhaltung des Stammkapitals erforderlich ist. Die Formulierung, Abs. 1 schütze das Stammkapital, ist gebräuchlich, aber irreführend. Denn „Stammkapital" iSv Abs. 1 S. 1 ist lediglich die – regelmäßig von den Gesellschaftern wirksam beschlossene u. im Handelsregister eingetragene – Stammkapitalziffer. Diese bleibt von Auszahlungen unberührt u. kann somit auch nicht durch ein Auszahlungsverbot geschützt werden. Formulierungen wie die, dass Abs. 1 das Stammkapital schützt oder eine Befriedigungsreserve für die Gläubiger garantieren soll, dürfen insbes. nicht dahin verstanden werden, dass die Einzahlungen auf das Stammkapital vom sonstigen Vermögen getrennt verwahrt werden müssen u. nicht für die Zwecke der Gesellschaft ausgegeben werden dürfen. Die Formulierung, Abs. 1 schütze das Stammkapital, ist lediglich als eine verkürzte Ausdrucksweise der gesetzlichen Regelung zu verstehen, die das zur Erhaltung des Stammkapitals erforderliche Gesellschaftsvermögen vor Auszahlungen an die Gesellschafter schützt. 7

Abs. 1 schützt das Gesellschaftsvermögen nicht in seiner konkreten gegenständlichen Zusammensetzung. Die Vorschrift soll sicherstellen, dass zur Gläubigerbefriedigung ein Mindestvermögen („Befriedigungsreserve") nicht durch Auszahlungen an die Gesellschafter weiter gemindert werden kann. Wie sich dieses Vermögen gegenständlich zusammensetzt, ist für die Zwecke des Abs. 1 gleichgültig. 8

2. Normadressaten

Nach der Rspr. des BGH richtet sich das Auszahlungsverbot des Abs. 1 „nur gegen den Geschäftsführer, nicht gegen Prokuristen oder sonstige verfügungsberechtigte Angestellte einer GmbH".[5] Das ist nicht nur sprachlich schief,[6] sondern auch im dogmatischen Ausgangspunkt falsch u. erschwert das Verständnis des Auszahlungsverbots. 9

a) **Gesellschaft.** Richtigerweise ist primär nicht der Geschäftsführer, sondern die Gesellschaft der Adressat des Auszahlungsverbots. Der Geschäftsführer vertritt die Gesellschaft organschaftlich, hat iR seiner allg. Sorgfaltspflicht (§ 43 I) darauf zu achten, dass die Gesellschaft die an sie gerichteten Verbote beachtet u. haftet für schuldhafte Verstöße gegen diese Verpflichtung (§ 43 II); § 43 III stellt dies für Verstöße gegen Abs. 1 (u § 33) lediglich klar. IR seiner Sorgfaltspflicht hat der Geschäftsführer nicht nur eigenhändige verbotene Auszahlungen zu unterlassen, sondern aufgrund seiner 10

5 BGH NZG 01, 893.
6 Ein Verbot richtet sich nicht „gegen" seinen Adressaten, sondern gegen das verbotene Tun. Es richtet sich „an" seinen Adressaten.

Überwachungspflicht auch dafür zu sorgen, dass solche Auszahlungen auch nicht von Mitgeschäftsführern oder anderen zur Vertretung der Gesellschaft ermächtigten Personen einschl. Prokuristen u. Handlungsbevollmächtigten vorgenommen werden.[7] Entsprechendes gilt nach allg. Grundsätzen für faktische Geschäftsführer.[8]

11 Wird die Gesellschaft bei der Auszahlung des zur Erhaltung des Stammkapitals erforderlichen Vermögens an einen Gesellschafter durch einen Prokuristen oder eine andere zur Vertretung der Gesellschaft ermächtigte Person vertreten, so liegt, wenn man die Gesellschaft als Verbotsadressaten betrachtet, hierin gleichwohl ein Verstoß gegen Abs. 1. Betrachtet man hingg. nur den Geschäftsführer als Verbotsadressaten, so fällt es schwer, in diesem Fall einen Verstoß gegen Abs. 1 zu begründen, wenn den Geschäftsführer kein (Überwachungs-) Verschulden trifft.

12 Der Umstand, dass die Gesellschaft der Adressat des Auszahlungsverbots ist, besagt noch nichts darüber, ob der Prokurist oder eine andere zur Vertretung der Gesellschaft ermächtigte Person persönlich für Verstöße gegen Abs. 1 haften, bei denen sie die Gesellschaft vertreten haben. Das richtet sich nach den Rechtsbeziehungen zwischen dem Vertreter u. der GmbH. Ist der Prokurist Angestellter, so richtet sich die Haftung des Prokuristen nach Arbeitsrecht. Daher ist der zitierten Entscheidung des BGH vom 25.6.01 insofern zuzustimmen, als der Prokurist kein unmittelbarer Adressat des Auszahlungsverbots ist. Mit ihrem obiter dictum, dass (nur) der Geschäftsführer unmittelbarer Adressat ist, liegt die Entscheidung dag falsch.

13 **b) Gesellschafter.** In seiner früheren Rspr. hat der BGH die Auffassung vertreten, dass sich das Auszahlungsverbot auch an die Gesellschafter wendet u. Gesellschafter, die schuldhaft an einem Verstoß gegen Abs. 1 mitwirken, dafür haften.[9] In der Haftungskonsequenz hat der BGH diese Rspr. inzwischen aufgegeben.[10] Der Umstand, dass Abs. 1 ein Leistungsverweigerungsrecht der Gesellschaft ggü. dem Gesellschafter begründet, deutet indes darauf hin, dass der von der Auszahlung begünstigte Gesellschafter gleichwohl zu den Normadressaten des Abs. 1 zählt.

14 Soweit die Gesellschaft bei Geschäften, die gegen Abs. 1 verstoßen können, nicht durch die Geschäftsführer, sondern durch die Gesellschafter bzw. die Gesellschafterversammlung vertreten wird (insbes. beim Abschluss von Geschäftsführerdienstverträgen), richtet sich Abs. 1 mittelbar auch an die Gesellschafter. Der Transmissionsriemen ist in diesem Fall anders als bei den Geschäftsführern nicht § 43,[11] sondern die Treuepflicht der Gesellschafter.

15 **c) Dritte.** Wenn schon Gesellschafter nicht zu den Normadressaten zählen sollen, dann können Dritte erst recht nicht dazu zählen. Wie dargelegt, zählen Gesellschafter aber zumindest insofern zu den Normadressaten, als sie sich das Leistungsverweigerungsrecht der Gesellschaft aus Abs. 1 entgegenhalten lassen müssen. Das gilt auch für Dritte, die aufgrund ihres Nähe-

---

7 So iErg richtig BGH NZG 01, 893, 894.
8 BGH NZG 01, 893, 894.
9 BGH NJW 85, 1030.
10 BGH NZG 99, 1001.
11 Gegen die Anwendbarkeit des § 43 I auf Gesellschafter Ulmer/*Paefgen* § 43 Rn. 13.

verhältnisses zum Gesellschafter diesem gleichgestellt sind (sog. Quasi-Gesellschafter). Auch sie zählen im Hinblick auf das Leistungsverweigerungsrecht der Gesellschaft aus Abs. 1 zu den Adressaten dieser Norm.

3. Verbotstatbestand

16 Der Tatbestand des Auszahlungsverbots wird zweckmäßig in drei Voraussetzungen gegliedert: Die erste Voraussetzung ist eine Auszahlung von Gesellschaftsvermögen (→ Rn. 17). Die zweite Voraussetzung ist, dass diese Auszahlung an einen Gesellschafter oder einen ihm gleichgestellten Dritten erfolgt (→ Rn. 45). Schließlich ist erforderlich, dass sich die Gesellschaft im Zeitpunkt der Auszahlung in einer Unterbilanz befindet oder durch die Auszahlung eine Unterbilanz herbeigeführt wird (→ Rn. 62). Schließlich ist erforderlich, dass die Auszahlung ihre Grundlage im Gesellschaftsverhältnis findet (→ Rn. 86).[12]

17 **a) Auszahlung von Gesellschaftsvermögen.** In der Rspr. des BGH findet sich keine allg. Definition dessen, was eine „Auszahlung von Gesellschaftsvermögen" ist; es finden sich lediglich Definitionsansätze. Hierzu zählt die Aussage, dass als Auszahlung von Gesellschaftsvermögen nicht nur Geldleistungen, sondern Leistungen aller Art in Betracht kommen.[13] An anderer Stelle hat der BGH in diesem Zusammenhang formuliert, § 30 betreffe nicht nur Geldleistungen, sondern jede Leistung der Gesellschaft, der keine gleichwertige Gegenleistung gegenübersteht.[14] Hinzu kommen zahlreiche Urteile, in denen der BGH bestimmte Vorgänge als Auszahlung von Gesellschaftsvermögen qualifiziert hat, ohne dabei auf den Auszahlungsbegriff näher einzugehen. Aus dieser Rspr. wird – auch nach neuem Recht – abgeleitet, der Begriff der Auszahlung von Gesellschaftsvermögen umfasse Leistungen aller Art, die wirtschaftlich das Gesellschaftsvermögen verringern.[15] Diese Definition gilt auch nach neuem Recht fort. Sie enthält zwei Bestandteile: Zum einen muss es sich um eine Leistung der Gesellschaft handeln (→ Rn. 18). Zum zweiten muss die Leistung zu einer Vermögensminderung bei der Gesellschaft führen (→ Rn. 19).

18 **aa) Leistung.** Die Auszahlung von Gesellschaftsvermögen setzt eine Leistung der Gesellschaft voraus.[16] Mangels Leistung fehlt es grds. an einer Auszahlung, wenn ein Gesellschafter Vermögensgegenstände der GmbH ohne Mitwirkung von Geschäftsführern oder Mitarbeitern stiehlt oder unterschlägt.[17] Anders stellt sich die Lage hingg. dar, wenn der Gesellschafter selbst Geschäftsführer, faktischer Geschäftsführer oder Mitarbeiter der Gesellschaft ist, u. zwar unabhängig von seiner Vertretungsbefugnis.

19 **bb) Vermögensminderung bei der Gesellschaft.** Die Leistung muss bei der Gesellschaft *zu einer* Vermögensminderung führen. Die Frage, auf welche Weise die Vermögensminderung zu bestimmen ist, stellt ein Kernproblem bei der Bestimmung des Verbotstatbestands dar. Da die Höhe des freien

12 Ähnl Ulmer/*Habersack* Rn. 24.
13 BGHZ 31, 258, 276 unter II. 3, insoweit nicht abgedruckt in BGH NJW 60, 285.
14 BGH NJW 87, 1194, 1195.
15 Baumbach/Hueck/*Fastrich* Rn. 33; ähnl Ulmer/*Habersack* Rn. 75 ff.
16 Rowedder/Schmidt-Leithoff/*Pentz* Rn. 30.
17 Rowedder/Schmidt-Leithoff/*Pentz* Rn. 30.

Vermögens, also der Betrag, der ohne Verstoß gegen Abs. 1 an die Gesellschafter ausgezahlt werden darf, handelsbilanziell zu bestimmen ist (vgl. unten c), liegt es nahe, den Begriff der Vermögensminderung, also den Betrag, der ausgezahlt wurde, nach denselben Kriterien zu definieren. Nach früher herrschender Sichtweise liegt eine Vermögensminderung daher vor, wenn der Vorgang sich vermögensmindernd in der Handelsbilanz der Gesellschaft niederschlägt (sog. bilanzielle Betrachtungsweise). Diese Sichtweise führt jedoch nicht in allen Fällen zu sachgerechten Ergebnissen; insbes. würde sie – im Grundsatz unzutr – im Stadium der Unterbilanz die Zuwendung stiller Reserven an die Gesellschafter erlauben. Aus diesem Grund hat eine fortschreitende Abkehr von der bilanziellen Betrachtungsweise eingesetzt, die – nach Vorarbeiten aus dem Schrifttum[18] – ihren Höhepunkt im Novemberurteil des BGH[19] fand, das faktisch auf einen gegenständlichen Schutz des Gesellschaftsvermögens hinauslief. Der Gesetzgeber des MoMiG ist dieser Entwicklung mit seinem Postulat, zur bilanziellen Betrachtungsweise zurückzukehren,[20] entgegengetreten. Auch nach Inkrafttreten des MoMiG ist indes davon auszugehen, dass die Vermögensminderung nicht ausschließlich bilanziell zu definieren ist.[21] Zwar ist die Minderung des bilanziellen Reinvermögens die wichtigste Fallgruppe u. das Leitbild der Vermögensminderung. Es gibt jedoch weiterhin unzweifelhaft Vermögensminderungen, die nicht bilanzwirksam sind u. die auch der MoMiG-Gesetzgeber als von Abs. 1 erfasst ansieht. Umgekehrt gibt es Vorgänge, die sich bilanziell als Vermögensminderung auswirken, aber unstr. keine Auszahlungen (jedenfalls keine verbotenen Auszahlungen) von Gesellschaftsvermögen darstellen. Von daher würde eine Verengung des Vermögensminderungsbegriffs auf Minderungen des bilanziellen Reinvermögens in die Irre führen. Die überw. Auffassung will entspr. jede *reale* Vermögensminderung für die Annahme einer Auszahlung genügen lassen u. die bilanzielle Betrachtungsweise allein bei der Bestimmung der Unterbilanz – maW: bei der Beurteilung der *Verbotswidrigkeit* der Auszahlung – anwenden.[22]

20 Die Konkretisierung der relevanten Vermögensminderungen erfolgt somit auch nach neuem Recht zweckmäßigerweise durch die Bildung von Fallgruppen. IRd Fallgruppenbestimmung ist auch der Gedanke aufzugreifen, dass Abs. 1 nur Leistungen erfassen will, die ihre Grundlage im Gesellschaftsverhältnis haben.[23]

21 **cc) Fallgruppen. (1) Minderung des bilanziellen Reinvermögens.** Eine Leistung der Gesellschaft ist nach der bilanziellen Betrachtungsweise dann eine Auszahlung von Gesellschaftsvermögen, wenn hierdurch das bilanzielle Reinvermögen der Gesellschaft vermindert wird (zu diesem Begriff näher bei → Rn. 66 ff.). Das bilanzielle Reinvermögen kann sich dadurch mindern, dass aktivierte Vermögenswerte abfließen oder passivierte Verbind-

18 Vgl. insbes. *Stimpel*, FS 100 Jahre GmbHG, 92, S. 335 ff.
19 BGH NJW 04, 1111.
20 BR-Drs. 354/07, S. 94.
21 Baumbach/Hueck/*Fastrich* Rn. 33; zu eng Bork/Schäfer/*Thiessen* Rn. 35: „Maßgeblich ist, ob die Vermögensminderung bilanzwirksam ist.“.
22 Vgl. Scholz/*Verse* Rn. 18 mwN.
23 Rowedder/Schmidt-Leithoff/*Pentz* Rn. 31; Ulmer/*Habersack* Rn. 81.

lichkeiten begründet werden, ohne dass im unmittelbaren Zusammenhang damit ein wertgleicher Ausgleich erfolgt.

Eine Leistung der Gesellschaft, die eine Minderung des bilanziellen Reinvermögens zur Folge hat, ist dann keine verbotene Auszahlung von Gesellschaftsvermögen, wenn die Gesellschaft hierfür eine gleichwertige, jedoch nicht bilanzierbare Gegenleistung erhält. Bsp hierfür ist die Zahlung eines angemessenen Geschäftsführergehalts an einen geschäftsführenden Gesellschafter. An welchem Tatbestandsmerkmal des Abs. 1 die Verbotswidrigkeit scheitert, kann für die Praxis dahinstehen. Teilw. wird angenommen, dass nicht bilanzierbare Gegenleistungen in **Abweichung** von der bilanziellen Betrachtungsweise das Vorliegen einer Auszahlung entfallen lassen.[24] Ob der BGH dem folgt, ist angesichts der zur AG ergangenen Entscheidung „Dritter Börsengang“[25] zweifelhaft. UE erfordert diese Fallgruppe keine Abweichung von der bilanziellen Betrachtungsweise, da bei einem drittüblichen Geschäftsführergehalt die Auszahlung – sofern man diese bejaht – jedenfalls nicht *causa societatis* erfolgt u. schon aus diesem Grund nicht verboten ist (vgl. unten d). 22

Eine Minderung des bilanziellen Reinvermögens ist allerdings in **Abweichung** von der bilanziellen Betrachtungsweise auch dann keine „Auszahlung von Gesellschaftsvermögen“ iSd Abs. 1, wenn sich die Minderung alleine aus der Begründung einer Verpflichtung der Gesellschaft ggü. einem Gesellschafter oder gleichzustellenden Dritten ergibt. Fassen etwa die Gesellschafter im Stadium der Unterbilanz den Beschluss, einem Gesellschafter unverzüglich eine Sonderausschüttung zuzuwenden, so begründet dies eine Verpflichtung der Gesellschaft ggü. dem Begünstigten. Zwar steht der Verpflichtung für die Dauer der Unterbilanz ein Leistungsverweigerungsrecht der Gesellschaft entgg. Weil diese Einwendung aber nur vorübergehender Natur ist, wird die Verpflichtung nicht in ihrem Bestand betroffen. Zahlungsverpflichtungen, denen vorübergehende Einwendungen entgegenstehen, sind auch als Verbindlichkeiten zu bilanzieren. Gleichwohl nimmt die hM an, dass die Begründung von Verpflichtungen der Gesellschaft ggü. Gesellschaftern noch keine Auszahlung von Gesellschaftsvermögen darstellen kann; es müsse vielmehr die Verfügung hinzukommen.[26] 23

Es gibt keinen Hinweis darauf, dass der MoMiG-Gesetzgeber mit seiner Rückkehr zur bilanziellen Betrachtungsweise diese Abweichungen beseitigen wollte. 24

(2) **Abfluss nicht bilanzierter Vermögenswerte.** Das Vermögen der Gesellschaft kann nicht aktivierte Vermögensgegenstände umfassen. Bsp hierfür sind selbstgeschaffene immaterielle Vermögensgegenstände, die die Gesellschaft *nicht aktiviert hat* (Wahlrecht nach § 248 II HGB), oder Vermögensgegenstände, die ursprünglich bilanziert waren, von der Gesellschaft aber zwischenzeitlich vollständig abgeschrieben worden sind, die aber gleichwohl noch einen Verkehrswert haben. Überträgt die Gesellschaft an einen Gesellschafter oder einen ihm gleichgestellten Dritten Vermögenswerte, die 25

24 Vgl. 2. Aufl. Rn. 22; ferner Scholz/*Verse* Rn. 20.
25 BGH NZG 11, 829.
26 Vgl. MüKoGmbHG/*Ekkenga* Rn. 127, 131 mwN; aA Lutter/*Hommelhoff* Rn. 8.

sie nicht bilanziert hat, so kann dies per definitionem keine Minderung des bilanziellen Reinvermögens zur Folge haben. Gleichwohl handelt es sich – in **Abweichung** von der bilanziellen Betrachtungsweise – dabei um eine Auszahlung von Gesellschaftsvermögen, wenn die Gesellschaft hierfür von dem Empfänger keine gleichwertige Gegenleistung erhält.

26 Gleiches gilt, wenn die Gesellschaft einen bilanzierten Vermögensgegenstand zu seinem Buchwert an einen Gesellschafter überträgt, wenn der Verkehrswert über dem Buchwert liegt. Auch hierdurch wird das bilanzielle Reinvermögen nicht geschmälert. Gleichwohl handelt es sich um eine Auszahlung von Gesellschaftsvermögen. Verboten ist eine solche Auszahlung indes nur, wenn sich die Gesellschaft im Zeitpunkt der Auszahlung bereits im Stadium der Unterbilanz befindet (vgl. unten c), denn eine Auszahlung kann nicht verboten sein, wenn nach deren Vornahme das Stammkapital noch durch das Vermögen der Gesellschaft gedeckt ist.[27] Auch bei Vorhandensein eines nur geringen freien Gesellschaftsvermögens können daher stille Reserven in beliebiger Höhe ohne Verstoß gegen Abs. 1 auf die Gesellschafter übertragen werden.[28] Der Fall kann nicht anders beurteilt werden als die Realisation der stillen Reserven durch Veräußerung an einen Dritten mit anschließender (zulässiger) Ausschüttung des Veräußerungserlöses an den Gesellschafter. Ebenfalls zulässig ist folglich die Veräußerung von Gesellschaftsvermögen an einen Gesellschafter bei bestehender Unterbilanz, wenn die Gegenleistung zwar unter dem Verkehrswert, aber soweit über dem Buchwert liegt, dass sie zur Beseitigung der Unterbilanz führt.[29]

27 Es gibt keinen Hinweis darauf, dass der MoMiG-Gesetzgeber mit seiner Rückkehr zur bilanziellen Betrachtungsweise diese Abweichungen beseitigen wollte.

28 **(3) Begründung nicht bilanzierter Haftungen.** Die Gesellschaft kann Haftungen begründen, die (vorerst) nicht zu bilanzieren sind. Ein Bsp hierfür ist die Bestellung von Sicherheiten zur Besicherung von Gesellschafterverbindlichkeiten. Derartige Sicherheiten sind grds. nicht in, sondern nur unter der Bilanz auszuweisen. Etwas anderes gilt erst, wenn mit der Inanspruchnahme aus der Sicherheit ernsthaft zu rechnen ist. In diesem Zeitpunkt wird die bestellte Sicherheit gem. § 249 I HGB in Form einer zu bildenden Rückstellung bilanzwirksam. Besteht in diesem Zeitpunkt kein werthaltiger Rückgriffsanspruch der Gesellschaft gegen den Gesellschafter, auf dessen Veranlassung hin die Gesellschaft die Sicherheit bestellt hat, kommt es zu einer Verminderung des bilanziellen Reinvermögens.

29 Vor dem Inkrafttreten des MoMiG war – in **Abweichung** von der bilanziellen Betrachtungsweise – weitgehend anerkannt, dass die Bestellung von Sicherheiten auch dann eine Auszahlung sein kann, wenn die Bestellung

---

27 Scholz/*Verse* Rn. 54 a.

28 Zu beachten sind selbstverständlich andere Beschränkungen, bspw. aus der gesellschaftsrechtlichen Treuepflicht oder den Grundsätzen der Existenzvernichtungshaftung.

29 Entspr. wäre bei unentgeltlicher Übertragung des Wirtschaftsguts der Anspruch aus §§ 30, 31 auf den Betrag beschränkt, der zur Beseitigung der (im Zeitpunkt des Austauschgeschäfts bestehenden) Unterbilanz erforderlich ist, vgl. § 31 Rn. 11.

nicht bilanzwirksam ist. Über die Einzelheiten bestanden im Schrifttum erhebliche Meinungsunterschiede.

Für die Praxis hat der BGH mit seinem Urteil vom 21.3.2017[30] insbesondere hinsichtlich der streitigen Frage des möglichen Zeitpunkts einer verbotenen Auszahlung für weitgehende Rechtssicherheit gesorgt (→ Rn. 112 ff.). 30

(4) **Leistungen unmittelbar aus dem Gesellschaftsverhältnis.** Zahlt die Gesellschaft eine Dividende an ihre Gesellschafter, so ist zu differenzieren: Weist der Jahresabschluss kein ausschüttungsfähiges Vermögen oder aber zu Unrecht einen Gewinn aus, ist ein gleichwohl gefasster Ausschüttungsbeschluss nichtig.[31] Eine zu passivierende Verbindlichkeit der Gesellschaft auf Gewinnausschüttung wird damit nicht begründet, so dass die Gewinnausschüttung nicht bloß eine erfolgsneutrale Bilanzverkürzung bewirkt, sondern das bilanzielle Eigenkapital mindert u. damit unproblematisch als Auszahlung qualifiziert werden kann. Liegen solche Mängel des Jahresabschlusses nicht vor, hat sich die Vermögenslage der Gesellschaft aber zwischenzeitlich so verschlechtert, dass der ausgewiesene Gewinn nicht mehr ohne Minderung des gebundenen Vermögens ausgeschüttet werden kann, dürfen die Gesellschafter nach zutr. Ansicht gleichwohl die Ausschüttung des Gewinns beschließen.[32] Fraglich ist aber, ob die Ausschüttung auch vollzogen werden darf. Zu beachten ist, dass die Ausschüttung in diesem Fall nicht das bilanzielle Reinvermögen der Gesellschaft mindert. Denn die Gesellschafter haben im Zeitpunkt der Dividendenzahlung einen klagbaren u. bei der GmbH zu passivierenden Anspruch auf Auszahlung der Dividende. Die Auszahlung der beschlossenen Dividende bewirkt somit lediglich eine Bilanzverkürzung. Hieraus wird vereinzelt geschlossen, dass ordnungsgemäß beschlossene Dividenden auch bei Unterbilanz ausgezahlt werden können.[33] 31

Dem ist nur eingeschränkt zu folgen. Geht man mit der hM davon aus, dass nicht schon die Begründung, sondern erst die Erfüllung einer Verpflichtung der Gesellschaft ggü. dem Gesellschafter eine Auszahlung ist, kann in der Ausschüttung ohne Weiteres eine Auszahlung gesehen werden, die ihre Grundlage auch unzweifelhaft im Gesellschaftsverhältnis hat. Für den Fall, dass die Vermögensverschlechterung bei der Gesellschaft nach dem Abschlussstichtag, aber schon vor Fassung des Gewinnverwendungsbeschlusses eingetreten ist, ist der Gesellschaft daher ein Leistungsverweigerungsrecht zuzubilligen (→ Rn. 23). Anders verhält es sich nach vorzugswürdiger Ansicht, wenn die Vermögensverschlechterung erst nach Fassung des Gewinnverwendungsbeschlusses, aber vor Vornahme der Ausschüttung eintritt.[34] Da das Stehenlassen des Gewinns regelmäßig als Einräumung eines Darlehens zu qualifizieren ist, dessen Rückzahlung auch dann zulässig ist, wenn zwischenzeitlich eine Unterbilanz eingetreten ist (Abs. 1 S. 3), 32

---

30 BGHZ 214, 258.
31 Scholz/*Verse* § 29 Rn. 50.
32 Scholz/*Verse* § 29 Rn. 50.
33 Rowedder/Schmidt-Leithoff/*Pentz* Rn. 32.
34 Anders jedoch die hM, vgl. Baumbach/Hueck/*Fastrich* Rn. 48 mwN; wie hier Scholz/*Verse* § 29 Rn. 91 f.

sollte die Erfüllung des Gewinn- bzw. Darlehensrückzahlungsanspruchs in diesem Fall zugelassen werden.[35]

33 (5) **Austausch liquider Haftungsmasse.** In seinem sog. Novemberurteil hat der BGH den Austausch liquider Haftungsmasse gegen eine zeitlich hinausgeschobene schuldrechtliche Forderung in **Abweichung** von der bilanziellen Betrachtungsweise als Auszahlung von Gesellschaftsvermögen qualifiziert.[36]

34 Diese Fallgruppe hat der MoMiG-Gesetzgeber jedenfalls iRd Abs. 1 S. 2 Hs. 2 abgeschafft. Auch wenn diese Änderung etwas verallgemeinernd mit dem Stichwort der Rückkehr zum bilanziellen Denken begründet worden ist, ist mitnichten davon auszugehen, dass der Gesetzgeber den Anwendungsbereich des Abs. 1 insgesamt auf Leistungen beschränken wollte, die das bilanzielle Reinvermögen mindern. Er hat lediglich klargestellt, dass sich das Novemberurteil mit der Gewährleistung gegenständlichen Vermögensschutzes zu weit vom bilanziellen Ausgangspunkt des Abs. 1 entfernt hat.

35 (6) **Erbringung von Dienstleistungen und Nutzungsüberlassungen.** Erbringt die Gesellschaft Dienstleistungen zugunsten eines Gesellschafters, ohne dass der Gesellschafter hierfür eine angemessene Gegenleistung zahlt, so bewirkt dies keine Minderung des bilanziellen Reinvermögens. Gleichwohl ist anerkannt, dass es sich hierbei auch nach neuer Rechtslage um eine Auszahlung von Gesellschaftsvermögen handelt.[37] Der Vorgang hat Ähnlichkeiten mit dem Abfluss nicht bilanzierter Vermögenswerte.

36 Ob die Leistung der Gesellschaft durch einen angemessenen Gegenleistungsanspruch gedeckt ist (vgl. Abs. 1 S. 2 Hs. 2), ist danach zu beurteilen, ob ein gewissenhafter, nach kaufmännischen Grundsätzen handelnder Geschäftsführer zu gleichen Bedingungen auch mit einem Dritten kontrahiert hätte (sog. Drittvergleich).[38] Reicht die vereinbarte Gegenleistung des Gesellschafters nicht aus, um die Selbstkosten der Gesellschaft zu decken, ist grds. die Gleichwertigkeit der Gegenleistung zu verneinen.[39]

37 (7) **Rückzahlung eigenkapitalersetzender Gesellschafterdarlehen.** Nach der bis zum Inkrafttreten des MoMiG geltenden Rspr. des BGH lag auch dann eine Auszahlung von Gesellschaftsvermögen vor, wenn die Gesellschaft eigenkapitalersetzende Gesellschafterdarlehen zurückzahlte; die bilanzentlastende Wirkung der Rückzahlung durch Wegfall der Darlehensverbindlichkeit war dabei nicht zu berücksichtigen.[40] Diese Fallgruppe, die die Rspr. zudem stets als einen Fall der analogen Anwendung des § 30 behandelt hatte, hat der MoMiG-Gesetzgeber durch Einfügung des Abs. 1 S. 3 abgeschafft.[41]

---

35 Vgl. ausf. Scholz/*Verse* § 29 Rn. 92, der auch auf die entspr. hM im Aktienrecht verweist.
36 BGH NJW 04, 1111.
37 MüKoGmbHG/*Ekkenga* Rn. 129.
38 BGH NJW 87, 1194, 1195.
39 BGH NJW 87, 1194, 1195.
40 Ulmer/*Habersack* Rn. 11.
41 Ausf. hierzu Bork/Schäfer/*Thiessen* Rn. 118 ff.

(8) **Verzicht auf Gewinn.** Problematisch ist, ob der Verzicht der Gesellschaft auf einen möglichen Gewinn, wie bspw. die Veräußerung einer Sache zum Selbstkostenpreis, für die Erfüllung des Verbotstatbestandes des Abs. 1 ausreicht. Obwohl durch den Verzicht auf Gewinn das bilanzielle Reinvermögen der Gesellschaft nicht gemindert wird, ist der Verzicht als Auszahlung anzusehen. Denn der Verzicht auf Gewinn zugunsten des Gesellschafters kann nicht anders beurteilt werden als der Verkauf zum Buchwert (→ Rn. 26). In beiden Fällen wird dem Gesellschafter der über dem Buchwert liegende Marktwert der Sache übertragen, was (nur) bei bestehender Unterbilanz nach Abs. 1 verboten ist. Weitere Voraussetzung für den Schutz von Gewinnchancen nach Abs. 1 ist allerdings eine Konkretisierung der Gewinnchance dahin gehend, dass die Gesellschaft den Gewinn am Markt tatsächlich hätte realisieren können.[42] 38

Auch insofern handelt es sich um eine **Abweichung** von der rein bilanziellen Betrachtungsweise; es gibt keinerlei Hinweise, dass der MoMiG-Gesetzgeber diese Abweichung abschaffen wollte. 39

(9) **Wettbewerb.** Befreiungen von gewillkürten oder sich aus der Treuepflicht ergebenden Wettbewerbsverboten durch die GmbH stellen keine Auszahlung iSv Abs. 1 dar, da die durch die Konkurrenz des Gesellschafters eintretenden Nachteile für die GmbH zu unspezifisch sind.[43] 40

Zu weitgehend ist auch die Auffassung, dass die Entziehung von Geschäftschancen an Abs. 1 zu messen sei, wonach der Gesellschafter der Gesellschaft bei Vorliegen einer Unterdeckung nur dann Gewinnchancen nehmen dürfe, wenn er ein angemessenes Entgelt zahlt.[44] In diesem Fall liegt lediglich ein „Nehmen" des Gesellschafters, aber kein „Geben" der GmbH vor. Wie bei einem Diebstahl oder einer Unterschlagung durch den Gesellschafter ist mangels Leistung der Gesellschaft das Vorliegen einer Auszahlung iSd Abs. 1 zu verneinen.[45] Die Haftung des Gesellschafters richtet sich nach den allg. Vorschriften. Anders liegen die Dinge jedoch, wenn die Gesellschaft daran mitwirkt, dass sich der Gesellschafter die Gewinnchancen der Gesellschaft aneignet. Hierin kann eine Auszahlung liegen. 41

Auch insofern handelt es sich um eine **Abweichung** von der rein bilanziellen Betrachtungsweise; es gibt keinerlei Hinweise, dass der MoMiG-Gesetzgeber diese Abweichung abschaffen wollte. 42

(10) **Unterlassen der Geltendmachung von Forderungen.** Die Stundung eines fälligen Anspruchs der Gesellschaft gegen einen Gesellschafter ist als Auszahlung von Gesellschaftsvermögen iSd Abs. 1 zu qualifizieren.[46] Da eine Stundung einer Forderung allerdings nichts anderes darstellt als eine Darlehensgewährung, unterfällt sie gem. Abs. 1 S. 2 Hs. 2 nicht dem Aus- 43

42 Baumbach/Hueck/*Fastrich* Rn. 34; Roth/*Altmeppen* Rn. 76; Michalski/*Heidinger* Rn. 86; MüKoGmbHG/*Ekkenga* Rn. 203, der auf die Gefahr der übermäßigen Einschränkung der wirtschaftlichen Entscheidungsfreiheit der Beteiligten hinweist, wenn das Schutzgut „Gewinnchance" nicht klar eingegrenzt wird.

43 MüKoGmbHG/*Ekkenga* Rn. 204; Ulmer/*Habersack* Rn. 47.

44 Roth/*Altmeppen* Rn. 89 f.

45 Übereinstimmend insoweit MüKoGmbHG/*Ekkenga* Rn. 204.

46 Ulmer/*Habersack* Rn. 79; MüKoGmbHG/*Ekkenga* Rn. 224 mwN.

zahlungsverbot, wenn die Forderung gegen den Gesellschafter vollwertig ist.[47]

44 Die bloße Nichtgeltendmachung eines Anspruchs der Gesellschaft gegen den Gesellschafter ist mangels Leistung grds. keine Auszahlung von Gesellschaftsvermögen. Die gegenteilige Ansicht hätte zur Folge, dass die Haftung aus § 31 I anders als vom Gesetzgeber gewollt nicht verjähren kann, solange sich die Gesellschaft in einer Unterbilanz befindet. Denn jeder Verjährung geht zwingend eine Nichtgeltendmachung während der Verjährungsfrist voraus.

45 **b) Gesellschafter oder gleichgestellte Dritte als Auszahlungsempfänger. aa) Gesellschafter als Auszahlungsempfänger.** § 30 erfasst Auszahlungen an die Gesellschafter. Dies betrifft grds. nur die GmbH-Gesellschafter iSd § 16. Ein stiller Gesellschafter wird diesen gleichgestellt, wenn er aufgrund der vertraglichen Ausgestaltung des stillen Gesellschaftsverhältnisses hins. seiner vermögensmäßigen Beteiligung u. seines Einflusses auf die Geschicke der GmbH weitgehend einem GmbH-Gesellschafter gleichsteht.[48]

46 Die Gesellschafter-Eigenschaft muss im Zeitpunkt der Begründung des Verpflichtungsgeschäfts vorliegen.[49] Unerheblich ist es, wenn der Gesellschafter im Zeitpunkt der Erfüllung bereits aus der Gesellschaft ausgeschieden ist.[50] Erfasst wird auch die Leistung an einen **künftigen Gesellschafter,** wenn die Leistung in sachlichem u. zeitlichem Zusammenhang mit der künftigen Gesellschafterstellung steht.[51]

47 § 30 ist nicht nur bei unmittelbaren Leistungen an die Gesellschafter anwendbar, sondern auch bei mittelbaren Leistungen u. Umgehungsgeschäften. Erfüllt die Gesellschaft bspw. eine Verbindlichkeit des Gesellschafters ggü. einem Dritten, so liegt eine mittelbare Auszahlung zugunsten des Gesellschafters vor, welcher allein Empfänger iSv Abs. 1 u. § 31 ist.[52] Ebenso ist die Übernahme einer Verbindlichkeit durch die Gesellschaft einzustufen. Die **Bestellung einer Sicherheit** durch die Gesellschaft für Forderungen eines Dritten gegen einen Gesellschafter stellt nach allg. Ansicht jedenfalls eine mittelbare Leistung an den Gesellschafter dar, da dieser aufgrund der Sicherheit vorteilhaftere Vertragskonditionen erlangen kann (zu Sicherheitenbestellungen → Rn. 112 ff.).[53]

48 **bb) Gleichgestellte Dritte als Auszahlungsempfänger.** Abs. 1 verbietet dem Wortlaut nach nur Zahlungen aus dem Gesellschaftsvermögen an einen Gesellschafter. Dennoch können in weiter Auslegung der Norm auch Auszahlungen an Dritte erfasst sein, um zum Schutz der Gläubiger Umgehungsgeschäfte zu verhindern. Voraussetzung für die Anwendung des Abs. 1 in diesen Fällen ist allerdings, dass der Dritte einem Gesellschafter gleichgestellt ist. Denn Dritte zählen grds. nicht zu den Normadressaten des Abs. 1. Überdies verfügt ein Dritter im Gegensatz zu den Gesellschaf-

---

47 Baumbauch/Hueck/*Fastrich* Rn. 57.
48 *BGH* NZG 06, 341.
49 Baumbach/Hueck/*Fastrich* Rn. 23.
50 Michalski/*Heidinger* Rn. 112 mwN.
51 Roth/*Altmeppen* Rn. 26; *Wicke* Rn. 15.
52 BGH NJW 09, 68 Rn. 8; Baumbach/Hueck/*Fastrich* Rn. 25.
53 Michalski/*Heidinger* Rn. 110 mwN.

tern regelmäßig nicht über den erleichterten Zugriff auf das Gesellschaftsvermögen, der den Schutz des zur Erhaltung des Stammkapitals erforderlichen Vermögens der Gesellschaft vor Auszahlungen an die Gesellschafter notwendig macht.

Die kapitalschutzrechtliche Gleichstellung mit einem Gesellschafter kann aber erfolgen, wenn ein wirtschaftliches oder persönliches Näheverhältnis zwischen dem Dritten u. dem Gesellschafter besteht.[54] 49

Ein wirtschaftliches Näheverhältnis kann darauf beruhen, dass die Leistungen an einen Nichtgesellschafter innerhalb von verbundenen Unternehmen erfolgen. Zu beachten ist, dass aufgrund der Änderung des Abs. 1 durch das MoMiG bei Vorliegen eines Beherrschungs- u. Gewinnabführungsvertrags nicht nur Leistungen zwischen den Vertragsparteien, sondern auch Leistungen an Dritte auf Veranlassung des herrschenden Unternehmens unter den Ausnahmetatbestand des Abs. 1 S. 2 fallen.[55] Daher sind Leistungen innerhalb eines Vertragskonzerns nicht vom Verbot des Abs. 1 erfasst. 50

Anders stellt sich die Rechtslage im **faktischen Konzern** bei Leistungen an ein mit dem Gesellschafter verbundenes Unternehmen dar.[56] Handelt es sich um einen einfachen faktischen Konzern, gelten keine Besonderheiten. Die Mutter-Gesellschaft haftet als Auszahlungsempfängerin bei aufsteigenden Vermögenstransfers wie alle anderen GmbH-Gesellschafter. Absteigende Vermögenstransfers sind kapitalschutzrechtlich nicht relevant, da aufgrund der fehlenden mitgliedschaftlichen Veranlassung der Zahlung keine Auszahlung vorliegt. Bei einem mehrstufigen faktischen Konzern ist zwischen Auszahlungen an die Mutter- u. an die Tochtergesellschaft zu unterscheiden. Empfängt die Muttergesellschaft eine Leistung von einer GmbH, an der sie mittelbar über eine Tochtergesellschaft beteiligt ist, ergibt sich das für die Anwendung des Abs. 1 erforderliche Näheverhältnis aus der Stellung der beherrschenden Mutter als Gesellschafter-Gesellschafter im Verhältnis zur auszahlenden GmbH.[57] Auch im umgekehrten Fall der Zahlung an ein vom Gesellschafter maßgeblich beeinflusstes (Tochter-)Unternehmen ist aufgrund der Mehrheitsbeteiligung das erforderliche Näheverhältnis gegeben.[58] 51

Besonderheiten sind auch iR von **Treuhandverhältnissen** zu beachten. Hier ist zwischen Zahlungen an den Treuhänder u. Zahlungen an den Treugeber zu differenzieren. Das Auszahlungsverbot des Abs. 1 umfasst unstr. Auszahlungen an den Treuhänder, der formal die Position eines Gesellschafters inne hat. Dies gilt unabhängig davon, ob der Treuhänder den Gesellschaftsanteil für sich selbst oder für einen anderen besitzt.[59] 52

Bei Zahlungen an den Treugeber ist zu beachten, dass dieser, obwohl er *selbst nicht* Gesellschafter ist, wie ein solcher zu behandeln ist. Denn die schuldrechtliche Bindung des Treuhänders im Verhältnis zum Treugeber 53

---

54 Baumbach/Hueck/*Fastrich* Rn. 26.
55 Beschlussempfehlung des Rechtsausschusses, BT-Drs. 16/9737.
56 Ausf. MüKoGmbHG/*Ekkenga* Rn. 178 ff.
57 BGH NZG 05, 177, 178.
58 BGH NJW 99, 2822.
59 BGHZ 31, 285, 263 f.; 105, 168, 175; 157, 72, 74 f.; MüKoGmbHG/*Ekkenga* Rn. 155 mwN.

(§§ 667, 670 BGB) führt dazu, dass der Gesellschaftsanteil wirtschaftlich betrachtet dem Vermögen des Treugebers zugeordnet wird u. nicht dem Treugeber als formalem Gesellschafter. Deshalb unterliegt der Treugeber wie ein Gesellschafter dem Auszahlungsverbot des Abs. 1 u. haftet für Ansprüche aus §§ 30, 31. Die Gesellschaft muss sich nicht auf eine Pfändung des Regressanspruchs des Treuhänders gegen den Treugeber aus § 670 BGB verweisen lassen.[60]

54 Sowohl bei Auszahlungen an den Treugeber als auch an den Treuhänder ist für die Anwendbarkeit des Abs. 1 irrelevant, ob die Leistung an den Treuhänder („Strohmann") oder an den Treugeber als Hintermann erbracht wird. Aufgrund der rechtlichen Verbundenheit findet eine wechselseitige Zurechnung der Leistung an den jeweils anderen statt.

55 Der Treugeber muss sich Zahlungen an den von ihm gewählten Treuhänder zurechnen lassen, weil dieser kraft Gesetz nach § 667 BGB zur Herausgabe der Leistung an den Treugeber verpflichtet u. daher nur als Empfangsstation anzusehen ist. Ob der Treuhänder die empfangene Leistung tatsächlich an den Treugeber weitergibt, spielt nur für das Innenverhältnis zwischen Treuhänder u. Treugeber eine Rolle. Auswirkungen auf die Beurteilung der Haftung nach §§ 30, 31 hat dies nicht.[61] Umstritten ist, ob eine Haftung des Treugebers auf den Fall zu beschränken ist, dass der Treugeber die Leistung an den Treuhänder veranlasst hat.[62]

56 Eine Zahlung an den Treugeber als „Geheißperson" des Treuhänders wird diesem zugerechnet, wenn der Treuhänder die Auszahlung veranlasst hat. Für das Vorliegen der Veranlassung spricht eine tatsächliche Vermutung, weil nach allg. Lebenserfahrung davon auszugehen ist, dass die Gesellschaft nicht aus eigenem Antrieb Vermögenswerte an Dritte schenkweise überträgt, sondern der Treuhänder diese aufgrund des Näheverhältnisses veranlasst hat.[63]

57 Treuhänder u. Treugeber haften als Gesamtschuldner iSd § 421 BGB.

58 Gleichermaßen ist der Fall des **Nießbrauchs** am Gesellschaftsanteil zu beurteilen. Auch hier gilt das Auszahlungsverbot des Abs. 1 nach hM für den Nießbraucher, der als Quasi-Gesellschafter behandelt wird, sowie für den Gesellschafter.[64] Ggü. einem **Pfandgläubiger**, dem grds. keine mitgliedschaftlichen Einfluss- u. Vermögensrechte, sondern lediglich Verwertungsrechte zustehen (§§ 1273 f. BGB), gilt das Verbot nur, soweit er sich durch eine schuldrechtliche Nebenabrede einen vergleichbaren Einfluss auf die Gesellschaftsgeschäfte wie ein Gesellschafter verschafft hat.[65]

59 Zur Behandlung der Fälle **mittelbarer Stellvertretung** iRd Auszahlungsverbotes nach Abs. 1 findet sich ein breites Meinungsspektrum. Weitgehende Einigkeit besteht dahin gehend, dass der Gesellschafter nach §§ 30, 31 haf-

---

60 BGHZ 31, 258, 266 f.; 75, 334, 335 f.; 107, 7, 11 f.; 157, 72; Michalski/*Heidinger* Rn. 115 mwN.
61 Roth/*Altmeppen* Rn. 33.
62 S. dazu: Roth/*Altmeppen* Rn. 33 mwN.
63 Roth/*Altmeppen* Rn. 34, 35; Baumbach/Hueck/*Fastrich* § 31 Rn. 12.
64 Baumbach/Hueck/*Fastrich* Rn. 28; Michalski/*Heidinger* Rn. 67, 119; Ulmer/*Habersack* Rn. 67; aA: MüKoGmbHG/*Ekkenga* Rn. 163.
65 BGHZ 119, 191.

tet, da der mittelbare Stellvertreter, der nach §§ 675 I, 667 BGB ggü. dem Gesellschafter zur Herausgabe des Erlangten verpflichtet ist, lediglich als „Empfangsstation“ des Gesellschafters dient.[66] Dem ist zuzustimmen, da der Vermögensvorteil iErg dem Gesellschafter zufließt. Auch hier ist für die Haftung des Gesellschafters nicht entscheidend, ob der mittelbare Stellvertreter den Vermögensvorteil tatsächlich an den Gesellschafter herausgegeben hat. Bzgl. der Einbeziehung des mittelbaren Stellvertreters in den Anwendungsbereich des Verbotes reichen die Lösungsvorschläge über die Begründung der Haftung des mittelbaren Stellvertreters aufgrund einer wirtschaftlichen Einheit zwischen diesem u. dem Gesellschafter[67] bis hin zur Ablehnung der Haftung des mittelbaren Stellvertreters.[68] Der mittelbare Stellvertreter ist anders als der Treuhänder nicht Gesellschafter u. kann deshalb nicht gem. §§ 30, 31 in Anspruch genommen werden. Die Erstreckung des Auszahlungsverbotes auf einen mittelbaren Stellvertreter würde mangels gesellschafterähnlicher Position über das Ziel der Vorschriften über die Kapitalerhaltung hinausschießen.

Ein persönliches Näheverhältnis, das die Gleichstellung zum Gesellschafter rechtfertigt, ist bei **nahen Angehörigen** des Gesellschafters anzunehmen, wenn die Auszahlung an den Angehörigen – zumindest indirekt – auch dem Gesellschafter zugute kommt. Als nahe Angehörige sind in Rückgriff auf die Wertungen der §§ 89 III, 115 II AktG, die nach der Rspr. des BGH einen allg. Grundsatz zum Schutz vor Umgehungsgeschäften darstellen,[69] insbes. Ehegatten, Lebenspartner u. minderjährige Kinder zu qualifizieren. Im Einzelfall kann sich das Auszahlungsverbot auch auf andere Angehörige, zB Eltern oder volljährige Kinder, erstrecken. Str. ist, ob das Bestehen eines persönlichen Näheverhältnisses zur Folge hat, dass die nahen Angehörigen des Gesellschafters Auszahlungsempfänger iSd Abs. 1 sind oder ob Zahlungen an diese dem Gesellschafter zuzurechnen sind, so dass dieser nach §§ 30, 31 haftet. Umstritten ist, ob neben dem Gesellschafter auch der nahe Angehörige nach §§ 30, 31 zur Erstattung verpflichtet ist.[70] 60

cc) **Auszahlung an fremde Dritte.** Erfolgt die Auszahlung von Gesellschaftsvermögen an einen fremden Dritten, so ist dies nur dann eine Auszahlung iSv Abs. 1, wenn hierdurch ein Gesellschafter oder gleichgestellter Dritter begünstigt wird. Dies ist etwa der Fall bei der Erfüllung einer Verbindlichkeit des Gesellschafters ggü. einem Dritten. In letzterem Fall liegt nämlich eine mittelbare Auszahlung an den Gesellschafter vor, so dass dieser allein als Empfänger iSv §§ 30 I, 31 I anzusehen ist. 61

c) **Auszahlung gebundenen Vermögens.** Abs. 1 verbietet der Gesellschaft, das **zur Erhaltung des Stammkapitals erforderliche Vermögen** an die Gesellschafter auszuzahlen. Das zur Erhaltung des Stammkapitals erforderliche Vermögen wird gewöhnlich auch als gebundenes Vermögen bezeichnet. 62

66 MüKoGmbHG/*Ekkenga* Rn. 152; Roth/*Altmeppen* Rn. 37 f.
67 BGH NJW 82, 386; 84, 1036.
68 Ulmer/*Habersack* Rn. 61.
69 BGH NJW 82, 386, 387.
70 So BGH NJW 82, 386; aA Roth/*Altmeppen* Rn. 51 f.; MüKoGmbHG/*Ekkenga* Rn. 162.

63 Ein Vermögensgegenstand ist zur Erhaltung des Stammkapitals erforderlich, wenn seine Auszahlung bei der Gesellschaft eine Unterbilanz herbeiführen würde oder sich die Gesellschaft im Zeitpunkt der Auszahlung bereits in einer Unterbilanz befindet.

64 aa) **Unterbilanz.** Eine Unterbilanz liegt vor, wenn das bilanzielle Reinvermögen (dazu unten bb) der Gesellschaft niedriger ist als ihr Stammkapital (dazu unten cc). Man spricht in diesem Zusammenhang auch von einer Unterdeckung. Ausgezahlt werden darf also nur der Betrag des Reinvermögens, der den nominellen Wert des Stammkapitals übersteigt.[71] Maßgeblicher Zeitpunkt für das Bestehen der Unterbilanz ist die effektive Auszahlung oder sonstige Leistung durch die GmbH. Auf den Abschluss des der Zahlung zugrundliegenden Verpflichtungsgeschäfts kommt es nicht an.[72] Für die Feststellung der Unterbilanz ist die Aufstellung einer förmlichen Zwischenbilanz auf den Auszahlungszeitpunkt nicht erforderlich, aber in Hinblick auf die Beweisführung sinnvoll.[73]

65 Die Gesellschaft ist bilanziell überschuldet, wenn ihre sog. echten Passiva (Rückstellungen, Verbindlichkeiten, passive Rechnungsabgrenzungsposten) die Aktiva übersteigen. Ist die Gesellschaft bilanziell überschuldet, so ist ihr bilanzielles Reinvermögen negativ u. folglich niedriger als ihr Stammkapital. Jeder Fall der Überschuldung ist deshalb ein Fall der Unterbilanz. Trotzdem wurde früher bezweifelt, ob die Gesellschaft gegen Abs. 1 verstößt, wenn sie im Zustand der Überschuldung Auszahlungen an einen Gesellschafter tätigt. Der Grund hierfür war zum einen eine begriffliche Verwirrung. So wurde argumentiert, bei Überschuldung sei kein Stammkapital mehr vorhanden, das durch Auszahlungen an die Gesellschafter weiter gemindert werden könne. Das ist insofern verwirrend, als das Stammkapital iSd Abs. 1 lediglich eine rechnerische Ziffer ist u. als solche niemals abfließen kann. Materiell stand hinter dem Zweifel, ob Abs. 1 auch bei Überschuldung anwendbar ist, die Befürchtung, dass dann die Solidarhaftung aus § 31 III ausufern könnte. Mittlerweile ist jedoch einhellige Meinung, dass Abs. 1 auch bei Überschuldung der GmbH gilt u. das Problem der potenziell ausufernden Solidarhaftung iRd § 31 III zu lösen ist.[74]

66 **bb) Bilanzielles Reinvermögen.** Der Begriff des bilanziellen Reinvermögens ist für den Begriff der Unterbilanz u. – eingeschränkt (→ Rn. 19) – für den Begriff der Auszahlung von Bedeutung. Er ist damit ein zentraler Begriff des Kapitalerhaltungsrechts.

67 **(1) Definition.** Das bilanzielle Reinvermögen ist definiert als die Summe der Aktiva abzüglich des Stammkapitals, der gesetzlichen Zwangsrücklagen, der Verbindlichkeiten, der Rückstellungen sowie passiver Rechnungs-

71 Roth/*Altmeppen* Rn. 8, 9; Michalski/*Heidinger* Rn. 27; Baumbach/Hueck/*Fastrich* Rn. 19.

72 Baumbach/Hueck/*Fastrich* Rn. 22 mwN.

73 Str, wie hier: Baumbach/Hueck/*Fastrich* Rn. 18 aE; Ulmer/*Habersack* Rn. 41; ausf. MüKoGmbHG/*Ekkenga* Rn. 83 ff.; Michalski/*Heidinger* Rn. 49; aA Scholz/*Verse* Rn. 61, sofern die Stammkapitaldeckung zweifelhaft ist.

74 BGH NJW 87, 194, 1195; 90, 1730, 1731 f.; Michalski/*Heidinger* Rn. 46; Baumbach/Hueck/*Fastrich* Rn. 20; Roth/*Altmeppen* Rn. 19; Lutter/*Hommelhoff* Rn. 10.

abgrenzungsposten. Um das bilanzielle Reinvermögen ermitteln zu können, bedarf es folglich eines Vermögensstatus.

(2) **Ermittlung nach HGB.** Der Vermögensstatus für die Zwecke des Abs. 1, aus dem sich das bilanzielle Reinvermögen ergibt, ist im Grundsatz nach den allg. HGB-Bilanzierungsgrundsätzen für den Jahresabschluss (§§ 242 ff. HGB) unter Fortführung der Buchwerte zu erstellen.[75] Die Aktiva sind dem letzten Jahresabschluss zu entnehmen u. auf den Auszahlungszeitpunkt fortzuschreiben. Bestandsänderungen sind zu berücksichtigen. Dabei erfolgt die Bewertung grds. zu Fortführungswerten u. nicht zu Zerschlagungswerten (Going-Concern-Prämisse). Nur ausnahmsweise, wenn durch die Auszahlung eine insolvenzrechtliche Überschuldung mit anschließender Liquidation der GmbH verursacht wird, sind die Zerschlagungswerte zugrunde zu legen.[76] Nach Auszahlungszeitpunkt eintretende Sachverhalte bleiben außer Betracht, es sei denn, diese sind wertaufhellend iSd § 252 I Nr. 4 HGB.[77] Aus dem Stetigkeitsprinzip (§ 252 I HGB) ergibt sich, dass die Gesellschaft zum Schutz der Gläubiger vor Manipulationen an ihre bisherige Bewertungs- u. Bilanzierungspraxis gebunden ist u. von früher ausgeübten Bilanzierungswahlrechten nicht abweichen kann. Zulässig sind jedoch Korrekturen inhaltlich fehlerhafter Ansätze.[78] 68

Auf der Aktivseite können gem. § 248 II HGB nF selbstgeschaffene immaterielle Vermögensgegenstände, zB selbst erstellte Software, iH der Entwicklungskosten bilanziert werden, für Forschungskosten gilt weiterhin das Aktivierungsverbot. Da Erträge aus der Aktivierung selbstgeschaffener immaterieller Vermögensgegenstände jedoch der Ausschüttungssperre nach § 268 VIII HGB unterliegen, ändert sich für die Ermittlung des Reinvermögens insoweit nichts.[79] Im Gegensatz zu dem originären Geschäfts- oder Firmenwert, der auch nach BilMoG einem Aktivierungsverbot unterliegt (§ 248 II HGB),[80] muss der derivative Geschäfts- oder Firmenwert aktiviert werden (§ 246 I 4 HGB nF).[81] Stille Reserven sind bei der Berechnung grds. nicht zu berücksichtigen, da ansonsten wegen der Unsicherheiten bei der Bewertung dem Gläubigerschutz nicht Genüge getan wird. Ausnahmsweise sind die stillen Reserven in die Unterbilanzrechnung mit einzubeziehen, wenn deren Auflösung den Grundsätzen ordnungsgemäßer Bilanzierung entspricht.[82] 69

Nicht geleistete Gesellschaftereinlagen sind nach § 272 I HGB nF nur insoweit aktivierungsfähig, als sie bereits eingefordert sind, während die nicht eingeforderten Einlagen offen vom gezeichneten Kapital abzusetzen sind. Dennoch ist der Rückschluss, dass nach der neuen Rechtslage nur eingeforderte Einlagen iRd Unterbilanzrechnung aktiviert werden müssen,[83] zu 70

75 BGH NJW 09, 68 Rn. 11.
76 Michalski/*Heidinger* Rn. 28.
77 Ulmer/*Habersack* Rn. 30.
78 BGHZ 109, 334, 339; Ulmer/*Habersack* Rn. 32; Michalski/*Heidinger* Rn. 29; MüKoGmbHG/*Ekkenga* Rn. 89.
79 Roth/*Altmeppen* Rn. 12; Michalski/*Heidinger* Rn. 32.
80 AA Michalski/*Heidinger* Rn. 35.
81 Lutter/*Hommelhoff* Rn. 12.
82 Baumbach/Hueck/*Fastrich* Rn. 17.
83 Baumbach/Hueck/*Fastrich* Rn. 15; *Kropff*, ZIP 09, 1137, 1139 ff.

voreilig. In Auflockerung der Maßgeblichkeit der Grundsätze für den Jahresabschluss für die Unterbilanzrechnung sind auch die nicht eingeforderten Einlagen auf der Aktivseite zu berücksichtigen. Denn im Fall der Nichtberücksichtigung würde das GmbHG einen strengeren Kapitalschutz gewährleisten als das AG, da das Stammkapital in voller Höhe u. nicht nur in Höhe des eingeforderten Kapitals geschützt ist (Abs. 1).[84]

71 Anderweitige Forderungen gegen die Gesellschafter sind ebenfalls im Fall der Werthaltigkeit zu aktivieren.[85]

72 Auf der Passivseite sind nach hM Einlagen stiller Gesellschafter auszuweisen.[86] Verbindlichkeiten sind mit ihrem Nennwert unabhängig davon, ob sie ggü. einem Gesellschafter (zB Gewinnausschüttungsansprüche) oder einem Dritten bestehen, zu passivieren.[87] Gesellschafterdarlehen sind ungeachtet eines etwaigen Rangrücktritts auf der Passivseite anzusetzen.[88] Ebenso sind gesetzliche Zwangsrücklagen (wie zB bei einer UG (haftungsbeschränkt) gem. § 5 a III), durch Ausschüttungssperren (zB § 253 VI 3, § 268 VIII HGB) gesicherte Bilanzposten und Rechnungsabgrenzungsposten von den Aktiva abzuziehen.

73 (3) **Der Einfluss der §§ 30, 31 auf die Ermittlung des bilanziellen Reinvermögens.** Nach hM soll eine Ausn. von der allg. handelsrechtlichen Aktivierungspflicht für Rückgewähransprüche aus § 31 I wegen einer früheren verbotswidrigen Ausschüttung gelten. Solche Ansprüche sollen folglich – für die Zwecke des Abs. 1 – nicht aktivierungsfähig sein. Diese Ausn. wird mit dem Sinn u. Zweck des Abs. 1 begründet: Die bestehende Beeinträchtigung des Stammkapitals dürfe für die Bewertung der Zulässigkeit weiterer Auszahlungen nicht außer Betracht bleiben.[89] Dem ist in dieser Allgemeinheit zu widersprechen. Da Ansprüche aus § 31 nach der *Balsam/Procedo*-Rspr. des BGH nicht dadurch erlöschen, dass das Stammkapital wieder aufgefüllt wird u. Ansprüche aus § 31 zudem erst nach 5 Jahren verjähren, ist alleine der Bestand von Ansprüchen aus § 31 keine Gewähr dafür, dass bei Auszahlung das Stammkapital bereits beeinträchtigt ist. Zudem ist wirtschaftlich nicht einzusehen, warum ein Rückgewähranspruch aus § 31 I, der vom (zahlungsfähigen) Schuldner anerkannt ist, pauschal aus dem Vermögensstatus gestrichen werden soll, zumal wenn der Schuldner des bestehenden Rückgewähranspruchs im Verhältnis zum Auszahlungsempfänger im nachfolgenden Fall ein fremder Dritter ist.

74 Richtigerweise sind daher Ansprüche aus § 31 nach den allg. HGB-Regeln im Vermögensstatus für die Zwecke des Abs. 1 zu aktivieren. Bei der Aktivierung ist jedoch auch hier nach dem Vorsichtsprinzip zu verfahren. Rückgewähransprüche aus § 31 I sind danach im Regelfall nicht zum

---

84 MüKoGmbHG/*Ekkenga* Rn. 99; Lutter/*Hommelhoff* Rn. 13.
85 Michalski/*Heidinger* Rn. 33; MüKoGmbHG/*Ekkenga* Rn. 98.
86 Baumbach/Hueck/*Fastrich* Rn. 15; MüKoGmbHG/*Ekkenga* Rn. 122 ff.; aA Roth/*Altmeppen* Rn. 11, der danach differenziert, ob die stille Beteiligung eigen- oder fremdkapitaltypisch ausgestaltet ist.
87 Lutter/*Hommelhoff* Rn. 14.
88 BGH NJW 09, 68.
89 Baumbach/Hueck/*Fastrich* Rn. 18; Michalski/*Heidinger* Rn. 34; Ulmer/*Habersack* Rn. 35; aA MüKoGmbHG/*Ekkenga* Rn. 102.

Nennbetrag zu aktivieren, sondern nur mit einem erheblichen Abschlag, da ihre Realisierung zweifelhaft ist. Zweifel an der Realisierung können sich nicht nur aus der eingeschränkten Bonität des Schuldners ergeben, sondern auch daraus, dass der Rückgewähranspruch vom Schuldner bestritten wird oder damit zu rechnen ist, dass er vom Schuldner bestritten wird.[90] Ist der Rückgewähranspruch vom Schuldner nicht anerkannt, so ist er im Regelfall nur mit 10 %–50 % seines Nennbetrags zu aktivieren, u. zwar auch dann, wenn der Schuldner eine gute Bonität hat.

cc) Stammkapital. Ob die Gesellschaft durch die Auszahlung in eine Unterbilanz gerät, ergibt sich aus einem Vergleich von bilanziellem Reinvermögen u. Stammkapital. 75

„Stammkapital" iSd Abs. 1 ist die betragsmäßige Ziffer des Stammkapitals, die sich zum Zeitpunkt der verbotenen Auszahlung aus der Satzung u. dem Handelsregister ergibt. Solange die Gesellschaft nicht eingetragen ist, verfügt sie über kein Stammkapital iSd Abs. 1. Abs. 1 findet folglich keine Anwendung auf Auszahlungen vor Eintragung der GmbH. Der Kapitalschutz erfolgt hier über die Regeln der realen Kapitalaufbringung.[91] 76

Änderungen des Stammkapitals (Kapitalerhöhung, Kapitalherabsetzung) sind Satzungsänderungen u. werden somit erst mit Eintragung im Handelsregister wirksam (§ 54 III). Das ist etwa von Bedeutung, wenn (unwirksame) Voreinzahlungen auf eine Kapitalerhöhung vor deren Eintragung zurückgezahlt werden. In diesem Fall kommt es alleine auf die Stammkapitalziffer vor der Eintragung an. 77

Wird das Stammkapital geändert u. ist die Änderung unwirksam oder nichtig, so ist dieser Fehler ungeachtet der Handelsregistereintragung auch für die Zwecke des Abs. 1 zu berücksichtigen. Wird eine durch Handelsregistereintragung wirksam gewordene Änderung der Stammkapitalziffer nachträglich durch Anfechtungsurteil für nichtig erklärt, kommt es für Auszahlungen, die zwischen Handelsregistereintragung u. Rechtskraft des Urteils liegen, ebenfalls auf die Stammkapitalziffer bei Auszahlung an, ungeachtet ihrer Anfechtbarkeit u. nachfolgenden Vernichtung. 78

Nach Auflösung der Gesellschaft (§§ 60 ff.) hat diese bis zu ihrer Vollbeendigung u. Löschung im Handelsregister noch ein Stammkapital; dieses wird weiterhin von Abs. 1 geschützt. Allerdings gilt Abs. 1 nicht mehr, wenn die Ausschüttung nach § 73 zulässig ist.[92] Ist der Auflösungsakt unwirksam oder nichtig, so gilt Abs. 1 unbeschränkt fort. 79

Wird die Gesellschaft ohne rechtliche Grundlage aus dem Handelsregister gelöscht, so hat dies keinen Einfluss auf den Fortbestand der GmbH u. somit auch ihres von Abs. 1 geschützten Stammkapitals. 80

---

90 Im Bestreitensfall ist auch zu prüfen, ob nicht nur die Bewertung, sondern auch den Ansatz der Forderung betroffen ist. Der BFH (DB 89, 1949) hat für bestrittene Schadensersatzforderungen entschieden, dass diese erst im auf die Rechtskraft des Urteils (oder die Einigung mit dem Schuldner) folgenden JA aktiviert werden dürfen, vgl. näher *Adler/Düring/Schmaltz*, HGB § 252 Rn. 84.

91 Ulmer/*Habersack* Rn. 17.

92 Baumbach/Hueck/*Haas* § 69 Rn. 7.

81 Wird die Gesellschaft auf einen anderen Rechtsträger verschmolzen, so erlischt mit Eintragung im Handelsregister die übertragende GmbH u. damit auch das von Abs. 1 geschützte Stammkapital. Kommt es bei der Verschmelzung zu Fehlern, die trotz § 20 II UmwG die Unwirksamkeit der Verschmelzung zur Folge haben, so besteht das Stammkapital fort, u. zwar auch dann, wenn die übertragende GmbH (fehlerhaft) im Handelsregister gelöscht worden ist.

82 Abs. 1 schützt das Gesellschaftsvermögen, welches zur Erhaltung des Stammkapitals erforderlich ist. Abs. 1 differenziert nicht danach, inwieweit das Stammkapital eingezahlt worden ist. Folglich kommt es auf die Einzahlung der Einlagen für den Schutzumfang des Abs. 1 nicht an.[93]

83 Abs. 1 schützt nur das Stammkapital. Es schützt keine sonstigen Eigenkapitalbestandteile vor Rückzahlung an die Gesellschafter, anders als zB § 33 I 1, der neben dem Stammkapital auch die nach dem Gesellschaftsvertrag zu bildenden Rücklagen schützt.

84 Aus der (verkürzenden) Formulierung, dass Abs. 1 (nur) das Stammkapital schützt, darf nicht geschlossen werden, dass sonstige bilanzierte Eigenkapitalbestandteile ohne Weiteres an die Gesellschafter ausgeschüttet werden dürfen. Ist etwa eine Kapitalrücklage bilanziert, so darf diese bei der GmbH (anders als bei der AG) zwar durch Gesellschafterbeschluss aufgelöst werden. Eine Ausschüttung ist jedoch nur dann nach Abs. 1 zulässig, wenn der auszuschüttende Betrag nicht zur Erhaltung des Stammkapitals erforderlich ist. Ein solches Erfordernis liegt insbes. dann nahe, wenn die Kapitalrücklage durch Verluste aufgezehrt worden ist.

85 Das Gesetz sieht vereinzelt Zwangsrücklagen vor, insbes. bei der UG (§ 5 a III) sowie beim Erwerb eigener Anteile (§ 33 II 1). Diese Zwangsrücklagen sind Eigenkapitalbestandteile. Diese Zwangsrücklagen werden in der Systematik des Abs. 1 üblicherweise nicht dem Stammkapital zugeschlagen, sondern bei der Ermittlung des Reinvermögens als Abzugsposten (wie Passiva) berücksichtigt.[94] In der Sache werden sie damit allerdings für die Zwecke des Abs. 1 wie Stammkapital behandelt, so dass die Formulierung, gesetzlich vorgeschriebene Rücklagen würden nicht in den Schutz des Abs. 1 S. 1 einbezogen,[95] jedenfalls missverständlich ist.

86 **d) Grundlage im Gesellschaftsverhältnis.** Schließlich ist erforderlich, dass die Auszahlung an den Gesellschafter ihre Grundlage im Gesellschaftsverhältnis findet, also *causa societatis* erfolgt. Der Verbotstatbestand greift daher nicht ein, wenn der Gesellschafter der Gesellschaft wie ein fremder Dritter gegenübersteht.[96] Diese Voraussetzung unterscheidet sich von den vorangegangenen Voraussetzungen dadurch, dass ihr Vorliegen zu vermuten ist.

87 Ein solcher Fall ist bspw. die Zahlung eines drittüblichen Geschäftsführergehalts. Ebenfalls keine Leistung *causa societatis* liegt vor bei Begleichung von Schadensersatzansprüchen des Gesellschafters gegen die Gesellschaft.

---

93 Baumbach/Hueck/*Fastrich* Rn. 14.
94 Baumbach/Hueck/*Fastrich* Rn. 14, 16.
95 Ulmer/*Habersack* Rn. 25.
96 Scholz/*Verse* Rn. 30.

Hierbei handelt es sich um eine Leistung der Gesellschaft aus ihrem Vermögen, der grds. keine Gegenleistung des Gesellschafters gegenübersteht. Bei vertraglichen Schadensersatzansprüchen des Gesellschafters lässt sich dieses Manko noch dadurch überwinden, dass der Schadensersatzanspruch Teil eines gegenseitigen Vertrags u. somit im weiteren Sinn Teil der von der Gesellschaft geschuldeten Gegenleistung ist.

Bei deliktischen Schadensersatzansprüchen des Gesellschafters gegen die Gesellschaft führt diese Überlegung jedoch nicht weiter. Gleichwohl erscheint es unangemessen, den Gesellschafter mit seinen deliktischen Schadensersatzansprüchen dem Auszahlungsverbot des Abs. 1 zu unterwerfen. Der Gesellschafter tritt der Gesellschaft mit seinen deliktischen Schadensersatzansprüchen wie ein fremder Dritter ggü. Es stellt sich allerdings die Frage, ob das auch gilt, wenn das Delikt im engen Zusammenhang mit der Gesellschafterstellung steht, insbes. bei deliktischen Schadensersatzansprüchen wegen Betrugs seitens der Gesellschaft bei Eingehung der Beteiligung. Richtigerweise ist diese Frage zu bejahen. 88

Ähnliches gilt bei Bereicherungsansprüchen sowie Ansprüchen aus GoA, da auch diese Ansprüche unabhängig von der Gesellschafterstellung bestehen u. damit ihre Grundlage nicht im Gesellschaftsverhältnis haben.[97] 89

4. Übergangsrecht

Art. 3 EGGmbHG enthält keine Übergangsvorschrift für das durch das MoMiG zum 1.11.08 geänderte Kapitalerhaltungsrecht. Mangels planwidriger Regelungslücke scheidet auch eine analoge Anwendung des Art. 3 IV EGGmbHG, der rückwirkende Wirkung für § 19 IV, V anordnet, auf § 30 aus. Daher entfalten die neu eingefügten Ausnahmetatbestände keine Rückwirkung.[98] 90

Nennenswerte Unterschiede zwischen Alt- u. Neufällen ergeben sich zum einen für das Konzernprivileg nach Abs. 1 S. 2 Hs. 1 nF. Zwar war auch schon vor dem MoMiG eine Ausn. vom Auszahlungsverbot des Abs. 1 bei Zahlungen zwischen den Vertragsparteien iR von Beherrschungs- u. Gewinnabführungsverträgen anerkannt.[99] Diese Ausn. erweitert Abs. 1 S. 2 Hs. 1 auf isolierte Gewinnabführungsverträge, so dass jetzt auch Leistungen an Dritte auf Veranlassung des herrschenden Unternehmens vom Auszahlungsverbot des Abs. 1 ausgenommen sind.[100] 91

Zum anderen führt Abs. 1 S. 3 zu einer unterschiedlichen Behandlung von Alt- u. Neufällen in Bezug auf Gesellschafterdarlehen (downstream loan). Durch die Einfügung des Abs. 1 S. 3 hat der Gesetzgeber den vom BGH entwickelten Grundsätzen zu eigenkapitalersetzenden Gesellschafterdarle- 92

97 Baumbach/Hueck/*Fastrich* Rn. 32; Michalski/*Heidinger* Rn. 63.
98 Michalski/*Heidinger* Rn. 15; MüKoGmbHG/*Ekkenga* Rn. 10; Baumbach/Hueck/*Fastrich* Rn. 46; *Bormann/Urlichs*, GmbHR Sonderheft MoMiG 08, 37, 50; aA Roth/*Altmeppen* Rn. 96, der zumindest Abs. 1 S. 2 rückwirkend anwenden will. S. zu Abs. 1 S. 2 Hs. 2 aber u. Rn. 94.
99 Roth/*Altmeppen* Rn. 94; Ulmer/*Habersack* Rn. 86.
100 Beschlussempfehlung des Rechtsausschusses, BT-Drs. 16/9737.

hen (§§ 30, 31 analog) eine Absage erteilt.[101] Für Altfälle hält der BGH dennoch an seinen Rechtsprechungsregeln fest.[102]

93 Für die zeitliche Abgrenzung zwischen Alt- u. Neufällen ist der Abschluss des Verpflichtungsgeschäfts maßgeblich, da bereits ab diesem Zeitpunkt das Auszahlungsverbot des Abs. 1 S. 1 eingreift.[103] Aufgrund der fehlenden Rückwirkung bleiben alle vor dem 1.11.08 wegen eines Verstoßes gegen Abs. 1 aF entstandenen Rückerstattungsansprüche nach § 31 I bestehen.[104]

94 Im Bereich des Abs. 1 S. 2 Hs. 2 entspricht die alte Rechtslage iW der neuen Rechtslage, nachdem auch der BGH kurz nach Inkrafttreten des MoMiG seine Novemberrechtsprechung mit Wirkung für Altfälle aufgegeben hat.[105] Denn bis zum Novemberurteil des BGH galt nach bilanzieller Betrachtungsweise eine Kreditgewährung an einen Gesellschafter (upstream loan) lediglich als Aktivtausch, wenn der Gesellschaft ein vollwertiger Gegenleistungs- oder Rückzahlungsanspruch zusteht.[106]

III. Ausnahmen vom Auszahlungsverbot

1. Deckung durch vollwertigen Gegenleistungs- oder Rückgewährungsanspruch (Abs. 1 S. 2 Hs. 2)

95 Nach Abs. 1 S. 2 Hs. 2 findet Abs. 1 keine Anwendung auf Leistungen, die durch einen vollwertigen Gegenleistungs- oder Rückgewähranspruch gegen den Gesellschafter gedeckt sind. Durch die Normierung dieser Ausn. ist der Gesetzgeber zur bilanziellen Betrachtungsweise zurückgekehrt. Ziel des Gesetzgebers war es, die Unsicherheit über die Zulässigkeit von Darlehen u. anderen Leistungen mit Kreditcharakter (upstream loan) zu beseitigen.[107] Dieser Ausnahmetatbestand ist insbes. für das **Cash-Pooling** im faktischen Konzern bedeutend; bei Leistungen innerhalb eines Vertragskonzerns gilt Abs. 1 S. 2 Hs. 1. Bei Cash-Pooling handelt es sich um die verbreitete Praxis des banktäglichen Liquiditätsausgleichs innerhalb eines Konzerns. Dabei wird die konzernweit freie Liquidität bei einem Konzernmitglied gegen Erhalt eines Ausgleichsanspruchs gegen die sog. „Betreibergesellschaft“ konzentriert. Der Vorteil des Cash-Poolings besteht darin, dass sich der Konzern keine Liquidität am Markt beschaffen muss u. mit Banken bessere Konditionen aushandeln kann.[108] Rechtlich wird der Vorgang von der hM als Darlehensgewährung bewertet. IRd Kapitalerhaltungsrechts besteht kein Sonderrecht für Cash-Pooling-Systeme, sondern es sind die allg. Regeln zu beachten.[109]

96 Weiterhin soll Abs. 1 S. 2 Hs. 2 der Gesellschaft erleichtern, mit ihren Gesellschaftern wie mit außenstehenden Dritten Geschäfte abzuschließen.[110]

---

101 Begr. RegE BT-Drs. 16/6140, S. 42.
102 BGH NJW 09, 1277.
103 So auch MüKoGmbHG/*Ekkenga* Rn. 10.
104 Michalski/*Heidinger* Rn. 15.
105 BGH NJW 09, 850; s. auch die Anmerkung von *Mülbert/Leuschner*, NZG 09, 281.
106 BGH NJW 09, 850, 851.
107 Begr. RegE BT-Drs. 16/6140, S. 41.
108 Roth/*Altmeppen* Rn. 78.
109 BGHZ 166, 8.
110 Begr. RegE BT-Drs. 16/6140, S. 41.

Deshalb sind Austauschgeschäfte u. Kreditgeschäfte sowie andere Leistungen mit Kreditcharakter nicht nach Abs. 1 untersagt, soweit sie wegen der Einhaltung des Vollwertigkeits- u. Deckungsgebots als Gläubigerschutzschwelle bilanziell lediglich als Tausch von Aktivposten zu bewerten sind.[111] 97

Die **Vollwertigkeit** bzw. Durchsetzbarkeit des Gegenleistungs- bzw. Rückgewähranspruchs richtet sich nach bilanziellen Grundsätzen. Nach § 253 I, III HGB ist eine Forderung vollwertig, wenn sie nicht mit einem über das allg. Kreditrisiko hinausgehenden, konkreten Ausfallrisiko behaftet ist, so dass der Gesellschafter mit großer Wahrscheinlichkeit bei Fälligkeit seine Gegenleistungs- bzw. Rückgewährpflicht erfüllen kann.[112] Es dürfen keine Zweifel an der Durchsetzbarkeit des Gegenanspruchs bestehen. Daher erfordert die Beurteilung der Vollwertigkeit eine Prognose in Bezug auf die Bonität des Gesellschafters nach dem Maßstab eines vernünftigen Kaufmanns. Die Frage der Vollwertigkeit kann gerichtlich voll überprüft werden.[113] Für die Annahme eines Beurteilungsspielraums des Geschäftsführers ist im Zusammenhang des Abs. 1 kein Raum, ein solcher ist dem Geschäftsführer nur iR seiner Haftung nach § 43 zuzubilligen.[114] 98

Ob eine Besicherung des Gegenanspruchs für die Vollwertigkeit erforderlich ist, bestimmt sich nach den Umständen des Einzelfalls, insbes. nach dem Umfang des Anspruchs, der Zeitpunkt der Fälligkeit sowie der Person u. Bonität des Schuldners.[115] Die Vollwertigkeit verlangt also nicht generell eine Besicherung des Gegenanspruchs. Auf die Liquidität des Gegenanspruchs aufgrund sofortiger Fälligkeit oder jederzeitige Kündbarkeit kommt es nicht an.[116] 99

Bei nur eingeschränkter Werthaltigkeit des Anspruchs ist zu beachten, dass diese nach hM nicht dazu führt, dass die Auszahlung nach Abs. 1 Hs. 2 erlaubt ist, soweit ein werthaltiger Gegenanspruch vorhanden ist. Vielmehr soll aufgrund der Unsicherheiten bei Ermittlung des Abschlags wie im Recht der Kapitalaufbringung (§ 19 V) das Alles-oder-Nichts-Prinzip gelten. Ist der Gegenanspruch nicht zu 100 % werthaltig, sind die Voraussetzungen des Ausnahmetatbestands folglich nach hM nicht erfüllt u. die Auszahlung verstößt gegen Abs. 1.[117] Dem sollte nicht gefolgt werden, da kein Grund dafür ersichtlich ist, dass ausgerechnet Rückzahlungsansprüche bei zweifelhafter Bonität mit null anzusetzen sind, während alle sonstigen Ansprüche der Gesellschaft bei der Unterbilanzfeststellung mit ihrem handelsbilanziellen Wert angesetzt werden können.[118] 100

Bei Cash-Pool-Systemen sind in die Prognose insbes. alle systemimmanenten Gefahren einzubeziehen, wie zB Klumpenrisiken, die in der Liquiditäts- 101

111 Lutter/*Hommelhoff* Rn. 25; Baumbach/Hueck/*Fastrich* Rn. 39.
112 Lutter/*Hommelhoff* Rn. 28; MüKoGmbHG/*Ekkenga* Rn. 244; Baumbach/Hueck/*Fastrich* Rn. 42.
113 Roth/*Altmeppen* Rn. 74, 115.
114 Lutter/*Hommelhoff* Rn. 28; Roth/*Altmeppen* Rn. 115.
115 BGHZ 179, 71 = NJW 09, 850 zum Aktienrecht.
116 Roth/*Altmeppen* Rn. 120.
117 OLG Frankfurt ZIP 11, 392; Lutter/*Hommelhoff* Rn. 27; Baumbach/Hueck/*Fastrich* Rn. 55; aA Scholz/*Verse* Rn. 92.
118 Ebenso Scholz/*Verse* Rn. 92; *Flume*, GmbHR 11, 1258, 1264.

konzentration auf einen Schuldner begründet sind. Für sich genommen führen diese Risiken allerdings nicht zur Verneinung der Vollwertigkeit.[119] Die Vollwertigkeit der Gegenleistung iR umfangreicher Cash-Management-Systeme setzt nicht voraus, dass ein Informations-, Frühwarn- u. Reaktionssystem eingeführt wird, um das Ausfallrisiko zuverlässig bewerten zu können. Der BGH[120] hält die Geschäftsleitung zwar für verpflichtet, laufend etwaige Änderungen des Kreditrisikos zu prüfen u. auf eine sich nach der Darlehensausreichung andeutende Bonitätsverschlechterung mit einer Kreditkündigung oder der Anforderung von Sicherheiten zu reagieren, was bei umfangreichen langfristigen Darlehen oder bei einem Cash-Management die Einrichtung eines geeigneten Informations- oder Frühwarnsystems zwischen Mutter- u. Tochtergesellschaft erforderlich machen könne. Diese Verpflichtung spielt jedoch nur für die Frage der Haftung der Geschäftsführung eine Rolle, nicht für die Vollwertigkeit der Gegenleistung.[121]

102 Das **Deckungsgebot,** das entweder aus dem Wortlaut der Norm „durch einen vollwertigen Gegenleistungs- oder Rückgewähranspruch gedeckt" hergeleitet oder als Teil der Vollwertigkeit aufgefasst wird, besagt, dass der Leistung der Gesellschaft eine gleichwertige Gegenleistung gegenüberstehen muss. Die Leistung der Gesellschaft wird dabei mit ihrem Verkehrswert, nicht mit dem Abschreibungswert angesetzt.[122] Die Angemessenheit des Verhältnisses von Leistung u. Gegenleistung wird nach einem objektiven Maßstab beurteilt.

103 Umstritten ist, ob auch unverzinste Darlehen dem Deckungsgebot entsprechen.[123] Richtigerweise fordert das Deckungsgebot lediglich, dass die Leistung der GmbH durch eine äquivalente Gegenleistung ausgeglichen wird. Dieser Ausgleich muss jedoch nicht zwingend durch Verzinsung des Darlehens, sondern kann auch durch andere Vorteile, die der GmbH durch die Darlehensgewährung zugutekommen, herbeigeführt werden. Bspw. bringt die Darlehensgewährung im Cash-Pool den Vorteil mit sich, bei Bedarf selbst zinslos auf Liquidität aus dem Cash-Pool zugreifen zu können.[124] Bei kurzfristigen Darlehen, vorgeschlagen wird – nach Grundsätzen ordnungsgemäßer Buchführung – die Grenze von einem Jahr oder mehr, ist eine fehlende Verzinsung noch mit dem Deckungsgebot vereinbar.[125] Kommt es beim Cash-Pool für einen längeren Zeitraum zur Liquiditätsüberlassung, müssen Zinsen erhoben werden, um dem Deckungsgebot zu entsprechen.

119 MüKoGmbHG/*Ekkenga* Rn. 244; Roth/*Altmeppen* Rn. 112; aA *Mülbert/Leuschner*, NGZ 09, 281, 284.
120 BGHZ 179, 71 – MPS.
121 *Ebenso* Roth/*Altmeppen* Rn. 131 ff.; aA noch die Voraufl sowie Lutter/*Hommelhoff* Rn. 31, 40; Baumbach/Hueck/*Fastrich* Rn. 42.
122 Begr. RegE BT-Drs. 16/6140, S. 41.
123 Darstellung des Streits bei Michalski/*Heidinger* Rn. 201.
124 Roth/*Altmeppen* Rn. 119.
125 MüKoGmbHG/*Ekkenga* Rn. 252.

Entgg. dem Wortlaut des Abs. 1 ist es unerheblich, gegen wen sich der kompensierende Gegenanspruch richtet. Denn auch durch Ansprüche gegen Dritte wird eine bilanzielle Neutralität herbeigeführt.[126] 104

Maßgeblicher Zeitpunkt für die Beurteilung, ob die Anforderungen der Vollwertigkeit u. des Deckungsgebots erfüllt sind, ist der des Erfüllungsgeschäfts.[127] Nachträgliche, nicht vorhersehbare Verschlechterungen der finanziellen Verhältnisse des Gesellschafters u. damit einhergehende bilanzielle Abwertungen führen nicht zu einer nachträglichen Bewertung der Auszahlung als verbotswidrig.[128] 105

Abzuwarten bleibt, ob sich die Bestrebungen der Literatur, nachträgliche Entwicklungen über die Konstruktion „Auszahlung durch Unterlassen der Kündigung des Darlehens"[129] zu erfassen, durchsetzen werden. 106

2. Rückgewähr eines Darlehens (Abs. 1 S. 3)

Nach Abs. 1 S. 3 wird die Rückzahlung von Gesellschafterdarlehen (sog. downsteam loan) u. wirtschaftlich entspr. Leistungen (zB stille Beteiligungen) aus dem Anwendungsbereich des Abs. 1 herausgenommen. Auch diese Regelung ist Ausdruck der Rückkehr zum bilanziellen Denken, da zwar Kapital abfließt, jedoch zugleich auf der Passivseite der Bilanz die entspr. Verbindlichkeit der GmbH entfällt.[130] 107

Durch Abs. 1 S. 3 ist das Recht der Gesellschafterdarlehen neu geregelt worden. Der Gesetzgeber hat die Rechtsfigur der eigenkapitalersetzenden Darlehen abgeschafft u. die Probleme rund um die Rückzahlung von Gesellschafterdarlehen ins Insolvenzrecht verlagert.[131] Nach § 39 I Nr. 5 InsO nF sind Forderungen aus Gesellschafterdarlehen grds. nachrangig zu befriedigen. Die Rückzahlung von Gesellschafterdarlehen kann möglicherweise durch die Insolvenzanfechtung wieder rückgängig gemacht werden, wenn sie im kritischen Zeitraum erfolgt ist. Dabei wird nicht mehr zwischen kapitalersetzenden u. „normalen" Gesellschafterdarlehen unterschieden, so dass diese nicht mehr wie haftendes Eigenkapital zu behandeln sind.[132] 108

Zur Konkretisierung der der Darlehensgewährung wirtschaftlich entspr. Leistung kann auf die zu § 32 a III aF gewonnenen Erkenntnisse zurückgegriffen werden.[133] 109

3. Beherrschungs- und Gewinnabführungsvertrag (Abs. 1 S. 2 Hs. 1)

Darüber hinaus greift Abs. 1 S. 1 bei Bestehen eines Beherrschungs- u. Gewinnabführungsvertrags – ohne Rücksicht auf das Bestehen eines vollwertigen Gegenleistungs- oder Rückgewähranspruchs – nicht ein. Eine gläubigerschützende Vermögensbindung wird bei Vorliegen eines Beherrschungs- 110

126 Lutter/*Hommelhoff* Rn. 27; MüKoGmbHG/*Ekkenga* Rn. 153.
127 Statt vieler Michalski/*Heidinger* Rn. 189.
128 Begr. RegE BT-Drs. 16/6140, S. 41.
129 MüKoGmbHG/*Ekkenga* Rn. 243, 224; aA Baumbach/Hueck/*Fastrich* Rn. 43.
130 Michalski/*Heidinger* Rn. 208.
131 Begr. RegE BT-Drs. 16/6140, S. 26.
132 Begr. RegE BT-Drs. 16/6140, S. 42.
133 MüKoGmbHG/*Ekkenga* Rn. 258.

u. Gewinnabführungsvertrags über die analoge Anwendbarkeit von §§ 302, 303, 309, 210 AktG hergestellt.[134] Die von der bislang hM für den Fall, dass das herrschende Unternehmen nicht leistungsfähig u. somit der Verlustausgleichsanspruch nach § 302 AktG analog nicht voll werthaltig ist, befürwortete Ausn. vom Konzernprivileg ist auf die neue Regelung nicht übertragbar. Denn diese verlangt keine bilanzielle Ausgeglichenheit.[135]

111 Aufgrund der Änderungen durch das MoMiG sind nicht nur Leistungen zwischen den Vertragsparteien, sondern auch Leistungen an Dritte auf Veranlassung des herrschenden Unternehmens vom Kapitalerhaltungsgebot des Abs. 1 suspendiert (zB an Unternehmen, die mit dem herrschenden Unternehmen oder anderen Konzernunternehmen in Geschäftsverbindungen stehen).[136] Damit sind auch alle Leistungen aufgrund eines isolierten Gewinnabführungsvertrags von dem Ausnahmetatbestand erfasst. Für Leistungen innerhalb eines faktischen Konzerns gilt Abs. 1 S. 2 Hs. 1 nicht.

IV. Kasuistik zum Auszahlungsverbot

1. Sicherheiten

112 Einigkeit herrscht darüber, dass die Besicherung einer gesellschafterbezogenen Forderung in den Anwendungsbereich des Abs. 1 fallen kann. Unerheblich ist, ob die Sicherheit an den Gesellschafter für die Verbindlichkeit eines Dritten oder an einen Dritten für die Verbindlichkeit des Gesellschafters geleistet wird. Denn auch die Besicherung zugunsten des Gesellschafters stellt eine mittelbare Auszahlung an diesen dar, weil der Gesellschafter idR vorteilhaftere Vertragsbedingungen aushandeln kann.[137]

113 Insbesondere im Hinblick auf die Frage, wann eine Auszahlung iSd § 30 gegeben ist, bestehen im Schrifttum unterschiedliche Auffassungen.[138] ZT wird bereits in der Verpflichtung zur Sicherheitsbestellung eine Vermögensminderung erblickt, indem die tatsächliche Inanspruchnahme der Gesellschaft sowie die Wertlosigkeit des Rückgriffsanspruchs der Gesellschaft fingiert werden.[139] Zu Recht wird gegen diese Auffassung, die dazu führt, dass die Ausnahmeregelung des Abs. 1 S. 2 Hs. 2 nicht anzuwenden ist, eingewandt, dass sie die Änderungen der Rechtslage durch das MoMiG ignoriert.[140] Weiterhin wird vertreten, dass eine Auszahlung iSd Abs. 1 in dem Moment vorliegt, in dem das Gesellschaftsvermögen durch die wahrscheinliche Inanspruchnahme der Sicherheit erstmals gefährdet ist u. die Sicherheit erstmals bilanzwirksam wird.[141] Wiederum andere differenzieren

134 Ulmer/*Habersack* Rn. 10, 12.
135 MüKoGmbHG/*Ekkenga* Rn. 270; Lutter/*Hommelhoff* Rn. 48; aA Baumbach/Hueck/*Fastrich* Rn. 45.
136 Beschlussempfehlung des Rechtsausschusses, BT-Drs. 16/9737, S. 56.
137 MüKoGmbHG/*Ekkenga* Rn. 138; Michalski/*Heidinger* Rn. 89.
138 Detaillierte Darstellung des Meinungsstandes bei Michalski/*Heidinger* Rn. 87 ff.; *Tillmann*, NZG 08, 401.
139 Lutter/*Hommelhoff* Rn. 35 f.
140 Michalski/*Heidinger* Rn. 94.
141 Michalski/*Heidinger* Rn. 90 mwN.

bei der Bestimmung des maßgeblichen Zeitpunkts nach der Art der Sicherheit[142] oder der Person des Sicherungsnehmers.[143]

114 Der BGH hat mit Urteil vom 21.3.2017 entschieden, dass eine verbotene Auszahlung zulasten des zur Erhaltung des Stammkapitals erforderlichen Vermögens mit der Bestellung einer dinglichen Sicherheit für einen Darlehensrückzahlungsanspruch eines Sicherungsnehmers gegen den Gesellschafter vorliegt, wenn der Gesellschafter nicht voraussichtlich zur Rückzahlung in der Lage ist und zudem eine Unterbilanz entsteht oder vertieft wird.[144] Der BGH sieht bereits in der Bestellung der Sicherheit nicht nur eine Vermögensgefährdung, sondern eine Vermögensminderung,[145] Damit scheint der BGH die Vermögensminderung iSd § 30 von der handelsbilanziellen Vermögensminderung abzukoppeln; der BGH führt aus, mit der mit dem MoMiG verfolgten Rückkehr zum bilanziellen Denken sei „eher eine wirtschaftliche Betrachtungsweise gemeint“. Gleichzeitig bezieht der BGH jedoch Abs. 1 S. 2 in den Begriff der Auszahlung mit ein: Bei Leistungen der Gesellschaft, welche durch einen vollwertigen Gegenleistungs- oder Rückgewähranspruch gegen den Gesellschafter gedeckt sind, liege „nach § 30 Abs. 1 Satz 2 GmbHG keine Auszahlung vor“. Bei der Bestellung einer dinglichen Sicherheit sei dieser Gegenleistungs- oder Rückgewähranspruch der Anspruch der Gesellschaft gegen ihren Gesellschafter, sie von der Inanspruchnahme der Sicherheit bei Fälligkeit des Darlehens freizustellen. Der Freistellungsanspruch sei vollwertig und ein Ausfall unwahrscheinlich, wenn der Ausfall des Darlehensrückzahlungsanspruchs des Sicherungsnehmers unwahrscheinlich ist. In diesem Fall liege auch bei der Stellung einer dinglichen Sicherheit der vom Gesetzgeber mit der bilanziellen Betrachtungsweise zugelassene Aktiventausch vor, der nach Abs. 1 Satz 2 eine Bewertung als Auszahlung ausschließe. Die damit einhergehende Schwächung des Gläubigerschutzes beruhe auf der Entscheidung des Gesetzgebers, einen Tausch von vorhandenen Vermögenswerten in einen Anspruch gegen den Gesellschafter zuzulassen.

115 Festhalten lässt sich aus der Entscheidung, dass im Falle von dinglichen Upstream-Sicherheiten (a) der Zeitpunkt der möglichen Auszahlung die Bestellung der Sicherheit ist, (b) auch für Bestimmung der Vollwertigkeit des Freistellungsanspruchs auf den Zeitpunkt der Bestellung der Sicherheit abzustellen ist und (c) nachfolgende Verschlechterungen der Vermögenslage des Gesellschafters ohne Bedeutung sind. Für den Geschäftsführer ergeben sich aus der Sicherheitenbestellung jedoch nach wie vor Haftungsrisiken, insbesondere da der BGH ausdrücklich ausführt, dieser sei verpflichtet, die Vermögensverhältnisse des Gesellschafters zu beobachten und auf eine sich nach der Sicherheitenbestellung andeutende Bonitätsverschlechterung mit der Anforderung von Sicherheiten oder der Durchsetzung des Freistellungs-

142 BGHZ 173, 1, 3; MüKoGmbHG/*Ekkenga* Rn. 137, 140, der für dingliche Sicherheiten wegen des gewissen Übertragungselementes auf die Bestellung der Sicherheit, für persönliche Sicherheiten auf die Verwertung abstellt.
143 Baumbach/Hueck/*Fastrich* Rn. 60 mwN.
144 BGHZ 214, 258; Anknüpfung an die zur AG ergangene Entscheidung BGHZ 213, 224.
145 Vgl. *K.Schmidt*, JuS 2017, 1217, 1218.

anspruchs zu reagieren; die Unterlassung solcher Maßnahmen könne zur Schadenersatzpflicht nach § 43 Abs. 2 führen.

2. Unternehmenskauf

116 Auch beim **Leveraged-Buy-Out**, bei dem der Kaufpreis für die zu erwerbende Gesellschaft fremdfinanziert u. deren Vermögen als Sicherheit gegeben wird, sind die Anforderungen des Abs. 1 zu beachten. Der zukünftige Gesellschafter darf daher das zur Erhaltung des Stammkapitals erforderliche Gesellschaftsvermögen nur dann als Sicherheit einsetzen, wenn ein vollwertiger Regressanspruch gegen ihn besteht (Abs. 1 S. 2 Hs. 2).[146] Zu beachten ist, dass der BGH sowohl den scheidenden als auch den zukünftigen Gesellschafter als Adressaten des Auszahlungsverbots nach Abs. 1 ansieht.[147] Ebenfalls kann eine Auszahlung vorliegen, wenn im Anschluss an einen fremdfinanzierten Unternehmenskauf die für die Zwecke des Erwerbs der Zielgesellschaft verwendete Zweckgesellschaft auf die Zielgesellschaft verschmolzen wird („Downstream Merger“) u. hierdurch mit der Akquisitionsfinanzierung ein Schuldenüberhang im Wege der Gesamtrechtsnachfolge auf die Zielgesellschaft übergeht.[148]

3. Cash Pooling

117 S. hierzu oben → Rn. 95 ff.

V. Rechtsfolgen, Konkurrenzen und Beweislast

1. Rechtsfolgen und Konkurrenzen

118 Sind die Tatbestandsvoraussetzungen des Abs. 1 erfüllt, ist die Auszahlung an die Gesellschafter verboten.

119 Nach ganz hM hat ein Verstoß gegen Abs. 1 grds. **keine Nichtigkeit** des Verfügungs- oder des Verpflichtungsgeschäfts wegen eines Verstoßes gegen ein gesetzliches Verbot gem. § 134 BGB zur Folge.[149] Für das Verpflichtungsgeschäft ergibt sich dies schon daraus, dass allein dessen Abschluss noch keinen Verstoß gegen das Auszahlungsverbot begründet, sondern noch die Auszahlung der Leistung an den Gesellschafter oder einen ihm gleichgestellten Dritten hinzukommen muss. Ergibt sich der Auszahlungsanspruch aus einem entspr. Beschluss der Gesellschafterversammlung, ist mit den gleichen Argumenten eine Nichtigkeit dieses Beschlusses abzulehnen.

120 Auch das gegen Abs. 1 verstoßende Verfügungsgeschäft ist nach hM nicht gem. § 134 BGB nichtig. Begründet wird dies damit, dass § 134 BGB die Nichtigkeit des Rechtsgeschäfts dann nicht vorsieht, wenn der Sinn u.

146 Roth/*Altmeppen* Rn. 128.
147 BGH NZG 07, 704, 705; abl. MüKoGmbHG/*Ekkenga* Rn. 177.
148 Str, offengelassen von BGH NZG 2019, 187. Vgl. zum Meinungsstand im Schrifttum auch Widmann/*Mayer*, UmwG, § 5 Rn. 40.1; Lutter/*Priester*, UmwG, § 24 Rn. 62; *Klein/Stephanblome*, ZGR 2007, 351; *Diers*, Gläubiger- und Minderheitenschutz bei Verschmelzung des Erwerbsvehikels auf die Zielgesellschaft, S. 27 ff.
149 BGHZ 136, 125, 129 f.; Roth/*Altmeppen* Rn. 152; Baumbach/Hueck/*Fastrich* Rn. 67; Lutter/*Hommelhoff* Rn. 52 ff.; MüKoGmbHG/*Ekkenga* Rn. 276 f. mwN.

Zweck des Verbotsgesetzes auch durch andere Sanktionen erreicht werden kann. Die Gläubiger der GmbH u. das Stammkapital sind durch den Erstattungsanspruch aus § 31 I u. die Solidarhaftung nach § 31 III ausreichend geschützt, so dass die Anordnung der Nichtigkeit nicht erforderlich ist.

Das Auszahlungsverbot bewirkt jedoch eine vorübergehende Nichtdurchsetzbarkeit des Auszahlungsanspruchs. Der Anspruch gegen die Gesellschaft erlischt zwar nicht, aber der Gesellschaft steht ggü. dem Gesellschafter ein **Leistungsverweigerungsrecht** zu, das vAw zu beachten ist. Stammt der Anspruch des Gesellschafters aus einem gegenseitigen Vertrag, kann auch der Gesellschafter die Erbringung der nicht vollwertigen (vgl. Abs. 1 S. 2 Hs. 2) Gegenleistung verweigern.[150] Ein dem Abs. 1 zuwiderlaufender Auszahlungsbeschluss der Gesellschafterversammlung (zB Vorabausschüttungsbeschluss) ist nicht vollziehbar.[151] Zudem sind Weisungen der Gesellschafter, eine verbotswidrige Auszahlung vorzunehmen, für den Geschäftsführer nicht verbindlich.[152] 121

Das Auszahlungsverbot u. das damit korrespondierende Leistungsverweigerungsrecht verhindern die Auszahlung allerdings nur solange, wie diese zu einer Unterbilanz bzw. Überschuldung der Gesellschaft führen würde. Verbessert sich die finanzielle Lage der Gesellschaft u. kann eine Auszahlung aus ungebundenem Vermögen vorgenommen werden, endet die vorübergehende Nichtdurchsetzbarkeit. Der Anspruch des Gesellschafters darf wieder erfüllt werden.[153] Daher wird hier von einer „faktischen Unwirksamkeit“[154] oder „einer Art schwebenden Unwirksamkeit“[155] des Kausalgeschäfts gesprochen. 122

Ggü. Dritten besteht kein Leistungsverweigerungsrecht. Dies gilt selbst dann, wenn die Zahlung an den Dritten eine mittelbare Zuwendung an einen Gesellschafter darstellt. Denn die Verbotsübertretung findet im Verhältnis zwischen Gesellschafter u. Gesellschaft statt.[156] Ausnahmsweise kann die Gesellschaft die Erfüllung eines Anspruchs eines Dritten nach Abs. 1 verweigern, wenn dieser aufgrund wirtschaftlicher oder persönlicher Nähe mit einem Gesellschafter gleichzustellen ist. 123

Eine unter Verstoß gegen das Auszahlungsverbot des Abs. 1 vorgenommene Zahlung muss der Auszahlungsempfänger der Gesellschaft gem. § 31 I erstatten. Der Umfang der **Erstattungspflicht** ist gem. § 31 II auf den zur Befriedigung der Gesellschaftsgläubiger erforderlichen Betrag beschränkt, 124

150 Michalski/*Heidinger* Rn. 138; Roth/*Altmeppen* Rn. 156.
151 Eine Nichtigkeit ist ausnahmsweise nach § 241 Nr. 3 AktG analog anzunehmen, wenn der Beschluss ausdrücklich auf eine Auszahlung trotz Verletzung des Stammkapitals gerichtet ist. Michalski/*Heidinger* Rn. 140; Ulmer/*Habersack* Rn. 95; zweifelnd Baumbach/Hueck/*Fastrich* Rn. 66.
152 Michalski/*Heidinger* Rn. 128; Roth/*Altmeppen* Rn. 130.
153 Lutter/*Hommelhoff* Rn. 52. Hiervon zu unterscheiden ist die Situation, dass die Behebung der Unterbilanz zu einem Zeitpunkt erfolgt, indem bereits eine verbotswidrige Auszahlung vorgenommen worden ist. In diesem Fall erlischt der Ersatzanspruch aus § 31 I nicht (§ 31 Rn. 17 ff.).
154 Michalski/*Heidinger* Rn. 137.
155 *Flume,* ZHR 144, 18, 23.
156 BGHZ 138, 291, 298.

wenn der Empfänger in Bezug auf die tatsächlichen Umstände, die einen Verstoß gegen das Auszahlungsverbot begründen, in gutem Glauben war.[157] Verbotswidrige Sicherungsgeschäfte müssen durch Rückgabe der Sicherheit wieder rückgängig gemacht werden.[158]

125 Darüber hinaus kann die Gesellschaft von dem Geschäftsführer, der entgg. Abs. 1 Zahlungen an einen Gesellschafter leistet, nach § 43 I, III **Schadensersatz** verlangen.[159] Anders als der Rückerstattungsanspruch nach § 31, der lediglich den status quo vor der verbotswidrigen Auszahlung wiederherstellt, sind über den verschuldensabhängigen Schadensersatzanspruch nach § 43 I, III auch Folgeschäden ersatzfähig.[160] Aufgrund der den Geschäftsführer treffenden Überwachungspflicht ist dieser auch dann zum Schadensersatz verpflichtet, wenn solche Zahlungen von Mitgeschäftsführern, Prokuristen oder anderen zur Vertretung der Gesellschaft ermächtigten Personen ausgeführt werden. Zum Schutz der Gläubiger steht der Anspruch aus § 43 I, III nicht zur Disposition der Gesellschafter, soweit die Ersatzleistung zur Befriedigung der Gläubiger der Gesellschaft erforderlich ist (§ 43 III S. 3).

126 Wird der Verstoß gegen Abs. 1 durch eine Person herbeigeführt, die nicht Geschäftsführer ist, stehen der Gesellschaft ggf. vertragliche Schadensersatzansprüche wegen der in der verbotswidrigen Auszahlung liegenden Pflichtverletzung zu (§§ 280 ff. BGB).

127 Auch **deliktische Ansprüche** kommen neben dem Anspruch aus § 31 in Betracht,[161] da es keinen Grund gibt, § 31 I als Haftungsprivilegierung ggü. der allg. deliktischen Haftung zu verstehen. § 823 BGB ist nicht unmittelbar einschlägig. Denn § 823 I BGB schützt nur bestimmte Rechtsgüter, nicht aber das Vermögen als solches. Zudem ist Abs. 1 kein Schutzgesetz zugunsten der Gläubiger iSd § 823 II BGB, da § 31 u. die sonstigen Sanktionen abschließende Spezialregelungen darstellen. Jedoch kann § 823 II BGB bei einem Verstoß gegen Abs. 1 über den „Umweg" der Untreue (§ 266 StGB), der Schutzgesetzqualität zugunsten der Gesellschaft aufweist, anwendbar sein. Der Tatbestand der Untreue ist erfüllt, wenn der Geschäftsführer vorsätzlich gegen das Auszahlungsverbot nach Abs. 1 verstößt. Die vorsätzliche Mitwirkung des Auszahlungsempfängers daran kann als Mittäterschaft (§ 25 II StGB), Anstiftung (§ 26 StGB) oder Beihilfe (§ 27 StGB) zu qualifizieren sein.[162] Die Beteiligten haften der Gesellschaft deliktisch nach §§ 823 II BGB iVm § 266 StGB, §§ 830, 840 BGB. In diesem Fall ist das Verfügungsgeschäft nach § 134 BGB iVm § 266 StGB nichtig, so dass im Verhältnis zwischen Gesellschaft u. Zahlungsempfänger die §§ 985 ff. Anwendung finden.[163] Zudem kann das durch die Auszahlung Erlangte nach §§ 812 ff. BGB zurückgefordert werden, da das Ver-

157 S. zu den Details die Kommentierung zu § 31.
158 MüKoGmbHG/*Ekkenga* Rn. 280.
159 Zu den Details s. § 43.
160 Michalski/*Heidinger* Rn. 133; MüKoGmbHG/*Ekkenga* Rn. 7; aA Lutter/Hommelhoff/*Kleindiek* § 43 Rn. 58, der Folgeschäden lediglich als von § 43 II erfasst ansieht.
161 Begr. RegE BT-Drs. 16/6140, S. 41.
162 Vgl. etwa BGH NStZ 09, 153.
163 AA Roth/*Altmeppen* Rn. 154.

pflichtungsgeschäft wegen der vorübergehenden Nichtdurchsetzbarkeit keinen Rechtsgrund bereithält.

In Anspruchsgrundlagenkonkurrenz zu §§ 30 I, 31 I steht auch die Haftung eines Alleingesellschafters wegen sittenwidriger Schädigung nach § 826 BGB bei existenzvernichtenden Eingriffen in das Gesellschaftsvermögen, die im Gegensatz zum begrenzten Umfang des § 31 I auch Folgeschäden umfasst.[164] 128

Ferner ist **Sittenwidrigkeit** mit der Folge der Nichtigkeit des Verfügungsgeschäfts nach § 138 BGB ausnahmsweise anzunehmen, wenn die Beteiligten kollusiv zusammenwirken, um über die Gläubigergefährdung hinausgehende Ziele zu erreichen. Als Bsp ist die Erlangung weiterer Kredite durch Täuschung der Kreditgeber über die Vermögensverhältnisse der Gesellschaft zu nennen.[165] Die Grundsätze des **Missbrauchs der Vertretungsmacht** sollen dag nach hM von §§ 30, 31 verdrängt werden.[166] 129

Das Auszahlungsverbot des Abs. 1 ist zudem vor dem Hintergrund der flankierenden **Gläubigeranfechtung** nach der InsO u. dem AnfG zu sehen (insbes. § 135 InsO u. § 6 AnfG), durch die Lücken innerhalb des Gläubigerschutzes geschlossen werden.[167] Daher treten mögliche Anfechtungsansprüche gegen den Zahlungsempfänger neben seine Verpflichtung aus § 31. 130

Ergänzend verbietet die durch das MoMiG in § 64 S. 3 eingeführte **Insolvenzverursachungshaftung** Zahlungen, die unabhängig von der Höhe des Stammkapitals zu einem existenzvernichtenden Abbau liquider Mittel führen.[168] § 64 S. 3 spielt insbes. eine Rolle, wenn Abs. 1 S. 1 aufgrund der in Abs. 1 S. 2, 3 normierten Ausnahmetatbeständen nicht eingreift. Bei einem Verstoß gegen § 64 S. 3 ist der Geschäftsführer zum Ersatz der ausgezahlten Mittel verpflichtet. 131

Hat die Auszahlung den Charakter einer **Vorabgewinnausschüttung,** so kann sich eine Rückerstattungspflicht auch aus § 29 ergeben, u. zwar auch dann, wenn die Auszahlung nicht gegen Abs. 1 verstößt. 132

2. Beweislast

Die Beweislastverteilung richtet sich nach allg. Grundsätzen, wonach der Anspruchssteller die Beweislast für die anspruchsbegründenden, der Anspruchsgegner die Beweislast für die einredebegründenden Tatsachen trägt. 133

Daher obliegt der Gesellschaft die Beweislast für das Vorliegen einer Auszahlung sowie der Unterbilanz zum maßgeblichen Zeitpunkt, die für das Leistungsverweigerungsrecht eine einredebegründende u. für den Rückforderungsanspruch nach § 31 eine anspruchsbegründende Tatsache darstellt. Für den Beweis der Unterbilanz genügt regelmäßig eine auf den Auszah- 134

164 BGH NJW 07, 2689; 09, 68, 70 Rn. 21 mwN; Begr. RegE BT-Drs. 16/6140, S. 41.
165 BGHZ 138, 231, 300.
166 MüKoGmbHG/*Ekkenga* Rn. 278; Baumbach/Hueck/*Fastrich* Rn. 67 (zw.); aA Roth/*Altmeppen* Rn. 154, 165.
167 Begr. RegE BT-Drs. 6/6140, S. 41, 42.
168 MüKoGmbHG/*Ekkenga* Rn. 267.

lungszeitpunkt aufgestellte Bilanz.[169] Eine Beweislastumkehr ist jedoch nach den Grundsätzen der Beweisvereitelung für den Fall einer undurchsichtigen Buchführung anzunehmen. Die Gesellschaft muss dann nur noch hinreichende Anhaltspunkte für das Bestehen einer Unterbilanz darlegen, während der Gesellschafter beweisen muss, dass zum relevanten Zeitpunkt keine Unterbilanz gegeben war.[170]

135 Der Gesellschafter muss das Vorliegen der in Abs. 1 S. 2 u. 3 geregelten Ausn. beweisen.[171]

136 Den Geschäftsführer kann iR eines gegen ihn gerichteten Schadensersatzanspruchs nach § 43 III eine sekundäre Beweislast in Bezug auf die verbotswidrige Auszahlung treffen, wenn ihm aufgrund seiner Sachnähe bessere Aufklärungsmöglichkeiten zur Verfügung stehen.[172]

VI. Das Auszahlungsverbot in der GmbH & Co KG

137 Bei Auszahlungen aus dem Vermögen einer GmbH & Co KG greifen die Kapitalschutzvorschriften des Abs. 1 für die GmbH u. des § 172 IV HGB für die KG nebeneinander ein.[173] In der KG besteht aufgrund der persönlichen Haftung der Komplementäre ein geringeres Schutzbedürfnis der Gläubiger vor Verringerungen der Haftungsmasse, so dass Auszahlungen aus dem Vermögen der KG grds. zulässig sind. Allerdings sanktioniert § 172 IV HGB Einlagerückzahlungen der KG an einen Kommanditisten, indem die Einlage als nicht geleistet gilt, § 172 IV 1 HGB, u. somit die (auf die Haftsumme begrenzte) Haftung des Kommanditisten nach § 172 I HGB wiederauflebt.

138 Bei der Beurteilung der Zulässigkeit von Auszahlungen einer GmbH & Co KG ist deshalb danach zu unterscheiden, aus welchem Vermögen die Auszahlung erfolgt. Dabei ist zu beachten, dass § 30 unmittelbar nur bei Auszahlungen aus dem Vermögen der Komplementär-GmbH an ihre eigenen Gesellschafter gilt. Gleichwohl wird der im GmbHG gewährleistete Kapitalschutz verstärkt auf die KG übertragen, um zu kompensieren, dass in einer GmbH & Co KG die Komplementär-GmbH nach §§ 161 II, 128 HGB nicht unbegrenzt persönlich haftet, sondern nur iH des eingetragenen Stammkapitals.[174] IÜ kann auch bei einer GmbH & Co KG eine Gleichbehandlung von Dritten mit GmbH-Gesellschaftern wegen einer persönlichen oder wirtschaftlichen Nähebeziehung geboten sein.[175]

1. Auszahlungen aus dem Vermögen der GmbH

139 Unproblematisch wird von Abs. 1 der Fall erfasst, dass zur Erhaltung des Stammkapitals notwendige Vermögenswerte der GmbH an einen GmbH-

169 Michalski/*Heidinger* Rn. 142; Ulmer/*Habersack* Rn. 59; Roth/*Altmeppen* Rn. 17; aA MüKoGmbHG/*Ekkenga* Rn. 291 für das Tatbestandsmerkmal der Unterbilanz.
170 BGH NZG 03, 393, 394.
171 Michalski/*Heidinger* Rn. 144; Ulmer/*Habersack* Rn. 59.
172 BGH NZG 06, 429, 430.
173 BGHZ 214, 258; Baumbach/Hueck/*Fastrich* Rn. 68; Roth/*Altmeppen* Rn. 171.
174 BGH NJW 90, 1725, 1729; Michalski/*Heidinger* Rn. 157 mwN.
175 Baumbach/Hueck/*Fastrich* Rn. 70.

Gesellschafter übertragen werden, der zugleich auch Kommanditist der KG ist.

Der BGH wendet allerdings zu Recht Abs. 1 analog auch auf den sog. „Nur-Kommanditisten“ an, der keine Anteile an der GmbH hält.[176] Bei einer Einheitsgesellschaft, bei der die KG einzige Gesellschafterin der GmbH ist, ergibt sich die für die Gleichstellung erforderliche Nähebeziehung aus der mittelbaren Beteiligung des Kommanditisten an der GmbH. Mangelt es an einer solchen Beteiligung, ist die gesellschaftergleiche Behandlung des „Nur-Kommanditisten“ durch seine Mitverantwortung für die Erhaltung des Stammkapitals der Komplementär-GmbH gerechtfertigt. Diese Mitverantwortung, die jedoch voraussetzt, dass keine natürliche Person unbegrenzt haftet, basiert auf der gesellschaftsrechtlichen Verknüpfung beider Gesellschaften innerhalb der GmbH & Co KG.[177] Denn der Bestand der KG ist abhängig von der Existenz u. Kreditfähigkeit der GmbH.[178] 140

Ebenso sind im Fall der Einheitsgesellschaft Zahlungen der GmbH an die KG nach Abs. 1 verboten, die eine Unterbilanz auslösen oder verstärken. Ist die KG „Dritte“, weil sie nicht an der GmbH beteiligt ist, wird sie wegen der wirtschaftlichen Nähebeziehung zur GmbH wie eine Gesellschafterin behandelt.[179] Da von den Zahlungen an die KG mittelbar wegen ihrer – idR beherrschenden – Beteiligung auch die Kommanditisten profitieren, können diese nach § 31 I auf Rückzahlung der an die KG als von ihnen beherrschtes Unternehmen geleisteten Vermögenswerte in Anspruch genommen werden.[180] 141

2. Auszahlungen aus dem Vermögen der KG

Grds. sind die Gläubiger bei Zahlungen aus dem Vermögen der KG nur gem. §§ 172 IV, 171 I HGB vor Schmälerungen der Haftungsmasse geschützt. Während eine gegen das Auszahlungsverbot nach Abs. 1 verstoßende Zahlung nach § 31 I vollständig wieder rückgängig gemacht werden muss, haftet der Kommanditist den Gesellschaftsgläubigern nach §§ 172 IV, 171 I HGB nur bis zur Höhe der Einlage, selbst wenn ihm aus dem Gesellschaftsvermögen ein höherer Betrag ausgezahlt worden ist.[181] 142

Nach dem Sinn u. Zweck des Abs. 1 können auch Zahlungen der KG in dessen Anwendungsbereich fallen, soweit dadurch mittelbar auch das Vermögen der GmbH unter den Nennwert des Stammkapitals sinkt.[182] Ist die GmbH mit einer Kapitaleinlage an der KG beteiligt, kann eine mittelbare Vermögensminderung bei der GmbH darauf beruhen, dass infolge der Zu- 143

176 BGH NJW 73, 1036, 1038; *90, 1725, 1729.*

177 *BGH NJW 73, 1036, 1038; 90, 1725, 1729;* Roth/*Altmeppen* Rn. 173; Michalski/*Heidinger* Rn. 169; aA Ulmer/*Habersack* Rn. 105; MüKoGmbHG/*Ekkenga* Rn. 192, die eine kapitalschutzrechtliche Gleichstellung des „Nur-Kommanditisten“ davon abhängig machen, dass ihm aufgrund des Gesellschaftsvertrages Einsichtsrechte zustehen, die denen eines GmbH-Gesellschafters ähnl sind.

178 BGH NJW 73, 1036, 1038.

179 Roth/*Altmeppen* Rn. 171; Michalski/*Heidinger* Rn. 159; aA *K Schmidt*, ZIP 08, 481, 491.

180 Michalski/*Heidinger* Rn. 168; Baumbauch/Hueck/*Fastrich* Rn. 69.

181 BGH NJW 73, 1036, 1037; 90, 1725, 1729.

182 BGHZ 214, 258.

wendung an den Gesellschafter der Wert der Beteiligung an der KG sinkt u. dadurch eine Unterbilanz der ansonsten vermögenslosen GmbH verursacht oder vertieft wird.[183] Selbst wenn das Vermögen der GmbH nur in Höhe ihres Kapitalanteils betroffen ist, schuldet der Auszahlungsempfänger stets volle Rückzahlung des Zugewendeten.[184] Aber auch ohne kapitalmäßige Beteiligung der GmbH an der KG kann eine mittelbare Vermögensminderung eintreten, wenn die Zuwendung der KG zu deren Überschuldung führt. Denn dann läuft der in dem Fall der Inanspruchnahme der GmbH als persönlich haftende Gesellschafterin (§§ 161 II, 128 HGB) nach §§ 161 II, 110 HGB bestehende Regressanspruch der GmbH gegen die KG ins Leere.[185] Dies kann bei der GmbH zu einer Unterbilanz führen. Ist die GmbH alleinige Komplementärin, ist der Verbotstatbestand des Abs. 1 in diesem Fall erfüllt, u. zwar unabhängig davon, ob der Zahlungsempfänger „Nur-Kommanditist" (→ Rn. 140) oder zugleich Gesellschafter der GmbH ist. Ist neben der GmbH eine natürliche Person weitere Komplementärin, ist Folgendes zu beachten:[186] Ist der Auszahlungsempfänger „Nur-Kommanditist", trifft ihn „im Regelfall" mangels Verantwortung für die Kapitalausstattung der GmbH keine Haftung. Der auch an der GmbH beteiligte Zahlungsempfänger haftet dag auch bei Vorhandensein einer natürlichen Person als weiterem Komplementär. In diesem Fall ist aber zu prüfen, ob der GmbH gegen den weiteren (neben der GmbH gesamtschuldnerisch für die Verbindlichkeiten der KG haftenden) Komplementär ein zu aktivierender Freistellungsanspruch nach § 426 I BGB zusteht, der das Entstehen einer Unterbilanz bei der GmbH ausschließt.

144 Dabei betrifft die analoge Anwendbarkeit des Abs. 1 sowohl Zuwendungen der KG an einen Kommanditisten, der zugleich Gesellschafter der Komplementär-GmbH ist, als auch an einen Nur-Kommanditisten als auch an einen GmbH-Gesellschafter, der nicht zugleich Kommanditist ist.[187]

145 Bei verbotenen Auszahlungen einer GmbH & Co KG steht der Erstattungsanspruch nach hM der KG zu, wobei die Geltendmachung des Anspruchs der Komplementär-GmbH obliegt.[188]

VII. Rückzahlung von Nachschüssen (Abs. 2)

146 Nachschüsse dienen wie Kapitalrücklagen der Bildung von Eigenkapital, unterliegen aber nicht derselben strengen Bindung wie das Stammkapital. Die Rückzahlung geleisteter Nachschüsse wird – anders als bei den übrigen Kapitalrücklagen – durch Abs. 2 eingeschränkt. Deshalb kommt eingezahl-

183 BGH NJW 73, 1036, 1038; MüKoGmbHG/*Ekkenga* Rn. 189; Baumbach/Hueck/*Fastrich* Rn. 68; Roth/*Altmeppen* Rn. 173.
184 MüKoGmbHG/*Ekkenga* Rn. 190.
185 BGH NJW 90, 1725, 1729; MüKoGmbHG/*Ekkenga* Rn. 189; Roth/*Altmeppen* Rn. 173; Baumbach/Hueck/*Fastrich* Rn. 68.
186 BGH DB 15, 369. Vgl. hierzu *Gummert*, DStR 15, 761; *Werner*, NWB 15, 2296.
187 So auch Roth/*Altmeppen* Rn. 173; Michalski/*Heidinger* Rn. 164.
188 BGH NJW 73, 1036, 1038; 90, 1725, 1726; Scholz/*Verse* § 31 Rn. 91 nimmt daneben einen Anspruch der GmbH, gerichtet auf Leistung an die KG, an; nur für Berechtigung der GmbH Lutter/*Hommelhoff* § 31 Rn. 10 mit geringen Unterschieden für die Praxis.

ten Nachschüssen eine Zwischenstellung zwischen Stammkapital u. Kapitalrücklagen zu.[189]

Der Anwendungsbereich der in Abs. 2 enthaltenen Sperrklausel erfasst die Rückzahlung bereits eingezahlter Nachschüsse iSv §§ 26–28, dh solcher Nachschüsse, zu denen sich die Gesellschafter im Gesellschaftsvertrag verpflichtet haben. Daher sind weder die Rückzahlung freiwillig geleisteter Zuschüsse noch der Erlass oder Stundung eingeforderter Nachschüsse durch Abs. 2 eingeschränkt. Allerdings sind derartige Vorgänge an den Anforderungen des Abs. 1 zu messen.[190] 147

Ebenso gilt das Auszahlungsverbot des Abs. 1 für bereits geleistete Nachschüsse, so dass eine Rückzahlung an die Gesellschafter nur erfolgen darf, soweit dadurch keine Unterbilanz entsteht oder vertieft wird (Abs. 2 S. 1) u. die weiteren Voraussetzungen des Abs. 2 erfüllt sind. 148

Der Begriff der Rückzahlung ist gleichbedeutend mit Auszahlung iSv Abs. 1. Rückzahlung umfasst folglich offene oder verdeckte Leistungen aller Art an einen Gesellschafter oder gleichgestellten Dritten, die wirtschaftlich das Gesellschaftsvermögen verringern.[191] 149

Die Voraussetzungen des Abs. 2 lassen sich in formelle u. materielle unterteilen. Formell verlangt Abs. 2 einen Rückzahlungsbeschluss der Gesellschafter (§ 46 Nr. 3), der nach § 12 bekannt zu machen ist,[192] sowie den Ablauf der dreimonatigen Sperrfrist. Die Frist beginnt mit der Bekanntmachung des Gesellschafterbeschlusses. Muss die Bekanntmachung in mehreren Blättern erfolgen, ist für den Fristbeginn zum Schutz der Gläubiger die Veröffentlichung im zul. erschienenen Blatt maßgeblich.[193] In materieller Hinsicht ist neben der Beachtung der Grenzen des Abs. 1 (→ Rn. 95 ff.) erforderlich, dass das Stammkapital voll eingezahlt worden ist. Für den Fall, dass im Gesellschaftsvertrag gem. § 28 II die Einforderbarkeit von beschränkten Nachschüssen vor vollständiger Einforderung des Stammkapitals bestimmt ist, ergibt sich dieses Erfordernis aus Abs. 2 S. 3. Da im Umkehrschluss aus § 28 II in den übrigen Fällen bereits die Einforderung der Nachschüsse die volle Einforderung des Stammkapitals voraussetzt, muss das erst recht für die Rückzahlung der Nachschüsse gelten.[194] 150

Liegen die Voraussetzungen des Abs. 2 nicht vor, darf ein Nachschuss nicht an die Gesellschafter zurückgezahlt werden. Erfolgt dennoch eine Rückzahlung, ist der Auszahlungsempfänger nach § 31 zur Rückerstattung verpflichtet.[195] 151

Ist die Rückzahlung der Nachschüsse nach Abs. 2 zulässig, fingiert Abs. 2 S. 4, dass der Nachschuss als nicht eingezogen gilt. Die Nachschusspflicht 152

189 Michalski/*Heidinger* Rn. 218; Lutter/*Hommelhoff* Rn. 66.
190 MüKoGmbHG/*Ekkenga* Rn. 295.
191 Michalski/*Heidinger* Rn. 220; Ulmer/*Habersack* Rn. 118 ff.
192 Zu den Einzelheiten der Bekanntgabe s. Erläuterungen § 12.
193 Michalski/*Heidinger* Rn. 223 ff.; MüKoGmbHG/*Ekkenga* Rn. 296; Ulmer/*Habersack* Rn. 124.
194 Michalski/*Heidinger* Rn. 222; Baumbauch/Hueck/*Fastrich* Rn. 71; aA Roth/*Altmeppen* Rn. 170, der die Volleinforderung des Stammkapitals als ausreichend erachtet.
195 Ulmer/*Habersack* § 31 Rn. 8; MüKoGmbHG/*Ekkenga* Rn. 297.

lebt also grds. wieder auf, wenn nicht im Gesellschaftsvertrag etwas Abweichendes geregelt ist.[196] Trotz Zulässigkeit der Rückzahlung der Nachschüsse nach Abs. 2 ist eine Haftung nach anderen Vorschriften, zB des Geschäftsführers nach § 64 S. 3 nicht ausgeschlossen.[197]

Anhang zu § 30: Gesellschafterfremdfinanzierung

§ 19 InsO Überschuldung

(1) Bei einer juristischen Person ist auch die Überschuldung Eröffnungsgrund.

(2) [1]Überschuldung liegt vor, wenn das Vermögen des Schuldners die bestehenden Verbindlichkeiten nicht mehr deckt, es sei denn, die Fortführung des Unternehmens ist nach den Umständen überwiegend wahrscheinlich. [2]Forderungen auf Rückgewähr von Gesellschafterdarlehen oder aus Rechtshandlungen, die einem solchen Darlehen wirtschaftlich entsprechen, für die gemäß § 39 Abs. 2 zwischen Gläubiger und Schuldner der Nachrang im Insolvenzverfahren hinter den in § 39 Abs. 1 Nr. 1 bis 5 bezeichneten Forderungen vereinbart worden ist, sind nicht bei den Verbindlichkeiten nach Satz 1 zu berücksichtigen.

(3) [1]Ist bei einer Gesellschaft ohne Rechtspersönlichkeit kein persönlich haftender Gesellschafter eine natürliche Person, so gelten die Absätze 1 und 2 entsprechend. [2]Dies gilt nicht, wenn zu den persönlich haftenden Gesellschaftern eine andere Gesellschaft gehört, bei der ein persönlich haftender Gesellschafter eine natürliche Person ist.

§ 39 InsO Nachrangige Insolvenzgläubiger

(1) Im Rang nach den übrigen Forderungen der Insolvenzgläubiger werden in folgender Rangfolge, bei gleichem Rang nach dem Verhältnis ihrer Beträge, berichtigt:

(…)

5. nach Maßgabe der Absätze 4 und 5 Forderungen auf Rückgewähr eines Gesellschafterdarlehens oder Forderungen aus Rechtshandlungen, die einem solchen Darlehen wirtschaftlich entsprechen.

(2) Forderungen, für die zwischen Gläubiger und Schuldner der Nachrang im Insolvenzverfahren vereinbart worden ist, werden im Zweifel nach den in Absatz 1 bezeichneten Forderungen berichtigt.

(3) Die Zinsen der Forderungen nachrangiger Insolvenzgläubiger und die Kosten, die diesen Gläubigern durch ihre Teilnahme am Verfahren entstehen, haben den gleichen Rang wie die Forderungen dieser Gläubiger.

(4) [1]Absatz 1 Nr. 5 gilt für Gesellschaften, die weder eine natürliche Person noch eine Gesellschaft als persönlich haftenden Gesellschafter haben, bei der ein persönlich haftender Gesellschafter eine natürliche Person ist. [2]Erwirbt ein Gläubiger bei drohender oder eingetretener Zahlungsunfähigkeit der Gesellschaft oder bei Überschuldung Anteile zum Zweck ihrer Sanierung, führt dies bis zur nachhaltigen Sanierung nicht zur Anwendung von Absatz 1 Nr. 5 auf seine Forderungen aus bestehenden oder neu gewährten Darlehen oder auf Forderungen aus Rechtshandlungen, die einem solchen Darlehen wirtschaftlich entsprechen.

---

196 MüKoGmbHG/*Ekkenga* Rn. 298; aA Michalski/*Heidinger* Rn. 227: Ordnungsgemäßer Rückzahlungsbeschluss hebt den Einforderungsbeschluss auf, so dass die Nachschüsse nicht noch einmal eingefordert werden können.

197 Baumbach/Hueck/*Fastrich* Rn. 73.

(5) Absatz 1 Nr. 5 gilt nicht für den nicht geschäftsführenden Gesellschafter einer Gesellschaft im Sinne des Absatzes 4 Satz 1, der mit 10 Prozent oder weniger am Haftkapital beteiligt ist.

§ 44 a InsO Gesicherte Darlehen

In dem Insolvenzverfahren über das Vermögen einer Gesellschaft kann ein Gläubiger nach Maßgabe des § 39 Abs. 1 Nr. 5 für eine Forderung auf Rückgewähr eines Darlehens oder für eine gleichgestellte Forderung, für die ein Gesellschafter eine Sicherheit bestellt oder für die er sich verbürgt hat, nur anteilsmäßige Befriedigung aus der Insolvenzmasse verlangen, soweit er bei der Inanspruchnahme der Sicherheit oder des Bürgen ausgefallen ist.

§ 135 InsO Gesellschafterdarlehen

(1) Anfechtbar ist eine Rechtshandlung, die für die Forderung eines Gesellschafters auf Rückgewähr eines Darlehens im Sinne des § 39 Abs. 1 Nr. 5 oder für eine gleichgestellte Forderung

1. Sicherung gewährt hat, wenn die Handlung in den letzten zehn Jahren vor dem Antrag auf Eröffnung des Insolvenzverfahrens oder nach diesem Antrag vorgenommen worden ist, oder
2. Befriedigung gewährt hat, wenn die Handlung im letzten Jahr vor dem Eröffnungsantrag oder nach diesem Antrag vorgenommen worden ist.

(2) Anfechtbar ist eine Rechtshandlung, mit der eine Gesellschaft einem Dritten für eine Forderung auf Rückgewähr eines Darlehens innerhalb der in Absatz 1 Nr. 2 genannten Fristen Befriedigung gewährt hat, wenn ein Gesellschafter für die Forderung eine Sicherheit bestellt hatte oder als Bürge haftete; dies gilt sinngemäß für Leistungen auf Forderungen, die einem Darlehen wirtschaftlich entsprechen.

(3) [1]Wurde dem Schuldner von einem Gesellschafter ein Gegenstand zum Gebrauch oder zur Ausübung überlassen, so kann der Aussonderungsanspruch während der Dauer des Insolvenzverfahrens, höchstens aber für eine Zeit von einem Jahr ab der Eröffnung des Insolvenzverfahrens nicht geltend gemacht werden, wenn der Gegenstand für die Fortführung des Unternehmens des Schuldners von erheblicher Bedeutung ist. [2]Für den Gebrauch oder die Ausübung des Gegenstandes gebührt dem Gesellschafter ein Ausgleich; bei der Berechnung ist der Durchschnitt der im letzten Jahr vor Verfahrenseröffnung geleisteten Vergütung in Ansatz zu bringen, bei kürzerer Dauer der Überlassung ist der Durchschnitt während dieses Zeitraums maßgebend.

(4) § 39 Abs. 4 und 5 gilt entsprechend.

§ 143 InsO Rechtsfolgen

(1) [1]Was durch die anfechtbare Handlung aus dem Vermögen des Schuldners veräußert, weggegeben oder aufgegeben ist, muß zur Insolvenzmasse zurückgewährt werden. [2]Die Vorschriften über die Rechtsfolgen einer ungerechtfertigten Bereicherung, bei der dem Empfänger der Mangel des rechtlichen Grundes bekannt ist, gelten entsprechend.

(2) [1]Der *Empfänger einer unentgeltlichen* Leistung hat diese nur zurückzugewähren, soweit er durch sie bereichert ist. [2]Dies gilt nicht, sobald er weiß oder den Umständen nach wissen muß, daß die unentgeltliche Leistung die Gläubiger benachteiligt.

(3) [1]Im Fall der Anfechtung nach § 135 Abs. 2 hat der Gesellschafter, der die Sicherheit bestellt hatte oder als Bürge haftete, die dem Dritten gewährte Leistung zur Insolvenzmasse zu erstatten. [2]Die Verpflichtung besteht nur bis zur Höhe des Betrags, mit dem der Gesellschafter als Bürge haftete oder der dem Wert der von ihm bestellten Sicherheit im Zeitpunkt der Rückgewähr des Darlehens oder der Leistung auf die gleichgestellte Forderung entspricht. [3]Der Gesellschafter wird von der Verpflichtung

frei, wenn er die Gegenstände, die dem Gläubiger als Sicherheit gedient hatten, der Insolvenzmasse zur Verfügung stellt.

§ 6 AnfG Gesellschafterdarlehen

(1) [1]Anfechtbar ist eine Rechtshandlung, die für die Forderung eines Gesellschafters auf Rückgewähr eines Darlehens im Sinne des § 39 Abs. 1 Nr. 5 der Insolvenzordnung oder für eine gleichgestellte Forderung

1. Sicherung gewährt hat, wenn die Handlung in den letzten zehn Jahren vor Erlangung des vollstreckbaren Schuldtitels oder danach vorgenommen worden ist, oder
2. Befriedigung gewährt hat, wenn die Handlung im letzten Jahr vor Erlangung des vollstreckbaren Schuldtitels oder danach vorgenommen worden ist.

[2]Wurde ein Antrag auf Eröffnung eines Insolvenzverfahrens nach § 26 Abs. 1 der Insolvenzordnung abgewiesen, bevor der Gläubiger einen vollstreckbaren Schuldtitel erlangt hat, so beginnt die Anfechtungsfrist mit dem Antrag auf Eröffnung des Insolvenzverfahrens.

(2) [1]Die Anfechtung ist ausgeschlossen, wenn nach dem Schluss des Jahres, in dem der Gläubiger den vollstreckbaren Schuldtitel erlangt hat, drei Jahre verstrichen sind. [2]Wurde die Handlung später vorgenommen, so ist die Anfechtung drei Jahre nach dem Schluss des Jahres ausgeschlossen, in dem die Handlung vorgenommen worden ist.

§ 6 a AnfG Gesicherte Darlehen

[1]Anfechtbar ist eine Rechtshandlung, mit der eine Gesellschaft einem Dritten für eine Forderung auf Rückgewähr eines Darlehens innerhalb der in § 6 Abs. 1 Satz 1 Nr. 2 und Satz 2 genannten Fristen Befriedigung gewährt hat, wenn ein Gesellschafter für die Forderung eine Sicherheit bestellt hatte oder als Bürge haftete; dies gilt sinngemäß für Leistungen auf Forderungen, die einem Darlehen wirtschaftlich entsprechen. [2]§ 39 Abs. 4 und 5 der Insolvenzordnung und § 6 Abs. 2 gelten entsprechend.

§ 11 AnfG Rechtsfolgen

(1) [1]Was durch die anfechtbare Rechtshandlung aus dem Vermögen des Schuldners veräußert, weggegeben oder aufgegeben ist, muß dem Gläubiger zur Verfügung gestellt werden, soweit es zu dessen Befriedigung erforderlich ist. [2]Die Vorschriften über die Rechtsfolgen einer ungerechtfertigten Bereicherung, bei der dem Empfänger der Mangel des rechtlichen Grundes bekannt ist, gelten entsprechend.

(2) [1]Der Empfänger einer unentgeltlichen Leistung hat diese nur zur Verfügung zu stellen, sobald er durch sie bereichert ist. [2]Dies gilt nicht, sobald er weiß oder den Umständen nach wissen muß, daß die unentgeltliche Leistung die Gläubiger benachteiligt.

(3) [1]Im Fall der Anfechtung nach § 6 a hat der Gesellschafter, der die Sicherheit bestellt hatte oder als Bürge haftete, die Zwangsvollstreckung in sein Vermögen bis zur Höhe des Betrags zu dulden, mit dem er als Bürge haftete oder der dem Wert der von ihm bestellten Sicherheit im Zeitpunkt der Rückgewähr des Darlehens oder der Leistung auf die gleichgestellte Forderung entspricht. [2]Der Gesellschafter wird von der Verpflichtung frei, wenn er die Gegenstände, die dem Gläubiger als Sicherheit gedient hatten, dem Gläubiger zur Verfügung stellt.

§ 24 UBGG Gesellschafterdarlehen

Hat die Unternehmensbeteiligungsgesellschaft oder ein an ihr beteiligter Gesellschafter einem Unternehmen, an dem die Unternehmensbeteiligungsgesellschaft beteiligt ist, ein Darlehen gewährt oder eine andere einer Darlehensgewährung wirtschaftlich

entsprechende Rechtshandlung vorgenommen, ist § 39 Abs. 1 Nr. 5 der Insolvenzordnung nicht anzuwenden.

§ 18 FMStBG Anfechtung, Gesellschafterdarlehen und wirtschaftlich vergleichbare Forderungen, verdeckte Sacheinlage

(1) Rechtshandlungen, die im Zusammenhang mit Stabilisierungsmaßnahmen stehen, können nicht zu Lasten des Fonds, des Bundes und der von ihnen errichteten Körperschaften, Anstalten und Sondervermögen sowie der ihnen nahe stehenden Personen oder sonstigen von ihnen mittelbar oder unmittelbar abhängigen Unternehmen nach den Bestimmungen der Insolvenzordnung und des Anfechtungsgesetzes angefochten werden.

(2) Die Vorschriften über Gesellschafterdarlehen und wirtschaftlich vergleichbare Forderungen, insbesondere § 39 Absatz 1 Nummer 5 der Insolvenzordnung, gelten nicht zu Lasten der in Absatz 1 genannten Personen und Rechtsträger.

(3) Die Absätze 1 und 2 gelten auch zugunsten von Rechtsnachfolgern, die in die Rechte und Pflichten in Bezug auf die privilegierte Forderung oder Sicherheit eintreten.

(4) (...).

Schrifttum

Altmeppen, Das neue Recht der Gesellschafterdarlehen in der Praxis, NJW 2008, 3601; *ders.*, Die zentralen Änderungen des GmbH-Rechts nach dem Referentenentwurf des MoMiG, in VGR (Hrsg), Gesellschaftsrecht in der Diskussion 2006, Bd 12, 2007, S. 93; *ders.*, Neues zum Finanzplan- und zum Sanierungskredit, in FS Sigle, 2000, S. 211; *ders.*, Cash Pooling und Kapitalerhaltung im faktischen Konzern, NZG 2010, 401; *ders.*, Wie lange noch gilt das alte Kapitalersatzrecht?, ZIP 2011, 641; *ders.*, Ist das besicherte Gesellschafterdarlehen im Insolvenzverfahren der Gesellschaft subordiniert oder privilegiert?, ZIP 2013, 1745; *ders.*, Überflüssigkeit der Anfechtung von Sicherheiten für Gesellschafterdarlehen, NZG 2013, 411; *ders.*, Der Verzicht des Gläubigers auf eine Gesellschaftersicherheit und der „Richtigkeitsgedanke" im Recht der Gesellschafterdarlehen, ZIP 2016, 2089; *Azara*, Das Eigenkapitalersatzrecht der GmbH nach dem Gesetz zur Modernisierung des GmbH-Rechts und zur Bekämpfung von Missbräuchen, 2010; *Bäumel*, Gesellschafterdarlehen nach MoMiG: (Steuer-)Rechtliche Beratungsschwerpunkte in der Krise, GmbHR 2009, 632; *Bangha-Szabo,* Zur Anfechtbarkeit der Rückzahlung von Gesellschafterdarlehen wegen vorsätzlicher Gläubigerbenachteiligung, ZIP 2013, 1058; *Bartsch/Weber*, Doppelsicherung durch Gesellschafts- und Gesellschaftersicherheit nach dem MoMiG: Hat der Gesellschafter weiterhin ein Wahlrecht?, DStR 2008, 1884; *Bauer/Farian,* Behandlung von abgetretenen Gesellschafterdarlehen im Insolvenzfall und deren Folgen, GmbHR 2015, 230; *Bayer/Graff*, Das neue Eigenkapitalersatzrecht nach dem MoMiG, DStR 2006, 1654; *Bitter*, Die Nutzungsüberlassung in der Insolvenz nach dem MoMiG (§ 135 Abs. 3 InsO), ZIP 2010, 1; *ders.*, Teufelskreis – Ist das Sanierungsprivileg des § 39 Abs. 3 Satz 2 InsO zu sanieren?, ZIP 2013, 398; *ders.*, Insolvenzanfechtung nach § 135 InsO bei freiwilligem Rangrücktritt?, ZIP 2013, 2; *ders.*, Anfechtung von Sicherheiten für Gesellschafterdarlehen nach § 135 Abs. 1 Nr. 1 InsO, ZIP 2013, 1497; *ders.*, Die typische und atypische stille Gesellschaft im Recht der Gesellschafterdarlehen, ZIP 2019, 146; *ders.*, Anfechtbarkeit ursprünglicher Sicherheiten für Gesellschafterdarlehen: Es lebe die Betriebsaufspaltung!, ZIP 2019, 737; *ders.*, Die Doppelsicherung durch Gesellschaft und Gesellschafter als Lackmustest für den Normzweck des Gesellschafterdarlehensrechts, FS Kayser, 2019, S. 41: *ders.*, Gesellschafterdarlehen, in: Scholz, GmbH-Gesetz, 12. Aufl., Anh. § 64; *ders./Laspeyres*, Kurzfristige Waren- und Geldkredite im Recht der Gesellschafterdarlehen, ZInsO 2013, 2289; *Blöse*, Insolvenz, Liquidation und Wandel von Eigenkapitalersatz zum Recht der Gesellschafterleistungen, in Römermann/Wachter (Hrsg), GmbH-Beratung nach dem MoMiG, GmbHR-Sonderheft 2008, S. 71; *ders.*, Anwendbarkeit des Sanierungsprivilegs auf Auffanggesellschaften, ZIP 2011, 1191; *Bloß/Zugelder*, Auswirkungen des insolvenzrechtlichen Nachrangs auf Sicherheiten, NZG 2011, 332; *Bork*, Abschaffung des Eigenkapitalersatzrechts zu Gunsten des Insolvenzrechts, ZGR 2007, 250; *ders.*, Anfechtung bei Rücktritt in den Rang des § 39

Abs. 1 Nr. 4½ InsO, ZIP 2012, 2277; *ders.*, Doppelbesicherung eines Gesellschafterdarlehens durch Gesellschaft und Gesellschaft, FS Ganter, 2010, S. 135; *Bormann/Urlichs*, Kapitalaufbringung und Kapitalerhaltung nach dem MoMiG, GmbHR Sonderheft MoMiG 2008, 37; *Breidenstein*, Covenantgestützte Bankdarlehen in der Insolvenz, ZInsO 2010, 273; *Breitenstein/Meyding*, Der Regierungsentwurf zum MoMiG: Die Deregulierung des GmbH-Rechts schreitet voran, BB 2007, 1457; *Brinkmann*, Die Behandlung des Cash Pools und die Besicherung von Gesellschafterdarlehen, ZGR 2017, 708; *Buck*, Die Kritik am Eigenkapitalersatzgedanken, 2006; *Burg/Blasche*, Eigenkapitalersetzende Nutzungsüberlassung nach dem MoMiG, GmbHR 2008, 1250; *ders./Poertzgen*, Notwendige insolvenzrechtliche Modifizierungen des MoMiG, ZInsO 2008, 473; *ders./Westerheide*, Praktische Auswirkungen des MoMiG auf die Finanzierung von Konzernen, BB 2008, 62; *Burmeister/Nohlen*, Insolvenzanfechtung des „Stehenlassens" einer Gesellschafterleistung in der Doppelinsolvenz – Fortgeltung der BGH-Rechtsprechung auch nach MoMiG?, NZI 2010, 41; *Büscher*, Ablösung der Rechtsprechung zum Eigenkapitalersatz durch die Insolvenzanfechtung, GmbHR 09, 800; *ders.*, Miete und Pacht nach MoMiG, in Festschrift Hüffer, 2010, S. 81; *Buschmann*, Finanzplankredit und MoMiG, NZG 2009, 91; *Crezelius*, Aktuelle Steuerrechtsfragen in Krise und Insolvenz, NZI 2010, 88; *ders.*, Aktuelle Steuerrechtsfragen in Krise und Insolvenz, NZI 2012, 750; *Dahl/Schmitz*, Eigenkapitalersatz nach dem MoMiG aus insolvenzrechtlicher Sicht, NZG 2009, 325; *D'Avoine/Michels*, Darlehen mittelbarer Gesellschafter in der Insolvenz, ZIP 2018, 60; *Ede*, Die Doppelbesicherung einer Gesellschaftsschuld und der Verzicht auf die Gesellschaftersicherheit, ZInsO 2012, 853; *Eidenmüller*, Gesellschafterdarlehen in der Insolvenz, FS Canaris, 2007, Bd 2, S. 49; *G Fischer*, Gläubigerbenachteiligungsvorsatz bei kongruenter Deckung, NZI 2008, 588; *Fischer/Knees*, Zum Umgang des Grundpfandrechtsgläubigers mit § 135 Abs. 3 InsO, ZInsO 2009, 745; *Flessner*, Die GmbH-Reform (MoMiG) aus Sicht der Akquisitions- und Restrukturierungspraxis, NZG 2006, 641; *Fliegner*, Das MoMiG – Vom Regierungsentwurf zum Bundestagsbeschluss, DB 2008, 1668; *Förster*, Das Abzugsverbot gem. § 3 c II EStG nach JStG 2010 und BMF-Schreiben vom 8.11.2011, GmbHR 2011, 393; *Franz*, Internationales Gesellschaftsrecht und deutsche Kapitalgesellschaften im In- bzw. Ausland, BB 2009, 1250; *Frege/Nicht/Schildt*, Die Anwendung von § 44 a InsO bei Doppelbesicherung in der Konzerninsolvenz, ZInsO 2012, 1961; *Freitag*, Finanzverfassung und Finanzierung von GmbH und AG nach dem Regierungsentwurf des MoMiG, WM 2007, 1681; *Führ/Wahl*, Die Auswirkungen des MoMiG auf abgetretene Gesellschafterdarlehensforderungen, NZG 2010, 889; *Fuhrmann/Strahl*, Nachträgliche Anschaffungskosten bei GmbH-Beteiligungen im Privatvermögen: Darlehensausfall und Bürgschaftsaufwendungen, GmbHR 2011, 520; *Ganter*, Vorsatzanfechtung nach fehlgeschlagener Sanierung, WM 2009, 1441; *ders.*, Bargeschäfte (§ 142 InsO) von Dienstleistern, ZIP 2012, 2037; *ders.*, Neues zum Bargeschäft, ZIP 2019, 1141; *Gehrlein*, Der aktuelle Stand des neuen GmbH-Rechts, Der Konzern 2007, 771; *ders.*, Die Behandlung von Gesellschafterdarlehen durch das MoMiG, BB 2008, 846; *ders.*, Das Eigenkapitalersatzrecht im Wandel seiner gesetzlichen Kodifikationen, BB 2011, 3; *ders.*, Banken – vom Kreditgeber zum Gesellschafter – neue Haftungsfallen? (Debt-Equity-Swap nach ESUG), NZI 2012, 257; *ders.*, Anfechtungsrecht in der Insolvenz – Praxiserfahrung und Reformbedarf, NZI 2014, 481; *ders.*, Verbindungslinien zwischen Eigenkapitalersatz, Insolvenzanfechtung und Deliktshaftung, NZI 2015, 577; *Geist*, Konzerninnenfinanzierung – Gibt es insolvenzfeste Alternativen zum Darlehen des Gesellschafters?, ZIP 2014, 1662; *v Gerkan/Hommelhoff*, Handbuch zum Kapitalersatzrecht, 2. Aufl 2002; *Gesmann-Nuissl*, Quo vadis GmbH? – Zum Entwurf des Gesetzes zur Modernisierung des GmbH-Rechts und zur Bekämpfung von Missbräuchen (MoMiG), WM 2006, 1756; *Gessner*, Die Gesellschafterinanspruchnahme bei Doppelbesicherungen in der Gesellschaftsinsolvenz, NZI 2012, 350; *Goette*, Einführung in das neue GmbH-Recht, 2008; *ders*, Chancen und Risiken der GmbH-Novelle, WPg 2007, 231; *ders./Kleindiek*, Gesellschafterfinanzierung nach MoMiG, 6. Aufl 2010; *Göcke/Henkel*, Zur Anwendbarkeit des § 135 Abs 3 InsO in der Doppelinsolvenz von Gesellschaft und Gesellschafter sowie bei Zwangsverwaltung, ZInsO 2009, 170; *Greulich/Rau*, Zur partiellen Insolvenzverursachungshaftung des GmbH-Geschäftsführers nach § 64 S. 3 GmbHG-RegE, NZG 2008, 284; *Gruschinske*, Beendigung „kapitalersetzender" Nutzungsverhältnisse vor Insolvenzeröffnung, GmbHR 2010, 179; *Gundlach/Frenzel/Strandmann*, Die Insolvenzverwaltung nach den Änderungen durch das MoMiG, NZI 2008, 647; *Gunßner*, Finanzierungsbindungen in der GmbH nach Abschaffung des Eigenkapitalersatzrechts, GmbHR 2010, 1250; *Gutmann/Nawroth*, Der zeitliche Anwendungsbereich des MoMiG aus insolvenzrechtlicher Sicht – oder das Ende von Ansprüchen aus Eigenkapitalersatzrecht?, ZInsO 2009, 174; *Haas*, Die Passivierung von Gesellschafterdarlehen in der Überschuldungsbilanz nach MoMiG und FMStG, DStR 2009, 326; *ders*, Eigenkapitalersatzrecht und Übergangsrecht, DStR 2009, 976; *ders.*, Das neue Kapitalersatzrecht nach dem RegE-MoMiG, ZInsO 2007, 617; *ders.*, Reform des gesellschaftsrechtlichen Gläubigerschutzes, Gutachten E zum 66. Deutschen Juristentag Stuttgart 2006; *ders.*, Adressatenkreis und Rechtsnachfolge bei subordinierten Gesellschafterdarlehen, NZG 2013, 1241; *ders.*, Allgemeines Anfechtungsrecht und das Recht der subordinierten Gesellschafterdarlehen, ZIP 2017, 545 ff.; *ders./Vogel*, Durchsetzung gesellschaftsrechtlicher und insolvenzrechtlicher Haftungsansprüche im internationalen Konzern, NZG 2011, 455; *Habersack*, Gesellschafterdarlehen nach MoMiG: Anwendungsbereich, Tatbestand und Rechtsfolgen der Neuregelung, ZIP 2007, 2145; *ders.*, Kap. 5, in Goette/Habersack, Das MoMiG in Wissenschaft und Praxis, 2009; *ders.*, Die Erstreckung des Rechts der Gesellschafterdarlehen auf Dritte insbesondere im Unternehmensverbund, ZIP 2008, 2385; *Hamann*, Aufsteigende Darlehen im Cash Pool im System des 135 InsO, NZI 2008, 667; *Harle*, Die eigenkapitalersetzende Nutzungsüberlassung und verdeckte Gewinnausschüttung, GmbHR 2009, 1093; *ders./Geiger*, Der steuerliche Umgang mit Gesellschafterdarlehen, BB 2011, 735; *Heckschen*, Die GmbH-Reform – Wege und Irrewege, DStR 07, 1442; *ders./Kreusslein*, Gesellschafterdarlehen und -sicherheiten in der Krise, RNotZ 2016, 351; *Heinze*, Die (Eigenkapital ersetzende) Nutzungsüberlassung in der GmbH-Insolvenz nach dem MoMiG, ZIP 2008, 110; *Henkel*, Das Bargeschäftsprivileg gilt nicht im Rahmen von § 135 Abs. 1 InsO, ZInsO 2009, 1577; *ders.*, Die Insolvenzanfechtung fristgemäß gezahlter Nutzungsentgelte nach § 135 Abs. 1 Nr. 2 InsO, ZInsO 2010, 2209; *Herwig*, Das Gesellschafterdarlehensrecht im Unternehmensverbund, 2015; *Hirte*, Die Neuregelung des Rechts der (früher: kapitalersetzenden) Gesellschafterdarlehen durch das Gesetz zur Modernisierung des GmbH-Rechts und zur Bekämpfung von Missbräuchen (MoMiG), WM 2008, 1429; *ders.*, Neuregelungen mit Bezug zum gesellschaftsrechtlichen Gläubigerschutz und im Insolvenzrecht durch das MoMiG, ZInsO 2008, 689; *ders./Knof*, Das „neue" Sanierungsprivileg nach § 39 Abs. 4 Satz 2, WM 2009, 1961; *ders./Knof/Mock*, Ein Abschied auf Raten? – Zum zeitlichen Anwendungsbereich des alten und neuen Rechts der Gesellschafterdarlehen, NZG 2009, 48; *Hölzle*, Gibt es noch eine Finanzierungsfolgenverantwortung im MoMiG?, ZIP 2009, 1939; *ders.*, Die Legitimation des Gesellschaftersonderopfers in der insolvenzrechtlichen Finanzierungsverstrickung, ZIP 10, 913; *ders.*, Bindung von Gesellschafterhilfen in der Krise der GmbH durch Richterrecht? – Zur Vermeidung von Schutzlücken im MoMiG, ZIP 2011, 650; *Hörndler/Hoisl*, Auswirkungen des MoMiG auf das Mietrecht – Wegfall der eigenkapitalersetzenden Nutzungsüberlassung, NZM 2009, 377; *Holzer*, Insolvenzrechtliche Überleitungsvorschriften des MoMiG in der Praxis, ZIP 2009, 206; *Huber*, Finanzierungsfolgenverantwortung de lege lata und de lege ferenda, FS Priester, 2007, S. 259; *ders.*, Gesellschafterdarlehen im GmbH- und Insolvenzrecht nach der MoMiG-Reform, ZIP 2010, Beilage zu Heft 39, 7; *ders./Habersack*, Zur Reform des Rechts der kapitalersetzenden Gesellschafterdarlehen, in Lutter, Das Kapital der Aktiengesellschaft in Europa, 2006, S. 370; *dies.*, GmbH-Reform: Zwölf Thesen zu einer möglichen Reform des Rechts der kapitalersetzenden Gesellschafterdarlehen, BB 2006, 1; *Jacoby*, Der Einwand der Anfechtbarkeit gegen den Nachrang nach § 39 I Nr. 5 InsO – Ein Beitrag zur Doppelinsolvenz im Konzern (§ 39 Abs. 1 Nr. 5 InsO), ZIP 2018, 505; *Jungclaus*, Die Abtretung des Anspruchs auf Rückzahlung eines Gesellschafterdarlehens unter der Geltung des MoMiG, 2012; *Kahlert/Gehrke*, Der Rangrücktritt nach MoMiG im GmbH-Recht: Insolvenz- und steuerrechtliche Aspekte, DStR 2010, 227; *Kampshoff*, Behandlung von Bankdarlehen in der Krise der GmbH, GmbHR 2010, 897; *Kayser*, Gesellschafterfinanzierung in der Insolvenz, WM 2015, 1973; *Kebekus/Zenker*, Verstrickung adieu – Auswirkungen von Beteiligungswechseln und Zessionen auf Nachrang und Anfechtbarkeit von „Gesellschafterdarlehen", FS Wellensiek, 2011, S. 475; *Keller/Pluta*, Gesellschafterdarlehen im Konzernverbund – Zur Frage der Passivlegitimation in Fällen der Drittleistung, FS Wellensiek, 2011, S. 511; *Kleindiek*, Das reformierte Recht der Gesellschafterdarlehen – eine Zwischenbilanz, ZGR 2017, 731; *Klinck*, Die Anfechtung unentgeltlicher Leistungen im Spiegel der jüngsten Rechtsprechung des Bundesgerichtshofs, ZIP 2017, 1589; *ders./Gärtner*, Versetzt das MoMiG dem Cash-Pooling den Todesstoß?, NZI 2008, 475; *Knof*, Modernisierung des GmbH-

Rechts an der Schnittstelle zum Insolvenzrecht – Zukunft des Eigenkapitalersatzrechts, ZInsO 2007, 125; *Köth*, Die Verwertbarkeit von Sicherheiten für Gesellschafterdarlehen in der Insolvenz, ZGR 2016, 541 ff.; *Krolop*, Mit dem MoMiG vom Eigenkapitalersatzrecht zu einem insolvenzrechtlichen Haftkapitalerhaltungsrecht?, ZIP 2007, 1738; *ders.*, Zur Anwendung der MoMiG-Regelungen zu Gesellschafterdarlehen auf gesellschafterfremde Dritte, GmbHR 2009, 397; *Krumm*, Insolvenzrechtliches Zahlungsverbot und rechtmäßiges Alternativverhalten, WM 2010, 296; *Lauster*, Behandlung von Gesellschafterdarlehen im Rahmen von M&A-Transaktionen im Lichte der jüngsten Rechtsprechung des Bundesgerichtshofs, WM 2013, 2155; *Löser*, Die Ankaufsverpflichtung für Sicherungsgut des Kreditgebers als Gesellschaftersicherheit i. S. d. § 135 Abs. 2 InsO nF, ZInsO 2010, 28; *Löwisch*, Eigenkapitalersatzrecht, 2007; *Lorenz*, Die Auswirkungen des MoMiG auf vor dem 1.11.2008 entstandene Ansprüche nach §§ 30, 31 GmbHG (analog), GmbHR 2009, 135; *Maier-Reimer/Wenzel*, Kapitalaufbringung in der GmbH nach dem MoMiG, ZIP 2008, 1449; *Mairose*, Berücksichtigung von Gesellschafterdarlehen in GmbH-Geschäftsanteilskaufverträgen nach dem Urteil des BGH vom 21.2.2013, RNotZ 2015, 9; *Marotzke*, Nutzungs- und Immaterialgüterrechte im Fokus der aktuellen (Insolvenz-)Rechtspolitik, ZInsO 2008, 1108; *ders.*, Im Überblick: Gesellschaftsinterne Nutzungsverhältnisse im Spiegel der §§ 39 Abs. 1 Nr. 5, 103, 108 ff, 135 Abs. 1 und Abs. 3 InsO, ZInsO 2009, 2073; *ders.*, Gläubigerbenachteiligung und Bargeschäftsprivileg bei Gesellschafterdarlehen und vergleichbaren Transaktionen, ZInsO 2013, 641; *ders.*, Gesellschafterdarlehen und flankierende Grundpfandrechte im Fokus des Insolvenzrechts (Teil 2), DB 2015, 2495; *ders.*, Grenzen typisierender Generalisierung im Recht der Gesellschafterdarlehen KTS 2016, 19; *ders.*, Besicherte Gesellschafterdarlehen im Lichte der neuen § 133 Abs. 2 InsO, § 3 Abs. 2 AnfG, ZInsO 2017, 2264; *Meyer*, Die Verantwortlichkeit des Geschäftsführers für Gläubigerinteressen – Veränderungen durch das MoMiG, DB 2008, 1742; *Mikolajczak*, Die Haftung des Gesellschafters für doppelbesicherte Drittdarlehen – Was folgt aus dem Nachrang des Freistellungsanspruchs?, ZIP 2011, 1285; *Mock*, Stille im MoMiG zur stillen Gesellschaft? DStR 2008, 1645; *Mülbert*, Neuordnung dse Kapitalrechts, WM 06, 1977; *Mylich*, Probleme und Wertungswidersprüche beim Verständnis von § 135 Abs. 1 Alt. 2 Nr. 2 InsO n. F., ZGR 2009, 474; *ders.*, Die Einlage des atypisch stillen Gesellschafters und die zur bestellen Sicherheiten im Insolvenzverfahren der Handelsgesellschaft, WM 2013, 1010; *ders.*, Kreditsicherheiten für Gesellschafterdarlehen – Stand der Dinge und offene Fragen, ZIP 2013, 2444; *ders.*, Die einheitliche Anwendung von § 135 Abs. 1 Nr. 2 InsO auf Gewinnausschüttung und Darlehensrückzahlung, ZIP 2017, 1255; *Niemeyer/Stock*, Notleidende Gesellschafterdarlehen im Lichte der Abgeltungssteuer, DStR 2012, 445; *Noack*, Kapitalersatz bei verbundenen Unternehmen, GmbHR 1996, 153; *ders.*, Der Regierungsentwurf des MoMiG – Die Reform des GmbH-Rechts geht in die Endrunde, DB 2007, 1395; *Obermüller*, Die Anwendung der Regeln über Gesellschafterdarlehen auf Bankkredite, ZInsO 2017, 134;*Oepen*, Maßgabe im Übermaß – Korrekturbedarf im neuen § 44 a InsO, NZI 2009, 300; *Oppenhoff*, Die GmbH-Reform durch das MoMiG – ein Überblick, BB 2008, 1630; *Orlikowski-Wolf*, Auswirkungen der Abschaffung des Eigenkapitalersatzrechts, Übergangsregelungen und Abgrenzung zu Finanzplankrediten, GmbHR 2009, 902; *Pentz*, Zum neuen Recht der Gesellschafterdarlehen, in Festschrift Hüffer, 2010, S. 747; *ders.*, Abgetretene Forderungen aus Gesellschafterdarlehen und Zurechnung in der Insolvenz, GmbHR 2013, 393; *Poepping*, Die Auswirkungen des MoMiG auf die insolvenzrechtliche Behandlung von Gesellschafterdarlehen ab dem 1.11.2008, BKR 2009, 150; *Preuß*, Die Folgen insolvenzrechtlicher „Verstrickung" von Gesellschafterdarlehen bei Abtretung des Darlehensrückzahlungsanspruchs an einen außenstehenden Dritten, ZIP 2013, 1145; *Priester*, Insolvenzrechtliche Anfechtbarkeit von Eigenkapitalausschüttungen? GmbHR 2017, 1245; *Reinhard/Schützler*, Anfechtungsrisiko für den Unternehmensverkäufer aus der Veräußerung von Gesellschafterdarlehen?, ZIP 2013, 1898; *Rellermeyer/Gröblinghoff*, Keine Ewigkeitsgeltung der Rechtsprechungsregeln zum Eigenkapitalersatz, ZIP 2009, 1933; *Reuter*, Die Anfechtbarkeit der Rückzahlung von Gesellschafterdarlehen im Cash-Pool: Explosive Massevermehrung nach § 135 InsO?, NZI 2011, 921; *Römermann*, Insolvenzrecht im MoMiG, NZI 08, 641; *J Roth*, Reform des Kapitalersatzrechts durch das MoMiG – Der Verzicht auf das Krisenmerkmal und seine Folgen, GmbHR 2008, 1184; *Rühle*, Die Nutzungsüberlassung durch Gesellschafter in Zeiten des MoMiG, ZIP 2009, 1358; *Saft*, Der Verzicht auf die Gesellschaftersicherheit als anfechtbare Rechtshandlung, ZInsO 2019, 176; *Schäfer*, Eigenkapitalersatz nach „MoMiG" – was bleibt von der Finanzierungsfolgenverantwortung?, ZInsO 2010, 1311; *ders.,* Noch einmal aus gegebenem Anlass: Gesellschafterfremdfinanzierung nach „MoMiG" (§§ 39 Abs. 1 Nr. 5, 135 Abs. 1 Nr. 2 Inso), ZInsO 2012, 1354; *ders.*, Die Verwertung von Doppelsicherheiten in der Insolvenz, NZI 2016, 11; *Schall*, Kapitalaufbringung nach dem MoMiG, ZGR 2009, 126; *ders.*, Die Zurechnung von Dritten im neuen Recht der Gesellschafterdarlehen, ZIP 2010, 205; *Schlößer/Klüber*, Auseinanderfallen von Gesellschafter- und Gläubigerstellung bei Gesellschafterdarlehen nach dem MoMiG, BB 2009, 1594; *K Schmidt*, Vom Eigenkapitalersatzrecht in der Krise zur Krise des Eigenkapitalersatzrechts?, GmbHR 2005, 797; *ders.*, Eigenkapitalersatzrecht, oder: Gesetzesrecht versus Rechtsprechungsrecht, ZIP 2006, 1925; *ders.*, Gesellschafterbesicherte Drittkredite nach neuem Recht, BB 2008, 1966; *ders.*, Nutzungsüberlassung nach der GmbH-Reform, DB 2008, 1727; *ders.*, Normzwecke und Zurechnungsfragen im Recht der Gesellschafter-Fremdfinanzierung, GmbHR 2009, 1009; *ders.*, Gesellschafterdarlehen im GmbH- und Insolvenzrecht nach der MoMiG-Reform – eine alternative Sicht, ZIP 2010, Beilage zu Heft 39, 15; *ders.*, Nutzungsüberlassung und Unternehmensinsolvenz – Klartext vom IX. Zivilsenat, NJW 2015, 1057; *ders.*, Insolvenzordnung, 18. Aufl 2013; *ders.*, Dogmatik und Praxis des Rangrücktritts. Das Urteil des BGH v. 5.3.2015 – IX ZR 133/14, ZIP 2015, 638 – ein großer Wurf des IX. Zivilsenats!...auch ein Treffer??, ZIP 2015, 901; *N Schmidt*, Die analoge Anwendung des § 44 a InsO im Fall der Besicherung eines Darlehens an die Gesellschaft durch Gesellschaft und Gesellschafter, ZInsO 2010, 70; *Schönfelder*, Gesellschafterdarlehen in der Insolvenz, WM 2009, 1401; *Schröder*, Die Reform des Eigenkapitalersatzrechts durch das MoMiG, 2012; *ders./Grau*, Plädoyer für die „Krise" – ein Betrag zur geplanten Reform des Eigenkapitalersatzrechts durch das MoMiG, ZInsO 2007, 353; *Seibert*, GmbH-Reform: Der Referentenentwurf eines Gesetzes zur Modernisierung des GmbH-Rechts und zur Bekämpfung von Missbräuchen – MoMiG, ZIP 2006, 1157; *ders./Decker*, Die GmbH-Reform kommt! – Zur Verabschiedung des Gesetzes zur Modernisierung des GmbH-Rechts und zur Bekämpfung von Missbräuchen (MoMiG) im Deutschen Bundestag, ZIP 2008, 1208; *Servatius*, Gläubigereinfluss durch Covenants, 2008; *Spliedt*, MoMiG in der Insolvenz – ein Sanierungsversuch?, ZIP 2009, 149; *Thiessen*, Johann Buddenbrook und die Reform des GmbH-Rechts (Teil 1), DStR 2007, 202; *ders*, Geselschafterfremdfinanzierung nach dem MoMiG. Bestandsaufnahme und Perspektiven, ZGR 2015, 396; *Thole*, Die Vorsatzanfechtung als Instrument des Gläubigerschutzes – Bestandsaufnahme und Entwicklungsperspektiven nach „Inspire Art", KTS 2007, 293; *ders.*, Gläubigerschutz durch Insolvenzrecht, 2010; *ders.*, Konzernfinanzierung zwischen Gesellschafts- und Insolvenzrecht, ZInsO 2011, 1425; *ders.*, Umgehung der Anfechtung nach § 135 InsO durch Abtretung?, ZInsO 2012, 661; *ders.*, Gesellschafterbesicherte Kredite und die Anfechtung nach § 135 II InsO, ZIP 2015, 1609; *Ulbrich,* Die Abschaffung des Eigenkapitalersatzrechts der GmbH, 2011; *Ullrich*, Gemeinnützige Unternehmergesellschaft und Verzinsung von „eigenkapitalersetzenden" Gesellschafterdarlehen?, GmbHR 2009, 750; *Wälzholz*, Das MoMiG kommt: Ein Überblick über die neuen Regelungen, GmbHR 2008, 841; *ders.*, Die insolvenzrechtliche Behandlung haftungsbeschränkter Gesellschaften nach der Reform durch das MoMiG, DStR 2007, 1914; *Wedemann*, Die Übergangsbestimmungen des MoMiG – was müssen bestehende GmbHs beachten?, GmbHR 2008, 1131; *dies.*, Das neue GmbH-Recht, WM 2008, 1381; *Weitnauer*, Die Gesellschafterfremdfinanzierung aus der Sicht von Finanzinvestoren – ein Resümee der Änderungen des MoMiG und der derzeitigen rechtlichen Rahmenbedingungen vor dem Hintergrund der Finanzkrise, BKR 2009, 18; *ders.*, Der Rangrücktritt – Welche Anforderungen gelten nach aktueller Rechtsprechung? GWR 2012, 193; *Wiese/Möller*, Verluste aus Gesellschafterdarlehen im Privatvermögen, GmbHR 2010, 462; *Willemsen/Rechel*, Cash-pooling und die insolvenzrechtliche Anfechtbarkeit absteigender Darlehen – Unterschätzte Risiken für Gesellschafter, BB 2009, 2215; *Wittig*, Das Sanierungsprivileg für Gesellschafterdarlehen im neuen § 39 Abs. 4 Satz 2 InsO, in FS K Schmidt, 2010, S. 1743 ff; *Wünschmann*, Eigenkapitalausschüttungen zwischen Gesellschafts- und Insolvenzrecht, NZG 2017, 51; *Zahrte*, § 39 Abs. 1 Nr. 5 InsO – Auf seine Art inspirierend?, ZInsO 2009, 223; *ders.*, Die insolvenzrechtliche Anfechtung im Cash-Pool. Untersuchung zur Behandlung revolvierender Kredite, NZI 2010, 596.

I. Einführung

1. Grundsatz der Finanzierungsfreiheit

1 Mit § 5 a bestätigt der Gesetzgeber, dass das GmbHG **keine allg. Pflicht der Gesellschafter** enthält, die **Gesellschaft mit angemessenem Eigenkapital auszustatten.**[1] Den Gesellschaftern einer GmbH steht es im Grundsatz **frei zu entscheiden**, ob u. in welchem Umfang sie die Geschäftstätigkeit der beschränkt haftenden Gesellschaft (§ 13 II) finanzieren.[2] Grenzen bzgl. der Höhe ergeben sich mittelbar aus § 826 BGB durch das Risiko einer Außenhaftung ggü. den Gläubigern der Gesellschaft in Fällen einer **materiellen Unterkapitalisierung.**[3] Ferner gelten zwingend die Bestimmungen über die **Kapitalaufbringung u. -erhaltung** (§§ 19, 30).

1 Baumbach/Hueck/*Haas* Anh. § 64 Rn. 1.

2 Zur Rechtslage vor dem MoMiG vgl. BGHZ 75, 334; 81, 252, 257; 90, 381, 390; 104, 33, 40; 105, 168, 175; 127, 336; Baumbach/Hueck/*Fastrich* 21. Aufl. Rn. 14 ff.; Rowedder/Schmidt-Leithoff/*Pentz* 4. Aufl. § 32 a Rn. 18; Scholz/*K Schmidt*, 10. Aufl., §§ 32 a, 32 b Rn. 3, 9; v. Gerkan/*Hommelhoff* Rn. 2.8 f.; *Goette* ZHR 162 (98), 224; *K Schmidt* ZHR 147 (83), 166.

3 BGHZ 176, 204; dazu *Altmeppen* ZIP 08, 1201, 1204 ff.; Gottwald/*Haas/Kolmann/Kurz* Insolvenzrechts-Handbuch § 90 Rn. 36 f.; aA zB *Emmerich/Habersack*, KonzernR, § 31 Rn. 24 (Anspruch der Gesellschaft; Durchgriffshaftung). – Umfassend hierzu Bachmann/Casper/Schäfer/Veil/*Bitter*, Steuerungsfunktionen des Haftungsrechts, S. 57 ff.

Diese Freiheit[4] umfasst auch die **Finanzierungsart**, so dass die Gesellschafter **Eigen- oder Fremdkapital** zuführen können. Die Unternehmensfinanzierung als Fremdkapitalgeber ist weder verboten noch missbilligt,[5] sondern weit verbreitet u. bis zu einem gewissen Grade wirtschaftlich vernünftig.[6] Letzteres dürfte insbes. an einer ggü. dem Eigenkapitaleinsatz höheren Flexibilität u. Geschwindigkeit, an der jedenfalls vorübergehend fehlenden Publizität sowie an steuerrechtlichen Privilegierungen liegen.[7] 2

Selbst in der Krise können die Gesellschafter den Kapitalbedarf der Gesellschaft ungedeckt lassen u. die Gesellschaft gesellschaftsrechtlich oder insolvenzrechtlich abwickeln. Gläubigerschutz entfalten insoweit die Ausschüttungssperre des § 73 sowie die Insolvenzantragspflicht (§ 64 I aF bzw. § 15 a InsO). Den Gesellschaftern kommt im Ausgangspunkt das **Privileg** zugute, ihr unternehmerisches **Risiko auf die gezeichneten Einlagen begrenzen zu können**, vorbehaltlich einer etwaigen Nachschusspflicht (§§ 26 ff.).[8] 3

2. Überblick

a) Vormaliges Eigenkapitalersatzrecht. Das vormalige Eigenkapitalersatzrecht enthielt die Grundaussage, dass infolge einer Krisenfinanzierung eine wirtschaftliche Umqualifikation von rechtlichem Fremdkapital zu funktionalem Eigenkapital erfolgt. Insoweit gab es ein zweistufiges Schutzsystem, bestehend aus den sog. Rechtsprechungsregeln (analog §§ 30, 31 aF) sowie den sog. Novellenregeln. Stark vereinfachend besagten diese Regelungen, dass vorinsolvenzlich die aufgrund Krisenfinanzierung funktional umqualifizierten Forderungen nicht zurückgefordert werden durften u. im Insolvenzfall nachrangig sind bzw. vorherige Rückführungen zusätzlich der Insolvenzanfechtung unterliegen. Näher hierzu 2. Aufl. → Rn. 4 ff. 4

b) Abschaffung des zweistufigen Schutzsystems durch das MoMiG. Der Anknüpfung des vormaligen Eigenkapitalersatzrechts an die Kapitalerhaltungsvorschriften der §§ 30, 31 aF (**Rechtsprechungsregeln**) hat der Gesetzgeber mit dem Gesetz zur Modernisierung des GmbHR-Rechts und zur Bekämpfung von Missbräuchen (MoMiG)[9] die **Grundlage entzogen** u. durch einen neuen **§ 30 I 3** bzw. § 57 I 4 AktG die **Nichtanwendbarkeit** der vormaligen Rechtsprechungsregeln explizit klargestellt. Außerhalb eines Insolvenzverfahrens dürfen Gesellschafterdarlehen u. ihnen wirtschaftlich entspr. Finanzierungsleistungen ungeachtet einer dadurch vertieften oder eintretenden Unterbilanz, allerdings **vorbehaltlich der Regelung des § 64 S. 3**, beglichen werden (→ § 64 Rn. 82 ff.), dh die Durchsetzungssperre gem. den vorherigen Rechtsprechungsregeln entfällt. 5

---

4 Baumbach/Hueck/*Haas* Anh. § 64 Rn. 1; Ulmer/*Habersack* Rn. 13.
5 OLG München ZInsO 14, 780, 783; Baumbach/Hueck/*Haas* Anh. § 64 Rn. 1; Rowedder/Schmidt-Leithoff/*Pentz* 4. Aufl. § 32 a Rn. 18; Scholz/*K Schmidt*, 10. Aufl., §§ 32 a, 32 b Rn. 7; *Ulmer* ZIP 84, 1166; krit. *Flume*, JurPers § 3 III, 2.
6 BGHZ 76, 326, 330; Baumbach/Hueck/*Haas* Anh. § 64 Rn. 1; Ulmer/*Habersack* Anh. § 30 Rn. 14.
7 v. Gerkan/*Hommelhoff* Rn. 2.4 ff.
8 v. Gerkan/*Hommelhoff* Rn. 2.11.
9 BGBl. 08 I, S. 2026.

6 Ferner hat der Gesetzgeber die §§ 32 a, 32 b gestrichen, ihren **Regelungsgehalt** mit inhaltlichen Modifikationen **in die InsO verlagert** (vgl. §§ 39 I Nr. 5, IV, V, 44 a, 135, 143 III InsO bzw. ergänzend für die **Gläubigeranfechtung** §§ 6, 6 a, 11 III AnfG) u. damit für die Gesellschafterfinanzierung durch Fremdkapitaleinsatz eine **rein insolvenz- u. anfechtungsrechtliche Lösung** geschaffen. Gesellschafterfinanzierungen sind nunmehr **„Fremdkapital mit lediglich qualifiziertem Insolvenzrisiko"**.[10]

7 c) **Rechtsformübergreifende Ausgestaltung.** Die gesetzliche Neuregelung erfolgte **rechtsformneutral.** Die bisherigen Sondervorschriften (va §§ 129 a, 172 a HGB aF) wurden aufgehoben.[11] Nunmehr ergibt sich einheitlich aus § 39 IV u. V InsO, für welche Gesellschaften die neuen Regeln zur Gesellschafterfinanzierung gelten. Die im Schrifttum[12] begrüßte Zusammenfassung der erfassten Rechtsformen hat allerdings **sachlich, insbes. international-privatrechtlich, keine Bedeutung,** sondern befriedigt lediglich den „juristischen Ordnungssinn".[13] Zu Einzelheiten → Rn. 40 ff.

8 d) **Abschied vom Krisenmerkmal.** Nunmehr gelten die Rechtsfolgen für Gesellschafterfinanzierungen **unabhängig davon, ob die Finanzierungshilfe in der Krise gewährt oder stehen gelassen** wurde.[14] Der Gesetzgeber hat nicht nur die Zweispurigkeit des Eigenkapitalersatzrechts, sondern auch die **Krise als Tatbestandsmerkmal abgeschafft**[15] u. dadurch mit dem Ziel der Rechtsvereinfachung einen **Konzeptwechsel**[16] herbeigeführt.[17] Hierdurch haben sich zugleich die **Finanzierungsrisiken** der Gesellschafter **verschärft.**[18] Krisenfinanzierung als Unterscheidungskriterium für „eigenkapitalersatzrechtlich verstrickte" u. andere Gesellschafterhilfen entfällt, im Anschluss daran auch der Terminus des „Eigenkapitalersatzrechts".[19] Zur **Legitimation** der Neuregelung → Rn. 18 ff.

9 e) **Regelungszusammenhang.** Die **Kernaussage**[20] der Sonderregelungen, nämlich die **Rückstufung von Ansprüchen aus Gesellschafterfinanzierung,** enthält § 39 I Nr. 5 InsO: Darlehensrückzahlungsansprüche der Gesellschafter sind im Insolvenzverfahren **nachrangige Insolvenzforderungen**

---

10 *K Schmidt* GmbHR 09, 1009, 1010.
11 Zur GmbH & Co KG vgl. BGH ZIP 13, 2305 Rn. 30.
12 *Altmeppen*, VGR Bd. 12 (07), 93, 102; *Bayer/Graff* DStR 06, 1654, 1656 f.; *Breitenstein/Meyding* BB 07, 1457, 1459; *Fliegner* DB 08, 1668, 1670; *Haas* ZInsO 07, 617; *Habersack* ZIP 07, 2145; *Knof* ZInsO 07, 125, 128; *Meyer* DB 08, 1742, 1745; *Römermann* GmbHR 06, 673, 677; *Seibert/Decker* ZIP 08, 1208, 1211; *Wälzholz* DStR 07, 1911, 1918.
13 Zutr. *Bork* ZGR 07, 250, 252; ebenso Roth/*Altmeppen* Rn. 10.
14 BAG ZIP 14, 927 Rn. 22 f.
15 BGH NJW-RR 15, 944 Rn. 5, 7 (auch zur Verneinung einer teleologischen Reduktion); BAG NZI 14, 619 Rn. 22.
16 Teilweise auch als „Paradigmenwechsel" bezeichnet (so auch Vorauf.).
17 Begr. RegE BT-Drs. 16/6140, S. 57 (durchgängige Aufgabe des Merkmals „Krise"); Lutter/Hommelhoff/*Kleindiek* Anh. zu § 64 Rn. 134; Goette/*Habersack*, Das MoMiG in Wissenschaft und Praxis, Rn. 5.11
18 Vgl. BGH NJW-RR 15, 944 Rn. 6 ff.; einschr. Baumbach/Hueck/*Haas* Anh. § 64 Rn. 18; *Wicke* Rn. 3; *Burg/Westerheide* BB 08, 62; *Klinck/Gärtner* NZI 08, 457, 459; *Roth* GmbHR 08, 1184, 1186.
19 Begr. RegE ZIP 07, Beil zu Heft 23, S. 32; Goette/*Habersack*, Das MoMiG in Wissenschaft und Praxis, Rn. 5.11.
20 Vgl. auch *Prager/Jungclaus* KTS 16, 419 (422 f.).

(→ Rn. 139 ff.). Zum sachlichen Anwendungsbereich enthält § 39 IV 2 InsO als Ausn. ein **Sanierungsprivileg** (vgl. § 32 a III 3 aF, → Rn. 86 ff.). Den persönlichen Anwendungsbereich der rechtsformneutralen Neuregelung schränkt § 39 V InsO durch das textlich nahezu unverändert von § 32 a III 2 aF übernommene **Kleinbeteiligungsprivileg** ein. Erfasst sind hiervon nunmehr diejenigen Gesellschafter, die entweder geschäftsführend oder mit mehr als 10 vom Hundert am gezeichneten Kapital (Haftkapital) beteiligt sind. Der nach früherem Recht für Aktionäre geltende Schwellenwert einer unternehmerischen Beteiligung von 25 vom Hundert entfiel somit (→ Rn. 76 ff.).

Die Sonderregeln für Gesellschafterdarlehen werden gem. § 39 I Nr. 5 InsO erweitert auf Forderungen aus Rechtshandlungen, die wirtschaftlich einem solchen Darlehen entsprechen. Hier geht es einerseits um eine Erweiterung des Anwendungsbereichs in persönlicher Hinsicht (Forderungen eines Dritten, der formal kein Gesellschafter ist), andererseits um den sachlichen Anwendungsbereich, dh die erfassten Forderungen. Insoweit hatten im Vorfeld der Gesetzesänderung *Huber u. Habersack* als die geistigen Väter der Rechtsänderung[21] vorgeschlagen, sämtliche Forderungen eines Gesellschafters den Sonderregeln zu unterwerfen.[22] Diese Anregung hat der Gesetzgeber allerdings nicht übernommen.[23] Aus diesem Umstand ergibt sich die offensichtliche Notwendigkeit, überzeugende u. in sich widerspruchsfreie Kriterien zu finden, warum bestimmte Forderungen eines Gesellschafters subordiniert bzw. ihre Befriedigung unter erleichterten Voraussetzungen anfechtbar sein soll/en, andere hingg. nicht. Es liegt nahe, dass es insoweit auf eine Finanzierung iSe am **Normzweck orientierten Kreditgewährung**[24] ankommen muss (→ Rn. 107 ff.). Die Aufgabenstellung betrifft im Kern die den Sonderregeln zugrundeliegenden Wertungen (→ Rn. 18 ff.). 10

Sollte ein Gesellschafterdarlehen oder eine vergleichbare Finanzierungshilfe binnen Jahresfrist vor dem maßgeblichen Insolvenzantrag oder danach durch die Gesellschaft zurückgeführt worden sein, unterliegt dies im eröffneten Insolvenzverfahren der **Insolvenzanfechtung gem. § 135 I Nr. 2 InsO.** Von der Gesellschaft gewährte Sicherungen binnen der letzten 10 Jahre sind gem. **§ 135 I Nr. 1 InsO** anfechtbar (→ Rn. 143 ff.). 11

Das **Verhältnis dieser beiden Anfechtungstatbestände** ist umstritten. Nach Auffassung des BGH sind § 135 I Nr. 1 u. Nr. 2 InsO je selbstständig zu betrachten.[25] Dies führt insbes. dazu, dass die Befriedigung aus einer Sicherheitenverwertung, auch wenn sie außerhalb der Jahresfrist der Nr. 2 erfolgte, im wirtschaftlichen Ergebnis doch anfechtbar bleibt, weil bzw. solange der Anfechtungsgegner die Rückgewähr der (verwerteten) Sicherheit gem. Nr. 1 schuldet (vgl. auch § 143 I 2 InsO, §§ 819, 818 IV, 292, 989 BGB).[26] 12

21 Vgl. auch BGH ZIP 13, 582 Rn. 10.
22 *Habersack/Huber* BB 06, 1, 2 (These 2); *dies*, in Lutter, Das Kapital der Aktiengesellschaft in Europa, S. 370, 405 f.
23 *Seibert*, MoMiG, S. 41.
24 Scholz/*K Schmidt*, Nachtrag MoMiG §§ 32a/b aF Rn. 7 f.; *K Schmidt* GmbHR 09, 1009, 1016.
25 BGH ZIP 13, 1579 Rn. 10 ff.; dem BGH zustimmend *Bork* EWiR 13, 521 f.; *Hölzle* ZIP 13, 1992, 1994; *Thole* NZI 13, 745, 746; *Gehrlein* NZI 14, 481, 485.
26 BGH ZIP 13, 1579 Rn. 14, 21; *Thole* NZI 13, 745, 746.

Andernfalls, so der BGH, würden die gesicherten Gesellschafter veranlasst, unangemessene, wenn nicht gar unverantwortliche Wagnisse zum Nachteil ungesicherter Gläubiger einzugehen, was mit einer ordnungsgemäßen Unternehmensfinanzierung nicht vereinbar sei.[27] Der BGH differenziert in den Entscheidungsgründen seiner Entscheidung vom 18.7.13 auch nicht zwischen anfänglichen oder nachträglichen Sicherheiten, dh er dürfte beide Konstellationen gleich behandeln.[28] Lediglich die außerhalb der Jahresfrist erfolgte Befriedigung „von der Gesellschaft selbst“, also ohne Inanspruchnahme der Sicherheit, soll nach Auffassung des BGH unanfechtbar sein.[29]

13 **Stellungnahme:** Mit dem dargestellten Verständnis wendet sich der BGH gegen die bis dahin einhellige Auffassung[30] im Schrifttum, die insoweit von einer „Sperrwirkung“ von Nr. 2 ggü. Nr. 1 ausging. Hiernach sollte zur Vermeidung von Wertungswidersprüchen jede Befriedigung außerhalb der Jahresfrist der Nr. 2 unanfechtbar bleiben, selbst wenn die Befriedigung aus einer Sicherheitenverwertung stammt. An dieser, schon in den Voraufl zur Verrechnung im Cash-Pooling vertretenen Auffassung,[31] wird entgg. dem BGH festgehalten.[32] Zunächst leuchtet nicht ein, zwischen der dem Anfechtungsrisiko nach Nr. 1 unterworfenen Sicherheitenverwertung einerseits u. der anfechtungsfreien Befriedigung gegen Sicherheitenfreigabe andererseits (sofern außerhalb der Jahresfrist) zu differenzieren u. unterschiedlicher Behandlung zuzuführen. Der Hinweis, dass die einseitige Möglichkeit der Sicherheitenverwertung ohne Mitwirkung der Gesellschaft eine für anfechtungswürdig gehaltene Besserstellung im Verhältnis zu den sonstigen Gläubigern begründet, gerade in wohl besonders atypischen Fällen einer über mehr als ein Jahr andauernden Zahlungseinstellung,[33] kann eine Verzehnfachung (in zeitlicher Hinsicht) des Anfechtungsrisikos für den gesicherten Gesellschafter im Allg jedenfalls nicht rechtfertigen. Dies gilt umso mehr, als es der Beratungspraxis ein Leichtes ist, zu der nunmehr riskant gewordenen Sicherheitenverwertung gangbare Alternativen zu entwickeln.[34] Die vom BGH kryptisch in Bezug genommenen Grundsätze ord-

---

27 BGH ZIP 13, 1579 Rn. 19.

28 Für eine Differenzierung indes *Thole* NZI 13, 745, 756; deutlich *Marotzke* ZInsO 13, 641, 650, 654 ff. (Hinweis auf § 142 InsO); so auch *Bitter* ZIP 13, 1497, 1506 f.; *Mylich* ZIP 13, 2444, 2450. – Gegen eine Privilegierung der anfänglichen Sicherheit sowie gegen die Anwendbarkeit des § 142 InsO nunmehr ausdrücklich BGH NJW 19, 1289 Rn. 40 ff., 49 ff.

29 BGH ZIP 13, 1579 Rn. 21; Baumbach/Hueck/*Haas* Anh. § 64 Rn. 105; MKInsO/*Gehrlein* § 135 Rn. 15; K Schmidt/*K Schmidt* § 135 Rn. 20.

30 Statt vieler Bork/Schäfer/*Thiessen* Rn. 68; HeidelbergerKommInsO/*Kleindiek* § 135 Rn. 9 ff., 12 ff.; Rowedder/Schmidt-Leithoff/*Görner* Rn. 157; Ulmer/*Habersack* Rn. 120; *Altmeppen* ZIP 13, 1745 (Fn. 2); *Bitter* ZIP 13, 1497, 1500; *Reuter* NZI 11, 921, 923 f.; *Thiessen* ZGR 15, 396, 434 f.

31 2. Aufl., Rn. 177.

32 IErg ebenso HeidelbergerKommInsO/*Kleindiek* § 135 Rn. 13, 17 ff.; *ders.* ZGR 17, 731, 751 f.; Scholz/*Bitter* Anh. § 64 Rn. 170 f.; Gottwald/*Haas/Kolmann/Kurz*, Insolvenzrechts-Handbuch, § 90 Rn. 514; mit abw. Begründung Roth/*Altmeppen Rn.* 174 f.; *ders.* NZG 13, 441, 443 ff.: Umdeutung in eine Jahresfrist aufgrund teleologischer Reduktion.

33 IdS aber *Gehrlein* NZI 14, 481, 485.

34 Vgl. Hinweise bei Scholz/*Bitter* § 64 Anh. Rn. 171 f.; *Köth* ZGR 16, 541, 555 f.; krit. ggü der Erlösauskehr aus Verwertung des Sicherungsgegenstands durch die Gesellschaft *Gehrlein* NZI 14, 481, 485.

nungsgemäßer Unternehmensfinanzierung vermögen auch nicht zu erläutern, warum der gesicherte Gesellschafter außerhalb der Jahresfrist der Nr. 2 im Falle der Befriedigung schlechter stehen soll als der überhaupt nicht gesicherte Gesellschafter; sie liefern nicht einmal eine Begründung, warum ordentliche Kaufleute in der Krise Eigen- u. nicht Fremdkapital zur Verfügung stellen sollten.[35] Die Auffassung des BGH führt ferner u. entgg. der Gesetzgebungshistorie[36] dazu, dass der Anfechtung der Sicherung eine deutlich größere Bedeutung als der Befriedigung zukommt. Dass Befriedigungen außerhalb der Jahresfrist gem. Nr. 2 unanfechtbar sein sollen, lässt der BGH im Falle von Sicherheiten also leerlaufen, obgleich auch die Verwertung einer von der Gesellschaft gewährten Sicherheit innerhalb der Jahresfrist der Nr. 2 eine Befriedigung darstellt. Damit löst der BGH den konzeptionellen Zusammenhang der einzelnen Regelungen auf.[37]

Nach dem hier vertretenen Ansatz fügt sich der Anfechtungstatbestand des 14
§ 135 I Nr. 1 InsO insoweit in ein Normenfüge ein, als er in Ergänzung zur Grundaussage der Subordination (§ 39 I Nr. 5 InsO) u. deren Flankierung/zeitliche Vorverlagerung durch die Anfechtbarkeit von Befriedigungen (ggf. auch durch Verwertung von Sicherheiten) binnen Jahresfrist (Nr. 2)[38] dem Gesellschafter das Argument verwehrt, seine Befriedigung binnen Jahresfrist sei wegen der bestehenden (u dann ggf. freigewordenen) Sicherheit nicht gläubigerbenachteiligend iSv § 129 InsO gewesen.[39] Ferner leitet sich hieraus ab, dass außerhalb der 10-Jahres-Frist bestellte Sicherheiten insolvenzfest sind.[40] Ein eigenständiger Anwendungsbereich für § 135 I Nr. 1 InsO bleibt (nur) für Sicherheiten, die bis zur Insolvenz noch nicht verwertet wurden.[41] – Zum Cash-Pooling s. Erl. → Rn. 155.

Den Grundtatbestand der Rückstufung von Gesellschafterdarlehen u. von 15
Forderungen aus ihnen wirtschaftlich entspr. Rechtshandlungen erweitert **§ 44 a InsO für die gesellschafterbesicherten Drittdarlehen**. Die Vorschrift betrifft also eine **typische Umgehungskonstellation.** Bei der kryptischen Regelung geht es einerseits um die grds. vorrangige Inanspruchnahme der Gesellschaftersicherheit sowie eine etwaige Ausfallforderung des Dritten, andererseits aber auch um den Aufwendungsersatz- bzw. Freistellungsanspruch im Verhältnis zwischen der Gesellschaft u. dem Gesellschafter. Er-

35 Vgl. hierzu schon *Eidenmüller* FS Canaris, Bd. II, 07, S. 49, 54; *ders.* ZGR 07, 168, 192 f.

36 Vgl. hierzu HeidelbergerKommInsO/*Kleindiek* § 135 Rn. 18, 6 unter Hinweis einerseits auf Begründung zu § 32 b GmbHG-RegE, BT-Drs. 8/1347, S. 41 sowie andererseits auf Begründung RegE MoMiG, BT-Drs. 16/6140, S. 26: Fragwürdige Auszahlungen in einer „typischerweise kritischen Zeitspanne", nämlich „im Jahr vor der Insolvenz", sollen einem „konsequenten Anfechtungsregime" unterworfen sein.

37 Ebenso HeidelbergerKommInsO/*Kleindiek*, § 135 Rn. 13; weitergehend Scholz/*Bitter* Anh. § 64 Rn. 44 f., 85, 89, 182 (teleologische Reduktion des § 135 I Nr. 1 InsO erforderlich); *ders.* ZIP 19, 737 ff.

38 IdS auch BGH ZInsO 16, 2479 Rn. 21; *Haas* ZIP 17, 545 (546); *Kleindiek* ZGR 17, 731 (740); aA *Thole* ZHR 176 (2012), 513 ff.

39 Zutr. Ahrens/*Gehrlein*/Ringstmeier, InsO, § 135 Rn. 16.

40 So nunmehr auch BGH ZIP 13, 14, 21; offen BGH ZIP 12, 1869 Rn. 27; anders Roth/*Altmeppen* Rn. 174 ff.; *ders.* ZIP 13, 1745, 1747.

41 So bereits *Schall* ZGR 09, 126, 144; HeidelbergerKommInsO/*Kleindiek*, § 135 Rn. 18; Scholz/*Bitter* § 64 Anh. Rn. 170.

losch das Sicherungsrisiko des Gesellschafters binnen eines Jahres vor dem maßgeblichen Insolvenzantrag durch Freiwerden der Sicherheit, unterliegt auch dieses **Freiwerden der Sicherheit** der Anfechtung im Insolvenzverfahren (§ 135 II InsO nF) mit der Folge (anstatt § 32 b aF) einer Erstattungspflicht ggü. der Insolvenzmasse nach Maßgabe des § 143 III InsO (→ Rn. 181 ff.).

16 Kommt es nicht zur Eröffnung eines Insolvenzverfahrens, steht dem im Wege der Zwangsvollstreckung gegen die Gesellschaft leer ausgehenden Gläubiger die Möglichkeit offen, ggü. dem befriedigten oder gesicherten Gesellschafter nach näherer Maßgabe der §§ 6, 6 a, 11 III AnfG die **Gläubigeranfechtung** zu betreiben (→ Rn. 190).

17 Systematisch verwirrend, da inhaltlich den §§ 103 ff., 108, 109 InsO näherstehend, enthält § 135 III InsO eine Vorschrift, welche die vorübergehende, bis zu einem Jahr dauernde **entgeltliche Weiterbenutzung** eines der Gesellschaft vom Gesellschafter **zur Nutzung überlassenen Gegenstands** durch die Insolvenzmasse regelt, wenn die Nutzungsüberlassung für das Unternehmen der Gesellschaft von wesentlicher Bedeutung ist. Diese Neuregelung **weicht** erheblich **von** der bisherigen Rspr. zur **eigenkapitalersetzenden Nutzungsüberlassung ab** (→ Rn. 195 ff.).

3. Ratio legis des neuen Rechts

18 a) **Bedeutung.** Die rechtfertigenden **Zurechnungsgründe** der durch das MoMiG geschaffenen Rechtslage zur Gesellschafterfremdfinanzierung, warum bzw. unter welchen Voraussetzungen ein Gesellschafter im Verhältnis zu einem externen Dritten mit bestimmten Forderungen anders zu behandeln ist, sind noch immer unklar u. daher **Gegenstand einer umfangreichen Diskussion,**[42] der es an teilw. deutlich vorgetragener Kritik nicht mangelt.[43] Nur Klarheit über die zugrunde liegenden Wertungsmaßstäbe ermöglicht es jedoch, die gesetzlich ungeregelten Zweifelsfragen wie bspw. die Reichweite der „Forderungen aus wirtschaftlich einem Gesellschafterdarlehen vergleichbaren Rechtshandlungen", insbes. diejenigen Dritter, oder ähnl Problemstellungen einer in sich geschlossenen u. überzeugenden Lösung zuzuführen u. plausibel zu erklären, warum andere Forderungen nicht den Sonderregeln unterliegen.[44]

---

42 Roth/*Altmeppen* Rn. 18 ff.; *ders.* NJW 08, 3601 ff.; *Bitter* ZIP 10, 1 ff. (va zur Nutzungsüberlassung); *Bork* ZGR 07, 250 ff.; *Haas* ZInsO 07, 617 ff.; *Habersack* ZIP 08, 2385 ff.; Goette/*Habersack*, Das MoMiG in Wissenschaft und Praxis, Rn. 5.8 ff.; *Hirte* WM 08, 1429, 1430; *Huber* FS Priester, 07, S. 259 ff.; Lutter/Hommelhoff/*Kleindiek* Anh. zu § 64 Rn. 136 ff.; *Krolop* GmbHR 09, 397, 399; *Myrich* ZGR 09, 474, 488; Scholz/*K Schmidt*, Nachtrag MoMiG §§ 32a/b aF Rn. 7 ff.; *ders.* GmbHR 09, 1009 ff. („Suche nach dem verlorenen Normzweck"); *Spliedt* ZIP 09, 149, 153; eingehend *Thiessen* ZGR 15, 396, 402 ff.

43 Roth/*Altmeppen* Rn. 19 („soll jedes dogmatischen und wertungsmäßigen Fundaments entbehren"); *ders.* VGR, Bd. 12 (07), S. 93, 101 f.; *Eidenmüller* ZGR 07, 168, 208 („schlechterdings konzeptionslos"); s. auch *Klinck/Gärtner* NZI 08, 457, 461; *Schröder/Grau* ZInsO 07, 353, 355.

44 Roth/*Altmeppen,* 7. Aufl., Anh. §§ 32 a, b Rn. 5 f.; *K Schmidt* GmbHR 09, 1009; *Bitter* ZIP 10, 1 („(o)hne ein tragfähiges Fundament lässt sich kein stabiles Gebäude errichten").

b) Verschiedene Legitimationserwägungen. Es lassen sich insbes. die nachfolgend skizzierten Deutungsversuche mit unterschiedlichen Nuancen ausmachen:[45] 19

aa) Unwiderleglich vermutete Krise. Das dem Eigenkapitalersatzrecht zugrunde liegende Differenzierungskriterium der Krise soll weiterhin von Bedeutung sein. Die Krise müsse allerdings nicht mehr individuell geprüft werden, sondern das **Gesetz unterstelle** eine **Krisenfinanzierung** ausnahmslos u. **unwiderlegbar**[46] für die in §§ 135 InsO, 6 AnfG festgesetzten Fristen in pauschalierender Art.[47] Nur hierdurch könnten verfassungsrechtliche Bedenken (Art. 3, 14 GG) wegen der Schlechterstellung der Gesellschafter-Kreditgeber rechtfertigt werden.[48] 20

bb) Missbrauch der Haftungsbeschränkung. Die geistigen Väter des dem MoMiG zugrundeliegenden Konzepts berufen sich auf das Prinzip der Haftungsbeschränkung, dessen **missbräuchlicher Ausnutzung** durch die Gesellschafter **begegnet** werden soll. Anders formuliert verlangt das Privileg der persönlichen Haftungsbeschränkung (vgl. § 13 II) den Preis, der Gesellschaft gewährtes Fremdkapital als Risikokapital zu behandeln. Eine weitergehende inhaltliche Begründung sei nicht notwendig.[49] 21

cc) Näher dran-Prinzip. Andere führen die **Nähebeziehung** zwischen Gesellschafter u. Gesellschaft u. den damit verbundenen **Einsichts- u. Einflussmöglichkeiten,**[50] die Insiderrolle der Gesellschafter[51] verbunden mit 22

---

45 Zusammenfassung der verschiedenen Ansätze bei BGH ZIP 11, 575 Rn. 16 f.; Baumbach/Hueck/*Haas* Anh. § 64 Rn. 4 ff.; Lutter/Hommelhoff/*Kleindiek* Anh. zu § 64 Rn. 136 ff.; *Schröder* Rn. 291 ff.; ausf. nunmehr Scholz/*Bitter* Anh. § 64 Rn. 19 ff.; *Herwig*, S. 40 ff.

46 Für widerlegbare Vermutung indes *Pentz* GmbHR 13, 393, 395 ff.; *ders.* FS Hüffer, 10, S. 747, 761 ff.

47 FK-InsO/*Bornemann* § 39 Rn. 33 ff.; HambK-InsO/*Schröder*, § 135 Rn. 11 f.; *ders.* Rn. 315 ff.; Michalski/*Dahl/Linnenbrink* Syst Darst 6 Rn. 25 f.; Roth/*Altmeppen* Rn. 23 ff.; *ders.* NJW 08, 3601, 3602 f.; *Bork* ZGR 07, 250, 256 ff.; *Dahl/Schmitz* NZG 09, 325, 326; *Henkel* ZInsO 09, 1577; *Spliedt* ZIP 09, 149, 153; *Zahrte* ZInsO 09, 223, 225; vgl. auch BGH WM 13, 568 Rn. 18; auch die Finanzverwaltung führt die alte Rechtslage faktisch fort, vgl. BMF-Schreiben v. 21.10.10 BStBl I, S. 832; krit. *Crezelius* NZI 11, 100, 102; aA (für widerlegbare Vermutung u. entgg Wortlaut u. gesetzgeberischer Intention) *Pentz* FS Hüffer, 10, S. 747, 757 ff.

48 So insbes. Roth/*Altmeppen* Rn. 28; *ders.* ZIP 16, 2089, 2093; anders BGH ZIP 15, 1130 Rn. 5 ff.; ZIP 16, 2483 Rn. 20 ff.).

49 Goette/*Habersack*, Das MoMiG in Wissenschaft und Praxis, Rn. 5.13; *ders.* ZIP 07, 2145, 2147; *ders.* ZIP 08, 2385, 2387; Ulmer/*ders.* Rn. 21; *U Huber* FS Priester, 07, S. 259, 271 ff., 278 („Nach mehr Dogmatik solle man nicht verlangen!“); *Huber/Habersack* BB 06, 1, 2; *dies.* in: Lutter AG in Europa, S. 370, 390 ff., 405 ff.; *Noack* DB 07, 1395, 1398; vgl. auch Kübler/Prütting/Bork/*Preuß* § 39 Rn. 31; *Blöse* GmbHR Sonderheft MoMiG 08, S. 71, 72; *Gehrlein* BB 11, 3, 8; *Niesert/Hohler* NZI 09, 345, 348; *Schlößer/Klüber* BB 09, 1594; *Ullrich* GmbHR 09, 750, 758.

50 *Wicke* Rn. 3; vgl. auch *Gehrlein* BB 08, 846, 849; Gottwald/*Haas/Hossfeld*, Insolvenzrechts-Handbuch, 4. Aufl., § 92 Rn. 395; ablBGH NZG 11, 477 Rn. 17.

51 Vgl. OLG Naumburg ZIP 11, 677, 679; zurückhaltend Lutter/Hommelhoff/*Kleindiek* Anh. § 64 Rn. 138 f. (Doppelstellung als Gesellschafter u. Kreditgeber); HeidelbergerKommInsO/*ders.* § 39 Rn. 26; NR-InsO/*Nerlich*, § 135 Rn. 15; *Haas* ZInsO 07, 617, 618; *Mylich* ZGR 09, 474, 488; gegen den Informationsvorsprung als tragendes Argument jedoch zR BGH ZIP 11, 575, 577 Rn. 17.

der Doppelstellung als Kreditgeber[52] bzw. deren Einfluss auf die Geschäftsführung[53] an u. stellen somit auf eine Art „**Näher dran-Prinzip**" ab.[54]

23 **dd) Steuerungsfunktion des Eigenkapitalrisikos.** Das neue Recht erhalte die „**Steuerungsfunktion des Eigenkapitalrisikos**" aufrecht, so dass den Gesellschaftern der Rückzug auf die Kreditgeberrolle u. die gleichberechtigte Konkurrenz mit nicht am Kapital beteiligten Kreditgebern bei Scheitern der Gesellschaft zu versagen sei. Es gehe insoweit nicht um die Unangemessenheit der Finanzierung anlässlich einer Krise, sondern generell um die Verhinderung eines Fehlanreizes mit Blick auf das Scheitern der Gesellschaft.[55] In diese Richtung gehen auch diejenigen, welche weiterhin, wenn auch etwas abgewandelt, eine Finanzierungsfolgenverantwortung der Gesellschafter annehmen.[56]

24 **ee) Finanzierungszuständigkeit der Gesellschafter als geborene Investoren.** Die Gesellschafter treffe die Verantwortung für die finanzielle Ausstattung der Gesellschaft (**Finanzierungszuständigkeit**), sofern sie ein Mindestmaß an unternehmerischem Einfluss haben (vgl. § 39 V InsO). Der bloße Zugang zu Informationen (vgl. § 51 a) reiche noch nicht aus. Führe die Wahrnehmung der Rolle als geborene Investoren zu einer „Doppelstellung als Gesellschafter und Kreditgeber",[57] rechtfertige dies – vorbehaltlich der Kleinbeteiligungs- u. Sanierungsprivilegien – die Sonderbehandlung im Vergleich zu Drittgläubigern. Grundlage der Kreditgeberstellung müsse eine Finanzierungsentscheidung (Kreditvergabe) sein, die iU zum bisherigen Recht nicht krisenabhängig, sondern irgendwann einmal getroffen worden sein muss. Kaum mehr als das Argument des „Näher dran" bleibe als Zurechnungsgrund übrig.[58]

25 **ff) Nominelle Unterkapitalisierung.** Schließlich wird vertreten, dass die eigentliche Wertungsgrundlage des neuen Rechts bei Gesellschafterfinanzierungsleistungen eine **Sanktion für (unwiderleglich) vermutete nominelle Unterkapitalisierung**[59] u. bei Nutzungsüberlassungen (§ 135 III InsO) die Nachschusspflicht eine spezialgesetzliche **Sanktion der materiellen Unterkapitalisierung** darstellt.

26 **gg) Unklarheit in der höchstrichterlichen Rechtsprechung.** Die höchstrichterliche Rspr. hat sich zunächst nicht eindeutig zum Normzweck der Son-

---

52 Lutter/Hommelhoff/*Kleindiek* Anh. zu § 64 Rn. 139; *Büscher* FS Hüffer, 10, S. 81, 84.

53 *Eidenmüller* FS Canaris Bd. II, 07, S. 49, 63 f.

54 Vgl. auch Scholz/*K Schmidt*, Nachtrag MoMiG §§ 32a/b aF Rn. 7 f.

55 Baumbach/Hueck/*Fastrich* 20. Aufl. Rn. 6; *Servatius*, S. 481 ff.; ähnl *Breidenstein* ZInsO 10, 273, 274 (Steuerung des Insolvenzrisikos).

56 ZB Bork/Schäfer/*Thiessen* Rn. 6; Michalski/*Dahl/Linnenbrink*, SystDarst 6 Rn. 25 f.; Uhlenbruck/*Hirte*, InsO, § 19 Rn. 33, 35; *Hölzle* ZIP 11, 650, 654; *ders.* ZIP 09, 1939, 1943 f.; *Schäfer* ZInsO 10, 1311, 1313 f.; vgl. auch *Schall*, Kapitalgesellschaftsrechtlicher Gläubigerschutz, S. 169 ff., 177: Sonderopfer der Gesellschafter als Fortentwicklung der Finanzierungsfolgenverantwortung.

57 Vgl. *Ulbrich*, S. 155 f.

58 Scholz/*K Schmidt*, Nachtrag MoMiG §§ 32a/b aF Rn. 7, 8; *ders.* GmbHR 09, 1009 ff.; ähnl auch Bork/Schäfer/*Thiessen* Rn. 6 f.; vgl. auch Ulmer/*Habersack*, Erg-Band § 30 Rn. 37; krit. *Goette/Kleindiek* Rn. 64.

59 Scholz/*Bitter* Anh. § 64 Rn. 30 ff.; *ders.* ZIP 10, 1, 8 ff. (allerdings iE offenlassend bzgl. Gesellschafterdarlehen).

derregeln positioniert.[60] Die Erkenntnisse bzw. die zum Eigenkapitalersatzrecht entwickelten Grundsätze sollen zwar „grundsätzlich fruchtbar gemacht werden [können]“,[61] wobei der BGH die Nähe zur bisherigen Legitimationsgrundlage der Finanzierungsfolgenverantwortung anklingen lässt.[62] In der Entscheidung vom 7.3.13[63] zum Staffelkredit wird wiederum – in abw. Richterbesetzung – die Diskontinuität mit dem vorherigen Recht hervorgehoben.[64] In einer weiteren Entscheidung wird der Gedanke der Finanzierungsfolgenverantwortung für weiterhin beachtlich gehalten;[65] ferner beschreibt der BGH den Normzweck darin, Vorsorge dagegen zu treffen, das mit der Darlehensgewährung verbundene Risiko auf die Gemeinschaft der Gläubiger abzuwälzen.[66] Eine Klarstellung bzw. nähere Beschreibung dieses Risikos unterbleibt jedoch. Dass die Vorschrift eine klare Verteilung des von einer wirtschaftlichen Unternehmung ausgehenden Risikos im Fall der Insolvenzeröffnung vorsieht,[67] ist jedenfalls keine Erläuterung für die Gründe einer solchen Risikoverteilung, sondern rein deskriptiv. Jüngst führt der BGH aus, dass das Gesetz alle Gesellschafter-Fremdkapitalisierungsleistungen gleich behandele.[68] Diese müssen nach ihrer wirtschaftlichen Funktion vor dem Hintergrund der Nachrangigkeit einer Leistung von Eigenkapital vergleichbar gewesen sein.[69]

c) **Stellungnahme.** Das rein insolvenzrechtlich gedachte Hineinlesen des unwiderlegbar vermuteten Krisenmerkmals des Eigenkapitalersatzrechts als stillschweigender Leitfaden der Neuregelung vermag nicht zu überzeugen.[70] Zunächst widerspricht der krisenbezogene Kontinuitätsgedanke dem erklärten Willen des Gesetzgebers, der sich bewusst (vgl. aber § 39 IV InsO nF) von einer Krisenfinanzierung verabschiedet hat u. Forderungen aus Gesellschafter-Finanzierungshilfen unterschiedslos rückstufen wollte.[71] 27

Der Haftungsbeschränkungstheorie ist zu entgegnen, dass in der Fremdkapitalzufuhr kein Missbrauch erkennbar wird. Worin der Missbrauch u. der wahre Grund, die Finanzierungsfreiheit der Gesellschafter einzuschränken, konkret liegen sollen, bleibt offen.[72] Ferner besteht weder ein Zusammenhang zwischen der Kreditvergabe u. der Haftungsbeschränkung, noch stellt die Haftungsbeschränkung einen inneren Grund für die Sonderregeln der 28

---

60 So wohl auch *Gehrlein* NZI 14, 481, 484, der weiten Auslegungsspielraum betont; Scholz/*Bitter* Anh. § 64 Rn. 21 ff.; vgl. auch BAG ZIP 14, 927 Rn. 23 u. 24, wo gegensätzliche Ansätze kombiniert werden; Ulmer/*Habersack* Rn. 16.
61 BGH NJW 13, 2282 Rn. 9.
62 BGH NJW 13, 2282 Rn. 18; anders BGH ZIP 15, 1130 Rn. 5; ZIP 16, 2483 Rn. 20 ff., 26.
63 BGH ZIP 13, 734 Rn. 14.
64 Scholz/*Bitter* Anh. § 64 Rn. 24.
65 BGH ZIP 19, 666 Rn. 50; NZG 19, 1026 Rn. 26.
66 BGH ZIP 19, 666 Rn. 50 f; NZG 19, 1026 Rn. 25 f.
67 BGH ZIP 19, 666 Rn. 51.
68 BGH NZG 19, 1026 Rn 23.
69 BGH NZG 19, 1026 Rn 24.
70 Zutr. BGH ZIP 11, 575 Rn. 25; *Kleindiek* ZGR 17, 731, 736.
71 BegrRegE MoMiG, BT-Drs. 16/6140, S. 42, 56 f.; Lutter/Hommelhoff/*Kleindiek* Anh. zu § 64 Rn. 140.
72 *Bitter* ZIP 10, 1, 9 („Schlagwort“).

Gesellschafterfremdfinanzierung dar.[73] Die Wertungsgrundlagen werden letztlich nur vernebelt.

29 Warum Gesellschafter nicht in gleicher Weise wie Drittgläubiger, sondern mit ihren Darlehensrückforderungen etc nachrangig behandelt werden, vermag **keiner der geschilderten Ansätze** für sich allein zu erklären.[74] Nach zutr. Verständnis knüpft die Nachrangigkeit offen gebliebener Forderungen wie auch die in den Anfechtungsvorschriften des § 135 InsO nF zum Ausdruck kommende Verpflichtung, den Haftungsfonds im Insolvenzfalle durch Rückführung (vgl. § 143 InsO) verloren gegangener Mittel zum Vorteil der Gesellschaftsgläubiger wieder aufzufüllen, (als Sanktion) **wertungsmäßig an eine vermutete nominelle Unterkapitalisierung** der Gesellschaft an.[75]

30 Wie *Bitter*[76] unter Bezugnahme auf die Haftungsbeschränkungstheorie herausgearbeitet hat, beruhen die Sonderregeln im Kern auf der **weiteren Erkenntnis**, dass es in der Gesamtkonzeption der Haftungsbeschränkung zur Schließung von Schutzlücken eines **ausgleichenden Korrektivs bzw. einer Regulierung**, ob präventiv und/oder in der ex-post-Betrachtung sanktionierend, bedarf, **um Risikoerhöhungsstrategien der Gesellschafter zulasten der Gesamtheit der übrigen Gläubiger einzudämmen.**[77] Erst die Subordination gesellschafterseitiger Fremdfinanzierungshilfen gem. § 39 I Nr. 5 InsO, vorverlagert u. abgesichert durch die Anfechtbarkeit gem. § 135 I Nr. 2 InsO, schafft den **Ausgleich zwischen** dem **Investitionsanreiz** (aus der Eigenkapitalposition heraus) u. der **Gefahr der Kostenexternalisierung** (Verlagerung des kompensationslosen Kostenrisikos auf die Gläubiger), welche der Schutzmantel der Haftungsbeschränkung den Gesellschaftern in ihrer Doppelrolle (Gesellschafter u. Kreditgeber) ermöglicht. Denn zugunsten der Gesellschafter wirkt die Haftungsbeschränkung eigentlich wie eine Versicherung für ihr unternehmerisches Handeln, bei welcher die Gesellschafter die Versicherungsnehmer u. die Gläubiger der Versicherer sind.[78] Hieraus ergäbe sich ein Anreiz, auf Kosten der Gläubiger erhebliche Risiken einzugehen, wobei die entspr. Chancen – über die Eigenkapitalposition – wiederum nur u. allein den Gesellschaftern zustünden, die variabel an einem etwaigen Gewinn beteiligt wären (auch wenn sie bei Fremdkapitalgewährung scheinbar ebenfalls nur mit einem Festbetrag haften); die Gläubiger wären der Höhe nach auf ihre Forderungsbeträge (zzgl. etwaiger Zinsen) beschränkt. Die Risiken für die Gesellschafter wären nochmals reduziert, wenn sie im Falle der Fremdkapital-Finanzierung im gleichen Rang wie die übrigen Gläubiger befriedigt würden u. im Falle des Scheiterns der unternehmerischen Aktivität zumindest quotal (vgl. § 38 InsO) das eingesetzte (Fremd-)Kapital zurückerhielten.

---

73 Scholz/*K Schmidt*, Nachtrag MoMiG §§ 32 a/b aF Rn. 8; *ders.* GmbHR 09, 1009, 1013.

74 Zutr. *Huber* ZIP 10, Beil zu Heft 39, 7, 11 ff.

75 Vgl. bereits *Bitter* ZIP 10, 1, 10; Scholz/*ders.* Anh. § 64 Rn. 30; ähnl auch *Huber* ZIP 10, Beil zu Heft 39, 7, 13 f.

76 Scholz/*Bitter* Anh. § 64 Rn. 30 ff.; ebenso *Herwig*, S. 141 ff.

77 IdS nunmehr auch HeidelbergerKommInsO/*Kleindiek* § 39 Rn. 27: Korrektur des gestörten Risikogleichgewichts; *ders.* ZGR 17, 731, 742 f.

78 Vgl. Scholz/*Bitter* Anh. § 64 Rn. 31; § 13 Rn. 65.

31 Aus diesem **Zusammenhang von Chancenmaximierung u. Risikenabwälzung**, den in seinen jüngeren Entscheidungen auch der BGH anerkannt hat,[79] leitet sich die rechtspolitische **Notwendigkeit eines eingreifenden Regulativs** ab.[80] Hierin liegt durchaus ein verhaltenssteuerndes Element, welches an eine Entscheidung des Gesellschafters anknüpft. Es geht also nicht nur um die vom Verhalten oder von einer Entscheidungsfindung isolierte, rein haftungsrechtliche Verteilungsfrage. *Altmeppen*[81] ist freilich insoweit zuzustimmen, dass sich die denkbaren Risikoerhöhungsstrategien zulasten der Gläubiger in der Krise der Gesellschaft manifestieren; dh ein Krisenbezug der Sonderregeln lässt sich der Sache nach nicht verneinen. Unzutreffend erscheint jedoch, deshalb dem Sonderrecht eine *Krisenfinanzierung* zugrunde zu legen.

32 Dementspr haftet aufgrund der Sonderregeln im Insolvenzfall die formelle Fremdkapitalposition des Gesellschafters im Umfang des eingegangenen Insolvenzrisikos wirtschaftlich ähnl wie Eigenkapital (vgl. § 199 InsO bzw. dann § 39 I Nr. 5 InsO iU zu § 38 InsO). U. deshalb können die Anfechtungsvoraussetzungen der § 135 I u. II InsO nF bzw. §§ 6 f. AnfG pauschal auf subjektive Tatbestandselemente u. deren Nachweis verzichten.[82] Sie dienen als flankierende Maßnahme, um die Grundentscheidung zugunsten der erst im Insolvenzfall geltenden Subordination zum Zwecke des Schutzes vor Umgehungen auch bezogen auf den Zeitraum vor der Insolvenzverfahrenseröffnung zur Geltung zu bringen.[83] Sie verhindern, dass sich Gesellschafter Vorteile ggü. anderen Gesellschaftsgläubigern verschaffen[84] u. dadurch die Subordination aushebeln, indem sie Leistungen von der Gesellschaft abziehen, ob durch Rückzahlung von Finanzierungshilfen oder durch Sicherheitenbestellung.

33 Vorstehende Überlegungen zeigen zugleich den die Rückstufung offener Fremdkapitalforderungen rechtfertigenden Unterschied zwischen einem Gesellschafter als finanzierungszuständigem Chanceninhaber[85] u. einem Dritten auf. Deutlich wird auch, warum es nicht darauf ankommt, ob der Gesellschafter iU zum Dritten eine marktübliche Finanzierung gewährte oder nicht; denn die Marktüblichkeit stellt im geschilderten Zusammenhang kein maßgebendes Kriterium dar. § 39 V InsO nF (Kleinbeteiligungsprivileg) präzisiert diese Gedanken, *de lege ferenda* sicherlich diskutabel, dahin gehend, dass die Notwendigkeit eines Korrektivs nur bei einer unternehmerischen Beteiligung von mehr als 10 vom Hundert besteht,[86] oder

---

79 BGH ZIP 19, 666 Rn. 50 f.; NZG 19, 1026 Rn. 25: Wahrung des Risikogleichgewichts zwischen Gesellschaftern und sonstigen Gesellschaftsgläubigern.
80 Vgl. auch *Kleindiek* ZGR 17, 731, 742.
81 Vgl. Roth/*Altmeppen* Rn. 25 ff.
82 Gegen eine Qualifikation des § 135 I Nr. 2 InsO als „Insiderdeckungshaftung" überzeugend *Herwig*, S. 179 ff.
83 Baumbach/Hueck/*Haas* Anh. § 64 Rn. 6; HeidelbergerKommInsO/*Kleindiek,* § 135 Rn. 14 f.; Scholz/*Bitter* Anh. § 64 Rn. 34, 37 ff.; *Gehrlein* BB 11, 3, 8; plastisch *Schoppmeyer* WM 18, 353, 359 („Rangordnungsanfechtung"); *Herwig*, S. 178 ff.; aA *Thole*, S. 390 ff.; *ders.* ZHR 176 (12), 513 ff.
84 Vgl. hierzu auch Bork/Schäfer/*Thiessen* Rn. 6 f.; *Krolop* GmbHR 09, 397, 399.
85 Besonders auf Mitwirkungs- und Vermögensrechte des Gesellschafters abstellend auch *Herwig*, S. 153 ff.
86 Vgl. hierzu *Herwig*, S. 175.

bei einer Personalunion aus Gesellschafterstellung u. Geschäftsführungsorgan.[87]

34 Sicherlich lässt sich debattieren, ob insbes. die Anfechtungsfrist des § 135 I Nr. 2 InsO in zeitlicher Hinsicht ein ausreichendes Korrektiv darstellt oder ob sie möglicherweise zu kurz gewählt ist.[88] Denn sie könnte den für die übrigen Gläubiger nachteiligen Anreiz schaffen, Kreditrückzahlungen „über die Jahresfrist" zu retten.[89] Grds. für eine zeitliche Beschränkung spricht jedenfalls, dass sich die Anfechtbarkeit gem. § 135 InsO in ein komplexes Wertungsgefüge der §§ 130 ff. InsO einpassen muss (vgl. insbes. §§ 133 II iVm § 138 II Nr. 1 InsO). Ferner würde von der vom Gesetzgeber gewollten Finanzierungsfreiheit der Gesellschafter umso weniger übrigbleiben, je hürdenfreier die Rückforderungs-/Anfechtungsmöglichkeit im Insolvenzfall wäre. Zur Nutzungsüberlassung s. → Rn. 192 ff.

II. Übergangsrecht

35 Vgl. 2. Aufl. → Rn. 48 ff.[90]

III. Persönlicher Anwendungsbereich

1. Erfasste Gesellschaften

36 a) **Gesellschaften inländischen und europäischen Rechts.** *Sedes materiae* der rechtsformneutralen Ausgestaltung in der durch das MoMiG geschaffenen Rechtslage ist § 39 IV 1 InsO. Hierunter fallen insbes. **Kapitalgesellschaften deutschen Rechts** (AG, GmbH, UG haftungsbeschränkt) sowie die **Societas Europaea** (SE) als Insolvenzschuldner. Dazu gehören ferner die **Genossenschaft**[91] u. die **Europäische Genossenschaft** (SCE).[92] Die Sonderregeln finden auch Anwendung, wenn sich diese Gesellschaften bei Insolvenzverfahrenseröffnung bereits in der gesellschaftsrechtlichen **Liquidation** befanden.[93]

37 Umstritten ist, ob die Vorschriften auch für die insolvente **Vor-Gesellschaft** (va **Vor-GmbH**) gelten. Die hM nimmt an, dass die Gründer grds. nur eine

87 Vgl. auch *K Schmidt* GmbHR 09, 1009, 1017.

88 Dag *Huber*/*Habersack* BB 06, 1, 5 f.; *dies*, in Lutter, Das Kapital der Aktiengesellschaft in Europa, S. 370, 419; *Eidenmüller* FS Canaris Bd. II, 07, S. 49, 64; *Huber* FS Priester, 07, S. 259, 282; *Seibert*/*Decker* ZIP 08, 1208, 1211; aA die Einschätzung bei Bork/Schäfer/*Thiessen* § 30 Rn. 141; *Altmeppen* NJW 05, 1911, 1914 f.; *ders.*, VGR Bd. 12 (07), S. 93, 100; *Bork* ZGR 07, 250, 265; *Gehrlein* BB 08, 846, 852; *Haas* ZInsO 07, 617, 721.

89 *Goette* WPg 08, 231, 236; *ders.* Einführung in das neue GmbH-Recht, Rn. 59; *ders.* DStR 09, 51, 54; *J Roth* GmbHR 08, 1184, 1186.

90 Ferner: Gottwald/*Haas*/*Kolmann*/*Kurz*, Insolvenzrechts-Handbuch, § 90 Rn. 423; zum Ausnahmefall des Art. 103 d S. 2 EGInsO („Meistbegünstigung" gilt zeitlich unbegrenzt) vgl. BGH ZIP 19, 666 Rn. 31 ff.

91 BegrRegE MoMiG BT-Drs. 16/6140, S. 56; *Habersack* ZIP 07, 2145, 2147: Nachschusspflicht gem. § 105 GenG wirkt nur im Innenverhältnis.

92 BegrRegE MoMiG, BT-Drs. 16/6140, S. 56 f.

93 Scholz/*K Schmidt*, Nachtrag MoMiG §§ 32a/b aF Rn. 19.

(unbeschränkte, proratarische) Innenhaftung ggü. der Gesellschaft trifft,[94] so dass es **keine (im Außenverhältnis) unbeschränkt haftende Person** gibt, folglich die Vor-GmbH eine Gesellschaft iSv § 39 IV 1 InsO sein müsste.[95] Dies überzeugt jedenfalls nicht in den Fällen, in denen auch die hM ausnahmsweise eine unbeschränkte Außenhaftung der Gesellschafter zulässt (s. Erl. zu § 11). **Vorzugswürdig** erscheint auch deshalb die in der Literatur vertretene **Gegenansicht,** die in Ablehnung des Binnenhaftungsmodells der hM eine **unbeschränkte Außenhaftung der Gesellschafter** favorisiert (im Insolvenzverfahren vom Insolvenzverwalter zu verfolgen analog § 93 InsO)[96] u. konsequent die **Vor-GmbH** als **nicht vom Anwendungsbereich des § 39 InsO erfasst** sieht.[97]

38 Personengesellschaften fallen in Übereinstimmung mit §§ 129a, 172a HGB aF nur in den Anwendungsbereich, wenn **keine natürliche Person ggü. den Gesellschaftsgläubigern im Außenverhältnis**[98] **unbeschränkt haftet.** Den praktischen Hauptanwendungsfall stellt die **kapitalistisch verfasste Kapitalgesellschaft/GmbH & Co KG** dar, so dass für deren Kommanditisten die Sonderregeln gelten.[99] Erfasst sind aber auch eine oHG oder eine GbR, deren Gesellschafter nur Kapitalgesellschaften sind.[100] Unschädlich ist, wenn sich die unbeschränkte Haftung nicht aus der Gesellschaftereigenschaft, sondern aus anderen Gründen (zB Bürgschaft, Patronat, Verlustübernahmeverpflichtung etc) ergibt.[101] Stehen hinter einer Gesellschaft als persönlich haftender Gesellschafter weitere Gesellschaften (**mehrstufige Beteiligung**), darf es somit keine Gesellschaft als persönlich haftender Gesellschafter geben, bei dem eine natürliche Person persönlich haftender Gesellschafter ist. Mit Eintritt eines natürlichen Vollhafters endet also die Anwendbarkeit der Sonderregeln.[102] Der **Kommanditist einer KG** oder KGaA mit einer unbeschränkt haftenden natürlichen Person im Komplementärkreis nimmt zwar Haftungsbeschränkung in Anspruch. Da diese Gesellschaft jedoch die Kriterien des § 39 IV 1 InsO nicht erfüllt u. eine analoge

---

94 BGHZ 134, 333; NZG 09, 782; BAG NJW 98, 628, 629; BSG ZIP 00, 494, 497; BFH NJW 98, 2926, 2927; OLG Dresden GmbHR 98, 186, 188; OLG Koblenz ZIP 98, 1670, 1671; OLG Hamm AG 03, 278; Bork/Schäfer/*Thiessen* Rn. 27; Michalski/*Dahl/Linnenbrink* SystDarst 6 Rn. 34; differenzierend Ulmer/*Habersack* Rn. 33; *Wicke* Rn. 5; *Goette* DStR 06, 714; *Gehrlein* BB 05, 2773, 2774; *Habersack* ZIP 07, 2145, 2147.

95 HeidelbergerKommInsO/*Kleindiek*, § 39 Rn. 53; Ahrens/*Gehrlein*/Ringstmeier, InsO, § 135 Rn. 14; Goette/*Habersack*, Das MoMiG in Wissenschaft und Praxis, Rn. 5.20; zum Aspekt der Außenhaftung bei § 39 IV 1 InsO *Mülbert* WM 06, 1977, 1981.

96 Lutter/Hommelhoff/*Bayer* § 11 Rn. 19; *Michalski* § 11 Rn. 63, 94ff.; *Roth*/Altmeppen § 11 Rn. 54, 85ff.; *K Schmidt* ZIP 96, 353; *ders.* ZIP 97, 671.

97 Roth/*Altmeppen* Rn. 34f.; Scholz/*K Schmidt*, Nachtrag MoMiG §§ 32a/b aF Rn. 19; *ders./Herchen* InsO § 39 Rn. 34; ebenso iErg Lutter/Hommelhoff/Kleindiek Anh. § 64 Rn. 125.

98 BegrRegE MoMiG BT-Drs. 16/6140 S. 57; HeidelbergerKommInsO/*Kleindiek* § 39 Rn. 53.

99 Zur Rechtslage vor MoMiG BGHZ 110, 342; ZIP 95, 736; 98, 1437.

100 Dazu BGHZ 179, 278; Bork/Schäfer/*Thiessen* Rn. 26; Goette/*Habersack*, Das MoMiG in Wissenschaft und Praxis, Rn. 5.21.

101 Scholz/*Bitter* Anh. § 64 Rn. 53; Scholz/*K Schmidt* Nachtrag MoMiG §§ 32a/b aF Rn. 19; *Gehrlein*/Born/Simon Vor § 64 Rn. 303.

102 Scholz/*Bitter* Anh. § 64 Rn. 55.

Anwendung mangels planwidriger Regelungslücke ausscheidet, sind Ansprüche aus Finanzierungsleistungen eines solchen Kommanditisten nicht subordiniert u. Rückzahlungen der Gesellschaft nicht gem. § 135 InsO anfechtbar.[103]

39 § 39 IV 1 InsO setzt, wie sich aus § 39 V InsO ergibt, eine **vermögensmäßige Beteiligung** der Mitglieder **am Haftkapital** des insolventen Rechtsträgers voraus. Hieran **fehlt** es **beim Idealverein,**[104] aber auch bei der **Stiftung** (nicht einmal Mitglieder),[105] so dass sie nicht zu den erfassten Gesellschaften gehören.[106]

40 **b) Gesellschaften ausländischen Rechts. aa) Allgemeines. Internationalprivatrechtlich** sind die durch das MoMiG eingeführten Regeln zur Gesellschafterfinanzierung als **insolvenzrechtlich zu qualifizieren.**[107] Dafür streitet zwar weniger der Umstand, dass der nationale Gesetzgeber die maßgeblichen Vorschriften in der InsO (Ausn: §§ 6, 6 a AnfG) verortet hat. Denn für internationalprivatrechtliche Qualifikationsfragen hat es allenfalls eine Indizwirkung, in welchem nationalen Regelungszusammenhang die betr. Vorschrift steht.[108] Vielmehr entscheidet eine **am Normzweck orientierte, funktionale Betrachtungsweise** darüber, ob eine Vorschrift dem kollisionsrechtlichen Delikts-, Gesellschafts- oder Insolvenzstatut zuzuordnen ist. Zum **Insolvenzstatut** gehören diejenigen Normen, die **insolvenzpolitische Ziele** verfolgen; Mehrfachqualifikationen bleiben möglich. Dabei wird gelegentlich verkannt, dass das über die Vorschriften der internationalen Eröffnungszuständigkeit (vgl. Art. 3 EuInsVO; § 3 InsO analog)[109] zu bestimmende **Insolvenzstatut** (Art. 7 EuInsVO; § 335 InsO) **nicht** erst **mit** der **Insolvenzverfahrenseröffnung** Geltung beansprucht, **sondern** bereits **zuvor.** Es kann zB kein Zweifel daran bestehen, dass bereits die Einleitung eines Insolvenzeröffnungsverfahrens (Vorliegen eines Insolvenzgrundes, daran anknüpfende Antragspflichten, Anordnung von Sicherungsmaßnahmen) insolvenztypischen Regelungsgehalt hat u. dem Insolvenzstatut unterfällt. Die durch das MoMiG geschaffene Rechtslage regelt das Verhältnis zwischen Drittgläubigern der Gesellschaft u. solchen Gläubigern, die zum Gesellschafterkreis gehören, bei Insuffizienz der Haftungsmasse, also im Insolvenzfall. Ersteren gebührt dabei der **Verteilungsvorrang** bzw. die Gesell-

---

103 Krit. dazu Bork/Schäfer/*Thiessen* Rn. 28; HambK-InsO/*Lüdtke*, § 39 Rn. 27; *Haas* ZInsO 07, 617, 628; *K Schmidt* GmbHR 09, 1009, 1011. – Vgl zur früheren Rechtslage *ders.* ZIP 91, 1 ff.; Scholz/*K Schmidt,* 10. Aufl., §§ 32a/32 b Rn. 22.

104 Scholz/*K Schmidt*, Nachtrag MoMiG §§ 32a/b aF Rn. 19; Goette/*Habersack*, Das MoMiG in Wissenschaft und Praxis, Rn. 5.19 (auch zur Anfallberechtigung iSv § 45 BGB); *ders.* ZIP 07, 2145, 2147 f.; *Haas* ZInsO 07, 617, 628; *Gehrlein* BB 08, 846, 849; *Mülbert* WM 06, 1977, 1981; aA BankenK-InsO/*Zenker*, § 39 Rn. 33; Bork/Schäfer/*Thiessen* Rn. 29; Uhlenbruck/*Hirte*, InsO, § 39 Rn. 58.

105 Goette/*Habersack*, Das MoMiG in Wissenschaft und Praxis, Rn. 5.20; aA Bork/Schäfer/*Thiessen* Rn. 29.

106 Krit. hierzu Bork/Schäfer/*Thiessen* Rn. 29.

107 Ebenso *Huber* ZIP 10, Beil zu Heft 39, 7, 11 f.; zust. BankenK-InsO/*Zenker*, § 39 Rn. 29; vgl. zum alten Recht BGH ZIP 11, 1775, 1778 Rn. 30, 37 ff.; OLG Köln ZIP 10, 2016.

108 Dies verkennt ua Begr. RegE BT-Drs. 16/6140, S. 57.

109 Vgl. zum Centre of Main Interest (COMI) gem. Art. 3 EuInsVO EuGH NZI 11, 990; 12, 469; BGH GmbHR 12, 216.

schafter müssen nach Maßgabe der Insolvenzanfechtung gem. §§ 135, 143 InsO die **Verteilungsmasse wieder auffüllen.** Hierbei handelt es sich um **typische insolvenzpolitische Regelungsziele**, wie sich nicht nur an dem engen sachlichen Zusammenhang mit der Insolvenz zeigt, sondern auch daran, dass die Geltung der §§ 39, 44 a, 135, 143 InsO jeweils ein **eröffnetes Insolvenzverfahren voraussetzen.**[110] Zu den Besonderheiten der grenzüberschreitenden Insolvenzanfechtung infolge Art. 16 EuInsVO, § 339 InsO s. → Rn. 144.

bb) EU-Auslandsgesellschaften. Nach dem Recht eines EU- oder EWR-Staates gegründete Gesellschaften werden im Inland infolge der **europarechtlichen Niederlassungsfreiheit** nach ihrem Gründungsrecht behandelt.[111] Handelt es sich nach dem Gründungsrecht um eine solche Gesellschaft, bei der es keine unbeschränkt haftende natürliche Person gibt (§ 39 IV 1 InsO nF), gelten **in einem deutschen Haupt- u. Sekundär-) Insolvenzverfahren** über ihr Vermögen die durch das MoMiG eingeführten Insolvenzbestimmungen der **§§ 39, 44 a, 135, 143 InsO nF**[112] Ein Verstoß gegen die Niederlassungs- u. Dienstleistungsfreiheit liegt darin nicht.[113] 41

cc) Nicht-EU-Auslandsgesellschaften. Für Nicht-EU-Auslandsgesellschaften, die ihren effektiven Verwaltungssitz nach Deutschland verlegt haben, gilt vorbehaltlich **staatsvertraglicher Sonderregeln**[114] nach bisheriger höchstrichterlicher Praxis die **Sitztheorie.**[115] Diese Gesellschaften werden *de lege lata* ungeachtet ihres Gründungsrechts im Inland als Personengesellschaft u. somit abhängig vom Unternehmensgegenstand **als GbR oder oHG behandelt.**[116] Demnach kommt grds. eine unbeschränkte Haftung der Gesellschafter in Betracht, wobei natürliche Personen als Gesellschafter zur Unanwendbarkeit des § 39 InsO nF führen. Unter Geltung der Sitztheo- 42

110 Vgl. BGH ZIP 11, 1775, 1778 Rn. 30; OLG Naumburg ZIP 11, 677, 678 f.; OLG Köln ZIP 10, 2016, 2017; AG Hamburg NZI 09, 131; Roth/*Altmeppen* Rn. 230 (mit abw. Begr.); *Bork* ZGR 07, 250, 268; *Dahl/Schmitz* NZG 09, 325, 326; *Balthasar* RIW 09, 221, 226; *Gehrlein* BB 08, 846, 849; *Habersack* ZIP 07, 2145, 2147; *Hirte* WM 08, 1429, 1432; *Knof* ZInsO 07, 125, 131; *Mankowski* NZI 10, 1004; *Meyer* DB 08, 1742, 1745; *Seibert* ZIP 06, 1157, 1162; *Wälzholz* DStR 07, 1914, 1918.

111 EuGH GmbHR 99, 474 (Centros); 02, 1137 (Überseering); 03, 1260 (Inspire Art); BGH GmbHR 03, 527 (Überseering); NJW 04, 3706, 3707; 05, 1648; 05, 3351; aus der Lit. zur Gründungstheorie statt aller MüKoBGB/*Kindler*, IntGesR Rn. 331 ff.

112 BT-Drs. 16/6140, S. 57; vgl. auch BGH ZInsO 11, 1792, 1796 Rn. 48 ff.; AG Hamburg ZIP 09, 532; Graf-Schlicker/*Neußner* § 39 Rn. 19 u. § 135 Rn. 6; *K Schmidt/Herchen* § 39 Rn. 35; Rowedder/Schmidt-Leithoff/*Görner* Rn. 52.

113 BGH ZIP 11, 1175 Rn. 37 ff.; OLG Köln ZIP 10, 2016, 2018; Bork/Schäfer/*Thiessen* Rn. 30; zweifelnd zB *Behrens* IPRax 10, 230, 231; *Zahrte* ZInsO 09, 223; *Ulbrich*, S. 108 ff.

114 Überblick bei MüKoBGB/*Kindler*, IntGesR Rn. 309; hieran anknüpfend auch HambK-InsO/*Schröder*, § 135 Rn. 16.

115 EuGH GmbHR 07, 770, 772; 08, 154, 155 (Stahlwerke Ergste); BGH ZIP 08, 2411 (Trabrennbahn); ZInsO 09, 2154 Rn. 4.

116 BGHZ 151, 204.

rie[117] wären folglich in einem deutschen Insolvenzverfahren **Gesellschafterfinanzierungen bei derartigen Nicht-EU-Auslandsgesellschaften nicht nachrangig.**[118]

2. Gesellschaftereigenschaft des Kreditgebers/Gläubigers

43 a) **Gesellschafter.** In den persönlichen Anwendungsbereich fallen zunächst u. vorbehaltlich der Kleinbeteiligungsprivilegierung (§ 39 V InsO nF; dazu → Rn. 76 ff.) die **unmittelbar beteiligten Gesellschafter,** ohne dass es dabei auf subjektive Kriterien ankommt.[119] Die Gesellschaftereigenschaft bestimmt sich nach der **Inhaberschaft, also nach materiellem Recht,** nicht nach der Aufnahme in die Gesellschafterliste (§ 40).[120] Diese mag zwar einen gutgläubigen Anteilserwerb durch einen Dritten ermöglichen (§ 16 III), entfaltet als solche jedoch keine konstitutive Wirkung. Für das Verhältnis zwischen dem Gesellschafter u. den anderen am Insolvenzverfahren beteiligten Gläubigern, um welches es wirtschaftlich geht, hat die Gesellschafterliste keine Außenwirkung (§ 16 I). Nicht außer Acht bleiben darf jedoch, dass der Insolvenzverwalter in die im Verhältnis zwischen Gesellschaftern u. Gesellschaft geltenden Regeln eintritt (§ 80 InsO) u. dass Streitigkeiten über die Folgen einer Gesellschafterfremdfinanzierung va im Verhältnis zwischen (vermeintlichem) Gesellschafter u. Insolvenzverwalter auszutragen sind. Mehr Bedeutung als eine **Vermutungswirkung iSe ersten Anscheins** kann die **Gesellschafterliste** insoweit jedoch nicht haben. Wer bei Streitigkeiten über Forderungsfeststellung oder im Anfechtungsprozess meint, dass die Gesellschafterliste die materielle Rechtslage nicht zutr. wiedergibt, trägt hierfür die **Darlegungs- u. Beweislast.**

44 Der **Fremdgeschäftsführer** fällt als solcher nicht in den Anwendungsbereich der Neuregelungen.[121]

45 b) **Maßgeblicher Zeitpunkt.** Vorbehaltlich des Kleinbeteiligungsprivilegs (§ 39 V InsO) u. des Umstands, dass auch die Finanzierungshilfe eines Nicht-Gesellschafters wirtschaftlich derjenigen eines Gesellschafters entsprechen kann (dazu → Rn. 57 ff.), müssen nach dem zeitraumbezogenen Konzept der Sonderregeln zur Gesellschafterfremdfinanzierung die **Gesellschaftereigenschaft u. die Inhaberschaft bzgl. der Finanzierungshilfe zu-**

117 Der RefE eines Gesetzes zum Internationalen Privatrecht der Gesellschaften, Vereine u. juristischen Personen (www.bmj.bund.de/media/archive/2751.pdf) sieht vor, dass in Art. 10 EGBGB künftig auch im Verhältnis zu Drittstaaten die Gründungstheorie kodifiziert werden soll.

118 Ebenso HambK-InsO/*Schröder,* § 135 Rn. 16.

119 BGH ZIP 97, 1375, 1376; NJW 88, 3143, 3145; Scholz/*K Schmidt,* 10. Aufl., §§ 32a/b Rn. 32 (jeweils zum alten Recht).

120 Baumbach/Hueck/*Haas* Anh. § 64 Rn. 38; *Gehrlein*/Born/Simon Vor § 64 Rn. 304; Gottwald/*Haas*/*Kolmann*/*Kurz,* Insolvenzrechts-Handbuch, § 90 Rn. 425; Scholz/*Bitter* Anh. § 64 Rn. 68; nunmehr auch Ulmer/*Habersack* Rn. 75; *Wicke* Rn. 6; aA für den noch in der Liste eingetragenen Ex-Gesellschafter Rowedder/Schmidt-Leithoff/*Görner* Rn. 57.

121 BGH ZIP 05, 82, 84; Gottwald/*Haas*/*Kolmann*/*Kurz,* Insolvenzrechts-Handbuch, § 90 Rn. 425; aA (ohne Begründung) OLG Jena BeckRS 09, 08469.

sammenfallen bzw. innerhalb der kritischen Fristen der § 135 InsO, § 6 AnfG zusammengefallen sein.[122] IE gilt:

Der **Gesellschafter im Zeitpunkt der Insolvenzverfahrenseröffnung**[123] unterliegt mit den von ihm **selbst gewährten**, aber auch mit den **von einem Dritten erworbenen**[124] **Ansprüchen** aus Finanzierungshilfen den insolvenzu. anfechtungsrechtlichen Sonderregeln (§§ 39 I Nr. 5, 135 InsO nF, § 6 AnfG nF). Insoweit kommt es aufgrund der formalisierten Voraussetzungen nicht darauf an, ob er im Zeitpunkt der Kreditgewähr schon Gesellschafter war oder die Gesellschafterstellung erst später erlangte.[125] 46

Die Neuregelung erfasst somit auch denjenigen, der zunächst nur Kreditgeber war u. erst im Anschluss zudem Gesellschafter wurde („**Künftiger Gesellschafter**"). Auf die Feststellung des krisenbezogenen „Stehenlassens" der Finanzierungshilfe oder auf eine Gewährung im Hinblick auf eine künftige Gesellschafterstellung kommt es iU zum früheren Recht nicht an.[126] Folglich werden „unverdächtige" Finanzierungshilfen eines Gesellschaftsgläubigers durch den zeitlich nachfolgenden Erwerb der Gesellschafterstellung insg. u. während der relevanten Fristen (§ 135 InsO; § 6 AnfG)[127] infiziert, ebenso wie Ansprüche aus Drittfinanzierungen, wenn sie auf einen Gesellschafter übergehen.[128] Die Sicherheit des „echten" Dritten wird allerdings nicht dadurch anfechtbar gem. § 135 I Nr. 1 InsO, dass der „echte" Dritte nachträglich auch Gesellschafter wird, sondern sie ist nach hier vertretener Auffassung wie eine schon mehr als zehn Jahre bestehende Sicherheit zu behandeln.[129] 47

Für die vor Erwerb der Gesellschafterstellung abgezogenen oder vorher vom Nicht-Gesellschafter auf einen anderen Dritten (**Nicht-Gesellschafter**) übergegangenen Ansprüche aus Finanzierungshilfen gelten die Sonderregeln jedoch nicht; sie waren zu keiner Zeit eine Gesellschafter-Fremdfinanzierung.[130] 48

Wer als **Ex-Gesellschafter** der Gesellschaft eine Finanzierungshilfe gewährt, hat mit seinem Rückforderungsanspruch den insolvenzrechtlichen Rang eines einfachen Insolvenzgläubigers gem. § 38 InsO. Rückzahlungen auf diese Finanzierungshilfe unterliegen auch nicht der Anfechtung gem. § 135 49

---

122 Ganz hM BGH NZI 12, 199 Rn. 15 ff.; ZIP 14, 584 Rn. 15; NZI 19, 169 Rn. 12; ZIP 19, 666 Rn. 85; HeidelbergerKommInsO/*Kleindiek* § 39 Rn. 42; Ulmer/*Habersack* Rn 77 mwN; *Haas* ZIP 17, 545, 547 f.; *ders.* ZInsO 07, 617, 619; *Kleindiek* ZGR 17, 731, 747.

123 Bork/Schäfer/*Thiessen* Rn. 33; Scholz/*K Schmidt* Nachtrag MoMiG §§ 32a/b aF Rn. 21.

124 BGH ZIP 19, 666 Rn. 63; ZIP 19, 182 Rn 12.

125 Baumbach/Hueck/*Haas* Anh. § 64 Rn. 43; Scholz/*K Schmidt* Nachtrag MoMiG §§ 32a/b aF Rn. 21; Gottwald/*Haas*/*Kolmann*/*Kurz*, Insolvenzrechts-Handbuch, § 90 Rn. 426.

126 Baumbach/Hueck/*Haas* Anh. § 64 Rn. 43; vgl. Roth/*Altmeppen* Rn. 38; zur früheren Rechtslage vgl. BGHZ 81, 317 f.; OLG Hamm DB 86, 2320.

127 Zutr. zur 10-Jahres-Frist bei Besicherungen MKInsO/*Gehrlein* § 135 Rn. 22.

128 BGH ZIP 19, 666 Rn. 63; Baumbach/Hueck/*Haas* Anh. § 64 Rn. 47 a; ebenso Bork/Schäfer/*Thiessen* Rn. 33; Scholz/*Bitter* Anh. § 64 Rn. 87 f.

129 Scholz/*Bitter* Anh. § 64 Rn. 89.

130 *Gehrlein*/Born/Simon Vor § 64 Rn. 306; HambK-InsO/*Schröder*, § 135 Rn. 19; Scholz/*Bitter* Anh. § 64 Rn. 88.

InsO bzw. § 6 AnfG. Dies muss aufgrund der stärkeren Formalisierung der Voraussetzungen auch dann gelten, wenn die neue Finanzierungshilfe vor oder anlässlich des Ausscheidens vereinbart (nicht: gewährt) wurde.[131] Für den Abfindungsanspruch des Ex-Gesellschafters gelten die Sonderregeln jedoch nur dann, wenn insoweit keine **Finanzierungsfunktion** (→ Rn. 107 ff.) besteht.[132]

Hinweis: Insoweit wird die Beratungs- u. Kautelarpraxis genau darauf achten müssen, dass Gesellschafter- u. Kreditgeberstellung zeitlich nicht zusammenfallen.

50 Der vor Insolvenzverfahrenseröffnung ausgeschiedene Gesellschafter (**Ex-Gesellschafter**) unterliegt mit seinen Ansprüchen **aus während der Gesellschafterstellung gewährten Finanzierungshilfen** den insolvenz- u. anfechtungsrechtlichen Regeln **nicht mehr, sobald u. soweit die Anfechtungsfristen des § 135 InsO bzw. § 6 AnfG abgelaufen sind.** Dahinter steht die Wertung, dass derjenige, dessen Forderungen sogar anfechtungsfrei (§ 135 I Nr. 2 InsO nF bzw. § 6 I 1 Nr. 2 AnfG) hätten befriedigt werden können, nicht deshalb schlechter stehen darf, weil sie nach dem Ausscheiden als Gesellschafter nicht zurückgeführt wurden.[133] Diese Wertung gilt entspr. auch iRd § 39 I Nr. 5 InsO. Für den Ex-Gesellschafter tritt somit durch Zeitablauf eine **Enthaftung vom latenten Rückstufungs- u. Anfechtungsrisiko** im Hinblick auf §§ 39, 135 InsO ein. Zur Anfechtung gem. § 133 I InsO s. → Rn. 160. Anders verhält es sich aber, wenn der Ex-Gesellschafter trotz seines Ausscheiden aufgrund vertraglicher Gestaltung (zB atypisch stille Beteiligung) wirtschaftlich einem Gesellschafter entspricht.[134]

51 Umgekehrt bleibt **binnen der Anfechtungsfristen** der Ex-Gesellschafter mit seinem bei Verfahrenseröffnung noch immer offenen Zahlungsanspruch **nachrangiger Insolvenzgläubiger** (§ 39 I Nr. 5 InsO) u. unterliegt bzgl. der während dieses Zeitraums erhaltenen Tilgungs- oder Sicherungsleistungen dem Insolvenzanfechtungsrisiko des § 135 InsO bzw. § 6 AnfG. Lässt sich der Gesellschafter-Kreditgeber somit vor Veräußerung seines Geschäftsanteils das gewährte Darlehen zurückzahlen, besteht ein latentes Anfechtungsrisiko, wenn **binnen eines Jahres** ein Insolvenzantrag über das Vermögen der Gesellschaft gestellt wird (§ 135 I Nr. 2 InsO). Dieser Umstand löste für **M&A-Transaktionen** im Schrifttum erhebliche Verunsicherung

131 Baumbach/Hueck/*Haas* Anh. § 64 Rn. 43; Scholz/*Bitter* Anh. § 64 Rn. 83, 88, Ulmer/*Habersack* Rn. 77 ff.; aA Bork/Schäfer/*Thiessen* Rn. 33.

132 Weitergehend KG ZIP 15, 937; zu Recht einschränkend wie hier Roth/*Altmeppen* Rn. 39.

133 Zust. BGH NZI 12, 199, 200 Rn. 15; NJW 13, 2282 Rn. 23 ff.; ZIP 15, 1130; Baumbach/Hueck/*Haas* Anh. § 64 Rn. 45; Bork/Schäfer/*Thiessen* Rn. 34; vgl. auch Lutter/Hommelhoff/*Kleindiek* Anh. zu § 64 Rn. 142 f.; Roth/*Altmeppen* Rn. 48 ff.; Ulmer/*Habersack* Rn. 77 ff.; Gottwald/*Haas/Kolmann/Kurz*, Insolvenzrechts-Handbuch, § 90 Rn. 429; *Frühl/Wald* NZG 10, 889, 891 ff.; *Gehrlein* BB 08, 846, 850; *Habersack* ZIP 07, 2145, 2149; Goette/*Habersack*, Das MoMiG in Wissenschaft und Praxis, Rn. 5.27; *Goette/Kleindiek* Rn. 241; iErg auch Uhlenbruck/*Hirte,* InsO, § 39 Rn. 46; *Wicke* Rn. 6; abl. *Schäfer* ZInsO 12, 1354, 1355 f.

134 Vgl. OLG Koblenz ZIP 16, 1133; OLG Jena ZIP 16, 1134.

aus[135] u. führte zu der Empfehlung, die **Gesellschafterstellung stets zusammen mit der Forderungsinhaberschaft** – ggf. mit hohen Bewertungsabschlägen[136] – an einen Dritten **zu übertragen.**[137]

Diese Empfehlungen gehen jedoch vermutlich ins Leere, da der BGH den Gesellschafter-Ex-Forderungsinhaber sowie den späteren Forderungsinhaber, dessen Forderung dann befriedigt wird, als **Gesamtschuldner anfechtungsrechtlicher Rückgewähransprüche** betrachtet.[138] So wie die auf Anweisung des Gesellschafters an einen Dritten geleistete Zahlung weiterhin dem Gesellschafter zuzurechnen ist, müsse aus Gründen des **Umgehungsschutzes** bei der maßgeblichen **wirtschaftlichen Betrachtungsweise**[139] die Zurechnung beim Gesellschafter auch dann verbleiben, wenn die Zahlung an den Dritten auf einem Forderungsverkauf mit Forderungsabtretung beruht.[140] Die Zahlung gehe ebenfalls auf eine Willensentschließung des Gesellschafters zur Durchsetzung dessen eigener wirtschaftlicher Interessen zurück. Der Gesellschafter-Ex-Forderungsinhaber soll somit seine Forderung nicht entgg. der gesetzlichen Wertung (§ 39 I Nr. 5 InsO) zum eigenen wirtschaftlichen Vorteil verwerten können. Mit dieser äußerst strengen Rspr. schiebt der BGH Bemühungen einen Riegel vor, dass das Risiko einer wirtschaftlich erfolglosen anfechtungsrechtlichen Rückgewähr beim ebenfalls haftenden tatsächlichen Zahlungsempfänger, der vermögenslos oder prozessual nicht greifbar sein mag, auf die Gläubiger verlagert werden kann.[141] Ferner dürfte im Hintergrund auch die hier (→ Rn. 30) angeführte Anreizfunktion eine Rolle gespielt haben, die als Korrektiv Risikoerhöhungsstrategien zulasten der Gläubiger entgegenwirkt.[142] ISe effizienten Gläubigerschutzes verdient die Entscheidung des BGH trotz dogmatischer Bedenken[143] Zustimmung.[144] 52

Ob sich das Anfechtungsrisiko für den Zedenten (Gesellschafter-Ex-Forderungsinhaber) der Höhe nach auf die tatsächlich für die Forderung (vom Zessionar) erhaltene Gegenleistung beschränkt, erscheint offen, dürfte je- 53

135 *Heckschen* DStR 07, 1442, 1448; *Gehrlein* BB 08, 846, 852; *König/Bormann* DNotZ 08, 652, 665; *Noack* DB 07, 1395, 1398; *Pentz*, VGR Bd. 12 (07), S. 115, zu nicht überzeugenden Heilungsvorschlägen *ders.* in FS Hüffer, 10, S. 747 ff.; 136; *Wälzholz* DStR 07, 1914, 1920.

136 Vgl. *Dahl/Schmitz* NZ 09, 325, 326; *Führ/Wahl* NZG 10, 889, 890; *Schlößer/Klüber* BB 09, 1594, 1598.

137 *Wicke* Rn. 3 a; *Heckschen* DStR 07, 1442, 1448; vgl. auch *Huber* ZIP 10, Beil zu Heft 39, 7, 9; *Wälzholz* DStR 07, 1914, 1920 (zu den steuerrechtlichen Folgen).

138 BGH WM 13, 568 Rn. 28; Bork/Schäfer/*Thiessen* Rn. 44; Gehrlein/Born/Simon/*Kuntz* § 31 Rn. 18; Sernetz/*Haas* Rn. 405; aA Baumbach/Hueck/*Fastrich* 21. Aufl. § 31 Rn. 11; Rowedder/Schmidt-Leithoff/*Pentz* § 31 Rn. 8; *Kebekus/Zenker* FS Wellensiek, 10, S. 475, 487.

139 BGH WM 13, 568 Rn. 31; 12, 843 Rn. 16; 11, 314 Rn. 24.

140 BGH WM 13, 568 Rn. 28 ff.; krit. *Azara* DStR 13, 2280, 2284; abl. Roth/*Altmeppen* Rn. 50.

141 BGH WM 13, 568 Rn. 31.

142 IErg auch *Kleindiek* ZGR 17, 731, 749.

143 Gegen eine Gleichstellung u. Behandlung nach den Grundsätzen der mittelbaren Zuwendung gem. § 135 I InsO *Thole* ZInsO 12, 661, 664 ff.; *Lauster* WM 13, 2155, 2157 f.; *Pentz* GmbHR 13, 393, 402 f.

144 AA Roth/*Altmeppen* Rn. 50.

doch zu verneinen sein.[145] Die zwar aus Anlass eines offensichtlichen Missbrauchsfalls entwickelte, aber hierauf nicht beschränkte Begründung des BGH deutet ferner darauf hin, dass das Anfechtungsrisiko den Zedenten innerhalb der Jahresfrist **auch dann trifft, wenn er gemeinsam mit den Ansprüchen aus Finanzierungshilfe auch seine Beteiligung übertragen** hat.[146] Eine denkbare Gestaltungsempfehlung iR von M&A-Transaktionen mag darin bestehen, vor Anteilsübertragung die Finanzierungshilfen in die Kapitalrücklage gem. § 272 II Nr. 4 HGB einzubringen.[147]

54 Der **Rechtsnachfolger eines Ex-Gesellschafters** im Gesellschaftsanteil hat, wenn er nicht auch die Ansprüche aus Finanzierungshilfen dieses Ex-Gesellschafters erwirbt, mit diesen Ansprüchen nichts zu tun.

55 Für den **Zessionar** gilt somit: Wer **auch (oder nur) von einem Gesellschafter dessen Forderungen aus einer Finanzierungshilfe erwirbt**, sieht sich den insolvenz- u. anfechtungsrechtlichen Risiken ausgesetzt, die latent u. iRd sich aus § 135 InsO bzw. § 6 AnfG ergebenden Fristen mit der Inhaberschaft der Forderung durch einen Gesellschafter verknüpft sind (**§§ 404, 412 BGB (analog); str**).[148] Die Möglichkeit eines gutgläubigen einredefreien Erwerbs besteht für den Zessionar nicht.[149] In diesem Rahmen droht also im Insolvenzfalle die Nachrangigkeit offener Forderungen bzw. die An-

145 BGH WM 13, 568, geht auf eine solche Beschränkung nicht ein, obgleich der Zedent vom Zessionar weniger erhalten hatte als der Zessionar von der Gesellschaft.

146 Ebenso Baumbach/Hueck/*Haas* Anh. § 64 Rn. 47 b; HeidelbergerKommInsO/*Kleindiek,* § 39 Rn. 44; Rowedder/Schmidt-Leithoff/*Görner* Rn. 64; Ulmer/*Habersack* Rn. 80; *Mairose* RNotZ 15, 9, 13 f.; *Primozic* NJW 16, 679, 680; aA Roth/*Altmeppen* Rn. 48;) *Lauster* WM 13, 2155, 2185; umfassend *Heckschen/Kreusslein* RNotZ 16, 351, 355 f.

147 Vgl. hierzu *Greven* BB 14, 2309; *Heckschen/Kreusslein* RNotZ 16, 351, 355 f.; *Mairose* RNotZ 15, 9, 15 f.; *Primozic* NJW 16, 679; *Reinhard/Schützler* ZIP 13, 1898, 1901 ff.; *Lauster* WM 13, 2155, 2159 f.; *Schniepp/Hensel* DB 15, 479.

148 BGH ZIP 13, 582 Rn. 24; OLG Stuttgart NZI 12, 324, 325 f.; Bork/Schäfer/*Thiessen* Rn. 43; HeidelbergerKommInsO/*Kleindiek,* § 39 Rn. 43; Lutter/Hommelhoff/*ders.* Anh. zu § 64 Rn. 119; ebenso HambK-*Schröder,* § 135 Rn. 19; Roth/*Altmeppen* Rn. 48 ff.; Scholz/*K Schmidt* Nachtrag MoMiG §§ 32a/b aF Rn. 23; Ulmer/*Habersack* Rn. 77; *Wicke* Rn. 6; *Gehrlein*, Der Konzern 07, 771, 787; *ders.* BB 08, 846, 850; *ders.* BB 11, 3, 6; *Früh/Wahl* NZG 10, 889, 891 ff.; *Habersack* ZIP 07, 2145, 2149; *ders.*, in Goette/*Habersack*, Das MoMiG in Wissenschaft und Praxis, Rn. 5.26; weitergehend *Huber* ZIP 10, Beil zu Heft 39, 7, 9; *Schäfer* ZInsO 10, 1311, 1314; abw. Begründung Scholz/*Bitter* Anh. § 64 Rn. 75: aufgrund Wertung des § 135 I Nr. 2 InsO; krit. *Thole* ZInsO 12, 661, 662; schon zum früheren Recht BGHZ 166, 125; 104, 33, 43; NJW 08, 1153 (zur Abtretung künftiger Forderungen); aA Baumbach/Hueck/*Haas* Anh. § 64 Rn. 47 (gegen Anwendung des § 404 BGB, aber für Heranziehung des Umgehungsschutzes); Gottwald/*Haas/Hossfeld*, Insolvenzrechts-Handbuch, 4. Aufl., § 92 Rn. 372 (Zahlungen an Rechtsnachfolger als mittelbare Zahlung an den Gesellschafter anfechtbar gem. § 135 I Nr. 2 InsO nF); ebenso *Haas/Vogel* NZW 11, 455, 458; dem folgend BankenK-InsO/*Zenker*, § 39 Rn. 42 ff.; *Heckschen/Kreusslein* RNotZ 16, 351 (353); *Kebekus/ders.* FS Wellensiek, 11, S. 475, 485 ff. (Anfechtung ggü Zedenten); HambK-InsO/*Lüdtke* § 39 Rn. 35; umfassend mit Diskussion der verschiedenen Lösungsansätze *Jungclaus*, Die Abtretung des Anspruchs auf Rückzahlung eines Gesellschafterdarlehens unter der Geltung des MoMiG; *Schönfelder* WM 09, 1401, 1403.

149 BGH WM 13, 568 Rn. 24; vgl. auch Begr. RegE MoMiG BT-Drs. 16/6140, S. 56; Uhlenbruck/*Hirte*, InsO § 39 Rn. 46; *Haas* ZInsO 07, 617, 626.

fechtbarkeit erhaltener Sicherungs- oder Tilgungsleistungen,[150] u. zwar uU sogar im Hinblick auf Leistungen an den Gesellschafter als Rechtsvorgänger (§ 145 II Nr. 1 InsO; s. → Rn. 52). Dieses **Risiko endet** entspr. § 135 InsO bzw. § 6 AnfG erst **mit dem Ablauf der dort genannten Fristen.**[151] **Andernfalls** wäre es ein Leichtes, die Sonderregeln für Gesellschafterfinanzierungen durch Forderungsabtretung zu **umgehen.**

c) Die öffentliche Hand als Gesellschafter. Auch die **öffentliche Hand** kann Gesellschafter sein, etwa zur Verfolgung öffentlicher Zwecke.[152] Deren Finanzierungsleistungen können (verbotene) **Beihilfen iSv Art. 106, 107 AEUV** (ex-Art. 87, 88 EGV) darstellen.[153] Sie muss der jeweilige Mitgliedstaat unverzüglich zurückverlangen, um Wettbewerbsverzerrungen zu vermeiden, notfalls durch Liquidation des Beihilfeempfängers.[154] Das **europäische Beihilferecht** stellt ggü. dem früheren Eigenkapitalersatzrecht u. den nunmehrigen Sonderregeln **vorrangiges Recht** dar.[155] Der BGH hatte zur früheren Rechtslage entschieden, dass es auch eine Wettbewerbsverzerrung darstelle, wenn die Gesellschafterforderung nachrangig sei iSv § 39 I Nr. 5 InsO aF Die **Finanzierungshilfe** soll daher eine **einfache Insolvenzforderung im Rang des § 38 InsO** sein.[156] Dies führt zu dem kuriosen Ergebnis, dass der staatliche Gesellschafter-Kreditgeber damit besser dasteht als andere Gesellschafter-Kreditgeber. Die Anfechtungstatbestände der §§ 129 ff. InsO gelten gleichwohl auch weiterhin.[157] Die erfolgreiche Insolvenzanfechtung bewirkt dann letztlich eine Erhöhung der Befriedigungsquote der Insolvenzgläubiger im Rang des § 38 InsO. Die Gegenansicht meint, dass der erforderlichen Beseitigung einer Wettbewerbsverzerrung bereits dadurch Genüge getan sei, dass der jeweilige Beihilfeempfänger infolge der Insolvenz seine Geschäftstätigkeit beendet. IÜ könnte es jedoch bei der Anwendung der Sonderregeln (va § 39 I Nr. 5 InsO) bleiben.[158] Zu § 18 FMStBG s. → Rn. 102. 56

150 BGH WM 13, 568 Rn. 27; so schon zur früheren Rechtslage WM 81, 1270.

151 BGH WM 13, 568 Rn. 25, 27; 12, 78 Rn. 14 ff.; Bork/Schäfer/*Thiessen* Rn. 43; HeidelbergerKommInsO/*Kleindiek*, § 39 Rn. 42; HambK-InsO/*Schröder*, § 135 Rn. 19; iErg zust. Roth/*Altmeppen* Rn. 50; Scholz/*K Schmidt* Nachtrag MoMiG §§ 32a/b aF Rn. 23 („gute Gründe"); Uhlenbruck/*Hirte*, InsO § 39 Rn. 46; *Habersack* ZIP 07, 2145, 2149; *Schlößer*/*Klüber* BB 09, 1594, 1597; zurückhaltend *K Schmidt* ZIP 10, Beil zu Heft 39, 15, 22 f.

152 BGHZ 105, 175; OLG Brandenburg ZIP 06, 184 (Kreissparkasse als mittelbarer Gesellschafter wegen Beteiligung des Landkreises); vgl. *Habersack* ZIP 08, 2385 ff.

153 Entscheidung der EU-Kommission v. 21.6.00 – CDA (Thüringen), ABlEG Nr. L 318 v. 16.12.00, S. 62.

154 EuGH Slg 86, 89; Slg 1990, I-959, 1018 f.; ZIP 04, 1013, 1019; BGHZ 173, 129.

155 Zum früheren Recht BGHZ 173, 129 Rn. 20 ff.; zust. *Kiethe* ZIP 07, 1248; *Neuhof* ZIP 07, 2153.

156 BGHZ 173, 103 Rn. 24 ff.; Ulmer/*Habersack* Rn. 39.

157 BGHZ 173, 129 Rn. 43 ff.

158 BankenK-InsO/*Zenker*, § 39 Rn. 46; Graf-Schlicker/*Neußner* § 39 Rn. 37 u. § 135 Rn. 7; Kübler/Prütting/Bork/*Preuß*, InsO, § 39 Rn. 51; Roth/*Altmeppen* Rn. 43; Uhlenbruck/*Hirte*, InsO, § 39 Rn. 51.

3. Dem Gesellschafter gleichgestellter Dritter

57 a) **Allgemeines.** § 32 a III 1 aF regelte die Erweiterung des persönlichen Anwendungsbereichs der Eigenkapitalersatz-Novellenregeln ausdrücklich für Dritte, die den unmittelbaren Gesellschaftern gleichstehen. Der Wortlaut des § 39 I Nr. 5 InsO nF lässt diese Deutlichkeit vermissen. Unzweifelhaft ergibt sich jedoch aus den Gesetzgebungsmaterialien[159] zum MoMiG, dass auch künftig **zum Schutz vor Umgehungen** eine **Ausdehnung auf Dritte** erfolgen soll, **deren Finanzierungshilfe wirtschaftlich derjenigen eines Gesellschafters entspricht.**[160]

58 **Abzugrenzen** ist die Erstreckung auf gesellschaftergleiche Dritte von solchen Krediten, die ein außenstehender Dritter gewährt bzw. für deren Rückzahlung ein **Gesellschafter Sicherheit leistet**. Insoweit hat der Gesetzgeber mit den §§ 44 a, 135 II, 143 III InsO nF eigene Regelungen geschaffen (→ Rn. 172 ff.). Diese Vorschriften sind auch dann einschlägig, wenn die Sicherheit ein einem Gesellschafter wirtschaftlich gleichzustellender Dritter gewährt hat. Zu den auf einen Dritten übergegangenen **Ansprüchen aus einer Gesellschafter-Fremdfinanzierung** → Rn. 47 ff.

59 Eine Erstreckung des persönlichen Anwendungsbereichs auf Dritte kommt in Betracht, weil – bei wirtschaftlicher Betrachtung[161] – entweder der **Gesellschafter der Darlehensgeber** oder der **Dritte Gesellschafter** ist.[162] Über die **wirtschaftliche Betrachtungsweise**[163] kann iR einer Gesamtschau[164] die **fehlende formale Doppelstellung als Kreditgeber u. Gesellschafter überwunden** werden. Die Kriterien für eine solche wirtschaftliche Betrachtungsweise sind schon unter dem alten Recht (§ 32 a III aF) umstritten gewesen u. spiegelten letztlich die Unklarheiten über die tragenden Grundlagen des Eigenkapitalersatzrechts wider. Dies setzt sich auch unter dem neuen Recht fort. Bisherige Erkenntnisse sind mit der hM[165] sicherlich weitgehend, je-

---

159 Begr. RegE MoMiG BT-Drs. 16/6140, S. 56.

160 BGH NZI 19, 591 Rn. 10; NZI 19, 169 Rn. 7; NZI 15, 331 Rn. 46; NJW 13, 2282 Rn. 11; ZIP 11, 575 Rn. 10; Baumbach/Hueck/*Haas* Anh. § 64 Rn. 56; Lutter/Hommelhoff/*Kleindiek* Anh. zu § 64 Rn. 144; Roth/*Altmeppen* Rn. 37; Scholz/*K Schmidt* Nachtrag MoMiG §§ 32a/b aF Rn. 22; *Wicke* Rn. 8; *Blöse* GmbHR Sonderheft MoMiG 08, S. 71, 73; *Bork* ZGR 07, 250, 254; *Gehrlein*, Der Konzern 07, 771, 787; *ders.* BB 08, 846, 850; *ders.* BB 11, 3, 6; *Habersack* ZIP 07, 2145, 2148; *ders.* ZIP 08, 2383, 2398 (jeweils restriktiver im Vergleich zum früheren Recht); Ulmer/*ders.* Rn. 81 ff.; *Mock* DStR 08, 1645, 1646; *J Roth* GmbHR 08, 1184, 1185; *Schröder/Grau* ZInsO 07, 353, 354; *Triebel/Otte* ZIP 06, 1321, 1324; aA *Wälzholz* DStR 07, 1914, 1918; *Kammeter/Geißelmeier* NZI 07, 214, 218.

161 Dazu Baumbach/Hueck/*Fastrich* 21. Aufl. Rn. 35.

162 Gottwald/*Haas/Kolmann/Kurz*, Insolvenzrechts-Handbuch, § 90 Rn. 446.

163 Bestätigt durch BGH WM 13, 568 Rn. 31; 12, 843 Rn. 16; 11, 314 Rn. 24; 09, 1798 Rn. 16.

164 Scholz/*Bitter* Anh. § 64 Rn. 253.

165 BGH WM 11, 563 Rn. 10; 12, 1874 Rn. 11; 13, 568 Rn. 11 f. („Leitbildfunktion" bzgl. der Novellenregeln); OLG Köln ZIP 11, 2208, 2209 f.; LG Hagen ZIP 12, 642, 643; Bork/Schäfer/*Thiessen* Rn. 37; Rowedder/Schmidt-Leithoff/*Görner* Rn. 68 ff.; Uhlenbruck/*Hirte*, InsO, § 39 Rn. 40 ff.; *Gehrlein* BB 08, 846, 850.

doch nicht uneingeschränkt u. unbesehen übertragbar, da sich mit dem MoMiG die dogmatischen Grundlagen geändert haben.[166]

Der Gesetzgeber betrachtet das Darlehen eines Gesellschafters als den Archetypen seiner Sonderregeln. In persönlicher Hinsicht will er sie ausgedehnt wissen auf die Finanzierungshilfe desjenigen, der mit einem Gesellschafter einer Gesellschaft ohne natürlichen Vollhafter wirtschaftlich vergleichbar ist. **Vergleichbarkeit** lässt sich nur beurteilen, wenn die maßgeblichen Kriterien feststehen, also diejenigen **Aspekte, die eine Gesellschaftereigenschaft ausmachen.** Freilich erscheint insoweit nur eine **typisierende Betrachtung** möglich. Kennzeichnend für einen Gesellschafter sind rechtsformübergreifend zwei zentrale Aspekte: Einerseits ist der Gesellschafter **mit Risikokapital am Unternehmen beteiligt,** weil er selbst oder sein Rechtsvorgänger im Gesellschaftsanteil eine Einlage in das Gesellschaftsvermögen erbracht hat u. sich hierdurch unternehmerisch betätigt. Risikokapital meint dabei, dass diese Einlage im Fall des Misserfolgs des Unternehmens, also bei Verlusten, aufgebraucht werden kann; komplementär partizipiert der Gesellschafter aber auch in Form einer Gewinnbeteiligung am wirtschaftlichen Erfolg des Unternehmens. Andererseits liegt es in der originären Zuständigkeit des Gesellschafters, insbes. durch Ausübung von Stimmrechten in Gesellschafterversammlungen **an der Willensbildung der Gesellschaft teilzuhaben** u. auf diese Weise ihre Geschicke zu beeinflussen.[167] 60

Dass allein Einflussnahme auf Geschäftsführung für die Vergleichbarkeit mit einem Gesellschafter nicht ausreichen kann, zeigt sich schon daran, dass weder der Fremdvorstand einer AG noch der Fremdgeschäftsführer einer GmbH in dieser Eigenschaft als Darlehensgeber in den persönlichen Anwendungsbereich einbezogen sind.[168] Die **Teilhabe am Unternehmens(miss)erfolg iS unternehmerischer Betätigung (Risikokapital)** hat somit das **größere Gewicht** der beiden Aspekte.[169] Unternehmerisch betätigt sich aber **noch nicht** derjenige, der durch Einflussnahme seine **Interessen als Kreditgeber** stärkt (vgl. auch § 18 KWG für professionelle Kreditgeber).[170] Er kann einem Gesellschafter nicht gleichgestellt sein, denn diesem geht es darum, durch seine Finanzierungshilfe seine unternehmerische Be- 61

166 Offenlassend BGH DB 11, 699, 700 Rn. 11; iErg aber BGH NZI 15, 331 Rn. 39; NZG 13, 1036 Rn. 23; Baumbach/Hueck/*Haas* Anh. § 64 Rn. 56; Lutter/Hommelhoff/*Kleindiek* Anh. zu § 64 Rn. 145; vgl. auch *Kuna* GmbHR 16, 284 (288); *Habersack* ZIP 07, 2145, 2149; *Haas* ZInsO 07, 617, 620; für weitergehende Ausdehnung der bisherigen Erkenntnisse *Goette* WPg 08, 326; *ders.* Einführung in das neue GmbH-Recht, Rn. 8 (§ 138 InsO als denkbarer Zurechnungsgrund); aA *Keller/Schulz* FS Spiegelberger, 09, S. 761, 766 ff.

167 Ähnlich *Herwig*, S. 153 ff., der die Mitwirkungs- und Vermögensrechte des Gesellschafters herausstellt. – Die Bedeutung des Einflusses auf die Geschicke der Gesellschaft ebenfalls betonend BGH ZIP 19, 1577 Rn 25.

168 Baumbach/Hueck/*Haas* Anh. § 64 Rn. 57.

169 BGH NZG 12, 1103 Rn. 17 f.; OLG Frankfurt NZI 18, 887, 889; Baumbach/Hueck/*Haas* Anh. § 64 Rn. 57; Gottwald/*Haas/Kolmann/Kurz*, Insolvenzrechts-Handbuch, § 90 Rn. 442; Ulmer/*Habersack* Rn. 91; zust. BankenK-InsO/*Zenker*, § 39 Rn. 56; Scholz/*Bitter* Anh. § 64 Rn. 253; wohl aA Bork/Schäfer/*Thiessen* Rn. 37; *Breidenstein* ZInsO 10, 273, 276.

170 Vgl. OLG Frankfurt NZI 18, 887, 889 f.; *Haas/Kolmann/Kurz*, Insolvenzrechts-Handbuch, § 90 Rn. 455.

teiligung an der Gesellschaft zu stärken. Hierin liegt das wesentliche Unterscheidungsmerkmal.[171] Ferner lässt sich danach differenzieren, ob bei wirtschaftlicher Betrachtung ein Gesellschafter der Darlehensgeber ist oder umgekehrt.[172] Zu **verbundenen Unternehmen** u. zum **Zurechnungskriterium der „wirtschaftlichen Einheit“** s. → Rn. 69 ff.

62 **b) Wirtschaftlich ist ein Gesellschafter der Darlehensgeber. aa) Mittel aus Vermögen eines Gesellschafters, Handeln für Rechnung eines Gesellschafters.** Mit dieser Kategorie lassen sich insbes. **Umgehungsfälle**[173] erfassen, bei denen die der Gesellschaft zur Verfügung gestellten Mittel letztlich aus dem Vermögen des formalen Gesellschafters stammen. So verhält es sich etwa bei bewusst **vom Gesellschafter zum Zwecke der Weiterleitung an die Gesellschaft überlassenen Mitteln;** aber auch, wenn die Finanzierungshilfe vom Komplementär einer Gesellschafterin stammt, da der Komplementär ggü. der Gesellschafterin einen Regressanspruch hat (§§ 110, 161 II HGB).[174] Denn dann hat der Dritte aus der Sicht der Finanzierungs-Sonderregeln im Verhältnis zu dem formalen Gesellschafter die Stellung eines **Strohmanns, Zahlungsmittlers, mittelbaren Stellvertreters**[175] bzw. einer **Geheißperson.**[176] Ebenso verhält es sich in Bezug auf denjenigen, der **auf Rechnung eines Gesellschafters** oder eines ihm gleichgestellten Dritten eine Finanzierungshilfe erbringt. Die Sonderregeln gelten auch für ihn.[177] Einen echten Umgehungsfall stellt wegen der internen Regressmöglichkeit (§§ 110, 161 II HGB) ferner die Finanzierung durch den Gesellschafter einer Komplementär-GmbH dar, der zugleich Kommanditist einer GmbH & Co KG ist.[178]

63 **bb) Familienmitglieder, nahe Angehörige.** Von Familienangehörigen (Ehegatten, Abkömmlinge, Geschwister) gewährte Finanzierungshilfen stehen **nicht schon aufgrund des Angehörigenverhältnisses** einer Gesellschafterhilfe gleich.[179] Dies wäre mit **Art. 6 GG kaum** zu vereinbaren. **Anders** verhält es sich aber, wenn die entspr. Finanzierungsmittel **aus dem Vermögen eines**

---

171 OLG Köln DB 09, 609, 610 (zur stillen Beteiligung); Baumbach/Hueck/*Haas* Anh. § 64 Rn. 57; Bork/Schäfer/*Thiessen* Rn. 40; Ulmer/*Habersack* Rn. 91; *Wicke* Rn. 8; *Habersack* ZGR 00, 384, 396; *ders.* ZIP 07, 2145, 2148; *Huber* FS Priester, 07, S. 259, 280.

172 BGHZ 127, 336; NJW 00, 3278; ZIP 91, 366.

173 Eingehend *Pentz* FS Hüffer, 10, S. 747, 768 ff.

174 BGH ZIP 97, 115 f.; DStR 99, 510.

175 Baumbach/Hueck/*Haas* Anh. § 64 Rn. 41; Lutter/Hommelhoff/*Kleindiek* Anh. zu § 64 Rn. 146; Ulmer/*Habersack* Rn. 83.

176 Gottwald/*Haas*/*Kolmann*/*Kurz*, Insolvenzrechts-Handbuch, § 90 Rn. 448; zum früheren Recht BGH ZIP 97, 115, 116; 94, 1934, 1939; 91, 366 f.; Rowedder/Schmidt-Leithoff/*Pentz* 4. Aufl. § 32 a Rn. 74.

177 Baumbach/Hueck/*Fastrich* 21. Aufl. Rn. 35, 39; Michalski/*Dahl* Anh. II §§ 32 a, 32 b aF Rn. 12; *Habersack* ZIP 08, 2385, 2389; Goette/*Habersack*, Das MoMiG in Wissenschaft und Praxis, Rn. 5.23; *Huber* FS Priester, 07, S. 259, 280.

178 BGH ZIP 97, 115 f.; Bork/Schäfer/*Thiessen* Rn. 38; Scholz/*K Schmidt* Nachtrag MoMiG §§ 32a/b aF Rn. 89 f.

179 BGH ZIP 13, 2400 Rn. 18; DB 11, 699, 702 Rn. 23 ff.; NZG 09, 782, 783; NJW 99, 2123, 2125; 95, 330; 93, 2180; Baumbach/Hueck/*Fastrich* 21. Aufl. Rn. 40; v. Gerkan/Hommelhoff/*Johlke*/*Schröder* Rn. 5.36 f.; Gottwald/*Haas*/*Kolmann*/*Kurz*, Insolvenzrechts-Handbuch, § 90 Rn. 458.

Gesellschafters stammen[180] oder der Angehörige für eine bevorschusste Leistung einen **Ausgleichsanspruch im Verhältnis zum Gesellschafter** hat.[181] Entspr. muss gelten, wenn der Angehörige die Mittel für den Gesellschafter vorübergehend vorschießt.[182] Nur in seltenen Fällen u. bei konkreten Hinweisen kommt insoweit ein Anscheinsbeweis[183] bzw. die Anwendung der Grundsätze über die sekundäre Behauptungslast in Betracht;[184] für eine generelle Beweislastumkehr aufgrund des Angehörigenverhältnisses gibt es keine gesetzliche Grundlage.[185] Dass die Darlehenskonditionen einem Fremdvergleich nicht standhalten, vermag allein noch nicht genügen.[186] Ebenso wenig stellt das **Verwandschaftsverhältnis** eine Vermutung dar oder gestattet eine Beweiserleichterung dafür, dass der Verwandte den Gesellschaftsanteil treuhänderisch für den Kreditgeber hält.[187] Ferner darf **der Katalog des § 138 II InsO** nicht in den § 135 InsO bzw. § 39 I Nr. 5 InsO hineingelesen werden.[188]

cc) Treuhand, Treugeber. Der **Treuhänder** ist **formal Gesellschafter** u. bereits deshalb unmittelbarer Adressat der Sonderregeln. Sein Handeln wirkt sich aber unmittelbar auf die Gesellschaftsbeteiligung, welche er für den Treugeber hält, aus. Grds. kann dieser dem Treuhänder Weisungen erteilen (§§ 670, 667 BGB). Der **Treugeber steht** daher einem **Gesellschafter gleich,**[189] so dass von ihm stammende Finanzierungshilfen, also bei einer wirtschaftlichen Doppelrolle als Gesellschafter u. Darlehensgeber,[190] ebenfalls den Sonderregeln unterfallen. Dies gilt nach hM jedenfalls für die **eigennützige Treuhand.**[191] Aber im Falle der **fremdnützigen Treuhand** greift 64

180 BGH NJW 11, 1503 Rn. 19; NZG 11, 667 Rn. 15; Baumbach/Hueck/*Fastrich* 21. Aufl. Rn. 40.
181 OLG Schleswig ZIP 07, 1217, 1219.
182 BGH NJW 95, 326, 330; 00, 3278; Baumbach/Hueck/*Fastrich* 21. Aufl. Rn. 40.
183 BGH NJW 11, 1503 Rn. 25.
184 BGH NZG 09, 782 Rn. 8 (restriktiv); GmbHR 91, 155; bedenklich KG GmbHR 04, 1334; vgl. auch *Gehrlein* BB 08, 846, 850.
185 § 32 a VI RegE zur GmbH-Novelle 1980 (vgl. BT-Drs. 8/1347, S. 10) wurde nicht Gesetz.
186 BGH NJW 11, 1503 Rn. 25; Baumbach/Hueck/*Fastrich* 21. Aufl. Rn. 40; aA KG GmbHR 04, 1334.
187 BGH ZIP 13, 2400 Rn. 18; DB 11, 699 Rn. 23 ff.; NZG 09, 782, 783; Gottwald/*Haas/Kolmann/Kurz*, Insolvenzrechts-Handbuch, § 90 Rn. 458; für ein „mehr oder weniger gewichtiges Indiz" hingg. BankenK-InsO/*Zenker*, § 39 Rn. 59.
188 BGH ZIP 11, 575 Rn. 14 ff.; BankenK-InsO/*Zenker*, § 39 Rn. 56; vgl. auch Scholz/*Bitter* Anh. § 64 Rn. 283; anders *Thole* ZInsO 11, 1425, 1432; Bork/Schäfer/*Thiessen* Rn. 41 f.; vgl. zum Gesetzgebungsverfahren *ders.* ZIP 07, 253, 258; gegen eine Ausdehnung auch *Habersack* ZIP 07, 2145, 2148; krit. *Spliedt* EWiR 11, 285, 286.
189 Baumbach/Hueck/*Haas* Anh. § 64 Rn. 62; Ulmer/*Habersack* Rn. 93; Gottwald/*Haas/Kolmann/Kurz*, Insolvenzrechts-Handbuch, § 90 Rn. 454; *Gehrlein*/Born/Simon Vor § 64 Rn. 304; *ders.* BB 08, 846, 850; Scholz/*Bitter* Anh. § 64 Rn. 266; *Habersack* ZIP 08, 2385, 2387; *Obermüller* ZInsO 17, 134, 136; zum früheren Recht BGHZ 31, 258; 95, 188, 193; ZIP 89, 93, 94; 90, 1593; 91, 366; DStR 99, 1409; Roth/*Altmeppen* Rn. 51; v. Gerkan/Hommelhoff/*Johlke*/*Schröder* Rn. 5.10 ff.; einschränkend für besondere Fallkonstellationen OLG Hamburg WM 97, 1846.
190 Umfassend zu den Treuhandfällen Scholz/*Bitter* Anh. § 64 Rn. 258 ff.
191 BGHZ 105, 174; NJW 91, 1058 f.; Baumbach/Hueck/*Haas* Anh. § 64 Rn. 62; einschränkend für Kreditgeber-Treugeber bei der doppelnützigen Treuhand *Budde* ZInsO 11, 1373, 1377.

der Normzweck der Sonderregeln typischerweise nicht, dh der Treuhänder wird die Rückzahlung seiner Finanzierungshilfe nicht durch Risikoerhöhungsstrategien erhöhen, im Gegenteil; zudem gebührt ein etwaiger Gewinn zumindest bei der Verwaltungstreuhand dem Treugeber (vgl. § 667 BGB).[192] Folglich liegt bei der fremdnützigen Treuhand eine teleologische Reduktion der Sonderregeln nahe.[193] Die Begleitung von Börsengängen macht die erstzeichnende, für die spätere Platzierung der Aktien am Kapitalmarkt zuständige Investmentbank deshalb noch nicht zu einem Adressaten der Sonderregeln, auch wenn sie der Gesellschaft Darlehen gewährt hat.[194] Der Nachweis einer Treuhandschaft fällt in der Praxis gelegentlich schwer.[195]

65 c) **Wirtschaftlich ist der Darlehensgeber der Gesellschafter. aa) Nießbraucher, Pfandrechtsinhaber.** Weder der Nießbraucher noch der Inhaber eines Pfandrechts an einem Gesellschaftsanteil sind formal Gesellschafter. Ob der **Nießbraucher am Gesellschaftsanteil** wirtschaftlich einem Gesellschafter gleichsteht, lässt sich nicht generell, sondern nur im **Einzelfall** entscheiden.[196] Grds. hat jeder Nießbraucher Einflussrechte.[197] Die **hM** geht jedoch nicht so weit, pauschal jeden Nießbraucher als mit einem Gesellschafter vergleichbar anzusehen.[198] Anders soll es sich verhalten, wenn der Nießbraucher **aufgrund einer besonderen Vereinbarung** einem Gesellschafter ähnl u. ggf. über diesen durch **Kontroll- u. Mitsprachebefugnisse** Einfluss auf die Geschicke der Gesellschaft ausüben kann.[199] Die **Gegenansicht** stellt zu Recht differenzierend (→ Rn. 61) darauf ab, in welchem Umfang im Einzelfall der **Gedanke der wirtschaftlichen Teilhabe (Risikokapital)** im Vordergrund steht.[200] Da das Stammrecht beim Besteller verbleibt, dürfte allein die vorübergehende Gewährung der Nutznießung am Gesellschaftsanteil nicht für eine Gleichstellung mit einem Gesellschafter ausreichen. Die vorstehenden Entscheidungskriterien, also eine Einzelfallbetrachtung danach, inwieweit die **Einflussnahme auf unternehmerischen anstelle von Kreditgeber-Interessen beruht**, gelten entspr. auch für den **Pfandrechtsinhaber** an einem Gesellschaftsanteil, bei dem es typischerweise um Kredit-

192 Scholz/*Bitter* Anh. § 64 Rn. 272 mwN.
193 Hierfür Scholz/*Bitter* Anh. § 64 Rn. 275; vgl. auch Baumbach/Hueck/*Haas* Anh. § 64 Rn. 38; Ulmer/*Habersack* Rn. 75.
194 Scholz/*Bitter* Anh. § 64 Rn. 275; *Schönfelder* WM 09, 1401, 1404; aA *Obermüller/Kuder* FS Görg, 10, S. 335, 344.
195 Zur Beweislast für Wegfall der Treuhandschaft vor Darlehensgewährung BGH NJW 89, 1219.
196 Baumbach/Hueck/*Haas* Anh. § 64 Rn. 63; HeidelbergerKommInsO/*Kleindiek* § 39 Rn. 52; Ulmer/*Habersack* Rn. 95.
197 Roth/*Altmeppen* Rn. 82; *Schön* ZHR 158 (94), 229 ff.
198 BGH WM 11, 1371 (zur Rechtslage vor MoMiG mit Darstellung des Meinungsstands); Baumbach/Hueck/*Haas* Anh. § 64 Rn. 63; *K. Schmidt* ZIP 81, 690.
199 *Wicke* § 30 Rn. 27; *Bayer/Graff* DStR 07, 1654, 1659; *Gehrlein* BB 08, 846, 849; *Knof* ZInsO 07, 125, 127; zum früheren Recht *Lutter/Hommelhoff* 16. Aufl., §§ 32a/b Rn. 54; aA *Freitag* WM 07, 1681 f.; *Habersack* ZIP 07, 2145, 2148 f.
200 IdS Baumbach/Hueck/*Fastrich* 20. Aufl. Rn. 46; ohne diese Differenzierung, aber iErg ebenso *Wicke* Rn. 8; *Gehrlein* BB 08, 846, 850; *Habersack* ZIP 07, 2145, 2148 f.; zurückhaltend für allein vorübergehende Überlassung der Nutznießung Roth/*Altmeppen* Rn. 82; wohl auch BGH ZIP 11, 1411, 1412 Rn. 4 f. (im konkreten Fall Entsprechung bejahend).

geber-Interessen geht.[201] Nach hier vertretener Ansicht liegt damit eine Anwendung der Sonderregeln bei Pfandrechtsinhabern eher fern.[202] Die früher hM stellte hingg. auf die bloße Einflussnahme auf die Geschicke der Gesellschaft ab.[203]

bb) Unterbeteiligter. Nur bei entspr. Ausgestaltung des Beteiligungsvertrages, die dem Unterbeteiligten **Einfluss auf die Geschicke der Gesellschaft** gewährt u. ihn **bei wirtschaftlicher Betrachtung** zum **Mitgesellschafter** macht, steht der Unterbeteiligte ausnahmsweise einem Gesellschafter gleich.[204] 66

cc) Stiller Gesellschafter. Der nicht zugleich formale Gesellschafter (zur stillen Beteiligung des formalen Gesellschafters s. → Rn. 120) steht als **still Beteiligter** jedenfalls dann einem Gesellschafter wirtschaftlich gleich, wenn er in Abweichung vom gesetzestypischen (vgl. §§ 230 ff. HGB) stillen Gesellschafter (als **atypisch still Beteiligter**)[205] **an Vermögen u. Ertrag**[206] **der Gesellschaft beteiligt** ist (Var 1) u. seine stille Beteiligung deshalb wie Risikokapital qualifiziert werden kann.[207] Entgg. der hM sollte es nur auf diese Qualifikation ankommen.[208] Dabei ist dem von der Rspr. aufgezeigten rechtsformspezifischen Ansatz[209] zu folgen, wonach bezogen auf die konkrete Gesellschaftsform festzustellen ist, ob die Position des atypisch still Beteiligten derjenigen eines „echten" Gesellschafters angenähert ist oder 67

---

201 Baumbach/Hueck/*Haas* Anh. § 64 Rn. 63 f., der allerdings maßgeblich auf Einwirkungsmöglichkeit auf Willensbildung abstellt; HeidelbergerKommInsO/*Kleindiek*, § 39 Rn. 52; HambK-InsO/*Lüdtke*, § 39 Rn. 41; iE wohl auch Roth/*Altmeppen* Rn. 80, wonach bloße Einflussnahme nicht genügen kann; Goette/*Habersack*, Das MoMiG in Wissenschaft und Praxis, Rn. 5.24; *ders.* ZIP 07, 2145, 2148 f. Vgl. ferner Lutter/Hommelhoff/*Kleindiek* Anh. zu § 64 Rn. 151; Rowedder/Schmidt-Leithoff/*Görner* Rn. 70; *Wicke* Rn. 8; Gottwald/*Haas/Kolmann/Kurz*, Insolvenzrechts-Handbuch, § 90 Rn. 455 (atypischer Pfandgläubiger); *Gehrlein*, Der Konzern 07, 771, 787; *ders.* BB 08, 846, 850; *Hirte* WM 08, 1429, 1431.

202 AA etwa Rowedder/Schmidt-Leithoff/*Görner* Rn. 70 bei Mglkt der Mitbestimmung der Geschicke der Gesellschaft.

203 BGHZ 119, 191, 195; *Lutter/Hommelhoff*, 16. Aufl., §§ 32a/b Rn. 54; v. Gerkan/Hommelhoff/*Johlke/Schröder* Rn. 5.27 ff.

204 Baumbach/Hueck/*Haas* Anh. § 64 Rn. 66; Lutter/Hommelhoff/*Kleindiek* Anh. zu § 64 Rn. 150; Ulmer/*Habersack* Rn. 95; Gottwald/*Haas/Kolmann/Kurz*, Insolvenzrechts-Handbuch, § 90 Rn. 456; zur früheren Rechtslage OLG Celle NZG 99, 75, 76; Michalski/*Heidinger* §§ 32 a, 32 b Rn. 195; Scholz/*K Schmidt*, 10. Aufl., §§ 32a/b Rn. 152.

205 Zur Variantenvielfalt bei atypisch stillen Gesellschaften vgl. Scholz/*Bitter* Anh. § 64 Rn. 294; umfassend *Bitter* ZIP 19, 146 ff.

206 Die Verlustbeteiligung geht zwar häufig mit einer Ertragsbeteiligung einher, für die Anwendbarkeit der Sonderregeln sind aber primär die Vorteile aus etwaigen Risikoerhöhungsstrategien entscheidend, d.h. die Ertragspartizipation.

207 BGH ZIP 13, 2400 Rn. 20 ff. (dort zusätzliche Bevollmächtigung des still Beteiligten seitens der Gesellschafter); Baumbach/Hueck/*Haas* Anh. § 64 Rn. 60; Lutter/Hommelhoff/*Kleindiek* Anh. zu § 64 Rn. 150; Roth/*Altmeppen* Rn. 78 f.; Scholz/*Bitter* Anh. § 64 Rn. 290 ff.; *Wicke* Rn. 8; Goette/*Habersack*, Das MoMiG in Wissenschaft und Praxis, Rn. 5.23; *ders.* ZIP 08, 2385, 2388; *Gehrlein* BB 08, 846, 850; aA *Mylich* WM 13, 1010 ff. – Zur Abtretung einer Gesellschafterfinanzierung an einen Dritten, der diese als stille Einlage einbringt, vgl. BGH NJW 06, 225.

208 Zutr. Roth/*Altmeppen* Rn. 78 f.

209 BGH ZIP 12, 1869; hierzu *Bitter* ZIP 19, 146, 155.

nicht.[210] Die **hM** hält es vorbehaltlich des Kleinbeteiligtenprivilegs[211] allerdings für ausreichend, wenn der gesetzestypisch still Beteiligte lediglich **kommanditistengleiche zusätzliche Einflussmöglichkeiten** (Var 2) auf die Geschäftsführung hat.[212] In dieser Konstellation dürfte es häufig eher um die Absicherung der Kreditvergabe (stille Beteiligung als partiarisches Darlehen) gehen als um unternehmerische Teilhabe am Unternehmens(miss)erfolg.[213] Der **gesetzestypische still Beteiligte ohne Ertragspartizipation u. Einflussmöglichkeiten** unterfällt den Sonderregeln richtigerweise nicht, auch wenn er eine Finanzierungshilfe leistet.[214] Der Stille kann jedoch aus anderen Gründen in den persönlichen Anwendungsbereich der Sonderregeln fallen.[215]

68 **dd) Covenants.** Vertragliche Einwirkungsmöglichkeiten des Kreditgebers (sog. Covenants) führen als solche noch **keine wirtschaftliche Gleichstellung** mit einem Gesellschafter herbei.[216] Insbes. professionelle Kreditgeber müssen sich die für die Kreditgewährung relevanten Informationen von Gesetzes wegen verschaffen (§ 18 KWG), so dass allein an die Informationsbeschaffung die Sanktionierung nicht anknüpfen kann. Insoweit geht es primär um die Interessen des besorgten Kreditgebers, **nicht um wirtschaftliche Teilhabe am Unternehmenserfolg.** Anders kann es sich im Einzelfall jedoch verhalten, wenn der Kreditgeber die gesellschaftsinterne Kompetenzordnung faktisch außer Kraft setzt u. es dabei nicht darum geht, dass früher gewährte Kredite gerettet werden sollen.[217] Die Bestellung eines Pfandrechts an einem Geschäftsanteil genügt hierfür noch nicht.[218] Nicht ausreichend ist ferner, dass Gewinnausschüttungen von der Zustimmung einer Bank abhängen, Kredittranchen nur bei störungsfreier Umsetzung ei-

---

210 Scholz/*Bitter* Anh. § 64 Rn. 290 ff., 296.

211 Baumbach/Hueck/*Haas* Anh. § 64 Rn. 60; Lutter/Hommelhoff/*Kleindiek* Anh. zu § 64 Rn. 155; Gottwald/*Haas/Kolmann/Kurz*, Insolvenzrechts-Handbuch, § 90 Rn. 482.

212 BGHZ 106, 7, 9; NZG 06, 341; NJW 12, 3443 Rn. 17 ff.; ZIP 17, 1365 Rn. 13; OLG Hamburg ZIP 90, 792 ff.; zurückhaltend aber (für AG) OLG Köln DB 09, 609; iErg ebenso Baumbach/Hueck/*Haas* Anh. § 64 Rn. 59; *Lutter/Hommelhoff*, 16. Aufl., §§ 32a/b Rn. 56; Scholz/*Bitter* Anh. § 64 Rn. 290 ff.; Ulmer/*Habersack* Rn. 94; *Schwintowski/Dannischewski* ZIP 05, 840, 841; aA Roth/*Altmeppen* Rn. 77.

213 Abw. zur Abgrenzung der einkommensteuerrechtlichen Einkunftsarten BFH NJW 92, 134; vgl. hierzu auch *Krolop* GmbHR 09, 397, 402.

214 BGHZ 106, 7; NZG 06, 341 Rn. 24; zum neuen Recht NZG 12, 1103 Rn. 17; OLG Stuttgart NZG 09, 259 f.; Baumbach/Hueck/*Haas* Anh. § 64 Rn. 60; HeidelbergerKommInsO/*Kleindiek* § 39 Rn. 51; aA *Krolop* GmbHR 09, 397, 404.

215 Vgl. BGH ZIP 17, 2481.

216 Ebenso Baumbach/Hueck/*Haas* Anh. § 64 Rn. 71; Scholz/*K Schmidt* Nachtrag MoMiG §§ 32a/b aF Rn. 23; Gottwald/*Haas/Kolmann/Kurz*, Insolvenzrechts-Handbuch, § 90 Rn. 451; Rowedder/Schmidt-Leithoff/*Görner* Rn. 71; Ulmer/*Habersack* Rn. 91; *ders.* ZIP 07, 2145, 2148 f.; *Huber* FS Priester, 07, S. 259, 279; *Krolop* GmbHR 09, 397, 399; aA *Servatius*, S. 494 ff.; *Fleischer* ZIP 98, 313, 317 ff.

217 Bork/Schäfer/*Thiessen* Rn. 40; *Breidenstein* ZInsO 10, 273, 280; *Kampshoff* GmbHR 10, 897, 901 ff.

218 Graf-Schlicker/*Neußner* § 39 Rn. 26; HambK-InsO/*Lüdtke*, § 39 Rn. 41; Kübler/Prütting/Bork/*Preuß*, InsO, § 39 Rn. 61; *Habersack* ZIP 07, 2145, 2148; ZIP 08, 2385, 2388; aA Uhlenbruck/*Hirte*, InsO, § 39 Rn. 41; *Gehrlein* BB 08, 846, 850; zum früheren Recht BGH ZIP 92, 1300, 1301.

nes Sanierungskonzepts ausgereicht werden und die Kreditgeber die Gesellschaft verpflichten, einen bestimmten Sanierungsberater mit der Umsetzung des Sanierungsvorhabens zu beauftragen.[219]

d) **Verbundene Unternehmen.** Stammt die Finanzierungshilfe von einer (**Groß-)Mutter-, Tochter-, Enkel-, Schwestergesellschaft** (etc) **eines Gesellschafters**, bereitet die Einordnung Schwierigkeiten, zumal die maßgeblichen **Zurechnungskriterien umstritten** sind.[220] Insoweit spiegelt sich in den verschiedenen Lösungsansätzen in besonderer Weise die Unklarheit über die dogmatischen Grundlagen des Sonderrechts wider. 69

Die bereits vor MoMiG entwickelten Grundsätze sollen nach Ansicht des BGH weiterhin Geltung haben.[221] Eine einschränkende Auslegung bei der Inanspruchnahme verbundener Unternehmen, insbes. unter Hinweis auf eine fehlende Finanzierungsverantwortung,[222] lehnt der BGH ab.[223] Andernfalls bestünde entgg. dem Willen des Gesetzgebers die Möglichkeit, dass verbundene Unternehmen, die infolge des gesellschaftlichen Näheverhältnisses regelmäßig wohlinformiert über die finanzielle Lage des Unternehmens sind, der Gesellschaft zur Verfügung gestellte Kreditmittel zulasten der Gläubigergesamtheit entziehen.[224] Die höchstrichterliche Rspr. stellt das mit einem Gesellschafter verbundene Unternehmen als Kreditgeber dem Gesellschafter jedenfalls dann gleich, **wenn der Gesellschafter hieran maßgeblich beteiligt ist.**[225] Hierzu soll eine **Mehrheitsbeteiligung** ausreichen, aufgrund derer der Gesellschafter **beherrschenden Einfluss** auf das kreditgebende Unternehmen ausüben kann, also dessen Geschäftspolitik bestimmen u. Weisungen im Zusammenhang mit Kreditvergabe u. -abzug erteilen kann.[226] Eine 50 %-Beteiligung soll bereits genügen, wenn zudem ein alleinvertretungsberechtigter Geschäftsführer gestellt wird.[227] An der maßgeblichen Beteiligung soll es jedoch fehlen, wenn Kreditgeber eine Schwestergesellschaft in der Rechtsform einer AG sei, weil deren Vorstand 70

219 OLG Frankfurt NZI 18, 887, 889 f.
220 Vgl. hierzu *Herwig*, S. 187 ff.
221 BGH NJW 11, 1503 Rn. 10 f.; 13, 2282 Rn. 15; ZIP 17, 2471 Rn. 6.
222 IdS Ulmer/*Habersack* Rn. 92; *ders.* ZIP 08, 2385, 2387; *Huber* FS Priester, 07, S. 259, 279 f.
223 BGH WM 13, 568 Rn. 16 ff.; ebenso HeidelbergerKommInsO/*Kleindiek,* § 39 Rn. 49; *Goette/ders.* Rn. 265; *Schröder* Rn. 478.
224 BGH WM 13, 568 Rn. 18.
225 BGH NJW 91, 1057; 99, 2822; 01, 1490, 1491; ZIP 08, 1230 Rn. 9 f.; 09, 1806, 1808 Rn. 20; 15, 859 Rn. 50.
226 BGHZ 81, 311; 105, 168, 168; NJW 91, 1057; 99, 2822; ZIP 06, 279 (21 % Beteiligung genügt nicht); 08, 1230 Rn. 9 f.; 09, 1806, 1808 Rn. 20; zust. HeidelbergerKommInsO/*Kleindiek*, § 39 Rn. 49; Kübler/Prütting/Bork/*Preuß*, InsO, § 39 Rn. 61; referierend Roth/*Altmeppen* Rn. 54 ff.; *Goette/Kleindiek* Rn. 254; BankRHdb/*Stodolkowitz/Kleindiek*, § 84 Rn. 110 ff.; wohl auch *Gehrlein* BB 11, 3, 6; aA *Habersack* ZIP 08, 2385, 2389.
227 BGH WM 12, 843 Rn. 15 ff., 19.

vom Gesellschafter weisungsunabhängig agiere (§ 76 I AktG).[228] Teilw. wird mit zT unterschiedlichen Abgrenzungskriterien verlangt, dass an die Stelle der maßgeblichen Beteiligung eine im Einzelfall zu prüfende **„wirtschaftliche Einheit“** treten müsse. Sie sei nur im Vertragskonzern unwiderleglich zu vermuten, komme iÜ jedoch nur bei qualifizierten Voraussetzungen in Betracht.[229] Eine Zurechnung allein nach Maßgabe der §§ 15 ff. AktG soll nach der bislang hM nicht genügen.[230]

71 Alternativ schlägt *Schall* vor, als Zurechnungskriterium weder die maßgebliche Beteiligung oder die wirtschaftliche Einheit noch § 138 InsO anzuwenden. Vielmehr soll auf §§ 16 IV, 56 II, 71 d S. 2 AktG analog u. rechtsformübergreifend abgestellt werden. Insbes. in den §§ 16, 17 AktG habe der Gesetzgeber bereits eine wohldurchdachte u. differenzierte Regelung geschaffen, zu deren Wertungen keine Widersprüche geschaffen werden sollten u. die mit § 16 IV AktG auch für natürliche Personen geeignete Kriterien enthielten.[231] Eine Besinnung auf diese Grundlagen als Zurechnungskriterien hätte ua zur Folge, dass die vom BGH durch Einschaltung einer AG als Kreditgeber eröffneten Umgehungsmöglichkeiten entfallen, zumal die Abhängigkeitsvermutung des § 17 II AktG gerade nicht auf einem „Musterfall der GmbH“ beruhe, sondern – deutlich lebensnaher – auf der Annahme faktischer Einflussmöglichkeiten des Mehrheitsaktionärs u. vorauseilendem Gehorsam des Vorstands aufgrund mittelbarer Personalhoheit.[232]

72 **Richtigerweise** sollte zwischen zwei Grundkonstellationen, nämlich dem Handeln des Finanzierenden auf Rechnung des Normadressaten (**mittelbare Stellvertretung**) u. dem Handeln eines bereits mit Risiko (mittelbar) beteiligten Finanzierers (**mittelbarer Gesellschafter**), nach Maßgabe der folgenden Grundsätze **differenziert** werden.[233]

73 Der Notwendigkeit einer wirtschaftlichen Einheit iSe **maßgeblichen Beteiligung**[234] des Gesellschafters der darlehensnehmenden Gesellschaft am Kreditgeber ist jedenfalls für die Fälle einer **mittelbaren Stellvertretung** zuzu-

228 BGH NZG 08, 507; dazu *Habersack* ZIP 08, 2385, 2391 (auch für Ausdehnung auf Sparkassen u. entgg OLG Brandenburg ZIP 06, 184, 185); trotz Weisungsungebundenheit des Vorstands zu Recht auch den tatsächlichen Einfluss des Kapitalgeber-Gesellschafters auf die Finanzierung berücksichtigend Scholz/*Bitter* Anh. § 64 Rn. 327; abl. *Schall* ZIP 10, 205 ff.; *Blöse* DB 10, 1053. – Ähnl zur Einlagenrückgewähr iR von § 19 schon BGHZ 171, 113 Rn. 8. – Bei GmbH-Schwestergesellschaft genügt Beteiligung von mehr als 50 %, vgl. BGH NZG 08, 507; NJW 01, 1940; *Gehrlein* BB 08, 846, 850; *ders.* BB 11, 3, 6.

229 *Lutter/Hommelhoff*, 16. Aufl., §§ 32a/b Rn. 64 (abstellend auf Finanzierungsfolgenverantwortung); Rowedder/Schmidt-Leithoff/*Pentz* 4. Aufl. § 32 a Rn. 82; Scholz/*K Schmidt*, 10. Aufl., §§ 32a/b Rn. 147 ff.; *Noack* GmbHR 96, 153; *Priester* ZBB 89, 35 f.; für das neue Recht auf Grundlage der Missbrauchstheorie (Rn. 21) *Habersack* ZIP 08, 2385, 2389; *Huber* FS Priester, 07, S. 259, 280.

230 OLG Jena NZG 98, 858; Roth/*Altmeppen* Rn. 54; Rowedder/Schmidt-Leithoff/*Görner* Rn. 72; Scholz/*K Schmidt*, 10. Aufl., §§ 32a/b Rn. 148 f.

231 *Schall* ZIP 10, 205, 208 ff.

232 *Schall* ZIP 10, 205, 210.

233 Roth/*Altmeppen* Rn. 57 ff.; ausf. u. weitergehend Scholz/*Bitter* Anh. § 64 Rn. 319 ff.; zusammenfassend HeidelbergerKommInsO/*Kleindiek*, § 39 Rn. 47 ff.; vgl. auch BGH WM 13, 568 Rn. 19.

234 BGH ZIP 19, 1675 Rn 9; 19, 182 Rn 7; 15, 589 Rn 50;

stimmen, in denen ein abhängiges Unternehmen anstelle des unmittelbar/mittelbar am Kreditnehmer beteiligten Gesellschafters handelt (**horizontale Konzernfinanzierung**). Denn es bedarf eines bestimmenden Einflusses auf den Kreditgeber, dass dessen Finanzierungshilfe derjenigen seines Gesellschafters gleichsteht bzw. dass Kreditgeber u. der dahinterstehende Gesellschafter als „wirtschaftliche Einheit" im Verhältnis zur kreditnehmenden Gesellschaft erscheinen. So verhält es sich nicht nur bei einem Vertragskonzern zwischen dem Gesellschafter als herrschendem u. dem Finanzierer als (mittelbar) abhängigen Unternehmen (§ 291 AktG), welche die wirtschaftliche Selbstständigkeit des Finanzierers aufhebt. Es genügt aufgrund der maßgeblichen wirtschaftlichen Betrachtungsweise auch, wenn der Gesellschafter direkt, über eine 100 %-Beteiligung oder zumindest durch eine mehrheitliche Beteiligung die Möglichkeit der Beeinflussung auf den Finanzierer hat;[235] oder zusätzlich zu einer 50%-Beteiligung einen alleinvertretungsberechtigten Geschäftsführer stellt.[236] In solchen Konstellationen ist bei **wirtschaftlicher Betrachtungsweise die Finanzierungshilfe dem Gesellschafter als Hintermann zuzurechnen,**[237] dh **Gesellschafter- u. Kreditgeberrolle** fallen bei wirtschaftlicher Betrachtung in einer Person zusammen.[238] Etwaige (ggf. zusätzliche) Eigeninteressen des beherrschten Finanzierers an der Finanzierungshilfe ändern an dieser Zurechnung nichts.

Anders fällt die Beurteilung jedoch aus, sofern der Finanzierer bereits in einer **vertikalen Verbindung** mit dem Kreditnehmer steht u. nur mittelbar – etwa über eine Zwischenholding – am Kreditnehmer beteiligt ist (**mittelbarer Gesellschafter**). In einer solchen Konstellation steht zutreffenderweise die (ggf. mittelbare) Beteiligung mit Risikokapital, nicht aber die gesellschaftsrechtliche Einflussmöglichkeit iSv mehrheitlicher Entscheidungsbefugnis im Vordergrund;[239] eine Minderheitsbeteiligung genügt.[240] Erforderlich ist allein eine (mittelbare) **Beteiligung des Finanzierers am Kreditnehmer oberhalb der Schwelle des Kleinbeteiligtenprivilegs** oder sonstige, **geschäftsführergleiche Einflussnahmemöglichkeit** auf den Kreditnehmer.[241] 74

Die Betrachtung des Finanzierers als gesellschaftergleicher Dritter kann sich ferner aus einer Kombination der vorgenannten horizontalen und ver- 75

235 BGH ZIP 01, 115; 09, 1806 Rn. 20 f.; GmbHR 12, 641 Rn. 17 ff.; OLG Köln GmbHR 10, 251, 252; Roth/*Altmeppen* Rn. 63 ff.; ausf. zur Problematik der Mitsanktionierung von außenstehenden Minderheitsgesellschaftern Scholz/*Bitter* Anh. § 64 Rn. 323 ff., der – tw. in Anlehnung an den Rechtsgedanken der §§ 135 II, 143 III InsO – eine Sanktionierung nur des Mehrheitsgesellschafters vorschlägt und alternativ einen Innenausgleich der Minderheitsgesellschafter befürwortet.

236 BGH ZIP 13, 1579 Rn 24 ff.

237 Roth/*Altmeppen* Rn. 70.

238 HeidelbergerKommInsO/*Kleindiek,* § 39 Rn. 47, 27.

239 Roth/*Altmeppen* Rn. 59 ff.; zust. BankenK-InsO/*Zenker*, § 39 Rn. 61.

240 OLG Hamburg GmbHR 06, 200, 201 f.; HeidelbergerKommInsO/*Kleindiek* § 39 Rn. 48; Roth/*Altmeppen* Rn. 54 f., 62; Scholz/*Bitter* § 64 Anh. Rn. 343 f.; *Altmeppen* FS Kropff, 97, S. 641, 661; *Keller/Schulz* FS Spiegelberger, 09, S. 761, 770; *Kortleben* NZI 17, 600 (601 f.); wohl aA BGH ZIP 06, 279, 282; 08, 1230, 1231; vgl. *Ulbrich* S. 353 f.

241 So nunmehr auch BGH ZIP 19, 182 Rn 15; 19, 1128 Rn 10; OLG Hamm NZG 17, 824; idS wohl auch BGH WM 13, 568 Rn. 22; vgl. auch BGH ZIP 15, 589 Rn. 50; HeidelbergerKommInsO/*Kleindiek,* § 39 Rn. 48; Roth/*Altmeppen* Rn. 55 ff.; *Bitter* ZIP 13, 1583, 1586; *Kortleben* NZI 17, 600.

tikalen Verbindungen ergeben, wenn bspw. der mittelbar an der Kreditnehmerin beteiligte Gesellschafter[242] eine maßgebliche Beteiligung an der finanzierenden Gesellschaft hält. Aufsteigende Finanzhilfen (**up-stream loans/guarantees;** Darlehen der Tochter- an die Muttergesellschaft) fallen nicht unter die Sonderregeln der Gesellschafterfremdfinanzierung, sondern werden von § 30 I 1 u. 2 erfasst.[243]

75a e) **Freiwillige Unterwerfung.** Die freiwillige vertragliche Unterwerfung in den Nachrang des § 39 I Nr. 5 oder § 39 II InsO führt nur dann zu einer Gleichstellung mit einem Gesellschafter mit der Folge, dass hierauf geleistete Zahlungen bzw. Besicherungen der Insolvenzanfechtung gemäß § 135 InsO unterliegen, wenn sich eine solche wirtschaftliche Gleichstellung aus der konkreten vertraglichen Vereinbarung ergibt.[244]

4. Ausnahme: Kleinbeteiligtenprivileg (§ 39 V InsO nF)

76 § 39 V InsO nF übernimmt die bislang in § 32 a III 2 aF[245] enthaltene Ausnahmeregelung für Kleinbeteiligte wörtlich[246] u. erstreckt ihre Geltung in § 135 IV InsO nF bzw. § 6 a S. 2 AnfG nF auf die Insolvenz- u. Gläubigeranfechtung. Das **Fehlen** einer ausdrücklichen Verweisung auf § 39 V InsO nF **in § 6 AnfG nF** stellt ein **Redaktionsversehen** dar. Hiernach gelten die insolvenz- u. anfechtungsrechtlichen Sonderregeln nicht für den **nicht geschäftsführenden Gesellschafter**, der mit **10 vom Hundert oder weniger** am Haftkapital beteiligt ist. Im Verhältnis zu § 138 II InsO handelt es sich um eine Spezialvorschrift.[247]

77 a) **Haftkapital als Bezugsgröße.** Der Begriff des **„Haftkapitals"** ist der rechtsformneutralen Ausgestaltung (§ 39 IV 1 InsO nF) geschuldet.[248] Er meint bei den Kapitalgesellschaften das jeweils **gezeichnete Kapital iSv § 272 I HGB.** Für die GmbH kommt es somit auf das nominale Stammkapital, für die AG auf das nominale (bzw. bei Stückaktien auf den rechnerischen Wert) Grundkapital u. für die Genossenschaft entspr. § 337 I HGB auf die Summe der Geschäftsguthaben (§ 19 I 2 GenG) der Mitglieder an. In entspr. Weise gilt dies für Kapitalgesellschaften aus dem EU-Ausland, so dass für die (praktisch seltene) *company limited by guarantee* englischen Rechts auf die Summe der von den Gesellschaftern übernommenen Garan-

---

242 Insoweit keine „maßgebliche" Beteiligung notwendig, aber außerhalb des Kleinbeteiligtenprivilegs.

243 Baumbach/Hueck/*Haas* Anh. § 64 Rn. 69 a; Roth/*Altmeppen* Rn. 74; Scholz/*Bitter* § 64 Anh. Rn. 346; Ulmer/*Habersack* Rn. 89; aA OLG Stuttgart GmbHR 07, 651. – Vgl auch *Herwig*, S. 314 ff.: Analoge Anwendbarkeit, wenn Zurechnung der Darlehensvergabe durch Enkelgesellschaft bei der Muttergesellschaft.

244 Roth/*Altmeppen* Rn. 85; *Bitter* ZIP 13, 2.

245 Hierzu *Altmeppen* ZIP 96, 1455; *Cahn* AG 05, 217, 219; *Claussen* GmbHR 96, 316, 321; *Dauner-Lieb* DStR 98, 609; *Riegger* FS Sigle, 00, S. 229; *Pentz* GmbHR 99, 437; *ders.* GmbHR 04, 529; *K Schmidt* GmbHR 05, 797, 804.

246 Befürwortend zB *Bork* ZGR 07, 250, 260; *Flessner* NZG 06, 641, 648; *Gesmann-Nuissl* WM 06, 1756, 1760; *Huber/Habersack* BB 06, 1, 3; *dies*, in Lutter, Das Kapital der AG in Europa, S. 370, 400 f.; *Seibert* ZIP 06, 1157, 1161; *Schröder/Grau* ZInsO 07, 353, 356; aA etwa *Goette* Rn. 58.

247 BGH NZG 11, 477 Rn. 13 ff.; Gottwald/*Haas/Kolmann/Kurz*, Insolvenzrechts-Handbuch, § 90 Rn. 441.

248 *Gehrlein* BB 08, 846, 852.

tien für den Fall der Auflösung sowie bei der *limited by shares* auf den Nennwert dieser shares im Verhältnis zum ausgegebenen *share capital* abzustellen ist.[249]

In der Insolvenz einer **kapitalistischen KG** entscheidet grds. nur die Summe der Hafteinlagen der einzelnen Kommanditisten, wenn die Komplementärin nicht am Vermögen der KG beteiligt ist;[250] andernfalls sind Kommanditanteile u. die Beteiligung an der Komplementär-Kapitalgesellschaft zusammenzurechnen. In der Insolvenz einer **Kapitalgesellschaft & Co oHG** wird man jedoch das Stamm- bzw. Grundkapital der als persönlich haftender Gesellschafter fungierenden Kapitalgesellschaften addieren müssen.[251] 78

b) Schwellenwert. Die Privilegierung des Gesellschafters knüpft ausschließlich an die Beteiligung am Haftkapital an,[252] die eine **Schwelle von 10 vom Hundert nicht überschreiten** darf. Auch mittelbar an der Gesellschaft gehaltene Anteile sind zu berücksichtigen, ohne dass es auf einen bestimmenden Einfluss bei dem mittelbaren Gesellschafter ankommt.[253] Der Umfang einer etwaigen Gewinnbeteiligung oder die Stimmrechtsbefugnis spielen keine Rolle.[254] Eine Aufweichung des Schwellenwertes nach oben oder nach unten gem. dem jeweiligen Ausmaß der unternehmerischen Einflussnahme auf der Grundlage einer Einzelfallbetrachtung[255] scheidet grds. aus (vgl. aber → Rn. 85), da dies der vom Gesetz gewollten **abstrahierenden u. typisierenden Betrachtung** zuwiderlaufen würde.[256] Wer eine stimmrechtslose Beteiligung von mehr 10 vom Hundert hält u. deshalb bei Abstimmungen im Gesellschafterkreis keinen unmittelbaren Einfluss ausüben kann, entgeht den insolvenz- u. anfechtungsrechtlichen Sonderregeln nicht.[257] Ggü. der schon früher hM[258] hat sich insoweit keine Veränderung ergeben. Umstr. ist, ob eigene Anteile der Gesellschaft herauszurechnen sind.[259] 79

---

249 *Habersack* ZIP 07, 2145, 2149; Goette/*Habersack*, Das MoMiG in Wissenschaft und Praxis, Rn. 5.31.

250 Bork/Schäfer/*Thiessen* Rn. 46; Scholz/*K Schmidt* Nachtrag MoMiG §§ 32a/b aF Rn. 89; Ulmer/*Habersack* Rn. 99.

251 Zutr. *Gehrlein* BB 08, 846, 852; HambK-InsO/*Lüdtke*, § 39 Rn. 62; aA K Schmidt/*ders./Herchen* § 38 Rn. 42 für die nicht am Kapital der KG beteiligte Komplementär-GmbH.

252 Vgl. BAG ZIP 14, 927 Rn. 39.

253 Zur wirtschaftlichen Betrachtung bei der Ermittlung des Beteiligungsumfangs mit weiteren Beispielen Scholz/*Bitter* Anh. § 64 Rn. 94 ff.

254 Baumbach/Hueck/*Haas* Anh. § 64 Rn. 52; Bork/Schäfer/*Thiessen* Rn. 47; Ulmer/*Habersack* Rn. 100; Goette/*ders.* Das MoMiG in Wissenschaft und Praxis, Rn. 5.32.

255 Vgl. hierzu *Pentz* GmbHR 04, 529, 533.

256 Bork/Schäfer/*Thiessen* Rn. 47; Ulmer/*Habersack* Rn. 98; aA Gottwald/*Haas/Kolmann/Kurz*, Insolvenzrechts-Handbuch, § 90 Rn. 442.

257 Baumbach/Hueck/*Haas* Anh. § 64 Rn. 52; Ulmer/*Habersack* Rn. 98; *Gehrlein* BB 08, 846, 851.

258 Scholz/*K Schmidt*, 10. Aufl., §§ 32a/b Rn. 200; Ulmer/*Habersack* Rn. 100; aA *Lutter/Hommelhoff*, 16. Aufl., §§ 32a/b Rn. 67 f.; Rowedder/Schmidt-Leithoff/*Pentz* 4. Aufl. § 32 a Rn. 91.

259 Dafür OLG Naumburg ZIP 11, 677, 679; Bork/Schäfer/*Thiessen* Rn. 46; aA BankenK-InsO/*Zenker*, § 39 Rn. 40 (wegen Rechts- u. Planungssicherheit für Gesellschafter).

80 Insbes. für **Aktionäre** bedeutet die neue Rechtslage jedoch eine **Verschärfung.**[260] Die vormaligen Eigenkapitalersatzregeln waren nach Ansicht des BGH praktisch insbes. bei einer Mindestbeteiligung am Grundkapital von mehr als 25 vom Hundert anwendbar.[261] Nunmehr genügt ein Überschreiten der 10 %-Grenze.

81 c) **Geschäftsführende Gesellschafter.** Dem in der Geschäftsführung tätigen Gesellschafter bleiben die Segnungen des Nichtanwendungsprivilegs gem. § 39 V InsO versagt, selbst wenn seine Beteiligung den 10 %-igen Schwellenwert nicht übersteigt. Geschäftsführender Gesellschafter ist stets der **organschaftlich/satzungsmäßig** in das jeweilige **Vertretungsorgan** (bei GmbH: Geschäftsführer; bei AG: Vorstand) berufene Gesellschafter, u. zwar unabhängig von der Reichweite seiner internen Befugnisse. Handelt es sich bei dem Gesellschafter um eine juristische Person, dürfen deren Vertretungsorgane nicht zugleich Vertretungsorgan der Gesellschaft sein.[262] Geschäftsführende Tätigkeit kann sich auch aus **faktischer Geschäftsführerschaft** ergeben.[263] **Prokura, Handlungsvollmacht** oder Mitgliedschaft in einem Überwachungsorgan (zB Aufsichtsrat) als solche genügen hierfür noch nicht, sondern es müssen weitere Umstände im Einzelfall hinzukommen (zum faktischen GmbH-Geschäftsführer im Zivilrecht → vor § 64 Rn. 134 ff.).[264] Ein gewisser Widerspruch zu der ansonsten vorherrschenden typisierenden Betrachtungsweise lässt sich nicht verkennen.

82 d) **Erstreckung auf gesellschaftergleiche Dritte.** Das Kleinbeteiligtenprivileg des § 39 V InsO gilt **auch für Dritte**, die nach Maßgabe der Ausführungen unter → Rn. 57 ff. **dem unmittelbar beteiligten Gesellschafter gleichstehen.**[265]

83 e) **Maßgeblicher Zeitpunkt/Hineinwachsen/Herauswachsen.** Im früheren Eigenkapitalersatzrecht mussten die Voraussetzungen des Kleinbeteiligtenprivilegs im Zeitpunkt der krisenbedingten Finanzierungsentscheidung (ggf. auch durch „Stehenlassen" eines Darlehens) erfüllt sein.[266] Da das neue Recht den Krisenbezug aufgegeben hat, entscheiden heute in erster Linie der Zeitpunkt der Insolvenzverfahrenseröffnung u. **der durch die An-**

---

260 Bork/Schäfer/*Thiessen* Rn. 45; ausf. *K Schmidt* FS Hüffer, 10, S. 883 ff.

261 BGHZ 90, 381, 390; ZIP 05, 1316, 1317 f.; ebenso *Hüffer*, AktG, 7. Aufl., § 57 Rn. 16 ff.; einschränkend aber BGH ZIP 10, 1443 Rn. 7 f.

262 FK-InsO/*Schuhmacher*, § 39 Rn. 21; Gottwald/*Haas*/*Kolmann*/*Kurz*, Insolvenzrechts-Handbuch, § 90 Rn. 443; vgl. aber auch Rowedder/Schmidt-Leithoff/*Pentz* 4. Aufl. § 32 a Rn. 95.

263 HambK-InsO/*Lüdtke* § 39 Rn. 65; HeidelbergerKommInsO/*Kleindiek* § 39 Rn. 67; Kübler/Prütting/Bork/*Preuß*, InsO, § 39 Rn. 44; Scholz/*Bitter* Anh. § 64 Rn. 104; Ulmer/*Habersack* Rn. 103; aA für den faktischen und nicht nur fehlerhaft bestellten Geschäftsführer Baumbach/Hueck/*Haas* Anh. § 64 Rn. 54; zum früheren Recht *Pentz* GmbHR 04, 529, 532; *v. Gerkan*/Hommelhoff Rn. 3.25 ff.; *Löwisch* Rn. 415.

264 Baumbach/Hueck/*Haas* Anh. § 64 Rn. 54; HambK-InsO/*Lüdtke*, § 39 Rn. 65; *Lutter*/*Hommelhoff*, 16. Aufl., §§ 32a/b Rn. 74; Gottwald/*Haas*/*Kolmann*/*Kurz*, Insolvenzrechts-Handbuch, § 90 Rn. 443; aA *Pentz* GmbHR 99, 437, 447.

265 BGH ZIP 12, 1869 Rn. 12; Lutter/Hommelhoff/*Kleindiek* Anh. zu § 64 Rn. 155; Scholz/*K Schmidt* Nachtrag MoMiG §§ 32a/b aF Rn. 31; differenzierend Scholz/*Bitter* Anh. § 64 Rn. 302 ff., 314 ff.

266 Baumbach/Hueck/*Fastrich*, 18. Aufl., § 32 a Rn. 27 mwN; aA Scholz/*K Schmidt*, 10. Aufl., §§ 32a/b Rn. 33 (rechtliche Grundlage der Finanzierungsentscheidung).

fechtungsfristen der § 135 InsO bzw. § 6 AnfG festgelegte Zeitraum. Unanwendbar ist das Kleinbeteiligungsprivileg für denjenigen, der (irgendwann) innerhalb dieses Zeitraums den Schwellenwert überschreitet oder geschäftsführender Gesellschafter ist.[267] Unerheblich ist, ob u. in welchem Umfang die Gesellschafterstellung im Zeitpunkt der Kreditgewährung vorlag.[268] Zum Übergangsrecht in Bezug auf Altdarlehen s. 2. Aufl. Rn. 48 ff.

Die Privilegierung erlangt der Gesellschafter nicht schon dadurch, dass seine Beteiligung nach der Kreditgewährung – ggf. auch infolge von Erbschaft oder umwandlungsrechtlicher Spaltung[269] – unter den Schwellenwert absinkt oder er eine geschäftsführende Position aufgibt.[270] Eine **Entstrickung** kann hierdurch allerdings nach zutr. Ansicht **mit Ablauf der Anfechtungsfristen** (§ 135 I Nr. 2 InsO bzw. § 6 I 1 Nr. 2 AnfG) eintreten.[271] Dass der Gesellschafter sich anfechtungsfrei seine Finanzierungshilfe außerhalb dieses Zeitraums zurückzahlen lassen könnte, beeinflusst die Wertung auch hier. Jedenfalls missverständlich ist vor diesem Hintergrund die Forderung, dass die Voraussetzungen des Kleinbeteiligungsprivilegs über die gesamte Dauer der Kreditgewährung erfüllt sein müssen.[272] Nach der hier vertretenen Ansicht führt die Flucht in das Kleinbeteiligten-Privileg auch dazu, dass bereits nach Ablauf der Jahresfrist schon früher bestellte Sicherheiten nicht mehr gem. § 135 I Nr. 1 InsO anfechtbar sind, weil es nicht überzeugt, die Sicherheitenbestellung zu sanktionieren, obgleich doch sanktionslos die Finanzierung zurückgewährt werden könnte (→ Rn. 12 ff.).[273] 84

---

267 Baumbach/Hueck/*Haas* Anh. § 64 Rn. 51; Bork/Schäfer/*Thiessen* Rn. 48; HambK/InsO-*Lüdtke*, § 39 Rn. 66; HeidelbergerKommInsO/*Kleindiek*, § 39 Rn. 66; Lutter/Hommelhoff/*ders.* Anh. zu § 64 Rn. 154; Michalski/*Dahl/Linnenbrink* Syst Darst 6 Rn. 83; Roth/*Altmeppen* Rn. 91; Scholz/*K Schmidt* Nachtrag MoMiG §§ 32a/b aF Rn. 26; Ulmer/*Habersack* Rn. 102; *Altmeppen* NJW 08, 3601, 3604; *Haas* ZInsO 07, 617, 620; *Habersack*, Das MoMiG in Wissenschaft und Praxis, Rn. 5.32; unklar jedoch *ders.* ZIP 07, 2145, 2150; *Tettinger* NZI 10, 248, 250; FK-InsO/*Schuhmacher*, § 39 Rn. 21; *Gehrlein* WM 08, 846, 852 (auch jenseits der Jahresfrist?); aA *Freitag* WM 07, 1681, 1683 (Zeitpunkt der Insolvenzantragstellung).

268 Ebenso Graf-Schlicker/*Neußner* § 39 Rn. 36; HeidelbergerKommInsO/*Kleindiek*, § 39 Rn. 66.

269 Scholz/*Bitter* Anh. § 64 Rn. 84; aA Ulmer/*Habersack* Rn. 102.

270 Insoweit wohl allgM, zB Baumbach/Hueck/*Haas* Anh. § 64 Rn. 51; Lutter/Hommelhoff/*Kleindiek* Anh. zu § 64 Rn. 154; iE auch Roth/*Altmeppen* Rn. 91; Scholz/*K Schmidt* Nachtrag MoMiG §§ 32a/b aF Rn. 26; *Altmeppen* NJW 08, 3601, 3604 f.; *Haas* ZInsO 07, 617, 620; *Gehrlein* BB 08, 846, 852; *Habersack* ZIP 07, 2145, 2150; Goette/*Habersack*, Das MoMiG in Wissenschaft und Praxis, Rn. 5.32; aA Uhlenbruck/*Hirte* § 39 Rn. 73.

271 Vgl. BGH NZI 12, 199 Rn. 15; Baumbach/Hueck/*Haas* Anh. § 64 Rn. 51; Lutter/Hommelhoff/*Kleindiek* Anh. zu § 64 Rn. 154; Roth/*Altmeppen* Rn. 91; Scholz/*K Schmidt* Nachtrag MoMiG §§ 32a/b aF Rn. 26; Scholz/*Bitter* Anh. § 64 Rn. 84; *Altmeppen* NJW 08, 3601, 3604 f.; *Haas* ZInsO 07, 617, 620; krit. *Freitag* WM 07, 1681, 1683; aA Bunnemann/Zirngibl/*Desch* § 8 Rn. 29; *d'Avoine/Michels* ZIP 18, 60, 65.

272 *Dahl/Schmitz* NZG 09, 325, 326; *Gehrlein* BB 08, 846, 852; Goette/*Habersack*, Das MoMiG in Wissenschaft und Praxis, Rn. 5.32, *ders.* ZIP 07, 2145, 2150.

273 Ebenso Scholz/*Bitter* Anh. § 64 Rn. 85; aA HambKInsO/*Schröder* § 135 Rn 20; *Neuberger* ZInsO 18, 1125, 1132.

85 f) **Zurechnungsfragen.** Wie schon nach bisheriger Rechtslage[274] können mehrere unmittelbar kleinbeteiligte, nicht-geschäftsführende Gesellschafter, die bei isolierter Betrachtung jeweils die Voraussetzungen des § 39 V InsO erfüllen, nach hM aufgrund einer Einzelfallbetrachtung **zusammenzurechnen sein u. dadurch das Privileg für jeden einzelnen entfallen** lassen.[275] Dies gilt insbes. für die Finanzierung im Wege planmäßig gesplitteter Einlagen bei Publikumsgesellschaften,[276] für **Stimmbindungs- u. Konsortialverträge** sowie **Treuhandverhältnisse.**[277] Kennzeichnend ist jeweils ein **koordinierter Interessengleichlauf** im Gesellschafterkreis.[278] Dieser lässt sich auch bejahen, wenn mehrere Kleinbeteiligte ihre jeweilige Fremdfinanzierung miteinander abstimmen, während hingg. unabgestimmte Kreditvergabe das Privileg nicht gefährdet.[279]

5. Ausnahme: Sanierungsprivileg (§ 39 IV 2 InsO nF)

86 Bereits das bisherige Eigenkapitalersatzrecht enthielt in § 32 a III 3 aF ein Privileg für Sanierungen, welches der Gesetzgeber trotz mancher Kritik in § 39 IV 2 InsO nF übernommen hat.[280] Er bringt damit zum Ausdruck, dass ein Gläubiger in der Krise Geschäftsanteile u. damit uU unternehmerische Kontrolle übernehmen können soll, ohne dadurch eine Rückstufung seiner ggf. sogar gut gesicherten Darlehen bzw. die Anfechtbarkeit der Tilgungsleistungen (§ 135 IV InsO) riskieren zu müssen.[281] **Privilegiert** wird somit auch weiterhin **nicht ein Sanierungskredit, sondern der Erwerber einer „Sanierungsbeteiligung“.**[282] Der Wortlaut der neuen Vorschrift weicht von dem früheren § 32 a III 2 aF in Nuancen ab, wodurch sich nur wenige Neuerungen ergeben.[283]

87 a) **Anteilserwerb: Zeitpunkt.** Die Privilegierung gem. § 39 IV 2 InsO verlangt einen Anteilserwerb **bei drohender oder eingetretener Zahlungsunfä-**

274 Dazu BGH ZIP 07, 1407; Scholz/*K Schmidt,* 10. Aufl., §§ 32a/b Rn. 186; *v. Gerkan*/Hommelhoff Rn. 3.19; *Dauner-Lieb* DStR 98, 609 ff.; *Haas* DZWiR 99, 177 ff.; *Pentz* GmbHR 99, 437 ff.; *Westermann* DZWiR 00, 1 ff.

275 BGH ZIP 10, 1443, 1444; 07, 1407.

276 Scholz/*Bitter* Anh. § 64 Rn. 99.

277 Baumbach/Hueck/*Haas* Anh. § 64 Rn. 53; *Lutter/Hommelhoff,* 16. Aufl., §§ 32a/b Rn. 67 ff.; Scholz/*K Schmidt,* 10. Aufl., §§ 32a/b Rn. 205 u. Nachtrag MoMiG §§ 32a/b aF Rn. 26; Gottwald/*Haas/Kolmann/Kurz,* Insolvenzrechts-Handbuch, § 90 Rn. 445; *K Schmidt* GmbHR 99, 1269, 1272; zurückhaltend bzgl. Stimmbindung u. Konsortialabrede indes Roth/*Altmeppen* Rn. 93.

278 Jeweilige Bürgschaftsübernahme für Drittkredit genügt noch nicht, vgl. BGH GmbHR 05, 1135; ebenso wenig ein Familienverhältnis, vgl. dazu Scholz/*K Schmidt* 10. Aufl. §§ 32a/b Rn. 186; *Haas/Kolmann/Kurz,* in Gottwald, Insolvenzrechts-Handbuch, § 90 Rn. 445; zum Ganzen auch *Bitter* ZIP 19, 146, 156. Zum maßgeblichen Zeitpunkt der Koordinierung Scholz/*ders.* Anh. § 64 Rn. 101.

279 BGH GmbHR 05, 1135; Scholz/*K Schmidt* Nachtrag MoMiG §§ 32a/b aF Rn. 26. – Zum Kreditkonsortium differenzierend nach Innen- u. Außenkonsortium BankenK-InsO/*Zenker,* § 39 Rn. 65; teilw aA *Obermüller/Kuder* FS Görg, 10, S. 335, 342 f.

280 Roth/*Altmeppen* Rn. 95 f.; *Haas* ZInsO 07, 617, 624 f.; *Hirte/Knof* WM 09, 1961.

281 Gottwald/*Haas/Kolmann/Kurz,* Insolvenzrechts-Handbuch, § 90 Rn. 463. – Ausf zum früheren Recht v. Gerkan/Hommelhoff/*Dauner-Lieb* Rn. 4.9 ff.

282 Krit. zB *Wittig* FS K Schmidt, 10, S. 1743, 1751 f.

283 *Haas* ZInsO 07, 617, 624 f.

higkeit oder Überschuldung. Gemeint ist ein Anteilserwerb im Zeitraum ab Eintritt einer drohenden Zahlungsunfähigkeit (§ 18 InsO) bis zur materiellen Insolvenz durch Überschuldung gem. § 19 InsO (→ vor § 64 Rn. 23 ff.) oder durch Zahlungsunfähigkeit gem. § 17 InsO (→ vor § 64 Rn. 75 ff.). Soweit es dabei um Prognoseelemente geht, muss zur Vermeidung logischer Friktionen bei der Feststellung der Insolvenzgründe iR von § 39 IV 2 InsO die potenzielle Beitrittsmaßnahme außer Betracht bleiben.[284]

Drohende Zahlungsunfähigkeit liegt vor, wenn iR einer Zukunftsprognose die Wahrscheinlichkeit, dass die Gesellschaft künftig zahlungsunfähig (§ 17 InsO) wird, größer ist (also mehr als 50 vom Hundert) als die fortbestehende Zahlungsfähigkeit.[285] Die Bestimmung des Prognosezeitraums ist umstr.[286] Zutr. erscheint, dass der Prognosezeitraum mit der Finanzplanung der Gesellschaft zusammenhängt und bis zum spätesten Fälligkeitstermin der bereits bestehenden Zahlungspflichten läuft.[287] Bei langfristigen Verbindlichkeiten zB aus bestehenden Dauerschuldverhältnissen erstreckt sich der Zeitraum bis zur Fälligkeit der letzten gegenwärtig bestehenden Verbindlichkeit,[288] rglm über das laufende u. das folgende Geschäftsjahr.[289] 88

Vor diesem Hintergrund vermag die Einschätzung, der Verzicht des § 39 IV 2 InsO nF auf das in § 32 a III 3 aF enthaltene Krisenmerkmal verenge das Zeitfenster für vorinsolvenzliche Sanierungen,[290] nicht ganz zu überzeugen.[291] Problematisch ist eher, dass in der Praxis eine eingetretene drohende Zahlungsunfähigkeit im Rechtssinne (§ 18 InsO) regelmäßig zu spät erkannt wird, weil es zB überhaupt keine oder keine ordnungsgemäße Finanzplanung gibt (s. hierzu → vor § 64 Rn. 4 ff.). 89

b) Privilegierter Personenkreis. Wer bereits vorher Gesellschafter war (Alt-Gesellschafter) u. nicht die Voraussetzungen des Kleinbeteiligungsprivilegs des § 39 V InsO nF (→ Rn. 76 ff.) erfüllte, kann nach dem Willen des Gesetzgebers nicht in den Genuss des Sanierungsprivilegs kommen.[292] Seine 90

---

284 Zutr. *Bitter* ZIP 13, 398, 399.
285 BGH ZInsO 18, 381 Rn. 45 ff.; HambK-InsO/*Schröder*, § 18 Rn. 11; Jaeger/*Müller*, InsO, § 18 Rn. 14; HeidelbergerKommInsO/*Rüntz/Laroche*, § 18 Rn. 12.
286 Überblick zB bei HambK-InsO/*Schröder*, § 18 Rn. 12; *K Schmidt* InsO § 18 Rn. 14 f.; AG Hamburg ZIP 12, 1776; offengelassen von BGH ZInsO 14, 1326 Rn. 33.
287 OLG Hamm ZInsO 10, 1006; aA noch 2. Aufl.
288 OLG München ZIP 13, 1123; HeidelbergerKommInsO/*Rüntz/Laroche*, § 18 Rn. 7.
289 ; Jaeger/*Müller*, InsO, § 18 Rn. 7; Kübler/Prütting/Bork/*Pape*, InsO, § 18 Rn. 9; *Uhlenbruck*, InsO, § 18 Rn. 10; IDW S 11 Rn. 93. – Für eine Ausweitung des Prognosezeitraums *Bitter* ZIP 13, 398, 399; aA (Prognosefähigkeit im Einzelfall) HambK-InsO/*Schröder*, § 18 Rn. 13.
290 Baumbach/Hueck/*Fastrich* 20. Aufl. Rn. 73; *Gehrlein* BB 08, 846, 851; *ders.* NZI 12, 257, 259; *Wittig* FS K Schmidt, 10, S. 1743, 1753.
291 Zust. *Bitter* ZIP 13, 398; Scholz/*ders.* Anh. § 64 Rn. 113.
292 Baumbach/Hueck/*Haas* Anh. § 64Rn 118; *Gehrlein*/Born/Simon Vor § 64 Rn. 311; Gottwald/*Haas*/*Kolmann*/*Kurz*, Insolvenzrechts-Handbuch, § 90 Rn. 465; Kübler/Prütting/Bork/*Preuß* InsO § 39 Rn. 59 ff.; *K Schmidt*/*Herchen* § 39 Rn. 45; Scholz/*Bitter* Anh. § 64 Rn. 117, 119; Ulmer/*Habersack* Rn. 68; krit. bzw. weitergehend Roth/*Altmeppen* Rn. 100 ff.; *ders.* NJW 08, 3601, 3605; Kübler/Prütting/Bork/*Preuß*, InsO, § 39 Rn. 51.

Segnungen kommen also **nur Neugesellschaftern** oder **nicht geschäftsführenden Altgesellschaftern** zugute, deren Beteiligung den maßgeblichen Schwellenwert nicht überschritt.[293] Ob es sich um „normale" Gesellschafter, Banken oder professionelle Sanierer handelt, hat keine Relevanz.[294] Altgesellschafter, deren Forderungen den Hauptfall des § 39 I Nr. 5 InsO darstellen, können sich der Nachrangigkeit nicht nachträglich durch Hinzuerwerb weiterer Anteile entziehen.[295] Dieses Ergebnis verdient Zustimmung,[296] weil es um die Privilegierung des unternehmerischen Neubeginns bzw. um den Anreiz einer Unterstützung zum Unternehmenserhalt gehen soll.[297] **Überlegenswert** wäre allenfalls, **Altgesellschaftern** im Hinblick auf **neue u. objektiv taugliche Sanierungsdarlehen** das **Sanierungsprivileg** zu eröffnen. Der Gesetzeswortlaut des § 39 IV 2 InsO knüpft jedoch nicht an die Gewährung eines Sanierungsdarlehens, sondern an den Erwerb einer Sanierungsbeteiligung an.[298]

91 c) **Anteilserwerb: Finanzierungsentscheidung.** Der Beteiligungserwerb muss **zum Zwecke der Sanierung** erfolgen (→ Rn. 95 f.).[299] § 39 IV 2 InsO will nach seinem Sinn keine Spekulationen auf Kosten der Gläubiger privilegieren, sondern nur seriöse Sanierungsversuche fördern.[300]

293 Begr. RegE BT-Drs. 16/6140, S. 138; HeidelbergerKommInsO/*Kleindiek*, § 39 Rn. 60; *Gehrlein* WM 11, 577, 584; Graf-Schlicker/*Neußner* § 39 Rn. 31; K. Schmidt/*ders./Herchen* § 39 Rn. 45; *Wittig* FS K Schmidt, 10, S. 1743, 1755; zum früheren Recht *Lutter/Hommelhoff* §§ 32a/b Rn. 80; Scholz/*K Schmidt*, 10. Aufl., §§ 32a/b Rn. 214; Ulmer/*Habersack* §§ 32a/b Rn. 200.

294 Gottwald/*Haas/Kolmann/Kurz*, Insolvenzrechts-Handbuch, § 90 Rn. 465 mwN; Ulmer/*Habersack* Rn. 68; Roth/*Altmeppen* Rn. 98; schon zum früheren Recht LG Erfurt ZIP 01, 1673, 1676; v. Gerkan/Hommelhoff/*Dauner-Lieb* Rn. 4.42; *Löwisch* Rn. 425.

295 So schon zum früheren Recht die hM, zB Baumbach/Hueck/*Fastrich*, 18. Aufl., § 32 a Rn. 19; *Lutter/Hommelhoff*, 16. Aufl., §§ 32a/b Rn. 80; Scholz/*K Schmidt*, 10. Aufl., §§ 32a/b Rn. 214; Ulmer/*Habersack* Rn. 65; *Löwisch* Rn. 427; *Dauner-Lieb* DStR 98, 1517, 1520; aA Roth/*Altmeppen* Rn. 100 ff.; *Breidenstein* ZInsO 10, 273, 276; *Haas* ZInsO 07, 617, 625; *Gehrlein* BB 08, 846, 851; krit. auch *Wittig* FS K Schmidt, 10, S. 1743, 1751 f.

296 Ebenso Graf-Schlicker/*Neußner* § 39 Rn. 31; *K Schmidt/Herchen* InsO § 39 Rn. 45; aA Baumbach/Hueck/*Haas* Anh. § 64 Rn. 116 a.

297 HeidelbergerKommInsO/*Kleindiek*, § 39 Rn. 60.

298 Baumbach/Hueck/*Haas* Anh. § 64 Rn. 116 a; Bork/Schäfer/*Thiessen* Rn. 52; Ulmer/*Habersack* Rn. 65; Gottwald/*Haas/Kolmann/Kurz*, Insolvenzrechts-Handbuch, § 90 Rn. 464; *Gehrlein* WM 11, 577, 584; *ders.* NZI 12, 257, 259. – Zum alten Recht *Goette/Kleindiek* Rn. 169 ff.; v. Gerkan/Hommelhoff/*Dauner-Lieb* Rn. 4.32; *dies* DStR 98, 1517, 1519. – Für die Erstreckung auf Altgesellschafter gleichwohl Baumbach/Hueck/*Haas* Anh. § 64 Rn. 116 a; Roth/*Altmeppen* Rn. 100 ff.; *ders.* NJW 08, 3601, 3605; *Hirte* ZInsO 08, 146, 149; Kübler/Prütting/Bork/*Preuß*, InsO, § 39 Rn. 51.

299 Roth/*Altmeppen* Rn. 104; *Wittig* FS K Schmidt, 10, S. 1743, 1753 (Änderung ggü Wortlaut des § 32 a III 2 aF beruht auf redaktionellen Gründen ohne inhaltliche Änderung).

300 Gottwald/*Haas/Kolmann/Kurz*, Insolvenzrechts-Handbuch, § 90 Rn. 469; Scholz/*Bitter* Anh. § 64 Rn. 121 f.; schon zum alten Recht OLG Düsseldorf GmbHR 04, 564; *Goette/Kleindiek* Rn. 175; *Dauner-Lieb* DStR 98, 1517, 1522 f.; v. Gerkan/Hommelhoff/*dies* Rn. 4.55 ff.

Erfasst ist nicht nur der **Anteilserwerb im Wege der Kapitalerhöhung**, zB iVm einem *Debt-to-Equity-Swap*,[301] sondern auch der **derivative Erwerb des Anteils eines Altgesellschafters.**[302] Der Umfang der Beteiligung spielt keine Rolle. Eigenen Regelungsgehalt erlangt die Vorschrift jedoch nur für solche Fälle, in denen nicht kumulativ auch die Voraussetzungen des Kleinbeteiligungsprivilegs erfüllt sind, **also bei Überschreiten der zehnprozentigen Schwelle** oder bei gleichzeitiger **Übernahme einer geschäftsführenden Position.** 92

Ein solcher Beteiligungserwerb führt dazu, dass bereits zuvor gewährte Darlehen, obgleich nunmehr Kreditgeber- u. Gesellschafterrolle zusammenfallen, nicht den insolvenz- u. anfechtungsrechtlichen Sonderregeln unterfallen. Der Beteiligungserwerb hat somit keine Verschlechterung der bisherigen Lage zur Folge. Als **Sanierungsbeitrag** kann man insoweit auch verstehen, dass im Zusammenhang mit dem Anteilserwerb eine vorherige **Finanzierungshilfe nicht abgezogen wird.**[303] Das Sanierungsprivileg gelangt auch dann zur Anwendung, wenn eine Tochtergesellschaft des Kreditgebers Anteile erwirbt.[304] Ebenso gelangt die Privilegierung des § 39 IV 2 InsO zur Anwendung, wenn eine Finanzierungshilfe erst nach Erwerb einer Gesellschafterstellung zum Zwecke der Sanierung erfolgt.[305] Nach seinem Sinn u. Zweck greift das Sanierungsprivileg ferner, wenn das Unternehmen auf eine Auffanggesellschaft übertragen wird, an welcher die bisherigen Altgesellschafter nicht beteiligt sind, u. die Auffanggesellschaft Verbindlichkeiten der Alt-Gesellschaft ggü. ihren nunmehrigen Gesellschaftern übernimmt.[306] 93

Geht eine **bereits bestehende Forderung eines Altgesellschafters**, für den weder Kleinbeteiligten- noch Sanierungsprivileg galten, auf einen Neugesellschafter zum Zwecke der Sanierung über, kann allein dadurch das Sanierungsprivileg nicht zur Anwendung gebracht werden. Die Forderung u. etwaige Tilgungs- u. Sicherungsleistungen unterliegen weiterhin u. während der Fristen der § 135 InsO, § 6 AnfG dem latenten Rückstufungs- u. Anfechtungsrisiko (§§ 404, 412 BGB).[307] Daneben haftet der Altgesellschafter gesamtschuldnerisch (→ Rn. 52, 55). 94

---

301 K Schmidt/Uhlenbruck/*Wittig*, 4. Aufl., Die GmbH in Krise, Rn. 2.270 ff.; *ders.* FS Uhlenbruck, 00, S. 685 ff.; *Himmelsbach/Achsnik* NZI 06, 561 ff.; *Halász/Kloster* WM 06, 2152 ff.; *Sydow/Beyer* AG 05, 635 ff.; *Toth-Feher/Schick* ZIP 04, 491 ff. – Zu den Erleichterungen des Debt-Equity-Swaps durch das MoMiG: *Büchel* GmbHR 07, 1065; *Gsell* BB 07, 2241; *Maier-Reimer/Wenzel* ZIP 08, 1449.

302 Baumbach/Hueck/*Haas* Anh. § 64 Rn. 119; Gottwald/*Haas/Kolmann/Kurz*, Insolvenzrechts-Handbuch, § 90 Rn. 466; *Wittig* FS K Schmidt, 10, S. 1743, 1751; so schon zum alten Recht OLG Düsseldorf GmbHR 04, 564 ff.; Ulmer/*Habersack* Rn. 66; *Goette/Kleindiek* Rn. 171; *Pichler* WM 99, 411, 414.

303 Wie hier (Privilegierung von Alt- wie auch Neukrediten) auch *Goette/Kleindiek* Rn. 168; möglicherweise aA Roth/*Altmeppen* § 30 Anh. Rn. 103: Sanierungsprivileg nur bei Gewährung eines Sanierungskredits.

304 Zum früheren Recht v. Gerkan/Hommelhoff/*Dauner-Lieb* Rn. 4.41.

305 *Wittig* FS K Schmidt, 10, S. 1743, 1755 f.; zum früheren Recht schon Ulmer/*Habersack* §§ 32a/b Rn. 201.

306 Vgl. hierzu *Blöse* ZIP 11, 1191, 1192 f.

307 Baumbach/Hueck/*Haas* Anh. § 64 Rn. 121.

95 Da eine Sanierung ohne *„fresh money"* nur selten gelingen dürfte,[308] liegt die eigentliche praktische Bedeutung der Vorschrift darin, dass zum Zwecke der Sanierung auch **neu gewährte Darlehen u. vergleichbare Finanzierungshilfen** nicht dem latenten Rückstufungs- u. Anfechtungsrisiko ausgesetzt sind. Die Berufung auf das Sanierungsprivileg des § 39 IV 2 InsO bewahrt allerdings nicht vor einer etwaigen Haftung wegen **sittenwidriger Gläubigergefährdung gem. § 826 BGB.**[309] IErg wird es jedem Sanierungsgesellschafter daher zu empfehlen sein, dass er die Sanierungsfähigkeit u. -würdigkeit einschl. des Sanierungsplans von einem neutralen Sachverständigen überprüfen lässt u. dies entspr. dokumentiert.[310]

96 Zum Zwecke der Sanierung[311] bedeutet, dass Anteilserwerb u. insbes. der Beteiligungserwerb subjektiv mit **Sanierungswillen** erfolgen muss.[312] Dies genügt jedoch nicht:[313] Ergänzend müssen in **objektiver Hinsicht**[314] hinzukommen einerseits die **Sanierungsfähigkeit** der Gesellschaft u. andererseits die **Eignung der Finanzierungshilfe**, im Zusammenspiel mit anderen Maßnahmen[315] eine durchgreifende Sanierung der Gesellschaft in überschaubarer Zeit herbeizuführen.[316] Dies beurteilt sich allein aus der **objektiven ex-ante-Sicht** eines **neutralen Betrachters** im Zeitpunkt der Gewährung der Finanzierungshilfe.[317] Die **Darlegungs- u. Beweislast** trägt jeweils der Gesellschafter, der sich insoweit auf eine Ausn. beruft.[318] Ohne Sachverständigengutachten, welches zugleich den subj Tatbestand belegt, dürfte dieser Nachweis kaum gelingen.[319] Praktisch bieten die Empfehlungen des Instituts der Wirtschaftsprüfer zur Gewährung von Sanierungskrediten sowie die Einbindung in ein Sanierungskonzept gem. IDW S 6 hilfreiche Anhaltspunkte.

---

308 Ebenso Roth/*Altmeppen* Rn. 103; *Bork* ZGR 07, 250, 258; *Haas* ZInsO 07, 617, 624; aA *Breidenstein* ZInsO 10, 273, 276.

309 Zum Gleichlauf von Sanierungsprivileg u. § 133 InsO vgl. *Gehrlein* NZI 12, 257, 260; *Prütting* ZIP 13, 204, 208.

310 Hierzu Gottwald/*Haas/Kolmann/Kurz*, Insolvenzrechts-Handbuch, § 90 Rn. 470; OLG Düsseldorf GmbHR 04, 564 ff.; *Neuhoff* NJW 98, 3225, 3230; *Wittig* FS K Schmidt, 10, S. 1743, 1754. – Grundlegend zu den Anforderungen an Sanierungskonzepte BGH WM 16, 1182 ff.; hierzu *Reiner* WM 18, 1162 ff.; kritisch *Schönfelder* WM 18, 1630 ff.; zur Haftung bei Gesellschafter-Neukreditgewährung in Sanierungssituationen vgl. Staudinger/*Oechsler* BGB § 826 Rn. 314, 363 ff.

311 S dazu BGH NJW 06, 1283.

312 *Goette* DStR 06, 387 ff.; *Pentz* ZIP 06, 1169 ff.

313 BGH WM 16, 1182 ff.; BGHZ 165, 106 Rn. 14 f.; ZIP 04, 1049; OLG Köln GmbHR 10, 251; *Goette/Kleindiek* Rn. 175.

314 Krit. dazu *Wittig* FS K Schmidt, 10, S. 1743, 1754 f.

315 Offen gelassen von *Ganter* WM 11, 1585, 1593.

316 Bork/Schäfer/*Thiessen* Rn. 53; *Altmeppen* NJW 08, 3601, 3603; Gottwald/*Haas/Kolmann/Kurz*, Insolvenzrechts-Handbuch, § 90 Rn. 469; *Gehrlein* NZI 12, 257, 259; *ders.* WM 11, 577, 584; *ders.*/Ekkenga/Simon Vor § 64 Rn. 136 f.; *Haas* ZInsO 07, 617, 625; schon zum alten Recht BGHZ 165, 106; OLG Düsseldorf ZIP 04, 508; *Lutter/Hommelhoff*, 16. Aufl., §§ 32a/b Rn. 84; v. Gerkan/Hommelhoff/*Dauner-Lieb* Rn. 4.55 ff.

317 OLG Düsseldorf GmbHR 04, 564 ff.; Gottwald/*Haas/Kolmann/Kurz*, Insolvenzrechts-Handbuch, § 90 Rn. 469; *Goette/Kleindiek* Rn. 172, 175.

318 *Goette* DStR 06, 387 ff.; *Pentz* ZIP 06, 1169 ff.; *Wittig* FS K Schmidt, 10, S. 1743, 1754.

319 IErg ebenso Bork/Schäfer/*Thiessen* Rn. 53.

Hinweis: Es empfiehlt sich, im Zeitpunkt des Beteiligungserwerbs bereits auf entspr. Dokumentation des Sanierungskonzepts zu achten.

d) Umfang und Dauer der Privilegierung. Das Sanierungsprivileg wird nach dem Wortlaut des § 39 IV 2 InsO nur bis **zur nachhaltigen Sanierung** gewährt.[320] Danach erlischt es. Die Anwendung der insolvenz- u. anfechtungsrechtlichen Sonderregeln setzt jedoch eine Insolvenz voraus, welche die Folge einer gescheiterten Sanierung sein kann, aber auch durch ein späteres, gesondertes Ereignis nach zwischenzeitlich erreichter Sanierung herbeigeführt sein mag. 97

Dieser Regelungszusammenhang bedeutet, dass der Gesellschafter **bei Erreichen einer nachhaltigen Sanierung zeitnah seine Finanzierungshilfe abziehen** muss, sie also nicht stehen lassen darf.[321] Eine etwaige Tilgungs- oder Sicherungsleistung unterliegt, weil § 39 I Nr. 5 InsO keine Anwendung finden soll, jedenfalls nicht der korrespondierenden Anfechtung gem. § 135 I InsO, aber ggf. anderen Anfechtungstatbeständen wie insbes. § 133 I InsO.[322] Ohne Abzug der Finanzierungshilfe erlischt das Sanierungsprivileg wieder.[323] Ein zum Zwecke eines letztlich **erfolglosen Sanierungsversuchs** gewährtes Darlehen bleibt aber nach hier vertretener Ansicht **im Fall des Scheiterns** (also ohne zwischenzeitlich eingetretene nachhaltige Sanierung) privilegiert, ohne dass es einer gesonderten Kündigungserklärung aus Anlass der Insolvenz bedarf.[324] Um die Rangstufe des § 38 InsO zu erhalten, besteht keine Verpflichtung des Gesellschafters, durch Fälligstellung seines Gesellschafterdarlehens den Eintritt der Insolvenz auch noch zu beschleunigen bzw. das Scheitern der Sanierung zu dokumentieren. (Wird mangels Kündigung dann auch keine Forderung befriedigt, bedeutet dies im wirtschaftlichen Ergebnis freilich auch, dass der Gesellschafter auf die Nicht-Anwendbarkeit des § 135 I Nr. 2 InsO u. etwaige insolvenzanfechtungsrechtliche Vorteile verzichtet.) Die Privilegierung entfällt nach dem Wortlaut mit Eintritt einer nachhaltigen Sanierung; erst danach kann es durch weiteres Stehenlassen der Forderung zu den latenten Risiken insbes. der §§ 39 I Nr. 5, 135 InsO kommen. 98

Von einer **Sanierung** kann man sprechen, wenn nicht nur die Insolvenzgründe einer drohenden oder eingetretenen Zahlungsunfähigkeit (§§ 17, 18 InsO), sondern auch die einer Überschuldung (§ 19 InsO) beseitigt sind. **Nachhaltigkeit** meint „längere Zeit anhaltend". Einen ersten Anhaltspunkt bietet die gesetzgeberische Wertung des § 135 I Nr. 2 InsO bzw. § 6 I 1 Nr. 2 AnfG, also eine **Dauer von einem Jahr.**[325] Wenn aber das Gesetz zum Erhalt des Sanierungsprivilegs den Abzug der Finanzierungshilfe verlangt, dann wird man zur Vermeidung offensichtlich nicht gewollter Ergebnisse eine **Sanierung** jedenfalls erst als dann **abgeschlossen** betrachten können, wenn das **Unternehmen** wieder **objektiv in der Lage ist, ohne Insolvenzrisi-** 99

320 Vgl. hierzu *Gehrlein* WM 11, 577, 584 f.
321 Roth/*Altmeppen* Rn. 108 ff.
322 Vgl. dazu *Ganter* WM 09, 1441, 1447 ff.
323 IErg auch Baumbach/Hueck/*Haas* Anh. § 64 Rn. 122; Roth/*Altmeppen* Rn. 110 f.
324 Offen gelassen bei Baumbach/Hueck/*Fastrich* 20. Aufl. Rn. 76; Gottwald/*Haas/Kolmann/Kurz*, Insolvenzrechts-Handbuch, § 90 Rn. 472.
325 Für nachhaltige Kreditwürdigkeit zB Kübler/Prütting/Bork/*Preuß*, InsO, § 39 Rn. 53; *Wittig* FS K Schmidt, 10, S. 1743, 1758.

ko die gewährte Finanzierungshilfe zurückzuführen.[326] Insoweit wird man sich auch an dem im Sanierungsplan niedergelegten Zeitplan orientieren können, wobei den Gesellschaftern freilich der Nachweis einer andauernden Sanierungssituation offen steht.[327]

100 Nach der hier vertretenen Auffassung können diejenigen Gesellschafter, die bereits im Zusammenhang mit einem ersten Sanierungsversuch das Privileg in Anspruch nahmen, in einem **zweiten Sanierungsversuch** (also nach zwischenzeitlich abgeschlossener, nachhaltiger Sanierung und erneuter Krise) nicht erneut in Anspruch nehmen, es sei denn, dass sie unterdessen die Gesellschaftereigenschaft verloren haben.[328] Denn Alt-Gesellschaftern steht das Sanierungsprivileg nicht offen. Rechtspolitisch gibt es hierzu auch keinen Anlass.[329] Denn die Notwendigkeit eines zweiten Sanierungsversuchs spricht jedenfalls *prima facie* dafür, dass eine erfolgreiche Unternehmensfortführung die Zufuhr von Risikokapital verlangt.

101 **e) Erstreckung auf Dritte.** Das Sanierungsprivileg gilt auch für **Dritte**, deren Finanzierungshilfe **einem Gesellschafterdarlehen wirtschaftlich entspricht.**[330] Wer allerdings schon bislang einem Gesellschafter wirtschaftlich gleichsteht, kann durch Erwerb der Gesellschafterstellung keine Privilegierung erlangen.[331]

6. Ausnahme: Unternehmensbeteiligungsgesellschaften, Finanzmarktstabilisierungsfonds[332]

102 **§ 24 UBGG** bestimmt, dass § 39 I Nr. 5 InsO u. damit auch die hierauf Bezug nehmenden Regelungen der §§ 44 a, 135, 143 III InsO, §§ 6, 6 a, 11 III AnfG unanwendbar sind auf Darlehen u. wirtschaftlich einem Darlehen entspr. Rechtshandlungen, die eine Unternehmensbeteiligungsgesellschaft bzw. deren Gesellschafter einem von ihr gehaltenen Unternehmen gewährt.[333] Dahinter steht die Überlegung, jungen u. innovativen sowie kleineren u. mittleren Unternehmen eine bessere Finanzierungsausstattung zu ermöglichen. Durch § 18 FMStBG hat der Gesetzgeber ferner ein stark erweitertes Sanierungsprivileg geschaffen zugunsten des **Finanzmarktstabilisierungsfonds** u. aller damit zusammenhängenden Rechtsträger, die sich unmittelbar oder mittelbar der öffentlichen Hand zuordnen lassen. Unternehmen des Finanzsektors sollen bei ihrer Rekapitalisierung nicht durch das Anfechtungs- u. Insolvenzrecht beeinträchtigt werden.[334]

---

326 *Wittig* FS K Schmidt, 10, S. 1743, 1756 ff.; ähnlich BankenK-InsO/*Zenker* § 39 Rn. 50.
327 Gottwald/*Haas*/*Kolmann*/*Kurz*, Insolvenzrechts-Handbuch, § 90 Rn. 472.
328 IErg auch Scholz/*Bitter* Anh. § 64 Rn. 129.
329 AA Roth/*Altmeppen* Rn. 100 ff.
330 Baumbach/Hueck/*Haas* Anh. § 64 Rn. 118.
331 So schon zum bisherigen Recht Scholz/*K Schmidt,* 10. Aufl., §§ 32 a, 32 b Rn. 216; bedenkenswert zum atypischen Pfandrecht jedoch HeidelbergerKomm-InsO/*Kleindiek,* § 39 Rn. 64; iErg auch Baumbach/Hueck/*Haas* Anh. § 64 Rn. 118.
332 Zu § 25 V, VI DMBilG s. Baumbach/Hueck/*Fastrich* 20. Aufl. Rn. 126; MüKo-GmbHG/*Ekkenga* § 30 Rn. 274.
333 Baumbach/Hueck/*Haas* Anh. § 64 Rn. 123; Bork/Schäfer/*Thiessen* Rn. 55; Gottwald/*Haas*/*Kolmann*/*Kurz*, Insolvenzrechts-Handbuch, § 90 Rn. 463.
334 Bork/Schäfer/*Thiessen* Rn. 57.

IV. Sachlicher Anwendungsbereich

1. Darlehen

a) **Allgemeines.** Erfasst sind vom Gesellschafter oder einem gleichgestellten Dritten (→ Rn. 57 ff.) gewährte **Gelddarlehen** (§ 488 I BGB) wie **Sachdarlehen** (§ 607 BGB), die es von der Nutzungsüberlassung abzugrenzen gilt (→ Rn. 192 ff.). Auch Mezzanine-Kapital kann hierzu gehören.[335] **Partiarische Darlehen, Beteiligungsdarlehen** sowie **Konsortialkredite** (zumindest iH des Anteils des Gesellschafters) fallen ebenso in den sachlichen Anwendungsbereich[336] wie die Inhaberschuldverschreibung.[337] Die Verzinsung der Kreditgewähr stellt kein Tatbestandselement dar, so dass auch **zinslose Gefälligkeitshilfen** Darlehen iSd § 39 I Nr. 5 InsO sein können.[338] Auf den zugrunde liegenden **Rechtsgrund** der Krediteinräumung kommt es nicht an.[339] Er kann sich aus dem Gesellschaftsvertrag, aus einer Gesellschaftervereinbarung oder aus einem Drittgeschäft[340] ergeben, er **kann** aber auch – bei nichtigem Rechtsgeschäft – **gänzlich fehlen.**[341] – Zur Dauer des Darlehens → Rn. 106 a ff. 103

Auch eine eingeräumte Kreditlinie iSe Dauerschuldverhältnisses, zB ein (Lieferanten-) Kontokorrentkredit oder das Verrechnungskonto in einem Cash-Pool, kann ein Darlehen darstellen. Demzufolge unterliegen nicht die einzelnen Gesellschafterforderungen dem Gesellschafterdarlehen, sondern die Kreditlinie. Denn über diese Linie hinausgehend sollte keine Finanzierung erfolgen. Wird die Linie jedoch regelmäßig überschritten, stellt die nunmehr hM nicht mehr auf den durchschnittlichen Saldo der dem Recht der Gesellschafterfremdfinanzierung unterworfenen Finanzierungshilfe ab.[342] Vielmehr kommt es auf den höchsten zurückgeführten Darlehensstand, also den Höchststand der Kreditierung binnen Jahresfrist abzüglich des ohnehin von § 39 I Nr. 5 InsO erfassten Endsaldos, an, weil dies dem vom Gesellschafter übernommenen Insolvenzrisiko entsprechen soll.[343] Auch bei **mehrfach u. kurzfristig, ähnl einem Kontokorrent ausgereichten Krediten** soll es auf die höchste jemals ausgereichte Summe ankommen,[344] sofern die einzelnen kurzfristigen Kredite **in einem inneren Zusammenhang** 104

335 Vgl. *Budde* ZInsO 10, 2251, 2258 ff.
336 Baumbach/Hueck/*Haas* Anh. § 64 Rn. 74; *Geßler* BB 80, 1391.
337 BGH ZIP 19, 666 Rn. 56 ff., 60 (offenlassend, ob als Darlehen oder wirtschaftlich dem Darlehen vergleichbar); Uhlenbruck/*Hirte* § 39 Rn. 37.
338 Gottwald/*Haas/Kolmann/Kurz*, Insolvenzrechts-Handbuch, § 90 Rn. 431. – Zum alten Recht Michalski/*Heidinger* §§ 32a/32 b aF Rn. 99.
339 Baumbach/Hueck/*Haas* Anh. § 64 Rn. 75; Ulmer/*Habersack* Rn. 50. – Zur abw. Rechtslage vor MoMiG BGH NZG 10, *906* Rn. 17 mwN.
340 Zur nachträglichen Vereinbarung für eine aus anderem Rechtsgrund stammende Forderung vgl. BAG ZIP 14, 927 Rn. 14.
341 Gottwald/*Haas/Kolmann/Kurz*, Insolvenzrechts-Handbuch, § 90 Rn. 475; zum früheren Recht Scholz/*K Schmidt*, 10. Aufl., §§ 32a/b Rn. 121.
342 Baumbach/Hueck/*Fastrich* 20. Aufl. Rn. 63; Scholz/*K Schmidt* Nachtrag MoMiG §§ 32a/b aF Rn. 42. So zum früheren Eigenkapitalersatzrecht BGH NJW 95, 457, 458; OLG Hamburg GmbHR 06, 813.
343 BGH ZIP 19, 1577 Rn. 40 f.; WM 13, 708 Rn. 14 ff.; NJW 13, 3031 Rn. 33; ausführlich und weiterführend Scholz/*Bitter* Anh. § 64 Rn. 151 ff.; Gottwald/*Haas/Kolmann/Kurz*, Insolvenzrechts-Handbuch, § 90 Rn. 488.
344 BGH WM 13, 708 Rn. 16 ff., 26.

stehen.[345] Andernfalls soll jeder einzelne Kredit für sich betrachtet werden müssen.[346] Warum die vorstehenden Ausführungen nicht auch für solche aufeinanderfolgende Finanzierungen gelten sollen, die binnen Jahresfrist jeweils gewährt und zurückgezahlt wurden, ohne jeweils in innerem Zusammenhang zu stehen, vermag nicht zu überzeugen. Denn auch insoweit hat der Kreditgeber ein Insolvenzrisiko nur sequentiell im Umfang des jeweiligen Höchstbetrages übernommen, aber nicht kumulativ.[347]

105 Vorstehende Bewertung bedarf nach hier vertretener Auffassung insoweit einer weiteren Einschränkung, als auch der jeweilige Höchststand einer Forderung eine dem Sonderrecht innewohnende **Finanzierungsfunktion (Kreditgewährung von gewisser Dauer)** haben muss (→ Rn. 106 a ff.). Vereinzelte Spitzen und Ausreißer sind also auszunehmen, selbst wenn sie über ein Hin- und Herzahlen innerhalb desselben Tages hinausgehen.[348] Diese Finanzierungsfunktion wird auch dann erfüllt, wenn zwar zB innerhalb eines Monats die Spitzenbelastung nur kurzfristig eintritt, jedoch dann regelmäßig wiederkehrend auch in den Folgemonaten. Denn hieran zeigt sich, dass es sehr wohl einen dauerhaften, externen Finanzierungsbedarf gibt, der entsprechend dem Normzweck (→ Rn. 27 ff.) nach der Geltung der Sonderregeln verlangt.

106 **b) Gewährung.** Das Darlehen muss allerdings **gewährt** sein iSv Valutierung. Das bloße Versprechen, zu einem späteren Zeitpunkt ein Darlehen hinzugeben, steht dem ebenso wenig gleich wie die nur ggü. der Gesellschaft eingegangene Verpflichtung, sie auf Anforderung von Verbindlichkeiten gegenüber Dritten freizustellen. Die Freistellungsverpflichtung aus einer kündbaren Patronatserklärung genügt folglich nicht, solange nicht der Gesellschafter einen Dritten befriedigt u. ihm daraus zustehende Regressansprüche gestundet hat.[349] Denn es kommt auf die Doppelrolle als Gesellschafter u. Kreditgeber an. Der Grundtatbestand des § 39 I Nr. 5 InsO knüpft zudem an den Rückgewähranspruch an.[350] Schon das frühere Eigenkapitalersatzrecht hatte lediglich ein Abzugsverbot begründet, jedoch **keine Pflicht, neue Eigenmittel zuzuführen**[351] bzw. zugesagte **Kreditmittel in der Krise zu leisten.**[352] Für das noch nicht erfüllte Versprechen über ein verzinsliches Darlehen gilt im Insolvenzfall § 103 InsO (vgl. auch § 108 II InsO). Zur sog. **Finanzplan-Finanzierung** s. → Rn. 230 ff.

---

345 BGH ZIP 14, 785 Rn. 4 ff.
346 IdS BGH ZIP 13, 1629 17 ff., 34, 36; ZIP 14, 785 Rn. 4, 6; ZIP 19, 1577 Rn. 99 ff.
347 Ähnlich Scholz/*Bitter* Anh. § 64 Rn. 154 ff.
348 Solche Hin- und Herzahlungen innerhalb desselben Tages nimmt auch der BGH bei der Bestimmung des Höchststands der Darlehens-Inanspruchnahme aus, vgl. BGH ZIP 19, 1577 Rn. 37 f.; wie hier Scholz/*Bitter* Anh. § 64 Rn. 162 mit Fn. 625.
349 Vgl. BGH ZIP 10, 2092, 2095; Bork/Schäfer/*Thiessen* Rn. 16.
350 Baumbach/Hueck/*Haas* Anh. § 64 Rn. 75; Gottwald/*Haas*/*Kolmann*/*Kurz*, Insolvenzrechts-Handbuch, § 90 Rn. 431. – Zum alten Recht s. BGH ZIP 94, 1441; 96, 1829, 1830; GmbHR 97, 498, 499; OLG Düsseldorf AG 87, 181, 183.
351 Vgl. BGHZ 142, 116, 120; 133, 298, 303.
352 Vgl. BGH DStR 10, 2258, 2260 (zur Patronatserklärung); *K Schmidt* ZIP 99, 1241, 1244; anders noch OLG München ZIP 04, 2102, 2105; vgl. auch Uhlenbruck/*Hirte*, InsO, § 39 Rn. 38.

c) Dauer, Sonderfall Überbrückungskredit. Anlass, Zweck u. insbes. **Dauer** der Finanzierungshilfe sollen nach hM ebenfalls **unerheblich** sein.[353] Zum früheren Recht hatte der BGH entschieden, dass ein an der Insolvenzantragsfrist orientierter, also maximal dreiwöchiger (§ 15 a InsO) **Überbrückungskredit** nicht in den Anwendungsbereich des Eigenkapitalersatzrechts[354] fällt, wenn aufgrund der wirtschaftlichen Lage der Gesellschaft mit der kurzfristigen, fristgerechten (dh spätestens 3 Wochen nach Gewährung) Ablösung des Kredits objektiv (nicht subjektiv) zu rechnen war.[355] Der BGH hatte zunächst offengelassen, ob er unter Geltung des MoMiG an seiner früheren Rspr. festhält u. unter den genannten Voraussetzungen eine Ausn. anerkennt.[356] Mittlerweile hat der BGH klargestellt, dass aufgrund des eindeutigen Gesetzesverständnisses nach Inkrafttreten des MoMiG auch kurzfristige (Überbrückungs-)Kredite dem Nachrang u. der Anfechtbarkeit unterliegen.[357] Denn auch insoweit treffen **Gesellschafter- u. Kreditgeberrolle** zusammen; allein dies soll entscheidend sein. Ein solches Zusammentreffen kann sich auch iR eines Cash-Pools ergeben, ohne dass es um den Ausgleich eines strukturellen Liquiditätsproblems gehen muss.[358] Die Sonderregeln gelten nach hM ebenfalls,[359] u. zwar unabhängig davon, ob ein externer Dritter hierzu wegen guter Bonität der Gesellschaft gleichermaßen bereit gewesen wäre.[360] Das maßgebliche Argument lautet insoweit, der Gesellschafter habe tatsächlich zusätzliche Mittel von vornherein auf Zeit verschafft.[361] 106a

d) Notwendigkeit einer am Normzweck orientierten Finanzierungsfunktion? Diese Sichtweise schließt als Gesellschafterdarlehen iSd Sonderregeln auch sehr kurzfristige Kreditgewährungen (wenige Tage), ferner va Cash-Pool-Situationen ein, bei denen die kontokorrentgleichen Aus- u. Rückzahlungen von Zufälligkeiten abhängen und entsprechende Spitzen u. Ausschläge aufweisen. Hiergegen mehren sich nicht nur wegen des rechtlich vernachlässigbaren Bedürfnisses nach einer praxisnahen Handhabe, sondern vor allem aus grundsätzlichen und konzeptionellen Erwägungen heraus vor dem Hintergrund der Diskussion um die *ratio legis* der Sonderregeln (vgl. → Rn. 18 ff., 30 ff.) Bedenken.[362] Im Kern geht es um die Frage, ob für die Qualifikation als Gesellschafterdarlehen schon eine (formale) 107

---

353 BGH ZIP 13, 734 Rn. 14.
354 Zu dieser Fallgruppe im Eigenkapitalersatzrecht vgl. BGHZ 90, 381, 394; 133, 298; NJW-RR 90, 230, 232; NJW 95, 457; GmbHR 97, 890; NZG 07, 30; ZIP 10, 1443, 1446 Rn. 17; *Goette*, Die GmbH, § 4 Rn. 48; zurückhaltend zB Roth/*Altmeppen*, 7. Aufl., § 32 a aF Rn. 70 ff.
355 BGH NJW 84, 381, 394; 95, 457, 458; ZIP 97, 1648, 1650; 06, 2130; 10, 1443, 1446 Rn. 17; zul. 11, 1775, 1781 Rn. 67; vgl. Scholz/*K Schmidt*, 10. Aufl., §§ 32a/b Rn. 43.
356 BGH ZIP 10, 1443 Rn. 17; 11, 1775, 1781 Rn. 67; vgl. OLG Naumburg ZIP 11, 677, 679.
357 BGH ZIP 13, 734 Rn. 14; 13, 1629 Rn. 29; 14, 785 Rn. 1; aA mit abw. dogmatischem Ansatz (Finanzierungsfunktion) Scholz/*Bitter* Anh. § 64 Rn. 59 f.
358 Gottwald/*Haas*/*Kolmann*/*Kurz*, Insolvenzrechts-Handbuch, § 90 Rn. 489 f.
359 Baumbach/Hueck/*Haas* Anh. § 64 Rn. 74.
360 Baumbach/Hueck/*Haas* Anh. § 64 Rn. 75; offen SystPrKomm/*Barth*, Gesellschafterdarlehen, Rn. 27.
361 BGH NZG 19, 1026 Rn. 31; NZI 13, 483 Rn. 14; NJW 13, 3031 Rn. 29.
362 Prominent insbes. Scholz/*Bitter* Anh. § 64 Rn. 59 ff.

Subsumtion unter die Voraussetzungen des § 488 BGB etc genügt. Diese Bedenken werden zusätzlich gespeist durch die sich aus der Gesetzgebungshistorie ableitbare Notwendigkeit, in sich stimmige Abgrenzungskriterien für Gesellschafterdarlehen u. ihnen wirtschaftlich gleichgestellte Forderungen zu finden (vgl. → Rn. 10).[363]

108 Ein Beispiel von *Bitter*[364] bringt die Problematik der **verfassungsrechtlich gebotenen Gleichbehandlung** bzw. die Notwendigkeit, **einheitliche Maßstäbe für Geld- u. Warenkredite bzw. für Darlehen u. ihnen wirtschaftlich vergleichbare Forderungen** zu finden, auf den Punkt: Warum soll derjenige Gesellschafter, der sich den Kaufpreis für eine an die Gesellschaft verkaufte Sache sofort ausbezahlen lässt u. ihn im gleichen Moment für wenige Tage als Darlehen der Gesellschaft überlässt, anders behandelt werden als derjenige, der von vornherein für die Kaufpreisfälligkeit[365] eine Frist gewährt? Eine formalrechtliche Differenzierung vermag wertungsmäßig jedenfalls nicht zu überzeugen, weil der wirtschaftliche Gehalt des Sachverhalts identisch ist. Soll tatsächlich die gesellschafterseitige Überlassung eines Geldbetrages oder auch einer Sache (Sachdarlehen) an die Gesellschaft eine Gesellschafterfremdfinanzierungshilfe iSd Sondervorschriften schon dann darstellen, wenn dies nur wenige Tage dauerte, die Stundung zB einer Kaufpreisschuld aber erst bei einem Zahlungsziel von mehr als 4 Wochen (vgl. → Rn. 115 f.)? Der BGH hat die Problematik nochmals dadurch zugespitzt, dass die aus einem Verkehrsgeschäft herrührende Gesellschafterforderung erst dann zu einer darlehensgleichen Forderung wird, wenn sie über einen Zeitraum von mehr als drei Monaten (!) rechtsgeschäftlich oder faktisch zugunsten der Gesellschaft gestundet ist.[366]

109 **Stellungnahme:** Ein in sich schlüssiges, widerspruchsfreies Konzept ergibt sich im Anschluss an *Bitter,*[367] wenn die Mittelüberlassung durch den Gesellschafter **Risikoerhöhungsstrategien** zu seinen Gunsten u. ggf. zum Nachteil der Gläubiger (vgl. → Rn. 30 ff.) gestattet u. idS einer Kreditgewährung ähnl **Finanzierungscharakter**[368] aufweist. Eine Finanzierungsfunktion, wie sie Darlehen u. den wirtschaftlich einem Darlehen entspr. Forderungen nach Vorstellung des Gesetzgebers offenbar innewohnen soll, wird man jedoch typischerweise erst ab einer gewissen **Dauer u. Verlässlichkeit der Mittelüberlassung,** welche die Entwicklung einer Unternehmensstrategie ermöglicht, annehmen können. Erst dann kann die Gesellschaft auf der Basis einer strategischen Entscheidung der Gesellschafter in risikoreiche Projekte investieren, um damit die Rendite zugunsten der Gesellschafter zu steigern, notfalls auf Kosten der Gläubiger, weshalb es eines Regulativs bedarf (vgl. → Rn. 30 ff.). Die entsprechenden Kriterien dürften

363 Vgl. Scholz/*Bitter* Anh. § 64 Rn. 30 ff., 57 ff.; *ders./Laspeyres* ZInsO 13, 2289, 2291.
364 Scholz/*Bitter* Anh. § 64 Rn. 61; *ders./Laspeyres* ZInsO 13, 2289, 2291.
365 Ohne Eigentumsvorbehalt.
366 BGH NZG 19, 1192.
367 Scholz/*Bitter* Anh. § 64 Rn. 58 ff.; *ders./Laspeyres* ZInsO 13, 2289 ff.; Gottwald/*Hass/Kolmann/Kurz*, Insolvenzrechts-Handbuch, § 90 Rn. 456 f.
368 Vgl. auch HeidelbergerKommInsO/*Kleindiek,* § 39 Rn. 36: „Entscheidend ist aber die Finanzierungsfunktion…"; die Finanzierungsfunktion betonend auch BGH ZIP 19, 666 Rn 59.

freilich je nach Branche u. Geschäftsmodell unterschiedlich sein, so dass es zur Rechtsvereinfachung einer **typisierenden Betrachtung** bedarf. Dabei sollten für die Frage, wann Darlehen und ihnen wirtschaftlich gleichgestellte Forderungen diese Finanzierungsfunktion erhalten, einheitliche Kriterien gelten.

Als iSe **Vereinfachung** gebotene Abgrenzungsregel, ob bereits eine für die Anwendung der Sonderregeln erforderliche Finanzierung vorliegt, wird in Anlehnung an die Klassifizierung kurzfristiger Kapitalaufnahme in der Unternehmensfinanzierung ein Zeitraum von 90 Tagen vorgeschlagen.[369] Ein sich damit praktisch ergebender Dreimonats-Zeitraum ließe sich ferner in Anlehnung an § 488 III 2 BGB argumentieren, wonach die Kündigungsfrist bei einem nicht fristgebundenen Darlehen drei Monate beträgt.[370] Näher, gerade auch mit Blick auf den Abgrenzungsbedarf, wann die Nicht-Zahlung bei Verkehrsgeschäften Finanzierungsfunktion erlangt, dürfte liegen, sich an die **Bargeschäftskriterien des § 142 InsO** bzw. an den Kriterien des § 286 III BGB zu orientieren.[371] Für dieses deutlich strengere Abgrenzungskriterium streiten neben dem Schutzbedürfnis der Gläubiger der systematische Zusammenhang des § 142 InsO mit insolvenz- u. insbes. anfechtungsrechtlichen Vorschriften, aber auch die umgekehrte – u. somit wertungskonsistente – Erkenntnis, dass Bargeschäfte iSd § 142 InsO nicht vorliegen, wenn ein Kredit gewährt worden war.[372] Die Wertungen des Bargeschäftsprivilegs können somit eine normale „Leistungsaustausch-Beziehung" zwischen Gesellschafter u. Gesellschaft von einer Finanzierungshilfe abgrenzen.[373] Bspw. stellt es keine Finanzierungshilfe dar, wenn das Nutzungsentgelt zeitnah u. unmittelbar an die jeweilige Überlassungsperiode angrenzend geleistet wird. Zur dauerhaften Unterfinanzierung → Rn. 105. 110

Darlehen bzw. Finanzierungshilfen über eine kürzere Laufzeit wären aufgrund dieses typisierenden Verständnisses ebenso wie kurzfristige Stundungen, Fälligkeitsvereinbarungen oder Zahlungsziele bei Austauschverträgen gänzlich aus dem Anwendungsbereich der Sonderregeln auszuscheiden. Denn ihnen fehlt die nach der *ratio legis* der Sonderregeln erforderliche Finanzierungsfunktion u. es lässt sich vor dem Hintergrund der Gesetzgebungshistorie sowie der Wertungsgrundlagen der Sonderregeln nicht schlüssig erklären, warum es im Insolvenzfall zu einer Nachrangigkeit im Verhältnis zu Drittforderungen kommen soll. 111

Dieser Ansatz ist in sich stimmig, widerspruchsfrei u. tragfähig. Er vermeidet Divergenzen in der Behandlung von Geld- u. Warenkrediten einschl. der Forderungen aus Verkehrsgeschäften. Denn für alle Kategorien gelten einheitliche Regeln, wodurch die Abgrenzung erleichtert und eine Ungleichbehandlung vermieden wird. Der Ansatz fügt sich ferner unmittelbar in die Überlegungen des Gesetzgebers ein, nicht sämtliche Gesellschafter- 112

369 *Bitter/Laspeyres* ZInsO 13, 2289, 2294, 2291 Fn. 20.
370 Vgl. hierzu auch BGH NZG 19, 1192 Rn. 18.
371 IdS auch BGH NZA 14, 1227 Rn. 49 ff.; Gottwald/*Haas/Kolmann/Kurz*, Insolvenzrechts-Handbuch, § 90 Rn. 485 f.
372 BGH ZIP 03, 493; vgl. auch BGH ZIP 08, 232 Rn. 20; ferner NZI 14, 775 Rn. 50 f.; 15, 331, Rn. 70; NZG 19, 1192 Rn. 13.
373 Ebenso *Spliedt* ZIP 09, 149, 151.

forderungen den Sonderregeln zu unterstellen (→ Rn. 10). Zudem erfüllt er das Ziel der Vereinfachung, ein wesentliches Kriterium bei der Abschaffung der vormaligen Eigenkapitalersatz-Regeln u. ihrer Ersetzung durch die MoMiG-Regelungen (→ Rn. 8). Die Vereinfachung besteht darin, dass sie unterschiedslos, jedoch auf der Grundlage eines klaren Normzwecks, sämtliche Forderungen erfasst, die mind. 4 Wochen offen sind. Er vermeidet unbillige Härten, die sich aus Zufälligkeiten ergeben (vgl. hierzu → Rn. 107). Insoweit greift der Ansatz mit § 142 InsO bzw. § 286 III BGB schließlich auf bekannte Wertungen und Abgrenzungskriterien zurück.

113 Der BGH hat die Problematik bei seiner Entscheidung zu den Überbrückungskrediten unter MoMiG entweder übersehen oder nur eingeengt betrachtet unter dem Gesichtspunkt einer für das MoMiG nicht mehr geltenden, krisenbezogenen „Finanzierungsfolgenverantwortung“.[374] Er übergeht dabei, dass nach dem Willen des MoMiG-Gesetzgebers nur der „kapitalersetzende“, an die Krise anknüpfende Charakter einer Gesellschafterfinanzierung entfallen ist. Dass der Gesetzgeber damit alle Darlehensforderungen iSd § 488 BGB als von den Sonderregeln erfasst ansieht, bedarf jedoch einer am Normzweck orientierten, wertenden Betrachtung im Hinblick darauf, wann ein die Rückstufung (§ 39 I Nr. 5 InsO) rechtfertigender Finanzierungscharakter anzunehmen ist. Umgekehrt geht der BGH deutlich zu weit, wenn er für die Umqualifikation der Forderung aus einem Austauschgeschäft zu einer darlehensgleichen Forderung in Anlehnung an § 488 III 2 BGB eine Stundungswirkung von mehr als drei Monaten verlangt,[375] weil die Finanzierungsfunktion erst dann in den Vordergrund tritt, wenn die marktüblichen Zahlungsfristen deutlich überschritten werden; dies sei bei einer Abweichung von der 60-Tages-Grenze des § 271 a BGB als das maßgebliche gesetzliche Leitbild noch nicht der Fall.[376]

2. Forderungen aus Rechtshandlungen, die wirtschaftlich einem Darlehen entsprechen

114 Wirtschaftlich **dem Darlehen vergleichbare Finanzierungshilfen** fallen ebenfalls in den Anwendungsbereich, um dadurch **Umgehungsversuche** zu erfassen. Im Kern geht es um solche Leistungen, durch welche der unternehmerische Gesellschafter als originär Finanzierungszuständiger einen Finanzierungsbeitrag zugunsten der Gesellschaft erbringt. Solche Leistungen müssen weder auf eine Geldzahlung gerichtet sein noch eine rechtsgeschäftliche Grundlage haben. Ebenso wenig kommt es darauf an, ob dieselbe Finanzierungsleistung auch als Eigenkapital im Rechtssinne hätte eingelegt werden können.[377] Der BGH stellt darauf ab, ob das in Frage stehende Geschäft Grundlage für die zeitweise Überlassung von Geld oder Sachen ist.[378]

374 IdS auch Scholz/*Bitter* Anh. § 64 Rn. 62; *ders./Laspeyres* ZInsO 13, 2289 ff.
375 Vgl. BGH NZG 19, 1192.
376 Vgl. BGH NZG 19, 1192 Rn. 17 f.
377 Scholz/*K Schmidt*, 10. Aufl., §§ 32a/b Rn. 143 (zum früheren Recht); Gottwald/*Haas/Kolmann/Kurz*, Insolvenzrechts-Handbuch, § 90 Rn. 483; *Pentz* GmbHR 09, 510; widersprüchlich BGH NJW 09, 2375, 2378.
378 BGH ZIP 19, 666 Rn. 59.

Nach teilw. vertretener Ansicht verlangte die notwendige **Finanzierungsentscheidung,** welche die Kreditgewährung von anderen, nicht erfassten Forderungen des Gesellschafters abgrenzt (→ Rn. 10), dass die vereinbarte oder hinausgeschobene Fälligkeit von den jeweils **markt- oder branchenüblichen Terminen deutlich abweicht.**[379] Der Vergleich mit dem Marktüblichen **verkennt** aber, dass auch die von **gesellschafterfremden Lieferanten eingeräumten Zahlungsziele praktisch bereits Finanzierungscharakter** haben. Für die Abgrenzung zwischen Finanzierungsleistung u. nicht von den Sonderregeln erfassten Gesellschafterforderungen erweist sich ein **Vergleich mit dem Marktüblichen** als **untauglich.** Wie zuvor dargestellt (vgl. → Rn. 107 ff.), sollten für die Qualifikation als Gesellschafterdarlehen sowie als wirtschaftlich einem Darlehen entspr. Forderungen – entgegen der Auffassung des BGH[380] – **einheitliche Kriterien** gelten. **Überzeugender** erscheint es deshalb, eine Finanzierungsleistung durch den Gesellschafter anzunehmen, wenn der Zeitraum u. Zusammenhang zwischen Leistungserbringung u. Gegenleistung die **zeitlichen Grenzen des durch § 142 InsO (Bargeschäft)** Zulässigen überschreitet (vgl. → Rn. 110 ff.).[381] Als Orientierung sollte für Geldzahlungsverpflichtungen der Gesellschaft ein Zeitraum von **4 Wochen bzw. 30 Tagen** gelten.[382] Darüber hinausgehend kommt es auf den Zweck oder eine Motivlage des Gesellschafters nicht weiter an. 115

a) Stundung, pactum de non petendo, Warenkredite. Einer Darlehensgewährung steht es wirtschaftlich gleich, eine bereits bestehende **Forderung zB aus einem Austauschgeschäft zu stunden.**[383] Die Stundung kann aus- 116

379 Hieran ebenfalls anknüpfend BGH NZG 19, 1192 Rn. 16 ff.; BGH NJW 95, 457, 458 (für Einzelfallbetrachtung, konkret 8 Monate); 81, 2570; OLG Bamberg GmbHR 03, 1130; OLG Karlsruhe NJW-RR 89, 739; OLG Hamm GmbHR 94, 53, 54 (keine starren Regeln, aber „angemessene" Zahlungsziele); in ähnl Richtung weisend *Gehrlein* BB 08, 846, 850.

380 Vgl. insoweit nur BGH NZG 19, 1192 Rn. 18 (zur Stundung einer Forderung aus Verkehrsgeschäft); ZIP 13, 734 Rn. 14; 13, 1629 Rn. 29; 14, 785 Rn. 1 (zum Überbrückungskredit).

381 IdS auch BGH NJW 14, 2579 Rn. 51: keine Stundungswirkung bei bargeschäftlicher (§ 142 InsO) Abwicklung einer Lohnzahlung; OLG Schleswig ZIP 13, 1485; BankenK-InsO/*Zenker*, § 39 Rn. 53; Bork/Schäfer/*Thiessen* Rn. 16 (allerdings für Handhabung nach Branchenüblichkeit bei Miet-, Pacht- u. Lizenzzahlungen); *Gehrlein*/Born/Simon Vor § 64 Rn. 302; Kübler/Prütting/Bork/*Preuß*, InsO, § 135 Rn. 13; Roth/*Altmeppen* Rn. 124; *Bitter* ZIP 10, 1, 10; Gottwald/*Haas*/*Kolmann*/*Kurz*, Insolvenzrechts-Handbuch, § 90 Rn. 479. – Zum Unmittelbarkeitskriterium des § 142 InsO BGH NJW 06, 2701, 2703; 14, 2579 Rn. 31 ff., 49 ff. (zum Gehalt); MKInsO/*Kirchhof*, § 142 Rn. 15 ff.; *Ganter* ZIP 12, 2037, 2039 ff.; aA unter Hinweis auf abw. Normzweck Baumbach/Hueck/*Haas* Anh. § 64 Rn. 78 a ff.

382 BGH NZI 08, 173, 174; NJW 14, 2579 Rn. 31 ff.; ähnl Bork/Schäfer/*Thiessen* *Rn. 16:* 30 Tagegem Muster des § 286 III BGB; deutlich zu weitgehend deshalb BAG ZIP 11, 2366, 2368 (3 Monate für Arbeitslohn); zR krit. *Huber* EWiR 11, 817, 818; lehrreich BGH NJW 14, 2579; HeidelbergerKommInsO/*Kleindiek* § 39 Rn. 38

383 BGH ZInsO 15, 559 Rn. 70; NZI 14, 775 Rn. 49; OLG Hamm GmbHR 17, 1032 (1033); Baumbach/Hueck/*Haas* Anh. § 64 Rn. 79; HambK-InsO/*Lüdtke*, § 39 Rn. 47; Lutter/Hommelhoff/*Kleindiek* Anh. zu § 64 Rn. 141; Roth/*Altmeppen* Rn. 123; Ulmer/*Habersack* Rn. 55; *Wicke* Rn. 9; *Habersack* ZIP 07, 2145, 2150; *Hirte* WM 08, 1431; *Thole* ZInsO 11, 1425, 1433; schon zum früheren Recht BGHZ 81, 252, 262 f.; NJW 95, 457, 458; ZIP 97, 1375, 1376; NZG 01, 895.

drücklich oder stillschweigend vereinbart sein. Sie entspricht wirtschaftlich einem Vereinbarungsdarlehen, bei dem eine ursprünglich auf einem anderen Rechtsgrund beruhende Forderung künftig als Darlehen geschuldet wird.[384] Ihre Wirkung bzgl. des Zahlungsanspruchs aus einem Kaufvertrag über eine Sache[385] setzt sich am Nutzungsentschädigungsanspruch infolge Rücktritt vom Kaufvertrag fort.[386] Die konkrete Dauer der Stundung sowie das Motiv sind jeweils ohne Belang, sofern die Stundung jedenfalls Finanzierungscharakter hat.[387] Dies hat sie nach hier vertretener Ansicht bereits dann, wenn die Gesamtdauer inkl. Stundungszeitraum über den Bargeschäftszeitraum hinausgeht. Nach der Gegenansicht von *Haas* sind die Wertungen des § 142 InsO nicht einschlägig, dh jede (auch kurzfristige) Stundung ist wirtschaftlich einem Gesellschafterdarlehen vergleichbar.[388] Der BGH hat indes unter Hinweis auf § 488 III 2 BGB bzw. § 271 a BGB in die entgegengesetzte Richtung entschieden und verlangt einen **mind. dreimonatigen Stundungszeitraum,** um die Forderung aus einem Verkehrsgeschäft als darlehensgleich zu werten.[389] Entspr. wie zur Stundung gilt wohl für ein **pactum de non petendo.**[390]

116a **Stellungnahme:** Der Hinweis des BGH auf § 271 a BGB geht fehl, weil diese Vorschrift nicht beantwortet, ab welcher Zahlungsfrist bereits ein Waren-Kredit vorliegt, sondern sie bestimmt die zeitliche Zulässigkeitsgrenze.[391] U § 488 III BGB lässt sich doch nicht die Aussage entnehmen, dass ein Darlehen nicht schon vor Ablauf der Drei-Monats-Frist vorliegen könne. Völlig zu Recht und im Einklang mit der hier vertretenen Ansicht (→ Rn. 106 a ff.) führt der BGH noch aus, es könne „keinen Unterschied bedeuten, ob der Gesellschafter seinem Unternehmen einen bestimmten Betrag darlehensweise zur Verfügung stellt oder infolge einer rechtlichen oder tatsächlichen Stundung von der Beitreibung einer fälligen Forderung absieht."[392] Umso überraschender ist es dann aber, wenn die zeitlichen Anforderungen an eine normzweckorientierte Finanzierungsdauer nicht angeglichen bzw. gleichbehandelt werden, sondern der Unterschied noch vergrößert wird: bei Darlehen soll (angeblich) ein Tag genügen, bei wirtschaftlich vergleichbaren Rechtshandlungen sind es nunmehr drei Monate. Die durch dieses Urteil bewirkte Ungleichbehandlung von wirtschaftlich austauschbaren Sachverhalten (→ Rn. 108) vermag deshalb nicht zu überzeugen.[393] In der Praxis sind bereits Überlegungen zu beobachten, Konzernfinanzierungen alternativ zum Cash-Pooling-Zahlungsverkehr künftig mit

384 Vgl. BGH NZG 19, 1192 Rn. 14; NZI 16, 262 Rn. 29.
385 BGH NZG 01, 985; Baumbach/Hueck/*Haas* Anh. § 64 Rn. 79.
386 BGH ZIP 01, 1366; Roth/*Altmeppen* Rn. 123.
387 HambK-InsO/*Lüdtke*, § 39 Rn. 46 („Kreditfunktion"): Gottwald/*Haas/Kolmann/Kurz*, Insolvenzrechts-Handbuch, § 90 Rn. 476.
388 Baumbach/Hueck/*Haas* Anh. § 64 Rn. 78 a ff.
389 BGH NZG 19, 1192 Rn. 15 ff.
390 Baumbach/Hueck/*Haas* Anh. § 64 Rn. 79; *Lutter/Hommelhoff*, 16. Aufl., §§ 32a/b Rn. 51; Ulmer/*Habersack* Rn. 55; Gottwald/*Haas/Kolmann/Kurz*, Insolvenzrechts-Handbuch, § 90 Rn. 476.
391 So auch Scholz/*Bitter* Anh. § 64 Rn. 209 a.
392 BGH NZG 19, 1192 Rn. 14.
393 Gleichlautend Scholz/*Bitter* Anh. § 64 Rn. 209 a.

dreimonatigen Zahlungszielen im Rahmen von Verkaufsketten zu organisieren.

Wie die Rückgewähr eines Darlehens ist ferner der Vorgang zu werten, wenn auf der Grundlage eines verbandsrechtlichen Beschlusses aus dem Vermögen der Gesellschaft Kapital- u. Gewinnrücklagen an die Gesellschafter ausgeschüttet werden sollen, dieser Beschluss jedoch nicht kurzfristig umgesetzt wird. Reguläre Gewinnzahlungen ohne Finanzierungselement, die also lediglich Finanzierungs*ertrag* sind,[394] fallen hingegen nicht darunter, weil es bis zum Zustandekommen des Gewinnauszahlungsanspruchs an einer Finanzierung mit Fremdkapital mangelt.[395] 116b

b) Fälligkeitsvereinbarung. Finanzierungscharakter kann ferner die **Fälligkeitsvereinbarung** über die von der Gesellschaft zu erbringende Gegenleistung iR eines Austauschvertrages oder Verkehrsgeschäfts haben u. erst Recht ein Hinausschieben eines zuvor vereinbarten Fälligkeitstermins. Für die notwendige **Finanzierungsentscheidung,** welche die Kreditgewährung von anderen, nicht erfassten Forderungen des Gesellschafters abgrenzt (→ Rn. 10), soll die hinausgeschobene Fälligkeit nach der früher hM von den jeweils **markt- oder branchenüblichen Terminen deutlich abweichen** müssen.[396] Diese Auffassung hat der BGH nunmehr für Stundungen bestätigt (→ Rn. 116). Auch insoweit ist vorzugswürdig, einheitlich auf die zeitlichen Grenzen des Bargeschäfts (→ Rn. 107 ff.) zurückzugreifen (→ Rn. 115 ff.).[397] Die **Grenzen** zur Stundung, zum Stehenlassen sowie zu einem Vereinbarungsdarlehen (§§ 311 I, 488 I BGB) sind **fließend.** 117

c) Stehenlassen. Kreditierungscharakter hat es auch, eine fällige Forderung nicht geltend zu machen („Stehenlassen") oder sie nach Ablauf der verkehrsüblichen – nach hier vertretener Auffassung der bargeschäftsähnlichen (§ 142 InsO) – Zahlungsziele (→ Rn. 115 f.) ggü. der Gesellschaft nicht mit dem notwendigen Nachdruck einzutreiben.[398] Bloßes Nichtstun ohne rechtsgeschäftliche Abrede gilt nach einem deutlichen Überschreiten der Fälligkeit ebenfalls als Finanzierungsentscheidung (entspricht der Entscheidung, keine Maßnahme zu ergreifen), sofern der Gesellschafter nicht 118

---

394 Scholz/*Bitter* Anh. § 64 Rn. 231; zu Zinsen vgl. BGH ZIP 19, 1577 Rn. 43 ff.

395 OLG Schleswig ZIP 17, 1255; *Priester* GmbHR 17, 1245; *Wünschmann* NZG 17, 51.

396 Vgl. zur Stundung BGH NZG 19, 1192 Rn. 16 ff.; NJW 95, 457, 458 (für Einzelfallbetrachtung, konkret 8 Monate) u. OLG Bamberg GmbHR 03, 1130; OLG Hamm GmbHR 94, 53, 54 (keine starren Regeln, aber „angemessene" Zahlungsziele); in ähnl Richtung weisend *Gehrlein* BB 08, 846, 850.

397 OLG Schleswig ZIP 13, 1485; BankenK-InsO/*Zenker*, § 39 Rn. 53; Bork/Schäfer/*Thiessen* Rn. 16 (allerdings für Handhabung nach Branchenüblichkeit bei Miet-, Pacht- u. Lizenzzahlungen); *Gehrlein*/Born/Simon Vor § 64 Rn. 301 f.; Kübler/Prütting/Bork/*Preuß*, InsO, § 135 Rn. 13; Roth/*Altmeppen* Rn. 124; *Bitter* ZIP 10, 1, 10; Gottwald/*Haas*/*Kolmann*/*Kurz*, Insolvenzrechts-Handbuch, § 90 Rn. 479. – Zum Unmittelbarkeitskriterium des § 142 InsO BGH NJW 06, 2701, 2703; 14, 2579 Rn. 31 ff., 49 ff. (zum Gehalt); MKInsO/*Kirchhof*, § 142 Rn. 15 ff.; *Ganter* ZIP 12, 2037, 2039 ff.

398 OLG Hamm NZG 17, 824, 825; Baumbach/Hueck/*Haas* Anh. § 64 Rn. 81 a; Kübler/Prütting/Bork/*Preuß*, InsO, § 135 Rn. 13; ähnlich Lutter/Hommelhoff/*Kleindiek* Anh. zu § 64 Rn. 141; Scholz/*K Schmidt* Nachtrag MoMiG §§ 32a/b aF Rn. 20; *Wicke* Rn. 9; *Gehrlein* BB 08, 846, 850; zum früheren Recht BGH ZIP 96, 273, 275; 94, 1934, 1937.

aus anderen Gründen an der Geltendmachung gehindert ist oder von der Forderung nichts weiß.[399] In Betracht kommt dies insbes. bei Forderungen aus Verkehrsgeschäften u. Austauschverträgen, bei Gewinnauszahlungsansprüchen, vorbehaltlich Art. 4 II der Insolvenzschutz-Richtlinie[400] auch bei Gehaltsansprüchen, bei Provisions-, Tantieme- u. Spesenforderungen.[401] Zweck des Stehenlassens ist unerheblich für die Rangrückstufung (§ 39 I Nr. 5 InsO), bzgl. der Dauer sind die Auswirkungen der BGH-Rechtsprechung zu Stundungen (→ Rn. 116) zu berücksichtigen. Befriedigungs- u. Tilgungsleistungen in dem durch § 135 InsO bzw. § 6 AnfG festgelegten Zeitraum unterliegen der Anfechtung. Im Falle der **Doppelinsolvenz** von Gesellschaft u. Gesellschafter hatte der BGH entschieden, dass die Umqualifizierung in funktionales Eigenkapital durch Stehenlassen in der Insolvenz des Gesellschafters der Insolvenzanfechtung gem. §§ 129 II, 134 InsO unterliegt.[402] Ein praktischer Anwendungsbereich für diese zur früheren Rechtslage ergangenen Rspr. dürfte nach dem MoMiG praktisch allenfalls für diejenigen Forderungen des Gesellschafters verbleiben, die **von Anfang an** die Kriterien eines **bargeschäftsähnlichen Verkehrsgeschäfts** erfüllt haben u. die der Gesellschafter bei Nichtzahlung **trotz eingetretenen Fälligkeitstermins nicht hinreichend beigetrieben** (= stehen gelassen) hat.[403] Eine sachliche Rechtfertigung besteht dafür nicht.[404] Zum neuen Recht hat der BGH nunmehr klargestellt, dass der **kraft Gesetzes eintretende Nachrang** gemäß § 39 I Nr. 5 InsO (im Fall der Doppelinsolvenz) **nicht den Tatbestand des § 134 InsO** erfüllt; der Annahme der Unentgeltlichkeit der Darlehensausreichung steht der Rückzahlungsanspruch gem. § 488 I 2 BGB entgegen; also kann die Darlehensausreichung nicht vom Insolvenzverwalters des Gesellschafters nach §§ 129, 134, 143 InsO zurückgefordert werden.[405] → Rn. 140.

119 **d) Dienstleistungspflicht.** Die Eingehung einer Dienstleistungspflicht hat noch **keinen Finanzierungscharakter.**[406] Die insolvenz- u. anfechtungsrechtlichen Sonderregeln gelten allenfalls für den gestundeten, stehen gelassenen etc Gegenleistungsanspruch des Gesellschafters aus der Erbringung einer Dienstleistung.[407]

---

399 Baumbach/Hueck/*Haas* Anh. § 64 Rn. 81 a; LG Hamburg ZInsO 15, 1979, 1980.

400 RiLi 80/987/EWG, s. EuGH NZA 03, 1083; Baumbach/Hueck/*Haas* Anh. § 64 Rn. 81.

401 Rowedder/Schmidt-Leithoff/*Pentz* 4. Aufl. § 32 a Rn. 149 f. (zum früheren Recht).

402 BGH NZG 09, 786; krit. dazu *Haas* DStR 09, 1592; *Thole*, in FS Kübler, 15, S. 681, 692 ff.

403 IErg ebenso *Burmeister/Nohlen* NZI 10, 41, 44; ähnl wohl *Haas* DStR 09, 1592, 1594; vgl. auch *Jacoby* ZIP 18, 505, 506 ff.; aA Roth/*Altmeppen* Rn. 118 f.

404 Baumbach/Hueck/*Haas* Anh. § 64 Rn. 114 b.

405 BGH ZIP 16, 2483 Rn. 19 ff.

406 *Lutter/Hommelhoff,* 16. Aufl., §§ 32a/b Rn. 154; Roth/*Altmeppen* Rn. 138; Scholz/*K Schmidt,* 10. Aufl., §§ 32a/b Rn. 143; v. Gerkan/Hommelhoff/*Johlke/Schröder* Rn. 5.75 ff.; aA OLG Hamm GmbHR 92, 607; *Haas* NZI 02, 457, 461 f.; *Weisang* WM 97, 197, 203 f.

407 BAG ZIP 14, 927; LG Frankenthal GmbHR 96, 356; Baumbach/Hueck/*Haas* Anh. § 64 Rn. 83; Roth/*Altmeppen* Rn. 138; Ulmer/*Habersack* Rn. 59; aA LG Ingolstadt GmbHR 99, 180.

e) Stille Beteiligung. Die iR einer stillen Beteiligung gewährte Einlage entspricht wirtschaftlich einem Darlehen u. fällt ebenfalls in den sachlichen Anwendungsbereich.[408] Die Sonderregeln gelten in persönlicher Hinsicht jedoch nur für den **atypisch stillen Beteiligten**, der entgg. § 236 HGB auch das Verlustrisiko trägt (→ Rn. 67), sowie für denjenigen, der zusätzlich zu seiner Beteiligung am Haftkapital jenseits des Kleinbeteiligtenprivilegs eine stille Beteiligung iSv § 236 HGB hält. Der typische **„Nur-still-Beteiligte"** gehört nicht dazu.[409] 120

f) Verkauf unter Eigentumsvorbehalt. Auch der Verkauf an die Gesellschaft unter Eigentumsvorbehalt stellt **keine Finanzierungshilfe** dar.[410] Vielmehr schützt sich der Gesellschafter-Lieferant durch stillschweigende Ausübung seines Leistungsverweigerungsrechts (§ 320 BGB) davor, bei Uneinbringlichkeit der Kaufpreisforderung nicht auch noch vorgeleistet zu haben u. dadurch sein Eigentum zu verlieren. Bei dem vorbehaltenen Eigentum handelt es sich insbes. nicht um die Sicherung einer Gesellschafterforderung (§ 135 I Nr. 1 InsO). Der Eigentumsvorbehalt mindert nicht das Vermögen der Gesellschaft u. hat schon keine gläubigerbenachteiligende Wirkung (§ 129 InsO).[411] Die wirtschaftliche Gleichsetzung des Eigentumsvorbehalts mit einem von der Gesellschaft eingeräumten, besitzlosen Pfandrecht kommt angesichts der klaren Entscheidung des Gesetzgebers, den einfachen Eigentumsvorbehalt rechtlich anders zu behandeln als das durch Sicherungsübereignung verschaffte Eigentum (§ 51 Nr. 1 InsO), nicht in Betracht. 121

In Bezug auf den unter Eigentumsvorbehalt überlassenen Besitz am Vermögensgegenstand kann im Einzelfall eine (ggf. unentgeltliche) Nutzungsüberlassung vorliegen, die zur Anwendung des § 135 III InsO führen kann. 122

Teilzahlungen auf die Kaufpreisschuld im Vorfeld der Insolvenz unterliegen rglm nicht der Anfechtbarkeit gem. § 135 I Nr. 2 InsO, weil die Zahlung in gleichem Maße das Anwartschaftsrecht der Gesellschaft erstarkt bzw. anteilig einen Aussonderungsanspruch ablöst u. deshalb keine Gläubigerbenachteiligung gem. § 129 InsO zur Folge hat.[412] 123

In die Insolvenz hineinreichende Vereinbarungen über eine Stundung der Kaufpreisschuld etc ändern nichts daran, dass es sich bei Insolvenzverfahrenseröffnung weiterhin um einen beidseitig nicht vollständig erfüllten Vertrag (Verkauf unter Eigentumsvorbehalt) handelt. Wählt der Insolvenzver- 124

---

408 BGH DStR 18, 40 Rn. 7; Baumbach/Hueck/*Haas* Anh. § 64 Rn. 82: Gottwald/*Haas*/*Kolmann*/*Kurz*, Insolvenzrechts-Handbuch, § 90 Rn. 482; *Bitter* ZIP 19, 146 (147); zum früheren Recht BGH NJW 83, 1855, 1856; Rowedder/Schmidt-Leithoff/*Pentz* 4. Aufl. § 32 a Rn. 155; Ulmer/*Habersack* 1. Aufl. §§ 32a/b Rn. 113 f.

409 Baumbach/Hueck/*Haas* Anh. § 64 Rn. 82, 59.

410 Roth/*Altmeppen* Rn. 129; wohl auch Scholz/*K Schmidt*, 10. Aufl., §§ 32a/b Rn. 123; Ulmer/*Habersack* Rn. 61; *Altmeppen* NJW 94, 2353 f.; *ders.* ZIP 95, 26 ff.; aA OLG Celle NZG 99, 75; Baumbach/Hueck/*Haas* Anh. § 64 Rn. 84; *Lutter*/*Hommelhoff*, 16. Aufl., §§ 32a/b Rn. 153; v. Gerkan/Hommelhoff/*Johlke*/*Schröder* Rn. 5.59 ff.; differenzierend zwischen gestundeter Forderung u. Sicherheit Scholz/*Bitter* Anh. § 64 Rn. 217 ff.

411 IErg auch Scholz/*Bitter* Anh. § 64 Rn. 220: Fall des § 142 InsO.

412 IErg auch Scholz/*Bitter* Anh. § 64 Rn. 220.

walter Erfüllung (§§ 107 II, 103 InsO), schuldet die Insolvenzmasse die noch offene Kaufpreisschuld als Masseverbindlichkeit. Bei Nichterfüllung muss der Vermögensgegenstand vorbehaltlich des § 135 III InsO an den Gesellschafter als Eigentümer (Aussonderungsanspruch) herausgegeben werden. Dieser hat der Insolvenzmasse ggf. schon erhaltene Zahlungen im Gegenzug zu erstatten. Grds. darf er diese mit seinen eigenen Nichterfüllungsforderungen verrechnen. Eine solche Verrechnung scheidet aber nach den Wertungen des § 39 I Nr. 5 InsO aus, wenn Gesellschaft u. Gesellschafter im Hinblick auf den Kaufpreis eine Finanzierungshilfe vereinbart hatten. Dann kann der Gesellschafter seine Nichterfüllungsforderung nicht als Verrechnungsposten, sondern nur als nachrangiger Insolvenzgläubiger geltend machen. Diese Wertungen gelten entspr., wenn der Kaufvertrag vor der Insolvenz rückabgewickelt u. der Vermögensgegenstand an den Gesellschafter zurückgegeben wurde. Sie können somit zur Anfechtung etwaiger Verrechnungsabreden (§ 135 I Nr. 2 InsO) führen.

125 **g) Nutzungsüberlassung.** Jedenfalls nach Inkrafttreten des MoMiG steht die Nutzungsüberlassung einem **Gesellschafterdarlehen wirtschaftlich nicht mehr gleich.** Zu Einzelheiten s. → Rn. 192 ff.

126 **h) Finanzplan-Finanzierung.** S hierzu → Rn. 230.

127 **i) Finanzierungsleasing.** Verleast der Gesellschafter einen Vermögensgegenstand an die Gesellschaft, liegt hierin entgg. der früher hM zum Eigenkapitalersatzrecht[413] **keine Finanzierungsleistung.** Dies ähnelt einer Vermietung bzw. Nutzungsüberlassung, die jedenfalls nach der Neuregelung durch das MoMiG (§ 135 III InsO) nicht mehr wirtschaftlich einem Darlehen entspricht (→ Rn. 196).[414] **Anders** verhält es sich allenfalls bei **stehen gelassenen oder gestundeten Leasingraten.**

128 **j) Sale and lease back.** Ebenso wenig hat es entgg. der hM Finanzierungscharakter, wenn die Gesellschaft dem Gesellschafter einen Vermögensgegenstand zu einem marktgerechten Preis veräußert u. dieser den Vermögensgegenstand anschließend der Gesellschaft zu einem marktüblichen Entgelt zur Nutzung überlässt.[415] Der Vorgang **entspricht** gerade **nicht einer Sicherungsübereignung** von Gesellschaftsvermögen für einen Gesellschafterkredit. Vielmehr erwirbt die Gesellschaft im Gegenzug zur Aufgabe des Eigentums eine Forderung (Kaufpreiszahlungsanspruch) gegen den Gesellschafter. Auch die anschließende Nutzungsüberlassung steht wirtschaftlich einem Darlehen nicht gleich (§ 135 III InsO).

129 **k) Kreditsicherheit.** Für Sicherheiten, die ein Gesellschafter einem Dritten sicherungshalber für dessen Rückgewähranspruch ggü. der Gesellschaft be-

---

413 Dazu *Lutter/Hommelhoff,* 16. Aufl., §§ 32a/b Rn. 153; Scholz/*K Schmidt,* 10. Aufl., §§ 32a/b Rn. 130 ff.; Ulmer/*Habersack* 1. Aufl. §§ 32a/b Rn. 117; aA Roth/*Altmeppen* Rn. 134.

414 Ebenso Roth/*Altmeppen* Rn. 133; Rowedder/Schmidt-Leithoff/*Görner* Rn. 94; Ulmer/*Habersack* Rn. 60; aA Baumbach/Hueck/*Haas* Anh. § 64 Rn. 84 (wenn Gebrauchsüberlassung nur Modalität einer Sicherungsabrede u. Finanzierung im Vordergrund steht).

415 Rowedder/Schmidt-Leithoff/*Görner* Rn. 95; Roth/*Altmeppen* Rn. 134; wohl auch Scholz/*Bitter* Anh. § 64 Rn. 229; *Fedke* NZG 09, 928, 931; aA OLG Düsseldorf GmHR 97, 353; Baumbach/Hueck/*Haas* Anh. § 64 Rn. 84; Rowedder/Schmidt-Leithoff/*Pentz* 4. Aufl. § 32 a Rn. 160; Uhlenbruck/*Hirte* InsO § 39 Rn. 38.

stellt, hat der Gesetzgeber mit §§ 44 a, 135 II, 143 III InsO bzw. §§ 6 a, 11 III AnfG eigene Regelungen geschaffen. Zu Einzelheiten s. → Rn. 172 ff.

Nicht hiervon erfasst sind Konstellationen, in welchen der Gesellschafter unmittelbar der Gesellschaft eine **Rechtsposition** einräumt, die sie **selbst iR einer Finanzierung an einen Dritten weitergeben kann** (zB zugunsten der Gesellschaft bestellte Grundschuld an Gesellschaftergrundstück, welche die Gesellschaft sicherungshalber an einen Dritten abtreten kann; die Einräumung einer entspr. Verfügungsermächtigung zur Grundschuldbestellung steht dem gleich). Eine Verweisung des Dritten auf die Inanspruchnahme der Gesellschaftersicherheit passt nur bedingt. Doch kann das Ergebnis nicht anders ausfallen. Es handelt sich um eine einem Darlehen **wirtschaftlich vergleichbare Finanzierungshilfe.**[416] Der Gesellschafter kann von der Inanspruchnahme der Sicherheit nicht frei werden, so dass der Insolvenzverwalter sie verwerten kann (Freiwerden der Sicherheitsleistung durch Befriedigung des Dritten aus Mitteln der Gesellschaft unterliegt ggf. der Anfechtung; → Rn. 183 f.). Mit seinem Regressanspruch ggü. der Gesellschaft ist der Gesellschafter nachrangig. 130

l) **Factoring, Wechseldiskontierung.** Beim **unechten Factoring** übernimmt der Factor nicht das Einzugsrisiko der abgetretenen Forderung, sondern durch die Rückbelastungsmöglichkeit bei Uneinbringlichkeit verbleibt dieses Risiko bei der Gesellschaft. Die Zahlung des Gesellschafters auf die abgetretene Forderung stellt somit einen **Kredit bis zur Erfüllung der abgetretenen Forderung** dar. Unechtes Factoring ist somit – **anders als echtes Factoring** – eine Finanzierungshilfe des Gesellschafters, die wirtschaftlich einem Darlehen entspricht.[417] Die sicherungshalber abgetretene Forderung unterliegt der Insolvenzanfechtung gemäß § 135 I Nr. 1 InsO, da § 142 InsO keine Anwendung findet.[418] Die Problematik des Verhältnisses der beiden Anfechtungstatbestände des § 135 I InsO (→ Rn. 12 ff.) stellt sich auch hier. Darauf, ob die konkreten Vertragsbedingungen des Factorings marktüblich sind oder nicht, kommt es nach Inkrafttreten des MoMiG u. dem Wegfall eines Krisenbezugs dieser Finanzierungshilfe grds. und vorbehaltlich der Ausführungen zu → Rn. 106 a ff. nicht mehr an. Entspr. gilt für eine **Wechseldiskontierung.** 131

V. Zeitlicher Anwendungsbereich

1. Grundsatz

Dem Grundsatz nach sind die durch das MoMiG eingeführten Neuregelungen auf alle Gesellschafter-Finanzierungshilfen anzuwenden, die **im Vorfeld der Insolvenzverfahrenseröffnung** erbracht werden. Die §§ 39, 44 a, 132

416 Roth/*Altmeppen* Rn. 139 ff. (auch zur Kreditsicherheit eines Gesellschafters für Finanzierungshilfe eines Mitgesellschafters); Rowedder/Schmidt-Leithoff/*Görner* Rn. 91; Ulmer/*Habersack* Rn. 62 f.

417 OLG Köln ZIP 86, 1585 ff.; Baumbach/Hueck/*Haas* Anh. § 64 Rn. 84; Roth/*Altmeppen* Rn. 135; Rowedder/Schmidt-Leithoff/*Görner* Rn. 89; *K Schmidt/Herchen* § 39 Rn. 53; Scholz/*Bitter*, Anh. § 64 Rn. 223.

418 Konsequenz aus BGH ZIP 19, 666 Rn. 53; *Brinkmann* ZGR 17, 708, 724; kritisch *Bitter* ZIP 19, 737, 742.

135, 143 InsO knüpfen jeweils an eine solche Verfahrenseröffnung an. Erfasst sind somit vom Grundsatz her auch die nach dem Eröffnungsantrag bereitgestellten Finanzierungshilfen.[419]

2. Massedarlehen

133 Die unter → Rn. 135 ff. dargestellten Rechtsfolgen gelten **nicht** für solche Finanzierungsleistungen, die ein Gesellschafter **im Insolvenz(eröffnungs)verfahren gewährt**, wenn die Rückzahlungspflichten im eröffneten Verfahren insolvenzrechtlich als **Masseverbindlichkeit** (§ 55 I Nr. 1 InsO) zu qualifizieren sind. Eine Schlechterbehandlung der Gesellschafter durch Anwendung des § 39 I Nr. 5 InsO im Verhältnis zu den sonstigen Insolvenzbeteiligten ist nicht nur aus insolvenz-systematischen Gründen abzulehnen; Masseverbindlichkeiten stellen eben keine Insolvenzforderungen (§§ 38, 39 InsO) dar.[420] Erfahrungsgemäß wird der (vorläufige) Insolvenzverwalter nur dann Masseverbindlichkeiten begründen, wenn er davon ausgehen darf, sowohl diese befriedigen zu können als auch insg. einen Mehrwert für die Gesamtheit der Insolvenzgläubiger (§ 38 InsO) zu schaffen; andernfalls riskiert er seine persönliche Haftung (§§ 60, 61 InsO). Es ist nicht iSd Gesamtheit der Gläubiger, die Gesellschafter als potenzielle Neu-Finanzierer einer Unternehmensfortführung wirtschaftlich auszuschließen. Hinzu kommt, dass der (vorläufige) Insolvenzverwalter im vermögensrechtlichen Bereich die Befugnisse der Geschäftsführer sowie der Gesellschafter verdrängt (§ 80 InsO; → vor § 64 Rn. 280). Den Gesellschaftern fehlt somit der aus dem Kleinbeteiligtenprivileg (§ 39 IV InsO) ablesbare, erforderliche unternehmerische Einfluss auf die Geschicke der Gesellschaft.[421]

3. Insolvenzplandarlehen

134 Anders verhält es sich jedoch mit den Insolvenzplandarlehen, welche die Gesellschaft von einem Gesellschafter iR eines Insolvenzplans erhält, der zur Aufhebung des Insolvenzverfahrens führt. § 264 III InsO verweist auf § 39 I Nr. 5 InsO u. ordnet nicht nur hins. der bereits bei (erster) Verfahrenseröffnung nachrangigen Insolvenzforderungen an, dass sie nicht durch Aufnahme im Insolvenzplan (§ 225 II InsO) eine vorrangige Privilegierung in einer etwaigen Folgeinsolvenz erlangen können. Diesen Regelungsgehalt weitet die Vorschrift aus auf neue Gesellschafter-Finanzierungsleistungen iRd Insolvenzplan-Umsetzung. In einem zweiten, erneuten Insolvenzverfahren können sich die Gesellschafter also nicht entgg. § 39 I Nr. 5 InsO auf eine Privilegierung ihrer Ansprüche aus Neudarlehen durch den Insolvenzplan berufen. Der Normzweck der Neuregelungen, der aus den unter → Rn. 27 ff. dargestellten Gründen an die Doppelstellung aus Gesellschafter- u. Kreditgeberrolle im Hinblick auf ein erneutes Scheitern (zweite Insolvenz) aufgrund nomineller Unterkapitalisierung anknüpft, ist auch inso-

419 Vgl. BGH NJW 14, 1737 Rn. 10 ff.; 96, 2303.
420 Baumbach/Hueck/*Haas* Anh. § 64 Rn. 34, 73; zum früheren Recht Michalski/*Heidinger* §§ 32a/b Rn. 75.
421 Gottwald/*Haas*/*Kolmann*/*Kurz*, Insolvenzrechts-Handbuch, § 90 Rn. 436.

weit einschlägig.[422] **Sanierungs- u. Kleinbeteiligtenprivileg** bleiben unberührt.

VI. Rechtsfolgen

1. Kein vorinsolvenzliches Rückzahlungsverbot analog § 30

Verbindlichkeiten aus Gesellschafterfremdfinanzierungen, bei denen die vorstehend (→ Rn. 36 ff.) dargestellten Voraussetzungen vorliegen, steht aus Sicht der Gesellschaft außerhalb eines Insolvenzverfahrens **kein** aus den Kapitalerhaltungsvorschriften der §§ 30, 31 aF ableitbares **Rückzahlungsverbot** entgg.[423] Für die im Eigenkapitalersatzrecht noch geltenden Rechtsprechungsregeln hat der Gesetzgeber des MoMiG in § 30 I 3 sowie in § 57 I 4 AktG jeweils die **Nichtanwendung befohlen.**[424] Die Rückzahlung ist grds. auch nicht durch die Treuepflicht des Gesellschafters begrenzt.[425] 135

Damit könnten die Darlehensrückzahlungsforderungen iR einer **Kapitalerhöhung als Sacheinlage** mit ihrem wirtschaftlichen Wert **eingebracht** werden. Die Verrechnung mit einer Bareinlageforderung stellt zwar eine unzulässige verdeckte Sacheinlage dar. § 19 IV schließt eine Anrechnung jedoch nicht aus.[426] Eine solche Umwandlung von Fremd- in Eigenkapital unterliegt im Insolvenzfall einem **Anfechtungsrisiko.**[427] Die erforderliche Gläubigerbenachteiligung (§ 129 InsO) besteht nicht darin, dass die Aktivmasse – durch Erfüllung der Einlageforderung qua Verrechnung – gekürzt wurde (insoweit kommt es auf die Werthaltigkeit an), sondern dass hierzu ein **latent nachrangiger Anspruch** verwendet wurde, der im Verhältnis zu der Gesamtheit der übrigen Gläubiger **insolvenzrechtlich nicht die gleiche Wertigkeit** hat. Durch Anfechtung der Verrechnung mit der Einlagepflicht, welche Erfüllungswirkung für die Gesellschafterforderung hatte (§ 135 I Nr. 2 InsO nF), lebt die mit der Nachrangigkeit verstrickte Forderung des Gesellschafters wie auch die Einlageverpflichtung wieder auf (§§ 143 f. InsO). Wandelt der Gesellschafter seinen Darlehensrückzahlungsanspruch nur 136

422 RegBegr. BT-Drs. 12/2443, S. 216; Baumbach/Hueck/*Haas* Anh. § 64 Rn. 35; Scholz/*K Schmidt,* 10. Aufl., §§ 32a/b Rn. 67.

423 Roth/*Altmeppen* Rn. 164.

424 Baumbach/Hueck/*Haas* Anh. § 64 Rn. 112: Roth/*Altmeppen* Rn. 164; *ders.* NJW 08, 3601, 3606; zur Regelungstechnik *ders.* VGR Bd. 12 (07), S. 93, 105; *Goette*, Einführung in das neue GmbH-Recht, Rn. 57; dag *Hölzle* ZIP 11, 650, 654, der für eine Fortgeltung der Rechtsprechungsregeln in Analogie zu § 135 I, II InsO plädiert.

425 Roth/*Altmeppen* Rn. 165; *Seidel/Wolf* NZG 16, 921 ff.; anders mglw BGH NZI 13, 483 Rn. 24; NZG 13, 1033 Rn. 36 f.

426 Baumbach/Hueck/*Haas* Anh. § 64 Rn. 112. – Generell zum „Debt-Equity-Swap" vgl. K Schmidt/Uhlenbruck/*Wittig*, 4. Aufl., Die GmbH in Krise, Rn. 2.270 ff.; *ders.* FS Uhlenbruck, 00, S. 685 ff.; *Himmelsbach/Achsnik* NZI 06, 561 ff.; *Halász/Kloster* WM 06, 2152 ff.; *Sydow/Beyer* AG 05, 635 ff.; *Toth-Feher/Schick* ZIP 04, 491 ff. – Zu den Erleichterungen des Debt-Equity-Swaps durch das MoMiG: *Büchel* GmbHR 07, 1065; *Gsell* BB 07, 2241; *Maier-Reimer/Wenzel* ZIP 08, 1449.

427 Baumbach/Hueck/*Haas* Anh. § 64 Rn. 112. – Differenzierend Scholz/*Bitter* Anh. § 64 Rn. 148 ff.

teilw. zugunsten der Kapitalrücklage in Eigenkapital um[428] u. lässt sich einen über die Kapitalziffer hinausgehenden Anteil auszahlen, handelt es sich insoweit um eine gem. § 135 I Nr. 2 InsO anfechtbare Befriedigung eines Gesellschafterdarlehens, mag auch formal der Auszahlungsanspruch erst iR einer verbandsrechtlichen Maßnahme (Novation) begründet worden sein.[429]

137 Außerhalb des Insolvenzverfahrens steht es dem Gesellschafter frei, aus dem Gesellschaftsvermögen herrührende Sicherheiten für seinen Rückzahlungsanspruch zu verwerten. Zur etwaigen **Anfechtbarkeit der Sicherheitenbestellung** s. → Rn. 148 ff.

2. Verhältnis zu § 64 S. 3

138 § 30 I 3 nF gewährt keinen Freifahrtschein, Ansprüche aus einer Gesellschafterfremdfinanzierung zu erfüllen, insbes. nicht für die Geschäftsführer. Sie können sich gem. **§ 43** im Verhältnis zur Gesellschaft haftbar machen, wenn zB eine nicht von den Mit-Gesellschaftern gebilligte Ablösung eines Gesellschafterdarlehens eine Sanierung gefährdet.[430] Für Zahlungen nach Eintritt der Überschuldung oder Zahlungsunfähigkeit haften sie ferner gem. **§ 64 S. 1 nF** Die nach Vorstellung des Gesetzgebers[431] maßgebliche Hürde stellt jedoch **§ 64 S. 3** auf. Die Vorschrift regelt eine Erstattungspflicht des Geschäftsführers – zumindest theoretisch – auch für solche Zahlungen, die außerhalb der Anfechtungsfristen der § 135 InsO bzw. § 6 AnfG erfolgten. Zudem gewährt sie dem Geschäftsführer nach hM im Vorfeld der Insolvenz ein **Leistungsverweigerungsrecht** (s. Erl. → § 64 Rn. 82, 110). Für die Dauer der Anfechtungsfristen konkurriert die Anfechtung ggü. dem Gesellschafter (§ 135 InsO) mit einem gegen den Geschäftsführer gerichteten Erstattungsanspruch (§ 64).

3. Nachrangigkeit in der Insolvenz (§ 39 I Nr. 5 InsO)

139 **a) Allgemeines.** Der durch § 39 I Nr. 5 InsO gesetzlich angeordnete **Nachrang offener Forderungen** aus Gesellschafterfremdfinanzierung im Insolvenzfall hat zur Folge, dass der Forderungsinhaber zur Insolvenztabelle erst nach gesonderter Aufforderung des Insolvenzgerichts anmelden darf (§ 174 III InsO). Die Tatbestandsvoraussetzungen müssen für jede einzelne Forderung gesondert überprüft werden. Die Nachrangigkeit erfasst die **Hauptforderung** ebenso wie offene Zinsen; **für Verzugszinsen ab Verfahrenseröffnung u. andere Nebenforderungen** gilt § 39 III InsO.[432]

140 Der Nachrang lässt die Forderung ihrem **Rechtsgrund** u. ihrer **Rechtsnatur** nach **unberührt.** Jedoch kann der Gesellschafter mit seinem nachrangigen

---

428 Insoweit mangels Gläubigerbenachteiligung gem. § 129 InsO unanfechtbar; zutr. Scholz/*Bitter* 11. Aufl. Anh. § 64 Rn. 120.

429 Vgl. Bork/Schäfer/*Thiessen* Rn. 17 f.

430 Zutr. Scholz/*K Schmidt* Nachtrag MoMiG §§ 32a/b aF Rn. 33.

431 RegBegr. BR-Drs. 354/07, S. 95; Baumbach/Hueck/*Fastrich* 20. Aufl. Rn. 18.

432 Bork/Schäfer/*Thiessen* Rn. 10; aA *Gehrlein*/Born/Simon Vor § 64 Rn. 301; *K Schmidt/Herchen* § 39 Rn. 51; Ulmer/*Habersack* Rn. 110; verkannt noch in Voraufl.. – Zur Rechtslage vor MoMiG BGH ZIP 05, 82, 84; OLG Düsseldorf GmbHR 03, 747, 749.

Anspruch im Insolvenzverfahren **nicht** ggü. Forderungen der Gesellschaft **aufrechnen.**[433] Für Auf- u. Verrechnungen **außerhalb des Insolvenzverfahrens** besteht ein **Anfechtungsrisiko** (§ 135 I Nr. 2 InsO bzw. § 6 I 1 Nr. 2 AnfG; s. auch → Rn. 152). Tilgungs- oder Sicherungsleistungen vor der Insolvenzverfahrenseröffnung unterliegen der Insolvenzanfechtung gem. § 135 InsO (zur Aufrechnungslage als Sicherheit → Rn. 12 ff.).[434] – Zur Finanzierungshilfe durch die öffentliche Hand als Gesellschafter s. → Rn. 56. Der **kraft Gesetzes eintretende Nachrang** gemäß § 39 I Nr. 5 InsO (im Fall der Doppelinsolvenz) erfüllt **nicht den Tatbestand des § 134 InsO**; der Annahme der Unentgeltlichkeit der Darlehensausreichung steht der Rückzahlungsanspruch gem. § 488 I 2 BGB entgegen. Gleiches gilt für die rein tatsächlich verschafften Finanzierungsmittel.[435] Also kann die Darlehensausreichung nicht vom Insolvenzverwalters des Gesellschafters nach §§ 129, 134, 143 InsO zurückgefordert werden.[436] Allerdings soll der Anfechtungsanspruch nicht dem Nachrang des § 39 I Nr. 5 InsO unterliegen, wenn die Auszahlung des Gesellschafterdarlehens nach allgemeinen Anfechtungsvorschriften (v.a. § 133 IV InsO) ggü. der Gesellschaft anfechtbar war.[437] Im Falle des bereits zurückgezahlten Darlehens kann der Insolvenzverwalter des Gesellschafters die Anfechtungseinrede (§ 146 II InsO) entgegenhalten und die gemäß §§ 129, 135 I Nr. 2, 143 InsO geltend gemachte Rückforderung in die Insolvenzmasse der Gesellschaft verhindern. Die fatale Konsequenz dieser Rechtsprechung besteht darin, dass das Sonderrecht für Gesellschafterfremdfinanzierungen im Falle der Doppelinsolvenz, zB bei Konzerninsolvenzen, leerzulaufen droht.[438]

b) Einbindung Dritter. Geht die **Forderung innerhalb der relevanten Fristen** (→ Rn. 45 ff.) **auf einen Dritten** über, zB durch Abtretung oder kraft Gesetzes, bleibt der **Nachrang erhalten** (§§ 404, 412 BGB analog; s. → Rn. 55).[439] Dies hat insbes. Bedeutung, wenn ein Mitgesellschafter oder ein Dritter dem Gesellschafter Sicherheit für dessen Forderung ggü. der Gesellschaft geleistet hatte u. iRd Sicherheitenverwertung der Sicherungsgeber die zu sichernde Forderung erlangt (zB gem. § 774 BGB oder aufgrund Nebenabrede zum Sicherungsvertrag). Ob der Erwerb der Gesellschafterforderung durch Rechtsgeschäft oder kraft Gesetzes erfolgt, kann keinen Unterschied machen.[440] Der Sicherungsfall tritt regelmäßig schon mit der Insolvenz der Gesellschaft ein, sofern nicht ausnahmsweise aufgrund besonderer Umstände mit einer Befriedigung der nachrangigen Gläubiger im In- 141

---

433 Baumbach/Hueck/*Haas* Anh. § 64 Rn. 90; zum alten Recht schon BGH NJW 95, 658, 659; OLG Karlsruhe ZIP 03, 2082, 2083; Rowedder/Schmidt-Leithoff/*Pentz* 4. Aufl. § 32 a Rn. 201; Scholz/*K Schmidt,* 10. Aufl., §§ 32a/b Rn. 60; Ulmer/*Habersack* Rn. 111; aA Scholz/*Bitter* Anh. § 64 Rn. 195: § 94 InsO gilt für alle Insolvenzforderungen.

434 Vgl. auch Scholz/*Bitter* Anh. § 64 Rn. 195: Bestand Aufrechnungslage länger als ein Jahr vor Eröffnungsantrag, dann wurde wirtschaftlich seit einem außerhalb der Frist des § 135 I Nr. 2 InsO liegenden Zeitraums kein Darlehen gewährt; also (jedenfalls) keine Anfechtung der Befriedigung nach § 135 I Nr. 2 InsO.

435 BGH ZIP 19, 1577 Rn. 60.

436 BGH ZIP 16, 2483 Rn. 19 ff.

437 BGH ZIP 19, 1577 Rn. 56.

438 Vgl. Scholz/*Bitter* Anh. § 64 Rn. 139 m.w.N; *Thole* FS Kübler, S. 681, 694 f.

439 Scholz/*K Schmidt,* 10. Aufl., §§ 32a/b Rn. 61 (zum alten Recht).

440 Gottwald/*Haas*/*Kolmann*/*Kurz*, Insolvenzrechts-Handbuch, § 90 Rn. 506, 426 ff.

solvenzverfahren zu rechnen ist. Zur gesamtschuldnerischen Haftung des Gesellschafter-Alt-Forderungsinhabers für die anfechtungsrechtliche Rückgewähr s. → Rn. 52 f., 157.

142 Ob sich derjenige, der ggü. dem Gesellschafter eine Mithaftung neben der Gesellschaft übernommen hat (zB durch **Schuldbeitritt**), auf § 39 I Nr. 5 InsO hins. der zu sichernden Forderung berufen u. seiner Inanspruchnahme entgg. halten kann, hängt vom Parteiwillen ab (§§ 133, 157 BGB).[441] Grds. wird man dies jedenfalls verneinen müssen (§ 425 BGB), wenn die Sicherheit auch das Risiko der latenten Nachrangigkeit abdecken soll.[442] Hinzu kommt, dass § 39 I Nr. 5 InsO nur im Verhältnis zwischen Gesellschafter u. Gesellschaft gilt. Auch wenn **im Innenverhältnis allein die Gesellschaft haften** soll, ändert sich daran nichts.[443] Entspr. gilt im Regelfall für die Kreditsicherheit, die ein Gesellschafter **für die Finanzierungshilfe eines anderen Gesellschafters** gestellt hat.[444] Für die Gesellschaftersicherheit gelten dann §§ 44 a, 135 II, 143 III InsO analog, so dass eine Regressmöglichkeit ggü. der Gesellschaft praktisch leerläuft (§ 39 I Nr. 5 InsO). Der Kreditgeber ist seinerseits den Risiken der §§ 39 I Nr. 5, 135 I InsO ausgesetzt ist, kann sich allerdings ggf. im Innenverhältnis beim Sicherungsgeber freihalten. IErg läuft dies darauf hinaus, dass der Sicherungsgeber dann allein haftet.[445]

4. Anfechtbarkeit im Insolvenzverfahren (§ 135 I InsO)

143 a) **Allgemeines.** aa) **Rechtshandlung. Gegenstand der Anfechtung** gem. § 135 I InsO sind Befriedigung oder Sicherung gewährende Rechtshandlungen. Der Begriff der **Rechtshandlung** (§ 129 InsO) ist **weit zu verstehen,** um jede rechtlich erhebliche Handlung zu erfassen, die das Vermögen des Insolvenzschuldners zum Nachteil der Gläubiger verändern kann.[446] Darunter fallen Willenserklärungen, rechtsgeschäftsähnliche Handlungen, Realakte, Zwangsvollstreckungsmaßnahmen u. Prozesshandlungen gleichermaßen, ob durch positives Tun oder durch Unterlassen (§ 129 II InsO), also Willensbetätigungen, die eine rechtliche Wirkung auslösen.[447] **Mehrere Rechtshandlungen** sind anfechtungsrechtlich jeweils **selbstständig zu betrachten.** Dies gilt auch dann, wenn sie gleichzeitig vorgenommen werden u/oder sich wirtschaftlich ergänzen.[448]

---

441 AA Scholz/*Bitter* Anh. § 64 Rn. 191 mwN: Sicherheit unabhängig vom Parteiwillen idR durchsetzbar.

442 Zur etwaigen Nichtigkeit des Sicherheitsvertrages gem. § 138 BGB vgl. BGH NJW 96, 1341.

443 LG Berlin EWiR 03, 525 f.

444 Für die Bürgschaft eines Mitgesellschafts gem. Rechtslage vor MoMiG BGH NJW 96, 1341; NZG 08, 595 Rn. 21.

445 Vgl. zum alten Recht BGH NJW 96, 1341; 00, 1563; NZG 08, 595 Rn. 21; OLG Köln NJW 94, 2553, 2555 (auch zur Sittenwidrigkeit des Sicherungsvertrages); Roth/*Altmeppen* Rn. 140 f. – Zum Eintritt des Sicherungsfalls Scholz/*K Schmidt* Nachtrag MoMiG §§ 32a/b aF Rn. 37.

446 BGH NJW 04, 1660 f.

447 HambK-InsO/*Rogge/Leptien*, § 129 Rn. 4 ff.

448 BGH ZIP 08, 125.

144 Fraglich ist, ob bei grenzüberschreitenden Fällen (Art. 16 EuInsVO, § 339 InsO)[449] ausländisches Recht Bedeutung haben kann, wenn die anfechtbare Rechtshandlung nicht dem Recht des Verfahrenseröffnungsstaates unterliegt. Die Problematik wird teilw. unter Hinweis auf die insolvenzrechtliche Qualifikation (→ Rn. 40) verkannt.[450] Andere halten ungeachtet einer Rechtswahl eine gesellschaftsrechtliche Qualifikation des zugrunde liegenden Finanzierungsvertrages für maßgeblich,[451] so dass für die Voraussetzungen einer Insolvenzanfechtung Insolvenzstatut u. Gesellschaftsstatut kumulativ anzuwenden seien. Hierbei würde jedoch übersehen, dass die Parteien eine nicht-gesellschaftsrechtliche Finanzierungsform gewählt hatten. Daher dürfte eine schlicht-vertragsrechtliche Einordnung zutr. sein mit der Folge, dass neben dem Insolvenzstatut auch die Anfechtungsvoraussetzungen gem. der lex causae (Vertragsstatut) Bedeutung haben.[452]

145 **bb) Gläubigerbenachteiligung.** Die für eine Insolvenzanfechtung erforderliche **Gläubigerbenachteiligung** (§ 129 InsO) ist zu bejahen, wenn sich durch die Rechtshandlung die Befriedigungsmöglichkeit für die Gesamtheit der Insolvenzgläubiger (einschl. der nachrangigen in der Rangstufung des § 39 InsO) verschlechtert hat.[453] Mit dem Einwand, das binnen Jahresfrist zurückgeführte Darlehen sei voll besichert gewesen, wird der Gesellschafter allenfalls dann gehört, wenn alle Masse- u. vorrangigen Insolvenzgläubiger vollständig befriedigt werden können.[454] Vgl. zudem → Rn. 151, 12 f. Grds. kann bereits vor Verfahrenseröffnung die eingetretene Gläubigernachteiligung rückgängig gemacht werden, indem das anfechtbar Erlangte oder zumindest dessen voller Wert dem Schuldnervermögen vollständig zurückgewährt wird und dort dem vollen Gläubigerzugriff offensteht.[455] Eine Rückgewähr, die (ggf. kumulativ) eine anderweitig bestehende Schuld tilgen soll, genügt dafür nicht.[456]

146 **cc) Fristberechnung.** Die anzufechtende Rechtshandlung (vgl. zum maßgeblichen Zeitpunkt § 140 InsO; bei mehraktigen Rechtshandlungen ist die letzte maßgeblich)[457] muss innerhalb der Frist des § 135 I InsO vorgenommen sein. Sie beträgt bei Sicherungen 10 Jahre (Nr. 1) u. bei Befriedigungen ein Jahr (Nr. 2). Für die Fristenberechnung kommt es auf den maßgeblichen, bei mehreren auf den ersten zulässigen u. begründeten Insolvenzantrag an (§ 139 InsO). Insbes. die für Befriedigungen geltende Jahresfrist des

449 S hierzu Gottwald/*Kolmann/Keller*, Insolvenzrechts-Handbuch, § 131 Rn. 91 ff.
450 OLG Naumburg ZIP 11, 677, 678.
451 *Schall* ZIP 11, 2177, 2181; vgl. auch *ders.* NJW 11, 3745.
452 BankenK-InsO/*Zenker*, § 39 Rn. 29 aE.
453 BGH ZInsO 17, 1844 Rn. 10; OLG München ZInsO 02, 538, 540; HambK-InsO/*Schröder*, § 135 Rn. 43; Gottwald/*Haas/Kolmann/Kurz*, Insolvenzrechts-Handbuch, § 90 Rn. 509.
454 Baumbach/Hueck/*Haas* Anh. § 64 Rn. 95; MKInsO/*Gehrlein* § 135 Rn. 17; Uhlenbruck/*Hirte* § 135 Rn. 10.
455 BGH NZI 18, 216 Rn. 10 f.: NZI 19, 591 Rn. 13 f. (mAnm *Brandenburg/Hackl*).
456 BGH NZI 19, 591 Rn. 15 (mAnm *Brandenburg/Hackl*); NZI 13, 804 Rn. 17.
457 HeidelbergerKommInsO/*Kleindiek*, § 135 Rn. 23 mwN.

§ 135 I Nr. 2 InsO stieß auf **rechtspolitische Kritik,**[458] weil sie den Anreiz eines verspäteten Insolvenzantrags setzt. Der Gesetzeswortlaut ist jedoch eindeutig u. zu respektieren. Die dadurch etwas konterkarierten[459] **Sanktionen des § 15 a InsO** (iVm § 823 II BGB) bleiben unberührt, ebenso die Anfechtbarkeit nach anderen Vorschriften (va §§ 133, 134 InsO). Umgekehrt gelten die Fristen auch in Fällen einer **unvorhersehbaren, plötzlichen Insolvenz;** für eine entspr. Anwendung des § 136 II InsO[460] bleibt bei der pauschalierenden Fristenregelung des Gesetzgebers u. mangels Vergleichbarkeit mit der Interessenlage in § 136 InsO kein Raum.[461]

147 **dd) Bargeschäftsprivileg gem. § 142 InsO?** Das **Bargeschäftsprivileg gem. § 142 InsO** ist nach der hier vertretenen Auffassung **unanwendbar** iRd Insolvenzanfechtung gem. § 135 I InsO u. kann folglich eine Insolvenzanfechtung nach dieser Vorschrift nicht ausschließen.[462] Dies gilt zweifelsfrei für die Rückführung eines tatsächlich ausgereichten Darlehens, weil die Rückzahlung keine Gegenleistung für die Darlehensgewährung darstellt,[463] aber auch eine Privilegierung anfänglicher Sicherheiten kommt nicht in Betracht.[464] Welche Handlungen im Verhältnis zwischen Gesellschaft u. Gesellschafter als nicht insolvenzfest anzusehen sind, ergibt sich nach hier vertretener Auffassung allein aus § 39 I Nr. 5 InsO, der insoweit § 142 InsO

458 *Altmeppen* NJW 05, 1911, 1914 f.; *ders.* NJW 08, 3601, 3606; *Bork* ZGR 07, 250, 265; *Dahl/Schmitz* NZG 09, 325, 327; *Gehrlein* BB 08, 846, 852; *Goette* WPg 08, 231, 236; *Haas* ZInsO 07, 617, 622; *Hamann* ZInsO 09, 264 ff.; *J Roth* GmbHR 08, 1184, 1186; aA *Eidenmüller* FS Canaris Bd. II, 07, S. 49, 64; *Huber/Habersack* BB 06, 1, 5 f.; *dies*, in Lutter, Das Kapital der AG in Europa, S. 370, 419; *Huber* FS Priester, 07, S. 259, 282; *Seibert/Decker* ZIP 08, 1208, 1211.

459 Roth/*Altmeppen* Rn. 165.

460 Dafür *Haas* ZInsO 07, 717, 722; *ders.* DJT-Gutachten, E 80 f.; vgl. schon Scholz/*K Schmidt,* 10. Aufl., §§ 32a/b Rn. 12; *ders.* ZIP 81, 697.

461 Ebenso BGH NZG 15, 924 Rn. 7; Baumbach/Hueck/*Haas* Anh. § 64 Rn. 106.

462 So ausdrücklich bzgl. § 135 I Nr. 1 InsO BGH NJW 19, 1289 Rn. 42 ff.; Graf-Schlicker/*Neußner*, InsO, § 135 Rn. 21; HeidelbergerKommInsO/*Kleindiek* § 135 Rn. 16; K. Schmidt/*K. Schmidt* § 135 Rn. 16; *Brinkmann* ZGR 17, 708, 719 ff.; *Gehrlein* NZI 15, 577, 581; *Haas* ZInsO 07, 617, 624; *ders.* NZI 12, 601 f.; *ders.* ZIP 17, 545, 549; *Hölzle* ZIP 10, 913, 915; *Henkel* ZInsO 09, 1577 ff.; *Köth* ZGR 16, 541, 565 ff.; *Spliedt* ZIP 09, 149, 151, 153; aA OLG Karlsruhe ZIP 18, 1987 kritisch ferner *Ganter* ZIP 19, 1141, 1147 ff., der ferner die Anwendbarkeit von § 142 InsO bejaht bei Rückzahlung im Austauschverhältnis mit Freigabe gleichwertiger Sicherheit; HambK-InsO/*Schröder*, § 135 Rn. 44; Kübler/Prütting/Bork/*Preuß*, InsO, § 135 Rn. 13; HeidelbergerKommInsO/*Marotzke*, 5. Aufl., § 108 Rn. 51 h; Uhlenbruck/*Hirte*, InsO, § 135 Rn. 10; *Habersack* ZIP 07, 2145, 2150; *Hirte* WM 08, 1429, 1432; *Marotzke* ZInsO 08, 1281, 1286 (insbes. zur Nutzungsüberlassung, wobei § 135 III InsO nF jedoch kein Anfechtungstatbestand ist); zur anfänglichen Sicherheitenbestellung für ein Darlehen *Bitter* ZIP 13, 1497, 1506 f.; *Marotzke* ZInsO 13, 641, 652 f.

463 BGH WM 13, 708 Rn. 27; MKInsO/*Kirchhof* § 142 Rn. 22.

464 Baumbach/Hueck/*Haas* Anh. § 64 Rn. 106 a, 110; HeidelbergerKommInsO/*Kleindiek* § 135 Rn. 16; K. Schmidt/*ders.*, § 135 Rn. 16; *Brinkmann* ZGR 17, 708 (719 ff.); *Gehrlein* NZI 15, 577, 579 ff.; dem folgend BGH NJW 19, 1289 Rn. 40 ff., 49 ff.

verdrängt.[465] Auch bleibt innerhalb der Frist des § 135 I Nr. 1 InsO kein Raum für die Unanfechtbarkeit einer Sicherheit, welche der Gesellschafter im Zusammenhang mit Erhalt eines Neudarlehens von der Gesellschaft erhält.[466] Zur Berücksichtigung der Wertungen des Bargeschäftsprivilegs iRd Definition des Finanzierungscharakters vgl. → Rn. 107 ff. In Konsequenz der Nicht-Privilegierung der anfänglichen Sicherheiten mit der Gegenmeinung[467] ein systemwidriges Zuführungsgebot anzunehmen, weil der Gesellschafter doch eigentlich nur bereit war, gegen Sicherheitsleistung zu finanzieren, erscheint übertrieben. Einerseits ist es eine Grundentscheidung, dass die Sicherheit für eine nachrangige Gesellschafterforderung erst nach Ablauf der Frist des § 135 I Nr. 1 InsO verwertbar sein soll; dies zu verkennen, stellt auf Ebene des Gesellschafters letztlich einen unbeachtlichen Motivirrtum dar. Andererseits widerspräche die Privilegierung anfänglicher Sicherheiten in fundamentaler Weise dem Normzweck der Sonderregeln (→ Rn. 30 ff.), einen Ausgleich von Risiken und Chancen zu schaffen: Der Gesellschafter erhielte ein Superprivileg, wenn er für die Finanzierung seiner ggf. spekulativen Unternehmenstätigkeit qua insolvenzfester Absonderung sogar vorrangigen Zugriff auf das Gesellschaftsvermögen hätte und die Befriedigungschancen der Gläubiger damit zusätzlich reduziert würden.

b) Anfechtbarkeit von Sicherung oder Befriedigung (§ 135 I InsO). 148
aa) Sicherung. Sicherheiten aus dem Gesellschaftsvermögen für die nachrangige Forderung sind nach Maßgabe des § 135 I Nr. 1 InsO, also bei Gewährung innerhalb der 10-Jahres-Frist anfechtbar. Der **Anfechtungseinwand** führt zur **Undurchsetzbarkeit** der Sicherheit bzw. des Absonderungsrechts,[468] auch nach Verjährung des Anfechtungsanspruchs (§ 146 II InsO),[469] u. zwar unabhängig davon, ob es sich um akzessorische oder nicht-akzessorische Sicherheiten handelt.[470] Auf Verlangen des Insolvenzverwalters muss der Gesellschafter die Sicherheit freigeben.[471]

Der Begriff der „Sicherung" ist **weit auszulegen.** Hierunter fallen alle Arten 149
von Sicherheiten, die den Rückgewähranspruch des Gesellschafters aus sei-

465 Graf-Schlicker/*Neußner*, InsO, § 135 Rn. 21; Gottwald/*Haas/Kolmann/Kurz*, Insolvenzrechts-Handbuch, § 90 Rn. 515; *Henkel* ZInsO 09, 1577 ff.; *Spliedt* ZIP 09, 149, 151; aA HambK-InsO/*Schröder*, § 135 Rn. 35, 44; HambK-InsO/*Rogge/Leptien*, § 142 Rn. 22; Ulmer/*Habersack*, Rn. 113; *ders.* ZIP 07, 2145, 2150; *Ganter* ZIP 19, 1141, 1145 ff.; *Hirte* WM 08, 1429, 1432; *Marotzke* ZInsO 08, 2181, 2186 ff.; *Rühle* ZIP 09, 1358, 1361.

466 So nunmehr auch BGH NJW 19, 1289 Rn. 42 ff.; HeidelbergerKommInsO/*Kleindiek* § 135 Rn. 16; K. Schmidt/*ders.* § 135 Rn. 16; *Brinkmann* ZGR 17, 708, 719 ff.; *Gehrlein* NZI 15, 577, 580, 581; aA HambK-InsO/*Schröder*, § 135 Rn. 35; insbes. zur anfänglichen Sicherheitenbestellung für ein Darlehen, aber nicht hierauf beschränkt Scholz/*Bitter* Anh. § 64 Rn. 46 ff., 182 ff.; *ders.* ZIP 13, 1497, 1506 f.; *ders.* ZIP 19, 737, 743 ff.; *Marotzke* ZInsO 13, 641, 652 f.

467 Insbesondere Scholz/*Bitter* Anh. § 64 Rn. 49, 40 ff., 182 ff. mwN.

468 Überblick zu den alternativen Begründungen bei *Bloß/Zugelder* NZG 11, 332, 333.

469 Gottwald/*Haas/Kolmann/Kurz*, Insolvenzrechts-Handbuch, § 90 Rn. 505; *Bloß/Zugelder* NZG 11, 332, 333; *Spliedt* ZIP 09, 149, 153; iErg ebenso *Goette/Kleindiek* Rn. 192 (Wegfall des Sicherungszwecks); zur Rechtslage vor MoMiG BGH ZIP 09, 471; 01, 115.

470 Roth/*Altmeppen* Rn. 167.

471 BGH ZIP 09, 471; 01, 115; *Goette/Kleindiek* Rn. 192 (zur Rechtslage vor MoMiG).

ner unmittelbaren Finanzierungshilfe absichern, aber auch solche, die eine Gesellschaftersicherheit (§ 44 a InsO) rückbesichern. Insbes. sind zu nennen Sicherungsabtretung, -übereignung, (Grund-)Pfandrechte, Kautionen, Bürgschaften etc Neben der Insolvenzanfechtung der Sicherung steht dem Insolvenzverwalter ein **vertragsrechtlicher Freigabeanspruch** zu, wenn mit einer Befriedigung der nachrangigen Forderung nicht zu rechnen ist u. deshalb der Sicherungszweck entfiel.[472]

150 Für **außerhalb des Zeitraums des § 135 I Nr. 1 InsO gewährte Sicherheiten** ergibt sich nach der hier vertretenen Ansicht wertungsmäßig konsequent, dass diese trotz Nachrangigkeit der zu sichernden Forderung im Insolvenzfall zugunsten des Gesellschafters verwertet werden dürfen.[473] Weder akzessorischen noch nicht-akzessorischen Sicherheiten darf in Auslegung des Sicherungsvertrages entgg. gehalten werden, dass die zu sichernde Forderung nachrangig gewesen wäre.[474] Dem Gesetz ist immanent, dass die latente Nachrangigkeit der Rückforderungsansprüche aus Gesellschafterfinanzierung bei einer frühzeitigen Sicherung leerläuft.[475]

151 Zweifelhaft erscheint jedoch die Behandlung solcher Fälle, in denen die gesicherte Forderung des Gesellschafters außerhalb der Frist des § 135 I Nr. 2 InsO befriedigt wird. Während die bislang einhellige Auffassung[476] zur Vermeidung von Wertungswidersprüchen der unanfechtbaren Befriedigung aus dem Gesellschaftsvermögen Vorrang u. damit dem Anfechtungstatbestand des § 135 I Nr. 2 InsO eine Sperrwirkung eingeräumt hatte, befürwortet der BGH eine Anfechtbarkeit der Sicherheitengewährung auch dann, wenn die Befriedigung außerhalb dieser Jahresfrist erfolgte.[477] Vgl. hierzu → Rn. 12 f.

152 **bb) Befriedigung.** Eine Befriedigung tritt ein infolge Tilgung, also durch **Erfüllung**, aber auch durch **Erfüllungssurrogate** (Leistung an Erfüllungs Statt, Leistung erfüllungshalber, Auf- u. Verrechnung, Hinterlegung etc).[478] Zur Anfechtbarkeit der Kündigung aus einem Finanzierungsversprechen s. → Rn. 234.

153 Der Wortlaut des § 135 I Nr. 2 InsO erfasst nur die Rückgewähr der Finanzierungshilfe, nicht aber erfolgte **Zinszahlungen** hierauf.[479] Insoweit bei der Insolvenzanfechtung zu differenzieren, vermag schon aufgrund der

472 BGH ZInsO 09, 530, 532 Rn. 17.

473 BGH ZIP 13, 1579 Rn. 14; iErg auch Baumbach/Hueck/*Haas* Anh. § 64 Rn. 110; Kübler/Prütting/Bork/*Preuß,* InsO § 135 Rn. 9; *Bitter* ZIP 13, 1998, 1999; *Seibold/Waßmuth* GmbHR 16, 962,966; *Spliedt* ZIP 09, 145, 153; *Thole* FS Kübler, 15, S. 681, 686 ff.

474 Baumbach/Hueck/*Haas* Anh. § 64 Rn. 110; *Spliedt* ZIP 09, 145, 153; *Thole* FS Kübler, 15, S. 681, 686 ff.; so zum alten Recht schon BGHZ 133, 298, 305; abw. Roth/*Altmeppen* Rn. 169 ff.

475 Bork/Schäfer/*Thiessen* Rn. 62; *Huber* ZIP 10, Beil zu Heft 39, 7, 7 f. (mit Fn. 9); *Spliedt* ZIP 09, 149, 153; abw. Roth/*Altmeppen* Rn. 174 ff.

476 Baumbach/Hueck/*Fastrich* 20. Aufl. Rn. 64; Bork/Schäfer/*Thiessen* Rn. 68; Rowedder/Schmidt-Leithoff/*Görner* Rn. 158; Ulmer/*Habersack* Rn. 115; iErg Roth/*Altmeppen* Rn. 175; *Bitter* ZIP 13, 1497, 1500.

477 BGH ZIP 13, 1579 Rn. 13 ff.; dem BGH folgend Baumbach/Hueck/*Haas* Anh. § 64 Rn 105; K Schmidt/*K Schmidt* § 135 Rn. 20.

478 Roth/*Altmeppen* Rn. 177 mwN.

479 Vgl. *Mylich* ZGR 09, 474, 483 ff., 494 ff.

praktischen Schwierigkeiten nicht zu überzeugen, ebenso wenig wäre wertungsmäßig konsistent zu erklären, warum Annuitätendarlehen anders als endfällige Darlehen behandelt werden. Letztlich geht es bei der Insolvenzanfechtung darum, die in § 39 I Nr. 5 InsO zum Ausdruck kommende Nachrangigkeit auch im Zeitraum vor der Insolvenzverfahrenseröffnung zu realisieren.[480] Dies zeigt sich insbes. an den Rechtsfolgen einer erfolgreichen Insolvenzanfechtung: Die ursprüngliche Forderung lebt wieder auf (§ 144 InsO), allerdings im Rang des § 39 I Nr. 5 InsO. Unter fälschlichem Hinweis auf § 39 III InsO, der richtigerweise jedoch primär die Verzugszinsen meint,[481] wurde vertreten, geleistete **Zinstilgungen** auf Gesellschafterfinanzierungen ebenso der Insolvenzanfechtung gem. § 135 I Nr. 2 InsO zu unterwerfen[482] **wie die Erfüllung der Hauptforderung.**[483] Der BGH hat jedoch für den Fall, dass Zinsen nicht die beabsichtigte (teilw.) Rückzahlung verschleiern sollen, entgegengesetzt entschieden mit dem Hinweis darauf, dass marktübliche Zinsen die Gegenleistung der Kapitalüberlassung seien, nicht aber eine Befriedigung der Forderung auf Rückgewähr eines Darlehens.[484] Anderes muss aber gelten, wenn den Zahlungsterminen für die Zinsen Finanzierungsfunktion beikommt, etwa durch Stundung oder besondere Fälligkeitsabreden.

cc) Abgrenzung Sicherung/Befriedigung. Die Abgrenzung von Sicherung u. 154
Befriedigung mit jeweils unterschiedlichen Anfechtungsfristen spielt insbes. bei Kontokorrentverhältnissen u. in einem eingerichteten **Cash-Pool** (va bei ***downstream loans***)[485] eine Rolle. Insoweit tritt Erfüllung grds. erst mit periodischer Verrechnung ein, nicht aber schon mit einer Einstellung/Umbuchung in das Abrechnungsverhältnis. Bis zur periodischen Verrechnung stellt die infolge der Umbuchung eingetretene Verrechnungslage eine Sicherheit dar,[486] während die Verrechnung selbst Erfüllungssurrogat ist und anfechtungsrechtlich eine Befriedigung darstellt. Die durch periodische Verrechnung eingetretene Erfüllung ist nach § 135 I Nr. 2 InsO anfechtbar u. entfaltet Sperrwirkung im Hinblick auf die Anfechtbarkeit der zeitlich

---

480 Vgl. Kübler/Prütting/Bork/*Preuß*, InsO, § 135 Rn. 10; *Bork* ZIP 12, 2277, 2278; krit. *Thole*, S. 394 ff.; *ders.* ZInsO 12, 661, 662 f. (für eine eigenständige Bedeutung der Insolvenzanfechtung neben der Nachrangigkeit).

481 In Voraufl. noch verkannt.

482 Baumbach/Hueck/*Haas* Anh. § 64 Rn. 108; Kübler/Prütting/Bork/*Preuß* § 39 Rn. 80; Ulmer/*Habersack* Rn. 124; aA Baumbach/Hueck/*Fastrich* 20. Aufl. Rn. 61, 67; Scholz/*K Schmidt* Nachtrag MoMiG §§ 32a/b aF Rn. 41 (nur §§ 130 f. InsO).

483 Ebenso *Gehrlein*/Born/Simon Vor § 64 Rn. 301; Kübler/Prütting/Bork/*Preuß, InsO, § 39 Rn. 80*; Rowedder/Schmidt-Leithoff/*Görner* Rn. 80; Ulmer/*Habersack*, Rn. 124; *ders.* ZIP 07, 2145, 2150; *Huber* ZIP 10, Beil Heft 39, 7; zur früheren Rechtslage vgl. ebenso BGH GmbHR 05, 232; 01, 725.

484 BGH NJW 19, 2923 Rn. 43 ff.; ZIP 19, 233 Rn. 25; so bereits Bork/Schäfer/*Thiessen* Rn. 66; Scholz/*Bitter* Anh. § 64 Rn. 164; Uhlenbruck/*Hirte*, InsO, § 135 Rn. 7 Rn. 142; *Mylich* ZGR 09, 474, 496; *ders.* ZIP 17, 1255 f.

485 Zu downstream guarantees (Besicherung von Bankdarlehen der Tochtergesellschaft durch die Muttergesellschaft) *Burg/Westerheide* BB 08, 62, 64; *Thole* ZInsO 11, 1425, 1429 ff. – Zur Anfechtung im Cash-Pool vgl. auch *Reuter* NZI 11, 921 ff.; *Zahrte* NZI 10, 596 ff. (teilw aA).

486 *Klinck/Gärtner* NZI 08, 457, 459.

davor geschaffenen Sicherheiten (vgl. → Rn. 12 f.).[487] Andernfalls hätte die Anfechtbarkeit der Sicherung weitergehende Bedeutung als die Anfechtung der Befriedigung, was dem Sinn der Neuregelung offensichtlich widerspräche.[488] Nur die noch offenen Verrechnungslagen mit Sicherungscharakter unterliegen der Insolvenzanfechtung nach § 135 I Nr. 1 InsO.[489]

155 Bei solchen **Kontokorrent-Krediten** sowie bei ***downstream loans***, insbes. iR eines **Cash-Pools,**[490] darf für die Anfechtbarkeit nicht auf die Rückführung einer einzelnen Zahlung abgestellt werden, sondern an ihre Stelle muss eine **Gesamtbetrachtung** treten.[491] Der Anfechtbarkeit unterliegt **nicht die einzelne Zahlung/Rückführung**, sondern nur der Betrag, in dessen Umfang ein bestehender (ggf. revolvierender) Kredit[492] insg. binnen Jahresfrist zurückgeführt wurde,[493] wobei es im Ausgangspunkt (vgl. zu Spitzen und Ausreißern noch sogleich) grds. auf den höchsten zurückgeführten Darlehensstand[494] ankommt, nicht auf die Gesamtdurchschnittsforderung.[495] Denn eine Finanzierungshilfe lag grds. nur iRd eingeräumten Gesamtlinie vor u. nur diese war für die Gläuberbefriedigung einsetzbar.[496] Entspr. gilt im Hinblick auf kontokorrentgleiche Aus- u. Rückzahlungen,[497] dh bei Einzelkrediten in unmittelbarem Zusammenhang.[498] -> Rn. 104. Zu ähnl Ergebnissen (Anfechtbarkeit nur des Saldos zwischen Ein- u. Ausgängen) gelangen diejenigen, die entgg. der hier vertretenen Ansicht (→ Rn. 147) das Bargeschäftsprivileg des § 142 InsO u. im Anschluss hieran die Rspr.

487 Baumbach/Hueck/*Fastrich* 21. Aufl. Rn. 63 f.; HeidelbergerKommInsO/*Kleindiek*, § 135 Rn. 36; HambK-InsO/*Schröder*, § 135 Rn. 33 a; *Bormann/Urlichs* DStR 09, 641, 645 Fn. 31; *Hamann* NZI 08, 667; *Rönnau/Krezer* ZIP 10, 2269, 2270; *Thole* ZInsO 11, 1425, 1430; aA *Klinck/Gärtner* NZI 08, 457, 459 f.

488 Ebenso Baumbach/Hueck/*Fastrich* 20. Aufl. Rn. 64.

489 Baumbach/Hueck/*Fastrich* 20. Aufl. Rn. 64; *Wicke* Rn. 12; *Reuter* NZI 11, 921, 922 ff.; aA *Klinck/Gärtner* NZI 08, 457, 459 f.

490 Ein allg. Cash-Pool-Prinzip lässt sich den §§ 19 V, 30 I 2 u. 3 nicht entnehmen; zutr. Bork/Schäfer/*Thiessen* Rn. 11.

491 Vgl. auch BGH WM 13, 708 Rn. 16 ff.

492 Zu der Verbindung verschiedener Einzelkredite nach Art eines Kontokorrents aufgrund gesellschaftsrechtlicher Treuepflicht BGH WM 13, 708 Rn. 17 ff., 24.

493 Baumbach/Hueck/*Haas* Anh. § 64 Rn. 94; Bork/Schäfer/*Thiessen* Rn. 12 (für generelle Anwendbarkeit der Rspr.-Grundsätze zum Kontokorrentverhältnis, vgl. BGH NJW 02, 1722; ZIP 08, 235; ferner NJW 09, 2307); *Nerlich*/Römermann, InsO, § 135 Rn. 44; *Altmeppen* NZG 10, 401, 404; *Schall* ZGR 09, 126, 145; *Reuter* NZI 11, 921, 926 f.; *Willemsen/Rechel* BB 09, 2215, 2219; *Zahrte* NZI 10, 596, 597 f.; aA *Bauer* ZInsO 11, 1379, 1383.

494 Ebenso *Brinkmann* ZGR 17, 17, 708, 717; aA HeidelbergerKommInsO/*Kleindiek* § 135 Rn. 39 (Durchschnittssaldo innerhalb der Jahresfrist des I Nr. 2); BGH ZIP 95, 23, 24.

495 BGH ZIP 19, 1577 Rn. 37 f.; WM 13, 708 Rn. 26; ZIP 13, 1629 Rn. 38; nunmehr auch Bork/Schäfer/*Thiessen* Rn. 65; Scholz/*Bitter* Anh. § 64 Rn. 151 ff.; anders noch BGH ZIP 95, 23, 24 f.; WM 11, 2235 Rn. 10; abw. auch HeidelbergerKommInsO/*Kleindiek*, § 135 Rn. 39 f. (Durchschnittssaldo maßgeblich).

496 Zust. Baumbach/Hueck/*Haas* Anh. § 64 Rn. 94; ausf. Scholz/*Bitter* Anh. § 64 Rn. 121 ff.; *Heckschen/Kreusslein* RNotZ 16, 351, 359; krit. indes *Reuter* NZI 11, 921, 926 f.; *Zahrte* NZI 10, 596, 596.

497 Vgl. BGH WM 13, 708 Rn. 17 ff.; ZIP 13, 1629 Rn. 34 ff.; zur Abgrenzung ZInsO 14, 339 Rn. 6.

498 Vgl. BGH ZIP 14, 785 Rn. 2 ff.; Scholz/*Bitter* Anh. § 64 Rn. 152 ff.; iErg auch Ulmer/*Habersack* Rn. 116.

des BGH zu Kontokorrentverrechnungen[499] anwenden wollen.[500] Schwierigkeiten bestehen bei kurzfristigen Überziehungen (von Zufälligkeit der Zahlungseingänge geprägte Spitzen bzw. Ausreißer). Insoweit erscheint sachgerecht, solchen Überziehungen zur Vermeidung von Wertungswidersprüchen nur Relevanz zuzumessen, wenn sie in zeitlicher Hinsicht – ggf. auch in einer Gesamtschau – die Grenzen gem. den Ausführungen unter → Rn. 106 a ff. überschreiten.[501]

c) **Freiwerdende Gesellschaftersicherheit** (**§ 135 II InsO**). Zur Anfechtbarkeit, wenn die Gesellschaft die Finanzierungshilfe eines Dritten, welche der Gesellschafter besichert hatte, zurückführt, → Rn. 181 ff. 156

d) **Rechtsfolge der Anfechtung, Anfechtungsgegner.** Gem. § 143 I 1 InsO besteht eine Verpflichtung des Anfechtungsgegners **zur Rückgewähr**. Er muss somit erhaltene Zahlungen einschl. seit der anfechtbaren Rechtshandlung erzielter oder schuldhaft nicht erzielter Zinsen[502] u. ab Verfahrenseröffnung Prozesszinsen (§ 143 I 2 InsO iVm §§ 818, 819 BGB) der Insolvenzmasse zurückerstatten bzw. der Aufhebung anfechtbarer Sicherheiten zustimmen. Der ursprünglich erfüllte Anspruch des Gesellschafters **lebt wieder auf** (§ 144 I InsO), jedoch im **Rang des § 39 I Nr. 5 InsO** (→ Rn. 153).[503] Die ebenfalls wieder auflebenden Sicherheiten sind, sofern sie binnen der Zehnjahresfrist des § 135 I Nr. 1 InsO bestellt worden waren, nicht durchsetzbar (→ Rn. 148). Richtiger Anfechtungsgegner ist bei der Anfechtung gem. 135 I Nr. 2 InsO der im Zeitpunkt der Befriedigung aktuelle Inhaber der Forderung, nach Ansicht des BGH (→ Rn. 52 f.) wohl als Gesamtschuldner aus Gründen des Umgehungsschutzes[504] ferner – als wirtschaftlich einem Gesellschafter vergleichbarer Dritter – derjenige, bei dem binnen der Jahresfrist Kreditgeber- u. Gesellschafterrolle zusammengefallen waren.[505] 157

e) **Geltendmachung, Verjährung, Vergleich, Verfahren.** Die Insolvenzanfechtung stellt **kein Gestaltungsrecht** des Insolvenzverwalters dar, auch wenn in der Praxis gelegentlich „Anfechtungserklärungen“ anzutreffen sind. Der insolvenzanfechtungsrechtliche Rückgewähranspruch gem. § 143 InsO **entsteht** vielmehr **kraft Gesetzes mit Verfahrenseröffnung** u. **verjährt** nach Maßgabe des § 146 InsO. Er muss, sofern eine außergerichtliche Rechtsdurchsetzung bzw. eine vergleichsweise Einigung scheitert, **prozessual geltend gemacht** werden. 158

Die **sachliche Zuständigkeit** für eine Klage des Insolvenzverwalters ergibt sich aus §§ 23, 71 GVG, die **örtliche** aus §§ 12 ff. ZPO. Für eine Anfecht- 159

---

499 BGH ZIP 08, 237, 238 Rn. 5.
500 *Ulmer/Habersack* Rn. 116; *Altmeppen* NZG 10, 401, 404; *Hirte* WM 08, 1429, 1432; *Reuter* NZI 11, 922, 926; *Schall* ZGR 09, 126, 145; *Thole* ZInsO 11, 1425, 1430; *Willemsen/Rechel* BB 09, 2215, 2219; dag zu Recht BGH WM 13, 708 Rn. 27: kein Bargeschäft bei einseitiger Deckungshandlung.
501 Insoweit anders BGH WM 13, 708 Rn. 14, 26.
502 Dazu BGH ZIP 05, 1888; ZInsO 07, 261.
503 Kübler/Prütting/Bork/*Jacoby*, InsO § 143 Rn. 12 a.
504 Vgl. hierzu *Pluta/Keller* FS Wellensiek, 11, S. 511, 513, 521.
505 BGH WM 13, 568 Rn. 28; weitergehend *Pluta/Keller* FS Wellensiek, 11, S. 511, 515 ff.; zum Anfechtungsgegner bei Treuhandverhältnissen Scholz/*Bitter* Anh. § 64 Rn. 263, 267.

barkeit gem. § 135 I, II InsO steht zudem der durch das MoMiG modifizierte Gerichtsstand der Mitgliedschaft (§ 22 ZPO) offen,[506] u. zwar auch im Verhältnis zu denjenigen, die wirtschaftlich einem Gesellschafter gleichstehen (→ Rn. 57 ff.).[507] Bei Anfechtungsklagen im Anwendungsbereich der EuInsVO sind die Gerichte des Mitgliedstaates der Verfahrenseröffnung **international** zuständig.[508]

160 f) **Verhältnis zu anderen Anfechtungs-/Haftungstatbeständen.** § 135 I, II InsO sperren die **Anwendbarkeit anderer Anfechtungstatbestände** nicht.[509] Dies gilt insbes. für §§ 133 II, 138 II Nr. 1[510] InsO bei einem mit mehr als 25 % beteiligten Gesellschafter,[511] aber auch u. va für § 133 I InsO.[512] Der Unterschied liegt darin, dass die Anfechtbarkeit gem. § 135 InsO allein von objektiven Kriterien abhängt. Insbes. **Tilgungsleistungen außerhalb der Jahresfrist** werden künftig iRd § 133 I InsO bzw. § 3 AnfG zu bewerten sein.[513] Insoweit ist festzuhalten, dass allein die Gesellschafterstellung keine Indizwirkung iRd § 133 I InsO iVm § 286 ZPO hat. Es müssen also weitere Umstände hinzukommen, wie zB die Inkongruenz einer Befriedigung des Gesellschafters oder bei Kenntnis einer drohenden Zahlungsunfähigkeit. Die Übertragung der Gesellschafterstellung kann als Indiz einer Bestattungskonstellation zu weiteren Nachforschungen Anlass geben.[514] **Innerhalb der Jahresfrist** des § 135 I Nr. 2 InsO besteht ein **Konkurrenzverhältnis.**[515] Die Haftung wegen **(Beihilfe zur) Insolvenzverschleppung** gem. § 15 a InsO iVm §§ 823 II, 830 BGB bleibt unberührt. Eine Haftung wegen **Existenzvernichtung** gem. § 826 BGB im Verhältnis zur Gesellschaft wegen Rückzahlung eines Gesellschafterdarlehens, für welche die Fristen des § 135 InsO nicht gelten, kommt hingg. praktisch kaum in Betracht.[516]

506 Roth/*Altmeppen* Rn. 180; Uhlenbruck/*Hirte*, InsO, § 135 Rn. 28 f.; Goette/*Habersack*, Das MoMiG in Wissenschaft und Praxis, Rn. 5.49; *ders.* ZIP 07, 2145, 2152; zur zuständigen Kammer für Insolvenzanfechtungsrechtsstreitigkeiten *Froehner* NZI 16, 1.

507 Gottwald/*Haas*/*Kolmann*/*Kurz*, Insolvenzrechts-Handbuch, § 90 Rn. 516.

508 EuGH NJW 09, 2189 (DekoMarty); zur örtlichen Zuständigkeit vgl. BGH NJW 09, 2215; s. zu Art. 6 EuInsVO nF Gottwald/*Kolmann*/*Keller*, Insolvenzrechts-Handbuch, § 129 Rn. 93 ff.

509 Baumbach/Hueck/*Haas* Anh. § 64 Rn. 111; *ders.* ZIP 17. 545 ff.; HeidelbergerKommInsO*Kleindiek* § 135 Rn. 33; Ulmer/*Habersack* Rn. 28; MünchAnwHdbGmbH/*Selzner*/*Leuering*, § 7 Rn. 65 f.; *Bormann*/*Hösler* GmbHR 09, 879, 880 f.; *Dahl*/*Schmitz* NZG 09, 325, 327; *Eidenmüller* FS Canaris Bd. II, 07, S. 49, 65 f.; *Gehrlein* BB 08, 846, 853; *Hirte* ZInsO 08, 689, 696; *Poepping* BKR 09, 150, 156; *Spliedt* ZIP 09, 149, 154; aA *Bayer*/*Graff* DStR 06, 1654, 1657 f.; *Weitnauer* BKR 09, 18, 20.

510 Vgl. hierzu auch BGH ZIP 11, 575 Rn. 12 ff.; *Haas* ZIP 17, 545 (547 f.).

511 Dazu *Gehrlein* BB 08, 846, 853; *Spliedt* ZIP 09, 149, 154.

512 *Bangha-Szabo* ZIP 13, 1058 ff.; *Gehrlein* BB 11, 3, 6; *Spliedt* ZIP 09, 145, 154; zurückhaltend Scholz/*Bitter* Anh. § 64 Rn. 165 f.

513 Ebenso Bork/Schäfer/*Thiessen* § 30 Rn. 148 ff.; *G Fischer* ZGR 06, 403, 409; *Spliedt* ZIP 09, 149, 154; aA *Bayer*/*Graff* DStR 06, 1654, 1657 f. – Zur Diskussion vor Geltung des MoMiG vgl. einerseits *Thole* KTS 07, 293; andererseits *K Schmidt* GmbHR 05, 797, 799.

514 Bork/Schäfer/*Thiessen* Rn. 34.

515 Vgl. *G Fischer* ZGR 06, 403, 410; *ders.* NZI 08, 588, 594; vgl. aber auch *Schoppmeyer* ZIP 09, 600, 603 ff.

516 Ausf. Bork/Schäfer/*Thiessen* § 30 Rn. 156 ff.; *Huber* ZIP 10, Beil zu Heft 39, 7, 9 f.

5. Anfechtbarkeit außerhalb Insolvenzverfahren (§ 6 AnfG)

Außerhalb eines Insolvenzverfahrens, insbes. bei Abweisung eines Insolvenzantrags mangels Masse (§ 26 InsO),[517] unterliegen derartige Rechtshandlungen der Gläubigeranfechtung gem. § 6 AnfG. Die Anfechtungsfristen für Befriedigungen u. Sicherungen entsprechen denen des § 135 I InsO. Sie beginnen mit der Erlangung des vollstreckbaren Schuldtitels (§ 6 I AnfG) oder mit einer früheren Abweisung eines Insolvenzantrages mangels Masse (§ 6 I 2 AnfG). 161

§ 6 II 1 AnfG enthält eine dreijährige Ausschlussfrist, die grds. mit Erlangung eines vollstreckbaren Schuldtitels beginnt. Wurde die anfechtbare Rechtshandlung später vorgenommen, beginnt die dreijährige Ausschlussfrist mit Schluss des Jahres, in welchem die Rechtshandlung vorgenommen wurde (§ 6 II 2 AnfG). Als Rechtsfolge muss der Anfechtungsgegner die Zwangsvollstreckung in den erlangten Vermögensgegenstand dulden (§ 11 I AnfG). 162

6. Bilanzielle Behandlung und Liquiditätsstatus

a) **Jahresabschluss.** Verbindlichkeiten aus Gesellschafter-Fremdfinanzierung werden in der **handelsrechtlichen Bilanz** der Gesellschaft wie schon bisher auch künftig **als Fremdkapital passiviert.**[518] 163

b) **Überschuldungsstatus.** Entgg. dem Regierungsentwurf hat die nunmehrige Gesetzesfassung des § 19 II 2 in Übereinstimmung mit der hM zum bisherigen Recht[519] die **Passivierungspflicht** der Gesellschaft für Verbindlichkeiten aus Gesellschafter-Fremdfinanzierungen im insolvenzrechtlichen Überschuldungsstatus (§ 19 InsO; s. dazu → vor § 64 Rn. 68 f.) zu Recht beibehalten. Dies entspricht der grds. freien Erfüllbarkeit dieser Ansprüche außerhalb des Insolvenzverfahrens u. führt zumindest im Ausgangspunkt dazu, dass die Überschuldung eher früher als später sichtbar wird. Infolge der dadurch zu erhoffenden früheren Insolvenzantragstellung soll dies einer Zunahme masseloser Insolvenzen entgg. wirken.[520] 164

Die **Passivierungspflicht** kann jedoch wie nach bisheriger Rechtslage **entfallen.** Hierzu muss ein Gesellschafter im Verhältnis zum Schuldner[521] mit seinem Anspruch im Rang mind. hinter die Forderungen gem. § 39 I Nr. 1–5 InsO u. somit in den **Rang des § 39 II InsO zurücktreten**; das genügt hins. 165

---

517 Baumbach/Hueck/*Haas* Anh. § 64 Rn. 113; Bork/Schäfer/*Thiessen* Rn. 72 ff.

518 BGHZ 146, 264; 124, 282, 284 f.; ZIP 08, 2217.

519 BGHZ 146, 264; NZG 10, 701 Rn. 6; Jaeger/*Müller*, InsO, § 19 Rn. 96 ff.; Scholz/*K Schmidt*, 10. Aufl., §§ 32a/b Rn. 63; v. Gerkan/Hommelhoff/*Kleindiek* Rn. 7.28 ff.; *Haas* NZI 99, 214; *K Schmidt* GmbHR 99, 9, 11 ff.

520 Hierzu u. zur Kritik an der Fassung des RegE *Altmeppen*, VGR 12 (07), 93, 104; *Bork* ZGR 07, 250, 261; *Burg/Poertzgen* ZInsO 08, 473, 474; *Haas* ZInsO 07, 617, 626 f.; *ders./Oechsler* NZG 06, 806 ff.; *Hirte* ZInsO 08, 146, 148; *ders.* ZInsO 08, 689, 697; *Hölzle* GmbHR 07, 729, 736; *Knof* ZInsO 07, 125, 127; *Oppenhoff* BB 08, 1630, 1632; *J Roth* GmbHR 08, 1184; *K Schmidt* GmbHR 07, 1, 10; *ders.* GmbHR 08, 449, 454; *ders.* BB 08, 461, 462 ff. – Die Fassung des RegE befürwortend *Habersack* ZIP 07, 2145, 2151; *Noack* DB 06, 1475, 1481; *Mülbert* WM 06, 1977, 1979.

521 Der häufig in sog. Intercreditor-Agreements vereinbarte relative Rangrücktritt zwischen verschiedenen Finanzierern genügt insoweit nicht; vgl. hierzu *Sutter/Fiedler* ZInsO 11, 552, 557; zust. BankenK-InsO/*Zenker*, § 39 Rn. 69.

der Rangtiefe aber auch.[522] Eine bloße „materielle Nachrangigkeit", bspw. aufgrund vertraglich eingeschränkter Kündbarkeit der Finanzierungshilfe in der Krise, reicht nicht aus.[523] Bzgl. der Tiefe ist der nach bisheriger Rspr. erforderliche **sog. qualifizierte Rangrücktritt** (§ 199 S. 2 InsO)[524] **nicht mehr notwendig.** Der Praxis empfiehlt sich trotz der Vermutungsregel des § 39 II InsO eine klarstellende Formulierung zur Rangstelle. Bei Finanzierungshilfen der öffentlichen Hand als Gesellschafter scheidet im Anwendungsbereich des europäischen Beihilferechts ein Rangrücktritt aus.[525]

166 Umstritten waren die Anforderungen an einen solchen **Rangrücktritt in zeitlicher Hinsicht.**[526] Die Streitfrage knüpft an einen unklaren Gesetzeswortlaut an, weil die Rechtsfolgen des § 39 II InsO erst ab der Insolvenzverfahrenseröffnung gelten.

167 Im Anschluss an den BGH bedarf es einer auf Dauer angelegten (zusätzlichen) Vereinbarung, die auch den Zeitraum vor Verfahrenseröffnung erfassen muss.[527] Aus einer solchen Vereinbarung muss sich eine **vorinsolvenzliche Durchsetzungssperre** ergeben (vgl. zur Zahlungsunfähigkeit gem. § 17 InsO Erl. → vor § 64 Rn. 68, 82). Die Formulierung muss sicherstellen, dass eine Befriedigung schon außerhalb des Insolvenzverfahrens nur verlangt werden kann, wenn u. soweit die Gesellschaft über die sonstigen Verbindlichkeiten übersteigendes Aktivvermögen verfügt, ferner aus künftigen Jahresüberschüssen oder aus einem etwaigen Liquidationsüberschuss.[528] Insoweit gilt es, bei der Formulierung die **steuerrechtlichen Besonderheiten** (**§ 5 IIa EStG**) zu beachten.[529] Sollte eine ausdrückliche Regelung fehlen, wird man sie im Wege der Auslegung hilfsweise über den Wortlaut hinausgehend annehmen dürfen, wenn der Gesellschafter offensichtlich u. einschränkungslos die Insolvenzantragspflicht bzw. die Passivierungspflicht beseitigen wollte, er also zu diesem Zwecke wohl auch zu einer vorinsolvenzlichen Sperre bereit war.[530] Durch den Rücktritt in den Rang des § 39 II InsO kann sich der Gesellschafter dem Anfechtungsrisiko gem. § 135

522 Vgl. zur früheren Rechtslage idS bereits *Altmeppen* ZIP 01, 240, 241.
523 BGH NZG 10, 701, 702 (zur beschränkten Kündbarkeit bei gesplitteter Einlage).
524 BGHZ 146, 264, 271; zurückhaltender BGH NZG 10, 701, 702; 07, 545 Rn. 10; HeidelbergerKommInsO/*Rüntz/Laroche*, § 19 Rn. 23; Jaeger/*Müller*, InsO, § 19 Rn. 93 ff.; Scholz/*K Schmidt,* 10. Aufl., §§ 32a/b Rn. 105; Ulmer/*Habersack* §§ 32a/b Rn. 241; *Kussmaul* DB 02, 2258; *Wittig* NZI 01, 169, 173 f.
525 BGHZ 173, 129.
526 Hierzu nunmehr BGH NZI 15, 315 Rn. 16 ff., va 19 ff.; ferner Baumbach/Hueck/*Haas* § 64 Rn. 54 f.; *ders.* DStR 09, 326, 327; Gottwald/*ders./Kolmann/Kurz*, Insolvenzrechts-Handbuch, § 90 Rn. 498 ff.; BerlKommInsO/*Goetsch*, § 19 Rn. 47; Bunnemann/Zirngibl/*Desch* § 8 Rn. 80; Henssler/Strohn/*Arnold* § 64 Rn. 31; MüKoGmbHG/*Müller* § 64 Rn. 39; *Funk* BB 09, 867, 869; *Kahlert/Gehrke* DStR 10, 227, 229 ff.; *dies* ZIP 08, 2392.
527 Ausf. BGH DStR 15, 769, 772; so bereits *Haas* DStR 09, 326, 327; *Frystatzki* NZI 13, 609 ff.
528 Instruktiv u. zusammenfassend mit Formulierungsvorschlag *Weitnauer* GWR 12, 193 ff.
529 BMF-Schreiben, IV B 2 – S. 2133–10/06, BStBl I, S. 497; BFH NZG 06, 197, 199; zur Abgrenzung DStR 12, 450.
530 Vgl. *K Schmidt,* in FS Frotscher, 13, S. 536 ff., 544 ff.; *Bitter/Rauhut* ZIP 14, 1004 ff., 1013; ebd. (1005 ff.) auch zu Abgrenzungen.

InsO nicht entziehen.[531] Entgg. einem solchen Rangrücktritt geleistete Zahlungen unterliegen einer bereicherungsrechtlichen Rückabwicklung bzw. der Schenkungsanfechtung.[532]

Die Rangrücktrittsvereinbarung hat schuldändernden, verfügenden Charakter; sie wirkt zugleich zugunsten der sonstigen Gläubiger u. kann deshalb nur mit deren Zustimmung beseitigt werden, sofern u. soweit die materielle Insolvenz nicht beseitigt ist.[533] Vgl. Erl. → vor § 64 Rn. 68. Damit erscheint zweifelhaft, ob der Rangrücktritt widerruflich ausgestaltet[534] u. jedenfalls einvernehmlich aufgehoben werden kann.[535] 168

Die vorstehenden Ausführungen gelten entspr. (§ 19 II 2 InsO analog) für Forderungen (Dritter) aus Rechtshandlungen, die wirtschaftlich einem Gesellschafterdarlehen entsprechen.[536] Denn ein inhaltlicher Grund für eine unterschiedliche Behandlung, gerade auch im Hinblick auf eine Überschuldung gem. § 19 InsO, ist nicht ersichtlich. Ob mit einem solchen Rücktritt in den Rang des § 39 II InsO automatisch verbunden ist, dass Befriedigungen der subordinierten Forderung im Vorfeld der Insolvenz einer späteren Insolvenzanfechtung gem. § 135 InsO unterliegen, ist umstritten.[537] Vor dem Hintergrund der insolvenzrechtlichen Befriedigungsreihenfolge bzw. dem Vermögensdeckungsprinzip des insolvenzrechtlichen Überschuldungsbegriffs liegt es nahe, bei wirtschaftlicher Betrachtung den Dritten im Umfang der qualifizierten Subordination, die bilanzrechtlich einer eigenkapitalähnlichen Position entspricht, zumindest im Verhältnis zur Gesamtheit der übrigen Gläubiger als einem Gesellschafter vergleichbar anzusehen. 169

Häufig bleibt unbeachtet, dass dem Gesellschafter ggü. der Gesellschaft außerhalb der Insolvenz ein überschuldungsrechtlich bedeutsamer Freistellungs- bzw. Regressanspruch ggü. der Gesellschaft zusteht, wenn er für eine Drittfinanzierung Sicherheit leistet u. hieraus in Anspruch genommen wird. Aber schon im Vorfeld der Inanspruchnahme können (u zwecks Vermeidung einer Überschuldung ggf. müssen) Gesellschaft u. Gesellschafter vereinbaren, dass dieser die Gesellschaft im Innenverhältnis freistellt u. einen etwaigen Regressanspruch (§§ 774, 1143, 1225 BGB, ggf. analog) nur nachrangig (§ 39 II InsO) geltend macht. Den Freistellungsanspruch 170

531 Kübler/Prütting/Bork/*Preuß*, InsO, § 135 Rn. 10; *Gundlach/Frenzel/Strandmann* NZI 08, 647, 651.

532 BGH WM 15, 623; vgl. hierzu *Kayser* WM 15, 1973, 1975; abl. *K Schmidt* in K Schmidt/Uhlenbruck, GmbH in der Krise, Rn. 2.375; *ders.* ZIP 15, 901, 907 ff.: jederzeit aufhebbares *pactum de non petendo*, dann aber anderweitig sanktioniert.

533 BGH DStR 15, 767, 769, 772. – Gleichwohl geleistete Zahlungen können entweder gem. § 812 I 1 BGB oder im Insolvenzverfahren als unentgeltliche Leistung gem. § 134 InsO zurückgefordert werden.

534 Vgl. OLG Koblenz BeckRS 12, 04143.

535 Zusammenfassend *Leithaus/Schaefer* NZI 10, 844; *Wittig* NZI 01, 169, 175; vgl. auch *Bitter* ZIP 13, 2 ff.

536 Ebenso *Weitnauer* GWR 12, 193; *Leithaus/Schaefer* NZI 10, 844, 846; aA Braun/*Bußhardt*, InsO, § 19 Rn. 14 (insoweit Fortgeltung von BGHZ 146, 264, dh insbes. zahlbar nur nach Überwindung der Krise bzw. aus freien Mitteln).

537 Tendenziell dafür *Bork* ZIP 12, 2277 zur Rangstufe des § 39 I Nr. 4 InsO; dag *Bitter* ZIP 13, 2, 4 ff.

kann die Gesellschaft aktivieren u. dadurch ihre überschuldungsrechtliche Vermögenslage verbessern.[538]

171 c) **Liquiditätsstatus.** Zum vormaligen Eigenkapitalersatzrecht war umstritten, ob eine in analoger Anwendung des § 30 aF einredebehaftete, eigenkapitalersatzrechtlich verstrickte Gesellschafterforderung als eine fällige Zahlungspflicht anzusehen u. deshalb **in einem Liquiditätsstatus gem. § 17 InsO zu berücksichtigen** war. Dies war schon bisher nach zutr. Ansicht zu bejahen u. gilt infolge des Wegfalls der außerinsolvenzlichen Leistungssperre (§ 30 I 3) nach Inkrafttreten des MoMiG, vorbehaltlich eines qualifizierten Rangrücktritts mit vorinsolvenzlicher Sperre (s. Erl. → vor § 64 Rn. 68), generell.[539] – Zu § 64 S. 3 s. Erl. zu → § 64 Rn. 82 ff.

VII. Gesellschafterbesicherte Drittfinanzierung (§ 44 a InsO)

1. Funktion

172 Die Vorschrift des § 44 a InsO behandelt – entspr. der bereits in § 32 a II aF enthaltenen Regelung – die Sicherheit, die ein Gesellschafter einem **Dritten als Sicherheit für Rückgewähransprüche aus einer der Gesellschaft gewährten Finanzierungshilfe** einräumt. Insoweit handelt es sich um einen gesetzlich geregelten **Sonderfall einer mittelbaren Finanzierungsleistung**, die wirtschaftlich einem Gesellschafterdarlehen entspricht (§ 39 I Nr. 5 InsO).[540] Die Vorschrift dient damit dem **Umgehungsschutz.** Ihre Wirkungen sind mangels Dispositionsbefugnis nicht durch Vereinbarung zwischen Drittem u. Gesellschafter[541] oder durch einen Verzicht des Dritten (→ Rn. 179) abdingbar.[542] Im eröffneten Insolvenzverfahren kann vom Regelungsgehalt des § 44 a InsO nur durch Insolvenzplan, nicht aber iR eines Vergleichs mit dem Insolvenzverwalter abgewichen werden.[543]

173 Der misslungene[544] Gesetzeswortlaut des § 44 a InsO macht den eigentlichen Regelungsgehalt der Vorschrift – wie die Vorgängerbestimmung des § 32 a II aF – nur unzureichend transparent. Ihr Sinn u. Zweck erschließen sich erst, wenn man unter Einbeziehung des § 143 III InsO den Blick auf den **(potenziellen) Regressanspruch des Gesellschafters** nach Inanspruchnahme aus der von ihm bestellten Sicherheit im Verhältnis zur Gesellschaft wirft u. auf das **Dreipersonen-Verhältnis** erweitert.

538 Baumbach/Hueck/*Fastrich* 20. Aufl. Rn. 25; Scholz/*K Schmidt* Nachtrag MoMiG §§ 32a/b aF Rn. 63; *ders.* BB 08, 1966.
539 Baumbach/Hueck/*Haas* Vor § 64 Rn. 5 ff.; Bunnemann/Zirngibl/*Desch* § 8 Rn. 85; Gottwald/*Haas*/*Kolmann*/*Kurz*, Insolvenzrechts-Handbuch, § 90 Rn. 527.
540 BGH ZIP 11, 2417, 2418 Rn. 9; OLG Hamburg NZI 19, 83 Rn. 49; OLG Frankfurt ZIP 16, 733 (734); Baumbach/Hueck/*Haas* Anh. § 64 Rn. 145; Gottwald/*Hass*/*Kolmann*/*Kurz*, Insolvenzrechts-Handbuch, § 90 Rn. 404; HambK-InsO/*Lüdtke*, § 44 a Rn. 7. – Zur früheren Rechtslage BGHZ 67, 171, 182; Scholz/*K Schmidt*, 10. Aufl., §§ 32a/b Rn. 143.
541 OLG Stuttgart ZInsO 12, 885 Rn. 52: Keine Unwirksamkeit gem. § 134 BGB.
542 OLG Düsseldorf NZI 16, 542, 544; Baumbach/Hueck/*Haas* Anh. § 64 Rn. 145, 150; HeidelbergerKommInsO/*Kleindiek*, § 44 a Rn. 9; Ulmer/*Habersack* Rn. 151; *Ede* ZInsO 12, 853, 858.
543 *Frege*/*Nicht*/*Schildt* ZInsO 12, 1961, 1968 f.
544 Ebenso Roth/*Altmeppen* Rn. 189; *K Schmidt* BB 08, 1966, 1969.

Der **Regressanspruch**, in dem die mittelbare Finanzierungshilfe des Gesellschafters zum Ausdruck kommt, soll im Verhältnis zur Gesellschaft im Insolvenzfall **nachrangig** sein (§ 39 I Nr. 5 InsO). Dies wirtschaftlich durchzusetzen, soll der **Dritte mitleisten**, indem das Gesetz ihn im Insolvenzfall (sonst nicht!) **vorrangig** auf die **Verwertung der Sicherheitsleistung** des Gesellschafters verweist. Dadurch soll der Dritte zu einer **Entlastung der Insolvenzmasse** beitragen. Zusätzliche Nachrangigkeit der Darlehensforderung gem. § 39 I Nr. 5 InsO ist entgg. dem missverständlichen Wortlaut nicht veranlasst.[545] Hat die Gesellschaft das Drittdarlehen **vor der Insolvenz** zurückgeführt, wurde der Gesellschafter dadurch **vom Risiko der Inanspruchnahme der Sicherheit befreit.** Genau diesen Vorgang, nicht die Zahlung an den Dritten, rückgängig zu machen, ist Sinn u. Zweck der Anfechtungsvorschriften gem. §§ 135 II, 143 III InsO bzw. §§ 6 a, 11 III AnfG, die jeweils den Gesellschafter u. nicht den Dritten als Anfechtungsgegner benennen. Somit muss einerseits zwischen der Beziehung zwischen Gesellschafter u. Gesellschaft, andererseits zwischen Gesellschaft u. Drittem unterschieden werden. Umstritten ist die Behandlung solcher Fälle, in denen neben dem Gesellschafter auch die Gesellschaft Sicherheit gewährt hat. 174

2. Tatbestand

a) Darlehen eines Dritten. Die mittelbare Gesellschafterfinanzierung setzt die **Finanzierungshilfe eines Dritten** voraus. Darunter fällt jede einem Darlehen entspr. u. einem Darlehen wirtschaftlich gleichgestellte Kapitalüberlasssung auf Zeit (→ Rn. 114 ff.), zB in Form eines Bankdarlehens, Kontokorrent- oder Betriebsmittelkredits. Der Dritte darf nicht in den persönlichen Anwendungsbereich gem. den Ausführungen unter → Rn. 43 ff. fallen, dh er darf **weder Gesellschafter** sein, **noch einem Gesellschafter gleichstehen.** Diese Konstellationen erfasst bereits § 39 I Nr. 5 InsO. 175

b) Sicherung durch Gesellschafter. Für die Rückgewähr- u. Zinsansprüche des Dritten aus der Finanzierungshilfe muss ein Gesellschafter eine Sicherheit geleistet haben. **Kreditgeber u. Sicherungsnehmer** müssen **identisch** sein.[546] Der **Begriff** der Sicherung ist **weit zu fassen** u. wirtschaftlich zu verstehen.[547] Ob es sich um eine **Personal- oder Realsicherheit** handelt, hat keine Bedeutung, da beide Formen erfasst sind. Als eine Sicherheitsleistung gelten nicht nur „normale" Bürgschaften, sondern auch Erfüllungs-, Gewährleistungs- u. Ausfallbürgschaften.[548] Den Sicherungszweck erfüllen Schuldversprechen, Schuldbeitritte,[549] Schuldmitübernahmen ebenso[550] 176

545 HambK-InsO/*Lüdtke*, § 44 a Rn. 17.
546 OLG München NZI 99, 118, 119; BGH NZG 00, 1029; Gottwald/*Haas/Kolmann/Kurz*, Insolvenzrechts-Handbuch, § 90 Rn. 432.
547 Baumbach/Hueck/*Haas* Anh. § 64 Rn. 147 f.; HamK-InsO/*Lüdtke*, §§ 44 a Rn. 2. – Zum alten Recht vgl. BGH NJW 89, 1733; Roth/*Altmeppen* Rn. 194; Scholz/*K Schmidt*, 10. Aufl., §§ 32a/b Rn. 161; Ulmer/*Habersack* 1. Aufl. §§ 32a/b Rn. 161 f.
548 Gottwald/*Haas/Kolmann/Kurz*, Insolvenzrechts-Handbuch, § 90 Rn. 432.
549 Roth/*Altmeppen* Rn. 195; zur etwaigen Nichtigkeit nach §§ 491 ff. BGB und Heilungsmöglichkeiten BGH NJW 97, 654.
550 LG Hamburg ZIP 81, 730.

wie die verbindliche Verpflichtungserklärung, der Sicherung dienende Vermögensgegenstände der Gesellschaft zu einem bestimmten Kaufpreis zu übernehmen.[551] Sicherungsmittel sind ferner Verpfändungen, Sicherungsübereignungen u. -abtretungen beweglicher Sachen u. Gegenstände, Kautionsleistungen,[552] Hinterlegung, aber auch Immobiliarsicherheiten wie Hypothek u. Grundschuld.[553] Die Verpflichtung des Gesellschafters, die Gesellschaft von Verbindlichkeiten Dritter auf Anforderung freizustellen (im wirtschaftlichen Ergebnis **Patronatserklärung**), soll nach Ansicht des BGH zur früheren Rechtslage[554] keine Gesellschaftersicherheit sein, wenn sie nicht im Zusammenhang mit einem in der Krise gewährten Drittkredit steht. Hierauf kann es nach dem MoMiG u. dem Wegfall des Krisenbezugs nicht mehr ankommen, so dass zumindest die zugunsten des Dritten abgegebene Garantie- u. Patronatserklärung des Gesellschafters bei rechtlicher Bindung u. entspr. Befriedigungsmöglichkeit als Gesellschaftersicherheiten gelten müssen.[555] Auch die mittelbare Förderung eines Drittkredits wie zB bei Rückbürgschaften ggü. einem anderen Sicherungsgeber (**mittelbar gesellschafterbesichertes Drittdarlehen**) fällt als dem Gesellschafterdarlehen wirtschaftlich vergleichbare Konstellation in den Anwendungsbereich des § 44 a InsO, wenn die Kreditvergabe dadurch gefördert wurde.[556]

177 Umstritten ist, ob die Sicherung **schuldrechtlich u. dinglich wirksam** sein muss. Im Grundsatz wird man dies zu bejahen haben, weil der Gesellschafter nur dann der Gesellschaft aus seinem Vermögensbereich eine mittelbare Finanzierungshilfe zukommen lässt.[557] Dem muss es allerdings gleichstehen, wenn aus dem Verhalten des Gesellschafters hervorgeht, dass er sich gegen die Inanspruchnahme einer zivilrechtlich möglicherweise unwirksamen Sicherheit nicht zur Wehr setzt. Auch dann liegt entspr. dem **Rechtsgedanken des § 144 BGB** eine mittelbare Finanzierungshilfe des Gesellschafters vor, die die Kreditgewährung durch den Dritten förderte.[558] Generell hängt die Anwendbarkeit der Vorschriften über die mittelbare Gesellschafterfinanzierung nicht davon ab, dass der **Dritte Kenntnis** davon hat, dass die zu seinen Gunsten bestellte Sicherheit von einem Gesellschafter stammt.[559]

178 c) **Maßgebender Zeitpunkt.** Die Gewährung des Drittdarlehens u. die Bestellung der Sicherheit müssen nicht zur gleichen Zeit erfolgt sein. Ebenso

---

551 BGH DStR 99, 1409, 1410; *Goette* DStR 99, 1410; *Michalski/de Vries* NZG 99, 314, 316.
552 BGH NJW 89, 1733, 1734.
553 BGH DB 90, 319; NJW 85, 858 f.
554 BGH NZG 00, 1029.
555 OLG Celle NZG 09, 308; Baumbach/Hueck/*Haas* Anh. § 64 Rn. 147 a.
556 Vgl. hierzu Scholz/*Bitter* Anh. § 64 Rn. 361 f.; aA BGH ZIP 17, 441.
557 BGH ZIP 00, 1523; 08, 218; Roth/*Altmeppen* Rn. 195; Scholz/*Bitter* Anh. § 64 Rn. 276; Ulmer/*Habersack* Rn. 145; Gottwald/*Haas/Kolmann/Kurz*, Insolvenzrechts-Handbuch, § 90 Rn. 433; *Thole* ZIP 17, 1742, 1747; aA OLG Stuttgart ZIP 07, 337; unklar *Lutter/Hommelhoff*, 16. Aufl., §§ 32 a, 32 b Rn. 117.
558 Noch übersehen in Voraufl. – Zur Anfechtbarkeit des Freiwerdens bei Kreditrückzahlung aufgrund scheinbarer Sicherheitenbestellung Scholz/*Bitter* Anh. § 64 Rn. 360..
559 Baumbach/Hueck/*Haas* Anh. § 64 Rn. 146. – Zum alten Recht Scholz/*K Schmidt*, 10. Aufl., §§ 32a/b Rn. 160; Ulmer/*Habersack* §§ 32a/b Rn. 159.

wenig kommt es nach neuem Recht auf einen Krisenbezug an. Jedoch muss **binnen eines Jahres vor dem maßgeblichen Insolvenzantrag** ein durch die Sicherheit eines Gesellschafters unterlegtes Darlehen vorgelegen haben, welches bei Verfahrenseröffnung noch besteht oder jedenfalls nicht vor der Jahresfrist zurückgeführt wurde.[560]

Verzichtete der Dritte **vor Jahresfrist** auf die Sicherheit, sind die Vorschriften der §§ 44 a, 135 II, 143 III InsO unanwendbar. Insoweit kommt es nicht darauf an, ob der Dritte innerhalb der Jahresfrist befriedigt wird.[561] Ein solcher **Verzicht binnen der Jahresfrist** muss aber wertungsmäßig einer Rückzahlung iSv § 135 II InsO gleichstehen u. darf weder zur Folge haben, dass der Dritte seine Stellung als Insolvenzgläubiger verbessert (durch Nichtgeltung des § 44 a InsO), noch dass der Gesellschafter von seiner latenten Eintrittspflicht (§§ 135 II, 143 III InsO) im Verhältnis zur Insolvenzmasse befreit wird.[562] 179

d) Ausnahmen (Kleinbeteiligten- und Sanierungsprivileg). Das **Sanierungs- u. Kleinbeteiligtenprivileg** gilt auch hier (§ 135 IV InsO).[563] Hat also ein nichtgeschäftsführender Gesellschafter, der mit weniger als 10 vom Hundert am Haftkapital der Gesellschaft beteiligt war, die Sicherheit geleistet, sind die Sonderregelungen für Gesellschafterfinanzierungshilfen nicht einschlägig. 180

3. Rechtsfolgen

a) Darlehensrückzahlung vor Insolvenzantragstellung (§§ 135 II, 143 III InsO). aa) Für den Sicherungsnehmer/Kreditgeber. Vor der Insolvenz unterliegt der Dritte **keinerlei Beschränkungen**, seine Rechte ggü. der Gesellschaft geltend zu machen. Wurde der Dritte vor der Insolvenz aus Gesellschaftsmitteln befriedigt, gilt ihm ggü. im eröffneten Insolvenzverfahren § 135 II InsO nicht (§ 143 III InsO). Eine Insolvenzanfechtung der Darlehensrückgewähr bzw. der Befriedigung einer gleichgestellten Forderung kommt allenfalls nach den allg. Anfechtungstatbeständen (va §§ 130, 131, 133 InsO) in Betracht. Steht jedoch der Dritte einem Gesellschafter wirtschaftlich gleich, ist die Rückführung der Finanzierungshilfe dem Dritten ggü. gem. § 135 I Nr. 2 InsO iVm dem Rechtsgedanken des § 145 II InsO anfechtbar.[564] 181

bb) Für den Sicherungsgeber/Gesellschafter. Nach früherer Rechtslage stand der Gesellschaft schon vor der Insolvenz ein aus § 30 I aF analog abgeleiteter Freistellungsanspruch ggü. dem Gesellschafter-Sicherungsgeber zu.[565] Dieser hatte die Rückzahlungsforderung des Dritten ggü. der Gesell- 182

560 BGH NZI 14, 321 Rn. 15; Baumbach/Hueck/*Haas* Anh. § 64 Rn. 148; Roth/*Altmeppen* Rn. 199; Scholz/*Bitter* Anh. § 64 Rn. 364 ff.; zur Vereinigung von Sicherungsgeber- u. Gesellschafterstellung ebd.; Ulmer/*Habersack* Rn. 147.

561 OLG Stuttgart ZInsO 12, 885 Rn. 53; ebenso *Ede* ZInsO 12, 853, 859.

562 OLG Stuttgart ZInsO 12, 885, 888 f. (bei Doppelsicherung); Baumbach/Hueck/*Haas* Anh. § 64 Rn. 148; instruktiv *Ede* ZInsO 12, 853, 857 ff.; aA Roth/*Altmeppen* Rn. 197.

563 *Gehrlein* BB 08, 846, 852.

564 *K Schmidt* ZIP 10, Beil zu Heft 39, 15, 23; aA Uhlenbruck/*Hirte*, InsO, § 135 Rn. 12.

565 BGH GmbHR 09, 1096.

schaft abzulösen, wenn durch die Rückzahlung das zur Deckung des Stammkapitals erforderliche Gesellschaftsvermögen angegriffen bzw. weiter aufgezehrt worden wäre. Einen solchen **vorinsolvenzlichen Freistellungsanspruch** haben § 30 I 3 nF bzw. § 57 I 4 AktG nF beseitigt.[566] Eine solche Ablösepflicht des Gesellschafters vor Eintritt der Insolvenz kann sich nunmehr **nur noch aus vertraglichen oder statuarischen Regelungen** (→ Rn. 170, 191) ergeben. Andernfalls gibt es in einer **Überschuldungsbilanz** keinen neutralisierenden Freistellungs- oder Regressanspruch gegen den Gesellschafter.[567] Zu Finanzplansicherheiten s. → Rn. 230 ff.

183 Im eröffneten Insolvenzverfahren gelten im Verhältnis zum Gesellschafter §§ 135 II, 143 III InsO, die an die Stelle von § 32 b aF traten. **Anfechtungsgegenstand** ist **das Freiwerden der Personal-/Realsicherheit** im Umfang der Befriedigung des Dritten aus dem Gesellschaftsvermögen.[568] Den Gesellschafter, nicht den Dritten,[569] trifft in dieser Höhe eine **Erstattungspflicht** ggü. der Insolvenzmasse (§ 143 III InsO), jedoch nicht über die Höhe der Haftungssumme bzw. des Wertes der Sicherheit hinausgehend.[570] Auf die Anfechtbarkeit der Rückzahlung des Darlehens an den Dritten kommt es nicht an.[571] Gleiches gilt im Falle des Verzichts des Dritten ggü. dem Gesellschafter innerhalb der Jahresfrist.[572]

184 Entgg. dem missverständlichen Wortlaut des § 143 III InsO nF muss der Gesellschafter allerdings auch **Nebenforderungen wie Nutzungen** erstatten (iH der gesetzlichen Zinsen aus dem Zeitraum ab Befriedigung des Dritten bis zur Insolvenzverfahrenseröffnung) bzw. Wertersatz leisten, da eine Privilegierung des Gesellschafters ggü. sonstigen Anfechtungsgegnern (§ 143 I 2 InsO iVm § 818 I oder iVm §§ 819 I, 818 IV, 292 II, 987 I BGB) nicht verständlich wäre. Für den Zeitraum ab Insolvenzverfahrenseröffnung laufen ferner **Verzugszinsen.** § 143 III 3 InsO räumt dem Gesellschafter eine **Ersetzungsbefugnis** ein, indem er die Sicherungsgegenstände/Realsicherheiten an die Insolvenzmasse übertragen kann. Sie müssen jedoch noch den **Wert im Zeitpunkt der Befriedigung des Dritten** haben (§ 143 III 2 InsO). Gemeint sein kann nur eine Leistung erfüllungshalber (§ 364 II BGB). Mit dem Insolvenzverwalter kann der Gesellschafter abw. eine Leistung an Erfüllung Statt vereinbaren.[573] Für die Verjährung des Anfechtungsanspruchs gilt § 146 InsO.

---

566 *Altmeppen* NJW 08, 3601, 3606; *Dahl/Schmitz* NZG 09, 325, 328; *dies* NZG 09, 567, 569; *Löser* ZInsO 10, 28, 30; *K Schmidt* BB 08, 1966, 1971; *N Schmidt* ZInsO 10, 70, 72.

567 *Dahl/Schmitz* NZG 09, 567, 569.

568 BGH NZI 17, 760 Rn. 9; NZI 14, 321 Rn. 13; Baumbach/Hueck/*Haas* Anh. § 64 Rn. 155; Roth/*Altmeppen* Rn. 203; Ulmer/*Habersack* Rn. 160, 164; *Gehrlein* BB 08, 846, 853.

569 BGH NZI 17, 760 Rn. 14; 14, 321 Rn. 13, 18; HeidelbergerKommInsO/*Kleindiek* § 143 Rn. 41; Gottwald/*Haas*//*Kolmann*/*Kurz*, Insolvenzrechts-Handbuch, § 90 Rn. 516.

570 Zur Höchstbetragsbürgschaft vgl. BGH NJW 90, 2260.

571 BGH NZI 17, 760 Rn. 21; *Thole* ZIP 17, 1742, 1744 f.

572 OLG Düsseldorf ZInsO 16, 971, 972 f.; *Altmeppen* ZIP 16, 2089, 2094; *Saft* ZInsO 19, 176, 180.

573 Zur Rechtslage vor MoMiG BGH NJW 85, 858; 88, 824; 92, 1166.

Sollte der Dritte vor der Insolvenz die **Gesellschaftersicherheit verwertet** haben u. der sich daraus typischerweise ergebende **Regressanspruch** des Gesellschafters ggü. der Gesellschaft befriedigt oder von der Gesellschaft besichert worden sein, unterliegt dieser Vorgang im Verhältnis zum Gesellschafter der **Insolvenzanfechtung gem. § 135 I InsO** nach Maßgabe der dortigen Fristen.[574] Denn die Regressforderung des Gesellschafters ist unabhängig davon, ob es sich um eine qua Legalzession erworbene Forderung (zB §§ 774, 1143 BGB) oder um einen Aufwendungsersatzanspruch gem. § 670 BGB handelt, wie der Rückgewähranspruch aus einer originären Finanzierungshilfe **nachrangig gem. § 39 I Nr. 5 InsO.**[575] Denkbar erscheint bei einer Beteiligung des Gesellschafters von mehr als 25 vom Hundert (§ 138 II Nr. 1 InsO) auch eine **Insolvenzanfechtung gem. § 133 II InsO.**[576] 185

b) Geltendmachung des Darlehensrückzahlungsanspruchs im Insolvenzverfahren (§ 44 a InsO). aa) Grundfall. § 44 a InsO enthält **keine materiellrechtliche Beschränkung des Anspruchs des Dritten** idS, dass dieser Anspruch im Insolvenzverfahren als nachrangig gem. § 39 I Nr. 5 InsO zu qualifizieren wäre.[577] Es handelt sich vielmehr um eine **Verfahrensregelung.** Der Dritte muss zunächst versuchen, sich aus der vom Gesellschafter gewährten Sicherheit zu befriedigen (→ Rn. 174). Vertraglich vereinbarte oder gesetzliche Subsidiarität der Sicherheit (zB Einrede der Vorausklage gem. § 771 BGB) hindert die Inanspruchnahme der Gesellschaftersicherheit nicht.[578] § 44 a InsO steht einer **Aufrechnung des Dritten** (§§ 94 ff. InsO) mit dem Rückzahlungsanspruch nicht entgg. Im Verhältnis zum Gesellschafter gelten dann §§ 135 II, 143 III InsO.[579] Allerdings verjährt dieser Anspruch nach allgemeinen Regeln (§ 146 InsO), so dass der Insolvenzverwalter ggü. dem Dritten auf die frühzeitige Sicherheitenverwertung hinwirken bzw. im Verhältnis zum Gesellschafter verjährungshemmende Maßnahmen ergreifen muss, er andernfalls sich schadensersatzpflichtig machen kann (§ 60 InsO). 186

Am Insolvenzverfahren nimmt der Dritte lediglich teil, **wenn u. soweit er bei der Sicherheitenverwertung ausgefallen** ist. Die gesetzliche Systematik u. die Nähe zu § 43 InsO spricht dafür, dass der Dritte seine Forderung in **voller Höhe zur Insolvenztabelle** anmelden kann u. seine Quote aus der ungekürzten Forderung berechnet wird, die jedoch nur bis zur Höhe des nachgewiesenen Ausfalls (dh vorbehaltlich der Inanspruchnahme der Si- 187

---

574 Gottwald/*Haas/Kolmann/Kurz*, Insolvenzrechts-Handbuch, § 90 Rn. 519 ff.; BGH NZI 17, 760 Rn. 17.

575 BGH NZI 17, 760 Rn. 17; Baumbach/Hueck/*Haas* Anh. § 64 Rn. 152; HambK-InsO/*Schröder*, § 135 Rn. 49; Gottwald/*Haas/Kolmann/Kurz*, Insolvenzrechts-Handbuch, § 90 Rn. 519 ff.; *K Schmidt* BB 08, 1966, 1970.

576 *Spliedt* ZIP 09, 145, 155.

577 BGH WM 11, 2376, 2378 Rn. 16 (Art. 14 GG); HambK-InsO/*Lüdtke*, § 44 a Rn. 7, 17 ff.; Kübler/Prütting/Bork/*Preuß*, InsO, § 44 a Rn. 18; Roth/*Altmeppen* Rn. 200; *Oepen* NZI 09, 300 f.; *Schönfelder* WM 09, 1401, 1406 f.

578 Zum alten Recht BGHZ 105, 168, 185; NJW 88, 824; Scholz/*K Schmidt*, 10. Aufl., §§ 32a/b Rn. 175; Ulmer/*Habersack* 1. Aufl. §§ 32a/b Rn. 171.

579 Baumbach/Hueck/*Haas* Anh. § 64 Rn. 154; Roth/*Altmeppen* Rn. 201; Scholz/*K Schmidt*, 10. Aufl., §§ 32a/b Rn. 172; Ulmer/*Habersack* Rn. 150.

cherheit) quotal befriedigt wird.[580] § 44 a InsO lässt sich nicht entnehmen, dass der Dritte durch die Gesellschaftersicherheit schlechter gestellt werden soll. Dies übersieht die Gegenansicht,[581] die nur eine Anmeldung iH des voraussichtlichen Ausfalls zulassen u. die Quote nur aus dem Ausfall berechnen will.

188 **bb) Doppelsicherung.** Umstritten ist, ob der Dritte auf die vorrangige Inanspruchnahme der Gesellschaftersicherheit gem. § 44 a InsO auch dann verwiesen werden darf, wenn ihm zusätzlich eine Sicherheit am Gesellschaftsvermögen zusteht.[582] Die zutr. **hM**[583] verneint dies u. räumt dem Dritten ein **Wahlrecht** ein.[584] Sie verweist ua darauf, dass der Gesetzgeber die bekannte Problematik in § 44 a InsO nicht explizit geregelt hat,[585] also die bisherige Rechtslage[586] nicht ändern wollte. Eine analoge Anwendung des § 44 a InsO lehnt auch der BGH ab.[587] Befriedigt der Dritte sich im Insolvenzverfahren aus der Gesellschaftersicherheit, steht der Gesellschaft ein aus §§ 135 II, 143 III, 147 InsO analog (weil Handlung **nach** Verfahrenseröffnung) abgeleiteter u. auf Wertersatz gerichteter Rückgriffsanspruch ggü.

---

580 Baumbach/Hueck/*Haas* Anh. § 64 Rn. 153; HambK-InsO/*Lüdtke*, § 44 a Rn. 18 f.; Henssler/Strohn/*Fleischer* Anh. § 30/InsO § 44 a Rn. 4; Kübler/Prütting/Bork/*Preuß*, InsO, § 44 a Rn. 17; MünchKommInsO/*Bitter*, § 44 a Rn. 22 f.; Roth/*Altmeppen* Rn. 200; Scholz/*K Schmidt* Nachtrag MoMiG §§ 32a/b Rn. 57; *ders.* InsO, § 44 a Rn. 14; so nunmehr auch Ulmer/*Habersack* Rn. 158; *Bartsch/Weber* DStR 08, 1884, 1885; *Blöse* GmbHR Sonderheft MoMiG 08, 71, 75; *Freitag* WM 07, 1681, 1684; *Gehrlein* BB 08, 846, 852; *Spliedt* ZIP 09, 149, 155 f.

581 So etwa Braun/*Bäuerle*, InsO, § 44 a Rn. 4; Uhlenbruck/*Hirte*, InsO, § 44 a Rn. 3; Bormann/Kauka/*Ockelmann*, HdB GmbHR, Kap. 10 Rn. 203 f.; *Frege/Nicht/Schildt* ZInsO 12, 1961, 1966 f.

582 Zu den praktischen Schwierigkeiten iR einer internationalen Konzerninsolvenz anschaulich *Frege/Nicht/Schildt* ZInsO 12, 1961.

583 BGH WM 11, 2376 Rn. 11 ff.; Baumbach/Hueck/*Haas* Anh. § 64 Rn. 151; HambK-InsO/*Schröder*, § 135 Rn. 42; HeidelbergerKommInsO/*Kleindiek*, § 44 a Rn. 11 ff.; Kübler/Prütting/Bork/*Preuß*, InsO, § 44 a Rn. 13; Lutter/Hommelhoff/*Kleindiek* Anh. § 64 Rn. 160; Michalski/*Dahl* Anh. II §§ 32 a, 32 b aF Rn. 40; Uhlenbruck/*Hirte*, InsO, § 44 a Rn. 7; *Bartsch/Weber* DStR 08, 1884, 1885; *Dahl/Schmitz* NZG 09, 325, 328; *Löser* ZInsO 10, 28, 30; *Krumm* WM 10, 296, 297; *Mikoljczak* ZIP 11, 1285, 1286; *Spliedt* ZIP 09, 149, 154; vgl. auch *Gessner* NZI 12, 350 (mit abw. Begr.); aA Bork/Schäfer/*Thiessen* Rn. 79; Roth/*Altmeppen* Rn. 210: Doppelsicherung auch von § 44 a InsO erfasst; vgl. ferner *Lenger* NZI 11, 253; Scholz/*K Schmidt* Nachtrag MoMiG §§ 32a/b Rn. 58; *ders.* InsO, § 44 a Rn. 10, 12; *Gundlach/Frenzel/Strandmann* DZWiR 10, 232, 235 (jeweils vorrangige Inanspruchnahme der Gesellschaftersicherheit).

584 BGH WM 11, 2376 Rn. 13; OLG Stuttgart ZInsO 12, 2051, 2054; *Gehrlein*, in: Schimansky/Bunte/Lwowski, Bankrechtshandbuch, 4. Aufl., § 84 Rn. 67; aA *Gessner* NZI 12, 350, 352 ff.

585 *Bork* FS Ganter, 10, S. 135, 147: „grober handwerklicher Schnitzer des Gesetzgebers"; *Löser* ZInsO 10, 28, 29.

586 Vgl. BGH NJW 09, 2883; 92, 1166.

587 BGH WM 11, 2776 Rn. 16; aA *K Schmidt* BB 08, 1966, 1968; *Gundlach/Frenzel/Strandmann* DZWiR 10, 232, 235.

dem Gesellschafter zu.[588] Die alternativen Begründungsvorschläge führen dogmatisch nicht zu überzeugenderen Modellen.[589] Zum Verzicht s. → Rn. 179. Dadurch lässt sich das vom Gesetzgeber gewünschte Ergebnis erreichen, dass letztlich der Gesellschafter wirtschaftlich belastet werden soll.[590] Denn wertungsmäßig kann das Entstehen eines Rückgriffsanspruchs ggü. dem Gesellschafter nicht davon abhängen, ob die Gesellschaft vor oder nach Insolvenzverfahrenseröffnung vom Dritten in Anspruch genommen wurde. Die überw. Meinung zur früheren Rechtslage[591] konnte dieses Ergebnis auf einen Freistellungsanspruch ggü. dem Gesellschafter in entspr. Anwendung der §§ 30, 31 GmbHG aF stützen.[592] Dem hat § 30 I 3 nF jedoch die Grundlage entzogen.[593] Zur Verjährung s. → Rn. 186.

Den „Kunstgriff" der analogen Anwendung der §§ 135 II, 143 III, 147 InsO vermeidet die Gegenansicht,[594] die in erweiternder Auslegung des § 44 a InsO den Dritten auch bei einer Doppelsicherung zunächst auf die Verwertung der Gesellschaftersicherheit verweist. 189

c) **Außerhalb der Insolvenz.** Außerhalb eines Insolvenzverfahrens schaffen §§ 6 a, 11 III AnfG eine den vorstehenden Ausführungen entspr. Rechtslage im Verhältnis zwischen Gläubiger, der in der Zwangsvollstreckung ggü. der Gesellschaft mit seiner titulierten Forderung ausfiel, u. dem Gesellschafter-Sicherungsgeber. 190

Außerinsolvenzlich besteht iÜ kein gesetzlicher **Regress- oder Freistellungsanspruch** der Gesellschaft ggü. dem Gesellschafter. Insoweit bedarf es daher einer gesonderten vertraglichen Vereinbarung (Finanzplansicherheit), insbes. im Hinblick auf eine etwaige **Überschuldungsprüfung** (dazu → Rn. 170, 182). 191

---

588 BGH WM 11, 2376 Rn. 12 ff.; ähnl OLG Hamm ZIP 11, 1226, 1227 (analog § 135 II InsO); Baumbach/Hueck/*Haas* Anh. § 64 Rn. 151 (allerdings Wertersatz nur bei Vereinbarung); HambK-InsO/*Schröder*, § 135 Rn. 52; Kübler/Prütting/Bork/*Preuß*, InsO, § 44 a Rn. 13; eingehend *Altmeppen* ZIP 11, 741, 745 ff.; *Dahl/Schmitz* NZG 09, 325, 328; *Löser* ZInsO 10, 28, 30; *Spliedt* ZIP 09, 149, 154.

589 Vgl. hierzu HeidelbergerKommInsO/*Kleindiek*, § 44 a Rn. 13; aA *Bork* FS Ganter, 10, S. 135, 147 (Ausgleichsanspruch analog § 426 I BGB); *Mikolajczak* ZIP 11, 1285, 1291 (für bereicherungsrechtliche Abwicklung).

590 Krit. wegen der Regressrisiken aus Sicht einer internationalen Konzerninsolvenz *Frege/Nicht/Schildt* ZInsO 12, 1961, 1965 f.

591 Vgl. Roth/*Altmeppen* Rn. 207.

592 Vgl. BGH GmbHR 09, 1096.

593 Mit einem Freistellungsanspruch weiterhin sympathisierend indes Graf-Schlicker/*Neußner* § 44 a Rn. 10; HeidelbergerKommInsO/*Kleindiek*, § 44 a Rn. 14; *Löser* ZInsO 10, 28, 30.

594 Bork/Schäfer/*Thiessen* Rn. 79; HambK-InsO/*Lüdtke*, § 44 a Rn. 20; Scholz/*K Schmidt* Nachtrag MoMiG §§ 32a/b Rn. 58; *N Schmidt* ZInsO 10, 70, 71 f.; *Schröder/Grau* ZInsO 07, 353, 354; *Wälzholz* DStR 07, 1914, 1919; vgl. auch OLG Hamm ZIP 11, 343.

VIII. Sonderfall der Nutzungsüberlassung (§ 135 III InsO)

1. Frühere Rechtslage

192 Insbes. die bei **Betriebsaufspaltungen** typischen Gebrauchs- u. Nutzungsüberlassungen unterfielen nach stRspr des BGH[595] zur früheren Rechtslage den Eigenkapitalersatzregeln, wenn ein Gesellschafter der Gesellschaft trotz **Kredit- bzw. Überlassungsunwürdigkeit**[596] einen Gegenstand zur Nutzung überlassen hatte. Dies bewirkte zwar keine **Verstrickung** des Sach- oder Substanzwertes, jedoch **des Nutzungsrechts an dem Gegenstand.**[597] Eine Unterscheidung danach, ob die überlassenen Gegenstände Standardwirtschaftsgüter betreffen oder nicht, vermochte im Hinblick auf die Anwendbarkeit der Sonderregeln nicht zu überzeugen.[598] Denn der Finanzierungseffekt ist gleich. Bei Miteigentum eines Gesellschafters auf Überlasser-Seite sollte die Verstrickung *pro rata* seiner Miteigentumsquote auch zulasten der anderen Miteigentümer wirken.[599]

193 Die Verstrickung hatte zur Folge, dass der Gesellschafter (bzw. der ihm wirtschaftlich gleichzustellende Dritte) der Gesellschaft nicht nur die als Gegenleistung erlangten **Nutzungsentgelte zurückzuerstatten** hatte. Zusätzlich wurde daraus die Verpflichtung abgeleitet, der Insolvenzmasse sogar **nach Insolvenzverfahrenseröffnung** den Gegenstand **zur Nutzung zu überlassen**, u. zwar ohne Sonderkündigungsrechte[600] mind. für die Dauer der vereinbarten oder einer hypothetischen Vertragslaufzeit[601] u. va unentgeltlich.[602] Der Insolvenzverwalter konnte sich das Nutzungsrecht zwar nicht vom Gesellschafter abgelten lassen,[603] es jedoch an den Gesellschafter veräußern.[604]

194 **Kollidierte** das Nutzungsrecht **mit Zwangsvollstreckungsmaßnahmen** in das Vermögen des Gesellschafters (va Zwangsvollstreckung in das Gesellschafter-Grundstück) oder mit einem Insolvenzverfahren,[605] sollte das Nutzungsrecht der Gesellschaft in entspr. Anwendung der §§ 1123 II, 1124 BGB, §§ 146 ff. ZVG mit der Beschlagnahme enden.[606] Etwaigen Miet- oder Pachtzins hatte die Gesellschaft dann an Gesellschafter-Gläubiger bzw. den Zwangsverwalter zu entrichten. In entspr. Höhe sollte der Insol-

595 BGHZ 109, 55, 57 ff.; 121, 31, 33 f.; 127, 1; 127, 17; ZIP 05, 484; BGHZ 166, 125; NJW 08, 1153.
596 Hierzu BGH ZIP 06, 996.
597 *Altmeppen* NJW 94, 2353 f.; *ders.* ZIP 95, 26, 27 f.; *K Schmidt* DB 08, 1727, 1728.
598 AA OLG Brandenburg GmbHR 10, 648, 650.
599 BGH NJW 97, 3026.
600 ZB aus § 543 BGB bzw. §§ 109 I, 112 Nr. 1 InsO; vgl. BGH ZIP 00, 11491, 1492.
601 BGHZ 127, 1; 127, 17 (Bestimmung durch Sachverständigen); ZIP 05, 484; OLG Dresden NZG 99, 309 (Bestimmung durch Drittvergleich).
602 Ggf. sogar einschl. Übernahme etwaiger Nebenkosten, vgl. BGH ZIP 00, 1491, 1492.
603 BGHZ 127, 1, 14; 127, 17, 31; ZIP 05, 484, 486.
604 Roth/*Altmeppen,* 7. Aufl., § 32 a aF Rn. 198.
605 BGH NZG 08, 551; vgl. dazu auch *Göcke/Henkel* ZInsO 09, 170, 171; aA *Rendels* ZIP 06, 1273 ff.
606 BGHZ 140, 147, 154 ff.

venzmasse nach Auffassung des Schrifttums ein Ausgleichsanspruch analog §§ 30, 31 aF ggü. dem Gesellschafter zustehen.[607]

2. Konzeption der Neuregelung

a) Kritik an der früheren Rechtslage. Die frühere Gleichsetzung der Nutzungs- oder Gebrauchsüberlassung mit einer Kreditgewährung u. damit die Einordnung in das Eigenkapitalersatzrecht waren **verfehlt.**[608] Denn in Wahrheit handelt es sich bei der (unentgeltlichen) Nutzungsüberlassung **weder rechtlich noch wirtschaftlich um eine Kredit- oder Sicherheitsleistung.** Sie entspricht mangels Übertragung von Sachsubstanz gerade nicht der Darlehensgewährung.[609] Wenn aber einerseits die Haftungsgrundlage (Finanzierungsfolgenverantwortung) darin liegt, einen Kredit zu gewähren, den ein Dritter nicht mehr gewähren würde, kann es wertungsmäßig nicht überzeugen, denjenigen schlechter zu behandeln, der nicht einmal einen Kredit gewährt hat. Kritik erfuhr insbes. die zu einem überschießenden Gläubigerschutz führende Verhaftung des Nutzungsrechts nach Insolvenzverfahrenseröffnung,[610] die – wie das Verhältnis zu den zwangsvollstreckenden Gesellschafter-Gläubigern zeigt – **kein schlüssiges Rechtsfolgenkonzept** darstellt. 195

b) Keine Gleichstellung mit einer Darlehensgewährung. Dieser Kritik folgend, hat das MoMiG dem früheren Ergebnis, Nutzungsüberlassungen den Sonderregeln der Gesellschafterfremdfinanzierung zu unterwerfen, die argumentative Grundlage entzogen.[611] Dies zeigen die Sondervorschrift des § 135 III InsO[612] bzw. ihre Gesetzgebungshistorie,[613] aus denen die **mangelnde wirtschaftliche Vergleichbarkeit** abzulesen sein soll.[614] Gestützt wird die Ansicht ferner auf die Vorschrift des § 30 I 3 nF, die in extensiver Auslegung bei wirtschaftlich der Darlehensgewährung entspr. Rechtshandlungen – wie nach früherem Verständnis auch Nutzungsüberlassungen – für die Zukunft die Anwendbarkeit der Kapitalerhaltungsregeln unter- 196

---

607 Baumbach/Hueck/*Fastrich,* 18. Aufl., § 32 a Rn. 75; *Lutter/Hommelhoff,* 16. Aufl., § 32 a Rn. 158; Ulmer/*Habersack* 1. Aufl. § 32 a Rn. 138; *ders.* ZGR 99, 427, 437; *Goette* DStR 99, 37, 38; *Michalski/Barth* NZG 99, 277, 280.

608 So insbes. *K Schmidt* GesR, § 37 IV 3 b; Scholz/*ders.* 10. Aufl., §§ 32a/b Rn. 135; *ders.* ZIP 93, 161 ff.; ihm folgend *Altmeppen* NJW 94, 2353, 2354; *ders.* ZIP 95, 26, 28; *ders.* ZIP 96, 909 f.; v. Gerkan/Hommelhoff/*Haas/Dittrich* Rn. 8.6 ff.

609 Anschaulich hierzu *Bitter* ZIP 10, 1, 6 f.; vgl. auch Roth/*Altmeppen,* 7. Aufl., § 32 a aF Rn. 204.

610 Gottwald/*Haas/Kolmann/Kurz,* Insolvenzrechts-Handbuch, § 90 Rn. 492 f.

611 BGH ZIP 15, 589 Rn. 34 ff.; OLG Schleswig ZIP 12, 885, 887; Baumbach/Hueck/*Haas* Anh. § 64 Rn. 124 f.; HeidelbergerKommInsO/*Kleindiek,* § 135 Rn. 46; Ulmer/*Habersack* Erg-Band § 30 Rn. 61; *Wicke* Rn. 14; *Gehrlein* BB 08, 846, 851; *K Schmidt* DB 08, 1727, 1732 („vollständige Loslösung"); aA *Hölzle* ZIP 10, 913, 917.

612 Lutter/Hommelhoff/*Kleindiek* Anh. § 64 Rn. 161 f.; *Dahl/Schmitz* NZG 09, 325, 328; *Spliedt* ZIP 09, 149, 156.

613 BegrRegE MoMiG zu § 39 I InsO, BT-Drs. 16/6140, S. 56; BR-Drs. 345/07, S. 130; Beschlussempfehlung u. Bericht des Rechtsausschusses zum RegE MoMiG, BT-Drs. 16/9737, S. 59, 106; Baumbach/Hueck/*Haas* Anh. § 64 Rn. 125.

614 AA *Hölzle* ZIP 09, 1939, 1945; ferner *Marotzke* ZInsO 09, 2073; *Büscher* FS Hüffer, 10, S. 81 ff.

sagt.[615] Ein im Anschluss an die frühere Rechtslage abgeleiteter Anspruch auf unentgeltliche Nutzung entbehrt somit einer tragfähigen Grundlage.[616]

197 c) **Inhaltsüberblick, Normzweck.** § 135 III InsO nF räumt dem Insolvenzverwalter nunmehr das Recht ein, für die Fortführung des Unternehmens wesentliche Vermögensgegenstände aus dem Gesellschaftervermögen **zeitlich beschränkt für die Dauer eines Jahres gegen Zahlung eines Entgelts zu nutzen.** Die Vorschrift beschränkt also in zeitlicher Hinsicht den **Aussonderungsanspruch** des Gesellschafters. Hierauf soll sich der Gesellschafter nach der Gesetzesbegründung aufgrund seiner **Treuepflicht** einlassen müssen.[617] Dem hat insbes. *Bitter*[618] entgg. gehalten, dass der Kerngedanke des § 135 III InsO in der **Sanktionierung einer materiellen Unterkapitalisierung** liege, der vom Gesellschafter eine gewisse Aufopferung verlange. Auch daran zeigt sich, dass die Nutzungsüberlassung mit der Gesellschafterfremdfinanzierung nichts zu tun hat, sondern sie auf anderen Wertungsgrundlagen beruht.[619] Die systematische Stellung der Vorschrift geht fehl. Sie stellt **keine Anfechtungsvorschrift** dar, sondern gehört in den Regelungszusammenhang der **§§ 103 ff. InsO.**[620] Daher können die Geltung des **Sanierungs- u. Kleinbeteiligtenprivilegs** (§§ 135 IV, 39 IV 2, V InsO) jeweils nicht überzeugen.[621]

198 d) **Verhältnis zu §§ 103 ff. InsO.** Fraglich ist das Verhältnis des § 135 III InsO zu den §§ 103 ff. InsO, wenn u. soweit zwischen Gesellschaft u. Gesellschafter im Zeitpunkt der Insolvenzverfahrenseröffnung ein Vertrag mit synallagmatischen Verpflichtungen besteht u. ggf. fortgilt. Insoweit wird vertreten,[622] dass § 135 III InsO keinen abschließenden, verdrängenden Charakter habe u. ebensowenig voraussetze,[623] dass der Insolvenzverwalter sich zuvor für den Nichteintritt oder für die Ausübung eines Sonderkündigungsrechts entschieden hat.[624] Hiernach kann die Regelung in ihrem Anwendungsbereich (also maximal für ein Jahr) die **vertragliche Vereinbarung bzgl. der Vergütung überlagern u. modifizieren** u. in diesem Rahmen zu einer **Kombination aus vertraglichem u. gesetzlichem Nut-**

---

615 Goette/*Habersack*, Das MoMiG in Wissenschaft und Praxis, Rn. 5.37; *Heinze* ZIP 08, 110; krit. hierzu Gottwald/*Haas*/*Kolmann*/*Kurz*, Insolvenzrechts-Handbuch, § 90 Rn. 494 f.; *Marotzke* ZInsO 08, 1281, 1285.

616 BGH NJW 15, 1109 Rn. 32; *K Schmidt* NJW 15, 1057, 1058.

617 Beschlussempfehlung u. Bericht des Rechtsausschusses zum RegE MoMiG, BT-Drs. 16/9737, S. 59; aA *Hölzle* ZIP 09, 1939 ff. (Finanzierungsfolgenverantwortung); krit. auch Baumbach/Hueck/*Haas* Anh. § 64 Rn. 126 (Grundlage ist § 1 InsO).

618 *Bitter* ZIP 10, 1, 7 ff.

619 Scholz/*K Schmidt* Nachtrag MoMiG §§ 32a/b aF Rn. 68; *Altmeppen* NJW 08, 3601, 3607; Gottwald/*Haas*/*Kolmann*/*Kurz*, Insolvenzrechts-Handbuch, § 90 Rn. 493; *K Schmidt* DB 08, 1727, 1732.

620 HeidelbergerKommInsO/*Marotzke*, 5. Aufl. § 108 Rn. 51 c; *Altmeppen* NJW 08, 3601, 3607; *Dahl*/*Schmitz* NZG 09, 325, 328; *K Schmidt* DB 08, 1727, 1732.

621 Uhlenbruck/*Hirte*, InsO, § 135 Rn. 25; *Altmeppen* NJW 08, 3601, 3601; *Dahl*/*Schmitz* NZG 09, 325, 328.

622 Vgl. Voraufl Rn. 212.

623 Roth/*Altmeppen* Rn. 214; Scholz/*Bitter* Anh. § 64 Rn. 453 ff.; *ders.* ZIP 10, 1, 13; *Heinze* ZIP 08, 110, 111; *Hirte* ZInsO 08, 689, 694; *Marotzke* ZInsO 08, 1281, 1292.

624 AA *K Schmidt* DB 08, 1727, 1732.

zungsverhältnis führen.[625] Dieser Lösung eines „**sowohl – als auch**" hat sich der BGH in seiner Grundsatzentscheidung vom 29.1.15 allerdings nicht angeschlossen.[626] Er folgt der Gegenansicht, die von einem Alternativverhältnis, also einem strikten „**entweder – oder**", ausgeht. Hiernach soll für § 135 III InsO kein eigener Anwendungsbereich bestehen, wenn ein bestehender Überlassungsvertrag fortwirkt u. eine Aussonderung deshalb ausscheidet.[627] Für den Insolvenzverwalter (u die Gläubiger) ergeben sich insoweit Einschränkungen, weil er zur Reduzierung der vertraglich geschuldeten Miete von etwaigen Kündigungsmöglichkeiten Gebrauch machen muss u. damit ggf. die Nutzungsmöglichkeit über die Jahresfrist hinausgehend verliert.[628]

Innerhalb einer fortgeltenden vertraglichen Vereinbarung kann das **Nutzungsentgelt** somit für die maximale Dauer eines Jahres **nach Maßgabe des § 135 III InsO berechnet** u. die Vertragsbeziehung im Anschluss zu normalen Konditionen fortgesetzt werden; die Aussonderungssperre des § 135 III 1 InsO läuft in einer solchen Konstellation wegen des vertraglichen Nutzungsanspruchs leer. Kündigungsrechte bleiben während dessen bestehen; dem Herausgabeverlangen des Gesellschafters kann der Insolvenzverwalter ggf. die Aussonderungssperre des § 135 III InsO entgg. setzen. Ebenso kann der Insolvenzverwalter von der Ausübung seines auf § 135 III InsO gestützten Optionsrechts absehen u. nur nach den allg. insolvenzrechtlichen Regeln vorgehen. § 135 III InsO findet auch dann Anwendung, wenn der Anwendungsbereich der §§ 103 ff. InsO nicht eröffnet sein sollte (zB mangels wechselseitiger synallagmatischer Verpflichtungen).[629] 199

3. Voraussetzungen

a) Sachlicher Anwendungsbereich. aa) Gebrauchs-/Nutzungsüberlassung. § 135 III InsO gilt, wenn ein Gesellschafter einen beweglichen oder unbeweglichen Vermögensgegenstand (**Sachen oder Rechte**) der Gesellschaft zur Nutzung, zum Gebrauch oder zur Ausübung überlassen hat.[630] Hierunter fällt auch die Einräumung von **Patentlizenzen** oder sonstigen Schutzrechten.[631] Die Überlassung muss nicht auf einer vertraglichen Grundlage (zB Miet-, Pacht-, Leihvertrag, auch iR eines Unternehmens- 200

625 Vgl. Baumbach/Hueck/*Fastrich* 19. Aufl. Rn. 88, 91; Michalski/*Dahl/Linnenbrink* Syst Darst 6 Rn. 195 f.; Uhlenbruck/*Hirte*, InsO, § 135 Rn. 23; aA HambK-InsO/*Schröder*, § 135 Rn. 68; HeidelbergerKommInsO/*Kleindiek*, § 135 Rn. 51; *Fischer* FS Wellensiek, 11, S. 443, 446; *K Schmidt* DB 08, 1727, 1731 f. (nur als Alternative zur vertraglichen Bindung); *Rühle* ZIP 09, 1358, 1362; wiederum anders *Spliedt* ZIP 09, 149, 157 f.; *ders.* ZNotP 15, 162, 166.

626 BGH NJW 15, 1109 Rn. 63; OLG Hamm ZIP 14, 186, 187.

627 BGH NJW 15, 1109 Rn. 63; ebenso HeidelbergerKommInsO/*Kleindiek*, § 135 Rn. 51; K Schmidt/*K Schmidt* § 135 Rn. 38; *ders.* DB 08, 1727, 1732 f.; MKInsO/*Gehrlein*, § 135 Rn. 45, 50.

628 Ausführlich hierzu Scholz/*Bitter* Anh. § 64 Rn. 454 ff.

629 HeidelbergerKommInsO/*Kleindiek* § 135 Rn. 50; Lutter/Hommelhoff/*ders.* Anh. zu § 64 Rn. 163.

630 Graf-Schlicker/*Neußner*, InsO, § 135 Rn. 34; Scholz/*K Schmidt* Nachtrag MoMiG §§ 32a/b Rn. 72.

631 Rechtsausschuss BT-Drs. 16/9737, S. 106; *Gundlach/Frenzel/Strandmann* NZI 08, 647, 651.

kaufvertrages)[632] erfolgt sein; die **faktische Überlassung** als solche, auch nachdem der zugrunde liegende Vertrag beendet worden war, oder die Überlassung auf der Grundlage eines **Gefälligkeitsverhältnisses genügen.**[633] **Abzugrenzen** ist die Nutzungsüberlassung vom **Sachdarlehen** (§§ 607 ff. BGB), welches eine Finanzierungshilfe gem. § 39 I Nr. 5 InsO darstellt (→ Rn. 103).

201 **bb) Für die Unternehmensfortführung erheblich bedeutsamer Vermögensgegenstand.** Die Aussonderungssperre des § 135 III InsO greift nur bei solchen Gegenständen, die **für die Fortführung des Unternehmens von erheblicher Bedeutung** sind. Hierdurch knüpft der Gesetzgeber an § 21 II 1 Nr. 5 InsO an. Erhebliche Bedeutung haben solche Vermögensgegenstände, die nicht entfernt werden können, ohne dass dadurch der Betriebsablauf des Unternehmens wesentlich gestört würde.[634] Zweck des Unternehmens kann auch ein ideeller sein.[635] Eine weggefallene öffentlich-rechtliche Betriebserlaubnis macht die Vorschrift jedenfalls dann nicht unanwendbar, wenn berechtigte Aussicht auf Erteilung einer neuen Genehmigung für das Unternehmen besteht.[636] Abzustellen ist insbes. auf die Möglichkeit einer Ersatzbeschaffung von dritter Seite in einem nach den jeweiligen Umständen des Einzelfalls vertretbaren Zeitfenster.[637] Ob die Gesellschaft den Gegenstand selbst nutzt oder einem Dritten zur Nutzung überlässt, taugt als Differenzierungskriterium generell nicht.[638] Vor dem Hintergrund, dass der Gesellschafter einen finanziellen Ausgleich erhält (S 2), sollten im Interesse der möglichen Fortführung u. Sanierung des Unternehmens zum Wohl des Unternehmens die **Anforderungen nicht überspannt** werden.[639]

202 Erhebliche Bedeutung kann sich auch daraus ergeben, dass die Ersatzbeschaffung zwar mit vertretbarem zeitlichem Aufwand möglich ist, jedoch **nicht zu wirtschaftlich vergleichbaren Konditionen.**[640] Der damit verbundene Liquiditätsentzug u. Aufwand, der ggf. sogar in einen Verlust mündete, würde faktisch auf einen Entzug des Nutzungsrechts hinauslaufen. Ein solches Ergebnis wäre weder mit der Treuepflicht des Gesellschafters noch mit dem sich aus materieller Unterkapitalisierung ergebenden Sanktions- u.

---

632 BGH DB 97, 1662; Baumbach/Hueck/*Haas* Anh. § 64 Rn. 128 f.; *Goette* § 4 Rn. 88.

633 v. Gerkan/Hommelhoff/*Haas*/*Dittrich* Rn. 8.6 a; Gottwald/*Haas*/*Kolmann*/*Kurz*, Insolvenzrechts-Handbuch, § 90 Rn. 530; Graf-Schlicker/*Neußner*, InsO, § 135 Rn. 38.

634 HeidelbergerKommInsO/*Rüntz*/*Laroche*, § 21 Rn. 40; Kübler/Prütting/Bork/*Pape* § 21 Rn. 41 i; Lutter/Hommelhoff/*Kleindiek* Anh. § 64 Rn. 164.

635 Bork/Schäfer/*Thiessen* Rn. 88; Scholz/*K Schmidt* Nachtrag MoMiG §§ 32a/b aF Rn. 80.

636 Wohl auch Bork/Schäfer/*Thiessen* Rn. 88.

637 Ähnl Ulmer/*Habersack* Rn. 173: erhebliche Bedeutung, wenn nicht leicht von dritter Seite zu beschaffen.

638 AA Baumbach/Hueck/*Haas* Anh. § 64 Rn. 130; Bormann/Kauka/*Ockelmann*, HdB GmbHR, Kap. 10 Rn. 106.

639 HambK-InsO/*Schröder*, § 135 Rn. 76; Scholz/*K Schmidt* Nachtrag MoMiG §§ 32a/b Rn. 80; Gottwald/*Haas*/*Kolmann*/*Kurz*, Insolvenzrechts-Handbuch, § 90 Rn. 532.

640 Gottwald/*Haas*/*Kolmann*/*Kurz*, Insolvenzrechts-Handbuch, § 90 Rn. 532; *Bitter* ZIP 10, 1, 12 f.; *Holzer* ZVI 08, 369, 373; *Spliedt* ZIP 09, 149, 157; zu Unrecht weitergehend *Hölzle* ZIP 09, 1939, 1946.

Aufopferungsgedanken (→ Rn. 197) vereinbar. Die **Darlegungs- u. Beweislast** trägt der Insolvenzverwalter.[641]

b) Zeitlicher Anwendungsbereich. Die an den vorausgesetzten Aussonderungsanspruch anknüpfende Regelung legt es nahe, dass die vertragliche, jedenfalls aber die faktische **Überlassung im Zeitpunkt der Insolvenzverfahrenseröffnung noch andauern** muss.[642] Denn wenn die tatsächliche Überlassung schon vor Verfahrenseröffnung endete, besteht kein Aussonderungsanspruch mehr, den es einzuschränken gälte.[643] 203

Dies schließt aber nicht aus, dass die **vorzeitige Beendigung der Überlassung der Insolvenzanfechtung** gem. §§ 130, 131, 133 InsO unterliegt;[644] § 135 III InsO ist keine Anfechtungsvorschrift u. lässt sich zu einer solchen auch nicht im Wege teleologischer Extension umgestalten.[645] Für die Anwendbarkeit des § 135 I Nr. 2 InsO fehlt es an der Qualifizierung der Nutzungsüberlassung als Finanzierungshilfe.[646] Die notwendige Gläubigerbenachteiligung (§ 129 InsO) kann nicht darin gesehen werden, dass ein Aussonderungsberechtigter vor Insolvenzverfahrenseröffnung befriedigt wurde (§ 52 InsO). Jedoch beschreibt § 135 III InsO einen gesetzlich zwingenden Inhalt des insolvenzbedingten Nutzungsverhältnisses, über welchen Gesellschafter u. Gesellschaft nicht vorab abw. disponieren dürfen;[647] das Verbot von **Lösungsklauseln** sowie die Kündigungssperre der §§ 119, 112 InsO gelten auch für § 135 III InsO. Ein vorheriger **Verzicht auf** das sich aus § 135 III InsO ergebende **Options- u. Nutzungsrecht** durch Rück-/Herausgabe an den Gesellschafter vor Insolvenzverfahrenseröffnung wirkt **bei dieser Hilfsbetrachtung gläubigerbenachteiligend.**[648] Als Rechtsfolge einer solchen Anfechtung muss der Gesellschafter, sofern er die Nutzungsmöglich- 204

641 Baumbach/Hueck/*Haas* Anh. § 64 Rn. 130.

642 Goette/*Habersack*, Das MoMiG in Wissenschaft und Praxis, Rn. 5.43; Ulmer/*Habersack* Rn. 172.

643 *Büscher* FS Hüffer, 10, S. 81, 94; *Gruschinske* GmbHR 10, 179, 181; *K Schmidt* DB 08, 1727, 1734; aA *Marotzke* ZInsO 08, 1281, 1285; *ders.* ZInsO 09, 2073, 2075 (auf Grundlage abw. Konzepts).

644 HambK-InsO/*Schröder*, § 135 Rn. 67; HeidelbergerKommInsO/*Kleindiek*, § 135 Rn. 52; Ulmer/*Habersack* Rn. 172, 177; Scholz/*K Schmidt* Nachtrag MoMiG §§ 32a/b aF Rn. 72; *ders.* DB 08, 1727, 1734; *ders.* NJW 15, 1057, 1058 (gegen analoge Anwendung von § 135 I InsO); *Marotzke* ZInsO 08, 1281, 1285; *Rühle* ZIP 09, 1358, 1364; *Spliedt* ZIP 09, 149, 158 f.; *Dahl/Schmitz* NZG 09, 325, 330; aA Goette/*Habersack*, Das MoMiG in Wissenschaft und Praxis, Rn. 5.43 Fn. 98; *Gruschinske* GmbHR 10, 179, 181 (teleologisch Extension § 135 III InsO).

645 AA *Gruschinske* GmbHR 10, 179, 181 f.; ähnl auch *K Schmidt* DB 08, 1727, 1734 (iVm Treuepflicht).

646 BGH NJW 15, 1109 Rn. 67, 69.

647 Scholz/*K Schmidt* Nachtrag MoMiG §§ 32a/b aF Rn. 69; Goette/*Habersack*, Das MoMiG in Wissenschaft und Praxis, Rn. 5.40; *Gruschinske* GmbHR 10, 179, 182; s. auch *Marotzke* ZInsO 08, 1281, 1283; ferner *Fischer* FS Wellensiek, 11, S. 443, 446.

648 Ebenso *Spliedt* ZIP 09, 149, 158 f.; ähnl *Rühle* ZIP 09, 1358, 1364 (Anfechtung gem. § 133 I InsO); HambK-InsO/*Schröder*, § 135 Rn. 67 (Schadensersatz wg existenzvernichtenden Eingriffs bzw. wg Verletzung der Treuepflicht); krit. *Gruschinske* GmbHR 10, 179, 182 ff.

keit nicht wieder herstellen kann, der Gesellschaft Wertersatz für den Nutzungsentzug leisten (§ 143 I 2 InsO).[649]

205 Denkbar ist daneben eine **Haftung** des Gesellschafters wegen **Verletzung seiner gesellschaftsrechtlichen Treuepflicht.**[650]

206 c) **Persönlicher Anwendungsbereich.** Der in § 135 III InsO vorausgesetzte Aussonderungsanspruch muss einem Gesellschafter zustehen. Durch **Veräußerung des überlassenen Vermögensgegenstands** kann sich der Gesellschafter nicht der insolvenzbedingten, latenten Regelung des § 135 III InsO entziehen, so dass das Nutzungsrecht **analog § 404 BGB auch ggü. dem Rechtsnachfolger** gilt.[651]

207 Weder der Wortlaut des § 135 III InsO noch das dogmatische Grundgerüst der Treuepflicht, ebenso wenig eine von der Gegenauffassung angeführte Sanktion der materiellen Unterkapitalisierung (→ Rn. 197) sprechen dafür, den **„wirtschaftlichen Gesellschafter"** in den Anwendungsbereich des § 135 III InsO einzubeziehen.[652] Mangels Vergleichbarkeit der Nutzungsüberlassung mit einer Kreditgewährung bleibt eigentlich auch für Sanierungs- u. Kleinbeteiligtenprivileg kein Raum.[653] Jedoch hat der **Gesetzgeber** durch die Gesetzessystematik in § 135 IV InsO u. die dortige Verweisung auf § 39 IV, V InsO (u damit mittelbar auf § 39 I Nr. 5 InsO) offensichtlich **anders entschieden.**[654] Dem schließt sich der BGH an u. bejaht die Anwendbarkeit des § 135 III InsO für den wirtschaftlich dem Gesellschafter gleichgestellten Dritten.[655] Insbes. im praktisch wichtigsten Fall der klassischen **Betriebsaufspaltung,** in welcher die Gesellschafter der Besitzgesellschaft mit den Gesellschaftern der insolventen Betriebsgesellschaft identisch sind, ist die Anwendbarkeit des § 135 III InsO zu bejahen.[656]

4. Rechtsfolgen

208 a) **Zeitlich befristete Aussonderungssperre.** Die in § 135 III 1 InsO geregelte zeitlich befristete Sperre des Aussonderungsanspruchs bedeutet, dass zwischen der Gesellschaft bzw. der Insolvenzmasse u. dem Gesellschafter

649 *K Schmidt* DB 08, 1727, 1734.

650 Vgl. Gottwald/*Haas/Kolmann/Kurz*, Insolvenzrechts-Handbuch, § 90 Rn. 530; zudem für Haftung des Geschäftsführers gem. § 64 bzw. § 823 II BGB iVm § 15 a InsO.

651 IErg auch HeidelbergerKommInsO/*Kleindiek*, § 135 Rn. 56; Scholz/*K Schmidt* Nachtrag MoMiG §§ 32a/b aF Rn. 73; *Rühle* ZIP 09, 1358, 1364 f.; aA HambK-InsO/*Schröder*, § 135 Rn. 67 aE: § 280 BGB iVm gesellschaftsrechtlicher Treuepflicht.

652 *Goette/Kleindiek* Rn. 219; Michalski/*Dahl/Linnenbrink* Syst Darst 6 Rn. 191; für verbundene Unternehmen auch BGH ZIP 15, 589 Rn. 45 ff.

653 Kübler/Prütting/Bork/*Preuß*, InsO, § 135 Rn. 44; Gottwald/*Haas/Kolmann/Kurz*, Insolvenzrechts-Handbuch, § 90 Rn. 529; *Dahl/Schmitz* NZG 09, 325, 329; *Spliedt* ZIP 09, 149, 156.

654 BGH NJW 15, 1109 Rn. 48 ff.; HambK-InsO/*Schröder*, § 135 Rn. 73; Scholz/*K Schmidt* Nachtrag MoMiG §§ 32a/b aF Rn. 73; K Schmidt/*ders.* § 135 Rn. 36; Ulmer/*Habersack* Rn. 174; vgl. *Gehrlein* BB 11, 3, 10; *Koutsos* ZInsO 11, 1626, 1628.

655 BGH ZIP 15, 589 Rn. 48; HeidelbergerKommInsO/*Kleindiek*, § 135 Rn. 55 f.; Gottwald/*Hass/Kolmann/Kurz*, Insolvenzrechts-Handbuch, § 90 Rn. 503.

656 Baumbach/Hueck/*Haas* Anh. § 64 Rn. 143.

ein **gesetzliches Nutzungsverhältnis** begründet wird.[657] Diese Sperre erlangt keine praktische Bedeutung, wenn u. soweit der Gesellschafter aufgrund einer fortbestehenden vertraglichen Regelung ohnehin zur Nutzungsüberlassung verpflichtet ist.

Die Aussonderungssperre sowie das gesetzliche Nutzungsverhältnis **enden,** sobald der Vermögensgegenstand für die Unternehmensfortführung der Gesellschaft in der jeweils maßgeblichen Abwicklungsstrategie des Insolvenzverwalters[658] nicht mehr von wesentlicher Bedeutung ist, **spätestens nach Ablauf eines Jahres** nach der Verfahrenseröffnung. Zwischenzeitlich eintretende, vorübergehende **Masseunzulänglichkeit** beendet die Aussonderungssperre für die Zukunft sowie die künftig jeweils neu enstehende entgeltliche ratierliche Entgeltpflicht nicht;[659] § 61 InsO bleibt indes anwendbar. Zusätzliche **Kündigungsfristen** bestehen nicht. Der Insolvenzverwalter hat den Vermögensgegenstand herauszugeben bzw. die Nutzung einzustellen. Zum Zusammentreffen mit Rechten Dritter s. → Rn. 228 f. 209

Die Aussonderungssperre wirkt nicht fort, wenn der Insolvenzverwalter das Unternehmen der Gesellschaft im Wege der **übertragenden Sanierung** an einen anderen Rechtsträger veräußert hat, selbst wenn der Vermögensgegenstand dort für eine Unternehmensfortführung von erheblicher Bedeutung sein sollte.[660] Der Erwerber hat daher mit dem Gesellschafter die Konditionen einer weiteren Nutzung neu zu verhandeln. Es vermag rechtspraktisch nicht zu überzeugen, dass das zeitlich vorübergehende Fortbestehen der Überlassungspflicht auch im Verhältnis zum neuen Rechtsträger die Chancen einer erfolgreichen Unternehmensveräußerung erhöht. Abgesehen davon bestehen ggü. einem neuen Rechtsträger weder eine Treuepflicht des Gesellschafters noch eine Ausgleichspflicht als Sanktion für materielle Unterkapitalisierung des früheren Rechtsträgers. 210

Teilw. wird befürwortet, aus **§ 135 III InsO analog** eine Verpflichtung abzuleiten, der Gesellschaft nicht nur Vermögensgegenstände zur Nutzung zu überlassen, sondern zB eine **Lieferanten- oder Dienstleistungsverpflichtung** zu einem ggf. reduzierten Entgelt (§ 135 III 2 InsO) **fortzusetzen.**[661] 211

b) Optionsrechtsausübung durch Insolvenzverwalter. Das gesetzliche Nutzungsverhältnis des § 135 III InsO begründet der Insolvenzverwalter in Analogie zur Erfüllungswahl gem. § 103 InsO **formfrei** durch **einseitige empfangsbedürftige Erklärung** ggü. dem Gesellschafter, ggf. nach Aufforderung durch diesen (§ 103 I 2, 3 InsO).[662] Trifft die Vorgehensweise nach § 135 III InsO mit einem schwebenden Vertragsverhältnis gem. §§ 103 ff. InsO zusammen, sollte der Insolvenzverwalter **klarstellen,** inwieweit er sich 212

657 *K Schmidt* DB 08, 1727, 1732.
658 Scholz/*K Schmidt* Nachtrag MoMiG §§ 32a/b aF Rn. 78. – Dort auch zum Willkürverbot.
659 Ulmer/*Habersack* Erg-Band § 30 Rn. 62.
660 AA *Bitter* ZIP 10, 1, 12 f.; *Spliedt* ZIP 09, 149, 157.
661 So *Hölzle* ZInsO 07, 421, 423; *Bitter* ZIP 10, 1, 12 (wegen Einordnung der Entgeltreduktion als Nachschusspflicht infolge materieller Unterkapitalisierung).
662 Scholz/*K Schmidt* Nachtrag MoMiG §§ 32a/b aF Rn. 82; Gottwald/*Haas/Kolmann/Kurz*, Insolvenzrechts-Handbuch, § 90 Rn. 534. – Zur Erfüllungswahl gem. § 103 InsO vgl. BGH NJW 07, 1594.

bei einer Fortsetzung der Nutzung auf § 135 III InsO beruft.[663] Zum Verhältnis des § 135 III InsO zu §§ 103 ff. InsO s. → Rn. 198 f.

213 c) **Ausgleichsanspruch.** Die fortgesetzte Nutzung unter den Voraussetzungen des § 135 III InsO löst eine **gesetzliche Entgeltpflicht der Insolvenzmasse** nach Maßgabe des S. 2 aus. Das geschuldete Entgelt hat wegen Vergleichbarkeit mit Ansprüchen aus Erfüllungswahl (§ 103 InsO) den Rang einer **Masseverbindlichkeit** gem. § 55 I Nr. 2 InsO[664] nach den allg. insolvenzrechtlichen Regeln.[665]

214 Nach dem Gesetzeswortlaut soll sich das Entgelt nach der **durchschnittlich im letzten Jahr vor der Verfahrenseröffnung geleisteten Vergütung** bemessen. Dies wirft im Detail Fragen zum Referenzzeitraum wie auch zur Berechnung der Höhe auf.

215 **aa) Tatsächliche Vergütungspraxis in der Vergangenheit maßgeblich.** Zunächst soll es auf die **tatsächliche Vergütungspraxis** ankommen u. nicht auf eine Vertragsdokumentation, welche die Parteien faktisch nicht gelebt haben.[666] Der Gesellschafter muss sich somit an sein Verhalten vor der Insolvenzverfahrenseröffnung festhalten lassen, unabhängig davon, ob dieses auf Nachlässigkeit, aktiver Mitwirkung bei Sanierungsversuchen im Vorfeld der Insolvenz oder auf sonstigen Gründen beruht. Es liegt nahe, dass die tatsächliche Durchführung nicht nur **für die Höhe des Entgelts**, sondern auch für damit im Zusammenhang stehende **Nebenabreden wie insbes. die Fälligkeit** gelten sollte.[667] Einen **Kautionsanspruch** hat der Gesellschafter ggü. der Insolvenzmasse nicht.

216 **bb) Redaktionsversehen bzgl. Insolvenzverfahrenseröffnung?** In zeitlicher Hinsicht kommt es im Ausgangspunkt auf das **Durchschnittsentgelt im letzten Jahr vor der Verfahrenseröffnung** als maßgeblicher Referenzzeitraum an. War der tatsächliche Überlassungszeitraum kürzer, ist das durchschnittliche tatsächliche Entgelt während dieser Zeit maßgebend.

217 Das reale Durchschnittsentgelt in diesem Zeitraum sinkt in der Praxis häufig dadurch, dass die Gesellschaft während der Phase einer vorläufigen Insolvenzverwaltung überhaupt keine Zahlungen leistet. Der Gesetzgeber hat möglicherweise übersehen, dass § 112 InsO eine solche Vorgehensweise fördert u. dass die Insolvenzgerichte von einer Anordnung nach Maßgabe des § 21 II 1 Nr. 5 InsO bislang nur unregelmäßig Gebrauch machen; diese Vorschrift gilt auch für unbewegliche Vermögensgegenstände wie zB ein gemietetes Betriebsgrundstück.[668] Nach verbreiteter Ansicht sollen **vom vorläufigen Insolvenzverwalter unterlassene Zahlungen** nicht solche des „Schuldners“ sein, so dass ein gesetzgeberisches Redaktionsversehen vor-

---

663 IErg ebenso Scholz/*K Schmidt* Nachtrag MoMiG §§ 32a/b aF Rn. 77.
664 Str; teilw § 55 I Nr. 1 InsO; aA *Hölzle* ZIP 09, 1939, 1946 (§ 39 I Nr. 5 InsO nF); *ders.* ZIP 10, 905, 917.
665 BGH NJW 15, 1109 Rn. 34, 60; Begr. Rechtsausschuss BT-Drs. 16/9737, S. 102; Baumbach/Hueck/*Haas* Anh. § 64 Rn. 137; Gottwald/*Haas/Kolmann/Kurz*, Insolvenzrechts-Handbuch, § 90 Rn. 540; *K Schmidt* DB 08, 1727, 1732. – Zur Masseunzulänglichkeit *Burg/Blasche* GmbHR 08, 1250, 1254.
666 BGH NJW 15, 1109 Rn. 55; BT-Drs. 16/9737, S. 59.
667 Scholz/*K Schmidt* Nachtrag MoMiG §§ 32a/b aF Rn. 83; Gottwald/*Haas/Kolmann/Kurz*, Insolvenzrechts-Handbuch, § 90 Rn. 537.
668 *Kirchhof* ZInsO 07, 227, 230; krit. MKInsO/*Haarmeyer*, § 21 Rn. 100.

liege, welches dem Gesellschafter nicht zum Nachteil gereichen soll. Dieser Auffassung hat sich der BGH angeschlossen, der als Korrektiv eine Berechnung der Jahresfrist rückwirkend ab dem Insolvenzantrag als anfechtungsrechtlich im Allg maßgeblicher Stichtag vertritt.[669]

Diese Annahme eines Redaktionsversehens erscheint schon deshalb nicht zwingend, weil die Insolvenzmasse nach bisherigem Verständnis kein eigenes Rechtssubjekt ist. IÜ ist insbes. bei den Anfechtungsvorschriften, zu denen der Gesetzgeber – inhaltlich zu Unrecht – einen Normzusammenhang herstellte, der Insolvenzantrag als Anknüpfungsmerkmal typisch u. ein Versehen daher schwerlich anzunehmen.[670] Inhaltlich kann sich der Gesellschafter dadurch zu schützen versuchen, indem er während des Eröffnungsverfahrens eine **gerichtliche Anordnung nach § 21 II 1 Nr. 5 InsO** anregt, auch wenn er gegen eine abweisende Entscheidung kein eigenes Beschwerderecht hat. Dass letztlich die Gesamtheit der Gläubiger davon profitiert, dass das Nutzungsentgelt sinkt u. dadurch eine höhere Verteilungsmasse zu erwirtschaften sein sollte, lässt sich jedenfalls mit dem Konzept der Sanktionierung materieller Unterkapitalisierung rechtfertigen,[671] dürfte aber auch die Grenzen der von der hM angeführten, mit Insolvenzverfahrenseröffnung gerade nicht endenden Treuepflicht als Haftungsgrundlage (→ Rn. 197) noch nicht überschreiten. 218

cc) Unentgeltliche Nutzungsüberlassung? Wertungsmäßig **nicht anders** zu entscheiden sind nach der hier vertretenen Auffassung diejenigen Fälle, in denen der Gesellschafter vor Insolvenzantrag bzw. -eröffnung **überhaupt kein Entgelt erhalten** hat, sei es wegen einer societatis causae erfolgten Nutzungsüberlassung, einer Leihe (unentgeltlich) oder wegen einer Nicht-Durchsetzung seiner vertraglichen Entgeltansprüche.[672] § 135 III 2 InsO lässt sich **nicht als ein Anspruch auf Zahlung eines angemessenen Entgelts** verstehen, der ungeachtet der Ereignisse vor Insolvenzverfahrenseröffnung neu u. ungeachtet der Vergangenheit entsteht.[673] Im Gegenteil: Wenn schon bei Nicht-Leistung einer vereinbarten Vergütung das ab Verfahrenseröffnung geschuldete Entgelt auf der Grundlage der tatsächlichen Übung berechnet werden soll, so muss das im zeitlichen Rahmen des § 135 III 1 InsO erst recht gelten, wenn vor Insolvenz sogar vereinbart war, dass eine 219

---

669 BGH NJW 15, 1109 Rn. 56; vgl. auch Baumbach/Hueck/*Haas* Anh. § 64 Rn. 134; HambK-InsO/*Schröder*, § 135 Rn. 82; Kübler/Prütting/Bork/*Preuß*, InsO, § 135 Rn. 52; Uhlenbruck/*Hirte*, InsO, § 135 Rn. 23; *Dahl/Schmitz* NZG 09, 325, 330; *Gehrlein* BB 11, 3, 9; *ders.*/Ekkenga/Simon Vor § 64 Rn. 158; MKInsO/*ders.*, § 135 Rn. 49; *Rühle* ZIP 09, 1358, 1363; *Spliedt* ZIP 09, 149, 157.

670 Gegen eine Verkürzung des Referenzzeitraums *Goette/Kleindiek* Rn. 222; HeidelbergerKommInsO/*ders.*, § 135 Rn. 58; vgl. auch *Bitter* ZIP 10, 1, 12.

671 *Bitter* ZIP 10, 1, 12.

672 Vgl. auch Ulmer/*Habersack*, Rn. 176; *Hörndler/Hoisl* NZM 09, 377, 380; aA Roth/*Altmeppen* Rn. 222, 224.

673 Vgl. BT-Drs. 16/9737, S. 59; Ulmer/*Habersack*, Rn. 176; HambK-InsO/*Schröder*, § 135 Rn. 82; *Hirte* WM 08, 1429, 1431; aA Roth/*Altmeppen* Rn. 222, 224; vgl. auch Gottwald/*Haas/Kolmann/Kurz*, Insolvenzrechts-Handbuch, § 90 Rn. 537 f. – Zu Ansprüchen bei überteuerter Nutzungsüberlassung vgl. *Gehrlein* NZI 16, 561 ff.

Vergütung überhaupt nicht geschuldet ist.[674] Mit einer Wiedereinführung des früheren Konzepts durch die Hintertür hat dies nichts zu tun.

220 **dd) Abzug anfechtbarer Zahlungen.** Umstritten ist, ob **die in anfechtbarer Weise von der Gesellschaft geleisteten** u. möglicherweise im Verhältnis zum Verkehrsüblichen sogar **überhöhten Zahlungen** (zB auf Basis des Finanzierungsaufwands berechnet, nicht aufgrund des Nutzungswerts)[675] Berücksichtigung finden dürfen. Die überw. Ansicht verneint dies, um keinen Anreiz für „Torschluss-Nachzahlungen" zu liefern, zu Recht u. bejaht somit eine **um den anfechtbaren Teil gekürzte Berechnungsgrundlage.**[676] Wille des Gesetzgebers war es, die Nutzungsmöglichkeit zugunsten der Insolvenzmasse für einen begrenzten Zeitraum im Bedarfsfall zu gewährleisten, nicht aber, dem Gesellschafter einen Anreiz für einen möglichst hohen Entgeltanspruch zu verschaffen. Generell können auch **nur periodengerechte Zahlungen** in die Betrachtung eingehen, nicht aber Nachzahlungen auf Vorjahre.[677] Aus den vorgenannten Gründen müssen auch dem Auszahlungsverbot nach § 64 S. 3 bzw. § 92 II 2 AktG zuwiderlaufende Zahlungen sowie verdeckte Gewinnausschüttungen (vgl. §§ 30, 31 bzw. 57, 62 AktG) außer Betracht bleiben.[678]

221 In praktischer Hinsicht können sich Unsicherheiten auf Sachverhaltsebene ergeben, weil im Zeitpunkt der Insolvenzverfahrenseröffnung (Beginn der Entgeltpflicht) über eine Anfechtbarkeit häufig Streit bestehen wird. Für den Insolvenzverwalter wird es sich häufig anbieten, alternativ zu dem in der Literatur vorgeschlagenen Zurückbehaltungsrecht[679] den unstr. Teilbetrag zu zahlen u. iH des Restbetrages Sicherheit zu leisten, sofern nicht eine Einigung über die Höhe der Vergütung gelingt.

222 **d) Rang der überschießenden Forderungen.** Mangels Gleichsetzbarkeit der Nutzungsüberlassung mit einer Kreditgewährung sind weitergehende Ansprüche des Gesellschafters wegen Nichterfüllung (§§ 103 II 1, 108 III, 109 I 3 InsO) **nicht nachrangig gem. § 39 I Nr. 5 InsO** nF.

---

674 Auch *Gundlach/Frenzel/Strandmann* NZI 08, 647, 651; *Hirte* ZInsO 08, 689, 693; *Römermann* NZI 08, 641, 645.

675 Zum Verhältnis der Insolvenzanfechtbarkeit marktunüblich überhöhter Nutzungsentgelte zu § 30 I 1: *K Schmidt* FS Wellensiek, 11, S. 551, 558.

676 BGH NJW 15, 1109 Rn. 55; Graf-Schlicker/*Neußner*, InsO, § 135 Rn. 44; *Gehrlein*/Born/Simon Vor § 64 Rn. 349; MKInsO/*ders.*, § 135 Rn. 49; Heidelberger-KommInsO/*Marotzke*, 5. Aufl., § 108 Rn. 51 a; HambK-InsO/*Schröder*, § 135 Rn. 82; Lutter/Hommelhoff/*Kleindiek* Anh. zu § 64 Rn. 167; Scholz/*K Schmidt* Nachtrag MoMiG §§ 32a/b aF Rn. 83; Uhlenbruck/*Hirte*, InsO, § 135 Rn. 23; Ulmer/*Habersack* Rn. 176; Gottwald/*Haas/Kolmann/Kurz*, Insolvenzrechts-Handbuch, § 90 Rn. 538; *Dahl/Schmitz* NZG 09, 325, 330; *Gehrlein* BB 11, 3, 9; *Hölzle* ZIP 10, 905, 917 f.; *Marotzke* ZInsO 08, 1281, 1286 f.; *Spliedt* ZIP 09, 149, 157; zur Berechnung des Ausgleichsanspruchs vgl. *Fischer* FS Wellensiek, 11, S. 443, 448 ff.; aA OLG Schleswig ZIP 12, 885, 887 („widersprüchlich", aber wohl unter Verkennung des Problems); Goette/*Habersack*, Das MoMiG in Wissenschaft und Praxis, Rn. 5.39.

677 Scholz/*K Schmidt* Nachtrag MoMiG §§ 32a/b aF Rn. 83.

678 HeidelbergerKommInsO/*Kleindiek*, § 135 Rn. 59; *Gehrlein* NZI 16, 561, 564.

679 Graf-Schlicker/*Neußner*, InsO, § 135 Rn. 44; *Dahl/Schmitz* NZG 09, 325, 330.

5. Behandlung der Nutzungsgebühren aus Zeitraum vor Insolvenzverfahrenseröffnung

a) **Zahlungen mit Finanzierungscharakter.** Soweit die Zahlungsmodalitäten für das im Vorfeld der Insolvenzantragstellung geschuldete Nutzungsentgelt **Finanzierungscharakter** (→ Rn. 106 a ff.) hatten, sind vorbehaltlich der weiteren persönlichen u. sachlichen Voraussetzungen im Zeitpunkt der Insolvenzverfahrenseröffnung **rückständige Forderungen nachrangig** gem. § 39 I Nr. 5 InsO.[680] Die mangelnde Vergleichbarkeit der Nutzungsüberlassung mit einer Kreditgewährung spielt insoweit keine Rolle. Finanzierungscharakter kann entweder dadurch entstehen, dass der vereinbarte Vertragsinhalt hins. der Zahlungspflichten vom Verkehrsüblichen abweicht (zB bzgl. Fälligkeitstermin) oder (ggf. zusätzlich) die tatsächliche Durchführung des Vereinbarten die Grenzen des Bargeschäfts iSv § 142 InsO übersteigt (durch Stundungen, „Stehen lassen" etc).[681] Ggf. kann der Finanzierungscharakter sich auf einzelne Zahlungen beschränken, ohne dass dies die Summe aller Raten infiziert.[682] Soweit solche Forderungen nachrangig sind, bleibt dem Gesellschafter der **Zugriff auf bestehende Sicherheiten verwehrt.** 223

Finanzierungscharakter erwächst allerdings nicht daraus, dass der **vorläufige Insolvenzverwalter** die (Zustimmung zur) **Zahlung an den Gesellschafter verweigert.** Für solche Forderungen im Rang des § 38 InsO kann der Gesellschafter daher auch abgesonderte Befriedigung aus etwaigen insolvenzfesten Sicherheiten (zB Vermieterpfandrecht) beanspruchen. 224

Erhielt der Gesellschafter binnen der Zeiträume des § 135 I InsO eine Befriedigung oder Sicherung auf eine solche Finanzierungshilfe bzgl. des Nutzungsentgelts, unterliegt der Vorgang der **Insolvenzanfechtung** nach dieser Vorschrift.[683] 225

b) **Reguläre Zahlungen.** Ob Zahlungen auf Nutzungsentgelt, die **keinen Finanzierungscharakter** haben, **anfechtbar** gem. § 135 I Nr. 2 InsO sind, ist ebenfalls **umstritten.** Die ganz überw. Meinung verneint dies unter Hinweis darauf, dass Nutzungsüberlassung mit einer Finanzierungshilfe ohnehin nicht vergleichbar[684] u. jedenfalls der Gesetzgeber des MoMiG einer sol- 226

680 Ulmer/*Habersack* Rn. 170, 176.
681 Wie hier Scholz/*Bitter* Anh. § 64 Rn. 209: Stundungscharakter bei Überschreitung der Bargeschäftsgrenzen des § 142 InsO; iErg ähnl, jedoch beim Bargeschäft großzügiger (auch jährliche Abrechnung soll erfasst sein) Bork/Schäfer/*Thiessen* Rn. 16; gegen Finanzierungscharakter im Falle des Zahlungsverzugs *K Schmidt* NJW 15, 1057, 1058.
682 *K Schmidt* NJW 15, 1057, 1058.
683 HeidelbergerKommInsO/*Kleindiek*, § 135 Rn. 29 f.; *Nerlich*/Römermann § 135 Rn. 76.
684 Scholz/*K Schmidt* Nachtrag MoMiG §§ 32a/b aF Rn. 68; *ders.* DB 08, 1727, 1728; *Bitter* ZIP 10, 1, 10; *Burg*/*Blasche* GmbHR 08, 1250, 1252; *Rühle* ZIP 09, 1358, 1360.

chen Gleichstellung die Grundlage entzogen hat.[685] Aber auch ihre Vertreter halten die **Insolvenzanfechtung nach den §§ 130, 131, 133, 134 InsO** für zulässig.[686] Fraglich erscheint insoweit, ob neben dem Bargeschäftsprivileg (sofern anwendbar) bei orts- u. sachüblicher Miethöhe überhaupt eine Gläubigerbenachteiligung eingetreten ist.[687] Dies dürfte jedoch zu bejahen sein, da der Nutzungswert aus haftungsrechtlicher Sicht nicht der entrichteten (Geld-)Miete gleichsteht.

227 Die Gegenansicht[688] stellt insbes. darauf ab, dass auch die entgeltliche Nutzungsüberlassung den Charakter einer für die Gläubigergesamtheit schädlichen Vermögensumschichtung u. nachteilige Wirkung wie Finanzierungsgeschäfte hätte. Dieses Argument träfe allerdings gleichermaßen für alle anderen Leistungsaustauschbeziehungen zwischen Gesellschaft u. Gesellschafter zu, jedoch will der Gesetzgeber sie gerade nicht einheitlich den Sonderregeln über Gesellschafter-Finanzierung unterstellen. In der Systematik überzeugender ist es daher, außerhalb des Dreimonatszeitraums der §§ 130, 131 InsO die Insolvenzanfechtung solcher regulären Zahlungen nur dann anzunehmen, wenn zusätzlich zur Gesellschafterstellung weitere Anzeichen mit Relevanz iSd § 133 InsO treten.

6. Zwangsvollstreckung und Doppelinsolvenz

228 Die Geltung des § 135 III InsO im Verhältnis zum zwangsvollstreckenden Gesellschafter-Gläubiger ist **umstritten**. Einige sehen in der Vorschrift eine abschließende Regelung, zumal der Gesetzgeber die Problematik kannte, wie sich die eigenkapitalersetzende Nutzungsüberlassung zum Nutzungsrecht des zwangsvollstreckenden Grundpfandrechtsgläubigers sowie in der Gesellschafterinsolvenz verhält.[689] Hiernach bindet nicht nur die Aussonderungssperre die Gesellschaftergläubiger. Zudem schuldet der Insolvenzverwalter der Gesellschaft den Gesellschaftergläubiger/Grundpfandrechtsgläubigern lediglich das Entgelt iSv § 135 III 2 InsO, welches regelmäßig unter einem marktüblichen Miet-/Pachtzins liegt.

229 Die Gegenansicht hält § 135 III InsO nF generell für unanwendbar u. will daher an den früheren Rechtsprechungsgrundsätzen[690] festhalten, welche

685 BT-Drs. 16/9737, S. 59; OLG Schleswig NZG 12, 751; OLG Hamm ZIP 14, 186, 187 f.; Baumbach/Hueck/*Haas* Anh. § 64 Rn. 124 f.; HambK-InsO/*Schröder*, § 135 Rn. 64; HeidelbergerKommInsO/*Kleindiek*, § 39 Rn. 38 mit § 135 Rn. 29 f.; Lutter/Hommelhoff/*ders.* Anh. zu § 64 Rn. 135; Roth/*Altmeppen* Rn. 219; Uhlenbruck/*Hirte*, InsO, § 39 Rn. 37 f.; Ulmer/*Habersack* Rn. 170; aA *Büscher* FS Hüffer, 10, S. 81, 91; *Haas* NZI 12, 601; *ders.* FS Ganter, 10, S. 189, 192 ff.; *Henkel* ZInsO 10, 2209, 2211; *Hölzle* ZIP 09, 1939, 1944; *Marotzke* ZInsO 08, 1281, 1284 ff.

686 Baumbach/Hueck/*Haas* Anh. § 64 Rn. 135; vgl. *Gehrlein* FS Beck, 16, 167, 174 f.

687 *Hölzle* ZIP 10, 913, 915 f. (zur Anfechtbarkeit gem. 135 I InsO nF).

688 *Büscher* FS Hüffer, 10, S. 81, 91 f.; *Göcke/Henkel* ZInsO 09, 170, 174; *Harle* GmbHR 09, 1093, 1095 f.; *Henkel* ZInsO 09, 1577 f.; *ders.* ZInsO 10, 2209, 2211 f.; *Hirte* ZInsO 08, 689, 694; *Hölzle* ZIP 09, 1939, 1947; *Marotzke* ZInsO 08, 1281, 1285; *ders.* ZInsO 09, 2073, 2075; *Römermann* NZI 08, 641, 645; *Wälzholz* GmbHR 08, 841, 848.

689 Graf-Schlicker/*Neußner*, InsO, § 135 Rn. 45; *Bitter* ZIP 10, 1, 14 (für die Doppelinsolvenz); *Göcke/Henkel* ZIP 09, 170, 173 f.; ähnl *Marotzke* ZInsO 09, 2073, 2076 ff.

690 BGH NJW 08, 2188.

den Gesellschaftergläubigern prinzipiellen Vorrang einräumen.[691] Die Gesetzgebungsmaterialien ergeben nichts Abw u. sind konzeptionell nicht auf das Verhältnis zwischen Gesellschaft u. Gesellschaftergläubiger zugeschnitten.[692] Dies verdient Zustimmung, da der Gesetzgeber die umstr. Rechtsfolgen der eigenkapitalersetzenden Nutzungsüberlassung begrenzen, nicht ausweiten wollte.[693] Demnach **endet** der Geltungsbereich des § 135 III InsO **mit Wirksamwerden eines Beschlagnahmebeschlusses.** Das Nutzungsrecht endet spätestens mit Ablauf des Monats der Eröffnung des **Insolvenzverfahrens über das Gesellschaftervermögen** (§ 110 I InsO).[694] Ab dann schuldet der Gesellschafts-Insolvenzverwalter das marktübliche oder vertraglich vereinbarte Nutzungsentgelt. Teilw. wird auch dahin gehend differenziert, dass zumindest die Aussonderungssperre mit Bindungswirkung für die Gesellschaftergläubiger fortbesteht.[695] Ergänzend wird vorgeschlagen, dass der Gesellschafter iH der Differenz zwischen dem Entgelt nach § 135 III 2 InsO u. dem höheren Entgelt ausgleichspflichtig sei.[696] **Lizenzen** sind nach derzeitiger Rechtslage (§§ 103, 108, 112 InsO) regelmäßig nicht insolvenzfest.[697]

IX. Finanzplan-Finanzierung

Finanzplan-Kredite stellen Finanzierungsleistungen (Gesellschafterdarlehen oder Sicherheitsleistung für Drittfinanzierung) dar, die regelmäßig auf der Grundlage des Finanzierungsplans der Gesellschaft in Zukunft zur Verfügung gestellt werden sollen. Ihr wesentliches Kennzeichen besteht darin, dass sie privatautonom rechtsgeschäftlich, u. zwar entweder in der Satzung, in einer Gesellschaftervereinbarung oder in einem gesonderten Vertragswerk vereinbart werden, ob in der Startphase des Unternehmens bzw. bei Erweiterungen des Geschäftszwecks, krisenbestimmt zur Vermeidung von Liquiditätslücken oder allg. ergänzend zum Eigenkapital. 230

Ggü. den dargestellten Rechtsfolgen für normale Gesellschafterdarlehen ergeben sich im Insolvenzfalle **keine Änderungen, wenn eine Finanzplan-Finanzierungshilfe tatsächlich gewährt** worden war: Offene Rückforderungs- 231

691 Lutter/Hommelhoff/*Kleindiek* Anh. zu § 64 Rn. 166; iE ebenso *Dahl/Schmitz* NZG 09, 325, 331; *Fischer/Knees* ZInsO 09, 745, 747 ff.; ähnl Baumbach/Hueck/*Haas* Anh. § 64 Rn. 140 f.; beschränkt auf das Verhältnis zum Grundpfandrechtsgläubiger *Bitter* ZIP 10, 1, 13 f.

692 Lutter/Hommelhoff/*Kleindiek* Anh. zu § 64 Rn. 166; HeidelbergerKommInsO/*ders.*, § 135 Rn. 60.

693 HeidelbergerKommInsO/*Kleindiek*, § 135 Rn. 60; HambK-InsO/*Schröder*, § 135 Rn. 74.

694 BGH GmbHR 08, 761. – Zur Anfechtung des Stehenlassens einer Gesellschafterfinanzierungshilfe gem. § 134 InsO in der Gesellschafterinsolvenz nach früherer Rechtslage vgl. BGH ZIP 09, 1080; *Burmeister/Nohlen* NZI 10, 41; anders nunmehr jedoch BGH ZIP 16, 2483 Rn. 19 ff.; dazu Baumbach/Hueck/*Haas* Anh. § 64 Rn. 114 ff.

695 So Baumbach/Hueck/*Fastrich* 20. Aufl. Rn. 87; aA *Dahl/Schmitz* NZG 09, 325, 331.

696 Uhlenbruck/*Hirte*, InsO, § 135 Rn. 27; *Bitter* ZIP 10, 1, 14; aA *Dahl/Schmitz* NZG 09, 325, 331.

697 Vgl. BGH NJW 06, 915; zu § 108 a InsO-E s. BT-Drs. 16/7416, S. 8, 24, 29 ff.

ansprüche sind im Insolvenzfall nachrangig[698] u. Sicherungs- bzw. Tilgungsleistungen binnen der in § 135 InsO bzw. § 6 AnfG geregelten Fristen anfechtbar, ebenso wie das Freiwerden einer Gesellschafter-Sicherheit.[699] Für Finanzplan-Kredite gilt insoweit kein abw. Sonderrecht.[700]

232 Im Hinblick auf **noch nicht tatsächlich gewährte** (→ Rn. 106) **Finanzplan-Finanzierungshilfen** kann der Insolvenzverwalter, sofern die Finanzierungsverpflichtung noch nicht insolvenzfest aufgehoben oder beendet war, Erfüllung noch offener Finanzierungsbeiträge verlangen.[701]

233 Im Vorfeld der Insolvenz kann die Einordnung als Finanzplankredit in Abhängigkeit ihres jeweiligen Leistungszwecks dazu führen, dass **nach dem Sinn u. Zweck der Vereinbarung ein Kündigungsrecht nach § 490 BGB sowie ein Zurückbehaltungsrecht wegen wesentlicher Verschlechterung der Vermögensverhältnisse der Gesellschaft ausgeschlossen** sind.[702] Ausgereichte Darlehen müssen aus den genannten Gründen auch im Vorfeld der Insolvenz stehen gelassen u. noch offene Verpflichtungen müssen erfüllt werden, bis vorrangige Gläubiger vollständig befriedigt sind. Diese insbes. im Vorfeld einer Insolvenz geltenden Rechtsfolgen ergeben sich jedoch **ausschließlich aus einer rechtsgeschäftlichen Abrede u. deren Auslegung (§§ 133, 157, 242 BGB)**,[703] so dass es auf Kleinbeteiligtenschwelle oder Sanierungsprivileg nicht ankommt. Allerdings kann die aus der Privatautonomie folgende Abrede zu einem rein internen Finanzplankredit auch besondere Lösungsmöglichkeiten bzgl. künftiger Finanzierungshilfen beinhalten, zB ein Kündigungsrecht mit Wirkung ex nunc für den Fall der drohenden Insolvenz der Gesellschaft.[704] Nur in seltenen Einzelfällen begründet ein Finanzplankredit eine Nachschusspflicht iSv § 26.

234 Dass eine **Aufhebbarkeit der Finanzplan-Verpflichtungen** künftig nur noch außerhalb der Krise[705] möglich sein soll, vermag in dieser Form nach neuer

---

698 BGH DStR 10, 1245 Rn. 6; Baumbach/Hueck/*Haas* Anh. § 64 Rn. 31; HeidelbergerKommInsO/*Kleindiek* § 39 Rn. 36; Ulmer/*Habersack* Rn. 189.

699 Lutter/Hommelhoff/*Kleindiek* Anh. zu § 64 Rn. 170; *Krolop* ZIP 07, 1738, 1740 f.

700 Ebenso zum früheren Recht schon BGHZ 142, 116, 122 („Stehenlassen"); NZG 10, 701 Rn. 6; Baumbach/Hueck/*Fastrich*, 18. Aufl., § 32 a Rn. 53.

701 BGHZ 142, 116, 123 ff.; NZG 06, 543, 544; relativierend jedoch DStR 10, 2258, 2261 Rn. 29 (zur Patronatserklärung); Lutter/Hommelhoff/*Kleindiek* Anh. zu § 64 Rn. 170; aA Roth/*Altmeppen* Rn. 150 ff.; *ders.* FS Sigle, 00, S. 211, 213 (Zweckerreichung im Insolvenzverfahren nicht möglich).

702 BGHZ 142, 116, 120; DStR 10, 1245 Rn. 6; *Altmeppen* FS Sigle, 00, S. 211, 214.

703 BGHZ 142, 116, 121; NZG 10, 1267, 1269 Rn. 28; Roth/*Altmeppen* Rn. 150; Ulmer/*Habersack* Rn. 191.

704 Vgl. BGH DStR 10, 2258, 2261 ff. (zu einer Patronatserklärung für die Dauer der Sanierungsprüfung); FG Nürnberg DStRE 11, 880; zust. *Blum* NZG 10, 1331 f.; *Heeg* BB 11, 1160, 1161 f.; krit. *Tetzlaff* DZWiR 11, 181, 185 ff.

705 Zum früheren Recht BGHZ 142, 116, 121; zust. etwa *Lutter/Hommelhoff*, 16. Aufl., §§ 32a/b Rn. 171; Ulmer/*Habersack* 1. Aufl. §§ 32a/b Rn. 248; krit. *Altmeppen* NJW 99, 2812 ff.; v. Gerkan/Hommelhoff/*Dauner-Lieb* Rn. 9.16 c ff.; *K Schmidt* ZIP 99, 1241, 1249 f.

Rechtslage nicht mehr zu überzeugen.[706] Auch in der Krise können die Vertragsparteien die Verpflichtung aufheben, unterliegen insoweit jedoch einem etwaigen Insolvenzanfechtungsrisiko. Maßstab der Insolvenzfestigkeit einer solchen Aufhebung können vielmehr nur die **Anfechtungsvorschriften der §§ 129 ff. InsO** sein. Die Aufhebung einer solchen Finanzierungshilfe unterliegt der Insolvenzanfechtung bei Vorliegen entspr. Indizien (vgl. § 286 ZPO) insbes. gem. § 133 I InsO, wenn der Gesellschaft ein nicht mehr einseitig entziehbarer Vermögensgegenstand mit gläubigerbenachteiligender Wirkung entzogen wurde.[707] Die gläubigerbenachteiligende Wirkung kann sich insbes. daraus ergeben, dass neben dem Wegfall des Massezuflusses der Rückgewähranspruch des Gesellschafters nach erfolgter Auszahlung nur nachrangig iSv § 39 I Nr. 5 InsO gewesen wäre. Die Kündigung einer vereinbarungsgemäß mit ex-nunc-Wirkung kündbaren Verpflichtung zur Finanzierungshilfe ist jedenfalls nicht gem. § 135 I Nr. 2 InsO anfechtbar, weil es sich insoweit nicht um eine „Befriedigung" handelt.[708]

§ 31 Erstattung verbotener Rückzahlungen

(1) Zahlungen, welche den Vorschriften des § 30 zuwider geleistet sind, müssen der Gesellschaft erstattet werden.

(2) War der Empfänger in gutem Glauben, so kann die Erstattung nur insoweit verlangt werden, als sie zur Befriedigung der Gesellschaftsgläubiger erforderlich ist.

(3) [1]Ist die Erstattung von dem Empfänger nicht zu erlangen, so haften für den zu erstattenden Betrag, soweit er zur Befriedigung der Gesellschaftsgläubiger erforderlich ist, die übrigen Gesellschafter nach Verhältnis ihrer Geschäftsanteile. [2]Beiträge, welche von einzelnen Gesellschaftern nicht zu erlangen sind, werden nach dem bezeichneten Verhältnis auf die übrigen verteilt.

(4) Zahlungen, welche auf Grund der vorstehenden Bestimmungen zu leisten sind, können den Verpflichteten nicht erlassen werden.

(5) [1]Die Ansprüche der Gesellschaft verjähren in den Fällen des Absatzes 1 in zehn Jahren sowie in den Fällen des Absatzes 3 in fünf Jahren. [2]Die Ver-

706 Baumbach/Hueck/*Haas* Anh. § 64 Rn. 33; Lutter/Hommelhoff/*Kleindiek* Anh. zu § 64 Rn. 170; offen lassend BGH NJW 10, 3443 Rn. 29; Bormann/Kauka/*Ockelmann*, HdB GmbHR, Kap. 10 Rn. 29; zur AG MKAktG/*Bayer*, § 57 Rn. 242 f.; *Buschmann* NZG 09, 91; *Krolop* ZIP 07, 1738; aA *Azara* S. 302 f.; Bunnemann/Zirngibl/*Desch* § 8 Rn. 61; MüKoGmbHG/*Ekkenga*, § 30 Rn. 76; *Gehrlein* BB 08, 846, 854; *Hirte* ZInsO 08, 689, 696; *Bitter* ZIP 19, 146, 152; Einordnung als Vertrag zugunsten der Gläubiger.

707 Baumbach/Hueck/*Haas* Anh. § 64 Rn. 33; Lutter/Hommelhoff/*Kleindiek* Anh. zu § 64 Rn. 170 *Krolop* GmbHR 09, 397, 398; ebenso schon nach früherem Recht Ulmer/*Habersack* 1. Aufl. §§ 32a/b Rn. 248; v. Gerkan/Hommelhoff/*Dauner-Lieb* Rn. 9.15 ff.; *Fleischer* DStR 99, 1774, 1777; *Kleindiek* WuB II C. § 32 a GmbHR 4.01.

708 BGH DStR 10, 2258, 2262 Rn. 40 f.; zu Gestaltungsüberlegungen *Niemeyer/Stock* DStR 11, 445, 447 f.

jährung beginnt mit dem Ablauf des Tages, an welchem die Zahlung, deren Erstattung beansprucht wird, geleistet ist. [3]In den Fällen des Absatzes 1 findet § 19 Abs. 6 Satz 2 entsprechende Anwendung.

(6) [1]Für die in den Fällen des Absatzes 3 geleistete Erstattung einer Zahlung sind den Gesellschaftern die Geschäftsführer, welchen in betreff der geleisteten Zahlung ein Verschulden zur Last fällt, solidarisch zum Ersatz verpflichtet. [2]Die Bestimmungen in § 43 Abs. 1 und 4 finden entsprechende Anwendung.

Schrifttum

(s auch zu § 30): *Altmeppen,* „Dritte" als Adressaten der Kapitalerhaltungs- und Kapitalersatzregeln in der GmbH, FS Kropff, 1997, S. 641; *ders,* Ausfall- und Verhaltenshaftung des Mitgesellschafters in der GmbH, ZIP 2002, 961; *Blöse,* Der Umfang der Ausfallhaftung bei Verstoß gegen das Auszahlungsverbot, GmbHR 2002, 1107; *Burgard,* Garantie- und Verschuldenshaftung von Mitgesellschaftern einer GmbH, NZG 2002, 606; *Cahn,* Die Ausfallhaftung des GmbH-Gesellschafters, ZGR 2003, 298; *Görner/Kling,* Die Ausfallhaftung des GmbH-Gesellschafters, GmbHR 2004, 714 (Teil 1), 778 (Teil 2); *Jungmann,* Zur bilanziellen Behandlung und summenmäßigen Begrenzung von Ansprüchen aus § 31 GmbHG, DStR 2004, 688; *Kock,* Der Vergleich über Erstattungsansprüche nach § 31 I GmbHG, NZG 2006, 733; *Kort,* Das Verhältnis von Auszahlungsverbot (§ 30 GmbHG) und Erstattungspflicht (§ 31 GmbHG), ZGR 2001, 615; *Lange,* Das Verbot der Aufrechnung gegen den Erstattungsanspruch aus § 31 Abs. 1 GmbHG, NJW 2002, 2293; *K Schmidt,* Die begrenzte Ausfallhaftung nach §§ 24, 31 Abs. 3 GmbHG im System des GmbH-Haftungsrechts, FS Raiser, 2005, S. 311; *ders,* Summenmäßige Beschränkung der Ausfallhaftung in § 31 Abs. 3 GmbHG, BB 1995, 529; *Servatius,* Über die Beständigkeit des Erstattungsanspruchs wegen Verletzung des Stammkapitals, GmbHR 2000, 1028; *Ulmer,* Gesellschafterhaftung gegenüber der GmbH bei Vorteilsgewährung unter Verstoß gegen § 30 Abs. 1 GmbHG, FS 100 Jahre GmbH-Gesetz, 1992, S. 363.

I. Normzweck

1 § 31 begründet eine Erstattungspflicht für Auszahlungen, die entgg. § 30 I zulasten des gebundenen Vermögens erfolgt sind. § 31 begründet zudem eine Erstattungspflicht für Auszahlungen, die unter Verstoß gegen die Formbestimmungen des § 30 II erfolgt sind. § 31 dient dem Gläubigerschutz u. ist daher zwingend.

II. Erstattungspflicht des Primärschuldners (Abs. 1)

2 Nach Abs. 1 müssen Zahlungen, welche den Vorschriften des § 30 zuwider geleistet worden sind, der Gesellschaft erstattet werden. Umgekehrt ist die Gesellschaft zur Einforderung der Erstattung berechtigt. Die Geschäftsführer sind iR ihrer allg. Sorgfaltspflicht (§ 43 I) zur Geltendmachung des Erstattungsanspruchs zudem verpflichtet. Der Erstattungsanspruch aus Abs. 1 ist gesellschaftsrechtlicher Natur u. unterliegt nicht den Regeln des Bereicherungsrechts, insbes. nicht den Erleichterungen gem. zB §§ 814, 818 III BGB (Kenntnis der Nichtschuld, Wegfall der Bereicherung). Vielmehr ist er mit der Einlagepflicht verwandt, jedoch gelten für § 31 selbstständige Regeln.[1] Die §§ 19–25 sind daher nicht unmittelbar anwendbar, können aber sinngemäß herangezogen werden, soweit das gleiche Regelungsziel verfolgt wird.[2] Die Erstattungspflicht gem. Abs. 1 ist nach hM eine persönliche Schuld des Verpflichteten u. keine auf den Geschäftsanteil zu bewirkende Schuld. Sie geht daher nicht gem. § 16 II auf den Anteilserwerber über u. löst bei Mitberechtigung am Geschäftsanteil (§ 18) nicht die gesamtschuldnerische Haftung des § 18 II aus.

1. Voraussetzungen

3 Der Erstattungsanspruch gem. Abs. 1 entsteht unmittelbar durch eine verbotene Auszahlung. Der Wortlaut des § 31 differenziert hierbei nicht zwischen Auszahlungen bei Bestehen einer Unterbilanz (§ 30 I) u. einem Verstoß gegen § 30 II bei der Rückzahlung von Nachschüssen. Sofern ein Sachverhalt alle Voraussetzungen von § 30 I oder II erfüllt, entsteht ein Erstattungsanspruch gem. Abs. 1. § 31 gilt auch bei Auszahlungen im Fall

1 Baumbach/Hueck/*Fastrich* Rn. 3.
2 Michalski/*Heidinger* Rn. 26; Baumbach/Hueck/*Fastrich* Rn. 3.

einer Überschuldung.[3] Der Anspruch ist sofort fällig, zu seiner Geltendmachung ist kein Gesellschafterbeschluss entspr. § 46 Nr. 2 erforderlich.[4]

2. Primärschuldner

4 Nach seinem Wortlaut bestimmt Abs. 1 nicht die Person des Erstattungspflichtigen. Es ist jedoch allg. anerkannt, dass dies der Leistungsempfänger ist. Im Hinblick auf die Ausfallhaftung der Mitgesellschafter (Abs. 3) wird dieser gemeinhin auch als „Primärschuldner" bezeichnet.

5 Hat ein Gesellschafter die verbotene Auszahlung unmittelbar erhalten, so ist dieser der Primärschuldner. Ist die Auszahlung an einen Dritten erfolgt, der aufgrund seiner persönlichen Merkmale für die Zwecke der §§ 30, 31 einem Gesellschafter gleichzustellen ist (sog. Quasi-Gesellschafter), so ist dieser Quasi-Gesellschafter der Primärschuldner. Ist die Auszahlung an einen Dritten erfolgt, der nicht einem Gesellschafter gleichzustellen ist (sog. fremder Dritter), so ist Primärschuldner der (Quasi-) Gesellschafter, der von der Auszahlung solchermaßen profitiert hat, dass sich der Vorgang als Auszahlung an einen (Quasi-) Gesellschafter darstellt.

6 Nach diesen Grundsätzen besteht die Möglichkeit, dass mehrere (Quasi-) Gesellschafter Primärschuldner sind. Zum einen ist denkbar, dass die Leistung an mehrere (Quasi-) Gesellschafter gemeinsam erfolgt ist; in den Fällen des § 18 ist zu berücksichtigen, dass § 18 II keine Anwendung findet. Zum zweiten ist denkbar, dass die Leistung an einen (Quasi-) Gesellschafter in Erfüllung von dessen Verbindlichkeit ggü. einem anderen (Quasi-) Gesellschafter erfolgt. In diesem zweiten Fall profitieren beide (Quasi-) Gesellschafter von der Leistung mit der Folge, dass es gerechtfertigt erscheint, beide als Primärschuldner in die Pflicht zu nehmen.

7 Fremde Dritte kommen richtigerweise gar nicht als Primärschuldner in Betracht, auch nicht neben einem (Quasi-) Gesellschafter. Die insoweit angeführten Kollusionsfälle sind nicht über Abs. 1 zu lösen,[5] sondern über die allg. Vorschriften, insbes. § 826 BGB.

8 Für die Beurteilung, ob der Zahlungsempfänger (Quasi-) Gesellschafter oder fremder Dritter ist, kommt es grds. auf den Zeitpunkt der Auszahlung an. Ein Ausscheiden als Gesellschafter nach Auszahlung hat somit keine Auswirkung auf die Erstattungspflicht gem. Abs. 1. Beruht die Auszahlung auf einem Verpflichtungsgeschäft, so lässt die Rspr. zudem ausreichen, dass der Leistungsempfänger bei Abschluss des Verpflichtungsgeschäfts (Quasi-) Gesellschafter war. Erfolgt die Auszahlung im Zusammenhang mit dem Eintritt oder Ausscheiden eines Gesellschafters, so ist dieser auch dann Leistungsempfänger u. damit Primärschuldner, wenn er zwar im Zeitpunkt der Auszahlung noch nicht oder nicht mehr Gesellschafter war, er jedoch von der Auszahlung profitiert hat u. die Auszahlung im Hinblick auf seinen Eintritt oder sein Ausscheiden als Gesellschafter erfolgt ist.

---

3 Vgl. nur BGH NJW 90, 1730; Ulmer/*Habersack* Rn. 5.
4 BGH NJW 87, 779.
5 So aber Baumbach/Hueck/*Fastrich* Rn. 15 mwN.

3. Inhalt und Umfang

Der Erstattungsanspruch des § 31 ist gerichtet auf die Rückgewähr der verbotenen Leistung. Dies bedeutet bei einer Barzahlung Rückzahlung des Geldbetrages u. bei Sachleistungen grds. Rückgabe des geleisteten Gegenstandes. Bei Unmöglichkeit der Rückgewähr sowie bei Dienstleistungen u. Nutzungen ergibt sich aus einer analogen Anwendung des § 9 I, dass der begünstigte Gesellschafter Wertersatz zu leisten hat.[6] Im Fall eines verbotswidrig gewährten Darlehens erfüllt die Darlehensrückgewähr sogleich die Erstattungspflicht aus Abs. 1. Ferner gebietet es der Zweck des § 31, das Vermögen der GmbH iH der Stammkapitalziffer als Befriedigungsreserve für die Gesellschaftsgläubiger zu erhalten, dass der Gesellschafter einen zwischenzeitlich eingetretenen Wertverlust ausgleichen muss.[7] Dies gilt jedoch nicht, sofern diese Wertminderung gleichfalls bei der Gesellschaft (ohne Verstoß gegen § 30 I) eingetreten wäre. 9

Schwieriger gestaltet sich die Rückgewähr bei den Austauschverträgen zu unangemessenen Konditionen. Grds. gilt auch hier, dass Sachleistungen in natura zurück zu gewähren sind, soweit dies möglich ist.[8] Eine generelle Beschränkung auf einen Wertausgleich ist nicht vorgesehen, wohl aber wird teilw. ein Wahlrecht zugunsten des Gesellschafters befürwortet, wonach es diesem offen stehen soll, den Wertunterschied durch eine entspr. Zahlung auszugleichen.[9] Hierfür spricht, dass das Kapitalerhaltungsrecht das Gesellschaftsvermögen nur wertmäßig u. nicht in seiner gegenständlichen Zusammensetzung schützt. Aufgrund der gesellschaftsrechtlichen Treuepflicht ist dies jedoch ausgeschlossen, wenn es sich um einen für den Betrieb notwendigen Gegenstand handelt wie zB ein Patent, ein Betriebsgrundstück oder eine spezielle Maschine. 10

Ziel des Erstattungsanspruchs ist es, den status quo ante (vor der verbotenen Auszahlung) dem Wert nach wiederherzustellen. Dementspr richtet sich der Umfang des Erstattungsanspruchs nach dem vollen Wert der verbotenen Auszahlung.[10] Verstößt die Auszahlung nur zT gegen § 30 u. erfolgt iÜ aus freiem Vermögen, ist nur der verbotswidrige Teil der Auszahlung zu erstatten.[11] Eine Begrenzung des Anspruchs auf die Höhe des Stammkapitals findet dag nicht statt. Besteht selbst nach der Rückzahlung der verbotenen Leistung eine Überschuldung oder Unterbilanz fort, so enthält § 31 keine über den Wert der verbotenen Auszahlung hinausgehende Nachschusspflicht für den Gesellschafter.[12] 11

4. Berechtigter

Berechtigte des Erstattungsanspruchs ist die GmbH, welche durch ihre Geschäftsführer bzw. Liquidatoren bei der Geltendmachung vertreten wird. 12

---

6 BGH NJW 08, 2118 Rn. 10; 93, 1922; Baumbach/Hueck/*Fastrich* Rn. 16 mwN.
7 BGH NJW 08, 2118 Rn. 10.
8 HM BGH NJW 08, 2118; Ulmer/*Habersack* Rn. 23; MüKoGmbHG/*Ekkenga* Rn. 6; Michalski/*Heidinger* Rn. 31.
9 Ulmer/*Habersack* Rn. 25; Baumbach/Hueck/*Fastrich* Rn. 16.
10 Lutter/*Hommelhoff* Rn. 8; Baumbach/Hueck/*Fastrich* Rn. 17; Roth/*Altmeppen* Rn. 10.
11 Scholz/*Verse* Rn. 15; Michalski/*Heidinger* Rn. 29; MüKoGmbHG/*Ekkenga* Rn. 8.
12 Michalski/*Heidinger* Rn. 29.

Eine dem § 62 II AktG entspr. Regel fehlt hier, so dass Gesellschaftsgläubiger keine eigenen Ansprüche gegen den Gesellschafter geltend machen können.[13] Die Gläubiger können den Anspruch aber pfänden u. sich zur Einziehung überweisen lassen. Das gilt auch bei Gläubigern, die zugleich Gesellschafter sind.

13 Bei verbotenen Auszahlungen einer GmbH & Co KG steht der Erstattungsanspruch nach hM der KG zu, wobei die Geltendmachung des Anspruchs der Komplementär-GmbH obliegt.[14]

14 Die Abtretung von Ansprüchen aus Abs. 1 ist grds. zulässig; bei der Abtretung an einen Gesellschafter gilt jedoch die Besonderheit, dass die Abtretung nur gegen eine vollwertige Gegenleistung zulässig ist.

5. Einwendungen und Gegenrechte des Primärschuldners

15 a) **Tilgung durch unwirksame Einlageleistung.** Zahlt der Primärschuldner auf seine Einlageschuld u. hat diese Zahlung wegen Verstoßes gegen das Verbot des Hin- u. Herzahlens insoweit keine Erfüllungswirkung, so ist die Zahlung nach der jüngeren BGH-Rspr. stattdessen auf eine offene Erstattungspflicht gem. Abs. 1 anzurechnen.[15] Das gilt jedenfalls dann, wenn dem Primärschuldner ansonsten eine Verdoppelung seiner Zahlungspflichten drohen würde.

16 Den Gedanken dieser Entscheidung wird man auf wirtschaftlich vergleichbare Fälle übertragen können. Leistet bspw. der Primärschuldner nach der unzulässigen Auszahlung Zahlungen in die Kapitalrücklage der Gesellschaft, wird man dieser Zahlung die konkludente Tilgungsbestimmung unterstellen können, dass damit zunächst etwaige noch offene Erstattungspflichten aus § 31 getilgt werden sollen.

17 b) **Behebung der Unterbilanz.** Erholt sich das Stammkapital der Gesellschaft wieder mit der Folge, dass die Gesellschaft wieder über ein Reinvermögen verfügt, so führt dies nach der Balsam/Procedo-Entscheidung des BGH nicht zum Erlöschen des Erstattungsanspruchs aus Abs. 1.[16] Zur Begründung verweist der BGH auf die Parallele zum Einlageanspruch, den Wortlaut des Abs. 1, das systematische Verhältnis zu Abs. 2 sowie darauf, dass ansonsten eine Verwertung des Anspruchs aus § 30 I faktisch unmöglich wäre.

18 Auch wenn somit ein automatisches Erlöschen des Erstattungsanspruchs aus Abs. 1 durch Behebung der Unterbilanz ausscheidet, ist im Einzelfall doch zu prüfen, ob der Erstattungspflichtige gegen die Gesellschaft u/oder die Gesellschafter in diesem Fall einen Anspruch auf Heilung des Verstoßes

---

13 Str; wie hier Baumbach/Hueck/*Fastrich* Rn. 6; Michalski/*Heidinger* Rn. 7.

14 BGH NJW 73, 1036, 1038; 90, 1725, 1726; aA Scholz/*Verse* Rn. 91, der daneben einen Anspruch der GmbH annimmt; nur für Berechtigung der GmbH Lutter/*Hommelhoff* Rn. 10 mit geringen Unterschieden für die Praxis.

15 BGH NJW 09, 1418; anders noch BGH NJW 01, 830.

16 BGH NJW 00, 2577; anders noch BGH NJW 88, 139 f. Missverständlich ist in diesem Zusammenhang die Aussage des BGH in der Entscheidung "AdCoCom" (BGHZ 185, 44) unter Tz 62, wonach die Gesellschaft "nach §§ 30, 31 GmbHG nicht mehr verlangen [kann] als die Beseitigung der bilanziellen Überschuldung zuzüglich eines dem verlautbarten Stammkapital [...] entsprechenden Betrages".

gegen Abs. 1 hat. Man stelle sich etwa den Fall vor, dass die Gesellschafter im Stadium der Unterbilanz einvernehmlich beschlossen haben, einem Gesellschafter in Anerkennung seiner Verdienste für die Gesellschaft eine Sonderausschüttung zuzuwenden. Warten die Gesellschafter mit der Durchführung des Beschlusses, bis die Unterbilanz behoben ist, so hat der Begünstigte einen durchsetzbaren Anspruch auf Zahlung der Sonderausschüttung. Warten die Gesellschafter dag nicht, zB weil sie die Unterbilanz verkannt haben, so sollte der Begünstigte deswegen nicht unnötig schlechter gestellt werden, wenn es später zur Behebung der Unterbilanz kommt. In diesem Fall hat der Begünstigte gegen seine Mitgesellschafter grds. einen Anspruch darauf, dass diese an der Heilung der unzulässigen Auszahlung mitwirken.[17] Ob dafür ein Hin- u. Herzahlen ausreicht, hängt davon ab, ob das Verbot des Hin- u. Herzahlens auf die Kapitalerhaltung Anwendung findet oder nicht.

c) **Rechtsmissbrauch.** Aus den genannten Gründen ist es auch nicht recht- 19
missbräuchlich, wenn die Gesellschaft den Anspruch aus Abs. 1 geltend macht, obwohl die Unterbilanz zwischenzeitlich behoben ist.[18]

Der Primärschuldner kann den Einwand des Rechtsmissbrauchs auch nicht 20
mit dem Argument erheben, ein anderer Primärschuldner sei „vorrangig" zur Rückerstattung verpflichtet.[19] Vielmehr ist der Einwand des Rechtsmissbrauchs bei der Auswahl zwischen mehreren Primärschuldnern nach den allg. Regeln zu § 421 BGB auf krasse Ausnahmefälle beschränkt; ein solcher liegt etwa vor, wenn der Gläubiger sich nur deswegen an einen von mehreren Gesamtschuldnern hält u. diesem das Regressrisiko aufbürdet, weil er aus missbilligenswerten Motiven die Absicht verfolgt, gerade diesen Schuldner zu belasten.[20]

d) **Spezialregelungen.** Für den Erlass u. vergleichbare Einwendungen gilt 21
die Spezialregelung des Abs. 4.

6. Weitere Ansprüche gegen den Primärschuldner

Die Rechtsfolgen eines Verstoßes gegen § 30 I sollen sich nach der Rspr. 22
des BGH ausschließlich nach § 31 bestimmen, u. zwar selbst dann, wenn es den Beteiligten auf eine Umgehung des § 30 ankommt.[21] Diese Rspr. darf allerdings nicht zu wörtlich genommen werden.

a) **Treuepflichtverletzung.** Unberührt bleibt zum einen die Haftung wegen 23
schuldhafter Verletzung der gesellschafterlichen Treuepflicht, die vom BGH in Fällen einer Vermögensentnahme ohne Willen der Mitgesellschafter angenommen wird.[22] Diese Haftung trifft selbstverständlich auch den Primärschuldner.

---

17 In diese Richtung auch BGH NJW 00, 2577, 2578: „Es ist den Gesellschaftern vorbehalten, über die Verwendung der Rückzahlung nach Maßgabe der inneren Verhältnisse der Gesellschaft und etwa bestehender Verpflichtungen zu entscheiden.".
18 BGH NJW 00, 2577, 2578.
19 BGH NZG 07, 704, 706 in Abkehr von BGH NJW 84, 1037; 88 139.
20 BGH NZG 07, 704, 705 f.
21 BGH NJW 99, 2817, 2818.
22 BGH NJW 09, 68, 70 Rn. 21.

24 **b) Delikt.** Hat der Primärschuldner im Zusammenhang mit der Auszahlung deliktisch gehandelt, so werden diesbzgl Ansprüche gegen den Primärschuldner gleichfalls von den Regelungen der §§ 30, 31 nicht berührt. Das ist für die deliktische Haftung wegen Existenzvernichtung seit der Trihotel-Entscheidung des BGH anerkannt.[23] Davon unabhängig kann ein vorsätzlicher Verstoß gegen § 30 I als Untreue gem. § 266 StGB u. somit die vorsätzliche Mitwirkung daran als Mittäterschaft (§ 25 II StGB), Anstiftung (§ 26 StGB) oder Beihilfe (§ 27 StGB) zu qualifizieren sein.[24] Derartige Straftaten sanktioniert das Zivilrecht mit der deliktischen Haftung aus §§ 823 II, 830, 840 BGB. Es besteht kein Grund, Abs. 1 als Haftungsprivileg zugunsten des Primärschuldners ggü. der allg. deliktischen Haftung zu verstehen, auch soweit diese einen spezifisch gesellschaftsrechtlichen Hintergrund hat.[25] Von daher bleibt eine deliktische Haftung des Primärschuldners von Abs. 1 insg. unberührt.

25 **c) Kondiktion, Eigentumsansprüche.** Zwar ist § 30 I kein Verbotsgesetz gem. § 134 BGB, so dass ein Verstoß gegen § 30 I nicht automatisch zur Unwirksamkeit des Verpflichtungs- oder Verfügungsgeschäfts führt. Wo dies im Einzelfall gleichwohl der Fall ist, treten Kondiktionsansprüche neben Ansprüche aus Abs. 1. Ähnl gilt für Herausgabeansprüche aus § 985 BGB sowie EBV-Ansprüche.

26 Kondiktionsansprüche kommen ferner dort in Betracht, wo sich die verbotene Auszahlung als Vorabausschüttung darstellt; eine solche steht nach einhelliger Ansicht unter dem Vorbehalt der Rückforderung gem. § 812 I 2 für den Fall eines der Ausschüttung nicht entspr. Jahresergebnisses.[26]

27 **d) Anfechtungsrechte.** Sind mit der Auszahlung Rechtshandlungen verbunden, die nach dem AnfG oder der InsO anfechtbar sind, so stehen diesbzgl Rechte gegen den Primärschuldner ebenfalls neben seiner Verpflichtung aus § 31.

III. Gutgläubiger Empfänger (Abs. 2)

28 Unter den in Abs. 2 genannten Voraussetzungen kann sich der Primärschuldner gegen den Anspruch aus Abs. 1 damit verteidigen, dass er sich bei Empfang der Leistung in gutem Glauben befunden habe. In diesem Fall kann die Gesellschaft nur soweit Erstattung von dem Primärschuldner verlangen, wie diese zur Befriedigung der Gesellschaftsgläubiger erforderlich ist.

1. Guter Glaube

29 Der gute Glaube muss sich auf die tatsächlichen Umstände beziehen, welche zur unzulässigen Auszahlung gem. § 30 I führen; die Unkenntnis der gesetzlichen Regelung ist dag unerheblich.[27] Die für den guten bzw. bösen Glauben wesentlichen Tatsachen sind die Umstände, die als Auszahlung zu

23 BGH NJW 07, 2689; 09, 68, 70 Rn. 21 mwN.
24 Vgl. etwa BGH NStZ 09, 153.
25 In diese Richtung auch BGH NJW 09, 68, 70 Rn. 21 mit seinem Hinweis auf §§ 823 II BGB, 266 StGB.
26 BGH NJW 03, 3629, 3630.
27 Baumbach/Hueck/*Fastrich* Rn. 18 a.

werten sind, sowie das bilanzielle Reinvermögen der Gesellschaft. Im Fall von verdeckten Auszahlungen in Form von Austauschgeschäften muss sich der gute Glaube auf die Marktüblichkeit der Konditionen beziehen.

Der Primärschuldner darf weder positive Kenntnis noch grob fahrlässige Unkenntnis (§ 932 II BGB analog) von der Herbeiführung bzw. Vertiefung der Unterbilanz haben. Die Anforderungen an eine Nachprüfungspflicht dürfen dabei nicht zu hoch angesetzt werden. Insbes. kann eine Kenntnis der gesetzlichen Regelung nicht vorausgesetzt werden. Die Unkenntnis der gesetzlichen Regelung verhindert eine Bösgläubigkeit nicht. 30

Hins. der Person ist bei der Gutgläubigkeit gem. Abs. 2 auf den Primärschuldner abzustellen. Bei mehreren Primärschuldnern (zB in Fällen des § 18 II) kommt es für jeden auf seine Gutgläubigkeit an. Für die Zurechnung von Drittwissen gelten die allg. Regeln (§ 166 BGB). 31

Maßgeblicher Zeitpunkt für die Beurteilung der Gutgläubigkeit ist derjenige des Leistungsempfangs. Ein etwaiger späterer böser Glaube schadet nicht. 32

2. Erforderlichkeit zur Gläubigerbefriedigung

Liegt die Gutgläubigkeit des Primärschuldners im Zeitpunkt des Empfangs vor, wird der Erstattungsanspruch der Gesellschaft auf den Betrag reduziert, welcher zur Befriedigung der Gesellschaftsgläubiger erforderlich ist. Die Erforderlichkeit ist im Zeitpunkt der Geltendmachung des Erstattungsanspruchs zu bestimmen. Bei gerichtlicher Geltendmachung ist der Zeitpunkt der letzten mündlichen Verhandlung maßgebend.[28] 33

Die Erstattung von gem. § 30 I verbotenen Auszahlungen ist nach der BGH-Rspr. iSv Abs. 2, 3 zur Gläubigerbefriedigung erforderlich, wenn u. soweit die GmbH nach den Grundsätzen einer Überschuldungsbilanz (bei Ansatz von Liquidationswerten) rechnerisch überschuldet ist, wobei auch Rückstellungen für ungewisse Verbindlichkeiten (§ 249 I HGB) zu berücksichtigen sind.[29] Das gilt richtigerweise auch dann, wenn die Gesellschaft aufgrund einer positiven Fortführungsprognose insolvenzrechtlich nicht überschuldet ist. 34

Verbindlichkeiten, für die ein Rangrücktritt erklärt worden ist, sind in der Überschuldungsbilanz nicht auszuweisen, § 19 II 2 InsO regelt dies speziell für Gesellschafterdarlehen u. vergleichbare Forderungen. Verbindlichkeiten der Gesellschaft, die in der Überschuldungsbilanz nicht auszuweisen sind, sind folglich auch nicht vom Schutz der Abs. 2, 3 umfasst. Der gutgläubige Primärschuldner kann demnach insbes. nicht gem. Abs. 2 in Anspruch genommen werden, damit die Gesellschaft ein Gesellschafterdarlehen mit Rangrücktritt zurückzahlen kann. 35

Nach einer in der Literatur verbreiteten Ansicht soll die Erstattung auch dann zur Gläubigerbefriedigung erforderlich sein, wenn die Gesellschaft zwar nicht überschuldet, aber zahlungsunfähig ist.[30] Im Fall des gutgläubi- 36

28 BGH NZG 03, 1116, 1118; Ulmer/*Habersack* Rn. 41; MüKoGmbHG/*Ekkenga* Rn. 49; krit. Baumbach/Hueck/*Fastrich* Rn. 19.
29 BGH NJW 03, 3629.
30 Baumbach/Hueck/*Fastrich* Rn. 19.

gen Primärschuldners mag diese Ausdehnung noch tragbar sein, weil der Primärschuldner ungeachtet seiner Gutgläubigkeit eine verbotene Auszahlung erhalten u. davon profitiert hat. IRd Solidarhaftung nach Abs. 3 muss es dag beim Erfordernis der (rechnerischen) Überschuldung bleiben.

3. Rechtsfolgen und Beweislast

37 War der Empfänger im Zeitpunkt des Leistungsempfangs gutgläubig, so wird der Erstattungsanspruch um den Teil gekürzt, der nicht zur Befriedigung der Gesellschaftsgläubiger erforderlich ist. Der Erstattungsanspruch erlischt jedoch nicht, sondern ist lediglich schwebend unwirksam, solange die Privilegierungsvoraussetzungen vorliegen.[31] Dies hat zur Folge, dass bei einer späteren Vermögensverschlechterung eine erneute Geltendmachung des Erstattungsanspruchs innerhalb der Verjährungsfrist möglich bleibt. Ein auf Abs. 2 gestütztes klageabweisendes Urteil hindert die Rückforderung nicht, da es in dieser Hinsicht nicht rechtskraftfähig ist.[32]

38 Der Primärschuldner trägt die Darlegungs- u. Beweislast für seine Gutgläubigkeit als eine ihn begünstigende Tatsache. Die Darlegungs- u. Beweislast für die Voraussetzungen des Erstattungsanspruchs sowie die Erforderlichkeit zur Gläubigerbefriedigung trägt dag die Gesellschaft (bzw. nach einer Abtretung des Anspruchs aus Abs. 1 der Abtretungsempfänger).

IV. Ausfallhaftung der Mitgesellschafter (Abs. 3)

39 Abs. 3 sieht eine Ausfallhaftung der Mitgesellschafter vor. Die Mitgesellschafter haften subsidiär für den Erstattungsbetrag, soweit dieser vom Schuldner nicht zu erlangen u. zur Befriedigung der Gesellschaftsgläubiger erforderlich ist.

1. Haftungsvoraussetzungen

40 Die Haftung aus Abs. 3 setzt zunächst einen Anspruch aus Abs. 1 voraus. Abs. 1 ist auch dann anwendbar, wenn die Auszahlung von Gesellschaftskapital ganz oder teilw. unter Herbeiführung oder Vertiefung einer bereits bestehenden Überschuldung erfolgt ist.[33]

41 Die Haftung aus Abs. 3 setzt sodann voraus, dass die Erstattungsansprüche gegen den Primärschuldner (Abs. 1, 2) uneinbringlich sind. Maßgeblicher Zeitpunkt für die Beurteilung der Uneinbringlichkeit ist der Rückforderungszeitpunkt; bei einer gerichtlichen Auseinandersetzung ist dies die letzte mündliche Verhandlung in der Tatsacheninstanz. Dies bedeutet nicht, dass eine erfolglose Zwangsvollstreckung betrieben worden sein muss. Vielmehr reicht es aus, wenn der Anspruch mit zumutbaren Mitteln in angemessener Zeit nicht realisiert werden kann, zB wenn die Eröffnung des Insolvenzverfahrens mangels Masse abgelehnt worden ist oder sich der Primärschuldner ins Ausland abgesetzt hat.[34]

31 MüKoGmbHG/*Ekkenga* Rn. 51.
32 MüKoGmbHG/*Ekkenga* Rn. 51; Baumbach/Hueck/*Fastrich* Rn. 19.
33 BGH NJW 90, 1730.
34 MüKoGmbHG/*Ekkenga* Rn. 54.

Darüber hinaus setzt die Haftung aus Abs. 3 voraus, dass die Erstattung zur Gläubigerbefriedigung erforderlich ist. Insoweit kann auf die Ausführungen zu Abs. 2 verwiesen werden. 42

Weitere Voraussetzungen bestehen grds. nicht. Anders als bei Abs. 2 kommt es bei Abs. 3 nicht auf Gut- oder Bösgläubigkeit an. Auch sonst setzt die Haftung aus Abs. 3 nicht voraus, dass den Mitgesellschafter ein Verschulden an der verbotenen Auszahlung trifft. Begründet wird dies damit, dass der Mitgesellschafter dem Insolvenzrisiko des Primärschuldners „näher steht" als der Gläubiger. Außerdem soll die Haftung eine Präventivwirkung entfalten. 43

2. Haftungsschuldner

Haftungsschuldner sind die „übrigen Gesellschafter". „Übrig" ist jeder Gesellschafter, jedoch nicht der Primärschuldner. Ist der Primärschuldner (wie im Regelfall) Gesellschafter, so kann ihn die Solidarhaftung nur im Hinblick auf Auszahlungen treffen, die an andere Primärschuldner geflossen sind. 44

Die Eigenschaft als Gesellschafter bestimmt sich im Verhältnis zur Gesellschaft nach § 16 I. Da die Gesellschaft Haftungsgläubiger ist, entscheidet sich die Gesellschaftereigenschaft auch für die Zwecke des Abs. 3 nach § 16 I. Das ändert sich auch dann nicht, wenn ein Anspruch aus Abs. 3 an einen Dritten abgetreten wird, obwohl streng genommen § 16 I keine Anwendung auf das Verhältnis zwischen dem Gesellschafter u. einem Dritten findet. 45

Umstritten ist, auf welchen Zeitpunkt für die Gesellschaftereigenschaft abzustellen ist. Vereinzelt wird dafür auf den Zeitpunkt abgestellt, in dem der Anspruch aus Abs. 3 fällig wird,[35] dh bei Ausfall des Primärschuldners. Dag spricht jedoch, dass sich dann der Mitgesellschafter der Solidarhaftung aus Abs. 3 durch Veräußerung oder Einziehung seines Anteils entziehen könnte. Deshalb ist nach der hL zu Abs. 3 auf den Zeitpunkt der Auszahlung abzustellen.[36] 46

Nach hL ist die Haftung aus Abs. 3 dinglicher u. nicht persönlicher Natur u. geht daher bei einer Anteilsveräußerung nach § 16 II auf den Erwerber über, der dann neben dem Veräußer haftet;[37] gesellschaftsrechtliche Rspr. hierzu gibt es freilich bislang nicht.[38] Die hL führt in diesem Punkt zu Wertungswidersprüchen. Es ist anerkannt, dass der Primärschuldner nicht aus Abs. 3 haftet u. seine Haftung aus Abs. 1 persönlicher u. nicht dinglicher Natur ist. Das hat zur Folge, dass im Fall einer unzulässigen Auszahlung der Primärschuldner seinen Geschäftsanteil veräußern kann, ohne dass den Erwerber ein Haftungsrisiko aus § 31 trifft. Die Erwerber von Anteilen der Mitgesellschafter sollen dag der Haftung aus Abs. 3 iVm § 16 II unterliegen. 47

---

35 So noch Hachenburg/*Goerdeler/Müller* Rn. 42 f. sowie nach wie vor zur Parallelnorm des § 24 Ulmer/*Müller* § 24 Rn. 29 f. gegen BGH NJW 96, 2306.

36 Scholz/*Verse* Rn. 56; Ulmer/*Habersack* Rn. 45 mwN; ähnl BGH NJW 96, 2306 zu § 24.

37 Ulmer/*Habersack* Rn. 46 mwN.

38 S. aber die strafrechtliche Entscheidung BGH BB 91, 713.

48 Nach hL soll auch derjenige Gesellschafter aus Abs. 3 haften, der nach der Auszahlung neue Anteile gezeichnet hat.[39] Dem ist nicht zu folgen. Wenn für die Frage der Gesellschafterstellung richtigerweise auf den Zeitpunkt der Auszahlung abzustellen ist, dann muss man diese Linie auch konsequent verfolgen.

49 Ist ein Mitgesellschafter nur Treuhänder für einen Nichtgesellschafter, so unterliegen nach hM sowohl der Treuhänder als auch der Treugeber der Solidarhaftung aus Abs. 3.[40]

3. Haftungsumfang

50 Die Mitgesellschafter haften grds. für den vollen Betrag der Primärhaftung. Der Anspruch ist immer auf Geld gerichtet, selbst wenn der Primärschuldner eine Sachleistung schuldet.

51 Die Mitgesellschafter haften nach dem Verhältnis ihrer Geschäftsanteile, dh jeder Mitgesellschafter *pro rata* seiner Beteiligung am Stammkapital. Kommt es zwischen dem Zeitpunkt der Auszahlung u. dem Zeitpunkt der Inanspruchnahme der Mitgesellschafter zu Anteilsverschiebungen, so stellt sich die Frage, wie sich das auf die zu bildenden Verhältnisse auswirkt.

52 Bsp: A, B u. C sind zu je einem Drittel an der X-GmbH beteiligt. Nach einer verbotenen Auszahlung an A überträgt C seinen Geschäftsanteil an D. A u. die X-GmbH fallen in die Insolvenz, der Insolvenzverwalter macht Ansprüche aus Abs. 3 gegen B, C u. D geltend.

53 Es ist klar, dass B *pro rata* seines Anteils u. damit hälftig haftet. Aber wie verteilt sich die andere Hälfte auf C u. D? In manchen Fällen mag es im Innenverhältnis zwischen C u. D vertragliche Regelungen geben, aus denen sich eine Haftungsverteilung ermitteln lässt. So etwa, wenn C bei Abtretung seines Anteils dem Erwerber D garantiert hat, dass der abgetretene Anteil frei von Haftungen ist. Gibt es solche Haftungsverteilungsregeln nicht, so haften mehrere zeitlich einander nachfolgende Inhaber eines Geschäftsanteils gesamtschuldnerisch u. damit iZw nach Köpfen (§ 426 I 1 BGB).

4. Haftungsbegrenzung

54 Eine Haftungsbegrenzung zugunsten der Mitgesellschafter ergibt sich zunächst aus den Haftungsvoraussetzungen, namentlich dem Ausfall des Primärschuldners u. der Erforderlichkeit zur Gläubigerbefriedigung.

55 Ungeachtet dieser Einschränkungen ist heute allg. anerkannt, dass die Haftung aus Abs. 3 insbes. wegen der Erstreckung der Vorschrift auf Auszahlungen im Überschuldungsstadium zu weit gehen kann u. daher der Begrenzung bedarf.[41] Strittig ist, wie weit diese Begrenzung geht. Nach der Rspr. des BGH ist die Haftung aus Abs. 3 insg. (dh für alle Gesellschafter) auf die Höhe der Stammkapitalziffer beschränkt.[42] Der Überlegung, dass der aus Abs. 3 in Anspruch genommene Gesellschafter berechtigt sein soll-

39 MüKoGmbHG/*Ekkenga* Rn. 57 f. mwN.
40 Lutter/*Hommelhoff* Rn. 21.
41 BGH NJW 02, 1803; bestätigt durch BGH NJW 03, 3629.
42 BGH NJW 02, 1803.

te, den Nennbetrag seines Geschäftsanteils von der Solidarhaftung abzuziehen,[43] ist der BGH nicht gefolgt.[44] Das ist unter dem Gesichtspunkt des Gläubigerschutzes insofern plausibel, als sonst die Haftungsmasse gem. Abs. 3 desto kleiner würde, je größer der Stammkapitalanteil des haftenden Mitgesellschafters ist.

Gerade im Hinblick auf den dinglichen Charakter der Haftung aus Abs. 3 ist jedoch eine weitergehende Haftungsbegrenzung indiziert. Zum einen gehört klargestellt, dass die Beschränkung der Haftung aus Abs. 3 auf die Stammkapitalziffer für **alle** Auszahlungen gilt u. nicht für jede Auszahlung einzeln. Zum anderen sollte eine etwaige Haftung aus § 24 auf die Haftung aus Abs. 3 angerechnet werden u. umgekehrt. 56

Auch mit diesen Einschränkungen geht die verschuldensunabhängige Solidarhaftung des Abs. 3 noch zu weit. Sie widerspricht der Grundidee des § 13 II sowie den Vorstellungen des allg. Rechtsverkehrs über die Beteiligung an einer haftungsbegrenzten Gesellschaft. Die vom BGH akzeptierte Haftungsbegrenzung auf die Stammkapitalziffer ändert daran nichts. Je nach Höhe des Stammkapitals können sich insbes. für Minderheitsgesellschafter beträchtliche Haftungsgefahren ergeben, derer sich die wenigsten GmbH-Gesellschafter in der Praxis bewusst sind. Die Haftung des Abs. 3 begründet zudem einen Anreiz, das Stammkapital (zur Begrenzung einer Haftung aus Abs. 3) möglichst gering zu halten. Das ist nicht im Sinne des Gesetzgebers. Richtigerweise sollte deshalb das Konzept des Abs. 3 durch eine verschuldensabhängige Haftung ersetzt werden, die dann allerdings auch nicht nach oben begrenzt ist. 57

Der BGH hatte noch nicht zu entscheiden, auf welchen Zeitpunkt für die Höhe der Stammkapitalziffer abzustellen ist. Das ist relevant, wenn zwischen Auszahlung u. Geltendmachung der Ausfallhaftung das Stammkapital erhöht oder herabgesetzt wird. Richtigerweise ist – ebenso wie bei der Gesellschafterstellung – auf die Stammkapitalziffer im Zeitpunkt der Auszahlung abzustellen. 58

5. Weitergehende Verschuldenshaftung des Mitgesellschafters

Nach der früheren BGH-Rspr. begründete § 30 I für jeden Gesellschafter das (gesellschaftsrechtliche) Verbot, einem Mitgesellschafter zu einer gem. § 30 I unzulässigen Entnahme zu verhelfen.[45] Schuldhafte Verstöße gegen dieses Verbot führten zu einer unbegrenzten Haftung des Mitgesellschafters. Diese Rspr. hat der BGH zwischenzeitlich mit der Erwägung aufgegeben, dadurch werde die differenzierte, tendenziell auf eine Haftungsbegrenzung des Mitgesellschafters angelegte Regelung des Abs. 3 unterlaufen. Die Rechtsfolgen eines Verstoßes gegen § 30 I sollen sich demnach selbst dann ausschließlich nach § 31 bestimmen, wenn es den Beteiligten auf eine Umgehung des § 30 ankommt.[46] Diese Rspr. gilt jedoch nur mit den Einschränkungen, die auch für Abs. 1 gelten. 59

43 Lutter/*Hommelhoff* Rn. 22.
44 BGH NJW 03, 3629.
45 BGH NJW 85, 1030, 1031.
46 BGH NJW 99, 2817, 2818.

6. Regress des Mitgesellschafters

60 Der aus Abs. 3 in Anspruch genommene Mitgesellschafter hat zunächst einen unbeschränkten Rückgriffsanspruch gegen den Primärschuldner. Das ergibt sich zwar nicht aus dem Gesetz, ist aber allg. anerkannt.[47] Allerdings wird dieser Anspruch idR wenig wert sein, da die Solidarhaftung ja gerade die Uneinbringlichkeit beim Primärschuldner voraussetzt. Der aus Abs. 3 in Anspruch genommene Mitgesellschafter hat außerdem einen verschuldensabhängigen Rückgriffsanspruch gegen die beteiligten Geschäftsführer (Abs. 6). Wird die Auszahlung als Delikt qualifiziert (§ 30 I iVm § 266 StGB iVm § 823 II BGB), so bestimmt sich der Ausgleich zwischen den daran Beteiligten u. dem solidarhaftenden Mitgesellschafter nach den allg. deliktischen Regeln. Der gem. Abs. 3 S. 2 überproportional in Anspruch genommene Mitgesellschafter hat darüber hinaus gegen jeden anderen Gesellschafter, bei dem die Ausfallhaftung uneinbringlich ist, verschuldensunabhängige Rückgriffsansprüche iHv dessen jeweiliger Quote. Schließlich wird man in dem (seltenen) Fall, in dem sich die GmbH nach der Inanspruchnahme des Mitgesellschafters aus Abs. 3 wieder erholt u. über ein bilanzielles Reinvermögen verfügt, dem schuldlos in Anspruch genommenen Mitgesellschafter einen Anspruch gegen die Gesellschaft auf Erstattung des Solidarhaftungsbetrags zugestehen müssen, ggf. vermittelt über die Treupflicht der Gesellschafter, einen entspr. Ausschüttungsbeschluss zu fassen.

V. Erlassverbot (Abs. 4)

61 Abs. 4 schließt für alle Ansprüche der Gesellschaft aus Abs. 1–3 den Erlass aus. Diese Regelung ist zwingend, auch der Gesellschaftsvertrag kann hiervon nicht abweichen. Das Erlassverbot erfasst den Erlassvertrag gem. § 397 I BGB sowie erlassgleiche Rechtsgeschäfte wie das negative Schuldanerkenntnis. Gleiches gilt für die Abtretung des Erstattungsanspruchs an den Erstattungspflichtigen, da dies den Anspruch durch Konfusion erlöschen lässt.

1. Absolutes Erlassverbot

62 Das Erlassverbot des Abs. 4 gilt nach hM ohne Rücksicht auf die Vermögenssituation der Gesellschaft, so dass sie selbst bei Wiederauffüllung des Stammkapitals anwendbar bleibt.[48] Das entspricht zwar dem Wortlaut des Abs. 4, ist jedoch im Hinblick auf die Funktion der §§ 30, 31 nicht überzeugend. Die §§ 30, 31 sollen zugunsten der Gläubiger das Gesellschaftsvermögen iH des Stammkapitals vor Auszahlungen an die Gesellschafter schützen. Wenn das Vermögen auf anderem Wege wieder bis zur Höhe des Stammkapitals oder darüber hinaus aufgefüllt worden ist, so gebietet der Zweck der §§ 30, 31 kein absolutes Erlassverbot. Vielmehr wäre es stimmiger, in diesem Fall einen Erlass unter den allg. Voraussetzungen einer Vermögensverteilung an die Gesellschafter für zulässig zu erachten. In mehrgliedrigen Gesellschaften erfordert dies insbes. einen Gesellschafterbe-

47 MüKoGmbHG/*Ekkenga* Rn. 66: zusätzlich gesetzlicher Forderungsübergang analog § 774 I 1 BGB.
48 Ulmer/*Habersack* Rn. 62.

schluss u. die Berücksichtigung des Gleichbehandlungsgebots. Die hM begründet das absolute Erlassverbot des Abs. 4 mit der Spiegelbildlichkeit von Kapitalaufbringung u. Kapitalerhaltung.[49] Auch das ist eine eher formale als funktionale Argumentation, zumal das absolute Erlassverbot auch im Bereich der Kapitalaufbringung funktional fraglich ist.

2. Aufrechnung

a) Aufrechnung durch den Gesellschafter. Bis zum Inkrafttreten des MoMiG bestimmte § 19 II 2 für den Bereich der Kapitalaufbringung, dass die Aufrechnung gegen den Einlageanspruch der Gesellschaft nicht zulässig ist. Eine dem § 19 II 2 aF vergleichbare Regelung fehlte bei Abs. 4. Daher war vor Inkrafttreten des MoMiG strittig, ob die Aufrechnung gegen Ansprüche der Gesellschaft aus § 31 zulässig ist. Funktional spricht gegen diese Aufrechnung nichts, soweit die Gesellschafterforderung werthaltig ist. Gleichwohl hat der BGH bereits zum alten Recht letztlich entschieden, dass § 19 II 2 aF wegen der Nähe von Kapitalaufbringung u. Kapitalerhaltung analog anzuwenden ist mit der Folge, dass die Aufrechnung gegen Ansprüche der Gesellschaft aus § 31 unzulässig ist.[50] Das MoMiG hat § 19 II 2 etwas gelockert. Nunmehr ist die Aufrechnung gegen den Einlageanspruch der Gesellschaft „nur zulässig mit einer Forderung aus der Überlassung von Vermögensgegenständen, deren Anrechnung auf die Einlageverpflichtung nach § 5 Abs. 4 Satz 1 vereinbart worden ist". Es bleibt somit bei der grds. Unzulässigkeit der Aufrechnung durch den Gesellschafter gegen Einlageansprüche der Gesellschaft u. somit nach der Logik der bisherigen BGH-Rspr. bei der Unzulässigkeit der Aufrechnung durch den Gesellschafter gegen Ansprüche aus Abs. 4. Richtigerweise ist jedoch die bisherige BGH-Rspr. vor dem Hintergrund der durch das MoMiG erfolgten Änderungen des Kapitalerhaltungsrechts zu überdenken.[51] Nach neuem Recht gilt § 30 I 1 gem. § 30 I 2 nicht bei Leistungen, die durch einen vollwertigen Gegenleistungs- oder Rückgewähranspruch gegen den Gesellschafter gedeckt sind. Der Gedanke dieser Regelung ist zumindest insoweit auf die Rechtsfolgenseite zu übernehmen, als der Gesellschafter seine werthaltigen Forderungen gegen Ansprüche aus Abs. 4 aufrechnen dürfen muss. 63

b) Aufrechnung durch die Gesellschaft. IRd Kapitalaufbringung darf die Gesellschaft ihre Einlageansprüche gegen Ansprüche des Erstattungspflichtigen aufrechnen, soweit u. nur soweit die Gesellschafterforderungen fällig, liquide u. vollwertig sind.[52] Diese Regelung ist in der Logik der BGH-Rspr. ebenfalls auf Abs. 4 analog anzuwenden.[53] IRd Kapitalaufbringung soll eine Aufrechnung der Einlageansprüche gegen Gesellschafterforderungen, die bei Begründung der Einlageschuld bereits bestanden haben (sog. Altforderungen), nicht zulässig sein.[54] Die Übertragung dieser Einschränkung auf 64

49 Bork/Schäfer/*Thiessen* Rn. 75.
50 BGH NJW 01, 830; bestätigt in BGH NJW 06, 3279.
51 Ähnl Baumbach/Hueck/*Fastrich* Rn. 26.
52 BGH NJW 09, 1418, 1419 Rn. 10; *Wicke* § 19 Rn. 14.
53 Ulmer/*Habersack* Rn. 64; Roth/*Altmeppen* Rn. 32.
54 *Wicke* § 19 Rn. 14.

das Kapitalerhaltungsrecht ergibt keinen Sinn u. ist deshalb nicht vorzunehmen.

3. Stundung

65 Die Stundung wird iRd Kapitalaufbringung als zeitweise Befreiung von der Einlageschuld u. deshalb unzulässig gewertet.[55] Diese Wertung ist in der Logik der BGH-Rspr. auf den Bereich der Kapitalerhaltung zu übertragen.[56]

4. Leistung an Erfüllungs Statt

66 Dem November-Urteil des BGH[57] wird die Aussage entnommen, dass auch die Leistung an Erfüllungs Statt gegen Abs. 4 verstoße.[58] Das dürfte in dieser Allgemeinheit nicht richtig sein. Richtigerweise dürfte das Urteil lediglich dahin zu verstehen sein, dass die Ersetzung des Anspruchs aus Abs. 4 gegen einen schwächeren schuldrechtlichen (Darlehens-) Anspruch unzulässig ist, weil hier die Gefahr der Umgehung des § 31 naheliegt. Davon zu unterscheiden ist der Fall, dass die GmbH einen anderen vollwertigen Ersatzgegenstand anstelle der gem. § 31 geschuldeten Leistung akzeptiert, also zB den Goldbarren anstelle der geschuldeten Barzahlung. Hier ist – gerade mit Blick auf die MoMiG-Änderungen im Kapitalerhaltungsrechts – davon auszugehen, dass ein von der Gesellschaft akzeptierter Ersatzgegenstand im Umfang seines Verkehrswerts zum Zeitpunkt seiner Übertragung auf die Gesellschaft die Erstattungspflicht gem. Abs. 1 zum Erlöschen bringt.[59]

5. Vergleich

67 Die Gesellschaft kann zwar mithilfe eines Vergleichs über den Erstattungsanspruch disponieren, aber dies bedeutet nicht zwingend einen Nachteil für die Gesellschaftsgläubiger. Die Gesellschaft kann sich mithilfe eines Vergleichs schneller Liquidität verschaffen, als es im Fall einer vollständigen Rückzahlung möglicherweise der Fall wäre. Daher ist der ernst gemeinte Vergleich, insbes. ein Prozessvergleich, wie bei § 19 II zulässig.[60] Zur Vermeidung von Umgehungsgeschäften sind strenge Anforderungen an die Ernsthaftigkeit zu stellen.

6. Hin- und Herzahlen

68 Im Bereich des Kapitalaufbringungsrechts sind Verwendungsabsprachen verboten mit der Folge, dass insbes. das sog. Hin- u. Herzahlen unzulässig ist u. keine Erfüllungswirkung hat.[61] Das MoMiG hat dieses Verbot gem. § 19 V eingeschränkt, aber im Grundsatz unberührt gelassen. Es ist bislang

55 Baumbach/Hueck/*Fastrich* § 19 Rn. 21.
56 BGH NJW 04, 1111, 1112.
57 BGH NJW 04, 1111.
58 *Wicke* Rn. 7.
59 Ähnl Baumbach/Hueck/*Fastrich* Rn. 26.
60 Michalski/*Heidinger* Rn. 90; MüKoGmbHG/*Ekkenga* Rn. 71; vgl. BGH NJW 04, 2898; aA Ulmer/*Habersack* Rn. 65.
61 Baumbach/Hueck/*Fastrich* § 19 Rn. 23 ff.

nicht geklärt, inwieweit das Verbot von Verwendungsabsprachen sowie des Hin- u. Herzahlens auch auf Abs. 4 übertragbar ist. In der formalen Logik der bisherigen BGH-Rspr. zur Übertragung von Kapitalaufbringungsregeln auf die Kapitalerhaltung ist nicht erkennbar, was durchgreifend gegen eine solche Übertragung eingewendet werden könnte.[62] Im Gegenteil: Der BGH spricht im Zusammenhang mit § 31 auch vom „Gebot der realen Kapital-(wieder-)aufbringung".[63] Das rückt § 31 jedenfalls sprachlich sehr nahe an die Begründung des Verbots des Hin- u. Herzahlens im Bereich der Kapitalaufbringung. Aus der Rspr. des BGH ergibt sich daher ein Risiko für Gestaltungen mit Verwendungsabsprachen oder zeitnahem Hin- u. Herzahlen.

7. Kapitalherabsetzung

Gem. § 19 III kann der Gesellschafter von einer Einlageschuld durch eine Kapitalherabsetzung höchstens iH des Betrags befreit werden, um den das Stammkapital herabgesetzt wird. Daraus kann nach der Logik der bisherigen BGH-Rspr. geschlossen werden, dass jedenfalls insoweit Gesellschafter auch von Ansprüchen gem. § 31 befreit werden können. Richtigerweise ist jedoch iRd zur Aufrechnung Gesagten auch eine darüber hinausgehende Befreiung als zulässig anzusehen. 69

8. Verschmelzung

Wird die Gesellschaft mit dem Erstattungspflichtigen verschmolzen, so erlischt der Erstattungsanspruch gem. § 31 durch Konfusion. Dies ist richtigerweise kein Fall des Abs. 4.[64] Das Gleiche ist für die Konfusion infolge eines sonstigen umwandlungsrechtlichen Vorgangs in Erwägung zu ziehen. 70

9. Rechtsfolgen

Rechtsgeschäfte, die gegen Abs. 4 verstoßen, sind nichtig u. unwirksam (§ 134 BGB). Speziell für Gesellschafterbeschlüsse ergibt sich dies aus § 241 Nr. 3 AktG analog, da Abs. 4 dem Gläubigerschutz dient.[65] 71

Zahlungen auf Erfüllungsansprüche aus Abs. 1–3, die gegen Abs. 4 verstoßen, haben keine Erfüllungswirkung. 72

VI. Verjährung (Abs. 5)

Die Verjährungsfrist für Ansprüche aus Abs. 1 u. 2 beträgt 10 Jahre, für Ansprüche gegen die Mitgesellschafter aus Abs. 3 5 Jahre. Die Regelung ist zugunsten der Gesellschaft zwingend, dh eine Verkürzung der Verjährung ist verboten. Dafür spricht auch das Erlassverbot des Abs. 4.[66] 73

---

62 In der Lit. wird zwar (implizit) angenommen, dass das Verbot des Hin- u. Herzahlens nicht auf die Kapitalerhaltung anwendbar ist, jedoch wird dies regelmäßig nicht begründet, vgl. etwa Baumbach/Hueck/*Fastrich* Rn. 17.
63 BGH NJW 00, 2577, 2578.
64 MüKoGmbHG/*Ekkenga* Rn. 70.
65 Ulmer/*Habersack* Rn. 62; Michalski/*Heidinger* Rn. 80.
66 Ähnl Bork/Schäfer/*Thiessen* Rn. 86.

1. Fristbeginn

74 Die Frist beginnt gem. Abs. 5 S. 2 mit dem Ablauf des Tages, an dem die verbotene Auszahlung erfolgt ist u. damit der Erstattungsanspruch entsteht. Das gilt auch für die Bestellung u. Verwertung von Sicherheiten.[67]

2. Hemmung und Unterbrechung

75 Die Hemmung u. Unterbrechung der Verjährung richtet sich nach den §§ 203 ff. BGB. Der Verweis des Abs. 5 S. 3 auf § 19 VI 2 ordnet für Ansprüche aus Abs. 1 eine besondere Ablaufhemmung von 6 Monaten für den Fall der Insolvenz der Gesellschaft an. Die Ablaufhemmung setzt allerdings voraus, dass das Insolvenzverfahren über das Vermögen der Gesellschaft eröffnet wird. Es reicht somit nicht aus, dass ein Insolvenzantrag gestellt wird. Die Ablaufhemmung setzt auch nicht ein, wenn die Eröffnung des Verfahrens mangels Masse abgewiesen wird. Ansprüche der Gesellschaft gegen Mitgesellschafter gem. Abs. 3 werden von der Ablaufhemmung des Abs. 5 S. 3 nicht erfasst.

3. Konkurrenzen

76 Andere Ansprüche, die mit § 31 konkurrieren können, verjähren selbstständig nach den jeweiligen Verjährungsregeln.

4. GmbH & Co KG

77 Abs. 5 ist auf Ansprüche einer GmbH & Co KG aus Abs. 1, 2 analog ebenfalls analog anzuwenden.

5. Übergangsrecht

78 Bis zum Inkrafttreten der Schuldrechtsreform (2001) verjährten Ansprüche der Gesellschaft aus § 31 grds. in 5 Jahren (Abs. 5 S. 1 aF). Davon abw. galt die Regelverjährung des BGB (damals 30 Jahre), wenn dem Erstattungspflichtigen „eine bösliche Handlungweise zur Last" fiel (Abs. 5 S. 2 aF). Für die bösliche Handlungsweise reichte aus, dass der Erstattungspflichtige die Auszahlung in Kenntnis ihrer Unzulässigkeit entgegengenommen hatte.[68]

79 Durch die Schuldrechtsreform wurde die Regelverjährung des BGB auf 3 Jahre verkürzt. Die Auswirkung dieser Änderung auf § 31 wurde zunächst übersehen mit der Folge, dass die Verjährung bei Bösgläubigkeit des Empfängers nunmehr mit 3 Jahren kürzer war als die Verjährung bei Gutgläubigkeit des Empfängers. Dieser widersinnige Regelungszustand wurde Ende 2004 u. damit kurz vor der drohenden Verjährung der Erstattungsansprüche gegen bösgläubige Empfänger durch Neufassung des Abs. 5 in seiner heutigen Form beendet.

---

67 BGH NZG 07, 704; vgl. dazu Scholz/*Verse* Rn. 77; Michalski/*Heidinger* Rn. 96; Roth/*Altmeppen* Rn. 38 einerseits u. Baumbach/Hueck/*Fastrich* Rn. 27 andererseits.

68 BGH NJW 90, 1725.

80 Das Übergangsrecht für Altfälle findet sich in Art. 229 § 12 II EGBGB.[69] Die Regelung besagt sinngemäß, dass Altansprüche nach neuem Recht verjähren, wobei der Zeitraum vor der Neuregelung in die Verjährungsfrist eingerechnet wird. Diese Regelung ist missverständlich. Sie ist richtigerweise dahin zu verstehen, dass eine bei Inkrafttreten der Neufassung (2004) laufende Verjährung nach oben begrenzt wird durch die neue Verjährungsfrist, wobei letztere für die Zwecke dieser Begrenzung erst ab dem Inkrafttreten der Schuldrechtsreform berechnet wird.[70] Der „Zeitraum vor der Neuregelung", der gem. Art. 229 § 12 II EGBGB in die Verjährungsfrist eingerechnet wird, ist somit der Zeitraum zwischen dem Inkrafttreten der Schuldrechtsreform (2001) u. der Neufassung des Abs. 5 in seiner heutigen Form (2004).

81 Bei der Prüfung, ob eine bei Inkrafttreten der Neufassung (2004) laufende Verjährung bereits nach Abs. 5 S. 1 aF u. somit spätestens am 31.12.10 abgelaufen ist, kommt es auf die nach neuem Recht obsolete Unterscheidung zwischen gut- u. bösgläubigem Zahlungsempfänger an. Bei Bösgläubigkeit des Empfängers endet eine bei Inkrafttreten der Neufassung (2004) laufende Verjährung vorbehaltlich ihrer Hemmung oder Unterbrechung spätestens am 31.12.11.

VII. Haftung der Geschäftsführer (Abs. 6)

82 Abs. 6 begründet eine eigenständige verschuldensabhängige Haftung der Geschäftsführer ggü. den Gesellschaftern, die gem. Abs. 3 in Anspruch genommen worden sind. Der Anspruch ist strukturell ein Schadensersatzanspruch mit der Folge, dass die §§ 249 ff. BGB anwendbar sind.

1. Berechtigte

83 Anspruchsberechtigt gem. Abs. 6 sind nur die Gesellschafter, die aus Abs. 3 berechtigt in Anspruch genommen worden sind. Soweit sie auf ihre Verpflichtung aus Abs. 3 tatsächlich gezahlt haben, haben sie gegen die schuldhaft handelnden Geschäftsführer Anspruch auf Erstattung. Soweit sie berechtigt aus Abs. 3 in Anspruch genommen worden sind, aber noch nicht tatsächlich gezahlt haben, ist ihr Anspruch gegen die schuldhaft handelnden Geschäftsführer auf Freistellung gerichtet.

84 Der Primärschuldner hat keine Ansprüche gegen die schuldhaft handelnden Geschäftsführer, u. zwar auch dann nicht, wenn er gutgläubig war.

2. Verpflichtete

85 Verpflichtet sind die Geschäftsführer. Maßgeblicher Zeitpunkt für die Beurteilung der Geschäftsführerstellung ist der Zeitpunkt der Auszahlung. Geschäftsführer, die erst nach der Auszahlung bestellt worden sind, haften idR zwar nicht aus Abs. 6; sie können jedoch nach sonstigen Regeln haften, insbes. wenn sie es pflichtwidrig (§ 43 I) unterlassen haben, Ansprüche aus § 30 I gegen die Betroffenen geltend zu machen.

---

69 S. hierzu Michalski/*Heidinger* Rn. 101 ff.
70 Ähnl Baumbach/Hueck/*Fastrich* § 19 Rn. 87.

86 Der faktische Geschäftsführer ist dem Geschäftsführer gleichzustellen. In der GmbH & Co KG trifft die Geschäftsführer der Komplementär-GmbH die Haftung aus Abs. 6.[71]

87 Hat die GmbH einen Aufsichtsrat, so kommt eine analoge Anwendung des Abs. 6 auf Aufsichtsratsmitglieder in Betracht.

3. Verschulden

88 Die Haftung gem. Abs. 6 trifft nur denjenigen Geschäftsführer, den ein eigenes Verschulden in Bezug auf die Auszahlung trifft. Abs. 6 S. 2 stellt klar, dass der Verschuldensmaßstab des § 43 I auch hier gilt. Der Geschäftsführer kann sich nicht dadurch exkulpieren, dass er sich auf einen entspr. Gesellschafterbeschluss beruft. Denn er ist an einen solchen nicht gebunden, wenn der Beschluss einen Verstoß gegen die Kapitalerhaltungsregeln zum Gegenstand hat.[72]

89 Eine Zurechnung von Verschulden zwischen den Geschäftsführern erfolgt nicht. Allerdings besteht die Möglichkeit, dass ein Geschäftsführer, der nicht unmittelbar an der Auszahlung beteiligt war, gleichwohl aus Abs. 6 haftet, weil ihm ein Organisationsverschulden anzulasten ist. Alle Geschäftsführer sind verpflichtet, eine den Verhältnissen der Gesellschaft angemessene Compliance-Organisation zu schaffen, die darauf gerichtet ist, Verstöße gegen § 30 zu vermeiden.

4. Haftungsumfang

90 Die Haftung nach Abs. 6 umfasst über den Wortlaut hinaus aufgrund des Verschuldenserfordernisses den gesamten Schaden des erstattungspflichtigen Gesellschafters einschl. eines etwaigen Zinsschadens.[73] Sie ist ferner nicht auf die Stammeinlage des Zahlungsempfängers beschränkt.[74] Die Geschäftsführer haften als Gesamtschuldner. Jeder Geschäftsführer haftet somit für den vollen Schaden. Hat der solidarhaftende Gesellschafter bei der unzulässigen Auszahlung mitgewirkt, so gilt § 254 BGB. Eine solche Mitwirkung liegt nahe, wenn die unzulässige Auszahlung auf einem Gesellschafterbeschluss beruhte u. dem solidarhaftenden Gesellschafter zum Zeitpunkt der Beschlussfassung bewusst war, dass der Vorgang gegen § 30 I verstößt.

5. Weitergehende Haftung des Geschäftsführers

91 Der aus Abs. 6 haftende Geschäftsführer kann daneben von der Gesellschaft aus § 43 I, III in Anspruch genommen werden. Ist die Auszahlung ein Delikt, kommt auch insofern eine Inanspruchnahme des Geschäftsführers in Betracht. Ist der Geschäftsführer zugleich Gesellschafter, trifft ihn außerdem die Haftung aus Abs. 1, 3.

71 Michalski/*Heidinger* Rn. 111.
72 Michalski/*Heidinger* Rn. 116.
73 Michalski/*Heidinger* Rn. 113; Ulmer/*Habersack* Rn. 74.
74 Ulmer/*Habersack* Rn. 74.

6. Regressansprüche des Geschäftsführers

Der aus Abs. 6 in Anspruch genommene Geschäftsführer hat zum einen den Ausgleichsanspruch aus § 426 BGB gegen andere Geschäftsführer, die ein Verschulden trifft, sowie gegen den Primärschuldner.[75] Ist die Auszahlung ein Delikt, so kommen Regressansprüche des Geschäftsführers auch gegen die weiteren Beteiligten in Betracht (§§ 830, 840 BGB). 92

7. Verjährung

Ansprüche aus Abs. 6 verjähren in 5 Jahren, Abs. 6 S. 2, § 43 IV. Die Verjährung beginnt mit der tatsächlichen Zahlung des in Anspruch genommenen Mitgesellschafters. 93

VIII. Abtretung

Die Gesellschaft ist befugt, Ansprüche aus § 31 abzutreten. Die Abtretung an einen Gesellschafter ist allerdings nur zulässig, wenn sie dafür eine vollwertige Gegenleistung erhält.[76] Das gilt auch dann, wenn der Gesellschafter zugleich Gläubiger der Gesellschaft ist. Die Beschränkung bei der Abtretung von Erstattungsansprüchen an Gesellschafter gilt entspr. für die Abtretung an Quasi-Gesellschafter. Die Abtretung an einen sonstigen Gesellschaftsgläubiger ist dag auch zulässig, wenn dessen Forderung zwar fällig, wegen der Lage der Gesellschaft aber nicht vollwertig ist.[77] 94

1. Verkehrsfähigkeit von Erstattungsansprüchen

Die Verkehrsfähigkeit von Erstattungsansprüchen aus § 31 wird dadurch erheblich eingeschränkt, dass Ansprüche gegen den gutgläubigen Primärschuldner (Abs. 2) ebenso wie Ansprüche gegen Mitgesellschafter (Abs. 3) nur soweit gehen, wie dies zur Befriedigung der Gesellschaftsgläubiger erforderlich ist. Insbes. die Frage, ob der Primärschuldner gutgläubig war, wird für einen Erwerbsinteressenten häufig nicht abschließend zu beurteilen sein u. somit ein Risiko darstellen. Auch die Einschränkung auf den Betrag, der zur Befriedigung der Gesellschaftsgläubiger erforderlich ist, trifft den Abtretungsempfänger: Wird der Erstattungsanspruch abgetreten, so kann er streng genommen nur noch dann der Befriedigung eines Gesellschaftsgläubigers dienen (u hierzu ggf. erforderlich sein), wenn der Abtretungsempfänger im maßgeblichen Zeitpunkt selbst Gesellschaftsgläubiger ist. Dem gleichzustellen sind Fälle, in denen der Abtretungsempfänger verpflichtet ist, die erstatteten Beträge an die Gesellschaft weiterzuleiten oder er der Gesellschaft den Erstattungsanspruch zum Nennwert abgekauft hat, wobei dann auch hier vom Abtretungsempfänger darzulegen u. zu beweisen ist, dass die Erstattung zur Befriedigung der Gesellschaftsgläubiger erforderlich ist. Was hingg. nicht funktioniert, ist die Abtretung von Erstattungsansprüchen aus Abs. 2, 3 für einen kleinen Betrag (zB 20 % des Nennwerts) mit dem Kalkül des Erwerbers, durch die Eintreibung von 95

75 Michalski/*Heidinger* Rn. 112.
76 Tendenziell ebenso Scholz/*Verse* Rn. 29, der die berechtigte Frage stellt, ob dies konsequenterweise nicht auch auf die Kapitalaufbringung zu übertragen ist.
77 BGH NJW 78, 160; vgl. auch BGH NJW 00, 2577; zust. Ulmer/*Habersack* Rn. 13; Roth/*Altmeppen* Rn. 8.

100 % des Nennwerts einen Gewinn zu machen. Das gilt auch dann, wenn der Kaufpreis der Erstattungsansprüche deren Verkehrswert entspricht.

2. Auswirkung der Abtretung auf die Solidarhaftung

96 Bei einer Abtretung von Ansprüchen aus Abs. 1, 2 stellt sich die Frage ihrer Auswirkung auf die Solidarhaftung gem. Abs. 3. Mit der Abtretung gibt die Gesellschaft die Möglichkeit auf, die Erstattung von dem Empfänger zu verlangen. Damit verlieren auch die Mitgesellschafter ihren gesellschaftsrechtlich vermittelten Einfluss auf die Geschäftsführung hins. der Geltendmachung u. können somit einem erhöhten Risiko der Inanspruchnahme aus Abs. 3 S. 1 ausgesetzt sein. Entsprechendes gilt für die Abtretung von Erstattungsansprüchen aus Abs. 3 S. 1 u. die damit ggf. einhergehende Risikoerhöhung einer Inanspruchnahme aus Abs. 3 S. 2. Aus diesem Grund ist zu verlangen, dass die Abtretung von Ansprüchen aus Abs. 1–3 außerhalb der Insolvenz im Innenverhältnis nur mit Zustimmung der Gesellschafterversammlung zulässig ist, wobei die einfache Mehrheit ausreicht. Bei Beschlüssen über die Abtretung von Ansprüchen aus Abs. 3 ist der jeweils betroffene Gesellschafter gem. § 47 IV 2 vom Stimmrecht ausgeschlossen.

97 Hat die Gesellschaft vor der Abtretung nicht versucht, die Erstattung von dem Empfänger zu erlangen, so setzt die Solidarhaftung voraus, dass der Abtretungsempfänger versucht, die Erstattung von dem Empfänger zu erlangen. Erhält die Gesellschaft vom Abtretungsempfänger eine Gegenleistung für die Erstattungsansprüche, so ist deren Wert vom Höchstbetrag der Solidarhaftung abzuziehen.

3. Auswirkung der Abtretung auf das Erlassverbot

98 Tritt die Gesellschaft Ansprüche aus § 31 an einen Dritten ab, so entfällt in der Person des Dritten das Erlassverbot des Abs. 4, dh der Dritte darf dem Erstattungspflichtigen die Ansprüche erlassen oder stunden. Aus dieser Änderung ergeben sich Gestaltungsmöglichkeiten, die jedoch nicht zulasten der Gesellschaft gehen dürfen. Bspw. dürfen nicht Erstattungsansprüche für die Hälfte des Verkehrswerts an einen „Dritten" veräußert werden mit dem Plan, dass dieser sodann vom Erstattungspflichtigen nur die Hälfte einfordert u. den Rest erlässt.

99 Der Erstattungspflichtige darf Forderungen, die ihm ggü. dem Abtretungsempfänger zustehen, gegen den abgetretenen Erstattungsanspruch aufrechnen, u. zwar auch wenn seine Forderung gegen den Abtretungsempfänger nicht vollwertig ist. Das gilt insbes., wenn der Abtretungsempfänger Gesellschaftsgläubiger ist. Denn auf diese Weise wird der Gesellschaftsgläubiger, wenn auch vielleicht anders als erwartet, wegen seiner Forderung gegen die Gesellschaft befriedigt u. damit die Einlage ihrem Zweck entspr. verwertet, so dass der gesetzliche Grund für das Aufrechnungsverbot entfällt.[78] Dag soll es dem Erstattungspflichtigen nicht gestattet sein, nach den allg. Regeln Forderungen gegen die Gesellschaft aufzurechnen.[79] Das muss

78 So BGH NJW 70, 469, 471 zur parallelen Frage bei der Abtretung von Einlageansprüchen.

79 So BGH NJW 70, 469 (unter Nr. I.2) zur parallelen Frage bei der Abtretung von Einlageansprüchen.

jedenfalls dann gelten, wenn die Forderung des Gesellschafters gegen die Gesellschaft nicht vollwertig ist.

Tritt die Gesellschaft Ansprüche aus § 31 an einen Dritten ab, so bleibt die Verjährungsfrist des Abs. 5 davon unberührt. Jedoch entfällt in der Person des Dritten das Erlassverbot des Abs. 4 u. damit auch das Verbot, Vereinbarungen über die Verkürzung der Verjährung der abgetretenen Ansprüche zu treffen. Daraus ergeben sich Gestaltungsmöglichkeiten. Das insoweit zu Abs. 4 Gesagte gilt hier entspr. Die Ablaufhemmung des Abs. 5 S. 3 stellt auf die Besonderheiten der Insolvenz der Gesellschaft ab. Deshalb ist davon auszugehen, dass die Ablaufhemmung nicht greift, wenn die Gesellschaft die Erstattungsansprüche vor Eröffnung des Insolvenzverfahrens an einen Dritten abgetreten hat. 100

§ 32 Rückzahlung von Gewinn

Liegt die in § 31 Abs. 1 bezeichnete Voraussetzung nicht vor, so sind die Gesellschafter in keinem Fall verpflichtet, Beträge, welche sie in gutem Glauben als Gewinnanteile bezogen haben, zurückzuzahlen.

I. Normzweck

1 § 32 schützt den gutgläubigen Gesellschafter, der auf die Bestandskraft eines Gewinnverwendungsbeschlusses vertraut. Hat ein Gesellschafter eine Auszahlung empfangen, obwohl der äußerlich ordnungsgemäße Gewinnverwendungsbeschluss unwirksam war, so hat die Gesellschaft einen Rückforderungsanspruch gegen ihn. § 32 gewährt dem Gesellschafter eine dauernde rechtsvernichtende Einwendung gegen diesen Rückforderungsanspruch. Erfasst werden hierbei jedoch nur Ansprüche, die auf Mängeln des Gewinnverwendungsbeschlusses beruhen. Erhält ein gutgläubiger Gesellschafter eine gegen § 30 verstoßende Auszahlung, so kommt ihm allein die Privilegierung des § 31 II zugute; § 32 ist nicht anwendbar. Die Kapitalerhaltungsregeln genießen somit Vorrang ggü § 32.

II. Voraussetzungen

1. Gewinnbezug

2 Durch § 32 geschützt wird nur der echte Gewinnbezug, der den Gesellschaftern als Gewinnanteil iSv § 29 zugeflossen ist. Keine Anwendung findet § 32 auf verdeckte Gewinnausschüttungen, Gewinnvorschüsse u. gewinnabhängige oder gewinnähnlich ausgestaltete Zahlungen (zB Tantiemen, Zinsen, Vergütungen partiarischer Darlehen).[1] Ebenso wenig ist § 32 bei versehentlich doppelter Auszahlung des Gewinnanteils oder der Zah-

1 Roth/*Altmeppen* Rn. 4; Baumbach/Hueck/*Fastrich* Rn. 3.

lung an den falschen Empfänger nach fehlgeschlagener Abtretung anwendbar.[2]

2. Rückforderungsanspruch der Gesellschaft

3 Ferner setzt § 32 einen Rückforderungsanspruch bzgl. der ausgezahlten Gewinne voraus. Grundlage für diesen Anspruch sind idR die §§ 812 ff. BGB (selten § 985 BGB bei Sachdividenden).[3] Er muss somit auf dem Fehlen eines wirksamen Gewinnverwendungsbeschlusses beruhen. Die Unwirksamkeit des Beschlusses ergibt sich aus dessen Nichtigkeit oder der nachträglichen Vernichtung durch Anfechtung. Ausgeschlossen sind damit namentlich Erstattungsansprüche gem. § 31, Ansprüche aufgrund der Satzung (Schütt-aus-hol-zurück) oder solche aufgrund eines wirksamen Gesellschafterbeschlusses.[4]

3. Einwendungsberechtigter

4 Das Privileg des § 32 kommt grds. nur dem Gesellschafter zugute, da er allein gewinnberechtigt ist. Im Fall einer Abtretung des Gewinnanspruchs geht die hM davon aus, dass der Zessionar wie ein Gesellschafter zu behandeln ist, da die Folgen mit dem Anspruch verbunden sind u. der Zessionar gem. § 401 BGB den gleichen Schutz genießen soll wie der Gesellschafter.[5] § 32 wirkt aber nach wie vor nur ggü der Gesellschaft u. nicht ggü einem evtl. Rückforderungsanspruchs des Zedenten. Das Gleiche gilt für den Nießbraucher.

4. Guter Glaube

5 Letzte Voraussetzung für die Einwendung gem. § 32 ist der gute Glaube des Gesellschafters. Bezugspunkt des guten Glaubens muss die (äußerliche) Ordnungsgemäßheit des gesamten Verfahrens der Gewinnverteilung sein. Dies reicht von der Abschlussaufstellung über die Gewinnverwendung bis hin zur Verteilung.[6] Der Gesellschafter darf die Nichtigkeit oder Anfechtbarkeit weder kennen noch grob fahrlässig nicht kennen. Der Maßstab für die Gutgläubigkeit ergibt sich wie bei § 31 II aus einer analogen Anwendung des § 932 II BGB. Eine leicht fahrlässige Unkenntnis gereicht dem Gesellschafter nicht zum Nachteil. Maßgeblicher Zeitpunkt für die Beurteilung der Gutgläubigkeit ist der Empfang der Gewinnauszahlung, so dass eine spätere Kenntniserlangung nicht schadet.

6 Ist der Gewinnanspruch abgetreten oder ein Nießbrauch vereinbart worden, so kommt es anders als bei § 31 II nicht auf den guten Glauben des Zessionars, sondern allein auf den des Gesellschafters an.[7]

---

2 Baumbach/Hueck/*Fastrich* Rn. 3.
3 Michalski/*Heidinger* Rn. 4.
4 Ulmer/*Habersack* Rn. 6; Michalski/*Heidinger* Rn. 4.
5 Ulmer/*Habersack* Rn. 8; Michalski/*Heidinger* Rn. 7; Scholz/*Verse* Rn. 9.
6 Lutter/*Hommelhoff* Rn. 4.
7 Ulmer/*Habersack* Rn. 8; Michalski/*Heidinger* Rn. 14; Baumbach/Hueck/*Fastrich* Rn. 6.

III. Rechtsfolgen

Sind die Voraussetzungen des § 32 erfüllt, so kann der gutgläubige Gesellschafter dem Rückforderungsanspruch der Gesellschaft die Einwendung aus § 32 entgegenhalten mit der Folge, dass die Rückerstattung der empfangenen Gewinnanteile dauerhaft erlischt. Dies gilt jedoch nicht für Ansprüche aus § 31 u. sonstige Ansprüche, die ihren Ursprung nicht in Mängeln des Gewinnverwendungsbeschlusses haben.[8] Andere Einwendungen wie zB §§ 814, 818 III BGB bleiben dem Schuldner neben § 32 erhalten.[9] 7

IV. Beweislast

Die Beweislast für den guten Glauben liegt beim Empfänger des Gewinns. Die Gesellschaft hat hingg. die Rechtsgrundlosigkeit der Gewinnauszahlung zu beweisen. 8

§§ 32 a und 32 b (weggefallen)

§ 33 Erwerb eigener Geschäftsanteile

(1) Die Gesellschaft kann eigene Geschäftsanteile, auf welche die Einlagen noch nicht vollständig geleistet sind, nicht erwerben oder als Pfand nehmen.

(2) [1]Eigene Geschäftsanteile, auf welche die Einlage vollständig geleistet ist, darf sie nur erwerben, sofern sie im Zeitpunkt des Erwerbs eine Rücklage in Höhe der Aufwendungen für den Erwerb bilden könnte, ohne das Stammkapital oder eine nach dem Gesellschaftsvertrag zu bildende Rücklage zu mindern, die nicht zur Zahlung an die Gesellschafter verwandt werden darf. [2]Als Pfand nehmen darf sie solche Geschäftsanteile nur, soweit der Gesamtbetrag der durch Inpfandnahme eigener Geschäftsanteile gesicherten Forderungen oder, wenn der Wert der als Pfand genommenen Geschäftsanteile niedriger ist, dieser Betrag nicht höher ist als das über das Stammkapital hinaus vorhandene Vermögen. [3]Ein Verstoß gegen die Sätze 1 und 2 macht den Erwerb oder die Inpfandnahme der Geschäftsanteile nicht unwirksam; jedoch ist das schuldrechtliche Geschäft über einen verbotswidrigen Erwerb oder eine verbotswidrige Inpfandnahme nichtig.

(3) Der Erwerb eigener Geschäftsanteile ist ferner zulässig zur Abfindung von Gesellschaftern nach § 29 Abs. 1, § 122 i Abs. 1 Satz 2, § 125 Satz 1 in Verbindung mit § 29 Abs. 1 und § 207 Abs. 1 des Umwandlungsgesetzes, sofern der Erwerb binnen sechs Monaten nach dem Wirksamwerden der Umwandlung oder nach der Rechtskraft der gerichtlichen Entscheidung erfolgt und die Gesellschaft im Zeitpunkt des Erwerbs eine Rücklage in Höhe der Aufwendungen für den Erwerb bilden könnte, ohne das Stammkapital oder eine nach dem Gesellschaftsvertrag zu bildende Rücklage zu mindern, die nicht zur Zahlung an die Gesellschafter verwandt werden darf.

---

8 Michalski/*Heidinger* Rn. 16.
9 Lutter/*Hommelhoff* Rn. 7; Michalski/*Heidinger* Rn. 17.

Schrifttum

Bloching/Kettinger, Kapitalerhaltung oder Kapitalquelle? – Eine Analyse des § 33 Abs. 2 GmbHG im Lichte der aktuellen Rechtsprechung zum Kapitalschutz, BB 2006, 172; *Kersting/Hauser*, Erwerb eigener Anteile durch die GmbH und Saldotheorie, FS Karsten Schmidt 2019, 625; *Lieder*, Eigene Geschäftsanteile im GmbH-Recht – Umgehungsprobleme und Zeitpunktstreit –, GmbHR 2014, 57; *ders*, Eigene Geschäftsanteile im Umwandlungsrecht, GmbHR 2014, 232; *Priester*, Zeitpunkt der Rücklagendeckung beim Erwerb eigener GmbH-Anteile, GmbHR 2013, 1121; *Schiffers*, Steuerrechtliche Behandlung des Erwerbs eigener Anteile, GmbHR 2014, 79; *Schultze-Petzold*, Die GmbH als Trägerin eigener Geschäftsanteile, 1991.

I. Normzweck/Überblick

1 § 33 schränkt den grds. zulässigen (derivativen) Erwerb eigener Anteile durch die Gesellschaft aus Gründen der **Kapitalaufbringung u. -erhaltung** ein. Die Vorschrift des § 33 ist zwingend, weitere Einschränkungen sind durch Gesellschaftsvertrag möglich.

2 Zur Sicherung der tatsächlichen Kapitalaufbringung verbietet Abs. 1 dementspr der Gesellschaft den Erwerb u. die Inpfandnahme eigener Anteile, auf die die Einlage noch nicht vollständig erbracht wurde. Dies ist selbstverständlich, denn die Gesellschaft kann sich im Zusammenhang mit der Kapitalaufbringung nichts selbst schulden oder leisten.[1] Nicht von § 33 I erfasst ist der (originäre) Erwerb bei der Gründung oder iR einer Kapitalerhöhung aus Gesellschaftsmitteln.

3 Abs. 2 dient – ergänzend zu § 30 – der Kapitalerhaltung der Gesellschaft u. lässt den Erwerb voll eingezahlter Anteile nur zu, soweit dafür ohne Beeinträchtigung des Stammkapitals oder satzungsmäßig zu bildender Rücklagen iHd Aufwendungen eine Rücklage gebildet werden kann, also freie Mittel der Gesellschaft vorhanden sind. Dabei ist der Erwerb eigener Anteile von der **Einziehung** (§ 34) zu unterscheiden, bei der der Anteil unter-

1 *Lutter/Hommelhoff* Rn. 1.

geht u. nicht mehr existiert. S. 2 weitet die Beschränkung eines Erwerbes auf die Inpfandnahme aus. Abs. 3 begrenzt den Erwerb eigener Anteile durch die Gesellschaft iRd Austritts u. der Abfindung von Gesellschaftern bei bestimmten Umwandlungsvorgängen (Verschmelzung, Spaltung, Formwechsel).

§ 33 wurde mehrfach geändert u. verschärft: Abs. 3 wurde mit Wirkung ab dem 1.1.95 eingefügt durch Art. 4 Nr. 1 UmwBerG vom 28.10.94[2] u. ergänzt durch das 2. UmwÄndG der Reform des UmwG vom 19.4.07.[3] Abs. 2 S. 1 u. 3 wurden (erneut) grdl. verändert durch das BilMoG vom 25.5.09.[4] Die amtliche Überschrift wurde ergänzt durch das MoMiG vom 23.10.08.[5] 4

II. Nicht voll eingezahlte Anteile (Abs. 1)

1. Offene Einlage

Abs. 1 verbietet zwingend den Erwerb von Anteilen, bei denen die Einlage noch offen ist, dh noch nicht vollständig geleistet wurde. Eine nicht vollständige Leistung liegt vor, wenn objektiv irgendein Teil der Einlage noch offen ist, auch bei Anspruch auf Zuzahlung nach § 9 (§ 56 II), die den Charakter einer Einlage hat, u. entspr. auch bei einem Anspruch aus Vorbelastungshaftung (§ 11 II).[6] Maßgeblich ist insoweit allein die objektive Rechtslage. Ob subjektiv von einer vollständigen Einlageleistung ausgegangen wird, ist nicht erheblich.[7] Der Rückstand bei Leistungen ohne Einlagecharakter (Agio, Nebenleistungen, Zinsen u. Nachschüsse, Ausfallhaftung nach § 24) ist hingg. unschädlich. 5

a) **Erwerb.** Das Verbot des Erwerbs nach Abs. 1 soll verhindern, dass die Einlageforderung der Gesellschaft durch Konfusion erlischt oder die Sicherung der verbleibenden Einlageforderung durch Haftung des Erwerbes (§ 16 II) bei der Gesellschaft als Erwerberin ausfällt.[8] Dem Verbot unterliegt daher **jede Form des Erwerbs**, auch der unentgeltliche Erwerb durch Schenkung oder von Todes wegen,[9] anlässlich des Ausschlusses eines Gesellschafters, durch Zuschlag iR einer öffentlichen Versteigerung, für fremde Rechnung als Treuhänder etc. Ein entgg. dem Verbot vorgenommener Erwerb ist nach § 134 BGB nichtig. Zulässig ist hingg. der Erwerb unter der **aufschiebenden Bedingung** der vollständigen Einlageleistung (→ Rn. 14 f.).[10] Bei einem Erwerb durch einen Dritten für Rechnung der Gesellschaft sind etwaige Erstattungsvereinbarungen zwischen der Gesell- 6

2 BGBl. 94 I, S. 3210.
3 BGBl. 07 I, S. 542.
4 Gesetz zur Modernisierung des Bilanzrechts, BGBl. 09 I, S. 1102.
5 BGBl. 08 I, S. 2026.
6 Baumbach/Hueck/*Fastrich* Rn. 2.
7 *Lutter/Hommelhoff* Rn. 8; Baumbach/Hueck/*Fastrich* Rn. 2.
8 BGHZ 15, 391, 392.
9 Baumbach/Hueck/*Fastrich* Rn. 3; aA *Lutter/Hommelhoff* Rn. 10.
10 RGZ 93, 326, 329; unzulässige Umgehung wäre aber Leistung der Einlage aus einem von der Gesellschaft gewährten Darlehen oder unmittelbare Verrechnung mit der Kaufpreisforderung, so zu Recht Roth/*Altmeppen* Rn. 11; *Lutter/Hommelhoff* Rn. 13.

schaft u. dem Dritten entspr. §§ 33 GmbHG, 134 BGB nichtig, der Dritte erwirbt also wirksam, aber auf eigene Rechnung.[11]

7 **Kein Erwerb** iSd Abs. 1 liegt im Fall der Kaduzierung des Geschäftsanteils vor; die §§ 21 ff. sind insoweit leges speciales ggü. § 33.[12] Auch die Einziehung des Anteils (→ Rn. 3) oder der originäre Erwerb iRd Gründung oder einer Kapitalerhöhung (→ Rn. 2) ist kein Erwerb iSd § 33. Die Teilnahme der Gesellschaft an einer Kapitalerhöhung erfolgt stets mit Gesellschaftsmitteln (§ 57 l I), eine Kapitalerhöhung gegen Einlage (der Gesellschaft) oder Erwerb im Zusammenhang mit der Einlage ist unzulässig. Wirkt die Gesellschaft lediglich beim Verkauf eines Geschäftsanteils an einen Dritten mit, ohne zu erwerben, liegt kein Erwerb nach § 33 vor.[13]

8 b) **Inpfandnahme.** Die Inpfandnahme steht dem Erwerb gleich. Damit soll einer Umgehung des Erwerbsverbots u. insbes. der Gefahr begegnet werden, dass die Verwertung des Pfands zu einem Erwerb der eigenen Anteile führt.[14] Wie aus dem Wortlaut („als Pfand nehmen") u. dem Bezug auf ein schuldrechtliches Kausalgeschäft in Abs. 2 S. 3 folgt, ist nur der **rechtsgeschäftliche Erwerb** eines Pfandrechts gemeint, während der Pfandrechtserwerb kraft Gesetzes (zB § 401 BGB)[15] oder das Pfändungspfandrecht[16] nicht erfasst sind. Die Begründung anderer Rechte, wie die Bestellung eines Nießbrauchs, steht einer Inpfandnahme nicht gleich.[17]

2. Rechtsfolgen eines Verstoßes

9 Bei einem Verstoß gegen das Erwerbsverbot aus Abs. 1 sind sowohl das schuldrechtliche als auch das dingliche Rechtsgeschäft **nichtig** (§ 134 BGB).[18] Der Gesellschafter bleibt Inhaber des Geschäftsanteils u. schuldet weiterhin die betr. Einlage. Das an die Gesellschaft geleistete Entgelt ist nach §§ 812 ff. BGB (mit dem Risiko der Entreicherung nach § 818 III BGB) zurück zu gewähren.[19] Für einen etwaigen Ausfall haftet der Geschäftsführer nach § 43 u. – sofern auch gegen § 33 II verstoßen wurde – aus § 31.[20] Dabei gilt für den Geschäftsführer ein hoher Sorgfaltsmaßstab, ggf. muss externer Rat eingeholt werden.[21]

---

11 Roth/*Altmeppen* Rn. 39; Baumbach/Hueck/*Fastrich* Rn. 3; Scholz/*Westermann* Rn. 12.
12 *Lutter*/Hommelhoff Rn. 10; Baumbach/Hueck/*Fastrich* Rn. 4.
13 RGZ 71, 403.
14 Begründung des Regierungsentwurfs, BT-Drs. 8/1347, S. 41.
15 Str, wie hier *Lutter/Hommelhoff* Rn. 29; Baumbach/Hueck/*Fastrich* Rn. 5; aA mit teleologischer Begründung Michalski/*Sosnitza* Rn. 9; Scholz/*Westermann* Rn. 8.
16 Roth/*Altmeppen* Rn. 38; Baumbach/Hueck/*Fastrich* Rn. 5; aA Michalski/*Sosnitza* Rn. 10; Scholz/*Westermann* Rn. 8.
17 Einhellige Meinung, vgl. Michalski/*Sosnitza* Rn. 11 mwN, da hier auch keine Umgehungsgefahr besteht.
18 Einhellige Meinung, vgl. BFH NZG 2015, 526; Baumbach/Hueck/*Fastrich* Rn. 6; *Lutter/Hommelhoff* Rn. 11.
19 AllgM, vgl. nur Baumbach/Hueck/*Fastrich* Rn. 6.
20 *Lutter/Hommelhoff* Rn. 11.
21 Zutr. *Lutter/Hommelhoff* Rn. 15 unter Verweis auf BGH ZIP 11, 2097. Das Urteil betrifft zwar die Vorstandshaftung bei einer AG, der Sorgfaltsmaßstab dürfte hier aber übertragbar sein, der BGH spricht allg. von Anforderungen an organschaftliche Vertreter.

Veräußert die Gesellschaft den Geschäftsanteil weiter, obwohl sie nicht Inhaberin geworden ist, kann sich der erwerbende Dritte auf **Gutglaubensschutz** berufen (→ § 16 Rn. 27 ff.), haftet aber nach § 16 II für die offene Einlageforderung.[22] Die Haftung für die Einlageforderung bleibt nunmehr beim Erwerber nach § 16 II bestehen, da der Erwerb der Gesellschaft unwirksam ist. Soweit ein gutgläubiger Erwerb scheitert, kann der bisherige Gesellschafter den Erwerb des Dritten jedoch formlos genehmigen (§§ 182 ff. BGB).[23] 10

Eine **Heilung** des Erwerbs ist nicht möglich, auch nicht durch Volleinzahlung auf die Einlage, so dass nur die Neuvornahme des Erwerbs durch die Gesellschaft nach vollständiger Leistung der Einlage bleibt.[24] Möglich ist aber, das schuldrechtliche u. das dingliche Geschäft unter der aufschiebenden Bedingung der Volleinzahlung zu schließen (beachte aber → Rn. 15), ggf. ist dies im Wege der Vertragsauslegung zu ermitteln.[25] 11

3. Erwerb im Zusammenhang mit Kapitaldeckung

Der Erwerb kann uU mit der Volleinzahlung zusammenfallen, so dass Abs. 1 nicht eingreift. Dabei ist jedoch zu unterscheiden: 12

a) **Kapitalherabsetzung.** Durch eine Kapitalherabsetzung (§ 58) in entspr. Umfang ist eine Minderung der Einlageforderung möglich (§ 19 III). Ist die Einlage nach Herabsetzung vollständig geleistet, steht Abs. 1 dem Erwerb durch die Gesellschaft nicht entgg.[26] 13

b) **Volleinzahlung.** Der Erwerb kann durch Volleinzahlung durch den betr. Gesellschafter, ggf. finanziert durch einen Kredit eines Dritten (nicht der Gesellschaft),[27] oder durch Zahlung eines Dritten oder eines anderen Gesellschafters erfolgen. Im Fall der Finanzierung durch einen Kredit ist es unschädlich, wenn der betr. Gesellschafter den beim Erwerb erlangten Kaufpreis (nachträglich) zur Ablösung des aufgenommenen Kredites verwendet.[28] Zu Treuhandvereinbarungen (→ Rn. 6). 14

c) **Kaufpreisverrechnung.** Hingg. scheidet eine Verrechnung der ausstehenden Resteinlage mit dem Kaufpreis aus, da im Zeitpunkt des Erwerbs die Resteinlage noch offen war u. die Kaufpreisforderung wegen § 134 BGB nicht wirksam entstehen konnte.[29] Dies gilt auch dann, wenn der Kaufvertrag aufschiebend bedingt ist.[30] Auch in diesem Fall besteht im Zeitpunkt der Leistung keine Kaufpreisforderung, so dass die Verrechnung ohne Wirkung u. die Einlage noch offen ist.[31] 15

---

22 Baumbach/Hueck/*Fastrich* Rn. 6.
23 Baumbach/Hueck/*Fastrich* Rn. 6 mwN.
24 *Lutter/Hommelhoff* Rn. 11.
25 Baumbach/Hueck/*Fastrich* Rn. 6.
26 RGZ 93, 329.
27 Baumbach/Hueck/*Fastrich* Rn. 7; aA jetzt *Lutter/Hommelhoff* Rn. 12.
28 *Lutter/Hommelhoff* Rn. 12.
29 Baumbach/Hueck/*Fastrich* Rn. 7; *Lutter/Hommelhoff* Rn. 13.
30 Roth/*Altmeppen* Rn. 11; *Lutter/Hommelhoff* Rn. 13.
31 Roth/*Altmeppen* Rn. 11; *Lutter/Hommelhoff* Rn. 13.

III. Voll eingezahlte Anteile (Abs. 2)

1. Allgemeines, Voraussetzungen (Abs. 2 S. 1)

16 Abs. 2 dient der Kapitalerhaltung, ergänzt § 30 u. setzt das Bestehen voll eingezahlter Geschäftsanteile (→ Rn. 5) voraus. Zu den möglichen Formen eines Erwerbs → Rn. 6 f.

17 a) **Fiktive Rücklage aus freien Mitteln.** Die Gesellschaft darf voll eingezahlte Anteile nur dann erwerben, wenn sie eine Rücklage iHd Aufwendungen für den Erwerb bilden könnte, ohne das Stammkapital oder eine satzungsgemäße Rücklage zu mindern, die nicht zur Zahlung an Gesellschafter verwendet werden darf.[32] Entscheidend ist damit, dass die Gesellschaft im Zeitpunkt des Erwerbs eine entspr. Rücklage aus freien Mitteln bilden könnte (Möglichkeit der fiktiven Rücklagenbildung).[33]

18 Hintergrund dieser Regelung ist, dass nach § 272 Ia HGB für eigene Anteile keine Rücklage mehr zu bilden ist, sondern die Anteile in Höhe ihres Nennwerts auf der Passivseite vom Posten „Gezeichnetes Kapital" in einer Vorspalte abzusetzen sind u. ein etwaiger Mehrbetrag zwischen dem Nennwert u. den Anschaffungskosten mit einer frei verfügbaren Rücklage zu verrechnen ist (Nettomethode).[34] Wenn diese Rücklage aus freien Mitteln gebildet werden könnte, genügt dies nach dem Gesetz, um eine Rückzahlung von gebundenem Kapital zu verhindern.[35] Dabei macht es keinen Unterschied, ob eine Rücklage noch nicht existiert, aber freie Mittel vorhanden sind, oder ob bereits eine freie Rücklage (Gewinnrücklage) gebildet wurde. Auch bereits bestehende, freie Rücklagen verhindern die Ausschüttung von gebundenem Kapital.[36]

19 Ob die Gesellschaft im Zeitpunkt des Erwerbs eine Rücklage bilden kann, ist auf der Grundlage der Buchwerte der Bilanz, also ohne Berücksichtigung nicht aufgelöster stiller Reserven, zu entscheiden.[37] Problematisch ist in diesem Zusammenhang, dass es infolge der Absetzung der eigenen Anteile vom „Gezeichneten Kapital" bilanziell zu einer Kapitalherabsetzung kommt, was die Zulässigkeit von Ausschüttungen behindern kann.[38]

20 b) **Zeitpunkt der fiktiven Rücklagenbildung.** Nach wie vor str ist der maßgebliche Zeitpunkt für die Prüfung der Möglichkeit, freie Rücklagen zu bilden.[39] Vorgeschlagen werden insbes. der Zeitpunkt der schuldrechtlichen Verpflichtung zum Erwerb,[40] ggf. nach Eintritt einer Bedingung oder Be-

---

32 Baumbach/Hueck/*Fastrich* Rn. 9; *Rodewald/Pohl*, GmbHR 09, 32, 34.
33 *Lutter/Hommelhoff* Rn. 5; Baumbach/Hueck/*Fastrich* Rn. 9.
34 *Lutter/Hommelhoff* Rn. 5; Baumbach/Hueck/*Fastrich* Rn. 9.
35 *Rodewald/Pohl*, GmbHR 09, 32, 34.
36 *Lutter/Hommelhoff* Rn. 17.
37 BGH NJW 97, 196; Baumbach/Hueck/*Fastrich* Rn. 10 mwN; ebenso im Bereich der Einziehung nach § 34 BGH NZG 2018, 1069.
38 Baumbach/Hueck/*Fastrich* Rn. 10; *Kropff*, ZIP 09, 1137, 1143 f.; *Rodewald/Pohl*, GmbHR 09, 32, 34, jeweils mit Lösungsvorschlägen zu diesem Problem.
39 Vgl. die Übersicht bei *Lieder*, GmbHR 14, 57, 66 f.
40 OLG Rostock GmbHR 13, 305, 307 f. (nrkr); *Lutter/Hommelhoff* Rn. 16; Scholz/*Westermann* Rn. 26; *Bloching/Kettinger*, BB 06, 172, 174 f.

fristung,[41] der Erbringung der Leistung,[42] der Fälligkeit der Leistung[43] oder kumulativ der Verpflichtung und der Leistungserbringung.[44] Während der Wortlaut der Norm und die Besonderheit, dass bei einem Verstoß die Nichtigkeit des Kausalgeschäfts angeordnet wird, die Relevanz des Verpflichtungsgeschäfts betonen,[45] dient § 33 II unstr. dem Kapitalschutz,[46] was es wiederum nahelegt, den Zeitpunkt der Zahlung heranzuziehen. Nach zutr. Auffassung ist deshalb zwar auf den Moment der Verpflichtung abzustellen, jedoch ergänzend zu fordern, dass die Gesellschaft auch im Zeitpunkt der Erfüllung eine Rücklage aus freien Mitteln bilden könnte.[47] Verschlechtert sich also die Vermögenssituation der Gesellschaft im Zeitraum zwischen Kausal- u. Erfüllungsgeschäft, darf die Gesellschaft den Erwerb des Anteils nicht aus gebundenen Mitteln bewirken,[48] die Verpflichtung wird rückwirkend nichtig.[49] Für den umgekehrten Fall der Verbesserung der Vermögenslage der Gesellschaft zwischen Kausal- u. Erfüllungsgeschäft bedeutet dies aber nicht zwingend, dass keine Heilung des Kausalgeschäfts eintritt, wenn die Gesellschaft im Zeitpunkt der Erfüllung aus freien Mitteln leisten kann.[50] Zwar lässt sich eine Auslegung der vom Gesetz angeordneten Nichtigkeit als eine schwebende Unwirksamkeit des Kausalgeschäfts bis zu einer endgültigen Klärung im Zeitpunkt des Erfüllungsgeschäfts schwer mit dem Wortlaut vereinbaren.[51] Es wird aber regelmäßig im Wege einer Vertragsauslegung zu ermitteln sein, dass der Entgeltanspruch von den Vermögensverhältnissen im Zahlungszeitpunkt abhängen soll,[52] so dass nur in Ausnahmefällen der Abschluss eines neuen Vertrags erforderlich sein dürfte.[53] Für die **Vertragsgestaltung** empfiehlt es sich dennoch, das Risiko der Unwirksamkeit durch eine entspr. ausdrückliche Regelung zu vermeiden.[54]

c) **Inpfandnahme (Abs. 2 S. 2).** Die Inpfandnahme (nicht: Verpfändung – diese ist im Rahmen des § 15 zulässig)[55] voll eingezahlter Anteile ist wie 21

---

41 *Lutter/Hommelhoff* Rn. 16.
42 Ulmer/*Paura* Rn. 52; MüKoGmbHG/*Löwisch* Rn. 77 ff.; Michalski/*Sosnitza* Rn. 27; nun auch Roth/*Altmeppen* Rn. 20; *Lieder*, GmbHR 14, 57, 67 f.; *Henze*, BB 98, 1968; ebenso bereits BGH NJW 98, 3121, 3122, wobei der BGH allerdings ausdrücklich offen ließ, ob ergänzend auch der Zeitpunkt der Verpflichtung heranzuziehen ist.
43 *Priester*, GmbHR 13, 1121, 1124.
44 Baumbach/Hueck/*Fastrich* Rn. 11.
45 OLG Rostock GmbHR 13, 305, 307 f.
46 BGH NJW 98, 3121, 3122; *Lutter/Hommelhoff* Rn. 17.
47 Baumbach/Hueck/*Fastrich* Rn. 11; Gehrlein/Born/Simon/*Sandhaus* Rn. 20; *Salus/Pape*, ZIP 97, 577, 579.
48 IErg weitgehend unstr., so mit unterschiedlicher Begr. Roth/*Altmeppen* Rn. 20; Baumbach/Hueck/*Fastrich* Rn. 11; *Lutter/Hommelhoff* Rn. 21; Scholz/*Westermann* Rn. 26.
49 BGH NJW 98, 3121, 3122.
50 AA Baumbach/Hueck/*Fastrich* Rn. 11 a u. 1. Aufl. Rn. 20.
51 So aber wohl; *Lutter/Hommelhoff* Rn. 24; nun auch Roth/*Altmeppen* Rn. 20; Ulmer/*Paura* Rn. 58; zu Recht krit. Scholz/*Westermann* Rn. 26; Baumbach/Hueck/*Fastrich* Rn. 11 a.
52 So bereits Roth/*Altmeppen* 7. Aufl. Rn. 17.
53 AA *Henze*, BB 98, 1968.
54 So Baumbach/Hueck/*Fastrich* Rn. 11 a; auf diese Möglichkeit weist auch *Lutter/Hommelhoff* Rn. 24 hin.
55 Roth/*Altmeppen* Rn. 37.

der Erwerb nur beschränkt zulässig. Betroffen ist, wie auch im Falle des Abs. 1 (→ Rn. 8), nur der **rechtsgeschäftliche Erwerb** eines Pfandrechts. Der Gesamtbetrag der Forderungen, zu deren Sicherung die eigenen Anteile als Pfand genommen werden, darf die freien Mittel der Gesellschaft nicht überschreiten.[56] Falls der Wert der gepfändeten Anteile niedrigerer als der Gesamtbetrag der gesicherten Forderungen ist, darf dieser niedrigere Betrag die freien Mittel nicht übersteigen.[57] Der Erhalt des Stammkapitals, das durch die Verwertung des Pfandes beeinträchtigt werden könnte, wird dadurch auf den Zeitpunkt der Pfandentstehung vorverlagert.

21a **d) Gesellschafterbeschluss.** Ob der Erwerb eigener Anteile als Geschäftsführungsmaßnahme erfolgen kann[58] oder ob vielmehr ein Gesellschafterbeschluss erforderlich ist, wird im Schrifttum kontrovers diskutiert. Da die Rechte an den Anteilen ruhen, so lange sie von der Gesellschaft gehalten werden (→ Rn. 31 ff.), sind die Folgen des Erwerbs wirtschaftlich mit einer Verschiebung der Mehrheitsverhältnisse durch eine Kapitalherabsetzung zu vergleichen, weshalb im Innenverhältnis ein mit qualifizierter Mehrheit getroffener Gesellschafterbeschluss zu fordern ist.[59]

2. Rechtsfolgen eines Verstoßes (Abs. 2 S. 3)

22 Die Rechtsfolgen eines Verstoßes gegen Abs. 2 S. 1 u. S. 2 ergeben sich aus Abs. 2 S. 3: Das schuldrechtliche Verpflichtungsgeschäft ist nichtig. Eine einschränkende Interpretation der Nichtigkeit als schwebende Unwirksamkeit für den Fall einer Vermögensverbesserung zwischen Verpflichtungs- und Erfüllungsgeschäft scheitert am eindeutigen Gesetzeswortlaut und ist auch praktisch nicht erforderlich (→ Rn. 20). Die Verfügung hingg. ist wirksam.[60] Damit ist im Gegensatz zu Abs. 1 ein gewisser Schutz der Gesellschaft u. eines Dritten im Falle der Veräußerung verbunden. Allerdings ist der Erwerb rechtsgrundlos, so dass geleistete Zahlungen u. übertragene Geschäftsanteile Zug um Zug (§ 273 BGB) nach den §§ 812 ff. BGB zurück zu gewähren sind.[61] Die Beweislast für die Nichtigkeit des Kausalgeschäfts trägt die Gesellschaft.[62] Eine Haftung des veräußernden Gesellschafters (§ 819 BGB) bestimmt sich nach seiner Kenntnis von der Vermögenslage der Gesellschaft. Zugunsten der Gesellschaft stellt die Saldotheorie iRd Rückabwicklung sicher, dass sie einen Geschäftsanteil nicht herausgeben muss, ohne die Gegenleistung oder, wenn der Anteil weniger wert ist, zumindest eine Zahlung iHv dessen Wert zurückzuerhalten.[63]

---

56 Baumbach/Hueck/*Fastrich* Rn. 13.
57 Ulmer/*Paura* Rn. 55; Roth/*Altmeppen* Rn. 37; Baumbach/Hueck/*Fastrich* Rn. 13.
58 *Lutter/Hommelhoff* Rn. 34; Scholz/*Westermann* Rn. 27.
59 Ebenso Ulmer/*Paura* Rn. 45; MüKoGmbHG/*Löwisch* Rn. 31; für einfache Mehrheit dag Roth/*Altmeppen* Rn. 27. Einen ganz anderen Ansatz verfolgen Michalski/*Sosnitza* Rn. 24 u. *Lutter/Hommelhoff* Rn. 36 jeweils mwN, die ein Andienungsrecht der übrigen Gesellschafter annehmen.
60 HM, vgl. allein Roth/*Altmeppen* Rn. 34; Baumbach/Hueck/*Fastrich* Rn. 14 jeweils mwN.
61 Baumbach/Hueck/*Fastrich* Rn. 14.
62 *Bayer/Illhardt* GmbHR 11, 638, 639.
63 Roth/*Altmeppen* Rn. 35; eingehend u mit überzeugenden Argumenten *Kersting/Hauser*, FS Karsten Schmidt 2019, 625, 630 ff; aA *Lutter/Hommelhoff* Rn. 21: Vorrang von § 31 ggü. der Saldotheorie.

Anders verhält es sich dagegen, wenn es am erforderlichen (→ Rn. 21 a) **Gesellschafterbeschluss fehlt.** Auch wenn der Beschluss nur im Innenverhältnis erforderlich ist, muss der Gesellschafter diese Beschränkung kennen, eine Berufung auf die Vertretungsmacht des Geschäftsführers nach § 37 II ist ihm verwehrt. Folglich ist in diesen Fällen auch das Verfügungsgeschäft unwirksam.[64]

Eine Gefährdung für das Kapitalerhaltungsinteresse kann daraus entstehen, dass die Gesellschaft einen überhöhten Kaufpreis gezahlt hat oder Kenntnis von der Nichtigkeit des Verpflichtungsgeschäftes hatte (§ 814 BGB). Allerdings besteht eine Anspruchskonkurrenz mit § 31,[65] so dass die Gesellschaft bei einer überhöhten Kaufpreiszahlung ergänzend geschützt wird. Darüber hinaus besteht ein Schadenersatzanspruch der Gesellschaft gegen den Geschäftsführer (§ 43 III). 23

IV. Zulässigkeit des Erwerbs in Umwandlungsfällen (Abs. 3)

Abs. 3 erweitert die Zulässigkeit des Erwerbs (nicht: der Inpfandnahme) eigener Geschäftsanteile durch die Gesellschaft im Falle der Barabfindung von widersprechenden Minderheitsgesellschaftern iR bestimmter Umwandlungsfälle, an denen die GmbH als übernehmender bzw. neugebildeter Rechtsträger beteiligt ist. Zur Erleichterung von umwandlungsrechtlichen Gestaltungsmöglichkeiten wird dadurch der von Abs. 1 u. Abs. 2 vorgesehene Kapitalschutz der Gesellschaft durchbrochen.[66] 24

Die betroffenen Umwandlungsfälle sind:

- die Verschmelzung durch Aufnahme u. Neugründung (§§ 29 I, 36 I UmwG),
- die Spaltung durch Ab- u. Aufspaltung (§ 125 S. 1 iVm § 29 I UmwG),
- die grenzüberschreitende Verschmelzung (§§ 122 a ff. UmwG),
- der Formwechsel (§ 207 I UmwG).

Hingg. wird nicht die Ausgliederung von Abs. 3 erfasst, da hier keine Abfindung zu leisten ist.[67]

1. Voraussetzungen

Abs. 3 wiederholt iW die Voraussetzungen des Abs. 2: Innerhalb der genannten Ausschlussfrist von 6 Monaten seit Eintragung der Umwandlung in das Handelsregister oder Rechtskraft einer gerichtlichen Entscheidung darf die Gesellschaft zum Zwecke der Abfindung widersprechender Gesellschafter Geschäftsanteile nur dann erwerben, wenn sie im Zeitpunkt des Erwerbs eine Rücklage in Höhe der Aufwendungen für den Erwerb (= Höhe des Angebots im Umwandlungsvertrag oder -plan) bilden könnte, ohne dass das Stammkapital oder eine gesellschaftsvertraglich vorgesehene Rücklage, die nicht zur Ausschüttung an die Gesellschafter bestimmt ist, beeinträchtigt würde. Kann eine solche fiktive Rücklage aus freien Mitteln 25

---

64 Ulmer/*Paura* Rn. 46.
65 Baumbach/Hueck/*Fastrich* Rn. 14; *Lutter/Hommelhoff* Rn. 21; Roth/*Altmeppen* Rn. 36.
66 Baumbach/Hueck/*Fastrich* Rn. 15; eingehend hierzu *Lieder* GmbHR 14, 232.
67 Roth/*Altmeppen* Rn. 50.

nicht gebildet werden, muss die Abfindung unterbleiben, so dass die Umwandlung nicht durchgeführt werden kann.[68]

26 Dabei macht es keinen Unterschied, ob es sich um voll eingezahlte oder nicht voll eingezahlte Anteile handelt.[69] Dies entspricht den jeweiligen Regelungen des UmwG (§§ 29 I, 36 I, 122 i, 125 S. 1, 207 I UmwG). Danach steht den betroffenen Gesellschaftern eine **Abfindung unabhängig vom Stand ihrer Einlage** zu. Damit ist – entgg. Abs. 1 (→ Rn. 5) – auch der Erwerb nicht voll eingezahlter Anteile in den Grenzen des Abs. 3 zulässig. Mit dem Erwerb der nicht voll eingezahlten Anteile erlischt die Resteinlageforderung der Gesellschaft durch Konfusion.[70] Veräußert die Gesellschaft den Geschäftsanteil, erhält der Erwerber einen voll geleisteten Geschäftsanteil, auf den keine weiteren Einlagen mehr geschuldet sind.[71]

2. Durchführung

27 Eine Abfindung steht lediglich denjenigen Gesellschaftern zu, die beim übertragenden Rechtsträger **Widerspruch** gegen den Verschmelzungs- oder Spaltungsbeschluss bzw. Beschluss zum Formwechsel zur Niederschrift erklärt haben. Ein Abfindungsanspruch setzt weiterhin voraus, dass entweder der übertragende Rechtsträger keine GmbH ist oder – für den Fall, dass es sich doch um eine GmbH handelt – dass die Anteile an der übernehmenden bzw. neu zu bildenden GmbH Verfügungsbeschränkungen unterliegen (§§ 29 I, 36 I, 125 S. 1 iVm § 29 I UmwG) oder dass die übernehmende bzw. neu zu bildende Gesellschaft nicht dem deutschen Recht unterliegt (§ 122 i UmwG).[72]

28 Der Abfindungsanspruch entsteht durch Annahme des Abfindungsangebots, das in den jeweiligen Umwandlungsplänen oder -verträgen enthalten sein u. den betroffenen Gesellschaftern bekanntgemacht werden muss (§§ 31 iVm 29 I, 36 I, 125 S. 1 UmwG). Die Annahme ist fristgebunden, dh nur innerhalb von 2 Monaten nach der Eintragung in das Handelsregister u. Bekanntmachung der Umwandlung möglich (§§ 31, 19 III UmwG; §§ 209, 207 UmwG).[73] Wird die gerichtliche Bestimmung der Abfindung beantragt (zu niedriges oder fehlendes Angebot), beginnt die Annahmefrist mit der Bekanntmachung der Entscheidung (§§ 31 S. 2, 34 UmwG; §§ 209 S. 2, 212 UmwG). Der Abfindungsanspruch umfasst grds. den gesamten Anteilsbesitz des Gesellschafters, eine Beschränkung auf einen von mehreren Anteilen eines Gesellschafters gegen Teilabfindung ist jedoch möglich.

29 Der Anteilserwerb erfolgt Zug um Zug gegen Zahlung der Abfindung durch notariell beurkundete **Abtretungserklärung** nach § 15 III (ohne Beschränkung durch § 15 V). Die Frist für den Anteilserwerb beträgt 6 Mo-

---

68 Baumbach/Hueck/*Fastrich* Rn. 16; Scholz/*Westermann* Rn. 45; *Lutter/Hommelhoff* Rn. 31.
69 AllgM, vgl. allein Baumbach/Hueck/*Fastrich* Rn. 16 mwN.
70 Baumbach/Hueck/*Fastrich* Rn. 16; *Lutter/Hommelhoff* Rn. 32; aA Roth/*Altmeppen* Rn. 52; Michalski/*Sosnitza* Rn. 42.
71 *Lutter/Hommelhoff* Rn. 32.
72 Baumbach/Hueck/*Fastrich* Rn. 17.
73 Baumbach/Hueck/*Fastrich* Rn. 17.

nate (Abs. 3). Dies ist eine Ausschlussfrist.[74] Sie beginnt mit der Eintragung in das Handelsregister bzw. mit der Rechtskraft der Entscheidung im Falle der gerichtlichen Nachprüfung der Abfindung.

V. Rechte und Pflichten aus eigenen Geschäftsanteilen

Der erworbene Geschäftsanteil besteht im Gegensatz zur Einziehung (§ 34) 30 als solcher fort, so dass er von der Gesellschaft veräußert werden kann. Eine Aufnahme der Gesellschaft in die Gesellschafterliste ist daher erforderlich (→ § 40 Rn. 8 f.).[75] Da die Gesellschaft keine Rechte u. Pflichten gegen sich selbst als Gesellschafter haben kann, erlöschen diese durch **Konfusion**, der Anteil **ruht** insoweit.[76] IErg gilt folgendes:

1. Rechte

Die Rechte aus dem Geschäftsanteil **ruhen**, insbes. das Stimmrecht, das Ge- 31 winnbezugsrecht u. der Gewinnanteil.[77] Bereits begründete Rechte Dritter auf den Gewinnanteil (zB Nießbrauch, Pfandrecht, bereits abgetretener künftiger Gewinnanspruch, → § 29 Rn. 56, 60 f.) bleiben bestehen, können von der Gesellschaft aber nicht neu begründet werden.[78]

Das **Stimmrecht** kann infolge des Ruhens nicht ausgeübt werden u. zählt 32 nicht bei der Berechnung einer Stimmenmehrheit,[79] auch eine an Dritte (zB den Nießbrauchsberechtigten) erteilte Stimmrechtsvollmacht geht dann ins Leere.[80] Die eigenen Geschäftsanteile sind auch nicht bei der Berechnung einer statutarischen oder gesetzlichen Quote des Stammkapitals mitzurechnen.[81] Die Gesellschaft besitzt ferner auch kein Recht zur Anfechtung von Gesellschafterbeschlüssen.[82]

Die Verwendung des **Gewinns** erfolgt nach allg. Grundsätzen durch Be- 33 schluss der Gesellschafter (§ 29), dabei bleiben die Anteile der Gesellschaft unberücksichtigt, da die Gesellschaft keinen Gewinnanspruch gegen sich selbst haben kann, der Gewinn fällt den anderen Gesellschaftern aus eigenem Recht zu.[83] Da allerdings der konkrete Auszahlungsanspruch erst durch den Verwendungsbeschluss entsteht, und zwar ohne Durchgangserwerb unmittelbar in der Person, der er zum Zeitpunkt der Beschlussfassung zusteht (→ § 29 Rn. 56; → § 29 Rn. 60), geht eine etwaige Rückabtretung des Anspruchs an den Veräußerer dann nicht ins Leere, wenn die Abtretung des (künftigen) Anspruchs bereits vor der dinglichen Abtretung des Anteils erfolgt ist.[84]

74 Vgl. Begr. zum RegE, BT-Drs. *12/6699, S. 175.*
75 *Baumbach/Hueck/Fastrich* Rn. 22; aA MüKoGmbHG/*Löwisch* Rn. 119.
76 Roth/*Altmeppen* Rn. 31; zum Ganzen sehr ausf. MüKoGmbHG/*Löwisch* Rn. 117 ff.
77 BGH NJW 95, 1027, 1028.
78 Eingehend DNotI-Report 15, 60 f. mwN.
79 AllgM, vgl. MüKoGmbHG/*Löwisch* Rn. 128 mwN.
80 DNotI-Report 15, 60, 61.
81 Roth/*Altmeppen* Rn. 31; Baumbach/Hueck/*Fastrich* Rn. 24.
82 Ulmer/*Paura* Rn. 87.
83 BGH NJW 95, 1027, 1028.
84 Baumbach/Hueck/*Fastrich* Rn. 25.

2. Pflichten

34 Hins. der Folgen des Ruhens der Pflichten für die übrigen Gesellschafter ist zu differenzieren: Die nach dem Verhältnis der Geschäftsanteile aufgeteilte Nachschusspflicht bleibt unverändert, die Ausfallhaftung nach § 24 u. § 31 III ist jedoch auf die übrigen Gesellschafter zu verteilen.[85] Bereits fällige Ansprüche aus Nebenleistungspflichten, auch bereits fällige Nachschusspflichten, gehen durch Konfusion unter, insbes. auch eine Resteinlagepflicht bei einem Erwerb nach Abs. 3 (→ Rn. 26). Eine Erwerberhaftung der Gesellschaft nach § 16 II besteht nicht,[86] anders jedoch beim gutgläubigen Dritterwerber bei Weiterveräußerung nach gemäß Abs. 1 nichtigem Erwerb durch die Gesellschaft (→ Rn. 10).

3. Kapitalmaßnahmen

34a An einer **Kapitalerhöhung gegen Einlagen** kann sich die Gesellschaft nicht beteiligen, da sie nicht gleichzeitig Berechtigter u. Verpflichteter der Übernahmeverpflichtung sein kann.[87] Da ihr folglich von vornherein kein Bezugsrecht zusteht, kann sie ein solches auch nicht abtreten.[88] An **Kapitalerhöhungen aus Gesellschaftsmitteln** nimmt sie dag teil, Abs. 1 gilt insoweit nicht (§§ 57 j, 57 l → Rn. 2). Für Kapitalmaßnahmen zur Umstellung des Stammkapitals von DM auf EUR können daher bei eigenen Anteilen vorbereitende Maßnahmen erforderlich sein.[89] Bei einer Kapitalherabsetzung ist die Teilnahme ebenfalls ausgeschlossen, das durch die Herabsetzung frei werdende Vermögen steht nur den übrigen Gesellschaftern zu.[90]

VI. Veräußerung eigener Geschäftsanteile

35 Eine Veräußerung der eigenen Anteile durch die Gesellschaft kann unter Beachtung der allg. gesetzlichen (§ 15) u. statutarischen Vorschriften jederzeit erfolgen.[91] Umstritten ist, ob die Geschäftsführer einen entspr. Vertrag allein aufgrund ihrer Vertretungsmacht für die Gesellschaft abschließen können[92] oder ob ein zustimmender **Gesellschafterbeschluss** erforderlich ist.[93] Da auch die Veräußerung des eigenen Anteils an einen Dritten oder Gesellschafter das Verhältnis der Gesellschafter untereinander betrifft u. – insbes. im Hinblick auf die wiederauflebenden Rechte u. Pflichten – eine Änderung der Beteiligungsstruktur u. Einflussmöglichkeit auf die Gesellschaft zur Folge hat, gelten die gleichen Erwägungen wie für den Erwerb (→ Rn. 21 a).[94] Somit bedarf der Geschäftsführer der Ermächtigung durch die Gesellschafterversammlung, die mit qualifizierter Mehrheit be-

---

85 Baumbach/Hueck/*Fastrich* Rn. 27.
86 Baumbach/Hueck/*Fastrich* Rn. 27.
87 BGH NJW 55, 222.
88 Baumbach/Hueck/*Fastrich* Rn. 26.
89 Eingehend DNotI-Gutachten 136635 (unveröffentlicht).
90 Ulmer/*Paura* Rn. 82; MüKoGmbHG/*Löwisch* Rn. 126.
91 Baumbach/Hueck/*Fastrich* Rn. 28.
92 Roth/*Altmeppen* Rn. 55, offengelassen von BGH NJW 04, 365, 366.
93 Baumbach/Hueck/*Fastrich* Rn. 28; *Lutter/Hommelhoff* Rn. 34.
94 Für eine Gleichbehandlung ausdrücklich auch Michalski/*Sosnitza* Rn. 66.

schließt.[95] Ein besonderes Bezugsrecht haben die übrigen Gesellschafter dabei nicht.[96] Der Erwerber des veräußerten, eigenen Anteils kann seine Rechte ggü. der Gesellschaft erst nach Aufnahme in die Gesellschafterliste u. deren Aufnahme im Handelsregister ausüben (§ 16 I). Eine Haftung des Erwerbers aus § 16 II tritt nicht ein, wenn der vorherige Erwerb durch die Gesellschaft nach Abs. 2 u. 3 wirksam war, da dann rückständige Leistungen der Gesellschaft als Veräußerer nicht bestehen. Etwas anderes gilt im Falle des Abs. 1. Bei Erwerb von nicht voll eingezahlten Anteilen, die unter Verstoß gegen Abs. 1 erworben wurden, haftet der Erwerber nach § 16 II (→ Rn. 10).

Tritt die Gesellschaft den Geschäftsanteil an einen Dritten ab, leben alle mitgliedschaftlichen Rechte (u Pflichten) ex nunc wieder auf.[97] Hins. des Gewinnbezugsrechts ist auf den Zeitpunkt des Gewinnverwendungsbeschlusses nach § 29 abzustellen: Wird der Beschluss nach Wirksamkeit der Abtretung gefasst, steht dem Erwerber der gesamte auf den Anteil entfallende Gewinn zu, es erfolgt keine Aufteilung pro rata temporis.[98] 35a

VII. Sonderfälle

1. Keinmann-GmbH

Eine sog. Keinmann-GmbH könnte durch den zulässigen Erwerb sämtlicher Geschäftsanteile durch die Gesellschaft entstehen. Da keine Gesellschafterversammlung mehr besteht, ist eine dauerhafte Keinmann-GmbH nicht möglich u. praktikabel. Fraglich bleibt aber, ob die Gesellschaft für einen kurzen Übergangszeitraum bestehen kann. Nach zutr. hM[99] ist eine vorübergehende, auf einem gesetzlichen Erwerb beruhende Existenz einer Keinmann-GmbH nicht ausgeschlossen. Konkret bedeutet dies, dass die Gesellschaft mit dem Erwerb des letzen Anteils nicht kraft Gesetz erlischt. Sie tritt jedoch in diesem Zeitpunkt in die Phase der Auflösung ein, die durch die Weiterveräußerung eines (eigenen) Geschäftsanteils an einen Erwerber u. entspr. Fortsetzungsbeschluss aufgehoben werden kann.[100] 36

2. GmbH & Co KG, Unternehmensverbindungen

Die Entstehung wechselseitiger Beteiligungen in Unternehmensverbindungen u. Konzernverhältnissen kann zu einer Gefährdung des Stammkapitals führen. Bspw. begründet der Erwerb von Geschäftsanteilen an einer Komplementär-GmbH durch die KG eine gesamthänderische Berechtigung der GmbH am eigenen Anteil, was eine Anwendung von Abs. 1 rechtfertigt 37

95 *Ebenso* Ulmer/*Paura* Rn. 91; für einfache Mehrheit dag Baumbach/Hueck/*Fastrich* Rn. 28; Scholz/*Westermann* Rn. 38 sowie die 2. Aufl.
96 HM, vgl. Baumbach/Hueck/*Fastrich* Rn. 28 mwN; aA *Lutter/Hommelhoff* Rn. 34 u. Ulmer/*Paura* Rn. 93.
97 *Lutter/Hommelhoff* Rn. 39; iErg mit anderer Begründung ebenso Scholz/*Westermann* Rn. 39.
98 Michalski/*Sosnitza* Rn. 69; Scholz/*Westermann* Rn. 39; ebenso bereits *Hösel*, DNotZ 58, 5, 10.
99 Baumbach/Hueck/*Fastrich* Rn. 19 mwN; Michalski/*Sosnitza* Rn. 53.
100 AA Scholz/*Westermann* Rn. 44: Eintritt der Auflösung erst nach angemessener Zeit.

(„mittelbare Selbstbeteiligung").[101] Demggü. kommt Abs. 2 bei der GmbH & Co KG nur dann zur Anwendung, wenn die Zahlung des Entgelts durch die KG Auswirkungen auf das Stammkapital der GmbH hat.[102] Dieser Fall ist gegeben, wenn der Haftung der Komplementär-GmbH nach § 128 HGB aufgrund der Vermögenslage der KG kein vollwertiger Regressanspruch aus § 110 HGB gegenüber steht.[103]

38 Auch bei einer **wechselseitigen Beteiligung** zwischen zwei GmbHs kann sich der Erwerb des Anteils durch eine GmbH (zB Tochter-GmbH erwirbt die Anteile an der Mutter-GmbH bei wechselseitiger Beteiligung) wirtschaftlich wie der Erwerb eigener Anteile auswirken u. daher eine Gefährdung des Kapitals nach sich ziehen. Dies ist offensichtlich, wenn zwei GmbHs jeweils 100 % aneinander halten, bei geringer Beteiligungshöhe ist aber ebenso eine Gefährdung nicht gänzlich ausgeschlossen. Jedenfalls bei Mehrheitsbeteiligungen[104] ist daher ein derivativer Erwerb von nicht voll eingezahlten Anteilen der Obergesellschaft durch die Untergesellschaft entspr. Abs. 1 unzulässig u. damit unwirksam.[105]

39 Unzulässig nach Abs. 1 ist daneben auch der **originäre Erwerb** von neuen Anteilen an der Obergesellschaft durch die Untergesellschaft, wenn die neuen Anteile im Wege einer Kapitalerhöhung gegen Einlagen entstehen.[106]

40 Der Erwerb voll eingezahlter Geschäftsanteile der Obergesellschaft richtet sich nach den Voraussetzungen des Abs. 2 (→ Rn. 16 ff.) unter gleichzeitiger Bildung einer Sonderrücklage nach § 272 IV HGB.

VIII. Steuern

41 Die steuerliche Einordnung sowohl des Erwerbs als auch der späteren Veräußerung eigener Anteile war nach Inkrafttreten des BilMoG u. der etwas später erfolgten Aufhebung des BMF-Schreibens zur steuerlichen Behandlung des Erwerbs eigener Anteile ungeklärt.[107] Inzwischen hat das BMF in einem neuen Rundschreiben für weitgehende Rechtssicherheit hins. der Ertragsteuern gesorgt.[108] Die steuerliche Betrachtung von Erwerb u. Veräußerung eigener Anteile folgt demnach der bilanziellen Darstellung als Kapi-

---

101 Str, für eine Anwendung: Baumbach/Hueck/*Fastrich* Rn. 20 mwN; aA Roth/*Altmeppen* Rn. 48 (lediglich gesamtschuldnerische Haftung der Kommanditisten für ausstehende Stammeinlagen). Insgesamt zur Einheits-GmbH & Co KG, insbes. zum Steuerrecht: *Normann*, GmbH-StB 14, 237 ff.

102 Baumbach/Hueck/*Fastrich* Rn. 20.

103 Roth/*Altmeppen* Rn. 49.

104 Aus Gründen des Kapitalschutzes erscheint eine Mehrheitsbeteiligung als erforderlich u. ausreichend, ebenso Baumbach/Hueck/*Fastrich* Rn. 21; Roth/*Altmeppen* Rn. 43, aA *Lutter/Hommelhoff* Rn. 40 (Anwendung der konzernrechtlichen Grenze von 25 % entspr. §§ 19 I, 328 AktG).

105 Baumbach/Hueck/*Fastrich* Rn. 21; *Lutter/Hommelhoff* Rn. 43; Scholz/*Westermann* Rn. 13; aA Roth/*Altmeppen* Rn. 42: nur Abs. 2 analog anwendbar.

106 So iErg übereinstimmend *Lutter/Hommelhoff* Rn. 42 (Anwendung des § 33 zugrunde liegenden Kapitalschutzgedankens) u. Roth/*Altmeppen* Rn. 45 (§ 56 II AktG analog) sowie *Wicke* Rn. 15 (§ 56 II AktG analog).

107 Eingehend *Siebert/Ivzhenko-Siebert*, FR 12, 285 ff.; *Köhler*, DB 11, 15 ff.; *Breuninger/Müller*, GmbHR 11, 10 ff.

108 BMF-Schreiben vom 27.11.2013, IV C 2 – S 2742/07/10009, BStBl 13 I S. 1615; eingehend hierzu *Schiffers*, GmbHR 14, 79 ff. u. *Harle*, StBp 15, 16 ff.

talherabsetzung bzw. -erhöhung u. ist damit für die Gesellschaft weiter regelmäßig steuerneutral möglich. Für den Gesellschafter handelt es sich dag um einen nach allg. Grundsätzen steuerbaren Veräußerungsvorgang. Im Falle eines Erwerbs eigener Anteile über Wert bzw. deren Veräußerung an einen Gesellschafter unter Wert kann eine vGA (→ § 29 Rn. 82 ff.) vorliegen u. überdies Schenkungsteuer fällig werden.[109] Bei grundbesitzenden Gesellschaften kann ggf. Grunderwerbsteuer anfallen.[110] Veräußert einer von zwei Gesellschaftern einer grundbesitzenden GmbH seine Anteile an die Gesellschaft, so verwirklicht der einzige verbleibende Gesellschafter den Tatbestand einer Anteilsvereinigung nach § 1 Abs. 3 Nr. 1 GrEStG.[111]

§ 34 Einziehung von Geschäftsanteilen

(1) Die Einziehung (Amortisation) von Geschäftsanteilen darf nur erfolgen, soweit sie im Gesellschaftsvertrag zugelassen ist.

(2) Ohne die Zustimmung des Anteilsberechtigten findet die Einziehung nur statt, wenn die Voraussetzungen derselben vor dem Zeitpunkt, in welchem der Berechtigte den Geschäftsanteil erworben hat, im Gesellschaftsvertrag festgesetzt waren.

(3) Die Bestimmung in § 30 Abs. 1 bleibt unberührt.

Schrifttum

Bacher/Spieth, Die Anfechtbarkeit oder Nichtigkeit fehlerhafter Abfindungsklauseln in der GmbH-Satzung, GmbHR 2003, 973; *Benecke*, Inhaltskontrolle im Gesellschaftsrecht oder: „Hinauskündigung" und das Anstandsgefühl aller billig und gerecht Denkenden, ZIP 2005, 1437; *Casper/Altgen*, Gesellschaftsvertragliche Abfindungsklauseln, DStR 2008, 2319; *Clevinghaus*, Voraussetzungen und Folgen der Einziehung von GmbH-Geschäftsanteilen, RNotZ 2011, 449; *Einhaus/Selter*, Das Verhältnis von sowie Gründe für Ausschließung, Zwangseinziehung und -abtretung, GmbHR 2015, 679; *Fritz*, Die Zwangseinziehung von GmbH-Geschäftsanteilen, 2015; *Heckschen*, Einziehung, Zwangsabtretung und Ausschluss in der Insolvenz eines GmbH-Gesellschafters, NZG 2010, 521; *Kleindiek*, Die Einziehung von GmbH-Geschäftsanteilen und das Konvergenzgebot aus § 5 III 2 GmbHG, NZG 2015 489; *Kowalski/Bormann*, (Manager-) Beteiligung auf Zeit – ein Fall der Sittenwidrigkeit?, GmbHR 2004, 1438; *Lange*, Neues zu Abfindungsklauseln – Anmerkungen zu den Urteilen des OLG Dresden, 2000, 1024 und des BGH, NZG 2000, 1027, NZG 2001, 635; *Langner/Heydel*, Die Vererbung von GmbH-Geschäftsanteilen – Sicherstellung einer familieninternen Nachfolge, GmbHR 2005, 377; *Löwe/Thoß*, Austritt und Ausschluss eines Gesellschafters aus der GmbH sowie Einziehung seines Geschäftsanteils – Wirksamkeit und Wirkungen, NZG 2003, 1005; *Lutter*, Ausschluss von Gesellschaftern, Einziehung von Geschäftsanteilen und gesellschafterliche Treuepflicht, GmbHR 1997, 1134; *Lutz*, Rechtswirkung des Gesellschafterbeschlusses bei Zwangseinziehung des GmbH-Geschäftsanteils, DStR 1999, 1858; *Mayer/Elfring*, Das zwangsweise Ausscheiden des Gesellschafters – Machtkämpfe in der GmbH, GmbHR 2004, 869; *Niemeier*, Rechtstatsachen und Rechtsfragen der Einziehung von GmbH-Anteilen, 1982; *Priester*, Einziehungsbeschluss trotz Zahlungssperre aus § 30 GmbHG!, ZIP 2012, 658; *Schäfer/Hillesheim*, Die Gesellschafterstellung auf Zeit im Rahmen eines Geschäftsführerbeteiligungsmodells (Managermodells), DStR 2003, 2122; *Schneider/Wiechers*, Zur Zulässigkeit von Vereinba-

109 Näher hierzu *Helios/Kröger* RdF 14, 156, 159 f. u. 162; zur vGA s. § 29 Rn. 82 ff.

110 Hierzu u. zu Fragen der Berechnung steuerlicher Beteiligungsquoten *Roser*, GmbH-StB 14, 55, 58.

111 BFH NZG 2015, 526.

rungen über Rückübertragungen gesellschaftlicher Beteiligungen von Managern und Mitarbeitern, DB 2005, 2450; *Schockenhoff*, Die befristete Unternehmensbeteiligung des GmbH-Geschäftsführers, ZIP 2005, 1009; *ders*, Rechtsfragen der Zwangseinziehung von GmbH-Geschäftsanteilen, NZG 2012, 449; *Sosnitza*, Rückerwerb der Geschäftsanteile von Gesellschafter-Geschäftsführern, DStR 06, 72; *Stehmann*, Die Einziehung von Geschäftsanteilen des Gesellschafters einer GmbH, GmbHR 2013, 574; *Tschernig*, Der Ausschluss eines GmbH-Gesellschafters durch Gesellschafterbeschluss, GmbHR 1999, 691; *Wolff*, Das Schicksal eingezogener GmbH-Geschäftsanteile und alternative Satzungsregelungen, GmbHR 1999, 958; *Ziegler*, Gesellschaftsvertragliche Abfindungsklauseln mit Ratenzahlung, DB 2000, 2107.

I. Allgemeines

1. Regelungsinhalt

1 § 34 regelt nur rudimentär die Einziehung (der Begriff Amortisation wird in diesem Zusammenhang praktisch nicht mehr verwendet) von Geschäftsanteilen, indem zwingend zu beachtende Schutzvorschriften vorgegeben werden. Voraussetzung ist grds. eine die Einziehung ermöglichende Satzungsregelung (Abs. 1) u. die Einhaltung der Kapitalschutzvorschriften

(Abs. 3). Erfolgt die Einziehung nicht als **freiwillige Einziehung** mit Zustimmung des betroffenen Gesellschafters, sondern als **Zwangseinziehung** ohne oder gegen dessen Willen, muss die Satzung diese Möglichkeit schon vor Anteilserwerb des betroffenen Gesellschafters vorgesehen haben (Abs. 2). Weitere Voraussetzungen wurden von Literatur u. Rspr. entwickelt. Auch die Rechtsfolge, nämlich die **Vernichtung** des eingezogenen Anteils, wird im Gesetz eher vorausgesetzt als geregelt,[1] so dass im Detail vieles str. ist. Dennoch hat sich die Einziehung in der Praxis als vergleichsweise einfach zu handhabendes Instrument durchgesetzt, zumal sie im Regelfall weder der notariellen Beurkundung noch einer Handelsregisteranmeldung bedarf,[2] sondern lediglich eine neue Gesellschafterliste zum Register einzureichen ist.

2. Anwendungsbereich

Die Vorschrift bezweckt die Vernichtung eines Geschäftsanteils, ohne hierfür eine Beschränkung auf besondere sachliche Gründe vorzusehen. Sie kann daher bspw. zum gezielten Kapitalentzug (dann mit einer Kapitalherabsetzung verbunden),[3] zur einvernehmlichen teilw. oder vollständigen Reduzierung einer Beteiligung oder zur Abwehr unerwünschter Gesellschafter genutzt werden. Auch ist die Einziehung sowohl bei einer werbenden als auch bei einer in Liquidation befindlichen Gesellschaft möglich,[4] in Ermangelung von einziehungsfähigen Geschäftsanteilen dag nicht bei einer Vor-GmbH.[5] 2

3. Abgrenzung

Abzugrenzen ist die Einziehung von Instituten, die zwar ebenfalls letztlich zu einem Verlust des Geschäftsanteils bei dem betroffenen Gesellschafter führen, den Geschäftsanteil als solchen aber bestehen lassen, während er bei der Einziehung vernichtet wird. Gesetzlich geregelt sind zunächst der einvernehmliche **Erwerb eigener Anteile** durch die Gesellschaft (§ 33) u. die **Kaduzierung** wegen rückständiger Zahlung auf die Stammeinlage (§§ 21 ff.), welche jeweils zu einem unmittelbaren Verlust der Inhaberschaft führen. Geregelt ist weiterhin die **Preisgabe** bzw. deren Fiktion (§ 27 I 1 u. 2) im Falle einer Nachschusspflicht, welche der Gesellschaft ein Veräußerungsrecht geben, bis zu dessen Abschluss der Gesellschafter Inhaber des Anteils bleibt. Besonderheit der Einziehung ist ferner, dass sie sich nicht gegen einen Gesellschafter als Person richtet, sondern gegen einen be- 3

1 Amortisation von französisch „amortir", tilgen.

2 Beurkundung u. Registeranmeldung sind nur erforderlich, wenn die Einziehung mit einer Kapitalmaßnahme verbunden wird, vgl. Baumbach/Hueck/*Fastrich* Rn. 18; dazu su Rn. 59 f., zust. OLG Düsseldorf, Urt. v. 7.2.2007 – I-15 u. 130/06.

3 Dies war der historische Hauptzweck, vgl. MüKoGmbHG/*Strohn* Rn. 1 mwN, insbes. unter Verweis auf *Niemeier*, Rechtstatsachen und Rechtsfragen der Einziehung von GmbH-Anteilen, 82, S. 7 ff.

4 BGH NJW 53, 789; Baumbach/Hueck/*Fastrich* Rn. 18; MüKoGmbHG/*Strohn* Rn. 98. Zu beachten ist aber, dass zahlreiche in Satzungen häufig verwendete Einziehungsgründe in der Abwicklung ihre Bedeutung verlieren, eingehend dazu MüKoGmbHG/*Strohn* Rn. 98 mwN. Zu weiteren Besonderheiten § 69 Rn. 9.

5 Baumbach/Hueck/*Fastrich* Rn. 18; MüKoGmbHG/*Strohn* Rn. 98.

stimmten Geschäftsanteil.[6] Sie kann deshalb im Gegensatz zu den gesetzlich nicht geregelten Instituten **Ausschluss, Austritt** u. **Kündigung** auch auf einzelne Geschäftsanteile eines Gesellschafters oder auf Teile von Geschäftsanteilen beschränkt werden.[7]

II. Voraussetzungen der Einziehung

1. Allgemeine Voraussetzungen

4 Voraussetzung jeglicher Einziehung ist zunächst grds. eine entspr. **Satzungsregelung.** Die Einziehung erfolgt stets aufgrund eines **Einziehungsbeschlusses** u. bedarf zu ihrer Wirksamkeit weiterhin dessen **Mitteilung an den Gesellschafter.** Schließlich ist die **Einhaltung der Kapitalschutzvorschriften** zu beachten.

5 a) **Satzungsregelung.** aa) **Erforderlichkeit und inhaltliche Ausgestaltung.** Sowohl die freiwillige Einziehung als auch die Zwangseinziehung müssen gem. Abs. 1 **durch die Satzung** vorgesehen sein. Hins. der Zwangseinziehung (Abs. 1, 2) liegt der Sinn u. Zweck dieser Regelung auf der Hand: Der Gesellschafter soll vor dem Verlust seines Geschäftsanteils gegen seinen Willen geschützt werden.[8] Bei der freiwilligen Einziehung (Abs. 1) bedarf es einer Satzungsregelung zum Schutz der in der Gesellschaft verbleibenden Mitgesellschafter. Denn diese sind einer Veränderung der Stimmverhältnisse u. einer möglicherweise erhöhten Subsidiärhaftung im Zuge der Erhöhung ihrer Beteiligungsquote ausgesetzt.[9]

6 Zu differenzieren ist dag bei einigen **Sonderfällen.** Keine Ausn. vom Erfordernis der Zulassung einer Einziehung in der Satzung gilt bei der **teilw. Einziehung** eines Geschäftsanteils, da sie sich vom Normalfall nur hins. des Umfangs der Einziehung, nicht aber hins. der og Schutzbedürftigkeit anderer Gesellschafter unterscheidet.[10] Eine gesonderte Satzungsregelung für die teilw. Einziehung ist daher auch nicht erforderlich. Eine Satzungsermächtigung soll nach hM auch bei der **Einziehung eigener Anteile** durch die GmbH erforderlich sein.[11] Da eigene Anteile ohnehin nicht stimmberechtigt sind u. die Wirkungen mit dem Erwerb eigener Anteile vergleichbar sind, fehlt es hier aber am Schutzbedürfnis der übrigen Gesellschafter, weshalb eine Satzungsregelung nicht verlangt werden kann.[12] Außerdem steht eine solche Anforderung im Widerspruch zur allg. Meinung bei der **Einziehung von Anteilen ausgeschlossener Gesellschafter,** welche in diesem Fall trotz vergleichbarer Interessenlage zu Recht keine Satzungsgrundlage verlangt (→ Anh. § 34 Rn. 19).[13]

7 Für die **freiwillige Einziehung** bestehen **keine besonderen inhaltlichen Anforderungen** an die Formulierung der Satzung. Die schlichte Feststellung

---

6 Baumbach/Hueck/*Fastrich* Rn. 2; BGH NZG 06, 341.
7 Zu Austritt u. Ausschluss näher Anh. § 34 Rn. 3 ff., 20 ff.
8 Lutter/Hommelhoff/*Lutter/Kleindiek* Rn. 27.
9 Scholz/*Westermann* Rn. 7.
10 Michalski/*Sosnitza* Rn. 21; BGH NJW 53, 780, 782.
11 Baumbach/Hueck/*Fastrich* Rn. 13; *Ulmer/Habersack* Rn. 27; aA MüKoGmbHG/*Strohn* Rn. 9, 88.
12 Zutr. MüKoGmbHG/*Strohn* Rn. 9, 88.
13 BGH NJW 77, 2316; Baumbach/Hueck/*Fastrich* Rn. 1.

von deren Zulässigkeit in der Satzung ist in jedem Fall genügend.[14] Die Zulässigkeit kann sich darüber hinaus auch ohne ausdrückliche Regelung durch **Auslegung** ergeben,[15] bspw. können ein Austritts- bzw. Kündigungsrecht oder eine Ausschließungsmöglichkeit in der Satzung ein Indiz für die Zulässigkeit der freiwilligen Einziehung sein.[16] Auch wenn nach zutr. hM die satzungsmäßige Berücksichtigung der **Zwangseinziehung nicht automatisch auch die freiwillige Einziehung umfasst,**[17] kann sich im Einzelfall deren Zulässigkeit ebenfalls im Wege der Auslegung ergeben.[18]

Enthält der Gesellschaftsvertrag jedoch **keinerlei Satzungsregelung** zur Einziehung, hat der **Einziehungsbeschluss** keinerlei rechtliche Wirkung.[19] 8

bb) Satzungsänderung. Eine Regelung der Einziehung in der Satzung kann 9 auch **nachträglich eingeführt**, eine bereits **bestehende Regelung kann verschärft** werden.[20] Hierfür ist gem. § 53 ein notariell beurkundeter Gesellschafterbeschluss erforderlich, welcher nach § 54 III erst mit der Eintragung in das Handelsregister wirksam wird, wegen der zustandsbegründenden Wirkung kommt eine Einziehung lediglich durch satzungsdurchbrechenden Beschluss ohne förmliche Satzungsänderung nicht in Betracht[21] (→ § 53 Rn. 22 ff.). Str. ist, mit welchem **Mehrheitserfordernis** der Gesellschafterbeschluss zustande kommen muss. Nach der früheren Rechtsprechung und der jedenfalls früher vorherrschenden Auffassung ist – ohne zwischen freiwilliger u. Zwangseinziehung zu differenzieren – ein einstimmiger Satzungsänderungsbeschluss erforderlich.[22] Nach der heute im Schrifttum wohl überw. Meinung reicht bei der **freiwilligen Einziehung** eine **Dreiviertelmehrheit** nach § 53 II aus, da zudem noch die Zustimmung des betroffenen Gesellschafters erforderlich ist.[23] Ausn. hierzu sollen jedoch bestehen, sofern aufgrund der konkreten Ausgestaltung der Gesellschaftsverhältnisse die Zustimmung aller betroffenen Gesellschafter erforderlich erscheint, bspw. bei Pflichtenvermehrung bei den übrigen Gesellschaftern oder falls sonstige Nebenleistungspflichten gravierend erhöht werden.[24] Die Einführung einer Satzungsregelung zur **Zwangseinziehung** bedarf nach zutr. hM eines **einstimmigen Beschluss** entspr. § 53 III.

b) Einziehungbeschluss. aa) Zuständigkeit. Zuständig für die Fassung des 10 Einziehungsbeschlusses ist nach § 46 Nr. 4 grds. die Gesellschafterver-

14 Baumbach/Hueck/*Fastrich* Rn. 4; Gehrlein/Born/Simon/*Sandhaus* Rn. 11; MüKo-GmbHG/*Strohn* Rn. 10.
15 Baumbach/Hueck/*Fastrich* Rn. 4; Gehrlein/Born/Simon/*Sandhaus* Rn. 12; MüKo-GmbHG/*Strohn* Rn. 10.
16 Mit Unterschieden iErg: Baumbach/Hueck/*Fastrich* Rn. 4 (Kündigungs- oder Austrittsrecht regelmäßig genügend); MüKoGmbHG/*Strohn* Rn. 10 (Ausschließungsrecht regelmäßig genügend); zu Recht für einen strengeren Maßstab Gehrlein/Born/Simon/*Sandhaus* Rn. 12.
17 Baumbach/Hueck/*Fastrich* Rn. 4; *Ulmer/Habersack* Rn. 15.
18 MüKoGmbHG/*Strohn* Rn. 11; Gehrlein/Born/Simon/*Sandhaus* Rn. 12 je mwN.
19 Scholz/*Westermann* Rn. 7 f.
20 Lutter/Hommelhoff/*Lutter/Kleindiek* Rn. 29.
21 AA Lutter/Hommelhoff/*Lutter/Kleindiek* Rn. 19.
22 BGH NJW 53, 780; 77, 2316; Lutter/Hommelhoff/*Lutter/Kleindiek* Rn. 19; Michalski/*Sosnitza* Rn. 11.
23 *Ulmer/Habersack* Rn. 17 mwN; Baumbach/Hueck/*Fastrich* Rn. 5; MüKoGmbHG/*Strohn* Rn. 15; Roth/*Altmeppen* Rn. 8.
24 *Ulmer/Habersack* Rn. 18; Baumbach/Hueck/*Fastrich* Rn. 5.

sammlung. Die Beschlusskompetenz kann jedoch nach § 45 auch einem anderen **Organ der Gesellschaft** übertragen werden, bspw. dem Geschäftsführer, einem Gesellschafterausschuss, einem Aufsichts- oder Beirat,[25] sogar einem einzelnen Gesellschafter,[26] nicht aber einem gesellschaftsfremden Dritten.[27]

11 **bb) Inhalt und Form.** Sofern die Satzung nichts anderes bestimmt, kann der Beschluss mit **einfacher Mehrheit** gem. § 47 I gefasst werden,[28] er bedarf – da keine Satzungsänderung – keiner notariellen Beurkundung[29] Der Beschluss muss ausdrücklich oder konkludent[30] zum Ausdruck bringen, dass ein bestimmter Geschäftsanteil eingezogen werden soll, bei zwangsweiser Einziehung muss zudem der Einziehungsgrund angegeben werden. Soweit die Satzung nichts anderes vorschreibt, müssen weder die Abfindung[31] noch der Einziehungszeitpunkt[32] in dem Beschluss geregelt sein. Eine Beschlussfassung unter einer Bedingung oder Zeitbestimmung ist allerdings nur zulässig, wenn dadurch keine unzumutbare Ungewissheit geschaffen wird.[33]

12 **cc) Stimmberechtigung.** Der von der Einziehung **betroffene Gesellschafter** hat – sofern er dem zur Entscheidung berufenen Organ angehört – grds. Stimmrecht bei der Beschlussfassung.[34] Das Stimmrecht des Gesellschafters ist jedoch nach § 47 IV analog **ausgeschlossen,** sofern die Einziehung aus **wichtigem Grund in der Person des Gesellschafters** erfolgt, schließlich darf niemand Richter in eigener Sache sein.[35] Ein Ausschluss bzw. eine Beschränkung des Stimmrechts besteht zudem bei entspr. **Regelung im Gesellschaftsvertrag.**[36] Da die vorgenannten Grundsätze selbst in der Zweipersonen-GmbH gelten, kann ein Mehrheitsgesellschafter mit den Stimmen der Minderheitsgesellschafter durch Zwangseinziehung ausgeschlossen werden.[37] Von einem evtl. Stimmrechtsausschluss unberührt bleibt das Teilnahmerecht des betroffenen Gesellschafters, bei Missachtung ist der Beschluss anfechtbar.[38]

13 **dd) Ausübungspflichten und -grenzen.** Nach den allg. Regeln sind die Gesellschafter bei der Beschlussfassung an den **Gleichbehandlungsgrundsatz**

25 Scholz/*Westermann* Rn. 42; gegen die Übertragung auf Geschäftsführer *Rowedder*/Schmidt-Leithoff/*Bergmann* Rn. 15.
26 MüKoGmbHG/*Strohn* Rn. 25.
27 MüKoGmbHG/*Strohn* Rn. 26; für die Zulässigkeit der Übertragung auf eine dann als Organ anzusehende Schiedsinstanz jedoch *Ulmer/Habersack* Rn. 115.
28 MüKoGmbHG/*Strohn* Rn. 18; Baumbach/Hueck/*Fastrich* Rn. 14; BGH NJW 88, 1844, 1845.
29 MüKoGmbHG/*Strohn* Rn. 18; OLG Karlsruhe GmbHR 03, 1482, 1483.
30 BGH GmbHR 95, 377; Baumbach/Hueck/*Fastrich* Rn. 14.
31 BGH GmbHR 95, 377; Baumbach/Hueck/*Fastrich* Rn. 14.
32 Da sich dieser grds. nach dem Zugang der Einziehungsmitteilung richtet, vgl. MüKoGmbHG/*Strohn* Rn. 18; Michalski/*Sosnitza* Rn. 104.
33 MüKoGmbHG/*Strohn* Rn. 18.
34 Baumbach/Hueck/*Fastrich* Rn. 14; offen gelassen von BGH WM 77, 192, 193, aA *Ulmer/Habersack* Rn. 51.
35 BGH NJW 53, 780, 784; zu Recht weitergehend MüKoGmbHG/*Strohn* Rn. 20 mN: auch bei Pfändung u. Insolvenz.
36 BGH WM 77, 192, 193.
37 OLG Stuttgart GmbHR 13, 414, 418; MüKoGmbHG/*Strohn* Rn. 104, 131 mwN.
38 Michalski/*Sosnitza* Rn. 112; OLG Dresden NZG 2016, 1225.

u. die **Treuepflicht** gebunden.[39] Insbes. kann ein Stimmrechtsmissbrauch darin begründet sein, trotz Vorliegens eines Einziehungsgrundes gegen die Einziehung zu stimmen, sofern nicht überw. Gründe im Interesse der Gesellschaft gegen die Einziehung sprechen.[40]

Eine bestimmte **Reihenfolge** von Einziehungsbeschluss u. Zulassung der Einziehung in der Satzung ist für die freiwillige Einziehung nicht vorgeschrieben, so dass ein entspr. Beschluss auch schon gefasst werden kann, bevor die Satzung wirksam um einen Passus zur Einziehung ergänzt wurde, sofern die Satzung bis zur Durchführung der Einziehung angepasst wurde.[41] In **zeitlicher Hinsicht** besteht grds. keine Ausübungsgrenze. Anderes kann sich aber im Einzelfall zum einen aus dem Gesellschaftsvertrag, zum anderen aus der Natur des Einziehungsgrundes ergeben.[42] 14

ee) **Rechtsschutzmöglichkeiten.** Der von der Einziehung betroffene Gesellschafter kann gegen den zugrunde liegenden Gesellschafterbeschluss entweder mit einer Anfechtungsklage vorgehen oder eine entspr. Feststellungsklage erheben.[43] 15

ff) **Statutarische Einziehung.** Umstritten ist, ob die Satzung bestimmen kann, dass der Geschäftsanteil bei Vorliegen bestimmter Voraussetzungen automatisch eingezogen wird, ohne dass es eines Gesellschafterbeschlusses bedarf. Von Bedeutung sind solche **statutarischen Einziehungsklauseln** insbes. für den Todesfall, da der Gesellschaftsanteil dann schon nicht in den Nachlass fällt, so dass die Erben nicht Gesellschafter werden.[44] Nach zutr. hM ist die statutarische Einziehung jedoch **unzulässig**, da bei jeder Entscheidung über eine Einziehung die Voraussetzungen der §§ 19, 34 I, 30 I geprüft werden müssen.[45] 16

c) **Mitteilung an den Gesellschafter.** Die Einziehung wird frühestens mit **Mitteilung** des Gesellschafterbeschlusses an den betroffenen Gesellschafter wirksam u. kann dann nicht mehr einseitig widerrufen werden.[46] Sie ist eine empfangsbedürftige Willenserklärung gem. § 130 BGB u. formlos möglich, kann also insbes. konkludent erfolgen.[47] Die Gesellschafterversammlung ist – vorbehaltlich abw. Regelungen in der Satzung – für die 17

39 Michalski/*Sosnitza* Rn. 114.
40 BGH NZG 03, 530.
41 Scholz/*Westermann* Rn. 41; Gehrlein/Born/Simon/*Sandhaus* Rn. 24.
42 Michalski/*Sosnitza* Rn. 113; MüKoGmbHG/*Strohn* Rn. 22.
43 Scholz/*Westermann* Rn. 20; BGH ZIP 95, 835, 836 f.; GmbHR 85, 214; OLG Hamm GmbHR 94, 256; *Rowedder*/Schmidt-Leithoff/*Bergmann* Rn. 57.
44 Scholz/*Westermann* Rn. 49 mwN.
45 Baumbach/Hueck/*Fastrich* Rn. 17.
46 MüKoGmbHG/*Strohn* Rn. 33; Gehrlein/Born/Simon/*Sandhaus* Rn. 37.
47 Bspw. in der Beschlussfeststellung durch den Vorsitzenden bei Anwesenheit des betroffenen Gesellschafters, so zutr. MüKoGmbHG/*Strohn* Rn. 36; ihm folgend Gehrlein/Born/Simon/*Sandhaus* Rn. 37; Lutter/Hommelhoff/*Lutter*/*Kleindiek* Rn. 24; aA (Entbehrlichkeit der Mitteilung) Roth/*Altmeppen* Rn. 20; unklar OLG Dresden NZG 16, 385, wonach es bei Anwesenheit des Gesellschafters keiner „gesonderten" Mitteilung bedürfe; ausdrücklich offen gelassen durch BGH NZG 16, 742.

Mitteilung originär zuständig,[48] sie kann aber den Geschäftsführer – auch konkludent – bevollmächtigen.[49]

18 **d) Kapitalschutz. aa) Volleinzahlung der Stammeinlage.** Der **einzuziehende Geschäftsanteil** muss **voll eingezahlt** sein, da anderenfalls infolge der Vernichtung des Geschäftsanteils u. sämtlicher hieraus resultierender Rechte u. Pflichten gegen das in § 19 II niedergelegte Verbot des Erlasses der Einlagenforderung verstoßen würde.[50] Ein gegen § 19 II verstoßender Einziehungsbeschluss ist nichtig.[51] Wird mit der Einziehung nicht gleichzeitig eine Kapitalherabsetzung nach § 58 durchgeführt u. sieht die Satzung auch keine Zwangsabtretung vor, muss der Anteilsinhaber zuvor die Resteinlage voll einzahlen, selbst wenn er infolge der Einziehung eine die restliche Einlageschuld übersteigende Abfindungsforderung gegen die Gesellschaft erlangt,[52] was die Einziehung besonders im Falle der Insolvenz des betroffenen Gesellschafters erschwert.

19 **bb) Kapitalerhaltung.** Nach §§ 34 III, 30 I darf die Entgeltzahlung nur aus über das Stammkapital hinaus vorhandenem Vermögen erfolgen, also **keine Unterbilanz** herbeiführen oder vertiefen. Maßgeblicher **Zeitpunkt** für die Auszahlungsschranke nach § 30 I ist der Augenblick der Zahlung.[53] Der Einziehungsbeschluss soll nach noch hM analog § 241 Nr. 3 AktG nichtig sein, wenn bereits bei der Fassung des Einziehungsbeschlusses feststeht, dass **kein (ausreichendes) freies Vermögen zur Verfügung** steht.[54]

20 Str. sind die Rechtsfolgen, sofern sich erst **nach der Beschlussfassung** herausstellt, dass die **Zahlung nur unter Verstoß gegen § 30 I** erfolgen kann.[55] Nach eA ist die Zahlung an den betroffenen Gesellschafter unter Wahrung der §§ 34 III, 30 I aufschiebende Bedingung für das Wirksamwerden der Einziehung.[56] Nach aA ist die Einziehung wirksam,[57] wobei zT vertreten wird, der Gesellschafter habe dann einen Anspruch auf Wiederaufnahme, wenn bei der Fälligkeit § 30 I einer Zahlung entgegensteht. Dogmatisch überzeugender u. mit dem Vorzug größerer Rechtssicherheit verbunden ist jedoch ein neuerer, nunmehr vom BGH bestätigter **Haftungsansatz**, nach welchem die Wirksamkeit des Beschlusses nicht von der Leis-

48 MüKoGmbHG/*Strohn* Rn. 34; aA Lutter/Hommelhoff/*Lutter/Kleindiek* Rn. 24: Geschäftsführer.
49 MüKoGmbHG/*Strohn* Rn. 35 mwN.
50 *Ulmer/Habersack* Rn. 19.
51 BGH DStR 01, 1898; aA OLG Celle GmbHR 98, 140: lediglich Anfechtbarkeit des Beschlusses.
52 *Ulmer/Habersack* Rn. 19; aA Scholz/*Westermann* Rn. 52.
53 BGHZ 9, 157, 169; MüKoGmbHG/*Strohn* Rn. 31; *Ulmer/Habersack* Rn. 20.
54 BGH GmbHR 09, 314; MüKoGmbHG/*Strohn* Rn. 31 u. 72; dies soll nach BGH NZG 2018, 1069 selbst dann gelten, wenn bei möglicher (aber nicht erfolgter) Auflösung stiller Reserven ausreichendes Kapital verfügbar wäre; zu Recht zweifelnd nunmehr Baumbach/Hueck/*Fastrich* Rn. 40 a u. 48; ebenso *Heckschen/Heidinger* § 13 Rn. 217 ff.; Roth/*Altmeppen* Rn. 31. Vorzugswürdig ist auch hier der nachfolgend beschriebene Haftungsansatz.
55 Ausf. Übbl bei MüKoGmbHG/*Strohn* Rn. 73 ff.
56 OLG Düsseldorf GmbHR 07, 538; OLG Frankfurt NJW-RR 97, 612; OLG Hamm NZG 99, 597, 598; OLG Köln GmbHR 96, 609; OLG Schleswig NZG 00, 703, 704; wohl noch Scholz/*Westermann* Rn. 56 ff.
57 KG NZG 06, 437; wohl auch *Clevinghaus*, RNotZ 11, 449, 458.

tung der Abfindung abhängt.[58] Lediglich wenn bereits bei der Beschlussfassung die Unerbringlichkeit der Abfindung aus freien Mitteln feststeht, soll der Beschluss auch nach dieser Auffassung von Anfang an nichtig sein,[59] ferner ist weiter eine Bedingungslösung über entsprechende Vorgaben in der Satzung zulässig. Die Interessen des ausscheidenden Gesellschafters werden dadurch gewahrt, dass die Gesellschafter, die den Einziehungsbeschluss gefasst haben,[60] ihm anteilig (u nach umstr. aber zutr. Ansicht verschuldensunabhängig)[61] für die Leistung der Abfindung haften, wenn diese nicht aus Gesellschaftsvermögen erbracht werden kann,[62] und zwar unabhängig davon, ob die Einziehung mit oder ohne Zustimmung des ausscheidenden Gesellschafters erfolgte.[63] In einem weiteren Urteil hat der BGH nun die Haftung der verbleibenden Gesellschafter wieder eingeschränkt und auf die Fälle begrenzt, in denen sie Maßnahmen zur Herbeiführung der Auszahlungsfähigkeit unterlassen und die Gesellschaft treuwidrig fortsetzen und sich dadurch den Wert des eingezogenen Anteils aneignen.[64] Insbesondere in der nicht treuwidrig herbeigeführten oder verzögerten Insolvenz der Gesellschaft geht der Abfindungsanspruch des ausgeschiedenen Gesellschafters damit wirtschaftlich ins Leere. Angesichts der Tatsache, dass der betroffene Gesellschafter wegen der sofortigen Wirksamkeit der Einziehung seines Anteils auf die weitere wirtschaftliche Entwicklung gar keinen Einfluss mehr nehmen konnte, erscheint diese Haftungseinschränkung zu weitgehend und belastet den ausgeschiedenen Gesellschafter einseitig.[65] Nicht konsequent erscheint auch, einerseits auf den Vermögenszuwachs bei den verbleibenden Gesellschaftern abzustellen,[66] andererseits aber die Haftung auf die Gesellschafter zu beschränken, die dem Einziehungsbeschluss zugestimmt haben.[67]

Zugrunde zu legen ist die **Bilanz zu fortgeführten Buchwerten.**[68] Allerdings 21
kann sich eine Pflicht zur (rechtzeitigen) Auflösung stiller Reserven aus der gesellschaftsrechtlichen Treuepflicht ergeben.[69] Ein **Verstoß gegen § 30 I**

---

58 BGH NZG 12, 259; *Heckschen*, NZG 10, 521, 523; Roth/*Altmeppen* Rn. 20; Baumbach/Hueck/*Fastrich* Rn. 44; jetzt auch Michalski/*Sosnitza* Rn. 83; dies ausdrücklich abl. *Ulmer/Habersack* Rn. 63.

59 BGH NJW 11, 2294, bestätigt in BGH NZG 12, 259; überzeugender jedoch Baumbach/Hueck/*Fastrich* Rn. 40: Nichtigkeit nur, wenn auch die Haftung der Gesellschafter ins Leere geht.

60 Diese Einschränkung ist nach der neueren Entscheidung des BGH (NZG 16, 742), wonach die Haftung dogmatisch an den Vermögenszuwachs der verbleibenden Gesellschafter anknüpft, jedoch nicht mehr konsequent.

61 Baumbach/Hueck/*Fastrich* Rn. 45, aA BGH NZG 16, 742.

62 *BGH NZG 12, 259.*

63 BGH NZG 16, 742.

64 BGH NZG 16, 742.

65 Zu Recht kritisch daher Baumbach/Hueck/*Fastrich* Rn. 45 ff.; Roth/*Altmeppen* Rn. 26.

66 BGH NZG 16, 742.

67 BGH NZG 12, 259; zu Recht auch insoweit kritisch Baumbach/Hueck/*Fastrich* Rn. 45 ff.

68 BGH NJW 00, 2819, 2820 f.; eine mögliche, aber nicht erfolgte Auflösung stiller Reserven ist nach BGH NZG 2018, 1069 nicht zu berücksichtigen.

69 BGH NZG 06, 341, 344.

begründet Rückforderungsansprüche gegen den Empfänger nach § 31 I u. gegen die Mitgesellschafter nach § 31 III.[70]

22 Während das Erfordernis nach § 34 III iVm § 30 I für den Fall der unentgeltlichen Einziehung naturgemäß keine Rolle spielt, ist die Rechtslage bei der **Einziehung eigener Anteile der GmbH** umstritten. Die Einziehung eigener Anteile kann zweckmäßig sein, sofern die Gesellschaft allg. nach § 33 oder aufgrund des Ausschlusses oder Austritts eines Gesellschafters einen Geschäftsanteil erworben hat. Nach bislang hM vernichtet die GmbH durch die Einziehung einen eigenen wirtschaftlichen Aktivposten, ungeachtet der bilanziellen Neutralisierung (§ 33 II iVm 272 IV HGB aF), weshalb bei bereits bestehender Unterbilanz die Einziehung eigener Anteile unzulässig sei, da bei der Vermögensminderung auf tatsächliche Vermögenswerte der Gesellschaft abgestellt werden müsse.[71] Dem kann aber nach den durch das BilMoG eingeführten Neuerungen nicht mehr gefolgt werden, da es nicht mehr zu einer Aktivierung eigener Anteile in der Bilanz kommt. Vorzugswürdig ist daher die Auffassung, wonach es sich bei der Einziehung eigener Anteile um eine stets zulässige da vermögensneutrale Bilanzverkürzung handelt.[72]

2. Zusätzliche Voraussetzungen der freiwilligen Einziehung

23 Die **freiwillige Einziehung** ist insbes. relevant, wenn von der Möglichkeit der Anteilsvinkulierung Gebrauch gemacht wurde.[73] Des Weiteren können Einziehungsklauseln auch zur Steuerung der Gesellschafternachfolge im Todesfall verwendet werden.[74]

24 **a) Zustimmung des betroffenen Gesellschafters.** Sieht die Satzung die freiwillige Einziehung vor (Abs. 1), muss zusätzlich noch der von der Einziehung **betroffene Gesellschafter seine Zustimmung erteilen.** Ebenso wie die Einziehungsmitteilung ist die Zustimmung eine empfangsbedürftige Willenserklärung u. kann entweder vor oder nach dem Einziehungsbeschluss erteilt werden.[75] Für den Zugang bei der Gesellschaft genügt gem. § 35 II 2 der Zugang bei einem Geschäftsführer. Die Zustimmung kann auch ggü. der Gesellschafterversammlung erklärt werden.[76] Die Zustimmungserklärung ist formfrei u. kann daher auch konkludent abgegeben werden,[77] bspw. indem der betroffene Gesellschafter bereits für den Einziehungsbeschluss stimmt. Die Zustimmung zur nachträglichen Aufnahme einer Einziehungsregelung in die Satzung reicht nur dann auch für die Einziehung

---

70 BGH NJW 53, 780, 782.

71 Baumbach/Hueck/*Fastrich* Rn. 13; Scholz/*Westermann* Rn. 54 mwN; ebenso 1. Aufl. Rn. 24.

72 Zutr. Roth/*Altmeppen* Rn. 15; MüKoGmbHG/*Strohn* Rn. 89: infolge der Unterbilanz wird kein Bilanzposten zur Ausschüttung frei u. kann daher auch nicht den Gesellschaftern zufließen.

73 Zu einer vergleichbaren Lösung durch Modifikationen der Anteilsvinkulierung, zusammen mit Andienungs- u. Vorkaufsrechten vgl. *Westermann/Klingberg*, FS Quack, 91, S. 547 ff.

74 Scholz/*Westermann* Rn. 3; *Käppler*, ZGR 78, 542; *Habersack*, ZIP 90, 625.

75 Michalski/*Sosnitza* Rn. 13.

76 Allg. Meinung; vgl. Michalski/*Sosnitza* Rn. 13; MüKoGmbHG/*Strohn* Rn. 37 je mwN.

77 Michalski/*Sosnitza* Rn. 13; MüKoGmbHG/*Strohn* Rn. 38.

des Geschäftsanteils des betroffenen Gesellschafters aus, wenn sich die Satzungsänderung gerade auf diese konkrete Einziehung bezieht.[78]

25 **b) Zustimmung dinglich Berechtigter.** Ist der Geschäftsanteil verpfändet, gepfändet oder mit einem Nießbrauch belastet, ist neben der Zustimmung des betroffenen Anteilsinhabers auch die **Zustimmung des dinglich Berechtigten** erforderlich, soweit die Belastung der Gesellschaft bekannt ist (§§ 407, 409 BGB analog).[79]

3. Zusätzliche Voraussetzungen der Zwangseinziehung

26 **Zwangseinziehungsklauseln** in der Satzung sollen verhindern, dass bei Insolvenz des Gesellschafters oder der Pfändung seines Geschäftsanteils gesellschaftsfremde Dritte – Insolvenzverwalter oder Pfandgläubiger – Einfluss auf die gesellschaftliche Willensbildung nehmen können.[80] Die Anwendungsbereiche von Zwangseinziehung u. Ausschließung überschneiden sich bei der Trennung von einem Mitgesellschafter, der zur Mitgeschäftsführung nicht mehr in der Lage oder sonst nicht mehr tragbar ist.[81]

27 **a) Anforderungen an die Satzungsregelung. aa) Satzungsregelung vor Anteilserwerb, Satzungsänderung.** Die Zwangseinziehung ist ausweislich Abs. 2 nur zulässig, wenn die Einziehungsmöglichkeit u. die Voraussetzungen der Einziehung bereits **in dem Zeitpunkt in der Satzung niedergelegt waren, in dem der Gesellschafter den Anteil erworben hat.** Schließlich soll sich der Gesellschafter des Risikos bewusst sein u. sich freiwillig dafür entscheiden, dass der von ihm zu übernehmende Geschäftsanteil unter Umständen ohne oder gegen seinen Willen eingezogen werden kann.[82]

28 Wird die Zwangseinziehungsregelung mit Zustimmung aller Gesellschafter **durch Satzungsänderung** eingeführt, unterfallen dieser Satzungsänderung sämtliche gegenwärtigen Gesellschafter sowie alle Gesellschafter, die zu einem späteren Zeitpunkt in die Gesellschafter eintreten.[83] Auch im Fall einer nachträglich eingeführten Zwangseinziehung, die zwar nicht gegen die gegenwärtigen Gesellschafter, wohl aber gegen deren **zukünftige Rechtsnachfolger** (in die bestehenden Geschäftsanteile) wirken soll, ist die **Zustimmung aller gegenwärtigen Gesellschafter erforderlich.** Denn auch die Befugnis zur künftigen Zwangseinziehung kann schon dem gegenwärtigen Gesellschafter die Veräußerung seiner Beteiligung erschweren. Allerdings reicht eine **Dreiviertelmehrheit iSv § 53 II** aus, wenn die nachträglich aufgenommene Zwangseinziehung **allein Geschäftsanteile betrifft, die erst künftig entstehen** sollen, handelt es sich in diesem Fall doch lediglich um die Modalität einer Kapitalerhöhung.[84]

29 **bb) Notwendiger Inhalt.** Die Voraussetzungen der Zwangseinziehung müssen sich gem. Abs. 2 aus dem Gesellschaftsvertrag ergeben. Die Satzungsregelung muss zum einen die **Ermächtigung** enthalten, den betroffenen Ge-

78 Mit weiteren Bsp MüKoGmbHG/*Strohn* Rn. 38.
79 MüKoGmbHG/*Strohn* Rn. 39 f.; Baumbach/Hueck/*Fastrich* Rn. 6.
80 Lutter/Hommelhoff/*Lutter Kleindiek* Rn. 1.
81 Scholz/*Westermann* Rn. 3.
82 BGH NJW 77, 2316.
83 MüKoGmbHG/*Strohn* Rn. 41; *Ulmer/Habersack* Rn. 33.
84 Baumbach/Hueck/*Fastrich* Rn. 8.

schäftsanteil ohne Zustimmung des Anteilsinhabers einzuziehen.[85] Zum anderen müssen die **Einziehungsgründe** so **genau benannt** sein, dass die Subsumtion eines konkreten Geschehens unter einen Einziehungstatbestand möglich ist u. diese Tatbestandsmäßigkeit auch in einem Gerichtsverfahren nachträglich überprüft werden kann.[86] Klauseln, wonach die Einziehung durch Mehrheitsbeschluss ohne sachlichen Grund möglich sein soll, sind grundsätzlich nichtig nach § 138 BGB.[87]

30 **b) Einziehungsgründe. aa) Allgemeines.** Grds. gilt, dass **Einziehungsregeln nach objektiven Gesichtspunkten**[88] u. **eng auszulegen** sind.[89] Etwaige „mildere Mittel" sind zu berücksichtigen, bspw. die bloße Abberufung eines Gesellschafter-Geschäftsführers aus der Geschäftsführung im Gegensatz zur weitaus drastischeren Einziehung.[90] Gewisse **zeitliche Grenzen** gilt es zu wahren, so kann eine Einziehung idR nicht auf einen bereits zwei Jahre zurückliegenden Vorfall gestützt werden, soweit die Gesellschafter seitdem problemlos zusammengearbeitet haben.[91] Die **Verwendung unbestimmter Rechtsbegriffe**[92] ist gleichwohl zulässig, da schließlich eine Ausrichtung des persönlichen Verhaltens an solchen Maßstäben möglich ist.[93] Insbes. die **Einziehung wegen eines „wichtigen Grundes" in der Person des Gesellschafters**[94] ist unproblematisch, da hierdurch lediglich die gesetzliche Regelung für Personengesellschaften gem. §§ 723 I 2, 737 BGB, §§ 133, 140 HGB übernommen wird.[95] Stets hat jedoch eine **Gesamtwürdigung aller Umstände** stattzufinden u. es muss festgestellt werden, ob das Verbleiben des Gesellschafters im Gesellschafterkreis den übrigen Gesellschaftern **noch zumutbar** ist.

31 **bb) Sachlicher Grund.** Allg. anerkannt ist die Festlegung sachlicher Gründe als notwendige Grundlage der Zwangseinziehung.[96] Zu beachten ist, dass konkrete, in der Satzung enumerativ aufgezählte Ausschließungsgründe umgekehrt keine hinreichende Grundlage für einen Ausschluss aus einem sonstigen wichtigen Grund darstellen, wenn die entspr. **Generalklausel** für den Ausschluss aus „wichtigem Grund" fehlt.[97]

32 Schwerpunkte in der Praxis stellen zum einen die **Zwangsvollstreckung** in den Geschäftsanteil u. die **Gesellschafterinsolvenz**, zum anderen die **An-**

---

85 *Ulmer/Habersack* Rn. 38.
86 BGH NJW 77, 2316.
87 OLG München NZG 17, 61.
88 *Niemeier*, Rechtstatsachen und Rechtsfragen des Einziehung von GmbH-Anteilen, 82, S. 314, 317.
89 MüKoGmbHG/*Strohn* Rn. 42 mwN.
90 OLG Rostock NZG 02, 294; mit Einschränkungen auch Scholz/*Westermann* Rn. 16.
91 Scholz/*Westermann* Rn. 16; BGH ZIP 95, 835.
92 Bspw. „Unzumutbarkeit der weiteren Zusammenarbeit", vgl. Michalski/*Sosnitza* Rn. 36.
93 Scholz/*Westermann* Rn. 16.
94 OLG Brandenburg NZG 99, 828.
95 MüKoGmbHG/*Strohn* Rn. 42.
96 Lutter/Hommelhoff/*Lutter/Kleindiek* Rn. 33; Roth/*Altmeppen* Rn. 42.
97 BGH NJW 99, 3779.

teilsvererbung an familienfremde Personen oder das Vorliegen eines **wichtigen Ausschlussgrundes in der Person des Anteilsinhabers** dar.[98]

Wichtige Gründe in der Person eines Gesellschafters sind bspw. öffentlichkeitswirksame Aktivitäten eines Gesellschafters zum Nachteil der Gesellschaft.[99] Grds. kommt es auch dann allein auf die Person des Gesellschafters an, wenn dieser lediglich Treuhänder ist. Jedoch wird dem Treuhänder-Gesellschafter das **Verhalten seines Treugebers zugerechnet.**[100] Insofern genügt es auch bei **Mitberechtigten iSd § 18**, dass bei einem der Mitberechtigten ein wichtiger Grund vorliegt.[101] Die **Erstattung einer Strafanzeige** gegen einen Mitgesellschafter wurde hingg. nicht als „wichtiger Grund" gewertet, sofern die Anzeige weder leichtfertig noch wider besseres Wissen erstattet wurde, nachdem zuvor eine innergesellschaftliche Klärung durch den Anzeigenden versucht wurde.[102] Ebenso wenig soll ein wichtiger Grund bei **beherrschendem Einfluss auf eine Konkurrenzgesellschaft** vorliegen.[103] Ob die Verfolgung eigener Interessen eine schwerwiegende Pflichtverletzung iSe Ausschlussklausel darstellt, kann nur nach Abwägung der beiderseitigen Interessen beurteilt werden.[104] Keinesfalls ausreichend sind bloße Nebenpflichtverletzungen, ein **tiefgreifendes Zerwürfnis** muss außerdem überw. vom dem Gesellschafter verursacht sein, dessen Anteil eingezogen werden soll.[105] 33

Die Satzung kann zudem die Einziehung des Geschäftsanteils für den Fall der **Pfändung des Geschäftsanteils** bzw. bei **Insolvenz des Gesellschafters** vorsehen. Eine hierauf basierende Einziehung kann gleichwohl unzulässig sein, wenn die Pfändung noch nicht oder nicht mehr die Gefahr begründet, unter Fremdeinfluss zu geraten. Daher müssen die Pfändungsmaßnahmen noch im Zeitpunkt der Beschlussfassung fortbestehen.[106] Schließlich stellt auch die **Verhinderung des Eindringens unerwünschter Dritter**, zB die Veräußerung des Geschäftsanteils oder die Anteilsvererbung an eine familienfremde Person bei Familiengesellschaften[107] einen zulässigen sachlichen Grund dar. 34

cc) Inhaltsschranken. Problematisch sind insbes. sog. **„Hinauskündigungsklauseln"**, welche die **Einziehung ohne Sachgrund** ermöglichen u. damit vom freien oder gebundenen Ermessen der Mitgesellschafter abhängig machen.[108] Nach heute ganz hM sind derartige Klauseln aufgrund der Aus- 35

98 *Ulmer/Habersack* Rn. 40 mwN.
99 OLG Dresden NZG 99, 1220, 1221: Äußerungen über Konkursgefahr; andere Bsp: OLG Brandenburg NZG 99, 828, 832: Verschweigen der Untersuchungshaft eines Geschäftsführers einer Gesellschafterin; BGH ZIP 95, 835, 836: Billigung von Schwarzgeldreserven.
100 OLG München GmbHR 97, 451, 452.
101 *Ulmer/Habersack* Rn. 40 a.
102 BGH NZG 03, 530.
103 Roth/*Altmeppen* Rn. 48; OLG Karlsruhe GmbHR 03, 1004, 1005 f.
104 Lutter/Hommelhoff/*Lutter/Kleindiek* Rn. 31; BGH GmbHR 91, 362.
105 BGH NZG 13, 1344; zum tiefgreifenden Zerwürfnis ferner *Böttcher*, NZG 14, 177.
106 Roth/*Altmeppen* Rn. 47.
107 Baumbach/Hueck/*Fastrich* Rn. 10.
108 *Ulmer/Habersack* Rn. 41 ff.; Scholz/*Westermann* Rn. 17; Roth/*Altmeppen* Rn. 50 ff.

höhlung des Kernbereichs der Mitgliedschaft der Gesellschafter **nach § 138 I BGB idR sittenwidrig** u. damit nichtig, sofern die Entscheidung in das freie Ermessen der Gesellschafter gestellt wird, es sich also um eine ungebundene Ermessensentscheidung handelt u. der Mitgesellschafter „willkürlich“, also ohne sachlichen Grund, ausgeschlossen werden kann.[109] Dabei macht es auch keinen Unterschied, ob dasselbe Ergebnis außerhalb der Satzung auf rein schuldrechtlichem Wege erzielt werden soll, bspw. durch eine Call-Option.[110]

36 Hinauskündigungsklauseln sind **jedoch zulässig**, wenn „außergewöhnliche“ bzw. „besondere Umstände“ eine solche Klausel **sachlich rechtfertigen**, also tatsächlich ein sachlicher Grund für die Einziehung gegeben ist.[111] Es reicht zwar aus, bei einer in der Satzung als „ermessensabhängig“ gestalteten Hinauskündigungsklausel im konkreten Fall die sachlichen Gründe zu benennen u. zu beweisen, gleichwohl empfiehlt es sich, die Einziehungsgründe als „sachliche Gründe“ in der Satzung zu präzisieren.[112] Werden solche Einziehungsgründe benannt, muss es sich jedoch um Einzelfallgestaltungen handeln, die keine die Sittenwidrigkeit begründende Drucksituation entstehen lassen bzw. für den Anteilsinhaber zumutbar erscheinen.[113]

37 Für den Fall der **Managerbeteiligung**, in dem Geschäftsführern GmbH-Anteile als zusätzliche Vergütungskomponente gewährt worden waren, wurde entschieden, dass der Geschäftsführer nach § 38 mit dem jederzeitigen Widerruf seiner Bestellung rechnen müsse, so dass vom Verlust der Beteiligung keine weitere Bedrohung ausgehe,[114] außerdem sei zu berücksichtigen, dass eine „freie“ Hinauskündigung aufgrund des bestehenden Kündigungsschutzes nicht stattfinde.[115] Die Auffassung des BGH,[116] nach der Satzungsregelungen wirksam sind, die es den Mitgesellschaftern einer Personengesellschaft gestatten, neu aufgenommene Gesellschafter während einer angemessenen **„Probezeit“** jederzeit u. ohne Angabe von Gründen zu kündigen, ist auf eine Mitarbeiter-Gemeinschaft in Form der GmbH gleichermaßen übertragbar.[117] Ferner kann die Einziehung bei **Beendigung der partnerschaftlichen Mitarbeit** ein sachlicher Grund sein, sofern die Beendigung nicht einseitig und willkürlich durch die Gesellschaft herbeigeführt werden kann.[118] Zulässig sind auch Hinauskündigungsklauseln, die auf der **testamentarischen Verfügung** des ursprünglichen Erblassers beruhen u.

---

109 BGH NZG 05, 479 mwN; einschränkend Roth/*Altmeppen* Rn. 51 für Gesellschaftsanteile minderen Rechts.
110 DNotI-Report 2019, 53, 54.
111 Lutter/Hommelhoff/*Lutter/Kleindiek* Rn. 33 mwN zur entspr. Rspr. des BGH.
112 Roth/*Altmeppen* Rn. 53.
113 Scholz/*Westermann* Rn. 17.
114 Baumbach/Hueck/*Fastrich* Rn. 9 a; BGH ZIP 05, 1917.
115 Scholz/*Westermann* Rn. 18 a.
116 BGH ZIP 04, 903 ff.
117 Lutter/Hommelhoff/*Lutter/Kleindiek* Rn. 34.
118 OLG München NZG 17, 61, zur Abgrenzung von (zulässiger) Verknüpfung von Gesellschafterstellung und tatsächlicher partnerschaftlicher Mitarbeit einerseits und (unzulässiger) Fiktion der Beendigung der Mitarbeit andererseits.

wegen des Vorrangs der Testierfähigkeit des Erblassers Vorrang ggü. dem Schutz des gekündigten Gesellschafters haben.[119]

38 c) **Abfindungsanspruch. aa) Grundlagen. § 34 enthält keine Regelung über die Abfindung,** so dass der Inhaber des eingezogenen Anteils vorbehaltlich anderer Satzungsbestimmungen oder individueller Vereinbarungen analog § 738 I 2 BGB einen gesetzlichen Anspruch auf Abfindung in der Höhe des Verkehrswerts des eingezogenen Anteils hat.[120]

39 Im Falle der **freiwilligen Einziehung mit Zustimmung** des Anteilsinhabers ist eine Abfindungsklausel schon deshalb nicht erforderlich, da die Abfindung samt ihrer Modalitäten (Höhe, Fälligkeit, Sicherheit, Verzinsung etc) ohnehin zwischen Gesellschaft und ausscheidendem Gesellschafter ausgehandelt werden, bevor der ausscheidende Gesellschafter der Einziehung zustimmt.[121] Jedoch müssen auch in diesem Fall die Kapitalschutzvorschriften sowie ggf. die Regelungen über satzungsdurchbrechende Beschlüsse eingehalten werden.

40 Der Abfindungsanspruch **entsteht** mit dem Wirksamwerden der Einziehung, regelmäßig also mit der Mitteilung des Einziehungsbeschlusses ggü. dem Betroffenen.[122] Nach der wohl hM wird der Abfindungsanspruch zeitgleich mit seiner Entstehung **fällig.**[123] Für die Abfindungsverpflichtung ist im **Jahresabschluss** der Gesellschaft ein entspr. Rückstellungsposten zu bilden, sobald der Anspruch entstanden ist. Die Passivierung hat zur Folge, dass im Zeitraum zwischen Einziehung u. Abfindungsauszahlung wegen § 30 I Gewinnausschüttungen an die übrigen Gesellschafter nur möglich sind, soweit die Gesellschaft über den Abfindungsbetrag übersteigende Mittel verfügt.[124] Der Anspruch **besteht ggü. der GmbH** u. ist im Wege der **Leistungsklage** geltend zu machen.[125]

41 Vorbehaltlich abw., die **Höhe** oder den **Bewertungszeitpunkt des Abfindungsanspruchs** beschränkender bzw. modifizierender Satzungsbestimmungen oder Individualvereinbarungen gilt der Grundsatz, dass der Abfindungsbetrag grds. nach dem vollen wirtschaftlichen Wert, also dem **Verkehrswert,** zu bemessen ist,[126] und zwar zum **Zeitpunkt** des Wirksamwerdens der Einziehung.[127] Der Verkehrswert ist der anteilig nach dem Verhältnis der Nennbeträge auf den eingezogenen Geschäftsanteil entfallende Teil des Preises, den ein Dritter für das gesamte Unternehmen zahlen würde.[128]

42 **bb) Satzungsrechtliche Abfindungsklauseln.** Grds. ist es als Ausdruck der Satzungsautonomie der GmbH-Gesellschafter u. in deren Grenzen zulässig, den **Abfindungsanspruch** eines GmbH-Gesellschafters zu konkretisieren,

119 *Lutter*/Hommelhoff/*Lutter*/*Kleindiek* Rn. 35; BGH ZIP 07, 862.
120 MüKoGmbHG/*Strohn* Rn. 205 mN; Baumbach/Hueck/*Fastrich* Rn. 22.
121 Lutter/Hommelhoff/*Lutter*/*Kleindiek* Rn. 25.
122 BGH NZG 16, 742.
123 Michalski/*Sosnitza* Rn. 52 mwN.
124 Michalski/*Sosnitza* Rn. 55; *Ulmer*/*Habersack* Rn. 75.
125 MüKoGmbHG/*Strohn* Rn. 206; BGH GmbHR 87, 427.
126 Lutter/Hommelhoff/*Lutter*/*Kleindiek* Rn. 78; BGH NJW 94, 2536.
127 BGH NJW 55, 667.
128 Lutter/Hommelhoff/*Lutter*/*Kleindiek* Rn. 78 mwN; s. zu den Bewertungsmethoden umfassend MüKoGmbHG/*Strohn* Rn. 209 ff.

aber auch **einzuschränken,**[129] insbes. um den Kapitalabfluss einzudämmen u. damit den Bestand der Gesellschaft zu sichern sowie um Streit über die Berechnung der Abfindungshöhe zu vermeiden. So können bspw. neben der Höhe des Abfindungsanspruchs auch die Auszahlungsmodalitäten geregelt werden.[130] Erfolgt die Abfindungsbeschränkung im Wege der Satzungsänderung, ist nach Abs. 2 die Zustimmung aller Betroffenen erforderlich.[131]

43 cc) **Inhaltsschranken.** Schranken für die Beschränkung des Abfindungsanspruchs ergeben sich insbes. aus den Gesichtspunkten der **Gläubigerbenachteiligung** sowie der **Gleichbehandlung** der Gesellschafter u. ihren **schützenswerten Interessen.**[132]

44 (1) **Gesellschafterinteressen.** Eine satzungsmäßige Abfindungsbeschränkung ist analog § 241 Nr. 4 AktG sittenwidrig, wenn zwischen Abfindungsbetrag u. dem tatsächlichen Anteilswert ein **grobes Missverhältnis** besteht.[133] Hierbei verbieten sich starre Grenzwerte, vielmehr kommt es auf eine umfassende Abwägung der Vermögensinteressen des betroffenen Gesellschafters einerseits u. der Bestandsinteressen der verbleibenden Gesellschafter andererseits unter Berücksichtigung der konkreten Verhältnisse an.[134] Einschränkungen bis hin zum **vollkommenen Ausschluss der Abfindung** können zulässig sein, wenn besondere sachliche Gründe dies rechtfertigen.[135] Dies ist der Fall bei **Gesellschaften mit ideellem Zweck,**[136] aber auch sofern die Erhaltung einer Gesellschaft als Familienunternehmen es gebietet, dass die Anteile von familienfremden Erben unentgeltlich eingezogen werden.[137] Darüber hinaus ist der Abfindungsausschluss ggf. auch zulässig für die **Einziehung bei Tod eines Gesellschafters,**[138] ebenso bei Manager- u. Mitarbeiterbeteiligung, sofern die Beteiligung unentgeltlich überlassen oder zumindest die Erwerbskosten erstattet wurden.[139] Zulässig ist es auch, einen Abfindungsausschluss für Gesellschafter vorzusehen, die **ohne eigenes Kapital in die Gesellschaft eingetreten** sind, wobei allein der Umstand, dass der Gesellschafter seinen Anteil infolge Erbfolge oder Schenkung erlangt hat, noch keine hinreichende Rechtfertigung darstellt.[140] Ebenfalls unproblematisch möglich ist der Ausschluss bei der **Einziehung eigener Anteile** der Gesellschaft, da letzterer ohnehin keine Rechte aus den Anteilen zustehen.[141] **Nicht** ausreichend für einen pauschalen Abfindungsausschluss ist jedoch ein **grobes Fehlverhalten** des Gesellschafters,

---

129 AllgM vgl. etwa BGH ZIP 05, 1318, 1323; *Ulmer/Habersack* Rn. 82.
130 Lutter/Hommelhoff/*Lutter/Kleindiek* Rn. 82.
131 BGH NJW 92, 892.
132 Baumbach/Hueck/*Fastrich* Rn. 26.
133 Baumbach/Hueck/*Fastrich* Rn. 27, 31.
134 BGH GmbHR 05, 1561, 1564.
135 *Ulmer/Habersack* Rn. 100 ff.
136 *Ulmer/Habersack* Rn. 103.
137 BGH DB 77, 324, 343.
138 Baumbach/Hueck/*Fastrich* Rn. 34 a.
139 BGH NJW 05, 3644, 3646.
140 MüKoGmbHG/*Strohn* Rn. 228; BGH NJW 79, 104; 89, 2685, 2686; vgl. auch *Vossius*, NotBZ 14, 338, 339.
141 AllgM, vgl. *Ulmer/Habersack* Rn. 103; Gehrlein/Ekkenga/Simon/*Sandhaus* Rn. 70; allg. dazu § 33 Rn. 30 ff.

eine derartige Klausel ist nichtig u. kann auch regelmäßig nicht als Vertragsstrafe ausgelegt werden, so dass auch keine Herabsetzung der „Strafe" möglich ist.[142]

Sittenwidrig können auch **Auszahlungsmodalitäten** sein, welche die Interessen des ausscheidenden Gesellschafters in grob unangemessener Weise missachten.[143] Bspw. ist die Vereinbarung einer Auszahlungsdauer der Abfindung von 15 Jahren[144] bzw. 10 Jahren unzulässig; eine Frist von 5 Jahren ist idR bei Verzinsung noch angemessen.[145] 45

Besteht das grobe Missverhältnis bereits bei der Beschlussfassung über die Abfindungsregelung, handelt es sich um ein **anfängliches Missverhältnis.**[146] **Rechtsfolge** der Sittenwidrigkeit ist die **Nichtigkeit** der Klausel, so dass nach § 738 I BGB eine **Abfindung zum vollen Verkehrswert** geschuldet ist.[147] 46

Ein **nachträgliches Missverhältnis** liegt vor, wenn erst in der Zwischenzeit durch wirtschaftliche Entwicklungen der GmbH bzw. des Gesellschaftsvermögens ein Missverhältnis entsteht. In diesem Fall bleibt die ursprüngliche Abfindungsklausel weiterhin wirksam, schließlich kann eine nach Verankerung der Klausel in der Satzung einsetzende Entwicklung nicht nachträglich zur Sittenwidrigkeit der Klausel führen.[148] In derartigen Fällen kommt die Abfindungsklausel gleichwohl nicht zur Anwendung, vielmehr gewährt der BGH **im Wege ergänzender Vertragsauslegung** nach Treu u. Glauben u. unter Berücksichtigung der beiderseitigen Interessen einen **Anspruch auf Abfindung in angemessener Höhe**, nicht jedoch in Höhe des Verkehrswerts, schließlich ist die Klausel nicht ungültig.[149] 47

Eine vertragliche Abfindungsbeschränkung ist – unabhängig davon, ob ein anfängliches oder nachträgliches Missverhältnis besteht – **ggf. nicht anwendbar**, wenn die **Gesellschaft/Mitgesellschafter das Ausscheiden des betroffenen Gesellschafters zu vertreten haben.**[150] 48

(2) Gleichbehandlung. Abfindungsbeschränkungen müssen zudem dem gesellschaftsrechtlichen **Gleichbehandlungsgrundsatz** im Verhältnis der Gesellschafter untereinander entsprechen.[151] Verstößt ein satzungsändernder Gesellschafterbeschluss, welcher die Einführung einer die Gesellschafter ungleich belastenden Abfindungsregelung zum Ziel hat, gegen diesen Grundsatz, kann der Beschluss analog § 243 II AktG anfechtbar sein.[152] Zulässig ist eine Differenzierung zwischen einzelnen Gesellschaftergruppen 49

142 BGH BB 14, 2323, 2324 mit instruktiven Anm. von *Grunewald* zur Satzungsgestaltung in Bezug auf Vertragsstrafen; Baumbach/Hueck/*Fastrich* Rn. 34 a; MüKoGmbHG/*Strohn* Rn. 222; Gehrlein/Ekkenga/Simon/*Sandhaus* Rn. 70; aA *Ulmer/Habersack* Rn. 104 mwN.
143 *Ulmer/Habersack* Rn. 92.
144 BGH NJW 89, 2685, 2686.
145 OLG Dresden NZG 00, 1042, 1043.
146 Baumbach/Hueck/*Fastrich* Rn. 28.
147 Lutter/Hommelhoff/*Lutter/Kleindiek* Rn. 86.
148 Lutter/Hommelhoff/*Lutter/Kleindiek* Rn. 87.
149 BGH NJW 93, 2101.
150 Roth/*Altmeppen* Rn. 62.
151 Baumbach/Hueck/*Fastrich* Rn. 29; Lutter/Hommelhoff/*Lutter/Kleindiek* Rn. 96.
152 BGH NJW 92, 892, 895 f.

gleichwohl, wenn hierfür ein sachlicher Grund besteht u. nicht gegen das Willkürverbot verstoßen wird, bspw. eine Staffelung der Abfindungen abhängig von der Dauer der Gesellschaftszugehörigkeit.[153] Wird hingg. zwischen den Gründen für das Ausscheiden – etwa das Erreichen einer Altersgrenze – unterschieden, liegt schon keine Ungleichbehandlung der Gesellschafter vor,[154] allerdings sind dabei wiederum die Grenzen unzulässiger Gläubigerbenachteiligung zu beachten (→ Rn. 50).

50 (3) **Gläubigerinteressen.** Die **Interessen der Gläubiger** eines Gesellschafters sind insbes. bei dem häufig in Satzungen personalistisch strukturierter Gesellschaften zu findenden Einziehungsgrund betroffen, dass der **Geschäftsanteil ihres Schuldners bei Pfändung eines Geschäftsanteils oder Insolvenz eingezogen** werden kann.[155] Wenngleich die Gläubiger idR ohnehin nur an der Verwertung des Anteils interessiert sind, werden sie ggf. durch Abfindungsklauseln benachteiligt, etwa Abfindungsbeschränkungen, die sich nur oder in verschärfter Form auf den Fall des Gläubigerzugriffs beziehen u. eine einseitige Gläubigerbenachteiligung bewirken.[156] Gem. der auf der Grundsatzentscheidung des BGH[157] aufbauenden hM sind derartige Klauseln nach § 241 Nr. 3 AktG analog nichtig.[158] Dies bedeutet, dass insbes. in den praxisrelevanten Fällen der Zwangseinziehung wegen Pfändung u. Insolvenz sowie wegen wichtiger Gründe in der Person des Gesellschafters u. bei einer Ausschließung aus wichtigem Grund die Konditionen der Abfindungsbeschränkung gleich sein müssen.[159] Trotzdem sind Satzungsregelungen zulässig, die an unterschiedlich zu gewichtende Anwendungsfälle auch entspr. unterschiedliche Abfindungen knüpfen.[160] Bspw. sind Beschränkungen der Abfindungshöhe auf den Substanzwert unter Nichteinbeziehung des Geschäfts- oder Firmenwerts wirksam, wenn sie gleichermaßen bei Ausschluss des Gesellschafters aus wichtigem Grund u. Pfändung bzw. Insolvenz gelten.[161]

51 **dd) Rechtsfolgen unzulässiger Abfindungsbeschränkungen.** Hins. der Rechtsfolgen unzulässiger Abfindungsbeschränkungen ist nach dem betroffenen Personenkreis – Gesellschafter oder Gläubiger – u. danach zu differenzieren, ob die Klausel bereits von vornherein im Gesellschaftsvertrag enthalten war oder erst durch nachträgliche Satzungsänderung eingefügt wurde.

52 Klauseln, die **gegen den Schutz der Gesellschafter** verstoßen u. bereits in der ursprünglichen Satzung enthalten waren, sind nach hM grds. analog

---

153 Baumbach/Hueck/*Fastrich* Rn. 29; MüKoGmbHG/*Strohn* Rn. 231; BGH NJW 92, 892, 895 f.
154 MüKoGmbHG/*Strohn* Rn. 231.
155 *Ulmer/Habersack* Rn. 94; MüKoGmbHG/*Strohn* Rn. 234.
156 *Ulmer/Habersack* Rn. 94.
157 BGH NJW 75, 1835.
158 Baumbach/Hueck/*Fastrich* Rn. 30; BGH NJW 00, 2819.
159 Scholz/*Westermann* Rn. 30; Baumbach/Hueck/*Fastrich* Rn. 30; BGH GmbHR 75, 227; NJW 00, 2819; OLG Frankfurt BB 78, 170; *Rasner*, NJW 83, 2905, 2910.
160 Baumbach/Hueck/*Fastrich* Rn. 30; MüKoGmbHG/*Strohn* Rn. 235; Scholz/*Westermann* Rn. 30; aA *Rowedder*/Schmidt-Leithoff/*Bergmann* Rn. 107.
161 Baumbach/Hueck/*Fastrich* Rn. 30; MüKoGmbHG/*Strohn* Rn. 235 jew unter Verweis auf BGHZ 65, 22, 24 ff.

§§ 241 Nr. 3, 4 u. 242 II AktG **nichtig.**[162] Bei Abfindungsbeschränkungen, die auf einer nachträglichen Satzungsänderung beruhen, ist zwischen Anfechtbarkeit u. Nichtigkeit zu unterscheiden. Verstößt der Inhalt gegen die guten Sitten, ist die Klausel entspr. § 241 Nr. 4 AktG nichtig, jedoch ist eine Heilung entspr. § 242 II AktG möglich.[163] Hingg. ist der satzungsändernde Gesellschafterbeschluss entspr. § 243 AktG nur innerhalb der Anfechtungsfrist anfechtbar u. bleibt danach wirksam, wenn sich die Sittenwidrigkeit auf Beweggründe, Zweck oder Zustandekommen des Beschlusses beschränkt.[164]

Verstößt die Klausel **gegen den Schutz der Gläubiger** des Gesellschafters, ist sie grds. **nichtig** entspr. § 241 Nr. 3 AktG.[165] Entgg. der Auffassung des BGH[166] kommt eine Heilung nach § 242 II AktG bei gläubigerbenachteiligenden Beschränkungen nicht in Betracht, unabhängig davon, ob die Klausel bereits ursprünglich in der Satzung vorgesehen war oder erst nachträglich eingefügt wurde, da die Gläubiger schon keine Möglichkeit haben, eine sie benachteiligende, ungültige Klausel zum Gegenstand einer Feststellungsklage zu machen.[167] Ist eine Abfindungsregelung nichtig, bestimmt sich der Abfindungsanspruch nach den gesetzlichen Regeln, also nach dem Verkehrswert.[168] 53

d) Steuern. Die Einziehung eines Geschäftsanteils gilt nach §§ 3 I Nr. 3 bzw. 7 VII ErbStG als Schenkung des ausscheidenden Gesellschafters u. ist als solche steuerbar, sofern die Abfindung hinter dem nach BewG zu ermittelnden Wert zurückbleibt. 54

III. Wirkungen der Einziehung

1. Vernichtung des Geschäftsanteils

Durch die Einziehung erlischt der Geschäftsanteil samt allen damit verbundenen Rechten u. Pflichten.[169] Dies gilt auch für dingliche Rechte Dritter, die sich jedoch am Abfindungsanspruch als Surrogat fortsetzen (§§ 1075, 1287 BGB).[170] Auch das **Gewinnbezugsrecht** geht vollständig unter, nicht aber der bereits verselbstständigte, vom Mitgliedschaftsrecht zu unterscheidende **Gewinnanspruch**, welcher erst durch den Ergebnisverwendungsbe- 55

162 Baumbach/Hueck/*Fastrich* Rn. 31; MüKoGmbHG/*Strohn* Rn. 236; BGH NJW 00, 2819.
163 BGH NJW 81, 2125, 2126 f.; zust. MüKoGmbHG/*Strohn* Rn. 237 f.
164 BGH NJW 92, 892, 896; MüKoGmbHG/*Strohn* Rn. 237.
165 MüKoGmbHG/*Strohn* Rn. 236; *Ulmer/Habersack* Rn. 108; Baumbach/Hueck/*Fastrich* Rn. 32.
166 BGH NJW 00, 2819.
167 Baumbach/Hueck/*Fastrich* Rn. 32; MüKoGmbHG/*Strohn* Rn. 237.
168 *Ulmer/Habersack* Rn. 110.
169 AllgM, vgl. BGH NJW 53, 780, 782; Baumbach/Hueck/*Fastrich* Rn. 19; MüKoGmbHG/*Strohn* Rn. 59; aA *Meyer*, NZG 09, 1201, 1203; *Stehmann*, GmbHR 13, 574, 576 f.
170 BGH NJW 89, 458; MüKoGmbHG/*Strohn* Rn. 70; Michalski/*Sosnitza* Rn. 122; *Ulmer/Habersack* Rn. 58 mit Hinweis zu Besonderheiten in der Zwangseinziehung.

schluss entsteht.[171] Wirtschaftlich, wenn auch nicht dogmatisch, entspricht die Einziehung damit der Anwachsung bei Personengesellschaften.[172]

56 Nach der hier vertretenen Haftungslösung (→ Rn. 20) treten die Wirkungen der Einziehung nicht erst mit der Leistung der Abfindung ein, sondern grds. bereits im **Zeitpunkt** der Mitteilung des Einziehungsbeschlusses an den betroffenen Gesellschafter,[173] sofern der Beschluss nicht ausnahmsweise nichtig ist (→ Rn. 18, 20). Der Anteil kann dann auch nicht mehr geteilt und abgetreten werden, der Umstand, dass die Gesellschafter in einem späteren Schritt über Fragen der Angleichung der Nennbeträge an das Stammkapital entscheiden können, hat keine Rückwirkung auf den Zeitpunkt der Wirksamkeit der Einziehung.[174] Sofern der Beschluss allerdings Befristungen oder Bedingungen vorsieht (zur Zulässigkeit → Rn. 11), entfaltet er auch erst mit deren Eintritt Wirkung.[175]

2. Auswirkung auf das Stammkapital und übrige Geschäftsanteile

57 Die Einziehung als solche lässt das **Stammkapital** der Gesellschaft unberührt.[176] Sofern nicht gleichzeitig Anpassungsmaßnahmen vorgenommen werden, fehlt es nach der Einziehung an der von § 5 III 2 geforderten Übereinstimmung zwischen der Summe der Nennbeträge aller Geschäftsanteile u. dem Stammkapital der Gesellschaft. Die **Folgen dieses Auseinanderfallens** sind äußerst str.

58 Nach einer strengen Auffassung, welche sich vornehmlich auf die Wortlautänderung des § 5 III 2 durch das MoMiG u. die dazugehörige Gesetzesbegründung[177] stützt, soll die Einziehung in diesem Fall anfechtbar[178] oder sogar nichtig[179] sein. Die Gegenauffassung hält die Wortlautänderung für in diesem Zusammenhang unbeachtlich u. hält an der bis zum MoMiG herrschenden Auffassung fest, wonach ein Auseinanderfallen hinzunehmen sei.[180] Zudem werden verschiedenste vermittelnde Auffassungen vertreten, wonach die Einziehung bis zu einer Anpassung schwebend unwirksam

---

171 BGH NJW 98, 3646, 3647; Baumbach/Hueck/*Fastrich* Rn. 19; zur Abgrenzung der beiden Rechte § 29 Rn. 7 f.

172 BGH NZG 2019, 269; MüKoGmbHG/*Strohn* Rn. 64 mwN; Roth/*Altmeppen* Rn. 82 ff.

173 So Rn. 20, vgl. eingehend BGH NZG 12, 259; ebenso MüKoGmbHG/*Strohn* Rn. 59; Baumbach/Hueck/*Fastrich* Rn. 43 u. 48.

174 OLG Dresden NZG 16, 385.

175 BGH NZG 16, 742.

176 AllgM, vgl. BGH NJW 53, 780, 782; Baumbach/Hueck/*Fastrich* Rn. 20; Michalski/*Sosnitza* Rn. 123; MüKoGmbHG/*Strohn* Rn. 64.

177 BT-Drs. 16/6140, S. 31.

178 Michalski/*Sosnitza*, Rn. 126; *Clevinghaus*, RNotZ 11, 449, 460 f.

179 OLG München DNotI-Report 12, 30; LG Essen NZG 10, 867, 868 f.; LG Neubrandenburg ZIP 11, 1214; *Heckschen*, NZG 10, 521, 524; *Römermann*, DB 10, 209 f.; *Meyer*, NZG 09, 1201, 1202; *Haberstroh*, NZG 10, 1094 ff.

180 OLG Rostock GmbHR 13, 752, 753 ff.; OLG Saarbrücken NZG 12, 180 (obiter dictum); LG Dortmund ZIP 12, 1247, 1248; *Ulmer/Casper* § 5 Rn. 24; *Ulmer/Habersack* § 43 Rn. 65 a; Lutter/Hommelhoff/*Bayer* § 5 Rn. 6; Lutter/Hommelhoff/*Lutter/Kleindiek* Rn. 5; Gehrlein/Ekkenga/Simon/*Sandhaus* Rn. 47 ff.; Gehrlein/Ekkenga/Simon//*Born* § 5 Rn. 14; Baumbach/Hueck/*Fastrich* Rn. 17 a; *Roth/Altmeppen* Rn. 89 ff.; MüKoGmbHG/*Strohn* Rn. 65 f.; *Braun*, GmbHR 10, 82, 83; *Blunk*, GmbHR 10, 1037; *Blath*, GmbHR 10, 1177, 1178 f.; *Ulmer*, DB 10, 321, 322 f.

sei,[181] bei fehlender Anpassung innerhalb einer bestimmten Frist ex tunc nichtig werde,[182] zu einer automatischen Erhöhung der Nennwerte der übrigen Geschäftsanteile[183] oder zu einem automatischen Erwerb des eingezogenen Anteils bei der Gesellschaft führe.[184] Der **BGH** hat sich der Auffassung angeschlossen, nach der ein Auseinanderfallen hinzunehmen sei.[185] Die Entscheidung ist zunächst hilfreich für die Praxis u. überzeugt auch dogmatisch:[186] Weder lässt sich dem durch MoMiG geänderten Wortlaut des § 5 – einer Vorschrift für die Gründung der Gesellschaft – eine Rechtsfolge für ein Auseinanderfallen von Stammkapital u. Summe der Nennbeträge bei der Einziehung entnehmen noch findet sich in § 34 ein entspr. Verweis oder eine dem § 5 entspr. Anordnung (wie sie aber in §§ 55 IV bzw. 58 a III 1 enthalten sind) oder wäre eine Anpassung aus Gläubigerschutzgründen zwingend erforderlich. Bedenklich ist jedoch die obiter dictum aufgeworfene u. offengelassene Frage, ob das Registergericht einen späteren Eintragungsantrag bis zur Beseitigung der Diskrepanz verweigern darf. Ohne gesetzliche Grundlage dürfte eine derartige faktische **Registersperre** zwar unzulässig sein,[187] für die **Praxis** empfiehlt sich wegen der jetzigen Unsicherheit aber unbedingt, ein längeres Auseinanderfallen zu vermeiden.

Mangels einer gesetzlichen Regelung zur Angleichung von Nennbetragssumme u. Stammkapital nach Einziehung kann die Gesellschafterversammlung nach überw. Meinung zwischen Kapitalherabsetzung, Neubildung von Anteilen oder Aufstockung der bestehenden Anteile wählen,[188] wenngleich die Details str. sind. Zulässig ist in jedem Fall die **Kapitalherabsetzung** gem. §§ 58 ff. Wegen der damit verbundenen praktischen Einschränkungen (Sperrjahr[189] u. insbes. Verbot der Unterschreitung des Mindestkapitals von 25.000 EUR) sind in der Praxis aber die Aufstockung oder die Anteilsneubildung üblicher. Beide Institute sind als Rechtsfortbildung überw. anerkannt,[190] harren aber noch einer allg. akzeptierten dogmati- 59

181 *Heckschen/Heidinger* 3. Aufl. § 13 Rn. 246 c.
182 *Wanner-Laufer*, NJW 10, 1499, 1501 ff.
183 *Lutter*/Hommelhoff 18. Aufl. Rn. 3 ff.; *Roth/Altmeppen* Rn. 93 ff.
184 *Meyer*, NZG 09, 1201, 1203; *Stehmann*, GmbHR 13, 574, 576 ff.
185 BGH GmbHR 15, 416.
186 Zust. *Lubberich*, DNotZ 15, 450, 453 f.; *Wachter*, BB 15, 785; *Kleindiek*, NZG 15, 489; *Roth/Altmeppen* Rn. 89 ff.; aA *Römermann*, EWirR 15, 169, 170; zweifelnd auch *Vossius*, NotBZ 15, 228, 229.
187 *Vossius*, NotBZ 15, 228, 229; zweifelnd auch *Wachter*, BB 15, 785; eine Verpflichtung zur Angleichung für möglich halten jedoch *Heckschen/Heidinger* § 13 Rn. 317 u. Baumbach/Hueck/*Zöllner/Noack* § 46 Rn. 33 a.
188 BT-Drs. 16/6140, S. 31; wohl auch BGH GmbHR 15, 416, 418; *Wachter*, BB 15, 785; Baumbach/Hueck/*Fastrich* Rn. 20; eingehend *Blath*, GmbHR 11, 1177; aA (quotale Aufstockung ipso iure) Roth/*Altmeppen* Rn. 93 ff.
189 Mit überzeugenden Argumenten hingg. für eine Herabsetzung ohne Sperrjahr analog § 237 III AktG Baumbach/Hueck/*Zöllner* § 46 Rn. 33 b.
190 So jetzt wohl auch BGH GmbHR 15, 416, 418; *Wachter*, BB 15, 785; *Clevinghaus*, RNotZ 11, 449, 461 ff. mwN; *Heckschen/Heidinger* § 13 Rn. 320 u. 324 mwN; *Ulmer/Habersack* Rn. 68 mwN; Baumbach/Hueck/*Fastrich* Rn. 20; Scholz/*Westermann* Rn. 67 u. 70 mwN.

schen Begründung.[191] Für die **Aufstockung** genügt nach zutr. hM ein formloser Gesellschafterbeschluss mit einfacher Mehrheit – da die Angabe der Nennbeträge kein echter Satzungsbestandteil ist, ist deren Aufstockung auch keine Satzungsänderung.[192] Anderes gilt dag bei der disquotalen Aufstockung, die wegen der damit verbundenen Änderung der Beteiligungsverhältnisse strukturell einer Teilabtretung gleichkommt u. daher der Zustimmung aller betroffenen Gesellschafter sowie der notariellen Beurkundung bedarf.[193] Die **Neubildung** (auch Revalorisierung genannt) bedarf dag nach zutr. hM eines formlosen Beschlusses mit Dreiviertelmehrheit.[194] Dies überzeugt, wenn man die Neubildung als Anpassungsmaßnahme sui generis akzeptiert. Der neue Anteil steht dann, da die einzelnen Gesellschafter nur mittelbar am Gesellschaftsvermögen teilhaben, der Gesellschaft zu,[195] welche ihn in einem weiteren, gesonderten Schritt nach den allg. Regeln veräußern kann (→ § 33 Rn. 35 f.).[196] Soweit die Neubildung hingg. entgg. der hier vertretenen Auffassung als besondere Form der Aufstockung, Teilabtretung u. Zusammenlegung verstanden wird, muss diese konsequenterweise beurkundungsbedürftig sein.[197] Auch ist dann ein unmittelbarer Erwerb in der Hand Dritter (die dann allerdings mitwirken müssten) denkbar.[198]

3. Gesellschafterliste

60 Die Einziehung selbst, die Neubildung von Geschäftsanteilen u. die quotale Aufstockung bestehender Geschäftsanteile bedürfen keiner notariellen Beurkundung oder Anmeldung zum Handelsregister (so → Rn. 1; → Rn. 59). Die Geschäftsführer sind jedoch nach § 40 I verpflichtet, unverzüglich nach Wirksamwerden der Einziehung eine neue Gesellschafterliste zum Handelsregister einzureichen.[199] Die Eintragung in die Liste ist keine Wirksamkeitsvoraussetzung der Einziehung, sondern betrifft nur die formale Gesellschafterstellung iSd Legitimationswirkung ggü. der Gesellschaft.[200]

---

191 Zurückhaltend deshalb hins. der Neubildung u. disquotaler Aufstockung *Heckschen/Heidinger* § 13 Rn. 345; *Blath*, GmbHR 11, 1177, 1181 ff. (gegen disquotale Aufstockung) u. 1185 f. (skeptisch zur Neubildung); allg. zur Zwangsabtretung statt Einziehung rät *Werner*, StBW 15, 354, 357 f.

192 BGH NJW 89, 168, 169 obiter dictum; Baumbach/Hueck/*Fastrich* Rn. 20; MüKoGmbHG/*Strohn* Rn. 68; *Heckschen/Heidinger* § 13 Rn. 247 d mwN (auch zur aA) u. mit zutr. Hinweis auf den ausreichenden Gläubigerschutz durch § 30 u. die Beschränkung der Einziehung auf voll eingezahlte Anteile.

193 *Ulmer/Habersack* Rn. 69; *Clevinghaus*, RNotZ 11, 449, 462.

194 Baumbach/Hueck/*Fastrich* Rn. 20; *Ulmer/Habersack* Rn. 70; Scholz/*Westermann* Rn. 70; MüKoGmbHG/*Strohn* Rn. 69 mwN auch zur aA (Einstimmigkeit).

195 Baumbach/Hueck/*Fastrich* Rn. 20; *Ulmer/Habersack* Rn. 70; Scholz/*Westermann* Rn. 70.

196 Insbes. bedarf es eines entspr. Veräußerungsbeschlusses. Nicht einzusehen ist dag, weshalb die konkrete Veräußerung Rückwirkungen auf die Anforderungen an die Anteilsneubildung haben soll (so aber Scholz/*Westermann* Rn. 70).

197 Insoweit konsequent Lutter/Hommelhoff/*Lutter/Kleindiek* Rn. 9 u. *Blath*, GmbHR 11, 1177, 1185; unklar insoweit die Argumentation bei Baumbach/Hueck/*Fastrich* Rn. 20.

198 *Heckschen/Heidinger* § 13 Rn. 334.

199 § 2 Abs. 3 Nr. GesLV.

200 § 16 Rn. 5; Baumbach/Hueck/*Fastrich* Rn. 18 u. 20; jetzt auch ausdrücklich BGH NZG 2019, 269; aA wohl MüKoGmbHG/*Strohn* Rn. 59.

Da die Einziehung regelmäßig ohne Mitwirkung eines Notars erfolgt, wird eine notarielle Pflicht zur Einreichung der neuen Liste nach § 40 II nur in Ausnahmefällen (bspw. bei Einziehung iVm einer Kapitalherabsetzung oder im Falle einer überobligatorischen Beurkundung der Einziehung) gegeben sein.[201] Auch wenn die Einziehung nicht zwingend gleichzeitig mit einer Anpassungsmaßnahme zur Angleichung der Summe der Nennbeträge an das Stammkapital erfolgen muss (so → Rn. 57 f.), so dürfte es dennoch genügen, für Einziehung u. gleichzeitig beschlossene Anpassungsmaßnahme nur eine Liste einzureichen, aus der beide Veränderungen hervorgehen. Umgekehrt kann das Registergericht eine Liste nicht allein deshalb zurückweisen, weil diese zunächst nur die Einziehung ausweist u. noch keine Anpassung von Nennbeträgen u. Stammkapital vorgenommen wurde (anderenfalls wäre die vom BGH vorausgesetzte Entscheidungsfreiheit faktisch nicht mehr gegeben; in seinem obiter dictum lässt er auch nur die Möglichkeit der Zurückweisung von späteren Eintragungsanträgen offen u. geht nicht auf die Zurückweisung einer Liste ein).[202] Da der eingezogene Geschäftsanteil untergeht, sollte im Falle einer Anteilsneubildung die nächste freie Nummer für den neuen Anteil vergeben u. die bisherige Nummer nicht mehr verwendet werden[203] – in der Praxis scheint aber auch die Neubildung unter der laufenden Nummer des eingezogenen Anteils von den Registergerichten akzeptiert zu werden, sofern die Neubildung aus einem in jedem Fall ratsamen entspr. Vermerk in der Veränderungsspalte ersichtlich ist.

4. Steuern

Die Einziehung eigener Anteile ohne vorangehenden Erwerb der Anteile 61
durch die Gesellschaft wird steuerlich einem Erwerb gleichgestellt. Die Einziehung von Anteilen, welche die Gesellschaft zuvor erworben hat, ist dag steuerlich unbeachtlich.[204]

Anhang zu § 34: Ausschluss und Austritt von Gesellschaftern

Schrifttum

S. zu § 34, zusätzlich *Abramenko*, Rechtliches Gehör vor dem Ausschluss eines Gesellschafters aus der GmbH, GmbHR 2001, 501; *Battke*, Der Ausschluss von Gesellschaftern aus der GmbH, GmbHR 2008, 850, 853; *Heidinger/Blath*, Das Ausscheiden eines Gesellschafters aus der GmbH, GmbHR 2007, 1184.

201 Eingehend *Clevinghaus*, RNotZ 11, 449, 466 f. Stellt sich in einem solchen Fall nachträglich heraus, dass die vom Notar eingereichte Liste unrichtig ist, so ist der Notar zur Einreichung einer korrigierten Liste berechtigt und verpflichtet, vgl. LG Berlin, Beschl. v. 13.8.2016 – 84 T 132/14.
202 BGH GmbHR 15, 416.
203 *Wachter*, BB 15, 785; *Blunk/Rabe*, GmbHR 15, 419 f.
204 BMF-Schreiben vom 27.11.2013, IV C 2 – S 2742/07/10009, BStBl 13 I, S. 1615; hierzu *Helios/Kröger*, RdF 14, 156, 162, vgl. auch § 33 Rn. 41.

I. Überblick

1 Die Mitgliedschaft des GmbH-Gesellschafters lässt sich primär mit dem gesetzlichen Instrumentarium des GmbHG aufheben. Daneben stehen mit **Austritt u. Ausschließung** zwei zwar gesetzlich nicht geregelte, jedoch auf **höchstrichterlicher Rechtsfortbildung beruhende**[1] **u.** auch im Schrifttum allg. anerkannte Rechtsinstitute zur Verfügung. Während der Austritt das freiwillige Ausscheiden eines Gesellschafters betrifft, berechtigt das Ausschlussrecht die Gesellschaft, auch ohne bzw. gegen den Willen des Gesellschafters dessen Ausscheiden aus der Gesellschaft herbeizuführen. **Sowohl Ausschließung als auch Austritt bedürfen eines wichtigen Grundes u.** kommen nur subsidiär u. als ultima ratio in Betracht, sofern der Gesellschaftsvertrag keine oder eine nur unwirksame Regelung trifft.[2]

2 Ausschließung u. Austritt lassen sich **dogmatisch** auf die **gesellschaftsrechtliche Treuepflicht** u. die **grds. Auflösbarkeit von Dauerschuldverhältnissen aus wichtigem Grund** zurückführen.[3] Modifikationen u. inhaltliche Ausgestaltungen dieser Rechtsinstitute durch die Satzung sind zwar zulässig, nicht jedoch ein vollständiger Ausschluss.[4]

II. Ausschluss

1. Zulässigkeit

3 Die Ausschließung eines Gesellschafters ist nach allgM auch **ohne entspr. Satzungsgrundlage zulässig,** sofern **in der Person des Gesellschafters ein wichtiger Grund** gegeben ist.[5] Die Ausschließung ist bereits in der Vorgesellschaft, aber auch noch im Liquidationsstadium möglich.[6] Eine **kapitalistische Struktur der GmbH steht der Ausschließung nicht entgg,** ist jedoch iRd Unzumutbarkeit zu berücksichtigen.[7]

1 Vgl. etwa BGH NJW 99, 3779.
2 MüKoGmbHG/*Strohn*, § 34 Rn. 108 f.; Baumbach/Hueck/*Fastrich* Rn. 1.
3 MüKoGmbHG/*Strohn*, § 34 Rn. 102 f.; Michalski/*Sosnitza* Rn. 6 u. 45 je mwN.
4 *BGH NJW 92, 892, 895.*
5 BGH NJW 00, 35.
6 OLG Hamm DB 94, 1232; für eine Berücksichtigung des Liquidationsverfahrens bei der Würdigung des wichtigen Grundes Baumbach/Hueck/*Fastrich* Rn. 2.
7 Scholz/*/Seibt* Rn. 26; Baumbach/Hueck/*Fastrich* Rn. 2; Lutter/Hommelhoff/*Lutter/Kleindiek* § 34 Rn. 53.

Gleichermaßen kann auch einer der Gesellschafter einer **Zweimann-Gesellschaft** ausgeschlossen werden, wenngleich hier eine besonders genaue Prüfung des Ausschließungsgrundes erforderlich ist.[8] 4

2. Voraussetzungen

a) **Wichtiger Grund.** Liegt in der Person eines Gesellschafters ein wichtiger Grund vor, kann er aus der Gesellschaft ausgeschlossen werden. Umstände in der Person oder im Verhalten des Gesellschafters müssen nach allgM die Fortführung der Gesellschaft erheblich gefährden oder sogar unmöglich machen, so dass ein Verbleib des Gesellschafters in der GmbH seinen Mitgesellschaftern nicht zugemutet werden kann.[9] **Verschulden des Gesellschafters** ist für die Annahme eines wichtigen Grundes grds. **nicht erforderlich,**[10] ist aber in der vorzunehmenden Abwägung zu berücksichtigen,[11] ebenso wie ein etwaiges **schuldhaftes Verhalten der Mitgesellschafter** die Annahme eines wichtigen Grundes ausschließen kann.[12] 5

Das Vorliegen eines wichtigen Grundes ist jeweils **im konkreten Einzelfall** anhand einer **Gesamtschau aller wesentlichen Umstände** zu prüfen.[13] Grundsätzlich können nur in der Person bzw. dem Verhalten des Gesellschafters begründete Umstände seinen Ausschluss rechtfertigen.[14] Dem Gesellschafter kann daher idR ein Fehlverhalten seines Rechtsvorgängers nicht zugerechnet werden,[15] anders aber bspw. bei Strohmanngeschäften.[16] Dieser Grundsatz erfährt aber Durchbrechungen, wenn das Verhalten eines Dritten dem Gesellschafter zuzurechnen ist. Statt in der Person des Treuhänders können daher auch Gründe in der **Person des Treugebers** in Betracht kommen, sofern der Treugeber weiterhin die Möglichkeit hat, auf die Gesellschaftsverhältnisse Einfluss zu nehmen u/oder an Stelle des Treuhänders wieder in die Gesellschaft eintreten kann.[17] Gleichermaßen kann auf Gründe in der Person eines zur Wahrnehmung von Gesellschafterrechten abgestellten **Vertreters** abgestellt werden, sofern es sich nicht um eine lediglich kurzfristige Vertretung handelt u. eine Abberufung des Vertreters nicht erfolgt oder nicht möglich ist.[18] Das **Verhalten** eines Gesellschafters außerhalb der GmbH **im privaten Bereich** kann einen Ausschluss nur rechtfertigen, sofern es sich auf die Gesellschafter oder deren Beziehungen untereinander bzw. allg. geschäftsschädigend auswirkt.[19] Für die **GmbH & Co KG** gilt Folgendes: Ist in der Person eines Kommanditisten ein Aus- 6

---

8 *Ulmer/Habersack* Rn. 15; BGH NJW 55, 667; 60, 866; 81, 2302, 2303.
9 Lutter/Hommelhoff/*Lutter/Kleindiek* § 34 Rn. 53; BGH GmbHR 91, 362; OLG Hamm GmbHR 93, 660, 662; OLG Frankfurt GmbHR 93, 659.
10 BGH NJW 53, 780, 781; 81, 2302, 2303.
11 Baumbach/Hueck/*Fastrich* Rn. 3.
12 Lutter/Hommelhoff/*Lutter/Kleindiek* § 34 Rn. 53; BGH NZG 00, 35, 36.
13 BGH ZIP 95, 567, 569.
14 Michalski/*Sosnitza* Rn. 9.
15 Scholz/*Seibt* Rn. 30.
16 BGH NJW 53, 780, 782; Baumbach/Hueck/*Fastrich* Rn. 5; zur Zurechnung von Verhalten des Vorgängers iE MüKoGmbHG/*Strohn* § 34 Rn. 132 mwN.
17 Baumbach/Hueck/*Fastrich* Rn. 5.
18 Scholz/*Seibt* Rn. 32; Baumbach/Hueck/*Fastrich* Rn. 5.
19 Baumbach/Hueck/*Fastrich* Rn. 3; MüKoGmbHG/*Strohn* § 34 Rn. 127.

schlussgrund gem. §§ 161 II, 140 HGB begründet, rechtfertigt dieser idR auch die Ausschließung als Gesellschafter der Komplementär-GmbH.[20]

7 Als **wichtige Gründe** kommen bspw. in Betracht: wiederholte u. schwerwiegende Kompetenzüberschreitungen, entweder als Gesellschafter oder als Geschäftsführer,[21] kriminelle Handlungen,[22] treuwidrige Förderung von Konkurrenzunternehmen,[23] geschäftsschädigendes Auftreten in der Öffentlichkeit,[24] erhebliche unberechtigte Privatentnahmen u. die Verweigerung ihrer Rückzahlung,[25] Verlust einer gesellschaftsvertraglich geforderten Eigenschaft,[26] Denunziation eines Mitgesellschafters,[27] ernsthafte Gefährdung der Funktionsfähigkeit der Gesellschaft durch Unerreichbarkeit eines Gesellschafters[28] sowie ein gravierend pflichtwidriges Verhalten bei Abschluss des Gesellschaftsvertrages, bspw. Täuschungshandlungen.[29]

8 **Kein wichtiger Grund** liegt vor, wenn der Gesellschafter als Geschäftsführer unternehmerische Fehlentscheidungen getroffen hat, die die Schwelle zur Pflichtwidrigkeit nicht überschreiten,[30] oder berechtigte Ansprüche gegen die Gesellschaft geltend gemacht werden.[31]

9 **b) Ultima Ratio.** Die Ausschließung darf stets **nur als äußerstes Mittel** in Betracht kommen.[32] Primär ist auf mildere Mittel zurückzugreifen, sofern diese zur Verfügung stehen, bspw. die Abberufung als Geschäftsführer,[33] die Übertragung des Geschäftsanteils auf einen Treuhänder[34] oder eine Teileinziehung des Geschäftsanteils, sofern bspw. eine Sperrminorität missbraucht wird.[35] Sieht die Satzung die Zwangseinziehung vor, scheidet die Ausschließungsklage aus.[36]

10 **c) Kapitalaufbringung und -erhaltung.** Wie bei der Einziehung darf auch bei der Ausschließung eines Gesellschafters nicht gegen den **Grundsatz der Aufbringung u. Erhaltung des Stammkapitals** verstoßen werden.[37] Sofern die Stammeinlage des von der Ausschließung betroffenen Gesellschafters noch nicht voll einbezahlt ist, kann die Gesellschaft selbst den Anteil wegen **§ 33 I** nicht übernehmen oder einziehen (→ § 34 Rn. 18); jedoch kann ein Mitgesellschafter oder Dritter diesen Anteil übernehmen, so dass eine

---

20 *Ulmer/Habersack* Rn. 12 mwN.
21 BGH DStR 93, 1398.
22 BGH GmbHR 97, 302, 303; OLG Düsseldorf GmbHR 99, 543, 546.
23 OLG Frankfurt DB 92, 2489.
24 OLG Hamm GmbHR 93, 743.
25 OLG München GmbHR 97, 451 f.
26 Michalski/*Sosnitza* Rn. 10 mwN: bspw. Familienzugehörigkeit oder bestimmte berufliche Qualifikationen.
27 OLG Hamm GmbHR 93, 743, 748.
28 *Ulmer/Habersack* Rn. 12 mwN.
29 Michalski/*Sosnitza* Rn. 10; BGH GmbHR 87, 302, 303.
30 OLG Hamm GmbHR 98, 1081.
31 OLG Dresden NZG 01, 809.
32 Allg. Meinung, vgl. BGH NJW 55, 667; OLG Düsseldorf GmbHR 99, 543, 546; Michalski/*Sosnitza* Rn. 18; Baumbach/Hueck/*Fastrich* Rn. 6; Lutter/Hommelhoff/*Lutter/Kleindiek* § 34 Rn. 57.
33 OLG Rostock NZG 02, 294.
34 Baumbach/Hueck/*Fastrich* Rn. 6.
35 Michalski/*Sosnitza* Rn. 19; Baumbach/Hueck/*Fastrich* Rn. 6.
36 Baumbach/Hueck/*Fastrich* Rn. 6.
37 Baumbach/Hueck/*Fastrich* Rn. 7.

Ausschließung dennoch möglich ist.[38] Bei der Zahlung der Abfindung gilt es wiederum, § 30 I zu beachten (→ § 34 Rn. 19 u. → § 34 Rn. 40).

d) **Satzungsregelungen.** IRd Privatautonomie können die Gesellschafter die Ausschließung in der Satzung näher regeln, soweit nicht gegen zwingende Vorschriften des GmbHG sowie § 138 BGB verstoßen wird.[39] Die Ausschlussgründe können näher umschrieben werden, wenngleich die Ausschließung aus wichtigem Grund nicht vollkommen ausgeschlossen werden darf, da es sich um **zwingendes Recht** handelt.[40] Sieht die Satzung für bestimmte Fälle die Einziehung des Geschäftsanteils nach § 34 II vor, kann hieraus nicht gefolgert werden, dass in anderen Fällen keine Ausschließung möglich sein soll.[41] Darüber hinaus kann bspw. auf das Erfordernis eines Ausschlussurteils verzichtet u. einem **anderen Gesellschaftsorgan,** bspw. der Gesellschafterversammlung, die **Entscheidungskompetenz über die Ausschließung übertragen werden.**[42] Schließlich kann die Satzung die Gesellschaft auch unmittelbar zur Abtretung an einen Dritten ermächtigen.[43] Auch Art, Höhe, Berechnung u. Fälligkeit der Abfindung können geregelt werden wie bei der Einziehung (→ § 34 Rn. 42 ff.). 11

3. Verfahren

Aufgrund der erheblichen Auswirkungen eines Gesellschafterausschlusses reicht ein **Gesellschafterbeschluss** allein nicht aus, zusätzlich bedarf es einer **Ausschließungsklage,** um eine gerichtliche Klärung entspr. § 140 HGB über das Vorliegen der Voraussetzungen sowie die ordnungsgemäße Abwägung aller Umstände des Einzelfalls herbeizuführen,[44] sofern nicht nach der Satzung ein Ausschluss auch ohne solche Klage ausdrücklich vorgesehen ist.[45] 12

a) **Beschluss der Gesellschafterversammlung.** Zunächst ist ein **Beschluss der Gesellschafterversammlung über die Ausschließung** des betroffenen Gesellschafters erforderlich. Die satzungsmäßige Übertragung der Beschlussfassung über die Ausschließung auf ein anderes Gesellschaftsorgan wie den Aufsichtsrat oder einen Gesellschafterausschuss ist ebenso möglich wie im Fall des Einziehungsbeschlusses (→ § 34 Rn. 10). Inhaltlich muss sich aus dem Beschluss eindeutig ergeben, dass gegen den betroffenen Gesellschafter Ausschlussklage erhoben werden soll.[46] Der Gesellschafterbeschluss unterliegt grds. **keinem Formerfordernis,** da erst die nach dem Ausschlussurteil auszuführenden Vollzugsmaßnahmen Rechtsänderungen hins. des Geschäftsanteils bewirken.[47] Sofern allerdings in der Satzung die Entbehrlich- 13

38 Michalski/*Sosnitza* Rn. 20; aA wohl Lutter/Hommelhoff/*Lutter/Kleindiek* § 34 Rn. 58.
39 Michalski/*Sosnitza* Rn. 41.
40 Allg. Meinung: OLG Nürnberg GmbHR 94, 252; Michalski/*Sosnitza* Rn. 41; Baumbach/Hueck/*Fastrich* Rn. 16.
41 *Ulmer/Habersack* Rn. 19 mwN.
42 *Ulmer/Habersack* Rn. 40 mwN.
43 Michalski/*Sosnitza* Rn. 42.
44 BGH NHW 99, 3779, 3780.
45 Baumbach/Hueck/*Fastrich* Rn. 8 a u. 16; Lutter/Hommelhoff/*Lutter/Kleindiek* § 34 Rn. 64 je mwN.
46 Michalski/*Sosnitza* Rn. 23.
47 OLG Frankfurt DB 79, 2127.

keit der Klage geregelt ist, wird der Ausschluss sofort wirksam,[48] er muss dann auf diese Rechtsfolge gerichtet und hinreichend präzise sein, unterliegt aber ebenfalls keinen Formvorschriften. Notarielle Beurkundung des Beschlusses ist erforderlich, wenn der Beschluss aufgrund entsprechender Bestimmungen in der Satzung auf unmittelbare Abtretung des Anteils gerichtet ist.[49]

14 Umstritten ist, mit welcher **Mehrheit** der Beschluss ergehen muss. Nach hM ist hierfür entspr. § 60 I Nr. 2 eine **Dreiviertelmehrheit** erforderlich.[50] Wird die erforderliche Dreiviertelmehrheit nicht erreicht, können die Mitgesellschafter die Ausschließung bei Vorliegen eines wichtigen Grundes auch über den Weg der Anfechtungs- u. positiven Beschlussfeststellungsklage gegen den gescheiterten Beschluss anstreben.[51] Schließlich kann sich im Einzelfall aus der Treuepflicht eine **Mitwirkungspflicht** dahin gehend ergeben, dass für die Ausschließung gestimmt werden muss.[52] Hiervon abw. können sich andere Mehrheitserfordernisse aus der Satzung ergeben. Bei der **Zweipersonen-Gesellschaft** ist eine **Beschlussfassung entbehrlich.**[53] Aufgrund des **Stimmrechtsverbots** nach § 47 IV ist der von der Ausschließung betroffene Gesellschafter von der Beschlussfassung ausgeschlossen.[54] Gleichwohl hat der betroffene Gesellschafter ein Teilnahmerecht an der über seine Ausschließung beschließenden Gesellschafterversammlung, insbes. ist ihm Gelegenheit zur Stellungnahme zu gewähren.[55]

15 Gegen einen fehlerhaften Ausschließungsbeschluss kann der betroffene Gesellschafter mit der **Anfechtungsklage** oder mit der **Nichtigkeitsklage** vorgehen.[56] Hierdurch wird jedoch nur Rechtsschutz ggü. formellen Beschlussmängeln geboten. Geht es dag um die inhaltliche Frage, ob ein Ausschließungsgrund vorliegt, ist die Klärung dieser Frage Gegenstand des Ausschließungsprozesses u. kann mangels Rechtsschutzbedürfnisses nicht schon durch die Anfechtungsklage geklärt werden.[57] Bei Versäumung der Anfechtungsfrist steht dem betroffenen Gesellschafter allenfalls noch der Einwand offen, dass sich der Einziehungsbeschluss als Rechtsmissbrauch darstellt.[58]

16 **b) Ausschlussklage.** Soweit sich nicht aus der Satzung ergibt, dass ein Gesellschafter bei Vorliegen eines wichtigen Grunds unmittelbar durch Organbeschluss aus der Gesellschaft ausgeschlossen werden kann, ist nach

---

48 Lutter/Hommelhoff/*Lutter/Kleindiek* § 34 Rn. 64 a; MüKoGmbHG/*Strohn* Rn. 176.
49 MüKoGmbHG/*Strohn* Rn. 167; Baumbach/Hueck/*Fastrich* Rn. 17; Lutter/Hommelhoff/*Lutter/Kleindiek* § 34 Rn. 67.
50 BGH NJW 03, 2314, 2315; Baumbach/Hueck/*Fastrich* Rn. 9 mwN; aA Scholz/*Seibt* Rn. 39.
51 BGH NZG 03, 284, 285.
52 BGH NZG 03, 530; Baumbach/Hueck/*Fastrich* Rn. 9 mwN.
53 *Ulmer/Habersack* Rn. 28; BGH NJW 99, 3779, 3880.
54 *Ulmer/Habersack* Rn. 27 mwN.
55 IE *Abramenko*, GmbHR 01, 501.
56 BGH GmbHR 91, 362.
57 BGH NJW 09, 230.
58 BGH NJW 87, 2514.

noch nahezu allg. Meinung eine **Ausschlussklage** erforderlich.[59] Klägerin ist die GmbH selbst, nicht die Gesellschafter.[60] Anderes soll nur bei der **zweigliedrigen GmbH** gelten, bei der allein schon aus Praktikabilitätsgründen auch eine Klagebefugnis der einzelnen Gesellschafter besteht.[61] Grds. ist gem. § 35 I die **Klage durch die Geschäftsführer zu erheben,** jedoch kann die Gesellschafterversammlung, bspw. bei Differenzen mit den Geschäftsführern, einen **besonderen Prozessvertreter** benennen.[62] Das Ausschlussurteil ergeht als **Gestaltungsurteil u.** nach bislang wohl noch hM unter der **aufschiebenden Bedingung,** dass die Gesellschaft die vom Gericht festzusetzende Abfindungssumme ohne Verstoß gegen § 30 I ausbezahlt.[63] Kritik richtet sich gegen die **Koppelung von Ausschließungs- u. Abfindungsstreit** durch den BGH, soweit sich das Ausschließungsverfahren hierdurch unnötig verzögert, sowie gegen den Schwebezustand zwischen Rechtskraft des Urteils u. der Abfindungszahlung als Bedingungseintritt.[64] Der Zweck der aufschiebenden Bedingung, nämlich der Schutz des ausgeschlossenen Gesellschafters vor einem kompensationslosen Verlust seiner Beteiligung, ist im Kern vergleichbar mit der Situation bei der Einziehung. Deshalb ist auch hier der Haftungslösung (→ § 34 Rn. 20) der Vorzug vor der Bedingungslösung zu geben, so dass die Wirksamkeit des Ausschlusses nicht unter der Bedingung der Abfindungszahlung steht, sondern vielmehr mit Rechtskraft des Urteils eintritt u. die Gesellschafter für die Leistung der Abfindung haften.[65] So lange dies aber noch nicht von der Rechtsprechung bestätigt wurde, empfiehlt sich für die **Praxis** eine entsprechende Regelung in der Satzung.[66] Im **Urteilstenor** muss in jedem Fall (sofern ein Urteil angesichts der Haftungslösung nicht nunmehr ohnehin entbehrlich ist)[67] die Ausschließung des betroffenen Gesellschafters ausgesprochen werden, auf Antrag des Beklagten sind jedoch zudem die vorläufige Abfindungssumme nach § 287 II ZPO zu schätzen u. weitere Modalitäten, bspw. die Zahlungsfrist u. die Folgen einer verspäteten Zahlung, festzusetzen.[68]

4. Rechtsfolgen

a) **Abfindung.** Grds. hat der ausgeschlossene Gesellschafter einen **Anspruch auf Abfindung** zum vollen wirtschaftlichen Wert (→ § 34 Rn. 38). 17
Im Fall der Wertlosigkeit des Anspruchs ist keine Abfindungszahlung erfor-

59 BGH NJW 53, 780, 782 f.; Michalski/*Sosnitza* Rn. 27; Lutter/Hommelhoff/*Lutter/Kleindiek* § 34 Rn. 63; Baumbach/Hueck/*Fastrich* Rn. 8 a; aA mit beachtlichen Argumenten Roth/*Altmeppen* § 60 Rn. 86.

60 BGH NJW 53, 780, 783; Baumbach/Hueck/*Fastrich* Rn. 8.

61 Baumbach/Hueck/*Fastrich* Rn. 8; Scholz//*Seibt* Rn. 38.

62 *Ulmer/Habersack* Rn. 32.

63 BGH NJW 53, 780; OLG Düsseldorf GmbHR 99, 543, 547; ebenso noch *Klöckner* GmbHR 12, 1325, 1327.

64 Baumbach/Hueck/*Fastrich* Rn. 13 f.; MüKoGmbHG/*Strohn* Rn. 170 ff.; Roth/Altmeppen § 60 Rn. 99; Lutter/Hommelhoff/*Lutter/Kleindiek* § 34 Rn. 63.

65 Ähnl Baumbach/Hueck/*Fastrich* Rn. 14; *Lutter*/Hommelhoff/*Lutter/Kleindiek* § 34 Rn. 65 a; MüKoGmbHG/*Strohn* Rn. 173 ff.; Roth/Altmeppen § 60 Rn. 99; Michalski/*Sosnitza* Rn. 31; aA *Klöckner* GmbHR 12, 1325, 1327; Scholz//*Seibt* Rn. 44.

66 Zutr. MüKoGmbHG/*Strohn* Rn. 176; Gehrlein/Born/Simon/*Sandhaus* § 34 Rn. 87.

67 So mit beachtlichen Argumenten Roth/*Altmeppen* § 60 Rn. 86.

68 MüKoGmbHG/*Strohn* Rn. 162; Michalski/*Sosnitza* Rn. 30.

derlich.[69] **Maßgeblicher Zeitpunkt** für die Wertermittlung des Geschäftsanteils ist bei der Ausschließung entspr. § 140 II HGB der **Tag der Klageerhebung.**[70] Liegen die materiellen Voraussetzungen der Ausschließung jedoch erst nach der Klageerhebung vor oder sind andere Voraussetzungen der Klage erst danach eingetreten, ist dieser Zeitpunkt maßgeblich.[71] Bei Entbehrlichkeit eines Urteils – sei es wegen entsprechender Satzungsbestimmungen oder weil ein Urteil allg. nicht mehr für erforderlich gehalten wird (→ Rn. 16) ist auf den Zeitpunkt der Beschlussfassung abzustellen.[72] Entspr. Satzungsregelungen, die das Ausscheiden eines Gesellschafters betreffen, können im Wege der ergänzenden Auslegung auf den nicht in der Satzung geregelten Fall der Ausschließung übertragen werden, so dass satzungsrechtliche Abfindungsregelungen u. -beschränkungen, bspw. für den Fall der Zwangseinziehung, zur Anwendung kommen können.[73]

18 **b) Gesellschafterrechte.** Grds. richtet sich die Ausschließungsklage gegen den Gesellschafter persönlich. Dies hat zur Folge, dass der ausgeschlossene Gesellschafter **zunächst Inhaber seines Geschäftsanteils bleibt,** bis dieser entweder einzogen oder auf die GmbH, Mitgesellschafter oder Dritte übertragen worden ist.[74] Während der Dauer der Ausschließungsklage **bestehen die Mitgliedschafts- u. Vermögensrechte des Gesellschafters in vollem Umfang fort.**[75] Nach der von der noch hM vertretenen Bedingungstheorie erlöschen erst bei fristgerechter Zahlung der Abfindung sämtliche Mitgliedschaftsrechte endgültig.[76] Mit Rechtskraft des Urteils u. bis zum Bedingungseintritt ruhen demnach zwar die nicht vermögensrechtlichen Rechte u. Pflichten aus der Gesellschafterstellung,[77] der Gesellschafter ist jedoch weiter zur Verfügung über seinen Geschäftsanteil befugt.[78] Es besteht kein Gewinnanspruch.[79] Bleibt die ordnungsgemäße Zahlung der Abfindung aus, so sollen dem Gesellschafter hingg. wieder alle Rechte uneingeschränkt zustehen.[80] Folgt man jedoch wie hier der neueren Auffassung, dass der Ausschluss nicht unter der aufschiebenden Bedingung der Ausgleichszahlung steht, so muss der ausgeschlossene Gesellschafter sämtliche Mitgliedschaftsrechte bereits mit Rechtskraft des Urteils (bzw. Mitteilung des Beschlusses, jedenfalls bei entsprechender Regelung in der Satzung) verlieren.[81]

---

69 OLG Brandenburg ZIP 02, 1806.
70 BGH NJW 53, 780, 783.
71 BGH NJW 72, 1320; Baumbach/Hueck/*Fastrich* Rn. 11.
72 Michalski/*Sosnitza* Rn. 30 mwN.
73 BGH ZIP 02, 258, 259.
74 Baumbach/Hueck/*Fastrich* Rn. 15 f.
75 Baumbach/Hueck/*Fastrich* Rn. 15 mwN.
76 Baumbach/Hueck/*Fastrich* Rn. 15 a mwN.
77 Michalski/*Sosnitza* Rn. 38; aA noch BGH NJW 53, 780, 783; OLG Hamm GmbHR 93, 743, 746; OLG Nürnberg GmbHR 94, 252, 254: nur das Stimmrecht bei Maßnahmen, die der Durchführung der Ausschließung dienen, ruht.
78 Ganz hM, vgl. Scholz/*Seibt* Rn. 51 mwN; aA jedoch *Ulmer/Habersack* Rn. 37, 39.
79 Michalski/*Sosnitza* Rn. 38; Baumbach/Hueck/*Fastrich* Rn. 15 a.
80 Scholz/*Seibt* Rn. 51.
81 Ebenso Baumbach/Hueck/*Fastrich* Rn. 15 b; *Lutter*/Hommelhoff/*Lutter/Kleindiek* § 34 Rn. 65 a; MüKoGmbHG/*Strohn* Rn. 174; wohl auch *Einhaus/Selter*, GmbHR 15, 679, 681.

c) **Anteilsverwertung.** Da sich der Ausschluss allein gegen den betroffenen Gesellschafter richtet, bleibt der von diesem gehaltene Geschäftsanteil zunächst bestehen. Nach hM fällt der Geschäftsanteil an die Gesellschaft.[82] Ein solcher Automatismus muss aber vor dem Hintergrund der Anforderungen aus § 33 auf Bedenken stoßen, weshalb der Anteil nach vorzugswürdiger Auffassung den Gesellschaftern im Verhältnis ihrer Anteile zufällt.[83] Sofern die Gesellschafter nicht bereits im Ausschließungsbeschluss entschieden haben, ob der Anteil eingezogen oder abgetreten werden soll, sind sie durch das Urteil dazu ermächtigt, hierüber u. über den Empfänger des abzutretenden Geschäftsanteils zu entscheiden.[84] Eine **Mitwirkungshandlung** des ausgeschlossenen Gesellschafters oder eines am Anteil dinglich berechtigten Dritten ist nicht erforderlich. Soll der Geschäftsanteil eingezogen werden, muss diese Möglichkeit weder durch die Satzung vorgesehen werden noch ist die Zustimmung des betroffenen Gesellschafters erforderlich.[85] Die Einziehung oder der Erwerb durch die Gesellschaft ist nur möglich, wenn zum einen die Stammeinlage gem. §§ 19 II, 33 I, 34 voll eingezahlt ist u. zum anderen die hierzu erforderlichen Mittel nicht aus dem zur Deckung des Stammkapitals notwendigen Gesellschaftsvermögens aufgebracht werden müssen.[86] 19

III. Austritt

1. Zulässigkeit

Ebenso wenig wie der Gesellschafterausschluss ist das Austrittsrecht des einzelnen Gesellschafters im GmbHG geregelt. Auch ohne entspr. Satzungsregelung ist das Austrittsrecht **allg. anerkannt.** Nach heute ganz hM ist hierfür ein **wichtiger Grund erforderlich,**[87] es sei denn, die Gesellschaft akzeptiert die Austrittserklärung auch ohne Vorliegen eines solchen.[88] 20

2. Voraussetzungen

a) **Wichtiger Grund.** Als **wichtige Gründe** kommen alle Umstände in Betracht, die dem Gesellschafter den weiteren Verbleib in der Gesellschaft unzumutbar machen.[89] Ein **Verschulden** seitens des austrittswilligen Gesellschafters bzw. der Mitgesellschafter in Bezug auf den wichtigen Grund ist iRd Abwägungsentscheidung zu berücksichtigen.[90] 21

Als **Gründe in der Person des Gesellschafters** sind bspw. zu nennen: nicht kündbare Nebenleistungspflichten, die sich zu einer unzumutbaren Belas- 22

---

82 BGH NJW 53, 780, 784; Baumbach/Hueck/*Fastrich* Rn. 10; aA *Ulmer/Habersack* Rn. 39: mit Wirksamwerden des Ausschlusses besteht der Anteil als vorübergehend trägerloses Recht wie bei der Kaduzierung nach § 21 fort.
83 Baumbach/Hueck/*Fastrich* Rn. 15 b.
84 BGH NJW 53, 780.
85 BGH NJW 77, 2316; Baumbach/Hueck/*Fastrich* Rn. 10.
86 Scholz/*Seibt* Rn. 36; *Lutter*/Hommelhoff/*Lutter/Kleindiek* Rn. 58; Baumbach/Hueck/*Fastrich* Rn. 7.
87 BGH NJW 92, 892, 895.
88 BGH NZG 14, 541; zust. *Lutter*/Hommelhoff/*Lutter/Kleindiek* § 34 Rn. 74 a.
89 BGH NJW 92, 892, 895.
90 *Ulmer/Habersack* Rn. 51.

tung entwickelt haben,[91] ggf. auch der satzungsmäßige Ausschluss der Anteilsabtretbarkeit.[92] **Hins. der Gesellschaft** selbst kommen als **Gründe** in Betracht eine unzumutbare u. grdl. Änderung der rechtlichen u. wirtschaftlichen Verhältnisse der Gesellschaft,[93] aber auch Änderung der Mehrheitsverhältnisse dahin gehend, dass die Gesellschaft dadurch abhängiges Unternehmen iSd §§ 15 ff. AktG wird,[94] oder eine wesentliche Ausweitung der Geschäftstätigkeit.[95] Schließlich kann auch das **Verhalten der Mitgesellschafter** einen wichtigen Grund darstellen, bspw. bei treuwidriger Aushungerung der Minderheitsgesellschafter durch wiederholte u. ungerechtfertigte Thesaurierungsbeschlüsse der Gesellschaftermehrheit.[96]

23 **Keine ausreichend wichtigen Gründe** sind bspw. Verzögerung der Rechnungslegung durch Geschäftsführer, das Bestehen von Forderungen gegen die Gesellschaft, soweit diese gerichtlich geltend gemacht werden können, sowie das Scheitern der Veräußerung des Geschäftsanteils aus tatsächlichen Gründen.[97]

24 **b) Ultima Ratio.** Der Austritt darf nur das **äußerste Mittel** sein, andere geeignete u. angemessene Mittel dürfen nicht zur Verfügung stehen.[98] So kommen insbes. die Veräußerung des Geschäftsanteils,[99] aber auch die **Erhebung einer Nichtigkeits- oder Anfechtungsklage**[100] in Betracht. Hingg. ist die Erhebung einer möglichen Auflösungsklage nach hM gem. § 61 nicht vorrangig, da hierdurch die verbleibenden Gesellschafter an der Fortsetzung der Gesellschaft gehindert werden.[101]

25 **c) Kapitalaufbringung und -erhaltung.** Ggü. den diesbzgl Voraussetzungen des Ausschlusses bestehen keine Besonderheiten, der Geschäftsanteil des austrittswilligen Gesellschafters muss daher voll einbezahlt sein u. die Auszahlung der Abfindung darf nicht zu einem Verstoß gegen § 30 I führen. Anderenfalls muss ein Dritter oder Mitgesellschafter den Anteil übernehmen u. die Abfindung zahlen, ein Anspruch hierauf besteht gleichwohl

91 RGZ 128, 16 f.
92 Lutter/Hommelhoff/*Lutter/Kleindiek* § 34 Rn. 72; OLG Karlsruhe BB 84, 2015, 2016; regelmäßig müssen aber weitere Gründe hinzutreten, so dass es sich eher um eine Mindestvoraussetzung handelt, so zutr. Roth/*Altmeppen* § 60 Rn. 108.
93 Lutter/Hommelhoff/*Lutter/Kleindiek* § 34 Rn. 73; Scholz/*Seibt* Rn. 13; Baumbach/Hueck/*Fastrich* Rn. 20.
94 Im Detail str, vgl. MüKoGmbHG/*Strohn* Rn. 184 mwN.
95 Lutter/Hommelhoff/*Lutter/Kleindiek* § 34 Rn. 73.
96 *Ulmer/Habersack* Rn. 54; angesichts der großen nun durch § 29 eingeräumten Flexibilität zu Recht einschränkend Baumbach/Hueck/*Fastrich* Rn. 20: nur in Extremfällen, ansonsten Anfechtung der Gewinnausschüttungsbeschlüsse milderes Mittel.
97 OLG Hamm GmbHR 93, 656, 657.
98 Baumbach/Hueck/*Fastrich* Rn. 18 u. 22.
99 Michalski/*Sosnitza* Rn. 55; Baumbach/Hueck/*Fastrich* Rn. 18; Roth/*Altmeppen* § 60 Rn. 108 ff.; Lutter/Hommelhoff/*Lutter/Kleindiek* § 34 Rn. 74 je mit unterschiedlichen Auffassungen dazu, ob Unveräußerlichkeit aus tatsächlichen Gründen genügt.
100 Scholz/*Seibt* Rn. 14; Baumbach/Hueck/*Fastrich* Rn. 22.
101 Michalski/*Sosnitza* Rn. 57; Baumbach/Hueck/*Fastrich* Rn. 22; Roth/*Altmeppen* § 60 Rn. 108.

nicht.[102] Für den Fall des Scheiterns des Austritts bleibt lediglich die Auflösungsklage nach § 61.[103]

d) **Satzungsregelungen.** Satzungsregelungen betr. den Austritt des Gesellschafters sind grds. zulässig, nicht jedoch ein Ausschluss oder eine wesentliche Beschränkung des Austrittsrechts.[104] Die Voraussetzungen des Austritts können geregelt werden, indem bspw. zusätzliche Austrittsgründe festgelegt werden oder ein ordentliches, zu einem bestimmten Stichtag auszuübendes Kündigungsrecht eingeführt wird.[105] Sofern die Satzung im Fall eines **ordentlichen Kündigungsrechts** keine Rechtsfolge vorsieht, hat die Kündigung **iZw die Auflösung der Gesellschaft** zur Folge, sofern sich aus der Auslegung der Kündigungsklausel nichts Abw ergibt.[106] Darüber hinaus kann die Satzung Modalitäten des Austritts, etwa eine bestimmte Form für die Austrittserklärung, regeln u. das Ruhen verzichtbarer Mitgliedschaftsrechte anordnen.[107] 26

3. Verfahren

a) **Austrittserklärung.** Vorbehaltlich abw. Satzungsbestimmungen ist zunächst eine einseitige, **formlose Austrittserklärung des austrittswilligen Gesellschafters** notwendig, wenngleich zur Beweissicherung Schriftform ratsam ist.[108] Diese Austrittserklärung ist ggü. der GmbH abzugeben,[109] ausreichend ist daher der Zugang ggü. einem Geschäftsführer gem. § 35 II 2.[110] Mit **Zugang** bei der Gesellschaft wird die Austrittserklärung unwiderruflich[111] u. kann nur noch gem. §§ 119 ff. BGB angefochten oder von beiden Parteien übereinstimmend als nicht abgegeben erklärt werden.[112] 27

Folge der Austrittserklärung ist nach bislang hM, dass hierdurch **ein Anspruch des Gesellschafters gegen die GmbH auf Zahlung einer Abfindung** Zug um Zug gegen Abtretung oder Zustimmung zur Einziehung seines Gesellschaftsanteils begründet wird.[113] An dieser engen Verknüpfung kann aber kaum festgehalten werden, wenn man der sich im Vordringen befindlichen Haftungstheorie folgt, welche bei Einziehung u. Ausschluss die Abfindungszahlung nicht länger als Bedingung für die Wirksamkeit der Einziehung bzw. des Ausschlusses ansieht.[114] Die Gesellschaft hat **freie Wahl,** 28

102 Michalski/*Sosnitza* Rn. 58; Baumbach/Hueck/*Fastrich* Rn. 23.
103 Michalski/*Sosnitza* Rn. 58; Baumbach/Hueck/*Fastrich* Rn. 23.
104 Baumbach/Hueck/*Fastrich* Rn. 27; Lutter/Hommelhoff/*Lutter/Kleindiek* § 34 Rn. 70.
105 *Ulmer/Habersack* Rn. 68.
106 BGH NZG 03, 871, 872.
107 Baumbach/Hueck/*Fastrich* Rn. 27 mwN.
108 Allg. Meinung, vgl. Lutter/Hommelhoff/*Lutter/Kleindiek* § 34 Rn. 75; Baumbach/Hueck/*Fastrich* Rn. 24; Roth/*Altmeppen* § 60 Rn. 112; Michalski/*Sosnitza* Rn. 59.
109 *Lutter*/Hommelhoff § 34 Rn. 75; *Ulmer/Habersack* Rn. 57.
110 Michalski/*Sosnitza* Rn. 59.
111 OLG Köln GmbHR 96, 609, 610.
112 Michalski/*Sosnitza* Rn. 59.
113 Baumbach/Hueck/*Fastrich* Rn. 24.
114 Ebenso *Lutter*/Hommelhoff § 34 Rn. 76 a; differenzierend Roth/*Altmeppen* § 60 Rn. 118 f.; aA Baumbach/Hueck/*Fastrich* Rn. 23 f.; Scholz/*Seibt* Rn. 22.

ob sie den Anteil unter Berücksichtigung der Grundsätze zur Kapitalaufbringung u. -erhaltung einzieht gem. § 34, selbst erwirbt gem. § 33 oder auf einen Dritten bzw. Mitgesellschafter gem. § 15 überträgt.[115]

29 b) **Klageweg.** Kommt die Gesellschaft dem Anspruch des Gesellschafters auf Austritt u. Abfindungszahlung nicht nach, kann dieser gegen die Gesellschaft **auf Zahlung der Abfindung klagen.** IR dieser Klage wird auch das Vorliegen der Austrittsvoraussetzungen sowie die Wirksamkeit des Austritts überprüft.[116] Alternativ kann auch **auf Auflösung der Gesellschaft gem. § 61 geklagt** werden.[117] Die Zahlungsklage geht jedoch der Auflösungsklage vor, wenn die Abfindungszahlung ohne Verstoß gegen § 30 I erbracht werden kann.[118]

4. Rechtsfolgen

30 a) **Abfindung.** Hins. der Abfindung bestehen beim Austritt im Vergleich zum Ausschluss keine Besonderheiten, so dass auf die entspr. Ausführungen dort verwiesen werden kann. Für die Berechnung des Abfindungsanspruchs ist der Zeitpunkt maßgeblich, in dem die Austrittserklärung bei der Gesellschaft zugeht.[119]

31 b) **Gesellschafterrechte.** Auch nach Abgabe der Austrittserklärung **bleibt** der Gesellschafter zunächst **Inhaber seines Gesellschaftsanteils** bis zu dessen Einziehung oder Abtretung, für welche wiederum die allg. Regeln (§ 34 bzw. § 15) gelten. Bis zur Einziehung oder Abtretung bleiben die Mitgliedschaftsrechte des Gesellschafters bestehen; es gelten iÜ die gleichen Erwägungen wie bei der Ausschließung. **Gewinnansprüche** bestehen vorbehaltlich entspr. Satzungsregelungen[120] fort, sofern die Ausschüttung bis zum Zeitpunkt der Einziehung oder Abtretung bereits beschlossen war.[121]

Abschnitt 3 [1]Vertretung und Geschäftsführung

§ 35 Vertretung der Gesellschaft

(1) [1]Die Gesellschaft wird durch die Geschäftsführer gerichtlich und außergerichtlich vertreten. [2]Hat eine Gesellschaft keinen Geschäftsführer (Führungslosigkeit), wird die Gesellschaft für den Fall, dass ihr gegenüber Willenserklärungen abgegeben oder Schriftstücke zugestellt werden, durch die Gesellschafter vertreten.

(2) [1]Sind mehrere Geschäftsführer bestellt, sind sie alle nur gemeinschaftlich zur Vertretung der Gesellschaft befugt, es sei denn, dass der Gesellschaftsvertrag etwas anderes bestimmt. [2]Ist der Gesellschaft gegenüber eine Willenserklärung abzugeben, genügt die Abgabe gegenüber einem Vertreter

---

115 Michalski/*Sosnitza* Rn. 60.
116 Michalski/*Sosnitza* Rn. 60.
117 BGH NJW 84, 489, 490.
118 *OLG Koblenz* NZG 06, 66, 67.
119 Baumbach/Hueck/*Fastrich* Rn. 25; Michalski/*Sosnitza* Rn. 62; Roth/*Altmeppen* § 60 Rn. 113.
120 BGH NJW 84, 489, 490.
121 Michalski/*Sosnitza* Rn. 66.
1 S. hierzu auch das DrittelbeteiligungsG.

der Gesellschaft nach Absatz 1. [3]An die Vertreter der Gesellschaft nach Absatz 1 können unter der im Handelsregister eingetragenen Geschäftsanschrift Willenserklärungen abgegeben und Schriftstücke für die Gesellschaft zugestellt werden. [4]Unabhängig hiervon können die Abgabe und die Zustellung auch unter der eingetragenen Anschrift der empfangsberechtigten Person nach § 10 Abs. 2 Satz 2 erfolgen.

(3) [1]Befinden sich alle Geschäftsanteile der Gesellschaft in der Hand eines Gesellschafters oder daneben in der Hand der Gesellschaft und ist er zugleich deren alleiniger Geschäftsführer, so ist auf seine Rechtsgeschäfte mit der Gesellschaft § 181 des Bürgerlichen Gesetzbuchs anzuwenden. [2]Rechtsgeschäfte zwischen ihm und der von ihm vertretenen Gesellschaft sind, auch wenn er nicht alleiniger Geschäftsführer ist, unverzüglich nach ihrer Vornahme in eine Niederschrift aufzunehmen.

Schrifttum

Altmeppen, In-sich-Geschäfte der Geschäftsführer in der GmbH, NZG 2013, 401; *Arnold/Schansker*, Die Zweiwochenfrist des § 626 II BGB bei der außerordentlichen Kündigung von vertretungsberechtigten Organmitgliedern, NZG 2013, 1172; *Auktor*, Praktische Probleme der Mehrfachvertretung bei Gesellschaften, NZG 2006, 334; *Baeck/Götze/Arnold*, Festsetzung und Herabsetzung der Geschäftsführervergütung – Welche Änderungen bringt das VorstAG?, NZG 2009, 1121; *Bauer/Diller*, Koppelung von Abberufung und Kündigung von Organmitgliedern, GmbHR 1998, 809; *Bauer/Krets*, Gesellschaftsrechtliche Sonderregeln bei der Beendigung von Vorstands- und Geschäftsführerverträgen, DB 2003, 811; *Baumert*, Kündigung eines GmbH-Geschäftsführers – Rechtsweg und Kündigungsschutz, NZG 2018, 536 ff; *Bellen/Stehl*, Pflichten und Haftung der Geschäftsführung in der Krise der GmbH – ein Überblick, BB 2010, 2579 ff; *Bernhardt/Bredol*, Rechtsfragen zu Organstellung und Anstellungsvertrag von Geschäftsführern einer paritätisch mitbestimmten GmbH, NZG 2015, 419; *Blaschke*, Musterprotokoll und Vertretungsmacht des bei der Gründung bestellten Geschäftsführers, GmbHR 2015, 403; *Blath*, Die Selbstbestellung des Geschäftsführers oder Vorstands der Muttergesellschaft zum Geschäftsführer der Tochter-GmbH, GmbHR 2018, 345 ff; *Boemke*, Aktuelles zum GmbH-Geschäftsführer aus arbeitsrechtlicher Sicht, RdA 2018, 1; *Bork*, Pflichten der Geschäftsführung in Krise und Sanierung, ZIP 2011, 101; Deilmann/Dornbusch, Drittausstellungen im Konzern, NZG 2016, 201 ff; *Commandeur/Kleinebrink*, Der Status des Geschäftsführers als Arbeitnehmer – Geschäftsführer als Subjekt unionsrechtlicher Schutzvorschriften, NZA-RR 2017, 449 ff; *Dreher/Thomas*, Die D&O-Versicherung nach der VVG-Novelle 2008, ZGR 2009, 31 ff; *Dzida*, Tat- und Verdachtskündigung bei komplexen Sachverhalten, NZA 2014, 809 ff; *Dzida/Förster*, Beginn der Zwei-Wochen-Frist bei Compliance-Untersuchungen, NZA-RR 2015, 561 ff; *Fest*, Gesetzliche Vertretung und Prozessfähigkeit einer führungslosen Gesellschaft nach dem MoMiG, NZG 2011, 130; *S. Fischer*, Der Rechtstreit über die Abberufung des GmbH-Geschäftsführers, BB 2013, 2819; *U. Fischer*, Die Bestellung von Arbeitnehmern zu Organmitgliedern juristischer Personen und das Schicksal ihres Arbeitsvertrages, NJW 2003, 2417; *Fleischer*, Reichweite und Grenzen der unbeschränkten Organvertretungsmacht im Kapitalgesellschaftsrecht, NZG 2005, 529; *ders*, Das unternehmerische Ermessen des GmbH-Geschäftsführers und seine GmbH-spezifischen Grenzen, NZG 2011 521; *ders.*, Ressortverteilung zwischen GmbH-Geschäftsführern: Das Weltruf-Urteil des BGH; DB 2019, 472 ff: *Frenzel*, Erstarkung der Gesamt- zur Alleinvertretungsbefugnis bei Ausscheiden der übrigen Geschäftsführer? GmbHR 2011, 515; *Freund*, Abberufung und außerordentliche Kündigung des Geschäftsführers, GmbHR 2010, 117 ff; *Frost*, Fremdgeschäftsführer als Arbeitnehmer im Sinne des Unionsrechts, EuZW 2015, 664; *Geck/Fiedler*, Alle Wege des Geschäftsführers führen zu den Arbeitsgerichten, BB 2015, 1077; *Goette*, Das Anstellungsverhältnis des GmbH-Geschäftsführers in der Rechtsprechung des Bundesgerichtshofs, DStR 1998, 1137; *ders*, Der Geschäftsführerdienstvertrag zwischen Gesellschafts- und Arbeitsrecht in der Rechtsprechung des Bundesgerichtshofs, FS Wiedemann, 2002, S. 873; *Gravenhorst*, Wettbewerbsverbot für den GmbH-Geschäftsführer, DB 2019, 1572 ff;

Graewe, Überwachungspflicht, Delegation und Darlegungslast des Geschäftsführers in der Unternehmenskrise, BB 2019, 1478; *Haase*, Das ruhende Arbeitsverhältnis eines zum Vertretungsorgan einer GmbH bestellten Arbeitnehmers und das Schriftformerfordernis gemäß § 623 BGB, GmbHR 2004, 279; *ders*, Der Erholungsurlaub des Geschäftsführers aus rechtlicher Sicht, GmbHR 2005, 265 ff, 338 ff; *Harbarth*, Gesellschaftsrechtliche Anforderungen an die Kündigung von Geschäftsführerverträgen, BB 2015, 707; *Hasselbach*, Der Verzicht auf Schadensersatzansprüche gegen Organmitglieder, DB 2010, 2037 ff; *Hauschild*, § 181 BGB im Gesellschaftsrecht – eine heilige Kuh auf verlorenem Posten? ZIP 2014, 954; *Heidenhain*, Nachvertragliches Wettbewerbsverbot des GmbH-Geschäftsführers, NZG 2002, 605; *Hillmann-Stadtfeld*, Beendigung von Geschäftsführer-Dienstverträgen. Hier: Kopplungsklauseln, GmbHR 2004, 1457; *Höpfner*, Gehaltserhöhung mit sich selbst, NZG 2014, 1174; *Holthausen*, Kündigungsregelungen und Altersgrenzen – Geltung des AGG für Fremdgeschäftsführer, ArbRAktuell 2019, 401 ff und 433 ff; *Holthausen/Steinkraus*, Die janusköpfige Rechtsstellung des GmbH-Geschäftsführers im Arbeitsrecht, NJW-RR 2002, 281; *Jula*, Der GmbH-Geschäftsführer, 3. Aufl. 2009; *Khanian*, Die Inhaltskontrolle von Geschäftsführerverträgen, GmbHR 2011, 116; *Kleemann/Kaufmann*, Keine Befreiung des Minderheits-Gesellschafter-Geschäftsführers von der Sozialversicherungspflicht mehr? BB 2014, 821; *Kielkowski*, Zur Problematik von nachvertraglichen Wettbewerbsverboten für Geschäftsführer, NZG 2015, 900; *Kliemt*, Altersgrenzen für Vorstandsmitglieder – noch rechtskonform? RdA 2015, 232; *Klose*, Die Vertretung einer Zweipersonen-GmbH bei Gesellschafterstreitigkeiten, GmbHR 2010, 1139; *Koch*, Das Abmahnungserfordernis bei der außerordentlichen Kündigung von Organmitgliedern einer Kapitalgesellschaft, ZIP 2005, 1621; *Kögel*, Neues bei der Notgeschäftsführung? GmbHR 2012, 772; *Kort*, Sind GmbH-Geschäftsführer und Vorstandsmitglieder diskriminierungsschutzrechtlich Arbeitnehmer? NZG 2013, 601; *Lau*, Sozialversicherungspflicht von Geschäftsführern, NZS 2019, 452 ff; *Leuchten*, Beschäftigungsanspruch des GmbH-Geschäftsführers, GmbHR 2001, 750; *Leuering/Dornhegge*, Geschäftsverteilung zwischen GmbH-Geschäftsführern, NZG 2010, 13 ff; *Leuering/Rubner*, Geschäftsverteilung zwischen GmbH-Geschäftsführern, NJW-Spezial 2009, 239; *Lieder*, Annexkompetenzen der Gesellschafterversammlung, NZG 2015, 569; *Lücke*, Der Status des GmbH-Geschäftsführers: (K)ein Arbeitnehmer?, NJW 2009, 3207 u. NJOZ 2009, 3469; *ders.*, Der Einsatz von KI in der und durch die Unternehmensleitung, BB 2019, 1986 ff; *Lunk*, Der EuGH und die deutschen GmbH-Geschäftsführer – Auf dem Weg zum Arbeitnehmerstatus? NZA 2015, 917; *ders*, Der GmbH-Geschäftsführer und die Arbeitsgerichtsbarkeit – ein Zwischenbericht, NZA-RR 2019, 406 ff; *Lutz*, Prozessvertretung der GmbH gegenüber dem Geschäftsführer und actio pro socio bei einstweiligen Verfügungen, NZG 2015, 424; *Mävers*, Der Geschäftsführer im Arbeitsrecht – ein Überblick zu den Besonderheiten, ArbRAktuell 2018, 591 ff, 2019, 4 ff, 58 ff; *Menke*, Gestaltung nachvertraglicher Wettbewerbsverbote mit GmbH-Geschäftsführern, NJW 2009, 636; *Menzer*, Carried Interest für GmbH-Geschäftsführer im Rahmen des Corporate Venturing, GmbHR 2001, 950; *Mohr*, Die Angemessenheit der Gesamtvergütung des GmbH-Geschäftsführers im Gesellschaftsrecht, GmbHR 2011, 402; *Müller*, Reichweite der Vertretungsmacht des GmbH-Geschäftsführers bei der Veräußerung des gesamten Gesellschaftsvermögens, NZG 2019, 807 ff; *Nägele*, Der Anstellungsvertrag des Geschäftsführers, BB 2001, 305; Noack/*Ehrl*, Organisationspflichten und -strukturen kraft Digitalisierung, ZHR 183 (2019), 105 ff; *Peetz*, Der faktische Geschäftsführer – faktisch ider eine Fiktion, GmbHR 2017, 57 ff; *Peitsmeyer*, Anforderung an die Aufgabenverteilung zwischen den Geschäftsführern einer GmbH, NZG 2019, 501 ff; *Preis/Sagan*, Der GmbH-Geschäftsführer in der arbeits- und diskriminierungsrechtlichen Rechtsprechung des EuGH, BGH und BAG, ZGR 2013, 26; *Ries*, Der ausländische Geschäftsführer, NZG 2010, 298; *Rischa*, Geschäftsführerentgelte und verdeckte Gewinnausschüttung, GmbHR 2003, 15; *Röhrborn*, Eigenkündigung des GmbH-Geschäftsführers bei Abberufung aus dem Amt, DB 2014, 1978; *Rudolf*, Vermeidung potentieller Kündigungsschutzklagen von GmbH-Geschäftsführern, BB 2014, 827; *Rüppell/Hoffmann*, Abberufung und Kündigung eines (Gesellschafter-)Geschäftsführers aus wichtigem Grund, BB 2016, 465 ff; *Sasse/Schnitger*, Das ruhende Arbeitsverhältnis des GmbH-Geschäftsführers, DB 2007, 154; *Schauf*, Rolle und Kompetenzen des GmbH-Geschäftsführers in einer Matrixstruktur, BB 2019, 2883 ff; *Sattler*, Der Einfluss der Digitalisierung auf das Gesellschaftsrecht; BB 2018, 2243 ff; *Schiefer/Worzalla*, Der Anstellungsvertrag des GmbH-Geschäftsführers, ZfA 2014, 41; *Schmidt*, Führungslosigkeit der GmbH oder

GmbH & Co. KG im Prozess, GmbHR 2011, 113; *Schneider*, Abmahnung des Geschäftsführers vor Kündigung des Anstellungsvertrags aus wichtigem Grund? GmbHR 2003, 1; *Schneider/Brouwer*, Aufrechnung gegen Ruhegeldansprüche des Geschäftsführers, GmbHR 2006, 1019; *Scholz*, Missbrauch der Vertretungsmacht durch Gesellschafter-Geschäftsführer, ZHR 2018, 656; *Schulze/Hintzen*, GmbH-Geschäftsführer als Arbeitnehmer? ArbRAktuell 2012, 332810; *Schwedhelm*, vGA-Check für GmbH-Verträge, DB 2015, 2956; *Spindler*, Wissenszurechnung in der GmbH, der AG und im Konzern, ZHR 181 (2017) 131; *Straube*, AGB-Kontrolle von nachvertraglichen Wettbewerbsverboten, BB 2013, 117; *Strohn*, Faktische Organe – Rechte, Pflichten, Haftung, DB 2011, 158; *Tänzer*, Die aktuelle Geschäftsführervergütung 2005, GmbHR 2005, 1256; *Tauth/Röder*, Der Geschäftsführer auf der „Abschussliste“, BB 2013, 1333; *Thüsing/Stiebert*, Altersgrenzen bei Organmitgliedern, NZG 2011, 641; *Uckermann/Heilick*, Versorgungszusagen an Gesellschafter-Geschäftsführer, NZA 2014, 1187; *Uhlenbruck*, Die Kündigung von Beratern, Vorständen und Geschäftsführern in der Unternehmensinsolvenz, BB 2003, 1185; *v. Schnurbein/Neufeld*, Die fristlose Abberufung und Kündigung eines Geschäftsführers mit Minderheitsbeteiligung, BB 2011, 585; *von den Linden*, Teile und herrsche – auch als Geschäftsführer; *v. Westphalen*, Kopplungsklauseln in Geschäftsführer- und Vorstandsverträgen – das scharfe Schwert des § 307 BGB, BB 2015, 834; *Wackerbarth*, Die Festlegung der Vergütung des Gesellschafter-Geschäftsführers, GmbHR 2009, 65; *Walter/Wiederholt*, Compliance – Anforderungen an die Unternehmensorganisationspflichten, BB 2011, 968; *Werner*, Kopplungsklauseln in Geschäftsführerdienstverträgen und ihre rechtlichen Rahmenbedingungen, NZA 2015, 1234; *Wertenbruch*, Geschäftsführungsbezogene Gesellschafterbeschlüsse in KG und GmbH & Co.KG, NZG 2016, 1081 ff; *Wilsing/Meyer*, Diskriminierungsschutz für Geschäftsführer, NJW 2012, 3211.

I. Normzweck

Die Vorschrift regelt die **gesetzliche Vertretung** der Gesellschaft durch den/die Geschäftsführer. Geschäftsführer „können" danach die Gesellschaft im Außenverhältnis zu Dritten rechtswirksam verpflichten. Ob sie das im Innenverhältnis zur Gesellschaft auch „dürfen", ergibt sich aus § 37, wonach die Gesellschafter die nach außen unbeschränkte u. unbeschränkbare Vertretungsmacht intern durchaus Beschränkungen unterwerfen können („Geschäftsführungsbefugnis").[2] Denn die Gesellschafterversammlung (§ 46 GmbHG) ist das oberste Willensbildungsorgan der Gesellschaft und demnach berechtigt, den Rahmen für die Geschäftsführung setzen. 1

Im 2008 wurden die Bestimmungen zur gesetzlichen Vertretung iRd MoMiG[3] um Bestimmungen für die (geschäfts-)führungslose Gesellschaft mit einer **Ersatzzuständigkeit der Gesellschafter** einschl. zusätzlicher **Zustellungs- u. Zugangsregelungen** ergänzt, um dem Missbrauch der Rechtsform insbes. durch sog. „Firmenbestatter" entgegenzuwirken (Abs. 1 S. 2). Abs. 2 S. 1 regelt den **Grundsatz der Gesamtvertretung** bei der Abgabe von Willenserklärungen (sog. Aktivvertretung) u. den Grundsatz der Einzelvertretung bei der Entgegennahme von Willenserklärungen (sog. Passivvertretung), Abs. 2 S. 2 einen Ausnahmefall. Abs. 3 wurde aufgehoben u. dadurch der bisherige Abs. 4 zum neuen Abs. 3 (Spezialfall des „In-Sich-Geschäft des Alleingesellschafter-Geschäftsführers").[4] 2

IÜ wird an dieser Stelle ergänzend auch das der Organtätigkeit des bestellten Geschäftsführers (zur Bestellung des Geschäftsführers → § 6 Rn. 1 ff.) regelmäßig zugrunde liegende **Anstellungsverhältnis** u. seine Beendigung behandelt. 3

II. Inhalt

1. Geschäftsführer als Organ der Gesellschaft

Der Geschäftsführer ist neben der Gesellschafterversammlung **notwendiges Organ** der Gesellschaft. Es können ein oder mehrere Geschäftsführer bestellt werden. Das Vorhandensein von Gesellschafter-Geschäftsführern ist nicht erforderlich. Weitere Organe, insbes. ein Aufsichts- oder Beirat, sind außerhalb des Anwendungsbereichs der Mitbestimmungsgesetze fakultativ. Die Gesellschafter sind das oberste Willensbildungsorgan der Gesellschaft; sie sind für die in § 46 aufgeführten Entscheidungen sowie für weitere grdl. Entscheidungen zuständig. Den Geschäftsführern obliegt in diesem Rah- 4

2 Zur Geschäftsführungsbefugnis s. § 37 Rn. 8.
3 Gesetz zur Modernisierung des GmbH-Rechts und zur Bekämpfung von Missbräuchen (MoMiG) vom 23.10.08, BGBl. I, S. 2026.
4 Einen Überblick zu den Änderungen iRd MoMiG geben zB *Lips/Randel/Werwigk*, GmbHR 08, 2220 ff. u. *Tebben*, RNotZ 08, 441 ff.

men die operative Leitung u. die gesetzliche Vertretung.[5] Ohne Geschäftsführer ist die Gesellschaft als juristische Person rein tatsächlich wie auch rechtlich weder handlungs- noch prozessfähig, denn die Gesellschafter verfügen nicht über eine solche organschaftliche Vertretungsmacht.[6] Nach dem Gesetz muss sie daher „einen oder mehrere Geschäftsführer haben".[7] Zu den Bestellungs- u. Qualifikationsanforderungen → § 6 Rn. 9 ff. IRd MoMiG wurde der Katalog der Straftaten, die bei einer Verurteilung einen Ausschlussgrund darstellen, um zahlreiche Wirtschaftsstraftaten erweitert u. dabei – da auch Ausländer als Geschäftsführer fungieren – auch Verurteilungen im Ausland erfasst. Bereits bei Gründung muss die Gesellschaft mind. einen Geschäftsführer haben.[8] Die Zahl der Geschäftsführer können die Gesellschafter iÜ schon in der Satzung oder per entspr. Gesellschafterbeschluss festlegen.[9]

Vom Organverhältnis ist das der Verrichtung der Organtätigkeit zugrunde liegende Vertragsverhältnis zu unterscheiden, wobei das eine auch ohne das andere Rechtsverhältnis möglich ist.[10]

5 Das Fehlen mind. eines Geschäftsführers steht als **Eintragungshindernis** schon bei der Gründung der Gesellschaft ihrer Entstehung entgg.[11] Falls der zunächst (bei Gründung) vorhandene Geschäftsführer später wegfällt oder die Anzahl der Geschäftsführer unter die ggf. satzungsgemäß vorgesehene Zahl absinkt u. die Gesellschafter – warum auch immer – keine(n) neuen Geschäftsführer bestellen besteht ggf. die Möglichkeit, die **gerichtliche Bestellung eines Notgeschäftsführers** zu beantragen.[12] (§ 29 BGB ana-

---

5 Abw. von § 76 I AktG ist der Geschäftsführung aber keine eigenverantwortliche Leitungsmacht zugewiesen, da die Gesellschafter stets in der Lage sind, durch auf entspr. Gesellschafterbeschlüssen beruhende Weisungen Geschäftsführungsmaßnahmen im Einzelfall zu initiieren, zu modifizieren oder zu unterbinden. Auch generell können die Gesellschafter die Geschäftsführung insbes. durch die Fassung des Katalogs zustimmungspflichtiger Rechtsgeschäfte oder durch eine satzungsgemäße Erweiterung der Zuständigkeiten der Gesellschafterversammlung gem. § 46 sehr weitgehend beeinflussen.

6 Ausnahme: Fall der „Geschäftsführerlosigkeit", legaldefiniert als „*Führungslosigkeit*" nach § 35 Abs. 1 Satz 2, vgl. auch nachstehende Rn. 5.

7 Michalski/*Tebben* § 6 Rn. 4 spricht daher insoweit zutr., aber zu absolut von der Gesellschafterversammlung als „Organ der Willensbildung" u. der Geschäftsführung vom „Organ der Willensausführung". Richtiger ist es, von der Gesellschafterversammlung als „oberstem Willensbildungsorgan" u. von der Geschäftsführung als „Willensbildungs- und Willensausführungsorgan" zu sprechen.

8 Ist das MitbestG oder das MontanMitbestG anwendbar, müssen mind. 2 Geschäftsführer berufen werden, weil dann zwingend ein sog. Arbeitsdirektor hinzukommen muss, vgl. Rn. 6 mwN; auch branchenbezogen gibt es teilw. die Anforderung, dass zumindest 2 Geschäftsführer bestellt sein müssen (KWG, VAG).

9 Ganz hM, vgl. § 6 Rn. 6 mwN.

10 Vgl. zur sog. „Trennungstheorie" u. zum Anstellungsverhältnis Rn. 48 ff. u. zur „Kopplung" der beiden Rechtsverhältnisse Rn. 120 mwN.

11 Ganz hM, vgl. etwa Baumbach/Hueck/*Fastrich* § 6 Rn. 3 mwN; MünchHdbGesR/*Diekmann,* § 41 Rn. 7 unter Hinweis auf die §§ 7, 8, 78; zum Musterprotokoll bei vereinfachtem Verfahren jüngst *Blaschke*, GmbHR 15, 403 ff.

12 So auch MüKoGmbHG/*Stephan*/*Tieves* Rn. 23; Baumbach/Hueck/*Fastrich* Rn. 6 f.; rechtsgeschäftliche Vertretung durch etwa noch vorhandene Prokuristen oder Bevollmächtigte bleibt – iRd jeweiligen Vollmacht – als „Zwischenlösung" aber möglich; näher zum Notgeschäftsführer: *Kögel*, GmbHR 12, 772 ff.; *Theiselmann*, GmbH-Stb 17, 17 ff.

log oder – bei der mitbestimmten Gesellschaft – nach § 85 AktG), wenn ein dringender Fall[13] vorliegt. Durch die mit dem **MoMiG**[14] für den Fall der (Geschäfts-)**Führungslosigkeit der Gesellschaft** neu geschaffene eingeschränkte gesetzliche Vertretungsmacht der Gesellschafter des Abs. 1 S. 2, Abs. 2 S. 1 (Passivvertretung durch jeden einzelnen Gesellschafter) dürfte sich der gerichtliche Weg zur Bestellung eines Notgeschäftsführers zumindest teilw. erübrigen, da in einem solchen Fall der Abgabe von Willenserklärungen u. der Zustellung von Schriftstücken (auch: Klagen) ggü. der Gesellschaft nunmehr die Gesellschafter die Gesellschaft vertreten u. die Abgabe von Willenserklärungen ggü. einem Gesellschafter ausreichend ist.[15] Allerdings ist die Wirkung dieser „Empfangszuständigkeit" im Vergleich zu einer umfassenden Vertretungsmacht stark eingeschränkt.[16] Für Aktivprozesse der Gesellschaft bedarf es eines (Not-)Geschäftsführers oder eines Prozesspflegers oder der regulären Neubestellung eines Geschäftsführers durch die Gesellschafter.

Im Bereich der vollen Mitbestimmung[17] muss in der Geschäftsführung ein **Arbeitsdirektor** mit bestimmten Kernkompetenzen in Personal- u. Sozialfragen bestellt werden (näher → § 37 Rn. 30). 6

Ist die Bestellung eines Geschäftsführers gar nicht oder mangelhaft erfolgt u. daher entweder von vornherein nichtig oder unwirksam u. übt der Geschäftsführer das Amt aber dennoch aus, wird von einem **faktischen Geschäftsführer** gesprochen,[18] dessen organschaftliches Handeln als rechtswirksam behandelt wird.[19] Eine faktische Geschäftsführung kann zB angenommen werden, wenn der im Handelsregister eingetragene Geschäftsführer tatsächlich keiner Geschäftsführertätigkeit nachkommt, stattdessen immer nur der „faktische Geschäftsführer" agiert und sich der nominelle Geschäftsführer nicht weiter darum kümmert.[20] 7

2. Geschäftsführungsbefugnis

Die Geschäftsführungsbefugnis ist im Gesetz nicht explizit geregelt, sondern wird mittelbar vorausgesetzt. Sie betrifft nicht das Außenverhältnis, sondern das Innenverhältnis, insbes. die Leitung einschl. der Organisation des Unternehmens und die gesellschaftsinterne Willensbildung durch die Geschäftsführer, soweit diese nicht – vorrangig – von der Gesellschafterversammlung als oberstem Willensbildungsorgan der Gesellschaft vorgegeben 8

13 Vgl. dazu OLG Zweibrücken NZG 12, 424 f.; ebenso OLG Düsseldorf NJW-RR 2016, 1183 ff.; zum Notgeschäftsführer vgl. *Kögel*, GmbHR 12, 772 ff.; *Theiselmann*, GmbH-StB 17, 17 ff.

14 Gesetz zur Modernisierung des GmbH-Rechts und zur Bekämpfung von Missbräuchen (MoMiG) v. 23.10.08, BGBl. I, S. 2026.

15 Vgl. zur neuen Vertretungsregelung des Abs. 1 S. 2 nachstehend Rn. 42 ff.

16 Vgl. dazu Rn. 42.

17 Nicht im Bereich der Mitbestimmung nach dem DrittelbG.

18 Zu den keineswegs geklärten Details der sog. faktischen Geschäftsführung s. den Überblick bei *Dreher*, NZG 14, 967 ff.; vgl. dazu auch *Peetz*, GmbHR 2017, 57 ff.; zur Haftung jüngst OLG München BeckRS 19, 552 (nrkr – Az. beim BGH: 2 ZR 28/19).

19 Näher dazu *Peetz*, GmbHR 2017, 57 ff. sowie unter § 6.

20 So OLG München BeckRS 19, 552 (nrkr – Az. beim BGH: 2 ZR 28/19) mit Bespr von *Schulteis* in GWR 19, 107 ff.

ist. Anders als die gesetzliche Vertretungsmacht ist die Geschäftsführungsbefugnis auch nicht unbeschränkt, sondern beschränkbar und unterliegt Vorgaben der Gesellschafterversammlung.[21] Nähere Ausführungen zur Geschäftsführungsbefugnis finden sich in → § 37 Rn. 4 ff.

3. Gesetzliche Vertretungsmacht

9 Nach Abs. 1 vertreten die Geschäftsführer die Gesellschaft „gerichtlich und außergerichtlich", bei Vorhandensein mehrerer Geschäftsführer steht die Vertretungsmacht gem. Abs. 2 nur allen gemeinschaftlich zu.[22] Diese gesetzliche Vorgabe kann allerdings durch eine Regelung in der Satzung selbst oder aufgrund entspr. Ermächtigung in der Satzung abgeändert werden (HR-Eintragung nach §§ 8 IV, 10 I, 54 HGB erforderlich).

Die hiermit vom Gesetz angeordnete, sog. **organschaftliche Vertretungsmacht** ist von der **rechtsgeschäftlichen Vertretungsmacht** zu unterscheiden, beide Formen der Vertretung ergänzen sich in der Praxis u. treten auch bei GmbH u. Unternehmergesellschaft regelmäßig auf. Bei der rechtsgeschäftlichen Vertretung können die Erteilung von Prokura (§ 52 HGB), von Handlungsvollmacht (§ 54 HGB) oder sonstiger Vollmacht (§ 164 BGB) unterschieden werden, auch eine Generalvollmacht ist – je nach konkreter Ausgestaltung[23] – denkbar. All diese rechtsgeschäftlichen Vertretungsmachten werden für die Gesellschaft von dem oder den Geschäftsführer(n) erteilt. Die Gesellschafterzuständigkeit des § 46 Nr. 7 betrifft nur die gesellschaftsinterne Willensbildung, berechtigt aber nicht zur Erteilung von rechtsgeschäftlichen Vollmachten für die Vertretung der Gesellschaft.

4. Umfang der Vertretungsmacht

10 a) **Allgemeines.** Die **gesetzliche Vertretungsmacht** der Geschäftsführer ist gem. § 37 **unbeschränkt u. unbeschränkbar.**[24] Die Vertretungsmacht umfasst jegliches rechtlich relevantes Verhalten für die Gesellschaft, neben der außergerichtlichen u. gerichtlichen Vertretung auch geschäftsähnliche Handlungen u. rechtlich relevante Realakte. Auch die Vertretung der Gesellschaft gegenüber Behörden ist erfasst. Die Vertretungsmacht ist nicht auf den sich aus der Satzung ergebenden **Unternehmensgegenstand der Gesellschaft** beschränkt u. erfasst damit auch über diesen hinausgehendes ge-

21 Diese Unterscheidung ist unbestritten, wie hier etwa MüKoGmbHG/*Stephan/Tieves* Rn. 80.

22 Zur Vertretung bei mehreren Geschäftsführern s. Rn. 19 ff.

23 Eine Generalvollmacht darf aber nicht so umfassend ausgestaltet sein, dass sie sich auch auf den ausschließlich dem/den Geschäftsführer(n) vorbehaltenen Kernbereich der von diesem eigenverantwortlich wahrzunehmenden Aufgaben erstreckt, vgl. dazu BGH BB 02, 1824 f., Baumbach/Hueck/*Zöllner/Noack* Rn. 76 mwN.

24 Nach hM führen die §§ 32 MitbestG, 15 MitbestErgG zu einer Einschränkung der Vertretungsmacht auch im Außenverhältnis, vgl. dazu MünchHdbGesR/*Diekmann,* § 44 Rn. 4 mwN.

schäftliches Handeln,[25] grds. auch ggü. Gesellschaftern[26] u. anderen Geschäftsführern (sog. „Verkehrsgeschäfte").[27] Zur Vertretungsmacht bei gesellschaftsinternen Vorgängen (sog. **„Sozialakte"**) → Rn. 18. Art u. Umfang der Vertretungsmacht sind in das Handelsregister einzutragen (§§ 8 I Nr. 4, 10 I 2).[28]

b) Außergerichtliche Vertretung. Bei der außergerichtlichen Vertretung geht es um die **Abgabe** (Aktivvertretung) u. die **Entgegennahme** (Passivvertretung) **von Willenserklärungen**[29] u. **geschäftsähnlichen Handlungen**[30] für die Gesellschaft. Daneben gehören auch bestimmte, rechtlich relevante **Realakte**, wie zB die Inbesitznahme von der Gesellschaft erworbener Sachen, zur außergerichtlichen Vertretung der Gesellschaft. Auch **außergewöhnliche** und/oder **besonders wichtige Rechtsgeschäfte** sind von der Vertretungsmacht der Geschäftsführung gedeckt, so zB die Gründung von Tochtergesellschaften, der Erwerb von Beteiligungen oder der Abschluss von Unternehmensverträgen wie Beherrschungsverträgen (jedenfalls für die beherrschende Gesellschaft).[31] Denn wer einen Vertrag mit einer GmbH abschließen möchte, braucht sich grundsätzlich nicht darum zu kümmern, ob deren Geschäftsführer als organschaftlicher Vertreter etwaigen internen Beschränkungen unterliegt und – ggf. – ob diese eingehalten werden.[32] Ob die Vertretungsmacht auch die Veräußerung eigener Geschäftsanteile der Gesellschaft abdeckt, wovon uE auszugehen ist, hat der BGH ausdrücklich offengelassen.[33] Außergewöhnliche und/oder besonders wichtige Rechtsgeschäfte unterliegen oftmals einem satzungsmäßig oder dienstvertraglich vorgesehenen Zustimmungserfordernis der Gesellschafterversammlung oder des uU bestehenden Aufsichtsrates. Zudem kann ausnahmsweise auch bei Fehlen eines satzungsmäßigen oder dienstvertraglichen Zustimmungsvorbehalts die Einholung der vorherigen Zustimmung der Gesellschafter erforderlich sein.[34] Außergewöhnlich sind nach Ansicht des OLG Mün- 11

---

25 Ein Handeln außerhalb des Unternehmenszwecks ist aber pflichtwidrig (BGH NJW 13, 1958 ff.). Diese Pflichtwidrigkeit lässt aber die Vertretungsmacht grds. nicht entfallen. Ein für den Geschäftspartner erkennbar außerhalb des Unternehmensgegenstandes liegendes Handeln kann aber ein Indiz für einen objektiven Pflichtverstoß des Geschäftsführers u. damit für einen etwaigen Missbrauch der Vertretungsmacht darstellen, vgl. dazu unten Rn. 18, 41.

26 → Rn. 17 mwN.

27 → Rn. 13 mwN.

28 Nach OLG Zweibrücken (NZG 13, 1069) soll auch die Einzelvertretungsmacht des alleinigen Geschäftsführers eintragungspflichtig sein.

29 Vgl. zur Willenserklärung Palandt/*Ellenberger* Einf. v. BGB § 116 Rn. 1 ff.

30 Vgl. zu geschäftsähnlichen Handlungen Palandt/*Ellenberger* Überbl. BGB § 104 Rn. 6 ff.

31 Für die beherrschte Gesellschaft hat der Abschluss eines Beherrschungsvertrages dagegen satzungsgleiche, den Status der Gesellschaft ändernden Charakter, so dass die Zustimmung der Gesellschafterversammlung Voraussetzung einer wirksamen Vertretung durch die Geschäftsführung ist (so auch Lutter/Hommelhoff/*Kleindiek* Rn. 21).

32 Ganz hM, vgl. etwa Baumbach/Hueck/*Zöllner/Noack* § 37 Rn. 37; Michalski/Heidinger/Leible/J.Schmidt /*Lenz* § 37 Rn. 41; Roth/Altmeppen/*Altmeppen* Rn. 37.

33 BGH NZG 14, 389 ff.181.

34 So schon OLG Naumburg BeckRS 05, 30353569, aus jüngerer Zeit OLG München BeckRS 18, 20512, jüngst auch BGH NZG 19, 505 ff. für den Fall der Verpflichtung zur Übertragung des gesamten Gesellschaftsvermögens der GmbH (Ls. 2)-.

chen Geschäfte mit Ausnahmecharakter nach Art und Inhalt, insbes. einschneidende Änderungen von Organisation oder Vertrieb unter Beachtung der besonderen Umstände der Gesellschaft zu verstehen.[35] Zutreffend wird auf die Umstände des Einzelfalls abgestellt, als Richtschnur kann gelten: *„Je eigenständiger die Geschäftsführer auch grundlegende Fragen der Unternehmenspolitik in der Vergangenheit mit Billigung der Gesellschafter entschieden haben, ohne Weisungen einzuholen, desto mehr spricht eine Vermutung dafür, dass sie dies auch künftig tun dürfen, im Bedarfsfall vielleicht sogar tun müssen, etwa wenn es um eine eilbedürftige Entscheidung geht."*[36]

Auf die **Übertragung des gesamten Gesellschaftsvermögens** der GmbH ist die Bestimmung des § 178 AktG – entgegen der bislang hL[37] – nicht analog anzuwenden.[38] Auch die Verpflichtung zur Übertragung des gesamten Gesellschaftsvermögens ist von der Vertretungsmacht der Geschäftsführer gedeckt,[39] allerdings ist die Geschäftsführung ihrerseits verpflichtet, vorab eine Zustimmung der Gesellschafterversammlung einzuholen.[40] Nur ausnahmsweise, wenn ein Fall des Missbrauchs der Vertretungsmacht vorliegt, gilt etwas Anderes.

12 c) **Gerichtliche Vertretung.** Die Geschäftsführer vertreten die Gesellschaft auch gerichtlich, dh sie sind grds. für die Vornahme aller Prozesshandlungen der Gesellschaft ggü. den Gerichten zuständig. Dies gilt auch für **Prozesse mit Gesellschaftern.**[41] Die ordnungsgemäße gesetzliche Vertretung zählt zu den unverzichtbaren Sachurteilsvoraussetzungen.[42] Eine Gesellschaft ohne Geschäftsführer ist nicht gesetzlich vertreten u. damit prozessunfähig iSv §§ 1, 56 ZPO, entspr. Klagen sind unzulässig.[43] Dies gilt auch im einstweiligen Rechtsschutz.[44] In diesem Fall kommt bei Vorliegen der Voraussetzungen die Bestellung eines Notgeschäftsführers nach § 29 analog oder im Passivprozess eines Prozesspflegers nach § 57 I ZPO in Betracht. Kommt es in einer Zwei-Personen-Gesellschaft oder in einer Gesellschaft mit zwei festgefügten Gesellschafterblöcken zu einem Rechtstreit zwischen Gesellschaftermehrheit u. Gesellschaft, soll nach einer älteren Entscheidung des OLG München die Gesellschaft ausnahmsweise nicht von dem – von der Gesellschaftermehrheit abhängigen – Geschäftsführer

35 OLG München BeckRS 18, 20512.
36 So zutreffend auf die Umstände des Einzelfalls abstellend schon OLG Naumburg BeckRS 05, 30353469.
37 Vgl. etwa zuletzt *Rubner/Pospiech*, NJW-Spezial 18, 79 ff..
38 BGH NZG 19, 505 ff. mAnm *Götze* NZG 19, 695 ff.; eingehend dazu *Müller*, NZG 2019, 807 ff..
39 BGH NZG 19, 505 ff. (Ls. 3).
40 BGH NZG 18.
41 So auch Scholz/*Schneider* Rn. 140.
42 Zutr. *Born/Ghassemi-Tabar/Gehle*, NJW 15, 2215 ff. unter Hinweis auf *Zöller/Greger* ZPO § 253 Rn. 12 mwN.
43 BGH GmbHR 11, 83 ff. mAnm *Münnich*; ebenso BGH BeckRS 17, 106800 mit dem Hinweis auf die Prozessfähigkeit als zwingende Prozessvoraussetzung.
44 Näher zur Prozessvertretung bei einstweiligen Verfügungen: *Lutz*, NZG 15, 424 ff.

vertreten werden, sondern von dem oder den Minderheitsgesellschafter(n).[45]

Im Fall eines **Rechtsstreits mit einem Geschäftsführer gilt Folgendes:** In der nach MitbestG **mitbestimmten GmbH** vertritt gem. § 25 MitbestG iVm § 112 AktG zwingend der **Aufsichtsrat** die Gesellschaft.[46] Besteht – jenseits des MitbestG – ein **Aufsichtsrat** (drittelmitbestimmter oder fakultativer Aufsichtsrat), so wird die Gesellschaft im Aktiv- wie im Passivprozess mit einem Geschäftsführer, auch mit einem künftigen oder bereits ausgeschiedenen Geschäftsführer bzw. mit dessen Hinterbliebenen durch den Aufsichtsrat vertreten (§§ 52 iVm 112 AktG), wenn u. soweit das in der Satzung nicht abw. geregelt ist.[47] Dies entspricht auch für einen freiwillig eingerichteten **Beirat** der wohl vorherrschenden Ansicht.[48] 13

Besteht kein Aufsichtsrat/Beirat, so wird die Gesellschaft im **Aktivprozess** – soweit vorhanden – durch einen oder mehrere andere Geschäftsführer in vertretungsberechtigter Anzahl vertreten. Sind andere Geschäftsführer nicht oder nicht in vertretungsberechtigter Anzahl vorhanden, so haben die Gesellschafter einen Prozessvertreter zu bestimmen,[49] andernfalls ein Aktivprozess nicht geführt werden kann oder eine subsidiäre Vertretungsmacht der Geschäftsführer angenommen werden müsste.[50] Im Prozess eines Geschäftsführers gegen die Gesellschaft (**Passivprozess**) wird diese – solange von den Gesellschaftern kein Prozessvertreter bestimmt wurde – ebenfalls durch einen oder mehrere andere Geschäftsführer in vertretungsberechtigter Anzahl vertreten.[51] Die Zustellung der Klage an einen Geschäftsführer reicht gem. § 170 III ZPO aus. Im Prozess des einzigen (aktiven oder abberufenen) Geschäftsführers gegen die Gesellschaft wird diese durch die Gesellschafter, vertreten durch einen besonderen Prozessvertreter (§ 57 ZPO) vertreten. Alternativ kann gem. § 29 BGB analog – bei Vorliegen eines dringenden Falles[52] – auch ein Notgeschäftsführer bestellt werden.[53] 14

d) Beschränkungen der Vertretungsmacht. Etwaige Beschränkungen in der Satzung, durch Gesellschaftsbeschluss oder im Anstellungsvertrag tangieren den Umfang der gesetzlichen Vertretungsmacht im Verhältnis der Ge- 15

45 OLG München WM 82, 1061; vgl. zur Vertretung bei Gesellschafterstreit auch *Klose*, GmbHR 11, 1139 ff.

46 AllgM, vgl. dazu MüKoGmbHG/*Stephan/Tieves*, Rn. 101; *Bernhardt/Bredol*, NZG 15, 419 zur paritätisch mitbestimmten GmbH.

47 HM, für die mitbestimmte AG folgt dies aus § 25 MitbestG bzw. § 1 DrittelbG iVm § 112 AktG; iÜ aus § 52 iVm § 112 AktG, vgl. etwa Lutter/Hommelhoff/*Bayer* § 46 Rn. 43 mwN; MüKoGmbHG/*Stephan/Tieves* Rn. 102; *Leinekugel/Heusel*, GmbHR 12, 309 ff. (zur drittelmitbestimmten GmbH).

48 OLG Oldenburg GmbHR 10, 258 ff., zust. *Lutz*, NZG 15, 424 ff., 426; ebenso MüKoGmbHG/*Stephan/Tieves* Rn. 102.

49 Dazu *Moll/Grobys*, MAH-Arbeitsrecht § 80 Rn. 69.

50 Vgl. zu dieser strittigen Rechtsfolge des Unterbleibens der Bestellung eines Prozessvertreters durch die Gesellschafter § 38 Rn. 68.

51 BGH NZG 12, 502 ff.; OLG Zweibrücken BeckRS 15, 16531 (Az. beim BGH: II ZR 253/15).

52 HM, vgl. dazu OLG Zweibrücken NZG 12, 424 f.; OLG Frankfurt BeckRS 14, 4642.

53 Vgl. zum Notgeschäftsführer: *Kögel*, GmbHR 12, 772 ff.; *Theiselmann*, GmbH-Stb 17, 17 f.

sellschaft zu Dritten (**Außenverhältnis**) nicht. § 37 II misst solchen Beschränkungen nur im Verhältnis zwischen Gesellschaft u. Geschäftsführer (**Innenverhältnis**) rechtserhebliche Bedeutung zu.[54] Dies gilt auch für die in der Praxis weit verbreiteten inzwischen im Zuge guter Corporate Governance tendenziell umfangreichen **Kataloge zustimmungspflichtiger Rechtsgeschäfte.**[55] Ausnahmen können sich nur im Fall des Missbrauchs der Vertretungsmacht ergeben.[56]

16 Auch **Rechtsgeschäfte mit Gesellschaftern u. Organmitgliedern** (andere Geschäftsführer oder Aufsichts- bzw. Beiratsmitglieder) u. mit bzw. ggü. Beteiligungsgesellschaften[57] können – soweit es sich um sog. **„Verkehrsgeschäfte"** u. bei Gesellschaftern nicht um gesellschaftsinterne Vorgänge („Sozialakte", → Rn. 17) sowie bei Geschäftsführern nicht um deren Organ- oder Anstellungsverhältnis (→ Rn. 68) handelt – vom Geschäftsführer getätigt werden.[58] Bei Verkehrsgeschäften mit Aufsichtsratsmitgliedern ist § 114 AktG zu beachten. Dabei sollen nach wohl hA etwaige interne Beschränkungen der Geschäftsführungsbefugnis bzw. § 114 AktG unter Durchbrechung des § 37 II Außenwirkung haben.[59] Allerdings sind in Gesellschaften ohne Aufsichtsrat für **Bestellung** u. **Abberufung** der Geschäftsführer sowie nach ganz hM auch für **Abschluss, Abänderung, Ergänzung und/oder Aufhebung des Anstellungsvertrages des Geschäftsführers** die Gesellschafter nicht nur intern zuständig, sondern vertreten diese (oder ein von diesen Bevollmächtigter) die Gesellschaft auch ggü. dem Geschäftsführer.[60] Eine Änderung des Dienstvertrags eines abberufenen Geschäftsführers fällt erst dann unter die Geschäftsführungs- und Vertretungsbefugnis des (neuen) Geschäftsführers, wenn sich das ursprüngliche Geschäftsführerdienstverhältnis nach der Abberufung – was jedoch kein Automatismus ist – in ein gewöhnliches Arbeitsverhältnis umgewandelt hat.[61]

17 **e) Gesellschaftsinterne Vorgänge („Sozialakte"). Umstritten** ist die Reichweite der **Vertretungsmacht des Geschäftsführers bei gesellschaftsinternen Vorgängen,** die den Status der Gesellschaft betreffen (sog. „Sozialakte"),

---

54 Ganz hM, vgl. statt vieler: Michalski/*Lenz* § 37 Rn. 1 f.

55 Nach § 111 IV AktG muss für Vorstände vom Aufsichtsrat ein dem Unternehmen angemessener Katalog zustimmungspflichtiger Rechtsgeschäfte erstellt werden. Eine entspr. Regelung fehlt zwar im GmbHG, unter dem auch das GmbHG erfassenden Aspekt der Corporate Governance ist die Schaffung solcher Kataloge aber geboten.

56 → Rn. 18.

57 Vgl. dazu Rn. 17 aE mwN.

58 HM, vgl. etwa MüKoGmbHG/*Stephan/Tieves* Rn. 99; die Gesellschaft wird auch bei Rechtsgeschäften mit Geschäftsführern von anderen Geschäftsführern in vertretungsberechtigter Anzahl (soweit vorhanden) oder durch den Geschäftsführer selbst (wenn von § 181 BGB befreit) vertreten.

59 So für Verkehrsgeschäfte mit Gesellschaftern insbes. MüKoGmbHG/*Stephan/Tieves* Rn. 97, differenzierend: Roth/Altmeppen/*Altmeppen* § 37 Rn. 48 f.: Es bleibt beim Grundsatz von der unbeschränkten organschaftlichen Vertretungsmacht, es sei denn, der andere Teil ist nicht schutzwürdig.

60 StRspr BAG, vgl. BGH NZG 18, 1073 ff.; speziell für die Vergütung: BGH NZG 19, 861 ff.; ebenso Roth/Altmeppen/*Altmeppen* Rn. 20; Michalski/*Römermann* § 46 Rn. 248 ff. mwN, vgl. dazu auch Rn. 68.

61 BGH NZG 19, 861 ff.

insbes. bei satzungsändernden Erklärungen.[62] Nach einer Ansicht hat die Geschäftsführung hier keinerlei Vertretungsmacht, nach anderer Ansicht besteht für den Status der Gesellschaft, also das Innenverhältnis betr. Rechtsakte, wie zB Satzungsänderungen oder Aufnahme neuer Gesellschafter. zwar Vertretungsmacht, die aber einen vorausgegangenen Gesellschafterbeschluss erfordert, der dann ausnahmsweise auch Voraussetzung einer wirksamen Vertretung der Gesellschaft durch die Geschäftsführung sein soll. Nach der erstgenannten Rechtsansicht greift die organschaftliche Vertretungsmacht nicht ein, weil diese ausschließlich auf das Außenverhältnis ausgerichtet ist.[63] Sie lässt die Gesellschafter als Vertreter agieren u. nimmt bei Handeln von Geschäftsführern eine (ggf. konkludente) Bevollmächtigung seitens der Gesellschafter an.[64] Die zweitgenannte Meinung geht davon aus, dass der Geschäftsführer auch bei gesellschaftsinternen Vorgängen, wie zB dem Erwerb/Veräußerung eigener Geschäftsanteile oder dem Abschluss eines Verschmelzungsvertrages, seine organschaftliche Vertretungsmacht behält u. lediglich **zusätzlicher Gesellschafterbeschlüsse für eine wirksame Vertretungshandlung** bedarf.[65] Der BGH hat dies offen gelassen.[66] UE ist wegen der vom Gesetzgeber in Kenntnis der übrigen Vorgänge u. Bestimmungen, insbes. des § 46 u. der klar gefassten Vorschrift des § 37 („unbeschränkt"), der zweitgenannten Meinung zuzustimmen.

Die **Ausübung von Gesellschafterrechten in Beteiligungsunternehmen** stellt keinen Sozialakt dar u. ist ohne Weiteres von der organschaftlichen Vertretungsmacht erfasst.[67]

f) Missbrauch der Vertretungsmacht. Scheitert die grds. aus der unbeschränkten Vertretungsmacht folgende Vertretung und rechtsgeschäftliche Bindung der vertretenen Gesellschaft nicht wegen zB kollusivem Zusammenwirken schon an § 138 BGB, liegt also ein grds. wirksames Rechtsgeschäft vor, können die **Grundsätze vom Missbrauch der Vertretungsmacht** Anwendung finden. In ihrem (engen) Anwendungsbereich führen sie zu einer Ausn. von der unbeschränkten Vertretungsmacht des Geschäftsführers.[68] Grundsätzlich trägt zwar der Vertretene das Risiko eines pflichtwidrigen Verhaltens des Vertreters. Dem Geschäftsgegner ist es aber gemäß § 242 BGB nach Treu und Glauben versagt, sich auf die Vertretungsmacht zu berufen, wenn der Vertragspartner den Missbrauch erkannt hat oder hätte erkennen müssen. Insbes. wenn der Vertragspartner weiß oder wissen musste, dass der Geschäftsführer dem Geschäftsherrn Tatsachen vorent- 18

62 Vgl. etwa MüKoGmbHG/*Stephan/Tieves* Rn. 98 mwN.
63 Scholz/*Schneider* Rn. 38, 40; ebenso Roth/*Altmeppen* Rn. 98.
64 So etwa Beck'schesHdbGmbH/*Axhausen*, § 5 Rn. 156 f.
65 HM, vgl. MünchHdbGesR/*Wolf*, § 37 Rn. 10; MünchHdbGesR/*Diekmann*, § 44 Rn. 4 ff., Michalski/Heidinger/Leible/J. Schmidt/*Lenz* Rn. 37; MüKoGmbHG/*Stephan/Tieves* Rn. 98 u. 105 zu Maßnahmen nach dem UmwG.
66 BGH NZG 14, 389 ff.
67 So zutr. MüKoGmbHG/*Stephan/Tieves* Rn. 110 unter Hinweis auf Besonderheiten für die mitbestimmte GmbH in Rn. 111.
68 Zum Missbrauch der Vertretungsmacht → Rn. 41.

hält, bei deren Kenntnis dieser den Vertrag nicht abgeschlossen hätte, greift § 242 BGB ein.[69]

Das Rechtsgeschäft ist in einem solchen Fall nicht nichtig, vielmehr handelt der Geschäftsführer **ohne Vertretungsmacht**, und es finden die Regelungen der Haftung des „falsus procurator" nach den §§ 177 ff. BGB Anwendung.[70] Es verbleibt also – anders als im Fall der Nichtigkeit – eine Genehmigungsfähigkeit.[71]

5. Vertretung bei mehreren Geschäftsführern

19 Nach § 6 I kann die Gesellschaft einen oder mehrere Geschäftsführer haben. Bestehen mehrere Geschäftsführer ist zu klären, wie viele von ihnen wie mit- bzw. zusammenwirken müssen, um die Gesellschaft ordnungsgemäß zu vertreten. Nach § 8 IV Nr. 2 sind „Art und Umfang" der Vertretungsbefugnis der Geschäftsführer in das Handelsregister einzutragen. Das Thema ist in § 35 angesprochen und das Gesetz unterscheidet dort in Abs. 2 zwischen Aktiv- u. Passivvertretung.

20 a) **Aktivvertretung.** Besteht nur ein Geschäftsführer, so verfügt dieser eo ipso über Einzelvertretungsmacht.[72] Eine Regelung, dass auch der einzige Geschäftsführer die Gesellschaft nur gemeinsam mit einem Prokuristen vertreten können soll, ist – wie das OLG München im Ergebnis zutreffend entschieden hat – unzulässig und unwirksam.[73] Sind mehrere Geschäftsführer bestellt, so gilt als gesetzlicher Regelfall gem. Abs. 2 S. 1 **Gesamtvertretung**, die Gesellschaft wird also von allen Geschäftsführern gemeinsam vertreten. Diese Regelung ist aber **dispositiv**, so dass von ihr allerdings nur in oder aufgrund der Satzung der Gesellschaft abgewichen werden kann,[74] was jedenfalls bei mehr als zwei Geschäftsführern aus Praktikabilitätsgründen empfehlenswert erscheint. Folgende Vertretungsmodelle sind möglich:

21 aa) **Echte Gesamtvertretung.** Bei der echten Gesamtvertretung müssen – wenn keine andere Anzahl bestimmt ist – alle Geschäftsführer (einschl. der stellvertretenden Geschäftsführer), die zum Zeitpunkt des Rechtsgeschäfts bestellt sind, für die Gesellschaft handeln. Sie ist daher ab einer gewissen Größenordnung u. Mehrköpfigkeit der Geschäftsführung tendenziell unpraktikabel. Üblich ist daher allenfalls eine auf zwei (von mehreren) Geschäftsführer beschränkte Gesamtvertretung. Bei **Wegfall eines** der beiden (oder mehrerer bis auf einen der) **gesamtvertretungsberechtigten Geschäftsführer** (zB durch Tod oder Amtsniederlegung/Abberufung, nicht aber bei

---

69 So schon BGH NJW 1984, 1461 f.; BGH NJW 1999,2883 ff.; aus jüngerer Zeit BGH NZG 18, 221 (Rn. 22); eingehend zu den Folgen der jüngsten BGH-Rspr.: *Scholz* ZHR 18, 656 ff.

70 HM, vgl. etwa Baumbach/Hueck/*Zöllner/Noack* § 37 Rn. 50; Henssler/Strohn/*Oetker* § 37 Rn. 23 mwN.

71 HM, zul. BGH NZG 18, 221 (Rn. 25) mwN; vgl. auch Baumbach/Hueck/*Zöllner/Noack* § 37 Rn. 50; Henssler/Strohn/*Oetker* § 37 Rn. 23 mwN.

72 Vgl. statt vieler: OLG München NZG 17, 1428 mit Anm. *Otte-Gräbener* BB 17, 2256 ff.

73 Im Ergebnis zutreffend: OLG München NZG 17, 1428 ff.

74 So schon KG GmbHR 12, 907 ff.; ebenso OLG München BeckRS 17, 118271 (auch zur Frage eines sog. „satzungsdurchbrechenden Gesellschafterbeschlusses!"); MüKoGmbHG/*Stephan/Tieves* Rn. 134 mwN.

bloßer Verhinderung),[75] ist unklar, ob die Gesamtvertretungsberechtigung dann eo ipso zu einer Einzelvertretungsberechtigung erstarkt: Rspr. u. Lit. richten diese Frage am Satzungsinhalt aus:[76] Demnach ist zu differenzieren, ob die Satzung eine Vorgabe zur Anzahl der Geschäftsführer enthält oder nicht. Ist in der Satzung lediglich eine Gesamtvertretung vorgesehen (u keine Regelung für den Fall, dass es nur einen Geschäftsführer gibt), muss im Falle des Ausscheidens eines von zwei gesamtvertretungsberechtigten Geschäftsführern nach einer in der Lit. verbreiteten Ansicht ein neuer zweiter Geschäftsführer bestellt werden, um die Handlungsfähigkeit der Gesellschaft wieder herzustellen,[77] die Gegenansicht geht im Wege der Auslegung uE zutreffend davon aus, dass für diesen Fall vom Erstarken der Gesamtvertretungsberechtigung zu einer Einzelvertretungsberechtigung ausgegangen werden kann.[78]

Ist in der Satzung dagegen neben der Gesamtvertretung „an sich" auch die Bestellung von mindestens zwei Geschäftsführern vorgeschrieben u. scheidet der vorletzte Geschäftsführer aus, wird zT ebenso eine Einzelvertretungsberechtigung des verbleibenden Geschäftsführers angenommen.[79] Nach anderer – uE überzeugenderer – Ansicht wird ein Erstarken der Vertretungsbefugnis des verbleibenden Geschäftsführers zur Einzelvertretungsmacht in dieser Fallkonstellation abgelehnt.[80] *Schneider* weist im Rahmen der vorzunehmenden Auslegung der Satzung richtigerweise darauf hin, dass die – grds. überhaupt nicht notwendige ausdrückliche Festlegung einer Mindestgeschäftsführerzahl zugleich mittelbar eine Bestimmung über die Art der Vertretung bedeutet.[81] Das satzungsmäßige Erfordernis von mindestens zwei (oder mehr) Geschäftsführern und einer Gesamtvertretungsregelung (ohne Regelungen zu einer Einzelvertretungsberechtigung) kann uE nur dahin verstanden werden, dass eine Einzelvertretungsberechtigung eines Geschäftsführers nicht gewünscht ist (indirekter Ausschluss von Einzelvertretungsmacht).[82] Die von *Stephan/Tieves* vertretene, abweichende Ansicht, dass auch in dieser Fallkonstellation nicht davon ausgegangen werden könne, die Gesellschaft solle bei Wegfall des vorletzten gesamtvertretungsberechtigten Geschäftsführers nicht handlungsunfähig werden, vermag nicht zu überzeugen, denn grds. ist jederzeit und „von heute auf mor-

75 Insoweit gamz hL, vgl. etwa MüKoGmbHG/Stephan/Tieves Rn. 138; ebenso Henssler/Strohn/*Oetker* Rn. 53; *Blasche* GmbHR 17, 123 ff.; *Leuering/Stein*, NJW-Spezial 14, 527 ff.

76 Eingehend zum Meinungsstreit: MüKoGmbHG/*Stephan/Tieves* Rn. 138 ff. mit zahlreichen Nachweisen.

77 Michalski/*Lenz* Rn. 52; Lutter/Hommelhoff/*Kleindiek* Rn. 26 iVm 38 mwN; ebenso OLG Schleswig GmbHR 11, 253 ff.; *Blasche* GmbHR 17, 123 ff..

78 MüKoGmbHG/*Stephan/Tieves* Rn. 140; Baumbach/Hueck/*Zöllner/Noack* Rn. 103; s. auch OLG Rostock GmbHR 02, 974 (zu möglicher Anscheinsvollmacht); jüngst auch *Metzing* NJW 17, 3194.

79 MüKoGmbHG/*Stephan/Tieves* Rn. 144; Roth/Altmeppen/*Altmeppen* Rn. 48 wie auch Hennsler/Strohn/*Oetker* Rn. 53, jeweils unter Hinweis auf BGH NZG 07, 595; Michalski/*Lenz* Rn. 53; *Blasche* GmbHR 17, 123 ff.

80 So *Metzing* NJW 17, 3194 ff.

81 Scholz/Schneider/*Schneider* Rn. 119 (Auslegung der Satzung); ebenso schon *Frenzel*, GmbHR 11, 515 mit zahlreichen Nachweisen in Fn. 5–7; *Blasche* GmbHR 17, 123 ff..

82 In diesem Sinne auch Henssler/Strohn/*Oetker* Rn. 56.

gen" die Bestellung eines weiteren Geschäftsführers möglich. Einzelvertretungsbefugnis des verbleibenden gesamtvertretungsberechtigten Geschäftsführers kann danach nur angenommen werden, wenn eine entsprechende Satzungsregelung dies ausdrücklich zulässt.[83]

▶ Der Geschäftsführer ... vertritt zusammen mit einem weiteren Geschäftsführer. Ebenso möglich: Der Geschäftsführer ... vertritt zusammen mit dem weiteren Geschäftsführer .... ◀

22 **bb) Unechte Gesamtvertretung.** Etwas flexibler u. daher weiter verbreitet ist die sog. unechte Gesamtvertretung, bei der die Gesellschaft neben zwei Geschäftsführern auch oder durch einen Geschäftsführer u. einen Prokuristen vertreten werden kann.[84] Zu beachten ist bei der Gestaltung, dass stets eine sog. organschaftliche Vertretung sichergestellt sein muss, also eine Vertretung durch Geschäftsführer ohne den oder die Prokuristen. Selbstverständlich zutr. ist der Hinweis von *Altmeppen*,[85] dass eine solche unechte Gesamtvertretung die ggf. bestehende Einzelprokura des Prokuristen unberührt lässt.

▶ Der Geschäftsführer ... vertritt zusammen mit einem weiteren Geschäftsführer oder einem Prokuristen. ◀

23 **cc) Ermächtigung.** Eine Möglichkeit, eine gegebene „Gesamtvertretungsberechtigung" in der Praxis zu optimieren, stellt das Rechtsinstitut der Ermächtigung dar: Gesamtvertretungsberechtigte Geschäftsführer können einzelne von ihnen zur Vornahme **einzelner konkreter Geschäfte**[86] oder auch **bestimmter Arten von Geschäften**[87] ermächtigen, eine generelle Dauerermächtigung (**„Generalermächtigung"**) ist jedoch nicht zulässig,[88] da dies die Grenze zur satzungsgemäß nicht vorgesehenen Einzelvertretungsberechtigung praktisch aufheben würde. Umstritten, aber wohl unzulässig ist eine Ermächtigung, die für alle Geschäfte eines Ressorts (**„Ressortermächtigung"**), da dies doch stark an eine Generalermächtigung heranreicht.[89] Eine solche Ermächtigung soll auch konkludent möglich sein.[90] Allerdings reicht die bloße Verhinderung eines/der anderen Geschäftsführer nicht aus, um eine solche konkludente Ermächtigung anzunehmen.[91] Das Institut der Ermächtigung ist zwar nicht abzulehnen, uE aber eher restriktiv anzuwenden. Sie darf jedenfalls nicht in einem solchen Umfang prakti-

83 OLG Schleswig GmbHR 11, 253 ff.; *Blasche* GmbHR 17, 123 ff.
84 MünchHdbGesR/*Diekmann*, § 44 Rn. 22 mwN.
85 Roth/Altmeppen/*Altmeppen* Rn. 73.
86 Ganz hM, vgl. statt vieler: So schon BGH NJW 88, 1199 ff.; ebenso die ganz hL: Baumbach/Hueck/*Zöllner/Noack* Rn. 121; MüKoGmbHG/*Stephan/Tieves* Rn. 155.
87 Wohl hM: So schon BGH NJW 88, 1199 ff.; OLG München, NZG 13, 1225 ff; ebenso die hL: Baumbach/Hueck/*Zöllner/Noack* Rn. 121; Roth/Altmeppen/*Altmeppen* Rn. 63; MüKoGmbHG/*Stephan/Tieves* Rn. 155.
88 A.A.: Baumbach/Hueck/*Zöllner/Noack* Rn. 121 (zulässig mit Zustimmung der Gesellschafterversammlung).
89 Im Ergebnis ebenso: MüKoGmbHG/*Stephan/Tieves* Rn. 157; *Wicke*, Rn. 15; a.A.: Henssler/Strohn/*Oetker* Rn. 64; Roth/Altmeppen/*Altmeppen* Rn. 60; unklar: *Blasche/König*, NZG 13, 1412 f; s.a. OLG München, NZG 13, 1225 zur Zulässigkeit, wenn die Geschäftsführer zugleich auch Gesellschafter sind.
90 OLG München NZG 13, 1225; grds. bereits BGH NJW 92, 618 ff.; zustimmend MüKoGmbHG/*Stephan/Tieves* Rn. 159.
91 So bereits BGH NJW 92, 618 ff.

ziert werden, dass die von den Gesellschaftern vorgesehene Gesamtvertretung durch die Geschäftsführer praktisch in eine Einzelvertretungsberechtigung „umgewandelt“ wird. Krit. sind daher auch auf das jeweilige Ressort begrenzte Ermächtigungen zu sehen.[92] Im Fall der Abgabe einseitiger Willenserklärungen durch ermächtigte gesamtvertretungsberechtigte Geschäftsführer kommt eine analoge Anwendung des § 174 BGB in Betracht.[93]

dd) Einzelvertretungsberechtigung. Die Einzel- oder Alleinvertretungsmacht[94] ist die flexibelste Lösung. Aufgrund des weit verbreiteten „Vier-Augen“-Prinzips, das in Zeiten der „Compliance-Hochkonjunktur“ noch an Gewicht gewonnen hat, wird mit der Einräumung von Einzelvertretungsberechtigung jedenfalls außerhalb von familiengeführten Unternehmen eher zurückhaltend agiert.[95] 24

▶ Der Geschäftsführer ... vertritt stets einzeln. ◀

ee) Rechtsgeschäftliche Vertretung. Nur der Vollständigkeit halber wird darauf hingewiesen, dass neben der organschaftlichen Vertretung durch den oder die Geschäftsführer auch die rechtsgeschäftliche Erteilung von Vollmachten, wie Prokura (§ 50 HGB), Handlungsvollmacht (§ 54 HGB) u. sonstige Vollmachten nach §§ 164 ff. BGB in Betracht kommt. 25

b) Vertreterhandeln bei Gesamtvertretung. Besteht Gesamtvertretungsberechtigung mehrerer Geschäftsführer, so kommen 4 verschiedene Möglichkeiten einer wirksamen Abgabe von Willenserklärungen in Betracht: Die Geschäftsführer können entweder gemeinsam eine gleichlautende Willenserklärung abgeben (zB der von allen Gesamtvertretern gleichzeitig unterzeichnete Vertrag), ggf. in der erforderlichen Form, oder diese sukzessive abgeben (zB der zunächst nur von einem Gesamtvertreter u. später vom zweiten usw Gesamtvertreter unterzeichnete Vertrag). Alternativ können die Geschäftsführer einen Geschäftsführer jedenfalls im Einzelfall[96] formlos ermächtigen, das Rechtsgeschäft vorzunehmen.[97] Die Ermächtigung wird dabei nicht als eine Art „Bevollmächtigung“, sondern als ein organschaftlicher Akt (§ 185 BGB) angesehen, durch den die Gesamtvertretungsmacht zur Einzelvertretungsmacht erstarkt.[98] Zum Teil wird vertreten, 26

---

92 Str, ähnl. wie hier. etwa Baumbach/Hueck/*Zöllner/Noack* Rn. 121; OLG München ZIP 13, 1955 („*kaufmännischer Bereich*“).

93 So LAG Köln ArbRAktuell 14, 113 ff.; ebenso bereits BAG NJW 81, 2374 ff.

94 Begriffe haben den gleichen Bedeutungsgehalt (BGH NZG 07, 519 (520).

95 Wird Einzelvertretungsberechtigung eingeräumt, ist § 37 II 2 zu beachten.

96 HM, vgl. dazu oben Rn. 23 mwN.

97 Die Ermächtigung wird dabei nicht als eine Art „Bevollmächtigung“, sondern als ein organschaftlicher Akt angesehen, durch den die Gesamtvertretungsmacht zur Einzelvertretungsmacht erstarkt, hM, vgl. etwa Rohwedder/Schmidt-Leithoff/*Koppensteiner/Gruber* Rn. 44; MünchHdbGesR/*Diekmann*, § 44 Rn. 26; auch *Blasche/König*, NZG 13, 1412 ff.; BGH NJW 75, 1117 ff. (allerdings unter ausdrücklicher Bezugnahme auf die gesetzlichen Bestimmungen des § 125 HGB u. des § 78 IV AktG, wo doch eine entspr. Bestimmung im GmbHG fehlt), vgl. zum Ganzen auch Rn. 23.

98 HM, vgl. etwa Rohwedder/Schmidt-Leithoff/*Koppensteiner/Gruber* Rn. 44; MünchHdbGesR/*Diekmann*, § 44 Rn. 26; Roth/Altmeppen/*Altmeppen* Rn. 64; vgl. zum Ganzen auch Rn. 23 u. zur Abgrenzung zur Stellvertretung: MüKoGmbHG/*Schubert* § 164 Rn. 58 ff.

dass eine solche Ermächtigung auch nachträglich erfolgen kann.[99] Auch denkbar ist, dass ein gesamtvertretungsberechtigter Geschäftsführer die Willenserklärung quasi als vollmachtloser Vertreter abgibt u. die übrigen Geschäftsführer dieser nachträglich mit Wirkung ex tunc zustimmen (§§ 177 I, 184 II BGB). Bis zur Abgabe des letzten Erklärungsakts ist die Willenserklärung schwebend unwirksam (§§ 177 ff. BGB).

In rechtlicher Hinsicht ist bei der Ermächtigung derart Vieles umstritten, dass von ihrer Anwendung nach Möglichkeit Abstand genommen werden sollte.

27 c) **Passivvertretung.** Ist **nur ein Geschäftsführer bestellt**, so vertritt dieser die Gesellschaft ohnehin stets alleine. Die Gesellschaft wird zudem auch dann nur von einem Geschäftsführer vertreten, wenn zwar mehrere Geschäftsführer vorhanden sind, diesen oder einzelnen von ihnen aber Einzelvertretungsberechtigung eingeräumt worden ist. Sind dagegen **mehrere Geschäftsführer bestellt** u. besteht – gesetzlicher Regelfall – sog. Gesamtvertretung, so wäre eigentlich ein Zusammenwirken aller Geschäftsführer erforderlich, allerdings genügt aufgrund der ausdrücklichen gesetzlichen Anordnung in Abs. 2 S. 2 die Abgabe der Willenserklärung ggü. nur einem Geschäftsführer.

28 Entspr. gilt nach §§ 170, 171 III ZPO für Zustellungen in gerichtlichen Verfahren.

6. Vertretererklärung

29 Auch nach der mit dem MoMiG[100] verbundenen ersatzlosen Streichung von § 36 aF gilt wie für jede Stellvertretung auch für das Geschäftsführerhandeln, dass Geschäftsführer Willenserklärungen in deren Namen abgeben oder entgegennehmen müssen, damit die Gesellschaft – u. nicht der Geschäftsführer selbst – aus dem jeweiligen Rechtsgeschäft berechtigt u. verpflichtet wird (sog. **Offenkundigkeitsprinzip**).[101] Die zur Vermeidung eines Eigengeschäfts des Geschäftsführers notwendige Offenlegung des Vertreterhandelns kann sich dabei entweder durch ausdrückliches Handeln im Namen der Gesellschaft oder auch aus den Umständen ergeben.[102]

7. Wissens- und Willenszurechnung

30 Da es sich bei der GmbH um eine juristische Person handelt, wird sie erst durch ihre Organe handlungsfähig, so dass es bzgl. der **Kenntnis** bzw. des **Kennenmüssens von Tatsachen** beim Abschluss von Rechtsgeschäften gem. § 166 BGB maßgeblich auf die Person des handelnden Geschäftsführers als gesetzlichem Vertreter der Gesellschaft ankommt.[103] Demnach ist grds. auf

99 Rohwedder/Schmidt-Leithoff/*Koppensteiner/Gruber* Rn. 44 unter Hinweis auf OLG Köln NZG 00, 425, 436. UE rechtfertigen die Ausführungen des OLG Köln diesen Verweis aber im Hinblick auf die Ermächtigung nicht.

100 Gesetz zur Modernisierung des GmbH-Rechts und zur Bekämpfung von Missbräuchen (MoMiG) v. 23.10.08, BGBl. I, S. 2026.

101 Vgl. § 164 I; näher dazu etwa Michalski/*Lenz* Rn. 70 ff.

102 HM, vgl. etwa Lutter/Hommelhoff/*Kleindiek* Rn. 7 sowie Palandt/*Ellenberger* § 164 Rn. 1 ff.

103 Ganz hM, zul. BGH NZG 18, 221 (Rn. 24).

die Person des allein handelnden **Geschäftsführers** als gesetzlichem Vertreter der Gesellschaft abzustellen.[104] Handeln mehrere gesamtvertretungsberechtigte Geschäftsführer, so lässt die Kenntnis nur eines Geschäftsführers Gutgläubigkeit entfallen bzw. kann schon ein Willensmangel eines Geschäftsführers zur Unwirksamkeit der Erklärung führen.[105] Etwas anderes gilt entgg. anderer Stimmen in der Literatur[106] auch nicht im Fall des Handelns eines von mehreren Geschäftsführern, selbst wenn dieser einzelvertretungsberechtigt ist. Grundsätzlich ist mit dem BGH auch die **Kenntnis anderer, selbst nicht aktiv am Geschäft beteiligter Geschäftsführer erheblich,**[107] sogar die vor dem Ausscheiden erworbene Kenntnis bereits ausgeschiedener Geschäftsführer.[108] Der Anwendungsbereich des § 166 BGB ist nämlich nicht auf die rechtsgeschäftliche Vertretung beschränkt, sondern enthält den allgemeinen Rechtsgedanken, dass sich derjenige, der einen anderen mit der Erledigung bestimmter Angelegenheiten in eigener Verantwortung betraut, das in diesem Rahmen erlangte Wissen des anderen zurechnen lassen muss.[109] Hintergrund ist, dass der Gesellschaft die Aufteilung ihres Wissens auf mehrere Personen im Vergleich zu einer natürlichen Person (Arbeitsteilung) grds. nicht zu einem unangebrachten Vorteil geraten soll. Ein unangebrachter Nachteil ist aber ebenso zu vermeiden.[110] Das hat uE jedenfalls für die freiwillig mehrköpfige Geschäftsführung zu gelten. Die Zurechnung muss daher wertend erfolgen. Die Berücksichtigung auch des Wissens der nicht handelnden Geschäftsführer rechtfertigt sich neben der formalen Rechtsstellung als Organ der Gesellschaft materiell aus der den Geschäftsführern zu oberst obliegenden Pflicht, für eine angemessene Unternehmensorganisation zu sorgen, die ua sicherstellt, dass für die Geschäftsführung relevante Informationen dort auch vorhanden sind bzw. auch zügig dorthin gelangen (Ordnungsgemäßes Unternehmenskommunikationsstrukturen).[111] Zu Recht wird insoweit von einer **„Wissensorganisationspflicht“** gesprochen.[112] Dieser „zweistufige“ Begründungsansatz (Stufe 1: formaler Ansatz der bloßen Organstellung und konkretisierender materieller Ansatz der Wissensorganisationspflicht – 2. Stufe), der inzwischen wohl als hM bezeichnet werden kann, kann im Grundsatz sowohl zu

---

104 So schon BGH NJW 97,1917 ff.; zul. BGH NZG 18, 221 (Rn. 24); ebenso MünchHdbGesR/*Diekmann* Rn. 42.

105 Str, wie hier: BGH NJW 90, 975, 976; Michalski/*Lenz* Rn. 105; ebenso MünchHdbGesR/*Diekmann*, § 44 Rn. 42 unter Hinweis auf Scholz/*Schneider* Rn. 124 u. Baumbach/Hueck/*Zöllner/Noack* Rn. 146 f.; aA BGH WM 92 792 ff.

106 Baumbach/Hueck/*Zöllner/Noack* Rn. 150; Roth/*Altmeppen* Rn. 112 mwN, in diese Richtung auch bereits BGH NJW 01, 259 ff.

107 BGH NJW 96, 1205; MüKoBGB/*Schubert*, § 166 Rn. 9; Lutter/Hommelhoff/*Kleindiek* Rn. 58 ff.; Palandt/*Ellenberger* BGB § 166 Rn. 2 unter Hinweis auf BGH NJW 99, 284 ff.; MüKoGmbHG/*Stephan/Tieves* Rn. 218 wollen auf diese Geschäftsführer aber nur iRd gebotenen Wissensorganisationspflicht abstellen, dh das Wissen dieser Personen soll der Gesellschaft nur dann zugerechnet werden, wenn – aus Sicht des Rechtsverkehrs – billigerweise erwartet werden durfte, dass ein derartiges Wissen zur Kenntnis aller Geschäftsführer gelangt.

108 BGH NJW 90, 975 ff.; Palandt/*Ellenberger* BGB § 166 Rn. 8.

109 BGH NJW 97, 1917; WM 13, 155, 157; Lutter/Hommelhoff/*Kleindiek* Rn. 58.

110 BGH NJW 96, 1339 ff.

111 Dazu BGH NJW 96, 1206 f. u. 1339 ff.

112 MüKoGmbHG/*Stephan/Tieves* Rn. 217 unter Verweis auf BGHZ 135, 202 ff.; ebenso MünchHdbGesR/*Diekmann* Rn. 42.

einer Erweiterung der Wissenszurechnung über die Geschäftsführer hinaus führen (dazu sogleich), als uU auch zu einer Einschränkung der Wissenszurechnung aller Geschäftsführungsmitglieder. Erweiternd ist der Gesellschaft in diesem auch das Wissen der für die jeweilige Angelegenheit **sonst zuständigen Führungskräfte,** nicht jedoch das Wissen aller Mitarbeiter[113] zuzurechnen.[114] Umstritten ist ferner, ob u. ggf. wieweit u. auf welcher dogmatischen Grundlage[115] sog. „**Aktenwissen**", also das Wissen, das bei einem ordnungsgemäßem Geschäftsbetrieb wegen seiner Bedeutung typischerweise aktenmäßig festgehalten („intern gespeichert, aufbereitet, weitergegeben u. in der konkreten Situation abgefragt")[116] wird (bzw. werden müsste), zuzurechnen ist.[117] Diese **Wissensorganisationspflicht** kann nicht umfassend sein, sondern muss adäquat begrenzt werden: Maßstab ist hierfür die berechtigte Erwartung des redlichen Rechtsverkehrs an Struktur, Umfang u. Detaillierungsgrad der unternehmenseigenen Wissensorganisation. Der BGH sieht insoweit das Wissen, das bei ordnungsgerechter Organisation aktenmäßig festzuhalten, weiterzugeben und vor Vertragsabschluss abzufragen ist, als relevant an.[118] Im Kern geht es dabei um ein Informationssystem, das das relevante Wissen vorhält und der Geschäftsführung zuführt u. dieses bei mehrköpfiger Geschäftsführung auch allen Geschäftsführern verfügbar macht. Die Begrenzung hat demnach grds. auf drei Ebenen zu erfolgen: (1.) mitarbeiterbezogen (nicht das Wissen aller Mitarbeiter, sondern nur Wissen von Führungskräften), (2.) inhaltsbezogen (nicht alles Wissen, sondern nur erkennbar wesentliche Inhalte) und (3.) werden diese Einschränkungen jeweils einzelfallbezogen vorzunehmen sein, u. zwar anhand der Größe des Unternehmens einerseits u. anhand der für die intern beteiligten Personen erkennbaren Bedeutung des jeweiligen Wissens für die Angelegenheiten des Unternehmens. **Faustformel**: Eine Information bzw. ein Wissen ist umso eher u. detaillierter der unternehmenseigenen Wissensorganisation zuzuführen, je bedeutender diese(s.) für die betroffene Angelegenheit selbst ist u. je bedeutender die Angelegenheit wiederum für die Gesellschaft ist.[119] Für die Wissenszurechnung sonstiger Vertreter (**Prokuristen/Handlungsbevollmächtigte**) gilt § 166 I BGB. Keine Bedeutung hat dagegen grds. Wissen oder Kennenmüssen von **Gesellschaftern,**[120] es sei denn, der Geschäftsführer handelt nach Weisung § 166 II BGB. Besondere u. noch weniger geklärte Zurechnungsfragen stellen sich

---

113 BGH NJW 01, 759 ff.; Roth/Altmeppen/*Altmeppen* Rn. 112.
114 BGH NJW 97, 1584 ff.; BGH NJW 01, 259 ff.; BGH NJW-RR 06, 771 ff.
115 Zum Streit über die zutr. dogmatische Herleitung vgl. Roth/Altmeppen/*Altmeppen* Rn. 111 ff.
116 So Lutter/Hommelhoff/*Kleindiek* Rn. 62.
117 BGHZ 109, 332; NJW 01, 359 f.; OLG München BB 07, 14 ff. (rkr., Nichtzulassungsbeschwerde beim BGH zurückgenommen).
118 BGH NJW 01, 259 ff.
119 Ähnlich wohl Baumbach/Hueck/*Zöllner/Noack* Rn. 150; eingehend zu Wissenszurechnung und Organisationspflicht Spindler/Stilz/*Fleischer* § 78 AktG Rn. 54.
120 So auch MüKoGmbHG/*Stephan/Tieves* Rn. 223; Roth/Altmeppen/*Altmeppen* Rn. 118.

in **Konzernstrukturen,**[121] wobei sich tendenziell die Obergesellschaft eher Wissen der Untergesellschaften wird zurechnen lassen müssen als umgekehrt.

§ 166 II BGB enthält eine Ausnahmevorschrift für den Fall, dass der handelnde Geschäftsführer auf **Weisung** der Gesellschafterversammlung gehandelt hat. Im Hinblick auf **Willensmängel** gilt, dass Irrtümer von an dem konkreten Geschäft beteiligten Geschäftsführern zur Anfechtung berechtigen, u. zwar unabhängig davon, ob nur einer oder mehrere Geschäftsführer beteiligt waren. Bei einem Irrtum eines an dem Geschäft unbeteiligten Geschäftsführers fehlt es schon an der Kausalität, so dass eine Anfechtung hier keinen Erfolg haben wird. 31

8. In-Sich-Geschäfte[122]

a) **Begriff.** § 181 BGB enthält eine Legaldefinition des „In-Sich-Geschäfts“: Es ist ein Rechtsgeschäft, das der Vertreter einer natürlichen oder juristischen Person mit sich selbst in eigenem Namen (**sog. „Selbstkontrahieren“**) oder mit sich als Vertreter eines Dritten (**sog. „Mehrfachvertretung“**) vornimmt. Da die Bestimmung des § 181 BGB grds. auch auf Organvertreter juristischer Personen anwendbar ist,[123] ist sie auch für Geschäftsführer relevant. 32

Wie sich aus der Spezialnorm des Abs. 3 für das In-Sich-Geschäft des Alleingesellschafter-Geschäftsführers ergibt, besteht bei In-Sich-Geschäften generell eine **Transparenzproblematik,** weil für den Rechtsverkehr nicht ohne Weiteres erkennbar ist, ob u. ggf. wann ein solches In-Sich-Geschäft vorgenommen worden ist. Zum Schutz des Rechtsverkehrs vor möglichen Manipulationen ist beim Alleingesellschafter-Geschäftsführer eine unverzügliche **Niederschrift** des In-Sich-Geschäfts erforderlich (Abs. 3 S. 2).[124] Nach umstrittener Ansicht auch des BGH müssen auch außerhalb des Anwendungsbereichs des Abs. 3 S. 2 In-Sich-Geschäfte irgendwie **nach außen erkennbar** vorgenommen werden.[125] An den Nachweis solcher In-Sich-Geschäfte sind besonders strenge Anforderungen zu stellen.[126] Unklar ist die Rechtsfolge, wenn das In-Sich-Geschäft nicht hinreichend nach außen in 33

---

121 Dazu Baumbach/Hueck/*Zöllner/Noack* Rn. 153; vgl. dazu auch BGH BB 00, 2593 ff.; vgl. auch Hauschka/Moosmayer/Lösler/*Buck-Heeb, § 2 Wissenszurechnung und Informationsmanagement*, eingehend: *Spindler* ZHR 181 (2017) 131; *Liebscher* ZIP 19, 1839 ff. jeweils mwN.

122 Eingehend *Altmeppen*, NZG 13, 401 ff. u. *Hauschild*, ZIP 14, 954 ff.; zum Insichgeschäft bei der GmbH & Co KG vgl. *Höpfner*, NZG 14, 1174 ff.

123 Ganz hM, vgl. etwa schon BGH NJW 71, 1355 ff.; zuletzt auch BGH NZG 18, 221 (Rn. 23 ff.); ebenso MK-BGB/*Schubert*, § 181 Rn. 11; zur Selbstbestellung des Geschäftsführers der Mutter-GmbH zum Geschäftsführer der Tochter-GmbH): *Blath* GmbHR 18, 345 ff.; sa OLG Nürnberg BB 18, 2579 ff. mAnm *Otte-Gräbener*.

124 S. dazu sogleich unter Rn. 39.

125 BGH NJW 91, 1730 f.; so auch bereits BFH BeckRS 67, 21000182; Palandt/*Ellenberger* § 181 Rn. 23 mwN auch zur aA.

126 OLG Koblenz GmbHR 05, 476; idS auch bereits OLG Düsseldorf GmbHR 93, 583 (möglichst belegt durch schriftliche Aufzeichnungen); etwas zurückhaltender: BGH NZG 04, 667 ff.

Erscheinung getreten ist. Die Diskussion reicht von Nichtigkeit[127] bis hin zur Wirksamkeit verbunden ggf. mit Schadensersatzansprüchen.[128]

34 § 181 BGB gilt auch bei der GmbH & Co KG für Rechtsgeschäfte zwischen GmbH KG u. GmbH-Geschäftsführer u. KG.[129]

35 **b) Zulässige In-Sich-Geschäfte.** Gem. § 181 BGB sind In-Sich-Geschäfte grds. **unzulässig.** Für den Geschäftsführer bedeutet dies, dass ein Rechtsgeschäft zwischen der von ihm vertretenen Gesellschaft u. ihm selbst oder mit einem von ihm auch vertretenen Dritten nur dann **zulässig** ist, wenn er eine ihm oder dem Dritten ggü. bestehende Verbindlichkeit der Gesellschaft (zB aus seinem Geschäftsführervertrag oder eines sonstiges Vertragsverhältnisses) erfüllt, das Rechtsgeschäft für die Gesellschaft rechtlich nur vorteilhaft ist (eher selten)[130] oder er vom Selbstkontrahierungsverbot des § 181 BGB befreit worden ist („Gestattung"). Eine solche in der Praxis durchaus übliche **Befreiung vom Selbstkontrahierungsverbot des § 181 BGB** kann entweder bereits in der Satzung vorgesehen sein (etwa im Familienunternehmen für einen Geschäftsführer eines Familienstammes) oder auch bereits bei der Gründung nach dem Musterprotokoll[131] kann durch das jeweils zuständige Bestellungsorgan, meist also die Gesellschafterversammlung, ggf. ein Aufsichts- oder Beirat, im Beschlusswege herbeigeführt werden.[132] Der Umfang der Erforderlichkeit einer Satzungsgrundlage für (generelle, partielle und singuläre) Gestattungen ist umstritten.[133] Ist eine Befreiung von § 181 BGB durch Gesellschafterbeschluss in der Satzung vorgesehen, so ist stets ein einfacher Gesellschafterbeschluss jedenfalls ausreichend,[134] fehlt es an einer solchen Satzungsbestimmung ist jedenfalls für eine generelle (und auch für eine auf eine best. Art von Geschäften begrenzte) Befreiung eine Satzungsänderung erforderlich.[135] Nur in dem Fall einer Befreiung im Einzelfall (nicht aber für eine generelle Gestattung) soll das Fehlen einer satzungsmäßigen Grundlage unschädlich sein (Gesellschafterbeschluss mit qualifizierter Mehrheit u. notarieller Beurkundung erforderlich).[136] Umstritten ist zudem, ob solche Befreiungen im Handels-

---

127 OLG Düsseldorf GmbHR 93, 583.

128 Lutter/Hommelhoff/*Kleindiek* Rn. 57; näher zur Diskussion Palandt/*Ellenberger* BGB § 181 Rn. 23.

129 Zutr. Michalski/*Lenz* Rn. 84 mwN; OLG Düsseldorf GmbHR 05, 105 ff.; s. auch BGH BB 14, 2131 ff. zu einer „Selbstgehaltserhöhung" eines Geschäftsführers sowie Höpfner, NZG 14, 1174 ff.

130 BGH NJW 17, 3516 ff. (Rn. 17); näher hierzu Scholz/*Schneider* Rn. 97 mwN sowie Palandt/*Ellenberger* BGB § 181 Rn. 9.

131 Vgl. OLG Nürnberg, NZG 16, 153 ff. (Wegfall der im Musterprotokoll vorgesehenen Befreiung von den Beschränkungen des § 181 BGB, wenn einer weiterer Geschäftsführer bestellt wird).

132 HM, vgl. etwa MünchHdbGesR/*Diekmann*, § 44 Rn. 33 mwN.

133 Vgl. statt vieler: Baumbach/Hueck/*Zöllner/Noack* Rn. 132; eingehend zum Meinungsstand unter Darstellung der Entwicklung der Rspr.: Roth/Altmeppen/*Altmeppen* Rn. 80 ff. mwN.

134 Baumbach/Hueck/*Zöllner/Noack* Rn. 132 unter Verweis auf BGH NJW 00, 664 f.

135 KG NZG 06, 718; OLG Hamm GmbHR 98, 682 ff.; MK-BGB/*Schubert* § 181 Rn. 77.

136 Umstr.: BGH GmbHR 00, 136 ff.; KG GmbHR 06, 653 f.; aA (Satzungsänderung erforderlich): BayObLG DB 84, 1517 f.; Roth/Altmeppen/*Altmeppen* Rn. 81 mwN.

register eingetragen werden müssen, wie die wohl vorherrschende Meinung annimmt.[137]

▶ **Umfassende Befreiung von § 181 BGB**

Der/Die Geschäftsführer ist/sind befugt, die Gesellschaft bei Rechtsgeschäften mit sich im eigenen Namen oder als Vertreter eines Dritten uneingeschränkt zu vertreten.

Befreiung vom Verbot des Selbstkontrahierens, § 181 Alt 1 BGB

Der/Die Geschäftsführer ist/sind befugt, die Gesellschaft bei Rechtsgeschäften mit sich im eigenen Namen zu vertreten.

Befreiung vom Verbot der Mehrfachvertretung, § 181 Alt 2 BGB

Der/Die Geschäftsführer ist/sind befugt, die Gesellschaft bei Rechtsgeschäften mit sich als Vertreter eines Dritten uneingeschränkt zu vertreten. ◀

Eine Befreiung vom Verbot des § 181 BGB kann generell oder nur beschränkt auf bestimmte Geschäftsarten oder auch als „Ad-hoc"-Befreiung für einen Einzelfall[138] erfolgen, sie kann ebenso für alle Geschäftsführer gelten oder auf einzelne von ihnen beschränkt werden.[139] Das Vertretergeschäft ist dann unter dem Aspekt des § 181 BGB von vornherein wirksam. Eine generelle Befreiung vom Verbot des § 181 BGB ist nach hM in das **Handelsregister einzutragen** (§§ 10 I 2, 39).[140] Umstritten ist, ob eine In-Sich-Situation durch Ermächtigung eines anderen Gesamtvertreters oder Erteilung einer Untervollmacht oder Einsatz eines Prokuristen aufgelöst/vermieden werden kann oder es sich dann um eine unzulässige Umgehung von § 181 BGB handelt.[141] 36

Auch in **Konzernsituationen** kann die Alternative der Mehrfachvertretung des § 181 BGB, insbes. bei Personenidentität der Organmitglieder zweier Konzerngesellschaften eine Rolle spielen.[142] 37

c) Rechtsfolge eines Verstoßes gegen § 181 BGB. Wird gegen § 181 BGB verstoßen, so ist das Rechtsgeschäft nicht nichtig, sondern nur **schwebend unwirksam** (§ 177 I BGB), kann also nachträglich – durch ggf. vorhandene andere Geschäftsführer oder hilfsweise durch die Gesellschafterversammlung – genehmigt werden.[143] Die Genehmigung durch die Gesellschafter bedarf eines entspr. Gesellschafterbeschlusses, kann aber – je nach den Umständen – auch konkludent durch alle Gesellschafter erfolgen.[144] Die Ge- 38

137 BGH NJW 83, 1676 ff.; *Altmeppen*, NZG 13, 401 mwN; Roth/Altmeppen/*Altmeppen* Rn. 80 ff.
138 LG Berlin GmbHR 02, 327 („Ad-hoc-Befreiung"); zust. *Jula*, S. 50; vgl. auch *Blasche/König*, NZG 12, 812 ff. zur Befreiung im Einzelfall.
139 AllgM, vgl. etwa MünchHdbGesR/*Diekmann*, § 44 Rn. 33 mwN.
140 HM, vgl. etwa Scholz/*Schneider* Rn. 98 f.; aA: Roth/*Altmeppen* Rn. 76 mwN auch zur hM.
141 S. zum Meinungsstreit MüKoGmbHG/*Stephan/Tieves* Rn. 205 f. mwN.
142 Scholz/*Schneider* Rn. 127 f.
143 HM, vgl. BGH GmbHR 94, 122; OLG Karlsruhe BeckRS 17, 119653; MüKoGmbHG/*Stephan/Tieves* Rn. 196 mwN; MüKoBGB/*Schubert*, § 181 Rn. 56 mwN; Palandt/*Ellenberger* § 181 BGB Rn. 15; zu einer anderen Konstellation (Nichtigkeit wegen sittenwidriger Kollusion) s. BGH NZG 14, 389 ff.
144 BGH BB 94, 164 f.

nehmigung macht das Rechtsgeschäft von Anfang an wirksam („ex-tunc"-Wirkung der Genehmigung gem. § 184 I BGB).

39 **d) In-Sich-Geschäft bei der Einmann-Gesellschaft. aa) Anwendbarkeit des § 181 BGB.** Wie sich aus Abs. 3 ergibt, gilt § 181 BGB entgg. einer früheren BGH-Rspr. auch für den Alleingesellschafter-Geschäftsführer.[145] Nicht konsequent und unzutr. wird § 181 BGB dann aber teilw. als nicht anwendbar auf die Selbstbestellung des Geschäftsführers (weil Organisationsakt)[146] u. den Abschluss des Anstellungsvertrages des Alleingesellschafter-Geschäftsführers angesehen.[147] Richtigerweise ist **§ 181 BGB uneingeschränkt anwendbar**, wirkt sich aber bei der Selbstbestellung nicht aus, da die Bestellung eines Geschäftsführers für die Gesellschaft aufgrund des geltenden Trennungsprinzips rechtlich lediglich vorteilhaft ist u. § 181 BGB der Selbstbestellung daher nicht entgegensteht. Beim Abschluss des Anstellungsvertrages ist dies zwar nicht der Fall, weil hier rechtliche Pflichten der Gesellschaft begründet werden, hier wird man aber iaR von einer ausdrücklichen oder ggf. konkludenten Gestattung durch den Alleingesellschafter ausgehen können, so dass auch hier die Anwendbarkeit des § 181 BGB ohne rechtliche Auswirkung bleibt.[148]

40 **bb) Protokollierungspflicht.** Über Rechtsgeschäfte zwischen dem Alleingesellschafter-Geschäftsführer u. der von ihm vertretenen Gesellschaft ist gem. Abs. 3 S. 2 – auch wenn er nicht alleiniger Geschäftsführer ist[149] – unverzüglich nach deren Vornahme eine **Niederschrift zu erstellen.** Diese Vorschrift dient dem Schutz des redlichen Rechtsverkehrs, da bei solchen Geschäften die Gefahr einer Verschleierung des wahren Sachverhalts nach der Lebenserfahrung besonders nahe liegt und es an einem Partner fehlt, der sichere Auskunft über Zustandekommen, Inhalt, Ernsthaftigkeit und Zeitpunkt des Rechtsgeschäfts geben könnte.[150] Eine bestimmte Form ist dabei nicht vorgegeben, so dass es nicht einmal einer Unterschrift bedarf. Voraussetzung ist lediglich, dass das Rechtsgeschäft später zu Nachweiszwecken nachvollzogen werden kann. Da es sich dabei nur um eine sog. „Ordnungsvorschrift" handelt, führt eine unterbliebene Protokollierung nicht zur Nichtigkeit des Rechtsgeschäfts.[151]

9. Missbrauch der Vertretungsmacht[152]

41 Die im Interesse des Verkehrsschutzes angeordnete rechtliche Unbeachtlichkeit von Beschränkungen der Vertretungsbefugnis gegenüber dem Ver-

145 Dies gilt auch für den Gesellschafter-Geschäftsführer, wenn die übrigen Geschäftsanteile an der Gesellschaft nur von der Gesellschaft selbst gehalten werden (vgl. Abs. 3 S. 1 Hs. 1).
146 Roth/*Altmeppen* Rn. 82.
147 Michalski/*Lenz* Rn. 92; Roth/*Altmeppen* Rn. 82 mwN; MünchHdbGesR/*Diekmann*, § 44 Rn. 33 unter wohl unzutr Bezugnahme auf Baumbach/Hueck/*Zöllner/Noack* Rn. 167, der lediglich ausführt, dass § 181 BGB den Abschluss des Anstellungsverhältnisses bei einem Einmann-Gesellschafter-Geschäftsführer nicht entgegensteht (nicht, dass § 181 BGB hier nicht anwendbar wäre).
148 Str., so wohl auch Baumbach/Hueck/*Zöllner/Noack* Rn. 167.
149 Lutter/Hommelhoff/*Kleindiek* Rn. 57.
150 OLG Rostock NZG 16, 382 ff.
151 HM, vgl. Scholz/*Schneider* Rn. 131 d mwN zum Meinungsstand.
152 Vgl. dazu *Lieder*, JuS 14, 681 ff.

tragspartner gilt jedoch nicht ausnahmslos. Das Vertrauen auf den Bestand des Geschäfts ist vielmehr nicht schutzwürdig, wenn dieser weiß oder es sich ihm geradezu aufdrängen muss, dass der Geschäftsführer seine Vertretungsmacht missbraucht.[153] Überschreitet ein Geschäftsführer bei einem Rechtsgeschäft die ihm intern auferlegten Grenzen seiner Vertretungsmacht (holt er etwa eine erforderliche vorherige Zustimmung der Gesellschafterversammlung nicht ein oder nimmt er ein Rechtsgeschäft vor, das von vornherein in die Zuständigkeit der Gesellschafter fällt), so liegt darin zwar ein **objektiver Pflichtverstoß** im Verhältnis zur Gesellschaft, aber noch kein die Rechtswirksamkeit des Rechtsgeschäfts tangierender Missbrauch der Vertretungsmacht. Ein solcher Missbrauch der Vertretungsmacht ist erst gegeben, wenn hinzukommt, dass der Vertragspartner entweder mit dem Geschäftsführer **vorsätzlich** zum Schaden der Gesellschaft zusammenwirkt („**Kollusion**").[154] Ein Fall einer sittenwidrigen Kollusion liegt auch vor, wenn der Vertreter nicht selbst handelt, sondern einen arglosen Untervertreter einschaltet oder er aufgrund seiner Vertretungsmacht einen weiteren, arglosen (Mit)-Vertreter zu dem Geschäft veranlasst und so das Insichgeschäft verschleiert.[155] Hatte der Geschäftsführer **positive Kenntnis** von der Pflichtwidrigkeit oder musste sich ihm die objektive Pflichtwidrigkeit des Geschäftsführerhandelns **geradezu aufdrängen,**[156] ist auch von einem Missbrauch auszugehen.[157] Nur in solchen Ausnahmefällen ist es gerechtfertigt, den Grundsatz der an u. für sich unbeschränkten Vertretungsmacht des Geschäftsführers zu durchbrechen. Da positive Kenntnis stets schwer nachweisbar ist, wird idR mit dem Evidenzargument gearbeitet. Der BGH lässt es ausreichen, wenn Umstände vorgetragen werden können, die den Schluss auf eine positive Kenntnis nahelegen,[158] letztlich genügt dem BGH die „Erkennbarkeit" der Beschränkung.[159] Liegt demnach ein Missbrauch der Vertretungsmacht vor, so ist für die Rechtsfolgen zu unterscheiden: Im Fall des kollusiven Zusammenwirkens ist das **Rechtsgeschäft nichtig,**[160] in den anderen Fällen ist es dagegen nur schwebend unwirksam.[161]

10. Passivvertretung bei Führungslosigkeit

Da für die Passivvertretung nach Abs. 2 S. 2 der Gesellschaft zumindest ein Geschäftsführer erforderlich ist u. dies gem. § 170 ZPO auch für gerichtliche Zustellungen gilt, traten hier in der Praxis öfter Probleme auf. Zur Be- 42

153 BGH NJW-RR 18, 222 ff.
154 BGH NZG 04, 139 f.; bestätigt durch BGH NZG 14, 389 ff.
155 BGH NZG 14, 389 ff.
156 BGH ZIP 97, 1419 ff.
157 Eine Schädigungsabsicht ist dabei nach BGH nicht erforderlich (BGH WM 06, 1524 f.).
158 BGH NZG 04, 139 ff.
159 BGHOLOLG NJW 06, 2776 mAnm in: NJW-Spezial 06, 412; aA: LG Wuppertal BeckRS 12,12827 mit dem Argument, dass keine „Prüfungs- oder Nachforschungspflicht" bestünde u. § 37 II andernfalls ausgehöhlt würde.
160 BGH NZG 04, 139 ff.; zul. bestätigt NZG 14, 389 ff.; ebenso MünchHdbGesR/*Diekmann*, § 44 Rn. 52.
161 Scholz/*Schneider* Rn. 139; MünchHdbGesR/*Diekmann*, § 44 Rn. 52; Lutter/Hommelhoff/*Kleindiek* Rn. 22 wie auch MüKo-BGB/*Schubert* § 164 Rn. 227 gehen von der Anwendbarkeit der §§ 177 ff. BGB aus.

kämpfung der Missbrauchsmöglichkeiten, insbes. der bewussten Abberufung des Geschäftsführers durch sog. „Firmenbestatter", um Zugang u. Zustellung von Schriftstücken zu erschweren, hat der Gesetzgeber Ende 2008 mit dem MoMiG für den Fall einer **Führungslosigkeit** eine Ersatzzuständigkeit der Gesellschafter für die **Passivvertretung der Gesellschaft** u. gerichtliche **Zustellungen an die Gesellschaft** geschaffen.[162] In solchen Fällen wird die Gesellschaft seither bei der Entgegennahme von Willenserklärungen oder der Bewirkung der Zustellung von Schriftstücken von **jedem einzelnen Gesellschafter alleine vertreten** (Abs. 1 S. 2), der Gesellschafter ist hierbei Empfangsvertreter, nicht nur Empfangsbote. **Führungslosigkeit** iSd Gesetzes ist gegeben, wenn die Gesellschaft keinen wirksam bestellten Geschäftsführer (mehr) hat. Dies kann gerade bei Vorhandensein von nur einem Geschäftsführer relativ schnell passieren, etwa bei unwirksamer Bestellung, Amtsniederlegung, Ablauf der Bestellperiode, Abberufung ohne Neubestellung oder Tod des Geschäftsführers. Existiert aber ein wirksam bestellter Geschäftsführer u. ist dieser jedoch – warum auch immer – vorübergehend in den Geschäftsräumen der Gesellschaft nicht erreichbar, inhaftiert[163] oder „untergetaucht", so soll kein Fall der Führungslosigkeit iSd Abs. 1 S. 2 vorliegen.[164] Dem ist für die Fälle sozialadäquater Abwesenheit wie Urlaub, Auslandsaufenthalten oder Krankenhausaufenthalten wegen der insoweit bestehenden Organisationspflichten[165] unzweifelhaft zuzustimmen. Umstritten ist, ob das auch bei längerer „atypischer" Nichterreichbarkeit, insbes. unabsehbarer Wiedererreichbarkeit etwa eines „flüchtigen" oder an einer die freie Willensbildung einschränkenden Krankheit leidenden Geschäftsführers u. gleichzeitiger Untätigkeit der Gesellschafter in Richtung der Neubestellung eines anderen Geschäftsführers, auch eine Führungslosigkeit anzunehmen ist.[166] *Altmeppen* lehnt diese – auch in der Vorauflage vertretene Ansicht – mit Hinweis auf die Rechtsprechung zur Zugangsvereitelung und Abs. 1 Satz 3 ab.[167]

Allerdings bewirkt § 35 I 2 mangels Gewährung von Aktivvertretungsrechten keine – weitergehende – Prozessfähigkeit (§ 52 ZPO) der führungslosen Gesellschaft,[168] Klagen sind trotz wirksamer Zustellung an die Gesellschaf-

162 Gesetz zur Modernisierung des GmbH-Rechts und zur Bekämpfung von Missbräuchen (MoMiG), BGBl. I 08, S. 2026, in Kraft getreten am 1.11.08.
163 Nach BGH NJW-RR 08, 1565 f. kommt es dabei insbes. auf die Dauer der Inhaftierung an.
164 HM, AG Hamburg NJW 09, 304; Scholz/*Schneider* Nachtrag MoMiG Rn. 9; Roth/*Altmeppen* Rn. 10, nach denen die Problematik mit § 15 I HGB u. dem Rechtsinstitut der „Zugangsvereitelung" zu lösen sei.
165 Darauf weist der BGH in seinem Beschl. v. 2.7.2008 zu Recht hin, NJW-RR 08, 1565 f.
166 IdS Saenger/Inhester/*Lücke/Simon*, Rn. 42 (Vorauflage); auch Scholz/*Schneider* Nachtrag MoMiG Rn. 10; *Passarge*, GmbHR 10, 295 ff.; aA die hM, vgl. etwa MüKoGmbHG/*Stephan/Tieves* Rn. 240; Roth/Altmeppen/*Altmeppen* Rn. 10: lediglich Pflichtverletzung des Geschäftsführers, unter Hinweis auf eine Parallelität mit dem sog. „handlungsunwilligen" Geschäftsführer, die *Altmeppen* mit der Zugangsfiktion des Abs. 1 Satz 3 löst.
167 Roth/Altmeppen/*Altmeppen*, Rn. 10.
168 BGH GmbHR 11, 83 ff. mAnm *Münnich*; vgl. dazu auch *Schmidt*, GmbHR 11, 113 ff.

ter bis auf weiteres unzulässig.[169] Die beklagte Gesellschaft kann ohne gesetzlichen Vertreter zB weder einen Prozessbevollmächtigten beauftragen noch Prozesshandlungen aktiv vornehmen. Auch eine ggf. noch bestehende Eintragung im Handelsregister (§ 15 HGB) hilft nicht weiter.[170] Bei Passivprozessen vermag de lege lata darüber nur die Bestellung eines Prozesspflegers nach § 57 I ZPO oder – aufwändiger[171] – eines Notgeschäftsführers hinweg zu helfen, bei Aktivprozessen der führungslosen Gesellschaft nur die Neubestellung eines Geschäftsführers durch das zuständige Gremium oder das Verfahren zur Bestellung eines Notgeschäftsführers.[172]

Wer Gesellschafter ist, kann über die beim Handelsregister einzureichende (u stets aktuell zu haltende)[173] **Gesellschafterliste** ermittelt werden.[174] 43

Die Führungslosigkeit der Gesellschaft u. damit die Ersatzzuständigkeit der Gesellschafter **endet** erst mit der wirksamen Bestellung eines Geschäftsführers. 44

11. Zugang von Willenserklärungen und Zustellungen von Schriftstücken an der inländischen Geschäftsanschrift

Nach Abs. 2 S. 3 idF des MoMiG können der Zugang von Willenserklärungen u. die Zustellung von Schriftstücken an der gem. §§ 8 IV Nr. 1, 10 I 1 verpflichtend in das Handelsregister einzutragenden inländischen Geschäftsanschrift erfolgen. Das dient der Vereinfachung zum Schutz des Rechtsverkehrs. Es wird unwiderleglich vermutet, dass alle gesetzlichen Vertreter (gleich, ob Geschäftsführer oder im Fall der Führungslosigkeit Gesellschafter) an der eingetragenen Anschrift erreichbar sind.[175] Zusätzliche Probleme ergibt eine „c/o-Adresse".[176] Nach der Übergangsvorschrift des § 3 I EGGmbHG gilt dies auch für Gesellschaften, die bei Inkrafttreten des MoMiG bereits in das Handelsregister eingetragen waren. Dies ist va aber nicht nur **bei Gesellschaften mit Sitz im Ausland** von erheblicher praktischer Bedeutung, muss nach §§ 8 IV Nr. 1, 10 I 1 doch eine inländische Geschäftsanschrift angeben werden, an der dann auch im Inland Zustellungen von Schriftstücken bewirkt werden können und Willenserklärungen im rechtlichen Sinne zugehen, selbst wenn die Geschäftsführer nicht vor Ort sind.[177] Zugang bei dem oder den Geschäftsführer(n) erfolgt danach selbst bei positiver Kenntnis von der Abwesenheit der Geschäfts- 45

---

169 StRspr des BGH, vgl. etwa BGH GmbHR 11, 83 ff. mwN; s. dazu auch *Klose*, GmbHR 10, 1139 ff.

170 BGH GmbHR 11, 83, 84.

171 *Kögel*, NZG 00, 20 ff., zust. *Fest*, NZG 11, 130, 131; *Theiselmann*, GmbH-Stb 17, 17 ff..

172 *Fest*, NZG 11, 130 ff.; *Theiselmann*, GmbH-Stb 17, 17 ff..

173 Zur Aktualisierungspflicht § 40 Rn. 8 ff.; Michalski/*Ebbing* § 16 Rn. 22 ff.

174 Zur Bedeutung der Gesellschafterliste bei der Ermittlung der Gesellschafter vgl. § 16 I iVm § 40 u. die dortige Kommentierung.

175 Begr. RegE BT-Drs. 16/6140, S. 43; ebenso Lutter/Hommelhoff/*Kleindiek* Rn. 48; wohl auch in diesem Sinne: OLG Braunschweig BeckRS 18, 27874.

176 Vgl. dazu OLG Rostock NZG 11, 279 ff. u. *Stenzel*, NZG 11, 851 ff.; siehe aber auch OLG Naumburg NZG 09, 956 ff.

177 Im Sinne einer Zugangsvermutung auch Henssler/Strohn/*Oetker* Rn. 66: zur fehlenden „Residenzpflicht" der Geschäftsführer an der inländischen Geschäftsanschrift s. auch § 6 Rn. 11; Michalski/*Tebben* § 6 Rn. 32.

führer.[178] Allerdings wird der tatsächliche (faktische) Zugang an der Geschäftsanschrift selbst nicht von der Vermutung erfasst, so dass entweder eine empfangsbereite Person[179] oder eine geeignete Empfangseinrichtung vorhanden sein muss und der tatsächliche Zugang nachgewiesen werden können muss, damit die Erklärung in den Machtbereich des Empfängers gelangt und somit dann die rechtliche Zugangsvermutung bei dem oder den Geschäftsführer(n) eingreift.[180] Mit Zugang der Willenserklärung bzw. des Schriftstücks an der eingetragenen Geschäftsanschrift[181] greift die **unwiderlegliche Vermutung der zumutbaren Kenntnisnahmemöglichkeit** durch die – auch abwesenden – Geschäftsführer. Im Fall einer Gesellschaft mit Sitz im Ausland kann dann eine aufwendige Auslandszustellung unterbleiben.[182]

46 Ist die **eingetragene Geschäftsanschrift falsch oder inzwischen aufgegeben** worden (kein Geschäftsbetrieb mehr) u. scheidet auch eine Ersatzzustellung durch Einlegen in den Briefkasten (§ 180 ZPO) aus, weil weder eine empfangsberechtigte Person noch eine geeignete Empfangsvorrichtung vorhanden ist, läuft Abs. 2 S. 3 nach der wohl vorherrschenden Meinung „ins Leere" u. es muss bzw. kann zum Mittel der **öffentlichen Zustellung** nach § 185 Nr. 2 ZPO gegriffen werden,[183] bei der Zugang fingiert wird. Nach einer uE vorzugwürdigen anderen Ansicht, für die jedenfalls bereits der Wortlaut der Vorschrift, aber auch ihr Sinn u. Zweck streiten, soll es unerheblich sein, ob die eingetragene Anschrift zutr. bzw. dort eine Empfangsvorrichtung vorhanden ist. Ist sie es nicht, ergibt sich aus der Eintragung im Handelsregister jedenfalls ein zurechenbarer Rechtsschein,[184] der sich uE auch auf das Vorhandensein einer geeigneten Empfangsvorrichtung erstreckt. Scheitert der Zugang an der eingetragenen Geschäftsanschrift, kann hilfsweise auch von einer „Zugangsvereitelung" ausgegangen werden.

47 Unabhängig hiervon können die Abgabe u. die Zustellung auch **unter der Anschrift einer im Handelsregister eingetragenen empfangsberechtigten Person** nach § 10 II 2 erfolgen (§ 35 II 4).[185] Durch die Wahrnehmung die-

---

178 BGH ZIP 08, 1747 ff. (bekannte Inhaftierung); ebenso Henssler/Strohn/*Oetker* Rn. 66 mwN.

179 Vgl. zur Möglichkeit einer Bestellung einer empfangsberechtigten Person und deren Eintragung im Handelsregister: unten Rn. 47 und § 10 Abs. 2 Satz 2.

180 Darauf hat schon *Steffek*, BB 07, 2077 ff. zutr. Hingewiesen; ebenso Henssler/Strohn/*Oetker* Rn. 66.

181 *Wicke* Rn. 31 geht davon aus, dass die Vorschrift „ins Leere läuft", wenn vor Ort keine Person u. auch keine geeignete Empfangseinrichtung angetroffen wird, da es dann am „Zugang" fehlt, für den die Vorschrift keine Vermutung bereithält. UE dürfte in solchen Fällen iaR aber eine „Zugangsvereitelung" vorliegen bzw. anzunehmen sein. MüKoGmbHG/*Stephan/Tieves* Rn. 172 verweisen als weitere Handlungsoption auf die öffentliche Zustellung gem. § 15 a HGB, § 185 Nr. 2 ZPO u. § 10 I 1 Nr. 2 VwZG.

182 Dazu etwa *Kindler*, NJW 08, 3249 ff.

183 So Lutter/Hommelhoff/*Kleindiek* Rn. 47 unter Hinweis auf *Steffek*, BB 07, 2077 ff.; ebenso Heybrock/*Thoma* Rn. 26; MüKoGmbHG/*Stephan/Tieves* Rn. 172.

184 IdS Scholz/U H *Schneider/S H Schneider* Rn. 63.

185 Zur empfangsberechtigten Person iSv § 10 II 2 s. § 10 Rn. 4; Michalski/*Tebben* § 10 Rn. 13 ff., jeweils mwN.

ser Handlungsoption (Eintragung einer empfangsberechtigten Person) können eine öffentliche Zustellung u. die sich daraus ergebenden nachteiligen Folgen für die Gesellschaft vermieden werden.

12. Anstellungsverhältnis des Geschäftsführers

Mit der Bestellung zum Geschäftsführer tritt dieser in die Organstellung 48
mit ihren Rechten u. va mit ihren zahlreichen Pflichten ein, die weitgehend gesetzlich normiert u. richterrechtlich konkretisiert sind. Nicht verbunden ist mit der Bestellung eine Regelung der persönlichen Rechtsbeziehung des Geschäftsführers zur Gesellschaft, aufgrund derer er die Erbringung der Dienste als Geschäftsführer übernimmt. Hier fehlt es weitgehend an gesetzlichen Vorgaben. In der Praxis wird meist ein Anstellungsvertrag abgeschlossen, ohne dass dies jedoch zwingend wäre. Die beiden Rechtsverhältnisse (Organverhältnis – Anstellungsverhältnis) sind eigenständig u. strikt voneinander zu unterscheiden (sog. **„Trennungsprinzip“**).[186] Der Anstellungsvertrag kann **formfrei** abgeschlossen werden, weil eine Formbedürftigkeit gesetzlich nicht vorgesehen ist. Er liegt aber – worauf *Diekmann*[187] zutr. hinweist – noch nicht in der bloßen Annahme der Bestellung zum Geschäftsführer. In praxi zwingen bei Gesellschafter-Geschäftsführern steuerrechtliche Gründe (vGA) u. bei Fremdgeschäftsführern oftmals die reine Vernunft (Dokumentationszwecke) zum schriftlichen Abschluss des Anstellungsvertrages. Er kann befristet (§ 620 BGB) oder auch unbefristet[188] abgeschlossen werden. Da die Bereichsausnahme des § 310 IV 1 nicht eingreift,[189] unterliegen die Bestimmungen des Geschäftsführer-Anstellungsvertrages unabhängig von dessen Rechtsnatur – dazu sogleich – grds. der **Inhaltskontrolle nach den §§ 305 ff. BGB**, es sei denn, die Vertragsklauseln wären allg. Regeln des AGB-Rechts folgend individuell ausgehandelt worden.[190] Das BAG geht bei Dienstverträgen von Fremdgeschäftsführern (u. Minderheitsgesellschafter-Geschäftsführern) zudem von einem Verbrauchervertrag iSv § 310 III BGB aus, hat allerdings die Geltung der §§ 305 ff. BGB bei Verträgen mit herrschenden bzw. mind. mit Sperrminorität ausgestatteten Gesellschafter-Geschäftsführern ausdrücklich dahingestellt gelassen.[191]

a) Rechtsnatur des Anstellungsverhältnisses als Dienstverhältnis. Das An- 49
stellungsverhältnis ist ein Geschäftsbesorgungsvertrag, auf den die Regelungen des Dienstvertrages Anwendung finden (§§ 675 ff., 611 ff. BGB).

---

186 Zum Trennungsprinzip etwa BGH NZG 10, 827 ff.; BAG NZA 08, 168 ff.; vgl. auch § 38 Rn. 13 f. mwN.

187 MünchHdbGesR/*Diekmann*, § 43 Rn. 18.

188 Der unbefristete Abschluss eines Dienstvertrags mit Geschäftsführern ist rechtlich möglich, weil es im GmbHG an einer § 84 I AktG entspr. Vorschrift fehlt; das gilt jedoch nicht für die paritätisch mitbestimmte GmbH, da § 31 MitbestG auf § 84 I AktG verweist.

189 *Khanian*, GmbHR 11, 116 ff. mwN zur ganz hM in Sachen § 310 IV 1 BGB („Gesellschaftsrecht“) in Fn. 1; so auch schon BGH NJW 93, 57 ff.

190 HM, vgl. etwa OLG München BeckRS 16, 20361 Rn. 18; *Kempermann*, NJW-Spezial 12, 15 f.; teils aA im Hinsblick auf eine entspr. Anwendung der Sondervorschrift des § 310 IV 2 BGB auf Geschäftsführer-Anstellungsverträge: *Khanian*, GmbHR 11, 116 ff.

191 BAG NJW 10, 2827 ff.

Die nähere rechtliche Einordnung des Vertragsverhältnisses insbes. des Fremdgeschäftsführers in Arbeits- oder Dienstverhältnis ist seit Jahrzehnten umstritten,[192] die Diskussion hat sich in den letzten Jahren noch verstärkt.[193] Der GmbH-Geschäftsführer steht „zwischen Baum und Borke" schrieb Lunk.[194] Nach bisheriger stRspr des BGH lag stets ein Dienst- und kein Arbeitsverhältnis vor. Das BAG nimmt dagegen an, jedenfalls ausnahmsweise könne auch ein Arbeitsverhältnis vorliegen: *„Der (Fremd-)Geschäftsführer einer GmbH wird für diese in aller Regel auf der Grundlage eines freien Dienstvertrags, nicht eines Arbeitsvertrags tätig. Von einem Arbeitsverhältnis ist nur auszugehen, wenn die Gesellschaft gegenüber dem Geschäftsführer eine – über ihr gesellschaftsrechtliches Weisungsrecht hinausgehende – Weisungsbefugnis auch bezüglich der Umstände hat, unter denen dieser seine Leistung zu erbringen hat, und die konkreten Modalitäten der Leistungserbringung durch arbeitsbegleitende und verfahrensorientierte Weisungen bestimmen kann."*[195] Der BGH hat seine jahrzehntealte Rechtsprechung unter dem (Ein-)Druck der seit der „Danosa"-Entscheidung[196] differenzierteren EuGH-Rechtsprechung jetzt aber gezwungenermaßen etwas aufgeweicht und für den Bereich des unionsrechtlichen Arbeitnehmerbegriffs den Arbeitnehmerstatus eines Fremdgeschäftsführers anerkannt.[197] Demnach besteht nunmehr Einigkeit in der höchstrichterlichen Rspr., dass bei **unionsrechtlichem Hintergrund** der anzuwendenden Normen auch Fremd- und wohl auch Minderheitsgesellschafter Arbeitnehmer sind. Fehlt es dagegen an einer unionsrechtlichen Basis der anzuwendenden Normen, geht es also um den nationalen Arbeitnehmerbegriff, verbleibt es bei dem grds. unterschiedlichen rechtlichen Ansatz von BGH und BAG, so dass es sich nach dem BGH hier nach wie vor **stets** um ein selbstständiges **Dienstverhältnis u. kein Arbeitsverhältnis** handelt.[198] Nach dem BAG ist ein Arbeitsverhältnis nur anzunehmen, wenn die Gesellschaft eine – über ihr gesellschaftsrechtliches Weisungsrecht hinausgehende – Weisungsbefugnis auch hinsichtlich der konkreten Modalitäten der Leistungserbringung durch arbeitsbegleitende und verfahrensorientierte Weisungen bestimmen kann.[199] Die Praxis wird weiterhin dem BGH folgen, wenn gleich rechtsdogmatisch festzuhalten ist, dass die Auffassung des BGH rechtsirrig u. die **abw. Rspr. des BAG**, dass sich die Abgrenzung zwischen selbstständigem Dienstverhältnis u. abhängiger Beschäftigung nach den allg. Kriterien richtet u. es sich daher bei dem Anstellungsverhältnis zwar iaR um ein freies Dienstverhältnis handelt, sich aber – je nach den Umstän-

192 Vgl. dazu zusammenfassend schon *Lücke*, NJW 09, 3207 u. NJOZ 09, 3469; eingehend in jüngerer Zeit etwa *Boemke* RdA 18, 1 ff.

193 Vgl. dazu, aus den letzten Jahren etwa *Lunk*, NJW 15, 917 ff.; *Commandeur//Kleinebrink* NZA-RR 17, 449 ff.; *Boemke,* RdA 18, 1 ff.; *Mävers*, ArbRAktuell 18, 591 ff.; zum europarechtlichen Einfluss etwa Junker, EuZA 16, 184 ff.

194 *Lunk*, NJW 15, 528, 529.

195 Jüngst BAG NZA 19, 490 ff. (Orientierungssatz Nr. 2).

196 EuGH NJW 11, 2343 ff. (*„Danosa"*), s. dazu auch *Kruse/Stenslik*, NZA 13, 596 ff.

197 BGH NJW 19, 2086 ff., vgl. dazu auch *Arnold/Romero*, NZG 2019, 930 ff.

198 StRspr des BGH seit 50 Jahren (BGHZ 10, 187 f.); BGH NJW 10, 2343 ff.; BGH NJW-RR 07, 1632 f. zur KG; ebenso der hL, vgl. nur Lutter/Hommelhoff/*Kleindiek* Anh. § 6 Rn. 3 mwN; auch *Lunk*, NJW 15, 917 ff.

199 BAG NZA 19, 490 ff.

den des Einzelfalls – auch um ein Arbeitsverhältnis handeln kann,[200] **vorzugswürdig** ist.[201] Das BSG geht für Fremdgeschäftsführer u. Minderheitsgesellschafter-Geschäftsführer inzwischen nach Aufgabe der früheren „Kopf- und Seele-Rspr." – fast ausnahmslos von einem abhängigen Beschäftigungsverhältnis aus.[202] Die in ihren Auswirkungen nicht zu unterschätzende[203] Rspr. des EuGH zum unionsrechtlichen Arbeitnehmerbegriff, die seit der „Danosa"-Entscheidung[204] aus 2010 – insbes. aus Schutzzwecküberlegungen – auch den Arbeitnehmerstatus von Organmitgliedern anerkennt, wurde 2015 durch die „Balkaya"-Entscheidung des EuGH[205] und die „*Holtermann*"-Entscheidung[206] bestätigt. Der BFH geht für das Steuerrecht davon aus, dass die Frage der Selbständigkeit natürlicher Personen für die Einkommen-, die Gewerbe- und die Umsatzsteuer grundsätzlich nach denselben Grundsätzen zu beurteilen ist. Dabei kommt der jeweiligen sozial- und arbeits- oder steuerrechtlichen Beurteilung zwar indizielle Bedeutung zu; eine rechtliche Bindung besteht aber nicht.[207] Nachdem auch der BFH in seiner Rspr. davon ausgeht, dass ein Geschäftsführer abhängig beschäftigt oder aber selbstständig sein kann, eine Abhängigkeit insbes. nicht an der Organstellung scheitert,[208] kann der BGH mit seiner starren Einordnungsrechtsprechung auch national als „isoliert" bezeichnet werden.

Die praktischen Auswirkungen des Meinungsstreits zwischen BGH und 50
BAG sind inzwischen als gering anzusehen, da das der BGH den weiteren unionsrechtlichen Arbeitnehmerbegriff übernommen hat und das BAG auch in aller Regel ein Dienst- und kein Arbeitsverhältnis annimmt.[209]

Allerdings war es wohl etwas „vorschnell", als das OLG München in 51
einem obiter dictum erwog, ob die EuGH-Rspr. dazu führt, dass Fremdgeschäftsführer (u. Minderheitsgesellschafter-Geschäftsführer) grds. als Arbeitnehmer eingeordnet werden müssen.[210] Denn es gibt keinen einheitlichen Arbeitnehmerbegriff, er ist vielmehr zweigeteilt in einen unionsrechtlichen u. einen nationalen Arbeitnehmerbegriff. Die EuGH-Rspr. ist für BGH u. BAG danach nur insoweit verbindlich, als es um EU-Recht umsetzendes nationales Recht geht. Das LAG Hamm fasst dies zutreffend in folgendem Orientierungssatz zusammen: „*Der unionsrechtliche Arbeitnehmerbegriff kann nur dann maßgeblich sein, wenn es um die Anwendung*

---

200 BAG BAG NZA 13, 54 ff., BAG NZA 19, 490 ff.
201 *Lücke* mit einer ausf. Zusammenfassung des Meinungsstreits zur Rechtsnatur des Anstellungsverhältnisses des GmbH-Geschäftsführers, NJW 09, 3207 u. NJOZ 09, 3469; ebenso: MüKoBGB/*Thüsing*, AGG § 6 Rn. 1; MünchHdbArbR/**Schneider** § 19 Rn. 71; offengelassen von *Boemke*, RdA 18, 1ff (7).
202 StRspr des BSG, vgl. etwa BSG BeckRS 13, 66534; BSG BeckRS 15, 73497, zuletzt BSG NJW 18, 2662 ff.; zul. bestätigt durch BSG BeckRS 19, 8888.
203 So völlig zutr. *Maschmann*, LMK 12, 337958 (Anm. zu BGH NZG 12, 777 ff.).
204 EuGH NJW 11, 2343 ff. ("*Danosa*"), s. dazu auch *Kruse/Stenslik*, NZA 13, 596 ff.
205 EuGH NZG 15, 963 ff. („*Balkaya*").
206 EuGH NZG 15, 1199 ff. („*Holtermann Ferho Exploitatie*").
207 StRspr BFH, vgl. etwa BeckRS 11, 94282.
208 StRspr des BFH, vgl. etwa BFH BeckRS 11, 94282; vgl. zur Frage der Lohnsteuerpflicht: *Kempermann* ArbRAktuell 16, 549 ff.
209 StRspr BAG, zuletzt BAG NZA 19, 490 ff.
210 OLG München NZA-RR 14, 660 ff.

des unionsrechtlichen Arbeitsrechts geht oder um die Auslegung einer nationalen Arbeitnehmerschutzbestimmung, die auf einer unionsrechtlichen Rechtsnorm basiert oder zumindest durch eine solche Norm beeinflusst wird, so dass eine europarechtskonforme Auslegung dieser nationalen Rechtsnorm geboten ist."[211] Soweit das nicht der Fall ist, können BGH u. BAG ihre bisherige nationale „Linie" beibehalten. Wenn u. soweit es um den Arbeitnehmerbegriff im EU-Recht (u diesem unterliegenden) nationalen Recht geht, sind Fremdgeschäftsführer (u Minderheitsgesellschafter-Geschäftsführer ohne Sperrminorität) nach der EuGH-Rspr. iaR Arbeitnehmer,[212] Allein- oder auch Mehrheitsgesellschafter- wie auch Minderheitsgesellschafter-Geschäftsführer mit Sperrminorität aber nicht.[213] In den Gebieten des nationalen Arbeitsrechts, denen kein EU-Recht zugrunde liegt, gilt der (von dem EuGH formal unbeeinflusste) nationale Arbeitnehmerbegriff, für dessen Ausprägung BAG u. BGH mit der zuvor dargestellten Meinungsdifferenz zuständig sind. Hier bleibt abzuwarten, ob und ggf. wie weit sich BAG u. va der BGH dennoch von der neueren EuGH-Rspr. beeinflussen lassen werden oder gar der Gesetzgeber eingreifen wird. Der neue § 611 a BGB hat jedenfalls an diesem Streit nichts geändert. ISd Rechtssicherheit und in Anlehnung an den Grundsatz der einheitlichen Rechtsordnung wäre es begrüßenswert, wenn die Bundesgerichte alsbald auf die EuGH-Linie (Fremdgeschäftsführer u. Gesellschafter-Geschäftsführer ohne Mehrheit oder zumindest einer Sperrminorität sind iaR Arbeitnehmer) „einschwenken" würden.

52 Grundlage der Geschäftsführertätigkeit kann im Einzelfall etwa bei unentgeltlichem Tätigwerden eines Gesellschafters aber auch ein **Auftragsverhältnis** (§§ 662 ff. BGB)[214] oder im Konzern auch ein **Arbeitsverhältnis zu einer anderen Konzerngesellschaft, insbes. zur Muttergesellschaft** sein.[215] Vor allem aber beim Einsatz von zu Geschäftsführern bestellten Geschäftsführern kann auch ein **Beratervertrag** (ebenfalls ein Dienstvertrag) zugrunde liegen, der auch mit einer Beratungsgesellschaft abgeschlossen werden kann.[216][217]

53 **b) Sonderfälle.** Neben dieser grds. Einordnungsfrage gibt es verschiedene **spezielle Fallgruppen**, in denen ein Arbeitsverhältnis angenommen wird:

54 **aa) Anstellung zur Erprobung.** Vereinzelt kommt es vor, dass der für die Bestellung zum Geschäftsführer in Aussicht genommene Kandidat zunächst ausdrücklich in einem befristeten oder unbefristeten Probearbeitsverhältnis beschäftigt werden soll. In diesem Kontext kann ein echtes Ar-

---

211 LAG Hamm BeckRS 18, 11518.

212 EuGH NZA 11, 143 ff. („Danosa"); NZG 15, 861 ff. („Balkaya"); zust. *Lunk*, NZA 15, 917, 920, der zutr. darauf hinweist, dass es nach der EuGH-Rspr. nicht allein auf die „Beteiligungsverhältnisse" ankommt, sondern diese iRd Prüfung der Weisungsunterworfenheit zu berücksichtigen sind.

213 So schon EuGH NJW 96, 2921 ff.

214 Vgl. etwa OLG Hamburg NZG 00, 698.

215 Zur sog. Drittanstellung → Rn. 65.

216 Allg. zu Interimsmanagern *Buth/Hermans*, Restrukturierung, Sanierung, Insolvenz, § 23 Rn. 1 ff.; zur rechtlichen Einordnung *Haag/Tiberius*, NZA 04, 190 ff.; Baumbach/Hueck/*Zöllner/Noack* Rn. 164.

217 Vgl. dazu jüngst BGH BB 15, 1743 ff. mit Anm. *Merkelbach* (zum AG-Vorstand).

beitsverhältnis begründet werden, das den Regeln des Arbeitsrechts, insbes. nach 6 Monaten u. entspr. Betriebsgröße auch dem Kündigungsschutzgesetz unterfällt. Dementspr wird – wenn ein solches Modell überhaupt gewählt wird – iaR ein befristeter Arbeitsvertrag abgeschlossen. Wird der Kandidat während seines Arbeitsverhältnisses zur Erprobung zum Geschäftsführer bestellt, ohne dass zugleich auch ein neuer Dienstvertrag geschlossen wird, so wandelt sich das Arbeitsverhältnis nicht automatisch in ein Dienstverhältnis um.[218] Wird er dagegen zum Geschäftsführer bestellt u. zugleich ein neuer schriftlicher Dienstvertrag abgeschlossen, so endet das Erprobungsarbeitsverhältnis, ohne dass es auf die Rspr. des BAG zum sog. ruhenden Arbeitsverhältnis ankäme.[219]

bb) Arbeitsverhältnis bei unterbliebener Bestellung. Wird der Geschäfts- 55
führervertrag einige Zeit vor der Bestellung abgeschlossen u. unterbleibt dann die Bestellung, so wandelt sich der Dienstvertrag nicht ohne Weiteres in ein Arbeitsverhältnis um.[220]

cc) Ruhendes Arbeitsverhältnis. Wird ein Arbeitnehmer der Gesellschaft 56
zum Geschäftsführer bestellt u. dazu ein neuer Dienstvertrag abgeschlossen, so ging die frühere Rspr. des BAG davon aus, dass – falls das Arbeitsverhältnis bei Abschluss des Geschäftsführer-Dienstvertrages nicht ausdrücklich und formgerecht aufgehoben oder ausdrücklich ruhend gestellt wurde[221] – das Arbeitsverhältnis iZw während der Dauer des Dienstverhältnisses ruhend fortbesteht, um nach Beendigung der Geschäftsführertätigkeit wieder aufleben zu können (sog. **„ruhendes Arbeitsverhältnis"**).[222] Diese Rspr. hat das BAG inzwischen iErg „umgedreht" u. geht seit langem davon aus, dass das bisherige Arbeitsverhältnis bei Abschluss eines Geschäftsführer-Dienstvertrages iZw konkludent aufgehoben wird.[223] Nach dem – mutmaßlichen – Willen der Parteien soll regelmäßig neben dem Dienstvertrag nicht noch ein Arbeitsvertrag fortbestehen, auch nicht ruhend. *„Dem Arbeitnehmer muss im Regelfall klar sein, dass er, wenn anderes nicht vereinbart wird, mit dem Abschluss eines Geschäftsführerdienstvertrages seinen Status als Arbeitnehmer aufgibt. Eine andere Auslegung kommt nur in Ausnahmefällen in Betracht, für die zumindest deutliche Anhaltspunkte vorliegen müssen."*[224] Solche Ausnahmefälle sind Gegenstand zweier jüngerer LAG-Entscheidungen.[225] Bedenken aus der Lit. hins. der dabei nicht eingehaltenen, aber einzuhaltenden Schriftform des § 623 BGB

---

218 BAG NJW 08, 1018 ff.
219 So schon BGH GmbHR 94, 547 ff. (aber vor Einführung des Schriftformerfordernisses nach § 623 BGB); BAG GmbHR 06, 592 ff., inzwischen wiederholt bestätigt etwa durch BAG NJW 08, 3514 ff.; zul. durch BAG NZA 14, 540 ff.
220 BAG NZA 97, 1363 ff.
221 Die Zulässigkeit einer solchen Regelung ist unbestritten und wird auch vom BAG ohne Weiteres vorausgesetzt, vgl. BAG BeckRS 19, 21096.
222 Vgl. zur älteren BAG-Rspr. den Rechtsprechungsüberblick von *Gehlhaar*, NZA-RR 09, 569 ff. u. zur aktuellen Problematik des innerbetrieblichen Aufstiegs eines Ex-Abteilungsleiters zum Geschäftsführer *Schmitt-Rolfes*, NZA-Beilage 14, 37 ff.
223 BAG GmbHR 06, 592 ff.; NJW 08, 3514 ff.; BAG NJW 11, 2684 ff.; aus jüngerer Zeit: BAG BeckRS 19, 21096.
224 LAG Mecklenburg-Vorpommern BeckRS 17, 141201 (Rn. 21) unter Bezugnahme auf die inzwischen stRspr des BAG.
225 LAG Hamm NZA-RR 19, 443 ff.; LAG München BeckRS 19, 8460.

hat das BAG mit einer Entscheidung aus dem Jahr 2006 in inzwischen gefestigter Rspr. unter Hinweis auf den regelmäßig zwischen den Parteien vorliegenden schriftlichen Geschäftsführer-Dienstvertrag beiseite geräumt.[226] Wird der Dienstvertrag dagegen mit einer anderen (Konzern-)Gesellschaft abgeschlossen (Drittanstellung), wahrt das nicht das Schriftformerfordernis des § 623 BGB.[227] Wurde der Geschäftsführer-Anstellungsvertrag dagegen lediglich mündlich abgeschlossen, besteht ein bislang bestehendes Arbeitsverhältnis ruhend fort u. kann wieder aufleben.[228] Auch eine längere Ausübung der Geschäftsführertätigkeit ist danach kein Umstand, der es rechtfertigen würde, den Formmangel als unbeachtlich u. das Berufen darauf als rechtsmissbräuchlich zu qualifizieren.[229] Zur weiterhin verbliebenen Problematik der der Gesellschafterversammlung oder ggf. dem Aufsichtsrat fehlenden Vertretungsberechtigung für die Aufhebung eines Arbeitsverhältnisses (Zuständigkeit der Geschäftsführer)[230] hat das BAG noch nicht Stellung genommen. Auch hier wird das BAG seine Rspr. „halten“ u. dies voraussichtlich mit einer „Annex-Kompetenz“ der Gesellschafterversammlung bzw. des Aufsichtsrats begründen.[231] Ein ruhendes Arbeitsverhältnis wird danach nur noch in Ausnahmefällen vorliegen. Das bisherige Arbeitsverhältnis ist aber – um sicher zu gehen – je nach Interessenlage entweder gesondert schriftlich aufzuheben oder sein Ruhen ausdrücklich zu vereinsbaren. Ein Überblick zur Rspr. zum (ruhenden) Arbeitsverhältnis von Organen juristischer Personen findet sich bei Gehlhaar.[232]

57 Kommt es bei der Bestellung eines Arbeitnehmers zum Geschäftsführer jedoch nicht zum Abschluss eines Geschäftsführer-Dienstverhältnisses, so kann – je nach den Umständen des Einzelfalls – auch das bisherige Arbeitsverhältnis die Rechtsgrundlage für die Erbringung der Geschäftsführerdienste sein, insbes. bei der Besetzung von Geschäftsführerpositionen in Tochtergesellschaften mit Angestellten der Konzernmuttergesellschaft.[233]

58 **dd) Weiterarbeit nach Abberufung.** Im Fall der Abberufung kommt es oft auch zu einer zeitnahen Beendigung des Anstellungsverhältnisses, sei es, durch eine außerordentliche Kündigung seitens der Gesellschaft oder des abberufenen Geschäftsführers[234] oder durch einen Aufhebungsvertrag. Allerdings kann es nach der Abberufung als Geschäftsführer teilw. noch zu einer Weiterarbeit unterhalb der Organebene, etwa als Abteilungsleiter oder ähnl. kommen. Dies kann – zumindest vorübergehend – zum Erhalt des Know-how des ehemaligen Geschäftsführers oder zur Vermeidung von

---

226 BAG GmbHR 06, 592 ff.; NJW 11, 2684 ff.; näher dazu BeckOK GmbHG/*Wisskirchen/Kuhn*, § 6 Rn. 72 mwN.
227 So BAG NZA 14, 540 ff.
228 So ausdrücklich BAG NJW 11, 2684 ff.
229 Zum Rechtsmissbrauchseinwand zul. BGH.
230 So ua schon *Gravenhorst*, GmbHR 07, 710.
231 So schon *Bauer/Baeck/Lösler*, ZIP 03, 1821 ff.; dagegen: *Fleischer/Wiedemann*, GmbHR 10, 449 ff.; *Fischer*, NJW 03, 2417 ff.
232 *Gehlhaar*, NZA-RR 09, 569 ff.
233 Das ist ein Fall der sog. „Drittanstellung“, vgl. dazu Rn. 65 f. mwN.
234 Näher zu den Rechtsfragen bei einer Eigenkündigung nach Abberufung: *Röhrborn* BB 14, 1978 ff.

direktem Wettbewerb zweckmäßig sein.[235] In einem solchen Fall wandelt sich das bisherige Anstellungsverhältnis nach ganz hM in Rspr. u. Lit. nicht ohne Weiteres in ein Arbeitsverhältnis um.[236] Hierzu bedarf es vielmehr entweder einer ausdrücklichen Vereinbarung oder zusätzlicher Anhaltspunkte, damit von dem konkludenten Abschluss eines Arbeitsverhältnisses ausgegangen werden kann.[237] Gleiches gilt bei einer Weiterarbeit in der Insolvenz.[238]

ee) **„Anschlussarbeitsverhältnis"**. Nach der Rspr. des BAG kann im Dienstvertrag des Geschäftsführers für die Zeit nach Beendigung der Geschäftsführertätigkeit u. des Dienstvertrages grds. ein sog. „Anschlussarbeitsverhältnis" vereinbart werden.[239] Unklar ist, ob dieses Anschlussarbeitsverhältnis die bisherigen Geschäftsführerkonditionen fortschreiben kann oder hier reduzierte, der Ebene leitender Angestellter unter der Geschäftsführung entspr. Konditionen, insbes. hins. der Vergütung vorgesehen werden müssen.[240] Alternativ könnte neben dem Dienstverhältnis ein gesondertes (ggf. zunächst ruhendes oder aufschiebend bedingtes) Arbeitsverhältnis vereinbart werden.[241] 59

c) **Anwendbarkeit des AGG.** Unabhängig von der Frage nach dem Status als Arbeitnehmer ist zunächst die partielle sachliche Anwendbarkeit des AGG, da § 6 III ausdrücklich regelt, dass die Bestimmungen des AGG auch für Organmitglieder von Kapitalgesellschaften gelten, wenn u. soweit es um den **Zugang zur Erwerbstätigkeit** und/oder den **beruflichen Aufstieg** geht („sog Zugangsbedingungen"). Als Anwendungsfall des § 6 III AGG (Zugang zur Erwerbsarbeit) gilt auch der Abschluss des Anstellungsvertrags, der also diskriminierungsfrei zu erfolgen hat.[242] Das hat der BGH in seiner ersten Entscheidung zu einem Fall von aus Altersgründen unterbliebener Wiederbestellung zum Geschäftsführer ausdrücklich bejaht.[243] Da- 60

235 Teilw. wird auch die Konstruktion über einen „Beratervertrag" gewählt.
236 StRspr des BGH u. auch BAG, vgl. etwa BGH NJW 00, 1864 ff.; BAG NZA 08, 1002 ff.
237 BAG NZA 08, 1002 ff.; aus jüngerer Zeit etwa LAG Hamm BeckRS 18, 11518.
238 LAG RhPf NZG 09, 195 ff.
239 BAG NZA 09, 1205 ff. (zum Vorstand der AG).
240 Die unveränderte Fortschreibung der Vertragsbedingungen hatte in dem vom BAG (NZA 09, 1205 ff.) zum Vorstand einer AG entschiedenen Fall zur Nichtigkeit des Anschlussarbeitsverhältnisses wegen Verstoß gegen § 84 I 1 AktG geführt. Dieses Urteil dürfte uE aber wegen des Fehlens einer § 84 I AktG entspr. gesetzlichen Regelung im GmbHG nicht (ohne Weiteres) auf den GmbH-Geschäftsführer zu übertragen sein.
241 Da so – anders als bei der „Umwandlung" des ursprünglichen Dienstverhältnisses – eine „Entkopplung" von diesem u. dessen möglichen Unwirksamkeitsgründen erreicht würde; idS wohl auch BAG NZA 09, 1205 ff.
242 Str, so aber grdl. BGH NZG 12, 777 ff.; aA: Baumbach/Hueck/*Zöllner/Noack* Rn. 178 b lehnen die Anwendbarkeit des AGG auf den Bestellungsakt ab u. wollen die Anwendbarkeit des AGG auf den Dienstvertrag beschränkt wissen, ebenso *Reufels/Molle*, NZA-RR 11, 281 ff.
243 BGH NZG 12, 777 ff. mAnm *Bauer/Arnold*, NZG 12, 921 ff.

her sind auch die Stellenausschreibung[244] u. Altersgrenzen („Mindestalter"),[245] gleich ob in Satzung, Geschäftsordnung oder Anstellungsvertrag enthalten, Vorgänge, deren Zulässigkeit anhand des AGG zu überprüfen sind.[246] Bei der Beendigung von Organstellung und/oder Dienstvertrag soll das AGG dagegen aufgrund des Wortlauts des § 6 III AGG nicht eingreifen, da es sich streng genommen um eine **„Entlassungsbedingung"** handelt.[247] Problem: Die Beendigung der Organstellung (Auslaufen der Bestellperiode oder Abberufung) kann aber kaum von der unterbleibenden Wiederbestellung und/oder der Nichtverlängerung des Anstellungsvertrages unterschieden werden, jedenfalls dann, wenn der Geschäftsführer seine Tätigkeit hatte fortsetzen wollen. Dann sind es *„zwei Seiten einer Medaille"*. Der Streit kann dahingestellt bleiben, denn der AGG-rechtlich gebotene Schutz kann bei Ablehnung der Anwendung des AGG auf „Entlassungsbedingungen" wie zB Höchstaltersgrenzen idR über die eng mit den Entlassungsbedingungen verbundenen Zugangsbedingungen[248] gewährt werden können. Missbrauchsfällen wird man ausnahmsweise mit Treu u. Glauben (§ 242 BGB) begegnen müssen/können.[249] Entgg. einzelner Stimmen in der Lit. ist die Anwendbarkeit der Beweiserleichterung gem. § 22 AGG trotz des fehlenden Verweises in § 6 III AGG gegeben.[250] Die weitergehende Frage, ob das AGG über den partiellen sachlichen Anwendungsbereich des § 6 III AGG hinaus wegen der Entscheidungen des EuGH zum unionsrechtlichen Arbeitnehmerbegriff[251] u. einer gebotenen richtlinienkonformen Auslegung des § 6 I grds. auf Geschäftsführer anzuwenden ist, hatte der BGH 2012 noch ausdrücklich offen gelassen,[252] nunmehr aber abgelehnt.[253] Das wäre eine im dt. Recht unzulässige Auslegung „contra legem", die auch

---

244 OLG Karlsruhe GmbHR 11, 1147 ff., Ls.: *„Der Begriff „Geschäftsführer" ist ohne weitere Zusätze keine geschlechtsneutrale, sondern eine männliche Berufsbezeichnung. Eine Stellenausschreibung unter der Überschrift „Geschäftsführer" verletzt jedenfalls dann das Gebot zur geschlechtsneutralen Stellenausschreibung nach § 7 Abs. 1, § 11 AGG, wenn nicht im weiteren Text der Anzeige auch weibliche Bewerber angesprochen werden."*.

245 Ebenso MünchHdbGesR/*Diekmann*, § 43 Rn. 16; s. auch *Thüsing*, NZG 11, 641 ff.; zul. zu Altersgrenzen: *Holthausen*, ArbRAktuell 19, 401, 433 ff. f.

246 Eine unmittelbare Diskriminierung zB durch eine Mindestaltersgrenze kann nach § 10 AGG gerechtfertigt sein, wenn sie objektiv und angemessen und durch ein legitimes Ziel gerechtfertigt ist; dazu bei einer Höchstaltersgrenze: BGH NJW 19, 2086 Rn. 37 ff.).

247 So auch BGH NZG 12, 777 ff., jüngst bestätigt durch BGH NJW 19, 2086 ff.; näher zu der Frage, ob eine Altersgrenze eine Zugangs- oder Entlassungsbedingung ist, *Kliemt*, RdA 15, 232 ff., 234 mwN.

248 Hierbei geht es um die Begriffspaare: Abberufung/unterbliebene Wiederbestellung einerseits u. Auslaufen des befristeten Vertrags oder Kündigung des befristeten Vertrags bzw. unterbliebener Vertragsverlängerung bzw. unterbliebener Neuabschluss eines Vertrags andererseits.

249 So etwa *Bauer/Göpfert/Krieger* AGG § 6 Rn. 31.

250 BGH NZA 12, 797 ff.; OLG Köln NZA 11, 211 ff.; aA: *Eßer/Baluch*, NZG 07, 321 ff.

251 EuGH NJW 11, 2343 ff. (*„Danosa"*), vgl. dazu auch die Anm. von *Wilsing/Meyer*, NJW 12, 3211 ff.; bestätigt durch EuGH NZG 15, 963 ff. (*„Balkaya"*); EuGH NZG 15, 1199 ff. (*„Holtermann Ferho Exploitatie"*).

252 BGH NZG 12, 777 ff.

253 BGH NJW 19, 2086 ff.

nicht in Form einer unionsrechtskonformen Auslegung möglich sei, so der BGH.[254] Davon ist nun für die Rechtspraxis auszugehen.

Allerdings wurde hier schon in der Vorauf. vertreten, dass Geschäftsführer bereits nach allg. arbeitsrechtlichen Grundsätzen Arbeitnehmer sein können[255] u. daher das AGG nach § 6 I AGG auch auf Geschäftsführer Anwendung finden kann. Dem ist der BGH nunmehr unter dem „Druck" des unionsrechtlichen Arbeitnehmerbegriffs des EuGH gefolgt.[256] 61

AGG-widrige Maßnahmen/Vereinbarungen sind unwirksam (§ 7 II AGG, § 134 BGB). Ein etwaiger Verstoß gegen das AGG führt jedoch bei diskriminierend unterbliebener Bestellung bzw. unterbliebenem Abschluss eines Anstellungsvertrags nach allg. Meinung nicht zu einem Anspruch auf Bestellung und/oder Anstellung, sondern die Rechtsfolgen bestimmen sich insoweit nach § 15 AGG (Schadensersatz u. Entschädigung). Eine Unwirksamkeit nach § 7 II AGG folgt allerdings nicht schon aus § 2 IV AGG, da diese Vorschrift auf Geschäftsführer – mangels besonderem Kündigungsschutz – keine Anwendung findet.[257] Bekanntermaßen können Benachteiligungen iSd § 7 AGG nach § 10 AGG gerechtfertigt sein, wenn sie objektiv und angemessen und durch ein legitimes Ziel gerechtfertigt sind.[258] Die Vereinbarung eines Kündigungsrechts des Dienstberechtigten im Anstellungsvertrag eines GmbH-Fremdgeschäftsführers mit Vollendung des 60. Lebensjahres stellt jedenfalls dann keinen rechtswidrigen Verstoß gegen das Diskriminierungsverbot der §§ 1, 7 AGG dar, wenn gewährleistet ist, dass dem Geschäftsführer ab dem Zeitpunkt seines Ausscheidens eine betriebliche Altersvorsorge zusteht.[259] 62

d) Anwendbare Arbeitnehmerschutzrechte. Die etwaige Anwendbarkeit von Arbeitnehmerschutzrechten auf GmbH-Geschäftsführer hängt – natürlich – zunächst grds. von deren Arbeitnehmerstatus ab.[260] Ist der Geschäftsführer danach Arbeitnehmer, gelten die Arbeitnehmerschutzrechte ohnehin, Ist er danach kein Arbeitnehmer wendet die ganz hM dennoch teilw. arbeitsrechtliche Schutzbestimmungen an. Insbes. folgende Vorschriften sollen entspr. anwendbar sein: 63

- § 622 BGB (Kündigungsfrist, str.)[261]
- § 109 GewO (Zeugnisanspruch)[262]
- §§ 840 ff. ZPO (Pfändungsschutz)[263]
- §§ 1 ff., 17 BetrAVG[264] (Betriebliche Altersversorgung)

---

254 BGH NJW 19, 2086 ff.
255 Ebenso etwa MüKoBGB/*Thüsing*, AGG § 6 Rn. 1; *Wilsing/Meyer*, NJW 12, 3211 ff.; vgl. zum möglichen Arbeitnehmerstatus vorstehend Rn. 49 ff. mwN.
256 BGH NJW 19, 2086 ff.
257 HM, vgl. etwa OLG Hamm NZG 17, 1065 ff.
258 HM, zuletzt etwa BGH NJW 19, 2086 ff. (Rn. 38).
259 OLG Hamm NZG 17, 1065 ff.
260 Vgl. dazu oben Rn. 49 ff.
261 BGH NJW 87, 2073 ff.; a.A.: BAG BeckRS 07, 47174; *Moll/Grobys*, MAH-Arbeitsrecht § 77 Rn. 44 mwN zum Meinungsstand.
262 StRspr des BGH schon seit NJW 68, 396 (noch zu § 630 BGB).
263 BGH NJW 81, 2465.
264 Die Vorschriften des BetrAVG gelten in jedem Fall für den Fremdgeschäftsführer, aber auch für den Minderheitsgesellschafter-Geschäftsführer, solange er nicht qua seines Beteiligungsumfangs als Unternehmer anzusehen ist (§ 17 BetrAVG).

- § 9 MuSchG (Art. 10 RL 92/85 EWG)[265]
- § 17 KSchG (Massenentlassungsanzeige)[266]
- Arbeitsrechtlicher Gleichbehandlungsgrundsatz[267]

64 Nicht anwendbar sind dagegen insbes.:

- ArbGG (§ 5 I ArbGG)[268]
- Kündigungsschutzgesetz (§ 14 I 1 KSchG)[269]
- BetrVG (§ 5 BetrVG)
- MitbestG (§ 3 I MitbestG)[270]
- SGB VIII[271]
- BUrlG[272]
- SGB IX[273]
- § 613 a BGB (Betriebsübergang)[274]
- ArbZG[275]
- Grundsätze der Arbeitnehmerhaftung[276]
- § 623 BGB (Schriftformerfordernis)[277]
- TzBfG[278]
- ArbNErfG[279]
- EntgFZG[280]
- BEEG[281]
- SGB IX[282]

---

265 Aufgrund der sog. „Danosa"-Entscheidung des EuGH (NZA 11, 143 ff.) ist trotz des nach deutschem Recht nach hM fehlendem Arbeitnehmercharakters weiblicher Geschäftsführer u. der daraus folgenden Unanwendbarkeit des MuSchG davon auszugehen, dass diese nach dem unionsrechtlichen Arbeitnehmerbegriff als Arbeitnehmerinnen anzusehen sind u. sich daher auch auf die auf EU-Recht basierenden Schutzbestimmungen berufen können.
266 EuGH NJW 15, 2481 ff. mAnm *Arnold*.
267 Str, für teilw. Anwendung: BGH NJW-RR 90, 1313; BAG NZA 10, 632 ff.; dagegen: Baumbach/Hueck/*Zöllner/Noack* Rn. 178 a.
268 AllgM, vgl. statt vieler: MüKoGmbHG/*Stephan/Tieves* Rn. 283; zur Entwicklung der Diskussion um den Zugang des Geschäftsführers zu den Arbeitsgerichten vgl. Rn. 148 ff mwN.
269 Die Anwendbarkeit der Kündigungsschutzbestimmungen kann aber vereinbart werden, BGH NZG 10, 827 ff.
270 AllgM, vgl. statt vieler: MüKoGmbHG/*Stephan/Tieves* Rn. 283.
271 BGH NJW 78, 1435 ff.
272 § 2 BUrlG, *Haase*, GmbHR 05, 265 ff.; für Allein- und Mehrheitsgesellschafter-Geschäftsführer *Boemke* RdA 18, 1 ff. mwN, anders vor dem Hintergrund des unionsrechtl. Arbeitnehmerbegriffs jedoch für Fremd- und Minderheitsgeschäftsführer.
273 OLG Düsseldorf BB 13, 1403 ff.; OLG München NZA-RR 07, 579 ff.
274 BAG NZA 03, 552 ff.
275 § 18 I Nr. 1 ArbZG.
276 Baumbach/Hueck/*Zöllner/Noack* § 43 Rn. 6 mwN.
277 BGH NZA 03, 439 ff.; *Hümmerich*/Boecken/Düwell/*Lehmacher* BGB § 623 Rn. 3 mwN.
278 BGH NZA 02, 1040 ff.; Annuß/Thüsing/*Mengel* § 6 Rn. 13.
279 OLG Düsseldorf GmbHR 99, 1093 ff.
280 BeckOK GmbHG/*Wisskirchen*, § 6 Rn. 70; ausdrücklich auch BAG NJW 08, 1018 ff. (Orientierungssatz 2).
281 ErfK/*Dörner*, BEEG § 15 Rn. 3.
282 Vgl. vorstehende Fn.

e) **Drittanstellung.** IdR wird der Anstellungsvertrag auch mit der Gesellschaft abgeschlossen, deren Organ der Geschäftsführer wird, ohne dass dies insbes. wegen des Trennungsprinzips zwingend wäre. In der Praxis verhält es sich teilw. dann anders, wenn zB der Geschäftsführer der Komplementär-GmbH bei der KG angestellt wird oder wenn ein leitender Mitarbeiter einer Konzernobergesellschaft anstelle oder neben seinen Aufgaben dort zum Geschäftsführer einer Konzerntochter bestellt wird.[283] So hat das BAG folgenden Orientierungssatz aufgestellt: 65

„Der schuldrechtliche Vertrag des Geschäftsführers muss nicht mit der juristischen Person abgeschlossen werden, zu deren Organ er bestellt werden soll. Wird ein bei einer Konzernobergesellschaft beschäftigter Arbeitnehmer zum Geschäftsführer einer konzernabhängigen Konzerngesellschaft bestellt, kann der mit der Konzernobergesellschaft abgeschlossene Arbeitsvertrag auch die Rechtsgrundlage für die Geschäftsführertätigkeit in der Tochtergesellschaft sein."[284]

Der BGH hat die grds. Zulässigkeit einer Drittanstellung ebenfalls bestätigt und ausgeführt:

„Zwar wird der Geschäftsführer in der GmbH & Co. KG von der Gesellschafterversammlung der GmbH bestellt. Einen Anstellungsvertrag kann er aber auch mit der KG schließen."[285]

Grds. kommt darüber hinaus aber auch jeder Dritte als Dienstgeber u. Vertragspartner in Betracht, zB auch eine Unternehmungsberatung, deren Mitarbeiter als Interimsmanager[286] zum Geschäftsführer der Gesellschaft bestellt wird[287] oder die in der Konzernpraxis oft anzutreffende Situation einer Anstellung von Geschäftsführern von Tochtergesellschaften bei der Konzernmutter. Die Zulässigkeit einer solchen Drittanstellung wird inzwischen nicht mehr in Abrede gestellt,[288] *Altmeppen* spricht insoweit von einem „*Scheinproblem*".[289] – Besonderheiten (Zustimmung Aufsichtsrat 66

283 Zur Drittanstellung im Konzern: *Deilmann/Dornbusch*; NZG 16, 201 ff.; zum Arbeitsverhältnis mit der Konzernmutter etwa BAG GmbHR 00, 1092 ff.; zul. auch BAG NZA 08, 168 ff. mAnm *Goll-Müller/Langenhan-Komus*, NZA 08, 687 ff.; s. zu verschiedenen Fallgruppen auch Scholz/*Schneider* Rn. 183 ff. mwN u. jüngst *Vetter*, FS Hoffmann-Becking, 13, S. 1297 ff.

284 BAG NJW 08, 1018 ff. (Orientierungssatz 2); ebenso BGH NZG 16, 823 (Rn. 23).

285 BGH NZG 16, 823 (Rn. 23).

286 Vgl. dazu *Deilmann/Dornbusch*, NZG 16, 201 ff.; zul. *Vogt*, ArbRAktuell 19, 319 ff.; zu den verschiedenen vertraglichen Konstruktionen *Ulbertz* NBW 18, 2260 ff.; zu den strafrechtlichen Risiken: *Albrecht*, NZWiSt 18, 473 ff. u. 19, 11 ff.

287 Allg. Ansicht, vgl. etwa Scholz/*Schneider* Rn. 168 mwN; BGH NZG 15, 792 ff. (zum AG-Vorstand), s. dazu auch *Vetter*, NZG 15, 889 ff.

288 Ganz hM, BAG NZA 08, 168 ff.; OLG München ZIP 03, 1367 ff.; BGH NZG 15, 792 ff. (zum AG-Vorstand); Lutter/Hommelhoff/*Kleindiek* Anh. § 6 Rn. 9; MüKoGmbHG/*Jaeger* Rn. 252; zweifelnd wg Weisungsrecht des Vertragsarbeitgebers: Baumbach/Hueck/*Zöllner/Noack* Rn. 165; für Zulässigkeit nur bei Zustimmung des Aufsichtsrats der GmbH: *Klett/Ziegler*, NZG 19, 613 ff.; Roth/Altmeppen/*Altmeppen* § 46 Rn. 53; für Zulässigkeit nur bei Zustimmung der Gesellschafter: Michalski/Heidinger/Leible/J. Schmitt/*Lenz* Rn. 125; BeckOK GmbHG/*Wisskirchen*, § 6 Rn. 86.

289 Roth/Altmeppen/*Altmeppen* § 46 Rn. 53.

der GmbH erforderlich) bestehen wegen § 1 MitbestG nur bei der mitbestimmten GmbH,[290] eingehend dazu *Klett/Ziegler*.[291]Der BGH hatte sich der hM angeschlossen, zunächst in einer Entscheidung für den Vorstand einer AG.[292] Bei der GmbH kann – wie bereits in der Voraufl. ausgeführt – nichts Anderes gelten und inzwischen hat der BGH dies auch für GmbH bestätigt,[293] wobei die hM hier eine Zustimmung der Gesellschafter der GmbH zur Drittanstellung verlangt.[294]

67 Für die Frage der Rechtsnatur des Vertragsverhältnisses spielt die Frage des Vertragspartners (eigene Gesellschaft oder Drittanstellung) zunächst keine Rolle,[295] so dass iZw von einem Dienstverhältnis auszugehen ist. Gerade bei der Drittanstellung im Konzern wird es sich dagegen idR um ein Arbeitsverhältnis handeln, wenn ein (leitender) Angestellter neben seinen Aufgaben bei der Konzernobergesellschaft noch die Aufgabe des Geschäftsführers einer Tochtergesellschaft übernimmt.[296] Dies gilt jedenfalls dann, wenn die Bestellung zum Geschäftsführer „nur formal" erfolgt u. die Geschäfte de facto aber von anderen Geschäftsführern geführt werden.[297] Aber auch bei tatsächlicher Ausübung des Geschäftsführeramtes neben den Aufgaben bei der Konzernobergesellschaft verbleibt es zunächst bei der Rechtsnatur des Vertragsverhältnisses mit der Konzernobergesellschaft als Arbeitsverhältnis.[298] Das grds. umfassende Weisungsrecht des Arbeitgebers steht dem entgegen teilw. Ansicht in der Literatur nicht entgegen, da sich dieses nicht auf die organschaftlichen Pflichten eines Geschäftsführers erstreckt, sondern die vorrangigen organschaftlichen Pflichten vielmehr das allg. Weisungsrecht beschränken. Die organschaftlichen Pflichten des bei der „Mutter-Gesellschaft" angestellten „Tochter-Geschäftsführers" sind insoweit „weisungsfest".[299]

68 **f) Zuständigkeit für Abschluss/Änderung und Aufhebung des Anstellungsvertrages.** Die Zuständigkeit ist gesetzlich nicht ausdrücklich geregelt, liegt iRd gesetzlichen Regelstatus aber als Annexkompetenz[300] zur Bestellung (§ 46 Nr. 5) bei der **Gesellschafterversammlung,**[301] bei der GmbH & Co KG liegt sie in der Gesellschafterversammlung nicht der KG, sondern der

290 Ebenso Michalski/Heidinger/Leible/J. Schmitt/*Lenz* Rn. 53; vgl. dazu näher *Deilmann/Dornbusch*, NZG 16, 201 ff.; differenzierend, ob dem Aufsichtsrat der Tochtergesellschaft bestimmte Informations- und Zustimmungsrechte vorbehalten werden: *Klett/Ziegler* NZG 19, 613 ff. mwN.

291 *Klett/Ziegler* NZG 19, 613 ff.

292 BGH NZG 15, 792 ff.

293 Jüngst auch für die GmbH:BGH NZG 19, 861 ff. (Rn. 22).

294 Vgl. Roth/Altmeppen/*Altmeppen* Rn. 252 mwN zur hM; zust. MüKoGmbHG/*Stephan/Tieves* Rn. 252.

295 *Gelhaar*, NZA-RR 09, 569 ff.

296 HM, vgl. etwa BAG BeckRS 92, 30741275; BAG NZA 06, 366 ff.; ebenso *Boemke*, RdA 18, 1 ff.

297 BAG NZA 08, 168 ff. für einen solchen Fall.

298 BAG NZA 95, 1070 ff.; *Moll/Grobys*, MAH-Arbeitsrecht § 77 Rn. 22 f.

299 So bereits BGH NJW 89, 2683 ff.; *Lücke* NJW 09, 3207 u NJOZ 09, 3469; zul. in diesem Sinne *Klett/Ziegler* NZG 19, 613 ff.

300 Grds. zu Annexkompetenzen: *Lieder*, NZG 15, 569 ff..

301 HM, vgl. etwa BGH NZG 18, 1073 ff.; zul. BGH NZG 19, 861 ff. (Rn. 18).

Komplementär-GmbH.[302] Das gilt auch für jegliche Vertragsänderung[303] und umfasst auch die Vertretung gegenüber dem Geschäftsführer. Die Mitgeschäftsführer sind – worauf *Schneider/Sethe*[304] zutr. hinweisen – zum Abschluss weder zuständig noch vertretungsbefugt.[305] Diese Zuständigkeit gilt nicht nur für **aktive** Geschäftsführer, sondern nach ganz hM auch für **künftige u. ehemalige Geschäftsführer**, also auch bei Vertragsabschluss schon vor der Bestellung sowie bei der Regelung vertraglicher Angelegenheiten nach der Abberufung u. auch später im Kontext mit Ruhegeldansprüchen ehemaliger Geschäftsführer.[306] Ein enger zeitlicher und sachlicher Zusammenhang zwischen Bestellung und Anstellung bzw. Abberufung und Kündigung oder Änderung ist nach hM nicht erforderlich.[307] Geschäftsführer sind nur dann wieder zuständig und vertretungsberechtigt, wenn sich ein Geschäftsführerdienstvertrag nach Abberufung – ausnahmsweise[308] – in ein Arbeitsverhältnis umgewandelt hat.[309] In der Satzung kann diese Zuständigkeit einem anderen Organ, insbes. einem fakultativ vorgesehenen Aufsichts- oder Beirat übertragen werden,[310] das ist rechtlich unbedenklich.[311]Ist in der Gesellschaft qua Anwendbarkeit eines der **Mitbestimmungsgesetze**[312] **zwingend** ein **Aufsichtsrat** gebildet worden, so ist dieser gem. § 84 AktG für Abschluss, Änderung u. Aufhebung des Anstellungsvertrages der Geschäftsführer zuständig, wobei aufgrund des Verweises in § 25 I MitbestG das Ausschussdelegationsverbot des § 107 III AktG zu beachten ist.[313] Fällt die Arbeitnehmerzahl grds. bzw. nachhaltig wieder unter 2000, so fällt die Zuständigkeit vom Aufsichtsrat wieder an die Gesellschafterversammlung.[314] Im Bereich des DrittelbG ist zwar zwingend ein Aufsichtsrat zu bilden, diesem ist aber diese Zuständigkeit nicht zwingend zugewiesen, so dass es grds. bei der Regelzuständigkeit der Gesellschafterversammlung nach § 46 Nr. 5 verbleibt,[315] die die Gesellschafter in der Satzung auf den Aufsichtsrat übertragen kann.[316]

---

302 HM, BGH NZG 14, 780 ff.; MüKoGmbHG/*Jaeger* Rn. 256.
303 So schon BGH NZG 08, 104 ff., BGH NZG 18, 1073 ff.; zul. BGH NZG 19, 861 ff.
304 Scholz/*Schneider/Sethe* Rn. 194.
305 Ebenso BGH NZG 19, 861 ff. (Rn. 28); BGH NZG 19, 1073 ff.
306 HM, vgl. statt vieler: *Roth*/Altmeppen Rn. 28.
307 HM, bereits BGH NJW 95, 1750 ff.; BGH NZG 2018, 1073 ff.
308 Vgl. dazu Rn. 58 mwN.
309 BGH NZG 18, 1073 ff. (Rn. 11).
310 BGH NJW-RR 08, 484 ff.; zuletzt bestätigt durch BGH NZA-RR 19, 524 ff.; Roth/*Altmeppen* § 6 Rn. 59; vgl. dazu auch die Kommentierung bei § 6 Rn. 23 zur Zuständigkeit für die Bestellung u. bei § 38 Rn. 32 zur Zuständigkeit für die Abberufung mwN.
311 So ausdrücklich BGH NZA-RR 19, 524 ff. Rn. 21).
312 MitbestG, MontanMitbestG oder MitbestErgG; unterfällt die Gesellschaft dagegen dem DrittelbG, so bleibt es grds. bei der Regelzuständigkeit der Gesellschafterversammlung.
313 Ganz hM, vgl. statt vieler: MüKoGmbHG/*Jaeger* Rn. 258 mwN zur hM.
314 So wohl auch BGH 17.4.2018 II ZR 277/16 in einem Hinweis auf die Rspr. des BAG zur Ermittlung der relevanten Arbeitnehmerzahlen.
315 So zB OLG Stuttgart BeckRS 16, 131572.
316 BGH NJW 99, 3263 ff.

Dieses Zuständigkeitsgefüge gilt auch, wenn der Anstellungsvertrag nicht mit der Gesellschaft, sondern mit einem Dritten abgeschlossen wird.[317]

69 Damit nicht etwa alle Gesellschafter oder Aufsichts- bzw. Beiratsmitglieder den Anstellungsvertrag unterzeichnen müssen,[318] kann das zuständige Organ nach entspr. Beschlussfassung über Abschluss u. Inhalt des Anstellungsvertrages mittels weiteren Beschlusses einen Gesellschafter, ein Aufsichts- oder Beiratsmitglied, einen Geschäftsführer oder einen sonstigen Dritten mit dem Abschluss des Anstellungsvertrages, also zur Unterzeichnung desselben **ermächtigen**[319] bzw. bevollmächtigen.[320] In der Praxis ist dies regelmäßig entweder ein Vertreter der Gesellschafter oder – bei Zuständigkeit eines Aufsichtsrats – der Aufsichtsratsvorsitzende.[321]

70 **g) Fehlerhaftes Anstellungsverhältnis.** Nicht nur die Bestellung zum Geschäftsführer kann fehlerhaft sein, sondern auch der Dienstvertrag kann an verschiedenen rechtlichen Mängeln leiden. So kann zB schon ein Abschlussmangel nach den §§ 145 ff. und/oder den §§ 117 ff. BGB oder ein Verstoß gegen die §§ 134, 138 BGB oder das AGG vorliegen. Ferner kann es an dem erforderlichen Gesellschafterbeschluss überhaupt fehlen, dieser nichtig oder zumindest anfechtbar sein oder es kann ein unzuständiges Organ, zB ein Beirat beschlossen haben.[322] Gab es keine Einigung oder ist eine Gesamtnichtigkeit[323] gegeben, so liegt kein wirksames Anstellungsverhältnis vor. Die Grundsätze über die fehlerhafte Bestellung gelten auch dann, wenn das Bestellungsorgan nicht wirksam errichtet worden sein sollte.[324] Wird dies noch vor Arbeitsaufnahme bemerkt, so kann das Anstellungsverhältnis von jeder Seite jederzeit ohne Einhaltung einer Frist **durch einseitige Erklärung beendet** werden.

71 Wurde das **Anstellungsverhältnis** dagegen mit Kenntnis des für den Abschluss zuständigen Organs **in Vollzug gesetzt**, gehen Rspr. u. Literatur von einem sog. faktischen Anstellungsverhältnis aus. Es gelten dann auch hier sinngemäß die vom BAG entwickelten **Grundsätze zum faktischen Arbeitsverhältnis:** Demnach gilt das faktische Dienstverhältnis zunächst für die bisherige Zeit mit allen (nicht wirksam vereinbarten) Rechten u. Pflichten als voll rechtswirksam.[325] Die Rspr. fingiert somit für die bereits zurückgelegte Dauer der Tätigkeit ein wirksames Dienstverhältnis, so dass insbes. das konkret „vereinbarte" Gehalt[326] zu zahlen ist u. es nicht zu einer Rückabwicklung der ausgetauschten Leistungen nach §§ 812 ff. BGB

317 BGH NZG 15, 792 ff.; zul. idS BGH NZG 19, 861 ff.
318 Zu dieser Fallvariante OLG Stuttgart NZG 98, 994 ff.
319 Ganz hM, vgl. statt vieler: Lutter/Hommelhoff/*Kleindiek* Anh. § 6 Rn. 6 mwN.
320 Baumbach/Hueck/*Zöllner*/*Noack* Rn. 167.
321 Vgl. dazu etwa BGH NZG 19, 1154 ff.
322 BGH NJW 00, 2983 ff.; allerdings kann nach BGH NJW 76, 145 ff. die Berufung auf die Unzuständigkeit nach längerer Zeit verwirkt werden.
323 In einer Teilnichtigkeit nach § 139 BGB ist der Anstellungsvertrag wirksam u. lediglich die nichtige Klausel entfällt.
324 BGH NZG 19, 861 ff.
325 St. Rspr. des BGH, zul. bestätigt durch BGH NZG 19, 1154 ff.
326 Nach ganz hM gilt dies auch für Ruhegehaltsansprüche, die während eines – ggf. länger unerkannt gebliebenen – faktischen Dienstverhältnisses durch die Erbringung der Geschäftsführerleistungen „verdient" werden, vgl. Michalski/*Tebben* § 6 Rn. 205 mwN.

kommt. Mit Wirkung für die Zukunft kann das faktische Dienstverhältnis aber grds. jederzeit beendet werden.[327] Ausnahmsweise kann es aber nach neuerer Rspr. auch für die Zukunft als wirksam zu behandeln sein, wenn beide Parteien es jahrelang als Grundlage ihrer Rechtsbeziehung betrachtet und die Gesellschaft den Geschäftsführer durch weitere Handlungen in seinem Vertrauen auf die Rechtsbeständigkeit des Vertrags bestärkt hat oder das Scheitern des Vertrags an einem förmlichen Mangel für den Geschäftsführer zu einem schlechthin untragbaren Ergebnis führt.[328]

Wurde die Gesellschaft bei dem Vertragsschluss nicht ordnungsgemäß vertreten, so ist der Anstellungsvertrag schwebend unwirksam u. kann demzufolge genehmigt werden.[329] Wurde das Anstellungsverhältnis in Kenntnis des für den Abschluss zuständigen Organs in Vollzug gesetzt, wird darin zum Teil eine konkludente Genehmigung des Vertragsabschlusses gesehen.[330] 72

h) Beschäftigungsanspruch als Geschäftsführer? Bei der Frage nach dem Bestehen eines sich aus dem Anstellungsvertrag ergebenden Beschäftigungsanspruchs ist zu unterscheiden zwischen einem **Anspruch auf Bestellung bzw. Wiederbestellung** zum Geschäftsführer u. im Falle erfolgter Bestellung nach einem Anspruch auf tatsächliche Beschäftigung als Geschäftsführer. Zu Ersterem ist zu sagen, dass ein solcher Anspruch – nach zutr. u. ganz hM auch dann nicht besteht, wenn er im Anstellungsvertrag vorgesehen ist.[331] Gleiches gilt für die zweite Alternative. Das gilt iErg selbst dann, wenn man – wofür dogmatisch Einiges spräche – die Rspr. des BAG zu dem für Arbeitnehmer aus Art. 2, 12 GG hergeleiteten allg. Beschäftigungsanspruch auf Anstellungsverträge von Geschäftsführern zu übertragen hätte.[332] Zu begründen ist dies mit dem ansonsten zu § 38 I (grds. jederzeitige u. grundlose Abberufbarkeit) entstehenden Wertungswiderspruch.[333] Zudem sprechen aus dem vorgenannten Ansatz heraus auch sowohl der Grundsatz „dolo agit, qui petit, quod statim redditurus est"[334] als auch der anerkannte Geltungsvorrang des gesellschaftsrechtlichen Organisationsrechts im Verhältnis zum Recht des Anstellungsvertrags für diese Ansicht. Des Weiteren läge ohne wirksame Bestellung zum Geschäftsführer wohl auch ein Fall der rechtlichen Unmöglichkeit vor. Daher bleibt dem Geschäftsführer in einem solchen Fall letztlich nur die Kündigung u. ggf. ein Schadensersatzanspruch nach § 628 II BGB, wobei sich das erfor- 73

327 St. Rspr. des BGH, zul. bestätigt in BGH NZG 19, 1154 ff., hL, vgl. etwa Scholz/Schneider/*Sethe* Rn. 208 f. mwN.
328 So die neue Rspr. des BGH NZG 19, 1154 ff.
329 Allg. Meinung, vgl. etwa Baumbach/Hueck/Zöllner/Noack Rn. 216; aus der Rpsr. etwa OLG Stuttgart BeckRS 16, 131572.
330 So *Moll/Grobys*, MAH-Arbeitsrecht § 77 Rn. 38.
331 HM, BGH GmbHR 11, 82 f.; Lutter/Hommelhoff/*Kleindiek* Anh. § 6 Rn. 28 mwN; *Lunk/Rodenbusch*, NZA 11, 497 ff. mwN in Fn. 7; BeckOK GmbHG/*Wisskirchen/Kuhn* § 6 Rn. 139.
332 AA.: *Röhrborn*, BB 14, 1978 ff. unter Hinweis auf *Lunk/Rodenbusch*, NZA 11, 497 ff.
333 So auch MünchHdbGesR/*Diekmann*, § 43 Rn. 23.
334 Näher dazu MüKoGmbHG/*Schubert* BGB § 242 Rn. 150 ff. mwN.

derliche „Auflösungsverschulden" nach der Rspr. nicht schon aus der bloßen Tatsache der Abberufung ergibt.[335]

74 **i) Beschäftigungsanspruch in leitender Stellung?** Vom Anspruch auf (Wieder-)Bestellung und Beschäftigung des Geschäftsführers ist die Frage zu unterscheiden, ob derjenige, dessen Bestellung zum Geschäftsführer unterbleibt[336] oder der abberufen wurde, einen Anspruch auf eine Beschäftigung in leitender Stellung unterhalb der Geschäftsführungsebene haben kann. Das wird teilw. bejaht, wenn dem kein schützenswertes Interesse der Gesellschaft an der Nichtbeschäftigung des Geschäftsführers entgegensteht,[337] teilw. aber grds. abgelehnt.[338] Der BGH verneint einen solchen Anspruch zutreffend, solange er nicht anstellungsvertraglich vereinbart worden ist.[339]

Eine andere Frage ist, ob die Gesellschaft einen Anspruch gegen den abberufenen Geschäftsführer hat, dass dieser in leitender Funktion unterhalb der Geschäftsführerebene tätig wird. Meist ist das nicht der Fall, da der Geschäftsführer vertraglich iaR nur eine Tätigkeit als Geschäftsführer schuldet.[340] Etwas Anderes gilt ausnahmsweise dann, wenn im Geschäftsführervertrag für diesen Fall eine ausdrückliche vertragliche Regelung (Führungstätigkeit auch unterhalb der GF-Ebene) enthalten ist. Lehnt der abberufene Geschäftsführer ein Angebot einer zumutbaren Tätigkeit mit Leitungs- und Vorgesetztenfunktion ab, so läuft er Gefahr, seine Ansprüche aus Annahmeverzug zu verlieren (§ 615 I 2 BGB).

75 **j) Freistellung des Geschäftsführers**[341] Eine einvernehmliche Freistellung wird allg. als zulässig angesehen. Die anstellungsvertragliche Vereinbarung eines einseitigen Freistellungsrechts wird ebenfalls idR als zulässig angesehen.[342] Dem ist uE jedoch nur für den Fall der vorherigen oder gleichzeitigen Beendigung der Organstellung zuzustimmen, da gegen eine Freistellung eines sich im Amt befindlichen GmbH-Geschäftsführers aufgrund des unentziehbaren Kerns der organschaftlichen Rechte u. Pflichten erhebliche rechtliche Bedenken bestehen.[343] Letztlich spricht jedenfalls aus Sicht des Geschäftsführers auch seine trotz Freistellung fortbestehende Haftung (ohne gleichzeitige Einflussnahmemöglichkeit auf das Geschäft) gegen die Zulässigkeit einer einseitigen Freistellung. Dafür besteht idR auch weder ein

335 OLG Karlsruhe NZA-RR 11, 411 ff.; BGH NJW 12, 1656 ff.; ebenso ErfK/*Müller-Glöge* § 628 BGB Rn. 16.

336 Bei vertragswidrig unterbliebener Bestellung kommen uU eine außerordentliche Kündigung in Kombination mit einem Schadensersatzanspruch nach § 628 Abs. 2 BGB in Betracht, vgl. dazu BAG NZA 02, 1323 ff.

337 So etwa *Leuchten*, GmbHR 01, 750 ff.; MünchHdbGesR/*Diekmann*, § 43 Rn. 23; Scholz/Schneider/*Sethe* Rn. 294 mwN.

338 *Fonk* NZG 98, 408 ff.; Lutter/Hommelhoff/*Kleindiek* Anh. § 6 Rn. 28.

339 BGH GmbHR 11, 82 f.; vgl. dazu auch *Kothe-Heggemann/Schelp*, GmbHR 11, 75 ff.

340 Anders allerdings: BGH GmbHR 66, 277 ff. (allerdings für den AG-Vorstand: bei verschuldeter Abberufung aus wichtigem Grund) und insoweit uE nicht übertragbar.

341 Näher → § 38 Rn. 17 f.

342 Soweit ersichtlich allg. Ansicht, vgl. etwa das Muster bei Beck'sches Formularbuch/*Stephan*, § 2 (4); Beck'sches Formularbuch Zivil-, Wirtschafts- und Unternehmensrecht/*Zander*, Teil E 3. § 12 (5).

343 Ebenso LG Köln GmbHR 97, 1104; Hümmerich/Lücke/Mauer/*Lücke* § 1 Rn. 492; *Mävers*, ArbRAktuell 19, 4 ff.

praktisches Bedürfnis noch ein rechtlich anerkennenswertes (u damit schutzwürdiges) Interesse, da der Geschäftsführer im Regelstatut jederzeit u. ohne Begründung abberufen werden kann.

k) Verhältnis von Regelungen in Anstellungsvertrag und Satzung. Kollidieren Bestimmungen von GmbH-Satzung u. Anstellungsvertrag, so gehen die Regelungen der Satzung vor.[344] Bei der Feststellung einer solchen Kollision ist sorgfältig zwischen einer nur satzungskonkretisierenden und einer satzungsdurchbrechenden Wirkung der dienstvertraglichen Regelung zu unterscheiden.[345] Ist die danach vom Geschäftsführer geforderte Beachtung der von seinem Anstellungsvertrag abw. Satzungsregelung unzumutbar bzw. hat der Geschäftsführer keinen Anspruch auf Durchsetzung seiner vertraglichen Vereinbarung, kann er außerordentlich kündigen u. – soweit die Voraussetzungen dafür vorliegen (insbes. das sog. „Auflösungsverschulden") – Schadensersatz nach § 628 BGB fordern.[346] 76

13. Wesentliche Pflichten

a) Unternehmensleitung. Das GmbHG enthält – abgesehen von § 41 – in Sachen der inneren Organisation des Unternehmens keine ausdrücklichen Vorgaben an die Geschäftsführung. Die Pflichtenlage ist daher aus der allgemeinen Sorgfaltspflicht der Geschäftsführung abzuleiten. Auch wenn es im GmbHG auch keine dem § 76 I AktG entsprechende Vorschrift gibt, „strahlt" dieses dennoch auf die GmbH-Geschäftsführung aus, da sich die Sorgfaltspflichten nach § 93 AktG und § 43 grds. ähneln. Hauptaufgabe der Geschäftsführung ist die Leitung des Unternehmens, also die **zweckmäßige u. rechtmäßige Organisation u. Führung des Unternehmens mit dem Ziel der bestmöglichen Realisierung des Gesellschaftszwecks.** Zentrale (Mindest-)Anforderung ist dabei die dauerhafte Existenzsicherung des Unternehmens, die eine nachhaltige Wertschöpfung jenseits des Bereichs der Insolvenzantragspflichten erfordert. *Jula* führt richtig aus, dass der Geschäftsführer dazu umfassende Aktivitäten im kaufmännischen, technischen, personellen u. sozialen Bereich entfalten muss, um die Gesellschaft bestmöglich am Markt zu positionieren.[347] Wesentlicher Teil der Aufgabe in organisatorischer Hinsicht ist die **Schaffung von zweckmäßigen Organisations-, Verantwortungs- u. Berichtsstrukturen**, die vor allem am Unternehmensgegenstand, der Branche, dem Umfang der internationalen Aktivitäten und allgemein anerkannten betriebswirtschaftlichen **Grundsätzen der Unternehmensorganisation**[348] auszurichten sind. Kern ist insoweit eine ordnungsgemäße Aufbau- und Ablauforganisation. Bei Auswahl und Ausgestaltung derselben im Einzelfall besteht unternehmerisches Ermessen. Besonderes Augenmerk verlangt inzwischen die **Digitalisierung** und ihre Aus- 77

344 BGH NZG 10, 827 ff.; auch hL, vgl. statt vieler Lutter/Hommelhoff/*Kleindiek* § 6 Anh. Rn. 13 f.
345 Vgl. dazu näher Hümmerich/Reufels/*Reufels* § 2 Rn. 118.
346 So zutreffend Hümmerich/Reufels/*Reufels* § 2 Rn. 118.
347 *Jula*, S. 22.
348 Auch Spindler/Stilz/*Fleischer* § 93 AktG Rn. 50 mwN in Fn. 329 geht davon aus, dass derartige Grundsätze zwar nicht verpflichtend sind, aber mit gebotener Vorsicht einen Beitrag zur Vorstrukturierung von Leitungspflichten leisten können; vgl. dazu etwa BeckOK GmbHG/*Ziemons/Jaeger/Pöschke*, § 43 Rn. 95 ff. mwN.

wirkungen auf die Gesellschaft[349] und – strategisch – im Hinblick auf die Verwertbarkeit von Daten auch ihr Einfluss auf das Geschäftsmodell.[350] Entsprechendes gilt für die enorm gestiegene Bedeutung der **Unternehmens-IT**, von **Daten** und **Datensicherheit** und **-verfügbarkeit** sowie besonders seit Geltung der DS-GVO des **Datenschutzes**[351] bis hin zum **Einsatz von Algorithmen** und **künstlicher Intelligenz.**[352] Diese datenbezogenen Themen dürften nun einen Spitzenplatz bei den Compliance-Aktivitäten in den Unternehmen einnehmen, die wirtschaftlichen Risiken von Schadensereignissen in diesen Bereichen sind nicht nur wegen des Bußgeldszenarios im Datenschutz oder der immer öfter betriebskritischen Verfügbarkeit von IT-Systemen und Daten (Stichwort: Cyber-Angriffe) zu erheblich, um sie nicht proaktiv und angemessen zu adressieren.

Die Digitalisierung und das 209 in Kraft getretene Geschäftsgeheimnisgesetz (GeschGehG) bewirken auch für den Know-How-Schutz, insb. der Schutz von Geschäftsgeheimnissen erhöhte organisatorische Anforderungen.[353] In wirtschaftlicher Hinsicht muss im Besonderen gewährleistet sein, dass die Geschäftsführung jederzeit einen korrekten Überblick über die wirtschaftlichen u. finanziellen Verhältnisse der Gesellschaft hat.[354] Selbstredend bedarf es eines ausreichenden **Liquiditätsmanagements.**

Obwohl es im GmbHG keine dem § 91 II AktG entspr. Vorschrift zur Einrichtung eines Risikofrüherkennungssystems gibt, wird die analoge Anwendung der Vorschrift auf die GmbH diskutiert,[355] die aber abzulehnen ist.[356] Einer Analogie bedarf es nicht, da sich eine vergleichbare Verpflichtung auch für die Geschäftsführer aus der allg. Pflicht, das Unternehmen mit der **Sorgfalt eines ordentlichen Geschäftsmannes** zu führen, ableiten lässt: Es ist eine grundlegende „Verpflichtung der Geschäftsführung, die Risiken, denen das Unternehmen ausgesetzt ist, in geeigneter Weise zu beobachten und durch frühzeitige Reaktion auf sich realisierende Risiken Schaden vom Unternehmen abzuwenden".[357] Strukturell kann davon ausgegangen werden, dass das **Risikofrüherkennungssystem** aus den Teilsegmenten **Risikoidentifikation, -bewertung, -kommunikation, -steuerung u. -überwachung** bestehen muss.[358] *„Nicht bei der Ermittlung der Risiken, jedoch bei der Installation des Früherkennungssystems und erst recht bei den im Falle des Eintritts eines Risikos zu ergreifenden Maßnahmen steht der Geschäftsführung anerkannter-maßen ein Beurteilungsspielraum sowie auch ein Auswahlermessen zu."*[359]

349 S. zum Thema Organisationspflichten und -strukturen kraft Digitalisierung: *Noack/Ehrl*, ZHR 183 (2019), 105 ff.
350 Vgl. dazu etwa *Sattler*, BB 18, 2243 ff.
351 Zur gestiegenen Bedeutung von Daten, Datensicherheit und Datenschutz insbes. für Organmitglieder vgl. *Löschborn/Fuhrmann*, NZG 19, 161 ff. mwN.
352 Zum Einsatz von Algorithmen und KI vgl. etwa *Lücke* BB 19, 1986 ff. mwN.
353 Vgl. dazu §§ 1, 2 GeschGehG.
354 BGH NZG 12, 940 ff.
355 Analoge Anwendung bejahend etwa Baumbach/Hueck/*Zöllner* Rn. 33.
356 So auch *Schaefer/Baumann*, NJW 11, 3601.
357 Beck'schesHdbGmbH/*Axhausen*, § 5 Rn. 178; ähnl. BGH DB 12, 1797 ff.; Lutter/Hommelhoff/*Kleindiek* § 43 Rn. 31; MünchHdbGesR/*Diekmann*, § 45 Rn. 76 ff.
358 Näher zum Risikofrüherkennungssystem § 43 Rn. 27 mwN.
359 MAH GmbHR/*Terlau*, § 10 Rn. 70.

Ferner gehört es zu den selbstverständlichen Pflichten der Gesellschaft, die für sie geltenden gesetzlichen Rahmenbedingungen einzuhalten („Legalitätspflicht“). Abzugrenzen davon ist die nicht in gleichem Maße evidente Pflicht des Geschäftsführers, in präventiv-organisatorischer Hinsicht aktiv Vorsorge dafür zu treffen, dass die Gesellschaft sich in all ihren Ausprägungen unternehmerischen Handelns rechtmäßig verhält. Für diese Aufgabe hat sich inzwischen der Begriff „Compliance“ eingebürgert.[360] Hier stellt sich trotz Nichtgeltung des Deutschen Corporate Governance Kodex, der der GmbH seine Beachtung nur empfiehlt,[361] die Frage nach der Verpflichtung zur **Einrichtung einer Compliance-Organisation**. Abgesehen von branchenbezogenen, spezialgesetzlich geregelten Verpflichtungen[362] und der für die AG nach dem grundlegenden und richtungsweisenden Urteil des LG München I[363] bestehenden Rechtspflicht zur Einrichtung einer Compliance-Organisation kann eine generelle Antwort für die GmbH wohl nach wie vor nicht gegeben werden, allerdings ist die Ansicht im Vordringen, die eine grds. Verpflichtung zur Einrichtung einer Compliance-Organisation als Ausfluss der allg. Leitungs- u. Organisationsverantwortung der Geschäftsführung jedenfalls für größere Unternehmen annimmt.[364] Am Ende muss anhand der Einzelfallumstände, insbes. anhand von Größe, Branche, Internationalität u. „Gefahrenpotential“ (entspr. Bestandsaufnahme) etwa von Rechtsverstößen wie etwa Kartellverstößen beurteilt werden, ob eine eigenständige Compliance-Organisation sachlich angezeigt u. damit auch rechtlich erforderlich ist. Allerdings wird man sagen können, dass sich eine Verpflichtung zur Einrichtung einer Compliance-Organisation umso eher bejahen lassen wird, desto größer die Gesellschaft ist.[365] Die Ausgestaltung u. insbes. Dimensionierung einer solchen Compliance-Organisation bleibt ebenfalls den Umständen des Einzelfalles überlassen,[366] wobei ein weiter (Aus-)Gestaltungsspielraum besteht.[367] Eine *„one-fits-all“*-Lösung gibt es daher nicht, aber es besteht weitgehend Einigkeit über bestimmte Bestand-

360 Zutr. MüKoGmbHG/*Stephan/Tieves* § 37 Rn. 25.

361 Präambel des DCGK.

362 Etwa in der Banken-, Versicherungs- u. Pharma-/Medizinsbranche, vgl. dazu *Schaefer/Baumann*, NJW 11, 3601 ff. mwN.

363 LG München I NZG 14, 345 ff. (*„Siemens/Neubürger“*); dazu etwa *Fleischer* NZG 14, 321 ff..

364 Vgl. dazu etwa Scholz/*Schneider* § 43 Rn. 361; *ders.*, GmbHR 10, 1313 ff.; MünchHdbGesR/*Diekmann*, § 45 Rn. 76 mwN; ebenso für die AG: Schnabel/*Lücke* in: Lücke/Schaub, § 6 Rn. 69; differenzierend: MüKoGmbHG/*Stephan/Tieves* § 37 Rn. 28; MüKoGmbHG/*Fleischer* § 43 Rn. 145; *Schaefer/Baumann*, NJW 11, 3601 ff.; dagegen etwa *Kort*, NZG 08, 81 ff.

365 Näher zur Frage der Verpflichtung zur Einrichtung einer Compliance-Organisation § 43 Rn. 28 nwN.

366 MünchHdbGesR/*Diekmann*, § 45 Rn. 77 ff.; vgl. dazu auch „Arbeitskreis Externe und Interne Überwachung der Unternehmung der Schmalenbach-Gesellschaft“, DB 10, 1509 ff. sowie *Moosmayer*, NJW 12, 3013 ff.; zu den Pflichten des Vorstands bei der Ausgestaltung eines Compliance-Systems: *Hoffmann/Schieffer* NZG 17, 401 ff.; Checklisten bieten etwa *Hauschka/Greeve*, BB 07, 165 ff.; *Unger/Umnuß*, Corporate Compliance-Checklisten.

367 MünchHdbGesR/*Diekmann*, § 45 Rn. 87.

teile und Strukturen.[368] In Folge des „VW-Diesel-Skandals" wird nun auch über die ergänzende Einführung einer sog. „*Produkt-Compliance*" diskutiert.[369]

Neben diesen organisatorischen Pflichten ist auch die **materielle u. personelle Ausstattung der Gesellschaft** einschl. der verantwortlichen Führungskräfte regelmäßig anhand der idR von den Gesellschaftern vorgegebenen Unternehmenspolitik und/oder -ziele zu überprüfen, zu optimieren u. ggf. anzupassen. Fehlt intern benötigtes Know-How, so ist dies durch Beauftragung externer Spezialisten/Berater zu kompensieren.[370]

Nicht erst seit dem „VW-Diesel-Skandal" gewinnt die Reputation des Unternehmens an Bedeutung, der Trend ist signifikant und stabil. Unzweifelhaft ist auch die wirtschaftliche Relevanz von Ruf bzw. Reputation eines Unternehmens. Ausgehend von der allgemeinen Fassung der Sorgfaltspflicht in § 43 hat die Geschäftsführung diesen Aspekt bei der Führung des Unternehmens angemessen zu berücksichtigen, *Fleischer* spricht insoweit zu Recht von einer Pflicht zum **Reputationsmanagement.**[371]

78 **b) Buchführungs- und Rechnungslegungspflichten.** Die Geschäftsführer trifft die Verpflichtung, für eine ordnungsgemäße Buchführung der Gesellschaft zu sorgen. Die Voraussetzungen ordnungsgemäßer Buchhaltung ergeben sich aus den §§ 42 f. u. den §§ 328 ff. HGB.[372] Diese Verpflichtung trifft **alle Geschäftsführer** gemeinsam, auch wenn der einzelne Geschäftsführer von seiner Ausbildung, Qualifikation u. Erfahrung her nicht aus dem kaufmännischen Bereich kommt. Die Aufgabe einschl. der Ausgestaltung im Einzelnen kann einem Geschäftsführer zugewiesen werden, insbes. dem Ressort „Finanzen". Die Gesamtverantwortung aller Geschäftsführer bleibt dabei jedoch erhalten.

79 **c) Kapitalerhaltung.** Das GmbHG sieht als kompensatorisches Korrektiv für die grds. Nichthaftung der Gesellschafter (§ 13) vor, dass das Stammkapital tatsächlich erbracht[373] u. sodann erhalten werden muss, so dass es den Gläubigern der Gesellschaft als Mindesthaftungsmasse zur Verfügung steht.[374] § 30 legt insoweit fest, dass die Gesellschafter der Gesellschaft maximal so viel Vermögen entziehen dürfen, dass das Stammkapital unangetastet bleibt.[375]

80 **d) Steuerliche Pflichten.** Nach § 34 AO ist die Geschäftsführung für die Erfüllung aller steuerlichen Pflichten der Gesellschaft verantwortlich.[376] Auch hier sind in der Praxis inzwischen **„Tax-Compliance-Management-Systeme"** auf dem Vormarsch, jedenfalls bei größeren Gesellschaften sind sie

---

368 Vgl. zu Einrichtung, Ausgestaltung und Herausforderungen bei Compliance-Systemen induktiv: *Sonnenberg*, JuS 17, 917 ff.; s. dazu auch *Wiedmann/Greubel*, CCZ 19, 88 ff.
369 Vgl. dazu *Grützner/Boergen/Momsen*, CCZ 18, 50.
370 BGH NZG 12, 567 ff.
371 *Fleischer*, DB 17, 2015 (2017); MüKoGmbHG/*Fleischer* § 43 Rn. 32 b.
372 Die Kommentierung findet sich bei § 41.
373 Kapitalaufbringung bei Gründung der Gesellschaft, vgl. dazu die Kommentierung bei § 19 Rn. 4 ff.
374 Kapitalerhaltung, vgl. dazu die Kommentierung bei § 30 Rn. 1 ff.
375 Näheres zu den Kapitalerhaltungspflichten findet sich in § 30 Rn. 1 ff.
376 Dazu näher § 43 Rn. 119 ff.

„state of the art".[377] Zur Frage, ob im Einzelfall eine Verpflichtung zur Einrichtung eines Tax-Compliance-Systems besteht, kann auf die obigen Ausführungen zum allg. Compliance-System verwiesen werden.

e) **Treuepflicht.** Angesichts der umfassenden Pflichten, die sich aus der Organstellung des Geschäftsführers ggü. der Gesellschaft, aus seiner Position als Verwalter fremder Vermögensinteressen u. aus seinen weitgehenden Handlungsmöglichkeiten ergeben, unterliegt der Geschäftsführer im Verhältnis zur Gesellschaft einer besonderen Treuepflicht.[378] Als Obersatz kann insoweit formuliert werden, dass der Geschäftsführer stets die Interessen der Gesellschaft vor die Interessen Dritter u. auch vor die eigenen Interessen zu stellen hat.[379] 81

f) **Wettbewerbsverbot.** Der Geschäftsführer – abgesehen vom Alleingesellschafter-Geschäftsführer[380] – unterliegt während der Dauer seiner Organstellung auch bei fehlender vertraglicher Vereinbarung oder Satzungsregelung einem weitgehenden **Wettbewerbsverbot.** Dies ist allg. anerkannt u. wird mangels positivrechtlicher Regelung im GmbHG aus der Treuepflicht abgeleitet.[381] In der Satzung können **Ausn.** geregelt werden. Außerhalb der Satzung ist im Einzelfall auch ein Dispens vom Wettbewerbsverbot durch Gesellschafterbeschluss, dessen Mehrheitserfordernis in der Lit. umstritten ist, möglich.[382] Endet die Organstellung vor dem Ende des Anstellungsvertrages, so besteht das Wettbewerbsverbot dennoch bis zur Beendigung des Anstellungsvertrages fort.[383] 82

Ein **nachvertragliches Wettbewerbsverbot** nach Beendigung der Organstellung folgt aus der Treuepflicht ohne entspr. Vereinbarung im Anstellungsvertrag grds. nicht, kann aber vereinbart werden.[384] Die arbeitsrechtlichen Schutzvorschriften der **§§ 74 ff. HGB** finden laut BGH keine direkte u. auch keine entspr. Anwendung.[385] Der BGH vertritt aber auch, dass es nicht ausgeschlossen ist, einzelne Bestimmungen der §§ 74 ff. HGB entspr. anzuwenden, u. zwar dann, wenn diese Bestimmungen das Interesse der Gesellschaft betreffen.[386] In der Lit. wird teilw. eine vollständige analoge Anwendung der §§ 74 ff. HGB für „arbeitnehmerähnliche" Geschäftsfüh- 83

377 Vgl. dazu etwa *Geuenich/Ludwig*, BB 18, 1303 ff.; *Rogge*, BB 14, 664 ff.; *Vitale/Loose*, BB 14, 2903 ff.

378 Näheres dazu Baumbach/Hueck/*Zöllner/Noack* Rn. 38 ff.; *Schmolke*, RIW 08, 365 ff.

379 BGH NJW 86, 586 ff.; aus der Literatur etwa Michalski/Heidinger/Leible/J. Schmitt/*Lieder* Rn. 131 ff.

380 S. zu dieser Ausn. BGH NZG 08,187 ff.

381 Soweit ersichtlich unbestritten, vgl. etwa MünchHdbGesR/*Diekmann,* § 43 Rn. 63 ff. mwN.

382 Zu den Anforderungen näher: Baumbach/Hopt/*Zöllner/Noack* Rn. 43 mwN.

383 Näher dazu MüKoGmbHG/*Jaeger* Rn. 362 mwN.

384 Unbestritten, vgl. statt vieler etwa OLG München NZA-RR 19, 82 ff. (Rn. 7); einen Überblick zu nachorganschaftlichen Wettbewerbsverboten bietet *Thüsing*, NZG 04, 9 ff.; s. auch *Bergwitz*, GmbHR 06, 1129 ff.

385 StRspr des BGH seit BGHZ 91, 1 ff. = NJW 84, 2366 ff., zul. BGH NZG 08, 753 ff.; OLG München NZA-RR 1: 9, 82 ff.; ebenso vorherrschende Ansicht in der Lit., vgl. Baumbach/Hueck/*Zöllner/Noack* Rn. 197 mwN.

386 BGH NJW 92, 1892 ff.; NZG 08, 664 ff.; vgl. dazu *Kielkowski*, NZG 15, 900 ff.

rer, also insbes. Fremdgeschäftsführer befürwortet.[387] Dies überzeugt aber im Regelfall nicht, zumal auch hier der unionsrechtliche Arbeitnehmerbegriff nicht gilt und daher nur ausnahmsweise ein Arbeitsverhältnis vorliegt. Die Vertragsparteien können die Anwendbarkeit der §§ 74 ff. HGB aber ganz oder teilw. vereinbaren. Zur inhaltlichen Kontrolle nachvertraglicher Wettbewerbsverbote stellt die Rspr. auf **§ 138 BGB iVm Art. 2, 12 GG** ab, wonach sich deren Unwirksamkeit ergeben kann, wenn diese nicht dem berechtigten geschäftlichen Interesse der Gesellschaft, insbes. dem Schutz bestehender Geschäftsbeziehungen dienen. Fehlt ein berechtigtes Interesse und/oder ist das Wettbewerbsverbot gegenständlich zu weit gefasst, tritt Nichtigkeit nach § 138 BGB ein.[388]Nach OLG Hamm etwa ist ein nachvertragliches Wettbewerbsverbot dann unwirksam, wenn davon auch Tätigkeiten erfasst werden, die keinen Bezug zu dem früheren Tätigkeitsbereich, der dort relevanten Fachkompetenz oder zu Kunden aufweisen.[389] Unwirksam ist auch ein nachvertragliches Wettbewerbsverbot, das eine Tätigkeit „in jeglicher Weise" für ein Konkurrenzunternehmen untersagt.[390] Gerade bei der Abfassung des inhaltlich-gegenständlichen Geltungsbereichs ist daher große Sorgfalt geboten.[391] Ist das nachvertragliche Wettbewerbsverbot dagegen örtlich und/oder zeitlich zu weit gefasst u. wird dadurch das berufliche Fortkommen des Geschäftsführers unbillig erschwert, lässt die Rspr. eine geltungserhaltende Reduktion zu.[392] IdR sind bis zu 2 Jahre unproblematisch. *Zöllner/Noack* sehen im Einzelfall bis zu **4** Jahre als möglich an.[393] Da in die Wertung des § 138 BGB als normativer Grenze zulässiger nachvertraglicher Wettbewerbsverbote stets alle Sachverhaltsaspekte einfließen, also auch die Dauer, halten wir Zeiten von über **2** Jahren allenfalls bei ansonsten restriktiven Konditionen (Ort u. Gegenstand) u. ggf. mit Zahlung einer Karenzentschädigung für zulässig. Da § 74 II HGB nicht anwendbar ist, ist unabhängig vom konkreten Umfang des Wettbewerbsverbotes die Zahlung einer **Karenzentschädigung** an und für sich nicht erforderlich.[394] Nach der jüngeren Rechtsprechung des OLG München, das sich dabei auf die Rspr. des BGH bezieht, bedarf es generell keiner Karenzentschädigung, um iRd Gesamtabwägung die Wirksamkeit des nachvertraglichen Wettbewerbsverbots sicher zu stellen.[395] Der vorsichtige Rechtsan-

387 *Bauer/Diller,* Wettbewerbsverbote, Rn. 716; Scholz/*Schneider* § 43 Rn. 182; Rowedder/Schmidt-Leithoff/*Baukelmann* § 35 Rn. 106; *Kamanabrou,* ZGR 02, 899, 907 ff.; gegen eine analoge Anwendung die hL, vgl. etwa: Baumbach/Hueck/*Zöller/Noack* Rn. 197; BeckOK GmbHG/*Wisskirchen/Kuhn* § 6 Rn. 97.

388 Vgl. etwa OLG München NZA-RR 19, 82 mAnm *Gravenhorst,* DB 19, 1572 ff.

389 OLG Hamm BeckRS 2016, 12134; ähnl. OLG Hamm BeckRS 16, 20914.

390 OLG München NZG 19, 82 ff.; dazu *Niklas,* ArbRAktuell 19, 459 ff.

391 Zur Gestaltung nachvertraglicher Wettbewerbsverbote: *Pauken,* ArbRAktuell 17, 377 ff.

392 BGH NZG 02, 475 ff.; NJW 05, 3061 ff.; OLG München NZG 11, 65 ff.; aus jüngerer Zeit: OLG München NZA-RR 19, 82 ff.

393 Baumbach/Hueck/*Zöller/Noack* Rn. 200.

394 Keiner Karenzentschädigung bedarf es nach der Rspr., wenn es sich lediglich um eine Kunden- bzw. Mandantenschutzklausel handelt (BGH NJW 84, 2366, 2367 ff.).

395 OLG München NZA-RR 19, 82 ff. (Rn. 8) unter Hinweis auf BGH NZG 08, 753 ff.; so wohl auch die hL, vgl. etwa *Bauer/Diller,* Wettbewerbsverbote, § 24 Rn. 741; Baumbach/Hueck/*Zöllner/Noack* Rn. 202; Scholz/*Schneider* § 43 Rn. 183.

wender wird uE dennoch bei weitgehenden nachvertraglichen Wettbewerbsverboten die Zahlung einer gewissen Entschädigung erwägen. Für den Umfang der Karenzentschädigung gelten aber §§ 74 II, 74 b HGB nicht, so dass weder die 50%-Grenze noch die Berechnungsbasis der vertragsgemäßen Bezüge eingreift. Daher kann als Basis zB auch lediglich das Festgehalt zugrunde gelegt werden kann. Die Rechtsfolge eines Verstoßes gegen § 138 BGB ist mit Ausn. der zeitlichen und uU der örtlichen Überdehnung[396] nicht eine geltungserhaltende Reduktion, sondern die Gesamtnichtigkeit des nachvertraglichen Wettbewerbsverbotes.[397] Ein Wahlrecht auf Einhaltung des nachvertragl. Wettbewerbsverbots und daher Zahlung einer Karenzentschädigung besteht nicht, da § 75 d HGB nicht, auch nicht entspr. gilt.[398]

Die Frage, ob u. in welchem Umfang nachvertragliche Wettbewerbsverbote einer **AGB-Kontrolle** unterliegen, ist durch die Rspr. nur sehr punktuell beantwortet. Nach im Arbeitsrecht vorherrschender Ansicht verdrängen die spezielleren Regelungen der §§ 74 ff. HGB den §§ 305 ff. BGB. Nachdem die §§ 74 ff. HGB nach der BGH-Rspr. auf Geschäftsführer keine, auch keine analoge Anwendung findet, scheidet eine entsprechende Verdrängung aus und die §§ 305 ff. BGB sind anzuwenden.[399]

Die (zahlreichen) sonstigen Pflichten der Geschäftsführung sind über das 84
GmbH-Gesetz (u zahlreiche andere Gesetze) verteilt u. werden soweit das GmbHG betroffen ist, bei den thematisch jeweils einschlägigen Paragrafen kommentiert.

14. Geschäftsführervergütung

a) **Allgemeines.** IdR wird die Ausübung der Geschäftsführertätigkeit gegen 85
Entgelt erbracht. Von einem Austauschverhältnis (Leistung u. Gegenleistung) geht auch der Gesetzgeber in **§ 612 BGB** aus, denn soweit keine individuelle Vergütungsabrede getroffen ist, besteht danach Anspruch auf die „übliche“ Vergütung.[400] Mangels gesetzlicher Vorgaben zur Vergütungshöhe besteht in Bezug auf die Vergütung Vertragsfreiheit. Regelmäßig beruht die Vergütung des Geschäftsführers daher auf den ausdrücklichen vertraglichen Regelungen im Anstellungsvertrag. Im gesetzlichen Regelstatut beschließt über die Höhe der Vergütung als Teil des Anstellungsvertrages die Gesellschafterversammlung (§ 46 Nr. 5). Ein betroffener Gesellschafter-Geschäftsführer, auch der Mehrheitsgesellschafter, darf an der Gesellschafterversammlung, in der über seinen Vertrag u. die Höhe seiner Vergütung beraten u. beschlossen werden soll, teilnehmen, mit beraten u. mitentschei-

396 *BGH NJW 00, 2584 ff.*; OLG München NZA-RR 19, 82 ff. (Rn. 14).
397 HM, BGH v. 18.7.05 – II ZR 159/03; NJW 97, 3089 ff.; OLG München NZA-RR 19, 82 ff.; aA: Baumbach/Hueck/*Zöllner/Noack* Rn. 201.
398 BGH NZG 08, 753 ff.
399 So im Ergebnis auch OLG München NZA-RR 19, 82 ff.; ebenso *Lembke*, NZA-RR 19, 65 ff.
400 Auch wenn die Zweiteilung des Geschäftsführergehalts als „grundlegend“ u. sehr weit verbreitet bezeichnet werden darf/muss (vgl. dazu Rn. 73), soll eine Tantieme aber nicht zur „üblichen“ Vergütung iSd § 612 BGB zählen, so BeckOK GmbHG/*Wisskirchen/Kuhn*, § 6 Rn. 114 unter Bezugnahme auf Lutter/Hommelhoff/*Kleindiek* Anh. § 6 Rn. 32. Das ist widersprüchlich u. überzeugt nicht.

den.[401] Ein Mehrheitsgesellschafter ist dabei aufgrund seiner Treuepflicht ggü. den Minderheitsgesellschaftern verpflichtet, seine Stimmgewalt nicht unangemessen zu seinen Gunsten einzusetzen,[402] widrigenfalls droht eine Anfechtung des entspr. Gesellschafterbeschlusses.[403]

86 Bei der Vergütung von Geschäftsführern (wie auch bei anderen Organmitgliedern zB AG-Vorständen) hat sich in der Praxis weitestgehend eine **Zweiteilung der Vergütung** in ein **Festgehalt** u. einen **variablen Gehaltsbestandteil**[404] durchgesetzt. Regelmäßig gesellt sich ein dritter Gehaltsbestandteil hinzu, nämlich die **Überlassung eines Dienstwagens**[405] u. oftmals auch ein vierter: eine **Ruhegehaltszusage.**[406] Auch weitere Nebenleistungen, wie zB verschiedenste Versicherungen sind durchaus üblich. Eine **Überstundenvergütung** erfolgt dagegen nur, wenn sie – wie selten – ausdrücklich vereinbart worden ist.[407] Letztlich gewinnt die Beteiligung von Geschäftsführern an der Gesellschaft („**Managementbeteiligung**“) an Bedeutung.[408]

87 Vor dem Hintergrund verschiedener Skandale in der Vergangenheit über angeblich oder tatsächlich überhöhte Managerbezüge (ganz überwiegend bei börsennotierten Gesellschaften) ist die Frage nach der **Höhe der Vergütung** inzwischen von erheblicher, für GmbH-Geschäftsführer wegen der im Vergleich zu AG-Vorständen regelmäßig deutlich geringeren Vergütung allerdings überbewerteter Bedeutung.[409]

---

401 Ein dem § 47 IV vergleichbares Stimmverbot besteht hier nicht (hM, vgl. dazu etwa Baumbach/Hueck/*Zöllner* § 47 Rn. 86 mwN).

402 Scholz/*Schneider/Sethe* Rn. 219 ff.

403 OLG Hamm GmbHR 96, 769 ff.

404 Zur Risikosteuerung durch variable Vergütungsformen s. *Dzida/Naber,* BB 11, 2613 ff.; zu den verschiedenen Tantiemeformen s. MüKoGmbHG/*Jaeger* Rn. 319 ff.; zu Zielvereinsbarungen *Schönhöft*, BB 13, 1529 ff.

405 Zu Rechtsfragen der Dienstwagenüberlassung vgl. etwa *Küttner*, Dienstwagen; zu Rechtsfragen im Zusammenhang mit Aufhebungsverträgen etwa Moll/*Bengelsdorf,* MAH-Arbeitsrecht, § 49 Rn. 266 ff.

406 Vgl. dazu MünchHdbGesR/*Diekmann,* § 43 Rn. 38 ff.; vgl. auch die Muster bei Formularbuch Recht und Steuern/*Streck/Schwedhelm,* 6.26 § 10; Hümmerich/*Lücke*/Mauer § 1 Rn. 503; BeckOF/*Tomicic,* Ziff. 2.3.4 § 10.

407 OLG Dresden NJW-RR 97, 1535 ff.

408 So auch Michalski/*Tebben* § 6 Rn. 156; vgl. näher zur Managementbeteiligung *Hohaus/Weber*, BB 12, 23 ff. u. beim Vorstand der AG: *Hohaus/Weber*, in: Lücke/Schaub, Vorstand der AG, § 10 Rn. 1 ff.

409 Selbst Baumbach/Hueck/*Zöllner/Noack* Rn. 182 verweisen – im Gleichlauf mit der allg. „Stimmung im Lande“ – darauf, dass in der Praxis selten zu niedrige, sondern meist zu hohe Vergütungen problematisch seien. Dabei wird uE verkannt, dass die allermeisten Geschäftsführer/innen der über 500.000 deutschen GmbHs nach den verschiedenen hierzu zugänglichen Studien der Vergütungsberatungen nicht an unangemessener „Überbezahlung“ leiden. Ähnl ergibt sich aus einer neueren Entscheidung des OLG Köln, aus der wie folgt zitiert wird: „Aus dem Vortrag der Parteien war bekannt, dass ein Gehalt von 5.700 EUR vereinbart war. Es gab für das Landgericht keine Veranlassung an der grundsätzlichen Angemessenheit dieses Gehaltes zu zweifeln. Es bewegt sich in dem Rahmen dessen, was – auch nach Kenntnis des Senats – für Geschäftsführer kleinerer Gesellschaften dieser Art üblich ist.“ OLG Köln NZG 08, 637 ff.; krit. zur allg. „Managerschelte“ auch *Feddersen/von Cube*, NJW 10, 576 (Einleitung) und *Lücke,* NJW 10, 10.

b) **Höhe und Angemessenheit der Vergütung.** Dem Grundsatz der Vertragsfreiheit u. dem marktwirtschaftlichen Prinzip von Angebot u. Nachfrage folgend, kann die Vergütung als Gegenleistung für die Geschäftsführungstätigkeit grds. frei vereinbart werden. Trotz des populären Themas überhöhter Managergehälter stellt im Bereich des Zivilrechts nach wie vor „nur“ die Sittenwidrigkeit (§ 138 BGB) die äußerste rechtliche Grenze hoher Vergütungsabreden dar. Gesetzliche Obergrenzen bestehen nicht.[410] Im Gegensatz zum AktG fehlt es im GmbHG an einer **§ 87 AktG** entspr. Bestimmung mit dem verbindlichen Postulat der Angemessenheit der Vergütung.[411] Auch das Gesetz zur Angemessenheit der Vorstandsvergütung (**VorstAG**)[412] aus 2009 gilt für die GmbH nicht, geht es dort doch explizit um die Vergütung von Vorstandsmitgliedern. Dennoch wird über die Folgen aus dieser Gesetzesänderung für die GmbH lebhaft diskutiert[413] u. teilw. eine analoge Anwendung auf die GmbH gefordert. Eine generelle analoge Anwendung des § 87 AktG auf die GmbH ist abzulehnen.[414] Das gilt auch für eine analoge Anwendung auf die mitbestimmte GmbH, für deren Aufsichtsrat nach § 52 auch aktienrechtliche Bestimmungen Anwendung finden.[415] Für die Vergütungsabrede besteht zwar kein Schriftformerfordernis, dennoch ist die **Schriftform** zu empfehlen u. bei Gesellschafter-Geschäftsführern aus steuerlichen Gründen erforderlich, soll nicht der steuerliche Betriebsausgabenabzug der Gesellschaft gefährdet werden u. eine verdeckte Gewinnausschüttung drohen.[416] 88

Im Fall des gesetzlichen Regelstatuts (Gesellschaft ohne Aufsichtsrat) leitet die Rspr. des BGH für Gesellschafter-Geschäftsführer aber aus der **gesellschaftsrechtlichen Treuepflicht** ab, dass nur eine angemessene Vergütung für die Geschäftsführertätigkeit der Gesellschafter gewährt werden darf, weil widrigenfalls der Gewinnanteil der anderen Gesellschafter, die nicht als Geschäftsführer fungieren, in einer nicht hinzunehmenden Weise negativ tangiert würde.[417] Diesen steht ein aus der Treuepflicht abgeleiteter Anspruch darauf zu, dass der verteilungsfähige Gewinn der Gesellschaft nicht durch unangemessen hohe Geschäftsführerbezüge an die Gesellschafter-Ge- 89

---

410 Abgesehen von der durch das Finanzmachtstabilisierungsgesetz (BGBl. I 08, S. 1982) für vom Staat „gerettete“ Banken eingeführte Obergrenze von 500.000 EUR Jahresgehalt.

411 Eine analoge Anwendung von § 87 AktG scheidet nach hL selbst bei einer mitbestimmten GmbH aus, vgl. statt vieler: MüKoGmbHG/*Jaeger* Rn. 305 mwN; eingehend: *Feddersen/von Cube*, NJW 10, 576 ff. mwN; auch eine nur partielle Anwendung einzelner Bestimmungen des VorstAG ist weder angezeigt noch de lege lata gegeben.

412 Gesetz zur Angemessenheit der Vorstandsvergütung (VorstAG), BGBl. I 09, S. 2509 ff.

413 S. dazu *Feddersen/von Cube*, NJW 10, 576 ff.; *Baeck/Götze/Arnold*, NZG 09, 1191 ff.; *Stolz/Lunk*, NZA 10, 121 ff.; *Döring/Grau*, DB 09, 2139 ff.; *Gaul/Janz*, GmbHR 09, 959 ff.; *Mohr*, GmbHR 11, 402 ff.

414 OLG Frankfurt GmbHR 05, 550 ff.; hL, vgl. etwa *Lunk/Stolz*, NZA 10, 121 ff.

415 Str, aA: die wohl vorherrschende Ansicht in der Rspr.: OLG Köln NZG 08, 637 ff.; OLG Naumburg GmbHR 04, 423 ff.; offengelassen von BGH NJW 84, 753 ff.

416 StRspr des BFH, vgl. etwa BFH BB 97, 1829; s. dazu auch *Wackerbarth*, GmbHR 09, 65 ff.

417 BGHZ 111, 224 ff.; Lutter/Hommelhoff/*Kleindiek* Anh. § 6 Rn. 31 a; s. auch *Mohr*, GmbHR 11, 402 ff.

schäftsführer geschmälert wird.[418] Fasst man diese rechtliche Ausgangslage zusammen, so ergibt sich, dass die Gesellschafter unter Beachtung der Pflichten aus der Kapitalerhaltung (§ 31) und der äußersten Grenze der Sittenwidrigkeit u. der sich ggf. bei Gesellschafter-Geschäftsführern (nicht bei Fremdgeschäftsführern) aus der gesellschaftsrechtlichen Treuepflicht ergebender Grenzen der Angemessenheit bei der Bemessung u. Vereinbarung der Geschäftsführerbezüge die Vertragsfreiheit nutzen können. Hier besteht ein von Rechts wegen nicht zu beanstandender, grds. **eher weiter Ermessensspielraum unternehmerischen Handelns des für die Festlegung der Vergütung zuständigen Organs.**[419] Die Vereinbarung der Vergütung mit dem Geschäftsführer einer GmbH fällt grds. in die Zuständigkeit der Gesellschafterversammlung, auch bei Abreden mit Dritten, die die Vergütung ohne Gegenleistung tragen, die Kosten aber an die GmbH weiterberechnen.[420] *„Ein Beschluss, mit dem die Gesellschafterversammlung einer GmbH eine Vergütung ihres Geschäftsführers einführt oder erhöht, kann unter den Gesichtspunkten der Gleichbehandlung und der Treuepflicht auch gerichtlich überprüft werden. Den Gesellschaftern steht allerdings ein weiter Ermessensspielraum zu.“*[421] Innerhalb dieses Ermessensspielraums kann/darf sich die Vergütungshöhe bewegen („Vergütungsbandbreite“),[422] ohne dass ein dabei bzw. darin vereinbarter Gesamtbetrag schon deshalb als unangemessen eingeordnet werden könnte, weil ein anderer (niedrigerer) Betrag sich ebenso oder gar besser vertreten ließe.[423] Inzwischen ist daher auch weitgehend anerkannt, dass es sich bei der Entscheidung des Aufsichtsrats zur Festlegung der Vorstandsvergütung um eine sog. „unternehmerische Entscheidung“ iSd Business Judgement Rule des § 93 I 2 AktG handelt.[424]

90 **c) Vergütungsrelevante Aspekte.** Die Höhe der Vergütung der Geschäftsführer richtet sich iW nach marktüblichen Merkmalen wie Branche, Größe des Unternehmens, wirtschaftliche Situation des Unternehmens zum einen u. Ausbildung, Erfahrungen (u ggf. bisherige) Leistungen des Geschäftsführers.[425] Der Deutsche Corporate Governance Kodex (DCGK) hat ua die Üblichkeit der Vergütung als weiteres Kriterium etabliert.[426] *Diekmann* führt hierzu aus, dass die Vergütung in ertragsstarken Gesellschaften besser sein wird als in ertragsschwachen Gesellschaften u. die Vergütung eines

---

418 IdS auch OLG Frankfurt DB 05, 492 ff.

419 So jüngst das OLG Düsseldorf DStR 12, 309 ff.

420 BGH NZG 19, 861 ff.

421 OLG Hamm BeckRS 23031 (Ls. 1).

422 Ein Versuch, diese „Vergütungsbandbreite“ der Angemessenheit unter Zugrundelegung ua konkreter Beträge für die Praxis zu strukturieren u. zu konkretisieren, findet sich – für Vorstandsmitglieder – bei *Lücke*, NZG 05, 692 ff.; weiterentwickelt in: *Lücke*/Schaub § 2 Rn. 127 ff.

423 Soweit ersichtlich ist dieser Grundsatz als Ausgangspunkt unbestritten; idS – völlig zutr. – schon vor einiger Zeit: BGH GmbHR 90, 345 ff.

424 Dazu *Diller*, NZG 09, 1006 ff., 1009 mwN; *Schnabel/Lücke* in: Lücke/Schaub § 6 Rn. 55 ff. mwN.

425 So auch BGH GmbHR 02, 606 ff.

426 Vgl. Ziff. 4.2.2 DCGK, der zwar wegen § 161 AktG nur für AGs rechtserheblich ist, sich aber dennoch – auch ohne gesetzliche Grundlage – den GmbHs zur Beachtung empfiehlt (vgl. Ende der Präambel des DCGK).

Vorsitzenden der Geschäftsführung idR höher sein wird als die eines „einfachen“ Mitglieds.[427]

In Krisenfällen kommt auch ein „Sanierungszuschlag“ in Betracht, wenn andernfalls kein geeigneter Kandidat für die „Turnaround-Mission“ zu bekommen ist.[428] Berücksichtigt man all diese Aspekte, so ergibt sich stets eine **Bandbreite möglicher Vergütung(spakete)**, innerhalb derer die Vergütung zivil- u. gesellschaftsrechtlich nicht zu beanstanden sein wird. Wird eine Vergütung innerhalb dieser Bandbreite vereinbart, so kann dieser Betrag nicht schon deshalb als unangemessen eingeordnet werden, weil ein anderer (niedrigerer) Betrag sich ebenso oder gar besser vertreten ließe, denn hier besteht anerkanntermaßen ein **eher weiter Ermessensspielraum** des die Vergütung vereinbarenden Organs.[429] 91

d) Bedeutung der steuerrechtlichen verdeckten Gewinnausschüttung für die Angemessenheit der Geschäftsführerbezüge. Geht es um die Vergütung von Gesellschafter-Geschäftsführern, so ergibt sich aus steuerrechtlicher Sicht die Problematik der sog. **verdeckten Gewinnausschüttung.** Das ist eine Vermögensminderung (Verhinderung einer Vermögensmehrung), die durch das Gesellschaftsverhältnis veranlasst ist, sich auf die Höhe des Unterschiedsbetrags gem. § 4 I 1 iVm § 8 I EStG auswirkt u. in keinem Zusammenhang mit einer offenen Gewinnausschüttung steht.[430] Eine solche Veranlassung durch das Gesellschaftsverhältnis wird insbes. angenommen, wenn die Gesellschaft ihrem Gesellschafter-Geschäftsführer einen Vermögensvorteil zuwendet, den sie bei Anwendung der Sorgfalt eines ordentlichen und gewissenhaften Geschäftsleiters einem Nichtgesellschafter nicht gewährt hätte.[431] Im vorliegenden Kontext geht es idR darum, dass die Gesellschaft ihren **Gesellschafter-Geschäftsführern** aufgrund des Gesellschaftsverhältnisses übermäßig hohe (nicht mehr angemessene) Vergütungen bezahlt. Dies würde den steuerpflichtigen Gewinn der Gesellschaft reduzieren u. so einen entspr. Gewinnverteilungsbeschluss über entspr. Gewinnausschüttungen, die der Körperschaftssteuer unterfallen würden, vermeiden. 92

Liegt eine solche verdeckte Gewinnausschüttung vor, so wird der gewinnmindernde Betriebsausgabenabzug nicht anerkannt u. erhöht sich dementspr. der steuerpflichtige Gewinn nachträglich wieder um die Höhe der

427 *MünchHdbGesR/Diekmann*, § 43 Rn. 25.
428 Man denke etwa an den Fall des ehemaligen Telekom-Vorstandsmitglieds Eick, der 2009 nur unter Zusage besonderer finanzieller Regelungen (allerdings nicht nur durch die Gesellschaft, sondern va durch Gesellschafter) bereit war, die Leitung von Karstadt zu übernehmen.
429 Soweit ersichtlich ist dieser Grundsatz als Ausgangspunkt unbestritten; idS – völlig zutr. – schon vor einiger Zeit: BGH GmbHR 90, 345 ff., jüngst ebenso OLG Düsseldorf GmbHR 12, 309 ff.
430 StRspr des BFH, vgl. etwa BFH Urt. v. 23.5.07 – 6 K 736/05 – zit. nach juris.
431 StRspr des BFH, vgl. etwa BFH Urt. v. 11.11.15 – I R 5/14 – BStBl. II 2016, 491; aus jüngster Zeit etwa FG Münster BeckRS 19, 19537.

verdeckten Gewinnausschüttung.[432] Die Angemessenheit der Geschäftsführerbezüge wird im Wege eines dreistufigen Prüfungsschemas geprüft.[433]

Der BFH formuliert:

„Nach § 8 Abs. 3 Satz 2 des Körperschaftsteuergesetzes (KStG) darf eine vGA das steuerlich zu erfassende Einkommen einer Körperschaft nicht mindern. VGA in diesem Sinne sind nach ständiger Rechtsprechung des BFH Vermögensminderungen und verhinderte Vermögensmehrungen, die nicht auf einer offenen Gewinnausschüttung beruhen, sich auf den Unterschiedsbetrag iSd § 4 Abs. 1 Satz 1 des Einkommensteuergesetzes auswirken und durch das Gesellschaftsverhältnis veranlasst sind (zB Urteile des BFH vom 15. März 2000 I R 40/99, BStBl II 2000, 504; vom 9. August 2000 I R 12/99, BStBl II 2001, 140). Dazu gehören insbesondere einem Gesellschafter-Geschäftsführer gezahlte Vergütungen, die ein ordentlicher und gewissenhafter Geschäftsleiter (§ 43 Abs. 1 des Gesetzes betreffend die Gesellschaften mit beschränkter Haftung) einem gesellschaftsfremden Geschäftsführer unter ansonsten vergleichbaren Verhältnissen nicht gewährt hätte (Urteil des BFH vom 27. März 2001 I R 27/99, BStBl II 2002, 111).“[434]

93 Die Frage, ob eine verdeckte Gewinnausschüttung vorliegt oder nicht, richtet nach der Angemessenheit der Geschäftsführerbezüge, nach der zit. Rspr. vorrangig nach einem sog. **„Fremd- oder Drittvergleich“**[435] für den eine Angemessenheitsobergrenze besteht.[436] Beurteilt werden dabei die Gesamtbezüge (Gesamtausstattung) der Geschäftsführer einschl. aller Nebenleistungen.[437] Die Höhe der angemessenen Vergütung wird dabei im Wege der Schätzung vorgenommen,[438] die eine gewisse „Bandbreite“ zulässt.[439] *Zöllner/Noack* weisen zutr. darauf hin, dass es hierzu inzwischen eine kaum noch zu überschaubare Kasuistik gibt, die dort auch teilw. aufgeführt wird,[440] wozu an dieser Stelle auf die steuerrechtliche Fachliteratur verwiesen werden muss.[441]

94 Bei der Festlegung der Höhe der Bezüge von Gesellschafter-Geschäftsführern ist des Weiteren noch die sich aus dem in §§ 30 f. niedergelegten Grundsatz der **Kapitalerhaltung** ergebende absolute Grenze zu beachten.

---

432 Allg. zu Begriff u. Voraussetzungen der verdeckten Gewinnausschüttung s. Baumbach/Hueck/*Zöllner/Noack* Rn. 182 ff. mwN.

433 BMF-Schreiben v. 11.10.02, abgedr. in GmbHR 02, 1152 ff.; MüKoGmbHG/*Jaeger/Steinbrück*, Rn. 309 ff. mwN; ausf. zum Problem der vGA bei Geschäftsführerverträgen zul. *Schwedhelm,* DB 15, 2956 ff.

434 BFH Urt. v. 23.5.07 – 6 K 736/05.

435 StRspr des BFH, vgl. etwa BFH BeckRS 15, 95239 (Rn. 11); BFH BB 08, 875 f.

436 So die ganz hM, vgl. dazu BFH-Schreiben v. 14.10.02, DB 02, 2243 ff.; *Schwedhelm*, DB 15, 2956, 2957 sowie BFH DB 03, 1989 ff.

437 MüKoGmbHG/*Jaeger* Rn. 312.

438 BFH DStR 03, 1567 ff.

439 BFH BeckRS 11, 95644; BFH DB 03, 1989 ff.

440 Baumbach/Hueck/*Zöllner/Noack* Rn. 185 mit zahlreichen Bsp u. Nachweisen.

441 Dazu etwa: Beck'sches Steuer- und Bilanzrechtslexikon/*Lahme*; *Blümich/Rengers*, EStG/KStG/GewStG, § 8 Rn. 220 ff.; *Gosch*, Kommentar zum KStG, § 8 Rn. 284 ff.; s. auch Küttner/*Kania/Seidel/Voelzke*, Stichwort „Geschäftsführer“; Baumbach/Hueck/*Kersting* § 29 Rn. 68 ff.; allg. zum Gesellschafter-Geschäftsführer aus steuerlicher Sicht: *Dorn/Barg/Riel*, NWB-Beilage 2018, 19.

e) **Kürzung der Geschäftsführerbezüge in der Krise.** Ausgangspunkt ist zunächst die juristische Binsenweisheit „pacta sunt servanda". Es bedarf also einer gesonderten Rechtsgrundlage, um in abgeschlossene Verträge nachträglich abändernd eingreifen zu können: § 87 II AktG findet als Norm des AktG u. nicht des GmbHG auf GmbH u. Unternehmergesellschaft keine Anwendung,[442] entgg. früher verbreiteter Meinung auch nicht analog. Das hat der BGH nun zutreffend entschieden und zugleich angedeutet, dass eine Kürzung bei Geschäftsführern ausnahmsweise unter dem Aspekt der Treuepflicht (§ 242 BGB) Änderungen des Vertragswerks zulasten des Geschäftsführers ermöglichen können.[443] 95

f) **Versorgungszusagen.** Unter Versorgungszusage/Pensionszusage ist die Zusage von Leistungen zur Alters-, Invaliditäts- u. Hinterbliebenenversorgung zu verstehen.[444] Auch in den Fällen, in denen das BetrAVG nach § 17 III BetrAVG auf den Geschäftsführer Anwendung findet, besteht grds. kein gesetzlicher Anspruch des Geschäftsführers auf eine Versorgungszusage. Abgesehen vom Anspruch auf Entgeltumwandlung gem. § 1 a I 1 BetrAVG ist daher eine individuelle Zusage/Vereinbarung erforderlich, die grds. auch formfrei getroffen werden kann.[445] Einer solchen Versorgungszusage muss eine wirksame Beschlussfassung der Gesellschafterversammlung zugrunde liegen.[446] Die Zuständigkeit der Gesellschafterversammlung folgt aus einer Annexkompetenz zu § 46 Nr. 5 GmbHG.[447] Trotz des Eindeutigkeitsgebots des § 6 a BetrAVG sind Pensionszusagen nach wie vor auslegungsfähig.[448] 96

Ansprüchen aus Versorgungszusagen kann die Gesellschaft nur ausnahmsweise dann den **Einwand des Rechtsmissbrauchs** entgegenhalten, wenn der Versorgungsberechtigte seine Pflichten in so grober Weise verletzt hat, dass sich die in der Vergangenheit bewiesene Betriebstreue nachträglich als wertlos oder zumindest erheblich entwertet herausstellt. Dafür genügt es aber nicht, dass ein wichtiger Grund für die sofortige Beendigung des Anstellungsverhältnisses besteht oder dass das Leitungsorgan gegen strafrechtliche Vorschriften verstoßen hat.[449] Dies setzt vielmehr voraus, dass die Gesellschaft durch das grobe Fehlverhalten des Begünstigten in eine ihre Existenz bedrohende Lage gebracht wurde.[450] Ob im Einzelfall die Zufügung eines außerordentlich hohen Schadens genügen kann, hat der BGH zuletzt offengelassen.[451]

Für die Ausgestaltung von Versorgungszusagen ist die **Anwendbarkeit des BetrAVG** von wesentlicher Bedeutung. Nach § 17 I BetrAVG fallen auch 97

---

442 So der Gesetzgeber ausdrücklich in BT-Drs. 16/13433, S. 10.
443 BGH NZG 16, 264 ff. (Rn. 25).
444 Vgl. dazu *Uckermann*, NZA 12, 453 ff.
445 Bsp für Versorgungszusagen finden sich bei Formularbuch Recht und Steuern/*Streck/Schwedhelm*, 6.26 § 10; Hümmerich/*Lücke*/Mauer § 1 Rn. 503; BeckOF/*Tomicic*, Ziff. 2.3.4 § 10.
446 LAG Baden-Württemberg BeckRS 19, 7826 unter Verweis auf BGH BB 91, 927 ff.
447 LAG Baden-Württemberg BeckRS 19, 7826 unter Verweis auf BGH BB 91, 927 ff.
448 BFH DStR 19, 2126 ff.
449 BGH BB 19, 2002 ff.
450 So schon BGH NZA 00, 318 ff.; bestätigt durch BGH BB 19, 2002 ff.
451 BGH BB 19, 2002 ff.

Nicht-Arbeitnehmer in den Anwendungs- u. damit Schutzbereich des BetrAVG, „*wenn ihnen Leistungen der Alters-, Invaliditäts- oder Hinterbliebenenversorgung aus Anlaß ihrer Tätigkeit für ein Unternehmen zugesagt worden sind*". Allerdings nimmt die ganz hM mehrheitlich an der Gesellschaft beteiligte Gesellschafter-Geschäftsführer[452] aus dem Anwendungsbereich heraus.[453] Da für Fremd- u. Minderheitsgesellschafter-Geschäftsführer das BetrAVG grds. eingreift,[454] stellt sich in der Praxis oft die in Rspr. u. Lit. umstrittene Frage der **Abdingbarkeit** der Regelungen des BetrAVG, zB wenn es um die Abfindung von Versorgungsansprüchen geht. Das war trotz des klaren Wortlauts des § 17 III BetrAVG, nach dem von den Bestimmungen des BetrAVG nicht zuungunsten des Arbeitnehmers abgewichen werden kann, umstritten.[455] Der BGH hat inzwischen entschieden, dass das Betriebsrentenrecht auch für Organmitglieder insoweit abdingbar ist, als auch den Tarifvertragsparteien Abweichungen erlaubt sind. Demnach kann gem. § 17 III BetrAVG auch vom Abfindungsverbot des § 3 BetrAVG abgewichen werden.[456] Für nähere Hinweise zur Ausgestaltung finden sich bei *Arnold/Diller*, die die „Spielregeln" darstellen.[457] Soweit auf den Geschäftsführer das BetrAVG Anwendung findet, besteht der in § 7 BetrAVG geregelte **Insolvenzschutz** der Pensionszusagen über den Pensionssicherungsverein.[458]

98 Da es sich bei einer Versorgungszusage um einen Teil der Vergütung handelt, sind bei Gesellschafter-Geschäftsführern steuerlich die Grundsätze zur **verdeckten Gewinnausschüttung**[459] zu beachten. Die Finanzämter prüfen auch hier die Angemessenheit. Voraussetzung der steuerlichen Anerkennung der Pensionszusage ist zunächst die **Erdienbarkeit** der Pensionszusage.[460] Diese wird bejaht, wenn zwischen dem Zeitpunkt der Erteilung der Pensionszusage u. dem nach der Pensionszusage frühestmöglichen Leistungszeitpunkt eine hinreichende Zeitspanne besteht, in der der Geschäftsführer sich die Zusage „erdienen" kann. Diese Erdienbarkeit wird vom BFH nicht nur für die **erstmalige Erteilung**, sondern auch für **spätere** (selbst mittelbare) **Erhöhungen** der Versorgungszusage verlangt.[461] Der BFH nimmt diese Erdienbarkeit in stRspr bei Einhaltung eines § 1 b I 1 BetrAVG entspr. Zeitraums von mind. 10 Jahren an.[462] Maßgeblich für die

452 BGH NZA 97, 1055 ff.; *Thüsing/Gronetzny*, NZG 10, 449 ff.
453 Ganz hM, vgl. statt vieler ErfK/*Steinmeyer*, BetrAVG § 17 Rn. 10; zu einem modernen bAV-Konzept für beherrschende Gesellschafter-Geschäftsführer: *Siebert*, DB 14, 316 ff.
454 BAG NZG 14, 869 ff. (zum Fremdgeschäftsführer); OLG München BeckRS 14, 04200.
455 Gegen Abdingbarkeit: BGH NZA 09, 613 ff.; teilw. abw. BAG BeckRS 09, 72640; *Gisch/Blaeck*, BB 10, 1215 ff.; *Thüsing/Granetzny*, NZG 10, 449 ff.
456 BGH NZG 17, 948 ff.
457 *Arnold/Diller*, DB 19, 608 ff. mwN.
458 Vgl. zum Ganzen ErfK/*Steinmeyer*, § 7 Rn. 1 ff.
459 Allg. dazu Rn. 92 f.; speziell zur vGA bei Pensionszusagen an Gesellschafter-Geschäftsführer zuletzt *Pfirrmann*, DB 19, 984 ff.
460 Vgl. zu Grundlagen und Auswirkungen der Erdienbarkeit: *Wellisch/Kutzner*, BB 16, 2135 ff. mwN.
461 BFH NZG 09, 278 ff.; BFH BeckRS 15, 95509.
462 St Rspr. BFH, vgl. schonBeckRS 08, 25014530; BFH NZG 09, 278 ff.; aus jüngerer Zeit BFH NZG 17, 40 ff.

Ermittlung des Erdienenszeitraums ist der in der Pensionszusage vereinbarte frühestmögliche Zeitpunkt des Pensionsbezugs.[463] Die „Erdienensfrist" ist jedoch bei einer Umwandlung bestehender Gehaltsansprüche in eine Versorgungszusage nicht anzuwenden und fällt auch bei einem wertneutralen Wechsel des Durchführungsweges nicht erneut an.[464] Grds. wird die Erdienbarkeit auch dann verneint, wenn der Geschäftsführer bei Erteilung der Pensionszusage bereits das 60. Lebensjahr erreicht hat.[465] Ferner muss iaR eine ausreichende **Warte-/Probezeit** vorausgehen, die sich idR zwischen zwei und drei Jahren (Neugründung: idR 5 Jahre) zu bewegen hat.[466] Ferner muss die Höhe der Pensionszusage der **Üblichkeit** entsprechen.[467] Letztlich ist hier Vieles im Detail umstritten und muss weiterführend auf die Spezialkommentarliteratur zum BetrAVG verwiesen werden.

15. Steuerliche Aspekte

a) **Nationale Einordnung.** Bei den Einkünften des Geschäftsführers handelt es sich entweder um Einkünfte aus selbstständiger oder nichtselbstständiger Tätigkeit (§§ 2 I 1 Nr. 3 iVm 18 bzw. 2 I 1 Nr. 4 iVm 19 EStG). Ob ein Steuerpflichtiger eine Tätigkeit selbstständig oder nichtselbständig ausübt, ist anhand einer Vielzahl in Betracht kommender Merkmale[468] nach dem Gesamtbild der Verhältnisse zu beurteilen.[469] Ausgangspunkt der Abgrenzung ist in diesem Zusammenhang § 1 III LStDV. „*Die Frage der Selbständigkeit natürlicher Personen ist für die Einkommen-, die Gewerbe- und die Umsatzsteuer grundsätzlich nach denselben Grundsätzen zu beurteilen. Dabei kommt der jeweiligen sozial- und arbeits- oder steuerrechtlichen Beurteilung zwar indizielle Bedeutung zu; eine rechtliche Bindung besteht aber nicht.*"[470] Nichtselbstständigkeit der Einkünfte ist danach die Regel, Selbstständigkeit (ggf. mit der Folge auch einer Umsatzsteuer- u. Gewerbesteuerpflichtigkeit) ist möglich u. vom BFH ausdrücklich anerkannt.[471] Diese Rspr. ist auch europarechtskonform.[472] 99

Bei Gesellschafter-Geschäftsführern ist die Vergütung jedenfalls dann in steuerlicher Hinsicht auf eine mögliche verdeckte Gewinnausschüttung (vGA) zu überprüfen, wenn sie das angemessene Maß zu übersteigen droht.[473]

b) **Auslandsbezug.** Wird der Geschäftsführer auch in ausländischen Niederlassungen der GmbH oder für ausländische Tochter-/Beteiligungsgesell- 100

463 BFH BeckRS 15, 95509 (Ls. 2).
464 BFH NZG 18, 1037 ff.
465 BFHBeckRS 14, 95818 unter Hinweis auf BFH BeckRS 94643.
466 BFH BeckRS 10, 25016165; s. a. BMF-Schreiben v. 14.5.1999; krit. zu diesem Erfordernis: *Dommermuth/Veh*, DStR 17, 2249 ff.
467 Vgl. zur Angemessenheitsprüfung BMF-Schreiben v. 11.10.02, abgedr in GmbHR 02, 1152 ff.
468 S. zu den Indizien: BFH BeckRS 1985, 22007290.
469 St Rspr. BFH, vgl. BeckRS 11, 94282 mwN Zur BFH-Rspr.
470 BFH BeckRS 11, 94282 (amtl Ls.).
471 So schon BFH NZG 05, 607 ff.; *Macher*, NZA 05, 1344 ff. (Entscheidungsbesprechung); vgl. dazu auch BMF-Schreiben v. 21.9.05 – IV A5-S. 7104-19/05, BStBl 05 I, S. 936; BFH auch BFH BeckRS 11, 94282.
472 EuGH DStR 07, 1958.
473 Zur verdeckten Gewinnausschüttung s. Rn. 92 f.

schaften tätig, ergibt sich ein steuerlich relevanter Auslandsbezug. Geschäftsführer üben ihre Tätigkeit nach der BFH-Rspr. grds. an dem Ort aus, an dem sie sich befinden.[474] Erforderlich wird dann die Prüfung etwa bestehender Doppelbesteuerungsabkommen (DBA), die ggf. steuerliche Gestaltungsmöglichkeiten eröffnen, zB einen „payroll-split".[475]

16. Sozialversicherungspflicht des Geschäftsführers[476]

101 Unabhängig davon, ob der Geschäftsführer an der Gesellschaft beteiligt ist (sog. **Gesellschafter-Geschäftsführer**) oder nicht (sog. **Fremdgeschäftsführer**), stellt sich die Frage nach der Sozialversicherungspflicht, da auch Gesellschafter-Geschäftsführer der Sozialversicherungspflicht unterliegen können bzw. Fremdgeschäftsführer ausnahmsweise nicht sozialversicherungspflichtig sein können. Denn: Weder die Bestellung zum Geschäftsführer u. die damit verbundene Organstellung[477] noch die Tatsache einer Beteiligung an der Gesellschaft schließt eine abhängige Beschäftigung aus.

102 a) **Beschäftigungsverhältnis?** Grdl. für das Eingreifen der Sozialversicherungspflicht in allen Sozialversicherungszweigen (Renten-,[478] Kranken-,[479] Pflege-[480] u. Arbeitslosenversicherung)[481] ist das Vorliegen eines **Beschäftigungsverhältnisses** iSd § 7 I SGB IV. Sozialversicherungspflichtig ist danach die Beschäftigung in nichtselbstständiger Arbeit, insbes. in einem Arbeitsverhältnis. Anhaltspunkte für eine Beschäftigung sind eine **Tätigkeit nach Weisungen** u. eine **Eingliederung in die Arbeitsorganisation des Weisungsgebers**, so das Gesetz. Das BSG verlangt für eine nichtselbstständige Beschäftigung in einem Arbeitsverhältnis, dass der **Arbeitnehmer vom Arbeitgeber persönlich abhängig** ist. Bei einer Beschäftigung in einem fremden Betrieb ist dies nach der stRspr des BSG der Fall, wenn der Beschäftigte in den Betrieb eingegliedert ist u. dabei bzgl. Zeit, Dauer, Ort u. Art der Ausführung seiner Tätigkeit einem umfassendem Weisungsrecht des Arbeitgebers unterliegt. Bei Diensten höherer Art (insbes. bei einem Geschäftsführer) kann das Weisungsrecht jedoch erheblich eingeschränkt oder relativiert sein bzw., um mit dem BSG zu sprechen: „zur funktionsgerecht dienenden Teilhabe am Arbeitsprozess verfeinert sein", ohne jedoch gänzlich entfallen zu dürfen.[482] Demggü. ist eine **selbstständige Tätigkeit** vornehmlich durch das eigene Unternehmerrisiko, das Vorhandensein einer eigenen Betriebsstätte, die Verfügungsmöglichkeit über die eigene Arbeitskraft u. die iW frei gestaltete Tätigkeit u. Arbeitszeit gekennzeichnet.[483]

---

474 BFH BeckRS 1994, 22011239.
475 Näher dazu *Jacobs*, Int Unternehmensbesteuerung, 11, S. 1362 ff.
476 Vgl. dazu jüngst den Überblick von *Reiserer/Skupin*, BB 2019, 505 ff. (samt Darstellung der Entwicklung von vor 2010 bis 2019).
477 BSG NZA 91, 869 f.
478 Gesetzliche Rentenversicherung, geregelt im Sozialgesetzbuch VI (SGB VI).
479 Gesetzliche Krankenversicherung, geregelt im Sozialgesetzbuch V (SGB V).
480 Gesetzliche Pflegeversicherung, geregelt im Sozialgesetzbuch XI (SGB XI).
481 Gesetzliche Arbeitslosenversicherung, geregelt im Sozialgesetzbuch III (SGB III).
482 StRspr des BSG seit 1962: BSGE 16, 289 (294), vgl. auch BSG GmbHR 00, 619 ff.; BSG BeckRS 12, 75372, zuletzt BSG 2019, 20158.
483 StRspr des BSG seit 1962: BSGE 16, 289 (294), vgl. auch BSG GmbHR 00, 619 ff.; BSG BeckRS 12, 75372, zuletzt BSG 2019, 20158.

Ob jemand abhängig beschäftigt oder selbstständig tätig ist, hängt davon ab, welche Umstände das Gesamtbild der Arbeitsleistung im **konkreten Einzelfall** prägen und welche Merkmale überwiegen.[484] Bei der Entscheidung müssen alle nach Lage des Einzelfalls als Indizien in Betracht kommenden Umstände festgestellt, in ihrer Tragweite zutreffend erkannt und gewichtet, mit diesem Gewicht in eine Gesamtschau eingestellt und nachvollziehbar, dh den Gesetzen der Logik entsprechend und widerspruchsfrei, gegeneinander abgewogen werden.[485]Dabei ist von der nicht gg zwingendes Recht verstoßenden, ernsthaften, also nicht zum Schein getroffenen „vertraglichen Ausgestaltung des Verhältnisses“ auszugehen.[486] Weichen die Vereinbarungen von den tatsächlichen Verhältnissen ab, so geben aber letztere grds. den Ausschlag.[487] 103

Für die jeweilige Einordnung des Geschäftsführers als sozialversicherungspflichtig oder -frei spielt nach Auffassung der Sozialversicherungsträger[488] u. auch des BSG eine etwaige **Beteiligung des Geschäftsführers an der Gesellschaft u. ggf. deren Umfang** eine wichtige Rolle: So werden **Allein- u. Mehrheitsgesellschafter** wegen ihres regelmäßig vorhandenen Stimmgewichts u. damit verbundenen Einflusses auf die Geschicke der Gesellschaft als selbstständig tätig eingestuft Auch der **50%-Gesellschafter-Geschäftsführer**[489] ist selbstständig. Zwar können diese ihre Vorstellungen in der Gesellschafterversammlung nicht aktiv durchsetzen, ihnen missliebige Weisungen der Gesellschafterversammlung an die Geschäftsführung aber unterbinden. Gleiches gilt für **Minderheitsgesellschafter mit „echter“ Sperrminorität.**[490] Ein sich „nur“ auf bestimmte, wenn auch grundlegende Entscheidungen beziehendes Vetorecht reicht dagegen für die Annahme einer Selbständigkeit nach der neueren BSG-Rechtsprechung nicht aus.[491] Nach Ansicht des LSG München soll auch eine „echte“ Sperrminorität in der beherrschenden Gesellschaft nicht regelmäßig ausreichend sein, um eine selbstständige Tätigkeit des Geschäftsführers in der beherrschten Gesellschaft zu bewirken.[492] Ebenso wenig sind Allein- oder Mehrheitsgesellschafter und Minderheitsgesellschafter mit echter Sperrminorität selbstständig, wenn diese die Geschäftsanteile nur als **Treuhänder** halten.[493] 104

484 StRspr des BSG, aus letzter Zeit BSG 2019, 20158.

485 BSG NZS 17, 780 ff.: bestätigt durch BSG BeckRS 2019, 20158.

486 BSG NJOZ 2016, 666 ff., zuletzt BSG BeckRS 2019, 20158.

487 BSG BeckRS 12, 75372; jüngst ebenso BSG BeckRS 2019, 20158.

488 Dazu Rundschreiben der Spitzenverbände der Sozialversicherungsträger v. 13.4.10 zur Statusfeststellung von Erwerbstätigen, insbes. Anl 3 mit einer Entscheidungshilfe zur versicherungsrechtlichen Beurteilung von Gesellschafter-Geschäftsführern einer GmbH in der aktualisierten Fassung v. 21.3.2019 (abrufbar unter http://www.deutsche-rentenversicherung.de/Inhalt/3_Infos_fuer_Experten/02_arbeitgeber_steuerberater/01a_summa_summarum/04_rundschreiben/2010/april_rs_selbstaendigkeit_aktualisierte_anlage_3_stand_4_2010_pdf.html); überarbeitet durch Rundschreiben v. 21.3.19.

489 BSG GmbHR 00, 1127 ff.; sa BSG NZS 13, 181 ff., zuletzt bestätigt BSG NJW 18, 2622 ff.; BSG BeckRS 19, 3186.

490 BSG NJW 18, 2622 ff., bestätigt durch BSG BeckRS 19, 3186.

491 So BSG NJW 18 2622 ff., bestätigt BSG BeckRS 19, 3186; ebenso zuletzt LSG Baden-Württemberg BeckRS 19, 18317.

492 LSG München BeckRS 18, 20752.

493 LSG Baden-Württemberg BeckRS 18, 7177.

Auch **notarielle Stimmrechts-/Poolvereinbarungen** sollen keine Statusrelevanz haben.[494] Generell sind nach neuerer BSG-Rechtsprechung außerhalb der Satzung vereinbarte, **das Stimmverhalten regelnde Vereinbarungen** (Abreden) bei der Bewertung der Rechtsmachtverhältnisse ebenfalls nicht zu berücksichtigen.[495] Dagegen reicht eine Minderheitsbeteiligung ohne oder nur mit „begrenzter“ Sperrminorität auch im **Fall gleichartiger Minderheitsbeteiligungen**, wie zB je 1/3 oder je 1/4 regelmäßig nicht aus, eine Sozialversicherungspflicht zu verneinen: Vielmehr stehen diese wie auch nicht beteiligte Fremdgeschäftsführer regelmäßig in einem abhängigen Beschäftigungsverhältnis, weil sie kraft ihrer Minderheitsbeteiligung bzw. mangels jedweder Beteiligung ihnen missliebige Weisungen der Gesellschafterversammlung gerade nicht verhindern können.[496] Dieses restriktive Verständnis der Beteiligungsverhältnisse ist uE abzulehnen, es wird der besonderen Fragestellung nach der (Un-) Selbstständigkeit gerade bei einer kleinen Anzahl von Gesellschaftern, wie etwa 3 zu je 1/3 oder 4 zu je 1/4 beteiligten Gesellschaftern gerade in der Gründungsphase meist nicht gerecht u. kommt lediglich aus mathematisch nachvollziehbaren Erwägungen zu einer vorschnellen Verneinung des sozialversicherungsrechtlichen Unternehmerstatus.[497] Mit dem Rückwirkungsverbot neuer höchstrichterlicher Rechtsprechung hatte sich jüngst das LSG Bremen zu befassen.[498] Die frühere **„Kopf und Seele“-Rechtsprechung des BSG** zur ausnahmsweise u. unter engen Voraussetzungen möglichen Sozialversicherungsfreiheit von **Minderheitsgesellschafter** u. auch **Fremdgeschäftsführer, insbes.** in **Familiengesellschaften**[499] ist schon längere Zeit aufgegeben.[500] Von dieser Rspr. (anderer BSG-Senate) war der 12. Senat des BSG schon 2012[501]wegen der auch im familiären Umfeld fortbestehenden Rechtsmacht u. deren besonderer Bedeutung deutlich abgerückt, indem er diese Art der Selbstständigkeit als „*Schönwetter-Selbstständigkeit*“ kritisierte ausdrücklich offengelassen hatte, ob dieser Rspr. zu folgen ist.[502] Auch die Sozialversicherungsträger haben schon 2014 reagiert u. die Rspr. des BSG aus dem Jahr 2012 aufgegriffen u. ihre in einem Rundschreiben veröffentlichte Rechtsauffassung dahin angepasst, dass eine „*familiäre Verbundenheit grundsätzlich nicht mehr geeignet ist, die Rechtsmacht, wie sie sich aus dem Gesell-*

494 LSG Bayern, BeckRS 2018, 25079, NZG 2019, 791 (Ls.).
495 BSG NJW 2018, 2622 ff.; bestätigt durch BSG BeckRS 2019, 3186.
496 BSG GmbHR 07, 1324 ff. (zum Insolvenzgeldanspruch); Überblick bei *Reiserer*, BB 09, 612 ff.; *dies*, DStR 10, 2085 ff. u. *Kaufmann/Kleemann*, BB 14, 821 ff. (zu BSG BB 13, 894 ff.); BSG BeckRS 16, 66640 und im Anschluss daran auch das BayLSG NZS 16, 233 ff.
497 ZB: Drei Hochschulabsolventen, die zu dritt ein Start-Up-Unternehmen in der Rechtsform der GmbH gründen, aus den formalistischen Gründen der nur 1/3-Beteiligung den Unternehmerstatus abzusprechen, geht uE „am Leben vorbei“; in diese Richtung auch krit.: BayLSG Urt. v. 16.3.00 – L 9 AL 297/97 – Breith 01, 383; das allerdings vom BSG aufgehoben wurde, vgl. auch GmbHR 07, 1324 ff.
498 LSG Bremen NZG 2019, 674 ff.
499 V etwa BSG BB 00, 674 ff.
500 BSG BeckRS 2015, 73497.
501 BSG NZA-RR 13, 252 ff.
502 BSG NZA-RR 13, 252 ff.

schaftsrecht ergibt, gänzlich zu negieren".[503] 2016 hat der 12. Senat des BAG die „besondere Rechtsprechung" für Familienunternehmen aufgegeben,[504]so dass insb. Minderheitengesellschafter-Geschäftsführer also auch dann abhängig beschäftigt sind, wenn sie „*Kopf und Seele*" des Unternehmens im Sinne der früheren BSG-Rechtsprechung sind.[505] Auch wenn das „Rechtsmachtargument" vom BSG viel zu formalistisch angewandt wird, muss aber dennoch davon ausgegangen werden, dass es künftig praktisch nicht mehr möglich sein wird, in solchen Konstellationen eine Selbstständigkeit von der DRV anerkannt zu bekommen bzw. vor den Sozialgerichten durchzusetzen.

Der nicht am Kapital der Gesellschaft beteiligte, sog. **Fremdgeschäftsführer** 105
ist abhängig Beschäftigter der Gesellschaft u. sozialversicherungspflichtig.[506] Beim Fremdgeschäftsführer scheidet eine selbstständige Tätigkeit generell aus seit das BSG die frühere „Kopf- und Seele"-Rspr.[507] ausdrücklich aufgegeben hat.[508] Der Geschäftsführer einer Einheits-GmbH&Co.KG, deren allein kapitaleinbringender Kommanditist (hier: Familien-Stiftung) Firmeninhaber ist, soll nach LAG Berlin-Brandenburg auch dann Fremdgeschäftsführer sein, wenn er zugleich in persona auch Vorstand der Familienstiftung ist.[509]

b) Statusfeststellungsverfahren. Im Fall von Gesellschafter-Geschäftsfüh- 106
rern besteht seit 2005 die Pflicht, die Aufnahme der Tätigkeit der Einzugsstelle (zuständige Krankenkasse) mit der Gehaltsabrechnung zu melden. Geschieht dies, wird automatisch ein sog. **Statusfeststellungsverfahren** bei der Deutschen Rentenversicherung Bund (DRV) nach § 7 a SGB IV in Gang gesetzt, um den sozialversicherungsrechtlichen Status des Gesellschafter-Geschäftsführers möglichst frühzeitig zu klären.[510] Unterbleibt die Meldung an die Krankenkasse, kommt es auch nicht zu einer frühzeitigen Statusklärung, sondern diese idR erst später bei einer Betriebsprüfung (§ 28 SGB IV) durch die Rentenversicherungsträger. Allerdings vermitteln nach der Rspr. des BSG selbst beanstandungslose Prüfungsergebnisse einer Betriebsprüfung der Gesellschaft keinen Vertrauensschutz.[511]

---

503 Rundschreiben der Spitzenverbände der Sozialversicherungsträger v. 13.4.10 zur Statusfeststellung von Erwerbstätigen, insbes. Anl 3 mit einer Entscheidungshilfe zur versicherungsrechtlichen Beurteilung von Gesellschafter-Geschäftsführern einer GmbH in der aktualisierten Fassung v. 21.3.19 (abrufbar unter http://www.deutsche-rentenversicherung.de/Inhalt/3_Infos_fuer_Experten/02_arbeitgeber_steuerberater/01a_summa_summarum/04_rundschreiben/2010/april_rs_selbstaendigkeit_aktualisierte_anlage_3_stand_4_2010_pdf.html); überarbeitet durch Rundschreiben v. 21.3.19, S. X f.

504 BSG BeckRS 16, 67680.

505 BayLSG NZS 16, 233 f.

506 BSG NZG 18, 788 (Ls. 2); so für den „Regelfall" (aber eben nicht stets) bereits früher BSG BB 73, 1310 ff.; NZA 02, 431 ff.; GmbHR 04, 494 ff.; ausjüngerer Zeit BSG NZS 13, 181 ff.

507 → Nachweise Rn. 104.

508 BSG NZG 18, 788 ff.

509 LSG Berlin-Brandenburg BeckRS 19, 14245.

510 *Langhoff*, NBW 18, 1701, stellt das Statusfeststellungsverfahren „von A bis Z" dar.

511 Vgl. dazu etwa BSG BeckRS 14, 66872.

107 Besteht Sozialversicherungspflicht, sind die entspr. Beiträge ordnungsgemäß u. rechtzeitig abzuführen u. kann der Geschäftsführer bei Eintritt des Versicherungsfalls auch die gesetzlichen **Leistungen** beantragen u. beziehen.

108 Wird irrtümlich eine Sozialversicherungspflicht angenommen u. entspr. Beiträge an die Einzugsstelle abgeführt, begründet dies keine Leistungsansprüche des objektiv nicht sozialversicherungspflichtigen Geschäftsführers.[512] Auch vorausgegangene Betriebsprüfungen anderer Sozialversicherungsträger binden die Agentur für Arbeit nicht.[513] Im Fall fehlender Sozialversicherungspflicht kann der Geschäftsführer die **zu Unrecht bezahlten Beiträge** iRd einschlägigen Verjährungsfristen (§ 26 SGB IV) **zurückfordern.**[514]

17. Beendigung des Anstellungsverhältnisses

109 Wegen des sog. Trennungsprinzips lässt die (grds. jederzeit u. ohne Grund mögliche) **Abberufung des Geschäftsführers** den Bestand des der Geschäftsführertätigkeit zugrunde liegenden Vertragsverhältnisses unberührt, es besteht also grds. auch nach Abberufung oder Amtsniederlegung fort (vgl. auch § 38 I).[515] Für die Beendigung des Vertragsverhältnisses bedarf es also eines zusätzlichen Rechtsakts. Hier kommen verschiedene Beendigungstatbestände in Betracht: Das Vertragsverhältnis endet im weit verbreiteten Fall der **Befristung** durch bloßen Zeitablauf. Ist das Vertragsverhältnis nicht befristet, endet es idR durch **ordentliche Kündigung,** es kann aber auch aufgrund auflösender Bedingung mit **Bedingungseintritt** oft in der Form einer sog. **Kopplungsklausel**[516] enden. Gleich, ob befristet oder nicht, endet das Anstellungsverhältnis durch **Tod** des Geschäftsführers u. kann es natürlich auch jederzeit einvernehmlich durch **Aufhebungsvertrag** beendet werden. Dagegen beenden weder die Eröffnung des Insolvenzverfahrens[517] noch der Beschluss über die Auflösung der Gesellschaft[518] für sich das Anstellungsverhältnis. In der Praxis ist festzustellen, dass es (gerade bei Verträgen mit fester Laufzeit, die idR ordentlich nicht kündbar sind) auch immer öfter zu **außerordentlichen fristlosen Kündigungen** aus wichtigem Grund gem. § 626 BGB kommt.

110 Wie schon bei der Begründung des Anstellungsverhältnisses ist zwischen der gesellschaftsinternen Willensbildung (Zuständigkeit) u. der nach außen in Erscheinung tretenden Willenserklärung (Vertretung) zu unterscheiden:

---

512 BSG BB 92, 2437 ff.
513 Als Ausweg kann der Geschäftsführer nur einen Antrag nach § 336 SGB III stellen.
514 § 25 SGB I.
515 Abgesehen von der sog. Einheitstheorie, die als überholt gelten darf, unbestritten, vgl. etwa MüKoGmbHG/*Jaeger/Steinbrück* Rn. 391, 248 mwN.
516 Näher → Rn. 120 f.
517 Nun kann aber der Insolvenzverwalter unter den erleichterten Bedingungen des § 113 InsO kündigen.
518 Die Gesellschaft wandelt sich in eine Gesellschaft iL (in Liquidation) u. die Geschäftsführer werden grds. zu Liquidatoren, wenn die Satzung hierzu nichts Abw bestimmt.

a) **Zuständigkeit.** Bei Beendigung durch Aufhebungsvertrag oder Kündigung stellt sich anders als bei Beendigung durch Tod, Fristablauf, Bedingungseintritt oder Kopplungsklausel die Frage der gesellschaftsinternen Zuständigkeit für den Abschluss des Aufhebungsvertrages bzw. den Ausspruch der Kündigung, da das Handeln eines unzuständigen Organs zur Unwirksamkeit der Maßnahme führt: Fehlt es in der Satzung an einer abw. Regelung, so liegt die Zuständigkeit für die Beendigung des Anstellungsvertrages nach allgM iSe Annexkompetenz bei dem für die Abberufung zuständigen Gesellschaftsorgan, **idR** also bei der **Gesellschafterversammlung** (§ 46 Nr. 5).[519] Im Fall eines Geschäftsführers der Komplementär-GmbH einer KG sind weder die KG-Gesellschafter zuständig noch andere Geschäftsführer, sondern die Gesellschafterversammlung der Komplementär-GmbH.[520] Auch bei der Gesellschaft mit **fakultativem Aufsichtsrat** oder **drittel-mitbestimmtem**[521] **Aufsichtsrat** verbleibt es bei der Zuständigkeit u. auch Vertretung durch die Gesellschafterversammlung, da weder § 52 noch das Drittelbeteiligungsgesetz auf § 84 AktG verweisen. Diese Kündigungskompetenz kann aber wie die Bestellungs- u. Vertragsabschlusskompetenz auf andere Organe übertragen werden.[522] 111

Die **Zuständigkeit des Aufsichtsrates** ergibt sich nur, wenn die Zuständigkeit in der Satzung ausdrücklich diesem Gesellschaftsorgan zugewiesen ist oder in der Gesellschaft qua Anwendbarkeit eines der **Mitbestimmungsgesetze** (MitbestG, MontanMitbestG oder MitbestErgG) ein **zwingender** – paritätisch besetzter – **Aufsichtsrat** besteht.[523] Dieser vertritt dann gem. § 112 AktG auch die Gesellschaft bei Abschluss des Aufhebungsvertrages bzw. Ausspruch der Kündigung. 112

Ist der betroffene Geschäftsführer auch Gesellschafter, so ist der Betroffene zwar zur Teilnahme an der Gesellschafterversammlung berechtigt, bei einer außerordentlichen Kündigung aus wichtigem Grund besteht allerdings ein Stimmrechtsausschluss.[524] Das zuständige, ggf. mehrgliedrige Organ kann nach entspr. Beschlussfassung (über das „ob" u. „wie" der Beendigung des Anstellungsverhältnisses) etwa den Aufsichts- oder Beiratsvorsitzenden oder die gesetzlichen Vertreter des Mehrheitsgesellschafters oder jeden sonstigen Dritten bevollmächtigen, es beim Abschluss des Aufhebungsvertrages bzw. beim Ausspruch der Kündigung zu vertreten (Vertreter in der Erklärung).[525] Dabei ist zu beachten, dass beim Ausspruch der Kündigung 113

---

519 HM, vgl. etwa BGH NZG 08, 104 ff.; OLG München BeckRS 13, 09308; näher zur Annexkompetenz: *Lieder*, NZG 15, 569 ff.

520 Umstritten, vgl. dazu eingehend *Mielke*, BB 17, 1734 ff. mwN; wie hier: schon BGH NJW-RR 07, 1632 ff., zuletzt BGH NZG 14, 780 ff.

521 Drittelbeteiligungsgesetz (DrittelbG).

522 Die abw. Ansicht von Rowedder/Schmidt-Leithoff/*Koppensteiner* § 38 Rn. 17, die für die Beendigung von Amt u. Vertrag unabhängig von einer Übertragung der Kompetenz auf ein anderes Organ stets die Zuständigkeit der Gesellschafterversammlung annehmen, überzeugt nicht.

523 § 31 MitbestG (bzw. § 3 II MontanMitbestG) jeweils iVm § 84 AktG.

524 BGH NJW 84, 2528 ff.; ebenso MüKoGmbHG/*Liebscher*, § 46 Rn. 126 mwN.

525 BGH DStR 08, 2430 ff.; vgl. dazu auch die Ausführungen zur Zuständigkeit bei der Begründung des Anstellungsverhältnisses in Rn. 68.

§ 174 I BGB anwendbar ist.[526] Rechtsfolge der Zurückweisung ist unabhängig vom Bestehen der Vollmacht die Unwirksamkeit des Rechtsgeschäfts, nicht nur schwebende Unwirksamkeit.[527]

114 Besteht ausnahmsweise ein **Arbeitsverhältnis** (zB bei Einstellung als Arbeitnehmer zur Erprobung vor der Bestellung zum Geschäftsführer oder bei unterbliebener Bestellung oder uU auch nach Abberufung als Geschäftsführer), so sind für die Kündigung des (in Aussicht genommenen oder ehemaligen) Geschäftsführers die/der übrige(n) Geschäftsführer zuständig, nicht die Gesellschafterversammlung.

115 **b) Befristung.** Das Anstellungsverhältnis kann befristet abgeschlossen werden (§ 620 BGB). Da es sich bei dem Anstellungsverhältnis jedenfalls im Regelfall um kein Arbeitsverhältnis handelt,[528] gelten auch die über § 620 III BGB andernfalls anwendbaren Einschränkungen des Teilzeit- u. Befristungsgesetzes (TzBfG) nicht, so dass es keines **sachlichen Grundes** bedarf u. auch wiederholte Befristungen ohne Einschränkungen möglich sind. Beim Geschäftsführer gilt ferner mangels entspr. Regelung im GmbHG die Höchstbefristungsdauer von 5 Jahren nach § 84 AktG nicht.[529] Das Anstellungsverhältnis kann daher auch auf einen 5 Jahre überschreitenden Zeitraum befristet werden, wobei in einem solchen – in der Praxis eher seltenen – Fall der Geschäftsführer das Anstellungsverhältnis nach 5 Jahren Laufzeit gem. § 624 S. 1 BGB mit einer Frist von 6 Monaten kündigen kann.

116 Im Fall der Befristung ist bei Fristende die Bestimmung des § 625 BGB zu beachten, nach der sich das Anstellungsverhältnis bei tatsächlicher Fortsetzung der Tätigkeit mit Wissen des zuständigen Organs in ein unbefristetes Anstellungsverhältnis wandeln kann.

117 **c) Ordentliche Kündigung.** Ist das Anstellungsverhältnis unbefristet abgeschlossen, ist es als Dienstvertrag iSv §§ 611 ff. BGB grds. unter Beachtung der gesetzlichen Kündigungsfristen **ordentlich kündbar, es sei denn** die ordentliche Kündigung wäre – was zulässig ist – vertraglich **ausgeschlossen** worden (vgl. § 620 II BGB). Im Abschluss eines befristeten Vertrages liegt der konkludente Ausschluss der ordentlichen Kündbarkeit, wenn nicht eine ordentliche Kündigungsmöglichkeit ausdrücklich vorgesehen wird.[530] Selbst wenn ein unbefristeter Anstellungsvertrag – wie idR – ordentlich kündbar ist, die Abberufung als Geschäftsführer nach der jeweiligen GmbH-Satzung aber nur aus wichtigem Grund möglich ist, soll eine ordentliche Kündigung des Anstellungsvertrages bei Nichtvorliegen eines wichtigen Grundes für die Abberufung zur Vermeidung eines Wertungswi-

526 KG NZG 99, 764 ff.; in diesem Sinne auch schon BAG NJW 81, 2374 ff.; aus jüngerer Zeit etwa OLG Köln BeckRS 16, 8158.
527 BAG NZA 14, 3595 ff.; ebenso OLG Köln BeckRS 16, 8158.
528 Dazu Rn. 49 ff. mwN.
529 Ausn: In der mitbestimmten GmbH findet § 84 I AktG über den Verweis in § 31 I MitbestG Anwendung.
530 Vgl. § 620 II BGB; Palandt/*Weidenkaff* Vorb v. BGB § 620 Rn. 42; ErfK/*Müller-Glöge*, BGB § 620 Rn. 2; *ders.*, TzBfG § 15 Rn. 10; s. auch § 15 III TzBfG für Arbeitsverhältnisse sowie die stRspr des BAG, vgl. etwa BAG NZA 98, 747 f.

derspruchs konkludent ausgeschlossen sein.[531] Soweit nicht eine längere Kündigungsfrist vereinbart ist, gilt qua Gesetz zunächst die kurze **Kündigungsfrist** des § 621 Nr. 3 BGB, die ganz hM wendet aber bei Fremdgeschäftsführern u. Minderheitsgesellschafter-Geschäftsführern aus Schutzzweckgründen die längeren Kündigungsfristen des § 622 BGB entspr. an.[532] Das **Schriftform**erfordernis des § 623 BGB findet grds. keine Anwendung; das ist natürlich anders zu bewerten, falls es sich im Einzelfall doch um ein Arbeitsverhältnis handeln sollte.

Eine gesellschaftsseitige Kündigung bedarf eines nach den §§ 47 ff. GmbHG wirksamen Gesellschafterbeschlusses,[533] ggf. (bei zulässiger Übertragung der Kompetenz auf ein anderes Organ)[534] eines wirksamen Beschlusses des sonst zuständigen Gremiums.[535]

Ist die **ordentliche Kündigung** möglich, also nicht ausgeschlossen, so **bedarf** sie, wenn- wie idR – das Kündigungsschutzgesetz (KSchG) nicht eingreift[536] – nach allgM **keiner** sie rechtfertigenden oder tragenden **Begründung.**[537] Der bloße Beendigungs- bzw. Kündigungswille an sich ist ausreichend.[538] Lediglich die vereinbarte oder iÜ gesetzliche Kündigungsfrist des § 622 BGB muss eingehalten werden. Die Kündigung trägt nach dem BGH ihre Rechtfertigung in sich. Wenn allerdings der BGH ausführt, dass eine solche ordentliche Kündigung (daher) nicht unwirksam sein könne,[539] so ist dem zu widersprechen:[540] Auch eine an sich begründungslos zulässige ordentliche Kündigung schwebt iÜ nämlich nicht im „rechtsfreien" Raum u. kann daher sehr wohl aus anderen Rechtsgründen unwirksam sein, insbes. gegen gesetzliche Verbote, wie zB § 7 AGG[541] verstoßen oder sittenwidrig sein.[542] Das hat zum Schutz schwangerer Geschäftsführerinnen auch der EuGH bereits entschieden.[543] 118

Die jederzeitige grundlose Zulässigkeit einer ordentlichen Kündigung erfordert aus Sicht des Geschäftsführers zur Kompensation des darin liegenden 119

531 So MüKoGmbHG/*Jaeger/Steinbrück*, Rn. 402 mwN; wg § 31 MitbestG iVm § 84 AktG gilt das auch für die mitbestimmte GmbH.
532 BGH NZG 05, 968 ff.; ErfK/*Glöge*, BGB § 622 Rn. 7; Roth/Altmeppen/*Altmeppen* § 6 Rn. 130 f. mwN zur hM.
533 Ganz hM, vgl. etwa OLG München GmbHR 15, 35 ff.; MüKoGmbHG/*Liebscher*, § 46 Rn. 126 mwN; zu etwaigen Beschlussmängeln, insbes. Ladungsmängeln jüngst OLG München BeckRS 19, 37.
534 Vgl. dazu Rn. 111 aE mwN.
535 Näher zu den gesellschaftsrechtlichen Voraussetzungen einer Kündigung: *Harbarth*, BB 15, 707 ff.; zu Rechtsweg (s. Rn. 148) und Kündigungsschutz (s. Rn. 161) sowie *Baumert*, NZG 18, 536 ff.
536 Vgl. dazu unten Rn. 151 ff.
537 BGH NZG 04, 90 f; zul. etwa auch LAG Berlin-Brandenburg BeckRS 19, 23147 (Rn. 55 f.).
538 So ausdrücklich BGH NZG 04, 90 f.
539 So aber BGH NZG 04, 90 f.
540 So bereits in der Voraufl; krit. nun auch MüKoGmbHG/*Jaeger/Steinbrück* Rn. 403, die zumindest den Einwand des Rechtsmissbrauchs zulassen wollen, so auch das OLG Hamburg NZG 13, 831 ff.
541 Die Bestimmungen des AGG gelten im Bereich des beruflichen Aufstiegs u. des Zugangs zur Beschäftigung auch für Organmitglieder (§ 6 III AGG).
542 Kaum nachvollziehbar wohl aA: BGH NZG 04, 90, 91 unter Aufhebung der zutr. Entscheidung der Vorinstanz OLG Karlsruhe, Urt. v. 19.4.01 – 2 u. 201/00 nv.
543 „Danosa"-Entscheidung des EuGH NJW 11, 2343 ff.

wirtschaftlichen Risikos vertragliche Absicherungsmechanismen, wie langer Kündigungsfristen, Befristungen, Abfindungen oder Übergangsgelder.[544] Unabhängig davon kann die Anwendbarkeit des KSchG, genauer: des materiellen Teils des KSchG, ganz, teilweise oder modifiziert ausdrücklich vereinbart werden.[545] Die Abberufung wäre in einer solchen Konstellation an sich zwar ein personenbedingter Kündigungsgrund[546], dies ließe den vereinbarten Kündigungsschutz aber iErg „leerlaufen".[547] Dieses Ergebnis wäre offensichtlich sachwidrig, würde den Zweck der Vereinbarung von Kündigungsschutz konterkarieren und ist uE im Wege der teleologischen Auslegung auszuschließen.[548] Es bedürfte dann zusätzlicher personenbedingter Kündigungsgründe wie zB Unfähigkeit oder Dienstunfähigkeit bzw. schwere Erkrankung. Diese Argumentation dürfte dann auch im Fall einer ordentlichen betriebsbedingten Kündigung greifen. Zur verhaltensbedingten Kündigung weisen *Jaeger/Steinbrück*[549] zutr. darauf hin, dass selbst bei grds. Leugnung eines Abmahnerfordernisses[550] in diesem Fall wiederum im Wege der Auslegung vom Bestehen eines Abmahnerfordernis auszugehen ist.

120 **d) Kopplung von Amt und Vertrag**[551] Bei Organ- u. Anstellungsverhältnis handelt es sich um zwei rechtlich selbstständige Rechtsverhältnisse – außer bei Drittanstellung – zwischen den gleichen Parteien (Trennungsprinzip). Dementspr können die beiden Rechtsverhältnisse auch unterschiedliche rechtliche Schicksale erleiden, sprich: Das eine kann auch ohne das andere bestehen oder enden u. umgekehrt. Allerdings können die beiden Rechtsverhältnisse nach hM auch vertraglich miteinander verknüpft werden („Kopplungsklausel"), wobei regelmäßig das Anstellungsverhältnis an die Organstellung geknüpft wird, da der Geschäftsführer grds. jederzeit frei abberufen werden kann.[552] Vor- u. Nachteil einer solchen Kopplung für die eine oder andere Partei liegen ebenso auf der Hand wie die Bedenken hinsichtl. der rechtlichen Wirksamkeit solcher Klauseln. Für die Frage der Rechtswirksamkeit einer Kopplungsklausel kommt es uE va auf die Frage an, ob der Anstellungsvertrag unbefristet oder befristet abgeschlossen wurde, u. im letzteren Fall ergänzend darauf, ob eine ordentliche Kündbarkeit dennoch ausdrücklich vereinbart worden ist:

---

544 Vgl. dazu zutreffend schon *Diller*, NZG 11, 254 ff.
545 BGH NZG 10, 827 ff.
546 So z.B. OLG Hamm BeckRS 07, 05083.
547 HM, vgl. etwa BGH NZG 10, 827 ff.
548 Wohl hL, vgl. etwa MüKoGmbHG/*Jaeger/Steinbrück* Rn. 406; *Stagat*, NZG 10, 975 (978); so auch der BGH geht zumindest davon aus, dass die *„Frage, in welchem Umfang und mit welchen inhaltlichen Modifikationen die jeweiligen Regelungen des Kündigungsschutzgesetzes kraft der von den Parteien getroffenen Vertragsabrede angewandt werden sollen, (…) vorrangig durch Auslegung der Vereinbarung zu beantworten (ist).“*, BGH NZG 2010, 827 ff.
549 MüKoGmbHG/*Jaeger/Steinbrück* Rn. 406.
550 Vgl. zum Streit, ob vor einer Kündigung des Anstellungsvertrages grds. eine Abmahnung vorauszugehen hat, Rn. 143.
551 *Werner*, NZA 15, 1234 gibt einen Überblick zum Thema; s. auch Hümmerich/Lücke/Mauer/*Lücke*, § 2 Rn. 776 ff. (Muster GF-Vertrag mit Kopplungsklausel).
552 BGH NJW 99, 3263, 3264; zuletzt bestätigt durch BGH 20.8.2019 – II ZR 121/16 BB 19, 2232 ff.; OLG München BeckRS 11, 06228; nach MüKoGmbHG/*Jaeger/Steinbrück* Rn. 249 ist das grds. „anerkannt".

In der Praxis strebt oftmals die Gesellschaft eine vertragliche Kopplung von Organstellung u. Anstellung an. Rechtstechnisch soll dabei die Abberufung entweder iSe **Fiktion einer Kündigung** des Anstellungsverhältnisses mit vereinbarter oder gesetzlicher Kündigungsfrist (*„gilt als Kündigung des Vertrages zum nächstmöglichen Zeitpunkt“*)[553][554] oder als **auflösende Bedingung** des Anstellungsvertrages mit sofortiger Wirkung oder unter Beachtung der Kündigungsfrist wirken.[555] Der konkrete Inhalt der Klausel ist durch Auslegung zu ermitteln. Im Recht der AG wird die vertragliche Kopplung des Vorstandsvertrages an das Amt nach überkommener Ansicht weitgehend als wirksam angesehen,[556] allerdings kann diese Rspr. entgg. der hM[557] uE aufgrund zweier struktureller Unterschiede (zum einen können Vorstandsverträge anders als Geschäftsführerverträge wegen § 84 AktG nicht unbefristet sein[558] u. zum anderen sind die Abberufungsvoraussetzungen in § 38 völlig anders geregelt als in § 84 III AktG [kein wichtiger Grund erforderlich, sondern „ohne jede Begründung“ möglich])[559] nicht, jedenfalls nicht ohne Weiteres auf GmbH-Geschäftsführer übertragen werden.[560] Zudem werden gegen solche Kopplungsklauseln in der Lit. aufgrund der auf „Verbraucher“-Geschäftsführer[561] anwendbaren §§ 305 ff. BGB zunehmend u. grds. zu Recht Bedenken erhoben,[562] u. zwar 121

553 So zB der Fall in BGH NJW 99, 3263 ff.
554 → § 38 Rn. 14 ff.
555 BGH NJW 89, 2683 ff.; aus jüngerer Zeit etwa OLG Karlsruhe NZG 17, 226 ff.
556 BGH NJW 89, 2683 ff. (zum Vorstandsvertrag); für die AG ebenso die hL, vgl. statt vieler: MüKoGmbHG/*Spindler* § 84 Rn. 197mwN.; *Tschöpe/Wortmann*, NZG 09, 85 ff.; *Bernhardt/Bredol*, NZG 15, 419 ff. mwN.
557 Vgl. etwa Baumbach/Hueck/*Zöllner/Noack* Rn. 211 mwN; Roth/Altmeppen/*Altmeppen*, § 6 Rn. 47; Michalski/Heidinger/Leible/J.Schmidt/*Lenz* Rn. 163: Henssler/Strohn/*Oetker* § 6 Rn. 41; BeckOK GmbHG/*Wisskirchen/Kuhn* § 6 Rn. 177; allerdings alle jeweils ohne nähere Begründung; ebenso OLG Saarbrücken NZG 13, 784 ff. (ohne jedoch auf die krit. Stimmen in der Lit. einzugehen); zu Recht differenzierend und Begründung: MüKoGmbHG/*Jaeger/Steinbrück* Rn. 274, 392 ff.
558 Selbst unbefristet abgeschlossene Vorstandsverträge gelten als auf 5 Jahre befristet.
559 → § 38 Rn. 22 f.
560 Wie hier differenzierend und kritisch zur angeblich grds. Zulässigkeit von Kopplungsklausel: MüKoGmbHG/*Jaeger/Steinbrück* Rn. 392 ff.
561 BGH NJW 96, 2156 ff.; bestätigt etwa durch BGH NJW 10, 2343 ff.; ebenso BAG NJW 10, 2827 ff.
562 Vgl. zum Meinungsstreit MüKoGmbHG/*Jaeger/Steinbrück* Rn. 392 ff.; *Tschöpe/Wortmann*, NZG 09, 85 ff.; *Freund*, GmbHR 10, 117 ff. u. *Leuchten*, FS Bauer, 10, 635 ff. u. zul. *v. Westphalen*, BB 15, 834 ff.

unter den Aspekten der überraschenden Klausel,[563] des § 626 I BGB[564] u. va unangemessener Benachteiligung.[565] Auch § 626 VI BGB wird insoweit problematisiert.[566] Eine Zusammenfassung zu den rechtlichen Bedenken findet sich bei *Werner*.[567]

122 aa) **Kopplungsfiktion.** Bei der rechtlichen Beurteilung der Wirksamkeit von Kopplungsklauseln ist uE zwischen befristeten u. unbefristeten Geschäftsführerverträgen zu unterscheiden: Bei befristeten Verträgen, bei denen die ordentliche Kündigung qua Befristung gerade ausgeschlossen ist,[568] sind Kopplungsklauseln uE unwirksam.[569] Sie würden entgg. der idR mehrjährigen Laufzeit des befristeten Vertrages u. des darin liegenden Ausschlusses der ordentlichen Kündigung doch eine kurzfristige Beendigung ermöglichen u. werden daher oft (abgesehen von einer sehr klaren u. hervorgehobenen Klauselfassung) überraschend iSd § 305 c I BGB sein, jedenfalls aber stellen sie eine unangemessene Benachteiligung des Geschäftsführers iSd § 307 I BGB dar.[570] Etwas anderes könnte allenfalls dann gelten, wenn die Abberufung auch an einen wichtigen Grund geknüpft wäre[571] u. ein bloßer Vertrauensentzug anders als in § 84 AktG als wichtiger Grund nicht ausreichend ist.[572]

563 *Hümmerich*, NZA 06, 709 ff.; *ders.*, Arbeitsrecht, 6. Aufl. 07 § 1 Rn. 363; differenzierend: *Grobys/Glanz*, NJW-Spezial 07, 129 f.; ebenso Semler/v. Schenck/*Fonk* § 9 Rn. 207 (zum Vorstandsvertrag); MüKoGmbHG/*Jaeger/Steinbrück* Rn. 394 c; aA: Baumbach/Hueck/*Zoellner/Noack* Rn. 221.

564 Da § 626 BGB als zwingendes Recht unabdingbar ist, vermag auch eine Kopplungsklausel bei Abberufung (ohne Vorliegen eines wichtigen Grundes) den Anstellungsvertrag nicht mit sofortiger Wirkung zu beenden (so schon BGH NJW 89, 2683 ff., bestätigt durch BGH BB 19, 2232 ff., allerdings (noch) nicht mit der Rechtsfolge der Nichtigkeit nach § 134 BGB, sondern unter geltungserhaltender Auslegung derselben unter Anwendung der ordentlichen gesetzlichen Kündigungsfrist; aA: OLG Saarbrücken BeckRS 13, 09798). Diese geltungserhaltende Reduktion ist seit Geltung der §§ 305 ff. BGB nicht mehr möglich, so eine Unwirksamkeit der Klausel eintritt (so auch MüKoGmbHG/*Jaeger/Steinbrück* Rn. 394 a unter Hinweis auf OLG Karlsruhe GmbHR 17, 525 ff.).

565 *Hümmerich*, NZA 06, 709 ff.; in diesem krit. Sinne auch *Lücke*/Schaub § 2 Rn. 273 (für den Vorstandsvertrag); zul. ausf. zur AGB-rechtlichen Lage *v. Westphalen*, BB 15, 834 ff.

566 *Grumann/Gillmann*, DB 03, 770 ff.; zust. Hansen/Kelber/*Zeißig*/Breezmann/Confurius Rn. 243; Bedenken meldet auch Semler/v. SchenckSo /*Fonk* § 9 Rn. 207 (zum Vorstandsvertrag) an; aA: Baumbach/Hueck/*Zoellner/Noack* Rn. 221.

567 *Werner*, NZA 15, 1234.

568 UU auch bei unbefristeten Verträgen mit (sehr) langen Kündigungsfristen (wenn durch die Kopplungsklausel eine Verkürzung der grds. vorgesehenen Kündigungsfrist eintritt oder die Kündigungsfrist für die Gesellschaft kürzer würde als diejenige für den Geschäftsführer, § 622 VI BGB).

569 AA die hM, so jetzt auch MüKoGmbHG/*Jaeger* Rn. 394 c–f. (anders noch die Voraufl Rn. 249, 392) mwN.

570 So entgegen der Vorauflage jetzt auch MüKoGmbHG/*Jaeger/Steinbrück*, Rn. 394 d.

571 Ebenso *Tschöpe/Wortmann*, NZG 09, 85 ff.; auch *Freund*, GmbHR 10, 117 ff.

572 Der Vertrauensentzug iSv § 84 AktG entwertet den „wichtigen" Grund bis zur Grundlosigkeit, beschränkt nur durch ein Willkürverbot. Eine derartige Herabsetzung der Schwelle für eine einseitige Vertragsbeendigung weicht von GmbHG ab und benachteiligt den Geschäftsführer uE unangemessen.

In unbefristeten Geschäftsführerverträgen, die grds. ordentlich kündbar sind, bestehen gegen Kopplungsklauseln keine grds. Bedenken. Die „Spielart" der Kopplungsklausel in der Form der Fiktion einer ordentlichen Kündigung bei Abberufung ist insoweit völlig unproblematisch, da diese doch lediglich den gesonderten Ausspruch einer (sonst aber ohnehin vorgesehenen u. zulässigen) Kündigung erübrigt.[573] 123

bb) Bedingungseintritt. Die andere Variante der „Kopplungsklausel" ist die der auflösenden Bedingung. 1999 hat der BGH entschieden, dass das Anstellungsverhältnis auch unter die auflösende Bedingung der Beendigung der Organstellung als Geschäftsführer (Amtsniederlegung oder Abberufung) gestellt werden kann.[574] Nachdem die Abberufung das Organverhältnis jedoch idR mit sofortiger Wirkung erfolgt, würde auch das Anstellungsverhältnis sofort enden. „*Eine solche Auslegung würde nämlich wegen der jederzeitigen Möglichkeit der Abberufung des Geschäftsführers nach § 38 I GmbHG infolge der "Koppelung" zu einem in das Belieben der Bekl. gestellten freien Kündigungsrecht hinsichtlich des Dienstvertrags führen; es würde allein zu ihrem Vorteil nicht nur das Erfordernis des Vorliegens wichtiger Gründe für die außerordentliche Kündigung iSd § 6 Nr. 2 überflüssig machen*".[575] Dies käme nur bei einer außerordentlichen Kündigung in Betracht, wenn also ein wichtiger Grund vorläge.[576]Außerdem würde dann die vereinbarte ordentliche Kündigungsfrist zum Nachteil des Geschäftsführers völlig leerlaufen.[577] 124

Wohl zur Vermeidung der offensichtlichen Unbilligkeit dieser Rechtsfolge wendet der BGH, der eine Kopplung grds. zulässt, auf eine solche „Kopplungsklausel" § 622 BGB an, so dass das Anstellungsverhältnis (erst) mit Ablauf der jeweils einschlägigen gesetzlichen Kündigungsfrist des § 622 BGB enden soll.[578]Damit kann jedoch den oben unter → Rn. 121 aufgeführten Bedenken gegen die Wirksamkeit von Kopplungsklauseln nicht stets hinreichend Rechnung getragen werden, da jedenfalls in Fällen mit einer die gesetzlichen Kündigungsfristen übersteigenden längeren vertraglich vereinbarten Kündigungsfrist eine erhebliche Unklarheit verbleibt. Diese dürfte im Hinblick auf § 305 c II BGB im Wege der Auslegung zugunsten des Geschäftsführers aufzulösen sein. Zudem dürfte diese Widersprüchlichkeit der vertraglichen Regelungen, sollte sie nicht wie vorstehend aufgezeigt durch Auslegung aufgelöst werden, einen Verstoß gegen das Transparenzgebot des § 307 Abs. 1 Satz 2 BGB darstellen.[579] Zudem stellt die vorzeitige Beendigung – je nach den Umständen –auch eine ungemessene Benachteiligung dar.[580] *Jaeger/Steinbrück* halten eine **Kopplungsklausel in Verbindung mit einer Abfindung**, die einen bestimmten Prozentsatz des

573 So völlig zutr. MüKoGmbHG/*Jaeger/Steinbrück* Rn. 393.
574 BGH NJW 99, 3263 f.
575 BGH NJW 1998, 1480.
576 So der BGH in seiner Entscheidung v. 21.6.99 (NJW 99, 3263 f.) ausdrücklich unter II. 2. der Entscheidungsgründe.
577 BGH NJW 1998, 1480.
578 BGH NJW 99, 3263 f.
579 Ebenso MüKoGmbHG/*Jaeger/Steinbrück*, Rn. 394 d.
580 So MüKoGmbHG/*Jaeger/Steinbrück*, Rn. 394 c unter Hinweis auf BGH NJW 99, 3263 f.

dem Geschäftsführer durch die vorzeitige Beendigung entgehenden Gehalts repräsentiert, für wirksam vereinbar, ohne dies näher zu begründen.[581] Eine solche Regelung würde zwar eine gewisse wirtschaftliche Kompensation darstellen und damit uU einer unangemessenen Benachteiligung entgegenwirken, aber per se keinen der anderen vorstehend problematisierten mögl. Unwirksamkeitsgründe beseitigen.

125 e) **Tod des Geschäftsführers.** Das Anstellungsverhältnis des Geschäftsführers endet mit dessen Tod, ohne dass noch Erklärungen seitens der Gesellschaft von Nöten wären.

126 f) **Aufhebungsvertrag.** Das Anstellungsverhältnis des Geschäftsführers kann – wie jedes Vertragsverhältnis – von den Vertragsparteien grds. jederzeit einvernehmlich aufgehoben u. damit beendet werden.[582] Da § 623 BGB idR nicht einschlägig ist, kann der Anstellungsvertrag eines GmbH-Geschäftsführers – vorbehaltlich anderslautender wirksamer vertraglicher Vereinbarung – auch mündlich aufgehoben werden.[583] Geht der Trennungswunsch dabei von der Gesellschaft aus, wird regelmäßig, wenn nicht bereits im Anstellungsvertrag vorsorglich über eine Abfindung für die vorzeitige Beendigung oder die Zahlung eines Übergangsgeldes verhandelt.

127 g) **Außerordentliche Kündigung.** Kann das Recht zur ordentlichen Kündigung allgM nach vertraglich abbedungen, sprich: erschwert oder gar ausgeschlossen werden, so ist dies beim Recht zur außerordentlichen Kündigung gem. **§ 626 BGB** nicht möglich, da es sich um **zwingendes Recht** handelt. Eine außerordentliche, idR fristlose Kündigung ist nach § 626 BGB möglich, wenn ein **wichtiger Grund** vorliegt, der es der einen Vertragspartei unzumutbar macht, das Vertragsverhältnis bis zum Ablauf der vorgesehenen Vertragslaufzeit (befristetes Anstellungsverhältnis) oder bis zum Ablauf der ordentlichen Kündigungsfrist (unbefristetes Anstellungsverhältnis) fortzusetzen (§ 626 I BGB) u. das Anstellungsverhältnis von der zur Kündigung berechtigten Vertragspartei innerhalb einer **Frist von 2 Wochen** nach Kenntnis von dem Kündigungsgrund ausgesprochen wird. Zuständig dafür ist bei Fehlen einer anderweitigen Regelung in der Unternehmenssatzung die Gesellschafterversammlung.[584] Dort bedarf es für eine gesellschaftsseitige Kündigung eines wirksamen Beschlusses der Gesellschafterversammlung,[585] ggf. des sonst zuständigen Gremiums.[586]

128 aa) **Wichtiger Grund.** Nach Ansicht des BGH ist es in erster Linie eine tatrichterliche Frage, also LG und ggf. OLG überlassen, festzustellen, ob ein bestimmtes Verhalten als wichtiger Grund für eine außerordentliche Kündigung zu werten ist.[587] Die Rspr. prüft das Bestehen eines wichtigen Grun-

581 MüKoGmbHG/*Jaeger*/*Steinbrück* Rn. 394 f.

582 Dazu etwa *Bauer*, Aufhebungsverträge, III. S. 202 ff.; Hümmerich/Lücke/Mauer/*Regh*, Arbeitsrecht, § 4 Rn. 329 ff.

583 Zutreffend LAG Schleswig-Holstein BeckRS 18, 17624.

584 StRspr des BGH, vgl. BGH NZG 18, 1073 ff.

585 Ganz hM, vgl. etwa BGH NJW-RR 2017, 808 ff.; OLG München GmbHR 15, 35 ff.

586 Näher zu den gesellschaftsrechtlichen Voraussetzungen einer Kündigung: *Harbarth*, BB 15, 707 ff.; zu besonderen Abgrenzungsproblemen bei der GmbH & Co KG vgl. *Wertenbruch*, NZG 16, 1081 ff.

587 BGH BB 19, 2232 ff.

des stets in 2 Schritten: Zunächst wird geklärt, ob ein Sachverhalt vorliegt, der „an sich" geeignet ist, einen wichtigen Grund für eine außerordentliche Kündigung abzugeben. Bejahendenfalls wird in einem zweiten Schritt anhand einer aller Umstände des Einzelfalls umfassenden Interessenabwägung[588] wertend festgestellt, ob es dem Kündigenden in diesem Einzelfall **unzumutbar** war, das „normale" Ende des Anstellungsverhältnisses, entweder durch Fristablauf (bei Befristung) oder durch Ausspruch einer ordentlichen Kündigung (bei unbefristetem Vertrag), abzuwarten.[589] Die Interessenabwägung auf der zweiten Stufe dient der Einzelfallgerechtigkeit, wobei in Kauf genommen wird, dass diese wegen der erschwerten Prognose zur Wirksamkeit einer außerordentlichen Kündigung der Rechtssicherheit abträglich ist. Gesichert ist lediglich: Eine Abberufung „an sich" bzw. „als solche" stellt keinen wichtigen Grund iSd § 626 I BGB dar. Dies entspricht der hM und folgt idR schon daraus, dass es für die Abberufung im gesetzlichen Regelstatut des § 38 I gar keines Grundes, geschweige denn eines wichtigen Grundes bedarf.[590] Obwohl dann die gesetzgeberische Wertung in § 38 I konterkariert würde, soll nach einer in der Literatur verbreiteten Ansicht etwas Anderes gelten, wenn im Einzelfall keine Möglichkeit besteht, den Abberufenen angemessen zu beschäftigen, dieser nicht mit einer geringerwertigen Beschäftigung einverstanden ist und die Restlaufzeit des Vertrages noch länger andauert.[591] Auch ein bloßer **„Vertrauensverlust bzw. -entzug"** durch die Gesellschafter „per se" ist unzureichend.[592] Weiter vermag natürlich auch nicht jede Vertragspflichtverletzung des Dienstnehmers die außerordentliche Kündigung zu rechtfertigen.[593] Zutr. fasste das OLG Hamm jüngst zusammen:

„Die fristlose Kündigung eines Dienstverhältnisses ist gerechtfertigt, wenn Tatsachen vorliegen, aufgrund derer dem Kündigenden unter Berücksichtigung aller Umstände des Einzelfalls und unter Abwägung der Interessen beider Vertragsteile die Fortsetzung des Vertrags bis zum Ablauf der Kündigungsfrist oder bis zu der vereinbarten Beendigung des Dienstverhältnisses nicht zugemutet werden kann, § 626 Abs. 1 BGB. Dabei ist die Kündigung nicht Sanktion für vorangegangenes Verhalten, sondern eine Prognose für die Zukunft. Voraussetzung ist das Vorliegen eines „an sich geeigneten wichtigen Grundes". Ein Abmahnungserfordernis gibt es bei der Kündigung des GmbH-Geschäftsführers aus wichtigem Grund grundsätzlich

588 BGH NJW-RR 17, 808 (Rn. 17).

589 StRspr des BAG, vgl. etwa BAG NZA 11, 798 ff., die auch die Zivilgerichtsbarkeit für das Dienstvertragsrecht adaptiert hat, vgl. etwa BGH NJW 05, 3069 ff.; auch BGH NJW 19, 3718 (Rn. 17); zu den generellen Handlungsoptionen nach Aufdeckung erheblicher Pflichtverletzungen eines Geschäftsführers: *Rüppell/Hoffmann*, BB 16, 645 ff.

590 Nach § 38 I 2. Hs. bleiben die Ansprüche aus dem Dienstvertrag vom Widerruf der Bestellung zum Geschäftsführer gerade unberührt; im Ergebnis ebenso: Roth/Altmeppen/*Altmeppen*, § 6 Rn. 148; Michalski/Heidinger/Leible/J. Schmitt/*Tebben* Rn. 235.

591 So etwa BeckOK GmbHG/*Wisskirchen/Kuhn*, § 6 Rn. 156; ebenso Baumbach/Hueck/*Zöllner/Noack* Rn. 222.

592 Im GmbHG fehlt es an einer § 84 III 2 AktG entspr. Regelung, der den Vertrauensentzug durch die Eigner zum wichtigen Grund zumindest für eine Abberufung erklärt; ebenso etwa MüKoGmbHG/*Stephan/Tieves*, § 38 Rn. 92.

593 OLG München BeckRS 12, 14124.

nicht. Eine Interessenabwägung muss zu dem Ergebnis führen, dass das Beendigungsinteresse des Kündigenden das Bestandsinteresse des Gekündigten überwiegt.“[594]

129 **Verschulden** des Geschäftsführers ist grds. nicht erforderlich, liegt es aber vor, ist es in die Abwägung zulasten des Geschäftsführers einzubeziehen.[595]

130 Umstritten ist die Frage, ob **§ 626 I BGB zwingend oder abdingbar** ist u. die Vertragsparteien vertraglich festlegen können, was als wichtiger Grund gelten soll u. was nicht. Eine Erschwerung der fristlosen Kündigung ist nach allg. Meinung unzulässig und etwaige vertragliche Regelungen nach § 134 I BGB nichtig.[596] Nach hM sollen Erleichterungen zulässig sein, zB im Anstellungsvertrag zu regeln, dass ein zur Abberufung aus wichtigem Grund iSd § 38 II berechtigender Grund stets auch ein wichtiger Grund für die außerordentliche Kündigung sein soll[597] oder bestimmte Sachverhalte im Anstellungsvertrag als wichtigen Grund iSd § 626 I BGB zu definieren.[598] Gegen diese Ansicht bestehen aber durchgreifende Bedenken, denn § 626 I BGB stellt zwingendes Recht dar,[599] so dass der unbestimmte Rechtsbegriff „wichtiger Grund“ entgg. der hM zulasten des Geschäftsführers nicht rechtswirksam abw. von der im Gesetz festgelegten „Unzumutbarkeitsschwelle“, insbes. durch Festlegung einer niedrigeren Schwelle geregelt werden kann.[600] Allerdings scheint die abw. hM doch gewisse Bedenken zu haben u. behilft sich mit der „Ergebniskosmetik“, dass bei Eintritt eines „vereinbarten“ wichtigen Grundes, der aber de jure kein wichtiger Grund iSd § 626 I BGB ist, diese „außerordentliche“ Kündigung das Dienstverhältnis nur unter Beachtung der gesetzlichen Mindestkündigungsfrist beenden können soll.[601] Ein anderer Teil der hM nimmt bei Eintritt eines „vereinbarten“ wichtigen Grundes, der auch tatsächlich „an sich“ ein

594 OLG Hamm BeckRS 19, 14258.

595 HM, vgl. ErfK/*Niemann* § 626 BGB Rn. 40 mwN auch zur BAG- und BGH-Rechtsprechung.

596 Vgl. dazu etwa BeckOGK/*Günther* BGB § 626 Rn. 81 mwN.

597 Michalski/*Tebben* § 6 Rn. 228 unter Hinweis auf BGH BB 98, 762 ff.

598 BeckOGK/*Günther* BGB § 626 Rn. 101 f.; Michalski/*Tebben* § 6 Rn. 228, jedoch ohne Begründung; Lutter/Hommelhoff/*Kleindiek* Anh. § 6 Rn. 57; zust.: BeckOK GmbHG/*Wisskirchen/Kuhn*, § 6 Rn. 154; Roth/*Altmeppen* § 6 Rn. 140, nach beiden soll es dann keiner Interessenabwägung mehr bedürfen; zu Recht aA: Baumbach/Hueck/*Zoellner/Noack* Rn. 223; wohl auch in diesem Sinne BGH DStR 98, 861 ff. mAnm *Goette*.

599 So zutr. BeckOGK/*Günther* BGB § 626 Rn. 81; ErfK/*Müller-Glöge*, BGB § 626 Rn. 184 unter Hinweis auf BAG BB 92, 216 ff. (so schon BAG NJW 57, 118 ff.; *Ascheid/Preis/Schmidt* BGB § 626 Rn. 7; Baumbach/Hueck/*Zöllner/Noack* Rn. 223, die zutr. ausführen: „Was wichtiger Grund ist, unterliegt nicht der Vereinbarung.“ Zunächst auch Scholz/*Schneider/Sethe* Rn. 333, diese lassen dann aber insoweit inkonsequent die Festlegung bestimmter Sachverhalte als „wichtiger Grund“ zu.

600 HM im Bereich des Arbeitsrechts, da andernfalls die gesetzlichen Mindestkündigungsfristen des § 622 BGB umgangen würden, vgl. statt vieler: Schaub/*Link* § 127 Rn. 12-14; MüKoGmbHG/*Jaeger* Rn. 423, der dann aber bei vertraglicher Definition von wichtigen Gründen die Interessenabwägung entfallen lassen will, wogegen hier wegen des zwingenden Charakters des Schutzes nach § 626 BGB ebenfalls Bedenken erhoben werden.

601 HM, vgl. etwa BeckOK GmbHG/*Wisskirchen/Kuhn*, § 6 Rn. 154; MüKoGmbHG/*Tebben* § 6 Rn. 228; Roth/*Altmeppen* § 6 Rn. 149, allesamt unter Bezugnahme auf BGH NJW 89, 2683 f.

wichtiger Grund iSd § 626 I BGB ist, an, dass die Interessenabwägung (zweiter Teil der Prüfung des wichtigen Grundes), die aus der objektiven Sicht eines verständigen Dritten zu erfolgen hat,[602] entfallen soll.[603] Angesichts der massiven Auswirkung einer außerordentlichen Kündigung auf das Anstellungsverhältnis, des zwingenden Charakters von § 626 BGB u. – ggf. – dem in der Befristung eines Dienstverhältnisses liegenden Ausschluss der ordentlichen Kündigung sind auch diese „einschränkenden" Lösungsansätze abzulehnen, da dafür kein praktisches Bedürfnis zu erkennen, geschweige denn anzuerkennen ist.[604] Auch die verfassungsrechtlich geschützten Grundrechtspositionen des Geschäftsführers aus Art. 12, 2 I GG streiten für einen insgesamt zwingenden Charakter der Vorschrift, da die vertragliche Rechtsposition des Geschäftsführers bei ohnehin idR schon „grundlos" ordentlich kündbarem Anstellungsverhältnis – entgegen auch dem gesetzgeberischen Grundgedanken aus § 38 I – weitgehend „entkernt" wäre. Letztlich ist in der Annahme einer vertraglichen Abdingbarkeit liegenden Abweichung von wesentlichen Grundgedanken der gesetzlichen Regelung auch eine unangemessene Benachteiligung iSd § 307 I, II Nr. 1 BGB zu sehen. Es bleibt daher uE dabei, für eine außerordentliche fristlose Kündigung bedarf es nicht nur eines wichtigen Grundes iSd § 626 I BGB „an sich", der das Verhältnismäßigkeitsprinzip wahrt, sondern auch eines solchen „in concreto" nach gesetzesgemäßer Interessenabwägung, nicht mehr, aber auch nicht weniger.

bb) Beispielsfälle. Einen Überblick über die neuere Rspr., insbes. des BAG 131
zur außerordentlichen Kündigung, gibt *Schulte Westenberg*.[605] Aufgrund des Einzelfallbezugs der Überprüfung einer außerordentlichen Kündigung können die nachstehend wiedergegebenen Stichworte, in denen eine außerordentliche Kündigung berechtigt sein kann („Kündigungsgrund an sich"), nur einer ersten Orientierung dienen:

Aus Sicht der Gesellschaft: (Wiederholte) Verweigerung der Information 132
ggü. berechtigten Auskunftsbegehren von Gesellschaftern; fehlende offene, transparente, zutr. u. vollständige Berichterstattung an den Aufsichtsrat;[606] sexuelle Belästigung von Mitarbeiterinnen;[607] unterlassenes Einschreiten gegen sexuelle Belästigungen von Mitarbeitern durch andere oder Mitgeschäftsführer,[608] nachhaltige oder wiederholte Nichtbefolgung rechtmäßiger Gesellschafterweisungen;[609] Nichtnachgehen von erheblichen Bewertungsdivergenzen in dem von Mitarbeitern vorbereiteten Jahresabschluss;[610] Aufstellung falscher Bilanzen;[611] Verwendung von Gesellschaftsmitteln für private Zwecke;[612] Barabhebung vom Geschäftskonto

602 Baumbach/Hueck/*Zoellner/Noack* Rn. 218.
603 MüKoGmbHG/*Jaeger* Rn. 423; Schaub/*Linck* § 127 Rn. 12–14, ErfK/*Niemann*, § 626 BGB Rn. 39, jeweils unter Hinweis auf BGH NJW-RR 88, 1381 f.
604 Krit. wohl auch: Baumbach/Hueck/*Zöllner/Noack* Rn. 223.
605 *Schulte Westenberg*, NZA-RR 14, 225 ff.
606 KG BeckRS 11, 17866.
607 OLG Frankfurt GmbHR 09, 488 ff.
608 OLG Hamm GmbHR 07, 823 ff.
609 BGH BB 19, 2232 ff.; OLG Celle GmbHR 04, 425 ff.
610 OLG Bremen GmbHR 98, 536 ff.
611 OLG Bremen NJW-RR 98, 468 ff.
612 BGH GmbHR 97, 998 ff.

ohne Verwendungsnachweis,[613] eigenmächtige, unberechtigte Bonuszahlung an sich,[614] Unterlassen der Einrichtung eines Kontrollsystems zur Unterbindung von Scheinrechnungen,[615] Krankheit,[616] Kompetenzverstöße;[617] unberechtigte Spesenabrechnung,[618] tiefgreifendes Zerwürfnis unter den Geschäftsführern, die eine sachgerechte Zusammenarbeit objektiv nicht mehr erwarten lässt.[619] Geschäftliches Versagen, Insolvenz oder Unfähigkeit zur ordnungsgemäßen Geschäftsführung sind nur ausnahmsweise geeignet, eine außerordentliche Kündigung rechtfertigen. Eine **Amtsniederlegung** durch den Geschäftsführer ohne nachvollziehbare Begründung berechtigt die Gesellschaft zur außerordentlichen Kündigung des Anstellungsvertrages.[620] Weitere Bsp finden sich bei *Schneider/Sethe*.[621]

133 **Aus Sicht des Geschäftsführers:** Vertragswidrige Nichtbestellung zum Geschäftsführer;[622] Widerruf der Bestellung;[623] erhebliche Gehaltsrückstände; Gesellschafterverlangen nach Durchführung rechtswidriger Maßnahmen;[624] nachhaltige Behinderung an der Erfüllung gesetzlicher Pflichten; erhebliche Einschränkungen der Ressortzuständigkeit (soweit dienstvertraglich festgelegt);[625] systematische Vorenthaltung hinreichender Information über die wirtschaftliche Situation;[626] unberechtigte Kündigung seitens der Gesellschaft. Eine **Abberufung** berechtigt den Geschäftsführer zur außerordentlichen Kündigung des Anstellungsvertrages.[627]

134 IRd stets erforderlichen **umfassenden Interessenabwägung** ist unter Berücksichtigung aller Umstände des Einzelfalls vom Standpunkt eines verständigen Vertragspartners ausgehend wertend zu entscheiden, ob die Fortsetzung des Dienstverhältnisses bis zu dessen regulärem Ende (bei Befristung) oder bis zum Ablauf der ordentlichen Kündigungsfrist (bei unbefristetem Vertrag) noch zumutbar war oder nicht.[628] Dabei sind anhand der konkreten Umstände iW die berechtigten Bestandschutzinteressen des Geschäftsführers gegen die berechtigten Beendigungsinteressen der Gesellschaft abzuwägen, oder wie es der BGH ausführt:

„Der Begriff des wichtigen Grundes ist nur dann richtig angewandt, wenn nicht nur geprüft wird, ob ein bestimmter Sachverhalt ohne die besonderen

---

613 OLG Rostock NZG 99, 216 ff.
614 OLG München BeckRS 14, 14695.
615 OLG Thüringen NZG 10, 226 ff. u. Anm. *Wilsing/Bgorek*, NZG 10, 216 ff.
616 *Picker*, GmbHR 11, 629 ff.
617 BGH NJW 13, 2425 ff.
618 OLG Köln DB 94, 471 ff.; OLG Celle NZA-RR 10, 299 ff. selbst für geringen Betrag; beachte aber die Einschränkung durch BGH NJW 03, 431 ff. bei „offener" Abrechnung.
619 BGH NZG 09, 386 ff.
620 BGH DStR 95, 1359 ff.; OLG Celle GmbHR 04, 425 ff.
621 Scholz/*Schneider/Sethe* Rn. 327 ff.
622 BAG GmbHR 03, 105 ff.
623 BGH GmbHR 03, 100 ff.
624 BGHZ 13, 194 ff.
625 OLG Karlsruhe NZG 11, 987 ff. (zu sachl. ungerechtfertigten Einschränkungen).
626 BGH NJW 95, 2850 f.
627 BGH GmbHR 03, 100 ff.
628 StRspr des BAG vgl. etwa BAG NZA 11, 798 ff., die der BGH für den Dienstvertrag des Geschäftsführers adaptiert hat, vgl. etwa BGH NJW 05, 3069 ff; auch BGH NJW 19, 3718 (Rn. 37).

Umstände des Einzelfalls geeignet ist, einen wichtigen Grund zu bilden; vielmehr müssen bei der zusätzlich erforderlichen Interessenabwägung alle vernünftigerweise in Betracht kommenden Umstände des Einzelfalls daraufhin abgewogen werden, ob es dem Kündigenden unzumutbar ist, das Dienstverhältnis bis zum Ablauf der Frist für eine ordentliche Kündigung fortzusetzen."[629]

Dabei ist es in erster Linie eine tatrichterliche Frage, ob ein bestimmtes Verhalten als wichtiger Grund für eine außerordentliche Kündigung zu werten ist oder nicht, also letztlich eine wertende Ermessensentscheidung der Land- und Oberlandesgerichte.[630]

cc) 2-Wochen-Frist. Nach § 626 II BGB muss eine auf einem wichtigen Grund beruhende außerordentliche, idR fristlose Kündigung zwingend innerhalb einer Frist von 2 Wochen ab Kenntnis von dem Kündigungsgrund ausgesprochen werden. Das ist eine **Wirksamkeitsvoraussetzung** für die Kündigung, an der in der Praxis doch die eine oder andere gerechtfertigte außerordentliche Kündigung scheitert. 135

Die **2-Wochen-Frist** läuft für jeden Kündigungsgrund gesondert u. **beginnt mit der Kenntnis** des Kündigungssachverhalts durch den oder die Kündigungsberechtigten.[631] Nachdem bei feststehendem Fristbeginn der Ablauf der 2-Wochen-Frist entspr. den Bestimmungen der §§ 187 ff. BGB eindeutig bestimmt werden kann, ist im Zusammenhang mit der 2-Wochen-Frist regelmäßig gerade der Fristbeginn von Bedeutung, nämlich die Bestimmung des Zeitpunkts, ab dem die 2-Wochen-Frist zu laufen beginnt. Schwierigkeiten ergeben sich dabei va unter zwei Aspekten: Zum einen ist schon fraglich, ab welchem **Grad an Kenntnissen des Sachverhalts** beim Kündigungsberechtigten die Frist zu laufen beginnt, maW wie viel vom Kündigungssachverhalt bekannt sein muss, damit die Frist zu laufen beginnt. Zum anderen ergibt sich bei **mehrköpfigen Gremien** das Problem, wann dort die Kenntnis vom Kündigungssachverhalt angenommen werden kann. Nicht ganz zu Unrecht verleitet dies zu der Aussage, dass Entscheidungen über die Einhaltung der 2-Wochen-Frist „wenig vorhersehbar und (...) subjektiv geprägt" seien.[632] 136

(1) Lauf der 2-Wochen-Frist. Verhält es sich – ausnahmsweise – so, dass der Kündigungssachverhalt (**ein bestimmter Pflichtenverstoß**) bei Bekanntwerden bereits vollständig zu Tage getreten ist, bedarf es also keiner weiteren Nachforschungen zur Sachverhaltsaufklärung, so lässt sich der Tag der Kenntniserlangung gut bestimmen u. damit auch An- u. Ablauf der 2-Wochen-Frist. Liegen **mehrere verschiedenartige Pflichtverstöße** vor, so ist die Einhaltung der 2-Wochen-Frist grds. für jeden einzelnen Pflichtverstoß ge- 137

629 BGH DStR 01, 861 f. (zum Vorstand einer Bank) unter Hinweis auf BGH WM 84, 1120 ff. (zum GmbH-Geschäftsführer).
630 StRspr BGH, vgl. BGH NZG 19, 1023 ff. (Rn. 26); wogegen es Aufgabe des RevGer. ist, die vom Berufungsgericht. vorgenommene Wertung darauf zu überprüfen, ob der Rechtsbegriff des wichtigen Grundes richtig erkannt und die Grenzen des dem Tatrichter eingeräumten Ermessens bei der Würdigung des von ihm festgestellten Sachverhalts eingehalten worden sind.
631 StRspr des BGH, vgl. BGH NZG 13, 615 mit Anm. *Maschmann*, LMK 13, 348/59.
632 *Arnold/Schansker*, NZG 13, 1172 ff.

sondert zu überprüfen.[633] Bei **mehreren gleichartigen Pflichtverletzungen,** die zu einem Gesamtverhalten zusammengefasst werden können, beginnt die Frist erst mit Kenntnis des letzten Vorfalls, der ein weiteres und letztes Glied in der Kette der Ereignisse bildet, die in ihrer Gesamtheit zum Anlass für eine Kündigung genommen werden.[634] Gleiches gilt für ein sich länger hinziehendes, immer wieder auftretendes vertragswidriges Verhalten als Grund für die außerordentliche Kündigung.[635] Relativ einfach gestaltet sich die Fristeneinhaltung auch bei **sog. „Dauertatbeständen"**, wenn es sich also bei der oder den dem Geschäftsführer vorgeworfenen Pflichtverletzung(en) nicht um einmalige Aktionen, sondern um solche handelt, die seit Beginn der Pflichtverletzung anhalten, also noch nicht abgeschlossen bzw. abgestellt sind, wie zB eine pflichtwidrig aufgenommene Konkurrenztätigkeit. Denn solche „Dauertatbestände" können unter dem Fristaspekt durchaus schon länger in der Vergangenheit begonnen haben, wenn sie nur noch in den 2-Wochen-Zeitraum hineinreichen, denn die Ausschlussfrist des § 626 II Satz 1 BGB beginnt nicht vor Beendigung des pflichtwidrigen Dauerverhaltens[636] Demnach ist es ausreichend, wenn die Pflichtverletzung noch innerhalb der Zwei-Wochenfrist vor Ausspruch der Kündigung angedauert hat.[637]Problematisch sind in der Regel jedoch die Fälle, in denen der **Sachverhalt noch nicht hinreichend geklärt** ist, aber dennoch bereits ein Verdacht auf schwerwiegende Pflichtverletzungen besteht:

138 **Kenntnis vom Kündigungssachverhalt** liegt vor, wenn die **wesentlichen Umstände**, die den Kündigungsgrund darstellen sollen, bekannt sind. Das BAG spricht von der zuverlässigen u. möglichst vollständigen positiven Kenntnis der Tatsachen hat, die ihm die Entscheidung darüber ermöglicht, ob er das Arbeitsverhältnis fortsetzen soll oder nicht.[638] Zu ihr gehören sowohl die für als auch die gegen die Kündigung sprechenden Umstände sowie die Beschaffung u. Sicherung möglicher Beweismittel für die ermittelte Pflichtverletzung.[639] Der BGH sieht sichere u. umfassende „Kenntnis" als gegeben an, wenn alles in Erfahrung gebracht worden ist, was als notwendige Grundlage für eine Entscheidung über Fortbestand oder Auflösung des Dienstverhältnisses anzusehen ist. Kennen müssen oder grob fahrlässige Unkenntnis genügen nicht.[640] Dieser Zeitpunkt ist wertend zu bestimmen, indem gefragt wird, ab welchem Stadium des sukzessiv fortschreitenden Erkenntnisprozesses das zuständige Gremium hätte **auf der Basis möglichst sicherer u. umfassender Kenntnis** vernünftigerweise eine Entscheidung über die Kündigung treffen können.[641] Der zeitliche Rahmen des § 626 II BGB soll den Kündigungsberechtigten weder zu hektischer Eile bei der Kündi-

633 BGH DStR 01, 861 f.
634 BAG NZA 17, 1332 ff. (Rn. 64).
635 ErfK/*Niemann* § 626 BGB Rn. 215.
636 So schon BGH NJW-RR 92, 992 f.; bestätigt durch BGH NZG 05, 714 ff.
637 BAG NZA 18, 646 ff.; BAG NZA 16, 1144; jüngst LAG Rheinland-Pfalz BeckRS 19, 18162.
638 BAG NZA 18, 1405 ff.
639 BAG NZA 18, 1405 ff. (Rn. 51).
640 BGH NJW 13, 2425 ff. (Ls. 3), vgl. dazu auch *Arnold/Schansker*, NZG 13, 1172 ff., jüngst bestätigt durch BGH NZG 19, 1023 ff. (Rn. 30).
641 BGH NJW 96, 1403 f.; ebenso BGH NJW 13, 2425 ff.; Scholz/*Schneider/Sethe* Rn. 342.

gung antreiben noch ihn veranlassen, ohne eine genügende Prüfung des Sachverhalts oder vorhandener Beweismittel voreilig zu kündigen, noch gestattet es § 626 BGB, dass der Kündigungsberechtigte die Entscheidung über die Kündigung „auf die lange Bank schiebt".[642] Für die Kenntnis der für die Kündigung eines Geschäftsführeranstellungsvertrags maßgebenden Tatsachen, die die Zweiwochenfrist nach § 626 II BGB in Lauf setzt, kommt es auf den **Wissensstand des zur Entscheidung über die fristlose Kündigung berufenen und bereiten Gremiums** der Gesellschaft an.[643]

In der Praxis ist es oftmals schwierig, diesen Zeitpunkt zu bestimmen: Es 139
treten **zunächst nur bestimmte Verdachtsmomente** gegen einen Geschäftsführer auf, die für sich genommen noch keine hinreichend fundierte Basis für eine Entscheidung „für oder gegen" den Ausspruch einer außerordentlichen Kündigung darstellen. In einem solchen Fall bedarf es **zusätzlicher Ermittlungen,** um den möglicherweise kündigungsrelevanten Sachverhalt aufzuklären u. dann die Entscheidung über die Kündigung treffen zu können. Sind solche Sachverhaltsermittlungen nach pflichtgemäßem Ermessen erforderlich (also aus Sicht eines verständigen Dienstgebers in der konkreten (Verdachts-)Situation aufgrund der Schwere des Verdachts angezeigt),[644] so wird – **wenn u. soweit die Ermittlungen unverzüglich aufgenommen, der Bedeutung des Verdachts im Einzelfall sowohl hins. Umfang, Tiefe u. Dauer angemessen dimensioniert u. dementsprechend zügig durchgeführt werden** – der Beginn der 2-Wochen-Frist aufgeschoben.[645] Der Beginn der Ausschlussfrist darf allerdings nicht länger als unbedingt nötig hinausgeschoben werden.[646] Es besteht also eine Wechselbeziehung zwischen dem Umfang des aufzuklärenden Sachverhalts, der Schwierigkeit der Ermittlungen und dem von der Rechtsprechung dafür zugestandenen zeitlichen Aufschub des Fristbeginns. Inzwischen ist es zumindest bei schwerwiegenderen oder komplexeren Verdachtsmomenten üblich u. ggf. auch angezeigt, entweder eine interne Compliance-Abteilung oder auch externe Dritte, zB Rechtsanwälte und/oder Wirtschaftsprüfer mit der Sachverhaltsermittlung u. einer ersten Bewertung zu beauftragen. Es gilt das Gebot umsichtiger Ermittlungen und deren sorgfältiger Vorbereitung und Organisation.[647] Auch in einem solchen Fall müssen die Ermittlungen aber mit der gebotenen Eile (zügige Beauftragung, zügige Bearbeitung, zügige Bewertung der Ergebnisse) durchgeführt u. dürfen nicht „verschleppt" werden.[648] Dies gilt auch bei der Einschaltung der internen (konzerneigenen) Compliance-Abteilung (oder externer Rechtsanwälte) und der dadurch ver-

---

642 BAG NZA 07, 744 ff. (Ls. 5).
643 StRspr BGH, vgl. BGH NJW 13, 2425 ff. (Ls. 1); zuletzt bestätigt durch BGH NZG 19, 1023 ff. (Rn. 29).
644 BAG NZA 07, 744 ff.
645 BAG NZA 06, 1211 ff.; ähnlich BGH NZG 19, 1023 ff. (Rn. 30).
646 Zutreffend: BeckOK-BGB/*Stoffels*, § 626 Rn. 186.
647 So grds. zutreffend: OLG Hamm BeckRS 19, 14258; vgl. auch *Dzida/Förster*, NZA-RR 15, 561 ff.
648 Instruktiv soweit OLG Stuttgart BeckRS 15, 07186, in dem entschiedenen Einzelfall äußerst großzügig und uE zu weitgehend: OLG Hamm BeckRS 19, 14258, wonach selbst.

ursachten Einarbeitungszeit.[649] Auch eine Anhörung des betroffenen Geschäftsführers kann den Beginn der Zwei-Wochen-Frist etwas hinausschieben, aber in aller Regel ist dafür allenfalls eine Woche vertretbar.[650] Sind die Ermittlungen soweit gediehen, dass eine abschließende Entscheidung über die Kündigungsfrage getroffen werden kann, sind die Ermittlungsergebnisse unverzüglich dem kündigungsberechtigten Personenkreis (Gremium) zur Kenntnis zu bringen, damit dort entschieden werden kann. Nach der Rspr. des BGH kommt es auf die **„Kenntnis der Organmitglieder in ihrer Eigenschaft als Mitwirkende an der kollektiven Entscheidungsfindung"** an, so dass die 2-Wochen-Frist erst zu laufen beginnt, wenn der Kündigungssachverhalt dem zuständigen Organ – je nach dem – in einer ordnungsgemäß einsberufenen Gesellschafter- oder Aufsichtsratssitzung unterbreitet wird.[651] Es ist nur im Einzelfall nach Lage der Umstände zulässig, die nächste regelmäßige Gremiensitzung abzuwarten, wenn diese ohnehin unmittelbar bevorsteht, andernfalls wird – wie meist – die Anberaumung einer außerordentlichen Gremiensitzung nötig sein, um sich nicht dem Vorwurf auszusetzen, nach Abschluss der Ermittlungen zu lange mit der Entscheidungsfindung zugewartet zu haben.[652] Die Gremienversammlung ist binnen angemessen kurzer Zeit einzuberufen, nachdem Kenntnis von dem Kündigungsgrund erlangt wurde.[653] Die Rspr. spricht in diesem Zusammenhang von „billigerweise zumutbarer Beschleunigung der Einberufung".[654] Als Zeitraum ist hier die Zeitspanne von ein paar Tagen, einer Woche bis zu max 2 Wochen in der Diskussion.[655] Ein Zeitraum von bis zu max. einer Woche sollte uE in aller Regel für die Einberufung ausreichend sein.[656] Notfalls müssen auch die Gesellschafter aktiv werden (§ 50 III). Unterbleibt eine solche mit zumutbarer Beschleunigung erfolgte Einladung zur Gremiensitzung bzw. erfolgt sie etwa wegen organisatorischer Mängel verzögert, so muss sich die Gesellschaft behandeln lassen, als wäre die Gremiensitzung von den einberufungsberechtigten Personen unverzüglich einberufen worden, dh die 2-Wochen-Frist beginnt ab dem Zeitpunkt, in dem es bei ordnungsgemäßer Einberufung zu der Gremiensitzung gekommen wäre („Vorverlegung" des Beginns der 2-Wochenfrist).[657]

140 **(2) Kenntnis bei Gremienentscheidungen.** Ist – wie meist – ein **Gremium** kündigungsberechtigt (Gesellschafterversammlung, Aufsichts- oder Beirat), so kommt es nach der stRspr des BGH auf die Kenntnis des ganzen Gremiums, nicht auf die Kenntnis einzelner Gremienmitglieder an.[658] Ausschlag-

649 OLG Hamm BeckRS 19, 14258; zur Fristberechnung bei komplexen Wirtschaftsstraftaten im Unternehmensumfeld vgl. *Dzida*, NZA 14, 809 ff.
650 StRspr BAG, vgl. BAG NZA 17, 1332 (1339).
651 BGH NJW 98, 3274 ff.; bestätigt durch BGH GmbHR 05, 1049 ff.
652 BGH NZG 13, 615 ff.
653 BGH NZG 19, 1023 ff. (Rn. 33).
654 Dazu in jüngster Zeit: BGH NZG 19, 1023 ff. (Rn. 33) unter Verweis auf BGH NZG 98, 634 ff.
655 Zu weitgehend: OLG Hamm BeckRS 19, 14258 (Ls.5), in dem im Ausnahmefall 10 Wochen noch angemessen sein sollen.
656 Großzügiger dagegen: OLG München NZG 09, 665 ff. (bis zu max 2 Wochen).
657 HM seit BGH NZG 98, 634 ff., bestätigt durch BGH NZG 19, 1023 ff. (Rn. 33); zust. die hL, vgl. etwa Michalski/*Tebben* § 6 Rn. 239 mwN.
658 BGH NZG 19, 1023 ff. (Rn. 29).

gebend ist danach, wann das Gremium an sich, die erforderlichen Kenntnisse gehabt hat. Dieses formalisierte Verständnis bedeutet, dass das Gremium in einer Präsenzsitzung oder bei Beschlussfassung in einer Telefonkonferenz oder im Umlaufverfahren vorab über den Sachverhalt informiert werden muss, am besten schriftlich oder in Textform. Die vor der Gesellschafterversammlung erlangte Kenntnis einzelner Gesellschafter oder des Vorsitzenden der Gesellschafterversammlung – nach OLG Düsseldorf selbst aller Gesellschafter[659] – vom Kündigungssachverhalt reicht nicht aus, es sei denn, diese hätten die daher angezeigte Einberufung des Gremiums unangemessen verzögert.[660]

(3) **Darlegungs- und Beweislast.** Die **Darlegungs- u. Beweislast** für die Einhaltung der 2-Wochen-Frist des § 626 II BGB trifft nach allg. Grundsätzen die Gesellschaft.[661] Dazu gehört ggf. auch, dass zunächst nur Verdachtsmomente vorlagen, zeitnah sachgerechte und angemessene Ermittlungen aufgenommen u. diese zügig genug durchgeführt u. an das entscheidungsbefugte Organ berichtet worden sind.[662] 141

(4) **Nachschieben von Gründen.** IR eines Rechtstreits über eine außerordentliche Kündigung können unter bestimmten Umständen weitere Kündigungsgründe zur Stützung der str. Kündigung eingeführt werden. Bei solchen weiteren Kündigungssachverhalten (Pflichtverletzungen) ist danach zu unterscheiden, ob sich diese vor oder nach Ausspruch der ersten Kündigung ereignet haben: Hat sich der weitere Kündigungssachverhalt **vor Ausspruch der ersten Kündigung** ereignet, so kann er zur Begründung dieser ersten Kündigung grds. „nachgeschoben" werden, u. das unabhängig davon, ob der Sachverhalt dem zur Kündigung zuständigen Organ bei Ausspruch der Kündigung schon bekannt war oder nicht.[663] Die Ausschlussfrist des § 626 II BGB ist aber natürlich einzuhalten, sprich, der nachzuschiebende Kündigungsgrund darf bei Ausspruch der Kündigung nicht bereits länger als 2 Wochen bekannt gewesen sein.[664] Ein solches Nachschieben erfordert jedoch einen entspr. Beschluss des kündigungsberechtigten Organs.[665] Hat sich der weitere Kündigungssachverhalt erst nach **Ausspruch der ersten Kündigung** ereignet, so scheidet ein Nachschieben aus u. muss eine neue zusätzliche Kündigung ausgesprochen werden.[666] 142

659 OLG Düsseldorf GmbHR 03, 1006 ff.
660 Ganz hM, vgl. dazu BGH NJW 98, 3274 ff., NZG 02, 46 ff.
661 Unbestritten, vgl. etwa BGH NZG 13, 615 ff.
662 So auch BAG NZA 07, 744 ff.
663 BGH NZA 04, 173 (175); Lutter/Hommelhoff/*Kleindiek* Anh. § 6 Rn. 63.
664 Ganz hM, vgl. etwa Baumbach/Hueck/*Zöllner/Noack* Rn. 235; Lutter/Hommelhoff/*Kleindiek* Anh. § 6 Rn. 63; auch ErfK/*Niemann*, § 626 BGB Rn. 230 unter Hinweis auf BAG NJW 73, 533 (Ls.3).
665 BGH NJW 04, 1528 ff.
666 AllgM, vgl. etwa ErfK/*Niemann*, § 626 BGB Rn. 55; MünchHdbGesR/*Diekmann*, § 43 Rn. 88.

143 **dd) Abmahnungserfordernis?** Nach hM,[667] insbes. auch nach der stRspr des BGH,[668] ist eine **Abmahnung** vor Ausspruch einer außerordentlichen Kündigung **nicht erforderlich**, auch nicht bei einem Fremdgeschäftsführer. Der BGH formuliert apodiktisch:

„Sie (Einschub der Verf: die Organmitglieder) kennen regelmäßig die ihnen obliegenden Pflichten und sind sich über die Tragweite etwaiger Pflichtverletzungen auch ohne besondere Hinweise und Ermahnungen im Klaren.“[669]

Diese strikt gegen das Abmahnerfordernis gerichtete Rspr. hat der BGH auch nach Inkrafttreten des § 314 BGB ausdrücklich aufrechterhalten,[670] verbunden mit dem Hinweis auf den heutigen § 314 Abs. 2 Satz 3 BGB und die Behauptung, dass die Organfunktion des Geschäftsführers ein „besonderer Umstand“ iSd § 314 Abs. 2 Satz 3 BGB sei. Das erscheint wenig überzeugend, ber uE führt ohnehin der auch für § 626 BGB geltende **Grundsatz der Verhältnismäßigkeit** dazu, dass das Erfordernis einer vorherigen Abmahnung jedenfalls nicht von vornherein ausgeschlossen werden kann.[671] Wie sich aus der Existenz des § 314 BGB ergibt, handelt es sich bei dem Rechtsinstitut der Abmahnung nicht um ein nur auf das Arbeitsrecht beschränktes Phänomen, wie der BGH in seiner ein Abmahnungserfordernis ablehnenden Rspr. früher argumentiert hat.[672] Die BGH-Rspr. führt insbes. im Fall von nennenswerten Pflichtverletzungen des befristet angestellten Geschäftsführers iErg zur unangemessenen Verschärfung der Fragestellung, wie auf eine Pflichtverletzung reagiert werden soll: „Hängen oder Laufen lassen?“ Oftmals ist in der Praxis das eine so unpassend wie das andere. Nur mit einem Abmahnungserfordernis bei weder ganz leichten („Laufen lassen“) noch ganz schweren („Hängen“) Pflichtverletzungen ließe sich die bisherige Dualität mittels einer dritten Kategorie von abzumahnenden Pflichtverletzungen sachgerecht durchbrechen. Das Rechtsinstitut der Abmahnung sollte daher – entgg. der Rspr. des BGH – grds. auch auf Dienstverhältnisse von Geschäftsführern angewandt werden.[673] Im Einzelfall, insb. bei schwerwiegenden Pflichtverletzungen kann die Abmahnung ent-

667 HL, vgl. etwa Lutter/Hommelhoff/*Kleindiek* Anh. § 6 Rn. 61 a; Scholz/*Schneider/Sethe* Rn. 324; aA: *Horstmeier*, GmbHR 06, 400 ff.; *Haase*, GmbHR 07, 823 ff.; differenzierter: Baumbach/Hueck/*Zöllner/Noack* Rn. 221; auch Scholz/*Schneider/Sethe* Rn. 324 entnehmen § 314 BGB keine grds. Verpflichtung zur Abmahnung, sie weisen aber zu Recht unter dem anderen rechtlichen Aspekt des Verhältnismäßigkeitsgrundsatzes darauf hin, dass sich aus diesem – je nach Lage des Einzelfalls (= Schwere des Pflichtverstoßes) – das Erfordernis einer Abmahnung ergeben kann.

668 BGH GmbHR 01, 1159 ff.; trotz nach der Schuldrechtsreform wegen des neu eingefügten § 314 BGB entstandener Kritik aus der Lit. bestätigt durch BGH NZG 07, 674 ff., aus der obergerichtlichen Rechtsprechung in jüngster Zeit etwa: OLG Hamm BeckRS 19, 14280 Rn. 60; OLG Koblenz GmbHR 14, 599 ff.

669 BGH GmbHR 00, 431 ff.

670 BGH NZG 07, 674.

671 So wohl auch Baumbach/Hueck/*Zöllner/Noack* Rn. 221 mwN; Scholz/*Schneider/Sethe* Rn. 324; offengelassen von OLG München BeckRS 15, 116979.

672 Vgl. etwa BGH GmbHR 00, 431 ff.

673 Wie hier: *Dröge/Jobst*, GmbHR 08, 527 ff.; *Winzer*, GmbHR 07, 1190 f.; s. auch OLG Celle NZG 04, 475 ff. zumindest für leichtere Pflichtverletzungen u. auch der 7. Senat des OLG München BeckRS 13, 09308 u. erneut BeckRS 15, 14222.

behrlich sein, wenn aufgrund Vorliegen eines (wirklich) wichtigen Grundes eine sofortige außerordentliche Kündigung gerechtfertigt und geboten ist.[674]

ee) **Anhörungserfordernis?** Abgesehen vom Sonderfall der Verdachtskündigung, bei der eine vorherige Anhörung des Betroffenen nach stRspr von BGH u. BAG Wirksamkeitsvoraussetzung ist,[675] bedarf es nach allgM keiner Anhörung des Geschäftsführers vor Ausspruch einer außerordentlichen fristlosen Kündigung.[676] 144

h) **Rechtsfolgen der Beendigung.** Wegen des Trennungsprinzips tangiert die Beendigung des Anstellungsverhältnisses die Organstellung als Geschäftsführer grds. nicht.[677] Entsprechendes muss für die Beendigung des Organstellung gelten, diese lässt den Bestand des Anstellungsverhältnisses – abgesehen von Fällen wirksam vereinbarter Kopplungsklauseln[678] – grds. unberührt. Ausnahmen ergeben sich, wenn man- wie ein Teil in der Literatur – im Wege der ergänzenden Auslegung annimmt, dass jedenfalls in einer außerordentlichen Kündigung seitens der Gesellschaft eine konkludent erklärte Abberufung zu sehen ist,[679] uU auch in einer ordentlichen Kündigung.[680] In einer Kündigung des Geschäftsführers könnte auch eine Amtsniederlegung zu sehen sein[681] sowie in einer einvernehmlichen Beendigung des Anstellungsverhältnisses auch eine Beendigung der Organstellung liegen. Bei derartigen Auslegungsansätzen ist wegen des grundlegenden Trennungsprinzips jedoch Zurückhaltung geboten und werden für davon abweichende Ergebnisse zumindest deutliche Indizien zu verlangen sein. Entgg. einer teilw. vertretenen Ansicht steht der nach einer Beendigung des Anstellungsvertrages „vertragslos" weiter als Geschäftsführer agierenden Person ein Vergütungsanspruch zu, dieser folgt aus § 612 II BGB, was *Tebben* übersieht, wenn er nur auf §§ 812 ff. BGB abstellt u. einen solchen Anspruch ablehnt.[682] 145

Das **Anstellungsverhältnis** endet zum maßgeblichen Beendigungszeitpunkt (Ablauf der Vertragslaufzeit oder der Kündigungsfrist oder wie im Aufhebungsvertrag festgelegt) u. ist bis zu diesem Zeitpunkt **ordnungsgemäß abzuwickeln**, dh insbes. der Geschäftsführer hat seine Dienste zu erbringen (wenn er nicht abberufen, freigestellt oder ausnahmsweise zu sonstigen leitenden Tätigkeiten verpflichtet ist), u. die Gesellschaft hat die vertragsgemäß geschuldete Vergütung abzurechnen u. auszuzahlen. Bei Zahlungsverzug bezieht sich die Verzinsung auf die geschuldete Bruttovergütung.[683] IÜ 146

674 So auch *Moll/Grobys*, MAH § 80 Rn. 72.
675 Dazu BGH NZG 13, 615 ff.; ErfK/*Niemann* BGB § 626 Rn. 178 c mwN zur BAG-Rspr.
676 BGH NZG 17, 261 ff.; MünchHdbGesR/*Diekmann*, § 43 Rn. 91.
677 So auch Michalski/Heidinger/Leible/J. Schmidt/*Tebben*, § 6 n. 249, 105 ff.
678 → Rn. 120.
679 So etwa Scholz/*Schneider* § 38 Rn. 35.
680 Scholz/*Schneider* § 38 Rn. 34.
681 So etwa *Lohr*, DStR 02, 2173 ff. mwN.
682 Michalski/Heidinger/Leible/J. Schmidt *Tebben* § 6 Rn. 249.
683 OLG München GmbHR 99, 184 ff.

besteht ein Zeugnisanspruch, nicht jedoch ein Anspruch auf Entlastung. Ggf. kann ein nachvertragliches Wettbewerbsverbot bestehen.[684]

147 Wird die Kündigung durch vertragswidriges Verhalten des anderen Vertragsteils veranlasst, so ist dieser, wenn die Voraussetzungen des § 628 II BGB, insbes. das erforderliche „Auflösungsverschulden" gegeben ist, zum Ersatz des durch die Auflösung des Dienstverhältnisses entstandenen Schadens verpflichtet.[685] Für ein solches „Auflösungsverschulden" genügt aber nicht jedes Verhalten, das gegen Pflichten aus dem Anstellungsvertrag verstößt,[686] nach dem BAG muss der Pflichtverletzung die Schwere eines wichtigen Grundes zukommen und zum Ausspruch einer fristlosen Kündigung nach § 626 Abs. 1 BGB berechtigen.[687] Jedenfalls die bloße Abberufung ist nach zutreffender hM kein solches zu Schadensersatz verpflichtendes Auflösungsverschulden der Gesellschaft.[688]

Taktische Hinweise zu ersten Reaktionsmöglichkeiten zum Schutz des Unternehmens in derartigen „Krisensituationen", in denen Geschäftsführer aus wichtigem Grund abberufen und gekündigt werden müssen, sowie zum Procedere bei Abberufung und Kündigung (Gesellschafterversammlung etc), geben *Rüppell/Hoffmann.*[689] Speziell zur Freistellung bzw. Suspendierung: Rn. 75; *Dörrwächter* NZG 18, 54 ff. (allerdings zum Vorstand der AG).

18. Rechtsweg

148 Streitigkeiten über den Arbeitnehmerstatus des GmbH-Geschäftsführers u. den richtigen Rechtsweg für diese sind ein „Dauerbrenner".[690] Für Streitigkeiten zwischen dem Geschäftsführer u. der Gesellschaft im Zusammenhang mit der Organstellung (insbes. über Bestellung oder Abberufung) u. im Zusammenhang mit Bestand oder Beendigung des Anstellungsverhältnisses (Kündigung) sind grds. die **ordentlichen Gerichte zuständig** (§ 13 GVG). Allerdings kommt im Einzelfall auch eine Zuständigkeit der Arbeitsgerichte in Betracht:

149 Für eine **Zuständigkeit der Arbeitsgerichte** sind gesetzliche Hürden zu überwinden: § 2 I Nr. 3 ArbGG u. § 5 I 3 ArbGG, denn nach § 2 I Nr. 3 ArbGG muss es sich um bürgerlich-rechtliche Streitigkeiten zwischen Arbeitnehmern und Arbeitgebern handeln und in § 5 I ArbGG ist legaldefiniert, wer Arbeitnehmer iSd ArbGG ist.[691] Unabhängig von der Rechtsnatur des Anstellungsverhältnisses (regelmäßig Dienstverhältnis oder aus-

---

684 Vgl. hierzu;.; allg. zum nachvertraglichen Wettbewerbsverbot: *Bauer/Diller*, Wettbewerbsverbote.
685 Zur außerordentlichen Kündigung wegen Einschränkung des Aufgabenbereichs u. § 628 II BGB vgl. BGH NZG 12, 502 ff.
686 So zutreffend bereits OLG Karlsruhe NZG 11, 987 ff.
687 BAG NZA 09, 547 ff.
688 BGH NJW 12, 1656 ff.; OLG Karlsruhe NZG 11, 987 ff.; aA aber: BAG NZG 02, 1177 ff.
689 *Rüppell/Hoffmann* BB 16, 645 ff.
690 So schon *Klasen*, BB 13, 1849, in diesem Sinne auch *Mävers*, ArbRAktuell 18, 591 ff., der von einem „*Klassiker*" spricht.
691 Vgl. § 5 I 3 ArbGG, vgl. statt vieler *Baumert*, NZG 18, 536 ff.

nahmsweise Arbeitsverhältnis)[692] gelten aufgrund der gesetzlichen Fiktion des § 5 I 3 ArbGG Geschäftsführer nicht als Arbeitnehmer iSd ArbGG.[693] Eine Zuständigkeit der Arbeitsgerichte ergibt sich danach auch dann nicht, wenn der Geschäftsführer aufgrund eingeschränkter Kompetenzen materiellrechtlich Arbeitnehmer[694] war[695] oder im Geschäftsführervertrag eine Probezeit vereinbart wird[696] oder die geplante Bestellung zum Geschäftsführer nach Abschluss des Geschäftsführervertrages unterbleibt.[697] „*Die Frage des Zugangs zu den Gerichten für Arbeitssachen und der Abgrenzung der Zuständigkeitsbereiche der nationalen Gerichte fällt nicht in den Anwendungsbereich des Unionsrechts. Für die Bestimmung des Rechtswegs ist deshalb vom allgemeinen nationalen und nicht von einem unionsrechtlichen Arbeitnehmerbegriff auszugehen. Dem Dienstverpflichteten wird hierdurch ein gegebenenfalls unionsrechtlich vermittelter Schutz nicht entzogen. Dieser ist unabhängig davon zu beachten, ob der Rechtsstreit vor den Gerichten für Arbeitssachen oder den ordentlichen Gerichten geführt wird.*“[698] Die Fiktionswirkung des § 5 I 3 ArbGG gilt nur für das der Organstellung zugrunde liegende Anstellungsverhältnis,[699] nicht aber im Fall der Drittanstellung[700] und endet mit der Abberufung, so dass § 5 I Nr. 3 ArbGG einer Klage des abberufenen (oder sein Amt niedergelegt habenden) Ex-Geschäftsführers nicht mehr entgegensteht.[701] Die Fiktion des § 5 I 3 ArbGG entfällt aber erst mit dem Wirksamwerden der Abberufung als Geschäftsführer und nicht schon mit der Erklärung der Abberufung, die erst zum späteren Zeitpunkt eintreten soll.[702] Auf die Eintragung der Been-

---

692 Der BGH verneint auf Basis des nationalen Arbeitnehmerbegriffs in stRspr das Vorliegen eines Arbeitsverhältnisses u. geht davon aus, dass der Geschäftsführertätigkeit stets ein Dienstverhältnis zugrunde liegt (seit BGHZ 10, 187 ff.), erkennt aber seit 2019 an, dass Fremdgeschäftsführer Arbeitnehmer im unionsrechtlichen Sinne sein können (BGH NJW 19, 2086 ff.). Dagegen nimmt das BAG richtigerweise (vgl. dazu schon *Lücke*, NJW 09, 3207 mwN) schon lange an, dass bei Zugrundelegung auch des nationalen Arbeitnehmerbegriffs und der danach anerkannten Kriterien zur Abgrenzung von selbstständiger u. abhängiger Tätigkeit zwar regelmäßig ein Dienstvertrag vorliegen wird, ausnahmsweise jedoch auch ein Arbeitsverhältnis vorliegen kann (BAG GmbHR 99, 816 ff.; 99, 926 ff., zuletzt bestätigt BAG NZA 19, 490 ff.), vgl. dazu auch Rn. 49 ff.

693 So etwa LAG Köln NZA-RR 12, 327 ff.

694 Nach einem neueren Orientierungssatz des BAG ist von „*… einem Arbeitsverhältnis (…) nur auszugehen, wenn die Gesellschaft gegenüber dem Geschäftsführer eine – über ihr gesellschaftsrechtliches Weisungsrecht hinausgehende – Weisungsbefugnis auch bezüglich der Umstände hat, unter denen dieser seine Leistung zu erbringen hat, und die konkreten Modalitäten der Leistungserbringung durch arbeitsbegleitende und verfahrensorientierte Weisungen bestimmen kann.*“ BAG NZA 19, 490 ff. – Orientierungssatz 2, vgl. zum Ganzen näher Rn. 49.

695 BAG NZA 15, 60 ff.; 13, 397 ff.; LAG Köln NZA-RR 12, 327 ff.

696 BAG NZA 97, 1363 ff.; LAG Köln NZA-RR 12, 327 ff.

697 BAG GmbHR 97, 837 ff.; LAG Köln NZA-RR 12, 327 ff.

698 BAG NZA 19, 490 ff. (Orientierungssatz 1).

699 BAG NZA 13, 397 ff.

700 *Boemke* RdA 18, 1 ff. mwN zur hM, ua BAG BB 96, 274 ff.; BAG NZA 08, 168 ff.

701 So die neuere Rspr. des BAG, vgl. BAG NZA 15, 60 ff.; ZIP 13, 335; ebenso OLG München NZA-RR 14, 660 ff.; zu dieser Rechtsprechungsänderung: *Stagat*, NZA 15, 193 ff.

702 So zutreffend jüngst LAG Hamm NZA-RR 19, 443 ff.

digung des Geschäftsamts in das Handelsregister kommt es nicht an.[703] Nach Abberufung des Geschäftsführers wandelt sich das Anstellungsverhältnis auch nicht automatisch in ein Arbeitsverhältnis um.[704] Dementspr kommt es dann auf die ursprüngliche, bisherige Rechtsnatur des Anstellungsverhältnisses an (vgl. § 2 ArbGG).[705] Da das BAG jüngst zudem entschieden hat, dass selbst Fremdgeschäftsführer keine arbeitnehmerähnliche, sondern vielmehr arbeitgeberähnliche Person sei, führt auch § 5 I 2 ArbGG nicht zum Arbeitsgericht.[706]

150 Der **Zuständigkeit der Arbeitsgerichte** steht § 5 I 3 ArbGG aber nicht entgegen, wenn die Zusammenarbeit der Parteien nach Beendigung der Organstellung einvernehmlich als Arbeitsverhältnis fortgesetzt wird[707] oder wenn der Geschäftsführer Angestellter der Muttergesellschaft[708] oder der KG[709] ist oder sonst in einer Drittanstellung steht[710] oder der Geschäftsführer das Bestehen eines zusätzlichen, neben dem der Geschäftsführungstätigkeit zugrundeliegenden Anstellungsverhältnis bestehenden Arbeitsverhältnisses behauptet.[711] Außerdem greift die Fiktion des § 5 I 3 ArbGG nach einer Entscheidung des BAG nicht ein bei einem Arbeitnehmer mit Arbeitsvertrag, der eine Bestellung zum Geschäftsführer nicht vorsieht, später durch mündliche Abrede zum Geschäftsführer bestellt wird.[712] Letztlich kann die Zuständigkeit der Arbeitsgerichte – entgg. OLG Frankfurt[713] – von den Vertragsparteien vereinbart werden (§ 2 IV ArbGG).[714] Für die Rechtswegbestimmung ist nach neuer Rechtsprechung des BAG nicht der **Zeitpunkt** der Kündigung, sondern der der rechtskräftigen Entscheidung über die Rechtswegzuständigkeit maßgeblich.[715] Ist der Rechtsweg zu den Arbeitsgerichten danach gegeben, kommt es sodann darauf an, ob das Rechtsverhältnis tatsächlich ein Arbeitsverhältnis ist oder nicht. Nach der BAG-Rspr. zu den sog. „*sic-non*“-, „*aut-aut*“- und „*et-et*“-Fällen

703 BAG NZA 15, 60 ff.
704 BGH NJW 00,1864 ff. mit Anm. *Goette*; ähnl auch BGH NZG 07, 590; BAG NZA 13, 54 ff.; aus jüngster Zeit: LAG Hamm NZA-RR 19, 443 ff.
705 So völlig zutr. OLG München NZA-RR 14, 660 ff.
706 BAG NZA 19, 490 ff. (Orientierungssatz 3.); vgl. dazu auch *Mohr/Bourazeri* NZA 19, 595 ff.
707 OLG Frankfurt GmbHR 99, 859 ff.; ebenso BAG GmbHR 06, 592 ff.
708 OLG Frankfurt GmbHR 97, 1106 ff.
709 So BAG NJW 83, 2405 ff.; die teilw. gegen diese Ansicht angeführten Entscheidungen BAG NJW 03, 3290 ff.; BGH NZG 07, 590 ff. betreffen die grds. Fiktion des § 5 I 3 ArbGG, nicht die hier erörterte Frage nach der Rechtsnatur eines bei der KG angestellten Mitarbeiters, der zum Geschäftsführer der KG bestellt wird.
710 Ebenso *Lunk*, NZA-RR 19, 406 ff. unter Hinweis auf LAG Hessen BeckRS 14, 70835.
711 BAG NZA 09, 669 f.
712 BAG GmbHR 11, 1200 ff.; ebenso LAG RhPf NZG 12, 1227 f. auch für den Fall, dass die Abberufung als Geschäftsführer der GmbH erst nach der Klageerhebung gegen die Kündigung erfolgt, nrkr, Az. beim BAG 10 AZB 55/12.
713 HM, vgl. BGH NJW 10, 2343 ff. mwN; aA noch die Vorinstanz: OLG Frankfurt Urt. v. 24.2.07 – 5 u. 193/07 nv.
714 So schon BAG NZA 97, 509 ff. u. unter Aufhebung von OLG Frankfurt (vorst Fn.) BGH Urt. v. 10.5.10 – II ZR 70/09; hL, vgl. statt vieler aus jüngerer Zeit: *Lunk*, NZA-RR 19, 406 ff.
715 BAG NZA 15, 180 ff.; BAG NZA 15, 1342 ff.

ist das zum Teil schon bei der Zulässigkeit der Klage zu klären zum Teil erst bei der Begründetheit der Klage.[716]

19. Kündigungsschutz

Auch wenn abberufene/gekündigte Geschäftsführer aufgrund der neueren BAG-Rechtsprechung[717] inzwischen leichter Klagen vor den Arbeitsgerichten erheben können, kommt es bei **ordentlichen Kündigungen**[718] materiellrechtlich entscheidend darauf an, ob das **Kündigungsschutzgesetz** auf das Anstellungsverhältnis anwendbar ist oder nicht. Nach § 14 I Nr. 1 KSchG gilt das KSchG aber nicht für die Mitglieder des Organs, das zu gesetzlicher Vertretung der juristischen Person berufen ist. Nach st. Rspr. des BAG kommt es für die Sozialwidrigkeit der Kündigung auf den Zeitpunkt der Kündigung an.[719] Dies wird von der ganz herrschenden Meinung auch für die Frage der Anwendbarkeit des KSchG so gesehen.[720] Die negative Fiktion des § 14 I Nr. 1 KSchG kommt auch und gerade zum Tragen, wenn das der Organstellung zugrundeliegende Anstellungsverhältnis materiellrechtlich als Arbeitsverhältnis zu qualifizieren wäre.[721] Damit kommt es für den Kündigungsschutz offenbar darauf an, ob der Geschäftsführer zuerst abberufen und dann gekündigt oder zuerst gekündigt und dann abberufen wird. Unklar ist auch, was bei in der Praxis weit verbreiteten gleichzeitigen Abberufung und Kündigung gilt. Zwar ändert sich mit der Beendigung des Organverhältnisses (Abberufung oder Niederlegung) die Rechtsnatur des zugrundeliegenden Vertragsverhältnisses nicht, so dass deshalb nicht etwa automatisch ein Arbeitsverhältnis vorliegt.[722] Aber auf die Rechtsnatur des Vertragsverhältnisses kommt es bei § 14 I Nr. 1 KSchG (noch) nicht an, denn erst dann, wenn § 14 I Nr. 1 KSchG der Anwendung des KSchG nicht per se entgegensteht, stellt sich die Frage nach dem Vorliegen eines Arbeitsverhältnisses. Ist der Kläger bei Zugang der Kündigung noch Geschäftsführer (auch bei gleichzeitiger Abberufung und Kündigung), greift die Fiktion des § 14 I Nr. 1 KSchG ein. Allerdings hat es das BAG zuletzt jedoch nicht ausgeschlossen, sondern offengelassen, dass § 14 I Nr. 1 KSchG auch bei Beendigung der Organstellung vor der Kündigung Anwendung finden könnte.[723] Findet das KSchG wie idR keine Anwendung, bedarf eine ordentliche Kündigung keines sie tragenden Grundes, keiner Begründung. Andererseits gilt: Selbst wenn die „Hürde“ des § 5 I 3 ArbGG überwunden wird und § 14 I Nr. 1 KSchG der grds. Anwendung des KSchG durch das 151

716 Zutreffend *Lunk*, NZA-RR 19, 406 (408) mwN zur Rspr.
717 Siehe dazu oben Rn. 148 ff.
718 Bei dem Streit um die Wirksamkeit einer außerordentlichen fristlosen Kündigung gemäß § 626 BGB kommt es auf die Regelungen des KSchG nicht an; insoweit ist Prüfungsmaßstab für die Wirksamkeit nur § 626 BGB.
719 St. Rspr. BAG, vgl. etwa BAG NZA 10, 1227 ff. (Ls. 6).
720 BAG BB 86, 2270 (Ls.); BAG NJW 08, 1018 ff. mAnm Diller.
721 BAG NZG 18, 550 ff. (Orientierungssatz 2.).
722 So zutreffend LAG Mecklenburg-Vorpommern BeckRS 17, 141202 (Rn. 28) unter Hinweis auf BAG 26.10.2012.
723 BAG NZG 18, 550 ff.

Arbeitsgericht nicht entgegenstünde, ist in Sachen „Kündigungsschutz" fraglich, was damit gewonnen wäre.[724]

§ 35 a Angaben auf Geschäftsbriefen

(1) [1]Auf allen Geschäftsbriefen gleichviel welcher Form, die an einen bestimmten Empfänger gerichtet werden, müssen die Rechtsform und der Sitz der Gesellschaft, das Registergericht des Sitzes der Gesellschaft und die Nummer, unter der die Gesellschaft in das Handelsregister eingetragen ist, sowie alle Geschäftsführer und, sofern die Gesellschaft einen Aufsichtsrat gebildet und dieser einen Vorsitzenden hat, der Vorsitzende des Aufsichtsrats mit dem Familiennamen und mindestens einem ausgeschriebenen Vornamen angegeben werden. [2]Werden Angaben über das Kapital der Gesellschaft gemacht, so müssen in jedem Falle das Stammkapital sowie, wenn nicht alle in Geld zu leistenden Einlagen eingezahlt sind, der Gesamtbetrag der ausstehenden Einlagen angegeben werden.

(2) Der Angaben nach Absatz 1 Satz 1 bedarf es nicht bei Mitteilungen oder Berichten, die im Rahmen einer bestehenden Geschäftsverbindung ergehen und für die üblicherweise Vordrucke verwendet werden, in denen lediglich die im Einzelfall erforderlichen besonderen Angaben eingefügt zu werden brauchen.

(3) [1]Bestellscheine gelten als Geschäftsbriefe im Sinne des Absatzes 1. [2]Absatz 2 ist auf sie nicht anzuwenden.

(4) [1]Auf allen Geschäftsbriefen und Bestellscheinen, die von einer Zweigniederlassung einer Gesellschaft mit beschränkter Haftung mit Sitz im Ausland verwendet werden, müssen das Register, bei dem die Zweigniederlassung geführt wird, und die Nummer des Registereintrags angegeben werden; im übrigen gelten die Vorschriften der Absätze 1 bis 3 für die Angaben bezüglich der Haupt- und der Zweigniederlassung, soweit nicht das ausländische Recht Abweichungen nötig macht. [2]Befindet sich die ausländische Gesellschaft in Liquidation, so sind auch diese Tatsache sowie alle Liquidatoren anzugeben.

Schrifttum

Bredol, Angaben auf Geschäftsbriefen bei Handeln Dritter, NZG 2017, 611; *Erwaldt/Schabacker*, Angaben auf Geschäftspapieren inländischer Zweigniederlassungen ausländischer Kapitalgesellschaft, AG 1996, 461; *Glaus/Gabel*, Praktische Umsetzung der Anforderungen zu Pflichtangaben in E-Mails, BB 2007, 1744; *Hoeren/Pfaff*, Pflichtangaben im elektronischen Rechtsverkehr aus juristischer und technischer Sicht, MMR 2007, 207; *Leuering/Rubel*, Pflichtangaben in E-mail: Der Link ins Internet als Alternative, NJW-Spezial 2008, 47; *Meier*, Der praktische Fall: Versendung von Geschäftspost per E-Mail, GmbHR 2007, 922 ff; *Mehringer*, Die Doppelkomplementär & Co.KG, NZG 2017, 41; *Mutter*, Pflichtangaben auf Geschäftsbriefen auch im E-Mail-Verkehr, GmbH-R 2001, 336; *Otto*, Folgen der Trennung von Verwaltungs- und Satzungssitz für die gesellschaftsrechtliche Praxis, BB 2009, 344.

724 In diesem Sinne auch *Lunk*, NJW 19, 406 (408) und (409) zu den Vor- und Nachteilen von Arbeits- und Zivilgerichtsbarkeit.

I. Normzweck

Die Vorschrift beruht auf der EG-Richtlinie 68/151/EWG v. 9.3.68[1] u. dient dem **Schutz des allg. Geschäftsverkehrs** durch Schaffung eines Mindestmaßes an verpflichtender Offenlegung bestimmter Unternehmensdaten. Sie dient damit – dem Transparenzgedanken folgend – der Sicherheit potenzieller Geschäftspartner. Diese werden durch die Pflichtangaben (Rechtsform, Sitz der Gesellschaft, Registergericht des Sitzes der Gesellschaft, Nummer, unter der die Gesellschaft in das Handelsregister eingetragen ist, u. Familien- u. mind. ein ausgeschriebener Vorname aller Geschäftsführer) **unmittelbar** über bestimmte, eher formale Unternehmensdaten unterrichtet.[2] Sie werden durch die Angabe der HR-Nummer zudem **mittelbar** in die Lage versetzt, sich via Handelsregister **Zugang zu weiteren Informationen**, insbes. über die wirtschaftlichen Verhältnisse der Gesellschaft zu verschaffen. 1

Durch das MoMiG v. 23.10.08 (BGBl. I, S. 2026 ff.) wurde Abs. 4 S. 1 geändert. Mit dieser Änderung wurde in Sachen „Geschäftsbriefpublizität" eine Gleichbehandlung von GmbH, UG u. ausländischer Gesellschaften mit deutschen Zweigniederlassungen bezweckt, auch das dient dem Gläubigerschutz.[3] § 35 a gilt sowohl für Auslandsverkehr deutscher GmbHs als auch für ausländische Gesellschaften mit Niederlassung in Deutschland.[4] 2

II. Inhalt

1. Angaben auf Geschäftsbriefen (Abs. 1)

a) **Geschäftsbrief.** Eine Legaldefinition von Geschäftsbrief fehlt. Aufgrund des den Geschäftsverkehr schützenden Normzwecks wurde der **Begriff** schon bislang von Rspr. u. Literatur einhellig **weit ausgelegt.**[5] Dieses tendenziell weite Verständnis wurde zwischenzeitlich vom Gesetzgeber bestä- 3

1 Nach deren Neufassung als Richtlinie 2009/101/EG v. 16.9.09 ABlEG L 258, 11 ff., zul geänd. durch Richtlinie 2013/24 EU v. 13.5.13.
2 IdS auch OLG Dresden NZG 10, 1237, 1238.
3 Ebenso Scholz/Schneider/*Schneider*, Nachtrag MoMiG Rn. 1 unter Hinweis auf Begr. RegE, BT-Drs. 16/6140, S. 43.
4 Roth/*Altmeppen* Rn. 1 unter Hinweis auf Rowedder/Schmidt-Leithoff/*Baukelmann* Rn. 4.
5 LG Heidelberg NJW-RR 97, 355; LG Detmold NJW-RR 90, 995; Scholz/Schneider/*Schneider* Rn. 4.

tigt, indem er iR des EHUE[6] den Gesetzestext im Hinblick auf Geschäftsbriefe um den Zusatz „gleichviel welcher Form“ ergänzt hat. Angesichts dieser klarstellenden Gesetzesänderung ist unter Geschäftsbrief iSd § 35 a **jede verkörperte Mitteilung der Gesellschaft**[7] **ggü. Dritten**[8] zu verstehen, die nur im weitesten Sinne ihre geschäftliche Betätigung betrifft. Da es ausweislich des ausdrücklichen Gesetzeswortlauts auf die äußere **Form** der Mitteilung nicht ankommt, ist inzwischen unstr., dass nicht nur **Telefax**, sondern auch via **E-Mail** versandte schriftliche Mitteilungen die Pflichtangaben gem. § 35 a enthalten müssen.[9] Auch für die schlichte E-Mail an sich (ohne zB word-Datei als Anhang), die selbst geschäftlichen Bezug aufweist, wird die Anwendung von § 35 a GmbHG zu Recht befürwortet.[10] In praktischer Hinsicht können die Formalien in die ohnehin übliche Signatur oder einen Anhang der E-Mail integriert werden.[11] Ein Link auf „externe“ Informationen genügt nicht, da Inhalt der verlinkten Information, anders als in die Signatur integrierte oder als Anhang beigefügte Information, änderbar bleibt.[12] Umstritten ist die Geschäftsbriefeigenschaft für die Versendung von **SMS**, da diese in keiner Weise in Papierform gebracht werden u. damit der Wortlaut „Geschäftsbrief“ auch unter Berücksichtigung des Zusatzes „gleichviel welcher Form“ überdehnt würde. Zudem besteht angesichts der nicht allzu verbreiteten Übung der Versendung von SMS im geschäftlichen Kontext noch kein durchgreifendes Bedürfnis, auch hier die Anforderungen des § 35 a ungeachtet der technischen Besonderheiten der SMS durchzusetzen.[13] Ungeklärt ist auch die Geschäftsbriefeigenschaft von unternehmensseitigen **Blogbeiträgen** oder unternehmensseitigen **Twittermitteilungen** („Tweets“). Einen unternehmensseitig betriebenen Blog wird man einem Geschäftsbrief iSd § 35 a gleichzustellen haben, nicht dag Beiträge Einzelner in einem unternehmensfremden Blog.[14] Für Twitternachrichten („Tweets“) konnte bislang noch die Ausführungen zur SMS entspr. gelten, allerdings nimmt die Kommunikation via Twitter auch im Unter-

---

6 Gesetz über elektronische Handelsregister und Genossenschaftsregister sowie das Unternehmensregister v. 10.11.06 (zur Umsetzung der weiteren EU-Richtlinie des Rates vom 15.7.03 zur Änderung der Richtlinie 68/151/EWG in Bezug auf Offenlegungspflichten von Gesellschaften bestimmter Rechtsformen (Richtlinie 2003/58/EG).

7 Mit der Frage der zutreffenden Angaben auf dem Geschäftsbrief in dem Fall, dass nicht die Gesellschaft selbst handelt, sondern sie durch Dritte, zB Beauftragte oder Bevollmächtigte handelt, befasst sich *Bredol*, NZG 2017, 611.

8 Vgl. zur Frage, wer „Dritter“ im Sinne der Bestimmung ist Rn. 6.

9 Für das Telefax soweit ersichtlich unbestritten, für die E-Mail M/H/L/S//*Lenz* Rn. 8; *Klaus/Gabel*, BB 07, 1744; *Maaßen/Orlikowski-Wolf*, BB 07, 561; ebenso BGH Urt.v. 22.2.2011, II ZR 301/08, DB 2012.

10 Angesichts des enormen Vormarsches des elektronischen Rechtsverkehrs u. des damit verbundenen geschäftlichen Schriftverkehrs durch den E-Mail-Verkehr via Internet, ist dem zuzustimmen.

11 Ein Hyperlink in einer E-Mail ist nach hM unzureichend, vgl. MüKoGmbHG/*Stephan/Tieves* Rn. 28 mwN zum Meinungsstreit.

12 Ebenso MüKoGmbHG/*Stephan/Tewes* Rn. 28, Spindler/Stilz/*Fleischer*, § 80 AktG Rn. 5; a.A.: Baumbach/Hueck/*Noack* Rn. 19, allerdings ohne Begründung und Auseinandersetzung mit dem Argument der „Änderbarkeit“.

13 AA wohl Baumbach/Hueck/*Noack* Rn. 19 mwN in Fn. 50; vgl. zum Meinungsstreit auch *Maaßen/Orlikowski-Wolf*, BB 07, 561.

14 BeckOK Internet- und Medienrecht/*Gersdorf/Paal*, § 5 TMG, Rn. 8 mwN zur instanzgerichtlichen Rechtsprechung.

nehmensumfeld zu, so dass bei unternehmensbezogenen Tweets § 35 a GmbHG anzuwenden ist, wenn es sich unter dem Aspekt des „bestimmten Empfängers" nicht um an die Allgemeinheit gerichtete Unternehmenskommunikation wie insbes. Werbung handelt.[15] Für **Internetseiten** selbst gilt dag § 5 Nr. 1 TMG, ebenso für **Google + –** und **Facebook-Profile** von Unternehmen.[16]

Begrifflich scheiden daher zunächst nur solche Schreiben aus, die – in der Praxis wohl selten – keinerlei Bezug zur geschäftlichen Aktivität der GmbH aufweisen, also privaten Charakters sind.[17] 4

Ob die Pflichtangaben auch für **verkörperte Mitteilungen im unternehmensinternen Umfeld** Geltung beanspruchen, also insbes. bei der schriftlichen Binnenkommunikation (dh mit Gesellschaftern, Geschäftsführern, einem etwa vorhandenen Aufsichtsrat oder Beirat u. mit Arbeitnehmern sowie unter Arbeitnehmern der GmbH), ist umstritten. Hier ist wie folgt zu differenzieren: 5

§ 35 a beansprucht grds. keine Geltung bei der Korrespondenz mit **Gesellschaftern,**[18] **Geschäftsführern,**[19] **Aufsichtsrats- oder Beiratsmitgliedern u. Arbeitnehmervertretungen.**[20] Nach hier vertretener Ansicht ist das nur in Bezug auf die Kommunikation iRd „laufenden Geschäfts" zutr., es verhält sich jedoch anders, wenn das jeweilige **Status- bzw. Grundverhältnis** als Gesellschafter, als Geschäftsführer oder als Aufsichts- bzw. Beirat unmittelbar betroffen ist. Entgg. anderer Auffassungen[21] handelt es sich dann gerade nicht um bloß „interne Kommunikation", sondern um Kommunikation mit Dritten. Entspr. gilt auch für den Schriftverkehr mit **Arbeitnehmern** der Gesellschaft, für die angesichts der Vielzahl von Umstrukturierungen, teils über Landesgrenzen hinweg, der Schutzzweck des § 35 a eingreift.[22] Demgem hat etwa ein Schreiben über die Einziehung des GmbH-Anteils oder den Ausschluss aus der Gesellschaft an Gesellschafter, die Abberufung u/oder Kündigung von Geschäftsführern, Aufsichts- u. Beiräten sowie den Bestand des Arbeitsverhältnisses betr. schriftliche Erklärungen, wie zB eine Abmahnung oder eine Kündigung auch ggü. Arbeitnehmern als Geschäftsbrief iSd § 35 a zu erfolgen. Andere, den Bestand des Rechtsverhältnisses nicht tangierende schriftliche Kommunikation kann idS formlos erfolgen (zB Ladung der Geschäftsführer, Aufsichtsräte u. Beiräte zu den Sitzungen 6

15 In diese Richtung auch MüKoGmbHG/*Stephan/Tewes*, Rn. 8 und 17 (zur „Werbung" an einen unebstimmten Adressatenkreis).

16 BeckOK Internet- und Medienrecht/*Gersdorf/Paal*, § 5 TMG, Rn. 8 unter Hinweis insbes. auf OLG Düsseldorf BeckRS 2013, 19097 und mwN zur instanzgerichtlichen Rechtsprechung.

17 So zutr. auch Baumbach/Hueck/*Noack* Rn. 18.

18 HM, vgl. etwa Baumbach/Hueck/*Noack* Rn. 21; BeckOK/Ziemons/Jaeger/*Schindler*, Rn. 10 f. mwN zur hM.

19 Baumbach/Hueck/*Zöllner/Noack* Rn. 21 unter Verweis auf BGH NJW-RR 97, 669 ff.

20 So zutr. MüKoGmbHG/*Stephan/Tieves* Rn. 12.

21 So etwa M/H/L/S/*Lenz* Rn. 5; BeckOK/Ziemons/Jaeger/*Schindler*, Rn. 14.

22 Wie hier Lutter/Hommelhoff/*Kleindiek* Rn. 2; MüKoGmbHG/*Stephan/Tieves* Rn. 12; auch mit dem generellen Schutzzweck argumentierend: Ulmer/*Paefgen* Rn. 3.

ihrer jeweiligen Gremien sowie arbeitsbezogene Weisungen an die Arbeitnehmer der Gesellschaft).[23]

7 Eines **individuell auf einen bestimmten Empfänger zugeschnittenen Inhalts** bedarf die schriftliche Kommunikation nicht, so dass nach heute wohl allg. Ansicht auch **Rundschreiben** u. standardisierte bzw. formularmäßige Mitteilungen grds. Geschäftsbriefe iSd § 35 a darstellen, soweit nicht ausnahmsweise der Befreiungstatbestand des § 35 II eingreift. Als Geschäftsbrief sind daher anzusehen persönlich adressierte, inhaltlich individuell zugeschnittene Geschäftsschreiben, persönlich adressierte, inhaltlich allg. gehaltene Geschäftsrundschreiben, Bestellscheine (Abs. 3), Auftragsbestätigungen, Lieferscheine, Rechnungen u. Quittungen, es sei denn – wie oft –, dass es sich um übliche Vordrucke handelt u. diese iR einer bestehenden Geschäftsverbindung eingesetzt werden (Abs. 2). Schecks u. Wechsel sind dag nicht als Geschäftsbriefe anzusehen.[24]

8 **b) Pflichtangaben.** Abs. 1 S. 1 sieht folgende Angaben vor, die zwingend auf Geschäftsbriefen der Gesellschaft in deutscher Sprache[25] enthalten sein müssen: Die **Rechtsform**, wobei gem. § 4 für die „Gesellschaft mit beschränkter Haftung" die Kurzform „GmbH" ausreichend ist. Bei der mit dem MoMiG neu eingeführten „Unternehmergesellschaft"[26] ist das Kürzel „UG" zulässig, wobei nach § 5 a I stets der Zusatz „haftungsbeschränkt" hinzuzufügen ist.[27] Ferner sind der **Sitz** der Gesellschaft (§ 4 a: „Satzungssitz"),[28] das **Registergericht** u. die **Registernummer**, unter der die Gesellschaft in das Handelsregister eingetragen ist (§§ 7, 10), **alle Geschäftsführer** der GmbH (§ 6) wie auch alle etwaigen stellvertretenden Geschäftsführer gem. § 44 mit Nachnamen u. mind. einem ausgeschriebenen Vornamen aufzuführen. Eine Liquidation der Gesellschaft ist ebenso aufzunehmen wie die **Liquidatoren** (§ 71 Abs. 5). Eine Insolvenz bzw. der **Insolvenzverwalter** sind – da weder § 35 a noch 71 Abs. 5 noch eine sonstige Vorschrift dies trägt – mangels Rechtsgrundlage nicht aufzunehmen. Bei einer **Kommanditgesellschaft**, etwa einer GmbH & Co. KG, bei der kein persönlich haftender Gesellschafter eine natürliche Person ist, sind neben den Pflichtangaben zur KG (Rechtsform, Sitz, Registergericht und die Nummer, unter der die Gesellschaft in das Handelsregister eingetragen ist) auf Geschäftsbriefen zudem die Firma des persönlich haftenden Gesellschafters anzugeben sowie die für die persönlich haftenden Gesellschafter nach § 35 a bzw. § 80 AktG für Geschäftsbriefe vorgeschriebenen Angaben zu machen.[29]

---

23 HM, BGH GmbHR 97, 548; Lutter/Hommelhoff/*Kleindiek* Rn. 2 unter Hinweis auf Scholz/Schneider/*Schneider* Rn. 4; aA: BeckOK/Ziemons/Jaeger/*Schindler*, Rn. 14, der Schriftverkehr mit Arbeitnehmern generell vom Anwendungsbereich des § 35 a ausnehmen.

24 Ebenso Lutter/Hommelhoff/*Kleindiek* Rn. 2 unter zutr. Hinweis auf die Spezialregelungen im Scheckgesetz; Baumbach/Hueck/*Noack* Rn. 18; aA: Scholz/Schneider/*Schneider* Rn. 4 unter Hinweis auf LG Detmold GmbHR 91, 23.

25 Vgl. Reg Begr. zum MoMiG, Teil B Besonderer Teil, Erläuterungen zu Art. 1 Nr. 24 zu § 35 a Abs. 4.

26 Näher zur Unternehmergesellschaft s. die Kommentierung von *Pfisterer* zu § 5 a mwN.

27 Vgl. dazu auch BGH NZG 12, 989 ff.

28 Vgl. dazu die Kommentierung von *Pfisterer* § 4 a Rn. 4 ff.

29 So *Mehringer*, NZG 2017, 41 ff.

c) **Bedingt vorgeschriebene Angaben.** Falls bei der GmbH gem. § 52 ein **Aufsichtsrat** gebildet worden ist, so ist zwingend der Aufsichtsratsvorsitzende mit Familiennamen u. mind. einem ausgeschriebenen Vornamen anzugeben.[30] Dies gilt entspr. der zum Schutze des Geschäftsverkehrs weit auszulegenden Bestimmung nach zutr. herrschender Ansicht in der Literatur auch für fakultativ gebildete Aufsichtsräte, Beiräte oder sonstige Gremien, solange diese bei funktionaler Betrachtung wie ein Aufsichtsrat fungieren.[31] 9

d) **Zusätzliche Angaben.** Aus der Systematik des Abs. 1 ergibt sich, dass über die Pflichtangaben hinaus fakultativ weitere Angaben gemacht werden können, jedoch nicht gemacht werden müssen. Die Aufzählung in Abs. 1 S. 1 ist hins zwingender Angaben abschließend. Aus Abs. 1 S. 2 ergibt sich, dass – jedenfalls nach Auffassung des Gesetzgebers – va noch an ergänzende Angaben zu den wirtschaftlichen Verhältnissen der Gesellschaft zu denken ist. Werden Angaben über das Kapital der Gesellschaft gemacht, so müssen diese in jedem Fall das Stammkapital (§ 5) enthalten u. ggf. den Gesamtbetrag aller noch ausstehenden Bareinlagen.[32] Neben **Angaben zu den wirtschaftlichen Verhältnissen der Gesellschaft** können bspw. noch aufgenommen werden: Hinweise auf eine Konzernzugehörigkeit, ISO-Zertifizierungen, Verbandsmitgliedschaften oder Sponsorenaktivitäten iSe „Good Corporate Citizen“. 10

2. Ausnahmen bei Geschäftsverbindung (Abs. 2)

Mit der Ausnahmevorschrift des Abs. 2 sollte der Anwendungsbereich der Pflichtangaben iSv Abs. 1 S. 1 teleologisch reduziert werden, da der Empfänger von Geschäftsbriefen **innerhalb bestehender Geschäftsverbindungen** dieses formalen Schutzes grds. nicht mehr bedarf. Allerdings hat der Gesetzgeber diese Ausn. auf die übliche Verwendung von Vordrucken beschränkt u. zudem gem. Abs. 3 S. 2 Bestellscheine von der Befreiungsvorschrift wiederum ausdrücklich ausgenommen. Die Pflichtangaben können demzufolge nur dann entfallen, wenn 1. eine bestehende Geschäftsverbindung vorhanden ist, 2. für die Kommunikation die Verwendung von Vordrucken üblich ist u. es sich 3. nicht um Bestellscheine handelt. Ausgehend vom Schutzzweck der Norm ist es für eine „bestehende“ Geschäftsverbindung zunächst ausreichend, wenn zwischen den Parteien ein erster geschäftlicher Kontakt bestanden hat, bei dem der Geschäftspartner mit den Pflichtangaben gem. Abs. 1 S. 1 versorgt worden ist. Wie lange jedoch ausgehend von einem solchen „Erstkontakt“ in zeitlicher Hinsicht noch von einer „bestehenden“ Geschäftsverbindung gesprochen werden kann, bzw. wie lange diese „Erstversorgung“ ausreichend sein soll, ist in der Literatur umstritten u. von der Rspr. – soweit ersichtlich – bislang noch nicht entschieden worden. So kommt es nach Michalski/*Lenz* nicht darauf an, wie lange dieser Erstkontakt her ist,[33] während es etwa *Schneider* für erforderlich hält, dass der Erstkontakt nicht zu lange zurückliegen dürfe, ohne je- 11

30 So jüngst BGH BB 2019, 1794 ff.
31 Scholz/Schneider/*Schneider* Rn. 14; Baumbach/Hueck//*Noack* Rn. 9 mwN.
32 Zu Sacheinlagen vgl. § 5 Rn. 17 ff.
33 M/H/L/S/*Lenz* Rn. 10.

doch diesen Zeitraum näher zu konkretisieren.[34] Entgegen der Ansicht von *Stephan/Tewes*[35] ist der Informationsgehalt der anlässlich des Erstkontakts bekannt gegebenen Pflichtangaben nicht so lange – ggf. über Jahre/Jahrzehnte – gegeben wie die Angaben an sich unverändert bleiben. Letzteres entzieht sich typischerweise auch der Kenntnis des hier zu schützenden Geschäftsverkehrs. Kaum zu bestreiten dürfte sein, dass der Informationsgehalt im Laufe der Zeit nachlässt, so dass mit der wohl nach wie vor hM der Zeitraum seit dem Erstkontakt (samt Übermittlung der Pflichtangaben) nicht zu groß sein darf, schon gar nicht unerheblich ist, wie *Stephan/Tewes* meinen und dem Geschäftsverkehr mit ihrer grundsätzlichen Absage an eine – wie lagen auch immer anzusetzende – Höchstfrist „Steine statt Brot" geben.[36] Alles andere ist bloße, in diesem Schutzzweckzusammenhang nicht gebotene, „Fiktion". Auch wenn es iZw von den Umständen der Geschäftsbeziehung abhängen wird, sollte der Erstkontakt (samt Übermittlung der Pflichtangaben) idR nicht älter als ein Jahr sein, um noch von einer bestehenden Geschäftsverbindung iSd § 35 a II sprechen zu können. Nachdem sich insoweit jedoch noch keine klare hM herausgebildet hat u. darüber hinaus auch nicht ohne Weiteres klar ist, ob bzw. wann im Einzelfall die Verwendung von Vordrucken für Mitteilungen oder Berichte üblich ist, sollten die Pflichtangaben vorsorglich auch in entspr. Vordrucke/Formulare integriert werden, zumal dies gerade wegen des Formular- bzw. Vordruckcharakters keinen besonderen Zusatzaufwand bedeuten sollte.

12 Auf Geschäftsbriefen sind **Änderungen von Pflichtangaben** entspr. zu aktualisieren. Die Ausn. des Abs. 2 für Vordrucke/Formulare in bestehenden Geschäftsbeziehungen greift bei Änderungen nur ein, wenn diese gesondert mitgeteilt wurden.[37]

3. Bestellscheine (Abs. 3)

13 Auch wenn **Bestellscheine** in der Praxis meist Vordrucke bzw. Formulare sein dürften u. diese jedenfalls nach der ersten Bestellung auch iR bestehender Geschäftsverbindungen Verwendung finden, hat der Gesetzgeber diese in Abs. 3 ausdrücklich vom Anwendungsbereich der Befreiungsvorschrift des Abs. 2 ausgenommen.

4. Geschäftsbriefe/Bestellscheine inländischer Zweigniederlassungen einer GmbH mit Sitz im Ausland (Abs. 4)

14 § 35 a IV wurde 1993 zur Umsetzung der sog. „Zweigniederlassungsrichtlinie" der EU[38] eingefügt[39] u. zul iR des MoMiG[40] geänd.

---

34 Scholz/Schneider/*Schneider* Rn. 19; aA M/H/L/S/*Lenz* Rn. 11.
35 MüKoGmbHG/*Stephan/Tewes* Rn. 38.
36 MüKoGmbHG/*Stephan/Tewes* Rn. 38 („*keine Höchstdauer*"); ebenso M/H/L/S/*Lenz* Rn. 11; wie hier aA die wohl hL Rohwedder/Schmidt-Leithoff/*Baukelmann* Rn. 13; Scholz/Schneider/*Schneider* Rn. 22; unklar: Baumbach/Hueck/*Noack* Rn. 24.
37 M/H/L/S/Lenz Rn. 11.
38 Richtlinie 89/666/EWG v. 21.12.89, ABl EG Nr. L 395 v. 30.12.89.
39 BGBl. I 93, S. 1282, 1285.
40 BGBl. I 08, S. 2026.

a) **Inländische GmbH mit Sitz im Ausland.** Die Vorschrift gilt zunächst für Gesellschaften mit Sitz im Inland, grds. nicht dagegen für Gesellschaften mit Sitz im Ausland. Allerdings enthält Abs. 4 S. 1 Hs. 1 eine Sonderregelung, wonach auf Geschäftsbriefen/Bestellscheinen einer GmbH mit Sitz im Ausland, die im Inland über eine Zweigniederlassung verfügt, sowohl das Register, bei dem die Zweigniederlassung geführt wird, als auch die Nummer des Registereintrags der Zweigniederlassung angegeben werden müssen. 15

b) **Inländische Zweigniederlassungen ausländischer Gesellschaften.** Mit dem iR des MoMiG neu gefassten Abs. 4 S. 1 Hs. 2 trägt der Gesetzgeber der in der Vergangenheit stark gestiegenen wirtschaftlichen Aktivität ausländischer Gesellschaften im Inland Rechnung u. stellt nunmehr ausdrücklich klar, dass die Vorschriften der Abs. 1–3 auch für inländische Zweigniederlassungen mit der deutschen GmbH vergleichbarer ausländischer[41] Gesellschaften Geltung beanspruchen. Dadurch wird dem Gedanken der Modernisierung des GmbH-Rechts entspr. zunächst ein bislang vorhandener Nachteil deutscher GmbHs ggü. ausländischen Gesellschaften wie etwa einer britischen Limited (Ltd) beseitigt, da nunmehr auch ausländische Gesellschaftsformen im Hinblick auf die „Geschäftsbriefpublizität"[42] der deutschen GmbH vollumfänglich gleichgestellt werden.[43] Abs. 4 S. 1 Hs. 2 begründet für ausländische Gesellschaften mit deutscher Zweigniederlassung eine Erweiterung der Pflichtangaben auf Geschäftsbriefen hins der inländischen Zweigniederlassung, dh es müssen die Pflichtangaben nicht nur für die inländische Zweigniederlassung, sondern auch für die ausländische Hauptniederlassung (in Deutsch)[44] gemacht werden,[45] insbes. auch der Sitz der Gesellschaft.[46] 16

5. Rechtsfolgen bei Verstoß

Ein Verstoß gegen die Anforderungen des § 35 a berührt nach allg. Meinung die **Wirksamkeit** von iR des Geschäftsbriefs abgegebenen rechtsgeschäftlichen Willenserklärungen nicht, da es sich nicht um eine Formvorschrift iSv § 125 BGB handelt.[47] Dennoch muss ein Verstoß gegen diese **Ordnungsvorschrift** nicht folgenlos bleiben: Je nach den Umständen des Einzelfalls kommen uU **Schadensersatzansprüche** aus cic (§ 311 II BGB) oder analog § 179 BGB[48] oder aus Deliktsrecht (Schutzgesetz iSd § 823 II BGB) gegen den/die Geschäftsführer in Betracht. Ansprüche nach dem UWG, insbes. § 3 a UWG,wegen eines möglichen Wettbewerbsverstoßes 17

41 Näher zum Begriff der Zweigniederlassung etwa MüKoGmbHG/*Stephan/Tieves* Rn. 44 f. mwN.
42 Formulierung von *Kindler*, AG 07, 721, 730.
43 So ausdrücklich auch die Begründung zum Regierungsentwurf, BT-Drs. 16/6140, S. 43.
44 Begr. RegE, BT-Drs. 16/6140, S. 43.
45 Scholz/Schneider/*Schneider*, Nachtrag MoMiG Rn. 2; näher dazu *Otte*, BB 09, 344 ff.
46 *Otte*, BB 09, 344, 345.
47 AllgM, vgl. statt vieler: Lutter/Hommelhoff/*Kleindiek* Rn. 6; Roth/*Altmeppen* Rn. 7.
48 BGH NZG 07, 426 ff.

sind wohl nur ausnahmsweise denkbar.[49] Insoweit ist schon der nötige Wettbewerbsbezug an sich umstritten und wird in der Regel auch die Geringfügigkeitsschwelle des § 3 UWG selten überschritten.[50] Letztlich sieht § 79 I die Möglichkeit von **Zwangsgeld** vor, dessen Sinn in der Erzwingung der Angaben auf Geschäftsbriefen nach §§ 35 a, 71 V GmbHG liegt, mit dem aber die Vorlage eines Geschäftsbriefbogens nicht durchgesetzt werden kann.[51]

§ 36 Zielgrößen und Fristen zur gleichberechtigten Teilhabe von Frauen und Männern

[1]Die Geschäftsführer einer Gesellschaft, die der Mitbestimmung unterliegt, legen für den Frauenanteil in den beiden Führungsebenen unterhalb der Geschäftsführer Zielgrößen fest. [2]Liegt der Frauenanteil bei Festlegung der Zielgrößen unter 30 Prozent, so dürfen die Zielgrößen den jeweils erreichten Anteil nicht mehr unterschreiten. [3]Gleichzeitig sind Fristen zur Erreichung der Zielgrößen festzulegen. [4]Die Fristen dürfen jeweils nicht länger als fünf Jahre sein.

Schrifttum

Bayer/Hoffmann, GmbHR 2017, 441 ff, Frauenquote: Ja – Mitbestimmung: Nein; Habersack/*Kersten*, Chancengleiche Teilhabe an Führungspositionen in der Privatwirtschaft – Gesellschaftsrechtliche und verfassungsrechtliche Anforderungen, BB 2014, 2819 ff; *Hohenstatt/Willemsen/Naber*, Zum geplanten Gesetz für die gleichberechtigte Teilhabe an Führungspositionen. Gut gemeint aber auch gut gemacht? ZIP 2014, 2220 ff; *Jung*, Eine Frauenquote für die EU?, BB 2013, 387 ff; *Mense/Klie*, Update zur Frauenquote – Wie die Besetzungsziele für Aufsichtsrat, Geschäftsleitung und Führungsebenen in der Praxis umzusetzen sind, GWR 2015, 441 ff; *Müller-Bonanni/Forst*, Frauenquoten in Führungspositionen der GmbH, GmbHR 2015, 621 ff; *Schulz/Ruf*, Zweifelsfragen der neuen Regelungen über die Geschlechterquote im Aufsichtsrat und die Zielgrößen für die Frauenbeteiligung, BB 2015, 1155 ff; *Seibert*, Frauenförderung durch Gesellschaftsrecht – Die Entstehung des Frauenförderungsgesetzes, NZG 2016, 16 ff; *Stüber*, Die Frauenquote ist da – Das Gesetz zur gleichberechtigten Teilhabe und die Folgen für die Praxis, DStR 2015, 947 ff; *dies*, Frauenquote: Der Praxisleitfaden und weitere aktuelle Entwicklungen, BB 2015, 2243 ff; *Stöbener/Böhm*, Kompetenzen ohne Grenzen – Der Vorschlag der EU-Kommission zur Frauenquote für Aufsichtsräte, EuZW 2013, 371 ff; *Teichmann/Rüb*, Der Gesetzentwurf zur Geschlechterquote in Aufsichtsrat und Vorstand, BB 2015, 259; *dies*, Die gesetzliche Geschlechterquote in der Privatwirtschaft, BB 2015, 898 ff; *Thüsing/Fütterer*, Führungsebene im Sinne des § 76 IV AktG, NZG 2015, 778 ff; *Wasmann/Rothenburg*, Praktische Tipps zum Umgang mit der Frauenquote, DB 2015, 291 ff; *Winter/Marx/De Decker*, Zielgrößen für den Frauenanteil in Führungspositionen bei mitbestimmten Unternehmen, DB 2015, 1331 ff.

49 So auch Baumbach/Hueck/*Noack* Rn. 25 mwN; s. etwa OLG Düsseldorf NJW-RR 04, 41 ff.; OLG Hamburg BeckRS 08, 02754; idS auch Scholz/*Schneider* Nachtrag MoMiG Rn. 4 ff.
50 Henssler/*Strohn*, Rn. 24 mwN zu Rspr. und Literatur.
51 OLG Frankfurt, BeckRS 2016, 2601

A. Normzweck

Diese gesetzliche Neuregelung wurde 2015 in Umsetzung des Gesetzes für die gleichberechtigte Teilhabe von Frauen und Männern an Führungspositionen in der Privatwirtschaft und im öffentlichen Dienst (GlTeilhG) vom 24.4.15 (BGBl. I, S. 642) in das GmbHG aufgenommen.[1] Neben § 52 II, der den Anteil weiblicher Geschäftsführer in der die Praxis dominierenden Rechtsform GmbH erhöhen soll, soll § 36 in diesen Unternehmen dem Ziel Geltung verschaffen, mittelfristig eine signifikante **Erhöhung des Frauenanteils an Führungspositionen** zu erreichen.[2] Andere Gesellschaftsformen, insbes. AG[3] u. auch SE,[4] sind über entspr. rechtsformspezifische gesetzliche Neuregelungen ebenfalls betroffen.[5] Aufgrund der anwendungseinschränkenden Voraussetzung des Bestehens einer Form der Unternehmensmitbestimmung (insbes. nach dem DrittelbG u. MitbestG) sind nach unterschiedlichen Schätzungen zwischen ca. 2.500 u. 3.500 Unternehmen betroffen.[6] 1

„Mehr als 30 Jahre dauerte die Diskussion über die Einführung einer Frauenquote. Der Anteil von Frauen an Führungspositionen hat sich in dieser Zeit nicht signifikant erhöht. Das am 1. Mai 2015 in Kraft getretene Gesetz für die gleichberechtigte Teilhabe von Frauen und Männern an Führungspositionen in der Privatwirtschaft und im öffentlichen Dienst wird die Steigerung des Frauenanteils an Führungspositionen nunmehr vorantreiben und einen Kulturwandel in den Unternehmen anstoßen.“[7]

Das ist der gesellschaftspolitisch erwünschte legislative „*Angriff*“ auf die „*old boys networks*“ der deutschen Wirtschaft. Nach einer neuen Studie der ILO verbessert ein höherer Anteil von Frauen in Führungspositionen die Unternehmensperformance und erhöht die Arbeitgeberattraktivität.[8]

Das BMJV u. das BMFSFJ haben im August 2015 gemeinsam einen „**Praxisleitfaden**“ herausgegeben.[9] 2

Die gegen die gesetzliche Verpflichtung zur Schaffung selbst gewählter Zielgrößen für Frauen im oberen Management teilw. erhobenen **verfas-** 3

1 Zum Ablauf des Gesetzgebungsverfahrens *Seibert*, NZG 16, 16 ff.
2 Begr. RegE GlTeilhG, BT-Drs. 18/3784, S. 42.
3 §§ 76 IV, 111 V AktG.
4 § 22 VI SEAG.
5 Vgl. *Winter/Marx/De Decker*, DB 15, 1331 ff. mwN.
6 Begr. RegE GlTeilhG, BT-Drs. 18/3784, S. 46 (ca. 3.500) u. *Bayer/Hoffmann*, AG 15, R 5 (ca. 2.500).
7 BMJV in einem auf seiner Internetseite veröffentlichten Artikel zum Projekt „Zielsicher – Mehr Frauen in Führung“.
8 ILO-Studie: „*Women in Business und Management: The business case for change*“ (2019).
9 Vgl. dazu *Stüber*, BB 15, 2243 ff.; Download unter http://www.bmjv.de/SharedDocs/Downloads/DE/PDF/Praxisleitfaden_Frauenquote.pdf?__blob=publicationFile&v.=2.

sungsrechtlichen Bedenken (politisch korrekt: Geschlechterquoten),[10] werden iErg nicht geteilt, insoweit wird auf die einschlägige Lit. verwiesen.[11] Dabei dürfte neben der „Sanktionslosigkeit" eines Verstoßes (dazu unten B. VII.) vor allem zu berücksichtigen sein, dass die gesetzliche Neuregelung es zulässt, den bei Inkrafttreten des Gesetzes bestehenden Status quo beizubehalten, da gerade eine mind. 30%-ige Quote oder auch nur sonst eine „Mindestquote" nicht vorgeschrieben wurde.

B. Inhalt

I. Anwendungsbereich

4 Auch wenn die Überschrift der neuen gesetzlichen Bestimmung in ihrer Allgemeinheit irreführend ist, sind von dieser Neuregelung **nicht alle GmbHs** erfasst, sondern **nur Gesellschaften, die der Mitbestimmung unterliegen.** Nach einer in der Literatur vertretenen Ansicht soll es für die Anwendung der Bestimmung aus Gründen der Rechtssicherheit auf den tatsächlichen Ist-Zustand ankommen, nicht auf den rechtlichen Soll-Zustand.[12] Diese Rechtsauffassung überzeugt nicht: Es gibt dafür keinen Anhaltspunkt im Gesetzeswortlaut, im Gegenteil *„der Mitbestimmung unterliegen"* beschreibt eher das Ergebnis eines rechtlichen Subsumtionsvorgangs und der Hinweis auf die „Rechtssicherheit" greift uE nicht durch, da die Subsumption unter die Anwendungsvoraussetzungen Rechtsform und Arbeitnehmerzahlen) keine besondere Rechtsunsicherheit mit sich bringt. Der Gesetzgeber hat den Anwendungsbereich durch Verweis auf die gesetzlichen Regelungen der Unternehmensmitbestimmung, also auf das MitbestG, MontanMitbestG, MitbestErgG u. das DrittelbG begrenzt. Die betriebliche Mitbestimmung nach dem BetrVG ist in diesem Zusammenhang nicht relevant. Da MontanMitbestG u. MitbestErgG praktisch keine Rolle spielen u. die Mitbestimmung außerhalb des Montanbereichs nach § 1 **DrittelbG** erst ab einer Belegschaftsgröße von 500 Arbeitnehmern eingreift, bedeutet dies, dass die Neuregelung für die große Vielzahl „kleinerer" GmbHs mit bis zu max. 500 Arbeitnehmern nicht gilt, sondern **nur für GmbHs, die über mehr als 500 Arbeitnehmer verfügen.** „Gut gemeint ist bekanntlich noch nicht gut gemacht", denn diese Art der Beschränkung des Anwendungsbereichs leistet der im Mittelstand nach wie vor anzutreffenden Neigung zur Mitbestimmungsvermeidung durch Schaffung entspr. Unternehmensstrukturen zusätzlich Vorschub.

5 Dem Wortlaut des § 36 zufolge treffen die Verpflichtungen „die Geschäftsführer". Entgg. des auch insoweit nicht recht gelungenen Wortlauts ist die **Anzahl der Geschäftsführer/-innen** nicht relevant, so dass die Verpflichtung nicht nur bei Gesellschaften mit mehreren Geschäftsführern greift.

---

10 Vgl. zu dem möglichen Verstoß gegen Art. 3 Abs. 2 GG *Habersack/Kersten*, BB 2014, 2819 (2828) unter Hinweis auf BAG NZA 2005, 1252.

11 Ebenso Roth/Altmeppen/Altmeppen Rn. 6; vgl. dazu auch die Hinweise bei *Hohenstatt/Willemsen/Naber*, ZIP 14, 2220 ff.; *Habersack/Kersten*, BB 14, 2819 ff.; u. näher zu den verfassungsrechtlichen Koordinaten auch Maunz/Dürig/*Langenfeld*, GG-Kommentar, GG Art. 3 Rn. 105 ff.

12 So MüKoGmbHG/*Fleischer*, Rn. 2 unter Verweis auf Baumbach/Hueck/*Noack* Rn. 3; *Fromholzer/Simons* AG 2015, 457 (458); *Röder/Arnold* NZA 2015, 1281 (1282 f.); *Wicke* Rn. 3; unklar: Roth/Altmeppen/*Altmeppen*, Rn. 1.

Gerade in diesem Regelungskontext hätte etwa die geschlechter- u. mengenmäßig neutrale Gesetzesformulierung „*Die Geschäftsführung einer Gesellschaft …*" mehr diesbzgl „Fingerspitzengefühl" erkennen lassen.[13] Außerdem ist zu beachten, dass sich hier auch **Zuständigkeiten der Gesellschafter** ergeben: Zwar wurde der generelle Katalog des § 46 nicht um die Entscheidung nach § 36 erweitert, aber die Festlegung des anzustrebenden prozentualen Anteils weiblicher Führungskräfte in der Belegschaft könnte in der Satzung oder der Geschäftsordnung für die Geschäftsführung als zustimmungspflichtiges Rechtsgeschäft verankert werden.[14] Auch das allgemeine Weisungsrecht der Gesellschafter besteht uneingeschränkt.[15] Aber auch bei Fehlen jeglicher Vorgaben der Gesellschafter gehört die Festlegung des angestrebten Frauenanteils in den Managementebenen wegen der herausgehobenen Bedeutung für die Gesellschaft[16] uE entgegen der wohl hL zu den der Gesellschafterversammlung vorbehaltenen Fragen der Unternehmenspolitik, so dass vor der Entscheidung der Geschäftsführung nach § 36 eine Entscheidung der Gesellschafterversammlung einzuholen ist.[17]

Nur der Vollständigkeit halber wird auf den neuen § 52 II hingewiesen, der die **Zuständigkeiten für die Festlegung der Zielgrößen innerhalb des Aufsichtsrats u. der Geschäftsführung** regelt.

II. Gesetzliche Vorgaben

1. Betroffene Führungspositionen

Die vom Gesetz vorgesehene Zielgrößendefinition ist auf die **„beiden Führungsebenen unterhalb der Geschäftsführer"** begrenzt. **Unklar** bleibt dabei, was eine **„Führungsebene"** bzw. wie diese zu definieren ist. *Thüsing/Fütterer* meinen dazu: „*Dunkel spricht der Mund der Pythia.*"[18] Um nicht in die Organisationshoheit der Gesellschaft einzugreifen, hat der Gesetzgeber diese Führungsebenen nicht näher definiert,[19] geht aber in der Gesetzesbegründung davon aus, dass bei der Bestimmung der betroffenen Führungsebenen die in der Unternehmenspraxis jeweils rein tatsächlich angetroffenen Unternehmensstrukturen maßgeblich sind.[20] Dem zuständigen BT-Ausschussbericht ist dazu zu entnehmen, dass bei der Festlegung der Füh- 6

13 Auf die nicht geschlechtsneutrale Fassung des § 36 im Hinblick auf den „Frauenanteil" hat auch *Fleischer* bereits hingewiesen (MüKoGmbHG/*Fleischer* Rn. 1 aE mwN in Fn. 6).
14 Vgl. dazu *Lücke/Simon* § 37 Rn. 11.
15 Vgl. dazu *Müller-Bonanni/Forst*, GmbHR 15, 621, 622; auch *Lücke/Simon* § 37 Rn. 12 ff.
16 Vgl. dazu jüngst die ILO Studie „*Women in Business und Management: The business case for change*" (2019), nach der ein höherer Anteil von Frauen in Führungspositionen die Unternehmensperformance und erhöht die Arbeitgeberattraktivität erhöht.
17 *Ebenso Roth*/Altmeppen *Rn. 10 unter Verweis auf* Lutter/Hommelhoff/*Hommelhof*.f Rn. 7; wohl auch Rohwedder/Schmidt-Leithoff/Baukelmann, Rn. 6; aA die wohl hL: Michalski/*Giedinghagen, Rn. 9;* Baumbach/Hueck/*Noack Rn. 5;* MüKoGmbHG/*Fleischer Rn. 6, allesamt allerdings ohne nähere Begründung.*
18 *Thüsing/Fütterer,* NZG 15, 778.
19 Krit. zu den Definitionsversuchen in der Gesetzesbegründung: *Teichmann/Rüb*, BB 15, 259, 263.
20 So ausdrücklich die Gesetzesbegründung – Begr. RegE GlTeilhG BT-Drs. 18/3784, S. 119.

rungsebenen angesichts der Vielgestaltigkeit der Unternehmenswirklichkeit ein sehr großer Spielraum bestehe u. jedes Unternehmen die passende u. angemessene Lösung wählen könne.[21]

Um sowohl für die erstmalige wie auch die folgenden Zielgrößenfestlegungen die jeweilige Zielerreichung feststellen zu können, werden die betroffenen **Führungsebenen** zunächst unternehmensindividuell **bestimmt** u. diese Definitionen schriftlich oder in Textform **dokumentiert** werden müssen. Das ist in diesem Zusammenhang die erste Geschäftsführerpflicht.[22] Basierend auf den Erkenntnissen aus der Begründung des Gesetzes kann uE folgende Definition von Führungsebenen herangezogen werden: Organisatorische Untereinheiten des Unternehmens, die horizontal dem gleichen Hierarchielevel des Unternehmens zugeordnet sind, aber in Bezug auf andere solche organisatorische Untereinheiten in einem Über- und Unterstellungsverhältnis stehen.[23] Wie auch der Gesetzgeber angenommen hat, kann es in der Praxis je nach der mehr oder weniger starken Ausprägung der Unternehmenshierarchie mehr als zwei, zwei, eine oder sogar keine solcher Führungsebenen geben.[24]

7 § 36 fordert die gesellschaftsindividuelle Festlegung von Zielgrößen für den Frauenanteil. Das Gesetz stellt auf das einzelne Unternehmen, also auf die jeweilige juristische Person ab. Aus dem Wortlaut des § 36 „in den beiden Führungsebenen" folgt uE, dass nicht nur eine Zielvorgabe für die beiden Führungsebenen gemeinsam erforderlich ist, was bei der Feststellung der Zielerreichung, insbes. bei unterschiedlicher Zielerreichung auf den beiden Führungsebenen zu Saldierungsvorteilen führen würde, sondern **eine Zielvorgabe für jede Führungsebene** zu gelten hat.[25]

8 Auch eine Verwässerung der Vorgaben durch Heranziehung anderer möglicher Bezugsgrößen, etwa eines ggf. bestehenden **Konzerns,** ist angesichts des klar auf die Gesellschaft abstellenden Gesetzeswortlauts nicht zulässig.[26] Der vom Gesetz vorgesehene Unternehmensbezug verhindert insoweit jeglichen kompensatorischen Ausgleich zwischen mehreren Konzernunternehmen, die die Ziele teils über- u. teils untererfüllen, iR einer ***Konzerngesamtbetrachtung/***-rechnung. Dieser Unternehmensbezug dürfte auch in Konzernen mit sog. Matrixstrukturen zu Schwierigkeiten führen. *Schulz/Ruf* sehen es dag unter Berufung auf das unternehmerische Ermessen als zulässig an, sich – ggf. – an tatsächlich konzernweit ausgestalteten Führungsebenen zu orientieren, dies als eine Art überobligationsgemäße Erfüllung der gesetzlichen Vorgaben.[27] Diesem Ansatz kann wohl nur dann zugestimmt werden, wenn der konzernweite Bezugsrahmen verglichen mit dem jeweiligen Einzelunternehmensbezug zu keiner von der Gesetzesinten-

---

21 Ausschussbericht BT-Drs. 18/4227, S. 21.
22 AllgM, vgl. etwa *Schulz/Ruf*, BB 15, 1155 ff., 1160 mwN.
23 Vgl. Begr. RegE GlTeilhG BT-Drs. 18/3784, S. 119; ähnl: BeckOK/*Wisskirchen/Kuhn* Rn. 3.
24 Begr. RegE GlTeilhG BT-Drs. 18/3784, S. 119; MüKoGmbHG/*Fleischer* Rn. 4.
25 So auch *Herb*, DB 15, 964, 968; zust. auch *Mense/Klie*, GWR 15, 441, 445; *Wicke* Rn. 5.
26 MüKoGmbHG/*Fleischer* Rn. 5; *Wicke* Rn. 5; so auch Begr. RegE BT-Drs. 18/3784, S. 21 f.
27 *Schulz/Ruf*, BB 15, 1155 ff., 1160 („*Übererfüllung der gesetzlichen Vorgaben*").

tion abw. geringeren Förderung des Frauenanteils in den Einzelunternehmen führt.

Auch hat der Gesetzgeber **Auslandssachverhalte** nicht erfasst bzw. bewusst unberücksichtigt gelassen. Dies ist auch im Hinblick auf die EU nicht zu beanstanden, weil § 36 nicht auf der Umsetzung einer EU-Richtlinie beruht. Zwar hat die EU-Kommission mit einem Richtlinien-Vorschlag[28] in diese Richtung der rechtspolitischen Diskussion in Deutschland Dynamik verliehen, aber die EU-Richtlinie existiert noch nicht.[29] 9

2. Zielgrößen

Auch wenn im Gesetzeswortlaut *„30 %"* genannt sind, schreibt das Gesetz **keine Mindestzielgröße** vor.[30] Die Festlegung der Zielgrößen u. Zeiträume für die Zielerreichung sind **unternehmerische Entscheidungen**, bei denen der Geschäftsführung ein weiter Ermessensspielraum zusteht.[31] Demnach sind Unternehmen de lege lata weder gezwungen, sich anspruchsvolle Ziele zur Erhöhung des Frauenanteils, noch überhaupt das Ziel einer Erhöhung des Frauenanteils zu setzen. Auch *Wisskirchen/Kuhn* führen dazu aus, dass ggf. *„nach Einschätzung des Unternehmens eine angemessene Beteiligung von Frauen erreicht wurde, so dass eine Erhöhung der Zielgrößen nicht notwendig ist"*.[32] So könnte im Extremfall in Führungsebenen mit einem bisherigen Frauenanteil von 0% bei einer geplanten Erhöhung der Zielgrößen von 0% die Situation unverändert bleiben.[33] Dies widerspräche zwar der vom Gesetzgeber mit dem Gesetz verfolgten Intention, dass sich Unternehmen *„ambitionierte Zielgrößen in Form von Endzielen, die einer paritätischen Besetzung nahekommen"*, setzen, so die Begründung des RegE,[34] wäre aber dennoch rechtmäßig u. kein Verstoß gegen § 36. 10

Das Gesetz wählt **als Ausgangs- u. Bezugspunkt** der Neuregelung den in der einzelnen Gesellschaft jeweils bestehenden **„Status quo"**. Von diesem (festzustellenden Prozentsatz) ausgehend sind die Zielfestlegungen vorzunehmen, wobei der Gesetzgeber von einer prozentual auszudrückenden Festlegung ausgeht.[35] 11

Die **Richtung der Zielgrößenfestlegung** (Erhöhung/Reduktion des Frauenanteils) ist **grds. „ergebnisoffen"**. Das bedeutet, dass auch der bloße Erhalt 12

28 Vorschlag für eine Richtlinie des Europäischen Parlaments und des Rates zur Gewährleistung einer ausgewogeneren Vertretung von Frauen und Männern unter den nicht geschäftsführenden Direktoren/Aufsichtsratsmitgliedern börsennotierter Gesellschaften und damit zusammenhängende Maßnahmen v. 14.11.12, COM (2012) 614 final.
29 Vgl. dazu *Jung*, BB 13, 387 ff.
30 *HM, vgl. etwa* MüKoGmbHG/*Fleischer* Rn. 6 unter Hinweis auf Begr. RegE GlTeilhG, BT-Drs. 18/3784, 119; *Wasmann/Rothenburg*, DB 15, 291, 295 mwN.
31 So zutr. *Wasmann/Rothenburg*, DB 15, 291, 295.
32 BeckOK/*Wisskirchen/Kuhn* Rn. 4 unter Hinweis auf Begr. RegE BT-Drs. 18/3784, S. 123.
33 *Mense/Klie*, GWR 15, 441, 444 unter zutr. Hinweis auf den mutmaßlich problematischen Reputationsgesichtspunkt eines solchen Vorgehens; ebenso *Schulz/Ruf*, BB 15, 1155 ff., 1161 unter Bezugnahme auf *Wasmann/Rothenburg*, DB 15, 219 ff., 295; aA: *Teichmann/Rüb*, BB 15, 989 ff., 903.
34 Begr. RegE GlTeilhG BT-Drs. 18/3784, S. 46.
35 Begr. RegE GlTeilhG BT-Drs. 18/3784, S. 119.

des Status quo möglich ist, aber sogar auch eine Reduktion des Prozentsatzes als Ziel in Frage kommt. Dies gilt, obwohl das Ziel des Gesetzgebungsvorhabens eine möglichst zu erreichende „Geschlechterparität" ist. Dieses Ergebnis, dass der Anteil weiblicher Führungskräfte nicht nur stets zu erhöhen ist, wird durch das vom Gesetzgeber in S. 2 vorgesehene **partielle Verschlechterungsverbot** bestätigt, welches nur bei einem **Anteil von unter 30%** eine weitere Reduktion der Zielgröße ausschließt, bei einem Status quo von 30% Frauenanteil oder mehr jedoch eine Verschlechterung zulässt.[36] Damit ist unter Beachtung des gesetzlichen Verschlechterungsverbots praktisch in zwei Fallgestaltungen eine Zielfestlegung „Null" zulässig (Frauenanteil aktuell bei 30% u. darüber oder aber bei 0%).[37] Die bei Nichtvorliegen der Tatbestandsvoraussetzungen des S. 2 zulässige Verschlechterung kann nach dem Gesetzeswortlaut den bislang bei 30% oder höher liegenden Frauenanteil nicht etwa nur bis auf wenigstens 30% reduzieren, sondern weitergehend auch unter die 30%-Schwelle absenken.[38]

13 Bei der Festlegung von Zielgröße u. Fristen sind **betriebsverfassungsrechtliche Implikationen** zu beachten, insbes. etwaige Informations-/Mitwirkungs- u. ggf. Mitbestimmungsrechte der Organe der Betriebsverfassung. An dieser Stelle seien nur die offensichtlich berührte Personalplanung, zu der nach § 92 III BetrVG auch die Aufstellung u. Durchführung von Maßnahmen zur Förderung der Gleichstellung von Frauen u. Männern zählt, u. etwaige Zustimmungsverweigerungsrechte des Betriebsrats bei Einstellungen oder Versetzungen gem. § 99 BetrVG angesprochen.[39] IÜ muss hier auf die Kommentierungen zum BetrVG verwiesen werden.[40]

14 Eine irgendwie geartete **Begründung** der zu treffenden Entscheidung ist im Gesetz nicht vorgesehen u. folgt auch nicht aus § 289 a IV, II Nr. 4 HGB u. den danach ggf. erforderlichen Angaben.[41] § 289 a IV, II Nr. 4 HGB verlangt zwar eine Begründung, dabei geht es aber um die Zielverfehlung, nicht um die Zielfestlegung.

3. Fristen

15 Nach S. 3 sind bei der Festlegung der Zielgrößen konsequent auch sogleich Fristen für die Erreichung der selbst gesetzten Zielgrößen festzulegen, wobei es der Geschäftsführung freigestellt ist, in welchen Schritten u. über welchen Zeitraum der Frauenanteil im Unternehmen erhöht wird.[42]

Damit die Praxis mithilfe dieser eher lang bemessenen Frist den tatsächlichen Einstieg in den politisch gewünschten Wirkmechanismus aber nicht entspr. „auf die lange Bank" schiebt, ist für die **erstmalige Zielsetzung** in

36 So auch MüKoGmbHG/*Fleischer* Rn. 6 unter Hinweis auf Begr. RegE GlTeilhG BT-Drs. 18/3784, S. 42.
37 Ebenso Roth/Altmeppen/*Altmeppen*, Rn. 8; MüKoGmbHG/*Fleischer*, Rn. 6; vgl. dazu auch oben Rn. 11 mwN in Fn. 25.
38 So trotz des tendenziell entgegengesetzten Gesetzeszwecks wohl auch *Stöber*, DStR 15, 947 ff., 952.
39 S. dazu auch unten Rn. 17.
40 Einen ersten zusammenfassenden Überblick gibt *Löwisch*, BB 15, 1909 ff. mwN.
41 Ebenso Roth/*Altmeppen* Rn. 9.
42 Begr. RegE GlTeilhG, BT-Drs. 18/3784, S. 119, 134.

§ 5 S. 2 EGGmbHG eine „Beschleunigung“[43] vorgesehen, nämlich eine **Frist bis zum 30.6.17.**

Nach Ablauf der selbstgesetzten Frist, längstens der Höchstfrist von 5 Jahren, hat die Geschäftsführung jeweils neu über die dann festzulegenden Zielgrößen u. Fristen zu entscheiden. Fraglich ist, ob von der Geschäftsführung vor Ablauf der festgelegten Frist die Zielgrößen u. Fristen neu festgelegt werden können. Vgl. dazu sogleich → Rn. 18.

III. Bindungswirkung der Zielfestlegung

Die einmal erfolgte prozentuale Zielfestlegung beansprucht bis zum Ablauf 16
der zugleich festgelegten Zielerreichungsfrist Geltung. Dies ist zwar in § 36 nicht ausdrücklich geregelt, folgt aber zwanglos aus den allg. Rechtsgrundsätzen zur Willensbildung durch entspr. Beschlussfassung in der Geschäftsführung. Diese **Bindungswirkung des Geschäftsführungsbeschlusses zu Quote u. Zielerreichungsfrist** führt iÜ nicht dazu, dass der fristgerechten Zielerreichung zuwider laufende Beförderungen u/oder Neueinstellungen in die betroffenen Führungsebenen unzulässig wären. Nicht *„zielgrößenkonforme Personalentscheidungen“* sind weder gesetzeswidrig noch grds. sonst rechtswidrig u. ausgeschlossen.[44] Solche **zielgrößendiskonforme Neueinstellungen/Beförderungen** stellen zunächst keinen Verstoß gegen § 134 BGB dar u. führen daher nicht zur Nichtigkeit der Personalmaßnahme, da insoweit kein gesetzliches Verbot iSd § 134 BGB gegeben ist. Diese Personalmaßnahme erschwert oder verhindert lediglich die fristgerechte Erreichung der festgelegten Ziele des § 36, was in rechtlicher Hinsicht lediglich zu entspr. Veröffentlichungspflichten über die Zielnichterreichung führt (dazu sogleich unter → Rn. 19 ff.) u. gerade nicht zu gesetzlich nicht vorgesehenen weitergehenden Rechtsfolgen, wie einer Unwirksamkeit zielgrößendiskonformer Personalmaßnahmen.

Ein zunächst denkbares **Zustimmungsverweigerungsrecht des Betriebsrats** 17
zu einer beabsichtigten zielgrößendiskonformen Personalmaßnahme nach § 99 II Nr. 1 BetrVG wird iaR nicht gegeben sein, da bei Verfehlung der gesetzten Ziele kein gesetzliches Beschäftigungsverbot besteht, kein AGG-Verstoß vorliegt[45] u. die zielgrößendiskonforme Personalmaßnahme auch sonst gegen kein Gesetz verstößt, sondern allenfalls gegen einen Geschäftsführungsbeschluss. Etwas pointiert ausgedrückt macht **§ 99 II Nr. 1 BetrVG** den Betriebsrat nicht umfassend zum *„Hüter des Rechts“* oder zu einer Art *„Rechtsaufsicht“* des Arbeitgebers.[46] Es verbleiben aber in jedem Fall Rechte des Betriebsrats nach § 80 u. die Beteiligung bei der Aufstellung u. Durchführung von Maßnahmen zur Förderung der Gleichstellung von Frauen u. Männern iSv § 92 BetrVG (Personalplanung).[47] Letztlich könnte der Betriebsrat bei zielgrößendiskonformen Beförderungen versuchen, § 99

43 Begr. RegE GlTeilhG, BT-Drs. 18/3467, S. 119.
44 So zutreffend *Schulz/Ruf*, BB 15, 1155 ff., 1162.
45 Näher zum Verhältnis von Frauenquote u. AGG: *Olbrich/Krois*, NZA 15, 1288 ff.
46 So zutr. ErfK/*Kania*, BetrVG § 99 Rn. 24 mwN zur BAG-Rspr.; s. auch *Löwisch*, BB 15, 1909 ff. mwN.
47 Die betriebsverfassungsrechtlichen Fragestellungen behandelt *Löwisch*, BB 15, 1909 ff.

II Nr. 3 **BetrVG** als Zustimmungsverweigerungsgrund heranzuziehen. „Nachteil" iSd § 99 II Nr. 3 BetrVG ist allerdings nicht gleichzusetzen mit „ausgebliebener Vorteil". Es gibt grds. keinen Anspruch auf Beförderung. Die durch die zielgrößendiskonforme Personalmaßnahme vereitelte Aussicht einer Frau auf Beförderung stellt deshalb iaR keinen relevanten „Nachteil" dar.[48]

18 Unabhängig von der eben dargestellten Bindungswirkung des Zielgrößenbeschlusses für diese gefährdende/verhindernde Personalmaßnahmen stellt sich zudem die Frage, ob die **Geschäftsführung berechtigt ist, den Zielgrößenbeschluss noch vor Erreichen der festgelegten Frist abzuändern**, insbes. sich verändernden Unternehmensumständen anzupassen. Das ist der Fall.[49] § 36 enthält keine besondere Bindung der Geschäftsführung an die einmal gesetzeskonform getroffene Entscheidung über Quote u. Frist („Zielgrößenbeschluss"). Nach allg. Rechtsgrundsätzen zur Willensbildung durch entspr. Beschlussfassung in der Geschäftsführung ist diese an die von ihr gefassten Beschlüsse zwar gebunden, kann diese jedoch grds. jederzeit wieder aufheben oder abändern. Die Geschäftsführung ist daher ua, wenn dies im Unternehmensinteresse liegt, berechtigt (u bei veränderten Unternehmensverhältnissen uU sogar verpflichtet), einmal in einer Sache gefasste Beschlüsse situationsgerecht anzupassen. Bei der Entscheidung, ob eine Anpassung im Unternehmensinteresse liegt, wird § 36 u. die darin zum Ausdruck kommende gesetzgeberische Intention als ein Umstand mit zu berücksichtigen sein. Zudem ist bei einer erneuten Beschlussfassung iSd § 36 das Verschlechterungsverbot zu beachten.

IV. Veröffentlichungspflichten

19 Mit den iRd gesetzgeberischen Umsetzung des GlTeilhG v. 24.4.15 (BGBl. I, S. 642) in § 289 a HGB ergänzend geschaffenen Veröffentlichungspflichten zum Thema Gleichberechtigung in Führungspositionen folgt der Gesetzgeber einer zul. vermehrt festzustellenden Gesetzgebungstechnik, die auf die Normierung konkreter Sanktionen für Gesetzesverstöße verzichtet u. stattdessen auf den „Druck der Öffentlichkeit"[50] setzt, um die normunterworfenen Rechtssubjekte zu einem gesetzes- u. gebotskonformen Verhalten zu bewegen („*soft law*"):

20 **Große** (§ 267 III HGB) **u. mittelgroße** (§ 267 II HGB) **Kapitalgesellschaften** haben einen **Lagebericht** zu erstellen (§ 264 I 1 HGB). Bestandteil desselben ist die **„Erklärung zur Unternehmensführung"** gem. § 289 a HGB. Nach dem neugefassten § 289 a IV Hs. 1 HGB haben Gesellschaften, die nach § 36 verpflichtet sind, Zielgrößen für den Frauenanteil u. Fristen für deren Erreichung festzulegen, *„in ihrem Lagebericht als gesonderten Abschnitt eine Erklärung zur Unternehmensführung mit den Festlegungen und Angaben nach Absatz 2 Nummer 4 aufzunehmen"*. § 289 a II Nr. 4 HGB: „... ***Angabe, ob die festgelegten Zielgrößen während des Bezugszeitraums erreicht worden sind, und wenn nicht, Angaben zu den Grün-***

48 Vgl. dazu näher etwa ErfK/*Kania*, BetrVG § 99 Rn. 30 ff. mwN zur BAG-Rspr.; vgl auch *Löwisch*, BB 15, 1909 ff. mwN.
49 Auch in diesem Sinne: *Schulz/Ruf*, BB 15, 1155 ff., 1162; Roth/*Altmeppen* Rn. 11.
50 *Stüber*, DStR 15, 947, 954 spricht von *„negativer Öffentlichkeitswirkung"*.

den". Als Gründe kommen etwa ein Mangel an qualifizierten Bewerberinnen oder eine zu geringe Anzahl neu zu besetzender Stellen in Betracht.[51]

Kleine Kapitalgesellschaften (§ 267 I HGB), die nach § 264 I 4 HGB keinen Lagebericht erstellen müssen, haben die Angaben stattdessen nach § 289 a II Nr. 4 HGB auf der **Internetseite** der Gesellschaft öffentlich zugänglich zu machen (§ 289 a IV 2 iVm I 2 HGB). 21

Der **Zeitpunkt der Berichterstattungspflicht** beginnt für diejenigen Lageberichte bzw. bei kleinen Kapitalgesellschaften auf den Internetseiten, „*die sich auf Geschäftsjahre mit einem nach dem 30. September 2015 liegenden Abschlussstichtag beziehen*" (§ 73 EGHGB), u. zwar zunächst zumindest über die erfolgten Zielfestlegungen. Über die Zielerreichung ist erstmals in Lageberichten mit einem nach dem 30.6.17 liegenden Abschlussstichtag zu berichten. 22

In der Literatur finden sich bereits erste Formulierungsvorschläge zur Erfüllung der Berichterstattungspflicht.[52] 23

V. Feststellung der Zielerreichung

Nachdem § 289 a II Nr. 4 HGB die Verpflichtung enthält, nach Ablauf der jeweils gesetzten Frist über die Erreichung der festgelegten Ziele zu berichten, bedarf es der **Feststellung dieser Zielerreichung.** Hierbei stellen sich verschiedene Fragen zur **zutr. Berechnung des Zielerreichungsgrads,** va, ob Arbeitsverhältnisse jenseits des idealtypischen unbefristeten Vollzeit-Arbeitsverhältnis, also insbes. **teilzeitbeschäftigte Frauen** bei der Ermittlung der prozentualen Zielerreichung „nach Köpfen" (also voll) zählen oder nur „anteilig". Entgg. der Ansicht von *Wisskirchen/Kuhn* dürften teilzeitbeschäftigte Frauen auch nur zeitanteilig zählen, andernfalls könnte die vom Gesetzgeber erwünschte „Quote" durch Schaffung weniger Führungspositionen für weibliche Führungskräfte u. Besetzung derselben mit mehreren Teilzeitkräften erreicht werden. Ähnl Fragen zur Relevanz stellen sich bei **Leiharbeitnehmerinnen** oder **Interims-Managerinnen.** Unproblematisch dürfte dag sein, **ruhende Arbeitsverhältnisse** oder Arbeitsverhältnisse während Beschäftigungsverboten, wie im Mutterschutz, uneingeschränkt bei der Zielerreichung mitzuzählen. Nachdem – wie nachstehend beschrieben wird – aber ohnehin bei Verfehlung der Ziele an sich keine rechtlichen Konsequenzen drohen, handelt es sich uU auch um eine eher akademische Frage.[53] 24

VI. Praxishinweise

Checklistenartige Hinweise aus der Praxis zu möglichen Maßnahmen der Gesellschaft, die im Zusammenhang mit der neu in § 36 geregelten Verpflichtung hilfreich sein dürften, geben *Junker/Schmidt-Pfitzner*.[54] 25

51 Vgl. zu der Angabe von Gründen Roth/*Altmeppen* Rn. 15.
52 *Mense/Klie*, GWR 15, 441, 446.
53 S. dazu auch *Müller-Bonanni/Forst*, GmbHR 15, 621, 623 f.
54 *Junker/Schmidt-Pfitzner*, NZG 15, 929 ff., 938 f.

VII. Rechtsfolgen bei Verstoß

26 Der Gesetzgeber hat sanktionstechnisch lediglich auf die Wirkkraft der Veröffentlichungspflichten[55] gesetzt, deren Verletzung nach §§ 331 ff. HGB sanktioniert wird (Ordnungswidrigkeit – bis zu 50.000 EUR). Er hat bewusst **keine speziellen Sanktionen** wie etwa eine Bußgeldbewährung oder den Ausschluss von öffentlichen Aufträgen oder Ähnl vorgesehen. Andernfalls befürchtete der Gesetzgeber eine kontraproduktiv defensive Vorgehensweise bei Zielgrößen- u. Zielerreichungsfristensetzung.[56] Daraus ergibt sich, dass bei einer nicht oder nicht ordnungsgemäß getroffenen Festlegung (zB mit einem gegen das Verschlechterungsverbot verstoßenden Inhalt, zu langen Erreichensfristen oder erstmalig nach dem 30.9.15) keine Sanktionen vorgesehen sind, das jeweils verpflichtete Organ in diesen Fällen jedoch pflichtwidrig u. rechtswidrig handelt sowie nach allg. Regeln haftet.[57]

27 Durch die ausdrückliche Regelung der neuen Pflichten im GmbHG u. der Ausgestaltung als Pflicht der Geschäftsführung kommt grds. eine **Schadensersatzpflicht nach § 43 II** aller Mitglieder der Geschäftsführung in Betracht, da von der Neuregelung alle Geschäftsbereiche/Ressorts der Gesellschaft betroffen sind u. es sich dabei um eine auch nicht auf ein Mitglied der Geschäftsführung (Ressortzuständigkeit) delegierbare Leitungsaufgabe handelt.[58] Die von § 36 geforderte Festlegung von Zielgrößen u. Zeiträumen für die Zielerreichung sind jedoch unternehmerische Entscheidungen, bei denen der Geschäftsführung ein weiter Ermessensspielraum zusteht.[59] Jedenfalls wird der **Eintritt eines Schadens** iSd §§ 249 ff. BGB iaR nicht zu befürchten bzw. nur schwer nachzuweisen sein,[60] so dass ein Verstoß gegen Pflichten aus § 36 in der Tat nicht unmittelbar sanktioniert ist.

§ 37 Beschränkungen der Vertretungsbefugnis

(1) Die Geschäftsführer sind der Gesellschaft gegenüber verpflichtet, die Beschränkungen einzuhalten, welche für den Umfang ihrer Befugnis, die Gesellschaft zu vertreten, durch den Gesellschaftsvertrag oder, soweit dieser nicht ein anderes bestimmt, durch die Beschlüsse der Gesellschafter festgesetzt sind.

(2) [1]Gegen dritte Personen hat eine Beschränkung der Befugnis der Geschäftsführer, die Gesellschaft zu vertreten, keine rechtliche Wirkung. [2]Dies gilt insbesondere für den Fall, daß die Vertretung sich nur auf gewisse Geschäfte oder Arten von Geschäften erstrecken oder nur unter gewissen Umständen oder für eine gewisse Zeit oder an einzelnen Orten stattfinden soll,

55 Vgl. dazu oben B. IV.
56 Begr. RegE GlTeilhG, BT-Drs. 18/3784, S. 120.
57 So *Schulz/Ruf*, BB 15, 1155 ff., 1162.
58 So wohl auch Baumbach/Hueck/*Noack*, Rn. 5; vgl. zur Haftung der Geschäftsführung § 43.
59 So zutr. *Wasmann/Rothenburg*, DB 15, 291, 295.
60 IErg auch Roth/Altmeppen/*Altmeppen* Rn. 12; vgl. zur Darlegungslast hins. des Schadens § 43.

oder daß die Zustimmung der Gesellschafter oder eines Organs der Gesellschaft für einzelne Geschäfte erfordert ist.

Schrifttum

Buck-Heeb, Ressortverteilung und Haftung von Geschäftsführern, BB 2019, 584 ff: *Ebert,* Folgepflicht und Haftung des GmbH-Geschäftsführers beim Erhalt von Weisungen, GmbHR 2003, 444 ff; *Geißler*, Begrenzungen bei der Weisungsbindung des GmbH-Geschäftsführers, GmbHR 2009, 1071; *Goette*, Das unternehmerische Ermessen des GmbH-Geschäftsführers und seine GmbH-spezifischen Grenzen; NZG 2011, 521 ff; *Hennrichs*, Gesellschafterbeschlüsse über Geschäftsführungsmaßnahmen und Treuepflicht, NZG 2015, 41 ff; *Mennicke,* Zum Weisungsrecht der Gesellschafter und der Folgepflicht des Geschäftsführers in der mitbestimmungsfreien GmbH, NZA 2000, 622 ff; *Michalski*, Missbrauch der Vertretungsmacht bei Überschreiten der Geschäftsführungsbefugnis, GmbHR 1991, 349 ff; *Peitsmeyer/Klesse*, Anforderungen an die Aufgabenverteilung zwischen den Geschäftsführern einer GmbH, NZG 2019, 501 ff: *Peters*, Ressortverteilung zwischen GmbH-Geschäftsführern und ihre Folgen, GmbHR 2008, 682 ff; *Scholz*, Missbrauch der Vertretungsmacht durch Gesellschafter-Geschäftsführer, ZHR 18, 656 ff; *Ströhmann/Längsfeld*, Die Geschäftsführungsbefugnis in der GmbH im Rahmen der Eigenverwaltung, NZI 2013, 271 ff; *van Venrooy*, Zwingende Zustimmungsvorbehalte der Gesellschafterversammlung gegenüber der Geschäftsführung, GmbHR 2005, 1243 ff; *Vedder*, Das Vorsatzerfordernis beim Missbrauch der Vertretungsmacht durch GmbH-Geschäftsführer, GmbHR 2008, 736 ff; *Vetter*, Organisation (Geschäftsverteilung und Delegation) und Überwachung, in: Krieger/Uwe H Schneider, Handbuch Managerhaftung, 2007; *von Prittwitz*, Licht und Schatten – das „Januar-Urteil" des BGH zu Gesamtvermögensgeschäften bei der GmbH sowie dem Missbrauch der Vertretungsmacht, DStR 2019, 1265 ff.

A. Normzweck

Die seit langem unveränderte Vorschrift befasst sich – im Gegensatz zu der 1
in § 35 geregelten (gesetzlichen) Vertretungsmacht der Geschäftsführer (sog. Außenverhältnis) – mit der (gesetzlichen) Geschäftsführungsbefugnis der Geschäftsführer im Verhältnis zu den Gesellschaftern, also mit dem sog. **Innenverhältnis.**

2 Abs. 1 der Vorschrift regelt – zunächst entgegen der ungenauen Überschrift – nicht die Vertretung der GmbH, sondern die **Geschäftsführungsbefugnis** der Geschäftsführer[1] und erst in Abs. 2 die Auswirkungen von Beschränkungen der Geschäftsführungsbefugnis auf die Vertretungsmacht. Da sich die Zuständigkeitsbereiche von Geschäftsführung u. Gesellschafterversammlung inhaltlich weder decken noch ausschließen, sondern sich weitgehend *„überlappen"*, bedarf es zwischen ihnen einer Rangordnung. Neben den §§ 45, 46 zeigt die Vorschrift diese Rangordnung auf, indem sie den wesentlichen Unterschied zwischen der Geschäftsführung durch die Geschäftsführer einer GmbH u. der Geschäftsführung durch den Vorstand einer AG enthält: Die Geschäftsführer unterliegen – anders als die Vorstandsmitglieder einer AG, die die AG eigenverantwortlich u. damit rechtlich grds. unabhängig von den Aktionären u. der Hauptversammlung (wie auch vom Aufsichtsrat) leiten- in Fragen der Geschäftsführung einem grds. umfassenden **Weisungsrecht der Gesellschafterversammlung.**[2] Der BGH führte dazu unlängst aus: *„Im Unterschied zu der auf Machtbalance der einzelnen Organe abzielenden und die Aktionäre von der unmittelbaren Einflussnahme auf die Geschäftsführung der Gesellschaft ausschließenden Verfassung der Aktiengesellschaft ist die Organisation der GmbH hierarchisch gestaltet.…Von wenigen, den Geschäftsführern als solchen im öffentlichen Interesse zugewiesenen Kompetenzen abgesehen, sind in der GmbH die Gesellschafter das zentrale Entscheidungsorgan."*[3] ZT wird daher – völlig zu Recht – auch von der „übergeordneten" Geschäftsführungskompetenz der Gesellschafterversammlung[4] oder dem „Primat der Gesellschafter"[5] gesprochen. Dieser Vorrang der Gesellschafterposition führt dazu, dass es in praxi den Gesellschaftern überlassen bleibt, ob und wie weitgehend sie die ihnen – vorrangig – zustehende Kompetenz zur Regelung der Angelegenheiten der GmbH nutzen und die Geschicke der Gesellschaft entweder durch eher umfangreiche Vorgaben in Geschäftsordnung oder durch Gesellschafterbeschlüsse (Weisungen) prägen oder den Geschäftsführern durch eher wenig Vorgaben deutlich mehr Handlungs- und Entscheidungsspielräume bei der Führung der Geschäfte überlassen. Ausschließliche Zuständigkeiten ergeben sich für die Gesellschafter va aus § 46 u. für die Geschäftsführer aus deren „Grund- oder Kardinalpflicht" zur Einhaltung der für die Gesellschaft geltenden Gesetze („Legalitätspflicht").[6]

3 Abs. 2 der Vorschrift hält wegen bzw. trotz der in Abs. 1 festgelegten Weisungsabhängigkeit im Innenverhältnis zum **Schutz des Rechtsverkehrs** ausdrücklich fest, dass die Vertretungsmacht der Geschäftsführer im Außenverhältnis unbeschränkt ist u. auch nicht rechtswirksam beschränkt wer-

1 So auch Henssler/Strohn/*Oetker* Rn. 1.
2 Soweit ersichtlich unbestritten, vgl. etwa Baumbach/Hueck/*Beurskens* Rn. 35 f. mwN.
3 BGH NZG 19, 505 ff.
4 Roth/Altmeppen/*Altmeppen* Rn. 3 mwN u. Rn. 30 ff. zum Meinungsstreit bei der mitbestimmten GmbH.
5 MüKoGmbHG/*Stephan/Tieves* Rn. 1.
6 Diese Legalitätspflicht ist mit dem moderneren Begriff der Compliance „verwandt", aber nicht mit diesem gleichzusetzen. Vielmehr dient Compliance zur Erreichung u. Sicherstellung der Legalitätspflicht durch vorsorgende organisatorische Maßnahmen. Näher zur Compliance § 35 Rn. 77 mwN.

den kann. Dies ist aufgrund der nicht gegebenen Erkennbarkeit interner Beschränkungen der Geschäftsführungsbefugnis im Interesse der Aufrechterhaltung des allg. Geschäftsverkehrs geboten.[7] Anders verhält es sich nur bei Kenntnis des Vertragspartners von der internen Beschränkung der Geschäftsführungsbefugnis, dann schlägt diese auf das Außenverhältnis durch und beschränkt ausnahmsweise auch die Vertretungsmacht.[8]

B. Inhalt

I. Geschäftsführungsbefugnis

Mangels Legaldefinition der Geschäftsführungsbefugnis wird allg. davon ausgegangen, dass sie die **Berechtigung**, aber auch **Verpflichtung** der Geschäftsführer ggü. der Gesellschaft **zur Führung der Geschäfte der Gesellschaft** bezeichnet. Das umfasst **alle** zur Verfolgung u. Erreichung des Gesellschaftszwecks (vgl. satzungsgemäßer Unternehmensgegenstand gem. § 3 I Nr. 2) **geeigneten u. erforderlichen Entscheidungen** sowie die **Planung und Umsetzung** dementspr **tatsächlicher und rechtsgeschäftlicher Maßnahmen.**[9] *Peetz* weist zutreffend darauf hin, dass man heute wohl statt „*Geschäftsführung*“ eher und begrifflich weiter und daher passender von „*Unternehmensführung*“ sprechen würde.[10] 4

Kern der Geschäftsführungsbefugnis ist das Recht u. die Pflicht zu einer sachgerecht am Unternehmensgegenstand ausgerichteten **Organisation des Unternehmens** (insbes. der Schaffung einer angemessenen Aufbau- u. Ablauforganisation, der Zuordnung der Aufgaben zu den Stellen, Festlegung von Verantwortlichkeiten, Kompetenzen, Vertretungsregeln, der Besetzung der Führungspositionen, der Einrichtung geeigneter Kontroll- u. Überwachungssysteme einschl. entspr. Berichtslinien.[11] Ob die dafür den Rahmen bildenden Grundsätze der **Unternehmenspolitik,**[12] die Festlegung der **Unternehmensstrategie**, die **Unternehmensplanung** u. -steuerung und -kontrolle, mit der die mit der Unternehmenspolitik festzulegenden Ziele u. Teilziele verfolgt u. erreicht werden sollen, auch dazu gehören, ist umstritten.[13] Auch wenn dies von der vorherrschenden Ansicht anders gesehen wird,[14] umfasst die Geschäftsführungsbefugnis auch die Unternehmenspo-

---

7 So auch BGH NJW 84, 1461 ff.

8 So BGH NZG 06, 626 ff.

9 Ganz hM, in diesem Sinne etwa auch Baumbach/Hueck/*Beurskens*, Rn. 2; *Peetz*, GmbHR 17, 57 ff. (58) mwN.

10 *Peetz* GmbHR 17, 57 ff.

11 Ebenso *Peetz* GmbHR 17, 57 ff.; näher zu den der Geschäftsführung obliegenden Organisationspflichten: Hümmerich/Reufels/*Borgmann* § 2 Rn. 629 f.

12 Von den Gesellschaftern vorgegebene grds. Richtlinie, die das Selbstverständnis des Unternehmens als Teilnehmer am Wirtschaftsgeschehen u. eigene Schwerpunkte des unternehmerischen Handelns definieren oder zumindest skizzieren; idS wohl auch Scholz/*U H Schneider/S H Schneider* Rn. 10; aA: Lutter/Hommelhoff/*Kleindiek* Rn. 8; zu den begrifflichen Schwierigkeiten vgl. näher Baumbach/Hueck/*Beurskens* Rn. 13 ff.

13 Roth/Altmeppen/Altmeppen Rn. 22 mwN zum Meinungsstreit.

14 HL, vgl. MüKoGmbHG/*Stephan/Tieves* Rn. 61; Scholz/*U H Schneider/S H Schneider* Rn. 10; Rowedder/Schmidt-Leithoff/*Baukelmann* Rn. 8 mwN; BeckOK-GmbHG/*Wisskirchen/Kühn* Rn. 12 mwN, allerdings unter – nicht überzeugendem – Hinweis auf die Entscheidung BGH NJW 91,1681 ff., in der es lt. Sachverhalt um einen explizit geregelten Zustimmungsvorbehalt ging.

litik. Innerhalb des Unternehmensgegenstandes[15] sind von Geschäftsführungsbefugnis nur die internen sog. Grundlagenentscheidungen[16] ausgenommen. Der Streit um die begriffliche Reichweite kann für die Praxis aber dahingestellt bleiben, denn aufgrund der unstreitig vorrangigen Geschäftsführungsbefugnis der Gesellschafter ist es diesen stets unbenommen, die Unternehmenspolitik und andere (grundlegende) Themen jederzeit an sich zu ziehen und entsprechende, die Geschäftsführer insoweit dann auch bindende Vorgaben zu beschließen.[17] Insoweit fehlt es an einer Schutzbedürftigkeit der Gesellschafter und kann im Einklang mit dem „Primat der Gesellschafter" jedenfalls von einer subsidiären Geschäftsführerzuständigkeit auch für die Unternehmenspolitik etc gesprochen werden, die immer dann „auflebt", wenn entsprechende Vorgaben der Gesellschafter ausbleiben. Bei Fehlen von Gesellschaftervorgaben *„konnte und musste der Geschäftsführer so handeln, wie er es nach seiner eigenen pflichtgemäßen Überzeugung für richtig und zweckmäßig hielt"*.[18] Dieser Grundsatz wiederum ist – aufgrund der Treuepflicht – dahin einzuschränken, dass die Geschäftsführer **nicht gegen den bekannten oder auch mutmaßlichen Willen der Gesellschafter** agieren dürfen.[19] In einem solchen Fall besteht die Verpflichtung zur aktiven Einholung einer Gesellschafterweisung (Vorlagepflicht).[20] Eine solche Vorlagepflicht wird von der wohl hM insbes. bei **besonders risikobehafteten Geschäften** angenommen und dogmatisch mit § 49 Abs. 2 begründet.[21] Innerhalb dieser Grenzen[22] sind die Geschäftsführer *„Träger der unternehmerischen Initiativ- und Entscheidungsmacht in der Gesellschaft und ihrem Unternehmen"*.[23] IÜ geht es bei der Geschäftsführungsbefugnis dann um die konkrete Umsetzung einer idR (s. o.) vorgegebenen Unternehmensplanung u. -strategie, also um das Festlegen bestimmter Teilziele u. Zeithorizonte sowie den zielorientierten Einsatz der sachlichen, personellen u. materiellen Ressourcen der Gesellschaft. Die Geschäftsführungsbefugnis erstreckt sich natürlich auf die **gesamte operative Tätigkeit der Gesellschaft** u. bezieht sich daher grds. auf die umfassende Wahrnehmung sämtlicher Angelegenheiten, die zum **laufenden** (gewöhnlichen) **Tagesgeschäft** gehören, einschl. Erwerb, Verwaltung (Ausübung der Gesellschafterrechte) u. Veräußerung von Beteiligungen[24] (zu sog. **Grund-**

---

15 Zum Unternehmensgegenstand als äußere Grenze der Geschäftsführungsbefugnis vgl. etwa Baumbach/Hueck/*Beurskens* § 37 Rn. 26; Roth/Altmeppen/*Altmeppen* Rn. 26.

16 Sog. Grundlagenentscheidungen sind sämtliche die gesellschaftsrechtlichen Grundlagen der Gesellschaft betreffende Maßnahmen, vgl. dazu unten Rn. 10.

17 HM, BeckOK-GmbhG/*Wisskirchen/Kuhn* Rn. 13 gehen auch davon aus, dass die Geschäftsführer dann berechtigt sind, auf dem Feld der Unternehmenspolitik,-strategie, etc aktiv zu werden, wenn die Gesellschafterversammlung insoweit Vorgaben schuldig bleibt; im Ergb ebenso etwa M/H/Ls./*Lenz* Rn. 9.

18 So ausdrücklich auch BGH NJW 92, 993 ff.

19 So zutreffend: *Hommelhoff*, ZGR 78, 119, 125.

20 HM, vgl. etwa Roth/Altmeppen/*Altmeppen* Rn. 20.

21 Vgl. MüKoGmbHG/*Fleischer*, § 43 Rn. 75 f.; Henssler/Strohn/*Oetker* Rn. 6 f.; MünchHdb GesR III/*Diekmann* § 45 Rn. 17 ff., jeweils mwN; speziell zu § 49 Abs. 2 vgl. etwa BeckOK-GmbHG/*Schindler*, § 49 Rn. 37 ff.

22 Zu den Beschränkungen sogleich unter Rn. 8 ff.

23 OLG Karlsruhe GmbHR 96, 209 (zit. nach Lutter/Hommelhoff/*Kleindiek* Rn. 4).

24 HM, vgl. etwa MüKoGmbHG/*Stephan/Tieves* Rn. 15 u. 19 mwN.

lagenentscheidungen → Rn. 10, zu sog. **Sozialakten** → Rn. 34, zu **außergewöhnlichen Geschäften** → Rn. 20 a).

4a Mit der Größe des zu führenden Unternehmens (oder Konzerns) nimmt der planende, strukturierende, steuernde und kontrollierende Teil der Arbeit der Geschäftsführung zu, weil in Umsetzung der Geschäftsführungsbefugnis Aufgaben in zunehmendem Umfang an Dritte (andere Geschäftsführer und Mitarbeiter) übertragen werden müssen und auch dürfen (Delegation). Das beginnt innerhalb einer **mehrköpfigen Geschäftsführung** (sog. **horizontale Delegation**). Eine solche Verteilung der Aufgaben ist abhängig von der Größe des Unternehmens und der Art der vorzunehmenden Geschäfte auch nach Ansicht des BGH möglich und gegebenenfalls sogar notwendig.[25] Diese sog. Ressortverteilung erfolgt in aller Regel in einer schriftlichen Geschäftsordnung (oder einem Geschäftsverteilungsplan), muss aber nach neuester Rspr. des BGH (und entgegen der Rspr. des BFH) nicht schriftlich niedergelegt sein, um haftungsbegrenzende Wirkung entfalten zu können.[26] Näheres zur Verteilung der Geschäftsführungsbefugnisse und zur Ressortverteilung unter mehreren Geschäftsführern in einer **Geschäftsordnung** findet sich in → Rn. 29. Die mit zunehmender Unternehmensgröße immer wichtigere Delegation von Aufgaben auf nachgeordnete Mitarbeiter innerhalb der Unternehmensorganisation ist die sog. **vertikale Delegation.** Dabei sind von der Geschäftsführung – auch im eigenen Interesse (Haftung) – die **Grundsätze ordnungsgemäßer Delegation** zu beachten.[27] Letztlich ist es wesentlicher Teil der Geschäftsführungsbefugnis der Geschäftsführer, für die **Einhaltung aller für die Gesellschaft geltenden Gesetze** zu sorgen u. dies durch angemessene, präventiv wirkende organisatorische Maßnahmen sicherzustellen („**Compliance-System**").[28]

Das Recht des Geschäftsführers zur Geschäftsführung, auch wenn es sich aus dem Anstellungsvertrag ergibt, ist wegen der grds. freien Abberufbarkeit idR nur beschränkt durchsetzbar, insbes. nicht gegen den Willen der Gesellschafter.[29]

5 Bestimmte Aufgaben hat das Gesetz dem Geschäftsführer unmittelbar zugewiesen, zB die Buchführungspflichten (§ 41), die Erfüllung aller steuerlichen Pflichten (§ 34 AO), den Schutz des Stammkapitals (§ 30), die Einberufung der Gesellschafterversammlung (§ 49), die Erstellung des Jahresabschlusses (§ 264 HGB) oder auch die Insolvenzantragstellung (§ 15 a InsO). Allgemein anerkannt ist aber auch insoweit, dass der Geschäftsführer selbst diese Aufgaben nicht etwa „in persona" zu erledigen hat, son-

---

25 BGH NZG 19, 225 Rn. 15 unter Hinweis auf BFH NJW 85, 400 (Ls.).

26 BGH NZG 19, 225 ff.; vgl. dazu näher Rn. 27; zur BFH-Rspr.: BFH, DStR 1984, 756.

27 Nach allgemeiner Ansicht treffen die Geschäftsführer bei der Übertragung von Arbeitsaufgaben an Mitarbeiter des Unternehmens die Pflichten zu sorgfältiger Auswahl, Einweisung, Ausstattung und Überwachung der Mitarbeiter, denen sie Aufgaben übertragen und letztlich zum „gegensteuernden Eingreifen", wenn es nötig wird. Die Einzelheiten sind zT umstritten, vgl. dazu näher BeckOK-GmbHG/*Ziemons/Pöschke* § 43 Rn. 229 ff.

28 Näher zur Compliance § 35 Rn. 77 mwN; zur Compliance in der GmbH: *Stück*, GmbHR 16, 561 ff.

29 Vgl. dazu § 38 Rn. 20 ff., zur Freistellung/Suspendierung § 38 Rn. 16.

dern auch hier von den Delegationsmöglichkeiten Gebrauch machen kann, zT aus fachlichen Gründen auch machen muss.[30] Die gesetzlich explizit geregelten Einzelpflichten bilden aber nur einen Teilausschnitt der Geschäftsführungsbefugnis (und Geschäftsführungspflicht) ab, denn es gilt der Grundsatz der **„Allzuständigkeit" der Geschäftsführung**, vorbehaltlich der Wahrung der Rechte anderer Organe, insbes. von Gesellschafterversammlung u. ggf. Aufsichtsrat.[31]

6 Bei der Ausübung dieser Geschäftsführungsbefugnis hat der Geschäftsführer gem. § 43 I die **Sorgfalt eines ordentlichen Geschäftsmannes** (dazu → § 43 Rn. 15 ff.) anzuwenden.

7 Im **Vertragskonzern** geht die Geschäftsführungsbefugnis auf die Geschäftsführung der herrschenden Gesellschaft über. Im **faktischen Konzern** gelten für Geschäftsführer von **Tochter-** bzw. **Enkelgesellschaften** grds. keine Besonderheiten, insbes. sind diese bei der Geschäftsführung primär auf den Unternehmensgegenstand ihrer Gesellschaft u. auf das Wohl u. Unternehmensinteresse ihrer Gesellschaft verpflichtet, nicht – jedenfalls nicht zuvörderst – auf Konzerninteressen. Anderseits erstreckt sich die Geschäftsführungsbefugnis der Geschäftsführer der **Muttergesellschaft** (Konzernobergesellschaft) nicht nur auf diese, sondern grds. auf alle Unternehmen des Konzerns (**Konzernleitungsbefugnis**).[32] Umfang u. Intensität dieser Konzernleitungsbefugnis sind nach wie vor umstritten.[33] IErg steht der Geschäftsführung der Konzernobergesellschaft ein **Konzernleitungsermessen** zu, in dessen Bereich die Intensität der Konzernleitung von minimal (iSe bloßen Beteiligungsverwaltung/-überwachung)[34] bis maximal (iSd Abschlusses von Beherrschungsverträgen u. umfangreicher Ausübung der Gesellschafter-Weisungsrechte) ausgebildet sein kann.[35] So können die Gesellschafter der Mutter-GmbH grds. jeden Vorgang an sich ziehen und den Geschäftsführern für die Ausübung der Beteiligungsrechte Weisungen erteilen. Nach vorherrschender Ansicht müssen die Geschäftsführer der Tochtergesellschaft aus Sicht der Mutter-GmbH bedeutende Maßnahmen inner-

30 Nach allgemeiner Ansicht treffen die Geschäftsführer bei der Übertragung von Arbeitsaufgaben an Mitarbeiter des Unternehmens die Pflichten zu sorgfältiger Auswahl, Einweisung, Ausstattung und Überwachung der Mitarbeiter, denen sie Aufgaben übertragen und letztlich zum „gegensteuernden Eingreifen", wenn es nötig wird. Die Einzelheiten sind zT umstritten, vgl. dazu näher BeckOK-GmbHG/*Ziemons/Pöschke* § 43 Rn. 229 ff.

31 HM, vgl. etwa BGH NJW 01, 969 (971); M/H/L/S/*Ziemons* Rn. 349; z.T. kritisch: MüKoGmbHG/*Stephan/Tieves* Rn. 6 mwN; da der Begriff hier unter dem Vorbehalt der Zuständigkeit der Gesellschafter verwendet wird, entsteht kein Widerspruch zu der auch anzutreffenden Verwendung des Begriffs der „Allzuständigkeit" für die Gesellschafter (statt „übergeordnete Geschäftsführungszuständigkeit" oder „Primat der Gesellschafter", vgl. Rn. 2), wie etwa bei *von Prittwitz* DStR 19, 1265 ff.).

32 HM, vgl. etwa MünchHdbGesR III/*Diekmann*, § 44 Rn. 60 ff..

33 Dazu näher Scholz/*U H Schneider/S H Schneider* Rn. 65 ff.; zur Diskussion um konzernweite Compliancepflichten s. *Schneider*, NZG 09, 1321 ff.; *Arnold/Geiger*, BB 18, 2306 ff.

34 Ebenso MüKoGmbHG/*Stephan/Tieves* Rn. 19 mwN.

35 HM, vgl. Baumbach/Hueck/*Beurskens* SchlAnhKonzernR Rn. 102 ff. mwN; zur Überwachungspflicht bzgl. Tochtergesellschaften vgl. OLG Thüringen NZG 10, 266 ff.

halb der Tochtergesellschaft von sich aus vorzulegen.[36] Im Einzelfall kann das Ermessen auch zu einer Konzernleitungspflicht erstarken.[37] Zur ebenfalls umstrittenen Frage der **Reichweite von Zustimmungserfordernissen** aus einer Geschäftsordnung für die Geschäftsführer der Mutter-GmbH auch für Geschäftsführer von Beteiligungsgesellschaften (Töchter-/Enkelgesellschaften) vgl. → Rn. 29.

II. Beschränkungen der Geschäftsführerbefugnis

Bei der Ausübung der grds. der Geschäftsführung zugewiesenen Geschäftsführungsbefugnis hat der Geschäftsführer jedoch Vorgaben zu beachten. Seine Geschäftsführungsbefugnis unterliegt Beschränkungen, insbes. durch den Unternehmensgegenstand u. durch die Rechte der Gesellschafter, die im Einzelfall mehr oder weniger umfangreich sein können: 8

1. Unternehmensgegenstand

Der nach § 3 I Nr. 2 in der Satzung jeder Gesellschaft festzulegende Unternehmensgegenstand stellt nach allgM die äußerste Grenze der Geschäftsführungsbefugnis dar, weil diese nur innerhalb des Unternehmensgegenstandes u. nicht über diesen hinaus besteht.[38] So etwa auch das OLG München zum Erwerb eines Mercedes SLS AMG Coupe als Spekulationsobjekt.[39] Ein Organ, das Geschäfte betreibt, die vom Unternehmenszweck nicht gedeckt sind, überschreitet seine Geschäftsführungsbefugnis und handelt pflichtwidrig.[40] 9

2. Gesellschafterzuständigkeiten

Auch innerhalb des satzungsgemäßen Unternehmensgegenstandes ist die Geschäftsführungsbefugnis der Geschäftsführer jedoch nicht umfassend, sondern unterliegt einer weiteren wesentlichen Beschränkung, nämlich der Zuständigkeit der Gesellschafter. *„Dem Geschäftsführer einer GmbH kommt – vorbehaltlich gesetzlicher Pflichten – Geschäftsführungsbefugnis nur dann und insoweit zu, als die Gesellschafterversammlung von ihrer Geschäftsführungskompetenz weder durch Regelung im Gesellschaftsvertrag noch durch Beschlussweisung an den Geschäftsführer Gebrauch macht“*,[41] Die Gesellschafter sind demnach insbes. für sog. **Grundlagenentscheidungen** zuständig. Grundlagenentscheidungen sind die in **§ 46** enumerativ aufgezählten Tatbestände, weitere im GmbHG ausdrücklich den Gesellschaftern zugewiesene Sachverhalte und darüber hinausgehend grds. alle **Maßnahmen auf der Gesellschafterebene.**[42] 10

---

36 Ebenso Emmerich/Habersack/*Habersack*, Aktien-/GmbH-KonzernR, AktG nach § 318 Rn. 52; → Rn. 11.

37 Vgl. dazu etwa *Wilsing/Ogorek*, NZG 10, 216 ff. (Anm. zu OLG Thüringen NZG 10, 226 ff.) mwN.

38 Vgl. statt vieler: Baumbach/Hueck/*Beurskens* § 37 Rn. 26; M/H/L/S/*Lenz* Rn. 5; Lutter/Hommelhoff/*Kleindiek* Rn. 3 f.

39 OLG München BeckRS 12, 07661.

40 BGH NJW 13, 1958 (Ls.); ebenso die hL, vgl. etwa Rowedder/Schmidt-Leithoff/*Baukelmann* Rn. 7.

41 So unlängst BGH NZG 19, 505 ff.

42 So zu Recht: MünchHdbGesR III/*Wolff* Rn. 3.

Besonders hervorzuheben sind dabei zunächst aus § 46: die Feststellung des Jahresabschlusses (§ 46 Nr. 1), die Entscheidung über die Offenlegung eines Einzelabschlusses nach internationalen Rechnungslegungsstandards (§ 46 Nr. 1 a), Maßregeln zur Prüfung u. Überwachung der Geschäftsführung (§ 46 Nr. 6), die Bestellung von Prokuristen u. Handlungsbevollmächtigten zum gesamten Geschäftsbetrieb (§ 46 Nr. 7) sowie die Geltendmachung von Ersatzansprüchen der Gesellschaft gegen Geschäftsführer oder Gesellschafter (§ 46 Nr. 8). Über den Wortlaut des § 46 Nr. 5 hinaus ist die Gesellschafterversammlung nach ganz hM auch für **Abschluss, Änderung u. Aufhebung von Geschäftsführer-Dienstverträgen** ausschließlich zuständig.[43] In der Satzung der Gesellschaft kann generell vom Katalog des § 46 abgewichen werden (vgl. § 45 II).[44] Die Katalogtatbestände können daher reduziert oder erweitert oder einzelne Katalogzuständigkeiten auf andere Organe der Gesellschaft übertragen werden.[45] Daneben stellen weitere **gesellschaftsinterne Vorgänge**, die den Gesellschaftsvertrag betreffen, sog. **„Grundlagengeschäfte"** dar, wie zB Satzungsänderungen, Kapitalmaßnahmen und die Auflösung der Gesellschaft, Vorgänge nach dem UmwG und Unternehmensverträge.[46] *Beurskens* weist zutreffend darauf hin, dass nicht alle gesellschaftsinternen Vorgänge solche Sozialakte sind, jedenfalls nicht diejenigen, die im Gesetz der Geschäftsführung zugewiesen werden, wie zB die Einladung zu Gesellschafterversammlungen.[47] Eine Gesellschafterzuständigkeit bedeutet hingg. nicht, dass der Geschäftsführer insoweit nicht in Erscheinung treten kann, sie können vorbereitend tätig werden u. die Gesellschafter können nach entspr. Beschlussfassung über einen ihrer Entscheidung zugewiesenen Gesichtspunkt durch weiteren Beschluss einen Geschäftsführer mit der Ausführung des Gesellschafterbeschlusses beauftragen.

3. Beschränkungen durch die Satzung

11 Da die Satzungsgestaltung in der Hoheit der Gesellschafter liegt, kann in der Satzung die Zuständigkeit der Geschäftsführer über das gesetzliche Statut hinaus **erweitert**, aber auch davon abw. **beschränkt** werden, zB durch Schaffung weiterer Gesellschafterzuständigkeiten u/oder Schaffung zusätzlicher Gremien (zB Aufsichts- oder Beirat) mit Geschäftsführungsbefugnissen.[48] In der Praxis spielen die in den letzten Jahren – nicht zuletzt durch die intensive Corporate Governance Diskussion – von den Gesellschaftern umfangreicher ausgestalteten **Kataloge von zustimmungspflichtigen Rechtsgeschäften** eine wesentliche Rolle.[49] Wegen der damit verbundenen

43 Ebenso BeckOK/Ziemons/Jaeger/*Wisskirchen/Kuhn* Rn. 11.
44 Sogleich Rn. 11.
45 AllgM, vgl. etwa Michalski/*Römermann* § 46 Rn. 8.
46 Vgl. dazu eingehend: Baumbach/Hueck/*Beurskens* Rn. 7; MünchHdbGesR III/*Wolff* Rn. 3 ff. mit zahlr. weiteren Nachweisen.
47 Baumbach/Hueck/*Beurskens*, Rn. 8.
48 Zur grds. Satzungsdisponibilität von Geschäftsführungsbefugnissen vgl. auch BGH NZG 19, 505 ff.: zur Zulässigkeit der Übertragung von Geschäftsführungsbefugnissen auf andere Gesellschaftsorganen vgl. etwa BeckOK-GmbHG/*Wisskirchen/Kuhn* Rn. 41.
49 Zu Zustimmungsvorbehalten vgl. MüKoGmbHG/*Stephan/Tieves* Rn. 123 ff.; Henssler/Strohn/*Oetker* Rn. 8 ff.;; *Fleischer*, BB 13, 835 ff. zur AG.

höheren Flexibilität werden diese Zustimmungskataloge aber zunehmend nur noch durch Gesellschafterbeschluss in Geschäftsordnungen für die Geschäftsführung geregelt. Die Gesellschafter können den Katalog so umfassend ausgestalten, dass jenseits des nicht entziehbaren Kernbereichs massiv in die Geschäftsführung eingegriffen wird.[50] Nach neuerer BGH-Rspr. kann sich ein Geschäftsführer bei unterlassender Einholung der Zustimmung grds. auch auf ein rechtmäßiges Alternativverhalten berufen, etwa wenn es um mögliche Schadensersatzansprüche gegen den Geschäftsführer[51] oder auch die Kündigung des Anstellungsvertrages geht. Nur in mitbestimmten Gesellschaften müssen **geschriebene Zustimmungsvorbehalte** bestehen, da § 25 I MitbestG u. § 1 I DrittelbG auf § 111 AktG u. damit auch auf § 111 IV AktG verweist, der einen angemessen dimensionierten Katalog zustimmungspflichtiger Rechtsgeschäfte vorschreibt. Ein solcher Katalog zustimmungspflichtiger Rechtsgeschäfte kommt auch bei freiwillig gebildetem Aufsichtsrat in Betracht (§ 52 I iVm § 111 AktG). Derartige Kataloge in der Satzung sind nicht abschließend, es sei denn, dies wäre – wie selten – explizit so in der Satzung geregelt. Dementspr können die Gesellschafter weitere generelle Zustimmungsvorbehalte oder Zustimmungspflichten im Einzelfall durch Gesellschafterbeschluss festlegen.[52]

Die hM erkennt daneben mit unterschiedlicher Begründung[53] auch **ungeschriebene Zustimmungsvorbehalte** an.[54] Diese Ansicht nimmt uE eine unausgewogene Risikoverteilung zwischen Gesellschaftern u. Geschäftsführung zuungunsten Letzterer vor u. ist daher abzulehnen.[55] Auch ein berechtigtes schutzwürdiges Interesse der Gesellschafter ist nicht ersichtlich und streitet daher nicht für ein Bedürfnis neben der gesetzl Regelung des § 49 II und der den Gesellschaftern gegebenen Möglichkeit, einen (umfangreichen) Katalog zustimmungspflichtiger Geschäfte zu implementieren und der sich aus der Treuepflicht (§ 242 BGB) ergebenden Pflicht, Maßnahmen gegen den bekannten Willen der Gesellschafter zu unterlassen, zusätzlich noch weitere ungeschriebene Zustimmungsvorbehalte anzuerkennen. *Stephan/Tieves* haben zutr. darauf hingewiesen, dass die Begründungsansätze mit § 49 II bzw. mit einer Analogie zu §§ 116, 164 HGB nicht überzeugen.[56] Dies gilt allerdings ebenfalls für deren Ableitung dieser Rechtsansicht aus dem grds. Weisungsrecht der Gesellschafter u. einer angeblichen Pflicht der Geschäftsführung, den Gesellschaftern dessen Ausübung zu ermöglichen.[57] Woher diese „Ermöglichungspflicht" kommen soll, bleibt unklar, ebenso wie sie in dem von der hM angenommenen Umfang zu begründen ist. Zwar sind die Gesellschafter in Form der Gesellschafterversammlung das oberste Organ der Gesellschaft, zentrale u. primäre Aufgabe

50 Vgl. dazu Rn. 13.
51 BGH NJW 18, 3574 ff., vgl. dazu *Grobecker/Wagner*, ZIP 19, 694 ff.
52 Ganz hM, vgl. etwa Baumbach/Hueck/*Beurskens* Rn. 20; auch *Goette* spricht von ungeschriebenen Vorlagepflichten (NZG 11, 521, 524).
53 §§ 116, 164 HGB analog bzw. § 49 II.
54 HM, vgl. etwa Roth/Altmeppen/*Altmeppen* Rn. 8; MüKoGmbHG/*Stephan/Tieves* Rn. 129 mwN zur hM; auch MüKoGmbHG/Fleischer § 43 Rn. 17; → 16 a mwN.
55 Wie hier ebenfalls krit. ggü. der hM: Baumbach/Hueck/*Beurskens* Rn. 47.
56 MüKoGmbHG/*Stephan/Tieves* Rn. 129; krit. auch Baumbach/Hueck/*Beurskens* Rn. 12.
57 So MüKoGmbHG/*Stephan/Tieves* Rn. 129.

der Geschäftsführung ist aber nicht die Wahrung der Interessen der Gesellschafter, sondern die Wahrung der Unternehmensinteressen. Es ist daher grds. Sache der Gesellschafter, ihre Gesellschafterrechte im eigenen Interesse auszuüben u. zu diesem Zweck auch den Katalog zustimmungspflichtiger Rechtsgeschäfte so (weit) auszugestalten und ggf. ergänzende Weisungen zu erteilen, dass ihr Kontroll- u. Einwirkungsbedürfnis ausreichend befriedigt wird. Hier kann der jeweiligen Risikopräferenz hinreichend Ausdruck verliehen werden[58] u. der Geschäftsführung iÜ – unter Berücksichtigung des § 49 II – u. nach Maßgabe ihrer Sorgfaltspflicht grds. „freie Hand" gelassen werden.[59] Die in diesem Zusammenhang von *Fleischer*[60] angenommene Pflicht der Geschäftsführer zur Berücksichtigung der Risikopräferenz der Gesellschafter ist ein in der Sache zutreffender Aspekt der Geschäftsführerpflichten, er ist jedoch Ausfluss der allg. Sorgfaltspflicht der Geschäftsführung aus § 43 I.[61] Zwar ist *Fleischer* zuzugeben, dass die Geschäftsführung außerhalb des Bereichs zustimmungspflichtiger Rechtsgeschäfte nicht *„nach Belieben frei schalten und walten" können,*[62] uE muss die Geschäftsführung aber weder bei Kenntnis einer Missbilligung durch Minderheitsgesellschafter[63] noch bei bloßen Zweifeln[64] an der Billigung durch die Mehrheit vorlegen. Demggü. kann die Geschäftsführung außerhalb des Zustimmungskatalogs iR ihres pflichtgemäßen Ermessens (*„Business Judgement Rule"*) vorgehen u. muss von Rechts wegen **nur in besonderen Ausnahmefällen** (den Bestand der Gesellschaft gefährdendes Risiko des Geschäfts;[65] sich aufdrängende ernsthafte Zweifel an mutmaßlicher Billigung eines Geschäfts von erheblicher Bedeutung durch die Gesellschafter)[66] die Gesellschafterversammlung einbeziehen.[67] Wäre das Verständnis von „erforderlich" in § 49 II entspr. restriktiv,[68] bedürfte es ungeschriebener Zustimmungsvorbehalte ohnehin nicht. Auch wenn es sich um

58 Dies verkennt uE die hM, insbes. auch *Goette*, NZG 11, 521, 525, der auch eine Verpflichtung der Geschäftsführung annimmt, die Risikopräferenz der Gesellschafter antizipierend zu berücksichtigen *(„Rückkoppelung unternehmerischer Entscheidungen mit den Risikopräferenzen der Gesellschafter")*, diese Grundaussage dann aber wieder relativiert, indem er für die Vorlagepflicht eine Art „Bestandsgefährdungspotential" der Angelegenheit verlangt.

59 Diese "Negativabgrenzung" nehmen auch MüKoGmbHG/*Stephan/Tieves* Rn. 133 vor, sie sprechen davon, dass außerhalb des Katalogs eine Vermutung für die Zustimmungsfreiheit besteht.

60 MüKoGmbHG/*Fleischer* § 43 Rn. 74 unter Hinweis auf *Fleischer*, NZG 11, 523 ff.

61 So bereits Vorauflage.

62 So *Fleischer*, NZG 11, 521, 524 f.

63 Baumbach/Hueck/*Beurskens* Rn. 10; MüKoGmbHG/*Stephan/Tieves* Rn. 134 mit umfangreichen Nachweisen zum Meinungsstand.

64 Roth/Altmeppen/*Altmeppen* Rn. 8.

65 Auch das OLG Brandenburg BeckRS 14, 06648 stellt darauf ab, dass das Geschäft „an die wirtschaftliche Substanz" geht.

66 IdS wohl auch *Fleischer*, NZG 11, 521, 525; auch nach Roth/Altmeppen/*Altmeppen* Rn. 7 reichen bloße Zweifel an der Billigung der Maßnahme nicht für eine Vorlagepflicht aus.

67 Wie hier: Baumbach/Hueck/*Beurskens* Rn. 47; Rowedder/Schmidt-Leithoff/*Koppensteiner/Gruber* Rn. 13.

68 In diese Richtung auch M/H/L/S/*Römermann* § 49 Rn. 91; für eine Anlehnung an die „Holzmüller-/Gelatine"-Rspr. des BGH zur ungeschriebenen Hauptversammlungszuständigkeit bei der AG: BeckOK/GmbHG/Ziemons/Jaeger/Pöschke/*Schindler* Rn. 39 f.; s. zum Begriffsverständnis auch § 49.

zustimmungspflichtige Rechtsgeschäfte handelt, ist die Geschäftsführung nach eigenem pflichtgemäßem unternehmerischem Ermessen zu sachgerechter **Vorbereitung** berechtigt u. verpflichtet, die Angelegenheit unter Berücksichtigung der Umstände des Einzelfalls zu gegebener Zeit der Gesellschafterversammlung zur Zustimmung vorzulegen. Letztlich steht den Geschäftsführern außerhalb des Bereichs der Vorlagepflicht nach § 49 II – soweit ersichtlich unbestritten – das Recht zu einer im eigenen Ermessen liegenden Initiativvorlage (analog § 119 II AktG) zu.

4. Beschränkungen durch Gesellschafterbeschluss

Die Gesellschafterversammlung ist das oberste Organ der Gesellschaft. 12
Aufgrund der „Primärzuständigkeit" der Gesellschafter, aber auch aus der generellen Pflicht der Geschäftsführer, eine Gesellschafterversammlung immer dann einzuberufen, wenn dies im Interesse der Gesellschaft erforderlich ist (§ 49 II) iVm dem Fehlen einer § 76 I AktG vergleichbaren Bestimmung über eine eigenverantwortliche Leitungsmacht des Geschäftsführungsorgans im GmbH-Gesetz, sind die Gesellschafter grds. auch berechtigt, Geschäftsführungsmaßnahmen zu beschließen u. der Geschäftsführung **Weisungen** zu erteilen. Regelmäßig finden sich in der Praxis **generelle Weisungen allg. Art** (zB Zustimmungsvorbehalte iR einer Geschäftsordnung für die Geschäftsführung). Zustimmungsvorbehalte können dabei für die Gesellschafterversammlung, aber auch für einzelne Gesellschafter sowie für andere Unternehmensorgane, wie zB Aufsichtsrat- oder Beirat, vorgesehen werden.[69] Will der Geschäftsführer von einer generellen Weisung oder von der von den Gesellschaftern festgelegten Unternehmenspolitik abweichen, so muss er die Maßnahme der Gesellschafterversammlung vorlegen.[70] Nach teilw. vertretener Meinung soll das auch dann gelten, wenn mit Widerspruch der Gesellschaftermehrheit zu rechnen sei.[71] Daneben spielen aber natürlich auch **konkrete Weisungen in einzelnen Geschäftsführungsangelegenheiten** eine Rolle. Diese entstehen idR durch das Verlangen eines (Minderheits-)[72]Gesellschafters, eine bestimmte Geschäftsführungsmaßnahmen auf die Tagesordnung der Gesellschafterversammlung zu setzen. Bei der Abstimmung sind die Gesellschafter grds. frei, so dass Minderheitsgesellschafter ihre Ansicht gegen die Mehrheit nur ausnahmsweise durchzusetzen vermögen.[73]

Auch wenn für die Bekanntgabe der Weisung an die Geschäftsführung keine Formvorschriften bestehen, haben die Geschäftsführer aus Beweiszwecken Anspruch auf einen geeigneten Nachweis des Gesellschafterbeschlusses, zumindest in Textform.[74]

---

69 HM, vgl. Lutter/Hommelhoff/*Kleindiek* Rn. 16.
70 Baumbach/Hueck/*Beurskens* Rn. 34 mwN; abw. MüKoGmbHG/*Stephan/Tieves* Rn. 61 ff.
71 Vgl. dazu unten Rn. 16 a mwN.
72 Dazu § 51 I u. die dortige Kommentierung.
73 Zu Fragen der Stimmrechtsausübung der Gesellschafter u. der Wirkung der Treuepflicht (uU Zustimmungspflicht) in einem solchen Fall: OLG München NZG 15, 66 ff. u. die krit. Anmerkung hierzu von *Hennrichs*, NZG 15, 41 ff.
74 So wegen der Haftungsrelevanz von Gesellschafterweisungen völlig zutr.: MüKoGmbHG/*Stephan/Tieves* Rn. 111.

13 Mit diesem Weisungsrecht der Gesellschafter korrespondiert – auch in mitbestimmten GmbHs[75] – grds. eine entspr. **Folgepflicht** der Geschäftsführer.[76] In welchem Umfang die Gesellschafter von ihrer Weisungsbefugnis im Einzelfall Gebrauch machen, obliegt dabei ihrer freien Entscheidung. Grenze des Weisungsrechts u. der Folgepflicht ist nur die **Rechtswidrigkeit von Weisungen.**[77] Diese ergibt sich nicht nur bei unmittelbarem Verstoß gegen Gesetze, sondern ist auch bei einem völligen Ausschluss von der jeder Geschäftsführungsbefugnis gegeben[78] und kann sich uE aber auch mittelbar aus dem Umstand ergeben, dass dem Geschäftsführer Entscheidungsbefugnisse derart weitgehend entzogen bzw. diese so umfangreich beschnitten werden, dass dem Geschäftsführer die Erfüllung der ihm qua Gesetz aus Allgemeinheits- u. Gläubigerschutzinteressen ausdrücklich zugewiesenen Pflichten wie zB die Buchführungs-/Bilanzierungspflichten (§§ 40, 41) sowie die Verpflichtungen im Zusammenhang mit dem Stammkapital (§§ 30, 43 III), die Pflicht zur Aufstellung des Jahresabschlusses (§ 264 I HGB), die Pflicht zur Stellung eines Insolvenzantrages (§ 15 a I) sowie die den Geschäftsführern obliegenden öffentlich-rechtlichen Pflichten, wie insbes. die Verpflichtung zur Erfüllung sämtlicher steuerlicher Pflichten der Gesellschaft (§ 34 AO) u. zur Abführung der Sozialversicherungsbeiträge unmöglich gemacht wird.[79] In diesen „Kernbereich“, zu dem man wohl auch die sog. Legalitätskontrollpflicht, also insbes. den Bereich der „Compliance-Organisation“ zählen kann,[80] kann daher nicht mittels Weisungen eingegriffen werden.[81] Eine vollständige „Degradierung“ zu einem reinen Ausführungsorgan – wie *Beurskens*[82] es umschreibt – bzw. zu „Vertretungsmarionetten“ wie *Liebscher*[83] es nennt –, die auch in den vorgenannten Bereich der Legalitäts- und der Legalitätskontrollpflicht eingreifen wür-

75 BeckOK/Ziemons/Jaeger/Pöschke/*Wisskirchen*/*Kuhn* Rn. 15 unter Hinweis auf BVerfGE 50, 323 ff. u. BGHZ 89, 57 ff.
76 AllgM, vgl. statt vieler: BeckOK/Ziemons/Jaeger/Pöschke/*Wisskirchen*/*Kuhn* Rn. 15; MünchHdbGesR III/*Diekmann*, § 44 Rn. 69, 73 f.
77 Allg. Meinung, vgl. etwa.
78 BGH NJW 12, 1656 ff. (Rn. 19).
79 Ebenso *Meinnicke*, NZG 00, 622 ff.; Roth/Altmeppen/Altmeppen Rn. 6, der zutr. darauf hinweist, dass die Rechtswidrigkeitsgrenze va für das nach außen gerichtete Vertreterhandeln gilt u. daher kein spezifisches Problem der Geschäftsführungskompetenz ist, er irrt aber, falls er damit die Rechtswidrigkeitsgrenze auf das Außenverhältnis beschränkt wissen möchte.
80 So wohl auch MüKoGmbHG/*Stephan*/*Tieves* Rn. 68.
81 Str., wie hier: OLG Nürnberg, NJW-RR 01,104 ff. (Ls.1: *„unentziehbare Mindestbefugnisse“*) unter Hinweis auf OLG Karlsruhe, GmbHR 96, 208 ff.; idS auch Hümmerich/Reufels/*Borgmann* § 2 Rn. 335 unter Hinweis auf Lutter/Hommelhoff/*Kleindiek* Rn. 5; Scholz/*U H Schneider*/*S H Schneider* Rn. 46; a.A: etwa Roth/Altmeppen/*Altmeppen* Rn. 4 f.; MüKoGmbHG/*Stephan*/*Tieves* Rn. 68, jeweils mwN.
82 Baumbach/Hueck/*Beurskens* Rn. 18; ebenso *Geißler*, GmbHR 09, 1071 ff.
83 MüKoGmbHG/*Liebscher*, § 45 Rn. 63.

de, ist demnach entgegen der herrschenden Ansicht also nicht zulässig.[84] Andererseits gibt es aber mit der ganz hM auch keinen über diese gesetzlich ausdrücklich zugewiesenen Pflichten hinausgehenden weisungsfreien Handlungsbereich der Geschäftsführer im rechtlich nicht gebundenen unternehmerischen Bereich, da Geschäftsführer die Gesellschaft – anders als der Vorstand die AG – eben nicht eigenverantwortlich leiten.

Das Weisungsrecht der Gesellschafter u. die entspr. Folgepflicht der Geschäftsführer setzen zunächst einen **wirksamen Gesellschafterbeschluss** voraus. **Weisungen einzelner Gesellschafter**, auch des Mehrheitsgesellschafters ohne entspr. Gesellschafterbeschluss sind rechtlich **unbeachtlich** u. vermögen auch eine haftungsbefreiende Wirkung zugunsten der Geschäftsführer nicht zu verursachen. Weisungen einzelner Gesellschafter sind nur in dem Ausnahmefall relevant, dass dem Gesellschafter das Weisungsrecht für die betroffene Angelegenheit übertragen worden ist.[85] Ausnahmsweise kann auch ein von dem oder den Mehrheitsgesellschaftern(n) herbeigeführter Gesellschafterbeschluss unwirksam u. damit unbeachtlich sein, insbes. wenn die Mehrheitsgesellschafter den Beschluss unter Missachtung schutzwürdiger Minderheitsinteressen herbeigeführt haben. 14

Auf der Basis **nichtiger Gesellschafterbeschlüsse** müssen bzw. dürfen Weisungen nicht befolgt werden.[86] Problematisch u. umstritten ist der Umgang mit auf **anfechtbaren Gesellschafterbeschlüssen** beruhenden Weisungen. Anfechtbare Beschlüsse sind nichtig, wenn sie wirksam angefochten sind, sie sind dag wirksam, wenn sie unanfechtbar geworden sind. Während der Zeit der Anfechtungsfrist u. ggf. eines gerichtlichen Anfechtungsverfahrens besteht daher entspr. Unsicherheit. Ein Teil der Literatur lehnt das Bestehen einer Folgepflicht hier grds. ab.[87] Dem steht entgg, dass ein (noch) nicht angefochtener Gesellschafterbeschluss grds. wirksam ist.[88] Man wird daher wie folgt zu differenzieren haben: Bei noch anfechtbarem Gesellschafterbeschluss ist nach Möglichkeit die Unanfechtbarkeit des Gesellschafterbeschlusses abzuwarten u. solange sind möglichst noch keine Maßnahmen zur Umsetzung des Beschlusses zu ergreifen.[89] Ein sodann unanfechtbar gewordener anfechtbarer Gesellschafterbeschluss ist zu befolgen. Bei Unaufschiebbarkeit von Maßnahmen oder bei erfolgter Anfechtung 15

84 So wohl OLG Nürnberg NJW-RR 01, 104 ff. unter Hinweis auf OLG Karlsruhe GmbHR 96, 208 ff. („*… Leitungsfunktion, die das Gesetz dem Geschäftsführer in seinem Verhältnis zum Unternehmen der Gesellschaft und ihren Arbeitnehmern zuweist, im Gesellschaftsvertrag oder in anderen organisationsrechtlichen Regelungen der Gesellschaft bis auf die unentziehbaren Mindestbefugnisse abgeschwächt werden)*“, auch Lutter/Hommelhoff/*Kleindiek* Rn. 12; aA: Baumbach/Hueck/*Beurskens* Rn. 8; offengelassen von BGH NJW 12, 1656, 1658 ff.

85 Dies ist nach hM jedenfalls für Einzelmaßnahmen zulässig u. erfordert lediglich einen entspr. Gesellschafterbeschluss (§ 47 I), vgl. dazu etwa Roth/Altmeppen/Altmeppen Rn. 15.

86 Allg. Meinung, vgl. statt vieler: Baumbach/Hueck/*Beurskens* Rn. 38. M/H/L/S/*Lenz*, Rn. 19.

87 MüKoGmbHG/Stephan/Tieves, Rn. 122; Baumbach/Hueck/*Beurskens* Rn. 39; M/H/L/S/*Lenz* Rn. 19; *Ebert*, GmbHR 03, 444 ff.

88 So auch M/H/L/S/*Lenz* Rn. 19.

89 Etwas anders: MünchHdbGesR III/*Diekmann*, § 44 Rn. 73, die auch bei anfechtbaren Gesellschafterbeschlüssen eine Ausführungspflicht annehmen, soweit nicht mit einer Anfechtung zu rechnen ist (Prognose).

werden die Geschäftsführer aufgrund eigener, am Unternehmensinteresse u. am Maßstab des § 43 I orientierter Prüfung, die alle in der Situation wesentlichen Sachverhaltsaspekte berücksichtigt, zu entscheiden haben, ob sie handeln, weiterhin nichts unternehmen oder – vermittelnd – Handlungsoptionen der Gesellschaft wahrende bzw. sichernde vorläufige Maßnahmen ergreifen.[90]

16 Haben sich nach Beschlussfassung der Gesellschafter über die Weisung die **wesentlichen Rahmenbedingungen erheblich verändert**, ist der Geschäftsführer verpflichtet, den Beschluss durch erneute Vorlage an die Gesellschafterversammlung überprüfen zu lassen und so den Gesellschaftern die Möglichkeit der Bestätigung oder Modifikation der Weisung zu geben.[91]

16a In Rspr. u. Lit. ist str, ob u. ggf. unter welchen Bedingungen Geschäftsführer in dem ihnen von den Gesellschaftern mangels entspr. Satzungsvorgaben u/oder mangels Erlass allg. oder konkreter Weisungen für den Einzelfall eingeräumten bzw. überlassenen (Geschäftsführungsbefugnis) dennoch einer **Vorlagepflicht an die Gesellschafterversammlung** unterliegen, wenn es Anhaltspunkte dafür gibt, dass Mehrheits- oder Minderheitsgesellschafter die geplante Maßnahme ablehnen.[92] Die Annahme einer solchen Vorlagepflicht muss grds. verwundern, wenn man sich die Ausgangslage in Erinnerung ruft: Besteht im Einzelfall einer geplanten Geschäftsführungsmaßnahme weder eine gesetzliche Verpflichtung noch eine Satzungsvorgabe noch eine allg. oder konkrete Gesellschafterweisung, so liegt die Geschäftsführungsbefugnis für eine solche Geschäftsführungsmaßnahme im **pflichtgemäßen unternehmerischen Ermessen der Geschäftsführer**. Einer Vorlage an die Gesellschafter bedarf es dann grds. nicht. Es ließe sich auch kaum konkretisieren, wann eine solche Vorlagepflicht bestehen soll, da abstrakte unbestimmte Rechtsbegriffe wie „wesentlich" oder „grundlegend" nicht rechtssicher genug handhabbar sein dürften.[93] Hinzu kommt, dass Geschäftsführer weder „Hellseher" sind u. von Gesetzes wegen auch nicht sein müssen, ist eine **Vorlagepflicht** auf Basis mehr oder weniger belastbarer Anhaltspunkte oder Mutmaßungen zum potenziellen Meinungsbild der Gesellschafter **grds. abzulehnen**. Zu weitgehend auch *Altmeppen*, der ebenfalls meint, Geschäftsführer hätten über Weisungen u. positive Kenntnis hinaus auch den mutmaßlichen (Mehrheits-)Willen der Gesellschafter

---

90 Auch Roth/Altmeppen/*Altmeppen* Rn. 17 spricht in diesem Kontext von einem „Ermessensspielraum" der Geschäftsführung.

91 HM, ebenso etwa Roth/Altmeppen/*Altmeppen* Rn. 9; idS auch OLG Brandenburg BeckRS 13, 0631.

92 IErg für eine Vorlagepflicht selbst bei mutmaßlichen Bedenken von Minderheitsgesellschaftern: OLG München NZG 15, 60 ff.; dag: OLG Stuttgart GmbHR 13, 535 ff. (Vorlagepflicht nur bei mutmaßlichen Bedenken einer Gesellschaftermehrheit); in der Lit. vgl. zum Problem etwa die Urteilsanmerkung zu OLG München von *Hennrichs*, NZG 15, 41 ff. mwN zum Meinungsstreit auch in der Lit.; zu weitgehend auch: Roth/Altmeppen/*Altmeppen* Rn. 8, der ebenfalls meint, Geschäftsführer hätten über Weisungen u. positive Kenntnis hinaus auch den mutmaßlichen (Mehrheits-)Willen der Gesellschafter zu berücksichtigen.

93 Skeptisch insoweit auch MüKoGmbHG/*Stephan/Tieves* Rn. 129.

zu berücksichtigen.[94] Eine solche Vorlagepflicht kann uE nur in sehr engen Grenzen aus dem Grundsatz ordnungsgemäßer Geschäftsführung u. der Treuepflicht abgeleitet u. angenommen werden, wenn der Geschäftsführung positiv bekannt ist, dass die Gesellschaftermehrheit die geplante Geschäftsführungsmaßnahme ablehnt. Mutmaßungen können dafür ebenso wenig ausreichend sein wie eine selbst positiv bekannte krit. Haltung von Minderheitsgesellschaftern.[95] Hierbei ist uE zugunsten der Geschäftsführer u. zulasten der Gesellschafter zu berücksichtigen, dass es grds. Sache der Gesellschafter ist, ihre Gesellschafterrechte im gegebenen gesetzlichen Rahmen über entspr. Gesellschafterbeschlüsse (Weisungen an die Geschäftsführung) ggf. Geltung zu verschaffen. Dieses Mittel steht allen Gesellschaftern zur Verfügung. Die Untätigkeit von Gesellschaftern oder die mehrheitsbedingt vergeblichen Aktivitäten von Minderheitsgesellschaftern gehen insoweit nicht zulasten der Geschäftsführungsbefugnis der Geschäftsführer. Das unterscheidet die Situation von der unter → Rn. 16 auch hier vertretenen Vorlagepflicht, wo die Gesellschafter in der Sache bereits durch eine konkrete Weisung aktiv gewesen sind.

Liegt ein wirksamer Gesellschafterbeschluss vor, ist dieser von den Geschäftsführern zu befolgen u. umzusetzen, auch wenn er nach Auffassung der Geschäftsführer – oder gar objektiv – für die Gesellschaft nachteilig ist. Für **wirtschaftlich nachteilige Weisungen** gilt dies bis zu den **Grenzen** der §§ 30, 64, der Untreue[96] u. bis zur Grenze, an der die Umsetzung der Gesellschafterweisung unmittelbar zur Gefahr des Eintritts eines Insolvenzgrundes führen würde.[97] Allerdings hat der Geschäftsführer vor Umsetzung der Gesellschafter-Weisung auf deren Nachteiligkeit oder sonstige Unzweckmäßigkeit samt einer nachvollziehbaren Begründung hinzuweisen u. zu versuchen, eine Abänderung der Weisung zu erreichen. Diesen Versuch sollte der Geschäftsführer schriftlich dokumentieren. Vermag der Geschäftsführer keine Änderung der Weisungslage zu bewirken, so hat er die Weisung grds. umzusetzen, widrigenfalls ihm uU die Abberufung droht. Kann er die vorgegebene „Linie" aber nicht vertreten u. sieht er sich bei Umsetzung einer drohenden Haftungsgefahr ausgesetzt, so bleibt ihm in krit. Fällen nur die Möglichkeit der Amtsniederlegung. Lässt sich etwa aus Zeitgründen eine erneute Befassung der Gesellschafter nicht (schnell genug) realisieren, so wird teilw. vertreten, dass der Geschäftsführer nach 17

94 Roth/Altmeppen/Altmeppen Rn. 8 unter Hinweis auf die vorliegend nicht einschlägige BGH-Entscheidung (NJW 84, 1461 ff.), die sich mit einem Fall des Missbrauchs der Vertretungsmacht befasst.

95 Es sei denn, diese wären wegen etwa eingreifender Stimmverbote (so der Fall OLG Stuttgart – Fn. 34) oder Stimmrechtsbindungsvereinbarungen oder Sperrminoritäten ausnahmsweise einem Mehrheitsgesellschafter gleichzustellen.

96 § 266 StGB; zur Untreue trotz Zustimmung/Weisung der Gesellschafter vgl. BGH NZG 11, 1238 ff.

97 OLG Brandenburg BeckRS 13, 14631; OLG Frankfurt GmbHR 97, 346 ff.; vgl. dazu auch die mit dem MoMiG neu eingeführte Insolvenzverursachungshaftung der Geschäftsführer in § 43 III (s. § 43 Rn. 74 ff.).

§ 665 iVm § 675 BGB berechtigt, ggf. sogar verpflichtet sei, von der erteilten Weisung abzuweichen.[98]

18 IÜ bilden lediglich **Treu u. Glauben**, die **Sittenwidrigkeit** u. die **Rechtswidrigkeit** die Grenzen des Weisungsrechts der Gesellschafter.[99] Derartige Weisungen müssen u. dürfen nicht befolgt werden. Sind Weisungen **satzungswidrig**, so gelten die Grundsätze zu rechtswidrigen Weisungen (→ Rn. 15). Im Fall einer beabsichtigten Nichtausführung einer Weisung ist eine gründliche rechtliche Überprüfung der konkreten Sach- u. Rechtslage empfehlenswert.

5. Beschränkungen durch andere Gremien

19 Aufgrund verschiedener Mitbestimmungsgesetze[100] müssen bestimmte GmbHs neben der Gesellschafterversammlung u. der Geschäftsführung als weiteres zwingendes Organ einen Aufsichtsrat bilden (§ 25 I 2 MitbestG bzw. § 1 I 3 DrittelbG). Außerhalb des Anwendungsbereichs dieser gesetzlich zwingend vorgeschriebenen Aufsichtsratsbildung können die Gesellschafter freiwillig einen sog. fakultativen Aufsichtsrat (oder: Beirat) vorsehen. Nach § 25 I 2 MitbestG bzw. § 1 I 3 DrittelbG bzw. § 52 I, jeweils iVm § 111 AktG ist der **Aufsichtsrat von der Geschäftsführung** grds. **ausgeschlossen.** Einfluss auf die Geschäftsführung u. deren Geschäftsführungsbefugnis ergäbe sich aber dennoch, wenn die Gesellschafter die Geschäftsführungsbefugnis der Geschäftsführer entweder teilw. auf einen Aufsichtsrat/Beirat übertragen oder Geschäftsführungsmaßnahmen an die vorherige Zustimmung des Aufsichtsrats/Beirats knüpfen (idR durch einen Katalog zustimmungspflichtiger Rechtsgeschäfte in Satzung oder Geschäftsordnung der Geschäftsführung, § 111 IV 2 AktG). Die Pflicht in der mitbestimmten GmbH, bestimmte Arten von Geschäften mit einem Zustimmungsvorbehalt zugunsten des Aufsichtsrats zu belegen, steht in einem Spannungsverhältnis mit der Kompetenz der Gesellschafterversammlung, in Geschäftsführungsangelegenheiten Weisungen an die Geschäftsführung zu erteilen.[101]

20 Werden Geschäftsführungsmaßnahmen von der Geschäftsführung ohne die erforderliche vorherige Zustimmung anderer Gremien durchgeführt, so liegt darin grds. eine Pflichtverletzung ggü. der Gesellschaft, die je nach Lage des Einzelfalls auch eine Abberufung aus wichtigem Grund rechtfertigen kann. Ein mit der Durchführung verbundenes Rechtsgeschäft ist jedoch im Außenverhältnis zu Dritten (Vertretungsmacht, vgl. Abs. 2) wirksam. Der Geschäftsführer kann sich in einem solchen Fall uU schadensersatzpflichtig machen.

98 Str, MünchHdbGesR III/*Marsch-Barner/Diekmann*, § 44 Rn. 74; wie hier die wohl hM, vgl. etwa Lutter/Hommelhoff/*Kleindiek* Rn. 23 unter Hinweis auf Baumbach/Hueck/*Beurskens* Rn. 25, die die Geschäftsführer unter bestimmten Bedingungen (§ 665 iVm § 675 BGB) zu einer weisungswidrigen Ausführungshandlung berechtigt, uU sogar verpflichtet ansehen.

99 OLG Brandenburg BeckRS 13, 14631.

100 MontanMitbestG, MitbestErgG, MitbestG u. DrittelbG, wobei inzwischen praktisch nur noch die beiden letztgenannten von Bedeutung sind.

101 UE wird von einem Vorrang der Gesellschafterkompetenz auszugehen sein; s. dazu auch Rn. 30; zur Problematik: *Oetker*, ZIP 15, 1461 ff.

6. Außergewöhnliche Maßnahmen

Eine weitere Grenze der Geschäftsführungsbefugnis wird von der hM bei außergewöhnlichen Maßnahmen, bei denen der Geschäftsführer bei Anwendung pflichtgemäßen Ermessens annehmen müsse, er könne diese Maßnahme nicht ohne Beteiligung der Gesellschafter vornehmen, angenommen.[102] Diese Einschränkung der Geschäftsführungsbefugnis erscheint aber fragwürdig, denn außergewöhnlich sind Geschäftsführungsmaßnahmen va dann, wenn sie außerhalb des Unternehmensgegenstands liegen, u. dafür besteht ohnehin keine Geschäftsführungsbefugnis der Geschäftsführung. Innerhalb des Unternehmensgegenstands u. außerhalb der Gegenstände des § 46 und weiterer im Gesetz vereinzelt den Gesellschaftern zugeordneter Tatbestände[103] sollte dag grds. von einer Geschäftsführungsbefugnis ausgegangen werden, u. das auch dann, **wenn Geschäfte nach Gegenstand, Umfang oder Dauer *„aus dem Rahmen fallen“*.**[104] UE gilt auch hier die für die sog. „laufenden Geschäfte“ weitestgehend anerkennte Regel, dass die Gesellschafter durch allg. oder einzelfallbezogene Festlegung von Zustimmungsvorbehalten in die andernfalls umfassend bestehende Geschäftsführungsbefugnis der Geschäftsführung eingreifen u. diese wunschgemäß einschränken können. Dies wäre jedenfalls für die Rechtssicherheit sehr förderlich, da die meist schwierige Abgrenzung von „gewöhnlichen“ u. „außergewöhnlichen“ Geschäftsführungsmaßnahmen entfällt bzw. deren Konkretisierung in die Hände der Gesellschafter der jeweiligen Gesellschaft gegeben wird. 20a

III. Erweiterbarkeit der Geschäftsführungsbefugnis

Die Gesellschafter können die Geschäftsführungsbefugnis der Geschäftsführer grds. zulasten der eigenen Zuständigkeit erweitern, insbes. einzelne der **in § 46 genannten Zuständigkeiten** übertragen. Für die Zuständigkeiten gem. § 46 Nr. 5 ist dies jedoch umstritten.[105] Ebenso besteht die Möglichkeit der teilw. (zB für bestimmte Maßnahmen oder Geschäftsführungsbereiche) oder gar vollständigen **Befreiung der Geschäftsführer von der grds. Weisungsgebundenheit.** In der letzten Alternative geht es um die Frage, ob dem Geschäftsführer eine dem Vorstand einer AG vergleichbare eigenverantwortliche Leitungsmacht zugewiesen werden kann. Mit der wohl hM in der Literatur ist es zulässig, auch einem Geschäftsführer eine vorstandsähnliche Rechtsstellung einzuräumen.[106] 21

---

102 BGH DStR 05, 1066; OLG Stuttgart GmbHR 13, 535 ff.; ebenso etwa Lutter/Hommelhoff/*Kleindiek* Rn. 10 mwN; auch idS Michalski/*Römermann* § 49 Rn. 90 ff.; Rowedder/Schmidt-Leithoff/*Koppensteiner/Gruber* Rn. 10 mit zahlreichen Nachweisen zum Meinungsstreit; zurückhaltender: M/H/L/S/*Lenz* Rn. 14 f.; aA Baumbach/Hueck/*Beurskens* Rn. 7.

103 S. dazu oben Rn. 10.

104 Roth/Altmeppen/*Altmeppen* Rn. 6.

105 Zum Meinungsstreit: Baumbach/Hueck/*Beurskens* § 46 Rn. 34 a; MüKoGmbHG/*Liebscher* Rn. 179, 183 mwN.

106 So auch Lutter/Hommelhoff/*Kleindiek* Rn. 2; MüKoGmbHG/*Stephan/Tieves* Rn. 77.

22 Umstritten ist, ob eine Erweiterung der Geschäftsführungsbefugnis in der Satzung geregelt werden muss oder ob ein Gesellschafterbeschluss, ggf. mit satzungsändernder Mehrheit ausreichend ist.[107]

IV. Übertragbarkeit der Geschäftsführungsbefugnis

23 Die außerhalb von Grundlagengeschäften, insbes. des § 46 sowie Sozialakten grds. („Normalstatut") den Geschäftsführern zustehende Geschäftsführungsbefugnis kann von der Gesellschafterversammlung nicht nur zugunsten der Gesellschafter selbst, sondern in gleichem Umfang auch auf **andere gesellschaftsinterne Organe** (zB Aufsichtsrat/Beirat) oder Personen (Mitarbeiter) übertragen werden.[108] Hierfür bedarf es allerdings einer entspr. **Satzungsregelung.** Eine Regelung in der Geschäftsordnung oder ein Gesellschafterbeschluss ist unzureichend.[109] Daher kann der Geschäftsführer weitgehend (bis auf die dem Geschäftsführer gesetzlich zwingend zugewiesenen Aufgaben-„**Kernbereich**" bzw. bis auf die **„Mindestzuständigkeit" der Geschäftsführer**)[110] auf ein bloßes Ausführungsorgan beschränkt werden, das lediglich auf Geheiß anderer Organe nach außen für die Gesellschaft tätig wird (sog. „Zölibatsgeschäftsführer"). Einzelheiten, wie weit die Reduktion des Geschäftsführers iSe unentziehbaren „Mindestzuständigkeit" gehen kann, sind noch nicht abschließend geklärt.[111] Unstr. scheint nur die gesetzliche Vertretung nach § 35, die Insolvenzantragspflicht nach § 15 a InsO u. die Aufstellung des Jahresabschlusses zu sein.[112]

24 Wegen des zwingenden Verweises auf § 111 IV 1 AktG kann im Fall mitbestimmter GmbHs die Geschäftsführungsbefugnis nicht auf den mitbestimmten Aufsichtsrat übertragen werden (ggf. kann aber ein zusätzlicher Beirat geschaffen werden).[113]

25 Auf gesellschaftsfremde Dritte kann die Geschäftsführungsbefugnis nur eingeschränkt übertragen werden.[114]

V. Geschäftsführung bei mehreren Geschäftsführern

1. Gesamtgeschäftsführung

26 Sind für die Gesellschaft zwei oder mehr Geschäftsführer bestellt, so ist auch u. gerade für die **Geschäftsführungsbefugnis** das Verhältnis der Geschäftsführer untereinander zu bestimmen. Analog § 35 II 1 gilt nach allgM auch für die Geschäftsführungsbefugnis der Grundsatz der Gesamtgeschäftsführung, dh die Geschäftsführungsbefugnis steht den Geschäftsführern **nur gemeinschaftlich** zu. Geschäftsführungsbeschlüsse müssen daher von allen Geschäftsführern (nicht nur von den anwesenden) **einstimmig**

---

107 Str, vgl. MünchHdbGesR III/*Diekmann*, § 44 Rn. 76 mwN.
108 HM, vgl. etwa OLG Brandenburg BeckRS 13, 14631; MünchHdbGesR III/*Diekmann*, § 44 Rn. 63.
109 Str, ebenso: Lutter/Hommelhoff/*Kleindiek* Rn. 14, 18 a MünchHdbGesR III/*Marsch-Barner/Diekmann*, § 44 Rn. 64; aA: etwa *Mennike*, NZG 00, 623 ff. mwN; MüKoGmbHG/*Stephan/Tieves* Rn. 73.
110 Näher dazu oben Rn. 12 mwN zur Diskussion.
111 S. dazu oben Rn. 12 f.
112 So zB: MünchHdbGesR III/*Marsch-Barner/Diekmann*, § 44 Rn. 63.
113 Ebenso Baumbach/Hueck/*Beurskens* Rn. 27.
114 Dazu Lutter/Hommelhoff/*Kleindiek* Rn. 15 mwN.

gefasst werden.[115] Nicht anwesende Geschäftsführer können via moderner Kommunikationsmittel ihre Stimme abgeben. Jeder Geschäftsführer hat damit faktisch ein Vetorecht.

Gesamtgeschäftsführungsbefugnis ist jedoch völlig unpraktikabel. Daher kann (u sollte) in der **Satzung** oder falls dort keine Regelung getroffen wurde durch **Gesellschafterbeschluss**[116] eine **abw. Regelung**, insbes. die Einführung von sog. unechter Gesamtgeschäftsführungsbefugnis, die Erteilung von Einzelgeschäftsführungsbefugnis, die Zulässigkeit von Mehrheitsentscheidungen u/oder Einräumung von Vetorechten zB beim Vorsitzenden oder Sprecher der Geschäftsführung geschaffen werden. Dies geschieht oftmals im Rahmen einer idR von der Gesellschafterversammlung beschlossenen **Geschäftsordnung**", in der iaR eine Ressortverteilung vorgenommen wird.[117] Den verschiedenen Geschäftsführern können auch **unterschiedliche Geschäftsführungsbefugnisse** eingeräumt werden. Oftmals wird dem für ein bestimmtes Ressort zuständigen Geschäftsführer insoweit „deckungsgleich" auch Einzelgeschäftsführungsbefugnis eingeräumt. Schweigt die Satzung, fehlt es an einer Geschäftsordnung für die Geschäftsführung u. haben die Gesellschafter auch nicht via Beschluss die Verteilung der Geschäftsführungsbefugnis geregelt, so können sich die Geschäftsführer selbst (einstimmig)[118] eine Geschäftsordnung geben u. so diese Fragen regeln.[119] Der diese Befugnis zur Selbstorganisation der Geschäftsführung wegen möglicher Auswirkungen auf Haftungsfragen ablehnenden Meinung ist nicht zu folgen: Es ist zwar richtig, dass die ansonsten allzuständigen u. damit auch allverantwortlichen Geschäftsführer durch den Erlass einer Geschäftsordnung eigene Handlungs- u. Unterlassungspflichten teilw. in „bloße" Überwachungspflichten umwandeln u. so aktiv auf ihre eigene Haftungslage Einfluss nehmen. Dies ist uE aber als Teil der Unternehmensorganisationshoheit dann, wenn die Gesellschafter in Sachen Erlass einer Geschäftsordnung untätig bleiben, nicht zu beanstanden, sondern fällt dann in die grds. (nur im Verhältnis zur ausgeübten Gesellschafterstellung subsidiäre) Allzuständigkeit der Geschäftsführung.[120] 27

2. Einzelgeschäftsführung

Selbst wenn Einzelgeschäftsführungsbefugnis besteht, beseitigt dies nicht den Kernbereich der unentziehbaren u. unverzichtbaren Gesamtzuständigkeit aller Geschäftsführer, so dass insbes. ressortübergreifende u. sonst besonders wichtige Maßnahmen dem Gremium vorgelegt u. dort entschieden werden müssen. Auch die jedem Geschäftsführer hins. seiner Geschäftsfüh- 28

115 Ganz hM, vgl. statt vieler: *Leuering/Dornhegge*, NZG 10, 13 ff.; Roth/Altmeppen/Altmeppen Rn. 33; für die AG ausdrücklich geregelt in § 77 I AktG.

116 Mehrheitserfordernis (einfach oder qualifiziert) str, vgl. dazu Lutter/Hommelhoff/*Kleindiek* Rn. 36 (einfache Mehrheit); Scholz/*U H Schneider/S H Schneider* Rn. 59.

117 Vgl. dazu näher Rn. 29.

118 HM, BGH NZG 19, 225 ff.; Baumbach/Hueck/*Beurskens* Rn. 16 mwN, Roth/Altmeppen/Altmeppen Rn. 34.

119 HM, vgl. OLG München NZG 13, 1225 ff.; M/H/L/S/*Lenz* Rn. 34; *Leuering/Dornhegge*, NZA 10, 13 ff.

120 Vgl. statt vieler: M/H/L/S/*Lenz* Rn. 30 mwN.

rerkollegen/-innen obliegende Informations- u. Überwachungsverpflichtung bleibt unberührt. Im Fall von Einzelgeschäftsführungsbefugnis steht den anderen Geschäftsführern grds. ein **Widerspruchsrecht** gegen beabsichtigte Geschäftsführungsmaßnahmen analog § 115 HGB zu. Ein solcher Widerspruch führt zu einer Befassung des Geschäftsführungsgremiums mit der Angelegenheit, wobei die Umsetzung der str. Maßnahme bis zur Entscheidung durch das Geschäftsführungsgremium zu unterbleiben hat.[121]

3. Geschäftsverteilung/Geschäftsordnung

29 Für den Fall mehrerer Geschäftsführer können Geschäftsführungsbefugnisse im Rahmen einer Geschäftsordnung schon in der **Satzung** oder später durch **Gesellschafterbeschluss** abweichend vom gesetzl. Regelmodell der Gesamtgeschäftsführungsbefugnis verteilt werden (oftmals iVm Einzelgeschäftsführungsbefugnis samt einem Gremienvorbehalt für wesentliche Entscheidungen). Enthalten sich die Gesellschafter einer Regelung, so können sich die Geschäftsführer einvernehmlich selbst eine Geschäftsordnung geben (die aber jederzeit durch die Gesellschafter aufgehoben oder abgeändert werden kann).[122] Inhaltlich bestehen folgende **Anforderungen an eine Geschäftsverteilung** bzw. **Ressortaufteilung** in einer Geschäftsordnung: *„… eine klare und eindeutige Abgrenzung der Geschäftsführungsaufgaben aufgrund einer von allen Mitgliedern des Organs mitgetragenen Aufgabenzuweisung …, die die vollständige Wahrnehmung der Geschäftsführungsaufgaben durch hierfür fachlich und persönlich geeignete Personen sicherstellt und ungeachtet der Ressortzuständigkeit eines einzelnen Geschäftsführers die Zuständigkeit des Gesamtorgans insbesondere für nicht delegierbare Angelegenheiten der Geschäftsführung wahrt.“*[123] Die Geschäftsordnung muss nicht zwingend, sollte aber tunlichst schriftlich niedergelegt werden.[124] Mit der horizontalen Delegation innerhalb der Geschäftsführung sind zwingend **wechselseitige Auskunftsansprüche und Berichtspflichten der Geschäftsführungsmitglieder** verbunden. So verbleibt jedem Geschäftsführer – letztlich auch aufgrund der auch bei einer Ressortverteilung nicht abdingbaren „Gesamtverantwortung“ ein Informationsrecht über alle Angelegenheiten der Gesellschaft, auch über diejenigen, die allein das Ressort eines Mitgeschäftsführers betreffen.[125] Dieser Anspruch besteht nicht nur ggü. den anderen Mitgeschäftsführern u. kann – jedenfalls nach Ansicht des OLG Koblenz – auch nicht auf diese beschränkt werden, sondern kann auch ggü. anderen Mitarbeitern geltend gemacht werden. Wird dieses Recht in einer den Betriebsfrieden störenden Art u. Weise ausgeübt, so bleibt der Gesellschaft nur die Abberufung.[126] Das OLG verkennt uE dabei die Wirkung des auch bei Ressortverteilung geltenden Kollegialprinzips, das Geschäftsführer dazu verpflichtet sind, ihr Informationsbedürfnis je-

121 So auch Scholz/*U H Schneider*/*S H Schneider* Rn. 24 a unter Hinweis auf BGH NJW 65, 1378; ebenso BGH BB 85, 1817 f., vgl. auch BGH BB 90, 1861 ff.
122 S. dazu auch Rn. 27 sowie Roth/Altmeppen/Altmeppen Rn. 33 ff.
123 BGH NZG 19, 225 ff. (Ls.); vgl. dazu jüngst *Peitzmeyer*/*Klesse*, NZG 19, 501 ff.
124 BGH NZG 19, 225 ff.
125 So zutreffend bereits OLG Koblenz BeckRS 08, 370 (Leitsatz 1); bestätigt durch BGH NZG 19, 225 ff.
126 So OLG Koblenz NZG 08, 397 ff.

denfalls zunächst über die Mitgeschäftsführer (und nicht deren Mitarbeiter) zu stillen, nur wenn ein Mitgeschäftsführer seiner Informationsverpflichtung nicht nachkommt, entsteht subsidiär auch Informationsansprüche gegenüber nachgeordneten Mitarbeitern. Dieses Informationsrecht ermöglicht die geschuldete Überwachungspflicht. Umstritten ist die **Reichweite von Regelungen der Geschäftsordnung im Konzern**, insbes. die Frage der Geltung der Geschäftsordnung der Konzernmutter für Tochter- und Enkelgesellschaften. Nach bislang wohl vorherrschender Meinung soll auch Geschäftsführer von Tochter- und Enkelgesellschaften bei der Vornahme von Geschäften, die bei der Mutter-GmbH einem Zustimmungsvorbehalt unterfallen würden, eine Verpflichtung zur Einholung der Zustimmung der Gesellschafter der Mutter-GmbH treffen, auch wenn in der Geschäftsordnung „ihrer" Gesellschaft kein solcher Zustimmungsvorbehalt enthalten ist.[127] Der Zustimmungsvorbehalt aus der Mutter-GmbH „strahle" praktisch auf den Konzern aus. Dem ist das OLG München zuletzt mit überzeugender Begründung entgegengetreten.[128] Die Geschäftsordnung der Mutter-GmbH gilt – zunächst eine juristische Selbstverständlichkeit – nur für die Mutter-GmbH. Es wäre uE auch nicht ausreichend, wenn die Geltung auch in den Beteiligungsgesellschaften ausdrücklich geregelt wäre, da die Geschäftsordnung die Geschäftsführer der Beteiligungsgesellschaften nicht bindend. Wenn Gesellschafter der Mutter-GmbH eine solche konzernweite Geltung wünschen, so können sie dies in den Beteiligungsgesellschaften rechtlich durchzusetzen, entweder durch Etablierung entsprechender Geschäftsordnungen auch in den Beteiligungsgesellschaften oder durch entsprechende unmittelbare oder mittelbare Weisungen an die Geschäftsführer der Töchter- bzw. Enkelgesellschaften.[129]

4. Arbeitsdirektor

Gem. § 33 MitbestG (wie auch nach § 13 Montan-MitbestG u. § 13 Montan-MitbestErgG) muss im Geschäftsführungsorgan der mitbestimmten GmbH ein Geschäftsführer zum sog. **Arbeitsdirektor** bestellt werden.[130] Diesem ist bei der Ressortverteilung regelmäßig das Ressort „Personal" zuzuweisen, weil ihm nach stRspr jedenfalls der **Kernbereich der arbeits- u. sozialrechtlichen Angelegenheiten** zugewiesen werden muss.[131] Auch die Übertragung zusätzlicher Zuständigkeitsbereiche an den Arbeitsdirektor ist zulässig, solange das dadurch entstehende Arbeitsvolumen nicht die Wahrnehmung der originären Aufgaben des Arbeitsdirektors im Personalbereich nennenswert beeinträchtigt.[132] Die Tatsache der Mitbestimmung der Arbeitnehmer im Aufsichtsrat sowie die Tatsache, dass ein Arbeitsdirektor zu 30

127 OLG Koblenz NZG 00, 264 ff.; MAH/*Seibt*, § 2 Rn. 150; MüKoGmbHG/*Liebscher*, Anh. § 13 Rn. 10; zu Recht insoweit zu Recht zurückhaltend und differenzierend: MüKoGmbHG/*Stephan/Tieves* Rn. 21 ff.
128 OLG München BB 18, 1037 ff.: im Erg ebenso: Roth/Altmeppen/*Altmeppen* Rn. 12.
129 Wie hier auch OLG München BB 18, 1037 ff. unter 3.2.3.3.3; wohl auch MüKoGmbHG/*Stephan/Tieves* Rn. 21 ff..
130 Nicht bei einer „nur" drittelmitbestimmten Gesellschaft nach dem DrittelbG.
131 Ganz hM, vgl. statt vieler: MünchHdbGesR III/*Diekmann*, § 41 Rn. 23 unter Hinweis auf die einschl. BVerfG-Rspr.
132 Näher zum Amtsdirektor etwa ErfK/*Oetker*, § 33 Rn. 1 ff.

bestellen ist, ändern nach zutr. hM nichts an der grds. Weisungsbindung der Geschäftsführung ggü. der Gesellschafterversammlung,[133] auch im Fall von „arbeitnehmerfeindlichen Weisungen".[134] Unzulässig ist es dagegen, einem Mitglied der Geschäftsführung, idR dem Vorsitzenden der Geschäftsführung ein umfassendes, auch die Kernkompetenz des Arbeitsdirektors erfassendes Vetorecht einzuräumen.[135]

VI. Auswirkungen von Beschränkungen der Geschäftsführungsbefugnis auf die Vertretungsmacht (Abs. 2)

1. Die Unbeschränkbarkeit der Vertretungsmacht

31 Zum Schutz des Rechtsverkehrs ist in Abs. 2 S. 1 – auch europarechtlich fundiert[136] – festgeschrieben, dass **Beschränkungen der Vertretungsmacht der Geschäftsführer**[137] im Innenverhältnis zur Gesellschaft im Außenverhältnis **ggü. Dritten keine Wirkungen** entfalten. Der redliche Rechtsverkehr soll nicht verpflichtet sein, Nachforschungen über den Umfang der Vertretungsmacht von Geschäftsführern unternehmen zu müssen.[138] Vielmehr wird die Gesellschaft regelmäßig auch dann durch Handeln der Geschäftsführer im Namen der Gesellschaft verpflichtet, wenn diese interne Beschränkungen ihrer Vertretungsmacht ignorieren bzw. überschreiten.[139] Die darin im Innenverhältnis liegende Pflichtverletzung des Geschäftsführers, die Grundlage für Schadensersatzsprüche der Gesellschaft sein kann, ist im Außenverhältnis unbeachtlich, es sei denn, der Vertragspartner kennt die Überschreitung der internen Bindungen.[140]

32 In Abs. 2 S. 2 sind lediglich – nicht abschließende – Bsp für mögliche interne Beschränkungen aufgeführt.

2. Ausnahmen

33 Die im Interesse des Verkehrsschutzes angeordnete rechtliche Unbeachtlichkeit von Beschränkungen der Vertretungsbefugnis gegenüber dem Vertragspartner gilt jedoch nicht ausnahmslos.[141] Etwas anderes kann bei Rechtsgeschäften mit Gesellschaftern, anderen Geschäftsführern oder Mitgliedern anderer Organe der Gesellschaft gelten oder bei Eingreifen der Grundsätze über den Missbrauch der Vertretungsmacht.

34 a) **Rechtsgeschäfte mit gesellschaftsnahen Personen.** Die gesetzl Vertretungsmacht der Geschäftsführer erfasst grds. auch Rechtsgeschäfte mit Gesellschaftern, anderen Geschäftsführern u. Mitgliedern anderer Organe der

133 HM, vgl. BGH NJW 84, 733 ff. unter III. 2.; Rohwedder/Schmidt-Leithoff/*Koppensteiner/Gruber* Rn. 25; Scholz/*U H Schneider/S H Schneider* Rn. 56; M/H/L/S/*Giedinghagen* § 52 Rn. 232; jeweils mwN.
134 Roth/Altmeppen/*Altmeppen* Rn. 30.
135 BGH NJW 84, 733 ff.
136 Sog. „Publizitätsrichtlinie", Art. 10 Richtlinie 2009/101/EG des Europäischen Parlaments und des Rates v. 16.9.09, ABl L 258, 11, zul. geänd. durch Art. 166 (*EU*) 2017/1132 vom 14.6.2017 (ABl. Nr. L 169, S. 46).
137 Auch der stellvertretenden Geschäftsführer.
138 StRspr des BGH, vgl. etwa BGH NZG 18, 221 ff. (Rn. 21).
139 Aus der Rspr. vgl. etwa OLG Berlin-Brandenburg BeckRS 14, 06653.
140 BGH NZG 06, 626 ff; → Rn. 38.
141 StRspr BGH, vgl. etwa BGH NZG 18, 221 (Rn. 22).

Gesellschaft. Das gilt für die sog. **Verkehrsgeschäfte,** nicht aber für die sich auf die Gesellschaft, das Gesellschaftsverhältnis, die Organstellung beziehende Rechtsgeschäfte, die sog. „**Sozialakte**").[142] Allerdings muss dieser Personenkreis die sich aus der Satzung ergebenden Beschränkungen der Vertretungsmacht der Geschäftsführer bei Rechtsgeschäften mit der Gesellschaft vertreten durch die Geschäftsführer gegen sich gelten lassen. In diesen Fallvarianten besteht kein Bedürfnis nach Schutz des redlichen Rechtsverkehrs durch Abs. 2, da der genannte Personenkreis die Satzung kennt u. daher insoweit nicht schutzbedürftig ist.[143] Auch wenn die Schutzzwecküberlegungen der hM mit dem „Insiderwissen" schlüssig sind, erscheint es dennoch zweifelhaft, ob diese eine Durchbrechung des Grundsatzes des Abs. 2 erfordern, da missbräuchliche Fälle, insbes. kollusives Zusammenwirken, durch die Grundsätze des Missbrauchs der Vertretungsmacht hinreichend aufgefangen werden können.[144]

b) GmbH & Co KG. Als noch nicht gesichert geklärt muss die Situation insoweit bei der **GmbH & Co KG** angesehen werden. Hierzu wird Folgendes vertreten: 35

Die Beschränkungen greifen bei **Rechtsgeschäften zwischen der KG u. ihrer Komplementär-Gesellschaft** (Verkehrsgeschäfte), jedenfalls dann, wenn die Anteile an der Gesellschaft bei der KG liegen, nach wohl herrschender Ansicht soll es auch genügen, dass eine weitgehende materielle Identität der Inhaberschaft besteht. Es wird also eine Kenntnis der KG von etwaigen Beschränkungen der Geschäftsführungsbefugnis bei der Komplementär-GmbH unterstellt und daher § 37 II „durchbrochen".[145] 36

Bei Rechtsgeschäften der Gesellschaft (u auch der KG, vertreten durch die Gesellschaft) **mit ihren Kommanditisten** sollen die Beschränkungen ebenfalls gelten, wenn die KG Gesellschafterin der Gesellschaft ist u. die Kommanditisten in der KG über bestimmenden Einfluss verfügen.[146] Auch hier wird also eine Kenntnis der Kommanditisten von etwaigen Beschränkungen der Geschäftsführungsbefugnis unterstellt und daher § 37 II „durchbrochen". 37

c) Missbrauch der Vertretungsmacht. Letztlich kann sich eine Ausn. von der Unbeschränkbarkeit der Vertretungsmacht des Geschäftsführers noch aus den **Grundsätzen des Missbrauchs der Vertretungsmacht**[147] ergeben. Nach ständiger Rechtsprechung des BGH hat grundsätzlich der Vertretene das Risiko eines Missbrauchs der Vertretungsmacht zu tragen.[148] Vor dem 38

142 Zur Vertretungsmacht bei sog. „Sozialakten" s. § 35 Rn. 18.
143 Baumbach/Hueck/*Beurskens* Rn. 72 mwN, ua unter Hinweis auf OLG Zweibrücken NZG 01, 763 ff.; Rohwedder/Schmidt-Leithoff/*Koppensteiner/Gruber* Rn. 53; *Fleischer* NZG 05, 529, 535.
144 Krit. auch MüKoGmbHG/*Stephan/Tieves* Rn. 168 u. 179; Roth/Altmeppen/*Altmeppen* Rn. 48; zum Missbrauch der Vertretungsmacht bei Überschreiten der Geschäftsführungsbefugnis schon *Michalski*, GmbHR 91, 349 ff.
145 Bacumbach/Hueck/*Beurskens* Rn. 75.
146 Baumbach/Hueck/*Beurskens* Rn. 42; ebenso M/H/L/S/*Lenz* Rn. 40.
147 BGH NZG 06, 626 ff.; zum Missbrauch der Vertretungsmacht iÜ ausf.: MüKo-GmbHG/*Schramm* BGB § 164 Rn. 106 ff.; Palandt/*Ellenberger* § 164 Rn. 13 f. mwN.
148 StRspr BGH, vgl. etwa BGH NJW-RR 16, 1138 ff. (Rn. 23).

rechtlichen Hintergrund des § 37 ergibt sich ohne Weiteres, dass das bloße **Überschreiten interner Beschränkungen** der Vertretungsmacht durch Geschäftsführer noch nicht ausreicht, um einen Missbrauch der Vertretungsmacht zu begründen, da Abs. 2 sonst praktisch überflüssig wäre. Es müssen demnach **weitere Umstände** hinzukommen, damit aus einer (bloßen) Überschreitung interner Beschränkungen ein die Wirksamkeit des Rechtsgeschäfts beseitigender Missbrauch der Vertretungsmacht wird. Die Rspr. hat folgende Fallgruppen herausgearbeitet:

39 **aa) Kollusion.** Wirkt der Geschäftsführer kollusiv, also vorsätzlich mit der anderen Vertragspartei zulasten der Gesellschaft zusammen, so wird die Gesellschaft aus einem solchen Rechtsgeschäft nach allgM nicht gebunden bzw. nicht verpflichtet. Das Rechtsgeschäft ist vielmehr nichtig.[149]

40 **bb) Kenntnis von der Überschreitung der Vertretungsmacht.** Außerhalb der Fälle der Kollusion kommt es nach stRspr des BGH in subjektiver Hinsicht ausschließlich auf den Vertragspartner an:[150] Überschreitet der Geschäftsführer die ihm intern obliegenden Beschränkungen u. hat der Vertragspartner davon positiv Kenntnis oder hatte er die Kenntnis zwar nicht, musste sich ihm die Pfchtwidrigkeit des Geschäftsführers aber geradezu aufdrängen,[151] war sie zumindest klar[152] bzw. evident[153] erkennbar,[154] so entsteht auch in diesem Fall kein wirksames Rechtsgeschäft.[155] Dazu bedarf es allerdings nach der BGH-Rspr. eine massive Verdachtsmomente voraussetzende objektive Evidenz des Missbrauchs.[156] Einfach fahrlässige Unkenntnis des Geschäftspartners reicht dag nach vorherrschender Ansicht nicht aus,[157] denn den *„Vertragspartner trifft keine Prüfungspflicht, ob und inwieweit der Vertreter im Innenverhältnis gebunden ist, von seiner nach außen unbeschränkten Vertretungsmacht nur begrenzten Gebrauch zu machen"*.[158] Dies gilt sowohl für die tasächlich als auch die rechtlich relevanten Umstände zur Vertretungsmacht.[159] Nach der BGH-Rspr. bedarf es auch keines zusätzlichen subjektiven Elements auf Seiten des Geschäftsführers, wie etwa einer Schädigungsabsicht oder ähnl.[160]

41 **d) Rechtsfolgen.** Überschreitet der Geschäftsführer seine Geschäftsführungsbefugnis, so handelt er pflichtwidrig u. es kann – je nach Auswirkung

---

149 Vgl. statt vieler: BGH NJW-RR 16, 1138 ff. (Rn. 24 mwN); MüKoGmbHG/*Schramm* BGB § 164 Rn. 107; Palandt/*Ellenberger* § 164 Rn. 13, jeweils mwN zur Rspr.

150 St Rspr.BGH und hL, vgl. etwa BGH NJW 12, 1718 (Rn. 21); BGH GmbHR 96, 111 ff.; Roth/Altmeppen/*Altmeppen* Rn. 43; Lutter/Hommelhoff/*Kleindiek*, § 35 Rn. 22 ff.; Henssler/Strohn/*Oetker*, Rn. 21 f.; zT aA für den Fall des Mehrheitsgesellschafter-Geschäftsführers: *Scholz*, ZHR 18, 656 ff.

151 So schon BGH NJW 88, 2241 ff.; bestätigt durch BGH NJW 96, 589 ff.

152 So OLG Stuttgart NZG 99, 1009 ff.

153 OLG München BeckRS 12, 07948 verlangt eine *„massive Verdachtsmomente voraussetzende objektive Evidenz des Missbrauchs"*.

154 BGH NJW 96, 589 ff.; bestätigt durch BGH NZG 06, 626 ff.

155 HM, vgl. BGH NJW-RR 16, 1138 ff. (Rn. 24).

156 BGH NJW-RR 16, 1138 ff. (Rn. 24).

157 HM, vgl. etwa MüKoGmbHG/*Stephan/Tieves* Rn. 174 ff. mwN.

158 So zutr. OLG München BeckRS 12, 07948; ebenso BGH NJW-RR 16, 1138 ff.

159 MüKoGmbHG/*Stephan/Tieves* Rn. 183.

160 BGH NZG 06, 626 ff.; OLG Hamm NZG 06, 828 ff.; aA *Vedder*, GmbHR 08, 736 ff.

dieser Überschreitung auf die Vertretungsmacht (dazu sogleich) – eine persönliche Haftung entstehen. Ferner riskiert der Geschäftsführer seine Abberufung, ggf. auch soweit dazu ein wichtiger Grund erforderlich ist. Auf die im Außenverhältnis maßgebliche Vertretungsmacht schlägt ein Verstoß gegen die (interne) Geschäftsführungsbefugnis grds. nicht durch, sprich ein im Außenverhältnis getätigtes Rechtsgeschäft ist grds. wirksam.[161] Dies führt bei Eintritt eines Schadens bei der Gesellschaft ggf. zu der zuvor angesprochenen Schadensersatzpflicht nach § 43 II. Greifen – ausnahmsweise – die Beschränkungen der Vertretungsmacht ein, so geht ein Teil insbes. der Literatur davon aus, dass der handelnde Geschäftsführer ein Vertreter ohne Vertretungsmacht iSd § 177 I BGB ist, das **Rechtsgeschäft** daher **schwebend unwirksam** ist u. demnach gem. § 177 II BGB noch genehmigt werden kann.[162] Bleibt eine Genehmigung aus, so greift die Schadenersatzpflicht gem. § 179 BGB. Demggü. legt der BGH weiterhin die Unbeschränkbarkeit der Vertretungsmacht zugrunde u. gewährt der Gesellschaft den **Einwand des Rechtsmissbrauchs gem. § 242 BGB.**[163] In der Praxis dürften sich kaum nennenswerte Unterschiede der Auffassungen ergeben.

§ 38 Widerruf der Bestellung

(1) Die Bestellung der Geschäftsführer ist zu jeder Zeit widerruflich, unbeschadet der Entschädigungsansprüche aus bestehenden Verträgen.

(2) [1]Im Gesellschaftsvertrag kann die Zulässigkeit des Widerrufs auf den Fall beschränkt werden, daß wichtige Gründe denselben notwendig machen. [2]Als solche Gründe sind insbesondere grobe Pflichtverletzung oder Unfähigkeit zur ordnungsmäßigen Geschäftsführung anzusehen.

Schrifttum

Altmeppen, Machtverhältnisse bei der Abberufung des Gesellschafter-Geschäftsführers aus wichtigem Grund, NJW 2016, 2833; *ders*., Nochmals: Die Abberufung des Gesellschafter-Geschäftsführers, ZIP 2017, 1185; *Arnold/Romero*, Fremdgeschäftsführer als Arbeitnehmer im Sinne des AGG, NZA 2019, 930 ff; *Bauer/Arnold,* AGG und Organmitglieder – Klares und Unklares vom BGH, NZG 2012, 921; *Bauer/Göpfert/Krieger*, Diskriminierungsrisiken bei Organmitgliedern, DB 2005, 595; *Bäcker*, Nichtigkeit und Anfechtbarkeit von Gesellschafterbeschlüssen in der GmbH, GmbH-Stpr 2019, 69 ff; *Bayer/Lieder*, Die Lehre vom fehlerhaften Bestellungsverhältnis, NZG 2012, 1; *Bernhardt/Bredol*, Rechtsfragen zu Organstellung und Anstellungsvertrag von Geschäftsführern einer paritätisch mitbestimmten GmbH, NZG 2015, 419; *Buchner/Schlobach*, Die Auswirkungen der Umwandlung von Gesellschaften auf die Rechtsstellung ihrer Organe, GmbHR 2004, 1; *Commandeur/Kleinebrink*, Der Status des Geschäftsführers als Arbeitnehmer – Geschäftsführer als Subjekt unionsrechtlicher Schutzvorschriften, NZA-RR 2017, 449; *Dahlbender,* Freistellung und Suspendierung des GmbH-Geschäftsführers, GmbH-Stb 2006, 147; *ders*, Abberufung und Kündigung von GmbH-Geschäftsführern, GmbH-Stb 2007, 154; *Dimsic/Link*, Bestandsschutzstreitigkeiten von GmbH-Geschäftsführern, BB 2015, 3063; *Drygala,* Zur Neuregelung der Tätigkeitsverbote für Geschäftsleiter von Kapitalgesellschaften, ZIP 2005, 423; *Eßler/Baluch*, Bedeutung des Allgemeinen Gleichbehandlungsgesetzes für Organmitglieder,

161 So auch M/H/L/S/*Lenz* Rn. 41.
162 OLG Zweibrücken NZG 01, 763 ff.; Scholz/*Schneider* Rn. 140; M/H/L/S/*Lenz* § 35 Rn. 40; Lutter/Hommelhoff/*Kleindiek* Rn. 2 iVm § 35 Rn. 22 ff.; Baumbach/Hueck/*Beurskens* Rn. 72.
163 BGH NZG 04, 139 f.

NZG 2007, 321; *Fischer*, Der Rechtsstreit über die Abberufung des GmbH-Geschäftsführers, BB 2013, 2819; *Fonk*, Rechtsfragen nach der Abberufung von Vorstandsmitgliedern und Geschäftsführern, NZG 1998, 408; *Freckmann*, Neues zur Sozialversicherungspflicht von GmbH-Geschäftsführern, BB 2006, 2077; *dies*, Der GmbH-Geschäftsführer im Arbeits- und Sozialversicherungsrecht, DStR 2008, 52; *Frhr v Schnurbein/Neufeld*, Die fristlose Abberufung und Kündigung eines Geschäftsführers mit Minderheitsbeteiligung, BB 2011, 585; *Friemel/Kamlak*, Der Geschäftsführer als Erfinder, BB 2008, 613; *Gaul/Janz*, Das neue VorstAG – Veränderte Vorgaben auch für Geschäftsführer und den Aufsichtsrat der GmbH, GmbHR 2009, 959; *Geck/Fiedler*, Alle Wege für den Geschäftsführer zu den Arbeitsgerichten, BB 2015, 1077; *Gerauer*, Ladungsmängel und Nichtigkeitsfolge im Beschlussmängelrecht in der GmbH, NZG 2019, 137; *Graf von Westphalen*, Kopplungsklauseln in Geschäftsführer- und Vorstandsverträgen, BB 2015, 834; *Haase*, Abberufung und Beschränkung der Geschäftsführungsbefugnis als vertragswidriges Verhalten der GmbH? GmbHR 2012, 614; *Haertlein*, Abberufung eines GmbH-Geschäftsführers aus wichtigem Grund, FS Schwark, 2009, S. 157; *Heller*, Die Rechtsverhältnisse der GmbH nach streitiger Abberufung des Geschäftsführers, GmbHR 2002, 1227; *Himmelbach/Achsnik*, Faktische Geschäftsführung durch Banken – Gefahr oder Scheinproblem? NZI 2003, 355; *Holthausen*, Kündigungsregelungen und Altersgrenzen – Geltung des AGG für Fremdgeschäftsführer, ArbRAktuell 2019, 401 und 433; *Koehler*, Der Gesellschafterstreit in der paritätischen Zwei-Personen-Gesellschaft, GmbHR 19, 917 ff; *ders.*, Kopplungsklauseln in Geschäftsführeranstellungsverträgen, NZG 19, 1406 ff; *Kreklau*, Abberufung des Gesellschafter-Geschäftsführers der GmbH – Problem auch für jeden Investor? GmbHR 2007, 365; *Leppich*, Die Beendigung faktischer Geschäftsführung, wistra 2018, 361; *Lindemann*, Herabsetzung der Geschäftsführervergütung in der Krise und in der Insolvenz, GmbHR 2009, 737; *Lunk*, Der GmbH-Geschäftsführer und die Arbeitsgerichtsbarkeit – Das BAG macht den Weg frei! NJW 2015, 528 ff; *ders.*, Der EuGH und die deutschen GmbH-Fremdgeschäftsführer – auf dem Weg zum Arbeitnehmerstatus? NZA 2015, 917; *ders.*, GmbH-Geschäftsführer und die Arbeitsgerichtsbarkeit – ein Zwischenbericht, NZA-RR 2019, 406; *Lutter*, Die Anwendbarkeit der Altersbestimmung des AGG auf Organpersonen, BB 2007, 725; *Lücke*, Der Status des GmbH-Geschäftsführers – (K)ein Arbeitnehmer!? NJW 2009, 3207; *ders*, Der Status des GmbH-Geschäftsführers – (K)ein Arbeitnehmer!? NJOZ 2009, 3469;; *Mennicke*, Zum Weisungsrecht der Gesellschafter und der Folgepflicht des Geschäftsführers in der mitbestimmungsfreien GmbH, NZA 2000, 622; *Mielke/Heinemann*, Die wirksame Amtsniederlegung des Fremdgeschäftsführers bei Führungslosigkeit, ZIP 2017, 1941; *Mohr/Bourazeri*, GmbHG-Geschäftsführer als arbeitgeberähnliche Personen, NZA 2019, 595; *Pentz*, Die Abberufung des Gesellschafter-Geschäftsführers, GmbHR 2017, 801; *Peters*, Ressortverteilung zwischen GmbH-Geschäftsführern, GmbHR 2008, 682; *Reiserer/Peters*, Die anwaltliche Vertretung von Geschäftsführern und Vorstandsmitgliedern bei Abberufung und Kündigung, DB 2008, 167; *Röhrborn*, Eigenkündigung des GmbH-Geschäftsführer bei Abberufung, BB 2014, 1978; *Schneider/Brouwer*, Aufrechnung gegen Ruhegehaltsansprüche des Geschäftsführers, GmbHR 2006, 1019; *Schuhmann*, Zur Amtsniederlegung eines GmbH-Geschäftsführers, NZG 2002, 706; *Schultze/Hintzen*, GmbH-Geschäftsführer als Arbeitnehmer? ArbRAktuell 2012, 263; *Stagat*, Und es geht doch: Kündigungsschutz für GmbH-Geschäftsführer, NZA 2010, 975; *ders*, Der Rechtsweg des GmbH-Geschäftsführers zum Arbeitsgericht – Änderung der Rechtsprechung und ihre Folgen, NZA 2015, 193; *Stenslik*, Kopplungsklauseln in Geschäftsführerdienstverträgen und ihre rechtlichen Rahmenbedingungen, NZA 2015, 1234; *Stenzel/Lühr*, Zum richtigen Erklärungsempfänger der Amtsniederlegung eines Geschäftsführers bei einem Gesellschafterwechsel, NZG 2015, 743; *Thüsing/Stiebert*, Altersgrenzen bei Organmitgliedern, NZG 2011, 641; *v Schnurbein*, Die fristlose Abberufung und Kündigung eines Geschäftsführers mit Minderheitsbeteiligung, BB 2011, 585; *van Venrooy*, Der amtsunwillige GmbH-Geschäftsführer, GmbHR 2011, 283; *Werner*, Einstweiliger Rechtsschutz im Gesellschafterstreit in der GmbH, NZG 2006, 761; *ders*, Die Abberufung des Gesellschafter-Geschäftsführers aus wichtigem Grund, GmbHR 2015, 1185; *ders.*, Kopplungsklauseln in Geschäftsführerdienstverträgen und ihre rechtlichen Rahmenbedingungen, NZA 2015, 1234; *Wortmann/Tschöpe*, Abberufung und außerordentliche Kündigung von geschäftsführenden Organvertretern – Grundlagen und Verfahrensfragen, NZG 2009, 85; *dies*, Der wichtige Grund bei Abberufungen und außerordentlichen Kündigungen von geschäftsführenden Organvertretern, NZG 2009, 161.

I. Normzweck

1 Die Vorschrift regelt lediglich eine von mehreren Optionen der Beendigung der Organstellung, nämlich die einseitige Abberufung des Geschäftsführers durch die Gesellschaft. Diese ist von besonderer Bedeutung, weil die Bestellung abgesehen von mitbestimmten Gesellschaften, auf die § 84 AktG zur Anwendung gelangt (Befristung auf höchstens 5 Jahre), idR unbefristet erfolgt.[1] Sie regelt hingg. nicht – wie aus Abs. 1, 2. Hs. abzuleiten – die Beendigung des der Organstellung regelmäßig zugrunde liegenden Anstellungsverhältnisses, das von der Abberufung grds. unberührt bleibt (sog. „Trennungsprinzip").[2] Die **Abberufung** ist nach dem – partiell dispositiven – gesetzlichen Regelfall des § 38 grds. **jederzeit u. ohne Begründung möglich** (Abs. 1), kann aber in der Satzung auch vom Vorliegen sachlicher oder gar wichtiger Gründe abhängig gemacht werden (Abs. 2). Der gesetzliche Regelfall der jederzeitigen Abberufbarkeit sichert das umfassende Weisungsrecht der Gesellschafter (→ § 37 Rn. 2, 12 ff.) und damit den **uneingeschränkten Zugriff der Gesellschafter auf das Organmitglied** ab.[3] Der Geschäftsführer ist daher im Fall des „Normalstatuts" stets auf ein intaktes Vertrauensverhältnis zu den Gesellschaftern angewiesen. Dieser „Zugriff" auf den Geschäftsführer ist das Pendant zu der fehlenden Befristung der Bestellung u. der unbeschränkbaren Vertretungsmacht des Geschäftsführers.[4]

2 Die **Abberufung wirkt** – anders als der Gesetzeswortlaut nahelegt (Widerruf) – nach allgM mit Zugang der Abberufungserklärung (nicht erst mit deren Kenntnisnahme oder gar der Eintragung im HR) **ex nunc u.** nicht etwa ex tunc.[5] § 84 III 4 AktG kommt jedenfalls in der nicht mitbestimmten GmbH, in der der Widerruf der Bestellung keinem anderen Organ als der Gesellschafterversammlung übertragen ist, nicht zur Anwendung.[6] Ob das anders ist, wenn der Widerruf der Bestellung einem anderen Organ übertragen ist, hat der BGH jüngst offengelassen.[7]

II. Inhalt

1. Überblick zur Beendigung der Organstellung

3 Der Geschäftsführer ist notwendiges Organ der Gesellschaft.[8] Neben der Abberufung kann die Organstellung des Geschäftsführers noch auf andere Art u. Weise enden, etwa durch Tod, Wegfall der gesetzlichen Eignungsvoraussetzungen, Ablauf der Bestellungsperiode (Befristung), Bedingungsein-

1 Unbestr, vgl. statt vieler: M/H/L/S/*Tebben* § 6 Rn. 86.
2 Zum „Trennungsprinzip" zwischen Organstellung u. Anstellung vgl. Rn. 12 mwN.
3 Ebenso: Baumbach/Hueck/*Beurskens* Rn. 2.
4 *Vgl. statt vieler Roth/Altmeppen* Rn. 2.
5 HM, vgl. statt vieler: M/H/L/S/*Terlau* Rn. 1; Henssler/Strohn/*Oetker* Rn. 42.
6 BGH NZG 19, 861 ff.
7 BGH NZG 19. 851 ff.
8 Vgl. zum Geschäftsführer als notwendiges Organ der Gesellschaft § 6 Rn. 2 f.; M/H/L/S/*Tebben* § 6 Rn. 1 ff.

ritt, Amtsniederlegung, gesellschaftsrechtliche Vorgänge, wie zB die Verschmelzung oder die Wahl in den Aufsichtsrat.[9]

Die **Abberufung** ist nach dem gesetzlichen Regelfall des § 38 grds. **jederzeit möglich** (Abs. 1), u. das sogar **ohne Begründung**. Es bedarf danach weder sachlicher noch gar wichtiger Gründe.[10] Allerdings wird sie nur in besonders gelagerten Fällen ausnahmsweise wegen §§ 226, 826 BGB unwirksam sein,[11] wobei selbst besonders unsachliche Gründe die Schwelle des § 826 BGB nicht erreichen.[12] Die Gründe für die Abberufung bewegen sich damit jedoch nicht im „rechtsfreien Raum", denn die Tatsache, dass das GmbHG keine Begründung erfordert, bedeutet nicht, dass die Abberufung nicht etwa wegen AGG-widriger Diskriminierungen (zB Alter, Geschlecht oder Herkunft) unwirksam sein kann (§ 7 Abs. 1 AGG), nachdem der BGH inzwischen in europarechtskonformer Auslegung die Arbeitnehmereigenschaft zumindest für Fremdgeschäftsführer[13] anerkennen musste.[14] Letztlich kann die Abberufung in der **Satzung** auch konstitutiv vom Vorliegen sachlicher oder wichtiger Gründe abhängig gemacht werden (Abs. 2). Die im **Anstellungsvertrag** vereinbarte Voraussetzung eines sachlichen oder wichtigen Grundes vermag sich nach hM gesellschaftsrechtlich nicht durchzusetzen, sprich: eine vertragswidrig ohne sachlichen oder wichtigen Grund erfolgte Abberufung ist dennoch wirksam.[15] Dem abberufenen Geschäftsführer steht in einem solchen Fall kein Anspruch auf Wiederbestellung zu, sondern allenfalls ein Schadensersatzanspruch wegen der Vertragspflichtverletzung.[16] 4

Die nach Abs. 1 erstaunlich ungeschützte Position des Geschäftsführers erschließt sich aus dem Umstand, dass es sich beim GmbH-Geschäftsführer um ein „Alternativmodell" zum Vorstand der AG handelt: Zwar hat der Geschäftsführer – wie der Vorstand – eine gesetzlich unbeschränkte u. unbeschränkbare Vertretungsmacht (→ § 35 Rn. 9 ff.), es fehlt im GmbHG jedoch an einer § 76 AktG entspr. Regelung der eigenverantwortlichen Leitungsmacht. Im Gegenteil legt § 37 I fest, dass Geschäftsführer ggü. der Gesellschafterversammlung weisungsgebunden sind. Geschäftsführer sind also auf ein stets **intaktes Vertrauensverhältnis mit den Gesellschaftern** angewiesen, leidet dieses, nimmt iZw zunächst die „**Weisungsdichte**" zu u. droht aE die Abberufung. Die vom 3. Strafsenat des BGH im Zusammenhang mit dem Umgang von Organmitgliedern mit Mitteln der Gesellschaft geprägte plastische Aussage, dass es sich bei Organmitgliedern nicht um „**Gutsherrn**", sondern nur um „**Gutsverwalter**" handelt,[17] trifft jedenfalls auf den Geschäftsführer auch in diesem Kontext uneingeschränkt zu. 5

---

9 Näher zu den einzelnen anderen Beendigungsgründen Rn. 78 ff.
10 Näher dazu Rn. 22.
11 Ebenso Baumbach/Hueck/*Beurskens* Rn. 3; zweifelnd Roth/*Altmeppen* Rn. 4 mwN.
12 So zu Recht MüKoGmbHG/*Stephan/Tieves* Rn. 7.
13 Für Minderheitsgesellschafter-Geschäftsführer kann uE nichts Anderes gelten.
14 BGH NZG 19. 705 ff.; s. dazu auch Rn. 20.
15 HM, → Rn. 33 f; offengelassen von OLG Dresden NJOZ 03, 3301 ff.
16 HM, → Rn. 37; offengelassen von OLG Dresden NJOZ 03, 3301 ff.
17 BGH NJW 06, 522 ff. („Mannesmann").

6 Die grds. jederzeitige Abberufbarkeit sichert zusammen mit dem umfassenden Weisungsrecht erheblichen u. unmittelbaren Einfluss der Gesellschafter(versammlung) ab u. wirkt als **ständiges Damoklesschwert** auf den Geschäftsführer „disziplinierend".

7 Für die **Abberufung von Gesellschafter-Geschäftsführern** wird unter Hinweis auf die gesellschaftsrechtliche Treuepflicht unter den Gesellschaftern teilw. das **Vorliegen eines sachlichen Grundes** für die Abberufung gefordert. Das ist – abgesehen von der Sonderkonstellation der Zwei-Personen-Gesellschaft[18] – kritisch zu sehen.[19]

8 Für **mitbestimmte Gesellschaften** gelten teilw. Sonderregelungen: Die Abberufung setzt einen **wichtigen Grund** für die Abberufung nur voraus, wenn es sich um Geschäftsführer einer **paritätisch mitbestimmten GmbH** handelt (§ 31 MitbestG, § 13 MontanMitbestG, § 13 MitbestErgG, nicht aber: DrittelbG).[20] Die Abberufung des **Arbeitsdirektors** ist im Bereich der Montan-Mitbestimmung zudem nicht gegen die Stimmen der Arbeitnehmervertreter im Aufsichtsrat möglich (§ 13 I 2 Montan-MitbestG).

9 Die Abberufung als Geschäftsführer, also die Beendigung des Organverhältnisses, lässt das Schicksal des der Organstellung meist zugrunde liegenden **Anstellungsverhältnisses** grds. **unberührt**, da es sich um zwei rechtlich selbstständige Rechtsverhältnisse handelt.[21] § 38 verweist den iR seiner Organstellung regelmäßig nicht (Abs. 1) oder ggf. partiell (Abs. 2) geschützten Geschäftsführer ausdrücklich auf die anstellungsvertragliche Ebene (Abs. 1 Hs. 2). Die Gesellschafter sollen also einen in Ungnade gefallenen Geschäftsführer zwar jederzeit einfach absetzen u. austauschen können, ohne sich dadurch aber gleichzeitig auch der finanziellen Verpflichtungen aus dem Anstellungsverhältnis „entledigen" zu können. Ein „anstellungsvertraglicher (Weiter-)Beschäftigungsanspruch" als Geschäftsführer besteht daher gerade nicht, erst recht nicht nach einer Abberufung, auch nicht auf Beschäftigung in leitender Funktion unterhalb der Geschäftsführungsebene, es sei denn, solches wäre im Anstellungsvertrag ausdrücklich vorgesehen.[22] Auf dieser von der Organstellung zu unterscheidenden Vertragsebene hat es nach Vorstellung des Gesetzgebers zu einem „Schutzniveauausgleich" zu kommen, da die anstellungsvertraglichen Ansprüche nach Abs. 1 Hs. 2 von einer Abberufung unberührt bleiben.[23]

10 Bei **Rechtstreitigkeiten** zwischen Gesellschaft u. Geschäftsführer über die Wirksamkeit einer Abberufung (wie insbes. auch über die Wirksamkeit einer Kündigung) ist fraglich, welcher **Rechtsweg** gegeben ist bzw. gewählt werden kann: der Weg zu den Zivil- oder derjenige zu den Arbeitsgerichten: Die Arbeitsgerichte sind ausschließlich zuständig für bürgerliche Rechtsstreitigkeiten zwischen Arbeitnehmern u. Arbeitgebern aus dem Ar-

18 → 66 ff.
19 → Rn. 38, 56 f; zur Zwei-Personen-Gesellschaft Rn. 56 f.
20 Näher → Rn. 24.
21 StRspr BGH, vgl. BGH NZG 04, 84 ff.; NJW 62, 340 ff.; zu der Ausn. sog. „Kopplungskauseln" s. Rn. 14 mwN.
22 BGH NZG 11, 112 mwN zur hM.
23 Diese gesetzliche Regelung ist die normative Grundlage der sog. „Trennungstheorie", näher → Rn. 12 f.

beitsverhältnis u. über das Bestehen oder Nichtbestehen eines Arbeitsverhältnisses (§ 2 I Nr. 3 lit. a u. b ArbGG). Wer Arbeitnehmer idS ist, bestimmt § 5 ArbGG, wonach Mitglieder des Vertretungsorgans juristischer Personen nach § 5 I 3 ArbGG nicht als Arbeitnehmer gelten.[24]

Nach überkommener u. noch vorherrschender Auffassung insbes. des BGH sind Geschäftsführer – trotz anderslautender neuerer Entwicklungen in der EuGH-Rspr.[25] und der neuesten BGH-Rspr.[26] u. der Lit.[27] – materiellrechtlich keine Arbeitnehmer im Sinne des nationalen Rechts[28] u. gelten zudem aufgrund ausdrücklicher gesetzlicher Fiktion des § 5 I 3 ArbGG nicht als Arbeitnehmer, so dass die Rechtstreite danach idR vor den Zivilgerichten (gem. § 96 Nr. 4 GVG: Handelskammer des örtlich zuständigen LG) auszutragen sind.[29] Da das ArbGG über keinen unionsrechtlichen Hintergrund verfügt, kommt der weitere unionsrechtliche Arbeitnehmerbegriff nicht zur Anwendung sondern es verbleibt beim nationalen (engeren) Arbeitnehmerbegriff, so der BGH.[30] Hinzuweisen ist aber auf die neuere Entwicklung in der Rspr. des BAG, die zu einer Einschränkung des Anwendungsbereichs der Negativfiktion des § 5 I 3 ArbGG geführt hat, weil es nicht mehr auf den Zeitpunkt der Klageerhebung ankommt, sondern auch eine danach erfolgende Abberufung/Amtsniederlegung Berücksichtigung findet[31] u. somit das Tor zu den Arbeitsgerichten weiter geöffnet hat.[32] Nach der Beendigung der Organstellung mit Wirksamwerden der Abberufung u. nicht schon mit der Erklärung derselben für einen späteren Zeitpunkt[33] u. damit dem Wegfall der Fiktion des § 5 I 3 ArbGG haben die Gerichte für Arbeitssachen zu entscheiden, ob ein Arbeitsverhältnis vorliegt und – ggf. – das Kündigungsschutzgesetz Anwendung findet oder gem. § 14 I Nr. 1 KSchG ausgeschlossen ist.[34] Demnach verbleibt das Grundproblem der Frage nach dem Bestehen oder Nichtbestehen eines Arbeitsverhältnisses iSv § 2 I Nr. 3 ArbGG, was idR nicht der Fall ist.[35] Der (Fremd-)Geschäftsführer einer 11

---

24 BAG GmbHR 13, 253 ff.

25 EuGH NZA 11, 143 ff. („*Danosa*"); 15, 861 ff. („*Balkaya*") und 16, 183 ff. („*Holtermann*") zum unionsrechtlich basierten Arbeitnehmerbegriff, der auch Organmitglieder juristischer Personen umfassen kann.

26 BGH NZG 19, 706 ff. zur Arbeitnehmereigenschaft des Fremdgeschäftsführers im Sinne des AGG; vgl. dazu auch *Mohr/Bourazeri*, NZG 19, 870 ff.; *Arnold/Romero*, NZG 19, 930 ff.

27 Vgl. statt vieler: Lücke, NJW 09, 3207; *Schultze/Hintzen*, ArbRAktuell 12, 263 ff.

28 St Rspr. des BGH, vgl. etwa schon BGH NJW 81,1270 ff.; BGH NZA 02, 1041 ff.; zuletzt BGH NZG 19, 706 ff. Unstr. ist, dass Mehrheitsgesellschafter-Geschäftsführer keine Arbeitnehmer sind, so auch BAG NJW 15, 572 ff.; im Hinblick auf Minderheits- u. Fremdgeschäftsführer ist das dag zunehmend umstritten: vgl. zu dem aktuellen Trend hin zum „Arbeitnehmer-Geschäftsführer" § 35 Rn. 49 ff.; krit. zur ständigen BGH-Rspr. gegen eine Arbeitnehmereigenschaft von Geschäftsführern bereits früher *Lücke*, NJW 09, 3207.

29 AllgM, vgl. etwa *M/H/L/S/Terlau* Rn. 72.

30 BGH NZG 19, 706 ff.; ebenso BAG NZA 19, 490 ff.

31 BAG NJW 15, 570 ff.; 718 ff.

32 Vgl. dazu etwa. *Lunk*, NJW 15, 527 ff.; *Geck/Fiedler*, BB 15, 1077 ff.; *Stagat*, NZA 15, 193 ff.; *Dimsic/Link*, BB 15, 3063 ff.

33 LAG Hamm NZA-RR 19, 443 ff.

34 → § 35 Rn. 151.

35 Zur Eröffnung des Rechtswegs zu den Arbeitsgerichten in sog. „sic-non-Fällen" nach der BAG-Rspr. (BAG NZA 15, 180 ff.) vgl. LAG Hamm NJW-RR 19, 443 ff.

GmbH wird in aller Regel auf der Grundlage eines freien Dienstvertrags, nicht eines Arbeitsvertrags tätig.[36] Ggf. erklärt das Arbeitsgericht den Rechtsweg zu den Arbeitsgerichten für unzulässig und verweist den Rechtstreit an das zuständige Landgericht.[37] Daran hat sich auch durch die neueste Änderung der Rspr. des BGH zum Arbeitnehmerstatus von Fremdgeschäftsführern im unionsrechtlichen Sinne nichts geändert, weil der BGH seine bisherige Rspr. zum nationalen Arbeitnehmerbegriff nicht geändert, sondern ausdrücklich aufrechterhalten hat.[38] Wenn der jeweiligen Rechtsfrage keine europarechtlichen Norm (VO oder RiLi) zugrunde liegt, bleibt der BGH dabei, dass Organmitglieder keine Arbeitnehmer sind.[39] Diese sich hier ergebende „Dualität" der Arbeitnehmerbegriffe beruht darauf, dass der EuGH nach dem Unionsrecht und seiner eigenen stRspr für Sachverhalte, die nicht vom Unionsrecht erfasst werden, nicht zuständig ist.[40] Sollte ausnahmsweise ein Arbeitsverhältnis anzunehmen sein, steht einer grds. erfolgreichen Klage vor dem Arbeitsgericht immer noch § 14 Abs. 1 Nr. 1 KSchG im Wege.[41]

2. Verhältnis Organstellung – Anstellungsverhältnis

12 IaR bestehen zwischen der Gesellschaft u. dem Geschäftsführer zwei Rechtsverhältnisse, das **Organverhältnis** u. das **Anstellungsverhältnis.**[42] Zwingend ist dies jedoch nicht, da das Geschäftsführeramt auch ohne ergänzendes Anstellungsverhältnis ausgeübt werden kann, etwa ehrenamtlich oder – wie oft in Konzernkonstellationen – als Nebenpflicht aus einem Arbeits- oder Dienstverhältnis mit der Muttergesellschaft.[43] Das sog. Organverhältnis kommt mit Annahme der Bestellung durch den Geschäftsführer – nicht erst mit der Eintragung ins Handelsregister – zustande u. beinhaltet die Rechtsbeziehungen zwischen Gesellschafter u. Geschäftsführer, die sich aus den gesetzlich mit dem Geschäftsführeramt verbundenen Rechten u. Pflichten ergeben. Zudem wird es idR ein dieser Geschäftsführerbestellung zugrunde liegendes Rechtsverhältnis (Anstellungsverhältnis) geben. Bei letzterem handelt es sich nach in letzter Zeit vermehrt krit. gesehener, aber

36 StRspr des BAG, zuletzt bestätigt durch BAG NZA 19, 490 ff.; danach ist *„von einem Arbeitsverhältnis ist nur auszugehen, wenn die Gesellschaft gegenüber dem Geschäftsführer eine – über ihr gesellschaftsrechtliches Weisungsrecht hinausgehende – Weisungsbefugnis auch bezüglich der Umstände hat, unter denen dieser seine Leistung zu erbringen hat, und die konkreten Modalitäten der Leistungserbringung durch arbeitsbegleitende und verfahrensorientierte Weisungen bestimmen kann."*

37 Vgl. dazu etwa LAG Köln, BeckRS 18, 22996 zu einer Beschwerde gegen eine Verweisung des Rechtsstreits an das Landgericht.

38 BGH NZG 19, 705 ff.

39 BGH NZG 19, 705 ff., zur grds. Kritik daran und für eine Orientierung an der Rspr. des BAG (iaR kein, ausnahmsweise aber doch ArbN) bereits *Lücke*, NJW 09, 3207 und NJOZ 09, 3469 mwN zu diesem grundsätzlichen Meinungsstreit; aus jüngerer Zeit dazu etwa *Boemke*, RdA 18, 1 ff.

40 So zuletzt EuGH NZA 19, 1341 ff.

41 Das BAG hat es abgelehnt, seine Rspr. zu § 5 I 3 ArbGG auch auf § 14 KSchG zu übertragen: BAG NZA 18, 358 ff.

42 Ganz hM, vgl. statt vieler: BGH NZG 04, 84 ff.; NJW 62, 340 ff.; *Tschöpe/Wortmann*, NZG 09, 85 ff.; teilw. skeptisch, aber abzulehnen: Baumbach/Hueck/*Beurskens* § 35 Rn. 209 f.

43 Zur sog. „Drittanstellung" → § 35 Rn. 65.

ständiger BGH-Rspr. und trotz gegenläufiger Tendenzen in der EuGH-Rspr. bei entgeltlicher Tätigkeit idR um einen Dienstvertrag und kein Arbeitsverhältnis.[44]

a) **Grundsatz: Trennungsprinzip.** Bestehen also – wie meist – zwei Rechtsbeziehungen zwischen Gesellschaft u. Geschäftsführer (Organverhältnis u. Anstellungsverhältnis), so sind diese beide nach allgM auch strikt auseinander zu halten u. können grds. ein voneinander unabhängiges rechtliches Schicksal erleiden (sog. **Trennungsprinzip**).[45] Dies bedeutet in praxi, dass sowohl ein ordnungsgemäß bestellter Geschäftsführer ohne Anstellungsverhältnis möglich ist sowie umgekehrt eine Bestellung zum Geschäftsführer trotz abgeschlossenem Geschäftsführeranstellungsvertrags (noch) unterblieben sein kann. Ein Arbeitsverhältnis wandelt sich mit der Bestellung des Arbeitnehmers zum Geschäftsführer nicht automatisch in ein Dienstverhältnis um.[46] Auch die Beendigung der Organstellung führt nicht automatisch zu einer Umwandlung des bisherigen Dienstverhältnisses in ein Arbeitsverhältnis.[47] Ist dies gewünscht, so muss dies ausdrücklich vereinbart werden u. kann nicht – jedenfalls nicht ohne Weiteres – aus einer tatsächlichen Weiterarbeit des ehemaligen Geschäftsführers „auf der zweiten Ebene" konkludent geschlossen werden.[48] Aus der rechtlichen Trennung und rechtlichen Selbständigkeit von Organ- und Anstellungsverhältnis folgt auch, dass beide Rechtsverhältnisse grds. auch rechtlich unabhängig voneinander nach den jeweiligen dafür geltenden Vorschriften zu beenden sind.[49] 13

b) **Vertragliche Verknüpfung von Organstellung und Anstellungsvertrag.** Das für Organverhältnis und Anstellungsverhältnis geltende Trennungsprinzip hat in der Kautelarpraxis zu sog. „Kopplungsklauseln" geführt, um diese Trennung zu überwinden und einen „Gleichlauf" der beiden Rechtsverhältnisse herzustellen. IdR ist das im Unternehmensinteresse. Der BGH hat es zunächst für den Anstellungsvertrag von Vorstandsmitgliedern einer AG anerkannt, dass dieser rechtlich an den Bestand der Organstellung (die jedoch gem. § 84 III AktG – anders als im GmbHG – nur aus wichtigem Grund beendet werden kann) geknüpft werden kann.[50] Oftmals wird aber auch bei der GmbH vereinbart, dass die – idR jederzeit und begründungslos mögliche – Abberufung als Geschäftsführer zugleich zur 14

44 Nach wie vor st. Rspr. des BGH zum nationalen Arbeitnehmerbegriff, zuletzt trotz Akzeptanz des weiteren unionsrechtlichen Arbeitnehmerbegriff für den Anwendungsbereich des AGG: BGH NZG 19, 705 ff.; Näher → 11 sowie unter § 35 Rn. 48 ff. mwN; schon früher krit.: *Lücke*, NJW 09, 3207 iVm NJOZ 09, 3469.

45 AllgM, vgl. etwa BGH NJW 11, 970 ff.; OLG München BeckRS 16, 6453 unter Hinweis auf BGH NJW 03, 531 ff.;aus der Lit. etwa Roth/Altmeppen/*Altmeppen* Rn. 47; Lutter/Hommelhoff/*Kleindiek* Rn. 25; zum Trennungsprinzip auch *Moll* MAH-Arbeitsrecht § 80 Rn. 1 f.

46 StRspr BGH, vgl. statt vieler BGH NZG 18, 1073 ff.; ebenso st. Rspr. des BAG, vgl. etwa BAG BeckRS 2014, 73465.

47 BAG NZA 15, 101 ff.; LAG Köln BeckRS 18, 22996.

48 HM vgl. BGH GmbHR 03, 473 ff.; NJW 00, 1864 ff.; BAG NJW 08, 3514 ff.; OLG Schleswig-Holstein BeckRS 10, 08988.

49 So zutreffend OLG München BeckRS 16, 6453.

50 BGH NJW 90, 2622 ff.; BGH 89, 2683 ff., jüngst bestätigt durch BGH NZG 19, 1154 ff. Rn. 32.

Beendigung des Anstellungsvertrages führen soll, meist in der Form einer **Kündigungsfiktion**[51] oder einer auflösenden Bedingung (sog. **„Kopplungsklausel“**).[52]

15 Das ist bei einer Abberufung aus wichtigem Grund, der zugleich einen wichtigen Grund iSv § 626 I BGB darstellt, unkritisch. Auch bei einem – ausnahmsweise – ordentlich kündbaren Dienstvertrag wäre eine solche Kopplungsklausel ohne Weiteres zulässig. Stellt der Anlass zur Abberufung aber nicht zugleich einen wichtigen Grund iSv § 626 I BGB dar, um das Anstellungsverhältnis ebenfalls mit sofortiger Wirkung zu beenden, so vermeidet der BGH die rechtlich nicht mögliche (sofortige) Beendigung des für eine bestimmte Laufzeit fest abgeschlossenen Anstellungsvertrages[53] dadurch, dass er für den Vorstand eine (angeblich) vereinbarte Absenkung der Gründe iSv § 626 BGB auf das Niveau des § 84 Abs. 3 AktG annimmt und die für die ordentliche Kündigung geltenden gesetzlichen Kündigungsfristen des § 622 I BGB für anwendbar erklärt.[54] Das Anstellungsverhältnis eines Vorstands endet daher in solchen Fällen nicht schon mit der Abberufung, sondern erst etwas später mit Ablauf der ordentlichen Kündigungsfrist. Der BGH hält eine derartige Kopplung des Anstellungsvertrages auch im Fall eines auf eine bestimmte Laufzeit (zB 3 oder 5 Jahre) befristeten Anstellungsvertrages grds. für zulässig, auch bei einem GmbH-Geschäftsführer.[55] Letzteres ist vom BGH in den bisherigen Entscheidungen nicht näher begründet worden. Der Transfer der auf die besonderen gesetzlichen Umstände des AktG abstellenden Rspr. auf die grundlegend andere Situation des GmbH-Geschäftsführers ist dogmatisch nicht begründbar und daher uE abzulehnen. Hinzukommt, dass befristete Verträge gerade nicht kündbar sind und regelmäßig auch keine ordentliche Kündbarkeit vorsehen. Mit dem OLG Karlsruhe ist jedenfalls im Fall von „Verbraucher-Geschäftsführern“ und der Anwendbarkeit der §§ 305 ff. BGB (wie meist) davon auszugehen, dass die Kopplungsklausel wegen Verstoß gegen § 622 V Nr. 2 BGB unwirksam[56] ist und keine geltungserhaltende Reduktion erfolgt. Aber selbst wenn Kopplungsklauseln ausdrücklich eine vorzeitige ordentliche Beendigung unter Einhaltung mind. der gesetzl. Mindestkündigungsfrist entsprechenden Restlaufzeit vorsehen, ist zwar grds. den Vorgaben des Vertragsrechts und auch § 622 V BGB Rechnung getragen, es verbleiben aber weitere Unwirksamkeitsrisiken, → Rn. 15.14

---

51 BGH NZG 98, 634 ff.; eine entspr. Vertragsklausel lautet etwa: „Die Abberufung gilt als Kündigung des Anstellungsvertrages zum nächstzulässigen Zeitpunkt.“
52 Näher zu den Gestaltungsformen: *Koehler*, NZG 19, 1406 ff.
53 So auch OLG Karlsruhe NZG 17, 226 ff.
54 BGH NJW 89, 2683 ff.
55 BGH NJW 99, 3263 („… Da dieser Vertrag „mit Wirkung vom 1.7.1993 für die Dauer von drei Jahren“ gelten sollte, eine ordentliche Kündigung mangels gegenteiliger Vereinbarung im Hinblick auf § 620 I BGB also ausgeschlossen war … kann in § 10 II nur die außerordentliche Kündigung gemeint sein, die allerdings *nur wirksam ist*, wenn ein wichtiger Grund (§ 626 BGB) vorliegt“), jüngst bestätigt durch BGH NZG 19, 1154 ff. Rn. 32; zust. etwa Baumbach/Hueck/*Beurskens* 96mwN; a.A.: OLG Karlsruhe NZG 17, 226 ff. (für den Fall einer sofortigen Beendigung (ohne Einhaltung einer Kündigungsfrist); krit. *v. Westphalen*, BB 15, 834 ff.; *Reufels/Volmari*, GmbHR 18, 937 f.; → Rn. 16.
56 So zutreffend OLG Karlsruhe NZG 17, 226 ff.

Nach der Ansicht des BGH soll es auch zulässig sein, den Anstellungsvertrag sogleich unter die **auflösende Bedingung** der Beendigung der Organstellung zu stellen.[57]

In der Lit. regen sich – zu Recht – Widerstände gegen die Zulässigkeit von Kopplungsklauseln, die bei sog. „Verbraucher-Geschäftsführern“[58] va AGB-rechtlich begründet werden. Mit dieser im Schrifttum im Vordringen befindlichen Rechtsansicht ist die Zulässigkeit solcher „Kopplungsklauseln“ jedenfalls für den jederzeit u. ohne Grund abberufbaren Geschäftsführer mit fester Vertragslaufzeit abzulehnen.[59] Die vom BGH ursprünglich zum Vorstand der AG entwickelte Rspr. zur grds. Zulässigkeit bei gleichzeitiger Anwendung der gesetzlichen Kündigungsfrist des § 621 BGB kann nicht ohne Weiteres auf den GmbH-Geschäftsführer übertragen werden. Dies ergibt sich aufgrund der unterschiedlichen gesetzlichen Ausgangslage für eine Abberufung (§ 84 AktG: stets wichtiger Grund erforderlich; § 38 grundlose Abberufung möglich) iVm dem AGB-rechtlichen Grundsatz des Verbots einer unangemessenen Benachteiligung einer der Vertragsparteien (§ 307 BGB). Eine Kopplungsklausel im Anstellungsvertrag des GmbH-Geschäftsführers ist daher zwar nicht unbedingt *„überraschend“* iSv § 305 c BGB[60] oder nach § 622 VI BGB unwirksam,[61] kann aber je nach Gestaltung der Klausel wegen Intransparenz iSv § 305 c BGB[62] und/oder wegen unangemessener Benachteiligung iSv § 307 I BGB (iVm § 626 BGB) unwirksam sein.[63] Zutreffend hat *Koehler* insoweit auch auf die Bedeutung des § 626 Abs. 2 BGB sowohl bei der Frage der Intransparenz als auch bei der unangemessenen Benachteiligung hingewiesen.[64] 16

57 So schon BGH NJW 89, 2683 f.; BGH NJW-RR 06, 182 ff.;aus jüngerer Zeit: OLG Karlsruhe NZG 17, 226; OLG Saarbrücken NZG 13, 784 ff.; zust. Baumbach/Hueck/*Beurskens* Rn. 96.

58 BGH NJW 96, 2156 ff.; BGH NJW 10, 2343 ff.; BAG NJW 12, 1147 ff., jüngst bestätigt durch BAG NZA 19, 1050 ff.

59 Krit. jedenfalls ggü. – wie meist – formularmäßig vereinbarten Kopplungsklauseln: *Grobys/Glanz*, NJW-Special 07, 129; *Hümmerich*, NZA 06, 709, 713; Hümmerich/Boecken/Düwell/*Ebeling* § 307 Rn. 49; vgl. auch *Tschöpe/Wortmann*, NZG 09, 85 ff.; Bedenken auch bei Semler/v. Schenck/*Fonk* § 9 Rn. 207 (jeweils für den Vorstand) u. *Lücke*/Schaub § 2 Rn. 273 u. aus jüngerer Zeit zuletzt *v. Westphalen*, BB 15, 834 ff. u. *Werner*, NZA 15, 1234 ff.

60 So *Hümmerich*/Boecken/Düwell/*Ebeling* BGB § 305 c Rn. 16; differenzierend: *Grobys/Glanz*, NJW-Spezial 07, 129 f.; zutr. weist *v. Westphalen* einschränkend darauf hin, dass man angesichts der Verbreitung von Kopplungsklauseln Zweifel an der „Überraschung“ bzw. „Unüblichkeit“ haben kann u. es zudem eine Frage der drucktechnischen Klauselgestaltung ist, so dass dieser Einwand uU letztlich nicht so weit tragen wird.

61 *Grumann/Gillmann*, DB 03, 770 ff.; zust. Hansen/Kelber/*Zeißig*/Breezmann/Confurius Rn. 243; Bedenken meldet auch Semler/v. Schenck/*Fonk* § 9 Rn. 207 (zum Vorstandsvertrag) an; aA: Baumbach/Hueck/*Zoellner/Noack* Rn. 221.

62 Zuletzt etwa *Koehler*, NZG 19, 1406 ff.

63 Wie hier: *Tschöpe/Wortmann*, NZG 09, 85 ff.; *Hümmerich*, NZA 06, 709, 713; *v. Westphalen*, BB 15, 834 ff.; in diesem krit. Sinne auch *Lücke*/Schaub § 2 Rn. 273 (für den Vorstandsvertrag); jüngst auch LG Bielefeld, BeckRS 19, 28530; für Zulässigkeit auch beim GmbH-Geschäftsführer dag: Baumbach/Hueck/*Beurskens* § 35 Rn. 211, jeweils mwN.

64 *Koehler* NZG 19, 1406 ff.

17 c) **Freistellung/Suspendierung**[65] Ob und unter welchen Voraussetzungen ein Geschäftsführer vorläufig von seinen Verpflichtungen freigestellt werden kann, ist umstritten.[66] *Thüsing*[67] und *Altmeppen*[68] ist zwar zuzustimmen, dass es einer Freistellung/Suspendierung iRd § 38 eigentlich nicht bedürfte, weil die Abberufung ja grds. ohne jeden Grund u. damit auch jederzeit erfolgen kann, also auch dann, wenn lediglich bestimmte Verdachtsmomente bestehen. Das erübrigt aber wegen der stark negativen Wirkung einer Abberufung die Frage nach der Zulässigkeit einer Freistellung/ Suspendierung als „milderem Mittel" keineswegs: Die Rechtsinstitute der Freistellung bzw. Suspendierung sind im Arbeitsrecht entwickelt worden. Nach der früheren stRspr des BAG waren Freistellungsklauseln im Arbeitsvertrag für den Fall der ordentlichen Kündigung grds. zulässig u. konnte der Arbeitgeber in einem solchen Fall unter Fortzahlung der vertragsgemäßen Vergütung auf die Erbringung der geschuldeten Arbeitsleistung einseitig verzichten.[69] Ob dies auch nach Geltung der AGB-rechtlichen Bestimmungen der §§ 305 ff. BGB so ist, hat das BAG inzwischen immer noch nicht entschieden.[70] Instanzrspr u. Lit. haben die Zulässigkeit von Freistellungsklauseln vor dem Hintergrund der §§ 305 ff. BGB eingeschränkt u. fordern überwiegend, dass in der Klausel sachliche Gründe für die Freistellung vorausgesetzt werden.[71] Dies kann aber auch dahingestellt bleiben, da die tragenden rechtlichen Erwägungen des BAG zur grds. Zulässigkeit von Freistellungsklauseln im Arbeitsrecht zwar auf den Geschäftsführer u. sein Anstellungsverhältnis übertragen werden können, aufgrund der Besonderheit des neben dem Anstellungsverhältnis noch bestehenden Organverhältnisses eine **Freistellung/Suspendierung des Geschäftsführers – ohne Abberufung – grds. nicht zulässig** ist.[72]

18 Die grds. Unzulässigkeit folgt dabei aus dem dem Geschäftsführer qua Amt gesetzlich u. unentziehbar zugewiesenen Pflichtenkreis u. der damit ebenfalls zwingend einhergehenden Haftung für eine ordnungsgemäße Pflichterfüllung. Insbes. das dem Geschäftsführer auch bei einer Freistellung/ Suspendierung weiter qua Organstellung verbleibende Haftungsrisiko schließt eine (vollständige) Freistellung/Suspendierung des Geschäftsführers gegen seinen Willen uE aus. Auch § 40 GenG, der eine gesetzliche Regelung zur vorläufigen Amtsenthebung von Vorstandsmitgliedern vorsieht, spricht gegen die Zulässigkeit der Suspendierung von GmbH-Geschäftsführern, da eine entsprechende Regelung im GmbHG fehlt. Nach einer in der

---

65 V. Westphalen/Thüsing/*Thüsing* Rn. 278 mwN; zur Suspendierung von Vorstandsmitgliedern: *Dörrwächter*, NZG 18, 54 ff.

66 So zutreffend: v. Westphalen/Thüsing/*Thüsing*, Rn. 278.

67 V. Westphalen/Thüsing/*Thüsing*, Rn. 279.

68 Roth/Altmeppen*Altmeppen* Rn. 74.

69 Zu den früheren „Spielregeln" *Bauer*, NZA 07, 409 ff.

70 Insoweit bejahend LAG Köln NZA-RR 06, 342 ff.; *Bauer*, NZA 08, 409 ff.; zweifelnd LAG BW NZA-RR 07, 406 ff.; *Hunold*, NZA-RR 08, 449 ff.

71 Vgl. etwa LAG Hamm BeckRS 15, 68707; HessLAG BeckRS 13, 70301; LAG BW NZA-RR 07, 406 ff.; ErfK/*Preis*, BGB § 611 Rn. 568; LAG Hamm BeckRS 15, 68707 (ohne sachlichen Grund bei Führungskräften).

72 IErg wie hier: MüKoGmbHG/*Stephan/Tieves* Rn. 72; *Mävers* ArbRAkt 19, 4 ff.; aA Baumbach/Hueck/*Beurskens* § 35 Rn. 35 mit einem argumentum minus a majore aus der freien Abberufbarkeit.

instanzgerichtlichen Rspr. vertretenen Ansicht, kommt allerdings eine Suspendierung und deren Durchsetzung per einstweiliger Verfügung bis zu einer Gesellschafterversammlung, die über die Abberufung beschließen soll, in Betracht.[73] Dennoch weder die nach § 37 II im Außenverhältnis unbeschränkbare Vertretungsmacht noch die dem Geschäftsführer zugewiesenen (öffentlich-rechtlichen) Pflichten können durch eine Freistellung/Suspendierung rechtswirksam beschnitten werden.[74] Dies übersieht die abw. Ansicht[75] bei ihrer anderen Ansicht. Etwas anderes kann – je nach Lage der Einzelfallumstände – allenfalls für eine sehr überschaubare Zeit (von maximal ca. 1 Woche) als milderes Mittel im Vorfeld einer Abberufung gelten, insbes. wenn eine Gesellschafterversammlung nicht zeitnah stattfinden können sollte, gelten. Zulässig dürfte es bis zur Grenze des eben genannten „Kernbereichs" der unentziehbaren Geschäftsführerrechte u. -pflichten auch sein, dem Geschäftsführer die **Weisung zu erteilen**, sich außerhalb dieses „Kernbereichs" **jeglicher Geschäftsführungstätigkeit zu enthalten** (was aber selbstredend zu nicht unerheblichen Abgrenzungsschwierigkeiten führen dürfte).[76] *Stephan/Tieves* halten zu Recht fest, dass eine wie auch immer geartete Freistellung oder Suspendierung die gesetzliche Vertretungsmacht der Geschäftsführer auch nicht zu beseitigen vermag. Allerdings ist eine Freistellung/Suspendierung bei **gleichzeitiger Abberufung bzw. nach Abberufung grds. vertraglich regelbar**, allerdings sind bei „Verbraucher-Geschäftsführern" die Anforderungen der Rechtsprechung zu berücksichtigen, mithin in der Freistellungsklausel sachliche Gründe für die Freistellung vorzusehen.[77]

3. Abberufung und AGG

Nach bislang stRspr des BGH galt das allgemeine Gleichbehandlungsgesetz (**AGG**) als Arbeitnehmerschutzrecht grds. nicht für GmbH-Geschäftsführer u. Geschäftsführer einer Unternehmergesellschaft, da diese vom BGH nicht als Arbeitnehmer angesehen wurden.[78] Dennoch fand das AGG nach seinem § 6 III zumindest teilw. („Zugang zur Erwerbstätigkeit", „beruflicher Aufstieg") auch auf Organmitglieder u. damit auch auf den vorgenannten Personenkreis Anwendung.[79] Das galt nicht nur für Fragen des Abschlusses des Anstellungsverhältnisses, sondern auch für den körperschaftlichen 19

73 OLG München NZG 99, 407 ff. mAnm *Michalski/Schulenburg*; OLG Stuttgart GmbHR 06, 1258 ff.; dem folgend M/L/H/S/*Römermann* Rn. 226; aA die wohl hL, vgl. v.Westfalen/Thüsing/Thüsing Rn. 278 mwN zur hL.

74 Darauf weisen MüKoGmbHG/*Stephan/Tieves* Rn. 72 in diesem Zusammenhang zu Recht hin.

75 Baumbach/Hueck/*Beurskens* § 37 Rn. 6.

76 So zutr. Lutter/Hommelhoff/*Kleindiek* Rn. 39 unter Hinweis auf OLG Köln GmbHR 97, 30 ff.; zu weitgehend: Roth/Altmeppen/*Altmeppen* Rn. 75.

77 Wohl hM, vgl. etwa *Mävers*, ArbRAkt 19, 4 ff.; eine Musterformulierungen findet sich etwa bei *Dahlbender*, GmbH-Stb 11, 90.

78 StRspr des BGH, zur teilw. abw. u. insoweit vorzugswürdigeren Ansicht des BAG vgl. Rn. 10 mwN zur möglichen Arbeitnehmereigenschaft von Geschäftsführern.

79 HM, BGH NZG 12, 777 ff. (zur altersbedingt unterbliebenen Dienstvertragsverlängerung); OLG Köln GmbHR 11, 1147 ff. (zur geschlechtsbezogenen Benachteiligung der Stellenausschreibung „Geschäftsführer"); MünchHdbGesR/*Marsch-Barner/Diekmann*, Rn. 16; *Thüsing/Stiebert*, NZG 11, 641 ff.

Akt der Bestellung[80] sowie den Unterfall der Wiederbewerbung/-bestellung,[81] nicht jedoch für die **Abberufung** oder **Kündigung**, da es dabei um „Entlassungsbedingungen" iSv § 2 I Nr. 2 AGG und nicht um „Einstellungsbedingungen" handelt.[82] Zu den sich daraus ergebenden Missbrauchs- oder Umgehungsmöglichkeiten vgl. die Kommentierung von *Diekmann*.[83] Aufgrund des Wortlauts des § 6 III AGG fand das AGG allerdings nicht auf die bloße Abberufung Anwendung.[84] Im Hinblick auf die mit der „Danosa"-Entscheidung[85] begonnene, mit „Balkaya"[86] und über „Holtermann"[87] fortgeführte inzwischen gefestigte Entwicklung in der EuGH-Rspr. zum unionsrechtlichen Arbeitnehmerbegriff) ist vor dem Hintergrund der unionsrechtlichen Grundlagen des AGG[88] u. der gebotenen unionsrechtskonformen u. richtlinienkonformen Auslegung ist im Fall von Fremdgeschäftsführern u. ggf. auch Minderheitsgesellschafter-Geschäftsführern von einer umfassenden Geltung des AGG nach § 6 I auszugehen.[89] Dem hat sich der BGH nunmehr in seiner Entscheidung vom 26.3.2019 „gebeugt" und nun zumindest für Fremdgeschäftsführer judiziert, dass diese bei europarechtskonformer Auslegung Arbeitnehmer im Sinne des § 6 I 1 Nr. 1 AGG sein können. Zugleich hat der BGH aber seine Rechtsprechung weiter aufrechterhalten, dass nämlich Geschäftsführer weder Arbeitnehmer im Sinne des nationalen, deutschen Arbeitnehmerbegriffs sind noch sein können.[90]

20 Problematisch sind im vorliegenden Kontext daher insbes. **Altersgrenzen,**[91] allerdings kann die Festlegung eines Mindest- oder Höchstalters für Geschäftsführer – unzweifelhaft eine unmittelbare Benachteiligung wegen des Alters iSv § 7 I AGG – nach § 10 AGG gerechtfertigt sein, wenn sie objektiv und angemessen und durch ein legitimes Ziel gerechtfertigt sind.[92] Als solche legitime Ziele iSd § 10 S. 1 AGG sind nicht nur solche anzusehen, die im Interesse der Allgemeinheit liegen, sondern auch betriebs- und unternehmensbezogene Interessen, wobei es sich nicht nur um gesetzlich aner-

---

80 HM, BGH NZG 12, 777 ff.; MünchHdbGesR/*Marsch-Barner/Diekmann*, § 43 Rn. 16; krit. dag: *Bauer/Arnold*, NZG 12, 941 ff.
81 BGH NZG 12, 777 ff.; zust. die hL, vgl. etwa *Wilsing/Meyer*, NJW 12, 3211 ff.
82 HM, vgl. statt vieler: MünchHdbGesR/*Diekmann*, Rn. 16; § 2 IV AGG stünde der Anwendbarkeit allerdings njcht entgegen, da das KSchG auf Organmitglieder keine Anwendung findet, so § 14 I Nr. 1 KSchG (so zutreffend OLG Hamm NZG 17, 1065 ff.).
83 MünchHdbGesR/*Diekmann*, § 43 Rn. 16 mwN.
84 So zutr. etwa *Bauer/Arnold*, NZG 12, 921 ff.; *Wilsing/Meyer*, NJW 12, 3211 ff., jeweils mwN.
85 EuGH NJW 11, 2343 ff. („*Danosa*").
86 EuGH NJW 15, 2481 ff. („Balkaya").
87 EuGH NZA 16, 183 ff. („Holtermann").
88 Zu den unionsrechtlichen Grundlagen des AGG (EU-Richtl 2000/43/EG; 2000/78/EG; 2002/73/EG u. 2004/113/EG) vgl. Däubler/Bertzbach/*Blanke/Graue* Einl. Rn. 217 mwN.
89 IdS auch *Kort*, NZG 13, 601 ff.; *Reufels/Molle*, NZA-RR 11, 281, 282 f.; krit. Baumbach/Hueck/*Beurskens* Rn. 5 a.
90 BGH NZG 19, 705 ff.; vgl. dazu *Mohr/Bourazeri*, NZA 19, 870 ff.
91 Vgl. *Holthausen*, ArbRAktuell 19, 401 ff., 433 ff.; jüngst auch BGH NZG 19, 705 ff.
92 So jüngst BGH NZG 19, 705 ff. (Rn. 38).

kannte Interessen handeln muss.[93] Auch die nach Inkrafttreten des GlTeilhG wieder verstärkt diskutierte „**Frauenquote**" ist ein Thema.[94] In international tätigen Unternehmen können unter dem Aspekt der „**Diversity**" Satzungsvorgaben für die Nationalität von Organmitgliedern relevant werden.[95]

Unabhängig davon versteht es sich von selbst, dass bei der Entscheidung über die Abberufung bzw. Beendigung des Anstellungsvertrages eines Geschäftsführers keinerlei AGG-relevante Diskriminierungsmerkmale eine Rolle spielen sollten. Zudem sollten die maßgeblichen (nicht diskriminierenden) Gründe für die Abberufung bzw. Beendigung des Anstellungsvertrages hinreichend schriftlich dokumentiert werden, damit ggf. eine diskriminierungsfreie Entscheidung nachvollziehbar dargestellt u. belegt werden kann. 21

4. Grundsatz der freien Abberufbarkeit (Abs. 1)

Nach Abs. 1 können die Geschäftsführer grds. **jederzeit** aus ihrem Geschäftsführeramt abberufen werden.[96] *„Die Möglichkeit des jederzeitigen Widerrufs der Geschäftsführerbestellung gewährleistet der Gesellschaft im Bereich der Geschäftsführung eine weitgehende Organisationsfreiheit."*[97] Erforderlich ist indes ein rechtswirksamer Beschluss[98] des zuständigen Gremiums,[99] idR der Gesellschafterversammlung.[100] Es bedarf hierzu weder einer **vorherigen Anhörung** des betroffenen Geschäftsführers[101] noch einer **Begründung** der Abberufung noch überhaupt eines sachlichen Grundes (soweit nicht ausnahmsweise – wie bei mitbestimmten Gesellschaften u. bei Gesellschaften, in denen dies in der Satzung vorgesehen ist – ein wichtiger Grund für die Abberufung erforderlich ist).[102] Obwohl die Abberufung keines Grundes bedarf, kann eine ordnungsgemäß beschlossene u. bekanntgemachte Abberufung unwirksam sein, insbes. wegen Verstoßes gegen sonstiges Recht, bspw. gegen die **allg. Bestimmungen der §§ 138, 226, 826 BGB**, uU auch nach § 7 I AGG.[103] Selbst wenn dem BGH zuzugeben 22

93 BAG NZA 09, 945 ff; BGH NZG 19, 705 ff. (Rn. 41).
94 Vgl. zum GlTeilhG, § 36 Rn. 1 ff; vgl. dazu auch *Olbrich/Krois*, NZA 15, 1288 ff.
95 Dazu beispielhaft die bei der Siemens AG eigens geschaffene Position eines „Chief Diversitiy Officer"; zum *„Diversity Management"* vgl. Däubler/Bertzbach/*Zimmer*, AGG, § 5 Rn. 14.
96 BGH GmbHR 08, 430 ff.; ebenso BAG NZA 18, 358 ff. Rn. 25; Lutter/Hommelhoff/*Kleindiek* Rn. 2 setzen dies daher auch ohne Begründung voraus.
97 Grundaussage des BGH, vgl. etwa BGH NJW 03, 531 ff.
98 OLG München BeckRS 16, 6453; s. dazu Rn. 39 ff. mwN zu den verschiedenen Wirksamkeitsvoraussetzungen u. möglichen Mängeln.
99 → Rn. 69 ff.
100 Zur Leitung der Gesellschafterversammlung vgl. *Lange*, NJW 15, 3190.
101 HM vgl. Rowedder/Schmidt-Leithoff/*Baukelmann* Rn. 3 unter Hinweis auf BGH GmbHR 60, 220 ff.; das gilt selbst im Fall einer sog. „Verdachtsabberufung", wenn die Abberufung also „nur" wegen des Verdachts von Pflichtverletzungen erfolgen soll. Da die Abberufung überhaupt keiner „positiven" Begründung bedarf, sondern nur nicht „negativ" gegen zwingendes Recht verstoßen darf, bedarf es auch in diesem Fall keiner Anhörung.
102 AllgM, vgl. statt vieler M/H/L/S/*Terlau* Rn. 4 f.; Henssler/Strohn/*Oetker* Rn. 5.
103 AA: BGH GmbHR 04, 57 ff. (für die ordentliche Kündigung des Anstellungsverhältnisses eines GmbH-Geschäftsführers), jedoch mit einer kaum haltbaren u. iErg unzutr Begründung.

ist, dass eine Entscheidung wie der Ausspruch einer ordentlichen Kündigung oder die Abberufung im Regelfall keiner sie tragenden Begründung bedarf, also die Kündigung „ihre Rechtfertigung in sich trägt", so erfolgt diese Handlung (Abberufung oder Kündigung) dennoch iÜ nicht im „rechtsfreien Raum", sondern es gelten die sonstigen gesetzlichen Bestimmungen.

23 Dementspr können sowohl die Abberufung wie auch die ordentliche Kündigung eines Anstellungsverhältnisses entgg. der Ansicht des BGH wegen Verstoßes gegen sonstige gesetzliche Bestimmungen rechtsunwirksam sein.[104] Bereits in der Vorauflage wurde davon ausgegangen, dass auch die Abberufung wegen Verstoßes gegen das AGG unwirksam sein kann. Nachdem der BGH unlängst die unionsrechtliche Arbeitnehmereigenschaft von Fremd-Geschäftsführern anerkennen musste,[105] ist davonauszugehen, dass dies nun auch der BGH so sehen dürfte. Angesichts des Fehlens eines Begründungserfordernisses für die Abberufung ist aber auch klar, dass lediglich **das „bloße" Fehlen sachlicher Gründe** für die Abberufung sowie der Verdacht im Hinblick auf mögliche unsachliche Gründe nicht zur Unwirksamkeit der Abberufung führen können.[106] MaW bedarf es keinen „positiven" Grundes für die Abberufung, sondern nur der Abwesenheit von „negativen" Gründen, also dem Fehlen von Verstößen gegen zwingendes Recht. Nach wohl hM kann die Abberufung auch **rechtsmissbräuchlich** u. nach § 242 BGB unwirksam sein, wenn diese ausschließlich deshalb erfolgt, um den Geschäftsführer in einem Rechtsstreit aus der Parteirolle zu nehmen u. damit als Zeugen verfügbar zu machen,[107] oder wenn der Alleingesellschafter-Geschäftsführer iR seiner Abberufung nicht zugleich einen neuen Geschäftsführer bestellt[108] oder im Fall der Anordnung einer vorläufigen Insolvenzverwaltung.[109] Entsprechend der gesellschaftsrechtlich freien Abberufbarkeit besteht im Bereich des § 38 Abs. 1 auch kein Anspruch des Geschäftsführers auf Unterlassung seiner Abberufung.

5. Einschränkungen der freien Abberufbarkeit

24 **a) Mitbestimmte Gesellschaften.** Ab einer bestimmten Größenordnung fällt die GmbH (nicht: die Unternehmergesellschaft) in den Anwendungsbereich eines der verschiedenen Unternehmensmitbestimmungsgesetze (MitbestG, MontanMitbestG, MitbestErG, Montan-MitbestG oder DrittelbG). Diese enthalten – mit Ausn. des DrittelbG – für die Abberufung von Geschäftsführern dem Abs. 1 vorgehende Sonderregelungen, die einen

---

104 Wie hier: Baumbach/Hueck/*Beurskens* Rn. 3; ebenso MünchHdbGesR/*Marsch-Barner/Diekmann*, § 42 Rn. 42 unter ausdrücklicher Bezugnahme auf die §§ 226, 826 BGB; so auch OLG Karlsruhe, Urt. v. 19.4.01 – 2 u. 201/00 nv, dieses aber aufgehoben durch BGH GmbHR 04, 57 ff.; nun auch MüKoGmbHG/*Jaeger* Rn. 402 ff.

105 BGH NZG 19, 705 ff.

106 Ganz hM, vgl. etwa MünchHdbGesR/*Marsch-Barner/Diekmann*, § 42 Rn. 42 mwN; MüKoGmbHG/*Stephan/Tieves* Rn. 7 mwN.

107 HM, vgl. dazu etwa *Schmitz*, GmbHR 00, 1140 ff.

108 OLG München NZG 11, 432 ff.; OLG Zweibrücken GmbHR 06, 430 ff.; bestätigt für den Fall der wirtschaftlichen Krise durch BGH Beschl. v. 8.10.09 – IX ZR 235/06 – zit. nach juris.

109 OLG Frankfurt GmbHR 15, 363 ff.

wichtigen Grund[110] als Voraussetzung für eine Abberufung des Geschäftsführers festlegen (vgl. zB § 31 I MitbestG).[111] Besteht dag lediglich **Drittelmitbestimmung,** so verbleibt es mangels einer solchen Spezialnorm im DrittelbG beim Grundsatz der freien Abberufbarkeit des Abs. 1. Bei der beabsichtigten Abberufung eines **Arbeitsdirektors** ist **im Bereich der Montan-Mitbestimmung** zudem zu beachten, dass dieser nicht gegen die Mehrheit der Stimmen der Arbeitnehmervertreter im Aufsichtsrat abberufen werden kann.[112]

b) Satzungsmäßige Einschränkungen, insbesondere wichtiger Grund (Abs. 2). Abs. 2 berechtigt die Gesellschafter, den Grundsatz der freien Abberufbarkeit in der Satzung einzuschränken. Ein völliger Ausschluss der Abberufbarkeit ist dag selbst in der Satzung nicht zulässig,[113] nach hM ist jegliche Erschwerung der Abberufbarkeit, die über das Erfordernis eines wichtigen Grundes hinausgeht, unzulässig und dahin gehend auszulegen, dass eine Abberufung aus wichtigem Grund stets möglich ist.[114] Das sog. „Normalstatut" kann demnach zugunsten des (Gesellschafter-) Geschäftsführers in dem Bereich von der freien Abberufbarkeit bis hin zur Abberufung aus wichtigem Grund gestaltend modifiziert werden: Der maximal mögliche Schutz ist demnach die in § 38 II 1 vorgesehene Festlegung des Erfordernisses eines wichtigen Grundes. Meist geschieht dies – abstrakt – durch die Festschreibung des Erfordernisses eines sachlichen oder wichtigen Grundes u. zT auch das Vorsehen bestimmter Mehrheitsquoten für den Abberufungsbeschluss. In der Satzung für den Fall der Abberufung aus wichtigem Grund vorgesehene Mehrheitserfordernisse, die über eine einfache Mehrheit hinausgehen, sind indes als unzulässige Erschwerung der Abberufbarkeit aus wichtigem Grund unwirksam.[115] Möglich ist es, insbes. neben der allgemein aus wichtigem Grund zulässigen Abberufung bestimmte enumerativ aufgezählte weitere „nur" sachliche Gründe als zur Abberufung rechtfertigende Gründe festzulegen.[116] Für den Beschluss über solche – keine wichtigen Gründe darstellenden – sachlichen Gründe können auch besondere Mehrheitserfordernisse vereinbart werden. Die Darlegungs- u. Beweislast und auch die Glaubhaftmachungslast im einstweiligen Verfügungsverfahren folgt den üblichen Regelungen, so dass die abberufende Gesellschaft die jeweils erforderlichen Gründe darzulegen u. zu beweisen hat.[117] 25

aa) Wichtiger Grund. Ein wichtiger Grund liegt vor, wenn der weitere Verbleib des Geschäftsführers im Amt für die Gesellschaft **unzumutbar** ist. Dies ist iR einer **wertenden Interessenabwägung unter Berücksichtigung al-** 26

110 Zum wichtigen Grund vgl. Rn. 26 ff.
111 Nur der Vollständigkeit halber sei auch auf den Aufsichtsrat nach § 6 II InvestmentG hingewiesen.
112 Vgl. § 13 I 2 Montan-MitbestG.
113 So auch MünchHdbGesR/*Diekmann*, § 42 Rn. 52.
114 Roth/Altmeppen/*Altmeppen* Rn. 36; MüKoGmbHG/*Stephan/Tieves* Rn. 103 jeweils mwN zur wohl hL.
115 So schon BGH NJW 83, 938 ff.; zustimmend die hL, vgl. etwa MüKoGmbHG/*Stephan/Tieves* Rn. 103 mwN.
116 HM, vgl. etwa MüKoGmbHG/*Stephan/Tieves* Rn. 103.
117 BGH NZG 17,700 ff.; OLG Stuttgart NZG 14, 1146 ff.; aA: *Liebscher/Alles*, ZIP 15, 1 ff.

ler Umstände des Einzelfalles zu entscheiden.[118] Hierbei steht dem für die Abberufung zuständigen Organ ein gewisser eigener Beurteilungsspielraum zu, allerdings unterliegt diese **Entscheidung der vollen gerichtlichen Nachprüfung**. Die dazu erforderliche Würdigung und Abwägung sowie letztlich die Feststellung ist Aufgabe des Tatrichters.[119] Überlegungen, bei der Feststellung der Unzumutbarkeit durch Abwägung den Gesellschaftsinteressen ggü. Geschäftsführerinteressen einen Vorrang einzuräumen,[120] ist nicht zu folgen, weil die Tatsache, dass das Anstellungsverhältnis im Fall der Abberufung zumindest grds. unberührt bleibt, wegen des Trennungsprinzips hier keine gesonderte Berücksichtigung finden darf u. damit ein Vorrang der Gesellschaftsinteressen bei der Feststellung der Unzumutbarkeit nicht gerechtfertigt ist. Abwägungsrelevante Umstände sind va die Schwere des Pflichtverstoßes, die Folgen des Pflichtverstoßes, der Grad des Verschuldens, die Wiederholungsgefahr sowie Dauer der Tätigkeit u. Verdienste des Geschäftsführers.[121] Auch der zT in der Rspr. erkennbaren Neigung zu einer Relativierung der Anforderungen an den wichtigen Grund („*keine übermäßig hohen Anforderungen*" zu stellen),[122] ist nicht beizupflichten. Es sind weder zu hohe, noch zu niedrige noch übermäßig hohe Anforderungen zu stellen, sondern die Anforderungen an die unstreitig erforderliche Unzumutbarkeit sind schlicht „hoch" und sind anhand der jeweiligen Umstände des Einzelfalls sach- und interessengerecht zu bewerten. Dabei kommt es nicht auf das subjektive Empfinden des Kündigenden, sondern darauf an, ob der weiteren Zusammenarbeit objektiv aus Sicht eines verständigen Betrachters unter Berücksichtigung der beiderseitigen Interessen die Grundlage entzogen ist.[123]

27 Das Gesetz nennt in Abs. 2 S. 2 lediglich 2 – sehr abstrakte – Regelbeispiele, **grobe Pflichtverletzungen** u. die **Unfähigkeit zur ordnungsgemäßen Geschäftsführung**. Letzteres soll sich aus Umständen wie fehlenden Kenntnissen, mangelnder Bereitschaft zur Zusammenarbeit, gravierender Führungsschwäche und/oder ungeschicktem Verhalten ggü. Kunden ergeben können.[124] Auch aus langanhaltender Erkrankung[125] oder längerer Haft[126] soll sich die Unfähigkeit zu ordnungsgemäßer Geschäftsführung ergeben. Nachhaltiger wirtschaftlicher Misserfolg oder auch die vielbeschworene „unglückliche Hand" bei der Führung der Geschäfte reicht per se nicht aus, sondern kann uE nur Indiz für Defizite der Geschäftsführungsfähigkeit sein. Der wichtige Grund muss weder **in der Person des Geschäftsfüh-**

118 StRspr BGH, vgl. etwa BGH NZG 17, 700 Rn. 17.
119 BGH NZG 17, 700 unter Bezugnahme auf BGH NZG 08, 316 ff.
120 OLG München BeckRS 12, 07661 („wobei die Interessen der Gesellschaft im Vordergrund stehen").
121 Teilw. aA: MüKoGmbHG/*Stephan/Tieves* Rn. 84 zu subjektiven Umständen auf Geschäftsführerseite, uE allerdings ohne überzeugende Begründung: Der Schluss von der fehlenden Klagebefugnis des Geschäftsführers gegen den Abberufungsbeschluss auf ein fehlendes schutzwürdiges berechtigtes Interesse bei der Interessenabwägung überzeugt in keiner Weise.
122 OLG Hamm BeckRS 16,130998 unter Hinweis auf KG Urteil v. 16.6.2011, Az. 19 u. 116/19.
123 IdS richtigerweise: OLG München BeckRS 17, 114 314.
124 So zumindest MüKoGmbHG/*Stephan/Tieves* Rn. 87.
125 OLG Zweibrücken NZG 03, 931 ff.
126 Baumbch/Hueck/*Beurskens* Rn. 9.

rers vorliegen, noch muss der Geschäftsführer den wichtigen Grund **verschuldet** haben,[127] noch muss der Gesellschaft zwingend ein Schaden entstanden sein.[128] Der bloße **Vertrauensentzug oder -verlust** per se ist – anders als der Vertrauensentzug gem. § 84 III 2 AktG[129] – **kein wichtiger Grund.**[130] Gibt es Sachverhaltsaspekte, die einen Vertrauensverlust nicht nur subjektiv darstellen, sondern die Schwere der Vorkommnisse auch objektiv nachvollziehbar ist, können uU diese Vorkommnisse einen wichtigen Grund darstellen. Auch aus einer Vielzahl von Verfehlungen kann sich ein wichtiger Grund ergeben.[131] Bei einer „2-Personen-GmbH" sind gesteigerte Anforderungen an den wichtigen Grund zu stellen,[132] um zu verhindern, dass der eine Gesellschafter die Tätigkeit des anderen beliebig beenden kann. Hier müssen vielmehr **durchgreifende Zweifel** gegen die Ordnungsgemäßheit der Geschäftsführung vorliegen, damit die Gesellschaft einen berechtigten Grund hat, kein Vertrauen mehr in die Tätigkeit als Geschäftsführer zu haben. *„Das bedeutet, dass sich zumindest bei der Zwei-Mann-GmbH der Begriff des wichtigen Abberufungsgrundes aus den Elementen „grobe Pflichtverletzung" und „Unzumutbarkeit der Fortsetzung des Geschäftsführerverhältnisses wegen Vertrauensverlustes" zusammensetzt.*[133]

bb) Beispiele aus der Rechtsprechung. Die nachstehend exemplarisch angeführten Bsp dienen der weiteren Orientierung. Zu beachten ist dabei jedoch, dass **stets die Umstände des Einzelfalls entscheidend** sind. Einen wichtigen Grund können darstellen (alphabetisch): 28

- Beleidigungen von Mitarbeitern, Gesellschaftern oder Kunden[134]
- Bestechlichkeit
- Bilanzmanipulationen
- Buchführungspflichten, Verletzung der[135] Geschäftsführungsmaßnahmen gegen den erklärten Widerspruch der Mitgeschäftsführer[136]
- Compliance-Vorschriften, Verstoß gegen[137]
- Geschäfte außerhalb des Unternehmensgegenstandes[138]
- Falschaussage[139]

---

127 BGH NJW-RR 92, 993 f.; OLG München BeckRS 17,114314.
128 OLG Stuttgart NZG 03, 1146; OLG Düsseldorf NJW 92,172 ff.
129 Ggf. bei Gesellschaften, die der gesetzlichen Mitbestimmung unterfallen qua gesetzlicher Verweisung einschlägig, vgl. dazu Rn. 21.
130 So schon BGH NJW 60, 628 ff.; aus jüngerer Zeit auch OLG Stuttgart NZG 13, 1146ff.; Baumbach/Hueck/*Beurskens* Rn. 12; etwas unklar und mit dem Fall der „Zerrüttung" des Vertrauensverhältnisses vermengend: M/H/L/S//*Terlau* Rn. 50.
131 OLG München BeckRS 17, 114341 Rn. 64; OLG Stuttgart NZG 13, 1146 Rn. 46; ebenso Roth/Altmeppen/*Altmeppen* Rn. 35 unter Hinweis auf OLG Naumburg NZG 00, 44 ff.
132 So etwa OLG München BeckRS 12, 07661; s. auch OLG Stuttgart NZG 13, 1146 ff.
133 LG Görlitz BeckRS 2012, 100366 unter Hinweis auf BGH WM 1985, 567 ff.
134 BGH WM 84, 29.
135 BGH NZG 09, 386 ff.; OLG Stuttgart NZG 13, 1146; vgl. auch OLG Thüringen NZG 10, 226 ff. (Az. beim BGH: II ZR 223/09).
136 OLG Karlsruhe NZG 00, 264 ff.; OLG München DB 10, 162 ff.
137 OLG Hamm, NZG 19, 1180 (Ls.)
138 OLG München BeckRS 12, 7661.
139 OLG Stuttgart NZG 13, 1146.

- Insolvenz des Geschäftsführers[140]
- Insolvenzantragspflicht, Verletzung der[141]
- Interne Richtlinien, Verstoß gegen[142]
- Jahresabschluss, verspätete Vorlage[143]
- Kompetenzüberschreitung[144]
- Krankheit (langandauernde)[145]
- Missbrauch von Gesellschaftsvermögen für eigene Zwecke[146]
- Schmiergelder, Annahme von[147]
- Sexuelle Belästigung von Mitarbeitern samt Ehrverletzung Mitgesellschafter[148]
- Spesenbetrug[149]
- Streit unter Geschäftsführern (nachhaltiger) für jeden der Geschäftsführer (!), anders bei der Zwei-Personen-Gesellschaft[150]
- Tätlichkeiten ggü. Mitarbeitern[151]
- Umgehung der Gesellschafterversammlung durch den Geschäftsführer[152]
- Verbraucherinsolvenz des Geschäftsführers[153]
- Verlangen Dritter (zB Hausbank, wenn diese dies zur Voraussetzung der Verlängerung eines für die Gesellschaft lebensnotwendigen Kredits macht)[154]
- Verluste (nachhaltige) bzw. unterdurchschnittliche Gewinnentwicklung der Gesellschaft belegen nicht ohne Weiteres Ungeeignetheit des Geschäftsführers[155]
- Vorbereitung einer Kapitalerhöhung gegen den Willen der beherrschenden Konzernmutter[156]
- Vorlage unechter Urkunden (gefälschte Prüfprotokolle)[157]
- Weigerung, Gesellschaftern Einsicht in die Bücher zu gewähren[158]
- Widersetzlichkeit (nachhaltige) gegen Gesellschafterweisungen[159]

140 Lutter/Hommelhoff/*Kleindieck* Rn. 21 unter Hinweis auf OLG Stuttgart GmbHR 06, 1258 ff.; offengelassen von OLG Stuttgart GmbHR 06, 1258 ff.; unklar auch: Baumbach/Hueck/*Beurskens* Rn. 14.
141 BGH NZG 08, 148.
142 OLG München BeckRS 17, 114341.
143 OLG München BeckRS 12, 07661; s. auch KG BeckRS 11, 21168.
144 OLG Düsseldorf 12, 211019; OLG Köln GmbHR 11, 135 ff.; OLG München DB 09, 1231 ff.; aber auch BGH GmbHR 08, 487 ff.
145 Lutter/Hommelhoff/*Kleindiek* Rn. 21; auch OLG Zweibrücken NZG 03, 931 ff.
146 Jüngst etwa OLG Düsseldorf AG 12, 511 ff. (zum AG-Vorstand).
147 M/H/L/S/*Terlau* Rn. 44.
148 OLG Karlsruhe BeckRS 06, 12239.
149 KG GmbHR 01, 925 ff.
150 BGH NZG 09, 386 ff.
151 OLG Stuttgart GmbHR 95, 229; mAnm *Goette*, DStR 94, 1746 ff.
152 OLG Köln NZG 11, 307 ff.
153 OLG Stuttgart GmbHR 06, 1258 ff.
154 BGH NZG 07, 1890.
155 OLG Köln GmbHR 89, 79.
156 OLG Nürnberg NZG 00, 700 ff.
157 OLG Hamm 16, 130998, bestätigt von BGH BeckRS 18, 6123.
158 OLG München BeckRS 12, 07661; s. auch KG BeckRS 11, 21168.
159 Lutter/Hommelhoff/*Kleindiek* Rn. 21.

- Wettbewerbsverbot, Verstoß gegen[160]
- Zerwürfnis (schweres) mit der Gesellschaftermehrheit[161]
- Zerwürfnis (schweres) unter den (beiden) Geschäftsführern[162]
- Zustimmungserfordernis (Missachtung bei Rechtsgeschäft)[163]
- Zustimmungserfordernis (Missachtung bei Auszahlung)[164]

Im Übrigen kann auch in Sachverhalten, die einen wichtigen Grund für eine außerordentliche Kündigung des Anstellungsverhältnisses eines Geschäftsführers iSv § 626 BGB darstellen, davon ausgegangen werden, dass diese auch als wichtiger Grund für eine Abberufung gelten. Aus **einmaligem Fehlverhalten** kann noch nicht auf eine **Unfähigkeit** geschlossen werden,[165] allenfalls eine **Kumulation von Fehlverhalten** kann einen solchen Schluss zulassen.[166] Entspr. gilt für eine Kumulation für sich „unwichtiger" Gründe, die in summa einen wichtigen Grund ergeben können.[167] Kein wichtiger Grund ist die von der Gesellschafterversammlung beschlossene Verkleinerung der Geschäftsführung im Sinne einer unternehmerischen betriebsbedingten Entscheidung.[168]

Zu dem Sonderfall der Geschäftsführerstellung eines Gesellschafters als **mitgliedschaftliches Recht** nach § 35 BGB sowie zu satzungsmäßigen Bestellungs-, Vorschlags- u. Präsentationsrechten s. Baumbach/Hueck/*Beurskens* Rn. 20 f. mwN. 29

c) Nachschieben von Gründen. Ein Nachschieben weiterer Sachverhalte zum Beleg des Vorhandenseins eines wichtigen Grundes ist grds. jederzeit möglich, solange die Sachverhalte bereits im Abberufungszeitpunkt vorgelegen haben. Daher kann sich die Gesellschaft – etwa aus Gründen der Öffentlichkeitswirkung – zunächst auf bestimmte Gründe beschränken u. später, wenn sich etwa herausstellt, dass die bisher vorgetragenen Gründe die Abberufung voraussichtlich doch nicht tragen, zusätzliche Gründe in den Prozess einführen. Dazu bedarf es aber – außer im Fall der Zwei-Personen-Gesellschaft – eines neuerlichen Beschlusses des zuständigen Abberufungsgremiums.[169] 30

d) Frist. Für die Abberufung existiert **keine** gesetzliche Frist, binnen derer die Abberufung erfolgen muss. § 626 II BGB findet keine Anwendung,[170] auch keine **analoge** Anwendung. In zeitlicher Hinsicht sind lediglich die 31

160 OLG Düsseldorf GmbHR 00, 1050.
161 OLG Köln NZG 11, 307 ff.; OLG München BeckRS 10, 18766; nicht bei Zerwürfnis nur mit einem Minderheitsgesellschafter (OLG Hamm BeckRS 16, 13167).
162 OLG Stuttgart BeckRS 15, 833; OLG Stuttgart BeckRS 03, 4338.
163 LG Berlin NZG 13, 500 ff.
164 OLG Hamm BeckRS 19, 14258.
165 OLG Köln GmbHR 89, 76 ff.
166 BGH DStR 84, 1746 ff.
167 HM, vgl. etwa OLG Koblenz NZG 11, 987 ff.; OLG Naumburg NZG 00, 44 ff.
168 OLG Frankfurt NZG 15, 514 ff. (zum Vorstand der AG).
169 BGH NJW 04, 1528 ff.; OLG Zweibrücken GmbHR 03, 421 ff.; Scholz/*Schneider* Rn. 46 a.
170 OLG München BeckRS 15, 18 ff.

Grenzen der **Verwirkung** zu beachten, wobei Gerichte die Abberufung binnen angemessener Frist nach Kenntniserlangung verlangen.[171]

32 So kann das Recht zur Abberufung *„durch Verwirkung verlorengehen, wenn die Gesellschaft den Geschäftsführer in Kenntnis der Abberufungsgründe über längere Zeit hinweg weiter im Amt belässt, und der Geschäftsführer aufgrund dieses Verhaltens nach Treu und Glauben davon ausgehen darf, sie wolle auf diese Umstände nicht mehr zur Begründung einer Abberufung zurückkommen.“*[172] Eine Verschiebung der Gesellschafterversammlung auf Bitte des von der Abberufung betroffenen Gesellschafter-Geschäftsführers führt (natürlich) nicht zu einer Verwirkung.[173]

33 e) **Dienstvertragliche Einschränkungen/Zusagen.** Angesichts der Fassung von Abs. 2 fragt sich, welche Wirkungen Zusagen an den Geschäftsführer in dessen Anstellungsvertrag entfalten können. Insbes. geht es um die anstellungsvertragliche Zusage, dass eine Abberufung nur aus wichtigem Grund erfolgen werde, wenn ein entspr. satzungsmäßiges Erfordernis nicht besteht. Hier entspricht es überkommener u. ganz hM, dass derartige schuldrechtliche Zusagen zwar rechtswirksam sind, sich jedoch **ggü. dem gesellschaftsrechtlichen Normalstatut nicht durchzusetzen vermögen,** sprich: Es gilt der Vorrang des gesellschaftsrechtlichen Organisationsrechts (Gesetz + Satzung) vor anstellungsvertraglichen Vereinbarungen.[174] Das folgt auch bereits aus dem Wortlaut, der eben eine Satzungsregelung verlangt.

34 Der Geschäftsführer kann daher dennoch ohne Vorliegen eines wichtigen Grundes jederzeit frei abberufen werden.[175] Von zwingendem Gesetzesrecht abw. Vereinbarungen im Anstellungsvertrag sind nach § 139 BGB nichtig, führen aber wg § 139 Satz 2 BGB nicht zur Gesamtnichtigkeit des Anstellungsvertrages. Abweichungen von der Satzung dag sind wirksam, vermögen die Satzung aber dennoch nicht zu verdrängen. Da das Erfordernis eines wichtigen Grundes nicht wirksam im Anstellungsvertrag festgelegt werden kann, verbleiben dem – vertragswidrig – ohne wichtigen Grund abberufenen Geschäftsführer nur Schadensersatzansprüche.[176]

35 Nachdem die Gesellschafter in der Satzung Abs. 2 zufolge das Erfordernis eines wichtigen Grundes vorsehen können, vermag es allerdings nicht recht zu überzeugen, dass dieselben Gesellschafter, die idR auch über den Inhalt des Geschäftsführervertrages entscheiden, **an dieser Stelle das Erfordernis eines wichtigen Grundes** sollen nicht verbindlich festlegen können.[177]

36 Die hM erscheint insoweit inkonsequent, weil sie Gesellschaftervereinbarungen über die Abberufbarkeit außerhalb der Satzung, etwa Vereinbarun-

171 Vgl. etwa OLG Stuttgart GmbHR 06, 1258 ff.
172 BGH NJW-RR 93, 1253 ff.
173 OLG München BeckRS 15, 18 ff.
174 Ganz hM, vgl. statt vieler: MünchHdbGesR/*Diekmann,* § 43 Rn. 3 ff. mwN; Scholz/*Schneider* Rn. 55; Roth/Altmeppen/*Altmeppen* Rn. 5; Lutter/Hommelhoff/*Kleindiek* Rn. 13.
175 HM, vgl. etwa BGH GmbHR 03, 100 ff.; OLG Stuttgart GmbHR 95, 229 mAnm *Goette,* DStR 94, 1746 ff.; Lutter/Hommelhoff/*Kleindiek* Rn. 13.
176 → Rn. 30.
177 In diese Richtung ebenfalls zweifelnd: Scholz/*Schneider* Rn. 55.

gen über Abstimmungsverhalten (Stimmbindungsverträge)[178] bei einer Beschlussfassung über die Abberufung, die Rechtswirksamkeit nicht versagt[179] u. auch diesbzgl Verpflichtungen der Gesellschaft zulässt,[180] sondern dem betroffenen Gesellschafter in diesem Fall einen Anspruch auf Wiederbestellung zugesteht.[181]

Dennoch bleibt für die Praxis festzuhalten, dass der Anstellungsvertrag eine Beschränkung der Abberufbarkeit auf wichtige Gründe wegen des Vorranges des Satzungsrechts nicht zu bewirken vermag (wenn wichtiger Grund in der Satzung nicht vorgesehen). Die Gesellschaft macht sich in diesem Fall allerdings wegen Verstoßes gegen den Anstellungsvertrag grds. **schadensersatzpflichtig,** wobei der Schaden nach Abs. 1 letzter Hs. („*unbeschadet der Entschädigungsansprüche aus bestehenden Verträgen*") idR wegen der sich daraus ergebenden Verpflichtung zur Fortzahlung der vertraglichen Bezüge an den abberufenen Geschäftsführer ausbleiben u. zB nur im Fall wirksamer Kopplung des Anstellungsvertrages an die Organstellung eintreten wird.[182] 37

f) **Gesellschafter-Geschäftsführer.** Grds. ist jeder Gesellschafter bei der Stimmabgabe frei. Dies gilt auch beim Beschluss über die Abberufung u. auch dann, wenn die Abberufung im Einzelfall (nicht mitbestimmte Gesellschaft mit Satzung ohne Erfordernis eines wichtigen Grundes) weder eines Grundes noch einer Begründung bedarf. Aufgrund der **wechselseitigen Gesellschafter-Treuepflichten**[183] können sich bei der Abberufung von Gesellschafter-Geschäftsführern ausnahmsweiseEinschränkungen der freien Abberufbarkeit ergeben,[184] insbes. im Fall der zweigliedrigen Gesellschaft.[185] Angesichts der eindeutigen Gesetzeslage des Abs. 1 kann hieraus jedoch allenfalls eine Art Willkürverbot abgeleitet werden, so dass im Fall der Abberufung von Gesellschafter-Geschäftsführern entgg. einer verbreiteten Rspr.[186] zwar wegen des eindeutigen Wortlauts des Abs. 1 (entgg. der Ansicht der Voraufl) kein sachlich nachvollziehbarer Grund für die Abberufung erforderlich ist,[187] aber jedenfalls eine Begründung gegeben sein sollte, die Willkür zu verneinen geeignet ist.[188] 38

6. Abberufungsverfahren und -voraussetzungen

a) **Wirksame Beschlussfassung.** Ist die Gesellschafterversammlung zuständig, so entscheidet diese nach ordnungsgemäßer, insbes. form- u. fristge- 39

178 Zu Stimmbindungsverträgen → § 47 Rn. 10.
179 Zutr. MünchHdbGesR/*Marsch-Barner/Diekmann*, § 42 Rn. 57.
180 Baumbach/Hueck/*Beurskens* Rn. 27 f.
181 Baumbach/Hueck/*Beurskens* Rn. 28; § 35 Rn. 35 mwN.
182 Ebenso Lutter/Hommelhoff/*Kleindiek* Rn. 13; offen gelassen von BGH NZG 12, 502 ff.; vgl. dazu auch BAG AP Nr. 14 zu § 628 BGB.
183 OLG Saarbrücken GmbHR 07, 143 ff.; zur gesellschaftsrechtlichen Treuepflicht s. auch § 13 Rn. 19 ff.
184 So das OLG Brandenburg Beck RS 08, 06648; OLG Saarbrücken GmbHR 07, 143 ff.
185 → Rn. 66.
186 BGH DStR 94, 214 mit Anm. *Goette* wie auch OLG Zweibrücken GmbHR 03, 1206 ff. u. OLG Saarbrücken GmbHR 07, 143 ff.
187 IdS: Roth/Altmeppen/*Altmeppen* Rn. 4; MüKoGmbHG/*Stephan/Tieves* Rn. 17.
188 Krit. zur Linie der Rspr. auch MüKoGmbHG/*Stephan/Tieves* Rn. 17.

rechter Einladung[189] einschl. einer die vorgesehene Abberufung kenntlich machenden Tagesordnung[190] durch Beschluss mit idR einfacher Mehrheit (§§ 46 Nr. 5, 47 I). *„Ein **Gesellschafterbeschluss** ist eine organschaftliche Willensäußerung der Gesellschafter zum Zweck der Entscheidung bestimmter Gesellschaftsangelegenheiten durch Abstimmung. Eine förmliche Beschlussfassung erübrigt sich auch bei der Zweipersonen-GmbH nicht.*[191] Die Hintergründe der Abberufung müssen in der Ladung nicht bekannt gegeben werden: Um den Zweck des § 51 II zu erfüllen *„genügt die Ankündigung, daß ein bestimmter Geschäftsführer abberufen werden soll. Es braucht weder mitgeteilt zu werden, daß die Abberufung aus wichtigem Grunde vorgenommen, noch auf welche Gründe die Maßnahme gestützt werden soll.*"[192] Damit werden die Gesellschafter hinreichend vor „Überrumpelung" geschützt. Auch konkrete Beschlussanträge müssen Einladung bzw. Tagesordnung nicht enthalten.[193]

40 Betroffene Gesellschafter-Geschäftsführer sind stimmberechtigt, es sei denn, es geht um eine Abberufung aus wichtigem Grund.[194] Qualifizierte Mehrheitserfordernisse können in der Satzung für die einfache Abberufung vorgesehen werden, nicht jedoch für die Abberufung aus wichtigem Grund.[195] Eine Abberufung setzt einen rechtswirksamen **Gesellschafterbeschluss** voraus. Für die Frage der Ordnungsgemäßheit des Abberufungsbeschlusses gelten die allg. Regeln,[196] auch über die ordnungsgemäße Ladung[197] einschl. Tagesordnung,[198] die Leitung der Versammlung,[199] Beschlussfähigkeit etc[200]

▶ **TOP ... Abberufung von Frau ... als Geschäftsführerin und Beendigung ihres Geschäftsführer-Dienstvertrages**

Die Gesellschafterversammlung fasste einstimmig und ohne Stimmenthaltung die folgenden Beschlüsse:

Frau ... wird mit Wirkung zum ... als Geschäftsführerin abberufen. Ihr wird Entlastung erteilt. Außerdem wird der mit Frau ... bestehende Geschäftsführer-Dienstvertrag zum ... ordentlich gekündigt. Sie wird mit Wirkung vom ... freigestellt.

---

189 Zu möglichen Problemen bei der beabsichtigten Abberufung des Minderheitsgesellschafter-Geschäftsführers *von Schnurbein/Neufeld*, BB 11, 585 ff.
190 BGH NZG 00, 945 ff.; ebenso Baumbach/Hueck/*Beurskens* Rn. 32.
191 OLG München BeckRS 16, 6453.
192 So zutreffender Weise schon BGH NJW 62, 393 ff.; vgl. auch OLG Dresden NJOZ 03, 3301 ff. (für die Kündigung).
193 So zutreffend OLG München BeckRS 19, 37 ff..
194 HM in Rspr. u. Lit., → Rn. 56 f. mwN zur hM.
195 → Rn. 25.
196 So zutr. etwa Baumbach/Hueck/*Beurskens* Rn. 29; ein guter Überblick zum Recht der Beschlussfassung der Gesellschafter findet sich bei BeckHdbGmbH/*Fischer/Schmidt*, § 4 Rn. 1 ff.
197 Zu Ladungsmängeln im Beschlussmängelrecht der GmbH, vgl. *Gerauer*, NZG 19, 137.
198 In der Einberufung/Ladung zur Gesellschafterversammlung muss angegeben sein, dass über die Abberufung eines Geschäftsführers beschlossen werden soll, ob aus wichtigem Grund abberufen werden soll oder nicht, braucht nach hM nicht angegeben werden (Baumbach/Hueck/*Beurskens* Rn. 32 mwN, vgl. dazu auch bei § 51 GmbHG).
199 Vgl. dazu *Lange*, NJW 15, 3190 ff.
200 Näher zum Beschlussmängelrecht s. Anh. § 47 Rn. 1 ff.

Die Gesellschafter bevollmächtigen die Vorsitzende der Gesellschafterversammlung, Frau ... die vorstehenden Beschlüsse Frau ... zur Kenntnis zu bringen und alle Erklärungen abzugeben sowie Handlungen vorzunehmen und entgegenzunehmen, die für den Vollzug der vorstehenden Beschlüsse gegenüber Frau ... erforderlich sind. ◀

Fehlt ein wirksamer Gesellschafterbeschluss, ist die Abberufung unwirksam. Eine rückwirkende Genehmigung durch die Gesellschafter ist nicht möglich, wenn ein Beschluss fehlte.[201] Demgem muss ein Beschluss überhaupt vorliegen und er darf **weder nichtig noch anfechtbar u. erfolgreich angefochten** sein. 41

Das GmbHG enthält keine eigenständigen Regelungen zum Beschlussmängelrecht, so dass nach ganz hM das Beschlussmängelrecht der AG, die §§ 241 ff. AktG anzuwenden ist, wenn ein Beschluss festgestellt wurde. Fehlt es an einer förmlichen Beschlussfeststellung, kann man die Wirksamkeit oder Unwirksamkeit des Beschlusses durch eine Beschlussfeststellungsklage nach § 256 ZPO feststellen lassen.[202] Ob ein Beschluss förmlich festgestellt wurde, hängt insbes. davon ab, ob der Versammlungsleiter den Beschluss festgestellt und verkündet hat oder das Ziel die Unsicherheit über die Fassung des Beschlusses auf andere Weise erreicht wurde.[203] Das ist anzunehmen, wenn sich die beteiligten Gesellschafter zum Zeitpunkt der Beschlussfassung über das Abstimmungsergebnis einig sind.[204] 42

Gesellschafterbeschlüsse sind nichtig, wenn die Versammlung von einer nicht dazu befugten Person einberufen worden ist, wenn nicht alle Gesellschafter eingeladen worden sind, wenn die Einladung nicht schriftlich oder ohne Unterschrift erfolgt ist oder nicht Ort und Zeit der Versammlung angibt. Ferner ist ein Beschluss nach der BGH-Rspr. auch nichtig, wenn der Einberufungsmangel einer Nichtladung der Gesellschafter gleichkommt.[205] *„**Andere Verstöße** gegen Gesetz oder Satzung bei der Einberufung und Einladung führen nur dann zur Nichtigkeit, wenn der Beschluss auf eine Anfechtungsklage durch Urteil rechtskräftig für nichtig erklärt worden ist (§ 241 Nr. 5 AktG).“*[206] 43

Ein **nichtiger Abberufungsbeschluss entfaltet keinerlei Rechtswirkungen**, auch nicht ggü. Dritten, wie zB dem Fremdgeschäftsführer.[207] Die Nichtigkeit (anders als die Anfechtbarkeit)[208] des Beschlusses können analog § 249 AktG nicht nur Gesellschafter, sondern kann auch der betroffene Fremdgeschäftsführer gerichtlich feststellen lassen (Nichtigkeitsklage).[209] Nach OLG Hamm liegt in einem Nichtigkeitsantrag (analog § 249 AktG) zugleich ein Anfechtungsantrag, da Nichtigkeits- und Anfechtungsklage 44

201 OLG *München* BeckRS 16, 6453 (zur Kündigung).
202 St. Rspr. des BGH seit BGH NJW 96, 259 ff., aus jüngerer Zeit etwa BGH NZG 16, 552 ff.
203 BGH NZG 08, 317 ff.
204 So OLG Hamm BeckRS 16, 130998.
205 BGH NZG 06, 349 ff.
206 BGH NZG 16, 552 ff.
207 So auch Baumbach/Hueck/*Zöllner* Anh. § 47 Rn. 72.
208 KG NZG 18, 660 ff.
209 AllgM, zul. etwa BGH GmbHR 08, 426 ff.; aus der Lit.: MünchHdbGesR/*Diekmann*, § 42 Rn. 65 mwN.

dasselbe Rechtsschutzziel verfolgen und daher denselben Streitgegenstand betreffen.[210]

45 Auch **einstweiliger Rechtsschutz** ist im Zusammenhang mit dem Organstatus möglich, je nach eigener Positionierung etwa in Richtung der Gestattung oder des Verbots des Zugangs zu den Geschäftsräumen, der Ermöglichung oder Verhinderung der Einsichtnahme in geschäftliche Unterlagen bzw. der Durchsetzung von Herausgabepflichten bzgl. solcher Unterlagen, die Gestattung der Fortführung bestimmter Geschäfte oder auch die vorübergehende Anordnung von Gesamt-, statt bisheriger Einzelvertretungsberechtigung bis hin zur zumindest vorläufigen Unterlassung der Eintragung der Abberufung ins Handelsregister.[211] Es gibt jedenfalls keine gegen den Erlass einer einstweiligen Verfügung sprechende allgemeine Regel, dass derartige Fragen möglichst nicht vorläufig geregelt werden sollten. Vielmehr kommt durchaus etwa in Betracht, der Gesellschaft oder Mitgesellschaftern im Wege der einstweiligen Verfügung zu verbieten, den Geschäftsführer an der Ausübung seiner Organtätigkeit zu hindern.[212] Eingeschränkt ist auch **vorbeugender einstweiliger Rechtsschutz** gegen eine bevorstehende Abberufung möglich.[213]

46 Lediglich **anfechtbare Abberufungsbeschlüsse** (analog § 243 I AktG alle gegen Gesetz oder Satzung verstoßenden, nicht nach § 241 AktG nichtigen Abberufungsbeschlüsse) sind dag **zunächst wirksam** u. werden ggf. nur nach erfolgreicher Anfechtung, dann aber rückwirkend (ex tunc) unwirksam.[214] **Anfechtungsberechtigt** sind nach hM jedoch nur Gesellschafter, also zwar ein betroffener Gesellschafter-Geschäftsführer, nicht aber ein Fremdgeschäftsführer.[215]

47 In jedem Fall ist ein betroffener Gesellschafter-Geschäftsführer zu der Gesellschafterversammlung, in der über seine Abberufung entschieden werden soll, **zu laden** u. darf an den Beratungen hierüber auch mit Rederecht **teilnehmen.**[216] Das Teilnahmerecht eines Gesellschafters kann auch dadurch verletzt werden, dass die Gesellschafterversammlung zu einem Zeitpunkt einberufen wird, an dem der Gesellschafter, wie das Einberufungsorgan von vornherein weiß, verhindert ist.[217] Das OLG München hat angenommen, dass das auch dann gelten kann, wenn die Gesellschafter erst nach der Ladung von der Verhinderung erfahren.[218]

48 Hins. der **Stimmberechtigung** des abzuberufenden Gesellschafter-Geschäftsführers (oder des diesen stützenden Gesellschafters bzw. Gesellschafterstammes) ist wie folgt zu differenzieren: Im Fall einer (einfachen) Abberufung (ohne wichtigen Grund) sind alle Gesellschafter, insbes. auch der betroffene Gesellschafter-Geschäftsführer stimmberechtigt, so dass ein

---

210 OLG Hamm NZG 18, 1145 ff.
211 Vgl. dazu unten Rn. 73 ff. mwN.
212 So zutreffend das OLG München BeckRS 09, 28888.
213 Vgl. zum vorbeugenden Rechtsschutz auch Rn. 93 ff.
214 AllgM, vgl. etwa OLG Stuttgart NZG 11, 1301 ff.; Baumbach/Hueck/*Zöllner* Anh. § 47 Rn. 82.
215 KG NZG 18, 660 ff.
216 OLG München BeckRS 15, 18.
217 BGH BeckRS 09, 10067; OLG München BeckRS 15, 18.
218 OLG München BeckRS 15, 18.

50%- oder Mehrheitsgesellschafter-Geschäftsführer wie auch ein von einer Gesellschaftermehrheit gestützter Geschäftsführer – ohne wichtigen Grund – nicht abberufen werden kann.[219]

Liegt dag ein wichtiger Grund tatsächlich (unstr.) vor, so ist der von der 49
Abberufung betroffene Gesellschafter-Geschäftsführer von der Beschlussfassung **ausgeschlossen**[220] bzw. die Stimme des Abzuberufenden nicht zu zählen. Ist es – wie oft – gerade fraglich, ob ein (behaupteter) wichtiger Grund vorliegt oder nicht, ist auch die Rechtslage umstritten (→ Rn. 50).

Geht es um eine **Abberufung aus wichtigem Grund** u. ist – wie oft – das 50
Vorliegen eines wichtigen Grundes unklar bzw. str, hat der **Versammlungsleiter**[221] in praxi zunächst iRd Beschlussfeststellung zu entscheiden, ob vom Vorliegen eines wichtigen Grundes auszugehen ist oder nicht[222] u. lässt den Gesellschafter-Geschäftsführer dementspr abstimmen oder nicht. Der Versammlungsleiter hat also eine zentrale Machtfunktion in der Gesellschafterversammlung[223] und bestimmt damit also die „Rollenverteilung" in dem idR zur abschließenden Klärung des Vorliegens eines wichtigen Grundes anstehenden gerichtlichen Verfahren. Nach hM ist in rechtlicher Hinsicht zudem maßgeblich, ob es in der Gesellschafterversammlung zu einer förmlichen Beschlussfeststellung[224] kommt oder nicht.[225]

Ist im Einzelfall **str, ob der Abberufungsbeschluss nichtig ist oder nach An-** 51
fechtung für unwirksam erklärt wird, so stellt sich die Frage nach einer vorläufigen Regelung für die mehr oder weniger lange Phase der Rechtsunsicherheit bis zur rechtskräftigen Entscheidung: Das Gesetz enthält weder eine § 84 III 4 AktG noch eine §§ 117, 127 HGB entspr. Norm. Zunächst einmal gilt § 84 III 4 AktG qua Verweis in § 31 I MitbestG unmittelbar im Fall mitbestimmter Gesellschaften. Darüber hinaus ist die **analoge Anwendung des § 84 III 4 AktG,** nach dem der Widerruf der Bestellung wirksam ist, bis seine Unwirksamkeit rechtskräftig festgestellt ist, bzw. der §§ 117, 127 HGB, wonach die Abberufung erst mit Rechtskraft eintritt, **sehr umstritten.**[226] IErg bedarf es aufgrund des geltenden Beschlussmängelrechts oftmals keiner analogen Anwendung einer der beiden Vorschriften, da auf Basis des geltenden Beschlussmängelrechts davon auszugehen ist, dass Gesellschafterbeschlüsse grds. nur anfechtbar (u damit zunächst wirksam) u. nur ausnahmsweise nichtig sind. Diese Grundsätze entsprechen dem Rechtsgedanken des § 84 AktG eher als demjenigen der §§ 117, 127 HGB. Wenn überhaupt eine Analogie geboten ist, sollten der § 84 AktG bzw. die §§ 117, 127 HGB je nach Struktur der betroffenen Gesellschaft (mehr kapitalistisch oder mehr personalistisch geprägt) analog angewandt wer-

219 Allg. Meinung, vgl. Rn. 56 mwN.
220 Ganz hM, etwa OLG München BeckRS 12, 07661; Scholz/*Schmidt* § 46 Rn. 76.
221 *Lange*, NJW 15, 3190 ff.
222 OLG Stuttgart GmbHR 95, 228 ff.; so auch Roth/*Altmeppen* Rn. 45 ff.
223 So *Altmeppen* NJW 16, 2833 ff.
224 Oder zu einer gleichgestellten notariellen Beurkundung.
225 Vgl. dazu näher unten Rn. 50 mwN, 53.
226 Gegen eine analoge Anwendung von § 84 III 4 AktG: *Fischer* BB 13, 2819 ff.; Baumbach/Hueck/*Beurskens* Rn. 62; Rowedder/Schmidt-Leithoff/*Baukelmann* Rn. 23; MünchHdbGesR/*Diekmann*, § 42 Rn. 67 unter Hinweis auf BGHZ 86, 180 f.; dafür: Lutter/Hommelhoff/*Kleindiek* Rn. 27 mwN.

den.[227] In der Zwei-Personen-Gesellschaft scheidet die Anwendung von § 84 AktG aus u. die wechselseitig abberufenen Gesellschafter-Geschäftsführer bleiben bis zur rechtskräftigen Entscheidung im Amt.[228]

52 Der Abberufungsbeschluss aus wichtigem Grund sollte unter Berücksichtigung der Umstände des Einzelfalls zeitnah nach Kenntnis von den Tatsachen, die den wichtigen Grund bilden (sollen), gefasst werden. Die **2-Wochen-Frist des § 626 II BGB** gilt aber weder unmittelbar noch analog. Dennoch droht bei längerer Untätigkeit zunächst unter dem Aspekt der Unzumutbarkeit eine Art „Selbstentwertung" des wichtigen Grundes iSe Relativierung des wichtigen Grundes u. in der Folgezeit uU sogar die **Verwirkung.**[229]

53 b) **Mehrheitserfordernisse.** Die Gesellschafterversammlung entscheidet über eine **einfache Abberufung** (nicht aus wichtigem Grund) durch Beschluss mit **einfacher Mehrheit** (§§ 46 Nr. 5, 47 I). Betroffene Gesellschafter-Geschäftsführer sind stimmberechtigt, es sei denn, es geht um eine Abberufung aus wichtigem Grund.[230] Allerdings kann die Satzung auch **andere Mehrheitserfordernisse** bis hin zur Einstimmigkeit vorsehen.[231] Auch etwaige Stimmbindungsverträge sind zu beachten. In der mitbestimmten GmbH ist das 2/3-Mehrheitserfordernis des § 31 II–V MitbestG zu beachten.

54 Für den Fall einer **Abberufung aus wichtigem Grund** sollen nach der Rspr. des BGH u. einer Ansicht in der Lit. qualifizierte Mehrheitserfordernisse nicht in der Satzung vereinbart werden können.[232] Begründet wird diese Auffassung damit, dass sich die Gesellschaft bei Vorliegen eines wichtigen Grundes ohne zusätzliche Hürden iS qualifizierter Mehrheiten von einem untragbaren Geschäftsführer trennen können müsse, anderenfalls sie unter Umständen länger an einen solchen Geschäftsführer gebunden sei. Dies überzeugt jedoch nicht ohne Weiteres: Die Satzung kann uE auch für den Widerruf aus wichtigem Grunde qualifizierte Mehrheiten vorsehen. Gegen die wohl herrschende Ansicht spricht, dass die Abberufung auch bei qualifiziertem Mehrheitserfordernis durchsetzbar ist, da ein etwa betroffener Gesellschafter-Geschäftsführer bei der Beschlussfassung nach allg. Auffassung über kein Stimmrecht verfügt[233] u. die übrigen Gesellschafter bei Vorliegen eines wichtigen Grundes aufgrund ihrer gesellschaftlichen Treuepflicht verpflichtet sind, einer Abberufung des Geschäftsführers zuzustimmen.[234] Treuwidrig abgegebene Stimmen sind nach stRspr des BGH als

227 Ähnlich wie hier: M/H/L/S/*Terlau* Rn. 64; differenzierend auch MüKoGmbHG/*Stephan/Tieves* Rn. 153.
228 HM, vgl. etwa Baumbach/Hueck/*Beurskens* Rn. 79.
229 Zur Verwirkung vgl. etwa BGH GmbHR 92, 38 ff.
230 HM, s. dazu unten Rn. 56 f.
231 HM, BGH NJW 83, 938 ff.; Roth/Altmeppen/*Altmeppen* Rn. 18.
232 BGHZ 86, 177 ff.; GmbHR 91, 62 f.; OLG München GmbHR 07, 1271 ff.; zul. KG GmbHR 11, 1272 ff.
233 HM, vgl. sogleich unter Rn. 56 ff.
234 Wie hier für die Zulässigkeit in der Satzung festgelegter qualifizierter Mehrheitserfordernisse für die Abberufung aus wichtigem Grund: Baumbach/Hueck/*Beurskens* Rn. 35; ebenso Heybrock/*Born* Rn. 39; aA die wohl hM, vgl. Lutter/Hommelhoff/*Kleindiek* Rn. 16 mwN.

nichtig anzusehen,[235] daher scheitert die Erreichung des nötigen Quorums nicht an dem betroffenen Gesellschafter-Geschäftsführer.

Soweit dies zu einer Fassung des Abberufungsbeschlusses erforderlich ist, sind Gesellschafter aufgrund der gesellschaftsrechtlichen Treuepflicht verpflichtet, einem Antrag auf Abberufung eines Geschäftsführers aus wichtigem Grund zuzustimmen, wenn ein wichtiger Grund tatsächlich vorliegt.[236] 55

c) Stimmrecht des abzuberufenden Gesellschafter-Geschäftsführers. Der Gesellschafter-Geschäftsführer ist bei der Beschlussfassung über seine eigene (einfache) Abberufung **stimmberechtigt,**[237] der Ausschluss nach § 47 IV greift nicht ein. Etwas anderes – nämlich **kein Stimmrecht** – gilt im Fall einer **Abberufung aus wichtigem Grund.**[238] Auch wenn der Gesellschafter-Geschäftsführer kein Stimmrecht hat, ist er dennoch berechtigt, an der Gesellschafterversammlung, in der über seine Abberufung entschieden werden soll, insbes. an den Beratungen unter Einschluss des Rederechts teilzunehmen.[239] 56

Im Hinblick auf den Stimmrechtsausschluss des von der Abberufung aus wichtigem Grund betroffenen Gesellschafter-Geschäftsführers ist **str, ob der wichtige Grund vorliegen muss**[240] **oder** ob bereits – wie die wohl hM meint – **die schlüssige Behauptung eines wichtigen Grundes ausreichend ist.**[241] Der Streit hat erhebliche praktische Bedeutung, weil es selten eindeutig ist, ob ein wichtiger Grund gegeben ist oder nicht. Die sog. „Behauptungs-Lösung"[242] führt eher zum Stimmrechtsausschluss u. damit zu einer Abberufung als die sog. „Ist-Lösung". Zunächst muss der **Versammlungsleiter** iRd Beschlussfassung u. -feststellung also entscheiden, ob der wichtige Grund seiner Beurteilung nach gegeben ist („Ist-Lösung") oder wenigstens hinreichend schlüssig dargelegt worden ist („Behauptungs-Lösung") u. ob er im zweitgenannten Fall der hM folgt u. eine schlüssige Behauptung ausreichen lässt. Was festgestellt wird, hängt davon ab, welches Beschlussergebnis der Versammlungsleiter – ggf. gg die opponierende (von ihm für nicht stimmberechtigt gehaltene) Mehrheit – billigt.[243] Entgg. der 57

235 BGH NJW 88, 969 ff.; NJW 91, 846 ff.
236 So schon BGH NJW 91, 846 ff.; OLG Köln NZG 11, 307 ff., OLG Hamm GmbHR 16, 1154 ff.
237 StRspr BGH seit BGH NJW 69, 1483, aus jüngerer Zeit: BGH NZG 17, 700 ff.; aus der Lit. vgl. statt vieler Baumbach/Hueck/*Beurskens* Rn. 37; MünchHdbGesR/*Marsch-Barner/Diekmann*, § 42 Rn. 61.
238 StRspr des BGH seit BGH NJW 69, 1483 ff.; aus jüngerer Zeit: BGH NZG 17, 700 ff.; hL, vgl. statt vieler: Baumbach/Hueck/*Beurskens* Rn. 38; Lutter/Hommelhoff/*Kleindiek* Rn. 17 mwN.
239 So schon *Goette*, DStR 98, 938 ff.; ebenso MünchHdbGesR/*Diekmann*, § 42 Rn. 62; Lutter/Hommelhoff/*Kleindiek* Rn. 17.
240 So wohl BGH NJW-RR 92, 993 ff. unter II 1 a.
241 Die wohl hM hält es für ausreichend, wenn das Vorliegen eines wichtigen Grundes zumindest schlüssig dargelegt wird, so etwa OLG Karlsruhe NZG 08, 785 ff.; vgl. zum Meinungsstreit näher: Baumbach/Hueck/*Beurskens* Rn. 34 ff. u. MüKoGmbHG/*Stephan/Tieves* Rn. 78, jeweils mwN.
242 Nach Baumbach/Hueck/*Beurskens* Rn. 36 ff.; ebenso MüKoGmbHG/*Stephan/Tieves* Rn. 78.
243 Zutr. Roth/Altmeppen/*Altmeppen* Rn. 49 mwN zum Meinungsstreit.

Ansicht von *Beurskens*[244] spricht nach *Diekmann*[245] die Rechtsklarheit für die in der Lit. mehrheitlich vertretene „Behauptungs-Lösung" (hL). Doch dieses Argument überzeugt weniger als es auf den ersten Blick erscheint, da mit der „Behauptungs-Lösung" kein nennenswerter Gewinn von Rechtsklarheit bzw. -sicherheit verbunden ist, verschiebt sich die „Diskussionslinie" doch lediglich vom Vorliegen des wichtigen Grundes zum hinreichend schlüssigen Behaupten eines wichtigen Grundes. Hier wie dort bestehen in den Grenzfällen jedoch typischerweise vergleichbare Abgrenzungsschwierigkeiten für den Versammlungsleiter.

58 Nachdem die Entscheidungsfindung in Gesellschafterversammlungen iaR mit der Stimmenmehrheit der Gesellschafter erfolgt ist, ist mit dem Mittel des Stimmrechtsausschlusses allg. Rechtsgrundsätzen folgend restriktiv umzugehen, was iZw zu dem Vorrang der Stimmberechtigung vor dem Stimmrechtsausschluss führt. Demzufolge vermag weder die „Ist-Lösung" zu überzeugen, der kaum ein Anwendungsbereich verbliebe, noch die „Behauptungslösung", weil sie die grds. Stimmrechtsverteilung vorschnell relativiert. Nach hier vertretener Ansicht kann die Behauptung eines wichtigen Grundes nur dann ausreichend sein, wenn u. solange an die Behauptung des wichtigen Grundes hohe Darlegungsanforderungen sowohl hins. des Substantiierungsgrades des Vortrags als auch hins. der Qualität der vorgetragenen Beweismittel (überw. Wahrscheinlichkeit des Vorliegens des wichtigen Grundes) gestellt werden u. diese im Einzelfall nach Prüfung durch den Versammlungsleiter auch vorliegen („verschärfte Behauptungslösung"). Der BGH hat dies zuletzt ausdrücklich offengelassen.[246] Letztlich kommt es darauf an, ob der Versammlungsleiter die Stimmen zählt und den Beschluss über die Abberufung feststellt oder nicht. In der Praxis richtet sich danach letztlich nur, ob (und durch wen) Beschlussmängelklage oder Beschlussfeststellungsklage erheben werden muss.[247] Für die – iaR – so oder so folgende gerichtliche Überprüfung von Gesellschafterbeschlüssen, die die Abberufung oder die Kündigung des Anstellungsvertrags eines Gesellschafter-Geschäftsführers einer GmbH aus wichtigem Grund betreffen, kommt es nach Ansicht des BGH darauf an, *„ob tatsächlich ein wichtiger Grund im Zeitpunkt der Beschlussfassung vorlag oder nicht."*[248] Dem ist im Hinblick auf die nicht dispositiven Anforderungen an den wichtigen Grund nach § 626 I BGB uneingeschränkt zuzustimmen.

59 **d) Auswirkung etwaiger Beschlussmängel.** Ein Beschluss kommt durch die Stimmabgabe der Gesellschafter bei einer Abstimmung zu Stande (§ 47 I GmbHG). Im Gesetz finden sich aber weder eigenständige Regelungen über Mängel von Gesellschafterbeschlüssen noch über deren Rechtsfolgen. Nach ganz herrschender Meinung finden seit jeher[249] auf fehlerhafte Gesellschafterbeschlüsse die **§§ 241 ff. AktG zur Anfechtbarkeit u. Nichtigkeit von Hauptversammlungsbeschlüssen entspr. Anwendung**, sofern ein be-

244 Baumbach/Hueck/*Beurskens* Rn. 40.
245 MünchHdbGesR/*Diekmann*, § 42 Rn. 62.
246 BGH NJW-RR 17, 358 Rn. 14.
247 So zutreffend Baumbach/Hueck/*Beurskens* Rn. 40 f.
248 BGH NZG 17, 700 ff.
249 RG, RGZ 166, 129 ff.

stimmtes Beschlussergebnis festgestellt ist.[250] Besonderheiten der GmbH sind zu berücksichtigen.[251] Entgegen der Kritik insbes. von *Altmeppen*[252] verlangt die stRspr des BGH als Voraussetzung einer Nichtigkeits- oder Anfechtungsklage einen **förmlich festgestellten Gesellschafterbeschluss,**[253] förmlich festgestellt idR durch einen per Satzung oder per allg. Zustimmung der Gesellschafter gewählten Versammlungsleiter.[254]

Eine förmliche Feststellung kann auch anders erreicht werden, wenn das Ziel, Unsicherheit über die Fassung eines Beschlusses zu beseitigen, erreicht wird.[255] Das ist zB der Fall, *„wenn nach dem Gesellschaftsvertrag über alle Gesellschafterbeschlüsse ein Protokoll anzufertigen, das von einem Geschäftsführer der Gesellschaft zu unterschreiben, sodann den Gesellschaftern zu übersenden und zudem im Protokollbuch zu verwahren ist.*"[256] Bei dieser Fallgestaltung ist ausreichend förmlich festgehalten, welcher Beschluss von wem mit welchem Inhalt und welchem Stimmenverhältnis gefasst worden ist.[257] **Fehlt es an einem förmlich festgestellten Beschluss**[258] oder besteht Streit über die Tatsache einer förmlichen Feststellung eines Beschlusses oder über den konkreten Inhalt des festgestellten Beschlusses,[259] ist die **allg. Feststellungsklage** („Beschlussfeststellungsklage") das prozessuale Mittel der Wahl.[260] Das Gericht kann dann nur das Ergebnis einer tatsächlich erfolgten Willensbildung der Gesellschafterversammlung feststellen, nicht etwa an Stelle der Gesellschafterversammlung entscheiden.[261] Umgekehrt ist die Feststellungsklage unzulässig, wenn, wenn abgestimmt wurde und das Abstimmungsergebnis vom Versammlungsleiter förmlich festgestellt wurde.[262] 60

Die Abberufung von Geschäftsführern aus wichtigem Grund ist einer der *„streitanfälligsten Beschlussgegenstände"*.[263] Abberufungsbeschlüsse kön- 61

250 Ganz hM, vgl. BGH NZG 16, 552 ff.; s. auch § 47 Rn. 10 ff.
251 StRspr des BGH, seit BGHZ 11, 113 ff., vgl. zur Entwicklung der Rspr. u. der Lit.: Michalski/*Römermann* Anh. § 47 Rn. 8 ff.
252 Roth/Altmeppen/*Altmeppen* Anh. § 47 Rn. 1, 134 ff. mwN.
253 HM vgl. etwa BGH NZG 16, 552 ff.; BGH NZG 09, 1307 ff. mwN zur stRspr des BGH.
254 BGH NZG 16, 552 ff.; der Versammlungsleiter kann von der Mehrheit der Gesellschafter bestimmt werden (BGH NZG 09, 1307 ff. Rn. 15). Aufgabe des Versammlungsleiters ist, für eine ordnungsgemäße, neutrale, sachgerechte und effiziente Erledigung der Versammlungsgegenstände zu sorgen (BGH NZG 19, 993 ff.).
255 *BGH NZG 16, 552* ff.; BGH NZG 08, 317 ff.
256 BGH NZG 08, 317 ff. Rn. 33.
257 BGH NZG 08, 317 ff. Rn. 33.
258 BGH NJW 96, 259 ff.; BGH NZG 09, 1307 ff.
259 Baumbach/Hueck/*Beurskens* Anh. § 47 Rn. 19.
260 HM, vgl. etwa BGH NZG 09, 1307 ff. Rn. 19; Baumbach/Hueck/*Beurskens* Anh. § 47 Rn. 124; unter Hinweis auf die abweichende BGH-Rspr. bei der Zwei-Personen-GmbH grundlegend a.A.: Roth/Altmeppen/*Altmeppen*;Anh. § 47 Rn. 136.
261 OLG Köln BeckRS 18, 17085.
262 So zB BGH, NZG 03, 284 ff.
263 MüKoGmbHG/*Stephan/Tieves* Rn. 107.

nen **nichtig,**[264] **anfechtbar**[265] oder inhaltlich **unklar** sein.[266] Die Nichtigkeit eines Gesellschafterbeschlusses einer GmbH ist in entspr. Anwendung von § 241 AktG zu beurteilen.[267] Nichtig sind Beschlüsse demnach nur dann, wenn sie an besonders schweren Mängeln leiden. Zur Nichtigkeit führt danach etwa ein Verstoß gegen zwingende Vorschriften, die entweder zu den Strukturmerkmalen der GmbH zählen oder jedenfalls ihrem Schwerpunkt nach den Schutz der Rechte Dritter, besonders der Gläubiger, oder öffentlicher Interessen bezwecken.[268] Auch besonders gravierende Einladungsmängel können zur Nichtigkeit führen,[269] insbes. wenn die Versammlung von einer nicht dazu befugten Person einberufen worden ist, wenn nicht alle Gesellschafter eingeladen worden sind, wenn die Einladung nicht schriftlich oder ohne Unterschrift erfolgt ist oder nicht Ort und Zeit der Versammlung angibt.[270]

62 Nichtige Beschlüsse entfalten keinerlei Rechtswirkungen.[271] IÜ sind mangelbehaftete Beschlüsse nur anfechtbar u. sind – solange im Anfechtungsverfahren die Nichtigkeit des Beschlusses nicht rechtskräftig festgestellt ist – mit dem festgestellten Inhalt wirksam.[272] Die Anfechtbarkeit allein ist kein Eintragungshindernis für das Registergericht.[273] Hat die Anfechtungsklage Erfolg, wird der Beschluss analog § 248 AktG für nichtig erklärt. Umstritten ist die rechtliche Einordnung, wenn die Nichtigkeit str. ist bis zur rechtskräftigen Entscheidung über die Nichtigkeitsklage. Maßgeblich soll hier sein, ob der Beschluss vom Versammlungsleiter förmlich festgestellt worden ist, jedenfalls dann sollen die Beschlüsse als vorläufig wirksam anzusehen sein.

63 **Unklarheit über das Beschlussergebnis** entsteht va bei Meinungsverschiedenheiten unter den Gesellschaftern über das Beschlussergebnis, insbes. wenn das Beschlussergebnis nicht durch den Versammlungsleiter verbindlich festgestellt worden ist. Dies geschieht in praxi öfter bei Streit über das Vorliegen eines wichtigen Grundes u. die damit zusammenhängende Frage des Stimmrechtsausschlusses oder bei Meinungsverschiedenheiten über eine etwaige Treuwidrigkeit von die Abberufung trotz (behaupteten) wichtigen Grundes ablehnenden Stimmabgaben einzelner Gesellschafter. Den Gesellschaftern bleibt hier nur die Möglichkeit einer **Beschlussfeststellungsklage.**[274] Das Gericht kann dann nur das Ergebnis einer tatsächlich erfolg-

264 Zur Nichtigkeit von Gesellschafterbeschlüssen vgl. § 47 Rn. 10, 19 ff.; Roth/Altmeppen/*Altmeppen* § 47 Anh. Rn. 8 ff.; Baumbach/Hueck/*Zöllner/Noack* § 47 Anh. Rn. 44 ff.; *Mayer*, NZG 07, 448 ff.

265 Zur Anfechtbarkeit von Gesellschafterbeschlüssen vgl. § 47 Rn. 11, 52 ff.; Roth/Altmeppen/*Altmeppen* § 47 Anh. Rn. 35 ff.; Baumbach/Hueck/*Zöllner/Noack* § 47 Anh. Rn. 81 ff.

266 Zu den Folgen von Nichtigkeit bzw. Anfechtbarkeit s. § 47 Rn. 10 ff.

267 Vgl. Rn. 51; s. auch OLG Saarbrücken NJW-RR 13, 939 ff.

268 OLG Saarbrücken NJW-RR 13, 939 ff.

269 OLG Stuttgart BeckRS 18, 21644.

270 So BGH NZG 16, 552 ff.

271 Ganz hM, vgl. etwa M(H/L/S/*Römermann* Anh. § 47 Rn. 23; Lutter/Hommelhoff/*Bayer* Anh. § 47 Rn. 9.

272 Ganz hM, vgl. statt vieler: OLG Stuttgart NZG 11, 1301 ff.; ebenso *Fischer* BB 13, 2819, 2121 f.

273 Ganz hM, vgl. statt vieler: OLG Stuttgart NZG 11, 1301 ff.

274 Vgl. dazu Baumbach/Hueck/*Zöllner* § 47 Rn. 180 ff.; *Bauschatz*, NZG 02, 317 ff.

ten Willensbildung der Gesellschafterversammlung feststellen, nicht etwa an Stelle der Gesellschafterversammlung entscheiden.[275] Wird in einer GmbH die Abberufung des Geschäftsführers betrieben, ist bis zur Entscheidung über das strittige Beschlussergebnis der Gesellschafterversammlung eine einstweilige Regelung der Organbefugnisse durch das Gericht nach § 940 ZPO zulässig.[276] Ist das Ergebnis dag festgestellt worden, so ist eine kombinierte Anfechtungs- u. Beschlussanfechtungsklage geboten.

e) **Bekanntgabe der Abberufung gegenüber Geschäftsführer.** Es entspricht allgM, dass die Abberufung erst durch **Bekanntgabe** an den abzuberufenden Geschäftsführer wirksam wird. Mit der Bekanntgabe wird der zunächst nur gesellschaftsintern relevante Beschluss nach außen vollzogen u. entfaltet damit seine Rechtswirkungen im Außenverhältnis zu dem abzuberufenden Geschäftsführer. Insoweit gelten die normalen Regelungen über den **Zugang** von Willenserklärungen.[277] Es handelt sich dabei um eine Erklärung der Gesellschafterversammlung, die einen Gesellschafter, Geschäftsführer oder Dritten (zB RA) mit der Bekanntgabe der Abberufungserklärung beauftragen kann.[278] Dabei handelt es sich nicht um eine rechtsgeschäftliche Vertretung iSd §§ 164 ff. BGB, da der rechtsgeschäftlich erhebliche Vorgang, der Gesellschafterbeschluss an sich, bereits vorliegt.[279] Bei der mit der Bekanntgabe beauftragten Person handelt es sich um einen bloßen Boten, der die fremde Willenserklärung überbringt. Die Rechtsprechung wendet auf die Bekanntgabe des Abberufungsbeschlusses durch einen Boten dennoch die **Zurückweisungsmöglichkeit nach § 174 BGB** an,[280] so dass die Abberufungserklärung damit also uU unwirksam werden kann und die Ausstellung u. Vorlage einer entsprechenden **Originalvollmacht** unbedingt angezeigt ist.[281] 64

Ist der abzuberufende Geschäftsführer (gleich ob Gesellschafter oder nicht) **in der Gesellschafterversammlung** bei der Beschlussfassung u. ggf. -feststellung **selbst zugegen**, so wird überw. vertreten, dass dadurch der Zugang der Abberufungserklärung unmittelbar bewirkt u. damit eine gesonderte Abberufungserklärung entbehrlich sei.[282] Da auch hier Streit über eine hinreichende Bekanntgabe entstehen kann, sollte auch bei Anwesenheit des Geschäftsführers bei der Beschlussfassung vorsorglich eine gesonderte Be- 65

275 Zutreffend OLG Köln BeckRS 18, 17085.
276 OLG Naumburg BeckRS 14, 05487 (Ls.).
277 Etwa OLG Hamm NZG 03, 131 ff. (zur Abberufung); OLG Hamm BeckRS 19, 14258 (zur Kündigung); Scholz/*Schneider* Rn. 29; Roth/*Altmeppen* Rn. 22; LAG Hamm BeckRS 17, 124665.
278 So jüngst ausdrücklich: BGH NJW 09, 293 ff.
279 So auch OLG Köln BeckRS 16, 8158.
280 OLG Köln BeckRS 16, 8158 unter Hinweis auf OLG Düsseldorf NZG 04, 141 ff.; BGH NJW 09, 293 ff. (inzidenter); dazu NJW-Special 09, 15 ff.
281 Näher zum Meinungsstreit über die Rechtsnatur der Abgabe der Abberufungserklärung u. des „Überbringers" der Abberufungsentscheidung (Bote /Vertreter) u. damit zusammenhängend der Streit um die Anwendbarkeit des § 174 BGB vgl. MüKoGmbHG/*Stephan/Tieves* Rn. 40 ff.
282 HM, vgl. statt vieler: Roth/Altmeppen/*Altmeppen* Rn. 22 unter Hinweis auf BGH ZIP 03, 1293 ff.; M/H/L/S/*Terlau* Rn. 24; teilw. krit.: Baumbach/Hueck/*Beurskens* Rn. 42.

kanntgabe erfolgen, deren Empfang der anwesende Geschäftsführer auch gleich bestätigen könnte.

66 f) **Sonderfall: Wechselseitige Abberufung der Gesellschafter-Geschäftsführer in der Zwei-Personen-Gesellschaft**[283] Besonders problematisch ist die meist wechselseitige Abberufung zweier Gesellschafter-Geschäftsführer, die bei Zerwürfnissen zwischen den Gesellschafter(stämmen) meist zu einer Art „Abberufungs-Wettlauf" führt. Wie *Beuerskens*[284] zutr. feststellt, erfolgt die Abberufung entweder iR einer Gesellschafterversammlung,[285] in zwei separat einberufenen Gesellschafterversammlungen am gleichen Tag, oder die zweite Abberufung folgt mit etwas zeitlicher Verzögerung. Auch hier darf der (jeweils) betroffene Gesellschafter-Geschäftsführer mit abstimmen, solange es nicht um eine Abberufung aus wichtigem Grund geht. Aber auch in diesem Fall bedarf es einer förmlichen Beschlussfassung.[286] Daher ist auch im Rahmen einer konkludenten Beschlussfassung von zwei Gesellschaftern erforderlich, dass die Beschlussfassung einen Ausdruck gefunden hat, zumal selbst der Einmanngesellschafter gemäß § 48 Abs. 3 GmbHG Dokumentationspflichten unterliegt.[287]

67 Umstritten ist bei einer einfachen Abberufung, ob aufgrund der gesellschaftsrechtlichen Treuepflicht ein sachlicher Grund für die Abberufung erforderlich ist,[288] *Diekmann*[289] verlangt sogar einen wichtigen Grund. Letzteres entbehrt eines legislativen Anknüpfungspunktes und ist abzulehnen.[290] Es ist grds. der Beteiligungsquote und dem Gesetz geschuldet, maW das typische „Schicksal" des Minderheitsgesellschafter-Geschäftsführers (ohne zusätzliche satzungs- oder gesellschaftervereinbarungsgemäße Absprachen), schlicht abberufen werden zu können.[291] Etwas Anderes kann nur in ganz besonders gelagerten Einzelfällen aus der gesellschaftsrechtlichen Treuepflicht abgeleitet werden.[292] Im Übrigen greift für den Minderheitsgesellschafter-Geschäftsführer im Rahmen der neueren EuGH- und BGH-Rechtsprechung auch bei der Abberufung der Diskriminierungsschutz des AGG ein.[293] Greift aber kein von § 1 AGG verpöntes Diskriminierungsmerkmal ein, so ist die einfache Abberufung durch den Mehrheitsgesellschafter(-Geschäftsführer) bis zur Grenze der Schikane bzw. der Sittenwidrigkeit nach den §§ 226 bzw. 138 BGB wirksam. Nicht ausreichend

283 Zum Gesellschafterstreit in der paritätischen Zwei-Personen-Gesellschaft: *Koehler*, GmbHR 19, 917 ff.
284 Baumbach/Hueck/*Beurskens* Rn. 69.
285 BGH WM 09, 551 ff.
286 BGH NJW 1983, 938 ff.
287 OLG München BeckRS 16, 6453.
288 So zumindest *Goette*, DStR 94, 214 (Anm. zu BGH Urt. v. 29.11.93); ebenso OLG Karlsruhe NZG 08, 785 ff.
289 MünchHdbGesR/*Diekmann*, § 42 Rn. 42.
290 Im Ergebnis ebenso MüKoGmbHG/*Stephan*/*Tieves* Rn. 17; Henssler/Strohn/*Oetker* Rn. 17 unter Hinweis auf OLG Brandenburg BeckRS 08, 06648; Roth/Altmeppen/*Altmeppen* Rn. 2 mwN.
291 Im Ergebnis ebenso Roth/Altmeppen/*Altmeppen* Rn. 2 mwN.
292 Wohl lL, vgl. etwa Henssler/Strohn/*Oetker* Rn. 5; 17; M/H/L/S/*Terlau* Rn. 5; Hümmerich/Reufels/*Reufels* Rn. 787.
293 In diesem Sinne auch: Henssler/strohn/Oetker Rn. 6 mwN; aA M/H/L/S/*Terlau* Rn. 4 unter Verweis auf die ältere BGH-Rspr.; vgl. dazu auch Rn. 19 ff.

ist es dafür jedoch, wenn lediglich nachprüfbare Gründe fehlen oder die Abberufung möglicherweise auf sachfremden Gründen beruht.[294]

Auch bei der **Abberufung aus wichtigem Grund** bestehen für die Annahme eines wichtigen Grundes entgg. einer teilw. vertretenen Ansicht[295] keine strengeren Anforderungen.[296] So ist der bloße Vertrauensverlust in die Geeignetheit der Geschäftsführungsmaßnahmen des Gesellschafter-Geschäftsführerkollegen oder in die Eignung oder persönliche Integrität des Gesellschafter-Geschäftsführerkollegen kein hinreichend wichtiger Grund.[297] Die **Zerrüttung des Vertrauensverhältnisses** zwischen den Gesellschafter-Geschäftsführern kann nach der Rspr. des BGH einen wichtigen Grund darstellen, wenn wegen eines unheilbaren Zerwürfnisses eine Zusammenarbeit zwischen ihnen nicht mehr möglich ist, jedenfalls, wenn der Abzuberufende durch sein – nicht notwendigerweise schuldhaftes – Verhalten zu dem Zerwürfnis beigetragen hat.[298] Dabei kommt es auf das Verhältnis der jeweiligen Verursachens- u. Verschuldensbeiträge zueinander nicht entscheidend an, solange der „Eigenbeitrag" jedenfalls als wesentlich bewertet werden kann. Ein Überwiegen ist nicht erforderlich.[299] Das LG Hamburg hält es sogar für möglich u. rechtlich relevant, dass eine Zerrüttung sogar ggü. einem Nachfolger des Gesellschafter-Geschäftsführers, mit dem die Zerrüttung entstanden war, „nachwirkt".[300] Bei einer wechselseitigen (gleichzeitigen oder kurz nacheinander) erfolgenden Abberufung aus wichtigem Grund wirkt diese nicht sofort, sondern nach der Rspr. erst mit Rechtskraft der Abberufungsbeschlüsse. Zur Regelung der Geschäftsführungsaktivitäten während des dadurch bedingten „Schwebezustands" sind vorläufige Regelungen dann per einstweiligen Verfügungen möglich.[301] 68

7. Zuständigkeit für die Abberufung (Abberufungsorgan)

a) **Nicht mitbestimmte Gesellschaft.** Zuständig für die Abberufung eines Geschäftsführers einer nicht (voll) mitbestimmten Gesellschaft ist die **Gesellschafterversammlung** (§ 46 Nr. 5).[302] Ist in der Satzung zwar die Bestellungs-, nicht jedoch ausdrücklich auch die Abberufungskompetenz zugewiesen, so steht die Abberufungskompetenz iZw auch dem Bestellungsorgan zu.[303] Die Zuständigkeit der Gesellschafterversammlung ist gem. § 45 Abs. 2 nicht zwingend und kann in der Satzung auf andere Organe der Ge- 69

294 HM, vgl. etwa MünchHdbGesR/*Diekmann*, § 42 Rn. 42.
295 MünchHdbGesR/*Diekmann*, § 42 Rn. 55 unter Hinweis auf OLG Karlsruhe NZG 08, 785 ff.
296 OLG Stuttgart BeckRS 13, 04338 unter Hinweis auf BGH GmbHR 09, 434 ff. u. OLG München BeckRS 10, 18766; zust.: MüKoGmbHG/*Stephan/Tieves* Rn. 94; M/H/L/S/*Terlau* Rn. 52; unklarer: Rn. 66.
297 Ebenso Roth/Altmeppen/*Altmeppen* Rn. 40; M/H/L/S/*Terlau* Rn. 52; MünchHdbGesR/*Diekmann*, § 42 Rn. 42.
298 BGH NJW-RR 09, 618 ff.; zul: OLG Hamm BeckRS 16, 066; OLG Stuttgart BeckRS 15, 01833.
299 BGH NJW-RR 09, 618 ff.; zul: OLG Hamm BeckRS 16, 066; OLG Stuttgart BeckRS 15, 01833.
300 LG Hamburg BeckRS 13, 09105.
301 → Rn. 93 ff.
302 Allg. Meinung, vgl. statt vieler: MüKoGmbHG/*Goette* § 6 Rn. 60; Baumbach/Hueck/*Beurskens* § 6 Rn. 36, jeweils mwN.
303 Scholz/*Schneider* Rn. 21 mwN.

sellschaft (zB **Aufsichtsrat oder Beirat**)[304] und auch auf einen **Gesellschafter**[305] übertragen werden. Sehr umstritten ist, ob die Bestellungskompetenz auch auf **Geschäftsführer**[306] oder **unternehmensfremde Dritte**[307] übertragen kann.

70 Ist das satzungsgemäß zuständige Organ **funktionsunfähig**, so fällt die Bestellungs- u. Abberufungskompetenz wieder an die Gesellschafterversammlung zurück.[308] IÜ ist es **umstritten**, ob die Gesellschafterversammlung auch bei **Funktionsfähigkeit** des satzungsgemäß zuständigen Organs jederzeit die **Abberufungskompetenz aus wichtigem Grund an sich ziehen kann** („Rückholrecht").[309] Dies soll nach teilw. Ansicht erst recht gelten, wenn die Bestellungs- u. Abberufungskompetenz nicht einem Organ, sondern einem einzelnen Gesellschafter zugewiesen ist.[310] Nur die letztgenannte Auffassung ist abzulehnen, da es für eine derartige satzungswidrige Vorgehensweise sowohl an einer rechtlichen Grundlage wie auch an einem schutzwürdigen Interesse fehlt. Selbst wenn die Satzung die Abberufungskompetenz einem einzelnen Gesellschafter zuweist, so haben die übrigen Gesellschafter im Fall des Vorliegens eines wichtigen Grundes gegen diesen einen Anspruch auf Zustimmung zur Abberufung des Geschäftsführers. In diesem Fall kann nichts anderes gelten, so dass hier ein Anspruch der übrigen Gesellschafter gegen den für die Abberufung zuständigen Gesellschafter einen Anspruch auf Abberufung angenommen werden muss.

71 Sehr str. ist die Frage, ob die Bestellungs- und/oder Abberufungskompetenz von den Gesellschaftern in der Satzung auch auf **gesellschaftsfremde Dritte**, zB Banken, Kommanditisten einer GmbH & Co. KG oder mit der GmbH gesellschaftsrechtlich verbundene Gesellschaften, übertragen werden kann.[311] Auch wenn das regelmäßig nicht interessengerecht sein wird, wird man dies in rechtlicher Hinsicht bejahen können, zumal der Gesellschafterversammlung als oberstem Willensbildungs- und Beschlussorgan auch bei einer Übertragung der Bestellungskompetenz stets die Befugnis verbleibt, eine solche Übertragung von Bestellungskompetenz durch entsprechenden Beschluss (actus contrarius) wieder an sich zu ziehen.[312] Mit dem BGH ist von der Zulässigkeit auch einer solchen **externen Bestellungs- bzw. Abberufungskompetenz** auszugehen.[313]

---

304 Allg. Meinung, vgl. etwa Roth/Altmeppen/*Altmeppen* § 6 Rn. XX; Henssler/Strohn/*Oetker* § 6 Rn. 53, jeweils mwN.

305 HM, vgl. M/H/L/S/*Tebben* § 6 Rn. 61; Baumbach/Hueck/*Beurskens* § 6 Rn. 46.

306 Sehr str, bejahend: Baumbach/Hueck/*Beurskens* § 6 Rn. 45; MüKoGmbHG/*Liebscher* § 46 Rn. 179; a.A.: Baumbach/Hueck/*Zöllner/Noack* § 46 Rn. 34 a; M//H/L/S/*Tebben* § 6 Rn. 62.

307 → Rn. 71.

308 Michalski/*Tebben* § 6 Rn. 63; MüKoGmbHG/*Goette* § 6 Rn. 63.

309 So etwa *Meyer-Landrut/Miller/Niehus* §§ 35–38 Rn. 107; wohl auch Roth/*Altmeppen* Rn. 13; MünchHdbGesR/*Marsch-Barner/Diekmann*, § 42 Rn. 58 mwN auch zur aA in Fn. 170.

310 IdS Scholz/*Schneider* Rn. 23; zust. Baumbach/Hueck/*Beurskens* Rn. 21 f.

311 MüKoGmbHG/*Goette* § 6 Rn. 61; Henssler/Strohn/*Oetker* § 6 Rn. 54, MüKoGmbHG/*Liebscher* § 46 Rn. 180, jeweils mwN.

312 Rowedder/Schmidt-Leithoff/*Schmidt-Leithoff* § 6 Rn. 39.

313 BGH DB 08, 2641 f. (für einen Generalbevollmächtigten eines Alleingesellschafters); ebenso Roth/Altmeppen/*Altmeppen* Rn. 12; Baumbach/Hueck/Beurskens § 6 Rn. 47; M/H/L/S/*Tebben* § 6 Rn. 63 mwN.

b) **Mitbestimmte Gesellschaft.** In der (voll) mitbestimmten Gesellschaft ist für die Abberufung zwingend der **Aufsichtsrat** zuständig (§ 31 V MitbestG, § 12 Montan-MitbestG, § 15 MitbestErgG, jeweils iVm § 84 AktG).[314] 72

c) **Drittelmitbestimmte Gesellschaft.** In der „nur" drittelmitbestimmten Gesellschaft verbleibt es mangels Verweis im DrittelbG auf § 84 AktG bei der GmbH-gesetzlichen Basis-Zuständigkeit der **Gesellschafterversammlung** (§ 38).[315] Hier ist der Aufsichtsrat nur dann zuständig, wenn ihm diese Aufgabe per Satzung zugeordnet worden ist. 73

d) **Abberufung durch Gericht (Notgeschäftsführer).** Grds. können Geschäftsführer nicht durch gerichtliche Entscheidung abberufen werden. Etwas anderes gilt nur in dem Fall eines durch gerichtliche Entscheidung bestellten Notgeschäftsführers.[316] In einem solchen Fall ist auch seine Abberufung nur durch gerichtliche Entscheidung möglich, § 38 gilt insoweit nicht, so dass die Gesellschafter ihn nicht abberufen können.[317] Allerdings können die Gesellschafter einen entspr. Antrag bei Gericht stellen. Unabhängig von diesem gerichtlichen Weg, haben es die Gesellschafter stets in der Hand, die Situation einer Notgeschäftsführung u. damit auch das Amt eines Notgeschäftsführers durch eigenständige Bestellung eines neuen Geschäftsführers zu beenden.[318] 74

e) **Sonderrechte einzelner Gesellschafter(stämme).** Im gesetzlichen Regelfall steht das Bestellungs- u. Abberufungsrecht der Gesellschafterversammlung, mithin der **Gesamtheit der Gesellschafter** zu (§ 46 Nr. 5). Etwas anderes gilt nur dann, wenn die Gesellschafter in der Satzung einzelnen Gesellschaftern oder Gesellschafterstämmen ein sog. **Benennungsrecht** (Gesellschafter kann Geschäftsführer benennen u. von den anderen Gesellschaftern die Zustimmung zur Bestellung verlangen) oder weitergehend ein **Bestellungsrecht** (Gesellschafter kann direkt die Bestellung eines Geschäftsführers beschließen) eingeräumt worden ist. Dann ist – auch wenn dies nicht explizit geregelt ist – kraft Sachzusammenhangs von einem Gleichlauf von Bestellungs- u. Abberufungskompetenz auszugehen u. damit diese Gesellschafter bzw. Gesellschafterstämme auch berechtigt, von den anderen Gesellschaftern die Abberufung des Geschäftsführers zu verlangen (**sog. kleines Abberufungsrecht**)[319] oder weitergehend der Gesellschafter bzw. Gesellschafterstamm die Abberufung selbst vorzunehmen (**sog. großes Abberufungsrecht**).[320] 75

8. Wirkung der Abberufung

a) **Beendigung der Organstellung.** Mit Zugang der Abberufungserklärung (die auf einem ggf. anfechtbaren, nicht aber auf einem nichtigen Abberu- 76

314 Soweit ersichtlich unbestritten, vgl. etwa MüKoGmbHG/*Stephan/Tieves* Rn. 34; M/H/L/S/*Tebben* § 6 Rn. 66.
315 HM, vgl. statt vieler: M/H/L/S/*Tebben* § 6 Rn. 66.
316 Dazu § 29 BGB; s. a. § 6 Rn. 25 mwN.
317 OLG Düsseldorf NZG 02, 338 ff.; Baumbach/Hueck/*Beurskens* Rn. 98 u. der Hinweis auf OLG München GmbHR 94, 259 ff.
318 BayObLG NZG 00, 41 f.; BGH NJW 81, 1041 ff.; Baumbach/Hueck/*Fastrich* § 6 Rn. 21.
319 BGH GmbHR 90, 76 ff.; ebenso Roth/Altmeppen/*Altmeppen* Rn. 19.
320 OLG Düsseldorf GmbHR 90, 219 ff.

fungsbeschluss beruht)[321] u. nicht erst mit Eintragung in das Handelsregister **endet** die Organstellung des Geschäftsführers u. damit auch alle mit ihr verbundenen Rechte u. Pflichten, insbes. die **Geschäftsführungsbefugnis u. die Vertretungsmacht.**[322] Nach der Rspr. des BGH gewährleistet die Möglichkeit des jederzeitigen Widerrufs der Geschäftsführerbestellung der Gesellschaft im Bereich der Geschäftsführung eine weitgehende Organisationsfreiheit u. schließt einen anstellungsvertraglichen Anspruch des Geschäftsführers auf weiteren Verbleib im Amt aus.[323] Unabhängig vom Inhalt des Anstellungsvertrages steht dem Geschäftsführer also **kein Beschäftigungsanspruch** als Geschäftsführer zu,[324] auch nicht unterhalb der Organebene.[325] Für den Bereich unterhalb der Geschäftsführerebene kann sich das aber aus dem Anstellungsvertrag ergeben.[326]

77 Grundsätzlich wird eine durch die Gesellschafterversammlung beschlossene Abberufung mit Zugang der Erklärung der Gesellschafter über die Abberufung wirksam.[327] Wird gegen den Abberufungsbeschluss gerichtlich (bei festgestelltem Beschluss: Anfechtungs- oder Nichtigkeitsklage[328] – bei fehlender förmlicher Beschlussfeststellung: allg. Feststellungsklage)[329] vorgegangen, stellt sich die Frage nach der vorläufigen (Un-)Wirksamkeit der Abberufung bis zum rechtskräftigen Abschluss des Rechtsstreits. *Stephan/Tieves* sprechen von der „Schwebezeit".[330] Außerhalb der mitbestimmten Gesellschaft, in der unbestritten über § 31 I MitbestG auch § 84 III 4 AktG (vorläufige Wirksamkeit der Abberufung) zur Anwendung kommt, ist str, ob § 84 III 4 AktG oder aber die gegenteilige Folge der §§ 117, 127 HGB aus dem Personengesellschaftsrecht (Wirksamkeit erst mit Gestaltungsurteil) Anwendung finden soll. Berücksichtigt man die Grundsätze, dass Gesellschafterbeschlüsse (wenn nicht nichtig) grds. wirksam (wenn auch anfechtbar) sind, einseitige Willenserklärungen wie die Abberufung mit Zugang wirksam werden (§ 130 BGB), u. den wegen des Schutzes des Rechtsverkehrs wesentlichen Aspekt der Rechtssicherheit,[331] sprechen uE die besseren Gründe mit der wohl vorherrschenden Meinung für eine analoge Anwendung des § 84 III 4 AktG.[332] Eine davon abw. vorläufige Regelung kann der Abberufene nach teilw. Ansicht im Wege einstweiligen Rechts-

---

321 So auch Lutter/Hommelhoff/*Kleindiek* Rn. 28.
322 HM, vgl. Roth/Altmeppen/*Altmeppen* Rn. 22; 24 unter Hinweis auf OLG Karlsruhe GmbHR 96, 208 ff.; zul. *Dimsic/Link*, BB 15, 3063 ff. u. für die Amtsniederlegung fast unbestritten (vgl. dazu unten Rn. 84 mwN; s. aber § 15 HGB).
323 BGH NZG 03, 84 ff.
324 HM, vgl. etwa BGH NZG 11, 112 f. unter Verweis auf BGH NZG 03, 84 f.; *Wicke* Rn. 10; Roth/Altmeppen/*Altmeppen* Rn. 6, tlw aA für den Fremdgeschäftsführer. *Leuchten* GmbHR, 01, 750ff.
325 BGH NZG 11, 112 f.
326 BGH NZG 11, 112 f.
327 → Rn. 39 ff. mwN.
328 → Rn. 42.
329 → Rn. 42.
330 MüKoGmbHG/*Stephan/Tieves* Rn. 140 ff.
331 Die Bedeutung der Rechtssicherheit betonen auch MüKoGmbHG/*Stephan/Tieves* Rn. 151.
332 IdS auch M/H/L/S/*Terlau* Rn. 78; grds. zust., aber differenzierend: MüKoGmbHG/*Stephan/Tieves* Rn. 147 mwN; aA *Fischer* BB 13, 2819 ff; von einer vorläufigen Wirksamkeit geht auch das OLG Köln BeckRS 16, 17896 aus.

schutzes erstreiten.[333] Anderer Ansicht ist insoweit die **Rechtsprechung**, die den „Schwebezustand“ weder § 84 III AktG noch die §§ 117, 127 HGB analog bewältigen will, sondern unter Hinnahme der Rechtsunsicherheit bis zur rechtskräftigen Entscheidung über die Beschlussfeststellungs- oder Anfechtungs- bzw. Nichtigkeitsklage schlicht auf die objektive Rechtslage abstellt.[334] Die Bewältigung des „Schwebezustands“ überlässt die Rspr. dem einstweiligen Rechtsschutz.[335] *„Besteht Streit über die Wirksamkeit der Abberufung eines GmbH-Geschäftsführers, kann durch einstweilige Verfügung ein Tätigkeitsverbot und ein Verbot der Ausübung der Organtätigkeit ausgesprochen werden.“*[336] Umgekehrt *„gibt es für den Geschäftsführer ... grds. die Möglichkeit einstweiligen Rechtsschutzes. Er kann sich mit der einstweiligen Verfügung sein (angeblich) noch bestehendes Recht auf Führung der Geschäfte sichern, wenn er einen Verfügungsanspruch und einen Verfügungsgrund glaubhaft gemacht hat.“*[337]

Als Ausn. von der vorstehend beschriebenen sofortigen Wirkung der Abberufung, insbes. des damit verbundenen Wegfalls der Vertretungsmacht, wirkt diese gem. § 15 I HGB noch bis zur Eintragung der Abberufung in das Handelsregister nach. Daneben können vereinzelt auch **Geschäftsführerpflichten fortbestehen**, insbes. von vornherein auf die Zeit nach der Organstellung ausgerichtete Pflichten, wie zB die Verschwiegenheitsverpflichtung, aber auch andere (Loyalitäts-)Pflichten, wie eine an das (ggf. nur beim) ehemaligen Geschäftsführer vorhandene Wissen anknüpfende Auskunftspflicht (in zumutbarem Umfang).[338] 78

b) Auswirkung auf den Dienstvertrag. Die Abberufung hat aufgrund des sog. **Trennungsprinzips**[339] zunächst keine unmittelbaren Auswirkungen auf das der Bestellung zugrunde liegende Rechtsverhältnis, idR das Anstellungsverhältnis des Geschäftsführers.[340] Eine Abberufung führt daher insbes. nicht automatisch auch zu einer Beendigung des Anstellungsverhältnisses. Etwas anderes (Abberufung ist zugleich oder berechtigt zur Kündigung des Dienstverhältnisses oder Abberufung beendet Dienstverhältnis qua auslösender Bedingung etc) gilt nur dann, wenn dies zuvor rechtswirksam im Dienstvertrag vereinbart worden ist (Stichwort: „Kopplungskausel“).[341] 79

c) Handelsregisteranmeldung. Gem. § 39 I ist die Abberufung eines Geschäftsführers durch die Gesellschaft zur Eintragung in das Handelsregister anzumelden. Dies gilt – außerhalb der personalistisch geprägten, insbes. Zwei-Personen-Gesellschaft – auch dann, wenn die Wirksamkeit der Abbe- 80

---

333 Str, aber wohl hM, vgl. etwa Roth/Altmeppen/*Altmeppen* Rn. 68 mwN; krit.: MüKoGmbHG/*Stephan/Tieves* Rn. 146 mwN in Fn. 356.
334 BGH NZG 17, 700 ff.
335 Vgl. dazu OLG Hamm BeckRS 19, 25244; OLG München NZG 13, 947 ff.
336 OLG München NZG 13, 947.
337 OLG Hamm BeckRS 19, 25244.
338 HM, so zutreffend bereits *Thüsing*, NZG 04, 09 ff. (14 f.); ebenso MüKo-GmbHG/*Fleischer* § 43 Rn. 197 mwN.
339 Zum Trennungsprinzip s. Rn. 12.
340 Ganz hM, vgl. statt vieler BGH NJW 83, 938 ff.; OLG München BeckRS 16, 6453.
341 Zur Verknüpfung von Organstellung u. Anstellungsverhältnis Rn. 13 ff. u. § 35 Rn. 100 ff.

rufung str. ist.[342] **Anmeldungsberechtigt**, aber auch **anmeldungsverpflichtet**, ist die Gesellschaft, vertreten durch den oder die vertretungsberechtigten Geschäftsführer.[343] Abberufene Geschäftsführer selbst sind nicht mehr berechtigt, die Anmeldung für die Gesellschaft abzugeben u. können die Eintragung ihrer Abberufung daher nur im Wege einer Klage gegen die Gesellschaft durchsetzen. Nach *Heinze* kann die Handelsregisteranmeldung über § 378 II FamFG sogar ohne vorhandene Geschäftsführer erfolgen.[344] Die Handelsregisteranmeldung ist auslegungsfähig.[345] Die Anfechtbarkeit des Abberufungsbeschlusses allein stellt kein Eintragungshindernis für das Registergericht dar.[346] Die **Organstellung u. damit verbundene Befugnisse enden** jedoch schon mit Zugang der Abberufungserklärung (oder ggf. zu dem in der Abberufungserklärung genannten späteren Zeitpunkt) u. nicht erst mit der Eintragung in das Handelsregister. Das nach wirksamer Abberufung bis zur Eintragung in das Handelsregister zunächst noch materiell falsche Handelsregister bewirkt allerdings einen Gutglaubensschutz Dritter (§ 15 HGB).

► In der Registersache der ... GmbH, HRB ... überreichen wir, die unterzeichneten Geschäftsführer, eine beglaubigte Abschrift über die Gesellschafterversammlung vom ...

Wir melden zur Eintragung in das Handelsregister an:

Herr ... ist nicht mehr Geschäftsführer.

...

Unterschrift der anmeldenden Geschäftsführer samt Beglaubigung durch den Notar. ◄

81 d) **Arbeitspflicht nach Abberufung?** Sehr umstritten ist die Frage, ob ein abberufener Geschäftsführer bis zur rechtlichen Beendigung des Dienstverhältnisses verpflichtet ist, zumutbare leitende Tätigkeiten auf der Ebene unterhalb der Geschäftsführung zu übernehmen, oder ob er sich darauf zurückziehen kann, im Dienstvertrag – wie meist – nur die Tätigkeit als Geschäftsführer versprochen zu haben u. daher auch nur zu einer solchen verpflichtet zu sein. Diese von ihm (nur) geschuldete Arbeitspflicht sei aber durch die Abberufung seitens der Gesellschafter unmöglich gemacht worden. Die Frage ist – entgg. einer beachtlichen wohl herrschenden Meinung[347] – iS der zweiten Alternative zu beantworten: Es besteht iaR **keine**

342 HM, vgl. Lutter/Hommelhoff/*Kleindiek* Rn. 24 aE; zur Zwei-Personen-Gesellschaft Lutter/Hommelhoff/*Kleindiek* Rn. 31 aE.
343 AllgM, vgl. etwa Scholz/*Schneider* Rn. 11; s. a. *Heinze*, NZG 18, 1170 ff.
344 *Heinze*, NZG 18, 1170 ff.
345 KG NJW-RR 18, 1441 ff.
346 OLG Stuttgart NZG 11, 1301 ff.
347 In Richtung Bestehen einer Arbeitsverpflichtung zur Vermeidung einer außerordentlichen Kündigung wegen Arbeitsverweigerung: BGH GmbHR 66, 277 ff.; BAG GmbHR 03, 109 ff. (iR eines Schadensersatzanspruchs nach § 628 II BGB); OLG Karlsruhe GmbHR 96, 208 ff.; OLG Nürnberg GmbHR 01, 73 ff. (für kleine GmbH u. teilw. Sachbearbeitertätigkeit neben reduzierter Geschäftsführertätigkeit); Baumbach/Hueck/*Beurskens* Rn. 101; Scholz/*Schneider* Rn. 34; Michalski/*Terlau/Schäfers* Rn. 27; richtigerweise aA: *Kothe-Heggemann/Dahlbender*, GmbHR 96, 652 ff.

Verpflichtung zur Tätigkeit unterhalb der Geschäftsführung.[348] Eine solche Verpflichtung zu einer Tätigkeit unterhalb der Geschäftsführungsebene enthält der Dienstvertrag regelmäßig nicht,[349] u. eine außerordentliche Kündigung wäre daher uE nicht gerechtfertigt. Selbst wenn man der vorherrschenden Ansicht dem Grunde nach folgen u. eine aus § 242 BGB abgeleitete Pflicht zur Übernahme einer anderweitigen Tätigkeit annehmen wollte, wird das im konkreten Einzelfall oftmals nicht zumutbar sein. Allerdings können sich auch nach hier vertretener Ansicht für den abberufenen Geschäftsführer unter dem Aspekt des Annahmeverzugsrechts Probleme ergeben: Nach § 293 BGB kommt der Gläubiger in Verzug, wenn er die ihm angebotene Leistung nicht annimmt. Der abberufene Geschäftsführer muss seine Dienst- bzw. Arbeitsleistung weder als Geschäftsführer (das ist soweit ersichtlich unbestritten) noch für eine Führungstätigkeit unterhalb der Geschäftsführungsebene nicht ausdrücklich anbieten, weil ein solches – selbst wörtliches – Angebot im gekündigten Anstellungsverhältnis entbehrlich ist.[350] Insoweit kann im Fall der Abberufung auch wenn eine Kündigung damit nicht verbunden sein sollte, uE nichts Anderes gelten. Das Angebot einer (weiteren) Tätigkeit als Geschäftsführer ist offensichtlich überflüssig, das Angebot einer anderen „Führungstätigkeit" ist ebenfalls überflüssig, weil nicht geschuldet: Was vertraglich nicht geschuldet ist, muss auch nicht angeboten werden.

Sollte aber die Gesellschaft dem abberufenen Geschäftsführer von sich aus 82
eine zumutbare Führungstätigkeit anbieten – kann sich aus **§ 615 S. 2 BGB** (Anrechnung von böswillig unterlassenem Verdienst) uU mittelbar doch eine **Arbeitspflicht unterhalb der Geschäftsführungsebene** ergeben. Er müsste diese Arbeit zwar dienstvertraglich nicht verrichten, weil sie eben vertraglich nicht geschuldet ist, er müsste sich dann aber – je nach Lage der Einzelfallumstände – ggf. wirtschaftlich den ihm bei Nichtannahme eines zumutbaren Arbeitsangebotes entgehenden Verdienst auf seinen Annahmeverzugslohn anrechnen lassen.

9. Rechtsschutz

a) Rechtsweg und Gerichtsstand. Gerichtliche Auseinandersetzungen über 83
die Wirksamkeit einer Abberufung eines Geschäftsführers, gleich ob Gesellschafter-Geschäftsführer oder Fremdgeschäftsführer, sind vor den **Zivilgerichten** auszutragen. Da das Organverhältnis von dem zugrunde liegenden Rechtsverhältnis zu trennen ist, kommt es auf den Streit um die Rechtsnatur des Anstellungsverhältnisses[351] insoweit nicht an: Es ist der

348 IdS auch Lutter/Hommelhoff/*Kleindiek* Rn. 25; *Buchner/Schlobach*, GmbHR 04, 1, 10 f.; *Moll*, FS Schwerdtner, 03, S. 453, 461 ff.

349 So völlig zutr. Roth/*Altmeppen* Rn. 6; etwas anderes gilt nur, wenn bei der Vertragsgestaltung diese Thematik bedacht u. mit einer entspr. Vertragsklausel mit Arbeitspflicht nach Abberufung geregelt worden wäre, dazu *Bergwitz*, GmbHR 06, 1129 ff.

350 Ohne nähere Begründung und unter Verkennung des eindeutigen Erklärungsinhalts einer Abberufung (Tätigkeit GF nicht mehr gewünscht) und der BAG-Rechtsprechung zum Eintritt des Annahmeverzugs bei Kündigung (vgl. BAG NZA 18, 1544 ff. Rn. 26; BAG NZA 15, 494 ff. Rn. 41): Baumbach/Hueck/*Beurskens* Rn. 101.

351 Zum Meinungsstand vgl. § 35 Rn. 48 ff. mwN.

Zivilrechtsweg (§ 13 GVG) gegeben.[352] **Gerichtsstand** ist nicht nur in Hinblick auf Pflichten aus dem Anstellungsvertrag, sondern auch in Hinblick auf die Organstellung der **Sitz der Gesellschaft** (Gerichtsstand des Erfüllungsortes, § 29 ZPO). Funktionell zuständig ist beim sachlich u. örtlich zuständigen LG die **Kammer für Handelssachen** (§ 95 I Nr. 4 a GVG).

84 **b) Parteien und Vertretung der Gesellschaft im Prozess.** Parteien eines Rechtstreits über die Abberufung als Geschäftsführer und/oder die Kündigung des Anstellungsverhältnisses sind der **Geschäftsführer** u. die **Gesellschaft.**

85 Nach § 35 I wird die Gesellschaft auch gerichtlich grds. durch die Geschäftsführer vertreten. Für Prozesse der Gesellschaft mit den Geschäftsführern gelten jedoch zur Vermeidung potenzieller Interessenkonflikte Besonderheiten, die aber teilw. umstritten sind. Von der Rspr. noch nicht ganz geklärt ist hier das Zusammenspiel der §§ 35, 46 Nr. 8 u. 52 iVm § 112 AktG, nämlich die Frage der **ordnungsgemäßen Vertretung** der Gesellschaft im Rechtstreit mit dem abberufenen und/oder gekündigten Geschäftsführer:[353] In einem solchen Fall kommen – je nach Kläger- oder Beklagtenseite – andere **Geschäftsführer** in vertretungsberechtigter Anzahl, ein von der Gesellschafterversammlung bestellter **besonderer Vertreter,** die **Gesellschafterversammlung** selbst, bei zwingender Mitbestimmung der **Aufsichtsrat** oder außerhalb zwingender Mitbestimmung ein fakultativ bestehender **Beirat** (oder Aufsichtsrat) in Betracht. In der folgenden Darstellung wird der Übersichtlichkeit halber zwischen Aktiv- u. Passivprozessen unterschieden:

86 **aa) Aktivprozess.** Bei der **mitbestimmten Gesellschaft** mit zwingend vorgeschriebenem Aufsichtsrat vertritt der **Aufsichtsrat** im Verhältnis zum (ehemaligen) Geschäftsführer die Gesellschaft außergerichtlich wie auch gerichtlich (**§§ 25 I Nr. 2 MitbestG bzw. § 1 I Nr. 3 DrittelbG, jeweils iVm 112 AktG**).[354] Die Gesellschaft klagt also vertreten durch ihren Aufsichtsrat. Insoweit verdrängt § 112 AktG die Regelung des § 46 Nr. 8 2. Alt.[355] Ist die Vertretung der Gesellschaft fälschlicherweise nicht durch den Aufsichtsrat erfolgt, ist die Rechtsfolge umstritten: entweder Nichtigkeit gem. § 134 BGB oder nur schwebende Unwirksamkeit mit der Folge der **Genehmigungsfähigkeit gem. §§ 177 ff. BGB.** Die letztgenannte Auffassung ist vorzugswürdig und wird auch vom BGH vertreten.[356]

87 In der **nicht mitbestimmten Gesellschaft mit fakultativem Aufsichts- oder Beirat** gem. § 52 gilt das vorstehend zur mitbestimmten Gesellschaft mit zwingendem Aufsichtsrat Gesagte entspr., vertritt also auch der **Aufsichts- oder Beirat** die Gesellschaft, wenn dies in der jeweiligen **Satzung** nicht an-

---

352 Zur Frage der Eröffnung des Rechtswegs zu den Arbeitsgerichten im Fall der Kündigung vgl. Rn. 10 mwN.

353 Zum Ganzen eingehend schon *Bergwitz*, GmbHR 08, 225 ff.; *Fischer*, BB 13, 2819 ff, jeweils mit zahlreichen Nachweisen zum Meinungsstand.

354 Vgl. etwa BGH NZG 08, 104 f. unter Hinweis auf BGH NJW 84, 733 ff.; BGH NJW 89, 2055 ff.; OLG Naumburg BeckRS 15, 10341; OLG München NZG 03, 634 ff.

355 So schon BGHZ 89, 48 ff.

356 BGH NZG 13, 792 ff.

derweitig geregelt oder von der Gesellschafterversammlung nicht anderweitig beschlossen worden ist.[357]

In der **nicht mitbestimmten Gesellschaft ohne fakultativen Aufsichtsrat bzw. Beirat** sind die Gesellschafter gem. **§ 46 Nr. 8 2. Alt** gehalten, für einen **Aktivprozess** einen **besonderen Vertreter zu bestellen**, der dann die Gesellschaft in dem Rechtstreit mit dem (ehemaligen) Geschäftsführer vertritt.[358] Hintergrund dieser von § 35 abw. Vertretungsregelung ist die Vermeidung von Interessenkonflikten zwischen den Geschäftsführern u. die Sicherstellung einer unvoreingenommenen Vertretung ggü. dem ehemaligen Geschäftsführer.[359] Als besonderer Vertreter idS können neben Dritten einzelne Gesellschafter, auch der Beiratsvorsitzende,[360] aber trotz potenzieller Gefahren auch Geschäftsführer bestellt werden. Erfolgt die Bestellung eines besonderen Vertreters nicht, fragt sich, ob ein Aktivprozess nicht möglich ist bzw. nur über den Weg einer gerichtlichen Bestellung eines Prozesspflegers (§ 57 ZPO) oder ob dann – bis zu dessen Bestellung – **subsidiär** die **Vertretungsbefugnis der Geschäftsführer** nach § 35 wieder auflebt. Der BGH hat diesen Meinungsstreit inzwischen für die Praxis wie folgt entschieden: „*Solange die Gesellschafterversammlung von ihrer Befugnis nach § 46 Nr. 8 Alt. 2 GmbHG, einen besonderen Vertreter zu bestellen, keinen Gebrauch macht, wird die GmbH nach der Senatsrechtsprechung vorbehaltlich einer die Vertretungsbefugnis anders regelnden Satzungsbestimmung im Prozess mit ihren gegenwärtigen oder ausgeschiedenen Geschäftsführern durch einen oder mehrere bereits zuvor oder neu bestellte (weitere) Geschäftsführer vertreten; eines entsprechenden (zumindest stillschweigend gefassten) Beschlusses der Gesellschafterversammlung bedarf es für die Fortdauer der Vertretungsbefugnis der (anderen) Geschäftsführer nicht.*“[361] 88

bb) Passivprozess. Bei der **mitbestimmten Gesellschaft** mit zwingend vorgeschriebenem Aufsichtsrat wird die Gesellschaft im Verhältnis zum (ehemaligen) Geschäftsführer außergerichtlich wie auch gerichtlich durch den **Aufsichtsrat** vertreten (**§§ 25 I Nr. 2 MitbestG bzw. § 1 I Nr. 3 DrittelbG, jeweils iVm § 112 AktG**). 89

In der **nicht mitbestimmten Gesellschaft mit fakultativem Aufsichts- oder Beirat** gilt das vorstehend zur mitbestimmten Gesellschaft mit zwingendem Aufsichtsrat Gesagte entspr., vertritt also der **Aufsichts- oder Beirat** die Gesellschaft, wenn dies in der jeweiligen **Satzung** oder durch Gesellschafterbeschluss nicht anderweitig geregelt worden ist.[362] 90

In der **nicht mitbestimmten Gesellschaft ohne fakultativen Aufsichtsrat bzw. Beirat** sind die Gesellschafter ebenfalls gem. **§ 46 Nr. 8 2. Alt** gehal- 91

---

357 BGH NZG 08, 104 f.; BGH NZG 04, 327 ff.; OLG Naumburg BeckRS 15, 10341; Baumbach//*Zöllner/Noack* § 52 Rn. 116 mwN.
358 BGH ZIP 16, 2413 ff.; so auch MüKoGmbHG/*Stephan/Tieves* Rn. 139 unter Hinweis auf Lutter/Hommelhoff/*Bayer* § 46 Rn. 42.
359 So zutr. *Moll* MAH-Arbeitsrecht § 80 Rn. 92.
360 BGH NJW-RR 16, 671 ff.
361 BGH ZIP 16, 2413 Rn. 10.
362 Vgl. etwa BGH NZG 08, 104 f.; BGH NZG 04, 327 ff.; OLG Naumburg BeckRS 15, 10341; Baumbach/Hueck/*Zöllner/Noack* § 52 Rn. 116 mwN.

ten, einen **besonderen Vertreter zu bestellen**, der dann die Gesellschaft in dem Rechtsstreit mit dem (ehemaligen) Geschäftsführer vertritt.[363] Problematisch für die Klagepartei ist daran, dass die Gesellschafter insoweit – wie in praxi oft – untätig bleiben, also keinen besonderen Vertreter bestellen bzw. dies im Fall eines Passivprozesses jedenfalls nicht vor Klageerhebung durch den abberufenen Geschäftsführer geschieht. Zur Lösung dieser Problematik werden verschiedene Ansichten vertreten: ZT wird gesagt, dass die Gesellschaft bis zur Bestellung eines besonderen Vertreters durch die **Gesellschafterversammlung** vertreten wird[364] oder die Vertretung in diesem Fall – bis zu der Bestellung eines besonderen Vertreters, auf die die Geschäftsführer aktiv hinwirken müssen[365] – den **übrigen Geschäftsführern in vertretungsberechtigter Anzahl** zufällt.[366] Gibt es diese vertretungsberechtigte Anzahl an übrigen Geschäftsführen nicht mehr (weil zB nur noch ein gesamtvertretungsberechtigter Geschäftsführer übrig ist), so wäre gem. § 35 II 2 iVm § 170 III ZPO die Vertretung durch einen Geschäftsführer ausreichend.[367] Mit der neueren BGH-Rspr. ist davon auszugehen, dass die Gesellschaft mangels Bestellung eines besonderen Vertreters nach § 46 Nr. 8 2. Alt. von den verbliebenen Geschäftsführern vertreten wird.[368] Dem ist zuzustimmen.

Fehlt es auch an einem Geschäftsführer, so musste bislang die Bestellung eines Prozesspflegers beantragt werden. Seit Inkrafttreten des MoMiG dürfte auch der Weg über die neu eingeführte Regelung des § 35 I 2 gangbar sein, dh die Gesellschaft wird bzw. kann im Passivprozess von jedem einzelnen Gesellschafter vertreten werden. *Moll* empfiehlt, schon mit der Klage die Bestellung eines Prozesspflegers iSv § 57 ZPO zu beantragen.[369]

92 Hilfen für die Formulierung des Rubrums entspr. Klagen in der Praxis finden sich bei *Bergwitz*.[370]

93 c) **Einstweiliger Rechtsschutz.** Einstweiliger Rechtsschutz kommt in Bezug auf Abberufungen sowohl bereits im Vorfeld des Gesellschafterbeschlusses, um zB auf das Abstimmungsverhalten der Gesellschafter einzuwirken, als auch nach der Abberufung in Betracht.

Es entspricht der inzwischen hM, dass einstweiliger Rechtsschutz grds. auch im Bereich der gesellschaftsinternen Willensbildung durch die Gesellschafter Anwendung findet.[371] Zu Recht insoweit aber sehr hohe Anforderungen an den Erlass einer einstweiligen Verfügung gestellt. ZT wird eine eindeutige Rechtslage oder eine besonders schwerwiegende Beeinträchti-

---

363 HM, vgl. etwa KG NZG 18, 660 (663).
364 Ulmer/*Paefgen* Rn. 95; *Bergwitz*, GmbHR 08, 225 ff.
365 Baumbach/Hueck/*Zöllner/Noack* § 46 Rn. 68.
366 So zutr. Baumbach/Hueck/*Zöllner/Noack* § 46 Rn. 68; *Moll* MAH-Arbeitsrecht § 80 Rn. 92.
367 *Moll* MAH-Arbeitsrecht § 80 Rn. 92 mwN in Fn. 268.
368 BGH ZIP 16, 2413 ff.
369 So ausdrücklich *Moll* MAH-Arbeitsrecht § 80 Rn. 92; *Fischer* BB 13, 2819 ff.
370 *Bergwitz*, GmbHR 08, 225 ff. (allerdings noch ohne Berücksichtigung des neuen § 35 I 2).
371 Vgl. etwa schon OLG München NZG 99, 407 ff. mwN; Baumbach/Hueck/*Beurskens* Rn. 63 mwN zur hM; zum einstweiligen Rechtsschutz im Vorfeld von Gesellschafterbeschlüssen s. etwa *v. Schnurbein/Neufeld*, BB 11, 585 ff.

gung des jeweiligen Verfügungsklägers gefordert[372] und darüber hinaus die Einhaltung des Gebots des geringstmöglichen Eingriffs.,[373]

Allerdings kann der Fremdgeschäftsführer – anders als Gesellschafter-Geschäftsführer – auf dieses Mittel nicht zugreifen, da ihm die Antragsbefugnis für die Anfechtung des Gesellschafterbeschlusses fehlt.[374] Zu der Voraussetzung eines wirksamen Gesellschafterbeschlusses → Rn. 39 ff. 94

Im Fall einer Abberufung wird typischerweise durch den abberufenen Geschäftsführer einstweiliger Rechtsschutz begehrt, da bei einem Abwarten des Hauptsacheverfahrens oftmals die Bestellungsperiode schon abgelaufen u. damit die Erledigung der Hauptsache eingetreten sein wird. Antragziel ist idR die Unterlassung der Vollziehung der Abberufung, insbes. deren Eintragung ins Handelsregister.[375] 95

Ist in einer GmbH die Abberufung des Geschäftsführers beschlossen, ist bis zur Entscheidung über das strittige Beschlussergebnis der Gesellschafterversammlung eine einstweilige Regelung der Organbefugnisse durch das Gericht nach § 940 ZPO zulässig.[376] Ein einstweiliger Verfügungsantrag des abberufenen Geschäftsführers ist grundsätzlich zulässig, wenn er in der Hauptsache gegen den Beschluss der Gesellschafterversammlung zu seiner Abberufung als Geschäftsführer Beschlussanfechtungsklage analog § 246 AktG bzw. Nichtigkeitsklage analog § 249 AktG erheben darf und erhoben hat.[377] Dabei ist im Rahmen einer tatsächlich summarischen, rechtlich aber umfassenden Prüfung zu prüfen, „*ob glaubhaft gemacht ist, dass (1.) der Beschluss der Gesellschafterversammlung, die über die Abberufung entschieden hat, unwirksam ist, insbesondere der Beschluss formal unwirksam ist oder – je nach dem gebotenen Prüfungsmaßstab (siehe unten) – kein sachlicher bzw. kein wichtiger Grund für die Abberufung gegeben ist, (2.) es der beklagten Gesellschaft nicht unzumutbar ist, den Geschäftsführer weiter im Amt zu belassen und (3.) vor diesem Hintergrund bei Abwägung der gegenseitigen Interessen der Erlass einer einstweiligen Verfügung gerechtfertigt ist.*“[378] Die Möglichkeit von einstweiligem Rechtschutz wird ganz überw. anerkannt, es gibt hier aber „zahlreiche noch ungeklärte Zweifelsfragen“.[379] Neben der Frage, ob die Aussetzung des Eintragungsverfahrens beim Registergericht bei Streit um die Wirksamkeit einer Abberufung, die zur Eintragung angemeldet wurde, per einstweiliger Verfügung erfolgen kann,[380] geht es meist um die vorläufige Regelung der Organkompetenzen, die – je nach Partei – mit **verschiedenen Zielrichtungen** betrieben werden: 96

372 So schon OLG Hamm GmbHR 93, 163 ff.; OLG Frankfurt GmbHR 93, 161 ff; jüngst OLG Hamm BeckRS 19, 15244.
373 OLG Stuttgart, GmbHR 1997, 312 ff; OLG München NZG 99, 407 ff.
374 HM, vgl. etwa *Fischer,* BB 13, 2819 ff.; aus der Rspr. etwa KG NZG 18, 660 ff.
375 So zB OLG Hamm BeckRS 19, 25244.
376 HM, so ausdrücklich etwa OLG Naumburg BeckRS 14, 05487, OLG Hamm BeckRS 19, 25244.
377 OLG Hamm BeckRS 19, 25244.
378 So OLG Hamm BeckRS 19. 25244 unter Hinweis auf BGH NZG 08, 298; OLG München NZG 13, 947 ff.
379 So nach wie vor zutr.: Scholz/*Schneider* Rn. 69.
380 OLG München GmbHR 11, 1102 ff.

97 **aa) Gesellschafter. Gesellschafter** begehren von dem die Abberufung nicht akzeptierenden Geschäftsführer vor dem Hintergrund des bis zur rechtskräftigen Feststellung des Gegenteils vorläufig wirksamen (wenn nicht nichtigen) Gesellschafterbeschlusses insbes. die Unterlassung bestimmter[381] oder jeglicher weiterer Geschäftsführungstätigkeit[382] oder ggf. auch die vorläufige Durchsetzung eines Hausverbotes. Dabei ist grundsätzlich anerkannt, dass einem abberufenen Geschäftsführer im Wege der einstweiligen Verfügung Maßnahmen der Geschäftsführung sowie die Vertretung der Gesellschaft untersagt werden können.[383]

98 **bb) Abberufene Geschäftsführer.** Der **abberufene Geschäftsführer** dag begehrt etwa Zugang zu den Geschäftsräumen, Firmennetzwerk u. -unterlagen etc, Unterlassung der Vollziehung seiner Abberufung, der Anmeldung der Abberufung beim Handelsregister, ggf. Wiederanmeldung sowie die Gestattung der uneingeschränkten Geschäftsführungstätigkeit im bisherigen Umfang.[384]

99 **cc) Vorbeugender Rechtsschutz.** IaR scheidet vorläufiger einstweiliger Rechtsschutz aus u. muss das Beschlussergebnis abgewartet werden, um dann dag ggf. unter Einschluss einstweiligen Rechtsschutzes vorgehen zu können. Ausnahmsweise kommt für Gesellschafter u. Gesellschafter-Geschäftsführer unter engen Voraussetzungen vorbeugender einstweiliger Rechtschutz schon im unmittelbaren Vorfeld **vor einer Gesellschafterversammlung zur Beschlussfassung über eine Abberufung** in Frage, insbes. auf Unterlassung oder Vornahme einer bestimmten Stimmabgabe durch Mitgesellschafter,[385] aber in Ausnahmefällen auch auf Unterlassung von Geschäftsführungsmaßnahmen durch den abzuberufenden Geschäftsführer[386] oder Zutritts- oder Einsichtsverbote. Dieser erfordert aber nach wohl hA eine eindeutige Rechtslage, ein überragendes Schutzbedürfnis des Antragstellers sowie die Beachtung des Gebots des geringstmöglichen Eingriffs.[387]

100 **dd) Besonderheit: Abberufung in der zweigliedrigen Gesellschaft.** Problematisch ist in der personalisierten, insbes. der zweigliedrigen oder -stämmigen Gesellschaft die Situation der unmittelbar bevorstehenden, wechselseitigen Abberufung:[388] Dabei geht es zunächst darum, eine Lösung zur Vermeidung des regelmäßig drohenden „Wettlaufs" um die Abberufung zu

381 OLG Stuttgart GmbHR 06, 1258 ff.

382 Vgl. etwa BGH GmbHR 83, 149 ff.; OLG Brandenburg BeckRS 18, 35278; KG BeckRS 11, 21168; OLG München NZG 13, 947 ff.; OLG Stuttgart GmbHR 06, 1258 ff. (für zweigliedrige Gesellschaft).

383 Vgl. etwa OLG Stuttgart BeckRS 07, 02304 unter Hinweis auf BGH NJW 83, 939 ff.

384 Vgl. etwa OLG Hamm BeckRS 19, 25244; OLG München BeckRS 09, 28888; etwa auch Roth/Altmeppen/*Altmeppen* Rn. 71; vgl. zu den str. Fragen des einstweiligen Rechtsschutzes des abberufenen Geschäftsführers etwa Scholz/*Schneider* Rn. 75 ff.; MüKoGmbHG/*Stephan/Tieves* Rn. 172 u. aus jüngerer Zeit: *Rüppell/Hoffmann*, BB 16, 645 ff.; *Liebscher/Alles*, ZIP 15, 1 ff.

385 OLG Hamburg NJW 92, 186 ff. (gegen OLG Koblenz GmbHR 91, 21 ff.); OLG München NZG 14, 66 ff. (für die AG).

386 Vgl. dazu OLG Frankfurt NZG 99, 213 ff. unter Hinweis auf BGH NJW 83, 938 ff.

387 OLG Düsseldorf NZG 05, 633 ff.; OLG München GmbHR 99, 718 f.; OLG Frankfurt NZG 99, 213 f.; *Lutz*, BB 00, 833 ff.; vgl. auch bei § 47 Rn. 130 ff.

388 S. dazu Baumbach/Hueck/*Beurskens* Rn. 76 f.

finden, denn idR verspricht sich der zuerst agierende Gesellschafter-Geschäftsführer davon Vorteile, so dass die Abberufungen kurz aufeinander, meist noch am gleichen Tag oder nur einige Tage danach erfolgen. Die hM nimmt insoweit zur Problemlösung an, dass es einen durch einstweilige Verfügung sicherbaren Anspruch auf eine Entscheidung in einer gemeinsamen Verhandlung gibt.[389] Die Frage der Wirksamkeit der jeweiligen Abberufung ist dann im gerichtlichen Verfahren zu klären, währenddessen die Geschäftsführer noch im Amt verbleiben.

Einen Überblick zu in der Praxis gangbaren Lösungsoptionen mit unterschiedlichen Vor- u. Nachteilen zur Vermeidung u. Auflösung massiver Gesellschafterstreitigkeiten u. drohender Blockade einschl. sog. Russian-Roulette-Klauseln findet sich bei *Weidmann,*[390] ein Beitrag zur Mediation bei *Derleder/Krebs.*[391] 101

10. Andere Beendigungstatbestände

a) **Wegfall der gesetzlichen Eignungsvoraussetzungen**[392] Das Gesetz stellt gewisse Voraussetzungen an die Person eines Geschäftsführers, neben der unbeschränkten **Geschäftsfähigkeit** (→ § 6 Rn. 9 f.) insbes. die Abwesenheit **strafrechtlicher Verurteilung** hins. des Straftatenkataloges des § 6 II. Fehlen gesetzliche Eignungsvoraussetzungen bei der Bestellung, ist diese von Anfang an nichtig, fallen sie nachträglich weg, **endet die Organstellung** eo ipso.[393] Der Rechtsverkehr wird in diesem Fall in Hinblick auf mit dem vermeintlichen Geschäftsführer abgeschlossene (aber unwirksame) Rechtsgeschäfte ausreichend über die **Rechtsscheinhaftung** des § 15 I HGB geschützt. 102

Zur Absicherung des Vorliegens der gesetzlichen Eignungsvoraussetzungen hat jeder Geschäftsführer nach § 8 III 1 das Vorliegen der gesetzlichen Eignungsvoraussetzungen u. das Fehlen von Bestellungshindernissen iR seiner Anmeldung beim Handelsregister **zu versichern.** Nur ausnahmsweise holt das Handelsregister eine unbeschränkte Auskunft aus dem Bundeszentralregister nach dem Bundeszentralregistergesetz ein. 103

Daneben kann auch die Satzung sog. **statutarische Eignungsvoraussetzungen** festlegen,[394] eine satzungswidrige Bestellung ist jedoch nicht nichtig, sondern lediglich **anfechtbar.** Fällt eine statutarische Eignungsvoraussetzung nachträglich weg, so liegt darin stets ein wichtiger Grund für eine Abberufung.[395] 104

---

389 MünchHdbGesR/*Diekmann*, § 42 Rn. 70 unter Hinweis auf Baumbach/Hueck/*Beurskens* Rn. 76 ff., s. auch BGH WM 09, 551 ff.
390 *Weidmann*, DStR 14, 1500 ff.; zugl Anm. zu OLG Nürnberg NZG 14, 222 ff.
391 *Dendorfer/Krebs*, MittBayNot 08, 56 ff.
392 Zu den gesetzlichen u. weiteren Eignungsvoraussetzungen → § 6 Rn. 12 ff.; MünchHdbGesR/*Diekmann*, § 42 Rn. 1 ff.
393 HM, vgl. statt vieler M/H/L/S/*Tebben* § 6 Rn. 89 mwN.
394 Zu den bei der Mitbestimmung unterfallenden Gesellschaften auftretenden Abgrenzungsfragen mit dem Auswahlermessen des Aufsichtsrats bei der Bestellung von Geschäftsführern vgl. Baumbach/Hueck/*Beurskens* § 35 Rn. 25 mwN.
395 So schon Scholz/*Schneider* § 6 Rn. 37; zust. MüKoGmbHG/*Stephan/Tieves* Rn. 47.

105 Im Hinblick auf die iRd Globalisierung stetig steigende Anzahl **ausländischer Geschäftsführer** ist festzuhalten, dass die Staatsangehörigkeit keine Rolle spielt, auch keine **Arbeits- u. Aufenthaltserlaubnis** vorliegen muss u. nach im Vordringen befindlicher Meinung auch eine jederzeitige **Einreisemöglichkeit** (von Nicht-EU-Ausländern) nicht unbedingt gegeben sein muss (wenn auch aus praktischen Erwägungen gegeben sein sollte).[396]

106 b) **Ablauf der Bestellungsperiode (Befristung).** Ist die Bestellung aufgrund des Bestellungsaktes oder einer entspr. Regelung in der Satzung **befristet** (zB auf 5 Jahre oder bis zu einem bestimmten Lebensjahr des Geschäftsführers),[397] so endet die Organstellung des Geschäftsführers mit Ablauf der Bestellperiode.

107 c) **Bedingungseintritt.** Die Organstellung des Geschäftsführers kann nach Rspr. des BGH auch unter eine **auflösende Bedingung** gestellt werden.[398] Das Geschäftsführeramt erlischt in diesem Fall ohne Weiteres mit dem Bedingungseintritt.

108 d) **Amtsniederlegung**[399] Das Amt des Geschäftsführers kann grds. **jederzeit u. ohne Angabe von Gründen** niedergelegt werden. Eines **wichtigen Grundes** bedarf es bei einer wirksamen Amtsniederlegung nach hM nicht,[400] wegen des Trennungsprinzips auch nicht der gleichzeitigen Kündigung des Anstellungsverhältnisses.[401] Die Amtsniederlegung ist eine einseitige, empfangsbedürftige Willenserklärung,[402] die grds. formfrei, also auch mündlich erklärt werden kann.[403] Die Amtsniederlegung wird mit **Zugang** der Niederlegungserklärung beim zuständigen Gremium (Gesellschafterversammlung bzw. Aufsichts- oder Beirat) wirksam[404] u. wirkt grds. **mit sofortiger Wirkung**, es sei denn, in der Niederlegungserklärung ist – zweckmäßigerweise[405] u. zulässigerweise – ein künftiger Zeitpunkt benannt, zu dem die Niederlegung wirksam werden soll (aufschiebend bedingt).[406] Für den Fall der Insolvenz verbleiben aber trotz Amtsniederlegung noch weitgehende Auskunftspflichten.[407] Die Niederlegungserklärung ist grds. ggü.

---

396 Zul. in dem hier vertretenen weiten Sinne: OLG München NZG 10, 157 ff. mit zust. Anm. *Ries*, NZG 10, 298 ff.; aA ua: OLG Celle GmbHR 07, 657.

397 Anders als bei der AG (§ 84 AktG) gibt es für die Bestellung zum Geschäftsführer keine gesetzlichen Zeitvorgaben, also weder Mindest- oder Höchstzeiträume.

398 BGH NZG 06, 26 ff.; zur auflösenden Bedingung eines ruhenden Arbeitsverhältnisses für den Fall einer erneuten Bestellung zum Geschäftsführer: BAG NZA 19, 1423 ff.

399 Näher dazu *Lohr*, GmbH-StB 11, 59; *Schuhmann*, GmbHR 07, 305 ff.; zur Amtsniederlegung bei Gesellschafterwechsel *Stenzel/Lühr* NZG 15, 743 ff.

400 BGH NJW 95, 2820 ff.; BGH NJW 93, 1198 ff.; OLG Bamberg ZIP 17, 1466 ff.: OLG Düsseldorf BeckRS 15, 15205.

401 MüKoGmbHG/*Stephan/Tieves* Rn. 55 unter Hinweis auf BGH NJW 78, 1435 ff. u. OLG Celle GmbHR 04, 425 ff.

402 HM, vgl. etwa OLG München NJW-RR 09, 1122 ff.

403 BGH NJW-RR 11, 1184 ff.

404 OLG Düsseldorf BeckRS 15, 15205; OLG Düsseldorf WR 11, 233 ff.

405 Die Niederlegung sollte mit einer angemessenen Frist erklärt werden, damit sich die Gesellschaft auf die neue Situation einstellen, insbes. einen neuen Geschäftsführer suchen u. bestellen kann u. so eine Niederlegung „zur Unzeit“ vermieden wird.

406 BGH NJW-RR 11, 1184 ff.; ebenso OLG Hamm BeckRS 13, 06545.

407 Vgl. §§ 20 iVm 101 InsO, dazu BGH NZG 15, 563 ff.

dem Organ abzugeben, das auch für die Bestellung zuständig war/ist. Ist eine AG oder GmbH Alleingesellschafterin, gelten bei Gesamtvertretung mehrerer Vorstandsmitglieder/Geschäftsführer für den Zugang die §§ 35 II 3, 78 II 2 AktG. Nach der Rspr. des BGH wie auch des BAG ist wegen des allg. Rechtsgedankens der §§ 35 II 3, 78 II 2 AktG bei mehreren Gesellschaftern der Zugang auch bei nur einem von mehreren Gesellschaftern bzw. einem Aufsichtsrats- oder Beiratsmitglied ausreichend.[408] Diesem obliegt es dann, die anderen Mitgesellschafter zu unterrichten. Die Amtsniederlegung ist wirksam, auch wenn die Mitgesellschafter nicht informiert werden.[409] Die Amtsniederlegung ggü. einem Mitgeschäftsführer bewirkt keinen Zugang bei der Gesellschaft.[410]

Die Satzung kann für die gesetzlich weitgehend freie Amtsniederlegung je- 109
doch Form- u. Fristerfordernisse festlegen, auch das Erfordernis eines wichtigen Grundes. Ist in der Satzung ein wichtiger Grund für die Abberufung vorgesehen, soll dies nach fraglicher Ansicht von *Stephan/Tieves* auch für die Amtsniederlegung gelten.[411]

Die Amtsniederlegung ist eine zum Registergericht anmeldepflichtige Tat- 110
sache, bei der nach der Rspr. einiger OLG auch der Zugang der Niederlegung nachzuweisen ist.[412] Die Eintragung ist jedoch nicht konstitutiv.[413] Diese Anmeldung kann gem. §§ 39, 78 nach der Niederlegung nicht mehr veranlasst werden,[414] weil dann die erforderliche Vertretungsmacht fehlt.[415] Eine nur scheinbar theoretische Frage, nämlich ob eine Niederlegung bzw. Abberufung eines Geschäftsführers bei fehlender Voreintragung als Geschäftsführer möglich ist oder nicht, behandelt zutr. bejahend das OLG Köln.[416]

▶ Niederlegung des Amtes als Geschäftsführer und Kündigung des Dienstvertrages

Hiermit lege ich wie bereits angekündigt das Amt als Geschäftsführer der ... GmbH mit Wirkung zum Ablauf des ... nieder. Gleichzeitig kündige ich meinen Geschäftsführer-Anstellungsvertrag ordentlich mit Wirkung zum Ablauf des ... Um

408 BGH ZIP 01, 2227 ff.; BAG NZA 15, 180 ff.; OLG Hamm NJW-RR 11, 42 ff.; OLG Hamburg NZG 10, 1236 ff.

409 So OLG Hamburg NZG 10, 1236 ff.

410 Wie hier auch MüKoGmbHG/*Stephan/Tieves* Rn. 63 mwN zur hM; aA unter missverstandenem, jedenfalls missverständlichem Hinweis auf BGH NZG 11, 907 ff. scheinbar *Dimsic/Link*, BB 15, 3063 ff.; das BGH-Urteil befasst sich aber ebenfalls nur mit dem Zugang bei einem Gesellschafter (u dessen gesetzlichem Vertreter), nicht aber mit dem Zugang bei einem anderen (Mit-)Geschäftsführer des sein Amt niederlegenden Geschäftsführers.

411 So MüKoGmbHG/*Stephan/Tieves* Rn. 56; offengelassen von BGH NJW 93, 1198 ff.

412 So OLG Jena NZG 11, 28 ff.; OLG Düsseldorf NZG 04, 1068 ff.; OLG Naumburg NZG 01, 853 ff.; einschränkend OLG Frankfurt BeckRS 06, 10391 ff.; offengelassen: BGH NJW-RR 11, 1184 ff. mit Nachweisen zum Meinungsstreit; vgl. zu den Anforderungen an den Zugang u. dessen Nachweis BGH GmbHR 11, 925 ff. mAnm *Huth*.

413 Ganz hM, vgl. etwa BAG NZA 15, 180 ff.; OLG München NJW-RR 09, 1122 ff.; Roth/Altmeppen/*Altmeppen* Rn. 77.

414 OLG Bamberg NZG 12, 1106; ebenso OLG Zweibrücken NZG 15, 319 ff.

415 So ausdrücklich OLG Zweibrücken NZG 15, 319 ff.

416 OLG Köln BeckRS 15, 14621 mit Anm. *Bürger*, GWR 15, 384.

Bestätigung des Empfangs der Niederlegungs- und Kündigungserklärung auf der beigefügten Kopie dieses Schreibens und anschließender Übersendung an mich wird gebeten. Zudem wird gebeten, die Amtsniederlegung unverzüglich zur Eintragung in das Handelsregister anzumelden und mir eine Kopie der Anmeldung zuzusenden. ◀

111 Auch wenn das Geschäftsführeramt demnach grds. jederzeit u. auch ohne Einhaltung einer Frist wirksam niedergelegt werden kann, darf das **nicht „zur Unzeit"** erfolgen.[417]

112 Was unter dem schillernden Begriff der „Unzeit" zu verstehen ist, ist regelmäßig unklar u. iW an der Richtlinie zu orientieren, dass die Handlungsfähigkeit der Gesellschaft nicht unangemessen gefährdet werden darf. Es handelt sich bei beiden in der Lit. aufgeführten Fallgruppen um Ausprägungen **des Grundsatzes von Treu u. Glauben** (**§ 242 BGB**). Nicht nur die Voraussetzungen sind oft unklar, auch die **Rechtsfolgen sind umstritten:** ZT wird angenommen, die Amtsniederlegung sei in diesem Fall – entgg. der zur Sicherstellung von Rechtsklarheit u. -sicherheit vorherrschenden Regel der Wirksamkeit der Amtsniederlegung – schlicht unwirksam.[418] Dag geht eine andere Meinung davon aus, dass auch eine zur Unzeit erfolgte Niederlegung wirksam ist u. sich der zur Unzeit niederlegende Geschäftsführer „nur" wegen Verletzung des Anstellungsvertrages **schadensersatzpflichtig** macht.[419] Das OLG München führte dazu aus: „*Grundsätzlich ist nach ständiger Rechtsprechung des BGH die Amtsniederlegung eines Geschäftsführers auch dann als sofort wirksam zu behandeln, wenn über die objektive Berechtigung der geltend gemachten Gründe Streit besteht. Die Vermeidung einer möglicherweise jahrelangen Unsicherheit über die Wirksamkeit der Amtsniederlegung habe ein stärkeres Gewicht als das möglicherweise vorliegende Interesse der Gesellschaft an der Fortführung des Amtes. Bei Zweifeln über die Beendigung organschaftlicher Vertretungsmacht aus wichtigem Grund komme dem Schutz der Gesellschaft, ihrer Organe und des Rechtsverkehrs vor unklaren Vertretungsverhältnissen der Vorrang zu, wie dies auch in § 84 III 4 AktG ausdrücklichen Niederschlag gefunden habe.*"[420] Für die erstgenannte Ansicht spricht, dass sich der Geschäftsführer sonst quasi jederzeit gesichert seinen – insbes. auch öffentlich-rechtlichen – Pflichten als Geschäftsführer entziehen könnte, für die letztgenannte Meinung spricht die Rechtsklarheit und -sicherheit.

113 Etwas anderes gilt jedoch nach wohl vorherrschender Ansicht für den Alleingeschäftsführer, wenn er zugleich unmittelbarer (oder mittelbarer)[421] Allein- oder Mehrheitsgesellschafter[422] ist: In dieser gesellschaftsrechtli-

417 HM, vgl. etwa OLG Bamberg BeckRS 17, 119854; OLG Düsseldorf BeckRS 15, 15205.
418 OLG Düsseldorf BeckRS 15, 15205; OLG München NZG 11, 432 ff.; OLG Düsseldorf BeckRS 11, 5605; OLG Köln NZG 08, 340; offengelassen von BGH BeckRS 09, 28207; vgl. auch MünchHdbGesR//*Diekmann*, § 42 Rn. 72 mwN.
419 HM, vgl. OLG Koblenz NJW-RR 95, 556; MüKoGmbHG/*Stephan*/*Tieves* Rn. 61; Baumbach/Hueck/*Beurskens* Rn. 77 f. mwN.
420 OLG München NZG 12, 739 ff.
421 So OLG München NZG 12, 739 ff.
422 Dazu OLG Köln NZG 08, 340.

chen Konstellation ist die Niederlegung des einzigen Geschäftsführers jedenfalls dann **rechtsmissbräuchlich und unwirksam**, wenn er es unterlässt, einen neuen Geschäftsführer zu bestellen.[423] Nach OLG Dresden soll das ausnahmsweise nicht gelten, wenn der Gesellschafter-Geschäftsführer unter Betreuung gestellt wird.[424]

Ungeachtet des geltenden Trennungsprinzips u. der nach hM grundlos wirksamen Amtsniederlegung stellt sich die Frage der Auswirkung einer solchen Amtsniederlegung auf das Anstellungsverhältnis: Die grundlose Amtsniederlegung durch den Geschäftsführer – im Gegensatz zu einer solchen mit sachlichem Grund – stellt einen Verstoß gegen die anstellungsvertraglichen Pflichten des Geschäftsführervertrages dar, ist die Ausübung des Amtes doch die vertragliche Hauptpflicht. Ein Schadensersatzanspruch kommt demnach grds. in Betracht.[425] Fraglich wird aber idR ein Schaden bzw. dessen Nachweis sein. Vor einem Schadensersatzanspruch schützt idR entweder ein sachlicher Grund für die Amtsniederlegung oder aber zumindest eine hinreichend lange *„Vorlauf- oder Ankündigungsfrist“* für die Umsetzung einer Amtsniederlegung. 114

Ob in der Amtsniederlegung zugleich eine Kündigung des Anstellungsverhältnisses zu sehen ist, ist durch Auslegung zu ermitteln, iZw jedoch wegen des geltenden Trennungsprinzips abzulehnen.[426] 115

e) Einvernehmliche Beendigung. Die Organstellung kann jederzeit einvernehmlich beendet werden, auch wenn in der Satzung für die Beendigung des Amts ein wichtiger Grund vorgesehen ist u. ein solcher objektiv nicht vorliegt. 116

f) Beendigung des Anstellungsverhältnisses. Nach praktisch unbestrittener Auffassung in Rspr. u. Lit. gilt für das Verhältnis von Organverhältnis u. Anstellungsverhältnis das sog. **„Trennungsprinzip“**, dh zwischen Gesellschaft u. Geschäftsführer bestehen **zwei rechtlich selbstständige Rechtsverhältnisse**, die auch ein unterschiedliches rechtliches Schicksal erleiden können.[427] Die Abberufung führt daher nicht eo ipso zur Beendigung des Anstellungsverhältnisses u. umgekehrt. Allerdings bestehen praktisch natürlich Wechselbeziehungen zwischen den beiden Rechtsverhältnissen u. **können** diese nach der wohl vorherrschenden Meinung auch **im Dienstvertrag miteinander verknüpft werden.** Aus Sicht der Gesellschaft wird dies meist gewünscht u. dergestalt konstruiert, dass eine Abberufung zugleich die Kündigung des Anstellungsverhältnisses darstellen sein soll („Kündigungsfiktion“), teilw. findet auch eine auflösende Bedingung Verwendung (sog. 117

---

423 Umstr., in diesem Sinne etwa OLG Bamberg ZIP 17, 466 ff. mAnm *Mielke/Heinemann* ZIP 17, 1941 ff.; OLG Düsseldorf BeckRS 15, 15205; OLG München NJW-RR 11, 773 ff.; MüKoGmbHG/*Jaeger/Steinbrück* § 35 Rn. 395 mwN; krit. dazu etwa Baumbach/Hueck/*Beurskens* Rn. 90; MüKoGmbHG/*Steffen/Tieves* Rn. 61 jeweils mwN.

424 OLG Dresden NZG 15, 391 ff.

425 So auch OLG Celle GmbHR 04, 425 ff.

426 Zum umgekehrten Fall → Rn. 118.

427 StRspr des BGH vgl. etwa NJW 84, 733 ff.; 89, 2683 ff.; 10, 2343 ff.; zust. auch BAG NZA 08, 168 ff.; OLG München BeckRS 16, 6453; ebenso die hL, vgl. statt vieler etwa MünchHdbGesR/*Diekmann*, § 43 Rn. 3 ff. mwN; vgl. dazu oben Rn. 13.

„Kopplungsklausel").[428] In Bezug auf **unbefristete und damit ordentlich kündbare Dienstverträge** ist dem ohne Weiteres zuzustimmen. Da solche Kopplungsklauseln die in der Praxis jedoch weit verbreitete **Befristung von Dienstverträgen** mit einer Laufzeit von 3 oder 5 Jahren, bei der die ordentliche Kündigungsmöglichkeit idR nicht vorgesehen ist[429] u. die daher nur aus wichtigem Grund gekündigt werden können, aus Sicht der Geschäftsführer erheblich entwerten,[430] wird die Zulässigkeit solcher Kopplungsklauseln unter AGB-rechtlichen Gesichtspunkten, insbes. der Transparenz u. Angemessenheit iSd **§§ 305 ff. BGB** in letzter Zeit zu Recht krit. hinterfragt.[431] Angesichts der für Dienstverhältnisse von Geschäftsführern im Vergleich mit Arbeitnehmern wegen der regelmäßig deutlich kürzeren Betriebszugehörigkeit sehr kurzen gesetzlichen Kündigungsfristen der §§ 621, 622 BGB von oftmals nur einem oder zwei Monaten ist die Zulässigkeit von Kopplungsklauseln auch bei gleichzeitiger Vereinbarung oder durch ergänzende Auslegung erreichter Geltung der gesetzlichen Kündigungsfristen eine **unangemessene Benachteiligung** der Geschäftsführer iSv § 307 BGB u. daher unwirksam.

118 Der BGH geht im Fall der Beendigung des Anstellungsverhältnisses davon aus, dass diese idR zur Beendigung der Organstellung führt, dies jedoch nicht als „Durchbrechung" der Trennungstheorie, sondern unter Annahme einer konkludent in der Kündigung durch die Gesellschaft liegenden Abberufung.[432] Diese Rspr. ist abzulehnen,[433] da das für das GmbH-Recht grundlegende Trennungsprinzip nicht, jedenfalls nicht idR einfach über das Konstrukt der Konkludenz überwunden und damit „konterkariert" werden kann/darf. Vorsorglich wird daher stets eine gesonderte Beendigung des Organverhältnisses empfohlen.

119 Wird die Arbeit vom bisherigen Geschäftsführer nach seiner Abberufung fortgesetzt, so kommt es zu keiner automatischen **Umwandlung des Dienstverhältnisses in ein Arbeitsverhältnis.**[434] Dazu bedarf es eines zusätzlichen ausdrücklichen oder zumindest konkludenten Aktes der Vertragsparteien, wenn dies gewünscht wird. Umstritten ist ferner die Frage, ob der abberufene Geschäftsführer bis zum Ende seines Anstellungsverhältnisses zur Leistung von Arbeit auf leitender Ebene direkt unterhalb der Geschäftsführung verpflichtet ist oder nicht[435] bzw. ob er einen Anspruch auf Weiterbeschäftigung hat.[436]

120 **g) Gesellschaftsrechtliche Vorgänge. aa) Auflösung.** Die Auflösung **der Gesellschaft** lässt das Geschäftsführeramt idR unberührt u. die Geschäfts-

428 Vgl. dazu oben Rn. 14 ff.
429 Übliche Vertragsgestaltungspraxis, vgl. zB auch OLG Hamm NZG 17,1065.
430 Darin liegt iErg praktisch ein „jederzeitiges entschädigungsloses Trennungsrecht", so völlig zutr.: *Moll* MAH-Arbeitsrecht § 80 Rn. 67.
431 Näher → Rn. 15 f. mwN.
432 BGHZ 79, 38; zust. Roth/Altmeppen/*Altmeppen* Rn. 7 mwN; Baumbach/Hueck/*Beurskens* Rn. 96.
433 Vgl. *zur hL:* Lutter/Hommelhoff/*Kleindiek* Rn. 40.
434 BGH GmbHR 03, 473 ff.
435 → Rn. 81 f.
436 Die hM lehnt einen Weiterbeschäftigungsanspruch zu Recht ab, es sei denn, er wäre vertraglich vorgesehen: So insbes. BGH NJW 11, 920 ff.; OLG München BeckRS 16, 06453; Roth/Altmeppen//*Altmeppen* Rn. 6.

führer haben als sog. geborene Liquidatoren der Gesellschaft in Liquidation die Abwicklung der Gesellschaft vorzunehmen (§ 66 I Hs. 1). Zur Beendigung des Geschäftsführeramtes kommt es nur, wenn andere Personen zu Liquidatoren bestellt werden (§ 66 I Hs. 2).

bb) Verschmelzung. Im Fall einer Verschmelzung (sowohl bei Verschmelzung zur Aufnahme als auch bei Verschmelzung zur Neugründung) **erlischt das Geschäftsführeramt** der aufgenommenen Gesellschaft ebenso wie bei der Verschmelzung zweier Gesellschaften zur Neugründung dasjenige der Geschäftsführer beider Gesellschaften automatisch mit Eintragung der Verschmelzung in das Handelsregister.[437] Einer Abberufung bedarf es daher nicht. Das Anstellungsverhältnis endet idR mit der Beendigung der Organstellung nicht, sondern geht iRd Gesamtrechtsnachfolge auf den neuen Rechtsträger über. 121

cc) Spaltung. Wird die Gesellschaft aufgespalten, **endet** das Geschäftsführeramt **mit dem Erlöschen** der Gesellschaft. Für das Anstellungsverhältnis gilt das zur Verschmelzung vorstehend Gesagte entspr. Dag bleibt der Geschäftsführer der Gesellschaft bei einer bloßen Abspaltung oder Ausgliederung im Amt, da in diesem Fall auch die Gesellschaft bestehen bleibt. 122

dd) Formwechsel. Bei einer formwechselnden Umwandlung nach dem Umwandlungsgesetz (UmwG) geht mit dem Erlöschen der GmbH bzw. der Unternehmergesellschaft auch das Geschäftsführeramt verloren.[438] Für das Anstellungsverhältnis gilt das zur Verschmelzung vorstehend Gesagte entspr.[439] 123

h) Insolvenz. Weder durch die Stellung eines Insolvenzantrages noch durch die Eröffnung des Insolvenzverfahrens verliert der Geschäftsführer seine Organstellung, er **bleibt im Amt** (§§ 101, 108 InsO). Zwar wird die GmbH gem. § 60 Abs. 1 Nr. 4 GmbHG durch die Eröffnung des Insolvenzverfahrens aufgelöst. Damit erlischt aber das Amt des Geschäftsführers nicht.[440] Allerdings sind die Kompetenzen des Geschäftsführers in der Insolvenz der Gesellschaft stark eingeschränkt, weil die wesentlichen Befugnisse auf den Insolvenzverwalter übergehen.[441] 124

i) Wahl in den Aufsichtsrat. Soll ein Geschäftsführer in den Aufsichtsrat gewählt werden oder ein Aufsichtsratsmitglied zum Geschäftsführer bestellt werden, stellt sich das Problem der **Inkompatibilität von Geschäftsführer- u. Aufsichtsratsamt** (§ 52 iVm § 105 AktG).[442] Der Geschäftsführer müsste also sein Amt vor der Wahl zum Aufsichtsratsmitglied niederlegen. Das Gleiche gilt, wenn ein Aufsichtsratsmitglied zum Geschäftsführer bestellt werden soll.[443] 125

---

437 HM, vgl. MünchHdbGesR/*Diekmann*, § 42 Rn. 74 mwN.
438 HM, vgl. etwa Lutter/Hommelhoff/*Kleindiek* Rn. 40 unter Hinweis auf BGH GmbHR 97, 646 ff. u. *Hoger*, ZGR 07, 686 ff. mwN.
439 HM, vgl. etwa Lutter/Hommelhoff/*Kleindiek* Rn. 40 unter Hinweis auf BGH ZIP 00, 508 ff.
440 KG ZIP 12, 1352 ff.
441 Dazu die Kommentarlit zu den §§ 22, 80 ff. InsO.
442 Ganz hM, vgl. etwa Henssler/Strohn/*Henssler* § 52 Rn. 7 mwN; Baumbach/Hueck/*Beurskens* § 6 Rn. 10; Baumbach/Hueck/*Zöllner*/*Noack* § 52 Rn. 39.
443 Ebenso zum umgekehrten Fall eines Aufsichtsratsmitglieds, das Geschäftsführer werden will: MünchHdbGesR/*Diekmann*, § 42 Rn. 6.

126 **j) Tod des Geschäftsführers.** Das Geschäftsführeramt erlischt mit dem Tod des Geschäftsführers, da dieses als höchstpersönliches Amt nicht vererblich ist. Etwas anderes gilt auch dann nicht, wenn einem Gesellschafter-/Familienstamm in der Satzung ein Anspruch auf Stellung eines Geschäftsführers eingeräumt worden ist (Eintritts- oder Nachfolgeklausel).[444] In diesen Fällen kann allenfalls ein Anspruch von Erben auf Bestellung bestehen.

§ 39 Anmeldung der Geschäftsführer

(1) Jede Änderung in den Personen der Geschäftsführer sowie die Beendigung der Vertretungsbefugnis eines Geschäftsführers ist zur Eintragung in das Handelsregister anzumelden.

(2) Der Anmeldung sind die Urkunden über die Bestellung der Geschäftsführer oder über die Beendigung der Vertretungsbefugnis in Urschrift oder öffentlich beglaubigter Abschrift beizufügen.

(3) [1]Die neuen Geschäftsführer haben in der Anmeldung zu versichern, daß keine Umstände vorliegen, die ihrer Bestellung nach § 6 Abs. 2 Satz 2 Nr. 2 und 3 sowie Satz 3 entgegenstehen und daß sie über ihre unbeschränkte Auskunftspflicht gegenüber dem Gericht belehrt worden sind. [2]§ 8 Abs. 3 Satz 2 ist anzuwenden.

Schrifttum

Bärwaldt, Die Anmeldung des eigenen Ausscheidens als Geschäftsführer; GmbHR 2001, 290; *Kleefass*, Anmerkung zum Beschluss des BGH vom 3.2.2015, Az. II ZB 12/14 – Zur Löschung eines vormals männlichen Vornamens im Handelsregister nach Geschlechtsangleichung, EWiR 2015, 533; *Klingen/Rossbroich*, EWiR 18, 491 Anmerkung zum Beschluss des OLG Düsseldorf vom 8.12.2017, Az. I-3 Wx 275/16 – Zur Frage der Ergänzungsbedürftigkeit einer durch den Allein-Geschäftsführer erteilten Handelsregistervollmacht bei nachträglicher Bestellung weiterer Geschäftsführer mit gemeinsamer Vertretungsbefugnis; *Mense/Poschitz*, Eintragungsfähigkeit der Einzelvertretungsmacht des „directors“ einer englischen limited im Handelsregister, GWR 2015, 206; *Peters*, Ressortverteilung zwischen GmbH-Geschäftsführern und ihre Folgen, GmbHR 2008, 687; *Ries/Schulte*, Umstrittene Eintragungsfähigkeit bestimmter Veränderungen in das Handelsregister – Fluch oder Segen für die beteiligten Gesellschaften? -, GmbHR 2013, 345; *Schaub*, Stellvertretung bei Handelsregisteranmeldungen, DStR 1999, 1699; *Schmidt*, Führungslosigkeit der GmbH oder GmbH & Co. KG im Prozess, GmbHR 2011, 113; *Seebach*, Die Mitwirkung des Prokuristen bei Handelsregisteranmeldungen des Prinzipals, RNotZ 2015, 68; *Ulrich*, Das öffentliche Interesse am unveränderten Bestand des Handelsregisters, GmbHR 2015, 181; *ders*, Registeranmeldung der Amtsbeendigung eines nicht eingetragenen Geschäftsführers, GmbHR 2015, 294; *Wachter*, Amtsniederlegung von GmbH-Geschäftsführern, GmbHR 2001, 1129; *Wolff*, Bestellung und Abberufung von GmbH-Geschäftsführern im Ausland, ZIP 1995, 1489.

444 M/H/L/S/*Terlau* Rn. 80.

I. Normzweck

Zweck der Regelung ist es, dass sich der Rechtsverkehr auch nach der Gründung der Gesellschaft zuverlässig über die jeweils aktuelle organschaftliche Vertretung der Gesellschaft **informieren** kann. Inhaltlich knüpft die Regelung an § 10 I an, wonach die Vertretungsverhältnisse bei Gründung der Gesellschaft in das Handelsregister einzutragen sind. Die Regelung ist sinngemäß bei Zweigniederlassungen von GmbHs mit Sitz im Ausland anzuwenden.[1] 1

Die Eintragung der angemeldeten Tatsachen im Handelregister hat **keine konstitutive Wirkung.**[2] Daher ist das Amt des Geschäftsführers nach der **wirksamen** Abberufung auch dann beendet, wenn die Abberufung noch nicht im Handelsregister eingetragen wurde. Umgekehrt beginnt mit der Bestellung zum Geschäftsführer u. nicht erst mit ihrer Eintragung im Handelsregister der Haftungszeitpunkt gem. § 43.[3] 2

Zu beachten sind jedoch die **Wirkungen des § 15 HGB** ggü. Dritten, insbes. wenn die Beendigung des Geschäftsführungsamtes noch nicht im Handelsregister eingetragen wurde oder die Beendigung des Geschäftsführungsamtes, konkret der Abberufungsbeschluss, vom Geschäftsführer gerichtlich angefochten wurde.[4] Der Rechtsverkehr kann sich gem. § 15 I HGB darauf verlassen, dass Maßnahmen u. Rechtshandlungen, die ein im Handelsregister (noch) eingetragener Geschäftsführer vornimmt, für u. gegen die Gesellschaft wirken. Anders ist dies nur, wenn der Geschäftspartner positive Kenntnis von der Tatsachenlage, also etwa der wirksamen Abberufung des Geschäftsführers, hatte.[5] Selbst grob fahrlässige Unkenntnis schadet nicht, nachdem der Rechtsverkehr nicht zu Nachforschungen verpflichtet ist. Daher darf uE ein Geschäftspartner, der zwar weiß, dass der im Handelsregister eingetragene Geschäftsführer einer GmbH abberufen wurde, diese Abberufung jedoch gerichtlich angefochten hat, nach § 15 I HGB auf die Vertretungsberechtigung vertrauen, bis ihm positiv bekannt ist, dass die Abberufung wirksam ist.[6] 3

II. Inhalt

1. Anmeldungsanlässe

Nach Abs. 1 sind jede **Änderung in den Personen** der Geschäftsführer sowie die **Beendigung der Vertretungsbefugnis** eines Geschäftsführers zur Eintragung anzumelden. Die Norm erfasst jedoch über ihren Wortlaut hi- 4

1 Baumbach/Hueck/*Zöllner/Noack* Rn. 1.
2 BGH GmbHR 96, 50; OLG München GmbHR 09, 663, 666; OLG Hamburg NZG 00, 698; OLG Köln GmbHR 93, 155; Scholz/*Schneider* Rn. 1; Lutter/Hommelhoff/*Kleindiek* Rn. 1.
3 BGH NJW-RR 94, 2027; FG Münster EFG 07, 1566, 1567.
4 Anschaulich OLG Schleswig GmbHR 98, 746, 747.
5 OLG Hamm v. 6.3.06 (Tz 22), Az. 8 u. 87/05, zit. nach juris; Baumbach/*Hopt*, HGB, § 15 Rn. 7; Röhricht/Graf von Westphalen/*Ammon/Ries*, HGB, § 15 Rn. 16.
6 OLG Oldenburg GmbHR 10, 1093, 1094, Revision unter BGH, Az. II ZR 34/10: Nichtzulassungsbeschwerde zurückgewiesen; LAG Rheinland-Pfalz v. 13.8.09 (Tz 60), Az. 11 Sa 147/09, zit. nach juris.

naus auch Änderungen in der **Art der Vertretungsbefugnis.**[7] Nur auf diesem Weg kann dem Zweck der Regelung, eine rechtssichere Auskunft über die organschaftliche Vertretung der Gesellschaft zu geben, erreicht werden.

5 Die Anmeldung und Eintragung von Änderungen in den Personen der Geschäftsführer sollen ersehen lassen, wer die jeweiligen Geschäftsführer der Gesellschaft sind. Einer Anmeldung bedarf daher nicht die ohne zeitliche Unterbrechung erfolgte **Wiederbestellung,**[8] dag jedoch die **Neubestellung,** die Bestellung eines stellvertretenden Geschäftsführers u. eines Notgeschäftsführers. Nicht anmelde- u. eintragungspflichtig soll die zukünftige Geschäftsführerbestellung sein.[9] Anzumelden ist **jede Beendigung des Geschäftsführeramtes,** etwa durch Tod, Abberufung (vgl. → § 38 Rn. 20, 24, 97), Amtsniederlegung (vgl. → § 38 Rn. 84 ff.), Eintritt der Geschäftsunfähigkeit,[10] Berufs- oder Gewerbeverbot (§ 6 II)[11] oder aus sonstigen Gründen. Eine Anmeldepflicht besteht auch bei anfänglicher Unrichtigkeit oder Unzulässigkeit der Eintragung.[12] Anmeldungs- u. eintragungspflichtig ist eine Amtsbeendigung auch dann, wenn die **Bestellung** nicht oder noch nicht **eingetragen** worden war.[13] Die Gesellschaft hat darüber hinaus auch ein Interesse daran, sich dem Risiko der Rechtsscheinhaftung nach § 15 I HGB durch Eintragung der Amtsbeendigung entledigen zu können.

6 **Änderungen in der Person** eines Geschäftsführers sind anmelde- u. eintragungspflichtig soweit es sich um Änderungen des Vornamens oder Familiennamens handelt.[14] Lediglich eintragungsfähig, aber nicht eintragungspflichtig u. damit nicht anmeldepflichtig sind sonstige Namensbestandteile, wie etwa Titel, der Wohnort oder der Beruf eines Geschäftsführers.[15]

Darüber hinaus wird als **anmeldefähig** betrachtet die auf die deutsche Zweigniederlassung einer englischen private company limited by shares beschränkte Einzelvertretungsmacht.[16] Vor dem Hintergrund des Informationszwecks, den die Norm verfolgt, ist dies sachgerecht. Denn auch wenn Vertretungskonzepte ausländischer Rechtsformen sich nicht ohne Weiteres in die Konzepte des deutschen Gesellschaftsrechts einfügen, steht im Vordergrund die Information des Rechtsverkehrs über die Vertretungsverhältnisse der Gesellschaft.[17]

---

7 HM, Baumbach/Hueck/*Zöllner/Noack* Rn. 2, 5; Rohwedder/Schmidt-Leithoff/*Koppensteiner* Rn. 1; Lutter/Hommelhoff/*Kleindiek* Rn. 4.
8 Scholz/*Schneider* Rn. 2.
9 OLG Düsseldorf GmbHR 00, 233.
10 BGH JZ 92, 152 mAnm *Lutter/Gehling*.
11 OLG Frankfurt GmbHR 94, 802.
12 AA KG GmbHR 99, 861.
13 OLG Köln GmbHR 15, 1156; KG GmbHR 12, 518; *Ries/Schulte*, GmbHR 13, 345; BayObLG GmbHR 92, 306; Lutter/Hommelhoff/*Kleindiek* Rn. 2; *Ulrich*, GmbHR 15, 294, 295; zumindest Anmeldung u. Eintragung zu empfehlen Scholz/*Schneider* Rn. 3; aA Rohwedder/Schmidt-Leithoff/*Koppensteiner* Rn. 3.
14 Scholz/*Schneider* Rn. 4; Lutter/Hommelhoff/*Kleindiek* Rn. 3; Baumbach/Hueck/*Zöllner/Noack* Rn. 4.
15 Scholz/*Schneider* Rn. 4; Lutter/Hommelhoff/*Kleindiek* Rn. 3.
16 OLG Frankfurt NZG 15, 707, 708, mit zust. Anmerkungen *Mense/Poschitz*, GWR 15, 206 u. *Just*, EWiR 15, 441.
17 Vgl. dazu auch KG ZIP 12, 1609.

Ein Anspruch auf **Löschung von Voreintragungen**, die anlässlich von Änderungen unrichtig werden, besteht nicht. Der BGH hat die mit der Offenlegung von Änderungen verfolgte Zwecksetzung der zuverlässigen, vollständigen u. lückenlosen Dokumentation der Eintragungen im Interesse des Rechtsverkehrs auch im Verhältnis zum Recht des betroffenen Geschäftsführers auf informationelle Selbstbestimmung höher bewertet u. einen solchen Löschungsanspruch richtigerweise abgelehnt.[18]

Anmelder ist die Gesellschaft, vertreten durch ihre Geschäftsführer (§ 78) 7
in vertretungsberechtigter Zahl. Maßgeblich dafür ist die zum Zeitpunkt der Anmeldung – also der Abgabe der Anmeldeerklärung vor dem Notar[19] – maßgebliche Satzung bzw. das Gesetz. Im Fall unechter Gesamtvertretung ist die Anmeldung durch einen Geschäftsführer zusammen mit einem Prokuristen zulässig.[20] Aus § 78 ergibt sich, dass jedenfalls dann die **Anmeldung höchstpersönlich** – u. damit eine rechtsgeschäftliche Stellvertretung ausschließend – erfolgen muss, wenn ein Fall des Abs. 3 vorliegt.[21] Denn maßgeblich ist, dass der Geschäftsführer in diesem Fall bei der Anmeldung die Versicherung nach Abs. 3 abgeben muss, deren Inhalt nach § 82 I Nr. 5 strafbewehrt ist. IÜ ist Vertretung zulässig, wobei der gesetzliche Umfang der Prokura (§ 49 HGB) u. der Handlungsvollmacht (§ 54 HGB) per se für die Anmeldung nach § 39 keine Vertretungsmacht geben (vgl. → § 78 Rn. 9).[22] Auch die Verwendung einer Generalvollmacht, die „organgleiche Vertretungsmacht" begründet, ist nicht zu empfehlen.[23] In der Praxis sollte die Bevollmächtigung ausdrücklich u. auf den jeweiligen Anmeldetatbestand konkretisiert und muss in öffentlich beglaubigter Form erfolgen. Die einmal erteilte Vollmacht für Handelsregisteranmeldungen wirkt auch nach Ausscheiden des Geschäftsführers, der sie erteilt hat, fort.[24] Ebenso wird die Vollmacht nicht dadurch unwirksam oder ergänzungsbedürftig, dass die Vertretungsregelung nach ihrer Erteilung geändert wird.[25]

Der (mit sofortiger Wirkung) **neu bestellte, aber noch nicht eingetragene** 8
Geschäftsführer ist anmeldebefugt. Er muss jedoch seine Anmeldebefugnis bereits bei Abgabe der entspr. Erklärung beim Notar nachweisen u. vorlegen.[26]

---

18 BGH GmbHR 15, 751 im Kontext zu § 5 I TSG, zust. *Kleefass*, EWiR 15, 533; ebenso *Ulrich*, GmbHR 15, 181.
19 So auch jüngst OLG Brandenburg NotBZ 13, 475 mwN zur Rspr.
20 BayObLG GmbHR 03, 1356; KG JW 38, 3121; Lutter/Hommelhoff/*Kleindiek* Rn. 6; Michalski/*Terlau* Rn. 10.
21 *Wolff*, ZIP 95, 1489, 1493; Röhricht/Graf von Westphalen/*Ammon/Ries* § 12 Rn. 11; wohl auch *Schaub*, DStR 99, 1699, 1701; für § 8 bereits OLG Düsseldorf GmbHR 93, 98 u. BayObLG DB 86, 2530; offen gelassen in BGH NJW 92, 975, 976; **aA** Lutter/Hommelhoff/*Kleindiek* Rn. 6.
22 Ebenso OLG Düsseldorf GmbHR 12, 690, 691; aA *Seebach*, RNotZ 15, 68, 70.
23 Vgl. anschaulich OLG Frankfurt GmbHR 12, 751.
24 OLG Hamm GmbHR 12, 903.
25 OLG Düsseldorf GmbHR 18, 424, mit zust. Anm. *Klingen/Rossbroich*, EWiR 18, 491.
26 OLG Düsseldorf NZG 00, 262; OLG Köln GmbHR 01, 923; *Waldner*, NZG 00, 263; Scholz/*Schneider* Rn. 13.

9 Der **ausgeschiedene Geschäftsführer** ist nicht mehr anmeldebefugt. Zu empfehlen ist daher, dass das Amtsende/die Abberufung unter die aufschiebende Bedingung der Eintragung des Ausscheidens im Handelsregister[27] oder des Eingangs der Handelsregisteranmeldung beim Registergericht[28] gestellt werden. Der einzige Geschäftsführer einer GmbH ist trotz (sofortigen) Ausscheidens noch anmeldebefugt, soweit ein enger zeitlicher Zusammenhang mit dem Amtsende besteht.[29] Für die notwendige Rechtssicherheit wird diskutiert, den zeitlichen Zusammenhang auf die Zwei-Wochen-Frist des § 15 II 2 HGB zu begrenzen.[30] Der Rechtsverkehr hat jedenfalls kein Interesse daran, dass unrichtige Tatsachen eingetragen bleiben.

In der Praxis problematisch ist die obergerichtliche Rspr., nach der der Antrag des einzigen Gesellschafter-Geschäftsführers auf Eintragung seiner Abberufung oder der Amtsniederlegung rechtsmissbräuchlich u. daher unwirksam sein soll;[31] vielfach wird davon ausgegangen, dass bereits die Amtsniederlegung bzw. der Abberufungsbeschluss als solches – u. nicht erst der Registerantrag – unzulässig seien.[32] Begründet wird dies mit dem Interesse des Rechtsverkehrs an der Handlungsfähigkeit der Gesellschaft oder einem angeblich höheren Rechtsschutzinteresse – insbes. im Fall der Insolvenz der GmbH –, das höhere Anforderungen an die Amtsniederlegung/Abberufung stelle.[33] Dem ist uE jedoch eine klare Absage zu erteilen. Die Diskussion um die Abberufung/Amtsniederlegung des einzigen Gesellschafter-Geschäftsführers wurde bereits vor Einführung des MoMiG geführt; dem Gesetzgeber war das Problem daher bewusst. Dennoch hat sich der Gesetzgeber lediglich für eine Neuregelung der Passivvertretung der Gesellschaft (vgl. § 35 I 2) entschieden, für die Sicherstellung der Handlungsfähigkeit allg., also auch der Aktivvertretung, jedoch kein Regelungsbedürfnis gesehen. Ein solches Bedürfnis ist auch nach Auffassung des BGH nicht anzuerkennen; so ist auch die fehlende Prozessfähigkeit einer Gesellschaft infolge der Amtsniederlegung des alleinigen Geschäftsführers hinzunehmen.[34] Mit den Rechtsinstituten des Notgeschäftsführers u. des Prozesspflegers stehen vielmehr Ausgleichsmechanismen zur Verfügung. Ein gesteigertes Rechtsschutzinteresse ist entgg. der Rspr. der Obergerichte nicht zu erkennen, denn die rechtliche Ausgangslage der Gläubiger einer

27 OLG Frankfurt GmbHR 06, 1151; OLG Zweibrücken GmbHR 99, 479; Lutter/Hommelhoff/*Kleindiek* Rn. 7.

28 Eingehend OLG Hamm v. 20.12.12 (Tz 4), Az. 27 W 159/12, zit. nach juris; OLG Frankfurt GmbHR 06, 1151; *Bärwaldt*, GmbHR 01, 290, 291; Lutter/Hommelhoff/*Kleindiek* Rn. 7.

29 LG Köln GmbHR 98, 183; LG Berlin GmbHR 93, 292; Roth/*Altmeppen* Rn. 9; Lutter/Hommelhoff/*Kleindiek* Rn. 7; Scholz/*Schneider* Rn. 14; *Wachter*, GmbHR 01, 1129, 1136; aA Baumbach/Hueck/*Zöllner*/*Noack* Rn. 9; OLG Bamberg GmbHR 12, 1241, 1242 mwN.

30 Vgl. *Wachter*, GmbHR 01, 1129, 1136.

31 OLG München NZG 11, 432, 433; 12, 739, 740; OLG Zweibrücken GmbHR 06, 501, 502; OLG Köln GmbHR 08, 544; BayObLG BB 99, 1782; OLG Hamm BB 88, 1412; vgl. iÜ Baumbach/Hueck/*Zöllner*/*Noack* Rn. 9 a.

32 So OLG Düsseldorf NZG 15, 1578, 1579; OLG München NZG 11, 432, 433; BayObLG BB 99, 1782, 1783.

33 So nun OLG Düsseldorf NZG 15, 1578, 1579; OLG Frankfurt GmbHR 15, 363, 364, zust. Anm. *Hippeli*, jurisPR-HaGesR 4/2015.

34 BGH GmbHR 11, 83, 84; *Schmidt*, GmbHR 11, 113, 114.

Mehr-Personen-GmbH ändert sich nicht zur Ein-Mann-GmbH hin; dies gilt auch im Fall der Insolvenz, denn in die Vermögenssituation wird durch die Abberufung/Amtsniederlegung des Geschäftsführers nicht eingegriffen. Schließlich ist auch der Ansatz, dass in den diskutierten Fallkonstellationen generell die Amtsniederlegung/Abberufung rechtsmissbräuchlich sein soll, sehr bedenklich. Denn die Annahme von Rechtsmissbrauch erfordert spezifische Anhaltspunkte im Einzelfall, die die formal zulässige Rechtsausübung als unzulässig erscheinen lassen. Der Ansatz der Obergerichte hat damit nicht mehr viel zu tun u. stellt den Grundsatz der freien Abberufung (§ 38) sowie der Anerkennung der Führungslosigkeit der Gesellschaft durch den Gesetzgeber (vgl. § 35 I 2 Hs. 1) gänzlich in Frage. Die Rspr. der Obergerichte ist umso mehr zu kritisieren, als das Verdikt eines Rechtsmissbrauchs die Feststellung von spezifischen Einzelfallkriterien erfordert, zu einer materiellrechtlichen Prüfung im Einzelfall die Registergerichte aber gar nicht befugt sind (vgl. → Rn. 16). In der Praxis ist diese Rspr. (vorerst) hinzunehmen u. der Antrag auf Eintragung der Abberufung/ Amtsniederlegung mit einem solchen auf Eintragung der Neubestellung eines Geschäftsführers zu verbinden.

In der Insolvenz bleibt die Anmeldepflicht u. Anmeldebefugnis gem. Abs. 1 10
grds. unverändert, denn die Befugnis des Insolvenzverwalters – auch im Hinblick auf § 39 – erstreckt sich nur auf die Rechte zur Verwaltung und Verwertung der Insolvenzmasse, nicht darüber hinaus.[35] Lediglich soweit kein Geschäftsführer im Amt ist, geht die Zuständigkeit auf den Insolvenzverwalter über.[36]

3. Anmeldeunterlagen

Die Anmeldung erfolgt durch eine **Anmeldeerklärung u. Beifügung der Ur- 11
kunden** über die geänderten Tatsachen, die der Anmeldung gem. Abs. 1 zugrunde liegen. Gem. § 12 I HGB wird die Anmeldung durch elektronische Übermittlung der Anmeldeerklärung u. der Urkunden an das Handelsregister durchgeführt. Die Anmeldeerklärung ist in öffentlich beglaubigter Form (§ 12 I 1 HGB, § 129 BGB, §§ 39, 39 a, 40 BeurkG) zu übermitteln. Die Urkunden sind in Urschrift oder öffentlich beglaubigter Abschrift (§ 39 a BeurkG) beizufügen. Erforderlich ist also etwa der maßgebliche Gesellschafterbeschluss über die Bestellung zum Geschäftsführer,[37] die Sterbeurkunde des durch Tod ausgeschiedenen Geschäftsführers oder, im Fall der Amtsniederlegung durch den Geschäftsführer, die Erklärung zur Amtsniederlegung; der Nachweis des Zugangs dieser Erklärung beim zuständigen Gesellschaftsorgan (→ § 38 Rn. 54 f.) ist grds. nicht vorzulegen, lediglich

35 OLG Hamm GmbHR 17, 648, 649 (auch zur Kostenlast ggü. der Gesellschaft und dem Geschäftsführer); OLG Köln GmbHR 01, 923, 924 f.; OLG Rostock GmbHR 03, 1133; Lutter/Hommelhoff/*Kleindiek* Rn. 7; Baumbach/Hueck/*Zöllner/Noack* Rn. 11; aA AG Berlin-Charlottenburg ZIP 96, 683; *Roth*/Altmeppen Rn. 6.

36 LG Baden-Baden ZIP 96, 1352; AG Berlin-Charlottenburg ZIP 96, 683; Lutter/Hommelhoff/*Kleindiek* Rn. 7.

37 LG München GmbHR 00, 664.

soweit Zweifel am Zugang bestehen können.[38] Im Fall der Abberufung des Geschäftsführers ist der Zugang des Abberufungsbeschlusses bei dem betroffenen Geschäftsführer ebenso nicht generell nachzuweisen.[39]

▶ In der Registersache der ... GmbH, HRB ... überreichen wir, die unterzeichneten Geschäftsführer eine notariell beglaubigte Abschrift des Protokolls der (außerordentlichen) Gesellschafterversammlung vom ... und nehmen vollinhaltlich Bezug. Ferner ist beigefügt eine Heiratsurkunde.

Wir melden zur Eintragung in das Handelsregister an:

Der Geschäftsführer ... vertritt nun stets einzeln, auch wenn weitere Geschäftsführer bestellt sind. Er ist befugt, als Geschäftsführer Rechtsgeschäfte mit sich selbst oder mit sich als Vertreter eines Dritten abzuschließen (Befreiung von den Beschränkungen des § 181 BGB).

Ferner wird angemeldet, dass der Nachname des Geschäftsführers ... nunmehr wie folgt lautet: ...

Unterschrift der anmeldenden Geschäftsführer samt Beglaubigung durch den Notar ◀

12 **Neubestellte Geschäftsführer** haben nach Abs. 3 die Erklärung über das Fehlen von Bestellungshindernissen u. über ihre Belehrung (vgl. → § 6 Rn. 12, 17; → § 8 Rn. 11, 14) mit der Anmeldung vorzulegen. Obergerichtlich ist nunmehr entschieden, dass auch die iRd § 39 abzugebende Versicherung nicht die Bestellungshindernisse des § 6 II 2 Nr. 2 u. 3 sowie S. 3 einzeln aufführen muss;[40] wobei in der Praxis zu beachten ist, dass viele Registergerichte dem (noch) nicht folgen u. – contra legem – eine dezidierte Versicherung verlangen. Soweit in gegenteiliger Auffassung versucht wird, iRd § 6 II 2 u. 3 zwischen Tatsachenfeststellungen, die der Geschäftsführer zu erklären habe, u. der Rechtsanwendung, die vom Registergericht vorzunehmen sei, zu differenzieren, um eine detaillierte Versicherung zu rechtfertigen,[41] ist diese Unterscheidung sachlich unzutr: Die Erklärung eines Geschäftsführers zum Katalog des § 6 II 2 u. 3 beinhaltet zugleich immer – gleichgültig, ob als detaillierte oder pauschale Erklärung – eine Rechtsanwendung. Entscheidend ist darüber hinaus, dass weder Wortlaut noch Ratio der §§ 6 II 2 u. 3; 8 III u. 39 III eine dezidierte Erklärung des Geschäftsführers als Versicherung fordern.

Konsequent muss sich uE die Versicherung erst Recht nicht auf die mit dem 51. Strafrechtsänderungsgesetz nachträglich eingefügten Tatbestände der §§ 265 c bis 265 e erstrecken. Selbst soweit man der Auffassung folgte, dass die Bestellungshindernisse des § 6 II 2 Nr. 2 u. 3 einzeln aufgeführt

38 OLG Frankfurt GmbHR 06, 1151, 1152; Baumbach/Hueck/*Zöllner/Noack* Rn. 16, § 38 Rn. 83 f.; *Wachter*, GmbHR 01, 1129, 1133 f.; aA immer vorzulegen OLG Hamm GmbHR 10, 1092, 1093; OLG Düsseldorf GmbHR 04, 1532; OLG Naumburg GmbHR 01, 571; offen gelassen, ob nur bei erheblichen Zweifeln BGH NZG 11, 907, 909; OLG Jena GmbHR 11, 31; OLG Hamburg NZG 10, 1235, 1236.

39 OLG Hamm GmbHR 03, 112; Baumbach/Hueck/*Zöllner/Noack* Rn. 16. Lutter/Hommelhoff/*Kleindiek* Rn. 8; Scholz/*Schneider* Rn. 18.

40 OLG Stuttgart GmbHR 13, 91 (unter Bezugnahme auf BGH GmbHR 10, 812), mit zust. Anmerkungen *Oppenländer* sowie *Kunkel*, jurisPR-HaGesR 3/2013 Anm. 1.

41 OLG Schleswig-Holstein GmbHR 14, 1095.

werden müssten, gilt dies nicht für §§ 265 c bis 265 e (→ § 6 Rn. 14).[42] Denn das wesentliche Schutzgut dieser Normen ist die Integrität des Sports, so dass die Einbeziehung in die Verweisungsnorm des § 6 II 2 Nr. 3 e mit ihren vermögensrechtlichen Tatbeständen ausscheidet. Verfassungsrechtliche Bedenken verbleben dennoch.[43]

Ergänzend ist festzustellen, dass die Erklärung nicht das Wort „versichern" beinhalten muss, als Tatsachenerklärung genügt jede Wendung, die erkennen lässt, dass es sich um eine eigenverantwortliche Bekundung des Betroffenen handelt.[44]

13 Der neubestellte Geschäftsführer ist nicht mehr verpflichtet, seine Unterschrift öffentlich beglaubigt zu zeichnen u. zur Aufbewahrung beim Registergericht vorzulegen. **Abs. 4 aF** ist durch das EHUG vom 10.11.06 (BGBl. I, S. 2553) mit Wirkung zum 1.1.07 aufgehoben worden.

III. Verfahren

1. Zuständigkeit

14 **Zuständiges Gericht** für die Anmeldung ist das Handelsregistergericht des Sitzes der Gesellschaft iSv § 3 I Nr. 1. Dies gilt auch für die Zweigniederlassung[45] sowie im Fall des Auseinanderfallens von Satzungs- u. Verwaltungssitz.

2. Umfang von Prüfungsrecht und Prüfungspflicht

15 Das zuständige Gericht prüft vor der Eintragung die Anmeldung. Das Registergericht ist insoweit zur Prüfung verpflichtet u. auch berechtigt. Der **Umfang des Prüfungsrechtes** ist iE jedoch umstritten. Einigkeit besteht insoweit, als dem Registergericht ein **formelles Prüfungsrecht** zukommt, es also zu prüfen hat, ob die begehrte Eintragung eintragungsfähig ist, die Anmeldung formgerecht u. die erforderlichen Urkunden beigefügt sind sowie, ob aus dem Inhalt der Urkunden die einzutragende Veränderung rechtssicher zu entnehmen ist.[46]

16 Ein **materielles Prüfungsrecht** der Rechtshandlungen, die den angemeldeten Tatsachen zugrunde liegen, besteht grds. nicht.[47] Anders ist dies, wenn sich bereits **bei summarischer Prüfung Gründe für die Unwirksamkeit oder Nichtigkeit** der Rechtshandlung aus der Anmeldung, insbes. den beigefügten Unterlagen ergeben;[48] so etwa, ob ein Gesellschafterbeschluss vorliegt,[49] ob ein offenkundig unzuständiges Organ entschieden hat, über die

---

42 OLG Hamm GmbHR 18, 1271, 1272, unter Verweis auf DNotI-Report 10/2017, S. 73 ff.; **aA** OLG Oldenburg GmbHR 18, 310; Schneider/Scholz § 6 Rn. 35 a.
43 OLG Oldenburg GmbHR 18, 310.
44 OLG Karlsruhe GmbHR 12, 797.
45 Lutter/Hommelhoff/*Kleindiek* Rn. 10; Baumbach/Hueck/*Zöllner*/*Noack* Rn. 17.
46 KG GmbHR 12, 798 u. 907; OLG München GmbHR 09, 663, 665; OLG Hamm GmbHR 02, 428; OLG Düsseldorf GmbHR 01, 243, 244; BayObLG GmbHR 01, 72; OLG Naumburg GmbHR 01, 570; Baumbach/Hueck/*Zöllner*/*Noack* Rn. 16; Scholz/*Schneider* Rn. 23; *Wachter*, GmbHR 01, 1137, 1138.
47 Lutter/Hommelhoff/*Kleindiek* Rn. 10; Michalski/*Terlau* Rn. 17.
48 OLG Hamm GmbHR 02, 428, 429; BayObLG GmbHR 01, 72; Scholz/*Schneider* Rn. 23; Lutter/Hommelhoff/*Kleindiek* Rn. 10.
49 OLG Köln ZIP 02, 623.

Stellung als Alleingesellschafter,[50] über die unwirksame Vertretung bei der Beschlussfassung wegen § 181 BGB[51] u. auch, ob überhaupt ein wichtiger Grund für die Abberufung als Geschäftsführer tatsächlich vorlag.[52] Alles andere liefe darauf hinaus, dass das Registergericht „sehenden Auges" offenkundig unwirksame Rechtshandlungen positiv bzw. negativ dokumentiert. Andererseits ist das Registergericht nicht verpflichtet – u. uE auch nicht berechtigt –, verwickelte Rechtsverhältnisse oder zweifelhafte Rechtsfragen zu prüfen.[53] Eine Überprüfung des Gesellschafterbeschlusses etwa über die Bestellung oder Abberufung eines Geschäftsführers auf anfechtungsbegründende Mängel scheidet – vorbehaltlich des nachfolgenden Ausnahmetatbestandes – regelmäßig aus.[54] Dies gilt insbes., wenn zwischen Gesellschaftern Streit darüber besteht, ob ein wichtiger Grund für die Abberufung des Geschäftsführers vorlag oder nicht.[55]

17 Ein eingeschränktes materielles Prüfungsrecht besteht aber ferner, wenn **berechtigte Gründe für Zweifel an der Rechtswirksamkeit** der einzutragenden Tatsache oder den vorzulegenden Nachweisen bestehen, wie zB wenn Zweifel an der Rechtswirksamkeit der Bestellung eines Geschäftsführers bestehen, weil dem einzutragenden Beschluss Registereintragungen über sich diametral widersprechende Geschäftsführerbestellungen u. -abberufungen zeitlich unmittelbar vorangehen.[56] Diese Ausnahmekonstellation ist sicherlich aus Gründen der Rechtssicherheit eng auszulegen.

18 Das **Fehlen ausländerrechtlicher Erfordernisse** ist idR kein Grund für eine Ablehnung der Eintragung des neu bestellten ausländischen Geschäftsführers (vgl. iÜ → § 6 Rn. 11).[57] Wird ggü. dem Registergericht – idR auf dessen Hinweis – vom Notariat deutlich gemacht, dass die Anmeldung nicht geändert wird, muss das Registergericht die Anmeldung durch (rechtsbehelfsfähige) Entscheidung zurückweisen, das Instrument der Zwischenverfügung ist dann ausgeschlossen.[58]

3. Beschwerdeverfahren

19 Die Ablehnung der Eintragung ist mit der Beschwerde nach § 59 FamFG anfechtbar.[59] Beschwerdeberechtigt ist neben der Gesellschaft auch der anmeldende Geschäftsführer im eigenen Namen.[60] Das Registergericht kann seinerseits die Anmeldung gem. § 14 HGB mittels Zwangsgeld erzwingen.

---

50 OLG Düsseldorf GmbHR 01, 244.
51 BayObLG GmbHR 01, 72.
52 AA Scholz/*Schneider* Rn. 23; Lutter/Hommelhoff/*Kleindiek* Rn. 10.
53 BGH NZG 11, 907, 908.
54 OLG Frankfurt GmbHR 09, 378, 379; Baumbach/Hueck/*Zöllner/Noack* Rn. 19.
55 Michalski/*Terlau* Rn. 17; Baumbach/Hueck/*Zöllner/Noack* Rn. 19.
56 OLG München GmbHR 09, 663, 665.
57 OLG München GmbHR 10, 210; OLG Düsseldorf GmbHR 09, 776.
58 OLG Düsseldorf GmbHR 18, 424.
59 Zur aF des Gesetzes § 20 I FGG vgl. OLG Köln GmbHR 01, 924; Lutter/Hommelhoff/*Kleindiek* Rn. 10.
60 OLG München GmbHR 09, 663, 665; OLG Düsseldorf GmbHR 07, 90.

§ 40 Liste der Gesellschafter, Verordnungsermächtigung

(1) [1]Die Geschäftsführer haben unverzüglich nach Wirksamwerden jeder Veränderung in den Personen der Gesellschafter oder des Umfangs ihrer Beteiligung eine von ihnen unterschriebene Liste der Gesellschafter zum Handelsregister einzureichen, aus welcher Name, Vorname, Geburtsdatum und Wohnort derselben sowie die Nennbeträge und die laufenden Nummern der von einem jeden derselben übernommenen Geschäftsanteile sowie die durch den jeweiligen Nennbetrag eines Geschäftsanteils vermittelte jeweilige prozentuale Beteiligung am Stammkapital zu entnehmen sind. [2]Ist ein Gesellschafter selbst eine Gesellschaft, so sind bei eingetragenen Gesellschaften in die Liste deren Firma, Satzungssitz, zuständiges Register und Registernummer aufzunehmen, bei nicht eingetragenen Gesellschaften deren jeweilige Gesellschafter unter einer zusammenfassenden Bezeichnung mit Name, Vorname, Geburtsdatum und Wohnort. [3]Hält ein Gesellschafter mehr als einen Geschäftsanteil, ist in der Liste der Gesellschafter zudem der Gesamtumfang der Beteiligung am Stammkapital als Prozentsatz gesondert anzugeben. [4]Die Änderung der Liste durch die Geschäftsführer erfolgt auf Mitteilung und Nachweis.

(2) [1]Hat ein Notar an Veränderungen nach Absatz 1 Satz 1 mitgewirkt, hat er unverzüglich nach deren Wirksamwerden ohne Rücksicht auf etwaige später eintretende Unwirksamkeitsgründe die Liste anstelle der Geschäftsführer zu unterschreiben, zum Handelsregister einzureichen und eine Abschrift der geänderten Liste an die Gesellschaft zu übermitteln. [2]Die Liste muss mit der Bescheinigung des Notars versehen sein, dass die geänderten Eintragungen den Veränderungen entsprechen, an denen er mitgewirkt hat, und die übrigen Eintragungen mit dem Inhalt der zuletzt im Handelsregister aufgenommenen Liste übereinstimmen.

(3) Geschäftsführer, welche die ihnen nach Absatz 1 obliegende Pflicht verletzen, haften denjenigen, deren Beteiligung sich geändert hat, und den Gläubigern der Gesellschaft für den daraus entstandenen Schaden als Gesamtschuldner.

(4) Das Bundesministerium der Justiz und für Verbraucherschutz wird ermächtigt, durch Rechtsverordnung mit Zustimmung des Bundesrates nähere Bestimmungen über die Ausgestaltung der Gesellschafterliste zu treffen.

(5) [1]Die Landesregierungen werden ermächtigt, durch Rechtsverordnung zu bestimmen, dass bestimmte in der Liste der Gesellschafter enthaltene Angaben in strukturierter maschinenlesbarer Form an das Handelsregister zu übermitteln sind, soweit nicht durch das Bundesministerium der Justiz und für Verbraucherschutz nach § 387 Absatz 2 des Gesetzes über das Verfahren in Familiensachen und in den Angelegenheiten der freiwilligen Gerichtsbarkeit entsprechende Vorschriften erlassen werden. [2]Die Landesregierungen können die Ermächtigung durch Rechtsverordnung auf die Landesjustizverwaltungen übertragen.

Schrifttum:

Bayer, Gesellschafterliste: Einreichungspflichtige Veränderungen der Beteiligungsverhältnisse, GmbHR 2012, 1; *Bednarz*, Die Gesellschafterliste als Rechtsscheinträger für einen gutgläubigen Erwerb von GmbH-Geschäftsanteilen, BB 2008, 1854; *Berger/*

Kleissl, Neue Unsicherheiten bei der Auslandbeurkundung von GmbH-Geschäftsanteilen, DB 2008, 2235; *Cziupka*, Zehn praktische Hinweise zur neuen Gesellschafterlistenverordnung, GmbHR 2018, R180; *Eickelberg/Ries*, Bedingt listenfähig – aktuelles von der GmbH-Gesellschafterliste, NZG 2015, 1103; *Goette/Habersack* (Hrsg), Das MoMiG in Wissenschaft und Praxis, 2009; *Götze/Bressler*, Praxisfragen der Gesellschafterliste und des gutgläubigen Erwerbs von Geschäftsanteilen nach dem MoMiG, NZG 2007, 894; *Götze/Mörtel*, Zulässigkeit der Einreichung der GmbH-Gesellschafterliste durch einen ausländischen Notar, NZG 2014, 369; *Hasselmann*, Keine Einreichung einer Gesellschafterliste durch ausländischen Notar, NZG 2013, 325; *ders*, Die Gesellschafterliste nach § 40 nach GmbHG – Erstellung und Einreichung durch Geschäftsführer und Notare, NZG 2009, 486; *Heckschen*, Das MoMiG in der notariellen Praxis, 2009; *Herrler*, Zuständigkeit des ausländischen Notars zur Einreichung der Gesellschafterliste – (k)ein Vehikel zur Klärung der Zulässigkeit der Auslandsbeurkundung, GmbHR 2014, 225; *ders*, Offene Fragen rund um die Gesellschafterliste: Einreichungszuständigkeit, registerrechtliches Prüfungsrecht und Publizitätswirkungen, GmbHR 2013, 617; *ders*, Gutgläubiger Zwischenerwerb bei aufschiebend bedingter Veräußerung eines GmbH-Anteils? ZIP 2011, 615; *ders*, Gutgläubiger Erwerb bei aufschiebend bedingter GmbH-Geschäftsanteilsabtretung – Sicherung durch Vermerk in Gesellschafterliste, BB 2009, 2272; *Kalbfleisch/Glock*, Freiwillige Zusatzangaben in der Gesellschafterliste, GmbHR 2015, 847; *Kort*, Offene Fragen zu Gesellschafterliste, Gesellschafterbestellung und gutgläubigem Anteilserwerb (§§ 40 und 16 GmbHG nF), GmbHR 2009, 169; *Liebscher/Goette*, Korrektur einer von einem Notar eingereichten Gesellschafterliste, DStR 2010, 2038; *Lieder*, Teilung und Listenkorrektur im GmbH-Recht, NZG 2014, 329; *Löbbe*, Zuständigkeit von Geschäftsführer und Notar für Inhalt und Einreichung der GmbH-Gesellschafterliste, GmbHR 2012, 7; *Mayer*, Probleme rund um die Gesellschafterliste (Teil I), MittBayNot 2014, 24; *ders*, Probleme rund um die Gesellschafterliste (Teil II), MittBayNot 2014, 114; *ders*, Der Erwerb einer GmbH nach den Änderungen durch das MoMiG, DNotZ 2008, 403; *Peters*, Ist die Beurkundung von GmbH-Geschäftsanteilsübertragungen in der Schweiz Rechtsgeschichte?, DB 2010, 97; *Preuß*, Gesellschafterliste, Legitimation gegenüber der Gesellschaft und gutgläubiger Erwerb von GmbH-Anteilen, ZGR 2008, 676; *Reymann*, Zurechnungs-system und Regelungsebenen der GmbH-Gesellschafterliste, BB 2009, 506; *Ries*, Zuständigkeit des Notars für die Einreichung der Gesellschafterliste, GWR 2013, 19; *ders*, Never ending story, die Gesellschafterliste, NZG 2010, 135; *Schneider*, Neue Haftungsrisiken für GmbH-Geschäftsführer bei Erstellung und Einreichung der Gesellschafterliste, GmbHR 2009, 393; *Schuller*, Zum gutgläubigen Erwerb von Geschäftsanteilen einer GmbH im Fall einer aufschiebend bedingten Übertragung, MittBayNot 2011, 328; *Seibert/Kell*, Zwischen Rundungsdetail und sachenrechtlichem Bestimmtheitsgrundsatz: Die neue Gesellschafterlistenverordnung, GmbHR 2018, R212; *Szalai*, Neuigkeiten zur GmbH. Die Gesellschafterlistenverordnung kommt!, GWR 2018, 250; *Tebben*, Die Reform der GmbH – das MoMiG in der notariellen Praxis, RNotZ 2008, 441; *Vossius*, Gutgläubiger Erwerb von GmbH-Anteilen nach MoMiG, DB 2007, 2299; *Wachter*, Neuregelungen bei der GmbH-Gesellschafterliste, GmbHR 2017, 1177; *ders*, GmbH-Reform: Auswirkungen auf die Übertragung von GmbH-Geschäftsanteilen, ZNotP 2008, 378; *ders*, Unternehmensnachfolge bei der GmbH und GmbH & Co. KG nach dem MoMiG, DB 2009, 159; *Weller*, GmbH-Anteilsabtretungen in Basel, ZGR 2014, 865; *Wicke*, Keine Eintragung des Testamentsvollstreckervermerks in die Gesellschafterliste, DB 2015, 1094; *ders*, Abweichungen und Änderungen zum Musterprotokoll gemäß § 2 Abs. 1 a GmbHG, DNotZ 2012, 15; *ders*, Die GmbH-Gesellschafterliste im Fokus der Rechtsprechung, DB 2011, 1037; *Wiersch*, Korrektur unrichtiger Gesellschafterlisten, GWR 2014, 117; *Zinger/Erber*, Der Testamentsvollstreckervermerk in der Gesellschafterliste, NZG 2011, 286.

I. Normzweck

Zweck der Regelung ist es, anknüpfend an die Handelsregister-Publizität zum Zeitpunkt der Gründung der Gesellschaft den jeweiligen Gesellschafterbestand in der Entwicklung für alle Beteiligten u. die Öffentlichkeit (§ 9 HGB) transparent u. zugänglich zu machen. Die Regelung steht in direktem Zusammenhang mit dem **Rechte- u. Pflichtenkreis des Gesellschafters nach § 16**, also seiner Legitimation ggü. der Gesellschaft (§ 16 I), seiner Pflicht zur Leistung rückständiger Einlagen (§ 16 II) u. als Grundlage für den gutgläubigen Erwerb (§ 16 III). Diese Wirkungen sind durch das zum 1.11.08 in Kraft getretene „MoMiG" eingeführt worden. Damit wurde die Gesellschafterliste ggü. dem bisherigen Rechtszustand (§§ 16, 40 aF) aufgewertet. 1

Eine weitere Aufwertung hat die Gesellschafterliste mit den gesetzlichen und verordnungsrechtlichen Änderungen 2017/2018 erfahren, konkret durch *Art. 14 des Gesetzes zur Umsetzung der Vierten EU-Geldwäscherichtlinie, zur Ausführung der EU-Geldtransferverordnung und zur Neuorganisation der Zentralstelle für Finanztransaktionsuntersuchungen* vom 23.06.17 (BGBl. 2017, Teil I Seite 1822) und die darauf (Abs. 4 neu) ergangene *Verordnung über die Ausgestaltung der Gesellschafterliste (Gesellschafterlistenverordnung – GesLV)* vom 20.06.18 (BGBl. I, S. 870). Die gesetzliche Änderung des § 40 ist am 26.6.17 und die GesLV am 1.7.18 in Kraft getreten. Der Gesetz- und Verordnungsgeber verfolgt damit das Ziel, eine stärkere **Transparenz über die Strukturen der Anteilseigner** der GmbH zu schaffen und Geldwäsche zu verhindern.[1] Teilweise werden die Änderungen als **Stärkung des sachenrechtlichen Bestimmtheitsgrundsatzes** gewertet.[2] Die Praxis wird uE jedoch zeigen müssen, ob angesichts der Detailfülle an Vorgaben durch die GesLV, die ihrerseits jedoch nur segmentiell wirken, tatsächlich auf diesem Weg Klarheit erreicht wird oder nicht letztlich wieder eine „Best Practice" den Maßstab bilden wird.

Offen bleibt derzeit, ob die Landesregierungen nach dem neuen Abs. 5 von ihrer Kompetenz Gebrauch machen und **Vorgaben zur Datenqualität** der Angaben in der Gesellschafterliste zur Übermittlung an das Handelsregister setzen. Die Zielsetzung der Verordnungskompetenz liegt in einer verbesserten Verarbeitung dieser Daten durch das Registergericht, und zwar in Kooperation mit dem Transparenzregister.[3]

Zum **Übergangsrecht** gilt nach § 8 EGGmbHG, dass die Neuregelungen in Abs. 1 S. 1 bis 3 erstmals für die erste „Veränderung" im Sinn des S. 1 nach Inkrafttreten der Neuregelungen gelten und sodann eine Liste mit den neuen Vorgaben einzureichen ist. Für die Anwendbarkeit der GesLV gilt nach

1 Vgl. Begr. RegE BT-Drs. 18/11555, S. 172; zur GesLV vgl. Begr. MinE BR-Drs. 105/18, S. 6.
2 DNotI-Report 18, 105, 107.
3 Begr. RegE BT-Drs. 18/11555, S. 174 f.

ihrem § 5, dass Gesellschaften, die vor dem 1.7.18 gegründet wurden, ihre Vorgaben beachten müssen, wenn aufgrund einer Veränderung nach dem 1.7.18 eine neue Liste einzureichen ist.

2 Die Regelungen in § 40 sind zwingendes Recht. Es handelt sich dabei um eine **höchstpersönliche Pflicht** der Geschäftsführer bzw. des Notars. Satzungskonkretisierungen zu Mitteilungen u. zum Nachweis von Veränderungen (Abs. 1 S. 2) sind weiterhin möglich. Eine Einreichung der Gesellschafterliste durch die Gesellschafter, selbst durch Ermächtigung im Wege der Satzung, ist ausgeschlossen.[4]

3 Einzelheiten der Neuregelung waren bereits **im Gesetzgebungsverfahren zum MoMiG umstritten** u. sind es teilw. nach wie vor (→ Rn. 6, 10, 14, 22). So ist nach wie vor die Abgrenzung zwischen Geschäftsführerzuständigkeit (Abs. 1) u. Notarzuständigkeit (Abs. 2) iE streitig, die Frage des Inhaltes der Gesellschafterliste über die Angaben von Abs. 1 hinaus – insbes. auch im Zusammenspiel mit den Vorgaben der GesLV – sowie die Zuständigkeit zur Einreichung der Gesellschafterliste in den Fällen der Auslandbeurkundung noch offen.

II. Inhalt

4 **Abs. 1 u. Abs. 2** sehen eine Subsidiaritäts-Regelung für die Zuständigkeit der Geschäftsführer einerseits u. des Notars andererseits vor. Vom Normaufbau ist grds. der Geschäftsführer zuständig u. lediglich ausnahmsweise, im Fall der Mitwirkung an den Veränderungen, der Notar. In der Praxis dürfte jedoch der umgekehrte Fall zutreffen. **Abs. 3** normiert einen eigenen, neben § 43 selbstständigen, Haftungstatbestand für die Geschäftsführer. Die neu eingefügten **Abs. 4 und 5** schaffen die Grundlage für den Erlass von Rechtsverordnungen zur inhaltlich näheren Ausgestaltung der Vorgaben für die Gesellschafterliste im Sinn einer Rechtsvereinheitlichung.

1. Inhalt und Veränderungen der Gesellschafterliste

5 In der Gesellschafterliste sind bei einer **natürlichen Person** der Name u. Vorname, das Geburtsdatum sowie der Wohnort – im Sinn der politischen Gemeinde (§ 7 BGB) – anzugeben (Abs. 1 S. 1); bei eingetragenen – auch ausländ.[5] – **Gesellschaften**, also va Personenhandelsgesellschaften und juristischen Personen, die Firma, der Satzungssitz sowie nunmehr zwingend (Abs. 1 S. 2) auch das zuständige Handelsregister u. die Registernummer.[6] Bei einer nicht eingetragenen Gesellschaft, also va Außen-GbR und nicht eingetragene OHG sind ihre jeweiligen Gesellschafter unter einer zusammenfassenden Bezeichnung mit ihren Namen, Vornamen, Geburtsdaten und Wohnorten, nicht jedoch der Beteiligungsquote an dieser Gesellschaft, anzugeben; die bloße Angabe einer Gesamtbezeichnung, zB der GbR ist nicht mehr ausreichend.[7] Daraus folgt, dass ein Wechsel im Gesellschafter-

4 Begr. RegE BT-Drs. 16/6140, S. 76 f.; Lutter/Hommelhoff/*Bayer* Rn. 1; einschränkend Baumbach/Hueck/*Zöllner/Noack* Rn. 80.
5 Begr. RegE BT-Drs. 18/11555, S. 173; *Punte/Stefanink* GWR 18, 131, 133.
6 Weitere Angaben sind nicht erforderlich, so stellt die Begr. RegE BT-Drs. 18/11555, S. 172 klar.
7 Begr. RegE BT-Drs. 18/11555, S. 173; *Wachter* GmbHR 17, 1177.

bestand einer solchen Gesellschafter-Gesellschaft, zB GbR, immer eine „Veränderung" im Sinn des Abs. 1 darstellt.[8]

Die **Geschäftsanteile** sind jeweils mit ihrem Nennbetrag und jeweils der laufenden Nummer anzugeben. Dies dient der Identifikation u. dem sachenrechtlichen Bestimmtheitsgrundsatz, ferner wird dadurch der durch das MoMiG geschaffenen Möglichkeit des gutgläubigen Erwerbs Rechnung getragen.[9] Die einmal getroffene Nummerierung ist jedoch nicht zwingend beizubehalten.[10] Die vom Gesetz (Abs. 1 S. 1) geforderte „laufenden Nummern" zielen darauf ab, dass die Ermittlung der „Herkunft" u. damit die Identifikation des Geschäftsanteils gewährleistet ist. Ferner ist für jeden Geschäftsanteil die durch ihn vermittelte **prozentuale Beteiligung** am Stammkapital der Gesellschaft anzugeben, auch wenn diese unter 1 % liegt.[11] Diese Vorgabe soll einer besseren Kommunikation zwischen Handelsregister und Transparenzregister dienen,[12] bei dem ab einer Beteiligungsschwelle von mehr als 25 % eine natürliche Person eine wirtschaftliche Berechtigung aufweist Soweit ein Gesellschafter mehr als einen Geschäftsanteil hält, ist neben dieser Prozentangabe nach S. 1 zudem eine **Angabe der Gesamtbeteiligung** am Stammkaptal in Prozent zu machen.Für **weitere Angaben**, die in einer Gesellschafterliste überobligationsmäßig gemacht werden könnten, besteht keine Rechtsgrundlage. Das Registergericht wäre uE deshalb darin frei, eine solche Liste mit weiteren Angaben abzulehnen.Des weiteren sieht die GesLV weitere Angaben für den **Aufbau und die Strukturierung** der Liste vor, insbes. durch die Nummerierung der Geschäftsanteile (§ 1), Prozentangaben (§ 4) und eine Veränderungsspalte (§ 2). 6

- Nach § 1 Abs. 1 S. 1 sind die Geschäftsanteile **fortlaufend und in eindeutiger Zuordnung** zu den Gesellschaftern zu nummerieren, und zwar in ganzen arabischen Ziffern (zB 1, 2, 3). In den von der GesLV zugelassenen Fällen, zB bei Teilung oder Neuschaffung von Geschäftsanteilen, können auch Ziffern in dezimaler Gliederung (zB 1.1, 1.2, 1.3) verwendet werden. Eine gemischte Nummerierung aus Ziffern und Buchstaben (zB 1 a, 1 b, 1 c) ist unzulässig.[13] Die numerische Zuordnung von Geschäftsanteilen kann für jeden Gesellschafter zusammengefasst werden; auch eine Sortierung der Liste nach Geschäftsanteilen oder nach Gesellschaftern ist zulässig. Schließlich können mehrere gleichartige Geschäftsanteile in einer Zeile zusammengefasst werden (zB Anteile Nr. 1 bis 100).
- Die Mehrfachverwendung von einmal verwendeten Nummern für Geschäftsanteile ist nach § 1 Abs. 2 S. 1 GesLV ausgeschlossen („Numme-

8 Begr. RegE BT-Drs. 18/11555, S. 173; *Wachter* GmbHR 17, 1177, 1183; Baumbach/Hueck/*Servatius* Rn. 12.

9 OLG Bamberg DB 10, 1008, 1009; OLG Jena DB 10, 1006, 1007; *Heckschen*, MoMiG in der notariellen Praxis, S. 185; *Goette/Habersack*, MoMiG in Wissenschaft und Praxis, Rn. 3.29.

10 BGH GmbHR 11, 474, 475; 1269, 1270; LG Stendal NZG 10, 393, 394; Baumbach/Hueck/*Zöllner/Noack* Rn. 13; **aA** OLG Bamberg DB 10, 1008, 1009; LG Augsburg NZG 10, 1032, 1033; Scholz/*Schneider*, Nachtrag MoMiG, Rn. 12.

11 OLG München GmbHR 18, 35, 36.

12 Begr. RegE BT-Drs. 18/11555, S. 173, 174.

13 Begr. MinE BR-Drs. 105/18, S. 7.

rierungskontinuität"). Dadurch soll vermeiden werden, dass die Identifikation der Geschäftsanteile durch mehrfache Verwendung einer Nummer leidet.[14] Eine Änderung von Nummern ist nur in den nach § 1 Abs. 3 GesLV genannten Fällen zulässig; damit sind keine neuen Nummern zu vergeben für aufgestockte Geschäftsanteile durch Kapitalerhöhung[15] oder infolge einer Einziehung, ebenso wenig bei Kapitalherabsetzung oder Anteilsübertragung.[16]

- Für die nach Abs. 1 zu treffenden **Prozentangaben** gibt § 4 Abs. 1 GesLV vor, dass diese nach kaufmännischem Prinzip bis auf eine Dezimalstelle gerundet oder – ohne Rundung – die Nachkommastellen durch Weglassen bis auf eine Dezimalstelle dargestellt werden können; eine Abrundung auf 0,0; 25,0 und 50, 0 ist nicht zulässig, zu empfehlen ist hier ein Ab- oder Aufrundung auf mehr als eine Dezimalstelle. Bei Kleinstbeteiligungen genügt die Angabe „weniger als 1 %". Wichtig ist, dass die gewählte Methode bei allen Angaben in der Liste durchgehalten wird.
- Bei der **Angabe des Gesamtumfangs der Beteiligung** eines Gesellschafters in einem Prozentsatz, wird dieser vor der Rundung oder dem Weglassen von Nachkommastellen der Einzelbeteiligungen berechnet und erst die Endsumme gerundet (§ 4 Abs. 2 S. 1 GesLV).
- Nach § 2 GesLV kann die Gesellschafterliste eine **Veränderungsspalte** aufweisen. Darin ist der Rechtsgrund für die „Veränderung" iSd Abs. 1 einzutragen, wobei die Wortwahl im Ermessen des einzureichenden Geschäftsführers bzw. Notars liegt.[17] § 2 Abs. 3 GesLV enthält einen Katalog an Veränderungen, die in diese Spalte eintragungsfähig sind; nach § 2 Abs. 4 GesLV können jedoch auch weitere Veränderungen eingetragen werden. Lediglich im Fall der Bereinigungsliste sind die Vorgaben auch für die Veränderungsspalte nach § 2 Abs. 2 GesLV zwingend zu beachten.
- Schließlich sieht die GEsLV vor, dass nach § 1 Abs. 4 eine **Bereinigungsliste** eingereicht werden kann, in der von der Nummerierungskontinuität abgewichen werden darf. Dies gilt vor allem, wenn die Gesellschafterliste unübersichtlich würde oder geworden ist; im Übrigen ist noch unklar, wann eine Bereinigungsliste eingereicht werden darf.[18] In jedem Fall muss in die Bereinigungsliste einer Veränderungsspalte eingefügt werden, aus der sich die Identität der Geschäftsanteile auch nach der Neuvergabe der Nummern ergibt.

7 ▶ **Liste der Gesellschafter**

XY GmbH

in [Satzungssitz],

Amtsgericht [...], HRB 11111

14 *Seibert/Kell* GmbHR 18, R212, R213; DNotI-Report 18, 105 107.
15 Begr. MinE BR-Drs. 105/18, S. 7.
16 DNotI-Report 18, 105, 107.
17 *Seibert/Kell* GmbHR 18, R212, R213.
18 Vgl. *Szalai* GWR 18, 250, 254; *Cziupka*, GmbhR 18, R180; *Frank/Schaub* DStR 18, 1822, 1824; KG GmbHR 19, 126.

Gesellschafter	Wohnort / Sitz	Geburtsdatum / Reg-Gericht und HR- Nr.	Nennbetrag der Geschäfts- anteile in €	Lfde Nummer der Geschäftsanteile	Prozentuale Beteiligung am Stammkapital je Geschäfts- anteil in %	Gesamtumfang der Beteiligung des Gesellschaf- ters am Stamm- kapital in %	Veränderung
A Holding	A-Stadt	Amtsgericht	5.200,00	1	2,00	60,00	Anteile 18-21 entstanden durch Einziehung der bisherigen Anteile Nr. 4 und 15 und Neubildung von vier Anteilen samt Zuweisung an A-Holding GmbH
GmbH		[...], HRB	5.200,00	2	2,00		
		22222	5.200,00	5	2.00		
			104.000,00	7	40,00		
			5.200,00	10	2,00		
			5.200,00	11	2,00		
			6.500,00	18	2,50		
			6.500,00	19	2,50		
			6.500,00	20	2,50		
			6.500,00	21	2,50		
Maria	Musterort	20.10.2000	7.800,00	3	3,00	10,00	
Musterfrau			13.000,00	6	5,00		
			5.200,00	14	2,00		
Max	Beispielstadt	07.08.1978	13.000,00	16	5,00	10,00	
Beispielmann			13.000,00	17	5,00		
Dr. Michael	M-Stadt	19.09.1999	13.000 00	8	5,00	10,00	
Musterfrau			13.000,00	9	5,00		
Bernd	B-Stadt	05.05.1955	13.000,00	12	5,00	10,00	
Beispielmann			13.000,00	13	5,00		
Stammkapital gesamt:			260.000,00			100,00	

…, …
(Ort) (Datum)

…
(Unterschrift) ◀

Jede **Veränderung in den Personen** der Gesellschafter **oder des Umfangs ihrer Beteiligung** (Abs. 1 S. 1) führt dazu, dass eine geänderte Gesellschafterliste erstellt u. zum Handelsregister eingereicht werden muss. Nur auf diesem Weg wird gewährleistet, dass die Entwicklung sämtlicher Veränderungen zugunsten der Öffentlichkeit lückenlos nachvollzogen werden 8 kann. Damit ist (im Wortsinn) **jede** Abweichung[19] von den Angaben in der Gesellschafterliste (bei Gründung) (§ 8 I Nr. 3) u. der Gründungssatzung (§ 8 I Nr. 1) bzw. von der vorhergehenden Gesellschafterliste gemeint, auch soweit ein Zwischenstand nur eine „logische Sekunde" bestanden hat. Dabei muss die vom Notar nach Abs. 2 einzureichende Liste – unabhängig vom Datum der Aufnahme – an die aktuellste im Registerordner aufgenommene Gesellschafterliste anknüpfen.[20] Die Pflicht zur Einreichung einer (geänderten) Gesellschafterliste gilt auch für die UG: Die Fiktion des § 2 Ia 4 gilt nur bei der Gesellschaftsgründung, zeitlich nachfolgende Veränderungen sind durch eine Gesellschafterliste zu dokumentieren.[21] Eine Veränderung in der Person des Gesellschafters meint jede Änderung in seinen persönlichen Daten sowie jede Änderung in seiner Zuordnung zu einem Geschäftsanteil. Erfasst sind damit Veränderungen infolge Einzelrechtsnachfolge (Anteilsübertragung, auch treuhänderische Übertragung u. Sicherungsübertragung,[22] Zwangsvollstreckung, Erbauseinandersetzung).[23] Erfasst sind ferner Veränderungen infolge Gesamtrechtsnachfolge (Verschmelzung u. Spaltung nach UmwG,[24] durch Erbfolge, durch Erbauseinandersetzung, durch Abschichtung, durch Begründung von Gütergemeinschaft gem. § 1416 I 1 BGB,[25] durch Gesamtrechtsnachfolge aufgrund Vereinbarung oder Anwendbarkeit ausländischen Güterrechts,[26] durch Anwachsung gem. § 738 I 1 BGB).[27] Auch Veränderungen ohne Einzel- oder Gesamtrechtsnachfolge führen zur Korrektur der Gesellschafterliste, wie etwa der Formwechsel eines Gesellschafters.[28] Veränderungen des Umfangs der Beteiligung sind, soweit sie nicht Veränderungen in der Person des Gesellschafters darstellen, die Teilung u. Zusammenlegung von Geschäftsanteilen,[29] Kapitalmaßnahmen u. Aufstockung bzw. Herabsetzung eines Geschäftsanteils, wie auch die Kaduzierung, wobei hier zwingend mindestens die Gesellschaft als neue Inhaberin einzutragen ist, anderenfalls hat das Registergericht ein Zurückweisungsrecht.[30]

19 OLG Köln GmbHR 14, 28; OLG München GmbHR 12, 399; Scholz/*Schneider*, Nachtrag MoMiG, Rn. 9..
20 OLG München GmbHR 12, 399; *Mayer* MittBayNot 14, 114, 121.
21 Für die Kapitalerhöhung bereits OLG München GmbHR 10, 40; DNotI-Report 12, 61; *Wicke* DNotZ 12, 15, 23.
22 OLG Hamm GmbHR 85, 22; Lutter/Hommelhoff/*Kleindiek* § 16 Rn. 7.
23 OLG Hamm NZG 10, 113, 114; Lutter/Hommelhoff/*Bayer* § 16 Rn. 7; Heckschen/*Heidinger* § 13 Rn. 273.
24 Heckschen/*Heidinger* § 13 Rn. 278 f.; Lutter/Hommelhoff/*Bayer* § 16 Rn. 7; *Haselmann* NZG 09, 409, 410.
25 Lutter/Hommelhoff/*Bayer* § 16 Rn. 7; Baumbach/Hueck/*Zöllner/Noack* Rn. 6; *Kort* GmbHR 09, 169, 173; *Heckschen* DStR 07, 1442, 1450; *Mayer* DNotZ 08, 403, 407.
26 *Heckschen*, MoMiG in der notariellen Praxis, S. 179.
27 OLG Hamm NZG 10, 113, 114; Lutter/Hommelhoff/*Bayer* § 16 Rn. 7; Baumbach/Hueck/*Zöllner/Noack* Rn. 6; Scholz/*Seibt*, Nachtrag MoMiG § 16 Rn. 28.
28 Lutter/Hommelhoff/*Bayer* § 16 Rn. 7; *Heckschen*, MoMiG in der notariellen Praxis, S. 180.
29 OLG Hamm NZG 10, 113, 114.
30 Zur Kaduzierung vgl. KG v. 25.9.18 (Tz 13) – 22 W 94/16, zit. nach juris, vgl. zur Zuordnung des Geschäftsanteils nach Kaduzierung § 21 Rn. 24; Lutter/Hommelhoff/*Bayer* § 16 Rn. 8; Baumbach/Hueck/*Zöllner/Noack* Rn. 5; *Heckschen*, MoMiG in der notariellen Praxis, S. 180.

Der Inhalt der geänderten Gesellschafterliste muss **dem Sachstand** am Tag der Einreichung zum Handelsregister entsprechen.[31] 9

Keine Veränderungen u. damit **nicht eintragungsfähig** in die Gesellschafterliste sind Belastungen des Geschäftsanteils wie etwa Pfändung, Verpfändung oder Nießbrauch.[32] Entscheidend ist, dass Abs. 1 S. 1 nach seinem Wortlaut nur auf die Person des Gesellschafters, nicht aber dingliche Belastungen abstellt. Damit knüpft auch der mit der Gesellschafterliste verbundene Rechtsschein nur an die Inhaberschaft u. eben nicht an eine etwaige Lastenfreiheit des Geschäftsanteils an. Folglich schützt das Gesetz zwar einen gutgläubigen, nicht aber einen gutgläubigen lastenfreien Erwerb.[33] De lege lata kann die Gesellschafterliste als Rechtsscheinträger auch nur über den Inhaber des Geschäftsanteils Auskunft geben, nicht jedoch über weitere Angaben, wie etwa dingliche Belastungen. Auch für die Verfügungsbefugnis stellt die Gesellschafterliste kein Rechtsscheinträger dar; dag sprechen bereits die im GmbH-Recht üblichen Vinkulierungen gem. § 15 V.[34] Daher lehnt der BGH auch die Eintragungsfähigkeit eines Testamentvollstreckervermerks ab.[35] Denn maßgeblich sei zunächst der Katalog der Listenbestandteile, wie sie der Gesetzgeber vorgegeben habe; darüber hinaus könnten nur solche Angaben aufgenommen werden, für deren Information ein erhebliches praktisches Bedürfnis bestehe.[36] Krit. anzumerken ist dazu, dass dieses Erfordernis des BGH ein wenig taugliches Abgrenzungskriterium darstellt. Nicht eintragungsfähig sind zudem erst zukünftig eintretende Veränderungen (zB Eintritt einer aufschiebenden Bedingung) u. damit das Einreichen einer Gesellschafterliste, die (zukünftige) Veränderungen lediglich „ankündigt".[37] Die Pflichten für die Geschäftsführer bzw. den Notar entstehen dem Wortlaut des § 40 entspr. „nach Wirksamwerden" der jeweiligen Veränderungen, nicht bereits zuvor. Auch iÜ steht bereits aus Gründen der Registerklarheit das Instrument der Gesellschafterliste, wie auch das Registerverfahren als solches, nicht im Belieben der Beteiligten. Aus diesen Gründen ist auch das im Schrifttum[38] vor der Gesetzesänderung 2017 teilw. befürwortete „Zwei-Listen-Modell" abzulehnen.[39] 10

31 Baumbach/Hueck/*Zöllner/Noack* Rn. 33; Lutter/Hommelhoff/*Bayer* Rn. 13; *Mayer* DNotZ 08, 403, 414; Heckschen/*Heidinger* § 13 Rn. 306.

32 OLG München GmbHR 09, 1211, 1212 mit Anm. *Riemenschneider*; Baumbach/Hueck/*Zöllner/Noack* Rn. 7, Lutter/Hommelhoff/*Bayer* § 16 Rn. 9; **aA** LG Aachen GmbHR 09, 1218, 1219; Heckschen/*Heidinger* § 13 Rn. 288.

33 OLG München GmbHR 09, 1211, 1212.

34 BGH GmbHR 11, 1269, 1271; OLG München GmbHR 11, 425, 427; Scholz/*Seibt*, Nachtrag MoMiG, § 16 Rn. 76; *Schuller* MittBayNot 11, 328; *Kort* GmbHR 09, 169, 174.

35 BGH GmbHR 15, 526, ebenso vorangehend OLG Köln GmbHR 14, 1206; OLG München GmbHR 12, 39 mit zust. Anm. *Schmaltz*, jurisPR-HaGesR 1/2012 Anm. 5; *Wicke* DB 15, 1094; krit. *Eickelberg/Ries* NZG 15, 1103, 1106; Anm. *Heckschen/Strnad* EWiR, 15, 303, 304; vgl. auch *Herrler* GmbHR 13, 617, 620 u. *Bayer* GmbHR 12, 1, 5.

36 Daher fordern ua *Kalbfleisch/Glock* GmbHR 15, 847 eine Gesetzeserweiterung.

37 BGH GmbHR 11, 1269, 1270; OLG München GmbHR 11, 425, 426; OLG Hamburg GmbHR 11, 32, 33; Scholz/*Schneider*, Nachtrag MoMiG, § 40 Rn. 36; vgl. auch BT-Drs. 16/6140, S. 44.

38 *Wicke* DB 11, 1037, 1039; *Zinger/Erber* NZG 11, 286, 289; *Herrler* ZIP 11, 615, 616; *ders.* BB 09, 2272, 2275 je mwN.

39 BGH GmbHR 11, 1269, 1270.

2. Einreichung durch die Geschäftsführer

11 a) **Zuständigkeit.** Die Geschäftsführer sind zur Einreichung einer korrigierten Gesellschafterliste verpflichtet, **soweit nicht vorrangig** dem **Notar** nach Abs. 2 S. 1 die Einreichungspflicht zukommt. Wie nach dem bisherigen Rechtsstand genügt die Unterzeichnung u. Einreichung der Liste durch die Geschäftsführer in vertretungsberechtigter Zahl,[40] wie sich im Umkehrschluss aus § 78 ergibt. Dies gilt auch im Fall der Eröffnung des Insolvenzverfahrens.[41] Abs. 1 normiert höchstpersönliche Pflichten der Geschäftsführer. Sie tragen die individuelle Verantwortung für die Richtigkeit der Gesellschafterliste u. haften entspr. nach Abs. 3. Eine Vertretung ist daher – ebenso wie im Fall von § 39 – nicht zulässig.[42]

12 Die Geschäftsführer sind zuständig, soweit nicht nach Abs. 2 der Notar verpflichtet ist, soweit er also nicht an den Veränderungen in den Personen der Gesellschafter oder des Umfangs ihrer Beteiligung mitgewirkt hat.[43] Ob die Geschäftsführer oder der Notar zur Einreichung verpflichtet sind, hängt also entscheidend davon ab, ob ein **Notar** überhaupt tätig geworden ist u. ob er **„mitgewirkt"** hat iSv Abs. 2 S. 1. Daran fehlt es, mit der Folge der Zuständigkeit der Geschäftsführer, im Fall der gesetzlichen oder gewillkürten Vererbung von Geschäftsanteilen, privatschriftlichen Beschlüssen zur Zusammenlegung, Teilung u. Einziehung, im Fall einer Kaduzierung (§§ 21 II, 23), im Fall eines Wechsels im Gesellschafterbestand einer Gesellschafter-GbR sowie bei Namens- u. Wohnortänderungen.[44] Die Geschäftsführer sind grds. auch zuständig, soweit eine zum Handelsregister aufgenommene Gesellschafterliste korrigiert werden muss.[45] Ihnen obliegt die Sorgfaltspflicht, eine – auch vom Notar erstellte u. beim Register eingereichte Liste – zu prüfen u. im Fall von Fehlern ggü. dem Register für eine Korrektur zu sorgen.[46] Davon abzugrenzen ist die Korrekturpflicht in einem laufenden, in die Verantwortung des Notars fallenden Registerverfahren (vgl. → Rn. 19). Die Zuständigkeit der Geschäftsführer ist ebenso eröffnet, soweit der Notar zwar an den Veränderungen mitgewirkt hat, diese jedoch vor Inkrafttreten des MoMiG wirksam geworden sind. Denn zu diesem Zeitpunkt bestand noch keine Zuständigkeit des Notars nach Abs. 2; zuständig bleiben daher die Geschäftsführer.[47] Zur Zuständigkeit der Geschäftsführer im Fall der Auslandsabtretung u. der Auslandsbeurkundung → Rn. 22).Die umstr. Frage, ob das **allg. Weisungsrecht der Gesellschafterversammlung** ggü. dem Geschäftsführer im Rahmen der Pflich-

---

40 Baumbach/Hueck/*Zöllner/Noack* Rn. 16; Lutter/Hommelhoff/*Bayer* Rn. 17; *Wicke* Rn. 7; Heckschen/*Heidinger* § 13 Rn. 9; *Wachter* ZNotP 08, 378, 386.

41 Lutter/Hommelhoff/*Bayer* Rn. 17; *Wicke* Rn. 7.

42 LG Essen GmbHR 01, 109, 110; Scholz/Schneider, Nachtrag MoMiG, Rn. 30; *Mayer* DNotZ 08, 403, 413; *Hasselmann* NZG 09, 486, 487; aA *Wicke* Rn. 7; Ulmer/*Paefgen* Rn. 15 (Pflicht der GmbH, somit auch Vertretung zulässig).

43 KG v. 13.9.18 – 22 W 63/18 (Tz 26), juris; OLG Nürnberg GmbHR 18, 86, 87; KG v. 7.7.15 – 22 W 15/15 (Tz 11), juris.

44 Baumbach/Hueck/*Zöllner/Noack* Rn. 17; Lutter/Hommelhoff/*Bayer* Rn. 16; *Heckschen*, MoMiG in der notariellen Praxis, S. 190.

45 *Liebscher/Goette* DStR 10, 2038, 2039.

46 Begr. RegE BT-Drs. 16/6140, S. 37, 44; BGH GmbHR 17, 519; OLG Rostock GmbHR 17, 523.

47 KG GmbHR 12, 686, 687.

ten nach § 40 eingeschränkt ist[48] oder nicht,[49] ist höchstrichterlich nach wie vor ungeklärt.[50] UE ist das Weisungsrecht nicht per se eingeschränkt, insbes. nicht deshalb, weil § 40 Abs. 1 höchstpersönliche Pflichten des Geschäftsführers begründet. Denn die Gesellschafterliste betrifft das Verhältnis von (bestehendem, ausgeschiedenem und neu eingetretenem) Gesellschafter zur Gesellschaft (vgl. § 16 Rn. 1), nicht das Verhältnis zum Geschäftsführer. Der Gesetzgeber spricht von einem „gesetzlichen Schuldverhältnis" zwischen Gesellschafter und Gesellschaft.[51] Aus der Gesellschafterliste und ihrer Legitimationswirkung folgen damit Rechte und Pflichten für die Gesellschaft, nicht für den Geschäftsführer.[52] Dieser wird erst sekundär über § 40 Abs. 1 berechtigt und verpflichtet. Daraus ergibt sich, dass das Weisungsrecht der Gesellschafterversammlung nicht per se eingeschränkt ist, jedoch seine Grenzen findet, wo der Geschäftsführer gesetzlich verpflichtet ist zu handeln.[53]

b) Pflicht zur Einreichung auf Mitteilung und Nachweis. Die Einreichung 13
einer geänderten Gesellschafterliste erfolgt „auf Mitteilung und Nachweis" (Abs. 1 S. 2). Die Regelung ist an § 67 III AktG angelehnt,[54] geht aber über eine reine Plausibilitätskontrolle deutlich hinaus. § 67 III AktG ist daher auch nicht analog als Korrekturverfahren anzuwenden.[55] Der **Pflichtenkreis der Geschäftsführer** ist umfangreicher als der Wortlaut des Abs. 1 vermuten lässt. Neben der Pflicht zur Einreichung besteht, chronologisch vorgeschaltet, die Pflicht der Geschäftsführer, die Gesellschafterliste zu erstellen u. diese eigenhändig zu unterzeichnen. Des Weiteren haben die Geschäftsführer die Pflicht zur **Kontrolle u. Berichtigung** der beim Handelsregister eingereichten Gesellschafterliste – auch einer vom Notar erstellten u. eingereichten Liste,[56] jedoch nicht nur beschränkt auf diese Fälle[57] –, sobald sie Kenntnis von der Unrichtigkeit der Gesellschafterliste erlangen;[58] der Gesetzgeber sieht dies als Bestandteil der Sorgfaltspflichten bei der Geschäftsführung der Gesellschaft.[59] Eine aktive Nachforschungspflicht besteht jedoch nicht,[60] auch wenn ein „Nachfassen" bei unklarer Sachlage für den Geschäftsführer im Hinblick auf die Haftung nach Abs. 3 im Einzelfall zu empfehlen ist (→ Rn. 28 f.).

---

48 So MüKoGmbHG/*Heidinger* Rn. 147; Lutter/Hommelhoff/*Bayer* Rn. 47, 68.
49 Baumbach/Hueck/*Servatius* Rn. 38.
50 Bewusst offen gelassen in BGH GmbHR 17, 519.
51 BT-Drs. 16/6140, S. 38.
52 In diesem Sinn auch KG GmbHR 18, 361, das die Gesellschaft – nicht den Geschäftsführer – in die Pflicht nimmt, gemäß dem Status der aktuellen Gesellschafterliste zu handeln.
53 So auch Roth/Altmeppen Rn. 10;.
54 Begr. RegE BT-Drs. 16/6140, S. 44.
55 BGH GmbHR 14, 198, 200; *Wiersch* GWR 14, 117, 119.
56 BGH GmbHR 17, 519, 520; BGH GmbHR 14, 198; zust. *Lieder* NZG 14, 329, 331; *Wiersch* GWR 14, 117, 118.
57 Denn der Geschäftsführer trägt die Verantwortung und Haftung, vgl. Rn. 11; aA OLG Rostock GmbHR 17, 523, 525.
58 BT-Drs. 16/6140, S. 37, 44; *Preuß* ZGR 08, 676, 679.
59 BT-Drs. 16/6140, S. 37.
60 Lutter/Hommelhoff/*Bayer* Rn. 22; *Wachter* DB 09, 159, 160; *Wachter*, ZNotB 08, 378, 383.

14 Soweit die Änderung der Gesellschafterliste „auf Mitteilung und Nachweis" erfolgen soll, ist die gesetzliche Regelung jedoch unzureichend. Denn unklar bleibt, auf wessen Mitteilung hin die Geschäftsführer zur Änderung der Gesellschafterliste verpflichtet sind. **Mitteilungsbefugt** ist jedenfalls der von der Änderung des Umfangs seiner Beteiligung oder in seinen persönlichen Verhältnissen betroffene Gesellschafter.[61] Soweit durch die Veränderung in der Gesellschafterstellung auch weitere Personen betroffen sind, sind auch diese mitteilungsbefugt, wie etwa beim Anteilsverkauf der Erwerber oder beim Erbfall sämtliche Miterben.[62] Ob darüber hinaus, insbes. im Fall der **Kenntniserlangung von dritter Seite**, die Information u. Anhörung des betroffenen Gesellschafters[63] oder gar generell ein Konsens mit dem von der Veränderung betroffenen Gesellschafter erforderlich ist, ergibt sich aus dem Wortlaut des Abs. 1 nicht u. ist derzeit noch umstritten.[64] Der Gesetzgeber hat ohne Zweifel den Wechsel vom bisherigen Anmeldeprinzip (§ 16 aF) zum nunmehrigen Eintragungsprinzip, verbunden mit den materiellen Rechtswirkungen nach § 16 I u. II unzureichend vollzogen. Es kommt weniger darauf an, von wem die Mitteilung gemacht wird, als vielmehr, dass diese iVm den Nachweisen den Geschäftsführern ermöglicht, die mitgeteilte Änderung zu prüfen, u. iR ihres Ermessens die Entscheidung erlaubt, ob eine geänderte Gesellschafterliste zum Handelsregister eingereicht werden muss. Ist dies der Fall, darf der Geschäftsführer eine geänderte Gesellschafterliste zum Handelsregister einreichen, die die gesetzlichen Wirkungen entfaltet.

15 Soweit der Geschäftsführer beabsichtigt, eine Korrektur der im Handelsregister eingestellten Gesellschafterliste vorzunehmen, ist nach der Gesetzesbegründung[65] u. der Rspr. des BGH[66] erforderlich, dass der betroffene **Gesellschafter informiert u. angehört wird.** Wenn der Betroffene der Korrektur widerspricht, bleibt der Geschäftsführer jedoch weiter zur Berichtigung befugt, es sei denn – so der BGH[67] –, dem Geschäftsführer werde die Einreichung einer geänderten Gesellschafterliste durch einstweilige Verfügung untersagt; ob das Instrument des einstweiligen Rechtsschutzes hier so einfach Anwendung finden kann, ist unter Berücksichtigung des Verbots der Vorwegnahme der Hauptsache sehr bedenklich.[68] Zur klageweisen Durchsetzung einer geänderten Gesellschafterliste vgl. unten → Rn. 29.

16 **Rechtsgestaltend** besteht die Möglichkeit, eine Verpflichtung der Gesellschafter in die Satzung aufzunehmen, jede Veränderung iSv Abs. 1 der Geschäftsführung unter Nachweis mitzuteilen. Eine solche **Satzungsklausel** könnte wie folgt lauten:

---

61 Baumbach/Hueck/*Zöllner/Noack* Rn. 19; *Hasselmann* NZG 09, 486, 488.
62 Baumbach/Hueck/*Zöllner/Noack* Rn. 20; *Hasselmann* NZG 09, 486, 488.
63 Lutter/Hommelhoff/*Bayer* Rn. 22; *Kort* GmbHR 09, 169, 171; *Wicke* § 16 Rn. 5.
64 Scholz/*Schneider*, Nachtrag MoMiG, Rn. 23; Heckschen/*Heidinger* § 13 Rn. 193 ff.; *Kort* GmbHR 09, 169, 170; **aA** *Hasselmann* NZG 09, 486, 488; vgl. Begr. RegE BR-Drs. 354/07, S. 102; krit. ebenso *Bednarz* BB 08, 1854, 1859.
65 BT-Drs. 16/6140, S. 44.
66 BGH GmbHR 14, 198.
67 BGH GmbHR 14, 198, 200; **aA** OLG München v. 17.7.15 – 14 W 1132/15 (Tz 41), zit. nach juris: Durchsetzung ausschließlich im Klageweg.
68 So auch OLG München v. 17.7.15 – 14 W 1132/15 (Tz 30), zit. nach juris.

▶ Jeder Gesellschafter ist verpflichtet, jede Änderung in seiner Person (Name, Vorname, Firma, Wohnort, Satzungssitz) und in seiner Beteiligung an der Gesellschaft (Zusammenlegung, Teilung, [...] von Geschäftsanteilen) sowie der Einzel- oder Gesamtrechtsnachfolge in seinen Geschäftsanteil (Anteilsübertragung, Umwandlungsmaßnahmen usw) unverzüglich der Geschäftsführung schriftlich mitzuteilen und nachzuweisen. Der Nachweis hat unter Vorlage der die Veränderung belegenden Dokumente im Original oder in notariell beglaubigter Abschrift zu erfolgen.

Steht der Geschäftsanteil mehreren Berechtigten gemeinschaftlich zu, ist jeder der Mitberechtigten zur Mitteilung und zum Nachweis verpflichtet.

Im Erbfall ist von dem/den Erbberechtigten ein Erbschein in Ausfertigung oder ein notarielles Testament mit Eröffnungsprotokoll in notariell beglaubigter Abschrift vorzulegen; diese Regelungen gelten entsprechend für Vermächtnisnehmer. ◀

Im Fall der Anteilsübertragung sollte in den Kauf- u. Abtretungsvertrag 17
eine **Klausel aufgenommen** werden, nach der der Veräußerer u. der Erwerber verpflichtet sind, gemeinsam (u damit inhaltsgleich) die Geschäftsführung über die Veränderung zu informieren u. dieser nachzuweisen, soweit nicht bereits die Geschäftsführung an der Anteilsübertragung beteiligt wird.

Der **Nachweis der Veränderung** muss für die Geschäftsführung durch über- 18
zeugende Dokumentation erfolgen.[69] Nachdem die Mitteilung u. der Nachweis von Veränderungen iSv Abs. 1 sowie deren Eintragung in die Gesellschafterliste weitreichendere Folgen (vgl. § 16) hat als im Fall des § 67 III AktG, sind qualitative Anforderungen zu stellen.[70] Bei Zusammenlegung oder Teilung von Geschäftsanteilen wird die Vorlage der Beschlussfassung im Original oder beglaubigter Fotokopie,[71] im Erbfall die Vorlage eines Erbscheins oder die notarielle Verfügung von Todes wegen mit Eröffnungsniederschrift[72] erforderlich sein. Ein privatschriftliches Testament[73] u. wohl auch ein ausländisches Erbzeugnis[74] dürften nicht als ausreichend erachtet werden.

3. Einreichung durch den Notar

a) **Zuständigkeit.** Der Notar ist nach Abs. 2 S. 1 nur dann zur Einreichung 19
einer geänderten Gesellschafterliste zuständig – und dann auch verpflichtet – wenn er **„an Veränderungen nach Abs. 1 S. 1 mitgewirkt"** hat. In diesem Fall verdrängt die Zuständigkeit des Notars diejenige der Geschäftsführer.[75] Unschädlich dürfte es sein, wenn neben der gesetzlich zuständigen

69 So bereits zur alten Rechtslage BGH DB 08, 2587; NJW-RR 96, 1377; Baumbach/Hueck/*Zöllner/Noack* Rn. 25; Lutter/Hommelhoff/*Bayer* Rn. 19; *Mayer* DNotZ 08, 403, 412.
70 Lutter/Hommelhoff/*Bayer* Rn. 20; *Mayer* DNotZ 08, 403, 413; *Wachter* DB 09, 159, 160; *Wachter* ZNotP 08, 378, 384.
71 Lutter/Hommelhoff/*Bayer* Rn. 21; *Wicke* Rn. 10; *Wachter* ZNotP 08, 378, 383.
72 BGH NJW 05, 2779; Lutter/Hommelhoff/*Bayer* Rn. 21; *Wachter* DB 09, 159, 160; *Wachter* ZNotP 09, 82, 90; *Wicke* Rn. 10.
73 Lutter/Hommelhoff/*Bayer* Rn. 21; *Wachter* DB 09; 159, 160.
74 *Wachter* DB 09, 159, 160.
75 Begr. RegE BT-Drs. 16/6140, S. 44; OLG Hamm GmbHR 10, 430; OLG München GmbHR 09, 1211, 1212; 09, 825, 826; Lutter/Hommelhoff/*Bayer* Rn. 23; Baumbach/Hueck/*Zöllner/Noack* Rn. 57; *Mayer* DNotZ 08, 403, 408.

Person, etwa dem Notar, auch die jeweils andere Person, der Geschäftsführer, die Liste unterzeichnet hat.[76] Dem Notar obliegen die **originären gesetzliche (Amts-) Pflichten**, die neue Gesellschafterliste zu erstellen, zu unterzeichnen, beim Handelsregister einzureichen u. eine Abschrift der Gesellschafterliste an die Gesellschaft, vertreten durch den/die Geschäftsführer zu senden.[77] Ferner ist der Notar verpflichtet, die Bescheinigung nach Abs. 2 S. 2 zu erteilen. Der Notar bleibt zuständig, soweit das Registergericht wegen formaler oder inhaltlicher Mängel die Aufnahme der Gesellschafterliste zurückweist; denn die Pflicht zur Einreichung einer korrigierten Liste (im laufenden Registerverfahren) obliegt dem Notar.[78]

20 **b) Mitwirkung an Veränderungen.** Wann eine solche **„Mitwirkung an Veränderungen"** besteht, ist insbes. in Grenzfällen offen. Erforderlich ist zunächst, dass die vorangegangene notarielle Tätigkeit objektiv für die Veränderung kausal ist.[79] Der Notar hat danach mitgewirkt, wenn er eine Veränderung – so eine Anteilsabtretung oder eine Kapitalmaßnahme – beurkundet hat.[80] Im Fall der Protokollierung nicht beurkundungsbedürftiger Beschlüsse in seiner amtlichen Funktion wirkt der Notar ebenfalls mit.[81] Dag wird die einfache Beglaubigung nicht als Mitwirkungshandlung iSd Abs. 2 gesehen, weil der Notar in diesem Fall nur eingeschränkten Prüfungspflichten unterliegt.[82] Eine Ausn. besteht dann, wenn es sich um die Beglaubigung eines Eigenentwurfs des Notars handelt.[83] In diesem Fall unterliegt der Notar korrespondierenden Prüf- u. Belehrungspflichten wie im Fall der Beurkundung.[84]

21 Die schwierigen **Grenzfälle** bestehen **bei mittelbaren Veränderungen, Mitwirkung durch einen ausländischen Notar** u. **Mitwirkung mehrerer Notare.** Im zul. genannten Fall, insbes. bei getrennter Beurkundung von Angebot u. Annahme verschiedener Notare, ist primär der erteilte Vollzugsauftrag entscheidend[85] u. subsidiär derjenige Notar nach Abs. 2 verpflichtet, der den letzten die Veränderung bestimmenden Akt beurkundet hat.[86]

---

76 OLG Hamm GmbHR 10, 430.

77 Scholz/*Schneider*, Nachtrag MoMiG, Rn. 44; Baumbach/Hueck/*Zöllner/Noack* Rn. 57, 66 ff.; Lutter/Hommelhoff/*Bayer* Rn. 23; *Hasselmann* NZG 09, 486, 490.

78 BGH GmbHR 11, 474, 475; OLG München GmbHR 12, 399, 400.

79 Baumbach/Hueck/*Zöllner/Noack* Rn. 51.

80 OLG Hamm NZG 10, 113, 114; Baumbach/Hueck/*Zöllner/Noack* Rn. 52; Lutter/Hommelhoff/*Bayer* Rn. 24; Heckschen/*Heidinger* § 13 Rn. 320, 323; *Tebben* RNotZ 08, 441, 454; *Reymann* BB 09, 506, 508.

81 OLG Hamm NZG 10, 113, 114; Lutter/Hommelhoff/*Bayer* Rn. 24; *Mayer* DNotZ 08, 403, 408; *Wicke* Rn. 13; Heckschen/*Heidinger* § 13 Rn. 322.

82 Baumbach/Hueck/*Zöllner/Noack* Rn. 52; Lutter/Hommelhoff/*Bayer* Rn. 24.

83 OLG Hamm NZG 10, 113, 114; Lutter/Hommelhoff/*Bayer* Rn. 24; Baumbach/Hueck/*Zöllner/Noack* Rn. 52; *Mayer* DNotZ 08, 403, 408; *Wälzholz* MittBayNot 08, 425, 435; *Vossius* DB 07, 2299, 2304.

84 BGH DNotZ 97, 51, 52.

85 Lutter/Hommelhoff/*Bayer* Rn. 26; *Wicke* NotBZ 09, 13; *Wachter* ZNotP 08, 378, 388.

86 Lutter/Hommelhoff/*Bayer* Rn. 27; *Wicke* NotBZ 09, 13; *Mayer* DNotZ 08, 403, 408; **aA** ggf. beide Notare Baumbach/Hueck/*Zöllner/Noack* Rn. 53; *Wachter* ZNotP 08, 378, 388.

Bei Mitwirkung durch einen **ausländischen Notar** besteht für diesen **keine Pflicht zur Einreichung** einer geänderten Gesellschafterliste.[87] Aufgrund des Territorialitätsprinzips unterliegt der ausländische Notar nicht der öffentlich-rechtlichen Pflicht aus Abs. 2. Die Pflicht zur Einreichung einer geänderten Gesellschafterliste – sei es nach Abs. 1 oder 2 – kann nicht auf einen Dritten, auch nicht einen ausländischen Notar, delegiert werden.[88] Denn es handelt sich hierbei um originäre höchstpersönliche Pflichten der Geschäftsführer bzw. des Notars mit entspr. gesetzlicher (Notar-)Haftung. Nach Auffassung des BGH ist der **ausländische Notar aber berechtigt**, auf der Grundlage des Abs. 2 eine geänderte Gesellschafterliste zum Register einzureichen, wenn die ausländische Beurkundung der deutschen gleichwertig ist.[89] Diese Berechtigung ergebe sich als Annex aus seiner Beurkundungskompetenz; darüber hinaus würde alles andere, so der BGH, einen „unnötigen Umweg" darstellen.[90] Für die Praxis mag dieser Ansatz eine Erleichterung darstellen u. va eine Klärung herbeigeführt haben, rechtssystematisch ist er uE verfehlt.[91] Denn der Gesetzgeber regelt die Zuständigkeit zur Einreichung der Gesellschafterliste in § 40 durch Begründung von (Amts-) Pflichten zulasten der Geschäftsführer bzw. des mitwirkenden Notars; soweit die Geschäftsführer bzw. der Notar jeweils nicht verpflichtet sind, entfällt jeweils die Zuständigkeit. Damit ist der ausländische Notar nicht zuständig.[92] Die Systematik des § 40 ist jedoch abschließend;[93] weder inhaltlich noch formell-rechtlich steht der in § 40 geregelte Teil des Registerverfahrens zur Disposition der Beteiligten. Dies ist auch aus materiellrechtlichen Gründen nicht zulässig. Denn soweit dem ausländischen Notar – letztlich über Abs. 2 hinausgehend – die Berechtigung zur Einreichung der Gesellschafterliste zuerkannt werden soll,[94] wird nicht berücksichtigt, dass es dafür einer ausdrücklichen Rechtsgrundlage bedürfte. Die Gesellschafterliste entfaltet verbindliche Rechtswirkungen zulasten Dritter (vgl. ua § 16 I), wie sich e contrario auch aus Abs. 2 ergibt. Der (potenzielle) Eingriff in die Rechtspositionen Dritter erfordert jedoch einer ausdrücklichen gesetzlichen Grundlage – nicht lediglich einer ungeschriebenen Annexkompetenz –, daran fehlt es de lege lata. Das „Schweigen" des Gesetzes oder der Gesetzesbegründung[95] oder die Vermeidung von „unnötigen Um- 22

87 OLG München DB 13, 510, 511; OLG Düsseldorf GmbHR 11, 417, 420; Lutter/Hommelhoff/*Bayer* Rn. 27; *Schneider* GmbHR 09, 393, 396; *Mayer* DNotZ 08, 403, 411; *Goetze/Bressler* NZG 07, 894, 896; Baumbach/Hueck/*Zöllner/Noack* Rn. 69.

88 Baumbach/Hueck/*Zöllner/Noack* Rn. 69; Lutter/Hommelhoff/*Bayer* Rn. 27; *Götze/Bressler* NZG 07, 894, 896; *Berger/Kleissl* DB 08, 2235, 2239 f.

89 BGH GmbHR 14, 248, **aA** die Vorinstanz OLG München DB 13, 510; zust. ua *Weller* ZGR 14, 865, 880; *Herrler* GmbHR 14, 225, 228; *Götze/Mörtel* NZG 14, 369, 371.

90 BGH GmbHR 14, 248, 250.

91 Ebenso *Eickelberg/Ries* NZG 15, 1103, 1105; *Hasselmann* NZG 13, 325, 327.

92 OLG München DB 13, 510, 512; davon unberührt ist selbstverständlich die Frage der wirksamen Beurkundung durch den ausländischen Notar, vgl. zuletzt OLG Düsseldorf GmbHR 11, 417, 419.

93 Bewusst hat der Gesetzgeber auch davon abgesehen, ein zusätzliches „Eintragungsrecht" der Gesellschafter zu begründen, vgl. Begr. BT-Drs. 16/6140, S. 44.

94 OLG Düsseldorf GmbHR 11, 417, 420; *Peters* DB 10, 97, 99 mwN.

95 Wie vom OLG Düsseldorf GmbHR 11, 417, 420 angenommen.

wegen" ist demggü. uE nicht ausreichend. Daher würden allein die Geschäftsführer, auch wenn sich diese des ausländischen Notars als Erfüllungsgehilfen oder Boten bedienen, nach Abs. 1 berechtigt u. verpflichtet sein.[96]

23 Ebenfalls in der Diskussion sind **mittelbare Veränderungen**, wenn etwa iR von Verschmelzungen oder anderen Maßnahmen gem. Umwandlungsgesetz zum Vermögen der beteiligten Gesellschaften auch Beteiligungen an GmbHs gehören u. sich damit der Gesellschafterbestand dieser GmbHs infolge der Umwandlung ändert.[97] Im Schrifttum wird eine Verpflichtung des die umwandlungsrechtliche Maßnahme beurkundenden Notars nach Abs. 2 vielfach abgelehnt.[98] UE ist jedoch der diese Maßnahme beurkundende Notar als die nach Abs. 2 zuständige Person anzusehen, soweit er **aufgrund des Beurkundungsvorgangs**[99] die ohne Zweifel notwendige **Kenntnis vom Beteiligungsbesitz** der beteiligten Rechtsträger hat.[100] Darauf ist abzustellen, nicht auf die Frage der Unmittelbarkeit oder Mittelbarkeit; auch das Kriterium des „finalen Beurkundungsauftrags"[101] dürfte nicht sachgerecht sein. Denn die vom Gesetzgeber mit der Regelung in Abs. 2 verbundene Zielsetzung,[102] Verfahrensabläufe zu vereinfachen, orientiert sich nicht nach dem jeweiligen „Auftrag", sie bedingt vielmehr die durch die Beurkundung vermittelte Sachnähe u. Kenntnis. Daran fehlt es zu Recht, soweit der Notar lediglich an der Änderung der Firma eines Gesellschafters mitwirkt, aufgrund dieses Beurkundungsvorgangs jedoch keine Kenntnis vom Beteiligungsbesitz des Gesellschafters hat.[103] Der Gesetzgeber wollte keine Nachforschungspflichten zulasten des Notars begründen, lediglich sicherstellen, dass die Änderung der Gesellschafterliste „gelegentlich der Beurkundung gleich miterledigt werden kann".[104] Daher dürfte – außerhalb der vorgenannten Umwandlungsfälle – eher auf das Kriterium der (Mit-) Verursachung des Beurkundungsvorgangs für die Veränderung abzustellen sein. Dies wird auch dem Wortlaut des Abs. 2 („Mitwirkung") gerecht, wenn entscheidend ist, dass die Tätigkeit des Notars Wirkung für die Rechtsänderung entfaltet hat.[105] Angesichts des nach wie vor noch unsicheren Rechtsstands ist für die Praxis daher zu empfehlen, in die-

96 So noch OLG München DB 13, 510, 511; Baumbach/Hueck/*Zöllner*/*Noack* Rn. 70; Lutter/Hommelhoff/*Bayer* Rn. 27; Roth/*Altmeppen* Rn. 18; *Mayer* MittBayNot 14, 114, 117;; **aA** OLG Düsseldorf GmbHR 11, 417, 420.
97 Vgl. *Löbbe* GmbHR 12, 7, 11; Michalski/*Terlau* § 40 Rn. 26.
98 Baumbach/Hueck/*Zöllner*/*Noack* Rn. 56; *Mayer* MittBayNot 14, 114, 116 mwN; *Wachter* ZNotP 08, 378, 389; *Wicke* Rn. 14; *Goette*/*Habersack*, MoMiG in Wissenschaft und Praxis, Rn. 3.54.
99 Zu weitgehend daher OLG Hamm NZG 10, 113, 114, das auf die Kenntnis aus einem zeitlich vorangehenden Beurkundungsvorgang abstellt.
100 *Eickelberg*/*Ries* NZG 15, 1103; *Ries* NZG 10, 135, 136; ähnl *Mayer* DNotZ 08, 403.
101 OLG Hamm GmbHR 14, 424; Baumbach/Hueck/*Zöllner*/*Noack* Rn. 56; OLG Hamm GmbHR 12, 38, 39.
102 Vgl. dazu OLG München GmbHR 09, 1211, 1212; 825, 826.
103 Vgl. OLG Hamm GmbHR 12, 38, 39; Baumbach/Hueck/*Zöllner*/*Noack* Rn. 56.
104 Vgl. BT-Drs. 16/6140, S. 44.
105 So ist in der Sache auch der Fall des OLG Hamm GmbHR 14, 424 zu sehen; analog für die auflösend bedingte Übertragung OLG Brandenburg GmbHR 13, 309 u. für die getrennte Beurkundung von Angebot u. Annahme OLG München GmbHR 12, 1367; zust. *Ries* GWR 13, 19.

sen Fallgestaltungen die Voraussetzungen des Abs. 2 zu erfüllen u. zusätzlich die (vom Notar erstellte u. unterzeichnete) Gesellschafterliste von den Geschäftsführern unterzeichnen zu lassen.

c) **Zeitpunkt der Einreichung.** **„Unverzüglich nach Wirksamwerden"** der 24
Veränderung hat der Notar die geänderte Gesellschafterliste zu unterzeichnen u. zum Handelsregister einzureichen. Abs. 2 stellt nicht auf eine Mitteilung u. Nachweis (vgl. Abs. 1) ab, damit hat der Notar unmittelbar nach seiner Tätigkeit festzustellen, ob die Veränderungen der Gesellschafterliste wirksam geworden sind. Empfehlenswert ist, dass der Notar die Parteien in der Notarurkunde anhält, ihn zu informieren u. Nachweise vorzulegen (Genehmigungsurkunden; Versicherung des Verkäufers über Kaufpreiszahlung, beglaubigte Abschrift des Vollzugsprotokolls etc), dass **aufschiebende** (Wirksamkeits-) **Bedingungen** eingetreten sind. Der Notar hat insoweit eine Prüfpflicht, die aus seinen allg. Amtspflichten sowie aus Abs. 2 S. 1 resultiert. Verbleiben dem Notar Zweifel, ob die Veränderungen wirksam geworden sind, u. erhält der Notar von den Beteiligten keine weiteren Informationen, dürfte der Notar berechtigt sein, die Einreichung einer geänderten Liste zu verweigern.[106]

Auflösende Bedingungen, Rückübertragungsklauseln u. andere Rechts- 25
gründe, die nach dem Wirksamwerden von Veränderungen zu deren Unwirksamkeit führen, lassen die Pflicht des Notars unberührt, bereits nach Wirksamwerden der Veränderungen die Gesellschafterliste einzureichen. Dies ergibt sich bereits aus dem Wortlaut des Abs. 2 S. 1. Auch der Gesetzgeber will den Notar nur zur Überwachung von aufschiebenden, nicht jedoch von auflösenden Bedingungen verpflichtet sehen.[107] Im Fall des Eintritts von auflösenden Bedingungen sind – soweit der Notar daran nicht mitgewirkt hat – die Geschäftsführer nach Abs. 1 verpflichtet.[108]

d) **Notarbescheinigung.** Der Notar hat ferner die nach **Abs. 2 S. 2** näher 26
spezifizierte Bescheinigung zum Handelsregister einzureichen. Der Gesetzgeber will sie an die Bescheinigung nach § 54 I 2 angelehnt wissen; ferner soll sie die Richtigkeitsgewähr der Gesellschafterliste erhöhen.[109] Die Notarbescheinigung ist jedoch **kein Rechtsscheinträger.**[110] Die Bescheinigung muss an die zul. zum Handelsregister aufgenommene/verlautbarte Gesellschafterliste als Referenzurkunde anknüpfen.[111] Der Notar hat keine Pflicht, die inhaltliche Richtigkeit dieser Liste zu prüfen,[112] es sei denn, es ergeben sich offensichtliche Unrichtigkeiten. In ihrer **Form** stellt die Notarbescheinigung einen Vermerk iSd §§ 39 ff. BeurkG dar.[113]

106 OLG *München* GmbHR 09, 1211, 1212; ähnl BT-Drs. 16/6140, S. 44; *Hasselmann* NZG 09, 486, 491; *Preuß* ZGR 08, 676, 681.
107 BT-Drs. 16/6140, S. 44.
108 BT-Drs. 16/6140, S. 44; *Hasselmann* NZG 09, 486, 491.
109 OLG Jena DB 10, 1006, 1007; BT-Drs. 16/6140, S. 44.
110 OLG Jena GmbHR 10, 760; Baumbach/Hueck/*Zöllner/Noack* Rn. 39; Michalski/*Terlau* Rn. 39.
111 OLG München GmbHR 12, 399, 400; 09, 825, 826.
112 OLG München v. 30.6.10 (Tz 10) – 30 Wx 026/10, 26/10, zit. nach juris; GmbHR 09, 825, 826; *Schneider* GmbHR 09, 393, 396.
113 Vgl. zur Form iE OLG Jena GmbHR 10, 760; zur Kostenfrage OLG Celle v. 25.6.10 (Tz 6 ff.) – 2 W 161/10, zit. nach juris.

27 Angesichts dessen, dass der Gesetzgeber keine textliche Formulierung vorgibt, andererseits Instanzgerichte vereinzelt strenge Anforderungen stellen,[114] empfiehlt sich folgende **Textierung für die Bescheinigung:**

▶ Ich bescheinige hiermit, dass die geänderten Eintragungen in der beigefügten Gesellschafterliste den Veränderungen entsprechen, an denen ich als Notar mit der Urkunde ... vom ... mitgewirkt habe, und dass die übrigen Eintragungen mit dem Inhalt der zuletzt im Handelsregister aufgenommenen Gesellschafterliste vom ... übereinstimmen. ◀

4. Haftung und Klage

28 Nach Abs. 3 besteht eine Pflicht der Geschäftsführer zum Schadensersatz, wenn sie ihre Pflichten nach Abs. 1 verletzen. Diese Haftungsnorm tritt neben die Schadensersatzpflicht aus § 43. Sie gilt jedoch nicht für den Notar; dieser haftet für etwaiges pflichtwidriges (Abs. 2) Verhalten nach § 19 BNotO. Ihm ggü. kann ein Zwangsgeld nach §§ 388 FamFG, 14 HGB festgesetzt werden.

29 Die Geschäftsführer haften nach Abs. 3 ggü. den Gläubigern der Gesellschaft sowie – neu eingeführt – ggü. den Gesellschaftern, deren Beteiligung sich geändert hat. Voraussetzung für den Schadensersatzanspruch ist jedoch – neben Verschulden u. Kausalität –, dass ein Schaden eingetreten ist. Daran fehlt es, wenn die in das Handelsregister aufgenommene Gesellschafterliste inhaltlich richtig ist, die Geschäftsführer aber etwa nicht auf Mitteilung u. Nachweis hin gehandelt haben.

Darüber hinaus „haftet" die Gesellschaft – nicht der Geschäftsführer[115] – ggü. einem nicht oder nicht richtig in der Gesellschafterliste aufgenommenen Gesellschafter: Der Gesellschafter hat einen Anspruch auf klageweise Durchsetzung der Aufnahme der richtigen Angaben u. der Einreichung der Gesellschafterliste zum Handelsregister, auch im einstweiligen Rechtsschutz.[116] Die obergerichtliche Rspr. leitet dieses Klagerecht aus dem Sekundäranspruch nach Abs. 3 ab.[117]

III. Registerverfahren

30 Wird die aktuelle Gesellschafterliste zum Handelsregister eingereicht, stellt das Gericht die Liste in den **Registerordner** ein (§ 9 HRV). Die Liste ist Bestandteil dieses Ordners u. steht für jedermann – ohne Nachweis eines berechtigten Interesses – zur Einsicht zur Verfügung. Der Inhalt der Gesellschafterliste wird nicht in das Handelsregister eingetragen, insoweit greift auch § 15 HGB nicht.

---

114 LG München BB 09, 1774 f.

115 So richtig KG NZG 19, 913, auch gg den Willen des zu Unrecht Eingetragenen; ebenso OLG Hamm GmbHR 14, 935, denn es steht das Rechtsverhältnis zwischen dem betroffenen Gesellschafter u. der Gesellschaft in Frage; aA OLG Brandenburg GmbHR 13, 309, MüKoGmbHG/*Heidinger* Rn. 147.

116 OLG Dresden GmbHR 19, 513.

117 OLG Hamm GmbHR 14, 935; OLG Jena GmbHR 13, 1258; OLG Brandenburg GmbHR 13, 309; BT-Drs. 16/6140, S. 38; vgl. auch Baumbach/Hueck/*Zöllner*/*Noack* Rn. 30; das KG NZG 19, 913, 914 begründet den Anspruch mit § 67 II AktG analog.

Das Registergericht hat kein materielles, inhaltliches **Prüfungsrecht** (auch 31
keine diesbzgl Prüfpflicht) für die Gesellschafterliste; es darf lediglich prüfen, ob die formalen Voraussetzungen des § 40 erfüllt sind u. die in der Liste enthaltenen Angaben nicht offenkundig falsch sind oder offenkundig auf einem Irrtum beruhen.[118] Denn das Registergericht ist lediglich entgegennehmende, verwahrende u. allg. die Kenntnisnahme ermöglichende Stelle.[119] Das Registergericht darf ferner prüfen, ob die nach Abs. 1 und 2 richtige Person – Geschäftsführer oder Notar – die Liste eingereicht hat bzw. der richtige Geschäftsführer die Liste unterschrieben hat.[120] Liegen die formalen Voraussetzungen des § 40 nicht vor, ist das Registergericht berechtigt, die Aufnahme der Gesellschafterliste in den Registerordner zu verweigern.[121]

Weigert sich das Registergericht, eine eingereichte Gesellschafterliste wegen solcher **formaler Beanstandungen** in den Registerordner auszunehmen, ist der Rechtsbehelf der Beschwerde zulässig. Die Geschäftsführer (Abs. 1) bzw. der Notar (Abs. 2) haben gem. § 59 I u. II FamFG ein eigenes Beschwerderecht; für das Beschwerderecht des Notars maßgeblich ist, dass das Registergericht mit der Zurückweisung im Fall des Abs. 2 in den eigenen Rechtskreis des Notars eingreift.[122]

§ 41 Buchführung

Die Geschäftsführer sind verpflichtet, für die ordnungsmäßige Buchführung der Gesellschaft zu sorgen.

118 BGH GmbHR 14, 248, 249; KG v. 25.9.18 Az. 22 W 94/17 (Tz 10), juris; KG v. 12.6.18 Az. 22 W 15 /18 (Tz 6), juris; OLG Frankfurt GmbHR 11, 198, 200; OLG Bamberg DB 10, 1008; OLG Jena DB 10, 1006, 1007; *Mayer* MittBayNot 14, 24, 27 mwN; lediglich auf die Prüfpflicht abstellend: OLG München GmbHR 09, 1211; 09, 825, 826; BT-Drs. 16/6140, S. 44; ausdrücklich offen gelassen in BGH GmbHR 11, 474, 475.

119 BT-Drs. 16/6140, S. 38, 44; BGH GmbHR 14, 248; OLG München GmbHR 12, 1367.

120 KG v. 13.9.18 – 22 W 63/18 (Tz 25 ff.), juris; KG v. 12.6.18 Az. 22 W 15/18 (Tz 6), juris.

121 KG v. 25.9.18 Az. 22 W 94/17 (Tz 8 ff.), juris.

122 BGH GmbHR 11, 1269; 474, 475; KG GmbHR 19, 585; OLG Nürnberg GmbHR 18, 86, 87; OLG Hamburg GmbHR 11, 32, 33; OLG Bamberg GmbHR 10, 594, 595; OLG Thüringen GmbHR 10, 591; OLG München GmbHR 09, 825, 826; **aA** OLG Köln GmbHR 11, 141, 143; OLG Hamm FGPrax 10, 88.

I. Normzweck

1 Jede GmbH ist gem. § 13 III eine Handelsgesellschaft u. deshalb als Formkaufmann iSv § 6 I HGB verpflichtet, die Rechnungslegungsvorschriften des Dritten Buchs des HGB nach §§ 238 ff. HGB zu befolgen. § 41 weist diese handelsrechtliche Buchführungspflicht der Gesellschaft den Geschäftsführern der GmbH zu. Die aufgetragene Sorgfalt besteht im Interesse der Öffentlichkeit, besonders zugunsten von Gläubigern. Es handelt sich deswegen bei § 41 um zwingendes öffentliches Recht.[1]

II. Buchführungspflicht

1. Adressaten

2 **a) Geschäftsführer, Liquidator, Insolvenzverwalter.** Adressat des § 41 sind die einzelnen Geschäftsführer. Sind mehrere Geschäftsführer vorhanden, obliegt jedem Geschäftsführer die Buchführungspflicht nach § 41.[2] Wegen der ausdrücklichen Verweisung des § 71 IV sind daneben auch die Liquidatoren Adressaten von § 41. Im Insolvenzverfahren geht die Buchführungspflicht hins der Insolvenzmasse gem. § 155 I 2 InsO auf den Insolvenzverwalter über.[3]

3 **b) Faktischer Geschäftsführer.** Wurde der Bestellungsakt eines Geschäftsführers rechtsungültig durchgeführt, unterfällt der unwirksam Bestellte nicht der Buchführungspflicht des § 41. Nimmt er jedoch als sog. faktischer Geschäftsführer seine Tätigkeit für die Gesellschaft wahr, so unterliegt er nach herrschender Auffassung der Literatur der Pflicht zur ordnungsgemäßen Buchführung.[4]

4 **c) Delegation.** Die Buchführungspflicht ist keine höchstpersönliche Pflicht der einzelnen Geschäftsführer. Sie kann deshalb auf einzelne Geschäftsführer, die über die erforderlichen Fähigkeiten und Kenntnisse verfügen, aber auch auf geeignete Angestellte innerhalb der GmbH oder sogar auf Personen außerhalb der Körperschaft, etwa einen Steuerberater, delegiert werden.[5] Dabei bedarf es nach Ansicht des BGH nicht zwingend einer schriftlichen Fixierung der Delegation, noch muss die Delegation zwingend ausdrücklich erfolgen.[6] Der BGH stellt sich insofern gegen eine Auffassung des BFH, wonach die von den Geschäftsführern anzuwendende Sorgfalt eines ordentlichen Geschäftsmannes (§ 43 Abs. 1 GmbHG) eine vorweg ge-

1 RGSt 13, 235, 237; BGHZ 125, 366, 377; Baumbach/Hueck/*Haas* Rn. 1; Scholz/*Crezelius* Rn. 3; GK/*Hüffer* § 238 Rn. 5; aA KölnerKomm/*Claussen* § 238 Rn. 6.

2 BGH DB 85, 2291, 2292; Scholz/*Crezelius* Rn. 4; Baumbach/Hueck/*Haas* Rn. 3; Ulmer/*Paefgen* Rn. 2.

3 Ausf. zu den Auswirkungen des Insolvenzverfahrens: Baumbach/Hueck/*Haas* Rn. 10 ff.

4 Scholz/*Crezelius* Rn. 4; Baumbach/Hueck/*Haas* Rn. 6; Ulmer/*Paefgen* Rn. 3 jeweils mwN; aA Roth/*Altmeppen* Rn. 4.

5 BGH ZIP 95, 1334, 1336; OLG Koblenz NZG 98, 953, 954; Scholz/*Crezelius* Rn. 6; Ulmer/*Paefgen* Rn. 5; Roth/*Altmeppen* Rn. 5.

6 BGH, NZI 2019, 225, 226, 228.

troffene, eindeutige und deshalb schriftliche Klarstellung erfordert, welcher Geschäftsführer für welchen Bereich zuständig ist.[7] Allerdings soll auch nach dem BGH schränkt die schriftliche Dokumentation der Geschäftsverteilung bzw. Ressortaufteilung innerhalb der Geschäftsführung regelmäßig das naheliegende und geeignete Mittel für eine klare Aufgabenzuweisung und sorgfältige Unternehmensorganisation darstellen. Insofern bleibt es weiterhin anzuraten, eine Geschäftsverteilung schriftlich niederzulegen.

Im Falle einer Delegation verbleiben für jeden Geschäftsführer zwingend Auswahl- u. Überwachungspflichten, deren konkrete Anforderungen je nach Aufgabenverteilung variieren können.[8] Die jährliche Prüfung durch den Abschlussprüfer gem. § 317 I 1 HGB genügt zu Wahrung dieser Pflichten alleine nicht. Nach herrschender Auffassung handelt es sich bei den eingeschalteten Hilfspersonen nicht um Erfüllungsgehilfen iSv § 278 BGB. Es kommt daher keine Zurechnung von fremdem Verschulden in Betracht, wohl aber ggf. eine Haftung nach den Grundsätzen des Organisationsverschuldens.[9] Dies umfasst nicht nur die sorgfältige Prüfung der Fähigkeiten und Kenntnisse der mit der Buchführung betrauten Person. Darüber hinaus ist jeder Geschäftsführer verpflichtet, sich in regelmäßigen Abständen ein Bild von der Ordnungsmäßigkeit der Buchführung zu verschaffen.[10] In jedem Fall muss der Jahresabschluss von sämtlichen Geschäftsführern unterzeichnet werden, § 245 HGB.[11] 5

2. Beginn und Ende

Die Buchführungspflicht beginnt nach hM mit dem Abschluss des Gesellschaftvertrages beim ersten buchungspflichtigen Geschäftsvorfall. Es kommt nicht auf die Eintragung in das Handelsregister an. Grund dafür ist das Kontinuitätserfordernis zwischen Vor-GmbH u. GmbH.[12] 6

Nach richtiger Auffassung endet die Buchführungspflicht mit Beendigung der Liquidation, da ab diesem Zeitpunkt keine buchführungspflichtigen Geschäftsvorfälle mehr anfallen. Das Erlöschen der GmbH ist nicht notwendig.[13]

3. Inhalt

a) Gesetzliche Bestimmungen. Der Inhalt der Buchführungspflicht richtet sich grds. nach den allg. für jeden Kaufmann geltenden Bestimmungen der §§ 238–263 HGB sowie zusätzlich für die GmbH als Kapitalgesellschaft 7

7 Urt. v. 17.5.1988 – VII R 89/85.
8 BGH ZIP 95, 1334, 1336; Scholz/*Crezelius* Rn. 7; Roth/*Altmeppen* Rn. 5 mwN.
9 Scholz/*Crezelius* Rn. 6; Baumbach/Hueck/*Haas* Rn. 4, Lutter/Hommelhoff/*Kleindiek* Rn. 5; Ulmer/*Paefgen* Rn. 6; Roth/*Altmeppen* Rn. 5, speziell hierzu *Hiller/Hüttinger*, BB 1312, 1314.
10 Ausführlich hierzu *Fleischer*, WM 2006, 2021, 2024.
11 Wohl keine Wirksamkeitsvoraussetzung, vgl. OLG Frankfurt NJW-RR 89, 546 zum Vorstand einer AG.
12 Baumbach/Hueck/*Haas* Rn. 7; Lutter/Hommelhoff/*Kleindiek* Rn. 7; Ulmer/*Paefgen* Rn. 4 mwN; *Wicke* Rn. 3; aA Roth/*Altmeppen* Rn. 7; *Altmeppen* ZIP 97, 273, 274: Vor-GmbH soll selbst Handelsgewerbe betreiben müssen.
13 Baumbach/Hueck/*Haas* Rn. 8; Ulmer/*Paefgen* Rn. 4; *Wicke* Rn. 3; aA Lutter/Hommelhoff/*Kleindiek* Rn. 7.

nach den §§ 264–335 b HGB. Hierzu gehören auch die Grundsätze ordnungsgemäßer Buchführung, § 238 I 1 HGB. Insoweit kann auf die entspr. Literatur zum Handelsrecht verwiesen werden. Es ist doppelte Buchführung erforderlich, da diese für die gem. §§ 275 ff. HGB von der GmbH aufzustellende Gewinn- u. Verlustrechnung erforderlich ist. Dies gilt auch für Kleinbetriebe. Einfache Buchführung genügt nicht.[14]

8 **b) Gesellschaftsvertragliche Bestimmungen.** Die Buchführungspflicht gem. § 41 kann nicht durch Regelungen im Gesellschaftsvertrag für das Außenverhältnis wirksam verändert werden. Statutarische Bestimmungen, die hinter § 41 zurück bleiben, sind wegen des Vorranges zwingender öffentlich- rechtlicher Normen rechtswidrig u. unbeachtlich. Die Buchführungspflicht des Geschäftsführers kann aber rechtlich zulässig erweitert werden.[15] Ein Verstoß gegen die ergänzenden Regelungen kann zur Geschäftsführerhaftung gem. § 43 führen.[16]

III. Verletzung der Buchführungspflicht

1. Zivilrechtliche Haftung

9 **a) Haftung gegenüber der Gesellschaft.** Verletzt ein Geschäftsführer seine Buchführungspflicht, haftet er der Gesellschaft dafür im Wege der Innenhaftung nach § 43 II. Eine solche Haftung kann etwa eintreten, wenn durch unsachgemäße Buchführung Fehlbeträge entstehen, die nicht aufgeklärt werden können.[17] Unzureichende Buchführung kann weiterhin zu einer Beweiserleichterung zugunsten der Gesellschaft führen.[18] Daneben kann eine Verletzung der gesetzlichen Buchführungspflicht ein wichtiger Grund zur Abberufung nach § 38 II u. zur Kündigung des Anstellungsvertrages gem. § 626 BGB sein.[19]

10 **b) Außenhaftung des Geschäftsführers.** Bei einem Verstoß gegen § 41 haftet der Geschäftsführer Dritten mangels Schutzgesetzcharakters der Buchführungspflicht nicht gem. § 823 II BGB.[20] Hat ein Geschäftsführer einem Dritten Einblick in die Rechnungslegung der GmbH verschafft u. der Dritte in Vertrauen darauf einen Schaden erlitten, kommt aber eine Haftung des Geschäftsführers nach § 311 III BGB in Betracht, wenn der Geschäftsführer zumindest fahrlässig handelte. Bei vorsätzlichem Verhalten kann eine Haftung gem. § 826 BGB u. §§ 823 II, 263 StGB hinzutreten.

2. Steuerrechtliche Haftung

11 Für Zwecke des Steuerrechts ist der GmbH-Geschäftsführer nach §§ 140 AO, 5 I EStG, 8 I 1 KStG ebenfalls zur Buchführung verpflichtet. Bei vor-

---

14 Wie hier etwa Scholz/*Crezelius* Rn. 9; Baumbach/Hueck/*Haas* Rn. 9; Lutter/Hommelhoff/*Kleindiek* Rn. 6; Roth/*Altmeppen* Rn. 9; aA HGB-Bilanzrecht/*Hüffer* § 239 Rn. 7.
15 BGH WM 74, 392, 393.
16 Ebenso: Scholz/*Crezelius* Rn. 11 mwN; Roth/*Altmeppen* Rn. 14.
17 BGH NJW 74, 1468.
18 BGH NJW-RR 09, 618, 619; GmbHR 91, 101; ZIP 85, 1135, 1136.
19 BGH BB 95, 975 f.; OLG Rostock NZG 99, 216.
20 RGZ 73, 30; BGH BB 64, 1273; vgl. zul BGH NJW 94, 1801; ebenso Lutter/Hommelhoff/*Kleindiek* Rn. 4; Roth/*Altmeppen* Rn. 12; vgl. auch Baumbach/Hueck/*Haas* Rn. 19 ff. mit Meinungsstand.

sätzlichem oder grob fahrlässigem Verstoß gegen diese Pflicht kann die Finanzverwaltung den Geschäftsführer für dadurch verursachte Steuerschulden der Gesellschaft in Haftung nehmen, §§ 69, 34 I AO.

3. Strafrechtliche Haftung

Im Insolvenzfall kann ein Verstoß des Geschäftsführers gegen die Buchführungspflicht aus § 41 zu einer Strafbarkeit gem. §§ 283, 283 b StGB führen. Nach bisheriger Rechtsprechung sollte eine Strafbarkeit nach § 283 StGB in dem Fall ausscheiden, dass der Geschäftsführer zur Erstellung der Buchführung auf die Hilfe eines Steuerberaters angewiesen ist und die dadurch entstehenden Kosten in der Krise nicht aufzubringen vermag. Begründet wurde diese Auffassung damit, dass von niemanden Unmögliches verlangt werden könne.[21] Insoweit deutet sich jedoch im Beschluss des BGH vom 20.10.2011 eine geänderte Rechtsauffassung an. Zwar lässt der BGH im konkreten Fall ausdrücklich offen, ob ein Geschäftsführer hinreichende finanzielle Vorsorge dafür zu treffen habe, dass auch in der Krise die Erfüllung der Buchführungspflichten gewährleistet wird. Jedoch weist er darauf hin, dass § 283 I Nr. 5 und 7 StGB gerade für den Fall der „Zahlungsknappheit" geschaffen seien,[22] so dass für die Zukunft eine strafrechtliche Verfolgung nach § 283 StGB nicht mehr auszuschließen ist.[23] UU kann auch eine Strafbarkeit wegen Untreue gem. § 266 StGB vorliegen, so zum Beispiel, wenn der Geschäftsführer unter Verstoß gegen § 41 Scheinrechnungen gegen die Gesellschaft berücksichtigt und auszahlt.[24] Möglich ist ebenfalls ein strafrechtlich beachtlicher Verstoß gegen § 331 HGB u. § 82 II Nr. 2. 12

4. Durchgriffshaftung der Gesellschafter

Die Gesellschafter der GmbH können sich in Ausnahmefällen nicht auf die rechtliche Selbständigkeit der GmbH berufen mit der Folge, dass sie sich so behandeln lassen müssen, als hätten sie das von der GmbH betriebene Handelsgeschäft selbst ohne Beschränkung der Haftung auf das Gesellschaftsvermögen geführt.[25] Nach ständiger Rechtsprechung des BGH haften die Gesellschafter einer GmbH persönlich und unbeschränkt nach dem Vorbild einer Analogie zu § 128 HGB, wenn sich nicht ermitteln lässt, welcher Vermögensgegenstand zum Gesellschafts- und welcher zum Privatvermögen gehört (Vermögensvermischung).[26] Wenn die Abgrenzung zwischen Gesellschafts- und Privatvermögen durch eine undurchsichtige Buchführung verschleiert worden ist und deshalb die Kapitalerhaltungsvorschriften, deren Einhaltung ein unverzichtbarer Ausgleich für die Haftungsbeschränkung auf das Gesellschaftsvermögen (§ 13 Abs. 2) ist, nicht funktionieren können, haften diejenigen Gesellschafter, die für den Vermögensvermischungstatbestand verantwortlich sind, persönlich für die Verbindlich- 13

---

21 BGH NJW 1998, 2836; NStZ 2003, 546.
22 BGH NStZ 2012, 511.
23 Vgl. ausführlich zu den Pflichten der Geschäftsführung in der Insolvenz *Bork*, ZIP 2011, 101.
24 BGH, NStZ-RR 2018.
25 BGHZ 95, 330.
26 StRspr. BGH NJW 1985, 740; BGHZ 95, 330, BGHZ 151, 181.

keiten der GmbH. Das kommt insbesondere dann in Betracht, wenn es an einer Buchführung überhaupt fehlt.[27] Verantwortlich ist ein Gesellschafter, wenn er den Vermögensvermischungstatbestand aufgrund des von ihm wahrgenommenen Einflusses als Allein- oder Mitgesellschafter auf die Geschäftsführung verursacht hat.[28] Die Durchgriffshaftung des Gesellschafters steht im Widerspruch zur fehlenden Außenhaftung der Geschäftsführer.[29]

§ 42 Bilanz

(1) In der Bilanz des nach den §§ 242, 264 des Handelsgesetzbuchs aufzustellenden Jahresabschlusses ist das Stammkapital als gezeichnetes Kapital auszuweisen.

(2) [1]Das Recht der Gesellschaft zur Einziehung von Nachschüssen der Gesellschafter ist in der Bilanz insoweit zu aktivieren, als die Einziehung bereits beschlossen ist und den Gesellschaftern ein Recht, durch Verweisung auf den Geschäftsanteil sich von der Zahlung der Nachschüsse zu befreien, nicht zusteht. [2]Der nachzuschießende Betrag ist auf der Aktivseite unter den Forderungen gesondert unter der Bezeichnung „Eingeforderte Nachschüsse" auszuweisen, soweit mit der Zahlung gerechnet werden kann. [3]Ein dem Aktivposten entsprechender Betrag ist auf der Passivseite in dem Posten „Kapitalrücklage" gesondert auszuweisen.

(3) Ausleihungen, Forderungen und Verbindlichkeiten gegenüber Gesellschaftern sind in der Regel als solche jeweils gesondert auszuweisen oder im Anhang anzugeben; werden sie unter anderen Posten ausgewiesen, so muß diese Eigenschaft vermerkt werden.

27 BGHZ 125, 366, 368.
28 BGHZ 165, 85, 93, ohne jedoch wirklich brauchbare Kriterien zu nennen.
29 Zur Kritik hieran vgl. Baumbach/Hueck/*Haas* Rn. 24 mit Meinungsstand.

I. Normzweck

Für jedes Geschäftsjahr hat die GmbH nach allg. handelsrechtlichen Vorschriften (§§ 242 ff. HGB sowie §§ 264 ff. HGB) einen **Jahresabschluss** aufzustellen. § 42 baut auf diesen allg. handelsrechtlichen Bestimmungen der Rechnungslegung auf u. ergänzt diese durch einige Sonderregeln, die ausschließlich für die GmbH gelten u. insbes. spezifische Ausweisfragen betreffen. Abs. 1 betrifft den Ausweis des statutarischen **Stammkapitals** der Gesellschaft als gezeichnetes Kapital (§§ 272 I 1, 283 HGB), Abs. 2 befasst sich mit Bilanzierung von **Nachschüssen** u. Abs. 3 regelt den Ausweis von **Ausleihungen, Forderungen u. Verbindlichkeiten ggü. Gesellschaftern.** 1

Zum besseren Verständnis u. zur Einordnung der Regelungen des § 42 werden zunächst einige allg. Bilanzierungsvorschriften des HGB kommentiert, allerdings nicht im Detail. Die Anmerkungen beschränken sich insoweit auf die nachfolgend dargestellten Bilanzierungsgrundsätze. Nicht erläutert werden zudem die Grundsätze der Konzernrechnungslegung bei der GmbH (§§ 290 ff. HGB), für die das GmbHG keine speziellen Vorschriften enthält. 2

II. Inhalt

1. Aufstellung Jahresabschluss

Der zum Ende eines Geschäftsjahres von jeder GmbH aufzustellende Jahresabschluss besteht aus der **Bilanz**, der **Gewinn- u. Verlustrechnung** (§ 242 III HGB) sowie dem **Anhang** (§§ 284 ff. HGB) u. ggf. auch einem **Lagebericht** (§ 289 HGB). 3

a) Begriffsbestimmung Bilanz. Die Bilanz ist eine Gegenüberstellung der zum Bilanzstichtag vorhandenen Vermögensgegenstände eines Unternehmens u. der zur Finanzierung eingesetzten Mittel (§ 242 I HGB). Die Bilanz dient grds. der Darstellung des Betriebsvermögens. Über den Betriebsvermögensvergleich zum Vorjahr gibt sie aber auch Auskunft über Erfolg eines Geschäftsjahrs. Die Bilanz ist in Kontoform zu führen (§ 266 I HGB), wobei auf der linken Seite die Aktiva u. auf der rechten Seite die Passiva auszuweisen sind. Die auszuweisenden Posten ergeben sich zwingend aus § 266 II u. III HGB. Umfang u. Bilanzierungsbestimmungen bestimmen sich in erster Linie nach §§ 238 ff., 264 ff. HGB, wobei insbes. die Größe der GmbH eine wichtige Rolle spielt. 4

b) Größenabhängige Erleichterungen. § 267 HGB definiert **4 Größenkategorien von** Unternehmen, an deren Unterscheidung der Gesetzgeber in weiteren Vorschriften bestimmte Rechtsfolgen für deren Jahresabschluss insbes. größenabhängige Erleichterungen bzw. Verschärfungen (zB §§ 264 I 3, 266 I 3, 274 a, 276, 288, 316 I, 326, 327 HGB), knüpft. Die Definitionen des § 267 HGB gelten für Kapitalgesellschaften, also auch für die GmbH. Die Erleichterungen zugunsten von Kleinstkapitalgesellschaften sowie klei- 5 ner u. mittlerer Gesellschaften sind durch das MicroBilG[1] die Art. 11, 27 u. 44 der 4. EG-Bilanzrichtlinie 78/660/EWG sowie durch Art. 6 der Konzernbilanzrichtlinie 83/349/EWG (der auf Art. 27 der 4. Bilanzrichtlinie verweist) eingeführt worden. Je kleiner das betr. Unternehmen u. je kleiner damit der Kreis der potenziellen Jahresabschlussadressaten ist, desto weniger ist kleineren u. mittleren Unternehmen der Aufwand, der mit dem Aufstellen u. der Prüfung von Jahresabschlüssen verbunden ist, u. die sich aus der Offenlegung ergebende mögliche Preisgabe von Betriebsinterna zuzumuten. So können bei kleinen Kapitalgesellschaften bestimmte Aufwands- u. Ertragsposten in einem Posten „Rohergebnis" zusammengefasst werden (§ 276 HGB), um einen Einblick von Wettbewerbern u/oder Kunden bzw. Zulieferern in die Umsatzerlöse zu vermeiden. Die Erleichterungen sind grds. von der Größe u. nicht von der Rechtsform des Unternehmens abhängig.

6 Alle **größenabhängigen Begünstigungen** bestehen idR in Form von Wahlrechten für die rechnungslegende Gesellschaft. So müssen große Kapitalgesellschaften (§ 267 III HGB) die jeweiligen gesetzlichen Bestimmungen vollumfänglich erfüllen, während für mittelgroße u. noch stärker für kleine Kapitalgesellschaften Wahlrechte bestehen. Mittelgroße Kapitalgesellschaften (§ 267 II HGB) können eine verkürzte GuV (§ 276 S. 1 HGB) u. einen verkürzten Anhang (§ 288 S. 2 HGB) aufstellen u. als mittelgroße GmbH den Jahresabschluss auch durch vereidigte Buchprüfer u. Buchprüfungsgesellschaften prüfen lassen (§ 319 I 2 HGB). Die Offenlegung kennt hins. der Bilanz verschiedene Erleichterungen (§ 327 HGB). Kleine Kapitalgesellschaften (§ 267 I HGB) unterliegen ua einer großzügigeren Aufstellungsfrist (§ 264 I 3 HGB) u. können eine verkürzte Bilanz (§ 266 I 3 HGB), eine verkürzte GuV (§ 276 HGB) u. einen verkürzten Anhang (§§ 274 a, 276 S. 2, 288 S. 1 HGB) aufstellen. Sie sind von Lageberichts- (§ 264 I 3 HGB) u. Prüfungspflicht (§ 316 I 1 HGB) befreit. Ihre Offenlegungspflicht (§ 326 HGB) können sie bereits dadurch erfüllen, dass sie einen verkürzten Jahresabschluss, nämlich ohne GuV u. GuV-bezogene Angaben im Anhang offenlegen. Kleinstkapitalgesellschaften können die Positionen der GuV sogar auf acht Positionen zusammenfassen (§ 275 V HGB), sind von der Pflicht zur Erstellung eines Anhangs befreit (§ 264 I 5 HGB) und müssen auch keine Bilanz im elektronischen Bundesanzeiger offenlegen (§ 325 HGB). Ausreichend ist eine Hinterlegung der Bilanz beim elektronischen Bundesanzeiger. Dies führt dazu, dass die Bilanz nicht mehr elektronisch eingesehen werden kann. Lediglich auf Antrag und gegen Entrichtung einer Gebühr von EUR 4,50 kann eine Kopie der hinterlegten Bilanz angefordert werden. Voraussetzung für die Inanspruchnahme der weitgehende Erleichterungen für Kleinstkapitalgesellschaften ist der Verzicht auf die Bewertung von Vermögensgegenständen zum Zeitwert. Eine solche Bewertung ist jedoch auch nach BilMoG nur sehr eingeschränkt zulässig (vgl. zB § 253 I 4 HGB).

1 Gesetz zur Umsetzung der Richtlinie 2012/6/EU des Europäischen Parlaments und des Rates vom 14.3.2012 zur Änderung der Richtlinie 78/660/EWG des Rates über den Jahresabschluss von Gesellschaften bestimmter Rechtsformen hinsichtlich Kleinstbetriebe (Kleinstkapitalgesellschaften-Bilanzänderungsgesetz – MicroBilG).

Es wird in vielen Fällen allerdings zweifelhaft sein, ob die größenabhängigen Wahlrechte tatsächlich zu Erleichterungen bei der Bilanzierung führen. Zum einen läuft die Erleichterung für solche Unternehmen leer, die aufgrund von Darlehensverbindlichkeiten detaillierte Bilanzen für ihre Gläubiger aufstellen müssen. Zum anderen müssen Kapitalgesellschaften der Finanzverwaltung ohnehin sehr aufgegliederte Bilanzen einreichen ("E-Bilanz" vgl. § 5 b EStG).

Die Einordnung in die Größenklassen erfolgt anhand von drei Kriterien: **Bilanzsumme, Umsatzerlöse u. Arbeitnehmerzahl.**[2] Die insofern maßgeblichen Schwellenwerte (§ 267 HGB) wurden durch das BilMoG um rund 20 % erhöht und schließlich durch das BilRUG auf die nach den Vorgaben der EU maximale Höhe angehoben. Die Änderungen des BilRUG[3] sind verpflichtet auf alle Jahresabschlüsse für Geschäftsjahre anzuwenden, die nach dem 31.12.2015 beginnen. Eine freiwillige Anwendung ist jedoch bereits möglich für Jahresabschlüsse für Geschäftsjahre die nach dem 31.12.2013 beginnen.[4] 7

aa) Kleinstkapitalgesellschaft iSv § 267 a HGB. Die Voraussetzungen der durch das MircoBilG[5] neu geschaffenen Klasse der Kleinstkapitalgesellschaft sind erfüllt, wenn an den Abschlusstichtagen von zwei aufeinander folgenden Geschäftsjahren mind. zwei der drei Schwellenwerte (Bilanzsumme: 350.000 EUR, Umsatzerlöse: 700.000 EUR, Arbeitnehmeranzahl zehn) im Jahresdurchschnitt nicht übersteigen. 8

bb) Kleine Kapitalgesellschaften und OHG/KG iSv § 264 a HGB (Abs. 1). Eine Gesellschaft gilt als klein iSd § 267 HGB, wenn sie an bestimmten Stichtagen mind. zwei der drei Merkmale Bilanzsumme: 4.840.000 EUR [möglich ab 1.1.2014, verpflichtend ab 1.1.2016: 6.000.000 EUR], Umsatzerlöse: 9.680.000 EUR [möglich ab 1.1.2014, verpflichtend ab 1.1.2016: 12.000.000 EUR] u. durchschnittliche Arbeitnehmerzahl: 50 nicht überschreitet u. nicht nach Abs. 3 S. 2 als große Gesellschaft gilt. 8a

cc) Mittelgroße Kapitalgesellschaften und OHG/KG iSv § 264 a HGB (Abs. 2). Eine Gesellschaft gilt als mittelgroß iSd § 267 HGB, wenn sie an bestimmten Stichtagen mind. zwei der drei Merkmale nach Abs. 1 überschreitet u. mind. zwei der drei Merkmale Bilanzsumme: 19.250.000 EUR [möglich ab 1.1.2014, verpflichtend ab 1.1.2016: 20.000.000 EUR], Umsatzerlöse: 38.500.000 EUR [möglich ab 1.1.2014, verpflichtend ab 1.1.2016: 40.000.000 EUR] u. durchschnittliche Arbeitnehmerzahl: 250 nicht überschreitet. Außerdem darf sie nicht nach Abs. 3 S. 2 als große Gesellschaft gelten. 9

dd) Große Kapitalgesellschaften und OHG/KG iSv § 264 a HGB (Abs. 3). Als groß iSd § 267 gilt eine Gesellschaft, wenn sie entweder an 10

2 Ausf. zu den Größenmerkmalen der 4. Richtlinie BeckBilKomm/*Winkeljohann/Lawall* § 267 Rn. 1 ff.

3 Vgl. hierzu *Zwirner*, DStR 2015, 375ff.

4 Vgl. § 75 Abs. 1 und 2 EGHGB. Zu beachten ist bei einer vorzeitigen Anwendung allerdings auch die neue Definition der Umsatzerlöse in § 277 Abs. 1 HGB.

5 Vgl. im Detail zum MicroBilG und den Erleichterungen für Kleinstkapitalgesellschaften *Küting/Eichenlaub*, DStR 2012, 2615.

bestimmten Stichtagen mind. zwei der drei Merkmale Bilanzsumme: 19.250.000 EUR, Umsatzerlöse: 38.500.000 EUR u. durchschnittliche Arbeitnehmerzahl: 250 überschreitet oder das Kriterium des Abs. 3 S. 2 erfüllt ist. Danach gilt eine Kapitalgesellschaft stets (also unabhängig von den tatsächlichen Größenmerkmalen) als groß iSd § 267, wenn sie einen organisierten Markt iSd § 2 V des WpHG durch von ihr ausgegebene Wertpapiere iSd § 2 I 1 WpHG in Anspruch nimmt oder die Zulassung zum Handel an einem organisierten Markt beantragt worden ist. Der organisierte Markt idS umfasst in Deutschland den amtlichen Markt u. den geregelten Markt. Die Klassifizierung einer börsennotierten Kapitalgesellschaft als große Kapitalgesellschaft mit den damit verbundenen höheren Informationsanforderungen dient letztlich dem Schutz der Kapitalgeber.

11 c) **Wahlrechte.** Die Erleichterungswahlmöglichkeiten sind nur bilanzrechtliche Optionen, an deren Ausübung die Gesellschaft im Einzelfall gesellschaftsrechtlich im Verhältnis zu den Gesellschaftern gehindert sein kann. Entspr. Beschränkungen können in der Satzung vorgesehen sein.[6] Jedem Gesellschafter steht zudem stets das Recht zu, eine Aufschlüsselung der zusammengefassten Posten zu verlangen (§ 51).[7]

d) Bilanzgliederung der GmbH gemäß § 266 HGB

aa) Aktivseite

12 **A. Anlagevermögen**

I. Immaterielle Vermögensgegenstände

1. Selbst geschaffene gewerbliche Schutzrechte u. ähnl Rechte u. Werte;
2. Entgeltlich erworbene Konzessionen, gewerbliche Schutzrechte u. ähnl Rechte u. Werte sowie Lizenzen an solchen Rechten u. Werten;
3. Geschäfts- oder Firmenwert (GoFW);
4. Geleistete Anzahlungen;

II. Sachanlagen

1. Grundstücke, grundstücksgleiche Rechte u. Bauten einschließlich der Bauten auf fremden Grundstücken;
2. technische Anlagen u. Maschinen;
3. andere Anlagen, Betriebs- u. Geschäftsausstattung;
4. geleistete Anzahlungen u. Anlagen im Bau;

III. Finanzanlagen

1. Anteile an verbundenen Unternehmen;
2. Ausleihungen an verbundene Unternehmen;
3. Beteiligungen;
4. Ausleihungen an Unternehmen, mit denen ein Beteiligungsverhältnis besteht;
5. Wertpapiere des Anlagevermögens;
6. sonstige Ausleihungen.

6 Lutter/Hommelhoff/*Kleindiek* Rn. 3.
7 *Borchert/Budde*, in: HdR, § 276 Rn. 4.

B. Umlaufvermögen
- I. **Vorräte/Vorratsvermögen**
  1. Rohstoffe, Hilfsstoffe u. Betriebsstoffe;
  2. unfertige Erzeugnisse, unfertige Leistungen;
  3. fertige Erzeugnisse u. Waren;
  4. geleistete Anzahlungen.
- II. **Forderungen u. sonstige Vermögensgegenstände**
  1. Forderungen aus Lieferungen u. Leistungen (LuL), (FaLL), (FLL);
  2. Forderungen gegen verbundene Unternehmen;
  3. Forderungen gegen Unternehmen, mit denen ein Beteiligungsverhältnis besteht;
  4. sonstige Vermögensgegenstände.
- III. **Wertpapiere**
  1. Anteile an verbundenen Unternehmen;
  2. sonstige Wertpapiere.
- IV. **Kassenbestand, Bundesbankguthaben, Guthaben bei Kreditinstituten u. Schecks**

C. **Rechnungsabgrenzungsposten**
D. **Aktive latente Steuern**
E. **Aktiver Unterschiedsbetrag aus der Vermögensverrechnung**
F. **(ggf.) Nicht durch Eigenkapital gedeckter Fehlbetrag**

bb) Passivseite

A. Eigenkapital 13
- I. **Gezeichnetes Kapital**
- II. **Kapitalrücklage**
- III. **Gewinnrücklagen**
  1. gesetzliche Rücklagen;
  2. Rücklage für Anteile an einem herrschenden oder mehrheitlich beteiligten Unternehmen;
  3. satzungsmäßige Rücklagen;
  4. andere Gewinnrücklagen.
- IV. **Gewinnvortrag/Verlustvortrag**
- V. **Jahresüberschuss/Jahresfehlbetrag**

B. **Rückstellungen**
1. Rückstellungen für Pensionen u. ähnl Verpflichtungen;
2. Steuerrückstellungen;
3. sonstige Rückstellungen.

C. **Verbindlichkeiten**
1. Anleihen, davon konvertibel;
2. Verbindlichkeiten ggü. Kreditinstituten;
3. erhaltene Anzahlungen auf Bestellungen;
4. Verbindlichkeiten aus Lieferungen u. Leistungen (LuL), (VaLL), (VLL);
5. Verbindlichkeiten aus der Annahme gezogener Wechsel u. der Ausstellung eigener Wechsel;

6. Verbindlichkeiten ggü. verbundenen Unternehmen;
7. Verbindlichkeiten ggü. Unternehmen, mit denen ein Beteiligungsverhältnis besteht;
8. sonstige Verbindlichkeiten,
   davon aus Steuern,
   davon iRd sozialen Sicherheit.

D. Rechnungsabgrenzungsposten
E. Passive latente Steuern

* Nur fettgedruckte Positionen müssen von einer kleinen Kapitalgesellschaft ausgewiesen werden.

2. Allgemeine Bilanzierungs- und Bewertungsgrundsätze

14 Im Folgenden werden einige wesentliche Bilanzierungs- u. Bewertungsgrundsätze erläutert. Die Ansatz- u. Bewertungsgrundsätze haben durch **BilMoG** weitgehende Änderungen erfahren.[8] Ziel des BilMoG ist, das deutsche Bilanzrecht den international üblichen Methoden der Rechnungslegung (Fair-Value-Betrachtung)[9] anzunähern und den Unternehmen damit eine im Verhältnis zu den IFRS gleichwertige, aber einfachere und kostengünstigere Alternative zu bieten.[10] So soll der handelsrechtliche Jahresabschluss an Aussagekraft u. Vergleichbarkeit gewinnen. Auch die Bilanzierung bei mittelständischen Unternehmen wird in vielen Teilen an international übliche Rechnungslegungsprinzipien angenähert. Eine vollständige Angleichung des HGB an internationale Rechnungslegungsprinzipien war jedoch nicht geplant. Die HGB-Bilanz soll weiterhin Grundlage für die Ausschüttungsbemessung u. die steuerliche Gewinnermittlung sein. Im Laufe des Gesetzgebungsverfahrens hat der Gesetzgeber auch einzelne Angleichungen wieder aufgehoben, um den Charakter der HGB-Bilanz zu bewahren, der sich insbes. durch eine vorsichtige Bilanzierung auszeichnete. So sah der ursprüngliche Gesetzentwurf der Bundesregierung vor, dass mittelständische Unternehmen zu Handelszwecken erworbene Finanzinstrumente auch bei positiver Entwicklung nach dem Zeitwert bilanzieren könnten. Damit hätte das Fair Value-Prinzip zulasten des Vorsichtsprinzips nicht nur bei einer negativen Entwicklung iS eines niedrigeren beizulegenden Zeitwerts gegolten, sondern auch bei Zeitwerten über den ursprünglichen Anschaffungskosten.

15 Die Neuregelungen durch das BilMoG gelangen grds. – sofern das Geschäftsjahr nicht vom Kalenderjahr abweicht – erstmals im Geschäftsjahr 2010 zur Anwendung.

16 a) **Bilanzansatz.** Die allg. Ansatzvorschriften des HGB sind in den §§ 246–251 geregelt. Dabei ist zunächst das **Vollständigkeitsgebot** des § 246 I HGB zu nennen.[11] Danach sind sämtliche Vermögensgegenstände,

---

8 Hierzu im Detail *Zwirner*, NZG 09, 530; *Meyer*, DStR 07, 2227 ff.; *Ernst/Seidler*, BB 09, 766; *Herzig*, DB 08, 1; speziell zu den Auswirkungen auf die Rechnungslegung der GmbH *Theile*, GmbHR 07, 1296; *Wiese/Lukas*, GmbHR 08, 791.
9 Näher hierzu *Böcking*, BB 08, 265; *Jessen/Haaker*, DStR 09, 499.
10 BegrRegE Bt-Drs. 16/10067, 32.
11 Hierzu im Detail BeckBilKomm/*Förschle/Kroner* § 246 Rn. 2 ff.; Lutter/Hommelhoff/*Kleindiek* Rn. 16 f.

Schulden, Rechnungsabgrenzungsposten u. das jeweilige Eigenkapital vollständig in der Bilanz anzugeben, „soweit gesetzlich nichts anderes bestimmt ist".

Die Einhaltung des Vollständigkeitsgrundsatzes wird gewährleistet durch die Verwendung des Inventars u. der Inventurergebnisse zum Bilanzstichtag sowie die Einbeziehung sämtlicher Konten der Buchführung in den Jahresabschluss. Ferner sind sämtliche Kenntnisse u. Informationen bei der Aufstellung des Jahresabschlusses einzubeziehen (zB über die Werthaltigkeit von Vermögensgegenständen, Risiken zur Bildung von Rückstellungen u. Haftungsverhältnisse). Dem Vollständigkeitsgebot wird Genüge getan, wenn der Posten mit seinem Erinnerungswert angegeben ist. Das Vollständigkeitsprinzip gilt als GoB iSd § 5 I 1 EStG uneingeschränkt u. damit auch für die Steuerbilanz.[12] 17

Einschränkungen des Vollständigkeitsgebots ergeben sich durch sog. **Ansatzwahlrechte** (zB für sämtliche Bilanzierungshilfen) u. **Ansatzverbote** (zB Gründungsaufwendungen sowie Aufwendungen für die Beschaffung des Eigenkapitals, § 248 HGB). Das bisherige Ansatzverbot für **nicht entgeltlich erworbene immaterielle Vermögensgegenstände** des Anlagevermögens (§ 248 II HGB aF) ist aufgehoben worden. An seine Stelle tritt für selbst geschaffene immaterielle Vermögensgegenstände, bspw. für gewerbliche Schutzrechte u. Urheberrechte, wie Patente, Warenzeichen, Marken- u. Verlagsrechte, ein Ansatzwahlrecht (§ 248 II 1 HGB). Ein Wahlrecht galt früher auch für **entgeltlich erworbene Geschäfts- u. Firmenwerte** (§ 255 IV HGB aF). Hier gilt seit BilMog eine Ansatzplicht (§ 246 I 4 HGB nF). Ein aktivierter Firmenwert ist jedoch auch weiterhin – anders als bei den IFRS – planmäßig abzuschreiben, eine Wertaufholung ist ausgeschlossen (§ 253 V). Kann die planmäßige Nutzungsdauer nicht geschätzt werden, ist ein Firmenwert planmäßig über einen Zeitraum von 10 Jahren abzuschreiben (§ 253 Abs. 3 Satz 3 HGB in der Fassung des BilRUG). 18

Nicht in die Bilanz aufgenommen werden dürfen jedoch selbstgeschaffene Marken, Drucktitel, Verlagsrechte, Kundenlisten oder vergleichbare immaterielle Vermögensgegenstände des Anlagevermögens (§ 248 II 2 HGB), da hierbei zwischen Forschung u. Entwicklung nicht verlässlich unterschieden werden kann (§ 255 IIa 4 HGB).

Ferner sind im Grundsatz nur diejenigen bilanzierungsfähigen Vermögensgegenstände, Schulden, Rechnungsabgrenzungsposten u. das Eigenkapital zu bilanzieren, die dem Unternehmen in personeller u. sachlicher Hinsicht als Betriebsvermögen zuzurechnen sind.[13] Dieser allg. Grundsatz wurde durch das BilMoG in einer Generalnorm kodifiziert (§ 246 I 2 u. 3 HGB nF). Dabei wird von dem Grundsatz ausgegangen, dass Vermögensgegenstände in der Bilanz des Eigentümers aufzunehmen sind. Gleichzeitig aber wird klargestellt, dass ein Vermögensgegenstand, der nicht dem Eigentümer, sondern einem anderen wirtschaftlich zuzurechnen ist, in dessen Bilanz auszuweisen ist. Die Regelung entspricht damit weitgehend dem § 39 AO. Eine darüber hinaus gehende sachliche Abgrenzung entfällt bei 19

12 *Weber-Grellet*, in: Schmidt EStG § 5, Rn. 68.
13 *Kußmaul*, in: HdR § 246, Rn. 5.

der GmbH, da sie über keine „Privatsphäre" verfügt u. daher sämtliche Vermögensgegenstände, die ihr wirtschaftlich gehören, auch sachlich zuzuordnen sind. In der GuV sind sämtliche Erträge u. Aufwendungen auszuweisen, die sich aus Geschäftsvorfällen ergeben, die dem Unternehmen zuzurechnen sind. Als Saldo von Erträgen u. Aufwendungen ist bei Kapitalgesellschaften der sich daraus ergebende **Jahresüberschuss bzw. Jahresfehlbetrag** auszuweisen (§ 275 II Nr. 20 bzw. III Nr. 19 HGB).

20 Der Grundsatz der Vollständigkeit wird in zeitlicher Hinsicht durch das **Stichtagsprinzip** (§ 252 I Nr. 3 HGB) u. in sachlicher Hinsicht durch das **Periodisierungsprinzip** (§ 252 I Nr. 5 HGB) begrenzt.

21 Aus dem Vollständigkeitsgebot wird das **Saldierungsverbot** (§ 246 II HGB) abgeleitet. Es gilt sowohl für die Bilanz als auch für die GuV. Danach sind Posten der Aktivseite nicht mit Posten der Passivseite bzw. Aufwendungen nicht mit Erträgen zu verrechnen. Sie sind deshalb grds. getrennt auszuweisen. Zweck des Saldierungsverbots ist die Konkretisierung des **Grundsatzes der Klarheit**, indem es den Einblick in die Vermögens-, Finanz- u. Ertragslage (§ 264 II HGB) erleichtert.[14] Eine Ausn. aufgrund handelsrechtlicher Bestimmungen besteht zB beim Kontokorrentverhältnis iSd § 355 HGB. An die Stelle der einzelnen Forderungen u. Verbindlichkeiten, die durch die Saldierung untergehen, tritt ein Saldoanspruch, der in den Jahresabschluss aufzunehmen ist.[15] Eine weitere Ausn. wurde durch das BilMoG für Vermögensgegenstände eingeführt, die dem Zugriff der Gläubiger ohnehin entzogen sind u. die einzig der Erfüllung von Schulden aus Altersversorgungsverpflichtungen oder vergleichbaren langfristig fälligen Verpflichtungen dienen. Auch in diesem Fall erfolgt eine Saldierung der Vermögensgegenstände u. der Schulden. Entspr. erfolgt im Hinblick auf die Erträge aus den Vermögensgegenständen u. dem Aufwand aus der Aufzinsung der Schulden (§ 246 II 2 HGB nF).

22 Durch das BilMoG wurde die bereits bislang kodifizierte Bewertungsstetigkeit (§ 252 I Nr. 6 HGB) um das Gebot der **Ansatzstetigkeit** ergänzt (§ 246 III 1 HGB nF). Stetigkeitsdurchbrechungen – etwa durch unterschiedliche Ausübung von Wahlrechten – sind danach nur unter den in § 252 II HGB genannten Voraussetzungen möglich.

23 **b) Bewertungsgrundsätze.** Bewertungsvorschriften finden sich va in §§ 252–256 HGB. Es handelt sich weitgehend um Bestimmungen, die bereits vor ihrer Kodifizierung als **Grundsätze ordnungsgemäßer Buchführung (GoB)** anerkannt waren. Sie gelten als Teil der Bilanzierungsgrundsätze nach § 5 I 1 EStG auch für buchführende Gewerbetreibende im Steuerrecht.[16] Die in den Vorschriften genannten allg. Bewertungsregeln sind gleichrangig u. grds. unabhängig voneinander anwendbar.

24 Nach dem **Grundsatz der Bilanzidentität** (§ 252 I Nr. 1 HGB), der nicht nur für die Bewertung, sondern auch für den Bilanzansatz gilt, müssen die (Wert-)Ansätze der Schlussbilanz eines Geschäftsjahres mit denen der Er-

14 ADS § 246, Rn. 454.
15 Im Detail zu den Ausn. BeckBilKomm/*Fröschle/Kroner* § 246 Rn. 105 ff.
16 BeckBilKomm/*Förschle* § 243 Rn. 1 ff.; *Winnefeld*, Bilanz-Handbuch, Kap D Rn. 1 ff.

öffnungsbilanz des folgenden Geschäftsjahres vollständig übereinstimmen. Die Schlussbilanz muss also gleichzeitig die Eröffnungsbilanz des Folgejahres sein. Der Grundsatz der Bilanzidentität bezweckt eine vollständige Gewinnerfassung u. geht insofern dem Grundsatz der periodengerechten Gewinnermittlung vor.[17] Für Kapitalgesellschaften ergänzt § 265 I 1 HGB diesen Grundsatz noch um das **Prinzip der Darstellungsstetigkeit**, wonach die Form der Darstellung, insbes. das Gliederungsschema beizubehalten ist.

Das **Fortführungsprinzip** (**going-concern**-Prinzip, § 252 I Nr. 2 HGB) schreibt vor, dass bei der Erstellung des Jahresabschlusses u. bei der Bewertung von Vermögensgegenständen von der Fortführung des Unternehmens auszugehen ist. Das going-concern-Prinzip besagt, dass der Nutzen, den der Gegenstand für das lebende Unternehmen hat, anzusetzen ist u. nicht etwa ihr Liquidationswert.[18] Dies gilt nicht, wenn tatsächliche oder rechtliche Umstände dem entgegen stehen (zB wirtschaftliche Schwierigkeiten, bevorstehende Insolvenz, Auflösung oder Liquidation etc). Das Fortführungsprinzip findet in erster Linie bei der Bewertung von Vermögensgegenständen u. Schulden (§ 252 I Nr. 2 HGB) Anwendung, kann aber auch für den Bilanzansatz Bedeutung haben. 25

§ 252 I Nr. 3 HGB legt den Grundsatz der stichtagsbezogenen **Einzelbewertung** nieder. Obwohl in der Bilanz viele Vermögensgegenstände in einer Position zusammengefasst werden, wird nicht diese Bilanzposition als Ganzes, sondern alle Vermögensgegenstände u. Schulden einzeln am Abschlussstichtag bewertet.[19] Ausn. von diesem Grundsatz sind **Festbewertung, Gruppenbewertung u. Verbrauchsfolgeunterstellungen** (§ 256 S. 1 HGB). 26

Nach § 252 I Nr. 4 HGB ist vorsichtig zu bewerten (sog. **Vorsichtsprinzip**). Danach werden alle zum Stichtag vorhersehbaren bzw. eingetretenen Risiken u. Verluste berücksichtigt. Das Vorsichtsprinzip dient dem Gläubigerschutz. Es verbietet eine zu optimistische Betrachtungsweise bei der Bewertung des Betriebsvermögens. Es beruht auf dem Grundgedanken, dass nicht verwirklichte Gewinne nicht ausgewiesen werden dürfen, dag nicht verwirklichte Verluste ausgewiesen werden müssen. Damit besteht eine ungleiche Behandlung unrealisierter Gewinne u. Verluste.[20] Hierdurch sollen überhöhte Ausschüttungen verhindert werden[21] u. das Eigenkapital der Gesellschaft (auch im Interesse der Gläubiger) gestärkt werden. Namentlich wird dies erreicht durch das **Realisationsprinzip** u. das **Imparitätsprinzip.**[22] Ersteres findet in § 252 I Nr. 4 S. 2 Hs. 2 seinen Niederschlag. Danach sind Gewinne nur auszuweisen, wenn sie zum Bilanzstichtag tatsächlich entstanden, dh realisiert sind. Schwierig ist die Bestimmung des Realisationszeitpunkts bei Geschäften, deren Abwicklung sich über einen längeren Zeitraum erstreckt. Maßgeblich ist der Zeitpunkt, in dem der Leistungserbringer seine Leistung vollständig erbracht hat, zB mit der Überga- 27

17 BeckBilKomm/*Winkeljohann/Geißler* § 252 Rn. 8 ff.; *Winnefeld*, Bilanz-Handbuch, Kap D Rn. 350 ff.
18 BeckBilKomm/*Winkeljohann/Geißler* § 252 Rn. 9 ff.
19 *Winnefeld*, Bilanz-HB, Kap E Rn. 40 ff.
20 S. ADS § 252 Rn. 92 f.; BeckBilKomm/*Winkeljohann/Geißler* § 252 Rn. 34 f.
21 Zur Ausschüttungssperre in § 268 VIII HGB vgl. *Simon*, NZG, 2009, 1081ff.
22 Wegen Einzelheiten s. BeckBilKomm/*Winkeljohann/Geißler* § 252 Rn. 29–50 u. *Winnefeld*, Bilanz-HB, Kap E Rn. 70 ff.

be einer Sache oder dem Abschluss einer Dienstleistung, bei Werkverträgen mit der Abnahme. Im Rahmen von Dauerschuldverhältnissen (Miete, Leasing) ist auf die Erbringung von (zeitlich abgrenzbaren) Teilleistungen abzustellen, die sich aus dem jeweiligen Vertrag ergeben.

Nach dem Imparitätsprinzip (§ 252 I Nr. 4 Hs. 1 HGB) sind vorhersehbare Risiken u. Verluste, die ihre Ursache in dem Geschäftsjahr oder in einem früheren Geschäftsjahr haben, zu berücksichtigen, selbst wenn diese Ursachen erst zwischen dem Bilanzstichtag u. dem Tag der Aufstellung des Jahresabschlusses bekannt geworden sind (**wertaufhellende Tatsachen**). Dag dürfen Umstände, die erst nach dem Abschlussstichtag, aber vor der tatsächlichen Aufstellung des Jahresabschlusses auftreten (**wertbegründende Tatsachen**), nicht berücksichtigt werden.

28 Der Grundsatz der **Bewertungsstetigkeit** (§ 252 I Nr. 6 HGB) besagt, dass die im vorhergehenden Jahresabschluss angewandten Bewertungsmethoden (zB Wertansatzwahlrechte, Abschreibungsmethoden) auch für folgenden Jahresabschluss beizubehalten sind (vgl. Änderungen durch BilMoG Art. 1 Nr. 9). Das bedeutet, dass zwischen verschiedenen Bewertungsmethoden (Bewertung) nicht willkürlich gewechselt werden darf. Nur ein Wechsel aus wirtschaftlichen Gründen ist zulässig. Durch diesen Grundsatz sollen einerseits willkürliche Gewinnverlagerungen verhindert werden, andererseits soll die Vergleichbarkeit der einzelnen Bilanzen gewährleistet werden.[23] Die Vorschrift des § 252 I Nr. 6 HGB wurde durch das BilMoG dahin gehend geändert, dass die auf den vorhergehenden Jahresabschluss angewandten Bewertungsmethoden nicht mehr nur beibehalten werden sollen, sondern beizubehalten sind. Der Gesetzgeber hat hiermit die bisher überwiegend vertretene Auffassung[24] bestätigt, dass der Grundsatz der Bewertungsstätigkeit nur in begründeten Ausnahmenfällen (zB durch das **Niederstwertprinzip**) durchbrochen werden darf; eine Möglichkeit, die auch weiterhin nach § 252 II HGB besteht.

29 Für die Bewertung von Vermögensgegenständen gilt das **Anschaffungskostenprinzip.** Die Bewertung erfolgt danach höchstens mit den Anschaffungs- oder Herstellungskosten, vermindert um die gesetzlich vorgesehenen Abschreibungen (§ 253 I 1 HGB). Geändert hat sich durch das BilMoG die Zugangsbewertung von **Verbindlichkeiten.** Diese sind jetzt nicht mehr mit dem Rückzahlungsbetrag, sondern mit dem Erfüllungsbetrag anzusetzen (§ 253 I 2 HGB nF). Damit soll deutlich gemacht werden, dass eine Verbindlichkeit nicht nur als eine Verpflichtung zur Leistung eines Geldbetrages, sondern auch als eine Sachleistungs- oder Sachwertschuld entstehen kann, so dass allg. von einer Erfüllung von Verbindlichkeiten zu sprechen ist.

30 **Rückstellungen** sind nach vernünftiger kaufmännischer Beurteilung u. ab 2010 mit dem voraussichtlichen notwendigen Erfüllungsbetrag anzusetzen (§ 253 I 2 HGB nF). Mit dem Hinweis auf den Erfüllungsbetrag soll klargestellt werden, dass in der Zukunft erkennbare, die Bewertung der Rück-

---

23 BeckBilKomm/*Winkeljohann/Geißler* § 252 Rn. ff., *Winnefeld*, Bilanz-HB, Kap E Rn. 295 ff.

24 BeckBilKomm/*Winkeljohann/Geißler* § 252 Rn. 57.

stellung beeinflussende Umstände, wie etwaige Preis- u. Kostensteigerungen, zu berücksichtigen sind. Der Wertansatz für Rückstellungen ist somit zukunftsgerichtet und eröffnet einigen bilanzpolitischen Spielraum, der jedoch in der Steuerbilanz mit Rücksicht auf die ertragsteuerliche Vollzinsung des § 233 AO (6% p.a.) nur eingeschränkt ausgeschöpft werden sollte.

Neu geregelt ist die Bewertung von **Rückstellungen für Altersversorgungsverpflichtungen.** Soweit sich die Höhe derartiger Verpflichtungen nach dem Zeitwert bestimmter Wertpapiere richtet, muss deren Zeitwert auch für die Rückstellung angesetzt werden, soweit er einen garantierten Mindestbetrag übersteigt (§ 253 I 3 HGB nF). Dienen Vermögensgegenstände ausschließlich der Erfüllung von Verbindlichkeiten aus Altersversorgungsverpflichtungen oder aus vergleichbaren langfristig fälligen Verpflichtungen u. sind diese gem. § 246 II 2 HGB mit den Verbindlichkeiten im Jahresabschluss verrechnet worden, so sind sie gleichfalls mit ihrem beizulegenden Zeitwert zu bewerten (§ 253 I 4 HGB). Der beizulegende Zeitwert ist nach § 255 IV HGB zu ermitteln. 31

Rückstellungen mit einer Restlaufzeit von mehr als einem Jahr sind stets abzuzinsen, wobei der Abzinsungszinssatz von der Deutschen Bundesbank ermittelt u. bekannt gegeben wird (§ 253 II HGB).

Deutlich realitätsnähere Ansätze bezweckt das BilMoG durch den Wegfall von diversen Abschreibungswahlrechten des alten HGB. So ist das bisherige Wahlrecht, auf Vermögensgegenstände des Anlagevermögens **außerplanmäßige Abschreibungen** auch bei einer nur vorübergehenden Wertminderung vorzunehmen (§ 253 II 3 HGB aF), ab 2010 entfallen. Gleiches gilt für die bisher zulässige Vornahme von Abschreibungen auf Vermögensgegenstände des Umlaufvermögens, soweit diese zur Verhinderung von künftigen Wertschwankungen notwendig waren (§ 253 III 3 HGB aF). Ersatzlos aufgehoben wurde auch § 253 IV HGB aF, wonach generell Abschreibungen iR vernünftiger kaufmännischer Beurteilung zulässig waren. 32

Während bisher ein niedrigerer Wertansatz von Vermögensgegenständen aufgrund erfolgter Abschreibungen beibehalten werden durfte, auch wenn die Gründe hierfür nicht mehr bestanden (§ 253 V HGB aF), schreibt jetzt § 253 V HGB vor, dass ein niedrigerer Wertansatz **nicht beibehalten** werden darf, wenn die Gründe hierfür entfallen sind (§ 253 V 1 HGB). Eine Ausn. gilt nur für den niedrigeren Wertansatz eines entgeltlich erworbenen Geschäfts- oder Firmenwerts, der beizubehalten ist (§ 253 V 2 HGB). Die Wertaufholung verhindert das nachhaltige Legen stiller Reserven. Diese Zielrichtung entspricht der Intention der steuerlichen Bilanzierungsvorschriften (§§ 5, 6 EStG). 33

3. GmbH-spezifische Bilanzierungsgrundsätze

a) Stammkapital (Abs. 1). Gem. Abs. 1 ist das statuarische Stammkapital der GmbH in ihrer Bilanz als **„gezeichnetes Kapital"** auszuweisen. „Gezeichnetes Kapital" ist ein rechtsformübergreifender Oberbegriff, der nicht nur für den Bilanzausweis des Stammkapitals der GmbH, sondern auch für 34 das Grundkapital der AG maßgeblich ist.[25] Das gezeichnete Kapital ist als erster Posten auf der Passivseite der Bilanz auszuweisen (§ 266 III A I). § 42 I soll insofern die Verständlichkeit der Bilanzposition verbessern.

35 § 272 I 1 HGB definiert das „gezeichnete Kapital" als das Kapital, „auf das die Haftung der Gesellschafter für die Verbindlichkeiten der Kapitalgesellschaft gegenüber den Gläubigern beschränkt ist". Insoweit weicht die Definition des HGB von der des § 13 II GmbHG ab. Ein Agio oder sonstige Einlagen von Gesellschaftern dürfen gleichwohl nicht als gezeichnetes Kapital ausgewiesen werden, obwohl die Gesellschafter auch mit diesen Beträgen haften. Der Ausweis hat zwingend als **Kapitalrücklage** u. damit in einer anderen Position des Eigenkapitals zu erfolgen. Zum Eigenkapital der Gesellschaft gehören neben dem gezeichneten Kapital u. Kapitalrücklagen auch **Gewinnrücklagen, Gewinn-/Verlustvortrag** sowie **Jahresüberschuss/-fehlbetrag**. Nicht im Eigenkapital auszuweisen sind die (ehemals) kapitalersetzenden Gesellschafterdarlehen. Diese stellen Fremdkapital dar u. gehören daher weder zum gezeichneten Kapital noch zum Eigenkapital.[26] Dies gilt auch für Genussrechtskapital,[27] die Einlagen stiller Gesellschafter[28] oder aber Forderungen, die mit „echtem Rangrücktritt" versehen sind.[29] Ggf. erfolgt ein gesonderter Ausweis unterhalb des Eigenkapitals.

36 Das gezeichnete Kapital ist zum Nennbetrag anzusetzen (§ 272 I 2 HGB), der am jeweiligen Bilanzstichtag im Handelsregister als Stammkapital eingetragen ist.[30] Änderungen des Stammkapitals aufgrund einer **Kapitalerhöhung** sind erst nach Eintragung in das Handelsregister zu berücksichtigen. Eine beschlossene, aber noch nicht eingetragene Kapitalerhöhung schlägt sich nur im Lagebericht der Gesellschaft nieder. Allerdings sind auf eine beschlossene, aber noch nicht eingetragene Kapitalerhöhung geleistete Einlagen u. der damit verbundene Zuwachs an Aktivmasse in einer entspr. Passivposition nach den Rücklagen auszuweisen.[31] Anders ist nach der hM zu verfahren, wenn die Kapitalerhöhung zwar nach dem Bilanzstichtag aber vor der Bilanzaufstellung in das Handelsregister eingetragen wird. In diesem Fall ist dieser Posten nicht mehr nach den Rücklagen, sondern im Anschluss an das gezeichnete Kapital aufzuführen.[32]

37 Ist das gezeichnete Kapital noch nicht vollständig eingezahlt, so sind die Posten „Gezeichnetes Kapital" u. **„Nicht eingeforderte ausstehende Einlagen"** auf der Passivseite der Bilanz zwingend in der Vorspalte auszuweisen. Der nach Saldierung der beiden Posten verbleibende Betrag ist unter dem Posten „Eingefordertes Kapital" auf der Passivseite in der Hauptspalte zu zeigen („Nettoausweis"). Ein korrespondierender Betrag ist auf der Aktiv-

---

25 Scholz/*Crezelius* Rn. 3.
26 Scholz/*Crezelius* Rn. 7; Heybrock/Theiselmann/*Moeder* Rn. 12; s. auch Roth/*Altmeppen* Rn. 47 f.
27 Hierzu BeckBilKomm/*Ellrott/Krämer* § 266 Rn. 186.
28 Hierzu BeckBilKomm/*Ellrott/Krämer* § 266 Rn. 187.
29 Hierzu Roth/*Altmeppen* Rn. 49 f.
30 BeckBilKomm/*Förschle/Hoffmann* § 272 Rn. 10.
31 Scholz/*Crezelius* Rn. 6.
32 BeckBilKomm/*Förschle/Hoffmann* § 272 Rn. 20, so auch Roth/*Altmeppen* Rn. 48; aA Scholz/*Crezelius* Rn. 6.

seite gesondert unter der Position „Forderungen“ auszuweisen u. entspr. zu bezeichnen (§ 272 I 3 HGB nF). Das bisher bestehende Wahlrecht, wonach auch ein Bruttoausweis ausstehender u. eingeforderter Einlagen auf der Aktivseite vor dem Anlagevermögen zulässig war (§ 272 I 2, 3 HGB aF), wurde durch das BilMoG beseitigt.

Ebenfalls in der Vorspalte offen vom gezeichneten Kapital ist der Nominalwert erworbener eigener Anteile abzusetzen. Der Unterschiedsbetrag zwischen dem Nominalwert der Anteile u. den Anschaffungskosten der eigenen Anteile ist mit frei verfügbaren Rücklagen zu verrechnen. 38

b) Nachschüsse (Abs. 2). § 42 II 1 steht im Zusammenhang mit § 272 II HGB, der (rechtsformübergreifend) den Ausweis der Kapitalrücklage in der Bilanz regelt. Letztere ist auf der Passivseite der Bilanz auszuweisen (§ 266 III A II HGB). In der **Kapitalrücklage** werden insbes. solche Beträge ausgewiesen, die der Gesellschaft von ihren Gesellschaftern (idR erfolgsneutral) durch Einlage zugeführt werden. Von der Gesellschaft erwirtschaftete Beträge werden danach nicht in der Kapital-, sondern in der Gewinnrücklage ausgewiesen. 39

Als Kapitalrücklage sind nach § 272 II HGB insbes. nachfolgende Beträge auszuweisen: 40

- der Betrag, der bei der Ausgabe von Anteilen einschließlich Bezugsanteilen über den Nennbetrag oder, falls ein Nennbetrag nicht vorhanden ist, über den rechnerischen Wert hinaus erzielt wird (Agio bei Anteilsausgabe);
- der Betrag, der bei der Ausgabe von Schuldverschreibungen für Wandlungsrechte u. Optionsrechte zum Erwerb von Anteilen erzielt wird (Agio bei Wandel- u. Optionsanleihen);
- der Betrag von Zuzahlungen, die Gesellschafter gegen Gewährung eines Vorzugs für ihre Anteile leisten;
- der Betrag von anderen Zuzahlungen, die Gesellschafter in das Eigenkapital leisten.

Diese Regelung wird durch Abs. 2 S. 1 dahin gehend ergänzt, dass auch Nachschüsse zur Kapitalrücklage zählen. Durch diesen Ausweis gehört das Nachschusskapital der Gesellschafter nicht zum verteilungsfähigen Gewinn der Gesellschaft. Damit dient Abs. 2 S. 1 der Kapitalerhaltung (§ 30 II). 41

Die **Voraussetzungen des Ausweises der Nachschusspflicht** lehnen sich an § 26 I an (§ 42 II 1). Ein Bilanzausweis von Nachschüssen kommt nicht schon dann in Betracht, wenn der Gesellschaftsvertrag vorsieht, dass die Gesellschafterversammlung die Einforderung von Nachschüsse beschließen kann (§ 26 I). Vielmehr muss auch bereits vor Bilanzaufstellung ein entspr. Gesellschafterbeschluss tatsächlich gefasst werden. Soweit der Gesellschaftsvertrag für die Beschlussfassung über den Nachschuss spezielle verfahrensrechtliche Modalitäten vorsieht (zB qualifizierte Mehrheiten, Beteiligung des AR, jährliche Höchstbeträge etc), müssen auch diese (zusätzlichen) Voraussetzungen vor Bilanzaufstellung erfüllt sein.[33] Besteht eine unbeschränkte Nachschusspflicht, erfolgt ein Bilanzausweis nur u. insoweit, 42

33 So auch Scholz/*Crezelius* Rn. 2.

wie Gesellschafter ihr Abandonrecht (§ 27 I) verloren haben. Dies ist zB der Fall, wenn die Gesellschaft den Anspruch auf Nachschuss aktiviert. Darin liegt nämlich der Verzicht auf das Preisgaberecht.[34] Ein Ablauf der Frist zur Geltendmachung des Befreiungsrechts gem. § 27 I 2 nach Bilanzaufstellung ist nicht mehr zu berücksichtigen.[35] Denn der Ablauf der Frist hat für den Anspruch der Gesellschaft wertbegründenden u. nicht nur wertaufhellenden Charakter.

43 Nachschusskapital ist sowohl auf Aktiv- als auch auf der Passivseite gesondert auszuweisen. Auf der Aktivseite erfolgt der Ausweis zwischen der Position „Forderungen gegen Unternehmen, mit denen ein Beteiligungsverhältnis besteht" (§ 266 II B II Nr. 3 HGB u. der Position „sonstige Vermögensgegenstände" (§ 266 II B II Nr. 4 HGB) („**Eingeforderte Nachschüsse**").[36] Voraussetzung hierfür ist aber, dass mit der Zahlung gerechnet werden kann. Ungewissheiten hins. der Durchsetzung des Nachschusskapitals sind durch entspr. Bewertungsabschläge zu berücksichtigen. Bei **Zahlungsunfähigkeit** des Gesellschafters entfällt die Aktivierungspflicht. Insoweit geht die Sonderregelung in Abs. 2 S. 2 den allg. Wertberichtigungsvorschriften vor. Anders zu behandeln ist die Zahlungsunwilligkeit des Gesellschafters.[37] Hier bleibt es bei der Aktivierungspflicht. Die Auswirkungen der Zahlungsunwilligkeit auf den Umfang der Aktivierung werden nach allg. Wertberichtigungsregelungen geprüft.[38] Ist eine Wertberichtigung der Nachschussforderung erforderlich, hat dies jedoch keine Auswirkungen auf die Rücklage. Eine Teilauflösung aufgrund der Wertberichtigung darf nicht vorgenommen werden.[39] Im Umfang der Aktivierung des Nachschusskapitals verlangt § 42 II 3 einen gesonderten Ausweis auf der Passivseite unter dem Posten „Kapitalrücklage". Grds. ist zwar eine **Aufgliederung der Kapitalrücklage** nicht vorgeschrieben. Für Nachschusskapital gilt dies allerdings ausdrücklich nicht (§ 42 II 3).

44 Sind Nachschüsse eingezahlt, entfällt die Forderung der Gesellschaft u. damit das Aktivum. Dafür ist die Leistung dem Aktivvermögen zugeflossen u. damit bei einem anderen Posten (zumeist „Bank") zu berücksichtigen. Insoweit findet also eine Umschichtung in andere Vermögensgegenstände statt.[40] Der Passivposten bleibt dag auch nach Einzahlung der Nachschüsse bestehen.[41] Dadurch wird verdeutlicht, dass der entspr. Rücklageposten nur in bestimmten Konstellationen aufgelöst werden kann (so insbes. zur Verlusttilgung, Kapitalerhöhung aus Gesellschaftsmitteln, vgl. § 30 II). Erfolgt gleichwohl eine Umbuchung in die allg. Kapitalrücklage, sollte ein

34 Scholz/*Crezelius* Rn. 15.
35 *Dißars*, INF 06, 878, 879; aA Scholz/*Crezelius* Rn. 15.
36 BeckBilKomm/*Förschle/Hoffmann* § 272 Rn. 75; Roth/*Altmeppen* Rn. 39; Rowedder/Schmidt-Leithoff/*Tiedchen* Rn. 9.
37 So auch Rowedder/Schmidt-Leithoff/*Tiedchen* Rn. 9; aA Scholz/*Crezelius* Rn. 16.
38 S. auch Lutter/Hommelhoff/*Kleindiek* Rn. 34.
39 *Dißars*, INF 06, 878, 879.
40 Scholz/*Crezelius* Rn. 17; Roth/*Altmeppen* Rn. 41; aA BeckBilKomm/*Förschle/Hoffmann* § 272 Rn. 77.
41 Rowedder/Schmidt-Leithoff/*Tiedchen* Rn. 11; Roth/*Altmeppen* Rn. 41; Scholz/*Crezelius* Rn. 17; BeckBilKomm/*Förschle/Hoffmann* § 272 Rn. 77; aA Lutter/Hommelhoff/*Kleindiek* Rn. 34.

ausdrücklicher Hinweis an der Stelle im Anhang erfolgen, an der die Zusammensetzung des Eigenkapitals erläutert wird.

c) **Rechtsgeschäfte mit Gesellschaftern (Abs. 3).** Den Rechtsziehungen zwischen Gesellschaft u. Gesellschaftern liegen häufig spezielle – von denen mit fremden Dritten abw. – Abreden zugrunde, die durch das Gesellschaftsverhältnis veranlasst sind (zB zinslose Stundung, Rangrücktritt). Daher sieht § 42 III vor, dass diese Beziehungen bilanzmäßig gesondert abgebildet werden. Anders als bei Kleinst-KapG & Co.-Gesellschaften gilt dies auch für Kleinstkapitalgesellschaften.[42] 45

Der Gesellschaft ggü. gilt nach § 16 I nur derjenige als **Gesellschafter**, der als solcher in der zum Handelsregister eingereichten Gesellschafterliste eingetragen ist (**formaler Gesellschafterbegriff**). Die Eintragung in die Gesellschafterliste ist jedoch weder nach altem noch nach neuem Recht Wirksamkeitsvoraussetzung für den dinglichen Anteilserwerb. Die wohl hM lehnt die Anwendung des formellen Gesellschafterbegriffs – mit Blick auf das Informationsbedürfnis der Adressaten der Rechnungslegung – zu Recht ab u. lässt auch anderweitige Kenntnis der Gesellschaft vom Gesellschafterwechsel genügen.[43] Rechtsbeziehungen zu einem Dritten, der vor dem Bilanzstichtag einen Anteil an der Gesellschaft erwirbt u. dadurch Gesellschafter wird, sind fortan entspr. § 42 III auszuweisen. Eine teleologische Reduktion des § 42 III für Rechtsbeziehungen von Gesellschaftern mit Zwerganteilen (entspr. § 39 V InsO) ist zum einen mit Rücksicht auf den eindeutigen Wortlaut der Vorschrift abzulehnen. Auf der anderen Seite entspricht die Berücksichtigung von Zwerganteilen auch dem Informationsinteresse der Bilanzleser. So mag insbes. interessant sein, ob ein geringfügig beteiligter Gesellschafter in großem Umfang Rechtsgeschäfte mit der Gesellschaft unterhält.[44] 46

Bei den Ansprüchen der Gesellschaft ggü. den Gesellschaftern ist zwischen **Ausleihungen** u. **Forderungen** zu unterscheiden. Ausleihungen sind insbes. auf längere Zeit angelegte Darlehen, auf ihre Restlaufzeit kommt es nicht an. Ausgangspunkt ist zunächst die vereinbarte Mindestlaufzeit des Darlehens. Ab einer Laufzeit von mind. 4 Jahren ist grds. von einer Ausleihung auszugehen. Bei einer Laufzeit zwischen einem u. 4 Jahren ist die subjektive Absicht der Gesellschaft maßgeblich. Es kommt darauf an, ob sie bei Überlassung der Mittel das Darlehen als Daueranlage halten wollte. Liegt keine Ausleihung vor (bei Laufzeiten unter einem Jahr zwingend), ist der Anspruch als Forderung auszuweisen. 47

Auszuweisen sind schließlich auch **Verbindlichkeiten**, die jedoch nicht näher aufgegliedert werden müssen. Sie müssen am Bilanzstichtag ihrer Höhe nach feststehen, nicht aber ihre Fälligkeit. Die Passivierungspflicht erlischt auch nicht für den Fall, dass der Gesellschafter einen Rangrücktritt erklärt hat.[45] Grundsätzlich müssen – wie auch bei Forderungen und Ausleihungen gegenüber Gesellschaftern – die Restlaufzeiten als sog. „Davon-Ver- 48

42 Zur Ungleichbehandlung vgl. *Schütte/Hemmrich*, StuB 2016, 87, [90].
43 Rowedder/Schmidt-Leithoff/*Tiedchen* Rn. 13; Roth/*Altmeppen* Rn. 55; Lutter/Hommelhoff/*Kleindiek* Rn. 35; aA Scholz/*Crezelius* Rn. 22.
44 Scholz/*Crezelius* Rn. 25; Roth/*Altmeppen* Rn. 56.
45 Ganz hM vgl. auch Lutter/Hommelhoff/*Kleindiek* Rn. 53.

merke" angegeben werden (§ 268 Abs. 4 und 5 HGB). Diese Pflicht entfällt für Kleinstkapitalgesellschaften[46]

49 Für die Art des Ausweises u. deren Stellung im Jahresabschluss sieht das Gesetz drei Möglichkeiten vor. „In der Regel" soll ein gesonderter Ausweis von Ausleihungen, Forderungen, Verbindlichkeiten erfolgen. Die vorgenannten Positionen können aber auch im Anhang oder unter anderen Positionen ausgewiesen werden. In den letzten beiden Fällen ist jedoch der Gesellschafterbezug besonders kenntlich zu machen. Grds. hat die Gesellschaft die freie Wahl, für welche der drei Alternativen sie sich entscheidet.[47]

§ 42 a Vorlage des Jahresabschlusses und des Lageberichts

(1) [1]Die Geschäftsführer haben den Jahresabschluß und den Lagebericht unverzüglich nach der Aufstellung den Gesellschaftern zum Zwecke der Feststellung des Jahresabschlusses vorzulegen. [2]Ist der Jahresabschluß durch einen Abschlußprüfer zu prüfen, so haben die Geschäftsführer ihn zusammen mit dem Lagebericht und dem Prüfungsbericht des Abschlußprüfers unverzüglich nach Eingang des Prüfungsberichts vorzulegen. [3]Hat die Gesellschaft einen Aufsichtsrat, so ist dessen Bericht über das Ergebnis seiner Prüfung ebenfalls unverzüglich vorzulegen.

(2) [1]Die Gesellschafter haben spätestens bis zum Ablauf der ersten acht Monate oder, wenn es sich um eine kleine Gesellschaft handelt (§ 267 Abs. 1 des Handelsgesetzbuchs), bis zum Ablauf der ersten elf Monate des Geschäftsjahrs über die Feststellung des Jahresabschlusses und über die Ergebnisverwendung zu beschließen. [2]Der Gesellschaftsvertrag kann die Frist nicht verlängern. [3]Auf den Jahresabschluß sind bei der Feststellung die für seine Aufstellung geltenden Vorschriften anzuwenden.

(3) Hat ein Abschlußprüfer den Jahresabschluß geprüft, so hat er auf Verlangen eines Gesellschafters an den Verhandlungen über die Feststellung des Jahresabschlusses teilzunehmen.

(4) [1]Ist die Gesellschaft zur Aufstellung eines Konzernabschlusses und eines Konzernlageberichts verpflichtet, so sind die Absätze 1 bis 3 entsprechend anzuwenden. [2]Das Gleiche gilt hinsichtlich eines Einzelabschlusses nach § 325 Abs. 2 a des Handelsgesetzbuchs, wenn die Gesellschafter die Offenlegung eines solchen beschlossen haben.

Schrifttum

Kommentare u. Hdb: *Adler/Düring/Schmaltz*, Rechnungslegung und Prüfung der Unternehmen, 6. Aufl, 1997; Beck'scher Bilanzkommentar, 11. Aufl, 2018; *Wachter*, Praxis des Handels- und Gesellschaftsrechts, 4. Aufl, München 2018.

Sonstiges Schrifttum: *Bayer*, Insolvenzrechnungslegung (Diss), 2000; *Hommelhoff/Priester*, Bilanzrichtliniengesetz und GmbH-Satzung, ZGR 1986, 463; *S Schmidt*, Das Bilanzrichtliniengesetz und die GmbH, BWNotZ 1987, 153.

---

46 Vgl. oben Rn. 8, näher hierzu *Riepolt*, Davon-Vermerke in der Bilanz von Kleinstunternehmen nach dem MicroBilG, DStR 2014, 113.

47 Im Detail zum Streit bzgl. des Rangverhältnisses der 3 Alternativen Lutter/Hommelhoff/*Kleindiek* Rn. 55.

I. Normzweck

Geregelt werden iW die Verfahren zur Feststellung des Jahresabschlusses (§§ 242, 264 HGB) u. der Ergebnisverwendung der Gesellschaft als Ergänzung zur Kompetenzbestimmung des § 46 Nr. 1 u. des Gewinnanspruchs nach § 29. Der Jahresabschluss hat eine Informationsfunktion (für – potenzielle – Gläubiger der Gesellschaft, sowie den Kaufmann selbst, dh die Gesellschaft u. ihre Organe der Geschäftsführung u. Gesellschafter) sowie eine Zahlungsbemessungsfunktion (gesetzlich/gesellschaftsvertraglich: iRd Gewinnverwendung u. auch bei Bestehen einer stillen Beteiligung gem. §§ 230, 231 HGB; häufig auch schuldrechtlich: bei ergebnisabhängigen Zahlungsansprüchen wie Tantiemen u. partiarischen Darlehen; auch steuerrechtlich iRd Maßgeblichkeit des § 5 I EStG).[1] Die Feststellung durch die Gesellschafterversammlung ist die rechtsverbindliche Billigung des durch die Geschäftsführer (§ 41) aufgestellten Jahresabschlusses mit Wirkung im Innenverhältnis einerseits ggü. den Geschäftsführern u. andererseits der Gesellschafter untereinander.[2] Gleiches gilt für die Billigung eines Konzernabschlusses (§§ 290 ff. HGB) u. eines (neben dem Jahresabschluss ggf. freiwillig aufgestellten) Einzelabschlusses (§ 325 IIa HGB) nach internationalen Rechnungslegungsstandards, beides freilich ohne Ergebnisverwendungsbeschluss, da dieser nur auf Grundlage des Jahresabschlusses erfolgt. 1

1 Staub/*Pöschke*, HGB, § 242 Rn. 2, 8; *Bayer*, Insolvenzrechnungslegung, 43.
2 BGH NZG 09, 659, 1118; NJW 96, 1678.

2 Abs. 1 bestimmt ein Informationsrecht der Gesellschafter in ihrer Gesamtheit durch die Pflicht der Geschäftsführer zur Vorlage der Unterlagen an die Gesellschafter. Unberührt bleibt das individuelle Recht des einzelnen Gesellschafters zur Auskunft über u. Einsichtnahme in die Bücher der Gesellschaft nach § 51 a.

3 Abs. 2 ist eine Verfahrensvorschrift, die den Gesellschaftern zudem zeitliche Fristen zur Feststellung u. Ergebnisverwendung vorgibt, die mit den Zeitfristen zur vorhergehenden Aufstellung des Jahresabschlusses/Lageberichtes (§ 264 I HGB) u. der anschließenden Offenlegung der Unterlagen (§ 325 HGB) abgestimmt sind.

4 Abs. 3 gibt den Gesellschaftern die Möglichkeit, den Abschlussprüfer an der Gesellschafterversammlung verpflichtend mit teilnehmen zu lassen, um von diesem ggf. nähere Erläuterungen zu erhalten.

5 Abs. 4 erweitert das Informationsrecht der Gesellschafter, die Vorlagepflicht der Geschäftsführer u. die Pflicht zur Billigung durch die Gesellschafter hins. eines ggf. aufzustellenden Konzernabschlusses sowie ggf. eines freiwillig aufgestellten IFRS-Einzelabschlusses.

II. Überblick: Buchführung, Aufstellung, Prüfung, Feststellung, Offenlegung des Jahresabschlusses

6 Der Weg des Jahresabschlusses/Lageberichtes bis zu seiner Offenlegung gestaltet sich grds. wie folgt.

1. Buchführung

7 Die GmbH ist Handelsgesellschaft (§ 13 III) u. als solche Kaufmann (§ 6 I HGB) u. damit zur handelsrechtlichen Buchführung (§§ 238 ff. HGB) verpflichtet, unabhängig von Art oder Umfang ihrer Tätigkeit. Verantwortlich für die ordnungsmäßige Buchführung sind die Geschäftsführer (§ 41).

2. Aufstellung Jahresabschluss/Lagebericht

8 Zum Ende eines jeden Geschäftsjahres ist ein Jahresabschluss (§ 242 HGB: Bilanz, GuV, sowie nach § 264 I HGB Anh., sowie bei kapitalmarktorientierten Gesellschaften, die keinen Konzernabschluss aufstellen, zusätzlich Kapitalflussrechnung u. Eigenkapitalspiegel; ggf. freiwillig Segmentberichterstattung) aufzustellen. Mittelgroße u. große Gesellschaften (Größenkriterien: § 267 HGB) haben den Jahresabschluss um einen Lagebericht (§ 289 HGB) zu erweitern (bildet keinen Teil des Jahresabschlusses). Kleinstkapitalgesellschaften (§ 267 a HGB) können auf einen Anh. verzichten, wenn bestimmte Angaben unter der Bilanz vermerkt werden (§ 264 I 5 HGB). Verantwortlich für die Aufstellung sind die Geschäftsführer als gesetzliche Vertreter (§ 35). Die Verantwortung kann nicht auf Dritte übertragen werden, die gesetzlichen Vertreter können sich aber zur Erfüllung der Verpflichtung Hilfspersonen bedienen, wie etwa Wirtschaftsprüfer oder vereidigte Buchprüfer (die nicht zugleich Abschlussprüfer der Gesellschaft sein dürfen, § 319 III Nr. 3 HGB), Steuerberater oder auch andere Sachkundige;

diese bereiten den Jahresabschluss für die Geschäftsführer aber nur vor („Erstellung“, nicht Aufstellung).[3]

3. Prüfung Jahresabschluss/Lagebericht durch Abschlussprüfer

Mittelgroße u. große Gesellschaften müssen den Jahresabschluss/Lagebericht durch einen gesetzlich dazu berechtigten Abschlussprüfer (Wirtschaftsprüfer, Wirtschaftsprüfungsgesellschaften, bei mittelgroßen Gesellschaften auch vereidigter Buchprüfer, Buchprüfungsgesellschaften) mit wirksamer Bescheinigung einer Qualitätskontrolle prüfen lassen (§§ 316, 319 HGB). Die Prüfung dient der Beurteilung der Richtigkeit u. Vollständigkeit der Rechnungslegung durch einen unabhängigen Sachverständigen, ohne dass der Abschlussprüfer eine Garantie oder unmittelbare Verantwortung für den Inhalt des Jahresabschlusses/Lageberichtes übernimmt. Kleine Gesellschaften können freiwillig einer Abschlussprüfung unterzogen werden (durch Beschluss der Gesellschafter im Einzelfall oder aufgrund Gesellschaftsvertrag); die Regelungen für die Pflichtprüfung sind dann entspr. anwendbar.[4] 9

4. Prüfung durch einen Aufsichtsrat

Besteht bei der Gesellschaft ein Aufsichtsrat (bei der mitbestimmten GmbH aufgrund gesetzlicher Bestimmungen oder fakultativ nach § 52), hat dieser in entspr. Anwendung des § 171 AktG den Jahresabschluss/Lagebericht u. ggf. Ergebnisverwendungsvorschlag zu prüfen u. über das Ergebnis seiner Prüfung zu berichten (Prüfungsbericht des Aufsichtsrates). Die Prüfung erfolgt vornehmlich nicht hins. Vollständigkeit u. Richtigkeit, sondern vielmehr hins. wirtschaftlicher Interessen, insbes. der Ausübung von Bilanzierungswahlrechten u. Ermessenspielräumen, der Darstellung u. Bewertung von Chancen u. Risiken sowie der vorgesehenen Ergebnisverwendung unter Berücksichtigung der Interessen der Gesellschaft u. deren Gesellschafter.[5] 10

5. Feststellung und Ergebnisverwendung

Nach Aufstellung u. ggf. Prüfung des Jahresabschlusses/Lageberichtes haben die Gesellschafter den Jahresabschluss (nicht auch den Lagebericht) festzustellen u. (erst dann bzw. allenfalls faktisch zeitgleich)[6] über die Verwendung des Ergebnisses zu beschließen. Wegen inhaltlicher Mängel nichtige Jahresabschlüsse können nicht festgestellt werden. 11

6. Offenlegung

Die Geschäftsführer als gesetzliche Vertreter der Gesellschaft haben den Jahresabschluss/Lagebericht inkl. Bestätigungsvermerk des Abschlussprüfers bzw. Vermerk über die Versagung des Bestätigungsvermerkes sowie ggf. den Bericht des Aufsichtsrates u. einen Ergebnisverwendungsvorschlag beim Betreiber des Bundesanzeigers elektronisch einzureichen u. im Bun- 12

3 IDW HFA S7 Rn. 1.1.
4 BeckBilKom, § 316 Rn. 30.
5 BeckBilKom, Vor § 325 Rn. 22; MKAktG/*Hennrichs/Pöschke* § 171 Rn. 15 ff.
6 Vgl. dazu auch MüKoGmbHG/*Fleischer* Rn. 25, 30.

desanzeiger bekannt machen zu lassen (§ 325 HGB). Die Unterlagen werden so der Allgemeinheit zugänglich gemacht. Statt eines Jahresabschlusses können ein IFRS-Einzelabschluss (§ 325 IIa HGB) und der Lagebericht (§ 289 HGB) bekannt gemacht werden. Ein den Vorschriften der §§ 238 ff. HGB entspr. Jahresabschluss ist dennoch aufzustellen, ggf. prüfen zu lassen, durch die Gesellschafter festzustellen u. beim Betreiber des Bundesanzeigers elektronisch einzureichen. Kleine Kapitalgesellschaften brauchen nur Bilanz u. Anh. (ohne Angaben zur GuV) zu veröffentlichen (§ 326 I HGB); Kleinstkapitalgesellschaften genügen der Veröffentlichungspflicht durch Hinterlegung der Bilanz beim Betreiber des Bundesanzeigers (§ 326 II HGB; ohne Bekanntmachung im Bundesanzeiger; die Bilanz kann dann vom Interessenten beim Bundesanzeiger in Kopie angefordert werden).

III. Vorlagepflicht (Abs. 1)

1. Gegenstand der Vorlage

13 Vorzulegen sind der Jahresabschluss u. ein gesetzlich oder freiwillig aufgestellter Lagebericht sowie bei gesetzlicher oder freiwilliger Abschlussprüfung auch der Prüfungsbericht des Abschlussprüfers, der von diesem zunächst grds. den Geschäftsführern zu übergeben ist (ggf. auch ein Nachtragsprüfungsbericht, § 316 III HGB); zudem ggf. der Prüfungsbericht eines Aufsichtsrates. Dies gilt auch für den Bericht eines ähnlichen, fakultativen Organs, das mit einer Überwachungsfunktion ausgestattet ist (Beirat, Verwaltungsrat, Ausschuss oä).[7]

14 Nicht vorzulegen ist die Eröffnungsbilanz zu Beginn des Handelsgewerbes, da zu diesem Zeitpunkt weder eine Rechenschaftslegung der Geschäftsführung erforderlich ist noch eine Ergebnisverwendung stattfinden kann,[8] wohl aber eine Liquidationseröffnungsbilanz mit Erläuterungsbericht (§ 71).

15 Die Geschäftsführer sind zu einem Ergebnisverwendungsvorschlag grds. nicht verpflichtet,[9] wohl aber berechtigt.[10] Ein freiwillig erstellter Ergebnisverwendungsvorschlag kann vorgelegt werden u. ergibt sich meist implizit bereits aus dem vorgelegten Jahresabschluss im Fall einer unter teilw. oder vollständiger Ergebnisverwendung aufgestellten Bilanz (§§ 268 I, 270 II HGB). Besteht ein Aufsichtsrat, ist an diesen ein Ergebnisverwendungsvorschlag zu richten (§ 52 I iVm § 170 II AktG). Darüber hinaus können die Geschäftsführer durch Gesellschaftsvertrag oder Gesellschafterbeschluss dazu verpflichtet werden.

---

7 *Adler/Düring/Schmaltz* Rn. 10–11; Ulmer/*Paefgen* Rn. 10; Lutter/Hommelhoff/*Kleindiek* Rn. 3.

8 *Adler/Düring/Schmaltz* Rn. 6; Baumbach/Hueck/*Haas* Rn. 3; Ulmer/*Paefgen* Rn. 10.

9 Scholz/*Crezelius* Rn. 16; Ulmer/*Paefgen* Rn. 15; aA Lutter/Hommelhoff/*Kleindiek* Rn. 6; Roth/*Altmeppen* Rn. 33.

10 *Adler/Düring/Schmaltz* Rn. 15.

2. Erläuterungspflicht

Die Geschäftsführer der GmbH sind in entspr. Anwendung des § 176 I 2 AktG verpflichtet, den Gesellschaftern die vorgelegten Unterlagen zumindest auf deren Verlangen hin zu erläutern.[11] 16

3. Vorlageverpflichteter

Vorlageverpflichtet sind die Geschäftsführer (ggf. Liquidatoren § 71 II 1 oder Insolvenzverwalter § 155 I 2 InsO). Offen ist, ob sie diese Pflicht persönlich[12] oder mE zutr. in ihrer Gesamtheit als Organ[13] trifft. Jedenfalls ist es wohl möglich, die Pflicht auf einen Geschäftsführer iR einer Zuständigkeitsverteilung zu delegieren. Den übrigen Geschäftsführern verbleiben dann aber Überwachungspflichten,[14] aufgrund derer sie auch in Haftung genommen werden können. Die Pflicht eines jeden Geschäftsführers zur Aufstellung u. Unterzeichnung des Jahresabschlusses bleibt davon unberührt (§ 41, § 245 HGB). 17

4. Vorlageempfänger

Adressat der Unterlagen sind die Gesellschafter in ihrer Gesamtheit als Organ, da dieses in Form der Gesellschafterversammlung über die Feststellung beschließt. Die Vorlage an nur einzelne Gesellschafter reicht iZw nicht. Ebenso wenig hat ein Gesellschafter ein individuelles Recht auf Vorlage,[15] man wird dem einzelnen Gesellschafter jedoch zumindest eine zeitlich begrenzte Einsichtnahme in den Geschäftsräumen der Gesellschaft gewähren müssen, mit der Möglichkeit, sich eine Abschrift anzufertigen.[16] Bei Kompetenzverlagerung der Abschlussfeststellung auf ein sog. Beschlussorgan u/oder der Ergebnisverwendung auf ein sog. Verwendungsorgan, sind die Unterlagen diesen vorzulegen. Str. ist, ob den Gesellschaftern auch in diesen Fällen weiterhin noch ein Vorlagerecht zusteht, mE zutr., solange die Gesellschafterversammlung sich nicht auch der Überwachungsfunktion (§ 46 I Nr. 6) entledigt hat.[17] Dem einzelnen Gesellschafter bleibt in jedem Fall sein individuelles Einsichtsrecht nach § 51 a erhalten. 18

5. Art und Weise der Vorlage, Zeitfristen

Findet eine Abschlussprüfung statt (§ 316 HGB), haben die Geschäftsführer den Jahresabschluss/Lagebericht nach Aufstellung unverzüglich dem Abschlussprüfer zum Zweck der Prüfung vorzulegen (§ 320 HGB), ansonsten unmittelbar den Gesellschaftern. Besteht ein Aufsichtsrat, sind Jahresabschluss/Lagebericht auch diesem zum Zweck seiner eigenen Prüfung unverzüglich vorzulegen (§ 52 I iVm § 170 I AktG). Der Abschlussprüfer legt 19

11 Ulmer/*Paefgen* Rn. 14; *Adler/Düring/Schmaltz* Rn. 45.
12 Baumbach/Hueck/*Haas* Rn. 4.
13 Lutter/Hommelhoff/*Kleindiek* Rn. 12.
14 Wachter/*Heckschen/Strnad* § 10 Rn. 444; MüKoGmbHG/*Fleischer* Rn. 10.
15 Ulmer/*Paefgen* Rn. 18.
16 Gehrlein/Born/Simon/*Winter/Marx* Rn. 42 mwH, Lutter/Hommelhoff/*Kleindieck* Rn. 15 ff.
17 Ulmer/*Paefgen* Rn. 21 f.; Lutter/Hommelhoff/*Kleindiek* Rn. 9; Roth/*Altmeppen* Rn. 32; aA Scholz/*Crezelius* Rn. 7; MüKoGmbHG/*Fleischer* Rn. 13.

seinen Prüfungsbericht den Geschäftsführern vor, bei Beauftragung durch einen Aufsichtsrat jedoch unmittelbar diesem (§ 321 V HGB). Der Aufsichtsrat übermittelt seinen Bericht sodann den Geschäftsführern (§ 52 I iVm § 171 III AktG), ebenso ggf. den Prüfungsbericht des Abschlussprüfers (falls dieser nicht bereits auch den Geschäftsführern vorliegt). Die Geschäftsführer haben die gesamten Unterlagen dann (soweit gegenständlich) unverzüglich der Gesellschafterversammlung zu übermitteln. Ausnahmsweise sind der Jahresabschluss/Lagebericht den Gesellschaftern vorab vorzulegen, falls sich die Fertigstellung etwa des Prüfungsberichtes des Abschlussprüfers oder ggf. des Berichtes des Aufsichtsrates verzögert, um der Gesellschafterversammlung frühzeitig die Möglichkeit der Informationsverschaffung zu gewähren.[18]

20 Es reicht grds., die Unterlagen den Gesellschaftern u. ggf. deren zur Verschwiegenheit verpflichteten Sachverständigen (zB StB, WP, vBP, RA) zur Einsichtnahme in den Geschäftsräumen zur Verfügung zu stellen.[19] Die Gesellschafter sind über die Auslegung der Unterlagen zu informieren. Nach übereinstimmender Ansicht haben die Gesellschafter darüber hinaus auf Verlangen zusätzlich ein Recht auf Aushändigung der Unterlagen bzw. auf Kopien.[20] Dieses Recht kann aber für sensible Unterlagen wie etwa den Prüfungsbericht ausgeschlossen werden, falls ein begründetes Geheimhaltungsbedürfnis besteht u. der Gesellschaft andernfalls ein nicht unerheblicher Nachteil droht.[21] In entspr. Anwendung von § 51 a II können daher die Geschäftsführer auf Grundlage eines Gesellschafterbeschlusses berechtigt werden, bei einer vorliegenden Missbrauchsgefahr eine Herausgabe an einzelne Gesellschafter zu verweigern.[22]

21 Unverzügliche Vorlage heißt ohne schuldhaftes Zögern (§ 121 I BGB), so dass es sich nur um eine angemessene Zeitfrist zur technischen Umsetzung der Übermittlung handeln darf, realistisch sind 5 bis max 10 Werktage. Zudem muss den Gesellschaftern vor Feststellung u. Ergebnisverwendung eine angemessene Zeitfrist zur Einsichtnahme zur Verfügung stehen, so dass die Geschäftsführer die Einberufung zur maßgebenden Gesellschafterversammlung mE nicht vor Zurverfügungstellung der Unterlagen vornehmen dürfen[23] u. den Gesellschaftern demnach mindestens eine Woche verbleibt (§ 51 I 2). Im Regelfall dürfte die Einwochenfrist aber zu kurz bemessen sein, 2–3 Wochen sollten jedoch wohl ausreichen. Liegen die Unterlagen den Gesellschaftern hingg. nur zur Einsichtnahme in den Geschäftsräumen vor, ist zumindest eine Frist von 30 Tagen entspr. den aktienrecht-

18 *Adler/Düring/Schmaltz* Rn. 9; Scholz/*Crezelius* Rn. 28: „zulässig, wenn ein Zuwarten das Informationsbedürfnis der Gesellschafter gefährden würde".
19 Baumbach/Hueck/*Haas* Rn. 8 ff.; Lutter/Hommelhoff/*Kleindiek* Rn. 8.
20 OLG Köln GmbHR 85, 358; Baumbach/Hueck/*Haas* Rn. 10; Lutter/Hommelhoff/*Kleindiek* Rn. 15 ff.; MüKoGmbHG/*Fleischer* Rn. 16.
21 BayObLG NZG 00, 99, vgl. auch Gehrlein/Born/Simon/*Winter/Marx* Rn. 44.
22 *Adler/Düring/Schmaltz* Rn. 24 ff.; Scholz/*Crezelius* Rn. 13, 25; *S Schmidt*, BWNotZ 87, 153, 155; differenzierend Ulmer/*Paefgen* Rn. 31: § 51 a II nur auf nicht publizitätspflichtige Vorlagen anwendbar; so auch wohl *Hommelhoff/Priester*, ZGR 86, 463, 495; gegen jede Anwendung von § 51 a II entspr.: Ulmer/*Hüffer/Schürnbrand* § 46 Rn. 15; Baumbach/Hueck/*Haas* Rn. 12; Roth/*Altmeppen* Rn. 17.
23 Roth/*Altmeppen* Rn. 14; Lutter/Hommelhoff/*Bayer* § 46 Rn. 3.

lichen Vorgaben angemessen (§§ 175, 123 I AktG).[24] Für den spätesten Zeitpunkt der Einberufung sind zudem die Feststellungsfristen des § 42 a II zu beachten, die nicht verlängert werden können.[25]

6. Durchsetzbarkeit des Anspruchs

Es ist umstritten, ob die Vorlage der Unterlagen im sog. Informationserzwingungsverfahren nach § 51 b analog[26] oder – so die Rspr. – mittels Leistungsklage[27] durchzusetzen ist. Im zweiten Fall ist ggf. eine Klage im Wege der actio pro societate durchzuführen. Bei Nicht-Vorlage sind die Gesellschafter befugt, die Geschäftsführer abzuberufen.[28] 22

IV. Feststellung des Jahresabschlusses (Abs. 2)

1. Umfang der Feststellung

Die Feststellung bezieht sich nur auf den Jahresabschluss, nicht auch den Lagebericht. Der Inhalt des Lageberichtes obliegt der Geschäftsführung u. ist den Gesellschaftern nur über ihr allg. Weisungsrecht zugänglich.[29] Von der Feststellung zu unterscheiden ist der Beschluss über die Ergebnisverwendung, auch wenn beide häufig gleichzeitig erfolgen. 23

2. Wirkung der Feststellung

Feststellung ist die förmliche Verbindlichkeitserklärung des Jahresabschlusses durch die Gesellschafter (bzw. das Beschlussorgan) iR einer rechtsverbindlichen Billigung u. wird damit zur Grundlage der Ergebnisverwendung. Sie ist auch Ausdruck der Überwachungsfunktion der Gesellschafter über die Geschäftsführung (§ 46 Nr. 6), die ua durch Vorlage des Jahresabschlusses ggü. den Gesellschaftern Rechenschaft ablegt. Nach BGH[30] erkennen die Gesellschafter mit der Feststellung die Richtigkeit des Jahresabschlusses an. Das ist insoweit inhaltlich unscharf, als ein fehlerhafter Abschluss durch Beschluss nicht „richtig“ wird. Vielmehr erkennen die Gesellschafter im Innenverhältnis den Inhalt des Jahresabschlusses an, insbes. hins. der Ausübung von Wahlrechten u. Ermessensspielräumen bzgl. Ansatz, Ausweis u. Bewertung von Vermögen u. Schulden sowie der Darstellung etwa im Anh. Umstritten ist, ob durch die förmliche Feststellung auch Ansprüche (Forderungen) zwischen der Gesellschaft u. den Gesellschaftern festgelegt werden.[31] ME ist dies iZw nicht der Fall, da aus dem Jahresab- 24

24 MüKoGmbHG/*Fleischer* Rn. 15.
25 Ulmer/*Paefgen* Rn. 36; Lutter/Hommelhoff/*Kleindiek* Rn. 31; Roth/*Altmeppen* Rn. 36; Scholz/*Crezelius* Rn. 44.
26 So Scholz/*Crezelius* Rn. 19, MünchHdbGesR/*Diekmann* Bd. 3 § 45 Rn. 30; Baumbach/Hueck/*Haas* Rn. 13.
27 LG München GmbHR 05, 937; Lutter/Hommelhoff/*Kleindiek* Rn. 14; MüKoGmbHG/*Fleischer* Rn. 19.
28 Roth/*Altmeppen* Rn. 18; Ulmer/*Paefgen* Rn. 27; BGH ZIP 09, 513; KG Berlin, 23 u. 114/11 v. 11.8.11, BB 01, 2178.
29 Baumbach/Hueck/*Haas* Rn. 18.
30 BGH NZG 09, 659.
31 Vgl. Roth/*Altmeppen* Rn. 30 mwH; bejahend zumindest hins. des Ausschlusses bekannt oder zumindest für möglich gehaltener Einwendungen BGH BB 09, 1235; Ulmer/*Paefgen* Rn. 33; MüKoGmbHG/*Fleischer* Rn. 21; iErg verneinend Baumbach/Hueck/*Haas* Rn. 14.

schluss idR einzelne Ansprüche dem Grund u. der Höhe nach auch nicht deutlich erkennbar sind. Allenfalls kommt eine Indizwirkung im Einzelfall in Betracht.[32]

25 Ohne eine vorherige oder zumindest zeitgleiche Feststellung des Jahresabschlusses ist kein wirksamer Beschluss über die Ergebnisverwendung möglich.[33]

3. Art der Feststellung

26 Die Feststellung erfolgt durch Beschluss, für den grds. einfache Mehrheit genügt. Der Gesellschaftsvertrag kann aber eine davon abw. Regelung treffen.[34] Auch eine konkludente Feststellung kommt in Betracht, etwa durch Unterzeichnung des Jahresabschlusses durch alle Gesellschafter, falls diese zugleich Geschäftsführer sind.[35] Eine Klage auf Feststellung eines Jahresabschlusses wird nur in seltenen Ausnahmefällen in Betracht kommen (etwa bei einem angefochtenen Jahresabschluss, dessen Inhalt gerichtlich als richtig festgestellt werden soll).[36] Andernfalls kommt nur eine Klage gegen die Mitgesellschafter auf Mitwirkung bei der Feststellung in Betracht.[37]

4. Fristen

27 Der Jahresabschluss muss bei kleinen u. Kleinst-Gesellschaften binnen 11 Monate, bei großen u. mittelgroßen Gesellschaften 8 Monate nach Ablauf des Geschäftsjahres festgestellt werden. Die Fristen stehen im Zusammenhang mit den Aufstellungsfristen des Jahresabschlusses (kleine: 6 Monate, andere: 3 Monate, § 264 I 3, 4 HGB) u. den Offenlegungsfristen (unverzüglich nach Vorlage an die Gesellschafter, spätestens 12 Monate nach Ablauf des Geschäftsjahres, § 325 Ia HGB). Eine Verlängerung der Fristen ist deshalb nicht möglich. Im Gesellschaftsvertrag kann jedoch eine Verkürzung der Frist angeordnet werden. Dies kann etwa bei Tochterunternehmen innerhalb eines Konzerns sinnvoll sein, um einen zügigen Konzernabschluss zu ermöglichen.[38] Die Geschäftsführer haben für die Einhaltung der Fristen zu sorgen (zB zeitnahe Buchführung u. Abschlussaufstellung, rechtzeitige Mandatierung des Abschlussprüfers, keine Verzögerungen der Abschlussprüfung). Bei Überschreiten der Frist ist die Feststellung dennoch wirksam, auch eine Nichtigkeit oder Anfechtbarkeit des Jahresabschlusses ergibt sich insoweit nicht.[39] Sanktionen oder Zwangsmaßnahmen sind nicht vorgesehen; zu beachten sind aber Ordnungsgelder gegen die Geschäftsführer oder die Gesellschaft bei nicht rechtzeitiger Offenlegung (§ 335 HGB).

---

32 Vgl. OLG Celle GmbHR 10, 87; NZG 10, 181.
33 Keine Heilung durch nachträgliche Feststellung: FG Rheinland-Pfalz DStRE 07, 889; gleichzeitige Feststellung u. Ergebnisverwendung ist möglich: MüKoGmbHG/*Fleischer* Rn. 30 mwH.
34 Baumbach/Hueck/*Zöllner* § 47 Rn. 22 ff.
35 *Adler/Düring/Schmaltz* Rn. 35; Scholz/*Crezelius* Rn. 36.
36 *Adler/Düring/Schmaltz* Rn. 36; Baumbach/Hueck/*Zöllner* § 46 Rn. 12.
37 *Adler/Düring/Schmaltz* Rn. 36; Baumbach/Hueck/*Haas* Rn. 20.
38 Scholz/*Crezelius* Rn. 45.
39 *Adler/Düring/Schmaltz* Rn. 41; Lutter/Hommelhoff/*Kleindiek* Rn. 32; Ulmer/*Paefgen* Rn. 36.

5. Beschlussorgan

Zuständig für die Feststellung ist die Gesellschafterversammlung (§ 46 Nr. 1). Diese kann durch Beschluss oder Regelung im Gesellschaftsvertrag die Zuständigkeit auf bestimmte Gesellschafter beschränken oder auf ein anderes Beschlussorgan verlagern („Entledigung"), meist ein Aufsichtsrat, Beirat, Verwaltungsrat oder (Bilanz-)Ausschuss. Ebenso ist es möglich, die Beschlusskompetenz auf die Geschäftsführer zu verlagern.[40] Das zuständige Organ tritt dann insoweit an die Stelle der Gesellschafterversammlung. Bei Kompetenzverlagerung steht den Gesellschaftern im Bedarfsfall eine Anfechtungsklage zu.[41] 28

6. Änderung des Jahresabschlusses bei Feststellung

Die Gesellschafterversammlung (bzw. das Beschlussorgan) ist nicht an den durch die Geschäftsführer aufgestellten Jahresabschluss gebunden. Sie kann nach eigenem Ermessen bilanzpolitische Entscheidungen treffen, etwa Wahlrechte u. Ermessensspielräume abw. von den Geschäftsführern ausüben. Ebenso kann sie Fehler im Jahresabschluss korrigieren. Die Gesellschafter können den Jahresabschluss frei, aber nur iRd handelsrechtlichen Rechnungslegungsnormen anpassen (insbes. ist bei Anpassungen das Stetigkeitsgebot zu beachten, §§ 246 III, 252 I Nr. 6 HGB). Wertaufhellende Umstände, die zwischen Aufstellung u. Feststellung bekannt werden, können ebenfalls berücksichtigt werden; bei Wesentlichkeit für den Jahresabschluss wird sogar eine Berücksichtigungspflicht angenommen.[42] 29

Wird der Jahresabschluss festgestellt u. weicht die zeitgleich vorgenommene Ergebnisverwendung vom aufgestellten Jahresabschluss ab, können mE diese Änderungen ebenfalls noch im Jahresabschluss berücksichtigt werden (sonst laufen die Vorschriften der §§ 268 I, 270 HGB weitgehend ins Leere).[43] 30

Änderungen eines prüfungspflichtigen Jahresabschlusses im Nachgang einer bereits erfolgten Abschlussprüfung machen jedoch nach § 316 III HGB eine Nachtragsprüfung erforderlich sowie eine Ergänzung des Bestätigungsvermerkes des Abschlussprüfers.[44] Wird der geprüfte Jahresabschluss geändert u. ergeht zeitgleich ein Feststellungsbeschluss, kann die Feststellung in analoger Anwendung des § 173 III AktG dennoch wirksam werden, wenn die Nachtragsprüfung innerhalb von 2 Wochen hins. der Änderung mit einem uneingeschränkten Bestätigungsvermerk versehen wird.[45] Die Änderung bereits festgestellter Jahresabschlüsse ist iÜ nur eingeschränkt möglich.[46] 31

40 *Hommelhoff/Priester*, ZGR 86, 463, 476.
41 BGH NJW 65, 1378; Scholz/*Crezelius* Rn. 35.
42 *Adler/Düring/Schmaltz* Rn. 46; IDW PS 203 Rn. 18, 19: Berücksichtigung aller wertaufhellenden Umstände.
43 *Adler/Düring/Schmaltz*, HGB § 278 Rn. 26.
44 IDW RS HFA 6 Rn. 31.
45 BFH BB 07, 434; *Adler/Düring/Schmaltz* Rn. 48; Baumbach/Hueck/*Haas* Rn. 26.
46 IDW RS HFA 6 Rn. 9 ff.

7. Keine Feststellung bei Nichtigkeit des Jahresabschlusses

32 Ohne abgeschlossene Prüfung ist die Feststellung eines prüfungspflichtigen Jahresabschlusses nicht möglich (§ 316 I 2 HGB), weil er rechtlich nicht existiert, dh nichtig ist.[47] Dies gilt unabhängig davon, ob der Abschluss frei von wesentlichen Fehlern ist oder nicht.

33 Nichtigkeitsgründe gibt das GmbHG nicht vor u. werden daher von der hM in analoger Anwendung des § 256 AktG gesehen,[48] insbes. also bei gravierenden Verstößen gegen Gläubigerschutzvorschriften, unterlassener Abschlussprüfungspflicht, fehlender Prüferbefähigung, Prüfung durch einen dazu nicht bestellten Abschlussprüfer oder bei erfolgreicher Anfechtungsklage gegen einen Feststellungsbeschluss (die allerdings nicht auf Inhaltsmängel des Abschlusses gestützt werden kann, § 257 AktG analog). Die Geltendmachung der Nichtigkeit unterliegt zumeist Heilungsfristen, außer bei unterlassener Prüfung, bei Anfechtungsklage oder fehlerhafter Feststellung (§ 256 VI AktG analog). Befangenheit des Abschlussprüfers ist kein Nichtigkeitsgrund.

8. Keine Auswirkung bei Einschränkung oder Versagung eines Bestätigungsvermerkes

34 Ein vom Abschlussprüfer mit eingeschränktem Bestätigungsvermerk oder mit einem Vermerk über die Versagung des Bestätigungsvermerks versehener Jahresabschluss, der nicht zugleich aus vorgenannten Gründen nichtig ist, kann dennoch festgestellt werden.[49]

V. Ergebnisverwendung (Abs. 2)

1. Umfang

35 Ergebnisverwendung umfasst die Entscheidung über Ausschüttung oder Thesaurierung (i) der positiven Summe aus Jahresüberschuss des abgelaufenen Geschäftsjahres zzgl. Gewinn-/Verlustvortrag bzw. (ii) des Bilanzgewinns (bei Bilanzaufstellung unter teilw. Ergebnisverwendung oder Rücklagenauflösung), jeweils soweit nach Gesetz oder Gesellschaftsvertrag die Disposition durch die Gesellschafter nicht ausgeschlossen ist. In Betracht kommen daher (auch in Kombination): Einstellung in Gewinnrücklagen, Verrechnung mit Gewinn-/Verlustvortrag bzw. Bilanzgewinn, Verrechnung mit einer Vorbelastungshaftung (§ 11 II), Ausweis eines aufgrund Beschlusses auszuweisenden Aufwands oder Ertrags (etwa bei ausschüttungsabhängigen Drittansprüchen) oder eben Ausschüttung. Bei der Entscheidung über die Verwendung sind die berechtigten Interessen einzelner Gesellschafter u. der Gesellschaft abzuwägen.[50] Ein Beschluss über die Ergebnisverwendung entfällt bei Fehlen eines verwendungsfähigen Ergebnisses oder bei Bestehen einer vollständigen Ergebnisabführungsverpflichtung iR eines Ergebnisabführungsvertrages (§ 291 AktG).[51]

47 BeckBilKom § 316 Rn. 10 f.
48 *Adler/Düring/Schmaltz* Rn. 49 f.; Baumbach/Hueck/*Haas* Rn. 24 ff.
49 BeckBilKom § 316 Rn. 10.
50 OLG Nürnberg NZG 08, 948.
51 Gehrlein/Born/Simon/*Winter/Marx* Rn. 59.

2. Wirkung

Der Verwendungsbeschluss entfaltet nur Wirkung, falls der Jahresabschluss bereits wirksam festgestellt[52] u. daher nicht nichtig ist. Wird ein prüfungspflichtiger Jahresabschluss durch das Beschlussorgan der Feststellung noch geändert, aber trotzdem eine Ergebnisverwendung beschlossen, ist der Verwendungsbeschluss – ebenso wie der Feststellungsbeschluss – zunächst unwirksam. Wie auch zur Feststellung kann der Verwendungsbeschluss in analoger Anwendung des § 173 III AktG dennoch wirksam werden, wenn die Nachtragsprüfung innerhalb von 2 Wochen hins. der Änderung mit einem uneingeschränkten Bestätigungsvermerk versehen wird.[53] Ein Verwendungsbeschluss wird zudem dann wirksam, wenn die Nichtigkeit eines Jahresabschlusses nach Ablauf der Heilungsfrist (§ 256 VI AktG analog) nicht mehr geltend gemacht werden kann.[54] Aufgrund eines wirksamen Ausschüttungsbeschlusses entstehen den Gesellschaftern insoweit Gläubigeransprüche gegen die Gesellschaft. 36

3. Art der Feststellung und Fristen

Entspr. den Ausführungen zur Feststellung (→ Rn. 26, 27). 37

4. Verwendungsorgan

Das Ergebnisverwendungsrecht steht der Gesellschafterversammlung zu (§ 46 Nr. 1), kann aber von dieser oder aufgrund Gesellschaftsvertrags auf ein anderes Verwendungsorgan übertragen werden, das nicht auch zugleich das Beschlussorgan der Feststellung des Jahresabschlusses sein muss. Bei einer Kompetenzverlagerung ist nach verbreiteter Auffassung idR eine ausreichende Rückbindung an den Willen der Gesellschafter sicherzustellen, etwa durch eine zeitliche Befristung.[55] 38

5. Fehlerhafter Beschluss

Hins. der Nichtigkeit u. Anfechtbarkeit des Ergebnisverwendungsbeschlusses sind die allg. Regeln anwendbar. Hierbei ist va eine gegen die Treuepflicht verstoßende übermäßige Gewinnthesaurierung vorstellbar.[56] 39

VI. Erzwingbarkeit eines Beschlusses, fehlerhafter Beschluss

Kommt kein Ergebnisverwendungsbeschluss zustande, steht einem Gesellschafter die Herbeiführung eines Beschlusses im Klageweg zu, ohne jedoch dabei den Inhalt des Beschlusses durch die Klage vorzugeben; vorrangig sind jedoch die Minderheitsrechte (§ 50) auszunutzen.[57] 40

52 Vgl. OLG Hamburg BeckRS 10, 11542.
53 BFH BB 07, 434; *Adler/Düring/Schmaltz* Rn. 48; Baumbach/Hueck/*Haas* Rn. 37.
54 Baumbach/Hueck/*Haas* Rn. 37.
55 Baumbach/Hueck/*Haas* Rn. 35; *Hommelhoff/Priester*, ZGR 86, 463, 504.
56 OLG Nürnberg NZG 08, 948.
57 OLG Düsseldorf NZG 01, 1085.

VII. Teilnahmepflicht des Abschlussprüfers (Abs. 3)

1. Grundlagen

41 Die Gesellschafter sind außer zur Feststellung des Jahresabschlusses auch zur Überwachung der Geschäftsführung verpflichtet. Der Abschlussprüfer kann dazu aufgrund seiner fachlichen Kompetenz u. seiner von Gesetzes wegen bestehenden Pflicht zur Unabhängigkeit den Gesellschaftern wertvolle Informationen u. Auskünfte über die Rechnungslegung der Gesellschaft erteilen, die Teil der Rechenschaftslegung der Geschäftsführer ist. Daher hat jeder einzelne Gesellschafter das Recht, den Abschlussprüfer zur Teilnahme an der feststellenden Gesellschafterversammlung verpflichten zu lassen, vorausgesetzt der Jahresabschluss ist einer gesetzlichen oder freiwilligen Abschlussprüfung unterzogen. Das Individualrecht kann nicht ausgeschlossen werden.[58] Ist ein Beschlussorgan eingesetzt, haben dessen Mitglieder nach Maßgabe der Kompetenzverlagerung ein entspr. Recht. Das Recht des einzelnen Gesellschafters besteht darüber hinaus mE noch fort, dies ergibt sich aus der Überwachungspflicht hins. der Geschäftsführung. Die Geschäftsführer sind auf entspr. Anweisung verantwortlich, den Abschlussprüfer zur Teilnahme zu veranlassen.

2. Reichweite und Grenzen der Informationspflicht

42 Die Pflicht des Abschlussprüfers umfasst die sachgerechte Auskunft iR seines Prüfungsauftrags.[59] Die Reichweite der Auskunftspflicht ist begrenzt auf Fragen zum Inhalt des Abschlusses u. zum Prüfungsbericht, soweit dies für die Feststellung des Jahresabschlusses u. die Überwachung der Geschäftsführung dienlich ist; zur Ergebnisverwendung besteht keine Auskunftspflicht.[60] Ähnl wie bei der Aushändigung von Unterlagen steht dem Abschlussprüfer ein Auskunftsverweigerungsrecht entspr. § 51 a II zu, wenn die Gefahr besteht, dass der anfragende Gesellschafter die Auskunft missbrauchen will; dazu ist aber im Einzelfall ein Gesellschafterbeschluss notwendig.[61]

43 Bei pflichtwidriger Nichtteilnahme ist der Klageweg durch die Gesellschaft eröffnet. Außerdem haftet der Abschlussprüfer der Gesellschaft aus seinem Auftragsverhältnis.

VIII. Konzernrechnungslegung und IFRS-Einzelabschluss (Abs. 4)

44 Die Geschäftsführer einer GmbH, die als Mutterunternehmen zur Aufstellung eines Konzernabschlusses/Konzernlageberichts verpflichtet ist (nach HGB-Normen: § 290 HGB oder nach IFRS: Verordnung (EG) Nr. 1606/2002 iVm § 315 a HGB), haben diesbzgl die gleichen Vorlagepflichten wie für den Jahresabschluss/Lagebericht. Dies gilt ebenso für

58 *Adler/üring/Schmaltz* Rn. 54; aA MüKoGmbHG/*Fleischer* Rn. 36: Ausschluss durch Satzung möglich.

59 Scholz/*Crezelius* Rn. 52; Baumbach/Hueck/*Haas* Rn. 44; *Hommelhoff/Priester*, ZGR 86, 463, 496.

60 Lutter/Hommelhoff/*Kleindiek* Rn. 37; Roth/*Altmeppen* Rn. 27; Baumbach/Hueck/*Haas* Rn. 44; Scholz/*Crezelius* Rn. 53.

61 *Hommelhoff/Priester*, ZGR 86, 463, 496; Baumbach/Hueck/*Haas* Rn. 45; Lutter/Hommelhoff/*Kleindiek* Rn. 41; Ulmer/*Paefgen* Rn. 51.

einen Einzelabschluss nach internationalem Standard, der anstatt eines Jahresabschlusses im elektronischen Bundesanzeiger veröffentlicht werden kann (§ 325 IIa HGB).

Anders als für einen Jahresabschluss haben die Gesellschafter einen Konzernabschluss bzw. IFRS-Einzelabschluss nicht festzustellen, sondern „nur" zu billigen, da ein Konzernabschluss u. IFRS-Einzelabschluss eine reine Informationsfunktion u. keine gesetzliche Ausschüttungsbemessungsfunktion haben. Billigung bedeutet die Erklärung durch das Beschlussorgan, dass den bilanzpolitischen Maßnahmen der Geschäftsführung bei der Aufstellung des Abschlusses zugestimmt wird. Die Unterscheidung zur Feststellung ist idR nur für die AG relevant, falls Billigung u. Feststellung eines Jahresabschlusses von unterschiedlichen Organen vorgenommen werden (§§ 172 S. 1, 173 I 1 AktG). Werden die vorgelegten Abschlüsse in geänderter Form gebilligt, ist ggf. eine Nachtragsprüfung durch den Abschlussprüfer notwendig. Auch die Billigung erfordert einen förmlichen Beschluss des Beschlussorgans. Auf Verlangen hat der Abschlussprüfer an der Verhandlung des Beschlussorgans über die Billigung teilzunehmen. 45

§ 42 a IV schreibt eine entspr. Anwendung von § 42 a I–III für den Konzern- u. IFRS-Einzelabschluss vor. Dabei muss dieser Verweis so ausgelegt werden, dass die Besonderheiten dieser Abschlüsse angemessen berücksichtigt werden. Eine Ergebnisverwendung findet für den Konzernabschluss u. den IFRS-Einzelabschluss nicht statt. 46

§ 43 Haftung der Geschäftsführer

(1) Die Geschäftsführer haben in den Angelegenheiten der Gesellschaft die Sorgfalt eines ordentlichen Geschäftsmannes anzuwenden.

(2) Geschäftsführer, welche ihre Obliegenheiten verletzen, haften der Gesellschaft solidarisch für den entstandenen Schaden.

(3) [1]Insbesondere sind sie zum Ersatze verpflichtet, wenn den Bestimmungen des § 30 zuwider Zahlungen aus dem zur Erhaltung des Stammkapitals erforderlichen Vermögen der Gesellschaft gemacht oder den Bestimmungen des § 33 zuwider eigene Geschäftsanteile der Gesellschaft erworben worden sind. [2]Auf den Ersatzanspruch finden die Bestimmungen in § 9 b Abs. 1 entsprechende Anwendung. [3]Soweit der Ersatz zur Befriedigung der Gläubiger der Gesellschaft erforderlich ist, wird die Verpflichtung der Geschäftsführer dadurch nicht aufgehoben, daß dieselben in Befolgung eines Beschlusses der Gesellschafter gehandelt haben.

(4) Die Ansprüche auf Grund der vorstehenden Bestimmungen verjähren in fünf Jahren.

Schrifttum:

Altmeppen, Die Auswirkungen des KonTraG auf die GmbH, ZGR 1999, 291; *Bachmann*, Zur Frage der Haftung eines GmbH-Geschäftsführers für Kartellbußen des Unternehmens, BB 2015, 911; *ders*, Compliance – Rechtsgrundlagen und offene Fragen –, Gesellschaftsrecht in der Diskussion 2007, VGR 2008, 65; *Bayer*, Legalitätspflicht der Unternehmensleitung, nützliche Gesetzesverstöße und Regress bei verhängten Sanktionen, FS K Schmidt, 2009, S. 85; *Bayer/Scholz*, Zulässigkeit und Grenzen der Kartellbußgeldregresses, GmbHR 2015, 449; *Bayreuther*, Haftung von Organen und Arbeitnehmern für Unternehmensgeldbußen, NZA 2015, 1239; *Bellen/Stehl*, Pflichten und Haftung der Geschäftsführung in der Krise der GmbH – ein Überblick, BB 2010, 2579; *Binder/Kraayvanger*, Regress der Kapitalgesellschaft bei der Geschäftsleitung für gegen das Unternehmen verhängte Geldbußen, BB 2015, 1219, *Bischke/Brack*, Neuere Entwicklungen im Kartellrecht, NZG 2015, 349; *Böttcher*, Zur Geltendmachung von Schadensersatzansprüchen der KG gegen den Geschäftsführer der Komplementär-GmbH, ZWH 2014, 119; *Brok*, Legalitätspflicht des Geschäftsführers bei auslandsbezogenen Rechtsverletzung, BB 2019, 1292; *Brox/Walker*, Die Einschränkung der Arbeitnehmerhaftung gegenüber dem Arbeitgeber, DB 1985, 1469; *Campos Nave*, Der Geschäftsführer einer GmbH haftet im Außenverhältnis nicht zwangsläufig aufgrund seiner Organisationspflicht als Organ, BB 2014, 2129; *Dahl/Schmitz*, Haftung des GmbH-Geschäftsführers wegen unterlassener Geltendmachung des Erstattungsanspruchs aus § 31 I GmbHG in der Insolvenz der GmbH, NZG 2008, 653; *Dreher*, Die kartellrechtliche Bußgeldverantwortlichkeit von Vorstandsmitgliedern, FS Konzen, 2006, S. 85; *Drygala/Kremer*, Alles neu macht der Mai – Zur Neuregelung der Kapitalerhaltungsvorschriften im Regierungsentwurf zum MoMiG, ZIP 2007, 1289; *Ebert*, Folgepflicht und Haftung des GmbH-Geschäftsführers beim Erhalt und der Ausführung von Weisungen, GmbHR 2003, 444; *Erne*, Haftungsvermeidung des Geschäftsführers durch Frühwarnsysteme bei Nutzung von Cash Pooling, GWR 2010, 314; *Faerber/Engelhoven*, Zur Haftung des Geschäftsführers eines Unternehmens für Kartellbußen des Unternehmens, EWiR 2015, 313; *Fleischer*, Das unternehmerische Ermessen des GmbH-Geschäftsführers und seine GmbH-spezifischen Grenzen, NZG 2011, 521; *ders*, Zur GmbH-rechtlichen Verantwortlichkeit des faktischen Geschäftsführers, GmbHR 2011, 337; *ders*, Aktienrechtliche Legalitätspflicht und „nützliche" Pflichtverletzungen von Vorstandsmitgliedern, ZIP 2005, 141; *ders*, Aktuelle Entwicklungen in der Managerhaftung, NJW 2009, 2337; *ders*, Kartellrechtsverstöße und Vorstandsrecht, BB 2008, 1070; *ders*, Zur Verantwortlichkeit einzelner Vorstandsmitglieder bei Kollegialentscheidungen im Aktienrecht, BB 2004, 2645; *ders*, Aktienrechtliche Compliance-Pflichten im Praxistest: Das Siemens/Neubürger-Urteil des LG München I, NZG 2014, 321; *Froesch*, Managerhaftung – Risikominimierung durch Delegation?, DB 2009, 722; *Goette*, Die Haftung des GmbH-Geschäftsführers in der Rechtsprechung des BGH, DStR 1998, 1308; *ders*, Aktuelle Rechtsprechung zur GmbH – Kapitalschutz und Organhaftung, DStR 2003, 887; *ders*, Leitung, Aufsicht, Haftung – zur Rolle der Rechtsprechung bei der Sicherung einer modernen Unternehmensführung, FS aus Anlass des fünfzigjährigen Bestehens von Bundesgerichtshof, Bundesanwaltschaft und Rechtanwaltschaft beim Bundesgerichtshof, 2000, S. 123; *ders*, Aktuelle Entwicklungen im Deutschen Kapitalgesellschaftsrecht im Lichte der höchstrichterlichen Rechtsprechung, DStR 2009, 51; *Grützner*, Compliance 2.0 – LG München I verpflichtet Vorstände zu Compliance, BB 2014, 850; *Gummert*, Die Kapitalerhaltung bei der Komplementär-GmbH einer GmbH & Co. KG, DStR 2015, 761; *Haas*, Die Rechtsfigur „Des faktischen GmbH-Geschäftsführers", NZI 2006, 494; *ders*, Die Disziplinierung des GmbH-Geschäftsführers im Interesse der Gesellschaftsgläubiger, Teil I, WM 2006, 1369; Teil II, WM 2006, 1417; *Habersack/Schürnbrand*, Die Rechtsnatur der Haftung aus §§ 93 Abs. 3 AktG, 43 Abs. 3 GmbHG, WM 2005, 957; *Hauschka*, Ermessensentscheidungen bei der Unternehmensführung, GmbHR 2007, 11; *Hommelhoff*, Risikomanagement im GmbH-Recht, FS Sandrock, 2000, S. 373; *Horn*, Erfordert eine Streitverkündung einer GmbH an ihren Geschäftsführer einen vorherigen Gesellschafterbeschluss?, GmbHR 17, 1024; *Horn*, Die Haftung der AG nach § 93 AktG und die Pflichten des Aufsichtsrats, ZIP 1997, 1129; *Jäger*, Organisationsverantwortung und Eigenhaftung der Geschäftsführungsorgane von Kapitalgesellschaften – ein Streifzug durch die neuere BGH-Rechtsprechung, jM 2017, 90; *Köhl*, Die Einschränkung der Haftung des GmbH-Geschäftsführers nach den Grundsätzen des innerbetrieblichen Schadensausgleichs, DB 1996, 2597; *Kort*, Verhaltensstandardisierung durch Corporate Compliance, NZG 2008, 81; *Kredel/Kresken*, Die Ingressnahme von Organvertretern in Bezug auf Kartellbußgelder, KSzW 2015, 276; *Leuering/Dornhegge*, Geschäftsverteilung zwischen GmbH-Geschäftsführern, NZG 2010, 13; *Lohr*, Die Beschränkung der Innenhaftung des GmbH-Geschäftsführers, NZG 2000, 1204; *Lotze/Smolinski*, Entschärfung der Organhaftung für kartellrechtliche Unternehmensgeldbußen, NZKart 2015, 254; *Lücke*, Der Einsatz von KI in der und durch die Unternehmensleitung, BB 19, 1986; *Lutter*, Die Business Judgement Rule und ihre praktische Anwendung, ZIP

2007, 841; *ders/Banerjea*, Die Haftung des Geschäftsführers für existenzvernichtende Eingriffe, ZIP 2003, 2177; *Merkt*, Überprüfung des Compliance-Management-Systems zwischen Wirtschaftsprüfern und Juristen, DB 2014, 2331; *Merlot de Beauregard*, Keine Rückgriffsmöglichkeit des Unternehmens bei Kartellstrafen, DB 2015, 928; *Mette*, Haftung der Geschäftsführer für Wettbewerbsverstöße der Gesellschaft entschärft, DB 2014, 1796; *Meyer*, Compliance-Verantwortlichkeit von Vorstandsmitgliedern – Legalitätsprinzip und Risikomanagement, DB 2014, 766; *Otto*, Aktuelle Urteile des BFH zu Direktzusagen an beherrschende Gesellschafter-Geschäftsführer, GmbHR 2014, 617; *Paefgen*, Existenzvernichtungshaftung nach Gesellschaftsdeliktsrecht, DB 2007, 1907; *ders/Dettke*, Zur Geschäftsführerhaftung für Wettbewerbsverstöße der GmbH, EWiR 2014, 579; *ders/Schneider*, Zur Haftung des Geschäftsführers der Komplementär-GmbH für verbotene Auszahlungen aus dem Vermögen der KG an einen Gesellschafter der Komplementär-GmbH, EWiR 2015, 207; *Peters*, Ressortverteilung zwischen GmbH-Geschäftsführern und ihre Folgen, GmbHR 2008, 682; *Pöschke/Steenbreker*, Kapitalerhaltung in der GmbH & Co. KG, NZG 2015, 614; *Reese*, Die Haftung von „Managern" im Innenverhältnis, DStR 1995, 532; *Schäfer*, Zur Binnenhaftung von Vorstand und Aufsichtsrat nach der Renovierung durch das UMAG, ZIP 2005, 1253; *K Schmidt*, Gesellschaftsrecht: Verbotene Zahlung aus dem Vermögen der KG an Gesellschafter, JuS 2015, 1130; *U H Schneider*, Die Pflichten des Geschäftsführers in der Krise der GmbH, GmbHR 2011, 57; *ders*, Unternehmerische Entscheidungen als Anwendungsvoraussetzung für die Business Judgement Rule, DB 2005, 707; *Seibt/Cziupka*, 20 Thesen zur Compliance-Verantwortung im System der Organhaftung aus Anlass des Siemens/Neubürger-Urteils, DB 2014, 1598; *Simon/Merkelbach*, Organisationspflichten des Vorstands betreffend das Compliance-System – Der Neubürger-Fall, AG 2014, 318; *Spindler*, Die Haftung von Vorstand und Aufsichtsrat für fehlerhafte Auslegung von Rechtsbegriffen, FS Canaris, 2007, S. 403; *Sturm*, Geschäftsführer-Innenhaftung – Dispositivität der fünfjährigen Verjährungsfrist des § 43 Abs. 4 GmbHG, GmbHR 2003, 573; *Suchy*, Schadensumfang bei Haftung von Vorständen und Geschäftsführern wegen Unternehmensgeldbußen für kartellrechtliche Verstöße, NZG 2015, 591; *Thomas*, Bußgeldregress, Übelszufügung und D&O-Versicherung, NZA 2015, 1409; *Verse*, Compliance im Konzern. Zur Legalitätskontrollpflicht der Geschäftsleiter einer Konzernobergesellschaft, ZHR 175 (2011), 401; *Weber/Lohr*, Aktuelle Rechtsprechung zur Innen-haftung von GmbH-Geschäftsführern nach § 43 Abs. 2 GmbHG, GmbHR 2000, 698; *Weipert*, Zum Schadensersatzanspruch der KG gegen den Geschäftsführer der Komplementär-GmbH, EWiR 2013, 775; *Wiedemann*, Verantwortung in der Gesellschaft – Gedanken zur Haftung der Geschäftsleiter und der Gesellschafter in der Kapitalgesellschaft, ZGR 2011, 183; *Wilsing*, Vollumfängliche Übertragung der Grundsätze zur Privilegierung unternehmerischer Entscheidungen erleichtert in der Praxis die Beurteilung von Zweifelsfragen, BB 2013, 2260; *Windbichler*, Schadensersatz-ansprüche des stillen Gesellschafters, ZGR 1989, 434.

I. Normzweck

1 Die Norm regelt zum einen den **Sorgfaltsmaßstab**, den die Geschäftsführer bei ihrer Tätigkeit als Organ der Gesellschaft anzulegen haben (Abs. 1), u. zum anderen die Haftung der Geschäftsführer als Organ (Abs. 2, 3). Diese **Organhaftung** betrifft das Verhältnis der Geschäftsführer **ggü. der Gesellschaft (Innenhaftung)**, die Haftung unmittelbar ggü. Dritten (Außenhaftung) basiert auf gesonderten gesetzlichen Regelungen (→ Rn. 103 ff.). Letztlich ist die Verjährung der organschaftlichen Haftung nach Abs. 1–3 geregelt (Abs. 4).

2 Die Norm dient dem Schutz der Gesellschaft u. mittelbar der Gläubiger, wie sich insbes. aus den Regelungen in Abs. 3 ergibt. Dieser Schutz wird

durch die Einräumung von Schadensersatzansprüchen u. die verhaltenssteuernde Funktion bewirkt, die mit diesen verbunden ist.

II. Inhalt

1. Anwendungsbereich

§ 43 gilt für die Tätigkeit des Geschäftsführers als Organ der Gesellschaft u. somit für Tätigkeiten, die **„Geschäftsführungsaufgabe"** sind (**sachlicher Geltungsbereich**, vgl. iErg → Rn. 15 ff.). 3

Der **persönliche Geltungsbereich** erfasst den **Geschäftsführer** u. seinen **Stellvertreter** (§ 44) sowie gerichtlich bestellte **Notgeschäftsführer** (→ § 6 Rn. 25, 29). Für Mitglieder eines Aufsichtsrates gelten § 93 I u. II AktG analog.[1] § 43 gilt ferner in der Vorgesellschaft.[2] 4

§ 43 gilt persönlich für den Strohmann-Geschäftsführer.[3] Die Geltendmachung von Haftungsansprüchen des Hintermannes gegen diesen ist idR rechtsmissbräuchlich.[4] Ferner ist § 43 anwendbar auf den **faktischen Geschäftsführer.**[5] Zu beachten ist dabei, dass der faktische Geschäftsführer keine einheitliche Rechtsfigur mit einem definierten Aufgaben-/Pflichtenkreis ist. Der faktische Geschäftsführer ist nicht als Geschäftsführer bestellt, nimmt jedoch Aufgaben u. Befugnisse der Geschäftsführung wahr. Entscheidend für die Haftung ist, dass – so die Formel des BGH – der Betreffende die Geschicke der Gesellschaft durch eigenes Handeln im Außenverhältnis, das die Tätigkeit des rechtlichen Geschäftsführungsorgans nachhaltig prägt, maßgeblich in die Hand genommen hat.[6] Nicht ausreichend dafür ist, wenn der beherrschende Gesellschafter dauerhaft auf den bestellten Geschäftsführer Einfluss nimmt u. diesen letztlich zum reinen Befehlsempfänger degradiert;[7] ebenso wenig ist (allein) ausreichend, wenn der Handelnde Zugriff auf das Gesellschaftskonto hat u. einzelne Zahlungen abwickelt.[8] Der Einsatz eines Algorithmus bzw. Künstlicher Intelligenz als „Geschäftsführer" ist (derzeit) aufgrund der fehlenden Rechtspersönlichkeit einer solchen „E-Person" ausgeschlossen.[9] 5

Der Handelnde muss diese Aufgaben wie ein Geschäftsführer ausgeübt haben. Soweit solche Aufgaben in den Kompetenzbereich der Gesellschafter fallen u. diese in ihrem originären Bereich tätig werden, werden sie dadurch nicht zu „faktischen Geschäftsführern" mit der Folge der Haftung 6

---

1 Scholz/*Schneider* Rn. 21; Baumbach/Hueck/*Zöllner/Noack* Rn. 2; vgl. iÜ BGHZ 148, 167, 169 f.
2 BGH GmbHR 86, 302, 303; Baumbach/Hueck/*Zöllner/Noack* Rn. 2.
3 Baumbach/Hueck/*Zöllner/Noack* Rn. 2; Lutter/Hommelhoff/*Kleindiek* Rn. 2.
4 OLG Frankfurt GmbHR 09, 317 ff.; Baumbach/Hueck/*Zöllner/Noack* Rn. 2.
5 BGH BB 05, 1869, 1870; ZIP 05, 1414, 1415; vgl. Lutter/Hommelhoff/*Kleindiek* Rn. 2; Baumbach/Hueck/*Zöllner/Noack* Rn. 3, je mwN.
6 StRspr, vgl. BGH ZIP 08, 1026, 1027; BB 05, 1869, 1870; ZIP 05, 1414, 1415; vgl. auch OLG München GmbHR 19, 600; OLG Düsseldorf NZG 00, 312, 313; OLG Brandenburg NZG 01, 807, 808; Baumbach/Hueck/*Zöllner/Noack* Rn. 3; Lutter/Hommelhoff/*Kleindiek* Rn. 2; **teilw aA** *Haas*, NZI 06, 494, 499.
7 BGH DStR 05, 1455, 1456; GmbHR 02, 549, 552.
8 BGH ZIP 08, 1026, 1027.
9 Siehe instruktiv *Lücke*, BB 19, 1986, 1988.

gem. § 43.[10] Auch soweit der Handelnde aufgrund von Weisungen der Gesellschafterversammlung tätig wird, eröffnet diese interne Einwirkung der Gesellschafter auf den Handelnden nicht den Anwendungsbereich des § 43.[11] Ebenso wenig begründet die Vornahme von Konsolidierungs- u. Rettungsmaßnahmen einer in der Krise befindlichen GmbH die Annahme einer faktischen Geschäftsführer-Stellung.[12]

7 Die Anwendbarkeit des Sorgfaltsmaßstabs gem. Abs. 1 sowie der Haftungsregelungen ist unabhängig davon, ob ein (dienstvertragliches) **Anstellungsverhältnis** zwischen der Gesellschaft u. dem Geschäftsführer existiert oder rechtlich wirksam ist, denn § 43 knüpft an die **Organstellung** des Geschäftsführers an.[13] Auch wenn ein Anstellungsverhältnis besteht, richtet sich die Haftung des Geschäftsführers primär nach § 43, denn die spezielle Organhaftung geht der allg. Haftung wegen Verletzung anstellungsvertraglicher Pflichten vor bzw. nimmt letztere in sich auf, so dass neben § 43 kein eigenständiger Anwendungsbereich der vertraglichen Haftung verbleibt.[14]

8 Die Haftung des Geschäftsführers setzt seine Amtsfähigkeit gem. § 6 II 1 u. 2 Ziff. 1 voraus.[15] Das Vorhandensein gesetzlicher Ausschlussgründe gem. § 6 II 2 Ziff. 2 u. 3 sowie Abs. 2 S. 3 schließt § 43 nicht aus. Auch die Kenntnis der Gesellschaft oder des fehlerhaft bestellten Geschäftsführers vom Beschlussmangel hindern die Haftung nicht.[16]

9 Der **zeitliche Anwendungsbereich** des § 43 beginnt mit Wirksamwerden des Beschlusses zur Bestellung des Geschäftsführers, ohne Rücksicht auf die Eintragung im Handelsregister.[17] Die Bestellung muss dem Geschäftsführer ggü. bekannt gegeben u. vom Geschäftsführer auch angenommen worden sein.[18] Liegt die Übernahme der Tätigkeit vor dem Beginn der Organstellung, ist der Zeitpunkt der tatsächlichen Übernahme der Tätigkeit maßgeblich. Der zeitliche Anwendungsbereich endet mit Beendigung der Organstellung, idR also durch wirksame Abberufung.[19] Er endet ggf. später, wenn der Geschäftsführer auch nach dem Ende der Organstellung faktisch als solcher tätig wurde.[20]

---

10 Baumbach/Hueck/*Zöllner/Noack* Rn. 3; Scholz/*Schneider* Rn. 23 f.

11 BGH GmbHR 02, 549 mAnm *Bender*; OLG Frankfurt GmbHR 09, 317; BGH DStR 05, 1455, 1456; Baumbach/Hueck/*Zöllner/Noack* Rn. 3; *Cahn*, ZGR 03, 298, 314 f.; **aA** OLG Jena ZIP 02, 631, 632.

12 OLG München ZIP 10, 2295, 2297.

13 BGH NJW 94, 2027; BHGZ 148, 167, 169 f.; 47, 341, 343; 41, 282, 287; OLG Frankfurt GmbHR 09, 317; Baumbach/Hueck/*Zöllner/Noack* Rn. 2; Lutter/Hommelhoff/*Kleindiek* Rn. 2.

14 BGH NZG 08, 104 ff.; GmbHR 97, 163, 165; Baumbach/Hueck/*Zöllner/Noack* Rn. 4; *Goette*, DStR 98, 1308.

15 Baumbach/Hueck/*Zöllner/Noack* Rn. 2.

16 Baumbach/Hueck/*Zöllner/Noack* Rn. 2; Lutter/Hommelhoff/*Kleindiek* vor § 35 Rn. 8.

17 BGH NJW 94, 2027; WM 86, 789; NJW 02, 1122; Baumbach/Hueck/*Zöllner/Noack* Rn. 2; Lutter/Hommelhoff/*Kleindiek* Rn. 2.

18 Michalski/*Haas/Ziemons* Rn. 34.

19 Baumbach/Hueck/*Zöllner/Noack* Rn. 2; Lutter/Hommelhoff/*Kleindiek* Rn. 2; BGH NZG 03, 394, 395.

20 BGH NJW-RR 86, 1293; OLG München GmbHR 00, 732, 733; Scholz/*Schneider* Rn. 21; Baumbach/Hueck/*Zöllner/Noack* Rn. 2; Lutter/Hommelhoff/*Kleindiek* Rn. 2; vgl. auch BGH NZG 06, 62, 64; BGHZ 47, 340, 343.

§ 43 gilt auch für Geschäftsführer, deren Bestellung fehlerhaft war, die jedoch förmlich als Geschäftsführer tätig geworden sind. Er gilt auch über den Zeitpunkt der Beendigung faktischer Geschäftsführungstätigkeiten im Einzelfall hinaus, wenn u. soweit dem ehemaligen Geschäftsführer nachwirkende Pflichten aus seiner Organstellung obliegen, wie etwa Treuepflichten (→ § 35 Rn. 81) oder Auskunftspflichten in der Insolvenz (§ 101 II 2 InsO).[21] 10

2. Konkurrenz mit anderen Haftungstatbeständen

§ 43 beruht auf der Organstellung des Geschäftsführers[22] u. ist damit unabhängig vom Bestand oder der Wirksamkeit eines Anstellungsverhältnisses mit dem Geschäftsführer. Als Spezialregelung erfasst § 43 auch etwaige Pflichtverletzungen aus dem schuldrechtlichen Anstellungsverhältnis. Diese stehen nach hM nicht neben der Haftung aus § 43.[23] Damit werden auch Ansprüche der Gesellschaft aus angemaßter Eigengeschäftsführung (§ 687 II BGB) von § 43 erfasst.[24] Neben § 43 bestehen die besonderen Haftungstatbestände der §§ 9 a, b, 57 IV und § 64 sowie für den Geschäftsführer bzw. Insolvenzverwalter in den verschiedenen Verfahrenstypen der InsO die Haftung gem. §§ 60, 61 InsO.[25] Ferner besteht daneben die deliktische Haftung gem. § 823 II BGB iVm Schutzgesetz,[26] gem. § 826 BGB[27] sowie für den Gesellschafter-Geschäftsführer auch aus dem Gesichtspunkt des existenzvernichtenden Eingriffs.[28] 11

3. D&O-Versicherung

Das Risiko der Geschäftsführerhaftung ist grds. über eine **Directors and Officers Liability Insurance (D&O-Versicherung)** versicherbar. Damit wird ein nennenswerter Teil des Risikos für den Geschäftsführer abgefedert; daneben u. gerade wegen der fehlenden „Vollkasko" bedarf es – insbes. im Bereich der unternehmerischen Ermessensentscheidungen (→ Rn. 29 ff.) – solider Entscheidungsvorbereitung u. nachvollziehbarer Dokumentation der Entscheidungsfindung, um das Haftungsrisiko zu begrenzen. Letzteres ermöglicht dem Geschäftsführer im Haftungsfall, den Beweis für ein Handeln mit der von Abs. 1 geforderten Sorgfalt führen zu können. 12

Soweit die Gesellschaft mit dem D&O-Versicherungsvertrag belastet wird, sei es als Vertragspartner oder lediglich Prämienzahler, ist intern als Annex-Kompetenz zu § 46 Nr. 5 u. 8 ein **Gesellschafterbeschluss erforder-** 13

21 Scholz/*Schneider* Rn. 219 f.; Baumbach/Hueck/*Zöllner/Noack* Rn. 2; sehr weitgehend OLG Koblenz v. 30.11.06, 6 U 330/06, BeckRS 07, 01040.
22 BGH NJW-RR 92, 800, 801; Lutter/Hommelhoff/*Kleindiek* Rn. 3.
23 BGH NJW-RR 89, 1255 f.; GmbHR 97, 163, 165; DStR 08, 158; OLG Brandenburg NZG 99, 210, 211; Lutter/Hommelhoff/*Kleindiek* Rn. 3; Baumbach/Hueck/*Zöllner/Noack* Rn. 4; unklar Scholz/*Schneider* Rn. 18, 278.
24 BGH ZIP 89, 1390, 1393; Lutter/Hommelhoff/*Kleindiek* Rn. 3.
25 Vgl. zuletzt zur Eigenverwaltung BGH GmbHR 18, 632.
26 BGH ZIP 05, 852, 853.
27 BGHZ 89, 1390, 1394, 1397; GmbHR 92, 303; Lutter/Hommelhoff/*Kleindiek* Rn. 3.
28 BGH ZIP 07, 1552, 1558; Baumbach/Hueck/*Zöllner/Noack* Rn. 3; Lutter/Hommelhoff/*Kleindiek* Rn. 3.

lich.[29] Der Geschäftsführer hat, ohne ausdrückliche vertragliche Grundlage, keinen Anspruch auf Abschluss einer oder Einbeziehung in eine von der Gesellschaft bereits abgeschlossene D&O-Versicherung.[30] Um so mehr ist eine explizite Regelung im Anstellungsvertrag zu empfehlen.

14 **Steuerrechtlich** wurde nach Jahren der Diskussion, ob es sich bei den von der Gesellschaft gezahlten Prämien um lohn- bzw. einkommensteuerpflichtige Vergütung handelt,[31] durch die Positionierung der Finanzverwaltung Klarheit geschaffen: Grds besteht **keine Lohn- bzw. Einkommensteuerpflicht, wenn** (i) das Management als Ganzes versichert ist, (ii) Grundlage der Prämienkalkulation nicht individuelle Merkmale der Organmitglieder, sondern Betriebsdaten des Unternehmens sind, (iii) die Versicherung in erster Linie der Absicherung des Unternehmens gegen Schadensersatzforderungen Dritter dient u. (iv) der Versicherungsanspruch aus der Versicherungsleistung dem Unternehmen als Versicherungsnehmer zusteht.[32]

4. Sorgfaltsmaßstab nach Abs. 1

15 Abs. 1 definiert den **Sorgfaltsmaßstab**, den der Geschäftsführer bei der Erfüllung seiner Pflichten zu beachten hat. Die Regelung verschärft den allg. Standard des § 276 II BGB.[33] Inhaltlich entspricht die Norm dem Maßstab des § 93 AktG (Sorgfalt eines ordentlichen u. gewissenhaften Geschäftsleiters).[34] Die **„Sorgfalt eines ordentlichen Geschäftsmannes"** gem. Abs. 1 wird verstanden als Sorgfalt einer Person in einer verantwortlichen leitenden Stellung des Verwalters eines fremden Vermögens[35] bzw. eines selbstständigen treuhänderischen Verwalters fremder Vermögensinteressen in verantwortlich leitender Position.[36] Für die Bestimmung der im Einzelfall erforderlichen Sorgfalt entscheidend sind die Art, Größe u. Situation des Unternehmens sowie die Bedeutung u. etwaige Folgen der Geschäftsführungsmaßnahme.[37]

29 Lutter/Hommelhoff/*Kleindiek* Rn. 4; Baumbach/Hueck/*Zöllner/Noack* Rn. 112.
30 OLG Koblenz NZG 08, 280; Michalski/*Haas/Ziemons* Rn. 260 b.
31 Vgl. zum Überblick Schmidt/*Drenseck*, EStG, § 19 Rn. 50 „Directors & Officers (D&O)-Versicherung"; Michalski/*Haas/Ziemons* Rn. 260 b.
32 Vgl. iErg Erlass des Finanzministeriums Niedersachsen vom 25.1.02, das mit den Landesfinanzbehörden u. dem Bundesministerium der Finanzen abgestimmt wurde, DStR 02, 678; Schmidt/*Drenseck*, EStG, § 19 Rn. 50 „Directors & Officers (D&O)-Versicherung"; *Küppers/Dettmeier/Koch*, DStR 02, 199.
33 Roth/*Altmeppen* Rn. 3; Scholz/*Schneider* Rn. 232; Baumbach/Hueck/*Zöllner/Noack* Rn. 7; *Wicke* Rn. 4.
34 OLG Celle NZG 00, 1178, 1179; Baumbach/Hueck/*Zöllner/Noack* Rn. 7; Scholz/*Schneider* Rn. 232; Lutter/Hommelhoff/*Kleindiek* Rn. 16.
35 OLG Bremen GmbHR 64, 9; Baumbach/Hueck/*Zöllner/Noack* Rn. 9.
36 OLG Koblenz v. 24.9.07, 12 U 1437/04 (Tz 95), juris, NZG 08, 280 (nur Leitsätze); OLG Oldenburg NZG 07, 434, 435; OLG Celle NJOZ 06, 1563, 1564; OLG Brandenburg NZG 01, 765; Lutter/Hommelhoff/*Kleindiek* Rn. 6; Scholz/*Schneider* Rn. 33.
37 OLG Zweibrücken NZG 99, 506, 507; LG Köln NJW-RR 00, 156 f.; OLG Bremen GmbHR 64, 8, 9; Baumbach/Hueck/*Zöllner/Noack* Rn. 9.

Keine Reduzierung des Sorgfaltsmaßstabs erfolgt, wenn die GmbH einen Idealzweck verfolgt,[38] im Fall der Ehren- oder Nebenamtlichkeit,[39] oder aufgrund persönlicher Eigenschaften des Geschäftsführers (zB mangelnde Branchenkenntnis bzw. geschäftliche Erfahrung). Auch die Grundsätze der beschränkten Arbeitnehmerhaftung (→ Rn. 42 ff.) greifen nicht zugunsten des Geschäftsführers ein. 16

Ob die Norm neben dem Sorgfaltsmaßstab auch zugleich Pflichten des Geschäftsführers definiert,[40] ist für die Praxis unmaßgeblich. Die einzelnen Pflichten des Geschäftsführers ergeben sich aus seiner Position, seiner Treuepflicht ggü. der Gesellschaft sowie etwaig einschlägigen Sondernormen. Abs. 1 ist jedoch insoweit maßgeblich, als er die **Grenzen des** vom Geschäftsführer zu beachtenden **Pflichtenrahmens** bestimmt. Insoweit **bildet Abs. 1 den Verschuldensmaßstab** für einen Schadensersatzanspruch nach Abs. 2.[41] 17

a) **Pflicht zur ordnungsgemäßen Unternehmensführung.** Mit diesem Maßstab („Sorgfalt eines ordentlichen Geschäftsmannes") ist bereits festgelegt, dass der Geschäftsführer mit Übernahme seines Amtes die Pflicht hat, das Unternehmen „ordnungsgemäß" zu führen (vgl. dazu iErg → § 35 Rn. 77). Der Geschäftsführer muss damit bei der Verwirklichung des Gesellschaftszwecks die Grenzen des ihm eingeräumten Handlungsrahmens beachten. 18

aa) **Pflicht zur rechtmäßigen Unternehmensführung.** Der Geschäftsführer ist zuförderst zur Einhaltung des durch Gesetz, Satzung, für ihn verbindliche Beschlüsse anderer Gesellschaftsorgane, einer etwaigen Geschäftsordnung u. einen etwaigen Anstellungsvertrag gezogenen rechtlichen Handlungsrahmen („**Legalitätspflicht**") verpflichtet.[42] Diese Verpflichtung besteht grundsätzlich nur ggü. der Gesellschaft, nicht im Verhältnis außenstehender Dritter.[43] Das bedeutet: Der Geschäftsführer hat bei der Führung des Unternehmens sowohl seine persönlichen Pflichten wie auch die Pflichten der Gesellschaft zu erfüllen, die sich aufgrund dieses rechtlichen Handlungsrahmens ergeben. Zu den persönlichen Pflichten zählen etwa die Insolvenzantragspflicht (§ 15 a I InsO) oder Anzeigepflicht gem. § 49 III.[44] Zu den Pflichten der Gesellschaft im Außenverhältnis gehören insbes. solche des Steuerrechts, des sozialversicherungsrechtlichen Abgabenrechts sowie des öffentlichen Wirtschaftsrechts (zB Kartellverbote, Verbot unlauterer Verhaltensweisen). Daher hat der Geschäftsführer Hinweisen zu Gesetzesverletzungen oder Unregelmäßigkeiten von Mitarbeitern unverzüglich 19

---

38 Baumbach/Hueck/*Zöllner/Noack* Rn. 9; MünchHdbGesR/*Marsch-Barner/Diekmann*, § 46 Rn. 12.

39 OLG Frankfurt GmbHR 09, 317 ff.; für den Vorstand der Genossenschaft BGH DStR 04, 513, 515; Baumbach/Hueck/*Zöllner/Noack* Rn. 9.

40 So Baumbach/Hueck/*Zöllner/Noack* Rn. 7; Rowedder/Schmidt-Leithoff/*Koppensteiner* Rn. 8; **aA** Lutter/Hommelhoff/*Kleindiek* Rn. 7.

41 Ähnl Lutter/Hommelhoff/*Kleindiek* Rn. 7; Baumbach/Hueck/*Zöllner/Noack* Rn. 8.

42 BGH DStR 96, 2029; Baumbach/Hueck/*Zöllner/Noack* Rn. 17; Scholz/*Schneider* Rn. 151 ff.; Lutter/Hommelhoff/*Kleindiek* Rn. 8; OLG Düsseldorf GmbHR 00, 666, 669; OLG Naumburg NZG 99, 353.

43 BGH GmbHR 19, 887; BGH BGHZ 194, 26.

44 BGH DStR 08, 1293, 1294 f.; KG NZG 99, 400; Baumbach/Hueck/*Zöllner/Noack* Rn. 17; Lutter/Hommelhoff/*Kleindiek* Rn. 8; Scholz/*Schneider* Rn. 46, 74 ff.

nachzugehen, und bei Vorliegen von Anhaltspunkten für Zuwiderhandlungen muss er Vorkehrungen zur Verhinderung weiterer Verstöße treffen.[45]

20 Der Geschäftsführer ist ferner zur Einhaltung der internen Kompetenzordnung der Gesellschaft verpflichtet,[46] er hat damit die Einhaltung der Satzungsvorgaben insbes. zu Zustimmungsvorbehalten der Gesellschafterversammlung[47] oder eines etwaig bestehenden Aufsichtsrates[48] zu beachten. Verstöße gegen diese Kompetenzordnung sind stets pflichtwidrig.

21 **bb) Unterlassung „nützlicher" Pflichtverletzungen?** Vom Grundsatz her entfalten die Pflichten der Gesellschaft im Außenverhältnis zugleich Pflichtenwirkung für den Geschäftsführer im Innenverhältnis, also ggü. der Gesellschaft. Ob dies auch für sog. **nützliche Pflichtverletzungen** gilt, ob also Teil des vom Geschäftsführer zu beachtenden rechtlichen Handlungsrahmens auch Normbefehle sind, deren Missachtung für die Gesellschaft (wirtschaftlich) nützlich wäre, ist iErg umstritten. Im Fall von **gesetzlichen Verhaltenspflichten**, aufgrund öffentlichen oder privaten Rechts, besteht bereits kein Ermessensspielraum für den Geschäftsführer. Es gilt die Legalitätspflicht,[49] dh verbindliche Normbefehle sind einzuhalten. Dies gilt auch für ausländische Rechtsnormen, soweit sie nach den kollisionsrechtlichen Regelungen des IPR anwendbar sind,[50] wie auch für Bestechungsdelikte im Ausland, für die nach § 334 StGB iVm Art. 2 § 1 Ziff. 2 IntBestG bzw. Art. 2 § 1 Ziff. 2 EUBestG eine Strafbewehrung in Deutschland vorgesehen ist.[51] Tritt aufgrund von Verstößen gegen solche gesetzlichen Verhaltenspflichten ein Schaden ein, ist der Geschäftsführer gem. § 43 haftbar. Ob das Verhalten „nützlich" für die Gesellschaft war, weil etwa die Sanktion für die Gesellschaft deutlich geringer ist als die ersparten Kosten oder der erzielte/erzielbare Gewinn, bleibt unerheblich.

22 Im Fall der Verletzung **vertraglicher Verhaltenspflichten**, die im Interesse der Gesellschaft bestehen, ist umstritten, ob der Geschäftsführer sorgfaltswidrig handelt oder nicht. Nach der wohl hM wird in diesen Fällen dem Geschäftsführer ein unternehmerisches Ermessen eingeräumt, mit der Folge, sorgfaltsgemäß handeln zu können.[52] Teilw. wird – jedoch in unterschiedlicher Ausdifferenzierung – auch in diesen Fällen ein unternehmerisches Interesse ausgeschlossen, mit der Folge, dass der Geschäftsführer auch bei vertraglich begründeten Verhaltenspflichten in seiner Entscheidung gebunden ist.[53] IErg trifft die von der hM vertretene Auffassung die Sachlage angemessener. Der Verstoß gegen vertraglich begründete Pflichten

---

45 OLG Hamm v. 24.11.16, 27 U 105/15 (Tz 74), juris; Michalski/*Ziemons* Rn. 59.
46 Lutter/Hommelhoff/*Kleindiek* Rn. 10; *Fleischer*, ZIP 05, 141, 143 f.
47 KG GmbHR 05, 477, 478.
48 OLG Oldenburg GmbHR 06, 1263, 1266.
49 Lutter/Hommelhoff/*Kleindiek* Rn. 9; Baumbach/Hueck/*Zöllner/Noack* Rn. 23; Scholz/*Schneider* Rn. 79.
50 Baumbach/Hueck/*Zöllner/Noack* Rn. 23; *Spindler*, FS Canaris, 07, S. 403, 426 f.
51 Baumbach/Hueck/*Zöllner/Noack* Rn. 23 a; *Fleischer*, NJW 09, 2337 f.; vgl. auch BGH NJW 09, 89, 92 ff.
52 Lutter/Hommelhoff/*Kleindiek* Rn. 9; Scholz/*Schneider* Rn. 79, 52; *Windbichler*, ZGR 89, 434, 437; *Lutter*, ZIP 07, 841, 843; *Fleischer*, ZIP 05, 141, 149 f.
53 Vgl. iErg Baumbach/Hueck/*Zöllner/Noack* Rn. 23 a; *Wiedemann*, ZGR 11, 183, 199; *Spindler*, FS Canaris, 07, S. 403, 423 f.; *Koch*, ZGR 06, 769, 786; *Schäfer*, ZIP 05, 1253, 1256; *Schneider*, DB 05, 707, 711.

begründet per se noch keinen haftungsrelevanten Pflichtenverstoß iSd Abs. 1.

Soweit zeitlich möglich, ist dem Geschäftsführer vorsorglich zu empfehlen, die vorherige **Zustimmung der Gesellschafterversammlung** bzw. eine entspr. Weisung einzuholen (zu deren Rechtsfolgen → Rn. 59). 23

cc) Pflicht zu ordnungsgemäßer Unternehmensorganisation. Bei der Wahrnehmung der Geschäftsführung steht es dem Geschäftsführer frei, **Aufgaben** im Unternehmen **zu delegieren.** Er ist jedoch verpflichtet, Zuständigkeiten u. Abläufe intern so zu organisieren, dass der Gesellschaftszweck möglichst effektiv u. unter Einhaltung des rechtlichen Handlungsrahmens verwirklicht wird.[54] Die Unternehmensorganisation muss insbes. gewährleisten, dass der Geschäftsführer jederzeit die erforderliche Übersicht über die wirtschaftliche u. finanzielle Lage des Unternehmens hat.[55] Weitere konkrete Vorgaben für die Unternehmensorganisation ergeben sich im Einzelfall va aus der Art u. Größe des Unternehmens.[56] Relevant für eine Haftung nach Abs. 2 ist entspr. die Missachtung dieser Vorgaben, insbes. die Verletzung von Auswahl-, Organisations- oder Überwachungspflichten des Geschäftsführers.[57] 24

Ähnl gilt im Bereich der Aufteilung von Geschäftsführungsaufgaben innerhalb der mehrköpfigen Geschäftsführung (**Ressortbildung**). Ausgehend von der Gesamtzuständigkeit u. Gesamtverantwortung aller Geschäftsführer können – idR iR einer Geschäftsverteilung (→ § 37 Rn. 29) – einzelne Aufgaben (-bereiche) einzelnen Geschäftsführern zugewiesen werden; zu beachten ist jedoch zweierlei: Im Fall der paritätisch mitbestimmten GmbH werden Aufgaben bereits durch das Gesetz zwingend einem bestimmten Geschäftsführer (dem Arbeitsdirektor, § 33 MitbestG) zugewiesen.[58] Zum anderen besteht ein Kernbereich von Geschäftsführungsaufgaben, der nicht delegierbar ist, dessen Pflichten also von jedem Geschäftsführer zu erfüllen sind, wie etwa die in § 78 genannten Anmeldungen zum Handelsregister,[59] die Insolvenzantragspflicht (§ 15 a InsO),[60] die Pflichten gem. §§ 30, 33; 49 u. 64 S. 1[61] oder Entscheidungen von grdl. Bedeutung für die Gesellschaft, insbes. wenn die Gesellschaft in die Krise oder sonstige Ausnahmesituationen gerät u. damit als Ganzes betroffen ist.[62] Auch die Satzung 25

54 Michalski/*Haas/Ziemons* Rn. 75 a.
55 BGH GmbHR 95, 299, 300; OLG Oldenburg NZG 01, 37, 39 f.; KG NZG 99, 400; zur Unterbindung von Scheinrechnungen im Konzern OLG Jena NZG 10, 226; Lutter/Hommelhoff/*Kleindiek* Rn. 23; Baumbach/Hueck/*Zöllner/Noack* Rn. 17.
56 Vgl. *Lücke* BB 19, 1998, 1992.
57 Vgl. auch Baumbach/Hueck/*Zöllner/Noack* Rn. 26.
58 Vgl. zum unentziehbaren Kernbereich der dem Arbeitsdirektor zugewiesenen Zuständigkeit in Personal- u. Sozialangelegenheiten: Wlotzke/Wissmann/*Koberski*/Kleinsorge, MitbestG, § 33 Rn. 31 f.; Müller-Glöge/Preis/Schmidt/*Oetker*, MitbestG § 33 Rn. 12.
59 Scholz/*Schneider* Rn. 42; *Leuering/Dornhegge*, NZG 10, 13, 15.
60 BGH GmbHR 94, 461; Scholz/*Schneider* Rn. 42.
61 BGH DStR 94, 1092, 1093 mAnm *Goette* zu § 64 GmbHG.
62 BGH GmbHR 08, 815, 817; DB 90, 1859, 1862; OLG Düsseldorf NJW-RR 96, 289, 290; Lutter/Hommelhoff/*Kleindiek* § 37 Rn. 31; Michalski/*Haas/Ziemons* Rn. 156.

kann solche verbindlichen Vorgaben für die Gesamtzuständigkeit der Geschäftsführung machen. Innerhalb dieses Handlungsrahmens können den Geschäftsführer weitere Organisationspflichten treffen, zudem obliegt dem nicht ressortragenden Geschäftsführer die Überwachung u. Information über die Tätigkeit der Geschäftsführungs-Kollegen sowie, sobald er Zweifel an der Ordnungsmäßigkeit der Ressortführung hat, die Pflicht zu intervenieren.[63] Der Geschäftsführer hat ein entspr. Recht auf Information ggü. dem Organ „die Geschäftsführung" wie auch ggü. seinem Geschäftsführungs-Kollegen.[64] Jedem Geschäftsführer obliegt ferner die umfassende Pflicht, alles Zumutbare zu unternehmen, damit sich die Gesellschaft rechtmäßig verhält.[65]

26 Daher ist der Geschäftsführer verpflichtet, bei schweren Nachteilen für die Gesellschaft oder erheblichen Zweifeln, die **Angelegenheit in das Organ „Geschäftsführung" zurückzuholen** u. eine Organentscheidung herbeizuführen. Wird der Geschäftsführer dabei überstimmt, sollte er auf entspr. Protokollierung der Beschlussfassung bestehen. Er ist ferner verpflichtet, die Gesellschafterversammlung zu informieren u. eine Entscheidung dieser herbeizuführen, um ein rechtmäßiges Verhalten der Gesellschaft zu gewährleisten.[66] Ggf. muss der Geschäftsführer die Niederlegung seines Amtes androhen u. dies auch umsetzen, insbes. auch um eine Außenhaftung zu vermeiden.[67]

27 Die Pflicht des Geschäftsführers zur tatsächlichen Geschäftsführung setzt ebenfalls voraus, dass der Geschäftsführer Strukturen im Unternehmen einrichtet, die gewährleisten, dass die unternehmensspezifischen Risiken in geeigneter Weise beobachtet werden u. durch frühzeitige Reaktion auf sich realisierende Gefahren Schaden vom Unternehmen abgewendet wird.[68] Der Rechtsgrund für die Etablierung eines solchen **Risikomanagementsystems** liegt damit in der Verpflichtung zur ordnungsgemäßen Geschäftsführung u. der faktischen, spezifischen Situation des jeweiligen Unternehmens. Grundlage kann daher nicht § 91 II AktG (analog) sein.[69] Maßgeblich für eine etwaige Haftung nach § 43 ist, dass die für das jeweilige Unternehmen, ausgerichtet ua nach seiner Größe, der Branche, dem Grad der Internationalisierung, den spezifischen Produkten u. Leistungen, Risikosituation ermittelt u. bewertet wird u. sodann Strukturen zur Überwachung u. Steuerung dieser Risiken eingerichtet werden. Die Ausfüllung dieses Pflichtenrahmens

---

63 BGH GmbHR 04, 304; 95, 653; DStR 94, 1092, 1093; Lutter/Hommelhoff/*Kleindiek* Rn. 32.

64 OLG Koblenz GmbHR 08, 37; BGH DB 77, 1248; *Peters*, GmbHR 08, 682, 685; Lutter/Hommelhoff/*Kleindiek* Rn. 21.

65 BGH DStR 01, 633, 634; 94, 1092, 1093.

66 BGH DB 90, 1859, 1863; OLG Hamm ZIP 95, 1263, 1267 f.; Michalski/*Haas/Ziemons* Rn. 164.

67 So strikt stRspr des BFH, vgl. GmbHR 00, 395, 398; Michalski/*Haas/Ziemons Rn. 164;* Lutter/Hommelhoff/*Kleindiek* § 37 Rn. 30.

68 Lutter/Hommelhoff/*Kleindiek* Rn. 23; Michalski/*Haas/Ziemons* Rn. 75 c.

69 Lutter/Hommelhoff/*Kleindiek* Rn. 23; Baumbach/Hueck/*Zöllner/Noack* Rn. 17 u. § 35 Rn. 33; zur sog. „Ausstrahlungswirkung" des § 91 II AktG auf vergleichbare GmbH *Altmeppen*, ZGR 99, 291, 300 u. *Hommelhoff*, FS Sandrock, 00, S. 373, 378.

durch den Geschäftsführer orientiert sich jedoch immer am konkreten Einzelfall.

Dies gilt insbes. für das Risiko von „Legalitätsverstößen", also Verstößen gegen den rechtlichen Handlungsrahmen durch Mitarbeiter der Gesellschaft.[70] Ob für die Geschäftsführer einer GmbH die Pflicht besteht, eine **Compliance-Organisation** einzurichten oder nicht, wie auch die Frage der inhaltlichen Ausgestaltung, ist – auch nach dem „Neubürger"-Urteil[71] – in der Diskussion (→ § 35 Rn. 77).[72] Unzweifelhaft unterliegt der Geschäftsführer der Legalitätspflicht; unzweifelhaft haftet er auch für Verstöße der Gesellschaft u. seiner Person gegen den rechtlichen Handlungsrahmen (→ Rn. 19). Es kommt jedoch auch hier – rechtformunabhängig – auf die spezifische (Risiko-) Situation des Unternehmens an, **ob** überhaupt darüber hinaus die **Pflicht zur Einführung eines Compliance-Systems** besteht oder nicht,[73] ob letztlich eine weitere Notwendigkeit zur „Verdichtung" des Organisations- u. Pflichtenrahmens innerhalb des Unternehmens u. der Unternehmenshierarchie besteht. Dies hat auch das LG München I im „Neubürger"-Urteil ausdrücklich festgestellt,[74] wiewohl vom jeweiligen Leitungsorgan genau zu prüfen ist, ob oder nicht – va angesichts der diversen Kriterien, die das Risikoprofil eines Unternehmens prägen (→ Rn. 27) – eine „entsprechende Gefährdungslage" besteht.[75] Nichtsdestotrotz kommt dem Geschäftsführer für diese Selbsteinschätzung ein Ermessens- u. Beurteilungsspielraum zu.[76] In der Praxis wird vielfach eine Gefährdungslage bestehen. Das „Neubürger"-Urteil zeigt für diese Situation erstmals verbindliche Grundpflichten auf, die die Rspr. an das Verhalten des Leitungsorgans stellt; darin liegt die Bedeutung dieser Entscheidung: Es liegt in der Gesamtverantwortung des (etwaig mehrköpfigen) Leitungsorgans, ein organisiertes/institutionelles Vorgehen im Unternehmen zu etablieren, das Rechtsverletzungen verhindert, die die identifizierte Gefährdungslage kennzeichnen (zB Korruption, Schwarzarbeit, Produktfehler usw). Weiterhin ist es die Pflicht, die Effizienz des Compliance-Systems regelmäßig zu überprüfen, also sich in Kenntnis zu setzen, ob (dennoch) Verstöße auftreten, dass sie abgestellt u. geahndet werden u. wie das Compliance-System angepasst werden muss, damit solche Verstöße zukünftig vermieden werden. Schließlich muss gewährleistet sein, dass diejenigen Personen, die mit der Umsetzung der Compliance-Vorgaben beauftragt sind, die erforderlichen Befugnisse haben, die Verstöße zu sanktionieren. In persönlicher Hinsicht gilt zu beachten, dass jedes Mitglied einer mehrgliedrigen Geschäftsfüh- 28

70 Weitergehend etwa *Kort*, NZG 08, 81, 82.
71 LG München I NZG 14, 345; in der Lit. zum Überblick: *Simon/Merkelbach*, AG 14, 318; *Seibt/Cziupka*, DB 14, 1598; *Fleischer*, NZG 14, 321; *Meyer*, DB 14, 766; *Merkt*, DB 14, 2331; *Grützner*, BB 14, 850.
72 Vgl. ua Baumbach/Hueck/*Zöllner/Noack* Rn. 17; Lutter/Hommelhoff/*Kleindiek* Rn. 23; Michalski/*Haas/Ziemons* Rn. 75 d.
73 Baumbach/Hueck/*Zöllner/Noack* Rn. 17; *Bachmann*, VGR Bd. 13 (08), 65, 80 f. u. 85 f.; **aA** Michalski/*Haas/Ziemons* Rn. 75 d.
74 Vgl. Leitsatz 1: „… bei entsprechender Gefährdungslage …"; so auch *Meyer*, DB 14, 1063, 1065.
75 Ähnl *Seibt/Cziupka*, DB 14, 1598, 1599; *Meyer*, DB 14, 1063, 1065.
76 Baumbach/Hueck/*Zöllner/Noack* Rn. 17; *Kort*, NZG 08, 81, 84; *Bachmann*, VGR Bd. 13 (08), 65, 80 f. u. 85 f.; **aA** Scholz/*Schneider* Rn. 361.

rung der Pflicht unterliegt, dafür Sorge zu tragen, dass ein solch individueller Compliance-Ansatz umgesetzt u. seine Effizienz regelmäßig überwacht wird.[77] Die Mitglieder des Leitungsorgans haben sich letztlich zu vergegenwärtigen, dass dieser Pflichtenkreis von der weiteren Pflicht zur Dokumentation begleitet wird; denn nur, wenn die Erfüllung dieser Organpflichten – auch Jahre später – vom Geschäftsführer nachgewiesen werden kann, wird das Haftungsrisiko für ihn persönlich, aber auch für das Unternehmen tatsächlich minimiert.

29 **b) Unternehmerische Entscheidungen und unternehmerisches Ermessen des Geschäftsführers. aa) Unternehmerische Entscheidungen.** Nicht jede Entscheidung eines Geschäftsführers ist eine **unternehmerische Entscheidung,** bei der es nach hinreichender Sachverhaltsaufklärung durch Abwägen von „pro" u. „contra" die in der aktuellen Situation für das Unternehmen vielversprechendste Handlungsoption zu ermitteln gilt. Für eine Vielzahl von „zu treffenden" Entscheidungen bestehen keine Handlungsvarianten, sondern nur eine Handlungsrichtung, weil es sich um sog. **gebundene Entscheidungen** handelt. Es geht dabei schlicht um die Einhaltung gesetzlicher Gebote/Verbote, rechtlich zulässige Handlungsoptionen bestehen nicht.[78] Um es zu verdeutlichen: Ob die Gesellschaft ihre fälligen Steuern zahlt oder nicht oder ob die Gesellschaft aufgrund eines entspr. Bescheids der zuständigen Behörde die Produktion vorübergehend zur Gefahrenabwehr einstellt oder nicht, sind keine unternehmerischen Entscheidungen, bei denen sich der Geschäftsführer auf ein unternehmerisches Ermessen berufen könnte. Die Normbefehle sind schlicht zu befolgen. Anders verhält es sich dag zB bei der Standortverlagerung einer Produktionsstätte oder einem Personalbabbau. Hier fehlt es an zwingenden rechtlichen Vorgaben, es bestehen tatsächlich echte unternehmerische Handlungsfreiräume.

30 **bb) Unternehmerisches Ermessen.** Ermessensspielraum für **unternehmerische Entscheidungen** des Geschäftsführers verbleibt also in den Fällen, in denen nicht durch Gesetz, Satzung, verbindliche Beschlüsse von Gesellschaftsorganen, Geschäftsordnung oder den Anstellungsvertrag verbindlich festgelegt ist, wie sich der Geschäftsführer/die Gesellschaft zu verhalten hat. Bestehen also nach dem rechtlichen Handlungsrahmen mehrere mögliche (u rechtlich zulässige) Handlungsoptionen, steht dem Geschäftsführer ein Handlungsspielraum zu, der nur einer eingeschränkten gerichtlichen Kontrolle unterliegt. Die gerichtliche Kontrolle ist auf die Fragen beschränkt, ob dem Geschäftsführer in der konkreten Situation dieser Ermessensspielraum zukam u. ob die Ermessensausübung die von der Rspr. dafür etablierten Anforderungen erfüllt. Denn unternehmerisches Handeln ist – wie der BGH zu Recht hervorhebt – immer mit dem bewussten Eingehen

---

77 So maßgeblich LG München I NZG 14, 345, 347 f.; *Meyer*, DB 14, 1063; *Seibt/Cziupka*, DB 14, 1598, 1599; MüKoGmbHG/*Fleischer* Rn. 147, 149; *Grützner*, BB 14, 850.

78 *Verse*, ZHR 175 (2011), 401, 405; Scholz/*Schneider* Rn. 79; Michalski/*Haas/Ziemons* Rn. 205 a.

von Risiken verknüpft u. damit riskante Entscheidungen auch immer zwingender Bestandteil unternehmerischen Handelns.[79]

Entspr. der von der Rspr. in der **„ARAG/Garmenbeck"-Entscheidung**[80] definierten u. der nachfolgenden Rspr.[81] gefestigten Grundsätze handelt es sich nicht mehr um ein solches erlaubtes Risiko, mit der Folge, dass die Haftung nach § 43 eingreift, wenn die Grenzen, in denen ein (i) von Verantwortungsbewusstsein getragenes, ausschließlich am Unternehmenswohl orientiertes, (ii) auf sorgfältiger Ermittlung der Entscheidungsgrundlagen beruhendes unternehmerisches Handeln (iii) deutlich überschritten sind bzw. die Bereitschaft, unternehmerische Risiken einzugehen, in unverantwortlicher Weise überspannt worden sind. Eine solche Überschreitung besteht etwa, wenn aus der Sicht eines ordentlichen u. gewissenhaften Geschäftsleiters (i) das hohe Risiko eines Schadens unabweisbar ist u. (ii) keine vernünftigen geschäftlichen Gründe dafür sprechen, es dennoch einzugehen.[82] 31

Dieser vom BGH entwickelte Maßstab entspricht in etwa der **business judgement rule** des US-amerikanischen Rechts u. ist für das Aktienrecht zwischenzeitlich in § 93 I 2 AktG normiert.[83] Im GmbHG ist eine entspr. Regelung nicht enthalten, dennoch gilt § 93 I 2 AktG nicht analog. Vielmehr gelten für den Geschäftsführer u. seine etwaige Haftung im Bereich unternehmerischer Entscheidungen die Kernaussagen der „ARAG/Garmenbeck"-Entscheidung. 32

Ausgehend von diesen Prämissen sind zentraler Maßstab die Kernaussagen der business judgement rule, die für das GmbH-Recht entspr. angewandt werden.[84] Entscheidend ist also, dass das Handeln des Geschäftsführers ausschließlich am Gesellschaftsinteresse orientiert u. die Geschäftsführungsentscheidung angemessen vorbereitet ist. 33

(1) **Gesellschaftsinteresse.** Die Bindung an das Gesellschaftsinteresse ist – nach der grds. Einräumung von Handlungsermessen überhaupt (→ Rn. 30) – Voraussetzung für eine Haftungsprivilegierung u. insbes. der nur eingeschränkten gerichtlichen Kontrolle des Geschäftsführerhandelns. Erforderlich ist, dass das Handeln des Geschäftsführers frei von sachfremden Einflüssen u. Sonderinteressen ist,[85] also etwa der Geschäftsführer nicht (auch) unmittelbar zu seinem eigenen Vorteil oder demjenigen ihm nahestehender Personen handelt.[86] Für die Frage des Entscheidungsermessens ist die **Kompetenzverteilung** zwischen dem Geschäftsführer u. den weiteren 34

79 Jüngst OLG Koblenz GmbHR 15, 357; BGHZ 135, 244, 253 f. „ARAG/Garmenbeck"; Lutter/Hommelhoff/*Kleindiek* Rn. 16; Baumbach/Hueck/*Zöllner/Noack* Rn. 22.
80 BGHZ 153, 244, 253 „ARAG/Garmenbeck".
81 Insbes. BGH ZIP 02, 213 zur Haftung des Vorstandes einer Genossenschaftsbank.
82 BGHZ 153, 244, 253 „ARAG/Garmenbeck"; OLG Koblenz v. 24.9.07, 12 U 1437/04; OLG Oldenburg NZG 07, 434, 435; BGH DB 05, 1269, 1270; 02, 473.
83 UMAG v. 22.9.05, BGBl. I, S. 2802.
84 BT-Drs. 15/5092, S. 12; BGH DStR 08, 1839; *Fleischer*, NZG 11, 521, 527; Baumbach/Hueck/*Zöllner/Noack* Rn. 22; *Hauschka*, GmbHR 07, 11, 12.
85 Baumbach/Hueck/*Zöllner/Noack* Rn. 22 d; *Lutter*, FS Canaris, 07, S. 245 ff.
86 Vgl. zur Treuepflichtverletzung in diesem Fall etwa OLG Koblenz v. 31.5.12, 6 U 350/12, juris.

Organen der GmbH in der konkreten Situation zu berücksichtigen; je mehr der Geschäftsführer an Weisungen gebunden ist, desto geringer ist der Ermessensspielraum.[87] Daher entfällt die Pflichtwidrigkeit von Handeln des Geschäftsführers eben nicht, wenn er damit gegen konkrete, ihm obliegende Pflichten, wie die Beachtung von Vertretungsbeschränkungen im Innenverhältnis verstößt; ein Handeln im Interesse der Gesellschaft kann hier niemals in Betracht kommen.[88]

35 Das Handeln des Geschäftsführers ist ausschließlich am Interesse u. „Wohl“ der Gesellschaft auszurichten.[89] Der Geschäftsführer darf insbes. keinen sachfremden Einflüssen unterliegen u. nicht zum eigenen Nutzen oder Nutzen ihm nahestehender juristischer oder natürlicher Personen handeln. Besteht ein solcher Interessenkonflikt, ist dem Geschäftsführer zu empfehlen, die Zustimmung der Gesellschafterversammlung einzuholen.Die Orientierung ausschließlich am Interesse und Wohl „der Gesellschaft“ gilt auch im Fall, dass der Geschäftsführer ein Doppelmandat ausübt, also zugleich Mitglied der Geschäftsführung in einer Konzernmutter- und einer Konzerntochtergesellschaft ist. Der Pflichtenkreis umfasst nicht nur die Führung der einzelnen Konzernunternehmen und die Überwachung der Umsetzung der Konzernstrategie, sondern bei jeder Entscheidung auch die Prüfung, ob für jede Gesellschaft, in der er tätig ist, ihre Interessen und ihr Wohl berücksichtigt werden. Denn selbst das gegenüber der einen Gesellschaft gebotene Verhalten rechtfertigt nicht die in diesem Verhalten für die andere Gesellschaft liegende etwaige Pflichtverletzung.[90]

36 **(2) Angemessene Entscheidungsvorbereitung.** Die **angemessene Vorbereitung der Ermessensentscheidung** ist weitere Voraussetzung dafür, dass ein sorgfaltsgemäßes Handeln des Geschäftsführers möglich ist. Erforderlich ist – je nach Lage des Einzelfalls – eine sorgfältigere Prüfung der maßgeblichen Entscheidungsgrundlagen unter Einbeziehung aller Entscheidungsalternativen u. der jeweiligen Entscheidungsfolgen.[91] Der Geschäftsführer muss nach der strengen Rspr. des BGH **in der jeweiligen konkreten Situation alle verfügbaren Informationsquellen tatsächlicher wie rechtlicher Art ausschöpfen** u. auf dieser Grundlage die **Vor- u. Nachteile** der sich ergebenen Handlungsoptionen sorgfältig **prüfen, dabei** den erkennbaren **Risiken Rechnung tragen u.** danach eine Ermessensentscheidung treffen.[92] Der Umfang u. Inhalt der nach diesem Maßstab erforderlichen Entscheidungsvorbereitung bestimmt sich jedoch unter Berücksichtigung der Umstände des jeweiligen Einzelfalles.[93] Auch der Einsatz von Künstlicher Intelligenz, ins-

---

87 *Goette*, DStR 03, 887, 804 f.; Lutter/Hommelhoff/*Kleindiek* Rn. 16; Baumbach/Hueck/*Zöllner/Noack* Rn. 22 b.

88 OLG München GmbHR 18, 733, 734.

89 BGHZ 135, 244, 253; OLG Oldenburg NZG 07, 434, 435; Baumbach/Hueck/*Zöllner/Noack* Rn. 22 d; Lutter/Hommelhoff/*Kleindiek* Rn. 17.

90 OLG Düsseldorf v. 19.7.18, I-6 U 122/16.

91 BHG DStR 08, 1839, 1840 f.; OLG Oldenburg GmbHR 06, 1263, 1265; Baumbach/Hueck/*Zöllner/Noack* Rn. 22 c; Lutter/Hommelhoff/*Kleindiek* Rn. 18 je mwN.

92 BGH DStR 08, 1839, 1840 f.; BGHZ 152, 280, 284; OLG Oldenburg NZG 07, 434, 435; *Goette*, FS 40 Jahre BGH, 00, S. 123, 140 f.; krit. zu diesem Ansatz Lutter/Hommelhoff/*Kleindiek* Rn. 18.

93 BGH DStR 08, 1839, 1840 f.; vgl. § 93 I 2 AktG: „angemessene Information“.

bes. zur Aufbereitung großer Datenmengen, kann im Einzelfall geboten sein.[94] Zu berücksichtigen sind dabei ua die Relevanz der ggf. noch einholbaren Information für die Ermessensentscheidung, insbes. im Hinblick auf Art u. Bedeutung des Geschäfts für die Gesellschaft u. ihre möglichen Auswirkungen, die Dringlichkeit u. der notwendige Zeitvorlauf für die Entscheidung sowie der Zeit- u. Kostenaufwand für die Beschaffung der Information im Verhältnis zum erwarteten Nutzen.[95] Je höher ein möglicher Schaden u. je wahrscheinlicher der Eintritt des Schadens ist, desto umfangreicher muss die Entscheidungsvorbereitung erfolgen u. sind denkbare Schadensvermeidungsstrategien mit zu berücksichtigen.[96] Die Grenzen sind überschritten, wenn aus Sicht eines ordentlichen und gewissenhaften Geschäftsführers das hohe Risiko eines Schadens unabweisbar ist und eine vernünftigen wirtschaftlichen Gründe dafür sprechen, es dennoch einzugehen.[97]

Soweit eine **unklare Rechtslage** oder eine **unterschiedliche Rechtsanwendung** (durch die unterschiedlichen Obergerichte) existiert, besteht für den Geschäftsführer ein gewisser Ermessensspielraum. Der Geschäftsführer ist in diesem Fall berechtigt, eine für die GmbH günstige Rechtsposition zu vertreten.[98] In vielen Fällen wird es entscheidend darauf ankommen, dass der Geschäftsführer vor seiner Entscheidung angemessenen, sachkundigen Rechtsrat eingeholt hat.[99] Dies gilt erst Recht, soweit es um den rechtlichen Handlungsrahmen im Ausland geht, wo die Gesellschaft tätig ist und dem sie und der Geschäftsführer unterliegt.[100] 37

c) Beispielfälle für Pflichtverletzungen in Fallgruppen. Begründung von Verbindlichkeiten: Begründung von Verbindlichkeiten ggü. Dritten, von denen von vornherein feststeht, dass die Gesellschaft sie nicht wird erfüllen können;[101] Nichtgeltendmachung von Freistellungsansprüchen gegen den Gesellschafter vor Rückführung von Krediten an Dritte iVm kapitalersetzender Sicherheit;[102] Abschluss eines Beratervertrages unter Missachtung der gesellschaftsinternen Kompetenzverteilung;[103] Abschluss eines Mietkaufvertrages über Gegenstände, die die Gesellschaft nicht verwenden kann;[104] eigenmächtige u. zweckwidrige Verwendung von Gesellschaftsmitteln;[105] Verwendung von Gesellschaftsvermögen zu eigenen Gunsten 38

94 So auch *Lücke*, BB 19, 1986, 1991.
95 RegBegr. zu § 93 I 2 AktG, BT-Drs. 15/5092, S. 12; Baumbach/Hueck/*Zöllner*/*Noack* Rn. 22 c; *Lutter*, ZIP 07, 841, 844 f., *Hauschka*, GmbHR 07, 11, 16; Scholz/*Schneider* Rn. 38.
96 Baumbach/Hueck/*Zöllner*/*Noack* Rn. 22 c; Lutter/Hommelhoff/*Kleindiek* Rn. 18; *Hauschka*, GmbHR 07, 11,16.
97 OLG München GmbHR 18, 518.
98 So Baumbach/Hueck/*Zöllner*/*Noack* Rn. 23 c; Scholz/*Schneider* Rn. 79; *Baier*, FS K Schmidt, 09, S. 85, 92.
99 So auch BGH NJW 07, 2118; DStR 07, 1641.
100 Vgl. *Brock*, BB 2019, 1292.
101 BGHR 08, 805 (GAMMA) mAnm Ulrich.
102 BGH NJW 92, 1166, 1167.
103 BGH GmbHR 97, 163.
104 BGH DStR 05, 659.
105 BGH DStR 07, 1358.

bzw. zugunsten nahestehender Dritter;[106] Hinwirken des Geschäftsführers auf Zahlung einer vertraglich unberechtigten Vergütung;[107] Verwendung von Leistungen oder Vermögen der Gesellschaft für private Zwecke;[108] Abschluss eines neuen Dienstwagen-Leasingvertrages vor Ablauf des bestehenden;[109] Unterlassen der Verhinderung von erkennbar pflichtwidrigen Gehaltszahlungen an Mitgeschäftsführer;[110] Erteilung einer Pensionszusage an sich selbst durch Gesellschafter-Geschäftsführer idR nach Vollendung des 60. Lebensjahres;[111] **Legalitätsverstöße**: Zahlung einer Berater-Vergütung an Aufsichtsratsmitglied ohne vorherige Zustimmung zum Beratervertrag gem. § 52 I iVm § 114 I AktG analog;[112] Zahlung einer Vergütung an sich ohne vorherigen Beschluss des Aufsichtsrates;[113] Vertragsabschluss unter Verstoß gegen die innergesellschaftliche Kompetenzverteilung,[114] auch wenn der Vertragsabschluss in das Geschäftsmodell der Gesellschaft fällt;[115] Grundstückskauf ohne Herbeiführung des notwendigen Gesellschafterbeschlusses;[116] Garantieerklärung entgg. Satzungsvorgaben;[117] Wettbewerbsverstoß in (Online-) Auftritt/Werbung der GmbH;[118] Verstoß gegen Vorschriften des deutschen oder europäischen Kartellrechts;[119] Stellung eines Insolvenzantrages über Vermögen der KG durch Geschäftsführer der Komplementär-GmbH ohne vorherigen Zustimmungsbeschluss der KG-Gesellschafter.[120] **Überwachungspflichten**: Verletzung von Kontrollpflichten zur Unterbindung von Scheinrechnungen;[121] Verletzung eigener Überwachungspflichten ggü. Mitarbeitern iR von Kreditvergaben;[122] unterlassene Prüfung der Zahlungsverpflichtung der Gesellschaft bei Bezahlung von Rechnungen;[123] unterlassenes Verhindern der Auszahlung unberechtigter Spesenabrechnungen;[124] Unterlassung von Maßnahmen für rechtmäßiges Verhalten der Gesellschaft,[125] insbes. bei der Manipulation von Zertifi-

---

106 OLG Brandenburg GmbHR 19, 474; OLG Karlsruhe GmbHR 14, 599; OLG Frankfurt GmbHR 09, 317.
107 BGH DStR 08, 158; 02, 227.
108 OLG Brandenburg GmbHR 07, 874; OLG Naumburg 2.10.06, Az. 2 U 14/06; OLG Saarbrücken NZG 02, 378.
109 OLG Sachsen-Anhalt v. 30.3.15, 1 U 113/14 (Tz 18 f.).
110 OLG München GmbHR 15, 1324.
111 BFH GmbHR 14, 486; *Otto*, GmbHR 14, 617; Thüringer FG v. 16.2.12, 1 K 368/11 (Tz 25), juris.
112 BGH BB 12, 2522, 2523 f. mAnm *Uhlendorf/Rösner*.
113 LG Bonn v. 21.5.15, 14 O 49/13 (Tz 113), juris.
114 OLG München GmbHR 18, 733; OLG München v. 1.12.16, 23 U 2755/13; OLG Sachsen-Anhalt GmbHR 14, 985; KG GmbHR 05, 477; BGH GmbHR 97, 163.
115 OLG Frankfurt NZG 17, 376, 377.
116 BGH DStR 08, 1599.
117 OLG Köln NZG 09, 1223.
118 BGH CR 10, 468; KG GRUR-RR 13, 172; vgl. auch zu Patentverletzungen *Jäger* jM 2017, 90, 92 f.
119 LAG Düsseldorf GmbHR 15, 480; *Fleischer*, ZIP 05, 141; *ders.*, BB 08, 1070.
120 OLG München GmbHR 13, 590.
121 OLG Jena NZG 10, 226.
122 OLG Koblenz 24.9.07, Az. 12 U 1437/04.
123 OLG Brandenburg NZG 01, 765; iÜ OLG München GmbHR 00, 732.
124 OLG München GmbHR 13, 813.
125 KG GmbHR 99, 663.

zierungsverfahren;[126] Unterlassung von Überwachungspflichten bei Einschaltung externer Dienstleister;[127] unterlassene Einholung von Rechtsrat;[128] unterlassene Überwachung des Mitgeschäftsführers für ordnungsgemäßes Abführen der Sozialversicherungsbeiträge;[129] Verjährenlassen der fälligen Einlageforderung ggü. Gesellschafter.[130] **Öffentlich-rechtliche Pflichten:** Nichtanmeldung von Kurzarbeit;[131] Prüfung der Voraussetzungen für Antrag auf Insolvenz-/Konkurseröffnung;[132] Abführen von Lohnsteuer aus eigener Produktvergütung.[133] **Sonstige Pflichten:** unterlassene Durchführung einer Due Diligence im Fall des Unternehmenskaufs,[134] oder der Überbewertung des Firmenwertes, ohne diesen wirtschaftlich nutzen zu können;[135] Abschluss eines Mietvertrages im Zeitpunkt der Überschuldung;[136] Aufführen wie ein Alleingesellschafter trotz noch nicht wirksam bestehender Geschäftsbeteiligung;[137] Annahme von Provisionen/Schmiergeld;[138] Verwendung nahezu des gesamten Stammkapitals für die Herstellung einer Fertigungsanlage ohne ausreichende Finanzierungssicherung;[139] Abschluss von Risiko-Exportgeschäften ohne hinreichende Sicherheiten;[140] Abschluss eines neuen Rahmenvertrags ohne Kundenschutzklausel, wie im vorherigen Vertrag vereinbart;[141] Zahlungen an eine in Gründung befindliche GmbH ohne Absicherung durch Aval- oder Vertragserfüllungsbürgschaften;[142] unterlassene Gehaltsreduzierung des Geschäftsführers in der Krise der Gesellschaft.[143]

5. Allgemeiner Haftungstatbestand (Abs. 2)

a) **Grundsätze.** Der Geschäftsführer haftet nach Abs. 2 für jede Verletzung 39
der ihm ggü. der Gesellschaft obliegenden Pflichten iR seiner Tätigkeit als Mitglied des Gesellschaftsorgans „Geschäftsführung“, soweit daraus der Gesellschaft ein Schaden entsteht. Pflichtenadressat nach Abs. 1 u. damit auch **Haftungsadressat** nach Abs. 2 **ist der einzelne Geschäftsführer. Haftungsgrundlage ist** sein **individuelles pflichtwidriges Verhalten** als Geschäftsführer in dieser Funktion, also ein Verstoß gegen die dem Geschäftsführer selbst obliegenden Pflichten. Zum Pflichtenmaßstab iErg

126 OLG Hamm v. 24.11.16, 27 U 105/15.
127 OLG Karlsruhe GmbHR 13, 267, 268.
128 KG GmbHR 11, 477.
129 OLG Düsseldorf NZI 15, 517.
130 LG Wiesbaden GmbHR 13, 596.
131 BGH GmbHR 03, 113; OLG Oldenburg GmbHR 01, 761.
132 OLG Naumburg NZG 01, 136; OLG Stuttgart GmbHR 98, 89.
133 OLG Celle NZG 00, 595.
134 OLG Oldenburg NZG 07, 434.
135 OLG Frankfurt GmbHR 17, 974.
136 OLG München GmbHR 18, 1058.
137 BGH DStR 02, 2137.
138 OLG Düsseldorf GmbHR 00, 666.
139 OLG Jena NZG 99, 121.
140 OLG Brandenburg v. 17.7.13, 7 U 58/11 (Tz 32), juris; OLG Jena NZG 01, 86.
141 OLG München GmbHR 18, 518, 520.
142 OLG Koblenz GmbHR 15, 357.
143 OLG Köln GmbHR 08, 1216.

→ Rn. 15 ff. Haftungsobjekt – und damit nach Abs. 1 und 2 geschützt – ist die Gesellschaft, nicht außenstehende Dritte.[144]

40 Bei einer **mehrköpfigen Geschäftsführung** besteht **keine Haftung für Pflichtverletzungen der Mitgeschäftsführer.** Denn eine Haftung setzt stets die Verletzung eigener Pflichten voraus, sei es durch pflichtwidriges aktives Handeln, sei es durch pflichtwidriges Unterlassen, etwa dem Unterlassen der erforderlichen Überwachung der Geschäftsführungs-Kollegen (→ Rn. 25).

41 b) **Verschulden.** Die Haftung auf Schadensersatz gem. Abs. 2 setzt ein schuldhaftes Verhalten des Geschäftsführers voraus. In Betracht kommen Vorsatz u. Fahrlässigkeit, wobei der allg. Maßstab der Fahrlässigkeit gem. § 276 II BGB durch die Regelung des Abs. 1 (Sorgfalt eines ordentlichen u. gewissenhaften Geschäftsleiters) verschärft wird (→ Rn. 15).

42 Eine **Reduzierung des Sorgfaltsmaßstabes durch die Anwendung der** im Arbeitsrecht vom BAG entwickelten **Grundsätze des innerbetrieblichen Schadensausgleichs u. der damit verbundenen Haftungsreduzierung,**[145] für die Tätigkeit „als Geschäftsführer", ist grds. ausgeschlossen.[146] Demnach ist zu differenzieren zwischen dem iErg betroffenen Verhalten des Geschäftsführers in Erfüllung seiner Geschäftsleiterpflichten u. solchem Verhalten außerhalb des Pflichtenkreises eines Geschäftsführers. Soweit – wie fast immer – der Kreis der typischen Geschäftsleiterpflichten betroffen ist, ist eine Anwendung der arbeitsrechtlichen Grundsätze des innerbetrieblichen Schadensausgleichs nach der Rspr. des BGH ausgeschlossen. Maßgeblich dafür sei, dass der Geschäftsführer bereits aufgrund seiner Organstellung nicht Arbeitnehmer sein könne.

43 Nach der Rspr. des BAG kann der Geschäftsführer jedoch – im Ausnahmefall – seine Tätigkeit durchaus in ähnl persönlicher Abhängigkeit erbringen wie ein „klassischer" Arbeitnehmer. Demnach wäre auch die Anwendung der Grundsätze des innerbetrieblichen Schadensausgleichs nicht von vornherein ausgeschlossen. Dem ist für einen solchen Fall zuzustimmen. Denn maßgeblich kann für die Beurteilung der Arbeitnehmereigenschaft auch bei einer Person, die zum Geschäftsführer berufen wurde, wie sonst auch, nur die Frage nach dem Grad der persönlichen Abhängigkeit sein, unter der er seine Tätigkeit verrichtet.[147] In der Praxis muss jedoch die konsistente Rspr. des BGH berücksichtigt werden, der eine Haftungsreduzierung über dieses arbeitsrechtliche Institut ablehnt.

44 Aber selbst nach der Linie des BGH kann außerhalb des Pflichtenkreises als Geschäftsleitungsmitglied die Anwendung der arbeitsrechtlichen Grundsätze des innerbetrieblichen Schadensausgleichs in Betracht kommen. Voraussetzung dafür ist – neben dem persönlichen Anwendungsbe-

144 BGH GmbHR 19, 887, 888; BGH GmbHR 18, 632; BGH BGHZ 194, 26.
145 StRsp, grdl. BAG GS BB 94, 2205; Hümmerich/Boecken/Düwell/*Brors*, Arbeitsrecht, Bd. 1, § 611 Rn. 881 ff.
146 BGHZ 148, 167, 172; WM 75, 467, 469; KG NZG 99, 400, 402; Baumbach/Hueck/*Zöllner/Noack* Rn. 6; Scholz/*Schneider* Rn. 256; Lutter/Hommelhoff/*Kleindiek* Rn. 31; aA *Köhl*, DB 96, 2597; *Brox/Walker*, DB 85, 1469, 1476; teilw *Reese*, DStR 95, 532, 534 f.
147 Instruktiv *Lücke*, NJOZ 09, 3469, 3473 ff.

reich – dass die Tätigkeit betrieblich veranlasst ist.[148] **„Betrieblich veranlasst“** ist die Tätigkeit, wenn sie – ausgehend von einem objektiven Maßstab – nach ihrem Zweck zumindest in betrieblichem Interesse des Arbeitgebers liegt.[149] Allerdings sind Anwendungsfälle, die ein Verhalten des Geschäftsführers betreffen, das im betrieblichen Interesse erfolgt, aber dennoch nicht zu den Geschäftsführerpflichten gehört, kaum vorstellbar. Denn was im betrieblichen Interesse ist, gehört eo ipso zu den Geschäftsführerpflichten. Tätigkeiten iR des allg. Lebensrisikos dag sind ohnehin von der Haftungsprivilegierung nicht erfasst.

Sollten ausnahmsweise die Voraussetzungen für die Anwendbarkeit der arbeitsrechtlichen Grundsätze des innerbetrieblichen Schadensausgleichs vorliegen, so richtet sich der Umfang der Haftung nach dem Verschuldensgrad, wobei die nachfolgende Klassifizierung im Einzelfall variieren kann. Im Fall der **leichten Fahrlässigkeit** ist von einer Haftungsfreistellung auszugehen. „Leichte Fahrlässigkeit“ ist anzunehmen, wenn nur in geringem Umfang von dem in der aktuellen Situation maßgeblichen Sorgfaltsmaßstab abgewichen wird. Im Fall der **mittleren Fahrlässigkeit** erfolgt eine Schadensquotelung aufgrund einer im Einzelfall durchzuführenden Abwägung.[150] IRd Abwägung ist neben dem Verschuldensgrad zu berücksichtigen: die Gefahrgeneigtheit der Arbeit, die Stellung des Arbeitnehmers im Betrieb, die Entgelthöhe, eine möglicherweise darin enthaltene Risikoprämie, die Schadenshöhe, ein vom Arbeitgeber einkalkuliertes oder durch eine Versicherung absicherbares Risiko sowie die persönlichen Verhältnisse des Arbeitnehmers (Dauer der Betriebszugehörigkeit, Lebensalter, Familienverhältnisse).[151] Der Arbeitgeber muss sich – zumindest im Kfz-Kaskoversicherungsbereich – so behandeln lassen, als habe er zumutbare u. übliche Versicherungen abgeschlossen.[152] Im Fall der **groben Fahrlässigkeit** besteht grds. keine Haftungsminderung.[153] In Ausnahmefällen jedoch, insbes. wenn die Haftungssumme in einem deutlichen Missverhältnis zur Vergütung steht, kann Raum für eine Schadensquotelung bestehen.[154] „Grobe Fahrlässigkeit“ ist anzunehmen, wenn die im Verkehr erforderliche Sorgfalt unter Abwägung sämtlicher Umstände des Einzelfalles in ungewöhnlich hohem Maße außer Acht gelassen u. dasjenige unbeachtet gelassen wird, was in der konkreten Situation jedem hätte einleuchten müssen.[155] Dabei sind die subjektiven Umstände des Handelnden zu berücksichtigen, insbes., ob er aufgrund seiner individuellen Fähigkeiten in der Lage gewesen ist, die objektiv erforderliche Sorgfalt zu erkennen u. nach diesem Sorgfaltsmaßstab zu handeln. 45

148 BAG NZA 03, 37; Hümmerich/Boecken/Düwell/*Brors*, Arbeitsrecht, Bd. 1, § 611 Rn. 893.
149 Hümmerich/Boecken/Düwell/*Brors*, Arbeitsrecht, Bd. 1, § 611 Rn. 893.
150 BAG NZA 04, 649; BAG GS BB 94, 2205.
151 Hümmerich/Boecken/Düwell/*Brors*, Arbeitsrecht, Bd. 1, § 611 Rn. 900.
152 LAG RhPf EzA-SD 01, Nr. 16; LAG Köln BB 03, 856; LAG Brem NZA-RR 00, 126.
153 BAG GS BB 94, 2205; BAG NZA 90, 97; LAG Nds NZA-RR 04, 142.
154 BAG NZA 98, 310; 90, 97; Hümmerich/Boecken/Düwell/*Brors*, Arbeitsrecht, Bd. 1, § 611 Rn. 907 mwN.
155 BAG NZA 03, 37, 39; Hümmerich/Boecken/Düwell/*Brors*, Arbeitsrecht, Bd. 1, § 611 Rn. 905.

46 Ausgeschlossen ist ebenfalls eine Reduzierung des Sorgfaltsmaßstabes gem. § 708 BGB.[156] Schließlich erfolgt keine Reduzierung des Sorgfaltsmaßstabes, wenn die GmbH einen Idealzweck verfolgt sowie im Fall der Ehren- oder Nebenamtlichkeit der Geschäftsführungstätigkeit (→ Rn. 16). Insbes. ist die neu eingeführte Regelung zur beschränkten Haftung des Vereinsvorstandes gem. § 31 a BGB nicht analog anzuwenden.[157] Eine planwidrige Regelungslücke liegt nicht vor, wie sich aus der Gesetzesbegründung zu § 31 a BGB ergibt.[158]

47 Zur Reduzierung des Sorgfaltsmaßstabes aufgrund vertraglicher, insbes. gesellschaftsvertraglicher Regelungen → Rn. 80 ff.

48 c) **Schaden.** Die Haftung des Geschäftsführers gem. Abs. 2 besteht, soweit der Gesellschaft ein Schaden entstanden ist. Der Begriff des „Schadens" idS umfasst jede Minderung des geldwerten Gesellschaftsvermögens.[159] Nicht erforderlich ist eine dem Gesellschaftszweck widersprechende Vermögensminderung, wie es teilw. vertreten wird.[160] Ein solcher eigenständiger gesellschaftsrechtlicher Schadensbegriff ist abzulehnen.[161] Die Schadensermittlung erfolgt gem. §§ 249 ff. BGB. Es liegt ein Vermögensschaden vor, wenn der tatsächliche Wert des Gesellschaftsvermögens geringer ist als der Wert, den das Vermögen ohne das die Ersatzpflicht begründende Ereignis haben würde.[162] Entgangene Vorteile, die die Gesellschaft bei pflichtgemäßem Handeln des Geschäftsführers erhalten hätten (§ 252 BGB), sind ebenfalls Schadenspositionen.[163] Voraussetzung für einen Schadensersatzanspruch gem. Abs. 2 ist jedoch, dass ein Schaden tatsächlich eingetreten ist.[164]

49 **Maßgebender Zeitpunkt für die Schadensberechnung** ist derjenige der Schadensfeststellung, im Prozess ist dies der Zeitpunkt der letzten mündlichen Verhandlung.[165]

50 **Beispielfälle für ersatzfähigen Schaden:** Darlehen, mit dem die Gesellschaft nach Fälligkeit des Rückzahlungsanspruches ausfällt;[166] Haftungsbetrag, den GmbH ggü. einem Dritten wegen pflichtwidrigen Fehlverhaltens ihres Geschäftsführers gezahlt hat;[167] steuerliche Belastung der GmbH infolge

156 BGH GmbHR 97, 595; OLG München NZG 00, 741, 743; Michalski/*Haas/Ziemons* Rn. 196.
157 Ebenso *Unger*, NJW 09, 3269; *Reuter*, NZG 09, 1368; Michalski/*Haas/Ziemons* Rn. 197.
158 BT-Drs. 16/10120, S. 6.
159 OLG Frankfurt Der Konzern 12, 61, 65; GmbHR 09, 317, 319; Scholz/*Schneider* Rn. 224; Baumbach/Hueck/*Zöllner/Noack* Rn. 15.
160 Vgl. etwa OLG Naumburg NZG 99, 353, 355; GmbHR 98, 1180, 1182 MünchHdbGesR/*Marsch-Barner/Diekmann*, § 46 Rn. 15.
161 Vgl. iErg Baumbach/Hueck/*Zöllner/Noack* Rn. 15; Michalski/*Haas/Ziemons* Rn. 201 f.
162 OLG Frankfurt GmbHR 09, 317, 319; OLG Hamm NJW-RR 99, 1715; BGH NJW 94, 2357, 2359.
163 Baumbach/Hueck/*Zöllner/Noack* Rn. 15; Michalski/*Haas*/Ziemons Rn. 203.
164 OLG Hamm NJW-RR 99, 1715; Luther/Hommelhoff/*Kleindiek* Rn. 25.
165 Baumbach/Hueck/*Zöllner/Noack* Rn. 15.
166 LG Köln NJW-RR 00, 1056.
167 Baumbach/Hueck/*Zöllner/Noack* Rn. 15; Scholz/*Schneider* Rn. 226.

verdeckter Gewinnausschüttung[168] oder infolge (weiterer) Steuernachzahlung;[169] Zinsentgang bei vorzeitiger Schuldbegleichung;[170] zur Abgrenzung ggü. der Haftung gem. → vgl. § 64 → § 64 Rn. 273; der Betrag von Provisionen u. Schmiergeldern in Höhe des gewährten Vorteils, soweit ohne diese Beträge ein Vertrag mit anderem Inhalt, insbes. einer höheren Gegenleistung zustande gekommen wäre;[171] Verbands- u. andere Geldbußen gem. § 30 OWiG bzw. § 81 GWB, Art. 23 II Kartellverfahrensverordnung,[172] soweit die Höhe der Bußgeldzahlung die durch den Gesetzesverstoß erlangten Vorteile übersteigt;[173] entscheidend ist in diesem Fall also, in welchem Umfang der Gesellschaft durch den Gesetzesverstoß Vorteile verbleiben oder durch Verfall, Einziehung oder Gewinnabschöpfung wieder entzogen werden;[174] der Schaden der Tochtergesellschaft durch pflichtwidriges Handeln des Geschäftsführers der Muttergesellschaft, soweit dieses Handeln zugleich eine Pflichtverletzung ggü. der Muttergesellschaft begründet. Der sich in der Wertminderung der Beteiligung der Muttergesellschaft an der Tochtergesellschaft ausdrückende Schaden kann von der Muttergesellschaft durch Leistung an die Tochtergesellschaft ersetzt verlangt werden.[175] Schadensersatz an sich selbst kann die Muttergesellschaft fordern, wenn sie den Schaden der Tochtergesellschaft unmittelbar ausgeglichen hat.[176]

Eine **Vorteilsausgleichung** findet insoweit statt, als Vorteile, die der Gesell- 51
schaft in unmittelbaren Zusammenhang mit der die Vermögensminderung verursachenden Handlung zufließen, nach hM schadensmindernd zu berücksichtigen sind.[177]

d) Kausalität. Der Schadensersatzanspruch nach Abs. 2 setzt voraus, dass 52
der eingetretene Schaden der Gesellschaft adäquat kausal auf einem pflichtwidrigen Verhalten des Geschäftsführers beruht. Es gelten damit die allg. Grundsätze zu §§ 249 ff. BGB.[178] Erforderlich ist also, dass der Scha-

168 BGH DStR 02, 227.
169 OLG Celle NZG 00, 595, 596.
170 OLG Koblenz GmbHR 99, 1201, 1202.
171 BGH WM 62, 578 f.; OLG Naumburg v. 2.10.06 (Tz 31), Az. 2 U 14/06 juris; OLG Düsseldorf GmbHR 00, 666.
172 Verordnung (EG) 1/2003 des Rates vom 16.12.2002 zur Durchführung der in den Artikeln 81 und 82 des Vertrags niedergelegten Wettbewerbsregeln, ABl EG L1 v. 4.1.03 S. 1.
173 Ebenso Krieger/U H Schneider/*Wilsing*, Handbuch Managerhaftung, § 25 Rn. 34, 38; *Zimmermann*, WM 08, 433; **aA** *Horn*, ZIP 97, 1129; *Dreher*, FS Konzen, 06, S. 85, 104 ff.; **aA** derart, dass eine Begrenzung auf den persönlich geltenden Bußgeldrahmen besteht, *Fleischer*, BB 08, 1070.
174 Ebenso Michalski/*Haas/Ziemons* Rn. 205 a, auch für den weiteren Überblick.
175 OLG München NZG 00, 741, 743; OLG Düsseldorf ZIP 97, 27, 33; Baumbach/Hueck/*Zöllner/Noack* Rn. 15.
176 BGH DStR 01, 1221; NJW 87, 1077, 1079 f.; OLG München NZG 00, 741, 743; Baumbach/Hueck/*Zöllner/Noack* Rn. 15.
177 BGH NZG 08, 622; 08, 908, 909; 07, 185, 186; Baumbach/Hueck/*Zöllner/Noack* Rn. 15; Michalski/*Haas/Ziemons* Rn. 212; **aA** BGH NJW-RR 88, 995; KG GmbHR 05, 477, 479; OLG München NZG 00, 741, 743; *Wackerbarth*, GmbHR 07, 262, 263.
178 Baumbach/Hueck/*Zöllner/Noack* Rn. 16; Michalski/*Haas/Ziemons* Rn. 199.

den bei pflichtgemäßem Verhalten nicht eingetreten wäre.[179] Im Fall von Kollegialentscheidungen der mehrköpfigen Geschäftsführung entfällt die Kausalität nicht deshalb, weil der Einzelne, in Anspruch genommene Geschäftsführer sich der Stimme enthalten oder eine Gegenstimme abgegeben hat.[180] Der überstimmte Geschäftsführer ist verpflichtet, alles Erforderliche für eine etwaige Aufhebung oder Nichtausführung zu tun (→ Rn. 25 f.).

53 Ob u. in welchem Umfang eine hypothetische Kausalität („Reserveursache") oder ein rechtmäßiges Alternativverhalten die Haftung des Geschäftsführers ausschließen, ist teilw. umstritten. In der Mehrzahl der Fälle beruft sich der Geschäftsführer auf den Umstand, dass der Schaden ebenso eingetreten wäre, wenn er die von ihm verletzte Pflicht ordnungsgemäß erfüllt hätte. Der Geschäftsführer erhebt in diesem Fall den Einwand der hypothetischen Kausalität („Reserveursache"); eine dogmatisch andere Fallgestaltung liegt vor, wenn der Geschäftsführer geltend macht, der eingetretene Schaden wäre in gleicher Weise entstanden, wenn er eine von der verletzten Pflicht verschiedene, andere Pflicht erfüllt hätte (rechtmäßiges Alternativ-verhalten).[181] Der Geschäftsführer kann sich also durch die Darlegung u. Beweisführung entlasten, dass der Schaden auch bei ordnungsgemäßer Erfüllung der verletzten Organpflicht eingetreten wäre,[182] der Pflichtenverstoß allein, etwa der Verstoß gegen die innergesellschaftliche Kompetenzordnung, führt noch nicht zur Schadensersatzpflicht.[183] Die Berufung auf eine Reserveursache oder ein pflichtgemäßes Alternativverhalten kann jedoch im Einzelfall nach dem jeweiligen Schutzzweck der verletzten Organpflicht ausgeschlossen sein;[184] wann dies der Fall ist, ist iErg unklar u. teilw. umstritten.[185] Vereinzelt wird die Missachtung der innergesellschaftlichen Kompetenzzuweisung als eine solche Fallsituation gesehen, in der die Berufung auf den Umstand, dass der Schaden auch bei Beachtung der innergesellschaftlichen Kompetenzordnung eingetreten wäre, ausgeschlossen sein soll.[186] Dem ist jedoch nicht zu folgen. Anderenfalls käme der Schadensersatzhaftung nach Abs. 2 unmittelbar eine sanktionierende Funktion zu, wogegen der Schadensersatzanspruch jedoch lediglich Ausgleichsfunktion hat u. allenfalls mittelbar eine Präventionswirkung aufgrund der Faktizität entfaltet.[187] In entspr. Weise ist die Rspr. des BFH[188]

179 BGH DStR 08, 1599, 1600; OLG Düsseldorf v. 19.7.18. – I-6 122/16 (Tz 90), juris; OLG Naumburg NZG 01, 136, 137; Baumbach/Hueck/*Zöllner/Noack* Rn. 16.
180 Michalski/*Haas/Ziemons* Rn. 199; *Fleischer*, BB 04, 2645.
181 Eingehend zur Abgrenzung BGH DStR 05, 978, 979; NJW 03, 295, 296; vgl. iÜ MüKoBGB/*Oetker*, § 249 Rn. 201 ff.
182 BGH NJW 03, 358, 359; DStR 05, 978, 979; OLG München GmbHR 13, 813; Baumbach/Hueck/*Zöllner/Noack* Rn. 16; Michalski/*Haas/Ziemons* Rn. 199 a.
183 BGH DStR 08, 1974; aA OLG Koblenz v. 24.9.07 (Tz 101), Az. 12 U 1437/04, juris = NZG 08, 280 (Ls.).
184 Baumbach/Hueck/*Zöllner/Noack* Rn. 16; Michalski/*Haas/Ziemons* Rn. 199 a; Luther/Hommelhoff/*Kleindiek* Rn. 44; MüKoBGB/*Oetker*, § 249 Rn. 215.
185 Vgl. Baumbach/Hueck/*Zöllner/Noack* Rn. 16.
186 OLG Koblenz v. 23.9.07 – 12 U 1437/04 (Tz 101), juris; Michalski/*Haas/Ziemons* Rn. 199 a.
187 Ebenso Baumbach/Hueck/*Zöllner/Noack* Rn. 16; MüKoBGB/*Oetker*, § 249 Rn. 216.
188 BFH GmbHR 08, 386 ff.

abzulehnen, die die Berufung auf hypothetische Kausalverläufe ausschließt.[189] Entscheidend ist auch hier, dass mit dem Ausschluss des möglichen Einwandes des Geschäftsführers, auch bei pflichtgemäßer Erfüllung der steuerlichen Pflicht gem. § 69 AO wäre der Schaden eingetreten, der Fiskus eine Privilegierung erhält, die in der InsO keine Grundlage findet. Zur Pflichtenkollision des Geschäftsführers zwischen einerseits § 64 u. andererseits der Pflicht zur ordnungsgemäßen Abführung der Arbeitnehmeranteile zur Sozialversicherung hat der BGH bereits klargestellt, dass sich ein Rangverhältnis allenfalls aus den Vorschriften der InsO ergeben könne.[190] Selbst die Strafbewährung der Beitragsabführungspflicht für Arbeitnehmeranteile zur Sozialversicherung (§ 266 a StGB) begründet keine Privilegierung dieser Beitragsabführungspflicht.[191] Daher ist die vom BFH vorgenommene Argumentation,[192] der öffentlich-rechtliche Charakter des Haftungsanspruches aus § 69 AO schließe eine zivilrechtliche Abdingbarkeit (durch den Einwand hypothetischer Kausalverläufe) aus, gänzlich nicht nachzuvollziehen.

Entscheidend für den Ausschluss der Haftung des Geschäftsführers wegen eines hypothetischen Kausalverlaufes oder rechtmäßigen Alternativverhaltens ist, dass der Geschäftsführer im Prozess darlegt u. ggf. zweifelsfrei beweist, dass der Schaden auch bei pflichtgemäßem Verhalten eingetreten wäre. Im Fall des Verstoßes gegen die innergesellschaftliche Kompetenzordnung erfordert dies, dass (i) das betr. Gremium der Geschäftsführungsmaßnahme zugestimmt hätte u. (ii) dass der Beschluss dieses Gremiums mangelfrei zustande gekommen wäre.[193] Soweit die Gesellschafter aufgrund ihrer Treuepflicht der Geschäftsführungsmaßnahme hätten zustimmen müssen, wird die Beweisführung für den Geschäftsführer insoweit erleichtert. 54

e) Gesamtschuldnerische Haftung. Nach Abs. 2 haften die Geschäftsführer der Gesellschaft „solidarisch". Das bedeutet, dass mehrere Geschäftsführer, soweit sie für denselben Schaden verantwortlich sind, als Gesamtschuldner gem. §§ 421 ff. BGB haften. Sind durch ein Handeln der mehrköpfigen Geschäftsführung mehrere Schäden verursacht worden, so ist für jeden Schaden gesondert zu betrachten, ob eine gesamtschuldnerische Haftung oder eine Einzelhaftung besteht.[194] IÜ ist Voraussetzung für die gesamtschuldnerische Haftung, dass jeder Geschäftsführer eine ihm zukommende Pflicht verletzt hat, wodurch kausal ein Schaden entstanden ist. Damit ist für jeden Geschäftsführer gesondert zu prüfen, inwieweit er durch aktives Tun oder Unterlassen gegen die ihm obliegenden Pflichten verstoßen hat. Soweit eine zulässige Ressortaufteilung vorgenommen wurde, haftet zunächst ausschließlich der jeweilige Ressortinhaber für die Verletzung der in *seinen* Bereich fallenden Pflichten; der nach dem Ressort nicht zu- 55

189 Ebenso FG Düsseldorf EFG 06, 618; FG Rheinland-Pfalz EFG 06, 83; FG Münster EFG 06, 13; aA FG Baden-Württemberg EFG 05, 2 u. 04, 20.
190 BGH DStR 05, 978, 979.
191 BGH aaO.
192 BFH GmbHR 08, 386, 389.
193 BGH DStR 07, 310; Baumbach/Hueck/*Zöllner*/*Noack* Rn. 16; Luther/Hommelhoff/*Kleindiek* Rn. 44.
194 Scholz/*Schneider* Rn. 248.

ständige Geschäftsführer haftet nur, soweit er seine gesetzlichen Überwachungs- u. Organisationspflichten verletzt hat.[195] Auch im Fall der zulässigen Aufgabendelegation auf nachgeordnete Mitarbeiter entsteht die Haftung erst, soweit der Geschäftsführer die ihm – trotz Aufgabendelegation – verbleibenden Auswahl-, Organisations- u. Überwachungspflichten verletzt hat

56 Besteht eine gesamtschuldnerische Haftung mehrerer Geschäftsführer, gelten die §§ 421 ff. BGB. Damit kann jeder der haftenden Geschäftsführer von der Gesellschaft auf den ganzen Schaden in Anspruch genommen werden; untereinander sind die haftenden Geschäftsführer ausgleichs- u. mitwirkungspflichtig. Die Ausgleichs- u. Mitwirkungspflicht besteht grds. zu gleichen Teilen, es sei denn, es ist „etwas anderes bestimmt" iSv § 426 I 1 BGB.[196] Solche „anderen Bestimmungen" können sich aus individuellen Regelungen der Satzung, des Geschäftsführer-Anstellungsvertrages oder infolge analoger Anwendung des § 254 BGB ergeben.[197]

57 Haftet ein Geschäftsführer ausschließlich wegen Verletzung seiner Überwachungspflichten, so trifft den unmittelbar handelnden u. haftenden Geschäftsführer **im Innenverhältnis** die **alleinige Haftung.**[198] Auch bei **ehrenamtlicher Tätigkeit** des Geschäftsführers kann der Haftungsanteil nach der Rspr. des BGH[199] im Innenverhältnis ggü. dem hauptamtlich u. auch vergüteten Geschäftsführer geringer sein.

58 Gem. § 426 II BGB kann der Geschäftsführer, der die Gesellschaft befriedigt hat, den mithaftenden Geschäftsführer aus übergegangenem Recht in Anspruch nehmen.

59 **f) Freistellung durch Weisung/Einverständnis.** Eine Haftung ist mangels Pflichtwidrigkeit ausgeschlossen, soweit die Geschäftsführer aufgrund einer **bindenden Weisung** oder mit dem **Einverständnis des entscheidungsbefugten Organs** handeln.[200] Aus Abs. 3 ergibt sich bereits, dass der Wille der Gesellschaft durch die Entscheidung der Gesellschafterversammlung (oder aufgrund entspr. Satzungsgestaltung eines anderen Organs) gebildet wird. Soweit das Verhalten der Geschäftsführer diesem Willen entspricht, ist eine schadensersatzbegründende Pflichtverletzung ausgeschlossen, soweit nicht besonderen Interessen, wie etwa nach Abs. 3 denjenigen der Gläubiger, gesetzlich Vorrang eingeräumt wird.[201] Der Geschäftsführer ist ggü. der GmbH zur Befolgung u. dem Vollzug von rechtmäßigen Weisun-

195 BGH NJW 04, 1111, 1112; OLG Nürnberg NZG 01, 943, 945; OLG Köln NZG 01, 135, 136; *Peters*, GmbHR 08, 682, 686; *Froesch*, DB 09, 722; *Weber/Lohr*, GmbHR 00, 698, 699 f.

196 MüKoBGB/*Bydlinski*, § 426 Rn. 14 ff.

197 Baumbach/Hueck/*Zöllner/Noack* Rn. 29; Scholz/*Schneider* Rn. 251.

198 Scholz/*Schneider* Rn. 252; Baumbach/Hueck/*Zöllner/Noack* Rn. 2; *Leuering/Dornhegge*, NZG 10, 13, 16.

199 BGH DStR 04, 513, 515, 517 zur Haftung des Vorstands einer Genossenschaft.

200 OLG Brandenburg GmbHR 15, 353; BGH GmbHR 10, 85; NZG 00, 544; BGHZ 142, 92, 95 f.; OLG Frankfurt v. 3.7.09, 25 U 75/08 (Tz 41 f.), juris; OLG Stuttgart GmbHR 00, 1048, OLG Nürnberg NZG 01, 943; Lutter/Hommelhoff/*Kleindiek* Rn. 32; Baumbach/Hueck/*Zöllner/Noack* Rn. 33; Krieger/Schneider/*Haas*, Handbuch Managerhaftung, § 11 Rn. 45; *ders.*, WM 06, 1417, 1418.

201 BGH NZG 00, 544; OLG Nürnberg NZG 01, 943 f.; Baumbach/Hueck/*Zöllner/Noack* Rn. 33.

gen verpflichtet (→ § 37 Rn. 13), selbst wenn sie im Einzelfall unrechtmäßig erscheinen; die Befolgung u. der Vollzug ist damit auch nicht pflichtwidrig, selbst wenn hierdurch das Gesellschaftsvermögen gemindert wird.

Weisungsbefugtes Organ kann neben der Gesellschafterversammlung auf- 60
grund entspr. Satzungsregelung auch der Aufsichtsrat oder ein Beirat oder ein satzungsgemäß bestimmter Gesellschafter sein. Erforderlich ist grds. ein Beschluss,[202] im Fall des Alleingesellschafters ist dieser entbehrlich, weil dessen Wille mit dem der GmbH stets gleichgesetzt wird.[203] Dies gilt auch dann, wenn der Alleingesellschafter (lediglich) Treuhänder im Geschäftsanteil ist, Weisungen des Treugebers sind damit unbeachtlich.[204] IÜ sind Weisungen einer Gesellschaftermehrheit oder eines einzelnen Mehrheitsgesellschafters ohne förmlichen Beschluss u. ohne entspr. Satzungsregelung für den Geschäftsführer weder bindend noch haftungsbefreiend.[205] Der Geschäftsführer handelt in diesen Fällen pflichtwidrig, auch wenn ein sein Handeln legitimierender Beschluss hätte herbeigeführt werden können.[206] Teilw. wird vertreten, dass in diesen Fällen die Zurechenbarkeit des Schadens zur pflichtwidrigen Handlung ausgeschlossen sein kann mit dem Argument eines pflichtgemäßen Alternativverhaltens.[207] Überw. wird in solchen Fällen jedoch, zu Recht, eine Haftung angenommen u. der Einwand des pflichtgemäßen Alternativverhaltens ausgeschlossen.[208]

Ein **Ermächtigungs- oder Zustimmungsbeschluss** kann ebenfalls zur Haf- 61
tungsfreistellung führen, entscheidend ist die inhaltliche Entscheidungsrichtung.[209] Demggü. hat die bloße Kenntnis – ohne darauf folgendes Verhalten – des entscheidungsbefugten Organs keine Freistellungswirkung.[210] Erforderlich ist vielmehr ein aktives Verhalten des entscheidungsbefugten Organs, sei es auch in konkludenter Form.[211] Dieses aktive Verhalten muss für den Geschäftsführer erkennbar sein.

---

202 Lutter/Hommelhoff/*Kleindiek* Rn. 33.

203 BGH WM 92, 2053, 2054; BHGZ 119, 257, 261 f.; OLG Köln BB 95, 793, 794; OLG Stuttgart GmbHR 00, 1048, 1049; Lutter/Hommelhoff/*Kleindiek* Rn. 32; Baumbach/Hueck/*Zöllner/Noack* Rn. 33; Krieger/Schneider/*Haas*, Handbuch Managerhaftung, § 11 Rn. 47.

204 OLG Brandenburg GmbHR 15, 353.

205 Lutter/Hommelhoff/*Kleindiek* Rn. 33; Baumbach/Hueck/*Zöllner/Noack* Rn. 33; *Ebert*, GmbHR 03, 444; Scholz/*Schneider* Rn. 126.

206 BGH NJW 91, 1681, 1682; 88, 2241, 2242.

207 Baumbach/Hueck/*Zöllner/Noack* Rn. 33 u. Rn. 17; *von Gerkan*, ZHR 154 (90), 39, 49.

208 Michalski/*Haas* Rn. 199; OLG Koblenz DStR 08, 687; vgl. auch BGH NJW 91, 1681; WM 76, 77, 78.

209 BGH GmbHR 03, 712; *Haas*, WM 06, 1417, 1418; Michalski/*Haas* Rn. 189; Krieger/Schneider/*Haas*, Handbuch Managerhaftung, § 11 Rn. 45; Baumbach/Hueck/*Zöllner/Noack* Rn. 33.

210 OLG München NZG 00, 741, 743; Scholz/*Schneider* Rn. 121; Baumbach/Hueck/*Zöllner/Noack* Rn. 33.

211 OLG Koblenz NZG 98, 953; OLG Stuttgart GmbHR 00, 1048, 1049; OLG Nürnberg NZG 01, 943, 944.

62 Der **geschäftsführende Alleingesellschafter** ist von Pflichtverletzungen u. einer Haftung nach Abs. 2 stets befreit, wenn durch sein/ihr Verhalten das Stammkapital nicht beeinträchtigt wird.[212]

63 **Ausn:** Der Beschluss des entscheidungsbefugten Organs wirkt nicht haftungsfreistellend, wenn er vom Geschäftsführer nicht ordnungsgemäß vorbereitet wurde, insbes. das entscheidungsbefugte Organ nicht vollumfänglich informiert hat.[213] Auch soweit für den Geschäftsführer erkennbar ist, dass die Weisung, aufgrund derer er handelt, mit Rechtsfehlern behaftet ist, entfällt die haftungsfreistellende Wirkung.[214] Die „Erkennbarkeit" ist im Einzelfall vom Geschäftsführer zu prüfen. Soweit begründete Zweifel an der Rechtswirksamkeit der Weisung bestehen, entspricht es der Sorgfalt eines ordentlichen Geschäftsmannes (Abs. 1), diese Zweifel auszuräumen oder die Weisung nicht zu befolgen.

64 Eine freistellende Wirkung des Beschlusses besteht ebenfalls nicht in den **Fällen des Abs. 3** S. 3, der in **§ 64 S. 1 u. 3** Bezug genommenen Fälle sowie der **Fälle der analogen Anwendung**. Unklarheiten bestehen jedoch, soweit ein Schaden über die unzulässige Auszahlung des Stammkapitals (**Abs. 3**) hinaus entstanden ist. Einigkeit besteht insoweit, als ein pflichtwidriges Verhalten für den das Stammkapital übersteigenden Schaden ausschließlich nach Abs. 2 zu bemessen ist. Teilw. wird jedoch vertreten, dass in diesen Fällen der Ausschluss einer Freistellung nach Abs. 3 S. 3 analog anzuwenden sei.[215] Richtig dürfte jedoch sein, dass Abs. 3 S. 3 nicht analog anzuwenden ist, sondern – soweit ein freistellender Beschluss vorliegt – dieser haftungsfreistellend wirkt.[216]

65 **Nichtige Beschlüsse** des entscheidungsbefugten Organs (§ 241 AktG analog) entfalten gänzlich keine Rechtswirkungen. Sie binden den Geschäftsführer bereits nicht, sie haben auch keine freistellende Wirkung. Folgt der Geschäftsführer dem nichtigen Weisungsbeschluss dennoch, begeht er eine Pflichtwidrigkeit.[217] Soweit die Nichtigkeit für den Geschäftsführer im Einzelfall nicht erkennbar war, kann das für den Schadensersatzanspruch erforderliche Verschulden fehlen[218] oder der Einwand des arglistigen Verhaltens erhoben werden.[219] Eine teilw. im Schrifttum vorgenommene Differenzierung nach formellen u. materiellen Nichtigkeitsgründen ist dabei jedoch unzulässig.[220] Daher gibt es die Ausnahmekategorie nicht, dass der Geschäftsführer, der einen **aus formellen Gründen nichtigen Gesellschafter-**

---

212 BGH NZG 00, 544; GmbHR 99, 921; BGHZ 122, 333, 336; GmbHR 94, 459; OLG Düsseldorf GmbHR 06, 535; OLG Nürnberg NZG 01, 943 f.
213 Lutter/Hommelhoff/*Kleindiek* Rn. 32; Baumbach/Hueck/*Zöllner/Noack* Rn. 34; Krieger/Schneider/*Haas*, Handbuch Managerhaftung, § 11 Rn. 48; OLG Koblenz DStR 08, 687; OLG Jena NZG 99, 121, 122.
214 OLG Koblenz GmbHR 03, 1062; **aA** Baumbach/Hueck/*Zöllner/Noack* Rn. 34.
215 Krieger/Schneider/*Haas*, Handbuch Managerhaftung, § 11 Rn. 7; Rowedder/Schmidt-Leithoff/*Koppensteiner* Rn. 32.
216 Baumbach/Hueck/*Zöllner/Noack* Rn. 34; *Habersack/Schürnbrand*, WM 05, 957, 961.
217 BGH GmbHR 74, 131, 132.
218 Lutter/Hommelhoff/*Kleindiek* Rn. 34; Baumbach/Hueck/*Zöllner/Noack* Rn. 35.
219 Scholz/*Schneider* Rn. 134.
220 Michalski/*Hass/Ziemons* Rn. 61.

beschluss ausführt, keine Pflichtwidrigkeit begeht.[221] Denn § 241 AktG definiert materielle u. formelle Nichtigkeitsgründe mit der Zielsetzung, eine Abgrenzung zur Anfechtbarkeit vorzunehmen u. damit – letztlich im Hinblick auf die unterschiedlichen Rechtsfolgen – Rechtssicherheit herbeizuführen. Mit einer (erneuten) Differenzierung nach materiellen u. formellen Nichtigkeitsgründen würde diese Zielsetzung konterkariert.

Anfechtbare Beschlüsse des entscheidungsbefugten Organs muss der Geschäftsführer, in jedem Fall nach Unanfechtbarkeit, ausführen; dann haben sie auch freistellende Wirkung. Davor muss er im Fall der drohenden Anfechtung im Einzelfall nach pflichtgemäßem Ermessen abwägen, ob die Beschlussausführung oder das Abwarten des Anfechtungsprozesses dem Wohl u. Interesse der Gesellschaft dient. Übt er dieses Ermessen pflichtgemäß aus, ist ihm kein pflichtwidriges Verhalten vorzuwerfen.[222] Soweit ein Ermächtigungs- oder Zustimmungsbeschluss auf Anfechtung hin aufgehoben wird, kann er keine haftungsfreistellende Wirkung entfalten. Nimmt der Geschäftsführer jedoch vor Durchführung des Beschlusses die erforderliche Abwägung iR des unternehmerischen Ermessens vor, wird es regelmäßig am Verschulden fehlen. 66

g) Mitverschulden. Für die Frage, inwieweit ein etwaiges Mitverschulden anderer Personen innerhalb der GmbH die Schadensersatzpflicht des in Anspruch genommenen Geschäftsführers mindert, ist zu differenzieren: Der Einwand eines Verschuldens von Mitgeschäftsführern ist aufgrund der solidarischen Haftung gem. Abs. 2 über § 254 BGB ausgeschlossen.[223] Vielmehr haftet jeder Geschäftsführer, der gegen die ihm jeweils obliegenden Pflichten verstößt, gesamtschuldnerisch.[224] Auch ein etwaiges Verschulden eines Angestellten kann der Geschäftsführer nicht haftungsmindernd einwenden.[225] Gleiches gilt für ein etwaiges Überwachungsverschulden des Aufsichtsrates, Beirates oder der Gesellschafterversammlung.[226] 67

Dag ist mit der hM Raum für die Anwendung des § 254 BGB im Fall von rechtswidrigen Gesellschafterweisungen.[227] Ferner kann ein Mitverschulden der Gesellschafterversammlung in Betracht kommen, wenn diese einen ungeeigneten Geschäftsführer bestellt, der durch sein pflichtwidriges Verhalten den Schaden verursacht hat u. der Mitgeschäftsführer infolge Verletzung seiner Überwachungspflicht mithaftet.[228] Qualifikationsmängel des in Anspruch genommenen Geschäftsführers oder eines Mitgeschäftsführers 68

---

221 So aber in unterschiedlicher Gestaltung Baumbach/Hueck/*Zöllner/Noack* Rn. 35; Scholz/*Schneider* Rn. 127, 129.

222 Lutter/Hommelhoff/*Kleindiek* Rn. 34; Rowedder/Schmidt-Leithoff/*Koppensteiner* Rn. 35; Baumbach/Hueck/*Zöllner/Noack* Rn. 35; aA Scholz/*Schneider* Rn. 132; *Ebert*, GmbHR 03, 444, 447.

223 BGH NJW 83, 1856; DStR 08, 158, 159; 93, 1637, 1638; Baumbach/Hueck/*Zöllner/Noack* Rn. 45.

224 OLG Schleswig-Holstein v. 8.8.14, 1 U 103/12 (Tz 31), juris.

225 OLG Köln GmbHR 00, 942; Scholz/*Schneider* Rn. 245; Baumbach/Hueck/*Zöllner/Noack* Rn. 45.

226 OLG Oldenburg GmbHR 06, 1263, 1268; BGH NJW 83, 1856; DStR 04, 513, 515; Michalski/*Haas/Ziemons* Rn. 213; Scholz/*Schneider* Rn. 245.

227 Baumbach/Hueck/*Zöllner/Noack* Rn. 45; Ulmer/*Paefgen* Rn. 90; aA Michalski/*Haas/Ziemons* Rn. 214 mwN.

228 Scholz/*Schneider* Rn. 245; Lutter/Hommelhoff/*Kleindiek* Rn. 26.

sind grds. kein Ansatz für ein Mitverschulden des Bestellungsorgans.[229] Ausnahmsweise kommt ein Mitverschulden in Betracht, wenn das Bestellungsorgan einen erkennbar Ungeeigneten zum Geschäftsführer bestellt.[230]

6. Besondere Haftungstatbestände (Abs. 3)

69 a) **Grundsätze.** Abs. 3 normiert zwei **besondere Haftungstatbestände,** die neben[231] Abs. 2 eigene Schadensersatzansprüche begründen können. Ggü. Abs. 2 enthalten sie eine Haftungsverschärfung, denn die Schadensersatzansprüche stehen nicht zur Disposition der Gesellschafter.[232] Die Schadensersatzpflicht tritt also auch dann ein, wenn eine entspr. Gesellschafterweisung vorliegt, der Ersatzanspruch jedoch zur Befriedigung der Gläubiger erforderlich ist.[233] Ferner ist nach Abs. 3 der „typisierte" Schadenersatz zu zahlen, also der Betrag der – widerlegbar vermuteten – Vermögensminderung, die durch den Verstoß gegen §§ 30, 33 entstanden ist.[234] Ein darüber hinausgehender Schaden ist nicht ausgeschlossen, wird dann jedoch von Abs. 2 erfasst. Die Rückzahlung von Nachschüssen an die Gesellschafter gem. § 30 II **1** ist nicht erfasst, auch wenn die Rückzahlung unter Verstoß gegen § 30 II **2** erfolgt. Abs. 3 erfasst jedoch Zahlungen unter Verstoß gegen § 30 II **3.**[235]

70 Grundlage der Haftung ist die Überwachungspflicht der Geschäftsführung, dass solche Zahlungen entgg. § 30 sowie der Erwerb entgg. § 33 nicht vorgenommen werden.[236] Sie dient letztlich dem Kapitalschutz, wie sich auch aus Abs. 3 S. 3 ergibt. Danach ist die Haftung nicht disponibel, soweit es um die Erhaltung des zur Befriedigung der Gläubiger erforderlichen Kapitals geht.[237] Eine Weisung etwa zur Auszahlung oder zur Untätigkeit entlastet den Geschäftsführer damit nicht, soweit der Ersatzanspruch zur Befriedigung der Gläubiger erforderlich ist.[238]

71 Der Insolvenzverwalter ist im Insolvenzverfahren über das Gesellschaftsvermögen jedoch nicht an die Beschränkungen des Abs. 3 S. 2 iVm § 9 b I gebunden, er kann sich vielmehr mit dem Geschäftsführer vergleichen u. auf einen Schadensersatzanspruch verzichten.[239] Beschränkungen des

---

229 BGH WM 81, 440, 442; Scholz/*Schneider* Rn. 246; unklar Baumbach/Hueck/*Zöllner/Noack* Rn. 45.

230 Ähnl Baumbach/Hueck/*Zöllner/Noack* Rn. 45; MünchHdbGesR/*Marsch-Barner/Dieckmann*, § 46 Rn. 23; Scholz/*Schneider* Rn. 246; aA BGH NJW 83, 1856.

231 HM, vgl. BGH GmbHR 08, 1319, 1321; NJW 92, 1166; Scholz/*Schneider* Rn. 268; Lutter/Hommelhoff/*Kleindiek* Rn. 47; Baumbach/Hueck/*Zöllner/Noack* Rn. 48 je mwN.

232 OLG Brandenburg GmbHR 99, 297, 299; KG NZG 00, 1224, 1226.

233 OLG München GmbHR 18, 1058, 1061; Baumbach/Hueck/*Zöllner/Noack* Rn. 48; Michalski/*Haas* Rn. 221; **aA** OLG Hamm NZG 01, 1144.

234 BGH NZG 08, 908 „Auszahlungsschaden"; Michalski/*Haas/Ziemons* Rn. 219.

235 Krieger/Schneider/*Haas*, Handbuch Managerhaftung, § 11 Rn. 6; Baumbach/Hueck/*Zöllner/Noack* Rn. 49 c; aA Ulmer/*Paefgen* Rn. 145.

236 BGH GmbHR 01, 771, 772.

237 BGHZ 149, 10, 19 f.; Lutter/Hommelhoff/*Kleindiek* Rn. 49; Baumbach/Hueck/*Zöllner/Noack* Rn. 49 a; *Drygalla/Kremer,* ZIP 07, 1289, 1295.

238 BGHZ 149, 10, 19 f.; Lutter/Hommelhoff/*Kleindiek* Rn. 49; Baumbach/Hueck/*Zöllner/Noack* Rn. 49 a; *Drygalla/Kremer,* ZIP 07, 1289, 1295.

239 Krieger/Schneider/*Haas*, Handbuch Managerhaftung, § 11 Rn. 19; Baumbach/Hueck/*Zöllner/Noack* Rn. 51.

Abs. 3 gelten infolge Verweisung (vgl. § 64 IV u. § 73 III 2) auch für Ersatzansprüche der Gesellschaft gegen den Geschäftsführer aus § 64 S. 1 u. S. 3 sowie gegen die Liquidatoren gem. § 73 III 1.

Abs. 3 S. 2 u. S. 3 finden teilw. analoge Anwendung. Dies gilt im Fall der unzulässigen Kreditgewährung nach § 43 a: In diesem Fall hat der Geschäftsführer gem. Abs. 3 S. 1 iVm § 43 a S. 1 Schadensersatz zu leisten. Verzicht u. Vergleich sind insoweit unwirksam, soweit der Ersatz zur Rückzahlung des Kredites erforderlich ist.[240] Eine analoge Anwendung von Abs. 3 S. 2 u. 3 erfolgt im Fall der Beteiligung des Geschäftsführers an einem existenzvernichtenden Eingriff. In diesen Fällen sind Verzicht u. Vergleich unwirksam, soweit sich der Schaden auf die von der Gesellschaft aufgewandten Mittel erstreckt, nicht jedoch darüber hinaus.[241] IÜ ist Abs. 3 S. 2 u. 3 nicht analog anzuwenden.[242] 72

b) Pflichtverletzung bei Erwerb eigener Anteile entgegen § 33. Eine Schadensersatzpflicht besteht zum einen im Fall des Erwerbs eigener Geschäftsanteile durch die Gesellschaft entgg. § 33 (dazu iErg → § 33 Rn. 23). Der ersatzfähige Schaden umfasst dabei nicht lediglich die Differenz zwischen Erwerbspreis u. Wert des Geschäftsanteils, sondern besteht grds. in Höhe des unzulässig gezahlten Erwerbspreises abzüglich etwaiger Rückzahlungen.[243] Der Geschäftsführer kann sich mit der Darlegung u. Beweisführung entlasten, dass der Kaufpreis zurückgezahlt worden ist.[244] Geschäftsführer u. Erwerber (dieser gem. § 812 BGB, ggf. § 31 GmbHG) haften als Gesamtschuldner. 73

c) Pflichtverletzung bei Zahlung entgegen § 30 I, II. Eine Schadensersatzpflicht nach Abs. 3 besteht des Weiteren im Fall der Zahlung von Gesellschaftsvermögen unter Verstoß gegen den Grundsatz der Erhaltung des Stammkapitals (§ 30 I). Mit Inkrafttreten des MoMiG ist jedoch klargestellt, dass der Tatbestand der Einlagenrückgewähr nicht erfüllt ist, soweit der Leistung aus dem Gesellschaftsvermögen ein vollwertiger Gegenleistungs- oder Rückgewähranspruch gegenübersteht. Die **Pflichtverletzung** besteht sowohl, wenn Zahlungen aktiv geleistet werden, als auch, wenn es die Geschäftsführer unter Verstoß ggü. ihrer Überwachungspflichten zulassen, dass solche Zahlungen von Mitgeschäftsführern oder anderen Personen vorgenommen werden.[245] In der **GmbH & Co KG** kann auch die Zahlung aus dem Vermögen der Kommanditgesellschaft an einen Gesellschafter der Komplementär-GmbH oder einen Kommanditisten eine gem. § 30 I unzulässige Auszahlung sein.[246] In diesem Fall gewährt die Rspr. auch der Kommanditgesellschaft den Schadensersatzanspruch ggü. dem Geschäfts- 74

240 BGH NJW 04, 1111, 1112; Baumbach/Hueck/*Zöllner/Noack* Rn. 54.
241 Baumbach/Hueck/*Zöllner/Noack* Rn. 56.
242 Vgl. dazu iErg Baumbach/Hueck/*Zöllner/Noack* Rn. 53.
243 Scholz/*Schneider* Rn. 228, 276; Baumbach/Hueck/*Zöllner/Noack* Rn. 50.
244 Baumbach/Hueck/*Zöllner/Noack* Rn. 50; zur Beweislast s. iÜ Rn. 137 f.
245 BGH NJW 04, 1111, 1112; GmbHR 01, 771, 772; Lutter/Hommelhoff/*Kleindiek* Rn. 47; Baumbach/Hueck/*Zöllner/Noack* Rn. 49; *Goette*, DStR 03, 887, 893.
246 BGH GmbHR 15, 248, ebenso Vorinstanz OLG Hamm v. 4.9.13, I-8 U 4/13 (Tz 21), juris; BGHZ 174, 370.

führer[247] (s. auch nachfolgend → Rn. 100). Geschäftsführer u. Zahlungsempfänger (dieser gem. § 31 I, II) haften als Gesamtschuldner.[248] Gleiches gilt im Verhältnis zu den (übrigen) Gesellschaftern, die gem. § 31 III oder nach den Grundsätzen des existenzvernichtenden Eingriffs haften können. Im Verhältnis zu den Gesellschaftern ist für die Geschäftsführer der Regress gem. § 426 BGB ausgeschlossen, vgl. § 31 VI.

75 Der **ersatzfähige Schaden** umfasst nicht lediglich die Differenz bis zum Stammkapital, sondern die gesamte entgg. § 30 I geleistete Zahlung.[249] Der Eintritt des Schadens in dieser Höhe wird vermutet.[250] Der Geschäftsführer hat dann darzulegen u. zu beweisen, dass u. in welchem Umfang ein tatsächlich vorgenommener Schadensausgleich zum Rückfluss des Gesellschaftsvermögens geführt hat.[251] Die Regelung des **Abs. 3 erfasst auch** alle durch § 30 verbotene Zahlungen; insbes. auch das Nichteinfordern fälliger Ansprüche gegen einen Gesellschafter.[252] Gleiches gilt für einen Verzicht auf Gegenleistung oder Rückgewähransprüche der Gesellschaft ggü. dem Gesellschafter oder die erneute Gewährung, Prolongation oder Stundung eines Anspruches.

76 Die **Nichtgeltendmachung des Schadensersatzanspruches** aus § 43 begründet keine eigene – neben derjenigen aus Abs. 3 bereits verwirklichten – Pflicht zum Schadensersatz.[253] Zwar ist die Nichtgeltendmachung des Schadensersatzanspruches aus § 43 pflichtwidrig, begründet jedoch oder erhöht auch nicht den bereits eingetretenen Schaden. Die Pflichtwidrigkeit aus der Nichtgeltendmachung des Schadensersatzanspruches gem. § 43 tritt nicht erst mit Eintritt der Verjährung des Ersatzanspruches gegen den Gesellschafter aus § 31 ein, da es anderenfalls bei einer Haftungsverschärfung durch Verlängerung des Haftungszeitraumes auf deutlich über 5 Jahre (Abs. 4) käme, für die keine gesetzliche Grundlage besteht.[254]

77 Die **Beseitigung der** aufgrund von Zahlungen entgg. §§ 30, 31 **entstandenen Unterbilanz** durch Gewinne ist wie folgt zu berücksichtigen:[255] Besteht ein Gewinn (Auszahlungsanspruch des Gesellschafters ggü. der Gesellschaft), kann der Gesellschafter ggü. seiner Erstattungspflicht aus § 31 I aufrechnen. Mit Aufrechnung entfällt auch die Geschäftsführerhaftung aus

247 BGH GmbHR 15, 248; zust. *Gummert*, DStR 15, 761; *K Schmidt*, JuS 15, 1130; *Paefgen/Schneider*, EWiR 15, 207; ebenso *Pöschke/Steenbreker*, NZG 15, 614.
248 Lutter/Hommelhoff/*Kleindiek* Rn. 47; Baumbach/Hueck/*Zöllner/Noack* Rn. 49; *Geßler*, GmbHR 03, 394, 400; aA Michalski/*Haas* Rn. 221.
249 BGH NJW 04, 1111, 1112; OLG Hamburg NZG 05, 1008, 1011; Baumbach/Hueck/*Zöllner/Noack* Rn. 49; Lutter/Hommelhoff/*Kleindiek* Rn. 49.
250 BGH NJW 92, 1166, 1167; Lutter/Hommelhoff/*Kleindiek* Rn. 49; Baumbach/Hueck/*Zöllner/Noack* Rn. 49.
251 Lutter/Hommelhoff/*Kleindiek* Rn. 49; Scholz/*Schneider* Rn. 228, 276; BGH GmbHR 08, 1319; Baumbach/Hueck/*Zöllner/Noack* Rn. 49.
252 BGH NJW 92, 1166; DStR 09, 915, 918; OLG Brandenburg BeckRS 08, 09617; Scholz/*Schneider* Rn. 270.
253 BGH GmbHR 08, 1319; Baumbach/Hueck/*Zöllner/Noack* Rn. 49 b; *Dahl/Schmitz*, NZG 08, 653, 654 f.; aA OLG Koblenz BeckRS 07, 01040.
254 IErg ähnl Baumbach/Hueck/*Zöllner/Noack* Rn. 49 b.
255 Rspr. des BGH zu § 31, BGH DStR 07, 1874, 1875; NJW 00, 2577.

Abs. 3. Der Geschäftsführer kann die Einrede der Aufrechenbarkeit jedoch nicht erheben.[256]

d) **Fortlaufende Überwachungspflicht.** Keine verbotene Auszahlung aus dem Gesellschaftsvermögen liegt vor, wenn sie im Leistungszeitpunkt durch einen **vollwertigen Gegenleistungs- oder Rückgewähranspruch** gegen den Gesellschafter gedeckt ist (§ 30 I 2 Alt 2, sog. „Aktiventausch"). Der Geschäftsführer muss jedoch sorgfältig prüfen u. beurteilen, ob der Gegenleistungs-/Rückgewähranspruch im Leistungszeitpunkt vollwertig u. deckungsgleich ist.[257] Ist dies der Fall, bleibt eine Haftung nach Abs. 3 aus, auch wenn später wider Erwarten der Gegenleistungs-/Rückgewähranspruch nicht realisiert werden kann oder wider Erwarten nunmehr Deckungsgleichheit nicht mehr besteht; allerdings besteht dann die Gefahr der Haftung gem. § 64 S. 3. Denn die Geschäftsführer trifft die Pflicht, nach zulässiger Leistung einer Zahlung an den Gesellschafter, etwaige **Änderungen in der Werthaltigkeit** des Gegenleistungs-/Rückgewähranspruchs sorgfältig zu prüfen u. auf Verschlechterungen unverzüglich zu reagieren, etwa mit Geltendmachung des Anspruchs, Anforderung von Sicherheiten oder Kündigung des Vertragsverhältnisses.[258] Insbes. die im Fall von Verschlechterungen der Bonität u. damit einhergehender fallender Werthaltigkeit des Gegenleistungsanspruchs geforderte Reaktion fällt in praxi ggü. etwa der Muttergesellschaft erfahrungsgemäß schwer, va die Forderung von Sicherheiten oder gar die Kündigung von Darlehen. Die Rechts- u. Pflichtenlage für den Geschäftsführer ist durch die gesetzlichen Änderungen damit nicht einfacher geworden. Im Fall von umfangreichen Darlehensvergaben oder der Beteiligung an **Cash-Pool-Systemen** ist darüber hinaus die Einrichtung eines geeigneten Risikomanagementsystems angezeigt, damit der Geschäftsführer rechtzeitig reagieren kann.[259] 78

7. Ausschluss und Einschränkbarkeit der Haftung

Beschränkungen der Haftung der Geschäftsführer sind grds. zulässig. Dies gilt sowohl nach Eintritt eines Haftungsfalles wie auch im Vorhinein. § 46 Nr. 6, 8 geht gerade davon aus, dass es grds. Sache der Gesellschafter ist zu entscheiden, ob u. in welchem Umfang Geschäftsführer wegen etwaiger Sorgfaltspflichtverletzung in Anspruch genommen werden. Der BGH hat wiederholt die grds. **Einschränkbarkeit der Haftung** der Geschäftsführer bestätigt.[260] Insbes. ist ein Handeln oder Unterlassen im – auch stillschweigenden – Einverständnis aller Gesellschafter grundsätzlich nicht pflichtwidrig iSv § 43 Abs. 1 und 2.[261] Bei Gesellschafter-Geschäftsführern ist jedoch zu beachten, dass ein Verzicht **steuerrechtlich** zu einer **verdeckten Gewinn-** 79

256 Baumbach/Hueck/*Zöllner/Noack* Rn. 49 c.
257 BGH BB 09, 118, 119; *Erne*, GWR 10, 314; Baumbach/Hueck/*Zöllner/Noack* Rn. 49 a.
258 BGH BB 09, 118, 120; *Goette*, DStR 09, 51, 53; Baumbach/Hueck/*Zöllner/Noack* Rn. 49 a.
259 BGH GmbHR 01, 1036 Bremer Vulkan; *Erne*, GWR 10, 314; *Bellen/Stehl*, BB 10, 2579, 2582.
260 BGH GmbHR 03, 712, 713; ZIP 08, 736, 738; NJW 02, 3777, 3778.
261 OLG München GmbHR 18, 1058, 1060.

ausschüttung führen kann.[262] Insolvenzrechtlich ist ein solcher Verzicht der Gesellschaft auf den Schadensersatzanspruch ggü. dem Geschäftsführer eine unentgeltliche Leistung und damit nach § 134 InsO anfechtbar.[263] Zur Einschränkbarkeit der Haftung vgl. nachfolgend → Rn. 80 ff.

Ein **Ausschluss der Haftung** aufgrund eines nachfolgenden Entlastungsbeschlusses ist bereits länger anerkannt, ein Ausschluss aufgrund „normimmanenter" Gründe wird dag erst jüngst diskutiert. Der Entlastungsbeschluss hat in der Praxis nur eine sehr beschränkte Ausschlusswirkung: Er führt nur zum Ausschluss solcher Schadensersatzansprüche der Gesellschaft, die für das entlastende Organ (Gesellschafterversammlung, Aufsichtsrat) aufgrund der Rechenschaftslegung samt aller zugänglich gemachter Unterlagen bei Anwendung der im Verkehr erforderlichen Sorgfalt erkennbar waren.[264] Dies sind regelmäßig nur – aus dem Bilanzbericht oder anderen Berichten – offensichtliche Umstände. Insbes. wirkt ein Ausschluss der Haftung in einer Abgeltungsklausel eines Aufhebungsvertrages nicht, wenn die Pflichtverletzung arglistig verschwiegen wurde.[265]

In der Praxis brisanter ist die Frage, ob der Geschäftsführer für Kartellrechtsbußen des Unternehmens haftet, die aus einer entspr. Pflichtverletzung resultieren, oder ob die Haftung aufgrund normimmanenter Gründe des § 81 GWB u. des Art. 23 der Verordnung (EG) Nr. 1/2003[266] ausgeschlossen ist.[267] Die Instanzrspr nimmt einen solchen Haftungsausschluss an.[268] Wesentlich sei, dass mit einer Regressmöglichkeit der Gesellschaft ggü. dem Geschäftsführer der ordnungsrechtliche Zweck der Kartellrechtsbuße – Anleitung zum kartellrechtskonformen Verhalten – nicht wirksam erreicht werden könne, wenn die Gesellschaft die Möglichkeit zur Abwälzung des Bußgeldschadens aus sein Leitungsorgan habe.[269] Ob dieser Begründungsansatz in der Praxis haltbar ist, mag ernstlich bezweifelt werden, handelt ein Unternehmen – auch bei Kartellabsprachen, einem Missbrauch von Marktmacht usw – doch nicht aus sich heraus, sondern durch sein Leitungsorgan. Soweit also mittels Bußgeldsanktion Verhaltenssteuerung erreicht werden soll, muss bei den entspr. „Verhaltensträgern" angesetzt werden.[270]

---

262 BFH BStBl II 97, 89, 91.

263 OLG Frankfurt GmbHR 17, 974, 977.

264 OLG München GmbHR 15, 1324; 13, 813; BGH v. 21.4.86, II ZR 165/85 (Tz 13), juris; vgl. auch § 46.

265 OLG München GmbHR 18, 733, 734.

266 Verordnung (EG) Nr. 1/2003 des Rates vom 16.12.2002 zur Durchführung der in den Art. 81 [EG] und 82 [EG] niedergelegten Wettbewerbsregeln, ABl L 1 v. 4.1.2003, S. 1 ff.

267 Vgl. im Überblick *Binder/Kraayvanger*, BB 15, 1219; *Bayreuther*, NZA 15, 1239.

268 LAG Düsseldorf GmbHR 15, 480 (Parallelentscheidung LAG Düsseldorf BB 15, 243), Revision eingelegt unter BAG 8 AZR 189/15.

269 So LAG Düsseldorf aaO; zust. *Thomas*, NZA 15, 1409; *Bachmann*, BB 15, 911; *Lotze/Smolinski*, NZKart 15, 254; *Merlot de Beauregard*, DB 15, 928; (zur Begründung in 1. Instanz) *Bischke/Brack*, NZG 15, 349.

270 Abl. zu Recht auch *Binder/Kraayvanger*, BB 15, 1219; *Bayer/Scholz*, GmbHR 15, 449; *Suchy*, NZG 15, 591; *Kredel/Kresken*, KSzW 15, 276; in der Begründung differenzierend *Bayreuther*, NZA 15, 1239; *Faerber/Engelhoven*, EWiR, 15, 313.

a) Rechtliche Grundlage der Haftungsbeschränkung. Die Beschränkung der Geschäftsführerhaftung, etwa durch Verkürzung von Verjährungsfristen oder Reduzierung des Sorgfaltsmaßstabes, muss nicht zwingend in der Satzung, sondern kann auch durch Geschäftsordnung oder Gesellschafterbeschluss erfolgen, ferner durch entspr. Vereinbarungen im Geschäftsführeranstellungsvertrag,[271] was dem Geschäftsführer anzuraten ist. Erforderlich ist aber immer, auch für die Wirksamkeit eines Verzichts oder Vergleichs nach Eintritt eines Haftungsfalles, ein entspr. **Gesellschafterbeschluss.**[272] Ein Mehrheitsbeschluss kann im Einzelfall anfechtbar, uU auch nichtig sein, wegen Treuepflichtverstoßes oder der Verfolgung gesellschaftsfremder Sondervorteile. Auch eine Schadensersatzpflicht dieser Gesellschaftermehrheit ist nicht auszuschließen. 80

b) Mittel der Haftungsbeschränkung. Als Gestaltungsmittel für eine Haftungsbeschränkung kommen im Vorfeld eine Reduzierung des Sorgfaltsmaßstabes, etwa auf Vorsatz u. grobe Fahrlässigkeit, in Betracht, ebenso die Vereinbarung einer Haftungshöchstsumme oder die Verkürzung der fünfjährigen Regelverjährung nach Abs. 4, ggf. auch die Kombination mehrerer dieser Maßnahmen. 81

c) Haftungsbeschränkung für die Tatbestände nach Abs. 3. Eine Beschränkung der Haftung für die besonderen Tatbestände des Abs. 3 S. 1 ist **nur zulässig, soweit der Schadensersatz nicht zur Befriedigung der Gesellschaftsgläubiger erforderlich** ist (vgl. S. 2 iVm § 9 b I 1 sowie → § 9 b Rn. 3). Der eingeschränkte Gestaltungsspielraum ist in der Praxis va bei der Klauselgestaltung zu beachten. Unwirksam ist dann auch der Beschluss zur Entlastung des Geschäftsführers hins. seiner Präklusionswirkung sowie ein etwaiger zustimmender oder weisender Gesellschafterbeschluss.[273] Gleiches gilt für eine Reduzierung des Sorgfaltsmaßstabes oder eine Begrenzung der Verjährung im Vorhinein. Zulässig ist jedoch ein Vergleich zur Abwendung des Insolvenzverfahrens bei Zahlungsunfähigkeit des ersatzpflichtigen Geschäftsführers sowie wenn die Ersatzpflicht in einem Insolvenzplan (§§ 217 ff. InsO) geregelt wird (→ § 9 b Rn. 4). 82

d) Haftungsbeschränkung für die Tatbestände des Abs. 2. Ob u. in welchem Umfang eine Begrenzung der Haftung der Geschäftsführer über die in Abs. 3 geregelten Kapitalschutztatbestände möglich ist oder nicht, wird uneinheitlich beantwortet. 83

Nach der **neuen Rspr. des BGH**[274] gilt: Das Verbot der Haftungsbeschränkung gem. Abs. 3 S. 2 u. 3 gilt nur für die Tatbestände der Verletzung der Kapitalschutzvorschriften, also der Haftungstatbestände nach Abs. 3 S. 1, nicht jedoch für die Haftungstatbestände des Abs. 2. Soweit der Anwendungsbereich des Abs. 3 nicht betroffen ist, liege es in der Befugnis der Gesellschafter, ob, wie u. in welchem Umfang sie Haftungsansprüche ggü. Geschäftsführern verfolgen wollten. Auch eine Begrenzung der Haftung durch 84

271 BHG NJW 02, 3777, 3778; OLG Stuttgart GmbHR 03, 835; Lutter/Hommelhoff/*Kleindiek* Rn. 56.

272 BGH GmbHR, 98, 278; Baumbach/Hueck/*Zöllner/Noack* Rn. 5; Lutter/Hommelhoff/*Kleindiek* Rn. 57.

273 Baumbach/Hueck/*Zöllner/Noack* Rn. 51; Lutter/Hommelhoff/*Kleindiek* Rn. 52.

274 BGH ZIP 08, 736, 738; GmbHR 03, 712, 713; NJW 02, 3777, 3778.

eine haftungsfreistellende Gesellschafterweisung oder Vereinbarung eines reduzierten Sorgfaltsmaßstabes sei zulässig.[275] Das **Schrifttum** ist zu dieser Frage völlig **uneinheitlich.** Teilw. wird für die Frage der Zulässigkeit einer Haftungsbeschränkung an den Verschuldensmaßstab u. an die Art der vom Geschäftsführer zu erfüllenden Pflicht angeknüpft. Teilw. wird eine Haftungsbeschränkung grds. nur für Fälle außerhalb der groben Fahrlässigkeit anerkannt,[276] andere schließen jegliche Möglichkeit zur Haftungsbeschränkung im Vorhinein aus.[277]

85 **IÜ wird vertreten,** dass eine Haftungsbeschränkung auch in all den Fällen ausgeschlossen sei, in denen die vom Geschäftsführer verletzte Pflicht im Gläubigerinteresse oder im Allgemeininteresse liege u. zwingenden Charakter habe.[278] Abs. 3 S. 2 u. 3 sei entspr. analog anzuwenden, insbes. etwa im Fall der Insolvenzantragspflicht gem. § 15 a I InsO, der Buchführungspflicht gem. § 41 oder der Einberufungspflicht gem. § 49 III. **Andere** dag beschränken die analoge Anwendbarkeit von Abs. 3 S. 2 u. 3 lediglich auf diejenigen Geschäftsführerpflichten, die unmittelbar dem Kapitalschutz dienen, so etwa § 64 (vgl. § 64 S. 4 iVm § 43 III), § 43 a oder dem Verbot des existenzvernichtenden Eingriffs in das Gesellschaftsvermögen.[279] Nur in diesen Fällen soll eine Haftungsbegrenzung ebenfalls unzulässig sein. Darüber hinaus soll in diesen Fällen – wie auch der BGH in seiner Rspr. feststellt – ein unter Beachtung dieser Grenzen der Verfügungsbefugnis über die Schadensersatzhaftung getroffene Vergleich bzw. Verzicht selbst dann wirksam bleiben, wenn der (volle) Schadensersatzbetrag später zur Gläubigerbefriedigung benötigt werden würde.[280]

86 Für die Gestaltungspraxis kann vom Grundsatz von der Rspr. des BGH ausgegangen werden (→ Rn. 84) u. können weitgehende Haftungsbeschränkungen vorgenommen werden, wenn u. soweit Verstöße gegen Pflichten, die dem Kapitalschutz dienen, ausscheiden.

8. Verjährung

87 Nach Abs. 4 verjähren Ansprüche der Gesellschaft gegen den Geschäftsführer aus Abs. 2 u. 3 in 5 Jahren.

88 **a) Anwendungsbereich.** Die Verjährungsfrist des Abs. 4 gilt auch für Ansprüche wegen Verletzung von Pflichten des Geschäftsführers aus einem etwaig bestehenden Geschäftsführer-Anstellungsvertrag.[281] Ansprüche der Gesellschaft ggü. dem Geschäftsführer auch sonstiger Rechtsgrundlage (Delikt, Bereicherungsrecht oder Herausgabeansprüche) unterliegen ihren

---

275 BGH GmbHR 03, 712, 713; NJW 02, 3777, 3778.

276 Baumbach/Hueck/*Zöllner/Noack* Rn. 5, 46; *Lohr*, NZG 00, 1204, 1209.

277 Krieger/Schneider/*Haas*, Handbuch Managerhaftung, § 11 Rn. 2 ff., 60; *Sturm*, GmbHR 03, 573, 575 ff.; ebenso noch BGH NJW 00, 576.

278 Lutter/Hommelhoff/*Kleindiek* Rn. 55; Rowedder/Schmidt-Leithoff/*Koppensteiner* Rn. 41; *Goette*, DStR 98, 938, 942.

279 Baumbach/Hueck/*Zöllner/Noack* Rn. 47.

280 Baumbach/Hueck/*Zöllner/Noack* Rn. 47; zur Rspr. BGH BB 02, 2517; GmbHR 03, 712, 713; 08, 488.

281 BGH NJW-RR 98, 1255, 1256; Lutter/Hommelhoff/*Kleindiek* Rn. 48; Baumbach/Hueck/*Zöllner/Noack* Rn. 58 mwN.

eigenen Verjährungsregeln.[282] Dies gilt insbes. für § 823 II BGB iVm Schutzgesetzen.[283] Abs. 4 gilt in diesen Fällen nur dann als lex specialis, wenn die deliktische Haftung ausschließlich auf der Verletzung einer gesellschaftsrechtlichen oder an die Organstellung anknüpfenden Norm als Schutzgesetz iSv § 823 II BGB beruht.[284] Abs. 4 gilt nicht für Ansprüche der Gesellschaft ggü. dem Geschäftsführer als **außenstehendem Dritten,**[285] insbes. nicht als Gesellschafter wegen Verletzung der Gesellschaftertreuepflicht.[286]

b) Beginn der Verjährungsfrist. Die Verjährungsfrist des Abs. 4 beginnt mit 89
Anspruchsentstehung zu laufen, dh grds. frühestens mit Eintritt des Schadens dem Grunde nach.[287] Nicht erforderlich ist, dass die konkrete Schadenshöhe bereits feststeht bzw. bezifferbar ist; ausreichend ist vielmehr, dass der Anspruch von der Gesellschaft bereits iR einer Feststellungsklage geltend gemacht werden könnte.[288] Die **Kenntnis der Gesellschaft bzw. einzelner Gesellschafter** von den anspruchsbegründeten Tatsachen ist nicht erforderlich;[289] § 199 I BGB gilt nur für den Verjährungsbeginn im Fall der regelmäßigen Verjährung (3 Jahre), nicht jedoch im Fall des Abs. 4.[290]

Beruht der Schaden der Gesellschaft auf **mehreren individuellen Pflichtver-** 90
letzungen des Geschäftsführers, sind diese Pflichtverletzungen jeweils separat zu betrachten, u. die Verjährung für den jeweils dadurch verursachten Schaden beginnt jeweils gesondert zu laufen. Denn jede Pflichtverletzung hat eine eigene Schadensfolge u. führt damit zu einer eigenen Schadensersatzpflicht.[291] Anders ist dies im Fall der **„Dauerhandlung"**. Die Verjährung für den daraus resultierenden Schaden beginnt erst mit Beendigung der (andauernden) Pflichtverletzung. In weiterer Abgrenzung können mehrere Teilhandlungen jedoch auf einem einheitlichen oder in einem einheitlichen Tatplan beruhen, der dazu führt, dass die Verjährung zumindest nicht vor Abschluss des pflichtwidrigen Verhaltens zu laufen beginnt.[292] IdR ist derjenige Zeitpunkt maßgeblich, in dem durch die letzte Teilhandlung der als einheitliches Geschehen zu betrachtenden Handlung der Schaden dem Grunde nach eingetreten ist.[293]

---

282 BGHZ 100, 190, 199; NJW-RR 89, 1255, 1258; OLG Brandenburg GmbHR 19, 474, 476; OLG Köln NZG 00, 1137; Lutter/Hommelhoff/*Kleindiek* Rn. 59 mwN.
283 BGH DStR 05, 659, 660; OLG München v. 4.6.14, 7 U 4399/13 (Tz 7), juris; OLG Celle NJOZ 06, 1563, 1565; BGHZ 100, 190, 199.
284 OLG Saarbrücken NZG 00, 559; Lutter/Hommelhoff/*Kleindiek* Rn. 59.
285 BGH GmbHR 00, 1258 mAnm *Lelley*; Baumbach/Hueck/*Zöllner/Noack* Rn. 58.
286 BGH GmbHR 08, 1319; NJW 99, 781; NJW-RR 89, 1255, 1256; Lutter/Hommelhoff/*Kleindiek* Rn. 59.
287 BGH GmbHR 08, 1319; DStR 05, 659; Baumbach/Hueck/*Zöllner/Noack* Rn. 57.
288 BGH GmbHR 08, 1319; DStR 05, 659; BGHZ 100, 228, 231 f.; OLG Koblenz DStR 08, 687; OLG Stuttgart GmbHR 06, 759.
289 OLG München GmbHR 13, 813.
290 BGHZ 110, 190, 199; GmbHR 08, 1319, 1321; Baumbach/Hueck/*Zöllner/Noack* Rn. 57 mwN.
291 BGH NJW-RR 06, 694, 696; NJW 07, 830, 833; BeckRS 09, 19286; Baumbach/Hueck/*Zöllner/Noack* Rn. 57.
292 BGH DStR 08, 1839, 1841; OLG Düsseldorf GmbHR 00, 666, 670.
293 BGH DStR 08, 1839, 1841; Baumbach/Hueck/*Zöllner/Noack* Rn. 57.

91 c) **Verlängerung/Verkürzung der Verjährung, Ausschlussfristen.** Individuelle Abweichungen zur gesetzlichen Verjährungsfrist nach Abs. 4 können in der Satzung oder im Anstellungsvertrag[294] vereinbart werden.

92 Eine **Verlängerung** der Verjährungsfrist des Abs. 4 ist in den Grenzen des § 202 II BGB zulässig. Haftungserleichterung wegen Vorsatz (§ 202 I BGB) ist jedoch ausgeschlossen. Eine **Verkürzung** der Verjährungsfrist nach Abs. 4 ist in den Grenzen des Abs. 3 S. 2 u. 3 (→ Rn. 82) zulässig; ferner dürften als Grenzen für eine Verkürzung auch die Kapitalschutzvorschriften des § 64 I, § 43 a sowie der Grundsätze des existenzvernichtenden Eingriffs (→ § 13 Rn. 108 ff.) zu beachten sein. Entscheidend ist in diesen Fällen, dass die Grenzen der Abbedingung der Schadensersatzhaftung – hier im Fall der Verkürzung von Verjährungsfristen oder der **Vereinbarung von Ausschlussfristen** – im Zeitpunkt ihrer Vereinbarung gewahrt sind; soweit sich später herausstellt, dass der gesamte Schadensersatzbetrag zur Gläubigerbefriedigung erforderlich wäre, ändert dies an der Wirksamkeit der Abbedingung der Schadensersatzhaftung nichts.[295] Außerhalb des Abs. 3 sowie der Vorschriften zum Kapitalschutz steht die Verkürzung der Verjährung sowie die Vereinbarung von Ausschlussfristen zur gänzlichen Disposition der Gesellschafter. Zur Wirksamkeit eines entspr. Gesellschafterbeschlusses → Rn. 80 ff. Die Verkürzung der Verjährungsfrist oder die Aufnahme einer Ausschlussfrist kann von einem etwaig in der Gesellschaft bestehenden Aufsichtsrat ohne Zustimmung der Gesellschafterversammlung nicht beschlossen werden, weil dadurch die Rechte der Gesellschafterversammlung verkürzt würden.[296]

93 Der Arglisteinwand gegen die Berufung auf Verjährung ist im Einzelfall zulässig.[297] Hemmung (§ 204 I BGB) u. Unterbrechung (§ 209 BGB) der Verjährung setzen nicht voraus, dass auch ein Beschluss gem. § 46 Nr. 8 innerhalb der Verjährungsfrist getroffen wurde.[298]

9. Weitere Haftungstatbestände aufgrund organbezogener Tätigkeit

94 Neben der zentralen Haftungsnorm des § 43 ergeben sich weitere Haftungstatbestände aus Spezialnormen des GmbH-Gesetzes, öffentlich-rechtlichen Vorschriften (§ 69 AO) sowie den allg. Haftungsregimen nach BGB (vertragliche Haftung, Delikt usw). Dies betrifft sowohl die Haftung im Innenverhältnis zur Gesellschaft wie auch die Haftung im Außenverhältnis, also unmittelbar ggü. Dritten.

95 a) **Haftung gegenüber der Gesellschaft.** Die Geschäftsführer haften der Gesellschaft ggü. zunächst des Weiteren aufgrund von **Spezialtatbeständen des GmbHG:** Eine gesamtschuldnerische Haftung mit den Gesellschaftern

294 BGH NZG 02, 1170; OLG Stuttgart GmbHR 03, 835, 837; BGH GmbHR 08, 488.

295 BGH BB 02, 2517; GmbHR 03, 712; 08, 488; Baumbach/Hueck/*Zöllner*/*Noack* Rn. 47.

296 Baumbach/Hueck/*Zöllner*/*Noack* Rn. 60 aE; *Brandes*, NZG 99, 212; aA OLG Brandenburg NZG 99, 210.

297 Baumbach/Hueck/*Zöllner*/*Noack* Rn. 59; BGH DStR 05, 659; Scholz/*Schneider* Rn. 282.

298 BGH GmbHR 99, 714, 715; Baumbach/Hueck/*Zöllner*/*Noack* Rn. 61; Scholz/*Schneider* Rn. 283.

besteht nach § 9 a I („Gründungshaftung") für falsche Angaben bei der Gründung. Nach § 57 IV (iVm § 9 a) gilt Gleiches im Fall von Kapitalerhöhungen. Schließlich besteht eine eigenständige Haftung nach § 64 S. 1 u. 3 im Fall von Zahlungen nach Insolvenzreife. Neben diesen Spezialtatbeständen kommt Abs. 2 nicht zur Anwendung, soweit die Pflichtverletzung des Geschäftsführers sich in den vom jeweiligen Spezialtatbestand erfassten Handlungen erschöpft.

Daneben bestehen im Einzelfall gesetzliche Herausgabeansprüche auf dasjenige, was der Geschäftsführer infolge seiner Pflichtverletzung erlangt hat. 96
Dies gilt etwa für treuwidrig erlangte Provisionen, Schmiergelder u. andere Vorteile gem. § 667 BGB.[299] Gleiches gilt unter Anwendung des Rechtsgedankens der § 88 II 2 AktG u. § 113 I HGB bei Verstößen des Geschäftsführers gegen das Wettbewerbsverbot u. die ihm obliegende Geschäftschancenbindung.[300] Ansprüche aus GoA gem. §§ 677 ff. BGB sind neben § 43 jedoch ausgeschlossen, nachdem der pflichtwidrig handelnde Geschäftsführer nicht ohne Auftrag iSv § 677 BGB handelt.[301] Gleiches gilt im Fall angemaßter Eigengeschäftsführung.[302]

Der Geschäftsführer haftet der Gesellschaft grds. auch aus **Delikt**, wie etwa 97
gem. § 823 II BGB iVm § 266 StGB. Die deliktische Haftung tritt neben § 43 u. folgt ihren eigenen Regelungen, insbes. Abs. 4 ist für diese nicht anwendbar.[303]

Ist der Geschäftsführer zugleich Gesellschafter, kommt neben § 43 eine 98
Schadensersatzhaftung in Betracht, soweit der Gesellschafter-Geschäftsführer gegen seine **gesellschafterlichen Treuepflichten** verstößt.[304]

Nachdem der Geschäftsführer auch die Zweckbindung des Gesellschafts- 99
vermögens zu beachten hat,[305] ist es ebenfalls denkbar, dass der Geschäftsführer gem. **§§ 826, 830 BGB** wegen Beteiligung an einem existenzvernichtenden Eingriff haftet, etwa indem er den existenzvernichtenden Vermögensverlust bewirkt oder duldet. Grundlage ist das neue Haftungskonzept des BGH zum existenzvernichtenden Eingriff,[306] nach dem ein missbräuchlicher, die Insolvenz der GmbH herbeiführender oder vertiefender Eingriff in das der Zweckbindung dienende Gesellschaftsvermögen als sittenwidrige vorsätzliche Schädigung gem. § 826 BGB einzuordnen ist. Neben dieser deliktischen Rechtsgrundlage für die Schadensersatzhaftung wegen Beteiligung an einem existenzvernichtenden Eingriff kann der Geschäftsführer auch aus Abs. 2 haften.[307] In diesem Fall haften der Geschäftsführer u. der

---

299 BGH NJW 01, 2476, 2477; OLG Düsseldorf GmbHR 00, 666, 669; Michalski/*Haas/Ziemons* Rn. 262.
300 Michalski/*Haas/Ziemons* Rn. 262; Scholz/*Schneider* Rn. 169.
301 BGH NJW-RR 89, 1255, 1256 f.; Baumbach/Hueck/*Zöllner/Noack* Rn. 62.
302 BGH NJW-RR 89, 1255, 1256; Michalski/*Haas/Ziemons* Rn. 178.
303 BGH DStR 05, 659, 660; NJW-RR 89, 1255, 1258.
304 BGH NJW 99, 781; OLG Köln NZG 90, 1137, 1138; Baumbach/Hueck/*Zöllner/Noack* Rn. 62.
305 BGH GmbHR 07, 927.
306 BGH GmbHR 07, 927 ff. „TRIHOTEL".
307 BGH GmbHR 07, 927, 929; Baumbach/Hueck/*Zöllner/Noack* Rn. 62 a; *Lutter/Banerjea*, ZIP 03, 2177; *Altmeppen*, NJW 04, 97, 101; *Paefgen*, DB 07, 1907, 1910.

Gesellschafter als Gesamtschuldner. Bei der Veräußerung von Gesellschaftsvermögen in der Liquidation ist jedenfalls solange nicht von einem existenzvernichtenden Eingriff auszugehen, als das Vermögen nicht unter dem Wert übertragen wird, der iR einer Liquidation hätte erzielt werden können; dieser ist nicht zwingend am Buchwert zu orientieren.[308]

100 Innerhalb der **GmbH & Co KG** haftet der Geschäftsführer der Komplementär-GmbH ggü. der KG ebenfalls aus Abs. 2. Sowohl dem Geschäftsführer-Anstellungsvertrag wie auch dem Organverhältnis zwischen dem Geschäftsführer u. der Komplementär-GmbH (Sonderrechtsverhältnis mit Schutzwirkung zugunsten der KG) wird die Schutzwirkung zugunsten der KG beigemessen.[309] Auch im mittelbaren Gesellschafterverhältnis-Verhältnis zu einer Limited kann der Geschäftsführer-Anstellungsvertrag diese Schutzwirkung entfalten.[310] Dogmatisch differenzierend wird teilw. aus der Schutzwirkung des Geschäftsführer-Anstellungsvertrages ein – iErg wohl zu weitgehend – unmittelbarer Ersatzanspruch der KG gem. § 43 II abgeleitet.[311]

101 Für den **Sorgfaltsmaßstab** ist zu beachten, dass sich dieser für den Geschäftsführer der Komplementär-GmbH ggü. der KG grds. aus Abs. 1 ergibt. Teilw. wird im Schrifttum für personalistisch u. durch enge persönliche Bindungen der Gesellschafter gekennzeichnete KGs (zB Familien-GmbH & Co KG) eine Reduzierung des Sorgfaltsmaßstabes auf denjenigen eigenüblicher Sorgfalt iSv § 708 BGB iVm §§ 161 II, 105 III HGB vertreten.[312] Dem ist zuzustimmen. Entscheidend dürfte dabei sein, dass auch im Fall der Familien-GmbH & Co KG – sicherlich je nach Ausprägung – die gegenseitige Kenntnis von der Individualität der Beteiligten vorhanden u. als Grundlage für die Tätigkeit innerhalb der Gesellschaft vorausgesetzt wird. Die Interessenlage ist damit keine substantiell andere als diejenige, die im Fall der GbR nach § 708 BGB vorausgesetzt wird.[313]

102 Die Entlastung des Geschäftsführers der Komplementär-GmbH durch deren Gesellschafter hat Verzichtswirkung für sämtliche Ansprüche, die im Zusammenhang mit etwaigen Pflichtverletzungen des Geschäftsführers stehen.[314] Die Haftung des Geschäftsführers ggü. der KG beschränkt sich dann auf Herausgabeansprüche analog § 667 BGB.[315] Für die Geltendmachung eigener Haftungsansprüche der KG ggü. dem Geschäftsführer der Komplementär GmbH bedarf es keines Beschlusses nach § 46 Nr. 8.[316]

---

308 BGH BB 12, 1628, 1629 f.
309 BGH GmbHR 15, 248; 13, 1044; 02, 588, 589; DStR 92, 549, 550; OLG Karlsruhe GmbHR 13, 1177; OLG Celle NZG 02, 469 f.; OLG Düsseldorf NZG 01, 1086; zust. *Wilsing*, BB 13, 2260; *Weipert*, EWiR 13, 775.
310 OLG München v. 20.6.12, 7 U 3557/11 (Tz 102), juris.
311 OLG Düsseldorf GmbHR 00, 6669 f.; zT **aA** auch OLG München v. 20.6.12, 7 U 3557/11 (Tz 102), juris.
312 Baumbach/Hueck/*Zöllner/Noack* Rn. 66; Fesselmann/Tillmann/Mueller-Thuns/*Mussaeus*, Handbuch GmbH & Co. KG, § 4 Rn. 63; ähnl: MüKoBGB/*Ulmer/Schäfer*, § 708 Rn. 5; **abl.:** Scholz/*Schneider* Rn. 433.
313 Dazu MüKoBGB/*Ulmer/Schäfer*, § 708 Rn. 1 mwN.
314 OLG Celle NZG 02, 469, 470.
315 OLG Düsseldorf GmbHR 00, 666, 669.
316 BGH DStR 92, 549, 550; OLG Düsseldorf NZG 01, 1086, 1088.

b) Haftung gegenüber Dritten. Wertungsmäßig erfasst diese Haftung sowohl die Rechtsbeziehungen zu Gläubigern wie auch zu den Gesellschaftern. 103

aa) Haftung gegenüber Gesellschaftern. Ggü. den Gesellschaftern haftet der Geschäftsführer insbes. gem. § 31 VI sowie etwaig gem. § 40 III. IÜ können sich Haftungstatbestände aus dem Organverhältnis zwischen Geschäftsführer u. Gesellschaft zugunsten der Gesellschafter nur nach zivilrechtlichen Grundsätzen, insbes. § 823 II iVm Schutzgesetz ergeben. So werden etwa einzelne Tatbestände des § 82 als Schutzgesetz iSd § 823 II BGB verstanden (→ § 82 Rn. 8). Dag weisen § 266 StGB, § 49 III, § 51 a sowie § 15 I InsO keine Schutzgesetzeigenschaft auf. In Betracht kommt ebenfalls eine Haftung aus § 826 BGB. 104

Eine vertragliche Haftung des Geschäftsführers ggü. den Gesellschaftern wegen der Verletzung von Pflichten aus dem Anstellungsvertrag[317] würde erfordern, dass der Anstellungsvertrag Schutzwirkung zugunsten der Gesellschafter entfaltet. Soweit dies nicht ausdrücklich vertraglich ausgestaltet ist, kommt dem Anstellungsvertrag grds. keine Schutzwirkung idS zu.[318] Eine Ausn, mit der Folge, dass Schutzwirkung zugunsten der Gesellschafter besteht, wird von der Rspr. angenommen, wenn das wirtschaftliche Risiko u. der unternehmerische Einfluss des Gesellschafters im besonderen Maße auseinanderfallen, wie dies etwa im Fall der Komplementär-GmbH zur KG[319] oder des atypisch stillen Gesellschafters einer GmbH[320] der Fall sein kann. IÜ ist jedoch dem Anstellungsvertrag des Geschäftsführers keine Schutzwirkung zugunsten der Gesellschafter beizumessen. 105

Eine Haftung des Geschäftsführers ggü. den Gesellschaftern aufgrund des organschaftlichen Treueverhältnisses besteht grds. nicht. Dem Geschäftsführer obliegen ggü. den Gesellschaftern keine organschaftlichen Pflichten zur ordnungsgemäßen Unternehmensführung. Damit verbleibt es bei der Haftungskonzentration gem. § 43 u. einer etwaigen Schadensersatzpflicht nach Abs. 2 sowie einer deliktischen Haftung (§ 823 II BGB iVm Schutzgesetz).[321] Ausn. hierzu bilden die Haftung gem. § 31 VI für Zahlungen entgg. der Kapitalerhaltungsvorschriften der §§ 30, 31 sowie einzeln im Schrifttum diskutierte Pflichten auf organschaftlicher Grundlage, wie etwa die Auskunftspflicht bei Veräußerung eines Geschäftsanteils.[322] 106

Auch für die deliktische Haftung ist die Rechtstellung der Gesellschafter im Verhältnis zum Geschäftsführer entscheidend: So stellt zwar die „Mitglied- 107

317 Zur Einbeziehung der Verletzung von Pflichten aus dem Anstellungsvertrag in die Haftung gem. § 43 vgl. Rn. 11.
318 OLG Stuttgart GmbHR 06, 760, 761; Baumbach/Hueck/*Zöllner/Noack* Rn. 64; Michalski/*Haas/Ziemons* Rn. 269; BGH GmbHR 06, 762, 763; **aA** OLG Hamm GmbHR 91, 426.
319 BGHZ 100, 190, 193; 76, 326, 327; 75, 321, 327.
320 BGHZ 95, 738, 745.
321 Ebenso BGH GmbHR 12, 964, 965; OLG Stuttgart GmbHR 06, 760, 761; OLG Frankfurt GmbHR 99, 1144, 1145; Baumbach/Hueck/*Zöllner/Noack* Rn. 64; Scholz/*Schneider* Rn. 300.
322 Vgl. iErg Scholz/*Schneider* Rn. 301; Michalski/*Haas/Ziemons* Rn. 272 f.

schaft“ als solche ein „sonstiges Recht“ iSd § 823 I BGB dar,[323] nach hM geht der Schutz der Mitgliedschaft jedoch nur dahin, vor externen Eingriffen in die Mitgliedschaft zu schützen, nicht jedoch vor Eingriffen im Verhältnis zur Gesellschaft u. ihren Geschäftsführern (interner Schutz).[324] Dem ist jedoch nicht zu folgen, nachdem es sich in diesen Fällen typischerweise um die Verletzung organschaftlicher u. vertraglicher Pflichten des Geschäftsführers handelt, für die § 43 die Haftungskonzentration auf die Gesellschaft vornimmt.[325] Auch das Recht am eingerichteten u. ausgeübten Gewerbebetrieb als absolutes Recht iSd § 823 I BGB entfaltet keine Schutzwirkung zugunsten der Gesellschafter.[326]

108 Auch für die Haftung gem. § 823 II ist entscheidend, ob die jeweilige Schutznorm Schutzgesetzeigenschaft zugunsten der Gesellschafter aufweist oder nicht. Insoweit ist § 43 kein Schutzgesetz iSv § 823 II BGB zugunsten der Gesellschafter.[327] Gleiches gilt für § 266 StGB, § 40 III u. § 49 III, § 15 I InsO.[328] Schutzgesetzeigenschaft iSv § 823 II BGB kommen jedoch einzelnen Tatbeständen des § 82 (→ § 82 Rn. 8) zu.

109 **bb) Haftung gegenüber sonstigen Dritten.** Ggü. sonstigen Dritten, insbes. Gesellschaftsgläubigern kommen verschiedene, weitere Haftungstatbestände in Betracht. Zunächst bestehen Einzeltatbestände des GmbH-Rechts, wie etwa § 11 II, § 40 III oder sonstige spezialgesetzliche Regelungen, wie etwa § 26 III InsO. IÜ bestehen Haftungstatbestände nach allg. zivilrechtlichen Regeln; iErg:

110 **(1) Haftungsversprechen.** Grds. besteht keine vertragliche Haftung aus den vom Geschäftsführer in Vertretung der Gesellschaft abgeschlossenen Verträgen. Anders ist dies, soweit der Geschäftsführer ein faktisches Schuldversprechen oder Schuldanerkenntnis abgegeben, eine Bürgschaft übernommen oder selbstständige Garantie- bzw. Haftungsversprechen abgegeben hat, wie etwa dergestalt, dass er für die **Verbindlichkeiten der Gesellschaft** einstehen wolle.[329]

111 **(2) Verschulden bei Vertragsverhandlungen.** Auch eine Haftung des Geschäftsführers gem. §§ 280 I, 311 III BGB (cic) kommt in Betracht, soweit er **vorvertragliche Schutzpflichten** zugunsten Dritter, insbes. der Geschäftspartner, schuldhaft verletzt. Solche Schutzpflichten können sowohl der Gesellschaft wie auch dem Geschäftsführer persönlich obliegen. Die Gesellschaft unterliegt ab Eintritt von Überschuldung oder Zahlungsunfähigkeit einer Aufklärungspflicht über diesen Umstand.[330]

---

323 BGHZ 110, 323, 327; OLG München ZIP 90, 1552, 1553; Baumbach/Hueck/*Zöllner/Noack* Rn. 75; Scholz/*Schneider* Rn. 306.

324 OLG Stuttgart GmbHR 06, 760, 761; Scholz/*Schneider* Rn. 305 f.; Baumbach/Hueck/*Zöllner/Noack* Rn. 65 mwN; aA Michalski/*Haas/Ziemons* Rn. 276 ff. mwN zur Rspr.

325 Vgl. ebenso Baumbach/Hueck/*Zöllner/Noack* Rn. 65 mwN.

326 BGH NJW 06, 830, 839; Baumbach/Hueck/*Zöllner/Noack* Rn. 65.

327 HM, vgl. OLG Stuttgart GmbHR 06, 760, 761; OLG Frankfurt GmbHR 99, 1144; Baumbach/Hueck/*Zöllner/Noack* Rn. 64.

328 Scholz/*Schneider* Rn. 329; zugunsten der Gesellschaftsgläubiger besteht jedoch Schutzgesetzeigenschaft, vgl. Rn. 115.

329 BGH NZG 02, 779; 01, 888; DStR 97, 1542.

330 OLG München GmbHR 92, 813; Lutter/Hommelhoff/*Kleindiek* Rn. 64.

Persönliche Pflichten des Geschäftsführers bestehen nur in besonderen Fällen, insbes. wenn der Geschäftsführer **besonderes persönliches Vertrauen** in Anspruch genommen u. dadurch letztlich erheblichen Einfluss auf den Vertrag genommen hat.[331] Erforderlich dafür ist jedoch, dass der Geschäftsführer über das normale Verhandlungsvertrauen hinausgehend persönliche – letztlich neben der Gesellschaft stehende – Erklärungen für den Bestand u. die Erfüllung des Geschäfts abgegeben hat.[332] Es muss sich formelhaft um „**Erklärungen im Vorfeld einer Garantiezusage**"[333] handeln. 112

(3) **Wirtschaftliches Eigeninteresse.** Weitere Fallgruppe, in der der Geschäftsführer selbstständiger Träger von Schutzpflichten zugunsten der Gläubiger ist, liegt in den Fällen des wirtschaftlichen Eigeninteresses des Geschäftsführers. Der Geschäftsführer muss in solchen Fällen gleichsam in eigener Sache handeln; die Rspr. verlangt ein sog. „**qualifiziertes Eigeninteresse**".[334] Damit ist die Haftung auf Ausnahmefälle begrenzt. Zur negativen Abgrenzung lässt sich aufgrund der Rspr. feststellen, dass wirtschaftliches Eigeninteresse nicht bereits vorliegt bei maßgeblicher Beteiligung des Geschäftsführers an der Gesellschaft, bei Stellung von dinglichen Sicherheiten aus eigenem Vermögen des Geschäftsführers zugunsten der Gesellschaft oder bei Abhängigkeit eines Provisionsanspruches bzw. einer Umsatzbeteiligung des Geschäftsführers von dem betr. Geschäftsabschluss. Selbst im Fall der GmbH & Co KG ist die Alleingesellschafterstellung des Geschäftsführers kein Umstand, der per se ein wirtschaftliches Eigeninteresse begründet.[335] 113

(4) **Haftung aus Delikt.** Ggü. Dritten haftet der Geschäftsführer aus **§ 823 I BGB**, soweit er einen Deliktstatbestand selbst pflichtwidrig u. schuldhaft verwirklicht u. eines der geschützten Rechtsgüter verletzt. Dies kann etwa der Fall sein bei Veräußerung von Gegenständen, die im Eigentum Dritter stehen, oder bei Verletzung von gewerblichen Schutzrechten. 114

Ferner kommt eine Haftung gem. **§ 823 II BGB iVm Schutzgesetz** in Betracht, wenn der Geschäftsführer gegen eine gesetzlich geregelte Norm verstößt u. dieser Norm der Charakter eines Schutzgesetzes zugunsten des Dritten zukommt. Kein Schutzgesetz idS sind §§ 43, 30, 33 oder 43 a. Inwieweit § 41 Schutzgesetzeigenschaft zugunsten Dritter entfaltet, ist umstritten, in der Sache jedoch zu Recht abzulehnen (→ § 41 Rn. 10).[336] Schutzgesetzeigenschaft wird jedoch überw. angenommen für § 35 a I 1, § 58 I Nr. 2[337] sowie § 15 a I InsO.[338] Der Pflichtenverstoß liegt in der nicht (rechtzeitigen) Stellung des Antrages auf Eröffnung des Insolvenzver- 115

331 BGH DStR 02, 1275, 1276; NJW 95, 398; BAG DB 11, 2538, 2539; 07, 1690, *1691*; OLG Köln NZG 00, 439; Lutter/Hommelhoff/*Kleindiek* Rn. 65.
332 BGH DStR 02, 1275, 1276; NJW 95, 398; OLG Koblenz NZG 03, 776, 777.
333 BGHZ 126, 181, 189; OLG Zweibrücken NZG 02, 423; BAG NZA 06, 914, 916.
334 BGH DStR 02, 1275, 1276; wN bei Baumbach/Hueck/*Zöllner/Noack* Rn. 72.
335 BGH NJW 89, 292; GmbHR 95, 130.
336 Vgl. auch Michalski/*Haas/Ziemons* Rn. 292.
337 OLG Hamburg GmbHR 01, 392; Baumbach/Hueck/*Zöllner/Noack* Rn. 79.
338 So zur Vorgängerregelung: BGHZ 138, 211; NJW 99, 2182; OLG Koblenz NZG 03, 776, 777; Baumbach/Hueck/*Zöllner/Noack* Rn. 79; **aA** *Altmeppen/Wilhelm*, NJW 99, 673.

fahrens. Für den Umfang der Schadensersatzpflicht muss unterschieden werden zwischen Alt- u. Neugläubigern; Altgläubiger sind solche Gläubiger, die bereits vor (tatsächlichem) Eintritt der Eröffnungsvoraussetzungen ihren Anspruch gegen die Gesellschaft erhalten hatten, Neugläubiger dag erst nach (tatsächlichem) Eintritt der Eröffnungsvoraussetzungen in geschäftlichen Kontakt mit der Gesellschaft getreten sind. Altgläubiger können lediglich ihren sog. „Quotenschaden" geltend machen, Neugläubiger sind dag nicht darauf beschränkt, ihr Ersatzanspruch erfasst vielmehr das negative Interesse.[339]

116 Eine besonders praxisrelevante Fallgruppe der Schutzgesetze sind **Straftatbestände** aus dem StGB u. dem sonstigen Nebenstrafrecht. Hier kann sich eine deliktische Haftung der Geschäftsführer gem. **§ 823 II BGB iVm Strafgesetz** ergeben. Zu beachten ist dabei aber, inwieweit die Strafnorm Schutzgesetzeigenschaft zugunsten Dritter oder lediglich zugunsten der Gesellschaft/Gesellschafter entfaltet. Für § 266 StGB wird eine Schutzgesetzeigenschaft zugunsten der Gesellschaftsgläubiger abgelehnt, für die Tatbestände der §§ 263, 265 StGB sowie einzelne Straftatbestände des § 82 bejaht. Für die unterlassene Insolvenzsicherung von Wertguthaben von Altersteilzeit ist nach der Rspr. des BAG zu differenzieren: Grds scheidet eine Haftung aus, nachdem kein absolutes Recht iSv § 823 I BGB sowie kein Schutzgesetz iSv § 823 II BGB verletzt wird;[340] soweit jedoch der Geschäftsführer die Insolvenzsicherung wahrheitswidrig vortäuscht, kommt eine Haftung gem. § 823 II BGB iVm § 263 I StGB in Betracht.[341]

117 Soweit es um **Verkehrs- u. Organisationspflichten** des Geschäftsführers geht, wird – ausgehend von der sog. „Baustoffentscheidung" des (VI. Zivilsenats des) BGH[342] – vielfach diskutiert, inwieweit solche Pflichten, die zunächst dem Geschäftsführer ggü. der Gesellschaft – also im reinen Innenverhältnis – obliegen („Pflicht zur Organisation des Unternehmens"), auch Wirkung im Außenverhältnis haben u. damit (Schutz-) Wirkung zugunsten Dritter entfalten können. Der VI. Zivilsenat hat seine Rspr. fortgesetzt,[343] auch der XI. Zivilsenat hat (daran anlehnend) aus internen, organschaftlichen Pflichten des Unternehmensleiters deliktsrechtlich sanktionsfähige Verpflichtungen im Außenverhältnis ggü. Dritten begründet.[344] Der II. Zivilsenat hat die Rspr. des VI. Zivilsenats zwar kritisiert, jedoch noch nicht abschließend geurteilt. Der I. Zivilsenat hat jüngst vertreten, dass der Geschäftsführer für unlautere Wettbewerbshandlungen der GmbH nur dann persönlich hafte, wenn er (entweder durch positives Tun daran beteiligt war oder) die Wettbewerbsverstöße aufgrund einer nach allg. Grundsätzen des Deliktsrechts begründeten Garantenstellung hätte verhindern müssen; allein die Organstellung u. die all Verantwortlichkeit für das Unternehmen

339 BGH NJW 94, 2220; iÜ FK-InsO/*Wimmer*, § 16 Rn. 27 ff.
340 BAG GmbHR 06, 878.
341 BAG DB 07, 1919; 07, 1690.
342 BGHZ 109, 297.
343 BGH NJW 01, 964; DStR 96, 1014; teilw differenzierend GmbHR 12, 964.
344 BGH NJW 06, 830 ff.

begründeten keine Handlungspflicht, die verletzt werden könnte.[345] Auch im Schrifttum besteht eine entspr. Meinungsvielfalt.[346] Mit unterschiedlicher Akzentuierung wird vermittelnd vertreten, dass bei hohem Risiko eines Schadenseintritts u. besonderer Schwere eines Schadens[347] bzw. bei Gefahr für Leib u. Leben Dritter[348] eine solche Außenwirkung von Verkehrs- u. Organisationspflichten in Betracht zu ziehen sei. Allerdings müsse eine Begrenzung auf Ausnahmefälle beschränkt bleiben, weil anderenfalls der Geschäftsführer zu einem Ausfallbürgen wird.[349] Ausgehend von der noch nicht einheitlichen Senatsrspr des BGH ist diese Rechtsfrage weiterhin in der Diskussion. IErg kann durchaus im Fall der Gefahr für Leib u. Leben Dritter eine solche unmittelbare Haftung des Geschäftsführers in Betracht kommen.[350] Auch für den Produktbereich kann dem Geschäftsführer die Organisationspflicht für die Sicherstellung der Produktsicherheit im Betrieb sowie nach Markteinführung („Nachmarktkontrolle") mit Außenwirkung zugunsten der potenziellen Produktverwender zukommen. Verletzt er diese Pflichten, ist er ggü. geschädigten Dritten haftbar.

Jedoch stellt § **130 OWiG** nach der Rspr. – insbes. im Bereich umweltrechtlicher Vorschriften – kein Schutzgesetz iSv § 823 II BGB dar u. kann damit keine unmittelbare Außenhaftung des Geschäftsführers begründen.[351] 118

c) **Haftung für ordnungsgemäße Erfüllung der Steuerverbindlichkeiten (§§ 69, 34 AO).** Gem. § 34 II haben die Geschäftsführer die **steuerlichen Pflichten der Gesellschaft** zu erfüllen, insbes. dafür Sorge zu tragen, dass die Steuern aus den Mitteln der Gesellschaft abgeführt werden. Ergänzend normiert § 69 S. 1 AO, dass die Geschäftsführer persönlich haften, soweit Ansprüche aus dem Steuerschuldverhältnis in Folge vorsätzlicher oder grob fahrlässiger Verletzung der ihnen auferlegten Pflichten nicht oder nicht rechtzeitig festgesetzt oder erfüllt oder soweit in Folge dessen in Steuervergütungen oder Steuererstattungen ohne rechtlichen Grund gezahlt werden. § 69 S. 3 AO erweitert die Haftung – über die Steuerschuld hinaus – auch auf die zu zahlenden Säumniszuschläge.[352] Die Haftung gem. §§ 34, 69 AO knüpft – wie bei § 43 – an die Organstellung des Geschäftsführers an, auf die dortige Kommentierung, insbes. auch zur Haftung des Strohmann-Geschäftsführers[353] u. faktischen Geschäftsführers,[354] wird verwiesen (→ Rn. 4 ff.). 119

---

345 BGH GmbHR 14, 402; zust. *Campos Nave*, BB 14, 2129; *Mette*, DB 14, 1796; teilw krit. *Paefgen/Dettke*, EWiR 14, 579; zum Markenrecht ähnl Hanseatisches OLG GmbHR 13, 872.
346 Vgl. Überblick bei Scholz/*Schneider* Rn. 323 ff.
347 So etwa Lutter/Hommelhoff/*Kleindiek* Rn. 78; Michalski/*Haas* Rn. 342 f.
348 So Baumbach/Hueck/*Zöllner/Noack* Rn. 78; MünchHdbGesR/*Marsch-Barner/Diekmann*, § 46 Rn. 67; OLG Stuttgart NJW 08, 2514, 2515.
349 Anm. *Goette*, DStR 96, 1015; Lutter/Hommelhoff/*Kleindiek* Rn. 78.
350 Vgl. zur Verkehrssicherungspflicht (Räum- u. Streupflicht) ggü Dritten OLG Karlsruhe GmbHR 13, 267.
351 BGH DStR 94, 1272; Lutter/Hommelhoff/*Kleindiek* Rn. 78; MünchHdbGesR/*Marsch-Barner/Diekmann*, § 46 Rn. 68; Baumbach/Hueck/*Zöllner/Noack* Rn. 85.
352 BFH BStBl 89, 315; vgl. iÜ *Klein*, AO, § 69 Rn. 13 f.
353 BFH NV 06, 1252; BB 04, 1092.
354 BFH DStR 06, 1455, 1456; Baumbach/Hueck/*Zöllner/Noack* Rn. 89.

120 Die **Pflicht des Geschäftsführers** gem. § 34 I AO ist es, die **steuerlichen Pflichten der Gesellschaft zu erfüllen**, insbes. dafür Sorge zu tragen, dass die Steuern aus den Mitteln der Gesellschaft abgeführt werden. Dies bedeutet insbes., dass Steuererklärungen (rechtzeitig) abgegeben u. fällige Steuerzahlungen geleistet werden. So stellt das Nichtabführen der fälligen Lohnstuer regelmäßig einen grob fahrlässigen Pflichtenverstoß dar.

121 Den **Geschäftsführer trifft darüber hinaus** eine **Vorsorgepflicht**[355] dergestalt, dass er die Mittel der Gesellschaft so verwalten u. entspr. andere Gesellschaftsgläubiger nur insoweit befriedigen darf, als er auch zur Abführung bereits entstandener u. ihm bekannter Steuerforderungen zu einem späteren Fälligkeitszeitpunkt in der Lage ist.[356] Der BFH erweitert diesen Pflichtenkreiszeitraum insoweit als auch **schon vor Entstehung der Steuerforderung** eine **Mittelvorsorgepflicht** besteht, soweit die Entstehung der Steuerforderung absehbar ist.[357]

122 Im Fall der **Ressortaufteilung innerhalb der Geschäftsführung** kann der Pflichtenkreis der nichtzuständigen Geschäftsführer auf die sorgfältige Überwachung des zuständigen Geschäftsführungsmitgliedes beschränkt sein, soweit kein Anlass zu Zweifeln besteht, dass die steuerlichen Verpflichtungen ordnungsgemäß erfüllt werden. Ferner ist eine ex ante u. schriftlich getroffene klare Kompetenzaufteilung erforderlich.[358] **Gerät die Gesellschaft** jedoch **in die Krise**, ist **jeder** einzelne **Geschäftsführer** verpflichtet, für die ordnungsgemäße Erfüllung der steuerlichen Pflichten gem. § 34 I AO zu sorgen.[359] Entspr. gilt für die Begrenzung der Verantwortung des Geschäftsführers im Fall der Aufgabendelegation an nachgeordnete Mitarbeiter. In diesem Fall obliegt dem zuständigen Geschäftsführer jedoch darüber hinaus die sorgfältige Auswahl u. Einweisung des betr. Mitarbeiters.

123 Die Haftung gem. § 69 AO setzt **eigenes Verschulden des Geschäftsführers** voraus. Daher kann der Geschäftsführer sich im Fall der Betreuung der steuerlichen Verpflichtungen an einen fachkundigen Angehörigen eines rechts- oder steuerberatenden Berufes nur dann entlasten, wenn er diesen sorgfältig ausgewählt, ihn über den/die steuerlich relevanten Sachverhalte ordnungsgemäß informiert sowie den Fachkundigen laufend u. sorgfältig überwacht hat. Soweit ihm danach kein Anlass zukam, die Tätigkeit des Fachkundigen in Frage zu stellen, fehlt es an einem Verschulden iSv grober Fahrlässigkeit, so dass eine Haftung gem. § 69 S. 1 AO ausscheidet.[360]

124 Ferner setzt die Haftung gem. § 69 AO einen **(adäquaten) Kausalzusammenhang** zwischen Pflichtverletzung u. geltend gemachtem Schaden voraus. Erforderlich ist daher, dass zum Fälligkeitszeitpunkt der Steuerverbindlichkeit hinreichende Mittel zur Steuerentrichtung vorhanden sind u.

355 BFH GmbHR 08, 386; 06, 48, 49; 03, 490, 491; krit.: Scholz/*Schneider* Rn. 375; Baumbach/Hueck/*Zöllner*/*Noack* Rn. 89.
356 BFH NV 05, 994; 05, 665.
357 BFH GmbHR 04, 1099.
358 BFH GmbHR 06, 274; NZG 03, 734, 736.
359 BFH ZIP 84, 1345, 1346; NZG 03, 734.
360 Ebenso Tipke/Kruse/*Loose*, AO/FGO, AO § 69 Rn. 27.

der Geschäftsführer auch hierüber verfügen kann.[361] Eine mögliche Anfechtung von Steuerzahlungen durch den Insolvenzverwalter oder sonstige hypothetische Kausalverläufe lassen den Kausalzusammenhang nicht entfallen. Nach der Rspr. des BFH ist ein solcher Einwand nicht berücksichtigungsfähig.[362]

Gerät die Gesellschaft in **Zahlungsschwierigkeiten**, hat der Geschäftsführer die Pflicht, die Steuerverbindlichkeiten sowie die sonstigen Verbindlichkeiten der Gesellschaft nach dem Grundsatz der anteiligen Tilgung[363] zu erfüllen. Verstößt er gegen diese Pflicht, haftet er persönlich auf den Betrag, der bei gleichmäßiger anteiliger Befriedigung aller Gläubiger auf den (benachteiligten) Steuergläubiger entfallen wäre.[364] Jedoch ist in der Praxis immer zu prüfen, ob der Geschäftsführer nicht bereits – im Vorfeld – gegen seine Mittelvorsorgepflicht verstoßen hat. 125

Ist die **Gesellschaft insolvenzreif**, kann es zur **Pflichtenkollision** für den Geschäftsführer zwischen einerseits der Massesicherungspflicht (iVm der Haftung gem. § 64) u. andererseits der Pflicht zur Abführung von Steuern (§ 34 AO) bzw. Abführung von Sozialversicherungsbeiträgen kommen. Nach neuer Rspr. des BGH sowie des BFH ist der Geschäftsführer berechtigt, die fälligen Steuerverbindlichkeiten zu erfüllen sowie die Arbeitnehmer-Beiträge zur Sozialversicherung abzuführen, ohne dass er die Massesicherungspflicht verletzt. Insoweit wird sein Verhalten iR des § 64 II als mit den Pflichten eines ordentlichen u. gewissenhaften Geschäftsleiters vereinbar angesehen.[365] Der BFH geht darüber hinaus davon aus, dass die Haftung des Geschäftsführers gem. §§ 34, 69 AO grds. auch innerhalb des dreiwöchigen Zeitraumes nicht ausgeschlossen ist, innerhalb dessen der Geschäftsführer gem. § 15 a I 1 InsO den Insolvenzantrag stellen muss.[366] 126

d) Haftung für ordnungsgemäße Abführung von Sozialversicherungsbeiträgen. Nach hM, insbes. auch der Rspr., haftet der Geschäftsführer persönlich für vorsätzlich nicht abgeführte Arbeitnehmeranteile des Gesamtsozialversicherungsbeitrags gem. § 823 II BGB iVm § 266 a I StGB.[367] Das **Vorenthalten der Arbeitgeberanteile** unterfällt nicht § 266 I StGB; eine Strafbarkeit u. entspr. zivilrechtliche Haftung iVm § 823 II BGB ist jedoch nach § 266 a II im Einzelfall möglich. 127

Normadressat des § 266 a I (iVm § 14 I Nr. 1) StGB ist das Organ der Gesellschaft, also grds.[368] der wirksam bestellte Geschäftsführer. Eine Zurechnung – nach § 266 a I StGB durch Nichtabführen von Sozialversicherungsbeiträgen – strafbewehrten Verhaltens eines Vorgängers des Amtsinhabers 128

361 StRspr des BFH, vgl. ZIP 09, 122; GmbHR 08, 386.
362 BFH GmbHR 08, 386; NV 08, 18; DStR 07, 1722, 1724.
363 BFH GmbHR 87, 445, 446; 00, 1211, 1213; 00, 1215.
364 BFH GmbHR 08, 386; DStR 06, 1455, 1456.
365 BGH NJW 07, 2118, 2120; GmbHR 08, 1324; BFH ZIP 07, 1604, 1606 f.
366 BFH ZIP 09, 122, 123.
367 BGH DStR 08, 2169, 2170; GmbHR 06, 1332; 05, 877; DStR 96, 2029; NZG 03, 394, 395.
368 Zum faktischen Geschäftsführer vgl. BGHSt 47, 318; OLG Naumburg GmbHR 00, 588.

ist ausgeschlossen.[369] Er ist jedoch verpflichtet, etwaige Rückstände auszugleichen.

129 Das in § 266 a I StGB strafbewehrte **„Vorenthalten der Beiträge"** erfordert, dass bei bestehender Beitragspflicht die Beiträge im Fälligkeitszeitpunkt nicht an die zuständige Einzugsstelle abgeführt werden. Voraussetzung ist aber, dass die Erfüllung der Pflicht zur Beitragsleistung im Fälligkeitszeitpunkt rechtlich u. tatsächlich möglich war; so besteht eine rechtliche Unmöglichkeit etwa, wenn der Geschäftsführer im Regelinsolvenzverfahren oder im Eröffnungsverfahren bei Erlass eines Verfügungsverbotes (§ 22 I InsO) nicht mehr über das Gesellschaftsvermögen verfügen kann. Eine tatsächliche Unmöglichkeit liegt bei mangelnder Liquidität vor.

130 Allerdings ist mangelnde Liquidität im Hinblick auf die strafrechtliche Bewertung durchaus kritisch zu bewertenDie strafrechtliche Rspr. hat nämlich den Pflichtenkreis des Geschäftsführers insoweit erweitert als auch die **Herbeiführung der Zahlungsunfähigkeit** – soweit zumindest bedingt vorsätzlich erfolgt – **strafrechtlich u. haftungsrechtlich relevant** sein könne.[370] Die Rspr. nimmt an, der Geschäftsführer sei verpflichtet, dafür Sorge zu tragen, dass am Fälligkeitstag ausreichende Liquidität vorhanden ist, um die fällig werdenden Verbindlichkeiten ggü. den Sozialversicherungsträgern zu erfüllen. Dabei ist der Geschäftsführer auch zur Bildung ausreichender Rücklagen u. sogar zur Rückstellung anderweitiger Zahlungsverbindlichkeiten verpflichtet.[371]

131 Soweit die ggü. den Sozialversicherungsträgern geleistete Zahlung zur Deckung aller vorhandener Verbindlichkeiten nicht ausreicht, erfolgt die **Tilgungswirkung gem. § 4 BeitragsVO** vom 3.5.06; dies bedeutet insbes., dass zunächst eine Verrechnung auf Auslagen der Einzugsstelle u. Gebühren erfolgt u. iÜ eine hälftige Verrechnung auf Arbeitgeber- u. Arbeitnehmeranteile. Vor diesem Hintergrund ist es Geschäftsführern bei zu knapper Liquidität zu empfehlen, ausdrücklich eine abw. Tilgungsbestimmung vorzunehmen, um insbes. die Haftungsrisiken für den Geschäftsführer zu vermeiden.

132 Zur **Pflichtenkollision im Fall der Insolvenzreife** gelten die Kommentierungen zur Haftung für Erfüllung von Steuerverbindlichkeiten (→ Rn. 126) entspr.

132a **e) Haftung für unterlassene Insolvenzsicherung von Wertguthaben der Altersteilzeit.** Nach § 8 a I AltTZG ist die GmbH als Arbeitgeber verpflichtet, Wertguthaben der Altersteilzeit gegen das Risiko der Zahlungsunfähigkeit der Gesellschaft abzusichern. Unterlässt der Geschäftsführer pflichtwidrig eine solche Insolvenzsicherung, scheidet eine unmittelbare Haftung des Geschäftsführers ggü. den betroffenen Arbeitnehmern auf der Grundlage des § 43 aus; der Anstellungsvertrag ist nicht als Vertrag mit Schutzwirkung zugunsten Dritter – hier der Arbeitnehmer – zu sehen.[372] Ob eine

---

369 BGH NZG 02, 288.
370 BGH DStR 97, 546; GmbHR 02, 208.
371 BGH DStR 06, 2185, 2186; NZI 07, 416, 417; BGHZ 134, 304, 308; NJW 02, 1123, 1124 f.; 02, 1122, 1123.
372 LAG MV v. 9.12.15, 3 Sa 269/14 (Tz 50), juris.

Durchgriffshaftung nach § 7e VII SGB VII besteht, ist höchstrichterlich noch nicht geklärt.[373]

III. Verfahren

1. Beschluss der Gesellschafterversammlung

Die **Geltendmachung von Schadensersatzansprüchen** ggü. einem Geschäftsführer erfordert – als materielle Anspruchsvoraussetzung[374] – grds. einen entspr. Gesellschafterbeschluss (§ 46 Nr. 8).[375] Gleiches gilt für die Geltendmachung von Ersatzansprüchen ggü. einem ehemaligen Geschäftsführer.[376] Der wirksame Gesellschafterbeschluss ist materielle Anspruchsvoraussetzung, deren Fehlen eine Klage unbegründet macht. Gleiches gilt im Fall der Streitverkündung ggü. dem Geschäftsführer.[377] Der Beschluss kann jedoch noch im Verlauf des Prozesses gefasst u. die entspr. Niederschrift dem Gericht vorgelegt werden.[378] Anders ist dies im Fall des Alleingesellschafter-Geschäftsführers, der Ansprüche ggü. dem ehemaligen Geschäftsführer geltend macht; die Forderung nach einer Beschlussniederschrift wäre reine Förmelei.[379] Auch die Geltendmachung von Ansprüchen der GmbH, die nur über einen Gesellschafter verfügt, ggü. dem Fremdgeschäftsführer bedarf keines Gesellschafterbeschlusses; ausreichen, aber erforderlich ist, dass der Wille des Alleingesellschafters hinreichend klar zutage tritt.[380] Ferner bedarf der Insolvenzverwalter der GmbH keines Gesellschafterbeschlusses,[381] ebenso wenig der Liquidator bei Liquidation der GmbH, die ihren Geschäftsbetrieb endgültig eingestellt hat, wenn die Liquidation deshalb konkursfrei erfolgt, weil eine die Kosten deckende Masse nicht vorhanden ist.[382] Nachdem die Schadensersatzansprüche gem. Abs. 2, 3 an die Organstellung des Geschäftsführers anknüpfen, ist für die Geltendmachung von Schadensersatzansprüchen aus einem weiteren – nicht organschaftlichen – Rechtsverhältnis zwischen Geschäftsführer u. Gesellschaft keine Beschlussfassung der Gesellschafterversammlung erforderlich. In der **GmbH & Co KG** erfordert die Geltendmachung von Schadensersatzansprüchen der Kommanditgesellschaft gegen den Geschäftsführer der Komplementär-GmbH keinen Gesellschafterbeschluss, auch nicht in der Komplementär-GmbH. Dies gilt richtigerweise auch, wenn die Komplementär-GmbH einen Anspruch aus abgetretenem Recht der Kommanditgesellschaft geltend macht.[383] 133

373 Abl. LAG MV aaO, Revision zugelassen; ebenso LAG MV v. 28.10.15, 3 Sa 105/14 (Tz 50), Revision eingelegt unter BAG 9 AZR 794/15.
374 OLG München v. 20.6.12, 7 U 3557/11 (Tz 109); Roth/*Altmeppen* § 46 Rn. 60.
375 BGH DStR 04, 1755, 1756; GmbHR 99, 714; OLG Celle NZG 02, 823, 824.
376 StRspr des BGH, vgl. DStR 08, 158, 159; 04, 1755, 1756.
377 So auch *Horn*, GmbHR 17, 1024.
378 BGH DStR 08, 158, 159; 04, 1755, 1756; Baumbach/Hueck/*Zöllner/Noack* Rn. 30.
379 StRspr, zul. BGH GmbHR 10, 85.
380 OLG München GmbHR 18, 518, 519; Baumbach/Hueck/*Zöllner/Noack* Rn. 63.
381 BGH DStR 04, 1755, 1757.
382 BGH DStR 04, 1755, 1757.
383 Zum Ganzen OLG Karlsruhe GmbHR 13, 1051; ebenso *Böttcher*, ZWH 14, 119; teilw differenzierend Scholz/*Schmidt* § 46 Rn. 176.

134 Zur Geltendmachung von Ersatzansprüchen der Gesellschaft durch **einzelne Gesellschafter** oder eine **Gesellschafterminderheit** in Prozessstandschaft → § 13 Rn. 72 ff.

2. Gerichtliche Zuständigkeit

135 Für die Klage der Gesellschaft gegen den Geschäftsführer auf Schadensersatz ist der Rechtsweg zu den Zivilgerichten eröffnet. Die Arbeitsgerichte sind lediglich in Ausnahmefällen gem. § 2 I Nr. 3 a ArbGG zuständig.[384] Örtlich zuständig ist neben dem Gericht des allg. Gerichtsstandes des Geschäftsführers (§§ 12, 13 ZPO) auch der Wahlgerichtsstand des Erfüllungsortes (§ 29 ZPO).[385] Der Erfüllungsort befindet sich am Sitz der Gesellschaft, nachdem dort die Organpflichten des Geschäftsführers zu erfüllen sind. Im Anwendungsbereich der EuGVVO[386] ist das Gericht am Erfüllungsort gem. Art. 5 Nr. 1 EuGVVO örtlich zuständig, mithin dem Ort, an dem die verletzte Organpflicht zu erfüllen ist. Maßgeblich ist dafür das Gesellschaftsstatut,[387] das nach hM auch Organisations- u. Haftungsfragen erfasst. Soweit nach dem Gesellschaftsstatut deutsches Recht anwendbar ist, sind die Organpflichten am Sitz der Gesellschaft zu erfüllen.[388] Zu beachten ist, dass der BGH Ansprüche aus Abs. 3 als Konkurs-/Insolvenzsachen einordnet.[389]

3. Prozessvertretung der Gesellschaft; Nebenintervention

136 Die ordnungsgemäße Vertretung der Gesellschaft im Schadensersatzprozess gegen ihren (ehemaligen) Geschäftsführer stellt sich aufgrund der unterschiedlich anwendbaren gesetzlichen Regelungen u. der organisatorischen Ausgestaltungsflexibilität der GmbH komplex dar. Grds. gilt, dass in der nach MitbestG mitbestimmten GmbH zwingend der Aufsichtsrat die Gesellschaft vertritt; ebenso soweit außerhalb des MitbestG ein Aufsichtsrat besteht (§ 52 iVm § 112 AktG).[390] IÜ haben die Gesellschafter nach § 46 Nr. 8 zu entscheiden, wer die Gesellschaft im Prozess gegen den Geschäftsführer vertreten soll. Darüber hinaus gibt die Rspr. u. das juristische Schrifttum kein einheitliches Meinungsbild wieder (vgl. iErg → § 35 Rn. 12).

Die **Nebenintervention der D&O-Versicherung** aufseiten des Geschäftsführers nach dessen Streitverkündung ist auch dann zulässig, wenn der Versicherer – aufgrund der Versicherungsvertragsbedingungen – für den Geschäftsführer unmittelbar prozessführungsbefugt ist.[391]

---

384 Vgl. insoweit BAG AP Nr. 17, 36 zu § 2 ArbGG; BAG NJW 00, 3732.
385 BGH GmbHR 92, 303; NJW 85, 1286, 1287.
386 Verordnung (EG) Nr. 44/2001 des Rates vom 22.12.2000 über die gerichtliche Zuständigkeit und die Anerkennung und Vollstreckung gerichtlicher Entscheidungen in Zivil- und Handelssachen, ABl EG Nr. L 12 v. 16.1.01 S. 1.
387 OLG München NZG 99, 1170, 1171; Michalski/*Haas*/*Ziemons* Rn. 244.
388 BGH GmbHR 92, 303; OLG München NZG 99, 1170.
389 BGH NZI 14, 881.
390 OLG Sachsen-Anhalt v. 30.3.15, 1 U 113/14 (Tz 16), juris; BGH NZG 13, 297; Baumbach/Hueck/*Zöllner*/*Noack* § 46 Rn. 66.
391 OLG Frankfurt v. 12.5.15, 11 W 28/13 (Kart), juris.

4. Darlegungs- und Beweislast

Für die **organschaftliche Haftung** des Geschäftsführers, damit nicht für die Haftung aufgrund anderer Tatbestände, gelten **Erleichterungen der Darlegungs- u. Beweislast** für die Gesellschaft.[392] Es gelten die Grundsätze zu § 93 II 2 AktG, § 34 II GenG analog. Danach hat die **Gesellschaft** nur den Eintritt eines Schadens u. dessen Verursachung durch ein Verhalten des Geschäftsführers, das sich **„möglicherweise als pflichtwidrig"** darstellt, darzulegen u. im Bestreitensfall zu beweisen. Die Gesellschaft trifft insoweit eine sekundäre Darlegungs- u. Beweislast hins. etwaiger Pflichtverletzungen des Geschäftsführers.[393] Ihr können dabei die Beweiserleichterungen des § 287 ZPO zugutekommen.[394] Ein Verweis auf eine etwaige bestehende staatsanwaltschaftliche Ermittlungsakte oder die Tatvorwürfe einer Anklageschrift genügen dem jedoch nicht.[395] Übt die betroffene Person unterschiedliche Funktionen in einer Konzerngruppe aus, ist darzulegen u. zu beweisen, dass ihr die maßgeblichen Pflichten in der Funktion als Geschäftsführer oblagen.[396] Der **Geschäftsführer** seinerseits muss Anhaltspunkte dafür darlegen u. beweisen, dass das schadensverursachende Verhalten nicht pflichtwidrig war, er auf Weisung der Gesellschafter gehandelt hat oder ihm zumindest kein Schuldvorwurf hins. der Pflichtverletzung gemacht werden kann,[397] oder dass der Schaden auch bei pflichtgemäßem Alternativverhalten eingetreten wäre.[398] Der Geschäftsführer hat insoweit das Vorliegen der Voraussetzungen gem. der **„business judgement rule"** darzulegen u. ggf. zu beweisen,[399] also ob ihm in der jeweiligen Situation ein Ermessensspielraum zugestanden hat u. dieses Ermessen ordnungsgemäß ausgeübt worden ist;[400] nur insoweit findet eine gerichtliche Überprüfung statt.[401] Für den Geschäftsführer besteht ferner die Möglichkeit, den Nachweis zu führen, dass der Schaden selbst bei pflichtgemäßem Alternativverhalten eingetreten wäre;[402] zum Ausschluss des Einwandes rechtmäßigen Alternativerhaltens bei der Haftung für Steuerverbindlichkeit u. Sozialversicherungsbeiträgen → Rn. 124. 137

Soweit Schadensersatzansprüche ggü. einem **ausgeschiedenen Geschäftsführer** geltend gemacht werden, hat dieser Anspruch auf Einsicht in diejenigen Unterlagen der Gesellschaft, die für die Rechtsverteidigung erforderlich sind.[403] 138

392 BGH NJW 02, 3777, 3778; OLG Stuttgart GmbHR 06, 759.
393 OLG Düsseldorf v. 19.7.18 – I-6 U 122/16 (Tz 70), juris; OLG München GmbHR 15, 1273; v. 17.12.14, 7 U 3260/13 (Tz 40), juris; BGH NJW 03, 358, 359; DB 07, 389, 391.
394 OLG Koblenz GmbHR 15, 357; OLG München GmbHR 13, 813.
395 OLG Brandenburg GmbHR 19, 474, 475.
396 OLG Düsseldorf v. 19.7.18 – I-6 122/16 (Tz 71 f.), juris; OLG München GmbHR 15, 1273.
397 OLG München GmbHR 19, 600, 603; OLG Brandenburg GmbHR 18, 578, 580; OLG Brandenburg v. 17.7.13, 7 U 58/11 (Tz 31), juris.
398 OLG München GmbHR 18, 1058, 1060; BGH BGHZ 197, 304.
399 OLG München v. 17.12.14, 7 U 3260/13 (Tz 40), juris.
400 OLG Brandenburg GmbHR 18, 578, 580; OLG Frankfurt GmbHR 17, 974, 976; OLG Frankfurt v. 2.10.12, 11 U 110/10 (Tz 46), juris.
401 So auch OLG Koblenz GmbHR 15, 357.
402 BGH DStR 08, 1974 ff.; 08, 1599, 1600; NJW 03, 358, 359.
403 BGH NJW 03, 358, 359.

§ 43 a Kreditgewährung aus Gesellschaftsvermögen

[1]Den Geschäftsführern, anderen gesetzlichen Vertretern, Prokuristen oder zum gesamten Geschäftsbetrieb ermächtigten Handlungsbevollmächtigten darf Kredit nicht aus dem zur Erhaltung des Stammkapitals erforderlichen Vermögen der Gesellschaft gewährt werden. [2]Ein entgegen Satz 1 gewährter Kredit ist ohne Rücksicht auf entgegenstehende Vereinbarungen sofort zurückzugewähren.

Schrifttum

Fromm, Rückforderung von Krediten an GmbH-Leitungspersonen wegen Verstoßes gegen den Kapitalerhaltungsgrundsatz, GmbHR 2008, 537; *Drygala/Kremer*, Alles neu macht der Mai – Zur Neuregelung der Kapitalerhaltungsvorschriften im Regierungsentwurf zum MoMiG, ZIP 2007, 1296; *Michelfeit*, Kapitalaufbringung und -erhaltung nach dem MoMiG – Welche Grenzen zieht § 43 a GmbHG?; *Mohr*, Die Angemessenheit der Gesamtvergütung des GmbH-Geschäftsführers im Gesellschaftsrecht, GmbHR 2011, 402; *Saenger/Koch*, Kreditgewährung an Gesellschafter aus gebundenem Vermögen als verbotene Auszahlung auch bei vollwertigem Rückzahlungsanspruch, GmbHR 2007, 1072; *K Schmidt*, Reform der Kapitalsicherung und Haftung in der Krise nach dem Regierungsentwurf des MoMiG, GmbHR 2007, 1076; *Vetter*, Darlehen der GmbH an ihren Gesellschafter und Erhaltung des Stammkapitals, BB 2004, 1509; *Wittkowski*, Haftung und Haftungsvermeidung beim Mangagement Buy-Out einer GmbH, GmbHR 1990, 653.

I. Normzweck

1 Die Regelung wurde durch die Gesetzesnovelle 1980 eingefügt, jedoch iR des MoMiG unverändert belassen. Sie dient – vergleichbar zu §§ 89, 115 AktG, 39 GenG – der **Erhaltung des Stammkapitals** der Gesellschaft u. liegt damit im primären Interesse der Gläubiger.[1] § 43 a trägt der Tatsache Rechnung, dass die Einräumung, wie auch die einzelnen Bedingungen von Krediten an Geschäftsführer u. die weiteren genannten Vertreter häufig nicht hinreichend geprüft wird bzw. diese Prüfung im Fall der Befreiung vom Selbstkontrahierungsverbot obsolet ist.[2] Wenn u. soweit durch eine solche Kreditvergabe das Stammkapital angegriffen wird, verbietet § 43 a die Kreditgewährung (S. 1). Für die Frage der Betroffenheit des Stammkapitals bleibt die Werthaltigkeit des Darlehensrückzahlungsanspruchs außer Betracht; für § 43 a gilt – anders im Fall der §§ 30, 31 – **keine bilanzielle Betrachtungsweise.**[3] § 43 a verbietet bereits die Übernahme eines bestimmten Risikos, nämlich dasjenige, das abstrakt mit der Kreditvergabe an Geschäftsführer u. andere Vertreter der Gesellschaft u. der Gefahr ihrer Insolvenz verbunden ist.[4] Ein entgg dem Verbot eingeräumter Kredit ist sofort zu erstatten. Die Gesellschaft hat einen eigenständigen **Rückzahlungsan-**

1 OLG Koblenz v. 16.7.10 (Tz 24), Az. 10 U 1510/09, zit. nach juris.
2 Scholz/*Schneider* Rn. 9 ff.; BGH NZG 12, 667, 671.
3 BGH NZG 12, 667, 671; NJW 04, 1111; Baumbach/Hueck/*Beurskens* Rn. 13; Scholz/*Schneider* Rn. 8.
4 Scholz/*Schneider* Rn. 8, 15; Roth/*Altmeppen* Rn. 1.

spruch ggü dem Kreditnehmer (S. 2). Angesichts des Normzwecks ist die Regelung **zwingend.** Privatautonome Regelungen zur Verschärfung der Kreditvergabe sind zulässig.[5]

II. Inhalt

1. Erfasster Personenkreis

Verboten ist die Kreditgewährung an (Fremd-) Geschäftsführer, stellvertretende Geschäftsführer, Notgeschäftsführer, Arbeitsdirektor sowie fehlerhaft bestellte u. faktische Geschäftsführer,[6] Liquidatoren („*andere gesetzliche Vertreter*") sowie Prokuristen u. zum gesamten Geschäftsbetrieb ermächtigte (General-) Handlungsbevollmächtigte (§ 54 I 1. Alt HGB), unabhängig von einer etwaigen Leitungsfunktion.[7] **Analoge Anwendung** findet § 43 a für die Geschäftsführer u. andere genannte Vertreter der Komplementär-GmbH im Fall der Kreditvergabe durch die GmbH & Co KG,[8] für den Strohmann u. sonstige Dritte (Ehegatte, minderjähriges Kind), soweit wegen ihrer Nähe zum Geschäftsführer die Kreditgewährung diesem zugerechnet werden muss.[9] 2

Die Kreditvergabe an **künftige oder ehemalige Geschäftsführer** unterfällt § 43 a, wenn der Kredit in sachlichem Zusammenhang mit der Geschäftsführungsfunktion steht, ein enger zeitlicher Zusammenhang ist nicht erforderlich.[10] 3

Für **Gesellschafter** ohne Vertretungsbefugnis iSv S. 1 gilt ausschließlich § 30; § 43 a ist mangels Gesetzeslücke nicht analog anzuwenden, vielmehr hat der Gesetzgeber ein Regelungsbedürfnis ausdrücklich abgelehnt.[11] Der Gesellschafter-Geschäftsführer unterfällt § 30 mit dem Privileg der bilanziellen Betrachtung, daneben findet § 43 a jedoch keine Anwendung.[12] Anderes gilt jedoch für Aufsichtsratsmitglieder, soweit diese nicht ausschließlich repräsentative Funktion haben. Im Hinblick auf den Normzweck (→ Rn. 1) sowie die auch in ihrem Fall bestehende Risikosituation ist § 43 a hier analog anzuwenden.[13] 4

---

5 Lutter/Hommelhoff/*Kleindiek* Rn. 1; *Wicke* Rn. 1; Scholz/*Schneider* § 43 Rn. 15 a.
6 Baumbach/Hueck/*Beurskens* Rn. 6; *Scholz/Schneider* Rn. 29.
7 Baumbach/Hueck/*Beurskens* Rn. 7; Scholz/*Schneider* § 43 Rn. 32, Lutter/Hommelhoff/*Kleindiek* § 43 Rn. 4.
8 Baumbach/Hueck/*Beurskens* Rn. 11; Lutter/Hommelhoff/*Kleindiek* § 43 Rn. 4; *Michelfeit*, MittBayNot 09, 435, 441.
9 OLG Düsseldorf GmbHR 95, 227; Lutter/Hommelhoff/*Kleindiek* Rn. 4; Baumbach/Hueck/*Beurskens* Rn. 9; MünchHdbGesR/*Marsch-Barner/Diekmann* § 43 Rn. 113.
10 Lutter/Hommelhoff/*Kleindiek* Rn. 5.
11 BT-Drucks 8/1347, S. 74; BGH NJW 04, 1111; bestätigt iR des MoMiG, *Goette/Habersack*, MoMiG in Wissenschaft und Praxis, Rn. 4.97; *Drygala/Krämer*, ZIP 07, 1296; *K Schmidt*, GmbHR 07, 1072, 1076; **aA** Scholz/*Schneider* Rn. 63.
12 BGH NJW 04, 1111; Roth/*Altmeppen* Rn. 7 mit ausdrücklichem Verweis auf die Gesetzesbegründung, *Saenger/Koch*, NZG 04, 271 f.; *Vetter*, BB 04, 1509, 1510; ähnl *Mohr*, GmbHR 11, 402, 407; **aA** Baumbach/Hueck/*Beurskens* Rn. 8; Scholz/*Schneider* Rn. 62, *K Schmidt*, GmbHR 07, 1072, 1076.
13 Scholz/*Schneider* Rn. 30; **aA** Lutter/Hommelhoff/*Kleindiek* § 43 Rn. 4; Baumbach/Hueck/*Beurskens* Rn. 8.

5 Erfolgt ein **Management-Buy-Out** über eine neue GmbH u. gewährt die Ziel-GmbH dieser Neu-GmbH ein Darlehen oder Sicherheiten für Drittdarlehen, ist § 43 a regelmäßig nicht anwendbar. Denn das Darlehen wird hier im reinen Gesellschafterverhältnis gegeben.[14] § 43 a greift jedoch, soweit der Buy-Out unmittelbar von den Leitungspersonen der Ziel-GmbH erfolgt.

2. Kreditgewährung

6 Der Begriff des „**Kredites**" ist in Anlehnung an §§ 89, 115 AktG weit auszulegen.[15] Er geht über die Definition nach §§ 19 f. KWG hinaus. Unter § 43 a fallen alle Waren-, Geld- u. Kontokorrentkredite, (Gehalts-) Vorschüsse, Stundung, Bürgschaften oder sonstige Sicherheiten zugunsten Dritter für Forderungen gegen den Geschäftsführer sowie Abschlagsdividenden,[16] die Nichtgeltendmachung von fälligen u. unstr. Forderungen u. die Beteiligung als stiller Gesellschafter am Handelsgeschäft des Geschäftsführers.[17] § 43 a ist auch anwendbar, soweit der Kredit des Geschäftsführers durch einen Dritten besichert ist,[18] nachdem die Regelung gem. ihrem Normzweck (→ Rn. 1) abstrakt-generalisierend u. eben nicht individuell-konkret die mögliche Gefährdung des Stammkapitals der Gesellschaft ausschließen will u. nicht auf eine bilanzielle Betrachtungsweise abstellt. Inwieweit Kredite im Geschäftsverkehr „üblich" sind, wie etwa Vorleistungen iR von Werk- oder Mietverträgen, ist nicht maßgeblich; auch solche Kredite sollten § 43 a unterfallen.[19] Anderenfalls würde mit dem Kriterium der „Üblichkeit" auf ein Abgrenzungsmerkmal abgestellt, für das es im Wortlaut u. der Ratio des § 43 a keine Grundlage gibt u. das zudem in der Praxis nur schwer tauglich ist.

7 **Zuständig für die Kreditvergabe** auf Seiten der Gesellschaft sind, vorbehaltlich entgegenstehender Regelungen im Gesellschaftsvertrag, der Geschäftsordnung oder Anstellungsvertrag, die Geschäftsführer.[20] Sie vertreten auch die Gesellschaft beim Abschluss des Kreditvertrages. § 47 IV steht nicht entgg, da das Stimmverbot erst greift, wenn eine Beschlussfassung (durch etwaigen Satzungsvorbehalt) notwendig ist.[21] §§ 89, 115 AktG, 39 GenG sind nicht analog anzuwenden. Ist die **Gesellschaft** nach dem Drittelbeteiligungsgesetz, dem Mitbestimmungsgesetz oder dem Montanmitbestimmungsgesetz **mitbestimmt,** wird überwiegend § 89 AktG (Kreditgewährung nur durch Beschluss des Aufsichtsrates) nicht (analog) ange-

---

14 Baumbach/Hueck/*Beurskens* Rn. 9; *Michalski* Rn. 32; *Wittkowski*, GmbHR 90, 544, 550.
15 OLG Bremen DStR 02, 1407; Scholz/*Schneider* Rn. 36; Lutter/Hommelhoff/*Kleindiek* Rn. 6.
16 BGH DB 72, 1575; Scholz/*Schneider* Rn. 36; *Fromm*, GmbHR 08, 537, 538.
17 Zweifelnd: Scholz/*Schneider* Rn. 36.
18 BGH NJW 04, 1111; Lutter/Hommehoff/*Kleindiek* Rn. 6 mwN; aA Scholz/*Schneider* Rn. 40 f.
19 Lutter/Hommelhoff/*Kleindiek* Rn. 6; Baumbach/Hueck/*Beurskens* Rn. 2; aA Scholz/*Schneider* Rn. 37; MünchHdbGesR/*Marsch-Barner/Diekmann* § 43 Rn. 114.
20 Scholz/*Schneider* Rn. 24 ff.; Lutter/Hommelhoff/*Kleindiek* Rn. 2.
21 Scholz/*Schneider* Rn. 25.

wandt, nachdem der Gesetzgeber weder in § 52 noch in § 25 MitbestG auf § 89 AktG verwiesen hat.[22]

3. Maßgeblicher Zeitpunkt

Maßgeblicher Zeitpunkt für die Beurteilung, ob das Verbot nach S. 1 eingreift oder nicht, ist die **Gewährung des Darlehens**, nicht der Abschluss des schuldrechtlichen Darlehensvertrages.[23] Zu diesem Zeitpunkt muss der Kreditnehmer zu dem in S. 1 bezeichneten Personenkreis gehören. Gleiches gilt für die Bestellung einer Sicherheit der Gesellschaft für die Verbindlichkeit des Geschäftsführers ggü. Dritten; maßgeblich ist also auch nicht der Zeitpunkt der Verwertung der Sicherheit.[24] Wird das Stammkapital bei einem langfristig gewährten Kredit erst während der Laufzeit betroffen, greift das Verbot nach S. 1 nicht automatisch mit Unterschreiten der Stammkapitalziffer.[25] Soweit die Kündigung zulässig ist, ist die Gesellschaft dazu verpflichtet.[26] Anders ist dies jedoch, wenn die zukünftige Betroffenheit des Stammkapitals durch den Kredit im Zeitpunkt der Gewährung bereits absehbar ist. In diesem Fall, wie im Fall der Kreditverlängerung, greift das Verbot des S. 1.[27] 8

4. Gebundenes Vermögen

Nach S. 1 verboten ist die Kreditgewährung **„aus dem zur Erhaltung des Stammkapitals erforderlichen Vermögen der Gesellschaft"**. Eine bilanzielle Betrachtungsweise – wie im Fall des § 30 – zur Ermittlung des gebundenen Vermögens scheidet aus.[28] Damit bleiben sowohl der Rückzahlungsanspruch der Gesellschaft ggü. dem Kreditnehmer, wie auch eine etwaige Drittsicherheit außer Ansatz. Ebenso irrelevant ist, wenn der Kredit aus ungebundenem Vermögen unter Einbeziehung von Fremdkapital finanziert werden könnte.[29] In der Zeit nach Darlehensgewährung ist der Rückzahlungsanspruch jedoch zu berücksichtigen u. entspr. zu aktivieren, soweit es um weitere Zahlungen an den (Gesellschafter-) Geschäftsführer geht, etwa Gewinnausschüttungen.[30] 9

§ 43 a will vermeiden, dass der dem Stammkapital entspr. Vermögensteil dem (Insolvenz-) Risiko der Leitungsperson ausgesetzt ist.[31] Daher dürfen 10

22 Scholz/*Schneider* Rn. 27; MünchHdbGesR/*Marsch/Barner/Diekmann* § 43 Rn. 110; Wlotzke/Wissmann/*Koberski*/Kleinsorge, MitbestG, § 25 Rn. 62; aA *Ulmer/Habersack*/Henssler, MitbestG, § 31 Rn. 40.

23 Lutter/Hommelhoff/*Kleindiek* Rn. 7; Scholz/*Schneider* Rn. 42; Baumbach/Hueck/*Beurskens* Rn. 4.

24 Lutter/Hommelhoff/*Kleindiek* Rn. 8; Scholz/*Schneider* Rn. 39.

25 Baumbach/Hueck/*Beurskens* Rn. 14; Lutter/Hommelhoff/*Kleindiek* Rn. 10; Bartl/*BartlFichtlmann* Rn. 9; **aA** Scholz/*Schneider* Rn. 43.

26 Baumbach/Hueck/*Beurskens* Rn. 14; Rowedder/Schmidt-Leithoff/*Koppensteiner* Rn. 7.

27 Baumbach/Hueck/*Beurskens* Rn. 12; Lutter/Hommelhoff/*Kleindiek* Rn. 8, 10; *Wicke* Rn. 4.

28 BT-Drucks 7/253, S. 124; BGH NJW 04, 1111; Baumbach/Hueck/*Beurskens* Rn. 13; Lutter/Hommelhoff/*Kleindiek* Rn. 9.

29 Baumbach/Hueck/*Beurskens* Rn. 12; Scholz/*Schneider* Rn. 46.

30 BGH NZG 12, 667, 671 unter ausdrücklichem Verweis auf Historie und ratio der Norm.

31 ähnlich Baumbach/Hueck/*Beurskens* Rn. 13; Scholz/*Schneider* Rn. 46.

Kredite nach S. 1 nur aus den **offenen Rücklagen** finanziert werden.[32] Das gebundene Vermögen ist auf der Grundlage einer nach § 42 u. den Grundsätzen ordnungsgemäßer Bilanzierung entspr. Bilanz zu ermitteln oder der letzten Bilanz zu entnehmen. Für die Ermittlung des für die Kreditvergabe zur Verfügung stehenden Vermögens sind freie Rücklagen sowie ein etwaiger Gewinnvortrag zu berücksichtigen.[33] Soweit vereinzelt ausschließlich auf freie Rücklagen abgestellt wird,[34] ist dies nicht sachgerecht, weil auch diese – wie Gewinnvorträge – unterjährig zur Disposition der Gesellschafter stehen.

5. Rechtsfolgen bei Verstoß

11 Vor der Gewährung des Kredits, soweit lediglich das schuldrechtliche Verpflichtungsgeschäft abgeschlossen wurde, besteht ein **Leistungsverweigerungsrecht** der Gesellschaft ggü dem die Auszahlung begehrenden Kreditnehmer.[35] Der Geschäftsführer unterliegt entspr. einer Leistungsverweigerungspflicht.[36]

12 Wird der Kredit sodann entgg S. 1 gewährt, erhält die Gesellschaft gem. S. 2 einen eigenen **gesetzlichen Rückgewährungsanspruch** bis zur Höhe des Betrages, der zur Erreichung der Stammkapitalziffer notwendig ist. Damit bleiben das Verpflichtungs- u. das Erfüllungsgeschäft des Kredites wirksam, so dass auch die Verzinsungspflicht weiterhin besteht.[37] Schuldner des Rückzahlungsanspruches ist der Kreditnehmer. Ausnahmsweise haftet auch ein Dritter gesamtschuldnerisch, soweit er in qualifizierter Nähe zum Kreditnehmer steht (zB Ehegatte).

13 Der **Anspruch erlischt** durch späteren Wegfall der Stammkapital-Unterdeckung,[38] denn tatbestandlich zielt der Anspruch lediglich auf den Erhalt des Stammkapitals.

14 Der **Gutglaubensschutz des § 31 II** gilt analog. Denn § 43 a setzt die gesetzgeberische Intention des gläubigerorientierten Kapitalschutzes fort.[39] § 31 IV u. V sowie § 53 III sind ebenfalls analog anzuwenden.[40] Eine **Aufrechnung** der Gesellschaft mit dem Rückzahlungsanspruch ist nur zulässig, soweit die Gegenforderung vollwertig, fällig u. liquide ist (vgl. § 19 II, → § 19 Rn. 31).[41] Denn die Zielsetzung von § 43 a ist – ebenso wie im Fall des § 19 – die Kapitalerhaltung in der GmbH.

---

32 Lutter/Hommelhoff/*Kleindiek* Rn. 9; MünchHdbGesR/*Marsch-Barner/Diekmann* § 43 Rn. 111; Scholz/*Schneider* Rn. 48.
33 Lutter/Hommelhoff/*Kleindiek* Rn. 9.
34 *Fromm*, GmbHR 08, 537, 539.
35 Lutter/Hommelhoff/*Kleindiek* Rn. 12; Scholz/*Schneider* Rn. 52.
36 Baumbach/Hueck/*Beurskens* Rn. 15.
37 Baumbach/Hueck/*Beurskens* Rn. 18; Lutter/Hommelhoff/*Kleindiek* Rn. 12; MünchHdbGesR/*Marsch-Barner/Diekmann* § 43 Rn. 115.
38 **aA** Roth/*Altmeppen* Rn. 12; Scholz/*Schneider* Rn. 53.
39 Lutter/Hommelhoff/*Kleindiek* Rn. 14; Scholz/*Schneider* Rn. 54; **aA** Baumbach/Hueck/*Beurskens* Rn. 15.
40 Lutter/Hommelhoff/*Kleindiek* Rn. 14; Baumbach/Hueck/*Beurskens* Rn. 15.
41 Baumbach/Hueck/*Beurskens* Rn. 15; Lutter/Hommelhoff/*Kleindiek* Rn. 14; **aA** OLG Naumburg GmbHR 98, 1180, 1181.

IÜ kommen **Schadensersatzansprüche** der Gesellschaft ggü. dem begünstig- 15
ten Geschäftsführer sowie den/dem für die Kreditgewährung verantwortlichen Geschäftsführer in Betracht.[42] Soweit § 43 greift, gilt auch § 43 III analog, so dass ein die Kreditgewährung legitimierender Gesellschafterbeschluss keine Entlastungswirkung entfaltet.[43]

§ 44 Stellvertreter von Geschäftsführern

Die für die Geschäftsführer gegebenen Vorschriften gelten auch für Stellvertreter von Geschäftsführern.

I. Normzweck

Der Wortlaut der Norm geht auf die Einführung des GmbHG 1892 zu- 1
rück. Eine Änderung iRd MoMiG ist nicht erfolgt.

II. Inhalt

1. Außenverhältnis

Die Regelung hat klarstellende Funktion für die Außenbeziehungen der 2
Gesellschaft. Der Stellvertreter ist **im Außenverhältnis**, wie der ordentliche Geschäftsführer, gesetzlicher Vertreter der GmbH u. verfügt über dieselbe organschaftliche Vertretungsmacht.[1] Für ihn gelten damit auch sämtliche Vorschriften über die Geschäftsführer insbes. zur Vertretung (§ 35), zur Berufung u. Abberufung (§§ 6 II, II u. 38), zur Anmeldung (§§ 8, 10, 78) u. zur Passivlegitimation für gerichtliche u. behördliche Maßnahmen.[2]

2. Innenverhältnis

Soweit über den reinen Titel „Stellvertreter“ hinaus keine weiteren Rege- 3
lungen im Gesellschaftsvertrag oder der Geschäftsordnung enthalten sind, ist der Stellvertreter auch im Innenverhältnis ein **reguläres Mitglied der Geschäftsführung.** Er ist nicht auf den Verhinderungs-/Stellvertreterfall beschränkt, auch sein Pflichtenkreis gem. § 43 unterscheidet sich nicht vom regulären Geschäftsführer.[3] Denn allein mit dem Titel „Stellvertreter“ wird

---

42 BGH NJW 04, 1111, 1112; Baumbach/Hueck/*Beurskens* Rn. 17; MünchHdbGesR/*Marsch-Barner/Diekmann* § 43 Rn. 116; Scholz/*Schneider* Rn. 57.

43 BGH NJW 04, 1111,1112; Baumbach/Hueck/*Beurskens* Rn. 17; Scholz/*Schneider* Rn. 57.

1 BGH GmbHR 98, 181, 182; OLG Karlsruhe NZG 98, 779; aus arbeitsrechtlicher Sicht BAG GmbHR 99, 925, 926; LAG Rheinland-Pfalz v. 6.11.06 (Tz 13), Az. 6 Ta 185/06, zit. nach juris; Baumbach/Hueck/*Beurskens* Rn. 3; Lutter/Hommelhoff/*Kleindiek* Rn. 1; Scholz/*Schneider* Rn. 1.

2 Vgl. iE: Baumbach/Hueck/*Beurskens* Rn. 5; Lutter/Hommelhoff/*Kleindiek* Rn. 1.

3 Lutter/Hommelhoff/*Kleindiek* Rn. 2; **aA** Baumbach/Hueck/*Beurskens* Rn. 14; Scholz/*Schneider* Rn. 8.

der Umfang der Rechte u. Pflichten in der Geschäftsführung noch nicht bestimmt.

4 Der **Gesellschaftsvertrag oder** die **Geschäftsordnung** kann – u. sollte auch im Fall der Bestellung von Stellvertretern – definieren, ob ihre Funktion auf die echte Stellvertretung begrenzt ist oder die Bezeichnung lediglich der Titelabstufung dient. Denn den „echten" Stellvertretern obliegen Mitwirkungs- u. Kontrollpflichten innerhalb der Geschäftsführung nur in dem Bereich, der in ihnen organisationsrechtlich zugewiesen ist.[4] Daraus resultiert auch eine eingeschränktere Haftung. Die allg. gesetzlichen Sorgfaltspflichten (§§ 41, 43 III, §§ 15, 15 a InsO u. § 264 HGB) dag obliegen den Stellvertretern jedoch ohne Einschränkung.

5 Ein Sonderfall besteht für den **Arbeitsdirektor** nach § 33 MitbestG: Er darf zwar zum – auf die reine Betitelung beschränkten – Stellvertreter bestellt werden, eine Beschränkung seiner Befugnisse im Innenverhältnis auf den echten Stellvertretungsfall ist jedoch nicht zulässig.[5]

3. Handelsregister

6 Anmeldungen zum Handelsregister kann u. muss (§ 78 II) der Stellvertreter wie ein regulärer Geschäftsführer vornehmen. Seine Berufung ist jedoch ohne den Stellvertreterzusatz im Handelsregister einzutragen.[6]

Vorbemerkung vor § 45

1 Während die §§ 35–44 die Vertretung u. die Geschäftsführung der GmbH regeln, befassen sich die nachfolgenden §§ 45–51 b mit dem Verhältnis der Gesellschaft zur Gesamtheit der Gesellschafter[1] sowie dem Verhältnis aller Gesellschafter zueinander. Die Vorschriften der §§ 45–51 b regeln (wenn auch teilw. lückenhaft) die Rechte u. Kompetenzen der Gesellschaftergesamtheit als Willensbildungsorgan der Gesellschaft, die Einberufung u. das Abhalten von Gesellschafterversammlungen, Minderheitsrechte sowie Auskunfts- u. Einsichtsrechte der Gesellschafter.

2 Die Lückenhaftigkeit der Vorschriften zeigt sich insbes. an dem Umstand, dass das GmbHG (anders als das AktG) eine Satzungsstrenge entspr. § 23 V AktG nicht kennt u. zudem keine Regelungen über die Rechtsfolgen von Verstößen gegen das Recht der Gesellschaft trifft. Die fehlende Satzungs-

---

4 Baumbach/Hueck/*Beurskens* Rn. 15; Lutter/Hommelhoff/*Kleindiek* Rn. 2; MünchHdbGesR/*Marsch-Barner/Diekmann*, § 41 Rn. 30.

5 Baumbach/Hueck/*Beurskens* Rn. 11; Lutter/Hommelhoff/*Kleindiek* Rn. 3, MünchHdbGesR/*Marsch-Barner/Diekmann*, § 41 Rn. 28; Wlotzke/Wißmann/*Koberski*/Kleinsorge, MitbestG § 33 Rn. 22.

6 BGH GmbHR 98, 181, 182; Lutter/Hommelhoff/*Kleindiek* Rn. 1; Baumbach/Hueck/*Beurskens* Rn. 3.

1 Ebenso: Michalski/*Römermann* Rn. 11 f. [Hier fortwährend neue 3. Aufl. 2017]; Lutter/Hommelhoff/*Bayer* Rn. 3 [Hier fortwährend neue 19. Aufl. 2016]; aA RGZ 169, 65 (80 f.); Ulmer/*Hüffer/Schürnbrand* Rn. 6; Baumbach/Hueck/*Zöllner/Noack* Rn. 4 [Hier fortwährend neue 21. Auftl. 2017]; Rowedder/Schmidt-Leithoff/*Ganzer* Rn. 8 [Hier fortwährend neue 6. Aufl. 2017]; Roth/*Altmeppen* Rn. 2 [Hier fortwährend neue 9. Aufl. 2019].

strenge bei der GmbH u. die daraus resultierende Möglichkeit der Schaffung einer den eigenen Bedürfnissen entspr. Organisationsstruktur macht die GmbH aber andererseits gerade für die Praxis so begehrt. Bei Verstößen gegen die Vorschriften des GmbHG greifen Rspr. u. Lit. auf eine weitgehend entspr. Anwendung des Nichtigkeits- u. Anfechtungsrecht der §§ 241 ff. AktG zurück.

Gem. § 45 II sind die Vorschriften der §§ 46–51 (nicht auch §§ 51 a u. 3
51 b) subsidiär heranzuziehen, wenn u. soweit der Gesellschaftsvertrag keine eigenständigen Regelungen enthält. Dennoch sei bereits hier angemerkt, dass auch das dispositive Recht, insbes. mit Blick auf die Minderheitsrechte von Gesellschaftern nach § 50, ausnahmsweise Vorschriften enthält, die zwingend u. daher nicht oder nur eingeschränkt abdingbar sind.

§ 45 Rechte der Gesellschafter

(1) Die Rechte, welche den Gesellschaftern in den Angelegenheiten der Gesellschaft, insbesondere in bezug auf die Führung der Geschäfte zustehen, sowie die Ausübung derselben bestimmen sich, soweit nicht gesetzliche Vorschriften entgegenstehen, nach dem Gesellschaftsvertrag.

(2) In Ermangelung besonderer Bestimmungen des Gesellschaftsvertrages finden die Vorschriften der §§ 46 bis 51 Anwendung.

I. Normzweck

1 Der seit Inkrafttreten unveränderte § 45 begründet die inhaltliche Gestaltungsfreiheit im Hinblick auf die Organisationsstruktur der Gesellschaft u. bzgl. der mitgliedschaftlichen Rechte der Gesellschafter. Als wesentliches Strukturmerkmal wird den Gesellschaftern eine grds. Satzungsautonomie zugesprochen, die es ermöglicht, die Gesellschaft den jeweiligen Bedürfnissen der Gesellschafter anzupassen.[1] Im Gegensatz zu § 23 V AktG gibt es eine Satzungsstrenge im GmbHG gerade nicht.

2 Während Abs. 1 hins. der Gesellschafterrechte auf den Gesellschaftsvertrag verweist, regelt Abs. 2 die Anwendung der gesetzlichen Bestimmungen der §§ 46–51 für den Fall, dass der Gesellschaftsvertrag keine besonderen Bestimmungen enthält.

II. Begriff der Rechte iSv Abs. 1

3 Abs. 1 erfasst die Rechte, die den Gesellschaftern in den Angelegenheiten der Gesellschaft zustehen (→ Rn. 4 ff., → § 51 a Rn. 7 f.). Gemeint sind Mitgliedschaftsrechte, die der einzelne Gesellschafter aus seiner Mitglied-

1 Ulmer/*Hüffer/Schürnbrand* Rn. 11; Scholz/*K Schmidt* Rn. 2 [Hier fortwährend neue 12. Aufl. 2018].

schaft als gesellschaftsrechtliches Rechtsverhältnis hat.[2] Nicht unter den Begriff der Rechte fallen alle Vermögens-, Teilhaber- u. Schutzrechte der einzelnen Gesellschafter sowie Rechte aus sonstigen Rechtsbeziehungen der Gesellschafter.

4 Mitgliedschaftsrechte sind insbes. die Verwaltungsrechte der Gesellschafter (Teilnahmerecht inkl. Rede- u. Antragsrecht, Stimmrecht, Geltendmachung der Fehlerhaftigkeit von Beschlüssen u. das Auskunfts- u. Einsichtsrecht).[3] Ob unter die Verwaltungsrechte auch das Recht auf Führung einer Mitgliedschaftsklage (sog. actio pro socio) fällt, bei der ein Gesellschafter subsidiär Sozialansprüche der GmbH ggü. ihren Gesellschaftern geltend macht, hängt von der von der neueren Lehre aufgrund des Minderheitenschutzes für weitgehend zulässig erachteten actio pro socio im GmbH-Recht ab.[4] Zudem besteht auch die Möglichkeit, durch den Gesellschaftsvertrag weitere Mitgliedschaftsrechte, insbes. Verwaltungsrechte, zu schaffen (→ Rn. 8, 12).

III. Die Gesellschaftergesamtheit als Organ der GmbH

5 Die Gesellschafter als Gesamtheit sind (notwendiges u) oberstes[5] Willensbildungsorgan der GmbH, nicht etwa die Gesellschafterversammlung.[6] Diese stellt lediglich das Entscheidungsverfahren dar, in welchem Beschlüsse gefasst werden.[7] Der Gesellschaftergesamtheit steht die Disposition über den Gesellschaftsvertrag zu. Ihre Überordnung zeigt sich bspw. auch in Gestalt der Weisungsbefugnis ggü. den Geschäftsführern nach § 37 I.

6 Auf funktionaler Ebene zeichnet sich das Verhältnis zur Geschäftsführung durch eine im Grundsatz klare Aufgabenteilung aus: Die Gesellschaftergesamtheit ist grds. Willensbildungsorgan, die Geschäftsführer dagg sind grds. Leitungs- u. Vertretungsorgan.[8] In Fällen, in denen die Geschäftsführer ausnahmsweise keine Vertretungsbefugnis haben, liegt diese bei der Gesellschaftergesamtheit. So haben bspw. die Gesellschafter die passive Vertretungsbefugnis im Falle der Führungslosigkeit nach § 35 I 2 oder so vertritt die Gesamtheit der Gesellschafter die Gesellschaft im Zusammenhang mit der Anstellung u. Kündigung von Geschäftsführern nach § 46 Nr. 5.

7 Soweit nicht zwingendes Recht entgegensteht u. Kernbefugnisse nicht betroffen sind, können allerdings iRd Satzungsautonomie Aufgaben der Gesellschaftergesamtheit auf andere Organe übertragen werden.[9] Solche Kompetenzzuweisungen bedürfen aber regelmäßig der Regelung im Gesellschaftsvertrag u. damit eines notariellen Gesellschafterbeschlusses mit einer

---

2 Baumbach/Hueck/*Zöllner/Noak* Rn. 2.
3 Ulmer/*Hüffer/Schürnbrand* Rn. 8, 32.
4 Nach hL: Rowedder/Schmidt-Leithoff/*Pentz* § 13 Rn. 128 ff.; [Hier fortwährend neue 6. Aufl. 2017] Lutter/Hommelhoff/*Bayer* § 13 Rn. 49 ff. mwN.
5 HL: MüKoGmbHG/*Liebscher* Rn. 81 mwN [Hier fortwährend neue 3. Aufl. 2019].
6 Scholz/*K Schmidt* Rn. 5. [Hier fortwährend neue 12. Aufl. 2018].
7 So auch: Scholz/*Seibt* § 48 Rn. 1; *K Schmidt*, GesR, § 36 III 1; vgl. auch Lutter/Hommelhoff/*Bayer* § 48 Rn. 1; aA Ulmer/*Hüffer/Schürnbrand* § 48 Rn. 1, 3; *Hüffer*, FS 100 Jahre GmbHG, 92, S. 521 ff.
8 *K Schmidt*, GesR, § 36 II 1, III 1.
9 BGHZ 43, 264; vgl. auch: RGZ 137, 308 f.

Dreiviertel-Mehrheit der abgegebenen Stimmen;[10] selbiges gilt dann als sog. actus contrarius auch für Kompetenzbeschneidungen aber wohl auch für Fragen des **Konkurrenzverhältnisses** von Zuständigkeitsbereichen der Gesellschafterversammlung u. zB satzungsmäßig eingerichteten Aufsichtsorganen. Hier stellt sich in der Praxis nicht selten die Frage, ob sich die Gesellschafterversammlung als oberstes Willensbildungsorgan – ohne Änderung des Gesellschaftsvertrages – über einen Beschluss des (fakultativen) Aufsichtsrats einer GmbH einfach hinwegsetzen oder sich diese Zuständigkeit (nicht selten auch aus Einfachheitsgründen) einfach aneignen u. selbst (mit-)entscheiden darf. Da Gesellschaftsverträge das Konkurrenzverhältnis von Gesellschafterversammlung u. einem etablierten Beirat regelmäßig nicht ausdrücklich bzw. ausreichend regeln, kann in diesen Fällen nur durch Auslegung des Gesellschaftsvertrages ermittelt werden, ob dem (fakultativen) Aufsichtsrat seine Kompetenzen entweder ausschließlich u. damit verdrängend oder in Konkurrenz zur Gesellschafterversammlung eingeräumt worden sind. Der Umstand, dass ein Gesellschaftsvertrag einen Zuständigkeitsbereich einem anderen Organ zuweist, spricht prima facie grds. für einen ausschließlichen u. damit verdrängenden Kompetenzzuweisungswillen der Gesellschafter einer GmbH an dieses Organ (was nur durch eine notarielle Änderung des Gesellschaftsvertrages mit Dreiviertel-Mehrheitsbeschluss der Gesellschafter geändert werden kann).

IV. Nachrangigkeit der §§ 46–51 (Abs. 2)

Abs. 2 statuiert den grds. Vorrang des Gesellschaftsvertrages ggü. den gesetzlichen Vorschriften der §§ 46–51. Darüber hinaus gilt der Vorrang des Vertrages auch für die ergänzende Auslegung des Gesellschaftsvertrages.[11] Hiervon nicht erfasst sind die Vorschriften des Auskunfts- u. Einsichtsrechts nach §§ 51 a u. 51 b. Von dem Grundsatz des Vorranges des Gesellschaftsvertrages, der die Kompetenzen der Gesellschafterversammlung sowohl erweitern als auch einschränken kann, gibt es vereinzelnd – zwingende – Ausn., wie insbes. 8

- Satzungsautonomie der Gesellschafter,
- Abberufung von Geschäftsführern aus wichtigem Grund nach § 46 Nr. 5 Var 2,
- Ausschluss vom Stimmrecht nach § 47 IV,
- Pflicht zur Einberufung bei Verlust des halben Stammkapitals nach § 49 III,
- Minderheitenrechte nach § 50,
- Verkürzung der gesetzlichen Ladungsfrist nach § 51 I 2[12] u
- Auskunfts- u. Einsichtsrechte nach §§ 51 a f.

---

10 Scholz/*K Schmidt* Rn. 8.

11 OLG Hamm NJW-RR 03, 616 f.; Baumbach/Hueck/*Zöllner*/*Noack* § 46 Rn. 73; Scholz/*K Schmidt* Rn. 2; zur Frage der Anfechtbarkeit satzungsauslegender Gesellschafterbeschlüsse s.: BGH DStR 03, 699 ff.

12 Ganz hM, wie hier: OLG Naumburg NZG 00, 44, 45; Baumbach/Hueck/*Zöllner*/*Noack* § 51 Rn. 39; BeckOK/*Schindler* § 51 Rn. 6 [Hier fortwährend 38. Ed. 1.2.2018]; Michalski/*Römermann* § 51 Rn. 122; offengelassen: OLG München GmbHR 00, 486, 489.

9 Die weitreichende Nachrangigkeit der gesetzlichen Vorschriften im Vergleich zum ebenfalls weitgehend frei gestaltbaren Gesellschaftsvertrag zeigt die Attraktivität der GmbH in der Praxis (insbes. auch im Vergleich zur AG). Die Gesellschafter sind bei der Wahl der Rechtsform der GmbH in der Lage, sich eine ihren individuellen Bedürfnissen entspr. Gesellschaft weitestgehend flexibel zu gestalten. Zudem besteht andererseits die Möglichkeit, den Gesellschaftsvertrag entspr. kurz zu gestalten, wenn auf das Leitbild des Gesetzgebers zurückgegriffen werden soll.

10 Diese weitgehende Gestaltungsfreiheit führt anders als bspw. bei der Satzung einer AG dazu, dass durch den Gesellschaftsvertrag weitere fakultative Organe der GmbH mit eigenen Kompetenzen geschaffen werden können. In der Praxis häufig anzufinden sind fakultative, nicht nach § 52 dem Aktienrecht nachgebildete, Aufsichtsräte, Beiräte, Gesellschafterausschüsse oder Verwaltungsräte. Dabei besteht grds. die Möglichkeit, die zusätzlich geschaffenen Organe auch mit Nicht-Gesellschaftern zu besetzen.[13] Maßgeblich sind allein die in dem Gesellschaftsvertrag niedergeschriebenen Kompetenzen dieser zusätzlich geschaffenen Organe, wobei eine Übertragung von Kompetenzen der Gesamtheit der Gesellschafter auf das neue Organ in Grenzen möglich ist.[14]

11 Möglich ist auch, dass Gesellschafter ihre Beschlüsse an die Zustimmung eines anderen Organs knüpfen, nicht jedoch an die Zustimmung eines außenstehenden Dritten.[15]

12 Schließlich kann der Gesellschaftsvertrag auch Sonderrechte oder -pflichten einräumen, die nur mit Zustimmung des betroffenen Gesellschafters verändert werden können, vgl. § 53 III sowie § 35 BGB.

§ 46 Aufgabenkreis der Gesellschafter

Der Bestimmung der Gesellschafter unterliegen:

1. die Feststellung des Jahresabschlusses und die Verwendung des Ergebnisses;

1a. die Entscheidung über die Offenlegung eines Einzelabschlusses nach internationalen Rechnungslegungsstandards (§ 325 Abs. 2 a des Handelsgesetzbuchs) und über die Billigung des von den Geschäftsführern aufgestellten Abschlusses;

1b. die Billigung eines von den Geschäftsführern aufgestellten Konzernabschlusses;

2. die Einforderung der Einlagen;

3. die Rückzahlung von Nachschüssen;

---

13 Baumbach/Hueck/*Zöllner/Noack* Rn. 17.

14 BGHZ 43, 261; RGZ 169, 65, 80; Scholz/*K Schmidt* Rn. 15. Zu den Grenzen der Kompetenzverlagerung auf einen Beirat s. *Spindler/Kepper*, DStR 05, 1738 ff.; *Wälzholz*, DStR 03, 511 ff.; *Robertz*, MittRhNotK 91, 239 ff.; *Sigle*, NZG 98, 619 ff.; für den Aufsichtsrat s. OLG Rostock NZG 01, 813; Oppenländer/Trölitzsch/*Jaeger* § 20 Rn. 4 ff. [Hier fortwährend neue 3. Aufl. 2019].

15 Scholz/*K Schmidt* Rn. 9, 15; Lutter/Hommelhoff/*Bayer* Rn. 9.

4. die Teilung, die Zusammenlegung sowie die Einziehung von Geschäftsanteilen;
5. die Bestellung und die Abberufung von Geschäftsführern sowie die Entlastung derselben;
6. die Maßregeln zur Prüfung und Überwachung der Geschäftsführung;
7. die Bestellung von Prokuristen und von Handlungsbevollmächtigten zum gesamten Geschäftsbetrieb;
8. die Geltendmachung von Ersatzansprüchen, welche der Gesellschaft aus der Gründung oder Geschäftsführung gegen Geschäftsführer oder Gesellschafter zustehen, sowie die Vertretung der Gesellschaft in Prozessen, welche sie gegen die Geschäftsführer zu führen hat.

I. Normzweck

Die Vorschrift regelt die sachliche u. organisatorische Zuständigkeit der Gesellschafter als Gesellschaftergesamtheit (Organ) der GmbH. Aus § 45 II ergibt sich, dass der in § 46 enthaltene Zuständigkeitskatalog nicht abschließend u. darüber hinaus grds. auch dispositiv ist (s. auch → § 45 Rn. 8 ff.). 1

Das gesetzliche Leitbild sieht in § 35 I 1 vor, dass die GmbH grds. von ihren Geschäftsführern geführt wird. Eingeschränkt wird diese Zuständigkeit der Geschäftsführer durch die sachliche u. organisatorische Zuständigkeit der Gesellschaftergesamtheit in den in Nr. 1–8 aufgeführten Sachkompetenzen. Abw. von diesem gesetzlichen Leitbild kann der Gesellschaftsvertrag die Trennlinie zwischen Geschäftsführungsbefugnis der Geschäftsführer u. Zuständigkeit der Gesellschaftergesamtheit grds. abw. hiervon zie- 2 hen (zu den wenigen Ausn. der zwingend anzuwendenden Vorschriften innerhalb des Zuständigkeitskatalogs des → s. § 46 Rn. 52 f.). Damit kann die Gesellschaftergesamtheit sowohl Kompetenzen der Geschäftsführer an sich ziehen als auch Gesellschafterkompetenzen dem Grundsatz nach auf die Geschäftsführer übertragen. Eine Beschneidung der Gesellschafterkompetenzen hat jedoch dort ihre Grenzen, wo die Gesellschaftergesamtheit ihre Position als oberstes Organ der Gesellschaft verliert (zB kann die Gesamtheit der Gesellschafter ihre Kompetenz zur Änderung des Gesellschaftsvertrages nicht auf Dritte übertragen[1] u. auch die Kompetenz zur Bestellung u. Abberufung von Geschäftsführern sowie deren Entlastung nach Nr. 5 kann nicht auf die Geschäftsführer – wohl aber auf ein zusätzlich geschaffenes Organ der Gesellschaft – übertragen werden).

II. Zuständigkeitskatalog des § 46

1. Feststellung des Jahresabschlusses und Ergebnisverwendung (Nr. 1)

3 Sofern der Gesellschaftsvertrag nichts anderes regelt, ist die Gesellschaftergesamtheit zuständig für die Feststellung des Jahresabschlusses bestehend aus der Bilanz nach § 242 I 1 HGB, der Gewinn- u. Verlustrechnung nach § 242 II HGB u. dem Anh. nach § 264 I 1 HGB, vgl. § 242 III, § 264 I 1 HGB, sowie für die Ergebnisverwendung nach § 29.[2] Obwohl ein von mittelgroßen u. großen Kapitalgesellschaften nach § 264 I 1 aE, S. 3 Hs. 1 iVm § 267 II u. III HGB zu erstellender Lagebericht nicht unter den Begriff des handelsrechtlichen Jahresabschlusses nach § 264 I 1 HGB fällt, wird man die Feststellung des Lageberichts wohl als Annexkompetenz der Gesellschaftergesamtheit sehen müssen.[3] Die Erstellung des Lageberichts durch mittelgroße u. große Kapitalgesellschaften geht einher mit der Pflicht zur Aufstellung des Jahresabschlusses als solchem; eine sachliche Begründung für eine Trennung von Feststellung des Jahresabschlusses u. Lagebericht gibt es nicht. Im Gegenteil: Der Lagebericht, der nach § 289 I HGB den Geschäftsverlauf einschl. Geschäftsergebnis u. die Lage der Kapitalgesellschaft darzustellen hat, ist für die Gesellschafter der GmbH zur Einschätzung der wirtschaftlichen Lage mind. ebenso von Bedeutung wie der Jahresabschluss selbst.[4] Würde hier der Lagebericht aus dem Sachzusammenhang mit dem Jahresabschluss gerissen werden, so wäre die Folge, dass die Geschäftsführer den von ihnen selbst aufgestellten Lagebericht feststellen müssten.

Darüber hinaus hat die Nichtbeachtung formeller Anforderungen des Handelsrechts – wie bspw. § 46 Nr. 1 – bzw. des Gesellschaftsvertrages bzgl. der Feststellung von Jahresabschlüssen keinen Einfluss auf die Wirksamkeit der Steuerbilanz.[5]

4 Nach § 42 a I 1 haben die Geschäftsführer den Jahresabschluss u. den Lagebericht unverzüglich nach Aufstellung den Gesellschaftern zum Zwecke

1 BGHZ 43, 261.
2 BFH GmbHR 07, 1058.
3 Wie hier: *Hommelhoff/Priester*, ZGR 86, 463, 478; aA Scholz/*K Schmidt* Rn. 7; Ulmer/*Hüffer/Schürnbrand* Rn. 7; Baumbach/Hueck/*Zöllner/Noack* Rn. 9.
4 Vgl. auch *Kajüter*, DB 04, 197; *Lange*, DStR 01, 227, 228.
5 BFH BStBl II 08, 916, 917 f.; FG Münster DStRE 2011, 201.

der Feststellung vorzulegen. § 42 a II sieht vor, dass die Gesellschafter bis zum Ablauf der ersten 8 Monate, bei kleinen Gesellschaften bis zum Ablauf der ersten 11 Monate des Geschäftsjahres, über die Feststellung des Jahresabschlusses zu beschließen haben, wobei nach § 42 a II 2 diese Fristen nicht durch Gesellschaftsvertrag verlängert werden können. Diese Frist gilt entspr. für die Billigung eines von den Geschäftsführern aufgestellten Konzernabschlusses u. eines IFRS-Einzelabschlusses (§ 325 IIa, IIb HGB), vgl. § 42 a IV. Ein Nichteinhalten der Fristen führt nicht zur Mangelhaftigkeit des Beschlusses, jedoch kann eine Verspätung zur Festsetzung eines Ordnungsgeldes führen (§ 325 a HGB).[6] Enthält der festzustellende Jahresabschluss Ansprüche der Gesellschaft gegen einen Gesellschafter, so ist die Feststellung dieses Jahresabschlusses nicht ohne Weiteres zugleich auch als ein die Verjährung unterbrechendes Anerkenntnis des Gesellschafters nach § 212 I Nr. 1 BGB anzusehen.[7]

Die in Nr. 1 geregelte Verwendung des Ergebnisses betrifft die Verteilung 5
des ganzen oder teilw. Jahresüberschusses zuzüglich eines Gewinn- abzüglich eines Verlustvortrages gem. § 29 I 1. Der Feststellungsbeschluss u. der Verwendungsbeschluss können[8] u. werden in der Praxis regelmäßig miteinander verbunden. Wird der Ergebnisverwendungsbeschluss auf der Grundlage des aufgestellten Jahresabschlusses gefasst, dann kann dies als konkludente Feststellung angesehen werden.[9] Insoweit wird auch auf die Ausführungen in → § 29 Rn. 29 ff. verwiesen. Auch die Vornahme einer Vorabgewinnausschüttung erfordert einen Gesellschafterbeschluss gem. § 46 Nr. 1, sofern dies nicht mittels Satzung dem Kompetenzbereich der Geschäftsführung zugordnet wurde.[10]

Für die Verwendung des Ergebnisses gelten wieder die Fristen des 6
§ 42 a II 1. Da der Anspruch auf Gewinnauszahlung grds. erst mit Beschlussfassung über die Ergebnisverwendung konkretisiert wird, bedarf eine Änderung eines Ergebnisverwendungsbeschlusses zumindest auch der Zustimmung der Gesellschafter, in deren Gewinnansprüche durch die Änderung eingegriffen wird (s. auch → § 29 Rn. 49).

Die Kompetenzen nach Nr. 1 können anderen Organen der Gesellschaft, 7
auch den Geschäftsführern, übertragen werden.[11] Voraussetzung für eine Kompetenzübertragung ist – aufgrund der Bedeutung des Gewinnanspruches für die Gesellschafter – weiter, dass diese anderen Organe mit Gesellschaftern u. nicht mit Dritten besetzt sind.[12]

---

6 Baumbach/Hueck/*Zöllner/Noack* Rn. 18.

7 So auch *Schulze-Osterloh*, FS H P Westermann, 08, S. 1487, 1502 f.; aA noch *Schulze-Osterloh*, FS Goerdeler, 87, S. 531, 547 f.; offen gelassen BGHZ 105, 300, 306; vgl. aber auch BGH NZG 09, 659, 662 im Fall einer erneuten Anerkennung iR eines Gewinnfeststellungsbeschlusses.

8 Baumbach/Hueck/*Zöllner/Noack* Rn. 19; Lutter/*Hommelhoff* § 29 Rn. 5.

9 BFH GmbHR 07, 1058; Baumbach/Hueck/*Zöllner/Noack* Rn. 16; Küting/Weber/*Bohl*, Handbuch Rechnungslegung, § 42 a Rn. 48.

10 *Leuering/Rubner*, NJW-Spezial 11, 207.

11 Wie hier: BeckHdbGmbH/*Langseder* § 9 Rn. 253; *Hommelhoff/Priester*, ZGR 86, 463, 476 f.; Baumbach/Hueck/*Zöllner/Noack* Rn. 21; Scholz/*K Schmidt* Rn. 46; aA Ulmer/*Hüffer/Schürnbrand* Rn. 26.

12 So ebenfalls: Baumbach/Hueck/*Zöllner/Noack* Rn. 16.

8 Die Geschäftsführer haben den Jahresabschluss u. den Lagebericht (ggf. Prüfbericht des Abschlussprüfers) unverzüglich nach dessen Aufstellung den Gesellschaftern zum Zwecke der Feststellung des Jahresabschlusses vorzulegen, vgl. § 42 a I 1, 2. Die Gesellschafter haben eine Treuepflicht, die Feststellung des Jahresabschlusses nicht zu verhindern. Es besteht jedoch keine Pflicht eines Gesellschafters, positiv für die Feststellung des Jahresabschlusses zu stimmen.[13] Ein Lösungsansatz liegt darin, dass jeder Gesellschafter einen Anspruch gegen die Gesellschaft auf die Vornahme einer positiven Feststellung des Jahresabschlusses hat u. dieser Anspruch auch einklagbar ist, sofern das Selbsthilferecht des Minderheitsgesellschafters nach § 50 III 1 nicht greift.[14] Voraussetzung für die klageweise Geltendmachung des Anspruchs ist jedoch das Verlangen des betroffenen Gesellschafters auf Feststellung des Jahresabschlusses iR einer Gesellschafterversammlung.[15]

9 Bei der Abstimmung über die Feststellung sind auch die Gesellschafter-Geschäftsführer stimmberechtigt, § 47 IV greift hier nicht.[16]

2. Offenlegung und Billigung des Einzelabschlusses nach internationalen Rechnungslegungsstandards (Nr. 1 a)

10 Nr. 1 a u. 1 b wurden durch Art. 6 des Bilanzrechtsreformgesetzes v. 4.12.04 in den Aufgabenkatalog der Gesellschafter aufgenommen. Die Gesellschaftergesamtheit soll darüber entscheiden, ob die Offenlegung eines Einzelabschlusses nach internationalen Rechnungslegungsstandards gem. §§ 325 IIa, 315 a I HGB anstelle der Offenlegung des Jahresabschlusses nach § 325 II HGB erfolgen soll. Große Kapitalgesellschaften gem. § 267 III HGB haben die Möglichkeit, eine nach internationalen Rechnungslegungsstandards aufgestellten Einzelabschluss anstelle des gem. § 325 I HGB aufgestellten Jahresabschlusses offenzulegen. Für kleine u. mittelgroße Kapitalgesellschaften gem. § 267 I u. II HGB besteht diese Möglichkeit nicht.

11 Ebenso hat die Gesamtheit der Gesellschafter auch über die Billigung des von den Geschäftsführern aufgestellten Einzelabschlusses nach internationalen Rechnungslegungsstandards zu entscheiden. Mit einer Billigung ist die Hinnahme des nach internationalen Rechnungslegungsstandards aufgestellten Einzelabschlusses, welche gerade keine Feststellung nach § 42 a I 1 darstellt, weil dieser Einzelabschluss keine Bedeutung für die Ergebnisverwendung hat, gemeint.[17] Insoweit ist § 42 a IV 2 nicht konkret, da hier mit Blick auf diesen Einzelabschluss die Vorschriften über die Vorlage des Jahresabschlusses u. des Lageberichts – u. damit auch über die Feststellung des Jahresabschlusses nach § 42 a I 1 – entspr. anzuwenden sind.

---

13 Baumbach/Hueck/*Zöllner/Noack* Rn. 13; Scholz/*K Schmidt* Rn. 21.
14 OLG Düsseldorf NZG 01, 1085, 1085 f.; Michalski/*Römermann* Rn. 49; Baumbach/Hueck/*Zöllner/Noack* Rn. 12; Scholz/*K Schmidt* Rn. 20; Ulmer/*Hüffer/Schürnbrand* Rn. 19; ausdrücklich offengelassen: BGH NJW 98, 3646, 3648.
15 Michalski/*Römermann* Rn. 49.
16 Lutter/Hommelhoff/*Bayer* Rn. 4; *Wicke* Rn. 2.
17 Baumbach/Hueck/*Zöllner/Noack* Rn. 23; *Wicke* Rn. 4.

3. Billigung des Konzernabschlusses (Nr. 1b)

Durch das Bilanzrechtsreformgesetz v. 4.12.04 wurde zudem die Billigung des von den Geschäftsführern aufzustellenden Konzernabschlusses in den Kompetenzkatalog der Gesamtheit der Gesellschafter aufgenommen, so dass auch von der Gesellschaft nach §§ 290 ff. HGB iVm § 42 a IV 1 aufzustellende Konzernabschlüsse u. Konzernlageberichte grds. von der Gesellschaftergesamtheit zu billigen sind (zum Begriff der Billigung vgl. vorherige → Rn. 11). 12

4. Einforderung von Einlagen (Nr. 2)

Die Entscheidung über die Einforderung von noch nicht erfolgten Einzahlungen auf die Stammeinlagen obliegt – anders als bei der AG – nicht der Geschäftsführung, sondern der Gesellschaftergesamtheit. Hinsichtlich der Geldeinlagen gilt Nr. 2 nicht für die gesetzliche Mindesteinlage nach § 7 II 1 iHv einem Viertel der Nennbeträge der Geschäftsanteile, sondern lediglich für die darüber hinaus gehenden Einlagebeträge, sofern der Gesellschaftsvertrag darüber keine anderweitigen Regelungen trifft; dies gilt ebenso für Bareinlagen iR von § 56 a. 13

Nr. 2 gilt weiterhin nur für in bar zu erbringende Stammeinlagen, da § 7 III für Sacheinlagen – im Gegensatz zu § 7 II für Bareinlagen – vorgibt, dass diese vor der Anmeldung der Gesellschaft zur Eintragung in das Handelsregister an die Gesellschaft zu bewirken sind; dies gilt ebenso für Sacheinlagen iR von Sachkapitalerhöhungen gem. § 56 a. Über die Stammeinlagen nach § 3 I Nr. 4 hinaus, gehören auch zusätzliche Nebenleistungspflichten, wie bspw. die Zahlung eines Aufgeldes (Agio) zu den Einlagen.[18] Nr. 2 sollte durch das MoMiG lediglich terminologisch in Anlehnung an § 28 II angepasst werden: An die Stelle der bisherigen Formulierung „Einzahlungen auf die Stammeinlagen" ist jetzt die Formulierung „Einforderung der Einlagen" getreten.[19] Der Begriff „Einlage" meint die nach § 3 I 4 zu zahlende Einlage auf das Stammkapital, also die Stammeinlage. Eine inhaltliche Änderung hat Nr. 2 dadurch nicht erfahren. Sieht der Gesellschaftsvertrag keine Regelung über die Fälligkeit der restlichen Einlageschuld vor, so bedarf es hierfür eines Gesellschafterbeschlusses nach Nr. 2, indem dieser Betrag fällig gestellt wird. Umstritten ist, ob es darüber hinaus auch einer gesonderten Zahlungsaufforderung an die jeweiligen Gesellschafter bedarf. Dieser von der hL[20] vertretenen Auffassung kann nur einschränkend gefolgt werden. Sie ist jedenfalls für den Fall nicht erforderlich, in dem der zur Erbringung der Einlage aufgeforderte Gesellschafter selbst anwesend ist u. somit die Aufforderung zugeht.[21] Lediglich mit Blick auf nicht an der Ge- 14

18 So auch: Scholz/*K Schmidt* Rn. 51.

19 BR-Drs. 354/07, S. 102 (Hinweis auf § 28 II unverständlich, da § 46 Nr. 2 nicht anwendbar ist auf die Einforderung von Nachschüssen; zudem spricht auch § 28 II unverändert von einer Einforderung der Stammeinlage).

20 Für eine solche Zahlungsaufforderung: vgl. Baumbach/Hueck/*Fastrich* § 19 Rn. 6 f.; Rowedder/Schmidt-Leithoff/*Ganzer* Rn. 17, Michalski/*Römermann* Rn. 131 u. 134 ff.

21 BGH NJW-RR 03, 1196, 1197; OLG Hamburg GmbHR 91, 578; OLG Dresden GmbHR 97, 946, 947; LG Ellwangen FD-MA 08, 259027; *Wicke* Rn. 6; aA OLG München GmbHR 85, 56.

sellschafterversammlung teilnehmende Gesellschafter verbleibt eine zusätzliche Pflicht, diesen betroffenen Gesellschaftern den Beschluss nach § 130 I 1 BGB zugehen zu lassen.[22]

15 Auch der zahlungspflichtige Gesellschafter hat ein Stimmrecht, § 47 IV greift hier nicht.[23]

5. Rückzahlung von Nachschüssen (Nr. 3)

16 Die Gesamtheit der Gesellschafter bestimmt grds. über die Rückzahlung von Nachschüssen nach § 30 II iVm § 26. Die Gesellschaft hat Anspruch auf Nachschüsse, wenn zusätzlich zu den Voraussetzungen des § 26 I (insbes. wenn die Nachforderungen ausdrücklich im Gesellschaftsvertrag vorgesehen sind) ein Gesellschafterbeschluss die Einforderung mit der im Gesellschaftsvertrag vorgesehenen Mehrheit bestimmt (vgl. auch → § 26 Rn. 5 f.).[24] Die für die Einforderung quasi selbstverständliche Zuständigkeit der Gesamtheit der Gesellschafter ergibt sich nicht automatisch auch für die Rückzahlung von Nachschüssen nach § 30 II. Daher sieht Nr. 3 auch für Rückzahlung von Nachschüssen grds. die Zuständigkeit der Gesamtheit der Gesellschafter vor. Eine Rückzahlung ist nach § 30 II 1 nur möglich, soweit die Nachschüsse nicht zur Deckung eines Verlustes erforderlich sind u. die Rückzahlung nicht vor Ablauf von 3 Monaten nach Bekanntmachung des Rückzahlungsbeschlusses erfolgt ist (zu den Einzelheiten der Rückforderung vgl. § 30 f.). Bei der Beschlussfassung sind sämtliche Gesellschafter stimmberechtigt, § 47 IV greift hier nicht.[25]

6. Teilung, Zusammenlegung und Einziehung von Geschäftsanteilen (Nr. 4)

17 Die Gesellschaftergesamtheit ist nach Nr. 4 auch für die Teilung, Zusammenlegung u. Einziehung von Geschäftsanteilen zuständig. Durch das MoMiG wurde in Nr. 4 die Zusammenlegung von Geschäftsanteilen neu eingefügt u. die Teilung von Geschäftsanteilen aufgrund der Streichung des § 17 aF wesentlich vereinfacht. Hierdurch hat die Gesamtheit der Gesellschafter mehr Flexibilität bei der Teilung, Zusammenlegung u. Einziehung von Geschäftsanteilen erhalten, die jetzt grds. nur noch einen Gesellschafterbeschluss mit einfacher Stimmenmehrheit erfordern (zum Minderheitserfordernis bei der Teilung vgl. → Rn. 18).

18 a) **Teilung.** Die besonderen Voraussetzungen der Teilung von Geschäftsanteilen nach § 17 aF u. damit das Verbot der Vorratsteilung sind mit Inkrafttreten des MoMiG aufgehoben worden. Hintergrund der Aufhebung war der Wille des Gesetzgebers, die Teilung u. Zusammenlegung von Geschäftsanteilen (auch auf Vorrat) wesentlich zu erleichtern u. nunmehr zusammenfassend in § 46 zu regeln.[26] Durch diese Streichung bedarf eine Teilung von Geschäftsanteilen nunmehr nicht zwingend zugleich einer Veräußerung oder Vererbung gem. § 17 I, VI 1 aF. Zudem bedarf eine Teilung

22 Wie hier: Baumbach/Hueck/*Zöllner*/*Noack* Rn. 25.
23 So auch Lutter/Hommelhoff/*Bayer* Rn. 12.
24 OLG Frankfurt/M GmbHR 92, 665.
25 Vgl. auch Scholz/*K Schmidt* Rn. 62.
26 So ausdrücklich: BR-Drs. 354/07, S. 90.

von Geschäftsanteilen auch nicht mehr einer schriftlichen Genehmigung der Gesellschaft nach § 17 I, II aF. Aus dem Vereinfachungsbestreben des Gesetzgebers lässt sich auch entnehmen, dass die Teilung von Geschäftsanteilen, ebenso wie auch die Zusammenlegung, keine Änderung des Gesellschaftsvertrages darstellt u. damit auch keine notarielle Beurkundung sowie keine Dreiviertel-Mehrheit der abgegebenen Stimmen nach § 53 II 1 erfordert.[27] Hierfür spricht auch, dass die Pflichtangabe der bei der Gründung der GmbH übernommenen Geschäftsanteile nach § 3 I Nr. 4 bei einer späteren Änderung oder Neufassung des Gesellschaftsvertrages bei voller Einlagenleistung entfallen kann.[28] Grund hierfür ist, dass der Neuwert der Geschäftsanteile kein materieller Bestandteil des Gesellschaftsvertrages ist, so dass eine derartige Änderung des Nennwertes den Gesellschaftsvertrag nicht berührt.[29]

Die Teilung ist eine Zerlegung von Geschäftsanteilen in selbstständige nach 19
dem Nennbetrag bezeichnete Stücke, deren Summe den Nennbetrag des ursprünglichen Geschäftsanteils ausmacht (Realteilung).[30] Eine Teilung von Geschäftsanteilen ist somit lediglich unter Beachtung des Mindestnennbetrages aller Geschäftsanteile gem. § 5 II 1 von nunmehr 1 EUR durch einen mit einfacher Mehrheit gefassten Gesellschafterbeschluss u. unabhängig davon möglich, ob der Geschäftsanteil voll eingezahlt ist.[31] Dies gilt jetzt selbst dann, wenn eine Teilung mangels Veräußerung oder Vererbung dazu führt, dass die geteilten Geschäftsanteile von ein- u. demselben Erwerber oder auf Vorrat von einem Gesellschafter gehalten werden.[32] Die Teilung wird nunmehr unmittelbar durch den Gesellschafterbeschluss bewirkt.[33] Der Zustimmung des von der Teilung betroffenen Gesellschafters bedarf es nach Auffassung des Gesetzgebers ausdrücklich nicht.[34] Dem ist insoweit zuzustimmen, als durch die Teilung das Anteilsverhältnis des betroffenen Gesellschafters an der GmbH insgesamt unverändert bleibt. Problematisch ist dies jeweils für die Fälle, in denen ein Gesellschafter seinen Geschäftsanteil zulässigerweise an einen Dritten verpfändet hat u. dieser der Änderung der Stückelung nicht nach § 1276 BGB zugestimmt hat. § 1276 BGB ist jedoch auf Gesellschafterbeschlüsse nicht anwendbar,[35] so dass sich das Pfandrecht entspr. § 1287 BGB am Surrogat (neue Geschäftsanteile) fortsetzt.[36] Beachtenswert ist in jedem Fall, dass grds. die Zustimmung zur Teilung auch vorab erklärt werden kann.[37] Geschieht dies, muss der Gesellschafterbeschluss – um dem Bestimmtheitserfordernis gerecht zu werden –

---

27 Baumbach/Hueck/*Zöllner/Noack* Rn. 31 c; BeckOK/*Schindler* Rn. 38.
28 Ebenfalls Baumbach/Hueck/*Fastrich* § 3 Rn. 18 mwN, vgl. zur Entbehrlichkeit der Angabe auch OLG Rostock NZG 11, 992, 993.
29 BGH NJW 89, 168, 169.
30 Baumbach/Hueck/*Zöllner/Noack* Rn. 31; *Wicke* Rn. 10.
31 BeckOK/*Schindler* Rn. 37 f., s. auch Rn. 23 unten.
32 BR-Drs. 354/07, S. 89 f.
33 *Förl*, RNotZ 08, 409, 412; *Mayer*, DNotZ 08, 403, 425; Lutter/Hommelhoff/*Bayer* Rn. 18.
34 So ausdrücklich: BR-Drs. 354/07, S. 102. Zust. *Wicke* Rn. 9.
35 RGZ 139, 227; Palandt/*Wicke* BGB § 1276 Rn. 4.
36 RGZ 142, 378; BGH NJW 89, 458.
37 BGH NZG 14, 184, 187; *Wicke* Rn. 9.

die Nennbeträge, die Zahl der neuen Geschäftsanteile u. der zu teilende Geschäftsanteil konkret aufgeführt werden.[38]

20 Durch die Teilung entstehen neue selbstständige Geschäftsanteile, deren Schicksal sich wiederum nach § 15 richtet. Dabei werden teilbare Mitgliedschaftsrechte (insbes. Stimm- u. Gewinnbezugsrechte) anteilig auf die alten u. neuen Geschäftsanteile übertragen; unteilbare Mitgliedschaftsrechte, wie bspw. das Auskunfts- u. Einsichtsrecht nach § 51 a I, bestehen für jeden Geschäftsanteil gesondert. Höchstpersönliche Mitgliedschaftsrechte verbleiben grds. ganz beim ursprünglichen Geschäftsanteil.

21 Die Teilung führt zu einer Veränderung des Umfangs der Gesellschafterbeteiligung gem. § 40 I 1. Demnach sind die Geschäftsführer unverzüglich nach Wirksamwerden des Teilungsbeschlusses (regelmäßig unverzüglich nach Beschlussfassung) zur Einreichung einer neuen Gesellschafterliste beim Handelsregister verpflichtet.[39] Hierbei handelt es sich um eine Veränderung, bei der ein Notar aufgrund fehlender Beurkundungspflicht typischerweise nicht mitwirkt, vgl. § 40 II 1. Ein Verstoß gegen die Einreichung einer neuen Gesellschafterliste führt zunächst zu einer Haftung der Geschäftsführer ggü. der Gesellschaft nach § 43 II. Darüber hinaus haften die Geschäftsführer auch ggü. den nachteilig betroffenen Alt- u. Neugesellschaftern nach § 40 III Var 1 (neu eingefügt durch MoMiG) sowie den Gläubigern der Gesellschaft nach § 40 III Var 2 für den daraus entstandenen Schaden unmittelbar als Gesamtschuldner. Der von der Änderung betroffene Gesellschafter hat in Anlehnung an die Rspr. zu § 67 II AktG zudem ein einklagbares u. auch im einstweiligen Rechtsschutz durchsetzbares Recht ggü. den Geschäftsführern auf Einreichung der neuen Gesellschafterliste zum Handelsregister.[40]

22 Bei der Teilung von Geschäftsanteilen sind die betroffenen Gesellschafter stimmberechtigt, § 47 IV greift hier nicht.[41]

23 **b) Zusammenlegung.** In Nr. 4 ist durch das MoMiG erstmals die Zusammenlegung von Geschäftsanteilen ausdrücklich in das Gesetz aufgenommen worden.[42] Die Zusammenlegung von Geschäftsanteilen meint hier solche Geschäftsanteile, deren Inhaber ein u. dieselbe Person ist. Der Gesetzgeber hat zunächst klargestellt, dass eine Zusammenlegung auch dann möglich ist, wenn der Gesellschaftsvertrag eine Zusammenlegung nicht ausdrücklich vorsieht.[43] Nach einer bislang hM bedurfte eine Zusammenlegung von Geschäftsanteilen darüber hinaus, dass diese (i) voll eingezahlt sind, (ii) nicht unterschiedliche Rechte vermitteln u. (iii) nicht verschieden belastet sind.[44] Ob diese ungeschriebenen Tatbestandsvoraussetzungen weiterhin auch nach Inkrafttreten des MoMiG Bestand haben sollen, er-

38 *Wicke* Rn. 9.
39 Ausf. hierzu *Förl*, RNotZ 08, 409, 415 ff.
40 *BR-Drs. 354/07, S. 85 f.*
41 Vgl. auch Lutter/Hommelhoff/*Bayer* Rn. 18; Scholz/*K Schmidt* Rn. 65.
42 Dazu BR-Drs. 354/07, S. 90, 102.
43 Früher teilw. umstritten, wie hier bereits: KG NZG 00, 787, 788; BGH NJW 89, 168, 170; BGHZ 63, 116, 118.
44 Lutter/Hommelhoff/*Bayer* Rn. 20.

scheint fraglich.[45] Hiergegen spricht, dass der Gesetzgeber ausdrücklich den Fall einer Zusammenlegung von Geschäftsanteilen vorsehen wollte, bei dem ein Geschäftsanteil noch nicht voll eingezahlt oder mit einer Nachschusspflicht, mit Rechten Dritter oder nach dem Gesellschaftsvertrag mit verschiedenen Rechten u. Pflichten ausgestattet ist.[46] Ob aber auch Geschäftsanteile, die nach dem Gesellschaftsvertrag unterschiedliche Rechte gewähren, zB die Zusammenlegung von Stammgeschäftsanteilen u. Vorzugsgeschäftsanteilen, ohne Weiteres durch einfachen Gesellschafterbeschluss zusammengelegt werden können, scheint insofern zweifelhaft, als hierbei regelmäßig ein satzungsdurchbrechender Gesellschafterbeschluss vorliegt, der schon mangels notarieller Beurkundung grds. analog §§ 241 Nr. 2, 242 I AktG nichtig wäre.[47] Wie bereits zum Teilungsbeschluss ausgeführt, bedarf auch der Zusammenlegungsbeschluss keiner notariellen Beurkundung mit Dreiviertelmehrheit der abgegebenen Stimmen; auch hier reicht eine einfache Stimmenmehrheit.[48]

Im Falle einer in der Praxis nicht selten vorkommenden Verpfändung von Geschäftsanteilen ist § 1287 BGB wieder entspr. heranzuziehen, so dass sich ein Pfandrecht an dem neuen zusammengelegten Geschäftsanteil fortsetzt.[49] 24

Ob im Gegensatz zur Teilung die Zusammenlegung von Geschäftsanteilen der Zustimmung der betroffenen Gesellschafter bedarf, ist differenziert zu beantworten: Vor Inkrafttreten des MoMiG wurde die Zustimmung für notwendig gehalten.[50] Nach dem Willen des Gesetzgebers soll diese Zustimmung jedoch jetzt nicht mehr erforderlich sein.[51] Dem wird aufgrund der Schutzbedürftigkeit der betroffenen Gesellschafter in der Literatur teilw. jedoch nicht gefolgt.[52] IU zur Teilung führe eine Zusammenlegung mitunter dazu, dass die Veräußerungsmöglichkeiten des betr. Gesellschafters erheblich eingeschränkt würden.[53] Hingg. kann auch nicht angeführt werden, dass ein solches Veräußerungshindernis nichts Anderes als eine iÜ zulässige Vinkulierungsklausel darstellt, da letztere grds. nur mit einer Dreiviertelmehrheit in den Gesellschaftsvertrag eingeführt werden kann. Zur Pflicht der Geschäftsführer, die Gesellschafterliste unverzüglich zu aktualisieren, s. → Rn. 18, 21. 25

c) **Einziehung.** Die Einziehung von Geschäftsanteilen (Amortisation) betrifft die einvernehmliche u. zwangsweise Einziehung nach § 34. Da nach § 34 eine Einziehung nur zulässig ist, wenn diese im Gesellschaftsvertrag zugelassen ist, geht auch ein Einziehungsbeschluss der Gesellschaftergesamtheit ins Leere, soweit der Gesellschaftsvertrag keine Regelungen über eine einvernehmliche u/oder zwangsweise Einziehung enthält. Zu den Vor- 26

45 So aber wohl: *Wicke* Rn. 12.
46 BR-Drs. 354/07, S. 102.
47 Baumbach/Hueck/*Zöllner/Noack* Rn. 32.
48 BGH NJW 89, 168, 169.
49 Rn. 19.
50 RGZ 142, 36, 39; KG GmbHR 97, 603, 605.
51 BR-Drs. 354/07, S. 90, 102.
52 So auch Baumbach/Hueck/*Zöllner/Noack* Rn. 32 a; Lutter/Hommelhoff/*Bayer* Rn. 20; *Mayer*, DNotZ 08, 403, 425 f.
53 Hierzu *Förl*, RNotZ 08, 409, 411.

aussetzungen der Einziehung nach § 34 I s. § 34. Der Einziehungsbeschluss kann – wie der Teilungsbeschluss (→ Rn. 18) grds. mit einfacher Stimmenmehrheit geschlossen werden.[54] Er ist nunmehr bereits mit Zugang beim betroffenen Gesellschafter u. nicht (mehr) erst mit Leistung der Abfindung (sofern im Gesellschaftsvertrag nichts Gegenteiliges geregelt ist) wirksam.[55]

27 Für die wirksame Fassung eines Einziehungsbeschlusses nach Nr. 4 bedarf es der Berücksichtigung des durch das MoMiG eingefügten § 5 III 2, wonach die Summe der Nennbeträge aller Geschäftsanteile (zwingend) mit dem Stammkapital übereinstimmen muss. Nach bislang ganz hM war bei der Einziehung von Geschäftsanteilen nach § 34 davon ausgegangen worden, dass diese an der Höhe des Stammkapitals nach § 5 I nichts ändert u. damit die Summe der Nennbeträge der Geschäftsanteile ausnahmsweise nicht die Höhe des Stammkapitals betragen hatte.[56] Diese Auffassung kann mit Blick auf § 5 III 2 nF nach Inkrafttreten des MoMiG nicht mehr aufrecht erhalten werden. Der Gesetzgeber wollte mit dieser Regelung klar stellen, dass sich das Stammkapital während der Dauer der Gesellschaft zwingend aus der Summe der Nennbeträge der Geschäftsanteile ergeben muss. Ein solches Auseinanderfallen der Summe der Nennbeträge der Geschäftsanteile u. des Nennbetrages des Stammkapitals sei unzulässig.[57] Der Einziehungsbeschluss muss daher jetzt zwingend mit einer Maßnahme gekoppelt werden, bei der das Stammkapital u/oder die Nennbeträge der Geschäftsanteile derart angepasst werden, dass nach § 5 III 2 die Summe der Nennbeträge aller Geschäftsanteile der Höhe des Stammkapitals rechnerisch entspricht. Als Folge hieraus besteht also bei einer Einziehung die Pflicht, entweder

- die Einziehung mit einer Kapitalherabsetzung zu verbinden,
- die Summe der Nennbeträge durch eine nominelle Aufstockung an das Stammkapital anzupassen oder
- einen neuen Geschäftsanteil zu bilden.[58]

28 Wird ein derartiges Korrektiv nicht mit einem Einziehungsbeschluss verbunden, so ist der Einziehungsbeschluss unwirksam. Eine Kapitalherabsetzung als Korrektiv bedarf jedoch eines notariell beurkundeten Gesellschafterbeschlusses mit einer Mehrheit von drei Vierteln der abgegebenen Stimmen nach § 53 II 1. Eine nominelle Aufstockung[59] u. somit auch die Bildung eines neuen Geschäftsanteils[60] hingg. bedarf keines qualifizierten u. zu beurkundenden Gesellschafterbeschlusses, da eine Änderung der Geschäftsanteile als solche auch nach Inkrafttreten des MoMiG keinen notariellen Satzungsbestandteil nach § 3 Nr. 4 darstellt (→ Rn. 17 f.).

---

54 Vgl. auch BGH NJW 89, 168, 169.
55 Zur Aufgabe der sog. Bedingungstheorie, vgl. BGH GmbHR 12, 387.
56 BayObLG DB 91, 2537, 2537 f.; Scholz/*Westermann* § 34 Rn. 62; aA *Lutter-Kleindiek*/Hommelhoff § 34 Rn. 2 f.
57 BR-Drs. 354/07, S. 69; *Wicke* § 34 Rn. 3.
58 So ausdrücklich: BR-Drs. 354/07, S. 69.
59 Ganz hM: BGH NJW 89, 168, 169 obiter dictum; BayObLG DB 91, 2537, 2537 f.; Baumbach/Hueck/*Fastrich* § 34 Rn. 20 mwN.
60 BayObLG DB 91, 2537 f.; aA *Wolff*, GmbHR 99, 958, 963; Scholz/*Westermann* § 34 Rn. 70 mwN.

Der betroffene Gesellschafter ist bei einer freiwilligen Einziehung stimmberechtigt, nicht jedoch im Falle einer erzwungenen Einziehung.[61] 29

7. Bestellung, Abberufung und Entlastung von Geschäftsführern (Nr. 5)

Nr. 5 ordnet der Gesamtheit der Gesellschafter grds. die Bestellung, Abberufung u. Entlastung der Geschäftsführer zu. Das Gesetz sieht hiervon jedoch zwei Ausn. vor: 30

- § 6 III 2 wiederholt den Vorrang des Gesellschaftsvertrages bei der Bestellung der Geschäftsführer ausdrücklich (wobei diese Vorschrift insoweit lediglich den allg. Vorrang des Gesellschaftsvertrages vor dem Zuständigkeitskatalog des § 46 gem. § 45 II konkretisiert) u
- die GmbH hat einen obligatorischen Aufsichtsrat als Organ der Gesellschaft (zB nach §§ 31 MitbestG, § 12 MontanmitbestG oder § 13 MitbestErgG); in diesen Fällen obliegt die Bestellung, Abberufung u. Entlastung von Geschäftsführern nicht der Gesamtheit der Gesellschafter, sondern grds. dem Aufsichtsrat; bei einem nach dem DrittelbG zu besetzenden Aufsichtsrat hingg. ist die Gesellschaftergesamtheit weiterhin zuständig[62] (s. auch → § 52 Rn. 125).

Nr. 5 erfasst neben der Willensbildungs- auch die Ausführungskompetenz der Gesamtheit der Gesellschafter,[63] so dass die Geschäftsführer der GmbH insbes. mit Blick auf den Abschluss, die Änderung oder Beendigung von Geschäftsführerdienstverträgen keine organschaftliche Vertretungsmacht nach § 35 I 1 besitzen.[64] 31

a) Bestellung. Die Bestellung von Geschäftsführern nach Nr. 5 Var 1 meint zunächst die von dem typischerweise ebenfalls geschlossenen Dienstvertrag der Gesellschaft mit dem Geschäftsführer grds. zu trennende Einräumung einer Organstellung (s. → § 35 Rn. 4 ff., 47). Nach ganz hM ist unter die Bestellung von Geschäftsführern als Annexkompetenz der Gesellschaftergesamtheit auch der Abschluss von Geschäftsführerdienstverträgen unter Nr. 5 Var 1 zu fassen.[65] Für den Abschluss des Geschäftsführerdienstvertrages besteht entweder die Möglichkeit, dass *alle* Gesellschafter der Gesellschaft für diese den Geschäftsführerdienstvertrag quasi unter Verzicht auf alle Formen u. Fristen unterzeichnen oder, was die Praxis ist, einen Mitgesellschafter, den von § 181 BGB befreiten Geschäftsführer selbst, einen anderen Geschäftsführer oder einen Dritten iR eines Gesellschafterbeschlusses zur Unterzeichnung des Vertrages im Namen der Gesellschaft zu bevollmächtigen bzw. hins. der Geschäftsführer nach § 37 I anzuweisen. Um eine sachliche oder personelle Umgehung der Norm zu vermeiden, 32

61 Lutter/Hommelhoff/*Bayer* Rn. 21.

62 Wie hier: *Lutter*/Hommelhoff § 52 Rn. 47; Baumbach/Hueck/*Zöllner*/*Noack* § 52 Rn. 107; nicht eindeutig: BGH GmbHR 99, 1140 ff.; *Goette*, Anm. zu BGH DStR 99, 1743, 1745.

63 BGH BB 91, 927, 928 f.; Roth/*Altmeppen* Rn. 48; Ulmer/*Hüffer*/*Schürnbrand* Rn. 54.

64 BGH NJW 90, 387, 387 f.; Baumbach/Hueck/*Zöllner*/*Noack* Rn. 40.

65 BGH NJW 91, 1680; 95, 1750; 00, 2983, 2983 f.; OLG Düsseldorf BeckRS 09, 23857; Scholz/*K Schmidt* Rn. 70 mwN; ausf. dazu *Lieder*, NZG 15, 569; *Remmert*/*Schmalz*, GmbHR 08, 85.

wird Nr. 5 von der Rspr. zunehmend weit ausgelegt.[66] Gerade in der Praxis muss der Geschäftsführer diese Rspr. beachten, wenn er Beratungsverträge, an denen er selbst – wenn auch nur mittelbar – beteiligt ist, abschließt. Es empfiehlt sich daher, bereits in der Satzung eine klare Regelung bzgl. der Zuständigkeit für den Abschluss von Beraterverträgen mit Geschäftsführern, deren nahen Angehörigen (vgl. § 15 AO) oder mit Gesellschaften, an denen der Geschäftsführer nicht nur unwesentlich beteiligt ist, aufzunehmen. Um weitestgehendes Streitpotential auszuschließen, sollte auch der prozentuale Schwellenwert einer (un)wesentlichen Beteiligung festgelegt werden.[67] Zu den Rechtsfolgen der Nichtigkeit des Bestellungsbeschlusses s. → § 35 Rn. 63 ff. Nicht a priori nichtig gem. Nr. 5 ist die Bestellung eines Geschäftsführers als sog. „Firmenbestatter".[68]

33 Jeder Gesellschafter hat als Teil seiner Mitwirkungsrechte u. unabhängig davon, ob das Quorum von 10 % für eine Einberufung einer Gesellschafterversammlung nach § 50 I erreicht wird, ein unverbindliches Vorschlagsrecht für die Bestellung, das durch den Gesellschaftsvertrag verstärkt werden kann.[69] Die Bestellung von Geschäftsführern erfolgt, sofern nicht im Gesellschaftsvertrag anders geregelt, grds. durch Gesellschafterbeschluss mit einfacher Stimmenmehrheit nach § 47 I. Mit der auch konkludent möglichen Annahme durch den im Gesellschafterbeschluss genannten Geschäftsführer kommt die Organstellung jedoch erst zustande (s. → § 35 Rn. 47). Sofern der Bestellungsbeschluss über die Wirksamkeit der Bestellung keine konkreten Angaben enthält, wird die Bestellung iZw mit Annahme durch den bestellten Geschäftsführer wirksam. Jede Bestellung eines Geschäftsführers ist nach § 39 I, § 12 I 1 HGB von den im Zeitpunkt der Anmeldung zur Vertretung berechtigten Geschäftsführern in notariell beglaubigter Form elektronisch zur Eintragung in das Handelsregister anzumelden. Die Anmeldung hat lediglich deklaratorische Wirkung (s. → § 39 Rn. 2).

34 b) **Abberufung.** Nach § 38 I kann die Bestellung eines Geschäftsführers unbeschadet etwaiger Schadensersatzansprüche aus bestehenden Geschäftsführerdienstverträgen jederzeit widerrufen werden (Abberufung), sofern der Gesellschaftsvertrag die Abberufungsmöglichkeit nicht nach § 38 II auf das Vorliegen von wichtigen Gründen beschränkt. Wie bei der Bestellung der Geschäftsführer liegt auch hier die Zuständigkeit für die Abberufung grds. bei der Gesamtheit der Gesellschafter nach Nr. 5 Var 2. Wegen der bestehenden Annexkompetenz im Zusammenhang mit einem abgeschlossenen Geschäftsführerdienstvertrag (→ Rn. 32) erfasst die Zuständigkeit der Gesellschaftergesamtheit nicht nur die Organstellung der Geschäftsführer, sondern auch jegliche Beendigung der entspr. Geschäftsführerdienstverträge, zB durch Abschluss eines Aufhebungsvertrages oder

66 Vgl. OLG Naumburg GmbHR 14, 985, 986 mwN.
67 *Borsdorff*, GmbHR 14, 988, 990.
68 OLG Karlsruhe RNotZ 14, 66; *Juretzek*, GWR 13, 270.
69 OLG Hamm ZIP 86, 1188, 1194; ausf. dazu: Lutter/Hommelhoff/*Bayer* Rn. 25.

durch Kündigung einer Partei des Dienstvertrages.[70] Erst wenn sich das Geschäftsführerdienstverhältnis nach der Abberufung in ein gewöhnliches Anstellungsverhältnis umgewandelt hat, ist der neue Geschäftsführer zu einer Kündigung des Dienstvertrags des alten Geschäftsführers befugt.[71] Die Abberufung als empfangsbedürftige Willenserklärung ist dem jeweiligen Geschäftsführer, sofern dieser bei der Beschlussfassung nicht anwesend ist, zwingend zugängig zu machen (s. auch → § 38 Rn. 54).[72] Eine eigenständige Amtsniederlegung seitens des Geschäftsführers muss als empfangsbedürftige Willenserklärung ebenfalls der Gesellschafterversammlung oder allen Gesellschaftern zugehen, wobei eine Erklärung ggü. einem Gesellschafter (nicht auch Geschäftsführer) ausreichend ist.[73]

c) Änderungen der Organstellung. Wenn die Gesamtheit der Gesellschafter für die Bestellung u. Abberufung von Geschäftsführern grds. zuständig ist, gilt dies im Wege des Erst-Recht-Schlusses auch für jede Änderung der Organstellung, zB Einräumung von Einzelvertretungsmacht oder Befreiung vom Verbot des Insichgeschäftes nach § 181 BGB, u. wegen der bestehenden Annexkompetenz (→ Rn. 32) bezüglich geschlossener Geschäftsführerdienstverträge auch für jegliche Änderungen dieser Dienstverträge einschl. Bonusvereinbarungen u. Abfindungszahlungen.[74] Zahlt ein Mitgesellschafter an den Gesellschafter-Geschäftsführer ein Geschäftsführergehalt unter Verletzung der Zuständigkeitsregeln in § 46 Nr. 5, so kann dies unabhängig von möglichen strafrechtlichen Konsequenzen auch einen Verstoß gegen die gesellschaftsrechtliche Treuepflicht bedeuten. Hieraus können Schadensersatzpflichten resultieren, insbes. wenn der Gehaltszahlung keine ausreichende Arbeitsleistung des Gesellschafter-Geschäftsführers ggü. steht.[75] Für den Fall, dass die Vergütung in der Vergangenheit offensichtlich unangemessen war, kann auch die rückwirkende Erhöhung der Geschäftsführervergütung beschlossen werden.[76] 35

d) Entlastung. Nach Nr. 5 Var 3 entscheidet die Gesamtheit der Gesellschafter auch über die Entlastung von Geschäftsführern. Unter Entlastung ist nach allg. Meinung die vergangenheitsbezogene Billigung der Geschäftsführung[77] sowie ein in die Zukunft gerichteter Vertrauensbeweis zu verste- 36

70 BGH NZG 07, 751, 752; NJW 09, 293, 294; OLG München BeckRS 16, 6453; OLG Düsseldorf BeckRS 09, 23857; LG Hannover BeckRS 11, 07072. Im Falle einer GmbH & Co KG liegt die Beschlusskompetenz ebenfalls bei der Gesellschafterversammlung der Komplementär-GmbH entspr. § 46 Nr. 5, s. hierzu: BGH DStR 07, 1090, 1091; vgl. zur Annexkompetenz bzgl. einer integrierten Aufhebungsvereinbarung: LAG Hessen BeckRS 11, 74346.

71 BGH NZG 18, 1073, 1074.

72 Baumbach/Hueck/*Zöllner/Noack* § 38 Rn. 28 u. 42; Roth/*Altmeppen* § 38 Rn. 22.

73 BGH ZIP 01, 2227, 2228; OLG Düsseldorf NZG 05, 632, 633.

74 BGH DStR 91, 751; 08, 158, 159 f.; OLG Karlsruhe NZG 00, 264, 269. OLG Hamm BeckRS 08, 05714; OLG Stuttgart BeckRS 09, 25485. Dies umfasst auch die Erteilung einer Versorgungszusage, s. hierzu: OLG Düsseldorf BeckRS 09, 23857, anders bei der Ausübung von im Dienstvertrag bereits wirksam vereinbarten Optionen, s. hierzu: OLG München BeckRS 11, 29808; *Breschendorf*, GWR 12, 155.

75 BGH NJW 07, 917, 917 f.

76 Ausf.: *Litzenberger*, GmbHR 15, 72.

77 BGH NJW 59, 192, 193; Scholz/*K Schmidt* Rn. 89.

hen.[78] Anders als bei der Entlastung von Vorstand u. Aufsichtsrat einer AG (vgl. §§ 93 IV 2, 120 II 2 AktG) führt eine Entlastung der Geschäftsführer einer GmbH (wie die Entlastung eines Vereinsvorstandes) zum Ausschluss von Ersatzansprüchen der Gesellschaft ggü. ihren Geschäftsführern, sofern die Pflichtwidrigkeit *allen* Gesellschaftern[79] zum Zeitpunkt der Beschlussfassung (grds.) *positiv* bekannt war.[80] Dabei genügt es aber für den Ausschluss von Ersatzansprüchen, wenn es den Gesellschaftern zum Zeitpunkt des Entlastungsbeschlusses möglich war, den Ersatzanspruch aufgrund der Rechnungslegung sowie der den Gesellschaftern zugänglich gemachten Unterlagen zu erkennen.[81] Folglich genügt eine positive Kenntnis des anspruchsbegründenden Sachverhalts. Einer positiven Kenntnis des Anspruchs oder gar der Anspruchsgrundlage bedarf es jedoch nicht. Präzisionsbedürftig ist der sachliche Umfang der Präklusionswirkung.[82] Diese erstreckt sich – über Ersatzansprüche hinaus – auch auf andere Sanktionsmöglichkeiten. So ist bspw. auch eine außerordentliche Kündigung präkludiert, wenn die kündigungsbegründende Handlung in den Zeitraum der Entlastung fällt.[83] Die Präklusionswirkung umfasst solche Ansprüche nicht, soweit ihre Erfüllung zur Gläubigerbefriedigung erforderlich ist, vgl. bspw. § 43 II.[84]

37 Nach hM haben die Geschäftsführer grds. keinen mit einer Leistungsklage durchsetzbaren Anspruch auf Entlastung.[85] Vielmehr ist hierfür eine negative Feststellungsklage statthaft, mit dem Begehren, festzustellen, dass keine Ersatzansprüche der Gesellschaft bestehen.[86] Haben die Gesellschafter einer GmbH den Geschäftsführern wegen konkret bezeichneter Pflichtverletzungen daraus entstandene Ersatzansprüche nicht entlastet, so haben die Geschäftsführer ein negatives Feststellungsinteresse nach § 256 I ZPO auf Feststellung, dass die bezeichneten Ansprüche nicht bestehen.[87]

38 Von der Entlastung ist die Generalbereinigung zu unterscheiden. Bei dieser vereinbaren die Gesellschaft u. der Geschäftsführer einen schuldrechtlichen Vertrag über ein negatives Schuldanerkenntnis, einen Erlass- oder Verzichtsvertrag, wonach Ansprüche der Gesellschaft ggü. ihrem Geschäfts-

78 OLG Hamm GmbHR 92, 802, 803; Ulmer/*Hüffer/Schürnbrand* Rn. 67.
79 BGH NZG 03, 528; NJW 59, 192, 194.
80 BGH NJW 69, 131; 86, 129; OLG Köln NZG 99, 1228, 1229.
81 *Wicke* Rn. 16; OLG Frankfurt/M, 14 u. 52/09; BGH NJW 86, 2250, 2251; BGH NZG 03, 529; OLG München GmbHR 13, 813.
82 Vgl. BGH NJW 69, 131; WM 76, 736, 737; OLG München GmbHR 96, 847; *Nägele/Nestel*, BB 00, 1253, 1255; einschränkend Scholz/*K Schmidt* Rn. 94; Baumbach/Hueck/*Zöllner/Noack* Rn. 41, der auf die Position der Gesellschafter in der Gesellschaft abstellen will.
83 BGH NJW 69, 131.
84 BGH NJW 59, 192, 194; Baumbach/Hueck/*Zöllner/Noack* Rn. 41.
85 BGH NJW 86, 129; OLG Düsseldorf GmbHR 96, 689, 693; MüKoGmbHG/*Leibscher* Rn. 161; Roth/*Altmeppen* Rn. 64; Scholz/*K Schmidt* Rn. 101; aA Baumbach/Hueck/*Zöllner/Noack* Rn. 46; *Bucher*, GmbHR 88, 9, 14; Ulmer/*Hüffer/Schürnbrand* Rn. 80 ff.
86 MünchHdbGbR/*v. Ditfurth* § 53 Rn. 33; Lutter/Hommelhoff/*Bayer* Rn. 28; Michalski/*Römermann* Rn. 311 f.; *Schmidt*, ZGR 78, 425, 439 ff.
87 BGH NJW 86, 129; Scholz/*K Schmidt* Rn. 102.

führer nicht bestehen. Dieser Vertrag stellt keine Entlastung iSd § 46 Nr. 5 Var 3 dar.[88]

e) Stimmrecht des Gesellschafter-Geschäftsführers. Im Falle einer ordentlichen Abberufung hat der Gesellschafter-Geschäftsführer grds. ein Stimmrecht u. kann sich an der Abstimmung beteiligen.[89] § 47 IV steht dem nicht entgegen, jedoch greift § 181 BGB ein, so dass das Stimmrecht des Abzuberufenden von der Befreiung durch die Gesellschafter abhängt. Dem Abzuberufenden steht allerdings dann kein Stimmrecht zu, wenn die Abberufung aus wichtigem Grund erfolgen soll (s. → § 47 Rn. 24).[90] Entspr. gilt für die Abstimmung über die Entlastung des Geschäftsführers, vgl. § 47 IV 1 Var 1 (s. → § 47 Rn. 26). 39

8. Maßregeln zur Prüfung und Überwachung der Geschäftsführung (Nr. 6)

Die Gesamtheit der Gesellschafter ist nicht nur iRd Weisungsbefugnis nach § 37 I berechtigt, den gesamten Bereich der Geschäftsführung zu reglementieren, sondern nach Nr. 6 auch für die Prüfung u. Überwachung der Geschäftsführung zuständig. Diese Zuständigkeit kann durch eine Bestimmung in dem Gesellschaftsvertrag auf andere Organe, nicht jedoch auf Dritte, übertragen werden.[91] Hierzu zählt insbes. auch das Recht zur Bestellung von Sonderprüfern mit einfacher Stimmenmehrheit analog § 142 I AktG. IR einer Sonderprüfung können iÜ auch Verhältnisse der Geschäftsführung zu Mitgesellschaftern überprüft werden. Eine Sonderprüfung erfolgt entspr. § 146 AktG auf Kosten der Gesellschaft. Die Sonderprüfung ist ein in der Praxis leider viel zu selten genutztes Instrument der Gesellschafter zur Aufklärung von besonderen aufklärungsbedürftigen Sachverhalten durch sachverständige Dritte.[92] Losgelöst hiervon besteht das Informationsrecht jedes einzelnen Gesellschafters nach § 51 a. Umstritten ist iRd Nr. 6, inwieweit Gesellschafter-Geschäftsführer bei der Abstimmung über Kontrollmaßnahmen einem Stimmrechtsverbot unterliegen.[93] 40

Der Gesellschafter-Geschäftsführer ist vom Stimmrecht ausgeschlossen, wenn in der Vergangenheit liegende Maßnahmen betroffen sind, an denen der Gesellschafter-Geschäftsführer zumindest auch mitgewirkt hat.[94] 41

9. Bestellung von Prokuristen und Handlungsbevollmächtigten (Nr. 7)

Die Gesellschaftergesamtheit entscheidet nach Nr. 7 über die Bestellung von Prokuristen u. von Handlungsbevollmächtigten zum gesamten Geschäftsbetrieb. Dabei ist die Bestellung als solche von den Geschäftsführern vorzunehmen, welche lediglich im Innenverhältnis eines gesonderten Ge- 42

88 BGH NJW 98, 1315.
89 BGHZ 18, 205, 210; OLG Düsseldorf GmbHR 00, 1050, 1053; OLG Karlsruhe NZG 00, 264, 265; OLG Saarbrücken GmbHR 07, 143; Baumbach/Hueck/*Zöllner/Noack* § 38 Rn. 33.
90 BGH NJW 69, 1483; OLG Karlsruhe NZG 00, 264, 265.
91 Ebenso Ulmer/*Hüffer/Schürnbrand* Rn. 93; Scholz/*K Schmidt* Rn. 113.
92 *Leinekugel*, GmbHR 08, 632, 632; *Peters/Dechow*, GmbHR 07, 236, 241.
93 Roth/*Altmeppen* Rn. 70; LG Essen GmbHR 14, 990.
94 Baumbach/Hueck/ *Zöllner /Noack* Rn. 50; Ulmer/*Hüffer/Schürnbrand* Rn. 91; Scholz/*K Schmidt* Rn. 117.

sellschafterbeschlusses bedürfen. Demzufolge macht ein fehlender oder unwirksamer Gesellschafterbeschluss die Bestellung im Außenverhältnis nicht unwirksam,[95] sofern nicht ausnahmsweise ein Fall des Missbrauchs der Vertretungsmacht vorliegt.[96] Da sich die Zuständigkeit der Gesellschaftergesamtheit auf die Bestellung beschränkt, bedarf es im Innenverhältnis[97] zwischen Geschäftsführer u. Gesellschaftergesamtheit keiner Zustimmung zum Widerruf von Bestellungen zu Prokuristen u. Handlungsbevollmächtigten.

43 Auch der Abschluss eines Anstellungsvertrages mit Prokuristen u. Handlungsbevollmächtigten fällt nach allgM nicht in die Zuständigkeit der Gesellschaftergesamtheit. Bei der Bestellung von Handlungsbevollmächtigten ist zu beachten, dass es hier lediglich dann einer Zustimmung bedarf, wenn es um die Erteilung einer Generalhandlungsvollmacht geht, da Nr. 7 auf Handlungsbevollmächtigte zum gesamten Geschäftsbetrieb beschränkt ist. Damit bedarf die Bestellung durch den Geschäftsführer keiner Zustimmung der Gesellschaftergesamtheit in Fällen der Spezialhandlungs- u. Arthandlungsvollmacht.[98]

44 Der zu Bestellende hat, wenn er zugleich Gesellschafter der Gesellschaft ist, bei der Beschlussfassung kein Stimmrecht.[99]

10. Geltendmachung von Ersatzansprüchen (Nr. 8)

45 Die Gesellschaftergesamtheit entscheidet nach Nr. 8 über die Geltendmachung von Ersatzansprüchen, die der Gesellschaft aus der Gründung oder der Geschäftsführung gegen Geschäftsführer oder Gesellschafter zustehen, sowie die Vertretung der Gesellschaft in Prozessen, welche sie gegen die Geschäftsführer zu führen hat.[100] Eine unrichtigerweise gegen die GmbH vertreten durch ihre Geschäftsführer gerichtete Klage ist unzulässig u. kann nicht durch eine Rubrumsberichtigung beseitigt werden; sie stellt eine Klageänderung dar.[101]

46 **a) Geltendmachung von Ersatzansprüchen (Var 1).** Unter Geltendmachung ist die Durchsetzung von Ersatzansprüchen der Gesellschaft ggü. ihren Geschäftsführern einerseits sowie ihren Gesellschaftern andererseits zu verstehen. Jede Form der Geltendmachung, unabhängig ob positiv oder negativ, fällt hierunter (zB Anspruchserhebung, Mahnung, Erlass, Verzicht, Klageerhebung, Klagerücknahme, Vergleich usw). Ebenso bedarf auch die Geltendmachung von Schadensersatzansprüchen aus Dienstverträgen mit Geschäftsführern iR einer Annexkompetenz der Gesellschaftergesamtheit der Zustimmung dieser. Nach ganz hM[102] schlägt ausnahmsweise das Fehlen

95 BGHZ 62, 166, 168; OLG Düsseldorf GmbHR 98, 743; Baumbach/Hueck/*Zöllner/Noack* Rn. 52.
96 Lutter/Hommelhoff/*Bayer* Rn. 32; aA Ulmer/*Hüffer/Schürnbrand* Rn. 94.
97 BGH NJW 74, 1194.
98 Baumbach/Hueck/*Zöllner/Noack* Rn. 56.
99 Baumbach/Hueck/ *Zöllner/Noack* Rn. 52; Ulmer/*Hüffer/Schürnbrand* Rn. 96; aA Scholz/*K Schmidt* Rn. 128; Roth/*Altmeppen* Rn. 75.
100 BGH DStR 08, 158, 159.
101 OLG Oldenburg GmbHR 10, 258.
102 BGH NJW 59, 194, 195; 86, 2250; OLG München BeckRS 12, 19388; BGH ZIP 04, 1708, 1710.

eines Gesellschafterbeschlusses im Innenverhältnis auf das Außenverhältnis durch, so dass eine Klage der Gesellschaft gegen den Geschäftsführer u/ oder Gesellschafter unbegründet ist, wenn u. soweit es an einem entspr. Gesellschaftbeschluss nach Nr. 8 fehlt.[103] Handelt es sich bei dem Kläger um eine KG, die Schadensersatzansprüche gegen den Geschäftsführer ihrer Komplementär-GmbH geltend macht, so bedarf es hier keines Beschlusses gem. § 46 Nr. 8, da es sich insofern nicht um Ansprüche der GmbH, sondern um Ansprüche Dritter handelt.[104] Andererseits können die Gesellschafter einer Publikums-KG zur Durchsetzung von Ersatzansprüchen gegen ihren organschaftlichen Vertreter in entspr. Anwendung von § 46 Nr. 8 Var 2 iVm § 147 II 1 AktG einen besonderen Vertreter bestellen.[105]

Umstritten ist, ob auch im Falle einer Gesellschafterklage (sog. actio pro socio) ein Gesellschafterbeschluss nach Nr. 8 Var 1 erforderlich ist.[106] Nr. 8 Var 1 erfasst alle Ersatzansprüche aus der Gründung oder Geschäftsführung gegen Geschäftsführer oder Gesellschafter. Der Begriff Ersatzansprüche ist weit zu verstehen. Hierunter fallen insbes. vertragliche, vorvertragliche als auch deliktische Schadensersatzansprüche aus dem Gesellschafts-, Organschafts- u. Anstellungsverhältnis ebenso wie Unterlassungs-, Erstattungs- u. Herausgabeansprüche sowie Bereicherungs- u. Auskunftsansprüche, soweit sich diese auf Pflichtverletzungen der Geschäftsführer u. Gesellschafter beziehen.[107] Nicht unter Ersatzansprüche fallen Erfüllungsansprüche, insbes. Ansprüche aus Einlageversprechen der Gesellschafter. 47

Nr. 8 Var 1 ist analog anzuwenden auf die Geltendmachung von Ersatzansprüchen ggü. Aufsichtsrats- u. Beiratsmitgliedern aufgrund ihrer Tätigkeit als Mitglieder dieser Organe.[108] Dies gilt auch für Ersatzansprüche gegen den Liquidator[109] oder Abschlussprüfer (§ 323 I HGB).[110] Nr. 8 Var 1 gilt indes nicht, sofern die Geltendmachung des Anspruchs zur Befriedigung von Gläubigern der Gesellschaft zwingend erforderlich ist.[111] Keines Gesellschafterbeschlusses bedarf es somit insbes. in Insolvenzverfahren sowie im Falle der Liquidation.[112] Ein Gesellschafterbeschluss gem. Nr. 8 Var 1 ist auch dann entbehrlich, wenn eine GmbH & Co KG Schadensersatzan- 48

103 Das Erfordernis der vorherigen Beschlussfassung der Gesellschafterversammlung gilt nicht im Falle einer GmbH & Co KG, s. hierzu: BGHZ 76, 326, 338; NJW-RR 92, 800; OLG Köln NZG 09, 1223.
104 BGHZ 76, 326, 338; NZG 04, 962, 964; KG NZG 11, 429.
105 BGH NZG 10, 1381.
106 Eher abl.: BGHZ 65, 15, 21; im Grundsatz bejahend: Scholz/*K Schmidt* Rn. 161 mwN; vgl. auch LG Karlsruhe NZG 01, 169; OLG Koblenz NZG 10, 1023, 1024; OLG München BeckRS 12, 19388.
107 BGH NJW 86, 2250, 2251 f.; DStR 08, 158, 159 hins. zu viel geleisteter Lohnsteuer; Lutter/Hommelhoff/*Bayer* Rn. 36; Scholz/*K Schmidt* Rn. 147; nach OLG München GmbHR 2018, 196 ist Nr. 8 Var 1 weder direkt noch analog auf andere Ansprüche gegen Gesellschafter, die nicht Geschäftsführer sind, anwendbar.
108 Scholz/*K Schmidt* Rn. 146; Baumbach/Hueck/*Zöllner/Noack* Rn. 59; Lutter/Hommelhoff/*Bayer* Rn. 35.
109 BGH NJW 69, 1712.
110 Lutter/Hommelhoff/*Bayer* Rn. 35; Ulmer/*Hüffer/Schürnbrand* Rn. 103.
111 BGH BB 04, 2033, 2036; Ulmer/*Hüffer/Schürnbrand* Rn. 105; Rowedder/Schmidt-Leithoff/*Ganzer* Rn. 66.
112 BGH NZG 04, 961, 962; OLG Brandenburg BeckRS 10, 20227; aA noch BGH NJW 59, 192, 194.

sprüche gegen den Geschäftsführer der Komplementär-GmbH geltend machen möchte.[113]

49 Für Maßnahmen im einstweiligen Rechtsschutz bedarf es ebenfalls keines Gesellschafterbeschlusses.[114]

50 Der Gesellschafter u/oder Gesellschafter-Geschäftsführer ist mit seinem Stimmrecht nach § 47 IV 2 ausgeschlossen.[115] Eine bilanzielle Aktivierung von Rückzahlungsansprüchen einer GmbH gegen ihren Gesellschafter-Geschäftsführer aufgrund überzahlter und an die Gesellschaft deshalb zurückzuerstattender Dividenden kommt solange nicht in Betracht, bis der hierfür erforderliche Beschluss gefasst ist.[116]

51 **b) Vertretung der Gesellschaft in Prozessen gegen Geschäftsführer.** Zur Vermeidung der Handlungsunfähigkeit der Gesellschaft bedarf es der Bestellung eines organschaftlichen Vertreters für die Durchführung eines Prozesses gegen einen Geschäftsführer durch die Gesellschaftergesamtheit.[117] Erfasst sind alle Prozesse zwischen der Gesellschaft u. dem Geschäftsführer, unabhängig ob Aktiv- oder Passivprozesse. Nr. 8 Var 2 ist auch auf Prozesse gegen ehemalige Geschäftsführer anzuwenden.[118] Unterbleibt jedoch in einem Prozess des ehemaligen Geschäftsführers gegen die GmbH die Bestellung eines besonderen Prozessvertreters durch die Gesellschafterversammlung, steht § 48 Nr. 8 einer ordnungsgemäßen Vertretung durch den neuen oder weiteren alten Geschäftsführer nicht entgg.[119] Nr. 8 Var 2 gilt indes nicht für die Erteilung einer Prozessvollmacht gem. §§ 80 ff. ZPO.[120] Als Prozessvertreter kann wegen der drohenden Handlungsunfähigkeit sowohl jeder weitere Geschäftsführer oder Gesellschafter als auch ein Dritter benannt werden.[121] Bei Bestehen eines mitbestimmten Aufsichtsrates erfolgt die Prozessvertretung gem. § 112 AktG durch diesen Aufsichtsrat, u. bei Bestehen eines fakultativen Aufsichtsrates ist dieser – sofern der Gesellschaftsvertrag keine abw. Reglungen trifft – zur Vertretung befugt.[122] Der Gesellschafter-Geschäftsführer darf nach § 47 IV nicht mitstimmen.[123]

11. Erweiterung der Kompetenzen

52 Eine Erweiterung der Kompetenzen der Gesellschaftergesamtheit findet ihre Grenzen

113 *Wicke* Rn. 19; ausf. mwN: *Leonard/Hilger*, jurisPR-HaGesR 11/2013 Anm. 1.
114 Lutter/Hommelhoff/*Bayer* Rn. 37; Scholz/*K Schmidt* Rn. 154.
115 BGH NJW 92, 977; OLG Frankfurt/M NZG 99, 767.
116 OLG Stuttgart BeckRS 13, 4341.
117 BGH NJW 92, 977; BGH BeckRS 16, 15578; BGH DStR 16, 12 Bestellung durch den Beirat, soweit ihm die Kompetenz übertragen wurde.
118 BGH NJW 59, 192, 194; 92, 977; DB 08, 50, 51; OLG Oldenburg GmbHR 10, 258; aA OLG Brandenburg NZG 98, 466.
119 BGH DStR 16, 12; OLG Zweibrücken BeckRS 2015, 16531; *Pröpper*, GmbHR 15, 1047.
120 BGH WM 81, 1353, 1354.
121 Lutter/Hommelhoff/*Bayer* Rn. 45; vgl. dazu auch OLG Frankfurt/M BeckRS 10, 11559.
122 BGH NZG 04, 327; OLG Naumburg 15; 831; OLG Brandenburg 00, 143.
123 BGHZ 97, 28, 35; OLG Nürnberg GmbHR 58, 194; Lutter/Hommelhoff/*Bayer* Rn. 44.

- im Außenverhältnis der Gesellschaft in Bezug auf die Vertretung der Gesellschaft, so dass bspw. die Vertretungsrechte der Geschäftsführer nicht komplett entzogen werden können, sowie
- im Innenverhältnis der Gesellschaft, soweit dadurch zwingende Zuständigkeitszuordnungen ausgehebelt werden müssten, wie bspw. die Kompetenzen eines (obligatorischen) Aufsichtsrates aufgrund von zwingend einzuhaltenen Mitbestimmungsgesetzen.

12. Entziehung von Kompetenzen

Der Gesamtheit der Gesellschafter darf die Stellung als oberstes Organ der Gesellschaft nicht genommen werden.[124] So ist es bspw. nicht möglich, die Kompetenz zur Bestellung u. Abberufung von Geschäftsführern auf diese selbst (wohl aber auf ein anderes Organ der Gesellschaft) zu übertragen. 53

§ 47 Abstimmung

(1) Die von den Gesellschaftern in den Angelegenheiten der Gesellschaft zu treffenden Bestimmungen erfolgen durch Beschlußfassung nach der Mehrheit der abgegebenen Stimmen.

(2) Jeder Euro eines Geschäftsanteils gewährt eine Stimme.

(3) Vollmachten bedürfen zu ihrer Gültigkeit der Textform.

(4) [1]Ein Gesellschafter, welcher durch die Beschlußfassung entlastet oder von einer Verbindlichkeit befreit werden soll, hat hierbei kein Stimmrecht und darf ein solches auch nicht für andere ausüben. [2]Dasselbe gilt von einer Beschlußfassung, welche die Vornahme eines Rechtsgeschäfts oder die Einleitung oder Erledigung eines Rechtsstreites gegenüber einem Gesellschafter betrifft.

124 Baumbach/Hueck/*Zöllner/Noack* Rn. 6.

I. Normzweck

1 § 47 regelt die Beschlussfassung der Gesamtheit der Gesellschafter u. ist im Kontext der nachfolgenden §§ 48–51 zu sehen. Während Abs. 1 den Grundsatz der Beschlussfassung durch Mehrheit der abgegebenen Stimmen festlegt u. Abs. 2 festschreibt, dass jeder Euro eines Geschäftsanteils eine Stimme gewährt, bestimmt Abs. 3, dass eine Vollmacht zu ihrer Wirksamkeit der Textform nach § 126 b BGB bedarf. Abs. 4 normiert die Fälle des Stimmrechtsausschlusses eines Gesellschafters in Fällen der Entlastung, der Befreiung von seinen Verbindlichkeiten, der Vornahme von Rechtsgeschäften mit dem Gesellschafter u. der Einleitung oder Erledigung von Rechtsstreiten ggü. dem Gesellschafter.

2 Auch die §§ 47–51 sind insg. lückenhaft.[1] Zum grds. Vorrang des Gesellschaftsvertrages vgl. § 45 II sowie mit Blick auf die Ausn. → § 45 Rn. 8. Die §§ 47–51 enthalten zudem auch keine Vorschriften über die Fehlerhaftigkeit von Gesellschafterbeschlüssen und deren Folgen (s. hierzu näher → Anh. zu § 47 Rn. 9 ff.).

II. Inhalt

1. Allgemeines

3 a) **Gesellschafterbeschluss.** Der Gesellschafterbeschluss stellt einen Akt organschaftlicher Willensäußerung der Gesellschafter einer GmbH dar.[2] Er ist das Ergebnis einer Abstimmung u. kann einen (positiv wie negativ formulierten) Beschlussantrag positiv (bejahender Beschluss) als auch negativ (ablehnender Beschluss) bescheiden.[3] Inhaltlich betrifft der Gesellschafterbeschluss Entscheidungen, die der Gesellschaftergesamtheit nach dem Gesellschaftsvertrag u. Gesetz zugeordnet sind. Bei dem Gesellschafterbeschluss handelt es sich nach hM um ein mehrseitiges Rechtsgeschäft,[4] jedoch nicht um einen Vertrag, da Beschlüsse auch diejenigen Gesellschafter binden, die in der Abstimmung nicht teilgenommen oder dagg gestimmt haben.[5] Abgesehen von den Vorschriften des BGB, die den Vertrag betreffen, u. abgesehen von den Sondervorschriften der §§ 241 ff. AktG gelten die allg. Bestimmungen der §§ 104 ff. u. §§ 164 ff. BGB auch für den Gesellschafterbeschluss.[6] Hieraus ergibt sich das für die Praxis relevante Erfordernis der Empfangsbedürftigkeit des Gesellschafterbeschlusses als Willenserklärung, was in der Praxis u. insbes. in Bezug auf Gesellschafterbeschlüsse, die die Geschäftsführer der GmbH betreffen, leider nicht immer beachtet wird.[7] Da es sich bei einem Gesellschafterbeschluss um ein mehrseitiges Rechtsgeschäft handelt, sind Bedingungen u. Befristungen nach §§ 158 ff. BGB grds. möglich. Eine Ausn. hiervon sind Bedingungen u. Be-

---

1 Baumbach/Hueck/*Zöllner/Noack* Rn. 1.
2 Ulmer/*Hüffer/Schürnbrand* Rn. 2; Lutter/Hommelhoff/*Bayer* Rn. 1.
3 Baumbach/Hueck/*Zöllner/Noack* Rn. 3.
4 MüKoGmbHG/*Drescher* Rn. 8; Ulmer/*Hüffer/Schürnbrand* Rn. 3; Lutter/Hommelhoff/*Bayer* Rn. 1.
5 Vgl. auch Lutter/Hommelhoff/*Bayer* Rn. 1; Scholz/*K Schmidt* § 45 Rn. 22.
6 Lutter/Hommelhoff/*Bayer* Rn. 2; Scholz/*K Schmidt* § 45 Rn. 22.
7 Gilt nunmehr auch für Einziehungsbeschlüsse nach § 34, zur Aufgabe der sog. Bedingungstheorie vgl. BGH GmbHR 12, 387.

fristungen in satzungsändernden Beschlüssen, wenn hierdurch die Rechtsklarheit u. Rechtssicherheit beeinträchtigt wird, vgl. → § 53 Rn. 36.

Eine Stimmabgabe liegt in Abgrenzung zum Gesellschafterbeschluss dann vor, wenn ein einzelner Gesellschafter zur Herbeiführung eines Gesellschafterbeschlusses seine (empfangsbedürftige) Willenserklärung abgibt.[8] Die Stimmabgabe soll die Zustimmung, Ablehnung oder Neutralität ggü. dem jeweiligen Beschlussantrag zum Ausdruck bringen u. bindet den Erklärenden an ihren Inhalt u. kann daher nach Zugang nicht mehr zurückgenommen oder abgeändert werden.[9] Die Stimmabgabe ist eine einseitige empfangsbedürftige Willenserklärung, was auch bei einer Ein-Personen-GmbH, insbes. hins. Empfangsbedürftigkeit u. Genehmigungsfähigkeit des Insichgeschäfts gilt.[10] Eine Fehlvorstellung bei der Stimmabgabe welche lediglich die Willensbildung betrifft, bleibt rechtlich im Regelfall bedeutungslos, auch wenn die Fehlvorstellung bereits vor der Stimmabgabe den übrigen in der Gesellschafterversammlung anwesenden Gesellschaftern offenbar wurde, ohne dass diese sich hierzu äußerten.[11] 4

Gesellschafterbeschlüsse haben grds. erst einmal nur gesellschaftsinterne Auswirkungen u. binden daher zunächst einmal die Gesellschaftsorgane, insbes. die Geschäftsführer.[12] Eine Ausn. besteht da, wo die Gesellschaftergesamtheit ausnahmsweise die Gesellschaft vertritt, wie bspw. bei der Bestellung u. Abberufung von Geschäftsführern nach § 46 Nr. 5. Hier erlangt der Gesellschafterbeschluss im Außenverhältnis Wirkung, wenn dieser dem Geschäftsführer zugeht. Darüber hinaus gibt es Gesellschafterbeschlüsse, wie bspw. den Gesellschaftsvertrag ändernde Beschlüsse, nach § 54 III, die zu ihrer rechtlichen Wirksamkeit der Eintragung im Handelsregister bedürfen. 5

Bereits gefasste Gesellschafterbeschlüsse können grds. unter Einhaltung der sonstigen gesetzlichen u. gesellschaftsvertraglichen Vorgaben mit einfacher Mehrheit wieder aufgehoben werden.[13] Das Mehrheitsprinzip für die Aufhebung von Gesellschafterbeschlüssen gilt grds. selbst dann, wenn es sich bei dem aufzuhebenden Beschluss um einen Beschluss mit qualifizierter Mehrheit gehandelt hat.[14] Hat der Beschluss bereits zu Rechtsänderungen geführt, zB aufgrund Eintragung einer Änderung des Gesellschaftsvertrages in das Handelsregister oder die mitgeteilte Bestellung u. Abberufung von Geschäftsführern, so gelten für den Aufhebungsbeschluss die gleichen Voraussetzungen wie für den ursprünglichen Beschluss.[15] 6

b) Stimmrecht. Jeder Geschäftsanteil gewährt – sofern nicht im Gesellschaftsvertrag ausdrücklich ausgenommen (wobei eine Entziehung des Stimmrechts für sämtliche Geschäftsanteile jedoch nicht möglich ist) – ein 7

8 BGHZ 14, 264, 267; 48, 163, 173; ThürOLG GmbHR 06, 985, 986; Baumbach/Hueck/*Zöllner/Noack* Rn. 7.
9 ThürOLG GmbHR 06, 985, 986; einschränkend Michalski/*Römermann* Rn. 379 bei Vorliegen eines wichtigen Grundes.
10 OLG Frankfurt/M NZG 03, 438; LG Hamburg GmbHR 98, 987.
11 OLG Stuttgart BeckRS 13, 4341.
12 Baumbach/Hueck/*Zöllner/Noack* Rn. 9, 10.
13 Ausdrücklich so zur Geschäftsordnung OLG Hamm NZG 10, 1067.
14 HM Scholz/*K Schmidt* § 45 Rn. 33; Michalski/*Römermann* Rn. 627; *Wicke* Rn. 5.
15 Roth/*Altmeppen* Rn. 31 Ulmer/*Hüffer/Schürnbrand* Rn. 41.

Stimmrecht. Bei dem Stimmrecht handelt es sich um ein untrennbar mit der Mitgliedschaft verbundenes Recht, das nach hM[16] auch nicht von der Mitgliedschaft getrennt werden kann (sog. Abspaltungsverbot). Es besteht die Möglichkeit, mittels einer Stimmrechtsvollmacht das Stimmrecht durch einen Dritten (zB durch einen zur Berufsverschwiegenheit verpflichteten Rechtsanwalt oder auch durch einen Mitgesellschafter) ausüben zu lassen. Das Stimmrecht kann damit sowohl im Wege der direkten Stellvertretung als auch im Wege einer Legitimationsübertragung ausgeübt werden[17] (s. auch → Rn. 16 ff.).

8 Abgesehen von stimmrechtslosen Geschäftsanteilen haben ausnahmsweise solche Geschäftsanteile kein Stimmrecht, die die Gesellschaft nach § 33 als eigene Geschäftsanteile erwirbt oder von einem Dritten für Rechnung der GmbH erwerben lässt. Hier gelten §§ 71 b, 71 d AktG entspr. (vgl. auch → § 33 Rn. 32).[18] Das Stimmrecht aus *einem* Geschäftsanteil kann nur einheitlich ausgeübt werden.[19] Inwieweit der Gesellschaftsvertrag hiervon abweichen darf, ist umstritten. Überwiegend wird eine abw. Satzungsregelung mittlerweile für zulässig gehalten.[20] Dem ist wegen der grds. Satzungshoheit der Gesellschafter zuzustimmen. Insbes. hat § 18, der eine Einheitlichkeit der Mitgliedschaft vorsieht, keinen zwingenden Charakter u. unterliegt damit der Satzungsfreiheit gem. § 45 (s. hierzu auch → § 45 Rn. 1). Umstritten ist auch, ob ein Gesellschafter, der *mehrere* Geschäftsanteile hält, für diese unterschiedlich stimmen darf.[21] Eine uneinheitliche Stimmenabgabe aus mehreren Geschäftsanteilen ist – anders als nach hM im Aktienrecht[22] – nur dann möglich, wenn hierfür ein schutzwürdiges Interesse des Gesellschafters besteht.[23] Ein schutzwürdiges Interesse kann bspw. darin bestehen, dass der Gesellschafter aufgrund einer Stimmbindungsvereinbarung hins. hiervon betroffener Geschäftsanteile anders abzustimmen hat als für seine übrigen Geschäftsanteile an der GmbH. Unproblematisch

16 BGHZ 43, 261, 267; Ulmer/Hüffer/Schürnbrand Rn. 54 f.; Lutter/Hommelhoff/*Bayer* Rn. 4; *Wicke* Rn. 10.

17 Str.: Befürwortend MüKoGmbHG/*Drescher* Rn. 78, Michalski/*Römermann* Rn. 53, OLG Celle NZG 2007, 391, 392 mwN; offen gelassen BGH NZG 2008, 468, 469; BayObLG NSW-RR 1985, 713, 714; aA: *Hirte/Mohamed* in FS K. Schmidt 2019, S. 492 ff.; *K. Schmidt* in Scholz, Bd. 2, 12. Aufl. 2019, GmbHG/47 Rn. 21; Baumbach/Hueck/*Zöller/Noack* Rn. 41; Scholz/*Schmidt* Rn. 21.

18 Scholz/*K Schmidt* Rn. 24.

19 RGZ 118, 67, 69; 157, 57; BGH GmbHR 65, 32; BGHZ 104, 66, 74; Lutter/Hommelhoff/*Bayer* Rn. 10; MünchHdbGmbH/*Wolff* Bd. 3 § 38 Rn. 31; aA: *Armbrüster*, GmbHR 01, 1021; *Berner/Stadler*, GmbHR 03, 1407; Michalski/*Römermann* Rn. 463; *Schüppen*, GmbHR 06, 431, 433.

20 RGZ 137, 305, 313; so ausdrücklich LG München GmbHR 06, 431, 431 f.; OLG Köln DStR 96, 1864, 1865; Scholz/*K Schmidt* Rn. 73; MünchHdbGmbH/*Wolff* Bd. 3 § 38 Rn. 31; einschränkend Baumbach/Hueck/*Zöllner/Noack* Rn. 20, der eine uneinheitliche Stimmabgabe nur bei Bestehen einer Stimmbindung oder Interessenwahrungspflichten ggü. einem Treugeber, Pfandgläubiger oder Nießbraucher zulassen will; aA *Heckelmann*, AcP 170 (70), 306, 339, 342.

21 Lutter/Hommelhoff/*Bayer* Rn. 10 mwN.

22 *Hüffer* AktG § 133 Rn. 21 mwN.

23 HM RGZ 137, 305, 314; 157, 52, 57 f.; Ulmer/*Hüffer/Schürnbrand* Rn. 62; Lutter/Hommelhoff/*Bayer* Rn. 10; Scholz/*K Schmidt* Rn. 72; weitergehend Michalski/*Römermann* Rn. 466, der eine generelle Zulässigkeit uneinheitlicher Stimmabgaben befürwortet; so auch *Heckelmann*, AcP 170 (70), 306, 339, 342.

ist hingg. die uneinheitliche Ausübung des Stimmrechts eines Treuhänders, der das Stimmrecht für mehrere Treugeber ausübt.[24]

Die Gesellschafter können Ihr Stimmrecht grds. frei ausüben, sofern sie dadurch nicht ihre gesellschaftliche Treuepflicht verletzen.[25] Die Grundsätze der gesellschaftlichen Treuepflicht gelten nicht nur im Personengesellschaftsrecht, sondern auch für die personalistisch ausgestaltete GmbH.[26] 9

Grds. zulässig sind auch Stimmbindungsvereinbarungen, die außerhalb des Gesellschaftsvertrages unter Gesellschaftern oder grds. auch zwischen Gesellschaftern u. Dritten jeweils mit schuldrechtlicher Wirkung formlos[27] geschlossen werden.[28] Umstritten ist in der Literatur, ob Dritte auch Einfluss auf den Kernbereich der Gesellschafterzuständigkeit nehmen können,[29] was insbes. bei treuhänderisch gehaltenen Geschäftsanteilen eine Rolle spielen kann. IErg kann ein solcher Kernbereichseinfluss zB des Treugebers nicht verwehrt werden, sofern der Gesellschaftsvertrag der GmbH hier keine Einschränkungen vorsieht, was in der Praxis regelmäßig auch nicht der Fall ist. 10

c) **Beschlussfähigkeit.** Die §§ 47–51 enthalten keine Regelungen über die Beschlussfähigkeit der Gesellschaftergesamtheit. In der Praxis üblich u. mangels gesetzlicher Regelung sinnvoll ist die Aufnahme einer Klausel in den Gesellschaftsvertrag, wonach ein bestimmtes Quorum an Stimmrechten für die Beschlussfähigkeit verlangt wird. Wird eine solche Mehrheit nicht erreicht u. daraufhin eine neue Gesellschafterversammlung unter gleicher Tagesordnung einberufen, so ist die Gesellschafterversammlung beschlussfähig, wenn in der Einladung hierauf ausdrücklich hingewiesen worden ist. Eine solche Klausel verhindert, dass ein Minderheitsgesellschafter aufgrund Nichterscheinens der übrigen Gesellschafter ohne Weiteres Beschlüsse fassen kann.[30] 11

2. Abstimmung

a) **Mehrheitsprinzip (Abs. 1).** Abs. 1 regelt den Grundsatz, dass Beschlüsse regelmäßig einer (einfachen) Mehrheit der abgegebenen Stimmen bedürfen, sofern nicht das Gesetz, wie bspw. in § 53 II 1, § 60 I Nr. 2, § 50 I UmwG, §§ 125, 50 I UmwG, § 176 I, §§ 177 I, 125, 50 I UmwG, §§ 233 I u. II, 240 I u. II UmwG oder der Gesellschaftsvertrag etwas anderes bestimmen. Anders als im Personengesellschaftsrecht bedarf es also im Gesellschafts- 12

24 *Schauf*, GmbHR 15, 799, 802 f.
25 S. zu verschiedenen Einschränkungen BGH WM 09, 2264, 2266; 95, 882; GmbHR 08, 1092, 1094; zum Ganzen auch *Dreher*, DStR 93, 1632; Treugebundene Zustimmungspflicht zu Erhaltungsmaßnahmen u. Verlustvermeidung BGH NJW 16, 2739, 2740.
26 BGH NJW 87, 189; BGHZ 44, 40, 41; 64, 253, 257; zur Abdingbarkeit der Treuepflicht s.: *Fleischer/Harzmeier*, NGZ 15, 1289.
27 BGH ZIP 83, 432, 433; OLG Köln GmbHR 03, 416; Lutter/Hommelhoff/*Bayer* Rn. 19.
28 BGH NJW 67, 1963, 1964 f.; DStR 91, 1290; Lutter/Hommelhoff/*Bayer* Rn. 19; Michalski/*Römermann* Rn. 494 ff. mwN.
29 Scholz/*K Schmidt* Rn. 21; offen hingg. für Stimmbindung ggü. Dritten bei klar definierten Einzelfällen BGH AG 14, 705; umfassend dazu: GmbH-HB/*Bochmann/Cziupka*, 8. Abschn. Rn. 1633 ff. [Hier fortlaufend Stand: 168. EL, April 2019].
30 OLG Köln GmbHR 02, 492, 494 f.

vertrag keiner ausdrücklichen Regelung eines gewünschten Mehrheitsprinzips. Der Gesellschaftsvertrag kann grds. von dem gesetzlichen Mehrheitsprinzip abweichen u. das Zustimmungserfordernis entspr. erhöhen, zB durch Aufnahme eines qualifizierten Mehrheits- oder Einstimmigkeitserfordernisses.[31] Eine Verringerung des Mehrheitserfordernisses durch den Gesellschaftsvertrag ist jedoch grds. nicht möglich, ausgenommen hiervon ist die Möglichkeit der Aufnahme eines Stichentscheides bei Stimmengleichheit.[32]

13 Mehrheit der abgegebenen Stimmen bedeutet, dass es bei einer Abstimmung zu einem Tagesordnungspunkt unter allen wirksam abgegebenen Stimmen mehr Ja-Stimmen als Nein-Stimmen für die wirksame Fassung eines Gesellschafterbeschlusses geben muss. Erreicht eine Abstimmung nicht die Mehrheit der abgegebenen Stimmen, zB bei Vorliegen von mehr Nein-Stimmen als Ja-Stimmen oder bei Stimmengleichheit, ist der Antrag abgelehnt.[33] Stimmenenthaltungen gelten als nicht abgebene Stimmen und sind daher nicht mitzuzählen;[34] gleiches gilt für ungültige Stimmen.[35] Dem Gesellschafter obliegt eine Zustimmungspflicht zu Beschlüssen, die einerseits für den Fortbestand der Gesellschaft dringend geboten u. die andererseits dem Gesellschafter unter Berücksichtigung der eigenen schutzwerten Belange zumutbar sind.[36] Eine prozessuale Durchsetzung der Zustimmungspflicht eines Gesellschafters erfolgt regelmäßig im Wege einer Anfechtungsklage in Kombination mit einer positiven Beschlussfeststellungsklage nach § 256 ZPO,[37] im Falle einer besonderen Beeinträchtigung von Rechten der Gesellschaft oder der Gesellschafter auch im Wege einer einstweiligen Verfügung.[38]

13a Einstimmig zu fassende Beschlüsse ermöglichen die Abhaltung einer ad-hoc Gesellschafterversammlung, die ohne Einhaltung von Formen u. Fristen bei ausdrücklichem Verzicht aller Gesellschafter als Gesellschafterversammlung oder im schriftlichen Verfahren nach § 48 II abgehalten werden kann. In der Praxis, insbes. in Bezug auf unstr. Gesellschafterversammlungen mit zu erwartenden einstimmigen Beschlüssen, ist diese Vorgehensweise auch der Regelfall, zB mit folgender Beschlussformulierung: „*Die Gesellschafter der Gesellschaft verzichten hiermit auf alle Formen und Fristen der Einberufung und des Abhaltens von Gesellschafterversammlungen sowie auf ihre jeweiligen Rechte zur Anfechtung der hier gefassten Beschlüsse und halten eine außerordentliche Gesellschafterversammlung der Gesellschaft*

31 Zu besonderen Zustimmungserfordernissen bei Satzungsänderungsbeschlüssen OLG Hamm, RNotZ 16, 188.

32 RGZ 49, 147; Scholz/*K Schmidt* Rn. 10; Baumbach/Hueck/*Zöllner/Noack* Rn. 23; umfassend *Blasche*, GmbHR 13, 176.

33 Scholz/*K Schmidt* Rn. 3.

34 OLG Celle GmbHR 98, 140,143; Scholz/*K Schmidt* Rn. 3; Lutter/Hommelhoff/*Bayer* Rn. 7, aA noch bis zur 2. Auflage Saenger/Inhester/*Bergjan* Rn. 13. Ebenso für den Verein: BGH NJW 82, 1585; 87, 2430.

35 OLG Celle GmbHR 98, 140, 143; Scholz/K Schmidt Rn. 3; Lutter/Hommelhoff/Bayer Rn. 7.

36 BGHZ 44, 40, 41; 64, 253, 258; WM 09, 2264, 2266.

37 BGH BB 03, 490, 492; OLG Köln BeckRS 18, 17085.

38 Zur positiven Beschlussfeststellungsklage u. zur einstweiligen Verfügung s. auch *Bauschatz*, NZG 02, 317.

ab, in der einstimmig folgendes beschlossen wird:..." Rein vorsorglich sollte der Anfechtungsverzicht auch stets noch einmal ausdrücklich in jeden ad-hoc Gesellschafterbeschluss mit aufgenommen werden, auch wenn der einstimmig gefasste ad-hoc Gesellschafterbeschluss unter Beteiligung aller Gesellschafter bereits einen Anfechtungsverzicht dieser Gesellschafter konkludent mit enthält.[39]

b) Stimmrechtsgewährung (Abs. 2). Sofern der Gesellschaftsvertrag keine abw. Regelungen trifft, gewährt jeder Euro eines Geschäftsanteils nach Abs. 2 eine Stimme. Diese durch das MoMiG geänderte Vorschrift passt sich jetzt der Möglichkeit an, nach § 5 II 1 auf volle Euro lautende Geschäftsanteile zu bilden. 14

Bei Gesellschaften, die ihr Stammkapital noch nicht von DM auf EUR umgestellt haben, gilt für Mindestbetrag u. Teilbarkeit von Geschäftsanteilen sowie für den Umfang des Stimmrechts § 1 I u. II EGGmbHG. 15

c) Stimmrechtsausübung durch Vertreter. Nach Abs. 3 bedarf eine Vollmacht zu ihrer Gültigkeit der Textform gem. § 126 b BGB. Hieraus ergibt sich, dass die Stimmrechtsausübung durch einen Vertreter gem. §§ 164 ff. BGB in Stellvertretung ausgeübt werden kann. Hins. der Form der zu erteilenden Vollmacht weicht Abs. 3 von der Grundregel des § 167 II BGB ab, wonach die Erteilung einer Vollmacht nicht der Form des zu tätigenden Rechtsgeschäfts bedarf. Die Möglichkeit der Stellvertretung eines Gesellschafters durch einen Dritten sowie die an die Form zu knüpfenden Voraussetzungen sind in den Grenzen der Treuepflicht der Gesellschafter nach § 45 II durch Gesellschaftsvertrag abänderbar. Abs. 3 gilt nicht für gesetzliche Vertreter (zB Eltern) oder organschaftliche Vertreter (zB Geschäftsführer einer GmbH oder Vorstandsmitglieder einer AG) sowie Amtsträger (zB Insolvenzverwalter, Nachlassverwalter oder Testamentsvollstrecker).[40] 16

aa) Bevollmächtigung. Hier gelten die Grundsätze der §§ 164 ff. BGB. Die Vollmacht kann daher sowohl ggü. dem Vertreter (Innenvollmacht) als auch ggü. den übrigen Gesellschaftern (Außenvollmacht) erteilt werden. Anders als eine Bevollmächtigung nach § 167 BGB, kann die Vollmacht eines Gesellschafters – unabhängig von einer entspr. Regelung im Gesellschaftsvertrag – nur widerruflich erteilt werden.[41] Eine unwiderrufliche Stimmrechtsvollmacht käme einer unzulässigen Stimmrechtsabtretung ohne Übertragung des Geschäftsanteils gleich. Diese Grundsätze gelten ausnahmsweise dann nicht, wenn bei einem Treuhandverhältnis der Treuhänder u. Gesellschafter dem Treugeber eine unwiderrufliche Vollmacht einräumt, da hier das Stimmrecht grds. nicht vom Geschäftsanteil getrennt wird.[42] Wird eine Vollmacht dennoch unwiderruflich erteilt, lässt sich diese regelmäßig nach § 140 BGB in eine widerrufliche Vollmacht umdeu- 17

39 So auch MüKoGmbHG/*Ekkenga* § 29 Rn. 160; Baumbach/Hueck/*Fastrich* § 29 Rn. 28, 43; *Ulmer* § 53 Rn. 39.
40 Baumbach/Hueck/*Zöllner/Noack* Rn. 44; Lutter/Hommelhoff/*Bayer* Rn. 31.
41 BGH GmbHR 77, 244, 246; Für die KG s. BGH NJW 52, 178, 179; Lutter/Hommelhoff/*Bayer* Rn. 28.
42 BGH DB 76, 2295.

ten.[43] Zum grds. Verbot der Doppelteilnahme von Gesellschaftern u. Bevollmächtigten in der Gesellschafterversammlung vgl. → § 48 Rn. 6.

18 **bb) Wahl des Vertreters.** Grds. kann der Gesellschafter die Person des Bevollmächtigten frei wählen, sofern nicht bereits im Gesellschaftsvertrag Einschränkungen dahin gehend gemacht worden sind (zB Beschränkung auf von Berufs wegen zur Verschwiegenheit verpflichtete Vertreter). Die freie Wahl des Bevollmächtigten hat dort seine Grenzen, wo der Gesellschafter mit der Wahl des Bevollmächtigten gegen seine Treuepflicht als Gesellschafter verstößt. Häufig anzutreffen sind auch Beschränkungen hins. der Anzahl der zulässigen Bevollmächtigten sowie eine Beschränkung auf einen bestimmten Personenkreis (zB auf Mitgesellschafter der GmbH oder auf zur Berufsverschwiegenheit Verpflichtete). Werden Mitgesellschafter als Bevollmächtigte bestellt, so ist das Verbot des Insichgeschäfts nach § 181 BGB zu beachten, wenn u. soweit ein Interessenkonflikt zwischen den Bevollmächtigten selbst u. eines von ihm vertretenen Gesellschafters oder bei einer Doppelvertretung zwischen den Interessen der beiden Vertretenen Gesellschafter besteht (s. auch → Rn. 22).[44]

19 **cc) Form der Vollmacht (Abs. 3).** In Abänderung von § 167 II BGB bedarf die Vollmacht gem. Abs. 3 (mind.) der Textform nach § 126 b BGB. Hiernach muss die Erklärung in einer Urkunde oder auf andere, zur dauerhaften Wiedergabe in Schriftzeichen geeignete Weise, abgegeben werden, die Person des Erklärenden benennen u. der Abschluss der Erklärung durch Nachbildung der Namensunterschrift oder anders erkennbar gemacht werden. Letztlich bedarf es für eine Vollmacht einer lesbar – in einer Urkunde oder einer anderen zur dauerhaften Wiedergabe in Schriftzeichen geeigneten Weise – gestalteten Erklärung der Bevollmächtigung, die keiner eigenhändigen Unterschrift bedarf, aber die Person des Erklärenden erkennbar macht (zB durch eine E-Mail oder Telefax). Da es sich bei der Stimmabgabe durch einen Bevollmächtigten um ein einseitiges empfangsbedürftiges Rechtsgeschäft handelt (→ Rn. 4, 16), ist eine Stimmabgabe durch den Bevollmächtigten nach § 174 S. 1 BGB unwirksam, wenn dieser die Vollmachturkunde nicht im Original vorlegt u. ein anderer Gesellschafter aus diesem Grund die Berücksichtigung der Stimmabgabe unverzüglich zurückweist. Bei einigen beurkundungsbedürftigen Beschlüssen nach dem UmwG, zB bei einem Formwechselbeschluss nach § 193 UmwG, bedarf (ausnahmsweise) auch die Vollmacht der notariellen Beurkundung, zB wenn beim Formwechselbeschluss ein Anteilsinhaber vertreten wird, der dem Formwechselbeschluss nach § 193 III UmwG zudem ausdrücklich zustimmen muss.[45]

20 **dd) Vollmachtloser Vertreter.** Gibt der vollmachtlose Vertreter seine Stimme für den Gesellschafter ab, so ist seine Stimmabgabe analog § 177 BGB zunächst schwebend unwirksam.[46] Wurde der Vertreter trotz fehlender Vollmacht dennoch zur Abstimmung zugelassen, so ist dessen Erklärung

43 Scholz/*K Schmidt* Rn. 83.
44 Baumbach/Hueck/*Zöllner*/*Noack* Rn. 60.
45 Widmann/Mayer/*Vollrath*, UmwG § 193 Rn. 24 ff.; Schmitt/Hörtnagel/Stratz/*Winter*, UmwG § 193 Rn. 8.
46 BGHZ 65, 123, 125; Baumbach/Hueck/*Zöllner*/*Noack* Rn. 55.

bereits nach § 180 S. 2 Var 2 BGB wirksam.[47] Jedenfalls aber kann der vollmachtgebende Gesellschafter die Stimmabgabe seines Vertreters gem. § 184 I mit Wirkung ex tunc genehmigen.[48] Wurde der nicht ordnungsgemäß bestellte Vertreter bei der Beschlussfassung zurückgewiesen, so ist er nicht berechtigt, an der Gesellschafterversammlung teilzunehmen. Der Versammlungsleiter kann ggf. auch von seinem Ordnungsrecht Gebrauch machen u. den vollmachtlosen Vertreter von der Gesellschafterversammlung insgesamt ausschließen.

d) Ausschluss des Stimmrechts (Abs. 4). Abs. 4 enthält eine unvollständige Auflistung von Sachverhalten, bei denen ein Gesellschafter wegen Interessenkollision nicht mitstimmen darf.[49] Hierin enthalten ist der Rechtsgedanke, dass ein Gesellschafter bei Insichgeschäften u. bei Geschäften in eigener Sache nicht selbst abstimmen können darf, weil nicht zu erwarten ist, dass er die eigenen Belange denen der Gesellschaft nachstellt.[50] Fehlt es an einer Interessenkollision (zB bei einer Ein-Personen-GmbH)[51] des Gesellschafters, so ist Abs. 4 nicht einschlägig. Nicht ausreichend ist es hingg, wenn der Gesellschafter bloß eine wie auch immer quantifizierte Mehrheit an der GmbH hält.[52] Der Stimmrechtsausschluss nach Abs. 4 gilt hingg. nicht bei körperschaftlichen Sozialakten, da dem Gesellschafter nicht die Mitwirkung am Gesellschaftsgeschehen versagt werden soll.[53] 21

Abs. 4 verdrängt § 181 BGB insoweit, als er das Verhältnis zwischen dem Abstimmenden u. der Gesellschaft betrifft.[54] Betrifft die Stimmabgabe bspw. den Abschluss eines Vertrages zwischen dem Abstimmenden u. der Gesellschaft, so wird § 181 BGB insgesamt verdrängt. Hingg. bleibt es bei der Anwendung von § 181 BGB neben Abs. 4, wenn ein Interessenkonflikt zwischen dem Gesellschafter einerseits u. seinem Vertreter andererseits besteht oder im Falle einer Interessenkollision bei einer Doppelvertretung, bei dem der Abstimmende zwei oder mehrere Gesellschafter vertritt.[55] 22

Vom Stimmrecht ausgeschlossen ist nicht nur der betroffene Gesellschafter selbst, sondern ausnahmsweise auch ein Dritter, wenn dadurch ein Stimmrechtsausschluss umgangen werden soll (zB durch Einschalten eines Treu- 23

47 OLG Dresden GmbHR 01, 1047, 1048; Baumbach/Hueck/*Zöllner/Noack* Rn. 55.
48 OLG München GmbHR 11, 91; OLG Frankfurt/M GmbHR 03, 415, 416; Scholz/*K Schmidt* Rn. 87; abw. für Ab- u. Neuberufung eines Geschäftsführers OLG Celle GmbHR 07, 318.
49 Zur Anwendbarkeit von Abs. 4 auf den Testamentsvollstrecker vgl. BGH DStR 14, 1984.
50 OLG München BeckRS 09, 10828, OLG München BeckRS 2018, 16389.
51 BGH NJW 89, 295, 297 nach dem Abs. 4 S. 2 nur den Schutz des Gesellschaftsvermögens ggü. einzelnen Gesellschaftern zugunsten der Gesamtheit der Gesellschafter, nicht aber zugunsten der Gesellschaftsgläubiger bezweckt, so dass der Schutzbereich dieser Norm bei Geschäften eines Alleingesellschafters nicht eröffnet ist.
52 BGH GmbHR 73, 153, 153 f.; Ulmer/*Hüffer/Schürnbrand* Rn. 137; Lutter/Hommelhoff/*Bayer* Rn. 33; Zur Beteiligung des Gesellschafters an der Geschäftspartner-GmbH OLG Frankfurt/M BeckRS 2018, 19511.
53 OLG Saarbrücken BeckRS 07, 4034.
54 Baumbach/Hueck/*Zöllner/Noack* Rn. 60.
55 Baumbach/Hueck/*Zöllner/Noack* Rn. 60; Lutter/Hommelhoff/*Bayer* Rn. 35.

händers oder einer beherrschten Gesellschaft).[56] Das bedeutet im Umkehrschluss, dass grds. nur die Gesellschafter vom Stimmrechtsausschluss des Abs. 4 erfasst sind. Dies gilt selbst dann, wenn betroffene Personen dem Gesellschafter, wie zB Kinder u. Ehegatten, nur nahestehen.[57]

24 Des Weiteren greift der Stimmrechtsausschluss dann ein, wenn ein Geschäftsführer aus wichtigem Grund abberufen werden soll u. der betr. Gesellschafter die Pflichtverletzung gemeinsam mit dem Geschäftsführer begangen hat (insbes. einschlägig bei Fällen des Gesellschafter-Geschäftsführers u. Abberufung o Kündigung seines Anstellungsvertrages aus wichtigem Grund).[58] Abs. 4 ist ebenfalls auf Fälle anzuwenden, in denen das Ausmaß des Interessenkonflikts für mehrere Gesellschafter identisch ist.[59]

25 Abs. 4 ist wegen § 45 II ebenfalls weitgehend disponibel.[60] Die Disponibilität findet jedoch dort ihre Grenzen u. ist wegen Verstoßes gegen die guten Sitten nach § 138 BGB nichtig, wo es um die Entlastung eines Gesellschafters (zB als Teil eines Aufsichtsrats/Beirats) geht[61] sowie bei allen Maßnahmen, die aus wichtigem Grund gegen den Gesellschafter beschlossen werden sollen.[62]

26 aa) **Entlastung.** Abs. 4 S. 1 Var 1 betrifft die Beschlussfassung der Gesellschaftergesamtheit über die Entlastung eines Gesellschafters. Diese Fallgruppe kommt in der Praxis regelmäßig dann zum Tragen, wenn der Gesellschafter zusätzlich zu seiner Funktion als Gesellschafter auch weitere organschaftliche Positionen übernimmt (zB als Geschäftsführer oder Beirats-/Aufsichtsratsvorsitzender).[63] Darüber hinaus wendet die Rspr. § 47 IV sinngemäß an, wenn der Gesellschafterbeschluss darauf abzielt, das Verhalten eines Gesellschafters, ähnl wie bei der Entlastung des Geschäftsführers zu billigen oder zu missbilligen, etwa wenn es darum geht, ob ein Gesellschafter wegen einer Pflichtverletzung zur Rechenschaft gezogen werden soll oder nicht u. es somit zu einem „Richten des Gesellschafters in eigener Sache“ kommt.[64] Der Stimmrechtsausschluss geht jedoch nicht so weit, dass ein satzungsgemäß zum Versammlungsleiter berufener Gesellschafter bei dem Antrag, ihm die Versammlungsleitung zu entziehen, kein Stimmrecht hat.[65]

---

56 RGZ 104, 128, 130; 108, 322, 326; 122, 159, 162; OLG Saarbrücken BeckRS 07, 4034; OLG Düsseldorf NZG 01, 991, 993 für den Fall der Abtretung eines Geschäftsanteiles; *Podewils*, GmbHR 08, 1092, 1095.

57 OLG Saarbrücken BeckRS 07, 4034; OLG Düsseldorf GmbHR 96, 689, 691; Lutter/Hommelhoff/*Bayer* Rn. 34.

58 BGH NZG 09, 707, 709; OLG Düsseldorf GmbHR 00, 1050; zum Meinungsstand hins. Stimmrechtsausschluss des Gesellschafter-Geschäftsführers bei seiner eigenen Abberufung BGH NJW-RR 17, 808.

59 BGHZ 97, 28, 33; NZG 09, 707, 709.

60 BGH DB 77, 342; *Zimmermann*, EWiR 93, 1091; Baumbach/Hueck/*Zöllner/Noack* Rn. 106 mwN; einschränkend OLG Stuttgart GmbHR 95, 231.

61 BGH NJW 89, 2694, 2696; OLG Stuttgart GmbHR 95, 231.

62 OLG Frankfurt/M GmbHR 03, 415, 416; Lutter/Hommelhoff/*Bayer* Rn. 37, 43 ff., der das Kriterium des „Richters in eigener Sache“ hervorhebt mwN, vgl. dazu auch BGH NZG 10, 1022.

63 BGH NJW 89, 2694.

64 BGH NZG 10, 1022; 09, 707, 709; OLG Karlsruhe ZIP 07, 1319; OLG München BeckRS 09, 10828 unter Hinweis auf BGHZ 97, 28, 33.

65 So ausdrücklich BGH NZG 10, 1022.

bb) Befreiung von einer Verbindlichkeit. Die Befreiung von einer Verbindlichkeit ist ein Unterfall des „Insichgeschäfts". Erfasst wird jede Schuld eines Gesellschafters, auch wenn sie mit dem Gesellschaftsverhältnis in keinem Zusammenhang steht.[66] Gleichgültig ist ebenfalls die Art der Befreiung, so dass jede Entscheidung, die unmittelbar[67] zum Wegfall (auch teilw) der Verbindlichkeit führt, hierunter fällt.[68] Abs. 4 S. 1 Var 1 erfasst daher auch die Stundung, einen einseitigen Verzicht, Vergleiche, eine Aufrechnung oder ein negatives Schuldanerkenntnis.[69] 27

cc) Vornahme eines Rechtsgeschäftes gegenüber einem Gesellschafter. Ebenfalls einen Unterfall des „Insichgeschäfts" stellt Abs. 4 S. 2 Var 1 dar, wonach auch bei einer Beschlussfassung über die Vornahme eines Rechtsgeschäftes ggü. einem Gesellschafter der Betroffene kein Stimmrecht besitzt. Rechtspolitisch soll hierdurch der Mehrheit die Selbstbedienung durch Geschäfte mit sich selbst verwehrt werden.[70] 28

Der Begriff des Rechtsgeschäfts ist grds. weit auszulegen. Umfasst sind bspw. ein Vertragsschluss, eine Kündigung aber auch rechtsgeschäftsähnliche Handlungen.[71] Nicht erfasst werden jedoch körperschaftliche Sozialakte, wie etwa die Bestellung von Organmitgliedern,[72] Einziehungsbeschlüsse,[73] Beschlüsse über die Einforderung von Stammeinlagen,[74] Umwandlungsbeschlüsse,[75] Teilung von Geschäftsanteilen[76] u. der Abschluss von Unternehmensverträgen[77] oder das Stimmrecht des herrschenden Gesellschafters bei der Beschlussfassung über die ordentliche Kündigung eines Beherrschungs- u. Gewinnabführungsvertrags durch die beherrschte Gesellschaft.[78] 29

dd) Einleitung oder Erledigung eines Rechtsstreits. Abs. 4 S. 2 Var 2 erfasst schließlich die Beschlüsse über die Einleitung u. Erledigung eines Rechtsstreits mit einem Gesellschafter. Rechtsstreite sind dabei Verfahren jeder Klageart, auch Zwangsvollsteckungsverfahren, einstweilige Verfügungen[79] 30

---

66 Baumbach/Hueck/*Zöllner/Noack* Rn. 79; Lutter/Hommelhoff/*Bayer* Rn. 46; Michalski/*Römermann* Rn. 197; *Lohr*, NZG 02, 551, 556.

67 Ob auch ein mittelbarer Wegfall der Verbindlichkeit etwa iR einer Kapitalherabsetzung zu einem Stimmverbot des betroffenen Gesellschafters führt, ist umstritten. S. hierzu: Michalski/*Römermann* Rn. 204 ff.

68 Michalski/*Römermann* Rn. 198.

69 Baumbach/Hueck/*Zöllner/Noack* Rn. 79; Scholz/*K Schmidt* Rn. 123; *Lohr*, NZG 02, 551, 556.

70 *Lohr*, NZG 02, 551, 561.

71 BGH NJW 91, 172, 173; Lutter/Hommelhoff/*Bayer* Rn. 48.

72 BGH NJW 69, 841, 844; OLG Frankfurt/M GmbHR 05, 550, 552.

73 BGH WM 77, 192; Baumbach/Hueck/*Zöllner/Noack* Rn. 88.

74 BGH NJW 91, 172, 173; OLG München NJW-RR 90, 804, 805 f.; *Wicke* Rn. 19.

75 Str; wie hier: LG Arnsberg ZIP 94, 536, 537; Scholz/*K Schmidt* Rn. 114; Ulmer/*Hüffer/Schürnbrand* Rn. 190; Kallmeyer/*Zimmermann* UmwG § 50 Rn. 14; Lutter/*Winter/Vetter* UmwG § 50 Rn. 24 f.; aA Baumbach/Hueck/*Zöllner/Noack* Rn. 90; Michalski/*Römermann* Rn. 287.

76 OLG Düsseldorf NZG 00, 1180.

77 Str; wie hier: Scholz/*K Schmidt* Rn. 115; Lutter/Hommelhoff/*Bayer* Rn. 50; Kallmeyer/*Zimmermann*, § 50 UmwG, Rn. 14; aA Michalski/*Römermann* Rn. 285; Baumbach/Hueck/*Zöllner/Noack* Rn. 90.

78 BGH NZG 11, 902; *Wicke* Rn. 19.

79 RGZ 75, 234, 237; Baumbach/Hueck/*Zöllner/Noack* Rn. 93.

sowie Schiedsgerichtsverfahren[80] u. Streitsachen der freiwilligen Gerichtsbarkeit.[81] Umfasst sind nicht nur sämtliche gerichtliche, sondern auch außergerichtliche u. vorprozessuale Handlungen wie die Beauftragung eines Rechtsanwalts oder die Einholung eines Gutachtens.[82] Die Erfolgsaussichten des Rechtsstreites spielen hierbei keine Rolle.[83]

31 Das Merkmal der Erledigung ist weit auszulegen u. betrifft nicht nur die Beendigung, sondern jede den Fortgang des Verfahrens betr. Maßnahme.[84]

3. Rechtsfolge: Verstoß gegen Stimmverbot

32 Sofern ein Stimmrechtsausschluss besteht, darf der betroffene Gesellschafter zwar an der Gesellschafterversammlung teilnehmen, sein Stimmrecht jedoch nicht ausüben.[85] Dennoch abgegebene Stimmen sind nach § 134 BGB nichtig[86] u. dürfen daher nicht mitgezählt werden.[87]

Anhang zu § 47: Fehlerhaftigkeit von Gesellschafterbeschlüssen

Auszug aus dem Aktiengesetz vom 6. September 1965, zuletzt geändert durch Art. 1 G zur Umsetzung der zweiten AktionärsrechteRL vom 12. Dezember 2019 (BGBl. I S. 2637)

Erster Abschnitt Nichtigkeit von Hauptversammlungsbeschlüssen

Erster Unterabschnitt Allgemeines

§ 241 AktG Nichtigkeitsgründe

Ein Beschluß der Hauptversammlung ist außer in den Fällen des § 192 Abs. 4, §§ 212, 217 Abs. 2, § 228 Abs. 2, § 234 Abs. 3 und § 235 Abs. 2 nur dann nichtig, wenn er

1. **in einer Hauptversammlung gefaßt worden ist, die unter Verstoß gegen § 121 Abs. 2 und 3 Satz 1 oder Abs. 4 einberufen war,**
2. **nicht nach § 130 Abs. 1 und 2 Satz 1 und Abs. 4 beurkundet ist,**
3. **mit dem Wesen der Aktiengesellschaft nicht zu vereinbaren ist oder durch seinen Inhalt Vorschriften verletzt, die ausschließlich oder überwiegend zum Schutze der Gläubiger der Gesellschaft oder sonst im öffentlichen Interesse gegeben sind,**
4. **durch seinen Inhalt gegen die guten Sitten verstößt,**
5. **auf Anfechtungsklage durch Urteil rechtskräftig für nichtig erklärt worden ist,**

---

80 Scholz/*K Schmidt* Rn. 127; zur Schiedsfähigkeit von GmbH-Beschlussmängelstreitigkeiten vgl. *Versin*, GmbHR 15, 969.
81 Scholz/*K Schmidt* Rn. 127; Ulmer/*Hüffer/Schürnbrand* Rn. 160.
82 Baumbach/Hueck/*Zöllner/Noack* Rn. 93; Scholz/*K Schmidt* Rn. 129; Michalski/*Römermann* Rn. 300; Roth/*Altmeppen* Rn. 126; Ulmer/*Hüffer/Schürnbrand* Rn. 161; *Lohr*, NZG 02, 551, 556.
83 BGH NJW 86, 2051, 2053.
84 Baumbach/Hueck/*Zöllner/Noack* Rn. 93; Scholz/*K Schmidt* Rn. 130.
85 Lutter/Hommelhoff/*Bayer* Rn. 52; Baumbach/Hueck/*Zöllner/Noack* Rn. 104.
86 OLG Koblenz BeckRS 2008, 2728.
87 OLG Brandenburg GmbHR 01, 624, 626; OLG Düsseldorf GmbHR 00, 1050, 1053.

6. nach § 398 des Gesetzes über das Verfahren in Familiensachen und in den Angelegenheiten der freiwilligen Gerichtsbarkeit auf Grund rechtskräftiger Entscheidung als nichtig gelöscht worden ist.

§ 242 AktG Heilung der Nichtigkeit

(1) Die Nichtigkeit eines Hauptversammlungsbeschlusses, der entgegen § 130 Abs. 1 und 2 Satz 1 und Abs. 4 nicht oder nicht gehörig beurkundet worden ist, kann nicht mehr geltend gemacht werden, wenn der Beschluß in das Handelsregister eingetragen worden ist.

(2) [1]Ist ein Hauptversammlungsbeschluß nach § 241 Nr. 1, 3 oder 4 nichtig, so kann die Nichtigkeit nicht mehr geltend gemacht werden, wenn der Beschluß in das Handelsregister eingetragen worden ist und seitdem drei Jahre verstrichen sind. [2]Ist bei Ablauf der Frist eine Klage auf Feststellung der Nichtigkeit des Hauptversammlungsbeschlusses rechtshängig, so verlängert sich die Frist, bis über die Klage rechtskräftig entschieden ist oder sie sich auf andere Weise endgültig erledigt hat. [3]Eine Löschung des Beschlusses von Amts wegen nach § 398 des Gesetzes über das Verfahren in Familiensachen und in den Angelegenheiten der freiwilligen Gerichtsbarkeit wird durch den Zeitablauf nicht ausgeschlossen. [4]Ist ein Hauptversammlungsbeschluß wegen Verstoßes gegen § 121 Abs. 4 Satz 2 nach § 241 Nr. 1 nichtig, so kann die Nichtigkeit auch dann nicht mehr geltend gemacht werden, wenn der nicht geladene Aktionär den Beschluß genehmigt. [5]Ist ein Hauptversammlungsbeschluss nach § 241 Nr. 5 oder § 249 nichtig, so kann das Urteil nach § 248 Abs. 1 Satz 3 nicht mehr eingetragen werden, wenn gemäß § 246 a Abs. 1 rechtskräftig festgestellt wurde, dass Mängel des Hauptversammlungsbeschlusses die Wirkung der Eintragung unberührt lassen; § 398 des Gesetzes über das Verfahren in Familiensachen und in den Angelegenheiten der freiwilligen Gerichtsbarkeit findet keine Anwendung.

(3) Absatz 2 gilt entsprechend, wenn in den Fällen des § 217 Abs. 2, § 228 Abs. 2, § 234 Abs. 3 und § 235 Abs. 2 die erforderlichen Eintragungen nicht fristgemäß vorgenommen worden sind.

§ 243 AktG Anfechtungsgründe

(1) Ein Beschluß der Hauptversammlung kann wegen Verletzung des Gesetzes oder der Satzung durch Klage angefochten werden.

(2) [1]Die Anfechtung kann auch darauf gestützt werden, daß ein Aktionär mit der Ausübung des Stimmrechts für sich oder einen Dritten Sondervorteile zum Schaden der Gesellschaft oder der anderen Aktionäre zu erlangen suchte und der Beschluß geeignet ist, diesem Zweck zu dienen. [2]Dies gilt nicht, wenn der Beschluß den anderen Aktionären einen angemessenen Ausgleich für ihren Schaden gewährt.

(3) Die Anfechtung kann nicht gestützt werden:

1. auf die durch eine technische Störung verursachte Verletzung von Rechten, die nach § 118 Abs. 1 Satz 2, Abs. 2 Satz 1 und § 134 Abs. 3 auf elektronischem Wege wahrgenommen worden sind, es sei denn, der Gesellschaft ist grobe Fahrlässigkeit oder Vorsatz vorzuwerfen; in der Satzung kann ein strengerer Verschuldensmaßstab bestimmt werden,
2. auf eine Verletzung der §§ 67 a, 67 b, 121 Absatz 4 a oder des § 124 a,,
3. auf Gründe, die ein Verfahren nach § 318 Abs. 3 des Handelsgesetzbuchs rechtfertigen.

(4) [1]Wegen unrichtiger, unvollständiger oder verweigerter Erteilung von Informationen kann nur angefochten werden, wenn ein objektiv urteilender Aktionär die Erteilung der Information als wesentliche Voraussetzung für die sachgerechte Wahrnehmung seiner Teilnahme- und Mitgliedschaftsrechte angesehen hätte. [2]Auf unrichtige, unvollständige oder unzureichende Informationen in der Hauptversammlung über die Ermittlung, Höhe oder Angemessenheit von Ausgleich, Abfindung, Zuzahlung

oder über sonstige Kompensationen kann eine Anfechtungsklage nicht gestützt werden, wenn das Gesetz für Bewertungsrügen ein Spruchverfahren vorsieht.

§ 244 AktG Bestätigung anfechtbarer Hauptversammlungsbeschlüsse

[1]Die Anfechtung kann nicht mehr geltend gemacht werden, wenn die Hauptversammlung den anfechtbaren Beschluß durch einen neuen Beschluß bestätigt hat und dieser Beschluß innerhalb der Anfechtungsfrist nicht angefochten oder die Anfechtung rechtskräftig zurückgewiesen worden ist. [2]Hat der Kläger ein rechtliches Interesse, daß der anfechtbare Beschluß für die Zeit bis zum Bestätigungsbeschluß für nichtig erklärt wird, so kann er die Anfechtung weiterhin mit dem Ziel geltend machen, den anfechtbaren Beschluß für diese Zeit für nichtig zu erklären.

§ 245 AktG Anfechtungsbefugnis

Zur Anfechtung ist befugt

1. jeder in der Hauptversammlung erschienene Aktionär, wenn er die Aktien schon vor der Bekanntmachung der Tagesordnung erworben hatte und gegen den Beschluß Widerspruch zur Niederschrift erklärt hat;
2. jeder in der Hauptversammlung nicht erschienene Aktionär, wenn er zu der Hauptversammlung zu Unrecht nicht zugelassen worden ist oder die Versammlung nicht ordnungsgemäß einberufen oder der Gegenstand der Beschlußfassung nicht ordnungsgemäß bekanntgemacht worden ist;
3. im Fall des § 243 Abs. 2 jeder Aktionär, wenn er die Aktien schon vor der Bekanntmachung der Tagesordnung erworben hatte;
4. der Vorstand;
5. jedes Mitglied des Vorstands und des Aufsichtsrats, wenn durch die Ausführung des Beschlusses Mitglieder des Vorstands oder des Aufsichtsrats eine strafbare Handlung oder eine Ordnungswidrigkeit begehen oder wenn sie ersatzpflichtig werden würden.

§ 246 AktG Anfechtungsklage

(1) Die Klage muß innerhalb eines Monats nach der Beschlußfassung erhoben werden.

(2) [1]Die Klage ist gegen die Gesellschaft zu richten. [2]Die Gesellschaft wird durch Vorstand und Aufsichtsrat vertreten. [3]Klagt der Vorstand oder ein Vorstandsmitglied, wird die Gesellschaft durch den Aufsichtsrat, klagt ein Aufsichtsratsmitglied, wird sie durch den Vorstand vertreten.

(3) [1]Zuständig für die Klage ist ausschließlich das Landgericht, in dessen Bezirk die Gesellschaft ihren Sitz hat. [2]Ist bei dem Landgericht eine Kammer für Handelssachen gebildet, so entscheidet diese an Stelle der Zivilkammer. [3]§ 148 Abs. 2 Satz 3 und 4 gilt entsprechend. [4]Die mündliche Verhandlung findet nicht vor Ablauf der Monatsfrist des Absatzes 1 statt. [5]Die Gesellschaft kann unmittelbar nach Ablauf der Monatsfrist des Absatzes 1 eine eingereichte Klage bereits vor Zustellung einsehen und sich von der Geschäftsstelle Auszüge und Abschriften erteilen lassen. [6]Mehrere Anfechtungsprozesse sind zur gleichzeitigen Verhandlung und Entscheidung zu verbinden.

(4) [1]Der Vorstand hat die Erhebung der Klage unverzüglich in den Gesellschaftsblättern bekanntzumachen. [2]Ein Aktionär kann sich als Nebenintervenient nur innerhalb eines Monats nach der Bekanntmachung an der Klage beteiligen.

§ 246 a AktG Freigabeverfahren

(1) [1]Wird gegen einen Hauptversammlungsbeschluss über eine Maßnahme der Kapitalbeschaffung, der Kapitalherabsetzung (§§ 182 bis 240) oder einen Unternehmensvertrag (§§ 291 bis 307) Klage erhoben, so kann das Gericht auf Antrag der Gesellschaft durch Beschluss feststellen, dass die Erhebung der Klage der Eintragung nicht entgegensteht und Mängel des Hauptversammlungsbeschlusses die Wirkung der Ein-

tragung unberührt lassen. [2]Auf das Verfahren sind § 247, die §§ 82, 83 Abs. 1 und § 84 der Zivilprozessordnung sowie die im ersten Rechtszug für das Verfahren vor den Landgerichten geltenden Vorschriften der Zivilprozessordnung entsprechend anzuwenden, soweit nichts Abweichendes bestimmt ist. [3]Über den Antrag entscheidet ein Senat des Oberlandesgerichts, in dessen Bezirk die Gesellschaft ihren Sitz hat.

(2) Ein Beschluss nach Absatz 1 ergeht, wenn

1. die Klage unzulässig oder offensichtlich unbegründet ist,
2. der Kläger nicht binnen einer Woche nach Zustellung des Antrags durch Urkunden oder durch einen Nachweis nach § 67 c Absatz 3 belegt hat, dass er seit Bekanntmachung der Einberufung einen anteiligen Betrag von mindestens 1 000 Euro hält oder
3. das alsbaldige Wirksamwerden des Hauptversammlungsbeschlusses vorrangig erscheint, weil die vom Antragsteller dargelegten wesentlichen Nachteile für die Gesellschaft und ihre Aktionäre nach freier Überzeugung des Gerichts die Nachteile für den Antragsgegner überwiegen, es sei denn, es liegt eine besondere Schwere des Rechtsverstoßes vor.

(3) [1]Eine Übertragung auf den Einzelrichter ist ausgeschlossen; einer Güteverhandlung bedarf es nicht. [2]In dringenden Fällen kann auf eine mündliche Verhandlung verzichtet werden. [3]Die vorgebrachten Tatsachen, auf Grund deren der Beschluss ergehen kann, sind glaubhaft zu machen. [4]Der Beschluss ist unanfechtbar. [5]Er ist für das Registergericht bindend; die Feststellung der Bestandskraft der Eintragung wirkt für und gegen jedermann. [6]Der Beschluss soll spätestens drei Monate nach Antragstellung ergehen; Verzögerungen der Entscheidung sind durch unanfechtbaren Beschluss zu begründen.

(4) [1]Erweist sich die Klage als begründet, so ist die Gesellschaft, die den Beschluss erwirkt hat, verpflichtet, dem Antragsgegner den Schaden zu ersetzen, der ihm aus einer auf dem Beschluss beruhenden Eintragung des Hauptversammlungsbeschlusses entstanden ist. [2]Nach der Eintragung lassen Mängel des Beschlusses seine Durchführung unberührt; die Beseitigung dieser Wirkung der Eintragung kann auch nicht als Schadensersatz verlangt werden.

§ 247 AktG Streitwert

(1) [1]Den Streitwert bestimmt das Prozeßgericht unter Berücksichtigung aller Umstände des einzelnen Falles, insbesondere der Bedeutung der Sache für die Parteien, nach billigem Ermessen. [2]Er darf jedoch ein Zehntel des Grundkapitals oder, wenn dieses Zehntel mehr als 500 000 Euro beträgt, 500 000 Euro nur insoweit übersteigen, als die Bedeutung der Sache für den Kläger höher zu bewerten ist.

(2) [1]Macht eine Partei glaubhaft, daß die Belastung mit den Prozeßkosten nach dem gemäß Absatz 1 bestimmten Streitwert ihre wirtschaftliche Lage erheblich gefährden würde, so kann das Prozeßgericht auf ihren Antrag anordnen, daß ihre Verpflichtung zur Zahlung von Gerichtskosten sich nach einem ihrer Wirtschaftslage angepaßten Teil des Streitwerts bemißt. [2]Die Anordnung hat zur Folge, daß die begünstigte Partei die Gebühren ihres Rechtsanwalts ebenfalls nur nach diesem Teil des Streitwerts zu entrichten hat. [3]Soweit ihr Kosten des Rechtsstreits auferlegt werden *oder soweit sie diese* übernimmt, hat sie die von dem Gegner entrichteten Gerichtsgebühren und die Gebühren seines Rechtsanwalts nur nach dem Teil des Streitwerts zu erstatten. [4]Soweit die außergerichtlichen Kosten dem Gegner auferlegt oder von ihm übernommen werden, kann der Rechtsanwalt der begünstigten Partei seine Gebühren von dem Gegner nach dem für diesen geltenden Streitwert beitreiben.

(3) [1]Der Antrag nach Absatz 2 kann vor der Geschäftsstelle des Prozeßgerichts zur Niederschrift erklärt werden. [2]Er ist vor der Verhandlung zur Hauptsache anzubringen. [3]Später ist er nur zulässig, wenn der angenommene oder festgesetzte Streitwert

durch das Prozeßgericht heraufgesetzt wird. [4]Vor der Entscheidung über den Antrag ist der Gegner zu hören.

§ 248 AktG Urteilswirkung

(1) [1]Soweit der Beschluß durch rechtskräftiges Urteil für nichtig erklärt ist, wirkt das Urteil für und gegen alle Aktionäre sowie die Mitglieder des Vorstands und des Aufsichtsrats, auch wenn sie nicht Partei sind. [2]Der Vorstand hat das Urteil unverzüglich zum Handelsregister einzureichen. [3]War der Beschluß in das Handelsregister eingetragen, so ist auch das Urteil einzutragen. [4]Die Eintragung des Urteils ist in gleicher Weise wie die des Beschlusses bekanntzumachen.

(2) Hatte der Beschluß eine Satzungsänderung zum Inhalt, so ist mit dem Urteil der vollständige Wortlaut der Satzung, wie er sich unter Berücksichtigung des Urteils und aller bisherigen Satzungsänderungen ergibt, mit der Bescheinigung eines Notars über diese Tatsache zum Handelsregister einzureichen.

§ 248 a AktG Bekanntmachungen zur Anfechtungsklage

[1]Wird der Anfechtungsprozess beendet, hat die börsennotierte Gesellschaft die Verfahrensbeendigung unverzüglich in den Gesellschaftsblättern bekannt zu machen. [2]§ 149 Abs. 2 und 3 ist entsprechend anzuwenden.

§ 249 AktG Nichtigkeitsklage

(1) [1]Erhebt ein Aktionär, der Vorstand oder ein Mitglied des Vorstands oder des Aufsichtsrats Klage auf Feststellung der Nichtigkeit eines Hauptversammlungsbeschlusses gegen die Gesellschaft, so finden § 246 Abs. 2, Abs. 3 Satz 1 bis 5, Abs. 4, §§ 246 a, 247, 248 und 248 a entsprechende Anwendung. [2]Es ist nicht ausgeschlossen, die Nichtigkeit auf andere Weise als durch Erhebung der Klage geltend zu machen. [3]Schafft der Hauptversammlungsbeschluss Voraussetzungen für eine Umwandlung nach § 1 des Umwandlungsgesetzes und ist der Umwandlungsbeschluss eingetragen, so gilt § 20 Abs. 2 des Umwandlungsgesetzes für den Hauptversammlungsbeschluss entsprechend.

(2) [1]Mehrere Nichtigkeitsprozesse sind zur gleichzeitigen Verhandlung und Entscheidung zu verbinden. [2]Nichtigkeits- und Anfechtungsprozesse können verbunden werden.

Zweiter Unterabschnitt Nichtigkeit bestimmter Hauptversammlungsbeschlüsse

§ 250 AktG Nichtigkeit der Wahl von Aufsichtsratsmitgliedern

(1) Die Wahl eines Aufsichtsratsmitglieds durch die Hauptversammlung ist außer im Falle des § 241 Nr. 1, 2 und 5 nur dann nichtig, wenn

1. der Aufsichtsrat unter Verstoß gegen § 96 Absatz 4, § 97 Abs. 2 Satz 1 oder § 98 Abs. 4 zusammengesetzt wird;
2. die Hauptversammlung, obwohl sie an Wahlvorschläge gebunden ist (§§ 6 und 8 des Montan-Mitbestimmungsgesetzes), eine nicht vorgeschlagene Person wählt;
3. durch die Wahl die gesetzliche Höchstzahl der Aufsichtsratsmitglieder überschritten wird (§ 95);
4. die gewählte Person nach § 100 Abs. 1 und 2 bei Beginn ihrer Amtszeit nicht Aufsichtsratsmitglied sein kann;
5. die Wahl gegen § 96 Absatz 2 verstößt.

(2) Für die Klage auf Feststellung, daß die Wahl eines Aufsichtsratsmitglieds nichtig ist, sind parteifähig

1. der Gesamtbetriebsrat der Gesellschaft oder, wenn in der Gesellschaft nur ein Betriebsrat besteht, der Betriebsrat, sowie, wenn die Gesellschaft herrschendes Unternehmen eines Konzerns ist, der Konzernbetriebsrat,
2. der Gesamt- oder Unternehmenssprecherausschuss der Gesellschaft oder, wenn in der Gesellschaft nur ein Sprecherausschuss besteht, der Sprecherausschuss sowie,

wenn die Gesellschaft herrschendes Unternehmen eines Konzerns ist, der Konzernsprecherausschuss,

3. der Gesamtbetriebsrat eines anderen Unternehmens, dessen Arbeitnehmer selbst oder durch Delegierte an der Wahl von Aufsichtsratsmitgliedern der Gesellschaft teilnehmen, oder, wenn in dem anderen Unternehmen nur ein Betriebsrat besteht, der Betriebsrat,
4. der Gesamt- oder Unternehmenssprecherausschuss eines anderen Unternehmens, dessen Arbeitnehmer selbst oder durch Delegierte an der Wahl von Aufsichtsratsmitgliedern der Gesellschaft teilnehmen, oder, wenn in dem anderen Unternehmen nur ein Sprecherausschuss besteht, der Sprecherausschuss,
5. jede in der Gesellschaft oder in einem Unternehmen, dessen Arbeitnehmer selbst oder durch Delegierte an der Wahl von Aufsichtsratsmitgliedern der Gesellschaft teilnehmen, vertretene Gewerkschaft sowie deren Spitzenorganisation.

(3) [1]Erhebt ein Aktionär, der Vorstand, ein Mitglied des Vorstands oder des Aufsichtsrats oder eine in Absatz 2 bezeichnete Organisation oder Vertretung der Arbeitnehmer gegen die Gesellschaft Klage auf Feststellung, dass die Wahl eines Aufsichtsratsmitglieds nichtig ist, so gelten § 246 Abs. 2, Abs. 3 Satz 1 bis 4, Abs. 4, §§ 247, 248 Abs. 1 Satz 2, §§ 248 a und 249 Abs. 2 sinngemäß. [2]Es ist nicht ausgeschlossen, die Nichtigkeit auf andere Weise als durch Erhebung der Klage geltend zu machen.

§ 251 AktG Anfechtung der Wahl von Aufsichtsratsmitgliedern

(1) [1]Die Wahl eines Aufsichtsratsmitglieds durch die Hauptversammlung kann wegen Verletzung des Gesetzes oder der Satzung durch Klage angefochten werden. [2]Ist die Hauptversammlung an Wahlvorschläge gebunden, so kann die Anfechtung auch darauf gestützt werden, daß der Wahlvorschlag gesetzwidrig zustande gekommen ist. [3]§ 243 Abs. 4 und § 244 gelten.

(2) [1]Für die Anfechtungsbefugnis gilt § 245 Nr. 1, 2 und 4. [2]Die Wahl eines Aufsichtsratsmitglieds, das nach dem Montan-Mitbestimmungsgesetz auf Vorschlag der Betriebsräte gewählt worden ist, kann auch von jedem Betriebsrat eines Betriebs der Gesellschaft, jeder in den Betrieben der Gesellschaft vertretenen Gewerkschaft oder deren Spitzenorganisation angefochten werden. [3]Die Wahl eines weiteren Mitglieds, das nach dem Montan-Mitbestimmungsgesetz oder dem Mitbestimmungsergänzungsgesetz auf Vorschlag der übrigen Aufsichtratsmitglieder gewählt worden ist, kann auch von jedem Aufsichtsratsmitglied angefochten werden.

(3) Für das Anfechtungsverfahren gelten die §§ 246, 247, 248 Abs. 1 Satz 2 und § 248 a.

§ 252 AktG Urteilswirkung

(1) Erhebt ein Aktionär, der Vorstand, ein Mitglied des Vorstands oder des Aufsichtsrats oder eine in § 250 Abs. 2 bezeichnete Organisation oder Vertretung der Arbeitnehmer gegen die Gesellschaft Klage auf Feststellung, daß die Wahl eines Aufsichtsratsmitglieds durch die Hauptversammlung nichtig ist, so wirkt ein Urteil, das die Nichtigkeit der Wahl rechtskräftig feststellt, für und gegen alle Aktionäre und Arbeitnehmer der Gesellschaft, alle Arbeitnehmer von anderen Unternehmen, deren Arbeitnehmer selbst oder durch Delegierte an der Wahl von Aufsichtsratsmitgliedern der Gesellschaft teilnehmen, die Mitglieder des Vorstands und des Aufsichtsrats sowie die in § 250 Abs. 2 bezeichneten Organisationen und Vertretungen der Arbeitnehmer, auch wenn sie nicht Partei sind.

(2) [1]Wird die Wahl eines Aufsichtsratsmitglieds durch die Hauptversammlung durch rechtskräftiges Urteil für nichtig erklärt, so wirkt das Urteil für und gegen alle Aktionäre sowie die Mitglieder des Vorstands und Aufsichtsrats, auch wenn sie nicht Partei sind. [2]Im Fall des § 251 Abs. 2 Satz 2 wirkt das Urteil auch für und gegen die nach dieser Vorschrift anfechtungsberechtigten Betriebsräte, Gewerkschaften und Spitzenorganisationen, auch wenn sie nicht Partei sind.

§ 253 AktG Nichtigkeit des Beschlusses über die Verwendung des Bilanzgewinns

(1) [1]Der Beschluß über die Verwendung des Bilanzgewinns ist außer in den Fällen des § 173 Abs. 3, des § 217 Abs. 2 und des § 241 nur dann nichtig, wenn die Feststellung des Jahresabschlusses, auf dem er beruht, nichtig ist. [2]Die Nichtigkeit des Beschlusses aus diesem Grunde kann nicht mehr geltend gemacht werden, wenn die Nichtigkeit der Feststellung des Jahresabschlusses nicht mehr geltend gemacht werden kann.

(2) Für die Klage auf Feststellung der Nichtigkeit gegen die Gesellschaft gilt § 249.

§ 254 AktG Anfechtung des Beschlusses über die Verwendung des Bilanzgewinns

(1) Der Beschluß über die Verwendung des Bilanzgewinns kann außer nach § 243 auch angefochten werden, wenn die Hauptversammlung aus dem Bilanzgewinn Beträge in Gewinnrücklagen einstellt oder als Gewinn vorträgt, die nicht nach Gesetz oder Satzung von der Verteilung unter die Aktionäre ausgeschlossen sind, obwohl die Einstellung oder der Gewinnvortrag bei vernünftiger kaufmännischer Beurteilung nicht notwendig ist, um die Lebens- und Widerstandsfähigkeit der Gesellschaft für einen hinsichtlich der wirtschaftlichen und finanziellen Notwendigkeiten übersehbaren Zeitraum zu sichern und dadurch unter die Aktionäre kein Gewinn in Höhe von mindestens vier vom Hundert des Grundkapitals abzüglich von noch nicht eingeforderten Einlagen verteilt werden kann.

(2) [1]Für die Anfechtung gelten die §§ 244 bis 246, 247 bis 248 a. [2]Die Anfechtungsfrist beginnt auch dann mit der Beschlußfassung, wenn der Jahresabschluß nach § 316 Abs. 3 des Handelsgesetzbuchs erneut zu prüfen ist. [3]Zu einer Anfechtung nach Absatz 1 sind Aktionäre nur befugt, wenn ihre Anteile zusammen den zwanzigsten Teil des Grundkapitals oder den anteiligen Betrag von 500 000 Euro erreichen.

§ 255 AktG Anfechtung der Kapitalerhöhung gegen Einlagen

(1) Der Beschluß über eine Kapitalerhöhung gegen Einlagen kann nach § 243 angefochten werden.

(2) [1]Die Anfechtung kann, wenn das Bezugsrecht der Aktionäre ganz oder zum Teil ausgeschlossen worden ist, auch darauf gestützt werden, daß der sich aus dem Erhöhungsbeschluß ergebende Ausgabebetrag oder der Mindestbetrag, unter dem die neuen Aktien nicht ausgegeben werden sollen, unangemessen niedrig ist. [2]Dies gilt nicht, wenn die neuen Aktien von einem Dritten mit der Verpflichtung übernommen werden sollen, sie den Aktionären zum Bezug anzubieten.

(3) Für die Anfechtung gelten die §§ 244 bis 248 a.

Zweiter Abschnitt Nichtigkeit des festgestellten Jahresabschlusses

§ 256 AktG Nichtigkeit

(1) Ein festgestellter Jahresabschluß ist außer in den Fällen des § 173 Abs. 3, § 234 Abs. 3 und § 235 Abs. 2 nichtig, wenn

1. er durch seinen Inhalt Vorschriften verletzt, die ausschließlich oder überwiegend zum Schutze der Gläubiger der Gesellschaft gegeben sind,
2. er im Falle einer gesetzlichen Prüfungspflicht nicht nach § 316 Abs. 1 und 3 des Handelsgesetzbuchs geprüft worden ist,
3. er im Falle einer gesetzlichen Prüfungspflicht von Personen geprüft worden ist, die nach § 319 Abs. 1 des Handelsgesetzbuchs oder nach Artikel 25 des Einführungsgesetzes zum Handelsgesetzbuch nicht Abschlussprüfer sind oder aus anderen Gründen als einem Verstoß gegen § 319 Abs. 2, 3 oder Abs. 4 oder § 319 a Abs. 1 oder § 319 b Abs. 1 des Handelsgesetzbuchs nicht zum Abschlussprüfer bestellt sind,

4. bei seiner Feststellung die Bestimmungen des Gesetzes oder der Satzung über die Einstellung von Beträgen in Kapital- oder Gewinnrücklagen oder über die Entnahme von Beträgen aus Kapital- oder Gewinnrücklagen verletzt worden sind.

(2) Ein von Vorstand und Aufsichtsrat festgestellter Jahresabschluß ist außer nach Absatz 1 nur nichtig, wenn der Vorstand oder der Aufsichtsrat bei seiner Feststellung nicht ordnungsgemäß mitgewirkt hat.

(3) Ein von der Hauptversammlung festgestellter Jahresabschluß ist außer nach Absatz 1 nur nichtig, wenn die Feststellung

1. in einer Hauptversammlung beschlossen worden ist, die unter Verstoß gegen § 121 Abs. 2 und 3 Satz 1 oder Abs. 4 einberufen war,
2. nicht nach § 130 Abs. 1 und 2 Satz 1 und Abs. 4 beurkundet ist,
3. auf Anfechtungsklage durch Urteil rechtskräftig für nichtig erklärt worden ist.

(4) Wegen Verstoßes gegen die Vorschriften über die Gliederung des Jahresabschlusses sowie wegen der Nichtbeachtung von Formblättern, nach denen der Jahresabschluß zu gliedern ist, ist der Jahresabschluß nur nichtig, wenn seine Klarheit und Übersichtlichkeit dadurch wesentlich beeinträchtigt sind.

(5) [1]Wegen Verstoßes gegen die Bewertungsvorschriften ist der Jahresabschluß nur nichtig, wenn

1. Posten überbewertet oder
2. Posten unterbewertet sind und dadurch die Vermögens- und Ertragslage der Gesellschaft vorsätzlich unrichtig wiedergegeben oder verschleiert wird.

[2]Überbewertet sind Aktivposten, wenn sie mit einem höheren Wert, Passivposten, wenn sie mit einem niedrigeren Betrag angesetzt sind, als nach §§ 253 bis 256 a des Handelsgesetzbuchs zulässig ist. [3]Unterbewertet sind Aktivposten, wenn sie mit einem niedrigeren Wert, Passivposten, wenn sie mit einem höheren Betrag angesetzt sind, als nach §§ 253 bis 256 a des Handelsgesetzbuchs zulässig ist. [4]Bei Kreditinstituten oder Finanzdienstleistungsinstituten sowie bei Kapitalverwaltungsgesellschaften im Sinn des § 17 des Kapitalanlagegesetzbuchs liegt ein Verstoß gegen die Bewertungsvorschriften nicht vor, soweit die Abweichung nach den für sie geltenden Vorschriften, insbesondere den §§ 340 e bis 340 g des Handelsgesetzbuchs, zulässig ist; dies gilt entsprechend für Versicherungsunternehmen nach Maßgabe der für sie geltenden Vorschriften, insbesondere der §§ 341 b bis 341 h des Handelsgesetzbuchs.

(6) [1]Die Nichtigkeit nach Absatz 1 Nr. 1, 3 und 4, Absatz 2, Absatz 3 Nr. 1 und 2, Absatz 4 und 5 kann nicht mehr geltend gemacht werden, wenn seit der Bekanntmachung nach § 325 Abs. 2 des Handelsgesetzbuchs in den Fällen des Absatzes 1 Nr. 3 und 4, des Absatzes 2 und des Absatzes 3 Nr. 1 und 2 sechs Monate, in den anderen Fällen drei Jahre verstrichen sind. [2]Ist bei Ablauf der Frist eine Klage auf Feststellung der Nichtigkeit des Jahresabschlusses rechtshängig, so verlängert sich die Frist, bis über die Klage rechtskräftig entschieden ist oder sie sich auf andere Weise endgültig erledigt hat.

(7) [1]Für die Klage auf Feststellung der Nichtigkeit gegen die Gesellschaft gilt § 249 sinngemäß. [2] Ist für die Gesellschaft als Emittentin von zugelassenen Wertpapieren *im Sinne des § 2 Absatz 1* des Wertpapierhandelsgesetzes mit Ausnahme von Anteilen und Aktien an offenen Investmentvermögen im Sinne des § 1 Absatz 4 des Kapitalanlagegesetzbuchs die Bundesrepublik Deutschland der Herkunftsstaat (§ 2 Absatz 13 des Wertpapierhandelsgesetzes), so hat das Gericht der Bundesanstalt für Finanzdienstleistungsaufsicht den Eingang einer Klage auf Festellung der Nichtigkeit sowie jede rechtskräftige Entscheidung über diese Klage mitzuteilen.

§ 257 AktG Anfechtung der Feststellung des Jahresabschlusses durch die Hauptversammlung

(1) [1]Die Feststellung des Jahresabschlusses durch die Hauptversammlung kann nach § 243 angefochten werden. [2]Die Anfechtung kann jedoch nicht darauf gestützt werden, daß der Inhalt des Jahresabschlusses gegen Gesetz oder Satzung verstößt.

(2) [1]Für die Anfechtung gelten die §§ 244 bis 246, 247 bis 248 a. [2]Die Anfechtungsfrist beginnt auch dann mit der Beschlußfassung, wenn der Jahresabschluß nach § 316 Abs. 3 des Handelsgesetzbuchs erneut zu prüfen ist

I. Allgemeines

1. Analogie

1 Trotz des Erlasses und des Inkrafttretens des GmbHG bereits im Jahre 1892,[1] ohne Rücksicht auf die sehr große Zahl von GmbH[2] und ihre schon daraus folgende großen Bedeutung für die deutsche Wirtschaft sowie ungeachtet der hervorgehobenen Rolle der Gesellschafterversammlung als höchstes Organ der GmbH[3] enthält das GmbHG keine Regelung des Beschlussmängelrechts der GmbH. Das fällt besonders auf im Vergleich zum AktG, das insofern mit den §§ 241 ff. AktG detaillierte, vom Gesetzgeber vielfach überarbeitete Bestimmungen umfasst. Allerdings lag und liegt dem keineswegs eine Fehlvorstellung des Gesetzgebers hinsichtlich der Anfechtbarkeit von Gesellschafterbeschlüssen zugrunde, sondern die Motive des historischen Gesetzgebers gehen auf Erwägungen des ROHG zum damals noch nicht geregelten Beschlussmängelrecht zurück. Danach bedurfte es insofern keiner gesetzlichen Regelung, weil es sich bei der Möglichkeit, nicht gesetzes- oder satzungskonforme Beschlüsse anzufechten, um eine Selbstverständlichkeit handelte.[4] Schon damals hatte das indessen zur Folge, dass das Beschlussmängelrecht in seinen Einzelheiten weiter den Gerichten überlassen blieb. Dabei ist es für die GmbH mit der Folge geblieben, dass hier in einer vor dem Hintergrund der Grundsätze der Demokratie und der Gewaltenteilung nicht unbedenklichen Art und Weise die Gerichte die Regeln des Beschlussmängelrechts bestimmen. Auch wenn die entsprechende Regelungslücke seit mehr als 100 Jahren durch eine weitreichende analoge Anwendung der das Beschlussmängelrecht der Aktiengesellschaft betreffenden §§ 241 ff. AktG geschlossen wird[5] und es deshalb scheinen mag, als ob es sich hier lediglich um eine von den vielen mit den gewöhnlichen methodischen Instrumenten zu schließenden Regelungslücken handelte, vermag das an den verfassungsrechtlichen Bedenken doch nichts zu ändern. Denn zum einen geht es hier nicht um die Übertragung einer für einen bestimmten Fall und vor dem Hintergrund einer vergleichbaren Interessenlage ge-

1 GmbHG vom 20.4.1892, in Kraft getreten am 10.5.1892, RGBl. S. 477.
2 → Einführung Rn. 17.
3 MüKoGmbHG/*Liebscher*, § 48 Rn. 6 mwN. Der Streit, ob die Gesellschafterversammlung selbst als Organ anzusehen ist oder ob das Organ in der Gesamtheit der Gesellschafter liegt und ihre Versammlung nur als Verfahren zu betrachten ist (→ § 45 Rn. 5), ist für die hier zu erörternden Fragen bedeutungslos.
4 ROHGE 14, 354 (357); dazu *Fleischer* GmbHR 2013, 1289 (1291).
5 So schon RGZ 166, 129 (131) sowie BGHZ 11, 231 (235).

troffenen Regelung auf einen vom Gesetzgeber übersehenen Sachverhalt, sondern um die Regelung eines ganzen Bereichs von ganz verschiedenen Sachverhalten, die jedenfalls der aktuelle Gesetzgeber keineswegs übersehen hat. Vielmehr überlässt der Gesetzgeber die Regelung des GmbH-Beschlussmängelrechts im Allgemeinen und im Besonderen bewusst der Rechtsprechung.[6] Von einer planwidrigen Regelungslücke, die durch eine Analogie geschlossen werden dürfte, kann danach keine Rede mehr sein. Vielmehr kann hier nur von einer schon von Beginn an nicht unbedenklichen Analogie sprechen, aus der sich ein Gewohnheitsrecht entwickelt hat. In diesem, vom gewöhnlichen juristischen Sprachgebrauch abweichenden Sinne ist auch der Gebrauch des Begriffs „Analogie" im Folgenden zu verstehen. Auch hier wird an dem Begriff aber festgehalten, um die Grenzen der Anwendung des in den §§ 241 ff. AktG geregelten Modells des Beschlussmängelrechts der Aktiengesellschaft auf die GmbH und die Gründe hierfür deutlich machen zu können. Soweit das in Anlehnung an die §§ 241 ff. AktG entwickelte Beschlussmängelrecht der GmbH vereinzelt mit guten Gründen kritisiert und demgegenüber ein völlig abweichendes Modell vorgeschlagen worden ist,[7] wird das nicht nur von der ganz herrschenden Ansicht in der Literatur abgelehnt,[8] sondern von der Rechtsprechung sogar ignoriert.[9] Trotz der oben erläuterten Bedenken geschieht dies indessen zu Recht. Denn man muss berücksichtigen, dass das Beschlussmängelrecht in weiten Teilen auch Gegenstand der in Gesellschaftsverträgen und Satzungen getroffenen Regelungen ist und dass hierbei die Beteiligten in einer Vorstellung von dem von der Rechtsprechung und herrschenden Literatur entwickelten Beschlussmängelrecht der GmbH gehandelt haben werden. Radikale Kehrtwenden aufgrund eines Wandels der Rechtsauffassung führten hier deshalb zu Problemen. Hinzu käme, dass das oben erwähnte verfassungsrechtliche Problem der Untätigkeit des Gesetzgebers auch mit einem alternativen Regelungsmodell nicht gelöst werden könnte. Zu fordern ist vielmehr einerseits ein Tätigwerden des Gesetzgebers, während es andererseits de lege lata bei der grundsätzlichen Heranziehung der §§ 241 ff. AktG verbleiben muss. Schließlich bietet das in den §§ 241 ff. AktG für die Aktiengesellschaft geregelte Modell des kapitalgesellschaftsrechtlichen Beschlussmängelrechts gegenüber den Vorschlägen von *Zöllner/Noack* auch in inhaltlicher Hinsicht einige wichtige Vorteile: So ergibt sich aus § 241 AktG, dass Gesellschafterbeschlüsse abgesehen von den wenigen und klar abgegrenzten Fällen ihrer Nichtigkeit wirksam sind. Das verringert die negativen Auswirkungen von Gesellschafterstreitigkeiten auf die Geschäftstätigkeit der Gesellschaft auf das unvermeidliche Maß. Außerdem können Gesellschafterstreitigkeiten um die Wirksamkeit von Beschlüssen in einem förmlichen Verfahren mit Wirkung für und gegen alle Beteiligten entschieden werden. Das führt zu vergleichsweise

6 Vgl. aus der Diskussion etwa *Koch*, Gutachten, Verhandlungen des 72. DJT, München 2018, Bd. I, F 1 (90 ff.) zu Reformvorschlägen auch die GmbH betreffend; *Bayer/Möller,* NZG 2018, 801 (807).
7 *Zöllner/Noack* ZGR 1989, 525.
8 Lutter/Hommelhoff/*Bayer*, Anh. § 47 Rn. 3.
9 So zutreffend MüKoGmbHG/*Fleischer*, Einl. Rn. 169.

schneller Rechtssicherheit.[10] Auch de lege ferenda sollte es demnach bei einem an die §§ 241 ff. AktG angelehnten, aber in bestimmten Einzelheiten auf die besonderen Bedürfnisse der GmbH als Kapitalgesellschaft mit personalistischer Struktur und als „Einstiegsgesellschaftsform" zugeschnittenen Modell des Beschlussmängelrechts bleiben.

2. Regelungsmodelle des Personen- und des Kapitalgesellschaftsrechts

2 Besonders deutlich werden die mit der analogen Anwendung der §§ 241 ff. AktG verbundenen Vorteile für die Gesellschaft, wenn man einen kurzen Blick auf das für Personengesellschaften geltende Modell des Beschlussmängelrechts wirft: Anders als in § 242 Abs. 2 Satz 1 AktG für Kapitalgesellschaften vorgesehen sind Prozesse über Rechte und Pflichten aus dem Gesellschaftsvertrag und darunter auch solche wegen der (Un-)Wirksamkeit von Gesellschafterbeschlüssen bei Personengesellschaften grundsätzlich zwischen den Gesellschaftern zu führen. Die Gesellschaft ist dabei lediglich Objekt der gesellschaftsvertraglichen Regelung und dementsprechend nicht beteiligt. Selbst bei Publikumsgesellschaften gilt im Grundsatz nichts anderes.[11] Dabei besteht zwischen den streitenden Gesellschaftern keine notwendige Streitgenossenschaft (§ 62 ZPO), und zwar weder auf Kläger- noch auf Beklagtenseite.[12] Mangels § 248 Abs. 1 Satz 1 AktG entsprechender Regelung erfasst die materielle Rechtskraft nur die beteiligten Personen (gewöhnliche inter-partes-Wirkung, § 322 Abs. 1 ZPO), so dass bei den zulässigen Klagen gegen einzelne Gesellschafter die Gefahr divergierender Entscheidungen besteht. Das kann nur durch eine Beteiligung aller Gesellschafter vermieden werden. Nur dann erstreckt sich die materielle Rechtskraft der Entscheidung auch auf die Gesellschaft.[13] Naturgemäß gilt auch im Personengesellschaftsrecht für Gestaltungsklagen nach §§ 117, 127, 140 HGB anderes.[14] Von ganz erheblicher Bedeutung ist schließlich, dass dem Personengesellschaftsrecht die in den §§ 241, 243 AktG angelegte Unterscheidung zwischen nichtigen und bloß anfechtbaren Beschlüssen unbekannt ist. Dementsprechend führen Beschlussmängel unabhängig von ihrer Art zur Unwirksamkeit des betroffenen Gesellschafterbeschlusses. Dass das für das Personengesellschaftsrecht geltende Modell des Beschlussmängelrechts im Hinblick auf die erheblich größere Rechtsunsicherheit hinsichtlich der Wirksamkeit von Gesellschafterbeschlüssen einerseits und mit Rücksicht auf die deutlich kompliziertere gerichtliche Klärung der Wirksamkeit von Gesellschafterbeschlüssen andererseits weitaus weniger praktikabel ist, leuchtet danach ohne Weiteres ein. Entsprechende Erwägungen stehen auch hinter den verbreiteten Satzungsbestimmungen zur Übernahme des kapitalgesellschaftsrechtlichen Beschlussmängelrechts für Personengesellschaften.

10 Zum Ganzen *Casper* ZHR 163 (1999), 54.
11 Dazu krit. *Scholz,* WM 2006, 897.
12 BGH NJW 2009, 669 (670).
13 BGH NJW 1967, 2159.
14 MüKoGmbHG/*Schmidt,* HGB, § 140 Rn. 83 f.

3. Reichweite und Grenzen der analogen Anwendung der §§ 241 ff. AktG

Auch mit Rücksicht auf die Rechtsnatur von Gesellschafterbeschlüssen und die daraus folgenden Besonderheiten (dazu s. u. → Rn. 4 ff) zutreffend befürwortet der BGH von Beginn an[15] und in ständiger Rechtsprechung eine entsprechende Geltung der §§ 241 ff. AktG für das Beschlussmängelstreitigkeiten in der GmbH, soweit nicht die Besonderheiten der GmbH ausnahmsweise anders gebieten.[16] Besonders deutlich wird die Bedeutung dieser nur gewohnheitsrechtlich begründbaren (dazu s. o. Rn. 1) Rechtsanwendung, wenn man die Erwägungen des Bundesgerichtshofs zur Anwendung der in § 246 Abs. 1 AktG geregelten Monatsfrist für Anfechtungsklagen im Bereich des GmbH-Rechts betrachtet: Nach einer Entscheidung des Bundesgerichtshofs vom 14.5.1990 sollte nämlich ungeachtet der grundsätzlichen analogen Anwendung der §§ 241 ff. AktG § 246 Abs. 1 AktG auf die GmbH nicht entsprechend anwendbar sein. Vielmehr sollte für die Anfechtung eines GmbH-Gesellschafterbeschlusses eine nach den Umständen des Einzelfalles zu bestimmende, angemessene Frist maßgebend sein. Der Regelung des § 246 Abs. 1 AktG sollte lediglich die Funktion eines Leitbildes zukommen.[17] Einerseits überschritt diese Leitbildfunktion aber nicht nur die Grenzen der herkömmlichen Methodik, sondern sie hatte auch eine kaum hinnehmbare Rechtsunsicherheit im Zusammenhang mit der Anfechtungsfrist zur Folge, also gerade hinsichtlich einer der Rechtssicherheit dienenden Schranke der Rechtswahrnehmung. Da nämlich jede vernünftige Erwägung eine Verlängerung der Frist zur Folge haben konnte, waren die beratenden Rechtsanwälte gehalten, ihren Mandanten auch noch nach Ablauf eines Monats die Anfechtung nahezulegen und möglichst viele, mehr oder weniger naheliegende, eventuell vernünftige Gründe für eine Fristverlängerung vorzutragen. Über den ungewissen Erfolg dieses Vorbringens hinaus verlagerte sich der Schwerpunkt des Streits damit in sicher nicht beabsichtigter Art und Weise auf Erwägungen zur angemessenen Frist. Andererseits treffen die Erwägungen des BGH aber insofern zu, als eine sinngemäße Heranziehung von Bestimmungen immer nur dann in Betracht kommt, wenn die Interessenlage des nicht geregelten Sachverhalts mit derjenigen des geregelten Sachverhalts in ihren für die gesetzliche Regelung wesentlichen Gesichtspunkten übereinstimmt. Daraus ergibt sich ohne Weiteres, dass dem BGH dahin gehend zu folgen ist, dass 1. die entsprechende Anwendung der §§ 241 ff. AktG auf das GmbH-Recht jeweils für jede Bestimmung und jeden Sachverhalt gesondert zu untersuchen ist und dass 2. eine solche Analogie immer dann nicht in Betracht kommt, wenn die Regelung Besonderheiten der AG Rechnung trägt, die bei der GmbH nicht vorliegen. Für die in § 246 Abs. 1 AktG geregelte Anfechtungsfrist *folgt daraus, dass* zwar eine ausnahmslose Übertragung der für die AG gel- 3

15 Der BGH hat hier keineswegs selbst die notwendige Rechtsfortbildung vorgenommen, sondern seine diesbezügliche Rspr. entspricht der st. Rspr. des RGZ 166, 129 (131).

16 Etwa BGH NJW 1954, 385 f.; WM 1969, 176 (177); NJW 1981, 2125 (2126); NJW 1988, 1844; BGH NZG 2003, 127 (128); 2008, 317 (318); dem BGH folgend etwa OLG Rostock NZG 2004, 191 (192); aus der Lit. nur Lutter/Hommelhoff/Bayer, § 47 Anh. Rn. 1 ff.

17 BGH NJW 1990, 2625.

tenden Regelung wegen der geringeren Formstrenge des GmbH-Rechts im Zusammenhang mit der Fassung von Gesellschafterbeschlüssen nicht in Frage kommt, dass es aber umgekehrt auch nicht der mit unvertretbarer Rechtssicherheit verbundenen Angemessenheitsprüfung und der methodisch unhaltbaren Leitbildfunktion bedarf. Zu Recht führt deshalb der BGH in seiner neueren Rechtsprechung zur Anfechtungsfrist im GmbH-Beschlussmängelrecht aus, die in § 246 Abs. 1 AktG geregelte Monatsfrist finde von eng begrenzten Ausnahmen abgesehen Anwendung. Anderes gelte nur dann, wenn entweder die Satzung eine wirksame abweichende Regelung enthalte oder zwingende Gründe den Gesellschafter an einer früheren Geltendmachung des Beschlussmangels gehindert hätten.[18] Allgemein kann man demnach festhalten, dass die §§ 241 ff. AktG im GmbH-Beschlussmängelrecht analoge Anwendung finden, dass aber stets zu prüfen ist, ob die betreffende Bestimmung aktienrechtlichen Besonderheiten Rechnung trägt, die bei der GmbH nicht vorliegen. Ist letzteres der Fall kann die betreffende Bestimmung nicht herangezogen werden und muss es bei den allgemeinen Regeln des materiellen Rechts bzw. des Prozessrechts bleiben.

4. Gesellschafterbeschlüsse

4 a) **Rechtsnatur.** In einem Gesellschafterbeschluss liegt zwar jedenfalls grundsätzlich keine für das Außenverhältnis bestimmte Willenserklärung, sondern es handelt sich lediglich um die interne Willensbildung der Gesellschaft eventuell verbunden mit einer Weisung zur Ausführung der beschlossenen Maßnahme seitens der Geschäftsführung. Gleichwohl sind Gesellschafterbeschlüsse mehrseitige gewöhnlich Rechtsgeschäfte eigener Art.[19] Danach liegt die Anwendung der Regeln des BGB über Rechtsgeschäfte sowie hierunter insbesondere diejenige der §§ 119 bis 124 BGB und der §§ 125, 134, 138 BGB hinsichtlich der Beschlussmängel nicht fern. Das kommt aber aus mehreren Gründen nicht in Betracht:[20] Zum einen ist zu berücksichtigen, dass die vor allem auf Verträge ausgerichteten Bestimmungen des BGB für eine ganze Reihe in Betracht kommender Mängel der Beschlussfassung keine speziellen, interessengerechten Regelungen enthalten. Das gilt etwa für Verstöße gegen Bestimmungen der Satzung (§ 243 Abs. 1 Alt. 2 AktG). Nicht jede Satzungsbestimmung kann nämlich als Verbotsgesetz im Sinne des § 134 BGB ausgelegt werden. Zum anderen bedarf es materieller Regeln, die durch differenzierte Anordnung der in Betracht kommenden Rechtsfolgen der Nichtigkeit und der bloßen Anfechtbarkeit nicht nur interessengerechte Konfliktlösungen erlauben, sondern durch Fristen für die Geltendmachung von Mängeln (§ 246 Abs. 1 AktG) auch in prozessualer Hinsicht die für am Geschäftsverkehr teilnehmende Gesellschaften notwendige Rechtssicherheit befördern. Von entscheidender Bedeutung ist aber schließlich ein weiterer prozessualer Grund: Urteile über die Nichtigkeit von Beschlüssen bedürfen im Interesse sowohl der Rechtssicherheit als auch der Funktionsfähigkeit der Gesellschaft nicht nur der in

18 BGH NZG 2005, 551 (553); NJW 2009, 1110.
19 Etwa MüKoGmbHG/*Drescher*, § 47 Rn. 8.
20 MüKoGmbHG/*Drescher*, § 47 Rn. 9; MüKoGmbHG/*Wertenbruch*, § 47 Anh. Rn. 1.

der ZPO vorgesehenen Rechtskraft inter partes, sondern erforderlich ist eine Rechtskraft inter bzw. erga omnes, wie § 248 Abs. 1 Satz 1 AktG sie vorsieht.[21] Die analoge Anwendung der §§ 241 ff. AktG und insbesondere das daraus folgende „Klagemonopol" der Gesellschafter für Anfechtungsgründe stehen im Übrigen weder der Aufhebung eines fehlerhaften Beschlusses durch die Gesellschafter oder einer Maßnahme zur Heilung des Mangels noch einer einverständlichen Regelung streitiger Fragen durch die Gesellschafter eventuell unter Inanspruchnahme eines Mediators entgegen.[22] Dementsprechend unterliegen Gesellschafterbeschlüsse ungeachtet ihrer Natur als mehrseitige Rechtsgeschäfte zunächst nicht den Regeln des BGB über die Wirksamkeit und die Anfechtung von Rechtsgeschäften, sondern sowohl in materiellrechtlicher als auch in prozessualer Hinsicht in erster Linie den wenigen Regeln des GmbHG sowie danach der analogen Anwendung der §§ 241 ff. AktG. Die Regeln des BGB und der ZPO gelten nachrangig und nur dort, wo die Satzung, das GmbHG und die §§ 241 ff. AktG entweder keine spezielle Bestimmung enthalten oder die betreffende Regelung der §§ 241 ff. AktG den Besonderheiten der GmbH im Vergleich zur AG nicht hinreichend gerecht wird. Nur insoweit bleibt Raum für einen Rückgriff auf die allgemeinen Regeln über Rechtsgeschäfte und über bürgerliche Rechtsstreitigkeiten. So enthalten die §§ 241 ff. AktG zB keine Regelung für die Rechtsfolgen der nicht selten auftretenden Teilnichtigkeit bzw. -anfechtbarkeit. Hier ist auf die allgemeine Bestimmung des § 139 BGB zurückzugreifen.[23]

b) Beschlussfeststellung. Nach den vorstehenden Ausführungen zum einen 5
zur grundsätzlich stattfindenden analogen Anwendung der §§ 241 ff. AktG auf die Beschlüsse von GmbH-Gesellschaftern, zum anderen zu den mit den erheblichen strukturellen Unterschieden zwischen der AG einerseits und der GmbH andererseits zusammenhängenden Grenzen dieser Analogie kommt eine Heranziehung der §§ 241 ff. AktG im GmbH-Recht nur dann in Betracht, wenn wie bei der AG keine Unsicherheit über das Vorliegen eines Gesellschafterbeschlusses besteht und dementsprechend jedem Gesellschafter klar sein muss, dass es der Erhebung einer Anfechtungsklage innerhalb der Monatsfrist des § 246 Abs. 1 AktG bedarf. Dem steht indessen entgegen, dass das GmbHG eine förmliche Beschlussfeststellung im Sinne etwa des § 130 AktG nicht kennt. Mit Rücksicht hierauf hängt zwar nicht die wirksame Fassung eines Beschlusses seitens der GmbH-Gesellschafter von einer mit der Aktiengesellschaft vergleichbaren Feststellung ab. Jedoch setzt die analoge Anwendung der §§ 241 ff. AktG eine Feststellung des getroffenen Beschlusses im Sinne einer gewissen förmlichen Festhaltung des gefassten Beschlusses voraus. Nur dann ist den Gesellschaftern insbesondere der Lauf der Anfechtungsfrist zumutbar.[24]

aa) Förmliche Festhaltung. Für die Frage, welche Anforderungen an die 6
förmliche Festhaltung eines Beschlussergebnisses zu stellen sind, kommt es

21 Lutter/Hommelhoff/*Bayer*, § 47 Anh. Rn. 3; MüKoGmbHG/*Wertenbruch*, § 47 Anh. Rn. 360.
22 Lutter/Hommelhoff/*Bayer*, § 47 Anh. Rn. 3.
23 BGH NJW 1994, 520 (523).
24 BGH NJW-RR 2008, 706 (708); anders Michalski/*Römermann*, § 47 Anh. Rn. 57.

mit Rücksicht auf den oben erläuterten Sinn dieser Voraussetzung der analogen Anwendung der §§ 241 ff. AktG ausschließlich darauf an, dass nach dem betreffenden Vorgang (maßgebend dürfte hierbei die Sicht eines vernünftigen Gesellschafters sein) keine Zweifel mehr bestehen können, dass ein bestimmter Beschluss gefasst worden ist.[25] Da das GmbH-Gesetz keine § 130 AktG vergleichbare Formvorschrift für die Beschussfeststellung kennt, bedarf es dazu aber nicht unbedingt einer entsprechenden Verkündung des Beschlussergebnisses durch einen ordnungsgemäß bestellten, auch zur Beschlussfeststellung befugten Versammlungsleiter.[26] Darin liegt vielmehr nur eine der Betracht kommenden Möglichkeiten der erforderlichen förmlichen Festhaltung. Ebenso möglich ist eine förmliche Festhaltung in diesem Sinne durch ein ordnungsgemäß unterzeichnetes Protokoll.[27] Sieht die Satzung Besonderheiten vor, sind diese maßgebend. Es bedarf dann aller in der Satzung vorgesehenen Maßnahmen zur förmlichen Festhaltung, darunter zB gegebenenfalls der allseitigen Unterzeichnung des Protokolls und der Übersendung an die Gesellschafter.[28] Anderenfalls reicht eine Unterzeichnung entweder durch den wirksam bestellten Protokollführer oder den wirksam bestellten Versammlungsleiter.[29] Aber selbst dann, wenn die für die analoge Anwendung der §§ 241 ff. AktG erforderliche Feststellung des Beschlussergebnisses bzw. förmliche Festhaltung (auch entgegen einem entsprechenden Antrag) nicht in das Protokoll aufgenommen worden ist, steht das einer Feststellung bzw. förmlichen Festhaltung als solches nicht entgegen. Da das GmbH-Gesetz keine Formvorschrift für die Feststellung von Beschlüssen kennt, kommt es nämlich auch nicht auf eine Protokollierung an, wenn die notwendige Feststellung gleichwohl mündlich erfolgt ist, die Beteiligten also übereinstimmend von einer Beschlussfassung ausgegangen sind.[30] Maßgebend ist lediglich, dass eine Feststellung geschehen ist, nicht in welcher Form sie erfolgt ist. Berücksichtigt man außerdem den Beibringungsgrundsatz und die Grundsätze des § 138 ZPO, so ist selbst dann von einer ausreichenden Feststellung auszugehen und gelangen infolgedessen die §§ 241 ff. AktG selbst dann zur analogen Anwendung, wenn die Gesellschafter übereinstimmend von der Fassung eines bestimmten Beschlusses ausgegangen sind. Das entspricht insofern dem Sinn und Zweck der hier erörterten Anwendungsvoraussetzung der §§ 241 ff. AktG, als das Erfordernis der Beschlussfeststellung ausschließlich dem Schutz der Gesellschafter vor den mit jeder Anwendung der §§ 241 ff. AktG verbundenen und im GmbH-Recht anderenfalls unzumutbaren Härten dient. Hinzu kommt, dass es keines Beweises der Feststellung bedarf, wenn Einigkeit bestanden hat über die Beschlussfassung und dies feststeht oder im Prozess festgestellt werden kann.[31] Demnach kommt der Anwendungsvorausset-

25 BGH NJW-RR 2008, 706 (708).
26 BGH NJW-RR 2008, 706 (708).
27 BGH NJW-RR 2008, 706 (708).
28 BGH NJW-RR 2008, 706 (708).
29 Die Einzelheiten sind str., vgl. *Hoffmann/Köster* GmbHR 2003, 1327 (1328 f.); Lutter/Hommelhoff/*Bayer*, § 47 Anh. Rn. 38 (Unterzeichnung durch alle Gesellschafter.
30 OLG Celle GmbHR 1997, 172 (174).
31 OLG Celle GmbHR 1997, 172 (174); OLG München NJW-RR 1990, 804 (805); anders *Hoffmann/Köster* GmbHR 2003, 1327 (1328).

zung der Beschlussfeststellung auch keinerlei Bedeutung zu, wenn sie in einem Nichtigkeits- und Anfechtungsprozess nicht seitens der Parteien problematisiert wird. Denn dann birgt das Vorbringen des Klägers die konkludente Behauptung in sich, es sei der angefochtene Beschluss auch festgestellt worden, und die Gesellschaft als Prozessgegnerin tritt dem mit der Folge des § 138 Abs. 3 ZPO nicht entgegen.

Ungeachtet der umfangreichen Ausführungen zu den geringen Anforderungen an die erforderliche Beschlussfeststellung ist allerdings die notwendige Beschlussfeststellung von der Feststellung bloß des Abstimmungsergebnisses zu unterscheiden. Denn mit der Feststellung des Abstimmungsergebnisses muss nicht zwingend auch die Fassung eines bestimmten Beschlusses festgestellt werden. Dementsprechend kann auch nach der bloßen Feststellung des Abstimmungsergebnisses noch eine unzumutbare Unsicherheit über die Beschlussfassung bestehen. Es kommt vielmehr darauf an, dass ausdrücklich oder konkludent mitgeteilt wird, ob die Gesellschafter den zur Abstimmung gestellten Beschlussantrag angenommen oder abgelehnt haben.[32] 7

bb) Versammlungsleitung. Zur Feststellung eines Beschlussergebnisses ist der Versammlungsleiter jedenfalls immer dann befugt, wenn er entweder durch die Satzung dazu ermächtigt worden ist oder die Gesellschafter einstimmig einen diesbezüglichen Beschluss gefasst haben. Dabei reicht auch die konkludente allseitige Zustimmung.[33] Schon mit Rücksicht auf den begrenzten Sinn und Zweck der hier erörterten Anwendungsvoraussetzung des Beschlussfeststellung (Vermeidung insbes. mit der Frist des § 246 Abs. 1 AktG verbundener Unzumutbarkeiten), aber auch mit Rücksicht auf die Bedeutung der Bestellung eines Versammlungsleiters reicht zur Beschlussfeststellung in dem hier erörterten Sinn aber auch die bloße wirksame, ausdrückliche oder konkludente Bestellung des Feststellenden zum Versammlungsleiter. Denn zum einen geht mit jeder wirksamen Bestellung eine entsprechende Teil-Übertragung der (Selbst-)Organisationsbefugnis der Gesellschafter hinsichtlich des Ablaufs der Gesellschafterversammlung einher, zum anderen dürfte es sich bei der erforderlichen Feststellung ihrer Funktion als Voraussetzung für die analoge Anwendung der §§ 241 ff. AktG nach nicht um eine rechtsgeschäftliche Handlung, sondern um eine bloße Tatsache handeln. Entweder gelangt muss man also zu dem Schluss gelangen, dass es in dem hier erörterten Zusammenhang – und einen anderen gibt es wegen der mangelnden Formvorschriften im GmbHG grundsätzlich nicht – nicht auf die Befugnisse des Versammlungsleiters ankommt, oder man sieht dies anders, muss dann aber eine entsprechende Befugnis bereits aufgrund der mit der Bestellung stets verbundenen Teil-Übertragung von der Gesellschafterversammlung zustehenden Kompetenzen hinsichtlich des Ablaufs der Gesellschafterversammlung zum selben Ergebnis kommen. 8

cc) Rechtsfolgen mangelnder Beschlussfeststellung. Fehlt es an einer Beschussfeststellung in dem hier erörterten Sinn, kann eine Nichtigkeits- und 9

32 BGH NJW 1980, 1527.
33 *Hoffmann/Köster* GmbHR 2003, 1327 (1328 f.); Baumbach/Hueck/*Zöllner/Noack*, § 47 Anh. Rn. 120, § 48 Rn. 16 ff.

Anfechtungsklage nicht zulässig erhoben werden, weil es an einem zu kassierenden Beschluss fehlt. In Betracht kommt dann lediglich eine – je nach Interesse des klagenden Gesellschafters – positive oder negative Feststellungsklage im Sinne des § 256 ZPO.[34]

10 Bei diesen abstrakten Rechtssätzen handelt es sich allerdings lediglich um Schlussfolgerungen aus dem Nichtvorliegen einer Voraussetzung für die analoge Anwendung der §§ 241 ff. AktG. Hinterfragt man die abstrakten, allseits bekannten Rechtssätze weiter, gelangt man zu dem grundsätzlichen Rechtssatz, dass nicht nur die die Nichtigkeits- und Anfechtungsklage betreffenden Bestimmungen der §§ 245, 246, 247, 248, 249 AktG nicht analoge Anwendung finden, sondern dass mangels vergleichbarer Interessenlage eine analoge Anwendung der §§ 241 ff. AktG in ihrer Gesamtheit nicht in Betracht kommt. Dementsprechend entfällt etwa auch die im Kapitalgesellschaftsrecht übliche Unterscheidung zwischen Nichtigkeits- und Anfechtungsgründen. Denn diese ist in den §§ 241, 243 AktG angelegt. Auch kommen weder Heilung nach § 242 AktG noch Bestätigung gemäß § 244 AktG in Frage. Letztlich muss es in solchen Fällen deshalb auch für die GmbH bei den Grundsätzen des für Personengesellschaften geltenden Beschlussmängelrechts bleiben, so dass zB jede für die Beschlussfassung kausale Rechts- oder Satzungsverletzung zur Unwirksamkeit des betroffenen Beschlusses führt.

11 Dass diese Sichtweise diejenige des BGH ist, ergibt sich aus seiner Rechtsprechung im Zusammenhang mit der Verbindung von Nichtigkeits- und Anfechtungsklage einerseits und positiver Beschlussfeststellungsklage andererseits. Denn hier geht der BGH ohne Rücksicht auf die nach § 245 AktG mangelnde Anfechtungsbefugnis der beklagten Gesellschaft davon aus, dass die durch den Geschäftsführer gesetzlich vertretene GmbH nicht nur Nichtigkeits-, sondern auch Anfechtungsgründe einwenden kann. Er formuliert dementsprechend, die Anfechtungsklage sei begründet, wenn der gefasste Beschluss gesetzes- oder satzungswidrig sei; der an seiner Stelle festzustellende Beschluss müsse seinerseits gesetzes- und satzungskonform sein.[35] Diese Rechtsprechung kann deshalb hier fruchtbar gemacht werden, weil es hinsichtlich des nach dem Begehren des Klägers positiv festzustellenden Beschlusses naturgemäß – festgestellt wurde der erfolgreich angefochtene Beschluss – stets an der hier erörterten Beschlussfeststellung fehlt. Freilich hält auch der BGH die Nichtanwendung der §§ 241 ff. AktG und die Heranziehung der für das Personengesellschaftsrecht maßgebenden Grundsätze nicht ganz konsequent durch. Denn selbst in den Fällen der allgemeinen Feststellungsklage nach § 256 ZPO sowie der mit der Nichtigkeits- und Anfechtungsklage verbundenen positiven Beschlussfeststellungsklage muss der Rechtsstreit nicht unter den Gesellschaftern geführt werden, sondern kann die Klage gegen die Gesellschaft gerichtet werden.[36] Diese vom sonst maßgebenden Personengesellschaftsrecht abweichende Lösung hat den Vorteil einer ebenso einfachen wie konzentrierten Erledigung aller Rechtsstreitigkeiten im Hinblick auf ein streitiges Beschlusser-

34 BGH NJW 1980, 1527 f.; OLG Celle GmbHR 1997, 172 (174).
35 BGH NZG 2011, 902 (903).
36 BGH NZG 2011, 902.

gebnis im selben Prozessverhältnis für sich und kann mit den Besonderheiten der Kapitalgesellschaft gegenüber der Personengesellschaft gerechtfertigt werden. Aus demselben Grund wird man hinsichtlich der subjektiven Reichweite der materiellen Rechtskraft im Zusammenhang mit der hier erörterten allgemeinen Feststellungsklage nach § 256 ZPO sowie mit der (verbundenen) positiven Beschlussfeststellungsklage auch auf den Rechtsgedanken des § 248 Abs. 1 Satz 1 AktG zurückgreifen können.[37]

II. Beschlussmängel und ihre Rechtsfolgen nach den §§ 241 ff. AktG

Den in der Regel (Ausnahme: mangelnde Beschlussfeststellung, s. o.) analog anzuwendenden §§ 241, 243 AktG folgend ist auf der Tatbestandsseite zwischen Nichtigkeits- und Anfechtungsgründen als Beschlussmängeln zu unterscheiden und bei den Rechtsfolgen mit Rücksicht insbesondere auf § 241 Nr. 5, §§ 248, 249 zwischen der bloßen Anfechtbarkeit und der Nichtigkeit mängelbehafteter Gesellschafterbeschlüsse. 12

1. Nichtigkeitsgründe und Nichtigkeit, § 241 AktG

a) **Allgemeines.** Wie bereits ausgeführt enthält das GmbHG selbst keine umfassende Regelung über die Rechtsfolgen von Beschlussmängeln und deren Geltendmachung, sondern lediglich einige Bestimmungen über Beschlussmängel in der Form von Regeln für die Fassung und den Inhalt von Gesellschafterbeschlüssen (§§ 45 ff. GmbHG). Das gilt auch für Beschlussmängel, die ohne Weiteres eine Unwirksamkeit des gefassten Beschlusses zur Folge haben sollen, also für Nichtigkeitsgründe. Nur § 57 j Satz 2 (Verstoß gegen das Proportionalitätsprinzip im Zusammenhang mit einer Kapitalerhöhung)[38] und § 57 n Abs. 2 Satz 4 (Überschreitung der Eintragungsfrist bei der Kapitalerhöhung)[39] GmbHG sehen bestimmte Nichtigkeitsgründe vor.[40] Demgegenüber liegt in § 57 n Abs. 2 Satz 3 GmbHG lediglich eine gesetzlich geregelte, aufschiebende Bedingung für den die Ergebnisverwendung betreffenden Gesellschafterbeschluss.[41] 13

Im Übrigen, dh hinsichtlich der Nichtigkeit von Beschlüssen als Rechtsfolge anderer Mängel, finden nach zutreffender Auffassung § 241 AktG (Katalog der Nichtigkeitsgründe),[42] § 242 AktG (Heilung)[43] sowie schließlich § 249 AktG (Nichtigkeitsklage)[44] analoge Anwendung, soweit nicht besondere Umstände und insbesondere die Besonderheiten der AG im Vergleich zur GmbH anderes gebieten. Der in § 241 AktG geregelte Katalog sieht Nichtigkeitsgründe sowohl formeller als auch materieller Art vor: Nr. 1 betrifft Einberufungsmängel, Nr. 2 gilt Beurkundungsmängeln, Nr. 3 regelt die Folgen der Unvereinbarkeit mit dem Wesen der Gesellschaft sowie mit Vorschriften des Gläubigerschutzes oder des Schutzes sonstiger öffentlicher Interessen, Nr. 4 betrifft Sittenverstöße, Nr. 5 regelt die Folgen der Nichtig- 14

37 BGH NJW 2001, 2176 (2177).
38 Roth/Altmeppen/*Roth*, § 57 j Rn. 4.
39 Baumbach/Hueck/*Servatius*, § 57 n Rn. 9.
40 MüKoGmbHG/*Wertenbruch*, § 47 Anh. Rn. 19 f.
41 Baumbach/Hueck/*Zöllner*, § 57 n Rn. 5 und 8.
42 BGHZ 11, 231 (235); 134, 364 (365 f.).
43 BGHZ 80, 212 (216 f.); 144, 365 (368).
44 BGH NJW 2009, 230 f.

erklärung durch rechtskräftiges Urteil über eine Anfechtungsklage und Nr. 6 gilt der Löschung gemäß § 398 FamFG.

15 Schon den Regeln, deren Verletzung nach § 241 AktG zur Nichtigkeit führt, ist hier teilweise ohne Weiteres zu entnehmen, dass nicht nur die Interessen der einzelnen Gesellschafter und der Gesellschaft geschützt werden sollen, sondern dass hier der Schutz öffentlicher Interessen bezweckt ist. Das gilt zB für die in § 241 Nr. 3 und 4 AktG geregelten Nichtigkeitsgründe. Hinsichtlich dieser Teile des § 241 AktG scheiden Dispositionen der Gesellschafter schon deshalb aus. Aber auch im Übrigen kommen Dispositionen nicht in Frage. Denn zum einen entfaltet die Nichtigkeit von Beschlüssen eine Wirkung für und gegen jedermann,[45] zum anderen besteht ein öffentliches Interesse daran, dass gewisse Beschlüsse nicht etwa auflösend bedingt wirksam, sondern unwirksam sind.[46] Dies ergibt sich wiederum daraus, dass es in § 241 AktG um Verstöße gegen Grundregeln des maßgebenden Gesellschaftsrechts geht, die ihrerseits der Disposition entzogen sind. Ist letzteres der Fall erscheint es aber inkonsequent, hiergegen verstoßenden Gesellschaftsbeschlüssen Rechtswirkungen zuzuerkennen. Genau das mag man für die in § 241 Nr. 1 AktG geregelten Einberufungsmängel bezweifeln und deshalb insofern den zwingenden Charakter des § 241 Nr. 1 AktG verneinen.[47] Jedoch ist im Zusammenhang mit § 241 Nr. 1 AktG zu berücksichtigen, dass ohnehin nur solche Fehler zur Beschlussnichtigkeit führen, die einer Nichtladung und damit einem Ausschluss der betroffenen Gesellschafter von der Mitwirkung gleichkommen.[48] Zwar kann das Mitwirkungsrecht der Gesellschafter durch Gesellschaftsvertrag auf verschiedene Art und Weise beschränkt und geregelt werden. Auch können für die Art und Weise, wie mitwirkungsberechtigten Gesellschaftern die Mitwirkung zB durch Ladung ermöglicht wird, ganz verschiedene Regelungen in der Satzung getroffen werden. Innerhalb der durch das Gesetz und die Satzung gezogenen Grenzen ist die Mitwirkung der Gesellschafter aber von grundlegender Bedeutung und muss den Gesellschaftern die Gelegenheit hierzu zwingend gegeben werden. Indem § 241 Nr. 1 AktG eine Verletzung der gesetzlichen oder vertraglichen Regeln für die Einberufung voraussetzt, knüpft die Vorschrift ausschließlich an den indisponiblen Kern an. Dementsprechend gelten die oben genannten Gründe für die mangelnde Disponibilität der Bestimmung auch hier. Hinzu kommt, dass gerade die in § 241 Nr. 1 AktG geschützten, grundlegenden Mitwirkungsrechte der Gesellschafter durch eine fristgebundene Anfechtungsklage (§ 246 Abs. 1 AktG) selbst dann nur sehr viel schlechter geschützt werden könnten, wenn man gewisse Ausnahmen von dem gesetzlich vorgesehenen Fristbeginn zulässt. Denn jedenfalls müsste der betroffene Gesellschafter die die Ausnahme begründenden Umstände darlegen und beweisen. Auch wären Kausalitätserwägungen anzustellen, und zwar mit Rücksicht nicht nur auf die verhinderte Abstimmung, sondern auch im Hinblick auf Redebeiträge des betroffenen Gesellschafters. Sollen also die

---

45 Baumbach/Hueck/*Zöllner/Noack*, § 47 Anh. Rn. 68, 77.
46 Baumbach/Hueck/*Zöllner/Noack*, § 47 Anh. Rn. 29.
47 Michalski/*Römermann*, § 47 Anh. Rn. 67.
48 BGH NJW-RR 2006, 831 (832).

Rechte der mitwirkungsberechtigten Gesellschafter effektiv geschützt werden, kommt auch hinsichtlich des § 241 Nr. 1 AktG eine Einschränkung oder Disposition nicht in Betracht.[49] Dagegen können Erwägungen zu einer Ausstrahlungswirkung des Verfassungsrechts und hier insbesondere des rechtlichen Gehörs gemäß Art. 103 Abs. 1 GG ebenso wenig überzeugen wie ein Abstellen auf die Interessen von Arbeitnehmern und Geschäftspartnern unabhängig von den Gegenständen der mangelbehafteten Beschlüsse.[50] Zusammengefasst ist § 241 AktG auch in seiner hier interessierenden analogen Anwendung weder disponibel, noch kann die Vorschrift einschränkt werden.[51]

Davon zu unterscheiden ist allerdings die Frage, ob auch für die Erhebung 16
einer Nichtigkeitsklage in der Satzung eine zB § 246 Abs. 1 AktG entsprechende Frist geregelt werden kann. Dagegen bestehen schon deshalb keine Bedenken, weil ein Absehen von der Klage nicht die Wirksamkeit des betreffenden Beschlusses zur Folge hat. Diese kann vielmehr auch weiterhin von jedermann jederzeit und in jedem rechtlichen Zusammenhang geltend gemacht werden.[52]

Dispositionen über den Katalog der Nichtigkeitsgründe analog § 241 AktG 17
sind aber nicht nur in die eine Richtung und im Sinne einer Einschränkung unzulässig, sondern ebenso wenig kommt eine Erweiterung des Kataloges in Betracht, etwa durch entsprechende „Aufwertung" von Anfechtungs- zu Nichtigkeitsgründen.[53] Zwar trifft es durchaus zu, dass bei der AG strukturbedingt ein weitaus größeres Interesse an der vorläufigen Wirksamkeit von Beschlüssen und dem Fortgang der hierauf gestützten Geschäftsführung besteht als üblicherweise bei der GmbH.[54] Auch ist es richtig, dass eine Erweiterung der Nichtigkeitsgründe lediglich zu einer Verschärfung der gesetzlichen Sanktion für den betreffenden Beschlussmangel führte.[55] Indessen entsprechen das gesetzlich vorgesehene abgestufte System von Nichtigkeits- und Anfechtungsgründen sowie die Beschränkung der Nichtigkeit als Rechtsfolge auf die Ausnahmefälle besonders schwerwiegender Verstöße den Interessen aller Beteiligten. Hinzu kommt der bereits angesprochene Gesichtspunkt, dass die Gesellschafter nicht durch Satzung über die von der Beschlusswirksamkeit oder – Nichtigkeit betroffenen Rechte und Interessen Dritter disponieren können sollen. Schließlich besteht ein gewisses öffentliches Interesse an einer möglichst weitgehenden Funktionsfähigkeit auch der GmbH. Funktionsstörungen sollen hier nur eintreten, soweit das – in den Fällen der aufgezählten Nichtigkeitsgründe – unvermeidbar ist oder die betroffenen Gesellschafter ihre verletzten Rechte geltend machen.

---

49 MüKoGmbHG/*Wertenbruch*, § 47 Anh. Rn. 24.

50 So aber MüKoGmbHG/*Wertenbruch*, § 47 Anh. Rn. 24, der von „mittelbarer Drittwirkung" spricht.

51 MüKoGmbHG/Wertenbruch, § 47 Anh. Rn. 23 ff.

52 Baumbach/Hueck/*Zöllner/Noack*, § 47 Anh. Rn. 68.

53 MüKoGmbHG/*Wertenbruch*, § 47 Anh. Rn. 25 f; anders Michalski/*Römermann*, § 47 Anh. Rn. 69.

54 So Baumbach/Hueck/*Zöllner*, GmbHG, § 47 Anh. Rn. 31.

55 So Michalski/*Römermann*, § 47 Anh. Rn. 69.

b) Einzelne Nichtigkeitsgründe

aa) Regelungen im GmbHG

18
- Verstoß gegen das **Proportionalitätsprinzip** im Zusammenhang mit der Zuweisung neuer Geschäftsanteile bei einer Kapitalerhöhung, § 57 j S. 2 GmbHG;
- Überschreitung der **Eintragungsfrist bei Kapitalerhöhung, § 57 n Abs. 2 S. 4 GmbHG.**

19 **bb) § 241 AktG.** Im Übrigen, dh über die vorgenannten Bestimmungen in § 57 j S. 2 und § 57 n Abs. 2 S. 4 GmbHG hinaus, findet der Katalog § 241 AktG entsprechende Anwendung, soweit nicht die Besonderheiten der GmbH im Vergleich zur AG anderes gebieten.[56]

20 Der Katalog von Nichtigkeitsgründen § 241 AktG kann nicht wirksam eingeschränkt werden und ist dementsprechend der Disposition der Gesellschafter entzogen.[57] Denn zum einen gilt die in § 241 AktG geregelte Nichtigkeit von Gesellschafterbeschlüssen nicht nur unter den (disponierenden) Gesellschaftern, sondern sie entfaltet Wirkung für und gegen jedermann.[58] Zum anderen handelt es sich um eine jedenfalls in weiten Teilen nicht nur den privaten Interessen der Gesellschafter und ihrer Gesellschaft, sondern verschiedenen öffentlichen Interessen entsprechenden Regelung. Im öffentlichen Interesse sollen die genannten Beschlüsse auch nicht auflösend bedingt wirksam sein, sondern derart mangelhafte Beschlüsse sollen ohne Rücksicht auf die Interessen der beteiligten Gesellschafter von vornherein nichtig sein und keine Wirkung entfalten können.[59] Auch wenn man hinsichtlich der in § 241 Nr. 1 AktG geregelten Einberufungsmängel auf den ersten Blick Zweifel haben mag, weil zum einen eine ordnungsgemäße Einberufung lediglich dem Schutz der aus der Mitgliedschaft folgenden Mitwirkungsrechte der Gesellschafter dienen kann, gilt hier doch nichts anderes. Denn einerseits ändert die Schutzrichtung des § 241 Nr. 1 AktG nichts an der oben ebenfalls erwähnten absoluten Wirkung der Nichtigkeit als Rechtsfolge. Andererseits können die aus der Mitgliedschaft folgenden Mitwirkungsrechte der Gesellschafter gerade in den Fällen von Eingriffen durch nicht ordnungsgemäße Einberufung durch eine fristgebundene Anfechtungsklage nicht sicher hinreichend effektiv geschützt werden.[60]

21 Indessen sind nicht nur Einschränkungen des in § 241 AktG geregelten Kataloges von Nichtigkeitsgründen unzulässig, sondern ebenso wenig kommt eine Erweiterung des Kataloges in Betracht, etwa durch entsprechende „Aufwertung" von Anfechtungs- zu Nichtigkeitsgründen.[61] Auch wenn nämlich bei der AG strukturbedingt ein weitaus größeres Interesse an der vorläufigen Wirksamkeit von Beschlüssen und dem Fortgang einer auch

---

56 BGHZ 11, 231 (235); 51, 209 (210 f.); 134, 364 (365 f.).
57 MüKoGmbHG/Wertenbruch, § 47 Anh. Rn. 23 ff.
58 Baumbach/Hueck/*Zöllner/Noack*, § 47 Anh. Rn. 68.
59 MüKoGmbHG/Wertenbruch, § 47 Anh. Rn. 24; anders für Einberufungsmängel Michalski/*Römermann*, § 47 Anh. Rn. 67.
60 MüKoGmbHG/Wertenbruch, § 47 Anh. Rn. 24; anders Michalski/*Römermann*, § 47 Anh. Rn. 67.
61 MüKoGmbHG/*Wertenbruch*, § 47 Anh. Rn. 25 f.; anders Michalski/*Römermann*, § 47 Anh. Rn. 69.

hierauf gestützten Geschäftsführung besteht als üblicherweise bei der GmbH,[62] können die Gesellschafter doch sicher nicht durch Satzung über die von der Beschlusswirksamkeit oder -nichtigkeit betroffenen Rechte und Interessen Dritter disponieren und besteht ein gewisses öffentliches Interesse an einer möglichst weitgehenden Funktionsfähigkeit auch der GmbH.[63] Sähe man letzteres anders, stellte das die entsprechende Anwendung der §§ 241 ff. AktG auf die Beschlüsse von GmbH-Gesellschaftern insgesamt in Frage. Umgekehrt folgt daraus, dass man nicht gut einerseits die §§ 241 ff. AktG im Interesse der Funktionsfähigkeit der GmbH analog zur Anwendung bringen, andererseits aber unter Hinweis auf das im Vergleich zur AG geringere Interesse an der Funktionsfähigkeit der Gesellschaft bei der GmbH Erweiterungen des in § 241 AktG geregelten Kataloges zulassen kann.

(1) **Einberufungsmängel, § 241 Nr. 1 AktG.** Einberufungsmängel führen, wenn sie schwerwiegend sind,[64] gewöhnlich zur Nichtigkeit aller betroffenen Beschlüsse entsprechend § 241 Nr. 1 AktG,[65] und zwar ohne Rücksicht auf schon wegen des Teilnahme- und Rederechts oftmals schwierige Kausalitäts- oder Relevanzerwägungen.[66] In Betracht kommen insbesondere 22

- mangelnde **Einberufungsbefugnis,** § 49 Abs. 1, § 50 Abs. 3 S. 1 GmbHG;[67]
- **Formfehler** und Unterschreitung der **Einberufungsfrist,** § 51 Abs. 1 GmbHG, wenn sie einzeln oder in ihrer Gesamtheit der Nichtladung gleichkommen;[68]
- **Nichtladung eines teilnahmeberechtigten Gesellschafters;**[69]
- der Nichtladung gleichkommende **Zugangs- bzw. Adressatenfehler,** wie zB Zugang nicht beim gesetzlichen Vertreter eines geschäftsunfähigen Gesellschafters, sondern beim Gesellschafter selbst[70] oder fehlerhafte Ladung eines Mitberechtigten nur in seiner Eigenschaft als alleiniger Gesellschafter eines anderen Geschäftsanteils (§ 18 Abs. 3 S. 1 GmbHG);[71]

---

62 So Baumbach/Hueck/*Zöllner/Noack*, § 47 Anh. Rn. 31.
63 MüKoGmbHG/*Wertenbruch*, § 47 Anh. Rn. 25; anders Baumbach/Hueck/*Zöllner/Noack*, § 47 Anh. Rn. 31.
64 MüKoGmbHG/*Wertenbruch*, § 47 Anh. Rn. 27; dazu auch Baumbach/Hueck/*Zöllner/Noack*, § 47 Anh. Rn. 45 ff., die allerdings insbesondere hinsichtlich des § 241 Nr. 1 AktG ein flexibleres System befürworten.
65 BGHZ 11, 231 (236); 87, 1 f.
66 BGHZ 11, 231 (236).
67 BGHZ 11, 231 (236): keine Scheinversammlung, nicht Scheinbeschlüsse, sondern Nichtigkeitsgrund; BGHZ 87, 1 f.: Nichtigkeit wegen fehlender Einberufungsbefugnis; NZG 2017, 182 (183, Rn. 13): Nichtigkeit bei Einberufung durch abberufenen, aber noch eingetragenen Geschäftsführer.
68 BGH GmbHR 1989, 120 (122): nicht alle Formfehler, Abgrenzung zu Anfechtungsgründen; BGH NJW-RR 2006, 831 (832): Formfehler und Fristverkürzung (Einberufung per E-Mail am Vorabend).
69 OLG Stuttgart NJW 1973, 2027 (2028): dagegen keine Nichtigkeit, sondern bloß Anfechtbarkeit bei Nichtunterrichtung teilnahmeberechtigter Aufsichtsratsmitglieder.
70 BayObLG DB 1993, 577.
71 BGH NJW 1968, 743 (744).

- der Nichtladung gleichkommende **Inhaltsmängel der Einberufung,** § 51 Abs. 2 und Abs. 4 GmbHG;[72]
- **Zutrittsverweigerung bzw. gleichkommende Maßnahmen;**[73]
- **schriftliches bzw. kombiniertes Verfahren** ohne Einverständnis aller Gesellschafter, § 48 Abs. 2 GmbHG.[74]

23 Einberufungsmängel können allerdings nach § 51 Abs. 3 GmbHG geheilt werden, wenn zum einen sämtliche Gesellschafter an der betreffenden Gesellschafterversammlung teilnehmen und zum anderen jedenfalls konkludent mit der Durchführung der Gesellschafterversammlung als solcher zwecks Beschlussfassung einverstanden sind (**Universalversammlung, Vollversammlung**).[75] Verlangt hingegen ein nicht ordnungsgemäß geladener Gesellschafter die Vertagung, kann eine entsprechende **Heilung** nicht eintreten.[76] Darüber hinaus findet § 242 Abs. 2 S. 4 AktG dahin gehend entsprechende Anwendung, dass die **Genehmigung** eines unter einem Einberufungsmangel leidenden Gesellschafterbeschlusses seitens des nicht ordnungsgemäß geladenen Gesellschafters in der Regel zur Heilung des Mangels führt.[77] Anderes gilt indessen sowohl für die kombinierte Beschlussfassung[78] als auch – mit Rücksicht schon auf den Wortlaut des § 242 Abs. 2 S. 4 AktG – für die Fälle mangelnder Einberufungsbefugnis.

24 (2) **Beurkundungsmängel, § 241 Nr. 2 AktG.** Während § 130 Abs. 1 S. 1 AktG für die AG die Beurkundung aller Hauptversammlungsbeschlüsse vorsieht, enthält das GmbHG lediglich einzelne, besondere Fälle betreffende Formvorschriften. Dementsprechend kommt § 241 Nr. 2 AktG nur in den folgenden Fällen zur Anwendung:

- Beurkundungspflicht für **Satzungsänderungen** und nicht bloß punktuelle Satzungsdurchbrechungen, § 53 Abs. 2 GmbHG;[79]
- **Umwandlungen** (§ 13 Abs. 3 S. 1 UmwG), Verschmelzungsbeschlüsse und Zustimmungen (§§ 50, 51 UmwG), Beschlüsse über Spaltungen und Vollübertragungen sowie Zustimmungen (§ 125 S. 1, §§ 175, 176 UmwG) und Beschlüsse über Formwechsel sowie Zustimmungen (§ 193 Abs. 3 S. 1 UmwG);[80]
- **Unternehmensverträge** nach § 53 Abs. 2 GmbHG nur bei der beherrschten Gesellschaft.[81]

---

72 KG NJW 1965, 2157 (2159): allenfalls anfechtbar, wenn Tageszeit nicht mitgeteilt wird, aber jederzeit in Erfahrung gebracht werden kann, dann allerdings Kausalität zweifelhaft; OLG Düsseldorf NZG 2000, 1180 (1181): Verletzung des § 51 Abs. 4 GmbHG nur Anfechtungsgrund; OLG Hamm GmbHR 1993, 743 (746).
73 OLG Brandenburg GmbHR 1998, 1037 (1038 f.); anders OLG Dresden GmbHR 1997, 946 (949).
74 BGH NZG 2006, 428 (429): in der Satzung nicht vorgesehene kombinierte Beschlussfassung; OLG Jena GmbHR 2006, 985 (986): Verbindung von Benachrichtigung über den Beschlussgegenstand und Einladung zur Stimmabgabe im unzulässigen schriftlichen Verfahren führt nicht zur Nichtigkeit, sondern nur zur Anfechtbarkeit.
75 BGHZ 87, 1 f.
76 BGH NJW 1987, 2580 (2581 f.); OLG München GmbHR 2000, 486 (489).
77 Baumbach/Hueck/*Zöllner/Noack*, § 47 Anh. Rn. 77.
78 BGH NJW 2006, 2044 (2045).
79 BGH NJW 1993, 2246 (2247); OLG Brandenburg NZG 2001, 129 (130).
80 OLG Düsseldorf, Urt. v. 7.2.2007–15 U 130/06,– juris Rn. 25.
81 BGH NJW 1989, 295 (296, 298).

Während demnach eine Verletzung der wenigen gesetzlichen Formvorschriften jedenfalls in der Regel zur Nichtigkeit analog § 241 Nr. 2 AktG führt, gilt für die Verletzung von **Formvorschriften der Satzung** anderes: Die Außerachtlassung einer in der Satzung vorgeschriebenen Formvorschrift hinsichtlich der Beschlussfassung führt allenfalls zur Anfechtbarkeit, und das auch nur dann, wenn es sich nicht um eine reine Ordnungsvorschrift handelt.[82] 25

Zur Nichtigkeit kann allerdings nicht nur eine Außerachtlassung einer Beurkundungspflicht als solche führen, sondern auch eine **fehlerhafte Beurkundung.** Das ist zB dann der Fall, wenn 26

- die nach dem BeurkG erforderliche **Unterschrift des Notars** fehlt;[83]
- **Angaben** über das Abstimmungsergebnis, den Namen des Notars sowie den Tag und den Ort der Beschlussfassung fehlen.[84]

Nicht zur Nichtigkeit führt schließlich ein Verstoß gegen § 48 Abs. 3 GmbHG (Protokollierungspflicht für **Einmann-GmbH**).[85] 27

(3) Unvereinbarkeit mit dem Wesen der GmbH, § 241 Nr. 3 Alt. 1 AktG. In § 241 Nr. 3 Alt. 1 AktG liegt keine spezielle, die Anwendung anderer Bestimmungen des § 241 AktG ausschließende Regelung. Denn die hier vorausgesetzte Unvereinbarkeit mit dem Wesen der GmbH geht gewöhnlich mit einer Verletzung von Bestimmungen einher, die (auch) öffentlichen Interessen dienen.[86] Freilich gilt für das Verhältnis von § 241 Nr. 3 AktG einerseits und § 243 Abs. 1 AktG andererseits insofern anderes, als § 241 Nr. 3 AktG eine eng begrenzte Menge bestimmter Fälle von Satzungs- und Gesetzesverstößen betrifft sowie diesbezüglich eine von § 243 Abs. 1 AktG abweichende Rechtsfolge vorsieht – Nichtigkeit statt bloßer Anfechtbarkeit. Insofern ist § 241 Nr. 3 AktG wie auch die übrigen Regelungen des § 241 AktG gegenüber § 243 Abs. 1 AktG **speziell.**[87] Allerdings ist bei der Auslegung des demnach gedanklich vorrangigen § 241 Nr. 3 AktG das im Gesetz angelegte Regel-Ausnahme-Verhältnis zu beachten. Die in § 241 AktG geregelten Tatbestände und darunter auch § 241 Nr. 3 Alt. 1 AktG dürfen nicht so ausgelegt werden, dass die Ausnahme zur Regel wird.[88] Aus dieser allgemeinen Erwägung folgt, dass nur Verstöße gegen **zwingendes Recht** zur Nichtigkeit führen können und dass nur Abweichungen von **tragenden Strukturprinzipen** als Nichtigkeitsgründe im Sinne des § 241 Nr. 3 Alt. 1 AktG in Betracht kommen.[89] Dementsprechend begründen Verletzungen des aus der Mitgliedschaft folgenden Anhörungsrechts grundsätzlich ebenso wenig die Beschlussnichtigkeit wie Verletzun- 28

82 MüKoGmbHG/*Wertenbruch*, § 47 Anh. Rn. 64; anders allerdings OLG Stuttgart BB 1983, 1050.
83 Michalski/*Römermann*, § 47 Anh. Rn. 114; MüKoGmbHG/*Wertenbruch*, § 47 Anh. Rn. 65.
84 BayObLG NJW 1973, 250; MüKoGmbHG/*Wertenbruch*, § 47 Anh. Rn. 65.
85 Die im Entwurf noch enthaltene Regelung über die Nichtigkeit wurde aufgegeben, BT-Drs. 8/1347, 11 und 8/3908, 75; MüKoGmbHG/*Wertenbruch*, § 47 Anh. Rn. 66.
86 Anders aber MüKoGmbHG/*Wertenbruch*, § 47 Anh. Rn. 67 f.
87 MüKoGmbHG/*Wertenbruch*, § 47 Anh. Rn. 68.
88 Michalski/*Römermann*, § 47 Anh. Rn. 134.
89 BGHZ 132, 84 (93 f.); OLG Karlsruhe NZG 2013, 818 (819)..

gen der gesellschaftsrechtlichen Treuepflicht. Solche Mängel können vielmehr lediglich einer Anfechtung zum Erfolg verhelfen.[90] infrage kommen danach folgende Verstöße:

- Verstöße gegen zwingende Regelungen über die **Kompetenzordnung;**[91]
- Entziehung eines **Kernbestands von Mitgliedschaftsrechten.**[92]

29 **(4) Verletzung von Bestimmungen über den Schutz von Gläubigern, § 241 Nr. 3 Alt. 2 AktG.** Schon dem Gesetzeswortlaut ist zu entnehmen, dass § 241 Nr. 3 AktG weder nur dann eingreift, wenn die verletzte Bestimmung ausschließlich dem Gläubigerschutz zu dienen bestimmt ist, noch bereits dann, wenn bei Gelegenheit auch die Gläubiger geschützt werden. Vielmehr kommt es darauf an, dass die verletzte Bestimmung mindestens auch dem Gläubigerschutz dienen soll und dass dieser Schutzzweck überwiegt.[93] Zur Nichtigkeit führend demnach Verstöße gegen die folgenden Bestimmungen:

- § 253 HGB (Verbot von Überbewertungen);[94]
- § 4 und § 5 a Abs. 1 GmbHG (Rechtsformzusatz);[95]
- § 5 Abs. 1 und § 5 a Abs. 1 GmbHG (Mindestkapital für GmbH und UG);
- § 5 Abs. 2 GmbHG (Stammkapital), nicht aber Übereinstimmungsgebot gemäß § 5 Abs. 3 S. 2 GmbHG;[96]
- § 5 Abs. 4 GmbHG (Sacheinlage);
- § 9 GmbHG (Überbewertung von Sacheinlagen);
- § 9 b GmbHG (Verzicht auf Ersatzansprüche gemäß § 9 a GmbHG);
- § 16 Abs. 2 GmbHG (Haftung des Erwerbers für rückständige Einlagebeträge);
- § 18 Abs. 2 GmbHG (Haftung der Mitberechtigten als Gesamtschuldner);[97]
- § 19 Abs. 2 Nr. 3 GmbHG (Befreiung von der Einlagepflicht);[98]
- § 25 in Verbindung mit §§ 21 ff. GmbHG (zwingende Regelungen über die Kaduzierung);[99]

---

90 BGHZ 132, 84 (93 f.) mit zweifelhafter Terminologie (rechtliches Gehör).

91 LG Stuttgart WM 1992, 58 (61): Übertragung untrennbar mit der Mitgliedschaft verbundener Befugnisse auf die Geschäftsführung bzw. den Vorstand; Michalski/*Römermann*, § 47 Anh. Rn. 131; MüKoGmbHG/*Wertenbruch*, § 47 Anh. Rn. 74; Roth/*Altmeppen*, § 37 Rn. 3 ff. und § 47 Anh. Rn. 14; Baumbach/Hueck/*Zöllner*/*Noack*, § 47 Anh. Rn. 50: Entziehung der gesamten Geschäftsführungsbefugnis und/oder Vertretung der Gesellschaft durch Geschäftsführung, nicht aber bloße Ausübung von übergeordneter Geschäftsführungsbefugnis.

92 Lutter/Hommelhoff/Bayer, § 47 Anh. Rn. 17; MüKoGmbHG/*Wertenbruch*, § 47 Anh. Rn. 74 sowie auch BGH NJW 1954, 1563 f.

93 Roth/*Altmeppen*, § 47 Anh. Rn. 15; Baumbach/Hueck/*Zöllner*/*Noack*, § 47 Anh. Rn. 51.

94 BGH NJW 1983, 42 (44).

95 Michalski/*Römermann*, § 47 Anh. Rn. 139 und Rn. 143; anders Lutter/Hommelhoff/*Bayer*, § 47 Anh. Rn. 19, der das „öffentliche Interesse" für maßgebend hält.

96 Zum Übereinstimmungsgebot: BGH NZG 2015, 429.

97 MüKoGmbHG/*Wertenbruch*, § 47 Anh. Rn. 81.

98 Henssler/Strohn/*Drescher*, Gesellschaftsrecht, § 241 AktG Rn. 33; MüKoGmbHG/*Wertenbruch*, § 47 Anh. Rn. 79.

99 Zum Ganzen Henssler/Strohn/*Drescher*, Gesellschaftsrecht, § 241 AktG Rn. 32 f.

- §§ 30 f. GmbHG (Kapitalerhaltung);[100]
- § 32 GmbHG (gutgläubiger Gewinnbezug);
- § 33 GmbHG (Voraussetzungen des Erwerbs eigener Geschäftsanteile);[101]
- § 34 GmbHG (Einziehung);[102]
- § 55 Abs. 4 in Verbindung mit § 5 Abs. 2 und Abs. 3 GmbHG (Nennbeträge bei der Kapitalerhöhung);
- § 58 GmbHG (Voraussetzungen einer Kapitalherabsetzung).[103]

(5) **Verletzung von Bestimmungen über den Schutz öffentlicher Interessen, § 241 Nr. 3 Alt. 3 AktG.** Auch nach § 241 Nr. 3 Alt. 3 AktG sind Gesellschafterbeschlüsse nicht nur dann nichtig, wenn sie gegen Bestimmungen verstoßen, die ausschließlich dem **öffentlichen Interesse** dienen sollen, sondern ebenso dann, wenn die verletzten Normen zwar nicht ausschließlich, aber doch **überwiegend** dem öffentlichen Interesse dienen sollen. Das folgt hier wie bei § 241 Nr. 3 Alt. 2 AktG schon aus dem Gesetzeswortlaut.[104] Die Erwägungen des historischen Gesetzgebers[105] stehen dem jedenfalls dann nicht entgegen, wenn das öffentliche Interesse nicht allzu großzügig verstanden wird. Allerdings reicht ein Verstoß gegen eine überwiegend dem Schutz öffentlicher Interessen dienende Norm nicht aus, weil das angesichts der erheblichen Reichweite der öffentlichen Interessen eine Umkehrung des im Gesetz angelegten Regel-Ausnahme-Verhältnisses zwischen § 241 AktG einerseits und § 243 Abs. 1 AktG anderseits zur Folge hätte. Deshalb greift § 241 Nr. 3 Alt. 3 AktG nur ein und führt ein Verstoß gegen eine jedenfalls überwiegend öffentlichen Interessen dienende Bestimmung nur dann zur Nichtigkeit des betroffenen Gesellschafterbeschlusses, wenn außerdem dem geschützten öffentlichen Interesse nicht schon durch eine Anfechtbarkeit, sondern **nur durch eine Nichtigkeit hinreichend Rechnung getragen** werden kann.[106] Zur Nichtigkeit können danach Verstöße 30

- gegen Bestimmungen des **StGB**;[107]
- gegen Vorschriften des **Nebenstrafrechts**, wie zB die §§ 82 ff. GmbHG;[108]
- gegen Bestimmungen des **Ordnungswidrigkeitenrechts**;[109]
- gegen **Mitbestimmungsgesetze**;[110]

100 Allerdings kommt es für Verstöße gegen das Gebot der Kapitalerhaltung auf den vorgesehenen Zeitpunkt der Auszahlung an, vgl. BFH, BStBl. 2003, II, 779(781); GmbHR 2002, 337; BFH GmbHR 2007, 1058; MüKoGmbHG/*Wertenbruch*, § 47 Anh. Rn. 81.

101 RGZ 142, 286; BGHZ 15, 391; MüKoGmbHG/*Wertenbruch*, § 47 Anh. Rn. 79.

102 Vgl. RGZ 142, 286; BGH NJW 2000, 2819; NZG 2012, 259 (Nichtigkeit, wenn von vornherein feststeht, dass Abfindung nicht aus freiem vermögen gezahlt werden kann); BGH NZG 2018, 1069 (1070, Rn. 15): bilanzielle Betrachtung.

103 Zum Ganzen Henssler/Strohn/*Drescher*, Gesellschaftsrecht, § 241 AktG Rn. 32 f.; Michalski/Römermann, § 47 Anh. Rn. 138 ff.

104 Michalski/*Römermann*, § 47 Anh. Rn. 137; MüKoGmbHG/*Wertenbruch*, § 47 Anh. Rn. 82.

105 Dazu Reichsanzeiger 1937, Nr. 28, 2. Beilage S. 1.

106 Michalski/*Römermann*, § 47 Anh. Rn. 141.

107 Lutter/Hommelhoff/*Bayer*, § 47 Anh. Rn. 19.

108 Lutter/Hommelhoff/*Bayer*, § 47 Anh. Rn. 19.

109 Michalski/*Römermann*, § 47 Anh. Rn. 142.

110 BGH NJW 1982, 1525.

- wegen des besonderen Interesses an der Entrichtung öffentlicher Abgaben auch gegen Vorschriften des **Steuerrechts** und des **Sozialabgabenrechts**;[111]
- gegen Bestimmungen des besonderen **Verwaltungsrechts**;[112]
- gegen den die persönlichen Voraussetzungen eines Geschäftsführers betreffenden **§ 6 Abs. 2 GmbHG**;[113]
- gegen nationale (§ 1 GWB) oder unionsrechtliche (Art. 101 AEUV) **Kartellverbote**, wenn nicht Ausnahmen nach §§ 2 ff. GWB oder Art. 101 Abs. 3 AEUV eingreifen[114]

führen.

31 (6) **Sittenwidrige Beschlüsse, § 241 Nr. 4 AktG.** Auch wenn es zutreffen mag, dass ein Gesellschafterbeschluss in der Regel nur dann sittenwidrig ist, wenn sein Inhalt gegen § 138 Abs. 1 BGB verstößt, und dass für die Sittenwidrigkeit weder ein bestimmtes Verfahren noch bestimmte Motive der beteiligten Gesellschafter genügen,[115] erschöpft sich die Bedeutung des § 241 Nr. 4 AktG doch hierin nicht. Denn der BGH hat zwar die die Rechtsprechung des RG, nach der eine inhaltliche Sittenwidrigkeit im Sinne des § 241 Nr. 4 AktG nur dann vorlag, wenn der Beschlussinhalt selbst gegen die guten Sitten verstieß,[116] während unsittliche Motive und sittenwidrige Beschlussverfahren allenfalls zur Anfechtbarkeit führen sollten,[117] im Grundsatz fortgeschrieben.[118] Jedoch sind weder das Reichsgericht noch der Bundesgerichtshof dabei stehen geblieben. Nach der höchstrichterlichen Rechtsprechung liegt eine inhaltliche Sittenwidrigkeit vielmehr nicht nur dann vor, wenn der Beschlussinhalt bei isolierter Betrachtung seines Wortlauts gegen die guten Sitten verstößt,[119] sondern auch dann, wenn der Beschluss seinem inneren Gehalt nach der sittenwidrigen Schädigung nicht zur Anfechtung befugter Dritter dient. Diese Dritten können auf andere Art und Weise nicht hinreichend geschützt werden.[120] Das ist etwa dann der Fall, wenn sich der Mehrheitsgesellschafter nach aufschiebend bedingter Übertragung seines Geschäftsanteils auf den Käufer vor Eintritt der Bedingung noch zum Geschäftsführer bestellen und die Satzung im Sinne umfangreicher Minderheitsrechte ändern lässt.[121] Auch im Zusammenhang mit einer Einziehung nach Pfändung kann eine Sittenwidrigkeit vorliegen, wenn nämlich etwa die Vollstreckung auf einem nur zum

111 Rowedder/Schmidt-Leithoff/*Ganzer*, § 47 Rn. 10; MüKoGmbHG/*Wertenbruch*, § 47 Anh. Rn. 85.
112 MüKoGmbHG/*Wertenbruch*, § 47 Anh. Rn. 85 (zB Beschlüsse über die Errichtung baurechtswidriger Gebäude oder über die rechtswidrige Erzeugung von Lebens- und Futtermitteln).
113 Michalski/*Römermann*, § 47 Anh. Rn. 143.
114 Rowedder/Schmidt-Leithoff/*Ganzer*, § 47 Rn. 10.
115 Zu dieser strikten Rechtsauffassung OLG Hamm, Urt. v. 17.10.2007 – 8 U 28/07, – juris Rn. 25.
116 RGZ 131, 141 (145).
117 RGZ 166, 129 (132).
118 BGH NJW 1955, 221 (222).
119 BGH NJW 1955, 221 (222); OLG Dresden NZG 1999, 1109.
120 RGZ 166, 129 (132); BGH NJW 1955, 221 f.
121 OLG Dresden NZG 1999, 1109; MüKoGmbHG/*Wertenbruch*, § 47 Anh. Rn. 58.

Schein abgegebenen Schuldanerkenntnis beruht und auf diesem Wege versucht wird, den anderen Gesellschafter aus der Gesellschaft zu drängen.[122] Geht es hier um eine zweigliedrige GmbH und sind keine Interessen anderer Gläubiger betroffen, greift § 241 Nr. 3 AktG demgegenüber nicht ein. Unter dem Gesichtspunkt der Schädigung Dritter ist auch ein Gesellschafterbeschluss sittenwidrig, der satzungsgemäß eine entschädigungslose Einziehung oder eine sachlich anders nicht zu rechtfertigende Beschränkung der Abfindung für den Fall einer drohenden Pfändung vorsieht.[123] Allerdings bewegen sich die Fälle der Sittenwidrigkeit gemäß § 241 Nr. 4 AktG unter Einschluss der Motivlage in den anerkannten Fallgruppen des § 138 Abs. 1 BGB. Dementsprechend muss ein Beschluss, der dazu dient, einen Gesellschafter-Geschäftsführer als Geschäftsführer abzuberufen, um danach der Gesellschaft ungehindert Wettbewerb machen zu können, nicht nichtig sein.[124] Mag auch der beabsichtigte Wettbewerb hier sehr wohl rechtswidrig sein, bedarf es doch nicht der Nichtigkeitsfolge, sondern die anderen Möglichkeiten der Gesellschafter, sich gegen ein gesellschaftsschädigendes Verhalten ihrer Mitgesellschafter zur Wehr zu setzen, reichen aus.

(7) **Rechtskräftige Nichtigerklärung, § 241 Nr. 5 AktG.** Analog § 241 32
Nr. 5 AktG sind solche Gesellschafterbeschlüsse nichtig, die ein Gericht auf eine entsprechende Anfechtungsklage hin rechtskräftig für nichtig erklärt hat.[125] Aus § 241 Nr. 5 AktG ergibt sich ferner zum einen die rechtsgestaltende Wirkung des stattgebenden Anfechtungsurteils,[126] zum anderen die Rückwirkung des rechtsgestaltenden Urteils, und zwar auf den Zeitpunkt der Beschlussfassung (Wirkung ex tunc).[127] Interessant ist hierbei vor allem die Frage der Rückwirkung. Denn einerseits wirken zwar alle Tatbestände des § 241 Nr. 1 bis 4 AktG zurück, andererseits unterscheidet sich § 241 Nr. 5 AktG aber von den vorangestellten Nichtigkeitsgründen dadurch, dass der Tatbestand des geregelten Nichtigkeitsgrundes nicht bereits bei der Beschlussfassung erfüllt gewesen ist, sondern auch die rechtskräftige Nichtigerklärung zum Tatbestand gehört und diese Voraussetzung erst mit Eintritt der Rechtskraft erfüllt ist. Stellte man aber auf den Eintritt der Rechtskraft ab, käme bei § 241 Nr. 5 AktG anders als bei § 241 Nr. 1 bis 4 AktG eine Rückwirkung nicht in Betracht. Will man also § 241 N. 5 AktG ebenso auffassen wie § 241 Nr. 1 bis 4 AktG, kommt nur eine Rückwirkung auch dieses Nichtigkeitsgrundes auf den Zeitpunkt der Beschlussfassung in Frage.

(8) **Löschung im Handelsregister, § 241 Nr. 6 AktG.** Analog § 241 Nr. 6 33
AktG ist ein Gesellschafterbeschluss in der GmbH dann nichtig, wenn er aufgrund einer rechtskräftigen Entscheidung im Handelsregister als nichtig gelöscht wird.[128] Dabei regelt § 398 FamFG die Löschung von Amts wegen. Diese setzt zum einen voraus, dass der betreffende Beschluss gegen zwingende gesetzliche Vorschriften verstößt. Zum anderen geschieht die

122 BGH NJW 1987, 2514.
123 Michalski/*Römermann*, § 47 Anh. Rn. 152.
124 OLG München, Urt. v. 8.6.1994–7 U 4606/93, juris Rn. 2.
125 Michalski/*Römermann*, § 47 Anh. Rn. 155 f.
126 Henssler/Strohn/*Drescher*, Gesellschaftsrecht, § 241 AktG Rn. 40.
127 Spindler/Stilz/*Drescher*, Aktiengesetz, § 241 Rn. 215 aE.
128 MüKoGmbHG/Wertenbruch, § 47 Anh. Rn. 100.

Löschung nur dann, wenn sie im öffentlichen Interesse erforderlich ist. Der Wortlaut des § 398 FamFG – „kann" – ist dabei nicht im Sinne eines gerichtlichen Ermessens zu verstehen, sondern besagt nur, dass das Registergericht zur Löschung unter den in der Norm genannten Voraussetzungen ermächtigt ist; über die korrespondierende Pflicht besagt die Norm nichts. Ein Ermessen besteht in diesem Zusammenhang nicht,[129] so dass es richtig und vollständig „kann und muss" hätte heißen müssen. Auch besteht hinsichtlich der Frage der Erforderlichkeit der Löschung im öffentlichen Interesse kein Beurteilungsspielraum.[130] Die Auslegung des unbestimmten Rechtsbegriffs ist durch das Rechtsmittelgericht vollumfänglich zu überprüfen.[131] Auch wenn der für die Amtslöschung maßgebende § 398 FamFG einerseits bloß anfechtbare Beschlüsse ebenso wenig wie schwebend (un-)wirksame Beschlüsse erfasst,[132] ergibt sich daraus im Umkehrschluss keineswegs, dass andererseits für die Amtslöschung die Voraussetzungen von § 241 Nr. 3 oder/und Nr. 4 AktG analog vorliegen müssen, obgleich ein nach § 398 FamFG zu prüfender Verstoß gegen zwingende Bestimmungen in der Regel auch den Tatbestand von § 241 Nr. 3 und/oder Nr. 4 AktG erfüllen wird.[133] Der Amtslöschung kommt nach § 241 Nr. 6 AktG konstitutive, rechtsgestaltende Wirkung jedenfalls dann zu, wenn der gelöschte Beschuss nicht schon nach § 241 Nr. 3 und/oder Nr. 4 AktG nichtig ist.[134] Greift § 241 Nr. 3 und Nr. 4 AktG hingegen ein, kommt der Amtslöschung nur deklaratorische Wirkung zu. Diese ist deshalb von erheblicher Bedeutung, weil sie Rechtssicherheit schaffen kann, wenn die Voraussetzungen des § 241 Nr. 3 und Nr. 4 AktG umstritten sind.[135] Da das Registerverfahren keine materielle Rechtskraft kennt,[136] ist „rechtskräftig" gemäß § 241 Nr. 6 AktG nicht im Sinne materieller Rechtskraft zu verstehen. Erforderlich ist vielmehr formelle Rechts- bzw. Bestandskraft des die Amtslöschung betreffenden Beschlusses gemäß § 398 FamFG.[137] Diese tritt ein, wenn die Entscheidung mit Rechtsmitteln nicht mehr angefochten werden kann, § 45 S. 1 FamFG.[138] Das öffentliche Interesse kann nicht ausschließlich mit Interessen der Gesellschafter begründet werden.[139] Wenn die Amtslöschung nach § 398 FamFG auch mit Rücksicht auf § 242 Abs. 2 S. 3 AktG nicht der Frist analog § 242 Abs. 2 S. 1 AktG unterliegt

---

129 Henssler/Strohn/*Drescher*, Gesellschaftsrecht, § 241 AktG Rn. 43; anders Keidel/*Heinemann*, FamFG, § 398 Rn. 20.

130 Henssler/Strohn/*Drescher*, Gesellschaftsrecht, § 241 AktG Rn. 43; anders Scholz/*K. Schmidt*, § 45 Rn. 83 (Einschätzungsspielraum).

131 Henssler/Strohn/*Drescher*, Gesellschaftsrecht, § 241 AktG Rn. 43; MüKoGmbHG/*Wertenbruch*, § 47 Anh. Rn. 105; anders Keidel/*Heinemann*, FamFG, § 398 Rn. 20.

132 Michalski/*Römermann*, § 47 Anh. Rn. 164.

133 MüKoGmbHG/*Wertenbruch*, § 47 Anh. Rn. 101.

134 Scholz/*K. Schmidt*, § 45 Rn. 92; MüKoGmbHG/*Wertenbruch*, § 47 Anh. Rn. 102.

135 MüKoGmbHG/*Wertenbruch*, § 47 Anh. Rn. 103.

136 Michalski/*Römermann*, § 47 Anh. Rn. 171.

137 Michalski/Römermann, § 47 Anh. Rn. 171 (ungenauer Gesetzeswortlaut); MüKoGmbHG/*Wertenbruch*, § 47 Anh. Rn. 104 (zutreffend auf Zusammenhang mit §§ 45, 398 FamFG abstellend).

138 Keidel/*Engelhardt*, FamFG, § 45 Rn. 3.

139 OLG Karlsruhe ZIP 1986, 711; Scholz/*K. Schmidt*, § 45 Rn. 83.

und grundsätzlich ohne zeitliche Beschränkung zulässig sein mag,[140] so sind das in § 242 AktG zum Ausdruck kommende Bestandsschutzinteresse und der Gesichtspunkt des Vertrauensschutzes doch bei der Prüfung des öffentlichen Interesses mit der Folge zu berücksichtigen, dass auch eine Amtslöschung nach Ablauf der Dreijahresfrist unzulässig werden kann.[141] Die konkurrierende Bestimmung des § 395 FamFG wird als lex generali von § 398 FamFG als lex specialis für Gesellschafterbeschlüsse verdrängt.[142]

cc) Nichtigkeit von Aufsichtsratswahlen, § 250 AktG. Zwar besteht Einigkeit über die analoge Anwendung auch des § 250 AktG auf die GmbH analoge Anwendung. Jedoch ist streitig, ob das nur für die Wahl der Mitglieder eines obligatorischen Aufsichtsrats[143] oder auch für die Wahl der Mitglieder eines nur fakultativen Aufsichtsrats gilt. Teilweise wird vertreten, dass hier lediglich die § 250 Abs. 1 Nr. 4, § 100 Abs. 1 AktG entsprechend anzuwenden seien.[144] Andere bezweifeln dies und befürworten eine am Einzelfall orientierte analoge Anwendung auch der übrigen Nichtigkeitsgründe des § 250 AktG.[145] Nach dem Gesetzeswortlaut ist § 250 Abs. 1 AktG nur dann maßgebend, wenn nicht die Nichtigkeitsgründe des § 241 Nr. 1, 2 und 5 AktG eingreifen. Allerdings ist dies hinsichtlich der GmbH und die analoge Anwendung des § 250 AktG betreffend insofern einzuschränken, als § 241 Nr. 2 AktG hier schon deshalb nicht vorrangig sein kann, weil die Beschlüsse über die Aufsichtsratswahlen in der GmbH nicht beurkundet werden müssen.[146] Wie bei der AG werden die gewählten Mitglieder des Aufsichtsrats bei der GmbH nicht in das Handelsregister eingetragen. Dementsprechend findet § 241 Nr. 6 AktG hinsichtlich der Aufsichtsratswahlen keine Anwendung und bedarf in § 250 AktG nicht der Erwähnung.[147] Schließlich sind die in § 250 Abs. 1 Nr. 1 bis 4 AktG geregelten Nichtigkeitsgründe gegenüber den in § 241 Nr. 3 und 4 AktG vorgesehenen Gründen speziell und verdrängen diese auch im Rahmen des analogen Anwendungsbereichs bei der GmbH.[148] 34

Zur Nichtigkeit führen Verstöße gegen 35

- das **Status-quo- bzw. das Kontinuitäts-Prinzip**, § 250 Abs. 1 Nr. 1 AktG iVm § 96 Abs. 4, § 97 Abs. 2 S. 1, § 98 Abs. 4 AktG;

---

140 Henssler/Strohn/*Drescher*, Gesellschaftsrecht, § 241 AktG Rn. 41; Michalski/*Römermann*, § 47 Anh. Rn. 168.
141 MüKoGmbHG/*Wertenbruch*, § 47 Anh. Rn. 106.
142 Zu § 142 Abs. 2 FGG: OLG Hamm BB 1981, 259 (261); OLG Karlsruhe ZIP 1986, 711 (713) sowie MüKoGmbHG/*Wertenbruch*, § 47 Anh. Rn. 107.
143 Das wird allgemein bejaht, Lutter/Hommelhoff/*Bayer*, § 47 Anh. Rn. 22 f.; Michalski/*Römermann*, § 47 Anh. Rn. 180 ff.; Roth/*Altmeppen*, § 47 Anh. Rn. 24; Scholz/*K. Schmidt*, § 45 Rn. 78; Baumbach/Hueck/*Zöllner/Noack*, § 47 Anh. Rn. 61.
144 Lutter/Hommelhoff/Bayer, § 47 Anh. Rn. 22; Baumbach/Hueck/*Zöllner/Noack*, § 47 Anh. Rn. 61.
145 MüKoGmbHG/*Wertenbruch*, § 47 Anh. Rn. 108 f.
146 MüKoGmbHG/*Wertenbruch*, § 47 Anh. Rn. 109; Baumbach/Hueck/*Zöllner/Noack*, § 47 Anh. Rn. 61.
147 Baumbach/Hueck/*Zöllner/Noack*, § 47 Anh. Rn. 61.
148 Michalski/Römermann, § 47 Anh. Rn. 178; Baumbach/Hueck/*Zöllner/Noack*, § 47 Anh. Rn. 61.

- das Verbot der **Abweichung von bestimmten verbindlichen Vorschlägen,** § 250 Abs. 1 N. 2 AktG iVm §§ 6, 8 MontanMitbestG;
- das Verbot der **Überschreitung der Höchstzahl** von Aufsichtsratsmitgliedern, § 250 Abs. 1 Nr. 3 iVm § 95 AktG;
- die Bestimmungen über **Hindernisse in der Person des Gewählten,** § 250 Abs. 1 Nr. 4 iVm § 100 Abs. 1 und Abs. 2, § 105 AktG.

36 **Rechtsfolge einer nichtigen Wahl** bzw. Bestellung zum Mitglied des Aufsichtsrates ist keineswegs die Nichtigkeit auch sämtlicher Aufsichtsratsbeschlüsse, die unter Mitwirkung des nicht wirksam gewählten bzw. bestellten Aufsichtsratsmitgliedes gefasst worden sind und ebenso wenig findet hier die Lehre vom faktischen Organ(-mitglied) Anwendung, sondern die Stimmen der unwirksam bestellten Mitglieder sind jeweils als nicht wirksam abgegeben zu würdigen und das Ergebnis der Beschlussfassung richtet sich dann nach den Mehrheitsverhältnissen ohne die unwirksame Stimme. Der gebotene Vertrauensschutz kann so bewirkt werden, dass die Handlungsbefugnis eines den Aufsichtsratsbeschluss vollziehenden Organs und dementsprechend eine wirksame Vollzugsmaßnahme fingiert werden. Das genügt und dehnt den gebotenen Vertrauensschutz nicht über seinen Zweck hinaus aus.[149]

37 Ein Rücktritt des eventuell nicht wirksam gewählten bzw. bestellten Aufsichtsratsmitgliedes kann zwar das Rechtsschutzbedürfnis für eine gegen den Beschluss gerichtete Klage entfallen lassen. Das ist aber zB dann nicht der Fall, wenn weitere, streitige Rechtsverhältnisse von der Klärung der wirksamen Wahl bzw. Bestellung abhängen, so etwa die Wirksamkeit vor dem Rücktritt gefasster Aufsichtsratsbeschlüsse. Die Darlegungs- und Beweislast in diesem Zusammenhang trifft zwar nach allgemeinen Grundsätzen den klagenden Gesellschafter. Jedoch sind auch die Grundsätze der sekundären Darlegungslast zu beachten. Denn der klagende Gesellschafter war idR an den betreffenden Beschlüssen nicht beteiligt und kann deren Hintergründe nicht dartun.[150]

38 **dd) Nichtigkeit der Feststellung des Jahresabschlusses, § 256 AktG.** Als spezielle Vorschrift für diejenigen Gründe, die zur Nichtigkeit eines Beschlusses über die Feststellung des Jahresabschlusses führen, verdrängt § 256 AktG die übrigen Bestimmungen des Aktienrechts über Nichtigkeitsgründe in seinem Anwendungsbereich. Das gilt insbesondere für § 241 AktG.[151] Das gilt auch für die GmbH.[152] Allerdings enthält § 256 AktG selbst keine vollständige Regelung. So verweist § 256 Abs. 7 S. 1 AktG für die Nichtigkeitsklage auf die allgemeine Bestimmung des § 249 AktG. Auch dies gilt für die GmbH entsprechend.[153] § 257 Abs. 1 S. 2 AktG findet demgegenüber bei der GmbH mit Rücksicht auf das hier nicht bestehende Sonderprüfungsrecht keine analoge Anwendung.[154]

149 BGH NJW 2013, 1535 (1537); Vetter ZIP 2012, 701 (710).
150 Zum Ganzen BGH NJW 2013, 1535 (1536 f.).
151 BGH NJW 1994, 520 (521 f.).
152 BGH NZG 2008, 783 (784).
153 MüKoGmbHG/*Wertenbruch*, § 47 Anh. Rn. 123 f.
154 BGH NZG 2008, 783 (784).

Auch wenn sich Fehler eines Jahresabschlusses gewöhnlich auf die **nachfolgenden Jahresabschlüsse** auswirken, hat die Nichtigkeit eines Jahresabschlusses nicht ipso iure die des nachfolgenden Jahresabschlusses zur Folge, sondern der folgende Jahresabschluss ist nur dann ebenfalls nichtig, wenn auch ihm Nichtigkeitsgründe iSd § 256 AktG anhaften.[155] 39

(1) **Bestimmungen des Gläubigerschutzes, § 256 Abs. 1 Nr. 1 AktG.** Wie bei § 241 Nr. 3 AktG kommt es im Rahmen des § 256 Abs. 1 Nr. 1 AktG darauf an, ob Vorschriften verletzt werden, die mindestens überwiegend dem Schutz der Gesellschaftsgläubiger dienen sollen. Allerdings setzt die analoge Anwendung des § 256 Abs. 1 Nr. 1 AktG auf die GmbH einen Verstoß nicht nur gegen eine Bestimmung der Satzung, sondern einen Verstoß jedenfalls auch gegen eine gesetzliche Vorschrift voraus. Denn die weitergehende Auslegung des § 256 Abs. 1 Nr. 1 AktG bei der AG beruht auf dem mit § 257 Abs. 1 S. 2 AktG verbundenen Ausschluss der Anfechtung. Da GmbH-Gesellschafter aber kein Sonderprüfungsrecht haben und weil die Anfechtungsklage bei der GmbH nicht ausgeschlossen ist, bedarf es bei der GmbH und bei der analogen Anwendung des § 256 Abs. 1 Nr. 1 AktG auf dieselbe der im Aktienrecht erforderlichen Ausdehnung auf Satzungsverstöße nicht. Insofern fehlt es sowohl an einer zu schließenden Rechtsschutzlücke als auch an einer vergleichbaren Interessenlage. Die hier erörterte analoge Anwendung des § 256 Abs. 1 Nr. 1 AktG setzt daher einen Verstoß nicht nur gegen eine Satzungsbestimmung, sondern jedenfalls auch gegen das **Gesetz** voraus, die wenigstens überwiegend dem Schutz der Gesellschaftsgläubiger dient.[156] 40

Allerdings reicht nicht jeder Verstoß gegen das Gesetz, sondern es bedarf einer Verletzung von einigem Gewicht. Eine **gewichtige Verletzung** einer dem Gläubigerschutz dienenden gesetzlichen Bestimmung liegt wiederum immer dann vor, wenn ohne die Nichtigkeitsfolge der Normzweck des Gläubigerschutzes erheblich beeinträchtigt oder gar vereitelt würde. Andere Verstöße sind unwesentlich und haben allenfalls die Anfechtbarkeit des betreffenden Beschlusses zur Folge.[157] 41

Dem Gläubigerschutz dienen vor allem die zwingenden Vorschriften der **§§ 242 ff. HGB** über die Aufstellung von Abschlüssen, die Ansätze und die Bewertung sowie die Vorschriften über die Grundsätze ordnungsgemäßer Bilanzierung. Verletzungen dieser zwingenden Bestimmungen führen grundsätzlich zur Nichtigkeit des Beschlusses.[158] Ausnahmsweise kann anderes gelten, wenn zB mit dem konkreten Rechtsverstoß keine wesentliche Beeinträchtigung des jeweils vom Gesetzgeber bezweckten Gläubigerschutzes einhergeht.[159] 42

155 BGH NJW 1997, 196 f.; MüKoGmbHG/*Wertenbruch*, § 47 Anh. Rn. 124.

156 *Brete/Thomsen* GmbHR 2008, 176 (177); Michalski/*Römermann*, § 47 Anh. Rn. 189 f.

157 Hüffer/*Koch*, AktG, § 256 Rn. 7; MüKoGmbHG/*Wertenbruch*, § 47 Anh. Rn. 126.

158 BGH NJW 1983, 42 (44); zu einem Verstoß gegen die Grundsätze ordnungsgemäßer Bilanzierung; BGH NJW 1994, 520 zum Fehlen eines notwendigen Bestandteils; OLG Stuttgart NZG 2004, 675 f.; *Brete/Thomsen* GmbHR 2008, 176 (177).

159 BGH NJW 1994, 520 (522) zu unwesentlichen Aufbau- und Gliederungsfehlern.

43 (2) **Prüfungspflichten, § 256 Abs. 1 Nr. 2 und Nr. 3 AktG.** Ist ein Jahresabschluss unter Verletzung einer gesetzlichen Prüfungspflicht entweder überhaupt nicht oder nicht ordnungsgemäß oder nicht von einer nicht dazu berechtigten Person geprüft worden, führt dies zur Nichtigkeit.[160] Nichts anderes kann nach dem Sinn und Zweck der die Prüfungspflicht betreffenden Vorschriften gelten, wenn ein Abschluss zwar zunächst ordnungsgemäß geprüft worden ist, die Gesellschafter aber einen danach **geänderten Abschluss** beschlossen haben, der nicht seinerseits binnen zwei Wochen geprüft worden ist.[161]

44 (3) **Bestimmungen über Kapital- und Gewinnrücklagen, § 256 Abs. 1 Nr. 4 AktG.** Aus den schon für die analoge Anwendung des § 256 Abs. 1 Nr. 1 AktG erläuterten Gründen kommt auch im Rahmen der analogen Anwendung des § 256 Abs. 1 Nr. 4 AktG nur eine Verletzung des **Gesetzes** als Nichtigkeitsgrund in Frage, also etwa Verstöße gegen § 272 Abs. 2 bis 4 HGB, § 5 a Abs. 3, § 42 Abs. 2 S. 3, § 58 b Abs. 2 und Abs. 3, § 58 c GmbHG. Ein Verstoß nur gegen eine diesbezügliche Satzungsbestimmung hat dagegen allenfalls die Anfechtbarkeit des betreffenden Gesellschafterbeschlusses zur Folge.[162]

45 (4) **Mangelnde Mitwirkung der Geschäftsführung bzw. des Aufsichtsrats, § 256 Abs. 2 AktG.** Nach zutreffender Auffassung ist § 256 Abs. 2 AktG wegen seines Hintergrundes in den Besonderheiten der AG auf die GmbH **nicht analog anzuwenden.**[163] Soweit im Gesellschaftsvertrag auch für die GmbH eine Feststellung des Jahresabschlusses durch Geschäftsführung und Aufsichtsrat vorgesehen werden kann, gibt es hier gleichwohl keinen Grund, anstelle der bei Satzungsverstößen in Betracht kommenden Anfechtung eine Beschlussnichtigkeit anzunehmen.

46 (5) **Nichtigkeit wegen mangelhafter Einberufung, Beurkundung oder Nichtigerklärung auf Anfechtungsklage, § 256 Abs. 3 AktG.** § 256 Abs. 3 AktG entspricht § 241 Nr. 1, 2 und 5 AktG. Deshalb gelten die Ausführungen dazu hier sinngemäß.[164] Da § 130 AktG für die GmbH nicht analog anzuwenden ist, sondern eine Beurkundungspflicht nur ausnahmsweise kraft gesetzlicher oder statutarischer Anordnung besteht[165] und ein Verstoß gegen eine Beurkundungspflicht aus der Satzung nicht zur Nichtigkeit führt,[166] ist § 256 Abs. 3 Nr. 2 AktG für die GmbH idR nicht relevant.[167] Allerdings besteht eine gesetzliche Beurkundungspflicht nach § 53 Abs. 2 GmbHG immer dann, wenn der Beschluss über den Jahresabschluss mit einer über den Einzelfall hinausreichenden Satzungsdurchbrechung verbunden ist. Ein entsprechender Mangel führte zur Nichtigkeit auch eines Beschlusses über den Jahresabschluss.[168]

---

160 MüKoGmbHG/Wertenbruch, § 47 Anh. Rn. 128.
161 BFH DStR 2007, 193 (194); *Brete/Thomsen* GmbHR 2008, 176 (177).
162 *Brete/Thomsen* GmbHR 2008, 176 (178).
163 Baumbach/Hueck/*Haas/Kersting*, § 42 a Rn. 24; anders MüKoGmbHG/*Wertenbruch*, § 47 Anh. Rn. 130 f.
164 IdS auch MüKoGmbHG/*Wertenbruch*, § 47 Anh. Rn. 132.
165 OLG Düsseldorf, Urt. v. 7.2.2007–15 U 130/06, juris Rn. 25.
166 Michalski/*Römermann*, § 47 Anh. Rn. 111.
167 Gegen jede Bedeutung Baumbach/Hueck/*Zöllner/Noack*, § 47 Anh. Rn. 63 a.
168 BGH NJW 1993, 2246 (2247).

(6) **Mangelhafte Gliederung und Nichtgebrauch von Formblättern, § 256 Abs. 4 AktG.** Zur Nichtigkeit führende Gliederungs- oder Formfehler iSd § 256 Abs. 4 AktG liegen nur dann vor, wenn sie die Klarheit und die Übersichtlichkeit des betroffenen Jahresabschlusses wesentlich beeinträchtigen.[169] Zu wesentlichen Beeinträchtigungen können zB Ausweise bestimmter Posten an falscher Stelle oder Verstöße gegen das Saldierungsverbot führen.[170] 47

(7) **Mangelhafte Bewertung, § 256 Abs. 5 S. 1 AktG.** Die **Überbewertung** eines Postens hat gemäß § 256 Abs. 5 S. 2 AktG grundsätzlich die Nichtigkeit zur Folge. Anderes gilt ausnahmsweise dann, wenn sie im Einzelfall ohne Bedeutung ist.[171] Eine **Unterbewertung** eines Postens führt demgegenüber nur unter den weiteren Voraussetzungen zur Beschlussnichtigkeit, dass 1. eine unrichtige Wiedergabe oder Verschleierung der Vermögens- und Ertragslage der GmbH vorliegt und 2. diesbezüglich Vorsatz vorhanden war. Dabei genügt bedingter Vorsatz entweder der an der Aufstellung des Jahresabschlusses beteiligten Geschäftsführer oder der Mehrheit der abstimmenden Gesellschafter.[172] 48

Die unrichtige Bewertung nur einzelner **Vermögensgegenstände** ist von der unrichtigen Bewertung ganzer **Bilanzposten** zu unterscheiden. Lediglich der zuletzt genannte Bewertungsmangel hat ohne Weiteres die Beschlussnichtigkeit zur Folge,[173] während es bei Bewertungsfehlern hinsichtlich einzelner Vermögensgegenstände darauf ankommt, ob sich der Mangel in der unrichtigen Bewertung auch des betreffenden Bilanzpostens niederschlägt. Das mag oft so sein, kann aber etwa wegen einer Kompensation durch die unrichtige Bewertung eines anderen Gegenstandes oder infolge eines Rechenfehlers anders sein.[174] 49

(8) **Heilung von Nichtigkeitsgründen bei Beschlüssen über den Jahresabschluss, § 256 Abs. 6 AktG.** Auch § 256 Abs. 6 AktG findet auf die GmbH entsprechende Anwendung, so dass eine Heilung nach Ablauf bestimmter Fristen eintreten kann.[175] Allerdings kommt das mit Rücksicht auf die genannten und die nicht genannten Nichtigkeitsgründe nicht in Frage, wenn der evtl. nichtige Jahresabschluss überhaupt nicht geprüft worden (§ 256 Abs. 1 Nr. 2 AktG) oder durch Urteil für nichtig erklärt worden ist (§ 256 Abs. 3 Nr. 3 AktG).[176] 50

ee) **Nichtigkeit des Beschlusses über die Ergebnisverwendung, § 253 AktG.** § 253 AktG enthält zwar eine spezielle Bestimmung für Ergebnisverwendungsbeschlüsse, trifft aber keine abschließende Regelung für solche Beschlüsse. Die Norm erfasst vielmehr nur diejenigen Fälle, die nicht schon den allgemeinen Bestimmungen in § 173 Abs. 3, § 217 Abs. 2 und 51

169 BGH NJW 1994, 520 (522) zu unwesentlichen Aufbau- und Gliederungsfehlern.
170 Vgl. *Brete/Thomsen* GmbHR 2008, 176 (179).
171 BGH NJW 1983, 42; NJW 1998(3), 1559 (1560); zur Wesentlichkeitsgrenze: *Weilep/Weilep* BB 2006, 147 (148 f.).
172 BGH NJW 1998, 1559.
173 *Weilep/Weilep* BB 2006, 147 (148).
174 *Weilep/Weilep* BB 2006, 147 (148).
175 BGH WM 1984, 473; *Brete/Thomsen* GmbHR 2008, 176 (181).
176 BFH DStR 2007, 193 (195); *Brete/Thomsen* GmbHR 2008, 176 (181).

§ 241 AktG unterliegen, und ergänzt diese allgemeinen Bestimmungen.[177] § 253 Abs. 1 S. 1 AktG selbst regelt, dass auch die Nichtigkeit des den Jahresabschluss betreffenden Beschlusses zur Nichtigkeit eines Beschlusses über die Ergebnisverwendung führt, wenn nämlich der Ergebnisverwendungsbeschluss auf dem nichtigen Beschluss über den Jahresabschluss beruht. Die Norm bringt dementsprechend die **Akzessorietät** der Ergebnisverwendung von der Ergebnisfeststellung zum Ausdruck.[178] Das Gleiche gilt, wenn ein Jahresabschluss nicht festgestellt worden ist.[179] Im Übrigen enthält § 253 AktG Regelungen über die Akzessorietät auch im Hinblick auf eine Heilung des Beschlusses über den Jahresabschluss (§ 253 Abs. 1 S. 2 AktG)[180] sowie über den Verweis auf § 249 AktG als allgemeine Bestimmung über die Nichtigkeitsklage.

52 ff) **Weitere Nichtigkeitsgründe.** Will man an der abschließenden Bedeutung insbesondere der §§ 241, 250, 253, 256 AktG im Grundsatz festhalten, so dürfen jenseits der mehr oder weniger weiten Auslegung dieser Bestimmungen und der noch auf die erörterten Vorschriften gestützten richterlichen Rechtsfortbildung, zusätzliche Nichtigkeitsgründe nur bejaht werden, wenn und soweit hierfür ein unabweisbares Bedürfnis besteht, weil die Rechtsfolge einer auch nur vorläufigen Wirksamkeit mit Rücksicht auf die vom Gesetzgeber verfolgten Zwecke oder höherrangiges Recht nicht hingenommen werden kann.[181] Das kommt etwa bei Beschlüssen zum Tragen, die unter **Willensmängeln** leiden. Es ist nicht zulässig, die für die Anfechtbarkeit und Nichtigkeit der einzelnen Stimmen geltenden Vorschriften des BGB, wie zB diejenige des § 123 BGB, durch Annahme eines neuen Nichtigkeitsgrundes oder auch nur durch analoge Anwendung des § 241 Nr. 4 AktG bzw. durch Heranziehung des § 138 Abs. 1 BGB zu umgehen. Vielmehr geht es hier um die Nichtigkeit der einzelnen, unter einem Willensmangel, wie zB einer Drohung iSd § 123 Abs. 1 BGB, leidenden Stimmabgabe und anschließend um die Kausalität der betreffenden Stimme für die Beschlussfassung. Dementsprechend kommt lediglich eine Anfechtungsklage in Betracht.[182] Dagegen führt **Perplexität** zur Nichtigkeit, wenn deshalb selbst unter Ausschöpfung aller Auslegungsmöglichkeiten ein bestimmter Beschlussinhalt nicht festgestellt werden kann. Hier bleibt mangels feststellbaren Inhalts keine andere Wahl.[183] Den in **§ 241 Hs. 1 AktG** genannten § 192 Abs. 4, § 212, § 217 Abs. 2, § 228 Abs. 2, § 234 Abs. 3 und § 235 Abs. 2 AktG kommt für die GmbH keine Bedeutung als Nichtigkeitsgründe zu, weil das GmbHG aus verschiedenen Gründen der analogen Anwendung dieser Bestimmungen entgegensteht.[184] Schließlich führt auch eine mangende Gewährung rechtlichen Gehörs – oder richtig: eine unterbliebene bzw. unzureichende **Anhörung** eines Gesellschafters als Verletzung der Mitgliedschaft in ihrer Ausprägung als Rederecht – nicht zur

177 Hueck/Baumbach/Hueck/*Kersting*, § 29 Rn. 43.
178 Dazu BFH DStR 2007, 193 (194); Roth /*Altmeppen*, § 42 a Rn. 37.
179 Hueck/Baumbach/Hueck/*Kersting*, § 29 Rn. 43.
180 Dazu Lutter/Hommelhoff/*Bayer*, § 47 Anh. Rn. 24.
181 BGH NJW 1997, 1510 (1511).
182 BGH NJW 1953, 740 (741).
183 MüKoGmbHG/*Wertenbruch*, § 47 Anh. Rn. 98.
184 MüKoGmbHG/*Wertenbruch*, § 47 Anh. Rn. 122.

Nichtigkeit, sondern begründet allenfalls die Anfechtbarkeit des mangelbehafteten Beschlusses, wenn nicht § 241 Nr. 1 AktG analog eingreift.[185]

c) **Heilung, § 242 AktG.** Wie die §§ 241, 250, 253 und 256 AktG hinsichtlich der Nichtigkeitsgründe analoge Anwendung finden, gilt mit Rücksicht auf die auch bei der GmbH gebotene Rechtssicherheit die die Heilung betreffende Vorschrift des § 242 AktG ebenfalls analog. Danach kann die Nichtigkeit eines eintragungsbedürftigen Beschlusses durch Eintragung in das Handelsregister geheilt werden.[186] Zu beachten ist allerdings, dass § 256 Abs. 6 AktG eine für Jahresabschlüsse betreffende Gesellschafterbeschlüsse geltende Spezialvorschrift enthält, die gegebenenfalls der analogen Anwendung des § 242 AktG entgegensteht.[187] Im Rahmen des § 242 AktG ist sowohl nach den zu heilenden Beschlussmängeln als auch hinsichtlich der zur Heilung führenden Maßnahmen zu unterscheiden: 53

- § 242 Abs. 1 AktG: Heilung von Beurkundungsmängeln durch Eintragung;[188]
- § 242 Abs. 2 S. 4 AktG: Heilung von Einberufungsmängeln durch Genehmigung;[189]
- § 242 Abs. 2 S. 1 AktG: Heilung von Einberufungsmängeln, Unvereinbarkeiten mit dem Wesen der Gesellschaft, Verstößen gegen Vorschriften über den Gläubigerschutz oder über den Schutz öffentlicher Interessen sowie Sittenwidrigkeiten durch Eintragung.[190]

d) **Bestätigung, § 244 AktG.** Ist ein Gesellschafterbeschluss nichtig, können die Gesellschafter ihm nicht durch bloße Bestätigung zur Wirksamkeit verhelfen. § 244 AktG betrifft schon nach dem Gesetzeswortlaut lediglich anfechtbare, nicht aber nichtige Gesellschafterbeschlüsse.[191] 54

e) **Teil-Nichtigkeit, § 139 BGB.** Besteht ein einheitlicher Beschluss der GmbH-Gesellschafter aus mehreren unterscheidbaren Teilen bzw. hat er mehrere Gegenstände, ist nur einer dieser Teile mit einem Nichtigkeitsgrund behaftet und ist eine Heilung insofern nicht eingetreten, kommt es für die Frage der Wirksamkeit des Beschlusses im Übrigen auf § 139 BGB an. Insofern findet der den allgemeinen Regeln über Rechtsgeschäfte zugrundeliegende Rechtsgedanke allgemeiner Natur auch für Gesellschafterbeschlüsse Anwendung. Danach bleibt der selbst nicht mit dem Nichtigkeitsgrund behaftete Teil des Beschlusses in seiner Wirksamkeit nur dann unberührt, wenn er von den Gesellschaftern auch ohne den nichtigen Teil gefasst worden wäre. Ist dies nicht sicher feststellbar und verbleiben Zweifel, so ist von Gesamtnichtigkeit auszugehen.[192] Mangels einheitlichen 55

185 BGH NJW 1996, 1756 (1758).
186 BGH NJW 1981, 2125 (2126); NJW 1996, 257 (258); NJW 2000, 2819 (2820).
187 BFH DStR 2007, 193 (195).
188 Dazu BGH NJW 1996, 257 f.
189 OLG Naumburg NZG 1998, 992.
190 BGH NJW 1981, 2125 (2126 f.); WM 1984, 473; NJW 2000, 2819 (2820).
191 BGH NJW 1954, 385 (386); Rowedder/Schmidt-Leithoff/*Ganzer*, § 47 Anh. Rn. 41.
192 BGH NJW 1988, 1214; NJW 1994, 520 (523); Henssler/Strohn/*Drescher*, Gesellschaftsrecht, § 241 AktG Rn. 45.

Rechtsgeschäfts kommt die Anwendung des § 139 BGB nicht in Betracht, wenn einer von mehreren Gesellschafterbeschlüssen nichtig ist.[193]

2. Anfechtungsgründe, § 243 AktG, und ihre Rechtsfolgen

56 Analog § 243 Abs. 1 AktG können Beschlüsse der Gesellschafterversammlung der GmbH wegen einer Verletzung des Gesetzes oder der Satzung der GmbH klageweise angefochten werden. gilt das nur für solche Beschlüsse, die nicht bereits nichtig sind. Da § 243 Abs. 1 AktG nach der Systematik des Gesetzes nur für solche Beschlussmängel gilt, die nicht bereits einen der Tatbestände des § 241 AktG erfüllen sowie weil Nichtigkeitsgründe mit Rücksicht auf den identischen Streitgegenstand von Nichtigkeits- und Anfechtungsklage auch dann zunächst zu prüfen sind, wenn nur Anfechtungsklage erhoben worden ist, betreffen die Regeln der §§ 243 ff. AktG über Anfechtungsgründe und ihre Rechtsfolgen jedenfalls im Ergebnis lediglich solche Beschlüsse, die nicht bereits analog § 241 AktG oder aus den anderen oben erörterten Gründen nichtig sind. Während einem nichtigen Beschluss analog § 241 AktG von vornherein keine Wirkungen zukommen, ist ein bloß anfechtbarer Beschluss bis zur Rechtskraft des der Anfechtungsklage im Wege einer Nichtigerklärung stattgebenden Urteils wirksam. Schon im Hinblick auf diesen Unterschied bedarf es trotz der Identität des Streitgegenstands von Anfechtungs- und Nichtigkeitsklage der Unterscheidung zwischen Nichtigkeits- und Anfechtungsgründen. Hinzu kommen Unterschiede die Sachurteilsvoraussetzungen der beiden Klagen betreffend. Anders als die Nichtigkeit eines Gesellschafterbeschlusses kann eine Anfechtung grundsätzlich nur im Klagewege erfolgen und können Anfechtungsgründe nur in einem entsprechenden Prozess geltend gemacht werden.

57 a) **Verfahrensfehler.** Verfahrensfehler iSd § 243 Abs. 1 AktG sind denkbar etwa in Form von Einberufungsmängeln,[194] Fehlern bei der Abstimmung und Mängeln bei der Beschlussfeststellung. Anders als bei § 241 AktG setzt eine erfolgreiche Anfechtung allerdings einen Zurechnungszusammenhang zwischen dem Beschlussmangel und dem gefassten Beschluss voraus, wenngleich es oftmals nicht der Kausalität iSe condicio sine qua non bedarf, sondern die **Relevanz** genügt. Relevant sind Verstöße gegen Verfahrensvorschriften des Gesetzes und der Satzung wiederum nicht nur dann, wenn ein objektiv urteilender Gesellschafter seine Entscheidung von der Einhaltung der verletzten Regel abhängig gemacht hätte; sondern schon dann, wenn es bei wertender Betrachtung möglich erscheint, dass sich der Verfahrensverstoß auf das Beschlussergebnis ausgewirkt hat. Entsprechende Wertungen können sich aus der ratio der verletzten Vorschrift ergeben.[195]

---

193 OLG Frankfurt aM NZG 2009, 1226; Henssler/Strohn/*Drescher*, Gesellschaftsrecht, § 241 AktG Rn. 45.

194 Anknüpfend an die Ausführungen zu § 241 Nr. 1 AktG (→ Rn. 22) kann es im Rahmen des § 243 Nr. 1 AktG nur um solche Einberufungsmängel gehen, die einer Nichtladung nicht gleichkommen. Zu diesem Kriterium der Abgrenzung BGH NJW-RR 2006, 831 (832).

195 BGH NZG 2002, 130 (132); NJW 2005, 828 (830).

aa) Einberufungsmängel. Als Einberufungsmängel iSd § 243 Abs. 1 AktG kommen Verstöße gegen 58

- § 51 Abs. 1 S. 2 GmbHG (Ladungsfrist);[196]
- § 51 Abs. 1 S. 1,[197] § 16 Abs. 1 S. 1 GmbHG[198] (formell legitimierter Adressat der Ladung);
- § 51 Abs. 1 S. 2 GmbHG (Aufgabe zur Post, nicht Zugang);[199]
- § 51 Abs. 1 S. 2 GmbHG (mitgeteilte Anschrift);[200]
- § 51 Abs. 1 S. 1 GmbHG (eingeschriebener[201] Brief);[202]
- § 51 Abs. 2 und Abs. 4 GmbHG (notwendiger Inhalt: Ort und Zeit, Zweck und Tagesordnung, Unzumutbarkeit).[203]

Einberufungsmängel können gemäß § 51 Abs. 3 GmbHG im Wege einer **Universalversammlung bzw. Vollversammlung** geheilt werden. Diese **Heilung** setzt indessen nicht nur die Anwesenheit aller teilnahmeberechtigten Mitglieder der Gesellschaft voraus, sondern ferner das ausdrücklich oder konkludent erklärte Einverständnis der Gesellschafter und darunter auch des nicht ordnungsgemäß geladenen Gesellschafters mit der Durchführung der Gesellschafterversammlung und der Fassung von Beschlüssen anlässlich der Versammlung als solcher. Dementsprechend steht ein ausdrücklich oder konkludent erklärter Widerspruch der Heilung nach § 51 Abs. 3 GmbHG entgegen und gilt der widersprechende Gesellschafter als nicht anwesend.[204] Nicht zu verwechseln ist das hier erforderliche Einverständnis mit der Durchführung der Versammlung zwecks Fassung von Beschlüssen allerdings mit dem Einverständnis mit den konkret gefassten Beschlüssen und darunter mit dem angefochtenen Beschluss: Dieses ist nicht erforderlich. 59

bb) Abstimmungsmängel. Wenn ein Beschluss nicht einen sittenwidrigen Inhalt iSd § 241 Nr. 4 AktG hat, sondern seine Fassung auf einer **sittenwid-** 60

196 BGH NJW 1972, 1320; NJW 1987, 2580.

197 BGH NJW 1971, 2225: Ladung der Gesellschafter wegen Teilnahmerechts unabhängig vom Stimmrecht.

198 Bedeutsam ist wegen § 16 Abs. 1 S. 1 GmbHG allerdings nicht die materielle Gesellschafterstellung, sondern ausschließlich – vgl. den Gesetzeswortlaut: „… nur …" – die formelle Legitimation durch Eintragung in die Gesellschafterliste, vgl. OLG Düsseldorf NJW-RR 1996, 607 (609).

199 RGZ 60, 144; KG NJW 1965, 2157 (2158): Erforderlich ist lediglich die ordnungsgemäße Absendung, nicht etwa der Zugang.

200 OLG Düsseldorf GmbHR 1990, 266; OLG München DB 1994, 320. Allerdings kann die Nutzung der mitgeteilten Anschrift uU treuwidrig sein, wenn zB die Gesellschaft Kenntnis von der mangelnden Erreichbarkeit hat, umgekehrt der betroffene Gesellschafter das Hindernis nicht zu verantworten hat und der Gesellschaft schließlich wiederum ein anderes Vorgehen ohne weiteres zumutbar ist.

201 *BGHZ 212, 104* (bzgl. § 21 Abs. 1 S. 2); LG Mannheim NZG 2008, 111 (112): auch Einwurf-Einschreiben genügt; OLG Düsseldorf NZG 2000, 1180 (1182): uU bedarf es nicht der vorgeschriebenen Form, sondern eine andere, gleichermaßen sichere Zugangsbewirkung reicht aus.

202 BGH NZG 2006, 349 (350).

203 BGH WM 1985, 567 (568); NJW-RR 2006, 831 (832) und NJW 2009, 2300 (2301 f.); KG NJW 1965, 2157 (2159); OLG Brandenburg NZG 1999, 828 (832); OLG Celle NJW-RR 1998, 970; OLG Düsseldorf NJW 1989, 2200 f.; NZG 2000, 1180 (1182) und NZG 2003, 976.

204 BGH NJW 1987, 2580 (2581); NZG 2003, 127 (129); NZG 2009, 385 (386); NZG 2009, 1307.

rigen Beeinflussung zurückgeht, ist der Beschluss nicht nichtig, sondern er kann uU gemäß **§§ 243 ff. AktG** angefochten werden.[205] Das setzt allerdings voraus, dass die dem Beschluss zugrundeliegenden Willenserklärungen als Rechtsgeschäfte gemäß **§§ 119 ff. BGB** wegen der Beeinflussung wirksam angefochten werden und dass der betreffende Beschluss nach der Anzahl der danach gemäß § 142 Abs. 1 BGB mit Wirkung ex tunc unwirksamen Stimmen nicht mit der erforderlichen Mehrheit gefasst worden ist.[206] Wichtig ist hierbei, dass sich die die **Anfechtung des Gesellschafterbeschlusses** betreffende Frist entsprechend § 246 Abs. 1 AktG nicht etwa um die für die **Anfechtung der Stimmabgabe** geltende Frist des § 121 BGB verlängert, sondern beide Fristen unabhängig voneinander laufen und zur Unbegründetheit der Anfechtungsklage führen können.

61 cc) **Feststellungsmängel.** Anfechtbar ist ein festgestellter Gesellschafterbeschluss etwa dann, wenn der Feststellung des Versammlungsleiters ein Rechtsfehler bei der Anwendung einer **Regel für die erforderliche Mehrheit** zugrunde liegt. In den Fällen einer festgestellten Ablehnung liegt hier darüber hinaus eine Verbindung mit einer **positiven Beschussfeststellungsklage** nahe.[207] Zu Fehlern führen oft auch vermeintliche oder verkannte **Stimmverbote.**[208] Aber selbst einfache Versehen, wie zB **Zählfehler,**[209] kommen vor. Die Möglichkeit einer Neuauszählung besteht zwar und steht einer Anfechtungsklage entgegen, wenn sie noch vor einer falschen Feststellung des Beschlusses erfolgt ist und zu einer richtigen Feststellung geführt hat. Ist aber zunächst ein fehlerhafter Beschluss festgestellt worden, kann dieser auch dann angefochten werden, wenn der Versammlungsleiter seine (falsche) Feststellung sodann widerrufen, eine Neuauszählung durchgeführt und eine neue (richtige) Feststellung getroffen hat. Denn der Gesellschafter muss die entstandene Rechtsunsicherheit beseitigen können und kann schon mit Rücksicht auf die laufende Frist des § 246 Abs. 1 AktG nicht darauf verwiesen werden, abzuwarten.[210]

62 Eine Anfechtungsklage kann ferner bei Berücksichtigung einer **schwebend unwirksamen Stimme** begründet sein, wenn nämlich bis zum Schluss der mündlichen Verhandlung die Bedingung nicht eintritt und die Stimme für das Abstimmungsergebnis von ausschlaggebender Bedeutung ist.[211] Die bedingte Stimmabgabe ist von der Bedingung eines Gesellschafterbeschlusses insofern zu unterscheiden, als eine Bedingung der Stimmabgabe ohne Weiteres nur zur Unwirksamkeit der Stimme führt und es zur Herbeiführung der Unwirksamkeit des betroffenen Beschlusses einer Anfechtung nach den §§ 243 ff. AktG bedarf, während bei einem bedingten Beschluss der betroffene Gesellschafterbeschluss ohne Weiteres unwirksam bleiben bzw. werden kann.

---

205 BGH NJW 1953, 740 (741).
206 MüKoGmbHG/*Wertenbruch*, § 47 Anh. Rn. 160.
207 Henssler/Strohn/*Drescher*, Gesellschaftsrecht, § 241 AktG Rn. 11 und § 246 Rn. 51.
208 BGH NJW 1984, 489 (491).
209 Lutter/Hommelhoff/*Bayer*, § 47 Anh. Rn. 49.
210 Baumbach/Hueck/*Zöllner/Noack*, § 47 Anh. Rn. 118 f.
211 Lutter/Hommelhoff/*Bayer*, § 47 Anh. Rn. 49.

dd) Informationsmängel. Auch eine Verletzung der in **§ 51 a GmbHG** geregelten Auskunfts- und Einsichtsrechte der GmbH-Gesellschafter, die den Gesellschaftern eine sachgerechte Kontrolle und Einflussnahme auf die Gesellschaft ermöglichen sollen, kann eine Anfechtung begründen. Das setzt allerdings außerdem voraus, dass die Rechtsverletzung relevant iSd **§ 243 Abs. 4 S. 1 AktG** war.[212] Dies wiederum ist nur dann der Fall, wenn auch ein objektiver Gesellschafter die vorenthaltene Information als wesentliche Voraussetzung für die sachgerechte Wahrnehmung seiner Mitgliedschaftsrechte anlässlich der Gesellschafterversammlung und im Zusammenhang mit den angefochtenen Beschluss angesehen hätte.[213] **Relevanz** im Sinne des Gesetzes bedeutet dementsprechend nicht etwa, dass ein objektiver Gesellschafter dem betreffenden Beschluss auch in Kenntnis der vorenthaltenen Information zugestimmt hätte.[214] Maßgebend ist ausschließlich, ob die vorenthaltene Information aus der Sicht eines objektiven Beurteilers zur sachgerechten Beurteilung des Beschlussgegenstandes erforderlich gewesen ist.[215] In diesem Zusammenhang ist eine wertende, insbesondere am Schutzzweck der verletzten Verhaltensnorm anknüpfende Betrachtung anzustellen.[216] **Weitere Informationspflichten** können sich sowohl aus Spezialvorschriften, wie zB § 8 UmwG, als auch aus der allgemeinen gesellschaftsrechtlichen Treuepflicht ergeben. 63

b) Inhaltliche Anfechtungsgründe. aa) Gesetz, § 243 Abs. 1 AktG. Soweit § 243 Abs. 1 AktG vorsieht, dass Gesetzesverletzungen die Anfechtung begründen können, ist **Gesetz** ganz allgemein im Sinne einer hoheitlichen abstrakt-generellen Regelung mit Außenwirkung zu verstehen.[217] Dementsprechend sind nicht nur Parlamentsgesetzes Gesetze iSd § 243 Abs. 1 AktG, sondern ebenso Rechtsverordnungen und sogar öffentlich-rechtliche Satzungen.[218] Ist keine abweichende Disposition getroffen worden, kommt es für die Anfechtung auch nicht darauf an, ob die evtl. verletzte Norm zwingender oder dispositiver Natur ist.[219] Ebenso wenig ist von Bedeutung, ob es sich bei der verletzten Norm um eine Spezialvorschrift oder eine Generalklausel handelt, solange die Bestimmung nur anzuwenden ist.[220] 64

bb) Satzung, § 243 Abs. 1 AktG. Bei der Frage, ob ein die Anfechtungsklage begründender Verstoß gegen die Satzung vorliegt, ist zwar grds. zu beachten, dass Verletzungen bloßer Ordnungsvorschriften der Satzung den Tatbestand des § 243 Abs. 1 AktG nicht erfüllen können.[221] Jedoch ist bei der Prüfung des Vorliegens einer solchen **Ordnungsvorschrift** und für die gebotene Auslegung der Satzung wiederum davon auszugehen, dass eine 65

212 Lutter/Hommelhoff/*Bayer*, § 47 Anh. Rn. 48.
213 Lutter/Hommelhoff/*Bayer*, § 47 Anh. Rn. 48.
214 So aber noch BGH NJW 1989, 2689 (2691).
215 BGHZ 149, 158 (164 f.); NJW 2005, 828 (829 f.) auch zu widersprüchlichen Begründung des Gesetzentwurfs und zur früheren Rspr.
216 BGH NJW 2005, 828 (829 f.).
217 Lutter/Hommelhoff/*Bayer*, § 47 Anh. Rn. 43.
218 Lutter/Hommelhoff/*Bayer*, § 47 Anh. Rn. 43.
219 Michalski/*Römermann*, § 47 Anh. Rn. 299.
220 Michalski/*Römermann*, § 47 Anh. Rn. 299.
221 Michalski/*Römermann*, § 47 Anh. Rn. 259, 356.

Bestimmung der Satzung im Zweifel nicht als bloße Ordnungsvorschrift, sondern als Satzungsbestimmung iSd § 243 Abs. 1 AktG zu würdigen ist. Nur ausnahmsweise und gestützt auf hinreichende Anhaltspunkte kann davon ausgegangen werden, dass die Gesellschafter einer bestimmten Vorschrift im Vergleich zu den übrigen Bestimmungen der Satzung eine mindere Bedeutung zugemessen haben.[222] Maßgebend für die Auslegung der in Rede stehenden Klausel sind etwa die verwendeten Formulierungen – etwa „soll", „in der Regel", „grundsätzlich" und „gewöhnlich" einerseits und „hat",„ist", „stets" und in „jedem Fall" andererseits -, aber auch der Kontext in der Satzung, allerdings ohne dass man im Hinblick hierauf bestimmte Auslegungsregeln aufstellen kann.[223] Ist gegen eine Vorschrift verstoßen worden, der nicht nur eine Bedeutung als Ordnungsvorschrift zukommt, bedarf es jedenfalls – wie sonst auch – der Kausalität bzw. Relevanz des Verstoßes.[224]

66 cc) **Sondervorteil, § 243 Abs. 2 AktG.** Ein Sondervorteil liegt nach der ratio des § 243 Abs. 2 AktG immer dann vor, wenn einem Gesellschafter ein Vermögenswert verschafft werden soll, der nicht allen Gesellschaftern in einer vergleichbaren Situation gewährt wird.[225] Im Falle eines Vertrages, der den Austausch von Leistungen vorsieht, kommt es darauf an, ob die vom Gesellschafter zu erbringende Leistung dem Wert nach hinter der von der Gesellschaft zu erbringenden Leistung zurückbleibt.[226] In Betracht kommen hierbei auch Vorleistungen der Gesellschaft oder ein Verzicht auf die Stellung einer Sicherheit. Von ausschlaggebender Bedeutung ist, ob es die konkrete Leistung unter Berücksichtigung aller Umstände am Markt zu denselben Konditionen gegeben hätte. Gemischte Schenkungen sind mit Sondervorteilen verbunden, wenn sie weder im Gesellschaftsvertrag vorgesehen sind noch einer Verkehrssitte entsprechen, wie zB die üblichen Spenden und Geschenke.[227] Allein die Verschaffung eines Vorteils als objektiver Tatbestand vermag aber einer Anfechtungsklage nicht zum Erfolg zu verhelfen, sondern außerdem bedarf es in subjektiver Hinsicht des Vorsatzes, wobei allerdings **dolus eventualis** ausreicht und der Vorsatz sich nur auf die **Schädigung** zu beziehen braucht.[228] Schließlich müssen nicht alle an der Beschlussfassung mitwirkenden Gesellschafter vorsätzlich gehandelt haben, sondern dolus eventualis hinsichtlich der Vorteilsverschaffung einer für die notwendige Mehrheit **ausreichenden Zahl von Gesellschaftern** genügt.[229] Da **§ 243 Abs. 2 S. 2 AktG** den von der GmbH abweichenden Besonderheiten der AG Rechnung trägt, findet die Bestimmung auf die GmbH keine entsprechende Anwendung und kann deshalb einer Anfechtung bei der GmbH nicht entgegenstehen.[230]

---

222 MüKoGmbHG/*Wertenbruch*, § 47 Anh. Rn. 206 f.
223 MüKoGmbHG/*Wertenbruch*, § 47 Anh. Rn. 207.
224 MüKoGmbHG/*Wertenbruch*, § 47 Anh. Rn. 207.
225 Michalski/*Römermann*, § 47 Anh. Rn. 312 ff.
226 BGH WM 1976, 1226 f.; OLG Frankfurt aM BB 1973, 863.
227 Baumbach/Hueck/*Zöllner/Noack*, § 47 Anh. Rn. 87.
228 Michalski/*Römermann*, § 47 Anh. Rn. 318.
229 Michalski/*Römermann*, § 47 Anh. Rn. 319.
230 MüKoGmbHG/*Wertenbruch*, § 47 Anh. Rn. 174; anders Scholz/*K. Schmidt*, § 45 Rn. 110.

dd) Gleichbehandlungsgebot. Zwar gilt das ua in § 243 Abs. 2 AktG als Sonderfall zum Ausdruck kommende und für die AG allgemein in § 53 a AktG geregelte Gleichbehandlungsgebot auch für die GmbH und kann hier eine Anfechtung begründen.[231] Jedoch kommt ein Rückgriff auf dieses allgemeine Prinzip des Verbandsrechts nur dann in Betracht, wenn nicht eine Spezialregelung eingreift. Dementsprechend kann das Gleichbehandlungsgebot nur dann angewandt werden, wenn der die Ungleichbehandlung begründende Beschluss nicht **aus anderen Gründen nichtig** ist.[232] Auch kommt das allgemeine Gleichbehandlungsgebot nicht zum Tragen, wenn es um Sondervorteile geht. Hier geht § 243 Abs. 2 AktG als **lex specialis** vor. Ferner verstößt nicht jede Ungleichbehandlung gegen das Gleichbehandlungsgebot, sondern verboten sind lediglich **sachlich nicht gerechtfertigte Ungleichbehandlungen.**[233] 67

ee) Gesellschaftsrechtliche TreuepflichtTreuepflicht. Obgleich die Gesellschafter grds. auch im Zusammenhang mit der Gesellschaft ihre eigenen Interessen verfolgen dürfen, unterliegt ihr Verhalten in diesem Zusammenhang doch mit Rücksicht auf die Bindung durch den Gesellschaftsvertrag, an den vereinbarten Zweck und dessen Förderung gewissen Grenzen. Die entsprechenden Bindungen aus der gesellschaftsrechtlichen Treuepflicht erschöpfen sich auch nicht in bloßen Rücksichtnahmegebot und entsprechenden Verbotenen, sondern sie können sich auch zu Handlungs- und Mitwirkungspflichten verdichten. Schließlich gilt die gesellschaftsrechtliche Treuepflicht nicht nur für das Schuldverhältnis zwischen den Gesellschaftern als Parteien des Gesellschaftsvertrages, sondern sie betrifft auch die kraft Mitgliedschaft bestehenden Rechtsverhältnisse zwischen der Gesellschaft und ihren einzelnen Mitgliedern. Kurz: Die gesellschaftsrechtliche Treuepflicht gilt für sämtliche Rechtsverhältnisse innerhalb der Gesellschaft, und ihre Verletzung kann einer Anfechtungsklage zum Erfolg verhelfen.[234] Allerdings ist insofern nach der Art der Treuepflichtverletzung zu unterscheiden. Während nämlich eine Verletzung der den einzelnen Gesellschafter treffenden gesellschaftsrechtlichen Treuepflicht zur Nichtigkeit lediglich der betroffenen Stimme und zum Erfolg der Anfechtungsklage nur bei Kausalität der nichtigen Stimme für das Abstimmungsergebnis führen kann,[235] kommt es bei einem gemessen an den der Gesellschaft gegenüber ihrem Gesellschafter obliegenden Pflichten treuwidrigen Inhalt des gefassten Beschlusses nicht auf das Gewicht der einzelnen Stimmen an. Schon mit Rücksicht auf diese erheblichen Unterschiede, ist hinsichtlich der Art der Pflichtverletzung genau zu differenzieren. Keinesfalls darf man sich durch die in jedem Fall gebotene Gesamtbetrachtung aller Umstände dazu hinreißen lassen, auch die unterschiedlichen Pflichten zu vermengen. 68

231 MüKoGmbHG/*Wertenbruch*, § 47 Anh. Rn. 175.
232 MüKoGmbHG/*Wertenbruch*, § 47 Anh. Rn. 175.
233 Michalski/*Römermann*, § 47 Anh. Rn. 321.
234 Vgl. BGH NJW 1976, 191 f. (erforderliche Rücksichtnahme); NJW 1984, 489 (490 f.) (erforderliche Rücksichtnahme eines ausscheidenden Gesellschafters, dessen Interessen von dem Beschlussgegenstand nicht mehr berührt sind); NJW 1980, 1278 (missbräuchliche Auflösung zwecks Übernahme des Geschäftsbetriebes durch Mehrheitsgesellschafter); OLG Köln NZG 1999, 1228 (1229) (Treuepflicht im Zusammenhang mit einer Entlastung trotz Pflichtverletzung).
235 BGH WM 1988, 23 (25); GmbHR 1991, 62; NJW-RR 1993, 1253 (1254).

69 **ff) Nebenabreden.** Auch wenn § 243 Abs. 1 AktG die zur Anfechtbarkeit führenden Regelverstöße nach seinem Wortlaut eindeutig auf Gesetzesverletzungen und Satzungsverstöße beschränkt sowie Nebenabreden der Gesellschafter weder dem Gesetz noch der Satzung gleichstehen, hat der BGH für bestimmte Fälle eine Ausnahme zugelassen: Ausnahmsweise kann die Verletzung einer Nebenabrede dann eine Anfechtungsklage begründen, wenn alle Gesellschafter an der betreffenden Nebenabrede beteiligt waren.[236] Die Auffassung des BGH mag gewissen dogmatischen Bedenken begegnen. Sie hat aber den vom BGH ins Feld geführten erheblichen Vorteil, dass Streitigkeiten über die Nebenabrede im Verhältnis der Gesellschaft zum klagenden Gesellschafter, mit der Möglichkeit der Beteiligung auch der übrigen Gesellschafter und uU mit Wirkung der Entscheidung für und gegen alle Gesellschafter ausgetragen werden können. Außerdem lassen sich die auf den ersten Blick bestehenden dogmatischen Bedenken nicht aufrecht erhalten, wenn man solche allseits getroffenen Nebenabreden als Konkretisierung der gesellschaftsrechtlichen Treuepflicht im Verhältnis der Gesellschafter versteht.

70 **gg) Aufsichtsratswahlen, § 251 AktG.** Für die Wahl sowohl eines **obligatorischen** als auch eines nur **fakultativen** Aufsichtsrats der GmbH[237] findet § 251 AktG analoge Anwendung.[238] Nach § 251 Abs. 1 S. 1 AktG gilt dabei für die Anfechtung von Aufsichtsratswahlen nichts anderes als im Übrigen nach § 243 Abs. 1 AktG. § 251 Abs. 1 S. 2 AktG trägt der auf der Mitbestimmung beruhenden Besonderheit verbindlicher Wahlvorschläge insofern Rechnung, als danach die Wahl schon dann angefochten werden kann, wenn ein **verbindlicher Wahlvorschlag** nicht unter Beachtung der Regeln des Mitbestimmungsrechts zustande gekommen ist. Auch wenn die Begründetheit einer Anfechtungsklage in diesem Zusammenhang nicht die Kausalität des Wahlvorschlages voraussetzt, erfordert sie doch die **Relevanz.**[239] Im Ergebnis folgt aus § 250 Abs. 1 Nr. 2, § 251 Abs. 1 S. 2 AktG, dass eine Wahl nichtig ist, wenn eine verbindlich vorgeschlagene Person nicht gewählt worden ist, während ein nicht gesetzmäßig zustande gekommener Wahlvorschlag lediglich die Anfechtbarkeit zur Folge hat.[240] Im Interesse einer gleichmäßigen, von der für die Trägerschaft des Unternehmens gewählten Rechtsform unabhängigen Unternehmensmitbestimmung finden auch für die GmbH die hier mit einer erheblichen Erweiterung der **Anfechtungsbefugnis** verbundenen Regelungen in § 251 Abs. 2 S. 2 und S. 3 AktG analoge Anwendung.[241] Auch für die GmbH gilt, dass die Wahl einer über die vom Mitbestimmungsrecht vorgesehene **Zahl von Arbeitnehmervertretern** hinausgehenden Zahl von Arbeitnehmern in den Aufsichtsrat eine Anfechtung schon deshalb nicht begründen kann, weil die Haupt-

236 BGH NJW 1983, 1910 (1911).
237 Lutter/Hommelhoff/*Bayer*, § 47 Anh. Rn. 59; MüKoGmbHG/*Wertenbruch*, § 47 Anh. Rn. 186.
238 Lutter/Hommelhoff/Bayer, § 47 Anh. Rn. 59; Baumbach/Hueck/*Zöllner*/*Noack*, § 47 Anh. Rn. 109 a; anders allerdings Michalski/*Römermann*, § 47 Anh. Rn. 341.
239 Hüffer/*Koch*, AktG, § 251 Rn. 3.
240 MüKoGmbHG/*Wertenbruch*, § 47 Anh. Rn. 186.
241 MüKoGmbHG/*Wertenbruch*, § 47 Anh. Rn. 187 f.

versammlung die übrigen Aufsichtsratsmitglieder frei bestimmen kann. Ein solcher Vorgang hat lediglich zur Folge, dass das über die mitbestimmungsrechtliche Zahl hinausgehende Aufsichtsratsmitglied rechtlich nicht als Arbeitnehmervertreter, sondern als Aktionärsvertreter gilt.[242] Kann auch eine Anfechtung grds. nicht erfolgreich darauf gestützt werden, dass den **Minderheitsgesellschaftern** keine ausreichende Zahl von Aufsichtsratsmitgliedern eingeräumt worden ist, kann doch ausnahmsweise anderes gelten, wenn die konkrete, allein den Interessen des Mehrheitsgesellschafters Rechnung tragende Besetzung des Aufsichtsrats zur Folge hat, dass die Interessen der Gesellschaft gegenüber der Mehrheitsgesellschafterin nicht hinreichend gewahrt werden, zB im Falle einer faktischen Konzernierung.[243]

hh) Jahresabschluss, § 257 Abs. 1 S. 1 und Abs. 2 AktG. Da die vorgenannten Bestimmungen für die GmbH analoge Anwendung finden, gelten auch hier die allgemeinen Regeln des § 243 AktG.[244] Dagegen trägt § 257 Abs. 1 S. 2 AktG den Besonderheiten der AG insofern Rechnung, als dort der Jahresabschluss durch Vorstand und Aufsichtsrat festzustellen sind und die Aktionäre auf das Sonderprüfungsrecht gemäß § 258 AktG verwiesen werden können. Weil beide Gesichtspunkte für die GmbH nicht gelten, kann § 257 Abs. 1 S. 2 AktG hier nicht analog angewendet werden. Infolgedessen können bei der GmbH im Rahmen der Anfechtungsklage nicht nur **Verfahrensfehler** gerügt werden, sondern die Anfechtung kann auch auf **inhaltliche Mängel** gestützt werden.[245] Im Hinblick zum einen auf die in § 256 AktG geregelten Nichtigkeitsgründe, zum anderen auf das für eine erfolgreiche Anfechtung geltende Kriterium der Relevanz ist das aber nur von sehr begrenzter Bedeutung. In diesem Zusammenhang ist außerdem zu beachten, dass eine Anfechtung treuwidrig und deshalb unzulässig sein kann, wenn die erstrebten Änderungen mit Kosten und Belastungen der Gesellschaft einhergingen, die außer Verhältnis zu dem Vorteil für den klagenden Gesellschafter stünden.[246] 71

ii) Ergebnisverwendung, § 243 AktG. Hinsichtlich der Ergebnisverwendung kommt § 243 AktG zur analogen Anwendung, soweit der betreffende Beschluss wegen des Gesetzesverstoßes nicht bereits gemäß § 253 Abs. 1 AktG nichtig ist.[247] In diesem Zusammenhang ist von Bedeutung, dass die GmbH eine **§ 60 Abs. 2 S. 1 AktG** vergleichbare Regelung über eine Mindestrendite nicht kennt und dass **§ 254 AktG** dementsprechend nicht analog angewendet werden kann.[248] Mit Rücksicht auf die **gesellschaftsrechtliche Treupflicht** kann ein Gewinnverwendungsbeschluss allerdings dann erfolgreich angefochten werden, wenn er nach den gesamten Umständen des 72

---

242 BGH NJW 1975, 1657 (1658).
243 Zur AG OLG Hamm NJW 1987, 1030 (1031); LG Mannheim WM 1990, 760 (764); zur GmbH: MüKoGmbHG/*Wertenbruch*, § 47 Anh. Rn. 190.
244 Baumbach/Hueck/*Haas/Kersting*, § 42 a Rn. 33; MüKoGmbHG/*Wertenbruch*, § 47 Anh. Rn. 195.
245 BGH NZG 2008, 783 (784).
246 BGH NJW 1998, 1559 (1561).
247 MüKoGmbHG/*Wertenbruch*, § 47 Anh. Rn. 201.
248 So zutreffend Lutter/Hommelhoff/Bayer, § 29 Rn. 22; anders allerdings Hueck/Baumbach/Hueck/*Kersting*, § 29 Rn. 43.

Einzelfalles nur dazu dient, den auszuschüttenden Gewinn zu verkürzen und die Minderheit so um ihre grds. bestehenden Rechte zu bringen.[249] Das liegt etwa dann nicht fern, wenn zum einen die zur Mehrheit gehörenden Gesellschafter zugleich als Geschäftsführer tätig sind und ihre Vergütung im Vergleich zur langjährigen Praxis der Gesellschaft ohne sachlichen Hintergrund so deutlich erhöht wird, dass in Verbindung mit einer beschlossenen Verwendung der Gewinne etwa für sachlich nicht begründete Investitionen kein nennenswerter Betrag für Ausschüttungen mehr zurückbleibt. Auch in diesem Zusammenhang kommt der aktienrechtlichen 4 %-Grenze allerdings keine indizielle oder andere Bedeutung zu.[250]

73 c) **Bestätigung, § 244 AktG, und Neufassung/Wiederholung.** Wie die bereits erörterten §§ 241–243 AktG findet auch § 244 AktG auf die GmbH analoge Anwendung.[251] Allerdings tritt die heilende Wirkung einer Bestätigung erst mit **Wirkung ex nunc** ein.[252] Dementsprechend liegt der Vorteil einer Bestätigung im Vergleich zu der Neufassung bzw. Wiederholung des mangelbehafteten Beschlusses nur darin, dass es für die Tatsachen- und Rechtslage (Gesetz und Satzung) hinsichtlich der **Voraussetzungen** des gefassten, mangelbehafteten Beschlusses nicht auf den Zeitpunkt der Neufassung, sondern auf den Zeitpunkt der Fassung des zu bestätigenden Beschlusses ankommt. Deshalb kann eine Bestätigung auch dann in Betracht kommen, wenn eine Neufassung bzw. Wiederholung wegen zwischenzeitlich entfallener Voraussetzungen nicht mehr möglich gewesen wäre.[253]

74 Allerdings setzt die Bestätigung voraus, dass der betreffende Fehler nicht **wiederholt**, sondern beseitigt wird. Sonst unterliegt auch der bestätigenden Beschluss der Nichtigkeit oder ist anfechtbar, §§ 241, 243 AktG.[254] Ferner muss der Bestätigungsbeschluss **bestandskräftig** geworden sein, indem er nicht unter Nichtigkeitsgründen leidet sowie entweder die Anfechtungsfrist abgelaufen ist oder eine Anfechtungsklage rechtskräftig abgewiesen worden ist.[255] Schließlich können – wie bereits ausgeführt (→ Rn. 54) nur **Anfechtungsgründe** geheilt werden, und bei **Inhaltsmängeln** kommt nach zutreffender Auffassung des BGH eine Bestätigung ebenfalls nicht in Betracht, weil sich inhaltliche Mängel stets in der Bestätigung fortsetzen.[256]

75 **Rechtsfolge** der Bestätigung nach § 244 AktG ist nicht etwa die Unzulässigkeit der Anfechtungsklage, sondern im Hinblick auf die materiellrechtliche Heilungswirkung gemäß § 244 S. 1 AktG die Unbegründetheit der Anfechtungsklage mit dem ursprünglichen Antrag.[257] Nach **§ 244 S. 2 AktG** kann die Klage allerdings mit einem geänderten Antrag fortgesetzt werden, wenn der Kläger hieran ein rechtliches Interesse hat.[258] Die anderenfalls

249 Lutter/Hommelhoff/*Bayer*, § 29 Rn. 22 ff.
250 MüKoGmbHG/*Wertenbruch*, § 47 Anh. Rn. 205 aE.
251 OLG Nürnberg NZG 2000, 700 (703); OLG Düsseldorf NZG 2003, 975 (978).
252 BGH NJW 2004, 1165 (1166).
253 BGH NJW 2004, 1165 f.
254 BGH NJW 2004, 1165 (1166).
255 OLG Düsseldorf GmbHR 1996, 443 (448).
256 BGH NZG 2006, 191 (192 f.); NJW 2007, 300 (302).
257 BGH NJW 2013, 1535 (1536); NJW 2004, 1165.
258 MüKoGmbHG/*Wertenbruch*, § 47 Anh. Rn. 332; anders Scholz/*K. Schmidt*, § 45 Rn. 166 (kein rechtliches Interesse erforderlich).

mögliche einseitige Erledigungserklärung kann nicht hilfsweise, sondern nur unbedingt abgegeben werden.[259]

Die **Neufassung bzw. Wiederholung** des fehlerhaft gefassten Beschlusses hat demgegenüber zwar keine Folgen für die Begründetheit einer gegen den ursprünglichen Beschluss gerichteten Klage. Sie kann aber zum Entfallen des Rechtsschutzbedürfnisses führen,[260] wenn nämlich der neue Beschluss umfassend an die Stelle des ursprünglichen Beschlusses tritt, der mit der Neufassung bzw. Wiederholung jedenfalls konkludent aufgehoben worden ist. Anderes gilt indessen immer dann, wenn der erste Beschluss nach dem Willen der Gesellschafterversammlung trotz der Neufassung seine Gültigkeit behalten soll, wenn die Wirksamkeit des neuen Beschlusses ebenfalls streitig ist oder wenn der neu gefasste Beschluss Wirkung erst ex nunc entfalten soll und der Gesellschafter ein Interesse an den zwischen den beiden Beschlüssen liegenden Zeitraum hat. 76

III. Nichtigkeits- und Anfechtungsklage

1. Einheitlicher Streitgegenstand

Obgleich Nichtigkeitsklage (§ 249 AktG) und Anfechtungsklage (§§ 245–248 AktG) nicht nur in weiten Teilen unterschiedliche prozessuale und materielle Voraussetzungen haben, sondern auch die Rechtsfolgen von Nichtigkeitsgründen und Anfechtungsgründen verschieden sind, haben sie doch mit Rücksicht zum einen auf den prozessual-zweigliedrigen Streitgegenstandsbegriff, zum anderen auf die jeweils erstrebte Rechtsfolge des § 241 AktG – Anfechtungsklagen sind auf Herbeiführung der Nichtigkeit entsprechend § 241 Nr. 5 AktG gerichtet, während Nichtigkeitsklagen auf die Feststellung der Nichtigkeit analog § 241 Nr. 1 bis Nr. 4 und Nr. 6 AktG abzielen – ein und denselben Streitgegenstand.[261] Das hat insofern erhebliche Konsequenzen, als entsprechende Klageanträge ungeachtet des gewählten Wortlauts nicht in einem **Eventualverhältnis** stehen, sondern ein auf Nichtigkeitfeststellung gerichteter Antrag den auf Nichtigerklärung abzielenden Antrag umfasst und umgekehrt auch der auf Nichtigerklärung gerichtete Antrag den auf Feststellung der Nichtig abzielenden Antrag einschließt.[262] Auch ist die Frage nach der **Nichtigkeit** oder bloßen Anfechtbarkeit eines Beschlusses vom Gericht aufgrund der eingeführten Tatsachen (Verhandlungsmaxime) nach dem Grundsatz „iura novit curia" stets **von Amts wegen** zu beantworten. Selbst im Revisionsverfahren kann deshalb ohne Weiteres noch abweichend rechtlich gewürdigt und entschieden werden.[263] Das Gericht darf sich dementsprechend auch dann nicht mit der Prüfung von Anfechtungsgründen begnügen, wenn der Kläger nur solche rügt, sondern muss das Tatsachenvorbringen immer auch vor dem Hintergrund des § 241 AktG prüfen.[264] Auch kann nicht durch **Teilurteil** (§ 301 ZPO) über die Frage der Nichtigkeit oder diejenige der Anfechtbar- 77

259 BGH NZG 2011, 506 (508).
260 BGH NJW 2004, 1165.
261 BGH NJW 1997, 1510 (1511); NJW 1999, 1638; NJW 2002, 3465.
262 BGH NJW 1997, 1510 (1511); NJW 1999, 1638; NJW 2002, 3465.
263 BGH NJW 1997, 1510; NJW 1999, 1638.
264 BGH NJW 1997, 1510 (1511); NJW 1999, 1638.

keit entschieden werden.[265] Im Hinblick auf die **materielle Rechtskraft** (§ 322 Abs. 1 ZPO) folgt aus dem einheitlichen Streitgegenstand beider Klagen, dass die Abweisung einer Nichtigkeits- und Anfechtungsklage der Erhebung einer auf denselben Sachverhalt gestützten Nichtigkeits- und Anfechtungsklage desselben Klägers auch dann entgegensteht, wenn der Kläger aus diesem Sachverhalt nunmehr andere Beschlussmängel ableitet und die Klage hierauf stützt. Maßgebend sind der Antrag und der zur Begründung vorgebrachten Lebenssachverhalt, nicht dagegen die daraus gezogenen rechtlichen Schlussfolgerungen im Sinne von Nichtigkeit und/oder Anfechtbarkeit.[266] Dementsprechend kommt es nicht nur nicht darauf an, welche Beschlussmängel der Kläger aus dem eingeführten Lebenssachverhalt ableitet und geltend macht, sondern für die objektive Reichweite der materiellen Rechtskraft kommt es auch nicht auf die Erkennbarkeit von Beschlussmängeln an.[267] Allerdings folgt daraus keineswegs, dass nach einer der Kläger nach einer Klageabweisung nicht erneut mit einer Nichtigkeits- und Anfechtungsklage gegen den zuvor vergeblich angefochtenen Gesellschafterbeschluss vorgehen kann. Vielmehr ist das mit Rücksicht auf die Grenzen des prozessual-zweigliedrigen Streitgegenstandsbegriffs immer dann möglich, wenn der Kläger zur Begründung der zweiten Klage einen anderen Lebenssachverhalt vorbringt.[268] Dass das im Hinblick auf § 246 Abs. 1 AktG zu Problemen im Rahmen der Begründetheit einer Anfechtungsklage führen kann, trifft zwar zu. Wegen der erheblich längeren Fristen des § 242 AktG ist die Möglichkeit einer zweiten Klage desselben Klägers aber immer dann von Bedeutung, wenn sich aus dem neuen Lebenssachverhalt Nichtigkeitsgründe ergeben.

2. Anträge und Tenorierung, Prüfungspflicht des Gerichts und Teilurteile

78 Obgleich der Nichtigkeits- und Anfechtungsklage nach den vorstehenden Ausführungen ein einheitlicher Streitgegenstand zugrunde liegt und diesbezügliche Anträge nicht in einem Eventualverhältnis stehen (→ Rn. 77), ist die folgende Fassung gebräuchlich:[269]

▶ ... beantrage ich namens und in Vollmacht meines Mandanten,

1. festzustellen, dass der am ... anlässlich der Gesellschafterversammlung der Beklagten in ... zu TOP ... gefasste Beschluss mit dem Wortlaut ... nichtig ist;
2. hilfsweise: den am ... anlässlich der Gesellschafterversammlung der Beklagten in ... zu TOP ... gefassten Beschluss mit dem Wortlaut ... für nichtig zu erklären;
3. äußerst hilfsweise: festzustellen, dass am ... anlässlich der Gesellschafterversammlung der Beklagten in ... zu TOP ... ein Beschluss mit dem Wortlaut ... nicht gefasst worden ist. ◀

---

265 BGH NZG 1999, 496 (497).
266 BGH NJW 1997, 1510 (1511); NJW 1999, 1638; NJW 2002, 3465.
267 BGH NJW 2002, 3465 (3466): sehr weitreichend, indem fast ausschließlich auf das Ziel der Nichtigkeit eines bestimmten Gesellschafterbeschlusses abgestellt wird.
268 BGH DStR 2010, 1039 (1040): Begrenzung des Streitgegenstands durch Abstellen auf einen bestimmten, abgrenzbaren Teil des Lebenssachverhalts, allerdings im Zusammenhang mit der Zulassung der Revision.
269 Dazu krit. Michalski/*Römermann*, § 47 Anh. Rn. 512; Scholz/*K. Schmidt*, § 45 Rn. 151.

79 Der mit 1 bezifferte Teil des Antrags bringt zum Ausdruck, dass im Faller eines Erfolgs der Nichtigkeitsklage die Nichtigkeit des angefochtenen Gesellschafterbeschlusses festzustellen ist, während Ziffer 2 den Urteilsausspruch im Falle eines Erfolgs nur der Anfechtungsklage betrifft. Ziffer 3 trägt dem Umstand Rechnung, dass es im Falle einer mangelnden förmlichen Festhaltung eines Beschlusses einer negativen allgemeinen Feststellungsklage nach § 256 ZPO bedarf (→ Rn. 9 ff.). Den entsprechenden Vorgaben der § 241 Nr. 5, § 248 Abs. 1 S. 1, § 249 Abs. 1 S. 1 AktG sowie der analogen Anwendung der §§ 241 ff. AktG allgemein folgt auch die Tenorierung stattgebender Urteile. Die Varianten stattgebender Urteilsaussprüche lauten demnach etwa wie folgt:

▶ Es wird festgestellt, dass der anlässlich der Gesellschafterversammlung der Beklagten am ... zu TOP ... gefasste Beschluss mit dem Wortlaut ... nichtig ist. ..., ◀

oder

▶ Der anlässlich der Gesellschafterversammlung der Beklagten am ... zu TOP ... gefasste Beschluss mit dem Wortlaut ... wird für nichtig erklärt. ... ◀

oder

▶ Es wird festgestellt, dass anlässlich der Gesellschafterversammlung der Beklagten am ... zu TOP ... ein Beschluss mit dem Wortlaut ... nicht gefasst worden ist. ... Die Tenorierung folgt somit den vorgenannten Anträgen. ◀

80 Dass es im Falle der Nichtigkeit nach § 241 AktG nicht der Nichtigerklärung, sondern der **Feststellung der Nichtigkeit** bedarf, folgt – wie bereits angedeutet – aus § 249 Abs. 1 S. 1 AktG, und zwar schon nach dem Gesetzeswortlaut: „... Klage auf Feststellung der Nichtigkeit eines Hauptversammlungsbeschlusses ..." Dagegen ergibt sich der Tenor einer erfolgreichen Anfechtungsklage aus § 241 Nr. 5, § 248 Abs. 1 S. 1 AktG: „...auf Anfechtungsklage durch Urteil rechtskräftig für nichtig erklärt worden ist, ..." und „... durch rechtskräftiges Urteil für nichtig erklärt ist, ..." In dieser **Nichtigerklärung** liegt wegen § 241 Nr. 5 AktG eine **Gestaltung.** Denn erst das rechtskräftige Urteil begründet nach § 241 Nr. 5 AktG die Nichtigkeit und nicht etwa der Sachverhalt iSd § 243 Abs. 1 AktG als solcher.[270] Obgleich das mit Rücksicht auf die unterschiedlichen Voraussetzungen und Rechtsfolgen stattgebender Urteil ja nach Nichtigkeit/Nichtigkeitsfeststellung oder Anfechtung/Nichtigerklärung nahezuliegen scheint, sind **Teilurteile** schon mit Rücksicht auf den einheitlichen Streitgegenstand nicht zulässig (s.o. Rn. 77).[271] Zum selben Ergebnis gelangte man allerdings, wenn man für die Begründung der Unanwendbarkeit des § 301 ZPO nicht bereits auf den **einheitlichen Streitgegenstand** abstellte, sondern auf den einheitlichen Lebenssachverhalt der Beschlussfassung einerseits und das auch in tatsäch*licher Hinsicht* weitreichende **Widerspruchsverbot** als ungeschriebene Voraussetzung des § 301 ZPO andererseits. Folgen für den Urteilsausspruch als Konsequenz der Sachprüfung hat der einheitliche Streitgegenstand schließlich insofern, also das jeweils mit der Sache befasste Gericht, soweit es nicht durch eine entgegenstehende Rechtskraft gebunden ist, **von Amts** jeweils sämtliche **Nichtigkeits- und Anfechtungsgründe** zu

270 BGH GmbHR 2009, 39 (40); Hüffer/Koch, AktG, § 248 Rn. 4, § 249 Rn. 10.
271 BGH NZG 1999, 496 (497).

prüfen hat.[272] Denn hier geht es lediglich um die rechtliche Würdigung im Rahmen des einheitlichen Streitgegenstands, so dass es auf die Geltendmachung eines bestimmten Mangels nach dem Grundsatz „iura novit curia" nicht ankommt. Deshalb kann eine Nichtigerklärung auch im zweiten Rechtszug ohne Rücksicht auf ein zugunsten der Beklagten geltendes Verbot der reformatio in peius durch eine Nichtigkeitsfeststellung ersetzt werden (vgl. zum Ganzen auch Rn. 111 ff.).

3. Feststellung des Beschlussergebnisses

81 Oben ist bereits eingehend ausgeführt worden, dass die analoge Anwendung der §§ 241 ff. AktG auf die GmbH zwar nicht eine für die GmbH gesetzlich nicht vorgesehene, § 130 AktG entsprechende Beurkundung von Gesellschafterbeschlüssen voraussetzt, aber doch eine gewisse förmliche Festhaltung des Beschussergebnisses. Kann nämlich ein Gesellschafter mangels solcher Festhaltung nicht mit einem bestimmten Beschluss rechnen, ist es ihm auch nicht zuzumuten gegen den betreffenden Beschluss innerhalb der Fristen des § 246 Abs. 1 AktG oder auch nur das § 242 AktG klageweise vorzugehen und überwiegt das Interesse der Gesellschaft an Rechtsklarheit und -sicherheit binnen kurzer Frist nicht das Interesse des Gesellschafters an Wahrung seiner gesetzlichen und satzungsmäßigen Rechte. Dementsprechend können die §§ 241 ff. AktG und darunter auch die §§ 245 ff., 249 AktG nicht zur Anwendung kommen, wenn es an jeder förmlichen Festhaltung eines Beschlussergebnisses mangelt, sondern es bedarf einer allgemeinen Feststellungsklage iSd § 256 ZPO gegen die Gesellschaft[273] und es gilt das aus dem Personengesellschaftsrecht bekannte Beschlussmängelrecht. Eine gleichwohl erhobene Nichtigkeits- und Anfechtungsklage ist abzuweisen (→ Rn. 9 ff.).[274]

82 Für die Feststellung des **Beschlussergebnisses** genügt es nicht, das tatsächliche **Abstimmungsergebnis** zu verkünden. Vielmehr muss das rechtliche Beschlussergebnis in der Weise bekanntgegeben werden, dass mitgeteilt wird, ob der Beschlussantrag angenommen oder abgelehnt worden ist. Sieht der Versammlungsleiter von dieser ausdrücklich oder konkludent möglichen Feststellung etwa im Hinblick über Unsicherheiten über einen Stimmrechtsausschluss ab, liegt demnach die erforderliche Bekanntgabe des Beschlussergebnisses nicht vor.[275] Zur Feststellung des Beschlussergebnisses ist der **Versammlungsleiter** nicht nur dann befugt, wenn er durch die Satzung dazu ermächtigt worden ist, sondern die Bestellung eines Versammlungsleiters mit den in dem Begriff der Versammlungsleitung liegenden Befugnissen ist Teil der Selbstorganisationsbefugnis der Gesellschafterver-

---

272 BGH NJW 1997, 1510 (1511); NJW 1999, 1638.

273 Wegen der Unterschiede zwischen der GmbH als juristischer Person und den Personengesellschaften kann eine gewollte Bindung der GmbH an das Urteil nur im Wege einer Klage (auch) gegen die GmbH bewirkt werden. Die Gesellschafter müssen nicht mitverklagt werden, weil das Urteil die GmbH mit ihren Organen und darunter auch die Gesellschafterversammlung bindet.

274 BGH NJW 1980, 1527 f.; NJW 1986, 2051 (2052); NJW 1988, 1844; NJW-RR 2008, 706 (708); Henssler/Strohn/*Drescher*, Gesellschaftsrecht, § 241 AktG Rn. 3.

275 BGH NJW 1980, 1527 f..

sammlung und diese kann durch Mehrheitsbeschluss iSd § 47 Abs. 1 GmbHG – die Notwendigkeit einer qualifizierten Mehrheit lässt sich dem Gesetz nicht entnehmen und kann daher nur gestützt auf nicht dem Zugriff der Mehrheit unterliegende Minderheitenrechte begründet werden, um die es hier nicht geht – ausgeübt bzw. teilweise delegiert werden. Die Feststellung von Beschlussergebnissen gehört begrifflich zur Versammlungsleitung. Deshalb bedarf es insofern lediglich der Bestellung eines Versammlungsleiters durch Satzung oder Mehrheitsbeschluss.[276] Fehlt es an einer wirksamen Feststellung seitens des Versammlungsleiters, hat das allerdings nicht zwangsläufig die Unanwendbarkeit der §§ 241 ff. AktG zur Folge. Vielmehr reicht es mit Rücksicht auf die oben angestellten Erwägungen zum Hintergrund der förmlichen Festhaltung auch aus, wenn etwa anlässlich der Gesellschafterversammlung **Einigkeit zwischen allen Gesellschaftern** bestand, dass ein Beschluss gefasst wurde. In einem solchen Fall ist die Anwendung der §§ 241 ff. AktG mit ihren Regelungen im Interesse der Gesellschaft den Gesellschaftern trotz mangelnder Feststellung zumutbar.[277]

4. Rechtsschutzbedürfnis und Klagebefugnis, §§ 245, 249 AktG

Während § 245 AktG die **Anfechtungsbefugnis** für die **Anfechtungsklage** regelt, gilt hinsichtlich der Nichtigkeitsklage § 249 Abs., 1 S. 1 AktG. Diese Bestimmung verweist zwar nicht auf § 245 AktG, enthält selbst aber eine Aufzählung von möglichen Klägern. Entsprechend § 245 Nr. 1 bis 3 AktG sind die Mitglieder der GmbH zur Anfechtung von Gesellschafterbeschlüssen befugt – auf die Anwesenheit anlässlich der Hauptversammlung, einen Widerspruch, eine rechtswidrige Nichtzulassung usw kommt es nicht an, weil diese Voraussetzungen den Besonderheiten der AG Rechnung tragen.[278] Da die Anfechtungsbefugnis entsprechend § 245 AktG **Ausfluss der Mitgliedschaft,**[279] also im Sinne einer Aktivlegitimation, einer materiellrechtlichen Voraussetzung des geltend gemachten prozessualen Anspruchs zu verstehen ist,[280] handelt es sich um eine Frage nicht der Zulässigkeit, sondern der **Begründetheit.**[281] Dagegen sollen Nichtigkeitsgründe trotz § 249 Abs. 1 S. 1 AktG von jedermann jederzeit geltend gemacht werden können.[282] Das bedeutet indessen keineswegs, dass es sich bei der Nichtigkeitsklage um eine Popularklage handelt, sondern lediglich, dass sich auch Nichtgesellschafter auf die Nichtigkeit eines Gesellschafterbeschlusses berufen können und dass Nichtigkeitsgründe zwar klageweise geltend gemacht werden können, aber nicht müssen. Für die Frage, welche Voraussetzungen eine erfolgreiche **Nichtigkeitsklage** hat, sind neben § 249 Abs. 1 83

276 Lutter/Hommelhoff/*Bayer*, § 47 Anh. Rn. 38; *Hoffmann/Köster* GmbHR 2003, 1327 (1328 f.).
277 OLG Celle GmbHR 1997, 172 (174).
278 Vgl. MüKoGmbHG/*Wertenbruch*, § 47 Anh. Rn. 247, 271 sowie Henssler/Strohn/*Drescher*, Gesellschaftsrecht, § 245 AktG Rn. 19 auch zur Notwendigkeit eines Widerspruchs als Voraussetzung eines Rechtsschutzbedürfnisses sowie zu den dem Kläger ohne vorherigen Widerspruch evtl. drohenden Kostennachteilen bei sofortigem Anerkenntnis (§ 93 ZPO) oder Erledigung (§§ 91 a, 256 ZPO).
279 Henssler/Strohn/*Drescher*, Gesellschaftsrecht, § 245 AktG Rn. 19 ff.
280 BGH NJW-RR 2006, 1110 (1112).
281 BGH NJW-RR 2006, 1110 (1112); BGH NJW-RR 2008, 289 (290).
282 BGH NJW 1954, 385 (386).

S. 1 AktG die allgemeinen prozessualen Regeln zu beachten. Danach aber bedarf es in jedem Fall eines **Rechtsschutzbedürfnisses**, und dieses besteht, solange der Kläger Mitglied der Gesellschaft ist. Das entspricht § 249 Abs. 1 S. 1 AktG.[283] Im Ergebnis ist der Unterschied der beiden Klage deshalb gering: Fehlt es an der Mitgliedschaft, muss sowohl die Anfechtungsklage als auch die Nichtigkeitsklage abgewiesen werden. Während aber die Anfechtungsklage analog § 245 AktG als unbegründet abzuweisen ist, ist die Nichtigkeitsklage entsprechend § 249 Abs. 1 S. 1 AktG und mit Rücksicht auf den allgemeinen Gesichtspunkt des Rechtsschutzbedürfnisses als **unzulässig** abzuweisen. Hingegen ist das Rechtsschutzbedürfnis bei der Anfechtungsklage nicht unter dem Gesichtspunkt des Bestehens der Mitgliedschaft zu prüfen. Die ist wegen § 245 AktG der Begründetheit vorbehalten.

84 Im Streit um die Wirksamkeit eines **Gesellschafterbeschlusses, der den Verlust der Mitgliedschaft zur Folge hätte**, also zB um einen Ausschluss durch Gesellschafterbeschluss oder um einen Gesellschafterbeschluss über die Einziehung der Geschäftsanteile des Klägers, muss die Mitgliedschaft nicht geklärt werden. Hier gebietet der Anspruch des Klägers auf **Gewährung effektiven Rechtsschutzes** gemäß Art. 2 Abs. 1, Art. 20 Abs. 3 GG ausnahmsweise die Fiktion der Mitgliedschaft für die Zweck des Rechtsschutzes. Nur so kann gewährleistet werden, dass stets die rechtstaatlich gebotene sachliche Prüfung der Wirksamkeit des angefochtenen Beschlusses erwirkt werden kann.[284]

85 Bei zwischenzeitlichem **Verlust der Mitgliedschaft** sind darüber hinaus mehrere Gesichtspunkte zu beachten: Zum einen ist für die Wahrnehmung der Mitgliedschaftsrechte nach **§ 16 Abs. 1 S. 1 GmbHG** nicht die materielle, sondern ausschließlich die **formelle Legitimation** maßgebend,[285] und das gilt nicht nur bei Veräußerungen, sondern auch für die Fälle der Einziehung.[286] Solange die Eintragung in die Liste fortbesteht, kann der betroffene Gesellschafter sich also nicht nur gestützt auf die vorgenannte Fiktion gegen den Beschluss über die Einziehung, Zwangsabtretung oder einen Ausschluss zur Wehr setzen, sondern er kann unter Berufung auf die formelle Legitimation auch andere, gegen seine Rechte gerichtete Beschlüsse anfechten, wie zB Beschlüsse über die Abberufung als Geschäftsführer, die Kündigung des Anstellungsvertrages, den Widerruf einer Pensionszusage und die Geltendmachung von Schadenersatzansprüchen. Ferner ist allgemeinen Regeln folgend auch für die Frage der Mitgliedschaft zwar der Schluss der mündlichen Verhandlung als entscheidungserheblicher Zeitpunkt maßgebend. Jedoch findet **§ 265 ZPO** insofern analoge Anwendung, als im Falle der **Veräußerung** des der Mitgliedschaft zugrundeliegenden Geschäftsanteils eine **gesetzliche Prozessstandschaft** besteht. Allerdings muss der ausgeschiedene Gesellschafter ein besonderes Interesse an der Fortführung des Prozesses ungeachtet seines Ausscheidens dartun.[287]

---

283 BGH NJW 2009, 230 (231); OLG Düsseldorf NJW-RR 1996, 607 (608); OLG Koblenz NZG 2006, 270 (271).
284 OLG Düsseldorf NJW-RR 1996, 607 (610).
285 So bereits OLG Düsseldorf NJW-RR 1996, 607 (608).
286 BGH, NJW 2019, 993 (994 ff.).
287 BGH NJW 1965, 1378 f.; DStR 2006, 2223 (2224 f.).

Im Falle der Eröffnung des **Insolvenz**verfahrens bzgl. des Vermögens des klagenden Gesellschafters **vor Klageerhebung** besteht zwar die hinter dem Rechtsschutzbedürfnis der Nichtigkeitsklage und der Anfechtungsbefugnis analog § 245 Nr. 1 bis 3 AktG stehende Mitgliedschaft fort, soweit nicht die Satzung anderes vorsieht. Jedoch geht die Verwaltungsbefugnis hinsichtlich aller verwertbaren Vermögensgegenstände auf den Insolvenzverwalter über. Dementsprechend ist fortan er und nicht mehr der insolvente Gesellschafter klagebefugt. Der Insolvenzverwalter wiederum klagt als Partei kraft Amtes im eigenen Namen.[288] Kommt es dagegen erst **nach Klageerhebung** zur Insolvenzeröffnung und zu dem damit verbundenen Übergang des Rechtsschutzbedürfnisses sowie der Anfechtungsbefugnis, greift § 240 S. 1 ZPO ein, so dass der Insolvenzverwalter das Verfahren nach § 85 Abs. 1 InsO aufnehmen kann. Lehnt der Insolvenzverwalter dieses ab, können sowohl der insolvente Gesellschafter als auch die Gesellschaft das Verfahren aufnehmen, § 85 Abs. 2 InsO.[289] Ausnahmsweise gelt anderes, wenn es sich um eine ideellen oder gemeinnützigen Zwecken dienende GmbH handelt und die **Gewinnausschüttung gemäß § 29 Abs. 1 GmbH satzungsgemäß ausgeschlossen** ist. Denn dann erfasst der Übergang der Verwaltungsbefugnis den Geschäftsanteil des insolventen Gesellschafters und die daraus resultierenden Rechte schon deshalb nicht, weil es sich nicht um verwertbare Vermögengegenstände handelt. Hier bleibt es bei dem Rechtsschutzbedürfnis und der Anfechtungsbefugnis des Gesellschafters selbst.[290] 86

Da eine **Verpfändung** lediglich ein auf ranggerechte Befriedigung gerichtetes Verwertungsrecht und nicht etwa ein Verwaltungsrecht begründet, hat sie ohne Weiteres weder den Verlust der Mitgliedschaft des Anfechtungsklägers[291] noch das Entfallen der Anfechtungsbefugnis[292] zur Folge. Aus denselben Gründen hat auch die bloße Pfändung im Rahmen der **Zwangsvollstreckung** keine Folgen für das Rechtsschutzbedürfnis und für die Anfechtungsbefugnis.[293] Weitere Maßnahmen im Rahmen der Zwangsvollstreckung können allerdings sehr wohl den Verlust der Mitgliedschaft und mit ihr des Rechtsschutzbedürfnisses und der Anfechtungsbefugnis zur Folge haben, so zB eine Veräußerung des Geschäftsanteils nach § 844 ZPO nicht an den Schuldner.[294] Auch im Falle einer aufgrund der Pfändung in Verbindung mit einer entsprechenden Bestimmung der Satzung gerechtfertigten **Einziehung** kann die Anfechtungsbefugnis entfallen, allerdings – wie oben erläutert (→ Rn. 84) – nicht hinsichtlich des Beschlusses über die Zwangseinziehung selbst. Voraussetzung ist indessen die Wirksamkeit der betreffenden Klausel und des hierauf beruhenden Beschlusses insbesondere auch vor dem Hintergrund des § 241 Nr. 3 und 4 AktG sowie der nicht ganz fern liegenden Absicht, die Gläubiger des nicht Schuldners mit der Einziehung zu schädigen. 87

288 BGH NZG 2011, 902 Rn. 7; OLG Düsseldorf NJW-RR 1996, 607 (610).
289 MüKoGmbHG/*Wertenbruch*, § 47 Anh. Rn. 269.
290 MüKoGmbHG/*Wertenbruch*, § 47 Anh. Rn. 269.
291 LG Mannheim WM 1990, 760 (762) zur AG.
292 LG Mannheim WM 1990, 760 (762) zur AG.
293 Scholz/*K. Schmidt*, § 45 Rn. 128.
294 MüKoGmbHG/*Wertenbruch*, § 47 Anh. Rn. 270.

88 Nach zutreffender Auffassung können zwar auch **Fremd-Geschäftsführer** als Nichtgesellschafter im Hinblick auf die Wahrnehmung ihrer Pflichten ein ganz erhebliches Interesse an der Klärung der Wirksamkeit bestimmter Gesellschafterbeschlüsse haben. Jedoch erfordert der Schutz dieser rechtlichen Interessen keineswegs die Befugnis Nichtigkeits- und Anfechtungsklage zu erheben, sondern die allgemeine Feststellungklage reicht insofern sehr wohl aus.[295] Diese kann auch auf die Feststellung der Nichtigkeit eines Beschlusses gerichtet sein, wenn nämlich die Pflichten des Geschäftsführers hiervon abhängen. Anfechtungsgründe können dagegen von Fremd-Geschäftsführer mangels Anfechtungsbefugnis nicht im Wege der Anfechtungsklage geltend gemacht werden und eine Feststellungsklage kann hierauf nicht gestützt werden, weil sie nur unter Vermittlung einer Anfechtungsklage Einfluss auf die Wirksamkeit eines Gesellschafterbeschlusses haben können (vgl. § 241 Nr. 5 AktG). Der Unterschied zwischen einer auf Feststellung der Nichtigkeit bzw. der Wirksamkeit eines Gesellschafterbeschlusses gerichteten allgemeinen Feststellungsklage eines Fremd-Geschäftsführers einerseits und den den Gesellschaftern eröffneten Möglichkeiten andererseits besteht zum einen darin, dass Fremd-Geschäftsführer als solche nur dann Klage erheben können, wenn und soweit der konkrete Gesellschafterbeschluss ihre Rechte und Pflichten als Organ betrifft und zudem nicht bloß seine Gesetzes- und/oder Satzungswidrigkeit (Anfechtungsgründe), sondern seine Wirksamkeit (Nichtigkeitsgründe) in Frage steht. Zum anderen kann auch stattgebenden Entscheidungen keine Rechtskraft inter omnes zukommen, sondern die materielle Rechtskraft ist in subjektiver Hinsicht auf jeden Fall auf das Verhältnis zwischen dem Kläger und der in Anspruch genommenen GmbH beschränkt. Die die Anfechtungsbefugnis des Vorstands bzw. von Vorstandsmitgliedern vorsehenden Regelungen § 245 Nr. 4 und 5 AktG finden also auf die GmbH nicht analoge Anwendung, soweit es um eine Anfechtungsbefugnis der Geschäftsführung bzw. des Geschäftsführers geht.[296] Auch hierin kommt die ganz verschiedene Stellung von umfassend weisungsgebundener GmbH-Geschäftsführung einerseits und eigenverantwortlichem AG-Vorstand andererseits zum Ausdruck (vgl. dazu nur § 76 Abs. 1 AktG). Gleichwohl reicht der Satz, dass die Anfechtung von Gesellschafterbeschlüssen Sache ausschließlich der Gesellschafter sei,[297] mit Rücksicht auf einige besondere, sogleich zu erörternde Konstellationen, zu weit.

89 Jedenfalls für die **mitbestimmten GmbH** und für Mitglieder eines **obligatorischen Aufsichtsrats** gilt nämlich anderes, um nicht der Unternehmens-Mitbestimmung ein von der gewählten Rechtsform des Unternehmensträgers abhängiges, geringeres Gewicht zu geben. Zwingend ist das jedenfalls dann, wenn ein Verstoß des Gesellschafterbeschlusses gegen das Mitbestimmungsrecht geltend gemacht werden soll.[298] Allerdings handelt es sich bei den Arbeitnehmervertretern im obligatorischen Aufsichtsrat sehr wohl

295 BGH NJW 1980, 1527 (1528); NJW-RR 2008, 706; Henssler/Strohn/Drescher, Gesellschaftsrecht, § 245 AktG Rn. 22 f. und § 249 AktG Rn. 6.
296 BGH NJW 1980, 1527 (1528); NJW-RR 2008, 706 (707 f.); Henssler/Strohn/*Drescher*, Gesellschaftsrecht, § 245 AktG Rn. 2 f. und § 249 AktG Rn. 6.
297 BGH NJW 1980, 1527 (1528).
298 BGH NJW 1984, 733 (734).

um vollwertige, in jeder Hinsicht zur Kontrolle verpflichtete und zur Mitwirkung an derselben befugt Mitglieder. Dementsprechend können auch **andere Gesetzes- und Satzungsverstöße als solche gegen das Mitbestimmungsrecht** mit einer Nichtigkeits- und Anfechtungsklage durchgesetzt werden. Ausgehend hiervon lässt sich eine analoge Anwendung des § 245 Nr. 5 AktG nur auf die Arbeitnehmervertreter im Aufsichtsrat der mitbestimmten GmbH nicht rechtfertigen, sondern alle Mitglieder sowohl eines obligatorischen Aufsichtsrats sind entsprechend § 245 Nr. 4 AktG befugt, Nichtigkeits- und Anfechtungsklage hinsichtlich aller Nichtigkeits- und Anfechtungsgründe gemäß den §§ 241, 243 AktG zu erheben. Auch wenn eine GmbH durch die Einrichtung eines Aufsichtsrats hinsichtlich der Überwachung und Kontrolle der Geschäftsführung deutlich der AG angenähert worden, vermag das eine analoge Anwendung des § 245 Nr. 5 AktG auch auf **Mitglieder eines fakultativen Aufsichtsrats** nicht zu rechtfertigen. Vielmehr ist zum einen weiterhin maßgebend, dass die Anfechtungsbefugnis grundsätzlich Ausfluss der Mitgliedschaft ist[299] und daher Nicht-Gesellschaftern nur aus zwingenden Gründen, wie zB dem Recht der Unternehmensmitbestimmung, zukommen kann. Zum anderen bleibt es trotz fakultativen Aufsichtsrats bei einem gewichtigen Unterschied zwischen AG und GmbH: Da sich die Überwachungs- und Kontrollfunktion des Aufsichtsrats nur auf die Geschäftsführung bezieht, können seine Rechte über diesen Rechtskreis nicht hinausreichen. Anders als der Vorstand AG ist aber die Geschäftsführung einer GmbH nicht zur Anfechtung befugt und handelt nicht entsprechend § 76 AktG eigenverantwortlich, sondern ist vollumfänglich an Weisungen gebunden. Dementsprechend muss es auch für die GmbH mit fakultativem Aufsichtsrat dabei bleiben, dass die Aufsichtsratsmitglieder nicht Nichtigkeits- und Anfechtungsklage erheben können, sondern nur die Nichtigkeit eines ihre Organrechte und/oder -pflichten betreffenden Gesellschafterbeschlusses im Wege einer allgemeinen Feststellungsklage geltend machen können.[300]

Aus denselben Gründen findet § 245 Nr. 5 AktG auf einen eingerichteten 90
Beirat und seine Mitglieder selbst dann nicht analoge Anwendung, wenn der Beirat satzungsgemäß die sonst einem (fakultativen) Aufsichtsrat obliegenden Überwachungs- und Kontrollaufgaben ausüben soll sowie nach der Satzung auch dementsprechende Befugnisse hat.[301]

Wird ein **Geschäftsanteil gemeinschaftlich gehalten**, besteht auch die An- 91
fechtungsbefugnis entsprechend § 245 AktG grundsätzlich nur gemäß **§ 18 Abs. 1 GmbHG** gemeinschaftlich. Die gemeinschaftlichen Gesellschafter können also auch nur gemeinschaftlich Anfechtungsklage erheben,[302] und zwar im Rahmen einer aus materiellrechtlichen Gründen notwendigen Streitgenossenschaft gemäß § 62 Abs. 1 Alt. 2 ZPO.[303] Sollen nicht Nichtigkeits- und Anfechtungsklage trotz einheitlichen Streitgegenstands un-

299 BGH NJW-RR 2006, 1110 (1112); NJW-RR 2008, 289 (290).
300 Henssler/Strohn/*Drescher*, Gesellschaftsrecht, § 249 AktG Rn. 6 (nur obligatorischer Aufsichtsrat).
301 Anders Lutter/Hommelhoff/*Bayer*, § 47 Anh. Rn. 30.
302 Michalski/*Römermann*, § 47 Anh. Rn. 394.
303 Michalski/*Römermann*, § 47 Anh. Rn. 394.

zweckmäßig auseinanderfallen, kann für das Rechtsschutzbedürfnis der Nichtigkeitsklage nichts anderes gelten. Kurz: Da nur ein gemeinschaftliches Recht besteht, besteht auch nur ein gemeinschaftliches Rechtsschutzbedürfnis und auch die Nichtigkeitsklage kann nur gemeinschaftlich erhoben werden. Allerdings gilt § 18 GmbHG nicht für jeweils von einer rechtsfähigen **Personengesellschaft** gehaltene Anteile, weil die Personengesellschaft hier Inhaberin des Geschäftsanteils und Gesellschafterin, nicht die dahinter stehenden Personen. Das gilt auch für (teil-)rechtsfähige Gesellschaft bürgerlichen Rechts.[304] Dementsprechend kann hier die jeweilige Personengesellschaft als Gesellschafterin und alleinige Inhaberin des betreffenden Geschäftsanteils auch allein Anfechtungsklage erheben.[305] § 18 GmbHG greift in solchen Konstellationen nur dann ein, wenn ein Geschäftsanteil von mehreren Personengesellschaften oder von einer Personengesellschaft und mehreren anderen Personen gemeinschaftlich gehalten wird. Ausnahmen von § 18 Abs. 1 GmbHG gelten in gewissem Umfang für **Miterben und Mitglieder von Bruchteilsgemeinschaften:** Handelt es sich um eine notwendige Erhaltungsmaßnahme im Sinne des § 2038 Abs. 1 BGB oder um eine Maßnahme gemäß § 744 Abs. 2 BGB, kann jeder einzelne Mitberechtigte unabhängig von den übrigen Mitberechtigten Anfechtungsklage erheben.[306]

5. Verhältnis zur allgemeinen Feststellungsklage, § 256 ZPO

92 Schon im Hinblick auf die Spezialität der §§ 245 ff., 249 AktG gegenüber § 256 ZPO, aber auch mit Rücksicht auf die Sachentscheidungsvoraussetzung des Feststellungsinteresses gemäß § 256 ZPO ist eine allgemeine Feststellungsklage immer dann nicht zulässig, wenn für den betreffenden Kläger eine Nichtigkeits- und Anfechtungsklage statthaft ist. Nur wenn und soweit das nicht der Fall ist bzw. ein anderes Rechtsschutzziel verfolgt wird, kommt die allgemeine Feststellungsklage in Betracht, wenn denn ihre Voraussetzungen im Übrigen vorliegen. Hiernach wird eine gegen die Wirksamkeit eines Gesellschafterbeschlusses gerichtete allgemeinen Feststellungsklage auch dann nicht zulässig, wenn die Anfechtungsfrist abgelaufen ist oder wenn das nach der Veräußerung des Geschäftsanteils erforderliche, besondere Interesse an der Fortsetzung des Rechtsstreits fehlt. Um Umgehungen zu vermeiden, bleibt es hier vielmehr bei der Maßgeblichkeit ausschließlich der Regeln der §§ 241 ff. AktG.[307] Das gilt auch für die zweigliedrige GmbH[308] und nicht nur für Gesellschafter, sondern auch für klagebefugte Aufsichtsratsmitglieder (→ Rn. 89).[309]

304 Baumbach/Hueck/*Servatius*, § 18 Rn. 2.
305 MüKoGmbHG/*Wertenbruch*, § 47 Anh. Rn. 250.
306 Zu Miterben: BGH NJW 1989, 2694 (2696 f.); sowohl zu Miterben als auch zu Mitgliedern von Bruchteilsgemeinschaften: *Michalski/Römermann*, § 47 Anh. Rn. 395.
307 BGH NJW 1978, 1325 f. (zur e.G.); OLG Koblenz NZG 2006, 270 (271).
308 OLG Koblenz NZG 2006, 270 (271).
309 MüKoGmbHG/*Wertenbruch*, § 47 Anh. Rn. 246.

6. Rechtsmissbrauch und Verletzung der Treupflicht, § 242 AktG

Hinsichtlich der Rechtsfolgen eines Rechtsmissbrauchs, also einer missbräuchlichen Klageerhebung ist zwischen der Nichtigkeitsklage einerseits und der Anfechtungsklage andererseits zu unterscheiden. Denn Die materiellrechtliche Folge der Nichtigkeit eines Gesellschafterbeschlusses analog § 241 AktG tritt ipso iure und unabhängig von ihrer Geltendmachung durch eine Klage oder auf andere Art und Weise ein. Dementsprechend hat die rechtsmissbräuchliche Erhebung einer Nichtigkeitsklage hierauf keinen Einfluss und es bleibt in jedem Fall bei der Nichtigkeit des betroffenen Gesellschafterbeschlusses. Der Einwand des Rechtsmissbrauchs betrifft deshalb auch nicht diese materiellrechtliche Folge des § 241 AktG, sondern es handelt sich um den Einwand des missbräuchlichen Gebrauchs eines prozessualen Rechts.[310] Der Natur der Nichtigkeitsklage als prozessuales Recht[311] entsprechend hat der Rechtsmissbrauch desselben nicht ein materiellrechtliches, sondern ein prozessuales Defizit zur Folge und führt somit zur Abweisung der **Nichtigkeitsklage** als unzulässig.[312] Teils wird das unter dem Gesichtspunkt des Rechtsschutzbedürfnisses behandelt, teils im Hinblick auf die Klagebefugnis.[313] Im Übrigen gilt für die Nichtigkeitsklage, dass die vorherige **Zustimmung** des Klägers zu dem angegriffenen Beschluss einen Rechtsmissbrauch in diesem Sinne nicht begründet und damit die Abweisung der Nichtigkeitsklage als unzulässig nicht zu rechtfertigen vermag.[314] Für die **Anfechtungsklage** gilt anderes: Da diese ein über die der Anfechtungsbefugnis zugrundeliegenden Gesichtspunkte hinausreichendes, besonderes Rechtsschutzbedürfnis nicht voraussetzt,[315] sondern jeder Gesellschafter grundsätzlich ohne Weiteres verlangen kann, dass die Gesellschafterversammlung nur mit dem Gesetz und der Satzung übereinstimmende Beschlüsse fasst,[316] betrifft der Einwand des Rechtsmissbrauchs bei der Anfechtungsklage nicht schon die Zulässigkeit, sondern die Begründetheit. Es geht darum, ob die aus der Mitgliedschaft folgende Anfechtungsbefugnis des Klägers im konkreten Fall besteht und im Prozess durchgesetzt werden kann.[317] Dringt der Einwand des Rechtsmissbrauchs durch, muss die Anfechtungsklage als unbegründet abgewiesen werden,[318] weil dem Kläger die Anfechtungsbefugnis fehlt.[319] Indessen bedeutet das nicht etwa, dass der prozessualen Einwand des Rechtsmissbrauchs bei der Anfechtungsklage kein Anwendungsbereich bleibt, sondern unzulässig ist eine Anfechtungsklage zB immer dann, wenn es um eine unnötige und deshalb 93

310 Zu § 245 AktG: OLG Frankfurt aM NJW-RR 1991, 805; OLG Stuttgart NZG 2001, 277 (278).
311 Zu § 245 AktG: OLG Stuttgart NZG 2001, 277 (278).
312 Zu § 245 AktG: OLG Frankfurt aM NJW-RR 1991, 805 (806); OLG Stuttgart NZG 2001, 277 (278).
313 Zu § 245 AktG: OLG Frankfurt aM NJW-RR 1991, 805 (806); unter Bezugnahme auf Klagebefugnis hingegen OLG Stuttgart NZG 2001, 277 (278).
314 BGH NJW 1954, 385 (386).
315 RGZ 77, 255 (257); RGZ 145, 336 (338); RGZ 146, 385 (395); BGH WM 1965, 422 (423).
316 BGH WM 1965, 422 (423).
317 BGH NJW-RR 1992, 1388 (1389).
318 BGH NJW-RR 1992, 1388 (1389).
319 BGH NJW-RR 1992, 1388 (1389).

rechtsmissbräuchliche Inanspruchnahme staatlicher Gerichte geht.[320] Maßgebend sind für die Zulässigkeit demnach allgemeine Erwägungen, während spezielle, auf die Anfechtung bezogene Gesichtspunkte die Begründetheit betreffen. **Rechtsmissbrauch** im Sinne der vorstehenden Ausführungen liegt vor, wenn der Kläger mit der Nichtigkeits- und Anfechtungsklage egoistische oder andere Ziele verfolgt, die sich nicht mit den Interessen der GmbH, wie sie sich insbesondere aus dem Gesellschaftszweck ergeben, vereinbaren lassen, und dabei einen Schaden für die Gesellschaft entweder bezweckt oder billigend in Kauf nimmt.[321] Ein Rechtsmissbrauch kann aber auch ohne eigenen wirtschaftlichen Vorteil des Klägers vorliegen: Steht das Interesse an der klageweisen Geltendmachung des Beschlussmangels außer Verhältnis zu dem der GmbH dadurch drohenden Schaden, ist ebenfalls Rechtmissbrauch zu bejahen.[322] Die vorstehenden Konstellationen kann man ebenso gut unter dem Gesichtspunkt des Rücksichtnahmegebots als Ausprägung der **gesellschaftsrechtlichen Treupflicht** betrachten. Für die Anfechtungsklage macht das zwar in der Regel keinen Unterschied, weil der Rechtsmissbrauch hier gewöhnlich die Begründetheit betrifft. Für die Nichtigkeitsklage hätte das allerdings zur Voraussetzung, dass trotz Rechtsmissbrauchs die Zulässigkeit bejaht werden müsste.

7. Feststellungsinteresse

94 Die Anfechtung eines Gesellschafterbeschlusses setzt kein über die der Anfechtungsbefugnis zugrundeliegenden Gesichtspunkte einerseits und das Gestaltungsmonopol der Gerichte andererseits hinausreichendes Rechtsschutzbedürfnis voraus,[323] sondern jeder Gesellschafter kann ohne Weiteres klageweise verlangen, dass die Gesellschafterversammlung nur mit dem Gesetz und der Satzung übereinstimmende Beschlüsse fasst.[324] Für die Nichtigkeitsklage gilt nichts anderes. Vielmehr ergibt sich ein ausreichendes Interesse des klagenden Gesellschafters an der Feststellung der Beschlussnichtigkeit mit Wirkung für und gegen die Gesellschaft und alle Gesellschafter regelmäßig schon ohne Weiteres aus seiner Mitgliedschaft und den damit verbundenen Kontrollrechten.[325] Kann diese Argumentation auch unmittelbare Geltung nur für die Gesellschafter einer GmbH beanspruchen, kommt für andere Personen, denen nach den vorstehenden Erwägungen (→ Rn. 89) die Nichtigkeits- und Anfechtungsklage eröffnet ist, doch eine ähnliche Erwägung zum Tragen: Deren Feststellungsinteresse ergibt sich bereits aus den ihrem Rechtsschutzbedürfnis und ihrer Anfechtungsbefugnis zugrundeliegenden Gesichtspunkten.[326] Ausnahmsweise bedarf es immer dann eines besonderen Feststellungsinteresses, wenn die **Mitgliedschaft** oder die die Befugnis bzw. das Rechtsschutzbedürfnis tragenden Funktion **nach Rechtshängigkeit entfällt.** Das wurde oben im Zusammen-

---

320 BGH NJW-RR 1992, 1388 (1389).
321 Michalski/*Römermann*, § 47 Anh. Rn. 448.
322 Michalski/*Römermann*, § 47 Anh. Rn. 452.
323 RGZ 77, 255 (257); RGZ 145, 336 (338); RGZ 146, 385 (395); BGH NJW 2013, 1535 (1536); WM 1965, 422 (423).
324 BGH WM 1965, 422 (423).
325 BGH WM 1965, 422 (423).
326 Lutter/Hommelhoff/*Bayer*, § 47 Anh. Rn. 30.

hang mit der analogen Anwendung des § 265 ZPO erörtert (→ Rn. 85). Das Rechtsschutzbedürfnis für eine gegen die Wahl eines Aufsichtsratsmitgliedes gerichtete Nichtigkeits- und Anfechtungsklage kann entfallen, wenn das betreffende Aufsichtsratsmitglied zurücktritt. Das ist aber nicht der Fall, wenn die unwirksame Bestellung Auswirkungen auf die Rechtsbeziehungen der Gesellschaft, der Gesellschafter, der Geschäftsführer und der Aufsichtsräte hat.[327]

8. Klagegegnerin und Passivlegitimation, § 246 Abs. 2 S. 1, § 249 Abs. 1 S. 1 AktG

Schon nach dem Wortlaut der § 246 Abs. 2 S. 1, § 249 Abs. 1 S. 1 AktG ist 95
die Nichtigkeits- und Anfechtungsklage nicht – wie gewöhnlich im Personengesellschaftsrecht – gegen die (Mit-)Gesellschafter zu richten, sondern gegen die Gesellschaft.[328] Darin kommt zum Ausdruck, dass es sich bei Gesellschafterbeschlüssen um Maßnahmen handelt, die ein Organ der Gesellschaft für diese getroffen hat und die dementsprechend der Gesellschaft zuzurechnen sind. Es steht also jedenfalls unmittelbar das Rechtsverhältnis des klagenden Gesellschafters zur Gesellschaft in Rede und nicht ein vertragliches oder anders begründetes Rechtsverhältnis der Gesellschafter untereinander, wenngleich dem Gesellschaftsvertrag hierfür eine ausschlaggebende Bedeutung zukommt.[329] Sind die nicht klagenden (Mit-)Gesellschafter demnach auch im Verfahren über die Nichtigkeits- und Anfechtungsklage nicht Partei, so können sie doch dem Rechtsstreit als streitgenössische Nebenintervenienten iSd § 69 ZPO beitreten (→ Rn. 100).[330]

9. Vertretung der GmbH, § 35 GmbHG

Grundsätzlich richtet sich die Vertretung der GmbH im Prozess wegen 96
einer Nichtigkeits- und Anfechtungsklage nach den allgemeinen Regeln, so dass die GmbH gemäß § 35 Abs. 1 S. 1 GmbHG – wie sonst auch – durch ihre Geschäftsführer vertreten wird.[331] Anders als die Aktiengesellschaft wird die GmbH nicht durch den Aufsichtsrat vertreten; § 246 Abs. 2 S. 2 AktG findet insofern keine analoge Anwendung.[332] UU bedarf es der Bestellung eines besonderen Vertreters gemäß § 46 Nr. 8 Alt. 2 GmbHG. Auf den ersten Blick lässt sich unter Zuhilfenahme der § 35 Abs. 1 S. 1, 46 Nr. 8 Alt. 2 GmbHG allerdings die Frage nicht beantworten, wer die GmbH in einem Prozess wegen der (Un-)Wirksamkeit eines Beschlusses über die Bestellung eines Allein-Geschäftsführers vertreten soll. Denn hier hängt die ordnungsgemäße gesetzliche Vertretung von der Wirksamkeit der Bestellung ab und diese ist Streitgegenstand, also auch Frage der Sachprüfung. Um auch in solchen Fällen einen effektiven Rechtsschutz im Sinne einer Sachprüfung zu gewährleisten, ist hier immer derjenige Geschäftsführer zur gesetzlichen Vertretung der GmbH berufen, der bei einem **Obsiegen**

327 BGH NJW 2013, 1535 (1536 ff.).
328 OLG Rostock NZG 2004, 191 (192): zweigliedrige GmbH.
329 Lutter/Hommelhoff/*Bayer*, § 47 Anh. Rn. 32.
330 Lutter/Hommelhoff/*Bayer*, § 47 Anh. Rn. 32, 86.
331 BGH NJW 1981, 1041; Lutter/Hommelhoff/*Bayer*, 18. Aufl., § 47 Anh. Rn. 32.
332 BGH NJW 1962, 538; Lutter/Hommelhoff/*Bayer*, § 47 Anh. Rn. 32.

der GmbH Geschäftsführer wäre.[333] Klar ist danach etwa, dass der abberufene Geschäftsführer die GmbH im Prozess über die Wirksamkeit des Abberufungsbeschlusses nicht gesetzlich vertreten kann.[334] Wegen der Unvereinbarkeit der entsprechenden Prozessrollen im Hinblick auf den gebotenen effektiven Rechtsschutz der GmbH kann der klagende Gesellschafter die GmbH in keinem Fall vertreten.[335] Sind weitere unstreitig wirksam bestellte Geschäftsführer vorhanden, können selbstverständlich auch diese die Gesellschaft vertreten. Fehlt ein zur gesetzlichen Vertretung berufener Geschäftsführer auch unter Hinzuziehung der vorstehenden Erwägungen, kommt zum einen auf Antrag die Bestellung eines **Prozesspflegers** gemäß § 57 Abs. 1 ZPO in Betracht und zum anderen kann die Bestellung eines **Notgeschäftsführers** entsprechend § 29 BGB beantragt werden.

97 Nach der vorstehend zitierten Rechtsprechung zur gesetzlichen Vertretung der GmbH im Prozess um die Wirksamkeit des Bestellungsbeschlusses und nach dem dahinter stehenden Grundsatz effektiven Rechtsschutzes vertritt der bestellte Liquidator die GmbH während den **Liquidation** auch dann gesetzlich, wenn der betreffende Prozess eine gegen die Liquidationsbeschluss gerichtete Nichtigkeits- und Anfechtungsklage zum Gegenstand hat.[336] Das Entsprechendes für die gesetzliche Vertretung im Prozess um die Wirksamkeit des nur die Bestellung zum Liquidator betreffenden Beschlusses gilt, versteht sich ohne weiteres.

98 Die Eröffnung des **Insolvenz**verfahrens über das Vermögen der Gesellschaft hat oftmals Folgen auch für die gesetzliche Vertretung der Gesellschaft im Prozess: Hat der mit der Nichtigkeits- und Anfechtungsklage angegriffene Gesellschafterbeschluss Auswirkungen auf die Insolvenzmasse, so vertritt der Insolvenzverwalter gemäß § 80 InsO die GmbH.[337] Hingegen bleibt es trotz § 80 InsO bei der Vertretung durch den Geschäftsführer, wenn eine solche Auswirkung auf die Insolvenzmasse ausgeschlossen ist, etwa weil der angegriffene Beschluss lediglich die Organisation der Gesellschaft betrifft.[338] Mit Rücksicht auf die Bedeutung der Entlastung der Geschäftsführung bei der GmbH – Ausschluss bestimmter Haftungsansprüche – kommt einem Beschluss über die Verweigerung der Entlastung allerdings sehr wohl mehr oder weniger große Bedeutung für die Insolvenzmasse zu. Dementsprechend wird die GmbH in dem den Verweigerungsbeschluss betreffenden Prozess vom Insolvenzverwalter vertreten.[339]

99 Ist die **GmbH führungslos**, weil ihr ein Geschäftsführer, ein Liquidator oder ein Insolvenzverwalter fehlt, wird die GmbH zunächst gemäß § 35 Abs. 1 S. 2 GmbH durch die Gesellschafter unter Ausschluss des Klägers passiv vertreten.[340] Allerdings gestattet diese Passivvertretung nur die Zustellung der Klageschrift,[341] erlaubt hingegen weder die Abgabe von Pro-

333 BGH NJW 1981, 1041.
334 OLG Rostock NZG 2004, 191 (193).
335 Scholz/*K. Schmidt*, § 45 Rn. 149.
336 BGH NJW 1962, 538.
337 OLG München GmbHR 2011, 89 (90).
338 MüKoGmbHG/*Wertenbruch*, § 47 Anh. Rn. 286.
339 Scholz/*K. Schmidt*, § 45 Rn. 149.
340 Lutter/Hommelhoff/*Bayer*, § 47 Anh. Rn. 32.
341 BGH NZG 2011, 26.

zesserklärungen seitens der verklagten Gesellschaft[342] noch den Erlass eines gegen die GmbH gerichteten Versäumnisurteils.[343] Vielmehr bleibt die aufgrund des § 35 Abs. 1 S. 2 GmbHG ordnungsgemäß zugestellte Klage mangels hinreichender Vertretung der Gesellschaft im Prozess unzulässig. Will der Kläger die daraus folgende Abweisung der Klage durch Prozessurteil vermeiden, muss er in dieser Situation die Bestellung eines Prozesspflegers erwirken.[344] Von dem Fall der führungslosen GmbH ist derjenige des **Ausschlusses der Geschäfts-führung von der Prozessvertretung** zu unterscheiden:[345] Wegen des Ausschlusses des Klägers von der Vertretung der GmbH bedarf es eines besonderen Vertreters gemäß § 46 Nr. 8 GmbHG, wenn der einzige Geschäftsführer-Gesellschafter klagt.[346] Geschieht dies nicht, kann das zuständige Gericht entweder hilfsweise analog § 57 ZPO auf entsprechenden Antrag einen Prozesspfleger oder – wegen der weiterreichenden Wirkung – äußerst hilfsweise analog § 29 BGB die Bestellung eines Notgeschäftsführers durch das dafür zuständige Gericht anregen.[347]

10. Nebenintervention, § 246 Abs. 4 S. 2 AktG, § 66 Abs. 1, § 69 ZPO, und Benachrichtigung, § 246 Abs. 4 AktG

Da Urteile über Nichtigkeits- und Anfechtungsklagen analog § 248 Abs. 1 100
S. 1, 249 Abs. 1 S. 1 AktG für und gegen jedermann wirken können, also auch gegen nicht als Parteien am Prozess beteiligte Gesellschafter,[348] besteht nicht nur ein rechtliches Interesse der eventuell in ihren Rechten betroffenen, aber nicht als Parteien beteiligten Gesellschafter im Sinne des § 66 Abs. 1 ZPO, sondern greift § 69 ZPO über die streitgenössische Nebenintervention ein[349] und verleiht dem Nebenintervenienten besonders weitreichende Rechte: Der streitgenössische Nebenintervenient bzw. der entsprechende Streithelfer kann zwar nicht selbst, etwa durch eine Klageänderung oder -rücknahme, über den Streitgegenstand verfügen,[350] er kann aber bestimmten Prozesshandlungen der Hauptpartei, der er beigetreten ist, widersprechen[351] sowie Angriffs- und Verteidigungsmittel ohne Rücksicht auf § 67 Hs. 2 ZPO (Widerspruchsverbot) auch gegen den Willen der Hauptpartei geltend machen.[352] Ferner kann der streitgenössische Nebenintervenient auch Rechtsmittel einlegen und begründen.[353]

342 BGH NZG 2011, 26.
343 MüKoGmbHG/*Wertenbruch*, § 47 Anh. Rn. 290.
344 BGH NZG 2011, 26;.
345 Anders Michalski/*Römermann*, § 47 Anh. Rn. 492, der § 46 Nr. 8 GmbH ohne Rücksicht auf § 35 Abs. 1 S. 2 GmbHG (Passivvertretung) auch für den Fall der Führungslosigkeit zur Anwendung bringen will.
346 MüKoGmbHG/*Wertenbruch*, § 47 Anh. Rn. 287.
347 Michalski/*Römermann*, § 47 Anh. Rn. 492.
348 BGH NJW 1996, 1753 (1755).
349 MüKoGmbHG/Wertenbruch, GmbHG § 47 Anh. Rn. 291 aE. Ein Verweis eventuell von der Rechtskraft eines stattgebenden Urteils betroffener Gesellschafter auf die nicht-streitgenössische Nebenintervention begegnet schon wegen des Widerspruchsverbots und mit Rücksicht das Gebot effektiven Rechtsschutzes verfassungsrechtlichen Bedenken.
350 BGH WM 2010, 1323 (1324).
351 BGH NJW-RR 1993, 1253 (1254).
352 BGH NJW 1984, 353; NJW 1985, 386; WM 2008, 927.
353 BGH NJW 1985, 2480; NJW 1990, 190.

101 Die Nebenintervention kann in tatsächlicher Hinsicht nur derjenige prüfen und erwägen, der von dem Rechtsstreit Kenntnis erlangt. Hinzu kommt, dass die wegen § 248 Abs. 1 S. 1, § 249 Abs. 1 S. 1 AktG unmittelbar in ihren Rechten Betroffenen allgemein den verfassungsrechtlich gebotenen effektiven Rechtsschutz gemäß Art. 2 Abs. 1 in Verbindung mit Art. 20 Abs. 3 GG und speziell rechtliches Gehör nach Art. 103 Abs. 1 GG nur zu erlangen vermögen, wenn sie rechtzeitig informiert worden sind. Insofern findet § 246 Abs. 4 S. 1 AktG dahin gehend analoge Anwendung, dass in erster Linie die Geschäftsführung der verklagten GmbH die erforderliche Information zu leisten hat.[354] Dabei hat der Geschäftsführer mit Rücksicht auf den Sinn und Zweck des § 246 Abs. 4 S. 1 AktG sowie den verfassungsrechtlichen Hintergrund der durch die **Benachrichtigung** ermöglichten Nebenintervention einen Weg der Benachrichtigung zu wählen, der eine rechtzeitige Kenntnisnahme durch die Betroffenen erwarten lässt.[355] Mit Rücksicht auf die das Gericht treffenden Pflichten aus Art. 2 Abs. 1 in Verbindung mit Art. 20 Abs. 3 GG sowie aus Art. 103 Abs. 1 GG einerseits und den darin liegenden verfassungsrechtlichen Hintergrund sowohl der Möglichkeit streitgenössischer Nebenintervention als auch der Benachrichtigung, muss allerdings das Gericht dafür Sorge tragen, dass die Beklagte durch ihre Geschäftsführung der Benachrichtigungspflicht ordnungsgemäß nachkommt. Denn mit der in § 246 Abs. 4 S. 1 AktG liegenden Delegation kann der Gesetzgeber das **Gericht** von seinen verfassungsrechtlichen Pflichten schon mit Rücksicht auf die Normenhierarchie nicht vollständig befreien. Die Pflichten des Gerichts im Zusammenhang mit der Benachrichtigung erschöpfen sich zwar gewöhnlich in einer bloßen Prüfpflicht. Im Einzelfall kann die Prüfpflicht aber zu einer Pflicht erstarken, die erforderliche Benachrichtigung selbst zu bewirken, wenn nämlich zum einen Anhaltspunkte für eine Nichterfüllung der Pflicht durch die Geschäftsführung vorliegen und zum anderen eine hinreichende und rechtzeitige Information anders nicht sicher bewirkt werden kann.[356] Wird die Benachrichtigungspflicht verletzt, kann daraus eine **Schadensersatz**pflicht der Geschäftsführer sowohl gegenüber der GmbH aus § 43 Abs. 2 GmbHG als auch gegenüber den nicht benachrichtigten Betroffenen aus § 823 Abs. 2 BGB in Verbindung mit § 246 Abs. 4 S. 1 AktG analog begründen.[357] Hat der wegen § 248 Abs. 1 S. 1, § 249 Abs. 1 S. 1 AktG eventuell unmittelbar in seinen Rechten betroffene Dritte aufgrund einer unterbliebenen oder nicht ordnungsgemäßen Benachrichtigung bisher nicht die Gelegenheit gehabt, seine Rechte durch Nebenintervention wahrzunehmen, muss der von Verfassungs wegen gebotene Rechtsschutz möglichst noch durch entsprechende Anwendung des maßgebenden Prozessrechts gewährleistet werden.[358] Dabei kommt eine analoge Anwendung des § 579 Abs. 1 Nr. 4 ZPO[359] schon

354 BGH NJW 1986, 2051 (2052); eingehend dazu Rensen NZG 2011, 569 ff.
355 Lutter/Hommelhoff/Bayer, § 47 Anh. Rn. 33; ferner *Rensen* NZG 2011, 569 f.
356 BGH NJW 1986, 2051 (2052); eingehend dazu *Rensen* NZG 2011, 569 f.
357 Michalski/Römermann, § 47 Anh. Rn. 499 (allerdings aufgrund eines schwerwiegenden Missverständnisses des verfassungsrechtlichen Hintergrundes der Benachrichtigungspflicht); ferner *Rensen* NZG 2011, 569 (572).
358 MüKoGmbHG/*Wertenbruch*, § 47 Anh. Rn. 296; ferner *Rensen* NZG 2011, 569 (571 f.).
359 Dafür allerdings Schmidt/Lutter/*Schwab*, AktG, § 246 Rn. 28.

deshalb nicht in Betracht, weil die Rechtsschutzversagung bei dieser Lösung zunächst hingenommen würde. Stattdessen ist anknüpfend an die höchstrichterliche Rechtsprechung zu den Folgen mangelnder Zustellung[360] davon auszugehen, dass Rechtsmittel- und Rechtsbehelfsfristen sowie Ausschlussfristen zugunsten des betroffenen Dritten nicht in Lauf gesetzt werden, so dass der betroffene Dritte ohne Rücksicht auf eine Frist jederzeit **Rechtsmittel** einlegen und beitreten kann.[361] Vor Erlass des Urteils kommt eine **Wiedereröffnung** nach § 156 Abs. 2 Nr. 1 ZPO in Betracht.[362]

Die verfassungsmäßige[363] Bestimmung des § 246 Abs. 4 S. 2 AktG sieht eine **Monatsfrist** für die Nebenintervention nur auf Klägerseite[364] vor. Diese Regelung ist mit der auch sonst geltenden Einschränkung analog auf die GmbH anzuwenden,[365] dass der die Frist wie bei § 246 Abs. 1 AktG nicht ohne Ausnahmen gilt. Auch ihr kommt allerdings nicht nur die Funktion eines Leitbildes zu,[366] sondern die mit Rücksicht auf die Besonderheiten der GmbH im Vergleich zur AG gebotenen Ausnahmen kommen nur in eng begrenzten Fällen und aufgrund zwingender Gesichtspunkte in Betracht.[367] 102

Soweit man ausnahmsweise ein Rechtsschutzbedürfnis und eine Klagebefugnis auch von **Organen** und **Organmitgliedern** einer GmbH bejaht, kann sich aus den dahinterstehenden Erwägungen zwar ein rechtliches Interesse im Sinne des § 66 Abs. 1 ZPO ergeben. Jedoch fehlt der im Zusammenhang mit der Rechtsstellung von nicht beteiligten Gesellschaftern geschilderte verfassungsrechtliche Hintergrund, so dass es einer streitgenössischen Nebenintervention nicht bedarf. Die gewöhnliche Nebenintervention ist aber uU eröffnet.[368] 103

11. Klagefrist, § 246 Abs. 1 AktG, und Heilungsfristen, § 242 AktG

Der die Klagefrist regelnde und auf die GmbH analog anzuwendende § 246 Abs. 1 AktG betrifft schon dem Wortlaut nach ausschließlich die Erhebung der Anfechtungsklage. Hinzu kommt, dass § 249 Abs. 1 S. 1 AktG für die **Nichtigkeitsklage** zwar ausdrücklich auf § 246 Abs. 2, Abs. 3 S. 1 104

360 BGH FamRZ 2007, 40.
361 MüKoGmbHG/Wertenbruch, § 47 Anh. Rn. 296; *Rensen* NZG 2011, 569(571 f.).
362 MüKoGmbHG/Wertenbruch, § 47 Anh. Rn. 296; *Rensen* NZG 2011, 569(571).
363 OLG Frankfurt a.M. AG 2010, 558; *Goslar/v. der Linden* WM 2009, 492 (493); Hüffer/*Koch*, AktG, § 246 Rn. 40.; *Rensen* NZG 2011, 569 (570 f.); anders Schmidt/Lutter/*Schwab*, AktG, § 246 Rn. 38.
364 BGH NZG 2009, 948; Hüffer/Koch, AktG, § 246 Rn. 40 aE; *Rensen* NZG 2011, 569 (570); anders *Wasmann/Kallweit*, Der Konzern 2008, 135 (138).
365 MüKoGmbHG/*Wertenbruch*, § 47 Anh. Rn. 297 sowie *Rensen* NZG 2011, 569 (570 f.); anders Baumbach/Hueck/*Zöllner/Noack*, § 47 Anh. Rn. 169.
366 So aber zu § 246 Abs. 1 AktG noch BGH NJW 1990, 2625 und darauf abstellend MüKoGmbHG/*Wertenbruch*, § 47 Anh. Rn. 297.
367 Zur analogen Anwendung des § 246 Abs. 1 AktG: BGH, Urt. v. 18.4.2005 – II ZR 151/03,– juris Rn. 13 sowie NZG 2009, 1110; Henssler/Strohn/*Drescher*, Gesellschaftsrecht, § 246 AktG Rn. 4.
368 Anders Michalski/*Römermann*, § 47 Anh. Rn. 504 sowie Scholz/*K. Schmidt*, § 45 Rn. 156; MüKoGmbHG/*Wertenbruch*, § 47 Anh. Rn. 292 (kein Unterschied zwischen AG und GmbH sowie Wirkung auch ggü. Mitgliedern von Leitungsorganen).

bis 5 sowie Abs. 4 AktG verweist, nicht aber auch § 246 Abs. 1 AktG in Bezug nimmt. Dementsprechend ist für die Nichtigkeitsklage eine Klagefrist im engeren Sinne nicht zu beachten.[369] Das bedeutet indessen keineswegs, dass für die Nichtigkeit keinerlei Fristen zu beachten sind. So kann etwa eine Eintragung nach drei Jahren analog § 242 Abs. 2 S. 1 AktG zur **Heilung** von Nichtigkeitsgründen und damit zur Unbegründetheit auch der Nichtigkeitsklage führen.[370] Diese Frist dient nicht nur privaten Interessen der unmittelbar Beteiligten und kann deshalb durch die Satzung weder abgekürzt noch verlängert werden.[371] Sie steht daher auch den Gesellschaftern grundsätzlich in voller Länge zur Verfügung[372] und darf nicht durch eine vor Ablauf von drei Jahren endende Frist ersetzt werden.[373] Umgekehrt ist selbst eine Vereinbarung über die Verlängerung der Frist nicht zulässig,[374] sondern der Gesetzgeber hat mit der Regelung über die Frist von seiner Befugnis Gebrauch gemacht, die zu regelnden Sachverhalte einer typisierenden Regelung zu unterwerfen, die eine gewöhnlich ausreichende Gelegenheit gewährleistet, und von weiteren Details abzusehen.[375] Zwar bedarf es zur Wahrung der **Drei-Jahres-Frist** des § 242 Abs. 2 S. 1 AktG an sich der Klageerhebung im Sinne des § 261, § 253 Abs. 1 ZPO, also der Begründung der Rechtshängigkeit der Nichtigkeitsklage durch ordnungsgemäße Zustellung der entsprechenden (Wider-)Klageschrift.[376] Jedoch genügt nach § 167 ZPO auch hier uU die rechtzeitige Einreichung der Klage.[377] Kann auch die Nichtigkeit von Gesellschafterbeschlüssen unabhängig von einer gerichtlichen Feststellung und einer entsprechenden Klage geltend gemacht werden, wird die für die Heilung analog § 242 Abs. 2 S. 1 AktG maßgebende Drei-Jahres-Frist doch nicht durch bloß einredeweise Geltendmachung der Beschlussnichtigkeit gewahrt.[378] Soll dementsprechend die Möglichkeit der Geltendmachung von Nichtigkeitsgründen erhalten bleiben, muss der Gesellschafter innerhalb der Frist Klage einreichen. Nur innerhalb der Frist kann er die Nichtigkeit auch einredeweise geltend machen. Dabei muss den Fristlauf im Auge behalten und eventuell doch noch Klage erheben, will er nicht den Wegfall der Einrede riskieren. Im Zusammenhang mit dem Nachschieben von Nichtigkeitsgründen während eines laufenden Verfahrens ist zu beachten, dass der für den betreffenden Nichtigkeitsgrund relevante Sachverhalt innerhalb der Drei-Jahres-Frist des § 242 Abs. 2 S. 1 AktG in den Prozess eingeführt werden muss, weil sonst auch insofern eine Heilung analog § 242 Abs. 2 S. 1 AktG eintritt.[379]

369 MüKoGmbHG/*Wertenbruch*, § 47 Anh. Rn. 298.
370 BGH NJW 1981, 2125 (2126).
371 Scholz/*K. Schmidt*, § 45 Rn. 146; MüKoGmbHG/*Wertenbruch*, § 47 Anh. Rn. 299.
372 BGH NJW 1981, 2125 (2126).
373 Michalski/*Römermann*, § 47 Anh. Rn. 246.
374 Michalski/*Römermann*, § 47 Anh. Rn. 246; MüKoGmbHG/*Wertenbruch*, § 47 Anh. Rn. 299.
375 MüKoGmbHG/*Wertenbruch*, § 47 Anh. Rn. 299.
376 MüKoGmbHG/*Wertenbruch*, § 47 Anh. Rn. 300.
377 MüKoGmbHG/Wertenbruch, § 47 Anh. Rn. 300.
378 BGH WM 1984, 473.
379 MüKoGmbHG/*Wertenbruch*, § 47 Anh. Rn. 298, 300.

Während nach der früheren Rechtsprechung des Bundesgerichtshofs § 246 Abs. 1 AktG nicht ohne Weiteres auf die GmbH anzuwenden war, sondern der Monatsfrist lediglich die Funktion eines Leitbildes zukam,[380] betrachtet der II. Zivilsenat die in § 246 Abs. 1 AktG für die **Anfechtungsklage** geregelte **Monatsfrist** in seiner jüngeren Rechtsprechung als Maßstab auch für die GmbH und lässt Abweichungen nur dann zu, wenn entweder **zwingende Gründe** einer früheren Klageerhebung entgegengestanden haben oder wenn die Satzung einer andere Frist vorsieht.[381] Den hiermit verbundenen Vorteilen im Hinblick auf eine größere Rechtssicherheit stehen freilich gewisse Nachteile mit Rücksicht auf einige Details der früheren Rechtsprechung gegenüber: So kann die frühere Rechtsprechung, nach der Überschreitungen der Monatsfrist um nur **wenige Tage** bei der GmbH von vornherein unschädlich waren,[382] sicher keine Anwendung mehr finden. Auch kann man hinsichtlich des **Beginns des Fristlaufs** nicht mehr ohne Weiteres darauf abstellen, wann von dem Kläger routinemäßig oder aufgrund besonderer Umstände Maßnahmen zur Kenntnisnahme zu erwarten waren,[383] weil es nach § 246 Abs. 1 AktG auf die Beschlussfassung und nicht auf die Kenntnis des klagenden Gesellschafters bzw. die ihm obliegenden Sorgfaltspflichten ankommt. Nur dann dürfte ausnahmsweise anderes gelten, wenn insofern zwingenden Gründe vorlagen. Zweifelhaft ist auch, ob die frühere Rechtsprechung zur Verlängerung der angemessenen Frist aufgrund von **Verhandlungen über eine außergerichtliche Streitbeilegung**[384] unverändert Geltung beanspruchen kann. Denn auch hier fehlen in der Regel zwingenden Gründe im Sinne der neueren Rechtsprechung.[385] Gegebenenfalls kann man im Sinne des sichersten Weges entweder eine Klageerhebung innerhalb der Monatsfrist oder eine Satzungsänderung im Sinne einer Fristverlängerung empfehlen. Zwingende Gründe werden auch bei Schwierigkeiten im Zusammenhang mit der **Tatsachenermittlung** oder im Hinblick auf die **Klärung entscheidungserheblicher Rechtsfragen**[386] gewöhnlich nicht vorliegen. Unverändert gilt hingegen, dass den klagenden Gesellschafter die **Darlegungs- und Beweislast** für diejenigen Umstände trifft, die eine Fristverlängerung zu rechtfertigen vermögen. Das folgt bereits aus den allgemeinen Regeln, lässt sich aber auch mit der gesellschaftsrechtlichen Treuepflichtbegründen, die in der Regel einer späteren Klage entgegensteht.[387] Auch weiter gilt, dass es für eine gerechtfertigte Verlänge- 105

380 BGH NJW 1990, 2625.

381 BGH, Urt. v. 18.4.2005 – II ZR 151/03,– juris Rn. 13 sowie NZG 2009, 1110; Henssler/Strohn/*Drescher*, Gesellschaftsrecht, § 246 AktG Rn. 4.

382 OLG Hamburg JZ 1953, 405 (406); *Rohleder* GmbHR 1989, 236 (241); MüKo-GmbHG/*Wertenbruch*, § 47 Anh. Rn. 302.

383 MüKoGmbHG/*Wertenbruch*, § 47 Anh. Rn. 302 f.

384 BGH NJW 1993, 129 f.; OLG Dresden NJW-RR 1997, 1535 (1536); OLG Hamm GmbHR 1995, 736 (738).

385 Allerdings behandeln OLG Bremen GmbHR 2010, 1152 und Henssler/Strohn/*Drescher*, Gesellschaftsrecht, § 246 AktG Rn. 4 dies sehr wohl als zwingenden Grund. Das kann jedoch mit Rücksicht auf die vom BGH gewählte Terminologie „zwingend" nicht überzeugen und ist nicht höchstrichterlich geklärt.

386 BGH NJW 1993, 129 f..

387 MüKoGmbHG/*Wertenbruch*, § 47 Anh. Rn. 303.

rung weder eine absolute[388] noch auch nur eine regelmäßige[389] **Höchstfrist** gibt. Vielmehr ist die Frist zu verlängern, solange zwingenden Gründe der Klageerhebung entgegenstehen.

106 Schon unter Berücksichtigung der großzügigeren, früheren Rechtsprechung ließen sich die zur Bestimmung einer angemessenen gesetzlichen Anfechtungsfrist mit Rücksicht auf das Leitbild des § 246 Abs. 1 AktG angestellten Überlegungen auf Regelungen im **Gesellschaftsvertrag** bzw. in der **Satzung** nicht ohne Weiteres übertragen, sondern war grundsätzlich davon auszugehen, dass die Gesellschafter eine abschließende Regelung im Sinne von Rechtsklarheit und Rechtssicherheit treffen wollten.[390] Ob eine solche Zweifelsregelung zu überzeugen vermag, kann offen bleiben. Jedenfalls muss die Auslegung der betreffenden Regelung Ausgangspunkt aller Überlegungen sein.[391] Dabei ist zunächst zu berücksichtigen, dass es um körperschaftsrechtliche Regelungen geht und dass sie deshalb nicht subjektiv, sondern objektiv auszulegen sind.[392] Dementsprechend kommen sowohl dem Wortlaut der betreffenden Regelung als auch der Systematik und dem Gesamtzusammenhang eine hervorragende Bedeutung. Vor diesem Hintergrund erscheint es schwierig, weiter davon auszugehen, dass auch die satzungsmäßige Anfechtungsfrist erst nach dem Scheitern von Verhandlungen, dem Fehlschlagen einer Mediation beginnen soll[393] und auch hier geringfügige, schuldlose Überschreitungen der Frist unschädlich sein sollen.[394] Das mag zwar im Interesse der jeweils streitenden Gesellschafter sein und auch konnte keiner der an der Regelung beteiligten Gesellschafter vorhersehen, wer sich in der Zukunft zu einer Nichtigkeits- und Anfechtungsklage veranlasst sehen würde. Jedoch lässt sich all diesen Erwägungen zu objektiven nicht entnehmen, dass die Gesellschafter, als sie eine ihrem Wortlaut und dem Zusammenhang nach ausnahmslos geltende Frist vorsahen, tatsächlich lediglich eine grundsätzliche Regelung treffen wollten. Dementsprechend kann man auch nicht im Zweifel hiervon ausgehen, sondern das Auslegungsergebnis bleibt ausschließlich vom Wortlaut und vom Zusammenhang der auszulegenden Fristregelung in der Satzung als greifbare objektive Umstände abhängig. Wollen die Gesellschafter Anderes, steht es ihnen frei, die Satzung in diesem Sinne zu ändern.

107 Durch gesellschaftsvertragliche Regelung können einem **Beirat** solche Befugnisse der Gesellschafterversammlung übertragen werden, die nicht zwingend der Gesellschafterversammlung vorbehalten sind (§ 45 Abs. 2 GmbHG).[395] Da die Mitgliedschaftsrechte und darunter auch das Recht des Gesellschafters, die Einhaltung der gesetzlichen, vertraglichen und sat-

388 Baumbach/Hueck/*Zöllner/Noack*, § 47 Anh. Rn. 151; anders allerdings Lutter/Hommelhoff/*Bayer*, § 47 Anh. Rn. 63.
389 MüKoGmbHG/*Wertenbruch*, § 47 Anh. Rn. 303; anders *Nehls* GmbHR 1995, 703 (707).
390 MüKoGmbHG/*Wertenbruch*, § 47 Anh. Rn. 307 f.
391 Zur Auslegungsfähigkeit auch solcher Regelungen etwa Scholz/*K. Schmidt*, § 45 Rn. 144.
392 BGH NZG 2011, 1420, Rn. 8 (zur Auslegung von Abfindungsregelungen als körperschaftsrechtlicher Bestandteil der Satzung).
393 MüKoGmbHG/*Wertenbruch*, § 47 Anh. Rn. 308.
394 MüKoGmbHG/*Wertenbruch*, § 47 Anh. Rn. 308.
395 Roth/*Altmeppen*, § 45 Rn. 3.

zungsmäßigen Vorgaben zu verlangen, davon unberührt bleiben, müssen Beschlüsse des Beirats immer dann mit der Nichtigkeits- und Anfechtungsklage analog den §§ 241 ff. AktG angegriffen werden können, wenn sie der Wirkung nach an die Stelle eines Beschlusses der Gesellschafterversammlung treten und deshalb die Rechte der Gesellschafter betreffen.[396] Mag demnach auch manches sich so verhalten wie bei Gesellschafterbeschlüssen, gibt es doch Besonderheiten zu beachten: Da gewöhnlich nicht sämtliche klagebefugte Gesellschafter im Beirat vertreten sind, kann die Frist des § 246 Abs. 1 AktG hier nicht mit der Beschlussfassung beginnen, sondern die Analogie muss hier wegen der strukturellen Unterschiede eine Grenze finden und der Beginn der Frist muss sich danach richten, wann der betreffende Beiratsbeschluss den zur Klage berechtigten Gesellschaftern nach der Satzung bekanntzugeben war, etwa mit einer der Satzung entsprechenden Bekanntgabe anlässlich der auf die Beiratssitzung folgenden Gesellschafterversammlung.[397] Auf eine frühere Kenntnis des klagenden Gesellschafters kommt es jedenfalls ohne Weiteres nicht an.[398] Allerdings wurde teilweise vertreten, dass auch hierbei die Treuepflicht insofern maßgebend sei, als sich der Fristbeginn etwa dann verzögere, wenn der Beirat auf eine Beanstandung hin eine Überprüfung zusage. Dann sollte der Lauf der Frist erst nach der Beendigung der Überprüfung beginnen.[399] Letzteres lässt sich mit der jüngeren Rechtsprechung des Bundesgerichtshofs und der darin begründeten, stärkeren Gewichtung der Rechtsklarheit und -sicherheit nur schwer vereinbaren. Denn von zwingenden Gründen kann hier wie auch bei Verhandlungen über eine gütliche Streitbeilegung nicht die Rede sein.

Auch wenn sich das weder mit dem prozessual-zweigliedrigen Streitgegen- 108
standsbegriff, der auch für den einheitlichen Streitgegenstand der Nichtigkeits- und Anfechtungsklage Anwendung findet,[400] noch mit § 253 Abs. 2 Nr. 2 ZPO[401] erklären lässt, geht der Bundesgerichtshof zutreffend davon aus, dass nicht nur die Anfechtungsklage innerhalb der Anfechtungsfrist erhoben werden muss, sondern auch die **materiellrechtlichen Anfechtungsgründe** als Teil des Klagegrundes im Sinne des § 253 Abs. 2 Nr. 2 ZPO innerhalb der Anfechtungsfrist geltend gemacht werden müssen.[402] Der Grund hierfür liegt in dem Sinn und Zweck der Frist des § 246 Abs. 1 AktG, die eben nicht nur der Rechtsklarheit und -sicherheit allgemein, sondern auch im laufenden Verfahren dient. Kurz: Nicht nur soll binnen Monatsfrist Klarheit darüber herrschen, ob ein Gesellschafterbeschluss angefochten wird, sondern binnen Monatsfrist sollen auch alle Beteiligten darüber Klarheit haben, um welchen Streitstoff es dabei gehen soll. Mit Rücksicht auf den klagenden Gesellschafter bedarf es allerdings zweier wichtiger Ausnahmen: Zum einen läuft die Anfechtungsfrist hinsichtlich

396 BGH NJW 1965, 1378; OLG Düsseldorf WM 1982, 649 (650).
397 OLG Düsseldorf WM 1982, 649 (651).
398 OLG Düsseldorf WM 1982, 649 (651).
399 OLG Düsseldorf WM 1982, 649 (651).
400 MüKoGmbHG/*Wertenbruch*, § 47 Anh. Rn. 363.
401 Anders MüKoGmbHG/*Wertenbruch*, § 47 Anh. Rn. 318, der den Zusammenhang zwischen Streitgegenstand und Klagegrund bzw. klagebegründendem Sachverhalt verkennt, vgl. dazu Musielak/Voit/*Foerste*, ZPO, § 253 Rn. 24 ff.
402 BGHZ 15, 177 (180); BGH NJW 1993, 400 (404); NZG 2011, 506 f.

bestimmter Anfechtungsgründe immer dann nicht von der Beschlussfassung an, wenn die Gesellschaft den Beschluss rechtfertigende Gründe nachschiebt und die geltend gemachten Anfechtungsgründe diese nachgeschobenen Erwägungen betreffen.[403] Zum anderen reicht zur fristgemäßen Geltendmachung eines Anfechtungsgrundes die Einführung des zugrundeliegenden Lebenssachverhaltes als solche. Eine mehr oder weniger weitreichende Substantiierung unterliegt nicht der Monatsfrist und kann deshalb so lange erfolgen, wie die prozessualen Regeln das zulassen.[404]

12. Nachschieben von Beschlussgründen

109 Das Nachschieben von rechtfertigenden Gründen für einen Gesellschafterbeschluss ist grundsätzlich auch während des schon laufenden Nichtigkeits- und Anfechtungsverfahrens zulässig. Denn die Gesellschafter können durchaus gewichtige Gründen haben, den Beschluss zunächst nicht auf weitere Gründe zu stützen und solche nicht in einem öffentlichen Verfahren offenzulegen.[405] Begrenzt wird dieses Recht allerdings etwa durch die gesellschaftsrechtliche Treuepflicht und durch § 242 BGB unter dem Gesichtspunkt der **Verwirkung**, so dass der Gesellschaft das Nachschieben bestimmter Umstände versagt ist, wenn sie davon über eine längere Zeit abgesehen und bei dem Gesellschafter dadurch ein Vertrauen veranlasst hat, dass die bisher angeführten Erwägungen abschließend sind. Zu beachten ist dabei umgekehrt aber, dass in diesem Sinne verwirkte Beschlussgründe zur Abrundung von anderer rechtfertigender Gründe uU durchaus noch herangezogen werden können. Insofern kann die Verwirkung ihrerseits mehr oder weniger enge Grenzen haben.[406] Eine weitere Einschränkung folgt aus der **Kompetenzordnung** der GmbH: Weil die Fassung von Beschlüssen der Gesellschafterversammlung vorbehalten ist und nicht der Geschäftsführung obliegt, ist es dem die Gesellschaft im Nichtigkeits- und Anfechtungsprozess vertretenden Geschäftsführer grundsätzlich verwehrt, von sich aus und ohne neuerliche Entscheidung der Gesellschafterversammlung Gründe nachzuschieben, auf die die Gesellschafter den angegriffenen Beschluss bisher nicht gestützt haben. Sollen Beschlussgründe nachgeschoben werden, muss das Vertretungsorgan dieselben deshalb vorher der Gesellschafterversammlung unterbreiten und die Gesellschafter darüber entscheiden lassen. Es bedarf also in der Regel eines besonderen **Gesellschafterbeschlusses** über die nachzuschiebenden Gründe.[407] Ausnahmsweise gilt anderes, wenn es sich um eine **Zwei-Personen-Gesellschaft** handelt und derjenige Gesellschafter die GmbH als Geschäftsführer im Prozess vertritt, der den angegriffenen Beschluss, zB wegen eines Ausschlusses des Klägers von der Abstimmung, allein hat fassen können. Denn hier kommt eine andere Entscheidung der Gesellschafterversammlung nicht in Betracht

403 Zum Nachschieben von Beschlussgründen allgemein BGH NJW-RR 1992, 292; MüKoGmbHG/*Strohn*, § 34 Rn. 45.
404 Michalski/*Römermann*, § 47 Anh. Rn. 472.
405 BGH NJW-RR 1992, 292 (293 f.).
406 BGH NJW-RR 1992, 292 f.
407 BGH NJW-RR 1992, 292 (293).

und erschöpfte sich das Festhalten an der Notwendigkeit einer weiteren Beschlussfassung in einer reinen Förmelei.[408]

13. Zuständigkeit für Nichtigkeits- und Anfechtungsklagen

Analog § 246 Abs. 3 S. 1, § 249 Abs. 1 S. 1 AktG ist für eine Nichtigkeits- 110
und Anfechtungsklage bei der GmbH ausschließlich das Landgericht sachlich und örtlich zuständig, in dessen Bezirk die mit der Klage in Anspruch genommene Gesellschaft ihren Sitz hat. Hinsichtlich der sachlichen Zuständigkeit wird dementsprechend § 23 Nr. 1 GVG verdrängt.[409] Da es sich um eine **Handelssache** im Sinne des § 95 Abs. 2 Nr. 1 GVG handelt, ist der Rechtsstreit auf Antrag des Klägers in der Klageschrift (§ 96 Abs. 1 GVG) oder des Beklagten innerhalb der Erwiderungsfrist (§ 98 Abs. 1, § 101 Abs. 1 S. 2 GVG) vor der Kammer für Handelssachen zu verhandeln. Diese ist dann funktionell zuständig,[410] und zwar auch dann, wenn es um die Verletzung des Mitbestimmungsrechts geht. Für eine teleologische Reduktion des § 95 Abs. 2 Nr. 1 GVG in diesem Zusammenhang gibt es keinen Grund, zumal die Norm selbst keine Einschränkung auf bestimmte Tatbestände des § 246 Abs. 3 S. 1 AktG vorsieht.[411] Eine **Kartellrechtsstreitigkeit** im Sinne des § 87 GWB liegt immer dann vor, wenn mit der Nichtigkeits- und Anfechtungsklage der Sache nach eine Verletzung des § 1 GWB, des Art. 101 AEUV oder der Art. 53 f. EWRV geltend gemacht wird.[412] Hier sind die ferner nach § 89 Abs. 1 GWB möglichen Zuständigkeitskonzentrationen durch das Landesrecht sowie die nach § 89 Abs. 2 GWB zulässigen Konzentrationen durch Staatsverträge mehrerer Länder zu beachten. Solche Konzentrationen bestehen nach § 2, § 92 Abs. 1 und § 93 GWB auch hinsichtlich der Zuständigkeit des Oberlandesgerichts für Berufungen gegen die Entscheidungen der Landgerichte als Kartellgerichte im Sinne des § 87 Abs. 1 und Abs. 2 GWB. Funktionell sind bei den Landgerichten als Kartellgerichte unverändert auf ordnungsgemäßen Antrag hin die Kammern für Handelssachen nach § 95 Abs. 2 Nr. 1 GVG zuständig, während beim Oberlandesgericht nach § 91 GWB die Kartellsenate funktionell zuständig sind.[413] Einer abweichenden Gerichtsstandsvereinbarung steht wegen der ausschließlichen sachlichen und örtlichen Zuständigkeit des Landgerichts § 40 Abs. 2 Nr. 2 ZPO entgegen.[414] Auch eine Zuständigkeit kraft rügeloser Einlassung auf die mündliche Verhandlung nach § 39 ZPO scheidet deshalb aus.[415]

---

408 BGH NJW-RR 1992, 292 (293 f.).
409 BGHZ 22, 101 (105); Baumbach/Hueck/*Zöllner*, § 47 Anh. Rn. 168; anders LG München I NJW-RR 1997, 291.
410 OLG München NZG 2007, 947.
411 LG Hamburg DB 1982, 271; Michalski/Römermann, § 47 Anh. Rn. 509 (mit Hinweis auf abweichende Praxis); MüKoGmbHG/*Wertenbruch*, § 47 Anh. Rn. 324.
412 MüKoGmbHG/Wertenbruch, § 47 Anh. Rn. 325.
413 MüKoGmbHG/Wertenbruch, § 47 Anh. Rn. 325.
414 Lutter/Hommelhoff/Bayer, § 47 Anh. Rn. 81.
415 Michalski/Römermann, § 47 Anh. Rn. 508.

14. Klageanträge

111 a) **Regelfall.** Bei der Abfassung des Klageantrages bzw. der Klageanträge sind verschiedene Gesichtspunkte zu beachten: Während einerseits die §§ 241 ff. AktG zwischen der Nichtigkeits- und der Anfechtungsklage auch hinsichtlich der Rechtsfolge unterscheiden, liegt andererseits nach der Rechtsprechung des Bundesgerichtshofs beiden Klagen ein einheitlicher Streitgegenstand zugrunde. Das hat insbesondere zur Folge, dass als **Haupt- und Hilfsantrag** formulierte Anträge im Sinne einer Nichtigkeitsfeststellung (Nichtigkeitsklage, §§ 241, 249 AktG) bzw. einer Nichtigerklärung (Anfechtungsklage, §§ 243, 245 bis 248 AktG) nicht in einem Eventualverhältnis stehen.[416] Der diesbezüglichen Rechtsprechung lassen sich aber nicht nur die Folgen der Bejahung eines einheitlichen Streitgegenstands entnehmen, sondern auch die gebräuchliche Fassung der Klageanträge einer Nichtigkeits- und Anfechtungsklage: Hauptsächlich wird beantragt, die Nichtigkeit des angegriffenen Beschlusses festzustellen (Nichtigkeitsklage), und hilfsweise wird beantragt, den angegriffenen Beschluss für nichtig zu erklären (Anfechtungsklage).[417] In dieser Antragsfassung liegt trotz der Formulierung im Sinne eines Haupt- und eines Hilfsantrages mit Rücksicht auf das erkennbare Ziel des Antragstellers und den einheitlichen Streitgegenstand der beiden hierzu gesetzlich vorgesehenen Klagen keineswegs eine eventuelle Klagehäufung.[418] Die Anfechtungsklage ist hier nicht mittels eines echten Hilfsantrages erhoben worden, sondern es handelt sich ungeachtet der gewählten Formulierung um einen einheitlichen, die beiden möglichen Rechtsfolgen im Falle eines Erfolgs beschreibenden Antrag im Sinne einer Nichtigkeits- und Anfechtungsklage.[419] Mag diese Vorgehensweise auch gewissen Bedenken begegnen, weil sie zum einen auf ein tatsächlich nicht bestehendes Eventualverhältnis hindeutet und zum anderen dem Gericht die Wahl der Rechtsfolge überlässt, hat sie doch den Vorteil der Gebräuchlichkeit für sich. Kurz: Wer mit dem Institut der Nichtigkeits- und Anfechtungsklage vertraut ist, wird das Prozessziel und das daraus folgende Prüfungsprogramm sofort und ohne Weiteres erkennen. Har das Gericht insofern Zweifel muss es im Übrigen nach § 139 Abs. 1 S. 2 ZPO die Beseitigung derselben veranlassen.[420]

112 Diese übliche Antragsfassung kann im Hinblick auf einen möglichen Streit um die Beschlussfeststellung im Sinne der vom Bundesgerichtshof geforderten gewissen förmlichen Festhaltung und die in diesen Fällen ausschließlich eröffnete **allgemeine Feststellungsklage**[421] um einen äußerst hilfsweise gestellten negativen Feststellungsantrag ergänzt werden. Bei vernünftiger Betracht liegt auch darin kein echter Hilfsantrag und betrifft auch dieser dritte Antrag ein und denselben Streitgegenstand.

---

416 BGH NJW 1997, 1510 (1511); NJW 1999, 1638; NJW 2002, 3465 f..
417 Krit. Michalski/Römermann, § 47 Anh. Rn. 512.
418 BGH NJW 1997, 1510 (1511).
419 MüKoGmbHG/Wertenbruch, § 47 Anh. Rn. 328.
420 MüKoGmbHG/Wertenbruch, § 47 Anh. Rn. 328.
421 Rn. 5 ff.

Die **Klageanträge** lauten danach etwa wie folgt (→ Rn. 78): 113

▶ ... wird beantragt,

1. festzustellen, dass der Beschluss der Gesellschafterversammlung der ... GmbH *(Firma)* am ... *(Versammlungsdatum; Uhrzeit, soweit zur Abgrenzung erforderlich)* in ... *(Versammlungsort)* zu TOP ... *(Nr.)* mit dem Wortlaut ... nichtig ist;
2. hilfsweise: den Beschluss der Gesellschafterversammlung der ... GmbH *(Firma)* am ... *(Versammlungsdatum; Uhrzeit, soweit zur Abgrenzung erforderlich)* in ... *(Versammlungsort)* zu TOP ... *(Nr.)* mit dem Wortlaut ... für nichtig zu erklären;
3. äußerst hilfsweise: festzustellen, dass die Gesellschafterversammlung der ... GmbH *(Firma)* am ... *(Versammlungsdatum; Uhrzeit, soweit zur Abgrenzung erforderlich)* in ... *(Versammlungsort)* zu TOP ... *(Nr.)* einen Beschluss mit dem Wortlaut ... nicht wirksam gefasst hat. ◀

b) Antragstellung mit Rücksicht auf Bestätigung (§ 244 AktG), Wiederholung bzw. Neufassung und Aufhebung. Ist der angegriffene Beschluss nicht bereits analog § 241 AktG nichtig – Nichtigkeitsgründe können nicht durch Bestätigung geheilt werden (→ Rn. 54) –, kann eine anfänglich zulässige und begründete Anfechtungsklage dadurch erledigt werden, dass die Gesellschafterversammlung den angegriffenen Beschluss wirksam bestätigt, § 244 S. 1 AktG analog. In diesem Fall ist zweierlei zu beachten: Nach § 244 S. 2 AktG kann der klagende Gesellschafter den angefochtenen, bestätigten Beschluss zum einen für die Zeit bis zur wirksamen Bestätigung für nichtig erklären lassen. Voraussetzung dafür ist lediglich ein rechtliches Interesse des Klägers an einem solchen auf einen begrenzten Zeitraum bezogenen Urteilsspruch. Insofern findet § 244 S. 2 AktG analoge Anwendung.[422] Das erforderliche rechtliche Interesse liegt etwa dann vor, wenn es für die aus der Mitgliedschaft folgenden Rechte des klagenden Gesellschafters auch darauf ankommt, ob der bestätigte Beschluss von Beginn an oder erst seit der Bestätigung wirksam gewesen ist.[423] Daran kann man zB bei Beschlüssen mit Auswirkungen auf den Gewinnbezug denken. Hingegen ergibt sich die Zulässigkeit der Klageänderung unmittelbar aus § 244 S. 2 AktG und es bedarf insofern nicht außerdem der Prüfung der Voraussetzungen der §§ 263 f. ZPO.[424] Liegen die Voraussetzungen des § 244 S. 2 AktG vor, hat der Kläger den Antrag aber noch nicht in diesem Sinne geändert, scheidet wegen des darin begründeten Minus eine umfassende Klageabweisung wegen vollständiger Erledigung aus. Vielmehr ist die Klage nach dem dann maßgebenden Sach- und Streitstand nur teilweise begründet, nämlich für die Zeit bis zur wirksamen Bestätigung.[425] Dem Kläger ist in einem solchen Fall durch einen Hinweis gemäß § 139 Abs. 1 S. 2 ZPO Gelegenheit zu geben, den Antrag sachgerecht zu fassen und Tatsachen für sein rechtliches Interesse vorzutragen. Ohne gerichtlichen Hin- 114

---

422 OLG Düsseldorf NZG 2003, 975 (978); Lutter/Hommelhoff/Bayer, § 47 Anh. Rn. 61.

423 Hüffer/Koch, AktG, § 244 Rn. 7; anders Scholz/K. Schmidt, § 45 Rn. 166 (kein rechtliches Interesse erforderlich).

424 Hüffer/*Koch*, AktG, § 244 Rn. 7.

425 Nur unter Bezugnahme auf die zu vermeidende Klageabweisung MüKoGmbHG/*Wertenbruch*, § 47 Anh. Rn. 329; zutreffend MKAktG/*Hüffer/Schäfer*, § 244 Rn. 16.

weis oder entsprechende gegnerische Rüge ist die Sache nicht entscheidungsreif.[426] Der Kläger kann den § 244 S. 2 AktG entsprechenden Antrag auch hilfsweise für den Fall anbringen, dass das Gericht von einer nicht nichtigen und bestandskräftigen Bestätigung im Sinne des § 244 S. 1 AktG ausgeht.[427] Umgekehrt kann die nach einer Bestätigung analog § 244 S. 1 AktG gebotene Erledigungserklärung im Anfechtungsprozess jedoch nicht nur hilfsweise abgegeben werden.[428] Will der Kläger in den nicht § 244 S. 2 AktG analog unterliegenden Fällen die Abweisung seiner Anfechtungsklage wegen Bestätigung analog § 244 S. 1 AktG vermeiden, muss er die Erledigung der Hauptsache ohne innerprozessuale Bedingung erklären. Erklärt der Kläger im Hinblick auf § 244 S. 1 AktG einseitig die Erledigung, liegt in seiner Erklärung – wie üblich – eine nach § 264 Nr. 2 ZPO zulässige Klageänderung im Sinne eines auf Feststellung der Erledigung durch die Bestätigung gerichteten Antrages.[429] Begründet ist diese Klage, wenn die Anfechtungsklage bis zur Bestätigung zulässig und begründet gewesen ist.[430] Anderenfalls kommt es zur Klageabweisung mit der Folge der Kostentragung des Klägers nach § 91 Abs. 1 ZPO.[431] Schließt die Gesellschaft sich der Erledigungserklärung an, sind gemäß § 91 a ZPO ua die Erfolgsaussichten der Klage bis zur Bestätigung maßgebend. Wird der angefochtene Beschluss nach Klageerhebung bestätigt, so richtet sich die bereits erhobene Klage unter Berücksichtigung der objektiven Grenzen des Streitgegenstandes nicht ohne Weiteres auch gegen den bestätigenden Beschluss. Jedoch steht es dem Kläger frei, entweder die Bestätigung zu akzeptieren und seinen Antrag für erledigt zu erklären bzw. nach § 244 S. 2 AktG anzupassen oder aber die Klage im Sinne einer Nichtigkeits- und Anfechtungsklage auch gegen den bestätigenden Beschluss zu erweitern.[432] Allerdings greift insofern mit Rücksicht auf den teilweise veränderten Klagegrund ungeachtet des sachlichen Zusammenhangs der unterschiedlichen Streitgegenstände[433] nicht § 264 Nr. 2 ZPO ein, sondern maßgebend ist § 263 ZPO.[434] Die Entscheidung des Bundesgerichtshofs vom 27.9.1956[435] ist durch § 244 S. 1 AktG überholt.[436] Klagen mehrere Aktivlegitimierte, handelt es sich im Hinblick auf die § 248 Abs. 1 S. 1, § 249 Abs. 1 S. 1 AktG um eine aus prozessualen Gründen notwendige Streitgenossenschaft, § 62 Abs. 1 Alt. 1 ZPO.[437] Gleichwohl kann hier jeder Streitgenosse für sich und unabhängig von dem Verhalten der übrigen Kläger die Erledigung erklären. Denn im Falle einer notwendigen Streitgenossenschaft bloß aus prozessua-

426 MüKoGmbHG/*Hüffer/Schäfer*, AktG, § 244 Rn. 16 und auch MüKoGmbHG/*Wertenbruch*, § 47 Anh. Rn. 333.
427 MüKoGmbHG/*Wertenbruch*, § 47 Anh. Rn. 332.
428 BGH NZG 2011, 506 (508); MüKoGmbHG/*Wertenbruch*, § 47 Anh. Rn. 331.
429 BGH NJW 2008, 2580; MüKoGmbHG/*Wertenbruch*, § 47 Anh. Rn. 330.
430 BGH NZG 2011, 506 (508); MüKoGmbHG/*Wertenbruch*, § 47 Anh. Rn. 330.
431 BGH NJW-RR 2006, 471; Hüffer/*Koch*, AktG, § 244 Rn. 8; MüKoGmbHG/*Wertenbruch*, § 47 Anh. Rn. 330.
432 OLG Stuttgart NZG 2005, 432 (433).
433 OLG Dresden NZG 2000, 426; OLG Stuttgart NZG 2005, 432 (433); Hüffer/*Koch*, AktG, § 244 Rn. 9.
434 OLG Stuttgart NZG 2005, 432 (433); Hüffer/*Koch*, AktG, § 244 Rn. 9.
435 BGH NJW 1956, 1753.
436 Hüffer/*Koch*, AktG, § 244 Rn. 4.
437 BGH NZG 2011, 506 (508).

len Gründen, besteht zwar die Notwendigkeit einer einheitlichen Feststellung des geltend gemachten Rechts, aber nicht die Notwendigkeit einer gemeinsamen Rechtsverfolgung.[438] Wird ein angefochtener Beschluss dagegen nicht bloß bestätigt, sondern neu gefasst bzw. wiederholt, greift nicht § 244 AktG ein, sondern kann Erledigung durch Entfallen des Rechtsschutzbedürfnisses eingetreten sein. Das hängt wiederum von den Rechtsfolgen des angegriffenen Beschlusses ab (→ Rn. 73, 83). Insofern gelten die obigen Ausführungen zur Erledigung entsprechend. Der Unterschied zwischen Bestätigung und Neufassung bzw. Wiederholung liegt nicht in erster Linie hierin, sondern in den verschiedenen Voraussetzungen für die Bestätigung und die Neufassung bzw. Wiederholung mit Rücksicht auf den maßgebenden Zeitpunkt (→Rn. 73).

Auch die Aufhebung eines zwar wirksamen, aber anfechtbaren Gesell- 115
schafterbeschlusses kann zur Erledigung der Anfechtungsklage führen. Die Aufhebung des angegriffenen Gesellschafterbeschlusses **nach Rechtshängigkeit** hat diese Folge, wenn der angegriffene Beschluss mit einem die Klage begründenden Beschlussmangel behaftet war und der Aufhebungsbeschluss nicht seinerseits nichtig ist.[439] Schließt die Gesellschaft sich einer entsprechenden Erledigungserklärung an, ist nach § 91 a ZPO zu entscheiden, wobei die Erfolgsaussichten bis zur Aufhebung zu berücksichtigen sind. Bleibt die Erledigungserklärung einseitig, liegt darin eine konkludente, nach § 264 Nr. 2 ZPO privilegierte Klageänderung im Sinne der Feststellung der Erledigung durch den Aufhebungsbeschluss. Hat der Kläger ein entsprechendes rechtliches Interesse, etwa wegen Auswirkungen der Beschlüsse auf seine aus der Mitgliedschaft folgenden Rechte, kann er auch hier die Feststellung der Nichtigkeit bzw. Anfechtbarkeit bis zur Beschlussaufhebung erwirken.[440] Die Privilegierung folgt für diesen zweiten Antrag unmittelbar aus § 244 S. 2 AktG (→ Rn. 114). Bei Aufhebung eines nichtigen oder anfechtbaren Beschlusses **nach Anhängigkeit, aber noch vor Rechtshängigkeit** kann nach § 269 Abs. 3 S. 3 ZPO vorgegangen werden.

15. Widerklage

Die Nichtigkeits- und Anfechtungsklage kann unter zusätzlicher Berück- 116
sichtigung des § 33 ZPO auch als Widerklage erhoben werden.[441] Ebenso kann die beklagte Gesellschaft umgekehrt gegenüber einer Nichtigkeits- und Anfechtungsklage gestützt auf andere prozessuale Ansprüche Widerklage erheben, wenn die Voraussetzungen des § 33 ZPO vorliegen.[442]

16. Einrede anderweitiger Rechtshängigkeit, § 261 Abs. 3 Nr. 1 ZPO

Für die Einrede anderweitiger Rechtshängigkeit nach § 261 Abs. 3 Nr. 1 117
ZPO kommt es auf die Reichweite des Streitgegenstandes der Nichtigkeits- und Anfechtungsklage an.[443] Geht man unter Berücksichtigung des prozes-

438 BGH NZG 2011, 506 (508).
439 Michalski/*Römermann*, § 47 Anh. Rn. 513.
440 MüKoGmbHG/*Wertenbruch*, § 47 Anh. Rn. 334.
441 Michalski/*Römermann*, § 47 Anh. Rn. 516.
442 BGH NJW 1972, 1320.
443 MüKoGmbHG/*Wertenbruch*, § 47 Anh. Rn. 338.

sual-zweigliedrigen Streitgegenstandsbegriffs mit dem Bundesgerichtshof von einer materiellen Rechtskraft aus, die sich auch auf nicht geltend gemachte, ja nicht einmal bekannte Nichtigkeits- und Anfechtungsgründe, also auf die gesamten, der Entstehung des angegriffenen Beschlusses zugrundeliegenden Umstände erstreckt,[444] steht jeder weiteren Nichtigkeits- und Anfechtungsklage desselben Klägers hinsichtlich des angegriffenen Beschlusses die Einrede anderweitiger Rechtshängigkeit gemäß § 261 Abs. 3 Nr. 1 ZPO entgegen. Auf die mit den Klagen jeweils geltend gemachten Mängel kommt es nicht an. Die Ausführungen des Bundesgerichtshofs in seiner die Schiedsfähigkeit von Beschlussmängelstreitigkeiten betreffenden Entscheidung vom 6.4.2009 (Schiedsfähigkeit II) weisen in diese Richtung.[445] Zu beachten ist allerdings, dass der Bundesgerichtshof der danach sehr großen Reichweite des Streitgegenstands in objektiver Hinsicht unter Bezugnahme auf den prozessual-zweigliedrigen Streitgegenstandsbegriff insofern Grenzen gesetzt hat, als nur solche Beschlussmängel Gegenstand des Nichtigkeits- und Anfechtungsprozesses sind, die dem natürlichen Lebenssachverhalt nach in den Prozess eingeführt worden sind.[446] Berücksichtigt man auch die, kann das Ziel, in einem einzigen Prozess alle Zweifel an der Wirksamkeit eines Gesellschafterbeschlusses verbindlich zu klären, auch dann nicht erreicht nicht erreicht werden, wenn es nicht auf die Kenntnis oder auch nur auf das Kennenkönnen der Mängel ankommt, sondern die umfassende Klärung kann nur innerhalb er Grenzen des eingeführten Lebenssachverhalts stattfinden. So bleiben zB nach § 241 Nr. 3 AktG bedeutsame Fragen des vorhandenen freien Vermögens der Gesellschaft dann außer Betracht, wenn der Kläger lediglich die Gesellschafterversammlung als Lebenssachverhalt einführt und seiner Nichtigkeits- und Anfechtungsklage zugrunde legt.

17. Darlegungs- und Beweislast

118 a) **Allgemeines.** Ausgangspunkt der Überlegungen zur Darlegungs- und Beweislastverteilung im Nichtigkeits- und Anfechtungsprozess ist die **allgemeine Regel**, dass jede Partei die Darlegungs- und Beweislast für die ihr günstigen Umstände trifft.[447] Dementsprechend muss der (Wider-)Kläger einer Nichtigkeits- und Anfechtungsklage grundsätzlich diejenigen Umstände dartun, die seine Klage zu begründen vermögen, also sowohl die Beschlussmängeln als auch erforderlichenfalls die Kausalität oder Relevanz.[448] Nach dieser allgemeinen Regel trifft den Kläger auch die Darlegungs- und Beweislast für seine Anfechtungsbefugnis, die Einhaltung der Anfechtungsfrist und das Vorliegen einer Beschlussfeststellung.[449] Allgemeinen Regeln sind ferner der Wechsel der Darlegungslast bzw. die sekundäre Behauptungslast bei unveränderter Beweislast im Zusammenhang mit

444 BGH NJW 2002, 3465 (3466).
445 BGH NJW 2009, 1962 (1966).
446 *BGH DStR* 2010, 1039 (1040).
447 Zur allgemeinen Regel BGH NJW 1983, 2499 (2500); NJW 2001, 2096 (2098).
448 OLG Stuttgart, Urt. v. 19.12.2012–14 U 10/12,– juris Rn. 44 f.; Henssler/Strohn/*Drescher*, Gesellschaftsrecht, § 243 AktG Rn. 32.
449 Henssler/Strohn/*Drescher*, Gesellschaftsrecht, § 243 AktG Rn. 32; Hüffer/*Koch*, AktG, § 243 Rn. 60.

der **Behauptung negativer Tatsachen** zu entnehmen.[450] Danach muss der Kläger zB in Bezug auf die Wirksamkeit eines Einziehungsbeschlusses in einem ersten Schritt lediglich allgemein behaupten, dass der Gesellschaft kein hinreichendes freies Vermögen zur Begleichung der Abfindungsforderung zur Verfügung stehe. Dann trifft die Gesellschaft eine sekundäre Behauptungslast, so dass sie in einem zweiten Schritt gehalten ist, unter Bezugnahme auf die Bilanz konkret aufzuzeigen, dass sehr wohl das notwendige freie Vermögen vorhanden ist. In einem dritten Schritt muss dann der Kläger aufgrund der ihn unverändert treffenden Beweislast, den Beweis erbringen, dass das konkret behauptete freie Vermögen tatsächlich nicht vorhanden ist oder nicht genügt. Schließlich kommen allgemeinen Regeln folgend **Beweiserleichterungen** bis hin zur Beweislastumkehr in Betracht, etwa unter dem Gesichtspunkt der Beweisvereitelung.[451]

b) Einzelne Mängel. Diese allgemeinen Regeln kommen etwa hinsichtlich 119
in Betracht kommender **Verfahrensmängel** zur Anwendung, so dass der Kläger die betreffenden Beschlussmängel darzutun hat. Dabei gelten die allgemeinen Regeln des materiellen Zivilrechts nicht nur für die Frage der Darlegungs- und Beweislast, sondern ebenso sind die allgemeinen materiellen und prozessualen Bestimmungen für die Frage zur berücksichtigen, ob der betreffenden Tatsachenvortrag ausreicht. So genügen unsubstantiierte Behauptungen von Verfahrensmängeln und Behauptungen „ins Blaue hinein" mit Rücksicht auf § 138 ZPO nicht, sondern es bedarf stets der konkreten Darlegung eines Verfahrensmangels. Stellt die Gesellschaft hinreichend konkrete Behauptungen wiederum hinreichend konkret, dh qualifiziert, in Abrede, muss der behauptete Verfahrensmangel vom Kläger bewiesen werden.[452] Die Gesellschaft kann in diesem Zusammenhang allerdings auch jenseits negativer Tatsachenbehauptungen insofern eine sekundäre Behauptungslast auf der Ebene der Darlegungslast und uU sogar auf der zweiten Stufe eine Beweislast treffen, wenn der vom Kläger allgemein dargelegte Sachverhalt einen Verfahrensmangel, wie zB eine Unterschreitung der Ladungsfrist, begründete und die Einzelheiten den Kenntnisbereich ausschließlich der Gesellschaft betreffen.[453] Steht ferner der Verfahrensfehler entweder nach dem unstreitigen Sachverhalt bzw. dem nicht hinreichend (qualifiziert) bestrittenen Vortrag des Klägers oder aber nach Beweiserhebung und -würdigung fest, obliegt es der Gesellschaft, die Irrelevanz des vorliegenden Verfahrensmangels für das Beschlussergebnis darzutun und zu beweisen, soweit es hier überhaupt um weitere Tatsachen und nicht nur um rechtliche Wertungen geht.[454] Die Ausnahme von dem eingangs erwähnten Grundsatz ist schon deshalb gerechtfertigt, weil sich die Relevanz gewöhnlich aufgrund des festgestellten Verfahrensmangels ohne Weiteres prüfen und feststellen lässt. Daraus ergibt sich allerdings auch die Grenze dieser Beweislastumkehr iwS: Kommt nach der Art des festgestell-

450 Etwa BGH NJW 1999, 287 f.; NJW-RR 2007, 488 (zum Fehlen eines Rechtsgrundes im Rahmen des § 812 Abs. 1 S. 1 Alt. 1 BGB).
451 MüKoGmbHG/*Wertenbruch*, § 47 Anh. Rn. 339.
452 MK /*Hüffer*/*Schäfer*, AktG, § 243 Rn. 146; Henssler/Strohn/*Drescher*, Gesellschaftsrecht, § 243 AktG Rn. 32.
453 Nur insofern richtig Michalski/*Römermann*, § 47 Anh. Rn. 519.
454 Michalski/*Römermann*, § 47 Anh. Rn. 519; Scholz/*K. Schmidt*, § 45 Rn. 161.

ten Verfahrensmangels eine Relevanz nicht in Frage, muss die Gesellschaft auch die Irrelevanz nicht beweisen. Dementsprechend handelt es sich bei zutreffender Betrachtung nicht um eine ohne Rücksicht auf die Art des Verfahrensmangels begründete Kausalitäts- bzw. Relevanzvermutung.

120 Zwar gilt der eingangs erwähnte Grundsatz, dass jeder die ihm günstigen Umstände darzulegen und zu beweisen hat, auch für **materielle Beschlussmängel**, so dass der klagende Gesellschafter die ihm günstigen Umstände, die seiner Nichtigkeits- und Anfechtungsklage zum Erfolg verhelfen können, darzulegen und zu beweisen hat.[455] Allerdings gibt es hier gewisse, materiellrechtlich begründete Abweichungen: So hat der klagende Gesellschafter bei Verstößen gegen den Gleichbehandlungsgrundsatz, zwar die Ungleichbehandlung darzulegen und nachzuweisen. Die Gesellschaft muss jedoch sodann die rechtfertigenden Umstände darlegen und beweisen.[456] Das gleiche gilt für die Gewährung von Sondervorteilen als besondere Ausprägung des Gleichbehandlungsgebots: Während der klagende Gesellschafter Umstände für einen Sondervorteil dartun und nachweisen muss, muss die GmbH rechtfertigende Umstände darlegen und beweisen.[457] Außerdem ist bei den Anforderungen an die Substantiierung des Klägervortrages Vorsicht geboten und sind Überspannungen schon mit Rücksicht auf die Kenntnisbereiche zu vermeiden.[458] Schwieriger ist die Verteilung der Darlegungs- und Beweislast bei der Verletzung von **Treuepflichten**. So hat der Bundesgerichtshof die Gesellschaft im Falle einer Kapitalerhöhung unter Bezugsrechtsausschluss für verpflichtet gehalten, hierfür die sachliche Rechtfertigung vorzutragen und zu beweisen, und dem Kläger lediglich auferlegt, diese zu widerlegen sowie den Gegenbeweis zu führen.[459] Mag man auch diesen Gedanken nicht ohne Weiteres auf sämtliche Fälle von Treuepflichtverletzungen und anderen materiellen Beschlussmängeln übertragen können,[460] spricht doch vieles für die folgende Verteilung der Darlegungs- und Beweislast: Der klagende Gesellschafter muss lediglich Umstände dartun und beweisen, die einerseits eine bestimmte Pflicht der Gesellschaft und andererseits die Abweichung der Gesellschaft hiervon begründen. Stehen diese Umstände fest, muss die Gesellschaft rechtfertigende Umstände für ihre Entscheidung darlegen und beweisen. Das lässt sich auch auf solche Fälle übertragen, die nicht eine verletzte Pflicht im engeren Sinne zum Gegenstand haben, sondern **rechtfertigungsbedürftige Maßnahmen**, so zB bei Beschlüssen über eine Zwangseinziehung: Während der Kläger neben den Voraussetzungen seiner Aktivlegitimation und der Anfechtungsfrist darzulegen und nachzuweisen hat, dass ein Beschluss über die Einziehung seines Geschäftsanteils gefasst wurde, hat die Gesellschaft diejenigen Umstände darzutun und zu beweisen, die die Zwangseinziehung nach § 34 Abs. 1 GmbHG in Verbindung mit ihrer Satzung rechtfertigen. Die Gesellschaft trägt also die Darlegungs- und Beweislast hinsichtlich po-

455 MKAktG/*Hüffer/Schäfer*, § 243 Rn. 149.
456 MKAktG/*Hüffer/Schäfer*, § 243 Rn. 149.
457 MKAktG/*Hüffer/Schäfer*, § 243 Rn. 152.
458 BGH NJW 1988, 1579.
459 BGH NJW 1978, 1316; anders und für uneingeschränkte Darlegungs- und Beweislast der Gesellschaft etwa MüKoGmbHG/*Hüffer/Schäfer*, § 243 Rn. 150.
460 MKAktG/*Hüffer/Schäfer*, § 243 Rn. 150.

sitiver Zulässigkeits- bzw. Wirksamkeitsvoraussetzungen angefochtener Beschlüsse.[461]

c) **Protokoll.** Auch wenn das Führen eines formgerechten Protokolls für Gesellschafterversammlungen der GmbH grundsätzlich (Ausnahmen: § 48 Abs. 3, § 53 Abs. 2 S. 1 GmbHG) nicht gesetzlich vorgesehen ist und daher eine entsprechende Verpflichtung nur aus der Satzung folgen kann,[462] ist doch zu berücksichtigen, dass das Protokoll in der Regel geeignetes Mittel zur Substantiierung des Vorbringens und zum Beweis sowohl in Bezug auf die Fassung des angegriffenen Gesellschafterbeschlusses als solche als auch hinsichtlich der mit der Nichtigkeits- und Anfechtungsklage gerügten Beschlussmängel ist. Da allerdings eine gesetzliche Bestimmung über die Folgen eines mangelhaften oder fehlenden Protokolls für den Nichtigkeits- und Anfechtungsprozess fehlt, kommt, wenn auch die Satzung dazu schweigt, nur ein Rückgriff auf die allgemeinen Regeln der Beweisvereitelung in Betracht und dieser ist mit ganz erheblichen Schwierigkeiten verbunden.[463] Denn in Anwendung des Rechtsgedankens der § 427, § 441 Abs. 3 S. 3, §§ 444, 446, § 453 Abs. 2, § 454 Abs. 1 ZPO, § 242 BGB liegt eine Beweisvereitelung vor, wenn eine Partei ihrem beweispflichtigen Gegner die Beweisführung schuldhaft erschwert oder unmöglich macht. Dies kann vorprozessual oder während des Prozesses durch gezielte oder fahrlässige Handlungen geschehen, mit denen bereits vorhandene Beweismittel vernichtet oder vorenthalten werden. Das Verschulden muss sich dabei aber sowohl auf die Zerstörung oder Entziehung des Beweismittels als auch auf die darin liegende Beseitigung der Beweisfunktion beziehen, also auch darauf, die Beweislage des Gegners in einem gegenwärtigen oder künftigen Prozess nachteilig zu beeinflussen. Als Folge der Beweisvereitelung kommen in solchen Fällen Beweiserleichterungen in Betracht, die unter Umständen bis zur Umkehr der Beweislast gehen können.[464] Danach ist eine an sich den klagenden Gesellschafter treffende Beweislast hinsichtlich satzungsgemäß zu protokollierender Umstände der Gesellschaft aufzuerlegen, wenn dem Nachweis unter Zuhilfenahme des Protokolls entweder dessen Mängel nach dem Maßstab der Satzung entgegenstehen oder das in der Satzung vorgesehene Protokoll gänzlich fehlt. Hinzu kommen muss allerdings ein der Gesellschaft zurechenbares Verschulden sowohl hinsichtlich des Fehlens des Protokolls als auch die Aufhebung der Beweisfunktion betreffend.[465] Da Sinn und Zweck des Protokolls sowie der entsprechenden Bestimmung in Satzungen in erster Linie der Beweis von Vorgängen der Gesellschafterversammlung ist und dies außerdem evident ist, kann man das Verschulden hinsichtlich der Aufhebung der Beweisfunktion vermuten, wenn ein evidenter Verstoß gegen die satzungsmäßige Protokollpflicht vorliegt. Das ist zB dann der Fall, wenn von vornherein von der Errichtung eines in der Satzung vorgesehenen Protokolls abgesehen wird. Dann ist eine Beweislastumkehr zu Ungunsten der Gesellschaft gerechtfer- 121

461 OLG Stuttgart, Urt. v. 19.12.2012–14 U 10/12,– juris Rn. 44 f.
462 Baumbach/Hueck/*Zöllner/Noack*, § 48 Rn. 22.
463 MüKoGmbHG/*Wertenbruch*, § 47 Anh. Rn. 343.
464 BGH NJW 1996, 315; NJW 1998, 79; NJW 2002, 825; NJW 2004, 222; NJW 2006, 434 (436) jeweils mwN.
465 MüKoGmbHG/*Wertenbruch*, § 47 Anh. Rn. 343 (zu großzügig).

tigt.[466] Enthält die Satzung keine im konkreten Fall anzuwendende Bestimmung über die Anfertigung eines Protokolls, kann man noch auf die gelebte Praxis der Gesellschaft abstellen, indem man unangekündigte, nicht begründete Abweichungen hiervon als Verletzungen der gesellschaftsrechtlichen Treuepflicht begreift und für die notwendigen subjektiven Umstände auf die Evidenz der Abweichung zurückgreift. Jenseits solcher Hilfskonstruktionen kommt eine Anwendung der Regeln der Beweisvereitelung im Zusammenhang mit mangelnder Protokollierung indessen nicht in Frage, sollen nicht die Voraussetzungen der Beweisvereitelung aufgegeben werden und das Ergebnis dem Belieben des Gerichts unterliegen.[467]

122 Der **Versammlungsleiter** ist zwar als solcher nicht Organ der Gesellschaft, nimmt aber gewisse, ausdrücklich oder konkludent auf ihn delegierte Befugnisse der Gesellschafterversammlung als Organ der Gesellschaft wahr. Schon deshalb ist sein Verhalten stets der Gesellschaft und nicht etwa dem einzelnen Gesellschafter zuzurechnen.[468] Hieraus ergibt sich zwanglos, dass die vorstehenden Regeln auch für eine vom Versammlungsleiter zu verantwortende, mangelhafte Protokollierung gelten und sich die Gesellschaft nicht mit Erfolg darauf berufen kann, dass nicht sie, sondern den Versammlungsleiter die Verantwortung treffe. Jedenfalls mit Rücksicht auf das Institut der unzulässigen Rechtsausübung analog § 242 BGB gilt nur dann Anderes, wenn der Kläger als Versammlungsleiter tätig war und den Protokollmangel zu verantworten hat. Dass er sich in einem solchen Fall nicht auf eine Beweiserleichterung wegen mangelhafter Protokollierung stützen kann, bedarf keiner weiteren Erörterung.

123 Nur mit den vorstehend erläuterten, ganz erheblichen Einschränkungen ist deshalb der Satz richtig, dass die GmbH das Risiko einer auf Mängel des Protokolls zurückgehenden Beweisvereitelung trifft. Für eine weiterreichende **Risikoverteilung** zulasten der Gesellschaft fehlt jenseits besonderer Satzungsbestimmungen die Rechtsgrundlage.[469]

18. Prozesshandlungen

124 Grundsätzlich bestehen bei der Nichtigkeits- und Anfechtungsklage keine Besonderheiten hinsichtlich Klagerücknahme (§ 269 ZPO), Geständnis (§ 288 ZPO), Verzicht (§ 306 ZPO), Säumnis (§§ 330 ff. ZPO), Rechtsmittelverzicht (§ 515 ZPO) und -rücknahme (§ 516 ZPO) angeht. Vielmehr gilt auch hier die Dispositionsmaxime.[470] Zu beachten ist, dass die entsprechend § 246 Abs. 4 S. 1 AktG zu benachrichtigenden Gesellschafter dem Rechtsstreit als **streitgenössische Nebenintervenienten (§ 69 ZPO)** beitreten können, und ihnen dies umfassende eigene Rechte verleiht, die auch für die Wirksamkeit von Prozesshandlungen der Hauptpartei von Bedeutung sein können. Auf diese Art und Weise können die Gesellschafter auch einem

---

466 MüKoGmbHG/*Wertenbruch*, § 47 Anh. Rn. 343 (insofern iE oft richtig).
467 Anders MüKoGmbHG/*Wertenbruch*, § 47 Anh. Rn. 343 und auch noch *Rensen*, Beschlussmängelstreitigkeiten in der GmbH, Rn. 422.
468 MüKoGmbHG/*Wertenbruch*, § 47 Anh. Rn. 344.
469 Anders MüKoGmbHG/*Wertenbruch*, § 47 Anh. Rn. 343 und auch noch *Rensen*, Beschlussmängelstreitigkeiten in der GmbH, Rn. 423.
470 Michalski/*Römermann*, § 47 Anh. Rn. 522.

kollusiven Zusammenwirken von klagendem Gesellschafter und Gesellschaft entgegenwirken.[471] So können sie zB einem Geständnis der Hauptpartei[472] oder auch einer Rechtsmittelrücknahme der Hauptpartei durch ein eigenes Rechtsmittel den ihnen nachteiligen Effekt nehmen.[473] Insbesondere können sie aber durch Erscheinen und Antragstellung ein Versäumnisurteil gegen die Gesellschaft verhindern.[474] Nimmt das Gericht seine Pflichten aus Art. 2 Abs. 1 in Verbindung mit Art. 20 Abs. 3 GG und Art. 103 Abs. 1 GG im Zusammenhang mit der Benachrichtigung der am Prozess nicht beteiligten Gesellschafter ordnungsgemäß wahr und stellt eine rechtzeitige Information durch die Geschäftsführung analog § 246 Abs. 4 S. 1 AktG sicher, so verbleibt dem nicht unmittelbar beteiligten Gesellschafter auch im Verfahren und in der laufenden Instanz (evtl. unter Anregung einer Wiedereröffnung nach § 156 ZPO) hinreichend Gelegenheit, ein befürchtetes kollusives Zusammenwirken durch einen frühzeitigen Beitritt zu verhindern. Wird er dagegen zu spät benachrichtigt, muss er uU selbst ein Rechtsmittel einlegen, was allerdings wegen der nicht in Lauf gesetzten Fristen in der Regel noch unproblematisch möglich ist. Insofern reicht die Möglichkeit der streitgenössischen Nebenintervention aus und besteht keine nennenswerte Gefahr, zu spät zu kommen.[475] Trotz der grundsätzlichen Zulässigkeit prozessualer Disposition über den Streitgegenstand insbesondere durch Anerkenntnis seitens der Gesellschaft (§ 307 ZPO) ist es den Parteien des Nichtigkeits- und Anfechtungsprozesses jedoch verwehrt, einen verfahrensbeendenden **Vergleich** mit dem Inhalt zu schließen, dass der klageweise angegriffene Gesellschafterbeschluss entweder nichtig ist oder für nichtig erklärt wird.[476] Der Grund hierfür ist, dass jedenfalls die Urteilswirkung erga omnes analog § 248 Abs. 1 S. 1, § 249 Abs. 1 S. 1 AktG ausschließlich durch Gesetz angeordnet werden kann und – abgesehen von entsprechenden Schiedsvereinbarungen – der Parteidisposition entzogen ist.[477] Zulässig ist ein Vergleich ohne Weiteres, wenn er die Wirksamkeit des angegriffenen Beschlusses im Verhältnis zu Unbeteiligten nicht berührt.[478] Darüber hinaus steht es der Gesellschafterversammlung selbstverständlich frei, den angegriffenen Beschluss aufzuheben und dadurch eine Erledigung jedenfalls für die Zeit nach dem Aufhebungsbeschluss herbeizuführen.[479] Dabei kommt auch eine Universalversammlung im Sitzungssaal des Gerichts in Betracht. Ob über die og Prozesshandlungen und deren Rechtsfolgen hinaus auch ein **Anerkenntnis** der klageweise in Anspruch genommenen und durch die Geschäftsführung vertretenen GmbH mit der Folge eines Anerkenntnisurteils gemäß § 307 ZPO über die Nichtigkeit oder die Nichtigerklärung des angegriffenen Gesellschafterbeschlusses, hat der Bundesgerichtshof in einer Entscheidung vom 12.7.1993

471 Baumbach/Hueck/*Zöllner/Noack*, § 47 Anh. Rn. 169.
472 MüKoGmbHG/*Wertenbruch*, § 47 Anh. Rn. 347.
473 MüKoGmbHG/*Wertenbruch*, § 47 Anh. Rn. 346.
474 MüKoGmbHG/Wertenbruch, § 47 Anh. Rn. 347.
475 Legte man Michalski/*Römermann*, § 47 Anh. Rn. 499 zugrunde, könnte es zu unheilbaren Verfassungsverstößen kommen.
476 Henssler/Strohn/*Drescher*, Gesellschaftsrecht, § 246 AktG Rn. 44.
477 Baumbach/Hueck/*Zöllner/Noack*, § 47 Anh. Rn. 175.
478 Henssler/Strohn/Drescher, Gesellschaftsrecht, § 246 AktG Rn. 44.
479 Michalski/*Römermann*, § 47 Anh. Rn. 523.

wegen eines jedenfalls entgegenstehenden Widerspruchs des streitgenössischen Nebenintervenienten offenlassen können.[480] Dem Oberlandesgericht Stuttgart und Teilen der Literatur folgend ist die Zulässigkeit eines Anerkenntnisses nach § 307 ZPO indessen zu bejahen.[481] So richtig es nämlich ist, dass die zur gesetzlichen Vertretung der GmbH berufene Geschäftsführung nicht über Gesellschafterbeschlüsse disponieren darf, so wenig lässt sich aus der den für die gesellschafsinterne Frage der Pflichtwidrigkeit des Verhaltens der Geschäftsführung ohne Weiteres die prozessuale (Un-)Wirksamkeit eines seitens der Geschäftsführung erklärten Anerkenntnisses (§ 307 ZPO) ableiten. Man muss vielmehr streng zwischen der Frage nach der Wirksamkeit einer prozessualen Erklärung einerseits und der Frage nach der Einhaltung der Geschäftsführerpflichten im Zusammenhang mit der Abgabe einer solchen Erklärung andererseits unterscheiden. Hinzu kommt die praktische Erwägung, dass eine Nichtanwendung des § 307 ZPO zur Folge hätte, dass die Gesellschaft zwar ein Anerkenntnis nicht erklären könnte, dasselbe Ergebnis hinsichtlich der materiellen Rechtskraft aber durch eine bewusste Säumnis, durch ein falsches Geständnis oder auch durch Schweigen (§ 138 Abs. 2 ZPO) herbeiführen könnte. Nach der hier vertretenen Lösung kommt es für die Anwendung des § 307 ZPO auch nicht darauf an, ob sämtliche Gesellschafter dem seitens der Geschäftsführung in Vertretung der Gesellschaft erklärten Anerkenntnis zugestimmt haben.[482] Maßgebend ist ausschließlich, ob die durch ihre Geschäftsführer vertretene Gesellschaft eine wirksame Anerkenntniserklärung im Sinne des § 307 ZPO abgegeben hat und dass gegebenenfalls kein Widerspruch eines streitgenössischen Nebenintervenienten vorliegt. Für die Frage, ob im konkreten Fall neben § 307 ZPO auch der die Kostenfolge bei sofortigem Anerkenntnis betreffende **§ 93 ZPO** Anwendung findet oder ob es bei der Kostenhaftung der unterliegenden Gesellschaft nach § 91 Abs. 1 S. 1 ZPO verbleibt, ist zu beachten, dass die Gesellschaft jedenfalls grundsätzlich bereits durch Fassung des streitgegenständlichen Beschlusses hinreichenden Anlass zur Klageerhebung gegeben hat. Lediglich ganz ausnahmsweise mag man von dem klagenden Gesellschafter verlangen, die Gesellschaft vor der Klageerhebung zur Aufhebung des betreffenden Beschlusses aufzufordern.[483]

19. Streitwert, § 247 AktG

125 Für die Bemessung des Streitwertes finden unstreitig § 247 Abs. 1 S. 1 AktG einerseits sowie die den gespaltenen Streitwert betreffenden § 247 Abs. 2 und Abs. 3 AktG andererseits analoge Anwendung.[484] § 247 Abs. 1 S. 2 AktG findet dagegen keine analoge Anwendung, weil die Norm inso-

480 BGH NJW-RR 1993, 1253 (1254).
481 OLG Stuttgart NZG 2003, 1170 (1172) zu AG; zur GmbH: Baumbach/Hueck/*Zöllner/Noack*, § 47 Anh. Rn. 175; anders Michalski/Römermann, § 47 Anh. Rn. 525.
482 Dafür aber MüKoGmbHG/*Wertenbruch*, § 47 Anh. Rn. 348.
483 OLG Stuttgart NZG 2003, 1170 (1172) zur AG mwN.
484 BGH NZG 1999, 999.

fern auf den Besonderheiten der Aktiengesellschaft beruht, als sie dem Schutz von Kleiaktionären als bloßen Kapitalanlegern dient.[485]

20. Urteil und Rechtskraft

a) Gestaltungs- und Feststellungsurteile. Stellt das mit der zulässigen Nichtigkeits- und Anfechtungsklage befasste Gericht fest, dass der angegriffene Beschluss nichtig ist, hat es dies analog § 249 Abs. 1 S. 1 in Verbindung mit § 248 Abs. 1 S. 1 AktG im Tenor auszusprechen, während die Feststellung lediglich eines Anfechtungsgrundes analog § 248 Abs. 1 S. 1 AktG zur Nichtigerklärung führt. Die unterschiedliche Tenorierung entspricht § 241 Nr. 1–4, 6 AktG einerseits und § 241 Nr. 5 AktG andererseits. Dem liegen wiederum die unterschiedlichen Wirkungen von Beschlussmängeln zugrunde: Während ein mit einem Nichtigkeitsgrund behafteter Beschluss analog § 241 AktG ipso iure nichtig ist und es deshalb keiner Gestaltung, sondern nur einer Feststellung dieser ohnehin bestehenden Rechtsfolge bedarf, sind Beschlüsse, die nur mit einem Anfechtungsgrund behaftet sind, grundsätzlich vorläufig wirksam sind und können ihre Wirkung analog § 241 Nr. 5 AktG nur durch ein rechtskräftiges Urteil über die Nichtigerklärung verlieren. Dementsprechend hat ein der Anfechtungsklage durch Nichtigerklärung stattgebendes Urteil rechtsgestaltende Wirkung, während einem der Nichtigkeitsklage stattgebenden Urteil lediglich eine feststellende Wirkung zukommt. Der einheitliche Streitgegenstand von Nichtigkeits- und Anfechtungsklage vermag an diesen in den gesetzlichen Regeln selbst angelegten Unterschieden nichts zu ändern, zumal der Gesetzgeber den einheitlichen Streitgegenstand der Nichtigkeits- und Anfechtungsklage ohnehin nicht stets bedacht hat, wie etwa die Bestimmung des § 249 Abs. 2 S. 2 AktG zeigt.[486] Die rechtgestaltende Wirkung der Nichtigerklärung tritt allerdings analog § 241 Nr. 5 AktG grundsätzlich rückwirkend bzw. ex tunc ein, und zwar nach ganz überwiegender Auffassung entgegen dem Gesetzeswortlaut bezogen nicht auf die Rechtskraft der Entscheidung, sondern auf den Zeitpunkt der Beschlussfassung.[487] Folgt man dem, verringern sich die Unterschiede nach einer rechtskräftigen Nichtigerklärung erheblich. Allerdings bleiben zur Ausführung des für nichtig erklärten Gesellschafterbeschlusses bereits vorgenommene Rechtsgeschäfte in ihrer Wirksamkeit unberührt,[488] und der Schutz Dritter wird im Falle der Nichtigerklärung eines die Bestellung zum Geschäftsführer betreffenden Gesellschafterbeschlusses jedenfalls über das Handelsregister nach § 15 Abs. 3 HGB gewährleistet.[489] 126

b) Materielle Rechtskraft. Analog § 249 Abs. 1 S. 1 in Verbindung mit § 248 Abs. 1 S. 1 AktG entfaltet das einer Nichtigkeitsklage **stattgebende Urteil**, soweit damit die Nichtigkeit eines bestimmten Gesellschafterbeschlusses festgestellt worden ist, materielle Rechtskraft nicht nur inter partes, sondern inter bzw. erga omnes, also für und gegen jedermann.[490] Wird 127

485 Noch offen gelassen in BGH NZG 1999, 999; zutreffend verneint aber in OLG Frankfurt aM NJW 1968, 2112; OLG Karlsruhe GmbHR 1995, 302.
486 BGH NJW 1997, 1510; NJW 2002, 3465.
487 OLG Köln AG 1999, 471; OLG Zweibrücken NZG 2004, 382 (383).
488 Henssler/Strohn/*Drescher*, Gesellschaftsrecht, § 248 AktG Rn. 8.
489 Henssler/Strohn/*Drescher*, Gesellschaftsrecht, § 248 AktG Rn. 8.
490 BGH NJW 1997, 1510 (1511).

die Anfechtungs- und Nichtigkeitsklage abgewiesen, kommt dem Urteil zwar auch materielle Rechtskraft zu. Diese wirkt aber nicht inter bzw. erga omnes, sondern beschränkt sich in subjektiver Hinsicht auf das Verhältnis zwischen den Parteien.[491] Die inter partes wirkende materielle Rechtskraft des **klageabweisenden Urteils** im Nichtigkeits- und Anfechtungsprozess hat zur Folge, dass nur der Zulässigkeit einer erneuten Nichtigkeits- und Anfechtungsklage des unterlegenen Klägers der Einwand der Rechtskraft entgegenstehen kann.[492] Die materielle Rechtskraft steht indessen nicht nur der Erhebung einer neuerlichen Nichtigkeits- und Anfechtungsklage entgegen, sondern ebenso der auch aus anderen Gründen zweifelhaften Erhebung einer Feststellungsklage sowie – bedeutsamer – dem in einem anderen Verfahren erhobenen Einwand der Nichtigkeit des betreffenden Beschlusses, wenn nämlich der Streitgegenstand im Übrigen derselbe ist.[493] Mit Rücksicht auf den einheitlichen Streitgegenstand von Anfechtungs- und Nichtigkeitsklage, steht die Klageabweisung nicht nur der neuerlichen Ergebung einer Nichtigkeitsklage, sondern ebenso der neuerlichen Erhebung einer auf denselben Sachverhalt gestützten Anfechtungsklage entgegen.[494] Das gilt selbst dann, wenn das erkennende Gericht nach den Entscheidungsgründen unter Verletzung der Regeln über den Streitgegenstand lediglich entweder die Anfechtungs- oder die Nichtigkeitsklage beschieden hat. Ein solcher Fehler führt wegen des einheitlichen Streitgegenstands nicht zur Einschränkung der materiellen Rechtskraft, sondern kann unter der weiteren Voraussetzung der Entscheidungserheblichkeit einem Rechtsmittel zum Erfolg verhelfen und in diesem Rahmen nicht nur eine Abänderung, sondern uU auch eine Zurückverweisung nach § 538 Abs. 2 S. 1 Nr. 1 ZPO rechtfertigen. Da der einheitliche Streitgegenstand der Nichtigkeits- und Anfechtungsklage zwar objektiv durch den eingeführten Lebenssachverhalt begrenzt wird, aber weder nur die geltend gemachten Beschlussmängel umfasst, noch es auf die Möglichkeit der Kenntnisnahme von bestimmten Mängeln ankommt, sondern die Nichtigkeits- und Anfechtungsklage stets den gesamten eingeführten Lebenssachverhalt betrifft, steht der Einwand der Rechtskraft nach einer Klageabweisung auch der Geltendmachung von Nichtigkeits- und Anfechtungsgründen entgegen, die im betreffenden Nichtigkeits- und Anfechtungsprozess keine Berücksichtigung gefunden haben, aber schon vorgelegen haben, wenn nur der zugrundeliegende Lebenssachverhalt eingeführt worden ist. Jede andere Betrachtung führte insbesondere angesichts mehrfach relevanter Umstände zu großen Abgrenzungsschwierigkeiten hinsichtlich der Reichweite von Streitgegenstand und materieller Rechtskraft.[495] Demgegenüber können andere Aktivlegitimierte, die weder am betreffenden Nichtigkeits- und Anfechtungsprozess beteiligt waren noch von einer Rechtskrafterstreckung, zB nach § 325 ZPO, betroffen sind, mit Rücksicht auf die bloß inter partes wirkende materielle Rechtskraft des klageabweisenden Urteils sowohl noch Nichtigkeits- und Anfechtungsklage gegen den betreffenden Gesellschafter-

491 Henssler/Strohn/*Drescher*, Gesellschaftsrecht, § 248 AktG Rn. 6.
492 BGH NJW 1997, 1510 (1511 f.).
493 MüKoGmbHG/*Wertenbruch*, § 47 Anh. Rn. 361.
494 BGH NJW 1997, 1510 (1511 f.).
495 BGH NJW 2002, 3465 (3466).

beschluss erheben als auch den Nichtigkeitseinwand in einem anderen Verfahren geltend machen.[496] Allerdings wird dies im Hinblick auf die Anfechtungsfrist praktisch nur selten von Bedeutung sein; interessant ist allerdings unter Berücksichtigung einer möglichen Heilung vor allem der Nichtigkeitseinwand.[497] Hat der Kläger anstelle einer Nichtigkeits- und Anfechtungsklage eine **allgemeine Feststellungsklage** erhoben und ist diese nicht auf die Feststellung einer (unklaren) Beschlussfassung gerichtet, greifen die § 248 Abs. 1 S. 1, § 249 Abs. 1 S. 1 AktG nicht ein und kann deshalb die materielle Rechtskraft eines abweisenden oder stattgebenden Urteils nicht inter bzw. erga omnes, sondern lediglich inter partes, also im Verhältnis der Parteien, wirken.[498] Ausnahmsweise anderes gilt nach deren Sinn und Zweck allerdings zum einen für die auf Feststellung einer **umstrittenen Beschlussfeststellung** gerichtete allgemeine Feststellungsklage, zum anderen für die **positive Beschlussfeststellungsklage.**[499]

21. Handelsregistereintragung

Analog § 248 Abs. 1 S. 2, § 249 Abs. 1 S. 1 AktG sind bei der GmbH mit Rücksicht auf den Gesetzeswortlaut sämtliche Urteile zum Handelsregister einzureichen, mit denen einer Nichtigkeits- und Anfechtungsklage stattgegeben worden ist, und nicht etwa nur diejenigen Urteile, die analog § 248 Abs. 1 S. 3 AktG einzutragen sind, weil auch der nichtige Beschluss einzutragen war.[500] Hat der betroffene Beschluss eine **Satzungsänderung** zum Inhalt gehabt, ist der vollständige Wortlaut der durch das Urteil berichtigten Satzung einschließlich einer diesbezüglichen Notarbescheinigung zum Handelsregister einzureichen, § 248 Abs. 3 AktG analog.[501] 128

IV. Feststellungsklagen, § 256 ZPO

1. Positive Beschlussfeststellungsklage

Meint ein Gesellschafter, die Gesellschafter hätten tatsächlich einen bestimmten Beschuss gefasst, dies sei aber wegen eines Fehlers etwa im Zusammenhang mit einem Stimmverbot gemäß § 47 Abs. 4 GmbHG nicht festgestellt worden, kann er eine positive Beschlussfeststellungsklage, also eine auf Feststellung der Fassung des gewünschten Beschlusses anlässlich der betreffenden Gesellschafterversammlung gerichtete Klage iSd § 256 ZPO, erheben.[502] Da in derartigen Fällen idR ein Beschlussantrag des Gesellschafters abgelehnt worden ist, bedarf es allerdings zunächst der Kassation des ablehnenden Beschlusses. Zu diesem Zweck kann der betroffene Gesellschafter die positive Beschlussfeststellungsklage mit einer Nichtig- 129

496 Baumbach/Hueck/*Zöllner/Noack*, § 47 Anh. Rn. 176.
497 Baumbach/Hueck/*Zöllner/Noack*, § 47 Anh. Rn. 176.
498 OLG Hamm, Urt. v. 12.3.2008–8 U 190/06,– juris Rn. 53.
499 Zur allgemeinen, auf die Feststellung einer umstrittenen Beschlussfassung gerichteten Feststellungsklage: MüKoGmbHG/*Wertenbruch*, § 47 Anh. Rn. 386 (allerdings auch für andere Feststellungsklagen); Baumbach/Hueck/*Zöllner/Noack*, § 47 Anh. Rn. 182.
500 Baumbach/Hueck/*Zöllner/Noack*, § 47 Anh. Rn. 179.
501 Baumbach/Hueck/*Zöllner/Noack*, § 47 Anh. Rn. 179.
502 Baumbach/Hueck/*Zöllner/Noack*, § 47 Anh. Rn. 181 ff.

keits- und Anfechtungsklage verbinden.[503] Aufgrund des über die Nichtigkeits- und Anfechtungsklage einerseits und über die Feststellungsklage andererseits hinausgehenden Klageantrages handelt es sich unter Berücksichtigung des prozessual-zweigliedrigen Streitgegenstandsbegriffs um eine Mehrheit von Streitgegenständen. Dementsprechend liegt in der **Verbindung einer Nichtigkeits- und Anfechtungsklage mit einer positiven Beschlussfeststellungsklage** stets eine nach § 260 ZPO zulässige objektive Klagehäufung.[504] Auch bei dieser Klagehäufung ist ausschließlich die GmbH zu verklagen.[505] Das ist insofern bemerkenswert, als es hinsichtlich der nach dem verbundenen Klageantrag festzustellenden Beschlusses naturgemäß an einer Beschlussfeststellung fehlt und deshalb die §§ 241 ff. AktG keine Anwendung finden (→ Rn. 3, 5 ff., 9 ff.). Infolgedessen müssten an sich die für das Personengesellschaftsrecht geltenden Regeln angewandt werden und wäre die Gesellschafter zu verklagen. Jedoch kommt der Unterschied zwischen Kapital- und Personengesellschaften hier darin zum Ausdruck, dass es um das Handeln nicht der Gesellschafter als Personen, sondern eines Gesellschaftsorgans geht und dass dies wiederum die Zurechnung zur Gesellschaft zur Folge hat. Deshalb muss hier die Gesellschaft in Anspruch genommen werden und kann eine gegen die Gesellschafter gerichtete Klage keinen Erfolg haben. Da demnach nicht sämtliche Gesellschafter ipso iure am Verfahren beteiligt sind, diese aber wegen der auch hier dem eventuell ergehenden stattgebenden Urteil zukommenden materiellen Rechtskraftwirkung inter bzw. erga omnes (analog § 248 Abs. 1 S. 1, § 249 Abs. 1 S. 1 AktG)[506] unmittelbar in ihren Rechten betroffen sind, muss analog § 246 Abs. 4 S. 1 AktG sowie von Verfassungs wegen sichergestellt werden, dass die nicht als Partei am Verfahren beteiligten Gesellschafter auch von der positiven Beschlussfeststellungsklage so rechtzeitig Kenntnis erhalten, dass sie ihre Rechte im Wege der streitgenössischen Nebenintervention umfassend geltend machen können.[507]

130 Prinzipiell ist begegnet indessen auch die Erhebung isolierter Klagen keinen Bedenken. Soll die isolierte Beschlussfeststellungsklage Erfolg haben, muss allerdings ein festgestellter entgegenstehender Beschluss zuvor beseitigt worden sein. Schon machen **isolierte Klagen** keinen Sinn. Hinzu kommen die damit einhergehenden Kosten- und Zeitnachteile.

131 Die Rechtsprechung des Bundesgerichtshofs zu **Begründetheit** der (verbundenen) positiven Beschlussfeststellungsklage hat geschwankt: Während der II. Zivilsenat in einer für die Statthaftigkeit und Zulässigkeit der positiven Beschlussfeststellungsklage bei der Aktiengesellschaft bedeutsamen Entscheidung vom 13.3.1980 noch verlangt hat, im Wege der Streithilfe seitens der anfechtungsbefugten Gesellschafter Anfechtungsgründe geltend zu machen und dadurch zur Entscheidung zu stellen,[508] und in der für die GmbH insofern maßgebenden Entscheidung vom 20.1.1986 hieran an-

---

503 BGH NJW 1984, 489 (491 f.); NJW 1986, 2051 (2052); NJW 2009, 2302.
504 MüKoGmbHG/*Wertenbruch*, § 47 Anh. Rn. 374; anders Michalski/Römermann, § 47 Anh. Rn. 570.
505 BGH NJW 1986, 2051 (2052).
506 BGH NJW 1980, 1465 (1468); NJW 1986, 2051 (2052).
507 BGH NJW 1980, 1465 (1468); NJW 1986, 2051 (2052).
508 BGH NJW 1980, 1465 (1468).

knüpfend ausgeführt hat, die betroffenen Mitgesellschafter erhielten durch die Benachrichtigung die Gelegenheit, als Nebenintervenienten Mängel des festzustellenden Beschlusses einredeweise geltend zu machen,[509] formuliert er in der aktuellen Rechtsprechung nur noch schlicht, dass der festzustellende Beschluss seinerseits gesetzes- und satzungskonform sein müsse, meint aber offenbar, seine Rechtsprechung fortzuführen und nicht geändert zu haben.[510] Mögen die früheren Entscheidungen auch mit Blick insbesondere auf § 245 AktG und die daraus folgende Befugnis nur von Gesellschaftern, Anfechtungsgründe geltend zu machen, zunächst plausibel erscheinen,[511] offenbart doch ein Blick auf die oben eingehend erörterten Anwendungsvoraussetzungen der Analogie zu den §§ 241 ff. AktG (→ Rn. 3, 5 ff., 5 ff.), dass die §§ 241 ff. AktG hier mangels Feststellung des antragsgemäß positiv festzustellenden Beschlusses nicht zur Anwendung gebracht werden können und deshalb auch § 245 AktG bedeutungslos ist. Deshalb kann sich auch die Gesellschaft gegen eine positive Beschlussfeststellung zur Wehr setzen, indem sie sowohl Nichtigkeits- als auch Anfechtungsgründe einwendet. Im Ergebnis hat das zur Folge, dass das Gericht nicht sehenden Auges gesetzes- oder satzungswidrige Beschlüsse mit der Folge festzustellen hat, dass dagegen eine neuerliche Nichtigkeits- und Anfechtungsklage eröffnet werden muss. Nach allem ist der aktuellen Rechtsprechung des Bundesgerichtshofs zu folgen.

Wie vom Kläger beantragt, kann das angerufene Gericht die Annahme des 132
Beschlussantrages nur dann positiv feststellen, wenn es wegen des Fehlers bei der Berücksichtigung der Stimmen nicht zu der entsprechenden Feststellung gekommen ist und die Feststellung bei zutreffender Berücksichtigung und Auszählung hätte getroffen werden müssen. Insofern muss der betreffende Mangel **kausal** sein.[512] Eine positive Beschlussfeststellungsklage kann also einerseits begründet sein, wenn die vom Versammlungsleiter festgestellte Ablehnung des Beschlussantrages auf der Berücksichtigung ablehnender Stimmen beruhte, die wegen eines seitens des Versammlungsleiters verkannten **Stimmrechtsausschlusses** irrtümlich mitgezählt wurden.[513] Andererseits kann auch die unzutreffende Nichtberücksichtigung einer tatsächlich wirksamen Stimme aufgrund der fehlerhaften Annahme eines Stimmrechtsausschlusses der positiven Beschlussfeststellungsklage zum Erfolg verhelfen, wenn sie nach dem Abstimmungsergebnis erheblich war.[514] Will der klagende Gesellschafter seine positive Beschlussfeststellungsklage damit begründen, dass einer der an der Abstimmung der beteiligten Gesellschafter unter Verletzung der ihm obliegenden **Treuepflicht** abgestimmt habe bzw. unter Verkennung der der Gesellschaft gegenüber dem Kläger obliegenden Treuepflicht, bleibt es zwar grundsätzlich dabei, dass allein die

509 BGH NJW 1986, 2051 f.
510 BGH, Urt. v. 31.5.2011 – II ZR 116/10, juris Rn. 9.
511 Dementsprechend auch noch iSd der früheren Rspr. *Rensen*, Beschlussmängelstreitigkeiten in der GmbH, Rn. 451 ff. sowie *ders.*, Der Einwand der Anfechtbarkeit gegen die positive Beschlussfeststellungsklage im GmbH-Beschlussmängelstreit, FS Prütting, S. 491 ff..
512 BGH NJW 1980, 1465 (1467 f.); NJW 1984, 489 (491 f.); NJW 1986, 2051 (2052).
513 BGH NJW 1986, 2051 (2052 ff.).
514 MüKoGmbHG/*Wertenbruch*, § 47 Anh. Rn. 378.

Gesellschaft sowohl für die Nichtigkeits- und Anfechtungsklage als auch die positive Beschlussfeststellungsklage betreffend passivlegitimiert ist, wenn der Kläger nämlich schon durch die Nichtberücksichtigung der treuwidrig abgegebenen Stimme zu seinem Prozessziel gelangt.[515] Kann der Kläger sein Ziel hingegen nicht allein durch Nichtberücksichtigung der treuwidrig abgegebenen Stimme und Auszählung ohne diese zu erreichen und ist der Beschlussmangel nicht in diesem Sinne kausal, sondern bedarf es dazu außerdem einer positiven Stimme seitens des treuwidrig oder des vereinbarungswidrig (**Stimmbindung**) handelnden Gesellschafters, reicht ein Vorgehen gegen die GmbH mittels verbundener Klage nicht, sondern der Kläger muss zunächst den ablehnenden Beschluss mittels Nichtigkeits- und Anfechtungsklage gegen die GmbH beseitigen und darüber hinaus versuchen, bei einer neuerlichen Abstimmung den zur Zustimmung verpflichteten Gesellschafter zu einer pflichtgemäßen Stimmabgabe zu veranlassen. In diesem Zusammenhang kann nicht die GmbH mit einer Leistungsklage in Anspruch genommen werden, sondern insofern kommt eine Klage nur gegen den treuwidrig abstimmenden Mit-Gesellschafter in Frage, wenn es um die Treuepflicht des abstimmenden Gesellschafters geht. Anderes gilt dann, wenn auch die Gesellschaft als solche durch die Zustimmungsverweigerung treuwidrig gehandelt hat. Maßgebend ist also, wem die verletzte Treuepflicht oblag und welche Treuepflicht dementsprechend geltend gemacht werden soll.[516] Ob und gegebenenfalls unter welchen Voraussetzungen eine Stimmbindung kraft Treuepflicht oder Vereinbarung bejaht und erfolgreich eingeklagt werden kann, hängt allerdings von weiteren Umständen ab.[517]

2. Allgemeine Feststellungsklage

133 Oben (→ Rn. 3, 5 ff., 9 ff.) ist bereits erläutert worden, dass die Erhebung einer Nichtigkeits- und Anfechtungsklage eine in gewissem Sinne **förmliche Beschlussfeststellung** voraussetzt. Fehlt es daran, sind die §§ 241 f. AktG nicht anwendbar und ist die einfache Feststellungsklage gemäß § 256 ZPO eröffnet. Das gilt etwa hinsichtlich einer angeblich beschlossenen, aber nicht festgestellten Abberufung eines Geschäftsführers.[518] Auch diese einfache Feststellungsklage ist zwar – wie eine mit der Nichtigkeits- und Anfechtungsklage kombinierte positive Beschlussfeststellungsklage – gegen die Gesellschaft zu richten.[519] Ausnahmsweise kann sie aber auch umgekehrt seitens der **GmbH gegen einen unbotmäßigen Gesellschafter** erhoben werden, wenn der Betreffende etwa eine bestimmte Beschlussfassung bzw. die entsprechende Rechtsfolge zu Unrecht bestreitet oder behauptet.[520] Dagegen ist die einfache Feststellungsklage eines **Gesellschafters gegen** einen anderen **Gesellschafter** im Zusammenhang mit Beschlussmängeln kaum zulässig denkbar. Teilweise wird dies bei zweigliedrigen Gesellschaften sowie

515 OLG Koblenz NJW-RR 1989, 1057 (1058).
516 *Lutter/Hommelhoff/Bayer*, § 47 Anh. Rn. 42; Roth/*Altmeppen*, § 47 Anh. Rn. 112.
517 Dazu etwa BGH NJW 2009, 669 ff.; NJW 2016, 2739 ff.
518 BGH NZG 1999, 498; NJW-RR 2008, 706 (708): GmbH gegen Geschäftsführer.
519 Michalski/*Römermann*, § 47 Anh. Rn. 593.
520 OLG Zweibrücken GmbHR 1999, 79 (80).

dann erwogen, wenn die Beteiligung der Gesellschaft aus einem anderen besonderen Grund ausscheidet.[521] Wegen der auf das Verhältnis der Gesellschafter begrenzten Rechtskraftwirkung eines entsprechenden Urteils ist jedoch das Feststellungsinteresse bzw. Rechtsschutzbedürfnis für ein solches Vorgehen zweifelhaft. Eine einfache Feststellungsklage kann nicht nur mit dem Ziel erhoben werden, die Fassung eines bestimmten Beschlusses bzw. die Wirksamkeit der entsprechenden Maßnahme feststellen zu lassen (**positive Feststellungsklage**), sondern der Kläger kann auch die Feststellung begehren, dass ein Beschluss nicht gefasst wurde bzw. die beschlossene Rechtsfolge nicht eingetreten ist (**negative Feststellungsklage**). Hier gelten die vorstehenden Ausführungen zum richtigen Klagegegner entsprechend.[522] Mangels entsprechender gesetzlicher Regelung und mangels analoger Anwendung des speziell für die Anfechtungsklage geltenden § 246 Abs. 1 AktG ist die allgemeine Feststellungsklage nicht **frist**gebunden. Dementsprechend unterliegt sie in zeitlicher Hinsicht nur dem allgemeinen Rechtsinstitut der **Verwirkung.**[523] Da Verwirkung aber nicht nur ein Zeit-, sondern auch ein Umstandsmoment erfordert, steht allein der Ablauf einer gewissen Zeit seit der Beschlussfassung einer zulässigen allgemeinen Feststellungsklage nicht entgegen und kann eine zeitnahe Klageerhebung hier nicht allgemein gefordert werden.[524] Vielmehr kommt die Annahme einer Verwirkung nur dann in Betracht, wenn der Kläger nach der streitigen Beschlussfassung so viel Zeit hat verstreichen lassen, dass die übrigen Beteiligten unter Berücksichtigung aller Umstände des Einzelfalles auf die Erledigung des Streits vertrauen konnten und dieses Vertrauen auch durch Fortsetzung der Gesellschaftstätigkeit betätigt haben.[525] Hier gilt ebenfalls, dass das Gericht hinsichtlich eines festzustellenden Beschlusses nicht nur Nichtigkeits-, sondern auch Anfechtungsgründe prüfen darf und muss, weil die §§ 241 ff. AktG und darunter auch § 245 AktG mangels Beschlussfeststellung nicht anzuwenden sind.[526]

Zwar sehen die für die GmbH analog anwendbaren § 248 Abs. 1 S. 1, 134
§ 249 Abs. 1 S. 1 AktG eine **materielle Rechtskraft**wirkung inter bzw. erga omnes nur für Urteile über die Nichtigkeitsfeststellung, die Nichtigerklärung sowie die positive Beschlussfeststellung vor, und betrifft die Rechtskrafterstreckung am Verfahren nicht beteiligte Personen unmittelbar in ihren Rechten, jedoch gleicht die Lage bei der positiv auf Feststellung eines Beschusses oder negativ auf die Feststellung der Nichtfassung eines bestimmten Beschlusses gerichteten allgemeinen Feststellungsklage eines Gesellschafters gegen die Gesellschaft uU so sehr derjenigen in den vorge-

521 MüKoGmbHG/*Wertenbruch*, § 47 Anh. Rn. 381.
522 MüKoGmbHG/*Wertenbruch*, § 47 Anh. Rn. 381.
523 BGH NJW 1996, 259; NJW 1999, 2268.
524 OLG Zweibrücken GmbHR 1999, 79 (80) allerdings großzügig iSd Verwirkung; strenger MüKoGmbHG/*Wertenbruch*, § 47 Anh. Rn. 384.
525 MüKoGmbHG/*Wertenbruch*, § 47 Anh. Rn. 384.
526 So zutreffend OLG Celle OLGReport 1998, 326 im Anschluss an die Rspr. des BGH zur Begründetheit der verbundenen positiven Beschlussfeststellungsklage (→ Rn. 131); anders MüKoGmbHG/*Wertenbruch*, § 47 Anh. Rn. 385; und auch noch *Rensen*, Beschlussmängelstreitigkeiten in der GmbH, Rn. 456 sowie *ders.*, Der Einwand der Anfechtbarkeit gegen die positive Beschlussfeststellungsklage im GmbH-Beschlussmängelstreit, FS Prütting, S. 491 ff.

nannten Fällen, dass auch hier, die § 248 Abs. 1 S. 1, § 249 Abs. 1 S. 1 AktG analoge Anwendung finden und einem Urteil über die (Nicht-)Fassung eines Gesellschafterbeschlusses materielle Rechtskraft inter bzw. erga omnes zukommt.[527] Mit Blick auf diese Reichweite der materiellen Rechtskraft ist schließlich die **Benachrichtigungspflicht** analog § 246 Abs. 4 S. 1 AktG zu beachten.[528]

V. Beschlüsse anderer Organe

135 Weder verzichten die Gesellschafter mit der nach § 45 Abs. 2 GmbHG in sehr weitem Umfang zulässigen Übertragung von Beschlusskompetenzen auf ein anderes Organ zugleich auf ein vertrags- und gesetzmäßiges Handeln der Gesellschaft, noch geht mit einer solchen Übertragung ein Verzicht auf die Nichtigkeits- und Anfechtungsklage als Instrument zur Durchsetzung des entsprechenden Anspruchs im Zusammenhang mit Gesellschafterbeschlüssen einher, sondern die Übertragung betrifft lediglich die Kompetenz zur Beschlussfassung.[529] Dementsprechend sind die für die Nichtigkeits- und Anfechtungsklage geltenden Grundsätze auf solche Beschlüsse anderer Gesellschaftsorgane anzuwenden, die auf einer vollständigen oder teilweisen Übertragung von Beschlusskompetenzen seitens der Gesellschafterversammlung auf ein anderes Gesellschaftsorgan beruhen.[530] Ist dies der Fall, muss selbstverständlich die Frist des § 246 Abs. 1 AktG so zur Anwendung gebracht werden, dass auch den nicht an dem betreffenden Organ beteiligten und deshalb von der betreffenden Beschlussfassung ausgeschlossenen Gesellschaftern die Monatsfrist ungeschmälert zur Verfügung steht. Dementsprechend kann es für den Fristbeginn hinsichtlich solcher Gesellschafter nur auf die Bekanntgabe des Beschlusses ankommen. Einem hiervon unabhängigen Fristablauf stehen zwingende Gründe im Sinne der jüngeren Rechtsprechung des Bundesgerichtshofs (→ Rn. 105) entgegen. Beruhen Beschlüsse eines anderen Gesellschaftsorgans dagegen nicht auf einer Übertragung von Kompetenzen seitens der Gesellschafter(-versammlung), kommt nach diesen Ausführungen eine entsprechende Anwendung der §§ 241 ff. AktG grundsätzlich nicht in Betracht.[531]

VI. Einstweiliger Rechtsschutz

136 Zunächst ist zwischen Ma0ßnahmen einstweiligen Rechtsschutzes zugunsten der Gesellschaft und solchen zugunsten (klagender) Gesellschafter zu unterscheiden:

1. Gesellschaft

137 a) **Freigabeverfahren.** Hinsichtlich der Gesellschaft ist zunächst die analoge Anwendung der Regeln über das aktienrechtliche Freigabeverfahren zu

527 OLG München GmbHR 1996, 451 f.; MüKoGmbHG/Wertenbruch, § 47 Anh. Rn. 386.
528 Baumbach/Hueck/*Zöllner/Noack*, § 47 Anh. Rn. 182.
529 Zutreffend MüKoGmbHG/Wertenbruch, § 47 Anh. Rn. 388; anders aber Michalski/Römermann, § 47 Anh. Rn. 625.
530 BGH NJW 1965, 1378; anders Michalski/*Römermann*, § 47 Anh. Rn. 625.
531 BGHZ 135, 244 (247); MüKoGmbHG/*Wertenbruch*, § 47 Anh. Rn. 388 aE.

erwägen. Dem etwa in § 246 a AktG geregelten Freigabeverfahren liegen allerdings Besonderheiten der kapitalistisch organisierten, am Kapitalmarkt orientierten Aktiengesellschaft gegenüber der weitgehend personalistischen, jedenfalls aber nicht in gleicher Art und Weise am Kapitalmarkt orientierten GmbH zugrunde, so dass § 246 a AktG und die übrigen Bestimmungen über das Freigabeverfahren auf die GmbH nicht analog anzuwenden sind.[532] Man kann das auch so formulieren, dass das Freigabeverfahren ein Problem löst – die Praktiken „räuberischer Aktionäre" –, das es so bei der GmbH nicht gibt.

b) Anderes. Im Übrigen gelten für den einstweiligen Rechtsschutz zugunsten der GmbH allgemeine Grundsätze, so dass die Gesellschaft gestützt auf die Bindung der Gesellschafter an den Gesellschaftsvertrag und die daraus folgende gesellschaftsrechtliche Treuepflicht nicht nur gesetz- und satzungsmäßiges Verhalten verlangen kann, sondern darüber hinaus Mitwirkung im Sinne der Beschlusslage und weitere Rücksichtnahmen verlangen kann (Verfügungsanspruch). Daneben kommen uU deliktische Rechtsgrundlagen etwa unter dem Gesichtspunkt eines Eingriffs in den eingerichteten und ausgebübten Gewerbebetrieb in Betracht. Liegt insofern auch ein Verfügungsgrund vor, kann eine einstweilige Verfügung iSd §§ 935 ff. ZPO erwirkt werden. 138

2. Gesellschafter

a) Verhinderung von Gesellschafterversammlungen und –beschlüssen. Oben (→ Rn. 135) ist bereits erwähnt worden, dass jeder Gesellschafter einen Anspruch auf gesetz- und satzungsmäßiges Verhalten der Gesellschaft hat. Dementsprechend kann er allgemein verlangen, dass **rechtswidrige Beschlüsse** nicht gefasst werden. Allerdings ist stets eingehend zu prüfen, wie die Beachtung dieses Anspruchs mit Rücksicht auf die Ausstrahlungswirkung des Eigentumsgrundrechts und des Verhältnismäßigkeitsgebots sichergestellt werden kann, also ohne allzu sehr in die Autonomie der Gesellschaft einzugreifen. Zulässig sind insofern lediglich die erforderlichen Eingriffe. Mit Rücksicht hierauf ist eine einstweilige Verfügung mit dem Ziel, die Fassung eines bestimmten Gesellschafterbeschlusses zu verhindern, nur ausnahmsweise zulässig, grundsätzlich aber nicht.[533] Ein Bedürfnis, die Beschlussfassung in der GmbH durch den Erlass einer einstweiligen Verfügung zu verhindern, kann man jedenfalls regelmäßig nicht bejahen, zumal gewöhnlich auch nicht ohne Weiteres zu erwarten ist, dass die Gesellschafter nach Erörterung der Bedenken einen nichtigen Beschluss fassen werden.[534] Besteht ausnahmsweise doch einmal ein solches dringliches Bedürfnis und ist einstweiliger Rechtsschutz unter Eingriff bereits in die Willensbildung der Gesellschaft erforderlich, weil ein gegen den Vollzug gerichteter Rechtsschutz nicht ausreicht, kann man dem nicht pauschal entgegenhalten, dass ein mit einer einstweiligen Verfügung verhinderter Gesellschafterbeschluss nicht mehr nachträglich zur Entstehung gelangen könne und deshalb die Hauptsache stets im Sinne eines unvertretbar tiefen 139

532 KG NZG 2011, 1068.
533 OLG Hamburg NJW 1992, 186 f. (abhängig von den Umstände des Einzelfalles).
534 MüKoGmbHG/*Wertenbruch*, § 47 Anh. Rn. 389.

Eingriffs in die Willensbildung der Gesellschaft vorweggenommen werde. Vielmehr steht es der Gesellschaft frei, nach dem Ende der Verfügungswirkung eine Gesellschafterversammlung einzuberufen und den gewollten Beschluss noch zu fassen.[535] Richtig ist lediglich, dass hier ein erheblicher Eingriff in die Willensbildung stattfindet und dass die teilweise Suspendierung derselben die Frage aufwirft, ob ein einstweilige Verfügung hier auch ohne mündliche Verhandlung und unter Nachholung des rechtlichen Gehörs ergehen kann. Das wird man angesichts der möglichen Nachholung der Beschlussfassung zwar bejahen können. Indessen sollte davon abgesehen, wenn es sich nach der Dringlichkeit der Sache vermeiden lässt.

140 Zwar wird teilweise[536] auch die Untersagung einer **Gesellschafterversammlung** durch einstweilige Verfügung im Hinblick auf drohende nichtige oder anfechtbare Beschlüsse für zulässig gehalten. Das ist jedoch im Hinblick auf die Ausstrahlungswirkung der Vereinigungsfreiheit nach Art. 9 GG sowie des Verhältnismäßigkeitsgebots und die große Bedeutung der gesellschaftsinternen Willensbildung einerseits sowie andererseits mit Rücksicht darauf, dass von der Abhaltung der Gesellschafterversammlung als solcher noch kein nennenswerter Nachteil ausgeht, abzulehnen.[537] Lässt sich effektiver Rechtsschutz wegen unmittelbar eintretender Rechtsfolgen ausnahmsweise nur durch einen Eingriff bereits in die Willensbildung gewährleisten, ist zuvor eine Untersagung bestimmter Beschlüsse als milderes Mittel zu prüfen. Ganz ausnahmsweise kann die Untersagung einer Gesellschafterversammlung etwa dann zulässig sein, wenn die Versammlung zB an einem unzumutbaren Ort oder zu einer unzumutbaren Zeit abgehalten werden soll.[538] Allerdings geht es dabei auch nicht um die Untersagung einer Willensbildung, sondern lediglich um die Gewährleistung bestimmter Randbedingungen der Willensbildung.

141 **b) Rechtsschutz gegen den Vollzug.** Anders als die grundsätzlich unzulässige Verhinderung der gesellschaftlichen Willensbildung durch einstweilige Verfügung ist die Untersagung der Ausführung nichtiger Beschlüsse und insbesondere einer entsprechenden Registereintragung zu beurteilen. Grundsätzlich kommt eine einstweilige Verfügung hier deshalb in Betracht, weil einstweiliger Rechtsschutz gegen den Vollzug eines eventuell rechtswidrigen Gesellschafterbeschlusses hier nicht mit einem Eingriff unmittelbar in die Willensbildung der Gesellschaft verbunden ist, sondern der Eingriff dient ausschließlich dazu, die Folgen einer rechtswidrigen Vorgehensweise der Gesellschaft zu vermeiden.[539]

142 Soweit es zum Vollzug des rechtswidrigen Gesellschafterbeschlusses einer **Eintragung in das Handelsregister** bedarf, kann demnach der Gesellschaft die **Anmeldung** zum Zwecke der Eintragung unter den üblichen Voraussetzungen einer einstweiligen Verfügung untersagt werden.[540] Die Möglich-

535 MüKoGmbHG/*Wertenbruch*, § 47 Anh. Rn. 391.
536 OLG Frankfurt aM GmbHR 1982, 237; OLG Koblenz GmbHR 1991, 21.
537 Zutreffend OLG Jena NZG 2002, 89; MüKoGmbHG/*Wertenbruch*, § 47 Anh. Rn. 392.
538 MüKoGmbHG/*Wertenbruch*, § 47 Anh. Rn. 392.
539 OLG Düsseldorf DB 1960, 520 (522 ff.); MüKoGmbHG/*Wertenbruch*, § 47 Anh. Rn. 393.
540 MüKoGmbHG/*Wertenbruch*, § 47 Anh. Rn. 394.

keit des Registergerichts, die Eintragung bis zur rechtskräftigen Entscheidung über die Nichtigkeits- und Anfechtungsklage auszusetzen, kann dem Antrag auf Erlass einer einstweiligen Verfügung schon deshalb nicht entgegengehalten werden, weil § 381 FamFG insofern eine Ermessensentscheidung vorsieht.[541] Allerdings kann dem Registergericht die Eintragung nicht durch einstweilige Verfügung wirksam untersagt werden, sondern lediglich der Gesellschaft als Antragsgegnerin. Deshalb geht es nicht um die Untersagung der Eintragung ieS, sondern nur um das Verbot, einen bestimmten Beschluss zur Eintragung anzumelden. Für das **Registergericht** sind allein § 166 Abs. 2 HGB und die §§ 374 ff. FamFG maßgebend. Daraus kann sich eine Verpflichtung des Registergerichts ergeben, von einer Eintragung abzusehen, die aber nicht Gegenstand des Verfahrens unter Privaten ist. Mag auch die Anmeldung eines Gesellschafterbeschlusses zur Eintragung noch nicht die befürchteten Rechtsfolgen zeitigen, sondern insofern erst eine konstitutiv wirkende Eintragung maßgebend sein, begründet die Anmeldung doch bereits eine hinreichende Gefahr der Eintragung. Aber selbst wenn die Anmeldung zur Eintragung bereits erfolgt ist, kann uU effektiver Rechtsschutz noch gewährt werden, indem nämlich der Antragsgegnerin durch einstweilige Verfügung zur **Rücknahme** des an das Registergericht gerichteten Antrages verpflichtet wird.[542]

c) **Rechtsschutz gegen Stimmrechtsausübung.** Ausnahmsweise und trotz 143
der vorgenannten grundsätzlichen Bedenken gegen Eingriffe in die Willensbildung der Gesellschaft kann einem Gesellschafter mittels einstweiliger Verfügung uU eine ganz bestimmte Ausübung seines Stimmrechts untersagt werden.[543] Liegt ein Vertrag vor, aus dem sich eine entsprechende Bindung des Stimmrechts des betroffenen Gesellschafters ergibt, und droht konkret eine Verletzung der entsprechenden Verpflichtung durch den Gesellschafter, kann in einer solchen Untersagung ausnahmsweise ein gerechtfertigter Eingriff in die freie Willensbildung des gebundenen Gesellschafters und damit auch der Gesellschaft liegen. Dementsprechend kann dem gebundenen Gesellschafter ein bestimmte Stimmrechtsausübung untersagt werden oder sogar aufgegeben werden.[544] Freilich sind die Anforderungen an solche (Verfügungs-)Ansprüche hoch, insbesondere dann, wenn sie nicht aus Vertrag, sondern aus der allgemeinen Treuepflicht abgeleitet werden..[545] Die Einschränkung der Willensbildung betrifft den verpflichteten Gesellschafter zwar in seinen Mitgliedschaftsrechten. Sie ergibt sich ergibt jedoch gegebenenfalls nicht erst aus der einstweiligen Verfügung, sondern bereits aus dem Vertrag über eine bestimmte Ausübung des Stimmrechts.[546] Das gilt sinngemäß auch für Stimmbindungen aufgrund der gesellschaftsrechtlichen Treuepflicht, denn diese ergeben sich letztlich aus dem Gesellschaftsvertrag. Dementsprechend dienen einstweilige Verfügungen zur Durchsetzung einer Stimmrechtsbindung nur der Durchsetzung des Grundsatzes „pacta

541 MüKoGmbHG/*Wertenbruch*, § 47 Anh. Rn. 394.
542 BVerfG BB 2005, 1585.
543 OLG Frankfurt aM WM 1982, 282; OLG Hamburg NJW 1992, 186 f.; M/K/*Wertenbruch*, § 47 Anh. Rn. 391.
544 OLG Koblenz ZIP 1986, 503 (504).
545 Dazu etwa BGH NJW 2016, 2739 ff.
546 OLG Koblenz ZIP 1986, 503 (504).

sunt servanda".[547] In der Sache tragen sie dem Umstand Rechnung, dass die Restituierung einer rechtswidrigen Ausübung des Stimmrechts besonders schwierig sein kann. Soll effektiver Rechtsschutz gewährt werden, ist deshalb uU eine einstweilige Verfügung unerlässlich. Im Hinblick auf das Verbot der Vorwegnahme der Hauptsache und die strengen Anforderungen von Leistungsverfügungen kommt eine einstweilige Verfügung allerdings nur entweder nach Gewährung rechtlichen Gehörs, also aufgrund mündlicher Verhandlung, oder bei Nachholbarkeit des Gehörs im Wege des Widerspruchs in Frage. Letzteres setzt wiederum voraus, dass die antragsgemäß zu untersagende Stimmrechtsausübung nachgeholt werden kann. In der Regel wird deshalb von Verfassung wegen eine kurzfristig anzuberaumende mündliche Verhandlung erforderlich sein.[548]

144 **d) Widerspruch, § 16 Abs. 3 S. 3 bis 5 GmbHG.** Zwar kann nach den vorgenannten Bestimmungen eine einstweilige Verfügung über die Eintragung eines Widerspruchs erwirkt werden. Jedoch hindert ein solcher Widerspruch lediglich den gutgläubigen Erwerb und vermag darüber hinausreichenden effektiven Rechtsschutz etwa im Sinne des Fortbestandes der Mitgliedschaftsrechte trotz rechtswidriger Einziehung nicht zu vermitteln. Hierzu bedürfte es vielmehr mit Rücksicht auf § 16 Abs. 1 S. 1 GmbHG einer gegen die Änderung der Gesellschafterliste gerichteten einstweiligen Verfügung, also einer Maßnahme des einstweiligen Rechtsschutzes gegen den Vollzug des rechtswidrigen Beschlusses (→ Rn. 141 f.).

VII. Schiedsfähigkeit

145 Der Bundesgerichtshof hat seine im Wesentlichen auf der Gestaltungswirkung stattgebender Anfechtungsurteile beruhende Rechtsprechung zur mangelnden Schiedsfähigkeit von Beschlussmängelstreitigkeiten in der GmbH[549] aufgegeben. Nach der Entscheidung vom 6.4.2009 sind auch Beschlussmängelstreitigkeiten in der GmbH im Sinne des § 1030 Abs. 1 ZPO schiedsfähig, wenn das vorgesehene schiedsgerichtliche Verfahren den Rechtsschutz in einer der staatlichen Gerichtsbarkeit vergleichbaren Weise gewährleistet wird. Die folgenden **Voraussetzungen** müssen erfüllt sein: 1. Zustimmung aller Gesellschafter zur Schiedsklausel bzw. -abrede, 2. Mitwirkung sämtlicher Gesellschafter an der Schiedsrichterauswahl oder vereinbarungsgemäße Auswahl durch neutrale Stelle, 3. Benachrichtigungspflicht und Möglichkeit streitgenössischer Nebenintervention nach Schiedsklausel oder -abrede bzw. nach der in Bezug genommener Schiedsordnung, 4. Zuständigkeitskonzentration hinsichtlich sämtlicher Beschlussmängelstreitigkeiten und 5. Form gemäß § 1031 ZPO. Dabei ist der Zeitpunkt des Zustandekommens der Klausel bzw. der späteren Abrede maßgebend. Spätere Veränderungen sind grundsätzlich nicht von Bedeutung. Unter diesen strengen Anforderungen sind nach der neueren Rechtsprechung des Bundesgerichtshofs auch Schiedssprüche mit Wirkung inter omnes möglich und können auch Schiedssprüche später den Einwand entge-

547 MüKoGmbHG/*Wertenbruch*, § 47 Anh. Rn. 391.
548 OLG Koblenz ZIP 1986, 503 (504); MüKoGmbHG/*Wertenbruch*, § 47 Anh. Rn. 391.
549 BGH NJW 1996, 1753 – Schiedsfähigkeit I.

genstehender Rechtskraft über das Verhältnis der Parteien hinaus begründen.[550]

VIII. Außergerichtliche Geltendmachung von Beschlussmängeln

Hinsichtlich der außerprozessualen Geltendmachung von Beschlussmängeln ist zwischen Nichtigkeit- und Anfechtungsgründen zu differenzieren. Da § 241 Nr. 1 bis 4 AktG die Beschlussnichtigkeit nicht von einer klageweisen Geltendmachung abhängig macht, sondern dieselbe unabhängig davon eintritt, und da ferner hier keine vorläufige Wirksamkeit besteht, können **Nichtigkeitsgründe** auch außerhalb eines Nichtigkeits- und Anfechtungsverfahrens und ohne (Wider-)Klage von jedermann geltend gemacht werden.[551] Zu berücksichtigen ist allerdings, dass es etwa zu einer Heilung analog § 242 AktG kommen kann. Auch kann in einer Geltendmachung unter gewissen weiteren Voraussetzungen ausnahmsweise eine unzulässige Rechtsausübung entsprechend § 242 BGB liegen bzw. kann die gesellschaftsrechtliche Treuepflicht einer Berufung auf den betreffenden Mangel entgegenstehen. Für **Anfechtungsgründe** gilt mit Rücksicht auf § 241 Nr. 5, § 245 AktG Anderes. Grundsätzlich können sie weder einredeweise noch auf andere Art und Weise als durch eine Klage oder eine Widerklage prozessual geltend gemacht werden. Ebenso wenig ist eine außerprozessuale Geltendmachung mit der Rechtsfolge des § 241 Nr. 5 AktG möglich. Denn die Norm fordert eine rechtskräftige Nichtigerklärung. Zur Geltendmachung von Anfechtungsgründen und einer hierauf gestützten Vernichtung eines Gesellschafterbeschlusses bedarf es demnach grundsätzlich entweder einer Anfechtungsklage[552] oder einer Widerklage[553] mit entsprechendem Inhalt. Gewisse, über die bereits erwähnten Fälle hinausgehende Ausnahmen sind etwa unter dem Gesichtspunkt des Rechtsmissbrauchs und nach § 826 BGB denkbar.[554] Ausnahmsweise kann die Anfechtbarkeit eines nach dem Klageantrag festzustellenden Gesellschafterbeschlusses auch einer isolierten oder verbundenen positiven Beschlussfeststellungsklage entgegengehalten werden, weil es hier an einer förmlichen Festhaltung fehlt und die §§ 241 ff. AktG keine Anwendung finden (→ Rn. 131).[555] Außerhalb einer Anfechtungsklage und ohne Rücksicht auf die Anfechtungsfrist kann nach den vorstehenden Ausführungen zwar nicht die Anfechtbarkeit eines Gesellschafterbeschlusses als solche geltend gemacht werden. Jedoch bedeutet das keineswegs stets, dass der zur Begründung der unzulässig eingewendeten Anfechtbarkeit vorgetragene Sachverhalt stets unerheblich ist. Vielmehr kann in dem betreffenden Geschehen sehr wohl zugleich eine vorsätzliche sittenwidrige Schädigung eines Gesellschafters gemäß § 826 BGB liegen, wie sie oben bei den Ausnahmen vom Klagemonopol erörtert worden ist. 146

550 BGH NJW 2009, 1962 (1963 f.) – Schiedsfähigkeit II.
551 BGH NJW 1954, 385 (386); Michalski/*Römermann*, § 47 Anh. Rn. 235.
552 BGH NJW 1954, 385 ff.; NJW 1987, 2514 f.; NJW 1988, 1844 f.; NJW 1989, 2694 (2695 f.); NJW 1997, 1510 ff..
553 BGH NJW 1972, 1320.
554 BGH NJW 1987, 2514 (2515).
555 BGH, Urt. v. 31.5.2011 – II ZR 116/10 -, juris Rn. 9.

§ 48 Gesellschafterversammlung

(1) Die Beschlüsse der Gesellschafter werden in Versammlungen gefaßt.

(2) Der Abhaltung einer Versammlung bedarf es nicht, wenn sämtliche Gesellschafter in Textform mit der zu treffenden Bestimmung oder mit der schriftlichen Abgabe der Stimmen sich einverstanden erklären.

(3) Befinden sich alle Geschäftsanteile der Gesellschaft in der Hand eines Gesellschafters oder daneben in der Hand der Gesellschaft, so hat er unverzüglich nach der Beschlußfassung eine Niederschrift aufzunehmen und zu unterschreiben.

I. Normzweck

1 § 48 regelt die Art u. Weise von Beschlussfassungen der Gesellschaftergesamtheit, die typischerweise (aber nicht zwingend) iR einer Gesellschafterversammlung stattfinden. Abs. 1 regelt den Grundfall der Fassung von Beschlüssen iR einer Versammlung der Gesellschafter, während Abs. 2 die Beschlussfassung im schriftlichen, die Abhaltung einer Versammlung entbehrlich machenden Verfahren regelt. Die Ordnungsvorschrift des Abs. 3 legt einem Gesellschafter einer Ein-Personen-GmbH zusätzlich auf, dass dieser über die Beschlussfassung eine Niederschrift aufzunehmen u. zu unterschreiben hat. Abs. 1 u. Abs. 2 sind grds. (zu den Ausn. s. → Rn. 4, 23) dispositiv, während die Formvorschrift des Abs. 3, als Ausn. zu § 45 II, zwingendes Recht darstellt.[1]

II. Gesellschafterversammlung

1. Organ der Gesellschaft

2 Die Gesamtheit der Gesellschafter bildet ein Organ der GmbH, vgl. → § 45 Rn. 5 ff. Daher bildet grds. die Gesamtheit der Gesellschafter, sofern der Gesellschaftsvertrag keine anderweitigen Regelungen trifft, das Beschlussorgan.[2]

2. Teilnahmerecht und -pflicht

3 Untrennbar verbunden mit der Inhaberschaft eines Geschäftsanteils ist das Mitgliedschaftsrecht der Teilnahme. Hiernach hat jeder Gesellschafter einer GmbH ein Recht auf Teilnahme an der Gesellschafterversammlung.

---

1 OLG Hamm NZG 06, 430, 431; OLG Köln BeckRS 08, 9160; Michalski/*Römermann* Rn. 328.

2 So auch Lutter/Hommelhoff/*Bayer* Rn. 1; Liese/*Theusinger*, GmbHR 06, 682, 683; aA: Baumbach/Hueck/*Zöllner*/*Noack* Rn. 2, welche als Beschlussorgan die Gesellschafterversammlung der erschienenen Gesellschafter ansieht.

Das Teilnahmerecht geht über das bloße Recht auf Anwesenheit eines Gesellschafters hinaus, da dieser zumindest über eine Aussprache unter den Gesellschaftern regelmäßig an der Willensbildung in der Gesellschafterversammlung beteiligt ist.[3] Das Teilnahmerecht umfasst daher auch das Recht auf Gehör.[4] Dieses kann auch dann verletzt sein, wenn sich erst nach der Einladung zur Gesellschafterversammlung herausstellt, dass der Gesellschafter verhindert ist u. er durch Dritte nicht sachgemäß vertreten werden kann.[5] Bestandteil des Teilnahmerechts ist zudem auch das Recht, sich zu einzelnen Tagesordnungspunkten zu äußern (Rederecht) sowie Anträge zu stellen (Antragsrecht).[6] Das Teilnahmerecht ist vom Stimmrecht zu unterscheiden, so dass das Teilnahmerecht eines Gesellschafters selbst dann besteht, wenn sein Geschäftsanteil zB bei Vorliegen von stimmrechtslosen (Vorzugs-)Geschäftsanteilen kein Stimmrecht gewährt oder er kein Stimmrecht, bspw. nach § 47 IV, hat.[7] Das Teilnahmerecht eines Gesellschafters kann durch den Gesellschaftsvertrag grds. nicht ausgeschlossen werden.[8] Eine Beschränkung durch den Gesellschaftsvertrag ist nur insoweit zulässig, als dadurch nicht in den unverzichtbaren Kernbereich der Mitgliedschaft eingegriffen wird.[9] Der unverzichtbare Kernbereich ist dabei grds. erst dann berührt, wenn der Gesellschafter seine Gesellschafterrechte nicht mehr wahrnehmen kann.[10] Ausnahmsweise kann das Teilnahmerecht im Einzelfall ohne eine Satzungsregelung eingeschränkt werden, wenn schwere, auf andere Weise nicht zu verhindernde Gefahren für die Gesellschaft bestehen; wie etwa wenn einem Konkurrenten durch die Teilnahme an der Gesellschafterversammlung wichtige Informationen zukommen würden. Die Einschränkung des Teilnahmerechts muss jedoch stets verhältnismäßig sein[11] u. bedarf eines Gesellschafterbeschlusses, bei dem der betroffene Gesellschafter analog § 47 IV 1 kein Stimmrecht hat.[12] 4

Das Teilnahmerecht betrifft grds. nur die Gesellschafter der GmbH, somit nicht Mitglieder von anderen Organen der GmbH, insbes. nicht Mitglieder der Geschäftsführung[13] u. nicht-obligatorische Aufsichtsrats- oder Beiratsmitglieder.[14] Bei einer mitbestimmten GmbH dag soll der Aufsichtsrat sogar gem. § 118 III 1 AktG an der Versammlung teilnehmen.[15] 5

3 BGH NJW-RR 06, 831, 832; OLG Düsseldorf NJW-RR 92, 1452, 1453; vgl. auch *Wicke* Rn. 2.
4 OLG Düsseldorf NJW-RR 92, 1452, 1453; *Wicke*, GmbHR 17, 777, 781.
5 OLG München GmbHR 15, 35; BGH GmbHR 85, 256.
6 Lutter/Hommelhoff/*Bayer* Rn. 10; Baumbach/Hueck/*Zöllner*/*Noack* Rn. 20; *Wicke*, GmbHR 17, 777, 781.
7 BGH GmbHR 71, 207; 85, 256, 257; 06, 538, 539; MünchHdbGmbH/*Wolff* § 39 Rn. 60; Lutter/Hommelhoff/*Bayer* Rn. 2 mwN.
8 BGH NJW-RR 89, 347, 348; OLG Frankfurt GmbHR 84, 99, 100.
9 RGZ 167, 65, 73 f.; BGH NJW-RR 89, 347, 348; Scholz/*Seibt* Rn. 18; Ulmer/*Hüffer*/*Schürnbrand* Rn. 21, 70; Baumbach/Hueck/*Zöllner*/*Noack* Rn. 6.
10 BGH NJW-RR 89, 347, 348; vgl. auch BGH NJW-RR 06, 831, 832.
11 Baumbach/Hueck/*Zöllner*/*Noack* Rn. 7; Scholz/*Seibt* Rn. 18.
12 Lutter/Hommelhoff/*Bayer* Rn. 3.
13 Scholz/*Seibt* Rn. 20; Ulmer/*Hüffer*/*Schürnbrand* Rn. 18.
14 Lutter/Hommelhoff/*Bayer* Rn. 6.
15 Baumbach/Hueck/*Zöllner*/*Noack* Rn. 11.

6 Der Gesellschafter kann an der Gesellschafterversammlung selbst teilnehmen oder sein Teilnahmerecht durch einen Vertreter ausüben lassen.[16] Lässt sich aber der Gesellschafter von einem von ihm Bevollmächtigten in der Gesellschafterversammlung vertreten, so hat er grds. kein Recht darauf, neben dem Bevollmächtigten an der Versammlung selbst teilzunehmen.[17] Er verliert durch die Bevollmächtigung allerdings nicht per se sein Teilnahmerecht an der Versammlung, da er die Vollmacht jederzeit widerrufen u. das Recht zur Teilnahme so wieder an sich ziehen kann.[18] Sofern der Gesellschaftsvertrag den Bevollmächtigten nicht parallel zum Gesellschafter zulässt, bedarf eine solche parallele Teilnahme eines Mehrheitsbeschlusses der Gesellschafterversammlung.[19] Grund hierfür ist, dass der Bevollmächtigte das Teilnahmerecht des Gesellschafters ausübt (daher ruht das Teilnahmerecht des Gesellschafters) u. die Teilnehmerzahl nicht durch eine Bevollmächtigung einzelner Gesellschafter ohne Zustimmung der Gesellschafterversammlung weiter ausgedehnt werden soll.[20] Daraus folgt auch, dass bei Bevollmächtigung mehrerer Personen nur ein Vertreter teilnehmen kann.[21]

7 Ausnahmsweise besteht eine Pflicht der übrigen Gesellschafter auf Zulassung eines Bevollmächtigten als Angehöriger der rechtsberatenden Berufe (auch zusätzlich zum Gesellschafter, dessen Teilnahmerecht dann ausnahmsweise nicht ruht),[22] wenn im Verhältnis zu den anderen Gesellschaftern erhebliche fachliche Benachteiligung des Gesellschafters besteht oder zu befürchten ist.[23] Die Treuepflicht gebietet einen solchen Zulassungsbeschluss insbes. dann, wenn das Beratungsinteresse des Gesellschafters unter Berücksichtigung seiner persönlichen Verhältnisse, der Art u. Größe der Gesellschaft u. der Bedeutung des Beschlussgegenstandes für den Gesellschafter einerseits u. das Interesse der übrigen Gesellschafter, Informationen iRd Gesellschafterversammlungen nicht an Dritte herauszugeben, überwiegt.[24] In der Praxis sieht der Gesellschaftsvertrag regelmäßig Bestimmungen über die Teilnahme von Beiständen oder Beratern eines Gesellschafters vor.

8 Ansonsten kann jeder Dritte ohne Weiteres jedenfalls dann an der Gesellschafterversammlung teilnehmen, wenn die Teilnahme durch Mehrheitsbeschluss der Gesellschafterversammlung ausdrücklich zugelassen worden ist.

16 OLG Stuttgart GmbHR 94, 257, 258; *Werner*, GmbHR 06, 871, 872.
17 OLG Stuttgart NJW-RR 94, 167, 168; Ulmer/*Hüffer/Schürnbrand* Rn. 16; Lutter/Hommelhoff/*Bayer* Rn. 4.
18 MüKoGmbHG/*Liebscher* Rn. 34 f.
19 OLG Hamm GmbHR 03, 1211, 1212 f., welches außerdem dem Gesellschafter Zutritt zur Versammlung bis zur Klärung der Frage des Teilnahmerechts gewährt; OLG Stuttgart NJW-RR 94, 167, 168; Ulmer/*Hüffer/Schürnbrand* Rn. 20; MüKoGmbHG/*Liebscher* Rn. 34 f.
20 HM OLG Stuttgart NJW-RR 94, 167; OLG Koblenz GmbHR 92, 464, 466; aA *Schmidt*, GmbHR 63, 145.
21 Baumbach/Hueck/*Zöllner/Noack* Rn. 8, aA Scholz/*Seibt* Rn. 24, der hierfür eine Regelung im Gesellschaftsvertrag verlangt; ebenso BGH NJW-RR 89, 347.
22 OLG Düsseldorf GmbHR 92, 610, 611; *Saenger*, NJW 92, 348, 350.
23 OLG Düsseldorf GmbHR 92, 610, 611; ausf. hierzu: *Saenger*, NJW 92, 348, 350 ff.; *Schröder/Fingerhut*, BB 99, 1230, 1232; *Werner*, GmbHR 06, 871, 872 ff.
24 OLG Düsseldorf MDR 01, 1305; Lutter/Hommelhoff/*Bayer* Rn. 8.

Alternativ kann eine Zulassung auch schon durch den Gesellschaftsvertrag ausdrücklich geregelt werden.[25] In der Praxis werden regelmäßig die Geschäftsführer, die nicht zugleich auch Gesellschafter der GmbH sind, ausdrücklich zugelassen. Die Teilnahme unberechtigter Dritter stellt regelmäßig kein Anfechtungsrecht dar.[26] Ein Recht zur Anfechtung kann sich jedoch daraus ergeben, dass der unberechtigt teilnehmende Berater Einfluss auf die ordnungsgemäße Willensbildung der GmbH nimmt.[27] Ein Anfechtungsrecht besteht in jedem Fall dann, wenn der Gesellschafter ein satzungsmäßiges Recht zur Beiziehung eines Beraters hat u. dieses ihm verweigert wird.[28]

Im Gegensatz zum Teilnahmerecht hat der Gesellschafter einer GmbH 9
grds. keine Teilnahmepflicht u. auch keine Pflicht, im Falle der Verhinderung – soweit möglich – sich durch einen Bevollmächtigten vertreten zu lassen. Lediglich wenn es die Treuepflicht eines Gesellschafters gebietet, iR einer Gesellschafterversammlung einen Beschluss herbeizuführen, kann ausnahmsweise eine Teilnahme- oder Bevollmächtigungspflicht des Gesellschafters bestehen.[29]

3. Leitung der Versammlung

Die Leitung einer Gesellschafterversammlung sieht das Gesetz nicht aus- 10
drücklich vor (u ist im Unterscheid zur AG auch nicht zwingend erforderlich). Im Gesellschaftsvertrag kann u. sollte jedoch bestimmt werden, welcher Person die Leitung der Gesellschafterversammlung (Versammlungsleiter) ggf. mit welchen Kompetenzen auferlegt wird (zB der Gesellschafter mit den meisten Stimmrechten hat das Beschlussfeststellungsrecht, ein Geschäftsführer, Aufsichtsratsmitgleid oder ein außenstehender Dritter, wie zB ein Rechtsanwalt). Im Falle einer fehlenden Regelung im Gesellschaftsvertrag besteht die Möglichkeit, den Versammlungsleiter mit einfacher Stimmenmehrheit – auch noch ad hoc nach Beginn der Gesellschafterversammlung[30] – zu bestellen.[31] Ebenfalls mit einfachem Mehrheitsbeschluss kann der Versammlungsleiter grds. jederzeit wieder abberufen (auch in der laufenden Versammlung). Durch die Wahl mit einfacher Mehrheit erhält der Versammlungsleiter auch die sog. Beschlussfeststellungskompetenz.[32]

---

25 Lutter/Hommelhoff/*Bayer* Rn. 8; aA unter der weiteren Voraussetzung des Vorliegens eines Sachgrundes Baumbach/Hueck/*Zöllner/Noack* Rn. 12.

26 Henssler/Strohn/*Hillmann* Rn. 12; MüKoGmbHG/*Liebscher* Rn. 59; Michalski/*Römermann* Rn. 125.

27 Michalski/*Römermann* Rn. 125.

28 Henssler/Strohn/*Hillmann* Rn. 12; beachtenswert dort auch die Ausführungen zur Kausalität zwischen Verletzung des Teilnahmerechts u. Ergebnis der Abstimmung.

29 Zur Teilnahmepflicht vgl. Lutter/Hommelhoff/*Bayer* Rn. 2.

30 Baumbach/Hueck/*Zöllner/Noack* Rn. 16; MüKoGmbHG/*Liebscher* Rn. 107; *Bunz*, NZG 17, 1366, 1367.

31 BGH DStR 09, 2542, 2543; OLG München DB 05, 1566; Michalski/*Römermann* Rn. 92; Ulmer/*Hüffer* Rn. 27; *Lange*, NJW 15, 3190; *Wicke*, GmbHR 17, 777, 784; Einstimmigkeit dag: OLG Frankfurt NJW-RR 99, 980.

32 MünchHdbGmbH/*Wolff* § 39 Rn. 82; Ulmer/*Hüffer/Schürnbrand* Rn. 32; Scholz/*Seibt* Rn. 53; *Lange*, NJW 15, 3190; *Werner*, GmbHR 06, 127; *Böttcher/Grewe*, NZG 02, 1086; aA Baumbach/Hueck/*Zöllner/Noack* Rn. 17; Michalski/*Römermann* § 47 Rn. 589; Altmeppen GmbHR 18, 225; OLG Frankfurt NJW-RR 99, 980; bis zur 2. Aufl.: *Saenger*/Inhester/Bergjan Rn. 10.

Eines einstimmigen Beschlusses zur Verleihung der Beschlussfeststellungskompetenz bedarf es nicht, da hier – mangels entgegenstehender expliziter Regelungen – auf die Geltung des Mehrheitswillens iSd § 47 I abgestellt werden muss. Werden Minderheitsgesellschafter durch die Beschlussfeststellung des Versammlungsleiters benachteiligt, steht ihnen die Anfechtungsklage zur Verfügung.[33] Liegt keine Benachteiligung vor, ist nicht einzusehen, weshalb dem Minderheitsgesellschafter ein faktisches Vetorecht bzgl. der Verleihung der Beschlussfeststellungskompetenz zustehen sollte. Dies legt schon ein Vergleich mit dem Prozessrecht nahe, da der unbeschwerte Minderheitsgesellschafter, der gegen die Wahl des Versammlungsleiters klagt, kein Rechtsschutzbedürfnis hat. Darüber hinaus hat der Versammlungsleiter die Aufgabe, die Gesellschafterversammlung zu leiten u. somit für eine sachgemäße Erledigung ihrer Geschäfte zu sorgen. Hierzu gehören die Eröffnung der Gesellschafterversammlung, die Leitung während der Versammlung (inkl. der Ausübung der Ordnungsgewalt) sowie die Schließung der Gesellschafterversammlung.[34] Das Ordnungsrecht des Versammlungsleiters kann über einen Ordnungsruf oder die Entziehung des Wortes bis zum Saalverweis – als ultima ratio – reichen.[35] In jedem Fall ist die Verhältnismäßigkeit zu wahren.[36] Davon zu trennen ist aber die Ausübung des Hausrechts. Dieses steht grds. der Gesellschaft zu, die ausweislich § 37 durch ihre Geschäftsführer vertreten wird.[37] Ebenfalls nicht berechtigt ist der Versammlungsleiter zur Vertagung der Versammlung, zu deren Abbruch oder dazu, Beschlussgegenstände von der Tagesordnung zu nehmen.[38]

Eine Feststellung des Gesellschafterbeschlusses durch den Versammlungsleiter führt grds. zur vorläufigen Ausführbarkeit des Beschlusses. Eine Beseitigung ist dann nur durch fristgerechte (idR binnen Monatsfrsit analog § 246 I AktG) Anfechtungsklage möglich.[39] Fehlt es an einer Beschlussfeststellung durch den Versammlungsleiter, kann der Inhalt und das Zustandekommen eines Beschlusses nur mit der allg. Feststellungsklage (§ 256 ZPO) geklärt werden.[40] Beachtenswert ist die Rspr. des BGH zur „Scheinversammlung", nach welcher Beschlüsse per se nichtig sind, wenn die Person des Versammlungsleiters nicht mit den Vorgaben der Satzung oder eines

33 *Lange*, NJW 15, 3190, 3194.
34 Baumbach/Hueck/*Zöllner/Noack* Rn. 17.
35 Scholz/*Seibt* Rn. 37 mwN.
36 Ulmer/*Hüffer/Schürnbrand* Rn. 35; Baumbach/Hueck/*Zöllner/Noack* Rn. 18.
37 *Lange*, NJW 15, 3190, 3193; OLG München GmbHR 13, 369; aA Scholz/*Seibt* Rn. 37: für ein Hausrecht der Gesellschafter. Diese können dem Geschäftsführer jedoch durch Mehrheitsbeschluss Weisungen erteilen u. so faktisch das Hausrecht durchsetzen.
38 BGH NJW 10, 3027, 3029; OLG Hamburg BeckRS 16, 13976; Lutter/Hommelhoff/*Bayer* Rn. 16; Scholz/*Seibt* Rn. 36.
39 BGH NJW-RR 08, 706, 708.
40 BGH ZIP 09, 2195, vgl. a *Wicke*, GmbHR 17, 777, 785; OLG München BeckRS 17, 130751; *Bunz* NZG 17, 1366, 1368.

Gesellschafterbeschlusses übereinstimmt.[41] Diese Rspr. ist jedoch dogmatisch insoweit fragwürdig, da grds. Gesellschafterversammlungen auch ohne Versammlungsleiter abgehalten werden können[42] u. in der rügelosen Leitung der Versammlung durch unqualifizierten Versammlungsleiter eine mehrheitliche Zustimmung der Gesellschafter zur Person des Versammlungsleiters zu sehen sein dürfte. Liegt diese – konkludente – Zustimmung der Gesellschafter vor, ist nicht ersichtlich, weshalb die in der Versammlung gefassten Beschlüsse nichtig sein sollen.

4. Protokollführung

11 Das GmbHG sieht mit Ausn. von Abs. 3 für die Ein-Personen-GmbH keine Vorschriften über die Protokollierung einer Gesellschafterversammlung vor. Im Gegenteil: Im Umkehrschluss aus Abs. 3 lässt sich entnehmen, dass die Protokollierung einer Gesellschafterversammlung gerade nicht rechtlich erforderlich ist. Lediglich in Fällen von satzungsändernden Beschlüssen nach § 53 II 1 oder Beschlüssen nach dem UmwG bedürfen diese der notariellen Beurkundung u. somit der Aufnahme in die notarielle Niederschrift. Trotz fehlender Regelung im Gesetz u. auch im Falle einer fehlenden Vereinbarung im Gesellschaftsvertrag ist es für jede Gesellschafterversammlung unbedingt ratsam, eine Niederschrift hierüber anzufertigen u. vom jeweiligen Protokollführer u. – sofern vorhanden – dem Versammlungsleiter unterzeichnen zu lassen (insbes. zu Darlegungs- u. Beweiszwecken für spätere Streitigkeiten bzw. Anfechtungs- u. Nichtigkeitsprozesse).[43] Zu den Folgen einer fehlenden Niederschrift bei der Ein-Personen-GmbH s. → Rn. 17. Je größer der Gesellschafterkreis der GmbH ist, umso hilfreicher ist auch die Aufnahme einer Teilnehmerliste unter Angabe von Gesellschaftern, deren anwesende Vertreter sowie die persönliche Gegenzeichnung des Gesellschafters/Vertreters.

5. Beschlussfähigkeit

12 Bei ordnungsgemäßer Einberufung ist die Zahl der erschienenen Gesellschafter für die Beschlussfähigkeit grds. unerheblich.[44] Der Gesellschaftsvertrag einer GmbH sollte daher regelmäßig ein Beschlussquorum vorsehen, wonach eine bestimmte Mehrheit an Geschäftsanteilen bzw. Stimmrechten für die Fassung von Beschlüssen zwingend erforderlich ist. Liegt diese Mehrheit dann nicht vor, ist die Versammlung nicht beschlussfähig. Erst die im Gesellschaftsvertrag vorgesehene Einberufung einer erneuten Gesellschafterversammlung mit denselben Beschlussgegenständen u. unter Hinweis auf eine dann vorliegende Beschlussfähigkeit der Gesellschafter-

---

41 BGH NJW 10, 3027; Scholz/*Seibt* Rn. 33; siehe BGH NJW 19, 993, 997 f. zur Relevanz der unberechtigten Versammlungsleitung: Allein die unberechtigte, weil nicht satzungsgemäße Übernahme der Versammlungsleitung als solche stellt bei der GmbH keinen relevanten Verfahrensmangel dar, der zur Nichtigkeit oder Anfechtbarkeit sämtlicher unter dieser Versammlungsleitung gefassten Beschlüsse führt. Vielmehr bedarf es hierfür auch in diesem Fall eines für die Beschlussfassung ursächlichen oder relevanten Durchführungsfehlers bei der Versammlungsleitung.
42 Vgl. *Lange*, NJW 15, 3190.
43 OLG Düsseldorf BeckRS 13, 28.
44 OLG Köln NZG 02, 381, 383; Baumbach/Hueck/*Zöllner*/*Noack* Rn. 3.

versammlung ermöglicht die Beendigung einer Pattsituation durch das wiederholte Fernbleiben einer gewissen Anzahl von Gesellschaftern. Fehlt eine derartige oder vergleichbare Regelung im Gesellschaftsvertrag, so ist die Gesellschafterversammlung auch dann schon beschlussfähig, wenn nur ein einzelner von mehreren geladenen Gesellschaftern (unabhängig von der Höhe seiner Anteile bzw. Stimmrechte) an der Gesellschafterversammlung teilnimmt, als einziger von seinem Stimmrecht Gebrauch macht u. damit einen einstimmigen (wirksamen) Gesellschafterbeschluss fasst.[45]

6. Kosten

13 Die Kosten der Gesellschafterversammlung fallen der GmbH als Verwaltungskosten zur Last.[46] Hierzu gehören Kosten der Einberufung u. Durchführung der Versammlung (zB Saalmiete, Protokollführung, Beratungskosten der Gesellschaft, ggf. Notargebühren).[47] Soweit durch einen Gesellschafter Mehrkosten verursacht werden (zB durch vermeidbare Verzögerungen), können ihm diese Mehrkosten nur ausnahmsweise bei schuldhaft rechtswidrigem Handeln auferlegt werden.[48]

14 Keine von der Gesellschaft zu übernehmenden Kosten sind hingg. Reisekosten der Gesellschafter u. andere persönliche Aufwendungen[49] sowie Beratungsaufwand eines Gesellschafters.[50]

7. Beschlussfassung in der Ein-Personen-GmbH (Abs. 3)

15 Nach Abs. 3 ist bei der Beschlussfassung einer Ein-Personen-GmbH aus Gründen der Rechtssicherheit[51] unverzüglich, also ohne schuldhaftes Zögern iSd § 121 S. 1 BGB, eine unterschriebene Niederschrift über den Beschluss aufzunehmen. Abs. 3 gilt ausschließlich für eine GmbH ohne zweiten Gesellschafter, insbes. wenn sich alle Anteile in der Hand einer OHG, KG[52] oder Außen-GbR[53] befinden, nicht jedoch bei bloßen Einpersonenbeschlüssen in Mehrpersonen-GmbH.[54]

16 Aus der Niederschrift müssen sich der Hergang u. der Inhalt, insbes. auch Ort u. Zeit der Beschlussfassung ergeben.[55] Sofern für den Beschluss eine notarielle Beurkundungen vorgeschrieben ist (zB gem. § 53 II, §§ 13 III,

---

45 OLG Köln NZG 02, 381, 383; Scholz/*Seibt* Rn. 43.
46 Ulmer/*Hüffer/Schürnbrand* Rn. 40; Scholz/*Seibt* Rn. 54; Michalski/*Römermann* Rn. 199.
47 OLG Celle BB 66, 1411 unter Hinweis auf § 13 II; OLG Düsseldorf GmbHR 55, 61, 62 unter Hinweis darauf, dass Handlungen von Organen einer juristischen Person nur diese kostenrechtlich verpflichten können; Ulmer/*Hüffer/Schürnbrand* Rn. 40; Scholz/*Seibt* Rn. 54; Michalski/*Römermann* Rn. 199.
48 Michalski/*Römermann* Rn. 200; Scholz/*Seibt* Rn. 54.
49 Ulmer/*Hüffer* Rn. 40; Scholz/*Seibt* Rn. 54; Michalski/*Römermann* Rn. 201.
50 Scholz/*Seibt* Rn. 54.
51 BGH NJW 95, 1750, 1752; OLG Hamm NZG 06, 430, 431.
52 BGH NJW 95, 1750, 1751; Scholz/*Seibt* Rn. 71; Ulmer/*Hüffer* Rn. 64.
53 Lutter/Hommelhoff/*Bayer* Rn. 33.
54 Baumbach/Hueck/*Zöllner/Noack* Rn. 51; Ulmer/*Hüffer/Schürnbrand* Rn. 65.
55 Lutter/Hommelhoff/*Bayer* Rn. 35; Scholz/*Seibt* Rn. 72.

193 III UmwG), ersetzt die Beurkundung nach § 126 IV BGB die Form des Abs. 3, sofern sie unverzüglich erfolgt.[56]

Ein Verstoß gegen die Ordnungsvorschrift des Abs. 3 führt nicht zur Unwirksamkeit des Beschlusses.[57] Allerdings stellt eine Nichtbeachtung der Formvorschrift eine Pflichtverletzung ggü. der Gesellschaft dar u. kann ggf. zu Schadensersatzansprüchen führen.[58] Darüber hinaus führt ein Verstoß gegen Abs. 3 zu einer Einschränkung der Beweismittel für den Gesellschafter, da er sich zum Beweis von ihm gefasster Beschlüsse grds. nur auf die Niederschrift nach Abs. 3, nicht aber auf sonstige Beweismittel berufen kann.[59] Dies gilt jedoch nicht, wenn die Beweisfunktion des Abs. 3 in anderer Weise etwa durch eine sonstige schriftliche Erklärung[60] oder eine Registeranmeldung[61] gewahrt wird. 17

8. Beschlussfassung im schriftlichen Verfahren (Abs. 2)

Vom Grundsatz der physischen Abhaltung einer Gesellschafterversammlung gestattet Abs. 2 – anders als § 121 VI AktG für die zwingend als physisches Zusammentreffen der Aktionäre durchzuführende Hauptversammlung einer AG –[62] die Abhaltung einer Gesellschafterversammlung im Wege des schriftlichen (nicht bei physischer Anwesenheit der Gesellschafter durchgeführten) Beschlussverfahrens. Das Gesetz sieht hierbei zwei Varianten des Beschlussverfahrens vor: Entweder stimmen sämtliche Gesellschafter einem Beschlussantrag gleich in Textform gem. § 126 b BGB zu (Var 1), oder die Gesellschafter stimmen gleich hins. eines Beschlussantrages der Abgabe der Stimmen in Schriftform zu (Var 2). 18

Abs. 2 gilt mit Ausn. von Gesellschafterbeschlüssen nach dem UmwG, die regelmäßig nach § 13 I 2 UmwG nur in einer Gesellschafterversammlung nach Abs. 1 gefasst werden können, für alle Beschlussgegenstände.[63] Zur Anwendbarkeit von Abs. 2 bei Änderung des Gesellschaftsvertrages im schriftlichen Verfahren vgl. → § 53 Rn. 26.[64] Das Zustimmungserfordernis aller Gesellschafter umfasst auch solche Gesellschafter, deren Geschäftsanteile zwar kein Stimmrecht, aber ein Teilnahmerecht gewähren, welches ua 19

---

56 Baumbach/Hueck/*Zöllner/Noack* Rn. 46; Lutter/Hommelhoff/*Bayer* Rn. 34; Roth/*Altmeppen* Rn. 55; Scholz/*Seibt* Rn. 72.

57 BGH NJW 13, 3574, 3575; OLG Hamburg NZG 13, 831, 832; OLG Hamm NZG 06, 430, 431; OLG Brandenburg NZG 02, 969, 970; OLG Köln BeckRS 08, 9160; MünchHdbGmbH/*Wolff* § 39 Rn. 112; Baumbach/Hueck/*Zöllner/Noack* Rn. 48; Lutter/Hommelhoff/*Bayer* Rn. 36; offengelassen aber ausf. zum Streitstand: BGH NJW 95, 1750, 1751 f.; WM 90, 638, 640.

58 Lutter/Hommelhoff/*Bayer* Rn. 36; vgl. MünchHdbGmbH/*Wolff* § 39 Rn. 112.

59 OLG Hamm NZG 06, 430, 432; OLG Köln BB 93, 1388, 1390; Scholz/*Seibt* Rn. 73; aA Baumbach/Hueck/*Zöllner/Noack* Rn. 49, aber ggf. Einschränkung über Treu u. Glauben.

60 BGH NJW 97, 741, 742; 95, 1750, 1752; KG NZG 99, 501; OLG München GmbHR 97, 847; OLG Brandenburg NZG 02, 969, 970.

61 OLG Jena RNotZ 03, 138, 139.

62 Vgl. nur MKAktG/*Kubis*, AktG § 121 Rn. 96.

63 Ulmer/*Hüffer/Schürnbrand* Rn. 55; Baumbach/Hueck/*Zöllner/Noack* Rn. 28; Lutter/Hommelhoff/*Bayer* Rn. 21.

64 BT-Drs. 14/4987, S. 30 f.

das Rede- u. Antragsrecht umfasst.[65] In Gesellschaften mit obligatorischem Aufsichtsrat kann Abs. 2 ebenfalls herangezogen werden.[66]

20 Im Falle der Var 1 müssen sämtliche Gesellschafter den zu treffenden Bestimmungen in Textform gem. § 126 b BGB zustimmen. Hier liegt in der Stimmabgabe zugleich die Zustimmung zum schriftlichen Verfahren.[67] Der Textform des § 126 b BGB genügt eine Nachbildung der Namensunterschrift oder eine andere Erkennbarmachung des erklärenden Gesellschafters, so dass auf diesem Wege auch ein Telefax, eine E-Mail oder ein Fernschreiben dieser Form genügt. Nicht ausreichend ist hingg. – sofern der Gesellschaftsvertrag nichts anderes regelt – die bloße telefonische oder per Videokonferenz abgehaltene Gesellschafterversammlung.[68]

21 Im Fall von Var 2 müssen sich sämtliche Gesellschafter mit der schriftlichen Stimmabgabe einverstanden erklären. Die Einverständniserklärung bedarf hier nicht der Textform des § 126 b BGB,[69] auch wenn dies eine Lesart des Abs. 2 durchaus zuließe.[70] Die Stimmabgabe als solche muss jedoch auch hier weiterhin schriftlich erfolgen.

22 Ein Verstoß gegen Abs. 2 kann durch die Abhaltung einer Vollversammlung (Universalversammlung) gem. § 51 III, bei der alle Gesellschafter gleichzeitig anwesend sind u. kein Gesellschafter der Beschlussfassung widerspricht (s. → § 51 Rn. 17), „geheilt" werden.[71]

23 Sofern der Gesellschaftsvertrag keine ausdrücklichen Regelungen über sonstige mögliche Beschlussfassungen trifft, ist sowohl die mündliche Beschlussfassung unter Abwesenden, zB iR einer Telefon- oder Videokonferenz, ebenso unwirksam wie eine kombinierte Beschlussfassung, bei der die Gesellschafter ihre Stimmabgabe teilw. in der Gesellschafterversammlung selbst u. teilw. im schriftlichen Verfahren tätigen.[72] Eine derartige Abstimmung führt stets zur Nichtigkeit der getroffenen Gesellschafterbeschlüsse.[73]

65 BT-Drs. 14/4987, S. 30.
66 BT-Drs. 14/4987, S. 30.
67 Scholz/*Seibt* Rn. 59; Ulmer/*Hüffer* Rn. 43; Lutter/Hommelhoff/*Bayer* Rn. 24; aA hins. Doppelnatur der Erklärung Baumbach/Hueck/*Zöllner/Noack* Rn. 30.
68 Michalski/*Römermann* Rn. 242; Lutter/Hommelhoff/*Bayer* Rn. 24; Scholz/*Seibt* Rn. 61.
69 OLG Jena ZIP 06, 1636; Baumbach/Hueck/*Zöllner/Noack* Rn. 35; Ulmer/*Hüffer/Schürnbrand* Rn. 47; MünchHdbGmbH/*Wolff* § 39 Rn. 100.
70 Die Textform verlangend Roth/*Altmeppen* Rn. 38 f.
71 OLG Stuttgart NZG 98, 994, 995.
72 BGH NJW 06, 2044, 2045; Baumbach/Hueck/*Zöllner/Noack* Rn. 41; noch offen gelassen BGH NJW 72, 623.
73 BGH NJW 06, 2044, 2044 f.;Lutter/Hommelhoff/*Bayer* Rn. 26; aA Scholz/*Seibt* Rn. 67; Liese/*Theusinger* GmbHR 2006, 682, 683 f.; MüKoGmbHG/*Liebscher* Rn. 174.

§ 49 Einberufung der Versammlung

(1) Die Versammlung der Gesellschafter wird durch die Geschäftsführer berufen.

(2) Sie ist außer den ausdrücklich bestimmten Fällen zu berufen, wenn es im Interesse der Gesellschaft erforderlich erscheint.

(3) Insbesondere muß die Versammlung unverzüglich berufen werden, wenn aus der Jahresbilanz oder aus einer im Laufe des Geschäftsjahres aufgestellten Bilanz sich ergibt, daß die Hälfte des Stammkapitals verloren ist.

I. Normzweck

§ 49 regelt die Einberufung der Gesellschafterversammlung. Die Vorschrift über die Einberufung der Gesellschafterversammlung ist ebenfalls lückenhaft (s. → Vor § 45 Rn. 1). Nach Abs. 1 liegt die grds. Zuständigkeit für die Einberufung der Gesellschafterversammlung bei den Geschäftsführern. Abs. 2 u. Abs. 3 verpflichten den Geschäftsführer zur Einberufung einer Gesellschafterversammlung, wenn sie im Interesse der Gesellschaft erforderlich erscheint oder wenn aus der Jahresbilanz oder aus einer im Laufe des Geschäftsjahres aufgestellten Bilanz sich die Aufzehrung der Hälfte des Stammkapitals ergibt. 1

Aus Abs. 2 Var 1 sowie aus § 45 II lässt sich entnehmen, dass die in Abs. 2 u. Abs. 3 aufgezählten Fallgruppen nicht abschließend sind u. insbes. durch Gesellschaftsvertrag ergänzt werden können,[1] was in der Praxis insbes. auch mit Blick auf die Erweiterung der Einberufungsmöglichkeit einer Gesellschafterminderheit nach § 50 I u. III häufig der Fall ist. IÜ ist § 49 jedoch weitgehend zwingend, so dass eine Einschränkung der in Abs. 2 u. Abs. 3 aufgezählten Einberufungsgründe nicht möglich ist.[2] Aus der Strafnorm des § 84 I ergibt sich, dass jedenfalls die Verlustanzeigepflicht nach Abs. 3 nicht eingeschränkt werden kann.[3] 2

1 Lutter/Hommelhoff/*Bayer* Rn. 19.

2 Baumbach/Hueck/*Zöllner/Noack* Rn. 22; Scholz/*Seibt* Rn. 32; Ulmer/*Hüffer/Schürnbrand* Rn. 33; Lutter/Hommelhoff/*Bayer* Rn. 20; hins. Abs. 2 aA für die Einschränkbarkeit des Abs. 2 *Wicke* Rn. 6; MünchHdbGmbH/*Wolff* § 39 Rn. 32.

3 Vgl. nur Scholz/*Seibt* Rn. 32.

II. Inhalt

1. Einberufung

3 Die Einberufung ist ein der Gesellschafterversammlung vorausgehender gesellschaftsrechtlicher Akt, damit die Gesellschafter sich auf die in der Gesellschafterversammlung zu fassenden Beschlüsse ausreichend vorbereiten können.[4] Der Rechtsnatur nach handelt es sich bei der Einberufung um eine innergesellschaftliche Verfahrenshandlung ohne rechtsgeschäftlichen Charakter.[5] Sofern keine Einberufungspflicht nach Abs. 2, Abs. 3 u/oder dem Gesellschaftsvertrag besteht, bedarf es keiner Einberufung im Falle einer Vollversammlung, also wenn bei Erscheinen oder ordnungsgemäßer Vertretung aller Gesellschafter kein Beteiligter der Beschlussfassung widerspricht. Eine Einberufung ist ebenso entspr. § 51 III nicht erforderlich, wenn die Gesellschafter einvernehmlich einen Termin für die Gesellschafterversammlung festlegen.[6]

4 Die Einberufung hat grds. an alle Gesellschafter der GmbH persönlich – unabhängig vom Vorliegen einer evtl. Bevollmächtigung eines Dritten nach § 47 III oder Verpfändung[7] – zu erfolgen, wobei die Gesellschaftereigenschaft sich nach § 16 I 1 richtet. Gesellschaftsverträge sehen in der Praxis zudem regelmäßig vor, dass die Einberufung der Gesellschafter an die der Gesellschaft zuletzt schriftlich mitgeteilte Adresse zu erfolgen hat, um hier insbes. bei Umzügen u. Adressänderungen der Gesellschafter keine Ladungsfehler zu generieren, wenn der Gesellschafter es unterlassen hat, der Gesellschaft derartige Adressänderungen mitzuteilen. Lediglich im Falle einer Treuhandschaft hat die Einberufung ggü. dem Treuhänder zu erfolgen.[8] Konkret kommt es bei jedem Gesellschafter auf die der GmbH zuletzt mitgeteilte Gesellschafteranschrift an.[9] Ist den Geschäftsführern positiv bekannt, dass unter der aus den Unterlagen der Gesellschaft zuletzt hervorgehenden Adresse eine Zustellung nicht erfolgsversprechend ist, u. ist den Geschäftsführern die aktuelle Anschrift der betr. Gesellschafter bekannt, darf die Zustellung nur an diese Anschrift erfolgen;[10] andernfalls liegt ein zur Nichtigkeit führender Mangel vor, der entspr. § 241 I Nr. 1 AktG gerügt werden kann.[11] Zur Nicht-Anwendbarkeit von § 130 I BGB[12] s. → § 51 Rn. 8 – da tatsächlicher Zugang gem. § 51 I 2 unbedeutend. Nicht maßgeblich ist, ob ein Gesellschafter stimmrechtslose Geschäftsanteile hält oder hins. der zu beschließenden Gegenstände kein Stimmrecht hat.[13] Hins. der Mitberechtigung mehrerer Personen an einem ungeteilten

---

4 Ähnl Baumbach/Hueck/*Zöllner/Noack* Rn. 2.
5 BGH NJW 87, 2580, 2581.
6 OLG München BB 02, 2196, 2197.
7 Vgl. nur Lutter/Hommelhoff/*Bayer* § 51 Rn. 8 mwN.
8 Scholz/*Seibt* § 51 Rn. 8; Ulmer/*Hüffer/Schürnbrand* § 51 Rn. 13.
9 So auch Baumbach/Hueck/*Zöllner/Noack* § 51 Rn. 4; Lutter/Hommelhoff/*Bayer* § 51 Rn. 6.
10 *Tomat*, GmbH-StB 14, 169.
11 OLG Celle GmbHR 14, 369; s. auch Anmerkung zu OLG Celle bei: *Gottschalk/Wollschläger*, GWR 14, 174.
12 RGZ 60, 144; BGH DNotZ 88, 41.
13 Lutter/Hommelhoff/*Bayer* § 51 Rn. 5.

Geschäftsanteil reicht die Einberufung ggü. einem Mitberechtigten nach § 18 III 1 aus.

5 Die Einberufung umfasst als actus contrarius auch die Absage[14] einer Gesellschafterversammlung bzw. als Minus auch die Änderung von Ort u. Zeit der Gesellschafterversammlung als auch der Tagesordnungspunkte, vgl. auch → § 51 Rn. 4. Bei einer Änderung der Einberufung sind daher auch die Einberufungsformen u. -fristen nach Gesellschaftsvertrag u. GmbHG erneut einzuhalten, insbes. die Mindestwochenfrist nach § 51 I 2 bzw. bei Änderung der Beschlussgegenstände lediglich die Mindest-Dreitagesfrist nach § 51 IV. Zu beachten ist schließlich noch, dass eine Absage bzw. eine Änderung der Einberufung grds. nur durch den Einberufenden selbst erfolgen kann.[15]

2. Berechtigung zur Einberufung

6 a) **Geschäftsführer (Abs. 1).** Abs. 1 ordnet die generelle Zuständigkeit für die Einberufung der Gesellschafterversammlung (aber auch für die Einleitung einer Beschlussfassung im schriftlichen Verfahren nach § 48 II) den Geschäftsführern zu. Hat die GmbH mehrere Geschäftsführer u. sind diese lediglich zur Gesamtgeschäftsführung berechtigt, so kann abw. vom Wortlaut des Abs. 1 jeder Geschäftsführer einzeln die Gesellschafterversammlung einberufen (allgM).[16] Nicht ausreichend ist, dass ein nicht wirksam bestellter oder zwischenzeitlich bereits abberufener Geschäftsführer oder einer, der sein Amt niedergelegt hat, noch als solcher im Handelsregister eingetragen ist.[17] Eine Heranziehung von § 121 II 2 AktG analog scheidet aus, da diese spezielle aktienrechtliche Vorschrift zur Vermeidung von Einberufungsmängeln nicht auf die personalistische GmbH übertragbar ist.[18]

7 b) **Gesellschafter.** Aus der Einberufungskompetenz der Geschäftsführer nach Abs. 1 ergibt sich zugleich auch, dass die Gesellschafter der GmbH grds. kein individuelles Einberufungsrecht haben.[19] Lediglich in Fällen u. unter den Voraussetzungen des § 50 I u. III sowie in den im Gesellschaftsvertrag gesondert geregelten Fällen sind einzelne Gesellschafter zur Einberufung einer Gesellschafterversammlung berechtigt (zu den Minderheitsrechten von Gesellschaftern vgl. → § 50 Rn. 2 ff.).

8 c) **Kompetenz kraft Gesellschaftsvertrag.** Wegen § 45 II ist Abs. 1 weitgehend dispositiv, so dass der Gesellschaftsvertrag die Kompetenz zur Einbe-

14 RGZ 166, 129, 133; Scholz/*Seibt* Rn. 13; Roth/*Altmeppen* Rn. 10; Lutter/Hommelhoff/*Bayer* Rn. 9 a.

15 OLG München DB 94, 320; Baumbach/Hueck/*Zöllner*/*Noack* Rn. 13.

16 OLG Düsseldorf NZG 04, 916, 921; Baumbach/Hueck/*Zöllner*/*Noack* Rn. 3; Lutter/Hommelhoff/*Bayer* Rn. 2.

17 BGH NJW 17, 1471, 1472 f.; ebenso Baumbach/Hueck/*Zöllner*/*Noack* Rn. 3; aA OLG Düsseldorf NZG 04, 916, 921; AG Syke GmbHR 85, 26, 27; Lutter/Hommelhoff/*Bayer* Rn. 2.

18 BGH NJW 17, 1471, 1472 f.; bzgl. der Vermeidung von Einberufungsmängeln ebenso Hüffer/*Koch* AktG § 121 Rn. 7; aA *Lutter*/Hommelhoff/*Bayer* Rn. 2; OLG Düsseldorf NZG 04, 916, 921, welches § 121 II 2 AktG analog anwendet, da der formale Ausweis als Geschäftsführer reicht, insbes. wenn die Geschäftsführung noch tatsächlich ausgeübt wird.

19 RGZ 92, 409, 412; BGH NJW 54, 385, 386; Lutter/Hommelhoff/*Bayer* Rn. 5; Wicke, GmbHR 17, 777, 778.

rufung der Gesellschafterversammlung auch anderen Organen oder sonstigen Personen zuordnen kann, was idR zumindest auch einer Gesellschafterminderheit von weniger als 10 % des Stammkapitals eingeräumt wird.[20]

3. Einberufungsrecht

9 Das Recht zur Einberufung einer Gesellschafterversammlung besteht grds. unabhängig vom Vorliegen wichtiger Gründe.[21] Da mit der Vorbereitung u. dem Besuch einer Gesellschafterversammlung für jeden Gesellschafter sowohl ein zeitlicher als auch ein finanzieller Aufwand verbunden sein kann, sollte eine Gesellschafterversammlung nur einberufen werden, wenn die dort zu fassenden Beschlüsse für die GmbH u. deren handelnde Organe erforderlich sind.[22]

4. Einberufungspflicht

10 Die Geschäftsführer haben in nachfolgenden Fällen unverzüglich (ohne schuldhaftes Zögern, iSd § 121 S. 1 BGB) eine Gesellschafterversammlung einzuberufen:

11 a) **Ausdrücklich bestimmte Fälle (Abs. 2 Var 1).** Sieht der Gesellschaftsvertrag außer der in Abs. 2 u. Abs. 3 genannten Fälle weitere Tatbestände vor, die die Einberufung einer Gesellschafterversammlung erfordern, so hat eine Einberufung nach Abs. 2 Var 1 zu erfolgen.

12 b) **Interesse der Gesellschaft (Abs. 2 Var 2).** Nach Abs. 2 Var 2 muss eine Gesellschafterversammlung einberufen werden *„wenn es im Interesse der Gesellschaft erforderlich erscheint"*. Im Unterschied zu § 111 III 1 AktG, wonach der Aufsichtsrat eine Hauptversammlung einzuberufen hat, *„wenn das Wohl der Gesellschaft es fordert"*, stellt Var 2 nicht auf ein objektives Erfordernis der Abhaltung einer Gesellschafterversammlung, sondern auf ein subjektives Erfordernis aus Sicht der beurteilenden Geschäftsführer ab. Erforderlich ist eine Gesellschafterversammlung, wenn ohne Abhaltung der Gesellschafterversammlung der Gesellschaft ein nicht unerheblicher Schaden droht, wie etwa wenn die Geschäftsführer die Vornahme eines Geschäfts als im Interesse der Gesellschaft liegend ansehen, hierfür aber eines Gesellschafterbeschlusses bedürfen.[23]

13 c) **Verlust des halben Stammkapitals (Abs. 3).** Nach Abs. 3 ist eine Gesellschafterversammlung unverzüglich einzuberufen, wenn sich aus der Jahresbilanz oder aus einer im Laufe des Geschäftsjahres aufgestellten Bilanz ergibt, dass die Hälfte des Stammkapitals „verloren" ist. Durch diese Einberufungspflicht sollten die Gesellschafter Gelegenheit erhalten, über das weitere Schicksal der GmbH zu entscheiden.[24] Eine Pflicht zur Beschlussfassung der Gesellschafter wird hierdurch nicht ausgelöst.[25] Die Verletzung der Verlustanzeigepflicht – unabhängig davon, ob zugleich auch eine Ge-

---

20 Lutter/Hommelhoff/*Bayer* Rn. 8; Scholz/*Seibt* Rn. 15.
21 Baumbach/Hueck/*Zöllner/Noack* Rn. 14.
22 Vgl. auch Lutter/Hommelhoff/*Bayer* Rn. 11; Ulmer/*Hüffer/Schürnbrand* Rn. 21.
23 Baumbach/Hueck/*Zöllner/Noack* Rn. 17; Scholz/*Seibt* Rn. 20 f.
24 Scholz/*Seibt* Rn. 23; Roth/*Altmeppen* Rn. 17.
25 Ebenso Lutter/Hommelhoff/*Bayer* Rn. 14; Scholz/*Seibt* Rn. 30.

sellschafterversammlung einberufen wird – stellt einen Straftatbestand nach § 84 I dar.

Der Geschäftsführer hat in Erfüllung der ihm durch § 43 I u. § 49 III vorgeschriebenen Pflichten in Angelegenheiten der GmbH die Sorgfalt eines ordentlichen Kaufmanns gem. § 347 HGB anzuwenden. Er hat die wirtschaftliche Lage des Unternehmens laufend zu beobachten u. sich bei Anzeichen einer krisenhaften Entwicklung durch Aufstellung einer Zwischenbilanz oder eines Vermögensstatus einen Überblick über die Vermögensstände zu verschaffen; wobei der Geschäftsführer für eine solche Organisation zu sorgen hat, die ihm die dafür erforderliche Übersicht über die wirtschaftliche u. finanzielle Situation der Gesellschaft jederzeit ermöglicht.[26] 14

Die Gesellschafterversammlung ist zwingend durch die Geschäftsführer einzuberufen, wenn das Reinvermögen nicht mehr die Hälfte des im Gesellschaftsvertrag normierten Stammkapitals erreicht (sog. **Verlustanzeigepflicht**).[27] Eine Halbierung des Stammkapitals ist anhand der Jahresbilanz bzw. an einer eigens zur Ermittlung des Stammkapitalverzehrs aufgestellten Zwischenbilanz zu berechnen. Im Falle einer positiven Fortführungsprognose sind grds. die Fortführungswerte (going concern) anzusetzen, während bei einer negativen Fortführungsprognose die Liquidationswerte anzusetzen sind.[28] Zu den teilw. umstrittenen Bewertungsgrundsätzen vgl. Baumbach/Hueck, → § 49 Rn. 19. Ein Verstoß gegen die Verlustanzeigepflicht nach § 49 III durch einen Geschäftsführer ist nach § 84 in Fällen von Vorsatz (Abs. 1) u. Fahrlässigkeit (Abs. 2) strafbewährt. 15

Entspr. § 92 I AktG besteht die Pflicht zur Einberufung einer Gesellschafterversammlung auch schon dann, wenn die Geschäftsführer bei pflichtgemäßem Ermessen annehmen können, dass das Gesellschaftsvermögen nur noch die Hälfte des Stammkapitals deckt (auch ohne die Aufstellung einer Jahres- oder Zwischenbilanz). 16

§ 50 Minderheitsrechte

(1) Gesellschafter, deren Geschäftsanteile zusammen mindestens dem zehnten Teil des Stammkapitals entsprechen, sind berechtigt, unter Angabe des Zwecks und der Gründe die Berufung der Versammlung zu verlangen.

(2) In gleicher Weise haben die Gesellschafter das Recht zu verlangen, daß Gegenstände zur Beschlußfassung der Versammlung angekündigt werden.

(3) [1]Wird dem Verlangen nicht entsprochen oder sind Personen, an welche dasselbe zu richten wäre, nicht vorhanden, so können die in Absatz 1 bezeichneten Gesellschafter unter Mitteilung des Sachverhältnisses die Berufung oder Ankündigung selbst bewirken. [2]Die Versammlung beschließt, ob die entstandenen Kosten von der Gesellschaft zu tragen sind.

---

26 BGH NJW 86, 54, 55; NJW-RR 95, 669, 669 f.
27 Scholz/*Seibt* Rn. 23; Ulmer/*Hüffer/Schürnband* Rn. 22; Lutter/Hommelhoff/*Bayer* Rn. 15.
28 Lutter/Hommelhoff/*Bayer* Rn. 15 mwN.

I. Normzweck

1 § 50 stellt – neben den §§ 61 II 2 u. 66 II – eine der wenigen im GmbH-Gesetz geregelten Vorschriften dar, bei denen einem oder mehreren Gesellschaftern, sofern ihre Geschäftsanteile an der GmbH ein bestimmtes Quorum erreichen, bestimmte Rechte zugesprochen werden.[1] Diese Rechte kann jeder einzelne Gesellschafter nicht geltend machen. Sie werden regelmäßig Gesellschafterminderheiten angeboten, um deren Rechte ggü. der Gesellschaftermehrheit zu wahren (Minderheitsrechte).

2 Abs. 1 räumt einer Gruppe von Gesellschaftern, die zusammen mind. 10 % des Stammkapitals als Geschäftsanteile halten, das Recht zur Einberufung einer Gesellschafterversammlung ein. Eine solche Gesellschafterminderheit kann nach Abs. 2 verlangen, dass weitere Gegenstände auf die Tagesordnung gesetzt werden. Abs. 3 gewährt der Gesellschafterminderheit ein Selbstvornahmerecht, sofern ihrem Verlangen nicht entsprochen wird oder mangels vorhandener Ansprechperson nicht entsprochen werden kann.

3 Aus der Einordnung des § 50 als Minderheitsrecht ergibt sich bereits, dass die dort geregelten Vorgaben nicht durch Gesellschaftsvertrag oder auf andere Weise unterlaufen werden können u. daher auch nicht im Gesellschaftsvertrag durch eine qualifizierte Gesellschaftermehrheit weiter beschränkt werden können.[2] Eine Erweiterung der Minderheitsrechte durch Gesellschaftsvertrag ist jedoch möglich.[3]

II. Inhalt

1. Minderheitsquorum

4 Die Minderheitsrechte des § 50 stehen einem Gesellschafter bzw. einer Gruppe von Gesellschaftern zu, die mind. 10 % des Stammkapitals halten. Bei der Berechnung des Quorums kommt es dem Sinn u. Zweck des Minderheitsrechts gem. auf das Verhältnis der von der Minderheit in Summe gehaltenen Geschäftsanteile im Verhältnis zu allen von Gesellschaftern (nicht auch der Gesellschaft selbst) gehaltenen Geschäftsanteilen an.[4] Schließlich werden sowohl stimmrechtslose Geschäftsanteile als auch Ge-

1 Baumbach/Hueck/*Zöllner/Noack* § 45 Rn. 12.
2 Ganz hM: OLG Stuttgart NJW 74, 1566, 1568; Ulmer/*Hüffer/Schürnbrand* Rn. 38; Scholz/*Seibt* Rn. 6; Roth/*Altmeppen* Rn. 2, 4; aA noch RGZ 68, 210, welches den Entzug des Rechtes durch eine Änderung des Gesellschaftervertrages noch zuließ.
3 Baumbach/Hueck/*Zöllner/Noack* Rn. 2.
4 Ulmer/*Hüffer/Schürnbrand* Rn. 7; Baumbach/Hueck/*Zöllner/Noack* Rn. 24; Lutter/Hommelhoff/*Bayer* Rn. 5; aA: Scholz/*Seibt* Rn. 9.

schäftsanteile von Gesellschaftern, die bei der Beschlussfassung einem Stimmrechtsausschluss unterliegen, mitgezählt.[5]

Für die Eigenschaft als Gesellschafter gilt § 16 I 1, wonach im Verhältnis zur Gesellschaft derjenige als Inhaber eines Geschäftsanteils gilt, wer in der Gesellschafterliste eingetragen ist. 5

Das 10 %-Quorum muss sowohl bei der Stellung der Anträge nach § 50 I u. II als auch bei der Einberufung im Falle des Abs. 3 vorliegen u. jeweils bis zum Zeitpunkt der Durchführung der Gesellschafterversammlung fortdauern.[6] 6

2. Einberufungsverlangen

a) **Anspruchsinhaber.** Die Einberufung nach Abs. 1 kann von den Gesellschaftern verlangt werden, die das 10 %-Quorum erreichen. 7

b) **Anspruchsgegner.** Gegner des Anspruchs auf Einberufung ist die Gesellschaft, vertreten durch die Geschäftsführer, wobei bei mehreren gemeinschaftlich zur Vertretung berechtigten Geschäftsführern die Abgabe ggü. einem Geschäftsführer gem. § 35 II 2 ausreichend ist. Die Geschäftsführer der GmbH sind ihr ggü. nach Prüfung des Verlangens unverzüglich zur Einberufung einer Gesellschafterversammlung innerhalb einer angemessenen Frist verpflichtet. Verstöße hiergegen können zu Schadensersatzansprüchen der GmbH ggü. den unterlassenden Geschäftsführern nach § 43 II führen. Ab wann die Frist zu lange bemessen u. dadurch das Selbsthilferecht in Abs. 3 ausgeübt werden kann, ist einzelfallabhängig. Während in der älteren Rspr.[7] noch 7 Wochen als Grenze angenommen wurden, dürfte jedoch idR eine Einberufungsfrist von einem Monat angemessen sein.[8] Eine wesentlich kürzere Frist kann aber dann angezeigt sein, wenn der Vorgang ersichtlich eilbedürftig ist.[9] 8

c) **Form.** Anders als nach § 122 I 1 Hs. 1 AktG bedarf das Einberufungs*verlangen* von Minderheitsgesellschaftern bei einer GmbH keiner besonderen Form, insbes. keiner Schriftform.[10] Umstritten ist hingg, ob die Formlosigkeit auch für die Geltendmachung eines Einberufungsverlangens durch einen Bevollmächtigten gilt. Entgg. der wohl hL[11] wird vorliegend vertreten, dass § 47 III weder direkt noch analog gilt,[12] da das Einberufungsverlangen auch sonst nicht mit der Abstimmung gleichgesetzt werden kann; es fehlt hier selbst bei Annahme einer planwidrigen Regelungslücke an einer vergleichbaren Interessenlage, so dass eine Analogie vorliegend ausscheidet. IÜ gelten die §§ 164 ff. BGB, insbes. § 174 BGB. Aus Gründen der Darlegungs- u. Beweispflicht der Minderheitsgesellschafter wird jedoch 9

5 *Wicke* Rn. 2.
6 Ulmer/*Hüffer*/*Schürnbrand* Rn. 2; Scholz/*Seibt* Rn. 8; Roth/*Altmeppen* Rn. 3; nicht eindeutig *Wicke* Rn. 2; Baumbach/Hueck/*Zöllner*/*Noack* Rn. 25.
7 BGH WM 85, 567.
8 Scholz/*Seibt* Rn. 17.
9 OLG Stuttgart GmbHR 13, 535, 537.
10 Vgl. nur Lutter/Hommelhoff/*Bayer* Rn. 7; Scholz/*Seibt* Rn. 13.
11 Scholz/*Seibt* Rn. 13; Rowedder/Schmidt-Leithoff/*Ganzer* Rn. 8; Lutter/Hommelhoff/*Bayer* Rn. 7.
12 Ebenso Baumbach/Hueck/*Zöllner*/*Noack* Rn. 5.

dringend empfohlen, das Einberufungsverlangen schriftlich, zumindest aber in Textform gem. § 126 b BGB, zu fassen.

10 **d) Inhalt.** Das Einberufungsverlangen muss nach Abs. 1 zum einen die Angabe des Zwecks u. zum anderen die Gründe für die Einberufung der Gesellschafterversammlung beinhalten. Unter dem Zweck ist der unter § 51 II normierte Zweck der Gesellschafterversammlung zu verstehen, so dass die Beschlussgegenstände ausreichend genau iSd § 51 II bezeichnet sein müssen. Die Minderheitsgesellschafter haben zudem die Gründe für ein Einberufungsverlangen anzugeben.

11 Soweit der Zweck u. die Gründe nicht offensichtlich vorgeschoben sind, u. daher ein Einberufungsverlangen wegen Rechtsmissbräuchlichkeit ausnahmsweise unbeachtlich ist, kommt es bei der Angabe von Zweck u. Gründen lediglich auf das formelle Vorhandensein von Zweck u. Gründen, nicht aber auf deren materielles Vorliegen, an.[13]

12 **e) Rechtsfolgen.** Die Geschäftsführer haben unverzüglich zu prüfen, ob die formellen Voraussetzungen des Einberufungsverlangens vorliegen.[14] Kommen die Geschäftsführer zu dem Erg, dass das Einberufungsverlangen formell rechtmäßig ist u. keine offensichtlichen rechtsmissbräuchlichen Minderheitsverlangen vorliegen, so haben sie unverzüglich die Einberufung der Gesellschafterversammlung vorzunehmen.[15] Die Geschäftsführer haben somit den Zeitpunkt der Durchführung der Gesellschafterversammlung unter Berücksichtigung der Dringlichkeit der von den Minderheitsgesellschaftern verlangten Beschlussfassungsgegenstände festzusetzen. Hierbei sind die Vorgaben des Gesellschaftsvertrages sowie die gesetzlichen Vorgaben, insbes. § 51, zu beachten. Kommen die Geschäftsführer der GmbH der Einberufung einer Gesellschafterversammlung nicht oder nicht wie verlangt nach, haben die Minderheitsgesellschafter das Selbstvornahmerecht nach Abs. 3 (vgl. dazu u. → Rn. 15 ff.). Einer Einberufung oder Ankündigung nach Abs. 1–3 folgt eine normale Beschlussfassung der Gesellschafterversammlung.[16] Nach wie vor umstritten ist die Frage, ob den Minderheitsgesellschaftern aus § 50 ein Anspruch auf Bescheidung zusteht u. ob eine Entscheidung in der Sache durch Mehrheitsbeschluss verhindert bzw. vertagt werden kann.[17] Rein vorsorglich sollte das Verlangen von der Gesellschafterversammlung förmlich beschieden werden, um hier keinen Anfechtungsrisiken ausgesetzt zu sein.

3. Ankündigung von weiteren Beschlussgegenständen (Abs. 2)

13 Für den Fall, dass die Geschäftsführer bereits eine Gesellschafterversammlung mit einer von ihnen vorgegebenen Tagesordnung einberufen haben, können Minderheitsgesellschafter, die wie in Abs. 1 mind. 10 % des Stammkapitals halten, die Aufnahme weiterer Beschlussgegenstände zur Tagesordnung verlangen. Hins. der Form gilt das zu Abs. 1 Kommentierte

13 Ulmer/*Hüffer*/*Schürnbrand* Rn. 9; Scholz/*Seibt* Rn. 12, 14, 16; Baumbach/Hueck/*Zöllner*/*Noack* Rn. 6.
14 OLG Dresden NJW-RR 95, 235; Lutter/Hommelhoff/*Bayer* Rn. 8.
15 Ulmer/*Hüffer*/*Schürnbrand* Rn. 14; Baumbach/Hueck/*Zöllner*/*Noack* Rn. 9.
16 *Wicke* Rn. 9.
17 Vgl. dazu *Cahn*, GmbHR 15, 67; Altmeppen GmbHR 17, 788.

(→ Rn. 9). Insbes. ist auch hier zu beachten, dass die Beschlussgegenstände gem. § 51 II zur angemessenen Vorbereitung aller Gesellschafter ausreichend genau bezeichnet werden.

Dem Ergänzungsverlangen der Minderheitsgesellschafter muss jedoch nur 14
dann gefolgt werden, wenn die Geschäftsführer die 3-Tages-Frist des § 51 IV für die Ergänzung der Tagesordnung noch einhalten können.[18] Ggf. u. je nach Inhalt der verlangten Tagesordnungspunkte ist ein solches Minderheitsverlangen als Einberufungsverlangen nach Abs. 1 gem. § 140 BGB umzudeuten.

4. Selbstvornahmerecht (Abs. 3)

Die Gesellschafterminderheit kann die Einberufung einer Gesellschafterver- 15
sammlung nach Abs. 1 bzw. die Ankündigung von weiteren Beschlussgegenständen nach Abs. 2 selbst bewirken, wenn ihrem Verlangen entweder nicht entsprochen worden ist oder gar keine Personen vorhanden sind, an welche das Verlangen gerichtet werden könnte. Anders als bei einer AG bedarf es zur Selbstvornahme keiner gerichtlichen Ermächtigung entspr. § 122 III AktG.

Die Gesellschafterminderheit hat den Geschäftsführern eine angemessene 16
Frist zu setzen, damit diese dem Einberufungsverlangen bzw. dem Verlangen auf Ankündigung von weiteren Beschlussgegenständen entspr. nachkommen können.[19] Sofern nicht ein eine geringere Frist rechtfertigender Eilfall vorliegt,[20] ist eine Frist von einem Monat regelmäßig angemessen.[21]

Das Selbstvornahmerecht der Gesellschafterminderheit steht neben dem 17
Einberufungsrecht der Geschäftsführer nach § 49 I. Die Geschäftsführer haben also generell die Möglichkeit, zu einer Gesellschafterversammlung zu laden, die zeitlich vor der von der Gesellschafterminderheit anberaumten Gesellschafterversammlung liegt, sofern hierbei nicht gegen die Fristen des Gesellschaftsvertrages bzw. von § 51 I 2 verstoßen wird. Leidet die Einberufung durch die Gesellschafterminderheit nach Abs. 3 unter einem Einberufungsmangel, so kann dieser lediglich iR einer Vollversammlung geheilt werden.[22] Soweit sich die Eilbedürftigkeit der durch die Gesellschafterminderheit einberufenen Gesellschafterversammlung bereits aus dem Zweck der Versammlung, beispielsweise aus den Tagesordnungspunkten, ergibt, ist das Fehlen einer gesonderten Darlegung der Eilbedürftigkeit unschädlich.[23] Ein Verstoß gegen Abs. 3 führt zur Nichtigkeit der bei der vermeintlichen Gesellschafterversammlung gefassten Beschlüsse.[24]

---

18 Lutter/Hommelhoff/*Bayer* Rn. 10; Baumbach/Hueck/*Zöllner/Noack* Rn. 14, allerdings einschränkend bei bereits überlasteter Tagesordnung.
19 BGH WM 85, 567, 568; OLG München GmbHR 00, 486.
20 OLG Stuttgart GmbHR 13, 535; *Wicke* Rn. 5.
21 OLG München GmbHR 00, 486.
22 OLG München GmbHR 00, 486.
23 OLG Düsseldorf BeckRS 2012, 22394.
24 BGHZ 87, 3; OLG München GmbHR 00, 486.

5. Beschluss über Kosten

18 Wird die Gesellschafterversammlung aufgrund der Einberufung durch die Gesellschafterminderheit nach Abs. 3 S. 1 durchgeführt, so hat die Gesellschafterversammlung (unter Beteiligung der Antragsteller)[25] über die Tragung der entstandenen Kosten durch die Gesellschaft gesondert zu beschließen, vgl. Abs. 3 S. 2. Unter Kosten idS fallen sowohl die Einberufungskosten als auch die Kosten der Gesellschafterversammlung selbst.[26] Die Gesellschafter haben über die Kosten nach pflichtgemäßem Ermessen unter Berücksichtigung der Treuepflicht zu entscheiden.[27] Bei einer sachdienlichen Einberufung hat die Gesellschaft die Kosten zu tragen.[28] Der Entscheidung über die Kostentragungspflicht nach Abs. 3 S. 2 bedarf es nicht, wenn der Gesellschaftsvertrag einem oder mehreren (Minderheits-)Gesellschaftern ein primäres Einberufungsrecht einräumt, da eine solche Einberufung vom Selbsthilferecht des Abs. 3 S. 1 nicht erfasst wird; hier trägt stets die Gesellschaft die Kosten.

§ 51 Form der Einberufung

(1) [1]Die Berufung der Versammlung erfolgt durch Einladung der Gesellschafter mittels eingeschriebener Briefe. [2]Sie ist mit einer Frist von mindestens einer Woche zu bewirken.

(2) Der Zweck der Versammlung soll jederzeit bei der Berufung angekündigt werden.

(3) Ist die Versammlung nicht ordnungsmäßig berufen, so können Beschlüsse nur gefaßt werden, wenn sämtliche Gesellschafter anwesend sind.

(4) Das gleiche gilt in bezug auf Beschlüsse über Gegenstände, welche nicht wenigstens drei Tage vor der Versammlung in der für die Berufung vorgeschriebenen Weise angekündigt worden sind.

I. Normzweck

1 § 51 regelt die Form der Einberufung einer Gesellschafterversammlung der GmbH, sofern im Gesellschaftsvertrag keine abw. Regelungen getroffen werden, vgl. § 45 II (zu den Ausn. s. → Rn. 8).

25 Lutter/Hommelhoff/*Bayer* Rn. 17.
26 Wohl hM Scholz/*Seibt* Rn. 33; Ulmer/*Hüffer/Schürnbrand* Rn. 29; Baumbach/Hueck/*Zöllner/Noack* Rn. 21.
27 Heute wohl hM Lutter/Hommelhoff/*Bayer* Rn. 17; Michalski/*Römermann* Rn. 181; Baumbach/Hueck/*Zöllner/Noack* Rn. 22.
28 Lutter/Hommelhoff/*Bayer* Rn. 17.

§ 51 ist lückenhaft u. wird daher auch regelmäßig durch den Gesellschaftsvertrag ergänzt bzw. modifiziert. Sinn u. Zweck von § 51 ist es, jedem Gesellschafter einer GmbH eine ausreichende Vorbereitungszeit auf die einberufene Gesellschafterversammlung einzuräumen (Schutz des Teilhaberechts durch Information) u. den Gesellschafter in die Lage zu versetzen, sich den Zeitpunkt der Versammlung von anderen Verpflichtungen freizuhalten u. eine erforderliche Anreise zum Ort der Versammlung rechtzeitig zu ermöglichen (Dispositionsschutz).[1] 2

Abs. 1 sieht vor, dass die Einberufung der Gesellschafterversammlung mittels eingeschriebenen Briefes erfolgen soll u. dass sie mit einer Frist von mind. einer Woche zu bewirken ist. Nach Abs. 2 soll der Zweck der Versammlung bei der Einberufung angekündigt werden. Abs. 3 enthält eine Heilungsvorschrift, wonach eine nicht ordnungsgemäß einberufene Gesellschafterversammlung dennoch wirksame Beschlüsse fassen kann, wenn sämtliche Gesellschafter anwesend sind u. mit der Beschlussfassung einverstanden sind (letzte Voraussetzung ist ungeschriebenes Tatbestandsmerkmal). Abs. 4 schließlich ermöglicht das Nachschieben von Beschlussgegenständen bis zu 3 Tage vor der Gesellschafterversammlung u. stellt ein in der Praxis wichtiges Instrumentarium zur (Nach-)Lieferung bzw. Ergänzung von Tagesordnungspunkten dar. 3

§ 51 gilt über den Wortlaut des Abs. 1 hinaus nicht nur für die Einberufung der Gesellschafterversammlung, sondern ebenso im Falle der Verlegung einer bereits einberufenen Gesellschafterversammlung,[2] nicht aber für eine Absage der Gesellschafterversammlung.[3] Sofern es sich ausnahmsweise um eine unbedeutende – den Zweck des § 51 nicht berührende – Verlegung des Ortes der Gesellschafterversammlung u/oder ihres Zeitpunktes handelt, gilt § 51 ausnahmsweise nicht.[4] 4

§ 51 IV ist neben einer ordnungsgemäß einberufenen Gesellschaftversammlung auch auf eine Beschlussfassung im schriftlichen Verfahren nach § 48 II Var 2 anzuwenden (s. → § 48 Rn. 22). 5

II. Inhalt

1. Einberufung

Zur Einberufung allg. s. → § 49 Rn. 3 ff. Sofern der Gesellschaftsvertrag hins. der Form u. Frist der Einberufung keine spezielleren Regelungen enthält, ist die Gesellschafterversammlung gem. Abs. 1 form- u. fristgerecht einzuberufen (zu den Ausn. s. → Rn. 9). 6

a) **Form (Abs. 1 S. 1).** Nach Abs. 1 S. 1 hat die Einberufung der Gesellschafterversammlung mittels eingeschriebenen Briefes zu erfolgen. Hieraus ergibt sich zunächst, dass sich die Einladung an der Schriftform des § 126 7

1 BGH NJW 87, 2580, 2581; Scholz/*Seibt* Rn. 1; Lutter/Hommelhoff/*Bayer* Rn. 1; Ulmer/*Hüffer/Schürnbrand* Rn. 1.
2 BGH NJW 87, 2580, 2581; Scholz/*Seibt* Rn. 2, 18; Ulmer/*Hüffer/Schürnbrand* Rn. 3.
3 RGZ 166, 129, 133; hM: Scholz/*Seibt* Rn. 2, 16; Baumbach/Hueck/*Zöllner/Noack* Rn. 40; Ulmer/*Hüffer/Schürnbrand* Rn. 3; Lutter/Hommelhoff/*Bayer* Rn. 2.
4 Vgl. insbes. Baumbach/Hueck/*Zöllner/Noack* Rn. 41 ff.

BGB orientieren sollte.[5] Das bedeutet, dass eine Einberufung in Textform gem. 126 b BGB (bspw. durch E-Mail, selbst mit qualifizierter elektronischer Signatur gem. § 126 a I BGB,[6] oder Telefax)[7] grds. nicht ausreichend ist.[8] Das Einberufungsschreiben muss von dem Einberufenden gem. des hier entspr. anzuwendenden § 126 I BGB eigenhändig durch Namensunterschrift unterzeichnet werden.[9] Hierbei muss der Schriftzug lediglich Andeutungen von Buchstaben erkennen lassen,[10] auf eine Lesbarkeit der Unterschrift selbst kommt es indes zur Identifizierung des Einberufenden nicht an.[11] Dass darüber hinaus eine namentliche Aufführung des oder der Einberufenden erforderlich sei,[12] geht indes über die Anforderungen von § 126 I BGB hinaus. Derartige Erfordernisse lassen sich nicht aus dem Gesetz – speziell nicht aus § 126 I BGB oder § 51 – entnehmen u. sind daher abzulehnen.[13] Aus dem Normzweck von § 126 I BGB u. § 51 lässt sich lediglich ableiten, dass der Aussteller – um seine Ernsthaftigkeit zu dokumentieren – klar erkennbar sein muss. Wie dies genau zu geschehen hat, ist nicht normiert.[14] So würde *prima facie* ein Firmenstempel den Anforderungen des § 51 gerecht werden. Um Streitigkeiten in der Praxis zu vermeiden, sollte die Einladung durch das Einberufungsorgan unterzeichnet werden.[15]

8 Zusätzlich zur Schriftform der Einladung ist der Versand per Einschreiben erforderlich. Ob u. inwieweit hierunter neben dem herkömmlichen Übergabe-Einschreiben auch das seit 1997 geltende Einwurf-Einschreiben fällt, ist umstritten. In der Rspr.[16] u. Literatur[17] mehren sich die Stimmen, die ein Einwurf-Einschreiben, bei dem der Brief – wie andere Postsendungen auch – in den Briefkasten oder das Postfach des Empfängers eingeworfen wird u. dies nur vom Zusteller selbst gesondert vermerkt wird, für zulässig erachtet wird. Dies hat der BGH im Kontext der Kaduzierung (§ 21 Abs. 1 S. 2 GmbHG) bestätigt.[18] Für diese Auffassung wird ua angeführt, dass der Wortlaut des Abs. 1 S. 1 nicht nach den verschiedenen Einschreibearten unterscheidet u. dass der Gesetzgeber S. 1 bislang nicht auf das Übergabe-Einschreiben beschränkt hat.[19] Gegen die Zulässigkeit des Einwurf-Einschreibens u. damit für die alleinige Zulassung des Übergabe-Einschreibens spricht, dass dieses am ehesten dem ursprünglichen Einschreibe-Brief entspricht, den es bei Inkrafttreten von S. 1 gab. Insb aber wegen des höheren

5 BGH GmbHR 06, 538, 539; Baumbach/Hueck/*Zöllner/Noack* Rn. 11.
6 *Stuppi* GmbHR 06, 538, 540; Scholz/*Seibt* Rn. 11; ablehnend bzgl. einer E-Mail BGH NJW-RR 06, 831.
7 OLG Naumburg BB 97, 1914.
8 Scholz/*Seibt* Rn. 11; Ulmer/*Hüffer/Schürnbrand* Rn. 4; Lutter/Hommelhoff/*Bayer* Rn. 11.
9 BGH NJW-RR 06, 831, 832 mwN.
10 BGH NJW 97, 3380, 3381.
11 BGH NJW 82, 1467; Baumbach/Hueck/*Zöllner/Noack* Rn. 17.
12 So aber Baumbach/Hueck/*Zöllner/Noack* Rn. 11.
13 So auch MüKoGmbHG/*Liebscher* Rn. 20.
14 Scholz/*Seibt* Rn. 11.
15 So auch iErg MüKoGmbHG/*Liebscher* Rn. 20; Scholz/*Seibt* Rn. 11.
16 LG Mannheim NZG 08, 111, 112.
17 Scholz/*Seibt* Rn. 12; Lutter/Hommelhoff/*Bayer* Rn. 12, *Wicke* Rn. 2; Köper, NZG 08, 96.
18 BGH NJW 17, 68.
19 LG Mannheim NZG 08, 111, 112.

Beweiswertes des Übergabe-Einschreibens, wo der Empfänger des Briefes den Erhalt gesondert quittieren muss, ist der Ansicht zu folgen, dass das Einwurf-Einschreiben nicht der Form des S. 1 entspricht.[20] Da der tatsächliche Zugang des Einschreibens beim Gesellschafter für den Beginn der Ladungsfrist nach Abs. 1 S. 2 unbedeutend ist (demzufolge ist § 130 I 1 BGB nicht anwendbar, s. a. → § 49 Rn. 4), ist ein gesonderter Rückschein auch nicht erforderlich,[21] aber auch nicht schädlich. Aus der Zugangsfiktion des § 132 I BGB ergibt sich, dass die Zustellung durch einen Gerichtsvollzieher nach den Vorschriften der §§ 192 ff. ZPO der Zustellung mittels Einschreiben gleichsteht.[22] Die Versendung der Einladung durch einen Boten- oder Kurierdienst entspricht jedoch grds. nicht der Zustellung durch einen eingeschriebenen Brief.[23]

S. 1 ist dispositiv, vgl. § 45 II. Neben praktisch kaum vorkommenden Er- 9
schwerungen der Form[24] sind auch Erleichterungen soweit möglich, als dass der Kernbereich der Mitgliedschaft, insbes. das Teilnahmerecht der Gesellschafter, nicht unangemessen beeinträchtigt wird.[25] So kann der Gesellschaftsvertrag bspw. die Einberufung durch E-Mail, Telefax, gewöhnlichen Brief[26] oder gar mündlich vorsehen, wobei die Zulassung einer mündlichen Einberufung mangels erschwerter Beweisbarkeit in keinster Weise zu empfehlen ist.[27]

Viele Gesellschaftsverträge sehen als Einberufungsform auch die Einberu- 9a
fung per E-Mail vor. In der Praxis sollte sich jedoch nicht oder nicht ausschließlich auf diese Einberufungsform verlassen werden, da hier im Streitfall der von der Gesellschaft zu beweisende Zugang der E-Mail nach § 130 I 1 BGB sehr schwer fallen dürfte: Zum einen werden derart versandte Einberufungs-E-Mails nicht nach § 127 III BGB mit einer elektronischen Signatur digital verschlüsselt u. zum anderen reicht ein (mit wenig Aufwand verfälschbares) Online-Sendeprotokoll als Beweis nicht aus.[28] Auch die Grundsätze des Anscheinsbeweises scheiden hier aus.[29] Lediglich eine Lesebestätigung (wohl nicht auch schon eine automatische Übermittlungsbestätigung durch den Server des Empfängers) würde einen Anscheinsbeweis für den Zugang der Einberufungs-E-Mail darstellen können, den der Empfänger aber immer noch „erschüttern" kann.[30] Zudem könnte der Empfänger den Zugang einer E-Mail selbst bei Überlassen seiner E-

20 MünchHdbGmbH/*Wolff* § 39 Rn. 43; aA Ulmer/*Hüffer/Schürnbrand* Rn. 5; Baumbach/Hueck/*Zöllner* Rn. 12.
21 Lutter/Hommelhoff/*Bayer* Rn. 12; Ulmer/*Hüffer/Schürnbrand* Rn. 5.
22 OLG Düsseldorf NZG 00, 1180, 1182; Scholz/*Seibt* Rn. 12; *Wicke* Rn. 2; Baumbach/Hueck/*Zöllner/Noack* Rn. 13.
23 Einschränkend für den Fall fehlender Vergleichbarkeit zur Deutschen Post AG Lutter/Hommelhoff/*Bayer* Rn. 12; Scholz/*Seibt* Rn. 12; Ulmer/*Hüffer/Schürnbrand* Rn. 5.
24 Grds. aber zulässig, vgl. OLG Naumburg GmbHR 98, 90, 91 f.
25 Vgl. auch Lutter/Hommelhoff/*Bayer* Rn. 35 f.; Michalski/*Römermann* Rn. 118 f.
26 Baumbach/Hueck/*Zöllner/Noack* Rn. 39; aA Michalski/*Römermann* Rn. 119.
27 OLG Jena DNotZ 97, 84, 85; Michalski/*Römermann* Rn. 119.
28 Vgl. nur *Blank*/Börstinghaus, BGB § 550 Rn. 30 f. zum Schriftformerfordernis bei Wohnraummietverträgen nach § 550 BGB.
29 So auch *Ernst*, MDR 03, 1091.
30 Hoeren/Sieber/Holznagel/*Kitz*, Teil 13.1, Rn. 120 ff. [48. EL Februar 2019].

Mail im geschäftlichen Verkehr nach § 138 IV ZPO mit Nichtwissen bestreiten.[31] Ob u. inwieweit ein Gesellschafter insbes. bei außerordentlichen oder potenziell str. Gesellschafterversammlungen eine ausdrückliche Lesebestätigung (selbst bei möglicher Voreinstellung des Absenders) verschickt, erscheint ebenfalls äußerst fraglich. Üblicherweise werden solche Lesebestätigungen entweder bereits vom Empfängerserver aufgrund seiner Voreinstellungen automatisch abgelehnt oder ignoriert oder händisch durch Klicken des Buttons „Ablehnen" durch den Empfänger. Für die Praxis bedeutet dies, das die vom Gesellschaftsvertrag zugelassene Einberufung per E-Mail immer mit einer weiteren gesellschaftsvertraglich oder gesetzlich zugelassenen Einberufungsvariante (kumulativ) kombiniert werden sollte (zB Telefax, sofern der Gesellschaftsvertrag dies ausdrücklich zulässt).

10 **b) Frist (Abs. 1 S. 2).** Nach Abs. 1 S. 2 ist die Einberufung mit einer Frist von mind. einer Woche *„zu bewirken"*. Die Frist beginnt mit dem Tag zu laufen, an dem das Einschreiben unter normalen Umständen dem *letzten* Gesellschafter bei ordnungsgemäßer Zustellung zugegangen wäre.[32] Es kommt daher weder auf den Tag des tatsächlichen Zugangs[33] noch auf den Tag der Einlieferung des Briefes bei der Post an.[34] Entscheidend ist nur der fiktive Zugang, dh der Zeitpunkt des regelmäßig zu erwartenden Zugangs.[35] Bei einer Zustellung durch die Post im Inland wird spätestens am übernächsten Tag nach der Aufgabe zur Post mit dem Zugang gerechnet werden können.[36] Bei einer Zustellung im Ausland wird jedoch – je nach Wohnort/Sitz des Gesellschafters – eine Postlaufzeit von mindestens 4 Tagen anzusetzen sein.[37] Wird von einer im Gesellschaftsvertrag vorgesehenen Einberufung mittels Telefax bzw. E-Mail Gebrauch gemacht, so ist eine Verlängerung der Wochenfrist um eine zusätzliche fiktive Zustellungsfrist entbehrlich. Da eine Kenntnisnahme regelmäßig am Tag des Absendens zu erwarten ist, kann dem Sinn der Wochenfrist, den Gesellschaftern ausreichend Zeit zur Disposition zu gewähren, damit entsprochen werden.[38]

11 § 121 IV 2 letzter Hs. AktG, wonach der Tag der Absendung als Tag der Bekanntmachung gilt, ist wegen der längeren Einberufungsfrist von 30 Tagen gem. § 123 I 1 AktG grds. nicht auf das GmbH-Recht übertragbar.[39] Lediglich wenn es sich bei der GmbH um eine der AG vergleichbare Publikums-GmbH mit vielen Gesellschaftern handelt, kann § 121 IV 2 letzter Hs. AktG auch auf diese Publikums-GmbH entspr. angewendet werden.[40]

31 OLG Düsseldorf BeckRS 2009, 24422.
32 BGH DNotZ 88, 40, 42; OLG Naumburg GmbHR 98, 90, 91.
33 RGZ 60, 144, 145 f.; BGH DNotZ 88, 40, 41.
34 KG NJW 65, 2157, 2158.
35 OLG Hamm BeckRS 16, 3150; Baumbach/Hueck/*Zöllner/Noack* Rn. 19; Scholz/*Seibt* Rn. 14.
36 OLG Hamm NZG 03, 630, 631; OLG Jena NZG 18, 992; Scholz/*Seibt* Rn. 14; Ulmer/*Hüffer/Schürnbrand* Rn. 16; Lutter/Hommelhoff/*Bayer* Rn. 14; MüKo-GmbHG/*Liebscher* Rn. 26; aA (1 Tag): Baumbach/Hueck/*Zöllner/Noack* Rn. 19; MünchHdbGmbH/*Wolff* § 39 Rn. 45; offen lassend BGH DNotZ 88, 40, 43.
37 Vgl. Lutter/Hommelhoff/*Bayer* Rn. 14; MüKoGmbHG/*Liebscher* Rn. 26.
38 Vgl. dazu schon *Loritz*, GmbHR 92, 790, 791 f.
39 *Lutter*, AG 94, 429, 437; Baumbach/Hueck/*Zöllner/Noack* Rn. 19.
40 BGH NJW 98, 1946, 1947 (GmbH mit mehr als 150 Gesellschaftern).

Für die Fristberechnung nach Abs. 1 S. 2 gelten die §§ 187 I, 188 II BGB.[41] Die Wochenfrist nach Abs. 1 S. 2 beginnt damit einen Tag nach dem Tag zu laufen, an dem das Einschreiben unter normalen Umständen dem letzten Gesellschafter bei ordnungsgemäßer Zustellung zugegangen wäre (→ Rn. 10). Unter Berücksichtigung von Sonn- u. Feiertagen sowie Sonnabenden entspr. § 193 BGB endet die Wochenfrist 7 volle Tage später, so dass an dem darauffolgenden Tag (= Wochentag *nach* Fristbeginn in der Folgewoche) die Gesellschafterversammlung frühestens abgehalten werden könnte. Wenn also im Wege der Rückrechnung die beabsichtigte Gesellschafterversammlung bspw. an einem Donnerstag stattfinden soll, ist das Fristende der vorhergehende Mittwoch, 24:00 Uhr, der Fristanfang der Donnerstag der vorhergehenden Woche, 0:00 Uhr, so dass das Einschreiben dem letzten Gesellschafter – unter Berücksichtigung der Postlaufzeiten gem. → Rn. 10 – bis spätestens am Mittwoch der vorhergehenden Woche, 24:00 Uhr, (fiktiv) zugegangen sein muss. Mit anderen Worten: Während der vollen 7-Tagesfrist dürfen – mit Ausn. der Fristberechnung als solche u. mit Ausn. von Abs. 4 – keine auf Gesellschafterversammlungen bezogenen Maßnahmen getätigt werden, insbes. darf innerhalb dieser Frist kein Zugang des Einberufungsschreibens (mehr) erfolgen u. die geplante Gesellschafterversammlung (noch) nicht stattfinden. 12

2. Ankündigung (Abs. 2)

Nach Abs. 2 soll der Zweck der Gesellschafterversammlung bei der Einberufung angekündigt werden. Die Ankündigung muss derart deutlich sein, dass sich der Gesellschafter auf die Erörterung u. Beschlussfassung ausreichend vorbereiten kann u. er damit vor einer Überrumpelung geschützt wird.[42] Bei der Einberufung einer Gesellschafterversammlung bedarf es keiner Bekanntmachung der Beschlussvorschläge; anders hingg. bei der Einberufung einer Hauptversammlung einer AG, vgl. § 124 III 1 AktG.[43] Allg. empfiehlt sich zur Vermeidung von Anfechtungsklagen, die Ankündigung eines Tagesordnungspunktes umso präziser zu fassen, je weiter ein Gesellschafter von der Geschäftsführung der GmbH entfernt ist u. je nachteiliger sich eine erwartete Beschlussfassung für einen Gesellschafter auswirkt. So muss bspw. auf die Feststellung des Jahresabschlusses in der Ladung eindeutig hingewiesen werden.[44] Bei einer Kapitalerhöhung sollte in jedem Fall die Art u. die beabsichtigte Größenordnung nebst Angabe des jeweils Bezugsberechtigten aufgeführt werden.[45] In Zweifelsfällen bietet sich daher an, jeweils Beschlussvorschläge entspr. § 124 III 1 AktG zu machen, um einen Verstoß gegen Abs. 2 zu vermeiden.[46] 13

Umstritten ist, ob auch solche Gegenstände angekündigt werden müssen, über die gar nicht beschlossen, sondern nur beraten werden soll. Der Wort- 14

41 OLG Naumburg BB 97, 1914; Baumbach/Hueck/*Zöllner/Noack* Rn. 20.
42 RGZ 92, 409; BGH BB 62, 110; NZG 00, 945, 946; 03, 127, 129; Lutter/Hommelhoff/*Bayer* Rn. 21.
43 Ebenso Baumbach/Hueck/*Zöllner/Noack* Rn. 24; OLG Düsseldorf NZG 00, 1180, 1182.
44 LG Saarbrücken GmbHR 10, 762.
45 Umfassend *Wicke* Rn. 4; LG Saarbrücken GmbHR 10, 762.
46 Ähnlich Lutter/Hommelhoff/*Bayer* Rn. 21.

laut von Abs. 2 verlangt zwar die Ankündigung des Zweckes der Gesellschafterversammlung, worunter demnach auch bloße Beratungsgegenstände fallen würden.[47] Vom Sinn u. Zweck des Abs. 2, wonach sich ein Gesellschafter auf die Beschlussfassung vorbereiten können soll, scheidet die Notwendigkeit einer Ankündigung von lediglich zu beratenden Gegenständen jedoch aus. Soweit es sich um Grundsatzfragen handelt, ist die Aufnahme in die Tagesordnung dennoch empfehlenswert.[48] Keiner Ankündigung bedarf es bei Beschlüssen, die nur den Gang der Gesellschafterversammlung betreffen (bspw. Maßnahmen der Versammlungsleitung).[49]

15 Nicht nach Abs. 2 ausreichend ist die Einberufung einer Gesellschafterversammlung hins. des Tagesordnungspunktes „Verschiedenes/Sonstiges“,[50] da diese Bezeichnung nicht präzise genug ist.[51] Außerdem genügt es der Form des Abs. 2 nicht, wenn die Einberufung lediglich auf spätere noch zu benennende Tagesordnungspunkte verweist, ohne die Vorschriften des Abs. 4 für das Nachschieben von Beschlussgegenständen zu berücksichtigen.[52] Bestimmt der Gesellschaftsvertrag (was in der Praxis häufig der Fall ist), dass bei Beschlussunfähigkeit der Gesellschafterversammlung unverzüglich zu einer neuen Gesellschafterversammlung einzuladen ist, ist eine Eventualeinberufung zur Durchführung der ersten Gesellschafterversammlung nicht zulässig.[53]

16 Die Ankündigungen von Änderungen des Gesellschaftsvertrages bedürfen ebenfalls einer Konkretisierung der vorzunehmenden Änderungen.[54] Bei der Ankündigung von Unternehmensverträgen gem. §§ 291 f. AktG (insbes. Beherrschungs- u. Gewinnabführungsverträge) ist § 124 II 2 Var 2 AktG entspr. heranzuziehen, so dass der wesentliche Inhalt des Unternehmensvertrages bekannt zu machen ist.[55]

16a Umfangreiche Rspr. existiert zur Abberufung von Geschäftsführern. Während zur Abberufung aus wichtigem Grund die Formulierung „Geschäftsführerangelegenheiten“ in der Einladung dem Bestimmtheitsgrundsatz nicht genügt,[56] reicht der Tagesordnungspunkt „Die Abberufung des Geschäftsführers X“ dafür aus.[57] Wird eine Abberufung aus wichtigem Grund angekündigt, darf in der Versammlung nicht ohne einen solchen abberufen werden.[58]

---

47 So auch Baumbach/Hueck/*Zöllner/Noack* Rn. 24.
48 *Wiester*, GmbHR 08, 189, 190; *Lutter*/Hommelhoff/*Bayer* Rn. 22; Michalski/*Römermann* Rn. 70.
49 Roth/*Altmeppen* Rn. 13; Lutter/Hommelhoff/*Bayer* Rn. 22.
50 Auch wenn keine ordnungsgemäßen Beschlüsse unter diesem Tagesordnungspunkt gefasst werden können, ist eine Beratung möglich, so auch Baumbach/Hueck/*Zöllner/Noack* Rn. 25.
51 OLG München GmbHR 94, 259; mit weiteren Einzelfallbeispielen zu (un)zulässigen Tagesordnungspunkten: Baumbach/Hueck/*Zöllner/Noack* Rn. 25; Scholz/*Seibt* Rn. 22; Roth/*Altmeppen* Rn. 13.
52 OLG Düsseldorf NZG 00, 1180, 1182.
53 OLG Frankfurt NZG 99, 833; *Heidinger*, NZG 99, 835.
54 Scholz/*Seibt* Rn. 22; Ulmer/*Hüffer/Schürnbrand* Rn. 24.
55 Ulmer/*Hüffer/Schürnbrand* Rn. 26; *Wicke* Rn. 4; Lutter/Hommelhoff/*Bayer* Rn. 26.
56 BGH NJW-RR 00, 1278.
57 OLG Hamm GmbHR 95, 736.
58 BGH GmbHR 85, 256; abw. OLG Jena NZG 14, 391; umfassend *Wicke* Rn. 4.

3. Vollversammlung/Universalversammlung (Abs. 3)

Ist eine Gesellschafterversammlung nicht ordnungsgemäß berufen, so kann nach Abs. 3 ein Beschluss nur gefasst werden, wenn sämtliche Gesellschafter anwesend sind (erschienen oder vertreten).[59] Als weiteres ungeschriebenes Tatbestandsmerkmal des Abs. 3 bedarf es eines Einverständnisses, dass alle Gesellschafter mit der Abhaltung der Gesellschafterversammlung zum Zwecke der Beschlussfassung einverstanden sind, was auch konkludent erfolgen kann.[60] Ein erschienener Gesellschafter, der einer Beschlussfassung ausdrücklich oder konkludent widerspricht, ist als nicht anwesend iSd Abs. 3 anzusehen.[61] Hieraus ergibt sich, dass die bloße Anwesenheit eines nicht oder fehlerhaft geladenen Gesellschafters bei einer Gesellschafterversammlung als solche nicht zu einer Heilung von Einberufungsmängeln gem. Abs. 3 führt.[62] Der Gesellschafter hat einen Einberufungs- oder Ankündigungsmangel *vor der Abstimmung* über den Gesellschafterbeschluss zu rügen. Eine Rüge erst nach erfolgter Abstimmung genügt nicht, um die Heilungswirkung des Abs. 3 auszuschließen.[63] 17

Im Falle einer Vollversammlung heilt Abs. 3 alle Mängel der Einberufung nach Abs. 1 sowie der Ankündigung der Tagesordnung nach Abs. 2.[64] 18

Um die heilenden Wirkung des Abs. 3 herbeizuführen, ist auch ein Verzicht auf die Einhaltung aller Form- u. Fristvorschriften möglich[65] u. insbes. bei Standardbeschlüssen im schriftlichen Verfahren gem. § 48 II Var 2 praktisch der Regelfall. Der Rügeverzicht führt dazu, dass die Nichtigkeit oder die Anfechtbarkeit der Beschlüsse nicht mehr geltend gemacht werden kann.[66] 19

Von der heilenden Wirkung der Vollversammlung nach Abs. 3 sind die Wirkungen eines individuellen Rügeverzichts zu trennen. Hierbei ist nicht höchstrichterlich geklärt, ob ein individueller – aber durch (ausdrücklichen) Rügeverzicht geheilter – Ladungsmangel durch dritte Gesellschafter geheilt werden kann. Während früher vertreten wurde, dass der Rügeverzicht einzelner nicht ordnungsgemäß geladener Gesellschafter keine umfassende Heilungswirkung haben könne, da die Gesamtheit der Gesellschafter einen Anspruch auf ordnungsgemäße Einladung aller habe,[67] wird heute richtigerweise eine Heilung eines individuellen (Ladungs)mangels mit Wirkung für alle Gesellschafter zugelassen.[68] Dies gilt auch für eine nachträgli- 19a

59 OLG Dresden GmbHR 01, 1047, 1048; Baumbach/Hueck/*Zöllner/Noack* Rn. 31.
60 BGH NJW 87, 2580, 2581; DStR 98, 348, 349; Scholz/*Seibt* Rn. 36; Ulmer/*Hüffer/Schürnbrand* Rn. 30.
61 RGZ 92, 409, 410 f.; BGH NJW 87, 2580, 2581 f.; OLG Koblenz BeckRS 18, 10975; Scholz/*Seibt* Rn. 36; Lutter/Hommelhoff/*Bayer* Rn. 33.
62 Baumbach/Hueck/*Zöllner/Noack* Rn. 31; Scholz/*Seibt* Rn. 36; Roth/*Altmeppen* Rn. 21.
63 BGH NZG 00, 945, 946; 03, 127, 129; Lutter/Hommelhoff/*Bayer* Rn. 33.
64 Lutter/Hommelhoff/*Bayer* Rn. 31; Scholz/*Seibt* Rn. 35.
65 Ulmer/*Hüffer/Schürnbrand* Rn. 34; Baumbach/Hueck/*Zöllner/Noack* Rn. 29.
66 OLG Stuttgart GmbHR 13, 414; 13, 535, 539; ausf. zum Unterschied zwischen Rügeverzicht u. Einverständnis mit der Beschlussfassung, Ulmer/ *Hüffer/Schürnbrand* Rn. 30, 34.
67 Ulmer/*Hüffer* Rn. 34 nur in der 1. Aufl.
68 Ulmer/*Hüffer/Schürnbrand* Rn. 34; aA Roth/*Altmeppen* Rn. 23; MüKoGmbHG/*Liebscher* Rn. 60.

che Heilung.[69] Eine – in jedem Fall auslegungsbedürftige – Heilung kann auch bereits durch Teilnahme u. Abstimmung in der Gesellschafterversammlung stattfinden.[70] Aus Gründen der Rechtssicherheit sollte sich – gerade bei einer str. – Gesellschafterversammlung niemals auf eine konkludente Heilung verlassen werden. Da eine ausdrückliche Heilung, welche explizit ins Protokoll aufgenommen wird, die Motivation für eine Anfechtungsklage eines streitbaren Gesellschafters hervorrufen könnte, ist es zweckmäßig, die Heilung erst im Nachhinein u. erst bei Bedarf zu erteilen.

4. Nachschieben von Beschlussgegenständen (Abs. 4)

20 Aus dem Wortlaut des § 51 II, wonach der Zweck der Versammlung bei der Einberufung angekündigt werden „soll", ergibt sich bereits, dass die Einberufung der Gesellschafterversammlung selbst (noch) nicht die Beschlussgegenstände überhaupt oder ausreichend deutlich benennen muss. Aus Abs. 4 ist zu entnehmen, dass die Beschlussgegenstände spätestens 3 Tage vor der Gesellschafterversammlung nachgeschoben werden müssen. Nachschieben meint hier nicht nur die spätere Übermittlung von Beschlussgegenständen, die bei der Einberufung der Gesellschafterversammlung nicht benannt worden sind, sondern auch völlig neue Beschlussgegenstände, deren Beschlussfassung bei der Einberufung der Gesellschafterversammlung noch gar nicht beabsichtigt wurde. Für das Nachschieben gelten Abs. 1 S. 1, Abs. 2 sowie Abs. 3 aufgrund des Verweises in Abs. 4 („*Das Gleiche gilt*") entspr. Beachtenswert ist allerdings, dass nach Ansicht einiger Autoren bei komplexen u. bedeutenden Beschlussgegenständen die 3-Tages-Frist zu kurz bemessen sein kann.[71] Dem ist jedoch entgegenzuhalten, dass eine derartige Auslegung von Abs. 4 keine Stütze im Gesetz findet. Vielmehr lässt sich *e contrario* aus §§ 47, 49, 125 S. 1, 230 I, 238 S. 1 UmwG – dort hat der Gesetzgeber ausdrücklich eine längere Informationspflicht normiert – schließen, dass der Gesetzgeber bei Abs. 4 gerade keine längere Frist – als die ausdrücklich normierte – gewollt hat.[72]

21 Für die Berechnung der 3-Tages-Frist gelten daher auch die unter → Rn. 12 aufgeführten Grundsätze entspr. Sofern der Gesellschaftsvertrag für das Nachschieben von Beschlussgegenständen keine besonderen Regelungen trifft, beginnt diese Frist ebenfalls an dem Tag, an dem das Einschreiben dem letzten Gesellschafter bei ordnungsgemäßer Zustellung unter normalen Umständen (fiktiv) zugegangen wäre (→ Rn. 10).[73] Für die Fristberechnung gelten ebenfalls die §§ 187 I, 188 II BGB, so dass zwischen dem Fristbeginn u. dem Fristende (eine Einbeziehung von Zugang u. Tag der Gesell-

69 OLG Dresden GmbHR 01, 1047; Ulmer/*Hüffer/Schürnbrand* Rn. 34; MüKoGmbHG/*Liebscher* Rn. 60; Baumbach/Hueck/*Zöllner/Noack* Rn. 30; aA BGH NJW 54, 385, 386.
70 Roth/*Altmeppen* Rn. 21.
71 LG Kiel ZIP 13, 823. Dort wurde bei einer umfangreichen u. schwer überschaubaren Kapitalerhöhung ein Informationszeitraum von zwei Wochen als angemessen angesehen. Daraus folgt im Umkehrschluss recht klar, dass eine 3-Tages-Frist hier zu kurz bemessen gewesen wäre; MüKoGmbHG/*Liebscher* Rn. 38; Ulmer/*Hüffer/Schürnbrand* Rn. 20 f.
72 Ebenso Lutter/Hommelhoff/*Bayer* Rn. 20; BeckOK/*Schindler* Rn. 45.
73 MüKoGmbHG/*Liebscher* Rn. 37.

schafterversammlung) 3 volle Tage liegen müssen. Wenn also im Wege der Rückrechnung die beabsichtigte Gesellschafterversammlung bspw. an einem Freitag stattfinden soll, ist das Fristende der vorhergehende Donnerstag, 24:00 Uhr, der Fristanfang der Dienstag derselben Woche, 0:00 Uhr, so dass das Einschreiben dem letzten Gesellschafter – unter Berücksichtigung der Postlaufzeiten gem. → Rn. 10 – bis spätestens am Montag derselben Woche, 24:00 Uhr, (fiktiv) zugegangen sein muss. Mit anderen Worten: Während der vollen 3-Tages-Frist dürfen – mit Ausn. der Fristberechnung als solche – keine auf Gesellschafterversammlungen bezogenen Maßnahmen getätigt werden, insbes. darf innerhalb dieser Frist kein Zugang des Einberufungsschreibens (mehr) erfolgen u. die geplante Gesellschafterversammlung (noch) nicht stattfinden (vgl. auch → Rn. 12).

5. Rechtsfolgen von Einberufungs- und Ankündigungsmängeln

Zu den Folgen von Einberufungs- u. Ankündigungsmängeln, insbes. der 22
Nichtigkeit u. Anfechtbarkeit fehlerhaft gefasster Beschlüsse, s. Anhang → § 47 Rn. 19 ff., 59.

§ 51 a Auskunfts- und Einsichtsrecht

(1) Die Geschäftsführer haben jedem Gesellschafter auf Verlangen unverzüglich Auskunft über die Angelegenheiten der Gesellschaft zu geben und die Einsicht der Bücher und Schriften zu gestatten.

(2) [1]Die Geschäftsführer dürfen die Auskunft und die Einsicht verweigern, wenn zu besorgen ist, daß der Gesellschafter sie zu gesellschaftsfremden Zwecken verwenden und dadurch der Gesellschaft oder einem verbundenen Unternehmen einen nicht unerheblichen Nachteil zufügen wird. [2]Die Verweigerung bedarf eines Beschlusses der Gesellschafter.

(3) Von diesen Vorschriften kann im Gesellschaftsvertrag nicht abgewichen werden.

I. Normzweck

1 §§ 51 a u. 51 b räumen jedem Gesellschafter einer GmbH ein umfassendes Informationsrecht in Form eines Auskunfts- u. Einsichtsrechts sowie dessen gerichtliche Durchsetzung ggü. der Gesellschaft ein.[1]

2 Das individuelle Informationsrecht jedes Gesellschafters ist grds. unbeschränkt.[2] Anders als bei dem Auskunftsrecht des Aktionärs nach § 131 I 1 AktG beschränkt Abs. 1 das Auskunftsrecht über Angelegenheiten der Gesellschaft nicht nur auf solche Umstände, die zur sachgemäßen Beurteilung des Gegenstandes der Tagesordnung erforderlich sind. Lediglich bei der gerichtlichen Durchsetzung des Informationsanspruchs der Gesellschafter nach § 51 b wird (teilw) auf das Aktienrecht verwiesen. Das Gegenstück zu diesem umfassenden u. sehr weitgehend gestalteten Informationsrecht der Gesellschafter ist als Ausfluss der gesellschaftsrechtlichen Treuepflicht eine verstärkte Verschwiegenheitspflicht.[3] Denn die Weitergabe von Informationen zu gesellschaftsfremden Zwecken oder an gesellschaftsfremde Dritte ist unabhängig von dem Zweck der Verbreitung grds. treuwidrig.[4] Daher sind auch „gut gemeinte" Informationsweitergaben wie etwa Pressemitteilungen, Anzeigen bei den Finanzbehörden oder Aufsichtsbehörden im Innenverhältnis rechtswidrig, sofern nicht ein objektiv überw. Schutzinteresse besteht.[5] Abs. 1 gewährt jedem Gesellschafter (individuell) ein Auskunfts- u. Einsichtsrecht über die Angelegenheiten der Gesellschaft, sofern dieser das Recht ggü. den Geschäftsführern der Gesellschaft auch geltend macht. Abs. 2 ermöglicht der Gesellschaft, vertreten durch ihre Geschäftsführer ausnahmsweise die Auskunft u. Einsicht zu verweigern, wenn eine gewisse Wahrscheinlichkeit besteht, dass (i) die erlangten Informationen zu gesellschaftsfremden Zwecken verwendet werden könnten u. (ii) der GmbH oder einem mit ihr verbundenen Unternehmen iSd §§ 15 ff. AktG ein nicht unerheblicher Nachteil zugefügt werden könnte. Abs. 2 verlangt zudem für eine zulässige Verweigerung des Auskunfts- u. Einsichtsrechts einen zusätzlichen Beschluss der Gesellschaftergesamtheit als Organ der GmbH. Abs. 3 stellt noch einmal klar, dass von den in Abs. 1 u. Abs. 2 genannten Vorschriften im Gesellschaftsvertrag nicht abgewichen werden darf, was sich jedoch im Umkehrschluss bereits aus § 45 II ergibt.

3 Zur Einschränkung des Auskunftsrechts der Gesellschafter nach Eröffnung des Insolvenzverfahrens der Gesellschaft vgl. BayObLG NZG 06, 67 ff.

II. Inhalt

1. Informationsrecht der Gesellschafter

4 **a) Anspruchsinhaber.** Der Anspruch auf Information in Form von Auskunft über die Angelegenheiten der Gesellschaft sowie Einsicht in ihre Bücher u. Schriften steht jedem einzelnen Gesellschafter unabhängig von der

---

1 BGHZ 135, 48, 49 u. 54; NJW-RR 03, 830.
2 BGHZ 135, 48, 54; Lutter/Hommelhoff/*Bayer* Rn. 10 f.; Baumbach/Hueck/*Zöllner/Noack* Rn. 10.
3 BGH NJW-RR 03, 830; OVG Berlin-Brandenburg BeckRS 15, 41116; Scholz/*K Schmidt* Rn. 6; Ulmer/*Hüffer/Schürnbrand* Rn. 11; *Wicke* Rn. 1.
4 Ulmer/*Hüffer/Schürnbrand* Rn. 11; Scholz/*K Schmidt* Rn. 6.
5 Scholz/*K Schmidt* Rn. 6.

Höhe u. Art seiner Beteiligung zu.[6] Das Informationsrecht ist außerdem kein höchstpersönliches Recht u. nach allg. Meinung nicht pfändbar,[7] jedoch unmittelbar mit der Gesellschafterstellung verbunden u. daher auch nicht ohne sie übertragbar.[8] Hieraus ergibt sich, dass der Anspruch mit Beginn der Gesellschafterstellung dem Grunde nach entsteht u. bei Beendigung der Gesellschafterstellung (zB durch Kaduzierung, Einziehung oder Veräußerung) endet.[9] Maßgeblich hierfür ist grds., ob der Gesellschafter in der beim Handelsregister aufgenommenen Gesellschafterliste gem. § 16 I eingetragen ist. Dies kann jedoch dann ausnahmsweise nicht gelten, wenn eine Änderung der Gesellschafterliste nur das Ziel hat, das Informationsrecht eines Gesellschafters auszuhebeln. Ferner besteht das Recht auf Information auch, wenn der Gesellschafter lediglich stimmrechtslose Geschäftsanteile an der GmbH hält oder vom Stimmrecht nach § 47 IV ausgeschlossen ist.[10] Ein Einsichtsrecht aus § 810 BGB (Einsicht in Urkunden) steht schließlich unstr. auch dem ausgeschiedenen Gesellschafter zu;[11] allerdings unterscheidet sich dieser Informationsanspruch va dadurch, dass auf Tatbestandsebene ein rechtliches Interesse vorliegen muss.[12]

b) Anspruchsgegner. Anspruchsgegner ist die GmbH, vertreten durch ihre Geschäftsführer.[13] Wird die GmbH durch mehrere Geschäftsführer vertreten, so genügt die Geltendmachung des Anspruchs bei einem Geschäftsführer, vgl. § 35 II 3. In der Insolvenz besteht der Informationsanspruch über Vorgänge bis zur Eröffnung des Insolvenzverfahrens ggü. dem Insolvenzverwalter.[14] Im Zeitraum nach Eröffnung des Insolvenzverfahrens ist im Regelfall kein Raum für individuelle Auskunftsansprüche von Gesellschaftern ggü. dem Insolvenzverwalter.[15] 5

2. Umfang des Auskunfts- und Einsichtsrechts

a) Auskunftsrecht. Abs. 1 räumt jedem Gesellschafter ein Recht auf Auskunft über die Angelegenheiten der Gesellschaft ein. Unter dem Begriff der Angelegenheiten der Gesellschaft sind alle mit der Geschäftsführung der Gesellschaft u. ihren wirtschaftlichen Beziehungen zu Dritten verbundenen Verhältnisse zu verstehen.[16] Der Begriff ist weit u. umfassend zu verste- 6

6 Baumbach/Hueck/*Zöllner/Noack* Rn. 5.
7 BGH NZG 13, 665.
8 Baumbach/Hueck/*Zöllner/Noack* Rn. 5; Ulmer/*Hüffer/Schürnbrand* Rn. 14.
9 BGH BB 88, 1927, 1928; OLG Naumburg NZG 14, 868; OLG Saarbrücken GmbHR 11, 33; OLG Frankfurt WM 96, 160; OLG Karlsruhe NZG 00, 435.
10 Vgl. auch Baumbach/Hueck/*Zöllner/Noack* Rn. 6.
11 BGH GmbHR 88, 434, 436; OLG Naumburg NZG 14, 868; OLG Saarbrücken GmbHR 11, 33; OLG Schleswig GmbHR 08, 434; Scholz/*K Schmidt* Rn. 13; *Wicke* Rn. 5.
12 *Podewils*, jurisPR-HaGesR 6/2014 Anm. 6.
13 BGHZ 135, 48, 51; BayObLG GmbHR 03, 717; NZG 06, 67, 68; Baumbach/Hueck/*Zöllner/Noack* Rn. 9; einschränkend Scholz/*K Schmidt* Rn. 16, wonach eine Delegation der Informationspflicht möglich ist.
14 BayObLG NZG 06, 67, 68; OLG Hamm NZG 02, 178, 179; *Wicke* Rn. 6.
15 BayObLG NZG 06, 67, 68 f.; einschränkend LG Wuppertal NJW-RR 03, 332, 333, welches teilw. ein Informationsrecht unter Berücksichtigung des Funktionswandels der Gesellschafterstellung zugesteht.
16 Baumbach/Hueck/*Zöllner/Noack* Rn. 11.

hen.[17] Hierunter fällt auch jegliche Form von innergesellschaftlichen Rechtsbeziehungen, die Bezug zur GmbH haben, bspw. Gesellschafterdarlehen sowie die Höhe der Geschäftsführervergütung.[18] Ausgeschlossen sind lediglich persönliche Dinge der Geschäftsführer u. der Mitgesellschafter ohne jeglichen Bezug zur GmbH.[19]

7 **aa) Angelegenheiten im Konzern.** Handelt es sich bei der GmbH um ein verbundenes Unternehmen nach § 15 ff. AktG, so erstreckt sich das Auskunftsrecht auch auf diese verbundenen Unternehmen.[20] Unter Angelegenheiten der Gesellschaft fallen auch Beziehungen der GmbH zu Minderheitsgesellschaftern, die gerade keine verbundenen Unternehmen iSd §§ 15 ff. AktG sind.[21] Sowohl bei verbundenen Unternehmen als auch bei Minderheitsbeteiligungen besteht das Informationsrecht der Gesellschafter unabhängig davon, ob die jeweilige GmbH die Anteile hält oder ob Anteile an ihr gehalten werden.[22]

8 **bb) Besonderheiten bei der GmbH & Co KG.** In der GmbH & Co KG gehören zu den Angelegenheiten der GmbH stets auch diejenigen der KG, schließlich wird die GmbH wegen ihrer unbeschränkten Haftung unmittelbar von allen Angelegenheiten der KG berührt.[23] Für das Informationsrecht des Kommanditisten ist § 166 HGB maßgeblich, so dass er lediglich die schriftliche Mitteilung des Jahresabschlusses der KG verlangen u. dessen Richtigkeit unter Einsicht der Bücher u. Papiere gem. § 166 I HGB prüfen kann, nicht aber Informationsrechte nach § 51 a hat.[24] Bei der GmbH & Co KG, in der ein Kommanditist zugleich Gesellschafter der Komplementär-GmbH ist, kann dieser hins. seines Auskunftsverlangens nicht auf sein eingeschränktes Kontrollrecht als Kommanditist nach § 166 HGB verwiesen werden,[25] da zu den Angelegenheiten der GmbH iSd Abs. 1 auch die Angelegenheiten der KG selbst gehören.

9 **b) Einsichtsrecht.** Neben dem Auskunftsrecht hat jeder Gesellschafter zudem ein Recht auf Einsicht in die Bücher u. Schriften der GmbH. Das Einsichtsrecht betrifft neben den ausdrücklich genannten Informationsträgern Bücher u. Schriften auch alle sonstigen Unterlagen der GmbH unabhängig von der Art des Informationsträgers (somit auch elektronische Aufzeichnungen sowie Dateien jeglicher Art).[26] Dabei spielt es keine Rolle, ob sich

---

17 Lutter/Hommelhoff/*Bayer* Rn. 12; vgl. Einzelbeispiele zu Angelegenheiten der Gesellschaft Scholz/*K Schmidt* Rn. 19 mwN.

18 OLG Jena NZG 04, 1156, 1157; OLG Hamm GmbHR 88, 218.

19 Lutter/Hommelhoff/*Bayer* Rn. 12; *Ebenroth/Wilken*, BB 93, 1818, 1820.

20 KG BB 93, 2036, 2037; OLG Düsseldorf NJW 88, 1033, 1034 (zur AG); Lutter/Hommelhoff/*Bayer* Rn. 18 ff.; Scholz/*K Schmidt* Rn. 20.

21 KG WM 94, 1479, 1483; Lutter/Hommelhoff/*Bayer* Rn. 13.

22 Baumbach/Hueck/*Zöllner/Noack* Rn. 12; insbes. *Lutter*/Hommelhoff Rn. 13 ff. u. Scholz/*K Schmidt* Rn. 20 ff., welche im Speziellen ausführen, welche Informationen die Gesellschafter über Angelegenheiten der Tochter- oder Muttergesellschaften verlangen können.

23 OLG Hamburg GmbHR 85, 120, 121; OLG Düsseldorf GmbHR 91, 18.

24 OLG Celle ZIP 2017, 1761; Ulmer/*Hüffer/Schürnbrand* Rn. 80; Lutter/Hommelhoff/*Bayer* Rn. 22; aA Schiessl, GmbHR 85, 109.

25 OLG Hamburg GmbHR 85, 120, 121; OLG Karlsruhe NJW-RR 98, 1410, 1411.

26 LG Essen GmbHR 14, 991, 993; Lutter/Hommelhoff/*Bayer* Rn. 23; Baumbach/Hueck/*Zöllner/Noack* Rn. 21.

diese Unterlagen derzeit ganz oder teilw. bei einer dritten Person (zB Steuerberater oder Rechtsanwalt) befinden, da hier ein Herausgabeanspruch der Gesellschaft ggü. dem Dritten besteht, deren Durchsetzung der Gesellschafter von der GmbH unter gewöhnlichen Umständen auch erwarten darf.[27] Umfasst vom Einsichtsrecht sind die Unterlagen der GmbH selbst.[28] Dazu können auch Unterlagen über ein abhängiges Unternehmen gehören. Auf Unterlagen eines verbundenen Unternehmens, die eben nicht eigene sind, erstreckt sich das Einsichtsrecht nur ausnahmsweise, zB bei 100%igen Tochtergesellschaften der GmbH.[29] Nach hM erfasst das Einsichtsrecht des Gesellschafters auch die Protokolle eines ggf. vorhandenen Aufsichtsrats.[30] Hat die GmbH einen Aufsichtsrat, so ist dieser – wie die Gesellschafterversammlung – ein in die Verfassung der GmbH eingebundenes Organ, dessen Aufgaben Angelegenheiten der Gesellschaft iSv Abs. 1 sind.[31] Bei der GmbH & Co KG erstreckt sich das Einsichtsrecht des Gesellschafters grds. *nicht* auf die Unterlagen der KG selbst.[32]

c) **Kollision von Auskunfts- und Einsichtsrecht.** Auskunfts- u. Einsichts- 10
recht bilden ein einheitliches[33] Informationsrecht u. stehen grds. selbstständig nebeneinander. Gegenstand dieses Rechts ist die Information. Auskunft u. Einsicht sind lediglich unterschiedliche Informationsmittel.[34] Hieraus folgt, dass ein Auskunftsrecht eines Gesellschafters selbst dann besteht, wenn eine Einsicht in die die Auskunft stützenden Dokumente ausgeschlossen ist. So kann bspw. ein Gesellschafter Auskunft über bestimmte Geschäftsvorfälle in verbundenen Unternehmen der GmbH selbst dann verlangen, wenn eine Einsicht in diesbezügliche Dokumente des verbundenen Unternehmens nicht zulässig ist. Hat der Information begehrende Gesellschafter die freie Wahl zwischen den Informationsmitteln Auskunft u. Einsicht, muss er – bei gleicher Eignung – das schonendste Mittel zur Erfüllung seines Informationsbedürfnisses wählen, um dem Grundsatz der Verhältnismäßigkeit zu genügen.[35]

3. Verfahren

a) **Auskunftsrecht.** Die Auskunft der Geschäftsführer ggü. dem auskunfts- 11
begehrenden Gesellschafter hat *„auf Verlangen"* zu erfolgen, was ein (formloses) Auskunftsbegehren eines Gesellschafters ggü. den Geschäftsführern bedeutet. Hierbei kommt es nicht darauf an, ob dieses Verlangen

27 OLG Frankfurt WM 95, 1719, 1721; Lutter/Hommelhoff/*Bayer* Rn. 23.
28 Scholz/*K Schmidt* Rn. 25.
29 Baumbach/Hueck/*Zöllner/Noack* Rn. 19; Lutter/Hommelhoff/*Bayer* Rn. 25.
30 BGH NJW 97, 1985, 1986; Lutter/Hommelhoff/*Bayer* Rn. 23; aA *Stimpel/Ulmer* für den mitbestimmten Aufsichtsrat, FS *Zöllner*, 98, I, S. 589 ff.; Baumbach/Hueck/*Zöllner/Noack* Rn. 22.
31 BGH NJW 97, 1985, 1986.
32 So auch Baumbach/Hueck/*Zöllner/Noack* Rn. 19; aA OLG Hamburg GmbHR 85, 120, 121; OLG Düsseldorf GmbHR 91, 18.
33 OLG Düsseldorf GmbHR 91, 18; OLG Jena NZG 04, 1156; Scholz/*K Schmidt* Rn. 10.
34 Vgl. auch Ulmer/*Hüffer/Schürnbrand* Rn. 5 f.; Michalski/*Römermann* Rn. 147 ff.
35 OLG Karlsruhe GmbHR 14, 254, 257; OLG Jena NZG 04, 1156; BayObLG NJW-RR 89, 350, 351; Lutter/Hommelhoff/*Bayer* Rn. 11 aE; Baumbach/Hueck/*Zöllner/Noack* Rn. 26.

in der Gesellschafterversammlung selbst oder außerhalb der Gesellschafterversammlung gestellt wird. Der Gesellschafter muss sein Auskunftsverlangen konkretisieren. Er muss Gegenstand u. Art der begehrten Information benennen, wobei hieran keine übertriebenen Anforderungen zu stellen sind. Es muss deutlich werden, über welche Angelegenheit der Gesellschaft der Gesellschafter informiert werden möchte, u. die begehrte Art der Information muss bestimmt oder bestimmbar sein.[36]

12 Die Erfüllung des Auskunftsverlangens durch den Geschäftsführer hat entspr. § 131 II AktG den Grundsätzen einer gewissenhaften u. getreuen Rechenschaft zu entsprechen.[37] Dies ist Bestandteil ihrer Pflicht nach § 43 I. Die Auskunft muss sowohl vollständig als auch sachlich zutr. sein,[38] was dazu führen kann, dass die Geschäftsführer sich selber die notwendigen Informationen verschaffen müssen.

13 Die Geschäftsführer haben dem Gesellschafter die Auskunft unverzüglich, also ohne schuldhaftes Zögern nach § 121 I 1 BGB, zu erteilen. Hier kommt es maßgeblich auf die Umstände des Einzelfalles an, insbes. den Inhalt u. Umfang sowie der Dringlichkeit der Auskunft. So muss zB ein in der Gesellschafterversammlung gestelltes Auskunftsverlangen grds. noch in dieser beantwortet werden, soweit es zur Beurteilung von Gegenständen der Tagesordnung notwendig ist u. die Geschäftsführer mit dem Auskunftsverlangen rechnen konnten.[39] Teilw. wird vertreten, dass „unverzüglich" auch „innerhalb angemessener Frist" bedeutet,[40] was jedoch als solches schon Bestandteil der Definition „ohne schuldhaftes Zögern" ist.

14 Der Umfang des Auskunftsanspruchs richtet sich nach Art u. Umfang der begehrten Auskunft. Je allg. das Auskunftsverlangen gehalten ist, desto allg. kann es beantwortet werden.[41] Dh zugleich im umgekehrten Falle, dass ein umso ausführlicheres Auskunftsverlangen umso detaillierter zu beantworten ist. Wird die Antwort für zu unspezifisch gehalten, muss vom Nachfragerecht Gebrauch gemacht werden. Ansonsten kann später eine zu unspezifische Antwort nicht als falsch gerügt werden.[42] Der Umfang wird zudem durch den Zweck des Auskunftsverlangens selbst begrenzt.[43]

15 Die Art u. Weise der Auskunft schreibt Abs. 1 nicht vor. Hieraus lässt sich der Grundsatz ableiten, dass die Geschäftsführer die Auskunft mündlich, schriftlich oder in sonstiger Weise dem Gesellschafter erteilen können u. dass ein Anspruch auf eine schriftliche Beantwortung grds. nicht besteht.[44]

36 OLG Düsseldorf GmbHR 95, 902, 903; OLG Hamm GmbHR 02, 163, 166 f.; Scholz/*K Schmidt* Rn. 18; Lutter/Hommelhoff/*Bayer* Rn. 27.
37 MüKoGmbHG/*Hillmann* Rn. 44; Baumbach/Hueck/*Zöllner/Noack* Rn. 14; Henssler/*Strohn* Rn. 15; noch über § 131 OLG Nürnberg BeckRS 2010, 13473.
38 Baumbach/Hueck/*Zöllner/Noack* Rn. 14 f.; vgl. heranzuziehen ist der Umfang der Informationspflicht der Vorstände einer AG gem. § 131 II AktG, vgl. Hüffer/*Koch*, § 131 AktG, Rn. 40.
39 Baumbach/Hueck/*Zöllner/Noack* Rn. 17; Lutter/Hommelhoff/*Bayer* Rn. 29.
40 Scholz/*K Schmidt* Rn. 22; Lutter/Hommelhoff/*Bayer* Rn. 28.
41 BayObLGZ 88, 413, 420 f.; LG Braunschweig AG 91, 36, 37; Hüffer/*Koch*, § 131 AktG, Rn. 40.
42 BGH NJW 14, 541.
43 Baumbach/Hueck/*Zöllner/Noack* Rn. 15.
44 HL Roth/*Altmeppen* Rn. 23; Scholz/*K Schmidt* Rn. 23; Baumbach/Hueck/*Zöllner/Noack* Rn. 16.

Teilw. wurde bzw. wird vertreten, dass eine Auskunft außerhalb einer Gesellschafterversammlung nur dann mündlich beantwortet werden kann, wenn der auskunftsbegehrende Gesellschafter diesem zugestimmt hat.[45] Dem kann nicht gefolgt werden, da der auskunftsbegehrende Gesellschafter durch einfaches Fernbleiben bei der Gesellschafterversammlung die GmbH u. damit deren Geschäftsführer dazu zwingen würde, aufwendig Auskünfte in schriftlicher Form zu erteilen.[46] Außerdem richtet sich die Form der Auskunft nach dem Informationsbedürfnis. Daraus folgt, dass erst wenn eine mündliche Auskunft nicht ausreichend ist, die Auskunft in der Form zu erfolgen hat, die das Informationsbedürfnis erfüllt.[47]

b) Einsichtsrecht. Auch das Einsichtsrecht kann nicht global u. ohne Bezug auf konkrete Unterlagen oder Sachverhalte geltend gemacht werden.[48] Auch hier muss das Verlangen nach den og Grundsätzen konkretisiert werden (→ Rn. 14). Die Gestattung der Einsicht in die Unterlagen der GmbH erfasst die Ermöglichung des Zugangs des Gesellschafters zu den begehrten Unterlagen inkl. Bereitstellung[49] aller erforderlichen technischen Mittel zur Lesbarkeit der Unterlagen. Der Gesellschafter ist berechtigt, auf seine Kosten Kopien anzufertigen.[50] 16

4. Verweigerungsrecht (Abs. 2)

Die Auskunft u. die Einsicht darf nach Abs. 2 nur dann verweigert werden, 17 wenn zu besorgen ist, dass (i) der Gesellschafter sie zu gesellschaftsfremden Zwecken verwenden wird u. (ii) dadurch der Gesellschaft oder einem verbundenen Unternehmen gem. §§ 15 ff. AktG einen nicht unerheblichen Nachteil zufügen wird. Zudem bedarf es nach Abs. 2 S. 2 eines die Verweigerung bestätigenden Gesellschafterbeschlusses. Erst wenn diese Voraussetzungen nach Abs. 2 S. 1 u. S. 2 vorliegen, dürfen die Geschäftsführer das Informationsrecht eines Gesellschafters ausnahmsweise (ganz oder teilw) ablehnen.

a) Besorgnis der Verwendung zu gesellschaftsfremden Zwecken (Abs. 2 S. 1 Var 1). 18 Eine Voraussetzung für die Verweigerung der Information ist, dass ein Besorgnis der gesellschaftsfremden Verwendung beseht. Es muss die konkrete Gefahr[51] bestehen, dass der die Information begehrende Gesellschafter diese zu gesellschaftsfremden Zwecken einsetzen könnte. Eine Gefahr ist konkret, wenn diese durch Tatsachen gestützt wird, bei der eine gewisse Wahrscheinlichkeit für den Eintritt der Gefahr besteht.[52]

---

45 Lutter/Hommelhoff/*Bayer* Rn. 30; Ulmer/*Hüffer/Schürnbrand* Rn. 33, welcher dieser Meinung nur bei nicht einfachen Fragen oder nicht ohne Weiteres fassbaren Auskünften folgt.
46 Zur Rechtsmissbräuchlichkeit der Stellung von ständig neuen Fragen bei Nichtteilnahme an der Gesellschafterversammlung vgl. OLG Jena NZG 04, 1156.
47 OLG Düsseldorf NJW-RR 91, 620, 621; Scholz/*K Schmidt* Rn. 23.
48 AA Lutter/Hommelhoff/*Bayer* Rn. 27.
49 Speziell zum Anspruch auf Ausdruck von EDV-Daten: BGH NJW 10, 439.
50 OLG Düsseldorf WM 90, 1823, 1824; BayObLG NJW-RR 00, 487, 488.
51 Lutter/Hommelhoff Rn. 35; Baumbach/Hueck/*Zöllner/Noack* Rn. 34.
52 OLG München NZG 08, 878, 879 f.; OLG Schleswig GmbHR 08, 434, 436; Roth/*Altmeppen* Rn. 33.

19 Ein gesellschaftsfremder Zweck nach Abs. 2 S. 1 liegt vor, wenn er außerhalb des normalen mitgliedschaftlichen Verhaltens liegt.[53] Außerhalb des ordnungsgemäßen mitgliedschaftlichen Verhaltens liegt jedenfalls ein solches, welches gesellschaftsschädlich ist. Es ist nicht erforderlich, dass der Gesellschafter die Information bewusst zum Nachteil der Gesellschaft verwenden will.[54] Wesentlich Anwendungsfälle gesellschaftsfremder Verwendung sind: Verwendung für ein Konkurrenzunternehmen[55] oder Einsatz der Kenntnisse in einem Unternehmen, welches zwar nicht direkter Wettbewerber ist, dessen Betrieb aber in einer Branche zu einem Interessenwiderstreit führt;[56] je nach Inhalt auch die Verwendung für private Zwecke oder für Presseinformationen[57] oder auch bei Weitergabe von Informationen über eine verbundene AG, wenn die Verletzung von Insiderrechten zu befürchten ist.[58] Eine abstrakte Dauergefahr der gesellschaftsfremden Verwendung kann zur Versagung der Information führen.[59] Vielmehr ist für jede einzelne Information zu prüfen, ob durch sie ausnahmsweise eine Gefährdungslage (wahrscheinlich) eintritt.[60] Gesellschaftsfremd ist die Verwendung der Information auch, wenn der Gesellschafter die Schädigung von Mitgesellschaftern oder Dritten anstrebt.[61]

20 Problematisch ist die Frage der Informationspflichtgrenzen bei einer Due Diligence iR eines Anteilskaufvertrages zwischen einem Gesellschafter u. einem Erwerber der Geschäftsanteile. Zulässig ist jedenfalls die Weitergabe von Informationen zu Due-Diligence-Zwecken an einen neutralen Wirtschaftsprüfer,[62] was jedoch nicht die Praxis darstellt u. – mangels abw. Regelungen im Gesellschaftsvertrag – einen Vertragsschluss erheblich erschweren würde. Zur Durchführung einer Due Diligence, bei welcher wohl die Grundsätze der Informationsweitergabe anzuwenden sind, bedarf es nach teilw. vertretener Auffassung der Rspr. der Zustimmung der Gesellschafterversammlung durch einen einstimmigen Beschluss.[63] Teilw. wird aber auch vertreten, dass es nur eines Mehrheitsbeschlusses bedarf, dann allerdings unter Ausschluss des Stimmrechts des veräußerungswilligen Gesellschafters.[64] Dem kann vorliegend nicht uneingeschränkt gefolgt werden: Für die Durchführung einer Due Diligence reicht grds. ein zustimmender Gesellschafterbeschluss mit *einfacher* Mehrheit aus. Lediglich in Fällen, in denen die Weitergabe von Informationen für einen geplanten Anteilskauf die Gesellschaft selbst schädigen könnte, ist wegen der Treuepflicht der Gesellschafter ausnahmsweise ein einstimmiger Gesellschafterbeschluss

---

53 Lutter/Hommelhoff Rn. 35; *Körber*, NZG 02, 263, 266.
54 Baumbach/Hueck/*Zöllner/Noack* Rn. 33; Michalski/*Römermann* Rn. 202; Ulmer/*Hüffer/Schürnbrand* Rn. 47.
55 OLG Düsseldorf ZIP 90, 1569.
56 OLG Stuttgart GmbHR 83, 242, 243.
57 Michalski/*Römermann* Rn. 204.
58 OLG München GmbHR 08, 819, 820.
59 OLG Karlsruhe GmbHR 85, 362, 363.
60 OLG Düsseldorf ZIP 90, 1569, 1570; Scholz/*K Schmidt* Rn. 39.
61 Ulmer/*Hüffer/Schürnbrand* Rn. 47; Baumbach/Hueck/*Zöllner/Noack* Rn. 33.
62 Lutter/Hommelhoff/*Bayer* Rn. 32.
63 LG Köln GmbHR 09, 261, 262; Baumbach/Hueck/*Haas* § 85 Rn. 11; Lutter/Hommelhoff/*Kleindiek* § 43 Rn. 21.
64 LG Köln GmbHR 09, 261, 263; *Bihr*, BB 98, 1198, 1120; *Körber*, NZG 02, 263, 268.

notwendig (zB bei der drohenden Weitergabe von Informationen an einen Wettbewerber der Gesellschaft). IÜ ist es zweifelhaft, ob der betroffene Gesellschafter bei einem derartigen Gesellschafterbeschluss überhaupt einem Stimmrechtsverbot wegen „Richtens in eigener Sache" gem. § 47 IV ausgesetzt ist. Eine bloße unmittelbare oder mittelbare Betroffenheit reicht hierfür jedenfalls nicht aus (s. → § 47 Rn. 21 ff.).

Die direkte Weitergabe der Informationen durch die Geschäftsführung an den Kaufinteressenten, insbes. wettbewerblich sensibler Daten an einen Mitbewerber oder einen potenziellen Erwerber, ist ohne ausdrückliche Zustimmung der Gesellschafterversammlung (einfacher Mehrheitsbeschluss) jedenfalls nicht zulässig. 21

Letztinstanzlich noch ungeklärt ist die Frage, ob Abs. 2 analog auf Informationsansprüche eines ausgeschiedenen Gesellschafters aus § 810 BGB Anwendung findet.[65] Für eine analoge Anwendung spricht folgende Überlegung: Wäre Abs. 2 hier nicht analog anwendbar, könnte es dazu kommen, dass dem ausgeschiedenen Gesellschafter weitergehende Einsichtsrechte als einem nicht ausgeschiedenen Gesellschafter zustehen. Dieses Ergebnis kann der Gesetzgeber nicht gewollt haben. Die Geschäftsgeheimnisse der GmbH müssen erst Recht vor einem – möglicherweise bereits bei einem Konkurrenten tätigen – ausgeschiedenen Gesellschafter geschützt werden. Daher ist eine analoge Anwendung des Abs. 2 neben einem Anspruch aus § 810 BGB bei ausgeschiedenen Gesellschaftern zu befürworten.[66] 21a

b) Zufügung eines nicht unerheblichen Nachteils (Abs. 2 S. 1 Var 2). Nach Abs. 2 S. 1 Var 2 bedarf es zusätzlich zur Besorgnis einer Verwendung zu gesellschaftsfremden Zwecken der Voraussetzung, dass durch diese Verwendung der Gesellschaft oder einem nach §§ 15 ff. AktG verbundenen Unternehmen ein nicht unerheblicher Nachteil zugefügt werden könnte. Auch hierfür ist wieder das Vorliegen einer konkreten Gefahr der Nachteilszufügung erforderlich. Weitere Voraussetzung ist, dass die Nachteilszufügung auf einer gesellschaftsfremden Verwendung beruht („*dadurch*"). Unter den Begriff Nachteil fällt nicht nur jeder Vermögensschaden, sondern auch alle sonstigen, insbes. immateriellen, Schäden.[67] 22

Die Gefahr nachteiliger Verwendungen der Informationen kann regelmäßig dadurch beseitigt werden, dass die Entgegennahme durch einen zur Berufsverschwiegenheit Verpflichteten u. für beide Seiten vertrauenswürdigen Dritten erfolgt.[68] 23

Problematisch ist ebenfalls das grds. Verbot der Übermittlung personenbezogener Daten iSv Art. 4 Abs. 1 Nr. 1 DSGVO u. die mit Bußgeld oder Strafe damit einhergehenden Vorschriften (§§ 41 ff. BDSG, Art. 83 DSGVO). Die wohl herrschende Meinung ging u. geht auch nach der Datenschutzgrundverordnung weiterhin davon aus, dass § 51 a als spezielleres

65 Für eine analoge Anwendung: OLG Naumburg NZG 14, 868 mwN; *Podewils*, jurisPR-HaGesR 6/2014 Anm. 6.
66 So iErg auch: *Podewils*, jurisPR-HaGesR 6/2014 Anm. 6.
67 OLG München NZG 08, 878, 880; Baumbach/Hueck/*Zöllner/Noack* Rn. 36.
68 OLG München NZG 08, 199; OLG Frankfurt GmbHR 95, 904.

Gesetz den Beschränkungen des Datenschutzrechts vorgeht.[69] Das gilt aber nur insoweit, wie das Informationsrecht des Gesellschafters reicht. Der Geschäftsführer muss daher vor Übermittlung personenbezogener Daten sorgfältig prüfen, dass die Grenzen des Informationsanspruchs eingehalten werden.[70]

24 c) **Gesellschafterbeschluss (Abs. 2 S. 2).** Zusätzlich zu den Voraussetzungen nach Abs. 2 S. 1 verlangt S. 2 für eine Verweigerung der Auskunft u. der Einsicht einen Gesellschafterbeschluss mit einfacher Mehrheit (allgM).[71] Ist ein Gesellschafter von der Verweigerung der Auskunft/Einsicht betroffen, so ist er nach hM nicht berechtigt, mitzustimmen.[72] Der Zustimmungsbeschluss bedarf keiner Begründung.[73] Der betroffene Gesellschafter kann eine gerichtliche Entscheidung über das Auskunfts- u. Einsichtsrecht nach § 51 b iVm § 132 I, III–V AktG verlangen (s. auch § 51 b).

24a d) **Zwingendes Recht (Abs. 3).** Ausw des Wortlauts von Abs. 3 darf vom Auskunfts- u. Einsichtsrecht durch eine Vereinbarung im Gesellschaftsvertrag nicht abgewichen werden. Grds. möglich sind jedoch Vereinbarungen im Gesellschaftsvertrag über Verfahrensregelungen bzgl. des Informationsverlangens u. der Informationserteilung. Dies umfasst auch die Form des Verlangens u. der Erteilung. Ein Verstoß liegt aber dann vor, wenn materiell beschränkend in den Informationsanspruch eingegriffen wird.[74] Dies ist bspw. dann der Fall, wenn das Einsichtsrecht auf nur eine Stunde im Monat beschränkt wird[75] oder nur quartalsweise ausgeübt werden darf.[76]

§ 51 b Gerichtliche Entscheidung über das Auskunfts- und Einsichtsrecht

[1]Für die gerichtliche Entscheidung über das Auskunfts- und Einsichtsrecht findet § 132 Abs. 1, 3 und 4 des Aktiengesetzes entsprechende Anwendung. [2]Antragsberechtigt ist jeder Gesellschafter, dem die verlangte Auskunft nicht gegeben oder die verlangte Einsicht nicht gestattet worden ist.

69 Vgl. nur MüKoGmbHG/*Hillmann* Rn. 75; Roth/*Altmeppen* Rn. 9; noch zum BDSG Baumbach/Hueck/*Zöllner/Noack* Rn. 20, 42; OLG Hamm NZG 2002, 178, 181.
70 *Leinekugel/Weigel* GmbHR 2015, 393, 395 ff.
71 Vgl. nur Baumbach/Hueck/*Zöllner/Noack* Rn. 38.
72 Roth/*Altmeppen* Rn. 37; Ulmer/*Hüffer/Schürnbrand* Rn. 53; Lutter/Hommelhoff/*Bayer* Rn. 38; aA *Grunewald*, ZHR 146 (82), 211, 233.
73 Ebenso Michalski/*Römermann* Rn. 192; Baumbach/Hueck/*Zöllner/Noack* Rn. 39; Lutter/Hommelhoff/*Bayer* Rn. 39; aA Roth/*Altmeppen* Rn. 37.
74 Baumbach/Hueck/*Zöllner/Noack* Rn. 3.
75 BayObLG GmbHR 89, 201.
76 LG Essen NZG 15, 392.

I. Normzweck

1 § 51 b gibt jedem Gesellschafter, dem die Geschäftsführer einer Gesellschaft kein oder kein ausreichendes Auskunfts- u/oder Einsichtsrecht gewährt haben, das Recht auf eine gerichtliche Entscheidung über das Auskunftsrecht nach § 132 I, III–V AktG. § 51 b greift somit für den Fall der ganzen oder teilw. Verweigerung der Auskunft u/oder Einsicht gem. § 51 a.

II. Inhalt

1. Gegenstand des Verfahrens

2 Gegenstand des Verfahrens der freiwilligen Gerichtsbarkeit nach § 51 b ist ein gesondertes Streitverfahren gem. § 132 III 1, § 99 I AktG iVm FamFG. Hieraus ergibt sich bspw., dass bei diesem gerichtlichen Verfahren der Amtsermittlungsgrundsatz nach § 26 FamFG greift. Gem. § 38 I 1 FamFG entscheidet das Gericht durch Beschluss darüber, ob u. in welchem Umfang die Geschäftsführer der Gesellschaft die begehrte Auskunft zu erteilen haben. Das gerichtliche Verfahren nach § 132 AktG steht selbstständig neben der Möglichkeit, eine Anfechtungsklage nach §§ 243 ff. AktG zu erheben.[1] Für eine Anfechtungsklage gegen einen Verweigerungsbeschluss nach § 51 a II 2 fehlt es jedenfalls dann an einem allg. Rechtschutzinteresse, wenn der Gesellschafter kein über seinen Wunsch nach Erhalt der verweigerten Auskunft hinausgehendes Interesse darlegt.[2]

2. Zuständiges Gericht

3 Ausschließlich zuständig für das gerichtliche Verfahren ist das LG (Kammer für Handelssachen), das für den Sitz der Gesellschaft zuständig ist, vgl. §§ 132 I, 14 AktG iVm §§ 71 II Nr. 4 b, 94, 95 II Nr. 2 GVG. Eine andere Zuständigkeit kann sich ggf. aus § 71 IV GVG aufgrund besonderer landesrechtlicher Vorschriften ergeben.[3]

3. Antrag

4 Das Verfahren beginnt mit einem Antrag gem. §§ 23 ff. FamFG. Antragsberechtigt ist nach § 51 b S. 2 jeder Gesellschafter, dem die verlangte Auskunft nicht gegeben oder die verlangte Einsicht nicht gestattet worden ist. Eine Antragsfrist gibt es – anders als im Aktienrecht nach § 132 II AktG – nicht, da S. 1 nicht auf § 132 II AktG verweist. Hieraus ergibt sich auch, dass der betroffene Gesellschafter keinen Widerspruch entspr. § 132 II 1 AktG zu Protokoll geben muss, um sein Auskunfts- u. Einsichtsrecht gerichtlich geltend zu machen.

5 Der Antrag ist gegen die Gesellschaft, vertreten durch ihre Geschäftsführer, zu richten (nicht gegen die Geschäftsführer selbst).[4]

---

1 BGH NJW 83, 878; KG AG 01, 355, 356; Hüffer/*Koch*, § 132 AktG, Rn. 2.
2 BGH NJW 88, 1090, 1091.
3 Baumbach/Hueck/*Zöllner*/*Noack* Rn. 2.
4 BGH NJW 97, 1985, 1986; BayObLG NZG 06, 67, 68.

6 Der Antrag des betroffenen Gesellschafters muss jedenfalls soweit bestimmbar sein, dass das Gericht einen hinreichend bestimmten u. damit vollstreckbaren Tenor gem. § 888 ZPO formulieren kann.[5]

§ 52 Aufsichtsrat

(1) Ist nach dem Gesellschaftsvertrag ein Aufsichtsrat zu bestellen, so sind § 90 Abs. 3, 4, 5 Satz 1 und 2, § 95 Satz 1, § 100 Abs. 1 und 2 Nr. 2 und Abs. 5, § 101 Abs. 1 Satz 1, § 103 Abs. 1 Satz 1 und 2, §§ 105, 107 Absatz 3 Satz 2 und 3 und Absatz 4, §§ 110 bis 114, 116 des Aktiengesetzes in Verbindung mit § 93 Abs. 1 und 2 Satz 1 und 2 des Aktiengesetzes, § 124 Abs. 3 Satz 2, §§ 170, 171, 394 und 395 des Aktiengesetzes entsprechend anzuwenden, soweit nicht im Gesellschaftsvertrag ein anderes bestimmt ist.

(2) [1]Ist nach dem Drittelbeteiligungsgesetz ein Aufsichtsrat zu bestellen, so legt die Gesellschafterversammlung für den Frauenanteil im Aufsichtsrat und unter den Geschäftsführern Zielgrößen fest, es sei denn, sie hat dem Aufsichtsrat diese Aufgabe übertragen. [2]Ist nach dem Mitbestimmungsgesetz, dem Montan-Mitbestimmungsgesetz oder dem Mitbestimmungsergänzungsgesetz ein Aufsichtsrat zu bestellen, so legt der Aufsichtsrat für den Frauenanteil im Aufsichtsrat und unter den Geschäftsführern Zielgrößen fest. [3]Liegt der Frauenanteil bei Festlegung der Zielgrößen unter 30 Prozent, so dürfen die Zielgrößen den jeweils erreichten Anteil nicht mehr unterschreiten. [4]Gleichzeitig sind Fristen zur Erreichung der Zielgrößen festzulegen. [5]Die Fristen dürfen jeweils nicht länger als fünf Jahre sein.

(3) [1]Werden die Mitglieder des Aufsichtsrats vor der Eintragung der Gesellschaft in das Handelsregister bestellt, gilt § 37 Abs. 4 Nr. 3 und 3 a des Aktiengesetzes entsprechend. [2]Die Geschäftsführer haben bei jeder Änderung in den Personen der Aufsichtsratsmitglieder unverzüglich eine Liste der Mitglieder des Aufsichtsrats, aus welcher Name, Vorname, ausgeübter Beruf und Wohnort der Mitglieder ersichtlich ist, zum Handelsregister einzureichen; das Gericht hat nach § 10 des Handelsgesetzbuchs einen Hinweis darauf bekannt zu machen, dass die Liste zum Handelsregister eingereicht worden ist.

(4) Schadensersatzansprüche gegen die Mitglieder des Aufsichtsrats wegen Verletzung ihrer Obliegenheiten verjähren in fünf Jahren.

5 OLG Düsseldorf NJW-RR 96, 414; *Wicke* Rn. 3.

I. Allgemeines

1. Zweck, Bedeutung, Entstehungsgeschichte

Wegen der personalistischen Struktur der in erster Linie auf kleinere u. mittelständische Unternehmen zugeschnittenen Rechtsform der GmbH sah der Gesetzgeber davon ab, ein obligatorisches Aufsichtsorgan für die GmbH vorzuschreiben, gestattete aber dessen Einführung durch den Gesellschaftsvertrag[1] oder aufgrund des Gesellschaftsvertrages.[2] Auch für die Festlegung der Kompetenzen u. für das Organisationsrecht dieses fakultati- 1

1 Baumbach/Hueck/*Zöllner*/*Noack* Rn. 1; Michalski/*Heyder* Rn. 6; *Lutter*/Hommelhoff Rn. 1; Ensthaler/Füller/*Schmidt* Rn. 3; Gehrlein/Ekkenga/Simon/*Nießen* Rn. 17.
2 Ulmer/*Raiser*/*Heermann* Rn. 1; Scholz/*Schneider* Rn. 1 f.; Roth/*Altmeppen* Rn. 1; Gehrlein/Ekkenga/Simon/*Nießen* Rn. 17.

ven Aufsichtsrats sollten in erster Linie die Gesellschafter zuständig sein.[3] Insofern ordnete der Gesetzgeber von Anfang an lediglich die subsidiäre u. entspr. Anwendbarkeit der gesetzlichen Regelungen des HGB zum Aufsichtsrat an. Mit § 18 II Einführungsgesetz zum AG 1937 (AktGEG) wurden diese allg. gehaltenen Verweisungen zunächst durch die inhaltsgleichen Verweisungen auf die entspr. Vorschriften des AktG 1937 abgelöst. Erst mit § 33 AktGEG 1965 wurde die allg. Verweisung auf aktienrechtliche Bestimmungen durch die iW noch heute gültige differenzierte Verweisung in Abs. 1 ersetzt. Die Verweisungen auf die §§ 170 u. 171 AktG wurden durch das Bilanzrichtliniengesetz vom 19.12.1985 eingefügt. Abs. 3 erhielt seine heutige Fassung durch das Publizitätsgesetz vom 15.8.1969, das Verschmelzungsrichtliniengesetz vom 25.10.1982 u. zul. durch das Justizkommunikationsgesetz vom 22.3.2005. Unverändert ist seit 1892 die heute in Abs. 4 enthaltene Verjährungsregelung.

2 Die Anordnung subsidiärer Geltung bestimmter Zuständigkeits- u. Organisationsregelungen des AktG diente von Anfang an lediglich dazu, einen Mindeststandard an Rechtsklarheit für die Tätigkeit des Aufsichtsrats zu schaffen, sofern die Gesellschafter weder durch gesellschaftsvertragliche Regelungen noch durch Bestellungsbeschluss Regelungen hierzu vorsehen. Diese Zurückhaltung des Gesetzgebers u. die lediglich entspr. Anwendbarkeit der genannten aktienrechtlichen Vorschriften nehmen auf das unterschiedliche Organisationsgefüge in AG u. GmbH, insbes. auf die grds. Letztzuständigkeit der Gesellschafterversammlung der GmbH Rücksicht, die durch die Verweisungen unangetastet bleiben sollte.[4] Die Verweisungen des Abs. 1 sind jedoch nicht abschließend.[5] Va die §§ 107–109 AktG sind entspr. anwendbar, wenn der Gesellschaftsvertrag schweigt.[6]

2. Obligatorischer Aufsichtsrat

3 Einen obligatorischen Aufsichtsrat muss die GmbH derzeit lediglich in 4 Fällen bilden: Nach dem MontanMitbestG hat eine GmbH einen paritätischen, aus Anteilseignern u. Arbeitnehmern zusammengesetzten Aufsichtsrat zu bilden, wenn sie selbst oder in abhängigen Unternehmen idR mehr als 1.000 Arbeitnehmer in der Montan-Branche beschäftigt.[7] Nach dem MitbestG ist in einer GmbH, wenn sie selbst oder in abhängigen Unternehmen idR mehr als 2.000 Arbeitnehmer beschäftigt, ebenfalls ein paritätischer Aufsichtsrat zu bilden. Nach dem DrittelbG hat die GmbH, die selbst oder in abhängigen Unternehmen mehr als 500 Arbeitnehmer beschäftigt, einen Aufsichtsrat zu bilden, der zu einem Drittel mit Arbeitnehmervertre-

3 Ulmer/*Raiser/Heermann* Rn. 4; Baumbach/Hueck/*Zöllner/Noack* Rn. 1; vgl. *Lutter*/Hommelhoff Rn. 3; Bork/Schäfer/*Rieble* Rn. 2; Gehrlein/Ekkenga/Simon/*Nießen* Rn. 2.
4 Baumbach/Hueck/*Zöllner/Noack* Rn. 5; *Lutter*/Hommelhoff Rn. 3; Ensthaler/Füller/*Schmidt* Rn. 3.
5 Michalski/*Heyder* Rn. 20; diff. Roth/*Altmeppen* Rn. 5 sowie MüKoGmbHG/*Spindler* Rn. 11 mwN.
6 BGH WM 83, 836; Ensthaler/Füller/*Schmidt* Rn. 3; *Lutter*/Hommelhoff Rn. 3; Ulmer/*Raiser/Heermann* Rn. 22 mwN; MüKoGmbHG/*Spindler* Rn. 9.
7 Ulmer/*Raiser/Heermann* Rn. 8; Scholz/*Schneider* Rn. 14.

tern besetzt ist.[8] Auch für die Kapitalanlage-GmbH ist gem. § 6 II InvG die Bildung eines obligatorischen Aufsichtsrats vorgeschrieben. In all diesen Fällen ordnen die gesetzlichen Bestimmungen jeweils die zwingende Anwendung bestimmter aktienrechtlicher Vorschriften für den Aufsichtsrat an. Sachlich unterscheiden sich die Verweisungen für die obligatorischen Aufsichtsräte jedoch nur geringfügig von dem Katalog des Abs. 1. MontanMitbestG, MitbestG u. § 6 II InvG finden derzeit nur auf eine überschaubare Anzahl von Gesellschaften mbH Anwendung. Die Kommentierung beschränkt sich daher auf den fakultativen Aufsichtsrat u. den obligatorischen Aufsichtsrat nach DrittelbG.

II. Der fakultative Aufsichtsrat

1. Einrichtung des fakultativen Aufsichtsrats

Abs. 1 knüpft die Errichtung eines zusätzlichen freiwilligen Aufsichtsorgans in der Gesellschaft an 3 Voraussetzungen: 4

1. seine Einrichtung durch Gesellschaftsvertrag,
2. das Vorliegen eines Aufsichtsrats im Rechtssinne u
3. das Fehlen einer gesetzlichen Pflicht zur Schaffung eines obligatorischen Aufsichtsrats.

Mit den beiden zuerst genannten Erfordernissen legt das Gesetz die Zuständigkeit der Gesellschafterversammlung sowohl für die Einrichtung des Aufsichtsrats als Gesellschaftsorgan als auch für die Bestimmung seiner Kompetenzen u. seines Organisationsrechts fest.[9] Der Abschluss u. die Änderung des Gesellschaftsvertrages sind unentziehbares Recht der Gesellschafter. Die Schaffung zusätzlicher, im Gesetz nicht vorgeschriebener Organe u. deren Zuständigkeiten im Kompetenzgefüge der Gesellschaft müssen von den Gesellschaftern beschlossen werden.[10] Soweit in Abs. 1 jedoch von der Bestellung durch Gesellschaftsvertrag die Rede ist, meint der Gesetzgeber die Einrichtung des Organs u. die Festlegung seiner Kompetenzen u. grdl. Organisationsregeln. Nicht zwingend ist die Bestellung eines ersten Aufsichtsrats durch den Gesellschaftsvertrag selbst; es kann auch den Gesellschaftern überlassen werden, ob u. zu welchem Zeitpunkt sie einen Aufsichtsrat bestellen.[11] 5

a) Einrichtung des Aufsichtsrats durch Gesellschaftsvertrag oder aufgrund Gesellschaftsvertrages. aa) Einrichtung und Bestellung. Der Gesetzgeber überlässt es den Gesellschaftern, ob u. zu welchem Zeitpunkt sie einen Aufsichtsrat bestellen. Die Bestellung des Aufsichtsrats muss lediglich auf gesellschaftsvertraglicher Grundlage erfolgen.[12] Diese kann bereits in die Gründungssatzung aufgenommen oder später geschaffen werden. In diesem Fall können Einrichtung und Bestellung in einem Beschluss erfolgen. Der Gesetzeswortlaut geht von einer festen Einrichtung ("ist zu bestellen") des Aufsichtsrats aus. Doch bleibt eine verzögerte oder unterlassene Bestel- 6

8 KG ZIP 07, 1566.
9 Michalski/*Heyder* Rn. 4, 16.
10 Ulmer/*Raiser/Heermann* Rn. 19 f.; Michalski/*Heyder* Rn. 16 ff.
11 RGZ 146, 145, 155; Ulmer/*Raiser/Heermann* Rn. 16.
12 Michalski/*Heyder* Rn. 7; Ulmer/*Raiser/Heermann* Rn. 16.

lung folgenlos;[13] die Satzung ist lediglich unrichtig und korrekturbedürftig. Um dies zu vermeiden, hat sich die Praxis mit sogenannten Öffnungs- oder Ermächtigungsklauseln beholfen, die die Möglichkeit einer Errichtung durch Bestellung schaffen (… „kann einen Aufsichtsrat errichten, die Errichtung erfolgt durch Bestellung“ …).[14] Dem ist die Rechtsprechung gefolgt.[15]

Ausdrücklich bestätigt wurde sie durch eine Entscheidung des BGH vom 2. 7. 2019.[16] Danach kann die Einrichtung eines Aufsichtsrats auf Grundlage einer Öffnungsklausel ohne Beachtung der für eine Satzungsänderung geltenden Vorschriften erfolgen, wenn die Ermächtigung ausreichend bestimmt ist und der Einrichtungsbeschluss nicht gegen das Gesetz oder die Satzung verstößt.[17] Die Öffnungsklausel muss allerdings, um ausreichend bestimmt zu sein, neben der Möglichkeit einen Aufsichtsrat einzurichten zumindest vorsehen, dass diesem die Überwachung der Geschäftsführung übertragen wird.[18] Die Übertragung weiterer Kompetenzen bei Einrichtung des Aufsichtsrats ist zulässig, sofern diese zumindest in den Grundzügen schon in der Satzung vorgesehen sind.[19] Mit der Entscheidung hat sich der BGH im Interesse der Gründer einer GmbH an einer flexiblen Satzungsgestaltung mit ausführlicher Begründung gegen eine Mindermeinung[20] für die Wirksamkeit von Öffnungsklauseln und die Aufrechterhaltung der dahin gehenden langjährigen Gestaltungspraxis ausgesprochen.

7 **bb) Organisationsrecht und Kompetenz.** Der Gesellschaftsvertrag muss die wesentlichen Kompetenzzuweisungen u. Organisationsfragen regeln, da anderenfalls von der entspr. Geltung aktienrechtlicher Regelungen auszugehen ist („soweit nicht im Gesellschaftsvertrag ein anderes bestimmt ist“, Abs. 1 letzter Hs.). Um einen Aufsichtsrat im Rechtssinne handelt es sich nur dann, wenn das Organ die nach § 111 I AktG vorausgesetzten Mindestaufsichtsbefugnisse u. die damit notwendig verbundenen Informationsrechte[21] ggü. der Geschäftsführung hat.[22] Dies ist infolge entspr. Anwendbarkeit der in Abs. 1 genannten aktienrechtlichen Bestimmungen der Fall, soweit der Gesellschaftsvertrag diese gesetzliche Mindestaufgabe nicht ein-

13 Scholz/*Schneider*, GmbHG, § 52 Rn. 12; BGH GmbHR 1984, 72, 73; OLG Frankfurt NJW-RR 1995, 36, 38; aA MüKoGmbHG/*Spindler*, § 52 Rn. 34 mit Verweis auf RGZ 146, 145, 150.

14 Lutter/Hommelhoff/*Lutter*, GmbHG, § 52 Rn. 110; Michalski/*Giedinghagen*, GmbHR, § 52 Rn. 7; Ulmer/Habersack/Löbbe/*Heermann*, GmbHG, § 52 Rn. 16; MünchHdB GesR III/*Marsch-Barner/Dieckmann*, § 48 Rn. 15; BeckOKGmbH/*Jäger*, § 52 Rn. 6; Hopt/*Weyland/Hoger*, Vertrags- und Formularbuch zum Handels-, Gesellschaft- und Bankrecht, S. 544; *Meister/Klöcker*, Münch. Vertrags. HdB, Bd. I, GesR, S. 486, 498, 607.

15 RGZ 146, 145, 150 ff.; BGHZ 123, 15; Anm. Goette, DStR 1993, 1302, 1303; OLG München, GmbHR 2012, 1075 ff. m. zust. Komm. Römermann, GmbHR 2012, 1083 ff.

16 BGH DStR 2019, 1755.

17 BGH DStR 2019, 1755 Tz 62.

18 BGH DStR 2019, 1755 Tz 66 f.

19 BGH DStR 2019, 1755 Tz 68.

20 BGH DStR 2019, 1755 Tz 60

21 Michalski/*Heyder* Rn. 9; Ulmer/*Raiser/Heermann* Rn. 17.

22 *Lutter*/Hommelhoff Rn. 13; Michalski/*Heyder* Rn. 9; Ulmer/*Raiser/Heermann* Rn. 17; *Vetter*, GmbHR 11, 449.

schränkt.[23] Der betroffene Rechtsverkehr kann in diesem Falle aufgrund des Gesellschaftsvertrages u. der Bestellung des Aufsichtsrats davon ausgehen, dass es sich um ein typisches Aufsichtsorgan iSv § 52 handeln soll. Die Bezeichnung des Organs im Gesellschaftsvertrag ist nicht ausschlaggebend.[24] Vielmehr ist für die betroffenen Rechtskreise maßgeblich, welche Aufgaben u. Befugnisse den Gesellschaftsorganen aufgrund Gesellschaftsvertrages zukommen. Handelt es sich hierbei um die Mindestaufsichtsbefugnisse iSv § 111 I AktG, ist im rechtstechnischen Sinne auch dann ein Aufsichtsrat bestellt, wenn er als Beirat, Verwaltungsrat oä bezeichnet wird.[25] Umgekehrt ist dann, wenn der Gesellschaftsvertrag einen „Aufsichtsrat" ohne die gesetzlichen Mindestaufsichtsbefugnisse vorsieht, nicht schon deswegen ein Aufsichtsrat bestellt, weil die betroffenen Rechtskreise grds. annehmen dürfen, dass die Tätigkeit der Geschäftsführung der GmbH besser kontrolliert ist als ohne ein solches Organ mit dieser Bezeichnung.[26] Denn das Vertrauen des Rechtsverkehrs ist nur insoweit schutzwürdig, als es sich auf allg. zugängliche Quellen stützen kann, zu denen die Handelsregisterakte zählt. Ein Bestellungsbeschluss, mit dem die sich aus Abs. 1 ergebenden Befugnisse eingeschränkt werden, ist demnach schon deswegen unbeachtlich, weil dieser den betroffenen Verkehrskreisen nicht allg. zugänglich ist, abgesehen davon, dass von den Regelungen, auf die Abs. 3 verweist, grds. nur durch Gesellschaftsvertrag abgewichen werden kann. Ist andererseits dem Gesellschaftsvertrag schon klar zu entnehmen, dass das als Aufsichtsrat bezeichnete Gremium keine Aufsichtspflichten u. -kompetenzen hat, ist ein Vertrauen des Rechtsverkehrs darauf, dass ein Aufsichtsrat im Rechtssinne besteht, nicht gerechtfertigt.

b) Gesellschaftsvertragliche Gestaltungsfreiheit. Die Gesellschafter können 8
nicht nur frei darüber entscheiden, ob sie einen Aufsichtsrat einrichten, sie können auch seine Kompetenzen, Zusammensetzung u. Organisation abw. von dem aktienrechtlichen Vorbild gestalten.[27] Regelmäßig erfordert die vom gesetzlichen Leitbild abw. Regelung der Rechtsverhältnisse vor Eintragung der Gesellschaft Einstimmigkeit, danach einen satzungsändernden Mehrheitsbeschluss.[28]

c) Grenzen der Gestaltungsfreiheit. Die ersten Gestaltungsschranken fol- 9
gen aus dem Begriff des Aufsichtsrats. Stehen dem als Aufsichtsrat bezeichneten Organ keine Aufsichtsratskompetenzen zu oder beschränkt der Gesellschaftsvertrag seine Informationsrechte in einer Weise, dass es seinen Aufsichtspflichten nicht nachkommen kann, fehlt es an einem Aufsichtsrat im rechtstechnischen Sinne.

Durch den Gesellschaftsvertrag kann außerdem nicht von den §§ 105 I u. 10
100 II Ziff. 2 AktG abgewichen werden, weil es mit dem Wesen eines Aufsichtsrats nach § 52 unvereinbar ist, dass er seine eigene Tätigkeit oder die-

23 Baumbach/Hueck/*Zöllner/Noack* Rn. 27 f.; Ulmer/*Raiser/Heermann* Rn. 17.
24 Roth/*Altmeppen* Rn. 2; Michalski/*Heyder* Rn. 6; *Lutter*/Hommelhoff Rn. 4; Scholz/*Schneider* Rn. 4.
25 OLG Celle NJW-RR 98, 1332.
26 So aber Baumbach/Hueck/*Zöllner/Noack* Rn. 27, 28, 100; zweifelnd: Ulmer/*Raiser/Heermann* Rn. 17, 18; wie hier: MüKoGmbHG/*Spindler* Rn. 3, 33, 36.
27 Vgl. bspw. RGZ 82, 386, 388; Gehrlein/Ekkenga/Simon/*Nießen* Rn. 19.
28 Bork/Schäfer/*Arnold* § 53 Rn. 2 mwN.

jenige einzelner Mitglieder kontrolliert.[29] Dem Aufsichtsrat oder einzelnen Mitgliedern können aus dem gleichen Grund auch keine dauerhaften Geschäftsführungsaufgaben übertragen werden. Insofern gilt § 111 IV 1 AktG zwingend auch für den Aufsichtsrat der GmbH.[30] Solange es sich um einen fakultativen Aufsichtsrat handelt, kann der Gesellschaftsvertrag sowohl den Haftungsmaßstab als auch die Haftung der Aufsichtsratsmitglieder[31] abw. vom aktienrechtlichen Vorbild regeln. Ein Gesellschafterbeschluss genügt hierfür allerdings nicht, weil er den durch §§ 116, 93 AktG mitgeschützten Verkehrskreisen nicht zugänglich ist. Aus den zwingenden Kompetenzzuweisungen der GmbH-Verfassung ergeben sich weitere Grenzen der Gestaltungsfreiheit: Obwohl es sich bei der Aufstellung der Jahresabschlüsse lediglich um eine jährlich wiederkehrende Einzelmaßnahme handelt, ist hierfür zwingend die Geschäftsführung der GmbH zuständig.[32]

11 Weitgehende Gestaltungsfreiheit besteht in der Übertragung konkurrierender Gesellschafterrechte auf den Aufsichtsrat; die Gesellschafter können sich über die Entscheidungen des Aufsichtsrats regelmäßig durch einfachen Mehrheitsbeschluss hinwegsetzen. Problematisch ist die Schaffung konkurrierender Zuständigkeiten des Aufsichtsrats aber in jedem Fall dann, wenn dies etwa Satzungsänderungen, Auflösungs- u. Fortsetzungsbeschlüsse u. den Abschluss von Unternehmensverträgen betrifft. Es gilt das Prioritätsprinzip.[33] Ein zulässig gefasster Beschluss des konkurrierend zuständigen Organs müsste durch die Gesellschafter erst wieder beseitigt werden. Einfache Mehrheit reicht hierfür nicht aus.[34] Statt einen mit Dreiviertelmehrheit zu fassenden Beschluss zu verhindern, müsste die Minderheit Beschlüsse des konkurrierend zuständigen Organs mit Dreiviertelmehrheit zu kassieren versuchen. Kernkompetenzen der Gesellschafter können nach richtiger Ansicht weder mit konkurrierender noch mit verdrängender Zuständigkeit auf einen Aufsichtsrat übertragen werden. Daneben ist auch eine verdrängende Übertragbarkeit von Grundsatzentscheidungen der Gesellschafter auf den Aufsichtsrat zu verneinen.[35] Hierzu zählt auch die Ersatzzuständigkeit der Gesellschafter für alle auf den Aufsichtsrat übertragenen Befugnisse, wenn der Aufsichtsrat handlungsunfähig ist.

2. Entsprechende Anwendbarkeit aktienrechtlicher Vorschriften

12 Die Verweisung auf aktienrechtliche Vorschriften gilt nur für einen Aufsichtsrat im rechtstechnischen Sinne, auf sonstige Gremien ist Abs. 1 mit seinen Verweisungen nicht anwendbar.[36] Das schließt jedoch nicht die entspr. Anwendung aktienrechtlicher Vorschriften zur Bestimmung der Rechtsverhältnisse sonstiger Gremien aus, soweit sie passen. Die aktien-

29 Rn. 70 ff.
30 Zur Zulässigkeit der Übertragung von Einzelmaßnahmen der Geschäftsführung: Rn. 92; BGH WM 97, 1015.
31 Baumbach/Hueck/*Zöllner*/*Noack* Rn. 24.
32 Baumbach/Hueck/*Zöllner*/*Noack* Rn. 26.
33 Ulmer/*Hüffer* § 45 Rn. 19.
34 Ulmer/*Hüffer* § 45 Rn. 19.
35 *Lutter*/Hommelhoff § 45 Rn. 10; Baumbach/Hueck/*Zöllner*/*Noack* Rn. 26.
36 Ulmer/*Raiser*/*Heermann* Rn. 326; anders *Reuter*, in: FS 100 Jahre GmbHG, 92, S. 631 f.

rechtlichen Bestimmungen passen schon ihrem Wortlaut nach nicht direkt. Sie finden daher nur entspr. Anwendung. § 111 IV AktG etwa ist inhaltlich u. systematisch auf die Kompetenzordnung der AG zugeschnitten. Die Verweisung des Abs. 1 soll die oberste Zuständigkeit der Gesellschafterversammlung aber nicht in Frage stellen. Daher gilt § 111 IV AktG nur mit Einschränkungen.[37]

Die Verweisungen auf aktienrechtliche Bestimmungen hat der Gesetzgeber 13
mit Rücksicht auf die Freiwilligkeit der Einrichtung eines Aufsichtsrats auf einige grdl. Bestimmungen beschränkt: Zu Bestellung u. Abberufung: § 95 S. 1 (Zahl), §§ 100 I u. II Nr. 2, 105 (Inkompatibilität), § 101 I 1 (Bestellungszuständigkeit) u. § 103 I 1 u. 2 AktG (Zuständigkeit u. erforderliche Beschlussmehrheit bei vorzeitiger Abberufung); zu den Kompetenzen u. Aufgaben: §§ 111, 112, 90 III, IV u. V 1 u. 2 sowie §§ 170 u. 171 AktG; zu den Rechtsbeziehungen der Aufsichtsratsmitglieder zur Gesellschaft: §§ 113, 114 u. 116 AktG; zur inneren Ordnung u. Organisation des Aufsichtsrats findet sich lediglich die Verweisung auf § 110 AktG (Einberufung u. Anzahl der Sitzungen). Das Gesetz lässt den Gesellschaftern damit weitgehende Freiheiten, insbes. bei der Ausgestaltung der Modalitäten der Bildung u. der inneren Ordnung des Aufsichtsrats. Da etwa eine Verweisung auf § 102 AktG (Amtsdauer) fehlt, kann die Amtszeit der Mitglieder auch mit dem Wahlbeschluss festgelegt werden.[38] Die innere Ordnung des Aufsichtsrats (Organisation) kann zweckmäßig außerstatutarisch durch Erlass einer Geschäftsordnung durch den Aufsichtsrat selbst geregelt werden.[39] Folgerichtig kann dies auch durch die Gesellschafter im Beschlusswege geschehen. Doch empfiehlt es sich hierfür, im Gesellschaftsvertrag eine Grundlage etwa folgenden Inhalts zu schaffen: „Die Gesellschafter geben dem Aufsichtsrat eine Geschäftsordnung“ oder „Der Aufsichtsrat gibt sich eine Geschäftsordnung“.

Der Katalog ausdrücklicher Verweisungen des Gesetzgebers soll nur zu ei- 14
nigen wenigen Punkten Rechtsklarheit herstellen, wo der Gesellschaftsvertrag schweigt. Er ist keineswegs abschließend formuliert. Die ganz hM wendet daher auch andere Bestimmungen des Aktienrechts entspr. an, sofern der Gesellschaftsvertrag keine Regelungen enthält. So wird einhellig insbes. die entspr. Anwendbarkeit der §§ 107–109 AktG befürwortet.[40] Je nach Intensität der Überwachungspflichten kommt nicht nur eine Pflicht des Aufsichtsrats in Betracht, sich regelmäßig nach Maßgabe der §§ 90 I u. II AktG von der Geschäftsordnung unterrichten zu lassen.[41] Auch die Geschäftsführung selbst muss uU, wenn das Überwachungsorgan seine Kontroll- u. Beratungspflichten anderenfalls nicht sachgerecht u. zeitnah wahrnehmen kann, laufend oder aus gegebenem Anlass an den Aufsichtsrat nach Maßgabe von § 90 I u. II berichten.[42]

---

37 Hierzu unten Rn. 92.
38 Baumbach/Hueck/*Zöllner*/*Noack* Rn. 46; Roth/*Altmeppen* Rn. 10; hierzu Rn. 47.
39 MüKoGmbHG/*Spindler* Rn. 20 ff.
40 BGH WM 83, 836; *Lutter*/Hommelhoff Rn. 27; Baumbach/Hueck/*Zöllner*/*Noack* Rn. 82; hierzu Rn. 58.
41 BGHZ 85, 293, 295 f.
42 Rn. 83 f.

15 a) **Formfragen, Beschlussmehrheiten und fehlerhafte Beschlüsse. aa) Beschluss.** Der Aufsichtsrat entscheidet durch Beschluss.[43] Einzelheiten zum Verfahren können u. sollten in der Satzung bzw. Geschäftsordnung geregelt werden.

16 Für die Beschlussfähigkeit kommt es nach bestrittener Meinung nicht auf eine bestimmte Anzahl anwesender Aufsichtsratsmitglieder an, es genügt vielmehr eine ordnungsgemäße Ladung.[44] Deshalb kann auch die Anwesenheit eines einzigen Aufsichtsratsmitglieds ausreichen.[45]

17 Die Entscheidungen erfordern grds. die einfache Mehrheit der erschienenen Mitglieder,[46] wobei Stimmenthaltungen nicht mitgezählt werden.[47] Die Satzung u. die Geschäftsordnung können andere Quoren vorsehen oder etwa dem Vorsitzenden ein Entscheidungsrecht einräumen.[48] Konkludente oder stillschweigende Beschlüsse sind nicht möglich, sie müssen stets ausdrücklich erfolgen.[49] Das Gebot der ausdrücklichen Beschlussfassung verhindert aber nicht vollständig die Möglichkeit der Auslegung des Inhalts des Beschlusses.[50] Die Stimmabgabe selbst kann schriftlich geschehen und in einer geheimen Abstimmung.[51] Es empfiehlt sich, in die Satzung oder Geschäftsordnung eine Regelung aufzunehmen, nach der der Vorsitzende das Beschlussergebnis gesondert feststellt u. in ein Beschlussbuch einträgt.[52]

18 Außerhalb der Pflichtsitzungen müssen die Beschlüsse nicht zwingend in Sitzungen, also Versammlungen oder vergleichbaren Videokonferenzen, getroffen werden. Die Abstimmung kann vorbehaltlich anderslautender Satzungs- oder Geschäftsordnungsbestimmungen u. des Widerspruchs einzelner Aufsichtsratsmitglieder auch über andere Kommunikationswege erfolgen. Gleiches gilt für eine gemischte Abstimmung körperlich anwesender u. abwesender Aufsichtsratsmitglieder. Eine Beteiligung der abwesenden Aufsichtsratsmitglieder per Videokonferenz ist stets möglich, die Beteiligung

43 Vgl. BGH NZG 13, 792 Tz 22.
44 Baumbach/Hueck/*Zöllner/Noack* Rn. 88; Ulmer/*Raiser/Heermann* Rn. 77; *Lutter*/Hommelhoff Rn. 31; *Rohde*, GmbHR 07, 1128, 1132; *Wicke* Rn. 4; aA *Lutter*/Krieger, Rechte und Pflichten des Aufsichtsrats, Rn. 1220; Scholz/*Schneider* Rn. 407; *Rotthege*, Beratung der GmbH, Kap I Rn. 19.
45 BeckHdbGmbH/*Müller*, § 6 Rn. 39; BeckOK/*Jaeger* Rn. 50; aA Scholz/*Schneider* Rn. 407 (mind. 3 Mitglieder); *Rotthege*, Beratung der GmbH, Kap I Rn. 19.
46 OLG München NZG 15, 706 Tz 28; Scholz/*Schneider* Rn. 425; MünchHdb-GmbH/*Marsch-Barner/Diekmann*, § 48 Rn. 72; Baumbach/Hueck/*Zöllner/Noack* Rn. 88; *Lutter*/Hommelhoff Rn. 91; BeckHdbGmbH/*Müller*, § 6 Rn. 39.
47 BGHZ 83, 35, 36; Ulmer/*Raiser/Heermann* Rn. 79; Scholz/*Schneider* Rn. 425; *Lutter*/Hommelhoff Rn. 91.
48 BeckHdbGmbH/*Müller*, § 6 Rn. 39; Scholz/*Schneider* Rn. 425 f.
49 BGHZ 10, 187, 194; 41, 282, 286; Scholz/*Schneider* Rn. 406; Ulmer/*Raiser/Heermann* Rn. 78; vertiefend *Lutter*/Hommelhoff Rn. 31.
50 OLG München ZIP 13, 210 Tz 20.
51 Ulmer/*Raiser/Heermann* Rn. 78; *Lutter*/Hommelhoff Rn. 92; Scholz/*Schneider* Rn. 407, 427; Hoffmann/*Preu*, Der Aufsichtsrat, Rn. 424; aA Baumbach/Hueck/*Zöllner/Noack* Rn. 88; vgl. auch *Meier*, DStR 96, 385.
52 *Lutter*/Hommelhoff Rn. 91.

über andere Kommunikationsmittel nur bei entspr. interner Vorgabe oder bei fehlendem Widerspruch.[53]

Grds. kann jedes Aufsichtsratsmitglied an der Abstimmung teilnehmen. Nach dem allg. – u. zwingenden[54] – körperschaftlichen Grundsatz der § 34 BGB, § 47 IV ist ein Aufsichtsratsmitglied dann nicht stimmberechtigt, wenn über die Vornahme eines Rechtsgeschäfts mit ihm oder die Einleitung oder Erledigung eines Rechtsstreits zwischen ihm u. der Gesellschaft Beschluss gefasst wird.[55] Ob es weitere – ungeschriebene – Stimmverbote wegen Interessenkollisionen gibt, etwa bei der Wahl eines Aufsichtsratsmitglieds zum Geschäftsführer, ist umstritten.[56] 19

bb) Stellvertretung und Stimmbote. Eine Stellvertretung bei der Stimmabgabe durch andere Aufsichtsratsmitglieder oder durch Dritte ist nach Maßgabe der Satzung möglich.[57] Die Einschaltung eines Stimmboten wird verschiedentlich mit dem Hinweis auf den Grundsatz der gemeinschaftlichen Willensbildung während der Aufsichtsratssitzung abgelehnt,[58] andere bejahen die Möglichkeit der Einsetzung eines Stimmboten.[59] Nach § 108 III AktG ist der Stimmbote für den aktienrechtlichen Aufsichtsrat ausdrücklich zugelassen. An die Stimmabgabe eines fakultativen Aufsichtsrats einer GmbH sollten aber keine höheren Anforderungen gestellt werden, als an den obligatorischen Aufsichtsrat einer AG. Die strukturellen Besonderheiten der GmbH rechtfertigen diesen Schluss nicht. Deswegen kann Stimmbote jedes andere Aufsichtsratsmitglied sein sowie jeder Dritte, soweit die Satzung dies zulässt.[60] 20

cc) Beschlussmängel. Beschlussmängel können je nach Schwere des Verstoßes zur Nichtigkeit des Beschlusses führen. IE ist vieles umstritten. Es ist zu unterscheiden zwischen der Unwirksamkeit der Stimmabgabe u. inhaltlichen Mängeln sowie Verfahrensmängeln: 21

Unwirksame Stimmabgabe. Bei Beschlussfassung unter unwirksamer Stimmabgabe ist zu unterscheiden: Hat sich die unwirksam abgegebene Stimme auf das Beschlussergebnis ausgewirkt, ist der Beschluss nichtig; ansonsten ist der Beschluss gültig.[61] Die unwirksame Stimmabgabe kann durch die nachträgliche Abgabe einer gültigen Stimme geheilt werden.[62] 22

---

53 Baumbach/Hueck/*Zöllner/Noack* Rn. 83; Scholz/*Schneider* Rn. 428; diff. Ulmer/*Raiser/Heermann* Rn. 75.
54 HM Ulmer/*Raiser/Heermann* Rn. 79 mwN; Bork/Schäfer/*Rieble* Rn. 131.
55 *Lutter*/Hommelhoff Rn. 97 a.
56 Zust. Baumbach/Hueck/*Zöllner/Noack* Rn. 89; *Ulmer*, NJW 82, 2288, 2289; BeckHdbGmbH/*Müller*, § 6 Rn. 40 (in Extremfällen); abl.: Ulmer/*Raiser/Heermann* Rn. 79; Scholz/*Schneider* Rn. 415; *Mertens*, ZGR 83, 203 ff.; *Wilhelm*, NJW 83, 912, 912 f.
57 Anders beim obligatorischen Aufsichtsrat, vgl. unten Rn. 154.
58 Ulmer/*Raiser/Heermann* Rn. 76.
59 *Lutter*/Hommelhoff Rn. 29; Scholz/*Schneider* Rn. 398; vgl. BeckHdbGmbH/*Müller*, § 6 Rn. 39; BeckOK/*Jaeger* Rn. 53.
60 Ebenso Scholz/*Schneider* Rn. 428; BeckHdbGmbH/*Müller*, § 6 Rn. 39.
61 *Lutter*/Hommelhoff Rn. 95; Ulmer/*Raiser/Heermann* Rn. 80; Scholz/*Schneider* Rn. 432; vgl. Bork/Schäfer/*Rieble* Rn. 133.
62 Ulmer/*Raiser/Heermann* Rn. 80.

Ein fehlerhaft festgestelltes Beschlussergebnis kann mittels Feststellungsklage korrigiert werden.[63]

23 **Inhalts- u. Verfahrensmängel.** Verstößt der Inhalt eines Beschlusses oder die Art u. Weise seines Zustandekommens gegen das Gesetz, die Satzung oder die guten Sitten, ist er nach hM nichtig.[64] Gleiches soll auch für einen Verstoß gegen eine bindende Weisung der Gesellschafter gelten.[65] Daneben werden die Heilung eines unwirksamen Beschlusses durch nachträgliche Zustimmung oder alternativ durch unterlassenen Widerspruch, die Anwendung der §§ 241 ff. AktG[66] sowie eine nachträgliche Anfechtungsmöglichkeit des zunächst wirksamen Beschlusses ggü. dem Aufsichtsratsvorsitzenden[67] vertreten. Die analoge Anwendung der einschränkenden Voraussetzungen der §§ 241 ff. AktG kommt nach Auffassung des BGH nicht in Betracht.[68]

24 Ein Nichtigkeitsgrund liegt vor, wenn der Beschluss unter erheblichen Verfahrensmängeln zustande gekommen ist. Ein solcher Verfahrensverstoß ist etwa bei einem unrechtmäßigen Ausschluss eines Mitglieds von der Abstimmung[69] gegeben, wenn das Aufsichtsratsmitglied nicht nachträglich auf seine Rüge verzichtet.[70] Ebenfalls nichtig ist ein Beschluss, der unter unzureichender Information der Aufsichtsratsmitglieder zustande gekommen ist, etwa weil der Gegenstand nicht auf der Tagesordnung bezeichnet wurde oder die Überlegungsfrist dazu zu kurz bemessen war. Etwas anderes gilt jedoch, wenn kein Aufsichtsratsmitglied dem Beschluss widerspricht.[71] Auch ein gemeinsamer Beschluss von Aufsichtsrat u. Geschäftsführung ist nichtig.[72] Nichtig sind zudem Beschlüsse, die durch ein beschlussunfähiges Gremium zustande kommen; dasselbe gilt für solche Beschlüsse, die ohne Sitzung gefasst werden, es sei denn, es existiert eine anderslautende Satzungs- oder Geschäftsordnungsregelung.[73]

---

63 Baumbach/Hueck/*Zöllner/Noack* Rn. 90; Ulmer/*Raiser/Heermann* Rn. 80; BeckHdbGmbH/*Müller*, § 6 Rn. 42.

64 BGHZ 122, 342, 351; 124, 111, 125; 135, 244, 247; AG 94, 124; OLG Frankfurt BB 85, 1286, 1287; Baumbach/Hueck/*Zöllner/Noack* Rn. 91; Scholz/*Schneider* Rn. 437; *Lutter*/Hommelhoff Rn. 94, 96; Ulmer/*Raiser/Heermann* Rn. 81; *Falkner*, GmbHR 08, 458, 459; BeckHdbGmbH/*Müller*, § 6 Rn. 43; BeckOK/*Jaeger* Rn. 57; aA *Baums*, ZGR 83, 300, 305; *Kindl*, AG 93, 153.

65 BeckHdbGmbH/*Müller*, § 6 Rn. 43.

66 OLG Hamburg ZIP 92, 1310; *Baums*, ZGR 83, 300, 303; BGHZ 122, 342, 347 ff.; 124, 111, 115; 135, 244, 247; *Kindl*, AG 93, 153 ff.; Scholz/*Schneider* Rn. 436 f.; *Lutter*/Hommelhoff Rn. 96; Baumbach/Hueck/*Zöllner/Noack* Rn. 95.

67 *Lutter*/Hommelhoff Rn. 96.

68 BGHZ 135, 244, 247; 122, 342, 347.

69 Baumbach/Hueck/*Zöllner/Noack* Rn. 93.

70 Baumbach/Hueck/*Zöllner/Noack* Rn. 93.

71 OLG Stuttgart WM 85, 600, 601 f.; LG Düsseldorf AG 95, 333; Baumbach/Hueck/*Zöllner/Noack* Rn. 93; BeckHdbGmbH/*Müller*, § 6 Rn. 44; Ulmer/*Raiser/Heermann* Rn. 67.

72 OLG Schleswig ZfgG 69, 89; Baumbach/Hueck/*Zöllner/Noack* Rn. 93; *Baums*, ZGR 83, 314, 323 f.

73 Baumbach/Hueck/*Zöllner/Noack* Rn. 93; MünchHdbAG/*Hoffmann-Becking*, § 31 Rn. 110; BeckHdbGmbH/*Müller*, § 6 Rn. 44.

Die Beteiligung Dritter an einer Sitzung des Aufsichtsrats führt hingg. nicht ohne Weiteres zur Nichtigkeit der dort gefassten Beschlüsse.[74] Selbst wenn Dritte an der Abstimmung teilgenommen haben sollten, begründet dies nur dann die Nichtigkeit, wenn ihre Stimme Einfluss auf das Ergebnis hatte.[75] Gleiches gilt, wenn der Aufsichtsrat nicht mit der satzungsmäßig vorgesehenen Anzahl an Mitgliedern besetzt war. Der Mangel muss sich also auf das Ergebnis der Abstimmung auswirken.[76] Deshalb schadet auch eine mangelhafte Ladung nicht, wenn trotzdem alle Aufsichtsratsmitglieder erscheinen u. an der Abstimmung teilnehmen.[77] Der Mangel der Ladung eines Aufsichtsratsmitglieds wird ebenfalls unbeachtlich, wenn dieses Mitglied noch in der Sitzung oder nachträglich dem Beschluss zustimmt.[78] Verfahrensverstöße können durch nachträgliche Zustimmung des betroffenen Aufsichtsratsmitglieds also regelmäßig geheilt werden.[79] 25

Die gerichtliche Geltendmachung der Nichtigkeit erfolgt durch Feststellungsklage gegen die Gesellschaft.[80] Bei Klageabweisung wirkt die Entscheidung nur inter partes, bei Feststellung der Nichtigkeit wirkt die Entscheidung aus Gründen der Rechtssicherheit inter omnes.[81] Klagebefugt sind sämtliche Mitglieder des Aufsichtsrats u. jeder Geschäftsführer, soweit sie in ihren jeweiligen Funktionen tätig werden.[82] Die Gesellschafter sind regelmäßig ebenfalls klagebefugt.[83] Die Klagebefugnis wird jedoch sowohl persönlich durch die „sachgerechte Bestimmung des erforderlichen Rechtsschutzinteresses“ als auch zeitlich durch einen „angepassten Einsatz des Rechtsinstituts der Verwirkung“ eingeschränkt.[84] 26

b) Die Einrichtung des Aufsichtsrats und die Regelung seiner Rechtsverhältnisse. aa) Die Einrichtung und Abschaffung des fakultativen Aufsichtsrats. Die Einrichtung eines Aufsichtsrats als Gesellschaftsorgan ist nur durch oder aufgrund Gesellschaftsvertrag möglich.[85] Dies erfordert eine entspr. Bestimmung im Gründungsvertrag oder nach der Gründung eine Satzungsänderung.[86] Auch die Abschaffung des Aufsichtsrats bedarf eines satzungsändernden Beschlusses.[87] Einrichtung u. Abschaffung ohne Änderung der Satzung ist dag, weil satzungsdurchbrechend, unwirksam.[88] Die 27

---

74 BGHZ 47, 341, 349 f. (für die AG); Ulmer/*Raiser/Heermann* Rn. 85; Baumbach/Hueck/*Zöllner/Noack* Rn. 92; vgl. auch Scholz/*Schneider* Rn. 438.
75 BGHZ 12, 327, 331; Ulmer/*Raiser/Heermann* Rn. 85; Baumbach/Hueck/*Zöllner/Noack* Rn. 93; BeckHdbGmbH/*Müller*, § 6 Rn. 44.
76 Ulmer/*Raiser/Heermann* Rn. 85.
77 Baumbach/Hueck/*Zöllner/Noack* Rn. 94; BeckHdbGmbH/*Müller*, § 6 Rn. 44; Ulmer/*Raiser/Heermann* Rn. 85.
78 Ulmer/*Raiser/Heermann* Rn. 85.
79 Baumbach/Hueck/*Zöllner/Noack* Rn. 92.
80 *Lutter*/Hommelhoff Rn. 97; BeckOK/*Jaeger* Rn. 58; *Rotthege*, Beratung der GmbH, Kap I Rn. 20; Ulmer/*Raiser/Heermann* Rn. 82, 84.
81 BGHZ 122, 342, 350 f.; Ensthaler/Füller/*Schmidt* Rn. 43.
82 Scholz/*Schneider* Rn. 439; *Rotthege*, Beratung der GmbH, Kap I Rn. 20; Ulmer/*Raiser/Heermann* Rn. 83.
83 Ulmer/*Raiser/Heermann* Rn. 83.
84 BGHZ 134, 351; Ulmer/*Raiser/Heermann* Rn. 82.
85 S. o. Rn. 6; Bork/Schäfer/*Rieble* Rn. 7.
86 KG GmbHR 16, 29, 30 f.
87 Ulmer/*Raiser/Heermann* Rn. 26.
88 BGH GmbHR 84, 72, 73.

Gesellschafter können daher nicht durch schlichten Wahlbeschluss, auch nicht mit satzungsändernder Mehrheit, einen Aufsichtsrat schaffen.

28 **bb) Die statutarische oder außerstatutarische Regelung der Rechtsverhältnisse des Aufsichtsrats.** Für den fakultativen Aufsichtsrat gelten als Mindeststandard die gem. Abs. 1 für entspr. anwendbar erklärten Vorschriften des AktG, sofern der Gesellschaftsvertrag insofern nichts Anderes bestimmt. Damit hat der Gesetzgeber zugleich klargestellt, dass von den aktienrechtlichen Rechtsverhältnissen, die aufgrund Verweisung subsidiär gelten, nur statutarisch abgewichen werden kann.[89] Dieses aufgrund Verweisung geltende aktiengesetzliche Mindestprogramm enthält jedoch nur partielle Regelungen zu den Rechtsverhältnissen des Aufsichtsrats. Die subsidiäre Geltung der inneren Ordnung des Aufsichtsrats, die für den Aufsichtsrat des AktG in den §§ 107–110 AktG geregelt ist, schreibt das Gesetz auch bei Fehlen gesellschaftsvertraglicher Bestimmungen nicht vor. Auch für die Amtszeit der Aufsichtsratsmitglieder sowie für atypische Bestellungs- u. Abbestellungsformen fehlen Verweisungen auf das AktG. Soweit das Gesetz keine subsidiäre Geltung aktienrechtlicher Bestimmungen anordnet, können die Gesellschafter die Rechtsverhältnisse des fakultativen Aufsichtsrats daher dem Wortlaut nach auch außerhalb des Gesellschaftsvertrages durch Erlass einer Geschäftsordnung im Beschlusswege regeln.[90] Schweigen Gesellschaftsvertrag u. Bestellungsbeschluss etwa zur Amtszeit der Aufsichtsratsmitglieder, sind diese grds. auf Dauer bestellt.[91] Für die Abberufung ist dann eine Dreiviertelmehrheit[92] erforderlich, weil hierdurch vom gesellschaftsvertraglichen Regelungsplan abgewichen wird (arg §§ 52, 103 I S. 2 AktG). Richtiger Ansicht nach genügt für eine Abberufung aus wichtigem Grund jedoch eine einfache Mehrheit, da das Recht hierzu keiner ausdrücklichen gesellschaftsvertraglichen Regelung bedarf, sondern für Dauerschuldverhältnisse jeder Art gilt.[93]

29 Eine generelle Grenze zwischen den nur gesellschaftsvertraglich regelbaren Rechtsangelegenheiten des Aufsichtsrats u. denjenigen, die auch im Beschlusswege erfolgen können, ist jedoch nur schwer zu ziehen. Gerichtliche Entscheidungen hierzu sind bisher vereinzelt geblieben. Die Kommentarliteratur vermittelt zu dieser Frage kein einheitliches Bild, sofern sie diese überhaupt anspricht. Bei der Beantwortung der Frage ist zunächst festzuhalten, dass die GmbH nach dem gesetzlichen Leitbild als Organe nur die Geschäftsführung u. die Gesellschafter/Gesellschafterversammlung kennt. Die Schaffung jedes weiteren Gesellschaftsorgans ändert damit die gesetzestypische Gesellschaftsverfassung u. führt außerdem zu Kompetenzverlagerungen. Dies ist nur durch Gesellschaftsvertrag oder durch dessen Änderung möglich, wovon das Gesetz in § 52 auch ausgeht.[94]

30 Außerdem ordnet das Gesetz für den Fall, dass der Gesellschaftsvertrag zu bestimmten Kompetenzzuweisungen, Fragen der Zusammensetzung u. der

89 Vgl. *Lutter*/Hommelhoff Rn. 3.
90 Scholz/*Schneider* Rn. 75 f.
91 *Lutter*/Hommelhoff Rn. 8; Ulmer/*Raiser*/*Heermann* Rn. 48.
92 Ulmer/*Raiser*/*Heermann* Rn. 50; Baumbach/Hueck/*Zöllner*/*Noack* Rn. 47.
93 Scholz/*Schneider* Rn. 289; *Lutter*/Hommelhoff Rn. 9.
94 *Lutter*/Hommelhoff Rn. 3; Scholz/*Schneider* Rn. 59.

Rechtsverhältnisse der Mitglieder schweigt, die subsidiäre Geltung bestimmter aktiengesetzlicher Regelungen an. Damit ist klargestellt, dass diese Regelungen, soweit sie passen, nur dann zurücktreten, wenn sie durch eine gesellschaftsvertragliche Regelung abbedungen werden.[95] Aber auch aus Gründen der innen- u. außenrechtlichen Klarheit ist im Bereich dieser ausdrücklichen Verweisungen eine andersartige Ausgestaltung nur durch Gesellschaftsvertrag möglich. Darüber hinaus sind zumindest zu den Fragestellungen, die den Rechtsverkehr berühren, gesellschaftsvertragliche Regelungen zu verlangen, wenn atypische Gestaltungen vorgenommen werden. Insofern kann mit der hM festgehalten werden, dass der fakultative Aufsichtsrat in seiner Existenz, seiner Zusammensetzung u. seinen Kompetenzen ausschließlich durch die Satzung definiert wird.[96] Demggü. können die Gesellschafter die innere Ordnung des Aufsichtsrats auch im Beschlusswege regeln oder dem Aufsichtsrat selbst den Erlass einer Geschäftsordnung überlassen. Dass der Gesetzgeber insofern nur auf § 110 AktG verweist, spricht ebenso hierfür wie die Tatsache, dass die innere Ordnung die Interessen des Rechtsverkehrs jedenfalls nicht unmittelbar berührt u. infolgedessen statutarische Klarheit ggü. jedermann nicht erforderlich ist.

3. Zusammensetzung des Aufsichtsrats

a) Größe und Zusammensetzung. Es bestehen keine gesetzlichen Vorgaben hins der Größe u. Zusammensetzung des Aufsichtsrats. Die Gesellschafter können die Anzahl der Aufsichtsratsmitglieder vielmehr frei in der Satzung festlegen.[97] Die Satzung kann die Bestimmung der Mitgliederzahl auch der Gesellschafterversammlung (durch einfachen Beschluss) oder inzident durch den Bestellungsakt überlassen.[98] Auch hins der Zusammensetzung bleibt es der Satzung vorbehalten, entspr. Regelungen zu treffen. Wählbar sind Gesellschafter u. Dritte. Dazu zählen auch Arbeitnehmer der Gesellschaft.[99] Fehlt eine Satzungsbestimmung, gelten die Vorgaben des § 95 I AktG, wonach der Aufsichtsrat aus 3 Mitgliedern besteht.[100] 31

Eine Mindestgröße gibt es nicht. Nach hM kann die Satzung sogar vorsehen, dass der Aufsichtsrat nur über ein Mitglied verfügt.[101] Der Aufsichtsrat qualifiziert sich nämlich nicht über die Anzahl seiner Mitglieder, sondern über seine Funktion, also in erster Linie die Überwachung der Geschäftsführung. Terminologische Bedenken, nach denen der Begriff „Aufsichtsrat" aus Sicht des Rechtsverkehrs auf ein Kollegialorgan mit mehre- 32

95 *Lutter*/Krieger, Rechte und Pflichten des Aufsichtsrats, Rn. 1185 ff.
96 *Lutter*/Hommelhoff Rn. 3.
97 Ulmer/*Raiser/Heermann* Rn. 28; BeckHdbGmbH/*Müller*, § 6 Rn. 30; Bork/Schäfer/*Rieble* Rn. 92; Gehrlein/Ekkenga/Simon/*Nießen* Rn. 21 f.; *Böttcher*, NZG 12, 809, 811.
98 Baumbach/Hueck/*Zöllner/Noack* Rn. 32; BeckHdbGmbH/*Müller*, § 6 Rn. 30.
99 Ulmer/*Raiser/Heermann* Rn. 29; Baumbach/Hueck/*Zöllner/Noack* Rn. 33; BeckHdbGmbH/*Müller*, § 6 Rn. 31.
100 Baumbach/Hueck/*Zöllner/Noack* Rn. 32; Ulmer/*Raiser/Heermann* Rn. 28; *Brauer*, in: Bormann/Kauka/*Ockelmann*, HdB GmbHR, Kap. 8 Rn. 19.
101 RGZ 82, 386, 388; Ulmer/*Raiser/Heermann* Rn. 28; Baumbach/Hueck/*Zöllner/Noack* Rn. 32; Roth/*Altmeppen* Rn. 7; Michalski/*Heyder* Rn. 70; Scholz/*Schneider* Rn. 208; Bork/Schäfer/*Rieble* Rn. 92.

ren Mitgliedern schließen lässt,[102] müssen dahinter zurücktreten. Andernfalls würde es kleinen u. mittleren Gesellschaften mbH erheblich erschwert, einen Aufsichtsrat einzurichten u. der Überwachungszweck wäre konterkariert.

33 Die Zahl der Aufsichtsratsmitglieder ist auch nicht nach oben begrenzt. Sie muss weder ungerade noch durch 3 teilbar sein, da § 52 nicht auf § 95 S. 3 AktG verweist.[103] Bestellen die Gesellschafter allerdings eine im Verhältnis zur Größe des Unternehmens unangemessen hohe Zahl an Aufsichtsratsmitgliedern, kann ein Verstoß gegen die gesellschaftsrechtliche Treuepflicht vorliegen.[104] Die Beurteilung der Angemessenheit richtet sich wie bei der Vergütung danach, inwieweit durch die Maßnahme in die Vermögensrechte der Gesellschafter eingegriffen wird. Von einer Unangemessenheit kann deshalb ausgegangen werden, wenn die Größe des Aufsichtsrats das Unternehmen erheblich finanziell belastet, weil die Aufsichtsratsmitglieder vergütet oder strukturell überfordert oder weil unternehmensangehörige Aufsichtsratsmitglieder von ihrer Arbeit freigestellt werden müssen. Wählen die Gesellschafter entgg. der Satzung oder § 95 I AktG eine höhere Anzahl an Mitgliedern, ist die Wahl anfechtbar.[105]

34 **b) Anforderungen an die Person des Aufsichtsratsmitglieds. aa) Gesetzliche Anforderungen und Disponibilität.** Das Gesetz stellt eine Reihe positiver u. negativer Anforderungen an die Person des Aufsichtsratsmitglieds. Grundvoraussetzung ist gem. Abs. 1 iVm § 100 I 1 AktG, dass es sich um eine natürliche, unbeschränkt geschäftsfähige Person handelt. Davon kann nach hM auch nicht durch Satzungsregelung abgewichen werden.[106]

35 Nach Abs. 1 iVm § 105 I AktG darf ein Aufsichtsratsmitglied nicht zugleich Geschäftsführer, dessen dauernder Stellvertreter, Prokurist oder Gesamthandlungsbevollmächtigter der GmbH sein. Inwieweit diese Bestimmung zur Disposition der Gesellschafter steht, ist umstritten.[107] Die Unvereinbarkeit wird zT mit dem zwingenden Grundsatz, dass sich niemand selbst kontrollieren kann, begründet.[108] ZT wird die Regelung aber auch mit Verweis auf die unterschiedlichen Strukturen von AG u. GmbH[109] u. den internationalen Erfahrungen mit der Verklammerung von Geschäfts-

---

102 *Lutter*/Hommelhoff Rn. 5.
103 Baumbach/Hueck/*Zöllner/Noack* Rn. 32; Scholz/*Schneider* Rn. 208; Ulmer/*Raiser/Heermann* Rn. 28.
104 Baumbach/Hueck/*Zöllner/Noack* Rn. 32; Ulmer/*Raiser/Heermann* Rn. 28.
105 BeckOK/*Jaeger* Rn. 7; Ulmer/*Raiser/Heermann* Rn. 28.
106 BGHZ 36, 296, 311 (für die AG); Ulmer/*Raiser/Heermann* Rn. 30; *Lutter*/Hommelhoff Rn. 11; *Rotthege*, Beratung der GmbH, Kap I Rn. 7; Michalski/*Heyder* Rn. 58; aA Baumbach/Hueck/*Zöllner/Noack* Rn. 34; Gehrlein/Ekkenga/Simon/*Nießen* Rn. 24; Scholz/*Schneider* Rn. 254; BeckHdbGmbH/*Müller*, § 6 Rn. 31.
107 Bork/Schäfer/*Rieble* Rn. 96; *Lutter*/Hommelhoff Rn. 11 mwN.
108 *Rotthege*, Beratung der GmbH, Kap I Rn. 7; vgl. auch OLG Frankfurt GmbHR 82, 159, 160; OLG Frankfurt DB 87, 85; Baumbach/Hueck/*Zöllner/Noack* Rn. 28, 39, die die Regelung zumindest hins der Geschäftsführer für zwingend halten.
109 Scholz/*Schneider* Rn. 256, wonach die GmbH-Gesellschafter aufgrund der umfassenden Informationsrechte weniger schutzbedürftig sind u. für eine funktionsfähige Überwachung lediglich die Mehrheit der Aufsichtsratsmitglieder nicht zugleich Geschäftsführer sein dürfte.

führung u. Kontrolle[110] für disponibel gehalten. Die vorübergehende Abordnung von Aufsichtsratsmitgliedern in die Geschäftsführung ist hingg. entspr. § 105 II AktG unstr. möglich.

Von der Mitgliedschaft im Aufsichtsrat sind auch gesetzliche Vertreter abhängiger Unternehmen ausgeschlossen, Abs. 1 iVm § 100 II Nr. 2 AktG. Ob von dieser Regelung durch Satzungsbestimmungen abgewichen werden kann, ist umstritten. Während sie zT als "unverzichtbares Seriositätserfordernis der Unternehmenskontrolle" angesehen wird,[111] halten ihr andere die Disponibilität der Verweisung des Abs. 1 u. den fakultativen Charakter des Instituts des GmbH-Aufsichtsrats entgg.[112] Unstr. möglich ist jedoch die Mitgliedschaft gesetzlicher Vertreter des herrschenden Unternehmens im Aufsichtsrat des abhängigen Unternehmens.[113] Dabei kann sogar der gesamte Aufsichtsrat des beherrschten Unternehmens durch Organmitglieder des herrschenden Unternehmens besetzt werden.[114] Da Abs. 1 nicht auf § 100 II 1 Nr. 3 AktG verweist, sind auch sog. Überkreuzverflechtungen möglich.[115] Deshalb kann GmbH-Aufsichtsratsmitglied auch der gesetzliche Vertreter einer anderen Kapitalgesellschaft sein, in deren Aufsichtsrat ein Geschäftsführer der GmbH angehört.[116] 36

Die Mitgliedschaft in mehr als 10 obligatorischen Aufsichtsräten in Handelsgesellschaften schadet nicht. Auf die Begrenzung des § 100 II 1 Nr. 1 AktG verweist § 52 nicht. Den Gesellschaftern steht es aber frei, entspr. Regelungen in die Satzung aufzunehmen.[117] Die Organstellung in einem konkurrierenden Unternehmen oder eigene Wettbewerbstätigkeit stehen der Bestellung in den Aufsichtsrat nicht zwingend entgg.[118] Eine solche Wahl kann im Einzelfall anfechtbar sein u. zur Abberufung aus wichtigem Grund berechtigen.[119] 37

bb) Anforderungen durch das Gesetz für die gleichberechtigte Teilhabe von Frauen und Männern an Führungspositionen in der Privatwirtschaft und im öffentlichen Dienst (GlTeilhG)? Die Regelungen in Abs. 2 gelten ihrem Wortlaut nach lediglich für den obligatorischen Aufsichtsrat nach 38

110 Ulmer/*Raiser/Heermann* Rn. 36, die auch auf die Gleichbehandlung des deutschen Aufsichtsratssystems u. des angloamerikanischen Board-Systems iRd europäischen Gesellschaftsrechts, etwa bei der SE, verweisen. Sie sprechen sich allerdings für eine „vermittelnde Lösung" aus, nach der nur eine partielle Personalunion möglich ist.
111 Baumbach/Hueck/*Zöllner/Noack* Rn. 36 mwN.
112 Ulmer/*Raiser/Heermann* Rn. 32; Scholz/*Schneider* Rn. 260.
113 Scholz/*Schneider* Rn. 207; Ulmer/*Raiser/Heermann* Rn. 33; Baumbach/Hueck/*Zöllner/Noack* Rn. 37; *Lutter*/Hommelhoff Rn. 11.
114 Baumbach/Hueck/*Zöllner/Noack* Rn. 37; Ulmer/*Raiser/Heermann* Rn. 33.
115 Bork/Schäfer/*Rieble* Rn. 95.
116 Ulmer/*Raiser/Heermann* Rn. 33.
117 Baumbach/Hueck/*Zöllner/Noack* Rn. 35; Ulmer/*Raiser/Heermann* Rn. 31.
118 S. auch Rn. 101 f.; BGHZ 39, 116, 123; Scholz/*Schneider* Rn. 261; Ulmer/*Raiser/Heermann* Rn. 33; Baumbach/Hueck/*Zöllner/Noack* Rn. 38; aA *Lutter*/Hommelhoff Rn. 11.
119 BGHZ 39, 116, 123; Scholz/*Schneider* Rn. 261; Ulmer/*Raiser/Heermann* Rn. 33; aA *Lutter*, ZHR 81, 224, 237; *Lutter*/Hommelhoff Rn. 11: Beschluss ist bei fehlender Zustimmung einzelner Gesellschafter nichtig.

DrittelbG u. MitbestG (s. → Rn. 121 ff.). Für fakultative Aufsichtsräte sind keine Zielgrößen oder Quoten festzulegen.[120]

39 cc) **Weitere Anforderungen durch Satzungsbestimmungen.** Den Gesellschaftern steht es frei, in der Satzung weitere Anforderungen an die Person des Aufsichtsratsmitglieds zu vereinbaren. Dazu zählen etwa fachliche Qualifikationen, bestimmte Familienzugehörigkeiten oder eine bestimmte Nationalität.[121] Auch die Frage, inwieweit die Tätigkeit in einem Konkurrenzunternehmen die Wählbarkeit beeinflusst, kann in der Satzung geregelt werden.[122] Als Instrument der betrieblichen Mitbestimmung bietet sich an, die Übertragung einer bestimmten Anzahl der Aufsichtsratssitze an die Arbeitnehmer sowie die Anforderungen an diese in der Satzung festzulegen.[123] Weiterhin kann der Gesellschaftsvertrag eine Regelung hins des Alters der Aufsichtsräte vorsehen. Dabei sind jedoch die Vorgaben des AGG zu beachten.[124] Ein Mindestalter wird als unschädlich angesehen, ein Höchstalter insoweit, als es mit dem gesetzlichen Renteneintrittsalter übereinstimmt.[125]

40 dd) **Besonderheiten bei der kapitalmarktorientierten GmbH.** Mit dem Bilanzrechtsmodernisierungsgesetz wurden im Jahr 2009 besondere Anforderungen an den Aufsichtsrat einer kapitalmarktorientierten Gesellschaft iSv § 264 d HGB eingeführt. Erforderlich ist in solchen Fällen gem. Abs. 1 iVm § 100 V AktG, dass ein unabhängiges Mitglied des Aufsichtsrats über Sachverstand in den Gebieten der Rechnungslegung oder Abschlussprüfung verfügt.[126] Für die Beurteilung der Unabhängigkeit ist der Maßstab heranzuziehen, der für die Besorgnis der Befangenheit gilt.[127] Der Unabhängigkeit können deshalb sämtliche Beziehungen geschäftlicher, persönlicher oder finanzieller Art zu der Geschäftsführung entgegenstehen.[128] Entscheidend ist die Beurteilung des Einzelfalls, losgelöst vom formalen Verbot des § 105 AktG.[129] Den erforderlichen Sachverstand in Rechnungslegung oder Abschlussprüfung haben nicht nur Steuerberater oder Wirtschaftsprüfer, sondern bspw. auch Finanzvorstände, fachkundige Mitarbeiter, Analysten etc[130] Die Sonderregelung für kapitalmarktorientierte GmbH ist durch Satzungsbestimmung abdingbar, wenn ein Prüfungsausschuss gem. § 324 HGB gebildet wird.[131]

---

120 BT-Drs. 18/3784, S. 134; Roth/*Altmeppen* Rn. 47 a.
121 S. auch *Fuhrmann*, in: GmbH-Handbuch, Rn. I 1780; Scholz/*Schneider* Rn. 265; Ulmer/*Raiser/Heermann* Rn. 38.
122 Rn. 144.
123 Ulmer/*Raiser/Heermann* Rn. 29, 38; Baumbach/Hueck/*Zöllner/Noack* Rn. 33; *Hommelhoff*, ZHR 84, 118.
124 Vgl. BGHZ 193, 110 ff. (für den Geschäftsführer).
125 Baumbach/Hueck/*Zöllner/Noack* Rn. 40 mit Verweis auf § 10 S. 3 Nr. 5 AGG; *Lutter*, BB 07, 725, 730; BeckOK/*Jaeger* Rn. 10.
126 Die Änderungen setzen die Vorgaben von Art. 41 der Abschlussprüferrichtlinie (2006/43/EG) um. S. auch Gehrlein/Ekkenga/Simon/*Nießen* Rn. 23; OLG München NZG 10, 784.
127 Begr. RegE BilMoG, BT-Drs. 16/10067, S. 101.
128 Begr. RegE BilMoG, BT-Drs. 16/10067, S. 101.
129 Begr. RegE BilMoG, BT-Drs. 16/10067, S. 102.
130 Begr. RegE BilMoG, BT-Drs. 16/10067, S. 102.
131 Begr. RegE BilMoG, BT-Drs. 16/10067, S. 106; s. auch BeckOK/*Jaeger* Rn. 11; ambivalent: *Lutter*/Hommelhoff Rn. 108.

4. Organisatorischer Rahmen der Aufsichtsratsmitgliedschaft

a) Bestellung. aa) Wahl. Die Aufsichtsratsmitglieder werden gem. Abs. 1 iVm § 101 I 1 AktG grds. von der Gesellschafterversammlung gewählt. Die Zustimmung der einfachen Mehrheit reicht gem. § 47 I aus. Alternativ können die Gesellschafter nach den Voraussetzungen des § 48 II auch schriftlich oder in Textform abstimmen. Die Satzung kann von den gesetzlichen Zuständigkeits- u. Verfahrensbestimmungen abweichen.[132] Sie kann bspw. ein Einstimmigkeitserfordernis oder eine qualifizierte Mehrheit vorsehen oder auch eine Minderheitsvertretung garantieren. Der Gesellschaftsvertrag kann diese Zuständigkeiten dem Gesellschafterausschuss oder einem Beirat zuweisen.[133] Nicht zulässig ist hingg, die Bestellung des Aufsichtsrats der Geschäftsführung zu überlassen, da dies seiner Kontrollfunktion widerspricht.[134] Etwas anderes gilt jedoch für den Gesellschafter-Geschäftsführer, der nicht von der Mitwirkung an der Bestellung ausgeschlossen ist.[135] Möglich ist auch, dem Aufsichtsrat selbst die Befugnis zur Bestellung neuer Mitglieder einzuräumen (Kooptation).[136] Die Wahl muss in einem eindeutigen Akt vorgenommen werden, eine konkludente Bestellung ist nicht möglich.[137] Die Annahme kann hingg. auch konkludent erfolgen.[138] Vertragliche Verpflichtungen der Gesellschaft ggü. Dritten hins der Berufung bestimmter Personen lassen die Wahl ebenso unberührt wie Stimmbindungsverträge.[139] 41

bb) Rechtsfolgen fehlerhafter Bestellung. Die Rechtsfolgen fehlerhafter Bestellung richten sich nach den allg. für Beschlussmängel geltenden Grundsätzen.[140] Solange eine fehlerhafte Bestellung nicht im Wege der Anfechtung des Gesellschafterbeschlusses rechtskräftig für nichtig erklärt ist, bleibt das betr. Mitglied im Amt.[141] Infolgedessen bedarf es zu diesem Zeitpunkt noch keiner gerichtlichen Notbestellung; eine solche scheidet demnach aus.[142] 42

cc) Entsendung. Die Satzung kann auch die Entsendung von Personen durch die Gesellschafter in den Aufsichtsrat vorsehen. Das Entsendungsrecht kann dabei bspw. an die Person des Gesellschafters oder auch an den 43

---

132 Bork/Schäfer/*Rieble* Rn. 98.
133 Scholz/*Schneider* Rn. 218; Baumbach/Hueck/*Zöllner/Noack* Rn. 41; *Lutter*/Hommelhoff Rn. 6; Ulmer/*Raiser/Heermann* Rn. 40.
134 Ulmer/*Raiser/Heermann* Rn. 40; Gehrlein/Ekkenga/Simon/*Nießen* Rn. 28; Baumbach/Hueck/*Zöllner/Noack* Rn. 41; BeckOK/*Jaeger* Rn. 12.
135 BeckOK/*Jaeger* Rn. 12; Baumbach/Hueck/*Zöllner/Noack* Rn. 41; Ulmer/*Raiser/Heermann* Rn. 40.
136 Scholz/*Schneider* Rn. 218; *Fuhrmann*, in: GmbH-Handbuch, Rn. I 1785; *Lutter*/Hommelhoff Rn. 6; Baumbach/Hueck/*Zöllner/Noack* Rn. 41; Ulmer/*Raiser/Heermann* Rn. 40.
137 BGH GmbHR 84, 72, 73; *Lutter*/Hommelhoff Rn. 6; Ulmer/*Raiser/Heermann* Rn. 39; weniger streng Baumbach/Hueck/*Zöllner/Noack* Rn. 41.
138 Ulmer/*Raiser/Heermann* Rn. 47; Scholz/*Schneider* Rn. 217; Roth/*Altmeppen* Rn. 10.
139 Ulmer/*Raiser/Heermann* Rn. 41 mwN.
140 Hierzu Rn. 21 ff. u. Gehrlein/Ekkenga/Simon/*Nießen* Rn. 30.
141 *Lutter*/Hommelhoff Rn. 6; BGHZ 196, 195 ff.; OLG Frankfurt ZIP 11, 24, 27; *Kort*, AR 11, 84.
142 *Lutter*/Hommelhoff Rn. 6; vgl. OLG Köln NZG 11, 508.

jeweiligen Geschäftsanteil geknüpft sein.[143] Ist es mit dem Geschäftsanteil verbunden, geht es im Fall der Veräußerung auf den Erwerber über.[144] Wenn das Entsendungsrecht als Sonderrecht ausgestaltet ist, kann es dem Gesellschafter nur aus wichtigem Grund oder mit dessen Zustimmung entzogen werden.[145] Die Beschränkungen des § 101 II AktG für die Entsendung von Aktionären in den Aufsichtsrat gelten mangels Verweises nicht.[146] Soll das Entsendungsrecht nachträglich in die Satzung aufgenommen werden, müssen alle benachteiligten Gesellschafter zustimmen, da es deren Stimmrecht verkürzt.[147]

44 Ob Nichtgesellschaftern per Satzung ein Entsendungsrecht gewährt werden kann, ist umstritten. ZT wird dies mit Verweis auf den in § 101 II 1 AktG zum Ausdruck kommenden allg. körperschaftlichen Grundsatz, dass organschaftliche Rechte zugunsten Dritter nicht in der Satzung begründet werden können, abgelehnt.[148] Die hM geht aber davon aus, dass auch Dritte das Entsendungsrecht ausüben dürfen.[149] Die Gesellschafter einer GmbH sind weniger schutzbedürftig als die Aktionäre einer AG, da sie aufgrund des personalistischen Zuschnitts der GmbH vor der Aushöhlung ihrer Entscheidungsrechte geschützt sind.[150] Umgekehrt können auch Nichtgesellschafter in den Aufsichtsrat berufen werden, so dass das Entsendungsrecht mit einer bloßen Delegierung der mitgliedschaftlichen Befugnisse vergleichbar ist.[151] Der entsendungsberechtigte Dritte unterliegt dem Gebot der Treuepflicht, da er durch die Einräumung des Entsenderechts Teilnehmer des organschaftlichen Rechte- u. Pflichtengefüges wird.[152]

45 **dd) Stellvertreter, Ersatzmitglieder, Notbestellung.** Die Satzung kann die Bestellung von Stellvertretern u. Ersatzmitgliedern mangels Verweises auf § 101 III AktG zulassen.[153] Als Stellvertreter können andere Aufsichtsratsmitglieder u. Dritte bestimmt werden.[154] Enthält die Satzung keine Vorgaben, folgt das Bestellungsverfahren dem der ordentlichen Aufsichtsratsmitglieder.[155] Eine gerichtliche Notbestellung für den Fall, dass der Aufsichts-

143 Roth/*Altmeppen* Rn. 11; Baumbach/Hueck/*Zöllner/Noack* Rn. 42; Ulmer/*Raiser/Heermann* Rn. 42.
144 Ulmer/*Raiser/Heermann* Rn. 42.
145 Baumbach/Hueck/*Zöllner/Noack* Rn. 42; Ulmer/*Raiser/Heermann* Rn. 42.
146 Scholz/*Schneider* Rn. 221; Ulmer/*Raiser/Heermann* Rn. 42; Baumbach/Hueck/*Zöllner/Noack* Rn. 42.
147 Ulmer/*Raiser/Heermann* Rn. 42; Scholz/*Schneider* Rn. 220; Baumbach/Hueck/*Zöllner/Noack* Rn. 42.
148 Baumbach/Hueck/*Zöllner/Noack* Rn. 43; vgl. RGZ 169, 65, 82 f.
149 MüKoGmbHG/*Spindler* Rn. 129; *Lutter*/Hommelhoff Rn. 6; Scholz/*Schneider* Rn. 223; *Fuhrmann*, in: GmbH-Handbuch, Rn. I 1785; Ulmer/*Raiser/Heermann* Rn. 43; Rowedder/Schmidt-Leithoff/*Koppensteiner* Rn. 9; mit Einschränkungen: Roth/*Altmeppen* Rn. 12.
150 Ulmer/*Raiser/Heermann* Rn. 43.
151 Ähnl: Ulmer/*Raiser/Heermann* Rn. 43.
152 BGHZ 36, 296, 306, 309 f.; Scholz/*Schneider* Rn. 224; Ulmer/*Raiser/Heermann* Rn. 43 f.
153 Ulmer/*Raiser/Heermann* Rn. 45; vgl. Baumbach/Hueck/*Zöllner/Noack* Rn. 44.
154 Vgl. § 52 iVm § 111 V AktG; s. auch Baumbach/Hueck/*Zöllner/Noack* Rn. 98; Scholz/*Schneider* Rn. 425; *Lutter*/Hommelhoff Rn. 29.
155 BGHZ 99, 211 (für die AG); Scholz/*Schneider* Rn. 227; Michalski/*Heyder* Rn. 83.

rat nicht über eine beschlussfähige Mitgliederzahl verfügt, ist nicht möglich.[156] Weder verweist § 52 auf § 104 AktG, der die Notbestellung bei AG regelt, noch ist die Vorschrift analog anwendbar, da die GmbH auch ohne den fakultativen Aufsichtsrat beschlussfähig bleibt, ihre Funktionsfähigkeit also nicht beeinträchtigt ist.[157] § 104 AktG hat gerade die Sicherstellung der Handlungs- u. Funktionsfähigkeit des obligatorischen Aufsichtsrats zum Ziel.[158] Es besteht kein Bedürfnis, eine gerichtliche Notbestellung zu bejahen, wenn die Einrichtung des Aufsichtsrats selbst fakultativ ist.[159] Aus den gleichen Gründen scheidet auch eine Notbestellung analog § 29 BGB aus.[160]

ee) Bekanntmachung. Über die Bestellung der Aufsichtsratsmitglieder u. Veränderungen in der Zusammensetzung des Aufsichtsrats ist das Handelsregister unverzüglich zu informieren. Die Geschäftsführer müssen zu diesem Zweck eine Liste mit den persönlichen Daten der Aufsichtsratsmitglieder einreichen, Abs. 3 S. 2. Das Registergericht gibt in der Folge bekannt, dass eine entspr. Liste eingereicht wurde, Abs. 3 S. 3. Diese Liste ist gem. § 9 HGB online beim Handelsregister einsehbar.[161] 46

b) Amtszeit. Die Amtszeit kann individuell (etwa im Bestellungsbeschluss) oder per Satzung festgelegt werden.[162] Die Befristung des § 102 AktG gilt mangels Verweises nicht. Wird keine Regelung getroffen, gilt die Bestellung für unbegrenzte Zeit.[163] Aufgrund der Mehrheitserfordernisse für Bestellung u. Abberufung empfiehlt es sich, die Amtszeit in der Satzung zu regeln.[164] Vorbehaltlich abw. Satzungsbestimmungen erfolgt die Bestellung durch einfache Mehrheit gem. § 47, während die vorzeitige Abberufung gem. Abs. 1 iVm § 103 I 2 AktG eine qualifizierte Mehrheit von drei Vierteln der abgegebenen Stimmen erfordert. Ist der Beginn der Amtszeit nicht festgelegt, fällt er auf den Zeitpunkt der Annahme der Bestellung.[165] 47

156 BayObLG ZIP 00, 1445; OLG Hamm AG 00, 476, 477; OLG Hamm NJW-RR 00, 1283, 1283 f.; Rowedder/Schmidt-Leithoff/*Koppensteiner* Rn. 8; Roth/*Altmeppen* Rn. 10; Baumbach/Hueck/*Zöllner/Noack* Rn. 45; Ulmer/*Raiser/Heermann* Rn. 46; *Hüffer*, AktG, § 104 Rn. 1; MKAktG/*Habersack*, § 104 Rn. 1; MüKoGmbHG/*Spindler* Rn. 136, der allerdings die Möglichkeit anderslautender Satzungsbestimmungen betont; Gehrlein/Ekkenga/Simon/*Nießen* Rn. 28; aA Scholz/*Schneider* Rn. 242.

157 OLG Hamm NJW-RR 00, 1283; BayObLG ZIP 00, 1445; Ulmer/*Raiser/Heermann* Rn. 46; Baumbach/Hueck/*Zöllner/Noack* Rn. 45.

158 MKAktG/*Habersack*, § 104 Rn. 1; *Hüffer*, AktG, § 104 Rn. 1; BGH NJW-RR 02, 1461, 1462; OLG Köln WM 07, 837, 838; OLG Hamm AG 00, 476, 477; OLG Hamm NJW-RR 00, 1283.

159 MKAktG/*Habersack*, § 104 Rn. 4.

160 OLG Frankfurt ZIP 14, 826; Baumbach/Hueck/*Zöllner/Noack* Rn. 45; Ulmer/*Raiser/Heermann* Rn. 46.

161 Baumbach/Hueck/*Zöllner/Noack* Rn. 140.

162 Roth/*Altmeppen* Rn. 10; Baumbach/Hueck/*Zöllner/Noack* Rn. 46; *Lutter*/Hommelhoff Rn. 8; Ulmer/*Raiser/Heermann* Rn. 48; Bork/Schäfer/*Rieble* Rn. 100.

163 BGHZ 123, 15, 18; Roth/*Altmeppen* Rn. 10; *Fuhrmann*, in: GmbH-Handbuch, Rn. I 1817; Scholz/*Schneider* Rn. 277.

164 *Lutter*/Hommelhoff Rn. 8; Ulmer/*Raiser/Heermann* Rn. 48; Baumbach/Hueck/*Zöllner/Noack* Rn. 46; MüKoGmbHG/*Spindler* Rn. 159.

165 Ulmer/*Raiser/Heermann* Rn. 49.

48 c) **Amtsbeendigung.** Vor Ablauf der Amtszeit kann die Mitgliedschaft im Aufsichtsrat durch Abberufung, Amtsniederlegung oder auf sonstige Art u. Weise enden.

49 aa) **Abberufung.** Für die **Abberufung der Aufsichtsratsmitglieder** gelten in erster Linie die entspr. Bestimmungen der Satzung. Trifft die Satzung keine Regelung, ist gem. Abs. 1 die Vorschrift des § 103 I 1 u. 2 AktG anzuwenden. Danach können Aufsichtsratsmitglieder auch vor Ablauf ihrer Amtszeit mit einer Dreiviertelmehrheit der abgegebenen Stimmen abberufen werden.[166] Ob dieses Quorum auch für eine Abberufung aus wichtigem Grund erfüllt sein muss, ist umstritten.[167] Richtigerweise genügt dafür die einfache Mehrheit, da der wichtige Grund zu einer Abberufung berechtigt, auch ohne dass dies einer ausdrücklichen gesellschaftsvertraglichen Regelung bedarf. So kann etwa auch der Geschäftsführer mit einfacher Mehrheit der abgegebenen Stimmen bei Vorliegen eines wichtigen Grundes abberufen werden.[168] Das AktG sieht in § 103 III sogar die Möglichkeit vor, durch einen Mehrheitsbeschluss des Aufsichtsrats ein gerichtliches Abberufungsverfahren aus wichtigem Grund in Gang zu setzen. Allerdings enthält § 52 weder eine vergleichbare Regelung, noch verweist er auf § 103 III AktG.[169] Liegt kein wichtiger Grund für die Abberufung vor, ist der Beschluss aber analog § 243 AktG durch die GmbH-Gesellschafter anfechtbar.[170] Eine Korrekturmöglichkeit ist also gewährleistet, die Missbrauchsgefahr minimiert.

50 Ist das zur Abberufung stehende Aufsichtsratsmitglied gleichzeitig Gesellschafter, kann es nur dann nicht an der Abstimmung über die Abberufung teilnehmen, wenn die Abberufung aus wichtigem Grund vorgenommen werden soll. Das beruht auf dem allg. Grundsatz, dass kein Gesellschafter über Maßnahmen mit abstimmen darf, die sich aus wichtigem Grund gegen ihn richten.[171] Die Abberufung erfolgt durch eine formfreie Erklärung, die bedingungsfeindlich u. empfangsbedürftig ist.[172] Ist kein anderer Zeitpunkt bestimmt, wird sie mit Zugang wirksam.[173]

51 § 52 verweist nicht auf die Regelung des § 103 II 1 AktG, der die **Abberufung entsandter Aufsichtsratsmitglieder** regelt. Dennoch wird die Vorschrift von der hM analog angewendet, so dass ein entsandtes Aufsichtsratsmitglied jederzeit von dem Entsendungsberechtigten abberufen werden

---

166 Ganz hM; aA Rowedder/Schmidt-Leithoff/*Koppensteiner* Rn. 9, der bei einer satzungsmäßig festgelegten Amtszeit einen wichtigen Grund fordert.

167 Für eine Dreiviertelmehrheit: Roth/*Altmeppen* Rn. 14; Baumbach/Hueck/*Zöllner/Noack* Rn. 47; Ulmer/*Raiser/Heermann* Rn. 50; MüKoGmbHG/*Spindler* Rn. 180. Für eine einfache Mehrheit: Rowedder/Schmidt-Leithoff/*Koppensteiner* Rn. 9; *Lutter*/Hommelhoff Rn. 9; Scholz/*Schneider* Rn. 289.

168 Scholz/*Schneider* Rn. 289; Rowedder/Schmidt-Leithoff/*Koppensteiner* Rn. 9.

169 Auch eine analoge Anwendung des § 103 III AktG u. eine entspr. Satzungsregelung scheiden aus, Baumbach/Hueck/*Zöllner/Noack* Rn. 48; *Lutter*/Hommelhoff Rn. 9; Scholz/*Schneider* Rn. 292; aA *Michalski* Rn. 151.

170 Vgl. zur Anfechtung wegen Fehlens eines wichtigen Grundes bei der Abberufung eines Geschäftsführers: Baumbach/Hueck/*Zöllner/Noack* § 38 Rn. 62 ff.

171 Ulmer/*Raiser/Heermann* Rn. 50; Baumbach/Hueck/*Zöllner/Noack* § 47 Rn. 85; Scholz/*Schneider* Rn. 290.

172 Scholz/*Schneider* Rn. 290.

173 Scholz/*Schneider* Rn. 290.

kann.[174] Liegt ein wichtiger Grund für die Abberufung vor, ist der Entsendungsberechtigte aus der gesellschaftsrechtlichen Treuepflicht sogar verpflichtet, das Aufsichtsratsmitglied abzuberufen.[175] Für den Fall, dass er das nicht tut, kann die Gesellschafterversammlung die Abberufung vornehmen.[176] Entfallen die satzungsmäßigen Voraussetzungen für die Entsendung, kann die Gesellschafterversammlung das entsandte Mitglied analog § 103 II 2 AktG durch Beschluss mit einfacher Mehrheit abberufen.[177]

Die Gesellschafter sind hins der Bestimmung des Verfahrens u. der Voraus- 52
setzungen der Abberufung weitgehend frei. Sie können durch **Satzungsregelungen** vom Gesetz abw. Quoren für die Abberufung festlegen, besondere Abberufungsvoraussetzungen für einzelne Aufsichtsratsmitglieder vorsehen oder auch Minderheitsrechte festschreiben.[178] Es empfiehlt sich, von der Satzungsfreiheit weitgehenden Gebrauch zu machen. Die Satzung kann die Möglichkeit der Abberufung aus Gründen des Verkehrsschutzes nicht vollständig ausschließen.[179]

bb) Amtsniederlegung. Das Amt endet auch, wenn das Aufsichtsratsmit- 53
glied sein Amt niederlegt. Die Amtsniederlegung erfordert eine einseitige, empfangsbedürftige Willenserklärung ggü. der GmbH.[180] Sie ist formlos möglich.[181] Vorbehaltlich anderslautender Satzungsbestimmungen sind für die Erklärung die Geschäftsführer, der Aufsichtsratsvorsitzende u. die Gesellschafterversammlung sowie die einzelnen Gesellschafter empfangsberechtigt.[182]

Für die Amtsniederlegung bedarf es keines wichtigen Grundes.[183] Das gilt 54
sowohl für den Fall, dass das Aufsichtsratsmitglied für eine bestimmte Amtszeit bestellt ist, als auch für die Bestellung auf unbestimmte Zeit.[184] Damit wird dem Charakter der Aufsichtsratsmitgliedschaft als Nebenamt Genüge getan, u. es wird der Gleichlauf zur Abberufungskompetenz der Gesellschafterversammlung sowie der Verkehrsschutz berücksichtigt.[185]

174 Baumbach/Hueck/*Zöllner/Noack* Rn. 49; Rowedder/Schmidt-Leithoff/*Koppensteiner* Rn. 9; Roth/*Altmeppen* Rn. 15.
175 Rowedder/Schmidt-Leithoff/*Koppensteiner* Rn. 9; Baumbach/Hueck/*Zöllner/Noack* Rn. 49; Ulmer/*Raiser/Heermann* Rn. 53.
176 Ulmer/*Raiser/Heermann* Rn. 54; Scholz/*Schneider* Rn. 291; aA *Simon*, GmbHR 99, 257, 261.
177 Baumbach/Hueck/*Zöllner/Noack* Rn. 49; Ulmer/*Raiser/Heermann* Rn. 54.
178 Ulmer/*Raiser/Heermann* Rn. 50; Baumbach/Hueck/*Zöllner/Noack* Rn. 47.
179 Ulmer/*Raiser/Heermann* Rn. 52.
180 Baumbach/Hueck/*Zöllner/Noack* Rn. 52; Ulmer/*Raiser/Heermann* Rn. 60.
181 Scholz/*Schneider* Rn. 303.
182 Baumbach/Hueck/*Zöllner/Noack* Rn. 52; Ulmer/*Raiser/Heermann* Rn. 60; BGHZ 149, 28, 30f. (Amtsniederlegung des Geschäftsführers); diff. Scholz/*Schneider* Rn. 303, der die Erklärung ggü. dem Aufsichtsratsvorsitzenden nicht als ausreichend erachtet; aA bzgl. Gesellschafter bzw. Gesellschafterversammlung mit Blick auf die Pflichtbindung des AR ggü. der Gesellschaft Baumbach/Hueck/*Zöllner/Noack* Rn. 52 sowie MüKoGmbHG/*Spindler* Rn. 194; s. auch Gehrlein/Ekkenga/Simon/*Nießen* Rn. 35.
183 MüKoGmbHG/*Spindler* Rn. 192 mwN.
184 Ulmer/*Raiser/Heermann* Rn. 59; *Lutter*/Hommelhoff Rn. 10; Scholz/*Schneider* Rn. 301; s. auch BGHZ 121, 257, 262; aA Baumbach/Hueck/*Zöllner/Noack* Rn. 52.
185 OLG Frankfurt ZIP 14, 826; Scholz/*Schneider* Rn. 301; Ulmer/*Raiser/Heermann* Rn. 59.

Eine Amtsniederlegung zur Unzeit ist unzulässig.[186] Im Fall einer dauerhaften erheblichen Interessenkollision kann das Aufsichtsratsmitglied auch zur Amtsniederlegung verpflichtet sein.[187] Es ist zweckmäßig, Voraussetzungen sowie Art u. Weise der Amtsniederlegung in der Satzung zu regeln.[188]

55 cc) **Sonstige Amtsbeendigungsgründe.** Sieht die Satzung oder der Bestellungsbeschluss eine bestimmte Amtszeit vor, endet das Amt mit deren Ablauf.[189] Das Amt endet auch, wenn die persönlichen Voraussetzungen, die die Satzung oder das Gesetz an das Aufsichtsratsmitglied stellen, wegfallen. Das gilt bspw. für das Erreichen einer in der Satzung festgelegten Altershöchstgrenze. Davon abgesehen endet das Amt des Aufsichtsratsmitglieds bei seinem Tod, eine Vererbung ist nicht möglich.

56 Die Gesellschafter können den Aufsichtsrat durch satzungsändernden Beschluss beseitigen[190] oder durch Vereinbarung mit dem Aufsichtsratsmitglied aufheben.[191] Die bloße Untätigkeit des Aufsichtsrats führt nicht zum Verlust des Amtes.[192]

57 Die Mitgliedschaft im Aufsichtsrat endet auch mit dem Erlöschen der Gesellschaft, etwa durch Verschmelzung, Aufspaltung oder Vollbeendigung.[193] Bei einer Umwandlung iSv §§ 190 ff. UmwG bleibt der Aufsichtsrat grds. im Amt, wenn nicht im Umwandlungsbeschluss etwas anderes bestimmt wird.[194] Der Eintritt in die Liquidationsphase u. die Eröffnung des Insolvenzverfahrens führen noch nicht zum Verlust des Amtes.[195] Der Insolvenzverwalter darf die Aufsichtsratsmitglieder nicht abberufen.[196]

5. Innere Ordnung

58 a) **Gesetzliche Vorgaben, Satzung, Geschäftsordnung.** § 52 verweist nur auf § 110 AktG. Diese Norm regelt jedoch nur die Umstände u. das Verfahren der Einberufung von Aufsichtsratssitzungen. Ein Verweis auf die §§ 107–109 AktG, die (weitere) detaillierte Bestimmungen zur inneren Ordnung u. des Verfahrens des Aufsichtsrats einer AG beinhalten, findet sich nicht. Deshalb bleibt es in erster Linie der Satzung überlassen, die Organisation u. die Tätigkeit des Aufsichtsrats zu regeln. Enthält die Satzung keine entspr. Bestimmungen, gelten die den §§ 107 ff. AktG zugrundelie-

---

186 Baumbach/Hueck/*Zöllner/Noack* Rn. 52; Ulmer/*Raiser/Heermann* Rn. 59; *Lutter*/Hommelhoff Rn. 10; BeckOK/*Jaeger* Rn. 17; diff. Scholz/*Schneider* Rn. 304, wonach die Kündigung möglich ist, aber zur Unzeit einen Schadensersatzanspruch begründet. Vgl. zur Unzeit: MüKoBGB/*Seiler*, § 671 Rn. 12.

187 Roth/*Altmeppen* Rn. 27; Scholz/*Schneider* Rn. 305 mwN.

188 Baumbach/Hueck/*Zöllner/Noack* Rn. 52.

189 Vgl. Gehrlein/Ekkenga/Simon/*Nießen* Rn. 32 f.

190 Ulmer/*Raiser/Heermann* Rn. 58; Baumbach/Hueck/*Zöllner/Noack* Rn. 57.

191 Scholz/*Schneider* Rn. 287; Ulmer/*Raiser/Heermann* Rn. 61; BGH WM 78, 110 (für Geschäftsführer).

192 Ulmer/*Raiser/Heermann* Rn. 58; Baumbach/Hueck/*Zöllner/Noack* Rn. 52 mwN.

193 Ulmer/*Raiser/Heermann* Rn. 57; BeckOK/*Jaeger* Rn. 17.

194 Baumbach/Hueck/*Zöllner/Noack* Rn. 55.

195 Ulmer/*Raiser/Heermann* Rn. 57; Baumbach/Hueck/*Zöllner/Noack* Rn. 58; Scholz/*Schneider* Rn. 287; BeckOK/*Jaeger* Rn. 17; Bork/Schäfer/*Rieble*, Rn. 135.

196 RGZ 81, 332, 337 f. (für die AG); Ulmer/*Raiser/Heermann* Rn. 57; Baumbach/Hueck/*Zöllner/Noack* Rn. 58.

genden Prinzipien jedoch auch für die GmbH, soweit die Besonderheiten des fakultativen Aufsichtsrats in der GmbH nicht entgegenstehen.[197]

Die Gesellschafter können die innere Ordnung des Aufsichtsrats in einer Geschäftsordnung regeln. Sie bietet ggü. der Satzung höhere Flexibilität.[198] Ein Beschluss mit einfacher Mehrheit reicht dafür richtigerweise aus.[199] Die Gesellschafter können aber auch dem Aufsichtsrat selbst den Erlass einer Geschäftsordnung überlassen.[200] Eine besondere Satzungsermächtigung müssen sie dafür aufgrund der Organisationsautonomie des Aufsichtsrats nicht vorsehen,[201] Satzung oder Gesetz dürfen dem aber auch nicht entgegenstehen.[202] Der Aufsichtsratsbeschluss erfordert grds. ebenfalls einfache Stimmenmehrheit.[203] 59

b) Arbeitsweise des Aufsichtsrats. Der Aufsichtsrat arbeitet in erster Linie in Form von Sitzungen, er trifft seine Entscheidungen durch Beschluss. Gem. Abs. 1 iVm § 110 III AktG hat er grds. zwei Sitzungen pro Kalenderhalbjahr durchzuführen, wenn er die Frequenz nicht durch Beschluss auf eine Sitzung pro Halbjahr reduziert hat oder die Satzung andere Vorgaben enthält. Eine geringere Frequenz als halbjährliche Zusammenkünfte ist mit der Überwachungsfunktion jedoch kaum vereinbar.[204] Als Sitzung zählt jede Veranstaltung, die ein gleichzeitiges Hören u. Sehen der Aufsichtsratsmitglieder gewährleistet, also grds. auch eine Videokonferenz.[205] Von den Pflichtsitzungen abgesehen, können sich die Aufsichtsratsmitglieder – vorbehaltlich der Satzung u. der Geschäftsordnung – ebenfalls mithilfe anderer Kommunikationsmittel wie E-Mail, Telefon oder Schriftverkehr abstimmen u. Beschlüsse fassen, soweit dem kein Aufsichtsratsmitglied widerspricht.[206] Diese Art der Kommunikation erfüllt jedoch nicht die Anforderungen an eine Sitzung iSv § 110 III AktG.[207] Die Modalitäten der Sitzungen sollten in der Satzung oder der Geschäftsordnung explizit regelt werden.[208] Entspr. gilt für Sitzungsniederschriften.[209] 60

c) Vorbereitung der Aufsichtsratssitzung. Die Einberufung einer Aufsichtsratssitzung erfolgt grds. durch den Aufsichtsratsvorsitzenden. Ist ein sol- 61

197 *Lutter*/Hommelhoff Rn. 27; BeckHdbGmbH/*Müller*, § 6 Rn. 38; Baumbach/Hueck/*Zöllner/Noack* Rn. 82 verweisen auf die Natur der Sache u. die Grundsätze des Verbandsrechts; Ulmer/*Raiser/Heermann* Rn. 62 weisen den §§ 107 ff. AktG Vorbildcharakter iRd Ausfüllung der Gesetzeslücke durch Richterrecht zu.
198 Scholz/*Schneider* Rn. 76; Ulmer/*Raiser/Heermann* Rn. 63.
199 Ulmer/*Raiser/Heermann* Rn. 63; aA Scholz/*Schneider* Rn. 77.
200 BeckOK/*Jaeger* Rn. 45; Scholz/*Schneider* Rn. 76; Ulmer/*Raiser/Heermann* Rn. 63.
201 Ulmer/*Raiser/Heermann* Rn. 63; Baumbach/Hueck/*Zöllner/Noack* Rn. 84; aA Michalski/*Heyder* Rn. 321; BeckOK/*Jaeger* Rn. 45.
202 Baumbach/Hueck/*Zöllner/Noack* Rn. 84; BeckOK/*Jaeger* Rn. 45.
203 Baumbach/Hueck/*Zöllner/Noack* Rn. 84; Scholz/*Schneider* Rn. 77.
204 So wohl auch Scholz/*Schneider* Rn. 388; BeckOK/*Jaeger* Rn. 49; aA *Lutter*/Hommelhoff Rn. 28.
205 Ulmer/*Raiser/Heermann* Rn. 64.
206 Vgl. § 108 IV AktG; Baumbach/Hueck/*Zöllner/Noack* Rn. 83; Gehrlein/Ekkenga/Simon/*Nießen* Rn. 48, 51; Ulmer/*Raiser/Heermann* Rn. 75; Scholz/*Schneider* Rn. 428; *Lutter*/Hommelhoff Rn. 91; BeckHdbGmbH/*Müller*, § 6 Rn. 38, 39.
207 Baumbach/Hueck/*Zöllner/Noack* Rn. 85.
208 Ulmer/*Raiser/Heermann* Rn. 64.
209 Baumbach/Hueck/*Zöllner/Noack* Rn. 97; Scholz/*Schneider* Rn. 441 leitet eine Pflicht zur Protokollierung aus dem Gesetz ab.

cher nicht vorhanden, ist die Zuständigkeit anhand der Satzung oder der Geschäftsordnung zu ermitteln.[210] Ansonsten kann jedes Aufsichtsratsmitglied oder die Geschäftsführung den Aufsichtsrat einberufen.[211] Jedes Aufsichtsratsmitglied u. jeder Geschäftsführer ist gem. § 52 iVm § 110 I 1 AktG befugt, die unverzügliche Einberufung des Aufsichtsrats unter Angabe von Zweck u. Gründen zu verlangen. Die Sitzung hat dann innerhalb von zwei Wochen nach der Einberufung stattzufinden.[212] Das Prüfungsrecht des Vorsitzenden beschränkt sich auf eine Missbrauchskontrolle; Zweck u. Gründe des Einberufungsverlangens hat er nicht zu bewerten.[213] Kommt der für die Einberufung Zuständige dem Verlangen nicht nach, kann das die Einberufung begehrende Aufsichtsratsmitglied oder der entspr. Geschäftsführer die Sitzung selbst einberufen.[214]

62 Das Gesetz sieht keine besonderen Formerfordernisse für die Einberufung einer Aufsichtsratssitzung vor. Auch hier empfiehlt es sich, die Einberufungsmodalitäten in der Satzung oder der Geschäftsordnung zu regeln. Auch bei fehlender innergesellschaftlicher Regelung müssen bestimmte Grundsätze bei der Einberufung beachtet werden. Dazu zählt etwa die Angabe einer Tagesordnung, da nur über solche Gegenstände wirksam beschlossen werden kann, die in der Einberufung iE so genau bezeichnet sind, dass die Aufsichtsratsmitglieder über den Umfang der Beschlussfassung informiert sind u. sich entspr. vorbereiten können.[215] Zwischen der Einberufung u. dem Sitzungstermin muss eine angemessene Frist liegen; die Satzung oder Geschäftsordnung sollte eine Fristbestimmung enthalten;[216] zwei Wochen genügen idR Nicht angekündigte Tagesordnungspunkte können zwar beraten, aber nicht beschlossen werden.[217] Etwas anderes gilt jedoch, wenn die Lage der Gesellschaft eine sofortige Abstimmung über einen Gegenstand erfordert. Voraussetzung ist dann, dass allen Aufsichtsratsmitgliedern Gelegenheit zur Stimmabgabe gegeben wird.[218]

63 **d) Durchführung der Aufsichtsratssitzung, Vorsitzender.** Der Aufsichtsratsvorsitzende leitet die Sitzung. Ggf. kann ein Sitzungsleiter aber auch *ad hoc* bestimmt werden oder die Sitzung ohne einen Leiter stattfinden.[219] Der Aufsichtsrat muss nicht notwendigerweise über einen Vorsitzenden verfügen, § 107 AktG gilt mangels Verweises in § 52 nicht. Satzung oder Geschäftsordnung können jedoch anderslautende Vorgaben enthalten u. die Anforderungen an die Person des Aufsichtsratsvorsitzenden festlegen. Enthalten Satzung u. Geschäftsordnung keine entspr. Regelungen, wird der Vorsitzende mit einfacher Mehrheit aus der Mitte des Aufsichtsrats gewählt.[220] Unabhängig von der Bestimmung seiner Amtszeit kann der Vor-

210 Ulmer/*Raiser/Heermann* Rn. 65.
211 Baumbach/Hueck/*Zöllner/Noack* Rn. 86; BeckOK/*Jaeger* Rn. 49.
212 § 52 I iVm § 110 I 2 AktG.
213 Scholz/*Schneider* Rn. 389; KölnerKommAktG/*Mertens*, § 110 Rn. 11; Baumbach/Hueck/*Zöllner/Noack* Rn. 86.
214 § 52 I iVm § 110 II AktG; Scholz/*Schneider* Rn. 337, 389.
215 Ulmer/*Raiser/Heermann* Rn. 67; Scholz/*Schneider* Rn. 391, 393.
216 Scholz/*Schneider* Rn. 391.
217 Ulmer/*Raiser/Heermann* Rn. 67; Scholz/*Schneider* Rn. 393.
218 Scholz/*Schneider* Rn. 394; MKAktG/*Habersack*, § 110 Rn. 21.
219 Baumbach/Hueck/*Zöllner/Noack* Rn. 85.
220 Scholz/*Schneider* Rn. 306; Ulmer/*Raiser/Heermann* Rn. 71.

sitzende jederzeit durch Beschluss der einfachen Mehrheit des Aufsichtsrats wieder abberufen werden.[221]

Bestandteil der Sitzungsleitung ist auch die Entscheidung darüber, ob eine Sitzung unterbrochen werden soll. Eine unterbrochene Sitzung muss innerhalb eines überschaubaren Zeitraums fortgesetzt werden.[222] Entscheidet sich der Aufsichtsrat jedoch zu einer Vertagung, ist die Sitzung damit formell beendet. Dann bedarf es der Einberufung einer neuen Sitzung unter Einhaltung des entspr. Verfahrens.[223] 64

Neben der Leitungsfunktion trägt der Aufsichtsratsvorsitzende die Verantwortung für die innere Ordnung des Aufsichtsrats. Er fungiert als Bindeglied zwischen dem Aufsichtsrat u. den Gesellschaftern sowie der Geschäftsführung.[224] Er sorgt für ein Sitzungsprotokoll, bestimmt den Ablauf der Sitzung u. überwacht die Ausführung der Beschlüsse.[225] Darüber hinaus ist er zur Entgegennahme von Erklärungen für den Aufsichtsrat befugt, ohne aber organschaftlicher Vertreter zu sein.[226] 65

e) **Teilnahme an den Aufsichtsratssitzungen.** Sämtliche Aufsichtsratsmitglieder haben ein Recht auf Teilnahme an den Aufsichtsratssitzungen.[227] Aufgrund ihrer organschaftlichen Stellung sind sie zur Teilnahme sogar grds. verpflichtet.[228] Soweit die Satzung u. die Geschäftsordnung nichts Abw regeln, haben die Geschäftsführer kein Recht auf Teilnahme an den Aufsichtsratssitzungen.[229] Sie sollten aber, wenn möglich, teilnehmen.[230] Verlangt der Aufsichtsrat ihre Teilnahme, sind sie dazu iRd Erforderlichen u. Zumutbaren verpflichtet.[231] 66

Dritte können nur in sehr begrenztem Maße zu den Sitzungen des Aufsichtsrats zugelassen werden. Der Rechtsgedanke des § 109 I AktG findet auch auf den fakultativen Aufsichtsrat Anwendung, so dass grds. nur Sachverständige u. Auskunftspersonen zu einzelnen Beratungsgegenständen hinzugezogen werden können. Ob darüber hinaus Dritte an den Sitzungen teilnehmen können, wird unterschiedlich beurteilt. Richtiger Ansicht nach dürfen Dritte nur, wenn es in der Satzung vorgesehen ist, u. nur für den Fall, dass ihre Anwesenheit die Aufgabenerfüllung des Aufsichtsrats nicht beeinträchtigt, zugelassen werden.[232] 67

---

221 Scholz/*Schneider* Rn. 306; Ulmer/*Raiser/Heermann* Rn. 71.
222 Ulmer/*Raiser/Heermann* Rn. 70.
223 Scholz/*Schneider* Rn. 400 f.
224 Ulmer/*Raiser/Heermann* Rn. 72.
225 BeckOK/*Jaeger* Rn. 46; Scholz/*Schneider* Rn. 317; vgl. auch *Lutter*/Hommelhoff Rn. 98.
226 Ulmer/*Raiser/Heermann* Rn. 72; Scholz/*Schneider* Rn. 318 f.
227 Vgl. Gehrlein/Ekkenga/Simon/*Nießen* Rn. 50.
228 Scholz/*Schneider* Rn. 396.
229 Ulmer/*Raiser/Heermann* Rn. 68; BeckHdbGmbH/*Müller*, § 6 Rn. 38; Scholz/*Schneider* Rn. 397.
230 Scholz/*Schneider* Rn. 397.
231 Baumbach/Hueck/*Zöllner/Noack* Rn. 87; Ulmer/*Raiser/Heermann* Rn. 68; BeckHdbGmbH/*Müller*, § 6 Rn. 38.
232 Ulmer/*Raiser/Heermann* Rn. 69; ähnl: Scholz/*Schneider* Rn. 397; aA Baumbach/Hueck/*Zöllner/Noack* Rn. 87 (Hinzuziehung Dritter durch Mehrheitsbeschluss möglich).

68 Ein Ausschluss eines Aufsichtsratsmitglieds ist nur unter engen Voraussetzungen möglich, etwa wenn es die Sitzung erheblich stört oder eine unabhängige Willensbildung im Aufsichtsrat nicht mehr gewährleistet ist.[233] Eine bloße Interessenkollision reicht dafür nicht aus.[234]

69 f) **Aufsichtsratsausschüsse.** Nach hM kann die Satzung die Einrichtung von Ausschüssen vorsehen oder ausschließen.[235] Enthält sie keine Regelung, kann ein Ausschuss auch durch die Geschäftsordnung oder durch Mehrheitsbeschluss des Aufsichtsrats eingerichtet werden.[236] Eine Vorgabe bzgl. einer Mindestzahl an Ausschussmitgliedern besteht nicht. Die Gesellschafter u. die Aufsichtsratsmitglieder können frei darüber entscheiden, wie sich der Ausschuss zusammensetzt.[237] Ausschüsse können vorbereitende, beratende oder beschließende Funktion haben.[238] Einem Ausschuss dürfen nur dann Entscheidungsbefugnisse übertragen werden, wenn der Aufsichtsrat dazu durch die Gesellschafter legitimiert ist. Die Ermächtigungsgrundlage für die Einrichtung eines Ausschusses muss in der Satzung oder in einer Geschäftsordnung, die durch die Gesellschafterversammlung erlassen wurde, geregelt sein.[239] Ansonsten kommt dem Ausschuss nur vorbereitende u. überwachende Funktion zu.[240] Es empfiehlt sich, bei entspr. Größe des Unternehmens als besonderen Ausschuss einen Prüfungsausschuss zur Überwachung der Rechnungslegung, des Risikomanagements sowie der externen u. internen Prüfung einzurichten.[241] Eine Pflicht dazu besteht jedoch nicht.[242]

6. Aufgaben, Kompetenzen, Rechte und Pflichten des Aufsichtsrats

70 a) **Die Stellung und Verantwortung des Aufsichtsrats und seiner Mitglieder in der Gesellschaft.** Der Aufsichtsrat ist, getreu seinem aktienrechtlichen Leitbild, reines Innenorgan der Gesellschaft. Seiner organisationsrechtlichen Aufgabenstellung nach nimmt er teils reaktiv (Überwachung), teils aktiv (Beratung, Zustimmung zu bestimmten Geschäften) an den internen Willensbildungs- u. Entscheidungsprozessen teil.[243] Originäre Repräsentationsaufgaben hat er nicht; die Gesellschaft vertritt er nur ausnahmsweise, etwa bei Erteilung des Prüfungsauftrages an den Abschlussprüfer (Abs. 1 iVm § 111 II 3 AktG), bei Abschluss u. Beendigung des Anstellungsvertrages mit den Geschäftsführern sowie bei Geltendmachung von Ersatzan-

233 Scholz/*Schneider* Rn. 335, 396; Ulmer/*Raiser/Heermann* Rn. 68; BeckOK/*Jaeger* Rn. 52.
234 BGH AG 07, 484; Scholz/*Schneider* Rn. 335, 416; aA u. vertiefend: *Lutter*/Hommelhoff Rn. 97 a mwN; *Schneider*, in: FS Goette, 11, S. 483.
235 Baumbach/Hueck/*Zöllner/Noack* Rn. 99.
236 Ulmer/*Raiser/Heermann* Rn. 74; Gehrlein/Ekkenga/Simon/*Nießen* Rn. 56.
237 Scholz/*Schneider* Rn. 447; Ulmer/*Raiser/Heermann* Rn. 74; aA *Lutter/Krieger*, Rechte und Pflichten des Aufsichtsrats, Rn. 1186.
238 BeckOK/*Jaeger* Rn. 60.
239 Ulmer/*Raiser/Heermann* Rn. 74; BeckHdbGmbH/*Müller*, § 6 Rn. 38.
240 Ulmer/*Raiser/Heermann* Rn. 74; Baumbach/Hueck/*Zöllner/Noack* Rn. 99; s. auch *Lutter*/Hommelhoff Rn. 28; aA Scholz/*Schneider* Rn. 442, der Ausschüssen auch ohne entspr. Legitimation ein Beschlussrecht einräumt; zust. BeckOK/*Jaeger* Rn. 60.
241 Vgl. nur Ziff. 5.3.2 DCGK.
242 BeckHdbGmbH/*Müller*, § 6 Rn. 38; Scholz/*Schneider* Rn. 457.
243 Scholz/*Schneider* Rn. 80 ff.; vgl. Bork/Schäfer/*Rieble* Rn. 111.

sprüchen gegen Geschäftsführer (§ 52 iVm § 112 AktG).[244] Die Satzung kann dem Aufsichtsrat über diese regeltypischen Aufgaben u. Vertretungsbefugnisse hinaus weitere Kompetenzen einräumen.[245]

Der Aufsichtsrat nimmt seine Aufgaben u. Befugnisse stets als Gesamtorgan wahr.[246] Der Aufsichtsrat als solcher, nicht seine Mitglieder, ist primärer Adressat der gesetzlichen Rechte u. Pflichten, insbes. der Überwachungs- u. Beratungspflichten sowie der Informationsansprüche, die die Grundlage hierfür bilden (Grundsatz der Gesamtverantwortung).[247] Wo der Aufsichtsrat die Gesellschaft vertritt, gilt das Prinzip der Gesamtvertretung, dh sämtliche Mitglieder handeln für das Organ gemeinschaftlich.[248] Der Grundsatz der Gesamtverantwortung bedeutet ua, dass alle Aufsichtsratsmitglieder für die Erfüllung der Aufgaben des Gesamtorgans grds. in gleicher Weise verantwortlich sind, dass Aufgaben nicht mit befreiender Wirkung für die übrigen Mitglieder auf Ausschüsse übertragen werden können u. dass jedes Aufsichtsratsmitglied seine Informationsverpflichtungen ggü. der Geschäftsführung eigenverantwortlich, aber im Interesse der Pflichterfüllung durch den Gesamtaufsichtsrat, wahrzunehmen hat.[249] Relevantes Sonderwissen muss das einzelne Mitglied dem gesamten Aufsichtsrat ebenso ungefragt zur Verfügung stellen, wie es sich aktiv über die Arbeit in den Ausschüssen informieren muss u. ggf. auf pflichtgemäße Erledigung von Aufgaben durch die Ausschüsse oder den Gesamtaufsichtsrat hinzuwirken hat. Die zivil- u. strafrechtliche Haftung, der das einzelne Aufsichtsratsmitglied ausgesetzt ist, setzt also zunächst eine Gesamtverantwortung des Aufsichtsrats für eine bestimmte Aufgabe voraus, von der sich die Pflichtenstellung oder Eigenverantwortung des einzelnen Aufsichtsratsmitgliedes ableitet.[250] Seine Eigenverpflichtungen hat das einzelne Mitglied zumindest mit der Gewissenhaftigkeit eines ordentlichen Aufsichtsratsmitgliedes (§ 116 AktG iVm § 93 AktG) wahrzunehmen. Bei Sonderqualifikationen muss er zusätzlich diese besonderen Fähigkeiten nutzen.[251] 71

b) Überwachung und Beratung der Geschäftsführung. Der Aufsichtsrat überwacht u. berät die Geschäftsführung (§ 52 iVm § 111 AktG). Die Überwachungsaufgabe bezieht sich auf die Vergangenheit, während die Beratung zukunftsorientiert ist.[252] Die Informationspflicht ist notwendiger Bestandteil der Überwachungsaufgabe.[253] Um eine pflichtgemäße Überwachung zu gewährleisten, trägt jedes Mitglied des Aufsichtsrats die Gesamtverantwortung dafür, dass es selbst u. die übrigen Aufsichtsratsmitglieder jederzeit über ausreichende Informationsgrundlagen verfügen.[254] Daran schließt sich erst die Überwachungstätigkeit ieS an. Gleichzeitig berät der 72

244 Scholz/*Schneider* Rn. 83, 173 ff.
245 Ulmer/*Raiser/Heermann* Rn. 109.
246 Hierzu bereits RGZ 93, 338, 340; MüKoGmbHG/*Spindler* Rn. 33.
247 Ulmer/Raiser/*Heermann* Rn. 100.
248 Baumbach/Hueck/*Zöllner/Noack* Rn. 120; Ulmer/*Raiser/Heermann* Rn. 106.
249 Scholz/*Schneider* Rn. 466 ff.
250 Ulmer/*Raiser/Heermann* Rn. 100.
251 *Vetter*, GmbHR 12, 181, 183.
252 Ulmer/*Raiser/Heermann* Rn. 89; *Lutter*/Hommelhoff Rn. 18.
253 Gehrlein/Ekkenga/Simon/*Nießen* Rn. 58.
254 OLG Stuttgart AG 12, 298; Ulmer/*Raiser/Heermann* Rn. 90.

Aufsichtsrat ständig die Gesellschafter u. Geschäftsführer der GmbH bei ihrer Leitungstätigkeit.

73 Die Überwachung der Geschäftsführung, § 52 iVm § 111 AktG, kann dem Aufsichtsrat durch die Satzung nicht entzogen werden.[255] Ein Aufsichtsrat ohne Aufsichtskompetenzen ist weder mit dem gesetzlichen Leitbild vereinbar noch aus der Sicht des Rechtsverkehrs vorstellbar. Der Aufsichtsrat teilt sich die Überwachungsaufgabe mit der Gesellschafterversammlung.[256] Als Hauptorgan der GmbH ist diese weder an Entscheidungen des Aufsichtsrats gebunden noch verliert sie die Befugnis zur selbstständigen Überwachung der Geschäftsführung.[257] Sie kann die Geschäftsführer durch Mehrheitsbeschluss jederzeit zur Durchführung einer vom Aufsichtsrat missbilligten Geschäftsführungsmaßnahme anweisen.[258] Der Aufsichtsrat überwacht nur die Geschäftsführung, aber nicht die Gesellschafter, selbst wenn diese Geschäftsführungsaufgaben wahrnehmen sollten.[259] Die Pflicht zur Überwachung umfasst auch die Konzernunternehmen sowie die Geschäftsführung der von der GmbH abhängigen Unternehmen.[260] Die Überwachungsaufgabe ist kein Selbstzweck, sondern dient stets dem Interesse der Gesellschaft.[261]

74 Die Überwachung ist durch das einzelne Aufsichtsratsmitglied in Person zu leisten. Die Delegation auf externe Berater oder Sachverständige ist unzulässig. Dies würde zum einen die erforderliche Vertraulichkeit der Überwachungsgegenstände gefährden, zum anderen haben die Aufsichtsratsmitglieder ihre Entscheidungen in eigener Verantwortung zu treffen. Zur Vorbereitung im Einzelfall u. bezogen auf einen klar umrissenen Gegenstand kann die Hinzuziehung externen Expertenrats zulässig sein.[262]

75 aa) **Das Prüfungsprogramm.** Prüfungsmaßstab für die Überwachung der Geschäftsführung sind Rechtmäßigkeit, Zweckmäßigkeit u. Wirtschaftlichkeit der Geschäftsführung.[263]

76 Die **Rechtmäßigkeitskontrolle** erstreckt sich auf die Einhaltung sämtlicher Normen, deren Adressaten gerade die Wirtschaftsunternehmen u. deren Repräsentanten sind. Diese ergeben sich aus dem GmbHG u. den sonstigen

---

255 Vgl. *Lutter*/Hommelhoff Rn. 13; Scholz/*Schneider* Rn. 87; Baumbach/Hueck/*Zöllner*/*Noack* Rn. 100, die derartige Satzungsbestimmungen für nichtig halten, mwN.

256 S. auch Gehrlein/Ekkenga/Simon/*Nießen* Rn. 18, 58.

257 Scholz/*Schneider* Rn. 87; Baumbach/Hueck/*Zöllner*/*Noack* Rn. 100; *Lutter*/*Krieger*, Rechte und Pflichten des Aufsichtsrats, Rn. 1118.

258 *Lutter*/*Krieger*, Rechte und Pflichten des Aufsichtsrats, Rn. 1118; Scholz/*Schneider* Rn. 88.

259 Ulmer/*Raiser*/*Heermann* Rn. 86.

260 *Lutter*/Hommelhoff Rn. 17; zum daraus resultierenden Informationsanspruch *Lutter*/Hommelhoff Rn. 22 a.

261 Baumbach/Hueck/*Zöllner*/*Noack* Rn. 243.

262 RGZ 161, 129, 140; BGHZ 85, 293, 296.

263 BGHZ 114, 127, 129; Roth/*Altmeppen* Rn. 25; Scholz/*Schneider* Rn. 95; *Lutter*/Hommelhoff Rn. 16; Baumbach/Hueck/*Zöllner*/*Noack* Rn. 100; KölnerKomm-AktG/*Mertens*, § 111 Rn. 11.

wirtschafts-, arbeits-, straf- u. steuerrechtlichen Vorschriften.[264] Der Aufsichtsrat überprüft die Einhaltung der Satzungsbestimmungen[265] u. die ordnungsgemäße Durchführung von Beschlüssen der Gesellschafterversammlung. Erlangt ein Aufsichtsratsmitglied Kenntnis von rechtswidrigem Handeln eines Geschäftsführers, hat es unmittelbar einzuschreiten. Duldet das Aufsichtsratsmitglied rechtswidriges Handeln, handelt es selbst pflichtwidrig. Die Duldung setzt aber notwendig das Bewusstsein des fremden rechtswidrigen Handelns voraus. Bestehen konkrete Anhaltspunkte für ein Fehlverhalten, hat sich jedes Aufsichtsratsmitglied über den Sachverhalt zu informieren, ansonsten droht eine Verletzung der Pflicht zur Sicherstellung ausreichender Information. Zur Sachverhaltsermittlung kann der Aufsichtsrat von den Geschäftsführern Berichte verlangen u. ist berechtigt, sämtliche Bücher u. Unterlagen der Gesellschaft einzusehen (§ 52 iVm § 111 AktG) sowie Betriebsräume zu besichtigen.[266] Hierbei hat der Aufsichtsrat das Unternehmenswohl sowie die Grenzen der Erforderlichkeit u. Verhältnismäßigkeit zu beachten.[267] Sind umfangreiche Ermittlungen notwendig, die der Aufsichtsrat nicht selbst wahrnehmen kann, ist ggf. eine Sonderprüfung anzuregen.[268] Ergeben die Ermittlungen das Vorliegen schwerwiegender Verstöße, sind die Gesellschafter zu informieren[269] bzw. ist eine Gesellschafterversammlung anzuberaumen, § 52 iVm § 111 III AktG.[270] Für den Fall, dass der Gesellschaftsvertrag den Aufsichtsrat anstelle der Gesellschafterversammlung (§ 46 Nr. 8) für zuständig erklärt, hat der Aufsichtsrat im Zuge seiner Überwachungspflichten auch evtl. Schadenersatzansprüche der Gesellschaft gegen die Geschäftsführer geltend zu machen.[271]

Bei der Überwachung der Geschäftsführung auf **Zweckmäßigkeit u. Wirtschaftlichkeit** hat der Aufsichtsrat zu beachten, dass den Geschäftsführern, 77
entspr. den im Aktienrecht entwickelten Grundsätzen,[272] ein weiter unternehmerischer Ermessensspielraum (sog. „Business Judgement Rule“)[273] zukommt.[274] Die Überwachungstätigkeit des Aufsichtsrats bezieht sich hier va auf die Frage, ob die Geschäftsführer bei ihrer Entscheidungsfindung sorgfältig genug vorgegangen sind, insbes. ob sie für ihre Entscheidung alle

264 BGH BB 10, 2657; Scholz/*Schneider* Rn. 96; Ulmer/*Raiser/Heermann* Rn. 133 jew mit weiteren Bsp; *Lutter*/Hommelhoff Rn. 16; *Lutter/Krieger*, Rechte und Pflichten des Aufsichtsrats, Rn. 72 f.

265 Scholz/*Schneider* Rn. 97.

266 Baumbach/Hueck/*Zöllner/Noack* Rn. 261; Scholz/*Schneider* Rn. 119; *Lutter*/Hommelhoff Rn. 16.

267 Baumbach/Hueck/*Zöllner/Noack* Rn. 243.

268 Baumbach/Hueck/*Zöllner/Noack* Rn. 243.

269 Scholz/*Schneider* Rn. 127.

270 Dies jedenfalls, wenn eine vorherige Einwirkung auf den Geschäftsführer erfolglos bleibt, OLG Brandenburg ZIP 09, 866; Baumbach/Hueck/*Zöllner/Noack* Rn. 249; Scholz/*Schneider* Rn. 126.

271 *Lutter*/Hommelhoff Rn. 18 a.

272 Zur Konkretisierung des Ermessensspielraums des Vorstands einer AG umfassend BGHZ 135, 244, 253 f. (ARAG).

273 Zur Vorzugswürdigkeit des Begriffes des unternehmerischen Ermessensspielraums Scholz/*Schneider* § 43 Rn. 53.

274 BGHZ 152, 280, 282 ff.; Scholz/*Schneider* § 43 Rn. 50 ff.; ders. Rn. 125; Roth/*Altmeppen* § 43 Rn. 8.

wesentlichen Gesichtspunkte berücksichtigt haben. Ist der Aufsichtsrat von der Zweckmäßigkeit einer Maßnahme der Geschäftsführer nicht überzeugt, obwohl gegen die Art u. Weise der Entscheidungsfindung nichts einzuwenden ist, hat er den Geschäftsführern seine Bedenken unter Angabe von Gründen vorzutragen u. mit ihnen zu diskutieren. Er ist hingg. nicht berechtigt, eigene Zweckmäßigkeitsentscheidungen an die Stelle derjenigen der operativ tätigen Geschäftsführer zu setzen, solange deren Handeln aus kaufmännischer Sicht ebenfalls vertretbar erscheint.[275] Im Ausgangspunkt gleicht die Überprüfungskompetenz des Aufsichtsrats derjenigen des Richters. Hält sich die Entscheidung der Geschäftsführung innerhalb des vertretbaren unternehmerischen Ermessens, ist sie selbst grds. nicht justiziabel. Überprüfbar ist lediglich der Entscheidungsprozess, auf dem die unternehmerische Entscheidung fußt.[276]

78 Die Grenze des Ermessensspielraums ist überschritten, wenn die Geschäftsführer Entscheidungen treffen, die kein verantwortungsbewusst denkender Kaufmann treffen würde. Risikoreiche Geschäfte darf die Geschäftsführung tätigen. Geht sie aber außergewöhnliche Wagnisse ein, muss der Aufsichtsrat einschreiten.[277] Entscheidungen, die den Unternehmenszielen entgegenstehen oder den Unternehmensgegenstand verändern,[278] unterliegen regelmäßig den Maßstäben der Rechtmäßigkeitskontrolle, die sowohl die Einhaltung der satzungsmäßig vorgegebenen Unternehmensziele als auch die auf Weisung der Gesellschafterversammlung durchzuführenden Maßnahmen beinhaltet. Bei der Rechtmäßigkeitskontrolle sind Ermessensspielräume der Geschäftsführer kaum vorhanden. Daher ist der Aufsichtsrat bereits bei kleineren Abweichungen gehalten, die jeweilige Maßnahme zu beanstanden. Die Überwachung der Wirtschaftlichkeit des Geschäftsführerhandelns bezieht sich va auf die ausreichende Sicherung der Liquidität der Gesellschaft sowie die Sicherstellung der langfristigen Rentabilität u. Ertragskraft des Unternehmens.[279] Auch bei diesen Fragen handelt es sich aber um Prognoseentscheidungen der Geschäftsführung, bei denen sie einen weiten Ermessensspielraum hat.

79 Über die Verweisung in § 52 auf § 116 AktG iVm § 93 I 2 AktG ist auch auf Seiten des Aufsichtsrats ein Einschreitermessen gesetzlich verankert.[280] Handelt es sich um eine unternehmerische Entscheidung u. durfte das Aufsichtsratsmitglied auf Grundlage angemessener Information annehmen, zum Wohle der Gesellschaft zu handeln, kann ihm eine Pflichtverletzung nicht vorgeworfen werden (§ 93 I 2 AktG). Das Ermessen bezieht sich auch hier nur auf die Zweckmäßigkeits- u. Wirtschaftlichkeitskontrolle. Illegales oder satzungswidriges Verhalten darf der Aufsichtsrat niemals dulden.[281]

---

275 *Lutter/Krieger*, Rechte und Pflichten des Aufsichtsrats, § 13 Rn. 986.
276 BGHZ 119, 305, 331; Scholz/*Schneider* § 43 Rn. 61.
277 BGHZ 69, 207, 213 f. (Aufsichtsratshaftung wegen Duldung der Beteiligung an einer verlustreichen KG).
278 Scholz/*Schneider* Rn. 99.
279 Ulmer/*Raiser/Heermann* Rn. 87.
280 *Lutter*/Hommelhoff Rn. 32; Scholz/*Schneider* Rn. 477; Ulmer/*Raiser/Heermann* Rn. 91, 139.
281 Scholz/*Schneider* Rn. 478.

bb) Einflussfaktoren auf Dichte und Umfang der geschuldeten Überwachung. Rspr.[282] u. Gesetzgebung[283] haben den Pflichtenkreis u. va die Aufgabenfelder des Aufsichtsrats u. jedes einzelnen Aufsichtsratsmitglieds der AG in den letzten Jahren stark erweitert.[284] So können zB zu den Aufgaben des Aufsichtsrats auch die Überwachung der Einführung eines Risikofrüherkennungssystems sowie allg. die Überwachung des Vorhandenseins einer effektiven Compliance-Struktur gehören.[285] Diese Vorgaben strahlen auch auf den gesetzlichen Zuschnitt des Aufsichtsrats der GmbH aus. Gleichwohl ist das Aufsichtsratsmandat gesetzlich als Nebenamt ausgestaltet. Die Überwachungsdichte u. ihr Umfang können daher nicht immer gleich intensiv sein, sondern haben sich stets auch am Überwachungsbedarf auszurichten. 80

Die Überwachungstätigkeit des Aufsichtsrats kann bei **normaler Geschäftslage** zurückhaltender ausfallen als in Krisenzeiten. Sie ist daher nicht starr, sondern an die jeweilige Krisensituation anzupassen.[286] Bei normalem Geschäftsgang ist ein Eingreifen des Aufsichtsrats nur erforderlich, wenn eine Geschäftsführungsmaßnahme nach pflichtgemäßem Ermessen unvertretbar erscheint. In **Krisenzeiten** hat sich der Aufsichtsrat in weitaus größerem Umfang u. unter größerem Zeitaufwand auch Einzelmaßnahmen zu widmen, soweit diese erhöhte Risiken in sich bergen oder die Gefahr einer Verschlechterung der Unternehmenslage droht.[287] Auch Gerüchten oder Verdachtsmomenten, die sich nicht auf konkrete Tatsachen stützen, muss dann vertieft nachgegangen werden.[288] Überdies ist der Aufsichtsrat bei ungenügender Aufklärung durch den Geschäftsführer oder mangelnder eigener Sachkunde bzgl. der Beurteilung der finanziellen Unternehmenslage verpflichtet, externen Expertenrat einzuholen bzw. einholen zu lassen.[289] Der Aufsichtsratsvorsitzende hat ggf. unverzüglich eine Sitzung einzuberufen.[290] Das Gleiche gilt für die Überwachungspflichten des Aufsichtsrats bei für die GmbH besonders bedeutsamen Geschäften. Indizien hierfür sind Umfang des Geschäfts, verbundene Risiken, strategische Relevanz.[291] 81

---

282 BGHZ 114, 127, 130 (der Aufsichtsrat kommt seiner Überwachungsaufgabe am besten durch ständige Diskussion u. laufende Beratung nach); BGHZ 135, 244, 254 f. (Aufsichtsrat ist „überall dort, wo er die unternehmerische Tätigkeit des Vorstands im Sinne einer präventiven Kontrolle begleitend mitgestaltet", zuständig).

283 KonTraG 1998 u. TransPuG 2002; in der Rechtswirklichkeit haben zudem die Vorgaben des deutschen Corporate Governance Kodex sowie des Sarbanes-Oxley-Acts (US-Bundesgesetz von 2002 als Reaktion auf Bilanzskandale) erhebliche Ausstrahlwirkung auf den Aufgabenumfang des Aufsichtsrats.

284 *Lutter/Krieger*, Rechte und Pflichten des Aufsichtsrats, § 2 Rn. 58.

285 LG München ZIP 14, 570 (Neubürger).

286 OLG Hamburg DB 15, 1095 Tz 57; Scholz/*Schneider* Rn. 125; *Lutter/Krieger*, Rechte und Pflichten des Aufsichtsrats, § 3 Rn. 86 ff. mwN, vgl. auch MKAktG/*Habersack*, § 111 Rn. 46.

287 *Lutter/Krieger*, Rechte und Pflichten des Aufsichtsrats, § 3 Rn. 87 ff.; MüKo-GmbHG/*Spindler* Rn. 265.

288 Scholz/*Schneider* Rn. 485.

289 *Lutter*/Hommelhoff Rn. 19; vgl. BGH GmbHR 12, 746 mAnm *Blöse; Hasselbach*, NZG 12, 41.

290 LG München NZI 07, 609, 610 (für die AG); BeckOK/*Jaeger* Rn. 49.

291 OLG Stuttgart ZIP 12, 625 Tz 165 (rkr nach Zurückweisung der Nichtzulassungsbeschwerde, vgl. BGH ZIP 12, 2438).

82 Der Aufsichtsrat ist nicht verpflichtet, jede Maßnahme des Tagesgeschäfts zu überwachen. Nur solche Einzelgeschäfte, die sich in erheblichem Maße auf Liquidität u. Rentabilität der Gesellschaft auswirken können, müssen vom Aufsichtsrat gezielt überprüft werden.[292] Es ist auch danach zu unterscheiden, ob es sich um einen Standard-**Überwachungsgegenstand**, wie etwa die Prüfung des Jahresabschlusses, oder eine völlig neuartige Frage handelt, über die sich noch keine belastbaren Beurteilungskriterien herausgebildet haben. Zwar hat sich der Aufsichtsrat auch in dem zweiten Fall umfassend zu informieren; er wird sich aber in viel weiterem Maße auf die zutr. Ermessensausübung der Geschäftsführer verlassen dürfen.

83 **c) Informationsrechte und -pflichten (Sicherstellung ausreichender Information). aa) Sicherstellung der eigenen Information des Aufsichtsratsmitglieds.** Nach Abs. 1 iVm § 90 III AktG sind einzelne Aufsichtsratsmitglieder jederzeit berechtigt, von den Geschäftsführern einen Bericht über wesentliche Angelegenheiten der Gesellschaft an den Aufsichtsrat zu verlangen. Auf die periodischen Berichtspflichten des § 90 I u. II AktG verweist § 52 hingg. nicht.[293] Teilw. wird aus § 43 eine entspr. Verpflichtung der Geschäftsführer abgeleitet, da eine ordnungsgemäße Geschäftsführung einer GmbH, die einen Aufsichtsrat eingerichtet hat, ohne regelmäßige Berichte nicht denkbar sei.[294] Andererseits wird aber zu Recht darauf hingewiesen, dass eine regelmäßige Berichtspflicht sowohl durch die Gesellschafter in der Satzung[295] als auch durch den Aufsichtsrat in einer Informationsordnung an die Geschäftsführer sichergestellt werden kann.[296] Der unterbliebene Verweis auf die periodischen Berichtspflichten kann so verstanden werden, dass das Informationssystem der GmbH im Gegensatz zu dem der AG die erforderliche Initiative des Aufsichtsrats betont u. in Ermangelung einer abw. Satzungsbestimmung dieser selbst dafür verantwortlich ist, dass ihm regelmäßig berichtet wird.[297] Mit dem Initiativrecht korrespondiert eine Initiativpflicht,[298] wenn Berichte über wesentliche Angelegenheiten der Gesellschaft nicht erfolgen,[299] die angeforderten Berichte aus Sicht des Aufsichtsrats(-mitglieds) keine ausreichende Information enthalten oder eine andere Gewichtung der Berichte angezeigt wäre.[300]

84 Im Regelfall darf jedes Aufsichtsratsmitglied davon ausgehen, dass die Geschäftsführer ihm u. seinen Kollegen alles mitgeteilt haben, was zu wissen nötig ist, damit es seiner Überwachungsaufgabe ordnungsgemäß nachkommen kann.[301] Schließlich haben die Berichte der Geschäftsführer gem. § 52 iVm § 90 IV AktG den Grundsätzen einer gewissenhaften u. getreuen Re-

292 Scholz/*Schneider* Rn. 100; *Lutter*/Hommelhoff Rn. 19.
293 Vgl. Gehrlein/Ekkenga/Simon/*Nießen* Rn. 58; *Vetter*, GmbHR 12, 181, 182.
294 Ulmer/*Raiser*/*Heermann* Rn. 115; Roth/*Altmeppen* Rn. 30.
295 Baumbach/Hueck/*Zöllner*/*Noack* Rn. 134; Scholz/*Schneider* Rn. 105.
296 *Lutter*/Hommelhoff Rn. 23; Baumbach/Hueck/*Zöllner*/*Noack* Rn. 134.
297 Scholz/*Schneider* Rn. 105; ebenso *Lutter*/Hommelhoff Rn. 22.
298 Baumbach/Hueck/*Zöllner*/*Noack* Rn. 69; Scholz/*Schneider* Rn. 484.
299 Lässt sich der Aufsichtsrat nicht regelmäßig berichten, setzt er sich der Gefahr von Pflichtverletzungen aus, *Lutter*/*Krieger*, Rechte und Pflichten des Aufsichtsrats, Rn. 1123.
300 *Lutter*/*Krieger*, Rechte und Pflichten des Aufsichtsrats, Rn. 212.
301 *Semler*/v. Schenk, Arbeitshandbuch für Aufsichtsratsmitglieder, § 1 Rn. 150.

chenschaft zu entsprechen.[302] Verstoßen die Geschäftsführer gegen ihre Berichtspflichten, haften sie, oder es drohen sogar strafrechtliche Konsequenzen. Für ein grds. Misstrauen besteht daher ohne konkrete tatsächliche Anhaltspunkte kein Anlass. Dies würde zum einen die vertrauensvolle Zusammenarbeit der Organe untereinander belasten, zum anderen würde es der zweiten Hauptaufgabe des Aufsichtsrats, die Geschäftsleitung zu beraten, die notwendige Vertrauensgrundlage entziehen. Umgekehrt darf sich der Aufsichtsrat aber nicht pauschal u. treugläubig auf die Geschäftsführung verlassen.[303] Ein Aufsichtsratsmitglied hat Berichte der Geschäftsführer weiter zu hinterfragen, wenn diese erkennbar unvollständig oder widersprüchlich sind.[304] Eine Pflicht zum Einschreiten besteht, wenn ein Aufsichtsratsmitglied von einer ungenügenden Information des Aufsichtsrats oder eines seiner Ausschüsse durch die Geschäftsführer auszugehen hat.[305]

Wann ein Bericht den Anforderungen einer gewissenhaften u. getreuen Re- 85
chenschaft entspricht, ist anhand des Telos der Berichtspflicht zu beurteilen. Der Bericht muss geeignet sein, dem Aufsichtsratsmitglied seine Überwachungstätigkeit zu ermöglichen. Die Grenzen der Pflicht zur Sicherstellung ausreichender Information ergeben sich aus der Funktion u. der Aufgabe des Aufsichtsrats. Die Forderung eines Informationsniveaus, das generell dem der Geschäftsführer entspricht, ist zu weitgehend, da der Aufsichtsrat keine Überwachung in allen Details vornimmt. Dem Aufsichtsratsmitglied ist es auch aufgrund seiner nebenamtlichen Tätigkeit praktisch nicht möglich, eine Informationsfülle entspr. derjenigen der Geschäftsführer zu bearbeiten.[306] Der Aufsichtsrat muss daher von den Geschäftsführern eine Unterrichtung über die Geschäftsabläufe anhand **„verdichteter und selektierter Informationsunterlagen"** verlangen.[307] Für Einzelfallentscheidungen haben die Geschäftsführer über alle maßgeblichen Entscheidungskriterien zu berichten, sodann hat jedes Aufsichtsratsmitglied zu überprüfen, ob die Informationen ausreichen.[308]

bb) Informationsweitergabe innerhalb des Aufsichtsrats. Der Informati- 86
onsaustausch innerhalb des Aufsichtsrats ist in § 52 iVm § 90 V AktG nur unvollständig geregelt. Gem. § 90 V AktG hat jedes Aufsichtsratsmitglied das Recht, von Berichten Kenntnis zu nehmen (S. 1), auf Verlangen sind sie ihm in Textform zu übermitteln (S. 2).

Ob Sonderwissen, das ein Aufsichtsratsmitglied außerhalb des Berichtswe- 87
sens des § 52 iVm § 90 III–V AktG erlangt, ohne Weiteres den übrigen Mitgliedern zu offenbaren ist, ist umstritten. Teile der aktienrechtlichen Literatur sehen eine Offenlegungspflicht nur als gegeben an, wenn sie durch Aufsichtsratsbeschluss begründet wurde.[309] Andere wollen eine Offenba-

302 Baumbach/Hueck/*Zöllner/Noack* Rn. 134; Scholz/*Schneider* Rn. 107.
303 Baumbach/Hueck/*Zöllner/Noack* Rn. 69.
304 BGH NJW 78, 425 (zur Pflicht des Aufsichtsrats einer Publikumsgesellschaft, Bedenken aufgrund der Geschäftsbücher weiter nachzugehen).
305 Scholz/*Schneider* Rn. 485; GKAktG/*Hopt/Roth*, § 116 Rn. 127; insoweit ergeben sich keine Abweichungen zum Aufsichtsrat der AG.
306 GKAktG/*Hopt/Roth*, § 111 Rn. 188 mwN.
307 GKAktG/*Hopt/Roth*, § 111 Rn. 188.
308 Scholz/*Schneider* Rn. 484.
309 GKAktG/*Hopt/Roth*, § 116 Rn. 258.

rungspflicht nicht schlechthin, aber jedenfalls dann annehmen, wenn es um Informationen geht, die für die Wahrnehmung der Überwachungsaufgabe relevant sind,[310] bzw. Bereiche, die in § 90 I AktG[311] genannt werden, betroffen sind. Aus teleologischen Gesichtspunkten erscheint dieses Abgrenzungskriterium sachgerechter. Dem Grundsatz der Gesamtverantwortung ist nur genügt, wenn überwachungsrelevantes Wissen weitergegeben wird. Außerdem ist dem einzelnen Aufsichtsratsmitglied prinzipiell anzuraten, überwachungsrelevantes Wissen im Aufsichtsrat weiterzugeben, um Vorwürfe pflichtwidrigen Unterlassens zu vermeiden. Dies gilt nicht, wenn die konkrete Gefahr besteht, dass die Vertraulichkeit nicht gewahrt wird.[312]

88 Nach allg. zivilrechtlichen Grundsätzen ist die Weitergabe von Informationen aber nur dann erforderlich, wenn eine entspr. Informationsbedürftigkeit besteht. Sind die übrigen Aufsichtsratsmitglieder bereits über alle wesentlichen Aspekte zur Wahrnehmung ihrer Überwachungsaufgabe informiert, würde eine weitergehende Offenlegungspflicht einen reinen Formalismus darstellen.

89 **d) Prüfung des Jahresabschlusses.** Aufgrund ausdrücklicher Verweisung prüft der Aufsichtsrat den Jahres- bzw. Konzernabschluss (§ 52 iVm §§ 170, 171 AktG). Von dieser Prüfungspflicht kann durch Satzungsbestimmung nicht abgewichen werden, da sie einen unverzichtbaren Teil der Überwachungsaufgabe des Aufsichtsrats darstellt.[313] Sie stellt zugleich sicher, dass sich jedes Aufsichtsratsmitglied ein umfassendes Bild von der finanziellen Verfassung des Unternehmens machen kann.[314] Dem Aufsichtsrat sind Jahresabschluss u. Lagebericht (§ 170 I AktG) sowie Gewinnverwendungsvorschlag[315] (§ 170 II AktG) unverzüglich nach Aufstellung vorzulegen. § 170 III AktG enthält ein entspr. Kenntnisnahmerecht u. damit korrespondierend eine Kenntnisnahmepflicht[316] des Aufsichtsrats bzw. des zuständigen Ausschusses. Über das Ergebnis der Prüfung hat der Aufsichtsrat bzw. Ausschuss anschließend der Gesellschafterversammlung zu berichten (Berichtspflicht: § 171 II AktG). § 42 a I 3 verpflichtet die Geschäftsführer zur unverzüglichen Vorlage des Prüfberichts des Aufsichtsrats an die Gesellschafter. Der Aufsichtsrat der GmbH wirkt prinzipiell nicht an der Feststellung des Jahresabschlusses mit. Ein entspr. Verweis von § 52 auf § 172 AktG ist bewusst unterblieben.[317] Die Feststellung des Jahresabschlusses ist gem. §§ 46 Nr. 1, 42 a I, II der Gesellschafterversammlung alleine zugewiesen. Eine Übertragung dieser Aufgabe auf den Aufsichtsrat durch Satzungsbestimmung ist möglich.[318] Nach der hier vertretenen Auf-

310 Baumbach/Hueck/*Zöllner/Noack* Rn. 69; *Hüffer*, NZG 07, 47, 50.
311 *Emde*, DB 99, 1486, 1487 f. argumentiert über § 90 AktG, der den Bereich der Überwachung definiere; Roth/*Altmeppen* Rn. 30.
312 Scholz/*Schneider* Rn. 113.
313 Baumbach/Hueck/*Zöllner/Noack* Rn. 113; aA Ulmer/*Raiser/Heermann* Rn. 103; *Lutter*/Hommelhoff Rn. 21, der aber die Einsichtsrechte des § 170 III AktG für unverzichtbar hält.
314 Ulmer/*Raiser/Heermann* Rn. 100; einschr. Gehrlein/Ekkenga/Simon/*Nießen* Rn. 58 f.
315 Ulmer/*Raiser/Heermann* Rn. 98.
316 BGHZ 69, 207, 221.
317 Baumbach/Hueck/*Zöllner/Noack* Rn. 112.
318 Baumbach/Hueck/*Zöllner/Noack* Rn. 112.

fassung[319] können hins der Prüfung des Jahresabschlusses die in § 52 enthaltenen Kompetenzen des Aufsichtsrats erweitert, nicht aber beschränkt werden. Ist die Gesellschaft prüfungspflichtig (§ 316 HGB), erteilt der Aufsichtsrat dem Abschlussprüfer den Prüfungsauftrag (§ 52 iVm § 111 II 3 AktG); insofern vertritt er die Gesellschaft.[320] Die Kompetenz zur Auswahl des Abschlussprüfers ist auch in der GmbH grds. Sache der Gesellschafterversammlung (§ 318 I 1 HGB). Die Satzung kann dies aber abw. regeln (§ 318 I 2 HGB).

e) Einberufung und Teilnahme an Sitzungen der Gesellschafterversammlung. Ein Recht zur Teilnahme bzw. eine Pflicht zur Teilnahme an Gesellschafterversammlungen besteht nicht schlechthin,[321] kann aber in der Satzung eingeräumt bzw. bestimmt werden.[322] 90

f) Vertretung der Gesellschaft. § 51 I verweist auf § 112 AktG u. überträgt damit die gerichtliche u. außergerichtliche Vertretung ggü. den Geschäftsführern auf den Aufsichtsrat.[323] Bei Fehlen oder Funktionsunfähigkeit des Aufsichtsrats ist die Gesellschafterversammlung ersatzzuständig.[324] Dies gilt auch für die Vertretung ggü. Vertragspartnern, die mit einem Geschäftsführer wirtschaftlich identisch sind.[325] Auf das Rechtsverhältnis der Gesellschaft zu den Gesellschaftern oder ggü. Dritten ist die Norm nicht entspr. anwendbar.[326] Wo dennoch das innen- oder außenrechtliche Handeln des Aufsichtsrats erforderlich ist, enthält das Gesetz ausdrückliche Regelungen (§ 52 iVm § 111 II 3, III 1 AktG). Bei Führungslosigkeit bleiben die Gesellschafter empfangszuständig (vgl. § 35 I 2; § 78 I 2 AktG ist nicht entspr. anwendbar). Nach ganz hM gilt die Vertretungszuständigkeit des Aufsichtsrats ggü. den Geschäftsführern nur mit Einschränkungen. Für Inhalt, Abschluss u. die Beendigung der Anstellungsverträge mit Geschäftsführern besteht eine Annexkompetenz der Gesellschafter, die aus § 46 Nr. 5 folgt.[327] Auch die Befreiung der Geschäftsführer vom Verbot des Selbstkontrahierens wird von der Verweisung auf § 112 AktG nicht umfasst.[328] Im Verhältnis zu ausgeschiedenen Geschäftsführern gilt § 112 AktG jedoch uneingeschränkt.[329] Richtiger Ansicht nach hat der Aufsichtsrat auch Vertretungsmacht zur Durchsetzung sog. kompetenzbezogener Maßnahmen, wie etwa die Geltendmachung von Informationsrechten, die Beauftragung von Sachverständigen gem. § 109 I 2 AktG usw. 91

---

319 Zu der Gegenmeinung vgl. Fn. 285.
320 Baumbach/Hueck/*Zöllner/Noack* Rn. 114.
321 Str, vgl. Gehrlein/Ekkenga/Simon/*Nießen* Rn. 61 u. Baumbach/Hueck/*Zöllner/Noack* Rn. 138 mwN.
322 Ebenso Gehrlein/Ekkenga/Simon/*Nießen* Rn. 61.
323 BGH DStR 2019, 1755, Tz 51; Ensthaler/Füller/*Schmidt* Rn. 8; Michalski/*Heyder*, Rn. 274; Rowedder/Schmidt-Leithoff/*Koppensteiner*, Rn. 14; Roth/*Altmeppen*, Rn. 31; MüKoGmbHG/*Spindler* Rn. 356.
324 BGH DStR 2019, 1755 Tz 52.
325 OLG Saarbrücken NZG 14, 343 Tz 35.
326 Ulmer/*Raiser/Heermann* Rn. 104 ff.
327 Baumbach/Hueck/*Zöllner/Noack* Rn. 116 u. § 46 Rn. 39; Ensthaler/Füller/*Schmidt* Rn. 8; Ulmer/*Raiser/Heermann* Rn. 104; *Lutter*/Hommelhoff Rn. 77; Michalski/*Heyder*, Rn. 277.
328 OLG Hamburg WM 86, 972, allerdings für AG; BeckHdbGmbH/*Müller*, § 6 Rn. 51; Ulmer/*Raiser/Heermann* Rn. 105.
329 LG Frankfurt GWR 10, 480.

92 Hins der Kompetenz zu Aktiv- u. Passivvertretung bei Auseinandersetzungen ist zu differenzieren. Die Gesellschafter entscheiden gem. § 46 Nr. 8 über die Frage, ob Ersatzansprüche ggü. Geschäftsführern geltend gemacht werden.[330] Die Durchsetzung obliegt dem Aufsichtsrat. Alle Streitigkeiten mit Geschäftsführen u. deren prozessuale Durchsetzung fallen in die Zuständigkeit des Aufsichtsrats. Für das rechtsgeschäftliche Handeln des Aufsichtsrats u. dessen sonstige Rechtshandlungen gelten die Grundsätze der Gesamtvertretung. Bei Aktivvertretung ist das Handeln aller Aufsichtsratsmitglieder erforderlich,[331] bei Passivvertretung, wie etwa der Zustellung von gerichtlichen Dokumenten (vgl. § 170 III ZPO), genügt die Zustellung an ein Aufsichtsratsmitglied.[332] Zur Aktivvertretung können einzelne Aufsichtsratsmitglieder ermächtigt werden. Regelmäßig liegt in dem Kollegialbeschluss einer Vertretungsmaßnahme die Ermächtigung des Vorsitzenden zur Vornahme namens aller.[333]

93 **g) Mitwirkung an Geschäftsführungsaufgaben?** Aufgaben der Geschäftsführung können dem Aufsichtsrat durch Gesellschafterbeschluss nicht übertragen werden (§ 52 iVm § 111 IV 1 AktG).[334] Nach hA ist jedoch eine Übertragung des Weisungsrechts u. somit die Überleitung von den Gesellschaftern auf den Aufsichtsrat in der Satzung möglich.[335] Die Satzung hat Zustimmungsvorbehalte für bestimmte Arten von Geschäften zugunsten des Aufsichtsrats zu bestimmen (§ 52 iVm § 111 IV 2 AktG). Dies stellt die typische Form der Beteiligung des Aufsichtsrats an Geschäftsführungsaufgaben dar. Zustimmungspflichtig sind va „Geschäfte von grundlegender Bedeutung" (vgl. auch Ziff. 3.3 DCGK) für die Gesellschaft. Das sind diejenigen Geschäfte, die geeignet sind, sich wesentlich auf die Vermögens-, Liquiditäts- u. Ertragssituation auszuwirken.[336] Fehlen im Katalog der zustimmungspflichtigen Geschäfte in der Satzung wesentliche Geschäfte, ist der Aufsichtsrat selbst verpflichtet, die Lücken zu schließen u. entspr. Zustimmungsvorbehalte einzuführen.[337] Dies kann anhand von Geschäftsordnungen geschehen, will man die ansonsten erforderliche notarielle Beurkundung u. Handelsregisteranmeldung vermeiden.[338] Der Aufsichtsrat soll durch die Regelung von Zustimmungsvorbehalten nicht die faktische Unternehmensleitung übernehmen. Der Aufsichtsrat ist auch nach dem gesetzlichen Leitbild der GmbH Aufsichts- u. nicht Leitungsorgan.

330 *Lutter*/Hommelhoff Rn. 77; BeckHdbGmbH/*Müller*, § 6 Rn. 51; Michalski/*Heyder*, Rn. 278; Ensthaler/Füller/*Schmidt* Rn. 8; Ulmer/*Raiser*/*Heermann* Rn. 104.

331 Scholz/*Schneider* Rn. 176.

332 Scholz/*Schneider* Rn. 177; diff: Ulmer/*Raiser*/*Heermann* Rn. 106: nur des Aufsichtsratsvorsitzenden; ebenso *Lutter*/Hommelhoff Rn. 79; MünchKommAktG/*Habersack*, § 112 Rn. 20.

333 *Lutter*/Hommelhoff Rn. 78; Scholz/*Schneider* Rn. 176.

334 Baumbach/Hueck/*Zöllner*/*Noack* Rn. 123; Ulmer/*Raiser*/*Heermann* Rn. 110; Roth/*Altmeppen*, Rn. 23.

335 Ulmer/*Raiser*/*Heermann* Rn. 110; Scholz/*Schneider* Rn. 161; Baumbach/Hueck/*Zöllner*/*Noack* Rn. 123; BeckHdbGmbH/*Müller*, § 6 Rn. 53.

336 Ulmer/*Raiser*/*Heermann* Rn. 110; Ensthaler/Füller/*Schmidt* Rn. 9; Baumbach/Hueck/*Zöllner*/*Noack* Rn. 123.

337 Ulmer/*Raiser*/*Heermann* Rn. 111; Scholz/*Schneider* Rn. 129; *Lutter*/Hommelhoff Rn. 15; Ensthaler/Füller/*Schmidt* Rn. 6.

338 Scholz/*Schneider* Rn. 76; Ulmer/*Raiser*/*Heermann* Rn. 63; 208.

7. Rechte und Pflichten der einzelnen Aufsichtsratsmitglieder gegenüber der Gesellschaft und Haftung

a) Rechtsnatur der Organstellung. Aufgrund der Organmitgliedschaft entsteht zwischen dem einzelnen Aufsichtsratsmitglied u. der Gesellschaft ein organisations- oder körperschaftliches Schuldverhältnis.[339] Anders als im Aktienrecht entsteht das Schuldverhältnis aufgrund gesellschaftsvertraglicher Regelungen. Es ist außerdem im Gegensatz zum Aktienrecht bis auf wenige Elemente disponibel. Dennoch entsteht richtiger Ansicht nach auch im GmbH-Recht durch die Bestellung als solche keine vertragliche Rechtsbeziehung.[340] Das disponible Gesetzesrecht u. die ergänzenden u/oder abw. – korporativen – Regelungen schaffen das für alle Aufsichtsratsmitglieder geltende Organisationsrecht, aus dem sich die für das einzelne Mitglied geltenden Rechte u. Pflichten ableiten.[341] 94

Auch die gesetzlichen Bestimmungen über die Vergütung, Vertragsbeziehungen zu Aufsichtsratsmitgliedern u. deren Sorgfaltspflichten dienen der Funktionstüchtigkeit des Aufsichtsrats u. dem Wohle der Gesellschaft. Gesellschaftsvertragliche Festsetzungen u. Modifikationen müssen sich an diesen Zwecken messen lassen u. sind ebenfalls korporativer Natur. Das schließt nicht aus, dass die Gesellschaft mit den Aufsichtsratsmitgliedern Dienstverträge abschließt, in denen diese organisationsrechtlichen Rechte u. Pflichten ausführlich beschrieben werden. Solche Vereinbarungen mögen zweckmäßig sein; notwendig sind sie allenfalls dann, wenn sie über das Organisationsrecht hinausgehende Rechte u. Pflichten begründen, dem Aufsichtsratsmitglied etwa ein Büro, ein Sekretariat oder ein Dienstwagen zur Verfügung gestellt wird etc[342] 95

b) Anspruch auf Vergütung. Einen Anspruch auf Vergütung hat infolge der Verweisung auf § 113 AktG das Aufsichtsratsmitglied nur aufgrund ausdrücklicher gesellschaftsvertraglicher Regelung oder wenn die Gesellschafter dies beschließen.[343] Eine stillschweigende Verpflichtung hierzu besteht nicht. Die dienstvertragliche Regelung des § 612 BGB ist auf das Amtsverhältnis, das durch die Bestellung begründet wird, nicht anwendbar. Nach oben ist der Vergütung auch in der GmbH eine Angemessenheitsgrenze gesetzt.[344] Anders als für die AG ergibt sich dies für die GmbH nicht schon aus § 113 I 3 AktG, sondern daraus, dass übermäßige Vergütungen in die Vermögensrechte der einzelnen Gesellschafter eingreifen. Bei der Angemessenheitsprüfung sind der Umfang der Tätigkeit, Größe u. Lage der Gesellschaft sowie individuell die Verantwortung des einzelnen Aufsichtsratsmitglieds, Vorsitzenden oder Stellvertreters u. die Mitgliedschaft in Ausschüs- 96

---

339 Hierzu Ulmer/*Raiser/Heermann* Rn. 122; Baumbach/Hueck/*Zöllner/Noack* Rn. 59; Scholz/*Schneider* Rn. 352 ff.

340 Vgl. Gehrlein/Ekkenga/Simon/*Nießen* Rn. 36.

341 Baumbach/Hueck/*Zöllner/Noack* Rn. 59; Scholz/*Schneider* Rn. 354; Ulmer/*Raiser/Heermann* Rn. 122; Rowedder/*Schmidt-Leithoff* Rn. 15.

342 Scholz/*Schneider* Rn. 355; Baumbach/Hueck/*Zöllner*/Noack Rn. 59.

343 Baumbach/Hueck/*Zöllner/Noack* Rn. 60; Scholz/*Schneider* Rn. 356; Michalski/*Heyder* Rn. 189; Bork/Schäfer/*Rieble* Rn. 111; Gehrlein/Ekkenga/Simon/*Nießen* Rn. 37.

344 Scholz/*Schneider* Rn. 362.

sen zu berücksichtigen.[345] Zwischen gesellschaftsfremden Dritten u. Gesellschaftern sowie entsandten Organmitgliedern aus verbundenen Unternehmen können bei der Vergütung ohne Verstoß gegen den Gleichbehandlungsgrundsatz Unterschiede gemacht werden. Sitzungsgelder sind Bestandteil der Vergütung,[346] ebenso Nebenleistungen wie etwa der Abschluss von D&O-Versicherungen auf Kosten der Gesellschaft.[347] Die Gesellschafterversammlung kann eine Aufsichtsrats-Vergütung für das laufende Geschäftsjahr nicht nachträglich herabsetzen, da dies eine unzulässige Rückwirkung darstellen würde.[348]

97 Der Anspruch auf Aufwendungsersatz folgt aus § 670 BGB, der auf körperschaftliche Amtsverhältnisse entspr. anwendbar ist.[349] Es bedarf hierfür, weil Aufwand keine Vergütung iSv § 113 AktG ist, weder einer gesellschaftsvertraglichen Festsetzung noch einer vertraglichen Regelung. Zu den Auslagen zählen etwa Reisekosten, Verpflegungs-, Telefon- u. Schreibkosten u. ggf. Sekretariatsaufwand.[350] Der Auslagenersatz kann durch Vereinbarung mit dem Ersatzberechtigten pauschaliert oder neben einer Vergütung ganz ausgeschlossen werden.[351] § 113 II AktG ist auf den fakultativen Aufsichtsrat nicht anwendbar, der Gesellschaftsvertrag kann abw. von der Norm die Vergütung für den ersten Aufsichtsrat festsetzen. Anwendbar ist aber § 113 III AktG, doch kann der Gesellschaftsvertrag keinen Berechnungsmodus festlegen, der von der aktiengesetzlichen Bestimmung abweicht.

98 **c) Dienst-, Werk- und Beraterverträge mit Aufsichtsratsmitgliedern.** Verträge, durch die sich ein Aufsichtsratsmitglied zu einer entgeltlichen Tätigkeit (va Geschäftsbesorgungs-, Dienst-, Werk- u. Beraterverträge) ggü. der Gesellschaft verpflichtet, sind nur in den Grenzen der §§ 113, 114 AktG zulässig.[352] Das gilt selbst dann, wenn das betr. Aufsichtsratsmitglied fehlerhaft bestellt wurde.[353] Verträge über Tätigkeiten, die bereits vom organschaftlichen Aufgabenbereich des Aufsichtsrats umfasst werden, sind nach § 113 I AktG iVm § 134 BGB nichtig.[354] Die Wirksamkeit sonstiger Verträge, die entgeltliche Tätigkeiten eines Aufsichtsratsmitglieds zum Gegenstand haben u. nicht in den Aufgabenbereich des Aufsichtsrats fallen, hängt von der Zustimmung (§ 114 I AktG) bzw. Genehmigung (§ 114 II 1

345 Baumbach/Hueck/*Zöllner*/*Noack* Rn. 60; Michalski/*Heyder* Rn. 193.
346 *Hüffer*, AktG, § 113 Rn. 4.
347 Michalski/*Heyder* Rn. 193; aA bzgl. D&O-Versicherungen *Vetter*, GmbHR 12, 181, 188 mwN.
348 LG München NZG 12, 1310 Tz 65.
349 Baumbach/Hueck/*Zöllner*/*Noack* Rn. 61; *Hüffer*, AktG § 113 Rn. 2 b.
350 Scholz/*Schneider* Rn. 367.
351 Baumbach/Hueck/*Zöllner*/*Noack* Rn. 61; Michalski/*Heyder* Rn. 197; Scholz/*Schneider* Rn. 367.
352 Baumbach/Hueck/*Zöllner*/*Noack* Rn. 62; *Lutter*/Hommelhoff Rn. 74.
353 BGH NZG 06, 712, 715.
354 BGHZ 126, 340, 344 ff.; 114, 127, 129 ff.; NZG 06, 712, 716; OLG Köln NZG 13, 548 Tz 45; Baumbach/Hueck/*Zöllner*/*Noack* Rn. 63; *Lutter*/Hommelhoff Rn. 74, 75 a; Roth/*Altmeppen* Rn. 17.

AktG)[355] des Aufsichtsrats ab.[356] Wurde einem Aufsichtsratsmitglied trotz fehlender Zustimmung Vergütung geleistet, hat es diese herauszugeben.[357] Im Gegenzug kann dem betr. Mitglied ein Anspruch auf Wert- bzw. Aufwendungsersatz für außerhalb seiner organschaftlichen Pflichten geleistete Tätigkeiten zustehen.[358] Dies soll die Gewährung unzulässiger Sondervorteile, die die unabhängige Wahrnehmung der organschaftlichen Pflichten des Aufsichtsratsmitglieds, va die pflichtgemäße Überwachung des Geschäftsführerhandelns beeinträchtigen, verhindern.[359] Vor dem Hintergrund dieses Schutzzwecks bedürfen auch Verträge mit Tochtergesellschaften der Zustimmung des Aufsichtsrats.[360] Nicht zustimmungspflichtig sind hingg. die Arbeitsverträge der belegschaftsangehörigen Arbeitnehmervertreter im Aufsichtsrat.[361]

Nicht von dem Aufgabenbereich des Aufsichtsrats umfasst sein kann die Leistung von Diensten in besonderen Fachgebieten.[362] Dies aber auch nur dann, wenn das Aufsichtsratsmitglied nicht gerade aufgrund dieser besonderen Sachkenntnis berufen wurde. Dann hat es der Gesellschaft seine Spezialkenntnisse zur Verfügung zu stellen, ohne eine gesonderte Vergütung beanspruchen zu können.[363] Gesondert vergütungsfähig können hingg. Tätigkeiten sein, die zeitlich u. inhaltlich besonders umfangreich sind u. damit dem gesetzlichen Zuschnitt des Aufsichtsratsmandates als Nebenamt nicht mehr entsprechen würden.[364] Der mit dem Aufsichtsratsmitglied geschlossene Vertrag hat die geschuldeten Leistungen konkret zu bezeichnen. Nur auf diese Weise kann vom Aufsichtsrat überprüft werden, ob diese Leistungen nicht ohnehin vom Aufgabenbereich des betr. Organmitglieds umfasst werden u. somit eine verdeckte Sonderzuwendung vorliegen würde.[365] Erfüllt ein Vertrag diese Anforderungen nicht, sondern enthält er nur generelle u. kursorische Festlegungen, beurteilt sich seine Wirksamkeit nach § 113 AktG u. hat die Nichtigkeit zur Folge. In der Satzung oder aufgrund Beschlusses der Gesellschafterversammlung kann die Geltung der §§ 113, 114 AktG abbedungen werden. Dies gilt nur für den fakultativen Aufsichtsrat, da beim Aufsichtsrat nach DrittelbG die Verweisung von § 1 I Nr. 3 DrittelbG auf die §§ 113, 114 AktG zwingend ist.[366] 99

355 Vgl. BGHZ 194, 14 ff. (Fresenius); aA noch OLG Frankfurt ZIP 11, 425, das (bei AG) Zustimmung vor Vertragsschluss als zwingend voraussetzt.
356 BGH NZG 07, 103, 104; 06, 712, 716; BGHZ 114, 127, 129; 126, 340, 344; *Lutter*/Hommelhoff Rn. 74; Baumbach/Hueck/Zöllner/Noack Rn. 62; Gehrlein/Ekkenga/Simon/*Nießen* Rn. 38.
357 Baumbach/Hueck/*Zöllner*/*Noack* Rn. 62; MüKoGmbHG/*Spindler* Rn. 233 mwN.
358 BGHZ 09, 1027; MüKoGmbHG/*Spindler* Rn. 234; *Scheuffele*/*Baumgartner*, GmbHR 10, 400, 403; Baumbach/Hueck/*Zöllner*/*Noack* Rn. 62; *Rohde*, GmbHR 09, 1104; *Lutter*/Hommelhoff Rn. 75 a.
359 BGH NZG 07, 103, 104; Baumbach/Hueck/*Zöllner*/*Noack* Rn. 62; Scholz/*Schneider* Rn. 373.
360 Str, vgl. Scholz/*Schneider* Rn. 373 mwN.
361 Baumbach/Hueck/*Zöllner*/*Noack* Rn. 62; Scholz/*Schneider* Rn. 372.
362 BGHZ 114, 127, 132.
363 BGHZ 114, 127, 131; *Lutter*/Hommelhoff Rn. 74.
364 *Lutter*/Hommelhoff Rn. 74.
365 BGHZ 126, 340, 344 f.
366 Scholz/*Schneider* Rn. 379; *Lutter*/Hommelhoff Rn. 76.

100 d) **Kreditvergabe an Aufsichtsratsmitglieder.** Im Gegensatz zu § 25 I Nr. 2 MitbestG verweist weder § 52 noch § 1 I Nr. 3 DrittelbG auf § 115 AktG, der eine Kreditvergabe an Aufsichtsratsmitglieder nur mit Einwilligung des Aufsichtsrats zulässt. Da die Verweisung bewusst unterblieben ist, kommt auch die analoge Anwendung der Norm für den fakultativen Aufsichtsrat u. den Aufsichtsrat nach dem DrittelbG nicht in Betracht.[367] Auch die Zustimmung der Gesellschafterversammlung ist grds. nicht erforderlich. Die Gewährung von Krediten aus Mitteln, die zur Erhaltung des Stammkapitals erforderlich sind, ist hingg. unzulässig.[368]

101 e) **Verschwiegenheit, Rückgabe der Unterlagen.** Aufsichtsratsmitglieder haben über vertrauliche Angaben u. Geheimnisse der Gesellschaft (Betriebs- u. Geschäftsgeheimnisse), die ihnen bei Gelegenheit ihrer Amtsausübung bekannt geworden sind, Stillschweigen zu bewahren (§ 52 iVm § 93 I 3 AktG).[369] Sie sind insbes. zur Verschwiegenheit über erhaltene vertrauliche Berichte u. vertrauliche Beratungen verpflichtet (§ 52 iVm § 116 S. 2 AktG). Der Geheimhaltungspflicht unterliegen sämtliche Tatsachen, die nicht öffentlich bekannt sind u. für die objektiv ein Geheimhaltungsbedürfnis besteht.[370] Die Verletzung der Geheimhaltungspflicht kann nicht nur Schadenersatzpflichten, sondern gem. § 85 auch strafrechtliche Sanktionen nach sich ziehen. Geheimhaltungsbedürftig sind insbes. die Investitions-, Finanz-, Produktions- u. Absatzplanung der Gesellschaft, die Produktionsmethoden, Personalentscheidungen, Forschungsvorhaben u. deren Stand, interne Betriebsdaten sowie der Gang u. das Ergebnis der Beratungen im Aufsichtsrat selbst.[371] Die Geheimhaltungspflicht besteht nicht nur völlig außenstehenden Dritten ggü, sondern auch Arbeitnehmern, Betriebsräten u. Gewerkschaften.[372] Ggü. Geschäftsführern u. Gesellschaftern gibt es keine Geheimhaltungspflicht,[373] § 51 a gewährleistet einen ungestörten Informationsfluss innerhalb der Gesellschaft.[374]

Ein ausscheidendes Aufsichtsratsmitglied hat sämtliche, auch nicht-vertrauliche Unterlagen, in deren Besitz es im Zuge seiner Amtsführung gelangte, analog[375] § 667 BGB zurückzugeben.[376] In einem etwaigen Haftungsprozess muss die Gesellschaft ihm Einsicht in die im Prozess erhebli-

---

367 Baumbach/Hueck/*Zöllner/Noack* Rn. 65; Scholz/*Schneider* Rn. 375.
368 Str. Scholz/*Schneider* Rn. 375 mwN.
369 S. auch Gehrlein/Ekkenga/Simon/*Nießen* Rn. 40.
370 BGHZ 64, 325, 329; Ulmer/*Raiser/Heermann* Rn. 140; Baumbach/Hueck/*Zöllner/Noack* Rn. 67; Scholz/*Schneider* Rn. 502.
371 Bsp bei Ulmer/*Raiser/Heermann* Rn. 140; Baumbach/Hueck/*Zöllner/Noack* Rn. 67 mwN.
372 Baumbach/Hueck/*Zöllner/Noack* Rn. 67.
373 Scholz/*Schneider* Rn. 499, Ulmer/*Raiser/Heermann* Rn. 143; *Lutter*/Hommelhoff Rn. 25; MüKoGmbHG/*Spindler* Rn. 593; Roth/*Altmeppen* Rn. 29; aA Baumbach/Hueck/*Zöllner/Noack* Rn. 67.
374 Vgl. *Lutter*/Hommelhoff Rn. 25; Ulmer/*Raiser/Heermann* Rn. 143.
375 Rechtsgedanke des § 713 BGB.
376 BGH NZG 08, 834 (für die AG; auch Kopien); *Lutter*/Hommelhoff Rn. 24 mwN; MüKoGmbHG/*Spindler* Rn. 157, 590; Gehrlein/Ekkenga/Simon/*Nießen* Rn. 63; Baumbach/Hueck/*Zöllner/Noack* Rn. 58, 133; *Deilmann/Otte*, BB 11, 1291; *Huber*, GmbHR 08, 1214, 1216.

chen Unterlagen gewähren.[377] Ein Zurückbehaltungsrecht steht dem Aufsichtsratsmitglied nach richtiger Ansicht insofern nicht zu.[378]

f) **Konkurrenzverbot.** Wie für die AG ist auch für die GmbH str, ob die Aufsichtsratsmitglieder allg. Konkurrenz- oder Wettbewerbsverboten unterliegen. Gegen ein generelles Konkurrenz- oder Wettbewerbsverbot spricht, dass der Aufsichtsratstätigkeit idR als Nebenamt neben einer beruflichen Haupttätigkeit u. weiteren Aufsichtsratsmandaten in zulässiger Weise nachgegangen wird.[379] Ohne besondere Vereinbarung ist daher ein Konkurrenzverbot kaum begründbar.[380] *Schneider* weist aber zu Recht darauf hin, dass Aufsichtsratsmitglieder verpflichtet sind, sich umfassend, jedenfalls soweit es die Überwachungsaufgabe erfordert, zu informieren. Für Gesellschafter bestehe aus diesem Grund ein Wettbewerbsverbot,[381] von dem durch die Satzung befreit werden könne.[382] 102

Nach richtiger Ansicht genügt es, dass das Aufsichtsratsmitglied vor seiner Wahl über Tätigkeiten in oder für Konkurrenzunternehmen informiert. Wird es gleichwohl bestellt, besteht nach dem Rechtsgedanken des § 112 II HGB kein Anlass zu weiteren Maßnahmen. Die Satzung kann jedoch strengere persönliche Anforderungen für Aufsichtsratsmitglieder regeln. Über eine spätere Aufnahme von Konkurrenztätigkeiten muss das Aufsichtsratsmitglied aufgrund seiner Treuepflicht informieren. Bei der Frage, ob diese Tätigkeiten einen wichtigen Grund für die Beendigung des Aufsichtsratsamts darstellen, wird man den Gesellschaftern einen gewissen Beurteilungsspielraum einräumen müssen. 103

g) **Pflichtverletzung, Sorgfaltsmaßstab und Haftung.** Abs. 3 verweist hins der Haftung der Aufsichtsratsmitglieder wegen Verletzung ihrer Organpflichten auf §§ 116 AktG iVm 93 I u. II AktG. Bei der entspr. Anwendung der Normen ist zum einen die unterschiedliche Stellung des Aufsichtsrats in AG u. GmbH zu berücksichtigen.[383] Zum anderen regelt § 93 AktG Sorgfaltspflicht u. Verantwortlichkeit des hauptberuflich tätigen Vorstands der AG. Die entspr. Anwendung der Norm muss sich daher an der gesetzlichen Ausgestaltung des Aufsichtsratsmandats als Nebenamt orientieren.[384] Dabei ist insbes. zu beachten, dass § 52 nicht auf § 93 III–VI AktG verweist.[385] Diese selektive Verweisung bestätigt die Intention des Gesetzgebers, keine Haftung des lediglich im Gesellschaftsinteresse tätigen fakultativen Aufsichtsrats für Drittschäden zu begründen. Der fakultative Aufsichtsrat stellt also gerade kein zusätzliches Organ zum Schutz des „allgemeinen Rechtsverkehrs" dar.[386] 104

377 BGH NZG 08, 834; NJW 03, 358.
378 *Lutter*/Hommelhoff Rn. 24.
379 Ulmer/*Raiser*/*Heermann* Rn. 137.
380 RGZ 165, 68, 82; Baumbach/Hueck/*Zöllner*/*Noack* Rn. 68; Ulmer/*Raiser*/*Heermann* Rn. 137.
381 Scholz/*Schneider* Rn. 506.
382 Scholz/*Schneider* Rn. 506.
383 Ulmer/*Raiser*/*Heermann* Rn. 130; Scholz/*Schneider* Rn. 464.
384 Scholz/*Schneider* Rn. 464; *Vetter*, GmbHR 12, 181, 182.
385 BGH NJW 11, 221 – DOBERLUG; Baumbach/Hueck/*Zöllner*/*Noack* Rn. 1, 70, 74.
386 Bork/Schäfer/*Rieble* Rn. 117; *Lutter*/Hommelhoff Rn. 3 jeweils mwN; *Noack*, in: FS Goette, 11, S. 87; *Vetter*, EWiR 10, 713.

105 **aa) Pflichtverletzung und Sorgfaltsmaßstab.** Nach § 52 iVm §§ 116 S. 1, 93 I AktG schulden die Aufsichtsratsmitglieder die Sorgfalt eines ordentlichen u. gewissenhaften Überwachers und Beraters. Der Wortlaut enthält einen objektivierten Sorgfaltsmaßstab.[387] Daneben finden aber auch subjektive Kenntnisse u. Fähigkeiten Berücksichtigung. Es ist daher zutr., dass der objektive Mindeststandard durch die persönlichen Kenntnisse u. Fähigkeiten des Aufsichtsratsmitglieds u. das von ihm konkret zu erwartende Maß an Sorgfalt[388] verschärft werden kann.[389] Seit Erlass des BilMoG etwa muss ein Aufsichtsratsmitglied einer kapitalmarktorientierten Gesellschaft iSv § 264 d HGB über Sachverstand in den Gebieten Rechnungslegung oder Abschlussprüfung verfügen.[390] Seine Tätigkeit ist in diesem Falle auch an dem besonderen Sachverstand zu messen.

106 Bei der Konkretisierung des Sorgfaltsmaßstabs ist der Nebenamtscharakter des Aufsichtsratsamts (vgl. §§ 110 II, 100 III AktG) zu berücksichtigen.[391] Für die Aufsichtsratsmitglieder gilt daher im Hinblick auf die Aufdeckung u. Beseitigung von Missständen ein geringerer Sorgfaltsmaßstab als für hauptberuflich tätige Geschäftsführer. Bei Anhaltspunkten für Pflichtverletzungen der Geschäftsführer muss das einzelne Aufsichtsratsmitglied dafür sorgen, dass sich der Aufsichtsrat oder der zuständige Ausschuss mit der Angelegenheit befasst. Diese Pflicht greift erst aber immer dann ein, wenn hinreichend konkrete u. dringende Anhaltspunkte für Pflichtverstöße gegeben sind.[392] Ob die Sorgfaltspflichten erfüllt wurden, ist aus der Sicht *ex ante* zu beurteilen. Später gewonnene Erkenntnisse dürfen bei der Bewertung des Verhaltens der Aufsichtsratsmitglieder nicht berücksichtigt werden. Die in diesem Zeitpunkt getroffene Leitungsentscheidung ist auf Rechtmäßigkeit, Zweckmäßigkeit u. Wirtschaftlichkeit hin zu überprüfen. Da die Leitungsentscheidungen der Geschäftsführer wegen ihres Prognosecharakters u. ihrer Zukunftsbezogenheit jedenfalls im Hinblick auf Wirtschaftlichkeit u. Zweckmäßigkeit durch nicht justiziable Einschätzungen geprägt sind, hat der Aufsichtsrat bei seiner Überwachungstätigkeit das unternehmerische Ermessen der Geschäftsführer zu berücksichtigen.[393]

---

387 Ulmer/*Raiser/Heermann* Rn. 130; Scholz/*Schneider* Rn. 516; Baumbach/Hueck/*Zöllner/Noack* Rn. 72; Gehrlein/Ekkenga/Simon/*Nießen* Rn. 41.

388 Baumbach/Hueck/*Zöllner/Noack* Rn. 72; Ulmer/*Raiser/Heermann* Rn. 130; Gehrlein/Ekkenga/Simon/*Nießen* Rn. 41; etwas unklar bei Roth/*Altmeppen* Rn. 32, der den geschuldeten Sorgfaltsmaßstab generell an den Umständen des Einzelfalls beurteilen u. auch Faktoren wie die Unternehmensgröße u. die Vergütung einfließen lassen will. Dem kann nur dann gefolgt werden, wenn die vorgeschlagenen weiteren Faktoren erst ab dem objektiv zu bestimmenden Mindeststandard verschärfend wirken sollen.

389 BGH NJW-RR 11, 1670; dazu *Vetter*, EWiR 11, 793; OLG Düsseldorf AG 84, 273, 275 (erhöhte Sorgfaltsanforderungen an ein Aufsichtsratsmitglied mit Wirtschaftsprüfererfahrung); Bork/Schäfer/*Rieble* Rn. 116.

390 Rn. 39.

391 Roth/*Altmeppen* Rn. 32; Scholz/*Schneider* Rn. 464; MKAktG/Habersack, § 116 Rn. 2; Rn. 103.

392 BGH ZIP 2016, 966: Untreue durch Verletzung der Pflicht zum Einschreiten; GKAktG/*Hopt/Roth*, § 111 Rn. 139.

393 MKAktG/*Spindler*, § 93 Rn. 40; BT-Drs. 15/5092, S. 11.

Es gilt der Grundsatz der Gesamtverantwortlichkeit.[394] Auch wenn der Aufsichtsrat arbeitsteilig vorgeht, etwa indem er einzelne Aufgaben einem Ausschuss zuweist, entbindet dies die übrigen Aufsichtsratsmitglieder nicht davon, sich auch selbst über den betr. Vorgang zu informieren. Die Überwachungstätigkeit der einzelnen Mitglieder richtet sich dann auf das Handeln der zuständigen oder der anderen Aufsichtsratsmitglieder.[395] Sie haben ihre Einwände gegen fehlerhafte Beschlüsse der übrigen Mitglieder vorzubringen u. diese nötigenfalls auch den Gesellschaftern anzuzeigen.[396] Das einzelne Aufsichtsratsmitglied handelt grds. weisungsfrei.[397] Jedes Mitglied hat sein Amt in eigener Verantwortung zu führen. Eine Satzungsregelung, die ein Weisungsrecht der Gesellschafter ggü. dem Aufsichtsrat anordnet, ist jedoch möglich. Dies hat das BVerwG für die kommunale GmbH nunmehr ausdrücklich entschieden.[398] Nach richtiger Ansicht rechtfertigen Entsendungsrechte etwa der öffentlichen Hand aber nicht *eo ipso* ein weisungsgebundenes Verhalten der entsandten Aufsichtsratsmitglieder; diese müssen vielmehr ihre Tätigkeit mit der gesetzlich vorgeschriebenen Sorgfalt ausüben.[399] Auch beim fakultativen Aufsichtsrat sollte hiervon selbst durch Satzungsbestimmung nicht abgewichen werden, soweit der Kernbereich der Überwachungsaufgabe betroffen ist.[400] Anderenfalls handelt es sich um keinen echten Aufsichtsrat, sondern um ein Gremium *sui generis*.[401] 107

bb) Verschulden. Der Schadenersatzanspruch richtet sich gegen das Aufsichtsratsmitglied persönlich u. nicht gegen das Organ.[402] Die Haftung nach § 52 iVm §§ 116, 93 AktG setzt daher bei dem betr. Aufsichtsratsmitglied eine persönliche Pflichtverletzung u. ein individuelles Verschulden voraus.[403] Verschuldensmaßstab ist wiederum die Sorgfalt eines ordentlichen u. gewissenhaften Aufsichtsratsmitglieds.[404] Dem Begriff der Sorgfalt kommt eine Doppelfunktion zu.[405] Wer sie nicht beachtet, handelt zugleich 108

394 S. bereits oben Ulmer/*Raiser/Heermann* Rn. 130; Scholz/*Schneider* Rn. 466.
395 Ulmer/*Raiser/Heermann* Rn. 130.
396 Scholz/*Schneider* Rn. 467.
397 Ulmer/*Raiser/Heermann* Rn. 145; Ensthaler/Füller/*Schmidt* Rn. 15; vertiefend *Vetter*, GmbHR 12, 181, 184.
398 BVerwG NJW 11, 3735; OVG Münster ZIP 09, 1718; Roth/*Altmeppen* Rn. 3, einschr. Rn. 20; *Altmeppen*, in: FS Schneider, 11, S. 1, 6 mwN, der auf die strukturellen u. historischen Unterschiede zwischen AG u. GmbH abstellt u. Weisungsrechte jedenfalls in der mitbestimmungsfreien kommunalen Einmann-GmbH bejaht; *Weckerling-Wilhelm/Mirtsching*, NZG 11, 327 ff.; *Lutter*/Hommelhoff Rn. 30 a, 69 b, der allerdings trotz von ihm vertretener grds. Zulässigkeit der Weisung von einer entspr. Satzungsbestimmung abrät, um nicht die eigenverantwortliche Amtsführung der AR-Mitglieder in Frage zu stellen; Bork/Schäfer/*Rieble* Rn. 98.
399 BGHZ 36, 296, 306; insg. abl.: *Vetter*, GmbHR 11, 449, 457; *Krämer/Winter*, in: FS Goette, 11, S. 253, 255; diff, iE abl. MüKoGmbHG/*Spindler* Rn. 132, 200 sowie *Keiluweit*, BB 11, 1795, 1796; Baumbach/Hueck/*Zöllner/Noack* Rn. 130, die aber Ausn. für Einmann-GmbH zulassen.
400 OVG Münster ZIP 09, 1718; Ulmer/*Raiser/Heermann* Rn. 147; insbes. *Vetter*, GmbHR 12, 181, 185 f. mit Kritik an BVerwG NJW 11, 3735.
401 Rn. 170 ff.; *Spindler*, ZIP 11, 689, 695.
402 *Lutter*/Hommelhoff Rn. 33.
403 Ulmer/*Raiser/Heermann* Rn. 149; Scholz/*Schneider* Rn. 463.
404 OLG München ZIP 2015, 2472, 2476.
405 Ulmer/*Raiser/Heermann* Rn. 130.

pflichtwidrig u. schuldhaft. Auch der Verschuldensmaßstab ist objektiviert u. gilt im Grundsatz für alle Aufsichtsratsmitglieder in gleichem Maße. Dem Aufsichtsratsmitglied fällt also dann Fahrlässigkeit zur Last, wenn die Pflichtverletzung von einem durchschnittlichen Aufsichtsrat vorausgesehen u. vermieden hätte werden können.[406] Bei unternehmerischen Entscheidungen des Aufsichtsrats gilt § 93 Abs. 1 AktG als Maßstab.[407]

109 Auch auf Verschuldensebene sind subjektive Umstände zu berücksichtigen.[408] Aufsichtsratsmitglieder, die innerhalb des Aufsichtsrats besondere Funktionen übernehmen, dh insbes. der Aufsichtsratsvorsitzende u. die Mitglieder von Ausschüssen, unterliegen einem strengeren Maßstab. Sie haben für die Kenntnisse u. Fähigkeiten einzustehen, die ihre Funktion erfordert. Besitzen sie die erforderliche Eignung zur Erfüllung ihrer Funktion nicht, liegt ein Übernahmeverschulden vor.[409] Durch Satzungsbestimmung kann der Verschuldensmaßstab bis zur Grenze der groben Fahrlässigkeit gemildert werden.[410] Obwohl § 52 nicht auch auf § 93 IV AktG verweist, wird der Aufsichtsrat von der Ersatzpflicht für pflichtwidriges Handeln befreit, wenn dieses auf einem gesetzmäßigen Gesellschafterbeschluss beruht.[411] Nach hA wirkt sich der unterbliebene Verweis dahin gehend aus, dass aufgrund Beschlusses der Gesellschafterversammlung auch ohne Einhaltung der Frist des § 93 IV 3 AktG auf entstandene Ersatzansprüche verzichtet werden kann,[412] soweit dadurch nicht die Vorgaben von § 30 betroffen sind.[413]

110 § 52 verweist nicht auf § 93 VI AktG, sondern enthält in Abs. 3 eine eigene 5-jährige Verjährungsfrist. Die hA in der Literatur hält für den fakultativen Aufsichtsrat sowohl eine Verkürzung als auch eine Verlängerung der Frist in der Satzung für zulässig.[414] Die Rspr. sieht dag auch für den fakultativen GmbH-Aufsichtsrat Abs. 4 als zwingend an.[415]

111 cc) **Kausalität und Schaden.** Die Feststellung eines ersatzfähigen Schadens der Gesellschaft erfolgt nach §§ 249 ff. BGB.[416] Dabei ist zu beachten, dass

---

406 Schmidt/Lutter/*Drygala*, AktG, § 116, Rn. 36.
407 OLG München ZIP 2015, 2472, 2476.
408 Rn. 105.
409 Schmidt/Lutter/*Drygala*, AktG, § 116, Rn. 37.
410 *Lutter/Krieger*, Rechte und Pflichten des Aufsichtsrats, § 16 Rn. 1226; Baumbach/Hueck/*Zöllner/Noack* Rn. 72; Ulmer/*Raiser/Heermann* Rn. 130; *Lutter*/Hommelhoff Rn. 32.
411 Ulmer/*Raiser/Heermann* Rn. 152; Baumbach/Hueck/*Zöllner/Noack* Rn. 77; diff. *Vetter*, GmbHR 12, 181, 186.
412 Baumbach/Hueck/*Zöllner/Noack* Rn. 77.
413 *Lutter/Krieger*, Rechte und Pflichten des Aufsichtsrats, § 16 Rn. 1226.
414 *Lutter*/Hommelhoff Rn. 35; Ulmer/*Raiser/Heermann* Rn. 153; Baumbach/Hueck/*Zöllner/Noack* Rn. 78; *Lutter/Krieger*, Rechte und Pflichten des Aufsichtsrats, § 16 Rn. 1226; Scholz/*Schneider* Rn. 527.
415 BGHZ 64, 238, 245.
416 BGH NJW 11, 221 – DOBERLUG; zust. Gehrlein/Ekkenga/Simon/*Nießen* Rn. 42; Bork/Schäfer/*Rieble* Rn. 116, 118; *Habersack*, JZ 10, 1191; *Kiefner/Langen*, NJW 11, 192; *Noack*, in: FS Goette, 11, S. 345 ff.; *Poertzgen*, NZI 10, 915; *Brötzmann*, GmbHR 10, 1203; *Keiluweit*, BB 11, 1795; abl. Roth/*Altmeppen* Rn. 36; *Altmeppen*, ZIP 10, 1973; *K Schmidt*, GmbHR 10, 1319, 1321 ff.; *Schürnbrand*, NZG 10, 1207; diff. MüKoGmbHG/*Spindler* Rn. 611 f.; *Thiessen*, ZGR 11, 275, 291. S. auch Rn. 103.

die Mitglieder eines fakultativen Aufsichtsrats wegen Verletzung ihrer Aufsichtspflicht nur für Schäden haften, die tatsächlich die Gesellschaft in ihrem Vermögen schädigen; nicht jedoch für solche, die lediglich zu einer Verminderung der Insolvenzmasse führen, mithin allein die Insolvenzgläubiger treffen. Dies trägt wiederum dem Umstand Rechnung, dass der fakultative Aufsichtsrat einer GmbH anders als derjenige der AG lediglich im Interesse der Gesellschaft eingerichtet wird, nicht aber zugunsten des allg. Rechtsverkehrs. Die haftungsausfüllende Kausalität bestimmt sich nach allg. Kriterien. Die Adäquanztheorie findet Anwendung.

dd) Beweislast. Nach §§ 116 S. 1, 93 II 2 AktG trifft die Aufsichtsratsmitglieder im Streitfall die Darlegungs- u. Beweislast dafür, dass sie die Sorgfalt eines ordentlichen u. gewissenhaften Aufsichtsratsmitglieds angewandt haben. Rspr. u. Literatur gehen überwiegend von einer Erstreckung der Beweislastumkehr des § 93 II 2 AktG auch auf die objektive Pflichtwidrigkeit des Aufsichtsratshandelns aus.[417] Die Gesellschaft muss einen Schaden u. dessen Verursachung durch ein Verhalten des Aufsichtsratsmitglieds darlegen u. beweisen, wobei es sich um ein Verhalten im Pflichtenkreis des Aufsichtsratsmitglieds handeln muss, das „als pflichtwidrig in Betracht kommt, sich also insofern als 'möglicherweise' pflichtwidrig darstellt".[418] Zusammengefasst stellt sich die Beweislastverteilung wie folgt dar: Die Gesellschaft hat darzulegen u. zu beweisen, dass ihr durch das Verhalten des in Anspruch genommenen Aufsichtsratsmitglieds ein Schaden entstanden ist; also: die schädigende Handlung oder Unterlassung, die Höhe des entstandenen Schadens u. den ursächlichen Zusammenhang zwischen dem Verhalten des Organmitglieds, das als pflichtwidrig in Betracht kommt, u. dem entstandenen Schaden. Für die Darlegung der Höhe des Schadens kommt der Gesellschaft die Beweiserleichterung des § 287 ZPO zugute. Sie bewirkt eine Beweismaßreduzierung, indem sie ein Wahrscheinlichmachen des Schadens ausreichen lässt u. nicht das Vorliegen der vollen richterlichen Überzeugung verlangt.[419] Das Organmitglied hat dann seinerseits darzulegen u. erforderlichenfalls zu beweisen, dass es seiner Sorgfaltspflicht genügt hat, es kein Verschulden trifft oder dass der Schaden auch bei pflichtgemäßem Verhalten entstanden wäre. 112

ee) Entlastung des Aufsichtsrats. § 120 AktG gilt mangels Verweisung für den Aufsichtsrat der GmbH nicht. Nach überwiegender Auffassung in der Literatur soll sich jedoch aus allg. Grundsätzen ergeben, dass die Aufsichtsratsmitglieder der GmbH in regelmäßigen Zeitabständen einen Anspruch auf Entlastung haben,[420] sofern nicht Hinweise auf eine Haftung vorliegen. Es wird eine jährliche Entlastung jeweils nach Rechnungslegung u. Tätigkeitsbericht vorgeschlagen.[421] 113

---

417 Ulmer/*Raiser/Heermann* Rn. 148; GKAktG/*Hopt/Roth*, § 116 Rn. 288, BGH AG 03, 381.
418 BGH NJW 03, 358.
419 BGHZ 152, 280, 287 (Schadenersatzanspruch gegen den GmbH- Geschäftsführer); Scholz/*Schneider* Rn. 520.
420 Scholz/*Schneider* Rn. 525; Baumbach/Hueck/*Zöller/Noack* Rn. 79; Michalski/*Heyder* Rn. 314; aA Ensthaler/Füller/*Schmidt* Rn. 19.
421 Baumbach/Hueck/*Zöller/Noack* Rn. 79; Scholz/*Schneider* Rn. 525.

114 Der BGH hat einen Anspruch der Geschäftsführer auf Entlastung mit der Begründung verneint,[422] dass diese im Recht der GmbH – im Unterschied zur AG (§ 120 II 2 AktG) – für den Entlastungszeitraum auch einen Verzicht auf Ersatzansprüche bewirke.[423] Die Gewährung eines klagbaren Anspruchs auf Entlastung sei daher nicht geboten. Sie widerspreche dem Recht der Gesellschafter, über die Geltendmachung von Ersatzansprüchen oder dem Verzicht hierauf frei entscheiden zu dürfen.[424] Nichts anderes kann für Aufsichtsratsmitglieder gelten. Für die Gewährung einer Leistungsklage auf Entlastung besteht daher kein Anlass. Berühmt sich die Gesellschaft hingg. eines tatsächlich nicht bestehenden Schadenersatzanspruchs, kann sich das betroffene Aufsichtsratsmitglied hiergegen im Wege der negativen Feststellungsklage wehren.

115 **ff) Klagerechte einzelner Mitglieder des Aufsichtsrats und des Aufsichtsrats (Organstreitigkeit).** Eine Klagebefugnis im Namen eines Gesellschaftsorgans gegen ein anderes Gesellschaftsorgan (Interorganstreit) ist nicht anzuerkennen.[425] Der Aufsichtsrat ist weder rechts- noch parteifähig iSv § 50 ZPO. Für Klagen des Aufsichtsrats im eigenen Namen gegen die Gesellschafter oder die Geschäftsführer fehlt darüber hinaus ein praktisches Bedürfnis.[426]

116 Klagen des Aufsichtsrats im Namen der Gesellschaft gegen die Geschäftsführer sind ebenfalls nicht zuzulassen. Der Grund hierfür liegt in der fehlenden Befugnis des Aufsichtsrats, gegen ordnungswidriges Handeln der Geschäftsführer vorzugehen. Zwar hat der Aufsichtsrat die Tätigkeit der Geschäftsführer zu überwachen, die materielle Befugnis, gegen solches Verhalten Maßnahmen zu ergreifen, verbleibt aber bei den Gesellschaftern. Daher sind weder der Aufsichtsrat noch einzelne Aufsichtsratsmitglieder prozessführungsbefugt, sondern nur die Gesellschafter. Die Aufsichtsratsmitglieder sind darauf verwiesen, die Gesellschafter von solchen Vorgängen zu unterrichten bzw. auf die Einberufung einer Gesellschafterversammlung zu drängen.[427]

117 Die Frage der Zulässigkeit einer *actio pro societate* unter bestimmten Bedingungen hat der BGH ausdrücklich offen gelassen.[428] In Teilen der Literatur wird eine solche Klagemöglichkeit auch einzelner Organmitglieder im eigenen Namen oder im Interesse der Gesellschaft in eng begrenzten Ausnahmefällen befürwortet.[429] Die überwiegende Auffassung lehnt eine solche Klagebefugnis gleichwohl ab, da zu Recht darauf hingewiesen wird,

422 BGHZ 94, 324 ff.
423 Das gilt nach absolut herrschender Auffassung auch für den Aufsichtsrat, Michalski/*Heyder* Rn. 314; *Lutter*/Hommelhoff Rn. 36; Baumbach/Hueck/*Zöllner*/*Noack* Rn. 79; Scholz/*Schneider* Rn. 525; Ensthaler/Füller/*Schmidt* Rn. 19.
424 BGHZ 94, 324, 326.
425 BGHZ 122, 342, 345 (für den Aufsichtsrat der AG); Scholz/*Schneider* Rn. 561; Baumbach/Hueck/*Zöllner*/*Noack* Rn. 129; Roth/*Altmeppen* Rn. 65; *Mertens*, ZHR 90, 24, 29 ff., 36.
426 *Stodolkowitz*, ZHR 90, 1, 23; *Mertens*, ZHR 90, 24, 29; Scholz/*Schneider* Rn. 561; Baumbach/Hueck/*Zöllner*/*Noack* Rn. 129 jeweils mwN.
427 Scholz/*Schneider* Rn. 562 f.; Roth/*Altmeppen* Rn. 65; vgl. mit einem diff. Ansatz Ulmer/*Raiser*/*Heermann* Rn. 245 ff.
428 BGHZ 106, 54, 65 ff.
429 Zusammenfassend *Deckert*, AG 94, 457, 464 f.

dass hierdurch die Möglichkeit geschaffen würde, dass innerhalb eines Organs bestehende Streitigkeiten zwischen den Organen ausgetragen werden könnten.[430] Das betr. Aufsichtsratsmitglied hat sich daher zunächst stets innerhalb des Aufsichtsrats gegen den von ihm für fehlerhaft gehaltenen Beschluss zu wenden.[431]

Von den vorgenannten Fallgruppen, die die Organstellung des Aufsichts- 118
rats bzw. des einzelnen Aufsichtsratsmitglieds betreffen, sind diejenigen Fälle zu unterscheiden, die das Vertragsverhältnis des Aufsichtsratsmitglieds zur Gesellschaft betreffen. Bei Streitigkeiten über die Vergütung, einen Aufwendungsersatz oder etwa die Feststellung, dass keine Ersatzansprüche bestehen, ist das einzelne Aufsichtsratsmitglied jederzeit selbst klagebefugt. Das gilt auch für die individuellen Organmitgliedschaftsrechte wie das Informations- u. Stimmrecht sowie das Recht zur Teilnahme an Sitzungen.[432]

III. Der obligatorische Aufsichtsrat nach dem Drittelbeteiligungsgesetz

1. Allgemeines

Eine GmbH mit idR zwischen 500 u. 2.000 Arbeitnehmern hat zwingend 119
einen Aufsichtsrat zu bilden (§ 1 I Nr. 3 DrittelbG).[433] Im Konzern werden der herrschenden GmbH gem. § 2 II DrittelbG die Arbeitnehmer der beherrschten Unternehmen zugerechnet, wenn zwischen den Unternehmen ein Beherrschungsvertrag besteht oder das abhängige Unternehmen in das beherrschende eingegliedert ist. Der Aufsichtsrat nach § 1 I Nr. 3 DrittelbG ist die in der Praxis am weitesten verbreitete Form des Pflichtaufsichtsrats[434] u. führt zu einer Drittel-Mitbestimmung.[435] Bei idR mehr als 2.000 Arbeitnehmern ist das MitbestG einschlägig (§ 1 II Nr. 1 DittelbG iVm § 1 I MitbestG), bei GmbH, die in der Montanbranche tätig sind, findet das MontanMitbestG Anwendung (§ 1 II Nr. 1 DittelbG iVm §§ 1, 3 MontanMitbestG).[436] Auch § 1 I Nr. 3 DrittelbG trifft keine eigenen inhaltlichen Aussagen über den GmbH-Aufsichtsrat, sondern verweist selbstständig u. im Vergleich zu § 52 mit Erweiterungen auf aktienrechtliche Normen. Im Gegensatz zum fakultativen Aufsichtsrat, hins dessen Ausgestaltung die Gesellschafter viele Freiheiten besitzen, wirken die Verweise in § 1 I Nr. 3 DrittelbG zwingend.[437] Sie legen einen verbindlichen Mindeststandard der Ausgestaltung u. der Kompetenzen des Aufsichtsrats fest, der durch abw. Satzungsbestimmungen nicht unterschritten werden darf.[438]

---

430 Scholz/*Schneider* Rn. 565; *Stodolkowitz*, ZHR 90, 1, 19 f.; *Mertens*, ZHR 90, 24, 33.
431 Roth/*Altmeppen* Rn. 64; *Lutter*/Hommelhoff Rn. 100; Scholz/*Schneider* Rn. 565; Ulmer/*Raiser*/*Heermann* Rn. 247.
432 Scholz/*Schneider* Rn. 557; *Lutter*/Hommelhoff Rn. 99; Roth/*Altmeppen* Rn. 65.
433 *Lutter*/Hommelhoff Rn. 38.
434 Baumbach/Hueck/*Zöllner*/*Noack* Rn. 144.
435 *Lutter*/*Krieger*, Rechte und Pflichten des Aufsichtsrats, § 15 Rn. 1096.
436 Raiser/*Veil*, Mitbestimmungsgesetz und Drittelbeteiligungsgesetz, DrittelbG § 1 Rn. 17.
437 *Böttcher*, NZG 12, 809, 810.
438 Scholz/*Schneider* Rn. 71; Ulmer/*Raiser*/*Heermann* Rn. 232; *Lutter*/Hommelhoff Rn. 37; BeckHdbGmbH/*Müller*, § 6 Rn. 86.

Die Erweiterung der Befugnisse des Aufsichtsrats in Satzung u. Geschäftsordnung ist hingg. zulässig.[439]

2. Zusammensetzung des Aufsichtsrats nach DrittelbG

120 **a) Größe und Zusammensetzung.** Der Aufsichtsrat besteht aus 3 Mitgliedern. Eine höhere Zahl kann in der Satzung bestimmt werden, muss aber durch 3 teilbar sein. Insg., auch hins der Höchstzahl an Mitgliedern, gilt der zwingende Verweis von § 1 I Nr. 3 DrittelbG auf § 95 AktG. Die Höchstzahl richtet sich nach dem in der Satzung festgelegten Stammkapital der Gesellschaft. Wird sie herabgesetzt u. dadurch eine der Grenzen in § 95 AktG unterschritten, ist iE umstritten, wie u. wann die Verkleinerung des Aufsichtsrats zu erfolgen hat.[440]

121 Der Aufsichtsrat hat zu einem Drittel aus Arbeitnehmervertretern zu bestehen (§ 4 I DrittelbG). Ob ein größerer Anteil an Arbeitnehmervertretern in der Satzung festgeschrieben werden kann, ist wiederum umstritten. Die Rspr. u. Teile der Literatur halten eine solche Regelung zumindest dann für möglich,[441] wenn die Gesellschafter an Wahlvorschläge nicht gebunden sind. Wenn ein oder zwei Arbeitnehmervertreter zu wählen sind, müssen sie zugleich in diesem oder einem abhängigen Unternehmen beschäftigt sein (§ 4 II 1 DrittelbG). Leiharbeitnehmer zählen nicht dazu.[442] Bei mehr als zwei vorgeschriebenen Arbeitnehmervertretern müssen wiederum zwei Vertreter aus der Belegschaft gewählt werden, iÜ sind externe Repräsentanten va der Gewerkschaften zulässig (§ 4 II 2 DrittelbG). Das Geschlecht der Arbeitnehmervertreter soll gemäß § 4 IV DrittelbG das zahlenmäßige Verhältnis von Männern u. Frauen im Unternehmen widerspiegeln.

122 **b) Anforderungen an die Person des Aufsichtsratsmitglieds. aa) Allgemeine gesetzliche Anforderungen. (1) Anforderungen durch das Gesetz für die gleichberechtigte Teilhabe von Frauen und Männern an Führungspositionen in der Privatwirtschaft und im öffentlichen Dienst (GlTeilhG). (a) Allgemeines.** Durch das Gesetz für die gleichberechtigte Teilhabe von Frauen und Männern an Führungspositionen in der Privatwirtschaft und im öffentlichen Dienst (GlTeilhG) v. 24.4.15[443] wurde Abs. 2 eingeführt. Zusammen mit Abs. 2 wurden für die GmbH Regelungen in § 36 u. § 289 a IV 4 HGB aufgenommen.

---

439 Ulmer/*Raiser/Heermann* Rn. 232.

440 Hierzu iE Baumbach/Hueck/*Zöllner/Noack* Rn. 163 f.; Ulmer/*Raiser/Heermann* Rn. 172 jeweils mwN.

441 OLG Bremen NJW 77, 1153 ff.; BGH NJW 79, 1657, 1658 für die AG; Baumbach/Hueck/*Zöllner/Noack* Rn. 161; *Lutter*/Hommelhoff Rn. 41; abl. Ulmer/*Habersack*/Henssler, Mitbestimmungsrecht, DrittelbG § 1 Rn. 8; Scholz/*Schneider* Rn. 213.

442 Wlotzke/Wißmann/Koberski/*Kleinsorge*, Mitbestimmungsrecht, DrittelbG § 4 Rn. 18.

443 Gesetz für die gleichberechtigte Teilhabe von Frauen und Männern an Führungspositionen in der Privatwirtschaft und im öffentlichen Dienst (GlTeilhG) v. 24.4.15, BGBl. I, S. 642 ff.

Die Festlegungen nach Abs. 2 S. 1 u. 3 mussten bis spätestens 30.9.15 erfolgen. Die nach Abs. 2 S. 3 erstmals festzulegende Frist darf nicht länger als bis zum 30.6.17 dauern.[444]

123 Für den obligatorischen Aufsichtsrat in der GmbH nach dem DrittelbG[445] ist die Gesellschafterversammlung verpflichtet, eine Zielgröße für den Frauenanteil im Aufsichtsrat u. unter den Geschäftsführern festzulegen. Mit Zielgrößen meint der Gesetzgeber einen prozentualen Anteil (Quote) an der zu bestellenden Anzahl der Aufsichtsratsmitglieder oder eine feste Anzahl. Die Gesellschafterversammlung kann diese Aufgabe auf den Aufsichtsrat delegieren.

124 § 36 trifft eine Festlegung für die beiden Führungsebenen unterhalb der Geschäftsführer, für die die Geschäftsführer der GmbH ebenfalls Zielgrößen bzgl. des Frauenanteils festzulegen haben. § 289 a IV HGB betrifft die Publikationspflichten bzgl. der Zielgröße. Diese können zum einen iVm dem Jahresabschluss im sog. Lagebericht gesondert aufgeführt werden oder nach Hs. 2 für Gesellschaften, die nicht zur Offenlegung eines Lageberichts verpflichtet sind, in der Form des § 289 a II Nr. 4 HGB erstellt u. gem. § 289 a I 2 HGB veröffentlicht werden. § 289 a I 2 HGB sieht vor, dass der Lagebericht auch auf der Internetseite der Gesellschaft öffentlich zugänglich gemacht werden kann.[446]

125 Die Regelung in Abs. 2 dient dem Zweck, die Anzahl weiblicher Führungskräfte in Spitzenpositionen der Wirtschaft zu vergrößern.[447] Langfristig soll eine paritätische Besetzung mit Frauen u. Männern in Geschäftsführung u. Aufsichtsrat erreicht werden.[448]

126 Nach der BT-Drs. wird die Zahl der von der verbindlichen Zielgröße für Aufsichtsräte betroffenen Unternehmen bei ca. 3.500 liegen.[449] Eine Auswertung der Hans-Böckler-Stiftung vom April 2014 kam dag zu einer Zahl von schätzungsweise 2.800 betroffenen Unternehmen.[450]

444 BGBl. I, S. 642, 660.

445 Der Gesetzentwurf enthielt die Formulierung, dass für Gesellschaften, für die *„nach den Mitbestimmungsgesetzen"* (BT-Drs. 18/3784, S. 37) ein Aufsichtsrat zu bestellen ist, Zielgrößen festzulegen sind. Strittig war, ob die so formulierte Neuregelung den obligatorische Aufsichtsrat nach dem DrittelbG u. MitbestG umfasste (vgl. *Mense/Kie*, GWR 15, 441 mit Verweis auf BT-Drs. 18/3784, S. 134; Roth/*Altmeppen* Rn. 47 a) oder nur den nach dem MitbestG konstituierten Aufsichtsrat umfasst hätte (vgl. MüKoGmbHG/*Spindler* Rn. 104 a). Insoweit Klarstellung im Gesetz selbst, vgl. Abs. 2 S. 1 (für DrittelbG) u. Abs. 2 S. 2 (für MitbestG) sowie BT-Drs. 18/4227, S. 8, 26 (Beschlussempfehlung) u. BR-Drs. 77/15, S. 4 (Gesetzesbeschluss). Für die sich anschließende (Auslegungs-)Frage, wie die Formulierung in § 36 S. 1 *„Gesellschaft, die der Mitbestimmung unterliegt"* zu entscheiden ist, muss iSe gesetzessystematisch richtigen Auslegung gelten, dass § 36 sowohl für Gesellschaften, die nach dem DrittelbG, als auch für solche, die einen Aufsichtsrat nach MitbestG zu errichten verpflichtet sind, gilt.

446 BGBl. I, S. 642, 658, 660.

447 BT-Drs. 18/3784, S. 1 f., 40 ff.; vgl. auch BT-Drs. 18/4227 (Beschlussempfehlung) u. BR-Drs. 77/15; Roth/*Altmeppen* Rn. 47 b.

448 BT-Drs. 18/3784, S. 123; Roth/*Altmeppen* Rn. 47 b.

449 BT-Drs. 18/3784, S. 46.

450 *Pütz/Weckes*, Geschlechterquote 2014, abrufbar unter www.boeckler.de (3.500 Unternehmen *„deutlich zu hoch"*); *Bayer/Hoffmann*, AG-Report 15, R4.

127 **(b) Anforderungen an den Gesellschaftsvertrag. (aa) Pflicht zur Festlegung von Zielgrößen.** Abs. 2 S. 1 gibt keine feste u. auch keine Mindestzielgröße vor. Eine Mindestzielgröße ist nicht vorgesehen.[451] Die Zielgröße kann zwischen 0 u. 100 % liegen.[452] Es ist auch keine Erhöhung des Frauenanteils nötig, sondern nur eine Festlegung.[453] Allerdings verbietet Abs. 2 S. 3 einen Rückfall auf einen geringeren Anteil, sofern zum Zeitpunkt der Festlegung der Zielgröße 30 % Frauenbeteiligung noch nicht erreicht waren (sog. Verschlechterungsverbot).[454] Die Regelung bezieht sich auf die tatsächlich im Aufsichtsrat vertretene Anzahl von Frauen. Liegt diese unter 30 %, darf die tatsächlich bestehende Anzahl durch die Zielgröße nicht infrage gestellt werden. Sind zB in einem 12-köpfigen Aufsichtsrat bereits 3 Frauen vertreten, darf die Zielgröße nicht (mehr) auf 2 festgelegt werden.[455] Soweit bei Festlegung der Zielgröße der Frauenanteil in einem 12-köpfigen Aufsichtsrat bei weniger als 4 Mitgliedern liegt, darf die Zielgröße im Beispielsfall[456] nicht herabgesetzt werden. Ist in einem 3-köpfigen Aufsichtsrat bereits eine Frau vertreten, ist die Frauenquote von 30 % zwar rechnerisch überschritten. Dennoch muss auch hier das Herabsetzungsverbot eingreifen, weil die Zielgröße von 0,9 Personen auf 1 aufzurunden ist u. das Erreichen der Quote einer Unterschreitung nach Sinn u. Zweck gleichzusetzen ist. Fraglich bleibt jedoch, was zu gelten hat, wenn der Aufsichtsrat ganz abgeschafft wird oder auf eine gesetzlich zulässige geringere Gesamtzahl zu reduzieren ist. Offen ist, ob im Gesellschaftsvertrag Feststellungen zur Besetzung erforderlich sind, bevor ein Aufsichtsrat eingerichtet ist. Nach der wohl hA gelten die Zielquoten nur für Unternehmen, deren Gesellschaftsvertrag bereits die Errichtung eines Aufsichtsrats vorsieht. Darauf, ob ein solcher bereits tatsächlich existiert, kann es nicht ankommen.[457] Es kann nach richtiger Meinung auch nicht darauf ankommen, ob eine gesetzliche Pflicht zur Einrichtung besteht, die Gesellschaft ihr aber nicht Folge geleistet hat. Denn die Verletzung der Verpflichtung nach dem DrittelbG ist sanktionslos, so dass die Festlegungen nach dem GlTeilhG solange sinnlos erscheinen, als Aufsichtsräte tatsächlich noch nicht eingerichtet sind.[458]

128 **(bb) Frist für die Erreichung der Zielgrößen.** Neben der Zielgröße selbst sind im Gesellschaftsvertrag Fristen zur Erreichung der Zielgröße festzulegen, Abs. 2 S. 4. Diese Fristen dürfen nicht länger als 5 Jahre sein, Abs. 2 S. 5.

129 **(cc) Zuständigkeit zur Festlegung der Zielgrößen.** Das DrittelbG lässt die Personalkompetenz der Gesellschafterversammlung in der GmbH unbe-

451 BT-Drs. 18/3784, S. 123; Roth/*Altmeppen* Rn. 47 c.
452 BT-Drs. 18/3784, S. 123.
453 BT-Drs. 18/3784, S. 123.
454 BT-Drs. 18/3784, S. 123.
455 BT-Drs. 18/3784, S. 134, 120 ff.; *Schulz/Ruf*, BB 15, 1155, 1156 f.
456 30% ergibt bei einem 12-köpfigen Aufsichtsrat einen rechnerischen Wert von 3,6. Gem. dem nach dem Willen des Gesetzgebers entspr. anwendbaren § 96 II 4 AktG ist in diesem Fall mathematisch aufzurunden, dh 30% sind in einem 12-köpfigen Aufsichtsrat bei einem Anteil von 4 Frauen erreicht.
457 *Bayer/Hoffmann*, GmbHR 15, 909, 917; Schmidt/Lutter/*Drygala*, AktG, § 111 Rn. 67 a; aA *Mense/Klie*, GWR 15, 441, 442 mwN.
458 *Bayer/Hoffmann*, GmbHR 15, 909.

rührt. Daher obliegt es in der drittelbestimmten GmbH der Gesellschafterversammlung, die Zielgröße für den Frauenanteil im Aufsichtsrat u. unter den Geschäftsführern festzulegen.[459]

Die Gesellschafter können diese Aufgabe auf den Aufsichtsrat übertragen (Abs. 2 S. 1 Hs. 2).[460] Die Aufgabenübertragung auf den Aufsichtsrat erfordert eine ausdrückliche Regelung im Gesellschaftsvertrag.[461] Eine verdrängende Aufgabenübertragung liegt darin jedoch nicht.[462] Bei Beschlussunfähigkeit des Aufsichtsrats bleibt die Gesellschafterversammlung konstituierend zuständig. 130

(dd) **Entscheidung über Zielgröße und Umsetzungsfrist mittels Beschluss.** Die Entscheidung über die Zielgröße u. die Frist zu ihrer Erreichung erfolgt durch satzungsändernden Beschluss der Gesellschafterversammlung. Die Festlegung in der Satzung hielt der Gesetzgeber für nötig, um eine sichere Grundlage für die spätere Veröffentlichung u. Berichterstattung zu gewährleisten.[463] 131

Bei Übertragung der Zuständigkeit auf den Aufsichtsrat ist über dessen Beschluss hinaus eine Satzungsänderung durch die Gesellschafterversammlung erforderlich, mit dem diese die Festlegungen des Aufsichtsrats umsetzt. 132

Dies gilt parallel für die nach dem MitbestG mitbestimmte GmbH gem. Abs. 2 S. 2 betreff des Verhältnisses zwischen Zuständigkeit der Geschäftsführung für die Zielgröße u. weiterbestehender Zuständigkeit der Gesellschafterversammlung für die entspr. Satzungsänderung. 133

(ee) **Unternehmerische Entscheidung über die Festlegung der Zielgröße.** Die Festlegung der Zielgröße u. der Fristen ist eine unternehmerische Entscheidung ohne Bindungswirkung innerhalb der Gesellschaft oder nach außen. Die Festlegungen können jederzeit wieder aufgehoben oder geändert werden. 134

(c) Anforderungen an die Besetzung des Aufsichtsrats aufgrund des Gesellschaftervertrags/fehlerhafte Bestellung und Fehlerfolge. Anders als im Aktienrecht – wo nach § 96 II 6 AktG nF die Wahl u. Entsendung eines Mitglieds unter Verstoß gegen das Mindestanteilsgebot von 30% nichtig u. ein solcher Bestellungsakt wegen Verstoß gegen § 96 II 6 AktG nF unwirksam ist, mit der Folge, dass der Sitz im Aufsichtsrat frei bleibt (sog. leere Stuhl-Doktrin) – ist ein Verstoß gegen die Zielgröße bei der Besetzung des Aufsichtsrats nach Abs. 2 sanktionslos.[464] Die Wahl unter Missachtung der Zielgröße ist somit wirksam. 135

(d) Anforderungen an die Beschlussfassung/Anfechtbarkeit/Nichtigkeit. 136
(aa) Anfechtbar- oder Nichtigkeit von Beschlüssen wegen Verstoß gegen das Verschlechterungsverbot nach Abs. 2 S. 3. In der Lit. wird zT auch die Anfechtbarkeit von Beschlüssen der Gesellschafterversammlung bzw. die

459 Roth/*Altmeppen* Rn. 47 c.
460 BT-Drs. 18/4227, S. 26; BeckOK/*Jaeger*, Rn. 20 a; Roth/*Altmeppen* Rn. 47 c.
461 Roth/*Altmeppen* Rn. 47 c.
462 Vgl. Rn. 11.
463 BT-Drs. 18/3784, S. 124; Roth/*Altmeppen* Rn. 47 c.
464 BT-Drs. 18/3786, S. 134, 122.

Nichtigkeit von Beschlüssen des Aufsichtsrats bejaht, die gegen das Verschlechterungsverbot aus Abs. 2 S. 3 verstoßen, weil sie den Frauenanteil unterhalb der bestehenden Verteilung absenken, obwohl dieser weniger als 30% beträgt.[465]

137 **(bb) Anfechtbar- oder Nichtigkeit von Beschlüssen wegen Verstoß gegen die vorgegebene Länge der Umsetzungsfristen nach Abs. 2 S. 5.** In der Lit. wird zT auch die Anfechtbarkeit von Beschlüssen der Gesellschafterversammlung bzw. die Nichtigkeit von Beschlüssen des Aufsichtsrats bejaht, die gegen die vorgegebene Länge der Umsetzungsfristen aus Abs. 2 S. 5 verstoßen, dh Beschlüsse, die dazu führen, dass die Fristen zur Erreichung der Zielgrößen mehr als 5 Jahre betragen.[466]

138 **(e) Veröffentlichungs- und Berichtspflichten, § 289 a IV HGB.** Nach § 289 a IV 1 HGB haben auch nicht-börsennotierte Unternehmen, auf die die Pflicht zur Festlegung der Zielgrößen anwendbar ist (so die GmbH mit obligatorischem Aufsichtsrat nach DrittelbG) künftig in ihrem Lagebericht eine gesonderte Erklärung zur Unternehmensführung mit den Festlegungen u. entspr. Angaben aufzunehmen.

139 Gesellschaften, die aufgrund des HGB nicht zur Erstellung eines Lageberichts (sog. kleine nicht börsennotierte Kapitalgesellschaften, § 267 I HGB) verpflichtet sind, aber dennoch Verpflichtungen zur Festlegung von Zielgrößen unterliegen, haben eine entspr. Erklärung auf ihrer Internetseite zu veröffentlichen, § 289 a IV 2 iVm I 2 HGB. Alternativ Offenlegung eines Lageberichts, § 289 a IV 3 HGB.

140 Die Berichtspflichten haben folgende Erklärungen zu enthalten: Festlegung der Zielgröße, Erreichung der Zielgröße u. ggf. Darlegung der Gründe die zum Verfehlen der Besetzungsziele geführt haben. Es ist nachvollziehbar dazulegen, was die Geschäftsführung unternommen hat, um die Zielgrößen umzusetzen, u. weshalb dies keinen Erfolg hatte.

141 **(f) Rechtsfolgen. (aa) Keine Sanktionen bei Nichterreichung der Zielgröße.** Die Nichterreichung der Zielgröße selbst innerhalb der gesetzten Frist ist sanktionslos.[467] Die neu eingeführten Reglungen geben keine über die Informationspflicht hinausgehende eigenständige Regelung evtl. Fehlerfolgen an die Hand. Die Gesetzesbegründung schließt ein – wenn auch nicht erwünschtes – Zurückbleiben hinter den selbst festgelegten Zielgrößen nicht aus. Der Gesetzgeber sah die "Prangerwirkung", die aus den Veröffentlichungs- u. Berichtspflichten folgt, als ausreichend an[468] u. verzichtete auf Sanktionsbestimmungen, weil diese etwa dazu verleiten könnten, von vorneherein nur geringe oder keine Zielquoten festzulegen. Aus diesem Grund besteht – unbeschadet der Vorschrift des Abs. 2 S. 3 – auch kein Verbot, einmal gesteckte Zielvorgaben später ggf. zu reduzieren.

142 **(bb) Schadensersatzpflicht der Aufsichtsratsmitglieder nach Abs. 1 iVm §§ 116, 93 II 1 AktG.** Aufsichtsratsmitglieder, denen die Pflicht zur Festlegung von Zielgrößen u. Fristen zur Erhöhung des Frauenanteils auferlegt

---

465 BeckOK/*Jaeger* Rn. 20 f.
466 BeckOK/*Jaeger* Rn. 20 f.
467 BT-Drs. 18/3784, S. 120.
468 BT-Drs. 18/3784, S. 134, 119 f.

ist, sollen sich nach Auffassung des Gesetzgebers bei Verstoß gegen diese Pflichten gem. §§ 116, 93 II 1 AktG schadensersatzpflichtig machen.[469] Worin bei Verstoß gegen Abs. 2 S. 3 oder S. 5 der Schaden liegen könnte, erschließt sich aber nicht ohne Weiteres.

(g) Umsetzungsfristen. Nach § 5 S. 1 GmbHG-EG ist die Frist zur erstmaligen Festlegung der Zielgrößen bereits am 30.9.15 abgelaufen. Zu berichten ist über die Besetzungsziele erstmals in den Lageberichten, „die sich auf Geschäftsjahre mit einem nach dem 30. September 2015 liegenden Abschlussstichtag beziehen" (Art. 73 EGHGB). Gesellschaften mit kalendergleichem Wirtschaftsjahr müssen damit zum ersten Mal in den Jahresabschlüssen für das Geschäftsjahr 2015 zu den Besetzungszielen Stellung nehmen. Die erstmalige Frist zur Umsetzung der Besetzungsziele darf nach § 5 S. 2 GmbHG-EG nicht länger als bis zum 30.6.17 dauern. 143

(2) Sonstige Anforderungen. Nach der zwingenden Regelung des § 1 I Nr. 3 DrittelbG iVm § 100 I 1 AktG können nur natürliche, unbeschränkt geschäftsfähige Personen in den Aufsichtsrat gewählt werden.[470] Personen, die bereits in 10 Handelsgesellschaften mit obligatorischem Aufsichtsrat entspr. Ämter innehaben, sind von weiteren Aufsichtsratsmandaten ausgeschlossen (§ 100 II 1 Nr. 1 AktG). Dabei zählt die Stellung als Vorsitzender gem. § 100 II 3 AktG doppelt. Ebenso darf ein Aufsichtsratsmitglied nicht gesetzlicher Vertreter einer konzernabhängigen Gesellschaft sein (§ 100 II 1 Nr. 2 AktG), da es auch die Leitungsorgane der Konzernunternehmen u. somit sich selbst zu überwachen hätte. Dag ist es möglich u. in der Praxis verbreitet, dass ein Aufsichtsratsmitglied des abhängigen Unternehmens zugleich Vorstandsmitglied des herrschenden Unternehmens ist.[471] Hier droht kein unzulässiges Zusammenfallen von Leitungstätigkeit u. Überwachung in einer Person. § 100 II 1 Nr. 3 AktG verbietet die sog. Überkreuzverflechtung, die zu einer wechselseitigen Überwachung von Vorstand u. Aufsichtsrat führen würde. Die neu eingefügte Vorschrift des § 100 II Nr. 4 AktG[472] verbietet den Wechsel vom Leitungsorgan ein u. derselben Gesellschaft in ihren Aufsichtsrat für den Zeitraum von zwei Jahren.[473] Auch diese Vorschrift soll die Überwachung der eigenen Leitungshandlungen verhindern. 144

Anders als beim fakultativen Aufsichtsrat ist der Verweis auf § 105 AktG zwingend u. seine Reichweite unumstritten.[474] Das Aufsichtsratsmandat ist unvereinbar mit der Position eines Geschäftsführers, dessen dauernden Stellvertreters, eines Prokuristen oder eines Gesamthandlungsbevollmächtigten der Gesellschaft. In den Grenzen des § 105 II AktG ist eine Bestellung von Aufsichtsratsmitgliedern zu Stellvertretern fehlender oder verhinderter Geschäftsführer möglich.[475] 145

469 BT-Drs. 18/3784, S. 123; BeckOK/*Jaeger* Rn. 20 f.
470 Baumbach/Hueck/*Zöllner/Noack* Rn. 170.
471 Ulmer/*Raiser/Heermann* Rn. 177.
472 Eingefügt durch VorstAG v. 31.7.2009, BGBl. 09 I, S. 2509.
473 Hüffer, AktG § 100 Rn. 16 f.; *Fleischer,* NZG 09, 801, 806.
474 Rn. 35.
475 Ulmer/*Raiser/Heermann* Rn. 179; Baumbach/Hueck/*Zöllner/Noack* Rn. 172.

146 **bb) Weitere Anforderungen durch Satzungsbestimmung.** Die Gesellschafter können in der Satzung weitere persönliche Voraussetzungen an die Person des Aufsichtsratsmitglieds vorsehen. Allerdings gelten diese Vorgaben nicht für die Arbeitnehmervertreter.[476]

147 **cc) Besonderheiten bei der kapitalmarktorientierten GmbH.** Das durch das Bilanzrechtsmodernisierungsgesetz für den Aufsichtsrat kapitalmarktorientierter Gesellschaften iSv § 264 d HGB eingeführte Erfordernis, dass mind. ein Aufsichtsratsmitglied über Sachverstand in den Gebieten der Rechnungslegung oder Abschlussprüfung verfügen muss, ist aufgrund des Verweises in § 1 I Nr. 3 DrittelbG wiederum zwingend.[477]

3. Organisatorischer Rahmen der Aufsichtsratsmitgliedschaft

148 **a) Bestellung. aa) Wahl.** Die **Vertreter der Gesellschafter** werden gem. § 1 I Nr. 3 DrittelbG iVm § 101 I 1 AktG durch die Gesellschafterversammlung in den Aufsichtsrat gewählt. Daneben können die Gesellschafter gem. § 48 II aber auch in Textform oder schriftlich über die Bestellung abstimmen, wenn alle Gesellschafter mit dieser Form der Abstimmung einverstanden sind; der Verweis des § 1 I Nr. 3 DrittelbG auf § 101 I AktG steht dem nicht entgg.[478] Die Gesellschafter können auch Arbeitnehmer in den Aufsichtsrat wählen. Diese gelten dann als Gesellschaftervertreter u. unterliegen nicht dem besonderen Schutz des DrittelbG.[479] Die Satzung kann darüber hinaus weitere oder abw. Regelungen zur Bestellung der Gesellschaftervertreter treffen, solange die Mitwirkungsrechte der Arbeitnehmer nicht beschränkt werden.[480]

149 Die **Arbeitnehmervertreter**, die gem. § 4 DrittelbG ein Drittel des Aufsichtsrats besetzen, werden nach § 5 DrittelbG durch die Arbeitnehmer des jeweiligen Unternehmens mittels allg., gleicher, geheimer u. unmittelbarer Wahl durch einfache Stimmenmehrheit gewählt. Die Einzelheiten der Wahl sind in der Wahlordnung zum Drittelbeteiligungsgesetz (WODrittelbG) geregelt.[481] Aktives Wahlrecht haben alle volljährigen Arbeitnehmer, die dem Unternehmen angehören oder die dem Unternehmen zur Arbeitsleistung überlassen sind u. seit mehr als 3 Monaten im Betrieb eingesetzt werden (§ 5 II DrittelbG, § 7 S. 2 BetrVG). Im Konzern[482] sind darüber hinaus gem. § 2 I DrittelbG auch die entspr. Arbeitnehmer des beherrschten Unternehmens zur Teilnahme an der Wahl des Aufsichtsrats im herrschenden Unternehmen berechtigt. Nach § 6 S. 1 DrittelbG erfolgt die Wahl der Arbeitnehmervertreter aufgrund von Wahlvorschlägen der Betriebsräte u. der Arbeitnehmer. Einen Wahlvorschlag der Arbeitnehmer müssen mind. ein

476 *Lutter*/Hommelhoff Rn. 46; Baumbach/Hueck/*Zöllner*/*Noack* Rn. 175.
477 Insoweit auch Begr. RegE BilMoG, BT-Drs. 16/10067, S. 106.
478 Baumbach/Hueck/*Zöllner*/*Noack* Rn. 176; Ulmer/*Raiser*/*Heermann* Rn. 185.
479 Wlotzke/Wißmann/Koberski/*Kleinsorge*, Mitbestimmungsrecht, DrittelbG § 1 Rn. 22.
480 Scholz/*Schneider* Rn. 231; vgl. auch *Lutter*/Hommelhoff Rn. 41.
481 Verordnung zur Wahl der Aufsichtsratsmitglieder nach dem Drittelbeteiligungsgesetz vom 23.6.2004, BGBl. 04 I, S. 1393.
482 Ein Konzern liegt gem. § 18 I 1 AktG vor, wenn ein herrschendes u. ein oder mehrere abhängige Unternehmen unter der einheitlichen Leitung des herrschenden Unternehmens zusammengefasst sind.

Zehntel oder 100 der wahlberechtigten Arbeitnehmer unterzeichnen (§ 6 S. 2 DrittelbG). Zur Wahl vorgeschlagen werden können Arbeitnehmer des Unternehmens u. externe Dritte. Im Konzern sind neben den Arbeitnehmern des herrschenden auch die des beherrschten Unternehmens wählbar (§ 2 I DrittelbG).[483] Die iSv § 4 II DrittelbG notwendig unternehmenszugehörigen Arbeitnehmervertreter müssen volljährig sein u. zum Zeitpunkt des Amtsantritts der neuen Aufsichtsratsmitglieder seit einem Jahr diesem oder einem konzernabhängigen Unternehmen angehören (§ 4 III 1 DrittelbG). Auf den Zeitpunkt der Eingliederung des Unternehmens in den Konzernverbund kommt es letztlich nicht an.[484] Als notwendig unternehmenszugehöriger Arbeitnehmervertreter nicht wählbar ist hingg, wer aufgrund einer strafrechtlichen Verurteilung keine Rechte aus öffentlichen Wahlen ableiten kann (§ 4 III 4 DrittelbG iVm § 8 I 3 BetrVG).

Die Wahl u. die Tätigkeit der Arbeitnehmervertreter unterliegen gem. §§ 9, 150
10 DrittelbG einem besonderen Schutz. Die Wahl ist insoweit geschützt, als sowohl die Wahlbehinderung, va durch Einschränkung des aktiven oder passiven Wahlrechts (§ 10 I DrittelbG), als auch die Wahlbeeinflussung durch Androhung oder Zufügung von Nachteilen bzw. durch Versprechen oder Gewährung von Vorteilen (§ 10 II DrittelbG) verboten ist. Gem. § 9 DrittelbG sind die Arbeitnehmervertreter darüber hinaus vor einer Einflussnahme durch den Arbeitgeber geschützt. Sie dürfen weder in ihrer Aufsichtsratstätigkeit gestört oder behindert noch wegen ihrer Aufsichtsratstätigkeit, bspw. in ihrer beruflichen Entwicklung, benachteiligt oder begünstigt werden. Der Arbeitgeber trägt gem. § 10 III DrittelbG die Kosten der Wahl der Arbeitnehmervertreter u. darf die für die Ausübung des Wahlrechts oder die Tätigkeit im Wahlvorstand aufgewendete Zeit der Arbeitnehmer nicht vom Arbeitsentgelt in Abzug bringen.

Wie bereits dargelegt, haben **im Konzern** auch die Arbeitnehmer eines ab- 151
hängigen Unternehmens das aktive u. passive Wahlrecht für den Aufsichtsrat im herrschenden Unternehmen. Das beherrschte Unternehmen muss ein inländisches sein, auf seine Rechtsform kommt es jedoch nicht an.[485] Ist es selbst mitbestimmungspflichtig, sind auch hier Arbeitnehmervertreter in den Aufsichtsrat zu bestellen.[486] Bzgl. Tochterunternehmen in der EU wird der Inlandsbezug als problematisch angesehen, da insoweit ein Verstoß gegen das gemeinschaftsrechtliche Diskriminierungsverbot vorliegen kann.[487] Das Wahlrecht im mehrstufigen Konzern ist umstritten. Es herrscht zwar Einigkeit dahin gehend, dass die Arbeitnehmer der Enkelgesellschaft u. der Tochtergesellschaft für den Aufsichtsrat der Muttergesellschaft ein aktives

483 § 2 I DrittelbG beinhaltet das aktive u. das passive Wahlrecht. MKAktG/*Gach*, DrittelbG § 2 Rn. 3; Baumbach/Hueck/*Zöllner/Noack* Rn. 182.
484 S. dazu Wlotzke/Wißmann/Koberski/*Kleinsorge*, Mitbestimmungsrecht, DrittelbG § 4 Rn. 27, der auf die Anrechnungsregel des § 4 III 2 DrittelbG verweist, u. Raiser/*Veil*, Mitbestimmungsgesetz und Drittelbeteiligungsgesetz, DrittelbG § 4 Rn. 13 mit Verweis auf MitbestG § 7 Rn. 9 f.
485 Baumbach/Hueck/*Zöllner/Noack* Rn. 183; Ulmer/*Raiser/Heermann* Rn. 189.
486 Ulmer/*Raiser/Heermann* Rn. 189.
487 Baumbach/Hueck/*Zöllner/Noack* Rn. 183; *Habersack*, AG 07, 641, 648.

u. passives Wahlrecht haben.[488] Ob die Arbeitnehmer der Enkelgesellschaft jedoch auch ein Wahlrecht hins der ihr übergeordneten Tochtergesellschaft haben, wird uneinheitlich beurteilt. Die hM macht es davon abhängig, ob die Tochtergesellschaft ggü. der Enkelgesellschaft Leitungsbefugnisse wahrnimmt. Ist das der Fall, haben die Arbeitnehmer der Enkelgesellschaft auch ein Wahlrecht hins des Aufsichtsrats der Tochtergesellschaft.[489]

152 § 11 DrittelbG sieht eine besondere Regelung zur **Anfechtung der Wahl** eines Arbeitnehmervertreters vor. Anfechtungsberechtigt sind mind. 3 Wahlberechtigte (iSv § 5 II DrittelbG), die Betriebsräte (inkl. Gesamt- u. Konzernbetriebsrat) u. der Geschäftsführer der GmbH, nicht jedoch die in dem Unternehmen vertretenen Gewerkschaften.[490] Zuständig für die Anfechtungsklage ist das Arbeitsgericht, es entscheidet durch Beschluss.[491] Die Anfechtungsfrist beträgt zwei Wochen nach Veröffentlichung der Bestellung im elektronischen Bundesanzeiger (§ 11 II 2 DrittelbG). Ein Anfechtungsgrund liegt vor, wenn gegen wesentliche Vorschriften des Wahlrechts, der Wählbarkeit oder des Wahlverfahrens verstoßen worden ist, sich der Verstoß auf das Wahlergebnis ausgewirkt haben konnte u. eine Berichtigung nicht erfolgt ist (§ 11 I DrittelbG). Wesentliche Vorschriften idS sind in erster Linie die zwingenden Regelungen zum Wahlrecht, der Wählbarkeit u. dem Wahlverfahren.[492] Ein die Anfechtung begründender Verstoß liegt bspw. bei Fehlern in der Wählerliste[493] oder der Zulassung eines verspäteten oder ungültigen Wahlvorschlags[494] vor. Bei schwerwiegenden Verstößen gegen Wahlprinzipien sind die Wahlen sogar mit ex-tunc-Wirkung nichtig.[495] Nach der Rspr. muss der Verstoß jedoch für sich genommen so schwerwiegend gewesen sein, dass selbst der Anschein einer ordnungsgemäßen Wahl nicht mehr gegeben ist.[496] Die bloße Häufung von Verfahrensverstößen reicht nicht aus.[497] Wahlfälschungen oder die Beeinflussung der Wahl durch Gewaltandrohung stellen bspw. solch schwerwiegende Verstöße dar.[498] Die Nichtigkeit kann per Feststellungsklage geltend gemacht

488 BAG AP BetrVG 52 § 76 Nr. 20; *Nießen*, NJW-Spezial 08, 367; Baumbach/Hueck/*Zöllner/Noack* Rn. 186.

489 ErfK/*Oetker*, DrittelbG § 2 Rn. 9; Ulmer/*Raiser/Heermann* Rn. 189; Baumbach/Hueck/*Zöllner/Noack* Rn. 187; zust. beim Mitbestimmungsgesetz: OLG München DB 08, 2827, 2828 f.; OLG Frankfurt AG 87, 53; OLG Zweibrücken WM 83, 1347; OLG Düsseldorf DB 79, 699; aA *Lutter/Schneider*, BB 77, 553, 557; *Gimny*, in: FS Arbeitsgemeinschaft Arbeitsrecht im Deutschen Anwaltverein, 06, S. 857, 862 f.

490 Scholz/*Schneider* Rn. 249; Baumbach/Hueck/*Zöllner/Noack* Rn. 180; Ulmer/Habersack/*Henssler*, Mitbestimmungsrecht, DrittelbG § 11 Rn. 3.

491 BAG AG 08, 708; Baumbach/Hueck/*Zöllner/Noack* Rn. 180; Ulmer/*Raiser/Heermann* Rn. 191.

492 Wlotzke/Wißmann/Koberski/*Kleinsorge*, Mitbestimmungsrecht, DrittelbG § 11 Rn. 4.

493 BAG 14.5.1997 AP BetrVG 72 § 8 Nr. 6; Wlotzke/Wißmann/Koberski/*Kleinsorge*, Mitbestimmungsrecht, DrittelbG § 11 Rn. 4.

494 BAG 28.11.1977 AP BetrVG 72 § 8 Nr. 2; Wlotzke/Wißmann/Koberski/*Kleinsorge*, Mitbestimmungsrecht, DrittelbG § 11 Rn. 4.

495 Ulmer/Habersack/*Henssler*, DrittelbG § 11 Rn. 9.

496 BAG DB 04, 2819.

497 BAG DB 04, 2819; Ulmer/Habersack/*Henssler*, DrittelbG § 11 Rn. 9.

498 Scholz/*Schneider* Rn. 249.

werden, eine Frist ist nicht einzuhalten.[499] IÜ wird auf die Ausführungen zum fakultativen Aufsichtsrat verwiesen.[500]

bb) Entsendung. Gem. § 1 I Nr. 3 DrittelbG iVm § 101 I 1 AktG können auch die Gesellschaftervertreter in den Aufsichtsrat entsandt werden. Allerdings gilt das nicht für die Arbeitnehmervertreter. 153

Die Entsendungsrechte müssen in der Satzung geregelt werden, § 101 II 1 AktG. Die Satzungsbestimmungen dürfen aber aufgrund des umfänglichen Verweises in § 1 I Nr. 3 DrittelbG nicht von den Vorgaben des § 101 II AktG abweichen.[501] Deshalb kann das Entsendungsrecht nur einem Gesellschafter eingeräumt werden, nicht einem Dritten.[502] Es ist zudem an die Person oder den Geschäftsanteil eines Gesellschafters zu knüpfen, wobei die Übertragung dieses Geschäftsanteils von der Zustimmung der Gesellschaft abhängen muss (§ 101 II 2 AktG). Ob die Bestimmung des § 101 II 4 AktG, nach der max ein Drittel der Aufsichtsratsmitglieder durch Entsendung bestellt werden können, zwingend ist, ist umstritten. ZT wird die Begrenzung mit Hinweis auf die Struktur der GmbH abgelehnt.[503] Nimmt man den Verweis in § 1 I Nr. 3 DrittelbG ernst, können keine Ausn. zugelassen werden.[504] 154

cc) Stellvertreter, Ersatzmitglieder, Notbestellung. Die Bestellung von Ersatzmitgliedern ist sowohl für die Arbeitnehmervertreter als auch für die Gesellschaftervertreter möglich (§ 1 I Nr. 3 DrittelbG iVm § 101 III 2 AktG). In § 7 DrittelbG findet sich eine Sondervorschrift für die Ersatzmitglieder von Arbeitnehmervertretern. Ihre Bestellung ist an die Wahl des jeweiligen Arbeitnehmervertreters gekoppelt. Wird ein Arbeitnehmervertreter zur Wahl vorgeschlagen, kann mit ihm ein Ersatzmitglied vorgeschlagen werden (§ 7 I DrittelbG). Das Ersatzmitglied wird nicht selbstständig gewählt, sondern gilt als mit dem Arbeitnehmervertreter gewählt (§ 7 II DrittelbG). Die Bestellung der Ersatzmitglieder für die übrigen Aufsichtsratsmitglieder erfolgt ebenfalls gleichzeitig mit der Bestellung des Aufsichtsratsmitglieds (§ 101 III 3 AktG), wobei dafür u. für die Nichtigkeit sowie Anfechtung die Vorschriften über die Bestellung des Aufsichtsratsmitglieds anzuwenden sind (§ 101 III 4 AktG). Es ist nicht erforderlich, dass für jedes Aufsichtsratsmitglied ein Ersatzmitglied bestellt wird. So kann auf die Bestellung von Ersatzmitgliedern ganz oder zT verzichtet oder für mehrere Aufsichtsratsmitglieder nur ein Ersatzmitglied bestellt werden.[505] Möglich ist auch, mehrere Ersatzmitglieder ohne Zuordnung zu be- 155

499 Ulmer/*Raiser/Heermann* Rn. 191; Baumbach/Hueck/*Zöllner/Noack* Rn. 181; Wlotzke/Wißmann/Koberski/*Kleinsorge*, Mitbestimmungsrecht, DrittelbG § 11 Rn. 22.
500 Rn. 40 ff.
501 Baumbach/Hueck/*Zöllner/Noack* Rn. 177; Ulmer/*Raiser/Heermann* Rn. 186.
502 Ulmer/*Raiser/Heermann* Rn. 186; *Lutter*/Hommelhoff Rn. 41; Baumbach/Hueck/*Zöllner/Noack* Rn. 177; Wlotzke/Wißmann/Koberski/*Kleinsorge*, Mitbestimmungsrecht, DrittelbG § 1 Rn. 21; aA Scholz/*Schneider* Rn. 234.
503 Scholz/*Schneider* Rn. 232 mwN.
504 Ebenso Baumbach/Hueck/*Zöllner/Noack* Rn. 177.
505 BGHZ 99, 211, 213 f., 219.

stimmten Aufsichtsratsmitgliedern zu bestellen, sofern sie in einer festgelegten Reihenfolge nachrücken.[506]

156 Weder für die Arbeitnehmervertreter noch für die übrigen Aufsichtsratsmitglieder können jedoch Stellvertreter bestellt werden (§ 1 I Nr. 3 DrittelbG iVm § 101 III 1 AktG). Allerdings ist eine gerichtliche Notbestellung gem. § 1 I Nr. 3 DrittelbG iVm § 104 I, II AktG vorzunehmen, wenn der Aufsichtsrat nicht über eine beschlussfähige Anzahl von Mitgliedern (dazu § 108 II 2, 3 AktG) verfügt oder wenn dem Aufsichtsrat länger als 3 Monate nicht die gesetzlich oder satzungsmäßig vorgeschriebene Zahl an Mitgliedern angehört. Über den Antrag eines Geschäftsführers, eines Aufsichtsratsmitglieds, eines Gesellschafters, des (Gesamt-, Konzern-) Betriebsrats oder von 10 % bzw. 100 der wahlberechtigten Arbeitnehmer entscheidet das AG am Sitz der Gesellschaft im Verfahren der Freiwilligen Gerichtsbarkeit.[507]

157 **dd) Bekanntmachung.** Die Namen der bestellten Aufsichtsratsmitglieder u. der Ersatzmitglieder sind nach § 8 DrittelbG durch den GmbH-Geschäftsführer unverzüglich im Unternehmen bekannt zu machen u. im elektronischen Bundesanzeiger zu veröffentlichen. Darüber hinaus sind die Bestellung[508] u. jede Änderung zum Handelsregister einzureichen, welches einen entspr. Hinweis bekannt macht (§ 1 I Nr. 3 DrittelbG iVm § 106 AktG).

158 **b) Amtszeit.** Die Amtszeit der Aufsichtsratsmitglieder reicht gem. § 1 I Nr. 3 DrittelbG iVm § 102 I AktG max bis zur Beendigung der Gesellschafterversammlung, die über die Entlastung für das 4. Geschäftsjahr nach dem Beginn der Amtszeit beschließt. Das Geschäftsjahr, in dem die Amtszeit beginnt, wird dabei nicht berücksichtigt. Deshalb beträgt die Amtszeit max 5 Jahre.[509] Für Aufsichtsratsmitglieder, die durch die Gesellschafter bestellt werden, kann die Satzung oder der Bestellungsbeschluss eine kürzere Amtszeit vorsehen.[510] Die Dauer der Amtszeit der Arbeitnehmervertreter kann ebenfalls durch Satzung, jedoch nicht durch einen Bestellungsbeschluss geregelt werden. Die Satzung darf die Amtszeiten der Arbeitnehmervertreter nicht ggü. der Amtsdauer der übrigen Aufsichtsratsmitglieder verkürzen,[511] kann aber ein turnusmäßiges Ausscheiden vorsehen.[512] Eine entspr. Bestimmung gilt nach hM für die Gesellschaftervertreter u. die Arbeitnehmervertreter gleichermaßen.[513] Eine satzungsmäßige Reduzierung der Anzahl der Aufsichtsratsmitglieder oder ihrer Amtsdauer wirkt erst für die folgende Amtszeit, die bestellten Aufsichtsratsmitglieder

---

506 BGHZ 99, 211, 214; Ulmer/*Raiser/Heermann* Rn. 192.
507 Baumbach/Hueck/*Zöllner/Noack* Rn. 189.
508 Baumbach/Hueck/*Zöllner/Noack* Rn. 267.
509 Scholz/*Schneider* Rn. 280; Baumbach/Hueck/*Zöllner/Noack* Rn. 191; *Lutter*/Hommelhoff Rn. 44; Ulmer/*Raiser/Heermann* Rn. 196.
510 Baumbach/Hueck/*Zöllner/Noack* Rn. 193; BeckOK/*Jaeger* Rn. 23.
511 Scholz/*Schneider* Rn. 280, 283; Baumbach/Hueck/*Zöllner/Noack* Rn. 194; Ulmer/*Raiser/Heermann* Rn. 198.
512 Baumbach/Hueck/*Zöllner/Noack* Rn. 193.
513 OLG Frankfurt NJW-RR 87, 158, 159 (für die AG); Scholz/*Schneider* Rn. 283; Ulmer/Raiser/*Heermann* Rn. 198; ErfK/*Oetker*, DrittelbG § 5 Rn. 7; Baumbach/Hueck/*Zöllner/Noack* Rn. 194; vgl. auch BGHZ 99, 211, 215; aA Rowedder/Schmidt-Leithoff/*Koppensteiner* Rn. 31; *Ulmer/Habersack*/Henssler, Mitbestimmungsrecht, MitbestG § 6 Rn. 65.

bleiben also bis zum Ablauf ihrer Amtszeit oder bis zu ihrer Abberufung im Amt.[514] Entspr. gilt für die Verlängerung der Amtsdauer.[515] Die satzungsmäßige Erhöhung der Mitgliederzahl wird hingg. durch eine Nachbestellung sofort umgesetzt u. lässt die bestehenden Aufsichtsratsmitgliedschaften unberührt.[516] Trifft die Satzung keine Regelung hins der Amtsperiode, gilt die gesetzliche Höchstdauer des § 102 I AktG.

Der Beginn der Amtszeit setzt die Wahl u. die Annahmeerklärung der gewählten Aufsichtsratsmitglieder voraus, wobei die Satzung auch einen anderen Zeitpunkt vorsehen kann. Bei den Aufsichtsratsmitgliedern, die nicht Arbeitnehmervertreter sind, kann auch der Bestellungsbeschluss einen abw. Zeitpunkt beinhalten.[517] 159

Die Amtszeit gem. § 102 I AktG endet mit einer Sachentscheidung über die Entlastung. Ob die Entlastung erteilt wurde, ist nach hM ebenso unerheblich wie die Wirksamkeit oder Nichtigkeit des Beschlusses.[518] Wenn die Entlastungsentscheidung vertagt wird, endet die Amtszeit nicht mit dem Vertagungsbeschluss. Nach der Rspr. endet sie dann aber zu dem Zeitpunkt, an dem über die Entlastung hätte entschieden werden müssen.[519] In der Literatur werden dazu noch weitere Ansätze vertreten. Sie reichen von einem Ende der Amtszeit mit Ablauf des 4. Geschäftsjahres[520] über ein Ende nach Ablauf von 8 Monaten nach der Vertagungsentscheidung, also zu dem Zeitpunkt, bei dem bei einer AG eine entspr. Hauptversammlung hätte spätestens stattfinden müssen,[521] bis hin zu einer unbefristeten Amtszeit.[522] Für Ersatzmitglieder endet die Amtszeit gem. § 102 II AktG mit dem Ablauf der Amtszeit des weggefallenen Aufsichtsratsmitglieds. Die Aufsichtsratsmitgliedschaft ist nicht auf eine Amtszeit begrenzt, eine Wiederbestellung ist möglich. Allerdings dürfen die Vorgaben des § 102 I AktG nicht umgangen werden. Deshalb sind der vorzeitigen Verlängerung der Mitgliedschaft Grenzen gesetzt: Sie ist zwar möglich in der Gesellschafterversammlung, mit der die Amtszeit endet;[523] vorher kann sie nach der hM aber nur verlängert werden, wenn die Restdauer iRd neuen Amtszeit 160

514 BAG WM 90, 633; OLG Hamburg WM 88, 1487, 1490; OLG Dresden ZIP 97, 589; *Lutter*/Hommelhoff Rn. 44; Scholz/*Schneider* Rn. 285; Wlotzke/Wißmann/Koberski/*Kleinsorge*, Mitbestimmungsrecht, DrittelbG § 4 Rn. 14; Ulmer/*Raiser/Heermann* Rn. 198.

515 Michalski/*Heyder* Rn. 138; Scholz/*Schneider* Rn. 286; Ulmer/*Raiser/Heermann* Rn. 198, 284.

516 Wlotzke/Wißmann/Koberski/*Kleinsorge*, Mitbestimmungsrecht, DrittelbG § 4 Rn. 15; Scholz/*Schneider* Rn. 286.

517 Ulmer/*Raiser/Heermann* Rn. 197; Baumbach/Hueck/*Zöllner/Noack* Rn. 191.

518 ErfK/*Oetker*, DrittelbG § 5 Rn. 7; Ulmer/*Raiser/Heermann* Rn. 196; Baumbach/Hueck/*Zöllner/Noack* Rn. 191; BeckOK/*Jaeger* Rn. 22.

519 BGH NJW-RR 02, 1461, 1461; zust. Baumbach/Hueck/*Zöllner/Noack* Rn. 191; Ulmer/*Raiser/Heermann* Rn. 196 mwN.

520 BeckOK/*Jaeger* Rn. 22.

521 Scholz/*Schneider* Rn. 280; *Ulmer*/Habersack/Henssler, MitbestG, § 6 Rn. 67.

522 AG Essen MDR 70, 336; Hoffmann/Lehmann/*Weinmann*, MitbestG, § 6 Rn. 37.

523 *Lutter*/Hommelhoff Rn. 42; Baumbach/Hueck/*Zöllner/Noack* Rn. 192; BeckOK/*Jaeger* Rn. 23.

berücksichtigt wird.[524] Darüber hinaus wird vertreten, dass sie auch ohne Anrechnung verlängert werden kann, wenn sichergestellt ist, dass durch die Verlängerung die Begrenzung nicht umgangen wird.[525]

161 **c) Amtsbeendigung. aa) Abberufung.** Die vorzeitige Abberufung eines **durch die Gesellschafter gewählten Aufsichtsratsmitglieds** bedarf gem. § 1 I Nr. 3 DrittelbG iVm § 103 I AktG einer Dreiviertelmehrheit der abgegebenen Stimmen. Ein wichtiger Grund ist nicht erforderlich.[526] Allerdings kann die Satzung auch andere Mehrheitserfordernisse sowie weitere Anforderungen an die Abberufung vorsehen. Ausgeschlossen ist jedoch eine Satzungsregelung, die der Minderheit ein Abberufungsrecht einräumt.[527] Auf die Abberufung entsandter Aufsichtsratsmitglieder ist § 103 II AktG anzuwenden. Die Ausführungen zum fakultativen Aufsichtsrat gelten entspr.[528] Liegt ein wichtiger Grund vor, kann ein Aufsichtsratsmitglied gem. § 1 I Nr. 3 DrittelbG iVm § 103 III AktG auch durch ein Gericht abberufen werden. Das zuständige Gericht ist das AG am Sitz der Gesellschaft (Registergericht), es entscheidet im Verfahren der Freiwilligen Gerichtsbarkeit.[529] Den Antrag auf Abberufung muss grds. der Aufsichtsrat mit einfacher Mehrheit beschließen, wobei das betroffene Aufsichtsratsmitglied nicht stimmberechtigt ist.[530] Soll ein entsandtes Aufsichtsratsmitglied abberufen werden, haben auch Gesellschafter, die zusammen mind. 10 % des Stammkapitals oder Geschäftsanteile zum Nennbetrag von 1 Million EUR halten, ein Antragsrecht (§ 103 III 3 AktG). Ein wichtiger Grund zur Abberufung liegt in einem krass gesellschaftswidrigen Verhalten, das das Aufsichtsratsmitglied untragbar werden lässt.[531] Außerdem bzw. infolgedessen muss die weitere Zugehörigkeit des Aufsichtsratsmitglieds den anderen Aufsichtsratsmitgliedern unzumutbar sein.[532] Bejaht wird die Unzumutbarkeit bspw. bei einer groben Pflichtverletzung[533] oder Unfähigkeit[534] des Aufsichtsrats-

---

524 Baumbach/Hueck/*Zöllner/Noack* Rn. 192; KölnerKommAktG/*Mertens*, § 102 Rn. 17; *Hüffer*, AktG, § 102 Rn. 6; Ulmer/*Raiser/Heermann* Rn. 199 (für Arbeitnehmervertreter); Scholz/*Schneider* Rn. 233 (Wiederbestellung sogar ohne zeitliche Begrenzung); aA RGZ 129, 180 (für die AG); MKAktG/*Habersack*, § 102 Rn. 20.

525 Baumbach/Hueck/*Zöllner/Noack* Rn. 192.

526 Ulmer/*Raiser/Heermann* Rn. 200.

527 OLG Düsseldorf EWiR 97, 145; Baumbach/Hueck/*Zöllner/Noack* Rn. 196; aA Scholz/*Schneider* Rn. 294.

528 Rn. 48 ff.

529 Ulmer/*Raiser/Heermann* Rn. 202; Baumbach/Hueck/*Zöllner/Noack* Rn. 198; Scholz/*Schneider* Rn. 298.

530 Baumbach/Hueck/*Zöllner/Noack* Rn. 198; *Stadler/Berner*, NZG 03, 49, 51 ff.; Scholz/*Schneider* Rn. 298.

531 BGHZ 39, 116, 123; Ulmer/*Raiser/Heermann* Rn. 204; Baumbach/Hueck/*Zöllner/Noack* Rn. 198; weniger streng Scholz/*Schneider* Rn. 299.

532 OLG Frankfurt AG 08, 456; OLG Stuttgart NZG 07, 72, 73; LG Frankfurt NJW 87, 505; OLG Zweibrücken AG 91, 70; OLG Hamburg AG 90, 218; *Hüffer*, AktG § 103 Rn. 10; *Ulmer/Habersack*/Henssler, Mitbestimmungsrecht, MitbestG § 6 Rn. 70 f.; ErfK/*Oetker*, DrittelbG § 12 Rn. 13; Baumbach/Hueck/*Zöllner/Noack* Rn. 198; vgl. BeckOK/*Jaeger* Rn. 24.

533 Baumbach/Hueck/*Zöllner/Noack* Rn. 198; Wlotzke/Wißmann/Koberski/*Kleinsorge*, Mitbestimmungsrecht, DrittelbG § 12 Rn. 35; Ulmer/*Raiser/Heermann* Rn. 204.

534 Baumbach/Hueck/*Zöllner/Noack* Rn. 198; Wlotzke/Wißmann/Koberski/*Kleinsorge*, Mitbestimmungsrecht, DrittelbG § 12 Rn. 35.

mitglieds, bei schweren Loyalitätskonflikten,[535] bei Verletzung der Verschwiegenheitspflicht[536] u. bei abfälligen Äußerungen über die Geschäftsführung der Gesellschaft.[537] Hingg. liegt in einem Grund zur außerordentlichen Kündigung nicht zwangsläufig auch ein Grund zur Abberufung aus dem Aufsichtsrat.[538] Die Entscheidung des Gerichts über die Abberufung kann durch sofortige Beschwerde beim LG angegriffen werden (§ 103 III 4 AktG). Das Beschwerdeverfahren erledigt sich allerdings vor der Entscheidung, wenn der Aufsichtsratssitz zwischenzeitlich neu besetzt wurde.[539]

Die vorzeitige **Abberufung einzelner oder aller Arbeitnehmervertreter** erfordert gem. § 12 I DrittelbG zunächst einen Antrag von einem Betriebsrat oder von 20 % der wahlberechtigten Arbeitnehmer,[540] der beim Betriebsrat schriftlich einzureichen ist. Auch Gesamt- u. Konzernbetriebsrat können einen entspr. Antrag stellen.[541] Der Betriebsrat organisiert das Abberufungsverfahren. Die Einzelheiten sind in §§ 32 ff. WODrittelbG geregelt. Der Abberufungsbeschluss muss den Anforderungen an die Wahl eines Arbeitnehmervertreters genügen, er erfordert eine Dreiviertelmehrheit der abgegebenen Stimmen (§ 12 I 2 DrittelbG). Die Gesellschafterversammlung kann einen Arbeitnehmervertreter hingg. nicht abberufen.[542] Liegt ein wichtiger Grund vor, kann ein Arbeitnehmervertreter gem. § 1 I Nr. 3 DrittelbG iVm § 103 III AktG auch gerichtlich abberufen werden.[543] Die Ausführungen zu den durch die Gesellschafter bestellten Mitgliedern gelten entspr.[544] 162

bb) Amtsniederlegung. Wie beim fakultativen Aufsichtsrat können die Mitglieder des obligatorischen Aufsichtsrats ihr Amt grds. jederzeit niederlegen. Das gilt sowohl für die Gesellschaftervertreter als auch für die Arbeitnehmervertreter. Eines wichtigen Grundes bedarf es aus den oben genannten Gründen nicht.[545] Die Satzung kann jedoch andere Anforderungen an die Amtsniederlegung vorsehen.[546] Für Einzelheiten zur Amtsniederlegung wird auf die Ausführungen zum fakultativen Aufsichtsrat verwiesen.[547] 163

535 OLG Hamburg AG 90, 218; *Dreher,* JZ 90, 896; *Decher,* ZIP 90, 277; Baumbach/Hueck/*Zöllner/Noack* Rn. 198; Scholz/*Schneider* Rn. 299.
536 OLG Stuttgart NZG 07, 72, 73; *Knapp,* DStR 08, 1045, 1049; Baumbach/Hueck/*Zöllner/Noack* Rn. 198; Scholz/*Schneider* Rn. 299; Wlotzke/Wißmann/Koberski/*Kleinsorge,* Mitbestimmungsrecht, DrittelbG § 12 Rn. 35; Ulmer/*Raiser/Heermann* Rn. 204.
537 LG Frankfurt NJW 87, 505; Scholz/*Schneider* Rn. 299; Ulmer/*Raiser/Heermann* Rn. 204.
538 Baumbach/Hueck/*Zöllner/Noack* Rn. 198; ErfK/*Oetker,* DrittelbG § 12 Rn. 13; Ulmer/*Raiser/Heermann* Rn. 204.
539 OLG Köln AG 89, 205; Baumbach/Hueck/*Zöllner/Noack* Rn. 198.
540 Auch die Arbeitnehmer eines abhängigen Unternehmens sind gem. § 12 I 3 iVm § 2 I DrittelbG stimmberechtigt.
541 Scholz/*Schneider* Rn. 295; Ulmer/*Raiser/Heermann* Rn. 201.
542 ErfK/*Oetker,* DrittelbG § 12 Rn. 2.
543 Scholz/*Schneider* Rn. 295, 298; ErfK/*Oetker,* DrittelbG § 12 Rn. 2, 13; Baumbach/Hueck/*Zöllner/Noack* Rn. 198; Wlotzke/Wißmann/Koberski/*Kleinsorge,* Mitbestimmungsrecht, DrittelbG § 12 Rn. 1.
544 S. auch *Lutter*/Hommelhoff Rn. 45.
545 Rn. 138.
546 Scholz/*Schneider* Rn. 302.
547 Rn. 52 f.

164 cc) **Sonstige Amtsbeendigungsgründe.** Ein Aufsichtsratsmitglied verliert sein Amt, wenn seine Wählbarkeitsvoraussetzungen nachträglich wegfallen.[548] Das ist etwa dann der Fall, wenn er ein notwendig unternehmenszugehöriges Aufsichtsratsmitglied iSv § 4 II DrittelbG ist u. sein Arbeitsverhältnis endet. Gleiches gilt, falls das konzernabhängige Unternehmen, dem der (notwendig im Betrieb beschäftigte) Arbeitnehmervertreter angehört, aus dem Konzern ausscheidet.[549] Verbleiben hingg. die nach § 4 II DrittelbG notwendigen zwei Arbeitnehmervertreter im Aufsichtsrat, endet das Amt der übrigen Arbeitnehmervertreter trotz der Beendigung des Arbeitsverhältnisses oder des Ausscheidens des beherrschten Unternehmens nicht.[550] Etwas anderes gilt jedoch, wenn die Satzung die Betriebszugehörigkeit als Wählbarkeitsvoraussetzung festlegt.[551] Auch wenn das Arbeitsverhältnis dauerhaft ruht, zB wegen einer Freistellung aufgrund einer Altersteilzeitvereinbarung, ist das Amt eines notwendig unternehmenszugehörigen Aufsichtsratsmitglieds beendet.[552] Das ist ebenfalls der Fall, wenn der Arbeitnehmer zu einem leitenden Angestellten wird.[553] Darüber hinaus gelten die Ausführungen zum fakultativen Aufsichtsrat.[554]

4. Innere Ordnung und Beschlussfassung

165 a) **Gesetzliche Vorgaben, Satzung, Geschäftsordnung.** Anders als beim fakultativen Aufsichtsrat gelten die §§ 107 ff. AktG aufgrund des Verweises in § 1 I Nr. 3 DrittelbG unmittelbar. Treffen sie keine Aussage, finden die Vorschriften des GmbHG Anwendung.[555] Den Gesellschaftern steht es frei, die Fragen der inneren Ordnung in der Satzung zu regeln. Darüber hinaus kann auch eine Geschäftsordnung erlassen werden. Sie wird durch die Gesellschafterversammlung mit der für Satzungsänderungen erforderlichen Mehrheit oder durch den Aufsichtsrat selbst mit einfacher Mehrheit beschlossen.[556]

166 b) **Arbeitsweise des Aufsichtsrats.** Ebenso wie der fakultative Aufsichtsrat muss der obligatorische Aufsichtsrat nach dem DrittelbG zwei Sitzungen pro Halbjahr durchführen. Er kann aber auch beschließen, dass eine Sitzung pro Halbjahr ausreicht (§ 110 III 2 AktG). Eine weitere Verringerung

---

548 ErfK/*Oetker*, DrittelbG § 12 Rn. 11; Ulmer/*Raiser/Heermann* Rn. 184.
549 Ulmer/Habersack/*Henssler*, Mitbestimmungsrecht, DrittelbG § 12 Rn. 17; ErfK/*Oetker*, DrittelbG § 12 Rn. 11; Baumbach/Hueck/*Zöllner/Noack* Rn. 200; aA *Meier*, GmbHR 08, 585.
550 BGHZ 39, 116, 120 f.; Ulmer/Habersack/*Henssler*, Mitbestimmungsrecht, DrittelbG § 12 Rn. 17; ErfK/*Oetker*, DrittelbG § 12 Rn. 12; Baumbach/Hueck/*Zöllner/Noack* Rn. 200; Ulmer/*Raiser/Heermann* Rn. 184; Scholz/*Schneider* Rn. 288.
551 Scholz/*Schneider* Rn. 288, 296; Baumbach/Hueck/*Zöllner/Noack* Rn. 196.
552 BAG NZA 01, 461; Baumbach/Hueck/*Zöllner/Noack* Rn. 200; vgl. ErfK/*Oetker*, DrittelbG § 12 Rn. 11.
553 Ulmer/Habersack/*Henssler*, Mitbestimmungsrecht, DrittelbG § 12 Rn. 16; ErfK/*Oetker*, DrittelbG § 12 Rn. 11; Baumbach/Hueck/*Zöllner/Noack* Rn. 200.
554 Rn. 54 ff.
555 Wlotzke/Wißmann/Koberski/*Kleinsorge*, Mitbestimmungsrecht, DrittelbG § 1 Rn. 24.
556 Ulmer/*Raiser/Heermann* Rn. 208; vgl. Baumbach/Hueck/*Zöllner/Noack* Rn. 241; BeckOK/*Jaeger* Rn. 45; MKAktG/*Habersack*, § 107 Rn. 162 f.

der Frequenz durch Satzungsbestimmung ist nicht möglich.[557] Über die Sitzungen ist gem. § 107 II AktG ein Protokoll anzufertigen. Diese Niederschrift muss den inhaltlichen Anforderungen des § 107 II 2 AktG entsprechen u. durch den Vorsitzenden unterzeichnet werden. Auch für Beschlüsse, die außerhalb der Sitzungen gefasst werden (§ 108 IV AktG), sollte eine Niederschrift angefertigt werden.[558] Mängel in der Protokollierung lassen die Wirksamkeit des Beschlusses unberührt (§ 107 II 3 AktG).

c) **Vorbereitung der Aufsichtsratssitzung.** Die Einberufung des Aufsichtsrats erfolgt durch den Vorsitzenden. Enthält die Satzung keine besondere Regelung, erfolgt die Einberufung formfrei unter Wahrung einer angemessenen Frist u. unter Hinzufügung der Tagesordnung.[559] Jedes Aufsichtsratsmitglied u. die Geschäftsführung können die unverzügliche Einberufung des Aufsichtsrats durch den Vorsitzenden verlangen (§ 110 I 1 AktG). Die Aufsichtsratssitzung hat innerhalb von zwei Wochen nach der Einberufung stattzufinden (§ 110 I 2 AktG). Kommt der Aufsichtsratsvorsitzende dem Verlangen nicht nach, kann der Antragsteller unter Beachtung der Formalien des § 110 II AktG die Sitzung selbst einberufen. Für die Ladung gelten die beim fakultativen Aufsichtsrat beschriebenen Grundsätze entspr.[560] 167

d) **Durchführung der Aufsichtsratssitzung, Vorsitzender.** Der Aufsichtsratsvorsitzende leitet die Sitzungen des Aufsichtsrats.[561] Neben dem Vorsitzenden wählt der Aufsichtsrat aus seiner Mitte gem. § 107 I AktG einen oder mehrere Stellvertreter. Die Satzung kann das genaue Wahlverfahren regeln. Die Bestimmungen der Satzung dürfen das Amt des Vorsitzenden oder des Stellvertreters nicht an besondere persönliche Voraussetzungen knüpfen, da ansonsten die Wahlfreiheit des Aufsichtsrats eingeschränkt würde.[562] Unzulässig ist es deshalb, nur Gesellschaftervertreter zur Wahl zuzulassen.[563] Die Satzung kann aber die Anzahl der Stellvertreter[564] oder die Mehrheitserfordernisse[565] festlegen. Trifft sie keine Regelung zu den Quoren, bedarf die Wahl einer einfachen Stimmenmehrheit.[566] Der jeweilige Kandidat ist bei seiner eigenen Wahl stimmberechtigt.[567] Kann sich der Aufsichtsrat nicht einigen, nimmt die Gesellschafterversammlung eine Ersatzbestellung vor.[568] Ob eine Bestellung durch Gericht möglich ist, ist um- 168

557 *Lutter*/Hommelhoff Rn. 54.
558 Ulmer/*Raiser*/*Heermann* Rn. 207; Baumbach/Hueck/*Zöllner*/*Noack* Rn. 234.
559 Baumbach/Hueck/*Zöllner*/*Noack* Rn. 222.
560 Rn. 60.
561 Baumbach/Hueck/*Zöllner*/*Noack* Rn. 221.
562 BGHZ 83, 106, 112; Ulmer/*Raiser*/*Heermann* Rn. 213; BeckOK/*Jaeger* Rn. 47.
563 BGHZ 83, 106, 112; Baumbach/Hueck/*Zöllner*/*Noack* Rn. 217; Ulmer/*Raiser*/*Heermann* Rn. 213.
564 BGHZ 83, 106, 111; Ulmer/*Raiser*/*Heermann* Rn. 213; Baumbach/Hueck/*Zöllner*/*Noack* Rn. 217.
565 Wlotzke/Wißmann/Koberski/*Kleinsorge*, Mitbestimmungsrecht, DrittelbG § 1 Rn. 24; Ulmer/*Raiser*/*Heermann* Rn. 213; Baumbach/Hueck/*Zöllner*/*Noack* Rn. 217; diff. KölnerKommAktG/*Mertens*, § 107 Rn. 9; MKAktG/*Habersack*, § 108 Rn. 23.
566 *Lutter*/Hommelhoff Rn. 56; Baumbach/Hueck/*Zöllner*/*Noack* Rn. 217; Ulmer/*Raiser*/*Heermann* Rn. 212.
567 Ulmer/*Raiser*/*Heermann* Rn. 212; Baumbach/Hueck/*Zöllner*/*Noack* Rn. 217.
568 Baumbach/Hueck/*Zöllner*/*Noack* Rn. 217; BeckOK/*Jaeger* Rn. 47.

stritten.[569] Das Wahlergebnis ist durch die Geschäftsführung beim Handelsregister anzumelden (§ 107 I 2 AktG). Die Eintragung u. Bekanntmachung unterbleibt jedoch.[570]

169 Das Amt des Vorsitzenden u. der Stellvertreter endet zu dem Zeitpunkt, der im Bestellungsbeschluss festgelegt ist.[571] Ist keine Amtsdauer festgesetzt, endet das Amt mit Ablauf der Aufsichtsratsmitgliedschaft.[572] Allerdings kann der Aufsichtsrat den Vorsitzenden bzw. seine Stellvertreter auch schon vorher durch Beschluss abberufen. An den Abberufungsbeschluss sind grds. die gleichen Mehrheitsanforderungen wie an die Wahl zu stellen.[573] Die Satzung kann die Abberufung nach hM auch auf das Vorliegen eines wichtigen Grundes beschränken.[574]

170 Der Aufsichtsratsvorsitzende trägt die Verantwortung für die Sitzungsprotokolle u. ist daneben va mit innerorganisatorischen Aufgaben u. mit der Ausführung der Aufsichtsratsbeschlüsse betraut.[575] Die Ausführungen zum fakultativen Aufsichtsrat gelten entspr.[576] Der Stellvertreter übernimmt nur dann das Amt, wenn der Vorsitzende verhindert ist (§ 107 I 3 AktG). Diese Regelung ist zwingend.[577]

171 e) **Teilnahme an den Aufsichtsratssitzungen.** Wie beim fakultativen Aufsichtsrat haben alle Aufsichtsratsmitglieder das Recht u. die Pflicht zur Sitzungsteilnahme.[578] Geschäftsführer können u. sollten zugelassen werden, sie haben aber kein Recht auf Teilnahme.[579] Auch die Satzung kann kein absolutes Teilnahmerecht begründen, da dies im Widerspruch zur Kontroll- u. Überwachungsfunktion des Aufsichtsrats stehen würde.[580]

172 Neben den Mitgliedern u. der Geschäftsführung sollen grds. keine Dritten an den Aufsichtsratssitzungen teilnehmen (§ 109 I 1 AktG). Das soll die Vertraulichkeit sicherstellen u. der Hemmung der Beratungsteilnehmer vorbeugen.[581] Zur Beratung über einzelne Gegenstände können jedoch gem. § 109 I 2 AktG Sachverständige u. Auskunftspersonen hinzugezogen werden. Außerdem kann die Satzung nach § 109 III AktG vorsehen, dass bei

---

569 Zust. MKAktG/*Habersack*, § 107 Rn. 25; Rowedder/Schmidt-Leithoff/*Koppensteiner* Rn. 33; KölnerKommAktG/*Mertens*, § 107 Rn. 18; abl.: Baumbach/Hueck/*Zöllner/Noack* Rn. 217; Michalski/*Heyder* Rn. 328; BeckOK/*Jaeger* Rn. 47; vgl. auch Ulmer/*Raiser/Heermann* Rn. 212.

570 Baumbach/Hueck/*Zöllner/Noack* Rn. 218.

571 BeckOK/*Jaeger* Rn. 47; Baumbach/Hueck/*Zöllner/Noack* Rn. 217; Ulmer/*Raiser/Heermann* Rn. 214.

572 Ulmer/*Raiser/Heermann* Rn. 214; Baumbach/Hueck/*Zöllner/Noack* Rn. 217.

573 Baumbach/Hueck/*Zöllner/Noack* Rn. 217; Ulmer/*Raiser/Heermann* Rn. 214; BeckOK/*Jaeger* Rn. 47.

574 Scholz/*Schneider* Rn. 294; Baumbach/Hueck/*Zöllner/Noack* Rn. 217; Ulmer/*Raiser/Heermann* Rn. 214; MKAktG/*Habersack*, § 107 Rn. 30; diff. BeckOK/*Jaeger* Rn. 47, der eine entspr. Satzungsregelung nicht für erforderlich hält.

575 *Lutter*/Hommelhoff Rn. 56; Baumbach/Hueck/*Zöllner/Noack* Rn. 219.

576 Rn. 63 ff.

577 Ulmer/*Raiser/Heermann* Rn. 214.

578 *Lutter*/Hommelhoff Rn. 55; Scholz/*Schneider* Rn. 396.

579 Scholz/*Schneider* Rn. 397; Ulmer/*Raiser/Heermann* Rn. 210.

580 Baumbach/Hueck/*Zöllner/Noack* Rn. 223; Ulmer/*Raiser/Heermann* Rn. 210.

581 Scholz/*Schneider* Rn. 397, der gleichzeitig jedoch auch dann Dritte zulassen will, wenn kein sachlicher Grund entgegensteht; vgl. BGHZ 198, 354 Tz 47; BGH ZIP 14, 671 (Porsche SE).

Verhinderung eines Aufsichtsratsmitglieds ein Dritter zur Teilnahme, dies hat in Textform zu erfolgen (§ 126 b BGB), ermächtigt werden kann. Auf diese Weise ermächtigte Dritte haben kein Stimmrecht, sondern nur ein Rederecht.[582] Sie können aber die schriftliche Stimmabgabe des verhinderten Mitglieds überbringen (Stimmbote, §§ 108 III 3, 109 III AktG).[583] Ein Ausschluss einzelner Aufsichtsratsmitglieder von den Sitzungen ist wie beim fakultativen Aufsichtsrat möglich. Auf die entspr. Ausführungen wird verwiesen.[584]

f) **Entscheidungen des Aufsichtsrats. aa) Beschluss.** Die Entscheidungen des Aufsichtsrats ergehen durch Beschluss (§ 108 I AktG). Sie erfordern die Zustimmung der einfachen Mehrheit. Die Satzung u. die Geschäftsordnung können die Einzelheiten regeln,[585] etwa dem Aufsichtsratsvorsitzenden ein Entscheidungsrecht einräumen.[586] Andere Quoren für gesetzlich zwingend vorgeschriebene Aufgaben des Aufsichtsrats sind jedoch ebenso unzulässig[587] wie Mehrstimmrechte für einzelne Aufsichtsratsmitglieder.[588] Die Beschlüsse werden entweder in den Sitzungen oder in anderer Form, etwa schriftlich oder fernmündlich, gefasst (§ 108 IV AktG). Die Ausführungen zum fakultativen Aufsichtsrat gelten entspr.[589] 173

Grds. kann nur über Gegenstände der Tagesordnung abgestimmt werden. Etwas anderes gilt jedoch, wenn alle Aufsichtsratsmitglieder anwesend oder mit der Abstimmung (nachträglich) einverstanden sind.[590] Erfordert der Abstimmungsgegenstand hingg. eine Vorbereitung durch die Aufsichtsratsmitglieder, kann die Abstimmung trotz Anwesenheit oder Einverständnis aller Mitglieder nicht sofort durchgeführt werden.[591] Die Abstimmung erfolgt grds. offen; eine geheime Abstimmung kann nach richtiger Auffassung aber durch die Satzung zugelassen werden.[592] 174

§ 108 II 3 AktG stellt die unabdingbare Bedingung auf, dass mind. 3 Aufsichtsratsmitglieder an der Beschlussfassung teilnehmen müssen. Darüber hinaus überlässt es der Gesetzgeber der Satzung, Vorgaben zur Beschlussfähigkeit zu machen. Die Reichweite der Satzungsfreiheit ist jedoch umstritten. Das gilt etwa für die Frage, ob die Beschlussfähigkeit von der Anwesenheit aller Aufsichtsratsmitglieder oder der des Aufsichtsratsvorsitzenden 175

---

582 *Lutter*/Hommelhoff Rn. 60; Ulmer/*Raiser*/*Heermann* Rn. 229.
583 Baumbach/Hueck/*Zöllner*/*Noack* Rn. 224.
584 Rn. 68.
585 Ulmer/*Raiser*/*Heermann* Rn. 206.
586 Baumbach/Hueck/*Zöllner*/*Noack* Rn. 231; Ulmer/*Raiser*/*Heermann* Rn. 230; Scholz/*Schneider* Rn. 429 billigt dem Vorsitzenden nach Wahlwiederholung sogar ohne entspr. Satzungsbestimmung eine weitere Stimme zu.
587 Ulmer/*Raiser*/*Heermann* Rn. 230; BeckOK/*Jaeger* Rn. 55; MKAktG/*Habersack*, § 108 Rn. 24; Baumbach/Hueck/*Zöllner*/*Noack* Rn. 231; diff. Scholz/*Schneider* Rn. 426.
588 Baumbach/Hueck/*Zöllner*/*Noack* Rn. 231; vgl. Scholz/*Schneider* Rn. 413.
589 Rn. 15 ff.
590 Rowedder/Schmidt-Leithoff/*Koppensteiner* Rn. 38; Baumbach/Hueck/*Zöllner*/*Noack* Rn. 226; Ulmer/*Raiser*/*Heermann* Rn. 225; *Ulmer*/*Habersack*/Henssler Mitbestimmungsrecht, MitbestG § 25 Rn. 17.
591 Ulmer/*Raiser*/*Heermann* Rn. 225; Baumbach/Hueck/*Zöllner*/*Noack* Rn. 226.
592 *Lutter*/Hommelhoff Rn. 92; Scholz/*Schneider* Rn. 427; MKAktG/*Habersack*, § 108 Rn. 18; aA Ulmer/*Raiser*/*Heermann* Rn. 225; Baumbach/Hueck/*Zöllner*/*Noack* Rn. 230; KölnerKommAktG/*Mertens*, § 108 Rn. 38.

abhängig gemacht werden kann.[593] Trifft die Satzung keine Regelung, erfordert die Beschlussfähigkeit, dass mind. die Hälfte der gesetzlich oder satzungsmäßig vorgeschriebenen Mitglieder an der Beschlussfassung teilnimmt (§ 108 II 2 AktG). Ob der Aufsichtsrat überhaupt über die vorgeschriebene Anzahl an Mitgliedern u. die entspr. Sitzerteilung verfügt, ist dafür unerheblich (§ 108 II 4 AktG). Bei einem dreiköpfigen Aufsichtsrat schadet der Ausschluss eines Aufsichtsratsmitglieds von der Abstimmung nach hM nicht. Das betroffene Mitglied wirkt vielmehr an der Beschlussfassung durch Stimmenthaltung mit u. wird insofern auch bei der Feststellung der Beschlussfähigkeit berücksichtig.[594] Stimmboten werden ebenfalls mitgerechnet.[595]

176 Da es iE umstritten ist, welche Vorgaben die Satzung machen darf, muss die Satzung so ausgewogen gestaltet sein, dass einerseits die Gleichbehandlung aller Aufsichtsratsmitglieder sichergestellt ist u. andererseits die Funktionsfähigkeit des Aufsichtsrats gewahrt wird.[596]

177 **bb) Stellvertretung und Stimmbote.** Die Stimmabgabe kann nur persönlich erfolgen, eine Stellvertretung ist nicht zulässig (§ 111 V AktG).[597] Abwesende Aufsichtsratsmitglieder können gem. § 108 III 1 AktG aber einen Stimmboten einsetzen, um an der Abstimmung des Aufsichtsrats teilzunehmen. Die Stimmabgabe des Abwesenden hat schriftlich zu erfolgen, muss hinreichend bestimmt u. unterschrieben sein.[598] Als Bote können sowohl andere Aufsichtsratsmitglieder als auch externe Dritte gem. § 109 III AktG eingesetzt werden.

178 **cc) Beschlussmängel.** Für die Behandlung von Beschlussmängeln gilt das für den fakultativen Aufsichtsrat Gesagte entspr.[599]

179 **g) Aufsichtsratsausschüsse.** § 107 III 1 AktG sieht vor, dass der Aufsichtsrat vorbereitende u. überwachende Ausschüsse bestellen kann. Dazu zählt auch der Prüfungsausschuss nach Maßgabe des § 107 III 2 AktG.[600] Der Aufsichtsrat kann zudem einen beschließenden Ausschuss einsetzen, der Entscheidungen anstelle des Aufsichtsrats trifft (§ 107 III 3 AktG). Bildet eine kapitalmarktorientierte GmbH iSv § 264 d HGB einen Prüfungsausschuss, muss mind. ein Mitglied über Sachverstand in Rechnungslegung oder Abschlussprüfung verfügen (§§ 107 IV, 101 V AktG).

180 Vorbereitende u. überwachende Ausschüsse müssen über mind. zwei Mitglieder verfügen, beschließende Ausschüsse über wenigstens drei.[601] Die

593 BGHZ 83, 151, 155; Scholz/*Schneider* Rn. 409; Ulmer/*Raiser/Heermann* Rn. 228; BeckOK/*Jaeger* Rn. 56; aA Baumbach/Hueck/*Zöllner/Noack* Rn. 227, 229.
594 BGH NZG 07, 516; KölnerKommAktG/*Mertens*, § 108 Rn. 57; Scholz/*Schneider* Rn. 424; Baumbach/Hueck/*Zöllner/Noack* Rn. 227; aA OLG Frankfurt NZG 05, 29, 31; MKAktG/*Habersack*, § 108 Rn. 33, 44.
595 Baumbach/Hueck/*Zöllner/Noack* Rn. 227.
596 Baumbach/Hueck/*Zöllner/Noack* Rn. 229.
597 Scholz/*Schneider* Rn. 429.
598 Baumbach/Hueck/*Zöllner/Noack* Rn. 230.
599 Rn. 21 ff.
600 S. auch *Gesell*, ZGR 11, 361.
601 BGHZ 65, 190, 192 f.; Ulmer/*Raiser/Heermann* Rn. 218; Baumbach/Hueck/*Zöllner/Noack* Rn. 237; Scholz/*Schneider* Rn. 448 f.

Satzung kann die Einrichtung eines Ausschusses weder vorschreiben noch untersagen, sie kann auch keine Regelung hins der Größe oder Zusammensetzung treffen.[602] Ein Ausschuss muss nicht wie der Aufsichtsrat proportional mit Arbeitnehmer- u. Gesellschaftervertretern besetzt sein. Dennoch gilt das Diskriminierungsverbot, so dass die Arbeitnehmervertreter nicht ohne sachlichen Grund von der Tätigkeit in den Ausschüssen ausgeschlossen werden dürfen.[603] Die Regelung zur Teilnahme an den Ausschusssitzungen entspricht den Bestimmungen zur Teilnahme an den Aufsichtsratssitzungen.[604] Darüber hinaus sieht § 109 II AktG eine Sonderregelung vor, nach der auch Aufsichtsratsmitglieder, die dem Ausschuss nicht angehören, an dessen Sitzungen teilnehmen können, wenn der Aufsichtsratsvorsitzende nicht dag votiert. Der Ausschluss durch den Aufsichtsratsvorsitzenden kann durch einen Beschluss des Aufsichtsrats nach überwiegender Meinung nicht abgeändert werden.[605] Verweigert der Vorsitzende die Zustimmung, verbleibt dem Aufsichtsratsmitglied aber ein Anspruch auf Auskunft über die Beratungsgegenstände des Ausschusses.[606]

Ein beschließender Ausschuss kann anstelle des Aufsichtsrats nur zu solchen Gegenständen Beschlüsse fassen, die – soweit sie für die GmbH überhaupt Relevanz haben – nicht durch § 107 III 3 AktG ausgeschlossen sind.[607] Darüber hinaus kann er nach hM auch keine Entscheidungen hins der inneren Organisation des Aufsichtsrats treffen.[608] Das betrifft etwa den Erlass einer Geschäftsordnung, die Einrichtung oder Auflösung von Ausschüssen oder die Antragstellung auf Abberufung aus wichtigem Grund (§ 103 III AktG).[609] Auch die Überwachung der Geschäftsführung kann nicht pauschal auf einen Ausschuss übertragen werden.[610] Einmal übertragene Aufgaben kann der Aufsichtsrat jederzeit durch einfachen Beschluss wieder an sich ziehen.[611] Hat der Ausschuss hingg. Entscheidungsbefugnis über einzelne Gegenstände, kann er anstelle des Aufsichtsrats darüber beschließen. Die Beschlussfähigkeit des Ausschusses richtet sich nach der Satzung. Enthält diese keine Vorgaben, wird § 108 II 2, 3 AktG analog angewandt.[612] Für das Beschlussverfahren u. die Beschlussfassung gelten die Ausführungen zum Beschluss des Aufsichtsrats entspr.[613] Einzelheiten können in der Satzung oder Geschäftsordnung geregelt werden.[614] Der Auf- 181

602 BGHZ 83, 106, 115; Scholz/*Schneider* Rn. 443; Baumbach/Hueck/*Zöllner*/*Noack* Rn. 237; Ulmer/*Raiser*/*Heermann* Rn. 217; vgl. BeckOK/*Jaeger* Rn. 61.
603 BGHZ 122, 342, 358; Ulmer/*Raiser*/*Heermann* Rn. 220; Scholz/*Schneider* Rn. 450, 452; Baumbach/Hueck/*Zöllner*/*Noack* Rn. 237; BeckOK/*Jaeger* Rn. 62.
604 Rn. 66 ff.
605 Scholz/*Schneider* Rn. 334; KölnerKommAktG/*Mertens*, § 109 Rn. 20.
606 Ulmer/*Raiser*/*Heermann* Rn. 223.
607 Baumbach/Hueck/*Zöllner*/*Noack* Rn. 236.
608 Ulmer/*Raiser*/*Heermann* Rn. 222.
609 Baumbach/Hueck/*Zöllner*/*Noack* Rn. 236; Ulmer/*Raiser*/*Heermann* Rn. 222; vgl. KölnerKommAktG/*Mertens*, § 107 Rn. 151 ff.
610 Ulmer/*Raiser*/*Heermann* Rn. 222; Baumbach/Hueck/*Zöllner*/*Noack* Rn. 236.
611 Scholz/*Schneider* Rn. 456; KölnerKommAktG/*Mertens*, § 107 Rn. 125 ff.; Ulmer/*Raiser*/*Heermann* Rn. 222.
612 Baumbach/Hueck/*Zöllner*/*Noack* Rn. 238; Ulmer/*Raiser*/*Heermann* Rn. 223.
613 Rn. 15 ff.
614 BGHZ 83, 106, 117 ff.; 83, 144, 148 ff.; Baumbach/Hueck/*Zöllner*/*Noack* Rn. 237 ff.; Ulmer/*Raiser*/*Heermann* Rn. 224.

sichtsrat muss gem. § 107 III 4 AktG regelmäßig über die Arbeit der Ausschüsse unterrichtet werden.

5. Pflichtenstellung und Haftung der Aufsichtsratsmitglieder nach dem Drittelbeteiligungsgesetz

182 In Pflichtenstellung u. Haftungsvoraussetzungen ergeben sich für Aufsichtsratsmitglieder im Geltungsbereich des DrittelbG nur wenige Unterschiede im Vergleich zu Mitgliedern eines fakultativen Aufsichtsrats. Die entspr. Ausführungen zum fakultativen Aufsichtsrat gelten iW auch hier.[615]

183 Die meisten Unterschiede lassen sich schon an der für Rechte u. Pflichten des Aufsichtsrats nach DrittelbG maßgeblichen Verweisungsnorm des § 1 I Nr. 3 DrittelbG erkennen. Die aktienrechtlichen Vorschriften finden beim Aufsichtsrat nach DrittelbG nicht über § 52 Anwendung, sondern mit Abweichungen über die *lex specialis* des § 1 I Nr. 3 DrittelbG.[616] Die dort enthaltenen Verweise sind zwingend u. legen somit einen Mindeststandard in Bezug auf die Kompetenzen u. Verantwortlichkeiten des Aufsichtsrats nach DrittelbG fest.[617] Sie können durch Satzung jederzeit erweitert, nicht aber beschränkt werden.[618] Dies folgt schon aus dem Wortlautvergleich von Abs. 1 aE („soweit nicht im Gesellschaftsvertrag ein anderes bestimmt ist") u. § 1 I Nr. 3 DrittelbG, der eine vergleichbare „Öffnungsklausel" nicht enthält.

184 **a) Die Pflichten der Aufsichtsratsmitglieder.** Die Pflichten der Aufsichtsratsmitglieder nach dem DrittelbG sind mit denen des fakultativen Aufsichtsrats identisch.[619] Die Ausführungen zum fakultativen Aufsichtsrat gelten entspr.[620] Die Kommentierung beschränkt sich deshalb auf die Darstellung der Abweichungen. Hauptverpflichtungen sind selbstverständlich auch hier die Überwachung der Geschäftsführer u. die laufende Beratung der Leitungsorgane der Gesellschaft (§ 1 I Nr. 3 DrittelbG iVm § 111 AktG). Sie setzt ebenfalls bei der Sicherstellung ausreichender Information an u. geht in die Überwachungstätigkeit ieS über.

185 **aa) Sicherstellung ausreichender Information.** Der Aufsichtsrat kann gem. § 1 I Nr. 3 DrittelbG iVm § 90 III AktG jederzeit Berichte über Angelegenheiten der Gesellschaft verlangen. Auch die Einsichts- u. Prüfungsrechte des Aufsichtsrats gem. § 1 I Nr. 3 DrittelbG iVm § 111 II AktG entsprechen denjenigen des fakultativen Aufsichtsrats. Anders als bei diesem können diese Befugnisse beim Aufsichtsrat nach DrittelbG durch Satzung lediglich erweitert werden.[621]

186 Die allg. Informationsrechte werden durch den von § 52 abw. Verweis des § 1 I Nr. 3 DrittelbG auf die §§ 118 III u. 125 AktG ergänzt. Die Verweisung auf § 118 III AktG räumt dem Aufsichtsrat nach dem DrittelbG ein

615 Rn. 69 ff.
616 *Lutter*/Hommelhoff Rn. 37.
617 Baumbach/Hueck/*Zöllner*/*Noack* Rn. 145; *Lutter*/Hommelhoff Rn. 37.
618 Scholz/*Schneider* Rn. 71; Ulmer/*Raiser*/*Heermann* Rn. 232; *Lutter*/Hommelhoff Rn. 37; BeckHdbGmbH/*Müller*, § 6 Rn. 86.
619 Ulmer/*Raiser*/*Heermann* Rn. 232; *Lutter*/Hommelhoff Rn. 47 f.
620 Rn. 70 ff.
621 Baumbach/Hueck/*Zöllner*/*Noack* Rn. 260 f.; Ulmer/*Raiser*/*Heermann* Rn. 235.

Teilnahmerecht, aber auch die Pflicht zur Teilnahme an den Sitzungen der Gesellschafterversammlung ein. Die Formulierung als Sollvorschrift indiziert lediglich, dass die Abwesenheit einzelner Aufsichtsratsmitglieder keine Auswirkungen auf die Wirksamkeit der Gesellschafterbeschlüsse hat.[622] Das Teilnahmerecht beinhaltet ein Rederecht, nicht jedoch das Recht, eigene Anträge zu stellen, an Abstimmungen teilzunehmen oder Gesellschafterbeschlüsse anzufechten.[623] Flankierend enthält § 1 I Nr. 3 DrittelbG iVm § 125 III, IV AktG die Berechtigung der Aufsichtsratsmitglieder, Mitteilung über die Einberufung u. Tagesordnung der Versammlung sowie über Anträge u. Wahlvorschläge der Gesellschafter nebst Begründungen u. Stellungnahmen der Geschäftsführer zu verlangen.[624] IÜ stehen den Aufsichtsratsmitgliedern nach dem DrittelbG die gleichen Mittel zur Informationsgewinnung zur Verfügung wie denen eines fakultativen Aufsichtsrats. Auch hins der Voraussetzungen, unter denen vertiefte Information einzuholen ist, u. der Frage, welcher Mittel sich der Aufsichtsrat hierfür nach pflichtgemäßem Ermessen bedienen darf, ergeben sich keine Abweichungen.[625]

bb) Überwachung. Weder hins des Überwachungsmaßstabes noch in Be- 187
zug auf die Einflussfaktoren auf die jeweils erforderliche Überwachungsdichte ergeben sich zwischen fakultativem u. obligatorischem Aufsichtsrat nach DrittelbG Unterschiede.[626] Auch bei der Prüfung des Jahresabschlusses sind keine Abweichungen zu beachten. Die Verweise von § 1 I Nr. 3 DrittelbG u. Abs. 1 auf §§ 170 u. 171 AktG sind identisch. Eine Beschränkung der Kompetenzen des Aufsichtsrats durch die Satzung ist beim obligatorischen Aufsichtsrat wiederum ausgeschlossen.[627] Gesellschaften mit Pflichtaufsichtsrat werden iaR prüfpflichtig (§§ 267, 316 HGB) sein, so dass der Aufsichtsrat als Vertretungsorgan den Abschlussprüfer bestellt.[628]

Die Überwachungsaufgabe des Aufsichtsrats nach DrittelbG erstreckt sich 188
meist auch auf die Einrichtung eines Überwachungssystems zur Früherkennung von den Fortbestand der Gesellschaft gefährdenden Entwicklungen. § 1 I Nr. 3 DrittelbG verweist zwar nicht auf § 91 II AktG, dies ist aber unschädlich, da dieser Norm ohnehin nur deklaratorische Wirkung zugeschrieben wird.[629] Ab einer gewissen Größe der Gesellschaft – bei mehr als 500 Arbeitnehmern wird dies den Regelfall schlechthin darstellen – ist die Einrichtung eines Risikofrüherkennungssystems ohnehin notwendiger Bestandteil ordnungsgemäßer Geschäftsführung. Der Aufsichtsrat hat die Einrichtung eines solchen Systems u. dessen Wirksamkeit zu überprüfen.[630]

---

622 Baumbach/Hueck/*Zöllner/Noack* Rn. 262.
623 Str, wie hier Ulmer/*Raiser/Heermann* Rn. 236; Baumbach/Hueck/*Zöllner/Noack* Rn. 262; Scholz/*Schneider* Rn. 347 jeweils mwN.
624 Ulmer/*Raiser/Heermann* Rn. 236; Baumbach/Hueck/*Zöllner/Noack* Rn. 263; Scholz/*Schneider* Rn. 347; *Lutter*/Hommelhoff Rn. 52.
625 Rn. 83 ff.
626 Rn. 72 ff.
627 Baumbach/Hueck/*Zöllner/Noack* Rn. 245.
628 LG München ZIP 14, 570 (Neubürger); Baumbach/Hueck/*Zöllner/Noack* Rn. 248, 114.
629 *Lutter/Krieger*, Rechte und Pflichten des Aufsichtsrats, § 15 Rn. 1119.
630 *Lutter/Krieger*, Rechte und Pflichten des Aufsichtsrats, § 15 Rn. 1119.

189 **cc) Weitere Aufgaben und Pflichten des Aufsichtsrats.** Der Verweis von § 1 I Nr. 3 DrittelbG auf § 111 IV 1 AktG ist ebenfalls zwingend. Dies hat zur Folge, dass – anders als beim fakultativen Aufsichtsrat – eine **Übertragung von Geschäftsführungsaufgaben** auf den obligatorischen Aufsichtsrat durch Satzung ausgeschlossen ist.[631] Möchten die Gesellschafter dennoch einzelne Geschäftsführungsaufgaben delegieren, kommt neben der Übertragung auf die Geschäftsführer auch eine Übertragung auf ein anderes Gremium, wie etwa einen Beirat, in Betracht.[632] Anstelle der Übertragung von Geschäftsführungsaufgaben auf den Aufsichtsrat kann die Satzung für bestimmte Geschäfte Zustimmungsvorbehalte zugunsten des Aufsichtsrats festlegen. Die Regelung von Zustimmungsvorbehalten ist für grdl. Entscheidungen[633] aufgrund von § 111 IV 2 AktG iVm § 1 I Nr. 3 DrittelbG sogar zwingend vorgeschrieben.[634] Ob im Falle der Verweigerung der Zustimmung des Aufsichtsrats sich die Gesellschafterversammlung nur auf Initiative der Geschäftsführer u. nur aufgrund Beschlusses mit Dreiviertelmehrheit über die verweigerte Zustimmung hinwegsetzen kann (§ 111 IV 3, 4 AktG iVm § 1 I Nr. 3 DrittelbG), ist umstritten. Teilw. wird gefordert, jedenfalls § 111 IV 4 AktG nicht anzuwenden, da dies der dominierenden Stellung der Gesellschafterversammlung bei der GmbH nicht gerecht würde u. somit eine Beschlussfassung mit einfacher Mehrheit genügen müsse.[635] Außerdem wird darauf hingewiesen, dass die Gesellschafter zu der betr. Geschäftsführungsmaßnahme, ohne den Aufsichtsrat einzubeziehen, auch Weisung hätten erteilen können.[636] Die Weisung der Gesellschafter setze, wenn sie in Kenntnis des Zustimmungsvorbehalts ergeht, diesen außer Kraft, da dann eine endgültige Gesellschafterentscheidung vorliege, die vom Aufsichtsrat respektiert werden müsse.[637] Dem ist zuzustimmen, da die Regelungen der Mitbestimmungsgesetze keine Eingriffe in die Entscheidungshierarchie der GmbH bewirken.[638] Weiterhin ist eine Dreiviertelmehrheit nicht erforderlich, um die effektive Wahrnehmung der Überwachungs- u. Beratungsaufgabe des Aufsichtsrats sicherzustellen. Dieser Zweck ist schon erreicht, wenn sich der Zustimmungsvorbehalt in diesen Fällen in eine Informationspflicht umwandelt bzw. der Aufsichtsrat vor Erteilung der Weisung angehört wird.[639]

190 Über § 1 I Nr. 3 DrittelbG ist § 112 AktG ebenso wie beim fakultativen Aufsichtsrat anwendbar. Die **Vertretung** in Prozessen mit Geschäftsführern

631 Ulmer/*Raiser/Heermann* Rn. 240; Baumbach/Hueck/*Zöllner/Noack* Rn. 252.
632 Ulmer/*Habersack*/Henssler, DrittelbG, § 1 Rn. 36; Ulmer/*Raiser/Heermann* Rn. 240; Baumbach/Hueck/*Zöllner/Noack* Rn. 252.
633 BT-Drs. 14/8769, S. 17; vgl. auch 3.3 DCGK idF v. 18.06.09.
634 Baumbach/Hueck/*Zöllner/Noack* Rn. 253; Ulmer/*Raiser/Heermann* Rn. 241.
635 Str. Baumbach/Hueck/*Zöllner/Noack* Rn. 254; Roth/*Altmeppen* Rn. 48 f.; *Lutter/Krieger*, Rechte und Pflichten des Aufsichtsrats, § 15 Rn. 1120, 1128; *Vetter*, GmbHR 11, 449, 456; *Lutter*/Hommelhoff Rn. 49 mwN; aA Ulmer/*Raiser/Heermann* Rn. 243 jeweils mwN.
636 Roth/*Altmeppen* Rn. 48; *Lutter*/Hommelhoff Rn. 47.
637 Roth/*Altmeppen* Rn. 49.
638 BGHZ 135, 48, 55 f.; *Lutter/Krieger*, Rechte und Pflichten des Aufsichtsrats, § 15 Rn. 1114.
639 Str. Scholz/*Schneider* Rn. 133; Roth/*Altmeppen* Rn. 49 mwN.

erfolgt zwingend durch den Aufsichtsrat.[640] Wird dem obligatorischen Aufsichtsrat die Aufgabe der Bestellung u. Abberufung der Geschäftsführer übertragen, vertritt er die Gesellschaft auch bei Abschluss u. Aufhebung der Anstellungsverträge.[641] Bei Führungslosigkeit der Gesellschaft ist der Aufsichtsrat nach dem DrittelbG im Gegensatz zum fakultativen Aufsichtsrat zur Ersatzvertretung befugt.[642]

Die **Verschwiegenheitspflicht der Aufsichtsratsmitglieder** folgt beim fakultativen wie beim obligatorischen Aufsichtsrat denselben Maßstäben.[643] Der Umfang der Verschwiegenheitspflicht ist wiederum zwingend u. kann weder durch (die) Satzung noch durch Geschäftsordnungen erleichtert oder erschwert werden.[644] Vorschläge, die Verschwiegenheitspflichten für die Arbeitnehmervertreter im Aufsichtsrat zu lockern, haben sich zu Recht nicht durchgesetzt.[645] Dies folgt bereits zwingend aus dem Grundsatz der Gleichbehandlung aller Aufsichtsratsmitglieder. Etwaige Informationsinteressen von Wählern der Arbeitnehmervertreter, Betriebsräten oder Gewerkschaften haben hinter dem Geheimhaltungsinteresse der Gesellschaft zurückzustehen.[646] Der Gesetzgeber hat dies mit der Einfügung von S. 2 in § 116 AktG (iVm § 1 I Nr. 3 DrittelbG), der verbietet, (erhaltene) vertrauliche Berichte u. vertrauliche Beratungen zu offenbaren, unmissverständlich klargestellt.[647] Die Weitergabe von Unterlagen u. vertraulichen Informationen an Banken, Analysten, Konkurrenten, Betriebsräte oder Gewerkschaften ist rechtswidrig, berechtigt zur Abberufung des Aufsichtsratsmitglieds (§ 1 I Nr. 3 DrittelbG iVm § 103 III AktG), zieht Schadenersatzansprüche nach sich (§ 1 I Nr. 3 DrittelbG iVm §§ 116, 93 AktG) u. ist darüber hinaus strafbar (§ 85).[648] 191

b) Sorgfaltsmaßstab, Verschulden, Kausalität, Schaden und Beweislast. Der Sorgfalts- u. Verschuldensmaßstab für Aufsichtsratsmitglieder nach DrittelbG entspricht demjenigen beim fakultativen Aufsichtsrat.[649] Der Umstand, dass § 1 I Nr. 3 DrittelbG über § 116 AktG beinahe auf den vollständigen § 93 AktG verweist, während Abs. 1 ausschließlich § 93 I u. II AktG im Blick hat, führt nicht zu Abweichungen hins der Sorgfaltsanforderungen. Auch innerhalb des Aufsichtsrats gelten für Aufsichtsratsmitglieder der Anteilseigner- u. Arbeitnehmerseite dieselben Maßstäbe.[650] Eine Haftungserleichterung nach den Grundsätzen der betrieblich veranlassten 192

640 Str. Baumbach/Hueck/*Zöllner/Noack* Rn. 250; Roth/*Altmeppen* § 46 Rn. 56; Ulmer/*Raiser/Heermann* Rn. 234.
641 Ulmer/*Habersack*/Henssler, DrittelbG § 1 Rn. 34; Ulmer/*Raiser/Heermann* Rn. 235.
642 Baumbach/Hueck/*Zöllner/Noack* Rn. 250.
643 Rn. 100.
644 Scholz/*Schneider* Rn. 498.
645 Ulmer/*Raiser/Heermann* Rn. 257; Baumbach/Hueck/*Zöllner/Noack* Rn. 208; Scholz/*Schneider* Rn. 498.
646 *Lutter/Krieger*, Rechte und Pflichten des Aufsichtsrats, § 6 Rn. 255 ff.
647 Hierzu auch die Gesetzesbegründung BT-Drs. 14/8769, S. 18.
648 S. auch *Lutter*/Hommelhoff Rn. 52; Scholz/*Schneider* Rn. 498 ff.; Baumbach/Hueck/*Zöllner/Noack* Rn. 208 f.; Ulmer/*Raiser/Heermann* Rn. 257.
649 Rn. 104 ff.
650 Roth/*Altmeppen* Rn. 66; Baumbach/Hueck/*Zöllner/Noack* Rn. 207; Scholz/*Schneider* Rn. 465.

Tätigkeit für Arbeitnehmervertreter scheidet aus, da dies mit dem Grundsatz der Gleichbehandlung unvereinbar wäre.[651] Wegen des zwingenden Charakters des § 1 I Nr. 3 DrittelbG iVm §§ 116, 93 AktG kommt eine Haftungsmilderung durch Satzungsbestimmung nicht in Betracht.[652] Aufgrund der Anwendbarkeit von § 93 IV 1 AktG entfällt die Ersatzpflicht des Aufsichtsratsmitglieds, wenn der pflichtwidrigen Handlung ein gesetzmäßiger Gesellschafterbeschluss zeitlich vorangeht.[653] Für einen nachträglichen Verzicht auf Ansprüche gilt die 3-jährige Karenzzeit des § 93 IV 3 AktG. Können Gläubiger von der Gesellschaft keinen Ersatz erlangen, sind die Aufsichtsratsmitglieder direkter Inanspruchnahme durch die Gläubiger ausgesetzt (§ 93 V 1 AktG).[654] Die Verjährungsfrist von 5 Jahren für Ersatzansprüche gilt wegen des unbeschränkten Verweises auf § 93 VI AktG zwingend.[655] Hins Kausalität, Schadens- u. Beweislastfragen gilt das zum fakultativen Aufsichtsrat Ausgeführte.[656]

IV. Beiräte, Verwaltungsräte und andere zusätzliche Organe

1. Einrichtung und Erscheinungsformen

193 Anders als in der AG (§ 23 V AktG) sind Organisationsstruktur u. Kompetenzverteilung innerhalb der Gesellschaft bis zur Grenze des Abspaltungsverbotes disponibel.[657] Anstelle des gesetzlich vorgesehenen Aufsichtsrats können die Gesellschafter auch Organe mit anderen oder zusätzlichen Aufgaben schaffen. Solche Organe werden außer als Beiräte auch als Verwaltungsräte, Kuratorien, Gesellschafterausschüsse etc (nachfolgend nur Beirat) bezeichnet.[658] Rechtliche Bedeutung haben diese Bezeichnungen nicht.[659] § 52 ist allerdings direkt nur auf weitere Organe mit überwiegenden Überwachungsaufgaben, dh auf Aufsichtsräte im rechtstechnischen Sinne, anwendbar, für Organe ohne oder mit zu stark eingeschränkten

---

651 Baumbach/Hueck/*Zöllner/Noack* Rn. 207; Roth/*Altmeppen* Rn. 66; vgl. *Lutter*/Hommelhoff Rn. 61, 66; Ulmer/*Habersack*/Henssler, Mitbestimmungsrecht, DrittelbG § 1 Rn. 39.

652 *Lutter*/Hommelhoff Rn. 63; Michalski/*Heyder* Rn. 307.

653 Baumbach/Hueck/*Zöllner/Noack* Rn. 210; Roth/*Altmeppen* Rn. 39 f., allerdings einschr. bzgl. Einlagenrückgewähr; vgl. Rowedder/Schmidt-Leithoff/*Koppensteiner* Rn. 17.

654 Baumbach/Hueck/*Zöllner/Noack* Rn. 210; Michalski/*Heyder* Rn. 311; Ulmer/*Raiser/Heermann* Rn. 265.

655 Baumbach/Hueck/*Zöllner/Noack* Rn. 210; *Lutter*/Hommelhoff Rn. 63; Ulmer/*Raiser/Heermann* Rn. 266; aA Scholz/*Schneider* Rn. 527, der allerdings nicht zw. fak u. obligat AR unterscheidet.

656 Rn. 110 f.

657 *K Schmidt*, GesR, § 19 III 4 c u. § 14 III 3 b; *Wiedemann*, in: FS Lutter, 00, S. 801 ff.; vgl. Michalski/*Heyder* Rn. 399; Scholz/*Schneider* Rn. 53; Roth/*Altmeppen* Rn. 69.

658 *Lutter*/Hommelhoff Rn. 109; Ulmer/*Raiser/Heermann* Rn. 308; Scholz/*Schneider* Rn. 53–56; Michalski/*Heyder* Rn. 401; Roth/*Altmeppen* Rn. 70; diff. hins Ausschuss: *Wiedemann*, in: FS Lutter, 00, S. 809; Bork/Schäfer/*Rieble* Rn. 4, 7.

659 Rn. 7; zur Bezeichnung in Abhängigkeit von der Funktion des jeweiligen Gremiums *Nießen/Kempermann*, NJW-Spezial 12, 271.

Aufsichtskompetenzen gilt § 52 allenfalls entspr.[660] Aus der Norm ergibt sich jedoch zumindest der Hinweis, dass die GmbH-Gesellschafter weitere Organe nur durch Gesellschaftsvertrag einrichten können.[661] Auch die organisationsrechtliche Ausgestaltung u. die Kompetenzzuweisung bedürfen gesellschaftsvertraglicher Regelung.[662] Für den Beirat genügt es dabei, wie für den Aufsichtsrat, wenn der Gesellschaftsvertrag dessen Einrichtung u. die Regelung seiner Kompetenzen u. wesentlichen Organisationsgrundlagen der Gesellschafterversammlung überlässt.[663] Ohne gesellschaftsvertragliche Grundlage u. nur im Beschlusswege geschaffene Beiräte sind keine Gesellschaftsorgane. Üben sie dennoch organschaftliche Befugnisse aus, gelten die Regeln für faktische Organe.

2. Zusammensetzung und Organisation

In der Festlegung der Zusammensetzung u. Organisation sind die Gesellschafter frei; bindend sind allerdings nur gesellschaftsvertragliche Regelungen oder solche, die auf gesellschaftsvertraglicher Grundlage beschlossen werden.[664] Von Bedeutung ist die Besetzung des Beirates mit Gesellschaftern oder Dritten nur insofern, als es um die verdrängende Zuweisung von Kompetenzen der Gesellschafterversammlung geht. Mitgesellschaftern können ohne Verstoß gegen das Abspaltungsverbot weitgehend alle Befugnisse u. Kompetenzen der Gesellschafterversammlung übertragen werden, Dritten hingg. nicht.[665] Hins Bestellung, Amtszeit u. Abberufung besteht weitgehend Gestaltungsfreiheit.[666] Die Bestellung der Beiratsmitglieder kann der Geschäftsführung überlassen werden, solange der Beirat keine Aufsichtsaufgaben wahrnimmt.[667] IÜ gelten bis auf die Inkompatibilitätsregeln die gleichen Grundsätze wie für den fakultativen Aufsichtsrat.[668] Übt der Beirat keine Aufsichtsbefugnisse aus, sind generelle Unvereinbarkeitsanforderungen überflüssig.[669] Aus der Zugehörigkeit zur Geschäftsführung verbundener Unternehmen etwa können sich allerdings qua Treuepflicht bestimmte Verhaltensanforderungen u. ggf. Stimmverbote ergeben. 194

660 Ensthaler/Füller/*Schmidt* Rn. 59; Ulmer/*Raiser/Heermann* Rn. 326; vgl. Roth/*Altmeppen* Rn. 73; Scholz/*Schneider* Rn. 55; aA *Reuter*, in: FS 100 Jahre GmbHG, 92, S. 631 ff.; aA Bork/Schäfer/*Rieble* Rn. 4; Baumbach/Hueck/*Zöllner/Noack* Rn. 22; *Bayer*, in: FS Schneider, 11, S. 75.

661 So offensichtlich auch von *Reuter*, in: FS 100 Jahre GmbHG, 92, durchgehend vorausgesetzt, insbes. S. 643, 650 f.; ebenso *Wiedemann*, in: FS Lutter, 00, S. 801 ff.

662 BGH BB 70, 226; OLG München ZIP 12, 1756; *Lutter*/Hommelhoff Rn. 110; Ulmer/*Raiser/Heermann* Rn. 316; prinzipiell ebenso *Wiedemann*, in: FS Lutter, 00, S. 803.

663 RGZ 146, 150; *Lutter*/Hommelhoff Rn. 109; nach OLG München ZIP 12, 1756 kann die in der Satzung vorgesehene Möglichkeit, einen Beirat mit einfacher Stimmenmehrheit einzurichten, nicht verwirkt werden.

664 *Lutter*/Hommelhoff Rn. 110.

665 § 6 Rn. 23; § 46 Rn. 7, 40; *Lutter*/Hommelhoff Rn. 117; vgl. *Wiedemann*, in: FS Lutter, 00, S. 812.

666 Ulmer/*Raiser/Heermann* Rn. 333 ff.; vgl. *Wiedemann*, in: FS Lutter, 00, S. 813.

667 Ulmer/*Raiser/Heermann* Rn. 335.

668 Insbes. zur vorzeitigen Abberufung *Wiedemann*, in: FS Lutter, 00, S. 813.

669 Roth/*Altmeppen* Rn. 74; Ulmer/*Raiser/Heermann* Rn. 337.

3. Aufgaben

195 Der Beirat kann außer Beratungsaufgaben eine Vielzahl von Aufgaben der anderen Gesellschaftsorgane übernehmen.[670] Er kann als Interessenvertretung einzelner Gesellschaftergruppen fungieren oder zum Schiedsrichter in innergesellschaftlichen Angelegenheiten berufen werden. Mit verdrängender Wirkung können dem Beirat jedoch nur solche Kompetenzen übertragen werden, die das Gesetz nicht zwingend der Geschäftsführung oder den Gesellschaftern[671] zugewiesen hat.[672]

196 Im Verhältnis zu den Gesellschaftern begrenzt das Abspaltungsverbot die Zulässigkeit von Kompetenzzuweisungen. Mit der Mitgliedschaft müssen zwingend die Mitgliedschaftsrechte verbunden bleiben, die die Selbstbestimmung der Gesellschaft durch ihre Mitglieder gewährleisten.[673] Zu den unentziehbaren Befugnissen der Gesellschafter zählen daher Satzungsänderungen, einschließlich der Erhöhung von Beitragspflichten, strukturändernde Grundlagenbeschlüsse (Umwandlungen, Unternehmensverträge) u. das Recht, die Auflösung der Gesellschaft oder die Fortsetzung der aufgelösten Gesellschaft zu beschließen.[674] Hins der auf den Beirat übertragenen Rechte behalten die Gesellschafter die Zuständigkeit zur Änderung der Kompetenzzuweisung an den Beirat auch dann, wenn diese im Beschlusswege erfolgt ist.[675] Zwingend ist auch, dass übertragene Aufgaben u. Kompetenzen an die Gesellschafter zurückfallen, wenn und solange der Beirat handlungsunfähig ist (Rückfallkompetenz).[676]

197 Die individuellen Auskunfts-, Anfechtungs- u. Gesellschafterklagerechte dienen der Absicherung der genannten Mitgliedschaftsrechte, sie können dem Gesellschafter nicht entzogen, sondern allenfalls einem Beirat zusätzlich zugestanden werden.[677] Dem Beirat können die laufenden Geschäftsführungsangelegenheiten vollständig übertragen werden. Die Geschäftsführer bleiben zwingend zuständig für die organschaftliche Vertretung, die Buchführung u. die Aufstellung des Jahresabschlusses.[678] Auch die Einhaltung der Kapitalaufbringungs- u. Insolvenzpflichten kann der Beirat nicht mit verdrängender („befreiender") Wirkung für die Geschäftsführer übernehmen.

4. Rechte und Pflichten der Beiratsmitglieder und Haftung

198 Für Mitglieder eines zusätzlichen Gesellschaftsorgans vom Typus eines Beirates gelten die in §§ 43 GmbHG, 166, 93 AktG bestimmten Sorgfaltspflichten, je nachdem ob dem Beirat Aufsichts- oder sonstige organschaftli-

670 § 45 Rn. 10; § 46 Rn. 2.
671 § 6 Rn. 23; § 35 Rn. 12; § 46 Rn. 53; § 51 a Rn. 4, 9.
672 Vgl. § 6 Rn. 3; § 45 Rn. 7; Ulmer/*Raiser/Heermann* Rn. 350; vgl. *Wiedemann*, in: FS Lutter, 00, S. 810.
673 § 45 Rn. 4; *K Schmidt*, GesR, § 19 III 4 a; *Wiedemann*, in: FS Lutter, 00, S. 809 f.
674 Ulmer/*Raiser/Heermann* Rn. 352; *Lutter*/Hommelhoff Rn. 119.
675 Roth/*Altmeppen* Rn. 79.
676 Vgl. *Wiedemann*, in: FS Lutter, 00, S. 815.
677 BGH DB 92, 1337; Ulmer/*Raiser/Herrmann* Rn. 355; *Lutter*/Hommelhoff Rn. 121.
678 *Lutter*/Hommelhoff Rn. 118; Ulmer/*Raiser/Herrmann* Rn. 350; *Wiedemann*, in: FS Lutter, 00, S. 811.

che Pflichten übertragen werden.[679] Hins der Einzelheiten der Haftung, der Anwendbarkeit des Business Judgment Rule, der Entlastung etc kann auf die Ausführungen zum fakultativen Aufsichtsrat verwiesen werden.[680] Die zur Haftung der Geschäftsführer u. Aufsichtsräte entwickelten Beweislastregeln gelten je nach Pflichtenstellung auch für Beiratsmitglieder. Die Entlastung hat Verzichtswirkung;[681] einen Anspruch auf Entlastung hat das Beiratsmitglied ebenso wenig wie das Aufsichtsratsmitglied.

Der Gesellschaftsvertrag kann den Sorgfaltsmaßstab abmildern u. die re- 199
gelmäßige 5-jährige Verjährung (vgl. Abs. 4, § 43 IV analog) verkürzen. Die Haftungsmilderung darf jedoch nicht zu einer Entwertung der Organpflichten führen.[682] Die Grenzen zulässiger Haftungserleichterung sind noch nicht geklärt.

Hins der sonstigen, aus der organschaftlichen Rechtsstellung resultierenden 200
Rechte u. Pflichten u. ihrer gesellschaftsvertraglichen Gestaltbarkeit kann auf die Ausführungen zum fakultativen Aufsichtsrat verwiesen werden.[683] Einer dienstvertraglichen Regelung bedarf es auch hier nicht, sie ist jedoch zweckmäßig. Eine lediglich durch schuldrechtliche Vereinbarung begründete Beirats- oder Ausschussmitgliedschaft begründet keine organschaftliche Rechtsstellung.[684] Sie ist daher frei gestaltbar.

Abschnitt 4 Abänderungen des Gesellschaftsvertrags

§ 53 Form der Satzungsänderung

(1) Eine Abänderung des Gesellschaftsvertrages kann nur durch Beschluß der Gesellschafter erfolgen.

(2) [1]Der Beschluß muß notariell beurkundet werden, derselbe bedarf einer Mehrheit von drei Vierteilen der abgegebenen Stimmen. [2]Der Gesellschaftsvertrag kann noch andere Erfordernisse aufstellen.

(3) Eine Vermehrung der den Gesellschaftern nach dem Gesellschaftsvertrag obliegenden Leistungen kann nur mit Zustimmung sämtlicher beteiligter Gesellschafter beschlossen werden.

Schrifttum

Boesebeck, „Satzungsdurchbrechung" im Recht der AG und GmbH, NJW 1960, 2265; *Ettinger/Reiff*, Die Gelatine-Entscheidung des BGH: Auswirkungen auf die Kompetenzverteilung in der GmbH bei Ausgliederungen außerhalb des Umwandlungsgesetzes, GmbHR 2007, 617; *Götze*, Karriereknick eines Fremdkörpers – Zur Nichtanwendbarkeit des § 179 a AktG in der GmbH, NZG 2019, 695; *Henne/Dittert*, Blick ins Gesellschaftsrecht, DStR 2019, 2371; *Lutter/Timm*, Konzernrechtlicher Präventivschutz im GmbH-Recht, NJW 1982, 409; *Leuschner*, Satzungsdurchbrechende Beschlüsse bei AG und GmbH, ZHR 2016, 422; *Meyer*, Übertragung des ganzen Gesellschaftsvermögens in GmbH und Personengesellschaften, GmbHR, 2019, 973; *Paefgen/Wallisch*, Zu den Rechten der Gesellschafter beim Gesamtvermögensgeschäft der GmbH, DZWIR 2020,

679 Ulmer/*Raiser/Herrmann* Rn. 367.
680 Vgl. Rn. 103 f.
681 BGHZ 108, 21, 26.
682 Baumbach/Hueck/*Zöllner/Noack* § 43 Rn. 5.
683 Vgl. Rn. 93 f.; Ulmer/*Raiser/Herrmann* Rn. 370.
684 Vgl. Bork/Schäfer/*Rieble* Rn. 7.

51; *Peterseim,* Zur (Un-)Zulässigkeit der „Satzungsdurchbrechung", NZG 2019, 1255; *Pöschke,* Satzungsdurchbrechende Beschlüsse zur Gewinnverwendung und -verteilung in der GmbH, WPg 2019, 533; *Priester*, Satzungsänderung und Satzungsdurchbrechung. Voraussetzungen und Grenzen satzungsdurchbrechender Beschlüsse, ZHR 1987, 40; *ders,* Nichtkorporative Satzungsbestimmungen bei Kapitalgesellschaften, DB 1979, 681; *ders,* Vorbeteiligungsgesellschaft bei GmbH-Kapitalerhöhung, GWR 2014, 405; *Ulmer*, Begründung von Rechten für Dritte in der Satzung einer GmbH?, in: Festschrift Werner, 1984, S. 911; *Wicke*, Keine analoge Anwendung von § 179 a AktG auf GmbH, DB 2019, 1078, *ders*, Echte und unechte Bestandteile im Gesellschaftsvertrag der GmbH, DNotZ 2006, 419; *Zöllner*, Satzungsdurchbrechung, in: Festschrift für Hans-Joachim Priester zum 70. Geburtstag, 2007, S. 879.

I. Normzweck

1 Der Gesellschaftsvertrag, den die Gesellschafter bei Gründung der Gesellschaft schließen, ist ein echter, auf Konsens beruhender Vertrag.[1] Zugleich hat er normativen Charakter, woraus sich der synonym verwendete Begriff der Satzung erklärt: Als **Organisationsvertrag** regelt der Gesellschaftsvertrag die Grundordnung der Gesellschaft u. bildet die Grundlage ihrer Existenz. Er bleibt vom Wechsel der Mitglieder des Verbands unberührt u. bindet auch zukünftig beitretende Gesellschafter.

2 Bzgl. dieses Organisationsstatuts ergibt sich während des Bestehens der Gesellschaft fortwährend das Bedürfnis nach einer Anpassung an sich verändernde Umstände. Dem trägt § 53 Rechnung, dessen zentrale Aussage die Ersetzung des für die Änderung von privatrechtlichen Verträgen sonst gültigen Konsensprinzips durch das **Mehrheitsprinzip** ist,[2] wenn auch unter Aufstellung bestimmter formaler u. inhaltlicher Erfordernisse: Nach Abs. 2 S. 1 kann die Satzung durch notariell beurkundeten Gesellschafterbeschluss mit einer Mehrheit von drei Vierteln der abgegebenen Stimmen

1 Baumbach/Hueck/*Zöllner/Noack* Rn. 2.
2 Michalski/*Hoffmann* Rn. 1 a; *Roth*/Altmeppen Rn. 1.

geändert werden. Hierbei handelt es sich um zwingende Mindesterfordernisse; der Gesellschaftsvertrag kann nach Abs. 2 S. 2 zusätzliche Erfordernisse aufstellen. Die Satzungsänderung bedarf zu ihrer Wirksamkeit der Eintragung in das Handelsregister (§ 54 III). Sie ist zudem in der Einladung zu der über sie beschließenden Gesellschafterversammlung als solche unter näherer Bezeichnung zur Tagesordnung anzukündigen (→ § 51 Rn. 13 ff.). Für die Herauf- u. Herabsetzung des Stammkapitals enthalten die §§ 55–58 f spezielle Vorschriften, die zusätzliche Erfordernisse aufstellen.

Nach § 2 Ia 5 gelten die §§ 53 ff. auch für die Änderung des **Musterprotokolls** einer im vereinfachten Verfahren nach § 2 Ia gegründeten Gesellschaft.[3] Nach dem RegE zum MoMiG sollten Beschlüsse über spätere Änderungen des Musterprotokolls ebenso wie der Gründungsvertrag nicht der Beurkundungspflicht unterfallen.[4] Der Verzicht auf das Beurkundungserfordernis wurde jedoch im Anschluss an die Beschlussempfehlung des Rechtsausschusses[5] nicht in das Gesetz übernommen. Bei der späteren Änderung des Musterprotokolls darf auch von dessen Wortlaut abgewichen werden, § 2 Ia 3 gilt nur für die Gründung.[6] Da die Bestimmungen des Musterprotokolls zT im Zusammenhang mit der Errichtung der Gesellschaft stehen u. bei einer Änderung deshalb inhaltlich falsch bzw. widersprüchlich werden können,[7] empfiehlt sich bei der ersten Änderung des Musterprotokolls eine Neufassung der Satzung,[8] wenngleich diese nicht zwingend ist[9] u. das auch für die Änderung des Musterprotokolls geltende Kostenprivileg des § 41 d KostO entfallen lässt.[10] Auch bei der Änderung des Musterprotokolls ist zwischen echten u. unechten Satzungsbestandteilen zu unterscheiden (→ Rn. 4 ff.).[11] 3

II. Satzungsbegriff

Nicht der gesamte Satzungstext ist zwingend Satzung iSd §§ 53 ff. Es wird vielmehr – je nach Terminologie[12] – zwischen sogenannten **„echten“**, „materiellen“ oder „korporativen“ **Satzungsbestandteilen** einerseits u. **„unechten“**, „formellen“ oder „nichtkorporativen“ Bestandteilen andererseits un- 4

3 Bspw. ist die Befreiung eines Nachfolgegeschäftsführers von § 181 BGB erst nach vorheriger Satzungsänderung möglich, weil die im Musterprotokoll erfolgte Befreiung nur für den Gründungsgeschäftsführer gilt (hM), vgl. OLG Stuttgart NZG 09, 754, 755; OLG Hamm GmbHR 11, 87, 88 mit abl. Anm. *Dignas*. Das Gleiche gilt für die Befreiung eines Liquidators von § 181 BGB, vgl. OLG Frankfurt GmbHR 12, 394, 395 f. mit zust. Anm. *Wachter,* EWiR 12, 413.
4 BT-Drs. 16/6140, S. 5, 8, 45.
5 BT-Drs. 16/9737, S. 12, 56.
6 OLG München GmbHR 10, 312 mit Anm. *Kallweit*.
7 S. etwa OLG München GmbHR 10, 312; BB 10, 2009.
8 *Melchior*, notar 10, 305, 307; *Wachter*, BB 10, 2011 f.; *ders.*, EWiR 10, 531, 532, die eine Neufassung auch vor dem Hintergrund der Unklarheiten bei der nachträglichen Bestellung eines Geschäftsführers empfehlen.
9 OLG Düsseldorf GmbHR 11, 757, 758 f. mit zust. Anm. *Omlor/Spies*; *Wachter*, EWiR 10, 531; *Weiler*, notar 11, 117; *Wicke*, DNotZ 12, 15, 20.
10 *Omlor/Spies*, GmbHR 10, 759, 760; *Wachter*, EWiR 10, 531, 532.
11 S. dazu *Melchior*, notar 10, 305 f.
12 Vgl. etwa Baumbach/Hueck/*Zöllner/Noack* Rn. 6 („echt/unecht“); *Ulmer* Rn. 8 ff. („materiell/formell“); BGH NJW-RR 93, 607 („korporativ“); Scholz/*Priester* Rn. 8 ff.; *Priester*, DB 79, 681 f. („korporativ/nichtkorporativ“).

terschieden. Während echte Satzungsbestandteile zwingend in den Satzungstext aufzunehmen sind, Satzung also immer auch Satzungstext sein muss, ist umgekehrt der Satzungstext nicht zwingend Satzung, sondern kann auch Regelungen enthalten, die materiell nicht dem Gesellschaftsstatut zuzurechnen sind.[13]

5 Die **Abgrenzung** zwischen echten u. unechten Satzungsbestandteilen ist nicht allein für die Anwendbarkeit der §§ 53 ff. von Bedeutung, sondern zB auch für Fragen der Auslegung der jeweiligen Bestimmungen, der Rechtsfolgen von Verstößen gegen oder der Bindung an sie.[14] Die Abgrenzung bereitet insofern Probleme, als neben zwingend korporativen u. zwingend nichtkorporativen Regelungen auch Gegenstände existieren, die zwar echte Satzungsbestandteile sein können, aber nicht zwingend sein müssen, für welche daher ein Gestaltungswahlrecht besteht.[15] Dies betrifft insbes. Regelungen über Verpflichtungen der Gesellschafter untereinander sowie Nebenpflichten der Gesellschafter ggü. der Gesellschaft (→ Rn. 8). Für die Abgrenzung ist maßgeblich auf den durch Auslegung zu ermittelnden **Rechtsfolgenwillen** der Parteien abzustellen, wobei eine Aufnahme in den Satzungstext ein Indiz für eine organisationsrechtlich gewollte Regelung ist.[16]

6 Zwingend echte (materielle, korporative) Satzungsbestandteile sind zB:

- Der **Mindestinhalt** der Satzung nach § 3 I (Firma, Sitz, Unternehmensgegenstand, Stammkapital, Zahl u. Nennbeträge der übernommenen Geschäftsanteile);[17]
- Organisationsrechtlich ausgestaltete Regelungen betr. die **Grundlagen** der Gesellschaft, ihre Beziehungen zu den Gesellschaftern sowie die Rechte u. Pflichten der Organe der Gesellschaft;[18]
- Abweichungen vom u. Ergänzungen zum dispositiven gesetzlichen **Normalstatut** der Gesellschaft (zB Stimm- u. Kontrollrechte, Verteilung von Gewinn u. Liquidationserlös, Anteilsvinkulierungen, Sonderrechte, mitgliedschaftlich ausgestaltete Nebenleistungspflichten, Dispens des Geschäftsführers vom Wettbewerbsverbot, Befreiung von § 181 BGB, Austrittsrechte, Schaffung eines Beirats).[19] Bzgl. solcher Abweichungen vom Normalstatut folgt aus dem Charakter als zwingender Satzungsbestandteil allerdings nicht, dass die Gesellschafter Regelungen über einzelne der betr. Gegenstände (zB Gewinn- u. Liquidationspräferenzen, Ausscheidenspflichten) nicht mit **schuldrechtlicher Wirkung** unter-

---

13 Baumbach/Hueck/*Zöllner/Noack* Rn. 4. Im Fall der Kapitalerhöhung gehört zur Satzung im materiellen Sinn jedoch auch der Kapitalerhöhungsbeschluss, so dass die Verpflichtung zur Leistung eines statutarischen Agios (Nebenleistungspflicht iSv § 3 II) nur im Kapitalerhöhungsbeschluss festgesetzt, nicht auch in den Satzungstext aufgenommen werden muss, vgl. BGH GmbHR 08, 147, 148.

14 *Wicke*, DNotZ 06, 419, 420 ff.; Baumbach/Hueck/*Zöllner/Noack* Rn. 15.

15 *Ulmer* Rn. 14 ff.

16 Scholz/*Priester* Rn. 16; *Roth*/Altmeppen § 3 Rn. 48; *Ulmer* Rn. 14; Rowedder/Schmidt-Leithoff/*Zimmermann* Rn. 9, 11; aA hins. des Indizes der Aufnahme in den Satzungstext Baumbach/Hueck/*Fastrich* § 3 Rn. 55.

17 *Roth*/Altmeppen Rn. 2.

18 Michalski/*Hoffmann* Rn. 8; Baumbach/Hueck/*Zöllner/Noack* Rn. 9.

19 *Ulmer* Rn. 16; *Wicke*, DNotZ 06, 419, 428 f.; zur Einführung eines „doppelten" Stimmrechts OLG Hamm NZG 15, 678, 680.

einander vereinbaren können.[20] Da solche Vereinbarungen in der Praxis, schon um deren Publizität zu vermeiden, regelmäßig in einer separaten Gesellschaftervereinbarung außerhalb des Satzungstexts getroffen werden, ergibt sich ein Abgrenzungsproblem zu echten Satzungsbestandteilen meist nicht.

Zwingend unechte (formelle, nichtkorporative) Satzungsbestandteile sind zB: 7

- Regelungen über **Rechte u. Pflichten Dritter.** Korporationsrechtliche Rechte Dritter (zB Entsendungs-, Stimm- oder Vetorechte zugunsten Dritter) können in der Satzung nicht begründet werden, da der Inhalt der Satzung auf die Rechtsverhältnisse von Gesellschaft u. Gesellschaftern beschränkt ist.[21] Obligatorische Verpflichtungen der Gesellschaft ggü. Dritten werden grds. durch rechtsgeschäftliches Handeln der Vertretungsorgane begründet. Diesbezügliche Satzungsregelungen können zwar als Ausgestaltung der Geschäftsführungsbefugnis verstanden werden und damit verbindliche Vorgaben enthalten, begründen jedoch selbst keine individualvertraglichen Rechte Dritter.[22]
- Mitteilungen u. **Verlautbarungen** in der Satzung (Nennung von Organmitgliedern, Gesellschaftern, übernommenen Geschäftsanteilen);[23]
- Einseitige **Rechtsgeschäfte** (zB Handelsregistervollmachten) u. dingliche Verfügungsgeschäfte (zB in Erfüllung von Sacheinlageverpflichtungen).[24]

Ein **Gestaltungswahlrecht** besteht, soweit ein Gegenstand weder zwingend korporativer noch zwingend nichtkorporativer Satzungsbestandteil ist. Ob ein echter oder unechter Satzungsbestandteil vorliegt, richtet sich nach dem Vertragswillen der Parteien, der durch Auslegung zu ermitteln ist.[25] Die Aufnahme der Regelung in den Satzungstext ist hierbei Indiz für einen echten Satzungsbestandteil (→ Rn. 5). Ein Gestaltungswahlrecht ergibt sich insbes. für folgende Gegenstände: 8

- **Nebenleistungspflichten** der Gesellschafter ggü. der GmbH (zB Verlustübernahmeverpflichtungen) können sowohl mitgliedschaftlich als auch schuldrechtlich ausgestaltet werden.[26] Für die Auslegung maßgeblich ist hier insbes., ob eine Knüpfung der Nebenleistungspflicht an die Mitgliedschaft gewollt ist, die Pflicht also auf zukünftige Gesellschafter übergehen soll (dann echte Satzungsbestimmung), oder die Pflicht an die gegenwärtigen Personen geknüpft sein, also auch im Fall des Ausscheidens weiterbestehen soll (dann individualvertragliche Leistungspflicht).[27]
- **Rechtsbeziehungen der Gesellschafter** untereinander können als echte Satzungsbestandteile ausgestaltet werden, wenn sie mitgliedschaftsbe-

20 *Wicke*, DNotZ 06, 419, 430.
21 Ausf. *Ulmer*, FS Werner, 84, S. 911, 924; *Ulmer* Rn. 19; Baumbach/Hueck/*Zöllner*/*Noack* Rn. 11.
22 *Ulmer* Rn. 19; Baumbach/Hueck/*Zöllner*/*Noack* Rn. 10.
23 Baumbach/Hueck/*Zöllner*/*Noack* Rn. 17.
24 *Wicke*, DNotZ 06, 419, 433.
25 *Roth*/Altmeppen § 3 Rn. 48.
26 *Ulmer* Rn. 22.
27 *Wicke*, DNotZ 06, 419, 435.

zogen sind (zB Stimmbindungen, Vorerwerbsrechte, Wettbewerbsverbote).[28]

III. Satzungsänderung

1. Änderung echter Satzungsbestandteile

9 Abänderung des Gesellschaftsvertrags iSv § 53 I ist jede Abänderung, Aufhebung oder Neuaufnahme von echten Satzungsbestandteilen.[29] Unerheblich ist, ob die Änderung nur den Wortlaut betrifft oder eine sachliche Veränderung zur Folge hat.[30] Auf die Abänderung echter Satzungsbestandteile finden die §§ 53 ff. vollumfänglich Anwendung.

2. Änderung unechter Satzungsbestandteile

10 Soweit individualvertragliche Rechte u. Pflichten (zwischen den Gesellschaftern oder im Verhältnis zur Gesellschaft) betroffen sind, kommt deren Abänderung oder Aufhebung nur durch entspr. Änderungs- bzw. Aufhebungsvereinbarung in Betracht. Deren Abschluss lässt den Satzungstext inhaltlich unrichtig werden. Gleiches gilt bei bloßen Verlautbarungen in der Satzung, wenn etwa ein namentlich benannter Gesellschafter seine Anteile veräußert oder ein in der Satzung benannter oder gem. § 6 III 2 bestellter Geschäftsführer (durch einfachen Gesellschafterbeschluss) abberufen wird.

11 Inwieweit in diesen Fällen für eine Anpassung des Satzungstextes die §§ 53 ff. gelten, ist nicht abschließend geklärt. In der Literatur wird überwiegend davon ausgegangen, dass der Anpassungsbeschluss mit einfacher Mehrheit getroffen werden kann.[31] Eine Eintragung der Textanpassung im Handelsregister wird ganz überwiegend befürwortet,[32] die konstitutive Wirkung der Eintragung (§ 54 III) dag ist wiederum umstritten.[33] Auch wenn einiges dafür sprechen dürfte, einen formlos wirksamen, einfachen Gesellschafterbeschluss für ausreichend zu erachten, ist für die **Praxis** zu empfehlen, bei jeder Änderung des Satzungstextes, auch wenn sie unechte Satzungsbestimmungen betrifft, die Form- u. Verfahrensvorschriften für eine echte Satzungsänderung einzuhalten.

3. Sonderfälle

12 a) **Unternehmensgegenstand.** Der Unternehmensgegenstand der Gesellschaft ist notwendiger Satzungsbestandteil (§ 3 I Nr. 2). Seine Änderung, sei es durch Erweiterung, Einschränkung oder völligen Austausch, ist daher stets eine mit Dreiviertelmehrheit zu beschließende Satzungsände-

---

28 Baumbach/Hueck/*Zöllner/Noack* Rn. 12.

29 *Roth*/Altmeppen Rn. 2.

30 Baumbach/Hueck/*Zöllner/Noack* Rn. 21.

31 Lutter/Hommelhoff/*Bayer* Rn. 35; Baumbach/Hueck/*Zöllner/Noack* Rn. 24; *Ulmer* Rn. 32 hält es darüber hinaus für möglich, redaktionelle Änderungen an den Geschäftsführer oder Notar zu delegieren. Für eine Anwendbarkeit der §§ 53 ff. dag Michalski/*Hoffmann* Rn. 27; Scholz/*Priester* Rn. 19; OLG Brandenburg GmbHR 01, 624, 625.

32 Abw. *Ulmer* Rn. 31, der davon ausgeht, dass die bloße Anpassung der Satzung nicht eintragungsfähig ist. AA LG Dortmund GmbHR 78, 235.

33 Abl. etwa Lutter/Hommelhoff/*Bayer* Rn. 35; LG Bremen GmbHR 93, 590; wie hier Formlosigkeit annehmend Scholz/*Priester* Rn. 19.

rung.[34] Vom Unternehmensgegenstand zu unterscheiden ist der **Gesellschaftszweck** (zB Gewinnerzielung, gemeinnütziger Zweck), dessen Änderung der Zustimmung aller Gesellschafter bedarf (§ 33 I 2 BGB).[35]

Nicht abschließend geklärt ist, inwieweit eine Pflicht zu einer Änderung des statutarischen Unternehmensgegenstands besteht, sofern dieser mit der **tatsächlich ausgeübten Geschäftstätigkeit** der Gesellschaft nicht (mehr) übereinstimmt. Keiner Satzungsänderung u. auch keines (einfachen oder qualifizierten) Gesellschafterbeschlusses bedürfen die bloße Erstreckung der Geschäftstätigkeit auf angrenzende Geschäftsbereiche, die zwar nicht ausdrücklich in der Satzung benannt, aber infolge Auslegung der Satzungsbestimmung als mit umfasst anzusehen sind,[36] sowie der zeitweilige Verzicht auf die Ausfüllung einzelner Geschäftsbereiche durch die Geschäftsführung.[37] Eine förmliche Satzungsänderung ist dag jedenfalls dann erforderlich, wenn die Geschäftstätigkeit vom Unternehmensgegenstand unter keinem Gesichtspunkt mehr umfasst wird.[38] 13

Problematisch ist der Bereich von **Umstrukturierungsmaßnahmen** außerhalb des UmwG. In Anlehnung an die aktienrechtliche Rspr. des BGH in den „**Gelatine**"-Urteilen[39] u. der „**Holzmüller**"-Entscheidung[40] wird insbes. für den Fall der Ausgliederung wesentlicher Unternehmensteile auf Tochtergesellschaften diskutiert, ob u. unter welchen Voraussetzungen die Durchführung solcher Maßnahmen einer Satzungsänderung[41] oder zumindest eines mit qualifizierter Mehrheit zu fassenden Gesellschafterbeschlusses[42] bedarf. Nach zutr. Ansicht ist eine förmliche Satzungsänderung nur dann erforderlich, wenn eine (Umstrukturierungs-) Maßnahme der Geschäftsführung vom Unternehmensgegenstand nicht gedeckt ist.[43] In diesem Fall ist die Durchführung der Maßnahme ohne Satzungsänderung zwar möglich,[44] aber selbst bei Vorliegen eines zustimmenden Gesellschafterbeschlusses rechtswidrig.[45] Da viele GmbH-Satzungen jedoch Hilfs- u. Nebengeschäfte, einschl. des Gründens von Tochtergesellschaften u. des Haltens von Beteiligungen an anderen Unternehmen, ausdrücklich als Un- 14

34 *Ulmer* Rn. 116.
35 Baumbach/Hueck/*Zöllner*/*Noack* Rn. 29.
36 Michalski/*Hoffmann* Rn. 119; *Ulmer* Rn. 117.
37 *Ulmer* Rn. 117.
38 Unterbleibt eine Anpassung der Satzung, werden in der Lit. die Statthaftigkeit eines Amtslöschungsverfahrens nach § 399 FamFG (so: *Michalski*/*Hoffmann* Rn. 120) oder die analoge Anwendung der §§ 75 GmbHG, 397 FamFG (so: *Ulmer* Rn. 117) diskutiert.
39 BGH NZG 04, 571 u. 575.
40 BGHZ 83, 122.
41 So etwa *Roth*/Altmeppen Rn. 7, wenn der „Unternehmensgegenstand schlechterdings entfällt"; *Ulmer* Rn. 117, wenn „die eigene erwerbswirtschaftliche Unternehmenstätigkeit […] praktisch auf[ge]geben" wird; Baumbach/Hueck/*Zöllner*/*Noack* Rn. 30, bei „Einengung des Unternehmensgegenstands durch Ausgliederung".
42 *Wicke* Rn. 3.
43 *Ettinger*/*Reiff*, GmbHR 07, 617, 618, 623.
44 Da die Vertretungsbefugnis der Geschäftsführung im Außenverhältnis nicht beschränkt ist, kann sie die Maßnahme auch dann wirksam durchführen, wenn diese außerhalb des Unternehmensgegenstands liegt. Aufgrund der im Innenverhältnis beschränkten Geschäftsführungsbefugnis macht sie sich in diesem Fall jedoch ggü. der Gesellschaft schadensersatzpflichtig (§ 43 II).
45 Baumbach/Hueck/*Zöllner*/*Noack* § 37 Rn. 8.

ternehmensgegenstand umfassen, dürfte dieser Fall in der Praxis die Ausn. bilden. Die Ausgliederung wesentlicher Unternehmensteile auf Tochtergesellschaften bedarf in diesen Fällen keiner Satzungsänderung.[46] Inwieweit sich iÜ die aktienrechtliche Rspr. zur ungeschriebenen Zuständigkeit der Hauptversammlung auf die GmbH übertragen lässt, die Umstrukturierungsmaßnahme also eines qualifizierten Gesellschafterbeschlusses bedarf,[47] ist angesichts der Strukturunterschiede zwischen AG u. GmbH, deren Geschäftsführung weisungsgebunden ist, offen.[48]

15 **b) Sonstige notwendige Satzungsbestandteile.** Für die Änderung sonstiger notwendiger Satzungsbestandteile gilt § 53 ebenfalls uneingeschränkt. Bei Änderung der **Firma** ist daneben die Einhaltung firmenrechtlicher Erfordernisse zu beachten. Die Änderung des statutarischen **Sitzes** der Gesellschaft ist ebenfalls Satzungsänderung, nicht dag die (infolge der Änderung des § 4 a durch das MoMiG ohne Anpassung der Satzung mögliche) Verlegung des Verwaltungssitzes. Für die Erhöhung oder Herabsetzung des **Stammkapitals** gelten neben den §§ 53, 54 die §§ 55–58 f.

16 **Festsetzungen** über Sacheinlagen regeln unmittelbar die Beitragspflicht der Gesellschafter im Verhältnis zur Gesellschaft und sind für mindestens 10 Jahre nach Abschluss der Sachgründung beizubehalten.[49] IÜ können die Angaben zu den Gründern u. den übernommenen Geschäftsanteilen iR späterer Satzungsneufassungen, jedenfalls wenn die Stammeinlagen voll geleistet worden sind,[50] gestrichen werden,[51] da sich das Gläubigerinteresse auf die Information über die Sacheinlage beschränkt und weitergehende Informationen auch außerhalb der Satzung (etwa durch Einsichtnahme in die Registerunterlagen der Gesellschaft) zumutbar erlangt werden können. Dies gilt trotz der Anwendbarkeit der Gründungsvorschriften auch bei der Satzungsfeststellung im Rahmen eines Formwechsels einer AG in eine GmbH, da in diesem Fall keine neuen Stammeinlagen übernommen werden,[52] sondern die Kapitalaufbringung durch das Gesellschaftsvermögen des formwechselnden Rechtsträgers mit strengeren Kapitalaufbringungsgrundsätzen erfolgt.

---

46 *Ettinger/Reiff*, GmbHR 07, 617, 618.

47 Für ein solches Erfordernis in Anlehnung an die „Gelatine"-Entscheidungen etwa *Wicke* Rn. 3, wenn der „übertragende Teil des Unternehmensvermögens eine Schwelle von ca. 80 %" überschreitet.

48 Nach *Roth*/Altmeppen Rn. 7 soll hierfür das „Gewicht der Maßnahme für die Interessen der betroffenen Gesellschafter" maßgeblich sein. *Ettinger/Reiff*, GmbHR 07, 617, 620 ff., differenzieren nach Rechtsform der Tochtergesellschaft, Umfang der Ausgliederung sowie der Frage, ob die Ausgliederung auf eine 100%ige Tochter erfolgt oder Dritte, zB iR eines Joint Ventures, an der Tochter beteiligt sind.

49 Überzeugend Baumbach/Hueck/*Fastrich* § 5 Rn. 49; offengelassen bei *Roth*/Altmeppen Rn. 12 u. § 5 Rn. 58 f.

50 OLG Hamm OLGZ 84, 266.

51 Nach hA im Schrifttum ist eine Streichung auch bereits vor Einlageleistung zulässig, vgl. Baumbach/Hueck/*Fastrich* § 3 Rn. 18; Scholz/*Priester* Rn. 23; *Roth*/Altmeppen § 3 Rn. 18.

52 Vgl. etwa Lutter/Happ UmwG, 245 Rn. 32 aA Widmann/Mayer/Fronhöfer M188 Anh. 4.

c) **Umwandlung.** Inwieweit die Umwandlung der Gesellschaft eine Satzungsänderung darstellt, ist zwar umstritten,[53] kann aber letztlich dahinstehen, denn jedenfalls verdrängen die Vorschriften des UmwG die §§ 53 ff. kraft Spezialität. 17

d) **Keine Satzungsänderung.** Keine Satzungsänderung stellen die Auflösung der Gesellschaft,[54] der Ausschluss von Gesellschaftern[55] sowie die Einziehung von Geschäftsanteilen[56] dar. Zur nachträglichen Einführung einer Einziehungsklausel → Rn. 48. Im Übrigen können auch Geschäfte über das ganze Gesellschaftsvermögen nicht zu einer Anwendung von (analog) § 53 Abs. 2 GmbHG führen[57]. Zwar wird man annehmen müssen, dass die Veräußerung des ganzen Gesellschaftsvermögens auf die Organisationsstruktur und die Art und Weise der werbenden Tätigkeit der Gesellschaft im Rahmen des satzungsgemäßen Gesellschaftszwecks einen erheblichen Einfluss hat. Im GmbHG hat der Gesetzgeber aber aufgrund des personalen Charakters der Gesellschaft und den damit verbundenen Möglichkeiten der Einflussnahme auf eine Regelung im Sinne von § 179 a AktG verzichtet. Es ist daher nur konsequent, dass der BGH nunmehr die analoge Anwendung dieser Vorschrift auf das GmbH-Recht ausgeschlossen hat. Allerdings ist nach dem Urteil des BGH davon auszugehen, dass bei einer Übertragung des ganzen Gesellschaftervermögens auch bei einem fehlenden Satzungsvorbehalt ein entsprechender Zustimmungsbeschluss der Gesellschafter herbeizuführen ist[58]. Für die Praxis ergibt sich damit zwangsläufig die Frage, in welcher Form und mit welcher Mehrheit ein solcher Zustimmungsbeschluss der Gesellschafter zu fassen ist. Aufgrund der Bezugnahme des BGH auf § 49 Abs. 2 GmbHG spricht vieles dafür, dass eine analoge Anwendung von § 53 Abs. 2 AktG nicht in Betracht kommt und anders als im Rahmen des § 179 a AktG die Beurkundung des Beschlusses nicht erforderlich ist.[59] Ob ohne Unterschreitung des Unternehmensgegenstandes damit auch bereits ein wirksamer Gesellschafterbeschluss mit einer einfachen Mehrheit gefasst werden kann[60] oder nach den Grundsätzen der *Holzmüller/Gelantine*-Rechtsprechung des BGH eine Dreiviertelmehrheit erforderlich ist, wird im Schrifttum uneinheitlich gesehen.[61] In der Praxis dürfte es sich daher vorsorglich anbieten, vom Erfordernis einer Dreivierteilmehrheit auszugehen.[62] In jedem Fall kann der gutgläubige Geschäftspartner auch bei einem Geschäft, das die Übertragung des ganzen Gesellschaftsvermögens zum Gegenstand hat, auf die unbeschränkte Vertretungsmacht des 18

53 Bejahend *Roth*/Altmeppen Rn. 10; „von ihrer Rechtsnatur her" Baumbach/Hueck/*Zöllner*/*Noack* Rn. 37; abl. Scholz/*Priester* Rn. 130; Lutter/Hommelhoff/*Bayer* Rn. 3.

54 Scholz/*Priester* Rn. 112.

55 OLG Frankfurt DB 79, 2127; zust. *Roth*/Altmeppen Rn. 11.

56 Baumbach/Hueck/*Zöllner*/*Noack* Rn. 36.

57 BGH AG 19, 422 ff.

58 BGH AG 19, 422, 427 (Rn 36)

59 So auch: *Wachter*, DB 2019, 1078 f., *Müller*, NZG 2019, 807, 812; Götze, NZG 2019, 695, 697.

60 So etwa: *Wachter*, DB 2019, 1078 f.; *Paefgen/Wallisch*, DZWIR 2020, 51, 60; Meyer, GmbHR 2019, 973, 976 mwN.

61 Ablehnend: Paefgen/Wallisch, DZWIR 2020, 51, 55; DNotI-Report 2019, 193, 195

62 *Henne/Dittert*, DStR 2019, 2371, 2373

Geschäftsführers gemäß § 37 Abs. 2 S. 1 vertrauen. Soweit es bei einem (zu) eng gefassten Unternehmensgegenstand aufgrund der Übertragung des ganzen Gesellschaftsvermögens zu einer dauerhaften Satzungsdurchbrechung kommen sollte (→ Rn. 19 ff), kann es sich aus Kostengründen anbieten, vor Fassung des Zustimmungsbeschlusses den Unternehmensgegenstand durch Satzungsänderung entsprechend zu erweitern. In diesem Zusammenhang ist aber nicht ohne weiteres davon auszugehen, dass damit zugleich ein impliziter Auflösungsbeschluss gefasst wird.[63] Denn auch das Halten und Verwalten von Vermögen (als Surrogat aus der Übertragung des ganzen Gesellschaftsvermögens) ist ein zulässiger Unternehmensgegenstand.

IV. Satzungsdurchbrechung und Satzungsverletzung

19 Von der Satzungsänderung sind Fälle zu unterscheiden, in denen die Gesellschafter eine Änderung des normativen Gehalts der Satzung für die Zukunft nicht beabsichtigen, jedoch durch Gesellschafterbeschluss für den Einzelfall eine Regelung treffen, die mit der Satzung nicht übereinstimmt. Die Behandlung dieser häufig unter dem Begriff der **Satzungsdurchbrechung**[64] zusammengefassten Beschlüsse ist nicht anschließend geklärt. Uneinigkeit herrscht insbes. über die Frage, unter welchen Voraussetzungen satzungsdurchbrechende Beschlüsse ohne Beschlussmangel getroffen werden können u. welche Rechtsfolgen sich ergeben, wenn diese Voraussetzungen nicht erfüllt sind: Ist der Beschluss dann lediglich anfechtbar, unwirksam oder gar analog § 241 AktG nichtig?

20 Die **hM** differenziert im Anschluss an *Priester*[65] zwischen sogenannten punktuellen u. zustandsbegründenden Beschlüssen:[66]

- Wird durch den Beschluss ein **satzungswidriger Zustand** geschaffen, soll der Beschluss grds. unwirksam sein, u. dies unabhängig davon, ob der Zustand bewusst oder unbewusst, „offen" oder „verschleiert" herbeigeführt wird.[67] Dieser Mangel soll sich nur dadurch vermeiden lassen, dass alle Vorschriften über die Satzungsänderung beachtet werden (Ankündigung zur Tagesordnung nach § 51, Beschlussfassung mit qualifizierter Mehrheit u. notarielle Beurkundung nach § 53) u. der Beschluss bzw. ein Hinweis auf die Satzungsdurchbrechung in das Handelsregister eingetragen wird.[68] Ansonsten kommt bei Gesellschafterbe-

63 Vgl. etwa *Heckschen*, AG 2019, 420, 422

64 Vgl. statt vieler *Ulmer* Rn. 34. *Roth*/Altmeppen Rn. 28, spricht offenbar synonym auch von einer stillschweigenden Satzungsänderung. Diese Terminologie begegnet Zweifeln, da eine abstrakte Änderung der Satzung gerade nicht beabsichtigt wird. Zur Entwicklung der Rechtsprechung: *Leuschner*, ZHR 16, 426 f.

65 *Priester*, ZHR 87, 40.

66 Vgl. mit Unterschieden im Detail Lutter/Hommelhoff/*Bayer* Rn. 29; Michalski/*Hoffmann* Rn. 39 f.; Scholz/*Priester* Rn. 29 f.; *Ulmer* Rn. 38; Rowedder/Schmidt-Leithoff/*Zimmermann* Rn. 34; MüKoGmbHG/*Harbarth* Rn. 48. *Roth*/Altmeppen Rn. 29, differenziert danach, ob der „Beschluss *seinem Inhalt nach* nur als Satzungsänderung möglich wäre oder ein einfacher Gesellschafterbeschluss sein kann".

67 OLG Dresden GmbHR 12, 213, 214; Lutter/Hommelhoff/*Bayer* Rn. 29.

68 Scholz/*Priester* Rn. 30; für bloße Eintragung eines Hinweises auf die Satzungsdurchbrechung Lutter/Hommelhoff/*Bayer* Rn. 30, 32; *Ulmer* Rn. 38.

schlüssen über Sozialverpflichtungen noch eine Umdeutung (§ 140 BGB) in eine schuldrechtliche Abrede in Betracht.[69]

- Im Fall der **punktuellen Satzungsdurchbrechung** soll eine Eintragung in das Handelsregister dag nicht erforderlich sein, um die Mangelhaftigkeit zu vermeiden.[70] Die Nichtbeachtung der übrigen für die Satzungsänderung geltenden Verfahrens- u. Formvorschriften soll zudem nicht zur Unwirksamkeit, sondern lediglich zur Anfechtbarkeit des Beschlusses führen, wobei den zustimmenden Gesellschaftern ein Anfechtungsrecht nach allg. Grundsätzen nicht zusteht.[71] Wird also der punktuell satzungsdurchbrechende Gesellschafterbeschluss einstimmig gefasst, ist von vornherein von der Wirksamkeit auszugehen.

Der BGH[72] ist dieser Differenzierung weitgehend gefolgt. Als **Bsp**[73] für nur punktuelle Satzungsdurchbrechungen werden in der Literatur eine einmalige Vollausschüttung entgg. statutarischer Thesaurierungsgebote,[74] ein satzungswidriger Bilanzansatz oder die Genehmigung der Übertragung vinkulierter Anteile entgg. statutarischer Vorgaben genannt. Ein satzungswidriger Zustand soll dag etwa geschaffen werden durch eine satzungswidrige Geschäftsführerbestellung, eine ohne Ermächtigungsgrundlage in der Satzung vorgenommene generelle Befreiung des Geschäftsführers von § 181 BGB,[75] eine satzungswidrige Festsetzung der Amtszeit von Aufsichtsratsmitgliedern, Befreiungen von Wettbewerbsverboten, die Zustimmung zum Erwerb von Tochtergesellschaften, die außerhalb des satzungsmäßigen Geschäftsgegenstands tätig sind oder die (dauerhafte) Abweichung von einer satzungsgemäß festgelegten Kündigungsregelung des Gesellschaftsvertrages.[76] 21

Stellungnahme: Ein im Widerspruch zur Satzung stehender Beschluss stellt grds. eine Satzungsverletzung dar, Rechtsfolge ist die Anfechtbarkeit des Beschlusses analog § 243 I AktG. Bei der Satzungsdurchbrechung geht es um die Frage, ob u. ggf. unter welchen Voraussetzungen die Gesellschafter im Einzelfall – ohne Beschlussmangel u. ohne die Satzung als normative Ordnung der Gesellschaft für die Zukunft zu ändern – von der Satzung abw. Beschlüsse fassen können. In Betracht kommen kann dies nur, wenn die Gesellschafter das für die Satzungsänderung vorgeschriebene Verfahren einhalten, der satzungsdurchbrechende Beschluss also in der Tagesordnung als solcher angekündigt wird, er mit qualifizierter Mehrheit gefasst u. notariell beurkundet wird. Die Einhaltung des für Satzungsänderungen geltenden Verfahrens, das freilich ein Bewusstsein der Satzungsabweichung vor- 22

69 BGHZ 123, 15, 20; NJW 10, 3718, 3719; *Leitzen*, RNotZ 10, 566, 567; *Noack*, NZG 10, 1017; Lutter/Hommelhoff/*Bayer* Rn. 33; *Roth*/Altmeppen Rn. 29.
70 Lutter/Hommelhoff/*Bayer* Rn. 31; MüKoGmbHG/*Harbarth* Rn. 51; Scholz/*Priester* Rn. 30 a.
71 *Ulmer* Rn. 39; MüKoGmbHG/*Harbarth* Rn. 51.
72 BGHZ 123, 15, 19.
73 Vgl. die Bsp bei *Ulmer* Rn. 36; *Wicke* Rn. 19.
74 AA OLG Dresden GmbHR 12, 213, 214 f.: Gewinnverwendungsbeschlüsse entfalten Dauerwirkung aufgrund Schmälerung der Gewinnrücklage mit Auswirkung über die relevante Abrechnungsperiode hinaus; zust. *Zapf*, NotBZ 12, 110, 111.
75 OLG Nürnberg MDR 10, 822.
76 OLG Köln NZG 19, 306. Zustimmend etwa: *Otte-Gräbener*, BB 19, 595, Näher: *Peterseim*, NZG. 19, 1255 f.

aussetzt, unterscheidet die Satzungsdurchbrechung von der Satzungsverletzung.[77]

23 Daraus folgt, dass Rechtsfolge der Nichteinhaltung des vorgeschriebenen Verfahrens – sei es bewusst oder, weil der Widerspruch zur Satzung nicht erkannt wird, unbewusst – die **Anfechtbarkeit** des Beschlusses ist. Soweit die hM dies nur für „punktuelle" Maßnahmen anerkennt, für „zustandsbegründende" Beschlüsse dag von Unwirksamkeit ausgeht, ist dem nicht zu folgen. Die Sinnhaftigkeit dieser Differenzierung ist insbes. von *Zöllner*[78] mit gewichtigen Argumenten in Frage gestellt worden, da auch bei „punktuellen" Maßnahmen immer ein Zustand geschaffen wird, der bei Beachtung der normativen Vorgaben der Satzung nicht bestehen würde (etwa: dauerhaft gemindertes Eigenkapital bei satzungswidriger Ausschüttung).[79] Beschlüsse, deren Wirkungen sich in der betr. Maßnahme erschöpfen, sind kaum denkbar.[80] Als Begründung für die Unwirksamkeit trägt auch § 54 III nicht, wonach die Handelsregistereintragung konstitutive Wirkung für die Änderung der Satzung hat, da – trotz der über den Moment hinausgehenden Wirkung – eine Einzelmaßnahme u. mangels Abänderung der normativen Ordnung der Gesellschaft gerade keine Satzungsänderung vorliegt.[81] Auch der Schutz des Rechtsverkehrs u. später eintretender Gesellschafter rechtfertigt es nicht, die Wirksamkeit des Beschlusses von der Eintragung im Handelsregister abhängig zu machen.[82]

24 Herrscht unter den Gesellschaftern Einigkeit, können sie sich also jederzeit über die Satzung hinwegsetzen u. ohne Einhaltung eines bestimmten Verfahrens einstimmig zur Satzung im Widerspruch stehende Beschlüsse fassen, sofern nicht die Satzung abstrakt mit Wirkung für die Zukunft geändert werden soll. Nur bei Vorhandensein einer anfechtungsbereiten Minderheit stellt sich die Frage, unter welchen Voraussetzungen sich die Anfechtbarkeit vermeiden lässt. Neben der Einhaltung des für Satzungsänderungen geltenden Beschlussverfahrens ist eine Eintragung im Handelsregister nach dem Vorstehenden (→ Rn. 22 ff.) nicht erforderlich, denn das Handelsregister zielt zum Schutz des Rechtsverkehrs gerade nicht auf die Publizierung von Einzelfallentscheidungen ab. Für künftige Gesellschafter gelten insoweit allein die generell-abstrakten Regelungen der publizierten Satzung; ein schutzbedürftiges Interesse daneben auch über Einzelfallent-

---

77 Vgl. zur Terminologie u. zum verfassungsrechtlichen Ursprung des Begriffs der Satzungsdurchbrechung *Boesebeck*, NJW 60, 2265. Ausführlich auch: *Leuschner*, ZHR 2016, 422, 424 f.

78 *Zöllner*, FS Priester, 07, S. 879.

79 So auch OLG Dresden GmbHR 12, 213, 214 („Dauerwirkung"); *Zapf*, NotBZ 12, 110, 111.

80 Eingehend *Zöllner*, FS Priester, 07, S. 879, 888 f.; krit. auch *Pöschke*, DStR 12, 1089, 1091. Auch *Ulmer* Rn. 39, erkennt an, dass der Anwendungsbereich für punktuelle Satzungsdurchbrechungen jedenfalls begrenzt sei.

81 *Zöllner*, FS Priester, 07, S. 879, 884 (zur Rechtsfolge der Unwirksamkeit) u. 882 (zur Frage, ob der Beschluss im Fall fehlender notarieller Beurkundung analog § 241 Nr. 2 AktG nichtig ist). Nichtigkeit wird teilw. über die Aufspaltung des Beschlusses in einen die Einzelmaßnahme betr. u. einen die Satzung ändernden Beschlussteil begründet. Gegen die Annahme eines solchen „Doppelbeschlusses" zB auch *Ulmer* Rn. 37 mwN.

82 Ausf. zum Schutz des Rechtsverkehrs durch Registerpublizität *Zöllner*, FS Priester, 07, S. 879, 885 ff.; so auch *Pöschke*, DStR 12, 1089, 1092.

scheidungen der Vergangenheit informiert zu werden, besteht nicht.[83] Für die **Praxis** ist die Anmeldung der Satzungsdurchbrechung zur Eintragung in das Handelsregister allerdings zu empfehlen.

Um eine Satzungsdurchbrechung u. damit die Anfechtungsmöglichkeit durch eine Minderheit zu vermeiden, kann die betreffende Satzungsbestimmung einen Vorbehalt für abweichende Gesellschafterbeschlüsse vorsehen (sog. Öffnungsklauseln).[84] So kann die Satzung etwa vorsehen, dass die Gesellschafter die Gewinnverteilung in Abweichung ihrer Beteiligungsverhältnisse aufgrund eines entsprechenden Gesellschafterbeschlusses auch disproportional vornehmen können.[85] Die Satzung lässt dabei die Abweichung von bestimmten Klauseln bspw. durch einen mit einfacher Mehrheit gefassten Beschluss ausdrücklich zu.[86] Die Öffnungsklausel muss sich auf eine bestimmte Satzungsregel beziehen. Klauseln, die generell für jegliche Satzungsdurchbrechung Abweichungen eröffnen, sind ebenso unzulässig wie schematische Vorbehaltsklauseln für eine Vielzahl von Satzungsbestimmungen.[87] 24a

V. Gesellschafterbeschluss

1. Zuständigkeit

Aus dem Grundsatz der Satzungsautonomie folgt die **ausschließliche Zuständigkeit** der Gesellschafter für Satzungsänderungen.[88] Die Übertragung der Kompetenz zu einer Änderung des Satzungstextes auf ein anderes Organ als die Gesellschafterversammlung (zB die Geschäftsführung oder einen Beirat) ist im GmbH-Recht ausgeschlossen. Dies gilt mangels einer § 179 I 2 AktG entspr. Vorschrift auch für bloße Fassungsänderungen.[89] 25

2. Beschlussfassung

Die Beschlussfassung kann nach mittlerweile hA im Schrifttum auch außerhalb von Gesellschafterversammlungen im schriftlichen Verfahren erfolgen.[90] Durch die Rspr. bestätigt ist diese Ansicht indes noch nicht.[91] Da die Beschlussfassung im schriftlichen Verfahren zudem ein kompliziertes Beur- 26

83 Auf den formalistischen Charakter eines solchen Erfordernisses hat insbes. *Boesebeck*, NJW 60, 2265, 2267, zu Recht hingewiesen.

84 Vgl. BayObLG NJW-RR 02, 248, 249; OLG München MittBayNot 11, 416.

85 Ausführlich: *Pöschke*, WPg 19, 533 ff.

86 MüKoGmbHG/*Harbarth* Rn. 47; *Wicke* Rn. 20; Lutter/Hommelhoff/*Bayer* Rn. 34; krit. Baumbach/Hueck/*Zöllner/Noack* Rn. 27.

87 *Ulmer* Rn. 40; MüKoGmbHG/*Harbarth* Rn. 47; aA *Stöhr*, MittRhNotK 96, 390, 409.

88 Scholz/*Priester* Rn. 62; *Roth*/Altmeppen Rn. 17.

89 *Roth*/Altmeppen Rn. 5; aA *Ulmer* Rn. 32 für „rein redaktionelle Änderungen". Für die Ausschöpfung eines genehmigten Kapitals gem. § 55 a bedeutet dies allerdings nicht, dass neben dem Erhöhungsbeschluss der Geschäftsführung noch ein Beschluss der Gesellschafterversammlung zur Anpassung der Stammkapitalziffer erforderlich wäre. Die Erhöhung der Stammkapitalziffer ergibt sich vielmehr als notwendige Folge des Erhöhungsbeschlusses, vgl. § 55 Rn. 15 u. § 55 a Rn. 25.

90 Lutter/Hommelhoff/*Bayer* Rn. 12; Michalski/*Hoffmann* Rn. 62; Scholz/*Priester* Rn. 66; *Ulmer* Rn. 46; Baumbach/Hueck/*Zöllner/Noack* Rn. 55; aA *Roth*/Altmeppen Rn. 17; Rowedder/Schmidt-Leithoff/*Zimmermann* Rn. 36.

91 Abl. obiter dictum BGHZ 15, 324, 328; ausdr. KG NJW 59, 1446; OLG Hamm NJW 74, 1057.

kundungsprozedere erforderlich macht,[92] sollte hiervon im Falle von Satzungsänderungen nur im Notfall Gebrauch gemacht werden.

27 Die Vertretung bei der Beschlussfassung aufgrund **Vollmacht** ist nach allg. Grundsätzen zulässig (→ § 47 Rn. 16 ff.). § 181 BGB ist auf die Vertretung mehrerer Gesellschafter bzw. durch einen Mitgesellschafter anwendbar.[93] Die Vertretung **Minderjähriger** durch an der Beschlussfassung als Gesellschafter teilnehmende Eltern ist damit nicht möglich, es bedarf der Bestellung eines Ergänzungspflegers (§§ 1629 II 1, 1795 II, 1909 I BGB). Die Genehmigung des Vormundschaftsgerichts nach § 1822 Nr. 3 BGB ist dag idR nicht erforderlich.[94]

28 Anders als im Aktienrecht ist die förmliche **Feststellung** des Beschlussergebnisses nicht Wirksamkeitsvoraussetzung, jedoch ist das Registergericht berechtigt, zum Nachweis der Beschlussfassung eine solche Beschlussfeststellung zu verlangen, wenn insoweit Unklarheiten bestehen. Für die Praxis ist daher die Feststellung des Beschlussergebnisses durch einen Abstimmungsleiter zu empfehlen. Im Fall fälschlich positiver Feststellung eines Änderungsbeschlusses, der die erforderliche Mehrheit tatsächlich nicht gefunden hat, liegt kein „Nichtbeschluss", sondern ein (anfechtbarer) Beschluss vor. Zur Geltendmachung des Beschlussmangels bedarf es daher der Erhebung der Anfechtungsklage, eine negative Feststellungsklage ist nicht ausreichend.[95] Im umgekehrten Fall (Ablehnung des Beschlussantrags, obwohl dieser die erforderliche Mehrheit gefunden hat) kann die Anfechtungsklage mit einer positiven Feststellungsklage verbunden werden.[96]

3. Mehrheitserfordernis (Abs. 2 S. 1)

29 Der Änderungsbeschluss bedarf nach Abs. 2 S. 1 einer Mehrheit von drei Vierteln der abgegebenen Stimmen. Diesem Erfordernis ist mit genau 75 % genügt, für eine Sperrminorität sind somit 25 % plus eine Stimme erforderlich.[97] Maßgeblich sind allein die abgegebenen Stimmen, ein Mindestquorum muss nicht erreicht werden.[98] Anders als das Aktienrecht (§ 179 II 1 AktG) verlangt das GmbH-Recht keine Kapitalmehrheit, was Bedeutung erlangt, wenn die Satzung abw. von § 47 II zB ein Stimmrecht nach Köpfen, stimmrechtslose Anteile, Mehrstimmrechtsanteile oder Höchststimmrechte vorsieht.[99]

---

92 Die Gesellschafter müssten in diesem Fall ihre Stimmen einzeln zu Protokoll desselben Notars abgeben, oder aber zu Protokoll verschiedener Notare, die die Niederschriften über die Einzelstimmen sodann an einen Notar übersenden, welcher die Urkunde über die Beschlussfassung erstellt, vgl. Scholz/*Priester* Rn. 66.
93 BGH NJW 89, 168, 169; Baumbach/Hueck/*Zöllner* § 47 Rn. 60.
94 *Wicke* Rn. 5; Baumbach/Hueck/*Zöllner*/*Noack* Rn. 81.
95 Baumbach/Hueck/*Zöllner*/*Noack* Rn. 68; aA Michalski/*Hoffmann* Rn. 68 f.
96 BGHZ 97, 28, 30; Scholz/*Priester* Rn. 85.
97 *Roth*/Altmeppen Rn. 19.
98 *Wicke* Rn. 8.
99 Scholz/*Priester* Rn. 81.

4. Notarielle Beurkundung (Abs. 2 S. 1)

Der Satzungsänderungsbeschluss bedarf notarieller Beurkundung. Zulässig sind sowohl die Aufnahme der Niederschrift in der Form des Tatsachenprotokolls nach §§ 36, 37 BeurkG als auch durch Beurkundung von Willenserklärungen nach §§ 8 ff. BeurkG.[100] In der Praxis wird sich die Beurkundung des Versammlungsbeschlusses im Wege der notariellen Aufnahme von Willenserklärungen im Sinne von § 8 BeurkG nur dann anbieten, wenn zwischen den Gesellschaftern Einvernehmen über den Inhalt der Beschlussfassung besteht. Ist dies nicht der Fall, ist diese Form der notariellen Beurkundung eher ungeeignet, da die von den einzelnen Gesellschaftern im Wege der Abstimmung abgegebenen Erklärungen in der von § 8 BeurkG vorausgesetzten Form nicht vorliegen. So wäre es etwa unklar, ob und mit welchem Inhalt der überstimmte Minderheitsgesellschafter eine nach § 8 BeurkG aufgenommene Niederschrift unterzeichnen müsste. Gerade bei streitigen Gesellschafterversammlungen wird sich daher nur eine notarielle Aufnahme der Niederschrift in Form eines Tatsachenprotokolls anbieten. Wird die notarielle Form nicht oder nicht ordnungsgemäß eingehalten, ist der Beschluss analog § 241 Nr. 2 AktG nichtig.[101] Das Registergericht darf die Satzungsänderung nicht in das Handelsregister eintragen, jedoch heilt eine gleichwohl erfolgte Eintragung den Mangel analog § 242 I AktG.[102] 30

Ob u. inwiefern eine Beurkundung durch einen **ausländischen Notar** zulässig ist, ist umstritten u. höchstrichterlich bisher nicht geklärt.[103] Nach hM ist das Wirkungsstatut (Art. 11 I Hs. 1 EGBGB) maßgebend, die Wahrung der Ortsform (Art. 11 I Hs. 2 EGBGB) nicht ausreichend.[104] Die hM lässt eine Beurkundung durch einen ausländischen Notar zu, wenn sie der Beurkundung im Inland gleichwertig ist. Dabei ist maßgeblich, ob die Urkundsperson nach Vorbildung u. Stellung im Rechtsleben eine der Tätigkeit deutscher Notare entspr. Funktion ausübt u. für die Errichtung der Urkunde ein Verfahrensrecht zu beachten hat, das den Grundsätzen des deutschen Beurkundungsrechts entspricht.[105] Eine Gleichwertigkeit wird dabei für das lateinische Notariat überwiegend bejaht, für den Rechtskreis des common law überwiegend verneint.[106] Die Gleichwertigkeit ist insbes. anerkannt worden für Beurkundungen in einzelnen Kantonen der **Schweiz,**[107] 31

---

100 Lutter/Hommelhoff/*Bayer* Rn. 16; Scholz/*Priester* Rn. 69 f.; *Wicke* Rn. 13; (mit der hM) OLG Celle NZG 17, 422 f.

101 Baumbach/Hueck/*Zöllner/Noack* Rn. 69.

102 BGH NJW 96, 257.

103 Offengelassen in BGHZ 80, 76.

104 So OLG Hamm NJW 74, 1057, 1058; OLG Karlsruhe RIW 79, 568; aus dem Schrifttum Lutter/Hommelhoff/*Bayer* Rn. 17; Scholz/*Priester* Rn. 72; *Ulmer* Rn. 53; *Wicke* Rn. 13; Baumbach/Hueck/*Zöllner/Noack* Rn. 75. Die Ortsform für ausreichend gehalten haben OLG Stuttgart NJW 81, 1176; OLG Düsseldorf NJW 89, 2200.

105 BGHZ 80, 76, 78; Baumbach/Hueck/*Zöllner/Noack* Rn. 75; *Mohr*, GmbH-StB 11, 310, 312; aA *Wicke* Rn. 13 u. Scholz/*Priester* Rn. 73, denen zufolge eine Auslandsbeurkundung nie ausreichend ist, da das Beurkundungserfordernis auch die materielle Richtigkeit sicherstellen soll.

106 Scholz/*Priester* Rn. 73.

107 Für Basel-Stadt: OLG Frankfurt GmbHR 05, 764; OLG München NJW-RR 98, 758. Für Bern: OLG Hamburg IPRspr. 79 Nr. 9. Für Zürich: BGHZ 80, 76; ZIP 89, 1052, 1054; hierzu ausf. *Saenger/Scheuch*, BB 08, 65.

in **Österreich**[108] und den **Niederlanden.**[109] Infrage gestellt wird die Möglichkeit von Auslandsbeurkundungen allerdings durch das durch das EHUG[110] eingeführte Erfordernis der elektronischen Anmeldung zur Eintragung in das Handelsregister sowie der elektronischen Einreichung von Dokumenten (§ 12 HGB), was wegen § 39 a BeurkG voraussetzt, dass der einreichende Notar über eine qualifizierte elektronische Signatur verfügt. Insbesondere die Notariate in Basel-Stadt, die seit jeher die Gleichwertigkeit zu deutschen Notariaten als Maßstab ansehen, verfügen mittlerweile häufig über die Möglichkeit, Dokumente mit elektronischen Signaturen zu versehen. Man wird es aber auch als zulässig ansehen müssen, dass die Einreichung einer im Ausland beurkundeten Satzung durch einen deutschen Notar erfolgt.

32 Die **Vollmacht** zur Stimmrechtsausübung bedarf auch bei einer Beschlussfassung über eine Satzungsänderung nicht der notariellen Beurkundung oder Beglaubigung, es gilt vorbehaltlich abw. Satzungsbestimmungen gem. § 47 III das Erfordernis der Textform.[111] Für die Vollmacht zur Übernahme von Geschäftsanteilen bei Kapitalerhöhung → § 55 Rn. 20.

5. Zusätzliche Erfordernisse (Abs. 2 S. 2)

33 Die Satzung kann zusätzlich zu den gesetzlichen Anforderungen weitere Voraussetzungen für eine Satzungsänderung vorsehen (Abs. 2 S. 2), die gesetzlichen Erfordernisse also verschärfen, nicht jedoch abmildern.[112] In Betracht kommen zB Verschärfungen hins. der erforderlichen **Beschlussmehrheit** (höherer Prozentsatz, Einstimmigkeit),[113] **kumulativer Mehrheiten** (zusätzlich Kapitalmehrheit oder Mehrheit nach Köpfen)[114] oder des **Verfahrens** (Mindestquorum, Beschlussfeststellung durch den Versammlungsleiter, Unterschriften der Gesellschafter).[115] Zulässig sind auch **Zustimmungserfordernisse** zugunsten einzelner Gesellschafter als Sonderrecht, nicht dag zugunsten von Nicht-Gesellschaftern oder anderer Organe (zB des Beirats).[116]

34 Eine **Änderung** statutarischer Bestimmungen, die eine Verschärfung der gesetzlichen Anforderungen vorsehen, ist nur unter Beachtung der statutarischen Erschwernisse möglich.[117] Zu beachten ist weiter, dass Zustimmungserfordernisse zugunsten einzelner Gesellschafter – da diese ein entspr. Sonderrecht begründen – nur mit Zustimmung des betroffenen Gesellschafters beseitigt werden können (→ Rn. 43 ff.).

---

108 LG Kiel DB 97, 1223.
109 OLG Düsseldorf NJW 89, 2200, 2201.
110 Gesetz über elektronische Handelsregister und Genossenschaftsregister sowie das Unternehmensregister (EHUG) v. 10.11.06 (BGBl. I, S. 2553).
111 *Wicke* Rn. 5.
112 Unstr., vgl. statt vieler *Roth*/Altmeppen Rn. 22.
113 *Ulmer* Rn. 93; *Wicke* Rn. 8.
114 *Roth*/Altmeppen Rn. 22.
115 Scholz/*Priester* Rn. 87.
116 *Roth*/Altmeppen Rn. 22; Rowedder/Schmidt-Leithoff/*Zimmermann* Rn. 46; Baumbach/Hueck/*Zöllner*/*Noack* Rn. 78 ff.
117 Scholz/*Priester* Rn. 89; *Ulmer* Rn. 98.

6. Zeitliche Aspekte

35 Satzungsänderungen nach den §§ 53 ff. sind ab Eintragung der Gesellschaft im Handelsregister möglich, grds. auch noch nach **Auflösung** der Gesellschaft u. in der **Insolvenz,** sofern dies dem Abwicklungszweck nicht widerspricht.[118] Satzungsänderungen bei der **Vorgesellschaft** bedürfen nach hM der Zustimmung aller Gesellschafter.[119]

36 Satzungsänderungen können **befristet** beschlossen werden, wenn die Frist kalendermäßig bestimmt oder für Gesellschafter u. Dritte klar feststellbar ist.[120] Auflösend oder aufschiebend **bedingte** Satzungsänderungen werden dag aus Gründen der Rechtssicherheit von der hM grds. für unzulässig gehalten.[121] Dies gilt jedoch nicht für Rechtsbedingungen (Abhängigmachen von einer erforderlichen staatlichen Genehmigung) u. unechte Bedingungen (Anweisung an die Geschäftsführung, die Anmeldung nur unter bestimmten Voraussetzungen anzumelden).[122]

37 Satzungsänderungen werden erst mit Eintragung im Handelsregister wirksam (§ 54 III), sie können nicht mit **Rückwirkung** ggü. Dritten beschlossen werden.[123] Möglich sind jedoch schuldrechtliche Vereinbarungen zwischen den Gesellschaftern, sich so zu stellen u. zu behandeln, als sei eine Satzungsänderung bereits zu einem vor der Eintragung liegenden Zeitpunkt wirksam geworden.[124] So enthalten in der Praxis etwa Finanzierungs- und Gesellschaftervereinbarungen im Rahmen von Venture Capital-Transaktionen oder Joint Ventures häufig Stimmbindungsregelungen, die sicherstellen sollen, dass Satzungsänderungen auch vor Eintragung im Handelsregister (kommerziell) beachtet werden.

7. Aufhebung und Änderung satzungsändernder Beschlüsse

38 Die **Aufhebung** einer Satzungsänderung nach deren Wirksamwerden durch Eintragung im Handelsregister ist als actus contrarius unzweifelhaft eine erneute Satzungsänderung, die den §§ 53 ff. unterliegt. Vor Eintragung können satzungsändernde Beschlüsse dag mit einfacher Mehrheit durch formlosen Gesellschafterbeschluss wieder aufgehoben werden.[125] Die **Änderung** satzungsändernder Beschlüsse vor Eintragung ist dag nach §§ 53 ff. zu behandelnde Satzungsänderung.[126]

---

118 *Roth*/Altmeppen Rn. 31; *Ulmer* Rn. 33; Baumbach/Hueck/*Zöllner*/*Noack* Rn. 82.
119 *Roth*/Altmeppen Rn. 31.
120 Scholz/*Priester* Rn. 185; Baumbach/Hueck/*Zöllner*/*Noack* Rn. 58; iErg auch OLG München DNotZ 10, 636.
121 Baumbach/Hueck/*Zöllner*/*Noack* Rn. 59; Scholz/*Priester* Rn. 185; aA *Wicke* Rn. 9.
122 Scholz/*Priester* Rn. 185 f.
123 OLG Schleswig NJW-RR 00, 1425; OLG Frankfurt GmbHR 99, 484 (jeweils zur Unzulässigkeit der rückwirkenden Änderung des Geschäftsjahrs); MüKo-GmbHG/*Harbarth* Rn. 175 mwN. u. krit. Auseinandersetzung im Rahmen Änderung des Geschäftsjahres.
124 *Wicke* Rn. 10.
125 Ganz hM, vgl. Lutter/Hommelhoff/*Bayer* Rn. 45; *Roth*/Altmeppen Rn. 26; *Ulmer* Rn. 84; Rowedder/Schmidt-Leithoff/*Zimmermann* Rn. 59; Baumbach/Hueck/*Zöllner*/*Noack* Rn. 65; so nun auch Scholz/*Priester* Rn. 188.
126 Lutter/Hommelhoff/*Bayer* Rn. 45; *Roth*/Altmeppen Rn. 26.

VI. Zustimmung betroffener Gesellschafter

1. Zustimmung als Willenserklärung

39 Satzungsänderungen, die zu einer Vermehrung der den Gesellschaftern obliegenden Leistungen führen (Abs. 3), bedürfen der Zustimmung sämtlicher beteiligter (= betroffener, → Rn. 41) Gesellschafter. Die Zustimmung ist **Willenserklärung** u. zu unterscheiden von der Teilnahme an der Beschlussfassung.[127] Die Erteilung kann im Voraus oder nachträglich geschehen. Ein Formerfordernis besteht nicht, auch die konkludente Erklärung der Zustimmung ist möglich, wenngleich eine schriftliche Erteilung zum Nachweis ggü. dem Registergericht zu empfehlen ist.[128] Da es sich um eine Wirksamkeitsvoraussetzung handelt, ist ein ohne sie gefasster Beschluss zunächst schwebend unwirksam u. wird im Fall der Verweigerung der Zustimmung endgültig unwirksam.[129] Zur Geltendmachung der Unwirksamkeit genügt die Feststellungsklage.[130]

40 Da die Zustimmung Willenserklärung u. von der Mitwirkung an der Beschlussfassung zu unterscheiden ist, ist ein Zustimmungserfordernis aller Gesellschafter nicht gleichbedeutend mit einem Erfordernis einstimmiger Beschlussfassung. Dem Mehrheitserfordernis ist mit 75 % der abgegebenen Stimmen genügt; dass ein Gesellschafter, dessen Zustimmung erforderlich ist, gegen den Beschluss gestimmt hat, ist für das Mehrheitserfordernis unschädlich.[131] Ob in der Ablehnung zugleich die Verweigerung der Zustimmung liegt, ist Auslegungsfrage. Gleiches gilt umgekehrt für die Frage, ob in der positiven Stimmabgabe eine konkludente Zustimmung liegt. Beides ist idR zu bejahen. Ein einstimmiger Beschluss allein genügt aber jedenfalls dann nicht, wenn ein Gesellschafter, dessen Zustimmung erforderlich ist, an der Abstimmung nicht teilgenommen hat oder zB stimmrechtslose Anteile[132] hält.

2. Leistungsvermehrung (Abs. 3)

41 Sollen den Gesellschaftern nach der Satzung obliegende Leistungen vermehrt werden, bedarf dies der Zustimmung „sämtlicher beteiligter Gesellschafter" (Abs. 3). Gemeint sind mit letzterem solche Gesellschafter, die von einer Vermehrung der ihnen obliegenden Pflichten betroffen sind.[133] Der Begriff der Leistungsvermehrung ist weit zu verstehen u. umfasst jede Einführung oder Erweiterung von Pflichten aller Art, wobei gleichgültig ist, ob die Mehrbelastung die Gesellschafter gleichmäßig trifft oder nicht.[134] **Typische Fälle** der Leistungsvermehrung sind die Einführung oder Verschärfung von Nachschusspflichten, Nebenleistungspflichten oder Wettbewerbsverboten.[135] Kein Zustimmungsbedürfnis besteht dag trotz des erhöhten Risikos einer Ausfallhaftung nach §§ 24, 31 für eine Kapital-

127 Baumbach/Hueck/*Zöllner*/*Noack* Rn. 78.
128 Scholz/*Priester* Rn. 94.
129 Baumbach/Hueck/*Zöllner* Anh. § 47 Rn. 20.
130 BGHZ 15, 177, 181.
131 Scholz/*Priester* Rn. 93; *Roth*/Altmeppen Rn. 45.
132 Abs. 3 gilt auch für stimmrechtslose Anteile, vgl. *Roth*/Altmeppen Rn. 44.
133 Scholz/*Priester* Rn. 92.
134 *Ulmer* Rn. 86.
135 Baumbach/Hueck/*Zöllner*/*Noack* Rn. 32.

erhöhung, da dieses Risiko keine unmittelbare Leistungsvermehrung darstellt.[136]

Die Satzung kann abw. von Abs. 3 vorsehen, dass im Fall der Leistungsvermehrung keine Zustimmungspflicht der beteiligten Gesellschafter besteht, sofern die betr. Klausel Art, Umfang u. Ausmaß der Leistungsvermehrung klar vorgibt.[137] War ein solcher **Dispens** nicht bereits in der Gründungssatzung enthalten, bedarf dessen nachträgliche Einführung wiederum der Zustimmung aller Gesellschafter.[138] 42

3. Weitere Fälle

a) **Gleichbehandlungsgrundsatz, Sonderrechte.** Im Fall der Verkürzung von Mitgliedschaftsrechten ergibt sich aus Abs. 3 grds. kein Zustimmungserfordernis. Ein solches kann allerdings aus dem **Gleichbehandlungsgebot** folgen, wenn die Rechtsverkürzung die Gesellschafter ungleich trifft.[139] Gleiches gilt für die ungleiche Begünstigung einzelner Gesellschafter. Die Einführung von Sonderrechten, sei es in Form von mit den Geschäftsanteilen verbundenen **Vorzugsrechten** (Begründung von Vorzugsgeschäftsanteilen) oder höchstpersönlichen **Sondervorteilen**, bedarf daher stets der Zustimmung der nicht begünstigten Gesellschafter.[140] 43

Umgekehrt bedarf auch die **Beeinträchtigung von Sonderrechten** stets der Zustimmung der betroffenen Gesellschafter. Für die Aufhebung von Vorzugsrechten, die durch Satzungsänderung erfolgt, wird dies aus § 35 BGB hergeleitet.[141] Sollen Sondervorteile aufgehoben werden, kann dies nicht durch Satzungsänderung, sondern nur durch Erlassvertrag nach § 397 BGB erfolgen, dessen Abschluss die Satzung inhaltlich unrichtig werden lässt u. damit eine Anpassung erforderlich macht.[142] 44

b) **Veräußerlichkeit, Vererblichkeit, Einziehung.** Bei der freien Veräußerlichkeit der Geschäftsanteile handelt es sich um ein sog. relativ unentziehbares (dh nur mit Zustimmung des Betroffenen entziehbares) Recht. Es wird bei Beschränkungen der freien Veräußerlichkeit auch von einem Eingriff in den Kernbereich der Mitgliedschaft gesprochen.[143] Trotz gleicher Belastung der Gesellschafter u. Fehlens einer Leistungsvermehrung bedarf daher auch die nachträgliche Einführung oder Verschärfung[144] einer **Vinkulierung** der Zustimmung aller Gesellschafter.[145] Die **Aufhebung** von Vinkulierungsklauseln ist dag grds. durch Satzungsänderung ohne gesonderte 45

136 *Ulmer* Rn. 86; Rowedder/Schmidt-Leithoff/*Zimmermann* Rn. 49.
137 *Wicke* Rn. 14; Baumbach/Hueck/*Zöllner/Noack* Rn. 33.
138 Baumbach/Hueck/*Zöllner/Noack* Rn. 33.
139 *Roth*/Altmeppen Rn. 33.
140 *Ulmer* Rn. 134 f.
141 Scholz/*Priester* Rn. 48 u. 155; *Wicke* Rn. 16; krit. *van Venrooy*, GmbHR 10, 841, 842 f.
142 *Ulmer* Rn. 136.
143 OLG Dresden GmbHR 04, 1080; Michalski/*Hoffmann* Rn. 126; *Ulmer* Rn. 139.
144 ZB durch Streichung von Ausn. für die Veräußerung an bestimmte Personen (etwa: verbundene Unternehmen oder Mitgesellschafter) oder Streichung von Vorschriften, die unter bestimmten Umständen (etwa: Beachtung von Andienungspflichten) eine Pflicht zur Erteilung der Genehmigung vorsehen.
145 Scholz/*Priester* Rn. 161; *Roth*/Altmeppen Rn. 39; *Ulmer* Rn. 139; Baumbach/Hueck/*Zöllner/Noack* Rn. 34; einschränkend *Lutter/Timm*, NJW 82, 409, 416.

Zustimmung möglich, sofern die aufzuhebende Klausel nicht die Zustimmung aller Gesellschafter zur Anteilsveräußerung verlangt; in diesem Fall bedarf auch die Aufhebung der Vinkulierung iZw der allseitigen Zustimmung.[146]

46 Anders als die Veräußerlichkeit kann die **Vererblichkeit** nicht in der Satzung eingeschränkt werden. Überdies ist auch die automatische Einziehung eines Anteils auf den Todesfall nach hM unzulässig.[147] Möglich sind jedoch Klauseln, wonach der Erbe im Todesfall einer Abtretungsverpflichtung unterliegt oder die Einziehung der Anteile durch Gesellschafterbeschluss zu dulden hat.[148] Die nachträgliche Einführung einer solchen Klausel bedarf zweifellos der Zustimmung der betroffenen Gesellschafter.

47 Ebenso wie die Vinkulierung bedarf auch die nachträgliche Einführung statutarischer **Vorkaufs- oder Vorerwerbsrechte** der Zustimmung aller Gesellschafter.[149] Da solche Rechte sog. relativ unentziehbare Mitgliedschaftsrechte darstellen, können sie wiederum nur mit Zustimmung des Betroffenen entzogen oder beeinträchtigt werden.[150]

48 Der Zustimmung der betroffenen Gesellschafter bedarf ferner die nachträgliche Einführung oder Erleichterung der **Zwangseinziehung** von Geschäftsanteilen, nicht dag die Möglichkeit einer freiwilligen Einziehung.[151]

49 c) **Unternehmensverträge.** Unternehmensverträge sind nach der Rspr. des BGH gesellschaftsrechtliche Organisationsverträge, durch die satzungsgleich der rechtliche Status der **abhängigen Gesellschaft** geändert wird.[152] Dem Abschluss eines Unternehmensvertrags kommt materiell satzungsändernde Wirkung zu.[153] Daraus folgt zunächst, dass § 37 II nicht anwendbar ist, der Abschluss eines Unternehmensvertrags ohne Zustimmung der Gesellschafter also nicht von der Vertretungsmacht der Geschäftsführer gedeckt ist.[154] Zudem unterliegt der erforderliche Zustimmungsbeschluss der Gesellschafterversammlung der abhängigen GmbH nach ganz hM den Vorschriften über die **Satzungsänderung.**[155] Der Beschluss bedarf daher Dreiviertelmehrheit u. notarieller Beurkundung. Wirksam wird er analog § 54 III erst mit Eintragung im Handelsregister der abhängigen GmbH.[156] Keine satzungsändernde Wirkung soll der Abschluss hingegen für die *herrschende* Gesellschaft haben.[157]

---

146 Baumbach/Hueck/*Zöllner/Noack* Rn. 34.
147 MüKoGmbHG/*Harbarth* Rn. 203.
148 Scholz/*Priester* Rn. 175; *Ulmer* Rn. 140.
149 OLG Dresden GmbHR 04, 1080; Scholz/*Priester* Rn. 178.
150 Scholz/*Priester* Rn. 178; *Ulmer* Rn. 141.
151 Baumbach/Hueck/*Zöllner/Noack* Rn. 36.
152 BGHZ 103, 1, 4 f.; KG GmbHR 14, 756.
153 *Ulmer* Rn. 154; Baumbach/Hueck/*Zöllner/Beurskens* SchlAnhKonzernrecht Rn. 105 sprechen von einer „Satzungsüberlagerung“.
154 BGHZ 105, 324, 332; Scholz/*Priester* Rn. 166; *Ulmer* Rn. 154 f.;.
155 BGHZ 103, 1; BayObLG WM 88, 1229, 1232; Scholz/*Priester* Rn. 167; *Ulmer* Rn. 156; Rowedder/Schmidt-Leithoff/*Zimmermann* Rn. 32; Baumbach/Hueck/*Zöllner/Beurskens* SchlAnhKonzernrecht Rn. 106; aA noch OLG Düsseldorf WM 87, 1396.
156 BGHZ 105, 324, 342.
157 OLG München MittBayNot 14, 467, 468; gleichwohl die Eintragungsfähigkeit im Handelsregister befürwortend *Priester*, GmbHR 15, 169, 171 f.

Der Abschluss eines Beherrschungs- u. Gewinnabführungsvertrags bedarf nach hM neben einem satzungsändernden Beschluss der **Zustimmung aller Gesellschafter** der abhängigen Gesellschaft.[158] Begründet wird dies insbes. damit, dass der Beherrschungs- u. Gewinnabführungsvertrag den Gesellschaftszweck tangiert[159] (vgl. auch → Rn. 12) bzw. zu einem Eingriff in den Kerngehalt der Mitgliedschaft führt u. gleichzeitig den Gleichbehandlungsgrundsatz durchbricht.[160] 50

Die Beendigung eines Beherrschungs- u. Gewinnabführungsvertrags durch ordentliche Kündigung der beherrschten Gesellschaft ist nach hM ebenfalls keine Geschäftsführungsmaßnahme, sondern ein gesellschaftlicher Organisationsakt, der eines Gesellschafterbeschlusses bedarf. Bei diesem darf auch der Mehrheitsgesellschafter, der zugleich herrschendes Unternehmen ist, mitstimmen. Das Stimmverbot des § 47 IV 2 Alt 1 greift nicht ein.[161] Höchstrichterlich nicht geklärt u. umstritten ist, welche Anforderungen an den Beschluss zu stellen sind. Aufgrund der mit dem Abschluss des Vertrages vergleichbaren Wirkungen der Kündigung wird auch insoweit vom Erfordernis einer notariellen Beurkundung u. einer Mehrheit von drei Vierteln der Stimmen entspr. § 53 II 1 auszugehen sein.[162] Der Beschluss ist in das Handelsregister einzutragen.[163] Ob dagegen sogar eine einfache Mehrheit ausreichend sein soll[164] oder darüber hinaus eine Zustimmung aller Gesellschafter erforderlich ist, erscheint zweifelhaft.[165] Bis zu einer höchstrichterlichen Klärung der Frage[166] empfiehlt sich möglichst eine Zustimmung aller Gesellschafter.[167] Die genannten Voraussetzungen gelten entspr. bei der Beendigung durch Vertragsaufhebung u. außerordentliche Kündigung. 50a

Für sonstige Unternehmensverträge, wie Teilgewinnabführungs-, Gewinngemeinschafts- sowie Betriebspacht- u. Betriebsüberlassungsverträge, wird idR ebenfalls die satzungsändernde Wirkung bejaht u. die Einhaltung der 50b

158 OLG Zweibrücken NZG 15, 319; BayObLG WM 88, 1229, 1232; Ulmer/*Casper* Anh. § 77 Rn. 191; Scholz/*Priester* Rn. 171; *K Schmidt*, Gesellschaftsrecht, § 38 III; *Ulmer* Rn. 158; Rowedder/Schmidt-Leithoff/*Zimmermann* Rn. 32; Baumbach/Hueck/*Zöllner/Beurskens* SchlAnhKonzernrecht Rn. 106. Offengelassen durch BGHZ 105, 324. Abl. Rowedder/Schmidt-Leithoff/*Koppensteiner* Anh. § 52 Rn. 55; *Lutter/Hommelhoff* Anh. § 13 Rn. 65; *Hegemann*, GmbHR 12, 315, 318 f.

159 So insbes. Baumbach/Hueck/*Zöllner/Beurskens* SchlAnhKonzernrecht Rn. 106.

160 Ulmer/*Casper* Anh. § 77 Rn. 191.

161 BGH NJW-RR 11, 1117, 1118 f.; *Peters/Hecker*, DStR 12, 86, 87; *Müller-Eising/Schmitt*, NZG 11, 1100, 1101.

162 So OLG Oldenburg NZG 00, 1138, 1139; aus dem Schrifttum, *Wicke, GmbHR, 17, 686, 687; Peters/Hecker*, DStR 12, 86, 88 f.; *Müller-Eising/Schmitt*, NZG 11, 1100, 1101; abw. *Theiselmann*, BB 11, 2819, 2821, der eine notarielle Beurkundung für entbehrlich hält.

163 Ulmer/*Casper* Anh. § 77 Rn. 215; *Müller-Eising/Schmitt*, NZG 11, 1100, 1101.

164 So etwa Baumbach/Hueck/*Zöllner/Beurskens* SchlAnhKonzernrecht Rn. 128

165 krit. hierzu Ulmer/*Casper* Anh. § 77 Rn. 215.

166 Entgg. *Müller-Eisig/Schmitt*, NZG 11, 1100, 1101 lässt sich eine Klärung durch den BGH nicht der Formulierung in BGH NJW-RR 11, 1117, 1118 „nicht mit Mehrheit beschlossen" entnehmen. Die Zustimmung aller Gesellschafter ist nicht gleichbedeutend mit der Einstimmigkeit der Beschlussfassung (vgl. Rn. 40).

167 So auch *Veith/Schmid*, DB 12, 728, 731.

§§ 53, 54 verlangt.[168] Für Teilgewinnabführungsverträge iR einer stillen Beteiligung, bei dem der Gesellschafterversammlung das Weisungsrecht erhalten bleibt, wird eine Anwendung der §§ 53, 54 mangels satzungsändernder Wirkung dag verneint.[169]

51 Ist eine GmbH **herrschendes Unternehmen**, so bedarf der Zustimmungsbeschluss der Gesellschafterversammlung analog § 293 II AktG der Dreiviertelmehrheit.[170] Mangels materiell satzungsändernder Wirkung bedarf er jedoch weder notarieller Beurkundung noch Eintragung im Handelsregister der herrschenden GmbH.[171]

§ 54 Anmeldung und Eintragung der Satzungsänderung

(1) [1]Die Abänderung des Gesellschaftsvertrages ist zur Eintragung in das Handelsregister anzumelden. [2]Der Anmeldung ist der vollständige Wortlaut des Gesellschaftsvertrags beizufügen; er muß mit der Bescheinigung eines Notars versehen sein, daß die geänderten Bestimmungen des Gesellschaftsvertrags mit dem Beschluß über die Änderung des Gesellschaftsvertrags und die unveränderten Bestimmungen mit dem zuletzt zum Handelsregister eingereichten vollständigen Wortlaut des Gesellschaftsvertrags übereinstimmen.

(2) Bei der Eintragung genügt, sofern nicht die Abänderung die in § 10 bezeichneten Angaben betrifft, die Bezugnahme auf die bei dem Gericht eingereichten Dokumente über die Abänderung.

(3) Die Abänderung hat keine rechtliche Wirkung, bevor sie in das Handelsregister des Sitzes der Gesellschaft eingetragen ist.

Schrifttum

Baums/Keinath/Gajek, Fortschritte bei Klagen gegen Hauptversammlungsbeschlüsse? Eine empirische Studie, ZIP 2007, 1629; *Fleischer*, Zur ergänzenden Anwendung von Aktienrecht auf die GmbH, GmbHR 2008, 673; *Geißler*, Einstweiliger Rechtsschutz gegen die Registersperre bei eintragungspflichtigen Gesellschafterbeschlüssen, GmbHR 2008, 128; *Gustavus*, Nochmals: Die Bescheinigung des Notars über den Wortlaut des Gesellschaftsvertrags einer GmbH, DNotZ 1971, 229; *Harbarth*, Freigabeverfahren für strukturändernde Gesellschafterbeschlüsse in der GmbH, GmbHR 2005, 966; *Heinze*, Die Eintragung von Satzungsänderungen (und sonstige konstitutive Eintragungen) unter einer Zeitbestimmung (befristete Satzungsänderungen), NZG 2019, 841; *Keilbach*, Die Prüfungsaufgaben der Registergerichte, MittRhNotK 2000, 365; *Kläsener/Wasse*, Erste Freigabebeschlüsse nach dem ARUG – Erkenntnisse, Probleme und Konsequenzen für die Praxis, AG 2010, 202; *Krafka*, Registerrecht, 11. Aufl. 2019; *ders*, Die Anmeldung und die Eintragung von Gesellschaftsvertrags- und Satzungsänderungen im Register, NZG 2019, 81; *Priester*, Satzungsänderungen bei der Vor-GmbH, ZIP 1987, 280; *ders*, Registersperre kraft Richterrechts?, GmbHR 2007, 296; *Sauerbruch*, Kein Freigabeverfahren für strukturändernde Gesellschafterbeschlüsse in der GmbH,

---

168 *Ulmer* Rn. 161 f.; MüKoGmbHG/*Harbarth* Rn. 148 f.; aA Scholz/*Priester* Rn. 172: qualifizierte Mehrheit nach Abs. 2 S. 1; vgl. auch OLG Zweibrücken NZG 15, 319, 320.
169 OLG München GmbHR 11, 487, 488; *Morshäuser/Dietz-Vellmer*, NZG 11, 1135, 1136; *Ulmer* Rn. 161 aE.
170 BGHZ 105, 324, 333.
171 Ulmer/*Casper* Anh. § 77 Rn. 194; Baumbach/Hueck/*Zöllner/Beurskens* SchlAnh-Konzernrecht Rn. 52.

GmbHR 2007, 189; *Verse*, Das Beschlussmängelrecht nach dem ARUG, NZG 2009, 1127; *M Winter*, Die Anfechtung eintragungsbedürftiger Strukturbeschlüsse de lege lata und de lege ferenda, FS Ulmer, 2003, S. 699.

I. Normzweck

1 Die GmbH entsteht als juristische Person erst mit Eintragung im Handelsregister (§ 11 I). Bei der Anmeldung der GmbH ist der Gesellschaftsvertrag beizufügen (§ 8 I Nr. 1), der der registergerichtlichen Kontrolle unterliegt (§ 9 c) u. von jedermann zu Informationszwecken eingesehen werden kann (§ 9 I 1 HGB). § 54 stellt **Handelsregisterkontrolle** u. **Publizität** sicher, indem die Wirksamkeit von Änderungen des Gesellschaftsvertrags von deren Eintragung in das Handelsregister abhängig gemacht wird, welche wiederum eine Anmeldung unter Beifügung des vollständigen neuen Wortlauts des Gesellschaftsvertrags voraussetzt.[1]

2 Da nach Abs. 3 die Satzungsänderung erst mit Eintragung wirksam wird, besteht allerdings kein öffentliches Interesse an der Anmeldung einer beschlossenen Satzungsänderung u. – anders als der Wortlaut des Abs. 1 S. 1 zunächst vermuten lässt – auch **keine öffentlich-rechtliche Pflicht zur Anmeldung.**[2] Die Anmeldung kann daher nicht nach § 14 HGB erzwungen werden. Erst recht findet ohne Anmeldung keine Eintragung der Satzungsänderung vAw statt. Die Gesellschafter sind jederzeit befugt, einen noch nicht eingetragenen Satzungsänderungsbeschluss durch formlosen Be-

1 Scholz/*Priester* Rn. 1; *Ulmer* Rn. 1.
2 BGHZ 105, 324, 328; Baumbach/Hueck/*Zöllner/Noack* Rn. 1; Michalski/*Hoffmann* Rn. 6.

schluss aufzuheben (→ § 53 Rn. 38) u/oder die Geschäftsführer zur Rücknahme der Anmeldung anzuweisen.

II. Anmeldebedürftige Vorgänge

3 Betrifft der Änderungsbeschluss echte Satzungsbestandteile (→ § 53 Rn. 4 ff.), so ist die Eintragung in das Handelsregister zweifellos Wirksamkeitsvoraussetzung für die Änderung. Ob gleiches bei der Änderung bzw. Anpassung **unechter Satzungsbestandteile** gilt, ist nicht abschließend geklärt (→ § 53 Rn. 10 f.). Nach der hier vertretenen Ansicht können die Gesellschafter solche Änderungen formlos durch einfachen Gesellschafterbeschluss vornehmen. Dennoch sollten in der **Praxis** bei jeder Änderung des Satzungstextes, unabhängig davon, ob echte oder lediglich unechte Satzungsbestimmungen betroffen sind, die Vorschriften über Satzungsänderungen eingehalten u. die Änderungen daher auch zum Handelsregister angemeldet werden.

4 Änderungen des Gesellschaftsvertrags im **Gründungsstadium** unterliegen nach hM den Vorschriften des Gründungsrechts, wenn die GmbH von vornherein mit den geänderten Bestimmungen entstehen soll.[3] Der Beschluss bedarf daher der Zustimmung aller Gesellschafter.[4] Ist die Gesellschaft bereits angemeldet, ist eine erneute Anmeldung nicht erforderlich, vielmehr genügt die formlose Nachreichung des neuen Wortlauts des Gesellschaftsvertrags mit der notariellen Bescheinigung nach Abs. 1 S. 2 durch die Geschäftsführer.[5] Soll die Gesellschaft dag zunächst mit der ursprünglichen Gründungssatzung entstehen u. deren Änderung erst nach Eintragung der Gesellschaft wirksam werden, liegt ein aufschiebend bedingter Änderungsbeschluss vor, der den §§ 53, 54 unterfällt.[6]

III. Anmeldung

1. Zuständigkeit

5 Bei der Anmeldung der Satzungsänderung handelt es sich um den Antrag auf Eintragung des Satzungsänderungsbeschlusses in das Handelsregister. Durch den Antrag wird ein nach dem FamFG rechtsförmiges Eintragungsverfahren eingeleitet.[7] Antragsberechtigt ist die Gesellschaft, vertreten durch die Geschäftsführer.[8] Nach § 78 ist die Anmeldung von den **Geschäftsführern in vertretungsberechtigter Zahl** zu bewirken, lediglich für Kapitalerhöhungen u. -herabsetzungen ist die Anmeldung durch alle Geschäftsführer vorgeschrieben. Betrifft die Satzungsänderung (auch) die Ver-

---

3 *Ulmer* Rn. 5; Lutter/Hommelhoff/*Bayer* § 2 Rn. 33; aA *Priester*, ZIP 87, 280, 282, der Anwendung der §§ 53 ff. bevorzugt; zur Übertragung von Geschäftsanteilen im Vorgründungsstadium s. Thüringer OLG GmbHR 13, 1258: Abs. 3 auf die Vorgesellschaft nicht anwendbar.

4 Michalski/*Hoffmann* Rn. 24; *Roth*/Altmeppen § 53 Rn. 31.

5 BayObLG MittBayNot 74, 228; 78, 22; OLG Zweibrücken NJW-RR 01, 31, 32; Lutter/Hommelhoff/*Bayer* § 2 Rn. 33; *Ulmer* Rn. 5; abl. nunmehr Scholz/*Priester* Rn. 4.

6 Scholz/*Priester* Rn. 4.

7 Lutter/Hommelhoff/*Bayer* Rn. 2.

8 Bei Ablehnung der Eintragung ist daher auch die Gesellschaft (nicht die Geschäftsführer) beschwert u. damit beschwerdeberechtigt, vgl. BGHZ 105, 324, 328.

tretungsbefugnis der Geschäftsführer u. gestattet künftig Allein- statt gemeinschaftlicher Vertretung, so ist die Anmeldung noch durch die Geschäftsführer gemeinschaftlich vorzunehmen, da die Änderung der Vertretungsregelung erst mit Eintragung wirksam wird.[9] Stellvertretende Geschäftsführer (§ 44) können an der Anmeldung wie Geschäftsführer mitwirken u. müssen dies im Fall von Kapitalmaßnahmen auch. **Prokuristen** sind zur Anmeldung nur iR unechter Gesamtvertretung zusammen mit einem Geschäftsführer befugt.[10]

Nach Auflösung der Gesellschaft (außer durch Eröffnung des Insolvenzverfahrens) obliegt die Anmeldung einer Satzungsänderung den **Liquidatoren** (§ 78). Wird über das Vermögen der Gesellschaft das **Insolvenzverfahren** eröffnet, so wird hierdurch die Organstellung der Geschäftsführer nicht berührt, jedoch geht das Recht, das zur Insolvenzmasse gehörende Vermögen zu verwalten u. über es zu verfügen, auf den Insolvenzverwalter über (§ 80 I InsO). Die Zuständigkeit der Geschäftsführer für Anmeldungen nach § 78 besteht daher fort u. wird nur insoweit durch eine Zuständigkeit des Insolvenzverwalters überlagert, wie die Verwaltung u. Verwertung der Insolvenzmasse betroffen ist.[11] Der Insolvenzverwalter hat daher zB bei Veräußerung der Firma die Anmeldung einer Ersatzfirma zu bewirken.[12] Zur Anmeldung einer vor Eröffnung des Insolvenzverfahrens beschlossenen Kapitalerhöhung ist er dag nicht befugt (→ § 55 Rn. 17). 6

Die Anmeldung kann auch durch **Bevollmächtigte** erfolgen. Im Fall der Kapitalerhöhung gilt dies wegen des höchstpersönlichen Charakters der Versicherung nach § 57 II nur, wenn die Versicherung in einer separaten Erklärung abgegeben wird (→ § 57 Rn. 6). Die Vollmacht bedarf nach § 12 I 2 HGB öffentlicher Beglaubigung (§ 129 BGB). Der beurkundende **Notar** gilt nach § 378 II FamFG als ermächtigt, die Anmeldung im Namen der Gesellschaft vorzunehmen.[13] Durch diese Neuregelung wurde der zur Vorgängerregelung (§ 129 FGG) bestehende Streit dahin gehend entschieden, dass die gesetzliche Vollmachtsvermutung nicht nur für solche Eintragungen gilt, zu denen der Antragsberechtigte im öffentlichen Interesse verpflichtet ist u. deren Erfüllung daher nach § 14 HGB erzwungen werden kann (so die früher hM), sondern auch für solche Eintragungen, für welche lediglich ein Antragsrecht besteht.[14] 7

2. Anmeldepflicht der Geschäftsführer

Eine öffentlich-rechtliche Pflicht zur Anmeldung besteht nicht, da die Satzungsänderung erst mit Eintragung wirksam wird u. öffentliche Interessen bei Unterlassen der Anmeldung daher nicht betroffen sein können (→ Rn. 2). Die Geschäftsführer sind jedoch aufgrund ihrer Organstellung grds. **ggü. der Gesellschaft** verpflichtet, die Anmeldung unverzüglich zu be- 8

9 Scholz/*Priester* Rn. 6.
10 *Ulmer* Rn. 9.
11 Baumbach/Hueck/*Haas* § 78 Rn. 5.
12 Ulmer/*Casper* § 78 Rn. 17.
13 OLG Oldenburg ZIP 11, 2360 f.; OLG Karlsruhe GmbHR 11, 308; s. auch *Ising*, NZG 12, 289.
14 MKFamFG/*Krafka*, § 378 Rn. 6; ebenso Lutter/Hommelhoff/*Bayer* Rn. 2; Scholz/*Priester* Rn. 7.

wirken; die Verletzung dieser Pflicht durch Unterlassen oder Verweigern der Anmeldung kann Schadensersatzansprüche der Gesellschaft aus § 43 nach sich ziehen u. einen Abberufungsgrund darstellen.[15] Die Gesellschafter, in Vertretung der GmbH (§ 46 Nr. 8), können die Geschäftsführer auf Vornahme der Anmeldung verklagen.[16] Im Fall der Kapitalerhöhung ist eine solche Klage nur begründet, wenn die besonderen Voraussetzungen für deren Anmeldung (insbes. Bewirkung der Mindesteinlagen, → § 57 Rn. 2 ff.) erfüllt sind.[17]

9 Die Gesellschafterversammlung kann den Geschäftsführern bzgl. der Anmeldung mit einfacher Mehrheit **Weisungen** erteilen (zur Rücknahme der Anmeldung → Rn. 21 f.), u. zwar auch dahin gehend, eine beschlossene Satzungsänderung nicht anzumelden.[18] In diesem Fall besteht weder eine Anmeldepflicht ggü. der Gesellschaft noch ein Recht der Geschäftsführer zur Anmeldung. Keine Anmeldepflicht besteht zudem in Fällen der **Nichtigkeit** oder **Unwirksamkeit** des Änderungsbeschlusses.[19] Ist der Beschluss lediglich **anfechtbar**, wird überw. davon ausgegangen, dass die Geschäftsführer diesen bereits vor Ablauf der Anfechtungsfrist anzumelden haben, es sei denn, es muss aufgrund des Widerspruchs eines Gesellschafters ernsthaft mit einer Anfechtungsklage gerechnet werden.[20] Im Fall einer bereits erhobenen Anfechtungsklage steht den Geschäftsführern ein Recht zur eigenen Einschätzung der Erfolgsaussichten zu.[21] Leidet der Beschluss nach Ansicht der Geschäftsführer unter einem die Anmeldepflicht hindernden Mangel, trifft sie ein **Prognoserisiko:** Verweigern sie die Anmeldung u. stellen sich die Bedenken als unzutr heraus, liegt im Unterlassen der Anmeldung eine Pflichtverletzung (→ Rn. 8). Zur Vermeidung einer Haftung ist der Geschäftsführung daher grds. zu raten, die Anmeldung vorzunehmen u. das Registergericht im Zusammenhang hiermit auf ihre Bedenken hinzuweisen.[22] Ein solches Vorgehen ist zulässig, die Vornahme der Anmeldung selbst bei Nichtigkeit des Beschlusses nicht mit einem Haftungsrisiko verbunden.[23]

3. Form

10 Nach § 12 I 1 HGB hat die Anmeldung **elektronisch in öffentlich beglaubigter Form** zu erfolgen. Für die öffentliche Beglaubigung ist der Notar zuständig (§§ 129 BGB, 39 ff. BeurkG). Als zulässig wird angesehen, die Anmeldung mit dem Satzungsänderungsbeschluss in der notariellen Nieder-

---

15 Baumbach/Hueck/*Zöllner/Noack* Rn. 16; Scholz/*Priester* Rn. 24.
16 *Ulmer* Rn. 12.
17 Scholz/*Priester* Rn. 24 u. § 57 Rn. 25.
18 Das ergibt sich schon daraus, dass die Gesellschafterversammlung einen satzungsändernden Beschluss vor Eintragung mit einfacher Mehrheit formlos aufheben kann, vgl. § 53 Rn. 38.
19 Baumbach/Hueck/*Zöllner/Noack* Rn. 16.
20 Lutter/Hommelhoff/*Bayer* Rn. 7; Scholz/*Priester* Rn. 25; *Ulmer* Rn. 12; ähnl Baumbach/Hueck/*Zöllner/Noack* Rn. 16; *Roth*/Altmeppen Rn. 4; abw. Michalski/*Hoffmann* Rn. 9 (erst nach Ablauf der Anfechtungsfrist).
21 *Roth*/Altmeppen Rn. 4.
22 Lutter/Hommelhoff/*Bayer* Rn. 7; Scholz/*Priester* Rn. 25.
23 Michalski/*Hoffmann* Rn. 10.

schrift über diesen zusammenzufassen.[24] Die für die Anmeldung zuständigen Geschäftsführer zeichnen mit ihrem Namen, nicht mit der Firma der Gesellschaft.[25]

4. Inhalt

Inhaltlich ist jedenfalls die Angabe erforderlich, dass eine Änderung des Gesellschaftsvertrags beschlossen wurde u. diese in das Handelsregister eingetragen werden soll. Der weitere notwendige Inhalt der Anmeldung richtet sich danach, ob die Abänderung die in § 10 bezeichneten Angaben (Firma u. der Sitz der Gesellschaft, Gegenstand des Unternehmens, Höhe des Stammkapitals, Vertretungsbefugnis, Zeitdauer der Gesellschaft, genehmigtes Kapital) betrifft. Ist dies nicht der Fall, genügt in der Anmeldung eine bloße Bezugnahme auf das Beschlussprotokoll (§ 54 II). Sind die vorgenannten Angaben betroffen, reicht eine Bezugnahme nicht aus.[26] Vielmehr wird eine konkrete, **schlagwortartige Hervorhebung** des geänderten Satzungsbestandteils in der Anmeldung verlangt.[27] Die Wiedergabe des Wortlauts der neuen Regelung ist nicht erforderlich.[28] Jedoch sollte in der Anmeldung der geänderte Paragraf der Satzung beziffert werden.[29] Bei Änderung einer in § 10 bezeichneten Angabe könnte die Anmeldung wie folgt lauten (hier: Änderung von Firma u. Unternehmensgegenstand): 11

▶ Die Satzung der Gesellschaft wurde – wie aus dem als Anlage beigefügten Beschlussprotokoll ersichtlich – in Ziffer ... (Firma) und Ziffer ... (Gegenstand) geändert. ◀ 12

5. Anlagen

a) **Beschlussprotokoll, Neufassung des Satzungswortlauts.** Aus Abs. 2 („die bei dem Gericht eingereichten Dokumente über die Abänderung") ergibt sich, dass der Anmeldung das **notarielle Beschlussprotokoll** beizufügen ist. Einzureichen ist dieses elektronisch mit einer qualifizierten elektronischen Signatur des Notars (§ 12 II 2 HGB iVm § 39 a BeurkG). 13

Gem. Abs. 1 S. 2 ist daneben der **vollständige Wortlaut des Gesellschaftsvertrags** in der nunmehr geltenden Fassung mit der Bescheinigung des Notars, dass die geänderten Bestimmungen mit dem Änderungsbeschluss u. die unveränderten Bestimmungen mit dem zul. zum Handelsregister eingereichten Gesellschaftsvertrag übereinstimmen, beizufügen.[30] Das gilt gem. § 2 Ia 5 iVm § 54 I 2 auch bei der Anmeldung einer Änderung des Muster- 14

---

24 BayObLG DB 93, 1918; Baumbach/Hueck/*Zöllner/Noack* Rn. 4; Scholz/*Priester* Rn. 10 u. 12.

25 Scholz/*Priester* Rn. 10; *Ulmer* Rn. 8.

26 BGH NJW 87, 3191; OLG Hamm NZG 02, 782; OLG Düsseldorf NJW-RR 99, 400; OLG Frankfurt NZG 03, 1075, 1076; so mittlerweile auch das überw. Schrifttum, s. Scholz/*Priester* Rn. 11; Lutter/Hommelhoff/*Bayer* Rn. 5; aA Baumbach/Hueck/*Zöllner/Noack* Rn. 6.

27 BGH NJW 87, 3191; vgl. auch OLG Nürnberg MittBayNot 15, 59, 61; *Krafka*, Rn. 1019.

28 BGH NJW 87, 3191, 3192; vgl. hierzu auch *Krafka* NZG 19, 81 f.

29 Dies fordert OLG Frankfurt NZG 03, 1075, 1076; iErg wohl auch BGH NJW 87, 3191.

30 Baumbach/Hueck/*Zöllner/Noack* Rn. 10 ff.; Lutter/Hommelhoff/*Bayer* Rn. 4.

protokolls.[31] Die Zusammenstellung des einzureichenden Satzungswortlauts ist eine rein redaktionelle Tätigkeit. Sie obliegt den Geschäftsführern u. kann dem Notar übertragen werden. Der „vollständige Wortlaut" meint eine einheitliche Niederschrift des Gesellschaftsvertrags unter Berücksichtigung der beschlossenen u. angemeldeten Änderungen.[32] Hins. überholter bzw. unechter Satzungsbestandteile darf eine Anpassung iRd Zusammenstellung des Satzungstextes nur erfolgen, wenn über die Anpassung ein Gesellschafterbeschluss gefasst worden ist.[33] Ob hierfür – insbes. bei unechten Satzungsbestandteilen – eine förmliche Satzungsänderung erforderlich ist oder ein ggf. formloser Beschluss mit einfacher Mehrheit genügt, ist umstritten (→ § 53 Rn. 10 f.).

15 Durch das Erfordernis des Abs. 1 S. 2 soll sichergestellt werden, dass die jeweils aktuelle Fassung des Gesellschaftsvertrags jederzeit aus einer einzigen Urkunde beim Handelsregister eingesehen werden kann.[34] Nach der zumindest im Schrifttum überwiegenden Auffassung ist der vollständige Wortlaut mit der Bescheinigung nach Abs. 1 S. 2 daher auch dann einzureichen, wenn der Gesellschaftsvertrag **vollständig neu gefasst** wird.[35] Dies ist zutr., denn auch wenn der neue Wortlaut der Satzung bei deren Neufassung vollständig im Beschlussprotokoll enthalten ist, soll nach dem Gesetz zur Erleichterung des Rechtsverkehrs stets die aktuelle Fassung der Satzung in einer separaten Urkunde verfügbar sein.[36]

16 Wird ein bereits eingetragener Satzungsänderungsbeschluss gerichtlich für nichtig erklärt (§ 241 Nr. 5 AktG) oder die Nichtigkeit festgestellt (§ 249 I 1 AktG), so ist analog § 248 II AktG ein neuer, das Urteil berücksichtigender Satzungstext samt notarieller Bescheinigung einzureichen.[37]

17 **b) Zustimmungserklärungen von Gesellschaftern.** Bedarf die Satzungsänderung zu ihrer Wirksamkeit der **Zustimmung einzelner Gesellschafter** (→ § 53 Rn. 39 ff.) u. sind diese Erklärungen nicht bereits im Beschlussprotokoll enthalten (explizit oder ggf. konkludent durch positive Stimmabgabe), ist die Zustimmung ggü. dem Registergericht nachzuweisen.[38] Der Nachweis kann in jeder Weise erfolgen, insbes. durch schriftliche Erklärung, für welche das Gericht öffentliche Beglaubigung verlangen kann.[39] Nach hM hat das Registergericht die Eintragung abzulehnen, wenn der er-

31 OLG München NZG 10, 35 mit zust. Anm. *Wachter*, EWiR 10, 185.
32 Scholz/*Priester* Rn. 17.
33 Baumbach/Hueck/*Zöllner/Noack* Rn. 11; Lutter/Hommelhoff/*Bayer* Rn. 4; Scholz/*Priester* Rn. 18; aA *Ulmer* Rn. 19; *Gustavus*, DNotZ 71, 229.
34 Scholz/*Priester* § 53 Rn. 21.
35 Baumbach/Hueck/*Zöllner/Noack* Rn. 10; Lutter/Hommelhoff/*Bayer* Rn. 4; Scholz/*Priester* Rn. 15; *Ulmer* Rn. 17; aA OLG Celle DNotZ 82, 493; OLG Zweibrücken NZG 02, 93; OLG Hamm NotBZ 11, 372; *Roth*/Altmeppen Rn. 7; *Wicke* Rn. 5; *Gustavus*, DNotZ 71, 229, 230.
36 Ebenso Scholz/*Priester* Rn. 15.
37 Baumbach/Hueck/*Zöllner/Noack* Rn. 10; Rowedder/Schmidt-Leithoff/*Zimmermann* Rn. 2.
38 Michalski/*Hoffmann* Rn. 19.
39 Rowedder/Schmidt-Leithoff/*Zimmermann* Rn. 10; *Ulmer* Rn. 15.

forderliche Nachweis nicht erbracht wird.[40] Vor Ablehnung der Eintragung muss der Registerrichter jedoch die Beibringung der Erklärung durch Zwischenverfügung aufgeben (→ Rn. 27). Der Gesellschafter ist ggü. der Gesellschaft verpflichtet, eine formlos erteilte Zustimmung noch einmal in der zum Nachweis ggü. dem Gericht erforderlichen Form abzugeben.[41]

c) **Behördliche Genehmigungen.** Nachdem § 8 I Nr. 6, wonach der Anmeldung der Gesellschaft die Genehmigungsurkunde beizufügen war, wenn der Gegenstand des Unternehmens der staatlichen Genehmigung bedarf, durch das MoMiG gestrichen worden ist, kommt auch bei Änderung der Satzung, insbes. des konzessionspflichtigen Unternehmensgegenstands, eine Pflicht zur Beifügung der ggf. erforderlichen behördlichen Genehmigung nicht mehr in Betracht.[42] 18

d) **Zuständiges Gericht.** Die Satzungsänderung ist bei dem Registergericht anzumelden, in dessen Bezirk die Gesellschaft ihren Sitz hat (§ 7 I iVm §§ 8 HGB, 376 FamFG). Dies gilt nach § 13 h I HGB auch für den Fall, dass der Sitz der Gesellschaft durch die Satzungsänderung verlegt wird. Hier hat das Registergericht des bisherigen Sitzes zunächst die förmliche Richtigkeit der Anmeldung zu überprüfen.[43] Ist diese gegeben, hat es sodann dem Registergericht des neuen Sitzes die **Sitzverlegung** unverzüglich vAw mitzuteilen u. der Mitteilung die Eintragungen für den bisherigen Sitz sowie die bei dem bisher zuständigen Gericht aufbewahrten Urkunden beizufügen (§ 13 h II 1, 2 HGB). Das Registergericht des neuen Sitzes kann die Übernahme des Verfahrens nicht deshalb ablehnen, weil es hins. der Anforderungen an die förmliche Richtigkeit der angemeldeten Sitzverlegung strengere Maßstäbe für geboten erachtet als der Registerrichter des bisherigen Sitzes.[44] Das Registergericht des neuen Sitzes prüft allein die Ordnungsmäßigkeit der Sitzverlegung sowie die Zulässigkeit der Firma nach § 30 HGB. Liegt beides vor, trägt es die Sitzverlegung ein u. übernimmt die ihm mitgeteilten Eintragungen ohne weitere Nachprüfung in sein Handelsregister (§ 13 h II 4 HGB). 19

Sofern mit der Sitzverlegung **weitere Satzungsänderungen** beschlossen worden sind, kann das Registergericht des alten Sitzes diese prüfen u. deren Eintragung vor Mitteilung der Sitzverlegung an das Registergericht des neuen Sitzes vornehmen. Es kann aber auch – dies wird meist sachgerecht u. praktisch der Regelfall sein – von vornherein die Sachprüfung im Hinblick auf die weiteren Eintragungen dem neuen Registergericht übertragen.[45] Die Anmelder können allerdings zur Beschleunigung der Eintragung 20

40 Michalski/*Hoffmann* Rn. 19; Rowedder/Schmidt-Leithoff/*Zimmermann* Rn. 10; Scholz/*Priester* Rn. 41; *Ulmer* Rn. 15; aA Baumbach/Hueck/*Zöllner*/*Noack* Rn. 12 sowie *Roth*/Altmeppen Rn. 10, die Beweisaufnahme durch das Gericht fordern, ob Zustimmung möglicherweise konkludent abgegeben worden ist.

41 Scholz/*Priester* Rn. 41; MüKoGmbHG/*Harbarth* Rn. 41.

42 Vgl. zur alten Rechtslage *Ulmer* Rn. 21 f.

43 OLG Köln NZG 05, 87, 88; OLG Frankfurt NJW-RR 02, 13.

44 OLG Frankfurt DNotZ 08, 626.

45 OLG Hamm DB 91, 1509; Baumbach/Hueck/*Zöllner*/*Noack* Rn. 15; *Ulmer* Rn. 13; aA Rowedder/Schmidt-Leithoff/*Zimmermann* Rn. 9 (zwingende Zuständigkeit des neuen Registergerichts).

der weiteren Satzungsänderungen deren Prüfung u. Eintragung durch das Registergericht des alten Sitzes beantragen.[46]

6. Rücknahme und Aufschub der Anmeldung

21 Aus dem Fehlen einer öffentlich-rechtlichen Pflicht zur Anmeldung einer beschlossenen Satzungsänderung folgt, dass die Anmeldung **vor Eintragung jederzeit zurückgenommen** werden kann. Soll nur das Wirksamwerden einzelner beschlossener Änderungen verhindert werden, kann auch eine Teilrücknahme der Anmeldung erfolgen, sofern die einzelnen Änderungen abtrennbar sind.[47] Zuständig sind die **Geschäftsführer**, die grds. nur auf **Weisung der Gesellschafter** zur Rücknahme berechtigt sind.[48] Eine solche Weisung setzt nicht die vorherige Aufhebung des Satzungsänderungsbeschlusses voraus.[49] Haben die Geschäftsführer Zweifel an der Wirksamkeit des Beschlusses u. nehmen sie die Anmeldung deshalb aus eigenem Antrieb zurück, so handeln sie indes nur pflichtwidrig, wenn entgg. ihrer Bedenken eine Anmeldepflicht bestand.[50]

22 Die Gesellschafter können der Geschäftsführung auch die Weisung erteilen, die Anmeldung **aufzuschieben** oder die Satzungsänderung nur bei **Eintritt eines bestimmten Ereignisses** anzumelden.[51] Wegen der Unzulässigkeit der Delegation von Satzungsänderungen an andere Organe als die Gesellschafterversammlung darf diese jedoch weder das Ob noch den Zeitpunkt der Anmeldung in das Belieben der Geschäftsführer stellen.[52] Insbesondere im Zusammenhang mit Umstrukturierungen von Konzerngesellschaften oder im Rahmen von Unternehmenstransaktionen werden die vorgenannten Gestaltungsmittel aber häufig nicht als ausreichend angesehen. In der Praxis könnte man daher daran denken, eine konstitutive Eintragung im Handelsregister an einem bestimmten Tag wirksam werden zu lassen. So kann es etwa vorkommen, dass die Zustimmung zu einer Arzneimittelzulassung im Rahmen einer konzerninternen Umstrukturierung durch die Aufsichtsbehörde auf einen bestimmten Tag unter der Bedingung erteilt wird, dass die entsprechende Satzungsänderung zum entsprechenden Zeitpunkt auch im Handelsregister vollzogen ist. Dies wird jedoch allgemein für Kapitalmaßnahmen abgelehnt, da dann insbesondere Unsicherheiten über das Entstehen der Einlagepflicht oder den Zeitpunkt der Werthaltigkeit im Falle von Sacheinlagen entstehen würden. Gleiches gilt im Grundsatz für die Eintragung von Zeitbestimmungen bei Sitzverlegungen soweit hierdurch ein Wechsel des zuständigen Registergerichtes eintritt.[53]

---

46 Baumbach/Hueck/*Zöllner/Noack* Rn. 15; Scholz/*Priester* Rn. 8.
47 Scholz/*Priester* Rn. 26.
48 HM, vgl. Lutter/Hommelhoff/*Bayer* Rn. 3; Scholz/*Priester* Rn. 26; aA Baumbach/Hueck/*Zöllner/Noack* Rn. 18 (ausnahmsweise ohne Gesellschafterbeschluss, wenn „dringendes Interesse der Ges das nahe legt").
49 *Ulmer* Rn. 23.
50 IdS auch *Ulmer* Rn. 23. Zur Anmeldepflicht bei Nichtigkeit u. Unwirksamkeit des Beschlusses Rn. 9.
51 Baumbach/Hueck/*Zöllner/Noack* Rn. 17; Lutter/Hommelhoff/*Bayer* § 53 Rn. 42.
52 Lutter/Hommelhoff/*Bayer* § 53 Rn. 42.
53 Ausführlich *Heinze*, NZG 19, 841 ff.

IV. Eintragungsverfahren

1. Prüfung durch das Registergericht

a) Prüfungsrecht und Prüfungspflicht. Das GmbHG enthält keine Vorschriften, die für Satzungsänderungen generell ein Prüfungsrecht oder eine Prüfungspflicht des Registergerichts vorsehen. Lediglich für den Spezialfall der Kapitalerhöhung enthält § 57 a einen Verweis auf § 9 c I, der das Registergericht bei nicht ordnungsgemäßer Errichtung oder Anmeldung der Gesellschaft zur Ablehnung der Eintragung u. damit auch entspr. Prüfung verpflichtet. Der Anwendbarkeit von § 9 c I auch auf andere Satzungsänderungen steht diese Regelungstechnik allerdings nicht entgg, vielmehr ist eine entspr. **Prüfungspflicht** des Registergerichts im Grundsatz allg. anerkannt.[54] Das **Prüfungsrecht** des Gerichts kann nicht weiter reichen als seine Prüfungspflicht; die Anmelder haben Anspruch auf unverzüglichen Vollzug, sofern die Voraussetzungen einer beantragten Eintragung vorliegen.[55] 23

Der durch das HRefG von 1998 eingeführte, das Prüfungsrecht des Registergerichts einschränkende **§ 9 c II** ist nach hM **nicht** auf die Satzungsänderung **anwendbar.**[56] Dies ist angesichts des sich daraus ergebenden **Wertungswiderspruchs,** bei Satzungsänderungen strenger zu prüfen als bei Ersteintragung, zweifelhaft.[57] Dass – wie die Gesetzesbegründung meint[58] – bei Satzungsänderungen der Gesetzeszweck, dem Interesse an einer raschen (Erst-)Eintragung den Vorzug vor einer vollständigen inhaltlichen Prüfung der Satzungsbestimmungen einzuräumen, nicht zutreffe, kann nicht generell angenommen werden. Bei Satzungsänderungen kann das Interesse an einer raschen Eintragung im Gegenteil noch dringender sein.[59] Für die **Praxis** ist allerdings davon auszugehen, dass der Umfang des registergerichtlichen Prüfungsrechts nicht durch § 9 c II beschränkt ist. 24

b) Ordnungsmäßigkeit der Anmeldung. Das Registergericht hat zunächst die Ordnungsmäßigkeit der Anmeldung zu prüfen, insbes. die eigene örtliche u. sachliche Zuständigkeit, die Zuständigkeit der Anmelder[60] u. ggf. die Wirksamkeit von Bevollmächtigungen, die Form der Anmeldung, die Vollständigkeit der erforderlichen Anlagen sowie die Übereinstimmung von Inhalt der Anmeldung u. Änderungsbeschluss, einschl. der korrekten schlagwortartigen Hervorhebung der in § 10 genannten Satzungsbestandteile in der Anmeldung (→ Rn. 11).[61] 25

---

54 Baumbach/Hueck/*Zöllner/Noack* Rn. 19; Lutter/Hommelhoff/*Bayer* Rn. 8; Michalski/*Hoffmann* Rn. 33; *Roth*/Altmeppen Rn. 14; Rowedder/Schmidt-Leithoff/*Zimmermann* Rn. 15; Scholz/*Priester* Rn. 28; *Ulmer* Rn. 41.

55 *Keilbach*, MittRhNotK 00, 365, 368.

56 BayObLG GmbHR 01, 728; Lutter/Hommelhoff/*Bayer* Rn. 8; *Roth*/Altmeppen Rn. 14; Scholz/*Priester* Rn. 29.

57 Für Anwendbarkeit von § 9 c II daher Baumbach/Hueck/*Zöllner/Noack* Rn. 21; Rowedder/Schmidt-Leithoff/*Zimmermann* Rn. 15. Den Wertungswiderspruch anerkennend auch *Ulmer* Rn. 43, der vermittelnden Ansatz im Wege „harmonisierender Auslegung" von § 9 c vertritt.

58 BR-Drs. 340/97, S. 77 u. 80.

59 Baumbach/Hueck/*Zöllner/Noack* Rn. 21 unter Fn. 51.

60 Zur Anmeldung durch die directors einer englischen Ltd vgl. OLG Nürnberg GmbHR 15, 196.

61 Michalski/*Hoffmann* Rn. 26.

26 c) **Ordnungsmäßigkeit des Änderungsbeschlusses.** Entspr. § 9c I hat das Gericht neben der Ordnungsmäßigkeit der Anmeldung die des Änderungsbeschlusses zu prüfen. Ein nichtiger (§ 241 AktG analog) oder unwirksamer (→ § 53 Rn. 39) Beschluss darf nicht in das Handelsregister eingetragen werden.[62] Das gilt auch dann, wenn die Eintragung zur Heilung der Nichtigkeit führen würde.[63] Für anfechtbare Beschlüsse ist eine differenzierte Behandlung erforderlich (→ Rn. 28, 30).

27 aa) **Zustandekommen des Beschlusses.** Die Registerkontrolle bezieht sich zunächst auf die Ordnungsmäßigkeit des Zustandekommens des Änderungsbeschlusses.[64] Dem registergerichtlichen Prüfungsrecht unterliegen alle Verstöße gegen gesetzliche oder statutarische Form- u. Verfahrensregeln, die zur **Nichtigkeit** oder **Unwirksamkeit** des Beschlusses führen. Von der Prüfung ist neben der ordnungsgemäßen Beurkundung des Beschlusses nach hM auch das Erreichen der Dreiviertelmehrheit nach § 53 II 1 umfasst.[65] Wurde der Beschluss durch den Versammlungsleiter aber förmlich festgestellt, führt das Verfehlen der Mehrheit zur Anfechtbarkeit des Beschlusses (→ § 53 Rn. 28) u. hat das Gericht von der Feststellung u. damit dem Erreichen der Dreiviertelmehrheit auszugehen, wenn der Beschluss nicht innerhalb der Frist angefochten wurde.[66] Das Gericht hat weiter zu prüfen, ob ggf. erforderliche Zustimmungserklärungen einzelner Gesellschafter vorliegen, da deren Fehlen den Beschluss (zunächst schwebend) unwirksam macht (→ § 53 Rn. 39). Sind erforderliche Zustimmungen nicht nachgewiesen (→ Rn. 17), ist die Beibringung entspr. Erklärungen durch Zwischenverfügung aufzugeben u. die Eintragung nach fruchtlosem Fristablauf bzw. Verweigerung der Zustimmung abzulehnen.[67] Der Registerrichter braucht nicht nach verborgenen Nichtigkeitsgründen zu suchen, sondern darf bei der Prüfung der verfahrensmäßigen Korrektheit auf die Feststellungen des Notars im Beschlussprotokoll vertrauen, ohne allerdings an diese gebunden zu sein.[68] Bei Zweifeln an der Richtigkeit der Feststellungen, zB bzgl. der ordnungsgemäßen Einberufung der Gesellschafterversammlung, der Gesellschaftereigenschaft der Abstimmenden[69] oder des Vorliegens erforderlicher Vollmachten, hat er vAw die erforderlichen Ermittlungen durchzuführen (§ 26 FamFG), vorausgesetzt, das tatsächliche

---

62 Baumbach/Hueck/*Zöllner/Noack* Rn. 20; Lutter/Hommelhoff/*Bayer* Rn. 9; Michalski/*Hoffmann* Rn. 28 f.; Rowedder/Schmidt-Leithoff/*Zimmermann* Rn. 19; *Ulmer* Rn. 46.

63 OLG Köln BB 93, 317, 318; Lutter/Hommelhoff/*Bayer* Rn. 9; Scholz/*Priester* Rn. 38.

64 BayObLG GmbHR 92, 304, 305; OLG Köln GmbHR 90, 82.

65 Michalski/*Hoffmann* Rn. 27; Rowedder/Schmidt-Leithoff/*Zimmermann* Rn. 17; *Ulmer* Rn. 44; aA bzgl. des Erreichens satzungsändernder Mehrheit Baumbach/Hueck/*Zöllner/Noack* Rn. 22.

66 OLG München GmbHR 12, 905 mit zust. Anm. *Gerber*.

67 Baumbach/Hueck/*Zöllner/Noack* Rn. 21 a.

68 Michalski/*Hoffmann* Rn. 27; Rowedder/Schmidt-Leithoff/*Zimmermann* Rn. 17.

69 OLG Köln GmbHR 90, 82. Hier ist maßgeblich, ob die Abstimmenden im Verhältnis zur Gesellschaft als Gesellschafter gelten, vgl. § 16 I. So zutr. OLG Hamm NZG 02, 340.

Vorliegen des Verfahrensmangels hätte die Nichtigkeit des Beschlusses zur Folge.[70]

Auf Mängel des Zustandekommens, die lediglich zur **Anfechtbarkeit** des Änderungsbeschlusses führen, hat das Registergericht diesen nicht zu überprüfen; die Eintragung darf wegen solcher Mängel nicht abgelehnt werden.[71] Ist bereits Anfechtungsklage erhoben, hat das Gericht nach pflichtgemäßem Ermessen zu entscheiden, ob es die Änderung einträgt oder das Eintragungsverfahren nach § 21 FamFG bis zur rechtskräftigen Entscheidung des Prozessgerichts aussetzt.[72] 28

bb) Inhaltskontrolle. Der Änderungsbeschluss unterliegt zudem einer Inhaltskontrolle durch das Registergericht. Diese umfasst **in keinem Fall** eine **Zweckmäßigkeitskontrolle** der Satzungsänderung.[73] Nach hM hat das Registergericht den Änderungsbeschluss jedoch auf **offensichtliche Unklarheiten u. Unrichtigkeiten** zu kontrollieren[74] u. inhaltliche **Widersprüche** der Satzungsänderung zu unverändert gebliebenen Satzungsbestandteilen zu beanstanden, sofern die betroffene Bestimmung nicht ausschließlich die inneren Beziehungen der Gesellschafter zueinander regelt.[75] Das Registergericht hat dann auf eine Klarstellung hinzuwirken u. kann die Eintragung bei Nichtbefolgung ablehnen.[76] 29

Das Gericht überprüft den Beschluss weiter auf **Beschlussmängel.** Ein nichtiger Beschluss darf nicht in das Handelsregister eingetragen werden. Das Prüfungsrecht besteht daher uneingeschränkt in Bezug auf inhaltliche Mängel, die analog § 241 AktG zur **Nichtigkeit** des Beschlusses führen. Hat der Richter diesbzgl Bedenken, ist er zu einer materiellen Prüfung verpflichtet.[77] Besteht Streit über die Nichtigkeit des Beschlusses, kann das Registergericht das Eintragungsverfahren nach § 21 FamFG bis zur rechtskräftigen Entscheidung des Prozessgerichts aussetzen.[78] Inhaltliche Mängel, die lediglich die **Anfechtbarkeit** des Beschlusses nach sich ziehen, sind vom Prüfungsrecht nur eingeschränkt umfasst. Nicht eingetragen werden darf ein Beschluss, der gegen zwingendes Recht verstößt, ohne nichtig zu 30

70 Bei ordnungsgemäßer Einberufung der Gesellschafterversammlung lässt zB die Mitwirkung von Nichtgesellschaftern die Wirksamkeit des Beschlusses grds. unberührt, sofern überhaupt Gesellschafter mitwirken. Zweifel an der Gesellschafterstellung einzelner Mitwirkender berechtigen das Registergericht daher nicht immer auch zu einer entspr. Prüfung, vgl. Baumbach/Hueck/*Zöllner/Noack* Rn. 20.

71 Baumbach/Hueck/*Zöllner/Noack* Rn. 22.

72 Das Gericht hat bei erhobener Anfechtungsklage grds. nur die Wahl zwischen Eintragung u. Aussetzung, es *kann* die Eintragung grds. nicht ablehnen, vgl. Baumbach/Hueck/*Zöllner/Noack* Rn. 22; Lutter/Hommelhoff/*Bayer* Rn. 12.

73 EinhM, vgl. BayObLGZ 74, 479, 483; 92, 318, 322; Lutter/Hommelhoff/*Bayer* Rn. 13; Michalski/*Hoffmann* Rn. 34.

74 *Ulmer* Rn. 47.

75 BayObLG WM 85, 572; BayObLGZ 92, 318, 322; Baumbach/Hueck/*Zöllner/Noack* Rn. 23; Lutter/Hommelhoff/*Bayer* Rn. 13; Scholz/*Priester* Rn. 34; *Ulmer* Rn. 47; aA Michalski/*Hoffmann* Rn. 34 a („unzulässiger Schritt zur Zweckmäßigkeitskontrolle").

76 Baumbach/Hueck/*Zöllner/Noack* Rn. 23; Scholz/*Priester* Rn. 34.

77 Scholz/*Priester* Rn. 38.

78 Michalski/*Hoffmann* Rn. 28.

sein.[79] In Betracht kommt dies nur in seltenen Fällen bei Verstößen gegen Vorschriften, die auch, aber nicht überw. öffentlichen Interessen dienen, da ansonsten Nichtigkeit analog § 241 Nr. 3 AktG vorläge.[80] In allen anderen Fällen der Anfechtbarkeit, zB bei Verstößen gegen Satzungsbestimmungen, den Gleichheitssatz oder die gesellschaftliche Treuepflicht, hat der Registerrichter den Beschluss grds. auch vor Ablauf der Anfechtungsfrist einzutragen.[81] Die Geltendmachung solcher Verstöße ist den Gesellschaftern durch Erhebung der Anfechtungsklage vorbehalten.[82] Ist eine solche erhoben, kann das Gericht das Eintragungsverfahren nach § 21 FamFG bis zur rechtskräftigen Entscheidung des Prozessgerichts aussetzen.

31 Die Inhaltskontrolle bezieht sich nach ganz hM nur auf den Änderungsbeschluss u. die geänderten Satzungsbestimmungen; sind **unverändert gebliebene Satzungsklauseln** inhaltlich zu beanstanden oder ist der Satzungsbestand unvollständig, berechtigt dies den Registerrichter nicht zur Ablehnung der Eintragung.[83] Wären unveränderte Klauseln in die Inhaltskontrolle einbezogen u. könnte das Registergericht die Eintragung einer Satzungsänderung von der Abänderung bereits eingetragener Bestimmungen abhängig machen, käme dies einer „Registersperre kraft Richterrechts“[84] gleich. Ein Prüfungsrecht besteht auch nicht ausnahmsweise für unveränderte Satzungsbestimmungen „von erheblicher Bedeutung für außenstehende Dritte“.[85] Umstritten ist, ob sich das Prüfungsrecht jedenfalls bei einer vollständigen Neufassung der Satzung auf den gesamten Satzungsinhalt erstreckt.[86] Nach zutr. Auffassung ist dies abzulehnen u. ein Prüfungsrecht auch bei Neufassung der Satzung nur bzgl. der tatsächlich geänderten Bestimmungen anzunehmen.[87]

32 d) **Registersperre.** Bei wichtigen Gesetzesänderungen wird bisweilen eine Registersperre gesetzlich angeordnet. Damit soll einerseits Zwang zur Anpassung bestehender Satzungen ausgeübt, den Gesellschaften andererseits (mangels betroffener Gläubigerinteressen) jedoch keine starre Frist zur Umsetzung gesetzt werden.[88] Ein flexibler Übergang wird vielmehr dadurch ermöglicht, dass die Eintragung von Satzungsänderungen davon anhängig gemacht wird, dass die Satzung iÜ an die neue Gesetzeslage ange-

---

79 Baumbach/Hueck/*Zöllner/Noack* Rn. 24; Scholz/*Priester* Rn. 44; *Ulmer* Rn. 53; aA OLG Köln GmbHR 82, 211, 212; Rowedder/Schmidt-Leithoff/*Zimmermann* Rn. 20 (grds. Eintragungspflicht, sofern nicht Anfechtungsklage erhoben oder angedroht).

80 Als solche Vorschriften werden zB genannt (vgl. Scholz/*Priester* Rn. 44): §§ 51 a, 53 II, 60 I Nr. 2–5.

81 Scholz/*Priester* Rn. 43 mit Hinweis auf BGHZ 111, 224, 225 f.: keine starre Anfechtungsfrist.

82 *Ulmer* Rn. 46.

83 BGH NJW 77, 1879, 1880; BayObLG NJW-RR 97, 485; *Priester*, GmbHR 07, 296, 298; Baumbach/Hueck/*Zöllner/Noack* Rn. 26 a; Michalski/*Hoffmann* Rn. 36; *Ulmer* Rn. 48.

84 *Priester*, GmbHR 07, 296, 298.

85 So aber OLG München NZG 06, 35, 36; wie hier Michalski/*Hoffmann* Rn. 36.

86 Für vollständiges Prüfungsrecht BayObLGZ 75, 435, 438; OLG München NZG 06, 35, 36; KG DNotZ 06, 304; *Roth*/Altmeppen Rn. 14; *Ulmer* Rn. 48; *Wicke* Rn. 6; iErg auch Baumbach/Hueck/*Zöllner/Noack* Rn. 26 a.

87 Wie hier *Priester*, GmbHR 07, 296, 300; Michalski/*Hoffmann* Rn. 36.

88 Michalski/*Hoffmann* Rn. 36; *Ulmer* Rn. 24.

passt wird. Von Relevanz dürfte heute va noch **§ 1 I 4 EGGmbHG** sein, wonach eine Änderung des Stammkapitals nach dem 31.12.01 nur eingetragen werden darf, wenn das Stammkapital auf Euro umgestellt wird.

2. Folgen der Beanstandung, Rechtsmittel

Bei Unwirksamkeit oder Nichtigkeit des Beschlusses sowie anderen der Eintragung endgültig entgegenstehenden Beanstandungen ist die Eintragung abzulehnen. Leidet die Anmeldung unter behebbaren Mängeln, hat das Registergericht durch Zwischenverfügung Gelegenheit zur Beseitigung zu geben.[89] Nach fruchtlosem Ablauf einer ggf. anzusetzenden angemessenen Frist kann die Eintragung abgelehnt werden.[90] Gegen die ablehnende Entscheidung findet die **Beschwerde** statt (§ 58 FamFG). Beschwerdebefugt ist die Gesellschaft, vertreten durch die Geschäftsführer (vgl. auch → Rn. 5). 33

3. Freigabeverfahren

Noch **nicht abschließend geklärt** ist, **ob** das durch das ARUG reformierte[91] aktienrechtliche Freigabeverfahren nach § 246 a AktG auf Gesellschafterbeschlüsse der GmbH **anwendbar** ist. Nach § 246 a I 1 AktG kann das Gericht im Fall der Erhebung einer Anfechtungs- oder Nichtigkeitsklage gegen eine Maßnahme der Kapitalbeschaffung, der Kapitalherabsetzung oder einen Unternehmensvertrag auf Antrag der Gesellschaft durch Beschluss feststellen, dass die Erhebung der Klage der Eintragung nicht entgegensteht u. Mängel des Beschlusses die Wirkung der Eintragung unberührt lassen (§ 246 a I 1 AktG). Zuständig für die Entscheidung über den Freigabeantrag ist ein Senat des OLG, in dessen Bezirk die Gesellschaft ihren Sitz hat (§ 246 a I 3 AktG). Hat die Klage gegen den Änderungsbeschluss nach Ergehen eines Freigabebeschlusses Erfolg, ist der Kläger auf Schadensersatzansprüche gegen die Gesellschaft beschränkt, wobei Naturalrestitution (zB in Form einer Kapitalherabsetzung bei Nichtigerklärung eines Kapitalerhöhungsbeschlusses) nicht verlangt werden kann (§ 246 a IV 2 AktG). Bei einer Verletzung des Bezugsrechts ist der Verwässerungsschaden zu ersetzen.[92] Der Kläger kann hierzu die Durchführung einer weiteren Kapitalerhöhung verlangen.[93] 34

Bejaht man die vollständige analoge Anwendbarkeit von § 246 a AktG (dazu → Rn. 36), wäre nach dessen Abs. 2 **Voraussetzung für einen Freigabebeschluss**, dass (1.) die Anfechtungs- oder Nichtigkeitsklage unzulässig oder offensichtlich unbegründet ist, (2.) der Kläger nicht fristgerecht seine Mindestbeteiligung nach § 246 a II Nr. 2 AktG nachgewiesen hat oder (3.) das Vollzugsinteresse der Gesellschaft vorrangig erscheint, weil die vom Antragsteller dargelegten wesentlichen Nachteile für die Gesellschaft u. ihre Gesellschafter nach freier Überzeugung des Gerichts die Nachteile für den Antragsgegner überwiegen. Besonders den letzteren Tatbestand, der al- 35

89 Scholz/*Priester* Rn. 46.
90 Scholz/*Priester* Rn. 46.
91 Vgl. zu den Neuregelungen *Kläsener/Wasse*, AG 10, 202; *Verse*, NZG 09, 1127.
92 *Hüffer*, AktG, § 246 a Rn. 26.
93 *Ulmer* § 57 Rn. 47 a.

lerdings bei besonderer Schwere des Rechtsverstoßes nicht eingreift, dürfte die Gesellschaft bei Kapitalmaßnahmen häufig ohne größere Mühe glaubhaft machen können.[94]

36 Die **analoge Anwendbarkeit**[95] von § 246 a AktG ist jedoch **zweifelhaft.** Zweck der Regelung ist die Unterbindung des „Geschäftsmodells" sog. räuberischer Aktionäre, die versuchen, die faktische Registersperre (vgl. § 21 I FamFG) bei Erhebung von Klagen gegen Satzungsänderungen, insbes. Kapitalmaßnahmen, zu eigennützigen finanziellen Zwecken zu nutzen, indem sie sich den Lästigkeitswert ihrer Anfechtungs- bzw. Nichtigkeitsklagen im Wege eines Vergleichs abkaufen lassen.[96] Bei Gesellschaften mbH ist dieses Phänomen allerdings kaum bekannt.[97] Hinzu kommt, dass die Gesellschafter einer GmbH aufgrund der regelmäßig personalistischen Struktur u. des typischerweise kleineren Gesellschafterkreises in Bezug auf eine Verwässerung ihrer Beteiligung als schutzwürdiger anzusehen sind als die Aktionäre einer AG.[98] Für eine analoge Anwendbarkeit wird demggü. vorgebracht, dass das umwandlungsrechtliche Freigabeverfahren nach § 16 III UmwG nicht auf AG beschränkt, sondern insbes. auch auf die GmbH anwendbar ist; diese Wertung sei auf die in § 246 a AktG genannten Maßnahmen zu übertragen.[99] Zudem führe auch die Anfechtungsklage eines GmbH-Gesellschafters zu einer faktischen Registersperre, die dieser zu seinem Vorteil missbrauchen könnte.[100] Das KG Berlin hat die analoge Anwendung des § 246 a AktG auf die GmbH mangels planwidriger Regelungslücke inzwischen verneint.[101] Im Schrifttum dürfte die Auffassung überwiegen, die von einer analogen Anwendbarkeit ausgeht.[102] Die weitere Entwicklung der Diskussion bleibt daher abzuwarten.

---

94 Baumbach/Hueck/*Zöllner*, 19. Aufl., Rn. 32.
95 Allg. zur Lückenschließung im GmbH-Recht durch ergänzende Anwendung des Aktienrechts *Fleischer*, GmbHR 08, 673.
96 Empirische Daten zur AG (vor ARUG) bei *Baums/Keinath/Gajek*, ZIP 07, 1629.
97 Baumbach/Hueck/*Zöllner/Noack* Rn. 28; Scholz/*Priester* § 57 Rn. 50 („allenfalls marginale Bedeutung"); *Sauerbruch*, GmbHR 07, 189 („rechtstatsächlich unbekannt").
98 Scholz/*Priester* § 57 Rn. 50; iErg auch *Fleischer*, DB 11, 2132, 2135 f. („Legalitätsschutzbedürfnis").
99 *Bayer/Lieder*, NZG 11, 1170, 1172; MüKoGmbHG/*Lieder* § 57 Rn. 62.
100 *Bayer/Lieder*, NZG 11, 1170, 1172 f.
101 KG NZG 11, 1068.
102 Anwendbarkeit bejahend *Ulmer* § 57 Rn. 47 a; *Roth*/Altmeppen § 57 Rn. 14 (mit Einschränkungen bzgl. der Neuregelung in § 246 a II Nr. 2 AktG durch das ARUG); Lutter/Hommelhoff/*Bayer* Anh. zu § 47 Rn. 88; MüKoGmbHG/*Lieder* § 57 Rn. 62; *Harbarth*, GmbHR 05, 966; *Geißler*, GmbHR 08, 128; *Bayer/Lieder*, NZG 11, 1170, 1171 (mit Ausn. des Abs. 2 Nr. 2); *de lege ferenda* bereits vor UMAG *M Winter*, FS Ulmer, 03, S. 699, 722 f.; analoge Anwendung abl. Scholz/*Priester* § 57 Rn. 50; Baumbach/Hueck/*Zöllner/Noack* Rn. 28; *Sauerbruch*, GmbHR 07, 189; *Fleischer*, DB 11, 2132, 2136; *Rossa-Heise*, GmbH-StB 11, 272. Nach *Raiser*, FS Hüffer, 10, S. 789, 802 f. sei die Frage mit den üblichen Methoden der Gesetzesauslegung u. der Analogie nicht zu beantworten. Die analoge Anwendung sei rechtlich zulässig, aber nicht geboten. Da das Beschlussmängelrecht der GmbH auf richterlicher Rechtsfortbildung beruhe, müsse die Entscheidung durch Gerichte getroffen werden.

V. Eintragung

1. Inhalt

Grds. findet eine **bezugnehmende Eintragung** der Satzungsänderung unter Angabe des Tages des Änderungsbeschlusses[103] statt, zB: 37

▶ Der Gesellschaftsvertrag ist geändert. Eintragen unter Bezugnahme auf das Protokoll des Gesellschafterbeschlusses vom ... am .... ◀

Betreffen die angemeldeten Änderungen allerdings die **in § 10 bezeichneten Angaben** (Firma u. der Sitz der Gesellschaft, Gegenstand des Unternehmens, Höhe des Stammkapitals, Vertretungsbefugnis, Zeitdauer der Gesellschaft, genehmigtes Kapital), so hat nach Abs. 2 zwar keine wörtliche, wohl aber eine **ausdrückliche Eintragung** der Änderungen zu erfolgen, zB 38

▶ Der Unternehmensgegenstand ist geändert worden und lautet nun ...

Der Sitz ist verlegt nach ... ◀

Ob dies auch dann gilt, wenn die Satzung vollständig neugefasst wird, die in § 10 genannten Angaben hierbei aber unberührt bleiben, ist umstritten. Richtigerweise sind jedoch auch hier die eintragungspflichtigen Änderungen schlagwortartig hervorzuheben.[104] Erfolgt fälschlicherweise nur eine bezugnehmende Eintragung, so ist die Eintragung unwirksam u. wird erst mit nachträglicher Ergänzung wirksam.[105]

2. Wirksamwerden der Satzungsänderung

Die Grundwirkung der Eintragung in das Handelsregister besteht darin, dass die Satzungsänderung nach Abs. 3 erst mit dieser wirksam wird. Maßgeblich ist der Tag der Eintragung, eine **Rückwirkung ggü. Dritten ist ausgeschlossen.**[106] Das gilt auch für eine Änderung des Geschäftsjahrs, weshalb diese vor Beginn des neuen Geschäftsjahrs in das Handelsregister eingetragen werden muss.[107] Auch im **Innenverhältnis** zueinander u. zur Gesellschaft sind die Gesellschafter iZw vor Eintragung noch nicht an die Änderungen gebunden, es sei denn, eine solche Bindung ist schuldrechtlich gewollt, was durch Auslegung des Beschlusses zu ermitteln ist.[108] 39

103 *Ulmer* Rn. 27. Daneben ist bei allen (auch ausdrücklichen) Eintragungen der für den Wirksamkeitsbeginn der Änderung maßgebliche Tag der Eintragung anzugeben (§ 382 II FamFG).
104 OLG Hamm NZG 02, 782, 783; Michalski/*Hoffmann* Rn. 21; Lutter/Hommelhoff/*Bayer* Rn. 4; Scholz/*Priester* Rn. 11; aA *Roth*/Altmeppen Rn. 9.
105 Scholz/*Priester* Rn. 50.
106 OLG Hamm NZG 07, 318; *Roth*/Altmeppen Rn. 15; *Ulmer* Rn. 28.
107 OLG Frankfurt GmbHR 99, 484; OLG Schleswig NJW-RR 00, 1425; Lutter/Hommelhoff/*Bayer* § 53 Rn. 43; Scholz/*Priester* Rn. 55; aA *Ulmer* § 53 Rn. 29 (ausreichend, wenn Anmeldung vor Beginn des neuen Geschäftsjahrs); LG Frankfurt GmbHR 79, 208 (Anmeldung auch noch nach Ablauf des Rumpfgeschäftsjahrs zulässig).
108 Baumbach/Hueck/*Zöllner/Noack* Rn. 39; Rowedder/Schmidt-Leithoff/*Zimmermann* Rn. 34; Scholz/*Priester* Rn. 60; *Roth*/Altmeppen Rn. 15; aA Lutter/Hommelhoff/*Bayer* Rn. 20.

3. Folgen für Mängel

40 a) **Mängel des Änderungsbeschlusses.** Bzgl. der Folgen der Eintragung für Mängel des Änderungsbeschlusses gilt § 242 AktG analog.[109] Mit Eintragung heilen daher **Formmängel** sofort (§ 242 I AktG), **andere Nichtigkeitsgründe** (zB Einberufungsmängel u. Verstöße gegen Gläubigerschutzvorschriften, öffentliche Interessen oder die guten Sitten) mit Ablauf von 3 Jahren seit Eintragung des Beschlusses (§ 242 II AktG). Die Löschung des Beschlusses vAw (§ 398 FamFG, vgl. auch → Rn. 43) wird durch den Eintritt der Heilungswirkung nicht ausgeschlossen (§ 242 II 3 AktG). Für unwirksame Beschlüsse ist eine Heilung gesetzlich nicht vorgesehen; man wird insoweit die Nichtigkeitsregeln entspr. heranziehen können, so dass die **Unwirksamkeit** mit Ablauf von 3 Jahren seit Eintragung nicht mehr geltend gemacht werden kann.[110] Die **Anfechtbarkeit** des Beschlusses wird durch die Eintragung nicht berührt, sondern bleibt bis zum Ablauf der Anfechtungsfrist bestehen.[111]

41 b) **Mängel des Eintragungsverfahrens.** Die Heilungswirkung der Eintragung gilt nur für **Mängel des Änderungsbeschlusses**, nicht für Mängel des Eintragungsverfahrens. Nicht jeder Verfahrensverstoß hat jedoch Einfluss auf die Wirkung der Eintragung, insbes. wird diese nicht beeinträchtigt durch das Fehlen oder die Unrichtigkeit der beizufügenden Urkunden.[112] Die Eintragung bleibt allerdings dann wirkungslos, wenn eine Anmeldung überhaupt fehlt, nicht von den vertretungsberechtigten Personen abgegeben oder vor Eintragung zurückgenommen wurde.[113] Trägt der Registerrichter etwas vom gefassten Beschluss **Abw** ein, so liegen die Voraussetzungen des Abs. 3 nicht vor, so dass die Eintragung ebenfalls wirkungslos bleibt.[114] Dies gilt im Grundsatz auch bei teilw. Deckung von Beschluss u. Eintragung,[115] es sei denn, der sich deckende Teil hätte auch getrennt angemeldet werden können u. es ist anzunehmen, dass eine Teilwirksamkeit dem Willen der Gesellschafter entspricht.[116] Zur Möglichkeit der Amtslöschung → Rn. 43.

VI. Bekanntmachung

42 Die Bekanntmachung der Eintragung richtet sich nach § 10 HGB. Danach erfolgt die Bekanntmachung „in dem von der Landesjustizverwaltung bestimmten elektronischen Informations- und Kommunikationssystem in der zeitlichen Folge ihrer Eintragung nach Tagen geordnet". Die Bekanntmachung erfolgt im Umfang der Eintragung, dh der Inhalt der Änderung ist aus der Bekanntmachung nur ersichtlich, wenn die in § 10 genannten An-

---

109 EinhM, vgl. statt vieler *Ulmer* Rn. 33.
110 Lutter/Hommelhoff/*Bayer* Rn. 19; Scholz/*Priester* Rn. 59; *Ulmer* Rn. 33; aA Michalski/*Hoffmann* Rn. 45.
111 Baumbach/Hueck/*Zöllner*/*Noack* Rn. 40.
112 Michalski/*Hoffmann* Rn. 48.
113 Baumbach/Hueck/*Zöllner*/*Noack* Rn. 42; *Ulmer* Rn. 34.
114 Michalski/*Hoffmann* Rn. 48; Rowedder/Schmidt-Leithoff/*Zimmermann* Rn. 29.
115 Im Fall der Kapitalerhöhung tritt dag Wirksamkeit ein, soweit sich Kapitalerhöhungsbeschluss, Anmeldung u. Eintragung decken, vgl. § 57 Rn. 38.
116 *Ulmer* Rn. 36.

gaben geändert worden sind.[117] Für die (bereits mit Eintragung eintretende) Wirksamkeit der Satzungsänderung ist die Bekanntmachung ohne Belang. Ihre **Bedeutung** liegt in den **Publizitätswirkungen** des § 15 II HGB, wonach ein Dritter eine eingetragene u. bekanntgemachte Tatsache gegen sich gelten lassen muss, auch wenn er hiervon keine Kenntnis erlangt hat.[118] Die Ausn. in § 15 II 2 HGB für Rechtshandlungen, die innerhalb von 15 Tagen nach der Bekanntmachung vorgenommen werden, dürfte va für Beschränkungen der Vertretungsbefugnisse der Geschäftsführer relevant sein.[119]

VII. Amtslöschung

Ein eingetragener Änderungsbeschluss kann nach **§ 398 FamFG** „als nichtig gelöscht werden, wenn er durch seinen Inhalt zwingende gesetzliche Vorschriften verletzt und seine Beseitigung im öffentlichen Interesse erforderlich erscheint". Eine Löschung kommt damit jedenfalls bei **Nichtigkeit** des Beschlusses aufgrund eines **Inhaltsverstoßes** (§ 241 Nr. 3, Nr. 4 AktG analog) in Betracht u. wird auch nicht dadurch ausgeschlossen, dass die Nichtigkeit durch Zeitablauf geheilt wurde (§ 242 II 3 AktG). Das öffentliche Interesse an einer Amtslöschung wird jedoch mit zunehmendem zeitlichen Abstand zur Eintragung des Beschlusses sinken.[120] Die Nichtigkeit aufgrund von **Form- oder Einberufungsmängeln** sowie die **Unwirksamkeit** oder bloße **Anfechtbarkeit** des Beschlusses berechtigen dag grds. nicht zur Amtslöschung.[121] Sofern die Anfechtbarkeit allerdings zur Verweigerung der Eintragung berechtigt hätte (→ Rn. 30), sollte auch deren Löschung durch den Registerrichter möglich sein, sofern hieran ein öffentliches Interesse besteht.[122] 43

Umstritten ist, ob neben § 398 FamFG auch **§ 395 FamFG** Anwendung findet. Nach Abs. 1 S. 1 der Vorschrift kann eine Registereintragung vAw oder auf Antrag der berufsständischen Organe gelöscht werden, wenn sie „wegen des Mangels einer wesentlichen Voraussetzung unzulässig" ist. In der Rspr. wird überw. davon ausgegangen, dass § 398 für die Amtslöschung von Gesellschafterbeschlüssen eine abschließende Regelung enthalte.[123] Nach überw. Auffassung im Schrifttum wird § 395 FamFG durch § 398 FamFG nur in Bezug auf Inhaltsmängel von Satzungsänderungsbeschlüssen im Wege der Spezialität verdrängt; auf Verfahrensmängel soll § 395 FamFG dag grds. anwendbar sein.[124] Allerdings soll eine Amtslöschung nicht bei jedem Verfahrensfehler in Betracht kommen, sondern nur 44

117 Baumbach/Hueck/*Zöllner/Noack* Rn. 38.
118 *Ulmer* Rn. 39.
119 Scholz/*Priester* Rn. 67.
120 *Ulmer* Rn. 62.
121 OLG Hamm NJW-RR 94, 548 (zur AG).
122 Scholz/*Priester* Rn. 73; Rowedder/Schmidt-Leithoff/*Zimmermann* Rn. 29; *Ulmer* Rn. 63; aA Michalski/*Hoffmann* Rn. 50.
123 OLG Hamm BB 81, 259, 261; BayObLG GmbHR 92, 304; OLG Karlsruhe ZIP 86, 711.
124 Baumbach/Hueck/*Zöllner/Noack* Rn. 42; Scholz/*Priester* Rn. 69; Rowedder/Schmidt-Leithoff/*Zimmermann* Rn. 37; *Ulmer* Rn. 61; differenzierend *Roth*/Altmeppen Rn. 25.

in den seltenen Fällen, in denen die Eintragung aufgrund von Mängeln des Eintragungsverfahrens wirkungslos bleibt (→ Rn. 41).[125]

§ 55 Erhöhung des Stammkapitals

(1) Wird eine Erhöhung des Stammkapitals beschlossen, so bedarf es zur Übernahme jedes Geschäftsanteils an dem erhöhten Kapital einer notariell aufgenommenen oder beglaubigten Erklärung des Übernehmers.

(2) [1]Zur Übernahme eines Geschäftsanteils können von der Gesellschaft die bisherigen Gesellschafter oder andere Personen, welche durch die Übernahme ihren Beitritt zu der Gesellschaft erklären, zugelassen werden. [2]Im letzteren Falle sind außer dem Nennbetrag des Geschäftsanteils auch sonstige Leistungen, zu welchen der Beitretende nach dem Gesellschaftsvertrage verpflichtet sein soll, in der in Absatz 1 bezeichneten Urkunde ersichtlich zu machen.

(3) Wird von einem der Gesellschaft bereits angehörenden Gesellschafter ein Geschäftsanteil an dem erhöhten Kapital übernommen, so erwirbt derselbe einen weiteren Geschäftsanteil.

(4) Die Bestimmungen in § 5 Abs. 2 und 3 über die Nennbeträge der Geschäftsanteile sowie die Bestimmungen in § 19 Abs. 6 über die Verjährung des Anspruchs der Gesellschaft auf Leistung der Einlagen sind auch hinsichtlich der an dem erhöhten Kapital übernommenen Geschäftsanteile anzuwenden.

Schrifttum

Albrecht/Lange, Zur Fehlerhaftigkeit eines „Um-bis-zu-Kapitalerhöhungsbeschlusses" ohne Durchführungsfrist, BB 2010, 142; *Fleck*, Schuldrechtliche Verpflichtungen einer GmbH im Entscheidungsbereich der Gesellschafter, ZGR 1988, 104; *Gerber/Pilz*, Die Barkapitalerhöhung um einen Rahmenbetrag bei der GmbH, GmbHR 2005, 1324; *Gundlach/Frenzel/Schmidt*, Die Kapitalerhöhung in der Insolvenz, NZI 2007, 692; *Heckschen*, Agio und Bezugsrechtsausschluss bei der GmbH, DStR 2001, 1437; *Holzmann/Eichstädt*, Die „Bis zu"-Kapitalerhöhung im System der Kapitalmaßnahmen des Aktiengesetzes, DStR 2010, 277; *Kühne/Dietel*, „Anwachsung" des Bezugsanspruchs aus einem Kapitalerhöhungsbeschluss bei Verzicht bzw. Nichtausübung eines GmbH-Gesellschafters?, NZG 2009, 15; *Müller*, Die Kapitalerhöhung in der Insolvenz, ZGR 2004, 842; *Priester*, Das gesetzliche Bezugsrecht bei der GmbH, DB 1980, 1925; *ders*, Pflicht zur Quotenwahrung als Pendant des Bezugsrechts bei der GmbH?, GmbHR 2005, 1013; *ders*, Emissions-Tranchen bei ordentlicher Kapitalerhöhung?, NZG 2010, 81; *Schneider*, Zahlungsausfall eines (Co-) Investors im Rahmen einer Venture Capital-Beteiligung, KSzW 2011, 397; *Sieger/Schulte*, Vereinbarungen über Satzungsänderungen, GmbHR 2002, 1050.

[125] Baumbach/Hueck/*Zöllner/Noack* Rn. 42; Scholz/*Priester* Rn. 74; so iErg auch Michalski/*Hoffmann* Rn. 51.

I. Normzweck

Im Gegensatz zum Aktienrecht, das die Kapitalerhöhung in den §§ 182 ff. AktG regelungstechnisch verselbstständigt hat, behandelt das GmbHG die Kapitalerhöhung als **Unterfall der Satzungsänderung.**[1] § 55 regelt daher nur Teilaspekte der Kapitalerhöhung, insbes. in Bezug auf die Übernahme der neuen Geschäftsanteile u. die Form der Übernahmeerklärung (Abs. 1 u. 2) sowie die Bildung der neuen Geschäftsanteile (Abs. 3 u. 4). Daneben gelten die §§ 53, 54 unmittelbar.[2] 1

Gegenstand der Regelung in § 55 ist die **Kapitalerhöhung gegen Einlagen.** Zweck dieser sog. effektiven Kapitalerhöhung ist die Zuführung neuen Eigenkapitals, entweder durch die Altgesellschafter oder durch Dritte, die als neue Gesellschafter aufgenommen werden sollen. Die Zuführung neuen Eigenkapitals kann in Form von Bar- oder Sachmitteln oder auch als sog. Mischeinlage (teilw. Bar- u. teilw. Sacheinlage) erfolgen, wobei für Sach- u. Mischeinlagen zusätzlich § 56 gilt. Als Sacheinlage kommt insbes. die Umwandlung von Fremd- in Eigenkapital in Betracht (→ § 56 Rn. 8 ff.). Zu unterscheiden ist die effektive von der nominellen Kapitalerhöhung nach den §§ 57 c ff., bei welcher kein neues Eigenkapital zugeführt wird, sondern lediglich Rücklagen der Gesellschaft durch Umwandlung in Stammkapital der Bindung der §§ 30, 31 unterworfen werden (→ § 57 c Rn. 3). 2

Durch das **MoMiG** ist für die GmbH die bisher nur für AG (vgl. §§ 202 ff. AktG) vorgesehene Möglichkeit geschaffen worden, die Geschäftsführung zur Erhöhung des Stammkapitals gegen Einlagen zu ermächtigen (**genehmigtes Kapital,** § 55 a). Eine bedingte Kapitalerhöhung (vgl. §§ 192 ff. AktG) ist dem GmbHG dag unbekannt. § 55 selbst ist durch das MoMiG in der Verweisungsnorm des Abs. 4 an die Änderungen des § 5 angepasst worden. Daneben erfolgte eine terminologische Anpassung, indem der Begriff der Stammeinlage durch den des Nennbetrags des Geschäftsanteils ersetzt wurde. 3

Der **Ablauf** der Kapitalerhöhung lässt sich wie im Aktienrecht in die Beschlussfassung über die Kapitalerhöhung u. deren Durchführung aufgliedern. An die **Beschlussfassung** (ggf. einschl. der Beschlussfassung über einen Bezugsrechtsauschluss u. die Zulassung der übernahmeberechtigten Personen) schließt sich die **Übernahme** der Geschäftsanteile durch die Übernehmer an, die durch Abschluss eines Übernahmevertrags mit der Gesellschaft erfolgt. Nach **Leistung der Einlagen** ist die Kapitalerhöhung zum Handelsregister anzumelden u. wird mit **Eintragung im Handelsregister** 4

1 Scholz/*Priester* Rn. 2; Baumbach/Hueck/*Servatius* Rn. 4.
2 Str. für § 54 I 2, vgl. § 57 Rn. 20.

wirksam. Erst mit Eintragung der Kapitalerhöhung entstehen die neuen Geschäftsanteile, u. zwar automatisch „in der Hand der Übernehmer“.[3]

II. Erhöhungsbeschluss

1. Gesellschafterbeschluss

5 Als Änderung der Stammkapitalziffer u. damit eines notwendigen Satzungsbestandteils fällt die Beschlussfassung über die Kapitalerhöhung in die ausschließliche **Zuständigkeit der Gesellschafter.**[4] Es gelten dieselben Form- u. Mehrheitserfordernisse wie für andere Satzungsänderungen, dh der Beschluss bedarf nach § 53 II notarieller Beurkundung u. – vorbehaltlich strengerer statutarischer Vorgaben – der Dreiviertelmehrheit der abgegebenen Stimmen (→ § 53 Rn. 29 ff.). Eine Zustimmung sämtlicher Gesellschafter ist nach dem Gesetz nicht erforderlich (→ § 53 Rn. 41). Es besteht also grds. keine Pflicht der Gesellschafter, dem Kapitalerhöhungsbeschluss zuzustimmen. Ausn. können sich iRd Treuepflicht, im Sanierungsfall oder bei Bestehen eines Stimmbindungsvertrags ergeben.[5] Dies schließt aber keinesfalls die Pflicht ein, sich durch Leistung weiterer Einlagen selbst an der Kapitalerhöhung zu beteiligen.[6]

6 Die Volleinzahlung des bisherigen Kapitals ist, anders als grds. im Aktienrecht (§ 182 IV AktG), nicht Voraussetzung für eine Kapitalerhöhung.[7] Auch Verlustvorträge oder eine Unterbilanz stehen einer Kapitalerhöhung nicht entgg.[8] Eine nominelle Kapitalerhöhung kann allerdings nur insoweit erfolgen, als die ausgewiesenen Rücklagen bestehende Verlustvorträge übersteigen (vgl. näher → § 57 d Rn. 7).

2. Inhalt

7 a) **Erhöhungsbetrag.** Wesentlicher Inhalt des Erhöhungsbeschlusses ist die Erhöhung der Stammkapitalziffer. Dabei ist es zulässig, entweder nur den Erhöhungsbetrag oder nur die erhöhte Stammkapitalziffer anzugeben.[9] Während das Gesetz von der Erhöhung um einen **Festbetrag** ausgeht, ist die Zulässigkeit der Festlegung eines **Höchstbetrages** der Kapitalerhöhung (bzw. des erhöhten Stammkapitals) mit der Maßgabe, dass die Kapitalerhöhung in dem Umfang durchgeführt werden soll, in welchem neue Ge-

---

3 Scholz/*Priester* Rn. 120.

4 § 53 Rn. 25; zur Ermächtigung der Geschäftsführung beim genehmigten Kapital § 55 a Rn. 6 ff.

5 MüKoGmbHG/*Lieder* Rn. 33; *Lutter*/Hommelhoff/*Bayer* Rn. 6; Baumbach/Hueck/*Servatius* Rn. 17 a; s. dazu ausf. *Nentwig*, GmbHR 12, 664. Noch ungeklärt ist, inwieweit sich die BGH-Rspr. „Sanieren oder Ausscheiden“ (BGH NJW 10, 65) auf die GmbH übertragen lässt, dazu *Priester*, ZIP 10, 497.

6 Baumbach/Hueck/*Servatius* Rn. 17 a.

7 Scholz/*Priester* Rn. 15.

8 *Roth*/Altmeppen Rn. 11.

9 HM vgl. Baumbach/Hueck/*Servatius* Rn. 10; aA *Lutter*/Hommelhoff/*Bayer* Rn. 8, der sowohl die Angabe des Erhöhungsbetrags als auch der erhöhten Stammkapitalziffer für erforderlich hält. Die Angabe beider Beträge entspricht wohl üblicher Praxis u. ist jedenfalls zweckmäßig.

schäftsanteile übernommen werden, allg. anerkannt.[10] Die Erhöhung um einen Maximalbetrag kann auch mit der Festlegung eines Mindestbetrags verbunden werden, dessen Nichterreichen zum Scheitern der Kapitalerhöhung führen soll.[11]

Die Erhöhung um einen Höchstbetrag ist immer dann **zweckmäßig**, wenn bei der Beschlussfassung die Übernahme der neuen Geschäftsanteile nicht in vollem Umfang sichergestellt ist u. die Kapitalerhöhung auch bei nur teilw. Übernahme des Erhöhungsbetrages durchgeführt werden soll.[12] Die Anmeldung zum Handelsregister kann dann iH des tatsächlich übernommenen Stammkapitals vorgenommen werden, womit der Erhöhungsbetrag endgültig festgelegt wird.[13] Ist dag ein Festbetrag angegeben, wird das Registergericht die Eintragung der Kapitalerhöhung im Fall des Unterschreitens dieses Festbetrages („Unterzeichnung") ablehnen.[14] Die Gesellschafter sind dann gezwungen, vor Anmeldung mit satzungsändernder Mehrheit einen notariellen Änderungsbeschluss zu fassen, mit welchem der Erhöhungsbetrag entspr. der tatsächlichen Übernahme abgesenkt wird.[15] 8

Unzulässig ist allerdings eine **stufenweise Ausschöpfung** derart, dass der Teil des Höchstbetrags, der nach Anmeldung der Kapitalerhöhung um den zunächst übernommenen Betrag verbleibt, für eine weitere Übernahme zur Verfügung steht.[16] Damit würde faktisch ein genehmigtes Kapital geschaffen. Ist dies gewünscht, müssen die Gesellschafter nach § 55 a vorgehen. Mit derselben Begründung verlangt die hM (zu Unrecht), dass im Beschluss über die Erhöhung um einen Höchstbetrag eine **Frist** von höchstens 6 Monaten zur Anmeldung der Kapitalerhöhung festzulegen ist.[17] Die Kapitalerhöhung ist jedoch stets unverzüglich durchzuführen.[18] 9

b) Ausgabepreis. Bei Einigkeit aller Gesellschafter ist eine Ausgabe zu jedem Ausgabepreis, der mindestens dem Nennbetrag der Geschäftsanteile entspricht (Verbot der Unterpariemission), zulässig. Etwas anderes gilt bei Uneinigkeit zwischen den Gesellschaftern. In diesem Fall dürfen neue Anteile nach hM einerseits nicht mit einem übermäßig hohen, neben der Ein- 10

10 RGZ 85, 205, 207; Scholz/*Priester* Rn. 19; *Roth*/Altmeppen Rn. 5; *Ulmer* Rn. 17; Rowedder/Schmidt-Leithoff/*Zimmermann* Rn. 9; Baumbach/Hueck/*Servatius* Rn. 11; *Lieder*, ZGR 10, 868, 896.

11 Scholz/*Priester* Rn. 19; *Ulmer* Rn. 17.

12 *Gerber/Pilz*, GmbHR 05, 1324.

13 *Ulmer* Rn. 17.

14 RGZ 85, 205, 207; krit. Scholz/*Priester* Rn. 102, der darauf hinweist, dass bei Erhöhung um einen Festbetrag nicht zwangsläufig der Wille der Gesellschafter anzunehmen ist, dass die Kapitalerhöhung nur bei Erreichen des Festbetrags durchgeführt werden soll. Dies sei vielmehr Auslegungsfrage.

15 Scholz/*Priester* Rn. 102.

16 Baumbach/Hueck/*Servatius* Rn. 11; vgl. zum Aktienrecht OLG München NZG 09, 1274; zu dieser Entscheidung u. zur Möglichkeit eines Kapitalerhöhungsbeschlusses, der tranchierte Ausschöpfung vorsieht, *Holzmann/Eichstädt*, DStR 10, 277; gegen die Zulässigkeit eines solchen Beschlusses *Priester*, NZG 10, 81, 86; differenzierend *Nietsch*, FS Schneider, 11, S. 873, 890 ff.

17 *Lutter*/Hommelhoff/*Bayer* Rn. 9; Scholz/*Priester* Rn. 19; *Ulmer* Rn. 17; Rowedder/Schmidt-Leithoff/*Zimmermann* Rn. 9; aA *Gerber/Pilz*, GmbHR 05, 1324, 1326; Baumbach/Hueck/*Servatius* Rn. 11; zum Aktienrecht *Albrecht/Lange*, BB 10, 142, 143.

18 Baumbach/Hueck/*Servatius* Rn. 11.

lage zu erbringenden **Aufgeld** (Agio) ausgegeben werden, da dies einzelne Gesellschafter faktisch an der Ausübung ihres Bezugsrechts hindern u. damit zu einem faktischen Bezugsrechtsausschluss (zum Bezugsrecht → Rn. 28 ff.) führen kann.[19] Andererseits wird überwiegend zu Recht angenommen, dass auch eine Ausgabe von Geschäftsanteilen ohne ein angemessenes, den Wert der Anteile zutr. widerspiegelndes Aufgeld nur zulässig ist bei Zustimmung aller Gesellschafter oder wenn zumindest davon auszugehen ist, dass sich alle Gesellschafter *pro rata* an der Kapitalerhöhung beteiligen.[20] Andernfalls käme es, wenn nicht alle Gesellschafter an der Kapitalerhöhung teilnehmen, zu einer Vermögensumverteilung bezüglich der offenen u. verdeckten Reserven der Gesellschaft. Werden also im Zuge einer Kapitalerhöhung Dritte zur Übernahme neuer Geschäftsanteile zugelassen, sind diese mit Vollzug der Kapitalerhöhung auf Kosten solcher Gesellschafter, die an dieser Kapitalerhöhung nicht teilgenommen haben bereichert, wenn der gemeine Wert der neuen Geschäftsanteile die jeweils zu leistenden Einlagen übersteigt.[21] Zwar wird man annehmen können, dass im üblichen Geschäftsverkehr unter fremden Dritten der für eine Schenkung notwendige objektive und subjektive Tatbestand einer „freigiebigen Zuwendung" regelmäßig nicht erfüllt sein wird. Vermögensverschiebungen zwischen den Gesellschaftern einer Kapitalgesellschaft sind aber insbesondere dann erbschafts- bzw. schenkungssteuerlich relevant, wenn es sich bei den Gesellschaftern um Familienmitglieder (oder nahestehende Personen) handelt, bei denen das Korrektiv eines Fremdvergleiches von vornherein nicht vorhanden ist.[22] Jedenfalls wird man bei einem auffallenden Missverhältnis zwischen dem Verkehrswert des neuen Geschäftsanteils und der vom Dritten zu leistenden Einlage nach der Lebenserfahrung davon ausgehen können, dass die Beteiligten dieses Missverhältnis kennen und insoweit ein (anderer) Grund für die damit zusammenhängende Vermögensverschiebung besteht.[23] Soweit eine solche lediglich ihren Rechtsgrund in einem abgekürzten Zahlungsweg im Zusammenhang eines Austauschverhältnisses besteht, dürfte dies steuerlich nicht relevant sein. Dagegen wäre eine solche Vermögensverschiebung dann relevant, wenn es sich dabei um eine verdeckte Tätigkeitsvergütung (etwa im Rahmen der Beteiligung von Geschäftsführern der Gesellschaft im Rahmen eines Management-Incentive Programms) handelt. IÜ kann die Ausgabe von Geschäftsanteilen gegen ein angemessenes Agio auch dann erforderlich sein, wenn das Bezugsrecht der Gesellschafter oder einzelner Gesellschafter nicht ausgeschlossen wird,

---

19 Scholz/*Priester* Rn. 27 u. 69. Hiergegen lässt sich freilich einwenden, dass die Anteile der Gesellschafter, die nicht an der Kapitalerhöhung teilnehmen, einen Wertzuwachs erfahren. Darauf weist auch *Heckschen*, DStR 01, 1437, 1442, hin, der ein übermäßiges hohes Agio nur dann für unzulässig hält, wenn die Gesellschafter wissen oder wissen müssen, dass einzelne Gesellschafter dieses nicht leisten können.

20 *OLG Stuttgart* GmbHR 00, 333, 335; Michalski/*Hermanns* Rn. 21; Scholz/*Priester* Rn. 27; *Ulmer* Rn. 25; Baumbach/Hueck/*Servatius* Rn. 13; tendenziell auch *Roth*/Altmeppen Rn. 24 f.; aA Rowedder/Schmidt-Leithoff/*Zimmermann* Rn. 34.

21 BFH MittBayNot 2015, 523 (526).

22 Ausführlich: *Haag*, MittBayNot 2015, 529 mwN.

23 BFH MittBayNot 2015, 523 (526).

wenn dies einen mittelbaren Zwang zur Teilnahme an der Erhöhung erzeugen würde.[24]

Ein angemessener Ausgabepreis kann dabei sowohl durch ein korporatives Agio als auch durch ein Agio auf schuldrechtlicher Basis erreicht werden.[25] Ein **korporatives Agio** in Form einer Nebenleistungspflicht iSv § 3 II bedarf der Aufnahme in den Kapitalerhöhungsbeschluss u. in die Übernahmeerklärung.[26] Für die Festsetzung im Erhöhungsbeschluss ist ausreichend, wenn der Betrag des Agios bestimmbar ist, zB durch Anknüpfung an eine aufzustellende Bilanz oder gem. Sachverständigengutachten.[27] **Schuldrechtliche Zuzahlungspflichten** unter den Gesellschaftern, insbes. ausdrücklich als freiwillige Zuzahlungen in die Kapitalrücklage iSv § 272 II Nr. 4 HGB bezeichnete Zahlungsverpflichtungen, bedürfen weder der Festlegung im Kapitalerhöhungsbeschluss noch der Aufnahme in die Übernahmeerklärung.[28] Soweit diesbezüglich – mit der Begründung, der wahre Grund für die Vereinbarung der Zuzahlung sei der Erhalt der neuen Anteile – teilw. von einem „versteckten Agio" gesprochen wird, dessen Festlegung in den formbedürftigen Beschluss u. die ebenfalls formbedürftige Übernahmeerklärung aufzunehmen sei,[29] ist dem nicht zu folgen.[30] Die Zulässigkeit schuldrechtlicher Abreden über ein Aufgeld ist durch den BGH für die GmbH anerkannt[31] u. – trotz §§ 188 II, 36 a AktG u. der Verwendungsbeschränkungen für ein echtes aktienrechtliches Agio durch § 150 AktG – selbst für die AG zu bejahen.[32] 11

c) Statutarische Nebenleistungspflichten, Vorzugsrechte. Ebenso wie ein korporatives Agio bedürfen alle weiteren statutarischen Nebenleistungspflichten iSv § 3 II, die für die neuen Anteile gelten sollen u. nicht bereits in der Satzung geregelt sind, als Satzungsbestandteil der Aufnahme in den Erhöhungsbeschluss.[33] Gleiches gilt für etwaige mit den neuen Geschäftsanteilen verbundene Vorzugsrechte sowie den Übernehmern zustehende Sondervorteile.[34] 12

d) Fakultativer Inhalt. Als fakultativer Beschlussinhalt kommen zB die Anzahl, Nennbeträge u. laufenden Nummern der neuen Geschäftsanteile, deren Übernehmer,[35] die Konditionen der Anteilsausgabe (etwa Höhe der zu leistenden Einzahlungen), Fristen für die Durchführung der Kapitalerhöhung sowie der Zeitpunkt, ab welchem die neuen Anteile gewinnberechtigt 13

---

24 OLG Stuttgart GmbHR 00, 333, 335.
25 BGH GmbHR 08, 147.
26 BGH NZG 08, 73, 74; Scholz/*Priester* Rn. 27.
27 Baumbach/Hueck/*Servatius* Rn. 13.
28 Michalski/*Hermanns* Rn. 21.
29 *Heckschen*, DStR 01, 1437, 1444.
30 Baumbach/Hueck/*Fastrich* § 3 Rn. 57, der den Parteiwillen auch dann für maßgeblich hält, „wenn objektiv gesehen eine gesellschaftliche Bindung näher liegend oder natürlicher gewesen wäre".
31 BGH GmbHR 08, 147.
32 OLG München BB 06, 2711, 2713; *Hüffer*, AktG, § 54 Rn. 8.
33 *Roth*/Altmeppen Rn. 31.
34 Baumbach/Hueck/*Servatius* Rn. 14.
35 Als zweckmäßige Klarstellung, sofern die Zulassung dem Bezugsrecht entspricht, oder als mit dem Erhöhungsbeschluss verbundener Zulassungsbeschluss im Fall eines Bezugsrechtsausschlusses, vgl. hierzu Rn. 33 ff.

sind, in Betracht. Die Festsetzung von Anzahl u. Nennbeträgen der neuen Anteile kann auch den Geschäftsführern iRd Durchführung der Kapitalerhöhung überlassen werden.[36]

14 e) **Sacheinlagen.** Soll eine Kapitalerhöhung gegen Sacheinlagen erfolgen, müssen ihr Gegenstand u. der Nennbetrag des Geschäftsanteils, auf den sich die Sacheinlage bezieht, im Erhöhungsbeschluss festgesetzt werden, § 56 I 1 (vgl. näher die Kommentierung dort).

15 f) **Anpassung der Satzung.** Neben dem Kapitalerhöhungsbeschluss ist ein zusätzlicher Beschluss über die Anpassung der Stammkapitalziffer **nicht erforderlich.**[37] Die Kapitalerhöhung ist im GmbH-Recht vielmehr Unterfall der Satzungsänderung (→ Rn. 1), so dass der Kapitalerhöhungsbeschluss die Stammkapitalziffer automatisch ändert.[38] Die erhöhte Stammkapitalziffer ist zwar in die nach § 54 I 2 mit der Handelsregisteranmeldung einzureichende Neufassung der Satzung aufzunehmen, jedoch handelt es sich hierbei lediglich um eine den Geschäftsführern obliegende redaktionelle Zusammenstellung des Vertragstexts.[39] Bei der Kapitalerhöhung einer mit Musterprotokoll (§ 2 Ia) gegründeten UG ist zu beachten, dass die Bestimmungen des Musterprotokolls im Zusammenhang mit der Errichtung der Gesellschaft stehen, so dass sie durch Austausch der Stammkapitalziffer widersprüchlich werden u. einer Anpassung bedürfen. Diese Anpassung ist nicht vom Kapitalerhöhungsbeschluss umfasst u. bedarf eines gesonderten Satzungsänderungsbeschlusses.[40]

3. Zeitliche Aspekte

16 Ein Kapitalerhöhungsbeschluss kann wie jede Satzungsänderung bereits im **Gründungsstadium** der Gesellschaft gefasst werden, unterliegt dann jedoch dem Konsensprinzip.[41] Nach hM ist es grds. auch zulässig, eine Kapitalerhöhung im **Liquidationsstadium** zu beschließen u. durchzuführen.[42] In der Praxis ist es auch bereits vorgekommen, dass auf eine intendierte Kapitalerhöhung, also bereits vor Durchführung des Kapitalerhöhungsbeschlusses eine Leistung in Bezug auf die „künftige" Kapitalerhöhung geleistet wurde. Einer solchen „verfrühten" Leistung auf die (noch) nicht beschlossene Kapitalerhöhung kommt grundsätzlich keine Tilgungswirkung zu. Die Leistung ist insoweit rechtsgrundlos geleistet und kann allenfalls als Gesellschafterdarlehen gebucht werden für das die entwickelten Grundsätze einer verdeckten Sacheinlage (s. dort) gelten).[43] Ausnahmsweise kann eine Erfüllungswirkung im Rahmen einer Voreinzahlung dann angenommen werden,

36 *Ulmer* Rn. 26.
37 BGH NZG 08, 73, 74; Scholz/*Priester* Rn. 37; *Ulmer* Rn. 22. Dies gilt auch bei Erhöhung des Stammkapitals um einen Höchstbetrag, selbst wenn dieser nicht voll ausgeschöpft wird, vgl. *Gerber/Pilz*, GmbHR 05, 1324, 1329.
38 Rowedder/Schmidt-Leithoff/*Zimmermann* Rn. 19.
39 Scholz/*Priester* § 54 Rn. 17.
40 OLG München BB 10, 2009 mit zust. Anm. *Wachter*.
41 *Roth*/Altmeppen Rn. 9; *Ulmer* Rn. 31; Baumbach/Hueck/*Servatius* Rn. 5; MüKo-GmbHG/*Lieder* Rn. 55.
42 *Lutter*/Hommelhoff/*Bayer* Rn. 30; Scholz/*Priester* Rn. 31; *Roth*/Altmeppen Rn. 10; *Ulmer* Rn. 32; Baumbach/Hueck/*Servatius* Rn. 5.
43 BGH, DB 2016, 762 mit Anm. *Seulen/Scharf*, DB 2016, 1126.

wenn der eingezahlte Betrag im Zeitpunkt der Eintragung der Kapitalerhöhung wertmäßig noch zur freien Verfügung der Gesellschaft stand,[44] eine entsprechende Zweckbestimmung im Hinblick auf die Erfüllung der Einlageschuld vorgenommen wurde und die Leistung in einem engen zeitlichen Zusammenhang mit dem Kapitalerhöhungsbeschluss stand. Ein solcher enger zeitlicher Zusammenhang ist jedoch nicht anzunehmen, wenn die Bareinlage 2 1/2 Monate vor Beurkundung des Barkapitalerhöhungsbeschlusses geleistet wurde.[45]

Wird nach Fassung des Kapitalerhöhungsbeschlusses über das Vermögen der Gesellschaft das **Insolvenzverfahren** eröffnet, ist hins. der Bindung der Gesellschafter an die Erhöhung zu differenzieren. War die Kapitalerhöhung bei Verfahrenseröffnung bereits eingetragen, ist die Einforderung ausstehender Einlagen u. Aufgelder Sache des Insolvenzverwalters. Einen noch nicht angemeldeten Kapitalerhöhungsbeschluss darf der Insolvenzverwalter dag nicht zur Eintragung in das Handelsregister anmelden.[46] Ist der Beschluss bereits zur Eintragung in das Handelsregister angemeldet, kann das Registergericht trotz Verfahrenseröffnung die Kapitalerhöhung eintragen.[47] Nach der Rspr. können sich die Gesellschafter jedoch von der Kapitalerhöhung lösen, indem sie den Kapitalerhöhungsbeschluss mit einfacher Mehrheit aufheben u. die Geschäftsführung zur Rücknahme der Anmeldung anweisen.[48] Zum Schutz von Minderheitsgesellschaftern, die eine solche Aufhebung des Erhöhungsbeschlusses u. Anweisung an die Geschäftsführung nicht durchsetzen können, wird im Schrifttum auch die Auffassung vertreten, dass eine vor Eröffnung des Insolvenzverfahrens beschlossene Kapitalerhöhung grds. nicht mehr (weiter) durchzuführen ist.[49] Dabei wird davon ausgegangen, dass der Erhöhungsbeschluss iZw auflösend durch die Eröffnung des Insolvenzverfahrens bedingt sei[50] bzw. der Übernehmer die Möglichkeit habe, sich durch Gestaltungserklärung wegen Wegfalls der Geschäftsgrundlage vom Übernahmevertrag zu lösen.[51] Auch die Rspr. geht freilich davon aus, dass der Übernehmer den Übernahmevertrag aus wichtigem Grund kündigen kann.[52] 17

III. Durchführung

Mit Fassung des Kapitalerhöhungsbeschlusses ist das Stammkapital noch nicht erhöht u. sind die neuen Geschäftsanteile noch nicht entstanden. Dies setzt vielmehr die Durchführung der Kapitalerhöhung voraus, also die 18

44 BGH NJW RR 1996, 1249.
45 OLG Oldenburg DB 2006, 777.
46 BayObLG DB 04, 1255; Scholz/*Priester* Rn. 91; aA *Gundlach/Frenzel/Schmidt*, NZI 07, 692, 694, die darüber hinaus jede Lösungsmöglichkeit von einer vor Verfahrenseröffnung beschlossenen Kapitalerhöhung ablehnen.
47 *Ulmer* Rn. 33 mwN.
48 BGH ZIP 95, 28, 29; zust. Michalski/*Hermanns* Rn. 63; Scholz/*Priester* Rn. 36 u. 91; *Ulmer* Rn. 33; Rowedder/Schmidt-Leithoff/*Zimmermann* Rn. 25; eine solche Lösungsmöglichkeit abl. *Müller*, ZGR 04, 842, 851.
49 *Roth*/Altmeppen Rn. 10; Baumbach/Hueck/*Servatius* Rn. 5.
50 Baumbach/Hueck/*Servatius* Rn. 5.
51 *Roth*/Altmeppen Rn. 10.
52 BGH ZIP 95, 28, 29; OLG Hamm GmbHR 89, 162, 163.

Übernahme der neuen Geschäftsanteile, die Leistung der Einlagen u. die Eintragung der Kapitalerhöhung in das Handelsregister.

1. Übernahme

19 a) **Übernahmevertrag.** Die Übernahme (Zeichnung) der neuen Geschäftsanteile erfolgt durch Übernahmevertrag zwischen der Gesellschaft u. dem jeweiligen Übernehmer. Bei diesem Vertrag handelt es sich nicht um einen schuldrechtlichen Austauschvertrag, sondern um einen **mitgliedschaftlichen Vertrag**, auf dessen Grundlage der Übernehmer nach Durchführung der Kapitalerhöhung Gesellschafter wird bzw. seine Mitgliedschaft erweitert.[53]

20 Der Übernahmevertrag unterliegt grds. nicht der Form des § 15 IV. Die **Übernahmeerklärung** des Übernehmers, die regelmäßig das Angebot zum Abschluss des Vertrags darstellt,[54] bedarf nach Abs. 1 lediglich der **notariellen Beglaubigung.** In der Praxis wird die Übernahmeerklärung jedoch häufig notariell beurkundet, u. zwar durch Aufnahme in den notariellen Kapitalerhöhungsbeschluss. Dies ist zulässig, sofern der Beschluss in der Form der §§ 8, 13 BeurkG (Beurkundung von Willenserklärungen) beurkundet wird; nicht ausreichend ist die Aufnahme in einen in Form eines Tatsachenprotokolls nach § 36 BeurkG beurkundeten Beschluss.[55] Die notarielle Beurkundung der Übernahmeerklärung kann aber dann erforderlich sein, wenn diese etwa im Zusammenhang mit der Erbringung von Sacheinlagen nach § 15 IV (Übertragung von Geschäftsanteilen, Einräumung von Optionsrechten an Geschäftsanteilen) oder § 311 b I BGB (Grundstückseinbringung) formbedürftige Gegenstände enthält.[56] Gleiches gilt, wenn iR einer Barkapitalerhöhung korporationsrechtlich eine solche Sachleistung als Leistung iSv § 272 II Nr. 1 HGB beschlossen wird. Dag bleibt es bei dem Erfordernis der (bloßen) notariellen Beglaubigung, soweit die Sachleistung iSv § 272 II Nr. 4 HGB zu erbringen ist, da sich in diesem Fall die Übernahmeerklärung nicht auf die (bloß) schuldrechtliche Nebenleistung bezieht.

Analog § 2 II bedarf auch die **Vollmacht** zur Unterzeichnung des Übernahmevertrages durch Bevollmächtigte mindestens notarieller Beglaubigung.[57] **Notwendiger Inhalt** der Übernahmeerklärung sind neben dem Namen des Übernehmers u. der kapitalerhöhenden Gesellschaft der genaue Nennbetrag des übernommenen Geschäftsanteils (Abs. 2 S. 2) u. die in Bezug genommene Kapitalerhöhung, nicht dag die in § 185 I AktG genannten Angaben (insbes. der Ausgabebetrag der Geschäftsanteile).[58] In der Übernahmeerklärung **neu beitretender Gesellschafter** sind zudem sonstige Leistungen, zu denen der Neugesellschafter aufgrund der Satzung verpflichtet sein

53 Baumbach/Hueck/*Servatius* Rn. 31.
54 Auch wenn der Übernehmer durch die Gesellschaft zur Übernahme zugelassen worden ist, liegt hierin idR noch kein bindendes Angebot zum Abschluss des Übernahmevertrags, vgl. Baumbach/Hueck/*Servatius* Rn. 34.
55 *Wicke* Rn. 12; Baumbach/Hueck/*Servatius* Rn. 32.
56 S. auch: Scholz/*Priester* Rn. 55, aA wohl: OLG Frankfurt NZG 15, 875 (Ls. 1) (rev KZR 24/15). Anders also etwa soweit Patente, Know-how etc iR von Sacheinlagen eingebracht u. übernommen werden.
57 Baumbach/Hueck/*Servatius* Rn. 32.
58 Scholz/*Priester* Rn. 79 f.

soll (Nebenleistungen nach § 3 II, insbes. ein korporatives Agio, u. Nachschusspflichten nach §§ 26 ff.), ersichtlich zu machen (Abs. 2 S. 2). Es genügt grds. die Bezugnahme auf die betr. Satzungsbestimmungen bzw. den Satzungsänderungsbeschluss.[59] Die Übernahmeerklärung ist grds. **bedingungsfeindlich**, allerdings kann eine **Bindungsfrist** als auflösende Bedingung aufgenommen werden,[60] mit deren Ablauf die Wirkung der Übernahmeerklärung entspr. § 158 II BGB entfällt.[61]

Die **Annahmeerklärung** der Gesellschaft ist formfrei möglich u. kann auch 21
konkludent erfolgen, zB durch Anmeldung der Kapitalerhöhung zum Handelsregister.[62] Werden die Übernahmeerklärungen zusammen mit dem Kapitalerhöhungsbeschluss notariell beurkundet, so ist damit der Übernahmevertrag durch konkludente Annahme des Angebots zustande gekommen, einer separaten Annahmeerklärung bedarf es nicht mehr.[63]

Die Gesellschaft wird bei Abgabe der Annahmeerklärung durch die **Gesell-** 22
schafterversammlung vertreten, jedoch ist eine Ermächtigung Dritter (zB eines Geschäftsführers oder Prokuristen) durch Gesellschafterbeschluss mit einfacher Mehrheit zulässig.[64] In der Zulassung bestimmter Übernehmer liegt idR eine solche Ermächtigung der Geschäftsführung zum Abschluss des Übernahmevertrags mit den bezeichneten Personen.[65] Wegen der Zuständigkeit der Gesellschafterversammlung zur Vertretung der Gesellschaft bei Abschluss des Übernahmevertrages ist nach hM **§ 181 BGB** betroffen, wenn Geschäftsanteile durch vorhandene Gesellschafter übernommen werden.[66] Daraus folgt, dass der übernehmende Gesellschafter nicht bei der Annahme der eigenen Übernahmeerklärung durch die Gesellschafterversammlung mitwirken u. auch keine Ermächtigung (zB iR eines Zulassungsbeschlusses) zum Vertragsschluss mit sich selbst erteilen kann. Die hM behilft sich damit, dass sie in der mehrgliedrigen Gesellschaft von Vertretungsmacht der übrigen Gesellschafter ausgeht[67] u. in der Einmann-GmbH die Anwendbarkeit von § 181 BGB im Wege teleologischer Reduktion verneint.[68]

Aus dem Übernahmevertrag folgt für den **Übernehmer** die Verpflichtung 23
zur Leistung der Einlage. Diese Pflicht steht unter dem Vorbehalt des Wirksamwerdens der Kapitalerhöhung durch Eintragung im Handelsregister, die Einlageforderung ist jedoch bereits vor Eintragung iH der Mindesteinlage (hierzu → Rn. 42) fällig u. durchsetzbar.[69] Scheitert die Kapitalerhöhung oder wird der angemessene Zeitraum für eine Bindung des Übernehmers überschritten, kann der Übernehmer sich nach den Grundsätzen

59 RG JW 1912, 920 f.; Scholz/*Priester* Rn. 87.
60 Baumbach/Hueck/*Servatius* Rn. 33.
61 BGH NJW 99, 1252, 1253; 11, 2675, 2676 f.
62 *Roth*/Altmeppen Rn. 13.
63 BGH WM 66, 1262, 1263.
64 *Ulmer* Rn. 77.
65 BGHZ 49, 117, 120; Scholz/*Priester* Rn. 95.
66 Scholz/*Priester* Rn. 76; *Roth*/Altmeppen Rn. 16; *Ulmer* Rn. 78; aA Baumbach/Hueck/*Servatius* Rn. 35.
67 Michalski/*Hermanns* Rn. 87; Scholz/*Priester* Rn. 76; *Ulmer* Rn. 78 f.; Rowedder/Schmidt-Leithoff/*Zimmermann* Rn. 41.
68 LG Berlin ZIP 85, 1491, 1492; Scholz/*Priester* Rn. 77.
69 *Ulmer* Rn. 81.

des Wegfalls der Geschäftsgrundlage vom Übernahmevertrag lösen.[70] Bereits geleistete Einlagen kann er zurückfordern. Ob die Einlagen vor Eintragung der Kapitalerhöhung im Handelsregister als Eigen- oder Fremdkapital zu behandeln sind, ist str.[71] Zur Auswirkung der Eröffnung des Insolvenzverfahrens auf den Übernahmevertrag u. die Einlagepflicht → Rn. 17.

24 Die **Gesellschaft** ist aufgrund des Übernahmevertrags ggü. den Übernehmern verpflichtet, für eine zügige u. ordnungsgemäße Durchführung der Kapitalerhöhung zu sorgen.[72] Die Gesellschafter bleiben allerdings befugt, den Kapitalerhöhungsbeschluss wieder aufzuheben, woraus folgt, dass die Übernehmer keinen Erfüllungsanspruch auf Verschaffung der übernommenen Geschäftsanteile haben.[73] Die Gesellschaft kann sich im Fall schuldhaften Handelns jedoch schadensersatzpflichtig machen.[74]

25 **b) Übernahmefähigkeit.** Als Übernehmer kommen sowohl die bisherigen Gesellschafter als auch Dritte in Betracht (vgl. Abs. 2 S. 1). Übernahmefähig ist grds. jede natürliche oder juristische Person.[75] Auch Personenhandelsgesellschaften (OHG, KG), Gesellschaften bürgerlichen Rechts, nichtrechtsfähige Vereine u. Vor-GmbHs können sich an einer Kapitalerhöhung beteiligen u. neue Geschäftsanteile übernehmen.[76]

26 **Minderjährige** werden bei der Übernahme durch ihre **gesetzlichen Vertreter** vertreten. § 181 BGB steht nach hM dem Abschluss des Übernahmevertrags auch dann nicht entgg, wenn die gesetzlichen Vertreter Gesellschafter sind[77] oder ebenfalls neue Geschäftsanteile übernehmen.[78] Ein Erfordernis **familien- bzw. vormundschaftsgerichtlicher Genehmigung** folgt zwar nicht aus §§ 1643 I, 1822 Nr. 3 BGB (Erwerb eines Erwerbsgeschäfts bzw. Gesellschaftsvertrag zum Betrieb eines Erwerbsgeschäfts), kann sich aber aus §§ 1643 I, 1822 Nr. 10 BGB (Übernahme einer fremden Verbindlichkeit) ergeben.[79] Hierfür soll das Risiko zukünftiger Haftung aus §§ 24, 31 (aufgrund künftiger Kapitalerhöhungen) nicht ausreichen, wohl aber das Risiko einer solchen Haftung aufgrund nicht volleinbezahlter bestehender oder iRd gegenwärtigen Kapitalerhöhung ausgegebener Geschäftsanteile.[80] Darüber hinaus soll wegen der drohenden Differenzhaftung im Fall der Überwertung von Sacheinlagen (§ 56 II iVm § 9) eine gerichtliche Genehmigung

70 BGH NZG 15, 1396, 1397: Rücktrittsrecht nach § 313 III BGB.
71 Vgl. die Nachweise bei Scholz/*Priester* Rn. 99 Fn. 5, der solange von einer Behandlung als Eigenkapital ausgeht, wie von einer Eintragung ausgegangen werden kann.
72 Baumbach/Hueck/*Servatius* Rn. 38.
73 BGHZ 140, 258, 260; *Ulmer* Rn. 80; Baumbach/Hueck/*Servatius* Rn. 38.
74 BGH NZG 15, 1396, 1399; Baumbach/Hueck/*Servatius* Rn. 38.
75 Scholz/*Priester* Rn. 104.
76 *Ulmer* Rn. 58 f.
77 Insoweit geht die hM davon aus, dass die Gesellschaft bei Abschluss des Übernahmevertrags durch die übrigen Gesellschafter vertreten wird, vgl. Rn. 22. Auch nach hM bedarf es jedoch der Bestellung eines Ergänzungspflegers, vgl. Michalski/*Hermanns* Rn. 77; Scholz/*Priester* Rn. 106 (wenn gesetzliche Vertreter Alleingesellschafter sind).
78 Dies folgt daraus, dass Übernahmeverträge jeweils zwischen der Gesellschaft u. den einzelnen Übernehmern geschlossen werden, nicht jedoch zwischen den Übernehmern.
79 Scholz/*Priester* Rn. 107; *Ulmer* Rn. 56 f.
80 BGHZ 107, 23, 25 ff.

immer dann erforderlich sein, wenn andere Übernehmer iRd Kapitalerhöhung Sacheinlagen erbringen.[81]

Anders als bei der Kapitalerhöhung aus Gesellschaftsmitteln (vgl. § 57 c I) kann die **Gesellschaft selbst** bei einer effektiven Kapitalerhöhung keine Geschäftsanteile übernehmen. Inwieweit dies auch für von der Gesellschaft **abhängige Unternehmen** gilt, ist nicht abschließend geklärt. Nach hM scheidet für abhängige (§ 17 AktG) u. im Mehrheitsbesitz stehende (§ 16 I AktG) Unternehmen eine Teilnahme an der Kapitalerhöhung entspr. § 56 II AktG aus.[82] Da dieses Verbot auf dem Gedanken beruht, dass die Gesellschaft bei Übernahme von Geschäftsanteilen durch eine Tochtergesellschaft die Einlage im Verhältnis ihrer Beteiligung an der Tochter wirtschaftlich selbst übernehmen würde, wird teilw. zu Recht vorgeschlagen, das Verbot auf Fälle zu beschränken, in denen die Abhängigkeit auf kapitalmäßiger Beteiligung beruht.[83] Die maßgebliche Beteiligungsquote ist wiederum umstritten.[84] 27

c) **Bezugsrecht und Zulassung.** Das GmbHG kennt im Gegensatz zum AktG (§ 186 AktG) kein gesetzliches Bezugsrecht der Gesellschafter. Hiervon ausgehend ist nach herkömmlicher, früher einhellig vertretener, heute aber in die Minderheit geratener Auffassung[85] stets ein Zulassungsbeschluss erforderlich, aus dem sich die Personen der Übernehmer ergeben. Aus der Ablehnung eines gesetzlichen Bezugsrechts folgt auch nach herkömmlicher Auffassung jedoch nicht, dass die Gesellschafter in der Wahl der Übernehmer frei sind. Ein rechtliches Interesse der Gesellschafter an der Beibehaltung ihrer Beteiligungsquoten wird vielmehr ausdrücklich anerkannt u. der Zulassungsbeschluss engen Schranken durch das Gleichbehandlungsgebot u. die gesellschaftliche Treuepflicht unterworfen.[86] Wenngleich der Wortlaut des Abs. 2 die herkömmliche Auffassung nahelegt, wird ein ungeschriebenes gesetzliches Bezugsrecht der Gesellschafter entspr. § 186 AktG durch die heute **hM** anerkannt.[87] Dem ist aus Gründen des effizienteren Schutzes der (Minderheits-)Gesellschafter[88] zuzustimmen. Jeder Gesellschafter hat daher einen Anspruch darauf, im Verhältnis seiner bisherigen Beteiligung am Stammkapital der Gesellschaft einen Anteil am Erhöhungsbetrag zu übernehmen. Sollen die vorhandenen Gesellschafter die neuen Geschäftsanteile ihrem Bezugsrecht entspr. übernehmen, ist ein gesonderter Zulassungsbeschluss nicht erforderlich; aus Gründen der Klar- 28

81 Scholz/*Priester* Rn. 108.
82 *Ulmer* Rn. 63; Baumbach/Hueck/*Servatius* Rn. 19.
83 So Scholz/*Priester* Rn. 111 f.; Rowedder/Schmidt-Leithoff/*Zimmermann* Rn. 28; aA *Ulmer* Rn. 63; Baumbach/Hueck/*Servatius* Rn. 19.
84 Für 50 %: Scholz/*Priester* Rn. 112; Rowedder/Schmidt-Leithoff/*Zimmermann* Rn. 28. Mehr als 25 % fordert *Lutter*/Hommelhoff/*Bayer* Rn. 34 sowie § 33 Rn. 41. Jede Beteiligung genügen lässt Michalski/*Hermanns* Rn. 82.
85 So heute va noch *Ulmer* Rn. 45 ff.; Rowedder/Schmidt-Leithoff/*Zimmermann* Rn. 26; ähnl *Roth*/Altmeppen Rn. 23 ff.
86 Näher *Ulmer* Rn. 51 f.
87 Grdlg. *Priester*, DB 80, 1925. Weiter Michalski/*Hermanns* Rn. 39; *Lutter*/Hommelhoff/*Bayer* Rn. 17; Scholz/*Priester* Rn. 42 ff.; Baumbach/Hueck/*Servatius* Rn. 20. Auch der BGH geht wohl von einem ungeschriebenen gesetzlichen Bezugsrecht der Gesellschafter aus, vgl. BGH NZG 05, 551.
88 Hierzu Baumbach/Hueck/*Servatius* Rn. 20.

stellung ist die Angabe der Übernehmer im Erhöhungsbeschluss jedoch zu empfehlen.[89]

29 d) **Ausübung des Bezugsrechts.** Die Gesellschafter üben ihr Bezugsrecht durch Abgabe der Übernahmeerklärung (→ Rn. 20) in der Form des Abs. 1 aus. Die Abgabe der Erklärung hat innerhalb einer angemessenen **Frist** zu erfolgen, die auch durch die Gesellschaft, regelmäßig im Kapitalerhöhungsbeschluss, festgesetzt werden kann. Die festgesetzte Frist sollte entspr. § 186 I 2 AktG mindestens zwei Wochen betragen.[90] Mit Fristablauf erlischt das Bezugsrecht, was jedoch die Zulassung des betr. Gesellschafters zur Übernahme selbstverständlich nicht ausschließt.[91]

30 Das Bezugsrecht kann für jeden Geschäftsanteil gesondert ausgeübt werden.[92] Nach zutr. Ansicht ist auch eine **teilw. Ausübung** des Bezugsrechts (in Bezug auf einen Geschäftsanteil) zulässig, sofern dies nicht im Einzelfall als treuwidrig erscheint.[93] Der BGH hat dag entschieden, dass in der personalistischen GmbH keine Pflicht der Gesellschaftermehrheit bestehe, Gesellschaftern in Abweichung von ihrer bisherigen Beteiligungsquote ein Bezugsrecht für eine kleinere Beteiligung einzuräumen.[94] Diese Auffassung erscheint jedenfalls unter Geltung des MoMiG schwer aufrechtzuerhalten zu sein: Hält ein Gesellschafter, zB aufgrund einer nunmehr zulässigen Vorratsteilung, eine Vielzahl an Ein-Euro-Anteilen, kann er durch Ausübung des „vollen" Bezugsrechts aus nur einem Teil dieser Geschäftsanteile eine partielle Bezugsrechtsausübung im Hinblick auf seine Gesamtbeteiligung erreichen. Hält der Gesellschafter nur einen Geschäftsanteil, kann kaum etwas anderes gelten (vgl. auch → § 58 a Rn. 30).

31 Haben nicht alle Gesellschafter ihr Bezugsrecht (vollständig) innerhalb der bemessenen Frist ausgeübt, steht der verbleibende Erhöhungsbetrag den Gesellschaftern, die ihr Bezugsrecht (vollständig) ausgeübt haben, im Verhältnis ihrer Beteiligung an der Gesellschaft untereinander iR einer **„zweiten Runde"** zu.[95] Für diese kann eine kürzere Frist als für die „erste Runde" gesetzt werden.

32 Verbleibt auch danach ein **unausgenutzter Rest**, so ist zu unterscheiden: Ist die Erhöhung um einen Höchstbetrag beschlossen worden, ist die Kapitalerhöhung im Umfang der Ausübung des Bezugsrechts weiter durchzuführen. Im Fall der Erhöhung um einen Festbetrag müssen die Gesellschafter beschließen, ob u. wie die Kapitalerhöhung weiter durchgeführt werden soll. In Betracht kommen die Fassung eines **Anpassungsbeschlusses**, durch

89 Scholz/*Priester* Rn. 41.
90 Abw. OLG Bremen GmbHR 10, 1152, 1153 f., das im Einzelfall die Regelung, die Ausübung des Bezugsrechts auf den Tag des Erhöhungsbeschlusses zu beschränken, für zulässig hält.
91 Baumbach/Hueck/*Servatius* Rn. 23.
92 Baumbach/Hueck/*Servatius* Rn. 21.
93 Eingehend *Priester*, GmbHR 05, 1013; ebenso Scholz/*Priester* Rn. 48; *Lutter*/Hommelhoff/*Bayer* Rn. 19; ähnl *Ulmer* Rn. 50; aA Baumbach/Hueck/*Servatius* Rn. 21.
94 BGH NZG 05, 551, 552 f.; ähnl Baumbach/Hueck/*Servatius* Rn. 21.
95 Scholz/*Priester* Rn. 51; Baumbach/Hueck/*Servatius* Rn. 24. Eine automatische Anwachsung abl. *Kühne/Dietel*, NZG 09, 15, 16. Nach *Lutter*/Hommelhoff/*Bayer* Rn. 43 entscheiden die Gesellschafter, wie die Restbeträge zu verteilen sind.

den der Erhöhungsbetrag entspr. ausgeübter Bezugsrechte abgesenkt wird, oder eines **Zulassungsbeschlusses**, auf dessen Grundlage der unausgenutzte Restbetrag Dritten zur Übernahme angeboten wird.[96] Wird ein entspr. Beschluss nicht gefasst u. ist die Vorgehensweise auch nicht bereits im Vorfeld beschlossen worden, ist die Kapitalerhöhung gescheitert.

e) **Bezugsrechtsauschluss.** Da das GmbHG kein gesetzliches Bezugsrecht 33 der Gesellschafter vorsieht, fehlen auch Regelungen zu dessen Ausschluss. Dass das Bezugsrecht seine Grenzen in überwiegenden Belangen der Gesellschaft findet u. daher grds. ausgeschlossen werden kann, steht außer Frage.[97] Als Eingriff in das Mitgliedschaftsrecht sind an einen Bezugsrechtsausschluss jedoch strenge formelle u. materielle Anforderungen zu stellen; aufgrund der regelmäßig personalistischen Struktur der GmbH tendenziell sogar strengere als im Aktienrecht.

Soll das Bezugsrecht der Gesellschafter ausgeschlossen werden, sind folgen- 34 de **formelle Anforderungen** zu beachten:

- Der Bezugsrechtsausschluss muss im Kapitalerhöhungsbeschluss erfolgen (§ 186 III 1 AktG analog).[98]
- Daraus folgt, dass für den Bezugsrechtsausschluss die Form- u. Mehrheitserfordernisse des Kapitalerhöhungsbeschlusses gelten.[99]
- Der geplante Bezugsrechtsausschluss ist ausdrücklich zur Tagesordnung anzukündigen (§ 51 II).[100]
- Die Gesellschafter sind über Grund u. Notwendigkeit des Bezugsrechtsausschlusses, die Person, die zur Übernahme der Geschäftsanteile zugelassen werden soll, u. den Ausgabepreis ausreichend zu informieren.[101] Ob analog § 186 IV AktG ein schriftlicher Bericht vorgelegt werden muss, ist umstritten.[102] Der Praxis ist zu empfehlen, den Bezugsrechtsausschluss möglichst schriftlich umfassend zu begründen.

---

96 Baumbach/Hueck/*Servatius* Rn. 24.
97 Statt aller Scholz/*Priester* Rn. 54.
98 Baumbach/Hueck/*Servatius* Rn. 25.
99 Nach Baumbach/Hueck/*Servatius* Rn. 25 soll neben der Dreiviertelmehrheit der abgegebenen Stimmen analog § 186 III AktG auch Dreiviertel-Kapitalmehrheit erforderlich sein. Dag überzeugend Scholz/*Priester* Rn. 61; ebenso *Lutter*/Hommelhoff/*Bayer* Rn. 21.
100 Scholz/*Priester* Rn. 61; Baumbach/Hueck/*Servatius* Rn. 25.
101 *Lutter*/Hommelhoff/*Bayer* Rn. 21.
102 So Baumbach/Hueck/*Servatius* Rn. 25; *Heckschen*, DStR 01, 1437, 1440; *Lutter*/Hommelhoff/*Bayer* Rn. 21. Abl. Scholz/*Priester* Rn. 61 a, der vom konkreten Informationsbedürfnis der Gesellschafter ausgehend eine schriftliche Begründung desto eher für erforderlich hält, je größer der jeweilige Eingriff ist.

35 Der Bezugsrechtsausschluss unterliegt zudem folgenden **materiellen Schranken:**[103]

- Zunächst muss ein **Sachgrund** für den Ausschluss des Bezugsrechts vorliegen, dh der Ausschluss muss einen Zweck verfolgen, der im Gesellschaftsinteresse[104] liegt.
- Der Bezugsrechtsausschluss muss zudem zur Erreichung des verfolgten Zwecks **erforderlich** sein, es dürfen also keine anderen, das Mitgliedschaftsrecht der Gesellschafter schonenderen Mittel in Betracht kommen.
- Zuletzt muss der Bezugsrechtsausschluss **verhältnismäßig** sein, dh der Nachteil der Gesellschafter darf nicht außer Verhältnis zum Vorteil der Gesellschaft stehen.

36 Ein geeigneter Sachgrund kann insbes. vorliegen, wenn eine **Sacheinlage** durch einen bestimmten Übernehmer erbracht werden soll. Den Ausschluss des Bezugsrechts rechtfertigt dies jedoch nur dann, wenn dieser auch erforderlich u. angemessen ist, etwa weil die Gesellschaft den Gegenstand der Sacheinlage nach vernünftigen kaufmännischen Überlegungen dringend benötigt u. nicht durch Kauf erwerben kann.[105] Die Einbringung („**Umwandlung**") von Verbindlichkeiten der Gesellschaft als Sacheinlage (zB iR eines sog. „debt-equity-swap" durch Abtretung der Forderung an die Gesellschaft oder durch Erlassvertrag) rechtfertigt dag einen Bezugsrechtsausschluss grds. nicht.[106] Etwas anderes kann in Sanierungsfällen gelten, da eine **Sanierung** der Gesellschaft stets in deren Interesse liegt, oder wenn einlagebereite Gesellschafter nicht vorhanden sind (dann sollte in der Praxis auf das Bezugsrecht verzichtet werden). Die Aufnahme eines neuen Mehrheitsgesellschafters zu Sanierungszwecken kann daher einen Bezugsrechtsausschluss rechtfertigen.[107] Ebenfalls als Sachgrund anzuerkennen sind **Kooperationsinteressen** der Gesellschaft (die zB durch Anteilstausch verwirklicht werden sollen) oder von einem Neugesellschafter zu erbringende besondere **zusätzliche Leistungen** wie die Einbringung von Knowhow oder geschäftlichen Beziehungen.[108] In allen Fällen sind jedoch die Interessen der Gesellschaft im Einzelfall mit den Interessen der Gesellschafter an der Wahrung ihrer Beteiligungsquoten unter den Gesichtspunkten der

---

103 Zu dieser Systematisierung Baumbach/Hueck/*Servatius* Rn. 26; ähnl *Lutter*/Hommelhoff/*Bayer* Rn. 22 („erforderlich, dafür geeignet und angemessen") u. Scholz/*Priester* Rn. 54 („erforderlich und verhältnismäßig").

104 Zum Aktienrecht BGHZ 136, 133, 140 – Siemens/Nold II („wohl verstandenen Interesse der Gesellschaft"); 71, 40 – Kali+Salz; 83, 319 – Philipp Holzmann; 125, 239 – Deutsche Bank.

105 Baumbach/Hueck/*Servatius* Rn. 27.

106 Scholz/*Priester* Rn. 58, der zutr. darauf hinweist, dass in diesem Fall einlagebereite (Mit-) Gesellschafter grds. die Wahrung ihrer Beteiligungsquote verlangen können, notfalls durch eine zusätzlich zu beschließende Barkapitalerhöhung. Ob der von *Priester* daneben vorgeschlagene Weg einer einzigen Barkapitalerhöhung mit anschließender Rückführung der Verbindlichkeiten unter Kapitalaufbringungsgesichtspunkten (verdeckte Sacheinlage) stets gangbar ist, darf allerdings bezweifelt werden. S. zum Bezugsrecht der Gesellschafter iR eines „dept-equity-swap" im Insolvenzplanverfahren nach ESUG ausf. *Simon/Merkelbach*, NZG 12, 121, 125 ff.

107 *Lutter*/Hommelhoff/*Bayer* Rn. 22; *Nentwig*, GmbHR 12, 664, 668.

108 Scholz/*Priester* Rn. 58.

Erforderlichkeit u. Angemessenheit abzuwägen. Sind von einem Bezugsrechtsausschluss nur **einzelne Gesellschafter** betroffen, sind besonders strenge Anforderungen zu stellen.[109] Ist hiernach ein Bezugsrechtsausschluss gerechtfertigt, scheidet auch ein Verstoß gegen den Gleichbehandlungsgrundsatz aus.[110]

f) Verletzung des Bezugsrechts. Die Verletzung des gesetzlichen Bezugsrechts durch den Kapitalerhöhungsbeschluss, die auch durch Festsetzung eines übermäßig hohen Agios erfolgen kann (→ Rn. 10), führt analog § 243 I AktG zur **Anfechtbarkeit** des Beschlusses wegen Gesetzesverstoßes.[111] Das Vorliegen der materiellen Voraussetzungen eines Bezugsrechtsausschlusses hat nach überw. Auffassung im Schrifttum die Gesellschaft nachzuweisen.[112] 37

Wird das Bezugsrecht durch den Kapitalerhöhungsbeschluss nicht berührt, so kann das damit entstehende konkrete Bezugsrecht der Gesellschafter nicht mehr beseitigt werden (vgl. § 186 III AktG). Eine spätere Zulassung anderer als der Bezugsberechtigten zur Übernahme der neuen Geschäftsanteile führt zur **Unwirksamkeit** des Zulassungsbeschlusses.[113] 38

g) Zulassungsbeschluss. Eines Zulassungsbeschlusses bedarf es neben dem Kapitalerhöhungsbeschluss nur, soweit das Bezugsrecht der Gesellschafter ausgeschlossen oder der Erhöhungsbetrag nicht vollständig entspr. dem Bezugsrecht übernommen wird (vgl. auch → Rn. 32).[114] Wird nur das Bezugsrecht einzelner Gesellschafter ausgeschlossen u. soll deren Quote den übrigen Gesellschaftern zuwachsen, erübrigt sich ein Zulassungsbeschluss.[115] 39

Der Zulassungsbeschluss ist ein korporationsrechtlicher Akt u. fällt als solcher in die Zuständigkeit der Gesellschafter, jedoch können die Gesellschafter auch die Geschäftsführung zur Auswahl der Übernehmer ermächtigen.[116] Die Gesellschafterversammlung entscheidet grds. **formlos** mit **einfacher Mehrheit** über die Zulassung.[117] Sind die Geschäftsanteile der Gesellschaft vinkuliert, bedarf der Zulassungsbeschluss dag derselben Mehrheit wie der Zustimmungsbeschluss zur Anteilsveräußerung.[118] Nach hM unterliegt ein Gesellschafter, zu dessen Gunsten eine bezugsrechtsabweichende Zuteilung erfolgt, keinem **Stimmverbot** nach § 47 IV.[119] 40

---

109 *Lutter*/Hommelhoff/*Bayer* Rn. 23.
110 Baumbach/Hueck/*Servatius* Rn. 27.
111 Michalski/*Hermanns* Rn. 55; Scholz/*Priester* Rn. 66.
112 *Bayer/Illhardt*, GmbHR 11, 751, 761; *Lutter*/Hommelhoff/*Bayer* Rn. 25; MüKo-GmbHG/*Lieder* Rn. 102; vgl. jedoch zum Aktienrecht BGH NJW 78, 1316: Aktionär ist beweispflichtig.
113 *Lutter*/Hommelhoff/*Bayer* Rn. 26; Scholz/*Priester* Rn. 68.
114 Baumbach/Hueck/*Servatius* Rn. 28; aA freilich die Vertreter der herkömmlichen Auffassung zum Bezugsrecht (Rn. 28), insbes. *Ulmer* Rn. 49; Rowedder/Schmidt-Leithoff/*Zimmermann* Rn. 29.
115 *Lutter*/Hommelhoff/*Bayer* Rn. 27; Baumbach/Hueck/*Servatius* Rn. 28.
116 Baumbach/Hueck/*Servatius* Rn. 28.
117 Scholz/*Priester* Rn. 62; Rowedder/Schmidt-Leithoff/*Zimmermann* Rn. 27.
118 Baumbach/Hueck/*Servatius* Rn. 28.
119 *Lutter*/Hommelhoff/*Bayer* Rn. 29; Scholz/*Priester* Rn. 63; *Ulmer* Rn. 40; Rowedder/Schmidt-Leithoff/*Zimmermann* Rn. 27; aA Baumbach/Hueck/*Servatius* Rn. 29.

2. Einlagepflicht und -leistung

41 Mit Abschluss des Übernahmevertrags entsteht die Pflicht zur Leistung der Einlage (näher → Rn. 23). Der Einlageanspruch der Gesellschaft verjährt gem. Abs. 4 iVm § 19 VI in 10 Jahren von seiner Entstehung an.

42 Für die Leistung der Einlagen gilt § 19 unmittelbar u. insg., also über die beschränkte Verweisung in § 56 a hinaus.[120] Bareinlagen sind vor Anmeldung der Kapitalerhöhung zur Eintragung im Handelsregister mindestens zu einem Viertel, Sacheinlagen vollständig zu erbringen, §§ 56 a, 7 II 1, III (vgl. näher die Kommentierung zu § 56 a). Selbstverständlich ist die Bewirkung der Eintragung einer Kapitalerhöhung in das Handelsregister mittels gefälschter Bankbestätigung zum Nachweis der geleisteten Bareinlage strafbar.[121]

3. Anmeldung, Eintragung

43 Mit Eintragung im Handelsregister wird die Kapitalerhöhung wirksam, § 54 III. Zur Anmeldung der Kapitalerhöhung zum Handelsregister sowie zu den Folgen der Eintragung für Mängel des Kapitalerhöhungsbeschlusses oder des Übernahmevertrags vgl. die Kommentierung bei § 57.

IV. Geschäftsanteile

44 Mit Wirksamwerden der Kapitalerhöhung entstehen die neuen Geschäftsanteile unmittelbar **in der Hand der Übernehmer**. Diese können vorbehaltlich einer Vinkulierungsklausel in der Satzung der Gesellschaft bereits vor Wirksamwerden der Kapitalerhöhung über die (zukünftigen) Geschäftsanteile verfügen; in diesem Fall findet ein Durchgangserwerb in der Hand des Übernehmers statt, dh dieser haftet auf Volleinzahlung der Einlage.[122]

45 Nach Abs. 3 erwerben bestehende Gesellschafter einen[123] weiteren Geschäftsanteil. Nach heute einhelliger Meinung kann der Kapitalerhöhungsbeschluss jedoch auch die **Aufstockung** bestehender Anteile vorsehen, sofern (i) sie volleingezahlt sind u. eine Nachschusspflicht nicht besteht oder (ii) sie sich noch in der Hand der Gründer oder ihrer Gesamtrechtsnachfolger befinden oder (iii) wegen Ablaufs der Frist des § 22 III allein der derzeitige Inhaber für die ausstehende Einlage haftet.[124] Auch **Kombinationen** aus Ausgabe neuer u. Aufstockung bestehender Geschäftsanteile sind möglich, u. zwar auch bezüglich des von einem Gesellschafter zu übernehmenden Erhöhungsbetrages (vgl. zur nominellen Kapitalerhöhung auch → § 57 h Rn. 7).

V. Vorverträge

46 Unproblematisch möglich sind vertragliche Verpflichtungen (Stimmbindungsvereinbarungen) der Gesellschafter untereinander, eine Kapitalerhö-

120 *Roth*/Altmeppen Rn. 39; Baumbach/Hueck/*Servatius* Rn. 48.
121 BGH DB 2016, 2541 ff.
122 Baumbach/Hueck/*Servatius* Rn. 44.
123 Nach Abs. 4 iVm § 5 II 2 ist es nun auch möglich, dass ein Übernehmer mehrere Geschäftsanteile übernimmt.
124 Scholz/*Priester* Rn. 24; Baumbach/Hueck/*Servatius* Rn. 46; nunmehr bestätigt durch BGH MittBayNot 13, 493, 494.

hung zu beschließen. Die hM erkennt grds. auch die Möglichkeit an, dass sich die Gesellschaft **ggü. Dritten** verpflichtet, eine **Kapitalerhöhung zu beschließen.**[125] Einer besonderen Form unterliegen solche Verträge nicht.[126] Zu beachten ist, dass die Geschäftsführer zum Abschluss solcher Verträge nicht vertretungsberechtigt sind. Die Gesellschafter können allerdings die Geschäftsführung durch mit satzungsändernder Mehrheit zu fassenden Beschluss dazu ermächtigen, einen solchen Vertrag zu schließen.[127] Der Dritte kann die Gesellschaft aus dem Vertrag auf Erfüllung verklagen u. nach § 894 ZPO vollstrecken.[128]

Möglich ist daneben die **Zusicherung neuer**, durch Kapitalerhöhung zu 47
schaffender **Geschäftsanteile.** Zuständig für eine solche Zusage ist die Gesellschafterversammlung, die durch Beschluss mit satzungsändernder Mehrheit entscheidet.[129] In dem Beschluss kann die Geschäftsführung zur Erteilung der Zusicherung ermächtigt werden. Die Zusicherung durch die Geschäftsführung steht jedoch unter den Rechtsbedingungen, dass (i) die Kapitalerhöhung beschlossen wird u. (ii) (wie bei § 187 I AktG) Bezugsrechte der Gesellschafter nicht entgegenstehen.[130] Ein durchsetzbarer Erfüllungsanspruch auf Durchführung der Kapitalerhöhung entsteht aus der Zusicherung selbst nicht.[131] Da eine solche mangels Anwendbarkeit von § 187 II AktG aber bereits vor Fassung des Kapitalerhöhungsbeschlusses gegeben werden kann,[132] lässt sie sich vertraglich mit der Verpflichtung der Gesellschaft zum Beschluss über eine Kapitalerhöhung (→ Rn. 46) verbinden.

Umgekehrt können sich die Gesellschafter bzw. Dritte ggü. der Gesellschaft 48
zur Übernahme von Geschäftsanteilen aus einer späteren Kapitalerhöhung, also zur Abgabe einer Übernahmeerklärung, verpflichten. Bindend ist eine solche Verpflichtung für den Übernehmer nur, wenn die Erfordernisse des § 55 eingehalten werden, so dass insbes. notarielle Beglaubigung der Erklärung erforderlich ist.[133]

---

125 *Lutter*/Hommelhoff Rn. 7; Scholz/*Priester* Rn. 116; *Ulmer* Rn. 35.
126 Scholz/*Priester* Rn. 116 u. § 53 Rn. 36.
127 Str. ist, welche Anforderungen an den Beschluss zu stellen sind. Nach der hier vertretenen Auffassung bedarf der Beschluss satzungsändernder Mehrheit, unterliegt jedoch nicht den sonstigen für die Satzungsänderung geltenden Erfordernissen. Wie hier Michalski/*Hoffmann* § 53 Rn. 50, der bereits die Eintragungsfähigkeit ablehnt; *Ulmer* § 53 Rn. 42; *Sieger/Schulte*, GmbHR 02, 1050, 1052. Notarielle Beurkundung u. Eintragung in das Handelsregister fordern Lutter/Hommelhoff/*Bayer* § 53 Rn. 41; ähnl Scholz/*Priester* § 53 Rn. 35.
128 *Fleck*, ZGR 88, 104, 115; Lutter/Hommelhoff/*Bayer* § 53 Rn. 41; Scholz/*Priester* § 53 Rn. 35; *Ulmer* § 53 Rn. 42.
129 Ähnl *Ulmer* Rn. 92, der grds. einfache Mehrheit genügen lässt u. Dreiviertelmehrheit nur dann fordert, wenn die Zusicherung das Bezugsrecht (nach der von *Ulmer* vertretenen herkömmlichen Ansicht zum Bezugsrecht die „Bezugsanwartschaft") berührt. Dies wird indes der Regelfall sein.
130 Scholz/*Priester* Rn. 118.
131 Rowedder/Schmidt-Leithoff/*Zimmermann* Rn. 48.
132 Scholz/*Priester* Rn. 118.
133 Baumbach/Hueck/*Servatius* Rn. 40.

49 Nach einem neueren Ansatz in der Rspr.,[134] der in der Lit. überw. auf Zustimmung gestoßen ist,[135] kann es im Vorfeld einer Kapitalerhöhung zu einer „**Vorbeteiligungsgesellschaft**" kommen, für die die Regelungen der Vorgründungsgesellschaft (→ § 11 Rn. 31 ff.) entspr. Anwendung finden sollen. Wie die Vorgründungsgesellschaft ist auch die „Vorbeteiligungsgesellschaft" nicht als Regelfall oder gar als zwingendes Durchgangsstadium einer Kapitalerhöhung anzusehen. Vielmehr bedarf es auch hier eines feststellbaren Willens der Beteiligten zum Abschluss eines entspr. Gesellschaftsvertrags. Dies setzt zumindest konkrete Verhandlungen u. Planungen der Beteiligten (nicht nur bloße Vorgespräche) sowie im Einvernehmen der Beteiligten getätigte Aufwendungen für den gemeinsamen Zweck voraus.[136] Soweit das Vorliegen einer Vorbeteiligungsgesellschaft im Einzelfall zu bejahen ist, besteht die Rechtsfolge va in der persönlichen Haftung der Beteiligten gem. § 128 HGB (analog) für die zum gemeinsamen Zweck getätigten Aufwendungen sowie in Ausgleichs-/ Auseinandersetzungsansprüchen der Beteiligten untereinander gem. §§ 730 ff. BGB. Bedeutung dürfte diese Rechtsfigur insbes. bei einem Scheitern der Kapitalerhöhung erlangen, da in diesem Fall anderweitige Ansprüche, etwa aus vorvertraglicher Pflichtverletzung gem. §§ 311 II, 241 II BGB, nur selten erfolgversprechend sein werden.

§ 55 a Genehmigtes Kapital

(1) [1]Der Gesellschaftsvertrag kann die Geschäftsführer für höchstens fünf Jahre nach Eintragung der Gesellschaft ermächtigen, das Stammkapital bis zu einem bestimmten Nennbetrag (genehmigtes Kapital) durch Ausgabe neuer Geschäftsanteile gegen Einlagen zu erhöhen. [2]Der Nennbetrag des genehmigten Kapitals darf die Hälfte des Stammkapitals, das zur Zeit der Ermächtigung vorhanden ist, nicht übersteigen.

(2) Die Ermächtigung kann auch durch Abänderung des Gesellschaftsvertrags für höchstens fünf Jahre nach deren Eintragung erteilt werden.

(3) Gegen Sacheinlagen (§ 56) dürfen Geschäftsanteile nur ausgegeben werden, wenn die Ermächtigung es vorsieht.

Schrifttum

Bayer/Hoffmann/Lieder, Ein Jahr MoMiG in der Unternehmenspraxis, Rechtstatsachen zu Unternehmergesellschaft, Musterprotokoll, genehmigtes Kapital, GmbHR 2010, 9; *Böhringer*, Das neue GmbH-Recht in der Notarpraxis, BWNotZ 2008, 104; *Bormann/Urlichs*, Kapitalaufbringung und Kapitalerhaltung nach dem MoMiG, GmbHR-Sonderheft Oktober 2008, 37; *Bunnemann/Zirngibl*, Die Gesellschaft mit beschränkter Haftung in der Praxis, 2. Aufl 2011; *Cramer*, Das genehmigte Kapital der GmbH nach dem MoMiG, GmbHR 2009, 406; *Ehlke*, Stammkapitalerhöhung bis zum 31.12.1985 oder Auflösung, GmbHR 1985, 284; *Gustavus/Böhringer/Melchior*, Handelsregister-Anmel-

134 OLG Schleswig GmbHR 14, 1317.
135 Zust. *Priester*, GWR 14, 405; *Lieder*, DStR 14, 2464; *Cranshaw*, jurisPR-HaGesR 10/14 Anm. 4; krit. *Rüppell/Hoffmann*, EWiR 14, 583.
136 Ähnl *Priester*, GWR 14, 405; ausf. zu den Voraussetzungen *Lieder*, DStR 14, 2464, 2467 ff., der ua einen Zweck verlangt, der über die bloße Stammkapitalerhöhung hinausgeht.

dungen, Wegweiser mit Übersichten und Rechtsprechungs-Leitsätzen zum Registerrecht, 7. Aufl 2009; *Hasselmann*, Die Gesellschafterliste nach § 40 GmbHG, Inhalt und Zuständigkeit, NZG 2009, 449; *Heckschen*, Agio und Bezugsrechtsausschluss bei der GmbH, DStR 2001, 1437; *ders*, Das MoMiG in der notariellen Praxis,2009; *Herrler*, Aktuelles zur Kapitalerhöhung bei der GmbH, DNotZ 2008, 903; *Katschinski/Rawert*, Stangenware versus Maßanzug. Vertragsgestaltung im GmbH-Recht nach Inkrafttreten des MoMiG, ZIP 2008, 1993; *Klett*, Das genehmigte Kapital bei der GmbH. Praxisfragen zu Hintergrund und Verfahren des neuen § 55 a GmbHG, GmbHR 2008, 1312; *Kramer*, Praxisfragen und Gestaltungshinweise zur Nutzung des genehmigten Kapitals bei der GmbH, GmbHR 2015, 1073; *Krauß/Weise*, Beck'sche Online-Formulare Vertragsrecht, Stand: 1.6.2015, 34. Edition 15; *Lieder*, Der Einfluss des genehmigten Kapitals auf die Dogmatik des GmbH-Rechts, ZGR 2010, 868; *ders*, Grund- und Zweifelsfragen des genehmigten Kapitals der GmbH, DNotZ 2010, 655; *Lips/Randel/Werwigk*, Das neue GmbH-Recht – Ein Überblick, DStR 2008, 2220; *Nietsch*, Die Flexibilisierung der Kapitalaufnahme bei der GmbH, FS Schneider, 2011, 873; *Plückelmann*, Genehmigtes Kapital nun auch bei der GmbH, AnwZert HaGesR 6/2009, Anm 1; *Priester*, Genehmigtes Kapital bei der GmbH. Das MoMiG beschert uns einen neuen § 55 a GmbHG, GmbHR 2008, 1177; *Priester/Mayer*, Münchener Handbuch des Gesellschaftsrechts, Bd 3, 4. Aufl 2012; *Renaud*, Genehmigtes Kapital und Befugnis zur Satzungsänderung bei der GmbH, ZNotP 2010, 203; *Schmidt*, Gesetzgebung und Rechtsfortbildung im Recht der GmbH und der Personengesellschaften. Zur Aufgabenverteilung zwischen Gesetzgebung, Justiz und Wissenschaft, JZ 2009, 10; *ders*, Gesellschaftsrecht, 4. Aufl 2002; *Schnorbus/Donner*, Das genehmigte Kapital bei der GmbH, der neue § 55 a GmbHG in der Praxis, NZG 2009, 1241; *Sikora*, Ein neuer Weg zur Kapitalerhöhung seit dem MoMiG. Das genehmigte Kapital bei der GmbH, NWB 2009, 1930; *Spitz*, Das Second Closing – Ein Leitfaden für die VC-Praxis, GWR 2019, 21; *Tebben*, Die Reform der GmbH – das MoMiG in der notariellen Praxis, RNotZ 2008, 441; *Tönies/Eickmann*, Juve Handbuch 2010/2011; *Wachter*, Weitere Gesetzesänderungen im GmbH-Recht nach MoMiG, GmbHR 2009, 953; *ders*, GmbH-Reform, Auswirkungen auf die Gründung einer „klassischen" GmbH, NotBZ 2008, 361.

I. Normzweck

1 Durch das **MoMiG**[1] wurde das aus dem **Aktienrecht** bekannte Instrument des genehmigten Kapitals in der Regelung des § 55 a auch im GmbHG implementiert. Dies hat in mehrfacher Hinsicht überrascht. So wurde die Notwendigkeit eines solchen Finanzierungsinstruments im GmbH-Recht mit dem Hinweis auf die personalistisch geprägte Struktur der GmbH bislang regelmäßig verneint.[2] Darüber hinaus war eine dem § 55 a vergleichbare Norm weder im Referentenentwurf[3] noch im Regierungsentwurf[4] zum MoMiG enthalten. Die Regelung wurde erst gegen Ende des Gesetzgebungsverfahrens auf Anregung des Bundesrats noch in das Gesetz aufgenommen.[5]

2 **Hauptzweck** des genehmigten Kapitals soll es sein, die Finanzierung der GmbH durch die Zuführung neuen Eigenkapitals zu erleichtern.[6] Da die Ausschöpfung des genehmigten Kapitals, im Gegensatz zur ordentlichen Kapitalerhöhung (→ § 55 Rn. 5), keinen notariell zu beurkundenden Gesellschafterbeschluss erfordert, soll das neue Finanzierungsinstrument darüber hinaus auch zur Kostenersparnis beitragen.[7]

Abzugrenzen ist das genehmigte Kapital von anderen Formen der bedarfsabhängigen Kapitalbeschaffung. So kommt eine **Kapitalerhöhung um einen Höchstbetrag** (→ § 55 Rn. 7 ff.) va dann in Betracht, wenn zum Zeitpunkt des Kapitalerhöhungsbeschlusses noch nicht genau feststeht, um welchen Betrag das Stammkapital erhöht werden soll, dh wenn die Kapitalaufbringung noch nicht vollständig sichergestellt ist. Eine **bedingte Kapitalerhöhung** iSd §§ 192 ff. AktG dient demggü der Unterlegung von Umtausch- oder Bezugsrechten auf Anteile (zB Wandelanleihen, Optionsrechten).[8] Charakteristisch ist, dass die Kapitalerhöhung nur insoweit durchgeführt wird, als die Umtausch- oder Bezugsrechte tatsächlich ausgeübt wurden (Bedingung).[9] Die Möglichkeit einer bedingten Kapitalerhöhung existiert jedoch nur für die AG u. ist für die GmbH deshalb unzulässig (→ § 55 Rn. 3).[10] Allerdings können die Zwecke des bedingten Kapitals ggf. auch durch genehmigtes Kapital erreicht werden.[11]

3 Bei einem Vergleich der Regelung des § 55 a mit ihrem aktienrechtlichen Pendant, den §§ 202–206 AktG, fällt auf, dass der Wortlaut des § 55 a den aktienrechtlichen Vorschriften nahezu wörtlich nachempfunden ist. Im Gegensatz zum AktG, das dem genehmigten Kapital insg. 5 Vorschriften wid-

---

1 BGBl. I 08, S. 2006 ff.
2 *Lutter*/Hommelhoff, 17. Aufl., Rn. 1.
3 Abrufbar auf der Internetseite des BMJ unter: http://www.bmj.de.
4 BT-Drs. 16/6140.
5 BR-Drs. 354/07, S. 19.
6 BR-Drs. 354/07, S. 19; vgl. auch *Sikora*, NWB 09, 1930, 1931; Bunnemann/Zirngibl/*Thun*, Die Gesellschaft mit beschränkter Haftung in der Praxis, 2. Aufl., § 6 Rn. 75.
7 BT-Drs. 16/9737, S. 56.
8 Ähnl MünchHdbAG/*Scholz*, § 58 Rn. 1.
9 *Hüffer*, AktG, § 192 Rn. 2.
10 Scholz/*Priester* § 55 Rn. 10; *Lutter*/Hommelhoff § 55 Rn. 2; MüKoHGB/*Reiner*, § 272 Rn. 49; BeckOK/*Ziemons*, § 55 Rn. 1.
11 Hölters/*v. Dryander/Niggemann*, AktG, § 192 Rn. 7.

met, ist die **gesetzgeberische Regelungsdichte** des § 55 a jedoch **erheblich reduziert.**[12] Insoweit kann aber unter Berücksichtigung GmbH-rechtlicher Besonderheiten auf die aktienrechtlichen Regelungen u. Rspr. zurückgegriffen werden.[13]

Die **praktische Bedeutung** des § 55 a wird bisweilen bezweifelt.[14] Aufgrund des regelmäßig überschaubaren Gesellschafterkreises sei es bei der GmbH im Gegensatz zur AG regelmäßig auch ohne zeitliche Verzögerungen u. mit geringem finanziellen Aufwand möglich, eine ordentliche Kapitalerhöhung herbeizuführen.[15] Diese Argumente sind durchaus nachvollziehbar. Allerdings sind in der Praxis auch kapitalistisch strukturierte Gesellschaften mit Gesellschaftern aus zT unterschiedlichen Jurisdiktionen keine Seltenheit. Darüber hinaus kann das genehmigte Kapital insbes. iR von Venture Capital-Transaktionen zB zur Aufnahme neuer Investoren im Rahmen eines sog. *Second Closing,*[16] der direkten Beteiligung von Mitarbeitern oder der satzungsmäßigen Abbildung von Wandlungsrechten ein interessantes Gestaltungsinstrument darstellen.[17] 4

II. Begriff

Das genehmigte Kapital selbst ist noch **kein Stammkapital**, sondern die in der Satzung der Gesellschaft enthaltende Ermächtigung der Geschäftsführer, anstelle der Gesellschafterversammlung das Stammkapital durch Ausgabe neuer Geschäftsanteile zu erhöhen.[18] Erst wenn die Geschäftsführer von der Ermächtigung Gebrauch gemacht haben, die neu ausgegebenen Geschäftsanteile übernommen worden sind u. der Beschluss im Handelsregister der Gesellschaft eingetragen wurde, ist das Kapital der Gesellschaft erhöht. 5

III. Ermächtigung der Geschäftsführer

Die Regelung des § 55 a eröffnet den GmbH-Gesellschaftern zur Implementierung eines genehmigten Kapitals **zwei Möglichkeiten**. So können die Geschäftsführer bereits in der Gründungssatzung (Abs. 1) oder durch nachträgliche Satzungsänderung (Abs. 2) zu einer Erhöhung des Stammkapitals ermächtigt werden. Die Ermächtigung der Geschäftsführer in der Gründungssatzung stellt den gesetzlichen Regelfall dar.[19] 6

---

12 Vgl. auch *Cramer*, GmbHR 09, 406, 407; *Lutter*/Hommelhoff/*Bayer* Rn. 2.

13 *Nietsch*, FS Schneider, 11, S. 873, 876; *Lutter*/Hommelhoff/*Bayer* Rn. 2; zul *Kramer*, GmbHR 15, 1073, der das genehmigte Kapital im GmbH-Recht als „Ladenhüter" bezeichnet.

14 Kritisch wohl: Baumbach/Hueck/*Servatius* Rn. 1; *Bormann/Urlichs*, GmbHR Sonderheft 10/08, 37, 45; *Schmidt*, JZ 09, 10, 17; Scholz/*Priester* Rn. 3.

15 *Priester*, NZG 10, 81, 85; *Herrler*, DNotZ 08, 903, 908; *Kramer*, GmbHR 15, 1073.

16 Spitz, GWR 19, 21.

17 Hierzu auch *Tönies/Eickmann*, Juve Handbuch 10/11; s. zur Möglichkeit von Wandelschuldverschreibungen bei der GmbH durch Schaffung genehmigten Kapitals *Helmreich*, GWR 11, 561. Ebenso *Kramer*, GmbHR 15, 1073.

18 Baumbach/Hueck/*Servatius* Rn. 2; *Lutter*/Hommelhoff/*Bayer* Rn. 3; *Kramer*, GmbHR 15, 1073.

19 Vgl. auch Michalski/*Hermanns* Rn. 4.

1. Ermächtigung der Geschäftsführer in der Gründungssatzung

7 Die Ermächtigung der Geschäftsführer, das Stammkapital der Gesellschaft zu erhöhen, kann gem. § 55 a I 1 bereits in der Gründungssatzung der Gesellschaft vorgesehen werden. Da es sich bei dem genehmigten Kapital um eine Ermächtigung der Geschäftsführung u. noch nicht um Stammkapital der Gesellschaft handelt, muss der **gesetzliche Mindestbetrag** des Stammkapitals iH von 25.000 EUR auch ohne Hinzurechnung des genehmigten Kapitals eingehalten werden.[20] Die Implementierung des genehmigten Kapitals in der Gründungssatzung kann aus Sicht der Gründungsgesellschafter insbes. dann Sinn machen, wenn zu diesem frühen Zeitpunkt bereits feststeht oder absehbar ist, dass kurzfristig weitere Gesellschafter an der Gesellschaft beteiligt werden sollen.[21]

2. Ermächtigung der Geschäftsführer durch spätere Satzungsänderung

8 In der Praxis häufiger anzutreffen[22] ist die Schaffung eines genehmigten Kapitals durch eine nachträgliche Änderung des Gesellschaftsvertrags (Abs. 2). In diesem Fall sind die allg. Vorschriften über Satzungsänderungen (§§ 53, 54) einzuhalten. Der Beschluss zur Implementierung des genehmigten Kapitals ist daher gem. § 53 II 1 **notariell zu beurkunden** u. bedarf einer Mehrheit von mind. drei Viertel der abgegebenen Stimmen, sofern der Gesellschaftsvertrag über die Mindestbestimmungen des § 53 II 1 hinaus keine weitergehenden Erfordernisse (etwa größere Kapitalmehrheiten oder bestimmte Zustimmungserfordernisse) vorsieht (§ 53 II 2).

3. Notwendiger Inhalt der Ermächtigung

9 Substantieller Inhalt der Ermächtigung ist die **Kompetenzzuweisung** an die Geschäftsführer zur Erhöhung des Stammkapitals. Darüber hinaus muss die Ermächtigung gem. Abs. 1 S. 1 zwingend eine **Frist** angeben, innerhalb derer die Erhöhung des Stammkapitals zulässig sein soll, u. darüber hinaus einen **konkreten Nennbetrag** enthalten, bis zu dem die Geschäftsführer das Stammkapital der Gesellschaft erhöhen dürfen.

10 **a) Frist zur Ausschöpfung des genehmigten Kapitals.** Nach Abs. 1 S. 1 kann den Geschäftsführern die Ermächtigung zur Erhöhung des Stammkapitals für höchstens 5 Jahre nach Eintragung der Gesellschaft erteilt werden. Die **5-Jahresfrist** gilt gem. Abs. 2 auch für eine nachträgliche Änderung des Gesellschaftsvertrags u. ist eine Höchstfrist. Die Festsetzung einer kürzeren Frist bleibt den Gesellschaftern daher unbenommen. Allerdings muss die Dauer der Ermächtigung ausdrücklich angegeben werden.[23] Ebenso wie im Aktienrecht[24] ist auch bei der GmbH eine bloße Verweisung auf die Vorschrift des § 55 a oder die Wiederholung des Gesetzes-

---

20 *Lutter*/Hommelhoff/*Bayer* Rn. 5; BeckOK/*Ziemons* Rn. 11.
21 Vgl. auch *Böhringer*, BWNotZ 08, 104, 108.
22 Insoweit auch *Bayer*/*Hoffmann*/*Lieder*, GmbHR 10, 9, 14.
23 Bunnemann/Zirngibl/*Thun*, Die Gesellschaft mit beschränkter Haftung in der Praxis, 2. Aufl., § 6 Rn. 78; *Roth*/Altmeppen Rn. 10; Scholz/*Priester* Rn. 14; *ders.*, GmbHR 08, 1177, 1179; BeckOK/*Ziemons* Rn. 16.
24 OLG Celle AG 62, 374 f.; MKAktG/*Bayer*, § 202 Rn. 58; *Hüffer*, AktG, § 202 Rn. 11.

wortlauts nicht ausreichend.[25] Hierfür spricht bereits der Wortlaut der Vorschrift. Die Verwendung des Begriffs „höchstens" kann nur dahin gehend verstanden werden, dass die Frist im gegebenen Fall festzusetzen, aber auf äußerstenfalls 5 Jahre bemessen sein darf. Hätte der Gesetzgeber es zulassen wollen, die Frist durch einfache Bezugnahme oder eine Wiederholung des Gesetzeswortlauts zu bestimmen, dann wäre das Wort „höchstens" überflüssig. Darüber hinaus sprechen aber auch Gründe der Rechtsklarheit u. Rechtssicherheit für die vorstehend vertretene Auslegung. Für die auf die Ermächtigung gestützten Maßnahmen muss eindeutig erkennbar sein können, dass sie durch den sachlichen u. zeitlichen Ermächtigungsrahmen gedeckt sind. Eine bloße Bezugnahme auf den Gesetzeswortlaut, statt auf einen konkreten zeitlichen Ermächtigungsrahmen würde insoweit jedoch geeignet sein, erhebliche Unsicherheiten hervorzurufen. Daher ist eine konkrete Angabe der Frist auch dann zu verlangen, wenn die höchstzulässige Frist gelten soll.[26]

Enthält der Ermächtigungsbeschluss keine oder eine zu lange Frist, so ist er 11
entspr. § 241 Nr. 3 AktG nichtig.[27] Wird die Satzungsänderung durch das Registergericht gleichwohl in das Handelsregister der Gesellschaft eingetragen, soll nach wohl überw. Auffassung in der Lit. entspr. § 242 II AktG 3 Jahre nach Eintragung der Satzungsänderung Heilung eintreten, mit der Folge, dass die **gesetzliche Höchstfrist** zur Anwendung gelangt.[28] Überzeugender erscheint, zu differenzieren u. die Heilung nur bei Überschreiten der Höchstfrist anzunehmen.[29] Denn bei einer Überschreitung der Höchstfrist lässt sich, im Gegensatz zum völligen Fehlen einer Frist, noch auf den Willen der Gesellschafter zur Ausschöpfung der Höchstfrist schließen.[30] In der Praxis empfiehlt es sich gleichwohl, die Ermächtigung stets mit einer konkreten, iRd zulässigen 5 Jahre liegenden Frist zu versehen.[31] Anzugeben ist insoweit entweder ein konkretes Datum (etwa „bis zum 31.12.2017") oder zumindest die Grundlagen für die Berechnung der Frist (etwa „für die Dauer von 5 Jahren vom Tag der Eintragung ins Handelsregister an").[32] Im letzteren Fall bestimmt sich das Ende der Frist nach §§ 187 I, 188 II BGB.

Die Frist berechnet sich ausgehend vom Zeitpunkt der Eintragung der 12
Gründungssatzung bzw. von der Eintragung der Satzungsänderung an.[33]

---

25 Bunnemann/Zirngibl/*Thun*, Die Gesellschaft mit beschränkter Haftung in der Praxis, 2. Aufl., § 6 Rn. 78; *Roth*/Altmeppen Rn. 10.

26 IdS auch *Schnorbus/Donner*, NZG 09, 1241; *Wicke* Rn. 9; aA Baumbach/Hueck/*Servatius* Rn. 4.

27 Vgl. auch *Roth*/Altmeppen Rn. 12; *Schnorbus/Donner*, NZG 09, 1241; *Wachter*, NotBZ 08, 361, 374; *Wicke* Rn. 9; BeckOK/*Ziemons* Rn. 18.

28 *Lutter*/Hommelhoff/*Bayer* Rn. 11; *Schnorbus/Donner*, NZG 09, 1241; Scholz/*Priester* Rn. 50; *Wicke* Rn. 9; BeckOK/*Ziemons* Rn. 18.

29 Wie hier MüKoGmbHG/*Lieder* Rn. 85 mwN; Krauß/Weise/*Dörbereiner*, Beck'sche Online-Formulare Vertragsrecht, 34. Edition 15, Kap. 7.8.12.1.1 Rn. 3; *Hüffer*, AktG, § 202 Rn. 11; ebenso wohl *Roth*/Altmeppen Rn. 12; zur AG abl. K Schmidt/Lutter/*Veil* § 202 Rn. 17; Hölters/*v. Dryander/Niggemann* § 202 Rn. 40; offengelassen bei MKAktG/*Bayer*, § 202 Rn. 58 f.: „sehr zweifelhaft".

30 Ähnl *Hüffer*, AktG, § 202 Rn. 11.

31 IdS auch Ensthaler/Füller/Schmidt/*Hannewald* Rn. 6.

32 *Schnorbus/Donner*, NZG 09, 1241; *Wicke* Rn. 9.

33 *Priester*, GmbHR 08, 1177, 1179.

Sie ist nur **gewahrt**, wenn die Kapitalerhöhung vor Fristende durchgeführt u. in das Handelsregister der Gesellschaft eingetragen worden ist.[34] Nicht ausreichend ist mithin der bloße – wenn auch fristgemäße – Beschluss der Geschäftsführung, das genehmigte Kapital auszuschöpfen.

13 **b) Umfang der Ermächtigung.** Zwingender Bestandteil der Ermächtigung ist darüber hinaus die **Angabe des Nennbetrags**, bis zu dem die Geschäftsführer ermächtigt sein sollen, das Stammkapital der Gesellschaft gegen Ausgabe neuer Geschäftsanteile zu erhöhen (Abs. 1 S. 1). Der Nennbetrag muss in der Gründungssatzung der Gesellschaft oder im Ermächtigungsbeschluss **konkret beziffert** sein.[35] Möglich ist insoweit sowohl die Angabe einer Obergrenze (etwa „um bis zu 12.500 EUR") als auch die Angabe eines konkreten Betrags (zB „um 5.000 EUR"). Obgleich in der Literatur bisweilen die Auffassung vertreten wird, ausreichend sei auch die Angabe eines bestimmten Bruchteils oder Prozentsatzes des vorhandenen Stammkapitals (etwa „5 % des Stammkapitals"),[36] ist dies insbes. aus Gründen der Rechtssicherheit in der Praxis regelmäßig nicht zu empfehlen. Schließlich kann nicht ausgeschlossen werden, dass zwischen der Beschlussfassung über die Implementierung des genehmigten Kapitals u. der Eintragung der entspr. Satzungsänderung im Handelsregister der Gesellschaft ggf. weitere Kapitalmaßnahmen durchgeführt worden sind, mit der Folge, dass die Stammkapitalziffer im Zeitpunkt des Wirksamwerdens der Ermächtigung von der im Zeitpunkt der Beschlussfassung über die Schaffung des genehmigten Kapitals abweicht. Ähnl gilt für die teilw. als ausreichend erachtete Angabe des Höchstbetrags des zukünftigen Stammkapitals,[37] weil die Gesellschafter zwischenzeitlich weitere Kapitalerhöhungen vornehmen können u. sich der Umfang des genehmigten Kapitals somit nicht zweifelsfrei aus der Satzung ergäbe.[38] Die Nennbeträge der auszugebenden Geschäftsanteile müssen in der Ermächtigung nicht festgelegt werden; dies erfolgt regelmäßig erst bei der Ausschöpfung des genehmigten Kapitals durch die Geschäftsführer. Gleichwohl können die Gesellschafter auch hierfür bereits Vorgaben in der Ermächtigung vorsehen. Wird der Nennbetrag des genehmigten Kapitals in der Ermächtigung nicht konkret beziffert oder überschreitet er in der Höhe die Grenze des Abs. 1 S. 2, so ist der Gesellschafterbeschluss entspr. § 241 Nr. 3 AktG nichtig.[39] Hins der Möglichkeit der Heilung ist nach wohl hM zwischen der fehlenden Bezifferung des Nennbetrags u. einem Überschreiten der zulässigen Kapitalhöchstgrenze zu differenzieren.[40] Im Fall der fehlenden Bezifferung ist die Heilung – entspr.

34 *Herrler*, DNotZ 08, 903, 909; *Schnorbus/Donner*, NZG 09, 1241; *Roth*/Altmeppen Rn. 11; *Wicke* Rn. 9.

35 Scholz/*Priester* Rn. 13; *ders.*, GmbHR 08, 1177, 1778; *Roth*/Altmeppen Rn. 13; *Schnorbus/Donner*, NZG 09, 1241, 1242; *Wicke* Rn. 10; BeckOK/*Ziemons* Rn. 19.

36 Baumbach/Hueck/*Servatius* Rn. 5; *Lieder*, DNotZ 10, 655, 659; vgl. auch MünchHdbGesR/*Wegmann*, § 53 Rn. 130.

37 So Baumbach/Hueck/*Servatius* Rn. 5; MüKoGmbHG/*Lieder* Rn. 20.

38 BeckOK/*Ziemons* Rn. 20.

39 *Schnorbus/Donner*, NZG 09, 1241, 1242; *Wicke* Rn. 10; BeckOK/*Ziemons* Rn. 21.

40 MüKoGmbHG/*Lieder* Rn. 85; Krauß/Weise/*Dörbereiner*, Beck'sche Online-Formulare Vertragsrecht, 34. Edition 15, Kap. 7.8.12.1.1 Rn. 6.

der aktienrechtlichen Bewertung[41] – ausgeschlossen.[42] Für die Überschreitung der Kapitalgrenze wird die Heilung entspr. § 242 II AktG befürwortet.[43] Wie bei Verstößen gegen die gesetzliche Höchstfrist (→ Rn. 11) lässt sich bei völligem Fehlen einer Bezifferung des Nennbetrags nicht mehr auf den Willen der Gesellschafter zur Ausschöpfung des Höchstbetrags schließen.

Obgleich der Bundesrat im Gesetzgebungsverfahren zum MoMiG noch an- 14
geregt hatte, bei der Einführung des genehmigten Kapitals im GmbH-Recht – anders als bei der AG – keine **wertmäßige Begrenzung** vorzusehen,[44] ist der Gesetzgeber diesem Vorschlag nicht gefolgt. Die Vorschrift des **Abs. 1 S. 2** begrenzt den Erhöhungsbetrag auf die Hälfte des zZ der Ermächtigung vorhandenen Stammkapitals. Auf diese Weise soll eine schrankenlose Selbstentmachtung der Gesellschafterversammlung unterbunden werden.[45] Maßgebend ist die Höhe des Stammkapitals im Zeitpunkt des Wirksamwerdens der Ermächtigung, dh am Tag der Eintragung der Gesellschaft oder der entspr. Satzungsänderung im Handelsregister der Gesellschaft.[46] Die Höhe des Stammkapitals im Zeitpunkt der Beschlussfassung über die Schaffung des genehmigten Kapitals ist irrelevant. Bei der Ermittlung, ob die Höchstgrenze des Abs. 1 S. 2 überschritten worden ist, sind daher nur solche Kapitalmaßnahmen (etwa ordentliche Kapitalerhöhungen, Kapitalerhöhungen aus Gesellschaftsmitteln oder Kapitalherabsetzungen) zu berücksichtigen, die zur Zeit der Eintragung der Ermächtigung bereits wirksam geworden sind.[47] Dies ist zB der Fall, wenn zeitgleich mit der Eintragung der Ermächtigung eine Änderung des Stammkapitals eingetragen worden ist. Werden gleichzeitig **mehrere genehmigte Kapitalien** beschlossen,[48] was auch bei der GmbH zulässig ist,[49] oder soll zusätzlich zu einer bereits bestehenden Ermächtigung ein weiteres genehmigtes Kapital implementiert werden, muss sich deren Gesamthöhe an die Begrenzung des Abs. 1 S. 2 halten.[50] Wird die von Abs. 1 S. 2 statuierte Höchstgrenze des genehmigten Kapitals überschritten, ist der entspr. Gesellschafterbeschluss entspr. § 241 Nr. 3 AktG nichtig. Er kann jedoch in entspr. Anwendung des § 242 II AktG geheilt werden, mit der Folge, dass nach Ablauf der Dreijah-

---

41 So etwa MKAktG/*Bayer,* § 202 Rn. 64; *Hüffer*, AktG, § 202 Rn. 12.
42 MüKoGmbHG/*Lieder* Rn. 85 mwN; *Roth*/Altmeppen Rn. 17; Krauß/Weise/*Dörbereiner,* Beck'sche Online-Formulare Vertragsrecht, 34. Edition 15, Kap. 7.8.12.1.1 Rn. 6; für eine Heilung auch in diesem Fall BeckOK/*Ziemons* Rn. 21 mwN; *Lutter*/Hommelhoff/*Bayer* Rn. 11; Scholz/*Priester* Rn. 50; unklar *Wicke* Rn. 10.
43 MüKoGmbHG/*Lieder* Rn. 85 mwN; *Wicke* Rn. 10; *Roth*/Altmeppen Rn. 17; Krauß/Weise/*Dörbereiner,* Beck'sche Online-Formulare Vertragsrecht, 34. Edition *15, Kap. 7.8.12.1.1* Rn. 6.
44 BR-Drs. 354/07, S. 19.
45 *Roth*/Altmeppen Rn. 14.
46 *Roth*/Altmeppen Rn. 14; *Schnorbus/Donner*, NZG 09, 1241, 1242; BeckOK/*Ziemons* Rn. 23.
47 *Wicke* Rn. 10.
48 Ein Bedürfnis hierzu kann bspw. bestehen, wenn mit der Schaffung der genehmigten Kapitalien jeweils unterschiedliche Zwecksetzungen verbunden werden sollen.
49 MünchHdbGesR/*Wegmann,* § 53 Rn. 128.
50 Vgl. auch *Roth*/Altmeppen Rn. 16; BeckOK/*Ziemons* Rn. 22 f.; Baumbach/Hueck/*Servatius* Rn. 6.

resfrist der maßgebliche Höchstbetrag gelten soll.[51] Anders verhält es sich bei fehlender Bezifferung – Heilung entspr. § 242 II AktG scheidet hier aus (→ Rn. 11 u. 13).

15 c) **Ausgabe von Geschäftsanteilen gegen Sacheinlagen** (Abs. 3). Kapitalerhöhungen aus genehmigtem Kapital müssen grds. gegen Bareinlagen durchgeführt werden. Sollen neue Geschäftsanteile auch gegen **Sacheinlagen** ausgegeben werden können, muss die Ermächtigung dies gem. Abs. 3 ausdrücklich vorsehen. Ausreichend ist insoweit jede Art der Gestattung; sie kann daher allg. formuliert sein u. bedarf keiner Konkretisierung (zB „zur Ausgabe neuer Geschäftsanteile gegen Bar- oder Sacheinlage").[52] Den Gesellschaftern bleibt es jedoch unbenommen, weitere Voraussetzungen u. Modalitäten, zB die Beschränkung auf eine bestimmte Sacheinlage oder eine bestimmte Art von Sacheinlagen, festzulegen oder etwa einen konkreten Betrag des genehmigten Kapitals zu bestimmen, der nur oder ausschließlich für die Ausgabe von Geschäftsanteilen gegen Sacheinlagen verwendet werden darf.[53] Entspr. Vorgaben sind von den Geschäftsführern bei Ausschöpfung des genehmigten Kapitals zu beachten.[54] Darüber hinaus gelten die Vorschriften über Sachkapitalerhöhungen gem. §§ 56, 56 a iVm § 7 III.[55]

4. Fakultativer Inhalt der Ermächtigung

16 Die Vorschrift des § 55 a ist **nicht abschließend.**[56] Der Gesellschafterversammlung steht es insoweit grds. frei, die Ermächtigung über die zwingenden Angaben nach § 55 a hinaus mit weiteren Anordnungen zu versehen.[57] Hierbei kann es sich sowohl um **Kompetenzerweiterungen** als auch um **Einschränkungen** der grds. Handlungsmöglichkeiten der Geschäftsführer handeln. Einschränkungen der Ermächtigung sind dann sinnvoll, wenn die Gesellschafterversammlung der Geschäftsführung mit dem genehmigten Kapital zwar grds. ein flexibles Instrumentarium in die Hand geben will, jedoch den Verwendungszweck zeitlich, volumenmäßig oder inhaltlich begrenzen möchte. Zusätzliche Anordnungen kann die Gesellschafterversammlung darüber hinaus im Hinblick auf die rechtliche Ausgestaltung der Geschäftsanteile oder die Bedingungen der Ausgabe der Geschäftsanteile treffen.

17 a) **Zustimmungserfordernisse.** Um einer unkontrollierten Verwässerung der Altgesellschafter entgegenzuwirken, wird die Ermächtigung der Geschäftsführer in der Praxis regelmäßig einem **Zustimmungsvorbehalt** unterliegen.[58] So ist es möglich, die Ausschöpfung des genehmigten Kapitals an

---

51 *Lutter*/Hommelhoff/*Bayer* Rn. 11; Scholz/*Priester* Rn. 50; *Wicke* Rn. 10.
52 Scholz/*Priester* Rn. 15; *ders.*, GmbHR 08, 1177, 1183; *Roth*/Altmeppen Rn. 36; MünchHdbGesR/*Wegmann*, § 53 Rn. 135; BeckOK/*Ziemons* Rn. 32.
53 Scholz/*Priester* Rn. 15; *ders.*, GmbHR 08, 1177, 1183; *Roth*/Altmeppen Rn. 36; *Schnorbus*/*Donner*, NZG 09, 1241, 1242.
54 *Roth*/Altmeppen Rn. 35.
55 Vgl. auch *Bartl*/Fichtelmann/Koch/Schlarb Rn. 2; *Plückelmann*, AnwZert HaGesR 6/09, Anm. 1.
56 MünchHdbGesR/*Wegmann*, § 53 Rn. 136.
57 *Tebben*, RNotZ 08, 441, 462.
58 *Kramer*, GmbHR 15, 1073, 1074.

die vorherige Zustimmung eines bestimmten Gesellschafters oder eines Organs der Gesellschaft (zB die Gesellschafterversammlung oder den Beirat) zu knüpfen.[59]

b) Zweck der Kapitalerhöhung. Grds. kann die Geschäftsführung das genehmigte Kapital für alle von ihr als sinnvoll erachteten Zwecke verwenden. Ein aus dem Aktienrecht bei der bedingten Kapitalerhöhung bekannter abschließender Katalog zulässiger Zwecke (§ 192 II AktG) ist nach dem Gesetz nicht vorgesehen. Oftmals wird es sich in der Praxis jedoch anbieten, **einschränkende Zweckbestimmungen** vorzusehen u. in der Ermächtigung ausdrücklich festzulegen, zu welchen Zecken die Kapitalerhöhung aus genehmigtem Kapital durchgeführt werden darf.[60] Denkbare Zweckbestimmungen sind zB die Aufnahme weiterer bzw. bestimmter Gesellschafter, die Beteiligung von Mitarbeitern oder die Absicherung von Wandlungsrechten aus Wandeldarlehensverträgen.[61] 18

c) Ausgabebetrag und Ausstattung der neuen Geschäftsanteile. Die Ermächtigung zur Ausschöpfung des genehmigten Kapitals kann darüber hinaus auch Vorgaben zum Ausgabebetrag sowie zur Ausstattung der neuen Geschäftsanteile enthalten. Die Gesellschafterversammlung kann im Hinblick auf den **Ausgabebetrag** der neuen Geschäftsanteile sowohl eine bestimmte Spanne in Form eines Mindest- u. eines Höchstausgabebetrags festlegen als auch einen fixen Ausgabebetrag bestimmen.[62] Darüber hinaus kann die Ermächtigung bspw. auch Verpflichtungen zur Zahlung eines schuldrechtlichen („unechten") Agio, dh einer freiwilligen Leistung in die Kapitalrücklage der Gesellschaft gem. § 272 II Nr. 4 HGB beinhalten.[63] 19

Die Ermächtigung kann ferner auch Vorgaben zur **Ausstattung** der neu auszugebenden Geschäftsanteile enthalten.[64] So kann die Ermächtigung zB vorsehen, dass die Geschäftsführer nur zur Ausgabe von Geschäftsanteilen einer bestimmten Gattung ermächtigt werden. Enthält die Ermächtigung keine diesbzgl Vorgaben, liegt es grds. im Ermessen der Geschäftsführer zu bestimmen, welche Gattung ausgegeben wird; vorausgesetzt es sind – nach der Satzung der Gesellschaft – bereits mehrere Anteilsgattungen vorhanden.[65] 20

d) Einfache oder tranchenmäßige Ausnutzung des genehmigten Kapitals. Eine Beschränkung der Ermächtigung kann auch durch Vorgaben hins der konkreten **Ausschöpfungsmodalitäten** erreicht werden. Ohne nähere Festlegung sind die Geschäftsführer der Gesellschaft grds. berechtigt, das genehmigte Kapital entweder vollständig in einer oder in mehreren einzelnen Tranchen auszuüben.[66] Abw. hiervon kann es sich anbieten, die Ge- 21

59 AA wohl Michalski/*Hermanns* Rn. 6, der unter Bezugnahme auf den Wortlaut des § 55 a die Auffassung vertritt, dass die Ausübung der Ermächtigung durch die Geschäftsführung nicht an die Zustimmung sonstiger Gesellschaftsorgane geknüpft werden könne.
60 *Kramer*, GmbHR 15, 1073, 1074.
61 Hierzu auch *Tönies/Eickmann*, Juve Handbuch 10/11.
62 BeckOK/*Ziemons* Rn. 25.
63 BeckOK/*Ziemons* Rn. 25.
64 Vgl. auch MünchHdbGesR/*Wegmann*, § 53 Rn. 139.
65 Vgl. auch MünchHdbGesR/*Wegmann*, § 53 Rn. 139.
66 MünchHdbGesR/*Wegmann*, § 53 Rn. 137.

schäftsführer ausdrücklich nur zu einer einmaligen Ausnutzung des genehmigten Kapitals zu ermächtigen, mit der Folge, dass die Ermächtigung bei nicht vollständiger Ausschöpfung iÜ verbraucht ist. Auf diese Weise kann erreicht werden, dass ein nicht vollständig ausgeschöpftes genehmigtes Kapital zu einem späteren Zeitpunkt nicht noch einmal genutzt wird.

22 e) **Bezugsrechtsausschluss.** Obgleich die Vorschrift des § 55 a den aktienrechtlichen Regelungen zum genehmigten Kapital nachempfunden ist (→ Rn. 3), fehlt es an einer den § 203 I 1 AktG u. § 203 II AktG entspr. Regelung zum Ausschluss des Bezugsrechts. Dies verwundert nicht, da das GmbH-Recht zum **Bezugsrecht** des GmbH-Gesellschafters u. zu den Voraussetzungen eines möglichen Ausschlusses keine Aussage trifft. Gleichwohl ist ein ungeschriebenes gesetzliches Bezugsrecht, das einen Anspruch auf Teilnahme des Gesellschafters an einer Kapitalerhöhung im Verhältnis seiner bisherigen Beteiligung vermittelt, heute auch für die GmbH weitestgehend anerkannt (→ § 55 Rn. 28).[67]

23 Im Aktienrecht kann die Hauptversammlung das Bezugsrecht der Aktionäre nach §§ 203 I 1, 186 III 1 AktG bereits in der Gründungssatzung oder im Ermächtigungsbeschluss zur Schaffung des genehmigten Kapitals ausschließen (**Direktausschluss**). Überdies eröffnet § 203 II 1 AktG die Möglichkeit, den Vorstand zu ermächtigen, das Bezugsrecht der Aktionäre durch eigene Entscheidung auszuschließen (**Ausschlussermächtigung**). Fraglich ist, ob sich die vorgenannten Gestaltungsmöglichkeiten auch auf die GmbH übertragen lassen. Wie bei der AG sind auch bei der GmbH Fallgestaltungen denkbar, in denen es den überw. Belangen der Gesellschaft entsprechen wird, das Bezugsrecht der Gesellschafter auszuschließen. Deutlich wird dies zB, wenn der Gesellschaft iR einer dringend notwendigen Finanzierungsrunde neues Kapital zur Verfügung gestellt werden soll u. zum Zweck der Zulassung des Investors das Bezugsrecht der übrigen Gesellschafter ausgeschlossen wird. Darüber hinaus ist in Abs. 3 mit der Möglichkeit der Ausgabe neuer Geschäftsanteile gegen Sacheinlagen eine Konstellation geregelt, die bereits faktisch auf einen Bezugsrechtsausschluss hinausläuft. Ferner ist kein Grund ersichtlich, weshalb der Gesetzgeber die Möglichkeit des Bezugsrechtsausschlusses iRd § 55 a nicht normiert hat. Die fehlende Regelung ist eher dem Umstand geschuldet, dass das Bezugsrecht der GmbH-Gesellschafter u. die Möglichkeiten zu dessen Ausschluss im GmbHG nicht normiert sind. Eine nur ausschnittsweise Regelung zum Bezugsrechtsausschluss iRd § 55 a war daher vom Gesetzgeber nicht zu erwarten.

24 Den aktienrechtlichen Vorschriften entspr. kann daher in der Gründungssatzung oder im späteren Ermächtigungsbeschluss das Bezugsrecht der Gesellschafter ausgeschlossen oder die Geschäftsführer zur Entscheidung über

67 *Ehlke*, GmbHR 85, 284, 288 f.; *Heckschen*, DStR 01, 1437, 1438; *Lutter*/Hommelhoff/*Bayer* § 55 Rn. 17; *Schmidt*, GesR, S. 1174; *Priester*, DB 80, 1925, 1928; *ders.*, GmbHR 05, 1013, 1014; Scholz/*Priester* § 55 Rn. 42; Baumbach/Hueck/*Servatius* § 55 Rn. 20. Auch der BGH geht wohl von einem ungeschriebenen gesetzlichen Bezugsrecht der GmbH-Gesellschafter aus, vgl. BGH NZG 05, 551 ff.; aA *Ulmer* § 55 Rn. 45 ff.; Rowedder/Schmidt-Leithoff/*Zimmermann* § 55 Rn. 26.

den Bezugsrechtsausschluss ermächtigt werden.[68] Hins der inhaltlichen Anforderungen an die **Rechtmäßigkeit des Bezugsrechtsausschlusses** können die bislang vom BGH in seinen Entscheidungen Kali+Salz,[69] Holzmann,[70] Siemens/Nold[71] u. Commerzbank/Mangusta I und II[72] zum Aktienrecht entwickelten Grundsätze unter Berücksichtigung GmbH-rechtlicher Besonderheiten auch auf das genehmigte Kapital bei der GmbH übertragen werden.[73]

f) **Anpassung des Gesellschaftsvertrags.** Bei der ordentlichen Kapitalerhöhung ist neben dem Kapitalerhöhungsbeschluss ein zusätzlicher Beschluss über die **Anpassung der Stammkapitalziffer** nicht erforderlich. Die Kapitalerhöhung ist im GmbH-Recht vielmehr ein Unterfall der Satzungsänderung, so dass der Kapitalerhöhungsbeschluss die Stammkapitalziffer automatisch ändert (→ § 55 Rn. 15). Entspr. muss auch iRd § 55 a gelten. Beschließen die Geschäftsführer von ihrer Ermächtigung zur Erhöhung des Stammkapitals Gebrauch zu machen u. das genehmigte Kapital auszuschöpfen, ist kein zusätzlicher Beschluss hins der Anpassung des Gesellschaftsvertrags erforderlich.[74] Insbes. bedarf es – wie bisweilen in der Literatur gefordert[75] – keines Beschlusses der Gesellschafterversammlung zur Anpassung der Satzung.[76] Ein solches Erfordernis würde schließlich dem Sinn u. Zweck der Regelung, nämlich flexibel u. kosteneffizient neues Eigenkapital zu beschaffen, evident widersprechen. Darüber hinaus wird in der Gesetzesbegründung zum MoMiG explizit ausgeführt, dass durch die Neuregelung des § 55 a eine Kostenersparnis erzielt werden könne, da *„die* 25

68 OLG München GmbHR 12, 329, 330; idS auch *Bormann/Urlichs*, GmbHR Sonderheft 10/08, 37, 46; *Cramer*, GmbHR 09, 406, 409; *Heckschen*, Das MoMiG in der notariellen Praxis, Rn. 652; *Lutter*/Hommelhoff/*Bayer* Rn. 23; Scholz/*Priester* Rn. 34 f.; *ders.*, GmbHR 08, 1777, 1182; *Schnorbus/Donner*, NZG 09, 1241, 1244; *Lieder*, DNotZ 10, 655, 670; *Kramer*, GmbHR 15, 1073, 1076; aA *Wachter*, NotBZ 08, 361, 374.

69 BGHZ 71, 40 ff.

70 BGHZ 83, 319 ff.

71 BGHZ 136, 133 ff.

72 BGHZ 164, 241 ff.

73 So auch Michalski/*Hermanns* Rn. 10; *Schnorbus/Donner*, NZG 09, 1241, 1244; *Lieder*, DNotZ 10, 655, 671 ff.; *ders.*, EWiR 12, 113 f.; iErg auch *Lutter*/Hommelhoff/*Bayer* Rn. 23 ff.; aA Scholz/*Priester* Rn. 37 ff.; *ders.*, GmbHR 08, 1177, 1182, der aufgrund der strukturell bedingten fehlenden Kontrolle durch einen Aufsichtsrat u. der personalistischen Gesellschaftsstruktur der GmbH die Erleichterungen durch die *Siemens/Nold*-Entscheidung des BGH nicht auf die GmbH übertragen will, sondern in Anlehnung an die *Holzmann*-Entscheidung des BGH zumindest bei einem Direktausschluss konkrete Anhaltspunkte für einen Bezugsrechtsausschluss verlangt; einschränkend auch *Cramer*, GmbHR 09, 404, 410 f.; *Heckschen*, Das MoMiG in der notariellen Praxis, Rn. 642; abw. auch *Nietsch*, FS Schneider, 11, S. 873, 885 ff. Offen gelassen, inwieweit die aktienrechtliche Rspr. übertragen werden kann, OLG München GmbHR 12, 329, 330.

74 Vgl. auch Baumbach/Hueck/*Servatius* Rn. 21; Krauß/Weise/*Döbereiner*, Beck'sche Online-Formulare Vertragsrecht, 34. Edition 15, Kap. 7.8.12.1.1 Rn. 8.

75 So etwa *Herrler*, DNotZ 08, 903, 909; *Lips/Randel/Werwigk*, DStR 08, 2220, 2226; *Wachter*, NotBZ 08, 361, 375; BeckOK/*Ziemons* Rn. 65 a, nach der ein Vorratsbeschluss zeitgleich mit dem Beschluss über die Schaffung des genehmigten Kapitals ausreichend wäre.

76 OLG München GmbHR 12, 329, 331, offen lassend, ob die Befugnis der Geschäftsführer zur Satzungsänderung aus einer Annexkompetenz folgt oder einer Ermächtigung nach § 179 I 2 AktG analog bedarf.

Ausübung des genehmigten Kapitals keine weitere notariell beurkundete Regelung des Gesellschaftsvertrags erfordert, sondern nur die Anmeldung zum Handelsregister".[77] Str ist darüber hinaus, woraus die Kompetenz der Geschäftsführer zur Anpassung der Satzung folgt. Teilw. wird insoweit § 179 I 2 AktG analog angewandt, so dass es einer ausdrücklichen Ermächtigung der Geschäftsführer in der Ermächtigung zur Ausschöpfung des genehmigten Kapitals bedürfte.[78] Nach aus den vorgenannten Gründen richtiger Ansicht folgt das Recht der Geschäftsführer schon als Annexkompetenz[79] aus der Ermächtigung zur Ausschöpfung des genehmigten Kapitals, so dass keine Notwendigkeit besteht, die Geschäftsführer ausdrücklich zu einer Anpassung des Gesellschaftsvertrags an das erhöhte Stammkapital zu ermächtigen.[80] Angesichts der bestehenden Rechtsunsicherheit u. der divergierenden Auffassungen im Schrifttum empfiehlt es sich in der Praxis gleichwohl, die Geschäftsführer in der Ermächtigung ausdrücklich dazu zu berechtigen, den Gesellschaftsvertrag im Fall der Ausnutzung des genehmigten Kapitals entspr. anzupassen.

IV. Eintragung im Handelsregister

26 Der Beschluss zur Schaffung eines genehmigten Kapitals ist – wie jede andere Satzungsänderung – nach § 54 I 1 von den Geschäftsführern der Gesellschaft unter Beifügung des vollständigen Satzungswortlauts zur Eintragung in das **Handelsregister** anzumelden. Wirksam wird die Ermächtigung gem. § 54 III mit Eintragung der Satzungsänderung im Handelsregister der Gesellschaft.

27 Sowohl ein bereits in der Gründungssatzung enthaltenes, als auch ein durch spätere Satzungsänderung geschaffenes genehmigtes Kapital ist gem. § 10 II 1 gesondert im Handelsregister der Gesellschaft einzutragen. Diese Regelung, die erst durch das ARUG[81] mit Wirkung zum 1.9.09 Einzug in das GmbH-Gesetz gefunden hat, beendete die bis dahin sehr unterschiedliche Eintragungspraxis der Registergerichte sowie die in der Literatur geführte Diskussion um eine analoge Anwendung des § 39 II AktG[82] u. ist daher insbes. aus **Publizitätsgesichtspunkten** sehr zu begrüßen.

---

77 BT-Drs. 16/9737, S. 56.

78 *Lutter*/Hommelhoff/*Bayer* Rn. 33 ff.; *Wicke* Rn. 5; MüKoGmbHG/*Lieder* Rn. 41; *ders.*, DNotZ 10, 655, 666; *ders.*, EWiR 12, 113, 114; iErg auch *Heckschen*, Das MoMiG in der notariellen Praxis, Rn. 653; *Katschinski/Rawert*, ZIP 08, 1993, 1997; *Renaud*, ZNotP 10, 203, 204 f.

79 S. allg. zur Annexkompetenz im Kapitalgesellschaftsrecht *Fleischer/Wedemann*, GmbHR 10, 449.

80 Baumbach/Hueck/*Servatius* Rn. 21; Scholz/*Priester* Rn. 32; *ders.*, GmbHR 08, 1177, 1180; *ders.*, GmbHR 12, 331, 332; *Schnorbus/Donner*, NZG 09, 1241, 1245; *Sikora*, NWB 09, 1930, 1934; *Fleischer/Wedemann*, GmbHR 10, 449, 456; *Nietsch*, FS Schneider, 11, S. 873, 878. So iErg auch die BReg im Gesetzgebungsverfahren zum ARUG, BT-Drs. 16/11642, S. 57, 60.

81 BGBl. I 09, S. 2479 ff.

82 Für eine analoge Anwendung des § 39 II AktG plädierten zB Ensthaler/Füller/Schmidt/*Hannewald* Rn. 5; *Priester*, GmbHR 08, 1177, 1178; *Sikora*, NWB 09, 1930, 1933; *Lieder*, DNotZ 10, 655, 657; *Wicke*, 1. Aufl., Rn. 6; aA *Roth*/Altmeppen, 6. Aufl., Rn. 23.

V. Änderung der Ermächtigung

Soll eine einmal beschlossene Ermächtigung **geändert** oder **aufgehoben** werden, gelangen die allg. Grundsätze für Änderungen des Gesellschaftsvertrags zur Anwendung (vgl. die Kommentierung zu → § 53 Rn. 38). Solange die Ermächtigung noch nicht im Handelsregister der Gesellschaft eingetragen ist, kann diese durch einfachen Mehrheitsbeschluss aufgehoben werden; ist die Eintragung hingg erfolgt, bedarf die Änderung oder Aufhebung der Ermächtigung eines satzungsändernden Gesellschafterbeschlusses.[83] 28

VI. Ausübung der Ermächtigung durch die Geschäftsführer

1. Zuständigkeit der Geschäftsführer

Adressaten der Ermächtigung nach Abs. 1 S. 1 sind „die Geschäftsführer" u. damit das **Organ „Geschäftsführung"**.[84] Die Ermächtigung einzelner Geschäftsführer oder anderer Organe, wie zB die des Beirats der Gesellschaft, ist nicht zulässig.[85] Die Geschäftsführer treffen die Entscheidung über die Ausnutzung des genehmigten Kapitals nach pflichtgemäßem Ermessen – unter Beachtung der satzungsmäßigen Vorgaben – durch Beschluss.[86] Ist nur ein Geschäftsführer bestellt, so ist sein Entschluss maßgebend.[87] Unter mehreren Geschäftsführern besteht grds. Gesamtgeschäftsführung, dh der Beschluss der Geschäftsführung muss entspr. § 77 I AktG **einstimmig** von sämtlichen Geschäftsführern gefasst werden.[88] Im Gegensatz zu Kapitalerhöhungsbeschlüssen nach § 55, die gem. § 53 II 1 notariell beurkundet werden müssen, unterliegt weder der Entschluss noch der Beschluss der Geschäftsführer zur Ausschöpfung des genehmigten Kapitals einem gesetzlichen Formerfordernis.[89] Gleichwohl empfiehlt es sich – allein zu Dokumentationszwecken ggü dem Registergericht – den Beschluss schriftlich niederzulegen u. eine Abschrift der Niederschrift der Handelsregisteranmeldung als Anlage beizufügen.[90] Sofern die Ermächtigung keine diesbzgl Einschränkungen enthält, ist die Zustimmung eines anderen Organs nicht erforderlich.[91] Anders als im Aktienrecht ist insbes. der Auf- 29

83 *Lutter*/Hommelhoff/*Bayer* Rn. 7; *Roth*/Altmeppen Rn. 9; Baumbach/Hueck/*Servatius* Rn. 10 f.

84 *Wicke* Rn. 13; BeckOK/*Ziemons* Rn. 40.

85 Vgl. auch Michalski/*Hermanns* Rn. 6; MünchHdbGesR/*Wegmann*, § 53 Rn. 132.

86 Scholz/*Priester* Rn. 23; *ders.*, GmbHR 08, 1177, 1179; *Wicke* Rn. 13.

87 *Lutter*/Hommelhoff/*Bayer* Rn. 16; Scholz/*Priester* Rn. 23; *ders.*, GmbHR 08, 1177, 1179.

88 Michalski/*Hermanns* Rn. 11; *Schnorbus/Donner*, NZG 09, 1241, 1243; BeckOK/*Ziemons* Rn. 43.

89 *Schnorbus/Donner*, NZG 09, 1241, 1243; *Wicke* Rn. 13; aA BeckOK/*Ziemons* Rn. 44 (Textform).

90 So auch Scholz/*Priester* Rn. 23; *Roth*/Altmeppen Rn. 24; *Schnorbus/Donner*, NZG 09, 1241, 1243; *Wicke* Rn. 13.

91 Einschränkend *Cramer*, GmbHR 09, 406, 409, der sich für eine Verpflichtung der Geschäftsführung ausspricht, vor jeder Inanspruchnahme des genehmigten Kapitals die Gesellschafter zu benachrichtigen, um diesen ihr Einflussnahmerecht in Form einer entgegenstehenden Weisung der Geschäftsführung zu ermöglichen.

sichtsrat nicht in den Vorgang mit einbezogen.[92] Dies gilt auch bei Gesellschaften mit einem obligatorischen Aufsichtsrat.[93]

2. Weisungsrecht der Gesellschafterversammlung

30 Fraglich ist, ob die Gesellschafterversammlung die Geschäftsführung anweisen kann, von der Ermächtigung zur Erhöhung des Stammkapitals Gebrauch zu machen, die Ermächtigung nur in bestimmter Art u. Weise auszuüben oder die Ausschöpfung des genehmigten Kapitals gänzlich zu unterlassen. Im Aktienrecht ist allg. anerkannt, dass der Vorstand der AG von der Hauptversammlung nicht zur Ausübung der Ermächtigung angewiesen werden kann.[94] Die Entscheidung des Vorstands zur Ausschöpfung des genehmigten Kapitals stellt eine Geschäftsführungsmaßnahme dar,[95] über die die Hauptversammlung nach § 119 II AktG nur entscheiden kann, wenn der Vorstand dies verlangt. Strukturelle Unterschiede der Organisationsverfassung von AG u. GmbH[96] verbieten es jedoch, diese Sichtweise auch auf die GmbH zu übertragen. Die starke, von den Gesellschaftern weitgehend unabhängige Stellung des Vorstands ist ein Charakteristikum des deutschen Aktienrechts. Während Aufsichtsrat u. Hauptversammlung nur in den für sie vorgesehenen Kompetenzbereichen tätig werden dürfen, steht allein dem Vorstand die eigenverantwortliche Leitungskompetenz der Gesellschaft zu.[97] Im Unterschied zur AG haben die Gesellschafter der GmbH allerdings eine in jeder Hinsicht übergeordnete Geschäftsführungskompetenz.[98] Die Weisungsgebundenheit der Geschäftsführer ergibt sich insoweit mittelbar aus §§ 6 III, 37 I, 38 I u. 46 Nr. 5 u. Nr. 6.[99] Im Gegensatz zur AG kann die Gesellschafterversammlung der GmbH daher auch Geschäftsführungsaufgaben an sich ziehen u. hierüber entscheiden.[100] Die Geschäftsführer unterliegen insoweit stets der übergreifenden Entscheidungskompetenz der Gesellschafterversammlung. Nichts anderes kann auch iRd § 55 a gelten. Es ist nicht ersichtlich, dass der Gesetzgeber für den Bereich des genehmigten Kapitals eine Bereichsausnahme statuieren u. von der grds. Organisationsverfassung der GmbH abweichen wollte. Auch der Normzweck des § 55 a, die Finanzierung der GmbH durch eine kostengünstige u. flexible Zuführung neuen Eigenkapitals zu erleichtern (→ Rn. 2), verlangt keine Durchbrechung des Weisungsrechts der Gesellschafter.[101] Der Gesellschafterversammlung steht insofern ein **jederzeitiges Weisungsrecht** hins der Ausschöpfung des genehmigten Kapitals zu, soweit dabei die Grenzen

---

92 *Kramer*, GmbHR 15, 1073, 1074.
93 *Priester*, GmbHR 08, 1177, 1180; *Roth*/Altmeppen Rn. 8; *Wicke* Rn. 13; Baumbach/Hueck/*Servatius* Rn. 12; aA BeckOK/*Ziemons* Rn. 57 a; *Nietsch*, FS Schneider, 11, S. 873, 879.
94 MKAktG/*Bayer*, § 202 Rn. 34; *Cramer*, GmbHR 08, 406, 408; *Hüffer*, AktG, § 202 Rn. 6; *Sikora*, NWB 09, 1930, 1935.
95 BGHZ 136, 133, 139; MKAktG/*Bayer*, § 202 Rn. 29.
96 Hierzu auch BVerfG NJW 79, 699, 703.
97 Vgl. auch *Hüffer*, AktG, § 76 Rn. 2; MKAktG/*Spindler*, § 76 Rn. 1.
98 Baumbach/Hueck/*Zöllner/Noack* § 37 Rn. 20.
99 Roth/*Altmeppen* § 37 Rn. 3.
100 Roth/*Altmeppen* § 37 Rn. 20; Baumbach/Hueck/*Zöllner* § 46 Rn. 93.
101 *Lieder*, DNotZ 10, 655, 661; *ders.*, ZGR 10, 868, 902 f.

der Ermächtigung nicht überschritten werden.[102] Letzteres dürfte jedoch zumindest bei Weisungen im Hinblick auf das „Ob" u. „Wann" der Ausübung regelmäßig nicht der Fall sein.

Umstritten ist, welche Mehrheitsanforderungen an einen Weisungsbeschluss zu stellen sind. Ein Teil der Lit. hält eine einfache Mehrheit für ausreichend,[103] da die Ausübung des genehmigten Kapitals keine Satzungsmaßnahme, sondern eine Geschäftsführungsmaßnahme darstellt. Ein anderer Teil der Lit. plädiert dag für eine qualifizierte Mehrheit,[104] insbes. weil ansonsten von einer einfachen Mehrheit die Ausnutzung des genehmigten Kapitals unterlaufen u. ferner auf die Entscheidung über den Ausschluss des Bezugsrechts Einfluss genommen werden könnte. Der ersteren Meinung ist der Vorzug zu geben. Zwar besteht ein gewisses Risiko, dass eine einfache Mehrheit iRd Ausnutzung des genehmigten Kapitals auf Entscheidungen Einfluss nehmen kann, für die sonst eine qualifizierte Mehrheit vorgesehen ist. Allerdings ist zu beachten, dass über diese Fragen bei der Schaffung des genehmigten Kapitals bereits einmal mit qualifizierter Mehrheit disponiert u. dabei die wesensimmanente Ungewissheit über die tatsächliche Ausnutzung u. deren Modalitäten in Kauf genommen wurde. Es ist deshalb nicht einzusehen, weshalb die Geschäftsführung über diese empfindlichen Fragen ggf. eigenverantwortlich entscheiden können soll, während die Gesellschaftsversammlung als Hauptorgan der GmbH, trotz vorhandener (einfacher) Mehrheit, keinen Einfluss auf diese Entscheidungen mehr nehmen können soll. Wenn der Wille der Gesellschafter bei der Schaffung des genehmigten Kapitals ein anderer ist, steht es ihnen frei, für abw. Gesellschafterbeschlüsse ein höheres Quorum im Gesellschaftsvertrag zu vereinbaren. Um Rechtsunsicherheiten u. Streitpotential zu vermeiden, ist eine eindeutige Satzungsregelung empfehlenswert. 30a

Ebenfalls umstritten ist, ob die Geschäftsführung vor Ausnutzung des genehmigten Kapitals eine Pflicht trifft, die Gesellschafter hierüber zu informieren. Ein nicht unbeachtlicher Teil der Lit. bejaht eine Vorabinformati- 30b

102 So auch *Bayer/Hoffmann/Lieder*, GmbHR 10, 9, 15; *Cramer*, GmbHR 09 406, 409; *Lutter*/Hommelhoff/*Bayer* Rn. 9, 17; *Schnorbus/Donner*, NZG 09, 1241, 1244; *Katschinski/Rawert*, ZIP 08, 1993, 1997; Baumbach/Hueck/*Servatius* Rn. 12; *Lieder*, DNotZ 10, 655, 661; *ders.*, ZGR 10, 868, 902 f.; aA *Klett*, GmbHR 08, 1312, 1315, die andernfalls den ermächtigenden Charakter des genehmigten Kapitals als entleert ansieht; Michalski/*Hermanns* Rn. 11; *Sikora*, NWB 09, 1930, 1935, der die Auffassung vertritt, der Gesetzgeber habe den Geschäftsführern mit dem genehmigten Kapital implizit einen weisungsfreien Handlungsspielraum zugewiesen; BeckOK/*Ziemons* Rn. 54, die in der Möglichkeit der Gesellschafterversammlung zur Änderung oder Aufhebung der Ermächtigung eine hinreichende Einflussnahme sieht u. einen Weisungsbeschluss als unzulässige Satzungsdurchbrechung begreift; *Wicke* Rn. 7, nach dem es zu einem Wertungswiderspruch käme, wenn die Gesellschafter mit einfacher Mehrheit durch Weisung die Satzungsregelung zum genehmigten Kapital unterlaufen könnten; differenzierend *Nietsch*, FS Schneider, 11, S. 873, 880 ff.

103 *Priester*, GmbHR 08, 1177, 1179; *Lieder*, DNotZ 10, 655; Rowedder/Schmidt-Leithoff/*Schnorbus* Rn. 24.

104 Gehrlein/Ekkenga/Simon/*Bormann* Rn. 44; Bunnemann/Zirngibl/*Thun*, Die Gesellschaft mit beschränkter Haftung in der Praxis, 2. Aufl., § 6 Rn. 88; *Eggert*, GmbHR 14, 856, 860 f.; wohl auch *Nietsch*, FS Schneider, 11, S. 873, 883.

onspflicht, teilw. bei jeglicher Ausnutzung von genehmigtem Kapital,[105] teilw. nur, wenn auch über einen Bezugsrechtsausschluss entschieden wird (gem. § 186 IV S. 2 AktG iVm § 202 I 1, II 2 AktG analog).[106] Ein entspr. Vorabbericht sei bei der GmbH entgg der Rspr. des BGH[107] zur AG notwendig, um in der personalistisch strukturierten GmbH den Gesellschaftern überhaupt die notwendige Informationsgrundlage für ihr Weisungsrecht bereitzustellen u. eine präventive Kontrolle durch die Minderheit überhaupt erst zu ermöglichen.[108] Vorzugswürdig erscheint, mit der Gegenauffassung[109] eine Vorabberichtspflicht zu verneinen. Denn die tragenden Erwägungen des BGH[110] zur Verneinung der Vorabberichtspflicht bei der AG, nämlich der schnelle u. flexible Charakter von genehmigtem Kapital,[111] decken sich mit der erklärten Intention des Gesetzgebers bei der Einführung des § 55 a. Dem in diesem Zusammenhang oft ins Spiel gebrachten Minderheitenschutz, insbes. im Hinblick auf einen Bezugsrechtsausschluss,[112] wird schon durch die Rechtmäßigkeitskontrolle (→ Rn. 24) bei der Schaffung des genehmigten Kapitals sowie durch eine – wenn auch beschränkte – Nachkontrolle ausreichend Rechnung getragen.[113] Die Möglichkeit der Erteilung nachträglicher Weisungen hins der Ausnutzung des genehmigten Kapitals sorgt ohnehin für eine zusätzliche Kontrolle im Vergleich zur AG. Die Vorabberichtspflicht als notwendige Flankierung dieser zusätzlichen Kontrollmöglichkeit zu begreifen,[114] erscheint deshalb nicht zwingend. Es sollte den Gesellschaftern überlassen bleiben, ob sie eine Pflicht zur Vorabinformation in den Gesellschaftsvertrag aufnehmen wollen oder eine vollständig flexible Lösung bevorzugen.

3. Entscheidung der Geschäftsführer

31 Der **Beschluss der Geschäftsführer** zur Erhöhung des Stammkapitals entspricht inhaltlich dem Beschluss der Gesellschafterversammlung über eine ordentliche Kapitalerhöhung nach § 55 I (vgl. zu dessen Inhalt → § 55 Rn. 7 ff.). Er muss daher grds. nur den Kapitalerhöhungsbetrag beinhalten. Als fakultative Beschlussinhalte kommen des Weiteren Anzahl, Nennbeträge u. laufende Nummern[115] der neu auszugebenden Geschäftsanteile, deren

105 *Cramer*, GmbHR 09, 406, 409; *Nietsch*, FS Schneider, 11, S. 873, 879 f.; wohl auch Gehrlein/Ekkenga/Simon/*Bormann* Rn. 43, 49; *Eggert*, GmbHR 14, 856, 861 ff.
106 MüKoGmbHG/*Lieder* Rn. 33, 73; Baumbach/Hueck/*Servatius* Rn. 14; Scholz/*Priester* Rn. 38; wohl auch *Roth*/Altmeppen Rn. 24.
107 BGH NJW 06, 371 (Mangusta/ Commerzbank I-Entscheidung).
108 *Eggert*, GmbHR 14, 856, 861 ff.; MüKoGmbHG/*Lieder* Rn. 73; Baumbach/Hueck/*Servatius* Rn. 14.
109 *Schnorbus/Donner*, NZG 09, 1241, 1245; Bork/Schäfer/*Arnold/Born* Rn. 18, 22; wohl auch *Bartl*/Fichtelmann/Koch/Schlarb Rn. 6.
110 BGH NJW 06, 371(Mangusta/ Commerzbank I-Entscheidung).
111 Vgl. hierzu etwa Hüffer/*Koch*, AktG, § 203 Rn. 36.
112 Ausf. etwa *Eggert*, GmbHR 14, 856, 861 ff.
113 So auch BGH NJW 06, 371 (Mangusta/Commerzbank I-Entscheidung).
114 So wohl *Eggert*, GmbHR 14, 856, 862 ff.
115 In der Praxis wird es sich regelmäßig empfehlen, die neu auszugebenden Geschäftsanteile unmittelbar im Beschluss zu nummerieren. Dies sorgt insbes. in solchen Fallgestaltungen für Transparenz u. Rechtssicherheit, in denen nach der Beschlussfassung, aber vor Eintragung der Kapitalerhöhung weitere Kapitalmaßnahmen (zB eine ordentliche Kapitalerhöhung) durchgeführt werden sollen.

Übernehmer, die Konditionen der Anteilsausgabe, Fristen für die Durchführung der Kapitalerhöhung sowie der Zeitpunkt, ab welchem die neuen Geschäftsanteile gewinnberechtigt sind, in Betracht.[116] Bei einer entspr. Satzungsermächtigung können die Geschäftsführer darüber hinaus auch über den Ausschluss des Bezugsrechts (→ Rn. 24) oder die Ausgabe von Geschäftsanteilen gegen Sacheinlagen beschließen (→ Rn. 15).

Fraglich ist indes, ob die Geschäftsführer anstelle der Ausgabe neuer Geschäftsanteile auch die betragsmäßige **Aufstockung bestehender Geschäftsanteile** beschließen können. Der Wortlaut des § 55 a, der von einer Erhöhung des Stammkapitals „*durch Ausgabe neuer Geschäftsanteile gegen Einlagen*" spricht, scheint gegen eine solche Auslegung zu plädieren.[117] Insoweit gilt es jedoch zu berücksichtigen, dass die Möglichkeit der Aufstockung bereits bestehender Geschäftsanteile auch iR einer ordentlichen Kapitalerhöhung von Rspr.[118] u. Literatur[119] allg. anerkannt ist, obgleich auch hier der Wortlaut des § 55 III „*so erwirbt derselbe einen weiteren Geschäftsanteil*" eindeutig scheint. Da der Gesetzgeber mit der Einführung des § 55 a eine Erweiterung der bereits bestehenden Möglichkeiten zur Kapitalbeschaffung um eine schnellere u. flexiblere Form zu ergänzen beabsichtigte, ist davon auszugehen, dass auch hier eine Nennwertaufstockung bereits bestehender Geschäftsanteile möglich ist, soweit der jeweilige Geschäftsanteil voll eingezahlt ist oder noch von den Gründern bzw. deren Gesamtrechtsnachfolgern gehalten wird.[120] 32

VII. Durchführung der Kapitalerhöhung

Die Durchführung der Kapitalerhöhung aus genehmigtem Kapital ist im GmbH-Recht – anders als bei der AG[121] – nicht ausdrücklich normiert. Sie folgt gleichwohl den **allg. Regeln** zur ordentlichen Kapitalerhöhung (→ § 55 Rn. 18 ff.).[122] Entspr. gilt für die Anmeldung der beschlossenen Kapitalerhöhung zum Handelsregister der Gesellschaft.[123] Anstelle des bei der ordentlichen Kapitalerhöhung vorzulegenden notariellen Gesellschafterbeschlusses ist der Handelsregisteranmeldung eine Abschrift des von den Geschäftsführern gefassten Kapitalerhöhungsbeschlusses beizufügen.[124] 33

116 Vgl. auch Baumbach/Hueck/*Servatius* Rn. 10 ff.

117 Abl. daher etwa Krauß/Weise/*Döbereiner*, Beck'sche Online-Formulare Vertragsrecht, 34. Edition 15, Kap. 7.8.12.1.1 Rn. 2.

118 BGH NJW 75, 118 f.

119 Baumbach/Hueck/*Servatius* § 55 Rn. 46; *Wicke* § 55 Rn. 8.

120 So auch Ensthaler/Füller/Schmidt/*Hannewald* Rn. 11; Michalski/*Hermanns* Rn. 9; Scholz/*Priester* Rn. 25; *ders.*, GmbHR 08, 1177, 1179 f.; *Schnorbus/Donner*, NZG 09, 1241, 1245; MünchHdbGesR/*Wegmann*, § 53 Rn. 133, der davon ausgeht, dass es sich bei dem entgegenstehenden Wortlaut um ein gesetzgeberisches Versehen handelt, das dem Umstand einer unreflektierten Übernahme des Wortlauts des § 202 I AktG zu einem sehr späten Zeitpunkt des Gesetzgebungsverfahrens geschuldet ist; *Wicke* Rn. 11. Allg. zu den Voraussetzungen der Aufstockung Baumbach/Hueck/*Servatius* § 55 Rn. 46 f.

121 In § 203 I 1 AktG wird für die Ausgabe der neuen Aktien aus dem genehmigten Kapital auf die entspr. Vorschriften über die ordentliche Kapitalerhöhung Bezug genommen.

122 Vgl. auch *Lutter*/Hommelhoff/*Bayer* Rn. 26; *Wicke* Rn. 14.

123 BeckOK/*Ziemons* Rn. 66.

124 *Roth*/Altmeppen Rn. 24 u. 30.

Nach der Änderung des § 10 II 1 durch das ARUG ist in der Praxis insoweit jedoch zu beachten, dass die Schaffung des genehmigten Kapitals bei der Anmeldung der Satzungsänderung in der Handelsregisteranmeldung zumindest schlagwortartig wiedergegeben wird.[125]

34 In der Praxis wird ferner regelmäßig die Frage aufgeworfen, ob die neue **Liste der Gesellschafter**, die nach Eintragung der Kapitalerhöhung gem. § 40 zum Handelsregister der Gesellschaft einzureichen ist, dem Registergericht durch den Notar oder die Geschäftsführer zu übermitteln ist. Nach § 40 II 1 hat der Notar die Gesellschafterliste anstelle der Geschäftsführer zu unterzeichnen u. zum Handelsregister einzureichen, wenn er an den Veränderungen gem. § 40 I 1 mitgewirkt hat. Die Zuständigkeit des Notars nach § 40 II verdrängt die Zuständigkeit des Geschäftsführers, so dass jeweils nur einer von beiden zuständig sein kann.[126] Allg. anerkannt ist, dass die notarielle Beurkundung eines Kapitalerhöhungsbeschlusses gem. § 55 als „**Mitwirken**" iSd Vorschrift anzusehen ist.[127] Da es iRd Ausschöpfung des genehmigten Kapitals jedoch keines notariellen Gesellschafterbeschlusses bedarf, wird hieraus bisweilen gefolgert, eine Mitwirkung des Notars liege hier nicht vor u. die Einreichung der aktualisierten Gesellschafterliste habe durch die Geschäftsführer zu erfolgen.[128] Diese Auffassung vermag jedoch nicht zu überzeugen, da der Notar durch die Unterschriftsbeglaubigung unter der Handelsregisteranmeldung bei der Anmeldung der Durchführung der Kapitalerhöhung zwingend mitwirkt.[129] Bestätigung findet diese Auffassung in den Gesetzesmaterialien zum ARUG. Im Zusammenhang mit der ursprünglich geplanten Ergänzung des § 55 a um einen neuen Abs. 4 hat der Gesetzgeber klargestellt, dass der Notar, der die Unterschriften der Geschäftsführer unter der Handelsregisteranmeldung über die Ausschöpfung des genehmigten Kapitals beglaubigt, nach § 40 II verpflichtet ist, eine aktualisierte Gesellschafterliste zum Handelsregister einzureichen.[130] Solange die Zuständigkeitsfrage jedoch gerichtlich nicht eindeutig geklärt ist, wird es sich empfehlen, dass der beglaubigende Notar eine Gesellschafterliste mit Bescheinigung gem. § 40 II erstellt u. zusätzlich auch noch sämtliche Geschäftsführer auf der Gesellschafterliste unterzeichnen.[131]

§ 56 Kapitalerhöhung mit Sacheinlagen

(1) [1]Sollen Sacheinlagen geleistet werden, so müssen ihr Gegenstand und der Nennbetrag des Geschäftsanteils, auf den sich die Sacheinlage bezieht, im Beschluß über die Erhöhung des Stammkapitals festgesetzt werden.

125 Allg. zum Inhalt der Handelsregisteranmeldung im Fall von Satzungsänderungen Baumbach/Hueck/*Servatius* § 54 Rn. 6.
126 OLG Hamm NJW-RR 10, 609.
127 Roth/*Altmeppen* § 40 Rn. 22; *Hasselmann*, NZG 09, 449, 452; *Wicke* § 40 Rn. 13.
128 So etwa *Lutter*/Hommelhoff/*Bayer* Rn. 27.
129 IErg Roth/*Altmeppen* § 40 Rn. 22; vgl. auch *Hasselmann*, NZG 09, 449, 553.
130 BT-Drs. 16/11642, S. 60; idS auch Roth/*Altmeppen* § 40 Rn. 22; *Gustavus*/*Böhringer*/*Melchior*, Handelsregister-Anmeldungen, S. 112; *Wicke* § 40 Rn. 13.
131 So auch *Heckschen*, Das MoMiG in der notariellen Praxis, Rn. 655.

[2]Die Festsetzung ist in die in § 55 Abs. 1 bezeichnete Erklärung des Übernehmers aufzunehmen.

(2) Die §§ 9 und 19 Abs. 2 Satz 2 und Abs. 4 finden entsprechende Anwendung.

Schrifttum

Altmeppen, Cash-Pool, Kapitalaufbringungshaftung und Strafbarkeit der Geschäftsleiter wegen falscher Versicherung, ZIP 2009, 1545; *ders*, Cash Pooling und Kapitalaufbringung, NZG 2010, 441; *Baldamus*, Forderungsverzicht als Kapitalrücklage gemäß § 272 Abs. 2 Nr. 4 HGB, DStR 2003, 852; *Bayer/Lieder*, Einbringung von Dienstleistungen in die AG, NZG 2010, 86; *Berninger*, Die Unternehmergesellschaft (haftungsbeschränkt) – Sachkapitalerhöhungsverbot und Umwandlungsrecht, GmbHR 2010, 63; *Beyer*, Die handels- und steuerrechtliche Behandlung eines Debt-Equity-Swap mit Genussrechten bei Kapitalgesellschaften, DStR 2012, 2199; *Bormann*, Die Kapitalaufbringung nach dem Entwurf des MoMiG, GmbHR 2007, 897; *Born*, Aktuelle Steuerfragen im Zusammenhang mit Debt-Equity-Swap-Transaktionen, BB 2009, 1730; *Cahn/Simon/Theiselmann*, Forderungen gegen die Gesellschaft als Sacheinlage?, CFL 2010, 238; *dies*, Debt Equity Swap zum Nennwert!, DB 2010, 1629; *dies*, Nennwertanrechnung beim Debt Equity Swap, DB 2012, 501; *Drygala*, Zweifelsfragen im Regierungsentwurf zum MoMiG, NZG 2007, 561; *Ekkenga*, Neuerliche Vorschläge zur Nennwertanrechnung beim Debt-Equity-Swap – Erkenntnisfortschritt oder Wiederbelebungsversuche am untauglichen Objekt?, DB 2012, 331; *Förster*, Ausfall von Gesellschafterdarlehen und Regressforderungen aus Bürgschaften, DB 2018, 336; *Freitag/Riemenschneider*, Die Unternehmergesellschaft – „GmbH light" als Konkurrenz für die Limited?, ZIP 2007, 1485; *Gehrlein*, Der aktuelle Stand des neuen GmbH-Rechts, Der Konzern 2007, 771; *Gänsler*, Unternehmenssanierung – Steuerliche Fallstricke erkennen und vermeiden, Ubg 2013, 154; *Habersack*, Verdeckte Sacheinlage und Hin- und Herzahlen nach dem ARUG – gemeinschaftsrechtlich betrachtet, AG 2009, 571; *ders*, Verdeckte Sacheinlage, nicht ordnungsgemäß offengelegte Sacheinlage und Hin- und Herzahlen – Geklärte und ungeklärte Fragen nach „Eurobike", GWR 2010, 107; *Häuselmann*, Restrukturierung von Finanzverbindlichkeiten und ihre Abbildung in der Bilanz, BB 2010, 944; *Heckschen*, Gründungserleichterungen nach dem MoMiG – Zweifelsfragen in der Praxis, DStR 2009, 166; *Heinemann*, Die Unternehmergesellschaft als Zielgesellschaft von Formwechsel, Verschmelzung und Spaltung nach dem Umwandlungsgesetz, NZG 2008, 820; *Heinze*, Verdeckte Sacheinlagen und verdeckte Finanzierungen nach dem MoMiG, GmbHR 2008, 1065; *Herkens*, Der Antrag nach § 8 d KStG, GmbH-StB 2019, 81; *Hirte/Knof/Mock*, Das Gesetz zur weiteren Erleichterung der Sanierung von Unternehmen (Teil 1), DB 2011, 632; *Höng*, Der Debt-Mezzanine-Swap in Handels- und Steuerbilanz, Ubg 2014, 27; *Joost*, Unternehmergesellschaft, Unterbilanz und Verlustanzeige, ZIP 2007, 2242; *Kanzler/Mader*, Sanierung um jeden Preis? – Schutz der Neugläubiger nach Durchführung eines insolvenzrechtlichen Debt-Equity-Swaps –, GmbHR 2012, 992; *Klose*, Die Stammkapitalerhöhung bei der Unternehmergesellschaft (haftungsbeschränkt), GmbHR 2009, 294; *Komo*, Kapitalaufbringung im Cash Pool – aktuelle Entwicklungen in Rechtsprechung und Literatur; BB 2011, 2307, 2312; *Lutter*, Verdeckte Leistungen und Kapitalschutz, in: Festschrift für Ernst C. Stiefel zum 80. Geburtstag, 1987, S. 505; *Maier-Reimer/Wenzel*, Kapitalaufbringung in der GmbH nach dem MoMiG, ZIP 2008, 1449; *Meilicke*, Die Kapitalaufbringungsvorschriften als Sanierungsbremse – Ist die deutsche Interpretation des § 27 Abs. 2 AktG richtlinienkonform?, DB 1989, 1067 (Teil I) u. DB 1989, 1119 (Teil II); *Meyer/Degener*, Debt-Equity-Swap nach dem RegE-ESUG, BB 2011, 846; *Priester*, Debt-Equity-Swap zum Nennwert?, DB 2010, 1445; *Römermann*, Die Unternehmergesellschaft – manchmal die bessere Variante der GmbH – Wider die vorurteilsbelastete Sicht einer neuen Gesellschaftsform, NJW 2010, 905; *Scheunemann/Hoffmann*, Debt-Equity-Swap, DB 2009, 983; *K. Schmidt*, Gesellschaftsrecht und Insolvenzrecht im ESUG-Entwurf, BB 2011, 1603; *ders.*, Umwandlung stiller Beteiligungen in GmbH-Geschäftsanteile, NZG 2016, 4; *Seibert*, Der Regierungsentwurf des MoMiG und die haftungsbeschränkte Unternehmergesellschaft, GmbHR 2007, 673; *Simon/Merkelbach*, Gesellschaftsrechtliche Strukturmaßnahmen im Insolvenzplanverfahren nach dem ESUG, NZG 2012, 121; *Spliedt*, Debt-Equity-Swap und weitere Strukturänderungen nach dem ESUG, GmbHR 2012, 462; *Theiselmann*, Debt Equity Swaps als Instrument zur finanziellen Restrukturierung, GmbH-StB 2013, 150; *Ulmer*, Die„Anrechnung“ (MoMiG) des Wertes verdeckter Sacheinlagen auf die Bareinlageforderung der GmbH – ein neues Erfüllungssurrogat?, ZIP 2009, 293; *Veil*, Die Reform des Rechts der Kapitalaufbringung durch den RegE MoMiG, ZIP 2007, 1241; *Viskorf/Haag/Kerstan*, Verdeckte Einlagen und verdeckte Gewinnausschüttungen im Schenkungsteuerrecht, NWB 2012, 927; *v. Wolfersdorff*, Steuerbilanzieller Ausweis von Genussrechtskapital: Neues zur Maßgeblichkeit, StuB 2018, 801; *Waldenberger/Sieber*, Die Unternehmergesellschaft (haftungsbeschränkt) jenseits der „Existenzgründer“, GmbHR 2009, 114.

I. Normzweck

1 Die mit einer Kapitalerhöhung gegen Sacheinlagen verfolgten **Ziele** können vielfältig sein. Sie kann dem Zweck dienen, wichtige Vermögensgegenstände wie Grundstücke, Maschinen, gewerbliche Schutzrechte, Betriebe, Betriebsteile oder ganze Unternehmen unter Schonung der Liquidität bzw. Vermeidung der Aufbringung liquider Mittel zu erwerben.[1] Ziel einer Kapitalerhöhung gegen Sacheinlagen können auch gesellschaftsrechtliche Umstrukturierungen oder die Begründung eines Unternehmensverbundes sein, zB durch Einbringung von Geschäftsanteilen an anderen Unternehmen. Sachkapitalerhöhungen können auch zu Sanierungszwecken durchgeführt werden, insbes. indem Fremd- in Eigenkapital umgewandelt wird (→ Rn. 8 ff.).

2 Sollen Sacheinlagen erbracht werden, sind wegen des damit verbundenen Bewertungsproblems die Sonderregelungen des § 56 zu beachten. Diese dienen der Sicherung **effektiver Kapitalaufbringung**[2] u. ordnen zu diesem Zweck die weitgehende Geltung der Vorschriften über die Sachgründung an. Neben dem primär verfolgten Schutz der Gläubiger dient die Vorschrift auch dem Schutz der Mitgesellschafter, denen bei Überbewertung von Sacheinlagen die Ausfallhaftung nach § 24 (für die Differenzhaftung des Sacheinlegers nach § 9) droht.[3]

3 Nach § 5 a II 2 ist die Sachgründung einer **Unternehmergesellschaft** unzulässig. Dass das Verbot von Sacheinlagen im Grundsatz auch für die Kapitalerhöhung gilt, kann nicht zweifelhaft sein, zumal § 5 a V auf den gesamten § 5 a II verweist.[4] Umstritten war nach Inkrafttreten des MoMiG zu-

1 Baumbach/Hueck/*Zöllner/Fastrich* Rn. 5.
2 MüKoGmbHG/*Lieder* Rn. 1.
3 Scholz/*Priester* Rn. 1.
4 Vgl. BGH NJW 11, 1881.

nächst jedoch, ob es auch dann eingreift, wenn durch die Kapitalerhöhung die Mindeststammkapitalziffer nach § 5 I erreicht oder überschritten wird.[5] Der BGH hat mittlerweile entschieden, dass das Sacheinlageverbot in diesem Fall nicht gilt.[6] Das ist zutr., denn sowohl nach dem Wortlaut des § 5 a[7] als auch aus systematischen Erwägungen[8] sind Sacheinlagen in diesem Fall zuzulassen (vgl. auch → § 5 a Rn. 12).

Durch das **MoMiG** ist § 56 in der Verweisungsnorm des Abs. 2 an die Änderungen des § 19 angepasst worden. Daneben erfolgte eine terminologische Anpassung, indem der Begriff der Stammeinlage durch den des Nennbetrags des Geschäftsanteils ersetzt wurde. 4

II. Sacheinlagen

1. Begriff

Der Begriff der Sacheinlage iSd § 56 ist identisch mit dem der Gründungsvorschriften (näher → § 5 Rn. 18). Neben **Sacheinlagen** ieS, bei denen unmittelbar die Einbringung anderer Sachen als Geld geschuldet ist, umfasst der Begriff auch **Sachübernahmen**,[9] also die Anrechnung der Vergütung für die Überlassung von Sachwerten an die Gesellschaft auf die Bareinlageverpflichtung.[10] Tilgungswirkung hat eine solche Sachübernahme nur, wenn die Festsetzungen des § 56 getroffen werden, vgl. Abs. 2 iVm § 19 II 2. Fehlen diese Festsetzungen oder sind sie unvollständig, spricht einiges dafür, dass *a maiore ad minus* § 19 IV u. damit die Rechtsfolgen einer verdeckten Sacheinlage (→ Rn. 35) Anwendung finden.[11] Im Fall der **Verschmelzung** von GmbHs zur Aufnahme mit Kapitalerhöhung schließt § 55 UmwG die Anwendung von § 56 nicht ausdrücklich aus. Nach Auffassung 5

---

5 Zulässigkeit von Sacheinlagen bejahten: *Handelsrechtsausschuss des Deutschen Anwaltsvereins*, NZG 07, 735, 737; MüKoGmbHG/*Lieder* Rn. 10; Scholz/*Priester* Rn. 23 a; *Wicke* § 5 a Rn. 7; Baumbach/Hueck/*Zöllner*/*Fastrich* Rn. 1; *Berninger*, GmbHR 10, 63, 66; *Freitag/Riemenschneider*, ZIP 07, 1485, 1491; *Heinemann*, NZG 08, 820, 821; *Klose*, GmbHR 09, 294, 296; *Waldenberger/Sieber*, GmbHR 09, 114, 119. Abl. OLG München NJW 11, 464; Baumbach/Hueck/*Fastrich* (19. Aufl.) § 5 a Rn. 33; *Bormann*, GmbHR 07, 897, 901; *Gehrlein*, Der Konzern 07, 771, 779; *Heckschen*, DStR 09, 166, 170; *Seibert*, GmbHR 07, 673, 676; wohl auch *Römermann*, NJW 10, 905, 907.

6 BGH NJW 11, 1881; ebenso: OLG Hamm GmbHR 11, 655; OLG Stuttgart DB 12, 338.

7 Vgl. insbes. Abs. 5 „Erhöht die Gesellschaft ihr Stammkapital so, dass …" u. nicht „Hat die Gesellschaft ihr Stammkapital so erhöht, dass …".

8 Es ist kein Grund ersichtlich, die Sachkapitalerhöhung einer UG auf oder über das gesetzliche Mindeststammkapital einer GmbH anders zu behandeln als die Gründung einer GmbH gegen Mischeinlage (hierzu Rn. 6 sowie § 5 Rn. 22). Überzeugend Scholz/*Priester* Rn. 23 a, der diesbezüglich von einer „stufenweise Mischeinlage" spricht.

9 *Roth*/Altmeppen Rn. 2 a; MüKoGmbHG/*Lieder* Rn. 5.

10 *Ulmer* Rn. 9; Rowedder/Schmidt-Leithoff/*Schnorbus* Rn. 3. Näher zum Begriff der Sachübernahme § 5 Rn. 40.

11 Lutter/Hommelhoff/*Bayer* § 5 Rn. 32 sowie § 19 Rn. 40; Scholz/*Priester* Rn. 37. Vgl. auch *Veil*, ZIP 07, 1241, 1246; Scholz/*Priester* Rn. 49; sowie *Wicke* § 19 Rn. 12: Nicht von § 19 II 2 erfasste Aufrechnung durch den Gesellschafter soll die Wirkung des § 19 IV haben, wenn Aufrechnung im Einvernehmen mit der Gesellschaft erfolgt. Krit. ("konstruktive Probleme") diesbezüglich Baumbach/Hueck/*Fastrich* § 19 Rn. 33 a.

der BGH sind die Gesellschafter der übertragenden Gesellschaft jedoch nicht als Sacheinlageverpflichtete anzusehen, so dass diese bei Überbewertung des Vermögens des übertragenden Rechtsträgers auch keine Differenzhaftung nach § 56 II iVm § 9 trifft.[12]

6 **Gemischte Sacheinlagen**, bei denen der Wert des eingebrachten Sachwerts den Ausgabepreis der Geschäftsanteile übersteigt u. insoweit – zB als gutgeschriebenes Gesellschafterdarlehen oder als Barauszahlung – vergütet wird (→ § 5 Rn. 21), werden jedenfalls bei Einbringung unteilbarer Gegenstände insg. von § 56 erfasst. Relevant wird dies zB, wenn ein Unternehmen teils gegen Gewährung von durch die Kapitalerhöhung zu schaffenden Geschäftsanteilen u. teils gegen Barvergütung „gekauft" wird. Ebenfalls § 56 unterfallen **Mischeinlagen**, bei denen die Einlage teilw. in bar u. teilw. in Sachwerten erbracht wird (→ § 5 Rn. 22).

2. Einlagefähigkeit

7 Was tauglicher Gegenstand einer Sacheinlage ist, bestimmt sich im Grundsatz nach denselben Regeln wie bei der Sachgründung (→ § 5 Rn. 23 ff.). Üblicherweise nur iRd Kapitalerhöhung stellt sich daneben die Frage nach der Einlagefähigkeit folgender Gegenstände:

8 a) **Gesellschafterforderungen, „Debt-equity-swap"**. Forderungen der Gesellschafter gegen die Gesellschaft sind grds. einlagefähig, was insbes. bei Forderungen aus Gesellschafterdarlehen praktisch relevant ist. Zwar werden der Gesellschaft auf diese Weise keine Aktiva zugeführt, die Befreiung von einer Verbindlichkeit steht jedoch der Zuführung von Vermögensgegenständen gleich.[13] Vollzogen werden kann die Einbringung durch Abtretung der Forderung an die Gesellschaft mit der Folge des Erlöschens durch Konfusion oder durch Erlassvertrag (§ 397 I BGB). Bilanziell findet auf der Passivseite eine **Umwandlung von Fremd- in Eigenkapital** statt („debt-equity-swap"), auf der Aktivseite kann hierdurch ein nicht durch Eigenkapital gedeckter Fehlbetrag (§ 268 III HGB) u. damit die rechnerische Überschuldung der Gesellschaft vermindert werden u. ggf. ganz entfallen. Die Umwandlung von Fremd- in Eigenkapital dient als Sanierungsmaßnahme nicht selten diesem Zweck, wobei der Sachkapitalerhöhung dann regelmäßig eine vereinfachte Kapitalherabsetzung nach § 58 a vorausgehen wird (Kapitalschnitt), um den Wert der bestehenden Beteiligungen zum Wert der Forderung in eine angemessene Relation zu setzen.[14]

9 Einlagefähig (iS einer Eignung zur Stammkapitalunterlegung) ist eine Forderung gegen die Gesellschaft iH ihres tatsächlichen Wertes zum Zeitpunkt der Anmeldung der Kapitalerhöhung zum Handelsregister (§ 9 I). Die hM bestimmt diesen anhand herkömmlicher Vollwertigkeitskriterien, erkennt Einlagefähigkeit also nur insoweit an, als die Forderung (aus Sicht des Ge-

---

12 BGH NZG 2019, 187. Der BGH hält jedoch eine Haftung nach § 826 BGB wegen existenzvernichtenden Eingriffs für möglich; diese könne nicht nur durch einen Zugriff auf Aktivvermögen, sondern auch durch eine Vermehrung der Schulden der übernehmenden GmbH erfolgen.

13 *Lutter*/Hommelhoff/*Bayer* Rn. 9; MüKoGmbHG/*Lieder* Rn. 19.

14 *Born*, BB 09, 1730, 1731; *Scheunemann/Hoffmann*, DB 09, 983.

sellschafters) **vollwertig** ist.[15] Dies ist nicht ohne **Zweifel.** Die Einbringung einer Forderung des Inferenten gegen die Gesellschaft unterscheidet sich grdl. zB von der Einbringung einer Forderung gegen Dritte. Letztere ist nach allg. handelsbilanziellen Grundsätzen mit ihren Anschaffungskosten[16] zu aktivieren. Obergrenze für die Bewertung ist der nach handelsrechtlichen Grundsätzen zu ermittelnde Zeitwert.[17] Die Einbringung einer Forderung gegen die Gesellschaft führt dag zu keiner Bilanzverlängerung, sondern spielt sich allein auf der Passivseite der Bilanz ab (u lässt ggf. einen aktivischen Fehlbetrag entfallen). Die Gesellschaft wird in voller Höhe u. nicht nur in Höhe des Zeitwerts der Forderung von einer Verbindlichkeit befreit. Der Wert (iSv § 9 I) einer solchen Sacheinlage sollte daher aus Sicht der Gesellschaft, u. nicht aus Sicht des Gesellschafters bestimmt werden, dh entgg. der hM mit dem Nennwert der Forderung (präziser: mit dem Betrag, mit welchem die entsprechende Verbindlichkeit in der Bilanz der GmbH passiviert ist[18]) angesetzt werden dürfen. Gründe des Gläubigerschutzes[19] stehen dem nicht entgg, denn für die Befriedigungsmöglichkeiten der Gläubiger spielt es wegen der vollständigen Ausbuchung der Gesellschafterforderung keine Rolle, ob diese iH des Nennwerts oder nur iH ihres werthaltigen Teils zur Stammkapitaldeckung zugelassen wird.[20] Es ist umgekehrt davon auszugehen, dass der Ansatz des Nennwerts einen stärkeren Gläubigerschutz bewirken würde, da die damit verbundene größere Erhöhung der Stammkapitalziffer (ggü. einer ergebniswirksamen Verbuchung oder der Zuführung zu den Kapitalrücklagen) zu einer erweiterten Vermögensbindung durch §§ 30, 31 führen würde. Nicht überzeugend ist uE das Argument der Gegenansicht, dass hierbei ein unter Geltung des Vollwertigkeitsgebots angeblich bestehender „gläubigerschützender Zusatzeffekt" übersehen werde, der sich daraus ergeben soll, dass bei einer Kapitalerhöhung iH des Nennwerts der Forderung ein zu aktivierender (Bar-)Einlageanspruch iH des Differenzbetrags bestehe, der den Gläubigern als weitere Haftungsmasse zur Verfügung stehe.[21] Denn das Vollwertigkeitsgebot zwingt die Gesellschafter keineswegs zu einem solchen Vorgehen (u gibt den Gläubigern damit keinen Anspruch auf die zusätzliche Haftungsmasse), sondern lediglich dazu, die Kapitalerhöhung auf den Betrag

15 Vgl. BGH ZIP 16, 615; BGHZ 90, 370, 373; 110, 47; 113, 335; 125, 141, 143 ("liquide, fällig und vollwertig"); *Priester*, DB 10, 1445; *Ekkenga*, DB 12, 331; *Hirte/Knof/Mock*, DB 11, 632, 642; Baumbach/Hueck/*Zöllner/Fastrich* Rn. 7; *Lutter*/Hommelhoff/*Bayer* Rn. 9; Scholz/*Priester* Rn. 13 a; Rowedder/Schmidt-Leithoff/*Schnorbus* Rn. 10; MüKoGmbHG/*Lieder* Rn. 19; aA *Cahn/Simon/Theiselmann*, CFL 10, 238; *dies*, DB 10, 1629; *dies*, DB 12, 501; MüKoGmbHG/*Schwandtner*, § 5 Rn. 127 a; *Theiselmann*, GmbH-StB 13, 150, 152; *Meilicke*, DB 89, 1067, 1075 u. DB 89, 1119 ff.; *Spliedt*, GmbHR 12, 462, 464.

16 Anschaffungskosten der Gesellschaft liegen iH des Nennwerts der ausgegebenen Geschäftsanteile zuzüglich eines Agios vor; eine Unterbewertung von Sacheinlagen (Nichtfestsetzen eines Agios) ist nach hM handelsrechtlich zulässig, vgl. BeckBilKom/*Förschle/K Hoffmann* § 272 Rn. 148; IDW RS HFA 42 Tz 43.

17 Vgl. Scholz/*Veil* § 5 Rn. 57; BeckBilKom/*Förschle/K Hoffmann* § 247 Rn. 190.

18 So zutreffend MüKoGmbHG/*Schwandtner*, § 5 Rn. 127 a.

19 Normzweck von § 9 I ist die Sicherung effektiver Kapitalaufbringung (vgl. *Ulmer* § 9 Rn. 1) u. damit vorrangig der Gläubigerschutz.

20 Ausf. *Cahn/Simon/Theiselmann*, DB 10, 1629, 1630 f.; *dies*, DB 12, 501 (in Erwiderung auf die gegenteilige Auffassung von *Ekkenga*, DB 12, 331).

21 So *Ekkenga*, DB 12, 331, 335.

des Zeitwerts der eingebrachten Forderung zu beschränken u. den nicht-werthaltigen Teil anderen Eigenkapitalpositionen zuzuschreiben; die Beteiligungen anderer Gesellschafter sind dann durch einen Kapitalschnitt entspr. (stärker) herabzusetzen (was zu einer weiteren Absenkung der Ausschüttungssperre führt). IErg wird der Vorgang somit lediglich abw. auf der Passivseite der Bilanz abgebildet, was für die den (bestehenden) Gläubigern zur Verfügung stehende Haftungsmasse nicht von Bedeutung ist. Auch kann in der Einbringung zum Nennwert uE keine Benachteiligung künftiger Gläubiger erblickt werden.[22] Insbes. wird diesen bei einer Erhöhung des Stammkapitals um den Nennwert der Forderung kein höheres Verlustdeckungspotenzial signalisiert als bei ertragswirksamem Ausweis oder Zuführung des nicht-werthaltigen Teils zu den Kapitalrücklagen. Letztlich sind damit allein die Interessen der übrigen Gesellschafter betroffen, die jedoch über das Erfordernis eines angemessenen Ausgabepreises hinreichend geschützt sind (→ § 55 Rn. 10). Sind die Geschäftsanteile wegen Überschuldung der Gesellschaft wertlos oder unterschreitet ihr Wert die Nennbeträge, kommt eine wirtschaftliche Verwässerung ohnehin nicht in Betracht.

9a Die **Praxis** hat sich freilich am Vollwertigkeitsgebot zu orientieren, zumal auch der Gesetzgeber offenbar von dessen Geltung ausgeht, wie sich aus den Materialien zum sog. „insovenzrechtlichen Debt-equity-swap" ergibt.[23] Welche Anforderungen hieran iErg zu stellen sind, ist nicht abschließend geklärt.[24] Eine handelsbilanzielle Überschuldung der Gesellschaft steht der Vollwertigkeit der Forderung nicht zwingend entgg, vielmehr ist die Vollwertigkeit bzw. die diese in Frage stellende Überschuldung der Gesellschaft auf Basis einer Überschuldungsbilanz zu Verkehrs- oder Liquidationswerten festzustellen, weshalb stille Reserven zu berücksichtigen sind.[25] Auch Illiquidität der Gesellschaft sollte die Forderung nicht per se wertlos machen, jedoch wird sie aufgrund der dann im Überschuldungsstatus anzusetzenden Zerschlagungswerte regelmäßig erheblich abzuschreiben sein.[26] Konsequenz der hM ist, dass die Forderung nur iH ihres werthaltigen Teils taugliche Sacheinlage ist u. eine „Überbewertung" der Forderung im Fall der Eintragung der Kapitalerhöhung (entgg. § 9 c I 2) zur **Differenzhaftung** nach § 9 führt. Handelsbilanziell ist die erloschene Verbindlichkeit ggü. dem Inferenten selbstverständlich insg. auszubuchen, der

---

22 AA *Priester*, DB 10, 1445, 1449.

23 Vgl. BegrRegE ESUG, BT-Drs. 17/5712, S. 32 (zu § 254 IV InsO): "Zur Frage der Werthaltigkeit des Anspruchs sind gegebenenfalls Gutachten einzuholen. Die Werthaltigkeit der Forderung wird aufgrund der Insolvenz des Schuldners regelmäßig reduziert sein und der Wert wird nicht dem buchmäßigen Nennwert entsprechen, sondern deutlich darunter liegen." Nach § 254 IV InsO ist für den "insolvenzrechtlichen Debt-Equity-Swap" allerdings eine Differenzhaftung des Inferenten ausgeschlossen. Vgl. hierzu *K Schmidt*, BB 11, 1603; *Hirte/Knof/Mock*, DB 11, 632; *Simon/Merkelbach*, NZG 12, 121; *Meyer/Degener*, BB 11, 846; *Kanzler/Mader*, GmbHR 12, 992; *Spliedt*, GmbHR 12, 462.

24 Vgl. *Priester*, DB 10, 1445, 1447 f.; *Ekkenga*, DB 12, 331, 335 f.

25 BGH ZIP 2016, 615; BGH v. 19.1.2016 – II ZR 303/14; BGHZ 125, 141; GmbHR 12, 1066, 1069; aA *Ekkenga*, DB 12, 331, 337.

26 So ist wohl BGHZ 90, 370, 373, zu verstehen, auch wenn der BGH grds. fordert, dass die Forderung "liquide, fällig und vollwertig" ist.

nicht-werthaltige Teil ist entweder den Kapitalrücklagen zuzuführen (§ 272 II Nr. 1 oder 4 HGB) oder an Ertrag zu buchen.[27]

Steuerlich wird die Einbringung der Forderung nur iH ihres Teilwertes als 10
Einlage behandelt (§§ 4 I 8, 6 I Nr. 5 EStG), iH des nicht-werthaltigen Teils kommt es auf Ebene der **Gesellschaft** zu einem grds. steuerwirksamen Ertrag.[28] Sofern der entstehende Buchgewinn (**Sanierungsgewinn**) nicht nach § 3 a EStG iVm § 8 I 1 KStG, § 7 b GewStG steuerfrei ist, kann dies auch bei Bestehen von Verlustvorträgen steuerliche Belastungen auslösen, insbes. aufgrund von Verlustverrechnungsbeschränkungen (Mindestbesteuerung nach § 10 d II EStG iVm § 8 I 1 KStG).[29] Auf Ebene des **Gesellschafters**, der die Forderung im Betriebsvermögen hält, ist die Forderung auszubuchen. IH des Teilwerts der Forderung liegen nachträgliche Anschaffungskosten auf die Beteiligung, iH des nicht-werthaltigen Teils liegt Aufwand vor.[30] Bei einer Darlehensforderung im Betriebsvermögen einer zu mehr als 25 % beteiligten Kapitalgesellschaft unterliegt der Aufwand grds. dem Abzugsverbot des § 8 b III 3, 4 KStG. Wurde die Forderung im Betriebsvermögen eines Einzelkaufmanns oder einer Personengesellschaft gehalten, war nach Auffassung der Finanzverwaltung[31] das Teilabzugsverbot des § 3 c II EStG einschlägig. Nachdem der BFH[32] demggü. den vollen Abzug zugelassen hatte, ist die Auffassung der Finanzverwaltung (grds. Geltung des Teilabzugsverbots bei Beteiligung von mehr als 25 %) ab dem 1.1.15 in § 3 c II 2, 3 EStG gesetzlich verankert worden. Ebenfalls lange ungeklärt war die Rechtslage, wenn die Forderung im **Privatvermögen** eines zu mindestens 1 % beteiligten Gesellschafters gehalten wurde. Rechtsprechung und Finanzverwaltung erkannten vormals bei Darlehensverlusten nachträgliche Anschaffungskosten in Höhe des Nennwerts an, wenn das Darlehen in der Krise, als „Finanzplandarlehen" oder vor der Krise als vertraglich „krisenbestimmtes" Darlehen gewährt wurde; bei sonstigen stehengelassenen Darlehen sollte grundsätzlich der gemeine Wert im Zeitpunkt des

---

27 Str, nach FG Hamburg DStRE 02, 193, entsteht Ertrag, eine Zuführung zu den Kapitalrücklagen soll nur iH des gemeinen Werts zulässig sein. Ebenso *Priester*, DB 10, 1445, 1449. AA überw. das Schrifttum, vgl. *Cahn/Simon/Theiselmann*, DB 12, 501, 502; *Baldamus*, DStR 03, 852, 853; *Ekkenga*, DB 12, 331, 334.

28 BFH NJW 97, 2837; *Häuselmann*, BB 10, 944, 948. Dies gilt nach bisheriger Ansicht der Finanzverwaltung ebenso bei der Wandlung von Fremdkapital in Genussrechte, auch wenn diese keine Beteiligung am Liquidationserlös gewähren ("debt-mezzanine-swap"), vgl. OFD Rheinland v. 14.12.11 – Kurzinfo KSt 56/2011. Zutr. dürfte jedoch sein, dass es in der Steuerbilanz lediglich zu einem Passivtausch im Fremdkapital kommt; vgl. auch die Kritik bei *Beyer*, DStR 12, 2199; wie hier *Gänsler*, Ubg 13, 154, 161; *Höng*, Ubg 14, 27. Die bisherige Ansicht der Finanzverwaltung zum debt-mezzanine-swap dürfte durch den Erlass des FinMin NRW v. 18.7.2018 (S. 2133-000036-V B 1/ S. 2741-91-V B 4) überholt sein, vgl. dazu *v. Wolfersdorff*, StuB 2018, 801.

29 Der Große Senat des BFH hat den sog. Sanierungserlass (BMF-Schreiben v. 27.3.03, BStBl I 03, S. 240, BB 03, 2048) mit Beschluss vom 28.11.2016 (BStBl II 17, 393) verworfen, weil er gegen den Grundsatz der Gesetzmäßigkeit der Verwaltung verstößt. Als Reaktion hat der Gesetzgeber die §§ 3 a, 3 c IV EStG, § 7 b GewStG eingeführt.

30 L Schmidt/*Weber-Grellet*, EStG § 5 Rn. 550 „Gesellschafterfinanzierung".

31 BMF BStBl I 10, S. 1292.

32 BFH BStBl II 13, S. 791.

Eintritts der Krise maßgeblich sein.[33] Dagegen hat der BFH mit Urteil vom 11.07.2017 entschieden, dass nach Aufhebung des Eigenkapitalersatzrechts durch das MoMiG nachträgliche Anschaffungskosten auf die Beteiligung nur noch aufgrund solcher Zahlungen erlangt werden können, die nach handels- und bilanzsteuerrechtlichen Grundsätzen zu einer offenen oder verdeckten Einlage führen.[34] Bei Darlehensverzicht lagen danach nachträgliche Anschaffungskosten nur noch in Höhe des Teilwerts vor.[35] Die Finanzverwaltung ist dieser Rechtsprechung gefolgt.[36] Soweit keine nachträglichen Anschaffungskosten vorlagen, ging die Finanzverwaltung – nach der mit der Abgeltungsteuer eingeführten vollständigen steuerlichen Erfassung aller Wertveränderungen von Kapitalanlagen unzutreffend – von einem einkommensteuerlich unbeachtlichen Verlust auf der privaten Vermögensebene aus.[37] Diese Auffassung war nach dem Urteil des BFH vom 24.10.2017[38] nicht mehr haltbar . Auch wenn die Entscheidung ein privates Darlehen zwischen natürlichen Personen betraf, musste aus ihr geschlossen werden, dass auch der Verzicht auf ein privates Gesellschafterdarlehen in Höhe des nicht werthaltigen Teils zu einem steuerlich anzuerkennenden Verlust nach § 20 II 1 Nr. 7, 2, IV EStG führt.[39] Der BFH hat dies mit Urteil vom 06.08.2019 bestätigt.[40] Der Gesetzgeber hat auf die Rechtsprechung des BFH mit folgenden Gesetzesänderungen regiert:[41] Hinsichtlich des werthaltigen Teils der Forderung liegen weiterhin nachträgliche Anschaffungskosten aufgrund einer offenen oder verdeckten Einlage vor (§ 17 IIa S. 3 Nr. 1 EStG nF). Hinsichtlich des nicht-werthaltigen Teils dürfte es zu einem Darlehensverlust iSv § 17 IIa S. 3 Nr. 2 EStG nF kommen, der zu nachträglichen Anschaffungskosten führt, wenn das Darlehen in der Krise der Gesellschaft aus gesellschaftsrechtlicher Veranlassung gewährt oder stehengelassen wurde; die gesellschaftsrechtliche Veranlassung liegt regelmäßig vor, wenn ein fremder Dritter das Darlehen bei sonst gleichen Umständen zurückgefordert oder nicht gewährt hätte (§ 17 IIa S. 4 EStG nF). Soweit keine Anschaffungskosten vorliegen[42], kommt es zu einem steuerlich beachtlichen Verlust nach § 20 II EStG; anders als im Regierungsentwurf zunächst vorgesehen, wird die Verlustnutzung nicht mehr generell versagt. Nach dem 31.12.2019 entstehende Verluste können jedoch nur noch nur in Höhe von 10.000 Euro mit Einkünften aus Kapitalvermögen ausgeglichen werden; im Übrigen erfolgt ein Vor-

33 BMF BStBl I 10, S. 832.
34 BFH BStBl II 19, 208, mit Vertrauensschutzregelung, wonach die vormaligen Grundsätze bis zur Veröffentlichung des Urteils (27.09.2017) fortgelten.
35 Zuletzt bestätigt durch BFH/NV 2020, 52.
36 BMF BStBl I 19, 257.
37 BMF BStBl I 16, 85, Tz. 61.
38 BFH/NV 2018, 280.
39 So auch FG Rheinland-Pfalz EFG 2019, 610 (rkr.).
40 BFH/NV 2020, 52.
41 Vgl. Änderungen von § 17 EStG und § 20 EStG durch das Gesetz zur weiteren steuerlichen Förderung der Elektromobilität und zur Änderung weiterer steuerlicher Vorschriften vom 12.12.2019, BGBl. I 2019, S. 2451, Artikel 2, sowie das Gesetz zur Einführung einer Pflicht zur Mitteilung grenzüberschreitender Steuergestaltungen vom 21.12.2019, BGBl. I 2019, S. 2875, Artikel 5.
42 Soweit Anschaffungskosten vorliegen, verdrängt § 17 EStG gemäß § 20 VIII EStG den Anwendungsbereich des § 20 II EStG, vgl. *Korn/Strahl*, NWB 2019, 3553.

trag mit der Maßgabe, dass nicht verrechnete Verluste je Folgejahr nur bis zur Höhe von 10.000 Euro mit Einkünften aus Kapitalvermögen verrechnet werden dürfen (§ 20 VI 6 EStG nF). Zu beachten ist, dass § 20 VI EStG bei Vorliegen einer der Voraussetzungen des § 32 d II Nr. 1 EStG (zB Beteiligung von mindestens 10 % an der Schuldner-GmbH) keine Anwendung findet (§ 32 d II Nr. 1 S. 2 EStG).[43]

Steuerlich kann die Umwandlung der Forderung in Eigenkapital – wie jede Kapitalerhöhung – bei der **Gesellschaft** weiter zum Untergang bestehender Verlustvorträge führen, sofern damit ein schädlicher Beteiligungserwerb iSv § 8 c I KStG verbunden ist.[44] Verschiebungen der Anteilsverhältnisse können bei grundbesitzenden Gesellschaften (oder nachgeordneten Gesellschaften) Grunderwerbsteuer auslösen (insbes. nach § 1 IIa, III, IIIa GrEStG, künftig ggf. § 1 IIb GrEStG-neu[45]). Ferner kann die Einbringung bzw. der Verzicht auf die Forderung schenkungsteuerlich relevant sein, wenn sich hierdurch der Wert der Anteile der übrigen Gesellschafter erhöht (§ 7 VIII ErbStG).[46] 10a

Vor Inkrafttreten des MoMiG wurde verbreitet angenommen, dass Forderungen aus eigenkapitalersetzenden Darlehen, die den Rechtssprechungsregeln unterfielen u. deren Rückzahlung daher §§ 30, 31 entgegenstand (→ § 30 Rn. 37), keine tauglichen Gegenstände einer Sacheinlage darstellen.[47] Dies ist nach Einführung von § 30 I 3 nicht aufrechtzuerhalten.[48] Eine **Unterbilanz** steht der Einlagefähigkeit nicht entgg.[49] Die Einbringung der Forderung oder die Kapitalerhöhung ist auch nicht nach § 135 I Nr. 2 InsO anfechtbar, wenn binnen Jahresfrist über das Vermögen der Gesellschaft das Insolvenzverfahren eröffnet wird, da der übernommene Geschäftsanteil im Insolvenzverfahren wie die gewandelte Forderung nach- 11

---

43 Littmann/Bitz/Pust/*Karrenbrock*, EStG, § 17 Rn. 236 b; *Förster*, DB 2018, 336, 339.

44 Ein Erhalt der Verlustvorträge kann unter den Voraussetzungen des § 8 c I 5 ff. KStG („Still-Reserven-Klausel"), des § 8 c Ia KStG („Sanierungsklausel") oder auf Antrag nach nach § 8 d KStG als sog. „fortführungsgebundener Verlustvortrag" in Betracht kommen. Da der fortführungsgebundene Verlustvortrag nach § 8 d II KStG untergangsbedroht ist, ist die Vorteilhaftigkeit eines Antrags nach § 8 d KStG im Einzelfall sorgfältig abzuwägen, vgl. *Herkens*, GmbH-StB 2019, 81. Zur Anwendung des § 8 c Ia KStG vgl. auch OFD NRW v. 20.12.2018, DB 19, 26.

45 Die geplante Reform des Grunderwerbsteuerrechts, die ursprünglich zum 01.01.2020 in Kraft treten sollte, sieht ua die Einführung eines neuen, für Kapitalgesellschaften geltenden § 1 IIb GrEStG vor, der dem bestehenden § 1 Abs. 2 a GrEStG nachgebildet werden soll. Das weitere Gesetzgebungsverfahren ist auf das 1. Halbjahr 2020 verschoben worden.

46 Dies kommt bei Unterbewertung der Sacheinlage in Betracht. Vgl. auch *Viskorf/Haag/Kerstan*, NWB 12, 927.

47 OLG Schleswig NZG 01, 566, 568; BGHZ 90, 370, 376 (zur einvernehmlichen Verrechnung von Darlehensforderungen mit der Bareinlagepflicht); Michalski/*Hermanns*, 1. Aufl. 02, Rn. 54.

48 Ebenso MüKoGmbHG/*Lieder* Rn. 20; Baumbach/Hueck/*Fastrich* § 5 Rn. 28.

49 So nun ausdrücklich BGH GmbHR 12, 1066, 1069 (zur verdeckten Sacheinlage einer Bereicherungsforderung u. deren Werthaltigkeit nach fehlgeschlagener Voreinzahlung).

rangig ist u. der Gesellschafter daher keine „Befriedigung“ iSv § 135 I Nr. 2 InsO erlangt hat.[50]

12 b) **Gewinn.** Gewinn der Gesellschaft kann auf verschiedene Weise in Stammkapital gewandelt werden. Das Gesetz bietet die Möglichkeit, eine **Kapitalerhöhung aus Gesellschaftsmitteln** vorzunehmen, wenn der Gewinn des abgelaufenen Geschäftsjahrs im letzten Gewinnverwendungsbeschluss als Zuführung zu den Rücklagen ausgewiesen ist oder der Jahresabschluss unter Berücksichtigung der Verwendung des Jahresergebnisses aufgestellt (§ 268 I BGB) u. der Gewinn so bereits den Rücklagen zugeführt worden ist (→ § 57 d Rn. 8). Die Forderungen der Gesellschafter aus einem Gewinnverwendungsbeschluss können zudem als Sacheinlage eingebracht werden. Zum sog. **Schütt-aus-hol-zurück-Verfahren** → § 57 c Rn. 5. Die Einbringung von Gewinnvorträgen setzt einen Beschluss über deren Ausschüttung voraus.[51]

13 c) **Eigene Anteile.** Eigene Geschäftsanteile der GmbH sind nach allgM **kein tauglicher Gegenstand** einer Sacheinlage.[52] Gleiches gilt für **Genussscheine**, wenn diese lediglich auf eine Teilhabe an künftigen Gewinnen u. Liquidationserlösen gerichtet sind.[53] Soweit Genussscheine dag auch bereits entstandene Forderungen gegen die Gesellschaft verbriefen, ist deren Einbringung möglich.[54] Es gelten die oben dargestellten Grundsätze (→ Rn. 8 ff.). Einlagefähig sind dagegen (typisch oder atypisch) stille Beteiligungen an der GmbH.[55]

14 d) **Forderungen gegen den Gesellschafter, Dienstleistungen.** Schuldrechtliche Forderungen der Gesellschaft gegen den Gesellschafter sind nach hM **nicht einlagefähig**, da es an einer Aussonderung der Mittel u. Übertragung an die Gesellschaft fehle u. es dem Grundsatz realer Kapitalaufbringung widerspreche, wenn die Einlagepflicht gegen eine rein schuldrechtliche u. damit weniger streng abgesicherte Verpflichtung ausgetauscht werde.[56] Die fehlende Sacheinlagefähigkeit solcher Forderungen wird vor dem Hintergrund der Neuregelung des Hin- u. Herzahlens in § 19 V (vgl. dort → Rn. 95 ff. u. → § 56 a Rn. 28 ff.) u. der damit verbundenen faktischen Anerkennung des Austauschs der Einlage- gegen eine Darlehensforderung von Stimmen im Schrifttum bezweifelt.[57] *De lege lata* ist davon auszugehen, dass es Forderungen gegen den Inferenten nach wie vor an Sacheinlagefähigkeit fehlt, da der ggü. § 19 IV subsidiäre § 19 V gerade auf die

50 *Lutter*/Hommelhoff/*Bayer* Rn. 10; Scholz/*Priester* Rn. 13 b; Rowedder/Schmidt-Leithoff/*Schnorbus* Rn. 10; offengelassen von *Wicke* Rn. 3.
51 Scholz/*Priester* Rn. 16.
52 Michalski/*Hermanns* Rn. 40; MüKoGmbHG/*Lieder* Rn. 16; Scholz/*Priester* Rn. 19; *Ulmer* Rn. 18; Rowedder/Schmidt-Leithoff/*Schnorbus* Rn. 8.
53 *Ulmer* Rn. 19; Baumbach/Hueck/*Zöllner*/*Fastrich* Rn. 7.
54 Scholz/*Priester* Rn. 20.
55 BGH NZG 2015, 1396; *K.Schmidt*, NZG 2016, 4.
56 BGH NJW 09, 2375, 2376 – Qivive; 06, 509; NZG 06, 716, 717; Baumbach/Hueck/*Fastrich* § 19 Rn. 22.
57 *Wicke* § 5 Rn. 11, § 19 Rn. 33, § 56 a Rn. 2; *Bormann*, GmbHR 07, 897, 903; *Drygala*, NZG 07, 561, 564; *Gehrlein*, Der Konzern 07, 771, 782; *Heinze*, GmbHR 08, 1065, 1072; ähnl *Joost*, ZIP 07, 2242, 2244 f. Weiter gegen Einlagefähigkeit aber der BGH (NJW 09, 2375, 2376) u. das überw. Schrifttum, vgl. Baumbach/Hueck/*Fastrich* § 19 Rn. 22; *Roth*/Altmeppen § 5 Rn. 44 mwN.

„wirtschaftliche" Einbringung schuldrechtlicher Forderungen gegen den Inferenten in Cash-Pool-Fällen abzielt u. in Abgrenzung zur verdeckten Sacheinlage voraussetzt, dass es sich bei diesen Forderungen um nichtsacheinlagefähige Leistungen handelt.

15 Dogmatisch vermag die Regelung sowie die durch das MoMiG übernommene u. bzgl. der Rechtsfolgen neugeregelte Differenzierung zwischen verdeckter Sacheinlage (§ 19 IV) u. Hin- u. Herzahlen (§ 19 V) indes **nicht zu überzeugen.** Wenn der auf Cash-Pooling-Fälle zugeschnittene § 19 V bei entspr. Offenlegung des Vorgangs[58] einen vollwertigen Darlehensrückzahlungsanspruch gegen den Gesellschafter für die Befreiung von der Bareinlagepflicht ausreichen lässt, gibt es keinen Grund, nicht auch die offene (Sach-)Einlage der Forderung zuzulassen. Die Differenzierung zwischen verdeckter Sacheinlage u. Hin- u. Herzahlen führt auch praktisch zu schwer nachvollziehbaren Ergebnissen, wie der Blick auf die Kapitalerhöhung bei der in den **Cash-Pool** eingebundenen GmbH zeigt: Ist der Saldo auf dem Zentralkonto im Zeitpunkt der Weiterleitung des Einlagebetrags zulasten der GmbH negativ, führt dies zu einer verdeckten Sacheinlage, bei einem ausgeglichenen oder positiven Saldo liegt ein Hin- u. Herzahlen vor.[59] Im ersten Fall kommt es somit grds. zur Anrechnung nach § 19 IV, soweit (!) der Rückzahlungsanspruch vollwertig ist, während bei positivem oder ausgeglichenem Saldo die Einlagepflicht fortbesteht, wenn die Offenlegung des Vorgangs unterlassen wird oder wenn (nicht: soweit!) der Rückzahlungsanspruch nicht vollwertig ist. Das ist *de lege lata* konsequent, indes ist ein sachlicher Grund dafür, dass ein positiver (nicht aber ein negativer) Saldo diese durchaus als verheerend zu bezeichnenden[60] Rechtsfolgen haben soll, nicht ersichtlich. Auch wird diese Differenzierung den praktischen Bedürfnissen der Konzernfinanzierung nicht gerecht.[61] Der konsequente, sowohl in dogmatischer Hinsicht als auch im praktischen Ergebnis befriedigendere Ansatz hätte darin bestanden, schuldrechtlichen Forderungen gegen den Inferenten die Sacheinlagefähigkeit zuzusprechen, die Differenzierung zwischen verdeckter Sacheinlage u. Hin- u. Herzahlen aufzugeben u. die Fallgruppe des Hin- u. Herzahlens ganz zu streichen.[62] Fälle der verdeckten Finanzierung der Einlage durch die Gesellschaft („verdeckter" Austausch der Einlageforderung gegen schuldrechtliche Forderung) ließen sich sachgerecht mit den Vorschriften über die verdeckte Sacheinlage lösen, Scheinoperationen mit dem Erfordernis der Leistung zur freien Verfügung der Gesellschaft (→ § 56 a Rn. 9 ff.) sowie den Kapitalerhaltungsvorschriften (§§ 30, 31).

16 Damit würden gleichzeitig Fälle, die weder als verdeckte Finanzierung der Einlage noch als reines Scheingeschäft zu beurteilen sind, wie idR vom Inferenten ggü. der Gesellschaft erbrachte **entgeltliche Dienstleistungen**, aus dem Anwendungsbereich der Kapitalaufbringungsvorschriften ausgenom-

58 Nach BGH NJW 09, 3091, 3093 soll die Offenlegung Voraussetzung für den Eintritt der Erfüllungswirkung sein u. eine Heilungsmöglichkeit nicht bestehen. Dem kann nicht gefolgt werden, vgl. § 19 Rn. 116.
59 BGH NZG 09, 944 – Cash Pool II; vgl. näher § 19 Rn. 124 ff.
60 *Altmeppen*, ZIP 09, 1545, 1547.
61 Vgl. *Komo*, BB 11, 2307, 2312.
62 *Drygala*, NZG 07, 561, 564; *Gehrlein*, Der Konzern 07, 771, 782.

men. Verpflichtungen zu Dienstleistungen sind **nicht einlagefähig** (vgl. § 27 II AktG). Der Rückfluss der Einlage an den Inferenten gegen Dienstleistung führt damit zwar zu keiner verdeckten Sacheinlage, lässt sich jedoch unter den Tatbestand des Hin- u. Herzahlens subsumieren. Zur Verneinung eines faktischen Verbots von Dienstleistungen (zB Geschäftsführertätigkeiten, Holding-Funktionen) eines Gründungsgesellschafters oder eines sich an einer Barkapitalerhöhung beteiligenden Gesellschafters wird in der Literatur auf eine teleologische Reduktion der Vorschrift oder eine Ausn. für gewöhnliche Umsatzgeschäfte[63] zurückgegriffen. Der BGH beschränkt das Hin- u. Herzahlen mittlerweile ausdrücklich auf Fälle der verdeckten Finanzierung der Einlage durch die Gesellschaft, was auf Dienstleistungen nicht zutreffe, es sei denn, die Einlagemittel würden für Zwecke des Inferenten **„reserviert"**.[64] Das weist in die richtige Richtung, da es die Tilgungswirkung der Einzahlung bei vorverabredetem Mittelrückfluss nicht mehr generell,[65] sondern nur in Fällen verdeckter Finanzierung der Einlage durch die Gesellschaft in Frage stellt. Zum selben Ergebnis käme man, würde man die entgeltliche Erbringung von Dienstleistungen iRd Kapitalaufbringung allein am Maßstab der Leistung zur freien Verfügung **u.** sodann an den Vorschriften über die Kapitalerhaltung messen, insbes. also am Kriterium des Drittvergleichs. Dem kommt es recht nahe, wenn der BGH in der Eurobike-Entscheidung[66] ein Her- u. Hinzahlen sowie die damit verbundene verdeckte Finanzierung der Einlage ablehnt, sofern „eine tatsächlich erbrachte Leistung entgolten wird, die dafür gezahlte Vergütung einem Drittvergleich standhält und die objektiv werthaltige Leistung nicht aus der Sicht der Gesellschaft für sie unbrauchbar und damit wertlos ist".

III. Festsetzung

1. Erhöhungsbeschluss

17 Nach Abs. 1 S. 1 sind der Gegenstand der Sacheinlage u. der Nennbetrag des Geschäftsanteils, auf den sich die Sacheinlage bezieht, im Kapitalerhöhungsbeschluss festzusetzen. Auch wenn dies vom Gesetz nicht ausdrücklich gefordert wird, ist auch die **Person des Übernehmers**, der die Sacheinlage erbringen soll, zu nennen.[67] Inhaltlich entsprechen die im Kapitalerhöhungsbeschluss vorzunehmenden Festsetzungen den bei Sachgründung in die Satzung aufzunehmenden (näher → § 5 Rn. 43 ff.).

18 Der **Gegenstand der Sacheinlage** ist so zu bezeichnen, dass seine Identität in eindeutiger Weise im Kapitalerhöhungsbeschluss bestimmt wird. Bei Sachgesamtheiten kann auf eine Sammelbezeichnung zurückgegriffen werden, bei Einbringung eines Handelsgeschäfts genügen etwa Angabe von Firma, Registernummer u. Geschäftsanschrift.[68] Sollen bestimmte Gegen-

63 Rowedder/Schmidt-Leithoff/*Pentz* § 19 Rn. 236; *Bayer/Lieder*, NZG 10, 86, 88.
64 BGH NJW 09, 2375, 2377 – Qivive; vgl. zur AG BGH NZG 10, 343 – Eurobike.
65 So wohl noch BGH NJW 03, 825, auch wenn der entschiedene Fall eine verdeckte Finanzierung der Einlage durch die Gesellschaft betraf.
66 BGH NZG 10, 343, 345.
67 Baumbach/Hueck/*Zöllner/Fastrich* Rn. 10; MüKoGmbHG/*Lieder* Rn. 27.
68 Scholz/*Priester* Rn. 20.

stände von der Einbringung ausgenommen sein, sind diese gesondert aufzuführen.[69]

19 Festzusetzen ist weiter der **Nennbetrag des Geschäftsanteils**, auf den sich die Sacheinlage bezieht, der also durch die Sacheinlage abgedeckt werden soll. Angaben zum Wert der Sacheinlage fordert das Gesetz nicht; lediglich Überbewertung (Unterpariemission) ist verboten, eine Unterbewertung der Sacheinlage ist dag zulässig.[70]

20 Bei gemischten Sacheinlagen u. Mischeinlagen werden zusätzliche Angaben erforderlich: Im Interesse einer Werthaltigkeitskontrolle unterfallen **gemischte Sacheinlagen** (vgl. zum Begriff → Rn. 6) jedenfalls dann, wenn sie eine unteilbare Leistung betreffen, insg. den Sachkapitalerhöhungsvorschriften.[71] Der Wert der Sacheinlage muss den Ausgabetrag der neuen Anteile u. die von der Gesellschaft zu leistende Vergütung des Mehrwerts abdecken. Der Beschluss muss daher – zumindest konkludent[72] – verlautbaren, dass der Übernehmer zusätzlich Anspruch gegen die Gesellschaft auf Vergütung des über die Einlagepflicht hinausgehenden Mehrwertes des von ihm einzulegenden Gegenstandes haben soll.[73] Wird eine feste Mehrvergütung vereinbart, so ist diese im Beschluss anzugeben.[74] Die hM lässt es iÜ ausreichen, wenn der Betrag **bestimmbar** ist, so dass insbes. bei Gegenständen mit schwankendem Wert (zB Einbringung von Unternehmen) die Möglichkeit besteht, die Angaben zur Höhe der Barvergütung im Kapitalerhöhungsbeschluss darauf zu beschränken, dass dem Gesellschafter die Differenz entspr. einer noch vorzunehmenden Bewertung der Sacheinlage zum Übernahmestichtag vergütet wird.[75] Dieselben Grundsätze gelten umgekehrt für die **Mischeinlage** (vgl. zum Begriff → Rn. 6). Grds. ist anzugeben, auf welchen Teilnennbetrag des übernommenen Geschäftsanteils sich die Sacheinlage bezieht u. in welcher Höhe eine Bareinlage erbracht werden soll. Allerdings kann nach hM auch hier auf eine konkrete Bezifferung verzichtet werden, wenn die Bareinlagepflicht als Differenz zwischen übernommenen Nennbetrag u. dem noch zu ermittelnden Wert der Sacheinlage festgesetzt wird.[76]

2. Übernahmeerklärung

21 Bei Sachgründung sind die die Sacheinlagen betr. Festsetzungen in den Gesellschaftsvertrag u. damit in eine notarielle **Vereinbarung** aufzunehmen

69 *Ulmer* Rn. 23.
70 Str. ist bilanzielle Behandlung: Für zwingende Aktivierung zum Zeitwert u. Verbuchung wie Agio nach § 272 II Nr. 1 HGB: Baumbach/Hueck/*Fastrich* § 5 Rn. 33; Lutter/Hommelhoff/*Bayer* § 5 Rn. 27. Für Zulässigkeit der Bildung stiller Reserven *Adler/Düring/Schmaltz*, HGB, § 255 Rn. 97; BeckBilKom/*Winkeljohann/K Hoffmann* § 272 Rn. 148; IDW RS HFA 42 Tz 43; *Roth*/Altmeppen § 5 Rn. 54 a; Rowedder/*Schmidt-Leithoff* § 5 Rn. 35.
71 Zur AG: BGHZ 170, 47; 173, 145 – Lurgi.
72 Scholz/*Priester* Rn. 27.
73 BGHZ 170, 47.
74 Baumbach/Hueck/*Fastrich* § 5 Rn. 20.
75 BayObLG DB 79, 1075; OLG Zweibrücken GmbHR 81, 214, 215; Baumbach/Hueck/*Fastrich* § 5 Rn. 20; *Roth*/Altmeppen § 5 Rn. 53; Scholz/*Priester* Rn. 27; *Ulmer* Rn. 19; aA OLG Stuttgart GmbHR 82, 109, 110 (Angabe des Schätzwerts).
76 OLG Zweibrücken GmbHR 81, 214, 215; Scholz/*Priester* Rn. 28.

(§ 5 IV 1). Dem entspricht es iRd Kapitalerhöhung, dass Abs. 1 die Festsetzungen nicht nur im Erhöhungsbeschluss, sondern auch in der Übernahmeerklärung erfordert.[77] Nicht schon durch den Erhöhungsbeschluss, sondern erst durch die Aufnahme in die Übernahmeerklärung u. deren Annahme durch die Gesellschaft wird die Sacheinlageverpflichtung des Übernehmers begründet.[78] **Zweck** der Aufnahme ist es, zum Schutz des Rechtsverkehrs sicherzustellen, dass sich Erhöhungsbeschluss u. Übernahmevertrag decken, u. dem Übernehmer seine Pflichten vor Augen zu führen.[79] Zum weiteren notwendigen Inhalt der Übernahmeerklärung → § 55 Rn. 20.

22 Ausreichend ist, wenn in der beglaubigten Übernahmeerklärung auf den Kapitalerhöhungsbeschluss **verwiesen** wird, sofern dieser nach § 44 BeurkG als Anlage beigesiegelt wird.[80] Wird die Übernahmeerklärung zusammen mit dem Erhöhungsbeschluss beurkundet (→ § 55 Rn. 20), so genügt es, wenn die Angaben nach Abs. 1 nur einmal enthalten sind, sofern sich die Unterschrift ersichtlich auch auf diese bezieht.[81] Bei separater notarieller Beurkundung des Übernahmevertrags kommt auch eine Verweisung auf eine andere notarielle Niederschrift nach § 13 a BeurkG in Betracht.[82] Ein entspr. **Erfordernis notarieller Beurkundung** (über das Beglaubigungserfordernis des § 55 I hinaus) kann sich bei Sacheinlagen aus § 311 b I BGB oder § 15 IV ergeben.[83]

3. Änderung des Einlagegegenstands

23 Der Kapitalerhöhungsbeschluss kann **vor Eintragung** der Kapitalerhöhung im Handelsregister nach allg. Grundsätzen (→ § 53 Rn. 38) geändert oder aufgehoben werden. Die Änderungsbefugnis gilt auch in Bezug auf den Gegenstand der Einlage, die Sacheinlagepflicht kann also in eine Bareinlagepflicht geändert werden u. umgekehrt. Bereits geschlossene Übernahmeverträge sind entspr. anzupassen.[84] **Nach Eintragung** der Kapitalerhöhung wurde lange Zeit nur eine Änderung der Sach- in eine Bareinlage zugelassen. Nach mittlerweile hM kann aber auch von der Bar- zur Sacheinlage übergegangen werden, sofern die Sacheinlagekautelen nachgeholt werden.[85]

4. Anpassung der Satzung

24 Durch den Kapitalerhöhungsbeschluss ist die **Stammkapitalziffer** automatisch geändert, es bedarf keines weiteren Beschlusses über die Änderung

77 Scholz/*Priester* Rn. 29.
78 Rowedder/Schmidt-Leithoff/*Schnorbus* Rn. 16; *Ulmer* Rn. 27; MüKoGmbHG/*Lieder* Rn. 33.
79 Michalski/*Hermanns* Rn. 57; Scholz/*Priester* Rn. 29. Nur Schutz des Rechtsverkehrs: *Ulmer* Rn. 27.
80 Baumbach/Hueck/*Zöllner*/*Fastrich* Rn. 16; *Ulmer* Rn. 28.
81 BGH WM 66, 1262, 1263; Scholz/*Priester* Rn. 30; *Ulmer* Rn. 28.
82 Scholz/*Priester* Rn. 30.
83 Rowedder/Schmidt-Leithoff/*Schnorbus* Rn. 16; *Ulmer* Rn. 29.
84 *Ulmer* Rn. 31.
85 Scholz/*Priester* Rn. 34; *Ulmer* Rn. 32; MüKoGmbHG/*Lieder* Rn. 37; LG Stuttgart GmbHR 04, 666; aA Rowedder/Schmidt-Leithoff/*Schnorbus* Rn. 19. Zur verwandten Frage nach der Möglichkeit der Heilung verdeckter Sacheinlagen vgl. BGHZ 132, 141, 150 ff. sowie § 19 Rn. 92 ff.

oder Anpassung der Satzung (→ § 55 Rn. 15). Auch die Angaben über die zu leistenden Sacheinlagen u. deren Übernehmer sind **nicht** in den nach § 54 I 2 einzureichenden Wortlaut des Gesellschaftsvertrags aufzunehmen.[86] Die Festsetzungen werden anders als bei der Sachgründung nicht materieller Satzungsinhalt.[87]

5. Mängel der Festsetzung

Bei mangelnden Festsetzungen hat das Registergericht die **Eintragung** nach fruchtloser Zwischenverfügung **abzulehnen.**[88] Erkennbar ist dies dem Registergericht jedoch nur im Fall unvollständiger oder unpräziser Festsetzungen oder wenn sich die Absicht einer Sachkapitalerhöhung aus den sonstigen Unterlagen ergibt. Fehlen die Festsetzungen, wird es regelmäßig zu einer Eintragung kommen. Die Kapitalerhöhung wird dann als **Barerhöhung** wirksam.[89] Werden Sacheinlagen geleistet, führt dies nicht zu einer Befreiung von der Einlageschuld. Jedoch dürfte bei Fehlen der Festsetzungen (ebenso beim eher theoretischen Fall erheblich unvollständiger Festsetzungen) § 19 IV Anwendung finden,[90] wenn die Sacheinlage im Einvernehmen mit der Gesellschaft auf die Einlageschuld geleistet wird.[91] Weiter lassen sich fehlende Festsetzungen ebenso wie damit verwandte[92] verdeckte Sacheinlagen nachträglich heilen (→ § 19 Rn. 92 ff.); der Sache nach liegt dann ein nachträglicher Übergang von der Bar- zur Sacheinlage vor (dazu → Rn. 23).[93] 25

Ist die Unvollständigkeit der Festsetzungen **unerheblich** u. eine Gläubigergefährdung aufgrund ausreichender Kontrollmöglichkeit des Registergerichts nicht zu befürchten, so ist eine ordnungsgemäße Einlageleistung zu bejahen.[94] 26

IV. Gläubigerschutzvorschriften

Normzweck von § 56 ist insbes. die Sicherung **effektiver Kapitalaufbringung.** Nach der Verweisung in Abs. 2 gelten für die Sachkapitalerhöhung § 9 (Differenzhaftung), § 19 II 2 (Aufrechnungsschranken) u. § 19 IV (verdeckte Sacheinlagen). Daneben finden, auch wenn auf diese in den §§ 56, 27

---

86 Rowedder/Schmidt-Leithoff/*Schnorbus* Rn. 17; Scholz/*Priester* Rn. 31; *Ulmer* Rn. 30; MüKoGmbHG/*Lieder* Rn. 39.

87 *Roth*/Altmeppen Rn. 2; Scholz/*Priester* Rn. 31.

88 Baumbach/Hueck/*Zöllner*/*Fastrich* Rn. 11; *Lutter*/Hommelhoff/*Bayer* Rn. 27; Rowedder/Schmidt-Leithoff/*Schnorbus* Rn. 20; Scholz/*Priester* Rn. 36; *Ulmer* Rn. 34.

89 Baumbach/Hueck/*Zöllner*/*Fastrich* Rn. 12; *Ulmer* Rn. 33; MüKoGmbHG/*Lieder* Rn. 41.

90 *Habersack*, GWR 10, 107; Lutter/Hommelhoff/*Bayer* § 5 Rn. 32; *Lutter*/Hommelhoff/*Bayer* Rn. 27; Scholz/*Priester* Rn. 36; vgl. auch Rn. 5.

91 Vgl. die überzeugende Differenzierung bei Scholz/*Priester* Rn. 49 u. *Wicke* § 19 Rn. 12, wonach eine Aufrechnung durch den Gesellschafter (nur) dann die Rechtsfolge des § 19 IV (Anrechnung) auslöst, wenn die Aufrechnung im Einvernehmen mit der Gesellschaft erfolgt.

92 Bei in der Praxis häufig anzutreffender verdeckter Sacheinlage wird zunächst Bareinlage geleistet, diese sodann gegen Erbringung eines Sachwerts zurückgewährt. Der Fall der direkten Leistung eines Sachwerts trotz fehlender Festsetzung dürfte praktisch die Ausn. sein.

93 Baumbach/Hueck/*Zöllner*/*Fastrich* Rn. 15.

94 *Ulmer* Rn. 34.

56 a nicht ausdrücklich verwiesen wird, weitere Vorschriften des Gründungsrechts Anwendung, insbes. § 19 I–III, V, VI.[95]

1. Sachkapitalerhöhungsbericht

28 Zu den nicht von der Verweisung in Abs. 2 u. § 56 a umfassten Vorschriften zählt § 5 IV 2, der für die Sachgründung die Erstattung eines Sachgründungsberichts durch die Gründungsgesellschafter fordert. Ob bei Sachkapitalerhöhung dennoch ein entspr. Sachkapitalerhöhungsbericht aufzustellen ist, ist umstritten. Für die Heilung verdeckter Sacheinlagen hat der BGH einen entspr. Bericht verlangt.[96] Ob sich dies auf Fälle ordnungsgemäßer Festsetzung der Sacheinlagen übertragen lässt, ist indes zweifelhaft.[97] Die hM im Schrifttum verneint das Erfordernis eines Sachkapitalerhöhungsberichts, billigt dem Registergericht im Einzelfall jedoch das Recht zu, entspr. Darlegungen u. die Nachreichung von **Unterlagen** in angemessenem Umfang zu verlangen.[98] Das Registergericht soll zB die Vorlage eines Sachverständigengutachtens (an welches das Gericht nicht gebunden ist) oder – bei der Einbringung von Unternehmen – einer testierten Einbringungsbilanz verlangen können.[99] Einen Sachkapitalerhöhungsbericht kann das Gericht dag nach zutr. Ansicht nicht verlangen.[100]

2. Differenzhaftung

29 Bleibt der Wert der Sacheinlage hinter dem Nennbetrag des dafür übernommenen Geschäftsanteils zurück, trifft den Übernehmer die verschuldensunabhängige Differenzhaftung nach Abs. 2 iVm § 9 I. Der Übernehmer hat iH der Differenz eine **Bareinlage** zu leisten, Mitgesellschafter trifft ggf. die Ausfallhaftung nach § 24. Eine Haftung nach § 9 I besteht nur iH der Wertdifferenz zum Nennbetrag des Geschäftsanteils, die mangelnde Deckung eines **Agios** ist unschädlich.[101] Maßgeblicher **Zeitpunkt** für die Bewertung ist die **Anmeldung** der Kapitalerhöhung zur Eintragung in das Handelsregister.[102] Eine Differenzhaftung kann sich daher insbes. ergeben, wenn die Sacheinlage zwar zum Einbringungsstichtag korrekt bewertet worden ist, sich die Anmeldung jedoch verzögert.[103]

---

95 *Roth*/Altmeppen Rn. 10.
96 BGHZ 132, 141, 155.
97 Zweifel an einem solchen Erfordernis bei BGH NZG 04, 910, 911 (iErg offengelassen). Vgl. auch Scholz/*Priester* Rn. 38 mwN.
98 Baumbach/Hueck/*Zöllner*/*Fastrich* Rn. 17 u. § 57 a Rn. 10; *Lutter*/Hommelhoff/*Bayer* Rn. 7; *Roth*/Altmeppen Rn. 7; Rowedder/Schmidt-Leithoff/*Schnorbus* Rn. 30 u. § 57 a Rn. 7; *Ulmer* Rn. 57. Ebenso LG München I DB 05, 1731. Für das Erfordernis eines Sacheinlageberichts Scholz/*Priester* Rn. 39 u. Rn. 38 mwN.
99 Rowedder/Schmidt-Leithoff/*Schnorbus* § 57 a Rn. 7.
100 Baumbach/Hueck/*Zöllner*/*Fastrich* § 57 a Rn. 10; aA OLG Stuttgart DB 82, 397, sowie LG Memmingen NZG 05, 322, 323.
101 Michalski/*Hermanns* Rn. 69; Scholz/*Priester* Rn. 44; *Ulmer* Rn. 38; MüKoGmbHG/*Lieder* Rn. 48. Anders die überw. Ansicht im Aktienrecht, vgl. die Nachweise bei *Hüffer*, AktG § 183 Rn. 21, der Differenzhaftung für Agio nunmehr ebenfalls annimmt (aA noch Voraufl).
102 MüKoGmbHG/*Lieder* Rn. 50.
103 Baumbach/Hueck/*Zöllner*/*Fastrich* Rn. 18.

Die Differenzhaftung setzt voraus, dass die Kapitalerhöhung in das Handelsregister eingetragen wird. Insofern besteht ein Unterschied zur Sachgründung, bei welcher die Einlageverpflichtung bereits mit Abschluss des Gesellschaftsvertrags ggü. der Vor-GmbH entsteht.[104] IÜ richten sich **Voraussetzungen u. Rechtsfolgen** der Haftung nach denselben Regeln wie bei der Sachgründung, auf die dortigen Ausführungen (→ § 9 Rn. 4 ff.) wird verwiesen. 30

Die Regeln zur **Vorbelastungs- oder Unterbilanzhaftung** (→ § 11 Rn. 45 ff.) sind nur im Gründungsstadium, nicht auch auf die Kapitalerhöhung anwendbar.[105] 31

3. Aufrechnung

Abs. 2 verweist auch auf § 19 II 2 u. damit auf das Verbot der Aufrechnung gegen die Einlageforderung der Gesellschaft. Vom Verbot ausgenommen sind ordnungsgemäß festgesetzte Sachübernahmen (→ Rn. 5). 32

Das Verbot erfasst nur die Aufrechnung durch den Gesellschafter, die Aufrechnung **durch die Gesellschaft** bleibt unberührt.[106] Nach der Rspr. sollte die Gesellschaft allerdings gegen Neuforderungen, die nach Begründung der Einlageschuld entstehen, nicht aufrechnen können, wenn dies vorab besprochen war.[107] Ganz abgelehnt wurde die Aufrechnung gegen Altforderungen, da diese als Sacheinlage hätten eingebracht werden können.[108] Ob sich diese Differenzierungen aufrechterhalten lassen, erscheint angesichts der Neufassung von § 19 IV durch das MoMiG fraglich.[109] 33

Die Aufrechnung **durch den Gesellschafter** ist nach Abs. 2 iVm § 19 II 2 grds. wirkungslos. Erfolgt sie im Einvernehmen mit der Gesellschaft, sollten nunmehr die sich aus § 19 IV ergebenden Rechtsfolgen der verdeckten Sacheinlage Anwendung finden.[110] Zu den Einzelheiten der Aufrechnung → § 19 Rn. 26 ff. 34

4. Verdeckte Sacheinlage

Nach der seit dem MoMiG in § 19 IV 1 enthaltenen **Legaldefinition** liegt eine verdeckte Sacheinlage vor, wenn „eine Geldeinlage eines Gesellschafters bei wirtschaftlicher Betrachtung und aufgrund einer im Zusammenhang mit der Übernahme der Geldeinlage getroffenen Abrede vollständig oder teilweise als Sacheinlage zu bewerten" ist. Die bisher in Rspr. u. Literatur entwickelte Definition sollte hierdurch nicht geändert werden.[111] Die **Rechtsfolgen** der verdeckten Sacheinlage für den Gesellschafter sind dag durch das MoMiG erheblich abgemildert worden, indem nunmehr der 35

---

104 Rowedder/Schmidt-Leithoff/*Schnorbus* Rn. 24; *Ulmer* Rn. 41.
105 Scholz/*Priester* Rn. 43.
106 Die Aufrechnung durch die Gesellschaft setzt nach hM aber eine vollwertige, fällige u. liquide Gegenforderung des Gesellschafters voraus, vgl. OLG Celle GmbHR 06, 433.
107 BGHZ 152, 37.
108 OLG Celle GmbHR 06, 433.
109 Zutr. Scholz/*Priester* Rn. 50 u. Scholz/*Veil*, Nachtrag MoMiG § 19 Rn. 8.
110 Vgl. bereits Rn. 5 u. Rn. 25. AA § 19 Rn. 28.
111 Begr. RegE, BT-Drs. 16/6140, S. 40.

Wert der Sacheinlage auf die weiterhin fortbestehende Bareinlagepflicht angerechnet wird (§ 19 IV 3). Die Wirksamkeit des Verkehrsgeschäfts wird durch die Umgehung der Sacheinlagevorschriften nicht mehr berührt (Abs. 4 S. 2). Zu den Einzelheiten → § 19 Rn. 65 ff.

36 Eine Legalisierung der verdeckten Sacheinlage bedeuten diese Änderungen nach Ansicht des BGH nicht.[112] Insbes. für die Geschäftsführer ergeben sich nach hM **zivil-** (§ 9 a) u. auch **strafrechtliche** (§ 82 I Nr. 3) **Haftungsrisiken.**[113] Dem ist von *Altmeppen* zu Recht dezidiert widersprochen worden.[114] Die Geschäftsführer haben im Fall von Bareinlagen bei Anmeldung der Kapitalerhöhung lediglich zu versichern, dass der Einlagebetrag für die Zwecke der Gesellschaft zur endgültig freien Verfügung der Geschäftsführung eingezahlt worden ist.[115] Die „freie Verfügung" stellt allein auf den ordnungsgemäßen Zufluss der Mittel ab. Sie setzt das Verfügen**können**, nicht auch das Verfügen**dürfen** über die Einlage voraus.[116] Entgg. der hM steht der vorverabredete Rückfluss der Mittel an den Inferenten im Wege der verdeckten Sacheinlage der „freien Verfügung" nicht generell entgg. (→ § 56 a Rn. 11 ff.). Der Geschäftsführer, der vor Eintragung der Kapitalerhöhung an die den Rückfluss betr. Abrede nicht gebunden ist u. der nach Eintragung mit Rechtsgrund (§ 19 IV 2) an den Inferenten leistet, versichert daher nicht Falsches.[117] Angesicht der herrschenden, im Hinblick auf Art. 103 II GG allerdings problematischen Auffassung ist der **Praxis** u. insbes. den Geschäftsführern indes dringend von einem sorglosen Umgang mit verdeckten Sacheinlagen abzuraten.

37 Der typische, von den Beteiligten häufig überhaupt nicht bemerkte Fall der verdeckten Sacheinlage liegt vor, wenn dem Inferenten die geleistete Bareinlage aufgrund eines **Austauschgeschäfts** zurückgewährt u. der Gesellschaft im Gegenzug ein einlagefähiger Sachwert überlassen wird (vgl. die Darstellung nach Fallgruppen bei → § 19 Rn. 53 ff.). Problematisch sind auch Fälle, in denen die Gesellschaft den Erwerb eines Gegenstands beabsichtigt, der zwar nicht im Eigentum des Übernehmers, aber einer ihm **zurechenbaren Person**[118] steht. Auch der Erwerb von dieser Person durch die Gesellschaft mit den Mitteln der Bareinlage würde zu einer verdeckten Sacheinlage führen. Die eigentlich gebotene Einbringung des Gegenstands als Sacheinlage würde jedoch den vorherigen Erwerb des Gegenstands durch den Übernehmer voraussetzen, was umständlich u. steuerauslösend sein kann.[119] Hier ist die Vereinbarung einer Bareinlage unter Beachtung der für die Sacheinlage geltenden Schutzvorschriften (insbes. Aufführung

112 BGH NZG 09, 944, 945 – Cash Pool II; krit. *Altmeppen*, ZIP 09, 1545, 1548 ff.
113 Baumbach/Hueck/*Haas* § 82 Rn. 12; Scholz/*Priester* Rn. 80; *Habersack*, AG 09, 571, 560; *Maier-Reimer/Wenzel*, ZIP 08, 1449, 1454; *Ulmer*, ZIP 09, 293, 300 f.
114 *Altmeppen*, ZIP 09, 1545, 1548 ff.; *ders.*, NZG 10, 441, 442.
115 Der BGH fordert allerdings die zusätzliche Versicherung, die Einlage sei auch in der Folge nicht an den Einleger zurückgezahlt worden, vgl. näher § 57 Rn. 17.
116 Scholz/*Priester* § 56 a Rn. 12.
117 Ausf. *Altmeppen*, ZIP 09, 1545, 1549 ff.
118 ZB eines verbundenen Unternehmens, vgl. zur Zurechnung § 19 Rn. 57 ff.
119 Scholz/*Priester* Rn. 22.

des zu erwerbenden Gegenstands, der Gegenleistung u. des Vertragspartners im Erhöhungsbeschluss) zuzulassen.[120]

Insbes. iR von Kapitalerhöhungen kommen verdeckte Sacheinlagen weiter dann in Betracht, wenn die Bareinlage zur **Rückführung von Gesellschafterdarlehen** genutzt u. damit wirtschaftlich eine Forderung des Inferenten gegen die Gesellschaft eingebracht wird (vgl. zur Kapitalerhöhung der in einen **Cash-Pool** eingebundenen Gesellschaft u. den dann in Betracht kommenden Rechtsfolgen einer verdeckten Sacheinlage bzw. des Hin- u. Herzahlens → § 19 Rn. 124 ff. u. oben → Rn. 15). Die Reihenfolge der Zahlungen ist unerheblich: Eine verdeckte Sacheinlage liegt sowohl dann vor, wenn erst die geschuldete Bareinlage eingezahlt und sodann zur Tilgung der Gesellschafterforderung zurückgezahlt wird, als auch dann, wenn in umgekehrter Reihenfolge erst die Gesellschafterforderung getilgt und der erhaltene Betrag sodann ganz oder teilweise als Bareinlage zurückgezahlt wird.[121] 38

§ 56 a Leistungen auf das neue Stammkapital

Für die Leistungen der Einlagen auf das neue Stammkapital finden § 7 Abs. 2 Satz 1 und Abs. 3 sowie § 19 Abs. 5 entsprechende Anwendung.

Schrifttum

Ehlke, Vorausgezahlte Stammeinlage – ein Fall fehlerhafter Kapitalaufbringung in der GmbH?, ZGR 1995, 426; *ders*, Voreinzahlung von Stammkapital – Geht noch was?, ZIP 2007, 749; *Groß*, Voraussetzungen und Grenzen der Voreinzahlung auf künftige Bareinlageverpflichtung, GmbHR 1995, 845; *Hommelhoff/Kleindiek*, Schuldrechtliche Verwendungspflichten und „freie Verfügung" bei der Barkapitalerhöhung, ZIP 1987, 477; *Karollus*, Voreinzahlung auf künftige Kapitalerhöhungen, DStR 1995, 1065; *Kort*, Voreinzahlungen auf künftige Kapitalerhöhungen bei AG und GmbH, DStR 2002, 1223; *Maier-Reimer/Wenzel*, Kapitalaufbringung in der GmbH nach dem MoMiG, ZIP 2008, 1449; *Pastor/Werner*, Die Erhöhung der Nennbeträge alter Geschäftsanteile bei der GmbH, DB 1968, 1935; *Priester*, Vorausleistungen auf die Kapitalerhöhung nach MoMiG und ARUG, DStR 2010, 494; *K Schmidt*, Barkapitalaufbringung und „freie Verfügung" bei der Aktiengesellschaft und der GmbH, AG 1986, 106; *Schoenes*, Kapitalerhöhung und Erhöhung der Mindesteinlagen, NJW 1983, 373.

120 *Lutter*, FS Stiefel, 87, S. 505, 521 ff.; Scholz/*Priester* Rn. 23.
121 BGH ZIP 2016, 615.

I. Normzweck

1 Zweck des § 56 a ist die Sicherung der **realen Aufbringung des Stammkapitals.**[1] Bei der Kapitalerhöhung einer bestehenden, bereits unternehmerisch tätigen Gesellschaft ergeben sich viele Probleme der effektiven Einlagenaufbringung noch viel eher als bei Gründung der Gesellschaft, bei welcher zB Einzahlungen auf ein debitorisches oder gepfändetes Konto der Gesellschaft oder Direktzahlungen an Gesellschaftsgläubiger keine große Rolle spielen.[2] Eine bestehende Gesellschaft kann zudem in einen Cash-Pool eingebunden sein, während sich eine solche Einbindung bei Gründung aufschieben lässt. Auch das Problem von Vorauszahlungen auf eine geplante Kapitalerhöhung (→ Rn. 19 ff.) stellt sich naturgemäß erst hier. Umgekehrt entfallen bei der Kapitalerhöhung die nur im Gründungsstadium relevanten Probleme der Vor-GmbH, weshalb die Regelungen über die Vorbelastungs- oder Unterbilanzhaftung (→ § 11 Rn. 45 ff.) ebenso wenig Anwendung finden können wie ein Gebot wertgleicher Deckung (→ § 8 Rn. 13, zur Versicherung der Geschäftsführer bei Kapitalerhöhung → § 57 Rn. 13 ff.).

2 Zur Sicherung effektiver Kapitalaufbringung erklärt § 56 a mit § 7 II 1 (Mindesteinzahlung von Geldeinlagen), § 7 III (Vollleistung von Sacheinlagen) u. § 19 V (Hin- u. Herzahlen) zentrale **Regelungen des Gründungsrechts** für entspr. anwendbar. Nach hM gilt § 19 über diese beschränkte Verweisung hinaus auch iRd Kapitalerhöhung insg. u. unmittelbar.[3]

3 Durch das **MoMiG** ist der Verweis auf die nunmehr entbehrliche Sicherheitenbestellung bei Einmann-Gründung (§ 7 II 3 aF) entfallen. Neu ist die Bezugnahme auf den neugefassten § 19 V (Hin- u. Herzahlen).

II. Bareinlagen

1. Mindesthöhe

4 Sind Bareinlagen vereinbart, ist nach § 56 a iVm § 7 II 1 vor der Anmeldung der Kapitalerhöhung zum Handelsregister auf jeden Geschäftsanteil mind. **ein Viertel des Nennbetrags** einzuzahlen. Die Mindesteinzahlungspflicht bezieht sich allein auf den Nennbetrag des übernommenen Geschäftsanteils u. gilt weder für ein korporatives noch ein schuldrechtliches **Agio.**[4] Bei **Mischeinlagen** (→ § 56 Rn. 6) berechnet sich das Viertel nur vom Baranteil, die Sacheinlage ist vor Anmeldung in vollem Umfang zu bewirken.[5] Nach § 19 I sind Einzahlungen auf die Geschäftsanteile nach dem Verhältnis der Geldeinlagen zu leisten. Die Vorschrift gilt auch für die Kapitalerhöhung (→ Rn. 2), jedoch kann der Kapitalerhöhungsbeschluss Abw vorsehen.[6] Sofern einzelne Übernehmer Einzahlungen über die Mindestein-

1 Scholz/*Priester* Rn. 2; MüKoGmbHG/*Lieder* Rn. 2.
2 *Roth*/Altmeppen Rn. 5.
3 Baumbach/Hueck/*Zöllner*/*Fastrich* Rn. 1; *Roth*/Altmeppen § 55 Rn. 39.
4 OLG München BB 06, 2711; MüKoGmbHG/*Lieder* Rn. 6.
5 *Ulmer* Rn. 5.
6 Scholz/*Priester* Rn. 6.

zahlungspflicht hinaus leisten, berechtigt dies die übrigen Übernehmer nicht zu entspr. Minderleistung, denn das Gesetz fordert die Mindesteinzahlung ausdrücklich für **jeden Geschäftsanteil.**[7]

Bei **Aufstockung** bestehender Geschäftsanteile richtet sich die Mindestquote von einem Viertel nach dem jeweiligen Aufstockungsbetrag. Ist der aufzustockende Anteil bereits zu mehr als ein Viertel einbezahlt, führt dies nicht zu einer Verminderung der Mindesteinzahlungspflicht, denn geschuldet ist nicht Zahlung auf den erhöhten Geschäftsanteil, sondern auf den übernommenen Erhöhungsbetrag.[8] 5

§ 7 II 2, wonach auf das Stammkapital insg. mind. die Hälfte des Mindeststammkapitals gem. § 5 II einzuzahlen ist (also 12.500 EUR), gilt für die Kapitalerhöhung bei der GmbH nicht, da entspr. Mindesteinzahlungen regelmäßig bereits bei Gründung geleistet worden sind u. der Gesetzeszweck damit erfüllt ist.[9] Relevant wird § 7 II 2 noch für die Kapitalerhöhung bei der **Unternehmergesellschaft.** Für diese besteht gem. § 5 a II abw. von § 7 II ein Volleinzahlungsgebot. Dieses gilt für die Kapitalerhöhung jedenfalls dann, wenn das erhöhte Stammkapital unterhalb der Schwelle von 25.000 EUR bleibt. Wird diese durch eine Kapitalerhöhung erreicht oder überschritten,[10] ist auf den zum Erreichen der Mindeststammkapitalziffer nach § 5 I führenden Erhöhungsbetrag mind. so viel zu leisten, dass zusammen mit vorherigen Einzahlungen insg. 12.500 EUR eingezahlt worden sind. Für den die 25.000-Euro-Schwelle übersteigenden Erhöhungsbetrag gilt das Mindesteinzahlungsgebot von einem Viertel nach § 7 II 1.[11] 6

2. Einzahlung

a) **Zahlungsarten.** Für die möglichen Zahlungsarten gilt im Grundsatz dasselbe wie bei Gründung der Gesellschaft (→ § 7 Rn. 14), möglich sind also insbes. echte **Barzahlung** u. Gutschrift auf einem **Bankkonto** der Gesellschaft.[12] Einzahlungen auf ein debitorisches Bankkonto der Gesellschaft sind unter dem Gesichtspunkt der Leistung der Einlage zur freien Verfügung der Geschäftsführung problematisch (näher → Rn. 14 ff.). Zahlungen auf ein **Konto eines Geschäftsführers** sind anders als im Gründungsstadium unzulässig.[13] Werden **Schecks** oder **Wechsel** hingegeben, liegt Leistung erfüllungshalber vor (§ 364 II BGB), Tilgungswirkung tritt erst mit Einlösung ein.[14] 7

---

7 Scholz/*Priester* Rn. 3.
8 BGH DB 13, 1656; OLG Köln GmbHR 13, 203; BayObLG DB 86, 738; Baumbach/Hueck/*Zöllner*/*Fastrich* Rn. 2; *Lutter*/Hommelhoff/*Bayer* Rn. 2; Rowedder/Schmidt-Leithoff/*Schnorbus* Rn. 2; Scholz/*Priester* Rn. 4; MüKoGmbHG/*Lieder* Rn. 7; *Ulmer* Rn. 6; *Schoenes*, NJW 83, 373, 375; aA *Roth*/Altmeppen Rn. 3; *Pastor*/*Werner*, DB 68, 1935, 1936.
9 Scholz/*Priester* Rn. 5.
10 Vgl. § 5 a V. Zur Reichweite des Sacheinlageverbots (§ 5 a II 2) bei Erreichen oder Überschreiten der Schwelle des § 5 I vgl. § 56 Rn. 3.
11 Scholz/*Priester* Rn. 3 a; MüKoGmbHG/*Lieder* Rn. 8 mwN.
12 *Ulmer* Rn. 13.
13 Scholz/*Priester* Rn. 7.
14 Rowedder/Schmidt-Leithoff/*Schnorbus* Rn. 4; Scholz/*Priester* Rn. 7; *Ulmer* Rn. 13; MüKoGmbHG/*Lieder* Rn. 15.

8 **b) Tilgungsbestimmung, Zahlung durch Dritte.** Die Erfüllung der Einlageschuld richtet sich grds. nach allg. Schuldrecht. Erfüllungswirkung setzt voraus, dass sich die Einzahlung aus Sicht eines objektiven Empfängers dem Schuldverhältnis zuordnen lässt.[15] Einer **Tilgungsbestimmung** bedarf es nur, sofern eine Zuordnung, zB aufgrund weiterer Verbindlichkeiten ggü. der Gesellschaft, Probleme bereitet. Wird in diesem Fall eine Tilgungsbestimmung nicht getroffen, kommt § 366 II BGB zur Anwendung. Sofern auch hiernach keine Erfüllung eintritt, kann der Inferent nachträglich eine Tilgungsbestimmung treffen. Diese befreit jedoch nur insoweit von der Einlageschuld, als entspr. Mittel der Gesellschaft noch unverbraucht zur Verfügung stehen.[16] Für Einzahlungen **durch Dritte** gilt § 267 I BGB.

9 **c) Leistung zur freien Verfügung der Geschäftsführung.** Bareinlagen sind iH der Mindesteinzahlungspflicht (§ 7 II 1)[17] vor Anmeldung der Kapitalerhöhung so zu leisten, dass „der Gegenstand der Leistungen sich endgültig in der freien Verfügung der Geschäftsführer befindet" (§ 57 II 1). Das Wort „endgültig" wurde durch die GmbH-Novelle 1980 in das Gesetz eingeführt, sollte aber zu keiner sachlichen Änderung führen.[18]

10 Durch das Merkmal der freien Verfügung soll sichergestellt werden, dass die Geschäftsführung die Möglichkeit hat, über die Mittel tatsächlich u. rechtlich für die Zwecke der Gesellschaft zu verfügen. Es dient allein der effektiven Mittelaufbringung u. soll nicht darüber hinaus auch die freie Mittelverwendung sichern.[19] Ein ordnungsgemäßer Zufluss der Mittel setzt daher nur voraus, dass die Geschäftsführung über diese rechtlich u. tatsächlich verfügen **kann**, nicht erforderlich ist, dass sie auch über diese verfügen **darf**.[20] Die freie Verfügung der Gesellschaft über die Einlage bildet so die Trennlinie zwischen Mittelaufbringung u. Mittelverwendung.[21] Sie markiert den Zeitpunkt, ab welchem Vereinbarungen über Zahlungen an die Gesellschafter nicht mehr an den Kapitalaufbringungs-, sondern an den Kapitalerhaltungsvorschriften zu messen sind.

11 **aa) Verwendungsabsprachen, Rückfluss an den Gesellschafter. Verwendungsabsprachen** mit dem Inferenten bzgl. der Einlage stehen der freien Verfügung der Einlage grds. nicht entgg, da diese nicht die Mittelaufbringung, sondern die Mittelverwendung betreffen (→ § 7 Rn. 17). Umstritten ist, ob dies auch dann gilt, wenn die Abrede den **Rückfluss der Mittel an den Inferenten** betrifft, regelmäßig gegen Sachwerte (verdeckte Sacheinlage) oder als Darlehen (verdeckte Finanzierung der Einlage durch die Gesellschaft, Hin- u. Herzahlen). Vor Inkrafttreten des MoMiG wurde die freie Verfügung bei verabredeter Rückführung der Mittel durch den BGH[22] u. die hM im Schrifttum[23] verneint. Der BGH verstand dabei ein „Hin-

---

15 Scholz/*Priester* Rn. 9.
16 MüKoGmbHG/*Lieder* Rn. 16; *Ulmer* Rn. 14.
17 BGH NJW 09, 2375, 2377; 86, 989; OLG Oldenburg NZG 08, 951.
18 *Ulmer* Rn. 16.
19 *Hommelhoff/Kleindiek*, ZIP 87, 477, 488.
20 Scholz/*Priester* Rn. 12.
21 *K Schmidt*, AG 86, 106, 109.
22 BGHZ 150, 197; 113, 335, 348 f.; NJW 03, 825; 01, 3781.
23 Baumbach/Hueck/*Zöllner/Fastrich* Rn. 5 mwN.

und Herzahlen“ offenbar als Unterfall der fehlenden freien Verfügung.[24] Dies kann vor dem Hintergrund der Neuregelung des Hin- u. Herzahlens so nicht aufrechterhalten werden. Soll die Einlageleistung trotz vorverabredetem Herzahlen unter den Voraussetzungen des **§ 19 V** Erfüllungswirkung haben, kann diese Wirkung nicht mit Hinweis auf mangelnde freie Verfügbarkeit in Frage gestellt werden.[25] Der Gesetzgeber hielt dies für selbstverständlich u. verzichtete bewusst auf eine flankierende Änderung von § 8.[26] Sind die gesetzlichen Voraussetzungen für eine Erfüllungswirkung (nach BGH insbes. Offenlegung der Abrede, → Rn. 30) im Fall des **Hin- u. Herzahlens** nicht erfüllt, wird im Schrifttum jedoch nach wie vor auch die freie Verfügung verneint.[27] Auch in Fällen **verdeckter Sacheinlagen** will die hM die freie Verfügung der Einlage pauschal ablehnen.[28] Der BGH hält den vorverabredeten Rückfluss an den Inferenten offenbar nach wie vor pauschal für schädlich hinsichtlich der freien Verfügung der Geschäftsführer.[29] Diesen Auffassungen sollte nicht gefolgt werden.[30]

Bei der **verdeckten Sacheinlage** u. dem Erfordernis freier Verfügung handelt 12
es sich um **konkurrierende Schutzinstitute.**[31] Während die freie Verfügung allein den Mittel**zufluss** sicherstellen u. daher das Verfügenkönnen der Geschäftsführung über die Mittel fordert, will die verdeckte Sacheinlage eine Umgehung der Sacheinlagevorschriften, idR durch Mittel**rückfluss,** verhindern u. hat damit einen anderen, weiteren Anwendungsbereich. Ist die Einlage aus dem Vermögen des Inferenten ausgesondert worden u. in die Verfügungsgewalt der Geschäftsführung übergegangen, liegt grds. freie Verfügung vor u. wird nicht dadurch beseitigt, dass von vornherein ein Rückfluss gegen Sachwerte u. damit eine verdeckte Sacheinlage vereinbart war.[32]

24 BGH NJW 01, 3781: „Die Hin- und Herüberweisung […] tilgt die Einlageschuld nicht, weil in einem solchen Falle nicht davon ausgegangen werden kann, dass die Leistung zur endgültig freien Verfügung der Geschäftsführung gestanden hat.“ BGH NJW 03, 825: „Eine […] Leistung zu freier Verfügung der Geschäftsführung liegt nicht vor, wenn der eingezahlte Einlagebetrag absprachegemäß umgehend als Darlehen an den Inferenten oder an ein mit ihm verbundenes Unternehmen zurückfließt.“.

25 Scholz/*Priester* Rn. 12; nach überw Auffassung ist das Gebot der Leistung zur freien Verfügung lediglich teleologisch zu reduzieren, soweit die Anwendung dieses Rechtsinstituts den Normzweck des § 19 V vereiteln würde, vgl. MüKoGmbHG/*Lieder* Rn. 55.

26 Beschlussempfehlung des Rechtsausschusses, BT-Drs. 16/9737, S. 56.

27 Baumbach/Hueck/*Zöllner*/*Fastrich* Rn. 6 u. (ähnl) § 57 Rn. 12.

28 BGH NJW 09, 2375 – Qivive; ebenso Baumbach/Hueck/*Fastrich* § 8 Rn. 13; Lutter/Hommelhoff/*Bayer* § 7 Rn. 24; *Ulmer* Rn. 16.

29 BGH GmbHR 2018, 960.

30 Ebenso Scholz/*Priester* Rn. 12.

31 Ausf. zur Abgrenzung zur verdeckten Sacheinlage *K Schmidt*, AG 86, 106, 112 ff. sowie *Hommelhoff*/*Kleindiek*, ZIP 87, 477, 488 ff.

32 *K Schmidt*, AG 86, 106, 114; Scholz/*Priester* Rn. 13.

13 Auch das **Hin- u. Herzahlen** iSv § 19 V ist nicht Unterfall fehlender freier Verfügung[33] oder mit dieser gleichzusetzen. Hier muss ebenfalls gelten, dass es allein auf die Verfügungsmöglichkeit der Geschäftsführung ankommt u. die Abrede über den Rückfluss an den Gesellschafter für die freie Verfügung irrelevant ist, sofern es sich nicht um bloße Scheinoperationen handelt.[34] Der BGH beschränkt den Tatbestand des Hin- u. Herzahlens (bzw. Her- u. Hinzahlens) iSv § 19 V mittlerweile ausdrücklich auf Fälle der verdeckten Finanzierung der Einlage durch die Gesellschaft, zB durch darlehensweise Auskehrung der Einlage an den Inferenten.[35] Der vorverabredete Rückfluss der Einlage gegen Erbringungen von Dienstleistungen soll unter dem Gesichtspunkt freier Verfügung unkrit sein, wenn die Einlagemittel in den Geldkreislauf der Gesellschaft eingespeist u. nicht für Zwecke des Inferenten „reserviert" worden sind. Voraussetzung sei, dass „die Leistung aus dem Vermögen des Inferenten ausgeschieden und der GmbH derart zugeflossen ist, dass sie uneingeschränkt für Zwecke der Gesellschaft verwendet werden kann".[36] Dies ist zutr., aber immer noch zu eng,[37] denn bzgl. der freien Verfügbarkeit müssen bei darlehensweiser Auskehrung der Einlagemittel dieselben Maßstäbe gelten. Dass freie Verfügung in Darlehensfällen nicht bezweifelt werden kann, wenn die Voraussetzungen des § 19 V vorliegen u. damit die Einlageschuld erfüllt ist, wurde durch den Gesetzgeber ausdrücklich klargestellt (→ Rn. 11). Gleiches muss gelten, wenn die Erfüllungsvoraussetzungen des § 19 V nicht vorliegen, denn die Verfügungs**möglichkeit** der Geschäftsführung über die Mittel hängt nicht von der Bonität des Gesellschafters oder der Kündigungsregelung des Kreditvertrags u. erst recht nicht von der Offenlegung des Vorgangs ggü. dem Registergericht ab. Für die Maßgeblichkeit der Erfüllung der Voraussetzungen des § 19 V für die freie Verfügbarkeit ließe sich zwar vorbringen, der Rückzahlungsanspruch sei (nur) bei Vollwertigkeit u. jederzeitiger Fälligkeit **verfügbaren** Barmitteln gleichwertig.[38] Die Gesetzgebungsmaterialien stützen diese Sichtweise jedoch nicht, insbes. sollte die jederzeitige Fälligkeit bzw. Fälligstellbarkeit nicht der unmittelbaren Verfügbarkeit liquider Mittel iH der Einlage dienen, sondern nur den Schwierigkeiten der Beurteilung der Vollwertigkeit des Rückzahlungsanspruchs

33 So aber nach wie vor die Ansicht des BGH im Qivive-Urteil (NJW 09, 2375, 2377): „Danach handelt es sich um Fälle, in denen es an einer Bareinlageleistung zu freier Verfügung des Geschäftsführers […] fehlt, weil der Einlagebetrag absprachegemäß umgehend wieder an den Einleger, sei es als Darlehen […] oder auch aufgrund einer Treuhandabrede […], zurückfließen soll." Ähnl im zur AG ergangenen Eurobike-Urteil (NZG 10, 343, 345): „Ein Hin- und Herzahlen liegt vor, wenn es an einer Bareinlageleistung zur freien Verfügung des Vorstands […] fehlt, weil der Einlagebetrag absprachegemäß umgehend wieder an den Einleger, zB als Darlehen oder aufgrund einer Treuhandabrede, zurückfließen soll.".

34 Scholz/*Priester* Rn. 13.

35 Zur GmbH: BGH NJW 09, 2375, 2377 – Qivive. Zur AG: BGH NZG 10, 343 – Eurobike.

36 *BGH NJW 09, 2375, 2377.*

37 Umgekehrt *Bayer/Lieder*, NZG 10, 86, 88, die Bejahung der freien Verfügung bei vorverabredeten entgeltlichen Dienstleistungen ablehnen, da dies berechtigte Interessen der Gesellschaftsgläubiger vernachlässige u. zugleich dem Gebot realer Kapitalaufbringung widerspreche.

38 *Maier-Reimer/Wenzel*, ZIP 08, 1449, 1453.

Rechnung tragen.[39] Es muss daher auch hier gelten: Die Gewährung von Darlehen an den Inferenten betrifft die Mittelverwendung, nicht die Mittelaufbringung. § 19 V stellt in Fällen verdeckter Finanzierung der Einlage durch die Gesellschaft über die freie Verfügung hinaus zusätzliche Erfüllungsvoraussetzungen auf. Entgg der hM machen sich die **Geschäftsführer** daher auch nicht wegen „Kapitalerhöhungsschwindels" (§ 82 I Nr. 3) **strafbar**, wenn sie im Fall des Hin- u. Herzahlens die freie Verfügung der Einlage versichern.[40]

bb) Einzahlung auf debitorisches oder gepfändetes Konto der Gesellschaft. Auch Einzahlungen auf ein im Debet befindliches Bankkonto der Gesellschaft können **Tilgungswirkung** haben, sofern die Geschäftsführung die Möglichkeit hat, über den eingezahlten Betrag frei zu verfügen.[41] Ob freie Verfügung eintritt, hängt von Umständen des Einzelfalls ab. Sie ist jedenfalls dann zu bejahen, wenn der mit dem Einlagebetrag zurückgeführte Debetsaldo die Linie eines der Gesellschaft eingeräumten Rahmenkredites nicht überschreitet u. der Gesellschaft somit Liquidität iH des gezahlten Einlagebetrags zur Verfügung steht.[42] Die förmliche Einräumung eines entspr. Kreditrahmens ist nicht erforderlich, es reicht vielmehr aus, dass die Geschäftsführung infolge der Einzahlung in die Lage versetzt wird, erneut Kredit iH des eingezahlten Betrages in Anspruch zu nehmen, auch wenn dies nur auf einer stillschweigenden Gestattung der Bank beruht.[43] Ein der Gesellschaft mit Rücksicht auf die Kapitalerhöhung auf einem anderen Konto bereitgestellter Kredit führt damit zur freien Verfügungsmöglichkeit, wenn die Geschäftsführung Liquidität mind. iH des Einlagebetrags ausschöpfen kann.[44] 14

Keine Tilgungswirkung tritt dag ein, wenn sich der Sollsaldo lediglich aufgrund einer geduldeten Überziehung ergeben hat, wenn die Bank Guthaben lediglich mit Debetsaldo verrechnet, bei Kündigung der Kreditlinie, berechtigter Stornierung durch die Bank oder sonstigen Hindernissen, die den Zugriff der Geschäftsführung auf den Einlagebetrag ausschließen oder beeinträchtigen.[45] Ebenfalls keine Tilgungswirkungen haben Einzahlungen auf ein **gepfändetes Bankkonto** der Gesellschaft.[46] 15

cc) Zahlung an Gesellschaftsgläubiger. Die Begleichung von Verbindlichkeiten der Gesellschaft durch unmittelbare Zahlung an Gesellschaftsgläubiger stellt nach hM keine Leistung zur endgültig freien Verfügung der Gesellschaft dar.[47] Die strengen Anforderungen an die Leistung zur freier Verfügung gelten jedoch nur für die Mindesteinlagen nach § 7 II 1, für die Re- 16

39 BT-Drs. 16/9737, S. 56.
40 Ausf. *Altmeppen*, ZIP 09, 1545, 1550. Zur parallelen Frage bei der verdeckten Sacheinlage vgl. § *56* Rn. 36.
41 BGH NZG 05, 180, 181; MüKoGmbHG/*Lieder* Rn. 12.
42 BGH NJW 02, 1716, 1717; NJW-RR 96, 1249, 1250; Baumbach/Hueck/*Zöllner*/*Fastrich* Rn. 4; Michalski/*Hermanns* Rn. 12; *Roth*/Altmeppen § 7 Rn. 27 c; Scholz/*Priester* Rn. 7; *Ulmer* Rn. 17.
43 BGH NZG 05, 180, 181.
44 BGH NJW 02, 1716, 1717.
45 OLG Oldenburg NZG 08, 951; Baumbach/Hueck/*Fastrich* § 7 Rn. 11.
46 Scholz/*Priester* Rn. 7; MüKoGmbHG/*Lieder* Rn. 14.
47 BGHZ 119, 177, 188; Baumbach/Hueck/*Fastrich* § 19 Rn. 13; Scholz/*Priester* Rn. 14; *Ulmer* Rn. 18; aA Lutter/Hommelhoff/*Bayer* § 7 Rn. 16.

steinlagen genügt ein vollwertiger, unbeschränkter u. definitiver Vermögenszufluss bei der Gesellschaft.[48] War die getilgte Forderung des Gläubigers gegen die Gesellschaft vollwertig, fällig u. liquide, tritt daher iH der Resteinlagen unter den Voraussetzungen des § 362 II BGB Erfüllung ein.[49]

17 **d) Beweislast.** Die Darlegungs- u. Beweislast für die Erfüllung seiner Einlageverpflichtungen trägt grds. der Einlageschuldner sowie ggf. der Erwerber des Geschäftsanteils bzgl. dessen Haftung nach § 16 II.[50] Es gelten die allg. Darlegungs- u. Beweisgrundsätze.[51] In Betracht kommen jedoch Erleichterungen, insbes. nach den Grundsätzen der sekundären Behauptungslast.[52] Der in der Praxis regelmäßig als Kläger auftretende Insolvenzverwalter muss daher ggf. die ordnungsgemäße Einlageleistung durch den Beklagten substantiiert bestreiten.[53] Für die Ausfallhaftung der Mitgesellschafter nach § 24 ist dag die Gesellschaft beweisbelastet.[54]

3. Freiwillige Mehrleistungen

18 Auch Einzahlungen, die freiwillig über die Mindestleistungen nach § 7 II oder die im Erhöhungsbeschluss festgesetzten Einzahlungspflichten hinaus geleistet werden, haben Erfüllungswirkung. Wegen der Gefahr, dass solche Leistungen bei Eintragung der Gesellschaft bereits verbraucht sind, wurde die Erfüllungswirkung im Gründungsstadium früher nur insoweit anerkannt, als die Zahlungen der Gesellschaft im Zeitpunkt der Eintragung unverbraucht zur Verfügung standen.[55] Mit Anerkennung der Unterbilanzhaftung (→ § 11 Rn. 44) durch den BGH[56] ist diese Ansicht überholt.[57] Für die Kapitalerhöhung, die nicht einmal ein Gebot wertgleicher Deckung kennt, ist Erfüllungswirkung daher erst recht anzunehmen.[58] Dieser stehen auch die Bedingtheit u. mangelnde Fälligkeit der Resteinlageforderung nicht entgg.[59]

4. Vorleistungen auf zukünftige Kapitalerhöhung

19 **a) Problematik.** Typischerweise (aber nicht nur) in der Krise der Gesellschaft kann sich ein kurzfristiger Finanzbedarf der Gesellschaft ergeben, der durch Zuführung neuen Eigenkapitals gedeckt werden soll. In diesen Fällen kommt es in der Praxis häufig vor, dass die Gesellschafter Einzahlungen leisten, obwohl die **beabsichtigte Kapitalerhöhung** noch nicht be-

48 BGH NJW 94, 1477, 1479 f.; OLG Hamm NJW-RR 00, 848; *Roth*/Altmeppen § 19 Rn. 16.
49 BGH NJW 86, 989; OLG Oldenburg NZG 08, 951.
50 Scholz/*Priester* Rn. 10.
51 BGH NJW 92, 2698.
52 KG NZG 05, 46, für einen Fall, in dem seit den behaupteten Einlageleistungen mehr als 20 Jahre vergangen sind.
53 Zur sekundären Behauptungslast vgl. näher MKZPO/*Prütting* § 286 Rn. 103; Hk-ZPO/*Saenger* § 286 Rn. 93 ff.
54 BGH DB 96, 1616; Scholz/*Priester* Rn. 10.
55 BGHZ 37, 75, 78.
56 BGHZ 80, 129.
57 BGH NJW 89, 710.
58 Ganz hM, vgl. Baumbach/Hueck/*Zöllner*/*Fastrich* Rn. 8; Rowedder/Schmidt-Leithoff/*Schnorbus* Rn. 9; Scholz/*Priester* Rn. 15; *Ulmer* Rn. 22.
59 *Ulmer* Rn. 22.

schlossen worden ist.[60] Problematisch ist die Tilgungswirkung solcher Voreinzahlungen va unter zwei Gesichtspunkten: Einerseits muss verhindert werden, dass die Gesellschafter zunächst Darlehen gewähren u. diese später zu Bareinlagen umdeklarieren. Sollen Darlehensforderungen eingebracht werden, hat dies unter Beachtung der Sacheinlagevorschriften zu erfolgen (näher → § 56 Rn. 8 ff.). Zum anderen geht der Rechtsverkehr davon aus, dass der Gesellschaft **im Zuge** der Kapitalerhöhung Barmittel zufließen. Lässt man Voreinzahlungen zu, können diese längst verbraucht sein. Bedenkt man allerdings, dass iRd Kapitalerhöhung ein Gebot wertgleicher Deckung nicht anzuerkennen u. daher ein „Verbrauch" der Einlagemittel zum Zeitpunkt der Eintragung (u. damit zum Zeitpunkt der Information des Rechtsverkehrs über die Kapitalerhöhung) einer ordnungsgemäßen Einlageleistung nicht entgegensteht, verliert letzterer Gesichtspunkt an Gewicht.[61]

b) **Ansicht des BGH.** Dennoch geht der BGH im **Grundsatz** davon aus, 20
dass Voreinzahlungen nur Tilgungswirkung zukommt, wenn diese im Zeitpunkt der Fassung des Kapitalerhöhungsbeschlusses[62] noch **unverbraucht** im Vermögen der Gesellschaft vorhanden sind.[63] Die Voraussetzung unverbrauchten Vorhandenseins soll erfüllt sein, „wenn der geschuldete Betrag sich entweder in der Kasse der Gesellschaft befindet oder wenn der Gesellschafter auf ein Konto der Gesellschaft einzahlt und dieses anschließend und fortdauernd bis zur Fassung des Kapitalerhöhungsbeschlusses ein Guthaben in entsprechender Höhe ausweist".[64] Die Einzahlung auf ein debitorisches Konto der Gesellschaft lässt der BGH – anders als in Fällen der Einzahlung nach Kapitalerhöhungsbeschluss (→ Rn. 14) – nicht zu.[65] Sieht man vom praktisch irrelevanten[66] Fall der Barzahlung in die Kasse der Gesellschaft ab, können rechtssichere Voreinzahlungen damit wohl nur durch Einzahlung auf ein Sonderkonto der Gesellschaft erfolgen. Jeder Einsatz für operative Zwecke oder gar zur Schuldentilgung ist grds. schädlich, selbst wenn „wertgleiche Deckung" (durch Umsatz in wertgleiche Gegenstände) bejaht werden kann oder es (durch Rückführung von Verbindlichkeiten) lediglich zu einer Bilanzverkürzung ohne Minderung des Reinvermögens der Gesellschaft kommt.

---

60 *Priester*, DStR 10, 494.
61 Scholz/*Priester* Rn. 19.
62 Der BGH sieht die Fassung des Kapitalerhöhungsbeschlusses als „maßgebliche Zäsur" an, vgl. BGHZ 158, 283; 150, 197. Da allerdings das (bedingte) Entstehen der Einlagepflichten zusätzlich die Übernahme der betr Geschäftsanteile voraussetzt, ist der Praxis zur Vermeidung von Voreinzahlungen zu raten, die Einlagen erst nach Beschlussfassung u. Abschluss des Übernahmevertrags zu leisten. Auch der BGH führt aus, dass „der Kapitalerhöhungsbeschluss, mit dem die förmliche Übernahme üblicherweise verbunden wird, die maßgebliche Zäsur" bilde (BGHZ 168, 201).
63 BGH ZIP 2016, 615; BGH v. 19.1.2016 – II ZR 303/14; BGHZ 168, 201; 158, 283.
64 BGHZ 158, 283.
65 BGHZ 158, 283; ebenso OLG Celle ZIP 10, 2298.
66 *Priester*, DStR 10, 494, 497 („geradezu irreal").

21 Dass unter den vorgenannten Voraussetzungen Erfüllungswirkung eintritt, entspricht wohl allg. Auffassung.[67] Allerdings dürften diese in der Praxis nur in Ausnahmefällen erfüllt sein, denn „eingefrorenes" Kapital ist bei der GmbH „völlig untypisch".[68] Voreinzahlungen erfolgen zudem idR zur Deckung eines kurzfristigen Kapitalbedarfs, wofür auf einem Sonderkonto eingefrorene Mittel unnütz sind. Der BGH[69] erkennt mittlerweile – als **Ausn.** vom vorgenannten Unverbrauchtheitsgrundsatz – Tilgungswirkung in **akuten Sanierungsfällen** unter folgenden, kumulativ zu erfüllenden Voraussetzungen an:

22 ▪ Um der nachträglichen Umwidmung von zu anderen Zwecken geleisteten Zahlungen vorzubeugen, muss die Voreinzahlung mit klarer, für Dritte erkennbarer **Zweckbestimmung** geleistet werden. Die bezweckte Erfüllung der künftigen Einlageschuld muss außer jedem Zweifel stehen, was durch Überweisung mit dem Verwendungszweck „Kapitalerhöhung" geschehen kann.[70] Eine der Form des § 55 I entspr. Voreinzahlungsvereinbarung des Inhalts, dass der Betrag auf die künftige Einlageverpflichtung gezahlt wird, ist ebenso wenig erforderlich wie eine Rangrücktrittsvereinbarung für den Fall des Scheiterns der Kapitalerhöhung.[71]

23 ▪ Zwischen Voreinzahlung u. Kapitalerhöhung muss ein **enger zeitlicher Zusammenhang** bestehen.[72] Dies soll der Fall sein, wenn die Kapitalerhöhung im Zeitpunkt der Vorauszahlung bereits konkret in die Wege geleitet worden ist (etwa durch die Einberufung der Gesellschafterversammlung), die Kapitalerhöhung durch die Gesellschafterversammlung mit aller gebotenen Beschleunigung innerhalb der Mindestladungsfrist beschlossen wird u. der betroffene Gesellschafter iR dieser Gesellschafterversammlung die förmliche Übernahmeerklärung abgibt.[73] Maßgeblich sind die konkreten Umstände des Einzelfalls. Bei einer personalistisch strukturierten Gesellschaft mit wenigen Gesellschaftern soll selbst die Mindestladungsfrist nicht ausgeschöpft werden dürfen, wenn ohne Schwierigkeiten die Abhaltung einer Universalversammlung möglich ist; bei einer Einpersonengesellschaft muss der Alleingesellschafter die Kapitalerhöhung unverzüglich beschließen.[74]

---

67 Vgl. jeweils mwN Baumbach/Hueck/*Zöllner/Fastrich* Rn. 9; *Lutter*/Hommelhoff/*Bayer* § 56 Rn. 19; *Ulmer* Rn. 30.
68 *Ehlke*, ZIP 07, 749, 750.
69 BGHZ 168, 201.
70 BGHZ 168, 201, 205; *Groß*, GmbHR 95, 845, 847; *Karollus*, DStR 95, 1065, 1068. Gegen Notwendigkeit expliziter Zweckbestimmung *Kort*, DStR 02, 1223, 1226.
71 BGHZ 168, 201, 205; ebenso nun auch *Lutter*/Hommelhoff/*Bayer* § 56 Rn. 21.
72 Ebenso die hM im Schrifttum, vgl. Scholz/*Priester* Rn. 20 mwN.
73 BGHZ 168, 201, 206.
74 Großzügiger jedenfalls bei mehrgliedriger Gesellschaft tendenziell das Schrifttum, vgl. *Priester*, DStR 10, 494, 497 (ausreichend, wenn ordnungsgemäße Ladung unter Einhaltung der vorgesehenen Fristen eingeleitet); *Ehlke*, ZGR 95, 426, 445; *Kort*, DStR 02, 1223, 1226.

- Die Voreinzahlung ist im Kapitalerhöhungsbeschluss u. in der Handelsregisteranmeldung **offenzulegen.**[75] Damit soll zum einen ein Irrtum des Rechtsverkehrs darüber, dass der Gegenstand der Einlage im Zeitpunkt der Beschlussfassung bereits verbraucht sein kann, verhindert werden u. zum anderen der Gefahr begegnet werden, dass zu anderen Zwecken vorgenommene Zahlungen in eine Voreinzahlung auf eine Kapitalerhöhung umgewidmet werden. Die Offenlegung verlangt, dass im Kapitalerhöhungsbeschluss die finanziellen Schwierigkeiten der Gesellschaft dargelegt u. der Zahlungszeitpunkt angegeben wird. In der Anmeldung ist mitzuteilen, zu welchem Zeitpunkt der Einlagebetrag zwecks Überwindung einer finanziellen Krise eingezahlt worden ist.[76] 24

- Eine Tilgungswirkung von Voreinzahlungen soll zudem nur in **akuten Sanierungsfällen** in Betracht kommen, in denen die Kapitalmaßnahme eine Überschuldung oder Zahlungsunfähigkeit abwenden soll. Ein „billigenswertes Bedürfnis" für die Anerkennung von Voreinzahlungen soll nur bestehen, wenn die Gesellschaft wegen des engen zeitlichen Rahmens des § 64 sofort über die frischen Mittel verfügen muss u. andere Maßnahmen wie die Einzahlung von Mitteln in die Kapitalrücklage oder auf ein gesondertes, der Haftung für einen bestehenden Bankkredit nach den bankrechtlichen Regeln nicht unterliegendes Sonderkonto nicht zum Ziel führen.[77] Daneben müssen die Gesellschafter mit **Sanierungswillen** handeln, die Gesellschaft muss nach pflichtgemäßer Einschätzung eines objektiven Dritten **sanierungsfähig** u. die Voreinzahlung objektiv **geeignet** sein, die Gesellschaft **durchgreifend zu sanieren.** Keine Erfüllungswirkung sollen Voreinzahlungen haben, die die drohende Zahlungsunfähigkeit oder drohende Überschuldung nicht beseitigen oder auf einem in Zusammenhang mit der Sanierung entwickelten, auf Dauer nicht tragfähigen Unternehmenskonzept beruhen. Wie eine rechtssichere Feststellung dieser Anforderungen, insbes. der Sanierungsfähigkeit u. -eignung, innerhalb der gebotenen Kürze der Zeit möglich sein soll, bleibt schleierhaft. Die Erfüllung dieser „knallharte[n] Zusatzerfordernisse"[78] dürfte in der **Praxis** kaum möglich, geschweige denn nachzuweisen sein. 25

c) **Stellungnahme.** Die vom BGH aufgestellten Voraussetzungen für eine Anerkennung von Voreinzahlungen – kurz: Unverbrauchtheit oder akuter Sanierungsfall – sind in Teilen des Schrifttums auf berechtigte Kritik gestoßen. Das gilt einmal für die Relevanz des Sanierungszwecks, da ein Sachgrund, Voreinzahlungen in der Krise der Gesellschaft eher Erfüllungswirkung beizumessen als außerhalb der Krise, nicht ersichtlich ist. Ein Sanie- 26

75 Ebenso OLG Nürnberg ZIP 10, 2300, sowie die hM im Schrifttum, vgl. Baumbach/Hueck/*Zöllner*/*Fastrich* Rn. 12; *Lutter*/Hommelhoff/*Bayer* § 56 Rn. 21; Scholz/*Priester* Rn. 20.
76 BGHZ 168, 201, 207; OLG Nürnberg ZIP 10, 2300.
77 BGHZ 168, 201, 205.
78 *Ehlke*, ZIP 07, 749, 751 f.

rungsprivileg ist dem Gesetz nicht zu entnehmen.[79] Die Erfüllungswirkung ist vielmehr allein an den Erfordernissen des Kapitalschutzes zu messen.[80] Es ist sicherzustellen, dass es nicht zu einer (mit Recht befürchteten) Umgehung der Sacheinlagevorschriften kommt. Hierzu sind eine klare **Zweckbestimmung**, ein **enger zeitlicher Zusammenhang** zwischen Zahlung u. Erhöhungsbeschluss sowie die **Offenlegung** des Vorgangs erforderlich, aber auch ausreichend.[81] Auch der Rechtsverkehr wird bei Erfüllung dieser Voraussetzungen über die Zuführung neuer Mittel im Zuge der Kapitalerhöhung nicht irregeführt oder wesentlich anders informiert als bei Einhaltung der gesetzlich vorgesehenen Reihenfolge. Auf die Unverbrauchtheit der Mittel kann es ebenso wenig ankommen wie bei Einzahlung nach Fassung des Erhöhungsbeschlusses, u. auch ein Gebot wertgleicher Deckung ist für Voreinzahlungen nicht zu fordern.[82] Der „Sinn der Aktion"[83] besteht gerade darin, kurzfristig neues Eigenkapital bereitzustellen, das dem unternehmerischen Risiko ausgesetzt ist.[84] Auch Einzahlungen auf ein debitorisches Bankkonto sind entgg der Auffassung des BGH[85] an den allg. Grundsätzen zu messen.[86]

27 Für die **Praxis** sind die Anforderungen des BGH selbstverständlich ernst zu nehmen. Der sicherste Weg ist die Einzahlung auf ein nicht verpfändetes Sonderkonto, auf welchem die Vorleistung bis zur Fassung des Erhöhungsbeschlusses unangetastet belassen wird. Dies wird bei akutem Finanzbedarf iaR nicht zielführend sein. Die Inanspruchnahme der „Sanierungsausnahme" ist mit erheblichen Risiken verbunden, insbes. weil sich die objektive Sanierungsfähigkeit der Gesellschaft u. Sanierungseignung der Vorleistungen kaum jemals kurzfristig sicher beurteilen lassen. Soll dieses Risiko in Kauf genommen werden, ist bei Einzahlung auf eine eindeutige Zweckbestimmung als „Einzahlung auf noch zu beschließende Kapitalerhöhung" zu achten. Zudem muss zu diesem Zeitpunkt die schnellstmögliche Fassung des Kapitalerhöhungsbeschlusses sichergestellt u. bereits konkret eingeleitet sein. Im Beschluss selbst ist die Krise der Gesellschaft darzustellen u. ausdrücklich anzugeben, wann welche Leistungen wie (auf welches Konto, mit welchem Verwendungszweck) durch wen erbracht wurden. Auch in die Versicherung der Geschäftsführer nach § 57 II sind diese Angaben aufzunehmen.

---

79 *Ulmer* Rn. 33. Gegen Sanierungszweck oder gar Sanierungseignung als Kriterium für Erfüllungswirkung ferner Baumbach/Hueck/*Zöllner*/*Fastrich* Rn. 14; Scholz/*Priester* Rn. 21; *Ehlke*, ZIP 07, 749, 751; *Ehlke*, ZGR 95, 426, 450. Für das Erfordernis einer Krise bei der Gesellschaft dag *Lutter*/Hommelhoff/*Bayer* § 56 Rn. 21; Michalski/*Hermanns* Rn. 20; *Roth*/Altmeppen Rn. 23; OLG Karlsruhe GmbHR 99, 1299.

80 Baumbach/Hueck/*Zöllner*/*Fastrich* Rn. 14.

81 Ebenso Baumbach/Hueck/*Zöllner*/*Fastrich* Rn. 14; Scholz/*Priester* Rn. 20; MüKoGmbHG/*Lieder* Rn. 28.

82 Wie hier *Priester*, DStR 10, 494, 497 f.; Baumbach/Hueck/*Zöllner*/*Fastrich* Rn. 14; *Lutter*/Hommelhoff/*Bayer* § 56 Rn. 24; Scholz/*Priester* Rn. 20. AA bzgl. wertgleicher Deckung *Ulmer* Rn. 31 sowie Michalski/*Hermanns* Rn. 22, der gar wertgleiche Deckung im Zeitpunkt der Handelsregisteranmeldung fordert.

83 Scholz/*Priester* Rn. 21.

84 *Lutter*/Hommelhoff/*Bayer* § 56 Rn. 24.

85 BGHZ 158, 283.

86 MüKoGmbHG/*Lieder* Rn. 21 ff.

Die „**Heilung**" einer Voreinzahlung, die keine Tilgungswirkung in Bezug auf die Einlagepflicht hatte, kann nicht dadurch erfolgen, dass der Einlagebetrag erneut eingezahlt wird u. die Gesellschaft sodann eine Rückzahlung in gleicher Höhe zur Erfüllung der Bereicherungsforderung des Inferenten aus der fehlgeschlagenen Voreinzahlung vornimmt. Der BGH sieht hierin zutr. eine verdeckte Sacheinlage der Bereicherungsforderung.[87] Soweit diese werthaltig ist u. der Inferent die Vollwertigkeit beweisen kann (§ 19 IV 5), kommt es immerhin zur Anrechnung nach § 19 IV 3. Die durch das MoMiG erfolgte Änderung des § 19 IV bedeutet allerdings keine Legalisierung der verdeckten Sacheinlage (→ § 56 Rn. 36), so dass der korrekte Heilungsweg in der offenen Sacheinlage der Bereicherungsforderung iH des Zeitwerts u. ggf. einer Bareinzahlung iH der Differenz zum Nennwert besteht.[88] Die bereits beschlossene Barkapitalerhöhung ist hierzu nachträglich in eine Sachkapitalerhöhung zu ändern (→ § 56 Rn. 23). Wenn maßgeblicher Zeitpunkt für die Beurteilung der Werthaltigkeit der Bereicherungsforderung im Fall der verdeckten Sacheinlage die Anmeldung der Kapitalerhöhung ist,[89] muss dies erst recht im Fall der (korrekten) Heilung durch nachträglichen Übergang zur offenen Sacheinlage gelten. Auch hier kann es somit nur auf die Anmeldung der ursprünglichen Barkapitalerhöhung u. nicht auf den Zeitpunkt des nachträglichen Übergangs zur (offenen) Sacheinlage ankommen. 27a

5. Hin- und Herzahlen, § 19 V

Neu in § 56 a ist der Verweis auf den durch das MoMiG neugefassten § 19 V, der nunmehr das sog. „Hin- und Herzahlen" gesetzlich regelt. Ziel der gesetzlichen Neuregelung war insbes., die rechtliche Zulässigkeit des durch den Gesetzgeber als wirtschaftlich sinnvoll erachteten **Cash-Poolings** zu gewährleisten,[90] bei welchem es idR kurz nach Leistung der Einlage zu deren darlehensweisen Weiterleistung vom Konto der Gesellschaft auf ein Zielkonto des Inferenten oder einer diesem zurechenbaren Konzerngesellschaft kommt. 28

Der **Tatbestand** des Hin- u. Herzahlens setzt nach dem Gesetzeswortlaut voraus, dass vor der Einlage eine Leistung an den Gesellschafter vereinbart worden ist, die wirtschaftlich einer Rückzahlung der Einlage entspricht. § 19 V ist ggü. der verdeckten Sacheinlage ausdrücklich subsidiär, greift also nicht ein, wenn die Leistung an den Gesellschafter gegen Gewährung eines sacheinlagefähigen Gegenstands erfolgt. Nach der Rspr. des BGH[91] erfasst § 19 V Sachverhalte der **verdeckten Finanzierung** der Einlagemittel durch die Gesellschaft, in welchen der Einlagebetrag absprachegemäß umgehend wieder an den Einleger, sei es als Darlehen oder auch aufgrund 29

87 BGH GmbHR 12, 1066 mAnm *Bormann*; BGH ZIP 2016, 615; BGH v. 19.1.2016 – II ZR 303/14.

88 Bei Voreinzahlungen in Krisensituationen wird das nach hM bestehende Vollwertigkeitsgebot für die Sacheinlage von Gesellschafterforderungen häufig dazu führen, dass der Einlagebetrag ganz oder teilweise erneut gezahlt werden muss. Zur Kritik am Vollwertigkeitsgebot vgl. § 56 Rn. 9.

89 So ausdrücklich BGH GmbHR 12, 1066, 1069.

90 BT-Drs. 16/6140, S. 34 f.

91 BGH NJW 09, 2375 – Qivive.

einer Treuhandabrede, zurückfließen soll (vgl. auch → Rn. 13). Der Sache nach ziele das Vorgehen des Inferenten beim Hin- u. Herzahlen darauf ab, die Einlageforderung durch eine schwächere schuldrechtliche Forderung zu ersetzen. Dag soll der vorverabredete Rückfluss der Einlage gegen Dienstleistungen nach der Rpr[92] grds. unschädlich sein, u. der BGH ist wohl so zu verstehen, dass dies auch für andere Fälle des vorverabredeten Rückflusses gilt, sofern diese nicht als verdeckte Finanzierung der Einlage durch die Gesellschaft zu bewerten sind.[93] Wegen der tatbestandlichen Voraussetzungen iErg wird auf → § 19 Rn. 98 ff. verwiesen. Wegen der Frage der Leistung zur freien Verfügung im Fall des Hin- u. Herzahlens → Rn. 13.

30 Neu geregelt wurden durch das MoMiG die **Rechtsfolgen** des Hin- u. Herzahlens. Zur Ermöglichung des Cash-Poolings sollte auch iRd Kapitalaufbringung eine bilanzielle Betrachtungsweise eingeführt werden.[94] Während die Rspr. vor MoMiG die Zahlungsvorgänge des Hin- u. Herzahlens als nullum, die Darlehensabrede als unwirksam u. damit die Einlageschuld als fortbestehend betrachtete,[95] soll die Einlageleistung nach neuem Recht Erfüllungswirkung haben, wenn (nicht: soweit!) die Leistung an den Gesellschafter durch einen vollwertigen Rückgewähranspruch gedeckt ist, der jederzeit fällig ist oder durch fristlose Kündigung durch die Gesellschaft fällig werden kann. Unzutr[96] u. ohne nähere Begründung geht der BGH zudem davon aus, dass die nach § 19 V 2 geforderte Offenlegung des Hin- u. Herzahlens Erfüllungsvoraussetzung sei.[97] Das Registergericht kann dabei Nachweise der Liquidität des Rückgewährschuldners u. der Vollwertigkeit des Rückgewähranspruchs verlangen.[98] Wegen der Rechtsfolgen des Hin- u. Herzahlens u. der Voraussetzungen der Erfüllungswirkung iErg kann auf → § 19 Rn. 120 f. verwiesen werden.

III. Sacheinlagen

31 Sacheinlagen sind nach § 56 a iVm § 7 III vor Anmeldung der Kapitalerhöhung in voller Höhe u. so zu bewirken, dass sie endgültig zur freien Verfügung der Geschäftsführer stehen. Im Fall von **Sachübernahmen** (→ § 5 Rn. 40) muss die Verrechnung vor Anmeldung stattgefunden haben.[99] Die Art der Bewirkung richtet sich nach dem Gegenstand der Einlage: Bewegliche Sachen sind etwa nach §§ 929 ff. BGB zu übereignen, Forderungen gegen Dritte nach § 398 BGB u. GmbH-Geschäftsanteile nach § 15 III abzutreten. Soll ein Grundstück eingebracht werden, lässt die wohl hM die Eintragung einer Auflassungsvormerkung genügen, wenn Auflassung u. Eintragungsbewilligung erklärt sind.[100]

---

92 Zur GmbH: BGH NJW 09, 2375 – Qivive. Zur AG: BGH NZG 10, 343 – Eurobike.
93 BGH NJW 09, 2375, 2377 unter Tz 18.
94 BT-Drs. 16/6140, S. 35.
95 BGH NZG 06, 716, 717; 06, 227, 228.
96 Vgl. § 19 Rn. 116.
97 BGH NJW 09, 2375, 2377.
98 Vgl. OLG München ZIP 11, 567: Positive Bewertung durch eine anerkannte Ratingagentur kann als Bonitätsnachweis nicht zurückgewiesen werden.
99 Scholz/*Priester* Rn. 42.
100 *Lutter*/Hommelhoff/*Bayer* Rn. 3; Scholz/*Priester* Rn. 42; aA Scholz/*Veil* § 7 Rn. 43, der Eintragung der Gesellschaft im Grundbuch fordert.

Auch **Vorleistungen auf künftige Kapitalerhöhung** können in Form von Sacheinlagen erfolgen. Hier sollten dieselben Grundsätze zur Anwendung kommen wie bei Bar-Voreinzahlungen.[101] Ist der Gegenstand der Gesellschaft bereits zu einem anderen Zweck zur Verfügung gestellt worden, muss dieser im Zeitpunkt der Fassung des Erhöhungsbeschlusses noch im Vermögen der Gesellschaft vorhanden sein, damit eine „Umwidmung" möglich ist. Insbes. bei Anlagevermögen wird dies häufig der Fall sein. Sollen Sacheinlagen als „echte" Vorleistungen erbracht werden, sind die oben genannten Anforderungen (→ Rn. 21 ff.) an die Offenlegung u. den zeitlichen Zusammenhang zwischen Vorleistung u. Erhöhungsbeschluss zu beachten. Eine Krise der Gesellschaft oder gegenständliches Vorhandensein im Zeitpunkt des Erhöhungsbeschlusses bzw. wertgleiche Deckung sind nicht zu fordern. Der Umsatz vorgeleisteter Vorräte hindert Tilgungswirkung unabhängig von der Art der Verwendung der Veräußerungserlöse daher nicht.[102] Indes ist für die **Praxis** davon auszugehen, dass der BGH den Unverbrauchtheitsgrundsatz anwenden u. damit gegenständliches Vorhandensein der Sacheinlage fordern wird.[103] 32

§ 57 Anmeldung der Erhöhung

(1) Die beschlossene Erhöhung des Stammkapitals ist zur Eintragung in das Handelsregister anzumelden, nachdem das erhöhte Kapital durch Übernahme von Geschäftsanteilen gedeckt ist.

(2) [1]In der Anmeldung ist die Versicherung abzugeben, daß die Einlagen auf das neue Stammkapital nach § 7 Abs. 2 Satz 1 und Abs. 3 bewirkt sind und daß der Gegenstand der Leistungen sich endgültig in der freien Verfügung der Geschäftsführer befindet. [2]§ 8 Abs. 2 Satz 2 gilt entsprechend.

(3) Der Anmeldung sind beizufügen:

1. **die in § 55 Abs. 1 bezeichneten Erklärungen oder eine beglaubigte Abschrift derselben;**
2. **eine von den Anmeldenden unterschriebene Liste der Personen, welche die neuen Geschäftsanteile übernommen haben; aus der Liste müssen die Nennbeträge der von jedem übernommenen Geschäftsanteile ersichtlich sein;**
3. **bei einer Kapitalerhöhung mit Sacheinlagen die Verträge, die den Festsetzungen nach § 56 zugrunde liegen oder zu ihrer Ausführung geschlossen worden sind.**

(4) Für die Verantwortlichkeit der Geschäftsführer, welche die Kapitalerhöhung zur Eintragung in das Handelsregister angemeldet haben, finden § 9 a Abs. 1 und 3, § 9 b entsprechende Anwendung.

---

101 Baumbach/Hueck/*Zöllner*/*Fastrich* Rn. 17; Scholz/*Priester* Rn. 44; MüKo-GmbHG/*Lieder* Rn. 32.

102 *Priester*, DStR 10, 494, 500; Scholz/*Priester* Rn. 44; wertgleiche Deckung fordert OLG Köln NZG 99, 454, 457.

103 BGH DStR 00, 1963, 1964.

Schrifttum

Böhringer, Erfordernisse der Anmeldung einer Kapitalerhöhung bei einer GmbH, BWNotZ 1988, 129; *Herrler*, Aktuelles zur Kapitalerhöhung bei der GmbH, DNotZ 2008, 903; *Mayer*, Aufwertung der Gesellschafterliste durch das MoMiG – Fluch oder Segen?, ZIP 2009, 1037; *Melchior*, Die GmbH-Gesellschafterliste – Ein Zwischenstand, GmbHR 2010, 418; *Priester*, Wertgleiche Deckung statt Bardepot?, ZIP 1994, 599; *Ulmer*, Rechtsfragen der Barkapitalerhöhung bei der GmbH; GmbHR 1993, 189; *ders*, Die Einziehung von GmbH-Anteilen – ein Opfer der MoMiG-Reform?, DB 2010, 321; *Wachter*, Aktuelle Rechtsprechung zum MoMiG, GmbHR 2009, 785; *Zöllner*, Folgen der Nichtigerklärung durchgeführter Kapitalerhöhungsbeschlüsse, AG 1993, 68; *Zöllner/M Winter*, Folgen der Nichtigerklärung durchgeführter Kapitalerhöhungsbeschlüsse, ZHR 158 (1994), 59.

I. Normzweck

1 Die Kapitalerhöhung ist Unterfall der **Satzungsänderung** u. wird als solche erst mit Eintragung im Handelsregister wirksam (§ 54 III). Das Erfordernis der Anmeldung, deren Inhalt u. die beizufügenden Unterlagen ergeben sich unmittelbar aus § 54 I, der hins der Anmeldevoraussetzungen durch § 57 I u. hins der abzugebenden Erklärungen sowie der einzureichenden Unterlagen durch Abs. 2–4 ergänzt wird.[1]

II. Anmeldung

1. Voraussetzungen

2 Die Anmeldung setzt nach Abs. 1 voraus, dass der Kapitalerhöhungsbeschluss gefasst u. der Erhöhungsbetrag[2] durch Übernahme von Geschäftsanteilen (→ § 55 Rn. 19 ff.) voll gedeckt ist. Anders als im Aktienrecht

1 Baumbach/Hueck/*Servatius* Rn. 1.
2 Anders als der Wortlaut des Abs. 1 nahelegt, geht es nicht um Deckung des erhöhten Kapitals, sondern des Erhöhungsbetrags, vgl. Baumbach/Hueck/*Servatius* Rn. 4.

(§§ 184, 188 AktG) können also Kapitalerhöhungsbeschluss u. Durchführung der Kapitalerhöhung nicht getrennt angemeldet u. in das Handelsregister eingetragen werden.

3 Ist der Erhöhungsbetrag nicht vollständig übernommen worden (sog. Unterzeichnung), ist zu unterscheiden (→ § 55 Rn. 8): Sieht der Kapitalerhöhungsbeschluss die Erhöhung um einen **Festbetrag** vor u. wird die Kapitalerhöhung in voller Höhe angemeldet, hat das Registergericht die Anmeldung nach fruchtloser Zwischenverfügung abzulehnen.[3] Jedoch kann die Kapitalerhöhung iH der tatsächlichen Übernahme angemeldet werden, wenn ein entspr. notarieller[4] Anpassungsbeschluss gefasst worden ist. Gleiches sollte gelten, wenn sich aus den Umständen der Wille der Gesellschafter ergibt, dass die Kapitalerhöhung auch bei Nichterreichen des Festbetrags durchgeführt werden soll.[5] Ist die Erhöhung von vornherein um einen **Höchstbetrag** beschlossen worden, kann selbstverständlich eine Anmeldung iH des tatsächlich übernommenen Betrags erfolgen, wodurch der Erhöhungsbetrag endgültig festgelegt wird.

4 Nach § 56 a iVm § 7 II 1, III sind vor Anmeldung zudem die **Mindesteinlagen** (Bareinlagen zu einem Viertel, Sacheinlagen voll) zu leisten. Vgl. näher → § 56 a Rn. 4 ff.

2. Zuständigkeit, Form

5 Die Anmeldung der Kapitalerhöhung ist nach § 78 durch **sämtliche Geschäftsführer** zu bewirken, ein Handeln der Geschäftsführer in vertretungsberechtigter Zahl ist nicht ausreichend. Sind neue Geschäftsführer wirksam bestellt, aber noch nicht angemeldet, sind diese zusammen mit der Anmeldung der Kapitalerhöhung anzumelden u. haben hieran mitzuwirken; Änderungen in der Geschäftsführung nach Anmeldung der Kapitalerhöhung begründen kein Erfordernis einer Nachmeldung.[6]

6 Umstritten ist die Möglichkeit der Anmeldung durch **Bevollmächtigte.** Jedenfalls die nach Abs. 2 abzugebende Versicherung ist wegen § 82 I Nr. 3 und aufgrund der strafrechtlichen Verantwortlichkeit für die Anmeldungserklärungen **höchstpersönlicher** Natur. Wird die Versicherung wie üblich in der Anmeldung abgegeben, ist Handeln durch Bevollmächtigte daher ausgeschlossen. Das Gesetz fordert nach überzeugender Ansicht jedoch nicht zwingend, dass die Versicherung in der Anmeldung, also im Antrag auf Eintragung selbst, abgegeben wird, sondern lässt auch Abgabe im Zuge der Anmeldung genügen.[7] Zulässig ist daher die Abgabe der Versicherung durch sämtliche Geschäftsführer in einer separaten Erklärung, die öffentlich beglaubigter Form bedarf.[8] Wird dieser Weg gewählt, kann die Anmel-

---

3 Michalski/*Hermanns* Rn. 5.
4 § 55 Rn. 8.
5 Str., wie hier Scholz/*Priester* Rn. 2 u. § 55 Rn. 102.
6 Michalski/*Hermanns* Rn. 7.
7 Baumbach/Hueck/*Servatius* Rn. 14; so wohl auch *Böhringer*, BWNotZ 88, 129, 130.
8 *Lutter*/Hommelhoff/*Bayer* Rn. 5; Scholz/*Priester* Rn. 25 begründet dies damit, dass aufseiten der Geschäftsführer nur bei der Versicherung die Strafsanktion des § 82 I Nr. 3 droht.

dung unter Beifügung der beglaubigten Versicherung der Geschäftsführer durch Bevollmächtigte erfolgen.[9] Die Vollmacht zur Anmeldung bedarf öffentlicher Beglaubigung (§ 12 I 2 HGB).[10]

7 Die Geschäftsführer sind ggü. der Gesellschaft zur Anmeldung der Kapitalerhöhung verpflichtet.[11] Es besteht dag entgg dem insoweit missverständlichen Wortlaut des Abs. 1 **keine öffentlich-rechtliche Pflicht** zur Anmeldung, weshalb auch eine registerrechtliche Erzwingung nicht erfolgt (§ 79 II).[12] Hieraus folgt weiter, dass der Antrag vor Eintragung jederzeit zurückgenommen werden kann, wofür wegen § 78 der Widerruf der Anmeldung durch nur einen Geschäftsführer genügt.[13]

8 Die Anmeldung hat nach § 12 I 1 HGB **elektronisch** in **öffentlich beglaubigter Form** (§ 129 BGB) beim Sitzgericht zu erfolgen; auch die beizufügenden Dokumente sind elektronisch einzureichen (§ 12 II 1 HGB). Dies erfordert das Einreichen einer Bilddatei des eigenhändig unterschriebenen Originaldokuments.[14] Soweit es sich um notariell beurkundete Dokumente handelt (zB Kapitalerhöhungsbeschluss), sind diese mit einem elektronischen Zeugnis nach § 39 a BeurkG zu übermitteln. Praktisch bedeutet elektronische Einreichung, dass die beglaubigte Anmeldung u. die beizufügenden Dokumente durch den einreichenden Notar eingescannt u. elektronisch an das Registergericht übermittelt werden; die Originale werden durch den Notar archiviert.[15]

3. Inhalt

9 Nach Abs. 1 ist „die beschlossene Erhöhung des Stammkapitals" anzumelden. Eine **zusätzliche Anmeldung**, dass die Satzung hins der Stammkapitalziffer geändert wurde, ist nicht erforderlich[16] (wenngleich unschädlich), da die Kapitalerhöhung Satzungsänderung ist u. es sich nicht etwa um zwei verschiedene, gesondert anzumeldende Beschlüsse handelt. S. zu Besonderheiten bei einer unter Verwendung des Musterprotokolls (§ 2 Ia) gegründeten Gesellschaft → § 55 Rn. 15.

10 Die Rspr. verlangt eine konkrete, **schlagwortartige Hervorhebung** des geänderten Satzungsbestandteils in der Anmeldung, da durch die Kapitalerhöhung eine in § 10 I bezeichnete Angabe der Satzung (Stammkapital) geän-

---

9 OLG Köln DB 86, 2377; Michalski/*Hermanns* Rn. 8; *Roth*/Altmeppen § 7 Rn. 10; aA, nur Ermächtigung zur Einreichung der Anmeldung zulassend, *Ulmer* Rn. 20; Rowedder/Schmidt-Leithoff/*Zimmermann* Rn. 11; *Lutter*/Hommelhoff/*Bayer* Rn. 1; Scholz/*Priester* Rn. 25.

10 Vor diesem Hintergrund weist *Roth*/Altmeppen § 7 Rn. 10 darauf hin, dass kaum ein praktisches Bedürfnis für die Anmeldung durch Bevollmächtigte besteht, muss die Versicherung doch durch die Geschäftsführer höchstpersönlich erfolgen u. bedarf die Erteilung der Vollmacht zur Anmeldung der gleichen Form wie die Anmeldung selbst (s. Rn. 8).

11 Scholz/*Priester* Rn. 27.

12 Baumbach/Hueck/ *Servatius*Rn. 4; Scholz/*Priester* Rn. 27.

13 *Ulmer* Rn. 22.

14 OLG Hamm BeckRS 15, 01317.

15 *Lutter*/Hommelhoff/*Bayer* Rn. 8.

16 Baumbach/Hueck/*Servatius* Rn. 7; *Lutter*/Hommelhoff/*Bayer* Rn. 4; Rowedder/Schmidt-Leithoff/*Zimmermann* Rn. 5; Scholz/*Priester* Rn. 4.

dert wird.[17] Die bloße Bezugnahme auf das Beschlussprotokoll soll nicht genügen (§ 54 II).[18] Die schlagwortartige Hervorhebung erfordert nicht die Bezifferung des geänderten Paragrafen der Satzung[19] u. erst recht nicht die Wiedergabe von dessen Wortlaut.[20] Ausreichend ist nach hM im Schrifttum die Angabe, dass das Stammkapital geändert wurde, sowie des Erhöhungsbetrags.[21] Alte u. neue Stammkapitalziffer brauchen nicht genannt zu werden; geschieht dies dennoch, wird dadurch die Angabe des Erhöhungsbetrags entbehrlich.[22] Angesichts der im Detail nach wie vor bestehenden Meinungsverschiedenheiten sind **umfassende Angaben** in der Anmeldung jedenfalls **empfehlenswert.** Die Anmeldung könnte etwa lauten:

▶ Das Stammkapital der Gesellschaft wurde von ... EUR um ... EUR auf ... EUR erhöht. Die Satzung der Gesellschaft wurde hierbei – wie aus dem als Anlage beigefügten Beschlussprotokoll ersichtlich – in Ziffer ... (Stammkapital) geändert. ◀ 11

4. Mehrere Kapitalerhöhungen

Mehrere, auch aufeinander aufbauende Kapitalerhöhungen können **gleichzeitig** zur Eintragung in das Handelsregister angemeldet werden. Sie werden dadurch nicht zu einer einheitlichen Kapitalerhöhung mit einem Gesamterhöhungsbetrag verbunden, weshalb die Anmeldeerfordernisse für jeden Beschluss getrennt erfüllt sein müssen u. auch eine Verrechnung ggf. über- u. unterbewerteter Sacheinlagen nicht erfolgen kann.[23] Mit der Aufhebung des Verbots der Übernahme mehrerer Geschäftsanteile durch einen Übernehmer (vgl. § 55 IV iVm § 5 II 2 nF) hat sich das früher diskutierte Problem einer möglichen Umgehung dieses Verbots erledigt. 12

5. Versicherung der Geschäftsführer

Nach dem Wortlaut des Abs. 2 ist in der Anmeldung (oder in einer als Anlage beizufügenden Erklärung, → Rn. 6) die Versicherung abzugeben, dass die Mindesteinlagen auf die neuen Geschäftsanteile „bewirkt sind und daß der Gegenstand der Leistungen sich endgültig in der freien Verfügung der Geschäftsführer befindet“. 13

a) **Einlageleistung.** Die Versicherung muss das Registergericht nach hM in die Lage versetzen, selbstständig die ordnungsgemäße Leistung der Einlagen zu überprüfen.[24] Erforderlich soll daher die genaue **ziffernmäßige Angabe** sein, welcher Gesellschafter wie viel auf welche Weise geleistet hat sowie eine so genaue Darlegung der Umstände der Einlageleistungen, dass 14

17 BGH NJW 87, 3191; OLG Hamm NZG 02, 782; OLG Düsseldorf NJW-RR 99, 400; OLG Frankfurt NZG 03, 1075, 1076.
18 So überw. das Schrifttum, s. Baumbach/Hueck/*Servatius* Rn. 7; Scholz/*Priester* Rn. 4.
19 So aber OLG Frankfurt NZG 03, 1075, 1076; iErg wohl auch BGH NJW 87, 3191.
20 Ebenso BGH NJW 87, 3191, 3192.
21 Baumbach/Hueck/*Servatius* Rn. 7; Rowedder/Schmidt-Leithoff/*Zimmermann* Rn. 5; Scholz/*Priester* Rn. 4. AA *Lutter*/Hommelhoff/*Bayer* Rn. 4, die zusätzlich Angabe der erhöhten Stammkapitalziffer verlangen.
22 Baumbach/Hueck/*Servatius* Rn. 7.
23 Baumbach/Hueck/*Servatius* Rn. 8.
24 BayObLG DStR 93, 1921; Michalski/*Hermanns* Rn. 14.

dem Registergericht deren Prüfung möglich ist.[25] Die formelhafte Wiederholung des Gesetzestextes, dass auf den Erhöhungsbetrag „mindestens ein Viertel" eingezahlt ist, oder die Angabe, dass der „gesetzliche Anteil" geleistet ist, soll nicht ausreichen. Lediglich bei Volleinzahlung wird es als genügend angesehen, wenn die vollständige Bewirkung der Einlagen versichert wird.[26] Der hM ist entgegenzuhalten, dass der Sinn der Versicherung nicht darin liegt, Nachweise über die Einlageleistung entbehrlich zu machen, sondern dass die Geschäftsführer sich über die Bewirkung der Mindesteinlagen Gewissheit verschaffen u. für die Richtigkeit der Angaben zivil- (§ 9 a) u. strafrechtlich (§ 82 I Nr. 3) einstehen.[27] Jedenfalls sollte eine Darlegung der Art u. Weise der Einlageleistung nicht gefordert werden, was in Bezug auf Sacheinlagen zu erheblichen Problemen führen kann.[28]

15 b) **Freie Verfügung.** Nach dem Gesetzeswortlaut hat die Versicherung zu umfassen, „daß der Gegenstand der Leistungen sich endgültig in der freien Verfügung der Geschäftsführer befindet". Das Merkmal der endgültig freien Verfügung fordert, dass die Einlagen so geleistet werden, dass die Geschäftsführung die Möglichkeit hat, über die Mittel **tatsächlich u. rechtlich** für die Zwecke der Gesellschaft zu verfügen (näher → § 56 a Rn. 9 ff.).

16 Die Präsens-Formulierung des Gesetzes („befindet") kann zu dem Fehlschluss verleiten, die Einlage müsste sich noch im **Zeitpunkt** der Anmeldung bzw. Abgabe der Versicherung gegenständlich u. unverbraucht im Vermögen der Gesellschaft befinden. Dies ist nicht der Fall. Jedoch ging der BGH lange davon aus, dass der eingezahlte Betrag sich zum Zeitpunkt der Anmeldung noch *wertmäßig* im Vermögen der Gesellschaft befinden müsse, also grds. nur für investive Zwecke eingesetzt werden dürfe, aufgrund derer der Gesellschaft ein dem aufgewandten Betrag entspr. Aktivum zufließe.[29] Dieses Gebot „wertgleicher Deckung" hat der BGH zu Recht aufgegeben.[30] IRd Kapitalerhöhung wird die Einlage an eine bereits bestehende Gesellschaft geleistet, weshalb es besonderer Maßnahmen zur Gewährleistung einer ordnungsgemäßen Aufbringung des Stammkapitals nicht bedarf. Die Einlagen nehmen bei der Kapitalerhöhung von Beginn an am unternehmerischen Risiko teil, eine Unterbilanzhaftung (→ § 11 Rn. 45) der Gesellschafter gibt es hier nicht.[31] Auch die Ansicht, die Einlage müsse im Zeitpunkt der Anmeldung wenigstens durch Reinvermögen

---

25 BayObLG DStR 93, 1921; DB 80, 438; OLG Düsseldorf DNotZ 86, 179; OLG Hamm WM 87, 406; *Roth*/Altmeppen Rn. 7: „nachprüfbare Angaben".
26 OLG Düsseldorf DNotZ 86, 179, 181; zust. Baumbach/Hueck/*Servatius* Rn. 10; *Lutter*/Hommelhoff/*Bayer* Rn. 5.
27 Scholz/*Priester* Rn. 8; Rowedder/Schmidt-Leithoff/*Zimmermann* Rn. 6.
28 *Ulmer* Rn. 8; Michalski/*Hermanns* Rn. 16 f.
29 BGHZ 119, 177, 187.
30 BGHZ 150, 197, 199 unter ausdrücklicher Aufgabe von BGHZ 119, 177. Gegen wertgleiche Deckung bereits zuvor insbes. *Priester*, ZIP 94, 599. Heute hM, vgl. Baumbach/Hueck/*Servatius* Rn. 12; *Lutter*/Hommelhoff/*Bayer* Rn. 7; Scholz/*Priester* Rn. 11; aA Michalski/*Hermanns* Rn. 19 unter Berufung auf BGHZ 119, 177.
31 *Lutter*/Hommelhoff/*Bayer* Rn. 7.

der Gesellschaft gedeckt sein,[32] hat der BGH verworfen.[33] Das ist zutr., denn andernfalls käme man jedenfalls in Fällen bestehender Unterbilanz wieder zum Gebot wertgleicher Deckung.

Der BGH fordert seit Aufgabe des Gebots wertgleicher Deckung allerdings die zusätzliche Versicherung, der Einlagebetrag sei „auch in der Folge **nicht** an den Einleger **zurückgezahlt** worden".[34] Dem Gesetz ist die Notwendigkeit einer solchen Versicherung nicht zu entnehmen.[35] Auch sachlich muss – nicht zul angesichts § 19 V nF – bezweifelt werden, ob die freie Verfügung über die Einlage durch eine Rückzahlung an den Gesellschafter generell in Frage gestellt wird (näher → § 56 a Rn. 11 ff.). Für die Praxis folgt aus der Sicht des BGH indes, dass sowohl **verdeckte Sacheinlagen** als auch ein **Hin- u. Herzahlen,** bspw. durch die Abführung der Einlage an einen **Cash-Pool,** in der Versicherung offenzulegen sind.[36] Die Versicherung hat im Fall des Hin- u. Herzahlens nach hM zudem zu umfassen, dass die Voraussetzungen des § 19 V (Vollwertigkeit u. jederzeitige Fälligkeit bzw. Fälligstellbarkeit des Rückzahlungsanspruchs) erfüllt sind.[37] 17

6. Anlagen

Neben den ausdrücklich in Abs. 3 genannten Unterlagen sind der Anmeldung alle Anlagen beizufügen, deren Einreichung auch bei jeder anderen Satzungsänderung erforderlich ist (→ § 54 Rn. 13 ff.).[38] IErg sind dies: 18

a) **Beschlussprotokoll, Neufassung des Satzungswortlauts.** Wie sich aus § 54 II ergibt, ist das **notarielle Beschlussprotokoll** einzureichen. Die Einreichung hat elektronisch mit einer qualifizierten elektronischen Signatur des Notars zu erfolgen (§ 12 II 2 HGB iVm § 39 a BeurkG). 19

Weiter ist nach § 54 I 2 der **vollständige Wortlaut des Gesellschaftsvertrags** mit der Bescheinigung des Notars, dass die geänderten Bestimmungen mit dem Kapitalerhöhungsbeschluss u. die unveränderten Bestimmungen mit dem zul zum Handelsregister eingereichten Gesellschaftsvertrag übereinstimmen, beizufügen.[39] Die Zusammenstellung des neuen Satzungswortlauts ist eine rein redaktionelle Tätigkeit, die den Geschäftsführern obliegt u. dem Notar übertragen werden kann; eine zusätzliche Satzungsänderung oder Anpassung der Satzung an die Kapitalerhöhung durch Beschluss ist nicht erforderlich (→ § 55 Rn. 15). 20

---

32 So *Ulmer*, GmbHR 93, 189, 195. Ähnl wohl *Roth*/Altmeppen § 56 a Rn. 10, der auf die Ansicht *Ulmers* verweist, allerdings nicht von Deckung des Erhöhungsbetrags durch Reinvermögen (Aktiva abzüglich echtem Fremdkapital), sondern durch Aktivvermögen spricht.

33 BGHZ 150, 197, 199.

34 BGHZ 150, 197.

35 Krit. daher Scholz/*Priester* Rn. 11.

36 Zur Strafbarkeit der Geschäftsführer nach § 82 I Nr. 3 bei unterlassener Offenlegung vgl. § 56 Rn. 36 u. § 56 a Rn. 13. Zum Schadenersatz wegen falscher Angaben bei den Registeranmeldungen: OLG Brandenburg GmbHR 18, 474.

37 *Lutter*/Hommelhoff/*Bayer* Rn. 6 f.

38 Michalski/*Hermanns* Rn. 29.

39 Ganz hM, vgl. OLG München BB 10, 2009, 2010; Baumbach/Hueck/*Servatius* Rn. 21; *Lutter*/Hommelhoff/*Bayer* Rn. 13; Scholz/*Priester* Rn. 15; *Ulmer* Rn. 18; aA *Roth*/Altmeppen Rn. 5, der Verdrängung von § 54 I 2 durch § 57 als lex specialis annimmt.

21 **b) Übernahmeerklärungen.** Nach Abs. 3 Nr. 1 sind die **Übernahmeerklärungen** im Original oder in beglaubigter Abschrift einzureichen. Sind die Übernahmeerklärungen – wie in der Praxis häufig – im Beschlussprotokoll enthalten (was bei Beurkundung des Protokolls in der Form der §§ 8, 13 BeurkG dem Formerfordernis des § 55 I genügt, → § 55 Rn. 20), ist selbstverständlich die Beifügung des Protokolls ausreichend.[40] Die Einreichung entspr. Annahmeerklärungen der Gesellschaft ist nicht gefordert.[41] Sie liegen iZw stillschweigend in der Anmeldung der Kapitalerhöhung zum Handelsregister (→ § 55 Rn. 21).

22 **c) Liste der Übernehmer, Gesellschafterliste.** Der Anmeldung ist nach Abs. 3 Nr. 2 eine von den Anmeldenden (also allen Geschäftsführern, → Rn. 5) unterschriebene **Liste der Übernehmer**, also der Personen, die die neuen Geschäftsanteile übernommen haben, beizufügen. Bzgl. der persönlichen Daten der Übernehmer sind gem. dem auch für die Kapitalerhöhung geltenden[42] § 8 I Nr. 3 Name, Vorname, Geburtsdatum u. Wohnort der Übernehmer bzw. bei juristischen Personen die Firma und der Sitz anzugeben. Aus der Liste müssen weiter die Nennbeträge der übernommenen Geschäftsanteile ersichtlich sein. Erfolgt die Kapitalerhöhung durch Nennbetragsaufstockung, ist der Aufstockungsbetrag anzugeben.[43] Dagegen ist die Angabe, ob es sich bei den neuen Geschäftsanteilen um Bar- oder Sacheinlagen handelt und inwieweit die Einlagen geleistet sind, nicht erforderlich.

23 Nach dem Gesetz besteht keine Pflicht, mit der Anmeldung neben der Liste der Übernehmer eine neue **Gesellschafterliste** einzureichen.[44] Zweifelhaft ist bereits, ob der Notar hierzu schon bei Anmeldung berechtigt ist, denn nach dem Wortlaut des § 40 II muss die Einreichung erst unverzüglich nach Wirksamwerden der Veränderung der Beteiligung erfolgen, im Fall der Kapitalerhöhung also nach deren Eintragung im Handelsregister.[45] In der Literatur wird teilw vorgeschlagen u. als zulässig erachtet, mit der Anmeldung eine neue Liste mit dem Hinweis einzureichen, dass die Liste die Anteilsverhältnisse nach Durchführung der Kapitalerhöhung wiedergebe.[46] Gegen die Zulässigkeit einer solchen „verzögerten Freigabe" spricht jedoch, dass es während der Dauer des Eintragungsverfahrens zu Anteilsabtretungen kommen kann, die in der Liste dann nicht enthalten sind.[47] Die neue Gesellschafterliste sollte daher durch den Notar erst nach Erhalt der Vollzugsmitteilung eingereicht werden.

24 **d) Besonderheiten bei Sacheinlagen.** Ist die Erhöhung des Stammkapitals gegen **Sacheinlagen** beschlossen worden, sind zudem die den Festsetzungen

40 Baumbach/Hueck/*Servatius* Rn. 18.
41 *Roth*/Altmeppen Rn. 8.
42 Scholz/*Priester* Rn. 17.
43 BayObLG BB 02, 852, 853.
44 *Mayer*, ZIP 09, 1037, 1048; Scholz/*Priester* Rn. 17; iErg auch OLG München DB 10, 1983, 1984 („nach Vollzug der Kapitalerhöhung beim Handelsregister einzureichende Gesellschafterliste"); aA offenbar *Wicke* Rn. 5; *Roth*/Altmeppen Rn. 8.
45 *Mayer*, ZIP 09, 1037, 1048.
46 *Herrler*, DNotZ 08, 903.
47 *Melchior*, GmbHR 10, 418, 420; iErg ebenso *Mayer*, ZIP 09, 1037, 1048, u. *Wachter*, GmbHR 09, 785, 794, der zudem auf das Risiko hinweist, dass die Liste versehentlich vor Eintragung der Kapitalerhöhung veröffentlicht wird.

nach § 56 zugrunde liegenden oder zu ihrer Ausführung geschlossenen **Verträge** beizufügen (Abs. 3 Nr. 3). Hierbei handelt es sich va um die schuldrechtlichen Verträge über die Einbringung sowie die entspr. dinglichen Übertragungsvereinbarungen, durch welche die Einbringung vollzogen wird.[48] Eine Formpflicht für ansonsten formfreie Rechtsgeschäfte wird durch das Einreichungserfordernis nicht begründet, weshalb eine Einreichung nicht in schriftlicher Form vorhandener Verträge verlangt werden kann.[49] Stattdessen sind jedoch entspr. Angaben über deren Inhalt in der Anmeldung zu machen.[50]

Die Aufstellung u. Einreichung eines **Sachkapitalerhöhungsberichts** analog einem Sachgründungsbericht ist nach überw. Ansicht **nicht erforderlich** (näher → § 56 Rn. 28). Zweifelhaft ist auch, ob der Anmeldung generell **Wertnachweisunterlagen** iSv § 8 I Nr. 5 beizufügen sind.[51] Zum einen verweisen die Kapitalerhöhungsvorschriften nicht auf diese Vorschrift. Zum anderen gelten für Kapitalerhöhungen bei einer bestehenden GmbH weniger strenge Vorschriften als für die Sachgründung.[52] Da das Gericht im Einzelfall aber von den Anmeldern Darlegungen u. die Vorlage von Unterlagen zum Zweck der Prüfung der Bewertung von Sacheinlagen fordern kann (→ § 56 Rn. 28 u. → § 57 a Rn. 6), ist deren Beifügung jedenfalls empfehlenswert.[53] 25

e) Versicherung der Geschäftsführer. Ist die **Versicherung der Geschäftsführer** nach Abs. 2 nicht in der Anmeldung, sondern in einer separaten, öffentlich beglaubigten Erklärung abgegeben worden (→ Rn. 6), so ist selbstverständlich auch diese beizufügen.[54] 26

III. Eintragung

1. Verfahren

Durch die Anmeldung der Kapitalerhöhung beim Sitzgericht der Gesellschaft wird wie bei allen Satzungsänderungen ein registergerichtliches **Verfahren** der freiwilligen Gerichtsbarkeit eröffnet, das entweder mit Eintragung der Kapitalerhöhung oder Ablehnung der Eintragung endet.[55] Wegen der Einzelheiten des Eintragungsverfahrens kann auf → § 54 Rn. 23 ff., wegen der Prüfung durch das Registergericht daneben auf → § 57 a Rn. 2 ff. verwiesen werden. 27

2. Inhalt

Für die **Eintragung** der Kapitalerhöhung gilt § 54 II (→ § 54 Rn. 37 f.). Da von der in der Kapitalerhöhung liegenden Satzungsänderung eine in § 10 28

---

48 *Lutter*/Hommelhoff/*Bayer* Rn. 12.
49 Scholz/*Priester* Rn. 20.
50 Baumbach/Hueck/*Servatius* Rn. 20.
51 Gegen ein solches Erfordernis auch Rowedder/Schmidt-Leithoff/*Zimmermann* Rn. 19; *Ulmer* Rn. 17; aA *Lutter*/Hommelhoff/*Bayer* Rn. 14; Michalski/*Hermanns* Rn. 28; Scholz/*Priester* Rn. 22; unklar *Roth*/Altmeppen § 57 a Rn. 1.
52 *Ulmer* Rn. 17.
53 Rowedder/Schmidt-Leithoff/*Zimmermann* Rn. 19.
54 Scholz/*Priester* Rn. 19.
55 Baumbach/Hueck/*Servatius* Rn. 23.

bezeichnete Angabe betroffen ist, erfolgt eine ausdrückliche Eintragung. Eingetragen wird die neue Stammkapitalziffer, nicht jedoch Anzahl, Nennbeträge u. Übernehmer der Geschäftsanteile sowie ggf. Festsetzungen bzgl. Sacheinlagen.[56] Diese ergeben sich aus den mit der Anmeldung eingereichten u. zu den Registerakten genommenen Urkunden, die von jedermann eingesehen werden können.[57] Die Bekanntmachung der Eintragung erfolgt nach § 10 HGB (→ § 54 Rn. 42).

3. Wirkung

29 Die Kapitalerhöhung wird mit Eintragung im Handelsregister wirksam, § 54 III. Die neuen Mitgliedschaftsrechte entstehen mit Eintragung unmittelbar in der Hand der Übernehmer (→ § 55 Rn. 44 f.). Erst ab diesem Zeitpunkt kommt auch eine Kaduzierung (§ 21) in Betracht; vor Eintragung ist lediglich die klageweise Geltendmachung der Einlageforderungen möglich.[58]

4. Folgen für Mängel

30 a) **Mängel des Kapitalerhöhungsbeschlusses.** Ein Kapitalerhöhungsbeschluss kann nach allg. Grundsätzen (Anhang zu → § 47 Rn. 18 ff.) anfechtbar oder nichtig sein. Weiter kommt (zunächst schwebende) Unwirksamkeit des Beschlusses in Betracht, wenn dieser ohne eine ausnahmsweise (aufgrund von Sonderrechten) erforderliche Zustimmung einzelner Gesellschafter gefasst worden ist.[59] Ein Sonderproblem stellt sich, wenn eine vorangegangene Kapitalerhöhung nichtig ist u. der neue Beschluss daher an eine falsche Stammkapitalziffer anknüpft. In diesem Fall ist von Wirksamkeit der weiteren Kapitalerhöhung schon deshalb auszugehen, weil der Kapitalerhöhungsbeschluss lediglich den Erhöhungsbetrag, aber weder die neue Kapitalziffer noch diejenige, an die angeknüpft wird, zu nennen braucht (→ § 55 Rn. 7); eine Rückabwicklung wäre zudem aus Kapitalschutzgründen zweifelhaft.[60]

31 Ist der Kapitalerhöhungsbeschluss nichtig oder unwirksam, darf er nicht eingetragen werden; im Fall anfechtbarer Beschlüsse ist eine differenzierte Behandlung angesagt (näher → § 54 Rn. 28, 30). Ob das **Freigabeverfahren** nach § 246 a AktG auch auf die Beschlussfassung in der GmbH Anwendung findet, ist noch nicht abschließend geklärt, erscheint aber zweifelhaft (→ § 54 Rn. 34 ff.).

32 Erfolgt trotz Nichtigkeit oder Unwirksamkeit eine Eintragung des Kapitalerhöhungsbeschlusses, so **heilen** Formmängel analog § 242 I AktG sofort, andere Nichtigkeits- sowie Unwirksamkeitsgründe analog § 242 II AktG 3 Jahre nach Eintragung.[61] Wird die Nichtigkeit nicht bereits mit Eintragung

---

56 *Roth*/Altmeppen Rn. 10; Scholz/*Priester* Rn. 31.
57 *Lutter*/Hommelhoff/*Bayer* Rn. 21; Rowedder/Schmidt-Leithoff/*Zimmermann* Rn. 32.
58 Scholz/*Priester* Rn. 33.
59 *Ulmer* Rn. 48.
60 Scholz/*Priester* Rn. 45.
61 OLG Stuttgart NJW 96, 257, 258; *Lutter*/Hommelhoff/*Bayer* Rn. 23; Scholz/*Priester* Rn. 44.

geheilt oder ist der Beschluss unwirksam, finden nach mittlerweile hA die **Grundsätze über die fehlerhafte Gesellschaft** Anwendung.[62] Die Kapitalerhöhung hat danach **vorläufig Bestand** u. die neuen Mitgliedschaften sind vorläufig entstanden.[63] Die Übernehmer können ihr Stimmrecht aus den übernommenen Geschäftsanteilen ausüben; die Wirksamkeit der betr Beschlüsse wird durch deren Mitwirkung nicht beeinträchtigt.[64] Die Übernehmer haben zudem ihre Einlagen voll, nicht lediglich im Umfang des § 77 III zu leisten.[65] Bereits geleistete Einlagen können nicht nach Bereicherungsrecht zurückgefordert werden.[66] Mit Eintritt der Heilungswirkung durch Ablauf der Dreijahresfrist werden die aufgrund des nichtigen oder unwirksamen Kapitalerhöhungsbeschlusses geschaffenen Anteile zu fehlerfreien Geschäftsanteilen.[67] Wird der Beschluss nach erfolgreicher Anfechtungsklage für nichtig erklärt (§ 241 Nr. 5 AktG) oder die Nichtigkeit aufgrund Nichtigkeitsklage rechtskräftig festgestellt (§ 249 I 1 AktG), so führt dies *ex nunc* zur Beseitigung der Kapitalerhöhung u. der neuen Mitgliedschaften.[68] Die Kapitalerhöhung ist für die Zukunft nach den zum **Ausscheiden** eines Gesellschafters entwickelten Grundsätzen **rückabzuwickeln.**[69] Dementspr sind ausscheidende Gesellschafter **abzufinden**, es erfolgt keine Rückabwicklung der Einlageleistungen nach Bereicherungsrecht.[70] Hält man das Freigabeverfahren nach § 246 a AktG für analog anwendbar (→ § 54 Rn. 36) u. ergeht ein entspr. Freigabebeschluss, kommt allerdings die Bestandskraft des Kapitalerhöhungsbeschlusses trotz gerichtlicher Nichtigerklärung bzw. Nichtigkeitsfeststellung in Betracht, vgl. § 246 a I 1 AktG.

b) Mängel des Übernahmevertrags. Der Übernahmevertrag kann nach allg. Rechtsgeschäftsgrundsätzen unter Mängeln leiden. In Betracht kommen insbes. Nichtigkeit der Übernahmeerklärung bzw. (schwebende) Unwirksamkeit des Übernahmevertrags wegen mangelnder Geschäftsfähigkeit des Übernehmers (§§ 104 ff. BGB), Fehlens einer ggf. erforderlichen Genehmigung des Vormundschaftsgerichts (§§ 1643 I, 1822 Nr. 10 BGB, → § 55 Rn. 26), vollmachtloser Vertretung (§ 177 BGB) oder Formmangels (§ 125 BGB) sowie Anfechtbarkeit der Übernahmeerklärung wegen Irrtums (§ 119 BGB) oder arglistiger Täuschung (§ 123 BGB). 33

Solche Mängel des Übernahmevertrags können **vor Eintragung** der Kapitalerhöhung uneingeschränkt geltend gemacht werden.[71] Der Übernehmer ist auch befugt, gegen die Gesellschaft eine einstweilige Verfügung zu erwir- 34

---

62 Grdl. *Zöllner*, AG 93, 68, 71 ff., sowie *Zöllner/M Winter*, ZHR 158 (94), 59; dem folgend mittlerweile ganz überw. das Schrifttum, vgl. Baumbach/Hueck/*Servatius* Rn. 28; Michalski/*Hermanns* Rn. 55; Scholz/*Priester* Rn. 48; *Ulmer* Rn. 46; *Lutter*/Hommelhoff/*Bayer* Rn. 25; aA Rowedder/Schmidt-Leithoff/*Zimmermann* § 55 Rn. 21. Zur vormals hM vgl. die Darstellung bei *Ulmer* Rn. 45 f.

63 Baumbach/Hueck/*Servatius* Rn. 28; Scholz/*Priester* Rn. 48; *Ulmer* Rn. 47.

64 OLG Stuttgart NZG 01, 40, 44.

65 *Ulmer* Rn. 47.

66 Michalski/*Hermanns* Rn. 56.

67 OLG Stuttgart NZG 01, 40, 44; Scholz/*Priester* Rn. 48.

68 Scholz/*Priester* Rn. 49; *Ulmer* Rn. 47.

69 Baumbach/Hueck/*Servatius* Rn. 28; *Lutter*/Hommelhoff/*Bayer* Rn. 25.

70 *Lutter*/Hommelhoff/*Bayer* Rn. 25; Scholz/*Priester* Rn. 49.

71 Michalski/*Hermanns* Rn. 59.

ken u. sodann durch Widerspruch nach § 16 II HGB die Eintragung der Kapitalerhöhung zu verhindern.[72] Bereits geleistete Einlagen kann der Übernehmer kondizieren.[73]

35 **Nach Eintragung** der Kapitalerhöhung können Mängel des Übernahmevertrags dag grds. nicht mehr geltend gemacht werden.[74] Selbst auf eine wirksame Anfechtung der Übernahmeerklärung vor Eintragung kann sich der Übernehmer nicht mehr berufen, wenn die Kapitalerhöhung angemeldet u. eingetragen wird.[75] Ausn. hiervon werden nur zugelassen, wo es bereits an einer zurechenbaren Veranlassung des Übernahmevertrags bzw. des maßgeblichen Mangels durch den Übernehmer fehlt. Dies soll zB bei Geschäftsunfähigkeit des Übernehmers gegeben sein, sofern es an der Zustimmung des gesetzlichen Vertreters oder des Familiengerichts fehlt.[76] Geltend machen können soll der Übernehmer ferner die vollmachtlose Vertretung; in diesem Fall kommt es zu einer Haftung des vollmachtlosen Vertreters aus § 179 BGB.[77]

36 Der Übernehmer, der sich auf den Mangel der Übernahmeerklärung infolge der Eintragung nicht mehr berufen kann, schuldet vollständige Leistung der Einlage, ohne seinerseits Schadensersatzansprüche gegen die Gesellschaft zu haben.[78] In schwerwiegenden Fällen kann sich jedoch ein Austrittsrecht aus wichtigem Grund ergeben oder eine Ausschlussklage gegen den betrügerischen Mitgesellschafter gerechtfertigt sein.[79]

37 Ein anderes, durch das MoMiG verschärftes Problem ergibt sich, wenn die Übernahmeerklärung trotz Eintragung unwirksam bleibt. Vor Inkrafttreten des MoMiG bestanden an der Wirksamkeit des Kapitalerhöhungsbeschlusses u. der übrigen Übernahmeverträge keine Zweifel.[80] Da der auf den unwirksamen Übernahmevertrag entfallende Geschäftsanteil nicht zur Entstehung gelangt, ergibt sich ein Auseinanderfallen von Stammkapitalziffer u. Summe der Nennbeträge der Geschäftsanteile, was § 5 III 2 nunmehr über das Gründungsstadium hinaus[81] für unzulässig erklärt. Damit ergibt sich dasselbe Problem wie bei der Einziehung von Geschäftsanteilen, die den betroffenen Geschäftsanteil untergehen, die Stammkapitalziffer aber unverändert lässt (→ § 34 Rn. 59). Anders als bei der Einziehung von Geschäftsanteilen, bei der teilw bereits die Geltung des § 5 III 2 über das Gründungsstadium hinaus bestritten wird,[82] gilt das Divergenzverbot bei der Kapitalerhöhung über die Verweisung des § 55 IV unzweifelhaft. Dennoch wird man bzgl. der übrigen Geschäftsanteile wohl nicht von der Nichtig-

72 *Ulmer* § 55 Rn. 95.
73 Scholz/*Priester* Rn. 52.
74 Baumbach/Hueck/*Servatius* Rn. 27; *Lutter*/Hommelhoff/*Bayer* Rn. 26; Scholz/*Priester* Rn. 53; *Ulmer* Rn. 51.
75 *Ulmer* Rn. 51.
76 Baumbach/Hueck/*Servatius* Rn. 27; *Lutter*/Hommelhoff/*Bayer* Rn. 26; Michalski/*Hermanns* Rn. 62; abw. MüKoGmbHG/*Lieder* Rn. 82, nach dem Minderjährige Mitgliedschaftsrechte erwerben, aber nicht für die Einlageschuld haften.
77 Baumbach/Hueck/*Servatius* Rn. 27; *Ulmer* Rn. 52.
78 Scholz/*Priester* Rn. 54.
79 *Lutter*/Hommelhoff/*Bayer* Rn. 26; Scholz/*Priester* Rn. 54; *Ulmer* Rn. 51.
80 Vgl. statt vieler *Ulmer* Rn. 53.
81 Begr. RegE BR-Drs. 354/07, S. 69; krit. *Ulmer*, DB 10, 321, 322.
82 OLG Saarbrücken NZG 12, 180, 181; Lutter/Hommelhoff/*Bayer* § 5 Rn. 6 mwN.

keit der Kapitalerhöhung trotz Eintragung ausgehen können,[83] würde die Nichtigkeitsfolge doch gerade dem Vertrauen des Geschäftsverkehrs in die Erhöhung des Stammkapitals widersprechen. Dies ließe sich auch dadurch begründen, dass man § 5 III 2 als formale Ordnungsvorschrift ansieht u. nicht als gesetzliches Verbot iSv § 134 BGB.[84] Vielmehr sollte die Möglichkeit bestehen, die Lücke durch Kapitalherabsetzung gem. § 58 (die von der Praxis wegen des Sperrjahrs u. der Notwendigkeit des Gläubigeraufrufs allerdings kaum in Betracht gezogen werden dürfte) oder Neubildung des nicht entstandenen Geschäftsanteils zu schließen.[85] Mangels Entstehen des Geschäftsanteils kommt eine Ausfallhaftung nach § 24 nicht in Betracht.[86] Wegen des Ausnahmecharakters der Vorschrift scheidet auch eine analoge Anwendung aus.[87]

c) **Mängel des Eintragungsverfahrens.** Für Fehler im Eintragungsverfahren gilt im Grundsatz dasselbe wie bei jeder anderen Satzungsänderung (→ § 54 Rn. 41). Wird die Kapitalerhöhung trotz inhaltlich oder formell **fehlerhafter Anmeldung** ohne Zwischenverfügung u. Beseitigung des Mangels eingetragen, ist sie wirksam. Wirkungslos bleibt die Eintragung nur, wenn die Anmeldung ganz fehlt, vor Eintragung wirksam zurückgenommen oder nicht von allen Geschäftsführern unterzeichnet wurde.[88] Nur in diesen Fällen kommt auch eine Amtslöschung nach § 395 FamFG (vormals: § 142 II FGG) in Betracht.[89] Im Fall fehlerhafter Eintragung (insbes. hins des Erhöhungsbetrags) wird die Kapitalerhöhung jedoch insoweit wirksam, wie sich Kapitalerhöhungsbeschluss, Anmeldung u. Eintragung decken.[90] Das Register ist in diesem Fall zu berichtigen. War der eingetragene Erhöhungsbetrag niedriger als der beschlossene, wird die Kapitalerhöhung hins des Differenzbetrags erst mit Berichtigung des Registers wirksam.[91] 38

IV. Haftung

1. Geschäftsführer

Nach Abs. 4 finden für die Verantwortlichkeit der Geschäftsführer die §§ 9 a I u. III, 9 b entspr. Anwendung. Die Haftung trifft alle Geschäftsführer, „welche die Kapitalerhöhung zur Eintragung in das Handelsregister angemeldet haben". Da zur Anmeldung alle Geschäftsführer verpflichtet sind (§ 78), sind lediglich nach der Anmeldung bestellte Geschäftsführer von der Haftung ausgenommen (→ Rn. 5). 39

---

83 Baumbach/Hueck/*Servatius* § 55 Rn. 42; MüKoGmbHG/*Lieder* Rn. 83 (ohne auf § 5 III 2 einzugehen); bzgl. der Einziehung eines Geschäftsanteils: OLG Saarbrücken NZG 12, 180, 181; aA (Einziehung ohne Wahrung des § 5 III 2 gem. § 134 BGB nichtig) LG Essen NZG 10, 867, 869; LG Neubrandenburg ZIP 11, 1214.
84 So Ulmer/*Casper* ErgBd. MoMiG, § 5 Rn. 14.
85 So auch Scholz/*Priester* Rn. 54; Baumbach/Hueck/*Servatius* § 55 Rn. 42; MüKoGmbHG/*Lieder* Rn. 83.
86 MüKoGmbHG/*Lieder* Rn. 83; *Ulmer* Rn. 53.
87 MüKoGmbHG/*Lieder* Rn. 83; aA wohl Scholz/*Priester* Rn. 54 wegen der stärkeren Risikonähe der Gesellschafter im Vergleich zu den Gläubigern.
88 Rowedder/Schmidt-Leithoff/*Zimmermann* Rn. 42.
89 Scholz/*Priester* Rn. 58.
90 Rowedder/Schmidt-Leithoff/*Zimmermann* Rn. 44.
91 Ausf. *Ulmer* Rn. 59.

40 a) **Objektive Haftungsvoraussetzungen.** Abs. 4 iVm § 9 a I setzt voraus, dass zum Zweck der Kapitalerhöhung **falsche Angaben** gemacht werden.[92] Der Wortlaut setzt nicht voraus, dass diese Angaben von den Geschäftsführern selbst stammen, auch wenn dies der Regelfall sein wird. Wegen der passivischen Formulierung des Gesetzes soll es nach hM vielmehr ausreichen, dass überhaupt falsche Angaben gemacht werden.[93] Die Geschäftsführer haften daher auch für falsche Angaben Dritter (zB Sachverständiger), sofern sie diese kennen u. nicht berichtigen.[94] Nach hM ist die Haftung zudem nicht auf Angaben ggü. dem Registergericht im Zusammenhang mit der Anmeldung der Kapitalerhöhung beschränkt, sondern erstreckt sich auch auf Angaben ggü. Dritten, insbes. ggü. mit der Bewertung von Sacheinlagen betrauten Sachverständigen.[95]

41 **Falsch** sind Angaben, wenn sie unrichtig oder unvollständig oder entgg gesetzlichen Vorschriften unterlassen worden sind.[96] Praktisch relevant ist va die Abgabe einer falschen Versicherung ggü. dem Registergericht nach § 57 II, die insbes. bei einer Überbewertung von Sacheinlagen u. nach hM auch bei verdeckten Sacheinlagen u. in Fällen des nicht aufgedeckten Hin- u. Herzahlens in Betracht kommt.[97]

42 Neben falschen Angaben setzt die Haftung die **Eintragung** der Kapitalerhöhung in das Handelsregister voraus; bis zur Eintragung können falsche Angaben berichtigt werden.[98]

43 b) **Subjektive Haftungsvoraussetzungen.** Die Haftung setzt **Verschulden** voraus, das nach § 9 a III vermutet wird. Der Geschäftsführer kann sich exkulpieren, indem er darlegt u. beweist, dass er von den die Haftung begründenden Tatsachen weder Kenntnis hatte noch diese bei Anwendung der Sorgfalt eines ordentlichen Geschäftsmanns hätte kennen müssen.[99] Das Führen eines solchen Entlastungsbeweises kommt insbes. in Betracht, wenn ein plausibles Sachverständigengutachten vorliegt, dessen Unrichtigkeit der Geschäftsführer auch bei sorgsamer Beobachtung der Kapitalerhöhungsvorgänge nicht erkennen konnte.[100] Maßgeblicher Zeitpunkt für die Kenntnis bzw. fahrlässige Unkenntnis ist der der Eintragung der Kapitalerhöhung, da bis zu diesem Zeitpunkt eine Berichtigung falscher Angaben möglich ist.[101]

---

92 Baumbach/Hueck/*Servatius*Rn. 32; *Ulmer* Rn. 28.
93 Michalski/*Hermanns* Rn. 33.
94 Scholz/*Priester* Rn. 37; Michalski/*Hermanns* Rn. 34.
95 *Ulmer* Rn. 28. Ob auch falsche Angaben ggü. Übernehmern haftungsauslösend sein können, ist umstritten. Da auch diese zu einem Schaden der Gesellschaft führen können, kommt eine Haftung auch hier grds. in Betracht, vgl. Baumbach/Hueck/*Servatius* Rn. 32 unter Fn. 39.
96 Beschlussempfehlung des Rechtsausschusses, BT-Drs. 8/3909, S. 71; Scholz/*Priester* Rn. 37.
97 Baumbach/Hueck/*Servatius* Rn. 32. Zur Kritik an der hM bzgl. der Unrichtigkeit der Versicherung bei verdeckten Sacheinlagen u. Hin- u. Herzahlen vgl. Rn. 17 u. § 56 a Rn. 11 ff.
98 Rowedder/Schmidt-Leithoff/*Zimmermann* Rn. 25.
99 Scholz/*Priester* Rn. 39; s. auch *Bayer/Illhardt*, GmbHR 11, 505, 508.
100 Baumbach/Hueck/*Servatius* Rn. 33.
101 Scholz/*Priester* Rn. 39; *Ulmer* Rn. 32.

c) **Haftungsumfang.** Nach § 9 a I haben die Geschäftsführer der Gesellschaft fehlende Einlagen, Vergütungen im Zusammenhang mit der Kapitalerhöhung sowie etwaige weitergehende Schäden zu ersetzen (näher → § 9 a Rn. 11). Auf fehlende Einlagen haften die Geschäftsführer neben den Einlageschuldnern als Gesamtschuldner u. können sich daher nicht auf die Realisierbarkeit der Einlageforderungen gegen die Übernehmer berufen.[102] Soweit Geschäftsführer fehlende Einlagen leisten, haben sie einen Ausgleichsanspruch gegen die nach § 426 I BGB im Innenverhältnis allein verpflichteten Einlageschuldner; daneben geht der Einlageanspruch im Wege der Legalzession (§ 426 II 1 BGB iVm § 19 I) auf den leistenden Geschäftsführer über.[103] Für das Innenverhältnis zwischen den Geschäftsführern gilt nach § 426 I BGB im Grundsatz Verpflichtung zu gleichen Teilen, sofern nicht eine unterschiedliche Verantwortlichkeit zu einer anderen Bewertung führt.[104] 44

Der Verzicht auf die Ersatzansprüche gegen die Geschäftsführer u. der Vergleich sind durch den in Bezug genommenen § 9 b I beschränkt. Nach § 9 b II verjähren die Ersatzansprüche in 5 Jahren, regelmäßig beginnend mit der Eintragung der Kapitalerhöhung in das Handelsregister. Bzgl. der Einzelheiten kann auf die Kommentierung zu § 9 b verwiesen werden. 45

2. Gesellschafter

Abs. 4 verweist nur „für die Verantwortlichkeit der Geschäftsführer" auf §§ 9 a I u. III, 9 b. Die Gesellschafter u. ihre Hintermänner (§ 9 a IV) sind von der Verweisung nicht umfasst. Allerdings haften die Gesellschafter nach §§ 9, 24 ohnehin verschuldensunabhängig auf Erbringung ausstehender Einlagen. 46

3. Kreditinstitute

Das GmbHG fordert – anders als das Aktienrecht (§ 37 I 3 AktG) – nicht die Vorlage einer schriftlichen Bestätigung der kontoführenden Bank über die Einlageleistung zur freien Verfügung der Geschäftsführung. Wird eine solche der Anmeldung dennoch beigefügt u. ist sie unrichtig, stellt sich die Frage nach einer Haftung des ausstellenden Kreditinstituts. Die analoge Anwendbarkeit von § 37 I 4 AktG, wonach das Institut der Gesellschaft für die Richtigkeit der Bestätigung verantwortlich ist, auf die Kapitalerhöhung bei der GmbH ist durch den BGH anerkannt.[105] Die Bank **haftet der Gesellschaft** daher auf die ausstehende Bareinlage, sofern sie deren freie Verfügung fälschlich bestätigt u. die Unrichtigkeit dieser Bestätigung sich aus Umständen ergibt, die aus der Sphäre der Bank stammen, wie zB bei einer Einzahlung auf ein debitorisches Konto ohne Verfügbarkeit über anderweitige Mittel iH der Einlage, Einzahlung unter Vorbehalt oder bereits erfolgter Rückzahlung.[106] Scheitert die freie Verfügung an Verwendungsabsprachen, die sich auf einen Rückfluss der Einlage an den Inferenten bezie- 47

102 *Ulmer* Rn. 33.
103 Lutter/Hommelhoff/*Bayer* § 9 a Rn. 7.
104 Scholz/*Priester* Rn. 38.
105 BGHZ 113, 335; NJW 97, 945.
106 Scholz/*Priester* Rn. 42; *Ulmer* Rn. 11.

hen,[107] besteht dag selbstverständlich keine Haftung, wenn diese Abrede der Bank unbekannt ist.[108] Ebenfalls keine Haftung tritt ein, wenn die Bank (zumeist zutr.) lediglich die Gutschrift bestätigt, nicht jedoch auch die freie Verfügung der Einlage.[109] Die Reichweite der Bestätigung ist iZw durch Auslegung zu ermitteln.[110] Auch wenn der Bank der Zweck der Bestätigung häufig bekannt sein wird, ist zweifelhaft, ob man bereits hierauf die Auslegung stützen kann, die Bestätigung umfasse auch die freie Verfügung über die Einlagemittel.[111]

§ 57 a Ablehnung der Eintragung

Für die Ablehnung der Eintragung durch das Gericht findet § 9 c Abs. 1 entsprechende Anwendung.

Schrifttum

Vgl die Angaben bei § 9 c u. § 57.

I. Normzweck

1 § 57 a verpflichtet das Registergericht, die Eintragung der Kapitalerhöhung bei Vorliegen der in § 9 c I genannten, entspr. heranzuziehenden Voraussetzungen abzulehnen. Die Vorschrift setzt damit eine **Prüfungspflicht** u. ein entspr. (→ § 54 Rn. 23) **Prüfungsrecht** des Gerichts voraus. Der Registerrichter hat insbes. die Ordnungsmäßigkeit der Anmeldung u. des Erhöhungsbeschlusses, die wirksame Übernahme des Erhöhungsbetrags u. eine mögliche, nicht nur unwesentliche Überbewertung von Sacheinlagen zu prüfen. Das Prüfungsrecht ist schon deswegen nicht durch § 9 c II beschränkt, weil von der Kapitalerhöhung ein in § 3 I genannter Satzungsbestandteil betroffen ist. Dass § 57 a ausdrücklich nicht auf § 9 c II verweist, wirkt sich daher nicht aus.[1] Durch das **MoMiG** ist zwar nicht § 57 a selbst, wohl aber der in Bezug genommene § 9 c I 2 geändert worden, indem die beiden Worte „nicht unwesentlich" eingefügt wurden.

II. Prüfung durch das Registergericht

1. Gegenstand der Prüfung

2 Entspr. § 9 c I 1 hat das Registergericht – wie bei jeder Satzungsänderung – zunächst die **Ordnungsmäßigkeit** der Anmeldung (einschl. der Vollständig-

107 Zur freien Verfügung bei Verwendungsabsprachen u. Rückfluss der Einlage an den Inferenten vgl. § 56 a Rn. 11 ff.
108 BGH NJW 97, 945.
109 BGH NJW 97, 945; Scholz/*Priester* Rn. 42.
110 Baumbach/Hueck/*Servatius* Rn. 39.
111 Zutr. BGH NJW 97, 945; *Ulmer* Rn. 11. Dag. gehen Baumbach/Hueck/*Servatius* Rn. 39 aufgrund der Kenntnis der Bank vom Zweck der Bestätigung wohl grds. davon aus, diese sei so auszulegen, dass sie auch die freie Verfügung umfasse.
1 Scholz/*Priester* Rn. 4.

keit beigefügter Unterlagen, → § 57 Rn. 18 ff.) u. des Änderungsbeschlusses zu prüfen. Nichtige oder unwirksame Beschlüsse darf es nicht eintragen, während die Anfechtbarkeit des Beschlusses dessen Eintragung nur in seltenen Fällen hindert. Da eine Bezugsrechtsverletzung den Beschluss lediglich anfechtbar macht (→ § 55 Rn. 37), erstreckt sich das registergerichtliche Prüfungsrecht nicht auf die Beachtung des gesetzlichen Bezugsrechts.[2] Bei bereits erhobener Anfechtungsklage kann das Gericht das Eintragungsverfahren nach § 21 FamFG bis zur rechtskräftigen Entscheidung des Prozessgerichts aussetzen. Bzgl. der Einzelheiten kann auf → § 54 Rn. 25 ff. verwiesen werden.

IRd Kapitalerhöhung ist zudem die **wirksame Übernahme des Erhöhungsbetrags** zu prüfen, insbes. das Vorliegen ordnungsgemäßer Übernahmeerklärungen, die Übereinstimmung von Erhöhungsbetrag u. Summe der übernommenen Geschäftsanteile (zur Erhöhung um einen Maximalbetrag → § 55 Rn. 7) sowie ggf. von Sacheinlagefestsetzungen im Erhöhungsbeschluss u. in der entspr. Übernahmeerklärung.[3] Die Prüfung umfasst weiter die formal ordnungsgemäße (→ § 57 Rn. 13 ff.) Abgabe der **Versicherung nach § 57 II.** 3

Nach § 57 a iVm § 9 c I 2 ist die Eintragung abzulehnen, wenn Sacheinlagen nicht unwesentlich überbewertet worden sind. Die Prüfung des **Werts von Sacheinlagen** ist eine zentrale Aufgabe des Gerichts im Eintragungsverfahren, da der Gesetzgeber auf eine obligatorische Prüfung durch sachverständige Prüfer – sowie iRd Kapitalerhöhung auch auf eine Pflicht zur Erstellung eines Sacheinlageberichts u. zur Beifügung von Werthaltigkeitsnachweisen (→ § 57 Rn. 25) – verzichtet hat.[4] Anders als grds. bei Bareinlagen kann sich der Registerrichter idR nicht auf die Versicherung der Geschäftsführer verlassen, sondern muss sich ein eigenes Urteil bilden.[5] Im Fall der **gemischten Sacheinlage** (→ § 56 Rn. 6) muss der Wert der Sacheinlage neben der Einlageverpflichtung auch die an den Inferenten geleistete Vergütung abdecken.[6] **Bewertungsstichtag** ist wie für die Differenzhaftung wegen Überbewertung von Sacheinlagen (§ 56 II iVm § 9 I) der Tag der Anmeldung der Kapitalerhöhung.[7] Zur Einschränkung des § 9 c I 2 auf „nicht unwesentliche" Überbewertungen → § 9 c Rn. 11. 4

2. Prüfungsunterlagen

Für die **Barkapitalerhöhung** bilden die bei Anmeldung einzureichenden Unterlagen (→ § 57 Rn. 18 ff.) idR eine ausreichende Grundlage für die 5

2 Das Prüfungsrecht geht entgg der Auffassung des BayObLG (NZG 02, 583) keinesfalls soweit, dass geprüft werden muss u. darf, ob „der gesamte Vorgang gesetzes- und satzungsgemäß abgelaufen ist". Zutr. Baumbach/Hueck/*Servatius* Rn. 3; Michalski/*Hermanns* Rn. 5; Scholz/*Priester* Rn. 5.
3 Baumbach/Hueck/*Servatius* Rn. 7.
4 Scholz/*Priester* Rn. 6; *Ulmer* Rn. 9.
5 *Ulmer* Rn. 9.
6 OLG Düsseldorf NJW-RR 96, 605; Michalski/*Hermanns* Rn. 13.
7 HM, vgl. OLG Düsseldorf NJW-RR 96, 605; Baumbach/Hueck/*Servatius* Rn. 11; *Lutter*/Hommelhoff/*Bayer* Rn. 3; Rowedder/Schmidt-Leithoff/*Zimmermann* Rn. 8; *Roth*/Altmeppen Rn. 2; Scholz/*Priester* Rn. 15; aA *Ulmer* Rn. 19 (Tag der Einbringung); OLG Thüringen GmbHR 94, 710 (Tag des Erhöhungsbeschlusses).

Prüfung der Leistung der Einlagen zur freien Verfügung der Geschäftsführung. Der Registerrichter darf grds. auf die abgegebene Versicherung der Geschäftsführer vertrauen u. nur im Einzelfall bei durch Tatsachen begründeten Zweifeln an der Richtigkeit der abgegebenen Versicherung die Einreichung weiterer Unterlagen (zB Einzahlungsbelege) verlangen.[8] Auch die Prüfungsbefugnis bzgl. **verdeckter Sacheinlagen** ist insofern beschränkt, als weitere Nachweise oder Versicherungen von den Geschäftsführern nur im Fall begründeter Zweifel verlangt werden können.[9]

6 Im Fall der **Sachkapitalerhöhung** muss sich der Registerrichter ein eigenes Urteil über den Wert der eingebrachten Wirtschaftsgüter bilden (→ Rn. 4). Sofern hierzu weitere als die eingereichten Unterlagen erforderlich sind, können diese durch Zwischenverfügung angefordert werden.[10] Das bloß routinemäßige Anfordern von Nachweisen ist dagegen dem Registergericht verwehrt. Bestehen im konkreten Einzelfall hinreichende Anhaltspunkte, kann das Gericht – je nach Art der eingebrachten Gegenstände – zB die Vorlage von Nachweisen über Anschaffungs- u. Herstellungskosten, Sachverständigengutachten oder testierten Bilanzen,[11] nicht dag eines Sachkapitalerhöhungsberichts (→ § 57 Rn. 25) verlangen. Besteht der eingebrachte Gegenstand in der Befreiung der GmbH von einer Forderung, so ist die Forderung auf ihre Werthaltigkeit zu prüfen u. ggf. ein Abschlag vorzunehmen.[12] Bei Einbringung eines Unternehmens zum Buchwert wird idR eine durch einen Wirtschaftsprüfer „bescheinigte Einbringungsbilanz" vorgelegt, wobei Vermerke, dass Wertansätze nicht geprüft worden seien, schädlich sind u. weitere Prüfungen durch das Gericht veranlassen werden.[13] Das Gericht hat dann – wie allg. bei Nichtvorlage erforderlicher Unterlagen – das Recht, eigene Ermittlungen anzustellen (§ 26 FamFG) u. zB einen Sachverständigen mit der Wertprüfung zu beauftragen oder die Industrie- u. Handelskammer einzuschalten.[14]

III. Ablehnung der Eintragung

7 Im Fall **behebbarer Mängel** (zB Nichtvorlage erforderlicher Unterlagen, fehlender oder unzureichender Leistung von Bareinlagen) hat das Registergericht durch Zwischenverfügung Gelegenheit zur Beseitigung zu geben.[15] Nach fruchtlosem Ablauf einer ggf. gesetzten angemessenen Frist kann die Eintragung abgelehnt werden. Werden **unbehebbare Mängel** beanstandet (zB Nichtigkeit des Erhöhungsbeschlusses) ist die Anmeldung abzulehnen. Gegen die ablehnende Entscheidung findet nach § 58 FamFG die **Beschwerde** statt.

---

8 BGHZ 133, 335, 352; KG NZG 98, 777; Scholz/*Priester* Rn. 8, 10; *Ulmer* Rn. 10; Michalski/*Hermanns* Rn. 10; nunmehr auch: Baumbach/Hueck/*Servatius* Rn. 9.
9 KG NZG 98, 777.
10 *Ulmer* Rn. 12; MüKoGmbHG/*Lieder* Rn. 14.
11 *Ulmer* Rn. 14.
12 AG Frankfurt v. 24.4.14, Az. 30 C 624/14 (87).
13 Michalski/*Hermanns* Rn. 17; Scholz/*Priester* Rn. 9.
14 Baumbach/Hueck/*Servatius* Rn. 10; Rowedder/Schmidt-Leithoff/*Zimmermann* Rn. 7.
15 Scholz/*Priester* Rn. 13.

Stellt das Gericht eine nicht unerhebliche **Überbewertung von Sacheinlagen** fest, greift das Eintragungshindernis nach § 57 a iVm § 9 c I 2 nur ein, wenn der festgestellte Wert hinter dem Nominalbetrag der dafür übernommenen Geschäftsanteile zurückbleibt,[16] da die Deckung eines Agios kapitalaufbringungsrechtlich nicht gefordert ist.[17] Vor Ablehnung der Eintragung hat das Gericht zudem Gelegenheit zur Beseitigung des Mangels zu geben.[18] Dies kann geschehen durch Änderung von Kapitalerhöhungsbeschluss, Übernahmeerklärung u. Registeranmeldung in Richtung einer Mischeinlage (→ § 56 Rn. 6), mit der Folge, dass auf die zusätzliche Bareinlage ein Viertel einzuzahlen ist.[19] Möglich ist auch die Zahlung des vollen Differenzbetrags in bar verbunden mit einer analog § 57 II abzugebenden Versicherung über die Leistung des Betrags zur freien Verfügung der Geschäftsführung.[20] Nicht ausreichend ist dag die bloße Anerkennung einer Zahlungspflicht, was einer unzulässigen (→ § 56 a Rn. 29) Einbringung einer gegen den Übernehmer selbst gerichteten Forderung gleichkäme.[21] 8

§ 57 b (weggefallen)

§ 57 c Kapitalerhöhung aus Gesellschaftsmitteln

(1) Das Stammkapital kann durch Umwandlung von Rücklagen in Stammkapital erhöht werden (Kapitalerhöhung aus Gesellschaftsmitteln).

(2) Die Erhöhung des Stammkapitals kann erst beschlossen werden, nachdem der Jahresabschluß für das letzte vor der Beschlußfassung über die Kapitalerhöhung abgelaufene Geschäftsjahr (letzter Jahresabschluß) festgestellt und über die Ergebnisverwendung Beschluß gefaßt worden ist.

(3) Dem Beschluß über die Erhöhung des Stammkapitals ist eine Bilanz zugrunde zu legen.

(4) Neben den §§ 53 und 54 über die Abänderung des Gesellschaftsvertrags gelten die §§ 57 d bis 57 o.

Schrifttum

Börnstein, Die Erhöhung des Nennkapitals von Kapitalgesellschaften aus Gesellschaftsmitteln, DB 1960, 216; *Durchlaub*, Wiedereinlage ausgeschütteter Gewinne und Minderheitenschutz in der GmbH, DB 1979, 777; *Fett/Spiering*, Typische Probleme bei der Kapitalerhöhung aus Gesellschaftsmitteln, NZG 2002, 358; *Fröhlich/Primaczenko*, Kapitalerhöhung aus Gesellschaftsmitteln im GmbH-Recht, GWR 2013, 437; *Geßler*, Die Kapitalerhöhung aus Gesellschaftsmitteln, BB 1960, 6; *von Godin*, Ist die Ausgabe von Gratisaktien eine Gewinnausschüttung?, AcP 145 (1939), 69; *Kerbusch*, Zur Erstreckung des Pfandrechts an einem GmbH-Geschäftsanteil auf den durch Kapitalerhöhung

---

16 LG Augsburg NJW-RR 96, 604, 605; *Roth*/Altmeppen Rn. 2; Rowedder/Schmidt-Leithoff/*Zimmermann* Rn. 10; im Grundsatz ebenso *Ulmer* Rn. 16, der allerdings Ausn. bei Irreführungsgefahr machen will.
17 BGH NZG 08, 73, 74.
18 Scholz/*Priester* Rn. 16; *Ulmer* Rn. 20.
19 Michalski/*Hermanns* Rn. 19.
20 *Ulmer* Rn. 20.
21 Michalski/*Hermanns* Rn. 21; Scholz/*Priester* Rn. 16 a; MüKoGmbHG/*Lieder* Rn. 27; aA *Ulmer* Rn. 21.

aus Gesellschaftsmitteln erhöhten oder neu gebildeten Geschäftsanteil, GmbHR 1990, 156; *Lutter/Friedewald*, Kapitalerhöhung, Eintragung im Handelsregister und Amtslöschung, ZIP 1986, 691; *Priester*, Die neuen Anteilsrechte bei Kapitalerhöhung aus Gesellschaftsmitteln, GmbHR 1980, 236; *ders*, Heilung verdeckter Kapitalerhöhung aus Gesellschaftsmitteln, GmbHR 1998, 861; *ders*, Änderung von Gewinnverwendungsbeschlüssen, ZIP 2000, 261; *Schemmann*, Asymmetrische Kapitalerhöhung aus Gesellschaftsmitteln, NZG 2009, 241; *Schlums/Koch*, Kapitalerhöhung aus Gesellschaftsmitteln bei der GmbH, GmbHR 1966, 47; *Simon*, Erhöhung des Stammkapitals aus Gesellschaftsmitteln einer GmbH, BB 1962, 72; *Veith*, Kapitalerhöhung aus Gesellschaftsmitteln, DB 1960, 109; *Wilhelmi*, Kapitalerhöhung aus Gesellschaftsmitteln, NJW 1960, 169.

I. Einführung

1. Begriff

1 Nach Abs. 1 kann das Stammkapital durch Umwandlung von Rücklagen in Stammkapital erhöht werden. Anders als bei der Kapitalerhöhung gegen Einlagen werden der Gesellschaft also keine neuen Mittel zur Verfügung gestellt. Bilanziell findet lediglich ein Passivtausch statt, das Eigenkapital der Gesellschaft erhöht sich nicht. Man spricht daher auch von einer **„nominellen"** im Unterschied zur „effektiven" (gegen Einlagen erfolgenden) Kapitalerhöhung.[1] Das bilanzielle Gegenstück bildet die nominelle Kapitalherabsetzung nach §§ 58 a ff., durch welche die Stammkapitalziffer zum Ausgleich von Verlusten abgesenkt wird, ohne dass es zu einem Vermögensabfluss kommt.

2. Rechtsentwicklung, rechtliche Konstruktion

2 Kapitalerhöhungen aus Gesellschaftsmitteln waren in der Praxis bereits bekannt, bevor sie 1959 durch das **KapErhG**[2] für alle Kapitalgesellschaften auf eine einheitliche Rechtsgrundlage gestellt wurden.[3] Die zivil-[4] u. finanzgerichtliche[5] Rspr. sah sie zunächst als einen Unterfall der Kapitalerhöhung gegen Einlagen an, woraus sich der Charakter einer **Doppelmaßnahme** ergab: Zuwendung von Rücklagen an die Gesellschafter u. deren Wiedereinbringung in die Gesellschaft im Wege der Verrechnung. Diese

1 Statt vieler Baumbach/Hueck/*Servatius* Vor § 57 c Rn. 1.
2 „Gesetz über die Kapitalerhöhung aus Gesellschaftsmitteln und über die Gewinn- und Verlustrechnung" v. 23.12.59 (BGBl. I, S. 789).
3 Näheres, auch zu den Vorläuferregelungen des KapErhG, Rowedder/Schmidt-Leithoff/*Zimmermann* Rn. 3 f.
4 RGZ 107, 161, 168 f.; RGZ 108, 29, 31; BGHZ 15, 391, 392.
5 RFHE 3, 227; 11, 158; 28, 330; 46, 231; BFH BStBl III, S. 57, 401.

Sichtweise hatte insbes. zur Folge, dass bei Durchführung der Kapitalerhöhung aus Gesellschaftsmitteln Ertragsteuern auf Ebene der Gesellschafter anfielen. Im Schrifttum herrschte dag zunehmend die Auffassung vor, dass es sich bei der Kapitalerhöhung aus Gesellschaftsmitteln um einen **einheitlichen Vorgang** handele.[6] Diese Auffassung legte der Gesetzgeber schließlich dem KapErhG zugrunde. Parallel wurde durch das KapErhStG[7] bestimmt, dass die Kapitalerhöhung aus Gesellschaftsmitteln bei den Gesellschaftern nicht zu steuerbaren Einkünften führt. Die maßgeblichen Vorschriften des KapErhG (§§ 1–17) wurden mit Wirkung zum 1.1.95 fast unverändert in das GmbHG übernommen (§§ 57 c–57 o); das KapErhG wurde aufgehoben.[8] Nach der insoweit geklärten rechtlichen Konstruktion handelt es sich bei der nominellen Kapitalerhöhung um eine besondere u. selbstständige Form der Kapitalerhöhung, nicht lediglich um einen Unterfall der Kapitalerhöhung gegen Einlagen.[9] Da eine echte Kapitalerhöhung vorliegt, gilt auch der Grundsatz realer Kapitalaufbringung. Das tatsächliche Vorhandensein umwandlungsfähiger Rücklagen muss daher sichergestellt sein.[10]

3. Wirtschaftliche Bedeutung und steuerliche Wirkungen

Die Kapitalerhöhung aus Gesellschaftsmitteln ist ein Mittel der Selbstfinanzierung der Gesellschaft aus ihren Jahresüberschüssen. Es kommt mangels Zuführung neuer Mittel – bilanziell werden lediglich Rücklagen in Stammkapital umgebucht – nicht zu einer Erhöhung des Eigenkapitals der Gesellschaft. Durch die Umbuchung wird jedoch die Vermögensbindung der §§ 30, 31 auf die bisher ungebundenen u. (in den Grenzen des § 826 BGB) dem Zugriff der Gesellschafter offenstehenden Rücklagen erstreckt, was den Gläubigerschutz erhöht[11] u. die Kreditwürdigkeit der Gesellschaft verbessert. Praktische Bedeutung hat die nominelle Kapitalerhöhung außerdem im Fall eines geplanten Formwechsels in die Rechtsform einer Aktiengesellschaft u. einem darauffolgenden Börsengang sowie im Bereich der Unternehmergesellschaft, bei der gem. § 5 a III 2 Nr. 1 gesetzliche Rücklagen zwingend in Stammkapital umgewandelt werden müssen.[12] 3

Die Umwandlung der Rücklagen in Stammkapital selbst erfolgt steuerneutral. Gem. § 1 KapErhStG gehört der Wert der neuen Anteile bei den Anteilseignern nicht zu den Einkünften iSv § 2 I EStG. Werden die Geschäftsanteile im Betriebsvermögen eines Gesellschafters gehalten, verteilen sich die Anschaffungskosten der alten Geschäftsanteile gem. § 3 KapErhStG (sowie gem. der handelsrechtlichen Bilanzierungsvorschrift des § 57 o) auf die alten u. neuen Geschäftsanteile im Verhältnis der Anteile am Nennka- 4

6 Grdlg *v. Godin*, AcP 145 (39), 69 ff.
7 „Gesetz über steuerrechtliche Maßnahmen bei Erhöhung des Nennkapitals aus Gesellschaftsmitteln und bei Überlassung von Aktien an Arbeitnehmer“ v. 30.12.59 (BGBl. I, S. 977).
8 Art. 4 UmwBerG v. 28.10.94 (BGBl. I, S. 3210, 3257).
9 Vgl. auch Rowedder/Schmidt-Leithoff/*Zimmermann* Rn. 1.
10 Scholz/*Priester* Vor § 57 c Rn. 12.
11 Ebenso, wie umgekehrt die nominelle Kapitalherabsetzung nach § 58 a auch ohne Vermögensminderung die Interessen der Gläubiger bedroht, vgl. § 58 a Rn. 2.
12 *Fröhlich/Primaczenko*, GWR 13, 437.

pital, so dass ein Bilanzgewinn nicht entsteht. Ertragsteuern sind bei dieser Form der Selbstfinanzierung der Gesellschaft damit lediglich in Form von Körperschaftsteuer auf die thesaurierten Gewinne zu entrichten, während die Umwandlung der Rücklagen in Stammkapital selbst steuerlich neutral ist. Die Kapitalerhöhung aus Gesellschaftsmitteln **vermeidet** damit die **ertragsteuerliche Doppelbelastung** bei GmbH u. Gesellschaftern, die mit einer Ausschüttung u. anschließenden Wiedereinbringung erzielter Gewinne verbunden wäre.[13] Voraussetzung hierfür ist allerdings die Beachtung der Vorschriften über die Kapitalerhöhung aus Gesellschaftsmitteln (§§ 57 c ff.). Bei Nichtbeachtung werden die steuerlichen Folgen einer Kapitalerhöhung im Wege der Ausschüttung u. anschließenden Wiedereinbringung in die Gesellschaft ausgelöst.[14]

5 In der Praxis trat nach Einführung des Anrechnungsverfahrens zum 1.1.77[15] das sog. **„Schütt-aus-hol-zurück-Verfahren"** zunehmend an die Stelle der nominellen Kapitalerhöhung, da es aufgrund des ermäßigten Körperschaftsteuersatzes für ausgeschüttete Gewinne iErg häufig steuerlich günstiger war als die Thesaurierung von Gewinnen.[16] Beim Schütt-aus-hol-zurück-Verfahren verpflichten sich die Gesellschafter auf schuldrechtlicher oder satzungsmäßiger[17] Grundlage zur Wiedereinlage ausgeschütteter Gewinne als Fremdkapital (zB Darlehen) oder Eigenkapital (Rücklagenzuführung, Kapitalerhöhung).[18] Soll hierbei eine effektive Kapitalerhöhung durchgeführt werden, sei es durch Umwandlung zunächst als Fremdkapital rückgeführter oder stehengelassener Gewinne, sei es durch Fassung eines Gewinnverwendungsbeschlusses mit sofortiger Kapitalerhöhung unter Verrechnung oder verabredeter Ausschüttung u. Rückführung des Gewinns, sind grds. die **Sacheinlagevorschriften** zu beachten.[19] Deren Einhaltung ist nach der Rspr. des BGH jedoch dann entbehrlich, wenn ggü. dem Registergericht offengelegt wird, dass die Kapitalerhöhung im Schütt-aus-hol-zurück-Verfahren durchgeführt wird, vorausgesetzt, die Kapitalaufbringung kann in gleicher Weise sichergestellt werden wie bei der Kapitalerhöhung mit Sacheinlagen.[20] Dies soll in sinngemäßer Anwendung der Vorschriften über die Kapitalerhöhung aus Gesellschaftsmitteln geschehen.[21] Der **steuerliche Vorteil** des Schütt-aus-hol-zurück-Verfahrens ggü. der nominellen Kapitalerhöhung ist mit Abschaffung des gespaltenen Körperschaftsteuersatzes u. Übergang vom Anrechnungs- zum Halbeinkünfteverfahren zum 1.1.01[22] (bzw. zum Teileinkünfteverfahren zum 1.1.09)[23] **entfallen.** Das

13 *Ulmer* Vor § 57 c Rn. 3.
14 Rowedder/Schmidt-Leithoff/*Zimmermann* Rn. 22.
15 Körperschaftsteuerreformgesetz v. 31.8.76 (BGBl. I, S. 2597).
16 *Ulmer* Vor § 57 c Rn. 4; zur steuerlichen Belastung vgl. näher *Durchlaub*, DB 79, 777.
17 Die nachträgliche Aufnahme einer entspr. Nebenleistungs- oder Nachschusspflicht in die Satzung bedarf dabei nach § 53 III der Zustimmung aller Gesellschafter, vgl. Scholz/*Priester* § 55 Rn. 12.
18 Rowedder/Schmidt-Leithoff/*Zimmermann* § 55 Rn. 61.
19 BGHZ 113, 335, 342; *Lutter*/Hommelhoff/*Bayer* § 56 Rn. 15 f.
20 BGHZ 135, 381.
21 Ausf. Rowedder/Schmidt-Leithoff/*Zimmermann* § 55 Rn. 61.
22 Steuersenkungsgesetz v. 23.10.00 (BGBl. I, S. 1933).
23 Unternehmenssteuerreformgesetz 2008 v. 14.8.07 (BGBl. I, S. 1912).

Schütt-aus-hol-zurück-Verfahren dürfte daher nur noch selten anzutreffen sein,[24] zumal es gesellschaftsrechtlich insoweit schwieriger durchzusetzen ist, als es der Zustimmung aller Gesellschafter bedarf, während die Kapitalerhöhung aus Gesellschaftsmitteln mit satzungsändernder Mehrheit beschlossen werden kann.

4. Verbindung mit anderen Kapitalmaßnahmen

Die Gesellschafter können sowohl eine Kapitalerhöhung aus Gesellschaftsmitteln als auch eine Kapitalerhöhung gegen Einlagen in **einer** Gesellschafterversammlung beschließen, sofern über beide Maßnahmen getrennte Beschlüsse gefasst u. die jeweils geltenden Voraussetzungen beachtet werden.[25] Die **Reihenfolge** der Maßnahmen muss klar bestimmt sein. Regelmäßig wird die nominelle Kapitalerhöhung der effektiven vorgeschaltet sein, um die Umwandlung der bestehenden Rücklagen allein den Altgesellschaftern zugute kommen zu lassen.[26] Wird die umgekehrte Reihenfolge gewählt, nehmen auch die Übernehmer der neuen, gegen Einlagen ausgegebenen Geschäftsanteile an der nominellen Kapitalerhöhung teil. Dadurch entsteht zwar ein wirtschaftlicher Anreiz, jedoch kein Zwang zur Teilnahme an der effektiven Kapitalerhöhung,[27] weshalb die grds. Zulässigkeit dieser Vorgehensweise nicht in Frage steht. Unproblematisch ist auch, dass in diesem Fall in der der nominellen Kapitalerhöhung zugrunde zu legenden Bilanz das infolge der vorangegangenen effektiven Kapitalerhöhung erhöhte Stammkapital noch nicht ausgewiesen ist.[28] Die Verbindung von nomineller u. effektiver Kapitalerhöhung in einem einzigen Beschluss mit einheitlicher Anmeldung u. Eintragung wird dag von der wohl immer noch hM wegen der unterschiedlichen Voraussetzungen u. Rechtsfolgen sowie der Unklarheit über die Herkunft der Mittel zur Deckung des Erhöhungsbetrages für unzulässig gehalten.[29] Die Rspr. erkennt die „echte“ Kombination in einem Beschluss gleichwohl dem Grunde nach an, sofern der Beschlussfassung alle Gesellschafter zustimmen.[30] 6

Die Verbindung der Kapitalerhöhung aus Gesellschaftsmitteln mit einer ordentlichen **Kapitalherabsetzung** scheitert daran, dass für die Anmeldung der Kapitalherabsetzung das Sperrjahr einzuhalten ist (§ 58 I Nr. 3), während die nominelle Kapitalerhöhung innerhalb von 8 Monaten seit dem Bilanzstichtag anzumelden ist (§ 57e I).[31] Der Verbindung mit einer verein- 7

24 *Ulmer* § 55 Rn. 96.
25 Scholz/*Priester* Vor § 57c Rn. 19; *Ulmer* Vor § 57c Rn. 16; Rowedder/Schmidt-Leithoff/*Zimmermann* Rn. 12; Baumbach/Hueck/*Servatius* Rn. 8.
26 *Ulmer* Vor § 57c Rn. 16.
27 Baumbach/Hueck/*Servatius* Rn. 8.
28 Rowedder/Schmidt-Leithoff/*Zimmermann* Rn. 12.
29 *Lutter*/Hommelhoff Rn. 15; *Ulmer* Vor § 57c Rn. 17; Rowedder/Schmidt-Leithoff/*Zimmermann* Rn. 13; Baumbach/Hueck/*Servatius* Rn. 8.
30 Vgl. etwa OLG Düsseldorf ZIP 86, 437; LG München Rpfleger 83, 157; zust. MüKoGmbHG/*Lieder* Rn. 14; grds. befürwortend Scholz/*Priester* Vor § 57c Rn. 21.
31 Baumbach/Hueck/*Servatius* Rn. 10.

fachten Kapitalherabsetzung steht die für diese bestehende Pflicht zur vorherigen Rücklagenauflösung (§ 58 a II) entgg.[32]

5. Keine Anwendbarkeit im Liquidationsstadium

8 Die Durchführung einer nominellen Kapitalerhöhung im Liquidationsstadium ist mangels Zuführung neuer Mittel – anders als die effektive Kapitalerhöhung (→ § 55 Rn. 16) – mit dem Liquidationszweck nicht vereinbar u. daher unzulässig. Eine vor Beginn der Liquidation beschlossene nominelle Kapitalerhöhung darf nicht mehr eingetragen werden.[33]

II. Beschlussfassung

1. Satzungsänderung

9 Wie Abs. 4 durch den Verweis auf §§ 53 u. 54 klarstellt, ist die Kapitalerhöhung aus Gesellschaftsmitteln Satzungsänderung, da durch sie die **Stammkapitalziffer** u. damit ein notwendiger Bestandteil der Satzung (§ 3 I Nr. 3) **geändert wird.** Es gelten damit die allg. für die Satzungsänderung bestehenden Beschlussanforderungen (→ § 53 Rn. 25 ff.), insbes. bedarf der Beschluss notarieller Beurkundung (§ 53 II 1). Notarielle Beglaubigung von Vollmachten ist dag nicht erforderlich, da die neuen Anteilsrechte kraft Gesetzes entstehen u. damit keine Übernahmeerklärungen abzugeben sind.[34] Der Kapitalerhöhungsbeschluss bedarf vorbehaltlich strengerer satzungsmäßiger Erfordernisse einer Mehrheit von drei Vierteln der abgegebenen Stimmen (§ 53 II). Sieht die Satzung allg. für Satzungsänderungen oder speziell für Kapitalerhöhungen höhere Anforderungen vor, so gelten diese iZw auch für die nominelle Kapitalerhöhung.[35] Die Zustimmung sämtlicher Gesellschafter nach § 53 III ist nicht erforderlich, da eine Leistungsvermehrung durch §§ 57 j, 57 m idR ausgeschlossen ist.[36]

2. Beschlussinhalt

10 Der Beschluss muss zunächst den genauen Erhöhungsbetrag angeben; anders als bei der effektiven Kapitalerhöhung (→ § 55 Rn. 7) ist die Erhöhung um einen Höchstbetrag unzulässig.[37] Die Angabe der neuen Stammkapitalziffer ist dag nicht erforderlich.[38] Der Beschluss muss ferner angeben, dass es sich um eine Kapitalerhöhung aus Gesellschaftsmitteln handelt, er muss die zugrunde gelegte Bilanz nennen u. bei Vorhandensein mehrerer bzw. höherer Rücklagen angeben, welche Rücklagen von der

---

32 *Lutter*/Hommelhoff Rn. 16; Rowedder/Schmidt-Leithoff/*Zimmermann* Rn. 14; iErg ebenso Baumbach/Hueck/*Servatius* Rn. 10, der eine Rücklagenauflösung auch durch Umbuchung in Stammkapital für möglich hält, was jedoch sinnwidrig u. als die Öffentlichkeit irreführend unzulässig sei.
33 Statt aller Scholz/*Priester* Vor § 57 c Rn. 18.
34 Es genügt Textform (s. § 53 Rn. 32); wie hier Scholz/*Priester* Rn. 1.
35 *Lutter*/Hommelhoff Rn. 6; *Ulmer* Rn. 6; Baumbach/Hueck/*Servatius* Rn. 2.
36 *Ulmer* Rn. 6.
37 Scholz/*Priester* Rn. 5; Baumbach/Hueck/*Servatius* Rn. 3.
38 Baumbach/Hueck/*Servatius* Rn. 3; Scholz/*Priester* Rn. 5; *Wicke* Rn. 6 („empfehlenswert, aber nicht erforderlich"); aA *Lutter*/Hommelhoff Rn. 10; offengelassen bei *Roth*/Altmeppen Rn. 10.

Umwandlung betroffen sind.[39] **Notwendiger Inhalt** des Beschlusses ist zudem die Ausführungsart der Kapitalerhöhung (→ § 57 h Rn. 3 ff.), also ob diese durch Bildung neuer Geschäftsanteile oder durch Erhöhung der Nennbeträge der bestehenden Geschäftsanteile oder ggf. durch Kombinationen beider Ausführungsarten erfolgt; im Fall von Kombinationen ist genau anzugeben, welche Geschäftsanteile im Nennwert erhöht werden u. welche Gesellschafter welche neuen Anteile erhalten.[40] Ebenfalls anzugeben ist ggf. die rückwirkende Gewinnbeteiligung (§ 57 n II) der neuen Anteile.[41]

III. Beschlussvoraussetzungen (Abs. 2)

Die Beschlussfassung über die nominelle Kapitalerhöhung setzt nach Abs. 2 voraus, dass der **Jahresabschluss** für das letzte vor der Beschlussfassung abgelaufene Geschäftsjahr gem. § 46 Nr. 1 festgestellt ist u. über die Ergebnisverwendung Beschluss gefasst worden ist. Dadurch soll sichergestellt werden, dass die umzuwandelnden Rücklagen tatsächlich vorhanden u. nicht nachträglich durch Gewinnausschüttungen vermindert worden sind.[42] Eine Ausn. von dieser Beschlussreihenfolge (Feststellungsbeschluss, Gewinnverwendungsbeschluss, Kapitalerhöhungsbeschluss) besteht, wenn die neuen Anteilsrechte bereits am Gewinn des Vorjahres teilnehmen sollen; in diesem Fall ist der Kapitalerhöhungsbeschluss nach § 57 n II 2 vor dem Gewinnverwendungsbeschluss (jedoch nach dem Feststellungsbeschluss) zu fassen. Nach hM besteht zudem die Möglichkeit, die Kapitalerhöhung unter der aufschiebenden Bedingung zu beschließen, dass ein vorliegender Jahresabschluss durch den Abschlussprüfer (§§ 57 e, f.) bestätigt u. durch die Gesellschafterversammlung festgestellt wird u. über die Gewinnverwendung entspr. Beschluss gefasst wird.[43] 11

IV. Zugrunde zu legende Bilanz (Abs. 3)

Gem. Abs. 3 ist dem Kapitalerhöhungsbeschluss eine Bilanz zugrunde zu legen. Dabei kann es sich um die **festgestellte Jahresbilanz** des abgelaufenen Geschäftsjahrs oder um eine **Zwischenbilanz** handeln.[44] Die Aufstellung einer Zwischenbilanz dürfte schon wegen der damit verbundenen Kosten die Ausn. darstellen u. nur dann vorgenommen werden, wenn seit dem Stichtag des Jahresabschlusses mehr als 8 Monate (§ 57 e I) verstrichen sind. 12

---

39 *Roth*/Altmeppen Rn. 10.
40 *Lutter*/Hommelhoff Rn. 10.
41 *Ulmer* Rn. 9.
42 Scholz/*Priester* Rn. 7.
43 LG Duisburg GmbHR 90, 85; Scholz/*Priester* Rn. 10; *Ulmer* Rn. 13; bei Vorliegen eines bereits testierten Jahresabschlusses ebenfalls *Lutter*/Hommelhoff Rn. 9; *Fröhlich/Primaczenko*, GWR 13, 437, 438; Baumbach/Hueck/*Servatius* Rn. 5.
44 Auch bei Aufstellung einer Zwischenbilanz verbleibt es bei dem Erfordernis des Abs. 2, dass (auch) der Jahresabschluss für das letzte abgelaufene Geschäftsjahr festgestellt worden sein muss, vgl. *Roth*/Altmeppen Rn. 12.

V. Verstöße, Rechtsfolgen

13 Wird dem Erhöhungsbeschluss entgg Abs. 3 keine Bilanz zugrunde gelegt, so ist dieser analog § 241 Nr. 3 AktG nichtig.[45] Str. ist, welche Rechtsfolge eintritt, wenn die zeitliche Reihenfolge des Abs. 2 nicht eingehalten, die Kapitalerhöhung also beschlossen wird, bevor der Jahresabschluss festgestellt u. über die Gewinnverwendung beschlossen ist. Während die hM ebenfalls Nichtigkeit annimmt,[46] mehren sich die Stimmen, die von schwebender Unwirksamkeit ausgehen, weil kein Inhaltsverstoß vorliege.[47] Dies ist vor dem Hintergrund der Zulassung einer Kapitalerhöhung unter der aufschiebenden Bedingung der späteren Feststellung des Jahresabschlusses u. Beschlussfassung über die Gewinnverwendung (→ Rn. 11) nicht fernliegend.[48] Andererseits gibt Abs. 2 die Reihenfolge der Beschlussfassungen zwingend vor, um sicherzustellen, dass die umzuwandelnden Rücklagen tatsächlich vorhanden sind. Die Bestimmung dient der Kapitalaufbringung u. damit dem Gläubigerschutz, so dass von einem Inhaltsverstoß auszugehen ist.[49] Ebenfalls zur **Nichtigkeit** führt fehlende notarielle Beurkundung, fehlender Mindestbeschlussinhalt sowie die nachträgliche erfolgreiche Anfechtung des Feststellungs- u/oder Gewinnverwendungsbeschlusses.[50] Ein nichtiger Beschluss darf vom Registergericht nicht eingetragen werden. Erfolgt eine Eintragung dennoch, so kann diese nach § 398 FamFG durch das Registergericht gelöscht werden.[51] Für Beurkundungsmängel kommt mit Eintragung Heilung analog § 242 I AktG in Betracht.[52]

§ 57 d Ausweisung von Kapital- und Gewinnrücklagen

(1) Die Kapital- und Gewinnrücklagen, die in Stammkapital umgewandelt werden sollen, müssen in der letzten Jahresbilanz und, wenn dem Beschluß eine andere Bilanz zugrunde gelegt wird, auch in dieser Bilanz unter „Kapitalrücklage" oder „Gewinnrücklagen" oder im letzten Beschluß über die Verwendung des Jahresergebnisses als Zuführung zu diesen Rücklagen ausgewiesen sein.

(2) Die Rücklagen können nicht umgewandelt werden, soweit in der zugrunde gelegten Bilanz ein Verlust, einschließlich eines Verlustvortrags, ausgewiesen ist.

---

45 LG Duisburg GmbHR 90, 86; *Lutter*/Hommelhoff Rn. 11; Scholz/*Priester* Rn. 13; *Roth*/Altmeppen Rn. 14; *Ulmer* Rn. 15.

46 *Roth*/Altmeppen Rn. 14; Rowedder/Schmidt-Leithoff/*Zimmermann* Rn. 19; MüKoGmbHG/*Lieder* Rn. 33; BeckOK/*Rühland* Rn. 28; Gehrlein/Ekkenga/Simon/*Kowalski* Rn. 17; abw. nunmehr Scholz/*Priester* Rn. 13; Anfechtbarkeit.

47 Baumbach/Hueck/*Servatius* Rn. 5; *Wicke* Rn. 4; *Lutter*/Hommelhoff Rn. 11 a; stillschweigend wohl auch das OLG Hamm GmbHR 10, 984, indem es – ohne auf § 57 c II einzugehen – eine Kapitalerhöhung aus Gesellschaftsmitteln zulässt, bei der der Kapitalerhöhungsbeschluss zeitlich vor der Feststellung des Jahresabschlusses u. der Beschlussfassung über die Ergebnisverwendung gefasst wurde.

48 Darauf weist *Lutter*/Hommelhoff Rn. 11 a hin.

49 Gehrlein/Ekkenga/Simon/*Kowalski* Rn. 17; aA Scholz/*Priester* Rn. 13.

50 *Roth*/Altmeppen Rn. 14.

51 *Lutter*/Hommelhoff Rn. 12.

52 *Roth*/Altmeppen Rn. 14.

(3) Andere Gewinnrücklagen, die einem bestimmten Zweck zu dienen bestimmt sind, dürfen nur umgewandelt werden, soweit dies mit ihrer Zweckbestimmung vereinbar ist.

Schrifttum

Rodewald/Pohl, Neuregelung des Erwerbs von eigenen Anteilen durch die GmbH im Bilanzrechtsmodernisierungsgesetz (BilMoG), Möglichkeit einer „vereinfachten" Kapitalherabsetzung oder (nur) verminderte Aussagekraft der Bilanz?, GmbHR 2009, 32.

I. Normzweck

1 § 57 d dient dem – auch für die nominelle Kapitalerhöhung geltenden (→ § 57 c Rn. 2) – Grundsatz effektiver Kapitalaufbringung. Er soll Transparenz her- u. das tatsächliche Vorhandensein der umgewandelten Rücklagen sicherstellen.[1] Zu diesem Zweck fordert Abs. 1 einen formellen Bilanzausweis als Kapitalrücklage oder Gewinnrücklagen in der letzten Jahresbilanz (sowie **zusätzlich** in der Zwischenbilanz, wenn dem Beschluss eine solche zugrunde gelegt wird) oder im letzten Gewinnverwendungsbeschluss als Zuführung zu diesen Rücklagen.

II. Kapitalrücklage, Gewinnrücklagen

2 In der Bilanz ausgewiesene **Kapitalrücklagen**, also Rücklagen aus Leistungen der Gesellschafter (§§ 266 III A II, 272 II HGB), wie etwa aus der Zahlung eines Aufgeldes, können in Stammkapital umgewandelt werden.[2] Auch als Kapitalrücklage ausgewiesenes Nachschusskapital (§§ 26–28) ist umwandlungsfähig, sofern es bereits eingezahlt ist.[3] Zwischen Beschlussfassung über die Einziehung u. Einzahlung der Nachschüsse stellt die Rücklage dag lediglich einen nicht umwandlungsfähigen Gegenposten zu den aktivierten Nachschüssen dar.[4]

3 Umwandlungsfähig sind grds. auch **Gewinnrücklagen**,[5] also solche Rücklagen, die aus dem Ergebnis der Gesellschaft gebildet worden sind (§§ 266 III A III, 272 III HGB). Dies gilt jedoch nur, soweit Gewinnrücklagen keinen Fremdkapitalcharakter haben u. eine der Umwandlung entgegenstehende Zweckbestimmung nicht besteht.[6] Nicht umwandlungsfähig sind daher – soweit nach Art. 67 III EGHGB beibehalten – **Sonderposten mit Rücklagenanteil**, da diesen ein echter Rücklagencharakter fehlt.[7] Gleiches gilt für **Rückstellungen**, da diese Fremdkapitalcharakter haben.[8] Die von der Unternehmergesellschaft zu bildende **gesetzliche Rücklage** kann dag gem. § 5 a III 2 Nr. 1 für eine nominelle Kapitalerhöhung genutzt werden.

1 Scholz/*Priester* Rn. 1; *Roth*/Altmeppen Rn. 1.
2 *Lutter*/Hommelhoff Rn. 3.
3 Baumbach/Hueck/*Servatius* Rn. 2.
4 *Lutter*/Hommelhoff Rn. 5.
5 Baumbach/Hueck/*Servatius* Rn. 1.
6 *Roth*/Altmeppen Rn. 2.
7 Baumbach/Hueck/*Servatius* Rn. 1.
8 Scholz/*Priester* Rn. 4; *Roth*/Altmeppen Rn. 9.

4 Nicht umwandlungsfähig ist weiter die aus vorhandenen frei verfügbaren Rücklagen zu bildende (Gewinn-) **Rücklage für Anteile** an einem herrschenden oder mit Mehrheit beteiligten Unternehmen (§§ 266 III A III Nr. 2, 272 IV HGB), da diese dazu dient, die in der Bilanz aktivierten Anteile an einem solchen Unternehmen zu neutralisieren, u. nur unter den Voraussetzungen des § 272 IV 4 HGB aufgelöst werden darf.[9] Eine **Rücklage für eigene Anteile** ist nach § 272 Ia, IV HGB idF des BilMoG[10] nicht mehr zu bilden.[11] Die erworbenen Anteile sind auf der Aktivseite nicht mehr anzusetzen, auf der Passivseite ist der Nennbetrag der erworbenen Anteile offen vom Stammkapital abzusetzen u. die Differenz zwischen Nennbetrag u. Anschaffungskosten mit den frei verfügbaren Rücklagen zu verrechnen. IErg führt dies ggü. der vor Inkrafttreten des BilMoG vorgeschriebenen Bilanzierung zu einem zusätzlichen Ausweis „freier" Gewinnrücklagen iH des Nennwerts der erworbenen Anteile.[12] Auch diese ihrem Bilanzausweis nach „freien" Gewinnrücklagen sind jedoch nach § 30 I GmbHG gebunden, da das ihnen gegenüberstehende Vermögen zur Erhaltung des Stammkapitals erforderlich ist.[13] Daher ist auch eine Umwandlungsfähigkeit dieser zusätzlich ausgewiesenen „freien" Rücklagen zu verneinen.

5 Nach Abs. 3 können weiter „andere" zweckbestimmte Gewinnrücklagen nicht umgewandelt werden, soweit dies mit ihrer **Zweckbestimmung** nicht vereinbar ist. Eine solche Zweckbestimmung kann entweder auf Gesellschafterbeschluss (Rücklage iSv § 266 III A III Nr. 4 HGB) oder auf der Satzung der Gesellschaft (dann Rücklage iSv § 266 III A III Nr. 3 HGB) beruhen. Unvereinbarkeit der Umwandlung mit dem Zweck der Rücklage besteht, wenn diese vermögensmindernden Aufwendungen (etwa Spenden) dienen soll, nicht dag, wenn Zweck der Rücklage aktivierungsfähige Aufwendungen sind (etwa Investitionsrücklagen).[14] Die Zweckbestimmung kann zudem durch entspr. actus contrarius, also je nach Grundlage der Zweckbestimmung entweder durch einfachen Gesellschafterbeschluss oder durch Satzungsänderung, aufgehoben werden,[15] um die Rücklage bei entgegenstehender Zweckbestimmung umwandlungsfähig zu machen.

6 Die umzuwandelnden Rücklagen müssen in der letzten Jahresbilanz ausgewiesen sein. Daraus folgt, dass **stille Reserven** unberücksichtigt bleiben

9 Vgl. zur Rücklage für eigene Anteile nach § 272 IV 1 HGB aF *Roth*/Altmeppen Rn. 6 a; MüKoGmbHG/*Lieder* Rn. 28 f.
10 „Gesetz zur Modernisierung des Bilanzrechts" v. 25.5.09 (BGBl. I, S. 1102).
11 Nach § 33 II GmbHG nF ist jedoch erforderlich, dass eine solche Rücklage ohne Angriff des gebundenen Vermögens gebildet werden *könnte*.
12 Vgl. ausf. *Rodewald/Pohl*, GmbHR 09, 32, 33 f.
13 Zweifelnd *Rodewald/Pohl*, GmbHR 09, 32, 34 f., die ua der Frage nachgehen, ob für die Bestimmung des gebundenen Vermögens die Stammkapitalziffer oder das – infolge der nach BilMoG bei Erwerb eigener Anteile vorzunehmenden Bilanzierung – hiervon abw. gezeichnete Kapital maßgeblich ist. Nach der hier vertretenen Auffassung kann dies aus Gründen des Gläubigerschutzes u. in Übereinstimmung mit dem Wortlaut des § 30 I 1 GmbHG nur die Stammkapitalziffer sein. Ebenso *Lutter*/Hommelhoff § 33 Rn. 28.
14 Baumbach/Hueck/*Servatius* Rn. 10.
15 Hierbei kann nach hM der einfache Gesellschafterbeschluss – anders als die Satzungsänderung – konkludent gefasst werden, vgl. *Lutter*/Hommelhoff Rn. 11; Baumbach/Hueck/*Servatius* Rn. 10.

bzw. erst nach Auflösung entspr. bilanzrechtlicher Vorgaben aufgelöst u. als Rücklagen ausgewiesen werden.[16] Wird der Kapitalerhöhung eine Zwischenbilanz zugrunde gelegt, muss der Ausweis **zusätzlich** in dieser Bilanz vorhanden sein. Die Bildung von Rücklagen nach dem Stichtag der Jahresbilanz reicht daher – vorbehaltlich der Zuführung aus dem letzten Jahresergebnis (→ Rn. 8) – nicht aus.[17]

Nach Abs. 2 ist eine Umwandlung von Rücklagen ausgeschlossen, soweit in der zugrunde gelegten Bilanz ein **Verlust**, einschl. eines Verlustvortrags, ausgewiesen ist. Eine Rücklagenumwandlung ist daher nur iH der positiven Differenz zwischen ausgewiesenen Rücklagen u. Verlust(vortrag), also iH des „effektiv vorhandenen" Eigenkapitals zulässig.[18] Maßgeblich ist der Ausweis eines Verlust(vortrag)s. in der zugrunde gelegten Bilanz; ist dies eine Zwischenbilanz, so ist ein inzwischen entfallener Verlust(vortrag) aus der Jahresbilanz unerheblich.[19] 7

III. Gewinn des abgelaufenen Geschäftsjahrs

Ist der Gewinn des abgelaufenen Geschäftsjahrs bereits in der letzten Jahresbilanz als Gewinnrücklage ausgewiesen (infolge Thesaurierung bei Aufstellung der Bilanz unter Verwendung des Jahresergebnisses, § 268 I HGB), kann dieser in Stammkapital umgewandelt werden. Ausreichend ist gem. Abs. 1 aber auch eine Zuweisung zu den Gewinnrücklagen im letzten Gewinnverwendungsbeschluss, so dass eine **„Stock-Dividende"** auf zwei verschiedenen Wegen erreicht werden kann.[20] Aufgrund des in § 268 I HGB vorgesehenen Wahlrechts dürfte der Vorschrift praktische Bedeutung allerdings hauptsächlich für Fälle zukommen, in denen die Entscheidung über die Ergebnisverwendung derjenigen über die Bilanzfeststellung nachfolgt, weil etwa unterschiedliche Organe zuständig sind.[21] Zu beachten ist ferner, dass bei Zugrundelegung einer Zwischenbilanz die Zuführung des Gewinns des letzten Geschäftsjahres zu den Gewinnrücklagen in der Zwischenbilanz bereits vollzogen sein muss.[22] 8

IV. Verstöße, Rechtsfolgen

Verstöße gegen Abs. 1 u. Abs. 2 führen zur **Nichtigkeit** des Kapitalerhöhungsbeschlusses.[23] Zu den Folgen einer Unterdeckung trotz eines formellen Ausweises ausreichender Rücklagen vgl. die Ausführungen bei → § 57 i Rn. 13 f. Verstöße gegen Abs. 3 machen den Erhöhungsbeschluss lediglich **anfechtbar.**[24] 9

16 *Lutter*/Hommelhoff Rn. 4; *Roth*/Altmeppen Rn. 3.
17 *Ulmer* Rn. 9.
18 OLG Frankfurt BeckRS 13, 04897; *Roth*/Altmeppen Rn. 11.
19 Scholz/*Priester* Rn. 10; *Ulmer* Rn. 10; MüKoGmbHG/*Lieder* Rn. 21.
20 *Roth*/Altmeppen Rn. 4.
21 *Ulmer* Rn. 4.
22 Scholz/*Priester* Rn. 6; *Ulmer* Rn. 5.
23 *Lutter*/Hommelhoff Rn. 16; Baumbach/Hueck/*Servatius* Rn. 8.
24 *Ulmer* Rn. 18.

§ 57e Zugrundelegung der letzten Jahresbilanz; Prüfung

(1) Dem Beschluß kann die letzte Jahresbilanz zugrunde gelegt werden, wenn die Jahresbilanz geprüft und die festgestellte Jahresbilanz mit dem uneingeschränkten Bestätigungsvermerk der Abschlußprüfer versehen ist und wenn ihr Stichtag höchstens acht Monate vor der Anmeldung des Beschlusses zur Eintragung in das Handelsregister liegt.

(2) Bei Gesellschaften, die nicht große im Sinne des § 267 Abs. 3 des Handelsgesetzbuchs sind, kann die Prüfung auch durch vereidigte Buchprüfer erfolgen; die Abschlußprüfer müssen von der Versammlung der Gesellschafter gewählt sein.

§ 57f Anforderungen an die Bilanz

(1) [1]Wird dem Beschluß nicht die letzte Jahresbilanz zugrunde gelegt, so muß die Bilanz den Vorschriften über die Gliederung der Jahresbilanz und über die Wertansätze in der Jahresbilanz entsprechen. [2]Der Stichtag der Bilanz darf höchstens acht Monate vor der Anmeldung des Beschlusses zur Eintragung in das Handelsregister liegen.

(2) [1]Die Bilanz ist, bevor über die Erhöhung des Stammkapitals Beschluß gefaßt wird, durch einen oder mehrere Prüfer darauf zu prüfen, ob sie dem Absatz 1 entspricht. [2]Sind nach dem abschließenden Ergebnis der Prüfung keine Einwendungen zu erheben, so haben die Prüfer dies durch einen Vermerk zu bestätigen. [3]Die Erhöhung des Stammkapitals kann nicht ohne diese Bestätigung der Prüfer beschlossen werden.

(3) [1]Die Prüfer werden von den Gesellschaftern gewählt; falls nicht andere Prüfer gewählt werden, gelten die Prüfer als gewählt, die für die Prüfung des letzten Jahresabschlusses von den Gesellschaftern gewählt oder vom Gericht bestellt worden sind. [2]Im übrigen sind, soweit sich aus der Besonderheit des Prüfungsauftrags nichts anderes ergibt, § 318 Abs. 1 Satz 2, § 319 Abs. 1 bis 4, § 319a Abs. 1, § 319b Abs. 1, § 320 Abs. 1 Satz 2, Abs. 2 und die §§ 321 und 323 des Handelsgesetzbuchs anzuwenden. [3]Bei Gesellschaften, die nicht große im Sinne des § 267 Abs. 3 des Handelsgesetzbuchs sind, können auch vereidigte Buchprüfer zu Prüfern bestellt werden.

§ 57g Vorherige Bekanntgabe des Jahresabschlusses

Die Bestimmungen des Gesellschaftsvertrags über die vorherige Bekanntgabe des Jahresabschlusses an die Gesellschafter sind in den Fällen des § 57f entsprechend anzuwenden.

Schrifttum

S. Angaben bei § 57c.

I. Normzweck

Dem Beschluss über die Kapitalerhöhung aus Gesellschaftsmitteln ist eine Bilanz zugrunde zu legen (§ 57 c III), in der die umzuwandelnden Rücklagen als Kapital- oder Gewinnrücklagen ausgewiesen werden (§ 57 d I). Bei dieser Bilanz kann es sich entweder um die letzte Jahresbilanz (§ 57 e) oder eine anlässlich der Kapitalerhöhung aufgestellte Zwischenbilanz (§ 57 f) handeln. Die Anforderungen an die der Kapitalerhöhung zugrunde zu legende Bilanz regeln die §§ 57 e u. 57 f. Die Vorschriften sollen das Vorhandensein umwandlungsfähiger Rücklagen in ausreichender Höhe sicherstellen u. dienen damit dem **Gläubigerschutz.**[1] § 57 g betrifft die Bekanntgabe der Zwischenbilanz an die Gesellschafter. 1

II. Letzte Jahresbilanz

Wird einer Kapitalerhöhung aus Gesellschaftsmitteln die letzte Jahresbilanz zugrunde gelegt, ergeben sich daraus für deren **Errichtung u. Inhalt** (Gliederung, Bewertung) keine Besonderheiten.[2] Es gelten die allg. Vorschriften der §§ 242 ff. HGB iVm §§ 264 ff. HGB u. §§ 42, 42 a GmbHG.[3] Nach § 57 e I muss die Bilanz festgestellt, in jedem Fall geprüft u. mit einem uneingeschränkten Bestätigungsvermerk versehen sein. Der Bilanzstichtag darf höchstens 8 Monate vor der Anmeldung des Beschlusses zur Eintragung in das Handelsregister liegen. Bei der Jahresbilanz kann es sich auch um die Bilanz für ein Rumpfgeschäftsjahr handeln.[4] 2

III. Kapitalerhöhungssonderbilanz

Soll dem Kapitalerhöhungsbeschluss eine (von den Geschäftsführern aufzustellende) Zwischenbilanz zugrunde gelegt werden, so muss diese gem. § 57 f I den Vorschriften über die Gliederung der Jahresbilanz u. über die Wertansätze in der Jahresbilanz entsprechen. Auch der Stichtag einer solchen Kapitalerhöhungssonderbilanz darf gem. § 57 f I 2 höchstens 8 Monate vor der Anmeldung des Kapitalerhöhungsbeschlusses zur Eintragung in das Handelsregister liegen. Eine förmliche **Feststellung** der Bilanz wird von der wohl hM nicht verlangt, ausreichend ist eine konkludente Billigung im Kapitalerhöhungsbeschluss.[5] Die Kapitalerhöhungssonderbilanz knüpft als Zwischenbilanz an die letzte Jahresbilanz an u. muss den seither vergangenen Zeitraum korrekt erfassen; insbes. sind zeitanteilig Abschrei- 3

1 *Ulmer* Rn. 1; Rowedder/Schmidt-Leithoff/*Zimmermann* Rn. 1.
2 Michalski/*Hermanns* § 57 e Rn. 2.
3 *Roth*/Altmeppen § 57 e Rn. 2.
4 Scholz/*Priester* Rn. 1.
5 Scholz/*Priester* Rn. 3; *Roth*/Altmeppen § 57 f Rn. 2; Rowedder/Schmidt-Leithoff/*Zimmermann* Rn. 10; eine förmliche Feststellung fordern dag Baumbach/Hueck/*Servatius* § 57 f Rn. 12; Michalski/*Hermanns* § 57 f Rn. 5; Bedenken auch bei *Lutter*/Hommelhoff Rn. 5.

bungen vorzunehmen u. ggf. Rückstellungen zu bilden.[6] Das Geschäftsergebnis des Rumpfzeitraums ist als Jahresüberschuss/-fehlbetrag bzw. Bilanzgewinn/-verlust auszuweisen.[7] Eine gesonderte **Gewinn- u. Verlustrechnung** ist jedoch nicht aufzustellen.[8]

4 Die erstmals in der Zwischenbilanz gebildeten Rücklagen sind nicht umwandlungsfähig. Anders als bei Gegenposten zum Eigenkapital, für die allein die dem Erhöhungsbeschluss zugrunde gelegte Bilanz maßgeblich ist, kommt es bei **Abweichungen im Rücklagenausweis** ggü. der letzten Jahresbilanz nur auf diejenige Bilanz an, die den niedrigeren Betrag ausweist.[9] Die Möglichkeit nachträglicher Rücklagenbildung fällt damit als Motiv für die Zugrundelegung einer Kapitalerhöhungssonderbilanz aus. Deren Aufstellung ist also nur sinnvoll – u. wird aus Kostengründen idR nur dann durchgeführt –, wenn die Achtmonatsfrist des § 57 e I abgelaufen ist oder wenn in der Jahresbilanz bereits ausgewiesene Rücklagen durch den zwischenzeitlichen Abbau eines Verlustvortrags in erhöhtem Maße umwandlungsfähig geworden sind.[10] Sofern die Umwandlung nachträglich gebildeter Rücklagen beabsichtigt ist u. die Feststellung der Jahresbilanz für das laufende Geschäftsjahr nicht abgewartet werden soll, bleibt die Möglichkeit, dieses durch Satzungsänderung zu einem Rumpfgeschäftsjahr zu verkürzen u. der Kapitalerhöhung die Jahresbilanz des Rumpfgeschäftsjahrs zugrunde zu legen.[11]

IV. Prüfung und Bestätigungsvermerk

1. Anwendbare Vorschriften

5 Die der Kapitalerhöhung zugrunde zu legende Jahres- oder Zwischenbilanz ist aus Gründen des Gläubigerschutzes zwingend durch einen oder mehrere Abschlussprüfer zu prüfen (§§ 57 e I, 57 f II). Für die Jahresbilanzen (als Teil des Jahresabschlusses, vgl. § 242 III HGB) großer u. mittelgroßer (§ 267 I–III HGB) Gesellschaften mbH ergibt sich die Prüfungspflicht bereits aus § 316 I 1 HGB. Insoweit finden hins. des Umfangs der Prüfung die §§ 316 ff. HGB uneingeschränkt Anwendung.[12] Für die Prüfung von Zwischenbilanzen gelten unabhängig von der Größenklasse der Gesellschaft § 57 f II u. III sowie die in § 57 f III 2 genannten Vorschriften des HGB. Gesetzlich nicht geregelt ist, nach welchen Vorschriften sich die Prüfung der Jahresbilanzen kleiner Gesellschaften mbH richtet. Dem Zweck des Prüfungserfordernisses wird genügt, wenn man die für die Prüfung der Zwischenbilanz geltenden Vorschriften (§ 57 f II, III) heranzieht;[13] die von

6 Scholz/*Priester* Rn. 3.
7 *Lutter*/Hommelhoff Rn. 4.
8 *Ulmer* Rn. 11.
9 Scholz/*Priester* Rn. 4; vgl. auch § 57 d Rn. 6 f.
10 *Ulmer* Rn. 10.
11 *Lutter*/Hommelhoff Rn. 4.
12 *Roth*/Altmeppen § 57 e Rn. 3.
13 OLG Hamm GmbHR 10, 984, 985 mit zust. Anm. *Wachter*, EWiR 10, 671.

Teilen des Schrifttums[14] befürwortete entspr. Anwendung der §§ 316 ff. HGB ist nicht geboten.[15]

2. Inhalt und Umfang

Der **Umfang** der Prüfung richtet sich hins. des Jahresabschlusses prüfungspflichtiger Gesellschaften nach § 317 I HGB. In den übrigen Fällen (Jahresbilanzen kleiner Gesellschaften mbH, Zwischenbilanzen) ist allein die Bilanz Gegenstand der Prüfung, nicht dag die Gewinn- u. Verlustrechnung.[16] Die Prüfung der Jahresbilanz einer kleinen GmbH sowie von Zwischenbilanzen braucht zudem nicht vor Feststellung der Bilanz stattgefunden zu haben, ausreichend (u. gem. § 57 f II 3 erforderlich) ist eine Prüfung vor Fassung des Kapitalerhöhungsbeschlusses.[17] 6

Inhaltlich erstreckt sich die Prüfung darauf, ob die gesetzlichen u. satzungsmäßigen Bestimmungen über die Gliederung der Jahresbilanz u. die Bewertung eingehalten worden sind. Zweck der Prüfung ist sicherzustellen, dass Aktiva nicht über- u. Passiva nicht unterbewertet (insbes. ausreichende Rückstellungen gebildet) worden sind u. der Rücklagenausweis somit materiell zutr. ist.[18] Nicht Gegenstand der Prüfung ist die Frage, ob die ausgewiesenen Rücklagen gem. § 57 d auch umwandlungsfähig sind.[19] Ob die Prüfung sich auch auf die Einhaltung von Satzungsregelungen über die Bildung von Rücklagen (etwa Ausschüttungsgebote) erstreckt, ist umstritten.[20] 7

3. Prüfer, Wahl

Als Abschlussprüfer der Jahres- (§ 319 I 1 HGB) u. Zwischenbilanzen (§ 57 f III 2 iVm § 319 I 1 HGB) großer Gesellschaften kommen nur Wirtschaftsprüfer u. Wirtschaftsprüfungsgesellschaften in Betracht. Die Bilanzen mittelgroßer u. kleiner Gesellschaften können gem. §§ 57 e II, 57 f III 3 auch durch vereidigte Buchprüfer sowie durch Buchprüfungsgesellschaften[21] geprüft werden. 8

Die **Wahl der Abschlussprüfer** erfolgt gem. §§ 57 e II Hs. 2, 57 f III 1 Hs. 1 durch die Gesellschafterversammlung. Schriftliche Beschlussfassung (§ 48 II) genügt.[22] Die Zuständigkeit kann gem. § 318 I 2 HGB, der unmittelbar für die Jahresbilanzen prüfungspflichtiger Gesellschaften u. über die Verweisung in § 57 f III 2 für Kapitalerhöhungssonderbilanzen gilt, durch entspr. Satzungsbestimmung auf ein anderes Organ übertragen werden;[23] 9

---

14 Michalski/*Hermanns* § 57 e Rn. 5; Rowedder/Schmidt-Leithoff/*Zimmermann* Rn. 4.
15 Ebenso Scholz/*Priester* Rn. 6; *Roth*/Altmeppen § 57 e Rn. 4; so iErg nun auch *Lutter*/Hommelhoff Rn. 3.
16 Scholz/*Priester* Rn. 10.
17 *Ulmer* Rn. 14.
18 *Lutter*/Hommelhoff Rn. 9; Rowedder/Schmidt-Leithoff/*Zimmermann* Rn. 4.
19 Rowedder/Schmidt-Leithoff/*Zimmermann* Rn. 4.
20 Die wohl hM bejaht dies, Michalski/ *Hermanns* § 57 e Rn. 4; Rowedder/Schmidt-Leithoff/*Zimmermann* Rn. 4; *Lutter*/Hommelhoff Rn. 9; aA Scholz/*Priester* Rn. 11.
21 *Lutter*/Hommelhoff Rn. 3; *Ulmer* Rn. 6.
22 *Roth*/Altmeppen § 57 e Rn. 5.
23 Scholz/*Priester* Rn. 8.

für die Jahresbilanzen kleiner Gesellschaften mbH kann nichts anderes gelten. Entgg. der hM[24] dürfte es ausreichen, wenn die abw. Satzungsregelung sich auf die Wahl der Abschlussprüfer für die jährliche Abschlussprüfung bezieht, ohne den Fall der Kapitalerhöhung aus Gesellschaftsmitteln explizit zu benennen.[25] Haben geeignete (→ Rn. 8), aber nicht ordnungsgemäß gewählte Prüfer die Prüfung vorgenommen, genügt eine nachträgliche Zustimmung durch die Gesellschafterversammlung.[26] Bei Zugrundelegung einer Zwischenbilanz gelten nach § 57 f III 1 Hs. 2 – falls nicht andere Prüfer gewählt werden – die Prüfer als gewählt, die für die Prüfung des letzten Jahresabschlusses von den Gesellschaftern gewählt oder vom Gericht bestellt worden sind.

4. Bestätigungsvermerk

10 Die zugrunde zu legende Bilanz muss mit einem uneingeschränkten **Bestätigungsvermerk** der Abschlussprüfer versehen sein (§§ 57 e I, 57 f II). Auf die Gewinn- u. Verlustrechnung braucht sich der Vermerk nicht zu beziehen, diesbzgl Einschränkungen sind unschädlich.[27] Die Anforderungen an den Bestätigungsvermerk ergeben sich bei prüfungspflichtigen Gesellschaften aus § 322 HGB. Im Fall des § 57 f II u. bei kleinen Gesellschaften mbH (→ Rn. 5) ergeben sich die Anforderungen mangels Verweises in § 57 f III allein aus § 57 f, so dass sich insbes. der Wortlaut des Bestätigungsvermerks nicht nach § 322 III 1 HGB richtet.[28] Es genügt, wenn er zum Ausdruck bringt, dass der Jahresabschluss den gesetzlichen u. satzungsmäßigen Anforderungen entspricht.[29] Auch die Angabe von Ort u. Datum (§ 322 VII 1 HGB) ist nicht zwingend, wenngleich sie zu empfehlen ist.[30]

V. 8-Monats-Frist

11 Der Bilanzstichtag darf im Zeitpunkt der Anmeldung des Kapitalerhöhungsbeschlusses zum Handelsregister nicht länger als 8 Monate zurückliegen (§§ 57 e I, 57 f I 2), da die Jahresbilanz nach Ablauf von acht Monaten keine hinreichende Sicherheit mehr für das tatsächliche Vorhandensein umwandlungsfähiger Bilanzpositionen bietet. Das Registergericht hat die Anmeldung auch bei nur geringfügiger Überschreitung der Frist zurückzuweisen.[31] Nicht gefolgt werden sollte dag der Auffassung, dass es im Fall eines behebbaren Mangels, der aufgrund Zwischenverfügung behoben wird, der Zeitpunkt der Behebung des Mangels maßgeblich sein soll.[32] Daher ist zB die Nachreichung versehentlich nicht vorgelegter Dokumente nach Fristab-

---

24 *Lutter*/Hommelhoff Rn. 7; Rowedder/Schmidt-Leithoff/*Zimmermann* Rn. 7; Baumbach/Hueck/*Servatius* § 57 e Rn. 3.
25 Ebenso Scholz/*Priester* Rn. 8; *Roth*/Altmeppen § 57 e Rn. 5.
26 Scholz/*Priester* Rn. 8; *Roth*/Altmeppen § 57 e Rn. 5.
27 Michalski/*Hermanns* § 57 e Rn. 8; Scholz/*Priester* Rn. 15.
28 OLG Hamm GmbHR 10, 984, 985; *Roth*/Altmeppen § 57 e Rn. 6 u. § 57 f Rn. 5; abw. *Lutter*/Hommelhoff Rn. 9, der allg. auf § 322 HGB verweist.
29 Scholz/*Priester* Rn. 15; MüKoGmbHG/*Lieder* § 57 e Rn. 14.
30 *Roth*/Altmeppen § 57 f Rn. 5; Scholz/*Priester* Rn. 15.
31 OLG Frankfurt BB 81, 1253; *Lutter*/Hommelhoff Rn. 10; Baumbach/Hueck/*Servatius* § 57 e Rn. 4.
32 So *Lutter*/Hommelhoff Rn. 10; *Ulmer* Rn. 17.

lauf unschädlich, wenn die ursprüngliche (behebbar mangelhafte) Anmeldung fristgerecht war.[33]

VI. Bekanntgabe

Trifft die Satzung keine Regelung zur Bekanntgabe des Jahresabschlusses an die Gesellschafter, so bestimmt sich diese nach § 42 a. Die Vorschrift ist auf Kapitalerhöhungssonderbilanzen analog anzuwenden.[34] Enthält die Satzung diesbezügliche Bestimmungen für den Jahresabschluss, so sind diese gem. § 57 g in den Fällen des § 57 f entspr. anzuwenden. Eine Offenlegungspflicht (§ 325 HGB) besteht für Kapitalerhöhungssonderbilanzen nicht.[35] 12

VII. Verstöße, Rechtsfolgen

Ist die zugrunde gelegte Bilanz nicht geprüft oder nicht mit einem uneingeschränkten Bestätigungsvermerk versehen, ist der Kapitalerhöhungsbeschluss wegen Verletzung einer gläubigerschützenden Vorschrift analog § 241 Nr. 3 AktG nichtig.[36] Bei versehentlicher Eintragung wird der Mangel 3 Jahre nach Eintragung geheilt (§ 242 III AktG). Ein Überschreiten der 8-Monats-Frist führt zur Nichtigkeit, wenn bereits die Bilanzfeststellung u. die Fassung des Kapitalerhöhungsbeschlusses nach Ablauf der Frist erfolgt sind, da das Erfordernis der Beschlussfassung auf Grundlage einer „aktuellen" Bilanz der Kapitalerhaltung u. damit dem Gläubigerschutz dient.[37] Erfolgt nur die Anmeldung der Kapitalerhöhung verfristet, sind die Beschlüsse also vor Ablauf der Frist gefasst worden, liegt lediglich ein Eintragungshindernis vor; mit Eintragung wird der Verstoß geheilt.[38] Eine Verletzung von § 57 g führt nur zur Anfechtbarkeit des Beschlusses.[39] 13

§ 57 h Arten der Kapitalerhöhung

(1) [1]Die Kapitalerhöhung kann vorbehaltlich des § 57 l Abs. 2 durch Bildung neuer Geschäftsanteile oder durch Erhöhung des Nennbetrags der Geschäftsanteile ausgeführt werden. [2]Die neuen Geschäftsanteile und die Geschäftsanteile, deren Nennbetrag erhöht wird, müssen auf einen Betrag gestellt werden, der auf volle Euro lautet.

(2) [1]Der Beschluß über die Erhöhung des Stammkapitals muß die Art der Erhöhung angeben. [2]Soweit die Kapitalerhöhung durch Erhöhung des

---

33 Michalski/*Hermanns* § 57 e Rn. 9; Baumbach/Hueck/*Servatius* § 57 e Rn. 4; auch *Lutter*/Hommelhoff Rn. 10, erwägt, bei Nachreichung einer „korrekt vorhandenen Bilanz Gnade walten" zu lassen.
34 *Roth*/Altmeppen § 57 g Rn. 1.
35 Baumbach/Hueck/*Servatius* § 57 g Rn. 2.
36 BayObLG ZIP 02, 1398, 1400; Scholz/*Priester* Rn. 18; *Roth*/Altmeppen § 57 e Rn. 8; *Ulmer* Rn. 18; Baumbach/Hueck/*Servatius* § 57 e Rn. 5; Rowedder/Schmidt-Leithoff/*Zimmermann* Rn. 13.
37 Michalski/*Hermanns* § 57 e Rn. 11; *Ulmer* Rn. 18 f.; MüKoGmbHG/*Lieder* § 57 e Rn. 17.
38 *Lutter*/Hommelhoff Rn. 11; Scholz/*Priester* Rn. 18; *Roth*/Altmeppen § 57 e Rn. 8.
39 Rowedder/Schmidt-Leithoff/*Zimmermann* Rn. 13.

Nennbetrags der Geschäftsanteile ausgeführt werden soll, ist sie so zu bemessen, daß durch sie auf keinen Geschäftsanteil, dessen Nennbetrag erhöht wird, Beträge entfallen, die durch die Erhöhung des Nennbetrags des Geschäftsanteils nicht gedeckt werden können.

Schrifttum

Priester, Die neuen Anteilsrechte bei Kapitalerhöhung aus Gesellschaftsmitteln, GmbHR 1980, 236; *Schemmann*, Asymmetrische Kapitalerhöhung aus Gesellschaftsmitteln, NZG 2009, 241.

I. Normzweck

1 § 57 h regelt die Auswirkungen der Kapitalerhöhung aus Gesellschaftsmitteln auf die Geschäftsanteile. Es besteht ein **Wahlrecht** zwischen der Bildung neuer Geschäftsanteile u. der Erhöhung des Nennbetrags der bestehenden Geschäftsanteile. Beide Ausführungsarten sind zudem kombinierbar. Lediglich für teileingezahlte Geschäftsanteile ist die Nennbetragserhöhung zwingend vorgeschrieben (§ 57 l II 2). Die Art der Kapitalerhöhung ist bereits im Kapitalerhöhungsbeschluss festzulegen (Abs. 2 S. 1). Zwingend ist die proportionale Zuteilung der neuen Geschäftsanteile an die Gesellschafter (§ 57 j).

2 Durch das **MoMiG** wurde der Wortlaut des Abs. 1 S. 2 entspr. den Änderungen des § 5 (→ § 5 Rn. 2) neu gefasst. Die Erfordernisse der Teilbarkeit der neuen bzw. im Nennbetrag erhöhten Geschäftsanteile durch 10 sowie des Mindestbetrags von 50 EUR wurden gestrichen. Es genügt nunmehr, wenn sie auf einen Betrag gestellt werden, der auf volle Euro lautet.

II. Bildung neuer Anteile

3 Für die Wahl einer Kapitalerhöhung durch Bildung neuer Anteile spricht, dass bei dieser Ausführungsart im Gegensatz zur Nennbetragserhöhung **selbstständig verwertbare Geschäftsanteile** entstehen. Die einzelnen Gesellschafter werden daher häufig die Bildung neuer Anteile vorziehen. Auf ein solches Vorgehen besteht jedoch kein Anspruch; das Wahlrecht liegt bei der satzungsändernden Mehrheit.[1]

4 Vor Inkrafttreten des MoMiG konnte jeder Gesellschafter nach der ratio legis der §§ 5 II, 55 IV grds. nur einen neuen Geschäftsanteil erhalten.[2] Ausnahmsweise bestand ein Anspruch auf Zuteilung mehrerer neuer Anteile, wenn ein Gesellschafter bereits mehrere Geschäftsanteile unterschiedlichen Rechts hielt.[3] Entspr. § 5 II 2 nF kann der Gesellschafter nun auch dann **mehrere neue Geschäftsanteile** erhalten, wenn er bisher nur einen Ge-

1 *Ulmer* Rn. 10.
2 *Priester*, GmbHR 80, 236, 237.
3 Vgl. näher *Lutter*/Hommelhoff, 19. Aufl., Rn. 2.

schäftsanteil hält. Auch bei der Verteilung des dem Gesellschafter zustehenden Erhöhungsbetrages auf die neuen Anteile sind die Gesellschafter frei.[4]

III. Erhöhung des Nennbetrags

Insbes. in einer **personalistischen Gesellschaft** kann von den Gesellschaftern gewünscht sein, an der Einheitlichkeit der Geschäftsanteile festzuhalten. In diesem Fall bietet sich die Erhöhung des Nennbetrags an.[5] Existieren teileingezahlte Geschäftsanteile, so ist die Ausführung einer Nennwerterhöhung durch § 57 l II 2 vorgeschrieben. Hierdurch sollen eine Entwertung teileingezahlter Geschäftsanteile durch Rücklagenumwandlung u. die damit verbundene Verschlechterung der Zugriffsmöglichkeiten der Gesellschaft im Fall der Kaduzierung (§§ 21, 23) verhindert werden (→ § 57 l Rn. 4). 5

Die Erhöhung des Nennbetrags darf gem. **Abs. 2 S. 2** nicht zur Entstehung sog. Spitzenbeträge führen.[6] Die Geschäftsanteile müssen also auch nach der zwingend proportionalen (§ 57 j) Erhöhung der Nennbeträge auf volle Euro lauten. Das wäre bspw. nicht der Fall, wenn in einer Gesellschaft, an der A einen Geschäftsanteil iH von 20.000 EUR u. B einen Geschäftsanteil iH von 10.000 EUR hält, eine nominelle Kapitalerhöhung um 1.000 EUR vorgenommen wird, die zu erhöhten Geschäftsanteilen von 20.666,67 EUR sowie 10.333,33 EUR führt. Nach zutr. hM kann dieser Fall jedoch nur bei Vorliegen teileingezahlter Geschäftsanteile eintreten. Sind dag alle Geschäftsanteile voll eingezahlt, kommt es gem. § 57 k I auch bei Ausführung der Kapitalerhöhung in Form der Nennbetragserhöhung zur Bildung von Teilrechten der einzelnen Gesellschafter (→ § 57 k Rn. 2). Im Beispielsfall entstehen bei Volleinzahlung damit erhöhte Geschäftsanteile iH von 20.666 EUR u. 10.333 EUR sowie ein neuer Geschäftsanteil iH von einem Euro mit Teilrechten iH von 0,67 EUR u. 0,33 EUR, so dass letztlich eine zulässige Kapitalerhöhung vorliegt. Lediglich bei Vorliegen teileingezahlter Geschäftsanteile können Teilrechte wegen § 57 l II 2 nicht entstehen. Nur in diesem Fall ist also der Gesamterhöhungsbetrag so festzusetzen, dass keine freien Spitzen entstehen.[7] Bei ausschließlich volleingezahlten Geschäftsanteilen ist dag eine Gesamterhöhung um jeden vollen Eurobetrag möglich. 6

IV. Kombination von Bildung neuer Anteile und Nennbetragserhöhung

Zulässig ist die **Kombination beider Ausführungsarten** der Kapitalerhöhung aus Gesellschaftsmitteln. Dies gilt über den gesetzlich geregelten Fall des § 57 l II 3 hinaus auch dann, wenn ausschließlich volleingezahlte Geschäftsanteile vorliegen.[8] Auch möglich ist die Kombination unterschiedli- 7

4 *Schemmann*, NZG 09, 241, 244.
5 Baumbach/Hueck/*Servatius* Rn. 7.
6 Angesichts der durch das MoMiG ermöglichten Aufstockung eines Geschäftsanteils um jeden vollen Eurobetrag hat sich die Problematik der Spitzenbeträge abgeschwächt.
7 Im Beispielsfall wäre eine Kapitalerhöhung um einen durch 3 teilbaren vollen Eurobetrag vorzunehmen.
8 *Roth*/Altmeppen Rn. 5.

cher Ausführungsarten bei verschiedenen Gesellschaftern u. in Bezug auf ein u. denselben Geschäftsanteil, also etwa die Nennbetragserhöhung bei einigen, die Bildung neuer Anteile bei anderen u. die Kombination beider Ausführungsarten bei wieder anderen Gesellschaftern.[9]

8 Werden die Ausführungsarten kombiniert, ist im Erhöhungsbeschluss zusätzlich zum Gesamterhöhungsbetrag (→ § 57 c Rn. 10) **genau anzugeben,** welche Geschäftsanteile um welchen Betrag im Nennbetrag erhöht werden u. für welche Gesellschafter welche neuen Geschäftsanteile entstehen.[10] Daneben lässt die hM zwar auch die Angabe einer rechnerischen Grundlage ausreichen, wenn aus dieser die Anzahl u. Nennbeträge der neuen u. erhöhten Geschäftsanteile zweifelsfrei ermittelt werden können.[11] In der Praxis empfiehlt sich aber dennoch eine genaue Angabe.[12]

V. Beschlussfassung (Abs. 2)

9 Die gewählte Art der Kapitalerhöhung muss im Kapitalerhöhungsbeschluss ausdrücklich festgelegt werden (**Abs. 2 S. 1**). Ein Anspruch des einzelnen Gesellschafters auf Wahl einer bestimmten Ausführungsart besteht zwar nicht, zu beachten ist jedoch der Gleichbehandlungsgrundsatz. Von diesem kann ohne Zustimmung des einzelnen Gesellschafters nur bei Vorliegen eines sachlichen Grundes abgewichen werden.[13] Als solcher kommt etwa das Vorliegen teileingezahlter Beträge u. damit die zwingende Ausführung einer Nennbetragserhöhung für den betr Gesellschafter (§ 57 l II 2) in Betracht.

VI. Mängel

10 Verstöße gegen Abs. 1 S. 2 (Stellung der Geschäftsanteile auf volle Euro) u. Abs. 2 S. 1 (Angabe der Art der Kapitalerhöhung im Kapitalerhöhungsbeschluss) führen analog § 241 Nr. 3 AktG zur **Nichtigkeit des Kapitalerhöhungsbeschlusses.** Nach überwiegender Ansicht sind auch gegen Abs. 2 S. 2 (Verbot des Entstehens von Spitzenbeträgen) verstoßende Kapitalerhöhungsbeschlüsse nichtig.[14] Ob Nichtigkeit in diesem Fall mit einer Verletzung von Gläubigerinteressen begründet werden kann, wird in der Literatur bezweifelt.[15] Dennoch ist nicht lediglich von Anfechtbarkeit, sondern von Nichtigkeit jedenfalls deshalb auszugehen, weil zugleich § 57 j verletzt wird, denn mit einem Verstoß gegen Abs. 2 S. 2, der nur bei Vorliegen teileingezahlter Geschäftsanteile in Betracht kommt,[16] geht notwendig eine Umverteilung freier Spitzen einher.

9 Baumbach/Hueck/*Servatius* Rn. 8.
10 *Lutter*/Hommelhoff/*Kleindiek* § 57 c Rn. 10.
11 Baumbach/Hueck/*Servatius* Rn. 10; MüKoGmbHG/*Lieder* Rn. 15.
12 So auch Scholz/*Priester* Rn. 10 u. MüKoGmbHG/*Lieder* Rn. 15.
13 *Lutter*/Hommelhoff/*Kleindiek* Rn. 6; aA *Wicke* Rn. 3: Zustimmung des einzelnen Gesellschafters auch bei sachlichem Grund erforderlich.
14 *Lutter*/Hommelhoff/*Kleindiek* Rn. 8; *Ulmer* Rn. 18.
15 So Baumbach/Hueck/*Servatius* Rn. 10.
16 *Ulmer* Rn. 18; näher Rn. 6.

§ 57 i Anmeldung und Eintragung des Erhöhungsbeschlusses

(1) [1]Der Anmeldung des Beschlusses über die Erhöhung des Stammkapitals zur Eintragung in das Handelsregister ist die der Kapitalerhöhung zugrunde gelegte, mit dem Bestätigungsvermerk der Prüfer versehene Bilanz, in den Fällen des § 57 f außerdem die letzte Jahresbilanz, sofern sie noch nicht nach § 325 Abs. 1 des Handelsgesetzbuchs eingereicht ist, beizufügen. [2]Die Anmeldenden haben dem Registergericht gegenüber zu erklären, daß nach ihrer Kenntnis seit dem Stichtag der zugrunde gelegten Bilanz bis zum Tag der Anmeldung keine Vermögensminderung eingetreten ist, die der Kapitalerhöhung entgegenstünde, wenn sie am Tag der Anmeldung beschlossen worden wäre.

(2) Das Registergericht darf den Beschluß nur eintragen, wenn die der Kapitalerhöhung zugrunde gelegte Bilanz für einen höchstens acht Monate vor der Anmeldung liegenden Zeitpunkt aufgestellt und eine Erklärung nach Absatz 1 Satz 2 abgegeben worden ist.

(3) Zu der Prüfung, ob die Bilanzen den gesetzlichen Vorschriften entsprechen, ist das Gericht nicht verpflichtet.

(4) Bei der Eintragung des Beschlusses ist anzugeben, daß es sich um eine Kapitalerhöhung aus Gesellschaftsmitteln handelt.

Schrifttum

Blath, Die Kapitalerhöhung aus Gesellschaftsmitteln bei der GmbH, notar 2018, 423; *Lutter/Friedewald*, Kapitalerhöhung, Eintragung im Handelsregister und Amtslöschung, ZIP 1986, 691; *Priester*, Die neuen Anteilsrechte bei Kapitalerhöhung aus Gesellschaftsmitteln, GmbHR 1980, 236; *ders*, Heilung verdeckter Kapitalerhöhung aus Gesellschaftsmitteln, GmbHR 1998, 861.

I. Normzweck

§ 57 i regelt die Anmeldung u. Eintragung der nominellen Kapitalerhöhung in das Handelsregister. Die Vorschrift blieb durch das **MoMiG** unverändert. Über § 57 c IV gilt daneben § 54. 1

II. Anmeldung

Die Anmeldung muss elektronisch in öffentlich beglaubigter Form (§ 12 I HGB) durch sämtliche Geschäftsführer (§ 78) erfolgen. Die Geschäftsführer sind ggü. der Gesellschaft zur Durchführung der Anmeldung verpflichtet[1] u. haften bei Nichtbefolgung gem. § 43 auf Schadensersatz. Eine öffentlich-rechtliche, durch das Registergericht nach § 14 HGB erzwingbare Pflicht besteht dag nicht.[2] 2

1 *Roth*/Altmeppen Rn. 2.
2 Scholz/*Priester* Rn. 1.

3 Der **Antrag** ist darauf gerichtet, die Kapitalerhöhung sowie ggf. weitere Satzungsänderungen in das Handelsregister einzutragen. Wegen Abs. 4 ist anzugeben, dass es sich um eine nominelle Kapitalerhöhung handelt. Bezüglich des Erhöhungsbetrags u. der Ausführungsart genügt es, auf das genau zu bezeichnende Beschlussprotokoll zu verweisen.[3]

4 Dem Antrag sind folgende **Urkunden** als Anlagen beizufügen:

- Das **notarielle Protokoll** über die Gesellschafterversammlung, auf der die Kapitalerhöhung beschlossen wurde, in Ausfertigung oder beglaubigter Abschrift. Gleiches gilt für etwaige Vollmachten u. Genehmigungserklärungen.[4]
- Die der Kapitalerhöhung zugrundeliegende u. testierte **Bilanz.** Handelt es sich bei dieser um eine Zwischenbilanz (§ 57 f), ist weiter – sofern noch nicht eingereicht – die letzte Jahresbilanz beizufügen.
- Gem. §§ 57 c IV, 54 I ist der mit der Notarbescheinigung versehene vollständige **Wortlaut der geänderten Satzung** beizufügen. Das gilt nach hM auch dann, wenn sich lediglich die Stammkapitalziffer ändert.[5]
- Die **Erklärung nach Abs. 1 S. 2**, die von allen Geschäftsführern zu unterschreiben ist. Die Geschäftsführer haben ausdrücklich zu erklären, keine Kenntnis zu haben von einer seit dem Stichtag der beigefügten Bilanz eingetretenen Vermögensminderung, die der Kapitalerhöhung entgegenstünde, würde diese am Tag der Anmeldung beschlossen. Nicht ausreichend sind unklare Erklärungen, etwa dahin, von negativen Entwicklungen keine Kenntnis zu haben.[6] Die Geschäftsführer haben sich vor Abgabe der Erklärungen über die Geschäftsentwicklung u. Vermögenslage der Gesellschaft zu informieren. Es droht straf- u. zivilrechtliche Haftung (→ Rn. 5).
- Die **aktuelle Gesellschafterliste** ist gem. § 40 I unverzüglich nach Wirksamwerden der Veränderung des Umfangs der Beteiligung,[7] also gem. §§ 57 c IV, 54 III erst nach Eintragung der Kapitalerhöhung einzureichen. Mangels Zugehörigkeit zum Eintragungsverfahren berechtigt das Nichteinreichen der Gesellschafterliste das Registergericht also nicht zur Verweigerung der Eintragung.[8] Zweifelhaft ist bereits, ob der gem. § 40 II (anstelle der Geschäftsführer) verpflichtete Notar überhaupt berechtigt ist, bereits mit der Anmeldung eine neue Liste mit der Anweisung einzureichen. Richtigerweise ist das abzulehnen, denn wirksam wird die Kapitalerhöhung erst mit ihrer Eintragung (→ § 57 Rn. 23).[9]

---

3 *Roth*/Altmeppen Rn. 2; Baumbach/Hueck/*Servatius* Rn. 5.
4 *Ulmer* Rn. 7.
5 *Lutter*/Hommelhoff/*Kleindiek* Rn. 5; *Ulmer* Rn. 9; Baumbach/Hueck/*Servatius* Rn. 11; aA *Roth*/Altmeppen Rn. 6, der es in diesem Fall ausreichen lässt, dass die neue Stammkapitalziffer in der Anmeldung benannt wird.
6 *Lutter*/Hommelhoff/*Kleindiek* Rn. 6; *Ulmer* Rn. 10.
7 Zwar bleibt die Beteiligungsquote wegen § 57 j gleich, es ändern sich aber die Anzahl u/oder die Nennbeträge der Geschäftsanteile.
8 Baumbach/Hueck/*Servatius* Rn. 12; Scholz/*Priester* Rn. 5.
9 So MüKoGmbHG/*Lieder* Rn. 8; aA *Lutter*/Hommelhoff/Kleindiek Rn. 7, der auf das Risiko hinweist, dass die Liste versehentlich verfrüht oder gar nicht aufgenommen wird und auf den Wortlaut des § 40 verweist.

Der Notar sollte die Gesellschafterliste daher auch erst nach Erhalt der Vollzugsmitteilung einreichen.

III. Haftung der Geschäftsführer

Haben die Geschäftsführer **unrichtige Erklärungen** nach Abs. 1 S. 2 abgegeben, ist es also zwischen Bilanzstichtag u. Tag der Anmeldung zu einer Schmälerung der umgewandelten Rücklagen gekommen, haften sie bei fahrlässigem oder vorsätzlichem Handeln ggü. der Gesellschaft auf Ersatz eingetretener Schäden (§ 43). Wurden die Erklärungen vorsätzlich falsch abgegeben, ist darüber hinaus der Straftatbestand des § 82 I Nr. 4 erfüllt; ausreichend ist dolus eventualis. Vorsätzliches Handeln führt zivilrechtlich zudem zur Haftung der Geschäftsführer ggü. geschädigten Gläubigern der Gesellschaft (§ 823 II BGB iVm § 82 I Nr. 4).[10] 5

IV. Prüfung durch das Registergericht

Die Prüfung durch das Registergericht erstreckt sich sowohl auf die **allg. Voraussetzungen** einer Satzungsänderung als auch auf das Vorliegen der **formellen Erfordernisse** einer Kapitalerhöhung aus Gesellschaftsmitteln.[11] Das umfasst neben der Prüfung des ordnungsgemäßen Vorliegens der in → Rn. 4 genannten Unterlagen: 6

- Inhalt u. Form des Erhöhungsbeschlusses,
- erforderliche Mehrheiten,
- Ausweis umwandlungsfähiger Rücklagen iH des Kapitalerhöhungsbetrags in der vorgelegten, mit einem uneingeschränkten Prüfungsvermerk versehenen Bilanz u.
- Anmeldung der Kapitalerhöhung durch alle Geschäftsführer innerhalb der 8-Monats-Frist seit Bilanzstichtag (Abs. 2).

Die ordnungsgemäße Auswahl der Prüfer u. das Vorliegen des erforderlichen Ergebnisverwendungsbeschlusses (§ 57 c II) wird dag nicht geprüft.[12] Auch bzgl. der **materiellen Richtigkeit** der vorgelegten Bilanz besteht keine Prüfungspflicht des Gerichts (Abs. 3). Ein Prüfverbot folgt daraus jedoch nicht.[13] Jedenfalls bei begründeten Zweifeln hins der Richtigkeit des Ausweises umwandlungsfähiger Rücklagen in ausreichender Höhe kann das Gericht eine eigene Prüfung vornehmen oder weitere Nachweise anfordern.[14] 7

Im Fall unbehebbarer Mängel, wie etwa des Überschreitens der Frist des Abs. 2,[15] hat das Registergericht die **Eintragung abzulehnen.** Gleiches gilt, wenn der Erhöhungsbeschluss nichtig ist.[16] Zu den Folgen bloßer Anfecht- 8

10 *Ulmer* Rn. 12.
11 *Roth*/Altmeppen Rn. 8.
12 Baumbach/Hueck/*Servatius* Rn. 13.
13 *Roth*/Altmeppen Rn. 8; Baumbach/Hueck/*Servatius* Rn. 13.
14 Baumbach/Hueck/*Servatius* Rn. 13: „Begründeter Verdacht auf schwerwiegende Bilanzmängel"; *Ulmer* Rn. 16: „begründete Zweifel an der Richtigkeit des Bestätigungsvermerks".
15 Das gilt selbst bei Überschreiten der Frist um nur einen Tag, OLG Frankfurt BB 81, 1253, 1254; Blath, notar 2018, 425.
16 *Roth*/Altmeppen Rn. 9; *Ulmer* Rn. 17.

barkeit des Beschlusses → § 54 Rn. 28, 30. Behebbare Mängel, wie das Fehlen beizufügender Urkunden, führen zum Erlass einer Zwischenverfügung. Nach hM bleibt in diesem Fall für die Einhaltung der Acht-Monatsfrist der Tag der unvollständigen Anmeldung maßgeblich. Eine Vervollständigung erst nach Ablauf der Frist ist unschädlich.[17]

V. Eintragung und Bekanntmachung

9 Für den **Inhalt** der Eintragung gilt die allg. Vorschrift des § 54 II. Einzutragen sind der Kapitalerhöhungsbeschluss, das Datum u. die erhöhte Stammkapitalziffer, nicht dag der Erhöhungsbetrag (Bsp: „Das Stammkapital ist auf EUR 100.000 erhöht."[18]. Nach Abs. 4 ist weiter einzutragen, dass es sich um eine Kapitalerhöhung aus Gesellschaftsmitteln handelt.[19] Bzgl. anderer Satzungsänderungen genügt die Bezugnahme auf die betr Urkunden.

10 Die Eintragung hat konstitutive **Wirkung** (§ 54 III). Durchführungshandlungen sind entbehrlich, das Stammkapital ist mit der Eintragung erhöht. Neue Anteilsrechte entstehen kraft Gesetzes. Anteilsscheine, die ohnehin lediglich Beweiswirkung haben, sollten vor der Eintragung nicht ausgegeben werden.[20] Die **Bekanntmachung** der Eintragung erfolgt nach allg. Regeln (§ 10 HGB).

VI. Fehlerhafte Eintragungen

11 Die Nichtigkeit des **Erhöhungsbeschlusses** kann analog § 242 AktG durch dessen Eintragung in das Handelsregister geheilt werden. Zusätzlich ist – abgesehen von Formfehlern – regelmäßig der Ablauf der Dreijahresfrist seit Eintragung (§ 242 II AktG) erforderlich. Bis zur Heilung sind die neuen Anteilsrechte nichtig u. sollen nach hM – anders als bei der ordentlichen Kapitalerhöhung – auch nicht nach den Grundsätzen der fehlerhaften Gesellschaft als wirksam zu behandeln sein.[21] Angesichts des Umstands, dass § 16 III den gutgläubigen Erwerb nicht existenter Geschäftsanteile nicht schützt,[22] ist dieses Ergebnis nicht unzweifelhaft.[23]

12 Das Fehlen der **Anmeldung** u. die Eintragung eines von der Abmeldung abw. Inhalts führen zur Unwirksamkeit der Eintragung.[24] Nach überwiegender Ansicht kann das Registergericht die Eintragung gem. § 395 I FamFG (vormals: § 142 I FGG) vAw löschen.[25] Sonstige Mängel der Anmeldung berühren die Wirksamkeit der Eintragung nicht. Das gilt etwa für das Fehlen einzureichender Unterlagen oder das Nichteinhalten der 8-Mo-

---

17 Scholz/*Priester* §§ 57 e–g Rn. 16; Baumbach/Hueck/*Servatius* § 57 e Rn. 4; aA *Lutter*/Hommelhoff/*Kleindiek* §§ 57 e–g, Rn. 10; *Ulmer* §§ 57 e–g Rn. 17.
18 *Roth*/Altmeppen Rn. 10; Baumbach/Hueck/*Servatius* Rn. 14; aA *Ulmer* Rn. 19.
19 *Roth*/Altmeppen Rn. 10.
20 Baumbach/Hueck/*Servatius* Rn. 16.
21 Baumbach/Hueck/*Servatius* Rn. 18; *Lutter*/Hommelhoff/*Kleindiek* Rn. 13; aA Scholz/*Priester* Rn. 17; Michalski/*Hermanns* Rn. 16.
22 Unstrittig s. BR-Drs. 354/07, S. 88 u. BT-Drs. 16/6140, S. 39.
23 Scholz/*Priester* Rn. 17.
24 *Roth*/Altmeppen Rn. 12.
25 Scholz/*Priester* § 54 Rn. 74; *Roth*/Altmeppen Rn. 12; *Ulmer* § 54 Rn. 64 u. § 57 i Rn. 25; aA: OLG Karlsruhe ZIP 86, 711, 713; *Lutter*/*Friedewald*, ZIP 86, 691, 693, die von einem Vorrang von § 398 FamFG (vormals: § 144 II FGG) ausgehen.

nats-Frist. In diesen Fällen kommt auch eine Amtslöschung nach § 395 I FamFG nicht in Betracht.

Wird eine nominelle Kapitalerhöhung in das Handelsregister eingetragen, obwohl umlagefähige Rücklagen nicht im Umfang des Erhöhungsbetrages vorhanden waren (sog. **Unterdeckung**), so stellt sich die Frage nach der Wirksamkeit einer gleichwohl eingetragenen Kapitalerhöhung. Fehlt es schon an einem Bilanzausweis der Rücklagen in entspr. Höhe in der zugrunde gelegten Bilanz, ist der Erhöhungsbeschluss wegen Verstoßes gegen § 57 d I analog § 241 I Nr. 3 AktG nichtig (→ § 57 d Rn. 9). § 57 d I fordert über den formellen Bilanzausweis hinaus jedoch nicht das tatsächliche Vorhandensein der Rücklagen,[26] so dass im Fall eines solchen Ausweises der Beschluss auch bei eintretender Unterdeckung grds. wirksam ist.[27] Das gilt jedenfalls, wenn die Unterdeckung auf eine nach Bilanzstichtag eingetretene Vermögensminderung zurückzuführen ist. Waren umwandlungsfähige Rücklagen schon zum Bilanzstichtag nicht vorhanden, kommt eine Nichtigkeit der Bilanz analog § 256 I Nr. 1, V AktG in Betracht. In diesem Fall ist wohl von Nichtigkeit auch des Erhöhungsbeschlusses auszugehen.[28] 13

Im Fall der Unterdeckung stellt sich weiter die Frage nach **Einzahlungspflichten** der Gesellschafter, die von der hM zu Recht abgelehnt werden.[29] Der von Teilen des Schrifttums[30] geforderten Differenzhaftung der Gesellschafter analog §§ 9, 24 steht der mit der nominellen Kapitalerhöhung verfolgte Zweck einer reinen Umbuchung von Passiva, bei der sich die Gesellschafter nicht zur Übernahme von Einlagen verpflichten, entgg. Es besteht lediglich eine **Ausschüttungssperre**, bis die Unterbilanz beseitigt ist (§ 30 I 1). 14

VII. Verdeckte Kapitalerhöhung aus Gesellschaftsmitteln

Wird eine Barkapitalerhöhung beschlossen u. eingetragen, erfolgt aber statt einer Bareinzahlung nur eine Umwandlung von Rücklagen, spricht man von einer verdeckten Kapitalerhöhung aus Gesellschaftsmitteln. Die Einlagepflichten der Gesellschafter aus § 19 I bestehen mangels Erfüllung fort. Werden als Folge der Umbuchung auf der Aktivseite der Bilanz die ausstehenden Einlagen u. auf der Passivseite die entspr. Rücklagen nicht mehr gezeigt, hat eine Bilanzberichtigung zu erfolgen.[31] 15

Umstritten ist, ob eine **Heilung** durch Nachholung aller für die Kapitalerhöhung aus Gesellschaftsmitteln geltenden Kautelen möglich ist. Dies wird 16

26 *Roth*/Altmeppen § 57 d Rn. 1, 12; Baumbach/Hueck/*Servatius* § 57 d Rn. 8; wohl auch *Lutter*/Hommelhoff/*Kleindiek* § 57 d Rn. 1; aA wohl *Ulmer* § 57 d Rn. 1.

27 *Roth*/Altmeppen Rn. 13; Baumbach/Hueck/*Servatius* § 57 d Rn. 8; wohl auch *Lutter*/Hommelhoff/*Kleindiek* Rn. 15; aA *Ulmer* § 57 d Rn. 1, § 57 i Rn. 29, der daher auch eine Amtslöschung nach § 398 FamFG (bis zum 31.8.09: § 144 II FGG) für möglich hält.

28 Baumbach/Hueck/*Servatius* § 57 d Rn. 8.

29 *Lutter*/Hommelhoff/*Kleindiek* Rn. 15; *Roth*/Altmeppen Rn. 13; *Ulmer* Rn. 30; Baumbach/Hueck/*Servatius* § 57 d Rn. 9.

30 *Priester*, GmbHR 80, 236, 238 f.; Scholz/*Priester* Rn. 21; Michalski/*Hermanns* Rn. 21.

31 Priester, GmbHR 98, 861, 862.

im Schrifttum überwiegend mit dem Verweis auf die Parallelen zur verdeckten Sacheinlage (zu deren Heilung → § 19 Rn. 92 ff.) u. einen Beschluss des BGH v. 4.3.96[32] bejaht.[33] Im entschiedenen Fall hatten die Gesellschafter statt der Erbringung der vereinbarten Bareinlage eine Verrechnung mit aus Gewinnen stammenden Guthaben auf ihren Darlehenskonten vorgenommen. Die Heilung der hierin zu sehenden verdeckten Sacheinlage soll durch Satzungsänderung, welche die vereinbarte Bareinlage in eine Sacheinlage „umwidmet", möglich sein.[34] Voraussetzung ist dabei, dass die im Wege der Sacheinlage eingebrachten Ansprüche der Gesellschafter vollwertig sind; der BGH stellt entscheidend darauf ab, dass „den Gläubigern […] die vorgegebene Haftungsmasse zur Verfügung"[35] steht". Bei der verdeckten Kapitalerhöhung aus Gesellschaftsmitteln findet eine Erhöhung des Eigenkapitals u. damit der Haftungsmasse im vorgegebenen Umfang jedoch gerade nicht statt. Vor diesem Hintergrund erscheint eine Heilungsmöglichkeit zweifelhaft.[36] Auch ein durch die Erhöhung der Ausschüttungssperre möglicherweise erleichterter Zugang zu Fremdkapital u. die Nähe zum Schütt-aus-hol-zurück-Verfahren[37] rechtfertigen eine Heilungsmöglichkeit nicht. Aus den genannten Gründen ist auch eine entspr. Anwendung der durch das **MoMiG** eingeführten Neuregelung in § 19 IV abzulehnen.[38] Die in der Vorschrift geregelte Differenzhaftung soll den Gesellschafter davor bewahren, seine Einlage wirtschaftlich zweimal erbringen zu müssen, nicht davor, sie überhaupt zu erbringen. Eine Befreiung von der Einlagepflicht kommt nach alledem nur durch eine **Kapitalherabsetzung** in Betracht.

§ 57 j Verteilung der Geschäftsanteile

[1]Die neuen Geschäftsanteile stehen den Gesellschaftern im Verhältnis ihrer bisherigen Geschäftsanteile zu. [2]Ein entgegenstehender Beschluß der Gesellschafter ist nichtig.

Schrifttum

Blath, Die Kapitalerhöhung aus Gesellschaftsmitteln bei der GmbH, notar 2018, 423; *Kerbusch*, Zur Erstreckung des Pfandrechts an einem GmbH-Geschäftsanteil auf den durch Kapitalerhöhung aus Gesellschaftsmitteln erhöhten oder neu gebildeten Geschäftsanteil, GmbHR 1990, 156; *Schemmann*, Asymmetrische Kapitalerhöhung aus Gesellschaftsmitteln, NZG 2009, 241.

32 BGHZ 132, 141.
33 Grdlg *Priester*, GmbHR 98, 861, 864; Scholz/*Priester* Rn. 19; *Lutter*/Hommelhoff/*Kleindiek* Rn. 17; *Roth*/Altmeppen § 56 a Rn. 17 c.
34 BGHZ 132, 141, 150.
35 BGHZ 132, 141, 152.
36 Zutr. Baumbach/Hueck/*Servatius* § 57 c Rn. 9.
37 *Priester*, GmbHR 98, 861, 864.
38 *Roth*/Altmeppen § 57 c Rn. 14 a; für eine Analogie dag *Wicke* Rn. 4; MüKo-GmbHG/*Lieder* Rn. 34; *Lutter*/Hommelhoff/*Kleindiek* Rn. 17.

I. Normzweck

§ 57j S. 1 bestimmt, dass die neuen Anteilsrechte kraft Gesetzes entstehen u. den Gesellschaftern im Verhältnis ihrer bisherigen Beteiligung zustehen. Ein abw. Erhöhungsbeschluss ist nach S. 2 nichtig. 1

II. Anteiliger Erwerb

Der Grundsatz proportionaler Zuordnung ergibt sich aus dem Wesen der nominellen Kapitalerhöhung als einer Umbuchung von Rücklagen in gebundenes Kapital.[1] Die Zuordnung der umgewandelten Rücklagen zu den Gesellschaftern im Verhältnis ihrer Beteiligung setzt sich an den neuen Anteilsrechten fort. Maßgeblich für die Zuordnung ist die materielle Inhaberschaft am Geschäftsanteil im Zeitpunkt des Wirksamwerdens der Kapitalerhöhung, also bei ihrer Eintragung. Der nur in die Gesellschafterliste eingetragene Scheingesellschafter erwirbt nicht.[2] Auch eigene Anteile der Gesellschaft nehmen an der Kapitalerhöhung teil (§ 57l I), denn anders als bei der effektiven Kapitalerhöhung begründet die Kapitalerhöhung aus Gesellschaftsmitteln keine Einlagepflicht.[3] 2

III. Rechte Dritter

Bestehen an den bisherigen Anteilen **dingliche Rechte** Dritter (zB Nießbrauch oder Pfandrechte), so erstrecken sich diese nach hM im Schrifttum auch auf die neuen oder erhöhten Geschäftsanteile.[4] Bliebe allein der alte Geschäftsanteil bzw. (im Fall der Nennbetragserhöhung) der nicht erhöhte Teil des Geschäftsanteils dem dinglichen Recht unterstellt, komme es zu einer Aushöhlung der Rechtsstellung des Berechtigten.[5] Nach der Gegenansicht fehlt es sowohl an einer gesetzlichen Grundlage für eine solche Erstreckung als auch an einer entspr. geschützten Rechtsposition des Berechtigten.[6] In Betracht komme nur eine rechtsgeschäftliche Erstreckung, die bei Fehlen einer ausdrücklichen Vereinbarung durch Auslegung der Bestellungsvereinbarung zu ermitteln sei.[7] Hierfür spricht jedenfalls beim Pfandrecht, dass dieses nicht den Gewinnanspruch umfasst u. der Pfandgläubiger nicht vor einer Auszahlung der Rücklagen an die Gesellschafter geschützt ist. Warum für die Umwandlung der Rücklagen in Stammkapital etwas anderes gelten soll, ist nicht ersichtlich.[8] 3

Hat ein Gesellschafter eine **schuldrechtliche Vereinbarung** in Bezug auf Geschäftsanteile mit einem Dritten geschlossen (zB einen Kaufvertrag, Verein- 4

---

1 *Ulmer* Rn. 1; Blath, notar 2018, 429; rechtspolitische Kritik bei *Schemmann*, NZG 09, 241, 242.
2 Baumbach/Hueck/*Servatius* Rn. 1; *Ulmer* Rn. 3; *Lutter*/Hommelhoff/*Kleindiek* Rn. 1.
3 Näher hierzu *Blath*, notar 2018, 429, der (zutreffend) von einem „Gebot" der Beteiligung eigener Anteile spricht.
4 *Lutter*/Hommelhoff/*Kleindiek* Rn. 4; *Roth*/Altmeppen Rn. 2; *Ulmer* Rn. 5.
5 *Lutter*/Hommelhoff/*Kleindiek* Rn. 4.
6 *Fröhlich*/*Primaczenko*, GWR 13, 437, 438; *Kerbusch*, GmbHR 90, 156, 157 f.; diesem folgend Michalski/*Hermanns* Rn. 5.
7 Michalski/*Hermanns* Rn. 5.
8 Ähnl *Schemmann*, NZG 09, 241, 243, der zudem auf die Möglichkeit der Schaffung neuer unbelasteter Anteile im Wege des Schütt-aus-hol-zurück-Verfahrens verweist.

barung von Options- oder Vorkaufsrechten), so ist die Erstreckung durch Auslegung zu ermitteln u. iZw anzunehmen.[9]

IV. Zwingendes Recht

5 Ein der proportionalen Zuordnung entgegenstehender Erhöhungsbeschluss ist nichtig (S. 2).[10] Dies gilt – mag es rechtspolitisch auch als verfehlt angesehen werden[11] – nach der ausdrücklichen gesetzlichen Regelung unabhängig von der Zustimmung des benachteiligten Gesellschafters u. auch bei lediglich geringfügigen Abweichungen.[12] Unzulässig sind auch mittelbare Erwerbshindernisse wie Bedingungen (zB die Knüpfung an die Teilnahme an einer effektiven Kapitalerhöhung) oder Abtretungsverpflichtungen im Erhöhungsbeschluss.[13]

6 Ein Verstoß gegen S. 1 hat gem. § 139 BGB iZw die **Gesamtnichtigkeit** des Erhöhungsbeschlusses zur Folge.[14] Dies entspricht regelmäßig dem Willen der Beteiligten, insbes. wenn der Verstoß darauf beruht, dass die Rücklagen den Gesellschaftern wirtschaftlich nicht im Verhältnis ihrer Beteiligung zustehen.[15] Das Registergericht hat die Eintragung des Beschlusses abzulehnen. Ein gleichwohl eingetragener Erhöhungsbeschluss wird mit Ablauf von 3 Jahren analog § 242 II AktG geheilt.[16]

§ 57 k Teilrechte; Ausübung der Rechte

(1) Führt die Kapitalerhöhung dazu, daß auf einen Geschäftsanteil nur ein Teil eines neuen Geschäftsanteils entfällt, so ist dieses Teilrecht selbständig veräußerlich und vererblich.

(2) Die Rechte aus einem neuen Geschäftsanteil, einschließlich des Anspruchs auf Ausstellung einer Urkunde über den neuen Geschäftsanteil, können nur ausgeübt werden, wenn Teilrechte, die zusammen einen vollen Geschäftsanteil ergeben, in einer Hand vereinigt sind oder wenn sich mehrere Berechtigte, deren Teilrechte zusammen einen vollen Geschäftsanteil ergeben, zur Ausübung der Rechte (§ 18) zusammenschließen.

Schrifttum

Geßler, Die Kapitalerhöhung aus Gesellschaftsmitteln, BB 1960, 6; *Priester*, Die neuen Anteilsrechte bei Kapitalerhöhung aus Gesellschaftsmitteln, GmbHR 1980, 236; *Simon*, Erhöhung des Stammkapitals aus Gesellschaftsmitteln einer GmbH, BB 1962, 72.

---

9 *Lutter*/Hommelhoff/Kleindiek Rn. 5; *Ulmer* § 57 m Rn. 28.
10 *Fröhlich/Primaczenko*, GWR 13, 437, 438 f.
11 Michalski/*Hermanns* Rn. 2.
12 *Lutter*/Hommelhoff/Kleindiek Rn. 6; *Roth*/Altmeppen Rn. 3; *Ulmer* Rn. 7; Baumbach/Hueck/*Servatius* Rn. 4; aA bei Zustimmung des Gesellschafters Scholz/*Priester* Rn. 3, u. für geringfügige Abweichungen LG Mannheim BB 61, 303.
13 *Lutter*/Hommelhoff/Kleindiek Rn. 7; *Roth*/Altmeppen Rn. 3; *Ulmer* Rn. 8; abw. Michalski/*Hermanns* Rn. 9, nach dem zweifelhaft ist, ob das Verbot auch der Verknüpfung von nomineller u. effektiver Kapitalerhöhung entgegensteht.
14 *Lutter*/Hommelhoff/Kleindiek Rn. 8; Scholz/*Priester* Rn. 6; Baumbach/Hueck/*Servatius* Rn. 4; aA *Ulmer* Rn. 9, der von Teilnichtigkeit ausgeht.
15 Michalski/*Hermanns* Rn. 10.
16 *Schemmann*, NZG 09, 241, 242.

I. Normzweck

§ 57k trägt dem Umstand Rechnung, dass die zwingend proportionale Zuordnung der neuen Geschäftsanteile zur Entstehung von Spitzenbeträgen führen kann, die dem Erfordernis des § 57h I 2 widersprechen. In diesem Fall kommt es gem. Abs. 1 zur Entstehung von selbstständig veräußerlichen u. vererblichen Teilrechten. Abs. 2 regelt die Ausübung von Mitgliedschaftsrechten aus diesen Teilrechten. 1

II. Anwendung auf Nennbetragserhöhung

Nach hM ist die Vorschrift auch auf den Fall der Nennbetragserhöhung anwendbar.[1] Hiergegen lässt sich scheinbar zwar der Wortlaut des § 57k I anführen, der vom Teil eines „neuen Geschäftsanteils", nicht dag auch eines „im Nennbetrag erhöhten Geschäftsanteils" spricht u. damit nur die Ausführungsvariante der Bildung neuer Geschäftsanteile zu betreffen scheint. Auch aus systematischer Sicht wäre eine solche Regelung im Zusammenspiel mit § 57h II 2 stimmig. Allerdings ist ein sachlicher Grund für eine Differenzierung zwischen den Ausführungsarten bei volleingezahlten Geschäftsanteilen nicht ersichtlich. Für das Entstehen von Teilrechten auch bei Nennbetragserhöhungen sprechen zudem das grds. Wahlrecht der Gesellschafter zwischen den Ausführungsarten sowie die Möglichkeit kombinierter Ausführungen.[2] Schließlich steht auch der Wortlaut der Anwendung auf die Nennbetragserhöhung nicht entgg. Dieser ist vielmehr so zu lesen, dass iH der Teilrechte ein neuer Geschäftsanteil gebildet wird. Es liegt damit in Bezug auf die Teilrechte immer eine Anteilsneubildung vor,[3] unabhängig davon, ob iÜ eine Anteilsneubildung oder Nennbetragserhöhung (oder Kombination von beiden) stattfindet. 2

III. Entstehung und Rechtsnatur

Die **Rechtsnatur** der Teilrechte ist iErg umstritten. Ganz überwiegend werden diese zutr. als reale Teile eines Geschäftsanteils,[4] teilw auch als ideelle Bruchteile eines Geschäftsanteils[5] angesehen. *Zöllner* u. *Fastrich* lehnen beide Einordnungen ab u. gehen iErg davon aus, dass Teilrechte weder automatisch einen neuen Geschäftsanteil bilden noch zu einem solchen zusammengefasst zu werden brauchen.[6] Andernfalls komme eine Vereinigung nach Abs. 2 nur hins der dem gleichen Geschäftsanteil zugerechneten Teilrechte in Betracht, was dem Prinzip der freien Veräußerlichkeit widerspre- 3

1 Grdlg *Priester*, GmbHR 80, 236, 240; Scholz/*Priester* Rn. 4; *Lutter*/Hommelhoff/Kleindiek Rn. 1; *Ulmer* Rn. 6; Baumbach/Hueck/*Servatius* Rn. 2; aA: *Geßler*, BB 60, 6, 9; *Simon*, BB 72, 72; Rowedder/Schmidt-Leithoff/*Zimmermann* Rn. 5.
2 *Priester*, GmbHR 80, 236, 240.
3 *Priester*, GmbHR 80, 236, 240.
4 *Lutter*/Hommelhoff/Kleindiek Rn. 2; Scholz/*Priester* Rn. 6; *Roth*/Altmeppen Rn. 4; *Ulmer* Rn. 4.
5 *Geßler*, BB 60, 6, 9.
6 Baumbach/Hueck/*Servatius* Rn. 5.

che. Dieses Prinzip erfordert selbstständige, nicht zu Geschäftsanteilen zusammengefasste Teilrechte jedoch nicht. Gegen die Auffassung *Zöllners* u. *Fastrichs* spricht zudem der Wortlaut des Abs. 1 (→ Rn. 2). Konsequenz dieser Auffassung wäre weiter, dass die Stammkapitalziffer als Folge der nominellen Kapitalerhöhung nicht mehr mit der Summe der Nennbeträge aller Geschäftsanteile übereinstimmen würde, was nach dem durch das **MoMiG** neugefassten § 5 III 2 unzulässig ist.

4 Es ist also mindestens ein neuer Geschäftsanteil zu bilden, der die Teilrechte aufnimmt, was voraussetzt, dass die Summe der Teilrechte einen oder mehrere volle Geschäftsanteile ausmacht, also auf volle Euro lautet.[7] Die **Höhe des gebildeten Geschäftsanteils** sollte im Erhöhungsbeschluss jedenfalls dann angegeben werden, wenn bei einem oder mehreren Gesellschaftern eine Anteilsaufstockung stattfindet, da in diesem Fall eine Kombination von Nennbetragserhöhung u. Bildung neuer Anteile vorliegt (→ § 57 h Rn. 8).[8] Hins der Höhe des Geschäftsanteils besteht ein gewisser Gestaltungsspielraum. Da § 57 k keine Obergrenze bestimmt, kann ein Geschäftsanteil, an dem Teilrechte bestehen, auch höher festgelegt werden, als zur Aufnahme der entstehenden Spitzen erforderlich.[9] Dies gilt jedenfalls bei Zustimmung aller Gesellschafter, die wegen der Beschränkungen in der Rechtsausübung (Abs. 2) verlangen können, dass auf sie möglichst große, auf volle Euro lautende Geschäftsanteile entfallen.[10] Sofern rechnerisch möglich, können auch mehrere Geschäftsanteile gebildet werden, die jeweils Teilrechte unterschiedlicher Gesellschafter aufnehmen. Nach der Neufassung des § 5 II 2 kann ein Gesellschafter des Weiteren mehrere Teilrechte erhalten, sei es in Bezug auf einen oder mehrere Geschäftsanteile. Enthält der Erhöhungsbeschluss keine Angaben zur Nutzung dieses Gestaltungsspielraums, entsteht lediglich ein Geschäftsanteil, u. zwar in der Höhe, die zur Aufnahme der freien Spitzen erforderlich ist.

IV. Rechtsausübung

5 Die **Ausübung von Gesellschafterrechten** aus Geschäftsanteilen, die Teilrechte aufnehmen, setzt nach Abs. 2 voraus, dass Teilrechte, die zusammen einen vollen Geschäftsanteil ergeben, in einer Hand vereinigt werden oder sich mehrere Gesellschafter, deren Teilrechte einen vollen Geschäftsanteil ergeben, zur Ausübung ihrer Rechte zusammenschließen. Besteht bspw. ein Geschäftsanteil mit einem Nennbetrag von 2 EUR, an welchem 4 Gesell-

---

7 Das ist immer dann der Fall, wenn der Gesamterhöhungsbetrag auf volle Euro lautet. Liegen teileingezahlte Anteile vor, ist der Gesamterhöhungsbetrag wegen § 57 l II 2 jedoch so zu wählen, dass Spitzenbeträge gar nicht erst entstehen, vgl. das Bsp bei § 57 h Rn. 6.

8 Ob dies auch für die einzelnen Teilrechte gilt, ist zweifelhaft. Bejahend *Lutter*/Hommelhoff Rn. 1; Scholz/*Priester* Rn. 5; abl. *Roth*/Altmeppen Rn. 3; Baumbach/Hueck/*Servatius* Rn. 3.

9 Theoretisch möglich wäre auch die Bildung eines einzigen neuen Geschäftsanteils, an welchem Teilrechte bestehen, vgl. Scholz/*Priester* Rn. 4; *Wicke* Rn. 1; aA Baumbach/Hueck/*Zöllner* Rn. 4 Fn. 9.

10 *Lutter*/Hommelhoff Rn. 1; Scholz/*Priester* Rn. 4; *Ulmer* Rn. 3; anders *Roth*/Altmeppen Rn. 3, dem zufolge im Interesse der Gesellschafter darauf zu achten ist, die Teilrechte auf möglichst viele Geschäftsanteile zusammenzufassen, um die Zahl der Mitberechtigten an einem Anteil möglichst klein zu halten.

schaftern Teilrechte in gleicher Höhe zustehen, kann jeder Gesellschafter ein weiteres Teilrecht oder alle 3 weiteren Teilrechte zukaufen, was die Verschmelzung der jeweils von ein u. demselben Gesellschafter gehaltenen Teilrechte zur Folge hat.[11] Alternativ könnten sich 2 oder alle 4 Gesellschafter zur gemeinsamen Ausübung ihrer Teilrechte zusammenschließen. Zwischen den Gesellschaftern entstünde dann eine GbR, die als Innen- oder Außengesellschaft ausgestaltet werden kann.[12] Im ersten Fall blieben die Teilrechte den einzelnen Gesellschaftern zugeordnet, die diese zusammen ausüben würden. Für das Verhältnis zur GmbH gilt in diesem Fall § 18.[13] Im zweiten Fall würden die Gesellschafter ihre Teilrechte auf die Gesellschaft übertragen, was wiederum dazu führt, dass ein einheitlicher Anteil entsteht, dessen Träger die GbR ist. Auf § 18 muss also insoweit nicht zurückgegriffen werden da die GbR selbst rechtsfähige Inhaberin des Geschäftsanteils ist und gerade keine Mehrheit von Berechtigen vorliegt.[14]

Solange die Voraussetzungen des Abs. 2 nicht erfüllt sind, **ruhen alle Mitgliedschaftsrechte**, also neben den Stimmrechten u. sonstigen Verwaltungsrechten auch das Gewinnrecht der Gesellschafter.[15] 6

§ 57 l Teilnahme an der Erhöhung des Stammkapitals

(1) Eigene Geschäftsanteile nehmen an der Erhöhung des Stammkapitals teil.

(2) [1]Teileingezahlte Geschäftsanteile nehmen entsprechend ihrem Nennbetrag an der Erhöhung des Stammkapitals teil. [2]Bei ihnen kann die Kapitalerhöhung nur durch Erhöhung des Nennbetrags der Geschäftsanteile ausgeführt werden. [3]Sind neben teileingezahlten Geschäftsanteilen vollständig eingezahlte Geschäftsanteile vorhanden, so kann bei diesen die Kapitalerhöhung durch Erhöhung des Nennbetrags der Geschäftsanteile und durch Bildung neuer Geschäftsanteile ausgeführt werden. [4]Die Geschäftsanteile, deren Nennbetrag erhöht wird, können auf jeden Betrag gestellt werden, der auf volle Euro lautet.

I. Normzweck

§ 57 l regelt die Durchführung der Kapitalerhöhung bei Vorhandensein eigener u. teileingezahlter Geschäftsanteile. Diese nehmen an der Kapitaler- 1

11 Scholz/*Priester* Rn. 9.
12 *Roth*/Altmeppen Rn. 7.
13 *Lutter*/Hommelhoff/Kleindiek Rn. 3; MüKoGmbHG/*Lieder* Rn. 11; Baumbach/Hueck/*Servatius* Rn. 7.
14 Scholz/*Priester* Rn. 10; *Ulmer* Rn. 10; *Lutter*/Hommelhoff/Kleindiek Rn. 3; MüKoGmbHG/*Lieder* Rn. 12; aA *Roth*/Altmeppen Rn. 7 (auch bei Außengesellschaft findet § 18 Anwendung); so auch Baumbach/Hueck/*Servatius* Rn. 7 aE („in beiden Fällen gilt § 18").
15 *Ulmer* Rn. 8.

höhung teil, wobei Abs. 2 für teileingezahlte Geschäftsanteile Sonderregelungen enthält. Der Wortlaut des Abs. 2 S. 4 wurde durch das **MoMiG** entspr. den Änderungen des § 5 (→ § 5 Rn. 2) neu gefasst.

II. Eigene Geschäftsanteile

2 Eigene Geschäftsanteile der Gesellschaft nehmen nach der Klarstellung des Abs. 1 an der Kapitalerhöhung teil. Dies entspricht dem **Wesen der Kapitalerhöhung** aus Gesellschaftsmitteln, die lediglich eine Umbuchung von Passiva ohne Änderung der Beteiligungsverhältnisse darstellt. Der Gesellschaft steht ein Stimmrecht bzgl. des Erhöhungsbeschlusses nach allg. Grundsätzen (→ § 33 Rn. 31) nicht zu.[1] §§ 57h, 57j u. 57k finden uneingeschränkt Anwendung.[2]

III. Teileingezahlte Geschäftsanteile

3 Teileingezahlte Geschäftsanteile gewähren grds. **volle Mitgliedschaftsrechte** (§§ 29 III 1, 47 II) u. nehmen daher nach Abs. 2 S. 1 mit ihrem Nennbetrag, nicht etwa nur mit dem Einzahlungsbetrag an der Kapitalerhöhung teil.[3] Das gilt auch, wenn die Satzung abw. Regelungen bzgl. der Mitgliedschaftsrechte teileingezahlter Geschäftsanteile trifft.[4] Für die Mitgliedschaftsrechte aus dem erhöhten Geschäftsanteil gilt dann § 57m II 1. Selbstverständlich unzulässig ist die Verrechnung der auf die Gesellschafter entfallenden Erhöhungsbeträge mit offenen Einlageverpflichtungen,[5] da es in diesem Fall zu einer Erhöhung des Stammkapitals überhaupt nicht kommt.

4 Für teileingezahlte Geschäftsanteile ist die Durchführung der **Kapitalerhöhung im Wege der Nennbetragserhöhung** durch Abs. 2 S. 2 vorgeschrieben, wobei darauf zu achten ist, den Gesamterhöhungsbetrag so zu wählen, dass keine freien Spitzen entstehen (→ § 57h Rn. 6). Bestünde die Möglichkeit einer Anteilsneubildung, würde dies zu einer Entwertung des teileingezahlten Anteils u. damit zu einer Verschlechterung der Verwertungsmöglichkeiten der Gesellschaft im Fall der Kaduzierung u. Versteigerung nach §§ 21, 23 führen. Eine solche Vorgehensweise ist aus Gründen des Gläubigerschutzes unzulässig.[6]

5 Bei Vorliegen sowohl teil- als auch volleingezahlter Geschäftsanteile bleibt es hins der volleingezahlten Anteile nach Abs. 2 S. 3 bei dem Grundsatz, dass ein Wahlrecht zwischen Nennbetragserhöhung u. Anteilsneubildung besteht (→ § 57h Rn. 7). Abs. 2 S. 4 hätte durch das **MoMiG** statt neugefasst zu werden auch gestrichen werden können, da er ggü § 57h I 2 nF keinerlei Privilegierung mehr enthält (nach aF ordnete er die Teilbarkeit der neuen Anteile durch 5 statt durch 10 an) u. daher überflüssig ist.

---

1 Scholz/*Priester* Rn. 2; *Roth*/Altmeppen Rn. 1; MüKoGmbHG/*Lieder* Rn. 5.
2 *Roth*/Altmeppen Rn. 1; *Ulmer* Rn. 3; MüKoGmbHG/*Lieder* Rn. 5.
3 Michalski/*Hermanns* Rn. 4.
4 *Ulmer* Rn. 4.
5 *Roth*/Altmeppen Rn. 3; *Ulmer* Rn. 5; Baumbach/Hueck/*Servatius* Rn. 2.
6 *Lutter*/Hommelhoff/Kleindiek Rn. 4; *Ulmer* Rn. 6; Baumbach/Hueck/*Servatius* Rn. 3.

IV. Mängel

Verstöße gegen § 57 l machen den Erhöhungsbeschluss analog § 241 Nr. 3 AktG insg. **nichtig.** Dies gilt gleichermaßen für den Fall des Ausschlusses gesellschaftseigener Anteile von der Kapitalerhöhung wie auch bei unterproportionaler Teilnahme teileingezahlter Anteile u. bei Durchführung einer Anteilsneubildung für lediglich teileingezahlte Anteile.[7] 6

§ 57 m Verhältnis der Rechte; Beziehungen zu Dritten

(1) Das Verhältnis der mit den Geschäftsanteilen verbundenen Rechte zueinander wird durch die Kapitalerhöhung nicht berührt.

(2) [1]Soweit sich einzelne Rechte teileingezahlter Geschäftsanteile, insbesondere die Beteiligung am Gewinn oder das Stimmrecht, nach der je Geschäftsanteil geleisteten Einlage bestimmen, stehen diese Rechte den Gesellschaftern bis zur Leistung der noch ausstehenden Einlagen nur nach der Höhe der geleisteten Einlage, erhöht um den auf den Nennbetrag des Stammkapitals berechneten Hundertsatz der Erhöhung des Stammkapitals, zu. [2]Werden weitere Einzahlungen geleistet, so erweitern sich diese Rechte entsprechend.

(3) Der wirtschaftliche Inhalt vertraglicher Beziehungen der Gesellschaft zu Dritten, die von der Gewinnausschüttung der Gesellschaft, dem Nennbetrag oder Wert ihrer Geschäftsanteile oder ihres Stammkapitals oder in sonstiger Weise von den bisherigen Kapital- oder Gewinnverhältnissen abhängen, wird durch die Kapitalerhöhung nicht berührt.

I. Normzweck

Die nominelle Kapitalerhöhung verändert durch Umbuchung von Rücklagen in gebundenes Vermögen lediglich die Ausschüttungssperre (§ 30), nicht jedoch die Beteiligungsverhältnisse (§ 57 j). Konsequenterweise ordnet **Abs. 1** an, dass sich auch die mit den Geschäftsanteilen verbundenen Rechte der Gesellschafter nicht verändern. **Abs. 2** regelt die Anpassung statutarisch auf den Umfang der Einzahlung beschränkter Mitgliedschaftsrechte aus teileingezahlten Geschäftsanteilen. Für kapital- u. gewinnbezogene Rechtsbeziehungen der Gesellschaft zu Dritten gilt **Abs. 3.** 1

7 *Lutter*/Hommelhoff Rn. 1; *Roth*/Altmeppen Rn. 5; Scholz/*Priester* Rn. 9; abw. Baumbach/Hueck/*Servatius* Rn. 3, nach denen sich die Frage, ob ein Verstoß gegen Abs. 2 S. 2 Gesamt- oder Teilnichtigkeit zur Folge hat, nach allg. Grundsätzen beurteilt u. nur iZw Gesamtnichtigkeit besteht; aA *Ulmer* Rn. 9, der bei Nichtberücksichtigung eigener u. unterproportionaler Berücksichtigung teileingezahlter Anteile Teilnichtigkeit annimmt.

II. Auswirkungen auf Mitgliedschaftsrechte

1. Vorzugsrechte

2 Solange alle Geschäftsanteile mit denselben Rechten u. Pflichten ausgestattet sind, ergeben sich die von § 57 m angeordneten Wirkungen bereits aus §§ 57 j, 57 k. Etwas anderes gilt jedoch bei Vorhandensein von nennwertabhängigen, **vermögensbezogenen Vorzugsrechten.**[1] Verdoppelt sich durch eine nominelle Kapitalerhöhung bspw. der Nennwert der von einem Gesellschafter gehaltenen, eine Vorzugsdividende von 10 % des Nennwerts gewährenden Vorzugsgeschäftsanteile von 10.000 EUR auf 20.000 EUR, so erhält der Gesellschafter gem. Abs. 1 nach wie vor nur 1.000 EUR (u. nicht etwa nunmehr 2.000 EUR) vorab. Die Vorzugsdividende vermindert sich auf 5 % des Nennwerts der Geschäftsanteile. Mit Zustimmung aller Gesellschafter ist es bei Durchführung der Kapitalerhöhung im Wege der Anteilsneubildung ebenfalls zulässig, die neuen Anteile ohne die Vorzugsrechte entstehen u. die Vorzugsrechte der alten Anteile unverändert zu lassen.[2]

3 Sind mit einem Geschäftsanteil besondere **Herrschaftsrechte** verbunden, so dürften diese idR unverändert fortbestehen.[3] Entfallen also auf bestimmte Geschäftsanteile erhöhte Stimmrechte, so gilt Gleiches für die neuen bzw. erhöhten Anteile. Das ist nur konsequent, denn andernfalls käme es im Zuge der Kapitalerhöhung zu einer Verschiebung der Stimmrechtsverhältnisse.[4] Probleme stellen sich beim Zusammentreffen herrschaftsbezogener Vorzugsrechte (wie dem Recht zur Geschäftsführung oder auf Vorsitz im Aufsichtsrat) mit einer Kapitalerhöhung durch Anteils*neubildung*, denn hier droht im Fall der Übertragung der neuen Anteile eine Vervielfältigung der besagten Herrschaftsrechte.[5] Bei Anteilsneubildung erfassen daher die Herrschaftsrechte die neuen Anteile nicht.

4 Von Vorzugsrechten zu unterscheiden sind **Sondervorteile.** Diese sind nicht mit dem Geschäftsanteil, sondern mit der Person des Gesellschafters verbunden u. werden durch die Kapitalerhöhung nicht berührt. Etwas anderes gilt nur, wenn sich der Umfang der Sondervorteile nach dem Nennwert der Geschäftsanteile des betr. Gesellschafters richtet; dann hat eine Anpassung zu erfolgen.[6]

2. Minderheitsrechte

5 Auch Minderheitsrechte verändern sich durch die Kapitalerhöhung aus Gesellschaftsmitteln nicht. Werden diese durch eine prozentuale Beteiligung an der Gesellschaft vermittelt, ergibt sich dies wiederum bereits aus §§ 57 j, 57 k. Knüpfen sie an das Halten von Geschäftsanteilen in einem bestimmten Nennwert an, erfolgt eine Anpassung nach Abs. 1, so dass die Geltend-

---

1 *Roth*/Altmeppen Rn. 3; Baumbach/Hueck/*ServatiusServatius* Rn. 2.
2 Scholz/*Priester* Rn. 4; Baumbach/Hueck/*Servatius* Rn. 3; aA *Ulmer* Rn. 7; zur Rechtslage im Aktienrecht (Beibehaltung von Vorzügen ist ausgeschlossen) vgl. statt aller Schmidt/Lutter/*Veil* § 216 Rn. 4 f.
3 Scholz/*Priester* Rn. 5.
4 *Ulmer* Rn. 8.
5 *Lutter*/Hommelhoff/Kleindiek Rn. 7; *Roth*/Altmeppen Rn. 4.
6 *Roth*/Altmeppen Rn. 5; *Ulmer* Rn. 9.

machung der Minderheitsrechte das Innehaben eines entspr. erhöhten Nennbetrags voraussetzt.[7] Die Kapitalerhöhung bewirkt damit insbes. keine Verstärkung von Minderheitsrechten.

3. Nebenleistungspflichten

Der Gesellschaftsvertrag kann für die Gesellschafter Nebenleistungspflichten iSv § 3 II (etwa Zahlung eines Aufgeldes) oder Nachschusspflichten iSd §§ 26–28 vorsehen. Sind diese Pflichten **nennwertbezogen**, erfolgt eine Anpassung nach Abs. 1.[8] Sind die Nebenpflichten nicht nennwertbezogen u. werden neue Geschäftsanteile gebildet, so verteilen sich die Nebenpflichten nach hM pro rata auf die alten u. neuen Anteile.[9] Letztere unterliegen zudem allen auf den alten Anteilen lastenden Verfügungsbeschränkungen u. Vorerwerbsrechten der Mitgesellschafter.[10] 6

III. Satzungsänderung

Die nach Abs. 1 erforderlichen Anpassungen treten mit Eintragung der Kapitalerhöhung **kraft Gesetzes** ein.[11] Die Gesellschafter sind nach hM verpflichtet, die Satzung an die materielle Rechtslage anzupassen. Das Registergericht kann die Eintragung der Kapitalerhöhung verweigern, wenn nicht gleichzeitig eine Satzungsänderung angemeldet wird.[12] 7

Die Anpassung der Satzung bedarf einer **förmlichen Satzungsänderung.**[13] Dies folgt daraus, dass den Gesellschaftern die Wahl zwischen verschiedenen Möglichkeiten der Anpassung offensteht,[14] etwa bei Regelung von Vorzugsdividenden im Fall der Anteilsneubildung (vgl. das Bsp bei → Rn. 2), u. die Satzungsanpassung damit nicht immer lediglich textberichtigenden Charakter hat. Solche von Abs. 1 abw. Gestaltungen können mit Zustimmung aller Gesellschafter bereits im Kapitalerhöhungsbeschluss geregelt werden.[15] Eine § 57 j S. 2 entspr. Nichtigkeitsanordnung enthält § 57 m nicht. 8

IV. Teileingezahlte Anteile (Abs. 2)

Sieht die Satzung vor, dass sich die Rechte aus teileingezahlten Geschäftsanteilen nicht nach der Höhe des Nennwerts, sondern nach der Höhe der erbrachten Einlageleistung richten, so ordnet **Abs. 2 S. 1** die Erhöhung die- 9

---

7 Michalski/*Hermanns* Rn. 15; *Lutter*/Hommelhoff/Kleindiek Rn. 9; *Ulmer* Rn. 10.
8 *Ulmer* Rn. 12.
9 *Lutter*/Hommelhoff Rn. 8; *Roth*/Altmeppen Rn. 6; differenzierend: Baumbach/Hueck/*Servatius* Rn. 5.
10 Scholz/*Priester* Rn. 8; *Roth*/Altmeppen Rn. 6; *Ulmer* Rn. 12.
11 *Ulmer* Rn. 13; Baumbach/Hueck/*Servatius* Rn. 9.
12 *Lutter*/Hommelhoff/*Kleindiek* Rn. 10; Scholz/*Priester* Rn. 12; Baumbach/Hueck/*Servatius* Rn. 9; abw. Michalski/*Hermanns* Rn. 19, nach dem der Registerrichter die Eintragung zurückweisen *muss*; gänzlich aA *Roth*/Altmeppen Rn. 8: kein Recht zur Verweigerung der Eintragung.
13 *Lutter*/Hommelhoff/*Kleindiek* Rn. 10; *Roth*/Altmeppen Rn. 8; Baumbach/Hueck/*Servatius* Rn. 9; aA *Ulmer* Rn. 14, der eine nur formelle Satzungsänderung annimmt u. daher eine einfache Mehrheit genügen lässt.
14 *Lutter*/Hommelhoff/*Kleindiek* Rn. 10; Michalski/*Herrmanns* Rn. 18.
15 Scholz/*Priester* Rn. 13; *Roth*/Altmeppen Rn. 9; Baumbach/Hueck/*Servatius* Rn. 3; aA *Lutter*/Hommelhoff/*Kleindiek* Rn. 5, 11; *Ulmer* Rn. 15.

ser Rechte um den auf den Nennbetrag des Stammkapitals berechneten Hundertsatz der Erhöhung des Stammkapitals an. Es kommt also nicht zu einer Erhöhung der Rechte um den auf den betr Gesellschafter entfallenden vollen Erhöhungsbetrag, sondern nur prozentual entspr. dem Verhältnis seiner bisherigen Einlageleistung zum Nennwert seines Geschäftsanteils. Spätere Einzahlungen auf die offene Einlage erhöhen die Mitgliedschaftsrechte gem. **Abs. 2 S. 2** nicht nur um den Einzahlungsbetrag, sondern um den proportional erhöhten Einzahlungsbetrag.

10 **Bsp:** Auf einen Geschäftsanteil von 10.000 EUR sind 5.000 EUR einbezahlt, die dem Gesellschafter 5.000 Stimmen gewähren. Es wird eine nominelle Kapitalerhöhung um 50 % durchgeführt, der Nennwert des Geschäftsanteils erhöht sich um 5.000 EUR auf 15.000 EUR. Dies führt jedoch nicht zu 5.000, sondern lediglich zu 2.500 neuen Stimmen (5.000 „alte" Stimmen mal 50 %). Der Geschäftsanteil von nunmehr 15.000 EUR gibt also 7.500 Stimmen; er gilt für die Bestimmung der Mitgliedschaftsrechte – wie der alte Anteil – als zu 50 % eingezahlt. Die offene Einlageforderung beträgt freilich nach wie vor 5.000 EUR. Die Resteinzahlung gewährt daher 7.500 und nicht lediglich 5.000 neue Stimmen.

11 Etwas anderes gilt – vorbehaltlich ausdrücklich abw. Satzungsregelung – für die Beteiligung am **Liquidationserlös.** Analog § 271 III AktG sind zunächst die geleisteten Einlagen zu erstatten. Erst dann wird der verbleibende Erlös nach den Nennwerten der Geschäftsanteile unter den Gesellschaftern verteilt.[16] Für die Bestimmung der Höhe der geleisteten Einlagen besteht jedoch die Volleinzahlungsfiktion des § 216 II 3 AktG. Im obigen Beispielsfall (→ Rn. 10) gilt der Geschäftsanteil für die Verteilung des Liquidationserlöses daher zu 10.000 EUR, nicht lediglich zu 7.500 EUR als eingezahlt.

V. Rechtsbeziehungen zu Dritten (Abs. 3)

12 Vertragliche Beziehungen zwischen der Gesellschaft u. Dritten erfahren durch die nominelle Kapitalerhöhung keine materiellen Veränderungen.[17] Dritte idS können auch Gesellschafter sein, sofern die Beziehungen nichtmitgliedschaftlicher Natur sind.[18] Für Rechtsverhältnisse, die von der prozentualen Gewinnausschüttung, dem Nennbetrag oder Wert der Geschäftsanteile oder des Stammkapitals abhängen, erfolgt gem. Abs. 3 eine Anpassung kraft Gesetzes. Bei diesen Beziehungen kann es sich bspw. um vom Prozentsatz des ausgeschütteten Gewinns errechnete Tantiemen oder Ansprüche aus Genussrechten handeln.[19] Ebenfalls erfasst sind Ansprüche der Gesellschaft gegen Dritte, wie etwa Dividendengarantien.[20]

---

16 *Lutter*/Hommelhoff/*Kleindiek* Rn. 13; *Ulmer* Rn. 20; Baumbach/Hueck/*Servatius* Rn. 8.
17 *Ulmer* Rn. 21.
18 *Roth*/Altmeppen Rn. 12.
19 *Lutter*/Hommelhoff/*Kleindiek* Rn. 14; *Roth*/Altmeppen Rn. 12.
20 *Roth*/Altmeppen Rn. 12; Baumbach/Hueck/*Servatius* Rn. 11.

§ 57 n Gewinnbeteiligung der neuen Geschäftsanteile

(1) Die neuen Geschäftsanteile nehmen, wenn nichts anderes bestimmt ist, am Gewinn des ganzen Geschäftsjahres teil, in dem die Erhöhung des Stammkapitals beschlossen worden ist.

(2) [1]Im Beschluß über die Erhöhung des Stammkapitals kann bestimmt werden, daß die neuen Geschäftsanteile bereits am Gewinn des letzten vor der Beschlußfassung über die Kapitalerhöhung abgelaufenen Geschäftsjahrs teilnehmen. [2]In diesem Fall ist die Erhöhung des Stammkapitals abweichend von § 57 c Abs. 2 zu beschließen, bevor über die Ergebnisverwendung für das letzte vor der Beschlußfassung abgelaufene Geschäftsjahr Beschluß gefaßt worden ist. [3]Der Beschluß über die Ergebnisverwendung für das letzte vor der Beschlußfassung über die Kapitalerhöhung abgelaufene Geschäftsjahr wird erst wirksam, wenn das Stammkapital erhöht worden ist. [4]Der Beschluß über die Erhöhung des Stammkapitals und der Beschluß über die Ergebnisverwendung für das letzte vor der Beschlußfassung über die Kapitalerhöhung abgelaufene Geschäftsjahr sind nichtig, wenn der Beschluß über die Kapitalerhöhung nicht binnen drei Monaten nach der Beschlußfassung in das Handelsregister eingetragen worden ist; der Lauf der Frist ist gehemmt, solange eine Anfechtungs- oder Nichtigkeitsklage rechtshängig ist.

Schrifttum

Priester, Änderung von Gewinnverwendungsbeschlüssen, ZIP 2000, 261.

I. Normzweck

§ 57 n regelt die Gewinnbeteiligung der im Wege der Kapitalerhöhung aus Gesellschaftmitteln neu geschaffenen bzw. erhöhten Geschäftsanteile. Diese nehmen nach der dispositiven Regelung des **Abs. 1** am Gewinn des ganzen Geschäftsjahres teil, in dem die Kapitalerhöhung beschlossen worden ist. Nach **Abs. 2** kann auch eine Teilnahme am Gewinn des vorangegangenen Jahres beschlossen werden. 1

II. Gewinn des laufenden Geschäftsjahres (Abs. 1)

Nach dem Grundsatz des Abs. 1 nehmen die jungen Anteile nicht erst ab dem Zeitpunkt der Eintragung der Kapitalerhöhung in das Handelsregister am Gewinn der Gesellschaft teil, sondern am Gewinn des ganzen Geschäftsjahrs, in welchem die Kapitalerhöhung beschlossen wird. Damit wird die Berechnung einer zeitanteiligen Gewinnverteilung, die angesichts der unverändert bleibenden Beteiligungsverhältnisse u. Gewinnberechtigung der Gesellschafter ohnehin überflüssig wäre, vermieden.[1] Da das Gesetz nicht auf den Zeitpunkt der Eintragung, sondern auf den der Beschlussfassung abstellt, kommt, wenn beide Zeitpunkte in unterschiedlichen Geschäftsjahren liegen, auch eine Teilnahme am Gewinn eines Geschäftsjahrs, in dem der neue Anteil noch gar nicht existiert hat, in Betracht.[2] 2

1 *Ulmer* Rn. 2.
2 Baumbach/Hueck/*Servatius* Rn. 1.

3 Abs. 1 lässt abw. Regelungen im Erhöhungsbeschluss ausdrücklich zu. Möglich sind die **Einschränkung** u. sogar der völlige Ausschluss der Gewinnberechtigung der neuen bzw. erhöhten Geschäftsanteile für das Geschäftsjahr der Beschlussfassung. Da dies für die verhältnismäßige Beteiligung der Gesellschafter am Gewinn ohne Bedeutung ist, bedarf eine solche Regelung nicht der Zustimmung aller Gesellschafter.[3] Sinnvoll ist sie nur, wenn Gesellschafter die Veräußerung der auf sie entfallenden neuen Anteile anstreben.

III. Gewinn des Vorjahres (Abs. 2)

4 Grds. möglich ist eine Abweichung von Abs. 1 auch dergestalt, dass die Gewinnberechtigung der neuen Anteile auf das dem Kapitalerhöhungsbeschluss vorausgegangene Geschäftsjahr ausgedehnt wird. Zu beachten sind dann die **zusätzlichen Voraussetzungen** des Abs. 2. Der Sinn einer solchen Ausdehnung, die an der verhältnismäßigen Beteiligung der Gesellschafter am Gewinn nichts ändert, erschließt sich ohne Blick auf das Aktienrecht, auf welches die Regelung des Abs. 2 zugeschnitten ist, nicht ohne Weiteres: Durch die Ausdehnung kann Dividendenoptik betrieben werden, denn es kommt nicht nach Durchführung einer nominellen Kapitalerhöhung, sondern bereits im vorausgehenden Jahr zu einem Absinken des Dividendenprozentsatzes.[4] Praktische Bedeutung kommt einer solchen Regelung für das GmbH-Recht kaum zu.

5 Soll dennoch eine Beteiligung am Vorjahresgewinn vorgesehen werden, ist die **Reihenfolgeregelung** des Abs. 2 S. 2 zu beachten: Abw von § 57 c II ist der Erhöhungsbeschluss vor dem Gewinnverwendungsbeschluss für das Vorjahr zu fassen. Zweck der Regelung ist sicherzustellen, dass Mittel, aus denen die Kapitalerhöhung erfolgen soll, nicht an die Gesellschafter ausgeschüttet werden.[5] Aus diesem Grund wird auch der Gewinnverwendungsbeschluss erst mit Erhöhung des Stammkapitals wirksam (Abs. 2 S. 3).

6 IErg umstritten sind die **Rechtsfolgen**, wenn die Reihenfolge des Abs. 2 S. 2 nicht eingehalten wird. Zu beachten ist zunächst, dass im Erhöhungsbeschluss zugleich eine stillschweigende Änderung bzw. Aufhebung des zuvor getroffenen Gewinnverwendungsbeschlusses liegen kann. Hins. der Möglichkeit einer Abänderung oder Aufhebung von Gewinnverwendungsbeschlüssen ist nach zutr. Ansicht zwischen Thesaurierungs- u. Ausschüttungsbeschlüssen zu differenzieren.[6] Während im Thesaurierungsfall der Gewinnverwendungsbeschluss ohne Weiteres aufgehoben werden kann, werden durch einen Ausschüttungsbeschluss Gläubigerrechte der Gesellschafter auf Auszahlung des auf sie entfallenden Gewinns begründet (→ § 29 Rn. 8). Die Aufhebung des Ausschüttungsbeschlusses würde einen Eingriff in diese Gläubigerrechte darstellen.[7] Die Auszahlungsansprüche können nach allg. schuldrechtlichen Grundsätzen nur durch Erlassvertrag zwischen Gesellschafter u. Gesellschaft beseitigt werden. Ein entspr. Erlass-

3 *Ulmer* Rn. 6.
4 Scholz/*Priester* Rn. 2.
5 *Lutter*/Hommelhoff/Kleindiek Rn. 2; *Priester*, ZIP 00, 261, 264.
6 *Priester*, ZIP 00, 261, 264.
7 Eingehend Baumbach/Hueck/*Servatius* Rn. 6.

angebot ist jedoch regelmäßig in der Zustimmung zum Erhöhungsbeschluss zu sehen.[8] Stimmen alle Gesellschafter der Kapitalerhöhung zu, liegt also grds. zugleich eine stillschweigende Aufhebung des Ausschüttungsbeschlusses vor.[9] Liegt die Zustimmung aller Gesellschafter im Ausschüttungsfall nicht vor, werden also Gläubigerrechte der Gesellschafter beeinträchtigt, ist die Gewinnverwendungsregelung im Erhöhungsbeschluss nichtig; iÜ bleibt der Beschluss iZw wirksam (§ 139 BGB).[10] Sieht der Gewinnverwendungsbeschluss die teilw. Ausschüttung u. Thesaurierung der Gewinne vor, ist regelmäßig nicht die gesamte Gewinnverwendungsregelung im Erhöhungsbeschluss, sondern lediglich der die Auszahlungsansprüche der Gesellschafter beeinträchtigende Teil nichtig.[11]

Der Kapitalerhöhungsbeschluss ist binnen 3 Monaten nach Beschlussfassung in das Handelsregister einzutragen, andernfalls wird er – ebenso wie der auf ihm aufbauende Gewinnverwendungsbeschluss – nichtig (**Abs. 2 S. 4 Hs. 1**). Maßgeblich ist nicht der Zeitpunkt der Anmeldung, sondern der Eintragung, so dass eine sofortige Anmeldung dringend zu empfehlen ist.[12] Dieser braucht der Gewinnverwendungsbeschluss als gesellschaftsinterner Akt nicht beigefügt zu werden.[13] Zudem muss der Gewinnverwendungsbeschluss zwar zeitlich nach dem Erhöhungsbeschluss (Abs. 2 S. 2), aber nicht zwingend innerhalb der 3-Monatsfrist des Abs. 2 S. 4 Hs. 1 gefasst werden,[14] wenngleich sich in der Praxis ein enger zeitlicher Zusammenhang zum Erhöhungsbeschluss empfiehlt.[15] Sind Anfechtungs- oder Nichtigkeitsklagen rechtshängig, ist der Lauf der Frist gehemmt (**Abs. 2 S. 4 Hs. 2**). Durch das ARUG[16] ist die Fristhemmung bis zur Erteilung einer beantragten Genehmigung entfallen. Damit wird der Streichung des § 8 I Nr. 6 durch das MoMiG Rechnung getragen, als dessen Folge die Erteilung einer staatlichen Genehmigung nicht mehr Voraussetzung für die Eintragung der Satzungsänderung ist. 7

§ 57 o Anschaffungskosten

[1]Als Anschaffungskosten der vor der Erhöhung des Stammkapitals erworbenen Geschäftsanteile und der auf sie entfallenden neuen Geschäftsanteile gelten die Beträge, die sich für die einzelnen Geschäftsanteile ergeben, wenn die Anschaffungskosten der vor der Erhöhung des Stammkapitals er-

8 *Priester*, ZIP 00, 261, 263.
9 *Priester*, ZIP 00, 261, 264; *Priester*/Scholz Rn. 4; iErg auch *Lutter*/Hommelhoff Rn. 2; *Roth*/Altmeppen Rn. 5; *Ulmer* Rn. 4; Baumbach/Hueck/*Servatius* Rn. 5.
10 *Lutter*/Hommelhoff Rn. 2; *Roth*/Altmeppen Rn. 5; *Ulmer* Rn. 4; Baumbach/Hueck/*Servatius* Rn. 6. Fraglich ist, ob der Beschluss wegen des zugleich vorliegenden Verstoßes gegen die Verfahrensvorschrift des Abs. 2 S. 2 iÜ anfechtbar ist, so Baumbach/Hueck/*Servatius* Rn. 7 u. Scholz/*Priester* Rn. 4.
11 *Priester*, ZIP 00, 261, 262.
12 Scholz/*Priester* Rn. 5.
13 *Lutter*/Hommelhoff/Kleindiek Rn. 2.
14 Baumbach/Hueck/*Servatius* Rn. 4; *Roth*/Altmeppen Rn. 4; aA *Ulmer* Rn. 4.
15 Scholz/*Priester* Rn. 4.
16 Gesetz zur Umsetzung der Aktionärsrichtlinie (ARUG) v. 30.7.09 (BGBl. I, S. 2479).

worbenen Geschäftsanteile auf diese und auf die auf sie entfallenden neuen Geschäftsanteile nach dem Verhältnis der Nennbeträge verteilt werden. [2]Der Zuwachs an Geschäftsanteilen ist nicht als Zugang auszuweisen.

I. Normzweck

1 § 57 o regelt die bilanziellen Folgen der Kapitalerhöhung aus Gesellschaftsmitteln für Geschäftsanteile, die sich im Betriebsvermögen eines bilanzierungspflichtigen Gesellschafters befinden. Da die Kapitalerhöhung lediglich eine Umbuchung von Passiva bei der Gesellschaft darstellt, kommt es beim Gesellschafter zu keinem Vermögenszuwachs; der Wert der nach der Kapitalerhöhung gehaltenen Anteile entspricht dem Wert der alten Anteile. **S. 2** stellt daher klar, dass die Kapitalerhöhung nicht zu einem Zugang in der Bilanz des Gesellschafters führt. Nach **S. 1** gelten als Anschaffungskosten der neuen Anteile diejenigen Beträge, die sich bei einer verhältnismäßigen Verteilung der Anschaffungskosten der alten Anteile auf diese sowie auf die neuen Anteile ergeben. Damit kommt der Vorschrift iVm § 3 KapErhStG insbes. steuerliche Bedeutung zu:[1] Die Kapitalerhöhung ist **ertragsteuerlich neutral.**[2]

II. Kein Zugang (S. 2)

2 Die Kapitalerhöhung aus Gesellschaftsmitteln führt weder zu einer realen noch zu einer bilanziellen Vermögensvermehrung des Gesellschafters: Gem S. 2 ist der Zuwachs an Geschäftsanteilen nicht als Zugang (§ 268 II 2 HGB) in der Bilanz auszuweisen.[3] Das gilt selbstverständlich nicht für den Hinzuerwerb von Teilrechten zum Zwecke der Anteilsvereinigung nach § 57 k II.[4]

III. Verteilung der Anschaffungskosten (S. 1)

3 Die Anschaffungskosten der alten Geschäftsanteile sind gem. S. 1 im Verhältnis der Nennwerte auf die alten u. neuen Anteile zu verteilen. Dies entspricht der wirtschaftlichen Qualifikation der neuen Anteile als „abgespaltene" Anteile u. nicht etwa als „Gratis"-Anteile, deren Anschaffungskosten sich auf null belaufen würden.[5] Hat sich der Buchwert der alten Anteile durch Abschreibungen vermindert (§§ 253 III 3, IV HGB), so ist der geminderte Wert zu verteilen.[6] Sind mehrere Geschäftsanteile in der Bilanz eines Gesellschafters mit unterschiedlichen Anschaffungskosten angesetzt, gilt der Grundsatz der Einzelbewertung, so dass die Bewertung der neuen

1 Scholz/*Priester* Rn. 3; *Roth*/Altmeppen Rn. 1; *Ulmer* Rn. 1.
2 *Ulmer* Rn. 1.
3 „Zugang" ist ein auf das Anlagevermögen bezogener Begriff. § 57 o S. 2 gilt jedoch auch für den Fall, dass die Anteile im Umlaufvermögen des Gesellschafters gehalten werden, vgl. Scholz/*Priester* Rn. 2.
4 *Lutter*/Hommelhoff/Kleindiek Rn. 2; Scholz/*Priester* Rn. 3; *Ulmer* Rn. 4; Baumbach/Hueck/*Servatius* Rn. 3.
5 Scholz/*Priester* Rn. 4.
6 *Roth*/Altmeppen Rn. 2; Baumbach/Hueck/*Servatius* Rn. 2.

Anteile sich nach der Bewertung derjenigen alten Anteile richtet, von denen sie jeweils „abgespalten“ wurden.[7]

Bsp: Ein Gesellschafter hält zwei Anteile (Nennwert: je 10.000 EUR, Buchwert Anteil 1: 10.000 EUR, Buchwert Anteil 2: 15.000 EUR). Es findet eine nominelle Kapitalerhöhung um 25 % durch Anteilsneubildung statt. Auf Anteil 1 entfällt ein neuer Anteil 3 im Nennwert von 2.500 EUR, auf Anteil 2 einer neuer Anteil 4 im Nennwert von 3.750 EUR. Anteil 1 ist mit 8.000 EUR, Anteil 2 mit 12.000 EUR, Anteil 3 mit 2.000 EUR u. Anteil 4 mit 3.000 EUR anzusetzen. 4

§ 58 Herabsetzung des Stammkapitals

(1) Eine Herabsetzung des Stammkapitals kann nur unter Beobachtung der nachstehenden Bestimmungen erfolgen:

1. der Beschluß auf Herabsetzung des Stammkapitals muß von den Geschäftsführern in den Gesellschaftsblättern bekanntgemacht werden; in dieser Bekanntmachung sind zugleich die Gläubiger der Gesellschaft aufzufordern, sich bei derselben zu melden; die aus den Handelsbüchern der Gesellschaft ersichtlichen oder in anderer Weise bekannten Gläubiger sind durch besondere Mitteilung zur Anmeldung aufzufordern;

2. die Gläubiger, welche sich bei der Gesellschaft melden und der Herabsetzung nicht zustimmen, sind wegen der erhobenen Ansprüche zu befriedigen oder sicherzustellen;

3. die Anmeldung des Herabsetzungsbeschlusses zur Eintragung in das Handelsregister erfolgt nicht vor Ablauf eines Jahres seit dem Tage, an welchem die Aufforderung der Gläubiger in den Gesellschaftsblättern stattgefunden hat;

4. mit der Anmeldung ist die Bekanntmachung des Beschlusses einzureichen; zugleich haben die Geschäftsführer die Versicherung abzugeben, daß die Gläubiger, welche sich bei der Gesellschaft gemeldet und der Herabsetzung nicht zugestimmt haben, befriedigt oder sichergestellt sind.

(2) [1]Die Bestimmung in § 5 Abs. 1 über den Mindestbetrag des Stammkapitals bleibt unberührt. [2]Erfolgt die Herabsetzung zum Zweck der Zurückzahlung von Einlagen oder zum Zweck des Erlasses zu leistender Einlagen, dürfen die verbleibenden Nennbeträge der Geschäftsanteile nicht unter den in § 5 Abs. 2 und 3 bezeichneten Betrag herabgehen.

Schrifttum

Felix, Kapitalherabsetzung und eigener Geschäftsanteil, GmbHR 1989, 286; *Geißler*, Funktion und Durchführung der vereinfachten Kapitalherabsetzung bei der GmbH, GmbHR 2005, 1102; *Halm*, Formelle und materielle Erfordernisse der ordentlichen Kapitalherabsetzung im Recht der GmbH, DStR 1997, 1332; *Heckschen*, Gründungserleichterungen nach dem MoMiG – Zweifelsfragen in der Praxis, DStR 2009, 166.

7 *Lutter*/Hommelhoff/Kleindiek Rn. 1; MüKoGmbHG/*Lieder* Rn. 3; BeckOK/*Rühland* Rn. 2.

I. Normzweck

1 Die Herabsetzung der Stammkapitalziffer der Gesellschaft erfolgt durch **Satzungsänderung**. In der Handelsbilanz führt sie zu einer entspr. Absenkung des Passivpostens „Gezeichnetes Kapital" (§ 266 III A I HGB). Eine Verminderung des Gesellschaftsvermögens (bzw. eine Bilanzverkürzung) ergibt sich aus der Kapitalherabsetzung als solcher nicht u. ist auch nicht notwendigerweise mit ihr verbunden. Der Eintritt einer Vermögensminderung hängt vielmehr von dem mit der Kapitalherabsetzung verfolgten Zweck (→ Rn. 3 ff.) u. den entspr. weiteren Maßnahmen ab. **Zweck** der Kapitalherabsetzung kann der Erlass bestehender Einlageverpflichtungen, die Auszahlung bisher gebundenen Vermögens (etwa im Fall des Ausscheidens eines Gesellschafters), die Beseitigung einer Unterbilanz oder auch die Einstellung der frei werdenden Mittel in die Rücklage sein.[1] In allen Fällen ist die Kapitalherabsetzung jedoch mehr als ein reiner Buchungsvorgang, denn sie führt zu einer **Einschränkung der Vermögensbindung** durch § 30.[2] Aus Gründen des Gläubigerschutzes sind daher neben den §§ 53, 54 die Voraussetzungen des § 58 zu beachten.

2 Das **Gesetz unterscheidet** zwischen der ordentlichen Kapitalherabsetzung (§ 58) u. der vereinfachten Kapitalherabsetzung (§§ 58 a–58 f). Letztere wurde mit der Insolvenzrechtsreform 1994 eingeführt u. soll va die Sanierung erleichtern (→ § 58 a Rn. 1). Zu diesem Zweck wird regelmäßig zunächst eine bestehende Unterbilanz durch eine vereinfachte Kapitalherabsetzung beseitigt u. sodann eine Kapitalerhöhung vorgenommen. Hierdurch wird (gegen Zuführung neuen Kapitals) für die Zukunft die Ausschüttung von Gewinnen ermöglicht, mit denen ansonsten zunächst eingetretene Verluste hätten ausgeglichen werden müssen.[3] Die Gesellschaft wird für neue Investoren attraktiv, da die bisherigen Verluste von den Altgesellschaftern getragen werden.[4] Der Anwendungsbereich der ordentlichen Kapitalherabsetzung dürfte sich demggü. in der Praxis auf die verfolgten Zwecke des Einlagenerlasses, der Auszahlung an die Gesellschafter oder der Rücklagenbildung beschränken, kurz: der Schaffung nicht durch § 30 gebundenen Vermögens.

---

1 *Lutter*/Hommelhoff/Kleindiek Rn. 2.
2 *Halm*, DStR 97, 1332; Michalski/*Waldner* Vorb §§ 58–58 f Rn. 1.
3 Ulmer/*Casper* Rn. 2.
4 *Geißler*, GmbHR 05, 1102, 1104.

II. Zwecke der Kapitalherabsetzung

1. Schaffung ungebundenen Vermögens

Ein Bedürfnis zur Schaffung zusätzlichen freien Vermögens kann sich aus verschiedenen Gründen ergeben, etwa wegen Verminderung der Geschäftstätigkeit oder zur Abfindung eines ausscheidenden Gesellschafters.[5] Der Betrag der Herabsetzung des Stammkapitals wird zur Auszahlung an die Gesellschafter oder zum Erlass nicht voll eingezahlter Einlageverpflichtungen frei, soweit er nicht zum Ausgleich einer bestehenden Unterbilanz benötigt wird. 3

Wird eine **Kapitalrückzahlung** an alle Gesellschafter bezweckt, so hat diese grds. entspr. den Beteiligungsverhältnissen zu erfolgen u. nicht nach einer möglicherweise abw. statutarischen Gewinnverteilungsregel, denn die Kapitalrückzahlung unterscheidet sich durch ihren Charakter als Teilliquidation[6] von der Gewinnverwendung. Eine abw. Auslegung kann sich aus Satzungsregelungen über die Verteilung des Liquidationserlöses ergeben.[7] Eine Behandlung als Gewinnausschüttung statt als Kapitalrückzahlung ist möglich, wenn die hierdurch ggü. der Verteilung pro rata benachteiligten Gesellschafter zustimmen.[8] 4

Häufig wird das **Ausscheiden eines Gesellschafters** – sei es durch Einziehung seines Geschäftsanteils, Ausschließung oder Austritt – Anlass für die Vornahme einer Kapitalherabsetzung sein. Im Fall der Einziehung ordnet § 34 III an, dass die Abfindung nicht aus zur Erhaltung des Stammkapitals erforderlichem Vermögen gezahlt werden darf. Entspr. gilt bei Ausschließung u. Austritt eines Gesellschafters aus wichtigem Grund (→ Anh. § 34 Rn. 10). Die Wirksamkeit des Einziehungsbeschlusses steht nach überw. Auffassung zudem unter der aufschiebenden Bedingung der vollständigen Zahlung der Abfindung,[9] so dass zur Vermeidung einer Schwebelage eine rasche Verfügbarkeit freier Mittel gewünscht ist. Diese können (zumindest teilw) durch eine Kapitalherabsetzung beschafft werden, zumal eine Anpassung der Stammkapitalziffer an die Nennwerte der verbleibenden Geschäftsanteile ohnehin notwendig ist (→ § 34 Rn. 59).[10] Der **Erlass** ausstehender Einlageverpflichtungen setzt eine Kapitalherabsetzung wegen § 19 II zwingend voraus. 5

2. Beseitigung einer Unterbilanz

Die Gesellschafter können mit einer ordentlichen Kapitalherabsetzung auch den Zweck verfolgen, eine Unterbilanz bei der Gesellschaft zu beseitigen. Die Stammkapitalziffer wird den noch vorhandenen, nicht durch Ver- 6

5 Ulmer/*Casper* Rn. 6.
6 *Felix*, GmbHR 89, 286.
7 Baumbach/Hueck/*Zöllner/Kersting* Rn. 13.
8 Scholz/*Priester* Rn. 10.
9 OLG Zweibrücken MittBayNot 98, 195, 197; OLG Frankfurt NJW-RR 97, 612, 613; OLG Schleswig NZG 00, 703, 704; OLG München GmbHR 08, 104, 105; OLG Düsseldorf NZG 07, 278; aA: OLG Hamm GmbHR 93, 743; KG NZG 06, 437.
10 Nach aA (*Lutter*, GmbHR 10, 1177 ff.) sollen sich die Nominalbeträge der Geschäftsanteile der verbleibenden Gesellschafter bis zur Höhe des Stammkapitals ipso iure erhöhen.

luste aufgezehrten Einlagebeträgen angepasst, man spricht auch von einer nominellen Kapitalherabsetzung.[11] Verfolgtes Ziel kann insbes. eine Sanierung der Gesellschaft durch Verbindung mit einer anschließend vorgenommenen Kapitalerhöhung sein. Seit Einführung der §§ 58 a–58 f wird man hierfür jedoch regelmäßig den Weg über die vereinfachte Kapitalherabsetzung wählen.

III. Folgen für die Geschäftsanteile

7 Die Kapitalherabsetzung führt – vorbehaltlich einer abw. Regelung im Herabsetzungsbeschluss – kraft Gesetzes zu einer Herabsetzung des Nennwerts der Geschäftsanteile aller Gesellschafter **pro rata.**[12] Nach der Neufassung des Abs. 2 S. 2 durch das **MoMiG** müssen die Geschäftsanteile im Fall der Kapitalherabsetzung zum Zweck der Zurückzahlung von Einlagen oder des Erlasses zu leistender Einlagen auf volle Euro lauten. Ist das Stammkapital einer Gesellschaft in Geschäftsanteile im Nennwert von je einem Euro eingeteilt, so ist eine (beteiligungsproportionale) Herabsetzung dieser Anteile nicht mehr möglich. Das bedeutet jedoch nicht, dass eine Kapitalherabsetzung nun gänzlich unmöglich ist.[13] Eine solche kann lediglich nicht mehr im Wege der Nennbetragsherabsetzung erfolgen, wohl dag in Form der Einziehung oder Zusammenlegung von Geschäftsanteilen. So ist auch bei beteiligungsproportionaler Verteilung des Herabsetzungsbetrages auf die Gesellschafter die entspr. Einziehung einzelner Anteile aller Gesellschafter möglich, was allerdings eine diesbezügliche Bestimmung im Herabsetzungsbeschluss erfordert.

8 **Abs. 2 S. 2** gilt nach seinem Wortlaut nur im Fall der Kapitalherabsetzung zur Rückzahlung oder zum Erlass von Einlagen, darüber hinaus nach hM auch bei anderen Arten von Kapitalherabsetzungen,[14] jedenfalls dann, wenn eine Rücklagenbildung erfolgen soll.[15] Dass der Wortlaut nur bestimmte Zwecke umfasst, müsste im Gegenschluss bedeuten, dass die Vorschrift (sowie der hierin in Bezug genommene § 5 II) bei Verfolgung anderer Zwecke, namentlich bei Herabsetzung des Stammkapitals zur Unterbilanzbeseitigung, keine Anwendung findet. Indem die hM hier vor Inkrafttreten des **MoMiG** § 57 h I 2 aF anwandte,[16] kam man zu einem sinnvollen Ergebnis: Mindestbetrag der herabgesetzten Geschäftsanteile von 50 EUR u. Teilbarkeit durch 10 statt Mindestbetrag von 100 EUR u. Teilbarkeit durch 50. Dieser Weg ist nun versperrt, da § 57 h I 2 nF ebenso wie § 5 II 1 volle Eurobeträge fordert. Der (logisch eigentlich zwingende) Gegenschluss, dass Abs. 2 S. 2 bei Kapitalherabsetzungen zur Unterbilanzbeseitigung keine Anwendung findet, führte aber zu dem schwer erklärbaren Er-

---

11 Scholz/*Priester* Vor § 58 a Rn. 1.
12 Ulmer/*Casper* Rn. 30; *Lutter*/Hommelhoff/Kleindiek Rn. 10; Scholz/*Priester* Rn. 24 u. 41; Baumbach/Hueck/*Zöllner/Kersting* Rn. 7; krit. *Roth*/Altmeppen Rn. 13.
13 So wohl *Heckschen*, DStR 09, 166, 169.
14 Baumbach/Hueck/*Zöllner/Kersting* Rn. 7 a; *Roth*/Altmeppen Rn. 13; *Lutter*/Hommelhoff/Kleindiek Rn. 1; aA Michalski/*Waldner* Rn. 12.
15 Ulmer/*Casper* Rn. 17; Scholz/*Priester* Rn. 26; Rowedder/Schmidt-Leithoff/*Zimmermann* Rn. 10.
16 Baumbach/Hueck/*Zöllner/Kersting*, 18. Aufl., Rn. 7 mwN.

gebnis, dass das Entstehen von Geschäftsanteilen mit Centwerten zulässig ist. Dass dies vom Gesetzgeber nicht gewollt sein kann, zeigt insbes. die Regelung in § 58 a III 2, der für die vereinfachte Kapitalherabsetzung (die gerade der „Unterbilanz"-Beseitigung dient) volle Eurobeträge fordert.[17] Umso unverständlicher wird die Regelung in Abs. 2 S. 2, wenn man bedenkt, dass diese im Zuge des MoMiG noch geändert worden ist. Für die **Praxis**, die sich in diesem Zusammenhang ohnehin regelmäßig der vereinfachten Kapitalherabsetzung bedienen wird (→ Rn. 2, 6), ist jedenfalls davon auszugehen, dass auch bei der ordentlichen Kapitalherabsetzung zum Zweck der Unterbilanzbeseitigung die herabgesetzten Geschäftsanteile auf volle Euro lauten müssen.[18]

Die Gesellschafter können im Kapitalherabsetzungsbeschluss von einer proportionalen Herabsetzung **abw. Regelungen** treffen, insbes. wenn nur an einzelne Gesellschafter Kapital zurückgezahlt oder einzelne offene Einlageforderungen erlassen werden sollen.[19] In diesen Fällen bedarf der Herabsetzungsbeschluss der Zustimmung aller Gesellschafter, da sie entweder durch geringere Auszahlungen oder durch überproportionale Herabsetzung ihrer Anteile betroffen sind.[20] Etwas anderes gilt nur bei Abfindung eines ausscheidenden Gesellschafters. Dessen Zustimmung kann erforderlich sein zu einer der Kapitalherabsetzung vorausgehenden Ausschlussmaßnahme, etwa der Einziehung. Von dieser zu unterscheiden ist der Herabsetzungsbeschluss,[21] der lediglich der Anpassung der Stammkapitalziffer an die verbleibenden Geschäftsanteile dient u. daher nicht der Zustimmung des Ausscheidenden bedarf.[22] 9

IV. Kapitalherabsetzungsbeschluss

Die Kapitalherabsetzung bedarf eines satzungsändernden Gesellschafterbeschlusses, der auf Herabsetzung der Stammkapitalziffer gerichtet ist. Es gelten die §§ 53, 54; der Beschluss bedarf notarieller Beurkundung u. einer Dreiviertelmehrheit der abgegebenen Stimmen. 10

Der **Herabsetzungsbetrag** ist im Beschluss zu benennen.[23] Neben der Festlegung eines fixen Betrages kann auch bloß ein Maximalbetrag genannt werden, sofern der Beschluss in Bezug auf die Umstände, nach denen sich der Herabsetzungsbetrag bemessen soll, hinreichend bestimmt ist.[24] Als solche Umstände kommen der Ausgang eines Einziehungsverfahrens oder die Höhe einer erwarteten Unterbilanz in einem noch nicht aufgestellten Jahresabschluss in Betracht.[25] Nicht zulässig ist es, die endgültige Festlegung in das Ermessen des Geschäftsführers zu stellen.[26] 11

17 Baumbach/Hueck/*Zöllner/Kersting* Rn. 7 a.
18 AA Michalski/*Waldner* Rn. 12.
19 Rowedder/Schmidt-Leithoff/*Zimmermann* Rn. 16.
20 Scholz/*Priester* Rn. 41.
21 Michalski/*Waldner* Vorb §§ 58–58 f Rn. 2.
22 Ulmer/*Casper* Rn. 24.
23 Baumbach/Hueck/*Zöllner/Kersting* Rn. 18.
24 *Lutter*/Hommelhoff/Kleindiek Rn. 7; Scholz/*Priester* Rn. 34; Rowedder/Schmidt-Leithoff/*Zimmermann* Rn. 14; Baumbach/Hueck/*Zöllner/Kersting* Rn. 18.
25 Baumbach/Hueck/*Zöllner/Kersting* Rn. 18.
26 *Lutter*/Hommelhoff/Kleindiek Rn. 7; Ulmer/*Casper* Rn. 27.

12 Aus Klarstellungsgründen ist weiter die Nennung der **künftigen Stammkapitalziffer** zu empfehlen („Das Stammkapital wird von X Euro um Y Euro auf Z Euro herabgesetzt“).[27] Diese muss gem. Abs. 2 S. 1 iVm § 5 I mind. 25.000 EUR betragen. Dies gilt nach hM auch dann, wenn die ordentliche Kapitalherabsetzung mit einer die Stammkapitalziffer wieder auf mind. 25.000 EUR setzenden Kapitalerhöhung verbunden wird u. sichergestellt ist, dass die Kapitalherabsetzung nur zusammen mit der Kapitalerhöhung wirksam wird.[28] Anders als bei der vereinfachten Kapitalherabsetzung nach § 58 a IV fehlt bei der ordentlichen Kapitalherabsetzung nämlich eine gesetzliche Grundlage für ein entspr. Vorgehen.[29] Unzulässig ist auch die „Umwandlung“ einer GmbH in eine Unternehmergesellschaft (§ 5 a) durch Absenken der Stammkapitalziffer unter 25.000 EUR.[30] Zweifelhaft ist, ob etwas anderes im Stadium der Vorgesellschaft, also vor Eintragung der Gesellschaft in das Handelsregister angenommen werden kann, weil Abs. 2 S. 1 iVm § 5 I noch keine Anwendung findet.[31]

13 Die **Angabe des Zwecks** im Herabsetzungsbeschluss ist jedenfalls in dem eher theoretischen Fall, dass infolge einer zur Beseitigung einer Unterbilanz vorgenommenen Kapitalherabsetzung der Nennwert der verbleibenden Geschäftsanteile nicht mehr auf volle Euro lautet, notwendig, da hins der Voraussetzungen des Abs. 2 S. 2 eine Prüfungskompetenz des Registergerichts besteht.[32] Über diesen Fall hinaus fordert das GmbHG die Angabe des Zwecks nicht ausdrücklich. Nach hM ist jedoch § 222 III AktG analog anzuwenden.[33] Die Angabe des Zwecks liege zum einen im Interesse der Gläubiger, die vom Zweck der Kapitalherabsetzung die Wahl zwischen Sicherstellung bzw. Befriedigung u. Gewährung weiteren Kredits abhängig machen könnten.[34] Zum anderen ergebe sich dieses Erfordernis aus der Satzungsänderungskompetenz der Gesellschafter.[35] Gegen diese Auffassung sind beachtliche Argumente vorgebracht worden: Wird ein Zweck nicht angegeben, müssen Gläubiger mit einer Rückzahlung rechnen; auf die Angabe der Nicht-Auszahlung, die sie möglicherweise zur Gewährung weiteren Kredits veranlasst, können sie sich dag nicht verlassen, denn nach zutr. Ansicht tritt eine Bindung der Gesellschafter durch die Angabe des Zwecks

---

27 Ulmer/*Casper* Rn. 25; so auch *Lutter*/Hommelhoff/Kersting Rn. 6, der allerdings abw. von der hM die Angabe der künftigen Stammkapitalziffer für erforderlich u. ausreichend hält.
28 LG Saarbrücken GmbHR 92, 380 f.;Ulmer/*Casper* Rn. 26; *Lutter*/Hommelhoff/Kleindiek Rn. 6; Scholz/*Priester* Rn. 33; aA *Wicke* Rn. 2; Baumbach/Hueck/*Zöllner/Kersting* Rn. 4.
29 *Lutter*/Hommelhoff/Kleindiek Rn. 6; Scholz/*Priester* Rn. 33.
30 *Heckschen*, DStR 09, 166, 171; *Wicke* Rn. 2; treffend *Miras*, NJW 15, 3081, 3082: Übergang der UG zur Normal-GmbH ist vom Gesetzgeber als „Einbahnstraße“ konzipiert.
31 So das OLG Frankfurt GmbHR 11, 984 mit abl. Anm. *Wachter*.
32 Baumbach/Hueck/*Zöllner/Kersting* Rn. 20.
33 BayObLG BB 79, 240; OLG Hamm NJW-RR 11, 685, 686; Ulmer/*Casper* Rn. 28; *Lutter*/Hommelhoff/Kleindiek Rn. 8; Scholz/*Priester* Rn. 37; *Roth*/Altmeppen Rn. 15; Rowedder/Schmidt-Leithoff/*Zimmermann* Rn. 17; aA Baumbach/Hueck/*Zöllner/Kersting* Rn. 20.
34 BayObLG BB 79, 240, 241; Ulmer/*Casper* Rn. 28; *Lutter*/Hommelhoff/Kleindiek Rn. 8.
35 Ulmer/*Casper* Rn. 28.

nicht ein.[36] Der Zweck der Kapitalherabsetzung wird, auch wenn er im Beschluss angegeben wird, nicht Satzungsinhalt. Selbst wenn man dies annimmt, können die Gesellschafter den Zweck vor Eintragung der Kapitalherabsetzung jederzeit mit Dreiviertelmehrheit[37] ändern, da Auszahlungsansprüche der Gesellschafter zu diesem Zeitpunkt noch nicht entstanden sind.[38] Die Gläubiger erfahren hiervon nichts, da die Gläubigerschutzvorschriften des Abs. 1, also insbes. Bekanntmachung u. Sperrjahr, außer im Fall weiterer Herabsetzungen des Stammkapitals nicht erneut einzuhalten sind.[39] **In der Praxis** sollte der Zweck im Herabsetzungsbeschluss angesichts der klar hM gleichwohl angegeben werden. Die Kapitalherabsetzung sollte bezeichnet werden als solche zur „Rückzahlung von Stammeinlagen", zum „Erlass ausstehender Einlagen", zur „Zuführung zu Rücklagen" oder zur „Beseitigung einer Unterbilanz".[40]

Nachträgliche **Änderungen** des Herabsetzungsbeschlusses sind nach allg. Regeln zulässig. Änderungen bedürfen vor Eintragung einer Dreiviertelmehrheit,[41] für die Aufhebung des Beschlusses genügt einfache Mehrheit (→ § 53 Rn. 38). Nach seiner Eintragung kann der Beschluss nur noch durch erneute Satzungsänderung abgeändert oder aufgehoben werden. Sind Auszahlungsansprüche einzelner Gesellschafter entstanden, so bedarf die Satzungsänderung ihrer Zustimmung.[42] 14

V. Sicherung der Gläubiger

1. Bekanntmachung und Aufforderung der Gläubiger

Der Herabsetzungsbeschluss ist gem. Abs. 1 Nr. 1 von den Geschäftsführern im elektronischen Bundesanzeiger sowie ggf. in weiteren in der Satzung festgelegten Geschäftsblättern (§ 12) bekanntzumachen. Das bisherige Erfordernis der Bekanntmachung zu 3 verschiedenen Zeitpunkten (wofür die Bekanntmachung an 3 aufeinanderfolgenden Tagen als ausreichend angesehen wurde)[43] ist durch die Umstellung auf ein elektronisches Medium wie den elektronischen Bundesanzeiger überflüssig geworden u. zu Recht durch das ARUG[44] aufgehoben worden. Handeln die Geschäftsführer bei der Bekanntmachung in nicht vertretungsberechtigter Anzahl, so ist dies im Hinblick auf den Zweck der Bekanntmachung unschädlich.[45] Inhaltlich genügt die Veröffentlichung des wesentlichen Inhalts des Herabsetzungsbeschlusses. Dazu gehören der Herabsetzungsbetrag u. im Fall eines Maximalbetrags die Umstände, nach denen sich die Höhe der Herabset- 15

36 Baumbach/Hueck/*Zöllner/Kersting* Rn. 15, 20; aA BayObLG BB 79, 240, 241; *Lutter*/Hommelhoff/Kleindiek Rn. 8.
37 Für Änderungsbefugnis bzgl. des Zwecks mit einfacher Mehrheit konsequenterweise Baumbach/Hueck/*Zöllner/Kersting* Rn. 15.
38 *Lutter*/Hommelhoff Rn. 8; Scholz/*Priester* Rn. 42; Rowedder/Schmidt-Leithoff/*Zimmermann* Rn. 20.
39 Ulmer/*Casper* Rn. 33.
40 Scholz/*Priester* Rn. 38.
41 Zur bloßen Änderung des Zwecks der Kapitalherabsetzung vgl. vorstehend Rn. 13.
42 Scholz/*Priester* Rn. 42.
43 Allg. Ansicht, vgl. Ulmer/*Casper* Rn. 39.
44 Gesetz zur Umsetzung der Aktionärsrichtlinie (ARUG) v. 30.7.09 (BGBl. I, S. 2479).
45 Ulmer/*Casper* Rn. 39; Baumbach/Hueck/*Zöllner/Kersting* Rn. 23 a.

zung bemessen soll.[46] Es ist also weder eine vollständige Wiedergabe des Wortlauts noch eine Mitteilung des Zwecks erforderlich.[47] Die Bekanntmachung muss aber aus sich selbst heraus verständlich, eindeutig u. zweifelsfrei sein. Eine Auslegung darf nicht notwendig sein.[48] Die Gläubiger sind in der Bekanntmachung aufzufordern, sich bei der Gesellschaft zu melden; auf ihre Rechte brauchen sie nicht hingewiesen zu werden.[49] Ist die Bekanntmachung nicht ordnungsgemäß erfolgt, besteht ein Eintragungshindernis.[50]

16 Der Gesellschaft bekannte oder aus den Handelsbüchern ersichtliche Gläubiger sind durch **besondere Mitteilung** zur Anmeldung aufzufordern. Die Pflicht besteht nur in Bezug auf solche Gläubiger, deren Befriedigung oder Sicherstellung erforderlich ist, gemeint sind also die **Forderungsgläubiger** der Gesellschaft.[51] Dass Forderungen bedingt, befristet oder bestritten sind, ist unerheblich.[52] Maßgeblich für die Gläubigereigenschaft ist der Zeitpunkt der Bekanntmachung,[53] später hinzutretenden Gläubigern ggü. soll nach hM eine allg. Mitteilungspflicht nicht bestehen.[54] Diese können jedoch nach allg. schuldrechtlichen Grundsätzen bei Vertragsschluss auf die bevorstehende Kapitalherabsetzung hinzuweisen sein.[55] Bei der Ermittlung der Gläubiger aus den Handelsbüchern sollten die Geschäftsführer sehr sorgfältig vorgehen, da im Fall unterlassener Mitteilungen Schadensersatzpflichten aus § 823 II BGB iVm § 58 I Nr. 2 unmittelbar ggü. den Gläubigern drohen.[56] Für die Mitteilung sind weder **Form** noch **Frist** vorgeschrieben. Zu empfehlen ist eine schriftliche Mitteilung, deren notwendiger Inhalt der Bekanntmachung im elektronischen Bundesanzeiger entspricht[57] (→ Rn. 15). Die Mitteilung hat so zeitig zu erfolgen, dass den Gläubigern bis zur Eintragung des Beschlusses eine angemessene Frist zur Anmeldung verbleibt.[58] Den Geschäftsführern ist daher die Mitteilung unverzüglich nach Bekanntmachung des Herabsetzungsbeschlusses zu empfehlen.

---

46 Baumbach/Hueck/*Zöllner/Kersing* Rn. 23 a.
47 Ulmer/*Casper* Rn. 40; *Lutter*/Hommelhoff Rn. 15; Baumbach/Hueck/*Zöllner/Kersting* Rn. 23 f.; aA *Roth*/Altmeppen Rn. 16.
48 OLG München GmbHR 11, 594, 595 (verneint für eine Bekanntmachung, in der sich Herabsetzungsbetrag u. zukünftige Stammkapitalziffer widersprechen); Baumbach/Hueck/*Zöllner/Kersting* Rn. 23; krit. *Lutter*/Hommelhoff/Kleindiek Rn. 23 Fn. 3 („unnötig streng").
49 *Halm*, DStR 97, 1332, 1334; *Lutter*/Hommelhoff Rn. 15; Baumbach/Hueck/*Zöllner/Haas* Rn. 23 a.
50 OLG München GmbHR 11, 894, 595; *Lutter*/Hommelhoff Rn. 23.
51 Baumbach/Hueck/*Zöllner/Kersting* Rn. 24, 30.
52 *Roth*/Altmeppen Rn. 18.
53 Nach alter Rechtlage, dh vor Inkrafttreten des ARUG, war der Zeitpunkt der dritten Bekanntmachung maßgeblich, vgl. Ulmer/*Casper* Rn. 41.
54 Ulmer/*Casper* Rn. 41; MüKoGmbHG/*Vetter* Rn. 91 ff.; Rowedder/Schmidt-Leithoff/*Zimmermann* Rn. 24; Michalski/*Waldner* Rn. 17; *Lutter*/Hommelhoff/Kleindiek Rn. 16 (nur bei Vorliegen besonderer Umstände); Scholz/*Priester* Rn. 52 („bei größeren Geschäftsabschlüssen auf Kredit"); aA Baumbach/Hueck/*Zöllner/Kersting* Rn. 24; *Roth*/Altmeppen Rn. 17.
55 Ulmer/*Casper* Rn. 41; zurückhaltend MüKoGmbHG/*Vetter* Rn. 93: „ausnahmsweise"; ob Neugläubigern ein Leistungsverweigerungsrecht aus § 321 BGB zusteht, ist Frage des Einzelfalls, Scholz/*Priester* Rn. 52; Ulmer/*Casper* Rn. 43.
56 *Lutter*/Hommelhoff/Kleindiek Rn. 16; *Roth/Altmeppen* Rn. 18.
57 Ulmer/*Casper* Rn. 42.
58 Baumbach/Hueck/*Zöllner/Kersting* Rn. 25.

2. Befriedigung und Sicherstellung der Gläubiger

Die Gläubiger können sich bei der Gesellschaft melden u. der Kapitalherabsetzung nicht zustimmen, Abs. 1 Nr. 2. Bei **Meldung u. Widerspruch** der Gläubiger handelt es sich nach überw. Auffassung um eine rechtsgeschäftsähnliche Handlung, deren Rechtsfolgen unabhängig vom Vorhandensein eines Rechtsbindungswillens des widersprechenden Gläubigers eintreten.[59] Eine Bezeichnung als „Widerspruch" oder eine ausdrückliche Versagung der Zustimmung ist zwar nicht notwendig, der Wunsch nach vorrangiger Befriedigung bzw. Sicherstellung muss jedoch hinreichend zum Ausdruck kommen.[60] Eine Frist zu Meldung u. Widerspruch besteht nicht. Sie kann auch noch nach Ablauf des Sperrjahres (→ Rn. 20) erfolgen, bleibt aber nach Anmeldung der Kapitalherabsetzung ohne Wirkung.[61] 17

Meldung u. Widerspruch begründen, anders als der Wortlaut des Abs. 1 Nr. 2 nahelegt, **keine materiellrechtliche Pflicht** der Gesellschaft, die widersprechenden Gläubiger zu befriedigen oder sicherzustellen u. damit auch keinen entspr. (fälligen) Anspruch der Gläubiger gegen die Gesellschaft.[62] Sicherstellung oder Befriedigung sind lediglich Voraussetzung für die Anmeldung der Kapitalherabsetzung zum Handelsregister.[63] Die Wahl zwischen Sicherstellung u. Befriedigung liegt bei der Gesellschaft, nicht bei den Gläubigern. Dies gilt auch, wenn die Forderung bereits fällig ist; der materiellrechtliche Erfüllungsanspruch des Gläubigers bleibt selbstverständlich unberührt.[64] Für die **Art u. Weise** der Sicherheitsleistung gelten die §§ 232 ff. BGB. Besteht bereits nach diesen Vorschriften oder in gleichwertiger Weise eine Sicherheit, ist eine erneute Sicherstellung entbehrlich.[65] 18

Die Pflicht zur Sicherstellung betrifft grds. auch **bestrittene Forderungen.** Die Geschäftsführer können zwar in diesem Fall auch ohne Sicherstellung oder Befriedigung der angeblichen Forderungsinhaber die Versicherung nach Abs. 1 Nr. 4 abgeben u. die Kapitalherabsetzung zum Handelsregister anmelden. Die Abgabe einer falschen Versicherung ist jedoch bei Vorsatz strafbar (§ 82 II Nr. 1) u. führt schon bei einfacher Fahrlässigkeit zu Schadensersatzansprüchen der nicht gesicherten Gläubiger direkt ggü. den Geschäftsführern. Die Versicherung darf mit anderen Worten nur bei offensichtlich unbegründeten oder sich nach sorgfältiger Prüfung als unbegründet herausstellenden Forderungen abgegeben werden. Das **Registergericht** darf sich grds. auf die Versicherung verlassen, kann aber bei konkreten An- 19

---

59 Ulmer/*Casper* Rn. 45; Baumbach/Hueck/*Zöllner/Kersting* Rn. 27; ähnl Scholz/*Priester* Rn. 54 („faktisches Verhalten"); aA *Lutter*/Hommelhoff/Kleindiek Rn. 18, der von einer empfangsbedürftigen Willenserklärung ausgeht.

60 Baumbach/Hueck/*Zöllner/Kersting* Rn. 27; aA *Roth*/Altmeppen Rn. 20, der wegen der entspr. eingeschränkten Aufforderungspflicht der Gesellschaft (Rn. 15) die bloße Meldung bei der Gesellschaft genügen lässt.

61 *Lutter*/Hommelhoff/Kleindiek Rn. 18; Scholz/*Priester* Rn. 55; aA *Roth*/Altmeppen Rn. 25 (auch noch nach Anmeldung zu berücksichtigen, wenn keine unzulässige Rechtsausübung vorliegt).

62 Ulmer/*Casper* Rn. 43; *Lutter*/Hommelhoff/Kleindiek Rn. 20; Baumbach/Hueck/*Zöllner/Kersting* Rn. 26.

63 Baumbach/Hueck/*Zöllner/Kersting* Rn. 26, spricht von einer „registerverfahrensrechtlichen Obliegenheit".

64 Ulmer/*Casper* Rn. 49.

65 Baumbach/Hueck/*Zöllner/Kersting* Rn. 33.

haltspunkten Prüfungsmaßnahmen einleiten.[66] Der betroffene Gläubiger kann dem Gericht seine Übergehung auch mitteilen u. nach hM eine einstweilige Verfügung gegen die Eintragung beantragen.[67] Das Registergericht kann nach entspr. Mitteilung durch den Gläubiger das Eintragungsverfahren gem. §§ 398, 21 I FamFG (bis zum 31.8.09: § 127 FGG) bis zur Entscheidung des Prozessgerichts über das Bestehen der Forderung aussetzen oder das Bestehen der Forderung selbst prüfen.[68]

3. Sperrjahr

20 Nach Abs. 1 Nr. 3 darf die Anmeldung der Kapitalherabsetzung zum Handelsregister nicht vor Ablauf eines Jahres seit der Bekanntmachung des Herabsetzungsbeschlusses im elektronischen Handelsregister erfolgen. Das Sperrjahr soll die Rückzahlung von Stammkapital vor Befriedigung oder Sicherstellung der widersprechenden Gläubiger verhindern.[69] Die Länge der Frist wird aus rechtspolitischer Sicht mit Recht kritisiert.[70]

VI. Anmeldung zum Handelsregister

21 Die Kapitalherabsetzung ist von sämtlichen Geschäftsführern zum Handelsregister anzumelden, Abs. 1 Nr. 3 iVm § 78. Für die Anmeldung gelten die gleichen Grundsätze wie für die Anmeldung einer Kapitalerhöhung (→ § 57 Rn. 2 ff.). Der Antrag muss den Willen zur Eintragung einer Kapitalherabsetzung erkennen lassen, ohne dass ein bestimmter Wortlaut vorgeschrieben ist.[71] Der Herabsetzungsbetrag ist grds. anzugeben, es genügt jedoch auch die Bezugnahme auf das beizufügende Beschlussprotokoll.[72] Der Zweck der Kapitalherabsetzung ist nicht zu nennen, auch ist die besondere Mitteilung an die der Gesellschaft bekannten Gläubiger nicht nachzuweisen.[73] Die Anmeldung ist in elektronisch beglaubigter Form einzureichen, § 12 I 1 HGB.

22 Der Anmeldung sind folgende **Unterlagen** als Anlagen beizufügen:

- der Herabsetzungsbeschluss mit qualifizierter elektronischer Signatur des Notars (§ 12 II 2 HGB iVm § 39 a BeurkG),
- der vollständige Wortlaut der neugefassten Satzung (§ 54 I 2),[74]
- Belegblätter über die ordnungsgemäße Bekanntmachung des Herabsetzungsbeschlusses (Abs. 1 Nr. 4) u
- die Versicherung sämtlicher Geschäftsführer, dass alle Gläubiger, die sich bei der Gesellschaft gemeldet u. der Kapitalerhöhung nicht zugestimmt haben, sichergestellt oder befriedigt sind (Abs. 1 Nr. 4).

---

66 Baumbach/Hueck/*Zöllner*/*Kersting* Rn. 44.
67 Ulmer/*Casper* Rn. 45; *Lutter*/Hommelhoff Rn. 21; *Roth*/Altmeppen Rn. 26; aA bzgl. der Möglichkeit, eine einstweilige Verfügung zu erwirken, Baumbach/Hueck/*Zöllner*/*Kersting* Rn. 28, 44.
68 *Roth*/Altmeppen Rn. 26; Baumbach/Hueck/*Zöllner*/*Kersting* Rn. 44.
69 Baumbach/Hueck/*Zöllner*/*Kersting* Rn. 34.
70 Ulmer/*Casper* Rn. 56 mwN.
71 Vgl. für die Kapitalerhöhung Baumbach/Hueck/Servatius § 57 Rn. 7.
72 Ulmer/*Casper* Rn. 57.
73 BayObLG BB 74, 1362; *Lutter*/Hommelhoff/Kleindiek Rn. 23.
74 Ulmer/*Casper* Rn. 59; *Lutter*/Hommelhoff Rn. 23; Baumbach/Hueck/*Zöllner*/*Kersting* Rn. 47; aA *Roth*/Altmeppen Rn. 23.

VII. Registerverfahren und Eintragung

Der **Prüfungsumfang** des Registergerichts erstreckt sich neben den allg. für Satzungsänderungen geltenden Gegenständen (→ § 54 Rn. 23 ff.) auf die Einhaltung der Mindeststammkapitalziffer von 25.000 EUR, die Stellung der Nennbeträge der Geschäftsanteile auf volle Euro, die Bekanntmachung des Herabsetzungsbeschlusses, die Einhaltung des Sperrjahrs u. die Abgabe der Versicherung der Geschäftsführer.[75] Die besondere Mitteilung an bekannte Gläubiger wird dag ebenso wenig überprüft[76] wie die Befriedigung oder Sicherstellung widersprechender Gläubiger. Das Gericht darf sich grds. auf die Versicherung der Geschäftsführer verlassen; zum Verfahren bei bestrittenen Forderungen → Rn. 19. 23

Mängel der Anmeldung (etwa Nichtbeachtung der in → Rn. 21 genannten Vorgaben oder Fehlen von Unterlagen nach → Rn. 22) führen zu deren Zurückweisung. Eine gleichwohl eingetragene Kapitalherabsetzung ist jedoch wirksam, solange eine wirksame Anmeldung überhaupt vorliegt u. die neue Stammkapitalziffer korrekt eingetragen wird.[77] Wird das Mindestkapital von 25.000 EUR unterschritten, ist die Kapitalerhöhung nichtig. Die Umdeutung in eine Kapitalherabsetzung auf das zulässge Maß scheidet aus.[78] Sonstige **Beschlussmängel,** wie nicht auf volle Euro lautende Geschäftsanteile oder die fehlende Nennung des Zwecks der Kapitalherabsetzung, führen lediglich zur Anfechtbarkeit des Beschlusses.[79] Verstöße gegen die Vorschriften zum Gläubigerschutz (Befriedigung oder Sicherstellung, Nichteinhaltung des Sperrjahres) lassen die Wirksamkeit der Kapitalherabsetzung unberührt, können aber Schadensersatzansprüche gegen die GmbH[80] sowie nach hM direkt gegen die Geschäftsführer zur Folge haben.[81] 24

§ 58 a Vereinfachte Kapitalherabsetzung

(1) Eine Herabsetzung des Stammkapitals, die dazu dienen soll, Wertminderungen auszugleichen oder sonstige Verluste zu decken, kann als vereinfachte Kapitalherabsetzung vorgenommen werden.

(2) [1]Die vereinfachte Kapitalherabsetzung ist nur zulässig, nachdem der Teil der Kapital- und Gewinnrücklagen, der zusammen über zehn vom Hundert des nach der Herabsetzung verbleibenden Stammkapitals hinausgeht, vorweg aufgelöst ist. [2]Sie ist nicht zulässig, solange ein Gewinnvortrag vorhanden ist.

(3) [1]Im Beschluß über die vereinfachte Kapitalherabsetzung sind die Nennbeträge der Geschäftsanteile dem herabgesetzten Stammkapital anzupas-

75 *Lutter*/Hommelhoff/Kleindiek Rn. 24.
76 Ulmer/*Casper* Rn. 65.
77 Ulmer/*Casper* Rn. 71 f.
78 Scholz/*Priester* Rn. 82.
79 *Roth*/Altmeppen Rn. 28; Rowedder/Schmidt-Leithoff/*Zimmermann* Rn. 41.
80 *Wicke* Rn. 9.
81 § 58 ist Schutzgesetz iSv § 823 II BGB, s. OLG Hamburg GmbHR 01, 392; Baumbach/Hueck/*Zöllner*/*Kersting* Rn. 52; Scholz/*Priester* Rn. 85.

sen. [2]Die Geschäftsanteile müssen auf einen Betrag gestellt werden, der auf volle Euro lautet.

(4) [1]Das Stammkapital kann unter den in § 5 Abs. 1 bestimmten Mindestnennbetrag herabgesetzt werden, wenn dieser durch eine Kapitalerhöhung wieder erreicht wird, die zugleich mit der Kapitalherabsetzung beschlossen ist und bei der Sacheinlagen nicht festgesetzt sind. [2]Die Beschlüsse sind nichtig, wenn sie nicht binnen drei Monaten nach der Beschlußfassung in das Handelsregister eingetragen worden sind. [3]Der Lauf der Frist ist gehemmt, solange eine Anfechtungs- oder Nichtigkeitsklage rechtshängig ist. [4]Die Beschlüsse sollen nur zusammen in das Handelsregister eingetragen werden.

(5) Neben den §§ 53 und 54 über die Abänderung des Gesellschaftsvertrags gelten die §§ 58 b bis 58 f.

Schrifttum

Geißler, Funktion und Durchführung der vereinfachten Kapitalherabsetzung bei der GmbH, GmbHR 2005, 1102; *Maser/Sommer*, Die Neuregelung der „Sanierenden Kapitalherabsetzung" bei der GmbH, GmbHR 1996, 22; *Natterer*, Materielle Kontrolle von Herabsetzungsbeschlüssen? Die Sachsenmilch-Rechtsprechung, AG 2001, 629.

I. Normzweck

1 Die Vorschriften über die vereinfachte Kapitalherabsetzung sind im Zuge der Insolvenzrechtsreform 1994 nach aktienrechtlichem Vorbild (§§ 229–236 AktG) eingeführt worden[1] u. sollen in erster Linie der **Sanierung** notleidender Unternehmen dienen.[2] Die vereinfachte Kapitalherabsetzung ist nach dem unscharfen Wortlaut des Abs. 1 zulässig, um „Wertminderungen auszugleichen oder sonstige Verluste zu decken". Voraussetzung ist ein in der Vergangenheit liegender **Verlust**, der das Eigenkapital der Gesellschaft angegriffen hat. Die Stammkapitalziffer kann in diesem Fall unter Beibehaltung (u. ggf. Bildung) von Rücklagen in begrenztem Umfang dem Betrag des noch vorhandenen Eigenkapitals angepasst werden. Man spricht auch von einer nominellen Kapitalherabsetzung, da das dem Herabsetzungsbetrag entspr. Vermögen bereits aufgebraucht ist u. somit keine Verminderung des effektiven, sondern nur des nominellen Haftungsfonds

1 BGBl. I 94, S. 2911.
2 *Lutter*/Hommelhoff/Kleindiek Rn. 3.

stattfindet.[3] Mit dieser „Anpassung" der Bilanz an die Vermögenslage der Gesellschaft allein ist jedoch noch nicht viel gewonnen, vielmehr wird idR neues, im Wege einer Kapitalerhöhung bereitzustellendes Kapital benötigt.[4] Der Zweck der im Vorfeld durchgeführten Kapitalherabsetzung liegt darin, die Altgesellschafter die bisherigen Verluste tragen zu lassen u. das von ihnen gehaltene Stammkapital dem aktuellen Wert des Unternehmens anzupassen. Kapitalerhaltungsrechtlich wird für die Zukunft (wenn auch mit zeitlich beschränkten Restriktionen) die Ausschüttung von Gewinnen ermöglicht, mit denen ansonsten zunächst eingetretene Verluste hätten ausgeglichen werden müssen.[5] Hierdurch wird die Gesellschaft für neue Investoren attraktiv.[6] Die ordentliche Kapitalherabsetzung ist zu diesem Zweck nur sehr bedingt geeignet, da sie sich wegen der für sie geltenden Vorschriften über die Gläubigersicherung (→ § 58 Rn. 15 ff.), insbes. wegen des einzuhaltenden Sperrjahres, kaum mit einer aufgrund akuten Kapitalbedarfs häufig kurzfristig durchzuführenden Kapitalerhöhung verbinden lässt. Die vereinfachte Kapitalherabsetzung verzichtet daher auf die sanierungshindernden Gläubigerschutzinstrumente des § 58.

Aus dem Charakter als **„nomineller Kapitalherabsetzung"**, die nicht den effektiven, sondern nur den nominellen Haftungsfonds vermindert, kann keinesfalls geschlossen werden, die Gläubiger seien von dieser nicht betroffen. Der iW durch Kapitalschutz gewährleistete Gläubigerschutz des GmbH-Rechts beruht gerade auf einem nominellen Haftungsfonds,[7] dessen Herabsetzung die Interessen der Gläubiger damit elementar berührt. Die hierin liegende Einschränkung der Vermögensbindung durch § 30 erweitert konkret die Möglichkeiten der Ausschüttung zukünftiger Überschüsse. Zum Schutz der Gläubiger ordnen die §§ 58 a–58 f daher eine zeitlich beschränkte stammkapitalähnliche Bindung der frei werdenden Rücklagen sowie Einschränkungen bei der Ausschüttung zukünftiger Gewinne an. 2

II. Voraussetzungen

1. Zulässige Zwecke (Abs. 1)

Nach Abs. 1 ist die vereinfachte Kapitalherabsetzung nur zu dem Zweck zulässig, „Wertminderungen auszugleichen oder sonstige Verluste zu decken". Dass damit nicht zwei Alternativen gemeint sind, ergibt sich schon aus der Formulierung „sonstige Verluste", die als Oberbegriff den Eintritt von Wertminderungen erfassen sollen. Das ist ungenau, weil als Aufwand zu buchende Wertminderungen aktivierter Vermögensgegenstände zu einem Verlust führen können (wenn ausreichende Erträge nicht vorhanden sind), dies aber nicht müssen.[8] Die eingetretenen Verluste, gleich welcher 3

3 Ulmer/*Casper* Rn. 3.
4 *Geißler*, GmbHR 05, 1102, 1103.
5 Ulmer/*Casper* Rn. 4.
6 *Geißler*, GmbHR 05, 1102, 1104.
7 Die Gläubiger dürfen sich auf die Aufbringung u. Nicht-Rückzahlung eines der Stammkapitalziffer entspr. Vermögens verlassen, nicht dag auf einen „effektiven Haftungsfonds", der während der Existenz der Gesellschaft unverändert zur Verfügung steht.
8 Scholz/*Priester* Rn. 3; Baumbach/Hueck/*Zöllner*/*Kersting* Rn. 6.

Ursache, müssen dazu führen, dass das Eigenkapital der Gesellschaft unter die in Abs. 2 beschriebene „**kritische Grenze**“[9] herabsinkt (→ Rn. 7 ff.).

4 Die Ermittlung des Verlustes bestimmt sich nach den Grundsätzen über den **Wertansatz** in der Jahresbilanz.[10] Daher sind auch drohende Verluste zu berücksichtigen, wenn für sie nach § 249 I HGB Rückstellungen zu bilden sind. Die Aufstellung einer Zwischenbilanz ist nicht erforderlich.[11] Auch muss sich der Verlust selbstverständlich nicht aus dem letzten aufgestellten Jahresabschluss ergeben.

5 Die **Feststellung** des Eintritts u. der Höhe eines entspr. Verlusts obliegt der Gesellschafterversammlung, die über die Kapitalherabsetzung entscheidet.[12] Stellt sich iRd Aufstellung nachfolgender Jahresabschlüsse heraus, dass der tatsächliche Verlust geringer ist als der im Herabsetzungsbeschluss angenommene (etwa weil sich eine abgeschriebene Forderung als einbringlich erweist), so ist der Unterschiedsbetrag gem. § 58 c in die nach § 58 b III für fünf Jahre ab dem Herabsetzungsbeschluss gebundene Kapitalrücklage einzustellen. Auch wenn hierdurch ein ausreichender Schutz der Gläubiger vor übertriebenen Verlustprognosen sichergestellt ist, kann die Gesellschaftermehrheit bei der Bestimmung des Verlusts u. damit des Herabsetzungsbetrages nicht willkürlich vorgehen. Dies gebietet der Schutz der Minderheitsgesellschafter, die von der Kapitalherabsetzung besonders stark betroffen sein können. Die Gesellschaftermehrheit muss ihren Beschluss daher – trotz eines gewissen Ermessensspielraums – auf das von den Geschäftsführern bereitgestellte Rechenwerk gründen.[13] Die Geschäftsführer müssen den Eintritt nicht nur vorläufiger Verluste in der Gesellschafterversammlung plausibel darlegen.[14] Ein Herabsetzungsbeschluss, der diese Voraussetzungen nicht erfüllt, ist anfechtbar.[15]

6 Anders als im Aktienrecht (§ 229 I AktG) kann die **Rücklagenzuführung** nicht alleiniger Zweck der vereinfachten Kapitalherabsetzung sein, da Kapitalrücklagen einer GmbH keiner Vermögensbindung unterliegen.[16] Neben der Verlustdeckung kommt jedoch nach § 58 b II in begrenztem Umfang eine Zuführung frei werdender Beträge in die Kapitalrücklage in Betracht.

2. Auflösung von Rücklagen (Abs. 2)

7 a) **Kritische Eigenkapitalgrenze.** Nach Abs. 2 setzt die Kapitalherabsetzung die Auflösung von Kapital- u. Gewinnrücklagen, die zusammen 10 % des

9 Ulmer/*Casper* Rn. 11; Baumbach/Hueck/*Zöllner/Kersting* Rn. 6.
10 Scholz/*Priester* Rn. 13; *Lutter*/Hommelhoff/Kleindiek Rn. 9.
11 *Lutter*/Hommelhoff/Kleindiek Rn. 9.
12 Scholz/*Priester* Rn. 12.
13 Ulmer/*Casper* Rn. 13; Scholz/*Priester* Rn. 12.
14 *Lutter*/Hommelhoff/Kleindiek Rn. 9.
15 *Lutter*/Hommelhoff/Kleindiek Rn. 9.
16 Scholz/*Priester* Rn. 4; Baumbach/Hueck/*Zöllner/Kersting* Rn. 7.

nach der Kapitalherabsetzung verbleibenden Stammkapitals[17] überschreiten, voraus. Das Gesetz umschreibt damit eine kritische Grenze des Eigenkapitals, deren Unterschreitung zur Durchführung einer vereinfachten Kapitalherabsetzung berechtigt. Die Gesellschaft ist also zunächst, vor Erreichen dieser kritischen Grenze, gehalten, eintretende Verluste durch offenes Eigenkapital zu decken.[18] Zulässig ist die vereinfachte Kapitalherabsetzung, sobald das echte Eigenkapital der Gesellschaft (Stammkapital, Kapital- u. Gewinnrücklagen sowie Gewinnvortrag) infolge von Verlusten unter die um 10 % erhöhte aktuelle Stammkapitalziffer fällt. Man spricht auch von einer „modifizierten Unterbilanz".[19] Das Stammkapital kann maximal auf den durch den Divisor 1,1 geteilten Betrag des noch vorhandenen Eigenkapitals herabgesetzt werden.

Bsp: Verfügt eine Gesellschaft über ein Stammkapital von 100.000 EUR u. freie Rücklagen von 20.000 EUR, so berechtigt ein (prognostizierter) Verlust von 32.000 EUR zur Herabsetzung des Stammkapitals um bis zu 20.000 EUR auf 80.000 EUR (durch Verlust auf 88.000 EUR vermindertes Eigenkapital ÷ 1,1). Es verbleiben Rücklagen iH von 8.000 EUR. Der Verlust ist also iH von mind. 12.000 EUR durch Auflösung von Rücklagen zu decken; bis zu einem Betrag von 20.000 EUR kommt eine Deckung durch vereinfachte Kapitalherabsetzung in Betracht. 8

Das Eintreten einer „echten" **Unterbilanz**[20] (durch Verluste, die die freien Rücklagen überschreiten) ist nicht erforderlich. Beträgt etwa bei einem Stammkapital von 105.000 EUR u. Rücklagen von 15.000 EUR der Verlust nur 10.000 EUR, so kann dennoch eine vereinfachte Kapitalherabsetzung auf 100.000 EUR (durch Verlust auf 110.000 EUR vermindertes Eigenkapital ÷ 1,1) vorgenommen werden. Der Verlust ist – obwohl dies möglich wäre – nicht vollständig, sondern nur iH von mind. 5.000 EUR durch Rücklagenauflösung zu decken. 9

Die **Rücklagenzuführung** kann zulässiger Nebenzweck der vereinfachten Kapitalherabsetzung sein (→ Rn. 6), so dass auch ein die Verluste übersteigender Herabsetzungsbetrag festgesetzt werden darf.[21] Verfügt etwa eine Gesellschaft über ein Stammkapital von 100.000 EUR u. freie Rücklagen von 5.000 EUR, so berechtigt ein Verlust von 17.000 EUR zur Herabsetzung des Stammkapitals um bis zu 20.000 EUR auf 80.000 EUR (durch Verlust auf 88.000 EUR vermindertes Eigenkapital ÷ 1,1). Der nach Verlustdeckung verbleibende Teil des Herabsetzungsbetrags (3.000 EUR) kann in die Rücklagen eingestellt werden, die sich auf 8.000 EUR erhöhen. 10

b) Erfasste Eigenkapitalposten, Gewinnvortrag. Innerhalb der vorstehend (→ Rn. 7 ff.) genannten Grenzen sind sämtliche offene Kapital- u. Gewinn- 11

17 Nach der zutr. hM gilt das Mindeststammkapital von 25.000 EUR als untere Bemessungsgrenze, wenn das Stammkapital auf einen niedrigeren Betrag (vgl. § 58 a IV) herabgesetzt wird. In diesem Fall kann also eine Rücklage von 2.500 EUR beibehalten bzw. gebildet werden, Scholz/*Priester* Rn. 7; *Roth*/Altmeppen Rn. 6; vgl. zum Aktienrecht statt aller Hüffer/*Koch*, AktG, § 229 Rn. 13.
18 Scholz/*Priester* Rn. 6.
19 *Roth*/Altmeppen Rn. 6; ähnl Baumbach/Hueck/*Zöllner*/*Kersting* Rn. 7.
20 § 30 Rn. 7 ff.
21 Scholz/*Priester* Rn. 5; *Roth*/Altmeppen Rn. 8.

rücklagen iSv § 266 III A II, III HGB aufzulösen. Gem. Abs. 2 S. 2 darf zudem ein **Gewinnvortrag** iSv § 266 III A IV HGB nicht mehr vorhanden sein. Nicht aufzulösen sind – soweit nach Art. 67 III EGHGB beibehalten – Sonderposten mit Rücklagenanteil,[22] die sowohl Eigen- als auch Fremdkapitalanteile enthalten. Rückstellungen (§ 266 III B HGB) sind wegen ihres Fremdkapitalcharakters selbstverständlich nicht aufzulösen. Auch sind weder eigene Anteile zu veräußern oder einzuziehen noch stille Reserven der Gesellschaft aufzulösen.[23]

12 c) **Durchführung.** Die Durchführung der Rücklagenauflösung ist iErg umstritten. Das betrifft zunächst die **Organkompetenz**, die teilw. bei der Geschäftsführung,[24] wohl überw. aber bei der mit einfacher Mehrheit entscheidenden Gesellschafterversammlung[25] gesehen wird. Einvernehmen besteht lediglich insoweit, als die Auflösung *satzungsmäßiger* Rücklagen eines satzungsändernden Gesellschafterbeschlusses bedarf.[26] Umstritten ist auch, ob ein Auflösungsbeschluss – sofern man ihn allg. als erforderlich ansieht oder es um die Auflösung satzungsmäßiger Rücklagen geht – ausdrücklich gefasst werden muss oder dieser konkludent im Herabsetzungsbeschluss enthalten ist.[27] Jedenfalls für die Praxis ist eine **ausdrückliche Beschlussfassung** durch die Gesellschafterversammlung zu empfehlen, die mit dem Kapitalherabsetzungsbeschluss verbunden werden kann. Der **buchungstechnische Vollzug** erfolgt durch die Geschäftsführung u. erfordert nicht die Aufstellung einer förmlichen Bilanz, welche die Auflösung dokumentiert.[28] Auch braucht der Buchungsvorgang nicht vor der Beschlussfassung über die Kapitalherabsetzung stattgefunden zu haben.[29]

III. Kapitalherabsetzungsbeschluss

1. Beschlussfassung

13 Die vereinfachte Kapitalherabsetzung ist **Satzungsänderung** u. bedarf als solche eines satzungsändernden Gesellschafterbeschlusses. Nach der (überflüssigen) Verweisnorm des Abs. 5 gelten die §§ 53, 54. Der Beschluss bedarf notarieller Beurkundung u. einer Dreiviertelmehrheit der abgegebenen Stimmen.

14 Der Herabsetzungsbeschluss bedarf **keiner sachlichen Rechtfertigung.**[30] Die Herabsetzung des Stammkapitals selbst u. die entspr. Herabsetzung der

22 Rowedder/Schmidt-Leithoff/*Zimmermann* Rn. 7.
23 Scholz/*Priester* Rn. 8.
24 *Lutter*/Hommelhoff/Kleindiek Rn. 13; Michalski/*Waldner* Rn. 6.
25 Ulmer/*Casper* Rn. 20; Scholz/*Priester* Rn. 9; Baumbach/Hueck/*Zöllner*/*Kersting* Rn. 12.
26 Ulmer/*Casper* Rn. 20; *Lutter*/Hommelhoff Rn. 13; Scholz/*Priester* Rn. 9; Baumbach/Hueck/*Zöllner*/*Kersting* Rn. 13.
27 Einen konkludenten Beschluss nehmen Michalski/*Waldner* Rn. 6 u. MüKo-GmbHG/*Vetter* Rn. 40 f. an; abl. Lutter/*Hommelhoff*/Kleindiek Rn. 13; diff. Ulmer/*Casper* Rn. 20; Baumbach/Hueck/*Zöllner*/*Kersting* Rn. 12 f. (bei satzungsgebundenen Rücklagen); Scholz/*Priester* Rn. 9 (Auslegungssache).
28 *Lutter*/Hommelhoff/Kleindiek Rn. 13.
29 Ulmer/*Casper* Rn. 21; Baumbach/Hueck/*Zöllner*/*Kersting* Rn. 12; aA *Lutter*/Hommelhoff/Kleindiek Rn. 13.
30 BGHZ 138, 71 – *Sachsenmilch*; die das Aktienrecht betr Rspr. des BGH ist in das GmbH-Recht übertragbar, s. Ulmer/*Casper* Rn. 32; Scholz/*Priester* Rn. 16.

Geschäftsanteile lassen die Beteiligungsverhältnisse grds. unberührt u. stellen keinen Eingriff in die Mitgliedschaftsrechte der Gesellschafter dar. Deren jeweilige Berechtigung am Vermögen der Gesellschaft bleibt unverändert u. wird durch den entspr. herabgesetzten Geschäftsanteil vermittelt. Ein Eingriff in das Mitgliedschaftsrecht liegt dag vor, wenn die Kapitalherabsetzung nur iVm einer Zusammenlegung von Geschäftsanteilen (s. näher → Rn. 21) möglich ist.[31] Eine solche Zusammenlegung hat daher unter größtmöglicher Schonung der Interessen der betroffenen (Minderheits-) Gesellschafter zu erfolgen.[32] Eines besonderen Sachgrundes bedarf es daneben nicht. Ein solcher folgt bereits aus den gesetzlichen Regelungen über die vereinfachte Kapitalherabsetzung, die auf einer abschließenden Abwägung der Belange der betroffenen Gesellschafter mit den Interessen der Gesellschaft beruhen.[33]

Nach der auf die GmbH übertragbaren[34] Rspr. des BGH zur AG darf ein Gesellschafter unter dem Gesichtspunkt der zwischen den Gesellschaftern bestehenden **Treuepflicht** eine aussichtsreiche u. mehrheitlich angestrebte Sanierung der Gesellschaft nicht aus eigennützigen Motiven verhindern.[35] Auch eine über eine Sperrminorität verfügende Gesellschafterminderheit darf daher weder eine Kapitalherabsetzung noch eine sich anschließende Kapitalerhöhung scheitern lassen,[36] wenn dies unvermeidlich zum Zusammenbruch der Gesellschaft führen würde, wenn auch die Gesellschafterminderheit im Fall des Zusammenbruchs ungünstiger stünde als bei Austritt aus der fortbestehenden Gesellschaft u. wenn keine schonendere Sanierung möglich ist.[37] Zur Übernahme neuer Anteile im Zuge der Kapitalerhöhung sind die Gesellschafter freilich nicht verpflichtet.[38] 15

2. Inhalt

Der Beschluss muss angeben, dass es sich um eine vereinfachte Kapitalherabsetzung handelt. Der **Herabsetzungsbetrag** ist im Beschluss zu nennen. Wegen des Fehlens eines einzuhaltenden Sperrjahrs, in welchem sich unvorhergesehene Entwicklungen ergeben könnten, sowie der Regelung des § 58 c wird teilw. im Grundsatz die Herabsetzung um einen festen Betrag gefordert.[39] Ausn. sollen zulässig sein für den Fall, dass innerhalb einer bestimmten Frist ein niedriger Verlust festgestellt wird,[40] oder wenn die Höhe 16

31 Baumbach/Hueck/*Zöllner/Kersting* Rn. 23.
32 Ulmer/*Casper* Rn. 33; *Lutter*/Hommelhoff/Kleindiek Rn. 15 a.
33 Zum Aktienrecht: BGHZ 138, 71, 76; MKAktG/Oechsler,§ 222 Rn. 25, *Hüffer*, AktG, § 222 Rn. 14; aA *Natterer*, AG 01, 629, 633 ff. Zum GmbH-Recht: LG Kiel ZIP 13, 823; Ulmer/*Casper* Rn. 32; Scholz/*Priester* Rn. 16; Baumbach/Hueck/*Zöllner/Kersting* Rn. 23.
34 Dies ergibt sich schon daraus, dass sich der BGH bzgl. der aus der Treuepflicht folgenden Stimmpflichten auf die Rspr. zur personalistisch ausgestalteten GmbH beruft, vgl. BGHZ 129, 136, 152.
35 BGHZ 129, 136 – *Girmes*.
36 *Lutter*/Hommelhoff/Kleindiek Rn. 15 b; Scholz/*Priester* Rn. 18 f.
37 BGHZ 129, 136, 153.
38 *Lutter*/Hommelhoff/Kleindiek Rn. 15 b.
39 *Lutter*/Hommelhoff/Kleindiek Rn. 17; Scholz/*Priester* Rn. 22; strenger Michalski/*Waldner* Rn. 12; Bork/Schäfer/*M Arnold/Born* Rn. 18 u. Ulmer/*Casper*, die stets einen festen Betrag verlangen.
40 Scholz/*Priester* Rn. 22.

des Verlusts noch durch Sachverständige geprüft werden soll.[41] Konsequenterweise sollte man dann gleich die Festlegung eines Maximalbetrags (bzw. eines Niedrigstbetrags des herabgesetzten Stammkapitals) zulassen, sofern im Beschluss angegeben wird, nach welchen Umständen sich die Höhe des Herabsetzungsbetrages bestimmt, u. kein Ermessen der Geschäftsführer besteht.[42]

17 Ebenso wie bei der ordentlichen Kapitalherabsetzung (→ § 58 Rn. 13) ist umstritten, ob der **Zweck** der Kapitalherabsetzung (Ausgleich von Wertminderungen oder sonstigen Verlusten, Einstellung in die Kapitalrücklagen) im Herabsetzungsbeschluss angegeben werden muss. Der Gesetzgeber ging von einem solchen Erfordernis bei der Schaffung der Regelung aus, sah von einer entspr. Regelung jedoch ab, um den Umkehrschluss zu vermeiden, die Zweckangabe sei iRd ordentlichen Kapitalherabsetzung nicht erforderlich.[43] Die Rspr.[44] u. die herrschende Literatur[45] teilen diesen Standpunkt ua mit dem Argument, die Festlegung des Herabsetzungszwecks sei Sache der Gesellschafter u. könne nicht an die Geschäftsführung delegiert werden. Nach der überzeugenden Gegenauffassung ist die deutliche Erklärung im Beschluss, dass die Kapitalherabsetzung nicht § 58, sondern den §§ 58 a ff. unterstellt ist, ausreichend, da sich die weiteren Rechtsfolgen aus dem Gesetz ergeben.[46] In der Praxis sollte der Zweck angesichts der klar hM gleichwohl angegeben werden.[47]

3. Folgen für die Geschäftsanteile (Abs. 3)

18 Anders als für die ordentliche ist für die vereinfachte Kapitalherabsetzung durch Abs. 3 vorgeschrieben, dass die Anpassung der Nennbeträge der Geschäftsanteile an die herabgesetzte Stammkapitalziffer im Herabsetzungsbeschluss zu regeln ist. Ausreichend ist, wenn die Nennwerte der herabgesetzten Anteile bestimmbar sind, eine genaue Benennung im Herabsetzungsbeschluss ist nicht erforderlich.[48]

19 Die Anpassung muss grds. das **Gleichbehandlungsgebot** beachten, dh die Nennwerte der Geschäftsanteile sind beteiligungsproportional herabzuset-

---

41 *Lutter*/Hommelhoff/Kleindiek Rn. 17.

42 So die wohl hM Rowedder/Schmidt-Leithoff/*Zimmermann* Rn. 12; Baumbach/Hueck/*Zöllner*/*Kersting* Rn. 17; MüKoGmbHG/*Vetter* Rn. 46.

43 BT-Drs. 12/3803, S. 87 f.; Kritik an dieser Regelungstechnik bei Baumbach/Hueck/*Zöllner*/*Kersting* Rn. 19.

44 OLG Hamm NJW-RR 11, 685, 686 mit abl. Anm. *Wachter*, EWiR 11, 421.

45 Scholz/*Priester* Rn. 23; *Lutter*/Hommelhoff/Kleindiek Rn. 18; *Roth*/Altmeppen Rn. 15.

46 Baumbach/Hueck/*Zöllner*/*Kersting* Rn. 19.

47 *Geißler*, GmbHR 05, 1102, 1105, schlägt folgende Formulierung vor: „Das Stammkapital wird um x Euro auf y Euro herabgesetzt, und zwar zum Zwecke der Deckung von Verlusten, die nach Auflösung aller Rücklagen, soweit sie 10 % des herabgesetzten Stammkapitals übersteigen, verblieben sind (ggf.: sowie zum Zwecke der Einstellung in die Kapitalrücklage bis zur Höhe von 10 % des Stammkapitals).".

48 Baumbach/Hueck/*Zöllner*/*Kersting* Rn. 18; MüKoGmbHG/*Vetter* Rn. 50; aA *Lutter*/Hommelhoff/Kleindiek Rn. 19; Michalski/*Waldner* Rn. 15; diff. Scholz/*Priester* Rn. 26: Bestimmbarkeit ausreichend bei Herabsetzung um einen Höchstbetrag oder Vorhandensein einer Vielzahl von Geschäftsanteilen, iÜ genaue Benennung der Nennwerte.

zen;[49] Abweichungen bedürfen der Zustimmung des betroffenen Gesellschafters.[50]

20 Durch Abs. 3 ist nicht zwingend vorgeschrieben, dass die Anpassung der Nennbeträge an das Stammkapital durch Nennbetragsherabsetzung zu erfolgen hat, vielmehr kann auch eine **Einziehung von Geschäftsanteilen** beschlossen werden.[51] Der Weg einer (proportionalen) Einziehung bietet sich insbes. an, wenn das Stammkapital der Gesellschaft in Geschäftsanteile im Nennwert von je einem Euro eingeteilt ist, was eine Nennbetragsherabsetzung wegen der dann erforderlichen Zusammenlegung aller nunmehr auf Cent-Beträge lautenden Anteile praktisch unmöglich macht.

21 Gem. Abs. 3 S. 2 nF können die herabgesetzten Geschäftsanteile in Übereinstimmung mit § 5 II 1 nF auf jeden vollen Eurobetrag lauten. Die Neuregelung des Mindestnennwerts erleichtert bei der Bemessung des Herabsetzungsbetrages die Vermeidung freier Spitzen, so dass sich die Notwendigkeit einer **Zusammenlegung** von Geschäftsanteilen weniger häufig als zuvor ergibt. Die diesbzgl Regelung in Abs. 3 S. 3–5 aF ist durch das MoMiG entfallen. Zu beachten ist weiter, dass die von der Zusammenlegung betroffenen freien Spitzen nun deutlich geringer ausfallen: Als solche kommen nur die Cent-Beträge, um welche die herabgesetzten Geschäftsanteile den nächstniedrigeren vollen Eurobetrag überschreiten, in Betracht. Die aus diesen Anteilsresten zu bildenden Vereinigungsanteile werden regelmäßig wenige Euro nicht überschreiten u. damit im Verhältnis zu den herabgesetzten Geschäftsanteilen eher gering ausfallen – jedenfalls sofern nicht sehr kräftige Kapitalschnitte vorgenommen werden. Dennoch notwendige Anteilszusammenlegungen sind unter größtmöglicher Schonung der Interessen der betroffenen Gesellschafter vorzunehmen (→ Rn. 14). Daher sind zunächst Anteilsreste **eines** Gesellschafters zusammenzulegen, sofern diese zusammen einen vollen Eurobetrag ergeben.[52] Bei der Zusammenlegung von Anteilsresten verschiedener Gesellschafter mit der Rechtsfolge des § 18 ist darauf zu achten, möglichst wenige Gesellschafter zu Mitberechtigten eines Geschäftsanteils werden zu lassen; auch sind persönliche Beziehungen zwischen den Gesellschaftern zu berücksichtigen.[53] Ob die Zusammenlegung wie nach altem Recht voraussetzt, dass die betroffenen Geschäftsanteile voll eingezahlt sind, eine Nachschusspflicht nicht besteht u. die Anteile keine unterschiedlichen Rechte vermitteln,[54] ist fraglich.

22 Wird die Herabsetzung mit einer Kapitalerhöhung verbunden, so haben die Gesellschafter die Wahl zwischen der Wiedererhöhung der herabgesetzten Anteile u. der Schaffung neuer Anteile. Dies gilt auch bei einer Herabsetzung auf Null (→ Rn. 28), wobei im Fall der Ausgabe neuer Anteile die

49 *Lutter*/Hommelhoff/Kleindiek Rn. 20; Scholz/*Priester* Rn. 26.
50 Michalski/*Waldner* Rn. 15; Baumbach/Hueck/*Zöllner*/*Kersting* Rn. 18; aA *Lutter*/Hommelhoff/Kleindiek Rn. 20, die eine einmütige Entscheidung der Gesellschafter fordern.
51 Baumbach/Hueck/*Zöllner*/*Kersting* Rn. 18.
52 Vgl. für die Rechtslage vor MoMiG Scholz/*Priester*, 9. Aufl., Rn. 27.
53 Ulmer/*Casper* Rn. 39; Baumbach/Hueck/*Zöllner*/*Kersting* Rn. 28.
54 So Baumbach/Hueck/*Zöllner*/*Kersting* Rn. 29; zur Rechtslage vor Inkrafttreten des MoMiG vgl. *Lutter*/Hommelhoff, 16. Aufl., § 15 Rn. 14.

alten Anteile erlöschen.[55] Das führt dazu, dass auch Belastungen der alten Anteile, etwa Pfandrechte, verloren gehen. Keinesfalls setzen sich diese an neu ausgegebenen Anteilen automatisch fort.[56]

IV. Anmeldung zum Handelsregister

23 Die vereinfachte Kapitalherabsetzung ist von den Geschäftsführern in vertretungsberechtigter Zahl elektronisch in notariell beglaubigter Form (§ 12 I 1 HGB) anzumelden. Ein Handeln sämtlicher Geschäftsführer ist anders als bei der ordentlichen Kapitalherabsetzung nicht erforderlich, da § 78 Hs. 2 nur auf § 58, nicht jedoch auf § 58 a verweist u. letzterer auch nicht entspr. anwendbar ist.[57] Die gesetzliche Differenzierung ist dadurch gerechtfertigt, dass anders als bei der ordentlichen Kapitalherabsetzung eine strafbewehrte Versicherung nicht abzugeben ist.[58] Ein Handeln sämtlicher Geschäftsführer ist dag bei gleichzeitiger Anmeldung einer Kapitalerhöhung erforderlich (§ 57 I iVm § 78 Hs. 2).

24 Der Anmeldung als **Anlagen** beizufügen sind der Herabsetzungsbeschluss mit qualifizierter elektronischer Signatur des Notars (§ 12 II 2 HGB iVm § 39 a BeurkG) sowie der vollständige Wortlaut der neugefassten Satzung (§ 54 I 2). Ändert sich der Wortlaut der Satzung aufgrund einer gleichzeitig durchgeführten Kapitalerhöhung auf die vorherige Stammkapitalziffer nicht, ist die Beifügung der Satzung entbehrlich.[59]

V. Registerverfahren und Eintragung

25 Neben den allg. für Satzungsänderungen geltenden Prüfungsgegenständen (→ § 54 Rn. 23 ff.) prüft das Registergericht, ob die Voraussetzungen der vereinfachten Kapitalherabsetzung vorliegen, also insbes. das Vorliegen eines erlaubten Zwecks u. der Verfahrensangabe, die korrekte Anpassung der Nennbeträge der Geschäftsanteile u. die notwendige Auflösung von Rücklagen.[60] Hins. der Höhe des eingetretenen Verlusts nimmt das Registergericht lediglich eine Plausibilitätskontrolle vor. Hierzu kann das Gericht nach hM die Vorlage einer (weder geprüften noch testierten) Zwischenbilanz verlangen.[61] Nach zutr. Ansicht gilt dies jedoch nur, wenn eine plausible Darlegung des Verlusts nicht bereits auf einfacherem Weg, zB durch das Zahlenwerk der Buchhaltung, möglich ist.[62]

26 Mit der **Eintragung** ist das Stammkapital herabgesetzt.[63] Die Geschäftsführung ist zur Vornahme der entspr. Buchungen verpflichtet, diese sind je-

---

55 *Lutter*/Hommelhoff Rn. 21.
56 LG Kiel GmbHR 15, 1044.
57 Ulmer/*Casper* Rn. 41; Scholz/*Priester* Rn. 32; aA die wohl hM, vgl. *Lutter*/Hommelhoff/Kleindiek Rn. 23; *Roth*/Altmeppen Rn. 15; Baumbach/Hueck/*Zöllner*/*Kersting* Rn. 30.
58 Scholz/*Priester* Rn. 32.
59 *Lutter*/Hommelhoff/Kleindiek Rn. 25; Scholz/*Priester* Rn. 33; aA Rowedder/Schmidt-Leithoff/*Zimmermann* Rn. 21.
60 Scholz/*Priester* Rn. 34.
61 Ulmer/*Casper* Rn. 44; *Lutter*/Hommelhoff Rn. 24; Scholz/*Priester* Rn. 36; aA Baumbach/Hueck/*Zöllner*/*Kersting* Rn. 32.
62 Ulmer/*Casper* Rn. 44.
63 *Lutter*/Hommelhoff/Kleindiek Rn. 26.

doch nicht Voraussetzung für den Eintritt der Herabsetzung. Die Kapitalherabsetzung schlägt sich grds. im nächsten aufzustellenden Jahresabschluss nieder, sofern nicht aufgrund der §§ 58 e, 58 f eine Rückwirkung auf einen früheren Bilanzstichtag eintritt.[64]

Mängel des Herabsetzungsbeschlusses führen grds. nicht zu dessen Nichtigkeit, sondern machen diesen lediglich **anfechtbar.**[65] Dies gilt etwa bei einer unvertretbar hohen Verlustprognose,[66] bei Nicht-Auflösung von Rücklagen in erforderlichem Umfang oder fehlender Nennbetragsanpassung. Das Registergericht ist in diesen Fällen berechtigt, die Eintragung abzulehnen, ohne dass es auf eine Anfechtung ankommt.[67] **Nichtigkeit** des Beschlusses kommt in Betracht, wenn das Ausmaß der Herabsetzung weder bestimmt noch hinreichend bestimmbar ist[68] sowie bei Überschreiten der Dreimonatsfrist des Abs. 4 S. 2 (→ Rn. 31). Das Gericht darf die auf einem nichtigen Beschluss beruhende Kapitalherabsetzung nicht eintragen; erfolgt dennoch eine Eintragung, ist eine Heilung analog § 242 II AktG möglich.[69] 27

VI. Unterschreiten des Mindeststammkapitals (Abs. 4)

Das Stammkapital der Gesellschaft kann gem. Abs. 4 S. 1 durch eine vereinfachte Kapitalherabsetzung unter die Mindeststammkapitalziffer von 25.000 EUR abgesenkt werden, wenn diese durch eine zugleich, also in derselben Gesellschafterversammlung beschlossene **Kapitalerhöhung** wieder erreicht wird. Der Vorschrift kommt eine erhebliche praktische Bedeutung zu, da viele Gesellschaften nur über das Mindeststammkapital verfügen.[70] Das Stammkapital der Gesellschaft kann bis auf Null herabgesetzt werden.[71] 28

Die Kapitalerhöhung kann nach Abs. 4 S. 1 nicht gegen **Sacheinlagen** erfolgen, wobei die hM das Bareinlagegebot nur auf den zur Erreichung der Mindeststammkapitalziffer erforderlichen Betrag anwendet u. iÜ zu Recht Sacheinlagen zulässt.[72] In einem solchen Fall braucht außerdem nicht bereits im Zuge der (ersten) Kapitalerhöhung ohne Sacheinlagen ein vollständiger Verlustausgleich erzielt werden. Es reicht aus, wenn beide Kapitalerhöhungen zusammen nach Auflösen der Kapital- u. Gewinnrücklagen zu einer positiven Bilanz führen.[73] 29

64 Scholz/*Priester* Rn. 37.
65 *Lutter*/Hommelhoff/Kleindiek Rn. 27; Baumbach/Hueck/*Zöllner/Kersting* Rn. 22.
66 Eine nach vernünftigen kaufmännischen Erwägungen aufgestellte Verlustprognose führt dag auch dann, wenn sie sich später als zu hoch angesetzt herausstellt, nicht zur Anfechtbarkeit des Beschlusses (vgl. OLG Frankfurt NJW-RR 89, 546, 547). Es gelten die §§ 58 b III, 58 c, Scholz/*Priester* Rn. 43.
67 *Lutter*/Hommelhoff/Kleindiek Rn. 27.
68 Baumbach/Hueck/*Zöllner/Kersting* Rn. 22.
69 Scholz/*Priester* Rn. 43.
70 Ulmer/*Casper* Rn. 47.
71 BGHZ 119, 305, 306.
72 Ulmer/*Casper* Rn. 49; Scholz/*Priester* Rn. 40; Baumbach/Hueck/*Zöllner/Kersting* Rn. 34; aA *Maser/Sommer*, GmbHR 96, 22, 30.
73 LG Kiel ZIP 13, 823.

30 Im Anschluss an die Rspr. des BGH zum Aktienrecht[74] ist verbreitet die Auffassung vertreten worden, die Kapitalerhöhung sei im Interesse der Minderheit so auszugestalten, dass möglichst vielen Gesellschaftern der Verbleib in der Gesellschaft möglich ist.[75] Der BGH ist der Übertragung der aktienrechtlichen Rspr. auf die GmbH entgegengetreten u. hat insbes. eine aus der Treuepflicht abzuleitende Pflicht der Gesellschaftermehrheit, (Minderheits-) Gesellschaftern in Abweichung von ihrer bisherigen Beteiligungsquote ein **Bezugsrecht für eine kleinere Beteiligung** einzuräumen, im Grundsatz abgelehnt.[76] In der personalistisch strukturierten GmbH sei auf ein Bestehenbleiben der bisherigen Beteiligungsverhältnisse Bedacht zu nehmen. Ob sich diese Auffassung nach Inkrafttreten des **MoMiG** aufrechterhalten lässt, ist zweifelhaft. Geht man davon aus, dass bei Halten mehrerer Geschäftsanteile das Bezugsrecht für jeden Geschäftsanteil gesondert ausgeübt werden kann (→ § 55 Rn. 30), ergibt sich (insbes. bei Einteilung des Stammkapitals in Ein-Euro-Anteile) ohne Weiteres ein „partielles Bezugsrecht" bezogen auf die Gesamtbeteiligung eines Gesellschafters. Dass etwas anderes gelten soll, wenn die Gesellschafter jeweils nur einen Anteil halten (wie dies vor dem MoMiG der gesetzlichen Konzeption entsprach), ist schwer begründbar. Auch das weitere Argument des BGH gegen ein treuepflichtbegründetes Recht auf „partielle Ausübung des Bezugsrechts", jeder Gesellschafter könne – anders als im Aktienrecht – bei der Kapitalerhöhung nur eine Stammeinlage übernehmen, hat sich mit dem MoMiG erledigt (vgl. §§ 55 IV, 5 II 2).

31 Kapitalherabsetzungs- u. -erhöhungsbeschluss sind innerhalb von drei Monaten ab der Beschlussfassung in das Handelsregister einzutragen, **Abs. 4 S. 2.** Der Lauf der Frist ist gehemmt, solange eine Anfechtungs- oder Nichtigkeitsklage rechtshängig ist, **Abs. 4 S. 3.**[77] Das Versäumen der Frist führt zur Nichtigkeit der Beschlüsse. Da die Anmeldung zur Fristwahrung nicht ausreicht, sollte diese unverzüglich nach Beschlussfassung erfolgen. Beide Beschlüsse dürfen nur zusammen in das Handelsregister eingetragen werden, **Abs. 4 S. 4,** so dass die Unterschreitung der Mindeststammkapitalziffer nur für eine logische Sekunde in Betracht kommt.[78]

VII. Spaltungsfälle

32 § 139 S. 1 UmwG erlaubt im Fall der Abspaltung oder Ausgliederung die vereinfachte Herabsetzung des Stammkapitals der übertragenden GmbH. Dabei handelt es sich nach hM um eine Rechtsfolgenverweisung auf die §§ 58 a ff., da es nicht um den Ausgleich von Verlusten, sondern um den Bilanzausgleich aufgrund eines Vermögenstransfers geht.[79] Die Voraussetzungen für die vereinfachte Kapitalherabsetzung richten sich daher allein nach Umwandlungsrecht.

---

74 BGHZ 142, 167 – *Hilgers.*
75 Scholz/*Priester* Rn. 40; Baumbach/Hueck/*Zöllner/Kersting* Rn. 35.
76 BGH NZG 05, 551, 552 f.
77 Durch das Gesetz zur Umsetzung der Aktionärsrichtlinie (ARUG) v. 30.7.09 (BGBl. I, S. 2479) ist die Fristhemmung bis zur Erteilung einer beantragten Genehmigung entfallen (vgl. auch § 57 n Rn. 7).
78 Ulmer/*Casper* Rn. 52.
79 Ulmer/*Casper* Rn. 53.

§ 58 b Beträge aus Rücklagenauflösung und Kapitalherabsetzung

(1) Die Beträge, die aus der Auflösung der Kapital- oder Gewinnrücklagen und aus der Kapitalherabsetzung gewonnen werden, dürfen nur verwandt werden, um Wertminderungen auszugleichen und sonstige Verluste zu decken.

(2) [1]Daneben dürfen die gewonnenen Beträge in die Kapitalrücklage eingestellt werden, soweit diese zehn vom Hundert des Stammkapitals nicht übersteigt. [2]Als Stammkapital gilt dabei der Nennbetrag, der sich durch die Herabsetzung ergibt, mindestens aber der nach § 5 Abs. 1 zulässige Mindestnennbetrag.

(3) Ein Betrag, der auf Grund des Absatzes 2 in die Kapitalrücklage eingestellt worden ist, darf vor Ablauf des fünften nach der Beschlußfassung über die Kapitalherabsetzung beginnenden Geschäftsjahrs nur verwandt werden

1. zum Ausgleich eines Jahresfehlbetrags, soweit er nicht durch einen Gewinnvortrag aus dem Vorjahr gedeckt ist und nicht durch Auflösung von Gewinnrücklagen ausgeglichen werden kann;
2. zum Ausgleich eines Verlustvortrags aus dem Vorjahr, soweit er nicht durch einen Jahresüberschuß gedeckt ist und nicht durch Auflösung von Gewinnrücklagen ausgeglichen werden kann;
3. zur Kapitalerhöhung aus Gesellschaftsmitteln.

I. Normzweck

§ 58 b dient dem **Gläubigerschutz.** Aufgrund der Zielsetzung, zum Zweck der Sanierung die Verbindung von Kapitalherabsetzung u. Kapitalerhöhung zu ermöglichen, wird iRd vereinfachten Kapitalherabsetzung auf die Einhaltung eines Sperrjahres u. die Sicherstellung der Gläubiger verzichtet (→ § 58 a Rn. 1). Stattdessen unterliegen die durch die Herabsetzung des Stammkapitals gewonnenen Beträge einer Verwendungsbindung.[1] Eine solche Bindung ist durch die Regelung der zulässigen Zwecke u. der vermögensmäßigen Voraussetzungen der vereinfachten Kapitalherabsetzung in § 58 a I u. II bereits vorgezeichnet. Die eigentliche Anordnung dieser Verwendungsbindung findet sich in den bilanziellen Parallelvorschriften[2] des **Abs. 1 u. Abs. 2,** aus denen zugleich ein Ausschüttungsverbot hins der frei werdenden Beträge folgt. Die Vorschriften entsprechen im Wesentlichen dem aktienrechtlichen Vorbild in §§ 230, 231 AktG. **Abs. 3** unterstellt die Verwendung der iRd Abs. 2 gebildeten Rücklage einer weiteren Bindung, 1

1 Daneben wird die Gewinnausschüttung gem. § 58 d eingeschränkt.
2 Scholz/*Priester* Rn. 2.

die derjenigen der aktienrechtlichen Mindestreserve durch § 150 AktG nachgebildet ist.

II. Verwendungsbindung für gewonnene Beträge

1. Verlustdeckung, Auszahlungsverbot (Abs. 1)

2 Die aus der vereinfachten Kapitalherabsetzung gewonnen Beträge dürfen gem. Abs. 1 nur verwandt werden, um Wertminderungen auszugleichen u. sonstige Verluste zu decken.[3] **Regelungsgehalt** der bilanziellen Parallelvorschrift zu § 58 a I ist die Aufstellung bindender Handlungsanweisungen an die Geschäftsführer u. Gesellschafter, wie die frei werdenden Beträge zu verwenden sind.[4] Durch die Absenkung der Stammkapitalziffer wird die Passivseite der Bilanz dabei insofern der Vermögenslage der Gesellschaft angepasst, als eine „modifizierte Unterbilanz" (→ § 58 a Rn. 7) beseitigt wird. Die Verwendungsbindung („nur") impliziert ein Ausschüttungsverbot, welches alle Zahlungen an die Gesellschafter aus nach Abs. 1 u. Abs. 2 gebundenen Beträgen, sei es in offener oder verdeckter Form, umfasst.[5]

2. Kapitalrücklage (Abs. 2)

3 Nach Abs. 2 kann die Bildung einer Kapitalrücklage iH von bis zu 10 % des herabgesetzten Stammkapitals zulässiger Nebenzweck der vereinfachten Kapitalherabsetzung sein (s. auch → § 58 a Rn. 6, 10). Nach dieser Ausnahmevorschrift zu Abs. 1 kann also ein höherer Herabsetzungsbetrag festgesetzt werden, als dies zur Beseitigung der eingetretenen Verluste notwendig ist, sofern die infolgedessen zu bildende oder (falls eine solche bereits vorhanden ist) zu erhöhende Kapitalrücklage 10 % des herabgesetzten Stammkapitals nicht übersteigt (sog. **geplante Einstellung** in die Kapitalrücklage).[6] Auch wenn das Stammkapital zugleich wieder erhöht wird, bildet die zunächst für eine logische Sekunde herabgesetzte Stammkapitalziffer die Bemessungsgrundlage für die erlaubte Rücklagenbildung. Soll eine höhere Rücklage gebildet werden, kann dies nur über Zuzahlungen in die Kapitalrücklage erreicht werden.[7] Bei Herabsetzungen unter die Mindeststammkapitalziffer (§ 58 a IV) bleibt diese jedoch Bemessungsgrundlage, so dass eine Rücklage iH von 2.500 EUR gebildet werden darf (Abs. 2 S. 2). Die gebildete Kapitalrücklage ist in der Bilanz wegen ihrer besonderen Verwendungsbindung gesondert auszuweisen.[8]

4 Wird der Herabsetzungsbetrag aufgrund einer falschen Verlustprognose zu hoch bemessen, ist auch der die 10 %-Grenze überschreitende Betrag in die Kapitalrücklage einzustellen, § 58 c (sog. **zwangsweise Einstellung** in die Kapitalrücklage).[9] Damit wird deutlich, dass es sich bei Abs. 2 nicht um eine Buchungsgrenze handelt, sondern das Gesetz erneut den quantitativen

---

3 Zur Ungenauigkeit des Wortlauts vgl. die Ausführungen bei § 58 a Rn. 3.
4 Scholz/*Priester* Rn. 4.
5 Ulmer/*Casper* Rn. 4; *Lutter*/Hommelhoff/Kleindiek Rn. 2 f.; Scholz/*Priester* Rn. 5; *Roth*/Altmeppen Rn. 8; Baumbach/Hueck/*Zöllner/Kersting* Rn. 3.
6 Ulmer/*Casper* Rn. 5.
7 Baumbach/Hueck/*Zöllner/Kersting* Rn. 5.
8 Scholz/*Priester* Rn. 16; Baumbach/Hueck/*Zöllner/Kersting* Rn. 8.
9 Ulmer/*Casper* Rn. 5.

Rahmen umschreibt, innerhalb dessen eine vereinfachte Kapitalherabsetzung zulässig ist.[10]

III. Verwendungsbindung für die Kapitalrücklage (Abs. 3)

Gesellschaftsvermögen der GmbH, das zur Erhaltung des Stammkapitals nicht erforderlich ist, kann grds. jederzeit an die Gesellschafter ausgezahlt werden.[11] Eine Bindung der diesem Vermögen bilanziell gegenüberstehenden Kapitalrücklagen existiert im GmbH-Recht nicht. In dieser Hinsicht besteht damit ein grdlg Unterschied zum Aktienrecht, das die Bildung einer gesetzlichen Rücklage u. ein Ausschüttungsverbot hins aller Kapitalrücklagen iSv § 272 II HGB vorsieht (§ 150 AktG). 5

Um eine Ausschüttung der im Wege der vereinfachten Kapitalherabsetzung gebildeten Kapitalrücklage zu verhindern, ordnet Abs. 3 deren **Bindung** nach Vorbild der aktienrechtlichen Mindestreserve[12] bis zum Ablauf des fünften Geschäftsjahrs nach Beschlussfassung über die Kapitalherabsetzung an. Die Kapitalrücklage darf nur verwandt werden zum Ausgleich eines Jahresfehlbetrags, soweit er nicht durch einen Gewinnvortrag[13] aus dem Vorjahr gedeckt ist u. nicht durch Auflösung von Gewinnrücklagen ausgeglichen werden kann (Nr. 1), zum Ausgleich eines Verlustvortrags aus dem Vorjahr, soweit er nicht durch einen Jahresüberschuss gedeckt ist u. nicht durch Auflösung von Gewinnrücklagen ausgeglichen werden kann (Nr. 2), oder zur Kapitalerhöhung aus Gesellschaftsmitteln (Nr. 3). Die Verwendungsbindung betrifft nur Kapitalrücklagen, die durch Umwandlung von Stammkapital im Wege der vereinfachten Kapitalherabsetzung gebildet wurden, nicht dag sonstige Kapitalrücklagen (etwa aufgrund der Zahlung von Aufgeldern) oder Gewinnrücklagen.[14] Hat die Gesellschaft den Fünfjahreszeitraum wirtschaftlich überlebt, bedürfen die Gläubiger keines besonderen Schutzes mehr, so dass auch die nach Abs. 2 gebildete Rücklage ohne Einhaltung der Gläubigerschutzvorschriften des § 58 aufgelöst werden kann.[15] 6

Eine **Umgehung** der fünfjährigen Verwendungsbindung kann nicht darin gesehen werden, dass aus den in die Kapitalrücklage eingestellten Beträgen zunächst eine Kapitalerhöhung vorgenommen wird u. dieselben Beträge sodann über eine ordentliche Kapitalherabsetzung (unter Beachtung des Sperrjahrs) an die Gesellschafter ausgeschüttet werden.[16] Gläubigerschutz wird hier über § 58 (Sicherstellung oder Befriedigung der Gläubiger) gewährleistet.[17] 7

---

10 Baumbach/Hueck/*Zöllner*/*Kersting* Rn. 6.
11 Vgl. § 30 Rn. 7 ff.
12 § 150 III AktG, gelockert um die zulässige Verwendung des § 150 IV Nr. 3 AktG.
13 Gemeint sein kann wegen § 58 a II 2 nur ein Gewinnvortrag aus Geschäftsjahren nach der Kapitalherabsetzung, vgl. Ulmer/*Casper* Rn. 8.
14 Baumbach/Hueck/*Zöllner*/*Kersting* Rn. 7.
15 BT-Drs. 12/3803, S. 89.
16 Ulmer/*Casper* Rn. 10; *Lutter*/Hommelhoff Rn. 11; Scholz/*Priester* Rn. 13; Baumbach/Hueck/*Zöllner*/*Kersting* Rn. 10; krit. Rowedder/Schmidt-Leithoff/*Zimmermann* Rn. 10.
17 Scholz/*Priester* Rn. 13.

IV. Verstöße, Rechtsfolgen

8 Ein **Jahresabschluss**, der unter Verstoß gegen die Verwendungsbindung in Abs. 1 u. Abs. 2 aufgestellt wird, ist ebenso **nichtig** (§ 256 I Nr. 1 AktG analog) wie ein darauf beruhender Ausschüttungsbeschluss (§ 241 Nr. 3 AktG analog).[18] Gleiches gilt, wenn eine Kapitalrücklage zwar zunächst korrekt nach Abs. 2 gebildet, dann aber entgg Abs. 3 vorzeitig aufgelöst wird, für den diesbezüglichen Jahresabschluss u. Ausschüttungsbeschluss.[19]

9 Wird infolge unzutr Verlustprognose ein zu hoher Herabsetzungsbetrag festgesetzt u. muss daher eine höhere Rücklage gebildet werden, als dies nach Abs. 2 zulässig ist, so liegt kein Mangel des Jahresabschlusses, sondern unter Umständen des **Kapitalherabsetzungsbeschlusses** vor. Der Beschluss ist keinesfalls nichtig; er ist jedoch **anfechtbar,**[20] wenn die Verlustprognose nach kaufmännischen Grundsätzen unvertretbar war (→ § 58 a Rn. 27).

10 **Auszahlungen** an Gesellschafter aus dem nach Abs. 1–3 gebundenen Vermögen sind verboten. Solche Auszahlungen stellen wohl regelmäßig – auch unter Zugrundelegung der herabgesetzten Stammkapitalziffer – einen Verstoß gegen § 30 I dar, so dass eine Erstattungspflicht nach § 31 I begründet wird. Besteht infolge der Herabsetzung dag eine Überdeckung des Stammkapitals u. der Verbindlichkeiten, so dass nach Abs. 2 oder § 58 c eine Kapitalrücklage zu bilden ist, fragt sich, ob Zahlungen aufgrund eines unzulässigen Ausweises der überschießenden Beträge als Gewinn (entgg Abs. 2) oder aufgrund einer vorzeitigen Auflösung einer korrekt gebildeten Kapitalrücklage (entgg. Abs. 3) ebenfalls der Erstattung nach §§ 30, 31 oder lediglich nach § 812 BGB unterliegen. Jedenfalls für eine direkte Anwendung der §§ 30, 31 ist kein Raum, da die Stammkapitalbindung gerade gelockert wird.[21] Mit der wohl überwiegenden Meinung[22] ist daher davon auszugehen, dass außerhalb der Stammkapitalbindung lediglich § 812 BGB zur Anwendung kommt.

V. Umdeutung in eine ordentliche Kapitalherabsetzung?

11 Durch Missachtung der Verwendungsbindung für die aus der Stammkapitalbindung entlassenen Mittel verhalten sich die Gesellschafter, als habe eine ordentliche Kapitalherabsetzung stattgefunden.[23] Nach teilw vertretener Auffassung soll in diesem Fall die vereinfachte Kapitalherabsetzung als

18 *Lutter*/Hommelhoff/Kleindiek Rn. 3; Scholz/*Priester* Rn. 18; diff. MüKoGmbHG/*Vetter* Rn. 41 ff.

19 Scholz/*Priester* Rn. 18.

20 Baumbach/Hueck/*Zöllner*/*Kersting* Rn. 12; zweifelnd Scholz/*Priester* Rn. 19, der iErg jedoch auch lediglich Anfechtbarkeit des Herabsetzungsbeschlusses annimmt.

21 AA Baumbach/Hueck/*Zöllner*/*Kersting* Rn. 14, die die frühere Stammkapitalziffer für maßgeblich halten, da es um „Zahlung von früherem, nur bedingt aus der Bindung entlassenem Stammkapital" gehe.

22 Scholz/*Priester* Rn. 20; *Roth*/Altmeppen Rn. 8; unklar Ulmer/*Casper* Rn. 14, der grds. dieser Differenzierung folgt, jedoch die frühere Stammkapitalziffer für maßgeblich hält; stets für §§ 30, 31: Baumbach/Hueck/*Zöllner*/*Kersting* Rn. 14; Rowedder/Schmidt-Leithoff/*Zimmermann* Rn. 14; *Lutter*/Hommelhoff/Kleindiek Rn. 5; stets für § 812 BGB: Michalski/*Waldner* Rn. 9.

23 Scholz/*Priester* Rn. 21.

ordentliche behandelt werden.[24] Zutr. dürfte demggü. sein, dass nach Eintragung der Kapitalherabsetzung an der durch § 58 b vorgeschriebenen Vermögens- u. Bilanzlage festzuhalten ist; eine Heilung der Verstöße durch Umdeutung in eine ordentliche Kapitalherabsetzung kommt nicht in Betracht.[25] Verlangt die Gesellschaft nicht unverzüglich die Wiederherstellung der durch die Verwendungsbindung vorgeschriebenen Vermögens- u. Bilanzlage, macht sie sich jedoch ggü. den Gläubigern dem Grunde nach schadensersatzpflichtig. Auf dieser Grundlage muss sie sich möglicherweise behandeln lassen, als sei eine ordentliche Kapitalherabsetzung durchgeführt worden. Die Gläubiger können dann insbes. Sicherstellung ihrer Forderungen nach § 58 verlangen.[26]

§ 58 c Nichteintritt angenommener Verluste

[1]Ergibt sich bei Aufstellung der Jahresbilanz für das Geschäftsjahr, in dem der Beschluß über die Kapitalherabsetzung gefaßt wurde, oder für eines der beiden folgenden Geschäftsjahre, daß Wertminderungen und sonstige Verluste in der bei der Beschlußfassung angenommenen Höhe tatsächlich nicht eingetreten oder ausgeglichen waren, so ist der Unterschiedsbetrag in die Kapitalrücklage einzustellen. [2]Für einen nach Satz 1 in die Kapitalrücklage eingestellten Betrag gilt § 58 b Abs. 3 sinngemäß.

Schrifttum

Geißler, Funktion und Durchführung der vereinfachten Kapitalherabsetzung bei der GmbH, GmbHR 2005, 1102.

I. Normzweck

§ 58 c dient ebenso wie § 58 b dem **Gläubigerschutz**[1] u. regelt Fälle, in de- 1
nen sich der bei Beschlussfassung über die vereinfachte Kapitalherabsetzung angenommene Verlust bei der Aufstellung nachfolgender Jahresabschlüsse als zu hoch bemessen herausstellt. Die in diesem Fall (aufgrund von Wertaufholungen oder der Auflösung von Rückstellungen) aus der Stammkapitalbindung frei werdenden Beträge sind – auch wenn sie die

24 Michalski/*Waldner* Rn. 10; so wohl auch *Lutter*/Hommelhoff Rn. 1.
25 Ulmer/*Casper* Rn. 15; Scholz/*Priester* Rn. 21; *Roth*/Altmeppen Rn. 9; Rowedder/Schmidt-Leithoff/*Zimmermann* Rn. 15; Baumbach/Hueck/*Zöllner*/*Kersting* Rn. 15.
26 HM, vgl. Baumbach/Hueck/*Zöllner*/*Kersting* Rn. 15; aA MüKoGmbHG/*Vetter* Rn. 48, der bezweifelt, dass § 58 b als Schutzgesetz iSv § 823 II BGB aufgefasst werden kann u. damit schon eine Anspruchsgrundlage für einen Schadensersatzanspruch gegen die Gesellschaft verneint (unter Hinweis auf BGHZ 110, 342, 359 f.). Darüber hinaus ließe sich *Vetter* zufolge selbst bei Annahme eines entspr. Anspruchs aus §§ 249 ff. BGB keine Verpflichtung zur Befriedigung oder Sicherstellung nach § 58 ableiten.
1 BGHZ 119, 305, 322 (zu § 232 AktG); Ulmer/*Casper* Rn. 1.

10 %-Grenze des § 58 b II überschreiten – gem. S. 1 in die Kapitalrücklage einzustellen. Diese ist gem. S. 2 nach § 58 b III gebunden.

II. Voraussetzungen

1. Unterschiedsbetrag

2 § 58 c setzt voraus, dass Wertminderungen oder sonstige Verluste in der bei der Beschlussfassung über die Kapitalherabsetzung angenommenen Höhe nicht eingetreten oder ausgeglichen worden sind (zur Ungenauigkeit des Wortlauts → § 58 a Rn. 3). Der Unterschiedsbetrag zwischen den prognostizierten u. den tatsächlich eingetretenen Verlusten ist in die Kapitalrücklage einzustellen. Der Eintritt u. die Höhe des Verlusts bemessen sich nach **handelsbilanziellen Grundsätzen,**[2] da die Vorschrift Ausschüttungen an die Gesellschafter verhindern soll u. sich die Höhe des für Ausschüttungen zur Verfügung stehenden Vermögens aus der Handelsbilanz ergibt. Maßgeblich ist der eingetretene **Gesamtverlust**[3] zum Stichtag der Beschlussfassung über die Kapitalherabsetzung.[4] Damit kommt der „Ausgleich" eines angenommenen Verlusts iSv § 58 c in Betracht, wenn Wertaufholungen vorgenommen oder Rückstellungen für drohende Verbindlichkeiten aufgelöst werden. Musterbeispiele sind die Erfüllung einer abgeschriebenen Forderung oder die Auflösung einer Rückstellung für eine Schadensersatzpflicht.[5] Wird dag nicht aufgewertet, verbleibt es bei dem Verlust in angenommener Höhe, so dass eine Rückstellung weder gebildet werden kann[6] noch muss.[7] Gleiches gilt wegen der Maßgeblichkeit des Gesamtverlusts, wenn sich die dem Herabsetzungsbeschluss konkret zugrunde gelegten Verlustannahmen als unzutr erweisen, jedoch anderweitig unerwartete Verluste eingetreten sind. Diese kompensieren die nicht eingetretenen Verlustposten.[8] Da für den Eintritt des Verlusts der Zeitpunkt der Beschlussfassung maßgeblich ist, kommt eine Kompensation durch nachträglich eingetretene Verluste jedoch nicht in Betracht.[9] Hier ist zunächst eine Rücklage zu bilden, deren Auflösung sich nach § 58 b III Nr. 1 richtet. Umgekehrt können nachträgliche Gewinne vorbehaltlich § 58 d an die Gesellschafter ausgeschüttet werden.[10]

3 § 58 c zielt auf Fälle ab, in denen eine nach kaufmännischen Grundsätzen vertretbare Verlustprognose aufgestellt worden ist, diese sich jedoch als unzutr erweist. Werden die **Regeln kaufmännischer Sorgfalt** nicht beachtet

---

2 *Lutter*/Hommelhoff/Kleindiek Rn. 4; *Roth*/Altmeppen Rn. 2; Baumbach/Hueck/*Zöllner*/*Kersting* Rn. 2.

3 Ulmer/*Casper* Rn. 2; Scholz/*Priester* Rn. 4; Michalski/*Waldner* Rn. 4; Rowedder/Schmidt-Leithoff/*Zimmermann* Rn. 3; Baumbach/Hueck/*Zöllner*/*Kersting* Rn. 2; aA *Roth*/Altmeppen Rn. 3.

4 Rowedder/Schmidt-Leithoff/*Zimmermann* Rn. 3; für § 232 AktG: *Hüffer*, AktG, § 232 Rn. 3.

5 Scholz/*Priester* Rn. 3.

6 So der zutr. Hinweis bei *Lutter*/Hommelhoff/Kleindiek Rn. 4.

7 Baumbach/Hueck/*Zöllner*/*Kersting* Rn. 2.

8 Ulmer/*Casper* Rn. 2; Scholz/*Priester* Rn. 4 f.; Michalski/*Waldner* Rn. 4; Rowedder/Schmidt-Leithoff/*Zimmermann* Rn. 3; Baumbach/Hueck/*Zöllner*/*Kersting* Rn. 2; aA *Roth*/Altmeppen Rn. 3.

9 Scholz/*Priester* Rn. 5; Rowedder/Schmidt-Leithoff/*Zimmermann* Rn. 3.

10 Ulmer/*Casper* Rn. 2; Scholz/*Priester* Rn. 5.

oder wird der Kapitalherabsetzung gar vorsätzlich eine zu hohe Verlusterwartung (mit dem Ziel der späteren Stammkapitalrückgewähr) zugrunde gelegt, ist der Kapitalherabsetzungsbeschluss anfechtbar (→ § 58 b Rn. 9). Unterbleibt die Anfechtung, so dürfen die aus der Stammkapitalbindung frei werdenden Beträge erst recht nicht an die Gesellschafter ausgeschüttet werden. § 58 c ist in diesen Fällen entspr. anwendbar.[11]

2. Zeitliche Grenze

Das Nichteintreten eines angenommenen Verlustes muss sich bei Aufstellung des Jahresabschlusses für das Geschäftsjahr, in dem die Kapitalherabsetzung beschlossen wurde, oder für eines der beiden darauffolgenden Geschäftsjahre herausstellen. Die Erstreckung auf die beiden Folgejahre ist aus Gründen des Gläubigerschutzes erforderlich, da das endgültige Ausbleiben angenommener Verluste bei Aufstellung des ersten dem Herabsetzungsbeschluss folgenden Jahresabschlusses häufig noch nicht erkennbar ist.[12] Die damit insg. auf drei Jahresabschlüsse beschränkte Pflicht zur Rücklagenbildung entspricht dem aktienrechtlichen Vorbild in § 232 AktG. Der fehlende Gleichlauf mit der (Fünfjahres-) Frist für die Verwendungsbindung der Rücklage nach §§ 58 b III, 58 c S. 2 ist hinzunehmen.[13] 4

III. Rücklage, Verwendungsbindung

Der Unterschiedsbetrag ist ohne Rücksicht auf die Einhaltung der 10 %-Grenze des § 58 b II in die Kapitalrücklage einzustellen. Die so gebildete Rücklage ist in der Bilanz gesondert auszuweisen, da sie der besonderen Bindung des § 58 b III unterliegt (näher → § 58 b Rn. 5 ff.). Zuständig für die Feststellung des Jahresabschlusses u. damit für die Bildung der Rücklage ist vorbehaltlich anderweitiger Satzungsregelung die Gesellschafterversammlung (§ 46 Nr. 1).[14] Allerdings ist die Pflicht zur Einstellung in die Kapitalrücklage bereits bei Aufstellung der Bilanz durch die Geschäftsführung zu beachten.[15] Ist der Jahresabschluss durch einen Abschlussprüfer zu prüfen, hat dieser die korrekte Einstellung zu kontrollieren.[16] 5

IV. Verstöße, Rechtsfolgen

Bzgl. der Rechtsfolgen von Verstößen gegen die Pflicht zur Einstellung in die Kapitalrücklage nach S. 1 u. von Auszahlungen entgg der Bindung des S. 2 kann auf die Ausführungen zu → § 58 b Rn. 8 ff. verwiesen werden. 6

---

11 *Lutter*/Hommelhoff/Kleindiek Rn. 5; Scholz/*Priester* Rn. 6; Baumbach/Hueck/*Zöllner/Kersting* Rn. 5; Michalski/*Waldner* Rn. 3; für direkte Anwendung der Vorschrift Ulmer/*Casper* Rn. 4.
12 *Lutter*/Hommelhoff Rn. 6; Scholz/*Priester* Rn. 7; *Roth*/Altmeppen Rn. 1.
13 Ulmer/*Casper* Rn. 4; *Geißler*, GmbHR 05, 1102, 1108; Michalski/*Waldner* Rn. 2; krit. Baumbach/Hueck/*Zöllner/Kersting* Rn. 3.
14 Scholz/*Priester* Rn. 10; *Roth*/Altmeppen Rn. 4.
15 Baumbach/Hueck/*Zöllner/Kersting* Rn. 7.
16 Rowedder/Schmidt-Leithoff/*Zimmermann* Rn. 7.

§ 58 d Gewinnausschüttung

(1) [1]Gewinn darf vor Ablauf des fünften nach der Beschlußfassung über die Kapitalherabsetzung beginnenden Geschäftsjahrs nur ausgeschüttet werden, wenn die Kapital- und Gewinnrücklagen zusammen zehn vom Hundert des Stammkapitals erreichen. [2]Als Stammkapital gilt dabei der Nennbetrag, der sich durch die Herabsetzung ergibt, mindestens aber der nach § 5 Abs. 1 zulässige Mindestnennbetrag.

(2) [1]Die Zahlung eines Gewinnanteils von mehr als vier vom Hundert ist erst für ein Geschäftsjahr zulässig, das später als zwei Jahre nach der Beschlußfassung über die Kapitalherabsetzung beginnt. [2]Dies gilt nicht, wenn die Gläubiger, deren Forderungen vor der Bekanntmachung der Eintragung des Beschlusses begründet worden waren, befriedigt oder sichergestellt sind, soweit sie sich binnen sechs Monaten nach der Bekanntmachung des Jahresabschlusses, auf Grund dessen die Gewinnverteilung beschlossen ist, zu diesem Zweck gemeldet haben. [3]Einer Sicherstellung der Gläubiger bedarf es nicht, die im Fall des Insolvenzverfahrens ein Recht auf vorzugsweise Befriedigung aus einer Deckungsmasse haben, die nach gesetzlicher Vorschrift zu ihrem Schutz errichtet und staatlich überwacht ist. [4]Die Gläubiger sind in der Bekanntmachung nach § 325 Abs. 2 des Handelsgesetzbuchs auf die Befriedigung oder Sicherstellung hinzuweisen.

Schrifttum

Geißler, Funktion und Durchführung der vereinfachten Kapitalherabsetzung bei der GmbH, GmbHR 2005, 1102.

I. Normzweck

1 Das Fehlen der Gläubigerschutzinstrumente des § 58 wird bei der vereinfachten Kapitalherabsetzung einerseits durch die Verwendungsbindung für die frei werdenden Beträge u. die aus diesen gebildeten Rücklagen nach §§ 58 b, 58 c kompensiert. Diese (aufgrund des Zwecks der vereinfachten Kapitalherabsetzung selbstverständliche) Verwendungsbindung ist aus Gründen des Gläubigerschutzes notwendig, aber nicht hinreichend; es bedarf daneben einer **Beschränkung der Ausschüttungsmöglichkeiten** für zukünftige Erträge, die ohne die Kapitalherabsetzung zum Ausgleich eingetretener Verluste hätten verwendet werden müssen, nun aber für Ausschüttungen zur Verfügung stehen, da die eingetretenen Verluste bereits durch die Kapitalherabsetzung ausgeglichen sind. Dem dient der weitgehend dem aktienrechtlichen Vorbild in § 233 I, II AktG nachgebildete § 58 d, der die Ausschüttung von Gewinnen (zeitlich begrenzt) in zweifacher Hinsicht einschränkt: durch ein Ausschüttungsverbot vor Rücklagenauffüllung u. eine Beschränkung der Höhe der Ausschüttungen.

II. Verbot von Ausschüttungen vor Rücklagenauffüllung (Abs. 1)

1. Rücklagenauffüllung, 10 %-Schwelle

Gem. Abs. 1 sind Gewinnausschüttungen bis zum Ende des fünften Geschäftsjahres nach Fassung des Herabsetzungsbeschlusses nur zulässig, wenn die Kapital- u. Gewinnrücklagen (§ 266 III A II, III HGB)[1] zusammen 10 % des herabgesetzten Stammkapitals, mind. jedoch der Mindeststammkapitalziffer iH von 25.000 EUR, erreichen. Aus Letzterem ergibt sich auch, dass gleichzeitig oder nachträglich durchgeführte Kapitalerhöhungen außer Betracht bleiben. Ausreichend ist, dass die **Schwelle** in dem Jahresabschluss erreicht wird, der Grundlage für die Gewinnausschüttung ist; der Jahresüberschuss kann also bis zum Erreichen der 10 %-Schwelle den Rücklagen zugewiesen u. iÜ (iR des Abs. 2, daneben ggf. Vortrag auf neue Rechnung) als Gewinn an die Gesellschafter ausgeschüttet werden.[2] 2

Eine Verpflichtung zur Einstellung von Jahresüberschüssen in die Kapital- oder Gewinnrücklage wird durch das Ausschüttungsverbot nicht begründet; diese können auch zur Durchführung einer Kapitalerhöhung aus Gesellschaftsmitteln genutzt oder auf Gewinnvorträgen angesammelt werden.[3] Werden **Kapital- u. Gewinnrücklagen** nicht bis zur 10 %-Schwelle aufgefüllt, haben lediglich Gewinnausschüttungen zu unterbleiben.[4] Irrelevant ist, auf welche Weise die Schwelle erreicht wird. Neben der Thesaurierung von Erträgen kann dies insbes. über Zuzahlungen der Gesellschafter in die Kapitalrücklage geschehen.[5] Sinken die Rücklagen nach Erreichen der Schwelle erneut unter diese hinab, lebt die Ausschüttungssperre nach hM[6] – anders als im Aktienrecht[7] – wieder auf. Hierfür spricht va der von § 233 I AktG abw. Wortlaut.[8] 3

2. Erfasste Zahlungen

Von dem Ausschüttungsverbot erfasst sind alle einseitigen Ausschüttungen an Gesellschafter, sei es in offener oder verdeckter Form.[9] Maßgeblich ist, ob die Gesellschaft eine angemessene Gegenleistung erhält; bloße Drittgeschäfte bleiben zulässig.[10] Dass die Zahlung aufgrund eines Gewinnabfüh- 4

1 Nicht berücksichtigt wird die Rücklage für Anteile an einem herrschenden oder mit Mehrheit beteiligten Unternehmen (§ 266 III A III Nr. 2 HGB), vgl. Scholz/*Priester* Rn. 6.
2 *Lutter*/Hommelhoff/Kleindiek Rn. 2.
3 *Roth*/Altmeppen Rn. 3; Baumbach/Hueck/*Zöllner*/*Kersting* Rn. 2.
4 Scholz/*Priester* Rn. 5; *Roth*/Altmeppen Rn. 3; Ulmer/*Casper* Rn. 4; aA MüKo-GmbHG/*Vetter* Rn. 9, nach dem bei der Ermittlung der 10 %-Schwelle auch der Gewinnvortrag zu berücksichtigen sei, es also nicht darauf ankomme, ob die Kapital- u. Gewinnrücklagen aufgefüllt werden; iErg wohl auch Baumbach/Hueck/*Zöllner*/*Kersting* Rn. 3.
5 Rowedder/Schmidt-Leithoff/*Zimmermann* Rn. 5.
6 *Roth*/Altmeppen Rn. 24; Baumbach/Hueck/*Zöllner*/*Kersting* Rn. 3; *Lutter*/Hommelhoff Rn. 2; Scholz/*Priester* Rn. 7; Michalski/*Waldner* Rn. 4; aA Rowedder/Schmidt-Leithoff/*Zimmermann* Rn. 5.
7 Vgl. statt vieler *Hüffer*, AktG, § 233 Rn. 5.
8 § 58 d I GmbHG: „wenn […] erreichen"; § 233 I AktG: „sobald […] erreicht haben".
9 Scholz/*Priester* Rn. 3.
10 Vgl. zur verdeckten Gewinnausschüttung u. Abgrenzung zum bloßen Drittgeschäft § 29 Rn. 71.

rungsvertrags erfolgt, ist unerheblich.[11] Anderes gilt für Zahlungen bei Gewinngemeinschaften u. Teilgewinnabführungsverträgen (§ 292 I Nr. 1, Nr. 2 AktG), da die Gesellschaft hier eine angemessene Gegenleistung erhält.[12] Zahlungen aufgrund von Gewinnschuldverschreibungen, stillen Beteiligungen oder Genussrechten sind grds. nicht erfasst, es sei denn die Gewinnausschüttung steht im Vordergrund, was im Einzelfall zu prüfen ist.[13] Zulässig sind Zahlungen aufgrund einer Dividendengarantie[14] sowie gewinnabhängige Zahlungen an Nicht-Gesellschafter.[15]

3. Beginn und Ende des Ausschüttungsverbots

5 Der **Beginn** des Ausschüttungsverbots ist gesetzlich nicht geregelt. Fest steht, dass eine Gewinnverwendung durchzuführen ist, wenn der zugrunde liegende Gewinnverwendungsbeschluss vor dem Kapitalherabsetzungsbeschluss wirksam gefasst worden ist. In diesem Fall sind den Gesellschaftern Gläubigerrechte entstanden, die durch den Herabsetzungsbeschluss nicht mehr entzogen werden können.[16] Fest steht weiter, dass nach Eintragung u. damit Wirksamwerden (§ 54 III) der Kapitalherabsetzung gefasste Gewinnverwendungsbeschlüsse nur unter den Voraussetzungen des § 58 d wirksam[17] sind. Unklar ist dag, ob im Zeitraum zwischen Beschlussfassung über die Kapitalherabsetzung u. deren Eintragung noch Gewinnverwendungsbeschlüsse wirksam gefasst werden können. Dies wird unter Hinweis auf den Sinn u. Zweck der §§ 58 b u. c überw verneint,[18] was zweifelhaft ist, da die Kapitalherabsetzung erst mit ihrer Eintragung wirksam wird.[19] Da bei Vorliegen ausschüttungsfähiger Gewinne die Voraussetzungen für eine vereinfachte Kapitalherabsetzung (insbes. § 58 a II) kaum jemals vorliegen dürften,[20] ist nicht der Gewinnverwendungsbeschluss nichtig, sondern vielmehr der Herabsetzungsbeschluss anfechtbar.[21]

6 Das Verbot der Gewinnausschüttung **endet** mit Ablauf des fünften auf die Beschlussfassung folgenden Geschäftsjahrs, spätestens also nach sechs Jahren. Das Verbot betrifft nach hM nicht (lediglich) in diesem Zeitraum stattfindende Auszahlungsvorgänge, sondern die in diesem Zeitraum er-

11 *Roth*/Altmeppen Rn. 7; Rowedder/Schmidt-Leithoff/*Zimmermann* Rn. 7; Baumbach/Hueck/*Zöllner*/*Kersting* Rn. 4.

12 Baumbach/Hueck/*Zöllner*/*Kersting* Rn. 4; für das Aktienrecht MKAktG/*Oechsler*, § 233 Rn. 5.

13 Ulmer/*Casper* Rn. 5; Scholz/*Priester* Rn. 3; Baumbach/Hueck/*Zöllner*/*Kersting* Rn. 4.

14 Scholz/*Priester* Rn. 3; Rowedder/Schmidt-Leithoff/*Zimmermann* Rn. 7; Baumbach/Hueck/*Zöllner*/*Kersting* Rn. 4.

15 *Lutter*/Hommelhoff/Kleindiek Rn. 3; Scholz/*Priester* Rn. 3.

16 Baumbach/Hueck/*Zöllner*/*Kersting* Rn. 5.

17 Ein Verstoß gegen die gläubigerschützende Vorschrift des § 58 d führt analog § 241 Nr. 3 AktG zur Nichtigkeit des Gewinnverwendungsbeschlusses.

18 Baumbach/Hueck/*Zöllner*/*Kersting* Rn. 5; ebenso Ulmer/*Casper* Rn. 6; *Roth*/Altmeppen Rn. 6; *Lutter*/Hommelhoff/Kleindiek Rn. 2; Michalski/*Waldner* Rn. 5; nunmehr auch Scholz/*Priester* Rn. 4.

19 Für Beginn des Ausschüttungsverbots erst mit Eintragung der Kapitalherabsetzung daher Rowedder/Schmidt-Leithoff/*Zimmermann* Rn. 6.

20 Scholz/*Priester* Rn. 4.

21 Vgl. für das Aktienrecht MKAktG/*Oechsler*, § 233 Rn. 10.

wirtschafteten Gewinne.[22] Bzgl. dieser Gewinne soll das Auszahlungsverbot somit über den Ablauf des fünften Geschäftsjahres hinaus fortbestehen, wenn nicht Rücklagen in ausreichender Höhe gebildet worden sind.[23] Ein solches Verständnis lässt sich weder mit dem Wortlaut[24] noch mit dem Sinn u. Zweck der Vorschrift begründen, die nicht auf die dauerhafte Schaffung einer gebundenen Rücklage abzielt.[25] Im Verbotszeitraum aus Jahresüberschüssen gebildete Rücklagen können nach dessen Ablauf aufgelöst u. ausgeschüttet werden. Für Jahresüberschüsse, die stattdessen auf Gewinnvorträgen angesammelt worden sind, kann nichts anderes gelten. Die angesammelten Gewinne dürfen daher nach Ablauf des fünften Geschäftsjahrs nach Beschlussfassung ausgeschüttet werden.[26]

III. Beschränkung der Höhe von Ausschüttungen (Abs. 2)

1. Bedeutung und Inhalt

Die Auffüllung der Kapital- u. Gewinnrücklagen nach Abs. 1 bietet den Gläubigern der Gesellschaft nur einen sehr begrenzten Schutz. Angesichts der häufig niedrigen Stammkapitalziffern fallen die gebildeten Rücklagen nicht selten sehr gering aus u. stehen in keinem Verhältnis zur Höhe des Herabsetzungsbetrags u. dem sich ergebenden Ausschüttungspotential.[27] Die für den **Gläubigerschutz bedeutsamere Vorschrift** stellt Abs. 2 dar, der die Höhe von Ausschüttungen für das Geschäftsjahr des Herabsetzungsbeschlusses sowie die folgenden zwei Geschäftsjahre auf 4 % des Stammkapitals der Gesellschaft begrenzt. 7

Wegen der erfassten Zahlungsvorgänge u. der zeitlichen Grenzen der Ausschüttungsbegrenzung gilt dasselbe wie für das Ausschüttungsverbot nach Abs. 1 (→ Rn. 4 ff.). Anders als iR des Ausschüttungsverbots ist maßgebliche **Bemessungsgrundlage** für die 4 %-Grenze die zum Zeitpunkt der Auszahlung aktuelle Stammkapitalziffer, so dass gleichzeitig oder nachträglich vorgenommene Kapitalerhöhungen zu berücksichtigen sind.[28] Die Grenze von 4 % bezieht sich auf den Gesamtausschüttungsbetrag,[29] während sich die Verteilung des danach ausschüttungsfähigen Jahresüberschusses nach der Gewinnbeteiligung der Geschäftsanteile richtet. Auf einzelne (Vorzugs-)Geschäftsanteile kann daher ein höherer Gewinn als 4 % der jeweiligen Kapitalbeteiligung entfallen.[30] 8

---

22 *Lutter*/Hommelhoff/Kleindiek Rn. 2; *Roth*/Altmeppen Rn. 5; Baumbach/Hueck/*Zöllner/Kersting* Rn. 6; aA Michalski/*Waldner* Rn. 5; MüKoGmbHG/*Vetter* Rn. 22.
23 Baumbach/Hueck/*Zöllner/Kersting* Rn. 6.
24 Michalski/*Waldner* Rn. 5; MüKoGmbHG/*Vetter* Rn. 22 („grundlegende Uminterpretation").
25 BT-Drs. 12/3803, S. 89.
26 Michalski/*Waldner* Rn. 5; MüKoGmbHG/*Vetter* Rn. 22 f.
27 Scholz/*Priester* Rn. 2; Baumbach/Hueck/*Zöllner/Kersting* Rn. 2: „lächerliche Summe".
28 *Lutter*/Hommelhoff/Kleindiek Rn. 4; Scholz/*Priester* Rn. 11.
29 Scholz/*Priester* Rn. 11; *Roth*/Altmeppen Rn. 8.
30 *Geißler*, GmbHR 05, 1102, 1109.

2. Ausnahmen

9 Die Gesellschaft hat gem. Abs. 2 S. 2–4 die Möglichkeit, die Ausschüttungsbeschränkung des Abs. 2 S. 1 (nicht jedoch das Ausschüttungsverbot des Abs. 1) abzuwenden, indem sie die Altgläubiger wie bei der ordentlichen Kapitalherabsetzung befriedigt oder sicherstellt (wegen der Einzelheiten → § 58 Rn. 17 ff.).

10 Der Kreis der zu befriedigenden oder sicherzustellenden Gläubiger ist in mehrfacher Hinsicht begrenzt:

- Zunächst sind nur solche Gläubiger betroffen, deren Forderungen im Zeitpunkt der Bekanntmachung der Eintragung der Kapitalherabsetzung begründet waren.
- Die Gläubiger müssen sich weiter innerhalb von sechs Monaten nach Bekanntmachung des Jahresabschlusses, der Grundlage für die Gewinnverwendung ist, bei der Gesellschaft gemeldet haben. Die Gläubiger sind in der Bekanntmachung des Jahresabschlusses (§ 325 II HGB) auf die Möglichkeit der Befriedigung u. Sicherstellung hinzuweisen. Der Hinweis braucht keine Aufforderung zur Meldung bei der Gesellschaft oder einen Hinweis auf die Erforderlichkeit einer solchen Meldung zu enthalten.[31] Auch einer besonderen Mitteilung an bekannte Gläubiger bedarf es – anders als bei der ordentlichen Kapitalherabsetzung (→ § 58 Rn. 16) – neben dem Hinweis nicht.[32]
- Nicht betroffen sind letztlich Gläubiger, die bereits hinreichend gesichert sind.[33] Das Gesetz stellt dies ausdrücklich klar zugunsten solcher Gläubiger, die im Insolvenzverfahren ein Recht auf vorzugsweise Befriedigung aus einer Deckungsmasse haben, die gesetzlich zu ihrem Schutz errichtet u. staatlich überwacht ist (S. 3), wobei unklar bleibt, welche Fälle hiermit im Recht der GmbH gemeint sein sollen.[34] In Betracht käme einzig § 30 PfandBG.[35]

11 Ausschüttungen, die über die Grenze des Abs. 2 S. 1 hinausgehen, sind erst nach Ablauf der Sechsmonatsfrist u. ggf. Sicherstellung u. Befriedigung der sich meldenden Gläubiger zulässig.[36]

IV. Verstöße, Rechtsfolgen

12 Verstößt ein Gewinnverwendungsbeschluss gegen die gläubigerschützende Vorschrift des § 58 d, so ist er analog § 241 Nr. 3 AktG nichtig.[37] Verbotswidrige Ausschüttungen sind gem. § 812 I 1 BGB zu erstatten.[38] Daneben kommt eine Haftung der Gesellschafter nach §§ 823 II, 826 BGB in Be-

31 Baumbach/Hueck/*Zöllner/Kersting* Rn. 11.
32 Rowedder/Schmidt-Leithoff/*Zimmermann* Rn. 11.
33 Scholz/*Priester* Rn. 14; Baumbach/Hueck/*Zöllner/Kersting* Rn. 12.
34 Baumbach/Hueck/*Zöllner/Kersting* Rn. 12.
35 S. dazu näher Ulmer/*Casper* Rn. 15; Baumbach/Hueck/*Zöllner/Kersting* Rn. 12.
36 Scholz/*Priester* Rn. 12 f.
37 *Geißler*, GmbHR 05, 1102, 1109.
38 HM, vgl. Baumbach/Hueck/*Zöllner/Kersting* Rn. 17; Ulmer/*Casper* Rn. 18; Scholz/*Priester* Rn. 16; *Roth*/Altmeppen Rn. 16; aA MüKoGmbHG/*Vetter* Rn. 48 u. *Lutter*/Hommelhoff/Kleindiek Rn. 9, die § 31 analog anwenden wollen.

tracht, wenn sie die Zahlungen veranlasst haben.[39] Die Geschäftsführer haften bei Verschulden für etwaige Ausfälle nach § 43.[40]

§ 58 e Beschluss über die Kapitalherabsetzung

(1) [1]Im Jahresabschluß für das letzte vor der Beschlußfassung über die Kapitalherabsetzung abgelaufene Geschäftsjahr können das Stammkapital sowie die Kapital- und Gewinnrücklagen in der Höhe ausgewiesen werden, in der sie nach der Kapitalherabsetzung bestehen sollen. [2]Dies gilt nicht, wenn der Jahresabschluß anders als durch Beschluß der Gesellschafter festgestellt wird.

(2) Der Beschluß über die Feststellung des Jahresabschlusses soll zugleich mit dem Beschluß über die Kapitalherabsetzung gefaßt werden.

(3) [1]Die Beschlüsse sind nichtig, wenn der Beschluß über die Kapitalherabsetzung nicht binnen drei Monaten nach der Beschlußfassung in das Handelsregister eingetragen worden ist. [2]Der Lauf der Frist ist gehemmt, solange eine Anfechtungs- oder Nichtigkeitsklage rechtshängig ist.

(4) Der Jahresabschluß darf nach § 325 des Handelsgesetzbuchs erst nach Eintragung des Beschlusses über die Kapitalherabsetzung offengelegt werden.

I. Normzweck

§ 58 e ist – § 234 AktG nachgebildet – eine spezielle **bilanzrechtliche Regelung** zur Förderung des mit den Vorschriften über die vereinfachte Kapitalherabsetzung insg. verfolgten Zwecks, die Sanierung der Gesellschaft zu erleichtern. Diese soll nicht gezwungen sein, in der Bilanz einen Verlust offenzulegen, der durch den Buchgewinn aus einer vereinfachten Kapitalherabsetzung ausgeglichen wird, da die Offenlegung eines solchen Verlusts die Kreditwürdigkeit der Gesellschaft beeinträchtigen könnte.[1] Zu diesem Zweck wird die Rückbeziehung der Kapitalherabsetzung auf den Jahresabschluss für das letzte vor Beschlussfassung liegende Geschäftsjahr zugelassen. Der Jahresfehlbetrag bleibt allerdings aus der Gewinn- u. Verlustrechnung ersichtlich (§ 275 II Nr. 20 HGB).[2] 1

39 Baumbach/Hueck/*Zöllner/Kersting* Rn. 17.
40 *Roth*/Altmeppen Rn. 16.
1 BT-Drs. 12/3803, S. 89; deutliche Kritik an dieser Möglichkeit der Bilanzkosmetik bei Baumbach/Hueck/*Zöllner/Kersting* Rn. 1.
2 Allg. Ansicht, vgl. statt vieler Scholz/*Priester* Rn. 1.

II. Rückbeziehung der Kapitalherabsetzung (Abs. 1 S. 1)

2 Abs. 1 S. 1 gibt der Gesellschaft das **bilanzielle Gestaltungsrecht,**[3] die vereinfachte Kapitalherabsetzung bzgl. der von ihr betroffenen Eigenkapitalposten Stammkapital (§ 266 III A I HGB: „Gezeichnetes Kapital"), Kapitalrücklage (§ 266 III A II HGB) u. Gewinnrücklagen (§ 266 III A III HGB) auf den Jahresabschluss für das letzte Geschäftsjahr vor Fassung des Herabsetzungsbeschlusses rückzubeziehen. Insoweit liegt eine Durchbrechung des Stichtagsprinzips (§ 252 I Nr. 3 HGB) vor, die andere als die im Gesetz genannten Bilanzposten nicht betrifft.[4] Die Rückwirkung ist rein bilanzrechtlicher Natur, betrifft also allein den Ausweis im Jahresabschluss.[5] Die Kapitalherabsetzung wird nicht etwa vorgezogen wirksam, sondern erst mit ihrer Eintragung im Handelsregister. Auch die Fristen für die Vermögensbindung (§§ 58 b III, 58 c S. 2, 58 d I, II) berechnen sich nach den üblichen Grundsätzen.[6]

3 Eine Rückbeziehung auf Jahresabschlüsse für **weiter zurückliegende Geschäftsjahre** ist nicht möglich.[7] Fraglich ist, wie zu verfahren ist, wenn die Kapitalherabsetzung im Jahr der Beschlussfassung nicht mehr zur Eintragung kommt, etwa weil der Herabsetzungsbeschluss angefochten worden ist (u. somit auch Fristhemmung gem. Abs. 3 S. 2 eingetreten ist). Hier wird man davon ausgehen müssen, dass eine Rückbeziehung auf das vor der Beschlussfassung liegende Geschäftsjahr zulässig bleibt u. auch für das Geschäftsjahr der Eintragung sowie ggf. – etwa bei langjährigen Anfechtungsverfahren – für dazwischen liegende Geschäftsjahre eine Durchbrechung des Stichtagsprinzips eintritt.[8]

III. Beschlussfassung (Abs. 1 S. 2, 2)

4 Die Rückbeziehung setzt voraus, dass der Jahresabschluss durch **Beschluss der Gesellschafter** festgestellt wird (**Abs. 1 S. 2**). Dies entspricht dem gesetzlichen Regelfall (§ 46 Nr. 1). Ist aufgrund abw. Satzungsbestimmung ein anderes Organ, etwa der Aufsichtsrat bzw. Beirat, für die Feststellung zuständig, muss die Zuständigkeit der Gesellschafterversammlung durch Satzungsänderung oder zumindest einen punktuell satzungsdurchbrechenden Gesellschafterbeschluss (→ § 53 Rn. 19 ff.) zurückgeholt werden.[9] Fraglich ist, ob ein durch das satzungsmäßig berufene Organ bereits gefasster Feststellungsbeschluss durch die Gesellschafterversammlung aufgehoben werden kann. Dies sollte man nach allg. Grundsätzen über die Auf-

3 Eine Pflicht zur Rückbeziehung besteht selbstverständlich nicht, vgl. Scholz/*Priester* Rn. 1; Baumbach/Hueck/*Zöllner*/*Kersting* Rn. 2.
4 Michalski/*Waldner* Rn. 2; *Roth*/Altmeppen Rn. 1.
5 *Roth*/Altmeppen Rn. 1.
6 Michalski/*Waldner* Rn. 2; Scholz/*Priester* Rn. 2.
7 Rowedder/Schmidt-Leithoff/*Zimmermann* Rn. 4; Baumbach/Hueck/*Zöllner*/*Kersting* Rn. 3.
8 Ausf. Baumbach/Hueck/*Zöllner*/*Kersting* Rn. 3; ihnen folgend *Lutter*/Hommelhoff/Kleindiek Rn. 8; Scholz/*Priester* Rn. 3; *Roth*/Altmeppen Rn. 3; Rowedder/Schmidt-Leithoff/*Zimmermann* Rn. 4.
9 *Lutter*/Hommelhoff/Kleindiek Rn. 3; Scholz/*Priester* Rn. 6; *Roth*/Altmeppen Rn. 4; Rowedder/Schmidt-Leithoff/*Zimmermann* Rn. 3; aA Baumbach/Hueck/*Zöllner*/*Kersting* Rn. 5, die annehmen, für den Sonderfall des § 58 e sei stets eine Zuständigkeit der Gesellschafterversammlung gegeben.

hebung u. Neufeststellung sowie aufgrund des Rückholrechts jedenfalls vor Offenlegung des Abschlusses für möglich halten, sofern Gläubigerrechte der Gesellschafter nicht beeinträchtigt werden.[10]

Soll von der Rückbeziehungsmöglichkeit Gebrauch gemacht werden, haben die Geschäftsführer den **Jahresabschluss** unter Berücksichtigung der Kapitalherabsetzung aufzustellen u. den Gesellschaftern vorzulegen, bei prüfungspflichtigen Gesellschaften hat der Abschlussprüfer den Abschluss entspr. zu prüfen.[11] Wird in der Gesellschafterversammlung von der Absicht der Rückbeziehung wieder Abstand genommen, so ist der Entwurf des Jahresabschlusses abzuändern u. eine Nachtragsprüfung (§ 316 III HGB) vorzunehmen.[12] 5

Die Beschlussfassung über die Feststellung des Jahresabschlusses **soll** wegen des inhaltlichen Zusammenhangs der Beschlüsse **zugleich** mit der über die Kapitalherabsetzung erfolgen (**Abs. 2**). Gemeint ist die Fassung beider Beschlüsse in derselben Gesellschafterversammlung.[13] Da es sich lediglich um eine Soll-Vorschrift handelt, hat die Beschlussfassung in verschiedenen Versammlungen keinen Mangel der Beschlüsse zur Folge.[14] Wird der Jahresabschluss von der Gesellschafterversammlung vor der Beschlussfassung über die Kapitalherabsetzung festgestellt, steht er unter der aufschiebenden Bedingung des Zustandekommens des Herabsetzungsbeschlusses.[15] 6

IV. Fristgerechte Eintragung (Abs. 3)

Der Kapitalherabsetzungsbeschluss muss innerhalb von drei Monaten in das Handelsregister eingetragen werden, andernfalls sind sowohl dieser als auch der Beschluss über die Feststellung des Jahresabschlusses nichtig (Abs. 3 S. 1). Der **Lauf der Frist** bemisst sich nach §§ 187 I, 188 II BGB. Der für den Anfang der Frist maßgebliche Zeitpunkt ist der Tag der Beschlussfassung, bei getrennter Beschlussfassung über Feststellung des Jahresabschlusses u. Kapitalherabsetzung der Tag des zuerst gefassten Beschlusses.[16] Der Beschluss muss innerhalb der Dreimonatsfrist in das Handelsregister eingetragen werden, die bloße Anmeldung genügt nicht. Bei Verzögerungen durch das Registergericht kommen Amtshaftungsansprüche der Gesellschaft in Betracht.[17] Während der Rechtshängigkeit einer An- 7

10 Scholz/*Priester* Rn. 8; *Roth*/Altmeppen Rn. 2; aA Ulmer/*Casper* Rn. 6; *Lutter*/Hommelhoff/Kleindiek Rn. 3; sowie das aktienrechtliche Schrifttum, vgl. *Hüffer*, AktG, § 234 Rn. 4 mwN.

11 *Lutter*/Hommelhoff/Kleindiek Rn. 3.

12 Scholz/*Priester* Rn. 7.

13 Rowedder/Schmidt-Leithoff/*Zimmermann* Rn. 4.

14 *Lutter*/Hommelhoff/Kleindiek Rn. 4; Scholz/*Priester* Rn. 9; *Roth*/Altmeppen Rn. 6; Rowedder/Schmidt-Leithoff/*Zimmermann* Rn. 6; mit abw. Begründung auch Baumbach/Hueck/*Zöllner*/*Kersting* Rn. 6; für das Aktienrecht MKAktG/*Oechsler*, § 234 Rn. 13; *Hüffer*, AktG, § 234 Rn. 6.

15 *Lutter*/Hommelhoff/Kleindiek Rn. 4; Scholz/*Priester* Rn. 9; Baumbach/Hueck/*Zöllner*/*Kersting* Rn. 6; ausdrücklich offengelassen von Rowedder/Schmidt-Leithoff/*Zimmermann* Rn. 6.

16 *Lutter*/Hommelhoff/Kleindiek Rn. 5; Scholz/*Priester* Rn. 11; Baumbach/Hueck/*Zöllner*/*Kersting* Rn. 8; aA *Roth*/Altmeppen Rn. 6, der Beschluss über Kapitalherabsetzung für maßgeblich für den Fristbeginn hält; wiederum aA MüKoGmbHG/*Vetter* Rn. 42, der stets den Feststellungsbeschluss für maßgeblich hält.

17 Ulmer/*Casper* Rn. 8; Scholz/*Priester* Rn. 13.

fechtungs- oder Nichtigkeitsklage gegen den Herabsetzungs- u/oder Feststellungsbeschluss[18] ist der Lauf der Frist gehemmt (Abs. 3 S. 2).[19]

8 Bei Nichteinhaltung der Frist sind die **Beschlüsse nichtig**, u. das Registergericht muss die Eintragung der Kapitalherabsetzung ablehnen. Der Gesellschaft bleibt dann nur die Möglichkeit, den Beschluss zu wiederholen.[20] Etwas anderes gilt, wenn aus dem Herabsetzungsbeschluss eindeutig hervorgeht, dass die Kapitalherabsetzung auch ohne Rückbewirkung auf den vorherigen Jahresabschluss gewollt ist. In diesem Fall ist infolge teleologischer Reduktion des Abs. 3 S. 1 allein der Feststellungsbeschluss nichtig.[21] Der Jahresabschluss ist dann ohne Berücksichtigung der Kapitalherabsetzung erneut aufzustellen u. vom zuständigen Organ festzustellen.[22]

9 Trägt das Registergericht die Kapitalherabsetzung nach Ablauf der Frist fälschlicherweise ein, kommt es nach Ablauf von drei Jahren zur Heilung der Nichtigkeit beider Beschlüsse analog § 242 II 1, III AktG.[23]

V. Offenlegungssperre (Abs. 4)

10 Nach Beschlussfassung über die Feststellung des Jahresabschlusses u. die Kapitalherabsetzung steht deren fristgerechte Eintragung in das Handelsregister noch nicht fest. Da bei Verstreichen der Frist grds. sowohl der Feststellungs- als auch der Herabsetzungsbeschluss nichtig sind, steht erst mit Eintragung der Kapitalherabsetzung fest, ob diese auf den letzten Jahresabschluss zurückwirkt. Zum **Schutz des Rechtsverkehrs vor Falschinformationen**[24] darf daher der Jahresabschluss abw. von den Fristen des § 325 HGB erst nach Eintragung der Kapitalherabsetzung offengelegt werden (Abs. 4). Der Begriff der Offenlegung umfasst sowohl die Einreichung der Unterlagen beim Betreiber des elektronischen Bundesanzeigers (§ 325 I HGB) als auch die Bekanntmachung in diesem (§ 325 II HGB).[25]

11 § 58 e ist Schutzgesetz iSv § 823 II BGB. Für Verletzungen kommt daher eine **Haftung** der Gesellschaft (§ 31 BGB) u. der Geschäftsführer (§ 43) in Betracht, sofern ein Dritter auf die falsche Offenlegung vertraut hat u. ihm hierdurch ein Schaden entstanden ist.[26] Praktische Bedeutung kommt dem wohl nicht zu, da angesichts der korrekten Darstellung der Aktiva u. des Verschuldensgrads der Gesellschaft im Jahresabschluss kaum ein Fall denkbar ist, in dem durch das Vertrauen auf die Richtigkeit der Bilanz ein Schaden kausal verursacht worden ist.[27]

---

18 Baumbach/Hueck/*Zöllner/Kersting* Rn. 9.
19 Durch das Gesetz zur Umsetzung der Aktionärsrichtlinie (ARUG) v. 30.7.09 (BGBl. I, S. 2479) ist die Fristhemmung bis zur Erteilung einer beantragten Genehmigung entfallen (vgl. auch § 57 n Rn. 7).
20 Die Rückbeziehung der Kapitalherabsetzung auf den ursprünglich gewünschten Jahresabschluss setzt freilich voraus, dass der Wiederholungsbeschluss im selben Geschäftsjahr wie der Ausgangsbeschluss gefasst wird, vgl. Scholz/*Priester* Rn. 13.
21 Scholz/*Priester* Rn. 15; Baumbach/Hueck/*Zöllner/Kersting* Rn. 12.
22 Baumbach/Hueck/*Zöllner/Kersting* Rn. 13.
23 *Lutter*/Hommelhoff/Kleindiek Rn. 7.
24 Ulmer/*Casper* Rn. 12.
25 MüKoHGB/*Drinhausen*, § 325 Rn. 5.
26 Rowedder/Schmidt-Leithoff/*Zimmermann* Rn. 11.
27 Baumbach/Hueck/*Zöllner/Kersting* Rn. 17.

§ 58 f Kapitalherabsetzung bei gleichzeitiger Erhöhung des Stammkapitals

(1) [1]Wird im Fall des § 58 e zugleich mit der Kapitalherabsetzung eine Erhöhung des Stammkapitals beschlossen, so kann auch die Kapitalerhöhung in dem Jahresabschluß als vollzogen berücksichtigt werden. [2]Die Beschlussfassung ist nur zulässig, wenn die neuen Geschäftsanteile übernommen, keine Sacheinlagen festgesetzt sind und wenn auf jeden neuen Geschäftsanteil die Einzahlung geleistet ist, die nach § 56 a zur Zeit der Anmeldung der Kapitalerhöhung bewirkt sein muss. [3]Die Übernahme und die Einzahlung sind dem Notar nachzuweisen, der den Beschluß über die Erhöhung des Stammkapitals beurkundet.

(2) [1]Sämtliche Beschlüsse sind nichtig, wenn die Beschlüsse über die Kapitalherabsetzung und die Kapitalerhöhung nicht binnen drei Monaten nach der Beschlußfassung in das Handelsregister eingetragen worden sind. [2]Der Lauf der Frist ist gehemmt, solange eine Anfechtungs- oder Nichtigkeitsklage rechtshängig ist. [3]Die Beschlüsse sollen nur zusammen in das Handelsregister eingetragen werden.

(3) Der Jahresabschluß darf nach § 325 des Handelsgesetzbuchs erst offengelegt werden, nachdem die Beschlüsse über die Kapitalherabsetzung und Kapitalerhöhung eingetragen worden sind.

Schrifttum

Lutter/Hommelhoff/Timm, Finanzierungsmaßnahmen zur Krisenabwehr in der Aktiengesellschaft, BB 1980, 737.

I. Normzweck

1 § 58 f, der §§ 235, 236 AktG nachgebildet ist, ergänzt § 58 e u. dient ebenso wie dieser der **Erleichterung der Sanierung** der Gesellschaft. Durch Rückbeziehung auch einer gleichzeitig mit der Kapitalherabsetzung beschlossenen Kapitalerhöhung auf den letzten Jahresabschluss kann die Gesellschaft erreichen, dass weder der erwirtschaftete Jahresfehlbetrag im Jahresabschluss ausgewiesen wird noch die Durchführung der Kapitalherabsetzung in diesem zum Ausdruck kommt. Angesichts der Möglichkeit, zum Stichtag noch nicht vorhandenes Vermögen zu verbuchen, macht Abs. 1 die Rückbeziehung aus Gründen des Gläubigerschutzes[1] von zusätzlichen Voraussetzungen abhängig. Eine völlige Verschleierung[2] der (früheren) Sanierungsbedürftigkeit der Gesellschaft ist allerdings nicht möglich, da der eingetretene Verlust u. die durchgeführten Kapitalmaßnahmen aus der Gewinn- u. Verlustrechnung bzw. aus dem Handelsregister ersichtlich

1 Ulmer/*Casper* Rn. 1.
2 Michalski/*Waldner* Rn. 1 nennt die Rückbeziehung gar eine „erlaubte Täuschung des Rechtsverkehrs".

bleiben.[3] Durch das **MoMiG** ist die Vorschrift sprachlich der Begrifflichkeit des § 5 nF („Geschäftsanteile" statt „Stammeinlagen") angepasst worden.

II. Rückbeziehung der Kapitalerhöhung (Abs. 1 S. 1)

2 Abs. 1 S. 1 erlaubt in Durchbrechung des Stichtagsprinzips (§ 252 I Nr. 3 HGB) die Rückbeziehung der Kapitalerhöhung auf den Jahresabschluss für das letzte vor der Beschlussfassung liegende Geschäftsjahr (zur zeitlichen Grenze → § 58 e Rn. 3). Die Wirkungen der Rückbeziehung sind rein bilanzieller Natur, auf den Zeitpunkt des Wirksamwerdens der Kapitalerhöhung haben sie keinen Einfluss. Die **Durchbrechung des Stichtagsprinzips** betrifft die Eigenkapitalposten (→ § 58 e Rn. 2), die in der nach Durchführung der Kapitalmaßnahmen bestehenden Höhe ausgewiesen werden können. Ein etwaiges Aufgeld („Agio") ist bei den Kapitalrücklagen zu berücksichtigen.[4] Anders als bei Rückbeziehung nur der Kapitalherabsetzung nach § 58 e ist wegen der auf die Geschäftsanteile geleisteten Einzahlungen bzw. der offenen Einlagen (§ 272 I 2 HGB) zusätzlich die Aktivseite der Bilanz betroffen.[5]

3 Die Rückbeziehung ist nur **zulässig**, wenn sie nach § 58 e auch für die Kapitalherabsetzung vorgenommen wird, woraus sich drei alternative Gestaltungsmöglichkeiten ergeben: Rückbeziehung von Kapitalherabsetzung u. -erhöhung, nur der Kapitalherabsetzung oder gänzlicher Verzicht auf eine Rückbeziehung.[6]

III. Voraussetzungen (Abs. 1 S. 2 u. 3)

4 Die Rückbeziehung auf den letzten Jahresabschluss setzt nach Abs. 1 S. 1 die **gleichzeitige Beschlussfassung** über die Kapitalherabsetzung u. -erhöhung zwingend voraus. Gemeint ist wie bei § 58 e II die Fassung beider Beschlüsse in derselben Gesellschafterversammlung. Ist die Kapitalherabsetzung bereits beschlossen worden, bleibt die Möglichkeit, den Beschluss aufzuheben u. zusammen mit dem Erhöhungsbeschluss zu wiederholen.[7] Nicht zwingend ist die gleichzeitige Beschlussfassung über den Jahresabschluss. Hier verbleibt es bei der Soll-Vorschrift des § 58 e II (s. dort → Rn. 6).

5 Abs. 1 S. 2 fordert die **Übernahme** der neuen Geschäftsanteile (§ 55 I) u. die Leistung der **Mindesteinzahlungen** (§ 56 a iVm § 7 II 1) **vor Beschlussfassung** über die Kapitalerhöhung. Nach hM ist diese zeitliche Reihenfolge

---

3 Rowedder/Schmidt-Leithoff/*Zimmermann* Rn. 1; s. auch § 58 e Rn. 1.
4 Scholz/*Priester* Rn. 15.
5 Rowedder/Schmidt-Leithoff/*Zimmermann* Rn. 1; Baumbach/Hueck/*Zöllner/Kersting* Rn. 2; Scholz/*Priester* Rn. 15; wohl auch *Lutter*/Hommelhoff Rn. 1; *Roth*/Altmeppen Rn. 1.
6 *Lutter*/Hommelhoff/Kleindiek Rn. 3; Scholz/*Priester* Rn. 4; Baumbach/Hueck/*Zöllner/Kersting* Rn. 2; krit. Michalski/*Waldner* Rn. 3.
7 Ulmer/*Casper* Rn. 5; wohl auch Scholz/*Priester* Rn. 6; nach Baumbach/Hueck/*Zöllner/Kersting* Rn. 6, genügt eine Bezugnahme auf den Herabsetzungsbeschluss, eine Aufhebung soll nicht erforderlich sein.

angesichts des klaren Wortlauts der Vorschrift zwingend.[8] Nach der Gegenauffassung sind sowohl die Abgabe der Übernahmeerklärungen als auch die Einzahlungen auf die Geschäftsanteile bis zur (möglicherweise späteren) Feststellung des Jahresabschlusses möglich.[9] Ein praktisches Bedürfnis für eine solche Korrektur des Gesetzeswortlauts besteht indes nicht, da die Übernahmeerklärungen unter der aufschiebenden Bedingung des Zustandekommens der Kapitalerhöhung abgegeben werden können u. dies idR auch werden.[10] An der gesetzlich vorgeschriebenen zeitlichen Reihenfolge ist daher festzuhalten. Wird diese eingehalten, ist die Zusammenfassung der Übernahmeerklärungen u. des Erhöhungsbeschlusses in demselben notariellen Protokoll möglich.[11]

Damit die echte Zufuhr neuer Mittel gewährleistet ist,[12] setzt die Rückbeziehung auf den letzten Jahresabschluss die Durchführung einer **Barkapitalerhöhung** voraus. Auf die neuen Geschäftsanteile müssen vor der Fassung des Erhöhungsbeschlusses mind. 25 % zur endgültig freien Verfügung der Gesellschaft eingezahlt werden (§ 56 a iVm § 7 II 1, III). Da das Gesetz hiermit **Voreinzahlungen** gerade fordert, stellt sich die Streitfrage nach deren Zulässigkeit u. Tilgungswirkung (→ § 56 a Rn. 19 ff.) iRd § 58 f nicht.[13] Da von einer „echten“ Voreinzahlung wohl kaum gesprochen werden kann,[14] sollte – wie für Zahlungen nach Fassung des Erhöhungsbeschlusses[15] – auf das Erfordernis unverbrauchten Vorhandenseins oder wertgleicher Deckung der Einlagemittel im Zeitpunkt der Beschlussfassung oder gar der Anmeldung gänzlich verzichtet werden. Eine solche Deckung ist weder Voraussetzung für die Tilgungswirkung noch bedeutet ihr Fehlen ein Eintragungshindernis.[16] Die Pflicht zur Voreinzahlung nach Abs. 1 S. 2 betrifft nach zutr. Ansicht nur die Mindesteinlage von 25 % des Nennbetrages u. nicht darüber hinausgehende Einlageleistungen, auch wenn die Gesellschafter nach internen Absprachen zur sofortigen Leistung verpflichtet sind.[17] Auch die Privilegierung von Voreinzahlungen durch § 58 f gilt nur für die Leistung der Mindesteinlagen. Werden vor Fassung des Kapitalerhöhungsbeschlusses darüber hinaus gehende Einlagenleistungen bewirkt, richtet sich deren Tilgungswirkung nach allg. Regeln u. sollten daher un- 6

8 Ulmer/*Casper* Rn. 7; *Lutter*/Hommelhoff Rn. 7; Scholz/*Priester* Rn. 7; *Roth*/Altmeppen Rn. 6; Rowedder/Schmidt-Leithoff/*Zimmermann* Rn. 10.

9 Baumbach/Hueck/*Zöllner*/*Kersting* Rn. 9; Michalski/*Waldner* Rn. 7; MüKoGmbHG/*Vetter* Rn. 25 will dies auf dem Weg einer teleologischen Reduktion bewerkstelligen.

10 Ulmer/*Casper* Rn. 7; Scholz/*Priester* Rn. 7.

11 Abw. Scholz/*Priester* Rn. 7, der herkömmliche Reihenfolge in einheitlichem Protokoll genügen lässt.

12 Zu § 235 AktG *Lutter*, BB 80, 737, 744.

13 Scholz/*Priester* Rn. 9; Michalski/*Waldner* Rn. 8; Rowedder/Schmidt-Leithoff/*Zimmermann* Rn. 11; Baumbach/Hueck/*Zöllner*/*Kersting* Rn. 10.

14 So zutr. Ulmer/*Casper* § 56 a Rn. 33 a.

15 BGHZ 150, 197, 199 f.; Baumbach/Hueck/*Servatius* § 57 Rn. 12.

16 So die hM im Aktienrecht, vgl. OLG Düsseldorf ZIP 81, 847, 856; *Hüffer*, AktG, § 235 Rn. 7; *Lutter*, BB 80, 737, 744; MKAktG/*Oechsler*, § 235 Rn. 11. Für das GmbH-Recht Michalski/*Waldner* Rn. 8; aA wohl Rowedder/Schmidt-Leithoff/*Zimmermann* Rn. 12.

17 Michalski/*Waldner* Rn. 8; MüKoGmbHG/*Vetter* Rn. 30 f.; aA die hM: Scholz/*Priester* Rn. 10; *Lutter*/Hommelhoff/Kleindiek Rn. 8; Ulmer/*Casper* Rn. 9.

terbleiben.[18] Zudem ist auf eine hinreichende Kennzeichnung der Voreinzahlung als Einlageleistung zu achten; eine Einbringung bestehender Forderungen der Gesellschafter gegen die Gesellschaft ist ebenso wenig möglich wie bei „echten“ Voreinzahlungen.[19]

7 Die Übernahme der Anteile u. die erforderlichen Einzahlungen sind dem beurkundenden **Notar nachzuweisen** (Abs. 1 S. 3). Unproblematisch ist dies bzgl. der Übernahmeerklärungen, wenn diese in derselben Urkunde abgegeben werden, die den Erhöhungsbeschluss enthält. Ansonsten sind die notariell beglaubigten Übernahmeerklärungen vorzulegen.[20] Bzgl. der Einzahlungen sind entspr. Bankbestätigungen, Bankquittungen oder Kontoauszüge vorzulegen.[21] Über die Vorlage der Nachweise sollte der Notar einen Vermerk in die Urkunde aufnehmen.[22] Werden die erforderlichen Nachweise nicht vorgelegt, hat der Notar die Kapitalerhöhung auf Verlangen der Beteiligten dennoch zu beurkunden. Das Fehlen der Nachweise ist (nur) ohne Folge, wenn die Voraussetzungen für die Rückbeziehung vorlagen.[23] Über die Rechtsfolgen – Kapitalerhöhung ohne Rückbeziehung bei Nichtvorliegen der Voraussetzungen – hat der Notar zu belehren.[24]

IV. Eintragung, Offenlegungssperre (Abs. 2, 3)

8 Werden die Beschlüsse über die Kapitalherabsetzung u. -erhöhung nicht innerhalb von drei Monaten nach Beschlussfassung in das **Handelsregister eingetragen**, sind sie sowie der Beschluss über die Feststellung des Jahresabschlusses nichtig (Abs. 2 S. 1). Wegen der Einzelheiten kann auf die Ausführungen bei → § 58 e Rn. 7 ff. verwiesen werden. Die Kapitalmaßnahmen sollen nur zusammen eingetragen werden (Abs. 2 S. 3). Die Verletzung dieser nur für das Registergericht bindenden Vorschrift begründet keinen Mangel der Beschlüsse.[25]

9 Zum **Verbot der Offenlegung** des Jahresabschlusses vor Eintragung der Kapitalherabsetzung u. -erhöhung in das Handelsregister (**Abs. 3**) vgl. die Ausführungen bei → § 58 e Rn. 10 f.

---

18 Michalski/*Waldner* Rn. 8.
19 Scholz/*Priester* Rn. 9.
20 Baumbach/Hueck/*Zöllner*/*Kersting* Rn. 11.
21 Michalski/*Waldner* Rn. 10.
22 Scholz/*Priester* Rn. 11; Michalski/*Waldner* Rn. 10.
23 MüKoGmbHG/*Vetter* Rn. 41; Scholz/*Priester* Rn. 12; abw. *Lutter*/Hommelhoff Rn. 9, nach dem ein Rückbezug unabhängig vom tatsächlichen Vorliegen der Voraussetzungen wohl schon ausscheiden soll, wenn die Nachweise nicht erbracht wurden.
24 Scholz/*Priester* Rn. 12.
25 *Lutter*/Hommelhoff/Kleindiek Rn. 11.

§ 59 (weggefallen)

Abschnitt 5 Auflösung und Nichtigkeit der Gesellschaft

§ 60 Auflösungsgründe

(1) Die Gesellschaft mit beschränkter Haftung wird aufgelöst:
1. durch Ablauf der im Gesellschaftsvertrag bestimmten Zeit;
2. durch Beschluß der Gesellschafter; derselbe bedarf, sofern im Gesellschaftsvertrag nicht ein anderes bestimmt ist, einer Mehrheit von drei Vierteilen der abgegebenen Stimmen;
3. durch gerichtliches Urteil oder durch Entscheidung des Verwaltungsgerichts oder der Verwaltungsbehörde in den Fällen der §§ 61 und 62;
4. durch die Eröffnung des Insolvenzverfahrens; wird das Verfahren auf Antrag des Schuldners eingestellt oder nach der Bestätigung eines Insolvenzplans, der den Fortbestand der Gesellschaft vorsieht, aufgehoben, so können die Gesellschafter die Fortsetzung der Gesellschaft beschließen;
5. mit der Rechtskraft des Beschlusses, durch den die Eröffnung des Insolvenzverfahrens mangels Masse abgelehnt worden ist;
6. mit der Rechtskraft einer Verfügung des Registergerichts, durch welche nach § 399 des Gesetzes über das Verfahren in Familiensachen und in den Angelegenheiten der freiwilligen Gerichtsbarkeit ein Mangel des Gesellschaftsvertrags festgestellt worden ist;
7. durch die Löschung der Gesellschaft wegen Vermögenslosigkeit nach § 394 des Gesetzes über das Verfahren in Familiensachen und in den Angelegenheiten der freiwilligen Gerichtsbarkeit.

(2) Im Gesellschaftsvertrag können weitere Auflösungsgründe festgesetzt werden.

Literatur

Baums, Eintragung und Löschung von Gesellschafterbeschlüssen, 1981; *Beste*, Die Auflösung der GmbH durch Gesellschafterbeschluss, StuB 2002, 692; *Bork*, Die als vermögenslos gelöschte GmbH im Prozess, JZ 1991, 891; *Däubler*, Die Löschung der GmbH wegen Vermögenslosigkeit, GmbHR 1964, 246; *Eele*, Anforderungen an die Kapitalausstattung einer aufgelösten GmbH bei ihrer Fortsetzung, GmbHR 1997, 973; *Fichtelmann*, Die Fortsetzung einer aufgelösten GmbH, GmbHR 2003, 67; *Fischer*, Die Fortsetzung einer GmbH, GmbHR 1955, 165; *Geißler*, Die Gesellschafterrechte in der Liquidation der GmbH, DZWIR 2013, 1; *Heller*, Die vermögenslose GmbH, 1989; *Hofmann*, Zur Auflösung einer GmbH, GmbHR 1975, 217; *Kallweit*, Eröffnung des Insolvenzverfahrens mangels Masse abgelehnt: Kann die aufgelöste GmbH fortgesetzt werden?, NZG 2009, 1416; *Kögel*, Vermögenslose GmbH – offene Fragen zu ihrem Ende, GmbHR 2003, 460; *Meyer-Landrut*, Die Auslegung einfacher Kündigungsklauseln in GmbH-Satzungen, in: FS Stimpel, 1985, S. 431; *Mohr*, Die Liquidation der GmbH, GmbH-StB 2007, 287; *Passarge*, Besondere Rechtsformen der Liquidation: Zur Liquidation von Vor-GmbH, Unternehmergesellschaft, Freiberufler-GmbH und gemeinnütziger GmbH, NZG 2010, 646; *Saenger*, Die gelöschte GmbH im Prozess, GmbHR 1994, 300; *K Schmidt*, Zum Liquidationsrecht der GmbH & Co., GmbHR 1980, 261; *ders*, Löschung und Beendigung der GmbH, GmbHR 1988, 209; *ders*, Zur Ablösung des Löschungsgesetzes, GmbHR 1994, 829; *Schelp*, Fortsetzung einer aufgelösten Gesellschaft, GmbH-StB 2012, 350; *K Schmidt/Uhlenbruck* (Hsrg), Die GmbH in Krise, Sanierung und Insolvenz, 4. Aufl 2009; *Stuppi*, Versicherung des Liquidators bei Anmeldung der Auflösung einer GmbH, MittBayNot 2009, 172; *Topf-Scheining*, Einfache

Kündigungsklauseln in GmbH-Satzungen, 1993; *Vallender*, Auflösung und Löschung der GmbH, NZG 1998, 249.

I. Normzweck

Die §§ 60–77 enthalten die Regelungen über die Auflösung u. die Nichtigkeit der GmbH; es wird dabei unterschieden zwischen den Auflösungsgründen iErg (§§ 60–62), der Haftung des Geschäftsführers für Zahlungen aus dem Gesellschaftsvermögen nach Zahlungsunfähigkeit oder Überschuldung (§ 64), dem Verfahren der Auflösung (§§ 65–74) sowie schließlich der Nichtigkeit einer GmbH (§§ 75–77). Dazu gehören ua die §§ 394 ff. FamFG (§§ 144 a ff. FGG aF), die Vorschriften der InsO sowie weitere Vorschriften, aus denen sich Auflösungsgründe ergeben. 1

Die ursprüngliche Fassung des § 60 wurde mehrfach geändert: Abs. 1 Nr. 6 (seinerzeit Nr. 5) wurde eingefügt durch das Gesetz v. 15.8.69 (BGBl. I, S. 1146), neu gefasst durch die GmbH-Novelle v. 4.7.80 (BGBl. I, S. 836) u. geändert durch das Gesetz v. 18.12.91 (BGBl. I, S. 2206). Das Gesetz v. 5.10.94 (BGBl. I, S. 2911) novellierte Abs. 1 Nr. 4, fügte Nr. 5 neu ein unter Änderung des bisherigen Nr. 5 zu Nr. 6 u. weiterer Neueinfügung von Nr. 7. Durch das MoMiG v. 23.10.08 (BGBl. I, S. 2026) wurde ferner Nr. 6 neu gefasst, das FamFG v. 17.12.08 (BGBl. I, S. 2586) passte schließlich die Nrn 6 u. 7 an die neue Gesetzeslage an. 2

II. Inhalt

1. Die Auflösung und Beendigung der GmbH

a) **Abgrenzung.** Unterschieden wird grds. zwischen der **Auflösung** u. der **Beendigung,** also dem Erlöschen der GmbH. Auflösung bedeutet nicht zugleich das Ende der Existenz der Gesellschaft, sondern die aufgelöste Gesellschaft besteht fort. Erst mit Beendigung erlischt die Gesellschaft endgültig. 3

Teilw. wurde neben den beiden vorstehenden Unterscheidungen noch ein weiteres Stadium iRd Beendens einer GmbH entwickelt, nämlich das der **auflösungsreifen GmbH.**[1] Letztere ist noch werbende GmbH, also noch nicht im Stadium der Abwicklung, allerdings ist ein Auflösungsgrund bereits vorhanden, ohne dass alle Auflösungsvoraussetzungen bereits erfüllt sind. Als Bsp werden ua angeführt: Das Insolvenzverfahren über die Gesellschaft sei bereits beantragt, jedoch noch nicht eröffnet; der Ablauf der 4

1 Scholz/*K Schmidt/Bitter* Rn. 2; dag *Meyer-Landrut*/Miller/Niehus Rn. 2.

satzungsmäßig bestimmten Dauer der Gesellschaft stehe unmittelbar bevor. In den Rechtsfolgen orientiere sich die auflösungsreife GmbH zumindest im Außenverhältnis noch an den allg. für die GmbH geltenden Regeln; auch im Innenverhältnis gelte dies grds., jedoch könnten sich Einschränkungen zB im Stimmverhalten aufgrund der gesellschafterimmanenten Treuepflicht ergeben, wenn die Gründe, die unmittelbar zur Auflösung führen, bekannt seien.[2] Aufgrund der gewissen Unschärfe der Tatbestandsmerkmale wird die eigenständige rechtliche Konstruktion der auflösungsreifen GmbH aber eher abgelehnt.[3] Für die Auflösung der GmbH vor ihrer Eintragung im Handelsregister gelten grds. die Regelungen der §§ 60 ff., gleiches gilt für die Auflösung der Unternehmergesellschaft nach § 5 a. Besonderheiten können sich bei der Abwicklung von GmbH von Freiberuflern, wie Rechtsanwälten, Architekten oder Wirtschaftsprüfern ergeben, ebenso bei gemeinnützigen GmbH.[4]

5 b) **Auflösung.** Eine aufgelöste GmbH liegt vor, wenn einer der in den §§ 60 ff. genannten oder sonstige Auflösungsgründe eingetreten sind. Mit der Auflösung hört die Gesellschaft nicht auf zu existieren, sondern sie tritt in das Liquidationsstadium ein, welches den Zweck der werbenden Gesellschaft auf Erfüllung des satzungsmäßigen Ziels unter aktiver Teilnahme am Wirtschaftsverkehr überlagert: Ziel ist nunmehr die **Abwicklung** des Gesellschaftsvermögens, dh die Gläubiger zu befriedigen u. Verbindlichkeiten zurückzuführen sowie das verbleibende Vermögen unter den Gesellschaftern zu verteilen.[5] Nach anderer, weitergehender Ansicht ändert sich der Gesellschaftszweck von der werbenden Gesellschaft auf Abwicklung.[6] Nur im Ausnahmefall führt die Auflösung der Gesellschaft sofort zur vollständigen Beendigung der Gesellschaft (→ Rn. 52).

6 Da die Gesellschaft nicht vollumfänglich beendet ist, kann sie grds. durch **Fortsetzungsbeschluss** wieder in eine werbende GmbH umgewandelt werden (dazu → Rn. 64 ff.). Eines solchen Beschlusses bedarf es nicht, wenn die GmbH nur scheinbar aufgelöst war (auch dazu → Rn. 12).

7 c) **Beendigung.** aa) **Allgemeines.** Von der Auflösung zu unterscheiden ist die vollständige Beendigung der Gesellschaft: Die Gesellschaft erlischt u. hört auf zu existieren. Grds. kann die GmbH erst nach vollständiger Abwicklung beendet u. damit im Handelsregister gelöscht werden. Der normale **zeitliche Ablauf** ist damit der folgende: Auflösung, Abwicklung, Löschung, Beendigung. Ausnahmsweise kann die Gesellschaft auch ohne Abwicklung beendet werden.

8 bb) **Beendigungsgründe.** Die Gesellschaft wird vollständig beendet, wenn die **Liquidation geendet** hat u. die Gesellschaft nach vollständiger Abwicklung im Handelsregister **gelöscht** wird (§ 74 I 2 – dort → Rn. 16), desgleichen wenn die GmbH nach **Abschluss des Insolvenzverfahrens** im Handels-

2 Scholz/*K Schmidt/Bitter* Rn. 3.
3 *Meyer-Landrut*/Miller/Niehus Rn. 2; zweifelnd auch Ulmer/*Casper* Rn. 12.
4 Ausf. zu dem gesamten Komplex *Passarge*, NZG 10, 646.
5 Baumbach/Hueck/*Haas* Rn. 9; Rowedder/Schmidt-Leithoff/*Gesell* Rn. 4; Scholz/*K Schmidt/Bitter* Rn. 5.
6 Henssler/Strohn/*Arnold*, § 60 Rn. 1; MünchHdbGmbH/*Weitbrecht*, § 62 Rn. 1; zum Streitstand eingehend Scholz/*K Schmidt* § 69 Rn. 3.

register gelöscht wird (§ 394 I 2 FamFG). **Ohne Liquidation** kann die Gesellschaft im Fall der **Löschung wegen Vermögenslosigkeit** iSd § 394 I 2 FamFG gem. § 60 I Nr. 7 (dazu → Rn. 42) beendet werden.

Automatisch beendet wird die GmbH durch **Verschmelzung** iSd § 20 I Nr. 2 UmwG, wenn die GmbH übertragender Rechtsträger ist: Das Vermögen geht ipso iure im Wege der Gesamtrechtsnachfolge auf die übernehmende Gesellschaft über, die übertragende GmbH erlischt. Die Abwicklung entfällt in diesem Fall. Keine Beendigung erfolgt dag iRd weiteren Umwandlungsvorgänge iSd UmwG, wie Formwechsel, Abspaltung. In diesen Fällen bleibt die Gesellschaft unter Wechsel der Rechtsform bzw. teilw. Abspaltung ihres Vermögens auf einen anderen oder neuen Rechtsträger grds. identitätswahrend bestehen. 9

Keine Beendigung der Gesellschaft liegt in den nachfolgenden Fällen vor:[7] 10

Die Gesellschaft wird vermögenslos. Nach früherer Rspr. genügt für die Beendigung der GmbH die Vermögenslosigkeit, nach jetziger hM erlischt die Gesellschaft auch in diesem Fall erst mit Löschung im Handelsregister, auch wenn diese vAw erfolgt, § 394 I 2 FamFG (**Lehre vom Doppeltatbestand**), zu den Einzelheiten → Rn. 68. Damit gilt gleiches auch im umgekehrten Fall: Wird die GmbH (versehentlich) wegen Vermögenslosigkeit gelöscht, obwohl sie tatsächlich über Vermögen verfügt, ist die Gesellschaft nicht erloschen, auch hierzu iErg → § 65 Rn. 16. Keine Beendigungsgründe sind ferner das Einstellen des Geschäftsbetriebs der Gesellschaft, die Entziehung der Gewerbeerlaubnis, die Kaduzierung (§ 21) oder Aufgabe des Geschäftsanteils (§ 27) durch die GmbH selbst.[8] 11

cc) **Rechtsfolgen.** Die Beendigung der GmbH führt dazu, dass die Gesellschaft aufhört zu existieren; im Handelsregister ist sie zu löschen. Stellt sich heraus, dass wider Erwarten Vermögen vorhanden ist oder andere Abwicklungsmaßnahmen zu ergreifen sind (praktisches Bsp: Die Gesellschaft ist noch Inhaber einer zwar nicht valutierten, aber noch im Grundbuch eingetragenen Grundschuld), ist die Gesellschaft iErg nur scheinbar erloschen. Es ist eine Nachtragsliquidation durchzuführen, die Gesellschaft besteht bis zu deren Beendigung weiter (→ § 74 Rn. 33 ff.). Die Fortsetzung der beendeten GmbH ist nicht möglich (→ Rn. 65). 12

2. Die rechtliche Struktur der aufgelösten GmbH

a) **Fortbestehen der GmbH.** Die aufgelöste GmbH besteht nach allg. Grundsätzen fort, die frühere Meinung, es handele sich hierbei lediglich um eine Fiktion u. keine echte Fortexistenz, ist überholt.[9] Die Gesellschaft bleibt unter Wahrung ihrer Identität (**Prinzip der Vollkontinuität**) eine juristische Person (§ 13 I), sie bleibt Handelsgesellschaft (§ 13 III) u. damit Formkaufmann iSd § 6 HGB. Die Rechte u. Pflichten der GmbH gehen daher nicht, auch nicht im Wege der Gesamtrechtsnachfolge, auf die Liquida- 13

7 Baumbach/Hueck/*Haas* Rn. 5 ff.
8 Baumbach/Hueck/*Haas* Rn. 5 ff.
9 Seit RGZ 78, 93 stRspr.

tionsgesellschaft über, sondern bleiben bei derselben Gesellschaft, nunmehr in Liquidation, bestehen.[10]

14 b) **Rechtsfolgen.** Die Gesellschaft bleibt **rechts-, prozess- u. parteifähig.** Bestehende Prozesse werden im Normalfall nicht unterbrochen; eine einmal erteilte Prozessvollmacht wirkt fort. Auch die Zwangsvollstreckung ist gegen die aufgelöste GmbH möglich, der Vollstreckungstitel gegen die GmbH muss nicht umgeschrieben werden.[11]

15 Der **Gesellschaftszweck** bleibt bestehen, eine Änderung des Zwecks auf reine Abwicklung der Gesellschaft erfolgt nicht.[12] Auch die **Firma** ändert sich nicht, es ist lediglich ein auf die Liquidation hinweisender Zusatz beizufügen (§ 68 II). Die **Satzung** darf auch in diesem Stadium noch geändert werden, soweit dies zur Liquidation erforderlich erscheint oder aber evtl. der Fortsetzung dienlich ist. Die Gesellschafter unterliegen der Gesellschaft ggü. nach wie vor ihrer gesellschaftsrechtlichen **Treuepflicht,** uU ändert sich diese dahin gehend, dass die konkreten Pflichten auf Mitwirkung u. Beitragung zur Verwirklichung des Liquidationszwecks gerichtet sind.[13]

16 Aus dem Kontinuitätsgrundsatz folgt, dass die **Ansprüche** der Gesellschaft fortbestehen u. erfüllt werden müssen. Rückständige Einlagepflichten u. Nebenleistungspflichten bleiben unverändert bestehen; der Liquidator darf diese einziehen, allerdings nur, soweit dies zur Abwicklung der Gesellschaft noch erforderlich ist, bspw. um **Verbindlichkeiten** hiervon zu befriedigen. Ebenso sind Verträge der Gesellschaft auf der Schuldnerseite zu befriedigen u. Verbindlichkeiten zu bezahlen: Bestehende Dauerschuldverhältnisse u. laufende Verträge sind fortzuführen.[14] Unabhängig davon ist nach allg. Schuldrecht zu beurteilen, ob die Liquidation dem Vertragspartner uU ein Kündigungs- oder Rücktrittsrecht bzw. eine Einrede nach § 242 BGB gewährt.

17 Die **Funktionen der Geschäftsführung** u, soweit vorhanden, eines Aufsichtsrats, bleiben bestehen. Allerdings wird die Funktion des Geschäftsführers durch den Liquidator ersetzt. Strittig ist, ob die Gesellschaft weiterhin Prokuristen haben kann. Nach nunmehr hM wird dies bejaht: Die Gesellschaft kann wie vor der Liquidation im Wege der unechten Gesamtvertretung durch einen Liquidator u. einen Prokuristen vertreten werden. Eine vor der Auflösung erteilte **Prokura** erlischt nicht, sondern bleibt bestehen.[15] Nach früher hM, welche heute nicht mehr entscheidend vertreten wird, war die Prokura nach Auflösung der Gesellschaft in eine Handlungsvollmacht iSd § 54 HGB umzudeuten. Anders verhält es sich lediglich für die wegen Insolvenz aufgelöste GmbH: In diesem Fall enden sowohl die Prokura als auch die Handlungsvollmacht mit Insolvenzeröffnung.[16]

---

10 AllgM, BGH ZInsO 06, 260, 261; Scholz/*K Schmidt* § 69 Rn. 1.
11 OLG Köln GmbHR 94, 191; *Saenger*, GmbHR 94, 300 f.; Baumbach/Hueck/*Haas* Rn. 11.
12 Zur Rechtslage so Rn. 5.
13 Scholz/*K Schmidt* § 69 Rn. 8.
14 Allg. Ansicht, zB OLG Köln BB 84, 1066; Hachenburg/*Ulmer* Rn. 75; Lutter/Hommelhoff/*Kleindiek* § 69 Rn. 1.
15 Nachweisen Scholz/*K Schmidt* § 69 Rn. 7.
16 BGH WM 58, 430, 431; LG Halle NZG 05, 442; Baumbach/Hueck/*Haas* Rn. 42.

Die GmbH in Auflösung kann auch als übertragender Rechtsträger bei einer **Umwandlung** iSd UmwG beteiligt sein. Voraussetzung ist hierbei jedoch, dass die Fortsetzung der Liquidations-GmbH beschlossen werden könnte, dh eine Fortsetzung möglich wäre. Dies gilt sowohl für einen Formwechsel der aufgelösten Gesellschaft als auch für eine Verschmelzung oder Spaltung (§§ 3 III, 124 II, 191 III UmwG). Ist die Gesellschaft überschuldet, scheidet bereits die Fortsetzungsmöglichkeit aus, so dass auch eine Umwandlung scheitert. Strittig ist, ob die GmbH in Auflösung auch als übernehmender Rechtsträger fungieren kann. Entgegen der hM ist aber auch dies möglich, sofern die Gesellschaft fortgesetzt werden kann. Notwendig ist ferner in diesem Fall, dass der Fortsetzungsbeschluss vor der Umwandlung gefasst u. die Fortsetzung zum Handelsregister angemeldet wurde.[17] 18

3. Die Auflösungsgründe des Abs. 1

a) Zeitablauf (Abs. 1 Nr. 1). aa) Grundsatz. Die Laufzeit der GmbH kann wirksam im Gesellschaftsvertrag festgelegt werden (§ 3 II). Ist dies der Fall, endet die Gesellschaft mit Erreichen der satzungsmäßigen Zeit automatisch. Enthält die Satzung, wie in den meisten Fällen, dag keine zeitliche Beschränkung des Unternehmens, ist die Gesellschaft auf unbestimmte Zeit gegründet; eine automatische Beendigung durch Zeitablauf scheidet damit aus. 19

bb) Bestimmbare zeitliche Beschränkung. Die Aufnahme der zeitlichen Beschränkung muss im Gesellschaftsvertrag der GmbH erfolgen, sei es iRd GmbH-Gründung (§ 3 II), sei es iR einer Satzungsänderung (§§ 53, 54). Die zeitliche Beschränkung ist **im Handelsregister einzutragen** (§§ 10 II, 54 II). Letzteres ist allerdings zumindest dann nicht Wirksamkeitsvoraussetzung, wenn die Beschränkung iRd Gründung der Gesellschaft erfolgt.[18] Die fehlende Eintragung kann nachträglich vAw ergänzt werden. Wird die Ablauffrist dag erst durch eine Satzungsänderung angeordnet, muss diese erst im Handelsregister eingetragen sein, um Wirksamkeit zu entfalten (§ 54 II u. III). Es genügt auch nicht der nicht eingetragene Beschluss der Gesellschafter, eine zeitliche Begrenzung zu schaffen; dieser kann ggf. in einen Beschluss gem. Nr. 2 bzw. die Verpflichtung, einen entspr. Beschluss zu fassen, umgedeutet werden.[19] 20

Der Termin, zu welchem die Gesellschaft aufgelöst sein soll, hat zeitlich bestimmt oder zumindest exakt bestimmbar zu sein. Eines genauen Datums bedarf es nicht, auch nicht zwingend die kalendermäßige Bestimmung. Notwendig u. ausreichend ist auch ein künftiges, gewisses Ereignis, welches **objektiv bestimmt oder bestimmbar** genug ist, dass sich aus diesem 21

17 Scholz/*K Schmidt* § 69 Rn. 1; nach aA genügt schon die Möglichkeit eines Fortsetzungsbeschlusses bzw. der Fortsetzungsbeschluss kann auch im Umwandlungsbeschluss liegen, so Schmitt/Hörtnagel/Stratz/*Winter*, § 3 Rn. 47 f.; insgesamt ablehnend OLG Naumburg GmbHR 97, 1152, 1154; AG Erfurt RPfleger 96, 163; Lutter/*Drygala*, UmwG § 3 Rn. 31.

18 Baumbach/Hueck/*Haas* Rn. 13; Roth/*Altmeppen* Rn. 9; MünchHdbGmbH/*Weitbrecht*, § 62 Rn. 2.

19 Scholz/*K Schmidt/Bitter* Rn. 9.

die automatische Beendigung der Gesellschaft ohne Weiteres ableiten lässt, bspw. der Tod oder das Erreichen eines bestimmten Lebensalters eines Gesellschafters oder Geschäftsführers, der Ablauf eines Schutzrechts etc.

Davon zu unterscheiden sind **ungewisse Ereignisse**, wie eine Kündigung, bei denen der Zeitablauf von einem ungewissen Ereignis abhängt: Hierbei handelt es sich nicht um eine automatische Beendigung iSd Nr. 1, sondern einen satzungsmäßigen Auflösungsgrund iSd Abs. 2.

22 **cc) Änderung der vertraglichen Bestimmung über den Zeitablauf.** Zu unterscheiden ist die Änderung des zeitablaufauslösenden Ereignisses, bevor es eingetreten ist, von seiner Änderung nach Eintritt: In letzterem Fall ist die Auflösung bereits erfolgt, es kann nur ein Fortsetzungsbeschluss gefasst werden (→ Rn. 68). Vor Eintritt des Ereignisses können die Modalitäten des Zeitablaufs durch satzungsändernden Beschluss gem. §§ 53, 54 geändert oder aufgehoben werden, vor Eintragung der Gesellschaft im Handelsregister bedarf es einer Änderung des Gesellschaftsvertrags gem. § 2 durch alle Gesellschafter. Für den satzungsändernden Beschluss genügt grds. die ¾-Mehrheit der abgegebenen Stimmen; es ist allerdings die Zustimmung des einzelnen Gesellschafter erforderlich, falls diesem zB ein satzungsmäßiges Sonderrecht auf Auflösung zusteht oder wenn ein Gesellschafter gem. § 3 II besondere Nebenleistungen zu erbringen hat, welche sich durch die Veränderung, insbes. eine Verlängerung des Bestehens der Gesellschaft verschlechtern würde.[20] Eine Leistungsvermehrung ist aber noch nicht gegeben, wenn durch die Verlängerung die noch offenen Einlagen auf Geschäftsanteile erbracht werden müssen oder eine bestehende Nachschusspflicht nicht beseitigt wird. Auch die Verkürzung der Dauer der GmbH kann uU der Zustimmung einzelner Gesellschafter bedürfen, so wenn ein Sonderrecht auf eine bestimmte Mindestdauer der GmbH besteht. Die Verweigerung der Zustimmung kann im Einzelfall rechtsmissbräuchlich sein, insbes. wenn ein angemessenes Angebot mit Abfindung auf Austritt für den nichtzustimmenden Gesellschafter vorliegt (→ Rn. 69).[21]

23 **dd) Rechtsfolgen.** Ist das zeitablaufende Ereignis eingetreten, ist die Gesellschaft **automatisch** aufgelöst. Zwar ist die Auflösung beim Handelsregister anzumelden u. einzutragen, diese wirkt jedoch nur deklaratorisch. Soll die Gesellschaft nach Eintritt des zeitablaufenden Ereignisses fortgesetzt werden, bedarf es eines Fortsetzungsbeschlusses – die generelle Fortsetzungsfähigkeit vorausgesetzt (hierzu → Rn. 64 ff.). Zusammen hiermit ist jedoch eine Satzungsänderung zu beschließen, die den eingetragenen Auflösungsgrund beseitigt: Andernfalls würde die fortgesetzte Gesellschaft eine dauerhafte, unzulässige Satzungsdurchbrechung begehen.[22] Damit gelten nach hM die §§ 53, 54 ff. mit der erforderlichen ¾-Mehrheit der abgegebenen

---

20 Einzelheiten bei Rn. 69 u. Scholz/*K Schmidt/Bitter* Rn. 10; so auch schon RGZ 136, 188; Baumbach/Hueck/*Fastrich* § 3 Rn. 37; Rowedder/Schmidt-Leithoff/*Gesell* Rn. 12.

21 Baumbach/Hueck/*Haas* Rn. 15.

22 Scholz/*K Schmidt/Bitter* Rn. 92; Ulmer/*Casper* Rn. 141; Baumbach/Hueck/*Haas* Rn. 16; Hachenburg/*Ulmer* Rn. 23.

Stimmen. Die früher hM der Rspr., ein solcher Beschluss bedürfe der Einstimmigkeit aller Gesellschafter,[23] ist überholt (Einzelheiten bei → Rn. 69).

24 **b) Auflösungsbeschluss (Abs. 1 Nr. 2). aa) Grundsatz.** Die Gesellschaft wird durch den Beschluss der Gesellschafter aufgelöst. In der Praxis ist diese Auflösungsart der häufigste aller Auflösungsgründe. Der Auflösungsbeschluss ist zwingend durch die Gesellschafter zu fassen; diese Kompetenz ist ausschließlich u. nicht auf andere Organe überlagerbar.[24] Insofern kann der Beschluss auch nicht von der Zustimmung anderer Personen oder Organe abhängig gemacht werden; zulässig sind jedoch (interne) Stimmbindungen. Die Vorschrift ist zwingend insofern, als dass der Gesellschaftsvertrag die Möglichkeit eines Auflösungsbeschlusses nicht insg. ausschließen kann.[25]

25 **bb) Mehrheitsverhältnisse.** Der Beschluss ist mit einer Mehrheit von Dreivierteln der abgegebenen Stimmen zu fassen – es kommt also nicht notwendig auf die Mehrheit aller vorhandenen Stimmen an. Die Beschlussmehrheit entspricht damit dem bei Satzungsänderung gem. § 53 II. Der Gesellschaftsvertrag kann andere Mehrheitserfordernisse vorsehen, sowohl niedrigere (zB einfache Mehrheit) als auch höhere (zB Einstimmigkeit oder die Zustimmung bestimmter Gesellschafter). Sieht die Satzung die Unauflösbarkeit der Gesellschaft vor, so bedarf die Auflösung des einstimmigen Beschlusses aller Gesellschafter; eine Satzungsänderung ist aber nicht notwendig.[26] Der Beschluss bedarf, da gerade grds. keine Satzungsänderung vorliegt, keiner notariellen Beurkundung. Ist die Auflösung wirksam mit Dreiviertelmehrheit beschlossen worden, können die Gesellschafter, die hiergegen gestimmt haben, die Auflösung nicht mehr verhindern, wenn die Auflösung nicht treuwidrig war.[27] In diesem Fall kann der Beschluss angefochten werden. Umgekehrt besteht auch regelmäßig keine Treuepflicht der Gesellschafter zur Zustimmung der Auflösung, da grds. jedem Gesellschafter bei Vorliegen eines wichtigen Grundes die Möglichkeit besteht, Auflösungsklage zu erheben.[28]

26 **cc) Form.** Der Auflösungsbeschluss kann formlos gefasst werden. Bestimmt der Gesellschaftsvertrag aber eine bestimmte Mindestdauer u. soll die Gesellschaft vorher aufgelöst werden, ist dies nur im Wege der Satzungsänderung möglich.[29]

27 **dd) Gegenstand.** Inhaltlich muss der Beschluss grds. nicht einmal das Wort „Auflösung“ explizit enthalten, sofern der Auflösungswille erkennbar u. si-

---

23 RGZ 118, 334, 341.
24 Ganz hM; anstatt aller MünchHdbGmbH/*Weitbrecht*, § 62 Rn. 4; Rowedder/Schmidt-Leithoff/*Gesell* Rn. 17; Baumbach/Hueck/*Haas* Rn. 17.
25 Sieht der Gesellschaftsvertrag „Unauflöslichkeit“ vor, ist dies in ein Einstimmigkeitserfordernis auszulegen, s. dazu Rn. 25.
26 MünchHdbGmbH/*Weitbrecht*, § 62 Rn. 4; Rowedder/Schmidt-Leithoff/*Gesell* Rn. 16; Baumbach/Hueck/*Haas* Rn. 17 f.; Scholz/*K Schmidt/Bitter* Rn. 19; aA: Ulmer/*Casper* Rn. 38; MünchHdbGmbH/*Weitbrecht*, § 62 Rn. 5: Satzungsänderung notwendig.
27 S. hierzu Lutter/Hommelhoff/*Kleindiek* Rn. 6.
28 OLG München Urt. v. 15.1.15 – 23 u. 2469/14, BeckRS 2016, 5420.
29 RGZ 65, 264, 266 f.; Scholz/*K Schmidt/Bitter* Rn. 14 ausf. mit weiteren Bsp; ebenso Baumbach/Hueck/*Haas* Rn. 18.

cher zum Ausdruck kommt.[30] Nicht zwingend auf eine Auflösung schließen lassen die einverständliche Betriebseinstellung[31] oder die Vermögensveräußerung aller Gegenstände des Unternehmens. Dies ist jedoch im Einzelfall zu entscheiden. Vor Inkrafttreten des § 4 a durch das MoMiG wurde durch die wohl bisher hM angekommen, dass der Gesellschafterbeschluss, den Sitz der Gesellschaft ins Ausland zu verlegen, in einen Auflösungsbeschluss auszulegen sei, da die Verlegung des Sitzes aus Deutschland heraus rechtlich unzulässig u. die Gesellschaft damit aufzulösen war. Mit Inkrafttreten des § 4 a wird ein derartiger Beschluss heute nur noch als nicht wirksamer Satzungsänderungsbeschluss ausgelegt.[32] Anerkannt ist das Vorliegen eines Auflösungsbeschlusses bei gegenseitigen, aufeinander bezogenen „Kündigungserklärungen" des Gesellschaftsvertrages,[33] bei Unterzeichnung der Handelsregisteranmeldung hins. der Auflösung der Gesellschaft durch alle Gesellschafter[34] oder durch Abschluss eines Prozessvergleiches des Inhalts, dass die Gesellschaft durch ihn aufgelöst werde.[35] Ist ein Minderjähriger an der Gesellschaft beteiligt, bedarf der Beschluss keiner familiengerichtlichen Genehmigung.[36]

28 ee) **Anfechtbarkeit.** Einer Begründung oder Rechtfertigung bedarf der Auflösungsbeschluss nicht.[37] UU kann der Beschluss aber anfechtbar sein, wenn die Mehrheit mit der Beschlussfassung gegen ihre gesellschaftsrechtlichen Treuepflichten verstößt. Ein solcher Verstoß kann vorliegen, wenn der durch einen Mehrheitsgesellschafter gefasste Auflösungsbeschluss zur Folge hat, dass der Mehrheitsgesellschafter durch die Auflösung in die Lage versetzt wird, Gesellschaftsvermögen auf eine von ihm gegründete Nachfolgegesellschaft zu Zerschlagungswerten zu übertragen.[38] Umgekehrt besteht eine Treuepflicht zur Mitwirkung an der Auflösung, wenn das Beharren auf Weiterbestand der Gesellschaft evident treuwidrig wäre, so zB wenn der Gesellschaftszweck absolut unmöglich geworden ist.[39]

29 ff) **Rechtsfolge.** Mit wirksamem Auflösungsbeschluss ist die Gesellschaft zu dem im Beschluss genannten Zeitpunkt aufgelöst, die Eintragung des Beschlusses in das Handelsregister ist nur deklaratorisch. Erfolgt die Auflösung durch zwingende Satzungsänderung ist dag die Auflösung erst mit Eintragung der Satzungsänderung im Handelsregister erfolgt.

30 **c) Auflösung durch Urteil oder Verwaltungsakt (Abs. 1 Nr. 3).** Die Auflösungsgründe des Abs. 1 Nr. 3, nämlich Auflösung durch Staatsakt, sind in den §§ 61 u. 62 geregelt: Gem § 61 wird die Gesellschaft durch Gestaltungsurteil des ordentlichen Gerichts aufgelöst, im Fall des § 62 durch die Verwaltungsbehörde. Zu den Einzelheiten s. dort.

---

30 BayObLG GmbHR 95, 54.
31 BAG NJW 98, 3371, 3372 f.
32 Ausf. mit Nachweisen zum Streitstand s. Scholz/*K Schmidt/Bitter* Rn. 13 a sowie unten Rn. 48.
33 BayObLG GmbHR 95, 54.
34 RGZ 101, 78, 79.
35 Baumbach/Hueck/*Haas* Rn. 19.
36 BGHZ 52, 316, 319.
37 BGHZ 76, 352, 353.
38 BGH NJW 80, 1278; Ulmer/*Casper* Rn. 43; *Friedrich*, BB 94, 89, 93 f.
39 Scholz/*K Schmidt/Bitter* Rn. 16.

31 d) **Auflösung durch Eröffnung des Insolvenzverfahrens (Abs. 1 Nr. 4).** Abs. 1 Nr. 4 wurde im Zuge der Insolvenzrechtsreform mit Wirkung ab 1.1.99 neu gefasst. Die Vorschrift ist zwingendes Recht, dh die Gesellschaft wird **zwingend u. ipso iure** durch Eröffnung des Insolvenzverfahrens über ihr Vermögen aufgelöst. Einer Handelsregisteranmeldung bedarf es in diesem Falle nicht; stattdessen wird die Auflösung vAw vom Gericht eingetragen (§ 65 I): Das Insolvenzgericht informiert das Registergericht vAw von der Eröffnung des Insolvenzverfahrens (§ 31 Nr. 1 InsO). Zu den Einzelheiten dieses Auflösungsgrundes s. § 64.

32 **Insolvenzgründe** sind die Zahlungsunfähigkeit (§ 17 InsO), uU drohende Zahlungsunfähigkeit (§ 18 InsO) u. Überschuldung (§ 19 InsO). Die Gesellschaft ist zum Zeitpunkt der Insolvenzeröffnung aufgelöst (s. § 27 II Nr. 3 InsO). Einzelheiten s. bei § 64.

33 Anstelle der Abwicklung nach den §§ 66 ff. hat der **Insolvenzverwalter** die Gesellschaft nach den Vorschriften der Insolvenzordnung **abzuwickeln.** Die Organstellung des Geschäftsführers u. der anderen Organe bleibt bestehen, allerdings ist dem Geschäftsführer die Verwaltungs- u. Verfügungsbefugnis entzogen; diese nimmt stattdessen der Insolvenzverwalter wahr (§ 80 InsO). Dem Geschäftsführer verbleiben die insolvenzfreien Aufgaben (sog. „Gemeinschuldnerbereich"), wie innergesellschaftsrechtliche Funktionen, zB Anmeldungen eintragungspflichtiger Umstände, die sich nicht auf die Insolvenzmasse beziehen, die Verwaltung des insolvenzfreien Vermögens (vgl. § 35 InsO, str. auch für aus der Masse freigegebenes Vermögen), Pflichten der Gesellschaft als Schuldnerin im Insolvenzverfahren (zB iSd §§ 153, 176, 66 InsO).[40] Auch die Organstellung der Gesellschafterversammlung bleibt grds. bestehen, hier ist aber zwischen dem Verdrängungsbereich des Insolvenzverwalters u. der verbleibenden Kompetenz der Gesellschafterversammlung zu unterscheiden.[41]

34 Ist das Insolvenzverfahren beendet, findet nach nunmehr hM nicht anschließend ein **Liquidationsverfahren** nach den §§ 66 ff. statt, sondern der Insolvenzverwalter hat das Verfahren zu Ende zu führen u. ein etwa noch vorhandenes Restvermögen zu verteilen.[42] Verteilungsmaßstab ist allerdings § 72 GmbHG. Danach wird die Gesellschaft vAw gelöscht (§ 394 I 2 FamFG).

35 e) **Auflösung wegen Ablehnung der Eröffnung des Insolvenzverfahrens mangels Masse (Abs. 1 Nr. 5).** Die Vorschrift der Auflösung wegen Ablehnung der Eröffnung mangels Masse wurde mit Wirkung ab 1.1.99 ebenfalls im Zuge der Insolvenzrechtsreform in den Katalog des § 60 aufgenommen; sie ersetzt die alte Vorschrift des § 1 I LöschG, ohne diese inhaltlich u. sachlich zu ändern. Rspr. u. Schrifttum gelten daher in gleichem Maße fort.

36 Ebenso zwingend wie die Eröffnung des Insolvenzverfahrens nach Abs. 1 Nr. 4 führt auch die Ablehnung der Eröffnung mangels Masse gem. § 26 I

40 Zur genauen Abgrenzung s. unten § 64 sowie sehr ausf. Baumbach/Hueck/*Haas* Rn. 43 ff.
41 S. Baumbach/Hueck/*Haas* Rn. 52 ff.
42 MünchHdbGmbH/*Weitbrecht*, § 62 Rn. 13; Baumbach/Hueck/*Haas* Rn. 62.

InsO automatisch u. zwingend zur Auflösung der Gesellschaft. Auch hier ist wie dort die Anmeldung des Auflösungsgrundes zum Handelsregister entbehrlich, das Gericht trägt die Auflösung vAw ein (§ 65 I). Auflösungsgrund u. Zeitpunkt ist der in Rechtskraft erwachsene Ablehnungsbeschluss, den das Insolvenzgericht dem Registergericht mitteilt (§ 31 Nr. 2 InsO). Die Eintragung im Handelsregister ist nur deklaratorisch.

37 Auch wenn die Insolvenzeröffnung an der fehlenden Masse scheitert („Masselosigkeit"), bedeutet dies nicht, dass in der Gesellschaft gar keine Vermögenswerte vorhanden sind („Vermögenslosigkeit");[43] im Gegenteil, vielmehr verfügt die Gesellschaft dennoch über nicht ganz unerhebliches Vermögen, u. seien es auch Haftungsansprüche gegen die vormaligen Geschäftsführer. Da anders als bei der Insolvenzeröffnung kein Insolvenzverwalter die Verwaltungs- u. Verfügungsbefugnis über die Belange u. das Vermögen der Gesellschaft übernimmt, ist im vorliegenden Fall ein Liquidator zu bestellen u. anzumelden. Die Bestellung erfolgt nach den allg. Grundsätzen. Die Abwicklung findet in diesem Fall nach den allg. gesellschaftsrechtlichen Vorschriften der §§ 66 ff. statt.[44] Insolvenzrecht ist nicht einschlägig. Stellt sich heraus, dass die Gesellschaft nicht nur masse-, sondern auch vermögenslos ist, findet ein Löschungsverfahren nach § 394 FamFG (früher § 141 FGG) statt.

38 **f) Auflösung durch Rechtskraft einer Verfügung des Registergerichts nach § 399 FamFG (§ 60 I Nr. 6).** § 399 FamFG ersetzt den alten § 144 a II FGG. Die Vorschrift war früher in Abs. 1 Nr. 5 aF enthalten u. wurde im Jahr 1980 durch Neueinführung von § 144 b FGG ergänzt (Auflösung bei Nichteinhaltung der Volleinzahlungspflicht); die Nummerierung Nr. 5 wurde in diesem Zusammenhang durch Nr. 6 ersetzt. Durch die Änderung des GmbH-Rechts durch das MoMiG wurde § 144 b FGG aufgehoben; § 60 Abs. 1 Nr. 6 wurde wieder entspr. zurückgeändert. § 399 FamFG entspricht § 144 a FGG mit nur geringfügigen Änderungen. Stellt das Registergericht bestimmte, im Gesetz näher aufgeführte, nicht beseitigte Mängel iSd § 399 II FamFG fest, ist die Gesellschaft mit Rechtskraft dieser feststellenden Verfügung automatisch u. zwingend aufgelöst. Die Auflösung oder Löschung der Gesellschaft selbst ordnet das Gericht mit der Verfügung nicht an, diese erfolgt ex lege als rechtsgestaltende Rechtsfolge des Feststellungsbeschlusses.[45]

§ 399 FamFG Auflösung wegen Mangels der Satzung

(1) [1]Enthält die Satzung einer in das Handelsregister eingetragenen Aktiengesellschaft oder einer Kommanditgesellschaft auf Aktien eine der nach § 23 Abs. 3 Nr. 1, 4, 5 oder Nr. 6 des Aktiengesetzes wesentlichen Bestimmungen nicht oder ist eine dieser Bestimmungen oder die Bestimmung nach § 23 Abs. 3 Nr. 3 des Aktiengesetzes nichtig, hat das Registergericht die Gesellschaft von Amts wegen oder auf Antrag der berufsständischen Organe aufzufordern, innerhalb einer bestimmten Frist eine Satzungsänderung, die den Mangel der Satzung behebt, zur Eintragung in das Handelsregister anzumelden oder die Unterlassung durch Widerspruch gegen die Aufforderung zu rechtfertigen. [2]Das Gericht hat gleichzeitig darauf hinzuweisen, dass an-

43 Zu den Begrifflichkeiten s. Scholz/*K Schmidt/Bitter* Rn. 23 f.
44 Krit. zur derzeitigen Gesetzeslage Baumbach/Hueck/*Haas* Rn. 64 f.
45 Scholz/*K Schmidt/Bitter* Rn. 32.

dernfalls ein nicht behobener Mangel im Sinne des Absatzes 2 festzustellen ist und dass die Gesellschaft dadurch nach § 262 Abs. 1 Nr. 5 oder § 289 Abs. 2 Nr. 2 des Aktiengesetzes aufgelöst wird.

(2) [1]Wird innerhalb der nach Absatz 1 bestimmten Frist weder der Aufforderung genügt noch Widerspruch erhoben oder ist ein Widerspruch zurückgewiesen worden, hat das Gericht den Mangel der Satzung festzustellen. [2]Die Feststellung kann mit der Zurückweisung des Widerspruchs verbunden werden. [3]Mit der Zurückweisung des Widerspruchs sind der Gesellschaft zugleich die Kosten des Widerspruchsverfahrens aufzuerlegen, soweit dies nicht unbillig ist.

(3) Der Beschluss, durch den eine Feststellung nach Absatz 2 getroffen, ein Antrag oder ein Widerspruch zurückgewiesen wird, ist mit der Beschwerde anfechtbar.

(4) Die Absätze 1 bis 3 gelten entsprechend, wenn der Gesellschaftsvertrag einer in das Handelsregister eingetragenen Gesellschaft mit beschränkter Haftung eine der nach § 3 Abs. 1 Nr. 1 oder Nr. 4 des Gesetzes betreffend die Gesellschaften mit beschränkter Haftung wesentlichen Bestimmungen nicht enthält oder eine dieser Bestimmungen oder die Bestimmung nach § 3 Abs. 1 Nr. 3 des Gesetzes betreffend die Gesellschaften mit beschränkter Haftung nichtig ist.

Abzugrenzen ist die Auflösung wegen Satzungsmangels nach § 399 FamFG von der Löschung wegen Nichtigkeit gem. **§ 397 FamFG**: Nach § 75 kann eine Gesellschaft wegen Nichtigkeit gelöscht werden, wenn der Gesellschaftsvertrag keine Bestimmung über die Höhe des Stammkapitals oder den Gegenstand des Unternehmens enthält oder dessen Bestimmungen nichtig sind (→ § 75 Rn. 56 ff.). Die Auflösungsgründe des § 399 FamFG betreffen zB den Mangel der fehlenden Firma oder Sitz, der nichtigen Angabe über das Stammkapitals oder fehlende oder nichtige Angaben über die Stammeinlagen (vgl. § 3 I Nr. 1–4), § 397 FamFG kommt dag zur Anwendung, wenn der Betrag des Stammkapitals fehlt oder der Gegenstand des Unternehmens fehlt oder nichtig ist.[46] Keine Mangel der Satzung liegt seit MoMiG mehr vor, wenn der Satzungssitz vom tatsächlichen Verwaltungssitz abweicht.[47] 39

Weiter abzugrenzen ist dieser Auflösungsgrund vom Verfahren nach §§ 395 u. 398 FamFG. 40

Bis zum MoMiG war Auflösungsgrund des Abs. 1 Nr. 1 aF auch der Verstoß gegen die Volleinzahlungspflicht gem. § 19 IV aF iVm § 144 b FGG. Mit dem MoMiG sind diese Sonderregeln u. damit auch der Auflösungsgrund entfallen. 41

g) Auflösung durch Löschung wegen Vermögenslosigkeit nach § 394 FamFG (Abs. 1 Nr. 7). Die Gesellschaft wird in diesem Fall wegen Vermögenslosigkeit gelöscht u. damit aufgelöst: Der Tatbestand wurde ab 1.1.99 in das GmbHG aufgenommen, das Löschungsverfahren gem. § 394 FamFG war vorher in § 141 a FGG geregelt u. löst den alten § 2 LöschG ab. 42

Es gilt zu unterscheiden: Im Normalfall führt die Löschung der Gesellschaft wegen Vermögenslosigkeit automatisch zur Vollbeendigung der Gesellschaft (vgl. § 394 I 2 FamFG), eine Abwicklung der Gesellschaft erfolgt 43

46 Vgl. auch § 75 Rn. 8 ff.
47 So aber noch BGH NJW 08, 2914, 2915.

in diesem Fall nicht. Nur dann, wenn trotz Vermögenslosigkeit noch Restvermögen vorhanden ist, ist trotz Löschung der Gesellschaft hins. des noch verwertbaren Restvermögens das Liquidationsverfahren durchzuführen: Mit der Löschung tritt in diesem Fall Auflösung gem. Abs. 1 Nr. 7 u. keine Vollbeendigung ein.[48] Das Löschungsverfahren selbst unterliegt den strengen gerichtlichen Erfordernissen des § 394 iVm § 393 FamFG u. ist vom Gericht vAw unter sorgfältiger Ermittlung durchzuführen.[49]

Für die „Vermögenslosigkeit" ist eine kaufmännisch-wirtschaftliche Betrachtungsweise maßgebend u. darf nicht mit der bloßen Unterbilanz, Überschuldung oder Masselosigkeit verwechselt oder gleichgesetzt werden.[50] Danach liegt Vermögenslosigkeit vor, wenn die Gesellschaft über keine bilanzfähigen u. zur Gläubigerbefriedigung verwertbaren Aktiven mehr verfügt, so dass eine Liquidation sinnlos wird.[51] Ist Vermögen auch nur in geringem Umfang vorhanden, steht dies der Annahme der Vermögenslosigkeit entgg.[52] Auch nicht bilanzierungsfähige Vermögensgegenstände können Vermögen iSd § 394 I 1 FamFG darstellen.[53]

4. Weitere gesetzliche Auflösungsgründe

44 **a) Auflösungsgründe.** Außer dem in Abs. 1 enumerativ aufgeführten Auflösungskatalog bestehen weitere gesetzliche Auflösungsgründe:

45 **aa) Nichtigkeitserklärung der Gesellschaft gemäß § 75 GmbHG und § 397 FamFG.** Mit Rechtskraft des Urteils, welches die Gesellschaft wegen der dort genannten Satzungsmängel für nichtig erklärt, ist die Gesellschaft aufgelöst (→ Rn. 39 sowie bei → § 75 Rn. 54 ff.).

46 **bb) Erwerb aller Geschäftsanteile durch die Gesellschaft selbst.** Die „Keinpersonen"-GmbH ist nicht möglich: Ist die Gesellschaft auf Dauer selbst Inhaberin aller Gesellschaftsanteile, wird die Gesellschaft aufgelöst. Nach früherer hM galt im Interesse der möglichen Fortführung u. der Möglichkeit der Übertragung der Anteile auf eine Person die Auflösung nicht sofort, sondern nur, wenn sich herausstellte, dass die Inhaberschaft aller Anteile durch die Gesellschaft Dauerzustand wurde. Im Interesse der Rechtssicherheit soll nach nunmehr hM stattdessen die Gesellschaft gleich aufgelöst sein; sie kann jedoch die Fortsetzung der Gesellschaft beschließen u. durch nachfolgende Anteilsabtretung den Auflösungsgrund beseitigen. Ein Liquidationserlös steht den in der Satzung benannten Personen, hilfsweise dem Fiskus zu.[54]

47 **cc) Früher: Art. 12 § 1 GmbH-Novelle iVm § 57 DM-Bilanzgesetz.** Nach Art. 12 § 1 I der GmbH-Novelle v. 4.7.80 war die Gesellschaft aufgelöst,

48 Lutter/Hommelhoff/*Kleindiek* Rn. 17; Rowedder/Schmidt-Leithoff/*Gesell* Rn. 31; ausf., auch zu den alten Bestimmungen, insbes. § 2 LöschG Scholz/*K Schmidt/Bitter* Rn. 44 ff.; Baumbach/Hueck/*Haas* Rn. 70.
49 OLG Zweibrücken GmbHR 02, 591, 592; KG FGPraxis 19, 211.
50 OLG Karlsruhe NJW-RR 14, 1507.
51 BeckOK/*Lorscheider* GmbHG § 60 Rn. 13 b mwN.
52 OLG Karlsruhe NZG 14, 1148; so vor allem auch, wenn das Besteuerungsverfahren noch nicht abgeschlossen ist, OLG Jena, NotBZ 19, 391.
53 OLG Frankfurt GmbHR 15, 714.
54 Hachenburg/*Ulmer* Rn. 60; Scholz/*K Schmidt/Bitter* Rn. 65.

die mit Ablauf des 31.12.95 kein Mindeststammkapital von 50.000 DM aufwies. Nach § 57 DM-BilanzG bestanden entspr. Übergangsregeln hins. des Stammkapitals für Gesellschaften aus den neuen Bundesländern, weitere Sonderregeln mit Auflösungsfolge bei Nichteinhaltung ergaben sich ua aus § 60 DM-BilanzG sowie dem Einigungsvertrag.

dd) Sitzverlegung in das Ausland. Die Sitzverlegung in das Ausland war nach bisher hM Auflösungsgrund (§ 4 a II aF). Trotz Streichung des Abs. 2 von § 4 a durch das MoMiG ist auch nach heute hM noch immer keine Verlegung des Satzungssitzes in das Ausland möglich. Nach vordringlicher Auffassung bewirkt der identitätswahrende Sitzwechsel in das Ausland jedoch keine Auflösung der Gesellschaft in Deutschland, sondern ist lediglich als nichtiger Satzungsänderungsbeschluss zu interpretieren.[55] 48

b) Abgrenzung: Gründe, die nicht zur Auflösung führen. Nicht zur Auflösung der Gesellschaft führen ua folgende Maßnahmen: 49

aa) Erwerb aller Geschäftsanteile durch eine Person. Abzugrenzen ist der Erwerb aller Geschäftsanteile durch eine Person vom Erwerb aller Geschäftsanteile durch die Gesellschaft (→ Rn. 46). 50

bb) Umwandlung. Umwandlungen iSd UmwG führen nicht zur Auflösung der Gesellschaft. Auch hier ist jedoch zu unterscheiden zwischen Umwandlungen wie der Verschmelzung, die nicht zur Auflösung der übertragenden Gesellschaft, aber zu ihrer Beendigung führen, u. der identitätswahrenden rechtsformwechselnden Umwandlung, die die Fortsetzung derselben Gesellschaft in anderer Rechtsform nach sich zieht (→ Rn. 9). 51

cc) Vermögenslosigkeit und Löschung der Gesellschaft. Wird die Gesellschaft wegen Vermögenslosigkeit gem. § 394 FamFG gelöscht, ohne dass noch zu liquidierendes Restvermögen vorhanden ist, wird die Gesellschaft ohne Auflösung beendet (→ Rn. 43). 52

5. Statutorische Auflösungsgründe und Kündigungsrechte gemäß Abs. 2

Unterschieden wird hier zwischen den gesellschaftsvertraglichen Auflösungsgründen u. den gesellschaftsvertraglichen Kündigungsrechten. 53

a) Auflösungsgründe. In der Satzung dürfen weitere Auflösungsgründe festgelegt werden. Voraussetzung ist, dass sie eindeutig **bestimmt oder bestimmbar sind.**[56] Dag dürfen die zwingenden gesetzlichen Auflösungsgründe durch den Gesellschaftsvertrag nicht eingeschränkt oder aufgehoben werden.[57] An die Bestimmtheit bzw. Bestimmbarkeit sind strenge Anforderungen zu stellen, damit der Automatismus der Auflösung nicht über längere Zeit in der Luft hängen bleibt oder längere Zeit gar unbemerkt bleibt. Nicht ausreichend sind daher satzungsmäßige Auflösungsgründe wie „Auflösung aus wichtigem Grund", „Unmöglichkeit der Zweckerreichung", „mangelnde Rentabilität".[58] 54

55 Baumbach/Hueck/*Servatius*, § 4 a Rn. 7.
56 Rowedder/Schmidt-Leithoff/*Gesell* Rn. 41.
57 MünchHdbGmbH/*Weitbrecht*, § 62 Rn. 19.
58 MünchHdbGmbH/*Weitbrecht*, § 62 Rn. 20; Rowedder/Schmidt-Leithoff/*Gesell* Rn. 41.

55 Derartige Auflösungsklauseln können stattdessen regelmäßig als Kündigungsgründe ausgelegt werden. Im Gegensatz zur automatischen Auflösung ist die Kündigung an ein aktives Tun geknüpft, so dass an die Bestimmtheit des Grundes weniger hohe Anforderungen zu stellen sind (→ Rn. 58). Im Streitfall über die Möglichkeit der Auflösung oder Kündigung sollte vorsorglich gekündigt werden u. ggf. Feststellungsklage erhoben werden.

56 Sind Auflösungsgründe nicht in der Satzung geregelt, sondern in sonstigen Dokumenten, zB einer Gesellschaftervereinbarung, fallen diese nicht unter Abs. 2. Die Vereinbarung kann aber als Stimmbindungsvertrag dahin gehend ausgelegt werden, dass die Gesellschafter verpflichtet sind, einen entspr. Gesellschafterbeschluss herbeizuführen, um das verankerte Ziel zu erreichen.[59]

57 Zulässige satzungsmäßige Auflösungsgründe sind bspw. der Tod oder die Insolvenz eines Gesellschafters, die Pfändung eines Geschäftsanteils, Verlust eines bestimmten Patents oder Schutzrechts, Feststellung eines Bilanzverlustes, Ablauf einer gewerberechtlichen Genehmigung etc.

58 **b) Kündigungsklauseln.** Anders als ein Auflösungsgrund führt das Vorliegen eines Kündigungsgrundes nicht automatisch zur Auflösung der Gesellschaft. Die Kündigung muss ausgesprochen werden, damit die Rechtsfolge, nämlich die Auflösung der Gesellschaft eintreten kann. Aus diesem Grund sind an die Bestimmtheit des Vorliegens eines Kündigungsgrundes weniger strenge Anforderungen zu stellen (→ Rn. 55 u. 60).

59 Das GmbHG selbst kennt die Kündigung der Gesellschaft nicht u. enthält keine Regelungen hierüber: Grds steht den Gesellschaftern daher nur das Instrumentarium der Auflösungsklage gem. § 61 u. das (ungeschriebene) Austrittsrecht zur Verfügung.[60] Die Vertragsfreiheit eröffnet aber den Weg zur Einräumung satzungsmäßiger Kündigungsklauseln.

60 **aa) Kündigungsgründe.** Zu unterscheiden ist zunächst zwischen der außerordentlichen u. der ordentlichen Kündigung. Die **ordentliche** Kündigung erfordert keine positive Begründung, sondern gibt unter bestimmten Voraussetzungen jedem oder bestimmten Gesellschaftern das Recht, die Gesellschaft zu kündigen; zB Kündigungsrecht für jeden Gesellschafter ab einem bestimmten Zeitpunkt. Sie kann allerdings im Ausnahmefall aufgrund einer besonderen mitgliedschaftlichen Treuepflicht u. dem allg. Grundsatz des Schikaneverbots (§ 226 BGB) ausgeschlossen sein.[61] Die **außerordentliche** Kündigung erfordert dag das Vorliegen eines Kündigungsgrundes. Ein solcher kann ua sein: Verfehlen des Gesellschaftszwecks, fehlende Rentabilität oder andere wichtige Gründe. Das Kündigungsrecht kann auch auf nur bestimmte Gesellschafter beschränkt werden. Auch die Bestimmung des Quorums ist frei.

---

59 Rowedder/Schmidt-Leithoff/*Gesell* Rn. 42; Scholz/*K Schmidt/Bitter* Rn. 74.
60 MünchHdbGmbH/*Weitbrecht*, § 62 Rn. 21.
61 Scholz/*K Schmidt/Bitter* Rn. 77: So kann sich uU die Pflicht ergeben, anstelle der Kündigung mit Auflösungswirkung den Geschäftsanteil den übrigen Gesellschaftern zunächst zum Erwerb anzubieten, damit die Gesellschaft fortgeführt werden kann; vgl. auch BGH NJW-RR 86, 256 zur Personengesellschaft.

Erklärungsgegner ist die Gesellschaft, dh der Geschäftsführer, bei mehreren Geschäftsführern einer von ihnen. Ist der Kündigende selbst Geschäftsführer, ist sie den anderen Geschäftsführern ggü. auszusprechen, ist der Kündigende alleiniger Geschäftsführer, erfolgt die Erklärung ggü. allen übrigen Gesellschaftern. Die Kündigung ist in diesem Fall mit Zugang bei dem letzten Gesellschafter bewirkt.[62] 61

bb) **Rechtsfolgen.** Hins. der Rechtsfolge der Kündigung ist zu unterscheiden: Mögliche Folgen sind 62

- die Auflösung der Gesellschaft (**auflösende Kündigung**),
- der Austritt des Kündigenden unter Fortbestand der Gesellschaft mit den übrigen Gesellschaftern (**Austrittskündigung**) sowie als Sonderfall
- die Ausschließung eines Gesellschafters bei Kündigung durch die Gesellschaft (**ausschließende Kündigung**).

Die Satzung sollte die **Rechtsfolge** der Kündigung genau bestimmen. Die Folgen können auch gemischt werden, zB Auflösungskündigung als Grundsatz mit der Möglichkeit für die übrigen Gesellschafter, diese Folge durch Einziehung oder Übertragungsverpflichtung mit Abfindung abzuwenden.[63] Fehlt eine hinreichend deutliche Satzungsbestimmung, ist die Satzungsbestimmung auszulegen. Im Vergleich zur Personengesellschaft u. die bis 1.9.98 geltende Regelung des § 131 Nr. 6 HGB, wonach die Kündigung durch einen Gesellschafter zur Auflösung der Gesellschaft führte, hat die wohl früher hM in der Lehre bei der GmbH als Gegenstück zu dem Prinzip der Personengesellschaft, welche nicht durch die Persönlichkeit der Gesellschafter geprägt sei, im Zweifelsfalle für den Austritt des Gesellschafters u. gegen die Auflösung der Gesellschaft plädiert.[64] Die Neufassung des § 131 HGB durch das Handelsrechtsreformgesetz 1998 gibt jetzt auch bei der Personengesellschaft dem Austritt iZw den Vorzug (s. § 131 III Nr. 3 HGB). Unabhängig davon geht für die GmbH die hM in Rspr. u. mittlerweile auch Schrifttum davon aus, dass iZw von der Auflösung der Gesellschaft auszugehen ist.[65] 63

6. Fortsetzung der aufgelösten GmbH

a) **Voraussetzungen.** Die Fortsetzung der bereits aufgelösten, aber noch nicht beendeten Gesellschaft ist möglich.[66] Dies ist – im Gegensatz zu der 64

62 MünchHdbGmbH/*Weitbrecht*, § 62 Rn. 24.
63 BGH GmbHR 97, 501, 502.
64 Rowedder/Schmidt-Leithoff/*Gesell* Rn. 45; bis zur 6. Aufl. Scholz/*K Schmidt/Bitter* Rn. 41, vgl. die Nachweise bei Rn. 77; Hachenburg/*Schmidt*, 6. Aufl. Rn. 45; *F Scholz*, JR 48, 115; *Fischer*, GmbHR 55, 168.
65 So schon RGZ 93, 326, 327; 95, 39, 40; OLG Karlsruhe GmbHR 60, 24, 25; Baumbach/Hueck/Haas Rn. 90; Hachenburg/*Ulmer* Rn. 69; MünchHdbGmbH/*Weitbrecht*, § 62 Rn. 22; Scholz/*K Schmidt/Bitter* Rn. 77 differenzierend; zur gesamten Thematik *Topf-Schleuning*, Einfache Kündigungsklauseln in GmbH-Satzungen, 93.
66 Zur Abgrenzung zwischen Auflösung u. Beendigung s. Rn. 3 ff.

früheren älteren Rspr.[67] – nunmehr ganz hM[68] Die Voraussetzungen sind uneinheitlich, einige gelten jedoch allgemein.

65 aa) **Noch nicht beendete Gesellschaft.** Die Gesellschaft muss sich noch im Auflösungsstadium befinden, sie darf noch nicht vollständig beendet u. damit erloschen sein.[69] Mit Beendigung ist die Fortsetzung nicht mehr zulässig, hierfür besteht dann auch kein Bedürfnis mehr. Ist die Gesellschaft auflösungsreif, aber noch nicht aufgelöst (→ Rn. 4), ist die Fortsetzung selbstverständlich möglich – der Auflösungsbeschluss geht mangels tatsächlicher bisheriger Auflösung diesbzgl ins Leere. Keine Fortsetzungsmöglichkeit besteht nach hM im Fall der Nachtragsliquidation (zur Nachtragsliquidation → § 74 Rn. 33 ff.).[70] Ist eine GmbH im Handelsregister gemäß § 60 Abs. 1 Nr. 7 GmbHG als vermögenslos gelöscht, ist diese nicht fortsetzungsfähig.[71]

66 bb) **Keine Vermögensverteilung.** Das Gesellschaftsvermögen darf noch nicht verteilt sein. Sicher u. unbestritten ist dies, wenn das Gesellschaftsvermögen vollständig verteilt ist, da die Gesellschaft in diesem Fall löschungsreif ist u. kein Bedürfnis für die Fortführung mehr besteht. Nach hM fehlt jedoch auch bereits Platz für die Fortführungsmöglichkeit, wenn mit der Verteilung des Gesellschaftsvermögens überhaupt begonnen wurde.[72] Da die Verteilung des Vermögens während des Sperrjahres gem. § 73 ausgeschlossen ist, ist damit, solange das Sperrjahr läuft u. auch eingehalten wird, die Fortsetzung möglich. Der Fortsetzung sollte ferner nicht entgg. stehen, wenn bereits Abwicklungsmaßnahmen begonnen wurden (zB die Kündung von Verträgen etc) oder Gesellschaftsschulden beglichen werden, die Maßnahmen jedoch die Verteilung des Gesellschaftsvermögens unberührt lassen.[73]

67 cc) **Beseitigung des Auflösungsgrundes.** Liegt der Auflösungsgrund in einer bestimmten, satzungsmäßig festgelegten Tatsache, zB Befristung der Gesellschaft, kann die Beseitigung des Auflösungsgrundes eine Satzungsänderung erforderlich machen. Weiter muss der Vermögensstand der Gesellschaft so beschaffen sein, dass die Fortsetzung möglich ist: Im Fall der Auflösung der Gesellschaft wegen Insolvenz oder wegen Ablehnung der Insolvenz mangels Masse ist somit die Überschuldung, die zur Insolvenzantragspflicht geführt hat, oder der sonstige Insolvenzgrund (dazu § 64) zu beseitigen.[74] Erfolgt bei der aufgelösten Gesellschaft eine wirtschaftliche Neugründung, müssen die Erfordernisse des BGH[75] für diese natürlich auch für die aufgelöste GmbH gelten, um die Auflösungsreife zu beseitigen u.

---

67 ZB KGJ 32, 154; BayObLG JFG 1, 243; OLG Stuttgart GmbHRspr. II Nr. 11 zu § 60 GmbHG.
68 RGZ 118, 337; KG JW 25, 640; BGHZ 8, 35; OLG Celle NZG 08, 271; Baumbach/Hueck/*Haas* Rn. 91; Roth/*Altmeppen* Rn. 35; Scholz/*K Schmidt/Bitter* Rn. 79; *Schelp*, GmbH-StB 12, 350 ff.
69 RGZ JW 28, 634; Lutter/Hommelhoff/*Kleindiek* Rn. 32 f.
70 Ulmer/*Casper* § 30 Rn. 151; Rowedder/Schmidt-Leithoff/*Rasner* Rn. 67 mwN.
71 KG, DNotZ 2019, 554.
72 § 274 AktG; RGZ 118, 337, 339; OLG Düsseldorf GmbHR 79, 227, 228; Baumbach/Hueck/*Haas* Rn. 91.
73 Differenzierend Scholz/*K Schmidt/Bitter* Rn. 82.
74 Bay ObLG GmbHR 98, 540, 541.
75 Eingehend s. § 3 Rn. 16 ff. mit ausf. Nachweisen.

die Gesellschaft damit fortsetzungsfähig zu machen. Weitere Voraussetzungen, insbes. das Vorliegen der Voraussetzungen wie bei der Neugründung (zB eingezahltes Mindeststammkapital), sind nach hM nicht notwendig.[76]

dd) Fortsetzungsbeschluss. Ferner bedarf es eines Fortsetzungsbeschlusses der Gesellschafter. Dieser kann auch konkludent gefasst werden, in jedem Fall muss der Wille, die Gesellschaft fortsetzen zu wollen, zweifelsfrei erkennbar sein. Reine Fortsetzungsmaßnahmen genügen regelmäßig nicht, da diese auch oft als Maßnahme iRd Liquidationsverfahrens notwendig oder zweckmäßig sind u. entspr. ausgelegt werden können. Der Beschluss bedarf keiner Form. Liegt die Beseitigung des Auflösungsgrundes aber in der Notwendigkeit der Fassung eines Beschlusses, zB einer notwendigen Satzungsänderung, wie bei Beseitigung der Befristung der Gesellschaft, kann der Fortsetzungsbeschluss mit dem der Beseitigung des Auflösungsgrundes zusammenfallen (**Lehre vom Doppeltatbestand**).[77] 68

Nach hM ist unabhängig von der Formfreiheit des Beschlusses wie bei Satzungsänderungen die ¾-Mehrheit der abgegebenen Stimmen erforderlich, da es sich um einen grdl. Beschluss handelt, für den die einfache Mehrheit nicht ausreichen kann.[78] Entgg. des Reichsgerichts[79] ist keine Einstimmigkeit erforderlich. Umstritten ist, ob der überstimmte Gesellschafter in jedem Fall zum Austritt aus der Gesellschaft berechtigt ist[80] oder nur dann, wenn sich nach den allg. Grundsätzen u. Regelungen der Satzung ein Austrittsrecht aus wichtigem Grund ergibt.[81] Der Fortsetzungsbeschluss bedarf allerdings uU der Zustimmung bestimmter Gesellschafter, zB desjenigen, dem ein Sonderrecht auf Liquidation zusteht, sowie desjenigen, der die Gesellschaft mit der Folge der Auflösung gekündigt hat.[82] 69

b) Eintragung in das Handelsregister. Der Fortsetzungsbeschluss ist – in spiegelbildlicher Anwendung zur Auflösung gem. § 65 – zum Handelsregister anzumelden u. dort einzutragen. Die Anmeldung u. Eintragung wirkt allerdings nur deklaratorisch. Wirksamkeitsvoraussetzung u. damit konstitutiv ist die Eintragung nur bei Satzungsänderungen, in welchen Fällen durch die Satzungsänderung erst der Auflösungsgrund beseitigt wird. Die Anmeldung erfolgt durch die Geschäftsführer, da das Amt der Liquidatoren durch die Fortsetzung erloschen ist. Regelmäßig werden dies aber die bisherigen Liquidatoren sein. Es genügt die Anmeldung durch Geschäftsführer in vertretungsberechtigter Zahl (§ 78). 70

Ist die Auflösung selbst noch nicht in das Handelsregister eingetragen, ist auch die Fortsetzung nicht eintragungspflichtig. Ihre Eintragung ist aber 71

76 Scholz/*K Schmidt/Bitter* Rn. 86.
77 So Scholz/*K Schmidt/Bitter* Rn. 85 f.
78 Vgl. auch § 274 I AktG; Rowedder/Schmidt-Leithoff/*Gesell* Rn. 70 mwN; Baumbach/Hueck/*Haas* Rn. 92; Hachenburg/*Ulmer* Rn. 88 ff.
79 RGZ 118, 337, 341.
80 Roth/*Altmeppen* Rn. 46; Scholz/*K Schmidt/Bitter* Rn. 89 mwN aus der älteren Lehre.
81 Baumbach/Hueck/*Haas* Rn. 92; Rowedder/Schmidt-Leithoff/*Gesell* Rn. 72; Hachenburg/*Ulmer* Rn. 93.
82 S. aber Rn. 22.

schon wegen der allg. Grundsätze des § 15 HGB zulässig und dann auch die Auflösung einzutragen.[83]

72 **c) Einzelfälle. aa) Auflösung durch Zeitablauf (Abs. 1 Nr. 1).** Wird die Gesellschaft durch eine in der Satzung näher bestimmte Zeit aufgelöst, ist zu unterscheiden zwischen dem satzungsändernden Beschluss vor Eintreten des Auflösungsgrundes u. dem Fortsetzungsbeschluss, welcher zwingend ebenfalls mit einer Satzungsänderung einhergehen muss, um den Auflösungsgrund zu beseitigen. In beiden Fällen bedarf es jedenfalls einer Satzungsänderung, die mit ¾-Mehrheit der abgegebenen Stimmen gefasst werden muss. Einstimmigkeit ist nach heute ganz hM nicht erforderlich. Möglicherweise ist die Zustimmung einzelner Gesellschafter aufgrund satzungsmäßiger Sonderrechte nötig.[84]

73 **bb) Auflösung durch Auflösungsbeschluss (Abs. 1 Nr. 2).** Die Fortsetzung der aufgrund eines Auflösungsbeschlusses aufgelösten Gesellschaft erfolgt durch Aufhebung des Auflösungsbeschlusses.[85] Nach herrschender Ansicht ist auch in diesem Fall die ¾-Mehrheit der abgegebenen Stimmen erforderlich u. ausreichend.[86]

74 **cc) Auflösung durch Urteil oder Verwaltungsakt nach § 61 (Abs. 1 Nr. 3).** Auch hier ist die Zulässigkeit der Möglichkeit eines Fortsetzungsbeschlusses nach den allg. Regeln im Grundsatz unbestritten. Allerdings bedarf nach hM der Beschluss der Zustimmung des Gesellschafters, der das Auflösungsurteil erstritten hat. Im Einzelfall kann deren Verweigerung jedoch treuwidrig sein, so dass darauf verzichtet werden kann.[87] Nach aA genügt der mit der qualifizierten Mehrheit gefasste Auflösungsbeschluss, ohne dass es auf die Zustimmung des betroffenen Gesellschafters ankäme: Das Auflösungsurteil wirke in Bezug auf den klagenden Gesellschafter lediglich wie eine Kündigung, gewähre aber kein Sonderrecht auf Liquidation.[88]

75 **dd) Auflösung aufgrund behördlicher Entscheidung (§ 62).** Die Zulässigkeit eines Fortsetzungsbeschlusses ist auch hier unbestritten. Wie im vorigen Fall ist zwischen dem Beschluss, welcher die Auflösungsreife beseitigt, bevor die behördliche Anordnung bestandskräftig geworden ist, u. dem Beschluss nach diesem Zeitpunkt zu unterscheiden: In letzterem Fall bedarf es der Mitwirkung durch die Behörde, sei es, indem diese den auflösenden Verwaltungsakt aufhebt oder zurücknimmt (§§ 48 ff. VwVfG), sei es im Rechtsmittelverfahren.[89]

76 **ee) Auflösung durch Eröffnung des Insolvenzverfahrens (Abs. 1 Nr. 4).** Die Fortsetzungsmöglichkeit bei Auflösung wegen Insolvenzeröffnung ist in Abs. 1 Nr. 4 ausdrücklich geregelt: Zulässig ist die Fortsetzung durch Be-

---

83 Baumbach/Hueck/*Haas*, Rn. 92 a; MüKoGmbHG/*Berner*, Rn. 238; Scholz/*K Schmidt/Bitter* Rn. 91.
84 S. schon Rn. 22.
85 Nun allgM; früher unzulässig: BayObLG JFG 1, 243.
86 S. Rn. 64 zu den allg. Voraussetzungen.
87 BayObLG DB 78, 2164, 2165; Baumbach/Hueck/*Haas* Rn. 94; Hachenburg/*Ulmer* Rn. 97.
88 Scholz/*K Schmidt/Bitter* Rn. 94.
89 Hachenburg/*Ulmer* Rn. 99.

schluss, wenn das Insolvenzverfahren auf Antrag der Gesellschaft gem. §§ 212, 213 InsO eingestellt wurde oder bei Bestätigung eines Insolvenzplans gem. § 248 InsO, der den Fortbestand der Gesellschaft vorsieht.[90] In allen anderen Fällen kommt die Fortsetzung der Gesellschaft nicht in Betracht; hier hat der Insolvenzverwalter die Liquidation zu Ende zu führen u. danach das Insolvenzverfahren aufzuheben (§ 200 InsO). Auch bei Einstellung des Insolvenzverfahrens mangels Masse ist die Fortsetzung nach hM unzulässig. Es gelten die gleichen Grundsätze wie für die Unzulässigkeit bei Auflösung gem. Abs. 1 Nr. 5.[91]

ff) Auflösung wegen Masselosigkeit (Abs. 1 Nr. 5). Die wohl hM schließt 77
die Fortsetzungsmöglichkeit bei Masselosigkeit der Gesellschaft aus.[92] Begründet wird diese mit dem Interesse des Gläubigerschutzes, keinen „leeren Mantel" unnötig am Leben zu erhalten, das Interesse der Gläubiger an der Erhaltung des Kapitals gebiete es, die Gesellschafter in diesem Fall auf die Neugründung zu verweisen. Nach anderer, nicht unerheblicher Meinung soll auch hier die Fortsetzung möglich sein, wenn die Voraussetzungen für die Einstellung überwunden seien, also die Insolvenz nachhaltig beseitigt worden sei.[93] Teilweise wird gefordert, dass für eine Fortsetzung die Voraussetzungen der wirtschaftlichen Neugründung erfüllt sein müssen.[94]

gg) Auflösung wegen Feststellung eines Satzungsmangels (Abs. 1 78
Nr. 6). Die Fortsetzung erfolgt auch in diesem Falle ähnl wie bei der Beseitigung eines satzungsmäßigen Auflösungsgrundes durch Satzungsänderung, hier durch Beseitigung des festgestellten Mangels. Praktisch wird dieser Grund eher weniger zum Tragen kommen: Der Satzungsmangel hätte ja bereits vor Feststellung der Auflösung beseitigt werden können.

hh) Löschung wegen Vermögenslosigkeit (Abs. 1 Nr. 7). Die ganz herr- 79
schende Ansicht verneint die Fortsetzungsmöglichkeit bei Löschung wegen Vermögenslosigkeit.[95] Eine andere Meinung will dies nur bei tatsächlicher Vermögenslosigkeit akzeptieren u. bejaht dag die Fortsetzungsmöglichkeit bei nur scheinbarer Vermögenslosigkeit, wobei auch dann das Vermögen nicht nur noch nicht verteilt sein darf, sondern noch nicht einmal mit der Verteilung begonnen wurde.[96]

ii) Auflösung aufgrund statutarischer Auflösungsgründe (Abs. 2). Die Fort- 80
setzung ist möglich, allerdings bedarf es neben dem Fortsetzungsbeschluss, der den allg. Regelungen unterliegen muss, einer Satzungsänderung, um

90 Nach OLG Celle, NZG 2019 543, 543 f. ist die Fortsetzung im Insolvenzplan konkret vorzusehen. *Brünkmans/Brünkmans*, NZI 2019, 433 f. lassen bereits Formulierungen genügen, die die Möglichkeit der Fortsetzung nahelegen.

91 *OLG Celle NJW* Spezial 11, 113 mit Anm. *Schmitz/Commandeur*, NZG 11, 386; Baumbach/Hueck/Haas Rn. 95; aA Scholz/*K Schmidt/Bitter* Rn. 96.

92 BGHZ 75, 178, 180; BayObLG GmbHR 94, 189, 190; OLG Köln NotBZ 10, 346; KG NJW-RR 17, 361, 361 f.; OLG Frankfurt GmbHR 2018, 808, 809 f.; Rowedder/Schmidt-Leithoff/*Gesell* Rn. 77; Hachenburg/*Ulmer* Rn. 13.

93 Baumbach/Hueck/*Haas* Rn. 96; Scholz/*K Schmidt/Bitter* Rn. 97.

94 Arens, GmbHR 17, 449, 450 ff.

95 OLG Celle NZG 08, 271; KG NJW-RR 2019, 98, 98 f.; Ulmer/*Casper* Rn. 151 f.; Rowedder/Schmidt-Leithoff/*Gesell* Rn. 79 mwN; *Kallweit*, NZG 09, 1416, 1418 f.; nun auch Scholz/*K Schmidt/Bitter* Rn. 99 (anders aber bis zur 8. Aufl.).

96 Baumbach/Hueck/*Haas* Rn. 98; BeckOK/*Lorscheider* GmbHG § 60 Rn. 23.

den satzungsmäßigen Auflösungsgrund zu beseitigen. Ob daneben die Zustimmung einzelner aufgrund satzungsmäßiger Sonderrechte erforderlich ist, ist im Einzelfall zu prüfen.[97]

Ferner gelten die Grundsätze der wirtschaftlichen Neugründung auch bei der Liquidation einer GmbH.[98] Denn das mit der wirtschaftlichen Neugründung verbundene Anliegen des wirksamen Gläubigerschutzes besteht sowohl bei der „Wiederbelebung" eines durch das Einschlafenlassen des Geschäftsbetriebs zur leeren Hülse gewordenen Mantels durch Ausstattung mit einem (neuen) Unternehmen u. weiterem wirtschaftlichen Betrieb dieser („neuen") Gesellschaft als auch im Zusammenhang mit der Verwendung des leeren Mantels einer Abwicklungsgesellschaft, deren Abwicklung nicht weiter betrieben wurde. In beiden Fällen besteht die Gefahr einer Umgehung der Gründungsvorschriften mit der Folge, dass die gesetzliche u. gesellschaftsvertragliche Kapitalausstattung bei Aufnahme der wirtschaftlichen Tätigkeit nicht gewährleistet ist.[99] Allein die mit der Fortführung beabsichtigte Zweckänderung von einer Abwicklung hin zu einer werbenden Gesellschaft genügt allerdings noch nicht, um eine wirtschaftliche Neugründung auszulösen, da die aufgelöste Gesellschaft nicht per se ein unternehmensleerer Mantel ist.[100] Dass während der Liquidation Geschäfte allenfalls noch iRd Abwicklungszwecks betrieben werden u. nach Beendigung der laufenden Geschäfte mit der weiteren Abwicklung die nach außen gerichtete Geschäftstätigkeit zum Erliegen kommt, reicht zur Annahme einer leeren Hülse nicht aus.[101] Für den Fall, dass die Gesellschaft sich in der Liquidation befinde, ihren Geschäftsbetrieb noch abzuwickeln habe u. in diesem Zusammenhang Aktivitäten entfalte, gelte nichts anderes. Die eine „leere Hülse" u. damit die Anwendung der Regeln der wirtschaftlichen Neugründung ausschließende andauernde aktive unternehmerische Tätigkeit sei nicht stets mit dem dem Unternehmensgegenstand entspr. operativen Geschäft gleichzusetzen, sondern habe insbes. in der Anlauf- u. in der Abwicklungsphase einer Gesellschaft einen der besonderen Unternehmenstätigkeit in diesem Zeitraum entspr. anderen Inhalt. In der Abwicklungsphase sei darauf abzustellen, ob noch nennenswerte Liquidationsaufgaben wahrgenommen würden, die auf den Schluss der Liquidation zusteuerten, oder ob die Abwicklung über längere Zeit nicht mehr betrieben würde u. deshalb vom Vorliegen eines leeren Gesellschaftsmantels ohne Geschäftsbetrieb auszugehen sei.[102]

III. Verfahren

81 Die Auflösung der Gesellschaft ist zum Handelsregister anzumelden u. dort einzutragen, § 65. Zu den Einzelheiten s. dort.

97 S. dazu iErg auch o Rn. 69.
98 S. grds. KG ZIP 12, 1863; *Priester*, EWiR 12, 623, 624.
99 BGH NJW-RR 14, 416.
100 Baumbach/Hueck/*Haas* § 60 Rn. 91.
101 So BGH NJW-RR 14, 416.
102 BGH NJW-RR 14, 416 ff.

IV. Kostenregelungen

Der Auflösungsbeschluss kann privatschriftlich erfolgen u. löst keine Notargebühr aus, wenn er durch die Gesellschaft selbst erfolgt. Zu den Kosten der Handelsregisteranmeldung u. Eintragung s. bei § 65. 82

§ 61 Auflösung durch Urteil

(1) Die Gesellschaft kann durch gerichtliches Urteil aufgelöst werden, wenn die Erreichung des Gesellschaftszweckes unmöglich wird, oder wenn andere, in den Verhältnissen der Gesellschaft liegende, wichtige Gründe für die Auflösung vorhanden sind.

(2) [1]Die Auflösungsklage ist gegen die Gesellschaft zu richten. [2]Sie kann nur von Gesellschaftern erhoben werden, deren Geschäftsanteile zusammen mindestens dem zehnten Teil des Stammkapitals entsprechen.

(3) Für die Klage ist das Landgericht ausschließlich zuständig, in dessen Bezirk die Gesellschaft ihren Sitz hat.

Literatur

Becker, Typologie und Probleme der handelsrechtlichen Gestaltungsklage unter besonderer Berücksichtigung der GmbH-rechtlichen Auflösungsklage (§ 61 GmbHG), ZZP 1984, 314; *Geißler*, Die Reichweite der GmbH-Auflösungsklage bei der Bewältigung fundamentaler Gesellschafterzerwürfnisse, GmbHR 2012, 1049; *Knies*, Der Patt in der Gesellschafterversammlung als wichtiger Grund für die Auflösungsklage bei späterer Erwerbsabsicht des Auflösungsklägers, GmbHR 2005, 1386; *Konow*, Die gerichtliche Auflösung der GmbH, GmbHR 1973, 216; *Volhard*, Kann die GmbH-Satzung die Einziehung eines Geschäftsanteils eines Auflösungsklägers vorsehen?, GmbHR 1995, 617.

I. Normzweck

1. Allgemeines

1 Der Text des § 61 ist seit dem Jahre 1982 unverändert. § 61 gibt der Minderheit der Gesellschafter das Recht, Auflösungsklage gegen die Gesellschaft zu erheben, wenn die Weiterführung der Gesellschaft unzumutbar wird. Die Vorschrift gehört zu den **Minderheitsrechten** der Gesellschafter, dh anders als das Individualrecht eines Gesellschafters kann sich nicht der einzelne Gesellschafter, doch zumindest deren Minderheit darauf berufen. Das Recht versteht sich als Ausfluss der individualrechtlichen Struktur der GmbH u. ist Ausgleich für die erschwerte bzw. erschwerbare Fungibilität der Geschäftsanteile. Es findet seine Parallele in § 133 HGB für die Personengesellschaften, mit dem Unterschied, dass bei letzteren die Klage sich

gegen die Mitgesellschafter richtet. Im Aktienrecht gibt es keine Entsprechung.

2. Zwingende Regelung

2 Das Recht auf Auflösung ist **zwingend u.** kann weder durch satzungsmäßige Regelungen noch durch einstimmigen Gesellschafterbeschluss **entzogen** oder **eingeschränkt** werden.[1] Entspr. unzulässig sind Einschränkungen, zB durch Anhebung der für die Klageerhebung erforderlichen Stammkapitalquote oder durch satzungsmäßige Festlegung bestimmter Gründe, welche nicht als wichtiger Grund für die Auflösung sollen gelten können.[2] **Erweiterungen** sind dag zulässig, zB durch Senkung der erforderlichen Stammkapitalquote, durch Einräumung des Klagerechts für jeden einzelnen Gesellschafter oder durch Einräumung zusätzlicher Auflösungsgründe.[3]

3. Subsidiarität

3 Im Hinblick auf seine weitreichende Wirkung unterliegt die Auflösungsklage als **ultima ratio** der Subsidiarität: Kommt ein milderes Mittel in Betracht, ist die Auflösungsklage unzulässig. Die Prüfung um ihre Handhabung hat rechtsfolgen- u. billigkeitsorientiert zu erfolgen.[4]

4 IdR wird folgende **Reihenfolge** zu prüfen sein:

5 Als mildestes Mittel ist zu untersuchen, ob die Störung des Gesellschaftsverhältnisses, welches die Fortsetzung scheinbar unzumutbar macht, durch Änderung u. **Anpassung der Satzung** beseitigt werden kann. UU ergibt sich aus der gesellschaftlichen Treuepflicht dann eine Mitwirkungspflicht der Gesellschafter zur Anpassung bestimmter Satzungsklauseln an die Gegebenheiten.[5]

6 Ist dies nicht der Fall oder kann die Störung hierdurch nicht beseitigt werden, kann als nächstes vorrangig der Austritt des bzw. der „gestörten" Gesellschafter eine zumutbare Lösung bieten. Auch wenn die Satzung den Austritt eines Gesellschafters nicht vorsieht, besteht als Korrelat zu der erschwerten Veräußerbarkeit von Geschäftsanteilen immer ein außerordentliches, unentziehbares **Austrittsrecht** eines jeden Gesellschafters aus der Gesellschaft, wenn ihm das Verbleiben in der Gesellschaft unzumutbar ist. Voraussetzung ist hierbei allerdings weiter, dass der Abfindungsanspruch des Ausscheidenden angemessen u. durchsetzbar ist. Das wird zumindest dann der Fall sein, wenn die Mitgesellschafter oder Dritte dem Kläger ein Übernahmeangebot zum vollen Verkehrswert, der jedenfalls nicht hinter dem zu erwartenden Liquidationserlös zurückbleiben darf, abgegeben ha-

1 BayObLG DB 78, 2165; Baumbach/Hueck/*Haas* Rn. 2; Ulmer/*Casper* Rn. 3; Rowedder/Schmidt-Leithoff/*Gesell* Rn. 4.
2 OLG München GmbHR 10, 870; Michalski/*Nerlich* Rn. 5; Ulmer/*Casper* Rn. 52 f.
3 Allg. Ansicht, s. Scholz/*K Schmidt/Bitter* Rn. 2 mwN.
4 Scholz/*K Schmidt/Bitter* Rn. 4.
5 Scholz/*K Schmidt/Bitter* Rn. 3.

ben.[6] Unzumutbar kann der Austritt sein, wenn der Kläger ideell stark an die Gesellschaft gebunden ist.[7]

Auch wird die Auflösungsklage nachträglich noch möglich sein, wenn sich nach Austritt nachträglich herausstellt, dass die Abfindung nicht in angemessener Zeit durchsetzbar ist.[8] 7

Umgekehrt zum Austrittsrecht des Gesellschafters gewährt das Gesetz der Gesellschaft als milderes Mittel vor der Auflösung die Möglichkeit, **Ausschließungsklage** aus wichtigem Grund gegen den auf Auflösung klagenden Gesellschafter zu erheben.[9] 8

II. Inhalt

1. Materiellrechtliche Klagevoraussetzungen (Abs. 1)

Materiellrechtlich setzt das Auflösungsurteil voraus, dass die Erreichung des Gesellschaftszwecks unmöglich wird oder andere, in den Verhältnissen der Gesellschaft liegende, wichtige Gründe für die Auflösung vorhanden sind. Mithin kann die Auflösungsklage nur darauf gestützt werden, dass ein **wichtiger, in der Gesellschaft immanenter Grund** vorliegt, der die Auflösung der Gesellschaft als ultima ratio rechtfertigt. Nicht ausreichend ist damit grds. ein im Verhältnis „eines Gesellschafters" liegender Grund. Jedoch kann der wichtige Grund gerade auch bei einer personalistisch geführten GmbH auch in der Person eines Gesellschafters angelegt sein u. auf die Gesellschaft durchschlagen. 9

2. Unmöglichkeit der Zweckerreichung

Der einzige vom Gesetz selbst aufgeführte wichtige Grund ist die Unmöglichkeit, den Gesellschaftszweck zu erreichen. Der **Gesellschaftszweck** umfasst das von den Gesellschaftern verfolgte Ziel u. ist durch Satzungsregelung zu ermitteln. Er ist nicht mit dem Gegenstand des Unternehmens gem. § 3 I Nr. 2 zu verwechseln: Dieser betrifft das Tätigkeitsfeld der Gesellschaft, nicht aber (unbedingt) das damit verbundene Ziel. Oft führt aber die Unmöglichkeit, die unternehmerische Tätigkeit der Gesellschaft durchzuführen, auch zur Unmöglichkeit, das von den Gesellschaftern bezweckte Ziel zu erreichen, namentlich wenn dieser darauf abzielt, durch Betreiben des Unternehmens der Gesellschaft Gewinn zu erzielen.[10] 10

Die Unmöglichkeit kann **rechtlich oder tatsächlich** sein; notwendig ist die fortdauernde Unmöglichkeit der Zweckerreichung, eine vorübergehende Verhinderung, zB konjunktur-, kriegs- oder streikbedingt, führt nicht zur Unmöglichkeit.[11] Ausreichend ist eine fortwährende Unrentabilität, wenn sie nicht durch Kapitalzuführung beseitigt werden kann.[12] Weitere Unmög- 11

6 BGH NJW 85, 1901; OLG München NZG 05, 554, 555; MünchHdbGmbH/*Weitbrecht*, § 62 Rn. 10; *Passarge/Torwegge*, Die GmbH in der Liquidation, Rn. 40.
7 Baumbach/Hueck/*Haas* Rn. 5.
8 BGHZ 88, 320, 326.
9 Baumbach/Hueck/*Haas* Rn. 5; Ulmer/*Casper* Rn. 4; Rowedder/Schmidt-Leithoff/*Rasner* Rn. 3.
10 Michalski/*Nerlich* Rn. 15 f.; Ulmer/*Casper* Rn. 15 f.
11 RGZ164, 129, 139; OLG Hamburg LZ 19, 499.
12 RG GmbHR 28, 510, 511.

lichkeitsgründe können sich ua aus dem Verlust eines für die Gesellschaft wichtigen Patents oder einer Lizenz, einem kartellrechtlichen Verbot oder – für die Komplementärgesellschaft, deren einziger Zweck die Beteiligung als persönlich haftende Gesellschafterin war, die Beendigung der GmbH & Co KG, ergeben.[13] Auch wenn sich die Zweckerreichung erst nachträglich herausstellt, ist sie Auflösungsgrund aufgrund anfänglicher Unmöglichkeit.

3. Andere wichtige Gründe

12 Auch die anderen wichtigen Gründe müssen dem klagenden Gesellschafter den Fortbestand der Gesellschaft unzumutbar machen u. nicht nur sein Verbleiben in der Gesellschaft. Die Gründe können vielfältig sein. Vereinfacht können sie in folgende Kategorien unterteilt werden:

13 **Rechtliche und wirtschaftliche Gründe**, die den weiteren Bestand unmöglich machen u. die Auflösung als ultima ratio zulassen, sind idR nur dann gegeben, wenn auch gleichzeitig Unmöglichkeit der Zweckerreichung des Gesellschaftszwecks vorliegt, namentlich bei externen Absatzproblemen, Lizenzverlusten etc. IdR lassen sich andere wirtschaftliche oder rechtliche Gründe durch Änderungen in der Gesellschaftsstruktur, zB durch Austauschen der Führungsebene oder aber durch Austritt des Gesellschafters, für den der Verbleib aufgrund dieses Grundes sinnlos oder unzumutbar erscheint, beseitigen.[14]

14 **Persönliche Gründe eines Gesellschafters** genügen zwar grds. nicht,[15] jedoch kann sich – va bei einer sehr personalistisch geprägten GmbH – der persönliche Grund so schädigend auf die Gesellschaft durchschlagen, dass im schlimmsten Fall tatsächlich deren Bestand nicht mehr tragbar ist.[16] Nicht ausreichend sind aufgrund der vorrangigen Ausschließungsmöglichkeit regelmäßig die Insolvenz eines Gesellschafters oder die Pfändung seines Geschäftsanteils sowie die Verletzung gesellschaftsvertraglicher Pflichten.[17]

15 Dag kann sich die Auflösungspflicht aus den **innergesellschaftlichen Verhältnissen** ergeben, zB bei unbehebbarer Steuerungsunfähigkeit aufgrund zweier konträrer Gesellschaftergruppen mit gleichen Stimmrechten[18] oder tiefgreifender Zerrüttung unter den Gesellschaftern, die eine weitere Zusammenarbeit nicht mehr möglich erscheinen lässt. Letzteres ist auch dann der Fall, wenn zwischen den Gesellschaftern ein so unheilbares Zerwürfnis besteht, dass dieses verhindert hat, dass die nach dem Gesellschaftsvertrag erforderliche Mehrheit bei Beschlüssen erreicht werden konnte.[19]

---

13 Ulmer/*Casper* Rn. 34; Baumbach/Hueck/*Haas* Rn. 8; Rowedder/Schmidt-Leithoff/*Gesell* Rn. 7; Scholz/*K Schmidt/Bitter* Rn. 16 f.

14 Scholz/*K Schmidt/Bitter* Rn. 18; Baumbach/Hueck/*Haas* Rn. 11.

15 OLG Saarbrücken AG 80, 28; OLG Naumburg 12, Urt v. 20.4.12, BeckRS 12, 21440.

16 RGZ 164, 158; BGH NJW 81, 2302; GmbHR 85, 297.

17 Michalski/*Nerlich* Rn. 20; Ulmer/*Casper* Rn. 23; Rowedder/Schmidt-Leithoff/*Gesell* Rn. 10.

18 BGH GmbHR 85, 297; OLG München GmbHR 05, 428.

19 Baumbach/Hueck/*Haas* Rn. 11; Scholz/*K Schmidt/Bitter* Rn. 18; jüngst auch OLG Naumburg GmbHR 13, 37; OLG München NZG 05, 554.

Mängel des Gesellschaftsvertrages berechtigen idR, sofern sie nicht unter die Amtslöschung nach § 60 I Nr. 6 bzw. die Nichtigkeit gem. § 75 fallen, nicht zur Auflösungsklage; sie ist allerdings nicht ex lege ausgeschlossen.[20] 16

III. Verfahren

1. Die Auflösungsklage

a) Allgemeines. Die Auflösungsklage ist **Gestaltungsklage,** dh die Gesellschaft ist mit Rechtskraft des Urteils aufgelöst (→ Rn. 25). Die Klage ist zulässig, wenn neben den allg. Zulässigkeitsvoraussetzungen u. der besonderen Zuständigkeit (→ Rn. 18) die besondere Klagebefugnis (dazu → Rn. 20 ff.) gegeben ist. Sie ist begründet, wenn ein die Auflösung berechtigender wichtiger Grund iSd Abs. 1 gegeben ist (→ Rn. 10 ff.). 17

b) Zuständigkeit. Zuständig ist das LG, in dessen Bezirk die Gesellschaft ihren Sitz hat (§ 61 III). Diese Zuständigkeit ist **ausschließlich.** Der Sitz der Gesellschaft bestimmt sich gem. § 4 a. Zuständig ist die Kammer für Handelssachen, §§ 94, 95 I Nr. 4 a GVG. Wird während der Rechtshängigkeit der Klage ein Auflösungsbeschluss gefasst oder kommt die Gesellschaft aus sonstigen Gründen zur Auflösung, hat sich die Klage erledigt.[21] 18

Die Satzung der Gesellschaft kann bestimmen, dass für die Auflösungsklage ein **Schiedsgericht** zuständig ist (§ 1030 I 1 ZPO). In diesem Fall wird das Verfahren vor dem so bestimmten Schiedsgericht geführt.[22] 19

c) Klagebefugnis. Klagebefugt sind gem. Abs. 2 S. 2 Gesellschafter, deren Geschäftsanteile mindestens dem zehnten Teil des Stammkapitals entsprechen. Bei der Berechnung der Quote werden eingezogene Geschäftsanteile sowie eigene Geschäftsanteile der Gesellschaft nicht berücksichtigt. Auch kommt es nicht darauf an, welche satzungsmäßigen Stimmrechte grds. bestehen u. inwieweit das Stammkapital einbezahlt ist. 20

aa) Gesellschafter. Aus dem Gesetzeswortlaut folgt nach hM, dass tatsächlich nur Gesellschafter, die auch ggü. der Gesellschafter als Gesellschafter iSd § 16 gelten, klageberechtigt sind. Ausgeschlossen sind damit als Kläger der Treugeber bei einem bestehenden Treuhandverhältnis, der Pfandgläubiger oder Nießbraucher.[23] Eine Klagebefugnis besteht daher im Umkehrschluss für den Treuhänder, auch hindert die Belastung des Geschäftsanteils durch Pfandrecht oder Nießbrauch nicht den Gesellschafter an der Klageerhebung bzw. bedarf auch nicht dessen Zustimmung.[24] Im Fall der Insolvenz besteht die Klageberechtigung für den Insolvenzverwalter.[25] 21

Mehrere Kläger sind notwendige Streitgenossen iSd § 62 ZPO. Ein Beitritt weiterer Gesellschafter als Kläger (§ 66 ZPO) oder im Wege der Nebenintervention (§ 69 ZPO) ist möglich. Wird der Geschäftsanteil eines klagen- 22

20 Scholz/*K Schmidt/Bitter* Rn. 19.
21 *Becker*, ZZP 84, 314, 331.
22 BayObLG DB 84, 1270; Baumbach/Hueck/*Haas* § 60 Rn. 20; Ulmer/*Casper* § 60 Rn. 38.
23 Baumbach/Hueck/*Haas* § Rn. 15; Ulmer/*Casper* § 60 Rn. 28; Rowedder/Schmidt-Leithoff/*Gesell* Rn. 13; *Wicke* Rn. 3.
24 Scholz/*K Schmidt/Bitter* Rn. 7.
25 Michalski/*Nerlich* Rn. 28.

den Gesellschafters während des Prozesses veräußert, verliert der veräußernde Gesellschafter die Aktivlegitimation. Wird hierdurch die 10 %-Grenze unterschritten, wird die Klage insg. unzulässig. Eine Fortführung durch den erwerbenden Gesellschafter ist aber im Wege des gewillkürten Parteiwechsels möglich, wenn die Gesellschaft zustimmt oder das Gericht dies für sachdienlich erklärt.[26] Da die Auflösungsklage gegen alle Gesellschafter wirkt, hat das Gericht diese von der Klage in Kenntnis zu setzen, auch wenn sie die Klage selbst gegen die Gesellschaft richtet.

23 **bb) 10 %-Grenze.** Die klagenden Gesellschafter müssen zusammen mindestens 10 % des nominellen Stammkapitals der Gesellschaft erreichen, sofern nicht die Satzung eine geringere Grenze ermöglicht (eine höhere Grenze ist nicht zulässig). Abzuziehen sind bei der Berechnung der Grenze: eigene Anteile der Gesellschaft, eingezogene Anteile sowie kaduzierte (§ 21) Anteile im Schwebezustand. Preisgegebene Geschäftsanteile iSd § 27 haben dag keine Auswirkung auf das Stammkapital.[27]

24 **d) Beklagter: Gesellschaft.** Beklagter ist die Gesellschaft. Sie wird vertreten durch Geschäftsführer in vertretungsberechtigter Zahl. Sind der/die Geschäftsführer wegen § 181 BGB an der Vertretung verhindert, weil sie selbst auch Kläger sind, so ist beim Registergericht gem. § 29 BGB ein Notgeschäftsführer oder beim Prozessgericht gem. § 57 ZPO ein Prozessvertreter zu bestellen: Ferner können die Gesellschafter analog § 46 Nr. 8 einen Prozessvertreter bestellen, wobei die klagenden Gesellschafter nicht stimmberechtigt sind.[28]

2. Urteil und Rechtsfolgen

25 **Gibt** das Gericht der **Klage statt**, ist die Gesellschaft mit **rechtsgestaltender** Wirkung aufgelöst. Ein Ermessensspielraum für das Gericht besteht nicht. Die Auflösung wirkt ab Rechtskraft des Urteils. Einer vorher – unzulässig – erfolgten vorläufigen Vollstreckbarkeit kommt keine rechtliche Wirkung zu. Ab Rechtskraft des Urteils ist die Auflösung beim Handelsregister anzumelden. Die Liquidation richtet sich nach den allg. Vorschriften. Die Auflösung durch ein schiedsgerichtliches Urteil steht dem Urteil des Prozessgerichts gleich.

26 **Klageabweisung** verhindert die Klage derselben Kläger auf derselben Begründung: Möglich bleibt freilich die Klage durch andere Gesellschafter sowie aufgrund eines anderen wichtigen Grundes.

27 **Rechtsmittel** sind nach den allg. Vorschriften zulässig, der **Streitwert** bestimmt sich idR analog §§ 275 IV, 247 I 1 AktG unter Berücksichtigung der billigen Interessen des Klägers nach seinem Geschäftsanteil.[29]

---

26 Scholz/*K Schmidt/Bitter* Rn. 7; BeckOK/*Lorscheider* Rn. 5.

27 Baumbach/Hueck/*Haas* § 60 Rn. 14; Ulmer/*Casper* § 60 Rn. 37; Rowedder/Schmidt-Leithoff/*Gesell* Rn. 11.

28 Scholz/*K Schmidt/Bitter* Rn. 9; Ulmer/*Casper* § 60 Rn. 31; Rowedder/Schmidt-Leithoff/*Gesell* Rn. 14.

29 OLG Celle RPfleger 74, 233; OLG Köln GmbHR 88, 192; ausf. Scholz/*K Schmidt*, 9. Aufl. Rn. 13.

3. Fortsetzungsbeschluss

Nach ganz hM ist die Fortsetzung der Gesellschaft möglich. Es ist ein Fortsetzungsbeschluss zu fassen, die allg. Voraussetzungen für die Fortsetzungsfähigkeit müssen erfüllt sein. Nach hA bedarf der Beschluss über die notwendige Dreiviertel-Mehrheit der abgegebenen Stimmen zusätzlich der Zustimmung des/der klagenden Gesellschafter.[30] 28

§ 62 Auflösung durch eine Verwaltungsbehörde[1]

(1) Wenn eine Gesellschaft das Gemeinwohl dadurch gefährdet, daß die Gesellschafter gesetzwidrige Beschlüsse fassen oder gesetzwidrige Handlungen der Geschäftsführer wissentlich geschehen lassen, so kann sie aufgelöst werden, ohne daß deshalb ein Anspruch auf Entschädigung stattfindet.

(2) Das Verfahren und die Zuständigkeit der Behörden richtet sich nach den für streitige Verwaltungssachen *landesgesetzlich* geltenden Vorschriften.

Literatur

V Köhler, § 62 GmbH-Gesetz und das Kartellrecht, NJW 1961, 1292; *Konow*, Die gerichtliche Auflösung der GmbH, GmbHR 1971, 217.

I. Normzweck

Der Text des § 62 ist seit 1892 unverändert. Abs. 2 beinhaltete früher auch S. 2 u. 3, die ohne eine förmliche Aufhebung durch die VwGO[2] gegenstandslos geworden waren. 1

Inhaltlich behandelt § 62 diejenige Gesellschaft, die in irgendeiner Weise durch ihr Handeln das Allgemeinwohl gefährdet. Die Vorschrift dient der Gefahrenabwehr u. ist daher **zwingendes Recht**. Ihre praktische Bedeutung ist verschwindend gering.[3] Gegen die Vorschrift werden wegen der Unschärfe ihrer Voraussetzungen einerseits, der weitreichenden Rechtsfolgen andererseits sowie ferner wegen des nicht unumstrittenen Verfahrens (→ Rn. 14) verfassungsrechtliche Bedenken geltend gemacht.[4] Vergleichba- 2

30 § 60 Rn. 74; s. auch BeckOK/*Lorscheider* Rn. 7 a.
1 § 62 Abs. 2 Sätze 2 und 3 gegenstandslos durch VwGO v. 21.1.1960 (BGBl. I S. 17).
2 Verwaltungsgerichtsordnung v. 21.1.60 (BGBl. I, S. 17).
3 Scholz/*K Schmidt/Bitter* Rn. 1.
4 Abl. mit Nachweisen Baumbach/Hueck/*Haas* Rn. 1; Ulmer/*Casper* Rn. 1; Rowedder/Schmidt-Leithoff/*Gesell* Rn. 1.

re Regelungen enthält – der durchaus in der Praxis Anwendung findende – § 43 BGB sowie § 396 AktG u. § 81 GenG.

II. Inhalt

1. Voraussetzungen der Auflösung

3 Voraussetzung der Auflösung ist eine Gefährdung des Gemeinwohls, u. zwar dadurch, dass die Gesellschafter gesetzeswidrige Beschlüsse fassen oder gesetzeswidrige Handlungen der Geschäftsführer wissentlich geschehen lassen.

4 a) **Gesetzeswidrige Beschlüsse der Handlungen.** Gesetzeswidrig sind nach hM alle Beschlüsse oder Handlungen, die gegen Rechtsnormen, also gegen geltendes Recht verstoßen. „Geltendes Recht" sind dabei Normen des öffentlichen wie privaten Rechts, des Strafrechts, ausreichend ist auch ein Verstoß gegen die guten Sitten.[5] Nicht ausreichend ist ein Verstoß gegen den Gesellschaftsvertrag.[6]

5 b) **Gefährdung des Gemeinwohl.** Die alleinige Gesetzeswidrigkeit der Beschlüsse oder der Handlungen genügt nicht, notwendig ist vielmehr, dass dieses Verhalten das Gemeinwohl gefährdet, dh dass durch die Beeinträchtigung oder Schädigung einzelner Personen oder auch eines größeren Kreises der Öffentlichkeit solche Schäden drohen, die durch individuelle Aufsichtsmaßnahmen u. Sanktionen nicht wirksam bekämpft werden können. Die Auflösung unterliegt als ultima ratio u. iR des verfassungsmäßig verankerten Übermaßverbots dem Grundsatz der **Subsidiarität.**[7]

6 Tätigkeiten, welche **verwaltungstechnisch nicht erlaubt** sind, dh Tätigkeiten ohne die erforderliche Gewerbeerlaubnis, unerlaubte Rechts- oder Steuerberatung, unerlaubte Kreditgewerbe, sind nur ausnahmsweise so gesetzeswidrig, dass sie zur Auflösung berechtigen. Erforderlich ist, dass die Beeinträchtigung sehr schwerwiegend ist u. eine Bekämpfung mit aufsichtsrechtlichen Mitteln aussichtslos erscheint.[8] In der Praxis kommt dies eher selten vor.[9]

7 Auch aus **steuerlichen Gründen** kann die Auflösung bei gravierender Beeinträchtigung in Betracht kommen, auch hier kommen idR weniger eingreifende Maßnahmen, wie die konkrete strafrechtliche Verfolgung des begangenen Delikts, die Untersagung der Konzession etc in Betracht. Fiskalische Unregelmäßigkeiten genügen idR nicht.[10]

8 c) **Beschlüsse oder Handlungen der Gesellschafter.** Das Gesetz stellt auf ein **rechtswidriges Verhalten der Gesellschafter** ab, dh zuzurechnen ist deren Verhalten, nicht das der Organe, weil die Gesellschafter das Verhalten der Gesellschaft bestimmen können.

---

5 Ulmer/*Casper* Rn. 15; Rowedder/Schmidt-Leithoff/*Gesell* Rn. 2.
6 Scholz/*K Schmidt/Bitter* Rn. 2; Lutter/Hommelhoff/*Kleindieck* Rn. 3.
7 Baumbach/Hueck/*Haas* Rn. 9 f.; Scholz/*K Schmidt/Bitter* Rn. 3, 6; Ulmer/*Casper* Rn. 16; Rowedder/Schmidt-Leithoff/*Gesell* Rn. 6; BeckOK/*Lorscheider* Rn. 6 a.
8 Scholz/*K Schmidt/Bitter* Rn. 7; Rowedder/Schmidt-Leithoff/*Gesell* Rn. 3; differenzierend Ulmer/*Casper* Rn. 18.
9 Scholz/*K Schmidt/Bitter* Rn. 7.
10 Scholz/*K Schmidt/Bitter* Rn. 7.

Notwendig u. ausreichend ist ein Gesellschafterbeschluss mit einfacher Mehrheit der Stimmen, Einstimmigkeit ist nicht erforderlich. Bei gesetzeswidrigen Handlungen des Geschäftsführers ist notwendig, dass die Gesellschafter dieses mehrheitlich kennen u. wissentlich geschehen lassen u. nicht, zB auch notfalls durch Abberufung des Geschäftsführers, verhindern u. stoppen.[11] 9

d) Subsidiarität gegenüber anderen Verbotsvorschriften. § 62 ist subsidiär ggü anderen Verbotsvorschriften, so zB § 17 VereinsG oder § 38 KWG, welche die Auflösung zur unmittelbaren Folge haben.[12] Nicht vorrangig sind dag § 35 GewO, § 16 HandwerksO, § 15 GaststättenG oder § 41 GWB. Erstere Vorschriften können zwar einen Auflösungsbeschluss rechtfertigen, lösen die Gesellschaft aber nicht automatisch auf.[13] § 41 GWB berechtigt nicht zur Auflösung der Gesellschaft. 10

2. Rechtsfolgen der Auflösung

Die Gesellschaft wird durch den Verwaltungsakt (→ Rn. 14) automatisch aufgelöst. Wird Anfechtungsklage gegen den Auflösungsbeschluss erhoben, wird die Wirksamkeit des Verwaltungsakts gehemmt. Wie in sonstigen Fällen ist die Auflösung der Gesellschaft beim Handelsregister anzumelden u. einzutragen (§§ 65 ff.), sie ist dann nach den §§ 66 ff. abzuwickeln. VAw wird die Auflösung nicht eingetragen.[14] 11

Die Fortsetzung der aufgelösten GmbH ist nach den allg. Voraussetzungen grds. auch bei der Auflösung nach § 62 möglich, notwendig ist hier ferner aber die Rücknahme oder der Widerruf des auflösenden Verwaltungsaktes.[15] 12

Ein Anspruch auf Entschädigung besteht nicht, § 62 I aE. Die Vorschrift ist Folge der Sozialpflichtigkeit des Eigentums (Art. 14 II GG) u. keine entschädigungspflichtige Enteignung.[16] 13

III. Verfahren

Hins des Verfahrens u. die Zuständigkeit verweist § 62 II auf die landesgesetzlichen Vorschriften für str Verwaltungsverfahren. Zuständig ist nach ganz hM die Verwaltungsbehörde, nicht das Gericht, u. ist als **gesetzliche Ermächtigung zum Erlass eines auflösenden Verwaltungsaktes** zu verstehen. Die früheren Ansichten, wonach die Verwaltungsbehörde vor dem Verwaltungsgericht auf Auflösung der Gesellschaft klagen müsse,[17] ist, wie auch die formlose Aufhebung von § 62 II 2 u. 3 (→ Rn. 1), durch die VwGO u. insbes. die verwaltungsgerichtliche Generalklausel des § 40 I VwGO obsolet geworden.[18] 14

11 Ulmer/*Casper* Rn. 21; Baumbach/Hueck/*Haas* Rn. 8.
12 Scholz/*K. Schmidt/Bitter*, Rn. 16 f.
13 VGH München NVwZ-RR 2019, 182, 183 f.
14 Ulmer/*Casper* Rn. 29; Rowedder/Schmidt-Leithoff/*Gesell* Rn. 9.
15 Scholz/*K Schmidt/Bitter* Rn. 15.
16 Roth/*Altmeppen* Rn. 7.
17 *V Köhler*, NJW 61, 1292, 1293.
18 Ausf. noch Scholz/*K Schmidt*, 9. Aufl. Rn. 8, aktuelle Aufl.: Scholz/*K Schmidt/Bitter* Rn. 8 f.; BeckOK/*Lorscheider* Rn. 5.

15 **Sachlich zuständig** ist die nach Landesrecht oberste Verwaltungsbehörde, idR das Wirtschaftsministerium (§ 396 AktG analog). Das Verwahren wird **vAw** eingeleitet.

16 Gegen den auflösenden Verwaltungsakt kann die **Anfechtungsklage** gem. § 42 II VwGO erhoben werden. Die GmbH wird dabei durch ihre Liquidatoren vertreten. Die Auflösung ist während der Dauer des Verfahrens gehemmt.

§ 63 (weggefallen)

Vorbemerkung vor § 64: Die GmbH in Krise und Insolvenz

§ 15 a InsOAntragspflicht bei juristischen Personen und Gesellschaften ohne Rechtspersönlichkeit

(1) [1]Wird eine juristische Person zahlungsunfähig oder überschuldet, haben die Mitglieder des Vertretungsorgans oder die Abwickler ohne schuldhaftes Zögern, spätestens aber drei Wochen nach Eintritt der Zahlungsunfähigkeit oder Überschuldung, einen Eröffnungsantrag zu stellen. [2]Das Gleiche gilt für die organschaftlichen Vertreter der zur Vertretung der Gesellschaft ermächtigten Gesellschafter oder die Abwickler bei einer Gesellschaft ohne Rechtspersönlichkeit, bei der kein persönlich haftender Gesellschafter eine natürliche Person ist; dies gilt nicht, wenn zu den persönlich haftenden Gesellschaftern eine andere Gesellschaft gehört, bei der ein persönlich haftender Gesellschafter eine natürliche Person ist.

(2) Bei einer Gesellschaft im Sinne des Absatzes 1 Satz 2 gilt Absatz 1 sinngemäß, wenn die organschaftlichen Vertreter der zur Vertretung der Gesellschaft ermächtigten Gesellschafter ihrerseits Gesellschaften sind, bei denen kein persönlich haftender Gesellschafter eine natürliche Person ist, oder sich die Verbindung von Gesellschaften in dieser Art fortsetzt.

(3) Im Fall der Führungslosigkeit einer Gesellschaft mit beschränkter Haftung ist auch jeder Gesellschafter, im Fall der Führungslosigkeit einer Aktiengesellschaft oder einer Genossenschaft ist auch jedes Mitglied des Aufsichtsrats zur Stellung des Antrags verpflichtet, es sei denn, diese Person hat von der Zahlungsunfähigkeit und der Überschuldung oder der Führungslosigkeit keine Kenntnis.

(4) Mit Freiheitsstrafe bis zu drei Jahren oder mit Geldstrafe wird bestraft, wer entgegen Absatz 1 Satz 1, auch in Verbindung mit Satz 2 oder Absatz 2 oder Absatz 3, einen Eröffnungsantrag nicht, nicht richtig oder nicht rechtzeitig stellt.

(5) Handelt der Täter in den Fällen des Absatzes 4 fahrlässig, ist die Strafe Freiheitsstrafe bis zu einem Jahr oder Geldstrafe.

(6) Auf Vereine und Stiftungen, für die § 42 Absatz 2 des Bürgerlichen Gesetzbuchs gilt, sind die Absätze 1 bis 5 nicht anzuwenden.

§ 17 InsOZahlungsunfähigkeit

(1) Allgemeiner Eröffnungsgrund ist die Zahlungsunfähigkeit.

(2) [1]Der Schuldner ist zahlungsunfähig, wenn er nicht in der Lage ist, die fälligen Zahlungspflichten zu erfüllen. [2]Zahlungsunfähigkeit ist in der Regel anzunehmen, wenn der Schuldner seine Zahlungen eingestellt hat.

§ 19 InsOÜberschuldung

(1) Bei einer juristischen Person ist auch die Überschuldung Eröffnungsgrund.

(2) [1]Überschuldung liegt vor, wenn das Vermögen des Schuldners die bestehenden Verbindlichkeiten nicht mehr deckt, es sei denn, die Fortführung des Unternehmens ist nach den Umständen überwiegend wahrscheinlich. [2]Forderungen auf Rückgewähr von Gesellschafterdarlehen oder aus Rechtshandlungen, die einem solchen Darlehen wirtschaftlich entsprechen, für die gemäß § 39 Abs. 2 zwischen Gläubiger und Schuldner der Nachrang im Insolvenzverfahren hinter den in § 39 Abs. 1 Nr. 1 bis 5 bezeichneten Forderungen vereinbart worden ist, sind nicht bei den Verbindlichkeiten nach Satz 1 zu berücksichtigen.

(3) [1]Ist bei einer Gesellschaft ohne Rechtspersönlichkeit kein persönlich haftender Gesellschafter eine natürliche Person, so gelten die Absätze 1 und 2 entsprechend. [2]Dies gilt nicht, wenn zu den persönlich haftenden Gesellschaftern eine andere Gesellschaft gehört, bei der ein persönlich haftender Gesellschafter eine natürliche Person ist.

Schrifttum

Adolff, Der Rangrücktritt zur Vermeidung der Insolvenz, FS Hellwig, 2010, S. 433; *Ahrendt/Plischkaner*, Der modifizierte zweistufige Überschuldungsbegriff – Rückkehr mit Verfallsdatum, NJW 2009, 964; *Aleth/Harlfinger*, Die Fortführungsprognose iS von § 19 II InsO – eine Handlungsanweisung für den Geschäftsführer, NZI 2011, 166; *Altmeppen*, Probleme der Konkursverschleppungshaftung, ZIP 1997, 1173; *ders*, Insolvenzverschleppungshaftung Stand 2001, ZIP 2001, 2201; *ders/Wilhelm*, Quotenschaden, Individualschaden und Klagebefugnis bei der Verschleppung des Insolvenzverfahrens über das Vermögen der GmbH, NJW 1999, 673; Arbeitskreis für Insolvenz- und Schiedsgerichtswesen e.V., Köln (Hrsg), Kölner Schrift zur Insolvenzordnung, 3. Aufl 2009; *Barthel*, Reichweite des Insolvenzantragsrechts nach § 15 Abs. 1 Satz 2 InsO in Fällen der Führungslosigkeit einer juristischen Person, ZInsO 2010, 1776; *Ampferl/Kilper*, Die Ermittlung der Zahlungsunfähigkeit in der Praxis, NZI 2018, 191; *Andersch/Philipp*, Damoklesschwert Insolvenzverschleppung – Nachweis der positiven Fortbestehensprognose noch vor Finalisierung des Sanierungskonzepts, NZI 2017, 782; *Bauer*, Die GmbH in der Krise, 3. Aufl. 2010; *Bayer/Lieder*, Ersatz des Vertrauensschadens wegen Insolvenzverschleppung und Haftung der Teilnehmer, WM 2006, 1; *Bayer/Schmidt*, Die Insolvenzantragspflicht der Geschäftsführung nach §§ 92 Abs. 2 AktG, § 64 Abs. 1 GmbHG, AG 2005, 644; *Beck*, Haftung der Gesellschafter für Zahlungen nach Eintritt der Insolvenzreife bei Führungslosigkeit der GmbH, GmbHR 2017, 181; *Bellen/Stehl*, Pflichten und Haftung der Geschäftsführung in der Krise der GmbH – ein Überblick, BB 2010, 2579; *Bitter*, Haftung von Gesellschaftern und Geschäftsführern in der Insolvenz ihrer GmbH, ZInsO 2010, 1505 (Teil 1), 1561 (Teil 2); *ders/Hommerich/Reiß*, Die Zukunft des Überschuldungsbegriffs, ZIP 2012, 1201; *ders*, § 64 GmbHG – Neustart durch den Gesetzgeber erforderlich!, in: Festheft Knauth, Beilage zu ZIP 2016 Heft 22, S. 6; *ders/Baschnagel*, Haftung von Geschäftsführern und Gesellschaftern in der Insolvenz ihrer GmbH – Teil 1, ZInsO 2018, 557, Teil 2, ZInsO 2018, 625; *Bittmann*, Zahlungsunfähigkeit und Überschuldung nach der Insolvenzordnung, wistra 1998, 321 (Teil 1) u. wistra 1999, 10 (Teil 2); *ders*, Insolvenzstrafrecht, 2004; *ders/Gruber*, Limited – Insolvenzantragspflicht gemäß § 15 a InsO: Europarechtlich unwirksam?, GmbHR 2008, 867; *Böcker/Poertzgen*, Der insolvenzrechtliche Überschuldungsbegriff ab 2013, GmbHR 2013, 17; *Bork*, Wie erstellt man eine Fortbestehensprognose?, ZIP 2000, 1709; *ders*, Zahlungsunfähigkeit, Zahlungsstockung und Passiva II, ZIP 2008, 1749; *ders*, Pflichten der Geschäftsführung in Krise und Sanierung, ZIP 2011, 101; *Brand/Brand*, Die insolvenzrechtliche Führungslosigkeit und das Institut des faktischen Organs, NZI 2010, 712; *Winkeljohann/Förschle/Deubert*, Sonderbilanzen, 5. Aufl 2016; *Canaris*, Bankvertragsrecht, 3. Aufl. 1988; *Buth/Hermanns*, Anforderungen an die Erstellung von Sanierungskonzepten nach dem neuen IDW S 6, DStR 2010, 288; *Cadmus*, Zur anspruchsmindernden Berücksichtigung von Massezuflüssen bei der Haftung für Zahlungen auf das debitorische Gesellschaftskonto nach § 64 S. 1 GmbHG, KTS 2015, 143; *Casper*, Insolvenzverschleppungs- und Insolvenzverursachungshaftung des Geschäftsführers und der Gesellschafter, in: Goette/Habersack, Das MoMiG in Wissenschaft und Praxis, 2009, Rn. 6.2 ff; *Cymutta*, Neue Regeln für Insolvenzanträge – Haftungsrisiken der antragspflichtigen Organe und deren Berater, BB 2012, 3151; *Dahl*, Probleme von Überschuldung und Zahlungsunfähigkeit nach

FMStG und MoMiG, NZG 2009, 567; *ders*, Der Tatbestand der Überschuldung nach § 19 InsO, NJW-Spezial 2008, 117; *Dauner-Lieb*, Die Berechnung des Quotenschadens, ZGR 1998, 617; *Drescher*, Die Haftung des GmbH-Geschäftsführers, 8. Aufl 2019; *Drukarczyk/Schüler*, Eröffnungsgründe: drohende Zahlungsunfähigkeit und Überschuldung, ZInsO 2017, 61; *Eckert/Happe*, Totgesagte leben länger – Die (vorübergehende) Rückkehr des zweistufigen Überschuldungsbegriffs, ZInsO 2008, 1098; *Ehlers*, Anforderungen an die Fortführungsprognose, NZI 2011, 161; *Eisolt*, Erstellung von Sanierungskonzepten nach dem neuen IDW S 6, BB 2010, 427; *ders/Engler*, Behandlung rangrückgetretener Forderungen im Überschuldungsstatus gemäß § 19 II InsO, NZI 1999, 306; *Fleck*, Zur Haftung des GmbH-Geschäftsführers, GmbHR 1974, 224; *Fleischer*, Vorstandshaftung und Vertrauen auf anwaltlichen Rat, NZG 2010, 121; *ders*, Zur GmbH-rechtlichen Verantwortlichkeit des faktischen Geschäftsführers, GmbHR 2011, 337; *Fromm*, Die Überschuldungsprüfung im Insolvenzrecht, ZInsO 2004, 943; *Frystatzki*, Die insolvenzrechtliche Fortführungsprognose – Zahlungsunfähigkeits- oder Ertragsfähigkeitsprognose, NZI 2011, 173; *ders*, Ansprüche gegen Geschäftsführer und Gesellschafter in der Überschuldungsbilanz der GmbH, NZI 2013, 161; *Ganter*, Die Anforderungen der höchstrichterlichen Rechtsprechung an eine zuverlässige Fortführungsprognose bei der Sanierungsprüfung, NZI 2014, 673; *Gehrlein*, Mitverschulden bei fehlerhafter Insolvenzprüfung, ZInsO 2013, 2296; *ders*, Der Begriff der Zahlungsunfähigkeit, ZInsO 2018, 354; *Göb*, Das Gesetz zur weiteren Erleichterung der Sanierung von Unternehmen (ESUG), NZG 2012, 371; *Goette*, Haftung des Geschäftsführers in Krise und Insolvenz der GmbH, ZInsO 2001, 529; *Gottwald/Haas* (Hrsg), Insolvenzrechtshandbuch, 6. Aufl 2020; *Gundlach/Müller*, Das Insolvenzantragsrecht und die Insolvenzantragspflicht des Insolvenzverwalters, ZInsO 2011, 900; *Haas*, Aktuelle Rechtsprechung zur Insolvenzantragspflicht des GmbH-Geschäftsführers nach § 64 Abs. 1 GmbHG, DStR 2003, 423; *ders*, Die Verjährung von Insolvenzverschleppungsansprüchen, NZG 2011, 691; *ders/Kolmann/Kurz*, Die GmbH in der Insolvenz, in Gottwald, Insolvenzrechtshandbuch, 6. Aufl 2020, § 92; *Hasselbach*, Überwachungs- und Beratungspflichten des Aufsichtsrats in der Krise, NZG 2012, 41; *Harz/Baumgartner/Conrad*, Kriterien der Zahlungsunfähigkeit und der Überschuldung, ZInsO 2005, 1304; *Hefendehl*, Der Straftatbestand der Insolvenzverschleppung, ZIP 2011, 601; *Henze/Born*, GmbH-Recht, 2013; *Hermannns/Blome*, Fortbestehensprognosen (FBP), ZInsO 2018, 362 ff; *Hirte/Knof/Mock*, Überschuldung und Finanzmarktstabilisierungsgesetz, ZInsO 2008, 1217; *Hölzle*, Nachruf: Wieder die Überschuldungsdogmatik in der Krise, ZIP 2008, 2003; *Hoffmann*, Grenzen der Einflussnahme auf Unternehmensleitungsentscheidungen durch Kreditgläubiger, WM 2012, 10; *Horstkotte*, Die führungslose GmbH im Insolvenzantragsverfahren, ZInsO 2009, 209; *Huber*, Die Insolvenzantragspflicht der Geschäftsführer von Auslandsgesellschaften, in Lutter (Hrsg), Europäische Auslandsgesellschaften in Deutschland, 2006, S. 307; *Hüffer*, Bewertungsprobleme in der überschuldungsbilanz, FS Wiedemann, 2002, S. 1047; *Hüttemann*, Überschuldung, Überschuldungsstatus und Unternehmensbewertung, FS K Schmidt, 2009, S. 761; *Jaeger*, Insolvenzordnung Großkommentar, 2004 ff; *Karollus*, Weitere Präzisierungen zur Konkursverschleppungshaftung, ZIP 1995, 269; *Kayser*, Höchstrichterliche Rechtsprechung zum Insolvenzrecht, 4. Aufl 2009; *ders*, Beraterhaftung für fachliche oder unterlassene Auskünfte zur Insolvenzreife, ZIP 2014, 597; *ders./Thole* (Hrsg), Heidelberger Kommentar zur InsO, 9. Aufl 2018; *Kirstein*, Der früh beginnende und lang anhaltende Todeskampf juristischer Personen, ZInsO 2008, 131; *Kleindiek*, Geschäftsführerhaftung nach der GmbH-Reform, FS K Schmidt, 2009, S. 893; *ders*, Geschäftsführerhaftung in der Krise, FS Uwe H. Schneider, 2011, S. 617; *Klöhn*, Der individuelle Insolvenzverschleppungsschaden, KTS 2012, 133; *Knof/Mock*, Das MoMiG und die Auslandsinsolvenz haftungsbeschränkter Gesellschaften, GmbHR 2007, 852; *Konu/Topoglu/Calgno*, § 15 a III InsO – „Positive Kenntnis" oder „Kennenmüssen", NZI 2010, 244; *Koppel*, Feststellung des Zeitpunkts der Zahlungsunfähigkeit, ZInsO 2017, 74; *Krüger/Pape*, Patronatserklärungen und Beseitigung von Zahlungsunfähigkeit, NZI 2011, 617; *Krüger/Wigand*, Die Zahlungsunfähigkeit im Anfechtungs- und Haftungsprozess, ZInsO 2011, 314; *Kübler* (Hrsg), Handbuch Restrukturierung in der Insolvenz, 3. Aufl. 2019; *ders/Prütting/Bork*, Kommentar zur Insolvenzordnung, Loseblatt, Stand: Mai 2009; *Leinekugel/Skauradszun*, Geschäftsführerhaftung bei eigenmächtig gestelltem Insolvenzantrag wegen bloß drohender Zahlungsunfähigkeit, GmbHR 2011, 1121; *Leithaus/Riewe*, Inhalt und Reichweite der Insolvenzantragspflicht bei europaweiter Konzerninsolvenz, NZI 2008, 598; *Leithaus/*

Schaefer, Rangrücktrittsvereinbarungen zur Vermeidung der Überschuldung anno 2010 – Unter welchen Voraussetzungen lässt sich eine Rangrücktrittsvereinbarung aufheben?, NZI 2010, 844; Münchener Kommentar zur Insolvenzordnung, 4. Aufl; *Löser*, Erstreckt sich die Insolvenzantragspflicht des GmbH-Gesellschafters bei Führungslosigkeit einer Komplementär-GmbH auf das Vermögen der GmbH & Co. KG?, ZInsO 2010, 799; *Marotzke*, Die Verfahrenskostenvorschusspflicht des GmbH-Geschäftsführers im Falle der Nichterfüllung seiner Insolvenzantragspflicht, ZInsO 2013, 1940; *Meyer-Löwy/Fritz*, Zahlungsunfähigkeit und positive Fortführungsprognose auch bei Vorlage eines Scheme of Arrangement, ZInsO 2011, 662; *Möhlmann-Mahlau/Schmitt*, Der „vorübergehende" Begriff der Überschuldung, NZI 2009, 19; *Morgen/Rathje*, Stellt eine positive Liquidationsprognose eine positive Fortführungsprognose i.S.v. § 19 Abs. 2 Satz 1 InsO dar, ZIP 2018, 1955; *Müller*, Geschäftsleiterhaftung wegen Insolvenzverschleppung und fachkundige Beratung, NZG 2012, 981; *Mylich*, Zur Abgrenzung von Zahlungsstockung und Zahlungsunfähigkeit, ZIP 2018, 514; *Neuberger*, Haftung bei Insolvenzverschleppung: Ein Tatbestand, vier verschiedene Rechtsfolgen, ZIP 2018, 909; *ders*, Überschuldung abschaffen? Überschuldung stärken!, ZIP 2019, 1549; *Neu/Ebbinghaus*, Die Feststellung der Zahlungsunfähigkeit und die Prognoseproblematik, ZInsO 2012, 2229; *Nickert/Lamberti*, Überschuldungs- und Zahlungsunfähigkeitsprüfung, 2008; *Nietsch*, Überwachungspflichten bei Kollegialorganen, ZIP 2013, 1449; *Nowak*, Haftungsvermeidungsstrategien für den Geschäftsführer einer sich in der Krise befindenden GmbH, GmbHR 2012, 1294; *Oepen*, Massefremde Masse, 1999; *Pape*, Zahlungsunfähigkeit in der Gerichtspraxis, WM 2008, 1949; *Passarge*, Führungslosigkeit in Theorie und Praxis – eine kritische Bestandsaufnahme, ZInsO 2011, 1293; *Piekenbrock*, Zur Geschäftsführerhaftung gegenüber der Bundesagentur für Arbeit, ZIP 2010, 2421; *Plagens/Wilkes*, Betriebswirtschaftliche Aspekte und offene Fragen im Zusammenhang mit der Definition des Begriffs der „Zahlungsunfähigkeit" aufgrund der jüngeren BGH-Entscheidungen, ZInsO 2010, 2107; *Poertzgen*, Organhaftung wegen Insolvenzverschleppung, 2006; *ders*, Neues zur Insolvenzverschleppungshaftung – der Regierungsentwurf des MoMiG, NZI 2008, 9; *ders*, Die künftige Insolvenzverschleppungshaftung nach dem MoMiG, GmbHR 07, 1258; *ders*, Die rechtsformneutrale Insolvenzantragspflicht (§ 15 a InsO), ZInsO 2008, 944; *ders*, Fünf Thesen zum neuen (alten) Überschuldungsbegriff (§ 19 InsO n.F.), ZInsO 2009, 419; *ders*, Die Haftung des Geschäftsführers gegenüber Neugläubigern (§ 15 a InsO), ZInsO 2009, 1833; *ders/Meyer*, Keine Insolvenzverschleppungshaftung von Bankvorständen?, WM 2010, 968; *Primozic/Handrup*, Die Ausweitung der Existenzvernichtungshaftung durch den BGH und deren Auswirkungen auf gesellschaftsrechtliche Gestaltungen, NZI 2019, 266; *Redeker*, Die Haftung für wrongful trading im englischen Recht, 2007; *Römermann*, Insolvenzverschleppung und die Folgen, NZG 2009, 854; *Saenger/Koch*, Zur Feststellung der Zahlungsunfähigkeit im Rahmen der Teilnahme an Cash-Pooling Systemen, GmbHR 2010, 113; *K. Schmidt*, Überschuldung und Insolvenzantragspflicht nach dem Finanzmarktstabilisierungsgesetz, DB 2008, 2467; *ders*, Handlungsbedarf im Insolvenzverschlepungsrecht – eine Depesche an das BMJ, ZIP 2009, 1551; *ders*, Aufsichtsratshaftung bei Insolvenzverschleppung, GmbHR 2010, 1319; *ders*, Führungslosigkeit der GmbH oder GmbH & Co. KG im Prozess, GmbHR 2011, 113; *ders/Uhlenbruck* (Hrsg), Die GmbH in Krise, Sanierung und Insolvenz, 5. Aufl 2016; *Uwe H Schneider*, Die Pflichten des Geschäftsführers in der Krise der GmbH, GmbHR 2010, 57; *Schönfelder*, Sanierungskredite und Verschleppungshaftung – Sinn und Unsinn von Sanierungsgutachten, WM 2013, 112; *Schürnbrand*, Überwachung des insolvenzrechtlichen Zahlungsverbots durch den Aufsichtsrat, NZG 2010, 1207; *Sikora*. Die Fortbestehensprognose im Rahmen der Überschuldungsprüfung, ZInsO 2010, 1761; *Stappner/Jacobi*, Der Eigenantrag (§ 13 InsO) nach neuem Recht, ZInsO 2012, 628; *Strohn*, Geschäftsführerhaftung als Innen- und Außenhaftung, ZInsO 2009, 1417; *ders*, Organhaftung im Vorfeld der Insolvenz, NZG 2011, 1161; *Tamm/Fangerow*, Die Haftung der GmbH-Geschäftsführung gegenüber privaten Gläubigern, BB 2012, 1944; *Uhlenbruck/Hirte/Vallender* (Hrsg), Insolvenzordnung, 14. Aufl 2015; *Uhlenbruck*, Zahlungsunfähigkeit wegen vorläufig vollstreckbarer Zahlungstitel?, ZInsO 2006, 338; *Vetter*, Zur Haftung im fakultativen Aufsichtsrat der GmbH, GmbHR 2012, 181; *Wabnitz/Janovsky*, Handbuch Wirtschafts- und Steuerstrafrechts, 4. Aufl 2014; *Wackerbarth*, Überschuldung und Fortführungsprognose, NZI 2009, 145; *Wagner*, Grundfragen der Insolvenzverschleppungshaftung nach der GmbH-Reform, FS K Schmidt, 2009, S. 1665; *ders*, Insolvenzverschuldenshaftung des Geschäftsführers für

Insolvenzgeld, ZInsO 2009, 622; *Wagner*, Der Steuerberater in der Zwickmühle – Die Wahl zwischen Mandatsniederlegung oder Beihilfe zur Insolvenzverschleppung, ZInsO 2009, 449; *Weber*, Anforderungen an den Inhalt von Sanierungskonzepten nach der Rechtsprechung insb des Bundesgerichtshofes, ZInsO 2011, 904; *Weller*, Die intertemporale Behandlung der Insolvenzverschleppungshaftung beim Insolvenzstatutenwechsel, FS Ganter, 2010, S. 439; *Wertenbruch*, Gesellschafterbeschluss für Insolvenzantrag bei drohender Zahlungsunfähigkeit?, DB 2013, 1592; *Wimmer* (Hrsg), Frankfurter Kommentar zur InsO, 9. Aufl 2018.

I. Die GmbH in der Krise – Überblick

1. Rechtstatsächliches

1 Im Jahr 2016 lag der Anteil der GmbH (ohne UG) an allen Unternehmensinsolvenzen bei ca. 37,91 % (8.150 GmbH),[1] im ersten Halbjahr 2018 sogar nur bei 24,5 % aller Unternehmensinsolvenzen.[2] Auffallend hoch im Vergleich zu anderen Gesellschaftsformen ist – schon seit Jahren – die **Insolvenzanfälligkeit der GmbH.**[3] Teilw. erklärt sich dies dadurch, dass viele kleinere u. mittlere Unternehmen in der Rechtsform der GmbH organisiert sind u. diese von Konjunkturschwächen[4] sowie einer Veränderung der Wettbewerbsbedingungen besonders hart betroffen sind. Nach Jahren steten Wirtschaftswachstums u. sinkender Insolvenzzahlen betrug der GmbH-insolvenzbedingte Forderungsausfall 2016 ca. 11,98 Mrd EUR.[5] Dies macht im Vergleich zum Gesamtforderungsausfall 2016 in Höhe von 28,18 Mrd gleichbleibend zu 2008 etwa 42,5 Prozent der gesamten, insolvenzbedingten Forderungsverluste aus.[6] Trotz einer insg. rückläufigen Entwicklung der Anzahl von Unternehmensinsolvenzen in den vergangenen Jahren[7] ergibt sich im Vergleich zum Niveau vor der Finanzkrise eine erhebliche Steigerung: Noch im Jahr 2008 betrug diese Summe ca. 9,355 Milliarden EUR, was 42 % der Gesamtforderungen ausmacht.[8]

2 Weiterhin lässt sich ein **rückläufiger Trend in Bezug auf masselose GmbH-Insolvenzen** feststellen. Dies dürfte ua dem Umstand geschuldet sein, dass einerseits die fachliche Qualität u. Ausbildung der Insolvenzverwalter zunimmt u. entspr. mehr Vermögenswerte u. Ansprüche verfolgt werden. An-

1 Statistisches Jahrbuch für die Bundesrepublik Deutschland 17, S. 527.
2 Creditreform Wirtschaftsforschung, Analyse „Insolvenzen in Deutschland“, I. Halbjahr 18, S. 5.
3 *Bayer/Hoffmann* GmbHR 09, 1048, 1054; vgl. auch *Scholz/Emmerich*, 10. Aufl., § 13 GmbHG Rn. 83 a, demnach ist Ursache für die Insolvenzanfälligkeit regelmäßig eine ungenügende Kapitalausstattung (Unterkapitalisierung) der GmbH.
4 *Hansen*, GmbHR 04, 39, 42.
5 Statistisches Jahrbuch für die Bundesrepublik Deutschland 2017, S. 527, in dem Betrag nicht enthalten ca. 185 Mio. EUR entfallend auf UG-Insolvenzen.
6 Statistisches Jahrbuch für die Bundesrepublik Deutschland 2017, S. 527.
7 Statistisches Jahrbuch für die Bundesrepublik Deutschland, 15, S. 516.
8 Statistisches Jahrbuch für die Bundesrepublik Deutschland, 09, S. 503.

dererseits achten aber auch die Insolvenzgerichte durch entspr. Auswahl bei der Verwalterbestellung scheinbar mehr darauf, dass das Insolvenzverfahren seine Ordnungsfunktion beim Marktaustritt erfüllt.

Eine besondere Beachtung verdient schließlich die mit der MoMiG-Gesetzesänderung zum 1.11.08 neu eingeführte **Unternehmergesellschaft (UG)**, die sich als konkurrierende Rechtsform zur britischen *Limited* in der deutschen Unternehmenslandschaft erfolgreich ansiedeln konnte. Dementspr spielt die Unternehmergesellschaft auch in den Insolvenzstatistiken eine immer bedeutendere Rolle. So wurden für das Jahr 2011 insg. 1.045 UG-Insolvenzen gezählt.[9] Zwischenzeitlich hat sich die UG gemessen an den Insolvenzzahlen zur risikoreichsten Rechtsform für Gläubiger entwickelt.[10] 2016 wurde bei 2.290 UG-Insolvenzanträgen in 1.283 Fällen, also in mehr als der Hälfte der Anträge, die Verfahrenseröffnung mangels Masse abgewiesen. Im 1. Halbjahr 2018 entfielen 7 % der Unternehmens-Insolvenzanträge auf UG's, obgleich die Rechtsform nur etwa 3 % des gesamen Unternehmensbestand ausmacht,[11] zu einer Abweisung des Insolvenzverfahrens mangels Masse. Auch wenn sich höheres Insolvenzrisiko u. geringere Befriedigungsaussichten nicht wegdiskutieren lassen, darf das insolvenzbedingte (vergleichsweise geringe) Schadensausmaß bei der insolvenzrechtlichen Gesamtbetrachtung der UGs nicht außer Betracht bleiben. So ergaben sich aus einer beantragten GmbH-Insolvenz 2016 durchschnittlich ca. 1,47 Mio. EUR (2015: ca. 1,42 Mio. EUR) Forderungsverluste, während bei einer UG-Insolvenz durchschnittlich Forderungsverluste von ca. 80.000 EUR (2015: ca. 96.000 EUR) zu Buche schlagen.[12] Positiv berücksichtigt werden sollten die Mobilisierungseffekte dieser Rechtsform, die gerade Gründern mit wenig Startkapital einen Weg in die haftungsbeschränkte Selbständigkeit ermöglichen sollte u. soll.[13] 3

2. Insolvenz-Prophylaxe

Regelmäßig ist zu hören, dass die aus der dreiwöchigen Insolvenzantragsfrist ab Vorliegen der materiellen Insolvenz (§ 15 a InsO) abgeleitete Sanierungsfrist zu kurz bemessen sei, um die Krise des Unternehmens[14] zu beseitigen. Derartige Behauptungen verkennen den Umstand, dass die **Krise im betriebswirtschaftlichen Sinne** typischerweise schon **über einen längeren Zeitraum andauert** u. nicht erst plötzlich – in Form von Insolvenzgründen – zu Tage tritt. 4

Würden Anzeichen einer wirtschaftlichen Fehlentwicklung besser wahrgenommen, deren externe u. interne Ursachen analysiert, rechtzeitig Gegen- 5

9 *Bayer/Hoffmann*, GmbHR 12, R289.
10 MüKoGmbHG/*Rieder* § 5 a Rn. 5; *Brinkmeier*, GmbH-StB 17, 333; *Miras*, NJW 15, 3081; *Harbarth*, ZGR 16, 84 (97 ff.).
11 Creditreform Wirtschaftsforschung, Analyse „Insolvenzen in Deutschland", I. Halbjahr 2018, S. 5.
12 Eigenberechnung auf Basis des Statistischen Jahrbuchs für die Bundesrepublik Deutschland 17, S. 527 sowie des Statistischen Jahrbuchs für die Bundesrepublik Deutschland 16, S. 517.
13 *Harbarth*, ZGR 16, 84 (99 f.).
14 Zum Begriff Gottwald/*Drukarczyk/Schöntag*, Insolvenzrechts-Handbuch, § 2; *Sinz*, in K Schmidt/Uhlenbruck, GmbH in der Krise, Rn. 1.1 ff.

maßnahmen entwickelt u. umgesetzt, stünde für eine aussichtsreiche Sanierung ein deutlich längerer Zeitraum zur Verfügung. Je eher das Unternehmen die Krise erkennt u. bekämpft, desto größer wird erfahrungsgemäß auch die Sanierungsfähigkeit sein.[15] Je früher eine Krise erkannt wird, desto größeren Handlungsspielraum hat das Unternehmen selbst u. desto weniger Zwang von außen ist es ausgesetzt.

6 Als zentrales Problem steht jedoch allzu oft eine **Verweigerungs-/Verdrängungshaltung** seitens der Geschäftsleitung/Gesellschafter einer frühzeitigen Wahrnehmung von Sanierungschancen entgg. Wenn professionelle Krisenberater hinzugezogen werden, ist es häufig schon zu spät.

7 Im Gesetz findet die hier kritisierte Verdrängungshaltung keine Unterstützung. Vielmehr ergibt eine Zusammenschau verschiedener Vorschriften ein gesellschaftsrechtliches **Krisen-Frühwarnsystem** mit diversen Pflichten, deren Adressat primär die Geschäftsführung ist.[16] Diese lassen sich unterteilen in eine gesteigerte **Sorgfaltspflicht im Umgang mit dem Gesellschaftsvermögen** (einschl. Liquiditätsschutz), eine gesteigerte **Informationspflicht ggü. den Gesellschaftern** u. eine gesteigerte **Pflicht zur wirtschaftlichen Selbstprüfung.**[17] Auch wenn die nachfolgend genannten Vorschriften nicht den Charakter von Schutzgesetzen iSv § 823 II BGB haben, sollen sie einen reflexartigen Schutz der Gläubiger bewirken,[18] der zeitlich vor der materiellen Insolvenz u. der damit einhergehenden Insolvenzverschleppungs- bzw. Masseschmälerungshaftung einsetzt.

8 **a) Vermögensschutz.** Entsteht eine Unterbilanz, ist also bei bilanzieller Betrachtung das Nettovermögen der Gesellschaft geringer als ihr Stammkapital (§ 3 I Nr. 3), tritt zum Zwecke der Kapitalerhaltung die Ausschüttungssperre gem. § 30 in Kraft,[19] die jede auf der Gesellschaftereigenschaft beruhende Zuwendung seitens der Gesellschaft ohne gleichwertige Gegenleistung verbietet. Der dadurch bewirkte Schutz des Reinvermögens der Gesellschaft soll einen Beitrag zum Überleben der Gesellschaft, aber auch zur Befriedigung der Gläubigerforderungen leisten.[20] In diesem Zustand darf die Gesellschaft ferner weder eigene Anteile erwerben (§ 33) noch ihren Vertretern Kredite gewähren u. muss die Rückzahlung bereits gewährter Darlehen verlangen (§ 43 a). Die zunehmende Sorgfaltsanforderung im Falle einer Unterbilanz kommt in der speziell geregelten Schadensersatzpflicht des Geschäftsführers gem. § 43 III bei Verstößen gegen die vorgenannten Vorschriften zum Ausdruck.

9 **b) Informationspflicht.** Den Geschäftsführer trifft gem. § 49 III ggü. den Gesellschaftern eine gesteigerte Informationspflicht, wenn die Unterbilanz einen Zustand erreicht hat, in dem die Hälfte des Stammkapitals verloren ist. Ein solcher Umstand sollte den Geschäftsführer regelmäßig nicht nur

15 Vgl. auch BGH NZG 15, 998 Rn. 24 zur frühzeitigen Einleitung von Insolvenzverfahren.
16 Vgl. BGH ZIP 12, 1174, 1175; 1557, 1558; 07, 1265, 1266; *Bellen/Stehl*, BB 10, 2579, 2580 ff.; *Bork*, ZIP 11, 101, 102 ff.
17 Gottwald/*Haas/Kolmann/Kurz*, Insolvenzrechts-Handbuch, § 90 Rn. 8 ff.
18 Gottwald/*Haas/Kolmann/Kurz*, Insolvenzrechts-Handbuch, § 90 Rn. 8 mwN.
19 *Uhlenbruck*, GmbHR 99, 313, 315 f.
20 Scholz/*Westermann* § 30 Rn. 1 ff.; Ulmer/*Habersack* § 30 Rn. 2 f.

zu einer Überschuldungsprüfung, sondern auch zu einer fortlaufenden Beobachtung der weiteren wirtschaftlichen Entwicklung veranlassen.

c) **Liquiditätsschutz.** Die vorgenannten Vorschriften bewirken einen auf bilanzieller Betrachtung beruhenden Vermögensschutz (vgl. § 43 III). Dagegen soll die Insolvenzverursachungshaftung gem. § 64 S. 3 die Liquidität des Unternehmens schützen, indem sie zur Zahlungsunfähigkeit führende Auszahlungen an Gesellschafter sanktioniert. Verstößt der Geschäftsführer hiergegen, ist er erstattungspflichtig. Somit ist ihm eine Solvenzprognose iSe rollierenden Liquiditätsplanung dringend anzuraten.[21] Denn erst dann ist der Geschäftsführer in der Lage abzuschätzen, ob eine Zahlung an den Gesellschafter (oder auch eine Bestellung von Sicherheiten zu dessen Gunsten) in den Anwendungsbereich des § 64 S. 3 fallen könnte. Zu diesem Zweck muss der Geschäftsführer auf der Grundlage einer kontinuierlichen Finanzplanung die gesamte Finanzlage der Gesellschaft bis zur Fälligkeit aller bestehenden Verbindlichkeiten in einem je nach Einzelfall überschaubaren Zeitraum (mind. 13 Wochen; vgl. hierzu → Rn. 39) aktuell verfolgen.[22] 10

d) **Selbstprüfungspflicht.** Sämtliche der vorstehenden Pflichten, insbes. aber die in § 15 a InsO normierte Insolvenzantragspflicht sowie die Masseerhaltungspflicht bzw. das Zahlungsverbot gem. § 64, kann der Geschäftsführer nur erfüllen, wenn er **laufend die wirtschaftliche Situation der Gesellschaft überprüft u. kontrolliert.**[23] Somit setzen die genannten Regelungen eine Selbstprüfungspflicht gedanklich voraus, wie die Rspr. sie für die GmbH ausdrücklich anerkannt hat.[24] Der Gesetzgeber hat im Aktienrecht mit § 91 II AktG eine solche Pflicht als ein wichtiges Element der Corporate Governance gesetzlich normiert.[25] Die Verpflichtung, geeignete Maßnahmen zu treffen, insbes. ein **Überwachungssystem** einzurichten, damit den Fortbestand der Gesellschaft gefährdende Entwicklungen früh erkannt u. korrigiert werden,[26] soll nach dem Willen des Gesetzgebers Ausstrahlungswirkung auch für die mittlere u. große GmbH haben.[27] Aber auch bei Verneinung einer solchen Ausstrahlungswirkung besteht eine 11

---

21 Baumbach/Hueck/*Haas* § 64 Rn. 105, 155; *Bork*, ZIP 11, 101, 103.

22 Zur Pflicht, die Zahlungsfähigkeit laufend zu überwachen, BGH ZIP 07, 1501 Rn. 5; 07, 1265 Rn. 16; *Bork*, ZIP 11, 101, 103 mwN.

23 BGH DB 16, 1245 Rn. 33; ZIP 95, 560; Lutter/Hommelhoff/*Kleindiek* § 43 Rn. 33 f.; Rowedder/*M. Schmidt-Leithoff/Schneider* Rn. 67; Scholz/*K Schmidt* § 64 Rn. 134; Gottwald/*Haas/Kolmann/Kurz*, Insolvenzrechts-Handbuch, § 90 Rn. 11; *Hölzle*, GmbHR 07, 729, 731; *Goette*, ZInsO 01, 529, 530; *Lange*, GmbHR 15, 1133 ff.; *Knof*, DStR 07, 1536, 1540; vgl. *Nowak*, GmbHR 12, 1294 ff. mit Beratungshinweisen.

24 BGH ZIP 94, 891, 892; NJW-RR 95, 669 f.; GmbHR 97, 25; ZIP 07, 1265, 1266; 12, 1174, 1175; 1557, 1558; OLG Celle GmbHR 04, 568, 569; OLG Düsseldorf GmbHR 99, 479; OLG Oldenburg GmbHR 08, 1101, 1102; zust. Lutter/Hommelhoff/*Kleindiek* § 43 Rn. 33 f.; *ders*, FS Schneider, 11, S. 617, 619; *Haas*, DStR 03, 423, 424.

25 Eingeführt durch Art. 1 Nr. 9 lit. c) KonTraG, BGBl. 98 I, S. 786, 787.

26 *Hüffer*, AktG, § 91 Rn. 6 ff.; *Drygalla/Drygalla*, ZIP 00, 297, 299 ff.; *Lück*, DB 98, 1925 ff.

27 Begr. RegE BT-Drs. 13/9712, S. 15; Michalski/*Ziemons* § 43 Rn. 169; *Sinz*, in K Schmidt/Uhlenbruck, GmbH in der Krise, Rn. 1.197; *Lutter*, GmbHR 00, 301, 305; krit., iErg jedoch kein Bedürfnis hierfür sehend, *Bork*, ZIP 11, 101, 105 f.

Pflicht, die wirtschaftliche Entwicklung der GmbH planmäßig u. größenunabhängig zu überwachen.[28]

12 In welcher Art u. Weise der Geschäftsführer dieser Selbstprüfungspflicht nachkommt, bestimmt sich nach der jeweiligen Struktur u. Größe des Unternehmens u. hängt somit vom Einzelfall ab.[29] Generell besteht eine permanente Verpflichtung, Optimierungspotential im finanz- u. leistungswirtschaftlichen Bereich aufzudecken u. zu nutzen. Um der Selbstprüfungspflicht genügen zu können, muss der Geschäftsführer iErg ferner **jederzeit über die Vermögenslage der Gesellschaft u. ihre Solvenz informiert sein u. die bestandsgefährdenden Risiken, ob einzeln oder kumuliert, einschätzen u. steuern können.**[30] Organisatorisch muss er daher die internen Strukturen schaffen, damit er die jeweils aktuellen Informationen erhält u. die künftige Entwicklung der Gesellschaft absehen kann.[31] Hierzu zählt auch die Verpflichtung, für eine ordnungsgemäße Buchführung der Gesellschaft zu sorgen (§ 41)[32] u. diese fortlaufend zu kontrollieren.[33] Beschaffungs-, Produktions-, Absatz- u. Logistikbereich gilt es, ggf. anhand von Kennzahlen statistisch aufzubereiten u. zu analysieren.[34] Unternehmens-, Finanz- u. Liquiditätsplan (Erfüllbarkeit künftig fälliger Verbindlichkeiten, vgl. → Rn. 10)[35] müssen in einem fortlaufenden Prozess aktualisiert u. an die Entwicklung (Soll-/Ist-Vergleich) angepasst werden, spätestens nach Eintritt erster Krisenanzeichen. Dies schließt es ein, sorgfältig die Voraussetzungen einer künftigen positiven Fortbestehensprognose iSv § 19 InsO (bzw. die going-concern-Annahme (= Fortführungsprognose; → Rn. 28, 265 a) gem. § 252 HGB) zu prüfen. Sofern möglich u. wirtschaftlich vertretbar, sollten dabei auch die Marktentwicklungen einbezogen werden.[36] Der grds. bestehende Beurteilungsspielraum zugunsten der Geschäftsführung[37] verengt sich allerdings, je weiter die Krise voranschreitet.[38] Insbes. müssen die Planungsprämissen aufgrund der Erfahrungswerte in der Vergangenheit überprüft u. ggf. für die Zukunft angepasst werden. Ziel u. schutzwürdig kann nur eine realistische, plausible u. in sich schlüssige Planung sein, auf welche eine positive Fortbestehensprognose aufsetzt. Schließlich muss sich der Geschäftsführer durch Aufstellung von Zwischenbilanzen regelmäßig einen Überblick über den Vermögensstatus verschaffen, wenn sich Anzeichen einer krisenhaften Entwicklung ergeben.[39]

---

28 *Bork*, ZIP 11, 101, 105 f.
29 BGH NJW-RR 95, 669 f.; *Bork*, ZIP 11, 101, 105 ff.; *Goette*, ZInsO 01, 529, 530.
30 BGH ZIP 12, 1557 Rn. 11 mwN; vgl. auch *Strohn*, ZInsO 09, 1417, 1420.
31 BGHZ 181, 199 = ZIP 94, 1103; Gottwald/*Haas*/*Kolmann*/*Kurz*, Insolvenzrechts-Handbuch, § 90 Rn. 12; *Bork*, ZIP 11, 101, 104 f.
32 Vgl. BGH ZIP 94, 1103, 1109 f.; 95, 1135 f.; 12, 1557. – Zum Schutzgesetzcharakter *Strohn*, ZInsO 09, 1417, 1422.
33 Vgl. BGH ZIP 94, 891, 892 f.; 95, 1334, 1336.
34 *Bork*, ZIP 11, 101, 102; *Schluck-Amend*, in: K Schmidt/Uhlenbruck, GmbH in Krise, Rn. 1.127 ff.
35 Vgl. zur Solvenzprognose BGH ZIP 12, 1174, 1175; *Bork*, ZIP 11, 101, 103; *Kleindiek*, FS Schneider, 11, S. 617, 619.
36 Zutr. *Bork*, ZIP 11, 101, 103.
37 Vgl. BGHZ 126, 181, 199 = ZIP 94, 1103, 1109 f.; NZG 07, 396 Rn. 16 (zur Genossenschaft).
38 Vgl. hierzu *Nietsch*, ZIP 13, 1449, 1451 ff.
39 BGHZ 126, 181, 199 = ZIP 95, 560.

Auftretende Krisenanzeichen, ob sie unternehmensinterne oder -externe Ursachen haben, muss der Geschäftsführer im Auge haben u. bei seinen Einschätzungen berücksichtigen. Die **Selbstprüfungspflicht verdichtet** sich, **je stärker die Krisenanzeichen** sind.[40] Zu den offensichtlichen Krisenanzeichen zählen zB auflaufende Verbindlichkeiten in beträchtlicher Höhe,[41] ein in der Handelsbilanz schmelzendes Eigenkapital oder gar ein „nicht durch Eigenkapital gedeckter Fehlbetrag“ iSv § 268 III HGB.[42] 13

Verfügt der Geschäftsführer **nicht selbst über die notwendigen Kenntnisse,** muss er sich extern bei einem sowohl **unabhängigen** als auch **fachlich spezialisierten Berater**, nicht notwendiger Weise einem Berufsträger,[43] **beraten** lassen.[44] Eine schlichte **Anfrage genügt nicht.**[45] Der Geschäftsführer muss vielmehr die gesamten Gesellschafts- u. Vermögensverhältnisse einschl. des operativen Geschäfts **umfassend darstellen u. offenlegen.**[46] Eine unverzügliche Auftragserteilung genügt nicht, wenn Krisenanzeichen bereits bestehen. Vielmehr muss der Geschäftsführer dann auf die **unverzügliche Vorlage des Prüfungsergebnisses drängen** u. die erforderlichen Mittel ergreifen, um die Prüfung zu beschleunigen.[47] Die Ausführungen u. Ratschläge des Beraters muss der Geschäftsführer schließlich seinerseits einer **Plausibilitätskontrolle** unterziehen; er darf sich nicht blind auf sie verlassen.[48] Nur bei Einhaltung dieser Voraussetzungen hat eine Falschberatung durch den Berater eine exkulpierende Wirkung für den Geschäftsführer (s. → Rn. 214, → § 64 Rn. 54 f.). Denkbar bleiben **Regressansprüche gegen den Berater** wegen Schlechtleistung (s. → Rn. 264 ff.).[49] 14

Bei einem grds. zulässigen[50] arbeitsteiligen Vorgehen steht jedem der Geschäftsführer ein Informationsrecht über die Tätigkeit der anderen Geschäftsführer zu.[51] Wechselseitige Kontrolle u. Überwachung im Krisenstadium, damit der jeweils Zuständige iSd Gesamtorgans seine gesetzlichen Verpflichtungen erfüllt, ist wegen des Grundsatzes der haftungsrechtlichen Gesamtverantwortung einschränkungslos empfehlenswert u. sogar geboten. Mit zunehmender Krise verdichten sich die vorstehend genannten Pflichten zu einer ressortübergreifenden Überwachungspflicht.[52] Lässt sich 15

---

40 Gottwald/*Haas/Kolmann/Kurz*, Insolvenzrechts-Handbuch, § 90 Rn. 12.
41 BGH ZIP 12, 1557, 1558 f.
42 OLG Celle GmbHR 08, 1034, 1035.
43 BGH ZIP 12, 1174, 1175.
44 BGH GmbHR 12, 746; OLG Oldenburg ZInsO 09, 154, 156; s. auch *Fleischer*, NZG 10, 121.
45 BGH ZIP 07, 1265, 1267.
46 BGH ZIP 12, 1174, 1175.
47 BGH ZIP 12, 1174, 1176.
48 BGH ZIP 07, 1265, 1267; 12, 1174, 1176.
49 BGH ZIP 12, 1174, 1175; Baumbach/Hueck/*Haas* § 64 Rn. 245 ff.; *Wagner/Zabel*, NZI 08, 660 ff.; vgl. auch *Kayser*, ZIP 14, 597, 604 zu möglicher Haftungsreduktion des Beraters.
50 BGH DB 96, 2483, 2484 (auch zur Verpflichtung, die Selbstprüfungspflicht in die Gesamtverantwortung zurückzuholen); GmbHR 94, 460, 462; zur Wirksamkeit der Ressortaufteilung vgl. BGH NZG 19, 225 Rn. 17 ff.; Gottwald/*Haas/Kolmann/Kurz*, Insolvenzrechts-Handbuch, § 90 Rn. 86, 76.
51 S dazu BGH NZG 12, 672 Rn. 15; OLG Koblenz NZG 08, 397, 398; MüKo-GmbHG/*Müller* § 64 Rn. 159.
52 Vgl. dazu *Nietsch*, ZIP 13, 1449, 1451 ff.

ein Mitgeschäftsführer nicht dazu anhalten, seine gesetzlichen Pflichten zu erfüllen, sollten die Mitgeschäftsführer eine Gesellschafterversammlung einberufen u. nach Androhung notfalls ihr Amt niederlegen.[53]

16 Erfüllt der Geschäftsführer die Selbstprüfungspflicht, sollte es ihm gelingen, eine drohende Insolvenz frühzeitig zu erkennen u. entweder mit geeigneten Maßnahmen gegenzusteuern[54] oder, wenn das Unternehmen nicht dauerhaft überlebensfähig u. rentabel sein kann, die Gesellschaft gem. §§ 65 ff. zu liquidieren. Nach modernem Verständnis zählt auch die gezielte Einleitung eines Insolvenzverfahrens, bspw. in einer vorläufigen Eigenverwaltung oder iR eines sog. Schutzschirmverfahrens gem. §§ 270 a, 270 b InsO, zu den Sanierungsoptionen.[55]

17 e) **Weitere Bestimmungen.** Auch die Gesellschafter müssen mit Eintritt der Krise u. deutlich vor der Insolvenz die Entscheidung treffen u. treffen können, ob sie die Gesellschaft liquidieren oder fortführen wollen. Bedeutung hat dies zB iRd Bilanzierung (vgl. § 252 I Nr. 2 HGB).[56]

18 Prophylaxe-Funktion gegen bestandsgefährdende Risiken kommt ferner den Regelungen zu, wonach Gesellschafter, welche in das Vermögen der Gesellschaft eingreifen u. dadurch deren Existenz vernichten, schadensersatzpflichtig sind (Existenzvernichtung gem. § 826 BGB; Mithaftung der Geschäftsführer als Teilnehmer gem. § 830 BGB). Geschäftsführer, welche die Gesellschaft nicht als eigenes Vermögens- u. Rechtssubjekt respektieren u. in existenzgefährdender Weise Vermögensgegenstände der Gesellschaft willkürlich verschieben oder Verbindlichkeiten eingehen, haften zudem gem. § 823 II BGB iVm § 266 StGB, selbst wenn die Gesellschafter zugestimmt haben u. das Stammkapital nicht beeinträchtigt wurde.[57]

3. Vermögenserhaltung bei materieller Insolvenz

19 Wenn bei der Gesellschaft die materielle Insolvenz eingetreten ist, verpflichtet § 15 a InsO die Geschäftsführer u. bei Führungslosigkeit die Gesellschafter, spätestens nach Ablauf von drei Wochen die Eröffnung des Insolvenzverfahrens zu beantragen. Der 3-Wochen-Zeitraum ist dabei das maximale Zeitfenster, um die materielle Insolvenz insbes. durch erfolgreiche Sanierung zu beseitigen u. damit die Antragspflicht zu beenden. Die Antragspflicht lässt sich auch anders formulieren, wodurch Sinn u. Zweck der Regelung deutlicher werden: Der Gesetzgeber **verbietet** denjenigen Unternehmensträgern, bei denen keine einzige natürliche Person im Außenverhältnis unbeschränkt haftet, trotz materieller Insolvenz u. der darin zum Ausdruck kommenden fehlenden Existenzberechtigung **ihre unternehmerische Tätigkeit außerhalb des gesetzlichen Insolvenzregimes fortzusetzen u.**

53 Baumbach/Hueck/*Haas* § 64 Rn. 106.
54 Zur Pflicht zur Krisenbewältigung vgl. *Bork* ZIP 11, 101, 106 ff.
55 Vgl. Gottwald/*Haas*, Insolvenzrechts-Handbuch, § 86; *Kolmann*, Schutzschirmverfahren, 2014.
56 Lutter/Hommelhoff/*Kleindiek* § 43 Rn. 36; *Veil*, ZGR 06, 374, 385.
57 Zur Existenzvernichtungshaftung bei Verschmelzung einer insolvenzreifen GmbH BGH DStR 19, 340; vgl. zur Auswirkung auf gesellschaftsrechtliche Gestaltungen *Primizic/Handrup*, NZI 19, 266.

damit die vermögensrechtlichen Interessen der Allgemeinheit wie der (potenziellen) Gläubiger zu gefährden.

Verschleppen Geschäftsführer bzw. bei Führungslosigkeit die Gesellschafter die Insolvenz, machen sie sich strafbar u. zivilrechtlich ggü. den Gläubigern des Unternehmens haftbar (Insolvenzverschleppungshaftung gem. § 823 II BGB iVm § 15 a InsO). Das Verbot der Antragsverzögerung bzw. der Fortsetzung der Unternehmenstätigkeit ohne Insolvenzregime wird ergänzt durch das Verbot, das Vermögen der Gesellschaft nach Eintritt der materiellen Insolvenz zu schmälern (Masseschmälerungshaftung gem. § 64 S. 1, 2, 4). 20

Hinweis: Den Haftungsrisiken wegen Insolvenzverschleppung entgeht der Geschäftsführer am besten dadurch, dass er außerhalb der Krise die Selbstprüfungspflicht laufend befolgt u. bei Krisenanzeichen rechtzeitig Sanierungsmaßnahmen[58] einleitet.[59]

4. Warnfunktion der Anfechtungsvorschriften

Gläubiger der Gesellschaft, die während der Krise noch Befriedigungen oder Sicherungen aus dem Vermögen der Gesellschaft erhalten, welche nach den insolvenzrechtlichen Wertungen das Prinzip der Gläubigergleichbehandlung verletzen (§§ 129 ff. InsO), riskieren bei einem späteren Insolvenzverfahren, das Erhaltene zurückgewähren zu müssen (§ 143 InsO) u. ihren Gegenleistungsanspruch nur als Insolvenzgläubiger verfolgen zu können (§§ 144, 87, 174 ff. InsO). Den Anfechtungsvorschriften wohnt somit eine **an die Gläubiger gerichtete Warnfunktion** inne, dass der verlängerte Todeskampf eines insolvenzreifen Unternehmens letztlich auf Kosten derjenigen Gläubiger erfolgt, die Leistungen an die Gesellschaft erbringen u. neue Forderungen gegen sie erwerben.Ungeachtet eines „Näher dran" wird es den Gläubigern häufig nicht mehr gelingen, wirtschaftlich ihren Schaden beim Geschäftsführer zu kompensieren. 21

5. Gang der Darstellung

Nachfolgend werden zunächst die Insolvenzgründe der Überschuldung gem. § 19 InsO (→ Rn. 23 ff.) u. der Zahlungsunfähigkeit gem. § 17 InsO (→ Rn. 75 ff.) dargestellt. Liegen sie vor, besteht gem. § 15 a InsO eine Insolvenzantragspflicht (→ Rn. 121 ff.). Ein Verstoß hiergegen wird sowohl strafrechtlich (→ Rn. 188 ff.) als auch zivilrechtlich (→ Rn. 216 ff.) sanktioniert. Mit der Antragstellung setzt regelmäßig das sog. Insolvenzeröffnungsverfahren ein, welches, sofern das zuständige Insolvenzgericht sowohl einen Eröffnungsgrund als auch eine die Verfahrenskosten deckende Masse bejaht, zur Eröffnung eines Insolvenzverfahrens führt (→ Rn. 276 ff.). 22

58 Überblick zu außergerichtlichen Sanierungsmaßnahmen zB bei Rowedder/*M. Schmidt-Leithoff/Schneider* Rn. 161 ff.; ausf. *Buth/Hermanns* (Hrsg.), Restrukturierung Sanierung Insolvenz, 4. Aufl. 2014.

59 Vgl. zu dieser Pflicht *Bork*, ZIP 11, 101, 106 ff.

II. Überschuldung gemäß § 19 InsO

1. Allgemeines

23 Durch das MoMiG, das FMStG v. 17.10.08[60] u. das FMStErgG v. 7.4.09[61] hat der Wortlaut des § 19 InsO die nunmehrige Fassung erhalten. Sie sollte nach ursprünglicher Planung ab dem 18.4.08 mit Wirkung zum 1.1.11 wieder durch die vorherige, durch das MoMiG geringfügig modifizierte (Einfügung des nunmehrigen § 19 II 2 InsO nF zum Rangrücktritt)[62] Version abgelöst werden. Der Gesetzgeber hatte mit dem Gesetz zur Erleichterung der Sanierung von Unternehmen v. 24.9.09[63] die aktuelle Fassung jedoch bis zum 31.12.13 verlängert. Zwischenzeitlich hat er, der Mehrheitsmeinung einer im Auftrag des BMJ in 2012 durchgeführten Expertenbefragung[64] folgend, die Befristung aufgehoben u. kehrt damit endgültig zu dem vor Inkrafttreten der InsO herrschenden, **sog. modifiziert zweistufigen Überschuldungsbegriff** zurück.[65] Die aktuelle Fassung gilt für alle ab dem 18.10.08 verwirklichten Sachverhalte.[66] Spätestens seit Bestrebungen zur Umsetzung der EU-Richtlinie über präventive Restrukturierungsverfahren wird verstärkt die Abschaffung bzw. Modifikation des Überschuldungstatbestands gefordert.[67]

24 Die Überschuldung gem. § 19 InsO ist *de lege lata*[68] Insolvenzgrund bei allen juristischen Personen u. Kapitalgesellschaften, nicht nur bei Kredit- u. Finanzinstituten.[69] Gleiches gilt gem. § 19 III InsO für Gesellschaften ohne Rechtspersönlichkeit ohne natürliche Person als unbeschränkt haftenden Gesellschafter mit der **(ggf. mehrstöckigen) GmbH & Co KG** als praktischer Hauptanwendungsfall. § 19 InsO gilt auch für die aufgelöste GmbH sowie für die **Unternehmersgesellschaft (haftungsbeschränkt)**,[70] ferner u. nach dem Schutzzweck der Insolvenzantragspflicht richtigerweise auch für

60 BGBl. 08 I, S. 1982.
61 BGBl. 09 I, S. 725.
62 Insoweit zunächst redaktionell übersehen, aber durch das FMStErgG korrigiert, vgl. Art. 4 FMStErgG; vgl. hierzu *Bitter*, ZInsO 08, 1097; *Dahl*, NZI 08, 719; *Holzer*, ZIP 08, 2108, 2111; *K Schmidt*, DB 08, 2467, 2471; *Thonfeld*, NZI 09, 15, 19.
63 BGBl. 09 I, S. 3151.
64 Vgl. *Bitter/Hommerich*, ZIP 12, 1201 ff.
65 BGBl. 12 I, S. 2418; vgl. dazu *Böcker/Poertzgen*, GmbHR 13, 17; *Frystatzki*, NZI 13, 161.
66 OLG Schleswig ZIP 10, 516 (Ls. 1); vgl. auch BGH ZIP 10, 470 f. (Rn. 7).
67 Vgl. allgemein zum erforderlichen Bedeutungswandel für die zeitliche Abgrenzung des vorinsolvenzl Sanierungsverfahrens zum Insolvenzverfahren Baumbach/Hueck/*Haas* Rn. 1; zur Überschuldung vgl. *Frind*, BB 19, 2381 ff.; *Neuberger*, ZIP 19, 1549 ff.
68 Zur rechtspolitischen Kritik vgl. *Bitter*, ZInsO 08, 1097; *Hölzle*, ZIP 08, 2003, 2004 f.; *Poertzgen*, ZInsO 09, 401, 402; vgl. auch *K Schmidt*, DB 08, 2467, 2468 f.
69 *Hirte/Knof/Mock*, ZInsO 08, 1217, 1221; *Holzer*, ZIP 08, 2108; *Thonfeld*, NZI 09, 15, 16.
70 IErg HambK-InsO/*Schröder*, § 19 Rn. 2; *Hirte/Knof/Mock*, ZInsO 08, 1217, 1224.

die **Vor-GmbH.**[71] Zur Genossenschaft vgl. § 98 GenG, zu Kreditinstituten vgl. § 46 KWG.

Die Anwendbarkeit des § 19 InsO setzt voraus, dass deutsche Gerichte gem. Art. 3 EuInsVO bzw. analog §§ 3, 354 InsO zur Eröffnung eines Haupt- u. ggf. eines isolierten Partikularinsolvenzverfahrens **international zuständig** sind. Der Insolvenzgrund gem. § 19 InsO gilt unter der gleichen Bedingung dann auch für **nach ausländischem Recht gegründete Kapitalgesellschaften,** die im Inland infolge der europäischen Niederlassungsfreiheit (Art. 49 AEUV) oder auf der Grundlage von Staatsverträgen als juristische Person anerkannt werden.[72] 25

Überschuldung bedeutet, dass das **Vermögen des Schuldners die bestehenden Verbindlichkeiten nicht mehr deckt** (§ 19 II 1 InsO) u. somit die beschränkte Haftungsmasse aufgebraucht ist.[73] Hierüber muss für Haupt- u. isolierte Partikularverfahren gleichermaßen stets auf der **Grundlage des Weltvermögens** entschieden werden.[74] 26

Bedeutung hat der Begriff der Überschuldung für die (strafbewehrte) Insolvenzantragspflicht (§ 15 a InsO) sowie in strafrechtlicher (§ 283 StGB) u. gesellschaftsrechtlicher Hinsicht (§ 64, §§ 92, 401 AktG, §§ 99, 148 GenG, §§ 130 a, 130 b HGB).[75] Weitere Relevanz hat die Überschuldung iR des Schutzschirmverfahrens (§ 270 b InsO). 27

2. Überblick

a) Bedeutung der positiven Fortbestehensprognose, Abgrenzung Fortführungsprognose. Gem. geltender Rechtslage (sog. modifiziert zweistufiger Überschuldungsbegriff)[76] entfällt die Überschuldung, wenn der Schuldner 28

---

71 Jaeger/*Müller*, InsO, § 19 Rn. 12; HeidelbergerKommInsO*Kleindiek* § 15 a Rn. 4; Scholz/*K Schmidt* § 64 Rn. 148; Ulmer/*Casper* § 64 Rn. 32; aA Roth/*Altmeppen* Rn. 11; *ders.*, ZIP 97, 273 ff.; Scholz/*Bitter* Rn. 20; *Poertzgen*, Organhaftung, S. 183 f.; *ders.*, ZInsO 14, 165, 169; diff. Rowedder/*M. Schmidt-Leithoff/Schneider* Rn. 59. – Zur unstrittigen Insolvenzfähigkeit der Vor-GmbH vgl. BGH GmbHR 03, 1488.

72 S hierzu BGH NJW 09, 289 (zur Sitztheorie bei Kapitalgesellschaften aus Drittstaaten; iErg Anerkennung (nur) als Personengesellschaft).

73 Roth/*Altmeppen* Rn. 26; zutr. Scholz/*Bitter* Rn. 27 (Überschuldung ist ökonomisch „Unfähigkeit zur Auszahlungsdeckung im Zeitablauf"); *Hüttemann*, FS K Schmidt, 09, S. 761, 770 ff.

74 Gottwald/*Kolmann/Keller*, Insolvenzrechts-Handbuch, § 130 Rn. 27, 152; HambK-InsO/*Schröder*, § 19 Rn. 66; differenzierend für sog. isolierte Partikularverfahren HeidelbergerKommInsO/*Rüntz/Laroche*, § 16 Rn. 3.

75 HambK-InsO/*Schröder*, § 19 Rn. 1; lehrreich zur rechtspolitischen Bedeutung *K Schmidt* in K Schmidt/Uhlenbruck, GmbH in der Krise, Rn. 5.81 ff.

76 Zust. *Holzer*, ZIP 08, 2108, 2111; *K Schmidt*, DB 08, 2467, 2470; krit. zB FK-InsO/*Schmerbach*, § 19 Rn. 24 a ff.; *Bitter*, ZInsO 08, 1097; *Blöse*, GmbHR 08, 369; *Dahl*, NZI 08, 719 f.; *Eckert/Happe*, ZInsO 08, 1098, 1101. – Zur Entstehungsgeschichte sowie zu Unterschieden des Überschuldungsbegriffs der KO u. der InsO vgl. MKInsO/*Druckarczyk/Schüler*, § 19 Rn. 4 ff.; *K Schmidt* in K Schmidt/Uhlenbruck, GmbH in der Krise, Rn. 5.90 ff.; *Crezelius*, FS Röhricht, 05, S. 787, 792 f.; *Hüttemann*, FS K Schmidt, 09, S. 761.

eine insolvenzrechtliche **positive Fortbestehensprognose**[77] hat, also wenn die Fortführung des Unternehmensträgers[78] nach den Umständen **überw. wahrscheinlich** ist. Die positive Fortbestehensprognose als solche schließt somit eine insolvenzrechtliche Überschuldung aus (**Ausschlussgrund**), selbst wenn das vorhandene Reinvermögen die Schulden nicht decken sollte,[79] also eine sog. **rechnerische Überschuldung** vorliegt. Die insolvenzrechtliche Fortbestehensprognose ist begrifflich abzugrenzen von der bilanzrechtlichen Fortführungsprognose (§ 252 I Nr. 2 HGB), die eine Vermutungs- u. Bewertungsregel darstellt, sowie von der Fortführungsprämisse im Rahmen der Unternehmensbewertung.[80]

29 Die mit Inkrafttreten der InsO bis zum 17.10.08 geltende Fassung des Überschuldungsbegriffs verstand die positive Fortbestehensprognose hingg. nicht als Ausschlussgrund, sondern lediglich als **Bewertungsregel** für die Ermittlung der rechnerischen Überschuldung.[81] Sie erlaubte eine Bewertung des Aktivvermögens zu (regelmäßig, aber nicht notwendig höheren) **Fortführungswerten.**[82] Überschuldung lag vor, wenn auch bei dieser regelmäßig günstigeren Betrachtung das Reinvermögen (Aktiva minus Passiva) negativ war.

30 **b) Rechnerische Überschuldung gemäß negativer Fortbestehensprognose.** Der aktuell geltende Überschuldungsbegriff geht für den Reinvermögensvergleich gedanklich stets von einer negativen Fortbestehensprognose aus, verlangt also iRd Prüfung einer rechnerischen Überschuldung eine Bewertung gem. **Liquidations- oder Zerschlagungswerten** (vgl. → Rn. 51 f.).[83] Ergibt sich auf dieser Grundlage ein positives Reinvermögen, mag zwar künftig eine Überschuldung drohen, doch liegt noch kein Eröffnungsgrund gem. § 19 InsO vor, selbst wenn eine positive Fortbestehensprognose nicht festgestellt werden kann. Überschuldung gem. § 19 InsO setzt also negatives Reinvermögen sowie die Verneinung einer positiven Fortbestehensprognose voraus.

31 **c) Prüfungsreihenfolge.** Das Gesetz sieht keine zwingende Reihenfolge vor, so dass letztlich **Praktikabilität** entscheidet,[84] ob zunächst die rechnerische Überschuldung oder die positive Fortbestehensprognose geprüft wird bzw.

---

77 Zur Abgrenzung u. Klärung der Begriffe „Fortbestehensprognose", „Fortführungsprognose" u. „Fortführungsprämisse" s. Baumbach/Hueck/*Haas*, Vor § 64 Rn. 32 a; *Ehlers*, NZI 11, 161, 162; *Gehrlein*, WM 18, 1 ff.; *Frystatzki*, NZI 11, 173, 174; *Groß/Amen*, DB 05, 1861, 1868.

78 Vgl. Baumbach/Hueck/*Haas* Vor § 64 Rn. 33 b.

79 Roth/*Altmeppen* Rn. 32; krit. *Hölzle*, ZIP 08, 2003, 2004; für ersatzlose Streichung des Überschuldungstatbestands *Möhlmann-Mahlau/Schmitt*, NZI 09, 19; *Rokas*, ZInsO 09, 18; *K Schmidt*, DB 08, 2467; zur Fortbestehensprognose in der Sanierung *Fischer*, NZI 16, 665.

80 Vgl. hierzu BGH NZG 17, 468 Rn. 27; Baumbach/Hueck/*Haas* Rn. 32 a; *Gehrlein*, WM 18, 1 ff.

81 BGH WM 05, 848, 849; ZIP 07, 676; Lutter/Hommelhoff/*Kleindiek* Anh. § 64 Rn. 24.

82 BGH ZIP 07, 676; vgl. auch Lutter/Hommelhoff/*Kleindiek* Anh. § 64 Rn. 24.

83 BGH ZIP 17, 427; 07, 676; Lutter/Hommelhoff/*Kleindiek* Anh. § 64 Rn. 23; Roth/*Altmeppen* Rn. 34; Uhlenbruck/*Mock* InsO § 19 Rn. 126 ff.

84 Ebenso Scholz/*Bitter* Rn. 31; Baumbach/Hueck/*Haas* Rn. 57, aber grds. Fortbestehensprognose vorrangig; noch anders *Adolff*, in FS Hellwig, 11, S. 433, 436 (Prüfung der rechnerischen Überschuldung vorrangig).

ob auf ein Element verzichtet werden kann. Denn wenn die Gesellschaft auch unter Ansatz von Zerschlagungswerten über ein positives Reinvermögen verfügt, erscheint eine aufwändige Fortbestehensprognose verzichtbar, weil es nicht darauf ankommt.[85] Gleichwohl ist einzuräumen, dass es eine gewisse Wechselwirkung zwischen der rechnerischen Überschuldung u. der Fortbestehensprognose gibt:[86] Je größer sich die rechnerische Unterdeckung darstellt, desto eindeutiger muss die positive Fortbestehensprognose ausfallen.[87] Zum Eintritt einer rechnerischen Überschuldung im Prognosezeitraum s. aber → Rn. 42.

Die Praxis orientiert sich an dem im Januar 2015 neu gefassten IDW-Standard zur Beurteilung des Vorliegens von Insolvenzeröffnungsgründen (IDW S 11).[88] 32

3. Fortbestehensprognose

a) **Allgemeines.** Die positive Fortbestehensprognose steht als Ausschlussgrund („es sei denn") im **Zentrum der Überschuldungsprüfung.**[89] Dahinter steht die ökonomisch akzeptable Überlegung, dass derjenige weiterhin eine Berechtigung am Markt haben soll, der über einen überschaubaren u. hinreichend langen Zeitraum seine fälligen Verbindlichkeiten wird tilgen können, auch wenn aktuell sein Vermögen seine Schulden nicht decken mag.[90] 33

Die verbreitete Befürchtung,[91] dass unter Geltung des aktuellen, sog. modifiziert zweistufigen Überschuldungsbegriffs Unternehmen ihren aussichtslosen Todeskampf auf Kosten der Gläubiger nur verlängern, zumal im Angesicht der Krise manche Geschäftsleiter zu besonders optimistischen Einschätzungen tendieren,[92] hat sich bislang nicht bestätigt. Der in der Geset- 34

---

85 Lutter/Hommelhoff/*Kleindiek* Anh. § 64 Rn. 31; Scholz/*Bitter* Rn. 31; IDW S 11 Rn. 53.

86 BGH NJW 07, 2118 Rn. 17; Roth/*Altmeppen* Rn. 33: Prüfung der rechnerischen Überschuldung unter Hinweis auf die Beobachtungspflicht stets erforderlich; ebenso *Harz/Bornmann/Conrad/Ecker*, NZI 15, 737 (742); strafrechtlich bzgl. § 15 a IV InsO (dolus eventualis) BGH NJW 18, 566 Rn. 35.

87 Zutr. Rowedder/*M. Schmidt-Leithoff/Schneider* Rn. 117; idS auch *K Schmidt* in K Schmidt/Uhlenbruck, GmbH in der Krise, Rn. 5.104.

88 Vgl. überarbeitete Zweitfassung v. 22.6.16 in IDW Life 17, 332 ff.; Erstfassung v. 29.1.15 in ZInsO 15, 1136; dazu *Lenger/Nachtsheim*, NZI 14, 992; *Weber/Küting/Eichenlaub*, GmbHR 14, 10.

89 Scholz/*Bitter* Rn. 32; *Drukarczyk/Schüler*, ZInsO 17, 61, 62, 66 (praktische Irrelevanz der bilanziellen Prüfung neben der Fortführungsprognose); *Hirte/Knof/Mock*, ZInsO 08, 1217, 1221.

90 Begr. RegE FMStG BT-Drs. 16/10600, S. 21; Lutter/Hommelhoff/*Kleindiek* Anh. zu § 64 Rn. 32. – Zu der kontroversen Diskussion über die Folgen vgl. Kübler/Prütting/Bork/*Pape*, InsO, § 19 Rn. 14 f.; *K Schmidt*, in K Schmidt/Uhlenbruck, GmbH in der Krise, Rn. 5.87; *Becker/Poertzgen*, GmbHR 08, 1289, 1293 f.; *Eckert/Happe*, ZInsO 08, 1098, 1100 f.; *Hölzle*, ZIP 08, 2003, 2004; *K Schmidt*, DB 08, 2467, 2470.

91 Zu den Vorbehalten ggü. dem sog. zweistufigen Überschuldungsbegriff vgl. Bericht des Rechtsausschusses zum RegE InsO BT-Drs. 12/7302, S. 157; Begr. RegE InsO BT-Drs. 12/2443, S. 115; s. zudem BT-Drs. 16/10651, S. 10 (bzgl. Entwurf FMStG: „… und im Allgemeinen unerwünschten Zustand"); kritisch jüngst *Neuberger*, ZIP 19, 549, 1550 ff.

92 *K Schmidt*, DB 08, 2467, 2470; *Bitter/Hommerich/Reiß*, ZIP 12, 1201; *Frystatzki*, NZI 11, 521.

zesbegründung zum FMStG verwendete Begriff des „Turnaround“[93] erläutert jedenfalls, dass nach dem Willen des Gesetzgebers nur vorübergehende Schwankungen nicht zur Insolvenz führen sollen.[94] Einen Freifahrtschein für unberechtigte Hoffnungswerte enthält § 19 InsO nicht.[95] Folgerichtig unterliegt eine Fortbestehensprognose **hohen Anforderungen,**[96] insbes. auch bzgl. der Dokumentation (vgl. → Rn. 46).[97] Die Praxis kann dem erfahrungsgemäß häufig nicht genügen. Den Geschäftsleitern ist dringend zu empfehlen, den Rat von Sachverständigen einzuholen (s. → Rn. 14).[98]

35 **b) Inhaltliche Anforderungen. aa) Subjektiv: Fortführungswille. In subjektiver Hinsicht** setzt eine positive Fortbestehensprognose nach herkömmlicher Ansicht den **Fortführungswillen** des Schuldners bzw. seiner Organe voraus.[99] Hieran soll es etwa fehlen, wenn der Betrieb stillgelegt u. alle Mitarbeiter entlassen werden sollen.[100] Die beabsichtigte Veräußerung des Unternehmens im Ganzen steht als solche einer positiven Fortbestehensprognose für den Rechtsträger nicht entgg.[101] Fortführungswille ist grds. zu vermuten.[102] Ob hingg. die Fortführung überw. wahrscheinlich ist, beurteilt sich nicht aus der subjektiven Sicht der Geschäftsleitung, sondern auf der Grundlage von objektiv nachweisbaren Kriterien,[103] die das gesamte aktuelle Wissen ausschöpfen.[104] Andernfalls ergäben sich rechtspolitisch aus Gründen des Gläubigerschutzes inakzeptable Resultate. Diese äußeren Umstände muss die Geschäftsleitung stets im Auge haben.

---

93 Begr. RegE FMStG BT-Drs. 16/10600, S. 21; Lutter/Hommelhoff/*Kleindiek* Anh. zu § 64 Rn. 29.

94 Bericht u. Beschlussempfehlung des Rechtsausschusses zum FMStG, BT-Drs. 16/10651, S. 10; Roth/*Altmeppen* Rn. 30.

95 IErg ebenso Lutter/Hommelhoff/*Kleindiek* Anh. zu § 64 Rn. 33.

96 Gegen geringere Anforderungen ggü. dem bisherigen Verständnis Lutter/Hommelhoff/*Kleindiek* Anh. zu § 64 Rn. 29; *Becker/Poertzgen*, GmbHR 08, 1289, 1290, 1293; *Dahl*, NZI 08, 719, 720; *Eckert/Happe*, ZInsO 08, 1098 f.; *Hölzle*, ZIP 08, 2003, 2004; vgl. aber auch *Grube/Röhm*, wistra 09, 81, 83.

97 Hierzu *Drukarczyk/Schüler*, WPg 03, 56, *Hüffer*, FS Wiedemann, 02, S. 1047, 1065 ff.; *Hüttemann*, FS K Schmidt, 09, S. 761; *Luttermann/Vahlenkamp*, ZIP 03, 1629; aus strafrechtlicher Sicht *Fromm*, ZInsO 04, 943, 945 ff.; *Reck*, ZInsO 04, 661.

98 Vgl. BGH GmbHR 12, 746; KG GmbHR 06, 374, 377; OLG Düsseldorf GmbHR 99, 479; OLG Naumburg GmbHR 04, 361, 363; Lutter/Hommelhoff/*Kleindiek* Anh. zu § 64 Rn. 36; unvoreingenommen, aber nicht notwendigerweise „unbeteiligt“, vgl. BGH NJW 98, 1561, 1564; Rowedder/*M. Schmidt-Leithoff/Schneider* Rn. 125.

99 Begr. RegE BT-Drs. 12/2443, S. 115; BGH ZIP 06, 2171 Rn. 3; KG ZInsO 06, 437, 439; NZG 10, 292, 294; OLG Hamburg GmbHR 11, 371, 372; ZIP 17, 2197, 2198; HeidelbergerKommInsO/*Rüntz/Laroche*, § 19 Rn. 8; Jaeger/*Müller*, InsO, § 19 Rn. 32 ff.; Nickert/Lamberti/*Kühne* Rn. 280; Runkel/*Spliedt*, AnwHdb § 1 Rn. 133; *Höffner*, DStR 08, 1787, 1788; *Gehrlein*, WM 18, 1, 6; *Goette*, DStR 16, 1684, 1688; aA *Hüttemann*, FS K Schmidt, 09, S. 761, 765 f.

100 KG GmbHR 06, 375, 376; vgl. aber *Morgen/Rathje*, ZIP 18, 1955, 1963 zur solventen Liquidation.

101 OLG Hamburg BeckRS 08, 17846; Jaeger/*Müller*, InsO, § 19 Rn. 32; Scholz/*Bitter* Rn. 34; *Hüttemann*, FS K Schmidt, 09, S. 761, 765 f.

102 BGH NZI 06, 604; *Goette*, DStR 16, 1684, 1689.

103 Zutr. Roth/*Altmeppen* Rn. 34, 35; Rowedder/*M. Schmidt-Leithoff/Schneider* Rn. 124 f.

104 Nickert/Lamberti/*Kühne* Überschuldungs- und Zahlungsfähigkeitsprüfung, Rn. 279.

Richtigerweise bedarf es hinsichtlich des subjektiven Fortführungswillen als notwendige Voraussetzung der Fortbestehensprognose jedoch eines erweiterten Verständnisses gemäß dem Normzweck. Denn Sinn u. Zweck der Überschuldung ist nicht, die Frage der Fortführungsfähigkeit zu beantworten, sondern die Fähigkeit zur Befriedigung der Gläubiger, dh die Feststellung der Schuldendeckungsfähigkeit.[105] Die Befriedigung der Gläubiger kann auch außerhalb der Unternehmensfortführung erreicht werden, bspw. im Rahmen einer solventen Liquidation. Der Umstand, dass der Abschluss aller Abwicklungsmaßnahmen in die Löschung des Rechtsträgers im Handelsregister mündet, führt nicht dazu, diesen Rechtsträger als überschuldet ansehen zu müssen, solange ein belastbares Liquidationskonzept mit überw. Wahrscheinlichkeit zu einer solchen Befriedigung der Gläubiger führt.[106] 36

bb) Objektiv: Überlebensfähigkeit. In objektiver Hinsicht[107] muss (i) ein **Unternehmenskonzept** vorliegen, das aus der Sicht eines sachverständigen Dritten nachvollziehbar, in sich schlüssig u. realisierbar ist.[108] Darauf muss (ii) eine Finanzplanung[109] mit zu erwartenden Zahlungsströmen aufbauen, nach der **mittelbar die Finanzkraft des Unternehmens für eine Fortführung** (iii) **mit überw. Wahrscheinlichkeit ausreicht.**[110] Es muss sich aus diesem Konzept für einen sachverständigen Dritten ergeben, dass u. ggf. wie die Gesellschaft ihren gesamten[111] Zahlungsverpflichtungen (inkl. Zins u. Tilgung) dauerhaft[112] nachkommen kann.[113] Für non-profit-Gesellschaften gilt nichts Abweichendes.[114] Der Sache nach handelt es sich um eine Liquiditätsprognose. 37

Die künftige Geschäftsentwicklung muss umfassend dargestellt u. begründet werden. Die Heraushebung einzelner Vorfälle, die eine günstige Pro- 38

105 Baumbach/Hueck/*Haas* Rn. 28.
106 Vgl. *Morgen/Rathje*, ZIP 19, 1955 ff. (auch Liquidations- bzw. Abwicklungswille ist Teil des Fortführungswillens).
107 Rowedder/*M. Schmidt-Leithoff/Schneider* Rn. 120 ff. mwN.
108 BGH ZIP 06, 2171; 10, 2400 Rn. 13; OLG München GmbHR 19, 236, 238; OLG Schleswig GmbHR 10, 864, 866 f.; KG GmbHR 06, 375, 376; LG Göttingen NZI 08, 751; LG Hamburg ZInsO 16, 2044, 047; Baumbach/Hueck/*Haas* Rn. 35; Scholz/*Bitter* Rn. 38; *Hirte/Knof/Mock*, ZInsO 08, 1217, 1222; *Höffner*, DStR 08, 1787, 1788.
109 BGH NZI 07, 44; OLG Hamburg GmbHR 11, 371, 372; LG Hamburg ZInsO 16, 2044, 2047; Nerlich/Römermann/*Mönning*, InsO, § 19 Rn. 20; *Frystatzki*, NZI 11, 173, 177.
110 BegrRegE FMStG BT-Drs. 16/10600, S. 21; BGH NJW 92, 2891 ff.; DStR 06, 2186; HeidelbergerKommInsO/*Rüntz/Laroche*, § 19 Rn. 9 f.; Jaeger/*Müller*, InsO, § 19 Rn. 32 ff.; Kübler/Prütting/Bork/*Pape*, InsO, § 19 Rn. 37 ff.; Lutter/Hommelhoff/*Kleindiek* Anh. zu § 64 Rn. 33 f.; *K Schmidt*, in K Schmidt/Uhlenbruck, GmbH in der Krise, Rn. 5.144; MünchAnwHdbGmbH/*Wellensiek/Schluck-Amend*, § 23 Rn. 161 ff.; *Bork*, ZIP 00, 1709 ff.; *Dahl*, NZI 08, 719, 720; *Groß*, WPg 04, 1357, 1369 ff.; *ders./Amen*, DB 05, 1861 ff.; *Luttermann/Vahlenkamp*, ZIP 03, 1629, 1631 ff.
111 Nicht nur Kernbereiche, vgl. Runkel/*Spliedt*, AnwaltsHdb InsR § 1 Rn. 122 f.
112 Zur Unschädlichkeit von Zahlungsstockungen Baumbach/Hueck/*Haas* Rn. 37 aE.
113 LG Göttingen ZIP 09, 382, 384.
114 Vgl. hierzu *Sikora*, ZInsO 10, 1761, 1774 (Ausn. Spendeneingang).

gnose begründen sollen, kann dem regelmäßig nicht genügen.[115] Der Prognose muss ein nachprüfbarer Sachverhalt zugrunde liegen, innerhalb dessen in geringem Maße ein Beurteilungsspielraum verbleibt.[116] Dieser darf die Grenze zu einem bloßen Hoffen oder Wunschdenken allerdings nicht überschreiten.[117] Die Prognose sollte daher auf verschiedene Szenarien abstellen u. etwaige Unsicherheiten jeweils erkennbar machen. Maßgebend sind letztlich die wahrscheinlichen Rahmenbedingungen.[118] Eine auf dieser Grundlage überw. Wahrscheinlichkeit der Fortführung meint eine **Wahrscheinlichkeit von mehr als 50 vom Hundert** auf der Grundlage einer **wertenden Gesamtbetrachtung.**[119]Benötigt die Gesellschaft eine Außenfinanzierung, muss die Beschaffung entspr. Mittel zu den jeweils geltenden Marktkonditionen hinreichend wahrscheinlich sein. Ein deutlich höherer Wahrscheinlichkeitsmaßstab erscheint indes geboten, wenn die Gesellschaft auf eine Gesellschafterfinanzierung angewiesen ist, weil mit anderweitigen Finanzierungen nicht gerechnet werden kann.

39 Unternehmenskonzept u. Finanzplan müssen in zeitlicher Hinsicht nach hM mind. das **laufende u. ferner das folgende Geschäftsjahr abdecken.**[120] Richtigerweise können Branchen- u. Unternehmensbesonderheiten im Einzelfall jedoch zu Abweichungen führen.[121] Dort, wo eine Entwicklung der künftigen Rahmenbedingungen aufgrund der Erfahrungen in der Vergangenheit oder aufgrund einer bereits in Gang gesetzten Marktentwicklung vorhersehbar erscheint, mag es angemessen sein, auch den zeitlichen Planungshorizont entspr. längerfristig zu gestalten. Ein kürzerer Planungszeitraum für die anderen Fälle sollte zulässig sein, sofern u. soweit dadurch die zugrunde liegenden Annahmen realistisch sind.[122] Der in der Restrukturierungspraxis häufig anzutreffende Prognosezeitraum von 13 Wochen erscheint dabei als die absolute Untergrenze.

---

115 OLG Schleswig ZIP 10, 516, 518 zur Aufstockung der Kreditlinie durch die Hausbank; ähnl *Sikora*, ZInsO 10, 516, 518: Indizien nicht ausreichend.

116 OLG Hamburg BeckRS 10, 18600; *Haas*, DStR 03, 423, 425 f.; IDW S 11 Rn. 64.

117 Rowedder/*M. Schmidt-Leithoff/Schneider* Rn. 125.

118 Ähnl Runkel/*Spliedt*, AnwHdb § 1 Rn. 130; *Sikora*, ZInsO 10, 1761, 1767; Baumbach/Hueck/*Haas* § 64 Rn. 47.

119 OLG Schleswig GmbHR 10, 864, 866; KG GmbHR 06, 374, 376; Baumbach/Hueck/*Haas* § 64 Rn. 45; HeidelbergerKommInsO/*Rüntz/Laroche*, § 19 Rn. 11; HambK-InsO/*Schröder*, § 19 Rn. 21; *Aleth/Harlfinger*, NZI 11, 166 ff.; *Fischer*, NZI 16, 665, 666 f.; *Gehrlein*, WM 18, 1, 6; *Goette*, DStR 16, 1752, 1753; *Groß/Amen*, WPg 03, 67; *Sikora*, ZInsO 10, 1761, 1765, 1767 f.; IDW S 11 Rn. 58.

120 IDW S 11 Rn. 60 f.; FK-InsO/*Schmerbach*, § 19 Rn. 22; HeidelbergerKommInsO/*Rüntz/Laroche*, § 19 Rn. 9 (idR zwei Jahre); HambK-InsO/*Schröder*, § 19 Rn. 27; Jaeger/*Müller*, InsO, § 19 Rn. 37; Kübler/Prütting/Bork/*Pape*, InsO, § 19 Rn. 16; MKInsO/*Drukarczyk/Schüler*, § 19 Rn. 96 f.; *Bork*, ZIP 00, 1709, 1710; aA *Hess*, InsO § 19 Rn. 33.

121 Vgl. BGH NJW 92, 2891, 2894 (fünf Monate); HambK-InsO/*Schröder*, § 19 Rn. 27; Jaeger/*Müller*, InsO, § 19 Rn. 37; MKInsO/*Drukarczyk/Schüler*, § 19 Rn. 96; *Gehrlein*, WM 18, 1, 6; *Goette*, DStR 16, 1752, 1757 f.

122 Tendenziell auch *K Schmidt*, DB 08, 2467, 2470 (den „möglichen“ Prognosezeitraum ausschöpfen); idS wohl auch Lutter/Hommelhoff/*Kleindiek*, Anh. § 64 Rn. 32; vgl. ferner *Neuberger*, ZIP 19, 1549, 1551.

Umstritten ist, ob für eine positive Fortbestehensprognose auch eine Gewinnerzielung erforderlich u. deshalb die **Ertragsfähigkeit** zu betrachten ist.[123] Aus Sicht der Gläubiger kommt es richtigerweise nur auf die **Schuldendeckung** an, für die zB auch ein werthaltiger Verlustausgleichsanspruch gegen Dritte oder eine sonstige Außenfinanzierungsquelle genügt. Die Überschuldungsprüfung zielt ebenfalls nicht darauf ab, die nicht-profitablen Unternehmen vom Markt zu nehmen.[124] Gleichwohl tendierte die wohl früher hM mit Unterschieden im Detail dazu, neben einer Liquiditäts- auch eine Ertragsplanung für eine positive Fortbestehensprognose zu verlangen, weil Zins u. Tilgung von Verbindlichkeiten aus den Erträgen, nicht aus der Vermögensverwertung bspw. infolge laufender Liquidierung betriebsnotwendigen Vermögens (Eigenkapitalrenditefähigkeit) gespeist werden sollen.[125] Diese Auffassung kann als überholt gelten.[126] Künftige Erträge, sofern liquiditätswirksam, können zwar im Rahmen der Liquiditätsplanung von Bedeutung sein, doch ist die Ertragsfähigkeit als solche keine Voraussetzung der positiven Fortbestehensprognose. Die erforderliche Liquidität kann also ggf. auch von außen kommen. Typische Fälle, bei denen es für die Startphase der Geschäftstätigkeit regelmäßig einer mittel- oder langfristigen Außenfinanzierung bedarf, sind zB Venture Capital-Unternehmen oder sonstige Start-up-Unternehmen. Richtigerweise bedarf es jedoch von der reinen Liquiditätsbetrachtung dann einer Ausnahme, wenn durch weiteres Zuwarten die vorhandene Liquidität nur aufgebraucht würde ohne Aussicht auf Besserung u./oder weitere Außenfinanzierung.[127] 40

---

123 So etwa *Ehlers*, NZI 11, 161, 162 ff. (in Anlehnung an § 252 II Nr. 1 HGB).

124 Vgl. eingehend *Bitter/Kresser*, ZIP 12, 1733 ff.; *Frystatzki*, NZI 11, 173, 176 f.; *ders.*, NZI 13, 161; *Aleth/Harlfinger*, NZI 11, 166, 168; ebenso Rowedder/*M. Schmidt-Leithoff/Schneider* Rn. 1120.

125 BGH ZIP 06, 2171 Rn. 3; NZG 10, 1393, 1394; KG ZInsO 06, 437, 438; OLG Naumburg ZInsO 04, 513; AG Hamburg ZInsO 12, 183, 184; Roth/*Altmeppen* Rn. 35 (Ertrags- u. Finanzplan); *Dahl*, NZI 08, 719; *Ehlers*, NZI 11, 161, 162; *Holzer*, ZIP 08, 2108; *Hüttemann*, FS K Schmidt, 09, S. 761, 776 ff. (zur Berücksichtigung absehbarer ertragsmindernder Zusatzbelastungen); *Grube/Röhm*, wistra 09, 81; *Sikora*, ZInsO 10, 1761, 1762 ff.; *Wackerbarth*, NZI 09, 145; *Wolf*, DStR 09, 2682; abw. HambK-InsO/*Schröder*, § 19 Rn. 18, 20 (mittelfristig zahlungsfähig und keine Erhöhung der rechnerischen Überschuldung); dagegen zu Recht Baumbach/Hueck/*Haas* Rn. 35; *Druckarczyk*, FS Baums, 2017, 338, 348 f.

126 BGH ZIP 93, 1382 (zur Rechtslage vor InsO); OLG Köln ZIP 09, 808, 809; OLG Hamburg ZInsO 13, 2447 ff.; ZIP 19, 416, 418; ZIP 18, 2197, 2198; Baumbach/Hueck/*Haas* Rn. 32; Lutter/Hommelhoff/*Kleindiek* Anh. zu § 64 Rn. 34; Jaeger/*Müller*, InsO, § 19 Rn. 34; Nerlich/Römermann/*Mönning*, InsO, § 19 Rn. 20; Scholz/*Bitter* Rn. 35; *K Schmidt*, in K Schmidt/Uhlenbruck, GmbH in der Krise, Rn. 5.140; Runkel/*Spliedt*, AnwHdb § 1 Rn. 125; *Bitter/Kresser*, ZIP 12, 1733, 1736 ff.; *Gehrlein*, WM 18, 1, 6; *Haarmann/Vorwerk*, BB 15, 1603, 1608 ff.; *Hirte/Knof/Mock*, ZInsO 08, 1217, 1222 („reine Liquiditätsprognose"); *Frystatzki*, NZI 11, 173 ff.; *ders.*, NZI 13, 161, 162; *Möhlmann-Mahlau*, NZI 09, 19 (Ertragsfähigkeit aber als Faktor der Zahlungsfähigkeit); *K. Schmidt*, ZIP 13, 485, 491; so auch IDW S 11 Rn. 59 („reine Zahlungsfähigkeitsprognose").

127 Vgl. hierzu *Bitter/Kresser*, ZIP 12, 1733, 1749 f.; *Steffan/Solmecke*, ZInsO 15, 1365, 1373.

41 Inhaltlich ähnelt die Fortbestehensprognose einer **mittelfristigen Zahlungsfähigkeitsprognose.**[128] Der Gesetzgeber hat die Vergleichbarkeit mit der Prüfung einer drohenden Zahlungsunfähigkeit (§ 18 InsO) nicht beabsichtigt, sie liegt aber in der Natur der Sache.[129]

42 Uneinigkeit besteht darüber, ob eine Fortbestehensprognose auch dann positiv ausfallen kann, wenn sich schon jetzt absehen lässt, dass **im Prognosezeitraum oder danach eine rechnerische Überschuldung** eintreten wird.[130] Dies erscheint jedenfalls dann als nicht ausgeschlossen, sofern die Bewertung der Vermögensgegenstände iRd rechnerischen Überschuldung ihrerseits Schwankungen unterliegt. Denn gerade solche wertmäßigen Schwankungen u. vorübergehenden Einbußen der Ertragsfähigkeit wollte der Gesetzgeber durch Rückkehr zum aktuellen Überschuldungsbegriff abmildern. Eine Vernachlässigung des Überschuldungsstatus iRd Fortbestehensprognose kann aber nicht empfohlen werden.[131]

43 In jedem Fall muss die Geschäftsleitung bei Krisenanzeichen verstärkt die jeweiligen Rahmenbedingungen laufend beobachten u. die Planung ggf. entspr. anpassen.[132] Eine Fortbestehensprognose lässt sich nicht schon deshalb vermuten, weil die rechnerische Überschuldung sich allein aus der Passivierung von Gesellschafterdarlehen ergibt.[133] Ändern sich die Grundlagen, fällt eine ursprünglich positive Fortbestehensprognose zu einem späteren Zeitpunkt möglicherweise anders aus.

44 cc) **Anforderungen an Sanierungskonzepte.** Insbes. ein Sanierungskonzept[134] kann im Ausgangspunkt **Grundlage einer positiven Fortbestehensprognose** sein, auch wenn es Sanierungsbeiträge diverser Interessengruppen (*Stakeholder*) verlangt.[135] Erforderlich[136] ist jedoch ein solches Konzept, welches in sich schlüssig ist u. von tatsächlichen Gegebenheiten ausgehen muss. Ob mit seiner Umsetzung schon begonnen sein muss, erscheint entgegen der hM zweifelhaft. Erforderlich, aber auch ausreichend ist, dass das durchgeplante Konzept mit der künftigen Umsetzung eine ernsthafte u. begründete Aussicht auf Erfolg verspricht.[137] Damit muss das Unternehmenskonzept nicht nur den Status quo beschreiben u. die Krisenursachen identi-

128 Lutter/Hommelhoff/*Kleindiek* Anh. zu § 64 Rn. 34; Rowedder/*M. Schmidt-Leithoff/Schneider* Rn. 120; *Frystatzki*, NZI 11, 173 ff.; *Goette*, DStR 16, 1684, 1689 ff.; vgl. auch BGH ZInsO 18, 815 Rn. 23.

129 HambK-InsO/*Schröder*, § 19 Rn. 18; Jaeger/*Müller*, InsO, § 19 Rn. 36.

130 So zur Fortbestehensprognose nach der früheren/künftigen Gesetzesfassung Budde/*Förschle*/Winkeljohann/*Hoffmann*, Sonderbilanzen, 4. Aufl., P Rn. 73; abl. *Leithaus/Schaefer*, NZI 10, 844, 846; bejahend *Aleth/Harlfinger*, NZI 11, 166, 169.

131 IErg ebenso Lutter/Hommelhoff/*Kleindiek* Anh. zu § 64 Rn. 29, 31; aA Kübler/Prütting/Bork/*Pape*, InsO, § 19 Rn. 30, 46 f.

132 BGHZ 126, 181, 199 = NJW 94, 2220; NZG 05, 482; *Goette*, ZInsO 01, 529 ff.

133 BGH ZInsO 07, 376, 378.

134 Vgl. hierzu *Fischer*, NZI 16, 665, 668 ff.; *Goette*, DStR 16, 1752, 1756 (auch zur Abhängigkeit von der Entscheidung Dritter); krit. u. bedenkenswert zu Sanierungsgutachten aus Sicht der Kreditgeber *Schönfelder*, WM 13, 113, 116 ff.

135 Zur Beurteilung von Sanierungskonzepten vgl. IDW S 6, FN-IDW 09, 578 ff.; s. dazu *Buth/Herrmanns*, DStR 10, 288 ff.; *Eisolt*, BB 10, 427 ff.

136 BGH WM 12, 146 Rn. 11 ff. (zu § 133 InsO).

137 BGH WM 12, 146 Rn. 11 ff.; OLG München GmbHR 19, 236, 238 f.; Baumbach/Hueck/*Haas* Rn. 35 (im Grundsatz „durchgeplant").

fizieren u. analysieren. Vielmehr muss es, hierauf aufbauend, konkrete u. realistische Maßnahmen zur finanz- u. leistungswirtschaftlichen Sanierung enthalten, wie also Kosten oder Verbindlichkeiten reduziert u. Liquidität gewonnen werden kann, damit das Leitbild des künftigen Unternehmens erreicht wird.[138] In die Finanzplanung dürfen **unternehmensinterne Sanierungsmaßnahmen** nur einfließen, wenn ihre Umsetzung **hinreichend gesichert** ist;[139] die Umsetzung **externer Maßnahmen** muss zumindest **überw. wahrscheinlich**[140] sein. Um der Lebenswirklichkeit, insbes. der Dynamik in Sanierungssituationen, gerecht zu werden, sollten die formalen Anforderungen an eine solche Prognosebeurteilung nicht überspannt werden. An der überw. Wahrscheinlichkeit fehlt es jedenfalls, wenn ein Dritter seine erforderliche Zustimmung verweigert hat[141] oder wenn die für die Umsetzung notwendigen finanziellen Mittel nicht bereit stehen. Deuten jedoch alle Umstände in der ex ante-Perspektive darauf hin, dass eine solche Zustimmung erteilt werden wird, kann hierauf zumindest vorübergehend, solange die Verhandlungen erfolgversprechend weiterlaufen,[142] eine positive Fortbestehensprognose gestützt werden.[143] Eine für notwendig erachtete Eigenmittelzufuhr muss ebenfalls hinreichend gesichert erscheinen.[144] Dies wäre etwa bei **jederzeit kündbaren Patronatserklärungen** oder auch bei solchen **Liquiditätszusagen**, die einen geringen Zeitraum als den Prognosezeitraum abdecken, eher nicht gewährleistet. Im Hinblick auf als erforderlich erachtete Fremdmittelzufuhr sollte genügen, wenn das Unternehmen die Marktkonditionen für Kreditvergabe (unter Einbeziehung der Rückzahlungspflichten) erfüllt.[145] Ein substanzloses oder ein auf unrealistischen Annahmen beruhendes Sanierungskonzept genügt nicht,[146] ebenso wenig wie bloße Pläne oder die Erörterung von Hilfsmöglichkeiten.[147] Unzureichend ist ferner die bloße Hoffnung auf Besserung.[148] Entspr. gilt für die **Businesspläne von Start-up-Unternehmen.**[149] Auf der Grundlage eines solchen Sanierungs-/Business-Plans muss sich ergeben, dass die Gesellschaft in

---

138 Vgl. BGH WM 98, 248, 250; OLG Köln ZInsO 10, 238, 242; *Weber*, ZInsO 11, 904 ff.

139 Vgl. *Aleth/Harlfinger*, NZI 11, 166, 169 ff.; *Sikora*, ZInsO 10, 1761, 1769 ff.; vgl. auch IDW S 11 Rn. 66 („hinreichend konkretisiert").

140 IdS auch OLG Hamburg BeckRS 08, 17846.

141 BGH GmbHR 04, 898, 900; Baumbach/Hueck/*Haas* Rn. 40 d; Lutter/Hommelhoff/*Kleindiek* Anh. zu § 64 Rn. 35.

142 OLG Hamburg ZIP 19, 416, 418; Baumbach/Hueck/*Haas* Rn. 40 d; *Fischer*, NZI 16, 65, 668 f.; *Goette*, DStR 16, 1752, 1760.

143 *Andersch/Philipp*, NZI 17, 782, 783; *Goette*, DStR 16, 1752, 175; iErg auch *Fischer*, NZI 16, 665, 668 f.; HambK-InsO/*Schröder* § 19 Rn. 23 ff.; Baumbach/Hueck/*Haas* Rn. 40 d.

144 Baumbach/Hueck/*Haas* Rn. 40 d; *Aleth/Harlfinger*, NZI 11, 166, 170 f. (Ableitung der Wahrscheinlichkeit aufgrund bisherigen Verhaltens kann ausreichend sein); *Sikora*, NWB 09, 232, 237.

145 Baumbach/Hueck/*Haas* Rn. 40 d.

146 OLG Dresden GmbHR 05, 172.

147 BGH WM 12, 146 Rn. 11.

148 KG GmbHR 06, 375, 376; Scholz/*Bitter* Rn. 38; *Fromm*, ZInsO 04, 943, 945.

149 BGHZ 140, 35 = NJW 99, 283; BGHZ 165, 391 = NJW 06, 1594.

der jeweiligen Periode stets über ausreichend liquide Mittel verfügt, um die jeweils fälligen Verbindlichkeiten tilgen zu können (s. aber → Rn. 40).[150]

45 dd) **Dokumentation.** Liegt weder ein Unternehmenskonzept noch eine Finanzplanung vor, erscheint allein deshalb eine positive Fortbestehensprognose nicht ausgeschlossen.[151] Denn letztlich hängt der Erfolg u. die Überlebensfähigkeit eines Unternehmens nicht davon ab, ob u. in welcher Weise die Strategie u. die zur Strategieumsetzung erforderlichen Maßnahmen (inkl. Finanzierung) dokumentiert sind. In der Gerichtspraxis wird jedoch ohne entspr. Dokumentation kaum der Nachweis einer positiven Fortbestehensprognose gelingen.

46 Daher empfiehlt es sich für die Geschäftsleitung dringend, das Unternehmenskonzept, den Finanzplan, höchstvorsorglich auch den Ertragsplan (→ Rn. 40), die zugrunde liegenden Rahmenbedingungen (Annahmen) u. Gründe, warum sie als wahrscheinlich angesehen werden, **schriftlich oder in elektronisch gespeicherter Form zu dokumentieren.**[152] Umfang u. Informationsdichte hängen von der Größe u. Art des Unternehmens ab. Ohne ordnungsgemäßes Rechnungswesen erscheint eine positive Fortbestehensprognose praktisch ausgeschlossen.[153]

4. Rechnerische Überschuldung

47 a) **Verhältnis zur Handelsbilanz u. Bewertungsregeln.** Ob das Unternehmen rechnerisch überschuldet ist, wird durch einen Überschuldungsstatus bzw. eine **Überschuldungsbilanz (Sonderbilanz)** festgestellt.[154] Darin wird bezogen auf einen bestimmten **Stichtag**[155] – notwendiger Weise vor der Insolvenzverfahrenseröffnung u. folglich ohne die insolvenzbedingten Auswirkungen[156] – das gesamte Vermögen (Aktiva u. Passiva) einzeln bewertet (**Grundsatz der Einzelbewertung**)[157] u. gegenübergestellt. Überschießen die Passiva die Aktiva, hat das Unternehmen ein negatives Reinvermögen u. ist damit **rechnerisch überschuldet.**

48 Die Überschuldungsprüfung erfolgt nach eigenen Regeln mit dem Ziel, den „wahren Wert" des Unternehmens bzw. das Schuldendeckungspotenzial[158] gem. auf den Zweck der Insolvenzeröffnung zugeschnittenen Bewertungsregeln festzustellen.[159] Es handelt sich um eine **Vermögensbilanz;** für eine

---

150 BGHZ 165, 391 = NJW 06, 1594; Baumbach/Hueck/*Haas* Rn. 37; *Hirte/Knof/Mock*, ZInsO 08, 1217, 1222; *Sikora*, NWB 09, 232, 236.

151 AA *Strohn*, ZInsO 09, 1417, 1423.

152 Lutter/Hommelhoff/*Kleindiek* Anh. zu § 64 Rn. 36; Scholz/*Bitter* Rn. 31; *Aleth/Harlfinger*, NZI 11, 166, 172; *Sikora*, ZInsO 10, 1761, 1773.

153 BGH GmbHR 11, 24 Rn. 13; iErgLutter/Hommelhoff/*Kleindiek* Anh. zu § 64 Rn. 33; IDW S 11 Rn. 57 ff.

154 Lutter/Hommelhoff/*Kleindiek* Anh. zu § 64 Rn. 38; Scholz/*Bitter* Rn. 42 f.

155 HambK-InsO/*Schröder*, § 19 Rn. 15; Jaeger/*Müller*, InsO, § 19 Rn. 44; Winkeljohann/*Förschle*/Deubert/*Hoffmann*, Sonderbilanzen, P Rn. 82.

156 Baumbach/Hueck/*Haas* Rn. 45; Kübler/Prütting/Bork/*Pape* § 19 Rn. 54; Uhlenbruck/*Mock* § 19 Rn. 59.

157 Baumbach/Hueck/*Haas* Rn. 44; HeidelbergerKommInsO/*Rüntz/Laroche*, § 19 Rn. 12; Jaeger/*Müller*, InsO, § 19 Rn. 26.

158 Baumbach/Hueck/*Haas* Rn. 43.

159 BGHZ 125, 141, 146 = ZIP 94, 701, 703; NJW 01, 1136; Roth/*Altmeppen* Rn. 27; *Hüttemann*, FS K Schmidt, 09, S. 761.

Ertragswertmethode wie bei der Unternehmensbewertung ist kein Raum.[160] **Stille Reserven**[161] u. **stille Lasten** sind gleichermaßen aufzudecken. Das handelsbilanzielle Vorsichtsprinzip findet keine Anwendung.[162] Diese Vermögensbetrachtung hat jedoch für die Überschuldungsprüfung nur praktische Bedeutung, wenn die Fortbestehensprognose nicht positiv ausfällt (ansonsten Ausschlussgrund).

Die **Handelsbilanz** hat eine **informelle Indizwirkung** für die Überschuldungsprüfung.[163] Weder das Vorsichts- noch das Niederstwertprinzip können jedoch abschließend gewährleisten, dass der Liquidationswert eines Vermögensgegenstandes mind. seinem handelsbilanziellen Buchwert (ggf. mit going-concern-Prämisse, vgl. § 252 I Nr. 2 HGB) entspricht, so dass Korrekturbedarf verbleibt.[164] Mit diesem Vorbehalt spricht positives Eigenkapital in der Handelsbilanz im ersten Anschein für ein positives Reinvermögen auch unter insolvenzrechtlichen Aspekten. Eine solche Indizwirkung setzt voraus, dass der Stichtag der Überschuldungsprüfung nicht wesentlich von demjenigen der Handelsbilanz abweicht bzw. sie kann sich allenfalls auf fortgeschriebene Buchwerte beziehen, welche die Geschäftsleitung sorgfältig beobachten u. laufend kontrollieren muss.[165] Zur prozessualen Darlegungs- u. Beweislast s. → Rn. 70 ff. 49

Praktisch bietet es sich an, den Überschuldungsstatus in Anlehnung an § 266 HGB zu erstellen.[166] 50

b) Liquidations-/Zerschlagungswerte. Für die Ermittlung des Reinvermögens sind **Liquidationswerte/Zerschlagungswerte** anzusetzen.[167] Darunter versteht man grds. den Veräußerungswert eines Wirtschaftsguts im Fall einer regulären Liquidation (vgl. § 70) eines Unternehmens abzüglich der anfallenden Verwertungskosten (ggf. zu schätzen) u. der Umsatzsteuer.[168] Dies erfordert regelmäßig eine Neubewertung. Steuern infolge der Realisierung stiller Reserven beeinflussen den Liquidationswert.[169] 51

---

160 Baumbach/Hueck/*Haas* Rn. 43; Jaeger/*Müller*, InsO, § 19 Rn. 26.
161 BGH ZIP 01, 839. – Ggf. entsteht bei Aufdeckung stiller Reserven Anpassungsbedarf bei den Steuerrückstellungen, vgl. Rowedder/*M. Schmidt-Leithoff/Schneider* Rn. 126, 128.
162 Baumbach/Hueck/*Haas* Rn. 43; *Strohn*, NZG 11, 1161; aA OLG Schleswig ZIP 10, 516, 518.
163 BGHZ 146, 264, 267 f. = NJW 01, 1280; ZIP 05, 807; 07, 1060, 1061; 08, 72; 08, 267; 09, 860 f.; 09, 1220; OLG Celle GmbHR 04, 568, 569; 08, 1034, 1035; OLG Schleswig GmbHR 05, 1124, 1125.
164 IDW S 11 Rn. 69; Rowedder/*M. Schmidt-Leithoff/Schneider* Rn. 128; Ulmer/*Casper* § 64 Rn. 57 (allerdings für Anwendung des Vorsichtsprinzips).
165 OLG Celle OLGR 00, 267; Roth/*Altmeppen* Rn. 33, 38.
166 Lutter/Hommelhoff/*Kleindiek* Anh. zu § 64 Rn. 38 (Handelsbilanz als Ausgangspunkt); Winkeljohann/*Förschle*/Deubert/*Hoffmann*, Sonderbilanzen, P Rn. 83; *Möhlmann*, DStR 98, 1843, 1848.
167 Scholz/*Bitter* Rn. 43; *Eckert/Happe*, ZInsO 08, 1098.
168 IDW FAR 1/96, 4.1; Baumbach/Hueck/*Haas* Rn. 54; HeidelbergerKommInsO/*Rüntz/Larochef*, § 19 Rn. 13; Jaeger/*Müller*, InsO, § 19 Rn. 42 ff.; Lutter/Hommelhoff/*Kleindiek* Anh. zu § 64 Rn. 47; Winkeljohann/*Förschle*/Deubert/*Hoffmann*, Sonderbilanzen, P Rn. 100 ff.; idS auch *K Schmidt*, in K Schmidt/Uhlenbruck, GmbH in der Krise, Rn. 5.121; *Haas*, DStR 03, 423, 424 f.
169 Baumbach/Hueck/*Haas* Rn. 54; MKInsO/*Drukarczyk/Schüler*, § 19 Rn. 121.

52 Führen unterschiedliche Verwertungsmöglichkeiten zu verschiedenen Veräußerungspreisen, so ist von der **wahrscheinlichsten Verwertungsvariante** auszugehen:[170] Sofern eine geordnete Veräußerung (einschl. eines sog. *asset deals*) naheliegt, kommt es eher auf Liquidationswerte an; sofern eine Einzelverwertung nach den Gesamtumständen wahrscheinlicher ist, erfolgt die Bewertung zu regelmäßig niedrigeren Zerschlagungswerten.[171]

53 **c) Zu den Aktiva.** Der Überschuldungsstatus bildet auf der Aktivseite das **verwertbare Vermögen** der Gesellschaft ab (§§ 35, 36 InsO). Auszunehmen sind jedoch stets die der **Aussonderung** unterliegenden Vermögensgegenstände (§ 47 InsO) wie bspw. Leasinggut oder unter einfachem Eigentumsvorbehalt gelieferte unbezahlte Ware.[172] Mit **Absonderungsrechten** belastete Vermögensgegenstände (§§ 49 ff. InsO) sind iSd Transparenz zu aktivieren, ebenso wie die gesicherten Verbindlichkeiten zu passivieren sind.[173]

54 **Selbst geschaffene Patente u. andere gewerbliche Schutzrechte** sind, sofern sie selbstständig verwertbar sind, ungeachtet § 248 II HGB anzusetzen.[174] Entspr. gilt auch für den **Geschäfts-/Firmenwert** (Kundenstamm, Firma etc): Er muss dafür eigenständig oder zusammen mit Teilen des sonstigen Vermögens veräußerbar sein.[175] Dies ist nach hier vertretener Auffassung bereits dann gewährleistet, wenn im Insolvenzfall eine übertragende Sanierung einschl. des gesondert ausgewiesenen Firmenwerts gegen entsprs Entgelt als überw. wahrscheinlich erscheint, ohne dass bereits ein konkretes Angebot vorliegen muss.[176] **Eigene Geschäftsanteile** dürften regelmäßig ohne Wert sein.[177]

55 **Un- u. halbfertige Erzeugnisse** sind je nach Marktlage verwertbar. Ggf. ist der Veräußerungspreis abzüglich der noch anfallenden Fertigstellungskosten anzusetzen, sofern eine geordnete Ausproduktion realistisch erscheint. Andernfalls sind (hohe) Bewertungsabschläge vorzunehmen, wie häufig

---

170 IDW S 11 Rn. 74; HambK-InsO/*Schröder*, § 19 Rn. 30; Uhlenbruck/*Mock*, InsO, § 19 Rn. 129; vgl. auch *Gehrlein*, WM 18, 1, 5.

171 Ähnl Scholz/*Bitter* Rn. 43, 45.

172 HambK-InsO/*Schröder*, § 19 Rn. 48; Scholz/*K Schmidt/Bitter* 10. Aufl. Rn. 33, 35; Nickert/Lamberti/*Kühne* Rn. 367; aA Jaeger/*Müller*, InsO § 19 Rn. 45.

173 Baumbach/Hueck/*Haas* Rn. 46 mwN.

174 BGHZ 119, 201, 214 = NJW 92, 2891; Baumbach/Hueck/*Haas* Rn. 47; Lutter/Hommelhoff/*Kleindiek* Anh. zu § 64 Rn. 40; Scholz/*Bitter* Rn. 50; IDW S 11 Rn. 78.

175 OLG Celle NZG 02, 730; OLG Frankfurt NZG 01, 173; Baumbach/Hueck/*Haas* Rn. 47; HeidelbergerKommInsO/*Rüntz/Laroche*, § 19 Rn. 16; Jaeger/*Müller*, InsO, § 19 Rn. 51 f.; Lutter/Hommelhoff/*Kleindiek* Anh. zu § 64 Rn. 40; Rowedder/*M. Schmidt-Leithoff/Schneider* Rn. 137; weitergehend zB Scholz/*Bitter* Rn. 46 ff.; *Böcker/Poertzgen*, GmbHR 08, 1289, 1294 f.; *Eckert/Happe*, ZInsO 08, 1098, 1100; *Holzer*, ZIP 08, 2108, 2110; IDW S 11 Rn. 79; enger zB Kübler/Prütting/Bork/*Pape*, InsO, § 19 Rn. 11; Uhlenbruck/*Mock*, InsO, § 19 Rn. 82 f.; differenzierend Winkeljohann*Förschle*/Deubert/*Hoffmann*, Sonderbilanzen, P Rn. 111; abl. *K Schmidt* in K Schmidt/Uhlenbruck, GmbH in der Krise, Rn. 5.123.

176 AA (greifbare Anhaltspunkte iSv konkretem Erwerbsangebot erforderlich) OLG Frankfurt NZG 01, 173; OLG Celle NZG 02, 730; vgl. *Gehrlein*, WM 18, 1, 5; *Haas*, DStR 03, 423, 424; wie hier (greifbare Verwertungsaussicht) indes HeidelbergerKommInsO/*Rüntz/Laroche*, § 19 Rn. 16.

177 Lutter/Hommelhoff/*Kleindiek* Anh. zu § 64 Rn. 39; Roth/*Altmeppen* Rn. 48; Scholz/*Bitter* Rn. 50; iE ebenfalls Baumbach/Hueck/*Haas* Rn. 47.

auch bei überhöhten u. überalterten Beständen.[178] **Stille Lasten** für allfällige Entsorgungsarbeiten sind ebenso zu berücksichtigen. **Forderungen aus Lieferungen u. Leistungen** sind grds. mit dem Nennbetrag zu bewerten. Erfahrungsgemäß besteht häufig Korrektur-, Abschreibungs- oder Wertberichtigungsbedarf, bspw. wegen Alter der Forderungen, wegen Gewährleistungseinreden oder wegen zweifelhafter Bonität des Drittschuldners. **Forderungen aus schwebenden Geschäften** sind anzusetzen, wenn mit Vertragserfüllung realistischer Weise zu rechnen ist.[179] Gegen Dritte gerichtete **Freistellungsansprüche** (§ 670 BGB analog) der Gesellschaft werden angesetzt, sofern sie rechtlich bestehen u. wirtschaftlich durchsetzbar sind, weil der Dritte bspw. durch einen Rangrücktritt zu erkennen gab, dass er das volle Risiko der Einstandspflicht übernimmt; anders verhält es sich indes bei Bürgschaften oder Zahlungsversprechen Dritter, die nicht zum Gesellschaftsvermögen gehören.[180] **Bei str. Forderungen** kommt es auf den Grad der objektiven Wahrscheinlichkeit an, dass die Forderung materiellrechtlich besteht, wobei ggf. weitere Bewertungsabschläge erforderlich sein können.[181] Zur Parallelproblematik str. Verbindlichkeiten → Rn. 92, 63. Die **Aktiven Rechnungsabgrenzungsposten** können realisierbare Vermögenswerte, zB vorausbezahlte Kfz-Versicherungsprämien, enthalten.

Im Hinblick auf **Ansprüche gegen Gesellschafter u. Geschäftsführer** muss die Gesellschaft zunächst bereit sein, solche Ansprüche zu verfolgen.[182] Ferner müssen etwaige Ansprüche in ihren Voraussetzungen gesichert (anerkannt oder vorliegendes rechtskräftiges Leistungsurteil nicht zwingend)[183] u. vollwertig durchsetzbar sein.[184] 56

Als derartige Ansprüche kommen in Betracht:[185] ausstehende Einlagen; beschlossene Nachschüsse; Ansprüche aus Differenzzahlung bei verdeckter Sacheinlage (§ 19 IV); Ansprüche wegen nicht oder nicht ordnungsgemäß erbrachter Einlage beim Hin- u. Herzahlen (§ 19 V);[186] Ansprüche aus Gründungs-/Vorbelastungshaftung wegen vor Eintragung eingegangener Verbindlichkeiten; Ansprüche gem. §§ 30, 31; Rückgewähransprüche wegen eigenkapitalersatzrechtlicher Verstrickung, soweit die maßgebliche Rechtshandlung vor Inkrafttreten des MoMiG erfolgte; Ansprüche gem. § 43; Verlustausgleichsansprüche gem. § 302 AktG;[187] insbes. krisenbe- 57

178 Jaeger/*Müller*, InsO, § 19 Rn. 57 ff.; Uhlenbruck/*Mock*, InsO, § 19 Rn. 65, 138.
179 BGH WM 10, 2313 Rn. 18 (zur Mietkaution); OLG Hamm NJW-RR 93, 1445 f.; Baumbach/Hueck/*Haas* Rn. 47, 49; HeidelbergerKommInsO/*Rüntz/Laroche*, § 19 Rn. 17; Jaeger/*Müller*, InsO, § 19 Rn. 63.
180 LG Göttingen ZInsO 09, 382, 384; OLG Düsseldorf NZG 99, 944, 946; Baumbach/Hueck/*Haas* Rn. 46.
181 HambK-InsO/*Schröder*, § 19 Rn. 31; *Primozic/Feckl*, GmbHR 05, 160; für Nichtaktivierbarkeit str. Forderungen jedoch OLG Hamburg ZIP 17, 2197.
182 Jaeger/*Müller*, InsO, § 19 Rn. 64; *Frystatzki*, NZI 13, 161, 162.
183 OLG Schleswig ZIP 10, 516, 518.
184 BGH NZG 10, 1393, 1395; Roth/*Altmeppen* Rn. 48 (für nicht geleistete Einlagen).
185 Überblick HambK-InsO/*Schröder*, § 19 Rn. 35 ff.; Scholz/*Bitter* Rn. 52; Uhlenbruck/*Mock*, InsO, § 19 Rn. 87 ff.; *Frystatzki*, NZI 13, 161 ff.
186 BGH DStR 07, 1360; ZIP 05, 1734, 1736; Baumbach/Hueck/*Haas* Rn. 47; Jaeger/*Müller*, InsO, § 19 Rn. 64 ff.; Kübler/Prütting/Bork/*Pape*, InsO, § 19 Rn. 11.
187 Baumbach/Hueck/*Haas* Rn. 47; Jaeger/*Müller*, InsO, § 19 Rn. 66.

stimmte Liquiditätsausstattungsansprüche u. Zahlungsgarantien, selbst wenn sie für die Zukunft kündbar sein sollten;[188] Ansprüche aus ggü. der Gesellschaft[189] abgegebenen, sog. internen harten Patronatserklärungen bzw. Liquiditätsausstattungsgarantien.[190] Im Anschluss an die Rspr. zum qualifizierten Rangrücktritt[191] – u. dabei deutlich weitergehend als die bisherige Praxis im Anschluss an die STAR21-Entscheidung[192] annehmen dürfte – sollen diese jedoch nach Auffassung von *Bitter* verschiedene zusätzliche Voraussetzungen erfüllen müssen, um überschuldungsvermeidend zu sein: Neben der Leistungsfähigkeit des Patrons sei notwendig, dass das Patronat auch in der Insolvenz wirksam bleibe. Kündigungs- oder sonstige (befristete) Beendigungsmöglichkeiten führten insoweit zu Vorbehalten. Weitergehend sei sogar eine Drittwirkung iSv § 328 BGB erforderlich, dass also eine Aufhebung/Änderung für die Dauer der Krise nur mit Zustimmung aller Gläubiger erfolgen könne.[193] Entspr. gelte für die Aktivierbarkeit anderer Finanzierungsbeiträge, die kein Eigenkapital darstellen.[194] Sollte sich diese Ansicht durchsetzen, dann wäre nicht überraschend, dass Patronatserklärungen wegen der damit verbundenen u. für die Zukunft unüberschaubaren, weil endlosen Risiken für den Patron ihre praktische Bedeutung verlieren, soweit es um die Überschuldungsvermeidung auf Ebene der rechnerischen Überschuldung geht.[195] Geschäftsführer könnten sich nicht mehr sicher sein, ob Patronatserklärungen, die die genannten Kriterien nicht erfüllen, noch im Rahmen der Überschuldungsprüfung herangezogen werden können.[196] Bei Patronatshaftung u. Freistellungsansprüchen ist schließlich darauf zu achten, ob ggf. ein zu passivierender Regressanspruch entsteht (→ Rn. 67).[197]

Hinweis: Hängt die Beseitigung der Überschuldung von solchen Ansprüchen ab, empfiehlt es sich, ein Schuldanerkenntnis einzuholen.

58 **Nicht** in den Überschuldungsstatus einzustellen sind **Ansprüche wegen Insolvenzanfechtung** (§§ 129 ff., 143 InsO),[198] **Insolvenzverschleppung**

188 Vgl. BGH NJW 10, 3442 (STAR 21) zum Patronat; zust. *K Schmidt* in: K Schmidt/Uhlenbruck, GmbH in der Krise, Rn. 5.135.
189 Zu sog. konzernexternen Patronatserklärungen iRd Zahlungsunfähigkeitsprüfung vgl. BGH ZIP 11, 1111 Rn. 19 f.; im Überschuldungsstatus zumindest ansetzbar bei eigenem Anspruch auf den Schutz durch externe Patronatserklärung, vgl. *K Schmidt*, in: K Schmidt/Uhlenbruck, GmbH in der Krise, Rn. 5.135.
190 Vgl. hierzu OLG München ZInsO 04, 601; OLG Celle ZIP 08, 2416, 2417; Baumbach/Hueck/*Haas* Rn. 47; *K Schmidt*, in K Schmidt/Uhlenbruck, GmbH in der Krise, Rn. 5.135; *Frystatzki*, NZI 13, 161, 164 ff.; *Merz/Hübner*, DStR 05, 802, 803 f.; vgl. auch *Tetzlaff*, ZInsO 08, 337 ff.
191 Vgl. BGH ZIP 15, 638.
192 BGH NJW 10, 3442 Rn. 18 ff.
193 Ausführlich hierzu *Bitter*, ZHR 181 (17), 428, 466 ff.
194 Vgl. *Bitter*, ZIP 19, 146, 153.
195 Eine gleiche Bewertung hinsichtlich der positiven Fortbestehensprognose ist nicht zwingend.
196 Konsequenterweise müsste die Eigenkapitalbasis gestärkt werden.
197 Vgl. *Heeg*, BB 11, 1160, 1162; *Kaiser*, ZIP 11, 2136; *Maier-Reimer/Etzbach*, NJW 11, 1110, 1116 f.
198 Baumbach/Hueck/*Haas* Rn. 45.

(§ 15 a InsO iVm § 823 II BGB)[199] oder **Masseschmälerung** (§ 64 S. 1)[200] da andernfalls die Folgen der eingetretenen materiellen Insolvenz bereits einbezogen würden[201] bzw. weil sie entweder vor Verfahrenseröffnung den Gläubigern zustehen oder die Eröffnung eines Insolvenzverfahrens/Abweisung mangels Masse voraussetzen (s. aber → § 64 Rn. 57 f.).[202] Nicht zu aktivieren sind ferner Ansprüche wegen **Insolvenzverursachung** (§ 64 S. 3).[203] **Schadensersatzforderungen aus Existenzvernichtung** (§ 826 BGB) stehen unmittelbar der Gesellschaft zu,[204] jedoch wird infolge der Insolvenzverursachung/-vertiefung als Tatbestandsmerkmal praktisch erst der Insolvenzverwalter diese Ansprüche verfolgen können.[205]

Stehen den ansetzbaren Forderungen **gleichartige bzw. -wertige Gegenansprüche** ggü, findet keine automatische Saldierung statt. Vielmehr werden – bis eine Aufrechnung erklärt worden ist – Forderung u. Gegenanspruch auf der Aktiv- wie der Passivseite zur Transparenz im Überschuldungsstatus erfasst.[206] In entspr. Weise ist mit dem Freistellungsanspruch ggü. einem Dritten zu verfahren, der für Verbindlichkeiten der Gesellschaft Sicherheiten bestellt hat; Aktivierbarkeit setzt einen solchen Freistellungsanspruch voraus.[207] **Eigene Sicherheiten für Gesellschaftsverbindlichkeiten** mindern den Bewertungsansatz auf der Aktivseite nicht.[208] 59

d) Zu den Passiva. Auf der Passivseite des Überschuldungsstatus **stehen alle Verbindlichkeiten in Höhe ihres Nennwertes,** die nach der zugrunde gelegten Fortbestehens- oder Zerschlagungsprämisse bestehen oder wahrscheinlich entstehen, weil u. sofern die Grundlage hierfür bereits gelegt ist, u. zwar unabhängig von ihrer Fälligkeit.[209] **Nicht** hierunter zählen etwa durch **Eintritt der materiellen Insolvenz aufschiebend bedingt erlassene Verbindlichkeiten.**[210] Dass eine Verbindlichkeit dinglich gesichert ist, steht ihrer Aufnahme in den Überschuldungsstatus nicht entgg.[211] 60

199 HambK-InsO/*Schröder*, § 19 Rn. 37; Uhlenbruck/*Mock*, InsO, § 19 Rn. 96.
200 Baumbach/Hueck/*Haas* Rn. 45; Nickert/Lamberti/*Kühne*, Überschuldungs- u. Zahlungsfähigkeitsprüfung, Rn. 369; *Frystatzki*, NZI 13, 161; *Haas*, ZInsO 07, 617, 627; aA Scholz/*Bitter* Rn. 53.
201 Zutr. *Frystatzki*, NZI 13, 161, 162 f.
202 BGH ZInsO 00, 599; Jaeger/*Müller*, InsO, § 19 Rn. 68; Rowedder/*M. Schmidt-Leithoff/Schneider* Rn. 142.
203 *Frystatzki*, NZI 13, 161, 164.
204 BGHZ 173, 246 = NJW 07, 2689.
205 Gegen die Aktivierung auch *Frystatzki*, NZI 13, 161, 164.
206 HambK-InsO/*Schröder*, § 19 Rn. 48; HeidelbergerKommInsO/*Rüntz/Laroche*, § 19 Rn. 18; Uhlenbruck/*Mock*, InsO, § 19 Rn. 62; Nickert/Lamberti/*Kühne*, Überschuldungs- und Zahlungsfähigkeitsprüfung, Rn. 367 (zugleich Passivierungspflicht).
207 OLG Düsseldorf NZG 99, 944, 946; LG Göttingen ZIP 09, 382, 384.
208 HeidelbergerKommInsO/*Rüntz/Laroche*, § 19 Rn. 18; Scholz/*Bitter* Rn. 49, 58.
209 OLG Hamburg NZI 19, 893 Rn. 48; OLG Brandenburg BeckRS 15, 01192 Rn. 30; Baumbach/Hueck/*Haas* Rn. 48; *Uhlenbruck*, ZInsO 06, 338, 339.
210 *Uhlenbruck*, in K Schmidt/Uhlenbruck, GmbH in der Krise, 4. Aufl. Rn. 5.169.
211 OLG Celle NZG 02, 730, 731; OLG Hamburg NZI 19, 83 Rn. 48; Jaeger/*Müller*, InsO, § 19 Rn. 88; Ulmer/*Casper* § 64 Rn. 59.

61 Für **ungewisse Verbindlichkeiten** ist eine Rückstellung nach der Wahrscheinlichkeit der Inanspruchnahme zu bilden.[212] Entspr. gilt für Rückstellungen wegen drohender Verluste.[213] Aufwands- u. Kulanzrückstellungen, denen ein handelsbilanzielles Wahlrecht zugrunde liegt, finden in den Überschuldungsstatus nur insoweit Eingang, als der angenommene Aufwand auch bei der unterstellten Prämisse eintreten wird.[214]

62 Sonderposten mit Rücklageanteil u. andere **Positionen des handelsbilanziellen Eigenkapitals** spielen für die Ermittlung des Reinvermögens keine Rolle, soweit ihnen keine Verbindlichkeit gegenübersteht. Sie bleiben somit im Überschuldungsstatus mit Ausn. des darin enthaltenen Steueranteils außer Betracht.[215] Darlehen, die ein Gesellschafter aufgrund eines im Gesellschaftsvertrag enthaltenen Versprechens gewährt hat (**„gesplittete Einlagen“**), unterliegen grds. der Passivierungspflicht.[216]

63 **Betagte u. befristete Verbindlichkeiten** unterliegen einer Passivierungspflicht, sind jedoch ggf. abzuzinsen (vgl. § 41 InsO).[217] **Bedingte u. Eventual-Verbindlichkeiten** sind anzusetzen, wenn eine Inanspruchnahme überw. wahrscheinlich ist.[218] Gleiches gilt auch für **umstrittene, ungewisse u. vorläufig vollstreckbare, noch nicht rechtskräftig titulierte Verbindlichkeiten.**[219] Die Ausführungen unter → Rn. 92 zur Berücksichtigung umstrittener Verbindlichkeiten bei der Zahlungsunfähigkeit nach Maßgabe der materiellrechtlichen Verhältnisse gelten entspr.[220]

64 **Verbindlichkeiten aus laufenden, unerfüllten Verträgen** sind mit dem geschätzten, künftig anfallenden Aufwand anzusetzen. § 103 InsO entfaltet außerhalb des Insolvenzverfahrens keine Vorwirkung.[221] Noch nicht fällige Verbindlichkeiten aus **Zug um Zug zu erfüllenden Dauerschuldverhältnissen** sind mit dem bis zur nächsten Kündigungsmöglichkeit[222] voraussichtlich anfallenden Gesamtverlust zu berücksichtigen, wenn das Unternehmen

---

212 BGH ZIP 03, 2068, 2070; 10, 2400 Rn. 12; OLG Naumburg DStR 07, 1220; Rowedder/*M. Schmidt-Leithoff/Schneider* Rn. 149 Ulmer/*Casper* § 64 Rn. 62; IDW S 11 Rn. 84.

213 OLG München ZInsO 14, 248, 254; HeidelbergerKommInsO/*Rüntz/Laroche* § 19 Rn. 21; aA K. Schmidt/*K. Schmidt* § 19 Rn. 41.

214 BFH GmbHR 05, 1571; Jaeger/*Müller*, InsO, § 19 Rn. 37; weitergehend *Uhlenbruck*, in K Schmidt/Uhlenbruck, GmbH in der Krise, 4. Aufl. Rn. 5.175 aA HambK-InsO/*Schröder*, § 19 Rn. 49: keine Berücksichtigung mangels rechtlicher Verpflichtung.

215 HambK-InsO/*Schröder*, § 19 Rn. 50; Jaeger/*Müller*, InsO, § 19 Rn. 87; Scholz/*Bitter* Rn. 57; vgl. auch BFH GmbHR 05, 1571, 1573.

216 BGH NZG 10, 701; aA *Bormann*, GmbHR 10, 752, 754.

217 Baumbach/Hueck/*Haas* Rn. 48; Scholz/*Bitter* Rn. 60.

218 Jaeger/*Müller*, InsO, § 19 Rn. 75; Scholz/*Bitter* Rn. 60.

219 Uhlenbruck/*Mock*, InsO, § 19 Rn. 155; *Höffner*, DStR 08, 1787; *Primozic/Feckl*, GmbHR 05, 160; *Schmidt/Roth*, ZInsO 06, 236.

220 Vgl. OLG Naumburg DStR 07, 549; BFH DStR 04, 134; Scholz/*Bitter* Rn. 60; zurückhaltender, wenn vom (Nicht-) Bestehen der Forderung die Überschuldung abhängt: Baumbach/Hueck/*Haas* Rn. 48; offenlassend OLG München GmbHR *19, 236, 238;* vgl. auch Uhlenbruck/*Mock*, InsO, § 19 Rn. 155; *Uhlenbruck*, ZInsO 06, 338, 339; abl. *K Schmidt* in K Schmidt/Uhlenbruck, GmbH in der Krise, Rn. 5.129.

221 Baumbach/Hueck/*Haas* Rn. 49; Scholz/*Bitter* Rn. 54, 59.

222 Zur Kündigungsmöglichkeit durch den Insolvenzverwalter BGH NZG 10, 1393, 1395.

die Gegenleistung nicht oder nur eingeschränkt sinnvoll verwenden kann.[223]

Zu passivieren mit dem kapitalisierten Barwert nach versicherungsmathematischen Regeln sind **Betriebsrentenansprüche, Pensionsverpflichtungen** ebenso wie **Pensionsanwartschaften**, auch wenn sie unverfallbar sind oder den PSVaG im Insolvenzfall eine Eintrittspflicht träfe (wegen *cessio legis* gem. § 9 BetrAVG).[224] Ein Passivierungswahlrecht gem. Art. 28 EGHGB besteht nicht.[225] Auch **Sozialplankosten** u. **Kosten eines Nachteilsausgleichs** berücksichtigt der Überschuldungsstatus, wenn die Prämisse konkret absehbare, sozialplanpflichtige Betriebsänderungen auch ohne Insolvenz zur Folge hat[226] oder der Sozialplan bereits abgeschlossen ist. 65

In der Liquidationsprämisse gilt dies ebenso für sonstige Kosten der Einstellung u. Abwicklung des Geschäftsbetriebs. Da es bei der Überschuldungsprüfung darum geht, ob das vorhandene Vermögen bei der zugrunde gelegten Prämisse die Verbindlichkeiten deckt, müssen auch die entstehenden **Abwicklungskosten** einbezogen werden. Hierfür ist in Höhe der geschätzten Kosten eine Rückstellung zu bilden. Die **nur in der Insolvenzabwicklung anfallenden Verfahrenskosten** gem. § 54 InsO sowie die sonstigen Masseverbindlichkeiten (§ 55 InsO) gehören allerdings nicht dazu, weil ansonsten u. entgg. dem Stichtagsprinzip die Wirkungen eines Insolvenzverfahrens vorweggenommen würden.[227] 66

Noch nicht durch Verlust aufgezehrte[228] **Forderungen aus einer stillen Einlage (vgl. § 236 HGB), Genussrechte u. Forderungen aus vergleichbaren Leistungen** sind jeweils zu passivieren, sofern für sie kein Rangrücktritt erklärt wurde (§ 19 II 2 InsO).[229] Für den **atypisch still Beteiligten**, der wirtschaftlich die Risiken eines Kommanditisten trägt, gilt Gleiches. Denn der Geschäftsleitung ist nicht zuzumuten, im Einzelfall zu prüfen, ob eine typische oder atypische stille Beteiligung (der Kommanditistenstellung angenähert) vorliegt; der still Beteiligte kann durch eine Rangrücktrittserklärung, die explizit auch die entspr. Forderungen erfasst,[230] die gewünschte Klar- 67

223 OLG Naumburg DStR 07, 1220; OLG Hamm NZG 02, 782; Scholz/*Bitter* Rn. 59.
224 Baumbach/Hueck/*Haas* Rn. 49; HeidelbergerKommInsO/*Rüntz/Laroche*, § 19 Rn. 22; Lutter/Hommelhoff/*Kleindiek* Anh. zu § 64 Rn. 43; Scholz/*Bitter* Rn. 61.
225 Baumbach/Hueck/*Haas* Rn. 49; Jaeger/*Müller*, InsO, § 19 Rn. 80.
226 Jaeger/*Müller*, InsO, § 19 Rn. 79; Lutter/Hommelhoff/*Kleindiek* Anh. zu § 64 Rn. 42; iErg wie hier auch Ulmer/*Casper* § 64 Rn. 62; Winkeljohann/*Förschle*/Deubert/*Hoffmann*, Sonderbilanzen, P Rn. 101, 117; aA OLG Celle NZG 02, 730, 731; Baumbach/Hueck/*Haas* Rn. 45, 49 (unvereinbar mit Stichtagsprinzip); ähnlich Rowedder/*Schmidt-Leithoff/Schneider* Rn. 147; *Uhlenbruck*, in K Schmidt/Uhlenbruck, GmbH in der Krise, 4. Aufl. Rn. 5.169.
227 Baumbach/Hueck/*Haas* Rn. 45; HeidelbergerKommInsO/*Rüntz/Laroche*, § 19 Rn. 19; Jaeger/*Müller*, InsO, § 19 Rn. 44; Kübler/Prütting/Bork/*Pape*, InsO, § 19 Rn. 54; Lutter/Hommelhoff/*Kleindiek* Anh. zu § 64 Rn. 42.
228 Baumbach/Hueck/*Haas* §Rn. 49; Jaeger/*Müller*, InsO, § 19 Rn. 104.
229 BGHZ 83, 341, 344 f. = NJW 83, 42; KG GmbHR 10, 761, 762; Ebenroth/Boujong/Joost/Strohn/*Gehrlein*, HGB, § 236 Rn. 13; HambK-InsO/*Schröder*, § 19 Rn. 58 f.; Jaeger/*Müller*, InsO, § 19 Rn. 107; Roth/*Altmeppen* Rn. 39 f.
230 Vgl. hierzu KG GmbHR 10, 761, 762.

heit herbeiführen.[231] Auch ein vertraglich vereinbarter **Freistellungsanspruch** gegen einen Gesellschafter/Dritten, der aus seinem Vermögen eine Sicherheit zugunsten der Gesellschaft bestellt hat, bleibt nur dann ansatzneutral, wenn der Gesellschafter/Dritte mit seinem **etwaigen Regressanspruch** in qualifiziertem Maße (dazu sogleich) in den Rang des § 39 II InsO zurücktrat oder auf den Regress verzichtet hat (→ Anh. § 30 Rn. 170).[232]

68 Da die Überschuldungsprüfung die Wirkungen des Insolvenzverfahrens generell nicht vorwegnehmen darf, müssen auch **nachrangige Insolvenzforderungen gem. § 39 I InsO** passiviert werden.[233] Eine Passivierungspflicht im Überschuldungsstatus entfällt jedoch seit Inkrafttreten von § 19 II 2 InsO, soweit der Gesellschafter mit seinen Darlehens- u. wirtschaftlich vergleichbaren Forderungen in den Rang des § 39 II InsO zurück getreten ist.[234] Der Rangrücktritt erfasst im Zweifel auch Zinsforderungen.[235] Die vorherige Rspr. insbes. zu Gesellschafterdarlehen, die einen **sog. qualifizierten Rangrücktritt** in den Rang zwischen § 39 II u. § 199 S. 2 InsO verlangt hatte, um die Passivierungspflicht zu vermeiden,[236] wurde im Hinblick auf die Tiefe des Rangrücktritts gegenstandslos: Der Rang des § 39 II InsO genügt (vgl. → Anh. § 30 Rn. 165). Notwendig ist hierzu nicht nur eine einseitige Erklärung, sondern eine auf Dauer angelegte **Vereinbarung mit der Gesellschaft**[237] (vgl. aber § 151 BGB), die zusätzlich den **Zeitraum vor Verfahrenseröffnung erfassen** muss.[238] Schriftform ist nicht erforderlich; mündliche oder auch konkludente Absprache genügt.[239] Eine solche Vereinbarung wird man im Wege der Auslegung über den Wortlaut einer Rangrücktrittsvereinbarung hinausgehend[240] annehmen dürfen, wenn der Gesellschafter offensichtlich u. einschränkungslos die Insolvenzantragspflicht beseitigen wollte, er also zu diesem Zwecke wohl auch zu einer vorinsolvenzlichen Sperre bereit war.[241] **Formularvertragliche Rangrücktrittsvereinbarungen** unterliegen jedoch AGB-rechtlichen Wirksamkeitsgren-

---

231 Wie hier Roth/*Altmeppen* Rn. 41; abw. Ulmer/*Casper* § 64 Rn. 61 (keine Passivierungspflicht, wenn Stellung des atypisch Beteiligten derjenigen eines Kommanditisten entspricht).

232 BGH NJW 87, 697, 698; OLG München GmbHR 98, 281; OLG Stuttgart GmbHR 07, 369; HambK-InsO/*Schröder*, § 19 Rn. 55; Roth/*Altmeppen* Rn. 45; Scholz/*Bitter* Rn. 67; *Meyer-Löwy*, ZIP 03, 1920; *K Schmidt*, BB 08, 1966; aA OLG Hamburg DB 86, 2015.

233 HeidelbergerKommInsO/*Rüntz/Laroche*, § 19 Rn. 19; Scholz/*Bitter* Rn. 56.

234 BGH ZIP 10, 1078 Rn. 12; *Haas*, DStR 09, 326; *Hirte*, ZInsO 08, 689, 696 f.; *J Roth*, GmbHR 08, 1184, 1190 f.

235 BGH DStR 15, 769 Rn. 17. – Eine klarstellende Regelung im Vertrag empfiehlt sich allemal.

236 BGHZ 146, 264, 271 = NJW 01, 1280.

237 Unzureichend sind also Vereinbarung zwischen mehreren Gläubigern, es sei denn, diese Vereinbarungen stellen einen Vertrag zugunsten der Gesellschaft dar.

238 BGH DStR 15, 769, 772; *Bitter*, ZIP 15, 345, 346; *K Schmidt*, ZIP 15, 901, 904; so bereits *Haas*, DStR 09, 326, 327; *Frystatzki*, NZI 13, 609 ff.

239 OLG Hamburg ZInsO 19, 209, 212.

240 Zurückhaltend hierzu *Bitter/Heim*, ZIP 15, 644, 647.

241 Vgl. *K Schmidt* in K Schmidt/Uhlenbruck, GmbH in der Krise, Rn. 2.365; *ders.*, DB 15, 600 ff.; *ders.*, ZIP 15, 901 ff.; *ders.*, FS Frotscher, 13, S. 536 ff., 544 ff.; Scholz/*Bitter* Rn. 68; *ders../Rauhut*, ZIP 14, 1004 ff., 1013; ebd. (1005 ff.) auch zu Abgrenzungen.

zen.[242] Das generelle **Erfordernis einer solchen vorinsolvenzlichen Durchsetzungssperre** (die im Hinblick auf Zahlungsunfähigkeit gem. § 17 InsO Stundungswirkung hat, vgl. → Rn. 82, bzw. ein faktisches Zahlungsverbot bewirkt) soll eine freie Aufhebbarkeit des Rangrücktritts ausschließen, solange u. soweit eine Überschuldung oder Zahlungsunfähigkeit einträte bzw. fortbestünde.[243] Denn die Rangrücktrittsvereinbarung hat nach Ansicht des BGH[244] schuldändernden, verfügenden Charakter; sie wirkt zugleich zugunsten der sonstigen Gläubiger[245] u. kann deshalb nur mit deren Zustimmung beseitigt werden, sofern u. soweit die materielle Insolvenz nicht beseitigt ist.[246] Bei entspr. Forderungsvolumen kann ein solcher Rangrücktritt somit die Überschuldung sowie eine Insolvenzantragspflicht abwenden.[247] Der Parteiwille hat jedoch Vorrang. Wollen die Parteien bspw. keine Drittwirkung oder beabsichtigen sie einen Rangrücktritt, der (ggf. jederzeit) vorzeitig künd-, aufhebbar oder in anderer Weise umgestaltbar ist, dann soll eine derartige Abrede die Passivierungspflicht nicht beseitigen können.[248] Diese Schlussfolgerung ist jedoch keinesfalls zwingend. Es würde genügen, wenn der Nachrang – analog zu einem bislang (→ Rn. 57) trotz Kündbarkeit ex nunc als überschuldungsvermeidend befundenes Patronat – bis zur ex nunc wirkenden Kündigung Wirkung entfaltet im Verhältnis zu den bis zu diesem Zeitpunkt vorhandenen Gläubigern. Eine weitergehende, rückwirkende Änderung wäre ggf. über die Insolvenzanfechtung rückgängig zu machen (§§ 129 ff., 143 InsO).[249]

Die inhaltlichen Anforderungen an einen Rangrücktritt gem. § 19 II 2 InsO gelten auch für Forderungen Dritter, die nicht wirtschaftlich einem Gesellschafter entsprechen.[250] 69

---

242 BGH ZIP 19, 679 Rn. 32 (vorinsolvenzliche Durchsetzungssperre unterliegt nicht der Inhaltskontrolle gemäß § 307 Abs. 3 BGB); NZI 14, 503 Rn. 11 ff. (zu Privatdarlehen mit Rangrücktritt); BGHSt NJW 18, 1486 Rn. 21; OLG Düsseldorf ZIP 18, 2491, 2492 (Anleihebedingungen für Schuldverschreibungen); zu Genussrechten vgl. AG Itzehoe ZInsO 14, 1106, 1108; hierzu sowie zu den Auswirkungen auf die Zahlungsunfähigkeitsprüfung *Bork*, ZIP 14, 997, 1005; *Bitter/Rauhut*, ZIP 14, 1005, 1015 f.; vor dem Hintergrund der vollstreckungsrechtlichen Einordnung der Rangrücktrittsvereinbarung Baumbach/Hueck/*Haas* Rn. 71.

243 BGH DStR 15, 769, 772; aA *K Schmidt* in K Schmidt/Uhlenbruck, GmbH in der Krise, Rn. 2.373.

244 BGH DStR 15, 769; OLG Karlsruhe ZInsO 18, 2138, 2139; *Hoos/Köhler*, GmbHR 15, 729, 734; aA *K Schmidt*, ZIP 15, 901 907, 909 (*pactum de non petendo*).

245 Kritisch Baumbach/Hueck/*Haas* Rn. 78; *Ekkenga*, ZIP 17, 1493 ff.

246 BGH DStR 15, 767, 769, 772. – Gleichwohl geleistete Zahlungen können nach Ansicht des BGH entweder gem. § 812 I BGB oder im Insolvenzverfahren als unentgeltliche Leistung gem. § 134 InsO zurückgefordert werden; abl. *K Schmidt* in K Schmidt/Uhlenbruck, GmbH in der Krise, Rn. 2.375; *ders.*, ZIP 15, 901, 907 ff.: jederzeit aufhebbares *pactum de non petendo*, dann aber anderweitig sanktioniert.

247 BGHZ 146, 264 = NJW 01, 1280; 94, 724; 87, 1697, 1698; OLG Stuttgart GmbHR 92, 471.

248 Vgl. Lutter/Hommelhoff/*Kleindiek* Anh. zu § 64 Rn. 45; *Bitter*, ZHR 181 (17), 428, 456 ff., 463.

249 Vgl. Baumbach/Hueck/*Haas* Rn. 75 ff.; *ders.*, FS Prütting, 18, S. 669.

250 Vgl. Anh. § 30 Rn. 162; BGH DStR 15, 767 Rn. 14; zurückhaltend Scholz/*Bitter* Rn. 69.

5. Darlegungs- u. Beweislast

70 Die rechnerische Überschuldung hat grds. derjenige darzulegen u. zu beweisen, der sich darauf beruft.[251] Für die Grundsätze der sekundären Behauptungslast bleibt jedenfalls dann kein Raum, wenn die Geschäftsleitung als regelmäßiger Anspruchsgegner nach Lage der Dinge keine weitergehenden Aufklärungsmöglichkeiten hat.[252]

71 In der Gerichtspraxis genügt zur Beweisführung im Regelfall, wenn **auf der Grundlage einer Handelsbilanz**, die bereits einen nicht durch Eigenkapital gedeckten Fehlbetrag ausweist (§ 268 III HGB), die **überschuldungsrechtlichen Besonderheiten** (Ansatz- u. Bewertungsfragen) dargetan werden u. etwaiger **Gegenvortrag (zB zum Vorhandensein stiller Reserven) von vornherein entkräftet** wird.[253] Das ist für eine erfolgreiche Nachweisführung allerdings auch erforderlich; allein die Vorlage der Handelsbilanz genügt nicht.[254] Es obliegt dann dem beklagten Geschäftsführer, iRd sekundären Behauptungslast[255] weitere stille Reserven oder sonstige für die Überschuldung maßgebliche Werte, welche die Handelsbilanz nicht enthält, vorzutragen.[256] Scheitert die Beweisführung daran, dass die Gesellschaft bzw. die Geschäftsführung die ihr obliegenden Pflichten zur Führung[257] u. Aufbewahrung von Büchern u. Belegen (§§ 238, 257 HGB, § 41) verletzt hat, ist der Beweis nach den Grundsätzen der Beweisvereitelung als geführt anzusehen.[258] Allein aus der Vorlage eines *Scheme of Arrangements* kann noch nicht auf das Vorliegen einer materiellen Insolvenz geschlossen werden.[259]

72 IRd Beweiswürdigung gem. § 286 ZPO für den Zeitpunkt der erstmaligen Überschuldung hat es auch keine Indizwirkung für den objektiven Tatbestand einer Überschuldung, wenn die mit dem Vorwurf der Insolvenzverschleppung konfrontierte Geschäftsführung nicht nachweisen kann, dass u. wie sie ihre gesteigerte **Kontroll- u. Selbstprüfungspflicht** im Anschluss an die erstmalige Erkennbarkeit einer Krise (vgl. → Rn. 4 ff.) erfüllt hat.[260] Die Gegenansicht geht unter Hinweis auf die Rechenschaftspflicht des

---

251 BGHZ 126, 181 = ZIP 94, 1103, 1110; 05, 1734, 1736; 07, 676 Rn. 16; 07, 1060 Rn. 12; 09, 1220 Rn. 9; 11, 1007 Rn. 9; WM 10, 2313 Rn. 11.

252 BGHZ 126, 181, 200 = NJW 94, 2220; 94, 1801, 1802; NZG 05, 482; OLG Koblenz ZIP 03, 571, 572.

253 BGH NZG 05, 482, 483 Rn. 6 (zur Beweislast des Insolvenzverwalters); ZIP 08, 72 Rn. 3; 09, 860 Rn. 10; 09, 1220 Rn. 9; 10, 1443 Rn. 11; 11, 1007 Rn. 33; 14, 168 Rn. 17; BAG GmbHR 14, 1203; OLG Celle ZInsO 08, 1328; HambK-InsO/*Schröder*, § 19 Rn. 74; Lutter/Hommelhoff/*Kleindiek* Anh. zu § 64 Rn. 87; Roth/*Altmeppen* Rn. 36; Scholz/*Bitter* Rn. 44.

254 OLG Brandenburg BeckRS 13, 05332 unter II.B.I.)1.)a); *Strohn*, ZInsO 09, 1417, 1423.

255 BGH ZIP 14, 168 Rn. 18.

256 BGHZ 146, 264, 267 = ZIP 01, 235, 236; 05, 807; 09, 860 Rn. 10; 09, 1220 Rn. 9; 10, 776 Rn. 19; 11, 1007 Rn. 33; 11, 1410 Rn. 4; 14, 168 Rn. 14.

257 Vgl. zur Beweisführung auf Grundlage der Buchhaltungsunterlagen BGH NZG 18, 343 Rn. 17; DStR 16, 923 Rn. 25.

258 BGH NJW 07, 3130 Rn. 14; vgl. auch WM 12, 702 Rn. 15 (zur Zahlungseinstellung); Lutter/Hommelhoff/*Kleindiek* Anh. zu § 64 Rn. 87; Roth/*Altmeppen* Rn. 36.

259 *Meyer-Löwy/Fritz*, ZInsO 11, 662, 665 f.

260 OLG Celle NJW-RR 00, 39; OLG Brandenburg NZG 05, 602 (zur Verletzung der Buchhaltungspflicht u. Nichterkennbarkeit der Krise).

§ 666 BGB sogar von einer Vermutungswirkung aus, dass Überschuldung bereits mit erkennbarem Eintritt der Krise vorgelegen habe, u. verlangt vom Geschäftsführer den Nachweis des Gegenteils.[261] Letzteres verdient keine Zustimmung. Die Verletzung einer Handlungspflicht mag zwar Verschulden oder subjektive Tatbestandselemente indizieren, kann aber nicht den (praktisch ohnehin erleichterten) Nachweis objektiver Umstände ersetzen.

Die Darlegungs- u. Beweislast für eine **positive Fortbestehensprognose** trägt nach allg. Grundsätzen u. nach dem Wortlaut des § 19 II 1 InsO derjenige, der sich darauf beruft.[262] Bei positivem Reinvermögen auch unter Ansatz von Liquidations-/Zerschlagungswerten ist sie nicht entscheidungserheblich.[263] 73

6. Beseitigung einer Überschuldung

Eine Überschuldung lässt sich entweder durch Zufuhr von neuen Vermögensgegenständen auf der Aktivseite (ohne gleichzeitige Erhöhung der Verbindlichkeiten, zB durch Patronatserklärung)[264] oder durch eine Reduktion der anzusetzenden Verbindlichkeiten auf der Passivseite erreichen, insbes. durch Forderungsverzichte oder durch Rangrücktritte. Liquiditätszufuhr im Wege von Darlehen erhöht grds. auch die Verbindlichkeiten, beseitigt eine Überschuldung allenfalls dadurch, dass der Zufuhr von Liquidität durch (langfristige) Darlehen eine positive Fortbestehensprognose zur Folge hat. Der Insolvenzgrund der Überschuldung entfällt, wenn am Ende einer Umwandlung (Formwechsel, Verschmelzung) ein Rechtssubjekt steht, für welches der Insolvenzgrund der Überschuldung nicht gilt. 74

III. Zahlungsunfähigkeit gem. § 17 InsO

1. Allgemeines

Bei der Zahlungsunfähigkeit handelt sich um den vordergründig bedeutsamsten Insolvenzgrund.[265] Er gilt für alle in Deutschland insolvenzrechtsfähigen juristischen u. natürlichen Personen, über deren Vermögen in **Deutschland gem. Art. 3 EuInsVO bzw. analog §§ 3, 354 InsO ein Haupt- oder isoliertes Partikularinsolvenzverfahren** eröffnet werden kann. Abzustellen ist stets auf die **weltweite Zahlungsunfähigkeit**, so dass Zahlungsmittel u. -pflichten unselbstständiger ausländischer Niederlassungen eben- 75

261 Roth/*Altmeppen* Rn. 38; *ders.*, ZIP 97, 1173, 1176; 01, 2201, 2209.

262 BGH NZI 07, 44; ZIP 09, 1220 Rn. 11; 10, 2400 Rn. 11; 11, 1007 Rn. 31; OLG Celle NZG 02, 730, 731; OLG Düsseldorf GmbHR 99, 479 (zum Sachverständigen-Beweis bei Fortführungsprognose als Bewertungsregel); LG Göttingen ZIP 09, 382, 383 f.; Lutter/Hommelhoff/*Kleindiek* Anh. zu § 64 Rn. 30, 87; Scholz/*Bitter* Rn. 33; Ulmer/*Casper* § 64 Rn. 56; *Altmeppen*, ZIP 01, 2201, 2209; *ders.*, ZIP 97, 1173, 1176; *Bitter*, ZIP 13, 398, 400; *Haas*, DStR 03, 423, 432 f.; *Strohn*, ZInsO 09, 1417, 1423.

263 Lutter/Hommelhoff/*Kleindiek* Anh. zu § 64 Rn. 31.

264 Zu den Anforderungen BGH ZIP 11, 1111; zur Kündbarkeit einer Patronatserklärung für die Zukunft s. BGH DStR 10, 2258. – Vgl. auch die Ausführungen zu Rn. 57.

265 Zur wahren Bedeutung für die Selbstprüfungspflicht jedoch zutreffend *K Schmidt* in K Schmidt/Uhlenbruck, GmbH in der Krise, Rn. 5.81.

falls einzubeziehen sind.[266] Für den **europäischen Bereich** hat die Rspr. insoweit aus Vereinfachungsgründen eine Ausn. anerkannt, dass **nur** auf das **Zahlungsverhalten in der Hauptniederlassung u. den EU-Niederlassungen** abzustellen sei.[267] Diese Beschränkung erscheint in einer globalen Wirtschaft nicht mehr zeitgemäß. Auch zur Vermeidung von Wertungswidersprüchen zur Überschuldung kann es nur noch auf eine globale Zahlungs(un)fähigkeit ankommen.[268]

76 Der Begriff der Zahlungsunfähigkeit hat nicht nur als Insolvenzgrund für die daran anknüpfende (strafbewehrte) Insolvenzantragspflicht (§ 15 a InsO), sondern auch für die Insolvenzanfechtung (§§ 130–132 InsO), in gesellschaftsrechtlicher (§§ 92 II u. III, 401 I Nr. 2 AktG; §§ 64,[269] 84 I Nr. 2; §§ 99, 148 I Nr. 2 GenG; §§ 130 a, 130 b HGB) u. in strafrechtlicher (§§ 283,[270] 283 c StGB) Hinsicht Bedeutung. Inhaltlich muss der für die Insolvenzantragspflicht in der ex-ante-Sicht zu bestimmende Zahlungsunfähigkeitsbegriff identisch sein mit dem Insolvenzeröffnungsgrund des § 17 InsO. Hieran knüpfen auch die vergangenheitsbezogenen Haftungs- u. Anfechtungstatbestände an, bei denen das Vorliegen einer Zahlungsunfähigkeit aus der leichteren ex-post-Sicht festgestellt werden kann. Bislang folgte die höchstrichterliche Auslegung der Strafgerichte allerdings noch nicht dem jüngeren, weniger strengen Verständnis der Zivilgerichte, insbes. zur Notwendigkeit „ernsthaft eingeforderter“ Zahlungspflichten.[271]

2. Vergleich von Zahlungspflichten und Zahlungsmitteln

77 Zahlungsunfähigkeit setzt einen **objektiven, nicht kurzfristig zu behebenden Mangel an Zahlungsmitteln** voraus, weshalb der Schuldner **außer Stande ist, seine fälligen Zahlungspflichten zu erfüllen.**[272] Der Wortlaut des § 17 InsO legt weder eine Wesentlichkeitsschwelle noch eine notwendige Dauer des beschriebenen Zustandes fest.

78 Mit seiner Grundsatzentscheidung v. 24.5.05[273] hat der BGH in Anlehnung an die Insolvenzantragspflicht (nunmehr § 15 a InsO) bestimmt, dass Zahlungsunfähigkeit grds. bei demjenigen vorliegt, der **binnen eines Zeitraums von drei Wochen eine Liquiditätsunterdeckung von zehn vom Hundert nicht dauerhaft beseitigen** kann. Gelingt es, die Deckungslücke innerhalb dieses Zeitraums zu schließen, liegt im Regelfall eine bloße u. vorübergehende **Zahlungsstockung** vor, welche noch keine Insolvenzantragspflicht auslöst.[274] Die so verstandene Zahlungsunfähigkeit beinhaltet eine

---

266 AA bei isolierten Partikularverfahren (EU-Raum genügend) Baumbach/Hueck/*Haas* Rn. 3 a.

267 BGH NJW 92, 624 (zu § 30 KO); HeidelbergerKommInsO/*Rüntz/Laroche*, § 16 Rn. 3; MKInsO/*Reinhart*, § 354 Rn. 25.

268 Braun/*Delzant*, InsO, § 354 Rn. 19; HambK-InsO/*Schröder*, § 17 Rn. 44; Gottwald/*Kolmann/Keller*, Insolvenzrechts-Handbuch, § 130 Rn. 27, 152 f.

269 BGH NZI 05, 547; KG ZInsO 05, 1325, 1326.

270 Zur Aufgabe der Interessentheorie bei § 283 StGB s. BGH NZG 11, 1311, 1312 f.

271 BGH ZInsO 07, 1115; krit. dazu *Pape*, WM 08, 1949, 1956.

272 BGH ZIP 07, 1666, 1667.

273 BGHZ 163, 134 = NJW 05, 3062; bestätigend BGHZ 169, 17 = NJW 06, 3553; ZIP 07, 1666, 1667; 09, 1235, 1237; 12, 723 Rn. 23; 12, 1174 Rn. 10.

274 Statt vieler Lutter/Hommelhoff/*Kleindiek* Anh. zu § 64 Rn. 11 f.

stichtagsbezogene Gegenüberstellung von Zahlungsmitteln u. Zahlungspflichten, die über einen **mind. dreiwöchigen Zeitraum auszudehnen** ist.[275] Zahlungsunfähigkeit ergibt sich somit erst aus einer **gemischten Zeitpunkt-Zeitraum-Betrachtung,** die in der ex-ante-Sicht notwendigerweise Prognoseelemente beinhaltet.

Die vom BGH zugelassenen Ausn. (→ Rn. 112 ff.), die an unbestimmte Rechtsbegriffe anknüpfen („demnächst" oder „nach den besonderen Umständen des Einzelfalls zuzumuten"), können zwar zu Fehlentscheidungen verleiten, gewähren jedoch die in der Praxis notwendige Flexibilität bei der Beurteilung komplexer wirtschaftlicher Sachverhalte.[276] Sie berücksichtigen ferner, dass auch der Gesetzgeber aus guten Gründen von starren Grenzen bei der Definition der Zahlungsunfähigkeit abgesehen hat. Zur Feststellung der Zahlungsunfähigkeit in der Praxis s. → Rn. 115 ff. 79

3. Einzelmerkmale

a) **Zahlungspflichten.** Zu berücksichtigen sind nur **auf Zahlung von Geld gerichtete Verbindlichkeiten;** hierzu können auch Schuldverschreibungen u. Genussrechte zählen. Andere als Geldschulden (zB Lieferschulden) bleiben somit unberücksichtigt,[277] soweit sie sich nicht, zB im Wege des Schadensersatzes, in eine Geldschuld umgewandelt haben. Zahlungspflichten, die erst mit Eröffnung des Insolvenzverfahrens entstehen, bleiben außer Betracht. 80

aa) **Fällig.** Maßgebend sind primär die ausdrücklich oder stillschweigend (branchenüblich) **vereinbarten Fälligkeitstermine.** IZw tritt Fälligkeit sofort ein (§ 271 I BGB). Dies gilt bspw. auch für nicht geduldete Überziehungen eines eingeräumten Kreditrahmens. Der Schuldner muss sich nicht in Verzug befinden.[278] Sicherheiten zugunsten des Gläubigers hindern die Fälligkeit der gesicherten persönlichen Schuld grds. nicht. Fällige Zahlungspflichten ggü. den Anlegern eines Fonds können auch durch öffentlich-rechtliche Abwicklungsanordnung der BaFin (§ 37 KWG) entstehen.[279] 81

Für einen stichtagsbezogenen Vergleich bleiben die erst mit Kündigung fällig werdenden sowie künftigen u. betagten Verbindlichkeiten zunächst außer Betracht.[280] Zu den **im Prognosezeitraum fällig werdenden Verbindlichkeiten** (sog. **Passiva II**) s. aber → Rn. 110. Davon ausgenommen sind ferner die **zivilrechtlich wirksam u. mit Rechtsbindungswillen gestundeten Verbindlichkeiten.** Eine solche Stundung ist formfrei u. konkludent möglich[281] u. etwa bei Annahme einer Sicherheit als Leistung erfüllungshalber oder bei einer Besserungsabrede anzunehmen;[282] eine bloße **„faktische** 82

275 Häufig irreführend als „Liquiditätsbilanz" bezeichnet.
276 BGHZ 163, 134 = NJW 05, 3062; *Fischer*, ZGR 06, 403, 406 f.
277 BGH ZIP 02, 853, 854; Baumbach/Hueck/*Haas* Rn. 4; Lutter/Hommelhoff/*Kleindiek* Anh. zu § 64 Rn. 16; MüKoGmbHG/*Müller* § 64 Rn. 9 f.; Roth/*Altmeppen* Rn. 23.
278 BGHZ 163, 134 = NJW 05, 3062, 3064; HambK-InsO/*Schröder*, § 17 Rn. 7.
279 S dazu BGH ZInsO 03, 848; LG Hamburg ZInsO 06, 1338.
280 BGHZ 173, 286 Rn. 27 f. = ZIP 07, 1666; Scholz/*Bitter* Rn. 8.
281 BGHZ 173, 286 Rn. 23 = ZIP 07, 1666; HambK-InsO/*Schröder*, § 17 Rn. 10; *Bork*, KTS 05, 1, 4.
282 Scholz/*Bitter* Rn. 8.

Stundung" genügt nicht (s. aber → Rn. 83 f.). Stundungswirkung entfaltet auch die vorinsolvenzliche Durchsetzungssperre einer qualifizierten Rangrücktrittsvereinbarung, die eine Passivierungspflicht im Überschuldungsstatus beseitigt (vgl. → Rn. 68).[283] Die nachträglich vereinbarte Stundung einer bereits fälligen Forderung hat wegen ihres verfügenden Charakters keine Rückwirkung.

Hinweis: In der Praxis sind schriftliche Stundungsvereinbarungen zu empfehlen.

83 **bb) „Ernsthaft eingefordert".** Notwendig ist eine Handlung des Gläubigers, aus der sich sein **Wille im Allg** ergibt, **vom Schuldner Erfüllung zu verlangen.**[284] Hieran sind **keine hohen Anforderungen** zu stellen. Die Übersendung einer Rechnung genügt;[285] auch anschließendes Stillhalten des Gläubigers beseitigt die Fälligkeit nicht.[286] Denn es ist nicht zu verlangen, dass der Gläubiger sein Zahlungsverlangen auch nur ein einziges Mal wiederholt.[287] Eine andere Bewertung mag angezeigt sein, wenn der Gläubiger zweifelsfrei u. unmissverständlich sein Einverständnis kundtut, zunächst nicht bezahlt zu werden. Umgekehrt bedarf es einer weiteren Gläubigerhandlung nicht bei einer kalendermäßig vereinbarten Fälligkeit sowie in vergleichbaren Fällen, in denen der Gläubiger von einer pünktlichen Erfüllung seiner Forderung ausgehen darf.

84 Der BGH[288] hat dieses neben der Fälligkeit zusätzliche Erfordernis unter dem unglücklichen Begriff des „ernsthaften Einforderns" eingeführt, um die Fälle der „**faktischen Stundung**"[289] zu erfassen, in denen eine Stundung entweder überhaupt nicht oder ohne Rechtsbindungswillen erklärt wurde.[290] Stillhalteabkommen, Vollstreckungsverzichte, Erklärungen des Inhalts, vorübergehend auf staatlichen Vollstreckungszwang zu verzichten, wie auch die Aussetzung der Vollziehung eines Bescheids führen dazu, dass die zugrunde liegenden, fälligen Zahlungspflichten bei der Ermittlung der Zahlungsunfähigkeit auszublenden sind.[291] Dass die Arbeitnehmer trotz Nichtzahlung ihrer Löhne nicht sofort Klage erheben u. vollstrecken, führt nicht zu fehlendem ernsthaften Einfordern.[292] Der Schuldner kann somit

283 Vgl. hierzu *Bitter/Rauhut*, ZIP 14, 1005, 1007 ff.; *Mock*, NZI 14, 102, 103.
284 BGHZ 173, 286 Rn. 15 ff. = ZIP 07, 1666; ZIP 09, 1235 Rn. 22; 11, 1875 Rn. 9; HambK-InsO/*Schröder*, § 17 Rn. 14 f.; krit. zB *Bork*, ZIP 08, 1041, 1047.
285 BGH NZG 18, 343 Rn. 16; ZIP 07, 1666, 1668.
286 BGHZ 173, 286 = ZIP 07, 1666; 08, 706, 708; *Kayser*, Höchstrichterliche Rechtsprechung, Rn. 22.
287 BGHZ 173, 286 Rn. 15 ff. = ZIP 07, 1666; WM 09, 1202, 1204; Baumbach/Hueck/*Haas* Rn. 7; Roth/*Altmeppen* Rn. 23.
288 BGHZ 173, 286 = ZIP 07, 1666 Rn. 15 f.; 09, 1245 Rn. 22; 14, 1289 Rn. 30 f.; anders noch der 1. Strafsenat, vgl. BGH NStZ 07, 643. – Zuvor gegen dieses aus KO-Zeiten stammende Kriterium zB Kübler/Prütting/Bork/*Pape*, InsO, § 17 Rn. 5 f.; *Uhlenbruck*, InsO, 13. Aufl. § 17 Rn. 8. Zur KO s. BGHZ 118, 171, 174 = NJW 92, 1960.
289 BGH WM 09, 1202, 1204.
290 BGH NZG 18, 343 Rn. 16.
291 BGHZ 173, 286 Rn. 19 = ZIP 07, 1666; GmbHR 13, 482; OLG Rostock GmbHR 15, 33.
292 BGH ZIP 08, 706.

eine **faktische Stundung nicht erzwingen.**[293] Öffentlich-rechtliche Forderungen, insbes. aus dem Steuerverhältnis, werden nicht ernsthaft eingefordert, solange die Vollziehung des Bescheids wegen Zweifeln an dessen Rechtmäßigkeit ausgesetzt ist.[294]

Bei Verbindlichkeiten **aus gesetzlichen Schuldverhältnissen u. bei künftig fällig werdenden Verbindlichkeiten** ist für die Zwecke der Zahlungsunfähigkeitsprüfung zu unterstellen, dass sie nach Entdeckung vom Gläubiger auch eingefordert würden.[295] Auch bei **kalendermäßiger Fälligkeit** muss der Schuldner seine pünktliche Erfüllung unterstellen, ohne dass er diese – zB wegen einer noch nicht übersandten Rechnung – als nicht ernsthaft eingefordert qualifizieren darf.[296] Entspr. gilt für **befristete Darlehen,** dh auf eine konkrete Aufforderung des Darlehensgebers, das Darlehen zurückzuzahlen, kommt es grds. nicht an.[297] Die Einforderung durch den Gläubiger ist ferner entbehrlich, wenn der Schuldner von sich aus zu erkennen gibt, Zahlung leisten zu wollen, zB durch die Kündigung eines gewährten Darlehens oder durch Zusage der Erfüllung.[298] 85

Eine Handlung, die eine ernsthaft eingeforderte Forderung für die Zwecke der Feststellung einer Zahlungsunfähigkeit neutralisieren soll (zB Stillhalteabkommen/*pactum de non petendo*), wirkt wegen ihres Verfügungscharakters nur für die Zukunft.[299] Hierzu bedarf es jeweils einer klaren u. unmissverständlichen Erklärung eines Einverständnisses damit, dass der Schuldner seine Verbindlichkeit vorerst nicht erfüllt.[300] 86

Problematisch erscheint die Einbeziehung von **Zahlungspflichten, von denen der Gläubiger bislang keine Kenntnis** hat. Zu denken ist etwa an Verbindlichkeiten aus einer bislang unentdeckten (vorsätzlichen oder fahrlässigen) **Steuerhinterziehung.** Sie gänzlich auszunehmen, weil nicht einmal ein Steuerbescheid vorliegt, kann nicht überzeugen. Andernfalls würde eine etwaige Insolvenzantragspflicht davon abhängen, ob der Schuldner seinen Steuerpflichten ordnungsgemäß nachkommt oder nicht. Nicht überzeugend wäre es zudem, unentdeckte Forderungen aus einer Steuerhinterziehung als noch nicht ernsthaft eingefordert anzusehen.[301] Schweben allerdings im Anschluss an eine Betriebsprüfung ernsthaft geführte Verhandlungen mit der Finanzverwaltung, zB mit dem Ziel einer tatsächlichen Verständigung, wäre es unzutr, eine fällige Verbindlichkeit in Höhe des maximalen Risikos aus der Betriebsprüfung in die Zahlungsunfähigkeitsprüfung 87

293 BGH NZI 08, 231 Rn. 25; OLG Hamm ZInsO 08, 511, 513; HambK-InsO/*Schröder*, § 17 Rn. 10.
294 BGH ZIP 14, 1289 Rn. 30.
295 Baumbach/Hueck/*Haas* Rn. 8; Scholz/*Bitter* Rn. 12; *Pape*, WM 08, 1949, 1955.
296 BGH WM 09, 1202 Rn. 26.
297 BGH WM 13, 88 Rn. 12. – Zu Schuldverschreibungen/Genussrechten vgl. AG Itzehoe ZIP 14, 1038, 1039.
298 BGH NJW 09, 2600 Rn. 24.
299 BGH NZI 08, 231; vgl. Scholz/*Bitter* Rn. 12 („sobald").
300 BGH NZG 16, 658, 660; Baumbach/Hueck/*Haas* Rn. 7; HambK-InsO/*Schröder*, § 17 Rn. 10; Jaeger/*Müller*, InsO, § 17 Rn. 10; Uhlenbruck/*Mock*, InsO, § 17 Rn. 119. – Zur Bewertung der Einbuchung in die interne Buchhaltung vgl. BGH NZG 18, 343 Rn. 17.
301 Zust. Roth/*Altmeppen* Rn. 23.

einzustellen.[302] Der wahrscheinliche Schuldbetrag genügt. Entspr. muss im Hinblick auf **Strafsanktionen zB aus Kartellrechtverstößen** gelten.

88 **cc) Frei von Einwendungen u. Einreden.** Hat der Schuldner die **Einrede der Verjährung** oder kann er unbestrittene **Zurückbehaltungs- oder Leistungsverweigerungsrechte** geltend machen, so dass der Gläubiger seine Forderung rechtlich nicht durchsetzen kann, bleiben die einredebehafteten Verbindlichkeiten bei der Feststellung der Zahlungsunfähigkeit grds. unberücksichtigt.

89 Grds. unerheblich ist, ob eine Verbindlichkeit im Insolvenzverfahren nachrangig (§ 39 InsO) wäre.[303] Die Nichtberücksichtigung nachrangiger Verbindlichkeiten hätte zur Folge, dass das Insolvenzverfahren erst noch später eingeleitet werden müsste u. damit die Befriedigungsaussichten nachrangiger Insolvenzgläubiger zusätzlich sänken. § 39 InsO bezweckt iÜ nicht, den Schuldner vor einem Insolvenzverfahren zu bewahren.

90 Das MoMiG hat die sog. Rechtsprechungsregeln analog §§ 30, 31 aF abgeschafft (vgl. § 30 I 3 nF), wonach die als eigenkapitalersetzend zu qualifizierenden Gesellschafterforderungen nicht befriedigt werden durften u. deshalb nach wohl hM als einredebehaftet nicht in den Zahlungsfähigkeitsstatus eingingen.[304] Nunmehr werden **Gesellschafterforderungen** außerinsolvenzlich wie normale Zahlungspflichten behandelt u. sind jedenfalls **im Ausgangspunkt bei der Zahlungsunfähigkeit zu berücksichtigen.**[305] Etwas anderes gilt für den Fall einer materiellen Abrede, dass der Gesellschafter nur aus den freien, nicht zur Abwendung einer Zahlungsunfähigkeit benötigten Mitteln befriedigt werden will[306] oder er sich bezogen auf den Zeitraum vor Insolvenzverfahrenseröffnung mit einer nachrangigen Befriedigung einverstanden erklärt hat (vgl. → Rn. 68).[307] Zum Abschluss einer Stundungs- oder Nachrangvereinbarung ist der Gesellschafter aufgrund der **Treuepflicht** jedoch nicht verpflichtet.[308]

91 Nach der hM führt die **Regelung des § 64 S. 3** zu einem Auszahlungsverbot u. gewährt der Gesellschaft eine Einrede (vgl. Erl. → § 64 Rn. 69, 96).[309] Folglich läge es nahe, fällige Gesellschafterforderungen im Anwendungsbereich des § 64 S. 3 als einredebehaftet für die Zahlungsunfähigkeitsprüfung

---

302 Vgl. BGH ZIP 14, 1289 Rn. 30 zum ernsthaften Einfordern bei Aussetzung der Vollziehung wegen Zweifeln an der Rechtmäßigkeit des Steuerbescheids.

303 BGH ZIP 12, 239 Rn. 12; AG Itzehoe ZIP 14, 1038; Scholz/*Bitter* Rn. 7.

304 So Kübler/Prütting/Bork/*Pape*, InsO, § 17 Rn. 7; *Uhlenbruck*, InsO, 13. Aufl. § 17 Rn. 7; aA Jaeger/*Müller*, InsO, § 17 Rn. 12.

305 BGH NZG 11, 789; Baumbach/Hueck/*Haas* Rn. 10; Roth/*Altmeppen* Rn. 25; Uhlenbruck/*Mock*, InsO, § 17 Rn. 94.

306 Baumbach/Hueck/*Haas* Rn. 10; Lutter/Hommelhoff/*Kleindiek* Anh. zu § 64 Rn. 14; Scholz/*Bitter* Rn. 7.

307 BGH ZIP 08, 706; Baumbach/Hueck/*Haas* Rn. 10; vgl. auch *Bitter/Rauhut*, ZIP 14, 1005, 1011 f.; *Westphal/Kresser*, DB 16, 33, 38 f.

308 Baumbach/Hueck/*Haas* Rn. 10; Uhlenbruck/*Mock*, InsO, § 17 Rn. 95; aA Roth/*Altmeppen* Anh. § 30 Rn. 165.

309 BGH DStR 12, 2608 Rn. 18; Scholz/*Bitter* Rn. 7; *Wicke* § 64 Rn. 26; *Altmeppen*, ZIP 13, 801 ff.; *Bayer/Krafft*, DStR 06, 1654, 1656; *Bormann/Ulrichs*, GmbHR Sonderheft MoMiG 08, 37, 49 f.; *Blöse*, ebd., 71, 73; *Dahl/Schmitz*, NZG 09, 597, 569; *Gehrlein*, BB 08, 846, 849; *J Roth*, GmbHR 08, 1184, 1190; eingehend *Spliedt*, ZIP 09, 149, 159 f.; aA *Haas*, NZG 13, 41, 44 mwN.

außer Betracht zu lassen. Dem ließe sich zumindest für den Anwendungsbereich des § 17 InsO entgghalten, dass es den Gesellschaftern viel eher zuzumuten ist, durch Stundungsvereinbarung für etwaige Gesellschafterforderungen Rechtssicherheit zu schaffen, als dem Geschäftsführer, die ohnehin umstrittenen (s. → § 64 Rn. 89 f.) Voraussetzungen dieses Auszahlungsverbots festzustellen.[310] Ähnl verfährt der Gesetzgeber hinsichtlich der Gesellschafterdarlehen im Überschuldungsstatus, indem er einen gesonderten Rangrücktritt verlangt, um die Passivierungspflicht aufzuheben (§ 19 II 2 InsO). Allerdings wäre den Gläubigern, deren Vermögensinteressen der Gesetzgeber durch verschiedene Vorschriften (auch § 64 S. 3) zu schützen beabsichtigt, nicht gedient, wenn solche Gesellschafterforderungen, insbes. aus Gesellschafterdarlehen, bei einer Zahlungsunfähigkeitsprüfung u. einer Entscheidung über einen (frühen) Insolvenzantrag außer Betracht bleiben (s. → § 64 Rn. 89). Der Zweck des § 64 S. 3, die Gesellschaft vor einem Liquiditätsentzug durch den Gesellschafter zu schützen, würde konterkariert. Eine aus § 64 S. 3 abgeleitete Einredemöglichkeit bleibt daher nach iErg zutr. Ansicht für die Zwecke der Zahlungsunfähigkeitsprüfung außer Betracht.[311]

dd) Streitige Verbindlichkeiten. In welchem Umfang **streitige Verbindlichkeiten** bei der Zahlungsunfähigkeitsprüfung Berücksichtigung finden, ist umstritten.[312] Richtigerweise kann die Berücksichtigung nicht vom Grad der Vollstreckbarkeitsandrohung abhängen.[313] Es ist nicht Ziel der Zahlungsunfähigkeit, diejenigen Unternehmen am Markt zu lassen, welche die Vollstreckbarkeit ihrer Verbindlichkeiten hinauszögern können. Ebenso wenig darf es der Schuldner durch Bestreiten einer Verbindlichkeit bzw. das Behaupten einer unberechtigten Einrede in der Hand haben, über die materielle Insolvenz zu entscheiden. Umgekehrt wäre es unzutr, str. Verbindlichkeiten aus Vorsichtsgründen stets in voller Höhe als Zahlungspflicht zu behandeln. Maßgebend müssen vielmehr **objektive Kriterien** sein, so dass es auf eine **einzelfallbezogene**[314] **Prognose u. den Grad der Wahrscheinlichkeit** ankommt, dass der Gläubiger in einer gerichtlichen Auseinandersetzung obsiegt.[315] Liegt die Wahrscheinlichkeit eines Unterliegens hiernach bei mehr als 50 vom Hundert, muss die Verbindlichkeit nach hier vertretener Ansicht in voller Höhe der vermutlichen Berechtigung als 92

310 IErg ebenso HambK-InsO/*Schröder*, § 19 Rn. 13; Jaeger/*Müller*, InsO, § 19 Rn. 12 (zum Eigenkapitalersatzrecht); Roth/*Altmeppen* Rn. 25.
311 BGH DStR 12, 2608 Rn. 10 ff.
312 Vgl. hierzu *Leithaus/Wachholtz*, ZIP 19, 649, 650 ff.
313 Ähnl Baumbach/Hueck/*Haas* Rn. 11 a; Rowedder/*M. Schmidt-Leithoff/Schneider* Rn. 95 ff.
314 Vgl. bereits BGH NJW-RR 05, 418, 419 (bzgl. rechtlich ungeklärter Verbindlichkeit).
315 BGH NZG 11, 789 („ernsthafte Zweifel"); 12, 672; vgl. auch NZI 16, 732 Rn. 12 (Vollbeweis erforderlich, wenn von dieser Forderung die Verfahrenseröffnung abhängt); Baumbach/Hueck/*Haas* Rn. 11 a; Uhlenbruck/*Mock*, InsO, § 17 Rn. 80, 128 ff.; vgl. auch *Höffner*, DStR 08, 1787, 1792; abw. BGHSt ZInsO 18, 1953 Rn. 6.

Zahlungspflicht berücksichtigt werden,[316] nicht nur mit einem Schätzbetrag einschließlich risikogestuften Abschlägen.[317] In eine ähnliche Richtung weist die Ansicht, dass die Verbindlichkeit bei objektiv ernsthaften Zweifeln in voller Höhe außer Betracht bleiben soll.[318] Ggf. sind im Zeitablauf Anpassungen, zB aufgrund einer Prozessentwicklung, vorzunehmen.[319] Entspr. gilt umgekehrt bei einer überw. Wahrscheinlichkeit des Obsiegens.[320] Begründete materiellrechtliche Zweifel können auch verhindern, dass eine zur Vollstreckung gegen Sicherheitsleistung oder auf Risiko des § 717 II ZPO berechtigende, vorläufig titulierte Forderung Berücksichtigung finden muss.[321] Anders verhält es sich im Regelfall bei rechtskräftigen Urteilen (§ 704 ZPO) u. Schiedsprüchen (§ 794 I Nr. 4 a ZPO), da hierdurch die Zahlungspflicht feststeht.[322] Für lediglich **titulierte Forderungen** gelten die vorstehenden Ausführungen entspr.[323]

93 **b) Zahlungsmittel. aa) Liquidität.** Die Unfähigkeit zur Zahlung muss auf einem **objektiven Mangel an Zahlungsmitteln** beruhen.[324] Subjektive Elemente wie die **Zahlungsunwilligkeit** oder dass der Schuldner über die Fälligkeit irrt oder er die Verbindlichkeit (zu Unrecht) für unbegründet hält, sind unbeachtlich.[325] Zahlungsunwilligkeit lässt jedoch häufig auf Zahlungsunfähigkeit schließen.[326]

94 Als Zahlungsmittel gelten **liquide Mittel** wie Barkasse, Bankguthaben oder eine offene Geldkreditlinie bei einer Bank oder einem Kreditinstitut (sog. **Aktiva I**).[327] Auch die in Geld umwandelbaren Vermögenswerte wie Sparbriefe oder Aktien, die binnen eines Tages aufgrund eines bestehenden Marktes verwertbar sind, zählen hierzu.[328] Dabei kommt es auf die Herkunft dieser Mittel nicht an, so dass auch die auf unredliche Weise, zB an-

---

316 Im Detail str., vgl. HeidelbergerKommInsO/*Rüntz/Laroche*, § 17 Rn. 6, 12; HambK-InsO/*Schröder*, § 17 Rn. 6; Rowedder/*M. Schmidt-Leithoff/Schneider*, Rn. 95 ff.; Runkel/*Spliedt*, AnwaltsHdb, § 1 Rn. 44; K. Schmidt/*K. Schmidt*, § 17 Rn. 8; *Schmidt/Roth*, ZInsO 06, 236; *Primozic/Fleckl*, GmbHR 05, 160, 163 f.; *Uhlenbruck*, ZInsO 06, 338, 342; *Brete/Thomsen*, GmbHR 08, 912 ff.

317 Hierfür jedoch *Brinkmann* in K Schmidt/Uhlenbruck, GmbH in der Krise, Rn. 5.16.

318 Baumbach/Hueck/*Haas* Rn. 11 a mwN.

319 IErg wie hier *K Schmidt*, InsO, § 17 Rn. 8: Korrekturen auf Verschuldensebene, nicht auf Tatsachenebene.

320 IErg ähnl *Ehlers*, NZI 11, 161, 164; *Leithaus/Wachholtz*, ZIP 19, 649, 652.

321 Baumbach/Hueck/*Haas* Rn. 11 a; Rowedder/*M. Schmidt-Leithoff/Schneider* Rn. 97; *Uhlenbruck*, ZInsO 06, 338, 342; Runkel/*Andres*, AnwaltsHdb InsR, § 1 Rn. 58 ff.

322 Zutr. Rowedder/*M. Schmidt-Leithoff/Schneider* Rn. 96.

323 IErg Baumbach/Hueck/*Haas* Rn. 11 a (zum Urkundsprozess); Rowedder/*M. Schmidt-Leithoff/Schneider* Rn. 95 ff.

324 Lutter/Hommelhoff/*Kleindiek* Anh. zu § 64 Rn. 11; zur Beurteilung einer Zahlungsstockung allein aufgrund objektiver Umstände BGH NZG 18, 343 Rn. 33, 69.

325 BGH ZInsO 01, 617; HeidelbergerKommInsO/*Rüntz/Laroche* § 17 Rn. 12; Scholz/*Bitter* Rn. 13.

326 HambK-InsO/*Schröder*, § 17 Rn. 20; Uhlenbruck/*Mock*, InsO, § 17 Rn. 169; *Pape*, WM 08, 1949, 1957. – Zur Zahlungseinstellung trotz nur gegebener Zahlungsunwilligkeit BGH NZ 18, 34.

327 BGHZ 173, 286 Rn. 30 = ZIP 07, 1666; Jaeger/*Müller*, InsO, § 17 Rn. 16; *Bork*, ZIP 08, 1749, 1750 f.

328 *Plagens/Wilkes*, ZInsO 10, 2107, 2114.

fechtbar oder durch strafbare Handlung erlangte Liquidität mit einzubeziehen ist,[329] ggf. unter Passivierung entspr. Zahlungspflichten.[330] Stets muss der Schuldner über diese Liquidität **frei verfügen können u. unmittelbaren Zugriff hierauf** haben. Daran fehlt es etwa, wenn die Mittel für andere Zwecke gebunden, arrestiert, beschlagnahmt oder verpfändet sind (zB Mietkaution) oder wenn der Schuldner die Gelder nur um den Preis einer (weiteren) Straftat für die Begleichung fälliger Verbindlichkeiten einsetzen könnte.[331]

bb) Kurzfristig verwert-/beleihbare Vermögensgegenstände. Kurzfristig verwert- oder beleihbare Vermögensgegenstände gelten nach Ansicht des BGH ebenfalls als Liquidität (sog. **Aktiva** II).[332] Das ist insoweit unscharf, als der BGH Elemente der Zeitpunkt- mit solchen der Zeitraum-Illiquidität vermengt.[333] Es führte zu zusätzlichen Bedenken, dass der BGH zwar kurzfristig liquidierbares Vermögen als Liquidität behandeln wollte, aber die kurzfristig fällig werdenden Verbindlichkeiten (sog. **Passiva II**) möglicherweise ausblendete (dazu → Rn. 110). Deshalb ist die Entscheidung des BGH zu begrüßen, wonach die Passiva II ebenfalls in den Finanzplan einzustellen sind.[334] 95

Richtig bleibt allerdings, dass der Schuldner **im dreiwöchigen Prognosezeitraum** (§ 15 a InsO) Einnahmen im operativen Geschäftsbetrieb[335] erzielen kann oder durch Verwertung oder Beleihung solcher Vermögensgegenstände objektiv betrachtet kurzfristig liquide Mittel beschaffen kann,[336] zB auch durch Factoring, durch Einziehung im Prognosezeitraum[337] fälliger, einredefreier Kundenforderungen oder Steuererstattungen.[338] Hängt die Zahlung von der Bereitschaft eines Dritten ab, bedarf es einer hinreichenden Wahrscheinlichkeit des Zahlungseingangs binnen der drei Wochen.[339] Es muss sich also um binnen dieses Zeitraums tatsächlich **durchsetzbare, realisierbare Vermögenswerte** handeln.[340] Damit kann der Schuldner in einer Zeitraum-Betrachtung eine zum Stichtag bestehende Liquiditätsunterdeckung möglicherweise kurzfristig beseitigen, so dass der Schuldner in einer Prognosebetrachtung noch nicht als zahlungsunfähig gelten muss.[341] Anders muss es aber sein, wenn der Schuldner eine solche Beschaffung von Liquidität ablehnt u. der Zustand der Liquiditätsunterdeckung aufrechter- 96

329 BGH WM 09, 1202 Rn. 19 (zur Insolvenzanfechtbarkeit); wistra 07, 308; BGHSt ZInsO 17, 1364, 1365; Baumbach/Hueck/*Haas* Rn. 12.
330 *Gehrlein*, ZInsO 18, 354, 358; offenlassend BGHSt ZInsO 17, 1364, 1365.
331 BGH NStZ 08, 415, 416; Roth/*Altmeppen* Rn. 23.
332 BGH NZG 18, 343 Rn. 33; ZIP 07, 1666; OLG Thüringen GmbHR 17, 1269, 1272; OLG Hamm ZinsO 08, 511, 512; AG Hamburg ZIP 08, 520, 521; aA Kübler/Prütting/Bork/*Pape*, InsO, § 17 Rn. 11; Nickert/Lamberti/*Kriegel*, Überschuldungs- und Zahlungsunfähigkeitsprüfung, Rn. 34.
333 Ebenso *Frystatzki*, NZI 10, 389, 390.
334 Grundlegend BGH ZIP 18, 283 Rn. 40 ff.; *Mylich*, ZIP 18, 514.
335 BGHSt ZInsO 19, 258 Rn. 11.
336 BGH ZIP 18, 283 Rn. 33; NZG 16, 658 Rn. 31; BGHSt ZInsO 19, 258 Rn. 11.
337 OLG Dresden BeckRS 10, 19130.
338 *Plagens/Wilkes*, ZInsO 10, 2107, 2114.
339 BGH NZG 18, 343 Rn. 70; BGHSt ZInsO 19, 258 Rn. 11.
340 BGH GmbHR 11, 25 Rn. 18.
341 IErg ebenso Scholz/*Bitter* Rn. 13, 15.

halten bleibt.[342] Wer in einer retrospektiven Betrachtung also auf die Liquidierung solcher Vermögenswerte verzichtet hat, kann sich nicht nachträglich darauf berufen, dass er oder ein Gläubiger im Wege der Zwangsvollstreckung hierzu jederzeit die Möglichkeit gehabt hätte. Die fehlende Bereitschaft des Schuldners zur Beschaffung weiterer Liquidität verdrängt somit die grds. objektive Betrachtungsweise.[343] Auch für die Beleihbarkeit/Verwertbarkeit muss ein **strenger Maßstab** gelten.[344] Bei Unsicherheiten sind Wertabschläge geboten.[345]

97 cc) **Forderungen gegen Dritte, Cashpool.** Verfügt der Schuldner zum Stichtag der Zahlungsunfähigkeitsprüfung über **Forderungen**, gelten diese ebenfalls nicht als liquide Mittel. Soweit der **Zahlungseingang in der Zeitraum-Betrachtung** jedoch hinreichend gesichert ist, also die Forderungen fällig, einredefrei u. werthaltig sind, dürfen sie als liquidierbares Vermögen (**Aktiva II**) wie Liquidität behandelt werden. Dies gilt entspr. für die Forderungen aus der Teilnahme an einem **konzern-internen Cashpool**, sofern der Schuldner auf die Mittel faktisch ungehinderten Zugriff hat, ähnl einem Kontokorrentrahmen.[346] Wenn der kurzfristige Zahlungseingang binnen drei Wochen zumindest überw. wahrscheinlich erscheint, darf der Schuldner sogar die Gegenleistung für von ihm erbrachte, aber zum Stichtag noch nicht einmal abgerechnete Vorausleistungen wie Liquidität in den Zahlungsplan einstellen. Diese Ausführungen, insbes. die Notwendigkeit eines ungehinderten Zugriffs auf die Mittel, gelten nach Auffassung des BGH ebenso für Forderungen aus sog. **harten Patronatserklärungen**, wobei es einen solchen Zugriff nur bei sog. konzerninternen Patronatserklärungen geben kann.[347] Bloße **Darlehensversprechen** der Gesellschafter u. **Zahlungsgarantien** sollen nicht genügen. Denn der bloße Anspruch „dem Papier nach" könne den Eintritt einer Zahlungsunfähigkeit nicht verhindern; hierzu wäre die tatsächliche Zahlung erforderlich.[348] Insoweit erscheint jedoch eine Korrektur in dem Sinne erforderlich, dass Ansprüche aus einem Patronat etc wie auch sonstige Forderungen zumindest als sog. Aktiva II (→ Rn. 95) berücksichtigt werden müssen, wenn mit einer Realisierung innerhalb des Prognosezeitraums gerechnet werden darf, u. zwar auch ohne ungehinderten Zugriff auf das Vermögen des Patrons.

98 In einer retrospektiven Betrachtung lässt sich feststellen, ob die liquidierbaren Vermögenswerte im 3-Wochen-Zeitraum auch tatsächlich zu Liquidität wurden. Wenn das nicht der Fall ist, muss derjenige, der sich auf einen Einbezug als liquidierbares Vermögen beruft, darlegen u. nachweisen, dass die

---

342 *Pape*, WM 08, 1949, 1957.
343 IErg auch BGH ZIP 18, 243 Rn. 70; *Gehrlein*, ZInsO 18, 354, 359.
344 OLG Dresden BeckRS 10, 19130; AG Köln NZI 07, 666, 668 f.; Baumbach/Hueck/*Haas* Rn. 15 b.
345 Graf-Schlicker/*Pöhlmann*, InsO, § 17 Rn. 8; *Bork*, ZIP 08, 1749, 1750.
346 Ebenso *Brinkmann* in K Schmidt/Uhlenbruck, GmbH in der Krise, Rn. 5.22; IDW S 11 Rn. 48.
347 Vgl. BGH ZIP 11, 1111 Rn. 21 ff.; *Krüger/Pape*, NZI 11, 617, 618; unzureichend sind sog. weiche Patronatserklärungen, vgl. BGH aaO.
348 BGH ZIP 11, 1111 Rn. 21 ff.; *Krüger/Pape*, NZI 11, 617 (zur Patronatserklärung).

Nicht-Umwandlung in Liquidität auf überraschenden, nicht vorhersehbaren Umständen beruhte.[349]

Ansprüche, die wie zB Anfechtungsrückgewähransprüche (§§ 129 ff., 143 InsO) oder Haftungsansprüche (§ 64) erst im eröffneten Insolvenzverfahren entstehen, bleiben unberücksichtigt.[350] 99

c) Nicht nur unwesentlich. Die Gesetzesbegründung zu § 17 InsO enthält den Hinweis, dass ganz geringfügige Liquiditätslücken nicht zur Zahlungsunfähigkeit führen sollen. In seiner Grundsatzentscheidung v. 24.5.05 hält der BGH eine **Liquiditätsunterdeckung von mind. zehn vom Hundert** für wesentlich.[351] Bereits eine einzige Zahlungspflicht kann eine solche Liquiditätslücke begründen. 100

Der BGH sieht in dem Schwellenwert von zehn vom Hundert (entspricht einer Liquiditätskennzahl von 0,9) jedoch keine starre Grenze, sondern eine **widerlegliche Vermutung** für Zahlungs(un)fähigkeit (zu den Ausnahmetatbeständen s. → Rn. 112 ff.). Je höher die Unterdeckung ist, desto höher sind die Anforderungen, die Vermutung für Zahlungsunfähigkeit zu entkräften, u. *vice versa*. 101

Zu bedenken ist freilich, dass der BGH iErg Unternehmen mit andauernden Liquiditätsproblemen unterhalb dieser Wesentlichkeitsschwelle einen bedenklichen Aufschub zu gewähren scheint. Das verdiente keine Zustimmung, wie im Ansatz auch die unter → Rn. 112 dargestellte Fallgruppe zeigt: Wer dauerhaft nur 90 vom Hundert seiner fälligen Verbindlichkeiten befriedigen kann, kann nicht mehr als zahlungsfähig gelten.[352] In solchen Fällen durch eine strikte Neunzehntel-Regelung mittelbar einen Aufschub der Insolvenzverfahrenseröffnung zu gewähren, vermag nicht zu überzeugen.[353] 102

d) Nicht nur kurzfristig. Aus der dreiwöchigen Insolvenzantragsfrist (nunmehr: § 15 a InsO) leitet der BGH ab, dass bereits eine Zahlungsunfähigkeit u. nicht nur eine bloße **Zahlungsstockung** vorliegt, wenn die als wesentlich erachtete Liquiditätsunterdeckung aus einer ex ante-Sicht nicht binnen drei Wochen beseitigt werden kann.[354] Er folgt dabei einer typisierenden Betrachtung mit einem Idealfall als normativer Maßstab. Denn der BGH unterstellt, dass eine kreditwürdige Person, die über eine geordnete Buchführung verfügt u. die geforderten Antragsunterlagen zeitnah vorlegt, 103

349 Scholz/*K Schmidt*/*Bitter* 10. Aufl. Rn. 12.

350 BGHZ 169, 17 Rn. 15 = NJW 06, 3553; bestätigt von BGHZ 173, 286 Rn. 30 = ZIP 07, 1666; Baumbach/Hueck/*Haas* Rn. 16; Lutter/Hommelhoff/*Kleindiek* Anh. zu § 64 Rn. 14; Roth/*Altmeppen* Rn. 23.

351 BGHZ 163, 134 = NJW 05, 3062; zur Wesentlichkeitsschwelle bei Zahlungseinstellung vgl. BGH WM 11, 1429 Rn. 12 ff.; 13, 1361 Rn. 18 f.

352 Ebenso *Ganter,* ZInsO 11, 2297 ff.; Rowedder/*M. Schmidt-Leithoff*/*Schneider* Rn. 104; vgl. auch IDW S 11 Rn. 17.

353 Lutter/Hommelhoff/*Kleindiek* Anh. zu § 64 Rn. 13; MKInsO/*Eilenberger*, § 17 Rn. 22; Roth/*Altmeppen* Rn. 24; K. Schmidt/*K. Schmidt* § 17 Rn. 30; Scholz/*Bitter* Rn. 16; aA *Frystatzki*, NZI 10, 389, 391 („kleine Bugwelle" lässt der BGH zu); idS auch *Gehrlein*, ZInsO 18, 354, 360; für Einzelfallentscheidung Baumbach/Hueck/*Haas* Rn. 16 e; offenlassend *Mylich*, ZIP 18, 514, 518 f.

354 Vgl. zur Abgrenzung BGH ZIP 10, 682 Rn. 43; 11, 1416 Rn. 12; ferner 13, 2469 Rn. 13 (1. StR); sowie ZInsO 19, 258 Rn. 11.

innerhalb dieses Zeitraums tatsächlich die notwendigen (Kredit-) Mittel erhält. Der Einwand, dass die Wirklichkeit in der Kreditbeschaffung auch bei Schuldnern mit herausragender Bonität ein längeres Zeitfenster erfordert, bleibt vorbehaltlich der nachfolgend dargestellten Ausnahmefälle (→ Rn. 112 ff.) ungehört. Ebenso wirkt es sich nachteilig für den Schuldner aus, wenn er – aus welchen Gründen auch immer (zB Krankheit) – zu einer kurzfristigen Liquiditätsbeschaffung außer Stande ist.

4. Zahlungseinstellung

104 Hat der Schuldner seine Zahlungen eingestellt, besteht eine **widerlegliche Rechtsvermutung,**[355] dass Zahlungsunfähigkeit vorliegt (§ 17 II 2 InsO). Unter **Zahlungseinstellung** idS ist dasjenige **äußere Verhalten des Schuldners** zu verstehen, **in dem sich Zahlungsunfähigkeit typischerweise ausdrückt.**[356] Sie liegt etwa vor, wenn wesentliche (→ Rn. 100 ff.) fällige Verbindlichkeiten nicht beglichen sind[357] u. sich für die beteiligten Verkehrskreise der berechtigte Eindruck aufdrängt bzw. mind. für diese nach außen hin erkennbar geworden ist, dass der Schuldner seine fälligen Zahlungspflichten wegen eines Mangels an Zahlungsmitteln nicht mehr erfüllen kann.[358] Zahlungseinstellung kann somit schon bei Nichtzahlung einer einzigen wesentlichen Verbindlichkeit in nicht unbeträchtlicher Höhe vorliegen.[359] Auch die Leistung einzelner Zahlungen (auch beträchtlichen Umfangs) steht einer Zahlungseinstellung nicht entgg, wenn sie im Verhältnis zu den fälligen Gesamtschulden nicht den wesentlichen Teil (90 vom Hundert) ausmachen.[360] Einer konkreten Feststellung einer Unterdeckung von mehr als zehn vom Hundert bedarf es nicht.[361] Erkennbarkeit des Schuldnerverhaltens für einen einzigen Gläubiger genügt. Die gesamtwirtschaftlichen Umstände ändern nichts an den Voraussetzungen der Zahlungseinstellung. Die **Darlegungs- u. Beweislast** für eine Zahlungseinstellung trägt derjenige, der darauf gestützt Ansprüche herleitet.[362] Allerdings kann ein teilweise lückenhafter Vortrag genügen, der eine Ergänzung fehlender Tatsachen auf der Grundlage von Beweisanzeichen zulässt.[363] Der Tatrichter

---

355 BGH ZIP 06, 2222 Rn. 12; 07, 1469 Rn. 27; WM 10, 711 Rn. 38; 12, 702 Rn. 23; 12, 735 Rn. 11; NJW 15, 1824 Rn. 6.

356 BGHZ 149, 178, 184 f. = NJW 02, 515; 01, 1650; WM 06, 2312 Rn. 13; 07, 1616 Rn. 28; 11, 1429 Rn. 12; 12, 702 Rn. 13; 12, 711 Rn. 9; 13, 2015 Rn. 9; Kübler/Prütting/Bork/*Pape*, InsO, § 17 Rn. 17; Uhlenbruck/*Mock*, InsO, § 17 Rn. 147; *Gehrlein*, ZInsO 18, 354 ff.; *Staufenbiel/Hoffmann*, ZInsO 08, 785.

357 BGH ZInsO 12, 648, 649; WM 11, 1429 Rn. 12 ff.; ZIP 10, 682 Rn. 42; 08, 706 Rn. 15; 07, 1469 Rn. 29; Scholz/*Bitter* Rn. 17; *Pape*, WM 08, 1949, 1956.

358 BGH WM 11, 1429 Rn. 12 ff.; HeidelbergerKommInsO/*Rüntz/Laroche*, § 17 Rn. 25 ff. – Zur Irrelevanz einer Zahlungsunwilligkeit BGH NZI 18, 34.

359 BGH WM 00, 1207, 1208; 06, 2312 Rn. 19; 07, 1616 Rn. 29; ZIP 10, 682 Rn. 42; 11, 1416 Rn. 12; 12, 723 Rn. 13; 12, 735 Rn. 9; *Pape*, WM 08, 1949, 1956.

360 BGH ZIP 06, 2222, 2223 f.; WM 11, 1429 Rn. 12 ff.; GmbHR 14, 258 Rn. 21; DB 16, 1245 Rn. 14, 21; Lutter/Hommelhoff/*Kleindiek* Anh. zu § 64 Rn. 710 *Pape*, WM 08, 1949, 1956.

361 BGH WM 06, 1631 Rn. 6; 11, 1429 Rn. 13; 13, 1361 Rn. 18 f.; IDW S 11 Rn. 19.

362 BGH WM 12, 702 Rn. 15; ZIP 94, 1103, 1110; 05, 1734, 1736.

363 BGH ZIP 98, 2008, 2010; WM 11, 1429 Rn. 13.

hat hiervon ausgehend eine Gesamtabwägung vorzunehmen, ob die Zahlungen eingestellt waren.[364]

Indizien für Zahlungseinstellung sind ua:[365] Erklärungen des Schuldners, nicht zahlen zu können,[366] auch bei Verbindung mit einer Stundungsbitte;[367] Ankündigung von Einmalzahlung u. 20 Monatsraten;[368] Steuer- u. Sozialversicherungsrückstände (wegen Strafbewehrung);[369] steigende Steuerschulden;[370] sprunghaftes Ansteigen von Zahlungsrückständen;[371] schleppende Zahlung von Löhnen u. Gehältern;[372] Rückstände bei Verbindlichkeiten für betriebsnotwendige Leistungen;[373] (Androhung der) Kündigung von Bankkrediten; mehrere Vollstreckungsverfahren laufen;[374] konkludentes Verhalten des Schuldners, zB Flucht vor den Gläubigern;[375] Angebot von Teilzahlungen nach monatelangem Schweigen bis zum Erlass eines Vollstreckungsbescheids;[376] Schließung des Geschäftsbetriebs ohne ordnungsgemäße Abwicklung;[377] Häufung von Mahn- u. Vollstreckungsbescheiden;[378] Wechsel- u. Scheckproteste;[379] Lastschriftrückgaben durch die Bank des Schuldners;[380] Rückgabe von Vorbehaltsware an Lieferanten ohne Verarbeitung in größerem Umfang;[381] Ignorieren von Rechnungen u. Mahnungen;[382] die ausschließliche Begleichung von Neuschulden.[383] Ferner kann der Abschluss einer Ratenzahlungsvereinbarung ein Hinweis auf eine Zahlungseinstellung sein.[384] Dies gilt umso mehr, wenn der Schuldner die in der Ratenzahlungsvereinbarung festgelegten Fälligkeitstermine missachtet.[385] Von einer Zahlungseinstellung ist im Regelfall auch dann auszugehen, wenn (nicht unbeachtliche) Verbindlichkeiten bis zur Verfahrenser- 105

364 BGH WM 11, 1429 Rn. 13; 12, 998 Rn. 11. – Übersicht mit Fallgruppen bei *Gehrlein*, ZInsO 18, 354 ff. mwN.
365 HambK-InsO/*Schröder*, § 17 Rn. 40; Nickert/Lamberti/*Kriegel*, Überschuldungs- und Zahlungsunfähigkeitsprüfung, Rn. 57; *Uhlenbruck*, in K Schmidt/Uhlenbruck, GmbH in der Krise, 4. Aufl. Rn. 5.37 f.; *Gehrlein*, ZInsO 18, 354 ff.; *Hartz/Baumgartner/Conrad*, ZInsO 05, 1304, 1306; *Pape*, WM 08, 1949, 1956.
366 BGH ZIP 16, 2423 Rn. 23; WM 06, 2312, 2313; LG Kiel ZIP 06, 1248, 1250.
367 BGH WM 01, 2181, 2182; 06, 2312, 2313; ZIP 08, 420 Rn. 21; 14, 1289 Rn. 22; vgl. aber BGH ZIP 16, 1686 Rn. 17 f.: keine Indizwirkung, sofern noch im Rahmen der Gepflogenheiten des Geschäftsverkehrs.
368 BGH ZInsO 16, 1427 Rn. 18.
369 BGHZ 149, 178 = NJW 02, 515, 517; NZI 06, 591 Rn. 6; ZInsO 08, 1019; 11, 1410, 1411; 13, 2015 Rn. 12; OLG Rostock ZInsO 06, 1109; KG ZInsO 05, 1325, 1327.
370 BGH ZIP 03, 410, 411; ZInsO 08, 1019.
371 BGH ZInsO 16, 1427 R 14.
372 BGH ZInsO 08, 378, 380.
373 *Pape*, WM 08, 1149, 1956.
374 BGH ZInsO 19, 192 Rn. 5.
375 BGH WM 96, 1747, 1750; ZIP 06, 1056.
376 BGH ZInsO 18, 511 Rn. 13 ff.
377 BGH ZIP 06, 1056.
378 BGH WM 75, 6; ZIP 06, 1056 Rn. 14.
379 BGH NJW 14, 164 Rn. 15 (1. StR).
380 IDW S 11 Rn. 19 mwN.
381 OLG Stuttgart ZIP 97, 652.
382 BGH ZInsO 16, 628 Rn. 13.
383 OLG Hamburg GmbHR 04, 797.
384 BGH ZIP 12, 1557 Rn. 24; OLG Düsseldorf ZInsO 12, 786, 788.
385 BGH ZInsO 12, 2048.

öffnung nicht mehr beglichen werden.[386] Somit kann ein einziges Indiz für die Zahlungseinstellung genügen.[387] Gegen eine Zahlungseinstellung spricht nicht, dass der Schuldner den Geschäftsbetrieb noch über längere Zeit aufrecht hält. Die Schlussfolgerung der Zahlungseinstellung kann sich aus einzelnen Beweisanzeichen oder aus einer Gesamtschau ergeben.[388] Der zusätzlichen Aufstellung einer sog. „Liquiditätsbilanz" bedarf es nicht.[389]

106 Auf das Bewusstsein des Schuldners, welche Bedeutung sein Verhalten für den Rechtsverkehr hat, kommt es nicht an. Es liegt dann an ihm, die Vermutung der Zahlungsunfähigkeit zu widerlegen. Der bloße Hinweis darauf, dass die Gesellschaft lediglich zahlungsunwillig sei, reicht nicht aus.[390] Letztlich entscheidet der Nachweis, dass der Schuldner über ausreichend Zahlungsmittel verfügt.[391] Dass der Schuldner Forderungen für unbegründet hält, darf für sich nicht genügen, sondern es muss auf vertretbaren Gründen (s. → Rn. 92) beruhen.[392]

5. Prüfungsreihenfolge

107 Zur Feststellung u. Prüfung einer Zahlungsunfähigkeit bestehen mehrere, gleichwertig nebeneinander stehende Methoden.[393] Kann die Zahlungsunfähigkeit weder durch Zahlungseinstellung (dazu → Rn. 104 ff.) noch in anderer Weise festgestellt werden (dazu → Rn. 115 ff.), bedarf es einer detaillierten Prüfung. Dies ist der Regelfall in der ex-ante-Betrachtung.[394] Gem. den Vorgaben der Rspr. findet die nachfolgend dargestellte dreistufige Prüfung statt.[395] Sie erfordert neben einem stichtagsbezogenen Liquiditätsstatus[396] eine weitere Planungsrechnung zur Entwicklung der Liquiditätslücke im Prognosezeitraum.[397] Eine solche Zahlungsunfähigkeitsprüfung bereitet in der Praxis erhebliche Mühen, insbes. wenn in der Buchhaltung die Fälligkeit der Verbindlichkeiten nicht oder nicht zutreffend vermerkt ist u. deshalb eine händische Prüfung notwendig wird.

---

386 BGH ZIP 12, 1557 Rn. 24; 12, 1174 Rn. 25; 11, 1416 Rn. 12; WM 12, 998 Rn. 10; OLG Düsseldorf ZInsO 12, 786, 788.

387 BGH WM 11, 1429 Rn. 13.

388 BGH WM 11, 1429 Rn. 12 ff.; *Krüger/Wigand*, NZI 11, 314, 315.

389 BGH WM 11, 1429 Rn. 10, 13; 12, 711 Rn. 9.

390 BGH WM 12, 711 Rn. 18 f.; ZIP 12, 1174 Rn. 25; vgl. auch BGH NZI 18, 34.

391 BGH ZInsO 12, 688 Rn. 18 f.; HeidelbergerKommInsO/*Rüntz/Laroche*, § 17 Rn. 14, 44 f.; Jaeger/*Müller*, InsO, § 17 Rn. 35; Kübler/Prütting/Bork/*Pape*, InsO, § 17 Rn. 16.

392 Vgl. aber BGH ZIP 12, 1174 Rn. 25.

393 *Pape*, WM 08, 1949, 1951; vgl. Nickert/Lamberti/*Kriegel* Rn. 45.

394 Zutr. Baumbach/Hueck/*Haas* Rn. 22; Rowedder/M. *Schmidt-Leithoff/Schneider* Rn. 91, 105 f.

395 Näher *Kayser*, Höchstrichterliche Rechtsprechung, Rn. 15; *Bork*, ZIP 08, 1749 ff.; *Ehlers*, NZI 11, 161 ff.; *Frystatzki*, NZI 10, 389 ff.; vgl. auch *Krüger/Wigand*, NZI 11, 314, 317 f.; *Plagens/Wilkes*, ZInsO 10, 2107, 2111 f.; krit. bzgl. des Prognoseelements u. mit Alternativvorschlag *Neu/Ebbinghaus*, ZInsO 12, 2229, 2234 f.

396 BGH ZIP 06, 2222 Rn. 28; 13, 2015 Rn. 7; 13, 2323 Rn. 15 („Liquiditätsbilanz").

397 Vgl. dazu das Modellbeispiel aus der ex-post-Betrachtung bei *Staufenbiel/Hoffmann*, ZInsO 08, 785 ff., 838 ff. u. 891 ff.

a) **Zeitpunkt-Betrachtung (1. Schritt).** In einem statischen Liquiditäts-/Finanzstatus[398] sind gem. den vorstehenden Ausführungen die relevanten Zahlungspflichten den am jeweiligen Stichtag vorhandenen Zahlungsmitteln ggü. zu stellen (sog. punktuelle Prüfung).[399] Ergibt sich eine Liquiditätslücke von weniger als zehn vom Hundert, ist der Schuldner regelmäßig als zahlungsfähig anzusehen (**Konstellation 1**). Bei einer größeren Unterdeckung liegt grds. Zahlungsunfähigkeit vor (**Konstellation 2**). 108

b) **Zeitraum-Betrachtung (2. Schritt).** Für einen anschließenden Prognosezeitraum (mind. drei Wochen, ggf. fortzuschreiben, s. → Rn. 112) ist eine Planrechnung/Finanzplanung[400] aufzustellen. Dort sind künftige Zahlungsmittel einschl. des liquidierbaren Vermögens, auch aus Verwertung/Beleihung, taggenau einzustellen, sofern mit einem Mittelzufluss zu rechnen ist. Demgegenüber scheint der II. Zivilsenat des BGH[401] die Ansicht zu vertreten, dass die weitere Entwicklung statisch/bilanziell abzubilden sei, nicht aber dynamisch: Die Aktiva I u. Aktiva II werden nach Ansicht des II. Zivilsenat miteinander addiert u. der Summe aus Passiva I u. Passiva II gegenübergestellt, um die Deckungslücke zu ermitteln. Dabei wird zunächst verkannt, dass ein Unternehmen die Liquidität typischerweise nicht ansammelt, sondern zur Tilgung seiner fällig werdenden Verbindlichkeiten einsetzt. Im Übrigen folgen aus dieser Methode erhebliche Verschiebungseffekte u. Zweifelsfragen, deren finale Klärung noch offensteht.[402] Der vorsichtige Geschäftsführer sollte dem hier vertretenen dynamischen Ansatz über einen Finanzplan folgen u. eingehende Mittel zur Tilgung der fälligen u. fällig werdenden Verbindlichkeiten einsetzen. 109

Umstritten ist, ob im Gegenzug auch die im Prognosezeitraum fällig werdenden Zahlungspflichten (sog. **Passiva II**)[403] wie bspw. Löhne, Gehälter, Sozialabgaben u. Lieferantenforderungen zu berücksichtigen sind. Der BGH schien dies zunächst abzulehnen.[404] Dem war deutlich zu widersprechen, weil sich eine Bugwelle bzw. ein Schneeballsystem bilden würde u. dies entgg. der Intention des Gesetzgebers u. zulasten der Befriedigungsaussichten der Gläubiger zu einer Hinauszögerung der Insolvenzverfahrenser- 110

398 IDW S 11 Rn. 22.
399 BGH ZIP 07, 1666, 1669.
400 IDW S 11 Rn. 22.
401 BGH ZIP 18, 283 Rn. 62.
402 Vgl. *Ampferl/Kilper*, NZI 18, 191, 194 f.; *Fallak*, ZIP 18, 1860, 1863 ff.; Vortrag vom 28.6.2019 des Arbeitskreis Zahlungsunfähigkeit auf dem 15. Mannheimer Insolvenzrechtstag.
403 *Bork*, ZIP 08, 1749, 1751.
404 *Fischer*, FS Ganter, 10, S. 153, 158 ff.; offenlassend indes BGH Beschl. v. 11.10.2010 – II ZR 130/09, juris.

öffnung führen könnte.[405] Wer eine solche Bugwelle vor sich herschiebt, zeigt, dass er gerade nicht die fälligen Verbindlichkeiten tilgen kann.[406] Zu Recht hat der II. Zivilsenat des BGH nunmehr entschieden, dass auch die Passiva II in die Vergleichsbetrachtung einzustellen sind.[407] Ihr ernsthaftes Einfordern ab dem Eintritt der Fälligkeit muss der Schuldner unterstellen.[408]

111 Wenn ausweislich dieses Plans in der Konstellation 2 die Liquiditätslücke von größer oder gleich zehn vom Hundert binnen drei Wochen geschlossen werden kann, liegt lediglich eine Zahlungsstockung vor (keine Zahlungsunfähigkeit; Unterfall 1), andernfalls ist von Zahlungsunfähigkeit auszugehen (Unterfall 2), u. zwar bereits zum Stichtag. Bislang nicht höchstrichterlich entschieden ist, ob für den Unterfall 1 bereits genügt, dass die Liquiditätslücke für einen äußerst knappen Zeitraum (Extremfall: ein Tag) geschlossen wird u. deshalb die 3-Wochen-Frist erst ab dem späteren Aufreißen der Liquiditätslücke (Extremfall: binnen des ursprünglichen 3-Wochen-Zeitraums) aufs Neue zu laufen beginnt.[409] Die nachfolgend geschilderte Ausn. deutet darauf hin, dass nur eine Lückenschließung von gewisser Dauer beachtlich sein kann.[410]

112 c) **Ausnahmefall (3. Schritt).** aa) **Bei Konstellation 1.** Erscheint in Konstellation 1 (→ Rn. 108) absehbar, dass demnächst eine Liquiditätslücke von zehn vom Hundert oder mehr entsteht, ist der Schuldner bereits zahlungsunfähig iSv § 17 InsO (Unterfall 1). Um dies beurteilen zu können, muss somit der dreiwöchige Prognosezeitraum zeitlich ausgedehnt u. die Finanzplanung auf der Grundlage der bestehenden u. voraussichtlichen Auftrags- u. Ertragslage fortentwickelt werden. Als „demnächst" soll ein Zeitraum von 3 bis 6 Monaten gelten.[411] Maßgeblich sind die Umstände des Einzelfalls. Die Darlegungs- u. Beweislast trägt derjenige, der entgg. der Vermutungsregel behauptet, dass bei einer Liquiditätslücke von weniger als zehn

---

405 Baumbach/Hueck/*Haas* Rn. 16 b; *Bork*/Schäfer § 64 Rn. 9; HambK-InsO/*Schröder*, § 17 Rn. 24; für die Einbeziehung der Passiva II nunmehr auch HeidelbergerKommInsO/*Rüntz/Laroche*, § 17 Rn. 19; Lutter/Hommelhoff/*Kleindiek* Anh. zu § 64 Rn. 13; MüKoGmbHG/*Müller* 1. Aufl. § 64 Rn. 15; Scholz/*Bitter* Rn. 14; *Brinkmann*, in K Schmidt/Uhlenbruck, GmbH in der Krise, Rn. 5.28; *Drescher* Rn. 535; *Henze/Born* Rn. 1627; Nickert/Lamberti/*Kriegel* Rn. 50; *Bork*, ZIP 08, 1749, 1751 ff.; *Frystatzki*, NZI 10, 389, 390; *Ganter*, ZInsO 11, 2227, 2229 ff.; *Hölzle*, ZIP 07, 613, 615; *Pape*, WM 08, 1949, 1952; *Plagens/Wilkes*, ZInsO 10, 2107, 2114; *Prager/Jungclaus*, FS Wellensiek, 11, S. 101, 105 ff.; *Wolf/Kurz*, DStR 06, 1339, 1341 ff.; ebenso IDW S 11 Rn. 37.

406 Roth/*Altmeppen* Rn. 24; *Bork*, ZIP 08, 1749, 1752 f.; *Knolle/Tetzlaff*, ZInsO 05, 897, 900; *Pape*, WM 08, 1949, 1952.

407 BGH ZIP 18, 283 Rn. 34 ff., 40 ff.; zust. *Gehrlein*, ZInsO 18, 354, 360 (bzgl. Übernahme durch IX. Zivilsenat).

408 BGH ZIP 18, 283 Rn. 14 ff.; Baumbach/Hueck/*Haas* Rn. 16 c; *Mylich*, ZIP 18, 514, 516; aA *Pape*, WM 08, 1948, 1955.

409 *Kayser*, Höchstrichterliche Rechtsprechung, Rn. 15.

410 Für Betrachtung des Einzelfalls Baumbach/Hueck/*Haas* Rn. 22.

411 HeidelbergerKommInsO/*Rüntz/Laroche*, § 17 Rn. 20; *Fischer*, ZGR 06, 403, 408; *Ehlers*, NZI 11, 161, 164; *Frystatzki*, NZI 10, 389, 392; *Plagens/Wilkes*, ZInsO 10, 2107, 2111; enger wohl AG Hamburg, ZInsO 08, 52 („sehr zeitnah"); *Krüger/Wigand*, NZI 11, 314, 317.

vom Hundert innerhalb des 3-Wochen-Zeitraums gleichwohl Zahlungsunfähigkeit vorliegen soll.[412]

bb) Bei Konstellation 2. Obgleich der Schuldner eine bestehende Liquiditätslücke von mind. zehn vom Hundert nicht binnen drei Wochen schließen kann (Unterfall 2), soll er gleichwohl als zahlungsfähig gelten, wenn die Liquiditätslücke demnächst (→ Rn. 112) vollständig oder mit an Sicherheit grenzender Wahrscheinlichkeit beseitigt werden kann u. den Gläubigern nach den besonderen Umständen des Einzelfalls weiteres Zuwarten zumutbar ist.[413] Nur in diesem Rahmen finden Besonderheiten wie **saisonale Schwankungen** Berücksichtigung. Die Darlegungs- u. Beweislast trägt derjenige, der sich auf die Ausn. beruft, dass nämlich trotz einer binnen drei Wochen nicht zu schließenden, wesentlichen Liquiditätslücke keine Zahlungsunfähigkeit vorliegen soll.[414] 113

Die enge Formulierung deutet darauf hin, dass dieser Ausnahmetatbestand restriktiv zu handhaben ist.[415] Seine Voraussetzungen werden sich ohne Dokumentation, die iErg den Anforderungen an eine positive Fortbestehensprognose iRd Überschuldungsprüfung entsprechen dürften, kaum nachweisen lassen. 114

d) Alternative Feststellung der Zahlungsunfähigkeit. Der Gesetzgeber hat davon abgesehen, einen bestimmten Nachweis der Zahlungsunfähigkeit zu verlangen. In der Praxis kommen insbes. 3 verschiedene Varianten in Betracht, die gleichrangig sind.[416] Die aufwändigste Form der Nachweisführung stellt regelmäßig der detaillierte Liquiditätsstatus plus Finanzplan (→ Rn. 108 ff.) dar. Für die ex-ante-Betrachtung erscheint diese Methode alternativlos.[417] Gleichrangig daneben bestehen die sog. wirtschaftskriminalistische Methode sowie die sog. vereinfachte Nachweisführung. Tatsächlich umschreiben diese Begriffe jedoch nur die Ermittlung einer Zahlungseinstellung anhand von Indizien.[418] 115

aa) Wirtschaftskriminalistische Methode. Die wirtschaftskriminalistische Methode[419] stellt auf Steuer- u. Sozialversicherungsrückstände,[420] die Häufung von Mahnbescheids- u. Zwangsvollstreckungsverfahren, die Abgabe eidesstattlicher Versicherungen, Wechsel- u. Scheckproteste, Lastschriftwiderrufe, die Nichtzahlung laufender Verbindlichkeiten für betriebsnotwendige Leistungen wie Energiekosten oder die (angedrohte) Kündigung von Bankkrediten ab.[421] 116

---

412 Lutter/Hommelhoff/*Kleindiek* Anh. § 64 Rn. 12.
413 BGHZ 163, 134 = NJW 05, 3062; bestätigt von BGHZ 169, 17 Rn. 16 = NJW 06, 3553; 06, 1348 Rn. 25; ebenso BGH (1. Strafsenat) NStZ 07, 643; *Hölzle*, ZIP 07, 613, 618 f.; *Neumeier*, NJW 05, 3041.
414 BGH NJW 05, 3062, 3065 f.; Lutter/Hommelhoff/*Kleindiek* Anh. zu § 64 Rn. 12; zusammenfassend *Pape*, WM 08, 1949, 1953 f.
415 *Pape*, ZInsO 09, 1, 4.
416 BGH WM 06, 2312 Rn. 28; *Pape*, WM 08, 1949, 1951.
417 Zutr. Baumbach/Hueck/*Haas* Rn. 22; Rowedder/*M. Schmidt-Leithoff/Schneider* Rn. 91.
418 BGH WM 11, 1429 Rn. 12 ff. (zur vereinfachten Nachweisführung).
419 Vgl. BGH NJW 14, 164; *Kayser*, Höchstrichterliche Rechtsprechung, Rn. 33 f.
420 Hierzu BGH ZIP 06, 2224, 2225.
421 BGH NJW 00, 154, 156; *Pape*, WM 08, 1949, 1951 f.

117 **bb) Vereinfachte Nachweisführung.** Für Anfechtungsprozesse im eröffneten Insolvenzverfahren hat der BGH anerkannt, dass die Zahlungsunfähigkeit indiziert ist, wenn im Zeitpunkt der anfechtbaren Handlung fällige Verbindlichkeiten bestanden, die bis zur Verfahrenseröffnung nicht mehr beglichen wurden.[422] Dann muss der Anfechtungsgegner dieses Indiz entkräften. Eine solche Indizwirkung lässt sich jedoch bei geringfügigen Beträgen nicht annehmen; eine Bagatellgrenze muss also überschritten sein. Die Wesentlichkeitsschwelle (→ Rn. 100 ff.) findet jedoch keine Anwendung. Insbes. kann nicht verlangt werden, dass die bei Verfahrenseröffnung offen gebliebenen Verbindlichkeiten mind. zehn vom Hundert der im Zeitpunkt der anfechtbaren Handlung offenen Verbindlichkeiten betragen. Dadurch würde der Zweck der vereinfachten Nachweisführung, die an das tatsächliche Zahlungsverhalten anknüpft, konterkariert u. *ad absurdum* geführt.[423]

118 Nach ihrem Sinn u. Zweck lässt sich diese Rspr. zum erleichterten Nachweis der Zahlungsunfähigkeit ausdehnen auf Haftungs- u. Schadensersatzansprüche, die auf Tatbestandsebene an die Zahlungsunfähigkeit anknüpfen.[424] In der ex ante-Betrachtung lässt sich die Zahlungsunfähigkeit häufig annehmen, wenn der Schuldner bereits einzelne Zahlungspflichten (zB Steuernachforderungen nach einer Betriebsprüfung), die nicht nur geringfügig sind, mangels liquidierbaren Vermögens nicht binnen drei Wochen erfüllen kann.

6. Beseitigung der Zahlungsunfähigkeit

119 Mehrfach hat der BGH entschieden, dass eine einmal eingetretene Zahlungseinstellung grds. **fortwirkt.**[425] Der Schuldner kann sie regelmäßig erst dadurch beseitigen, dass er die geschuldeten **Zahlungen an die Gesamtheit der Gläubiger im Allg wieder aufnimmt.**[426] Hierzu genügt es nicht, vorhandene Mittel zu verwenden, die der Schuldner für die Begleichung seiner künftigen, alsbald fällig werdenden Verbindlichkeiten benötigt.[427] Ebenso wenig genügt der Nachweis der bloßen Zahlungsunwilligkeit[428] oder dass dem Schuldner die Zahlungswiederaufnahme zumindest für einen Monat gelingt.[429] Die Darlegungs- u. Beweislast liegt bei demjenigen, der sich auf

---

422 BGH ZIP 06, 2224, 2225; GmbHR 15, 803 Rn. 12 ff.; Lutter/Hommelhoff/*Kleindiek* Anh. zu § 64 Rn. 15; *Hölzle*, ZIP 07, 613, 616; *Krüger/Wigand*, NZI 11, 314, 318 ff.

423 Vgl. BGH ZIP 13, 2323 Rn. 18 f.; tw aA OLG Frankfurt ZInsO 10, 1328, 1329; OLG Hamburg ZInsO 09, 1698 ff. (maßgebend sei Relation zu den zur Insolvenztabelle angemeldeten Forderungen).

424 Scholz/*Bitter* Rn. 15; partiell krit. FAS IDW, ZIP 09, 201, 205 f.

425 BGH ZIP 08, 420, 422; ZIP 16, 2324 Rn. 25 f.; OLG Düsseldorf ZInsO 12, 786, 788; Baumbach/Hueck/*Haas* Rn. 20 (zur Zahlungseinstellung).

426 BGHZ 149, 100, 109 = NJW 02, 512; 149, 178, 188 ff. = NJW 02, 515; ZIP 07, 1469 Rn. 32 ff.; 08, 420, 422; 08, 706, 708 f.; 10, 682 Rn. 44; WM 12, 2251 Rn. 18 ff. (zur Zahlungseinstellung); 13, 228 Rn. 33; OLG Düsseldorf ZInsO 12, 786, 788; *Kayser*, Höchstrichterliche Rechtsprechung, Rn. 40.

427 BGH ZIP 12, 2355 Rn. 19.

428 BGH ZIP 12, 735 Rn. 18 f.

429 BGH ZIP 16, 2423 Rn. 25 f.; *Gehrlein*, ZInsO 18, 354, 357.

den nachträglichen Fortfall der Zahlungsunfähigkeit beruft.[430] Diese Rspr. gilt uneingeschränkt jedenfalls dann, wenn zwischen der festgestellten Zahlungsunfähigkeit u. dem haftungsbegründenden Sachverhalt ein relativ kurzer Zeitraum liegt.[431]

Selbstverständlich beseitigt der Schuldner eine eingetretene Zahlungsunfähigkeit auch dadurch, dass er die Liquiditätsunterdeckung entweder durch **Zufuhr neuer Zahlungsmittel** oder durch **Verringerung der zu berücksichtigenden Zahlungspflichten** (zB durch Stillhalteabkommen, Zahlungsmoratorium, Forderungsverzicht)[432] beseitigt. Auch sog. harte **Patronatserklärungen** können eine Zahlungsunfähigkeit beseitigen, wobei es zusätzlich zwischen konzerninternen u. -externen Patronatserklärungen zu differenzieren gilt. Bei konzerninternen harten Patronatserklärungen muss der begünstigte Empfänger nach Ansicht des BGH einen ungehinderten Zugriff auf die Mittel haben oder der Patron seiner Ausstattungspflicht tatsächlich nachkommen (vgl. aber → Rn. 97). Bei konzernexternen Erklärungen kommt es allein darauf an, ob der Patron seine Liquiditätsausstattungspflicht tatsächlich erfüllt hat, so dass die bloße Erklärung eine Zahlungsunfähigkeit weder verhindert noch beseitigt.[433] 120

IV. Insolvenzantragspflicht gem. § 15 a InsO

1. Allgemeines

Durch das MoMiG hat der Gesetzgeber die vormals für die GmbH in § 64 I aF geregelte Insolvenzantragspflicht **rechtsformübergreifend** in der InsO verortet.[434] Ihr im Detail umstrittener **Normzweck** (s. auch → Rn. 223 ff., 235 ff.) besteht darin, insolvenzreife juristische Einheiten ohne unbeschränkt haftende natürliche Personen als Gesellschafter wegen ihres Gefährdungspotentials ohne insolvenzrechtliche Aufsicht vom Markt fernzuhalten u. durch rechtzeitige Einleitung eines Insolvenzverfahrens die vorhandene Haftungsmasse für die Altgläubiger zu erhalten.[435] Durch die rechtzeitige Antragstellung soll aber auch vermieden werden, dass die Gesellschaft noch Geld- oder Sachkredit erhält u. diese neuen Gläubiger einen Schaden erleiden.[436] 121

Damit enthält die Vorschrift ein Verbot, Unternehmen in der Insolvenz ohne den von der Insolvenzordnung zur Verfügung gestellten Rahmen fortzuführen u. dadurch Gläubiger zu gefährden oder zu schädigen (→ Rn. 19). So verstanden nähert sich die Insolvenzantragspflicht dem Konzept des 122

430 BGHZ 149, 100, 101 = NJW 02, 512; 149, 178, 188 = NJW 02, 512; ZIP 06, 2222, 2224; DB 08, 696, 698; ZIP 10, 682 Rn. 44; 12, 735 Rn. 10; 13, 228 Rn. 33.
431 BGH ZIP 10, 682 Rn. 44.
432 Begr. RegE MoMiG BT-Drs. 16/6140, S. 55; BGH ZIP 08, 930 Rn. 21; Scholz*Bitter* Rn. 19; aA *Haas*, Geschäftsführerhaftung und Gläubigerschutz, 97, S. 22 ff., 95 ff. (Information der Gläubiger).
433 BGH ZIP 11, 1111 Rn. 21 ff.; *Krüger/Pape*, NZI 11, 617.
434 Roth/*Altmeppen* Rn. 49.
435 BGHZ 126, 181 = NJW 94, 2220; ZIP 11, 1007 Rn. 20; Scholz/*K Schmidt* § 64 Rn. 131.
436 BGHZ 126, 181, 194 = NJW 94, 2220; ZIP 05, 1734, 1737; 07, 676, 678; 09, 366; 11, 1007 Rn. 20; 12, 1445, 1456; 14, 23, 24.

wrongful trading des anglo-amerikanischen Rechtskreises an.[437] Es handelt sich um eine Dauerpflicht.[438]

123 Um einer gewerbsmäßigen Firmenbestattung entgg. zu wirken, hat der Gesetzgeber zum Schutz der Gläubiger in § 15 a III InsO für die Fälle einer Führungslosigkeit den Personenkreis der Antragsverpflichteten um die Gesellschafter/Aufsichtsratsmitglieder erweitert. In der subsidiären Antragspflicht kommt die Obliegenheit zum Ausdruck, wieder neue organschaftliche Vertreter zu bestellen.

124 Abs. 4 u. 5 fassen die bislang in § 84 I Nr. 2, II, § 401 I Nr. 2, II AktG u. § 130 b HGB (jeweils aF) enthaltene Strafbewehrung zusammen.

2. Anwendungsbereich

125 **a) Erfasste Gesellschaften.** § 15 a I–III InsO gilt für Kapitalgesellschaften (AG, GmbH) einschl. der UG (haftungsbeschränkt), auch im Liquidationsstadium (§§ 15 a I 1, 11 III InsO).[439]

126 Die Vorschrift ist zwar nicht auf die **Vorgründungsgesellschaft,**[440] jedoch nach zutr. Ansicht auf die (noch nicht in eine Personengesellschaft umgewandelte) **Vor-GmbH** anwendbar (str), da nach dem Schutzzweck der Insolvenzantragspflicht trotz der unbeschränkten Unterbilanzhaftung der Gesellschafter[441] auch solche Gesellschaften vom Markt fernzuhalten sind.[442]

127 § 15 a I 2 InsO erfasst die Personengesellschaften ohne eine natürliche Person als gesetzlich unbeschränkt haftender Gesellschafter u. somit den praktisch wichtigsten Fall der **GmbH & Co KG;** § 15 a II InsO erweitert dies auf solche doppel- **u. mehrstöckigen Gesellschaften.** Weder auf erster, zweiter oder weiterer Gesellschafterebene darf es einen natürlichen Vollhafter geben.[443]

128 **b) Zeitlicher Geltungsbereich.** In zeitlicher Hinsicht gilt § 15 a InsO ab dem 1.11.08. Für Verstöße davor bleibt es unabhängig vom Zeitpunkt einer Insolvenzverfahrenseröffnung bei dem vorherigen Recht (§ 64 I aF).

129 **c) Qualifikationsfragen, Auslandsgesellschaften.** International-privatrechtlich ist die Insolvenzantragspflicht als **insolvenztypisch zu qualifizieren u.**

437 Zutr. Scholz/*K Schmidt* § 64 Rn. 132, 160; *ders.*, in K Schmidt/Uhlenbruck, GmbH in der Krise, Rn. 11.1 ff.; *ders.*, in Lutter, Das Kapital der Aktiengesellschaft in Europa, 06, S. 188, 198 ff.; vgl. auch Begr. RegE MoMiG BT-Drs. 16/6140, S. 55; ferner Ulmer/*Casper* § 64 Rn. 20; *Redeker*, Die Haftung für *wrongful trading* im englischen Recht, 07, S. 38 f.

438 Gottwald/*Haas/Kolmann/Kurz*, Insolvenzrechts-Handbuch, § 90 Rn. 75.

439 BGH NJW 09, 157, 159; Rowedder/*M. Schmidt-Leithoff/Schneider* Rn. 58 f.; Ulmer/*Casper* § 64 Rn. 33.

440 Baumbach/Hueck/*Haas* § 64 Rn. 201; Rowedder/*M. Schmidt-Leithoff/Schneider* Rn. 59.

441 BGHZ 134, 133 = NJW 97, 1507.

442 Kübler/Prütting/Bork/*Preuß*, InsO, § 15 a Rn. 15; Lutter/Hommelhoff/*Kleindiek* Anh. § 64 Rn. 6; Rowedder/*M. Schmidt-Leithoff/Schneider* Rn. 59; Scholz/*K Schmidt* § 64 Rn. 148; iErg auch Ulmer/*Casper* § 64 Rn. 32; *Geißler*, DZWiR 09, 52, 53; aA Roth/*Altmeppen* Rn. 11; *Poertzgen*, ZInsO 14, 165, 169.

443 Roth/*Altmeppen* Rn. 59; Scholz/*K Schmidt* § 64 Rn. 149.

dem sog. Insolvenzstatut (Art. 4 EuInsVO; § 335 InsO) zuzuordnen.[444] Die Verortung in der InsO durch den nationalen Gesetzgeber erweist sich nicht als tragendes Argument. Jedoch spricht eine gem. dem unter → Rn. 121 f. geschilderten Normzweck orientierte, funktionale Betrachtungsweise hierfür. Dies hat der deutsche Gesetzgeber durch das MoMiG nur verdeutlicht.[445] Der deutsche Gesetzgeber macht mit der Antragspflicht bzw. mit dem darin zum Ausdruck kommenden Verbot, insolvenzreife Unternehmen außerhalb des insolvenzrechtlichen Verfahrensrahmens fortzuführen, von seiner Kompetenz Gebrauch, zum Schutz der Gläubiger Verhaltenspflichten für die schwerpunktmäßig auf dem deutschen Markt tätigen Unternehmen zu definieren. Ein Verstoß gegen die Niederlassungsfreiheit gem. Art. 49 AEUV liegt darin nicht.[446]

Der deutschen Insolvenzantragspflicht unterliegen somit alle insolvenzfähigen juristischen Personen u. beschränkt haftenden Gesellschaften ohne eine natürliche Person als Gesellschafter, die in Deutschland den Mittelpunkt ihrer hauptsächlichen Interessen haben u. für welche die deutschen Gerichte zur Eröffnung eines **Hauptinsolvenzverfahrens international zuständig** sind (Art. 3 I EuInsVO bzw. § 3 InsO analog).[447] Ob die Eröffnungszuständigkeit für ein **isoliertes Partikularinsolvenzverfahren** ebenfalls genügt, erscheint fraglich.[448] Mit dieser Maßgabe zählen dazu auch nach ausländischem Recht gegründete juristische Personen wie die englische *Private Limited Company by shares* u. vergleichbare Gesellschaften, die dem deutschen Insolvenzrecht unterliegen („**Scheinauslandsgesellschaften**“).[449] Für Gesellschaften deutschen Rechts, die diesen Mittelpunkt im Ausland haben, gilt § 15 a InsO nicht, sondern allenfalls eine vergleichbare Vorschrift des dortigen Insolvenzrechts.[450] Der Mittelpunkt in einem anderen EU-Mitgliedstaat muss nach Ansicht des EuGH[451] (nunmehr kodifiziert in 130

444 LG Kiel ZIP 07, 1248, 1249; Baumbach/Hueck/*Haas* § 64 Rn. 202; Henssler/Strohn/*Arnold* Rn. 4; Ulmer/*Casper* § 64 Rn. 34; *Otto*, IPRax 09, 117, 118; bzgl. Verschleppungshaftung für Altgläubiger auch *Weller*, FS Ganter, 10, S. 439, 443; für Gesellschaftsstatut *Mock/Schildt*, ZInsO 03, 396, 399 f.; *Riegger*, ZGR 04, 510, 526 f., jeweils mwN.

445 Begr. RegE MoMiG BT-Drs. 16/6140, S. 55; vgl. Baumbach/Hueck/*Haas* § 64 Rn. 49, 202; Rowedder/*M. Schmidt-Leithoff/Schneider* Rn. 60 (Begr. offenlassend); Ulmer/*Casper* § 64 Rn. 34; *Poertzgen*, NZI 08, 9, 10; *ders.*, ZInsO 07, 574, 575 f.; *Weyand*, ZInsO 08, 702, 705; zurückhaltend Scholz/*K Schmidt* § 64 Rn. 147; aA MKInsO/*Klöhn*, § 15 a Rn. 58; Uhlenbruck/*Hirte*, InsO, § 15 a Rn. 3, 61.

446 LG Kiel ZIP 07, 1248, 1249; *Mankowski*, NZG 16, 281, 284; aA *Knof/Mock*, GmbHR 07, 852, 854.

447 ZB LG Kiel ZIP 06, 482; Gottwald/*Kolmann/Keller*, Insolvenzrechts-Handbuch, § 131 Rn. 121 mwN; *Poertzgen*, NZI 08, 9, 10; iErg auch Roth/*Altmeppen* Rn. 12 ff., 57 f.; *ders.*, NJW 04, 97, 100 f.; aA *Paefgen*, ZIP 04, 2253, 2260; *Schmidt*, ZInsO 06, 737; *Ringe/Willemer*, EuZW 06, 621, 623 f.

448 Baumbach/Hueck/*Haas* § 64 Rn. 205; Ulmer/*Casper* § 64 Rn. 36; *Hirte*, ZInsO 08, 689, 699; dafür *Poertzgen*, ZInsO 07, 574, 575 ff.; *ders.*, GmbHR 07, 1258, 1259 f.; *ders.*, NZI 08, 9, 11. – Für Sekundärinsolvenzverfahren fehlt es idR schon an einem Eigenantragsrecht, vgl. HambK-InsO/*Undritz*, § 356 Rn. 3.

449 EuGH NZG 15, 154; NZG 16, 115; BGH NJW 16, 2660; NZG 15, 101; Baumbach/Hueck/*Haas* § 64 Rn. 203 (Quotenschaden), 204 (Neugläubigerschaden).

450 Zutr. *Hirte*, ZInsO 08, 689, 699.

451 EuGH NZI 06, 360 („Eurofood“); ZIP 11, 918, 923; Gottwald/*Kolmann/Keller*, Insolvenzrechts-Handbuch, § 129 Rn. 32 ff.

Art. 3 Abs. 1 Unterabs 1 Satz 2 EuInsVO 2015) auf im Zeitpunkt der Antragstellung[452] objektiven u. für Dritte feststellbaren Kriterien beruhen.[453]

131 d) **Vorrangige Sondervorschriften.** Vorrangige Sondervorschriften enthalten §§ 89 II, 42 II BGB (juristische Personen des öffentlichen Rechts), §§ 86, 42 II BGB (Stiftung), §§ 48 II, 42 II BGB (Verein) sowie § 11 S. 2 EWIVAG (EWIV). Für die der Aufsicht durch die Bundesanstalt für Finanzdienstleistungsaufsicht (BaFin) unterliegenden Institute der Kredit- u. Finanzdienstleistungen einschl. der Bausparkassen u. Versicherungsunternehmen regeln § 46 b I KWG (iVm § 3 I BspKG, § 88 I VAG) eine die Insolvenzantragspflicht gem. § 15 a InsO verdrängende, spezialgesetzliche u. strafbewehrte (§ 55 KWG) Anzeigepflicht beim BaFin.[454]

3. Normadressat

132 a) **Geschäftsführer u. Liquidatoren.** Vorrangig richtet sich die Insolvenzantragspflicht an die wirksam bestellten organschaftlichen Vertreter. Dies sind bei der GmbH die **Geschäftsführer** oder im Abwicklungsstadium die explizit in § 15 a InsO nF genannten **Liquidatoren.**[455] Die Antragspflicht gilt bei mehreren stets **für jeden einzelnen gesondert,**[456] unabhängig von der internen Zuständigkeitsverteilung, der Sachkunde oder der Vertretungsmacht.[457] Sie ist nicht delegierbar,[458] sondern ihre Erfüllung obliegt der Eigenverantwortung jedes einzelnen Mitgeschäftsführers.[459] Allerdings wirkt die Erfüllung der Antragspflicht durch einen Geschäftsführer/Liquidator auch zugunsten aller anderen.[460]

133 b) **Organschaftliche Vertreter von Auslandsgesellschaften.** Primärer Normadressat bei ausländischen Gesellschaften mit dem Mittelpunkt ihrer hauptsächlichen Interessen in Deutschland ist deren organschaftlicher Vertreter oder Abwickler,[461] bei einer englischen *Private Limited Company by shares* somit deren *director*.

134 c) **Faktischer Geschäftsführer.** Die Gesetzesmaterialien zum MoMiG bestätigen, dass die subsidiäre Antragspflicht der Gesellschafter in den Fällen der Führungslosigkeit die schon bisher anerkannte **Antragspflicht der fakti-**

---

452 EuGH NZI 06, 153 („Staubitz-Schreiber"); Gottwald/*Kolmann/Keller*, Insolvenzrechts-Handbuch, § 129 Rn. 43 ff.
453 Zur Flucht aus dem deutschen Insolvenzrecht (*forum shopping* oder *insolvency planning*) vgl. *Knof/Mock*, ZInsO 08, 253; *Mankowski*, NZI 08, 355; *Vallender*, NZI 07, 129, 130 ff.
454 Vgl. dazu *Poertzgen/Meyer*, WM 10, 968.
455 BGH NJW 09, 157 Rn. 28 ff. (5. Strafsenat); Ulmer/*Casper* § 64 Rn. 39.
456 BGH ZIP 94, 891, 892 (zu § 64 I aF); ZIP 16, 817 Rn. 14; *Bork*/Schäfer § 64 Rn. 68; Lutter/Hommelhoff/*Kleindiek* Anh. zu § 64 Rn. 51.
457 Rowedder/*M. Schmidt-Leithoff/Schneider* Rn. 61; Ulmer/*Casper* § 64 Rn. 37.
458 BGHZ 133, 370; NJW 94, 2149, 2150 f.
459 BGH NJW 97, 130; OLG Düsseldorf NZG 99, 1066; Roth/*Altmeppen* Rn. 74, 77; Ulmer/*Casper* § 64 Rn. 37; Scholz/*K. Schmidt* § 64 Rn. 60, 179. 206.
460 Jaeger/*Müller*, InsO, § 15 Rn. 93; Lutter/Hommelhoff/*Kleindiek* Anh. zu § 64 Rn. 58; Roth/*Altmeppen* Rn. 77.
461 Zust. Rowedder/*M. Schmidt-Leithoff/Schneider* Rn. 61.

schen Geschäftsführer[462] unberührt gelassen hat.[463] Das Wort „auch" in § 15 a III InsO macht nur Sinn, wenn der faktische Geschäftsführer wie schon nach bisheriger Rechtsauffassung[464] antragsverpflichtet bleibt, obgleich er – da kein organschaftlicher Vertreter – die Führungslosigkeit (vgl. § 10 II 2 InsO) nicht verhindert.[465] Das Wort „auch" in § 15 I 2 InsO bestätigt nunmehr die Antragsberechtigung des faktischen Geschäftsführers.[466] Das Argument, mangels Antragsberechtigung könne schon gar keine Antragspflicht der faktischen Geschäftsführer bestehen,[467] trifft jedenfalls nach nunmehriger Rechtslage nicht mehr zu.[468]

Faktische Geschäftsführung[469] tritt in zwei verschiedenen Varianten auf:[470] 135
Darunter fallen (i) die in unwirksamer, nichtiger oder anfechtbarer Weise zum Geschäftsführer bestellten Personen, die häufig auch im Handelsregister eingetragen sind, (ii) aber auch – insoweit praktisch bedeutsamer – die mit Billigung der Gesellschafter allein oder neben einem wirksam bestellten Geschäftsführer tätigen natürlichen[471] Personen, die wie ein solcher mit bestimmendem Einfluss die Geschäfte der Gesellschaft führen (vgl. § 6 V).[472] Zusätzlich verlangt die hM, um die Rechtsfigur nicht ausufern zu lassen,[473] die Ausübung von Tätigkeiten nach außen hin, die üblicherweise der Geschäftsführer wahrnimmt.[474] Während die erste Fallgruppe nach nahezu einhelliger Meinung zu den Normadressaten gehört,[475] erscheint dies für

462 Zu § 64 aF BGHZ 104, 44, 46 ff. = NJW 88, 1789; BGHZ 150, 61, 68 ff. = NJW 02, 1803; ZIP 05, 1550; OLG Jena GmbHR 02, 112; OLG Düsseldorf NZG 99, 1066; BayObLG GmbHR 97, 453; zust. *Nauschütz*, NZG 05, 921; *G Roth*, ZGR 89, 421; *Weimar*, GmbHR 97, 473.

463 Begr. RegE MoMiG BT-Drs. 16/6140, S. 56; BGHSt NZI 15, 186; Heidelberger-KommInsO/*Kleindiek*, § 15 a Rn. 10; Lutter/Hommelhoff/*ders* Anh. zu § 64 Rn. 59 (vgl. § 6 V nF u. § 15 a III InsO); aA Baumbach/Hueck/*Haas* § 64 Rn. 237 ff.; MüKoGmbHG/*Müller* § 64 Rn. 51, 61; aus strafrechtlicher Sicht *Hefendehl*, ZIP 11, 601, 605.

464 BGH ZIP 88, 771, 772; FK-InsO/*Schmerbach*, § 15 a Rn. 12.

465 Zurückhaltend Rowedder/*M. Schmidt-Leithoff/Schneider* Rn. 43.

466 Ebenso Gottwald/*Haas/Kolmann/Kurz*, Insolvenzrechts-Handbuch, § 90 Rn. 50, 78; vgl. auch Ulmer/*Casper* § 64 Rn. 65; *Gundlach/Müller*, ZInsO 11, 1055.

467 Vgl. *Haas*, DStR 03, 423 f. (zum früheren Recht).

468 Gottwald/*Haas/Kolmann/Kurz*, Insolvenzrechts-Handbuch, § 90 Rn. 59; aA Baumbach/Hueck/*Haas*, § 64 Rn. 238; Rowedder/*M. Schmidt-Leithoff/Schneider* Rn. 43.

469 Ausf. hierzu *Fleischer*, GmbHR 11, 337 ff.

470 Zust. Rowedder/*M. Schmidt-Leithoff/Schneider* Rn. 49.

471 Vgl. BGH DStR 02, 1010, 1012; krit. hierzu wegen § 15 a III InsO Baumbach/Hueck/*Haas* § 64 Rn. 16; *ders.*, NZI 06, 494, 496 f.; *Fleischer*, GmbHR 11, 337, 343.

472 Vgl. hierzu BGHSt ZInsO 13, 443 Rn. 9 ff.

473 *Henze*, BB 02, 1011, 1012.

474 BGHZ 104, 44, 48 = NJW 88, 1789; BGHZ 150, 61, 69 = NJW 02, 1803; GmbHR 05, 1126; 05, 1187; OLG Schleswig ZInsO 07, 948, 949; aA Scholz/*K Schmidt* § 64 Rn. 153; *Fleischer*, GmbHR 11, 337, 342; *Haas*, NZI 06, 494, 498 f.

475 BGHZ 104, 44 = NJW 88, 1789; BGHZ 150, 61 = NJW 02, 1803; GmbHR 05, 1126; OLG Düsseldorf GmbHR 93, 159; OLG Naumburg GmbHR 02, 112, 113; OLG Karlsruhe GmbHR 06, 598; BGHSt 46, 62, 64 = NJW 00, 2285; Lutter/Hommelhoff/*Kleindiek* Anh. zu § 64 Rn. 59; Ulmer/*Casper* § 64 Rn. 40; *Poertzgen*, Organhaftung, S. 160; *Brand/Brand*, NZI 10, 712, 726; *Hefendehl*, ZIP 11, 601, 605; *Nauschütz*, NZG 05, 921.

die zweite Fallgruppe, die einer wirtschaftlichen Betrachtungsweise folgt, problematischer.[476] Diese Bedenken greifen iErg nicht durch.[477]

136 Generell hängen die einzelnen Qualifikationsmerkmale der Variante (ii) von den jeweiligen **Umständen des Einzelfalls** ab, wobei es auf eine Abwägung gem. einer wirtschaftlichen Betrachtung[478] ankommt. Stets muss der faktische Geschäftsführer die Geschäfte der Gesellschaft **durch eigenes Handeln geprägt** haben.[479] Bloße Einflussnahme auf die Geschäftsführung oder deren Überwachung, bspw. iR einer Tätigkeit als Aufsichtsrat oder als beherrschender Gesellschafter, kann nicht genügen.[480] Umschrieben wird dieses Kriterium auch mit der „maßgeblichen" oder „überragenden Stellung" im Betrieb in der Funktion als Unternehmensleiter[481] oder mit einer Tätigkeit „wie" der Geschäftsführer.[482]

137 Bestimmender Einfluss beurteilt sich also nach Art, Ausmaß u. Intensität[483] der übernommenen Unternehmensführung. Er wird jedenfalls (aber nicht nur) anzunehmen sein, wenn mind. 6 der nachfolgenden 8 Kriterien erfüllt sind: Einstellung von Mitarbeitern; Einfluss auf die Gehaltshöhe; Gestaltung der Unternehmensorganisation; Steuerung der Buchhaltung; Bestimmung der Unternehmenspolitik; Gestaltung der Geschäftsbeziehung zu Vertragspartnern; Verhandlungen mit Kreditgebern; Entscheidungen in Steuerangelegenheiten.[484] Ausübung organisatorischer Leitungsmacht in allen betriebsintern relevanten Teilbereichen ist nicht erforderlich. Ebenso wenig muss der faktische Geschäftsführer den tatsächlich bestellten verdrängt haben.[485] Wer sich **einseitig u. ohne Billigung der Gesellschafter Leitungsmacht anmaßt**, soll nach bislang noch hM nicht faktischer Geschäftsführer sein können.[486] Billigung durch die Mehrheit der Gesellschaf-

---

476 Zusammenfassend hierzu *Schürnbrand*, Organschaft im Recht der privaten Verbände, 07, S. 299 ff.

477 Ebenso Lutter/Hommelhoff/*Kleindiek* Anh. zu § 64 Rn. 59; Michalski/*Nerlich* Anh. § 64 Rn. 13; Scholz/*K Schmidt* § 64 Rn. 153 f.; Ulmer/*Casper* § 64 Rn. 40; Gottwald/*Haas*/*Kolmann*/*Kurz*, Insolvenzrechts-Handbuch, § 90 Rn. 59, 52; aA Rowedder/*M. Schmidt-Leithoff*/*Schneider* Rn. 43, 62.

478 OLG München BeckRS 10, 23061; Baumbach/Hueck/*Haas* § 64 Rn. 18.

479 BGH ZIP 08, 1026, 1028; 05, 1550, 1551; OLG Schleswig ZInsO 07, 948, 949.

480 BGH GmbHR 74, 7; Baumbach/Hueck/*Haas* § 64 Rn. 18; Roth/*Altmeppen* Rn. 56; Scholz/*K Schmidt* § 64 Rn. 153.

481 Vgl. BGHZ 104, 44, 48 = NJW 88, 1789; BGHZ 150, 61, 69 = NJW 02, 1803; BGHSt 31, 118, 120 = NJW 83, 240; BayObLG NJW 97, 1936; OLG Köln GmbHR 12, 1358, 1360; Scholz/*K Schmidt* § 64 Rn. 153.

482 BGH ZIP 08, 1026, 1028; 05, 1550 ff.; OLG Schleswig ZInsO 07, 948, 949; *Drygala*, ZIP 05, 423, 429.

483 BGH ZIP 08, 1026, 1028; 05, 1550 ff.; BGHZ 150, 61, 69 f. = NJW 02, 1803; OLG Schleswig ZInsO 07, 948, 949; Gottwald/*Haas*/*Kolmann*/*Kurz*, Insolvenzrechts-Handbuch, § 90 Rn. 55 f.

484 BGHSt 31, 118, 120 = NJW 83, 240; BayObLG NJW 97, 1936; im Ansatz ferner BGH NJW 00, 2285, 2286; *Bitter*, ZInsO 10, 1505, 1511.

485 BGHZ 104, 44 = NJW 88, 1789; BGHZ 150, 61 = NJW 02, 1803; Scholz/*K Schmidt* § 64 Rn. 153; Ulmer/*Casper* § 64 Rn. 40; aA OLG Düsseldorf NJW 88, 3166 (zu § 84 aF).

486 Baumbach/Hueck/*Haas* § 64 Rn. 17; Ulmer/*Casper* § 64 Rn. 40; für das Strafrecht BGHSt 46, 62, 65; ZInsO 13, 444 Rn. 9 ff.; OLG Karlsruhe NJW 06, 1364; krit. hierzu Scholz/*K Schmidt* § 64 Rn. 153; aA OLG Köln GmbHR 12, 1358, 1360 f.; MKInsO/*Klöhn*, § 15 a Rn. 77; *Fleischer*, GmbHR 11, 337, 343; *Strohn*, DB 11, 158, 163.

ter, die auch in einer Gesellschafterversammlung bestimmenden Einfluss hätten, genügt hiernach; es müssen keinesfalls alle Gesellschafter einverstanden sein.[487]

Das Kriterium eines **„unternehmensexternen Auftretens“**,[488] wie es bspw. in den Fällen eines „Generalbevollmächtigten“ regelmäßig vorliegen wird, belohnt den echten *shadow director* in Strohmannsituationen, der ausschl intern die Fäden zieht. Von daher erscheint die von der hM vorgenommene Einschränkung bedenklich.[489] Vertrauensschutzgesichtspunkte erfordern dieses Kriterium ebenfalls nicht, weil derartige Erwägungen für die Rechtsfigur der faktischen Geschäftsführerschaft keine nennenswerte Rolle spielen.[490] Auch der Schutzzweck der Norm, bei materieller Insolvenz eine Unternehmensfortführung außerhalb der insolvenzrechtlichen Regeln zu unterbinden, verlangt kein bisheriges Auftreten nach außen hin durch diejenigen, die es intern in der Hand haben, eine solche Unternehmensfortführung zu beenden u. auf die Geschicke des Unternehmens bestimmenden Einfluss ausüben.[491] Vor diesem Hintergrund sprechen ebenso Sinn u. Zweck des § 15 a InsO für die generelle Einbeziehung der faktischen Geschäftsführer zum Kreis der Antragsverpflichteten.[492] 138

d) Mittelbare organschaftliche Vertreter. Normadressaten sind ferner die organschaftlichen Vertreter der zur Vertretung ermächtigten Gesellschafter, sofern kein Gesellschafter als natürliche Person unbeschränkt haftet, selbst bei Doppel- oder Mehrstöckigkeit (§ 15 a I 2, II InsO nF). Darunter fällt insbes. der Geschäftsführer der Komplementär-GmbH einer typischen doppelstöckigen GmbH & Co KG. Für die Komplementär-GmbH besteht somit eine Antragspflicht gem. § 15 a I 1 InsO, für die nächste Stufe folgt sie aus § 15 a I 2 InsO u. für die weitere Stufen aus § 15 a I 2 iVm Abs. 2 InsO.[493] 139

e) Bei Führungslosigkeit (§ 15 a III InsO). Im Fall einer Führungslosigkeit erweitert § 15 a III InsO den Kreis der Antragspflichtigen insbes. auf die Gesellschafter. S. dazu → Rn. 175 ff. 140

4. Vorliegen materieller Insolvenz

Die Insolvenzantragspflicht setzt erst mit Vorliegen der materiellen Insolvenz in Form der **Überschuldung** (§ 19 InsO; dazu → Rn. 23 ff.) oder in Form der **Zahlungsunfähigkeit** (§ 17 InsO; dazu → Rn. 75 ff.) ein. 141

487 BayObLG NJW 97, 1936; OLG Karlsruhe NJW 06, 1364; unentschieden Baumbach/Hueck/*Haas* § 64 Rn. 17; weitergehend OLG Köln ZInsO 12, 1574: nicht einmal Gesellschaftermehrheit erforderlich; idS auch *Strohn*, DB 11, 158, 163.

488 Dazu BGHZ 104, 44 = NJW 88, 1789; 150, 61 = NJW 02, 1803; Ulmer/*Casper* § 64 Rn. 40; aA OLG Düsseldorf NJW 88, 3166 (zu § 84 aF).

489 Scholz/*K Schmidt* § 64 Rn. 153; *Redeker*, DZWiR 05, 497 ff.; Baumbach/Hueck/*Haas* § 64 Rn. 20; *ders.*, NZI 06, 494 ff.; *Fleischer*, GmbHR 11, 337, 342 f.

490 Baumbach/Hueck/*Haas* § 64 Rn. 20; aA *Cahn*, ZGR 03, 298, 314 f.; *Noack/Bunke*, WuB IIc § 64 GmbHG 2.05.

491 Scholz/*K Schmidt* § 64 Rn. 153 f.

492 Gottwald/*Haas/Kolmann/Kurz*, Insolvenzrechts-Handbuch, § 90 Rn. 59; aA Jaeger/*Müller*, InsO, § 15 Rn. 38; *Haas*, DStR 98, 1359 ff.; *ders.*, DStR 03, 423.

493 Scholz/*K Schmidt* § 64 Rn. 149.

142 Die lediglich **drohende Zahlungsunfähigkeit** iSv § 18 InsO begründet keine Insolvenzantragspflicht. Sie stellt nur im Fall eines (freiwilligen) Eigenantrags einen zusätzlichen Eröffnungsgrund dar. Will die Gesellschaft das insolvenzrechtliche Instrumentarium für eine Sanierung nutzen (zB Insolvenzplan, Eigenverwaltung, §§ 103 ff. InsO) u. deren Beginn zeitlich vorverlagern, so bietet sich eine frühzeitige Antragstellung aufgrund drohender Zahlungsunfähigkeit an (vgl. auch § 270 b InsO). Da auch das wegen drohender Zahlungsunfähigkeit eröffnete Insolvenzverfahren zur Auflösung der Gesellschaft führt (§ 60 I Nr. 4), sollte der Geschäftsführer zur Vermeidung persönlicher Haftung vor Antragstellung unbedingt die Zustimmung der Gesellschafterversammlung einholen.[494] Für die Wirksamkeit des Insolvenzantrags im Außenverhältnis spielt fehlende Zustimmung der Gesellschafterversammlung keine Rolle. Widersetzt sich der antragstellende Geschäftsführer dem Rücknahmeverlangen, muss er von der Gesellschafterversammlung abberufen u. ggf. durch einen anderen Geschäftsführer ersetzt werden,[495] sofern die Antragsrücknahme nicht durch verbleibende Geschäftsführer erfolgen kann.

143 Eigenanträge werden in der Praxis häufig auf drohende Zahlungsunfähigkeit gestützt, allerdings weniger zum Zwecke der Sanierung durch Insolvenzrecht, sondern um von einer etwaigen Insolvenzverschleppung abzulenken. Eine solche Vorgehensweise birgt gewisse Risiken, da ein auf lediglich drohende Zahlungsunfähigkeit gestützter Insolvenzantrag einer Ansicht zufolge nicht der Insolvenzantragspflicht des § 15 a InsO genügen soll.[496] Da aber auch ein solcher Insolvenzantrag seinen Sinn u. Zweck erfüllt, das insolvenzreife Unternehmen nicht ohne insolvenzrechtliche Sicherungsmaßnahmen fortzuführen, erscheint die Annahme einer Pflichtverletzung insoweit nicht zwingend.[497]

5. Antragsfrist

144 a) **Bedeutung der 3-Wochen-Frist.** Wie schon der Wortlaut des § 15 a I InsO zeigt, handelt es sich bei der 3-Wochen-Frist um eine **Höchstfrist**, welche die Organpflichten u. den Fahrlässigkeitsmaßstab bei der Anwendung des Verschleppungsverbots konkretisiert.[498] Sie darf nur vollumfäng-

494 OLG München NZI 13, 542, 545 (zur Haftung des Geschäftsführers der Komplementär-GmbH einer GmbH & Co KG); *Saenger/Al-Wraikat*, NZG 13, 1201; *Wertenbruch*, DB 13, 1592, 1593; *Geißler*, ZInsO 13, 919; *Tetzlaff*, ZInsO 08, 137, 139 f.; *Wortberg*, ZInsO 04, 707, 709; vgl. hierzu auch *Kolmann*, Schutzschirmverfahren, Rn. 263 ff.; *Hölzle*, ZIP 13, 1846; *Meyer-Löwy/Pickerill*, GmbHR 13, 1065; vgl. zur Problematik auch LG München I ZIP 15, 1634: Bejahung eines Haftungsfreistellungsanspruchs des antragswilligen Geschäftsführers gegen die Gesellschafter.

495 Lutter/Hommelhoff/*Kleindiek* Anh. zu § 64 Rn. 54; *Goetker*, Geschäftsführerhaftung, Rn. 498 ff.; *Uhlenbruck*, GmbHR 05, 817, 823.

496 *K Schmidt*, in K Schmidt/Uhlenbruck, GmbH in der Krise, 4. Aufl. Rn. 5.41; zurückhaltend Gottwald/*Haas/Kolmann/Kurz*, Insolvenzrechts-Handbuch, § 90 Rn. 99.

497 IdS auch HeidelbergerKommInsO/*Kleindiek* § 15 a Rn. 15; Kübler/Prütting/Bork/*Preuß*, InsO, § 15 a Rn. 59.

498 So Scholz/*K Schmidt* § 64 Rn. 163; Ulmer/*Casper* § 64 Rn. 70; *ders.*, in Goette/Habersack, Das MoMiG in Wissenschaft u. Praxis, Rn. 6.15; *Poertzgen*, Organhaftung, S. 161 ff.

lich ausgenützt werden, wenn bis zuletzt die realistische Aussicht besteht, die materielle Insolvenz (Überschuldung, Zahlungsunfähigkeit) zu beseitigen.[499] Wer sich auf die (teilweise) Inanspruchnahme der 3-Wochen-Frist beruft, trägt nach allg. Grundsätzen die Darlegungs- u. Beweislast dafür, dass eine Sanierungsaussicht noch erfolgversprechend war.[500] Nach Ablauf der drei Wochen ist die Stellung eines Insolvenzantrags zur Vermeidung persönlicher Risiken zwingend vorzunehmen, selbst wenn zu diesem Zeitpunkt Erfolg versprechende Sanierungsverhandlungen noch nicht abgeschlossen sein sollten.[501] Erfahrungsgemäß lässt sich ein den Anforderungen der Rspr. genügender Sanierungsplan nicht binnen weniger Tage aufstellen. Wer vor Eintritt einer materiellen Insolvenz noch keinen Sanierungsplan aufgesetzt hat, sollte sich überlegen, zur Haftungsvermeidung sofort einen Insolvenzantrag zu stellen.[502]

Somit stellt die 3-Wochen-Frist das maximale Zeitfenster dar, innerhalb 145
dessen die Geschäftsführung noch sanktionslos Sanierungsmaßnahmen prüfen u. umsetzen darf.[503] Die 3-Wochen-Frist begrenzt in zeitlicher Hinsicht das Ermessen der Antragspflichtigen; ihr Ablauf wirkt absolut.[504] Außergerichtliche Vergleichsverhandlungen haben keine fristhemmende Wirkung.[505] Sanierungsverhandlungen können freilich trotz Antragstellung fortgesetzt werden u. bei erfolgreichem Abschluss zu einer Rücknahme des Insolvenzantrages führen.

Hinweis: Ggf. sollte in dem Antrag an das Insolvenzgericht auf den Status der laufenden Sanierungsverhandlungen hingewiesen werden, damit das Insolvenzgericht seine Sicherungsmaßnahmen (§§ 21, 22 InsO) daran ausrichten kann.

Ohne triftige Gründe, insbes. ohne Aussicht auf Beseitigung der materiel- 146
len Insolvenz haben die Antragsverpflichteten den Insolvenzantrag unverzüglich, also ohne schuldhaftes Zögern zu stellen.[506] Andernfalls wird die Antragspflicht schon vor Ablauf der 3-Wochen-Frist verletzt.[507]

Als Verschuldensmaßstab gilt derjenige eines ordentlichen Geschäftsmanns 147
(§ 43 I).

b) Beginn der 3-Wochen-Frist. aa) Bei Überschuldung gemäß § 19 148
InsO. Das Meinungsbild ist geteilt. Nach einer Ansicht, die auch die (frühere) Rspr. des BGH vertritt, hängt der Fristbeginn neben dem stets erfor-

499 BGH ZInsO 12, 648 Rn. 11; NZI 08, 557 Rn. 10; *Strohn*, NZG 11, 1161, 1162.
500 BGH WM 12, 702 Rn. 11.
501 BGHZ 75, 96, 108 = NJW 79, 1823; ZInsO 07, 374, 376; aA OLG Hamburg NZG 10, 1225 (Verlängerung im Einzelfall möglich; Rev beim BGH anhängig unter Az. II ZR 138/10).
502 Vgl. *Drescher* Rn. 1119.
503 OLG Düsseldorf NZG 99, 1066; *Poertzgen*, ZInsO 08, 944.
504 Scholz/*K Schmidt* § 64 Rn. 163.
505 Baumbach/Hueck/*Haas* § 64 Rn. 163; Scholz/*K Schmidt* § 64 Rn. 163; Gottwald/*Haas/Kolmann/Kurz*, Insolvenzrechts-Handbuch, § 90 Rn. 91; *Schmidt/Poertzgen*, NZI 13, 369, 372; *Geißler*, ZInsO 13, 167.
506 BGHSt 48, 307, 309 = NJW 03, 3787, 3788; BGHZ 75, 96, 110 = NJW 79, 1823; DStR 01, 1537; OLG Düsseldorf NZG 99, 1066, 1068; *Goette*, FS 50 Jahre BGH, 00, S. 123, 138; Lutter/Hommelhoff/*Kleindiek* Anh. zu § 64 Rn. 60; Roth/*Altmeppen* Rn. 80.
507 Vgl. BGH ZIP 12, 723 Rn. 11; NJW 03, 3787, 3788.

derlichen objektiven Eintritt der Überschuldung zusätzlich von der positiven Kenntnis des Geschäftsführers/Liquidators ab.[508] Der positiven Kenntnis stehe es gleich, wenn sich der Antragspflichtige böswillig der Kenntnisnahme verschließt.[509] Gem. der jüngeren BGH-Rspr. muss für die persönliche Verantwortung die **Insolvenzreife erkennbar** sein,[510] wobei diese Erkennbarkeit ihrerseits **vermutet** wird.[511] Der überw. Meinung im gesellschaftsrechtlichen Schrifttum genügen für den Beginn der Antragsfrist statt positiver Kenntnis objektiv zutage liegende Fakten u. Zahlen iSe offensichtlichen Erkennbarkeit,[512] wodurch bereits eine Objektivierung erfolgt. Eine weitere Ansicht verzichtet gänzlich auf subjektive Elemente oder eine etwaige Erkennbarkeit von objektiven Tatsachen, soweit es um den Beginn der Antragspflicht geht.[513]

149 **Stellungnahme:** Vorzug verdient die letztgenannte Ansicht. Der Wortlaut des § 15 a InsO enthält – anders als früher geltende Gesetzesfassungen – keine Anhaltspunkte mehr, dass der Fristbeginn von subjektiven Elementen oder von einer Feststellung der Überschuldung in einer Bilanz abhängt.[514] Er weist eindeutig in die andere Richtung. Auch der Normzweck des § 15 a InsO verbietet es, die Antragspflicht daran anzuknüpfen, wie aufmerksam der Geschäftsführer/Liquidator die Entwicklung der Krise verfolgt hat; dies widerspricht bereits der laufenden Beobachtungspflicht.[515] Ab dem Eintritt der materiellen Insolvenz besteht kein Anlass, den Gläubigern eine weitere Schmälerung der Haftungsmasse zuzumuten. Für die rein objektive Lösung lässt sich ferner anführen, dass der Gesetzgeber die Insolvenzgründe insg. verschärfen wollte, um masselose Insolvenzen zu vermeiden. Dies würde durch eine Aufweichung der Antragspflicht in Abhängigkeit von der jeweiligen Sorgfalt des Antragspflichtigen konterkariert. Eine Notwendigkeit für außergerichtliche Sanierungsmaßnahmen ohne insolvenzverfahrensrechtli-

---

508 BGHZ 75, 96, 110 = NJW 79, 1823; BGHZ 126, 181, 199 = NJW 94, 2220; BGHSt 15, 306, 310; OLG Frankfurt NZG 04, 1157, 1159; OLG Koblenz ZIP 05, 211, 213; Baumbach/Hueck/*Schulze-Osterloh*, 18. Aufl., § 84 Rn. 24, 28; Hachenburg/*Kohlmann*, 8. Aufl., § 84 Rn. 44, 53; Roth/*Altmeppen* Rn. 72; anders aber *ders.*, Rn. 93 ff. (zum Strafrecht); *Wicke* § 64 Rn. 8.

509 OLG Frankfurt NZG 04, 1157, 1159 (zur AG).

510 BGHZ 143, 184 = NJW 00, 668 (zum Zahlungsverbot gem. § 64 II aF); BGHZ 171, 46, 49 f. = ZIP 07, 676 Rn. 8; ZIP 11, 1007 Rn. 38; 12, 1455 Rn. 11; vgl. auch OLG Jena GmbHR 02, 112; HambK-InsO/*Linker*, § 15 a Rn. 16.

511 BGH ZIP 11, 1007 Rn. 38; 10, 2400 Rn. 14.

512 Baumbach/Hueck/*Haas* § 64 Rn. 164 f.; Lutter/Hommelhoff/*Kleindiek* Anh. zu § 64 Rn. 62; HeidelbergerKommInsO/*ders*, § 15 a Rn. 13; MüKoGmbHG/*Müller* § 64 Rn. 67; Rowedder/*M. Schmidt-Leithoff/Schneider* Rn. 69; Ulmer/*Casper* § 64 Rn. 69; *Drescher* Rn. 1115; *Bayer/Schmidt*, AG 05, 644, 645 ff.; *Bitter*, ZInsO 10, 1561, 1572 f.; *Hüffer*, FS Wiedemann, 02, S. 1047, 1048; *Poertzgen*, Organhaftung, S. 166 f.; *ders.*, ZInsO 08, 944, 947 f.; *Uhlenbruck*, in K Schmidt/Uhlenbruck, GmbH in der Krise, 4. Aufl. Rn. 5.79 ff.

513 MKInsO/*Klöhn*, § 15 a Rn. 119; Kübler/Prütting/Bork/*Pape*, § 15 Rn. 7; Scholz/*K Schmidt* § 64 Rn. 164; *Uhlenbruck*, WiB 96, 409, 414; *Höffner* S. 60.

514 OLG Hamburg ZIP 95, 913; Roth/*Altmeppen* Rn. 67 ff.

515 Vgl. hierzu BGH NJW 07, 2118 Rn. 17.

chen Rahmen nach einer mehr als drei Wochen andauernden materiellen Insolvenz lässt sich nicht erkennen.[516]

bb) Bei Zahlungsunfähigkeit gemäß § 17 InsO. Verbreiteter Ansicht nach beginnt die Antragspflicht des § 15 a I InsO bereits **mit dem objektiven Vorliegen** einer Zahlungsunfähigkeit.[517] Die Begründung, dass der Geschäftsführer deren objektiven Eintritt ohnehin mitbekommt u. deshalb kein Korrektiv auf subjektiver Ebene erforderlich wäre,[518] verkennt allerdings die Komplexität des rechtlichen Begriffs der Zahlungsunfähigkeit (vgl. → Rn. 77 ff.). Richtig bleibt jedoch, dass gem. dem Normzweck des § 15 a InsO bereits mit objektivem Eintritt der materiellen Insolvenz das Verbot greift, das Unternehmen fortzuführen. Hieran knüpft die im öffentlichen Interesse bestehende[519] Verpflichtung, das Unternehmen durch Antragstellung vom Markt zu nehmen bzw. allenfalls unter dem Schirm des Insolvenzrechts fortzuführen. 150

cc) Konsequenzen. Die hier vertretene Ansicht hat zur Folge, dass in einer Vielzahl von Fällen die 3-Wochen-Frist ablief, bevor Geschäftsführer/Liquidator davon Kenntnis haben. Die Ursache liegt idR in einem mangelhaften Krisenmanagement. Wer die von der Rspr. bestätigte[520] fortlaufende **Selbstprüfungspflicht** (→ Rn. 11 ff.) erfüllt, dem steht ausreichend Zeit für die Einleitung von Sanierungsmaßnahmen zur Verfügung. Nur wer dies verkennt, kann den Vorwurf erheben, die hier vertretene Ansicht sei sanierungsfeindlich. Die angemessene Reaktion auf die Insolvenzantragspflicht besteht also darin, frühzeitig eine wirtschaftliche Krise zu erkennen u. deutlich vor Eintritt der materiellen Insolvenz mit einem größeren Zeitfenster Sanierungsmaßnahmen einzuleiten, nicht in einer Auflockerung des Beginns der 3-Wochen-Frist. 151

Der Zeitpunkt, ab wann die Antragspflicht beginnt, ist nicht notwendiger Weise identisch mit dem **Beginn einer persönlichen Strafbarkeit** oder einer zivilrechtlichen Haftung wegen Insolvenzverschleppung.[521] Insoweit bleiben jeweils **subjektive Elemente als Korrektiv** bestehen (§ 15 a IV, V InsO bzw. § 823 II BGB). Hierzu gilt es aber zu beachten, dass eine solche Verantwortlichkeit mit Verwirklichung des objektiven Tatbestands vermutet wird[522] u. damit praktisch bereits mit fahrlässiger Verkennung der Antragspflicht bzw. mit Erkennbarkeit der Insolvenzreife einsetzt. 152

516 AA Lutter/Hommelhoff/*Kleindiek* Anh. zu § 64 Rn. 62; HeidelbergerKommInsO/*ders,* § 15 a Rn. 13: Enger Spielraum für Sanierungschancen soll nicht schon genommen werden, bevor der Insolvenzeintritt erkennbar war.

517 Lutter/Hommelhoff/*Kleindiek* Anh. zu § 64 Rn. 61; Scholz/*K Schmidt* § 64 Rn. 164; *Götker* Rn. 643; Rowedder/*M. Schmidt-Leithoff/Schneider* § 64 Rn. 17; aA zB; Roth/*Altmeppen* Rn. 70, 72.

518 Vgl. etwa Lutter/Hommelhoff/*Kleindiek* Anh. zu § 64 Rn. 62.

519 *Grube/Maurer*, GmbHR 03, 1461, 1463 f.

520 BGH GmbHR 94, 539, 545; NJW-RR 95, 669 f.; OLG Celle GmbHR 97, 127, 128; OLG Düsseldorf GmbHR 99, 479, 481; Scholz/*K Schmidt* § 64 Rn. 134; *Goette*, ZInsO 01, 529, 530; Gottwald/*Haas/Kolmann/Kurz*, Insolvenzrechts-Handbuch, § 90 Rn. 85.

521 Zutr. Lutter/Hommelhoff/*Kleindiek* Anh. zu § 64 Rn. 62 f.; aA wohl Ulmer/*Casper* § 64 Rn. 69; *Bayer/Schmidt*, AG 05, 644, 646.

522 BGHZ 126, 181, 200 = NJW 94, 2220; 07, 2118 Rn. 15.

153 Die Antragspflicht läuft auch für die **neu berufenen organschaftlichen Vertreter** ab objektivem Eintritt der materiellen Insolvenz. Eine **Einarbeitungszeit** steht ihnen richtigerweise nicht oder allenfalls für einen höchstens dreiwöchigen Zeitraum zu. Fehlende Übergabe oder die Übernahme einer ungeordneten Buchhaltung sind als Übernahmeverschulden zu bewerten u. haben somit keine entlastende Wirkung.

Hinweis: Wer sich zum organschaftlichen Vertreter einer juristischen Person (in der Krise) bestellen lässt, sollte sich vor Amtsantritt um eine möglichst exakte Kenntnis der wirtschaftlichen Verhältnisse (Bestandsaufnahme) bemühen oder diese Bestandsaufnahme unverzüglich nach Amtsannahme angehen.

6. Beendigung/Erfüllung der Antragspflicht

154 a) **Beseitigung der materiellen Insolvenz.** Die Antragspflicht des § 15 a InsO erlischt mit Wirkung für die Vergangenheit, wenn die Gesellschaft durch interne Maßnahmen oder auch durch die Hilfe von außen vor Ablauf von maximal drei Wochen die materielle Insolvenz (Zahlungsunfähigkeit gem. § 17 InsO bzw. Überschuldung gem. § 19 InsO) beseitigen kann.[523] Die Einschränkung der hM, die **Beseitigung müsse nachhaltig** sein,[524] erscheint in der Sache fraglich.[525] Denn wenn kein Insolvenzgrund mehr besteht, entfällt der Anlass für die Einleitung eines kollektiven Zwangsverfahrens. Auf die Dauer des Wegfalls eines Insolvenzgrunds kann es nicht ankommen. Richtig bleibt jedoch, dass beide Insolvenzgründe (§§ 17, 19 InsO) in die Zukunft gerichtete Prognose-/Zeitraumelemente enthalten, die es genau zu beachten gilt. Bspw. kann eine Gesellschaft trotz vorübergehender Stundung einer wesentlichen Verbindlichkeit weiterhin zahlungsunfähig sein, weil absehbar ist, dass sie demnächst ihre Zahlungspflichten nicht erfüllen kann (vgl. → Rn. 112). Richtigerweise nicht gemeint sein kann jedenfalls eine nachhaltige Sanierung (vgl. § 39 IV 2 InsO). Tritt eine materielle Insolvenz später erneut auf, entsteht damit die Antragspflicht ex nunc.[526]

Hinweis: In der Praxis wird gelegentlich übersehen, dass die Unterstützung eines Dritten oder eines Gesellschafters, zB durch Begleichung von Verbindlichkeiten Dritter, eine eingetretene Überschuldung nur beseitigt, wenn der Helfende auf etwaige Regressansprüche (ob aus abgetretenem Recht oder aus § 670 BGB) verzichtet oder zumindest einen Rangrücktritt erklärt.

---

523 BGHSt 28, 371, 380 = NJW 80, 406; Baumbach/Hueck/*Haas* § 64 Rn. 160; Roth/*Altmeppen* Rn. 84; aA Ulmer/*Casper* § 64 Rn. 73: Keine Rückwirkung.

524 BGH ZIP 07, 1060, 1062; Lutter/Hommelhoff/*Kleindiek* Anh. zu § 64 Rn. 66; Roth/*Altmeppen* Rn. 81; Scholz/*K Schmidt* § 64 Rn. 167 mit Fn. 1; Ulmer/*Casper* § 64 Rn. 73; *Poertzgen*, ZInsO 08, 944, 946 Fn. 20.

525 Zweifelnd auch MKInsO/*Klöhn*, § 15 a Rn. 135; wohl auch Rowedder/*M. Schmidt-Leithoff/Schneider* Rn. 72: Fortfall des Insolvenzgrunds bringt Antragspflicht zum Erlöschen.

526 BGH ZIP 07, 676, 677; 05, 1734, 1736; Baumbach/Hueck/*Haas* § 64 Rn. 160; Gottwald/*ders/Kolmann/Kurz*, Insolvenzrechts-Handbuch, § 90 Rn. 96; MKInsO/*Klöhn* § 15 a Rn. 135; Roth/*Altmeppen* Rn. 84.

b) **Amtsniederlegung/Abberufung.** Die Amtsniederlegung oder Abberufung während der 3-Wochen-Frist kann im Einzelfall zu einer **Enthaftung** führen. Enden muss dazu die **organschaftliche Stellung**; der Anstellungsvertrag kann fortbestehen. Maßgeblich ist in zeitlicher Hinsicht die Rechtswirksamkeit der Amtsniederlegung oder Abberufung durch die hierfür notwendigen Erklärungen, nicht deren Vollzug im Handelsregister. Der noch im Handelsregister eingetragene Scheingeschäftsführer steht im Hinblick auf die Insolvenzantragspflicht dem tatsächlichen organschaftlichen Vertreter nicht gleich. Die bisherigen Funktionen dürfen auch nicht als **faktischer Geschäftsführer** fortgesetzt werden.[527] 155

Mit dieser Maßgabe entsteht die Antragspflicht schon nicht, wenn Abberufung/Amtsniederlegung zeitlich **vor Eintritt** der materiellen Insolvenz liegen. 156

Nach Beginn der Antragspflicht sind die Abberufung (§ 38 „zu jeder Zeit"), zumindest nach Inkrafttreten des MoMiG aber auch die sofortige Amtsniederlegung möglich, zulässig u. rechtswirksam,[528] auch wenn ein wichtiger Grund nicht vorliegen sollte. Dies gilt sogar für den Alleingesellschafter-Geschäftsführer einer Einmann-GmbH.[529] Denn nunmehr bleibt im Fall der Führungslosigkeit die Handlungsfähigkeit der Gesellschaft, wie die Verlagerung der Antragspflicht auf die Gesellschafter gem. § 15 a III InsO zeigt, gewahrt. Die Gründe, die nach früherer Rechtslage das Bedürfnis rechtfertigten, die Möglichkeit einer sofortigen Amtsniederlegung ohne wichtigen Grund „zur Unzeit" oder wegen Rechtsmissbräuchlichkeit zu versagen,[530] entfielen damit.[531] Zu den Auswirkungen auf den Anstellungsvertrag s. Erl. § 38. 157

Durch die Zulässigkeit der Amtsniederlegung in der Krise lässt sich vermeiden, dass der Geschäftsführer zur Abwendung persönlicher Risiken einen Insolvenzantrag stellt, weil er die Meinung der Gesellschafterversammlung zur Beseitigung eines Insolvenzgrundes binnen des 3-Wochen-Zeitraums nicht teilt.[532] Im Einzelfall kann die (einvernehmliche) Amtsniederlegung dem Geschäftsführer/Liquidator aus der Zwickmühle helfen, dass er sich bei zu früher Antragstellung im Innenverhältnis (§ 43 II) u. bei zu später Antragstellung im Außenverhältnis (→ Rn. 216 ff.) haftbar macht. 158

Entsteht durch Abberufung/Amtsniederlegung **Führungslosigkeit,** trifft die Antragspflicht nunmehr die Gesellschafter, sofern sie sich nicht entlasten 159

---

527 *Trölitzsch*, GmbHR 95, 859.

528 OLG Düsseldorf GWR 15, 453; zum früheren Recht vgl. BGHZ 78, 82, 92 = NJW 80, 2415; 121, 257, 262 = NJW 93, 1198; ZIP 03, 2113, 2115; Lutter/Hommelhoff/*Kleindiek* Anh. zu § 64 Rn. 104 f.; Rowedder/*M. Schmidt-Leithoff/Schneider* Rn. 74; Ulmer/*Casper* § 64 Rn. 38.

529 AA zum früheren Recht BayObLG NZG 99, 1003, OLG Düsseldorf DStR 01, 454; LG Koblenz ZIP 99, 892; offen gelassen von BGHZ 121, 257, 262 = NJW 03, 1198.

530 Vgl. etwa OLG Koblenz GmbHR 95, 731; LG Memmingen NZG 04, 828 f.; Lutter/Hommelhoff/*Kleindiek* § 38 Rn. 41 ff.; *Trölitzsch*, GmbHR 95, 857, 860; *Uhlenbruck*, NZI 02, 401, 403.

531 Ebenso Gottwald/*Hass/Kolmann/Kurz*, Insolvenzrechts-Handbuch, § 90 Rn. 179; einschränkend Lutter/Hommelhoff/*Kleindiek* Anh. zu § 64 Rn. 105 (solange Antragstellung noch nicht schuldhaft verzögert).

532 Lutter/Hommelhoff/*Kleindiek* Anh. zu § 64 Rn. 105.

können (§ 15 a III InsO). Jedenfalls nach nunmehriger Rechtslage darf vom abberufenen, aber auch vom von seinem Amt zurückgetretenen Geschäftsführer entgegen der wohl hM[533] nicht verlangt werden, auf **seinen etwaigen Nachfolger oder die Gesellschafter bzgl. der Antragspflicht einwirken** zu müssen.[534] Schon zur früheren Rechtslage erschien diese Meinung fraglich, da dem Ex-Geschäftsführer regelmäßig die rechtliche Handhabe fehlt, um entspr. Einfluss auf die verbliebenen Antragspflichtigen auszuüben.

Hinweis: Um zu verhindern, dass Schäden durch weitere Verzögerung noch dem Geschäftsführer angelastet werden,[535] muss dieser zB durch entspr. Informationen sicherstellen, dass die Antragspflicht der verbleibenden Antragspflichtigen sofort zu laufen beginnt.

160 Wenn die **Antragsfrist hingg. schon abgelaufen** war, kann sich der Geschäftsführer/Liquidator der Antragspflicht u. seiner Verantwortung nicht mehr durch Amtsniederlegung oder Abberufung entziehen.[536] Seine Haftung u. Verantwortlichkeit im Außenverhältnis beschränkt sich allerdings auf die vor Amtsbeendigung entstandenen Verschleppungsschäden;[537] für spätere Schäden haften etwaige verbliebene Antragspflichtige.

161 **c) Gesellschafterweisung/Einverständnis der Gläubiger.** Eine Weisung der Gesellschafterversammlung, trotz bestehender Antragspflicht bei materieller Insolvenz von einem Insolvenzantrag abzusehen, wirkt für den Geschäftsführer/Liquidator **nicht entlastend.**[538] Ebenso wenig können die Gläubiger der Gesellschaft auf den durch § 15 a InsO vermittelten Schutz verzichten.[539] Die Vorschrift dient auch dem öffentlichen Interesse u. ist somit der Dispositionsbefugnis der Beteiligten entzogen.[540] Folgen hat das Einverständnis der Gläubiger jedoch bei der zivilrechtlichen Insolvenzverschleppungs-Haftung iRd **Schadensberechnung (§ 254 BGB).**[541] Denkbar bleibt ferner, dass deren Forderungen iRd Zahlungsunfähigkeitsprüfung

533 BGH NJW 52, 554; Michalski/*Nerlich* Anh. § 64 Rn. 20; krit. Uhlenbruck/*Hirte*, InsO, § 15 a Rn. 12.

534 Baumbach/Hueck/*Haas* § 64 Rn. 151; Gottwald/*ders/Kolmann/Kurz*, Insolvenzrechts-Handbuch, § 90 Rn. 84; aA Lutter/Hommelhoff/*Kleindiek* Anh. zu § 64 Rn. 104 (mglw nur für Amtsniederlegung, vgl. Rn. 105); ebenso Rowedder/*M. Schmidt-Leithoff/Schneider* Rn. 74; Scholz/*K Schmidt* § 64 Rn. 171; Ulmer/*Casper* § 64 Rn. 38.

535 Hierzu Scholz/*K Schmidt* § 64 Rn. 171; *Poertzgen*, Organhaftung, S. 174.

536 Weitergehend (keine Enthaftung bei Ausscheiden vor Ablauf der Frist): BGH NJW 52, 554 (Ls.); Michalski/*Nerlich* Anh. § 64 Rn. 20; Roth/*Altmeppen* Rn. 86; *Trölitzsch*, GmbHR 95, 857.

537 BGHZ 164, 50, 55 f. = NJW 05, 3137; weitergehend Scholz/*K Schmidt* § 64 Rn. 171.

538 BGH DStR 01, 1537; Lutter/Hommelhoff/*Kleindiek* Anh. zu § 64 Rn. 105; MüKoGmbHG/*Müller* § 64 Rn. 70; Uhlenbruck/*Hirte*, InsO, § 11 Rn. 64; Ulmer/*Casper* § 64 Rn. 74; Scholz/*K Schmidt* § 64 Rn. 168. Zur Insolvenzantragspflicht bei Gesellschafterweisung außerhalb materieller Insolvenz *Leinekugel/Skauradszun*, GmbHR 11, 1121, 1123 ff.

539 Baumbach/Hueck/*Haas* § 64 Rn. 144, 154; Rowedder/*M. Schmidt-Leithoff/Schneider* Rn. 53; Ulmer/*Casper* § 64 Rn. 37, 74.

540 Lutter/Hommelhoff/*Kleindiek* Anh. zu § 64 Rn. 67, 97; Michalski/*Nerlich* Anh. § 64 Rn. 37 f.; Roth/*Altmeppen* Rn. 7, 85; Ulmer/*Casper* § 64 Rn. 74; Rowedder/*M. Schmidt-Leithoff/Schneider* Rn. 53.

541 Scholz/*K Schmidt* § 64 Rn. 169.

zumindest als **nicht „ernsthaft eingefordert“** (→ Rn. 83 ff.) zu behandeln sind.

d) Abweisung mangels Masse (§ 26 InsO). Eine teleologische Reduktion der Insolvenzantragspflicht, wenn mangels Verfahrenskosten deckender Masse ohnehin kein Insolvenzverfahren eröffnet würde (§ 26 InsO), kommt nicht in Betracht.[542] Der Geschäftsverkehr muss insbes. vor solchen Gesellschaften geschützt werden. Die rechtskräftige Abweisung mangels Masse führt zur Auflösung (§ 60 I Nr. 5) u. in der Praxis regelmäßig zur Amtslöschung wegen Vermögenslosigkeit (§ 394 FamFG; § 60 I Nr. 7). Bis dahin greifen Sinn u. Zweck der Antragspflicht, derartige Unternehmen vom Markt zu nehmen. Der durch das ESUG[543] eingeführte § 26 IV InsO sieht sogar die Verpflichtung einer insolvenzantragspflichtigen Person vor, einen entspr. **Kostenvorschuss** zu leisten.[544] Diese Vorschrift ergänzt die in § 26 III InsO geregelte Regressmöglichkeit eines Dritten ggü. solchen Person, die ihre Antragspflicht verletzt haben. 162

Taucht nach Abweisung mangels Masse neues, die Verfahrenskosten deckendes Vermögen auf, entsteht damit, sofern die materielle Insolvenz nicht beseitigt wurde, die Antragspflicht des § 15 a InsO neu, sofern die Gesellschafter zuvor die Fortführung der Gesellschaft beschlossen hatten.[545] Verstöße gegen die Antragspflicht sind wegen Art. 103 II GG (Analogieverbot) in diesem Stadium nicht strafbewehrt.[546] 163

e) Gläubigerantrag. Der Insolvenzantrag eines Gläubigers beendet allein wegen der Möglichkeit einer etwaigen Antragsrücknahme eine bestehende Antragspflicht des Geschäftsführers/Liquidators nach hM nicht.[547] Der gesetzgeberische Wille verlangt, dass der Antragsverpflichtete die materielle Insolvenz nach außen dokumentieren soll, so dass auf einen begründeten Gläubigerantrag ein **Eigenantrag zu folgen** hat.[548] Dies soll auch für den Fall gelten, dass der Gläubiger seinen Antrag tatsächlich nicht zurücknimmt u. daraufhin das Insolvenzverfahren eröffnet wird.[549] In strafrecht- 164

---

542 OLG Bamberg ZIP 83, 200; MKInsO/*Klöhn*, § 15 a Rn. 116; Scholz/*K Schmidt* § 64 Rn. 162; Ulmer/*Casper* § 64 Rn. 71; *Bitter*, ZInsO 10, 1561, 1573.

543 Gesetz zur weiteren Erleichterung der Sanierung von Unternehmen v. 7.12.11, BGBl. I, S. 2582.

544 Vgl. hierzu *Foerste*, ZInsO 12, 532 ff.; *Leinekugel/Skauradszun*, GmbHR 11, 1121, 1122; *Zimmermann*, ZInsO 12, 396 ff.

545 Roth/*Altmeppen* Rn. 54.

546 BGH NJW 09, 157 Rn. 31; Roth/*Altmeppen* Rn. 54, 98.

547 BGH NJW 09, 157 Rn. 25; OLG Dresden NZI 99, 117; *Bork*/Schäfer § 64 Rn. 68; Jaeger/*Müller*, InsO, § 15 Rn. 93; Lutter/Hommelhoff/*Kleindiek* Anh. zu § 64 Rn. 113; K. Schmidt/*K. Schmidt/Herchen* § 15 a Rn. 28; *Drescher*, Rn. 1114; *Poertzgen*, Organhaftung, S. 173; *Bitter*, ZInsO 10, 1561, 1573; *Gruber/Maurer*, GmbHR 03, 1461, 1462 ff.; aA Baumbach/Hueck/*Haas* § 64 Rn. 150, 160; Roth/*Altmeppen* Rn. 83, 97; Rowedder/*Schmidt-Leithoff/Schneider* Rn. 73; Scholz/*Tiedemann/Rönnau* Vor §§ 82 ff. Rn. 61; differenzierend Ulmer/*Casper* § 64 Rn. 72; Gottwald/*Haas/Kolmann/Kurz*, Insolvenzrechts-Handbuch, § 90 Rn. 96.

548 BGH GmbHR 88, 195; NJW 09, 157; OLG Dresden GmbHR 98, 830; MKInsO/*Klöhn*, § 15 a Rn. 137; Scholz/*K Schmidt* § 64 Rn. 166; Ulmer/*Casper* § 64 Rn. 72.

549 AA Roth/*Altmeppen* Rn. 83, 97; Rowedder/*M. Schmidt-Leithoff/Schneider* Rn. 73; differenzierend Ulmer/*Casper* § 64 Rn. 72: Pflicht, den bzgl. materieller Insolvenz berechtigten Gläubigerantrag bis zu Eröffnung oder Abweisung mangels Masse zu unterstützen bzw. nicht zu hintertreiben.

licher Hinsicht spricht dafür der Charakter des **abstrakten Gefährdungsdelikts.**

165 f) **Antragsrücknahme.** Wird der Insolvenzantrag zurückgenommen, ohne dass die materielle Insolvenz beseitigt wurde, läuft auch im Fall eines Eigenantrages die ursprüngliche Antragsverpflichtung mit der ursprünglichen Frist ohne Unterbrechung weiter. Ob zwischenzeitlich die Zahlungsunfähigkeit u./oder Überschuldung aufgehoben wurde u. dies die Antragspflicht beendete, bedarf somit sorgfältiger Prüfung. Gleiches gilt natürlich für den Gläubigerantrag, da ein zurückgenommener Antrag als nicht gestellt anzusehen ist.[550]

166 **g) Stellung des Insolvenzantrags. aa) Zuständigkeit.** Die Antragspflicht besteht, wenn deutsche Gerichte für die Eröffnung eines Hauptinsolvenzverfahrens **international zuständig** sind (Art. 3 EuInsVO bzw. § 3 InsO analog).[551] Der Mittelpunkt der hauptsächlichen Interessen muss objektiv u. für Dritte erkennbar in Deutschland liegen.[552] Der bei einem international unzuständigen ausländischen Gericht gestellte Eigenantrag kann die Insolvenzantragspflicht grds. nicht erfüllen.[553] Allerdings sperrt ein anhängiges ausländisches Hauptinsolvenzverfahren für seine Dauer die internationale Zuständigkeit deutscher Gerichte (Art. 102 § 3 I EGInsO). Solange ein deutsches Hauptverfahren also nicht eröffnet werden kann, darf die Verletzung einer Antragspflicht nicht zum Nachteil gereichen. Anders verhält es sich jedoch, sobald ausländische Gerichte ihre internationale Zuständigkeit abgelehnt haben.

Hinweis: Höchstvorsorglich sollte – die internationale Zuständigkeit deutscher Gerichte unterstellend – im Zweifel im Inland ein Antrag gestellt werden, selbst wenn bereits ein ausländisches Insolvenzverfahren eingeleitet wurde, zB durch Gläubigerantrag.

167 Die **örtliche Zuständigkeit** regeln §§ 2, 3 InsO. Sie bestimmt sich nach dem Mittelpunkt der wirtschaftlichen Tätigkeit, auch wenn dieser nicht mit dem Satzungssitz der Gesellschaft (allg. Gerichtsstand, §§ 4, 3 I 1 InsO, § 17 I ZPO) übereinstimmt (§ 3 I 2 InsO). Hat die Gesellschaft ihre Tätigkeit eingestellt, ist ungeachtet eines früher ggf. abw. Mittelpunkts stets das Insolvenzgericht am Satzungssitz örtlich zuständig (§ 3 I 1 InsO).[554] Dies gilt insbes. für **Bestattungsfälle.**[555] Nimmt ein neu bestellter Geschäftsführer die Geschäftsunterlagen zu einem anderen Ort (bspw. sein Wohnsitz)

---

550 Roth/*Altmeppen* Rn. 83; Scholz/*Rönnau* Vor §§ 82 ff. Rn. 61.
551 Ebenso iErg Baumbach/Hueck/*Haas* § 64 Rn. 202.
552 EuGH ZIP 06, 907 („Eurofood"); 11, 2153 („Interedil"); BGH ZIP 12, 139; Gottwald/*Kolmann/Keller*, Insolvenzrechts-Handbuch, § 129 Rn. 32 ff.; *Knof/Mock*, ZInsO 08, 253; *Mankowski*, NZI 08, 355.
553 AA Roth/*Altmeppen* Rn. 79, 82.
554 BGH ZIP 06, 442; BayObLG NZG 04, 874; OLG Celle ZIP 06, 921; OLG Schleswig NZI 04, 264, 265; OLG Stuttgart NZG 09, 393; GmbHR ZIP 04, 750, 751; *Gundlach/Frenzel/Schmidt*, DStR 04, 1183, 1185; *Pape*, ZIP 06, 877; *Kleindiek*, ZGR 07, 276, 281 ff.
555 KG ZIP 11, 1566; OLG Celle GmbHR 10, 262; OLG Stuttgart ZInsO 09, 350, 351.

mit, entsteht dadurch keine Zuständigkeit des dortigen Insolvenzgerichts.[556]

Zum weiteren Ablauf des Insolvenzeröffnungsverfahrens s. → Rn. 277 f. 168

bb) Schriftform. Der Insolvenzantrag bedarf gem. § 13 InsO der **Schriftform.** 169

cc) Weitere Anforderungen. § 15 a I–III InsO enthalten keine Anhaltspunkte, ob u. welchen zusätzlichen Anforderungen der Insolvenzantrag unterliegt. § 15 a IV Nr. 2 InsO[557] stellt aber auch den **„nicht richtig" gestellten Antrag** unter Strafe. Was darunter zu verstehen ist, ergibt sich aus der Gesetzesbegründung zum MoMiG nicht.[558] 170

Sinn u. Zweck der Norm bestehen darin, möglichst bald eine weitere Gläubigergefährdung u. eine Verminderung der Haftungsmasse zu verhindern. Ein Insolvenzantrag, der nicht die Schwelle vom Zulassungs- zum Eröffnungsverfahren überschreiten kann, sondern vom Insolvenzgericht als unzulässig abgewiesen würde u. die Insolvenzverfahrenseröffnung verzögert, kann dem jedenfalls nicht genügen.[559] Der Insolvenzantrag muss somit hins. der Zulässigkeit den **gesetzlichen Mindestvoraussetzungen genügen.**[560] Er muss dazu nach Ansicht des BGH[561] (i) inhaltlich richtige Angaben u. Tatsachen enthalten, (ii) welche die wesentlichen Merkmale eines Eröffnungsgrundes erkennen lassen, u. (iii) er darf nicht sachfremden Zwecken dienen. In die letzte Kategorie fällt bspw. das Verschweigen von Vermögensgegenständen, um eine Abweisung mangels Masse (§ 26 InsO) zu erzielen u. das Vermögen dadurch dem Zugriff der Gläubiger zu entziehen. Zu den nicht inhaltlich richtigen Angaben zählen falsche ebenso wie verfälschend unvollständige Angaben.[562] S. → Rn. 173. Die Rechtskraft des Beschlusses über einen als unzulässig abgewiesenen (weil nicht richtig gestellten bzw. unvollständigen) Eröffnungsantrag ist gemäß dem neu eingefügten § 15 a VI InsO[563] nunmehr eine objektive Bedingung der Strafbarkeit. Bis dahin kann der Antragspflichtige also die Hürde der Zulässigkeit durch weitere Angaben (vgl. § 13 III InsO) überwinden u. damit der Strafbarkeit entgehen. Durch die Fehlerhaftigkeit des Antrags eintretende Verzögerungen schaden strafrechtlich also nicht. Offen ist, ob ein zunächst unzulässiger Antrag, der im Nachgang durch weitere Angaben nach Aufforderung 171

---

556 OLG Celle ZIP 06, 921; 06, 2098.

557 Eingeführt durch Gesetz zur Durchführung der Verordnung (EU) 2015/848 über Insolvenzverfahren vom 5.6.2017, BGBl. I 2017, 1476.

558 Vgl. zur Auslegung auch HeidelbergerKommInsO/*Kleindiek*, § 15 a Rn. 15; *Römermann*, ZInsO 10, 353, 354 ff.; aA *Marotzke*, DB 12, 560, 565 ff.

559 Roth/*Altmeppen* Rn. 78; *Bittmann*, NStZ 09, 113, 115 f.; vgl. auch *Rönnau/Wegner*, ZInsO 14, 1025.

560 Baumbach/Hueck/*Haas* § 64 Rn. 157 f.; HeidelbergerKommInsO/*Kleindiek*, § 15 a Rn. 15 f.; Scholz/*K Schmidt* § 64 Rn. 166; idS wohl auch Ulmer/*Casper* § 64 Rn. 63, 68; Gottwald/*Haas/Kolmann/Kurz*, Insolvenzrechts-Handbuch, § 90 Rn. 88 ff.; *Haas*, DStR 03, 423, 426; *Schmittmann*, NZI 07, 357.

561 BGHZ 153, 205 = ZInsO 03, 217.

562 HeidelbergerKommInsO/*Kleindiek*, § 15 a Rn. 15 f.; HambK-InsO/*Linker*, § 15 a Rn. 18.

563 Gesetz zur Durchführung der Verordnung (EU) 2015/848 über Insolvenzverfahren vom 5.6.2017, BGBl. I 2017, 1476.

seitens des Gerichts (§ 13 III InsO) geheilt wird, die Pflichten gemäß § 15 a I – III InsO erfüllt u. deshalb auch zivilrechtlich sanktionslos bleibt.[564]

172 Die Angaben zum Eröffnungsgrund müssen hinreichend substantiiert sein (vgl. § 4 InsO iVm § 253 II Nr. 2 ZPO) u. somit nachvollziehbare Angaben zur Vermögens- u. Finanzlage der Gesellschaft enthalten. Eine Schlüssigkeit des Eröffnungsgrundes im technischen Sinne verlangt der BGH nicht. Zweifel insoweit auszuräumen, ist vielmehr Aufgabe des Eröffnungsverfahrens, in dem auch die Amtsermittlungspflicht (§ 5 InsO) gilt u. das Gericht geeignete Maßnahmen anordnen kann (§§ 21, 22 InsO). Dies setzt wiederum einen zulässigen Insolvenzantrag voraus.[565] In diesem Rahmen treffen den Geschäftsführer/Liquidator Mitwirkungspflichten, die das Insolvenzgericht auch mit Zwangsmitteln durchsetzen kann (§§ 20, 97, 98, 101 InsO). Hierzu zählt bspw. die Vorlage von Unterlagen oder die Erteilung von näheren Auskünften, etwa zu Drittschuldnern u. Gläubigern. Verletzt der Schuldner seine Mitwirkungspflichten im Anschluss an die Zulassung des Insolvenzantrages u. können die gewünschten Informationen nicht auf andere Weise beschafft werden, bleibt nach richtiger Ansicht zur Anwendung von Zwangsmitteln keine Alternative.[566]

173 IR des ESUG[567] hat der Gesetzgeber den **Wortlaut des § 13 InsO neu gefasst** u. hierdurch, auch wenn die Praxis die Problematik sehr unterschiedlich handhabt,[568] **weitere Anforderungen** an die Zulässigkeit eines Eröffnungsantrags des Schuldners gestellt.[569] Die Vorschrift verlangt nunmehr bei einem laufenden Geschäftsbetrieb Auskunft über die höchsten sowie die höchsten gesicherten Forderungen, die Forderungen der Sozialversicherungsträger sowie über die Forderungen aus betrieblicher Altersversorgung. Nach Maßgabe des § 13 I 6 InsO sind ferner Angaben zur Bilanzsumme, zu den Umsatzerlösen u. zur durchschnittlichen Zahl der Arbeitnehmer notwendig. Fehlen die Angaben nur teilw. oder sind sie unvollständig, steht dies im Einzelfall der Zulässigkeit des Antrags nicht entgg.[570] Enthält der Eröffnungsantrag diese Angaben überhaupt nicht, ist er unzulässig u. somit unrichtig iSd § 15 a IV InsO.[571] Als Kriterium für die entscheidende Grenze zwischen „noch zulässig“ u. „bereits unzulässig“ bietet es sich nach Sinn u. Zweck des § 13 InsO an, ob das Insolvenzgericht durch den Eigeneröffnungsantrag insgesamt noch ein ausreichendes Bild

564 Bejahend Roth/*Altmeppen* Rn. 78, 82, 96; zu Recht verneinend Baumbach/Hueck/*Haas* § 64 Rn. 157; Scholz/*K. Schmidt* § 64 Rn. 166.
565 BGH ZInsO 11, 1499, 1500; MKInsO/*Ganter/Bruns*, § 5 Rn. 13.
566 BGHZ 153, 205 = ZInsO 03, 217; verkannt von AG Dresden ZIP 02, 862 f. (Zurückweisung als unzulässig bei Nichtmitwirkung).
567 Gesetz zur weiteren Erleichterung der Sanierung von Unternehmen v. 7.12.11, BGBl. I, S. 2582.
568 Vgl. *Cymutta*, BB 12, 3151, 3154; AG Hamburg ZInsO 12, 1482 einerseits; AG Ludwigshafen, ZInsO 12, 2057 f. andererseits.
569 *Göb*, NZG 12, 371, 372; *Pape*, ZInsO 11, 2154, 2155 f.; krit. u. pointiert *Stapper/Jacobi*, ZInsO 12, 628 f.
570 *Marotzke*, DB 12, 560, 566; *Vallender*, MDR 12, 61, 62.
571 Baumbach/Hueck/*Haas* § 64 Rn. 158; *Göb*, NZG 12, 371, 372; *Marotzke*, DB 12, 560, 566; aA u. großzügiger zugunsten des Antragspflichtigen Lutter/Hommelhoff/*Kleindiek* Anh. zu § 64 Rn. 109; s. hierzu BayObLG GmbHR 00, 672; KG wistra 02, 313; vgl. auch *Hirte/Knof/Mock*, Das Insolvenzrecht nach dem ESUG, 10 f.

erhalten hat, um Entscheidungen hins. der Einsetzung sowie der potenziellen Mitglieder eines vorläufigen Gläubigerausschusses qualifiziert treffen zu können.

Wenn ein Antragspflichtiger einen zulässigen Antrag gestellt hat, ruht die Antragspflicht für die übrigen Antragspflichtigen. Im Fall einer Rücknahme lebt sie rückwirkend wieder auf.[572] 174

7. Antragspflicht bei Führungslosigkeit (§ 15 a III InsO)

a) **Allgemeines.** Der durch das MoMiG neu eingeführte § 15 a III InsO regelt eine **subsidiäre Ausfallzuständigkeit** der Gesellschafter für den Fall, dass die Gesellschaft keinen organschaftlichen Vertreter mehr hat. Sie erweitert damit zum Zwecke der Missbrauchsbekämpfung den Verantwortungskreis der Gesellschafter u. schafft zugleich einen Anreiz, wieder einen neuen Vertreter zu bestellen.[573] 175

b) **Führungslosigkeit.** Führungslosigkeit iSv § 15 a III InsO liegt vor, wenn die juristische Person keinen organschaftlichen Vertreter hat (legaldefiniert in § 10 II 2 InsO). Bei der GmbH handelt es sich also um den Fall, dass der einzige oder von mehreren der letzte verbliebene Geschäftsführer entweder nicht wirksam bestellt[574] oder abberufen wurde, sein Amt (ggf. konkludent)[575] niedergelegt hat, amtsunfähig wurde oder verstarb.[576] Die bisher hM neigt vor dem Hintergrund der Gesetzgebungshistorie[577] zu einem **engen Verständnis.**[578] Es reicht demnach nicht, dass den Gesellschaftern der organschaftliche Vertreter unbekannt, dass dieser untergetaucht oder handlungsunwillig ist.[579] Ebenso wenig genügt Abwesenheit aufgrund längerer Krankheit, wegen Untersuchungshaft oder infolge eines längeren Auslandsaufenthalts.[580] Auch ein faktisch unfähiger u./oder unwilliger Strohmann-Geschäftsführer steht Führungslosigkeit entgg,[581] nicht aber 176

---

572 AG Hamburg ZIP 06, 1105, 1107; Ulmer/*Casper* § 64 Rn. 71; Gottwald/*Haas/Kolmann/Kurz*, Insolvenzrechts-Handbuch, § 90 Rn. 96; anders aber zum Strafrecht BGH ZIP 08, 2308, 2310 f.

573 Begr. RegE MoMiG BT-Drs. 16/6140, S. 55; Roth/*Altmeppen* Rn. 60.

574 Lutter/Hommelhoff/*Kleindiek* § 35 Rn. 44; Anh. zu § 64 Rn. 52, 56; Ulmer/*Paefgen* Erg-Band § 35 Rn. 18; aA *Brand/Brand*, NZI 10, 712, 714 f.

575 *Gehrlein*, BB 08, 846, 848.

576 Lutter/Hommelhoff/*Kleindiek* § 35 Rn. 44.

577 RegE MoMiG BR-Drs. 354/07, S. 127.

578 Krit. hierzu *Passarge*, ZInsO 11, 1293, 1297 ff.; eine extensive Auslegung befürwortend zB *Bauer*, Rn. 966; *Barthel*, ZInsO 10, 1776, 1780; *Brand/Brand*, NZI 10, 712, 715.

579 AG Hamburg NJW 09, 304; AG Potsdam ZIP 13, 1638; HeidelbergerKommInsO/*Kleindiek*, § 15 a Rn. 17; Lutter/Hommelhoff/*ders* § 35 Rn. 44; Scholz/*K Schmidt* § 64 Rn. 157; *Brand/Brand*, NZI 10, 712, 714 f.; aA OLG München NZI 11, 295; *Passarge*, ZInsO 11, 1293, 1297 ff.; *Berger*, ZInsO 09, 1977, 1978; Scholz/*U H Schneider* Nachtrag MoMiG § 35 Rn. 10 („mehrmonatige Weltreise").

580 Abw. *Gehrlein*, BB 08, 846, 848; *Mock*, EWiR 09, 245 f.

581 Vgl. RegE MoMiG BR-Drs. 354/07, S. 127; Rowedder/*M. Schmidt-Leithoff/Schneider* Rn. 48.

das Vorhandensein eines unwirksam bestellten, aber faktischen Geschäftsführers[582] oder ein vom letzten Geschäftsführer Bevollmächtigter.

177 c) **Normadressat.** Die Antragspflicht richtet sich bei der GmbH nur an den **Gesellschafter.** Handelt es sich um eine juristische Person, muss sie diese Pflicht ggf. durch ihren organschaftlichen Vertreter erfüllen. Dadurch wird aber keine persönliche Antragspflicht des organschaftlichen Vertreters begründet; er haftet im Fall eines Verstoßes vielmehr nur im Innenverhältnis zum Gesellschafter, nicht ggü. den Gläubigern der Gesellschaft. Hat die Gesellschaft mehrere Gesellschafter, ist jeder von ihnen u. unabhängig von der Beteiligungshöhe gleichermaßen antragsverpflichtet. Ein Kleinbeteiligtenprivileg entspr. § 39 V InsO besteht nicht.[583] Bei Führungslosigkeit des Gesellschafters trifft die Antragspflicht dessen Gesellschafter.[584]

178 Allein das materielle Recht bestimmt den Gesellschafter.[585] Die **Gesellschafterliste** (§§ 16 I, 40) hat für die Zwecke des gutgläubigen Erwerbs Fiktionswirkung. Konstitutive Wirkung kommt ihr nicht zu. Eine gesellschafterähnliche Stellung (§ 39 I Nr. 5 InsO) genügt nicht.[586] Bei fiduziarischen Verhältnissen hat der Treuhänder eines Geschäftsanteils im Außenverhältnis die Gesellschaftereigenschaft, nicht der Treugeber. Die Antragspflicht geht auf den Insolvenzverwalter des Gesellschafters (§ 80 InsO)[587] ebenso über wie auf seinen Alleinerben[588] oder auf eine Erbengemeinschaft. Entspr. § 15 a I 2 InsO trifft bei einer Gesellschaft als Gesellschafter deren organschaftlichen Vertreter die zivilrechtliche Antragspflicht. Dem strafrechtlichen Analogieverbot (Art. 103 II GG) hält dies allerdings kaum Stand.[589]

179 Verfügt die GmbH über einen **Aufsichts- oder Beirat**, erfasst die Antragspflicht des § 15 a III InsO deren Mitglieder nicht.[590] Dabei bleibt es auch in solchen Fällen, in denen nach Mitbestimmungsrecht eine gesetzliche Verpflichtung besteht, ein solches Organ zu bilden. Der Wortlaut ist eindeutig u. eine Vergleichbarkeit mit dem aktienrechtlichen oder genossenschaftsrechtlichen Aufsichtsratsmitglied lässt sich nicht bejahen, auch nicht für

582 Lutter/Hommelhoff/*Kleindiek* § 35 Rn. 44; MKInsO/*Klöhn,* § 15 a Rn. 88; Scholz/*K Schmidt* § 64 Rn. 157; *Hirte*, ZInsO 08, 689, 702; aA bzgl. faktischem Geschäftsführer *Schmahl*, NZI 08, 6, 7.
583 Lutter/Hommelhoff/*Kleindiek* Anh. zu § 64 Rn. 56; Roth/*Altmeppen* Rn. 61; Scholz/*K Schmidt* § 64 Rn. 158. – Hierfür hatten sich ausgesprochen zB *Noack*, DB 06, 1475, 1477; *K Schmidt*, GmbHR 07, 1072, 1078.
584 LG München I ZIP 13, 1739; MKInsO/*Klöhn*, § 15 a Rn. 85.
585 Wie hier *Berger*, ZInsO 09, 1977, 1982; aA wohl HeidelbergerKommInsO/*Kleindiek* § 15 a Rn. 19; *Horstkotte*, ZInsO 09, 209, 213 ff.
586 Scholz/*K Schmidt* § 64 Rn. 158; aA zum Nießbraucher eines Geschäftsanteils *Wedemann*, ZGR 16, 798, 832 f.
587 *Göcke*, ZInsO 08, 1305; *Gundlach/Müller*, ZInsO 11, 900, 901 ff.; Uhlenbruck/*Hirte*, InsO, § 15 a Rn. 62.
588 HeidelbergerKommInsO/*Kleindiek*, § 15 a Rn. 19; *du Carrois*, ZInsO 09, 373.
589 LG München I ZIP 13, 1739; Gottwald/*Haas/Kolmann/Kurz*, Insolvenzrechts-Handbuch, § 90 Rn. 81; *Hefendehl*, ZIP 11, 601, 603.
590 HeidelbergerKommInsO/*Kleindiek*, § 15 a Rn. 20; Roth/*Altmeppen* Rn. 62; Rowedder/*M. Schmidt-Leithoff/Schneider* Rn. 66; *Berger*, ZInsO 09, 1977, 1982; anders noch § 35 I 2 idF des RegE, BT-Drs. 16/6140, S. 7; aA Baumbach/Hueck/*Haas* § 64 Rn. 233, falls Aufsichtsrat anstelle Gesellschafter die Geschäftsführer bestellt; wohl auch Scholz/*Bitter* Rn. 95; Ulmer/*Casper* § 64 Rn. 43, 214.

den fakultativen Aufsichtsrat.[591] Die Haftung ggü. der Gesellschaft wegen mangelhafter Information, Beratung oder Überwachung der Geschäftsführung bleibt unberührt.[592]

Nicht ganz eindeutig ist die Analogiefähigkeit der Vorschrift im Hinblick auf Gesellschafter anderer juristischer Personen (zB ausländischen Rechts) oder von Rechtspersönlichkeiten ohne natürliche Person (zB Nur-Kommanditist der GmbH & Co KG).[593] Die Gesetzesmaterialien enthalten keinen Hinweis, dass eine planwidrige Regelungslücke vorläge. Festhalten lässt sich aber, dass der Gesetzgeber den Wortlaut der § 15 a I u. II InsO rechtsformneutral ausgestaltet, hierauf in Abs. 3 aber verzichtet hat. Dass insoweit ein Redaktionsversehen vorliegt, erscheint unwahrscheinlich. Gleichwohl bejaht die überw. Auffassung die Anwendung des § 15 a III InsO zumindest bei der mit der deutschen GmbH funktional vergleichbaren Gesellschaft ausländischen Rechts, sofern deutsche Gerichte für die Eröffnung eines Insolvenzverfahrens über eine solche Gesellschaft international zuständig sind (dazu → Rn. 130).[594] Auf den Nur-Kommanditisten findet § 15 a III InsO keine Anwendung.[595] Im Falle der Führungslosigkeit der Komplementär-GmbH erstreckt sich die Antragspflicht des GmbH-Gesellschafters gem. § 15 a III InsO auch auf das Vermögen der GmbH & Co. KG.[596] 180

d) Entlastungsnachweis. Die maximal dreiwöchige Frist des § 15 a I InsO gilt auch im Anwendungsbereich des Abs. 3. Sie beginnt nicht, bevor Führungslosigkeit u. materielle Insolvenz der Gesellschaft zusammentreffen. Wird die Gesellschaft während der 3-Wochen-Frist erst führungslos, beginnt die Frist damit nach richtiger Ansicht nicht erneut zu laufen. Vielmehr treten die Gesellschafter in die laufende Frist ein.[597] Hinreichenden Schutz vermitteln die subjektiven Tatbestandsmerkmale. 181

Die mangelnde positive Kenntnis[598] des Normadressaten entweder von der materiellen Insolvenz oder von der Führungslosigkeit hindert bereits das Entstehen der Antragspflicht.[599] Hinter dieser Regelungstechnik steht vermutlich die Überlegung, dass den Gesellschafter weder eine Kontrolle zur laufenden wirtschaftlichen Selbstprüfung trifft noch er sich aktiv um die Geschicke der Gesellschaft kümmern muss.[600] 182

---

591 Zustimmend Rowedder/*M. Schmidt-Leithoff/Schneider* Rn. 66; aA Ulmer/*Casper* § 64 Rn. 214.
592 Rowedder/*M. Schmidt-Leithoff/Schneider* Rn. 66.
593 Vgl. dazu *Löser*, ZInsO 10, 799 ff.
594 Roth/*Altmeppen* Rn. 63; Ulmer/*Casper* § 64 Rn. 212; *Knof/Mock*, GmbHR 07, 852, 854 f.; aA HambK-InsO/*Linker*, § 15 a Rn. 26.
595 Scholz/*K Schmidt* § 64 Rn. 158.
596 Vgl. hierzu MKInsO/*Klöhn* § 15 a Rn. 113 f.; Scholz/*K. Schmidt* § 64 Rn. 158; *Löser*, ZInsO 10, 799.
597 Baumbach/Hueck/*Haas* § 64 Rn. 234; aA HeidelbergerKommInsO/*Kleindiek*, § 15 a Rn. 23; *Berger*, ZInsO 09, 1977, 1980.
598 Roth/*Altmeppen* Rn. 61.
599 Lutter/Hommelhoff/*Kleindiek* Anh. zu § 64 Rn. 56; *Poertzgen*, ZInsO 07, 574, 577; aA *Gundlach/Frenzel/Strandmann*, NZI 08, 647, 648 (Antragspflicht bereits, wenn nur von einem der beiden Umstände Kenntnis); vgl. dazu auch *Konu/Topoglu/Calcagno*, NZI 10, 244 ff.
600 Gottwald/*Haas/Kolmann/Kurz*, Insolvenzrechts-Handbuch, § 90 Rn. 97 unter Hinweis auf BGH NZI 06, 365, 367.

183 Dass eine solche Kenntnis sowohl von der materiellen Insolvenz als auch von der Führungslosigkeit ab deren objektivem Eintritt besteht, wird rechtstechnisch zunächst vermutet. Es obliegt dem Normadressaten, seine fehlende positive Kenntnis zumindest von einem der beiden Umstände darzulegen u. nachzuweisen („es sei denn").[601] Insoweit muss ein individueller Maßstab angelegt werden. Die Amtsniederlegung durch den letzten Geschäftsführer kann analog § 35 II 2 ggü. einem von mehreren Gesellschaftern erfolgen.[602] Dessen Kenntnis von der Führungslosigkeit darf den anderen nicht ohne Weiteres zugerechnet werden, es sei denn, dieser Gesellschafter steuert das Geschehen (vgl. § 166 II BGB).[603] Bei einem Gesellschaft-Gesellschafter kommt es auf die Kenntnis seines Vertreters an.[604]

184 Kennt der Gesellschafter jeweils die maßgeblichen Tatsachen, zieht daraus aber eine rechtlich unzutr Schlussfolgerung, kann eine solche Entlastung nicht gelingen.[605] Andererseits soll die bloß fahrlässige Unkenntnis (Kennenmüssen) nach dem Willen des Gesetzgebers nicht genügen, die Antragspflicht zu begründen,[606] es sei denn, der Gesellschafter verschließt sich der positiven Kenntnis bewusst.[607] Um die Grenze zum (unbeachtlichen) Kennenmüssen nicht zu verwischen, dürften dem Gesellschafter insoweit nur offensichtliche Anhaltspunkte schaden.[608]

185 Eine gesteigerte Nachforschungspflicht trifft den Gesellschafter grds. nicht. Jedoch soll die Kenntnis des einen Umstandes regelmäßig hinreichender Anlass sein, Nachforschungen bzgl. des anderen Umstandes vorzunehmen.[609] Bei Kleinbeteiligten soll nach der Vorstellung des Gesetzgebers der Entlastungsnachweis leichter gelingen.[610]

186 e) **Beendigung der Antragspflicht.** Die Antragspflicht endet, wenn entweder die Führungslosigkeit oder die materielle Insolvenz wegfallen. Die Veräußerung des Geschäftsanteils nach Ablauf der maximal dreiwöchigen Antragsfrist beseitigt eine bereits verwirklichte Pflichtverletzung nicht, ebenso wenig die Bestellung eines neuen Geschäftsführers.[611]

---

601 Begr. RegE MoMiG BT-Drs. 16/6140, S. 55; Roth/*Altmeppen* Rn. 60 f.
602 BGHZ 149, 28 = GmbHR 02, 26.
603 Lutter/Hommelhoff/*Kleindiek* Anh. zu § 64 Rn. 57.
604 Lutter/Hommelhoff/*Kleindiek* Anh. zu § 64 Rn. 57; Gottwald/*Haas/Kolmann/Kurz*, Insolvenzrechts-Handbuch, § 90 Rn. 97.
605 Scholz/*K Schmidt* § 64 Rn. 159; aA wohl HeidelbergerKommInsO/*Kleindiek*, § 15 a Rn. 22.
606 HambK-InsO/*Linker*, § 15 a Rn. 27; HeidelbergerKommInsO/*Kleindiek*, § 15 a Rn. 22; Ulmer/*Casper* § 64 Rn. 216; *Hirte*, ZInsO 08, 689, 702; aA *Konu/Calagno*, NZI 10, 244, 246 ff.
607 Begr. RegE MoMiG BT-Drs. 16/6140, S. 55 f.; HeidelbergerKommInsO/*Kleindiek*, § 15 a Rn. 22; Lutter/Hommelhoff/*Kleindiek* Anh. zu § 64 Rn. 56; MüKo-GmbHG/*Müller* § 64 Rn. 64; Rowedder/*M. Schmidt-Leithoff/Schneider* Rn. 65; Ulmer/*Casper* § 64 Rn. 216; *Wicke* § 64 Rn. 8.
608 Lutter/Hommelhoff/*Kleindiek* Anh. zu § 64 Rn. 56; ähnl Baumbach/Hueck/*Haas* § 64 Rn. 236: Anlehnung an § 133 I 2 InsO.
609 Dazu Lutter/Hommelhoff/*Kleindiek* Anh. zu § 64 Rn. 56; MüKoGmbHG/*Müller* § 64 Rn. 64; Roth/*Altmeppen* Rn. 60 f.; Scholz/*K Schmidt* § 64 Rn. 159; Gottwald/*Haas/Kolmann/Kurz*, Insolvenzrechts-Handbuch, § 90 Rn. 97.
610 Begr. RegE MoMiG BT-Drs. 16/6140, S. 55 f.; *Hirte*, ZInsO 08, 689, 702.
611 Scholz/*K Schmidt* § 64 Rn. 157; Gottwald/*Haas/Kolmann/Kurz*, Insolvenzrechts-Handbuch, § 90 Rn. 82.

Der Insolvenzantrag muss zusätzlich die für die Führungslosigkeit relevanten Angaben enthalten. Die ordnungsgemäße Antragstellung (→ Rn. 166 ff.) durch einen Gesellschafter wirkt auch zugunsten aller anderen. Allerdings setzt die Insolvenzeröffnung nach hM **Prozessfähigkeit** des Schuldners voraus; jedoch werden die Gesellschafter weder durch § 35 I 2 noch durch § 10 II 2 InsO zu gesetzlichen Vertretern der Gesellschaft iSv § 51 ZPO.[612] Es liegt nahe, dass in derartigen Konstellationen, ob bei Eigen- oder Fremdantrag, aufgrund der genannten Vorschriften Prozessfähigkeit entweder unterstellt oder für nicht erforderlich gehalten werden kann.[613] Dies erscheint vor dem Hintergrund des § 10 II 2 InsO, der die Anhörung gerade nicht als zwingend vorschreibt („können"), jedenfalls überzeugender, als einen Notgeschäftsführer (§ 29 BGB) oder Prozessvertreter (§ 57 ZPO)[614] zu bestellen, um dem formellen Erfordernis der Prozessfähigkeit zu genügen. 187

V. Strafrechtliche Sanktion (§ 15 a IV, V InsO)

1. Allgemeines

Die durch das MoMiG eingeführten § 15 a IV, V InsO führen die bislang in den Einzelgesetzen (§ 84 I Nr. 2, § 401 I Nr. 2 AktG, §§ 130 b, 177 a HGB, jeweils aF) enthaltenen Strafbestimmungen zusammen. Sie sind **rechtsformübergreifend ausgestaltet** u. erfassen somit Gesellschaften ohne Rechtspersönlichkeiten ohne eine natürliche Person als unbeschränkt haftenden Gesellschafter ebenso wie juristische Personen ausländischen Rechts mit einem deutschen Mittelpunkt ihrer hauptsächlichen Interessen.[615] Ein Verstoß gegen das strafrechtliche Analogieverbot des Art. 103 II GG kommt wegen der rechtsformübergreifenden Formulierung insoweit nicht in Betracht.[616] Der Anwendungsbereich der Vorschrift entspricht somit demjenigen der § 15 a I u. II InsO. Die Norm ist generell **zivilrechtsakzessorisch.**[617] Zu Unrecht bezweifelt wird jedoch, dass die Auslegungsbedürftigkeit des aktuellen Überschuldungsbegriffs gem. § 19 InsO (→ Rn. 33 ff.) noch dem tolerablen Rahmen des rechtsstaatlichen Bestimmtheitsgebots genügt (Art. 103 II GG).[618] 188

Inhaltlich setzt die Norm sich zusammen aus einem Handlungsgebot (§ 15 a I–III InsO) u. der eigentlichen Strafnorm (Abs. 4 u. 5). Es handelt sich jeweils um **Sonderdelikte.** Abs. 4 stellt ein **echtes Unterlassungsdelikt**[619] in der Form eines **Dauerdelikts** dar. Er enthält zugleich – weil es um 189

612 BGH WM 10, 2362 Rn. 13; *K Schmidt*, GmbHR 11, 113, 114.
613 Vgl. hierzu *Berger*, ZInsO 09, 1977, 1984 (bzgl. Eigenantrag); *Horstkotte*, ZInsO 09, 209, 211; ferner Baumbach/Hueck/*Haas* § 64 Rn. 227.
614 Vgl. hierzu jeweils *K Schmidt*, GmbHR 11, 113, 114 f.
615 Begr. MoMiG BT-Drs. 16/6140, S. 55; Scholz/*Tiedemann/Rönnau* Vor §§ 82 ff. Rn. 65; *Radtke/Hoffmann*, EuZW 09, 407 f.; *Richter*, FS Tiedemann, 08, S. 1032; krit. dazu aus europarechtlicher Sicht *Bischoff*, ZInsO 09, 164; *Bittmann/Gruber*, GmbHR 08, 867 ff.; *Hirte*, ZInsO 08, 689, 699.
616 Dazu *Hirte*, ZInsO 08, 689; *Bischoff*, ZInsO 09, 164.
617 Weitergehend zur (teilw. umstrittenen) Zivilrechtsakzessorietät des Strafrechts *Büttner*, ZInsO 09, 841, 848 ff.; *Grube/Röhm*, wistra 09, 81, 84.
618 So aber Roth/*Altmeppen* Rn. 88.
619 BGHSt 53, 24, 26; Scholz/*Tiedemann/Rönnau* Vor §§ 82 Rn. 31; abw. Roth/*Altmeppen* Rn. 87; *ders.*, ZIP 15, 949, 952.

das Verbot der Unternehmensfortführung trotz materieller Insolvenz außerhalb des insolvenzrechtlichen Rahmens geht – Elemente eines Tätigkeitsdelikts.[620] Als **abstraktes Gefährdungsdelikt**[621] schützt die Vorschrift die Vermögensinteressen aller gegenwärtigen u. potenziellen künftigen Gläubiger.[622] Die bereits für § 84 I Nr. 2 aF zuerkannte[623] Eigenschaft als Schutzgesetz iSv § 823 II BGB dürfte, nachdem die hM auch § 15 a I, II, III InsO als Schutzgesetze begreift, keine eigenständige Bedeutung erlangen.[624] Über die Strafbarkeit entscheidet die Wirtschaftsstrafkammer (§ 74 c I Nr. 1 GVG).

190 Auf die Vor-GmbH finden § 15 a IV, V InsO keine Anwendung (Art. 103 II GG).[625]

2. Tauglicher Täter

191 Taugliche Täter sind primär die Adressaten der zivilrechtlichen Insolvenzantragspflicht, also bei der GmbH der Geschäftsführer u. Liquidator, bei einer in Deutschland insolvenzantragspflichtigen ausländischen juristischen Person (dazu → Rn. 130) deren organschaftlicher Vertreter,[626] u. zwar jeweils unabhängig von ihrer Vertretungsmacht[627] oder einer internen Zuständigkeitsverteilung u. jeder für sich genommen.[628] Die interne Zuständigkeitsverteilung kann im strafrechtlichen Bereich den subjektiven Tatbestand oder die persönliche Schuld beeinflussen.[629] Auch der Strohmann-Geschäftsführer kann sich wegen Insolvenzverschleppung strafbar machen.[630]

192 Mit dem Ausscheiden aus dem Amt, durch Abberufung oder Amtsniederlegung, verlieren sie ihre Tätereigenschaft. Für eine in diesem Zeitpunkt bereits vollendete Tat, weil etwa der 3-Wochen-Zeitraum bereits überschritten war, bleiben sie weiterhin verantwortlich. Die frühere Rspr. hält hingg. auch den ehemaligen Alleingeschäftsführer für einen tauglichen Täter, wenn er sein Amt in Kenntnis der Insolvenzreife niederlegt, ohne dafür zu sorgen, dass sein etwaiger Nachfolger im Amt den Insolvenzantrag fristgerecht stellen kann.[631] Denn die Amtsniederlegung erfolge zur Unzeit u. sei

620 Zutr. Scholz/*K Schmidt* § 64 Rn. 132.
621 BGH NJW 60, 1677; zust. wohl auch Scholz/*Tiedemann/Rönnau* Vor §§ 82 ff. Rn. 30, 51.
622 BGH NJW 82, 1952.
623 *Lutter/Hommelhoff*, 16. Aufl., § 84 Rn. 1; Ulmer/*Ransiek* 1. Aufl. § 64 Rn. 30.
624 Krit. (mit eigenem Gegenkonzept) Roth/*Altmeppen* Rn. 120 ff.; § 64 Rn. 41 ff.
625 Vgl. auch HambK-InsO/*Borchardt*, Anh. V § 15 a Rn. 44 (wegen Vorbelastungshaftung kein Bedürfnis für Strafbarkeitsausdehnung); aA *Schäfer*, GmbHR 93, 717.
626 Hierzu aber *Bittmann/Gruber*, GmbHR 08, 867, 873; *Bittmann*, NStZ 09, 113, 114.
627 BGH wistra 90, 97; Scholz/*Tiedemann/Rönnau* Vor §§ 82 ff. Rn. 32.
628 HambK-InsO/*Borchardt*, Anh. V § 15 a Rn. 7, 25.
629 Wabnitz/Janovsky/*Pelz*, Handbuch Wirtschafts- und Steuerstrafrecht, Kap. 9 Rn. 48.
630 Wabnitz/Janovsky/*Pelz*, Handbuch Wirtschafts- und Steuerstrafrecht, Kap. 9 Rn. 36.
631 BGHSt 2, 53 f.; MKGmbH/*Müller* § 64 Rn. 62; *Lange*, GmbHR 15, 1009, 1015; *Spannowksy*, wistra 90, 48; vgl. auch *Pananis/Börner*, GmbHR 06, 515 f. (zur Unternehmensbestattung).

rechtsmissbräuchlich u. unwirksam.[632] Dem hat § 15 a III InsO die Grundlage entzogen.[633] → Rn. 157.

Umstritten ist, ob auch der **faktische Geschäftsführer** tauglicher Täter sein kann. Bejahen lässt sich die Strafbarkeit gem. § 15 a IV, V InsO für die Variante des förmlich, aber nicht wirksam bestellten Geschäftsführers, der die ihm zugedachte Funktion ausübt.[634] Die bisherige höchstrichterliche Rspr. in Strafsachen befürwortete die Strafbarkeit zudem in der zweiten Variante des ohne Bestellakt mit Einverständnis der Gesellschafter tätigen faktischen Geschäftsführers.[635] Sie legte insoweit eine faktische Betrachtungsweise zugrunde u. stellte auf eine Gesamtabwägung der Umstände ab.[636] 193

Mit den durch das MoMiG eingeführten Regelungen in § 6 V, §§ 15 I 2, 194
15 a III InsO („auch") anerkennt der Gesetzgeber die Rechtsfigur des faktischen Geschäftsführers u. lässt ihrer weiteren Entwicklung bewusst Freiraum. Die bisherigen Kriterien, wann in der zweiten Variante faktische Geschäftsführung vorliegen soll, sind aus der Sicht des **verfassungsrechtlichen Bestimmtheitsgebots** allerdings zu unscharf u. bedürfen einer stärkeren Präzisierung. Nach der hier ausschl für den strafrechtlichen Bereich vertretenen, einschränkenden Auffassung kommt neben einem tatsächlich bestellten Geschäftsführer, der kein Strohmann ist, eine faktische Geschäftsführung durch einen Dritten überhaupt nicht in Betracht. Denkbar bleibt sie somit lediglich in den Fällen der Strohmannschaft oder wenn es überhaupt keinen Geschäftsführer gibt. Dabei wird man – anders als für die zivilrechtliche Verantwortlichkeit (→ Rn. 138) – nicht auf ein Handeln im Außenverhältnis als Kriterium strafrechtlicher faktischer Geschäftsführung verzichten können (s. Erl. § 84). Hinzukommen muss, dass die für eine Geschäftsführerbestellung zuständige Mehrheit der Gesellschafter über einen gewissen Zeitraum das Tätigwerden wie ein Geschäftsführer duldet.[637] Bei diesen Kriterien dürften die von Art. 103 II GG festgelegten Grenzen zulässiger Auslegung nicht überschritten u. somit der faktische Geschäftsführer tauglicher Straftäter einer Insolvenzverschleppung sein.

Bei einer **Gesellschaft ohne Rechtspersönlichkeit** u. ohne eine natürliche 195
Person als unbeschränkt haftender Gesellschafter (**GmbH & Co KG**, auch doppel- oder mehrstöckig), also in den Fällen der mittelbaren Vertretung, gilt die Strafandrohung für den jeweiligen organschaftlichen Vertreter des Vertretungsorgans (§ 14 StGB).

Die Antragstellung durch einen entlastet auch alle anderen Antragspflichti- 196
gen.[638] **Weisungen der Gesellschafter** an die Geschäftsleitung, der Insol-

632 BGH NJW 03, 3787; *Bittmann*, Insolvenzstrafrecht, § 11 Rn. 39.
633 AA HambK-InsO/*Borchardt*, Anh. V § 15 a Rn. 2; vgl. auch OLG Frankfurt ZInsO 15, 478 zur unwirksamen Amtsniederlegung zur Unzeit.6.
634 Scholz/*Tiedemann*/*Rönnau* Vor §§ 82 ff. Rn. 32.
635 BGH NJW 00, 2285; vgl. auch BGH NJW 15, 712.
636 BGH NJW 00, 2285; ZInsO 02, 582; NJW 83, 240; GmbHR 15, 191; aA zB Lutter/Hommelhoff/*Kleindiek* Anh. zu § 64 Rn. 111; HeidelbergerKommInsO/*Ransiek* § 15 a Rn. 43.
637 BGH ZInsO 13, 444 Rn. 9 ff.
638 Roth/*Altmeppen* Rn. 77, 82, 96.

venzantragspflicht nicht nachzukommen, sind **unbeachtlich**[639] u. führen ggf. zu einer **Teilnahmestrafbarkeit der Gesellschafter** (§§ 26, 27 StGB).[640] Generell setzt die Teilnahme (Beihilfe, Anstiftung) eine vorsätzliche (Unterlassungs-) Haupttat eines anderen voraus, wobei der Vorsatz des Teilnehmers auch die materielle Insolvenz umfassen muss.

197 Im Fall der Führungslosigkeit einer GmbH zählen auch die **Gesellschafter** zum potenziellen Täterkreis, ggf. deren Organe (§ 14 I StGB).[641] Fahrlässige Tatbegehung wird jedoch, da die Antragspflicht positive Kenntnis von Insolvenzreife als auch von Führungslosigkeit voraussetzt, praktisch nur selten vorkommen.[642]

3. Objektiver Tatbestand

198 Den objektiven Tatbestand verwirklicht, wer trotz einer nach Zivilrecht bestehenden Antragspflicht (dazu → Rn. 121 ff.) den Insolvenzantrag nicht,[643] nicht rechtzeitig (dazu → Rn. 144 ff.) oder nicht richtig (dazu → Rn. 170 ff.) stellt.[644] Zur Vermeidung der Strafbarkeit muss also spätestens nach Ablauf von 3 Wochen nach Eintritt der materiellen Insolvenz („entgegen“) ein zulässiger Antrag beim zuständigen Insolvenzgericht eingereicht sein.[645]

199 Die zivilrechtliche Streitfrage, ob der Beginn der maximal 3-wöchigen Insolvenzantragspflicht von subjektiven Merkmalen abhängt (→ Rn. 148 ff.), setzt sich im strafrechtlichen Bereich fort. Richtiger Ansicht nach **entsteht** die Antragspflicht – anders nur bei Führungslosigkeit (§ 15 a III InsO) – **unabhängig von subjektiven Kriterien.**[646] Jedenfalls kann derjenige nicht straflos bleiben, der die eingetretene materielle Insolvenz pflichtwidrig nicht zur Kenntnis nimmt. Dieser Zeitpunkt liegt im strafrechtlichen Sinne vor, wenn auch bei der für den Täter günstigsten u. nach kaufmännischen Gesichtspunkten noch vertretbaren Einschätzung eindeutig ein Insolvenzgrund vorliegt.[647] Erkennt der Antragspflichtige die bereits eingetretene materielle Insolvenz binnen dieser 3 Wochen u. beginnt er mit Sanierungsmaßnahmen, hat dies auch keine Unterbrechungswirkung zur Folge.[648]

---

639 BGH GmbHR 03, 544; HambK-InsO/*Borchardt*, Anh. V § 15 a Rn. 28; Scholz/*Tiedemann/Rönnau* §§ 82 ff. Rn. 62; *Weyand*, ZInsO 15, 1773.

640 *Baumgarter*, wistra 92, 41; *Wagner*, ZInsO 09, 449. – Zur Beihilfe eines Notars bei der außerinsolvenzlichen Entsorgung einer insolvenzreifen GmbH s. *Schröder*, DNotZ 05, 596.

641 Scholz/*Tiedemann/Rönnau* Vor §§ 82 ff. Rn. 35.

642 Lutter/Hommelhoff/*Kleindiek* Anh. zu § 64 Rn. 112; Ulmer/*Ransiek* 1. Aufl. § 84 Rn. 3; teilw. aA *Weyand*, ZInsO 08, 702, 705.

643 *Weyand*, ZInsO 08, 702.

644 Insbes. zu einem „nicht richtigen“ Insolvenzantrag *Bittmann*, NStZ 09, 113, 115; *Rönnau/Wegner*, ZInsO 14, 1025 ff.; *Schmahl*, NZI 08, 6, 9; *Weyand*, ZInsO 08, 702, 706.

645 Vgl. dazu HambK-InsO/*Borchardt*, Anh. V § 15 a Rn. 8 ff.

646 Wie hier auch BGH GmbHR 05, 1427; Scholz/*Tiedemann/Rönnau* Vor §§ 82 ff. Rn. 37, 42, 66. AA die früher hM (für positive Kenntnis), zB BGHSt 15, 306, 310; Baumbach/Hueck/*Schulze-Osterloh*, 17. Aufl., § 84 Rn. 24, 28; Hachenburg/*Kohlmann*, 8. Aufl., § 84 Rn. 44, 53.

647 So iE Roth/*Altmeppen* Rn. 92; Scholz/*Tiedemann/Rönnau* Vor §§ 82 ff. Rn. 50, 66; Ulmer/*Ransiek* 1. Aufl. § 84 Rn. 72.

648 *Uhlenbruck*, ZInsO 98, 250; aA Roth/*Altmeppen* Rn. 95.

Wenn der Antragspflichtige im Anschluss an einen zulässigen Insolvenzantrag seinen Mitwirkungspflichten nicht nachkommt,[649] kann er jedenfalls nicht mehr wegen Strafbarkeit gem. § 15 a IV, V InsO belangt werden. Notwendig ist nur, dass ein Antrag „richtig" (dazu → Rn. 170 ff.) gestellt wird. 200

Hat ein **Gläubiger den Antrag gestellt**, der tatsächlich zu einer Insolvenzverfahrenseröffnung führte, kommt gleichwohl wegen der bis dahin noch denkbaren Antragsrücknahme infolge des Charakters als abstraktes Gefährdungsdelikt eine teleologische Reduktion des Anwendungsbereichs der Norm nicht in Betracht.[650] Zur Strafvermeidung muss also ein zusätzlicher Eigenantrag gestellt werden. 201

4. Subjektiver Tatbestand

a) **Vorsatz.** Bedingter Vorsatz iSd **billigenden Inkaufnehmens** genügt.[651] Er muss sich auf alle Merkmale des objektiven Tatbestands beziehen, iW also das Vorliegen der materiellen Insolvenz in Form von Zahlungsunfähigkeit (§ 17 InsO) oder Überschuldung (§ 19 InsO) sowie im Fall des § 15 a III InsO die die Führungslosigkeit begründenden Tatsachen umfassen. Zur Unkenntnis der Antragspflicht s. → Rn. 213. 202

In der Praxis wird der Vorsatz insbes. **durch Krisenanzeichen indiziert**, von denen der Antragspflichtige Kenntnis genommen hat. Die erhebliche Komplexität, welche beide Rechtsbegriffe – Zahlungsunfähigkeit wie Überschuldung – aufweisen (→ Rn. 23 ff. u. → Rn. 75 ff.), gebietet es jedoch, zugunsten des Antragspflichtigen iR des kaufmännisch noch Vertretbaren von den in Betracht kommenden verschiedenen Varianten bei Prognosen u. Bewertungsfragen jeweils die günstigste anzunehmen (*in dubio pro reo*).[652] Zweifelhaft erscheint die Tendenz, in Abweichung von den zivilrechtlichen Rechtsbegriffen unter dem strafrechtlichen Rechtssatz *in dubio pro reo* eine sehr großzügige Handhabung vorzuschlagen.[653] Wo Detailfragen umstritten sind, mag hierfür weiterhin ein rechtsstaatliches Bedürfnis bestehen. Nachdem aber zB höchstrichterlich die Passivierungspflicht von Gesellschafterdarlehen im Überschuldungsstatus entschieden u. dies vom Gesetzgeber bestätigt wurde (§ 19 II 2 InsO nF), bleibt insoweit für eine strafrechtliche Aufweichung kein Raum.[654] 203

Die bloße Hoffnung, dass sich künftig die Zeiten bessern werden, lässt den Vorsatz allerdings nicht entfallen, sofern sie sich nicht auf kaufmännisch 204

---

649 AG Dresden ZIP 02, 862.

650 BGH NJW 09, 157; HambK-InsO/*Borchardt*, Anh. V § 15 a Rn. 10; aA Roth/*Altmeppen* Rn. 97 (entspr. Anwendung des § 15 a VI InsO); Ulmer/*Ransiek* 1. Aufl. § 84 Rn. 41.

651 Scholz/*Tiedemann/Rönnau* Vor §§ 82 ff. Rn. 55 f.

652 BGH wistra 03, 457, 459 (zum Betrug); Roth/*Altmeppen* Rn. 92; Scholz/*Tiedemann/Rönnau* Vor §§ 82 ff. Rn. 55.

653 IdS jedoch Roth/*Altmeppen* Rn. 92.

654 Vgl. auch Ulmer/*Ransiek* 1. Aufl. § 84 Rn. 63 (zur Fortbestehensprognose bei der Überschuldung); aA Roth/*Altmeppen* Rn. 92, 88, der aber die aktuelle Version des § 19 InsO aus strafrechtlicher Hinsicht für zu unbestimmt hält; zum früheren Recht auch OLG München NJW 94, 3112, 3114 (zu § 31 analog); *Hartung*, NJW 96, 229 ff.

belastbare Annahmen künftiger Rahmenbedingungen gründet. Gleiches gilt für eine Fortbestehensprognose, die entweder nicht aus der Finanzplanung entwickelt oder offensichtlich unschlüssig ist: Hierauf kann der Antragspflichtige nicht seinen mangelnden Vorsatz im Hinblick auf eine Überschuldung gem. § 19 InsO stützen. Das Vorliegen einer Fortbestehensprognose muss der Geschäftsführer nach Auffassung des BGH aktiv betreiben; andernfalls sei *dolus eventualis* anzunehmen.[655]

205 Die **Unkenntnis** oder **Fehleinschätzung bzgl. eines Merkmals**, also auch bzgl. des Insolvenzgrundes, lässt den Vorsatz entfallen u. hat ggf. eine **Strafbarkeit wegen Fahrlässigkeit** zur Folge (§ 16 StGB, § 15 a V InsO).[656] Ob sich dieser Irrtum auf Tatsachen oder Rechtsfragen (zB Bewertungsansätze) bezieht, bleibt insoweit unerheblich. Bei strikter Trennung zwischen technischen u. kaufmännischen Aufgaben innerhalb der Geschäftsführung mag es in Betracht kommen, dass der Vorsatz des technischen Geschäftsführers, der von Pfändungsmaßnahmen oder der Nichtabführung von Arbeitnehmeranteilen zur Sozialversicherung keine Kenntnis hat, bzgl. der materiellen Krise entfällt.[657]

206 **b) Fahrlässigkeit.** Fahrlässig handelt bereits, wer die materielle Insolvenz objektiv pflichtwidrig nicht kennt, obwohl sie als solche erkennbar war.[658] Wer somit trotz bestehender Krisenanzeichen (zB Jahresfehlbetrag, Rückgang des Eigenkapitals über mehr als ein Geschäftsjahr, Forderungsausfälle, Reduzierung von Kreditlinien, Krisengespräche mit Kreditgebern oder Warenkreditversicherern, Mahn-/Vollstreckungsbescheide, zunehmende Unzufriedenheit der Kunden, Umsatzrückgang bei gleichbleibenden Kosten etc) die Vermögens- u. Liquiditätsverhältnisse der Gesellschaft nicht fortlaufend überprüft, kann den Fahrlässigkeitsvorwurf nicht vermeiden.[659] Fahrlässig handelt ferner, wer irrigerweise meint, einen vorherigen Insolvenzgrund beseitigt zu haben. Fahrlässigkeit in Form des Übernahmeverschuldens kann auch denjenigen treffen, der bei Übernahme einer Geschäftsleiterposition die Insolvenzreife verkennt.[660]

207 Die Anforderungen an die Prüfungsdichte hängen vom Einzelfall, insbes. von der **Größe u. Art des Unternehmens** ab. Ordnungsgemäßes Handeln liegt vor, wenn iErg die Vermögensverhältnisse vollständig, zeitnah, aktuell u. zutr. bewertet werden können. Insoweit muss der Geschäftsführer die Arbeitsabläufe so organisiert haben, dass er sich jederzeit einen Überblick über die wirtschaftlichen Verhältnisse verschaffen kann.[661] Interne Arbeitsaufteilung wirkt sich möglicherweise auf die individuelle Schuld aus.[662] Der technische Geschäftsführer muss zumindest regelmäßig Erkundigun-

655 BGH NZG 18, 234 Rn. 36.
656 HambK-InsO/*Borchardt*, Anh. V § 15 a Rn. 12.
657 HambK-InsO/*Borchardt*, Anh. V § 15 a Rn. 15; zurückhaltender bei der Annahme eines Irrtums *Bittmann*, Insolvenzstrafrecht, § 11 Rn. 112; zur Überprüfungspflicht bzgl. Unternehmenssituation vgl. BGH ZInsO 18, 709 (ggf. Vorsatz); KG ZInsO 17, 879.
658 BGH ZIP 00, 184, 185; 00, 1896, 1897; 10, 2400 Rn. 14; 12, 1455 Rn. 11.
659 OLG Düsseldorf NZI 99, 156.
660 OLG Düsseldorf GmbHR 99, 479; *Bittmann*, Insolvenzstrafrecht, § 11 Rn. 115.
661 BGH NZG 12, 940 Rn. 11, 13.
662 Zur Überwachungspflicht eingehend *Goette*, ZInsO 01, 529.

gen einholen u. die Erstellung von Finanzberichten veranlassen. Der kaufmännische Leiter muss ab dem ersten Krisenanzeichen Liquiditäts- u. Vermögensübersichten erstellen u. fortführen.[663] Deckt das Unternehmen aktuell nicht einmal die Selbstkosten, kann die Hoffnung auf ertragreiche künftige Geschäfte regelmäßig nicht entlasten.

Zumindest fahrlässig handelt, wer Desinteresse an den wirtschaftlichen Verhältnissen der Gesellschaft zeigt.[664] Wem die **erforderliche Sachkenntnis fehlt**, der muss zumindest einen fachlich qualifizierten Berater mit der Erstellung einer Vermögens- u. Liquiditätsübersicht u. der Beobachtung des weiteren Verlaufs beauftragen u. diesen ordnungsgemäß über alle relevanten Aspekte informieren[665] sowie auf unverzügliche Vorlage des Prüfungsergebnisses hinwirken.[666] Die Einschätzung des externen Beraters hat der Antragspflichtige zudem von sich aus auf Plausibilität zu prüfen.[667] Der Antragspflichtige kann sich also nicht vorbehaltslos auf den Rat des Dritten verlassen. Da der Geschäftsführer für eine ordnungsgemäße Buchhaltung verantwortlich ist, kann es ihn nicht ohne Weiteres entlasten, dass ihm Informationen vorenthalten werden.[668] Zumindest muss er eigene (Über-) Prüfungen anstellen.[669] S. auch → Rn. 14, 214. 208

Bei Zweifelsfragen muss der Antragspflichtige im Grundsatz dem **kaufmännischen Vorsichtsprinzip** folgen. Denkbar ist damit, dass – allerdings beschränkt auf extreme Einzelfälle – nicht einmal ein externes Rechtsgutachten zu einer str. Rechtsfrage entlastende Wirkung hat, sofern dieses Rechtsgutachten keine eindeutige Stellung bezieht.[670] 209

Da die Antragspflicht der Gesellschafter gem. § 15 a III InsO erst mit positiver Kenntnis der **Führungslosigkeit** u. der materiellen Insolvenz entsteht, bleibt für eine fahrlässige Begehung allenfalls in solchen Ausnahmefällen Raum, in denen ein Gesellschafter in Kenntnis der Gesamtumstände (dem steht das bewusste Sichverschließen gleich) auf die Antragstellung durch einen Mitgesellschafter vertraut hat. 210

5. Rechtswidrigkeit, Schuld

Es gelten jeweils die allg. strafrechtlichen Grundsätze. Ein Verstoß gegen die Antragspflicht ist seitens der Gläubiger **nicht einwilligungsfähig** (→ Rn. 189). Das Ziel, Arbeitsplätze zu erhalten, rechtfertigt ebenfalls keine Insolvenzverschleppung, auch wenn es im Allg notstandsfähig sein mag (§ 34 StGB). Teilw. wird eine **rechtfertigende Pflichtenkollision** befürwortet, wenn innerhalb kürzester Zeit nach Ablauf der 3-Wochen-Frist eine 211

663 OVG Hamburg BB 82, 2087; Lutter/Hommelhoff/*Kleindiek* Anh. zu § 64 Rn. 88.
664 RG LZ 28, 1339; vgl. auch BGH NJW 07, 2118 Rn. 16 ff.; Scholz/*K Schmidt* § 64 Rn. 179.
665 BGH NZG 12, 672 Rn. 15, 19; 12, 940 Rn. 11, 13; Lutter/Hommelhoff/*Kleindiek* Anh. zu § 64 Rn. 89.
666 BGH NZG 12, 672 Rn. 15, 19; 12, 940 Rn. 11.
667 Vgl. bereits BGH NJW 94, 2220.
668 BGH NJW 95, 2850; Roth/*Altmeppen* Rn. 75.
669 OLG Celle NZG 02, 730, 732; OLG Koblenz OLGR 01, 228, 230; Gottwald/*Haas/Kolmann/Kurz*, Insolvenzrechts-Handbuch, § 90 Rn. 103 f.
670 Ähnl Scholz/*K Schmidt* § 64 Rn. 179.

bereits sehr konkret ausgestaltete Sanierung gelingen könnte.[671] Das verdient keine Zustimmung, da die Sanierung auch nach Antragstellung fortgesetzt u. der Antrag im Erfolgsfall zurückgenommen werden kann.

212 Die **Schuldfrage** muss nach den individuellen, subjektiven Fähigkeiten jedes einzelnen Antragspflichtigen beurteilt werden. Schwäche bei der Selbsterkenntnis, Selbstüberschätzung, aber auch ein Verschulden bei Übernahme des Amts als organschaftlicher Vertreter, entlasten regelmäßig nicht. Vorwerfbar ist ferner ein **Organisationsverschulden**.

213 Selbst in außergewöhnlichen Konstellationen, zB bei überw. Wahrscheinlichkeit einer baldigen dauerhaften Sanierung, muss die Überschreitung der 3-Wochen-Frist in voller Kenntnis aller weiteren Umstände als schuldhaft angesehen werden. Die Unkenntnis der Antragspflicht stellt einen regelmäßig vermeidbaren **Gebots-/Verbotsirrtum** dar (§ 17 StGB);[672] Ausn. sind zB bei einer Falschberatung durch einen vollständig u. zutr. mit dem Sachverhalt vertrauten Rechtsanwalt denkbar.

214 **Objektive Verhinderung**, eine materielle Insolvenz zu erkennen (zB wegen Krankheit, Urlaubsabwesenheit), können im Einzelfall entlasten,[673] jedoch muss der Antragspflichtige die entspr. Vorkehrungen getroffen haben, dass die Pflichten ordnungsgemäß erfüllt werden können. Generell darf sich ein Antragspflichtiger auf in der Person begründete Hindernisse nur berufen, wenn er gleichwohl das Erforderliche getan hat, um seine Pflichten ordnungsgemäß zu erfüllen. Hierzu zählt ggf. auch die Einschaltung Dritter. Insbes. **bei fehlender eigener Sachkunde** muss der Geschäftsführer somit den Rat eines unabhängigen, fachlich qualifizierten Beraters (RA, WP, StB, aber auch Angehörige anderer, geeigneter Berufsgruppen)[674] einholen. Verneint ein ordnungsgemäß u. vollständig über die Verhältnisse der Gesellschaft informierter, fachlich qualifizierter Berater in plausibler Weise (aber objektiv unrichtig) die Insolvenzreife, darf sich der sachunkundige Antragspflichtige darauf verlassen, allerdings nur dann, sofern er selbst das Ergebnis des sachverständigen Beraters nach eigener, sorgfältiger Prüfung für plausibel hält.[675] S. → Rn. 14 f., → 264 ff., → § 64 Rn. 54 f. Auch objektive **Rechtsunklarheit**, zB wegen widersprüchlicher Rspr., kann entlastende Wirkung haben.[676] Der Antragspflichtige handelt nicht schuldhaft, sondern agiert dann noch schuldlos iR seines unternehmerischen Ermessens.[677]

---

671 HambK-InsO/*Borchardt*, Anh. V § 15 a Rn. 18 f.

672 BGH wistra 74, 178.

673 BGHZ 126, 181, 199 f. = ZIP 94, 1103; OLG Hamm ZInsO 10, 527, 529; weitergehend Roth/*Altmeppen* Rn. 76 (generell schuldlos).

674 BGH ZIP 12, 1174 Rn. 17.

675 Zum Zivilrecht BGH NJW 07, 2118 Rn. 14 ff.; ZIP 11, 2097, Rn. 17, 23 ff.; 12, 1174 Rn. 16; OLG Schleswig ZIP 10, 516; *Strohn*, ZInsO 09, 1417, 1424; umfassend *ders.*, ZHR 176 (12), 137; zust. *Müller*, NZG 12, 981 ff.

676 OLG Düsseldorf WM 97, 1866; Scholz/*K Schmidt* § 64 Rn. 179.

677 BGH NJW 07, 2118 Rn. 16 ff.; BGHZ 126, 181, 199 = NJW 94, 2220 (zum Wirtschaftsprüfer); OLG Stuttgart GmbHR 98, 89 (zum Steuerberater); OLG Hamburg GmbHR 03, 587, 588 (bzgl. Gutachten zur Durchsetzbarkeit einer überschuldungsrelevanten Forderung); Lutter/Hommelhoff/*Kleindiek* Anh. zu § 64 Rn. 89; *Goette*, ZInsO 01, 529, 534; *Lutter*, DB 94, 129, 135.

6. Vollendung, Beendigung, Verjährung

Die Tat ist **vollendet**, wenn in rechtswidriger u. schuldhafter Weise alle Tatbestandsmerkmale verwirklicht sind.[678] Sie dauert an, bis die Antragspflicht wegfiel, erfüllt wurde oder bis aufgrund eines Gläubigerantrags das Insolvenzverfahren eröffnet oder mangels Masse abgewiesen wurde. Dadurch tritt jeweils **Beendigung** ein.[679] Die **Strafverfolgungsverjährung** beginnt erst mit Beendigung (§ 78 a StGB). Sie beträgt bei vorsätzlicher Begehung 5 (§ 78 III Nr. 4 StGB), bei fahrlässiger Begehung 3 Jahre (§ 78 III Nr. 5 StGB). 215

VI. Insolvenzverschleppungshaftung

1. Allgemeines

Schon nach alter Rechtslage haben Rspr. u. hL die Auffassung vertreten, dass § 64 I aF **Schutzgesetz iSd § 823 II BGB** sei.[680] Daher führte die vorsätzliche wie fahrlässige Verletzung der Antragspflicht zu einer Schadensersatzhaftung im Verhältnis zu den Gläubigern. 216

Anknüpfend an den jeweiligen **Schutzzweck** der Insolvenzantragspflicht (dazu → Rn. 121 f.) geht es einerseits darum, einen durch Verzögerung der Eröffnung des Insolvenzverfahrens infolge verspäteter Antragstellung entstandenen Schaden der **sog. Altgläubiger** zu kompensieren. Andererseits besteht eine Haftung ggü. denjenigen, die der Gesellschaft trotz ihrer bereits eingetretenen materiellen Insolvenz noch Kredit gewährt haben (**sog. Neugläubiger**), wobei sich die Haftung auf den Ersatz des negativen Interesses richtet. 217

Mit dem MoMiG hat der Gesetzgeber dieses Konzept nicht in Frage gestellt. Der Schutzgesetzcharakter lässt sich daher auch für § 15 a InsO bestätigen.[681] Die insbes. von *Altmeppen* vertretene Gegenansicht[682] erscheint vor diesem Hintergrund *de lege lata* nicht haltbar. IÜ lässt sich entgg. seiner Ansicht nicht entnehmen, dass § 64 eine Haftung ggü. der 218

---

678 BGHSt 28, 371 = NJW 80, 406.

679 HambK-InsO/*Borchardt*, Anh. V § 15 a Rn. 21; Wabnitz/Janovsky/*Pelz*, Handbuch Wirtschafts- und Steuerstrafrecht, Kap. 9 Rn. 73.

680 Aus der Rspr. BGHZ 29, 100 = NJW 59, 623; BGHZ 75, 96, 100, 106 = NJW 79, 1823; BGHZ 100, 19, 21, 23 ff. = NJW 87, 2433; BGHZ 126, 181, 190 = NJW 94, 2220; BGHZ 138, 211, 214 = NJW 98, 2667; BGHZ 171, 46 = ZIP 07, 676. – Aus der Lit. Baumbach/Hueck/*Schulze-Osterloh*, 18. Aufl., § 64 Rn. 90; *Lutter*/Hommelhoff/*Kleindiek*, 16. Aufl., § 64 Rn. 41; Michalski/*Nerlich* Anh. § 64 Rn. 9, 40; Scholz/*K Schmidt* § 64 Rn. 175; Ulmer/*Casper* § 64 Rn. 156; *Wagner*, FS Gerhardt, 04, S. 1043, 1060 ff.; *ders.*, FS K Schmidt, 09, S. 1665, 1671 ff. – Abw Roth/*Altmeppen* Rn. 120 ff.; § 64 Rn. 41; *ders.*, ZIP 01, 2201; *ders./Wilhelm*, NJW 99, 673, 679; *ders.*, ZIP 15, 949, 953.

681 BGH ZIP 12, 1455 Rn. 9; 11, 1007 Rn. 13 f. (zum Deliktscharakter); NJW 14, 698 Rn. 6 f.; BAG ZIP 14, 1976, 1980; Baumbach/Hueck/*Haas* § 64 Rn. 145; *Bork*/Schäfer § 64 Rn. 71; Lutter/Hommelhoff/*Kleindiek* Anh. zu § 64 Rn. 80; MüKoBGB/*Wagner*, § 823 Rn. 396; MüKoGmbHG/*Müller* § 64 Rn. 199; Ulmer/*Casper* § 64 Rn. 156; *Wicke* § 64 Rn. 11; *Bitter/Baschnagel*, ZInsO 18, 625, 646; *Drescher*, Rn. 1091; *Knof/Mock*, GmbHR 07, 1072, 1078; *Poertzgen*, ZInsO 07, 574, 575; *K Schmidt*, GmbHR 07, 1072, 1078; *Wälzholz*, DStR 07, 1914, 1915.

682 Roth/*Altmeppen* Rn. 120 ff.; § 64 Rn. 41; *ders.*, ZIP 01, 2201; *ders./Wilhelm*, NJW 99, 673, 679; *ders.*, ZIP 15, 949, 953; *ders.*, NZG 16, 521, 526 ff.; vgl. auch *Neuberger*, ZIP 18, 909.

Gesellschaft auf Verlustausgleich begründet.[683] Die Analyse, dass die Insolvenzverschleppungshaftung in der Praxis erhebliche Schwierigkeiten mit sich bringt u. aus Sicht der Insolvenzverwaltung im Vergleich zur Haftung wegen pflichtwidriger Schmälerung der Insolvenzmasse gem. § 64 nF (dazu → § 64 Rn. 2 ff.) „totes Recht" darstellt, trifft dennoch zu. Zu den Gegenvorschlägen iE s. → Rn. 267 ff.

219 Soweit bei **ausländischen Gesellschaften** eine inländische Insolvenzantragspflicht gem. § 15 a InsO besteht, kommt auch eine Haftung wegen Insolvenzverschleppung gem. § 823 II BGB iVm § 15 a InsO in Betracht.[684]

2. Tatbestand, Rechtswidrigkeit, Verschulden

220 **Haftungsadressat** der Insolvenzverschleppungshaftung sind die **Antragspflichtigen** einschl. des **faktischen Geschäftsführers**, subsidiär im Fall der Führungslosigkeit auch die **Gesellschafter**.[685] Sie haften, wenn sie in rechtswidriger Weise u. schuldhaft den erforderlichen Insolvenzantrag nicht, nicht rechtzeitig oder nicht richtig stellen.[686] Für die **objektive Pflichtverletzung** kann auf die vorstehenden Ausführungen (→ Rn. 198 ff.) entspr. verwiesen werden. Maßgeblich ist insoweit die *ex-ante*-Sicht, so dass dem Antragspflichtigen ein gewisser Beurteilungsspielraum zusteht.[687]

221 In **subjektiver Hinsicht** muss der Antragspflichtige vorsätzlich oder fahrlässig[688] gehandelt haben. Dabei ist nicht immer eindeutig, ob subjektive Elemente die Verletzung der Handlungspflicht betreffen oder sich nur auf den Schuldvorwurf beziehen. Geschäftsführer u. Liquidatoren als Antragspflichtige müssen die Sorgfalt eines ordentlichen Geschäftsleiters walten lassen. Auf die Ausführungen unter → Rn. 202 ff. bzw. 211 ff. wird entspr. verwiesen.

222 Steht die materielle Insolvenz fest, wird **widerleglich vermutet**, dass die Insolvenzantragspflicht **schuldhaft verletzt** wurde.[689] Der Antragspflichtige

683 Scholz/*K Schmidt* § 64 Rn. 175, 15 f.
684 Für deliktsrechtliche Qualifikation *Ulmer*, NJW 04, 1201; iErg ebenso (andere Begründung) *Altmeppen*, NJW 04, 97; *Habersack/Verse*, ZHR 168 (04), 175.
685 Ulmer/*Casper* § 64 Rn. 212; MüKoGmbHG/*Müller* § 64 Rn. 63 f., 203; *Wicke* § 64 Rn. 12; *Wagner*, FS K Schmidt, 09, S. 1665, 1689.
686 BGH ZIP 05, 1734, 1736; 07, 676, 677.
687 BGH GmbHR 94, 539, 545; BAG NZA 99, 39, 42; OLG Koblenz NZG 03, 776, 777; Baumbach/Hueck/*Haas* § 64 Rn. 166; *ders.*, DStR 03, 423, 425 f.; *Strohn*, NZG 11, 1161, 1162.
688 BGHZ 75, 96, 111 = NJW 79, 1823; BGHZ 126, 181, 199 = NJW 94, 2220; ZIP 09, 2439 Rn. 10 ff.; OLG Celle NZG 02, 730, 732; OLG Düsseldorf GmbHR 99, 479, 480; OLG Jena GmbHR 02, 112; KG NZG 00, 141, 142; Lutter/Hommelhoff/*Kleindiek* Anh. zu § 64 Rn 86; Rowedder/*M. chmidt-Leithoff/Schneider* § 64Rn 87; Ulmer/*Casper* § 64 Rn. 161; *Goette*, DStR 94, 1048, 1053; *Haas*, DStR 03, 423, 426 f.
689 BGHZ 75, 96, 111 = NJW 79, 1823; BGHZ 126, 181, 200 = ZIP 94, 1103, 1110; 00, 184, 185; 00, 1896, 1897; 12, 723 Rn. 25; OLG Celle NZG 02, 730, 732; OLG Düsseldorf GmbHR 99, 479; OLG Jena GmbHR 02, 112; Lutter/Hommelhoff/*Kleindiek* Anh. zu § 64 Rn. 86 f.; Rowedder/*M. Schmidt-Leithoff/Schneider* § 64 Rn. 87; Ulmer/*Casper* § 64 Rn. 161, 184.

muss also darlegen u. beweisen, warum ihn kein Verschulden trifft.[690] Zur **gesamtschuldnerischen Haftung mehrerer** s. → Rn. 260 ff.

3. Kausalität, Schaden, Haftungsumfang

Die Insolvenzverschleppung muss einen **Schaden verursacht** haben. Mit Beseitigung der Insolvenzreife endet das **Dauerdelikt.** Eine erneute Insolvenzreife setzt einen neuen Kausalverlauf in Gang, wobei es auf zurückliegende Vorgänge nicht ankommt.[691] Gem. dem nachfolgend dargestellten Konzept der Rspr. lassen sich die verschiedenen Schäden u. der Schadensverlauf unterscheiden. Zudem ist hiernach nicht jeder Gläubiger in gleichem Maße vom Schutzzweck der Insolvenzantragspflicht erfasst. Folglich differenziert die Rspr. insbes. nach Alt- u. Neugläubigern, bei Letzteren wiederum zwischen Gläubigern aus Rechtsgeschäften u. solchen mit gesetzlichen oder deliktischen Ansprüchen.[692] 223

Dabei muss der Schaden des Gläubigers jeweils vor Insolvenzverfahrenseröffnung entstanden sein, so dass Gläubiger, die ihre Ansprüche erst nach Verfahrenseröffnung erwerben, nicht von § 15 a InsO geschützt sind.[693] Auch der Verfahrenskostenvorschuss eines Dritten (§ 26 IV InsO) fällt nicht in den Schutzbereich der Norm.[694] 224

a) **Altgläubiger.** Der von den Altgläubigern erlittene Schaden besteht in einer Verringerung ihrer Quote, indem nach Insolvenzreife die Aktivmasse geschmälert oder die Verbindlichkeiten gemehrt werden (**„Quotenschaden“**).[695] Sie müssen folglich darlegen u. nachweisen, dass die auf sie entfallende Quote höher gewesen wäre, hätte der Antragspflichtige den Insolvenzantrag fristgerecht gestellt.[696] Auf den Rechtsgrund ihrer Forderungen, ob aus Vertrag, vertragsähnlicher Rechtsbeziehung oder aus Gesetz, kommt es insoweit nicht an. Die frühere Rspr. hielt allein diesen Quotenschaden für ersatzfähig iRd Insolvenzverschleppungshaftung; diese Rspr. ist überholt.[697] 225

Als **Altgläubiger** zählen sämtliche Gläubiger, die **bereits bei Eintritt der materiellen Insolvenz Anspruchsinhaber** waren.[698] Dies gilt auch für etwaige Sekundäransprüche aus dem Zeitraum nach Insolvenzreife, die der für 226

---

690 BGHZ 126, 181, 200 = NJW 94, 2220; 07, 2118 Rn. 15; Lutter/Hommelhoff/*Kleindiek* Anh. zu § 64 Rn. 87.
691 BGH NJW 07, 3130 Rn. 10; *Strohn*, ZInsO 09, 1417, 1424.
692 BGHZ 126, 181, 200 = NJW 94, 2220; 07, 2118, 2120.
693 BGHZ 108, 134, 136 f. = NJW 89, 3277; BGHZ 110, 342, 361 = NJW 90, 1725; 99, 718, 719; Henssler/Strohn/*Arnold* § 64 Rn. 70; Lutter/Hommelhoff/*Kleindiek* Anh. zu § 64 Rn. 81; Scholz/*K Schmidt* § 64 Rn. 177; aA MKInsO/*Klöhn*, § 15 a Rn. 218 ff.; *Piekenbrock*, ZIP 10, 2421, 2427 ff.
694 MüKoBGB/*Wagner*, § 823 Rn. 99; Scholz/*K Schmidt* § 64 Rn. 177, 228.
695 BGHZ 29, 100, 102 ff. = NJW 59, 59, 623; BGHZ 100, 19, 24 = NJW 87, 2433; BGHZ 108, 134, 136 = NJW 89, 3277; BGHZ 126, 181, 190 = NJW 92, 2220; BGHZ 138, 211, 221 = NJW 98, 2667; Gottwald/*Haas/Kolmann/Kurz*, Insolvenzrechts-Handbuch, § 90 Rn. 111 ff.; *Drescher*, Rn. 1153 ff.; *Poertzgen*, Organhaftung, S. 276 ff.
696 Grdlg. BGHZ 29, 100, 104 ff. = NJW 59, 623.
697 Seit BGHZ 126, 181 = NJW 94, 2220; BGHZ 138, 211 = NJW 98, 2667; MüKoBGB/*Wagner*, § 823 Rn. 397 ff.; *ders.*, FS K Schmidt, 09, S. 1665, 1673 ff.
698 Vgl. Gottwald/*Haas/Kolmann/Kurz*, Insolvenzrechts-Handbuch, § 90 Rn. 109 f.

Neugläubiger maßgebliche Schutzzweck des Schutzes des Geschäftsverkehrs nicht erfasst.[699] Die Fälligkeit ihrer Forderung spielt keine Rolle.[700] In zeitlicher Hinsicht soll primär der **Entstehenszeitpunkt der Forderung** maßgeblich sein.[701] Richtigerweise kommt es für die zeitliche Abgrenzung aber nicht nur auf den Zeitpunkt des Vertragsabschlusses an.[702] Entscheidend ist, ob der Gläubiger eine von ihm zu erbringende **Vorleistung vor oder nach der Insolvenzreife** erbrachte u. ob er dies **noch verhindern hätte können** (zB durch Kündigung, Rücktritt, gesetztliche oder vertragliche Lösungsklausel,[703] Zurückbehaltungsrecht, etc).[704] Die fehlende Verhinderungsmöglichkeit führt zu einer Einordnung als Altgläubiger. Fällt die Erbringung der Vorleistung in den Zeitraum nach Insolvenzreife, muss es sich um einen „Neugläubiger" handeln.[705]

227 Vertragspartner aus **Dauerschuldverhältnissen** sollen bei dieser Lesart ebenfalls grds. Altgläubiger sein.[706] **Neugläubiger** sind sie allerdings, wenn das Vertragsverhältnis nach der Insolvenzreife verlängert oder erweitert wird[707] oder wenn die Vorleistungen im Anschluss an eine Verhinderungsmöglichkeit erbracht wurden.[708] Ebenso Neugläubiger sind sie mit den nach Insolvenzreife entstehenden Forderungen (zB aus Kontokorrent, wobei es auf eine Saldobetrachtung ankommt, nicht auf die Einzelvorgänge).[709] Neugläubiger sind auch die an einem Cashpool teilnehmenden Gesellschaften, die für die abgeführte Liquidität keinen werthaltigen Erstattungsanspruch erhalten, weil die Cashpool-führende Gesellschaft nicht rechtzeitig einen Eröffnungsantrag stellte.[710]

699 OLG Koblenz GmbHR 11, 249, 250 f.; Baumbach/Hueck/*Haas* § 64 Rn. 173, 183, 185; aA *Poertzgen*, ZInsO 09, 1833, 1835.

700 OLG Hamburg NZG 00, 606, 607; Gottwald/*Haas/Kolmann/Kurz*, Insolvenzrechts-Handbuch, § 90 Rn. 109.

701 BGHZ 175, 58 Rn. 10; NJW 07, 3130 Rn. 16; OLG Jena ZIP 02, 631; OLG Hamburg NZG 00, 606; ZIP 07, 2318 f.; Scholz/*K Schmidt* § 64 Rn. 176.

702 BGH ZIP 07, 676, 678; Baumbach/Hueck/*Haas* § 64 Rn. 172; auch Roth/*Altmeppen* Rn. 123, 1299; MüKoBGB/*Wagner*, § 823 Rn. 98: Leistungszeitpunkt maßgebend; aA OLG Hamburg ZIP 07, 2318 f.

703 Zur Problematik der Lösungsklauseln vor dem Hintergrund des § 119 InsO vgl. BGH ZIP 13, 274, 275 (Wasser- u. Energielieferungen); ZIP 14, 23, 24; *Poertzgen*, GmbHR 14, 89, 91.

704 BGH NJW 07, 3130 Rn. 13 ff.; ZIP 14, 23, 24; OLG Stuttgart ZInsO 12, 2204; Baumbach/Hueck/*Haas* § 64 Rn. 172; Gottwald/*ders/Kolmann/Kurz*, Insolvenzrechts-Handbuch, § 90 Rn. 109; Ulmer/*Casper* § 64 Rn. 163; *Strohn*, ZInsO 09, 1417, 1424; aA OLG Hamburg ZIP 07, 2318 f.

705 BGH ZIP 07, 676, 678; 05, 1734, 1737; OLG Celle NZG 02, 730, 732; OLG Saarbrücken NZG 01, 414, 415; Lutter/Hommelhoff/*Kleindiek* Anh. zu § 64 Rn. 91; MüKoBGB/*Wagner*, § 823 Rn. 98 f.; *ders.*, FS K Schmidt, 09, S. 1665, 1676 f.

706 LG Mainz NJW-RR 98, 473; Gottwald/*Haas/Kolmann/Kurz*, Insolvenzrechts-Handbuch, § 90 Rn. 109 f.

707 Baumbach/Hueck/*Haas* § 64 Rn. 172; Lutter/Hommelhoff/*Kleindiek* Anh. zu § 64 Rn. 91; Roth/*Altmeppen* Rn. 123; Ulmer/*Casper* § 64 Rn. 163; aA OLG Hamburg ZIP 07, 2318 f.

708 OLG Stuttgart ZInsO 12, 2204.

709 BGHZ 171, 46 Rn. 13 = ZIP 07, 676; OLG Koblenz ZInsO 11, 1012, 1017 (zum Bankkredit); zu einem Vergleich (§ 779 BGB) als Grundlage eines Neugläubiger-Schadens vgl. OLG Koblenz GmbHR 15, 582; Lutter/Hommelhoff/*Kleindiek* Anh. zu § 64 Rn. 91.

710 OLG Düsseldorf GmbHR 15, 303.

Der BGH schildert die für die Schadensberechnung[711] notwendige dreistufige Berechnung wie folgt:[712] *„Die fiktive Quote ist aus dem Verhältnis der den Altgläubigern bei Konkursreife zur Verfügung stehenden Masse zu ihren damaligen Forderungen zu ermitteln. Diese Quote ist mit den tatsächlichen Konkursforderungen der (im Konkurs noch vorhandenen) Altgläubiger zu multiplizieren; von dem Ergebnis ist der auf die Altgläubiger entfallende Masseanteil abzuziehen, der sich aus dem Verhältnis ihrer Forderungen zur Summe der Konkursforderungen ergibt.... Jedoch darf aus Rechtsgründen nur die „freie“, den damals vorhandenen Altgläubigern (als Konkursgläubigern) zur Verfügung stehende Masse berücksichtigt werden, weshalb neben dem Anteil von gemäß §§ 58, 59 KO bevorrechtigten Gläubigern auch Aus- oder Absonderungsrechte – unter Einschluss solcher aus Sicherungszessionen – von der Masse ebenso abzusetzen sind, wie die bevorrechtigten bzw. gesicherten Forderungen von der Summe der bilanzierten Verbindlichkeiten der Gemeinschuldnerin.“* Das ist theoretisch u. für die Praxis nicht handhabbar.[713] 228

b) Neugläubiger (aus Rechtsgeschäft). Hierunter fallen solche Gläubiger, die mit der Gesellschaft nach Eintritt der materiellen Insolvenz einen **Vertrag abgeschlossen oder auf rechtsgeschäftlicher Grundlage eine Vorleistung** (vgl. → Rn. 121, 217, 226 f.) erbracht haben. Überwindet die Gesellschaft zwischenzeitlich nachhaltig die materielle Insolvenz (s. → Rn. 154) u. wird dann erneut materiell insolvent, entscheidet der zweite Zeitpunkt über die Einordnung als Neu- oder Altgläubiger.[714] 229

Ihr ersatzfähiger Schaden besteht nach Ansicht der jüngeren Rspr.[715] darin, dass sie einen nicht werthaltigen Gegenanspruch erlangen oder im Vertrauen auf die Solvenz/Vermögenssuffizienz Vorleistungen erbringen, die nicht vollständig vergütet werden.[716] Es geht darum, so gestellt zu werden, wie wenn der Insolvenzantrag rechtzeitig gestellt worden wäre.[717] Dann hätte der Vertragspartner Kenntnis von der Insolvenz gehabt u. hätte den Vertrag vermutlich nicht so abgeschlossen,[718] so dass es iErg um den **Kontra-** 230

711 Dazu auch Gottwald/*Haas/Kolmann/Kurz*, Insolvenzrechts-Handbuch, § 90 Rn. 112 f., 137.
712 BGHZ 138, 211 = NJW 98, 2667; vgl. auch BGHZ 171, 46, 51 = GmbHR 07, 482; kein „Abschied vom Quotenschaden“, vgl. Scholz/*K Schmidt* § 64 Rn. 202; *ders.*, in K Schmidt/Uhlenbruck, GmbH in der Krise, Rn. 11.27; aA *Hirte*, NJW 95, 1202; *ders.*, ZIP-Sonderdruck 4/94.
713 Roth/*Altmeppen* Rn. 126 f.; *Bitter*, ZInsO 10, 1561, 1574; *Bork*, ZGR 95, 505, 516 f.
714 BGH ZIP 07, 676 Rn. 10; 11, 1007 Rn. 9; Baumbach/Hueck/*Haas* § 64 Rn. 171; *Henze/Born* Rn. 1746.
715 Grdlg. BGHZ 126, 181 = NJW 94, 2220; bestätigend BGHZ 138, 211 = NJW 98, 2667; BGHZ 164, 50 = NJW 05, 3137; BGHZ 171, 46 = ZIP 07, 676; NJW 95, 398; 99, 2182; ZIP 03, 1713.
716 BGHZ 126, 181, 194 ff. = NJW 94, 2220; BGHZ 138, 211 = NJW 98, 2667; ZIP 03, 1713; BGHZ 171, 46 Rn. 13 = ZIP 07, 676; BGHZ 175, 58 Rn. 10 = ZIP 08, 361; 09, 1220 Rn. 15; 11, 1007 Rn. 40; NZI 14, 25 Rn. 7; OLG Köln NZG 01, 411, 412; Baumbach/Hueck/*Haas* § 64 Rn. 182 ff.; *Drescher*, Rn. 1162 ff.
717 BGH NZI 15, 234 Rn. 13; ZIP 12, 1455, 1457; 09, 1220, 1221; OLG München GmbHR 98, 281, 282; OLG Naumburg GmbHR 98, 183, 184.
718 BGH ZIP 09, 1220, 1221; KG ZInsO 05, 1325, 1327.

hierungsschaden geht.[719] Dieser ist auf Ersatz des **vollen negativen Interesses** gerichtet,[720] entspricht also im wirtschaftlichen Ergebnis häufig[721] der vollen Nettoforderung[722] zzgl. der Rechtsverfolgungskosten,[723] ggf. einschl. der Schäden infolge fehlerhafter Leistungserbringung durch die insolvente Gesellschaft.[724] Die Schadensberechnung ist unabhängig von den verschiedenen Verwertungs- u. Sicherungsszenarien im Insolvenz(eröffnungs)verfahren.[725] Eine Haftung aus cic auf Ersatz des Vertrauensschadens lehnt der BGH insoweit ab.[726]

231 Die Nettoforderung muss jedoch grds. um den darin enthaltenen **entgangenen Gewinn gekürzt** werden, sofern dieser nicht bereits Teil des negativen Interesses ist, also auch anderweitig zu erzielen gewesen wäre.[727] Denn die Insolvenzantragspflicht soll nach Ansicht des BGH davor schützen, in der materiellen Insolvenz keine Vorleistungen mehr zu erbringen, aber nicht vor dem Verlust einer anderweitigen Gewinnchance. Dabei muss der Tatbestand der Insolvenzverschleppung bereits bei Vertragsabschluss mit dem Neugläubiger verwirklicht sein u. als Dauerdelikt fortbestehen.[728]

232 Eine **Anrechnung von Zahlungen**, welche die Gesellschaft nach der materiellen Insolvenz – also während der Verschleppungsphase – an den Neugläubiger leistet, findet bei der Schadensermittlung nicht statt.[729] Ein solcher „Vorteilsausgleich" würde zu einer unbilligen, dem Zweck der Insolvenzverschleppungshaftung widersprechenden Entlastung des Schädigers führen.[730] Die Neugläubiger sind vielmehr so zu stellen, als wenn sie die Gläubigerstellung überhaupt nicht erhalten hätten.[731] IRd Schadensberechnung sind von der Gesellschaft gestellte Sicherheiten jedoch einzubezie-

---

719 BGH ZIP 09, 1220 Rn. 15; 11, 1007 Rn. 20; 12, 1455 Rn. 12 ff.; Ulmer/*Casper* § 64 Rn. 175 ff. – Zum Arbeitnehmerschaden s. Hess LAG MDR 01, 350, 351; LAG Köln NZG 07, 199, 200; BGH ZIP 03, 1713, 1714; Henssler/Strohn/*Arnold* § 64 Rn. 108.

720 BGHZ 126, 181 = NJW 94, 2220; 99, 2182, 2183; ZIP 03, 1713, 1714; 07, 1060 Rn. 23; 09, 1220 Rn. 15; 11, 1007 Rn. 40; 12, 1455 Rn. 13 ff.; KG ZInsO 05, 1325, 1327; zur Berechnung OLG Celle NZG 02, 730, 733; Baumbach/Hueck/*Haas* § 64 Rn. 183; Lutter/Hommelhoff/*Kleindiek* Anh. zu § 64 Rn. 93; Gottwald/*Haas/Kolmann/Kurz*, Insolvenzrechts-Handbuch, § 90 Rn. 118 ff.

721 Hiergegen BGH ZIP 12, 1455, 1456 f.; 09, 1220, 1221; 07, 1060, 1063; OLG Celle NZG 02, 730, 733.

722 Zum Abzug der Umsatzsteuer vgl. OLG Celle BauR 05, 1195, 1196. – Zu den Besonderheiten bei einem Kontokorrent OLG Koblenz ZInsO 11, 1012, 1015: es soll nicht auf den Spitzen-, sondern auf den Durchschnittsbetrag ankommen.

723 BGH GmbHR 09, 817 Rn. 19; ZIP 12, 1455 Rn. 26; *Poertzgen*, ZInsO 09, 1833, 1836.

724 BGH ZIP 12, 1455 Rn. 23 f.

725 Baumbach/Hueck/*Haas* § 64 Rn. 184; aA *Klöhn*, KTS 12, 133, 140 ff.

726 BGHZ 126, 181; NJW 94, 2220; bestätigend BGH NJW 95, 1544.

727 BGHZ 171, 46 Rn. 21 = GmbHR 07, 482; 09, 817 Rn. 14 ff.; ZIP 11, 1007 Rn. 40; 12, 723 Rn. 27; *Bork*/Schäfer § 64 Rn. 72; Scholz/*K Schmidt* § 64 Rn. 201; *Haas*, NZG 99, 376; iE auch *Poertzgen*, ZInsO 09, 1833, 1835.

728 BGH ZIP 11, 1007 Rn. 9; 07, 676 Rn. 10.

729 BGHZ 171, 46 = ZIP 07, 676; NJW 07, 3130, 3132; iE auch Scholz/*K Schmidt* § 64 Rn. 201.

730 BGH NJW 07, 3130, 3132.

731 Lutter/Hommelhoff/*Kleindiek* Anh. zu § 64 Rn. 94; Ulmer/*Casper* § 64 Rn. 176; *Haas*, DStR 03, 423, 428; *Poertzgen*, Organhaftung, S. 308 ff.

hen.[732] Ein Quotenschaden neben dem Kontrahierungsschaden ist generell ausgeschlossen.[733]

Aus diesem Grunde müssen sich die Neugläubiger die im Insolvenzverfahren zu erwartende **Quote** ebenfalls nicht abziehen lassen, zumal sie andernfalls bis zur Beendigung des Insolvenzverfahrens warten müssten. Dies hält der BGH für unzumutbar.[734] Stattdessen ist dem **Antragspflichtigen analog § 255 BGB Zug um Zug** die gegen die Gesellschaft gerichtete Forderung (also die **künftige Quote**) abzutreten.[735] 233

Hatte der Neugläubiger Kenntnis von der materiellen Insolvenz, **handelte er auf eigene Gefahr.** Dies kann in Anwendung des § 254 BGB zumindest zu einer Kürzung des Schadens iRd haftungausfüllenden Kausalität führen, im Einzelfall sogar den Schadensersatz gänzlich ausschließen.[736] Entspr. gilt (keine haftungsbegründende Kausalität), wenn der Nachweis gelingt, der Vertrag wäre auch bei Kenntnis der materiellen Insolvenz abgeschlossen worden.[737] 234

c) **Vom Schutzzweck ausgenommene (Neu-) Gläubiger.** Eine Vielzahl von Gläubigergruppen, deren Forderungen ebenfalls nach Eintritt der materiellen Insolvenz entstehen u. die damit den rechtsgeschäftlichen Neugläubigern wirtschaftlich vergleichbar wären, nimmt der BGH vom Schutzbereich der Norm aus. Denn erstattungsfähig sei nur der **„Kontrahierungsschaden“**.[738] 235

aa) **Finanzamt, Sozialversicherungsträger.** Eine Haftung für die nach materieller Insolvenz begründeten **Steuern u. Sozialabgaben**[739] liefe iErg auf den Ersatz des Erfüllungsschadens (positives Interesse) hinaus.[740] Schon deshalb sind diese Gläubiger den rechtsgeschäftlichen Neugläubigern nicht gleichzustellen; die Insolvenzverschleppung schützt nur das negative Interesse. Es kann zudem nicht unterstellt werden (vgl. § 252 S. 2 BGB), dass **Arbeitnehmer** der insolventen Gesellschaft sogleich nach rechtzeitiger Antragstellung eine anderweitige Tätigkeit bei einem anderen, solventen Unternehmen gefunden u. aufgenommen hätten.[741] Der Anspruch aus **§ 3 EFZG** fällt ebenfalls nicht in den Schutzbereich der Insolvenzverschleppungshaftung.[742] 236

---

732 OLG Dresden BeckRS 10, 19130; Baumbach/Hueck/*Haas* § 64 Rn. 185.
733 OLG München ZInsO 18, 177, 178; Gottwald/*Haas/Kolmann/Kurz*, Insolvenzrechts-Handbuch, § 90 Rn. 127; *Dauner-Lieb*, ZGR 98, 617, 627 f.; *Karollus*, ZIP 95, 269, 271; aA *Oepen*, Massefremde Masse, Rn. 291.
734 BGHZ 171, 46 Rn. 20 = ZIP 07, 676; BGHZ 138, 211 = NJW 98, 2667; OLG Karlsruhe GmbHR 07, 1076; anders noch BGHZ 126, 181, 201 = NJW 94, 2220.
735 BGHZ 171, 46 Rn. 20 = ZIP 07, 676; 09, 1220 Rn. 15, 21; 11, 1007 Rn. 40; OLG Koblenz ZInsO 11, 1012, 1015; Lutter/Hommelhoff/*Kleindiek* Anh. zu § 64 Rn. 95; MKInsO/*Gehrlein*, § 92 Rn. 37; MüKoBGB/*Wagner*, § 823 Rn. 99; *ders.*, FS K Schmidt, 09, S. 1665, 1686; Roth/*Altmeppen* Rn. 132.
736 BGHZ 126, 181, 200 f. = NJW 94, 2220; OLG Celle NZG 99, 1064, 1065 f.
737 Baumbach/Hueck/*Haas* § 64 Rn. 183.
738 BGH ZIP 09, 366.
739 Vgl. BGH GmbHR 03, 1133, 1134.
740 BGH NJW 99, 2182 f.; ZIP 03, 1713, 1714.
741 BGH ZIP 03, 1713, 1714 f.; Lutter/Hommelhoff/*Kleindiek* Anh. zu § 64 Rn. 98.
742 BGH NZG 09, 280.

237 Jedoch kann der Geschäftsführer ggü. Fiskus u. Sozialversicherungsträgern wegen einer **billigenden Inkaufnahme der Gläubigerschädigung** durch Verlängerung des Todeskampfes gem. § 826 BGB,[743] ferner gem. § 823 II BGB iVm § 266 a StGB[744] bzw. gem. §§ 34, 69 AO haftbar sein. Eine Haftung für Säumniszuschläge entfällt jedoch, da insoweit weder § 24 SGB IV noch § 266 a StGB Schutzgesetzcharakter haben.[745]

238 **bb) Bundesagentur für Arbeit (BfA), Pensionssicherungsverein auf Gegenseitigkeit (PSVaG).** Die vorstehenden Erwägungen gelten entspr. für **Ansprüche der BfA**, die nach Insolvenzeröffnung den Arbeitnehmern für max drei Monate Insolvenzgeld (§ 164 SGB III nF) zahlt u. gem. § 169 S. 1 SGB III nF einen Regressanspruch gegen die Gesellschaft erwirbt.[746] Als weiteres Argument kommt der bei Unternehmensfortführungen erfahrungsgemäß zutr. Einwand hinzu, dass auch bei rechtzeitiger Insolvenzantragstellung eine Eintrittspflicht der BfA begründet worden wäre, weil der vorläufige Insolvenzverwalter eine Vorfinanzierung des Insolvenzgelds vorgenommen hätte u. deshalb der 3-Monats-Zeitraum ausgeschöpft wäre.[747] Ein derartiges Vorbringen des Geschäftsführers stellt qualifiziertes Bestreiten ggü. der für die Schadensverursachung darlegungs- u. beweisbelasteten BfA dar. Ihr stehen Beweiserleichterungen nach Sphärengesichtspunkten, bzgl. eines rechtmäßigen Alternativverhaltens oder zum Einwand der Reserveursache nicht zu.[748] Auch die nach Antragstellung entstehenden **Beitragsansprüche der Sozialversicherungsträger** fallen nicht in den Schutzbereich der Insolvenzverschleppungshaftung.[749]

239 Naheliegend sollte die BfA bzgl. Insolvenzgeld in entspr. Anwendung des § 255 BGB die – auf Ersatz des negativen Interesses gerichteten[750] – Schadensersatzansprüche der Arbeitnehmer erwerben[751] (§ 823 II BGB iVm § 15 a I InsO).[752] Der gesetzliche Forderungsübergang (§ 169 SGB III nF) erfasst nur Ansprüche auf Arbeitsentgelt, nicht aber Schadensersatzansprüche gegen die Geschäftsführer.[753]

743 BGHZ 175, 88 Rn. 14 = ZIP 08, 361; GmbHR 10, 138; BAG NZA 99, 39, 42; OLG Saarbrücken NZG 07, 105; MüKoBGB/*Wagner*, § 826 Rn. 97; *Wagner/Bronny*, ZInsO 09, 622; krit. *Beck*, ZInsO 08, 713; anders auch LG Stuttgart ZIP 08, 615, 616.

744 BGH GmbHR 13, 265.

745 BGH ZIP 08, 2077.

746 BGHZ 108, 134, 137 = NJW 89, 327; OLG Frankfurt NZG 99, 947; OLG Saarbrücken ZIP 07, 328; AG Offenbach ZIP 02, 997; aA *Piekenbrock*, ZIP 10, 2421, 2427 ff.

747 BGHZ 175, 58 Rn. 20 ff. = ZIP 08, 361; GmbHR 10, 136 f.; OLG Saarbrücken ZIP 07, 328, 329; aA OLG Koblenz ZIP 07, 120, 121 f. (auch zur Haftung gem. § 826 BGB).

748 BGHZ 175, 58 Rn. 20 ff. = ZIP 08, 361; GmbHR 10, 136 f.; OLG Saarbrücken ZIP 07, 328, 329; iErg zust. *Wagner/Bronny*, ZInsO 09, 622, 625 ff.

749 BGH NJW 99, 2182, 2183; *Groß*, ZIP 01, 945, 946; *Medicus*, GmbHR 00, 7, 9.

750 Hierzu OLG Koblenz GmbHR 00, 31, 34; OLG Köln NJW-RR 98, 686, 687; Hess LAG MDR 01, 350, 351.

751 Hierzu LAG Köln NZG 07, 199; OLG Hamburg ZIP 07, 2318.

752 Roth/*Altmeppen* Rn. 128; aA wohl Lutter/Hommelhoff/*Kleindiek* Anh. zu § 64 Rn. 81. Zur Anrechnung von Insolvenzgeld s. LAG Hamm EWiR 01, 871; Gottwald/*Haas/Kolmann/Kurz*, Insolvenzrechts-Handbuch, § 90 Rn. 126.

753 BAG ZIP 02, 992 f.; ArbG Offenbach ZIP 02, 997, 998; OLG Frankfurt DStR 99, 1784; vgl. auch BGH NJW 89, 3277 f.

Der **PSVaG** erlangt formal erst mit Insolvenzverfahrenseröffnung die Gläubigerstellung, wodurch seine Eintrittspflicht ausgelöst wird u. die Ansprüche der Arbeitnehmer gem. § 9 BetrAVG im Wege der cessio legis auf ihn übergehen. Schon deshalb soll er nicht in den Schutzbereich des § 15 a InsO einbezogen sein.[754] 240

cc) Gläubiger einer Forderung aus unerlaubter Handlung/Deliktsgläubiger. Die Antragspflicht soll nach Ansicht des BGH nicht davor bewahren, nach Eintritt der materiellen Insolvenz noch Opfer eines Delikts zu werden. Zwischen dem schadensverursachenden Ereignis u. der verletzten Antragspflicht besteht kein unmittelbarer Zusammenhang, zumal die Insolvenzverschleppungshaftung nur den Kontrahierungsschaden erfassen soll.[755] Das Opfer erleidet gerade keinen „Kreditgewährungsschaden".[756] Für eine deliktische Haftung der Gesellschaft (vgl. § 31 BGB) neben dem Täter besteht kein Anlass.[757] 241

Die Gegenansicht[758] argumentiert, dass nichtvertragliche, insbes. deliktische Neugläubiger sich noch weniger als rechtsgeschäftliche Vertragspartner vor dem Eintritt eines Schadens schützen können u. daher erhöht schutzbedürftig sind. Die Insolvenzantragspflicht bezwecke einen beschleunigten Marktaustritt, so dass es inkonsequent sei, Deliktsgläubiger schlechter zu behandeln u. von diesem Schutz auszunehmen.[759] Der Anspruchsteller müsse jedoch darlegen u. beweisen, dass der Schaden bei rechtzeitiger Antragstellung nicht eingetreten wäre (hypothetischer Kausalverlauf), wodurch notwendige Korrekturen vorgenommen werden könnten.[760] Dieses, von einem anderen Schutzzweck des § 15 a InsO ausgehende Argument hat der BGH nicht anerkannt. Er **beschränkt den Schutzzweck auf den Schutz des Geschäftsverkehrs.**[761] 242

dd) Aus- u. Absonderungsberechtigte. § 15 a InsO schützt nicht gegen Eingriffe in das dingliche Recht. **Inhaber dinglicher Rechte,** die zur Aussonderung oder zur abgesonderten Befriedigung berechtigen, sind daher auf eine Anspruchsverfolgung nach §§ 823 I, 823 II BGB iVm § 246 StGB sowie 243

754 BGHZ 110, 342 = NJW 90, 1725.

755 BGH ZIP 12, 1455 Rn. 13 f.; ZIP 15, 267 (zur vertraglichen Schlechtleistung); *Goette*, KTS 06, 217, 234.

756 BGHZ 164, 50 = NJW 05, 3137; ZIP 07, 676, 677; 09, 366; noch offen gelassen von BGH ZIP 03, 1713, 1714; Roth/*Altmeppen* Rn. 133 ff.; Ulmer/*Casper* § 64 Rn. 180; *Altmeppen*, ZIP 97, 1173, 1179 f.; *ders.*, ZIP 01, 2201; *Bayer/Lieder*, WM 06, 1, 6 f.; *Diekmann*, NZG 06, 255; *Goette*, DStR 03, 1673; *Haas*, DStR 03, 423, 429 f.

757 Ähnl Roth/*Altmeppen* Rn. 135; aA *Wagner*, FS K Schmidt, 09, S. 1665, 1679 f.

758 Henssler/Strohn/*Arnold* § 64 Rn. 105; Lutter/Hommelhoff/*Kleindiek* Anh. zu § 64 Rn. 96; Michalski/*Nerlich* Anh. § 64 Rn. 60 f.; *Gehrlein*, DB 05, 2395, 2397; *Klöhn*, KTS 12, 133, 147 ff.; *Lutter*, GmbHR 97, 329, 333; *Reiff/Arnold*, ZIP 98, 1893, 1896 ff.; *Röhricht*, ZIP 05, 505, 509; *Wagner*, FS Gerhardt, 04, S. 1043, 1062 ff.; *ders.*, FS K Schmidt, 09, S. 1665, 1678 ff.

759 Lutter/Hommelhoff/*Kleindiek* Anh. zu § 64 Rn. 96 unter Hinweis auf BGHZ 126, 181, 197; GmbHR 08, 987, 989 (Schutz des „Rechtsverkehrs").

760 Lutter/Hommelhoff/*Kleindiek* Anh. zu § 64 Rn. 96; *Gehrlein*, DB 05, 2395, 2397; *Lutter*, GmbHR 97, 329, 333; gegen diese Einschränkung *Wagner*, FS Gerhardt, 04, S. 1043, 1065.

761 BGH GmbHR 08, 987, 989; zust. Gottwald/*Haas/Kolmann/Kurz*, Insolvenzrechts-Handbuch, § 90 Rn. 128 ff.

nach §§ 987 ff. BGB verwiesen.[762] Denkbar bleibt jedoch eine deliktische Eigenhaftung des Geschäftsführers.[763]

244 ee) **Sonstige, Gesellschafter. Andere Antragspflichtige** haben es selbst in der Hand, einen Schaden durch rechtzeitige Antragstellung abzuwenden. Der Schutzzweck des § 15 a InsO erfasst sie nicht.

245 Bzgl. der im Insolvenzverfahren nach § 39 InsO nachrangigen Forderungen von **Gesellschaftern** entfällt der Schutz. Dies gilt erst recht für mitgliedschaftliche Forderungen (§ 199 S. 2 InsO). Da die Gesellschafter die Möglichkeit haben, einen antragspflichtigen Geschäftsführer jederzeit abzuberufen bzw. einen neuen Geschäftsführer zu installieren, der die Antragspflicht erfüllt, sollten sie auch mit ihren Insolvenzforderungen im Rang des § 38 InsO vom Schutzbereich ausgenommen werden.[764] Der BGH sieht dies jedoch anders.[765] **Neuinvestoren** dürften bereits über § 263 StGB bzw. über § 280 BGB (cic beim Zeichnungsvertrag) hinreichend geschützt sein u. fallen aus dem Schutzbereich der Insolvenzverschleppungshaftung heraus.[766]

4. Geltendmachung des Anspruchs

246 a) **Altgläubiger. aa) Im Insolvenzverfahren.** Der bei den Altgläubigern verursachte Schaden stellt einen **Gesamtschaden** dar, den der Insolvenzverwalter einheitlich gem. **§ 92 S. 1 InsO** geltend macht.[767] Dies sperrt während des Insolvenzverfahrens die Rechtsverfolgung durch die Altgläubiger; die **Aktivlegitimation des Insolvenzverwalters** endet mit Aufhebung oder Einstellung des Insolvenzverfahrens bzw. mit Beendigung des Insolvenzbeschlags. Der Insolvenzverwalter muss im Umfang der von ihm für den Gesamtschaden erhaltenen Summe eine **Sondermasse** bilden, die nur den Altgläubigern zur Verfügung steht.[768] Im Falle der **Eigenverwaltung** liegt die Anspruchsverfolgung in analoger Anwendung des § 280 InsO allein beim Sachwalter.[769]

---

762 BGHZ 100, 19, 23 ff. = NJW 87, 2433; Scholz/*K Schmidt* § 64 Rn. 177; Ulmer/*Casper* § 64 Rn. 181; *Dauner-Lieb*, ZGR 98, 617; aA *Poertzgen*, Organhaftung, S. 301 ff.; *Klöhn*, KTS 12, 133, 156 ff.

763 MüKoBGB/*Wagner*, § 823 Rn. 112 ff.; Scholz/*K Schmidt* § 64 Rn. 177; vgl. auch BGH ZIP 96, 786, 788; *Heil/Russenschuck*, BB 98, 1749, 1750 ff.; *Medicus*, ZGR 98, 570, 571.

764 Der praktischeAnwendungsbereich bleibt wegen der eintretenden Finanzierungswirkung u. einer Umwandlung in eine Forderung iSv § 39 I Nr. 5 InsO durch „Stehenlassen" ohnehin gering.

765 BGH ZIP 10, 776, 779 (für eine Genossenschaft); Lutter/Hommelhoff/*Kleindiek* Anh. zu § 64 Rn. 82; Scholz/*K Schmidt* § 64 Rn. 178; krit. Baumbach/Hueck/*Haas* Rn. 148 (wegen § 51 a Mitverschulden naheliegend).

766 Lutter/Hommelhoff/*Kleindiek* Anh. zu § 64 Rn. 82; aA *Ekkenga*, FS Hadding, 04, S. 343, 351 ff. mit Hinweis auf BGHZ 96, 231 = NJW 86, 837 (zur AG).

767 BGHZ 138, 211 = NJW 98, 2667; ZIP 07, 676, 677 f.; 08, 361; Lutter/Hommelhoff/*Kleindiek* Anh. zu § 64 Rn. 99; Ulmer/*Casper* § 64 Rn. 170, 182; *Poertzgen*, Organhaftung, S. 283 ff.; *Uhlenbruck*, WiB 96, 466, 468; krit. jedoch Baumbach/Hueck/*Haas* § 64 Rn. 174 f., der eine Zuweisung des Anspruchs an die Gesellschaft befürwortet (ähnl § 64 S. 1); *ders.*, ZIP 09, 1257 ff.

768 BGHZ 138, 211, 215 = NJW 98, 2667.

769 Baumbach/Hueck/*Haas* § 64 Rn. 191.

Unabhängig von der Antragspflichtsverletzung hervorgerufene individuelle Schäden eines Altgläubigers, zB wegen Eingehungsbetrug, bleiben unberührt.[770] 247

bb) Außerhalb des Insolvenzverfahrens. Die Altgläubiger müssen ihren Schadensersatzanspruch individuell verfolgen. § 92 InsO gilt insoweit nicht.[771] Aus der Sicht des antragsverpflichteten Geschäftsführers handelt es sich somit um eine Außenhaftung, die in Konkurrenz zu der als Innenhaftung konzipierten Masseschmälerungshaftung des § 64 S. 1 steht.[772] 248

b) Neugläubiger. Ihr Schaden, soweit vom Schutzzweck des § 15 a InsO erfasst, hat nach Ansicht der Rspr. mit einer Verkürzung der Insolvenzmasse nichts zu tun. Auch wenn sie im Insolvenzverfahren – wie die Altgläubiger – Insolvenzgläubiger (§§ 38, 39 InsO) sind, besteht nach Ansicht des BGH **kein einheitlicher Quotenschaden**, weil ihr Schaden zu unterschiedlichen Zeitpunkten nach der materiellen Insolvenz entsteht u. nicht in gleicher Weise verläuft.[773] Hiernach gilt § 92 S. 1 InsO nicht, weil **kein Gesamtschaden** vorliegt. Stattdessen müssen die Neugläubiger ihre Ansprüche **individuell verfolgen.**[774] Wirtschaftlich enthält der dabei geltend zu machende Schaden eine Quotenverringerung. Letztlich sind die Neugläubiger so zu stellen, als ob sie die Gläubigerstellung überhaupt nicht erlangt hätten.[775] Zur Schadenshöhe s. auch → Rn. 230 ff. Zur Gegenansicht s. → Rn. 270. 249

c) Anspruchsentstehung, Verjährung. Umstr., aber zutr. Ansicht nach **entstehen** die Ansprüche auf Ersatz des Quotenschadens bzw. des Neugläubigerschadens erst mit Insolvenzeröffnung bzw. mit Abweisung des Eröffnungsantrags mangels Masse (§ 26 InsO), da erst in diesem Zeitpunkt Versuche der Krisenbewältigung gescheitert sind u. die Höhe des Schadens feststeht.[776] Die früher hM hatte in entspr. Anwendung des § 43 IV eine fünfjährige Verjährungsfrist bejaht, da die Insolvenzverschleppungshaftung funktional vergleichbar mit der Masseschmälerungshaftung gem. § 64 sei (S 4 verweist auf § 43 IV).[777] Die Gegenansicht verneint die Wesensgleichheit.[778] Vermittelnde Ansichten bejahen die entspr. Geltung des § 43 IV zumindest für die Quotenschmälerung der Altgläubiger, während es für Neugläubigerschäden bei den allg. Verjährungsvorschriften (§§ 195, 199 BGB) 250

---

770 Scholz/*K Schmidt* § 64 Rn. 186.
771 Lutter/Hommelhoff/*Kleindiek* Anh. zu § 64 Rn. 99; Ulmer/*Casper* § 64 Rn. 203.
772 Vgl. Baumbach/Hueck/*Haas* § 64 Rn. 176, 191; *ders.*, ZIP 09, 1257 ff.
773 BGHZ 175, 58 Rn. 10 = ZIP 08, 361; 07, 1501 Rn. 7.
774 BGHZ 138, 211, 215 f. = NJW 98, 2667; ZIP 08, 361; OLG Karlsruhe ZIP 02, 2001, 2002; HeidelbergerKommInsO/*Kayser*, § 92 Rn. 39; MKInsO/*Gehrlein*, § 92 Rn. 34; Baumbach/Hueck/*Haas* § 64 Rn. 189; *ders.*, DStR 03, 423, 431 f.; aA (Geltendmachung durch Insolvenzverwalter) *Heitsch*, ZInsO 06, 568, 572; vgl. auch *Uhlenbruck*, ZIP 94, 1153, 1154 f.
775 BGHZ 138, 211, 215 f. = NJW 98, 2667; *Dauner-Lieb*, ZGR 98, 617, 627 f.
776 Baumbach/Hueck/*Haas* § 64 Rn. 188, 199; Henssler/Strohn/*Arnold* § 64 Rn. 111; aA Scholz/*K Schmidt* Anh. 64 Rn. 209; Ulmer/*Casper* § 64 Rn. 133, 188.
777 OLG Köln NZG 01, 411, 412; OLG Saarbrücken NZG 00, 559; Lutter/Hommelhoff/*Kleindiek* Anh. zu § 64 Rn. 106; Scholz/*K Schmidt* § 64 Rn. 209; Ulmer/*Casper* § 64 Rn. 188.
778 Für regelmäßige Verjährung gem. §§ 195 ff. BGB OLG Saarbrücken NZG 08, 638; OLG Schleswig DZWiR 01, 330, 331; OLG Stuttgart NZI 00, 597 (zu § 852 BGB aF); Rowedder/*M. Schmidt-Leithoff/Schneider* (differenzierend) § 64 Rn. 90.

bleiben soll.[779] Andere wiederum stellen darauf ab, ob die Insolvenzverschleppungshaftung mit anderen Deliktstatbeständen konkurriert.[780] Der BGH hat die Analogiefähigkeit des S. 4 hins. der Insolvenzverschleppungshaftung für **vertragliche Neugläubiger** in überzeugender Weise abgelehnt u. entschieden, dass sich insoweit die **Verjährung nach den allg. Vorschriften der §§ 195, 199 I BGB** richtet.[781] Beim Neugläubigerschaden muss der Gläubiger zusätzlich von den den Anspruch begründenden Umständen u. der Person des Schuldners Kenntnis erlangt haben (§ 199 BGB). Eine Pflicht, durch entspr. Informationsbeschaffung zu einem frühzeitigen Verjährungsbeginn beizutragen, besteht nicht.[782] Die Verjährung beginnt **beim Quotenschaden** mit Anspruchsentstehung (§ 200 BGB), dh mit Verfahrenseröffnung bzw. mit Ablehnung mangels Masse u. nicht schon mit Stellung des Eröffnungsantrages durch den Geschäftsführer.[783] Denn denknotwendig kann erst dann eine etwaige Quotenschmälerung feststehen.[784]

251 d) **Vergleich.** Aus den vorstehenden Ausführungen ergibt sich, dass der Insolvenzverwalter nur über die Ansprüche der Altgläubiger verfügen kann, nicht über die individuell zu verfolgenden Ansprüche der rechtsgeschäftlichen Neugläubiger.[785]

252 Die analog anzuwendenden §§ 43 III, 9 b I setzen der Zulässigkeit u. Rechtswirksamkeit eines **Vergleichs** Grenzen. Hiernach muss der Vergleich ein Insolvenzverfahren über das Vermögen des Geschäftsführers/Schuldners abwenden. Diese enge Grenze **ist nicht praxisgerecht.** Je weniger dem Geschäftsführer/Schuldner Luft zum wirtschaftlichen Überleben bleibt, desto mehr steigt das Risiko, einen erhaltenen Geldbetrag an einen späteren Insolvenzverwalter des Geschäftsführers/Schuldners wegen Insolvenzanfechtung zurückzahlen zu müssen; auf mangelnde Kenntnis wird sich der Insolvenzverwalter der Gesellschaft im späteren Anfechtungsprozess kaum berufen können. Richtigerweise muss das **Vergleichsverbot teleologisch reduziert** werden. Es gilt nicht, wenn die Anspruchsdurchsetzung der Auffüllung der Masse u. damit der Haftungsverwirklichung objektiv dienlich ist. Die Festlegung der Grenzen liegt vorbehaltlich der Grenzen der Insolvenzzweckwidrigkeit im Ermessen des Insolvenzverwalters.[786]

253 e) **Darlegungs- u. Beweislast.** Nach allg. zivilprozessualen Regeln trägt der Anspruchsverfolger die **Darlegungs- u. Beweislast** für die anspruchsbegrün-

779 Baumbach/Hueck/*Haas* § 64 Rn. 198; *ders.*, DStR 03, 423, 430; Gottwald/*ders/Kolmann/Kurz*, Insolvenzrechts-Handbuch, § 90 Rn. 153 f.; Henssler/Strohn/*Arnold* § 64 Rn. 112; idS auch Rowedder/*M. Schmidt-Leithoff/Schneider* § 64 Rn. 90; aA (für regelmäßige Verjährung gem. §§ 195 ff. BGB) OLG Saarbrücken NZG 08, 638; OLG Schleswig DZWiR 01, 330, 331 (zu § 852 BGB aF).

780 Henssler/Strohn/*Arnold* § 64 Rn. 112.

781 BGH ZIP 11, 1007 Rn. 14 ff.; zust. Baumbach/Hueck/*Haas* § 64 Rn. 198; *ders.*, NZG 11, 691 ff.; Henssler/Strohn/*Arnold* § 64 Rn. 85; MKInsO/*Klöhn*, § 15 a Rn. 250; vgl. auch OLG Düsseldorf ZIP 15, 73, 77 ff. zu § 199 I Nr. 2 BGB.

782 OLG Saarbrücken GmbHR 08, 1036, 1038.

783 So aber zB Ulmer/*Casper* § 64 Rn. 188.

784 Vgl. Gottwald/*Haas/Kolmann/Kurz*, Insolvenzrechts-Handbuch, § 90 Rn. 155; ebenso Baumbach/Hueck/*Haas* § 64 Rn. 146.

785 Lutter/Hommelhoff/*Kleindiek* Anh. zu § 64 Rn. 99, 103; Ulmer/*Casper* § 64 Rn. 186.

786 Vgl. auch BGH NZI 18, 708 Rn. 24 ff.

denden Tatsachen. Er muss somit nachweisen, dass zum maßgeblichen Zeitpunkt eine materielle Insolvenz[787] (→ Rn. 23 ff. sowie → Rn. 75 ff.) u. eine Antragspflicht bestanden, die der Anspruchsgegner verletzt hat (→ Rn. 144 ff., 154 ff.). Bei Neugläubigern genügt der Nachweis der materiellen Insolvenz zeitnah zum Geschäftsabschluss; der beklagte Geschäftsführer muss dann darlegen u. beweisen, dass die Insolvenz noch nicht eingetreten oder nachhaltig wieder beseitigt war.[788] Scheitert der Nachweis der materiellen Insolvenz daran, weil der beklagte Geschäftsführer die ihm obliegende Pflicht verletzt hat, Geschäftsbücher mit Belegen zu führen u. aufzubewahren, gilt der Nachweis gem. den Grundsätzen der Beweisvereitelung als geführt.[789]

Verschulden des antragspflichtigen Geschäftsführers/Liquidators wird auf- 254
grund der objektiven Pflichtverletzung in Anlehnung an § 93 II 2 AktG oder entspr. § 43 II **widerleglich vermutet;**[790] Gleiches gilt für positive Kenntnis der Führungslosigkeit seitens der Gesellschafter, welche das Entstehen der Antragspflicht begründet (§ 15 a III InsO). Der Anspruchsgegner muss sich **entlasten,** so dass er die Darlegungs- u. Beweislast für sein fehlendes Verschulden trägt.[791] Ein solcher Entlastungsbeweis gelingt insbes. dann, wenn selbst bei Anwendung der erforderlichen Sorgfalt, also bei Erfüllung der Selbstprüfungspflicht (s. → Rn. 11 ff.) spätestens im Anschluss an das erste Krisenanzeichen, die materielle Insolvenz nicht hätte erkannt werden können.[792] Die Entlastung kann somit umso eher gelingen, desto geringer die äußeren Krisenanzeichen waren. Diese Ausführungen gelten auch im Fall interner Aufgabenverteilung in der Geschäftsführung.[793] Die Exkulpation des nicht für die kaufmännischen Angelegenheiten zuständigen Geschäftsleiters setzt dann allerdings voraus, dass die entspr. Organisations- u. Informationsstrukturen vorhanden waren u. genutzt wurden, aber dennoch die auf eine Antragspflicht hindeutenden Umstände aus dem anderen Ressortbereich nicht erkennbar waren.[794] Die Exkulpation bedingt maW, dass die Beobachtungs- u. Überwachungspflichten bzgl. der Mitgeschäftsführer ordnungsgemäß erfüllt wurden.

Ferner muss der Anspruchsverfolger die **für die Schadensentstehung u. -be-** 255
rechnung maßgeblichen Tatsachen (ua Alt-, Neugläubiger) vortragen u. nachweisen.[795] Insoweit wird man praktisch ohne eine Schätzung gem.

787 BGHZ 126, 181, 200 = NJW 94, 2220; ZIP 09, 1220; ZInsO 12, 648, 649; *Haas*, NZG 09, 379.
788 BGH ZIP 11, 1007 Rn. 10; 07, 1060 Rn. 15.
789 BGH ZIP 07, 1060, 1061 f.; GmbHR 12, 566 Rn. 16.
790 BGH ZIP 00, 184, 185; 1896, 1897; 07, 676, 677; 10, 2400 Rn. 14; 12, 1174 Rn. 13; Baumbach/Hueck/*Haas* § 64 Rn. 195; Ulmer/*Casper* § 64 Rn. 184.
791 BGHZ 126, 181, 200 = NJW 94, 2220; BGHZ 143, 184, 185 f. = NJW 00, 668; BGHZ 171, 46, 49 f. = ZIP 07, 676; OLG Celle NZG 02, 730, 732; OLG Köln NZG 01, 411, 412; OLG Stuttgart NZG 98, 232; Rowedder/*M. Schmidt-Leithoff/Schneider* § 64 Rn. 88; Ulmer/*Casper* § 64 Rn. 184; *K Schmidt*, in K Schmidt/Uhlenbruck, GmbH in der Krise, Rn. 11.11; *Haas*, NZG 99, 379.
792 Lutter/Hommelhoff/*Kleindiek* Anh. zu § 64 Rn. 88.
793 Scholz/*K Schmit* § 64 Rn. 179, 206.
794 Gottwald/*Haas/Kolmann/Kurz*, Insolvenzrechts-Handbuch, § 90 Rn. 144; iErg ähnlich Ulmer/Casper § 64 Rn. 184.
795 BGH ZIP 07, 676, 678; GmbHR 09, 817 Rn. 9; Lutter/Hommelhoff/*Kleindiek* Rn. 87.

§ 287 ZPO nicht auskommen, weil die Dauer der Verschleppung ebenso Unwägbarkeiten unterliegt wie die hierdurch eingetretene Quotenverringerung.[796]

256 Als **mögliche Informationsquellen** stehen insbes. die Insolvenzakten einschl. der Zwischenberichte u. Aussagen zur Vermögenslage des Insolvenzverwalters sowie die Bücher u. Unterlagen der Gesellschaft zur Verfügung.[797] Die Insolvenzgerichte verlangen zunehmend eine Stellungnahme der von ihnen eingesetzten Gutachter zu der Frage, ob eine materielle Insolvenz (Zahlungsunfähigkeit bzw. Überschuldung) schon vor dem Zeitpunkt der Antragstellung vorgelegen hat. Ein Auskunftsanspruch des Neugläubigers gegen den Insolvenzverwalter zur Vorbereitung eines Anspruchs wegen Insolvenzverschleppung besteht jedoch nicht.[798]

257 **f) Verfahrensfragen.** In Anlehnung an die Entscheidung des EuGH zu Anfechtungsklagen[799] sind im Anwendungsbereich des Art. 6 I EuInsVO nF die Gerichte des Mitgliedstaates der Verfahrenseröffnung **international zuständig.** Dies gilt allerdings nur für den vom Insolvenzverwalter geltend gemachten (§ 92 InsO) Schaden der Altgläubiger. Demgegenüber leitet sich die internationale Zuständigkeit für die individuelle Rechtsverfolgung der Neugläubiger vorrangig aus der EuGVVO ab.[800]

258 Die **sachliche Zuständigkeit** für eine Klage aus § 823 II BGB iVm § 15 a InsO richtet sich nach §§ 23, 71 GVG. Die **örtliche Zuständigkeit** lässt sich nicht nur am allg. Gerichtsstand des Antragsverpflichteten, sondern wahlweise am besonderen Gerichtsstand der unerlaubten Handlung (regelmäßig Sitz der Gesellschaft) begründen, auch u. insbes. bei Klagen gegen Mithaftende. Seit Inkrafttreten des MoMiG steht zudem für die Klage des Insolvenzverwalters der Gerichtsstand der Mitgliedschaft offen (§ 22 ZPO).[801] Hilfsweise ergibt sich bei internationalem Bezug die örtliche Zuständigkeit für die Verwalterklage aus einer entspr. Anwendung von § 19 a ZPO iVm § 3 InsO, Art. 102 § 1 EGInsO.[802]

259 Die **Rechtswegzuständigkeit** liegt grds. bei den ordentlichen Gerichten. Dies ist aber, soweit Arbeitnehmer von der Insolvenzverschleppung betroffen sind, ebenso wie die parallel gelagerte Frage bei Insolvenzanfechtungsansprüchen umstritten.[803] In der Anfechtungsthematik hat der für Insol-

796 Scholz/*K Schmidt* § 64 Rn. 205; für eine vom allg. Schadensrecht abw. Darlegungs- u. Beweislast Gottwald/*Haas/Kolmann/Kurz*, Insolvenzrechts-Handbuch, § 90 Rn. 145; *Haas*, NZG 05, 237, 240.

797 Hierzu OLG Celle ZIP 04, 368; 02, 446; OLG Dresden ZVI 02, 457; OLG Hamm ZIP 04, 283; LG Magdeburg RPfleger 96, 364; Gottwald/*Haas/Kolmann/Kurz*, Insolvenzrechts-Handbuch, § 90 Rn. 147 ff.; *Holzer*, ZIP 98, 1333; *Pape*, ZIP 97, 1369; *ders.*, ZIP 04, 598.

798 BGH ZIP 05, 1325, 1326; vgl. auch *Thole*, ZIP 12, 1523 ff.

799 EuGH NZI 09, 199 („Deko-Marty"); zur örtlichen Zuständigkeit s. BGH NZI 09, 532.

800 Ebenso Baumbach/Hueck/*Haas* § 64 Rn. 194, auch für Altgläubigerschaden bei Ablehnung mangels Masse.

801 AA KG, NZG 10, 515 mwN, jedoch jeweils zur Rechtslage vor MoMiG; Baumbach/Hueck/*Haas* § 64 Rn. 193.

802 BGH NZI 09, 532.

803 Für Zuständigkeit der ordentlichen Gerichte zB Baumbach/Hueck/*Haas* § 64 Rn. 142; LAG Nürnberg B 95, 2586; OLG München NZI 18, 529, 539.

venzsachen zuständige neunte Zivilsenat des BGH den gemeinsamen Senat der obersten Gerichte des Bundes angerufen.[804] Nach dessen Entscheidung sollen die Arbeitsgerichte auch über Insolvenzanfechtungsansprüche gegen Arbeitnehmer entscheiden.[805] Im Anschluss hieran dürften analog § 2 I Nr. 3 ArbGG die Arbeitsgerichte auch für Neu- u. Altgläubigerschäden iRd Insolvenzverschleppungshaftung des Geschäftsführers als „Organ" des Arbeitgebers zuständig sein, soweit es um Arbeitnehmerforderungen geht. Ob diese Rechtswegzuständigkeit auch beim faktischen Geschäftsführer sowie bei Inanspruchnahme der Gesellschafter bei Führungslosigkeit gilt, die beide kein „Organ" des Arbeitgebers sind, erscheint fraglich. § 17 II GVG in analoger Anwendung gestattet dem Insolvenzverwalter die Möglichkeit, den „ganzen Gesamtschaden" in einem Rechtsweg zu verfolgen, ohne dass er den Arbeitnehmerschaden separieren u. gesondert geltend machen müsste.[806]

5. Haftung mehrerer u. Dritter

a) **Mehrere Antragspflichtige, Teilnehmer. Mit- oder nebentäterschaftliche Insolvenzverschleppung** kommen ebenso in Betracht wie eine Haftung der Nicht-Antragsverpflichteten gem. § 830 II BGB wegen **Anstiftung oder Beihilfe.**[807] Dies führt, sofern u. soweit jeweils der Tatbestand rechtswidrig u. schuldhaft verwirklicht wird, zu einer **gesamtschuldnerischen Haftung** (§§ 830, 840 BGB).[808] Anforderungen an eine Beihilfe u. Anstiftung bestimmen sich nach allg. Grundsätzen.[809] 260

Die insbes. bei Gesellschaftern relevante Teilnehmerhaftung gem. § 830 II BGB setzt voraus, dass der Teilnehmer einen vorsätzlichen Beitrag zu der vorsätzlichen Haupttat eines anderen erbringt.[810] Der Eigenbeitrag umfasst eine wie auch immer geartete Einflussnahme (zB die Stimmrechtsausübung in der Gesellschafterversammlung, von einem Insolvenzantrag abzusehen; das Einlösen von Schecks in der Krise)[811] u. die Kenntnis der pflichtwidrig verletzten Antragspflicht.[812] Fahrlässige Unkenntnis des Gesellschafters kann nicht genügen, ebenso wenig ein Tatbeitrag durch Unterlassen eines 261

804 BGH NJW 09, 1968 = ZIP 09, 825; an der vormaligen gegenteiligen Rechtsauffassung (Rechtsweg zu den Arbeitsgerichten) festhaltend indes der 5. Senat des BAG, ZIP 09, 1687.
805 GemS-OGB 2010, 2418 ff.; BAG ZInsO 08, 391 f.
806 Baumbach/Hueck/*Haas* § 64 Rn. 192.
807 KG NZG 99, 23, 24; Roth/*Altmeppen* Rn. 143 ff.; Scholz/*K Schmidt* § 64 Rn. 210; *Neuhoff*, NJW 98, 657, 659 f.
808 BGH NJW 79, 1823, 1829 (zu § 92 II AktG); *Bork*/Schäfer § 64 Rn. 73.
809 *Schneider*, GmbHR 11, 685, 687.
810 BGHZ 75, 96, 107 = NJW 79, 1823; ZIP 05, 1734, 1736; OLG Frankfurt BeckRS 11, 20858; Baumbach/Hueck/*Haas* § 64 Rn. 225; MüKoBGB/*Wagner*, § 830 Rn. 14 f., 21; Roth/*Altmeppen* Rn. 145; Ulmer/*Casper* § 64 Rn. 207; *Bork*, ZGR 95, 505, 527; *Ehricke*, ZGR 00, 351; *Wagner*, FS K Schmidt, 10, S. 1665, 1691; aA Scholz/*K Schmidt* § 64 Rn. 211: vorsätzlicher Tatbeitrag zu fahrlässiger Haupttat genügt für § 830 II BGB.
811 BGH ZIP 95, 124, 126.
812 BGH ZIP 05, 1734, 1736; Ulmer/*Casper* § 64 Rn. 207; *Bayer*/*Lieder*, WM 06, 1, 8 ff.

Gesellschafterbeschlusses.[813] Eine Mithaftung scheidet ferner aus, wenn der Antragspflichtige die Antragspflicht nur fahrlässig verletzt.[814] Denkbar bleibt jedoch eine eigene Haftung des Gesellschafters als faktischer Geschäftsführer[815] oder gem. § 826 BGB.[816] Eine Haftung des beherrschenden Gesellschafters, der noch nicht die Stellung eines faktischen Geschäftsführers erlangt hat, für Insolvenzverschleppung als Organhaftung besteht nicht.

262 Die Mitverantwortung endet für solche Neugläubigerschäden, die ohne Wissen des Dritten durch kriminelle Machenschaften eines Geschäftsführers/Liquidators bei Insolvenzreife verursacht werden (**Haupttäter-Exzess**).[817]

263 **Aufsichtsratsmitglieder** haften wegen Verletzung ihrer Überwachungsaufgaben gem. § 52, §§ 116, 111, 93 AktG, wenn sie entgg. der ihnen obliegenden Sorgfaltspflicht einen Verstoß der Geschäftsleitung gegen die ihnen obliegenden Pflichten nicht unterbinden.[818] Für **Insolvenzverschleppungsschäden** haften sie im Falle der Anstifung oder Beihilfe. Zur Haftung bei Verstoß gegen das **insolvenzrechtliche Zahlungsverbot** s. → § 64 Rn. 21.

264 **b) Haftung von Beratern/Bankenvertretern.** Die vorstehenden Grundsätze richten sich primär an Gesellschafter, sind aber ebenso auf Angestellte,[819] Berater[820] u. Vertreter der an einer Sanierung beteiligten Banken[821] anzuwenden. In der Sanierungs- u. Insolvenzberatung bestehen ferner strafrechtliche Risiken.[822] Wenn der Berater erkennt, dass eine materielle Insolvenz vorliegt, der Geschäftsführer jedoch keinen Insolvenzantrag stellen will, sollte der Berater zur Vermeidung einer psychischen Beihilfe das Mandat niederlegen.[823] Eine Bank ist nicht von sich aus verpflichtet, einen Kun-

---

813 Roth/*Altmeppen* Rn. 145; Gottwald/*Haas*/*Kolmann*/*Kurz*, Insolvenzrechts-Handbuch, § 90 Rn. 162.
814 Roth/*Altmeppen* Rn. 145; aA Scholz/*K Schmidt* § 64 Rn. 211; *Karollus*, ZIP 95, 269, 273 mit Fn. 52.
815 Zu § 64 aF BGHZ 104, 44, 46 ff. = NJW 88, 1789; BGHZ 150, 61, 68 ff. = NJW 02, 1803; ZIP 05, 1550; OLG Jena GmbHR 02, 112; OLG Düsseldorf NZG 99, 1066; BayObLG GmbHR 97, 453; zust. *Nauschütz*, NZG 05, 921; *G Roth*, ZGR 89, 421; *Weimar*, GmbHR 97, 473.
816 Ulmer/*Casper* § 64 Rn. 207 ff.
817 BGHZ 164, 50, 59 ff. = NJW 05, 3137.
818 BGH NZG 09, 550, 551; OLG Brandenburg GmbHR 09, 657, 659 f.; Baumbach/Hueck/*Haas* § 64 Rn. 248 ff.; Scholz/*K Schmidt* § 64 Rn. 212; allg. *Hasselbach*, NZG 12, 41 ff.; *Strohn*, NZG 11, 1161, 1163.
819 BGHZ 164, 50, 59 ff. = NJW 05, 3137.
820 OLG Celle ZInsO 11, 1004; OLG Köln DStR 11, 1185; *Bork*/Schäfer § 64 Rn. 73; Roth/*Altmeppen* Rn. 147 ff.; *Bales*, ZInsO 10, 2073; *Froehner*, ZInsO 11, 1617; *Lange*, DStR 07, 954; *Wagner*, ZInsO 09, 449; *Zugehör*, NZI 08, 652. – Allg auch *Gräfe*, DStR 10, 618 ff. (Teil 1).
821 BGHZ 90, 381, 399 = NJW 84, 1893; OLG Frankfurt BeckRS 11, 20858 (Haftung aus § 826 BGB bei eigensüchtigen Motiven); Baumbach/Hueck/*Haas* § 64 Rn. 243; Lutter/Hommelhoff/*Kleindiek* Anh. zu § 64 Rn. 85; Uhlenbruck/*Hirte*, InsO, § 15 a Rn. 44; *Canaris*, Bankvertragsrecht, Rn. 131; *Hoffmann*, WM 12, 10, 17 f.; *Neuhoff*, NJW 98, 3225, 3227.
822 Dazu *Leibner*, ZInsO 02, 1020.
823 Ebenso Baumbach/Hueck/*Haas* § 64 Rn. 242.

den über den von ihr möglicherweise erkannten Eintritt einer materiellen Insolvenz zu informieren.[824]

Ob eine Verpflichtung des mit der **Erstellung von Zwischen- u. Jahresabschlüssen** beauftragten **Steuerberaters/Wirtschaftsprüfers** besteht, die Geschäftsführung über den jeweils aktuellen wirtschaftlichen Stand zu informieren, war umstritten. Der BGH bejahte zunächst eine Aufklärungspflicht ggü. der Gesellschaft aufgrund einer vertraglichen Nebenpflicht.[825] Daraufhin verneinte der BGH, dass der Steuerberater einer GmbH iR seiner **allg. Beratungspflicht** verpflichtet sei, den Geschäftsführer bei einer handelsbilanziellen Unterdeckung auf seine krisenbezogenen Überwachungs- u. ggf. Insolvenzantragspflichten hinzuweisen.[826] 265

Diese Rechtsprechung hat der BGH nunmehr an für die Praxis entscheidenden Stellen ausdrücklich modifiziert[827] u. entschieden, dass die GmbH als Auftraggeberin einen Anspruch gegen den Steuerberater auf Ersatz des Schadens hat (§§ 685, 634 Nr. 4, 280 BGB), welcher infolge einer Verletzung der Pflichten des Steuerberaters zur einwandfreien **Erstellung der Bilanzen** gemäß den handelsrechtlichen Pflichten, vor allem mit Blick auf den **Ansatz von sog. Fortführungswerten**, entsteht.[828] Der Steuerberater hat insbes. die ihm **vorliegenden Unterlagen u. die ihm bekannten Umstände (ggf. auch aus Dauermandat)**[829] betreffend die Bewertungsregel des § 252 I Nr. 2 HGB hinreichend im Sinne von Plausibilisierung zu würdigen[830] u. auf die konkreten Umstände hinzuweisen, warum eine ausreichende Grundlage für die grds. Fortführungsvermutung in Frage steht[831] u. bspw. mit der Einstellung der Unternehmenstätigkeit im Prognosezeitraum zu rechnen ist.[832] Ein wesentlicher Aspekt, der im Regelfall[833] gegen die going-concern-Prämisse gem. § 252 I Nr. 2 HGB spricht, ist das Vorliegen eines Insolvenzgrunds iSv §§ 17, 19 InsO.[834] Allerdings besteht – vorbehaltlich einer abweichenden Vereinbarung[835] – keine Verpflichtung des Steuerberaters, von sich aus alle möglicherweise relevanten Umständen für die Fortführungsprognose zu ermitteln.[836] Wenn sich aber mit Blick auf die vorliegenden Informationen u. bekannten Umständen Zweifel bzgl. der Going-concern-Prämisse u. der Notwendigkeit einer Überprüfung der Fort- 265a

---

824 OLG Frankfurt BeckRS 11, 20858. – Zur sog. *lender´s. liability Hoffmann*, WM 12, 10 ff.
825 BGH ZIP 12, 1353, 1356 ff.; aA noch OLG Schleswig Stbg 94, 279 ff. (zum Steuerberater); OLG Hamm Stbg 95, 315 (zum Abschlussprüfer); *Wagner*, ZInsO 09, 449.
826 BGH ZIP 13, 829; 13, 1332 Rn. 12 f.; hierzu *Kayser*, ZIP 14, 597, 601 ff.; *Priebe*, ZInsO 14, 1190, 1195; *Schaaf/Mushardt*, DB 13, 1890.
827 BGH ZIP 17, 427 Rn. 10, 17, 51.
828 BGH ZIP 17, 427 Rn. 14 ff.
829 BGH ZIP 17, 427 Rn. 20.
830 BGH ZIP 17, 427 Rn. 30 ff.
831 BGH ZIP 17, 427 Rn. 35 ff.
832 Vgl. auch OLG Brandenburg ZInsO 19, 388, 390.
833 Zu möglichen Ausnahmen (vgl. auch § 155 InsO) vgl. BGH Zip 17, 427 Rn. 26 f.; *Kaiser*, ZIP 12, 2478, 2486 f.; *Eickes*, DB 15, 933, 935.
834 BGH ZIP 17, 427 Rn. 26.
835 BGH ZIP 17, 427 Rn. 18 ff.
836 BGH ZIP 17, 427 Rn. 11, 20, 40, 47.

führungsprognose ergeben, bedarf es grds. **umfassender Aufklärung.**[837] Auch ohne konkreten Auftrag ist auf Risiken bei offenkundigen oder sich aufdrängenden Anhaltspunkten für ein negatives Eigenkapital (§ 268 III HGB) oder für einen Insolvenzgrund hinzuweisen, wenn der Steuerberater Grund zu der Annahme hat, der Auftraggeber sei sich der Gefahr nicht bewusst.[838] Dass dem Geschäftsführer eine Unterbilanz ohne Weiteres ersichtlich ist, entbindet den Steuerberater von seiner Hinweispflicht bzgl. einer etwaigen Insolvenz nicht.[839] Eine fehlerhafte Beratung, die auf ausdrücklichen Vorgaben des Unternehmens beruht, kann dem Steuerberater deshalb nicht zur Last gelegt werden, sofern er die entspr. Hinweise erteilt hat[840] Anknüpfungspunkte für pflichtwidriges Verhalten sind also auf der **Grundlage der maßgeblichen Mandatsvereinbarung** einerseits u. in Verkennung entspr. Umstände im Sinne von § 252 I Nr. 2 HGB eine **fehlerhafte Fortführungsprognose**, andererseits das **Unterlassen von Warnungen u. Hinweisen.**[841] Die Beweislast für die Kausalität zwischen Pflichtverletzung u. Insolvenzverschleppungsschaden hat der Insolvenzverwalter.[842] Auf den Abschlussprüfer dürften die vorstehenden Grundsätze zu übertragen sein.[843] Die **Haftung des Abschlussprüfers** lässt eine etwaige Haftung des Steuerberaters nicht entfallen.[844]

266 Ein umfassenderes Haftungsrisiko besteht bei **krisenbezogenen Aufträgen.** Berater haften nach allg. Regeln (§ 280 BGB) für eine schuldhaft unrichtige Auskunft. Eine solche Haftung ggü. der Gesellschaft kommt insbes. in Betracht, wenn der Antragspflichtige sich wegen falschen Rats bzw. falscher Empfehlung des Beraters exkulpieren konnte (s. → Rn. 14, 214). Beauftragt die Gesellschaft einen Berater mit der Prüfung der Insolvenzreife, kann der **Geschäftsführer in den Schutzbereich des Beratervertrages einbezogen** sein, so dass der Berater ggü. dem Geschäftsführer regresspflichtig ist, wenn dieser wegen Insolvenzverschleppung oder § 64 haftet.[845] Allerdings weicht der bei der Gesellschaft u. der beim Geschäftsführer möglicherweise entstehende Schaden erheblich voneinander ab. Daher muss sorgfältig geprüft werden bzw. es ist eine Frage der Auslegung,[846] ob dem Berater zumutbar ist, eine Verantwortlichkeit auch im Hinblick auf die Interessen des Geschäftsführers zu übernehmen.[847] Vertragliche Haftungsbegrenzungen u. -ausschlüsse sind möglich.[848] **Außenstehende Gläubiger** fallen allenfalls dann in den Schutzbereich des Auftrags, wenn der Berater ih-

---

837 BGH ZIP 17, 427 Rn. 39 ff.
838 BGH ZIP 17, 427 Rn. 44 ff.
839 BGH ZIP 17, 427 Rn. 51.
840 BGH ZIP 17, 427 Rn. 38.
841 Spätestens vor Unterschrift zur Bescheinigung, vgl. *Onusseit/Schröder*, ZInsO 17, 1868, 1872 f.
842 BGH ZIP 17, 427 Rn. 42; 13, 1332 Rn. 19 ff.
843 LG Düsseldorf ZInsO 18, 607, 610, 612 ff.; *Onusseit/Schröder*, ZInsO 17, 1868, 1874.
844 Ebenso Baumbach/Hueck/*Haas* § 64 Rn. 247 c.
845 BGH ZIP 12, 1353; eingehend *Kayser*, ZIP 14, 597 ff.
846 BGH GmbHR 18, 411 Rn. 24; allgemein *Janssen*, ZInsO 17, 1299.
847 Hierzu BGH ZIP 12, 1353, 1357.
848 Hierzu *Onusseit/Schröder*, ZInsO 17, 1868, 1871; *Roth*, ZInsO 17, 2199, 2204 f.; *Wagner*, ZInsO 18, 1005, 1014.

nen ein Gutachten vorzulegen hat, welches die Grundlage für ein Rechtsgeschäft mit dem Schuldner sein soll.[849]

6. Praktische u. dogmatische Einwände gegen die herrschende Meinung

Soweit ersichtlich, hat die Berechnung des Quotenverringerungsschadens der Altgläubiger in der Praxis bislang noch kein einziges Mal funktioniert. Eine rückblickende, fiktive Masse, in der Aus- u. Absonderungsrechte ebenso berücksichtigt sind wie die maßgeblichen Forderungen, die zudem nachträglich eingetretene Masseerhöhungen u. -schmälerungen neutralisierend einschließt, lässt sich praktisch nicht bilden. 267

In der Praxis spielt die Insolvenzverschleppungshaftung als Instrument der Insolvenzverwalter auch deshalb keine Rolle, weil die **Abgrenzung der Alt- zu den Neugläubigern** schwerfällt. Die Rechtsbegriffe der Zahlungsunfähigkeit u. der Überschuldung als Anknüpfungsmerkmal der Antragspflicht werfen eine Vielzahl komplexer Fragen auf. Die umstrittene Frage, inwieweit subjektive Elemente für den Fristbeginn maßgeblich sein können (→ Rn. 148 ff.), kommen hinzu,[850] ferner die Abgrenzungsschwierigkeiten zur Masseschmälerungshaftung gem. § 64. Das Ziel einer effizienten Anspruchsdurchsetzung wird damit nicht erreicht. 268

Daraufhin hat die Wissenschaft Gegenmodelle zu der dargestellten Lösung der Rspr. vorgeschlagen. Das *de lege lata* abgelehnte (→ § 64 Rn. 8) Konzept von *Altmeppen u. Wilhelm* negiert ursprünglich den Schutzgesetzcharakter des § 15 a InsO bzw. erweitert neuerdings den Schutzgesetzcharakter auf das Zahlungsverbot des § 64 S. 1.[851] Die gesamte Insolvenzverschleppungshaftung wird auf dieser Grundlage gegenstandslos. Die bisherige Masseschmälerungshaftung entwickelt *Altmeppen* zu einem Modell, welches auf eine Verlustdeckung seit der Antragsverschleppung hinausläuft.[852] 269

K Schmidt[853] greift demggü. den vom Gesetzgeber u. höchstrichterlicher Rspr. anerkannten Charakter des § 15 a InsO als Schutzgesetz auf u. versucht zudem, die Masseschmälerungshaftung widerspruchsfrei darin einzubetten. Anders als im BGH-Modell spricht *K Schmidt* § 15 a InsO zu, alle Insolvenzgläubiger zu schützen (auch die Neugläubiger), allerdings nur bzgl. des Quotenschadens/der Erfüllungserwartung. Diesen Quotenverringerungsschaden könne der Insolvenzverwalter einheitlich für Alt- wie Neugläubiger im Insolvenzverfahren gem. § 92 InsO geltend machen.[854] Neugläubiger müssten den über ihren Quotenverringerungsschaden hinausgehenden Schaden individuell gem. § 280 BGB (Grundsätze der cic) verfol- 270

---

849 MüKoBGB/*Gottwald*, § 328 Rn. 175; Baumbach/Hueck/*Haas* § 64 Rn. 244 zum nach § 270 b I InsO fehlerhaften Gutachten.

850 S auch *Heitsch*, ZInsO 06, 568, 569 ff.

851 Roth/*Altmeppen* § 64 Rn. 41 ff.; *ders.*, ZIP 15, 949; *K Schmidt*, NZG 15, 129, 130; Scholz/*ders* § 64 Rn. 16, 63, 189 f.

852 Roth/*Altmeppen* § 64 Rn. 41 ff.; *ders.*, ZIP 01, 2201, 2205 ff.; *ders.*, ZIP 15, 949; *ders./Wilhelm*, NJW 99, 673 ff.

853 Zusammenfassend Scholz/*K Schmidt* § 64 Rn. 186 f., 189 ff.; *ders.* in K Schmidt/Uhlenbruck, GmbH in der Krise, Rn. 11.28 f.

854 Ebenso Ulmer/*Casper* § 64 Rn. 167 ff.; *Uhlenbruck*, InsO, § 92 Rn. 13; *Poertzgen*, Organhaftung, S. 328.

gen,[855] können ihn somit nur dann verfolgen, wenn ihr Solvenzvertrauen schuldhaft verletzt wurde. Die bei Nichtverschleppung zu erwartende Quote könnte der Tatrichter gem. § 287 ZPO (ohne die weiteren Entwicklungen des Insolvenzverfahrens) schätzen. IErg sei dieser Quotenschaden identisch mit einem bilanziell festzustellenden Verlust während der Verschleppung. § 64 S. 1 enthält in diesem Einheitsmodell die widerlegliche Vermutung, dass der Gesamtgläubigerschaden den geleisteten Zahlungen entspricht.

271 Der BGH hat dieses **Konzept abgelehnt**[856] mit dem Hinweis, dass allein Praktikabilitätsgesichtspunkte[857] nicht genügen, dem Schaden der Neugläubiger den wegen Zeitpunkt u. Schadensverlauf individuellen Charakter zu nehmen u. deshalb als Gesamtschaden gem. § 92 InsO zu qualifizieren.[858] IÜ sei § 64 ein Anspruch eigener Art, der über den Schadensersatzanspruch deutlich hinausgehe (hierzu auch → § 64 Rn. 4 ff.). Vor diesem Hintergrund ist zu erwarten, dass es eine Änderung der Insolvenzverschleppungs- u. Masseschmälerungshaftung allenfalls auf der Grundlage eines neuen gesetzgeberischen Konzepts geben könnte. § 130 a HGB nF kann derzeit jedenfalls als gesetzgeberische Bestätigung des Haftungsmodells der Rechtsprechung verstanden werden.[859] Ein neues Konzept *de lege ferenda* zu entwickeln, wurde bereits angemahnt.[860]

VII. Konkurrierende Anspruchsgrundlagen

1. § 311 III BGB, Grundsätze der cic

272 Eine Haftung des Antragspflichtigen gem. § 311 III BGB (Grundsätze der cic) spielte neben der dargestellten Insolvenzverschleppungshaftung ggü. den Neugläubigern in der höchstrichterlichen Rspr. keine Rolle. *K Schmidt* nimmt indes eine Repräsentantenhaftung des Geschäftsführers an, da er wegen der ihn treffenden Selbstprüfungspflicht Träger des Solvenzvertrauens der Gläubiger ist u. deshalb besonderes Vertrauen in Anspruch nimmt.[861] Der BGH lehnt dies im Grds ab, weil er für eine derartige Rechtsfortbildung weder ein praktisches Bedürfnis noch eine Legitimation sieht.[862] Ein notwendiges wirtschaftliches Eigeninteresse des Vertreters (Geschäftsführers) liegt nicht schon deshalb vor, weil der Geschäftsführer zugleich Allein- oder Mehrheitsgesellschafter ist,[863] weil er Sicherheiten für

855 Grdlg. *K Schmidt*, JZ 78, 661, 665; *ders.*, NZI 98, 9, 13 ff.; *ders.*, ZGR 98, 633, 665 ff.; *ders.*, KTS 01, 373, 381 ff.; *ders.*, KTS 05, 261 ff.; Scholz/*ders* § 64 Rn. 186 ff.; *Fritsche/Lieder*, DZWiR 04, 93 ff.; *Poertzgen*, Organhaftung, S. 276 ff., 308 ff., 327 ff.; *ders.*, DZWiR 07, 101 ff.; *ders.*, ZInsO 09, 1833, 1837 ff.; Ulmer/*Casper* § 64 Rn. 167 ff.
856 Zust. Lutter/Hommelhoff/*Kleindiek* Anh. zu § 64 Rn. 102.
857 Hierzu Ulmer/*Casper* § 64 Rn. 169 f.
858 BGHZ 138, 211, 215 = NJW 98, 2667; Lutter/Hommelhoff/*Kleindiek* Anh. zu § 64 Rn. 102; *Freitag*, NZG 14, 447 ff.
859 *Strohn*, ZInsO 09, 1417, 1423.
860 *K Schmidt*, ZIP 09, 1551 f.
861 Zusammenfassend Scholz/*K Schmidt* § 64 Rn. 218.
862 BGHZ 126, 181, 190 = NJW 94, 2220; NJW-RR 95, 1327 (für Insolvenzverwalter).
863 BGH ZIP 02, 1771.

Gesellschaftsverbindlichkeiten bestellt hat[864] oder für eine bestimmte Handlung (zB Vertragsabschluss) eine zusätzliche Sonderleistung (zB Provision) von der Gesellschaft verlangen kann.[865] Jedoch bleibt eine Haftung gem. § 311 III BGB möglich, wenn der Geschäftsführer besonderes, von ihm ausgehendes Vertrauen in Anspruch nimmt, zB in Erklärungen über die Richtigkeit oder Vollständigkeit von Informationen.[866] Im Einzelfall können diese Erklärungen den Charakter eines selbstständigen Garantievertrags (§ 311 BGB) als Haftungsgrundlage erlangen.[867]

2. §§ 43, 71

Im Innenverhältnis zur Gesellschaft (**Innenhaftung**) kommt gem. § 43 II eine Haftung des (faktischen) Geschäftsführers sowie des Abwicklers (§ 71) wegen Beeinträchtigung von Vermögens-/Eigeninteressen der Gesellschaft in Betracht.[868] Hieran ist etwa zu denken, wenn der Geschäftsführer Sanierungsnahmen zu spät oder überhaupt nicht eingeleitet hat.[869] Pflichtwidriges Handeln indiziert das Verschulden (Geltung eines objektiven Verschuldensbegriffs), so dass sich der Geschäftsführer exkulpieren muss.[870] Der Schaden liegt aber nicht in einer Verschlechterung der Gläubigerquote,[871] weil es nicht zur Aufgabe des Geschäftsführers zählt, für eine bestmögliche Quote der Gläubiger in der Gesellschaftsinsolvenz zu sorgen.[872] Denken lässt sich jedoch an eine durch Antragsverzögerung verursachte **Schmälerung des Gesellschaftsvermögens,**[873] ggf. auch durch **Vermehrung von Verbindlichkeiten,**[874] u. zwar unabhängig davon, ob bereits zuvor eine Überschuldung vorlag.[875] Allerdings kann es den Geschäftsführer entlasten, wenn er auf Weisung der Gesellschafterversammlung bzw. mit Duldung der Gesellschafter gehandelt hatte.[876] Außerhalb deren Dispositionsbefugnis (vgl. § 43 III 3) sowie in den Fällen, in denen das Handeln der Gesellschafter einen **existenzvernichtenden Eingriff** gem. § 826 BGB darstellen 273

864 BGHZ 126, 181 = NJW 94, 2220; ZIP 95, 31.
865 BGH ZIP 92, 694.
866 Vgl. BGHZ 177, 25, 28 ff. = ZIP 08, 1526 (Rn. 11); *Bitter*, ZInsO 10, 1561, 1564 f.; vgl. auch *Poertzgen*, ZInsO 10, 465 ff.
867 Vgl. BGH NZG 02, 779 f.
868 OLG München BeckRS 18, 20350 Rn. 43 f.; Baumbach/Hueck/*Haas* § 64 Rn. 219; Lutter/Hommelhoff/*Kleindiek* Anh. zu § 64 Rn. 78; § 43 Rn. 32 ff.; Scholz/*K Schmidt* § 64 Rn. 220; Ulmer/*Casper* § 64 Rn. 134; *Bitter*, ZInsO 10, 1505, 1506 ff.; *Meixner*, DStR 18, 1025 f.
869 Dazu *Bork*, ZIP 11, 101, 105 f.; *Kleindiek*, FS U. H. Schneider, 11, S. 617, 619 f.; *Schluck-Amend/Walker*, GmbHR 01, 375, 376 ff.
870 *Bitter*, ZInsO 10, 1505, 1511.
871 Offen gelassen von BGH NJW 74, 1088, 1089.
872 Gottwald/*Haas/Kolmann/Kurz*, Insolvenzrechts-Handbuch, § 90 Rn. 158; *Bitter/Baschnagel*, ZInsO 18, 557, 559.
873 RGZ 161, 129, 142; Baumbach/Hueck/*Haas* § 64 Rn. 219; zweifelnd BGH NJW 74, 1088, 1089.
874 Nicht aber aus gegenseitigen Verträgen bei Fortführung nach Eintritt der Insolvenz, vgl. BGHZ 138, 211, 216 f. = ZIP 98, 776; zur Personalunion zwischen Geschäftsführer u. Gesellschafter indes BGH NJW 00, 1571; Gottwald/*Haas/Kolmann/Kurz*, Insolvenzrechts-Handbuch, § 90 Rn. 158; *Bitter*, ZInsO 10, 1505, 1509 f.; *Meixner*, DStR 18, 1025, 1026 f.
875 BGHZ 59, 148 (zum eingetragenen Verein).
876 BGH NJW 74, 1088; allerdings offen gelassen in BGH DStR 94, 1093, 1094.

würde, haben etwaige Weisungen/Zustimmungen keine exkulpierende Wirkung.[877] Die reine Innenhaftung gem. § 43 II macht der Insolvenzverwalter geltend, ohne dass es auf eine Differenzierung nach Alt- u. Neugläubigern ankommt. Eines Gesellschafterbeschlusses (§ 46 Nr. 8) bedarf der Insolvenzverwalter wegen der vorrangigen Gläubigerinteressen nicht.[878]

3. Weitere Anspruchsgrundlagen

274 Eigennütziges Handeln der Antragspflichtigen in der Krise kann eine Haftung ggü. einem (Alt-) Gläubiger wegen **vorsätzlicher sittenwidriger Schädigung** gem. § 826 BGB zur Folge haben.[879] Sie geht aber nicht über die Haftung wegen vorsätzlicher Insolvenzverschleppung hinaus. Eine Haftung gem. § 826 BGB besteht ggf. ggü. Dritten, die (noch) nicht Gläubiger der GmbH sind, aber von der Insolvenzverschleppung unmittelbar betroffen werden.[880] §§ 263,[881] 265 b,[882] 266,[883] 266 a (s. auch → § 64 Rn. 48 f.),[884] 283–283 b StGB sowie §§ 41 u. 82 II Nr. 2[885] sind jeweils Schutzgesetze, so dass den Geschäftsführer zusätzlich eine persönliche Haftung wegen Schutzgesetzverletzung iVm § 823 II BGB treffen kann.

275 Für **rückständige Steuerverbindlichkeiten** haftet der Geschäftsführer ggf. nach §§ 34, 69 AO. Zum Spannungsverhältnis von § 266 a StGB u. §§ 34, 69 AO zur Masseschmälerungshaftung s. → § 64 Rn. 48 f.

VIII. Insolvenzverfahren (Überblick)[886]

1. Eröffnungsantrag

276 Ein Insolvenzverfahren wird nur auf einen Antrag hin eröffnet (§ 13 InsO), der von einem Gläubiger (Fremdantrag, vgl. § 14 InsO) oder vom Schuldner selbst (Eigenantrag) stammen kann. Auch ein nachrangiger Gläubiger hat, sofern seine Forderung nicht den Rang des § 39 II InsO hat,[887] ein Rechtsschutzbedürfnis, ein Insolvenzverfahren einzuleiten, auch wenn er

877 BGH WM 86, 237; Baumbach/Hueck/*Haas* § 64 Rn. 219; iErg wohl auch Scholz/*K Schmidt* § 64 Rn. 220 (nur bei wirksamer Weisung); vgl. auch *Bitter*, ZInsO 10, 1505, 1508 ff.
878 BGH ZIP 04, 1708 (auch zur masselosen Liquidation).
879 BGHZ 108, 134 = NJW 89, 3277; ZIP 95, 31; 92, 694, 695; BGHZ 175, 58 = ZIP 08, 361 Rn. 10 ff.; 09, 2439 Rn. 7; OLG Frankfurt NZG 99, 947; OLG Köln WM 81, 1238; KG OLGR 01, 278, 279; OLG Stuttgart GmbHR 10, 207; LG Offenburg NZI 11, 28; Ulmer/*Casper* § 64 Rn. 195; *K Schmidt*, in K Schmidt/Uhlenbruck, GmbH in der Krise, Rn. 11.13; *Honsell*, GmbHR 87, 174 f.; Gottwald/*Haas/Kolmann/Kurz*, Insolvenzrechts-Handbuch, § 90 Rn. 157.
880 Zur Bundesagentur für Arbeit vgl. BGH ZIP 09, 2439; 08, 361, 362; OLG Koblenz ZIP 07, 120, 121; OLG Saarbrücken ZIP 07, 328, 329; *Piekenbrock*, ZIP 10, 2421 ff. – S. Rn. 238 ff.
881 OLG Koblenz BeckRS 11, 06705; Scholz/*K Schmidt* § 64 Rn. 221; Ulmer/*Casper* § 64 Rn. 191.
882 BGH ZIP 05, 1734, 1738; Scholz/*K Schmidt* § 64 Rn. 222; *Bitter*, ZInsO 10, 1561, 1568 f.
883 Vgl. hierzu *Bitter*, ZInsO 10, 1561, 1569 f.; *Weiß*, GmbHR 11, 350, 352 ff.
884 Vgl. hierzu BGH GmbHR 13, 265; *Bitter*, ZInsO 10, 1561, 1570 ff.
885 Ulmer/*Casper* § 64 Rn. 193.
886 Ausf. zur GmbH in der Insolvenz Gottwald/*Haas/Kolmann/Kurz*, Insolvenzrechts-Handbuch, § 90.
887 BGH NZI 11, 58, 59.

hieraus keine Befriedigung erwarten kann.[888] Zur Antragsrücknahme s. § 13 II InsO.[889] Die gesetzlich zur Insolvenzantragstellung Verpflichteten sind auch antragsberechtigt (vgl. § 15 I InsO). Stellen von mehreren antragsberechtigten Mitgliedern eines Vertretungsorgans nicht alle den Insolvenzantrag, so muss der Eröffnungsgrund – wie stets beim Fremdantrag – durch Vorlage entspr. Beweismittel (§ 4 InsO iVm § 294 ZPO) glaubhaft gemacht werden. Das Insolvenzgericht muss ferner die übrigen Mitglieder des Vertretungsorgans anhören (§ 15 II InsO; zur sofortigen Beschwerde s. § 34 II InsO). Der Eigenantrag wegen drohender Zahlungsunfähigkeit setzt ferner Vertretungsberechtigung der Antragsteller voraus (§ 18 III InsO). Sonderregeln existieren für Kreditinstitute (§ 46 b KWG) u. Versicherungsunternehmen (§ 88 VAG).

2. Insolvenzeröffnungsverfahren

Überwindet der Insolvenzantrag die Zulässigkeitshürden (vgl. → Rn. 171; 277
die Prüfung erfolgt inzidenter), beginnt das Insolvenzeröffnungsverfahren. In dessen Verlauf soll das Gericht – im Regelfall durch einen Gutachter – prüfen, ob ein Insolvenzgrund tatsächlich vorliegt u. eine die Verfahrenskosten deckende Masse (§ 26 InsO) vorhanden ist. Den Schuldner u. seine Organe trifft im Insolvenzeröffnungsverfahren eine umfassende Auskunfts- u. Mitwirkungspflicht (§ 20 InsO), die das Insolvenzgericht auch mit Zwangsmitteln durchsetzen kann (vgl. Verweisung auf §§ 97, 98, 101 InsO).[890]

Regelmäßig ordnet das Insolvenzgericht die im Einzelfall angemessen er- 278
scheinenden Sicherungsmittel an (§§ 21, 22 InsO). Dazu zählt häufig die Bestellung eines vorläufigen Insolvenzverwalters, dessen Befugnisse das Insolvenzgericht den jeweiligen Anforderungen anpassen sollte. Der praktisch häufigste Fall ist der sog. vorläufige „schwache" Verwalter mit Zustimmungsvorbehalt u. ohne generelle Verfügungsbefugnis (§ 22 II InsO), der im Einzelfall aufgrund einer gesonderten Ermächtigung des Insolvenzgerichts[891] Masseverbindlichkeiten begründen kann. Verfügungsgeschäfte ohne Zustimmung eines solchen vorläufigen Insolvenzverwalters sind grds. rechtsunwirksam (§§ 24, 81, 82 InsO). Die Geschäftsführungs- u. Vertretungsbefugnis der Geschäftsführer einer GmbH bleibt iÜ unberührt. Jedoch stellen die von den Geschäftsführern begründeten Verbindlichkeiten im eröffneten Insolvenzverfahren keine Masseverbindlichkeiten, sondern einfache Insolvenzforderungen dar.

888 BGH GmbHR 10, 1217.
889 Vgl. hierzu BGH NZI 08, 550, sofern Antragstellender bereits aus dem Amt ausgeschieden ist. – Zur umstr. Frage, ob Vertretung durch Gesamtheit erfolgen muss oder ob Handeln in vertretungsberechtigter Zahl genügt, s. Uhlenbruck/*Hirte*, InsO, § 15 a Rn. 6; Gottwald/*Haas/Kolmann/Kurz*, Insolvenzrechts-Handbuch, § 90 Rn. 69 ff.
890 *Uhlenbruck*, GmbHR 05, 817.
891 Dazu BGHZ 151, 365 ff.; HeidelbergerKommInsO/*Rüntz/Laroche*, § 22 Rn. 52; *Bork*, ZIP 03, 1423; *Kreft*, KTS 04, 221 ff.

3. Eröffnung des Insolvenzverfahrens

279 a) **Eröffnungsbeschluss.** Die Eröffnung des Insolvenzverfahrens durch einen gesondert erforderlichen Beschluss des Insolvenzgerichts (§ 27 InsO) führt zur Auflösung der Gesellschaft (§ 60 I Nr. 4). An die Stelle der §§ 65 ff. tritt das Insolvenzverfahren gem. den Vorschriften der InsO. Rechtsbehelf gegen den stattgebenden sowie abweisenden Eröffnungsbeschluss ist die sofortige Beschwerde (§§ 34, 6, 7, 4 InsO, § 569 ZPO), welche für die Schuldnerin analog § 15 InsO jeder Geschäftsführer einlegen kann.[892] Gegen einen stattgebenden Eröffnungsbeschluss steht sie der Schuldnerin bei einem Eigenantrag jedoch nicht offen, auch nicht mit dem Argument, die Eröffnung hätte mangels Masse abgelehnt werden müssen.[893] Die Gesellschafter haben kein Beschwerderecht gegen die Verfahrenseröffnung.[894] Auch die Abweisung mangels Masse hat die Auflösung zur Folge (§ 60 I Nr. 5); es gelten die allg. Regeln über die Liquidation (§§ 65 ff.).[895]

280 b) **Befugnisse des Insolvenzverwalters.** Die Verwaltungs- u. Verfügungsbefugnis über das zur Insolvenzmasse gehörende Vermögen der Gesellschaft (§ 35 InsO) geht auf den Insolvenzverwalter über (§ 80 I InsO), sofern sie nicht ausnahmsweise iR einer gerichtlich angeordneten Eigenverwaltung bei der Schuldnerin verbleibt (§§ 270 ff. InsO).[896] Dem Insolvenzverwalter obliegt es, sämtliche Forderungen der Gesellschaft einzuziehen, auch diejenigen ggü. den Gesellschaftern u./oder Geschäftsführern, über die Fortführung der bestehenden Verträge der Gesellschaft zu entscheiden (§§ 103 ff. InsO), Anfechtungsklagen zu erheben (§§ 129 ff. InsO), rückständige Einlageforderungen sowie von der Gesellschafterversammlung bereits beschlossene Nachschusspflichten[897] geltend zu machen u. das Vermögen der Gesellschaft, einschl. ihrer Firma,[898] bestmöglich zu verwerten. Dabei stimmt er sich im Regelfall mit der Gläubigerversammlung ab; der Gesellschafterversammlung steht kein Vetorecht zu wie es auch nicht auf ihre Zustimmung ankommt (entgg. § 46 Nr. 2, 8).

281 Die Verwertung kann auch iR eines Insolvenzplanverfahrens[899] unter Erhalt des Rechtsträgers erfolgen, aber ebenso durch eine Liquidation (einschl. der übertragenden Sanierung).[900] Dem Insolvenzverwalter obliegt ferner die Erfüllung der der Schuldnerin obliegenden handels- u. steuerrechtlichen Rechnungslegungs- u. Publizitätspflichten (§ 155 I InsO).

---

892 Baumbach/Hueck/*Haas* § 60 Rn. 39 f.
893 BGH WM 08, 1752; OLG Köln NZI 02, 101; Kübler/Prütting/Bork/*Pape*, InsO, § 34 Rn. 67 ff.
894 OLG Köln GmbHR 75, 14.
895 OLG Zweibrücken ZIP 03, 1954, 1955; Lutter/Hommelhoff/*Kleindiek* Anh. zu § 64 Rn. 75 (auch zur Verfahrenseinstellung gem. §§ 207 ff. InsO).
896 Ausf. dazu Gottwald/*Haas*, Insolvenzrechts-Handbuch, §§ 84 ff.
897 BGH GmbHR 94, 710.
898 BGHZ 85, 221 = NJW 83, 755; Lutter/Hommelhoff/*Kleindiek* Anh. zu § 64 *Rn. 69; Scholz/Bitter* Rn. 121, 136, 147. – Zur Unzulässigkeit von Firmenänderungen gegen den Willen des Insolvenzverwalters s. OLG Karlsruhe NJW 93, 1931.
899 Ausf. dazu Gottwald/*Koch/de Bra*, Insolvenzrechts-Handbuch, §§ 64 ff.
900 Zu gesellschaftsrechtlichen Maßnahmen im Planverfahren vgl. MüKoGmbHG/*Müller* Rn. 115 ff. mwN.

c) Stellung von Gesellschaftern u. Geschäftsführern. Die Insolvenzverfahrenseröffnung lässt die organisationsrechtliche Struktur der Gesellschaft grds. unberührt. Somit bleibt die Gesellschafterversammlung weiterhin das oberste Organ.[901] Die im Insolvenzverfahren auskunfts- u. mitwirkungspflichtigen (§§ 97, 98, 100, 101 InsO) Geschäftsführer bleiben im Amt u. können vom Insolvenzverwalter nicht abberufen werden (zum Anstellungsvertrag s. § 113 InsO). Die Geschäftsführer müssen zwar auch im Hinblick auf Tatsachen Auskunft erteilen, die zu Ansprüchen ihnen ggü. führen können, zB aus § 64; über ihre eigenen wirtschaflichen Verhältnisse sind die Geschäftsführer allerdings nicht auskunftspflichtig.[902] Weisungsrechte ggü. dem Insolvenzverwalter haben weder die Gesellschafter noch die Geschäftsführer. Die Kompetenzen des Insolvenzverwalters sind im vermögensrechtlichen Bereich u. im Umfang der Insolvenzmasse abschließend u. überlagern bzw. verdrängen die Befugnisse der Gesellschafterversammlung u./oder der Geschäftsführer.[903] 282

Maßnahmen über das Gesellschaftsinnenverhältnis, aber auch über künftige Kapitalanpassungen können die Gesellschafter weiterhin beschließen, welche die Geschäftsführer abwickeln u. anmelden.[904] Ferner können sie der Geschäftsführung im insolvenzfreien Bereich verbindliche Weisungen erteilen. Vermögensrechtliche Befugnisse erlangen sie, wenn der Insolvenzverwalter den Insolvenzbeschlag durch Freigabe aus der Insolvenzmasse aufgibt.[905] Hierdurch fällt die Verwaltungs- u. Verfügungsbefugnis wieder an die Gesellschaft u. ihre Organe zurück. 283

4. Beendigung des Insolvenzverfahrens

Das Insolvenzverfahren endet entweder durch Einstellung (zB wegen Masselosigkeit, Wegfall des Insolvenzgrunds oder mit Zustimmung der Gläubiger, vgl. §§ 207 ff. InsO) oder mit Aufhebung nach Vollzug der Schlussverteilung (§ 200 InsO; zu einer etwaigen Nachtragsverteilung vgl. §§ 203 ff. InsO) bzw. nach Bestätigung eines Insolvenzplans (§ 258 InsO). 284

§ 64 Haftung für Zahlungen nach Zahlungsunfähigkeit oder Überschuldung

[1]Die Geschäftsführer sind der Gesellschaft zum Ersatz von Zahlungen verpflichtet, die nach Eintritt der Zahlungsunfähigkeit der Gesellschaft oder nach Feststellung ihrer Überschuldung geleistet werden. [2]Dies gilt nicht

901 OLG Hamm NZG 02, 178, 180; OLG Rostock RPfleger 03, 444, 445; OLG Frankfurt GmbHR 15, 365 (zur Einberufung von Gesellschafterversammlungen).
902 BGH NZG 15, 563.
903 BayObLG BB 04, 797; OLG Rostock RPfleger 03, 444, 445; OLG Frankfurt ZIP 04, 1114, 1115.
904 BayObLG BB 04, 797; Lutter/Hommelhoff/*Kleindiek* Anh. zu § 64 Rn. 73.
905 Zur Zulässigkeit BVerwGE 122, 75 = WM 05, 233; vgl. zur Umsetzung durch Änderung der Besitzverhältnisse BVerwG ZInsO 06, 495; BGH ZInsO 06, 260, 261; BGHZ 163, 32 = NJW 05, 2015; 01, 2966, 2967; OLG Brandenburg ZInsO 01, 558, 559; OLG Hamm NZG 02, 178, 179; OLG Rostock ZInsO 00, 604, 605; Baumbach/Hueck/*Haas* § 60 Rn. 46; aA zB Scholz/*Bitter* Rn. 85.

von Zahlungen, die auch nach diesem Zeitpunkt mit der Sorgfalt eines ordentlichen Geschäftsmanns vereinbar sind. [3]Die gleiche Verpflichtung trifft die Geschäftsführer für Zahlungen an Gesellschafter, soweit diese zur Zahlungsunfähigkeit der Gesellschaft führen mussten, es sei denn, dies war auch bei Beachtung der in Satz 2 bezeichneten Sorgfalt nicht erkennbar. [4]Auf den Ersatzanspruch finden die Bestimmungen in § 43 Abs. 3 und 4 entsprechende Anwendung.

Schrifttum

Altmeppen, Die zentralen Änderungen des GmbH-Rechts nach dem Referentenentwurf des MoMiG, in VGR (Hrsg), Gesellschaftsrecht in der Diskussion 2006 (Bd 2), 2007, S. 93; *ders*, Persönliche Haftung des Aufsichtsrats für Verletzung der Massesicherungspflicht der Geschäftsleiter, ZIP 2010, 1973; *ders*, Was bleibt von den masseschmälernden Zahlungen?, ZIP 2015, 949; *ders*, Masseschmälernde Zahlungen, NZG 2016, 521; *Arends/Möller*, Aktuelle Rechtsprechung zur Geschäftsführerhaftung in Krise und Insolvenz der GmbH, GmbHR 2008, 169; *Armbrüster/Schilbach*, D&O-Versicherungsschutz für Ansprüche nach § 64 Satz 1 GmbHG, ZIP 2018, 1853; *Bangha-Szabo*, Keine Berücksichtigung von Insolvenzanfechtungsansprüchen im Rahmen der Masseschmälerungshaftung des Geschäftsleiters, KTS 2015, 165; *Barthel*, Die Anwendbarkeit der Erstattungspflicht nach § 64 Satz 1 GmbHG auf Gesellschaften ausländischer Rechtsformen mit Verwaltungssitz in Deutschland, ZInsO 2011, 211; *Bauer/Malitz*, Ansprüche wegen verbotener Zahlungen und D&O-Versicherung, ZIP 2018, 2149; *Berbeur*, Die Haftungsklage aus § 64 GmbHG auf Grundlage der aktuellen Rspr des II. Zivilsenats, NZI 2018, 919; *Berger/Herbst*, Pflicht zur Abführung von Sozialversicherungsbeiträgen: zwischen Scylla und Charybdis § 266 a StGB versus § 64 Abs. 2 GmbHG, BB 2006, 437; *Bierbach*, Wettlauf der Gläubiger um den Insolvenzgerichtsstand – Anfechtungsbefugnisse des Insolvenzverwalters nach Art. 18 II 2 EuInsVO, ZIP 2008, 2203; *Bitter*, Zur Haftung des Geschäftsführers aus § 64 Abs. 2 GmbHG für „Zahlungen" nach Insolvenzreife, WM 2001, 666; *ders*, Haftung von Gesellschaftern und Geschäftsführern in der Insolvenz ihrer GmbH, ZInsO 2010, 1505 (Teil 1) und 1561 (Teil 2); *Böcker/Poertzgen*, Kausalität und Verschulden beim künftigen § 64 Abs. 2 GmbHG, WM 2007, 1203; *Borges*, Gläubigerschutz bei ausländischen Gesellschaften mit inländischem Sitz, ZIP 2004, 733; *Bork*, Zum Beginn des Zahlungsverbots gemäß § 92 Abs. 2 S. 1 AktG, NZG 2009, 775; *ders*, Handbuch des Insolvenzanfechtungsrechts, 2006; *Brand*, Keine Haftung gemäß § 64 Satz 1 GmbHG bei Abführung rückständiger Sozialversicherungsbeiträge?, WM 2010, 1783; *ders*, § 64 Satz 3 GmbHG im Spannungsfeld von aufsteigenden Kreditsicherheiten, ZIP 2012, 1010; *Brünkmans*, Insolvenzbedingte Sonderaktive im Insolvenzgutachten für eine GmbH unter besonderer Berücksichtigung der Geschäftsführerhaftung aus § 64 S. 1 GmbHG, ZInsO 2011, 2167; *Bunnemann/Zirngibl*, Die Gesellschaft mit beschränkter Haftung in der Praxis, 2. Aufl; *Burgard*, Garantie- und Verschuldenshaftung von Mitgesellschaftern einer GmbH, NZG 2002, 606; *Casper*, Insolvenzverschleppungs- und Insolvenzverursachungshaftung des Geschäftsführers und der Gesellschafter, in: Goette/Habersack (Hrsg), Das MoMiG in Wissenschaft und Praxis, 2009, Rn 6.1 ff; *ders*, Die Haftung für masseschmälernde Zahlungen nach § 64 Satz 1 GmbHG: Hat der BGH den Stein der Weisen gefunden?, ZIP 2016, 793; *Cahn*, Die Ausfallhaftung der GmbH-Gesellschafter, ZGR 2003, 298; *Dahl/Schmitz*, Haftung des GmbH-Geschäftsführers aus § 64 Abs. 2 GmbHG bei Begleichung von Drittverbindlichkeiten mit zuvor von verbundenen Konzerngesellschaften zur Verfügung gestellten Mitteln, NZG 2008, 532; *Desch*, Haftung des Geschäftsführers einer GmbH nach § 64 S. 3 GmbHG bei Rückzahlung von Gesellschafterdarlehen, BB 2010, 2586; *Drescher*, Die Haftung des GmbH-Geschäftsführers, 8. Aufl 2019; *Drygala*, Zur Neuregelung der Tätigkeitsverbote für Geschäftsleiter von Kapitalgesellschaften, ZIP 2005, 423; *Eidenmüller*, Gesellschaftsstatut und Insolvenzstatut, RabelsZ 2006, 474; *ders*, Geschäftsleiter- und Gesellschafterhaftung bei europäischen Auslandsgesellschaften mit tatsächlichem Inlandssitz, NJW 2005, 1618; *ders.* (Hrsg), Ausländische Kapitalgesellschaften im deutschen Recht, 2004; *Enge*, Die Geschäftsführerhaftung aus § 69 AO in der Insolvenz, GmbHR 2018, 625; *Fleck*, Zur Haftung des GmbH-Geschäftsführers, GmbHR 1974, 224; *Fleischer/Schmolke*, Faktische Geschäftsführung in der Sanierungssituation, WM 2011, 1009; *Flöther/Korb*, Das

Verhältnis zwischen dem Erstattungsanspruch nach § 64 GmbHG und der Insolvenzanfechtung, ZIP 2012, 2333; *Frystatzki*, Ansprüche gegen Geschäftsführer und Gesellschafter in der Überschuldungsbilanz, NZI 2013, 161; *Gehrlein*, Die Auslegung des § 64 GmbHG im Spannungsfeld zwischen Gesellschaftsrecht und Insolvenzanfechtungsrecht, ZInsO 2015, 477; *ders*, Insolvenzanfechtungsrecht als Auslegungshilfe bei den Tatbeständen der Haftung für verbotene Zahlungen, ZHR 181 (2017), 482; *ders.*, Deliktische Haftung der Geschäftsleiter, GmbHR 2018, 1550; *ders.*, Haftung von Geschäftsführern und Gesellschaftern im Rahmen der Eigenverwaltung, ZInsO 2017, 849; *Geißler*, Wertgedeckte und nicht wertgedeckte Zahlungen bei Insolvenzreife der GmbH, GmbHR 2011, 907; *Gerhardt/Kreft*, Aktuelle Probleme der Insolvenzanfechtung, 10. Aufl 2006; *Goette*, Zur systematischen Einordnung des § 64 Abs. 2 GmbHG, ZInsO 2005, 2; *ders*, Wo steht der BGH nach „Centros“ u. „Inspire Art“?, DStR 2005, 197; *Götker*, Der Geschäftsführer in der Insolvenz, 1999; *Greulich/Bunnemann*, Geschäftsführerhaftung für zur Zahlungsunfähigkeit führende Zahlungen an die Gesellschafter nach § 64 Abs. 2 S. 3 GmbHG-RefE – Solvenztest im deutschen Recht?, NZG 2006, 681; *Greulich/Rau*, Zur Insolvenzverursachungshaftung des Geschäftsleiters einer Auslandsgesellschaft mit Inlandsverwaltungssitz, NZG 2008, 565; *Grigoleit*, Gesellschafterhaftung für interne Einflussnahmen im Recht der GmbH, 2006; *Haas*, Die Berücksichtigung der Insolvenzquote im Rahmen des Haftungsanspruchs nach § 64 Abs. 2 GmbHG, FS Fischer, 2008, S. 209; *ders*, Die internationale und örtliche Zuständigkeit für Klagen nach § 64 II GmbHG a.F. (bzw. § 64 S. 1 GmbH n.F.), NZG 2010, 495; *ders*, Reform des gesellschaftsrechtlichen Gläubigerschutzes, Gutachten E zum 66. Deutschen Juristentag, Stuttgart 2006; *ders*, Krisenhaftungsansprüche und Verjährung, FS Klaus J Hopt, 2010, S. 703; *ders*, Die Disziplinierung des GmbH-Geschäftsführers im Interesse der Gesellschaftergläubiger, WM 2006, 1417; *ders*, „Flankierende Maßnahmen“ für eine Reform des Gläubigerschutzes in der GmbH, GmbHR 2006, 505; *ders*, Der Erstattungsanspruch nach § 64 Abs. 2 GmbHG, NZG 2004, 737; *ders*, Die Haftung des GmbH-Geschäftsführers in der Krise der Gesellschaft, Unternehmen in der Krise, 2004, 73; *ders*, Der Normzweck des Eigenkapitalersatzrechts, NZI 2001, 1; *ders*, Insolvenzverwalterklagen und EuGVÜ, NZG 1999, 1148; *ders*, Vor-GmbH und Insolvenz, DStR 1999, 985; *ders*, Aktuelle Fragen zur Krisenhaftung des GmbH-Geschäftsführers nach § 64 GmbHG, DStR 2010, 1; *ders*, § 64 S. 3 GmbHG – Erste Eckpunkte des BGH, NZG 2013, 41; *ders*, § 64 S. 1 GmbHG im (vorläufigen) Eigenverwaltungs- und Schutzschirmverfahren, ZHR 178 (2014), 603; *ders/Müller*, Der insolvenzrechtliche Anfechtungsanspruch in der Insolvenz des Anfechtungsgegners, ZIP 2003, 49; *ders*, Die Abtretung des Anspruchs aus § 64 S. 1 GmbHG, in: Festschrift für Klaus Wimmer, 2017, S. 243; *Habersack/Foerster*, Austauschgeschäfte der insolvenzreifen Gesellschaft, ZHR 178 (2014), 387; *Hau*, Masseanreicherung und Gläubigerschutz im Europäischen Insolvenzrecht, Veröffentlichungen der Wissenschaftlichen Vereinigung für Internationales Verfahrensrecht eV (2008), 79; *Heeg*, Der GmbH-Geschäftsführer in der Vor-Insolvenz: Höchstrichterlich geklärt?, DStR 2007, 2134; *Henze*, Ausfallhaftung des GmbH-Gesellschafters, BB 2002, 1011; *Hirte*, Neuregelungen mit Bezug zum gesellschaftsrechtlichen Gläubigerschutz und im Insolvenzrecht durch das Gesetz zur Modernisierung des GmbH-Rechts und zur Bekämpfung von Missbräuchen (MoMiG), ZInsO 2008, 689; *ders*, Stellungnahme zum RegE eines Gesetz zur Modernisierung des GmbH-Rechts und zur Bekämpfung von Missbräuchen (MoMiG) für den Deutschen Bundestag, ZInsO 2008, 146; *ders/Bücker*, Grenzüberschreitende Gesellschaften, 2. Aufl 2006; *Hölzle*, Gesellschafterfremdfinanzierung und Kapitalerhaltung im Regierungsentwurf des MoMiG, GmbHR 2007, 729; *Janssen*, § 64 GmbHG: Gutschriften auf debitorisches Konto und Nutzung der dadurch wiedereröffneten Kreditlinie zu „privilegierten“ Zahlungen, ZInsO 2018, 1074; *Kiefner/Langen*, Massesicherungspflicht und Versagen des Überwachungsorgans, NJW 2011, 192; *Kindler*, Zum Kollisionsrecht der Zahlungsverbote in der Gesellschaftsinsolvenz, IPRax 2010, 430; *Kirstein*, Der früh beginnende und lang anhaltende Todeskampf juristischer Personen, ZInsO 2008, 131; *Kleindiek*, Geschäftsführerhaftung in der Krise, FS Uwe H Schneider, 2011, S. 617; *Klinck*, Die Geschäftsführerhaftung nach § 64 Satz 1 GmbHG im Eigenverwaltungs(eröffnungs)verfahren, DB 2014, 938; *Knittel/Schwall*, Plädoyer für eine praktische Handhabung des § 64 S. 1 GmbHG, NZG 2013, 782; *Krumm*, Insolvenzrechtliches Zahlungsverbot und rechtmäßiges Alternativverhalten – Zur Massesicherungs- u. -erhaltungspflicht bei debitorischen Bankkonten, WM 2010, 296; *Kübler* (Hrsg), Handbuch Restrukturierung in der Insolvenz, 2012; *Kuntz*, Die Insolvenz der Limited mit deutschem Verwaltungssitz – EU-Kapitalgesellschaften in Deutschland nach „Inspire Art“, NZI 2005, 424; *Lutter* (Hrsg), Europäische Auslandsgesellschaften in Deutschland, 2005; *Mahler*, Verstoß gegen § 64 S. 3 GmbHG bei „Upstream-Securities“, GmbHR 2012, 504; *Markgraf/Henrich*, Die D&O-Versicherung und § 64 Satz 1 GmbHG – Schein-Assekuranz oder Risikoübernahme, NZG 2018, 1290; *Medicus*, Die Außenhaftung des GmbH-Geschäftsführers, GmbHR 1993, 533; *Mock*, Steine statt Brot? – Verfahrenskonzentration bei grenzüberschreitenden Insolvenzanfechtungsklagen und fehlende örtliche Zuständigkeit, ZInsO 2009, 470; *Müller*, Insolvenz ausländischer Kapitalgesellschaften mit inländischem Verwaltungssitz, NZG 2003, 414; *ders*, Haftung des Stiftungsvorstands wegen Insolvenzverschleppung, ZIP 2010, 153; *ders*, Massekürzung und Massezufluss im Regime des Zahlungsverbots, DB 2015, 723; *ders*, Geschäftsführerhaftung für Zahlungen auf debitorische Konten, NZG 2015, 1021; *Nolting-Hauff/Greulich*, Was von der Insolvenzverursachungshaftung des Geschäftsführers nach § 64 S. 3 GmbHG bleibt, GmbHR 2013, 169; *Oberhammer*, Zur internationalen Anfechtungsbefugnis des Sekundärverwalters nach Europäischem Insolvenzrecht, KTS 2008, 273; *Pape*, Persönliche Haftung des GmbH-Geschäftsführers für masseschädigende Auszahlungen nach Eintritt der Insolvenzreife, ZInsO 2001, 397; *Poertzgen*, Organhaftung wegen Insolvenzverschleppung, 2006; *ders*, Die Geschäftsführerhaftung nach § 64 GmbHG de lege ferenda, ZInsO 2006, 561; *ders*, Neues zur Insolvenzverschleppungshaftung – der Regierungsentwurf des MoMiG, NZI 2008, 9; *ders*, Organschaftliche Krisenpflichten – in der (Wirtschafts-)Krise?, ZInsO 2010, 785; *ders*, Geschäftsführerhaftung aus § 64 Satz 1 GmbHG – Anwendungspraxis und rechtspolitische Kritik, ZInsO 2011, 305; *ders*, Uneingeschränkte Haftung aus § 64 GmbHG bei unterlassener Insolvenzanfechtung?, ZInsO 2018, 1357; *ders*, Bargeschäft und Gegenleistung: BGH locuta, causa finita?, ZInsO 2017, 2056; *ders*, Notwendige Korrektur der Beweislastverteilung bei § 64 GmbHG, ZInsO 2016, 1459; *ders*, Quo vadis § 64 GmbHG?, ZInsO 2016, 1182; *Priebe*, Die Haftung des GmbH-Geschäftsführers gem. § 64 GmbHG, ZInsO 2014, 1681; *Primozic/Nöller*, Zum Deckungsumfang der Directors-and-Officers-Versicherung (D&O-Versicherung), ZInsO 2018, 2509; *Radtke*, Nichtabführen von Arbeitnehmerbeiträgen (§ 266 a StGB) in der Krise des Unternehmens, GmbHR 2009, 673; *ders*, Geschäftsführerhaftung nach § 64 Satz 1 GmbHG – Anwendungspraxis und rechtspolitische Kritik, ZInsO 2011, 305; *Ringe/Willemer*, Zur Anwendung von § 64 GmbHG auf eine englische Limited, NZG 2010, 56; *Röhricht*, Insolvenzrechtliche Aspekte im Gesellschaftsrecht, ZIP 2005, 505; *K Schmidt*, Debitorisches Bankkonto und Insolvenzverschleppungshaftung: Ist Geben seliger denn Nehmen?, ZIP 2008, 1401; *ders*, Verbotene Zahlungen von Handelsgesellschaften und die daraus resultierenden Ersatzpflichten: Insolvenzrechtliche Brotvermehrung durch Klagen nach § 64 Abs. 2 GmbHG?, ZHR 168 (2004), 637; *ders*, GmbH-Reform, Solvenzgewährleistung und Insolvenzpraxis – Gedanken zum MoMiG-Entwurf, GmbHR 2007, 1; *ders*, Übermäßige Geschäftsführerrisiken aus § 64 Abs. 2 GmbHG, § 130 a Abs. 3 HGB?, ZIP 2005, 2177; *ders*, Geschäftsführerhaftung gemäß § 64 Abs. 2 GmbHG bei masseloser Insolvenz, GmbHR 2000, 1225; *ders*, Gesetzlicher Handlungsbedarf im Insolvenzverschleppungsrecht, ZIP 2009, 1551; *ders*, Aufsichtsratshaftung bei Insolvenzverschleppung, GmbHR 2010, 1319; *ders*, Weg mit den „Zahlungsverboten“ in Insolvenzverschleppungsfällen, ZHR 175 (2011), 433; *Schneider/Brouwer*, Die straf- und zivilrechtliche Verantwortlichkeit des Geschäftsführers für die Abführung der Arbeitnehmeranteile zur Sozialversicherung, ZIP 2007, 1033; *Schön*, GmbH-Geschäftsführerhaftung für Steuerschulden – zur Konkurrenz zwischen dem Fiskus und den privatrechtlichen Gläubigern einer GmbH, FS Westermann, 2008, S. 1469; *Schröer-Conigliello/Schmittmann*, Managers on the hook? – Aktuelle Rechtsprechung des BGH zur Haftung des GmbH-Geschäftsführers bei Verletzung der Masseerhaltungspflicht aus der Praktiker-Perspektive, ZIP 2017, 1548; *Schürnbrand*, Überwachung des insolvenzrechtlichen Zahlungsvebots durch den Aufsichtsrat, NZG 2010, 1207; *Schulze-Osterloh*, Zahlungen nach Eintritt der Insolvenzreife (§ 64 Abs. 2 GmbHG; §§ 92 Abs. 3, 93 Abs. 3 Nr 6 AktG), FS Bezzenberger, 2000, S. 415; *Seibert*, GmbH-Reform: Der Referenten-Entwurf eines Gesetzes zur Modernisierung des GmbH-Rechts und zur Bekämpfung von Missbräuchen – MoMiG, ZIP 2006, 1157; *Siemon*, Haftung des (Sanierungs-)Geschäftsführers gem. § 64 GmbHG im Schutzschirmverfahren nach § 270 b InsO, ZInsO 2012, 2009; *Skauradszun/Spahlinger*, Die Haftung des Geschäftsführers in der Eigenverwaltung, DB 2015, 2559; *Steffek*, Gläubigerschutz in der Kapitalgesellschaft, 2011; *Strohn*, Existenzvernichtungshaftung – Vermögensvermischungshaftung –

Durchgriffshaftung, ZInsO 2008, 706; *ders*, Organhaftung im Vorfeld der Insolvenz, NZG 2011, 1161; *ders/Simon*, Haftungsfallen für Gesellschafter und Geschäftsführer im Recht der GmbH, GmbHR 2010, 1181; *Theiselmann/Redeker*, Die Geschäftsführerhaftung für Zahlungen nach Insolvenzreife, GmbHR 2008, 961; *Theusinger/Kapteina*, Upstream-Sicherheiten und Limitation Language, NZG 2011, 881; *Thiessen*, Haftung des Aufsichtsrats für Zahlungen nach Insolvenzreife, ZGR 2011, 275; *Tiedtke/Peterek*, Zu den Pflichten des organschaftlichen Vertreters einer Kapitalgesellschaft, trotz Insolvenzreife der Gesellschaft Sozialabgaben und Lohnsteuer abzuführen, GmbHR 2008, 617; *Veil*, Kapitalerhaltung – Das System der Kapitalrichtlinie versus situative Ausschüttungssperren –, ZGR Sonderheft 17, 91; *Vetter*, Grundlinien der GmbH-Gesellschafterhaftung, ZGR 2005, 788; *Wagner*, Grundfragen der Insolvenzverschleppungshaftung nach der GmbH-Reform, FS K Schmidt, 2009, S. 1665; *Wagner/Zabel*, Insolvenzverschleppungshaftung nach § 64 Abs. 2 GmbHG wegen Überschuldung – Anreicherung der Masse durch Haftungsverlagerung auf den Steuerberater?, NZI 2008, 660; *Wais*, Internationale Zuständigkeit bei gesellschaftsrechtlichen Ansprüchen aus Geschäftsführerhaftung gemäß § 64 Abs. 2 Satz 1 GmbHG a.F./§ 64 Satz 1 GmbHG n.F, IPRax 2011, 138; *Weiß*, Strafbarkeit der Geschäftsführer wegen Untreue bei Zahlungen „entgegen" § 64 GmbHG, GmbHR 2011, 350; *Werres*, Kontokorrent und Haftung nach § 64 Abs. 2 GmbHG, ZInsO 2008, 1001; *Wilhelm*, Verbot der Zahlung, aber Strafdrohung bei Nichtzahlung gegen den Geschäftsführer einer insolvenzreifen GmbH?, ZIP 2007, 1781; *Winstel/Skauradszun*, Zahlungen an mehrere Gesellschafter in der Krise, GmbHR 2011, 185.

I. Überblick

1 Art. 1 Nr. 43 MoMiG hat Abs. 1 aF ersatzlos gestrichen, seinen Regelungsinhalt in § 15 a InsO überführt u. dort zugleich die bislang in § 84 vorgesehene Strafbarkeit der Insolvenzverschleppung mitgeregelt. Der bisherige Abs. 2 aF wurde unverändert zu S. 1, 2 u. 4, ergänzt um einen neu eingefügten, dem Liquiditätsschutz der Gesellschaft dienenden S. 3. Gleichwohl bleibt der logische Zusammenhang zwischen Insolvenzantragspflicht (Abs. 1 aF bzw. § 15 a InsO) u. Masseschmälerungshaftung (Abs. 2 aF bzw. S. 1, 2, 4 nF) bestehen.[1] Die vom Gesetzgeber vorgenommene Aufteilung kann daher systematisch nicht überzeugen, zumal der Gesetzgeber selbst den „starken insolvenzrechtlichen Bezug" des neuen § 64 bestätigt.[2] Es hätte nahegelegen, zumindest die Masseschmälerungshaftung in die InsO zu transferieren.[3]

II. Masseschmälerungshaftung (S 1, 2, 4)

1. Allgemeines

2 a) **Regelungsgegenstand, zeitlicher Anwendungsbereich.** Gem. S. 1 haben die Haftungsadressaten der Vorschrift (→ Rn. 18 ff.) Zahlungen, die nach Eintritt der materiellen Insolvenz (→ Rn. 22 ff.) u. somit ggf. vor Ablauf der 3-Wochen-Frist des § 15 a InsO[4] entgg. der Sorgfalt eines ordentlichen Geschäftsmanns (→ Rn. 43 ff.) geleistet werden, zu erstatten. S. 1 enthält also in Konkretisierung bzw. Überlagerung des § 43 die **krisenspezifische Organpflicht, das Gesellschaftsvermögen bei materieller Insolvenz zu erhalten,**[5] sofern die materielle Insolvenz nicht beseitigt werden kann. Normzweck ist nach hM die Verhinderung einer Masseschmälerung nach Insolvenzreife bzw. die **Erhaltung des verteilungsfähigen Vermögens zugunsten**

1 Vgl. Baumbach/Hueck/*Haas* Rn. 3 ff.; *Böcker/Poertzgen*, WM 07, 1203, 1204; *Hirte*, ZInsO 08, 146, 148; *K Schmidt*, ZIP 08, 1401, 1403.
2 Begr. RegE MoMiG BT-Drs. 16/6140, S. 46.
3 *Hirte*, ZInsO 08, 689, 698.
4 BGH DB 12, 1797 Rn. 8.
5 BGH ZIP 15, 71 Rn. 9.

der Gläubigergesamtheit,[6] um in Ergänzung zur Insolvenzanfechtung (§§ 129 ff. InsO)[7] im Insolvenzverfahren eine gleichmäßige u. ranggerechte Vermögensverteilung an die Gläubiger zu ermöglichen.[8] Ihre Befriedigungsquote soll sich durch Verringerung der Haftungsmasse nicht verschlechtern.[9] Eine Unternehmensfortführung auf Kosten u. Gefahr der Gläubigergesamtheit mit dem Risiko weiterer Masseminderungen wird durch die Vorschrift mittelbar u. als Reflex untersagt.[10] Ob zusätzlich die Verwirklichung der Gläubigergleichbehandlung ein eigenes Regelungsziel darstellt, hat der BGH in jüngsten Entscheidungen unterschiedlich beurteilt.[11] Richtigerweise gehört Gläubigergleichbehandlung allerdings nicht zum Normzweck, weil der Geschäftsführer außerhalb eines Insolvenzverfahrens nicht zur Gläubigergleichbehandlung verpflichtet ist;[12] die Gläubigergleichbehandlung verwirklicht sich nur reflexartig. Die Norm gibt – durch Androhung der persönlichen Erstattungspflicht – einen zusätzlichen **Anreiz, rechtzeitig das Insolvenzverfahren (ggf. §§ 270 a, 270 b InsO) einzuleiten.**[13] Die Vorschrift ergänzt somit die zuvor in Abs. 1 aF u. nunmehr in § 15 a InsO geregelte Insolvenzantragspflicht; der Schutzzweck beider Vorschriften deckt sich allerdings nur teilw.[14] In der Insolvenzverwalter-Praxis handelt es sich, häufig aufgrund bestehenden **D&O-Versicherungsschutzes,** um die **zentrale Anspruchsnorm** ggü. Geschäftsführern.[15] Die Norm hat **zwingenden Charakter**; ihr Regelungsgehalt unterliegt nicht der Disposition durch Satzung oder Gesellschafterbeschluss.[16]

Dem geschilderten Schutzzweck können die Normadressaten nur gerecht werden, wenn sie frühzeitig u. fortlaufend die Vermögensverhältnisse der Gesellschaft im Auge haben u. überprüfen (hierzu → Rn. 54 ff. u. → vor 2a

---

6 BGH NZG 15, 101 Rn. 8; 15, 149 Rn. 9; NJW 15, 2806 Rn. 13, 24; ZIP 07, 1006 Rn. 7; NJW 01, 1280; 74, 1088, 1089; OLG Köln ZIP 95, 1418, 1419; Baumbach/Hueck/*Haas* Rn. 4; Ulmer/*Casper* Rn. 4; *Wicke* Rn. 1; zust. *Tamm/Fangerow*, BB 12, 1944, 1948 mwN.

7 Vgl. zu den Querbezügen instruktiv *Thole*, Gläubigerschutz durch Insolvenzrecht, 10, S. 701 ff.

8 BGH ZIP 18, 1451 Rn. 25; 16, 821 Rn. 15; ZIP 11, 1007 Rn. 20; 10, 470 Rn. 10; 08, 1229 Rn. 10; Baumbach/Hueck/*Haas* Rn. 1, 5.

9 BGH NJW 74, 1088, 1089.

10 BGH NJW 15, 2806 Rn. 24.

11 Vgl. einerseits BGH NZG 09, 550, 551; DStR 03, 1133; NJW 15, 2806 Rn. 24 mwN; OLG Hamburg ZIP 19, 416, 418; GKAktG/*Habersack*, § 92 Rn. 91 (zum Aktienrecht); Ulmer/*Casper* Rn. 4; *Goette*, DStR 03, 887, 893; *ders.*, ZInsO 01, 529, 535; zweifelnd indes BGH ZIP 08, 747, 748; krit. Scholz/*K Schmidt* Rn. 6.

12 Baumbach/Hueck/*Haas* Rn. 4 a; Scholz/*K Schmidt* Rn. 6.

13 Baumbach/Hueck/*Haas* Rn. 3, 5; *ders.*, GmbHR 10, 1 f.; *Bitter*, ZInsO 10, 1505, 1512. – Zu vergleichbaren Regelungen in ausländischen Rechtsordnungen vgl. Ulmer/*Casper* Rn. 16 ff.; *Haas*, Reform des gesellschaftsrechtlichen Gläubigerschutzes, E 25 ff.

14 BGH NZG 11, 624, 626.

15 *Bitter*, WM 01, 666 ff. – Zum Versicherungsschutz durch D&O-Versicherung vgl. insoweit OLG Düsseldorf NZI 18, 758 Rn. 72; OLG Celle BeckRS 16, 125428; hierzu *Bauer/Malitz*, ZIP 18, 2149, 2156; *Primozic/Nöller*, ZInsO 18, 2509, 2510 f.; *Markgraf/Henrich*, NZG 18, 1290; *Armbrüster/Schilbach*, ZIP 18, 1853. – Zur fehlenden Verpflichtung des Insolvenzverwaltes, aus Mitteln der Insolvenzmasse Prämien zur Aufrechterhaltung eines Versicherungsschutzes zu leisten, vgl. BGH BeckRS 16, 09620 Rn. 16.

16 Zust. Rowedder/*M. Schmidt-Leithoff/Schneider* Rn. 7.

§ 64 Rn. 11 ff.). Die ständige Rspr. u. herrschende Literatur bejahen eine solche beständige **Verpflichtung zur wirtschaftlichen Selbstkontrolle.**[17] Im Fall einer internen Ressortaufteilung müssen die übrigen Mitgeschäftsführer sicherstellen, dass sie die Erfüllung der Selbstprüfungspflicht durch einen Mitgeschäftsführer laufend überwachen u. kontrollieren können.[18] Vgl. Erl. → vor § 64 Rn. 11 ff.

3 In **zeitlicher Hinsicht** gilt das Verbot der Masseschmälerung gem. § 64 vom Grundsatz her im Regeleröffnungsverfahren (zur vorläufigen Eigenverwaltung sowie zum Schutzschirmverfahren → Rn. 51 f.) auch nach Antragstellung bis zur Insolvenzeröffnung bzw. bis zur Abweisung mangels Masse (§ 26 InsO).[19] Verliert der Schuldner die Verwaltungs- u. Verfügungsbefugnis bereits im Eröffnungsverfahren, endet damit auch ein Haftungsrisiko für den Geschäftsführer nach S. 1.[20] Der Zustimmungsvorbehalt des vorläufigen Verwalters legt grds. Privilegierung nach S. 2 nahe.[21] Im eröffneten Insolvenzverfahren, ob Regelinsolvenz oder Eigenverwaltung, ist § 64 nicht anwendbar.[22]

4 **b) Rechtsnatur.** Die von § 64 S. 1 geschützten Interessen liegen außerhalb der Gesellschaft, obgleich ihr der Anspruch zusteht. Hieran schließt sich ein Streit über die dogmatische Einordnung der Vorschrift an.[23]

5 Nach dem Verständnis der gefestigten Rspr. u. hL handelt es sich bei der Masseschmälerungshaftung gem. S. 1, 2, 4 – ähnl wie bei der Insolvenzanfechtung gem. §§ 129 ff. InsO[24] – um einen auf Wiederauffüllung der Insolvenzmasse gerichteten **Erstattungsanspruch eigener Art,**[25] keinen auf Schadensersatz gerichteten deliktsrechtlichen Anspruch.[26] Demnach schei-

---

17 BGH ZIP 07, 1265, 1266; OLG Oldenburg ZInsO 09, 154, 156; OLG Celle GmbHR 08, 1034, 1035; KG ZInsO 06, 437, 439; Baumbach/Hueck/*Haas* Rn. 61; Rowedder/*M. Schmidt-Leithoff/Schneider* Vor § 64 Rn. Rn. 67; Rn. 8.

18 BGH NJW-RR 95, 669, 670.

19 OLG Brandenburg ZIP 07, 724, 725; Baumbach/Hueck/*Haas* Rn. 85; Gehrlein/Born/Simon/*Sandhaus* Rn. 8; MüKoGmbHG/*Müller* Rn. 138; *Bachmann*, ZIP 15, 101, 107 f.; *Bitter/Baschnagel*, ZInsO 18, 557, 574; *Weber/Knapp*, ZInsO 14, 471, 474; vgl. aber *Haas*, ZHR 178 (2014), 603 ff.

20 OLG Brandenburg ZInsO 16, 852, 856; Baumbach/Hueck/*Haas* Rn. 85; Lutter/Hommelhoff/*Kleindiek* Rn. 12; MüKoGmbHG/*Müller* Rn. 151; *Bitter/Baschnagel*, ZInsO 18, 557, 574.

21 *Gehrlein*, ZInsO 17, 849, 851.

22 OLG Brandenburg ZInsO 16, 852, 856; MüKoGmbHG/*Müller* Rn. 151; Baumbach/Hueck/*Haas* Rn. 85; Bork/*Schäfer* Rn. 17; *Bitter/Baschnagel*, ZInsO 18, 557, 574. – Zur Haftung der Geschäftsleiter im Eigenverwaltungsverfahren analog §§ 60, 61 InsO im Außenverhältnis vgl. BGH NZI 18, 519 Rn. 47 ff.

23 Ulmer/*Casper* Rn. 6 f.; *K Schmidt*, in K Schmidt/Uhlenbruck, GmbH in der Krise, Rn. 11.35; *Goette*, ZInsO 05, 2 ff.

24 Darauf zu Recht hinweisend Baumbach/Hueck/*Haas* Rn. 4 b, 12; vgl. zur Rechtsnatur der Insolvenzanfechtung BGHZ 15, 38, 45 (zur KO); BGH ZIP 90, 246; MKInsO/*Kirchhof/Freudenberg*, Vor §§ 129–147 Rn. 37.

25 BGH NJW 74, 1088, 1089; BGHZ 146, 264, 278 = NJW 01, 1280, 1283; ZIP 05, 1550 f.; GmbHR 07, 596, 598; 08, 702, 703; ZIP 10, 1988 Rn. 14; 11, 1007 Rn. 20; BFH ZIP 07, 1604, 1606; OLG Düsseldorf NZG 99, 1066, 1067; Baumbach/Hueck/*Haas* Rn. 12; *Bork*/Schäfer Rn. 1; Lutter/Hommelhoff/*Kleindiek* Rn. 5; MüKoGmbHG/*Müller* Rn. 138 ff.; *Goette*, ZInsO 05, 1, 3; *ders.*, ZInsO 01, 529, 535; *Haas*, NZG 04, 737, 738; *Habersack/Schürnbrand*, WM 05, 957, 960; *Röhricht*, ZIP 05, 505, 509.

26 BGH ZIP 08, 1026, 1027; 07, 631, 633.

det auch eine Teilnehmerhaftung gem. § 830 BGB aus.[27] Ob bei der Gesellschaft ein Schaden entstand oder nicht (typischerweise nicht wegen Wegfalls einer Verbindlichkeit),[28] spielt für die Haftung gem. S. 1 keine Rolle.[29] Ebenso wenig setzt die Vorschrift auf Tatbestandsebene einen Quotenschaden bei den Gläubigern voraus.[30] Auch in Entscheidungen zur Parallelvorschrift des § 130 a HGB aF, die nach Vorstellung des Gesetzgebers dem Abs. 2 aF inhaltlich entsprechen sollte, hat der BGH darauf hingewiesen, dass es sich allenfalls um einen „Schadensersatzanspruch eigener Art" handele.[31] *K Schmidt* hingg. befürwortet eine delikts-/schadensersatzrechtliche Qualifikation, die § 64 als einen gesetzlich geregelten Fall einer Drittschadensliquidation im Gläubigerinteresse begreift.[32] § 64 S. 1 stelle einen Ausschnitt der Schadensabwicklungstechnik beim Schadensersatz wegen Insolvenzverschleppung gem. § 823 II iVm § 15 a InsO dar, der diesen Anspruch jedoch unmittelbar der Gesellschaft zuweise u. dabei als Darlegungs- u. Beweislasterleichterung zu verstehen sei, dass im Umfang der Auszahlungen als zu vermutender Schadensposten ein Gesamtgläubigerschaden entstand.[33] *Altmeppen* hingg. betrachtet umgekehrt § 64 S. 1 als eine abschließende Regelung für die Insolvenzverschleppungshaftung iSe Verlustausgleichs, welche für § 823 II BGB iVm § 15 a InsO keinen Raum lässt.[34]

Stellungnahme: Der Wortlaut der Vorschrift spricht gegen eine solche deliktsrechtliche Einordnung[35] u. auch gegen eine Einheitsbetrachtung. Hiergegen lässt sich mit der hM insbes. anführen, dass die Begrenzung auf „Zahlungen" schon im Ansatz nicht den Gläubigerschaden erfassen kann, der bei den Gläubigern wegen einer verspäteten Einleitung eines Insolvenzverfahrens eintritt. Dies auszugleichen, obliegt der insoweit eigenständigen Insolvenzverschleppungshaftung gem. § 823 II BGB iVm § 15 a InsO (→ vor § 64 Rn. 216 ff.), deren Ausgestaltung gem. der hM freilich praktische Unzulänglichkeiten aufweist (s. → vor § 64 Rn. 267 ff.). Der Ansatz der Gegenansicht verdeckt den insolvenzrechtlichen Zusammenhang der Vorschrift u. erschwert die Geltendmachung des Anspruchs unnötig, weil der Schaden für die Masse erst mit Ende des Verfahrens feststeht.[36] Auch 6

---

27 BGH ZIP 08, 1026, 1027; 07, 631, 633.
28 BGH ZIP 10, 1988 Rn. 14.
29 BGH ZIP 07, 1006, 1007; OLG Celle GmbHR 95, 54, 55; Baumbach/Hueck/*Haas* Rn. 12; *Bork*/Schäfer Rn. 1.
30 BGH ZIP 07, 1006 Rn. 7; *Bork*/Schäfer Rn. 1.
31 BGH ZIP 07, 1006 Rn. 7; 10, 1988 Rn. 14; OLG Koblenz NZG 06, 583, 584; aA MüKoHGB/*K Schmidt*, § 130 a Rn. 33; *ders.*, ZIP 05, 2177; Staub/*Habersack* HGB § 130 a Rn. 28.
32 Vgl. Scholz/*K Schmidt* 10. Aufl. Rn. 35; *ders.*, ZIP 05, 2177, 2183; in diese Richtung auch *Poertzgen*, ZInsO 11, 305, 313; *Böcker*/*ders*, WM 07, 1203, 1204; *Medicus*, GmbHR 93, 533, 538; vgl. auch *Wagner*, FS K Schmidt, 09, S. 1665, 1671.
33 Scholz/*K Schmidt* Rn. 11, 16, 63, 68 f.
34 Roth/*Altmeppen* Rn. 41 ff.; *ders.*, ZIP 15, 949, 952 f.
35 Vgl. Baumbach/Hueck/*Haas* Rn. 12; MüKoGmbHG/*Müller* Rn. 139; *Cadmus*, KTS 15, 143, 149 ff.; *Habersack*/*Foerster*, ZHR 178 (14), 387, 393.
36 Lutter/Hommelhoff/*Kleindiek* Rn. 4; Gottwald/*Hass*/*Kolmann*/*Kurz*, Insolvenzrechts-Handbuch, § 90 Rn. 185; *Goette*, ZInsO 05, 1, 3 f.; *Haas*, NZG 04, 737 ff.; *ders.*, FS Fischer, 08, S. 209, 212 f.; *Habersack*/*Foerster*, ZGR 16, 153, 161; *Röhricht*, ZIP 05, 505, 509; vertiefend zum Verhältnis zur Insolvenzanfechtung *Gehrlein*, ZHR 17, 482 ff.

die Insolvenzanfechtung, die einen gleichen Schutzzweck verfolgt, wird als Anspruch eigener Art qualifiziert.[37]

7 c) **Verhältnis zur Insolvenzverschleppung.** Das Verhältnis der Masseschmälerungshaftung gem. § 64 zur Insolvenzverschleppungshaftung ist seit langem umstritten. Diesen Streit facht ein unterschiedlicher Gesetzeswortlaut in den diversen Schwesterbestimmungen des S. 1 (§§ 92 II, 93 III Nr. 6 AktG; §§ 99, 34 III Nr. 4 GenG; §§ 130 a I, 177 a HGB; §§ 42 II, 53, 86 BGB) zusätzlich an.[38] Die rechtsformübergreifende Verlagerung der Insolvenzantragspflicht durch das MoMiG (§ 15 a InsO) hat die systematische Abgrenzung noch zusätzlich erschwert.

8 Mit dem aktuellen gesetzgeberischen Konzept lässt es sich jedoch nicht in Einklang bringen,[39] entgg. der hM den Schutzgesetzcharakter des § 15 a InsO zu verneinen u. die Erstattungspflicht des § 64 (sowie seiner Schwesterbestimmungen) in eine allg. Verlustdeckungshaftung während der Insolvenzverschleppung umzudeuten, während Neugläubiger nur einen Anspruch gem. den Grundsätzen der cic bzw. wegen § 823 II BGB iVm § 263 StGB (Eingehungsbetrug) haben.[40]

9 Ebenso wenig[41] lässt sich *de lege lata* annehmen, dass S. 1 in der Insolvenzverschleppungshaftung aufgeht u. lediglich eine widerlegliche Vermutung zur Höhe des in der Insolvenzverschleppungsphase entstandenen Schadens begründet, der über § 823 II BGB iVm § 15 a InsO zu ersetzen wäre.[42] Vielmehr bleibt es bei einem **zweigleisigen Haftungsmodell,** in dem Insolvenzverschleppungs- u. Masseschmälerungshaftung nebeneinander stehen.[43]

10 Damit werden die vorgenannten Konzepte nicht inhaltlich abgelehnt. Schon gar nicht soll die Notwendigkeit von Detailkorrekturen iR des bestehenden Systems verneint sein.[44] Eine in sich widerspruchsfreie, praktikable, rechtsformübergreifende Regelung stellt eine **noch unerledigte Aufgabe des Gesetzgebers** dar.[45] Diese darf einerseits das Risiko der Gläubiger nicht einseitig auf die Geschäftsführung des Insolvenzschuldners verlagern u. da-

---

37 Hierzu BGHZ 15, 38, 45; MKInsO/*Kirchhof/Freudenberg*, Vor §§ 129–147 Rn. 37; *Haas*, FS Fischer, 08, S. 209, 212 f.; *ders./Müller*, ZIP 03, 49, 50.

38 Lutter/Hommelhoff/*Kleindiek* Rn. 3. Für ein abgestimmtes und einheitliches Haftungsmodell mit Unterschieden im Detail vgl. auch *Bitter*, ZIP 16, Beilage zu Heft 22, 6, 11; *Altmeppen*, ZIP 15, 949; *Neuberger*, ZIP 18, 909.

39 Lutter/Hommelhoff/*Kleindiek* Rn. 4; vgl. auch *Habersack/Foerster*, NZG 16, 153 ff.

40 So aber Roth/*Altmeppen* Rn. 41 ff., 56 ff.; *Altmeppen/Wilhelm*, NJW 99, 673, 678 ff.; *Altmeppen*, NJW 05, 1911, 1914; *ders.*, ZIP 15, 949, 955 f.; *ders.*, NZG 16, 521, 524 ff.; ähnl *Grigoleit*, Gesellschafterhaftung, S. 129 ff.

41 Zutr. Lutter/Hommelhoff/*Kleindiek* Rn. 4; MüKoGmbHG/*Müller* Rn. 139 ff.; *Goette*, DStR 11, 132.

42 So aber zusammenfassend Scholz/*K Schmidt* Rn. 11, 16, 63, 68 f., 189, 197; zuvor schon *K Schmidt*, GmbHR 00, 1226 f.; *ders.*, ZHR 168 (04), 637 ff.; ZIP 05, 2177, 2182 ff.; 09, 1401 ff.; GmbHR 10, 1319, 1325; *Bitter*, WM 01, 666, 670 f.; *Poertzgen*, Organhaftung, S. 226; sympathisierend Ulmer/*Casper* Rn. 82 ff.

43 Lutter/Hommelhoff/*Kleindiek* Rn. 4; Henssler/Strohn/*Arnold* Rn. 7; Rowedder/*M. Schmidt-Leithoff/Schneider* Rn. 11; *Habersack/Foerster*, ZHR 178 (14), 387, 395: Einheitsbetrachtung nicht mehr vertretbar; *dies*, ZGR 16, 253, 161.

44 IErg auch Baumbach/Hueck/*Haas* Rn. 12.

45 *K Schmidt*, ZIP 09, 1551 f.; MüKoGmbHG/*Müller* Rn. 141.

durch unverhoffte Vorteile für die Insolvenzmasse generieren. Andererseits muss sie in der Rechtsanwendung praktikabel sein u. Anreiz schaffen, dass wirtschaftlich nicht lebensfähige Unternehmen zeitnah aus dem Markt ausscheiden bzw. nur unter dem Leitgedanken der Gläubigergleichbehandlung fortgeführt werden.

IR dieser Diskussion darf allerdings nicht verloren gehen, dass nicht eine unzureichende Ausgestaltung der Geschäftsführer-/Insolvenzverschleppungshaftung das Kernproblem darstellt, sondern eine verspätete Insolvenzantragsstellung. Deren Gründe sind äußerst vielschichtig. Solange Insolvenzantragsberechtigte allerdings befürchten müssen, durch Einschaltung von Insolvenzgericht u. Insolvenzverwalter die wirtschaftliche Situation nur zu verschlechtern, aber nicht zu verbessern, wird das Problem verspäteter Antragsstellungen nicht in den Griff zu bekommen sein. Die Professionalisierung der insolvenzbezogenen Berufe (auch auf Justizseite) u. ein Anreiz, bei Unternehmensinsolvenzen stärker nach Betriebsfortführungs-, Sanierungs- u. Reorganisationsmöglichkeiten zu suchen, dürfen als zentrale Aspekte des tatsächlichen Problems nicht außer Acht bleiben. Die zu beobachtende Tendenz hin zu neuen Haftungstatbeständen wird das ökonomische Problem der materiellen Insolvenz u. seiner Bewältigung kaum lösen. 11

d) Qualifikationsfragen, erfasste Gesellschaften. Da die Vorschrift in Fällen der Vermögensinsuffizienz oder Illiquidität zugunsten der Gläubiger eine Masseschmälerung zu verhindern sucht bzw. eine Masseschmälerung zulasten der Gesamtheit der Gläubiger sanktioniert u. sie eine inhaltliche Nähe zur Insolvenzanfechtung aufweist, verfolgt sie ein **insolvenzrechtliches Regelungsziel.**[46] Internationalprivatrechtlich gehört sie somit aufgrund der maßgeblichen funktionalen Betrachtung nach zutr. Ansicht, wie nunmehr auch vom EuGH bestätigt, zum **Insolvenzstatut** (Art. 7 EuInsVO bzw. § 335 InsO),[47] nicht zum Gesellschaftsstatut.[48] Ob der nationale Gesetzgeber eine Frage in gesellschafts-, delikts- oder unmittelbar insolvenzrechtlichem Kontext geregelt hat, ob er sie materiellrechtlich oder verfahrensrechtlich einordnet, spielt für die Qualifikationsfrage keine Rolle. 12

Dem deutschen Insolvenzstatut[49] unterliegen auch **nach ausländischem Recht gegründete Gesellschaften**, wenn sie den Mittelpunkt ihrer hauptsächlichen Interessen („**centre of main interest**", COMI) in Deutschland 13

---

46 KG ZIP 09, 2156; vgl. *Barthel*, ZInsO 11, 211; *Borges*, ZIP 04, 733, 737 ff.; *Goette*, ZInsO 05, 1; *ders.*, DStR 05, 197, 200; *Kindler*, IPRax 10, 430, 431; *Kuntz*, NZI 05, 424, 426 u. 429; *Müller*, NZG 03, 414, 416 f.

47 EuGH ZIP 15, 2468 = GWR 16, 39; BGH ZIP 17, 1619 Rn. 8; NZI 15, 85 Rn. 8, 18 f.; offen noch BGH ZIP 14, 1986 Rn. 6; Baumbach/Hueck/*Haas* Rn. 47 ff.; MüKoBGB/*Kindler*, IntInsR Rn. 625; MüKoGmbHG/*Müller* Rn. 143; Ulmer/*Casper* Rn. 35; Gottwald/*Kolmann/Keller*, Insolvenzrechts-Handbuch, § 131 Rn. 123; *Altmeppen*, ZIP 17, 1833, 1834; *Barthel*, ZInsO 11, 211 ff.; *Bitter/Baschnagel*, ZInsO 18, 557, 576 f.

48 *Bork*/Schäfer Rn. 3; *Mock/Schildt*, in Hirte/Bücker, Grenzüberschreitende Gesellschaften, § 17 Rn. 88 f.; *Poertzgen*, NZI 08, 9, 11 Fn. 18; *Ringe/Willemer*, NZG 10, 56; *Vallender/Fuchs*, ZIP 04, 829, 830 f.

49 Zur Reichweite des Insolvenzstatuts Baumbach/Hueck/*Haas* Rn. 49 f.

haben (Art. 3 I EuInsVO bzw. § 3 InsO analog).[50] Der autonom auszulegende[51] Begriff des COMI (vgl. Art. 3 I 2 EuInsVO) stellt iR einer Gesamtbetrachtung[52] auf objektive, für Dritte feststellbare Kriterien[53] wie insbes. die Tätigkeit der Gesellschaft ab. Entscheidende Bedeutung hat insoweit der Sitz der Hauptverwaltung, von dem aus die Geschäfte der Gesellschaft nach außen erkennbar geleitet werden.[54] Die maßgeblichen Kriterien müssen im Zeitpunkt der Antragstellung erfüllt sein.[55] Der COMI wird in widerlegbarer Weise am Ort des satzungsmäßigen Sitzes vermutet (Art. 3 I Unterabs 2 Satz 1 EuInsVO).[56] Diese Vermutungswirkung gilt aber im Falle von Sitzverlegungen nur, soweit der Sitz nicht in den letzten drei Monaten vor Antragstellung verlegt wurde (Art. 3 I Unterabs 2 Satz 2 EuInsVO).

14 Damit gelten das Zahlungsverbot u. dessen Sanktionierung nicht nur für die **deutsche GmbH** einschl. **UG**[57] sowie der **Vor-GmbH.**[58] Sie finden wegen insolvenzrechtlicher Qualifikation[59] auch (entspr.) Anwendung auf mit ihr **vergleichbare Rechtsträger ausländischen Rechts**, die im Inland als juristische Person anzuerkennen sind, sofern die deutschen Gerichte international zuständig für die Eröffnung eines Insolvenzverfahrens sind. (Art. 3 EuInsVO) Ein Verstoß gegen die europäische Niederlassungsfreiheit der Art. 49, 54 AEUV[60] scheidet wegen der immanenten Schranken der Niederlassungsfreiheit bereits auf Tatbestandsebene mangels eines diskriminierenden Effekts[61] beim Markteintritt aus; es geht eben um den Marktaustritt.[62] Ansonsten könnte ein solcher Verstoß jedenfalls nach der sog. Gebhardt-Formel[63] wegen des notwendigen Gläubigerschutzes gerechtfertigt werden.[64] – Zur Parallelproblematik bei der Insolvenzantragspflicht s. → vor § 64 Rn. 129 f.

---

50 EuGH NZI 16 48 Rn. 19; BGH ZIP 15, 68 Rn. 18 f.; OLG Jena NZI 13, 807 (zu § 64 aF); Begr. RegE MoMiG BT-Drs. 16/6140, S. 46; Rowedder/*M. Schmidt-Leithoff/Schneider* Rn. 5; Ulmer/*Casper* Rn. 35; iErg ebenso Roth/*Altmeppen* Rn. 5; aA *Poertzgen*, NZI 13, 809.
51 EuGH ZIP 11, 918, 921.
52 EuGH ZIP 11, 918, 923.
53 EuGH ZIP 11, 918, 922; 06, 907.
54 EuGH ZIP 11, 918, 923.
55 EuGH NZI 06, 153.
56 Vgl. hierzu EuGH ZIP 12, 183, 185 f.
57 *Bork*/Schäfer Rn. 3.
58 Baumbach/Hueck/*Haas* Rn. 46; Gehrlein/Born/Simon/*Sandhaus* Rn. 7; MüKo-GmbHG/*Müller* Rn. 142; Michalski/Nerlich Rn. 6; Ulmer/*Casper* Rn. 31 f.; *Kienle*, in Süß/Wachter, HdB int GmbH-Recht, § 3 Rn. 205; Gottwald/*Kolmann/Keller*, Insolvenzrechts-Handbuch, § 131 Rn. 123.
59 EuGH NZG 16, 115; NZG 15, 154; BGH NJW 16, 2660.
60 Vgl. ausf. hierzu EuGH ZIP 15, 2468; BGH NZI 15, 85 Rn. 20 ff.; MüKoBGB/Kindler, IntGesR, Rn. 659 ff.; Eidenmüller/*Rehm*, Ausländische Kapitalgesellschaften im deutschen Recht, § 2 Rn. 51 ff.; *Forsthoff*, in Hirte/Bücker, Grenzüberschreitende Gesellschaften, § 2 Rn. 7 ff.; Rn. 53 ff. (zur Rechtfertigung); *Huber*, in Lutter, Europäische Auslandsgesellschaften, S. 344 ff.
61 *Greulich/Rau*, NZG 08, 565, 567.
62 EuGH ZIP 15, 2468 = GWR 16, 39; KG ZInsO 09, 2010, 2012; *Kindler*, IPRax 10, 430, 432.
63 EuGH Slg 95 I, 4165, 4197.
64 IE umstritten; iErg wie hier Baumbach/Hueck/*Haas* 21. Aufl. Rn. 50 ff.; MüKo-BGB/*Kindler*, IntInsR Rn. 625; *Bitter/Baschnagel*, ZInsO 18, 557, 576.

Hat umgekehrt eine deutsche GmbH den Mittelpunkt ihrer hauptsächlichen Interessen im Ausland, unterliegen die Geschäftsführer in Bezug auf die Vermögenserhaltungspflichten nicht den Regelungen des § 64, sondern zunächst nur den entspr. Bestimmungen des ausländischen Rechts. 15

Allerdings ist deutsches Insolvenzrecht auch in einem **isolierten Partikular- oder Sekundärinsolvenzverfahren** zur Anwendung berufen (vgl. Art. 35 EuInsVO)[65] – u. somit auch die Masseschmälerungshaftung gem. § 64.[66] Andere Mitgliedstaaten der EuInsVO sind gem. Art. 19, 20 EuInsVO verpflichtet, die Wirkungen des deutschen Insolvenzverfahrens anzuerkennen, u. zwar nicht nur in Bezug auf die Vermögensgegenstände der Istmasse, sondern – wie Art. 21 II 2 EuInsVO für die Anfechtung zeigt – auch für die Sollmasse.[67] Dieser Gedanke lässt sich auf die Masseschmälerungshaftung übertragen. Hat der Geschäftsleiter einer vom Anwendungsbereich der Norm erfassten Gesellschaft vor Verfahrenseröffnung die inländische Masse geschmälert, unterliegt er der Erstattungspflicht gem. S. 1, 2, 4.[68] Sanktionslos bleibt der grenzüberschreitende Vermögenstransfer, wenn er dann in einem anderen Insolvenzverfahren als Haftungssubstrat den Gläubigern zur Verfügung steht (vgl. hierzu Art. 49 EuInsVO). Eine entspr. Anwendung der Vertrauensschutznorm des Art. 16 EuInsVO zugunsten des Geschäftsleiters liegt wegen der strukturellen Nähe zur Insolvenzanfechtung nahe, wenn Gesellschafts- u. Insolvenzstatut auseinanderfallen.[69] 16

Eine analoge Anwendbarkeit des § 64 scheidet aus beim Verein deutschen Rechts[70] sowie bei einer Stiftung,[71] ebenso wie bei einer nach § 11 II Nr. 1 InsO insolvenzfähigen **Vorgründungsgesellschaft.**[72] Zur Aktiengesellschaft s. §§ 93 III Nr. 6, 92 II AktG; zur Genossenschaft s. §§ 34 III Nr. 4, 99 GenG. 17

2. Normadressat

a) **Geschäftsführer, Liquidator.** Das Zahlungsverbot bzw. die Verpflichtung, die Masse zu erhalten, richtet sich vorrangig an jeden einzelnen **Geschäftsführer** bzw. **Liquidator** (§ 71 IV), unabhängig von der internen Ressortaufteilung oder von Vertretungsregelungen.[73] Ebenso wenig kommt es auf das Motiv des Geschäftsführers für die Amtsübernahme (Treuhänderschaft, Strohmann) an.[74] Die Amtsniederlegung beseitigt eine bereits eingetretene Haftung gem. S. 1 nicht.[75] Der Haftung unterliegt ferner der Geschäftsleiter einer nach ausländischem Recht gegründeten Gesellschaft, 18

---

65 Pannen/*Herchen*, EuInsVO, Art. 28 Rn. 2.
66 Baumbach/Hueck/*Haas* Rn. 54; offen gelassen bei *Weller*, ZGR 08, 835, 864.
67 *Bierbach*, ZIP 08, 2203, 2206 f.; *Kolmann*, FS Spiegelberger, 09, S. 796 ff.; *Oberhammer*, KTS 08, 271, 280 f.
68 Baumbach/Hueck/*Haas* Rn. 54.
69 Vgl. Baumbach/Hueck/*Haas* Rn. 55.
70 BGH ZIP 10, 985; ZInsO 10, 1003; OLG Hamburg ZIP 09, 757; zust. *Poertzgen*, ZInsO 10, 785, 789.
71 *Müller*, ZIP 10, 153, 158 f.
72 Gehrlein/Born/Simon/*Sandhaus* Rn. 7; Ulmer/*Casper* Rn. 32.
73 BGH GmbHR 94, 460, 461; ZIP 95, 1334, 1336; NZG 19, 22 Rn. 14; Baumbach/Hueck/*Haas* Rn. 13; *Kleindiek*, EWiR 19, 135.
74 Baumbach/Hueck/*Haas* Rn. 13.
75 BGH NJW 52, 554; Hachenburg/*Ulmer* Rn. 9; *Wicke* Rn. 6.

über welche ein deutsches Haupt- oder Partikularinsolvenzverfahren (→ Rn. 12 ff.) eröffnet wurde. Zur GmbHG & Co. OHG s. § 130 a I 1 HGB; zur GmbH & Co. KG s. § 177 a S. 1 HGB.

19 b) **Faktischer Geschäftsführer.** Normadressat ist ferner der **faktische Geschäftsführer** iSd Zivilrechts,[76] u. zwar sowohl in der Variante des nicht wirksam bestellten Geschäftsführers als auch in den Fällen, in denen jemand ohne zugrunde liegenden Bestellakt bestimmenden Einfluss auf die Geschicke der Gesellschaft ausübt (s. dazu jeweils → vor § 64 Rn. 134 ff.).[77] **Prokuristen**[78] u. **leitende Angestellte** sind außerhalb dieses Rahmens keine Adressaten des Zahlungsverbots bzw. der Masseerhaltungspflicht.

20 c) **Haftung Dritter.** Eine **Teilnehmerhaftung** kommt nur für solche Personen in Betracht, die ihrerseits dem Zahlungsverbot bzw. der Masseerhaltungspflicht unterliegen.[79] Bankmitarbeiter oder Berater fallen nicht darunter.[80] Mangels deliktischer Qualifikation der Masseschmälerungshaftung des § 64 findet § 830 BGB nach hM keine Anwendung.[81] Daraus ergeben sich zwangsläufig Unterschiede zwischen der Masseschmälerungs- u. der deliktsrechtlichen Insolvenzverschleppungshaftung im Hinblick auf den Kreis der potenziellen Anspruchsgegner (dazu → vor § 64 Rn. 260 ff.).[82]

21 Für **Aufsichtsräte** oder **Beiräte** gilt § 64 nicht unmittelbar.[83] Jedoch kann sich eine Schadensersatzpflicht aus § 52 iVm §§ 116, 92 AktG wegen Verletzung ihrer Informations-, Beratungs- u. Überwachungspflichten ergeben.[84] Da § 93 III AktG für den **fakultativen Aufsichtsrat** jedoch nicht entspr. gilt (§ 52 I) u. der Zahlungsabfluss somit nicht einem Schaden der Gesellschaft iSv §§ 249 ff. BGB gleichstehen soll, haften die Mitglieder eines fakultativen Aufsichtsrates nur für einen ausnahmsweise eingetretenen Schaden der Gesellschaft, nicht aber für den Zahlungsabfluss als solchen.[85] Anderes gilt jedoch beim **obligatorischen Aufsichtsrat** einer (mitbestimmten) Gesellschaft (vgl. § 1 I Nr. 3 DrittelbG/§ 25 I Nr. 2 MitbestG iVm

76 BGH NJW 88, 1789; ZIP 05, 1550; GmbHR 08, 702, 703; OLG München WM 11, 40; OLG Köln ZInsO 11, 2199; Baumbach/Hueck/*Haas* Rn. 16 ff.; Lutter/Hommelhoff/*Kleindiek* Rn. 6; Gottwald/*Haas/Kolmann/Kurz*, Insolvenzrechts-Handbuch, § 90 Rn. 189; *Bitter*, ZInsO 10, 1505, 1512; krit. *Fleischer/Schmolke*, WM 11, 1009 ff.

77 AA Rowedder/*M. Schmidt-Leithoff/Schneider* Rn. 21: nur, wenn im Handelsregister eingetragen.

78 OLG Düsseldorf GmbHR 03, 159.

79 BGH GmbHR 08, 702.

80 Rowedder/*M. Schmidt-Leithoff/Schneider* Rn. 24.

81 BGH GmbHR 08, 702 Rn. 6; *Wicke* Rn. 19; *Bitter*, ZInsO 10, 1505, 1512; krit. *Haas*, GmbHR 10, 1, 8; zur Strafbarkeit wegen Untreue bei Zahlungen „entgegen" § 64 vgl. *Weiß*, GmbHR 11, 350.

82 Baumbach/Hueck/*Haas* Rn. 15; *Bitter/Baschnagel*, ZInsO 18, 557, 577.

83 Rowedder/*M. Schmidt-Leithoff/Schneider* Rn. 23, 76.

84 BGH GmbHR 09, 654 (zum Aufsichtsrat einer AG); OLG Brandenburg ZIP 09, 866; Lutter/Hommelhoff/*Kleindiek* Rn. 6; krit. Scholz/*K Schmidt* Rn. 56; *Bork*, NZG 09, 775.

85 BGH ZIP 10, 1988, 1990; zust. *Habersack*, JZ 10, 1191; *Kiefner/Langen*, NJW 11, 192 ff.; *K Schmidt*, GmbHR 10, 1319, 1325 f. (wenngleich das Konzept des BGH abl.); *Thiessen*, ZGR 11, 275 ff.; aA *Schürnbrand*, NZG 10, 1207, 1210 ff.; s. auch *Altmeppen*, ZIP 10, 1973, 1974 ff. (mit abw. dogmatischem Ansatz); allg. *Vetter*, GmbHR 12, 181 ff.

§§ 116, 93 III Nr. 6 iVm 92 II AktG).[86] Der Aufsichtsrat ist in der Krise der Gesellschaft verpflichtet, seine Überwachung zu intensivieren; turnusmäßige Sitzungen genügen nicht.[87] Richtigerweise zählen wegen des systematischen Zusammenhangs, zur Vermeidung von Wertungswidersprüchen u. wegen der gleichen Zielrichtung auch die im Fall der Führungslosigkeit subsidiär Insolvenzantragspflichtigen, also insbes. die **Gesellschafter**, in entspr. Anwendung des § 15 a III InsO, dh bei Führungslosigkeit, zu den möglichen Haftungsadressaten der Masseschmälerungshaftung.[88]

3. Vorliegen eines Insolvenzgrundes, Beginn des Zahlungsverbots

Der Haftung unterliegen bereits die nach **objektivem Eintritt der materiellen Insolvenz** in zurechenbarer Weise erfolgten Leistungen, unabhängig vom Zeitpunkt der Erfüllungswirkung.[89] Die Erstattungspflicht umfasst somit in objektiver Hinsicht alle Zahlungen, die nach Eintritt einer Überschuldung (§ 19 InsO; dazu → vor § 64 Rn. 23 ff.) oder Zahlungsunfähigkeit (§ 17 InsO; dazu → vor § 64 Rn. 75 ff.) der Gesellschaft geleistet wurden. Kann die Gesellschaft die materielle Insolvenz wieder **beseitigen**, so scheidet eine Haftung für die in der materiellen Insolvenz erbrachten Zahlungen aus (vgl. → Rn. 57 f.).[90] 22

Die „Feststellung" der Überschuldung bedeutet nicht, dass sie bilanziell ausgewiesen sein oder der Geschäftsführer positive Kenntnis von ihr gehabt haben muss.[91] Es genügt bereits der objektive Eintritt.[92] Eine iR des Verschuldens zu vermutende Erkennbarkeit (→ Rn. 53) reicht aus.[93] Die Formulierung beruht auf einer unterlassenen redaktionellen Änderung früherer Rechtslage, die noch auf die bilanzielle Feststellung der Überschuldung abgestellt hatte.[94] 23

Die maximal 3-wöchige Sanierungsfrist des § 15 a InsO gewährt über das Maß der durch S. 2 erlaubten Zahlungen hinausgehend keinen weiteren zeitlichen Aufschub.[95] Auch für den Fall, dass die Geschäftsführung erfolg- 24

---

86 BGH GmbHR 10 1200 Rn. 13 ff., 21; krit. *K Schmidt,* GmbHR 10, 1319, 1320 f.
87 *Strohn*, NZG 11, 1161, 1163.
88 Baumbach/Hueck/*Haas* Rn. 14; Henssler/Strohn/*Arnold* Rn. 8; Scholz/*K Schmidt* Rn. 55; *Goette*, WPg 08, 231, 238; *Hölzle*, GmbHR 07, 729, 731; *Kindler*, NJW 08, 3249, 3254 f.; aA Lutter/Hommelhoff/*Kleindiek* Rn. 8 (Erstattungspflicht nur nach §§ 30, 31, nach §§ 129 ff. InsO sowie ggf. nach § 826 BGB); MüKoGmbHG/*Müller* Rn. 142; Rowedder/*M. Schmidt-Leithoff/Schneider* Rn. 23; *Poertzgen*, NZI 08, 9, 11.
89 BGH NJW 09, 1598; *Bork*, NZG 09, 775.
90 Ebenso Baumbach/Hueck/*Haas* Rn. 25, 27.
91 BGHZ 143, 184 = NJW 00, 668; ZIP 12, 1557 Rn. 10.
92 S BGH ZIP 12, 1557 Rn. 10; OLG Brandenburg ZInsO 16, 852, 853; Baumbach/Hueck/*Haas* Rn. 57.
93 BGH NJW 00, 668; ZIP 12, 1557 Rn. 9; MüKoGmbHG/*Müller* Rn. 158; Roth/*Altmeppen* Rn. 7; Rowedder/*M. Schmidt-Leithoff/Schneider* Rn. 45; Scholz/*K Schmidt* Rn. 58; *Wicke* Rn. 20.
94 BGHZ 143, 184, 185 = NJW 00, 668; *Flume*, ZIP 94, 337, 341.
95 BGHZ 143, 184, 188 f. = NJW 00, 668, 669; 09, 1598; NZI 05, 547, 548 f.; ZIP 03, 2213; OLG Brandenburg ZIP 07, 724; OLG München GmbHR 14, 139; Roth/*Altmeppen* Rn. 7; iE auch Scholz/*K Schmidt* Rn. 48; *Bork*, NZG 09, 775; *Geißler*, ZInsO 13, 167; *Pape*, ZInsO 01, 397, 400; *Poertzgen*, ZInsO 08, 944, 950; aA *Theiselmann/Redeker*, GmbHR 08, 961, 964.

versprechende Sanierungsbemühungen binnen der 3-Wochen-Frist des § 15 a InsO nutzen möchte, bleibt sie verpflichtet, das Vermögen für den Fall des Scheiterns der Sanierung zu erhalten.[96] Das **Zahlungsverbot des S. 1 beginnt** also bereits mit Eintritt der materiellen Insolvenz.[97] Es **endet jedoch mit Eröffnung des Insolvenzverfahrens** u. gelangt somit auch bei der Eigenverwaltung (§§ 270 ff. InsO) wegen des abschließenden Charakters der insolvenzrechtlichen Schutzvorschriften nicht zur Anwendung (→ Rn. 3, 51).

4. Zurechenbare Zahlungen

25 a) **Verringerung der Aktivmasse.** Der Begriff der Zahlung ist – wie bei § 30 I – im Lichte des Gläubigerschutzes durch Masseerhaltung als Schlüsselbegriff **untechnisch zu verstehen u. weit auszulegen.**[98] Er umfasst – insoweit gemäß dem **Grundsatz der Einzelbetrachtung** auf jede einzelne Rechtshandlung des Geschäftsführers abstellend[99] – den Vermögenstransfer aus dem Gesellschaftsvermögen, der die Aktivmasse der Gesellschaft iSv § 35 InsO[100] verringert,[101] dh es kommt wesentlich auf die **masseschmälernde Wirkung** an.[102] Insoweit ähnelt der Zahlungsbegriff dem Tatbestandsmerkmal der Gläubigerbenachteiligung gem. § 129 InsO bei der Insolvenzanfechtung. Reine **Vermögensumschichtungen** (Transfer von Buchgeld in Bargeld) ohne Einschränkungen der jeweiligen Verfügbarkeit[103] erfasst § 64 nicht, weil die Haftungsmasse hiervon unberührt bleibt.[104] Masseneutral ist auch der **Austausch einer Sicherheit**, die hierdurch für die Gläubiger wieder frei wird, durch eine andere, aber nur, soweit die neue Besicherung weder umfassender noch besser ist als die alte.[105] Hieran fehlt es aber, dh es liegt eine masseschmälernde Zahlung vor, wenn u. soweit die neue Sicherheit nicht insolvenzfest begründet oder in anfechtbarer Weise werthaltig gemacht wird.[106] Zahlungen auf Arbeitnehmeranteile zur Sozialversicherung mindern trotz § 28 e I 2 SGB IV nF die Aktivmasse iSv § 64.[107] Vermögensabflüsse aus Drittmitteln, die nicht zum Vermögen der Gesellschaft iSd insolvenzrechtlichen Haftungsmasse zählen,

---

96 BGH GmbHR 09, 654 Rn. 12; *Henze/Born* Rn. 1675.

97 BGH GmbHR 09, 654 Rn. 12; *Habersack/Foerster*, ZHR 178 (14), 378, 394; *Strohn*, NZG 11, 1161, 1163; krit. Scholz/*K Schmidt* Rn. 24.

98 BGHZ 143, 184, 186 = ZIP 00, 184; 09, 956 Rn. 12; Baumbach/Hueck/*Haas* Rn. 63 ff.; *Bork*/Schäfer Rn. 13; Lutter/Hommelhoff/*Kleindiek* Rn. 16; Rowedder/*M. Schmidt-Leithoff/Schneider* Rn. 25; Ulmer/*Casper* Rn. 88; *Gehrlein*, ZInsO 15, 477, 478; *Goette*, ZInsO 05, 1, 4.

99 Baumbach/Hueck/*Haas* Rn. 62; Gottwald/*ders/Kolmann/Kurz*, Insolvenzrechts-Handbuch, § 90 Rn. 195; *Bork*/Schäfer Rn. 28; krit. *Altmeppen*, ZIP 16, 364, 366 ff.; *Bitter/Baschnagel*, ZInsO 18, 557, 581 f.

100 Baumbach/Hueck/*Haas* Rn. 64; *Geißler*, GmbHR 11, 907 ff.; *Theiselmann/Redeker*, GmbHR 08, 961, 966.

101 Roth/*Altmeppen* Rn. 10; Scholz/*K Schmidt* Rn. 28.

102 BGH NZI 15, 133 Rn. 9 (zur Parallelvorschrift des § 130 a HGB).

103 Vgl. BGH NZG 15, 149 Rn. 15 ff., falls zB Auszahlung von Empfängerkonto weiterer Genehmigungen etc bedarf.

104 MüKoGmbHG/*Müller* Rn. 148.

105 BGH ZIP 16, 364 Rn. 25; NZG 15, 998 Rn. 26.

106 BGH ZIP 16, 364 Rn. 26.

107 BGHZ 183, 86 ff. = NJW 10, 870 (zur Gläubigerbenachteiligung iSv § 129 InsO); *Bork*, ZIP 08, 1041, 1043 f.; zurückhaltend Baumbach/Hueck/*Haas* Rn. 68 b.

haben jedoch keine Erstattungspflicht zur Folge.[108] Entspr. gilt für die Weggabe von Mitteln, welche der Gesellschaft treuhänderisch u. für andere unpfändbar überlassen worden waren (vgl. § 47 InsO; s. auch → Rn. 48).[109]

Keine Erstattungspflicht löst auch die Befriedigung eines im Insolvenzfall absonderungsberechtigten Gläubigers in der Höhe seines insolvenzfesten Vorabbefriedigungsrechts aus.[110] Deshalb stellt der Einzug von sicherheitshalber an die Bank abgetretenen Forderungen auf einem debitorischen Konto mit anschließender Verrechnung mit dem Sollsaldo keine masseschmälernde Zahlung dar, sofern die Sicherungsabtretung insolvenzfest ist.[111] Denn aufgrund der bestehenden Sicherheit hat die Bank nichts zulasten der Gesamtheit der übrigen Gläubiger erhalten, was wirtschaftlich u. haftungsrechtlich nicht ohnehin schon der Bank zugestanden hatte. Um eine Zahlung handelt es sich aber dann, wenn die Banksicherheit erst nach Eintritt der materiellen Insolvenz vereinbart oder zwar schon vorher vereinbart (zB Vorausabtretung künftig entstehender Forderungen), jedoch erst nach diesem Zeitpunkt aus Mitteln, die haftungsrechtlich der Gesamtheit der übrigen Gläubiger zur Verfügung stehen (vgl. §§ 129 ff. InsO), werthaltig gemacht wurde.[112] Das Entstehen einer solchen Sicherheit hätte der Geschäftsführer also zur Vermeidung seiner Haftung verhindern müssen. In Ausnahme hierzu kann es wiederum zu einer abweichenden Bewertung kommen, wenn hierdurch die Chancen auf eine konkrete Sanierung u. Fortführung im Insolvenzverfahren zunichte gemacht würde.[113] Vgl. auch → Rn. 35. 25a

Die Hervorhebung der masseschmälernden Wirkung stellt nicht nur ein rechtliches Konzept dar, das Aussonderungsgut (§ 47 InsO) sowie Absonderungsrechte (§§ 50 f. InsO) als nicht haftungsrelevantes Vermögen auszuscheiden, sondern sie folgt auch einer **wirtschaftlichen Betrachtungsweise.**[114] Denn die Masseschmälerungshaftung bezweckt nicht, die Gesellschaft bzw. ihre Gläubiger besser zu stellen als sie ohne die fragliche Zahlung stünden.[115] Somit muss bzw. darf die Masseschmälerungshaftung dort nicht eingreifen, wo die Gesamtheit der Gläubiger wirtschaftlich nicht 26

---

108 BGHZ 143, 184, 186 ff.; BGH ZIP 15, 1480 (zur Verrechnung von Zahlungseingängen aus sicherheitshalber abgetretenen Forderungen mit debitorischem Sollsaldo); Gehrlein/Born/Simon/*Sandhaus* Rn. 12.

109 Zum Treugut bzw. zur Pflichtenkollision mit § 266 StGB als Fall des § 64 S. 2 (nF) BGH ZIP 08, 1229, 1230; hierzu krit. Lutter/Hommelhoff/*Kleindiek* Rn. 29.

110 BGH NJW 15, 2806 Rn. 15 ff. (zum Einzug einer sicherungshalber abgetretenen Forderung mit anschließender Verrechnung auf debitorischem Konto); bestätigend NZG 16, 225 Rn. 16; OLG Oldenburg ZIP 04, 1315, 1317; OLG Hamburg ZIP 10, 2448, 2450; auch keine Auszahlung bzgl. der nur im Insolvenzverfahren anfallenden Kostenbeiträge nach §§ 170 f. InsO, vgl. OLG Hamburg ZIP 15, 867, 868; Michalski/*Nerlich* Rn. 22; iErg ebenso, jedoch jeweils als Fall des S. 2, *Bork*/Schäfer Rn. 15, 22; *Bitter*, ZInsO 10, 1505, 1517 („Freigabezahlung").

111 BGH ZIP 15, 1480 Rn. 12 ff.; NZG 16, 225 Rn. 15; anders aber, wenn die Forderung nach Insolvenzreife werthaltig gemacht wurde.

112 BGH NJW 15, 2806 Rn. 22; ZIP 16, 364 Rn. 13, 17 ff.

113 BGH NJW 15, 2806 Rn. 24.

114 *Casper*, in Goette/Habersack, Das MoMiG in Wissenschaft u. Praxis, Rn. 6.29; Gottwald/*Haas*, Insolvenzrechts-Handbuch, 3. Aufl., § 92 Rn. 147.

115 Baumbach/Hueck/*Haas* Rn. 65.

schlechter steht: Die Weggabe wertloser oder wertausschöpfend belasteter Vermögensgegenstände gilt nicht als Zahlung.[116] Eine Schmälerung der Aktivmasse u. somit eine Zahlung iSv S. 1 kommt in Betracht, wenn die Gesellschaft Mittel verwendet, die ein Dritter (zB Konzerngesellschaft oder Gesellschafter) der Gesellschaft zur Verfügung gestellt hat, zB durch Geldeingang auf dem allg. Geschäftskonto der Gesellschaft.[117] Ob die Gesellschaft die Mittel entgeltlich oder unentgeltlich erhielt, hat insoweit keine Relevanz, solange sie zumindest für eine „logische Sekunde" zum Vermögen der Gesellschaft gehörten u. kein echtes Treugut (dh kein Fall des § 47 InsO) darstellten.[118] Eine Zahlung kommt zudem in den Fällen der **mittelbaren Zuwendung** in Betracht, wenn zB die Gesellschaft den Dritten anweist, seine ggü. der Gesellschaft bestehende Schuld durch Direktzahlung (Abkürzung des Leistungswegs) an einen Gesellschaftergläubiger zu erfüllen.[119] Hypothetisches Verhalten Dritter bleibt stets unberücksichtigt, da andernfalls das Risiko von Spekulationen zulasten der Gläubiger besteht.[120] Zur Berücksichtigung von Gegenleistungen s. → Rn. 34 ff.

27 Als Zahlungen sind unstr.[121] anzusehen **Geldleistungen** im Wege der Barzahlung, aber auch die Banküberweisung[122] sowie die Scheckzahlung von einem kreditorischen Bankkonto (zum debitorischen Bankkonto s. → Rn. 30 ff.). Dem steht der Zahlungsabfluss vom Konto auf der Grundlage einer Lastschrift gemäß Einzugsermächtigung als Teil der Buchgeldzahlung gleich.[123]

28 Auch **Nicht-Geldleistungen** stellen nach zutr. Meinung Zahlungen iSv S. 1 dar, um dadurch umfassend das Aktivvermögen der Gesellschaft für die Gesamtheit ihrer Gläubiger zu schützen.[124] So verhält es sich bei der Lieferung von Waren (Zahlung in Höhe des Verkehrswertes), der Übertragung von Rechten einschl. der Sicherungsabtretung nach Eintritt der Insolvenzreife[125] oder auch beim Werthaltigmachen einer bereits vor Insolvenzreife zedierten Forderung,[126] der Auf- oder Verrechnung von Forderungen[127]

---

116 Baumbach/Hueck/*Haas* Rn. 68 a; Scholz/*K Schmidt* 10. Aufl. Rn. 26.
117 BGH ZIP 08, 1229 Rn. 10.
118 AA Roth/*Altmeppen* Rn. 14.
119 OLG Oldenburg GmbHR 04, 1340.
120 Baumbach/Hueck/*Haas* Rn. 67; zum Anfechtungsrecht BGH ZIP 19, 233 Rn. 17.
121 *Fleck*, GmbHR 74, 224, 230 (auf Geldzahlungen beschränkend).
122 OLG Celle GmbHR 97, 901, 902; *Röhricht*, ZIP 05, 505, 510.
123 BGH WM 07, 2246, 2247; ZIP 09, 956 Rn. 12; LG Köln GmbHR 90, 136, 137; Ulmer/*Casper* Rn. 89 (auch zu § 675 x BGB beim SEPA-Firmenlastschriftverfahren); *Bitter*, ZInsO 10, 1505, 1514; *Haas*, GmbHR 10, 1, 5.
124 BGH NJW 00, 668; OLG Düsseldorf WM 96, 1922, 1926; OLG Oldenburg GmbHR 04, 1340, 1341; Baumbach/Hueck/*Haas* Rn. 64; *Bork*/Schäfer Rn. 14; Lutter/Hommelhoff/*Kleindiek* Rn. 16; Rowedder/*Schmidt-Leithoff* Rn. 25; Scholz/*K Schmidt* Rn. 29; *Goette*, ZInsO 05, 1, 4; *Pape*, WiB 97, 1093, 1095.
125 BGH NJW 15, 2806 Rn. 20.
126 BGH NJW 15, 2806 Rn. 23; NZG 16, 225 Rn. 22; NJW 08, 430 Rn. 36 (zur Insolvenzanfechtung).
127 Baumbach/Hueck/*Haas* Rn. 65; Michalski/*Nerlich* Rn. 15; Rowedder/*M. Schmidt-Leithoff/Schneider* Rn. 31; Scholz/*K Schmidt* Rn. 29; *K. Schmidt*, ZIP 08, 1401, 1404.

oder der Erbringung von Werkleistungen.[128] Auch die Weggabe eines Vermögensgegenstands unter dem Verkehrswert mindert die Aktivmasse u. stellt somit nach dem Sinn u. Zweck der Vorschrift eine Zahlung dar.[129] Im Krisenstadium findet § 30 I 2 nF keine Anwendung, so dass selbst bei einem werthaltigen Rückgewähranspruch eine Darlehensausreichung oder eine Einräumung von Sicherheiten aus dem Gesellschaftsvermögen als Zahlung gelten.[130]

Die **Leistung von Diensten** einschließlich Speditions- u. Frachtleistungen 29
schmälert die Aktivmasse iSv Haftungssubstrat zwar nicht.[131] Bei einer verkäuflichen, marktfähigen Dienstleistung kann es in wertender Betrachtung jedoch keinen Unterschied machen, ob die Gesellschaft nachträglich auf die Gegenleistung verzichtet oder die Dienstleistung von vornherein unentgeltlich erbringt.[132] Dem ist im Interesse eines umfassenden Schutzes der Haftungsmasse für die Gläubiger zuzustimmen, so dass auch die Leistung von derartigen Diensten eine Zahlung darstellt.[133] Ebenso stellen der einseitige **Forderungsverzicht** sowie der Forderungserlass zugunsten des Drittschuldners aktivmasseschmälernde Zahlungen iSv § 64 dar.[134] Das **Unterlassen eines Erwerbs** iSe unterlassenen Vermögensmehrung (statt Vermögensschmälerung) steht einer Zahlung aber lediglich dann gleich, wenn Vorteile nicht erzielt werden, die zum Aktivvermögen gehören.[135] Somit wird auch das **Unterlassen von Maßnahmen**, die verhindern würden, dass ein Vermögensgegenstand von einer zuvor vereinbarten Globalsicherheit[136] erfasst wird (zB unterlassene Kündigung eines Kontokorrentvertrags), als masseschmälernde Zahlung gewertet.[137] Zu weit ginge es jedoch, die **Nicht-Geltendmachung einer Forderung** (Stehenlassen) zu erfassen oder die **Nicht-Kündigung eines Dauerschuldverhältnisses**[138] als eine solche Zahlung zu behandeln.[139] Der Gesamtschaden, der durch eine Fortsetzung der

128 BGHZ 143, 184, 186 ff. = NJW 00, 668; OLG Düsseldorf WM 96, 1922, 1926; OLG Oldenburg GmbHR 04, 1340, 1342; Baumbach/Hueck/*Haas* Rn. 65; Lutter/Hommelhoff/*Kleindiek* Rn. 16; Scholz/*K Schmidt* Rn. 32; *Flume*, ZIP 94, 337, 341.

129 Baumbach/Hueck/*Haas* Rn. 65; aA wohl OLG Düsseldorf WM 96, 1922, 1927; Gehrlein/Born/Simon/*Sandhaus* Rn. 16.

130 Baumbach/Hueck/*Haas* Rn. 65; Henssler/Strohn/*Arnold* Rn. 19; *Geißler*, GmbHR 11, 907, 910.

131 Scholz/*K Schmidt* Rn. 32; aA OLG Düsseldorf GmbHR 96, 616, 619; Lutter/Hommelhoff/*Kleindiek* Rn. 16; Ulmer/*Casper* Rn. 91; *Wicke* Rn. 20.

132 Baumbach/Hueck/*Haas* Rn. 65; Gehrlein/Born/Simon/*Sandhaus* Rn. 16; aA Scholz/*K Schmidt* Rn. 32; *Schall* S. 192 f.

133 BGH, Nichtannahmebeschl v. 12.2.96, Az. II ZR 63/95 (unveröff.); OLG Düsseldorf GmbHR 96, 619, 619; *Henze/Born* Rn. 1678; offenlassend noch BGH ZIP 86, 456, 459; Henssler/Strohn/*Arnold* Rn. 16; aA Ulmer/*Casper* Rn. 91.

134 Baumbach/Hueck/*Haas* Rn. 65; aA Gehrlein/Born/Simon/*Sandhaus* Rn. 16; Scholz/*K Schmidt* Rn. 32.

135 Baumbach/Hueck/*Haas* Rn. 65; zu dieser Differenzierung im Anfechtungsrecht BGH ZIP 19, 233 Rn. 11 ff.

136 Zum Zeitpunkt des Rechtsübergangs bei antezipierter Einigung vgl. BGH ZIP 12, 2358 Rn. 13; NJW 15, 2806 Rn. 22.

137 BGH NJW 15, 2806 Rn. 22.

138 Baumbach/Hueck/*Haas* Rn. 68; Rowedder/*M. Schmidt-Leithoff/Schneider* Rn. 27, 31; *Geißler*, GmbHR 11, 907, 910.

139 Vgl. Scholz/*K Schmidt* Rn. 32.

Geschäftstätigkeit in der Insolvenz entsteht, wird von der Insolvenzverschleppungshaftung erfasst, nicht von § 64.

30 b) **Sonderproblem: debitorisches Konto.** Zahlungen **von einem debitorischen Konto** der Gesellschaft an einen anderen Gläubiger sollen nach Ansicht des BGH nur zulasten der Bank gehen (**Gläubigeraustausch**)[140] u. deshalb keine Zahlung iSv § 64 bzw. § 130 a I HGB darstellen.[141] Etwas anderes gilt jedoch, wenn die Bank besser als der befriedigte Gläubiger gesichert ist, weil die weitere Inanspruchnahme der Sicherheit die Haftungsmasse für die Gesamtheit der Insolvenzgläubiger verringert.[142] Ein haftungsneutraler Gläubigeraustausch kommt also nur bei zwei ungesicherten oder zwei gleich stark gesicherten Gläubigern in Betracht, auch wenn dies der reflexartig verwirklichten, gleichmäßigen Gläubigerbefriedigung zuwider läuft.[143]

31 **Stellungnahme:** Diese Ansicht vermag im Ausgangspunkt nicht zu überzeugen. Lässt die Bank durch den Zahlungsausgang eine weitere Kontobelastung zu – unabhängig von einer eingeräumten Kreditlinie –, wendet sie damit der Gesellschaft einen eigenen Vermögenswert zu, über den die Gesellschaft durch Zahlung an einen Dritten verfügt.[144] Kreditschöpfung u. Mittelverwendung müssen isoliert betrachtet werden,[145] so dass das Argument eines neutralen Gläubigeraustauschs nicht zutrifft. Die Konstellation kann nicht anders behandelt werden, als wenn die Gesellschaft zulasten eines debitorischen Kontos einen Geldbetrag auf ein eigenes kreditorisches Konto überweist[146] u. von dort die Zahlung an den Dritten leistet.[147] Darin zeigt sich, dass auch der Zahlungsausgang von einem debitorischen Konto an einen Dritten (nicht hingg. der Binnentransfer) die Aktivmasse der Gesellschaft schmälert u. somit eine Zahlung iSv S. 1 darstellt.[148]

32 Umgekehrt qualifiziert der BGH jeden einzelnen **Zahlungseingang auf einem debitorischen Konto** der Gesellschaft durch Überweisung,[149] wie

---

140 BGHZ 143, 184, 187 f. = ZIP 00, 184, 186; 07, 1006, 1007; 10, 470 Rn. 10; 11, 422 Rn. 26; 14, 1523 Rn. 15; NJW 15, 2806 Rn. 32; ebenso OLG Hamm NZG 09, 1116; OLG München GmbHR 14, 141; *Müller*, DB 15, 723, 727.

141 Zur anwachsenden Passivmasse durch Erhöhung der Zinsschuld, die keine Zahlung iSv § 64 darstellt, vgl. BGH ZIP 10, 470 Rn. 10 im Anschluss an BGHZ 143, 184, 187 f.

142 BGH ZIP 10, 470 Rn. 10; 11, 422 Rn. 26; NJW 15, 2806 Rn. 32; NZG 16, 658, 661.

143 Ulmer/*Casper* Rn. 114 ff., auch zur institutsübergreifenden Umschuldung.

144 BGHZ 182, 317 = NJW 09, 3362 (IX. Zivilsenat zur Insolvenzanfechtung); vgl. dazu auch *Bitter*, FS K Schmidt, 09, S. 123, 124 ff.; *Strohn*, NZG 11, 1161, 1165; *Stapper/Schädlich*, NZI 10, 314, 315 f.; aA noch BGHZ 170, 376 = NJW 07, 1357.

145 Krit. Baumbach/Hueck/*Haas* Rn. 77; vgl. auch *Bitter*, FS G Fischer, 08, S. 15, 30 ff.; *ders.*, ZInsO 10, 1505, 1515 Rn. 107; aA BGH ZIP 07, 1006, 1007 (Gläubigeraustausch); BGHZ 143, 184, 186 ff. = NJW 00, 668; vgl. hierzu *K Schmidt*, ZIP 08, 1401, 1407.

146 BGH ZIP 08, 72 (Transfer von Buchgeld in die Barkasse keine „Zahlung").

147 AA Rowedder/*M. Schmidt-Leithoff/Schneider* Rn. 28.

148 IErg ebenso Baumbach/Hueck/*Haas* Rn. 77; Gehrlein/Born/Simon/*Sandhaus* Rn. 17; Scholz/*K Schmidt* Rn. 39; *Werres*, ZInsO 08, 1001, 1006 f.; aA BGH ZIP 07, 1006 Rn. 8; NZG 10, 346 Rn. 10; Roth/*Altmeppen* Rn. 10.

149 BGH NJW 01, 304; ZIP 14, 1523 Rn. 17; OLG Celle ZIP 07, 2210; OLG Schleswig ZIP 10, 516, 517; *Strohn/Simon*, GmbHR 10, 1181, 1186.

auch die Einziehung von Kundenschecks[150] als eine an die Bank geleistete Zahlung iSv S. 1.[151] Der Geschäftsführer etc soll also zur Haftungsvermeidung, also bei zu befürchtender Masseschmälerung, ein neues Konto bei einer anderen Bank eröffnen, damit die an die Gesellschaft geleisteten Zahlungen der Insolvenzmasse zugute kommen.[152] Entspr. soll er bestehende Lastschrifteinzugsermächtigungen der Gesellschaft umstellen, um Gutschriften auf dem debitorischen Konto zu verhindern.[153]

Stellungnahme: Auch insofern sollte die Rspr. überdacht werden.[154] Dass der Geschäftsführer etc zudem auch noch – so die Rspr. auf der Grundlage einer Einzelbetrachtung[155] – für die Summe aller Gutschriften haften soll, kann jedenfalls dann nicht überzeugen, wenn die Bank in Höhe des jeweils gutgeschriebenen Betrages in unmittelbarem Zusammenhang[156] eine Verfügung zugelassen hat, etwa die Freigabe von Sicherheiten erfolgt oder eine Barabhebung/Überweisung auf kreditorisches Konto erfolgen. Dadurch muss die Haftung entfallen.[157] Jedoch liegt in der erneuten Verfügung zugunsten eines Dritten eine masseschmälernde Zahlung iSv S. 1 (→ Rn. 31),[158] es sei denn, dass im Gegenzug zur Zahlung an einen Dritten als Neugläubiger als Kompensation ein werthaltiger Gegenstand in das Gesellschaftsvermögen gelangte. → Rn. 36. In diese Richtung weist auch die neuere Rspr. des BGH, wonach keine Haftung gem. S. 1 bestehen soll, wenn – pro Zahlungsvorgang – ein Gegenwert in das Gesellschaftsvermögen gelangt u. dort verblieben ist.[159] 33

c) Wirtschaftliche Betrachtung/Aktiventausch/Gegenwerte. Die Rspr. greift iRd wirtschaftlichen Betrachtungsweise (vgl. → Rn. 26) auf **bilanzielle Gesichtspunkte** zurück. Ein die Masseschmälerung ausschließender **Aktiven-** 34

150 BGHZ 143, 184, 186 ff. = NJW 00, 668; 01, 304 f.; ZIP 07, 1006 Rn. 8; 10, 470, 471; OLG Düsseldorf GmbHR 99, 661, 662; OLG Hamburg ZIP 95, 913, 914; OLG Oldenburg GmbHR 04, 1340, 1342; aA OLG Celle NZG 99, 77, 78; Baumbach/Hueck/*Haas* Rn. 78; Ulmer/*Casper* Rn. 106; *K Schmidt*, ZIP 08, 1401, 1408 ff.; s. dazu auch *Krumm*, WM 10, 296 ff.

151 BGH ZIP 16, 364 Rn. 10; NJW 15, 2806 Rn. 11 ff.; ZIP 14, 1523 Rn. 16; 07, 1006 Rn. 12; *Strohn*, NZG 11, 1161, 1166.

152 BGH NJW 00, 668, 669; NZI 07, 418, 420; krit. zB Ulmer/*Casper* Rn. 106.

153 Zur Genehmigungstheorie BGHZ 186, 242 = WM 10, 1543; BGHZ 186, 268 = WM 10, 1545; 10, 2307; 11, 688; 11, 454; 11, 1267; 11, 1553; 11, 2041; 11, 2259; 11, 2316; 12, 933; 12, 160.

154 Ulmer/*Casper* Rn. 106 ff.; *Bitter*, ZInsO 10, 1505, 1515; *K Schmidt*, ZIP 08, 1401 ff.; dem BGH folgend Baumbach/Hueck/*Haas* Rn. 78.

155 Baumbach/Hueck/*Haas* Rn. 75 a f. zu begrenzten Ausnahmen einer Gesamtschau von Rechtshandlungen.

156 Ebenso Baumbach/Hueck/*Haas* Rn. 76 b; MüKoGmbHG/*Müller* Rn. 146. – Gegen einen zeitlichen Zusammenhang bereits *Habersack/Foerster*, ZGR 16, 153, 174 ff.; Ulmer/*Casper* Rn. 106.

157 Weitergehend Lutter/Hommelhoff/*Kleindiek* Rn. 26 (normzweckbezogene Sicht); Roth/*Altmeppen* Rn. 11; Scholz/*K Schmidt* Rn. 39, 42; *Cadmus*, KTS 15, 143, 151 f.; *Geißler*, GmbHR 11, 907, 912; *Heidenhain*, Anm. zu BGH LM r 18 zu § 64 GmbHG; *Müller*, DB 15, 723, 727; *K Schmidt*, ZIP 08, 1401, 1408; *Werres*, ZInsO 08, 1001, 1006 f.; offengelassen von BGH NJW 01, 304; in diese Richtung weisend bereits OLG Brandenburg GmbHR 02, 910, 911. – Wie hier BGH NJW 15, 2806 Rn. 31 ff.; ferner Baumbach/Hueck/*Haas* Rn. 83.

158 Vgl. BGH NJW 15, 2806 Rn. 31 f.; NZG 15, 149 Rn. 16 f.

159 BGH GmbHR 11, 25 Rn. 21; *Goette*, DStR 11, 132; *Strohn*, NZG 11, 1161, 1164 ff.

tausch soll etwa vorliegen, wenn infolge der Zahlung eine von der Gesellschaftersicherheit gewährte Sicherheit wieder frei wird u. der Verwertung zugunsten aller Gläubiger zur Verfügung steht.[160] Auf eine rein zivilrechtliche Bewertung wird insoweit nicht abgestellt. Eine Masseschmälerung entfällt nach hier vertretener Auffassung allerdings schon dann, wenn durch die Zahlung ein durchsetzbarer vertraglicher Anspruch auf Freigabe der Sicherheit entsteht. Teilw. – aber systematisch nicht überzeugend – wird der Erhalt einer den Vermögensabfluss neutralisierenden Gegenleistung nicht iR des Zahlungsbegriffs, sondern als Rechtfertigungs- bzw. Entschuldigungsgrund iSv S. 2 angesiedelt.[161] Insoweit gelten dann die genannten Kriterien entspr.

35 Der praktische Hauptanwendungsfall des Aktiventauschs dürften die sog. **Austauschgeschäfte** sein. Inhaltlich geht es darum, ob u. in welchem Umfang die Berücksichtigung einer Gegenleistung bzw. eines Gegenwerts dazu führt, eine Masseschmälerung zu verneinen. Die Masseschmälerung entfiel nach früherer Rspr.,[162] wenn die Gesellschaft unmittelbar[163] für die Zahlung eine gleichwertige Gegenleistung erhält, die wertmäßig voll in der Masse erhalten blieb.[164] Notwendig war für den erforderlichen Verbleib der Gegenleistung eine Zeitraumbetrachtung.[165] Nach bislang vorherrschender Ansicht fehlte es an einem Ausgleich etwa, wenn die Gegenleistung „sich selbst verzehrt" oder die Gläubiger – in Anlehnung an die mittelbare Gläubigerbenachteiligung gem. § 129 InsO[166] – bei Insolvenzverfahrenseröffnung hierauf aus anderen Gründen keinen Zugriff mehr haben; ggf. blieb Privilegierung nach S. 2.[167] Hiervon ist der BGH in einer auf S. 1 übertragbaren[168] Entscheidung zur Parallelvorschrift des § 130 a HGB[169] nunmehr abgerückt: Neutralisierende Wirkung soll nur solchem **Massezufluss** zukommen, **der in unmittelbarem Zusammenhang mit der Zahlung erfolgt, wobei auf eine Zuordnung nach wirtschaftlichen Kriterien**

160 BGH NJW 15, 2806 Rn. 25 ff.

161 BGH NJW 74, 1088, 1089; ZIP 86, 456, 459; BGHZ 146, 264, 278 = NJW 01, 1280; OLG Schleswig ZInsO 07, 948, 950; GKAktG/*Habersack*, § 92 Rn. 95; *ders../Foerster*, ZHR 179 (14) 387, 397; *Pape*, ZInsO 01, 397, 401. – Wie hier indes Baumbach/Hueck/*Haas* Rn. 75; Lutter/Hommelhoff/*Kleindiek* Rn. 16 ff.; MüKoGmbHG/*Müller* Rn. 137; Scholz/*K Schmidt* Rn. 40 f.; Ulmer/*Casper* Rn. 87, 93; *Geißler*, GmbHR 11, 907, 908 f.

162 BGH NJW 74, 1088, 1089; 01, 304; 03, 2316 f.; ZIP 10, 2400 Rn. 21; vgl. aber ZIP 11, 422 Rn. 26 (zur besseren Besicherung des neuen Gläubigers); OLG Celle GmbHR 97, 901, 902; hierzu auch Baumbach/Hueck/*Haas* Rn. 73 f.; *Geißler*, GmbHR 11, 907 ff.; *Goette*, DStR 11, 132; *Kleindiek*, FS u. H Schneider, 11, S. 621.

163 Hierzu auch *Geißler*, GmbHR 11, 907, 908.

164 BGH NJW 74, 1088, 1089; 03, 2316 f.

165 Baumbach/Hueck/*Haas* Rn. 73; *Geißler*, GmbHR 11, 907, 909.

166 Zum Zusammenhang des Zahlungsbegriffs und der Gläubigerbenachteiligung gem. § 129 InsO vgl. *Gehrlein*, ZInsO 15, 477, 478 f.

167 Baumbach/Hueck/*Haas* Rn. 73; zurückhaltender MüKoGmbHG/*Müller* 1. Aufl. Rn. 137; Ulmer/*Casper* 1. Aufl. Rn. 85; vgl. auch *Geißler*, GmbHR 11, 907; *Strohn*, NZG 11, 1161, 1165.

168 Ebenso übertragbar auf §§ 92 II 1, 93 III Nr. 6 AktG sowie §§ 99 S. 1, 34 III Nr. 4 GenG, vgl. *Strohn*, DB 15, 57.

169 BGH NZI 15, 133 Rn. 9; bestätigend NJW 15, 2806 Rn. 26.

abzustellen sei.[170] Nach dem Sinn u. Zweck der Vorschrift sei die Massekürzung iÜ schon dann ausgeglichen, **„sobald u. soweit ein ausgleichender Wert endgültig in das Gesellschaftsvermögen gelangt“** ist.[171] Bis zur Verfahrenseröffnung müsse der Massezufluss nicht mehr vorhanden sein. Diese Ausführungen des BGH beruhen weiterhin auf einer **Einzelbetrachtung,**[172] lassen aber das Bemühen erkennen, eine in der Praxis extensive Anwendung der Vorschrift einzudämmen.[173] Sie werfen für die Praxis diverse Folgefragen auf:

Fraglich ist, nach welchen **Kriterien** sich der **unmittelbare Zusammenhang** bemisst. Hierzu befürwortete die wohl überw. Lit. zunächst eine Heranziehung der Bargeschäftskriterien des § 142 InsO.[174] Dies schloss nicht nur eine wirtschaftliche Zuordnung, sondern auch ein zeitliches Element ein.[175] Erforderlich war ein abgeschlossener Leistungsaustausch binnen 30 Tagen.[176] Dem hat der II. Zivilsenat des BGH jedoch widersprochen u. eine Anwendung der Bargeschäftskriterien abgelehnt, weil § 64 nur auf eine Benachteiligung durch Aktivmasseminderung abstelle, das Anfechtungsrecht jedoch weitergehend auch die Gläubigerbenachteiligung durch Schuldenvermehrung betrachte.[177] Überdies schütze § 64 nicht den Geschäftsverkehr, sondern nur die Gläubiger der bereits insolventen Gesellschaft. Deshalb komme es nach Ansicht des BGH bei § 64 allein auf **„wirtschaftliche Zuordnungskriterien“** an.[178] Hierfür soll etwa notwendig sein, dass die Gegenleistung vom Empfänger der Leistung stammt[179] oder diesem zumindest zugerechnet werden kann (mittelbare Zuwendung). Einer rechtsge- 36

170 BGH NZI 15, 133 Rn. 10 (zur Parallelvorschrift des § 130 a HGB). – Parallele Tendenzen im Rahmen der Auslegung zu § 133 I InsO erkennbar bei BGH ZIP 15, 585 Rn. 25: Sofern kein Verlust entsteht, kann trotz Begleichung einer Altforderung zum Erhalt einer Neulieferung der Gläubigerbenachteiligungsvorsatz zu verneinen sein.

171 BGH NZG 15, 149 Rn. 11; zust. *Müller*, DB 15, 723, 727; so auch *Habersack/Foerster*, ZHR 178 (14), 387, 404 f.

172 Von *K Schmidt*, NZG 15, 129, 131 als „Kardinalmangel“ bezeichnet.

173 Vgl. insoweit *K Schmidt*, NZG 15, 129, 130: Zähmung des „haftungsrechtlichen Kampfhunds“, der in der Praxis zur „Kahlpfändung der Verantwortlichen“ führen soll.

174 So bereits Voraufl Rn. 35; im Ausgangspunkt zust. Rowedder/*M. Schmidt-Leithoff/Schneider* Rn. 34, jedoch weitergehend bzgl. Unmittelbarkeit *Geißler*, GmbHR 11, 907, 909; ebenso *Habersack/Foerster*, ZHR 178 (14), 387, 403 f.; idS auch *Müller*, NZG 15, 1021, 1023; *Strohn*, DB 15, 57, 58; *ders.*, NZG 11, 1161, 1164; aA *Altmeppen*, ZIP 15, 949, 950 f.

175 Ebenso *Gehrlein*, ZInsO 15, 477, 483 mwN.

176 MüKoGmbHG/*Müller* Rn. 149; Gehrlein/Born/Simon/*Sandhaus* Rn. 27; *Bitter*, ZInsO 10, 1505, 1515 („im gleichen Zeitraum“) sowie 1516; *Geißler*, GmbHR 11, 907, 909; tendenziell auch BGH NJW 03, 2316, 2317. – Zu den Anforderungen an ein Bargeschäft gem. § 142 InsO: BGH NZI 10, 985; 12, 667; ZIP 14, 1491 Rn. 33; Uhlenbruck/*Ede/Hirte*, InsO § 142 Rn. 27 ff.; aA BAG BeckRS 11, 78373 (drei Monate).

177 BGH NZI 17, 809 Rn. 12 ff.; zustimmend *Bitter/Baschnagel*, ZInsO 18, 557, 585 f. aA OLG Düsseldorf NZI 16, 642 Rn. 37.

178 BGH NZI 17, 809 Rn. 16.

179 *Bitter/Baschnagel*, ZInsO 18, 557, 587; vgl. zum Sonderfall der Zahlung an Neugläubiger BGH NZG 15, 998 Rn. 33; kritisch dazu *Janssen*, ZInsO 18, 1074, 1077; einschränkend im Anschluss an BGH NZI 02, 311, 313 zu §§ 129 ff. InsO Baumbach/Hueck/*Haas* Rn. 83, wonach Verringerung des Debetsaldos gerade Massezufluss von dritter Seite ermöglichen soll.

schäftlichen Verknüpfung von Leistung und Gegenleistung bedarf es ebenfalls nicht.[180]

37 Der Erwerb eines bloßen Anspruchs, zB infolge der Ausreichung eines Darlehens an Gesellschafter oder Dritten, kann gemäß dem Normzweck u. der insoweit maßgeblichen wirtschaftlichen Betrachtung nicht einmal dann neutralisierend berücksichtigt werden, wenn der Anspruchsgegner solvent u. der Anspruch werthaltig ist.[181] Ansonsten würde den Gläubigern das Risiko der Durchsetzbarkeit aufgebürdet. Erforderlich für die Neutralisierung des zunächst masseschmälernden Effekts ist also letztlich die **Erfüllung des Gegenleistungsanspruchs.** Denn erst dann hat sich gezeigt, dass der Gegenleistungsanspruch letztlich „so gut wie Bargeld" war.[182] Sinn u. Zweck der Vorschrift sprechen ferner dafür, dass ausgleichenden Wert nur solche Gegenleistungen/Gegenwerte haben, die ihrerseits für die Gesamtheit der Gläubiger – zumindest bei Eintritt ins Gesellschaftsvermögen – **haftungsrechtlich verwertbar u. liquide** sind.[183] Zu verneinen ist dies nach Auffassung des BGH etwa idR für geringwertige Verbrauchsgüter.[184] Diskussionsbedarf besteht bspw. bei (Dienst-) Leistungen, die zwar zu marktüblichen Konditionen vergütet werden, die iSd Haftungsverwirklichung für die Gläubiger jedoch – jedenfalls im Liquidationsszenario – keinen Mehrwert bzw. kein Äquivalent darstellen. Die gleiche Fragestellung gilt für Miet-, Pacht- u. Leasingzahlungen, ferner für Versorgungsverträge (Energie u. Telekommunikation)[185] u. vergleichbare Gegenleistungen. Die Masseschmälerung ist für die Zahlungen auf solche Gegenleistungen im Liquidationsszenario[186] nach hier vertretener Auffassung zu bejahen, eine Kompensation also abzulehnen; ggf. kommt Privilegierung gem. S. 2 in Betracht. → Rn. 46. Eine abweichende Beurteilung kommt in Betracht, wenn ausnahmsweise eine Unternehmensfortführung gesichert erscheint u. insoweit die erbrachten Dienstleistungen/Konzepte aufgehen.[187] Maßgeblicher **Bewertungszeitpunkt** ist aber grds. der **Vermögenszufluss.**[188]

38 Ob die Verneinung der Bargeschäftskriterien zugleich – insbes. bei Austauschgeschäften – einen vollständigen Verzicht auf zeitliche Kriterien bedeutet, ist unklar. Eine Masseschmälerung kann nach der hier vertretenen Auffassung durch den Gegenwert jedenfalls **unabhängig von der Reihenfolge** von Leistung u. (tats erlangter) Gegenleistung ausgeglichen werden.[189]

---

180 Ebenso Lutter/Hommelhoff/*Kleindiek* Rn. 18; Ulmer/*Casper* Rn. 101.
181 Vgl BGH GmbHR 15, 137 Rn. 16; 15, 925 Rn. 32.
182 Großzügiger Lutter/Hommelhoff/*Kleindiek* Rn. 20.
183 IdS auch MüKoGmbHG/*Müller* Rn. 149; *ders.*, DB 15, 723, 724; *Habersack/Foerster*, ZHR 178 (2014), 387, 405.
184 BGH NZI 17, 809 Rn. 20.
185 Vgl. BGH NZI 17, 809 Rn. 18; OLG München NZI 17, 723, 725; diff. MüKoGmbHG/*Müller* Rn. 149 b.
186 BGH NZI 17, 809 Rn. 18; OLG München NZI 17, 723, 725; MüKoGmbHG/Müller Rn. 149 b; aA *Bitter/Baschnagel*, ZInsO 18, 557, 586.
187 Offenlassend BGH NZI 17, 809 Rn. 20.
188 Lutter/Hommelhoff/*Kleindiek* Rn. 20.
189 Wie hier MüKoGmbHG/*Müller* Rn. 149 e; Ulmer/*Casper* Rn. 103; aA OLG München NZI 17, 723, 725; Baumbach/Hueck/*Haas* Rn. 71 b; Lutter/Hommelhoff/*Kleindiek* Rn. 19; Rowedder/*M. Schmidt-Leithoff/Schneider* Rn. 34; *Berbuer*, NZG 18, 919, 924 f.; *Haneke*, NZI 15, 499, 500 f.

Denn es hätte fatale Anreizwirkung, wenn die Verneinung einer Erstattungspflicht für den Geschäftsführer davon abhinge, dass die Gesellschaft in Vorleistung ging u. sich damit dem Risiko der Uneinbringlichkeit der Gegenleistung aussetzte.[190]

Die **Darlegungs- u. Beweislast** bzgl. Gegenleistung/Gegenwert trägt der Anspruchsgegner.[191] Zunächst ist zu vermuten, dass jeder einzelne Zahlungsausgang bei der Gesellschaft der eingetretenen Masseschmälerung entspricht. Die an den Fiskus abgeführte Lohnsteuer stellt keine Gegenleistung für die von den Mitarbeitern des Unternehmens geleisteten Dienste dar.[192] Bei **Kreditgewährung u. Sicherheitsleistung** durch die Gesellschaft (s. → Rn. 28 aE) ist die Berücksichtigung der Gegenleistung (zB ein Darlehensrückgewähranspruch)[193] nicht möglich.[194] Richtig ist aber, dass mit Rückfluss nach Verfahrenseröffnung die Haftung nach § 64 S. 1 entfällt.[195] 39

d) Passivmasseerhöhung, Neuverbindlichkeiten. Nach hM bezweckt S. 1 lediglich, eine Schmälerung des Aktivvermögens durch Zahlungen u. ihnen gleichzustellende Leistungen zu verhindern bzw. zu sanktionieren.[196] Die **Erhöhung der Passivmasse durch Begründung von Neuverbindlichkeiten**, die für die Befriedigungsquote der Gläubiger u. somit für die Bestimmung des Gesamtschadens ebenfalls von Interesse wären, erfasst S. 1 nicht.[197] Es bleibt insoweit allenfalls eine Haftung wegen Insolvenzverschleppung u. ggf. nach § 43 II. Die höhere Zinsschuld ggü. der Bank infolge der Erhöhung eines Debets hat keine Haftung des Geschäftsführers gem. S. 1 zur Folge.[198] Dies gilt auch für die Unterlassung der **Kündigung eines Dauerschuldverhältnisses**; dass die künftige Insolvenzmasse künftig ggf. mit mehr Masseverbindlichkeiten belastet ist, mindert die Aktivmasse nur mittel- 40

190 Vgl. aber zu Vorausleistungen *Habersack/Foerster*, ZHR 178 (2014), 387, 415; *Müller*, DB 15, 723, 725 f.; großzügiger *K Schmidt*, NZG 15, 129, 133.

191 *Henze/Born* Rn. 1672: Verteidigungsmöglichkeit des Geschäftsführers.

192 OLG Düsseldorf NZG 99, 894 f.; Baumbach/Hueck/*Haas* Rn. 71 a; aA *Schön*, FS Westermann, 06, S. 1469, 1483 f.

193 Insoweit aA Scholz/*K Schmidt* Rn. 43 bzgl. kurzfristiger Liquiditsbewegungen innerhalb des Konzerns.

194 Rowedder/*M. Schmidt-Leithoff/Schneider* Rn. 34; *Geißler*, GmbHR 11, 907, 909 f.; vgl. auch OLG München NZG 17, 1437; offenlassend, ob eine Forderung zur Kompensation geeignet ist BGH NZG 15, 149 Rn. 16; zweifelnd *K. Schmidt*, NZG 15, 129, 133.

195 *Müller*, DB 15, 723, 728; weitergehend Rowedder/*M. Schmidt-Leithoff/Schneider* Rn. 34.

196 BGHZ 138, 211, 216 = NJW 98, 2667; ZIP 15, 1480 Rn. 13; Baumbach/Hueck/*Haas* Rn. 66; Lutter/Hommelhoff/*Kleindiek* Rn. 30; Michalski/*Nerlich* Rn. 17; MüKoGmbHG/*Müller* Rn. 147; Rowedder/*M. Schmidt-Leithoff/Schneider* Rn. 27; Scholz/*K Schmidt* Rn. 31, 33; *Wicke* Rn. 20; *Goette*, ZInsO 05, 1, 4; *Habersack/Foerster*, ZHR 178 (14), 387, 396; *Poertzgen*, ZInsO 06, 561, 564 ff.; *Röhricht*, ZIP 05, 505, 511; aA OLG Celle GmbHR 97, 901; *Poertzgen*, GmbHR 07, 1258, 1262.

197 BGHZ 138, 211, 216 f. = NJW 98, 2667; DStR 07, 1004, 1005; GmbHR 10, 428 Rn. 10 (zur Erhöhung der Zinsschuld bei debitorischem Konto); OLG Hamburg ZIP 05, 1968, 1971; Baumbach/Hueck/*Haas* Rn. 66; Lutter/Hommelhoff/*Kleindiek* Rn. 30; Scholz/*K Schmidt* Rn. 33; *Fleck*, GmbHR 74, 224, 230; *Geißler*, GmbHR 11, 907, 910; *Karollus*, ZIP 95, 269, 271 f.; *Röhricht*, ZIP 05, 505, 511; krit. *de lege ferenda Poertzgen*, ZInsO 11, 305, 311.

198 BGH GmbHR 07, 596 Rn. 8; 10, 428.

bar.[199] Ebenso wenig stellt der **Abschluss eines gegenseitigen Vertrags**, der bei Erfüllungsablehnung im Insolvenzverfahren einen Schadensersatzanspruch gem. § 103 II InsO zur Folge haben kann, eine Zahlung dar.[200]

41 e) **Zurechnung.** Haftungsbegründende Voraussetzung einer Ersatzpflicht gem. S. 1 ist, dass der Verstoß gegen das Zahlungsverbot dem Haftungsadressaten zugerechnet werden kann in dem Sinne, dass die Zahlung mit seinem Wissen u. Willen erfolgte, also von ihm **veranlasst** wurde.[201] Eine hohe Schwelle darf hier wegen des Schutzzwecks des Zahlungsverbots nicht gelten.[202] Im Grundsatz muss die Zurechenbarkeit für jede einzelne Zahlung gesondert geprüft werden.[203] Zurechenbarkeit besteht, wenn der Geschäftsführer die Zahlung **selbst vorgenommen** hat (auch durch Unterlassen eines Widerrufs einer Einzugsermächtigung oder durch unterlassene Abwehr von Verrechnungen infolge Cross-Pledge)[204] oder wenn die Vornahme durch einen anderen erfolgte, der seiner **umfassenden Kontroll- u. Überwachungspflicht** unterliegt u. dessen Tätigwerden der Geschäftsführer nicht rechtzeitig unterbunden hat.[205] Hierzu zählen bei interner Ressortaufteilung auch andere Mit-Normadressaten (s. → vor § 64 Rn. 13). Weisungen der Gesellschafterversammlung hindern im Hinblick auf den Schutzzweck des S. 1 (→ Rn. 2 f.) die Zurechenbarkeit der Zahlung beim Geschäftsführer nicht.[206]

42 Der Zurechnung unterliegen auch Zahlungen, die zur Abwendung einer unmittelbar bevorstehenden **Zwangsvollstreckung** geleistet werden, sofern sie noch als freiwillige Rechtshandlung der Gesellschaft iSd § 133 I InsO gewertet werden können.[207] An einer Zurechnung/Veranlassung fehlt es jedoch beim Zugriff eines Gläubigers auf Gesellschaftsvermögen im Wege der Zwangsvollstreckung, zB Kontoabbuchung aufgrund Kontopfändung.[208] Einer Zurechnung steht nicht entgegen, dass der Geschäftsführer **zur Vornahme der Zahlung verpflichtet** war.[209] Im **Insolvenzeröffnungsverfahren** entfällt die Zurechenbarkeit jedenfalls mit der Anordnung eines allg. Verfügungsverbots (§ 21 II Nr. 2, 1 Alt InsO).[210] – Zur Anordnung eines Zustimmungsvorbehalts (§ 21 II Nr. 2, 2 Alt. InsO) sowie zur vorläufigen Eigenverwaltung s. → Rn. 50.

---

199 Baumbach/Hueck/*Haas* Rn. 66; MünchHdbGmbH/*Marsch-Barner/Diekmann*, § 46 Rn. 48; aA OLG Hamm ZIP 80, 280, 281.
200 Baumbach/Hueck/*Haas* Rn. 66; *Bork*/Schäfer Rn. 15.
201 BGH GmbHR 09, 956 Rn. 13; *Henze/Born* Rn. 1684.
202 OLG Oldenburg ZIP 04, 1315, 1316 f.
203 Gehrlein/Born/Simon/*Sandhaus* Rn. 19; vgl. auch MüKoGmbHG/*Müller* Rn. 172; *Strohn*, NZG 11, 1161, 1163 f.
204 OLG München ZInsO 13, 446, 448.
205 BGH NJW 09, 1598 (zu § 130 a III HGB aF); OLG München ZIP 11, 277; OLG Oldenburg ZIP 04, 1315, 1316; iE auch Lutter/Hommelhoff/*Kleindiek* Rn. 7.
206 Baumbach/Hueck/*Haas* Rn. 40; Gottwald/*ders/Kolmann/Kurz*, Insolvenzrechts-Handbuch, § 90 Rn. 196.
207 Zust. Rowedder/*M. Schmidt-Leithoff/Schneider* Rn. 32; *Geißler*, GmbHR 11, 1505, 1517.
208 BGH GmbHR 09, 937 Rn. 13 f.; ZIP 11, 422 Rn. 28; OLG München ZIP 11, 277; Baumbach/Hueck/*Haas* Rn. 61; aA Roth/*Altmeppen* Rn. 15.
209 *Schröer-Conigliello/Schmittmann* ZIP 17, 1548, 1551.
210 Gehrlein/Born/Simon/*Sandhaus* Rn. 8.

5. Pflichtwidrigkeit, Privilegierte Zahlungen (S 2)

43 Der Ersatzpflicht unterliegen solche Zahlungen nicht, die **mit der Sorgfalt eines ordentlichen Geschäftsmanns vereinbar** sind (S 2). Diese Vorschrift bestimmt sowohl den Pflichten-, als auch den Verschuldensmaßstab (dazu → Rn. 53).[211] Bei nach Eintritt der Zahlungsunfähigkeit oder Überschuldung geleisteten Zahlungen wird die Pflichtwidrigkeit vermutet.[212]

44 Ordnungsgemäßes Kaufmannsgebaren orientiert sich in der bereits eingetretenen materiellen Krise nicht am Gesellschaftszweck, sondern wegen des besonderen Zwecks der Vorschrift **an den Interessen der Gesamtheit der Gläubiger.**[213] Die Durchführung einer Zahlung nach eingetretener materieller Insolvenz muss also in der ex-ante-Sicht den Gläubigern insg. eine Aussicht auf **mehr Vor- als Nachteile** bieten.[214] Ob dies dann tatsächlich so eintritt, ist irrelevant. Die Ausnahmevorschrift ist iSd Rechtsklarheit **eng auszulegen,** um den Schutz vor Masseschmälerungen nicht auszuhöhlen.[215] Die reine Hoffnung auf eine Vermehrung des Gesellschaftsvermögens verdient keinen Schutz.[216] Eine Saldierung mit Nachteilen, deren Eintritt die vorgenommene Zahlung vermied, scheidet aus.[217]

45 Unsicherheit besteht darüber, welche Zahlungen in diesem Stadium zur **vorübergehenden Aufrechterhaltung des Geschäftsbetriebs** bzw. **zur Abwendung (vermeintlicher) Nachteile** geleistet werden dürfen. Im Ausgangspunkt muss zunächst die Aufrechterhaltung des Geschäftsbetriebs dem Gesamtgläubigerinteresse (vgl. § 1 InsO) dienen.[218] Dies darf kein Vorwand sein, bestimmte Gläubiger vorrangig zu bedienen.[219] Unsubstantiierte Erwartungen, die Geschäftslage werde sich ohne wesentliche finanz- oder leistungswirtschaftliche Maßnahmen verbessern, genügen ebenfalls nicht. Die Rspr. stellt auf den **Einzelfall** ab, will aber zB Zahlungen von **Löhnen u. Sozialabgaben,**[220] **Versicherungsprämien** u. **Miete** sowie auf **Wasser-, Strom- u. Heizungsrechnungen** gestatten, um den Zusammenbruch der Ge-

---

211 Baumbach/Hueck/*Haas* Rn. 88.

212 BGH ZIP 08, 1229; 07, 1265, 1266; 12, 1174, 1175; 12, 1557, 1558; OLG Hamburg GmbHR 07, 1037, 1038; OLG Oldenburg ZIP 04, 1315, 1316; krit. Lutter/Hommelhoff/*Kleindiek* Rn. 33.

213 BGHZ 146, 264, 274 f. = NJW 01, 1280; 00, 668; Baumbach/Hueck/*Haas* Rn. 89; *Bork*/Schäfer Rn. 21; *K Schmidt*, in K Schmidt/Uhlenbruck, GmbH in der Krise, Rn. 11.47; *Röhricht*, ZIP 05, 505, 511; *Strohn*, NZG 11, 1161, 1166; aA (auch Schutz des öffentlichen Interesses an der Erhaltung lebensfähiger Unternehmen) MünchHdbGmbH/*Marsch-Barner/Diekmann*, § 46 Rn. 51; ebenso Lutter/Hommelhoff/*Kleindiek* Rn. 33; *Tiedtke/Peterek*, GmbHR 08, 617, 626.

214 BGHZ 146, 264, 274 f. = NJW 01, 1280; vgl. auch BGH DStR 08, 1246; OLG München GmbHR 18, 368, 370; OLG Hamburg ZIP 18, 2197, 2200.

215 Henssler/Strohn/*Arnold* Rn. 39; *Strohn*, NZG 11, 1161, 1166.

216 OLG Celle ZInsO 08, 1328, 1329; Baumbach/Hueck/*Haas* Rn. 90.

217 OLG Hamburg GmbHR 07, 1037, 1039; Baumbach/Hueck/*Haas* Rn. 90; zur Vorsteuer aus Zahlungen an Dritte vgl. OLG Hamburg ZIP 18, 2197, 2200.

218 IdS auch *Habersack/Foerster*, ZHR 178 (14), 387, 400.

219 *Bork*/Schäfer Rn. 22; Ulmer/*Casper* Rn. 117.

220 *Strohn*, NZG 11, 1161, 1166.

sellschaft zu verhindern[221] bzw. um erfolgversprechende Vergleichs- uSanierungsmaßnahmen innerhalb der Dreiwochenfrist nicht zu gefährden.[222] Im Einzelfall können auch Zahlungen, um einen Gegenstand wertmäßig zu erhalten (zB Reparatur) bzw. um **Schaden abzuwenden**, privilegiert sein.[223] Das Gebot der Gläubigergleichbehandlung gilt in diesem Stadium noch nicht, da andernfalls eine Fortführung überhaupt nicht möglich wäre.[224] Von der Entscheidung der Gesellschafter, ob das Unternehmen liquidiert oder saniert werden soll, hängt die Anwendbarkeit des S. 2 nach zutreffender Ansicht nicht ab.[225] Denn § 64 schützt die Interessen der Gläubiger u. gestaltet diesen Schutz unabhängig von den Interessen der Gesellschafter.

46 Bestehen innerhalb des 3-Wochen-Zeitraums des § 15 a InsO **ernsthafte Sanierungschancen** auf der Grundlage eines in sich schlüssigen, tragfähigen Sanierungskonzepts, sind im Einzelfall auch die zur Umsetzung der Sanierung notwendigen Zahlungen erlaubt, selbst wenn die Sanierung letztlich scheitert.[226] Hierzu zählt auch die angemessene **Vergütung eines Sanierungsberaters.**[227] Je geringer/substanzloser die Sanierungsaussicht ist, desto statischer muss sich der Haftungsadressat verhalten.[228] Für die Ernsthaftigkeit des Sanierungsversuchs trägt der Geschäftsführer die **Darlegungs- u. Beweislast.**[229] Zahlungen, denen auch ein besonnener, vorläufiger Insolvenzverwalter zugestimmt hätte, weil dadurch größerer Schaden für die Insolvenzmasse abgewendet wird oder die Insolvenzmasse einen finanziellen Vorteil erhält, sollen im Einzelfall zulässig sein;[230] allerdings nur dann u. insoweit, als der **3-Wochen-Zeitraum des § 15 a InsO** noch nicht abgelau-

221 BGHZ 146, 264, 274 f. = NJW 01, 1280; ZIP 08, 72 Rn. 6; OLG München GmbHR 18, 368, 370; OLG Celle GmbHR 04, 568; 08, 1034, 1035; 08, 101, 102; OLG Düsseldorf NZG 99, 1066, 1068; OLG Schleswig ZInsO 07, 948, 950; Baumbach/Hueck/*Haas* Rn. 91; Michalski/*Nerlich* Rn. 22; Rowedder/*M.Schmidt-Leithoff/Schneider* Rn 38.

222 BGH ZIP 17, 1619 Rn. 21; 15, 1480 Rn. 24; Baumbach/Hueck/*Haas* Rn. 91; *Bitter/Baschnagel*, ZInsO 18, 557, 588 f.

223 Baumbach/Hueck/*Haas* Rn. 93.

224 BGH NZI 08, 126 Rn. 6; LAG Hamm NJW-RR 05, 483, 484.

225 AA OLG Celle GmbHR 08, 1034.

226 BGH ZIP 07, 1501; 08, 72 Rn. 6; 15, 1480 Rn. 24; 17, 1619 Rn. 21; OLG München GmbHR 19, 236, 239; OLG Celle ZIP 07, 2210 f.; GmbHR 08, 1034, 1035; OLG Düsseldorf NZG 99, 1066, 1068; Lutter/Hommelhoff/*Kleindiek* Rn. 33; MüKoGmbHG/*Müller* Rn. 154; Ulmer/*Casper* Rn. 117; *Wicke* Rn. 21; *Bitter/Baschnagel*, ZInsO 18, 557, 588; *Habersack/Foerster*, ZHR 178 (14), 387, 400; *Strohn*, NZG 11, 1161, 1166; über die 3-Wochen-Frist des § 15 a InsO hinausgehend jedoch OLG Hamburg ZIP 10, 2448, 2450; weitergehend u. für einen grds. großzügigen Maßstab bei Befriedigung von Altverbindlichkeiten *Knittel/Schwall*, NZI 13, 782.

227 BGH NZG 07, 678 Rn. 4; MüKoGmbHG/*Müller* Rn. 154; *Buchalik/Hiebert*, ZInsO 14, 1423, 1429 f.

228 OLG Dresden GmbHR 05, 173; iErg auch Scholz/*K Schmidt* Rn. 52.

229 BGH ZIP 07, 1501 Rn. 4; *Bork*/Schäfer Rn. 22.

230 IErg auch *Bork*/Schäfer Rn. 22; Henssler/Strohn/*Arnold* Rn. 43; MüKoGmbHG/*Müller* Rn. 154; Roth/*Altmeppen* Rn. 33 Scholz/*K Schmidt* Rn. 53; Ulmer/*Casper* Rn. 117; *Poertzgen*, ZInsO 11, 305, 307; *Schmidt/ders*, NZI 13, 369, 373; *Strohn*, NZG 11, 1161, 1166; zurückhaltender und abl. für Zahlungen außerhalb der Frist des § 15 a InsO Baumbach/Hueck/*Haas* Rn. 91 (unter Hinweis auf OLG Hamburg GmbHR 07, 1037, 1040); Gehrlein/Born/Simon/*Sandhaus* Rn. 29.

fen ist.[231] Insoweit gilt es zudem zu beachten, dass ein vorläufiger Insolvenzverwalter dem Unternehmenserhalt **nur zum Zwecke der Haftungsverwirklichung gem. dem Prinzip der Gläubigergleichbehandlung** (vgl. § 1 InsO) verpflichtet ist, während diese Aufgabenstellung mit den dahinter liegenden Wertungen typischerweise nicht zu den maßgeblichen Entscheidungskriterien eines Geschäftsführers zählt.[232] Daher empfiehlt sich große Zurückhaltung bei dem Bemühen, die Geschäftsführer durch mutmaßliche Entscheidungen eines vorläufigen Insolvenzverwalters zu privilegieren. Der **Erhalt von Arbeitsplätzen oder Unternehmen** sind iRv Satz 2 keine berücksichtigungsfähigen **öffentlichen Interessen.**[233]

Bevor der Haftungsadressat Sanierungsmaßnahmen unter Mitwirkung **externer Berater** einleitet, muss er sich im Grundsatz vorher schon – iR seiner Möglichkeiten – über die wirtschaftliche Lage der Gesellschaft Klarheit verschafft haben.[234] Für externe Berater aufgewendete Kosten entsprechen nur dann der Sorgfalt eines ordentlichen Geschäftsmannes, wenn die **Sanierungsmaßnahmen angemessen u. sachdienlich** sind. 47

Die **Pflichtenkollision** des Geschäftsführers, sich zwischen einer persönlichen Strafbarkeit[235] oder Bußgeldsanktionen (vgl. § 380 AO iVm §§ 38 III, 41 a EStG; § 26 b UStG)[236] bzw. Haftung für die gesetzliche Zahlungspflicht (iVm § 823 II BGB) einerseits sowie der Haftung nach S. 1 andererseits entscheiden zu müssen, wirkt in Bezug auf die Erstattungspflicht des S. 1 iSe übergesetzlichen Notstands[237] haftungsbefreiend.[238] Die Rspr. hat sich für einen pragmatischen Ansatz unter dem Stichwort der „Einheit der Rechtsordnung" entschieden. Zahlungen, die kraft Gesetzes geleistet werden müssen, wie zB die Erfüllung steuerrechtlicher Pflichten im Hinblick 48

231 IErg auch Baumbach/Hueck/*Haas* Rn. 91; Rowedder/*M. Schmidt-Leithoff/Schneider* Rn. 39; Ulmer/*Casper* Rn. 117; *Bitter*, ZInsO 10, 1505, 1517; *Geißler*, ZInsO 13, 167; großzügiger indes OLG Hamburg GmbHR 11, 371, 374; dem vorsichtig folgend Lutter/Hommelhoff/*Kleindiek* Rn. 33.

232 Vgl. hierzu auch *Strohn*, NZG 11, 1161, 1166.

233 Baumbach/Hueck/*Haas* Rn. 92; Rowedder/*M. Schmidt-Leithoff/Schneider* Rn. 38 f.; *Strohn*, NZG 11, 1161, 1166; aA *Bork*/Schäfer Rn. 21; Roth/*Altmeppen* Rn. 21; *Kleindiek*, FS U. H. Schneider, 11, S. 617, 623.

234 BGH GmbHR 07, 936; Rowedder/*M. Schmidt-Leithoff/Schneider* Rn. 45; *Strohn*, NZG 11, 1161, 1166.

235 BGHSt 47, 318 = NJW 02, 2480; St 48, 307 = NJW 03, 3787; 05, 3650.

236 BGH NZI 11, 196 Rn. 11 ff.

237 Roth/*Altmeppen* Rn. 31; idS auch *Habersack/Foerster*, ZHR 178 (14), 387, 406.

238 BGH ZIP 11, 422 Rn. 17; zust. *Bork*/Schäfer Rn. 23; Lutter/Hommelhoff/*Kleindiek* Rn. 35; einschränkend Roth/*Altmeppen* Rn. 31; Rowedder/*M. Schmidt-Leithoff/Schneider* Rn. 41 ff.; Scholz/*K Schmidt* Rn. 51; Ulmer/*Casper* Rn. 120; *Arends/Möller*, GmbHR 08, 169 ff.; *Bitter*, ZInsO 10, 1505, 1516; *Blank*, ZInsO 13, 461; *Streit/Bürk*, DB 08, 742 ff.; *Strohn*, ZInsO 09, 1417, 1421 f.; zum Konflikt infolge § 69 AO s. *Werres*, ZInsO 09, 1845 ff.; *Radtke*, GmbHR 09, 673, 678; aA Baumbach/Hueck/*Haas* Rn. 101 ff.; *Wilhelm*, ZIP 07, 1781, 1782 ff.; zurückhaltend auch MüKoGmbHG/*Müller* Rn. 157.

auf **Lohn-**[239] **u. Umsatzsteuer** (§§ 34, 69 AO; str),[240] die Pflicht zur Abführung von **Arbeitnehmeranteilen zur Sozialversicherung** (§ 266 a StGB)[241] – anders: Zahlung von Arbeitgeberanteilen[242] – sind also durch S. 2 privilegiert.[243] Von einer konkludenten Tilgungsbestimmung zugunsten von Arbeitnehmeranteilen lässt sich allerdings nicht ausgehen.[244] Der für die vormalige Praxis unerträgliche Zustand mit teilw. divergierenden höchstrichterlichen Entscheidungen[245] ist damit überholt. Eine Privilegierung soll nach Auffassung des BGH auch in Betracht kommen, wenn Dritte (auch Konzerngesellschaften) der Gesellschaft Vermögensgegenstände mit einer bestimmten Zweckabsprache anvertraut haben oder die Gesellschaft zu einer bestimmten Verwendung von Vermögensgegenständen verpflichtet ist (**§ 266 StGB**).[246] Darauf, ob die Zahlung an den Dritten später der Insolvenzanfechtung unterliegt, kommt es nicht an.[247] Pflichtenkollisionen, die sich aus **Doppelmandaten** (Wahrnehmung mehrerer Geschäftsleiter-Funktionen, zB innerhalb eines Konzerns) ergeben, stehen den vorgenannten Konstellationen nicht gleich, gestatten also keine Privilegierung.[248]

49 Richtigerweise kann die Pflichtenkollision jedoch **allenfalls im 3-Wochen-Zeitraum des § 15 a InsO** eine vorgenommene Zahlung rechtfertigen bzw. diese exkulpieren. Danach kann sich der Geschäftsführer durch Antragstellung der Pflichtenkollision entziehen; in der von ihm selbst (durch Insolvenzverschleppung) geschaffenen Zwangslage verdient er eigentlich keinen Schutz.[249] Nach Ansicht des BGH sind allerdings auch Zahlungen auf solche **Sozialversicherungsbeiträge oder Steuerschulden** durch S. 2 privilegiert, die vor Eintritt der materiellen Insolvenz u. dem Beginn der Antragspflicht

---

239 BGH NJW 08, 2504, 2505.

240 Hierzu BGH ZIP 11, 422 Rn. 12; NJW 09, 295 Rn. 10; 08, 2504, 2505; 07, 2118 Rn. 11 f.; LG München ZIP 07, 1960, 1962 f. (1. Instanz); offen OLG München ZIP 08, 2169, 2172 (2. Instanz); vgl. aber zu § 69 AO auch *Werres*, ZInsO 09, 1845 ff.; *Radtke*, GmbHR 09, 673, 678; BFH ZIP 07, 1604, 1605; 09, 122, 123; NZI 09, 599; anders noch BGHZ 146, 264, 274 ff. = NJW 01, 1280; ZIP 03, 1005 f.

241 Hierzu BGH ZIP 11, 422 Rn. 17; ZIP 08, 1275 Rn. 6; 08, 1229 Rn. 13; NJW 07, 2118 Rn. 11 f.; 03, 3787, 3788 (zu § 266 a StGB); ZIP 08, 2220 Rn. 10; *Casper*, in Goette/Habersack, Das MoMiG in Wissenschaft und Praxis, Rn. 6.30; *K Schmidt*, in K Schmidt/Uhlenbruck, GmbH in der Krise, Rn. 11.50 f.; *Theiselmann/Redeker*, GmbHR 08, 961, 965; *Tiedtke/Peterek*, GmbHR 08, 617, 721; aA *Runkel/Schmidt*, NZI 07, 479, 480; *Wilhelm*, ZIP 07, 1781, 1782 ff.

242 BGH ZIP ZIP 11, 422 Rn. 19; 09, 1468, 1469; *Nentwig*, GmbHR 11, 346 (Anm.); *Werres*, ZInsO 09, 1845 ff. (Anm.).

243 BGH ZIP 11, 422 Rn. 17; Ulmer/*Casper* Rn. 121 ff.

244 BGH NJW 09, 2599 Rn. 7; GmbHR 11, 367 Rn. 24 (vgl. zur Tilgungsreihenfolge § 4 Beitragsverfahrensverordnung).

245 Zur Entwicklung der Rspr. *Kleindiek*, FS U. H. Schneider, 11, S. 623 ff.

246 BGH ZIP 08, 1229, 1230; iErg zustimmend *K. Schmidt*, ZIP 08, 1401, 1406; aA zu Recht Baumbach/Hueck/*Haas* Rn. 98, 103; krit. auch Lutter/Hommelhoff/*Kleindiek* Rn. 29; Rowedder/*M. Schmidt-Leithoff/Schneider* Rn. 42, 44 aE; Ulmer/*Casper* Rn. 125.

247 BGH ZIP 03, 1005, 1007.

248 Baumbach/Hueck/*Haas* Rn. 99; Rowedder/*M. Schmidt-Leithoff/Schneider* Rn. 43; Ulmer/*Casper* Rn. 125; aA OLG München EWiR 08, 276, 276.

249 Krit. auch Baumbach/Hueck/*Haas* Rn. 91; MüKoGmbHG/*Müller* Rn. 157; *Bitter*, ZInsO 10, 1561, 1570 f.

entstanden waren, also Zahlungen auf **rückständige Zahlungspflichten.**[250] Der Geschäftsführer hat somit nach Auffassung des BGH wegen der angeblichen Unzumutbarkeit eines fortbestehenden Interessenkonfliktes[251] die Möglichkeit, die zivilrechtliche Haftung zu beseitigen u. strafrechtliche Sanktionen zu reduzieren. Dies vermag nicht zu überzeugen.[252] Denn eine entstehende Pflichtenkollision hätte der Geschäftsführer bereits vorab durch Zahlung bei Fälligkeit vermeiden können. Die Motivation, eine bereits eingetretene Strafbarkeit (vgl. § 266 a VI StGB) bzw. ein etwaiges Haftungsrisiko zu beseitigen, steht dem Beweggrund, von vornherein die Verwirklichung eines Straftatbestandes oder einer Ordnungswidrigkeit zu verhindern, nicht gleich u. bedarf daher jedenfalls nach Ablauf der 3-Wochen-Frist keines besonderen Schutzes gem. S. 2.

Handeln auf Weisung oder mit Billigung der Gesellschafterversammlung 50 hat weder rechtfertigende noch exkulpierende Wirkung (S 4 iVm § 43 III 3).[253] Hat das Insolvenzgericht im **Insolvenzeröffnungsverfahren** einen Zustimmungsvorbehalt angeordnet (§ 21 II Nr. 2, 1. Alt InsO) u. stimmt der vorläufige Insolvenzverwalter einer Zahlung zu, hat dies eine Privilegierung iSv S. 2 zur Folge. Der Geschäftsführer muss den vorläufigen Insolvenzverwalter nicht von der Erteilung einer solchen Zustimmung abhalten.[254] Verliert der Schuldner die **Verwaltungs- u. Verfügungsbefugnis** im Eröffnungsverfahren, endet damit auch eine Haftung nach S. 1.[255]

In welchem Umfang die Privilegierung von S. 2 iR einer **vorläufigen Eigen-** 51 **verwaltung** sowie im **Schutzschirmverfahren** (§§ 270 a, 270 b InsO) zur Anwendung gelangt, welche Bedeutung dabei insbes. der Zustimmung eines vorläufigen Gläubigerausschusses zukommen kann, ist bislang ungeklärt.[256] Dem ist vorgelagert die Frage, ob S. 1 überhaupt in diesen Konstellationen gilt. Teilweise wird vertreten, dass die Anwendung des S. 1 in solchen Konstellationen geradezu schädlich sei; das reflexartige Ziel von § 64, den Geschäftsführer an der Fortführung des Unternehmens zu hindern, würde im Widerspruch zu den Sanierungszielen von vorläufiger Eigenverwaltung u. Schutzschirmverfahren stehen. Deshalb sollten §§ 60 f. InsO die Anwendbarkeit des § 64 S. 1 verdrängen.[257] Richtigerweise ist eine solche Zurückdrängung des S. 1 zur Vermeidung von Schutzlücken (u zur Vermeidung unnötiger Friktionen bei einem Wechsel der Verfahrensart) in der vorläufigen Eigenverwaltung sowie im Schutzschirmverfahren zu

250 BGH ZIP 11, 422 Rn. 13, 18; OLG Frankfurt WM 10, 1751; *Brand*, WM 10, 1783, 1785 ff.
251 BGH ZIP 11, 422 Rn. 13.
252 Abl. auch Baumbach/Hueck/*Haas* Rn. 101 ff.; MüKoGmbHG/*Müller* Rn. 156 f.; Henssler/Strohn/*Oetker* § 43 Rn. 93, 97; *Bitter*, ZInsO 10, 1561, 1571, *ders./Baschnagel*ZInsO 18, 557, 589.
253 BGH NJW 74, 1088, 1089.
254 BGH ZIP 10, 1900, 1902 (aus steuerrechtlicher Sicht); Baumbach/Hueck/*Haas* Rn. 85.
255 OLG Brandenburg ZInsO 16, 852, 856; MüKoGmbHG/*Müller* Rn. 151; Baumbach/Hueck/*Haas* Rn. 85; *Bitter/Baschnagel*, ZInsO 18, 557, 574.
256 Vgl. hierzu *Siemon/Klein*, ZInsO 12, 2009 ff.; *Klinck*, DB 14, 938; *Thole/Brünkmans*, ZIP 13, 1097; *Bachmann*, ZIP 15, 101 ff.
257 So insbes. Baumbach/Hueck/*Haas* Rn. 86 f. mwN.

verneinen.[258] Die Haftung der Geschäftsleitung endet nicht mit dem Eröffnungsantrag, sondern besteht bis zur Verfahrenseröffnung auch in den Konstellationen der §§ 270 a, 270 b InsO fort.[259] Die Bestellung eines vorläufigen Sachwalters, der Verfügungen iU zum sog. schwachen vorläufigen Insolvenzverwalter nicht verhindern kann,[260] sperrt die Anwendbarkeit nicht. Allerdings sollte bei der Anwendung der einzelnen Tatbestandsmerkmale der Umstand Berücksichtigung finden, dass die Zahlungen in einer Konstellation geleistet werden, in welcher das Unternehmen das (vorläufige) Insolvenzverfahren von sich aus u. unter Kontrolle von Insolvenzgericht, vorläufigem Sachwalter u./oder vorläufigem Gläubigerausschuss als Restrukturierungs- u. Sanierungsinstrument nutzen will.[261]

52 Vorstehenden Hintergrund gilt es, iR eines etwaigen Zivilprozesses angemessen zu berücksichtigen. Als adäquates Mittel erscheint, die **Darlegungs- u. Beweislast für den Nachweis der Privilegierung** gem. S. 2 bzw. für die Exkulpation zugunsten des (Sanierungs-)Geschäftsführers anzupassen: Jedenfalls dann, wenn ein ordnungsgemäß informierter **vorläufiger Gläubigerausschuss** zugestimmt hat, sollte zugunsten des (Sanierungs-)Geschäftsführers eine widerlegliche Vermutung (Indizwirkung) gelten, dass die von ihm vorgenommenen Zahlungen mit der Sorgfalt eines ordentlichen Geschäftsleiters vereinbar sind.[262] Aber auch ohne eine solche Zustimmung des vorläufigen Gläubigerausschusses erscheint es aufgrund der Gesamtkonstellation angemessen, widerleglich zu vermuten, dass die geleisteten **Zahlungen für die Betriebsfortführung dringend erforderlich** waren u. für die Gesamtheit der Gläubiger nicht zu einer Verschlechterung ihrer Befriedigungsaussichten führten. Eine solche Vermutungswirkung gilt ferner, soweit der **vorläufige Sachwalter** einer Zahlung **zugestimmt** hat[263] bzw. der Zahlung auch ein pflichtgemäß handelnder vorläufiger Insolvenzverwalter zugestimmt hätte.[264] Dabei trifft den (Sanierungs-) Geschäftsführer lediglich eine **Verantwortung für ordnungsgemäße Planung**, nicht aber für **Prognoseunsicherheiten.**

258 MüKoGmbHG/*Müller* Rn. 152; Rowedder/*Schmidt-Leithoff/Schneider* Rn. 18; *Bachmann*, ZIP 15, 101, 108; *Bitter/Baschnagel*, ZInsO 18, 557, 575; *Gehrlein*, ZInsO 17, 849, 851; *Poertzgen*, GmbHR 18, 881, 887; *Schmittmann/Dannemann*, ZIP 14, 1405, 1409; *Siemon/Klein*, ZInsO 12, 2009, 2011 f.; aA *Brinkmann*, DB 12, 1369 (für teleologische Reduktion); Scholz/*K Schmidt* Rn. 25; *Haas*, ZHR 178 (14), 603, 607 ff. (tritt im Interesse der Sanierung der Gesellschaft zurück).

259 *Siemon/Klein*, ZInsO 12, 2209, 2012; aA *Brinkmann*, DB 12, 1369.

260 *Siemon/Klein*, ZInsO 12, 2009, 2013 f.

261 IErg ebenso *Hofmann*, in: Kübler, Handbuch, § 6 Rn. 191.

262 Ähnl, aber strenger im Fall von Informationsdefiziten (keine Vorlage eines Gewinn- u. Verlustplans sowie eines Liquiditätsplans) *Siemon/Klein*, ZInsO 12, 2009, 2018; vgl. auch *Bachmann*, ZIP 15, 101 ff.

263 Grds. zust. MüKoGmbHG/*Müller* Rn. 152; weitergehend (Privilegierung bereits bejahend) *Hofmann*, in: Kübler, Handbuch, § 6 Rn. 191; zurückhaltend *Klinck*, DB 14, 938, 941.

264 Vgl. *Bachmann*, ZIP 15, 101, 108; *Weber/Knapp*, ZInsO 14, 2245, 2250.

6. Verschulden

Voraussetzung einer Haftung wegen Masseschmälerung gem. S. 1 ist nach allg. Ansicht Verschulden (vgl. S. 2).[265] **Einfache Fahrlässigkeit** genügt,[266] also bzgl. der materiellen Insolvenz (Überschuldung oder Zahlungsunfähigkeit) die Erkennbarkeit.[267] Verschulden muss sich auf alle Tatbestandsmerkmale beziehen, nicht nur auf die Zahlung.[268] Eine Privilegierung bzw. Haftungsbeschränkung nach den **arbeitsrechtlichen Grundsätzen des innerbetrieblichen Schadensausgleichs** besteht nicht.[269] Zu den Anforderungen s. → Rn. 43 ff. 53

Verschulden wird **vermutet.**[270] Der Haftungsadressat muss daher im Prozess seinerseits die Anwendung der angemessenen Sorgfalt nachweisen u. sich exkulpieren. Er hat insbes. darzulegen u. zu beweisen, dass der Eintritt der materiellen Insolvenz für ihn trotz entspr. organisatorischer Vorkehrungen[271] nicht erkennbar war,[272] wobei die Erkennbarkeit des Insolvenzeintritts ihrerseits vermutet wird.[273] Diese Vorkehrungen müssen wiederum geeignet sein, den Eintritt der materiellen Insolvenz ohne zeitliche Verzögerung festzustellen. Der Haftungsadressat sollte nachweisen können, dass er laufend die ihn treffenden Pflichten zur Insolvenzprophylaxe (dazu → vor § 64 Rn. 4 ff., 11 ff.) erfüllt hat. Er muss also darlegen u. beweisen, dass er sich trotz Krisenanzeichen durch Liquiditätsbilanz (bzw. -planung) u. Überschuldungsbilanz (inkl. Fortbestehensprognose) von der fehlenden Insolvenzreife der Gesellschaft überzeugt hatte.[274] Wurden trotz erkannter materieller Insolvenz noch Zahlungen geleistet, muss entweder der unmittelbare Zusammenhang mit der Gegenleistung (→ Rn. 34 ff.) nachgewiesen 54

---

265 BGHZ 143, 184, 185 = NJW 00, 668; BGH ZIP 07, 1265, 1266; GmbHR 11, 25 Rn. 14; ZIP 12, 1174 Rn. 13; DB 12, 1797 Rn. 9 f.; OLG Schleswig ZInsO 07, 948, 950; OLG Oldenburg ZIP 04, 1315, 1316; Baumbach/Hueck/*Haas* Rn. 104; *Bork*/Schäfer Rn. 18 f.; Lutter/Hommelhoff/*Kleindiek* Rn. 36; Scholz/*K Schmidt* Rn. 58; Ulmer/*Casper* Rn. 126; *Wicke* Rn. 22.

266 BGH ZIP 12, 1174 Rn. 13; 12, 1557 Rn. 9; 07, 1265, 1266; OLG Schleswig ZInsO 07, 948, 950; Ulmer/*Casper* Rn. 126.

267 BGHZ 126, 181, 199 = NJW 94, 2220; BGHZ 143, 184, 185 = NJW 00, 668; ZIP 11, 1007 Rn. 38; 12, 1174 Rn. 13; NZG 16, 658 Rn. 33 f.; OLG Celle GmbHR 08, 1034, 1035; OLG Düsseldorf GmbHR 03, 159; OLG Hamm NJW-RR 93, 1445, 1447; NZG 09, 1116, 1117; Baumbach/Hueck/*Haas* Rn. 105; Lutter/Hommelhoff/*Kleindiek* Rn. 36; Ulmer/*Casper* Rn. 126; Rowedder/*M. Schmidt-Leithoff*/*Schneider* Rn. 45; aA *Poertzgen*, Organhaftung, S. 221 (Insolvenzreife muss offen zu Tage liegen); Baumbach/Hueck/*Schulze-Osterloh*, 18. Aufl., Rn. 83; *ders.*, FS Bezzenberger, 00, S. 414, 425 f. (positive Kenntnis hins. Insolvenzreife).

268 MüKoGmbHG/*Müller* Rn. 158; Roth/*Altmeppen* Rn. 3; *Henze*/*Born* Rn. 1688.

269 OLG München NZI 17, 723; MüKoGmbHG/*Müller* Rn. 158 a; *Bitter*/*Baschnagel*, ZInsO 18, 557, 594.

270 BGHZ 134, 184 = NJW 00, 668; BGHZ 146, 264 = NJW 01, 1280; BGH ZIP 08, 1229 Rn. 8; 07, 1265 Rn. 11, 15; 09, 1468 Rn. 7; 10, 2400 Rn. 14; OLG Hamburg GmbHR 07, 1037, 1038.

271 BGH ZIP 12, 1557 Rn. 13.

272 BGHZ 143, 184, 185 = NJW 00, 668; DB 12, 1797 Rn. 13; DB 16, 1245 Rn. 33; Lutter/Hommelhoff/*Kleindiek* Rn. 36.

273 BGH ZIP 12, 1174 Rn. 13; 07, 1265, 1266; OLG Celle GmbHR 08, 1034, 1035; *Bork*/Schäfer Rn. 19; Ulmer/*Casper* Rn. 126; *Kleindiek*, FS u. H Schneider, 11, S. 622.

274 Vgl. BGH ZIP 16, 1119 Rn. 33 f.; 12, 1174 Rn. 15 ff.: 12. 1557 Rn. 13.

werden oder, warum die Zahlung ausnahmsweise im Interesse der Gesamtheit der Gläubiger lag (→ Rn. 44 ff.).

55 Der Hinweis auf eine **fehlerhafte Einschätzung der Rechtslage** wird idR keine Aussicht auf Erfolg versprechen, da an das Vorliegen eines unverschuldeten Rechtsirrtums strenge Maßstäbe anzulegen sind. Grds. trifft den Geschäftsführer das Risiko, die Rechtslage zu verkennen.[275] Fehlt dem Geschäftsführer die eigene Sachkunde, den Beginn des Zahlungsverbots zu ermitteln, muss er frühzeitig den **Rat eines Fachmanns** einholen; andernfalls handelt er schon deshalb schuldhaft.[276] Grds. muss die Prüfung der Insolvenzreife Auftragsgegenstand sein,[277] es sei denn, der Geschäftsführer durfte sich aufgrund konkreter Umstände[278] daraus verlassen, dass der sachkundige Dritte im Rahmen einer anderweitigen Aufgabenstellung die Insolvenzreife rechtzeitig u. sorgfältig mitprüft u. den Geschäftsführer hierüber informiert.[279] (→ vor § 64 Rn. 265 ff.). Es bestehen jedoch **weitere Anforderungen** an den Fachmann: Er muss einerseits **unabhängig u.** andererseits **in Sanierungs- u. Insolvenzfragen ausreichend fachlich qualifiziert** sein.[280] Konsultiert der Geschäftsführer einen solchen unabhängigen u. fachlich qualifizierten Berater, muss er diesen **richtig u. vollständig informieren**, auf eine **unverzügliche Bearbeitung** drängen[281] u. schließlich dessen Bewertung seinerseits **verplausibilisieren** (s. → vor § 64 Rn. 14).[282] Wenn trotz Einhaltung dieser Voraussetzungen gleichwohl der Berater in plausibler Weise (wenn auch objektiv unrichtig) die materielle Insolvenz verkennt, hat dies für den Geschäftsführer exkulpierende Wirkung.[283] Hat die Gesellschaft einen Berater (zB Steuerberater oder Rechtsanwalt) mit der Prüfung einer möglichen Insolvenzreife beauftragt, so kann der Geschäftsführer der Gesellschaft **in den Schutzbereich des Beratervertrages einbezogen** sein mit der Folge einer etwaigen Beraterhaftung, falls der Geschäftsführer wegen Masseschmälerung oder Insolvenzverschleppung in Haftung genommen wird.[284] Eine Privilegierung bei ehrenamtlichen Geschäftsführern analog § 31 a BGB entfällt.[285] Eine Exkulpation durch **Einschaltung interner Expertise** ist nur dann möglich, wenn die internen Ansprechpartner die genannten Voraussetzungen erfüllen, gerade im Hinblick auf die fachliche Qualifikation,[286] u. zudem eine objektive Einschätzung[287] zu er-

275 BGH ZIP 11, 2097 Rn. 16.
276 BGH DStR 07, 1641 Rn. 16; ZIP 12, 1174; Scholz/*K Schmidt* Rn. 58.
277 OLG Hamburg ZIP 18, 2197, 2201; Baumbach/Hueck/*Haas* Rn. 107.
278 Vgl. OLG München GmbHR 19, 236, 240; ähnl Baumbach/Hueck/*Haas* Rn. 107.
279 BGH NZG 16, 658 Rn. 36; 15, 792 Rn. 30; 12, 672 Rn. 22.
280 BGH ZIP 12, 1174 Rn. 17.
281 BGH ZIP 12, 1174 Rn. 19; BGH NZG 16, 658 Rn. 34.
282 BGH ZIP 07, 1265 Rn. 16; 11, 2097 Rn. 18, 23 ff.; 12, 1174 Rn. 15 ff.; 12, 1557 Rn. 11.
283 BGH ZIP 07, 1265 Rn. 16; KG ZInsO 06, 437, 439 f.; OLG Schleswig ZIP 10, 516, 519; Baumbach/Hueck/*Haas* Rn. 107 f.; Lutter/Hommelhoff/*Kleindiek* Rn. 37; *Arends/Möller*, GmbHR 08, 169, 171.
284 BGH ZIP 12, 1353; krit. MüKoGmbHG/*Müller* Rn. 166; *ders.*, ZInsO 13, 2181, 2187 f.
285 Baumbach/Hueck/*Haas* Rn. 107 a; *Noack*, GmbHR 2010, R 81.
286 Insoweit übersehen von Scholz/*K Schmidt* Rn. 58.
287 So bereits Scholz/*K Schmidt* Rn. 58.

warten ist. – Zur vorläufigen Eigenverwaltung sowie zum Schutzschirmverfahren s. → Rn. 51.

Mit Beginn der wirtschaftlichen Krise beginnt in einem **mehrköpfigen Vertretungsorgan** für jeden einzelnen Geschäftsführer eine individuelle Beobachtungspflicht iSe **Kontroll- u. Überwachungspflicht,** u. zwar ungeachtet der internen Ressortaufteilung.[288] Auch eine Verletzung dieser Kontroll- u. Überwachungspflicht bzw. die Zurechenbarkeit des Handelns eines anderen Haftungsadressaten wird vermutet, wenn dieser gegen das Zahlungsverbot verstoßen hat. Die Exkulpation muss somit auch die Erfüllung der Kontroll- u. Überwachungspflicht im Verhältnis zu den anderen Mitgeschäftsführern umfassen.[289] Besteht der Verdacht, dass eine materielle Insolvenz vorliegt, muss jeder einzelne Geschäftsführer alle nach den Umständen gebotenen u. zumutbaren Maßnahmen treffen, um bis zu einer abschließenden Klärung eine Minderung des Gesellschaftsvermögens durch weitere Zahlungsabflüsse zu verhindern.[290] Die fehlende Möglichkeit, sich rechtlich oder tatsächlich ggü. anderen Normadressaten durchzusetzen, entlastet nicht.[291] In solchen Fällen, insbes. nach Eintritt der materiellen Insolvenz, bleibt zu einer Benachrichtigung der Gesellschafterversammlung, zu einer Kontrolle jeder einzelnen Zahlung auf die Vereinbarkeit mit § 64 u./oder im Extremfall zu einer eigenen Amtsniederlegung keine Alternative.[292] 56

7. Entstehung mit Eröffnung eines Insolvenzverfahrens?

Nach einer früheren BGH-Entscheidung setzt die Masseschmälerungshaftung gem. S. 1 ähnl einem ungeschriebenen Tatbestandsmerkmal voraus, dass das Insolvenzgericht ein Insolvenzverfahren über das Vermögen der Gesellschaft eröffnet.[293] Konnte die Gesellschaft eine eingetretene materielle Insolvenz abwenden, scheidet eine Haftung des Normadressaten auch für solche während der Krise geleistete Zahlungen aus, für welche die Voraussetzungen des S. 2 nicht vorlagen.[294] Sie sind auch dann nicht erstattungspflichtig, wenn die Gesellschaft später erneut materiell insolvent 57

---

288 BGH ZIP 94, 891, 892 f.; DB 12, 1797 Rn. 11; OLG München GmbHR 08, 320, 321; Baumbach/Hueck/*Haas* Rn. 106; Scholz/*K Schmidt* Rn. 60; aA noch OLG Düsseldorf WM 98, 1658, 1661.

289 BGH ZIP 94, 891, 892 f.; OLG München GmbHR 08, 320, 321 f.; *Bork*/Schäfer Rn. 20; Lutter/Hommelhoff/*Kleindiek* Rn. 39; Scholz/*K Schmidt* Rn. 60; Ulmer/*Casper*, Rn. 127.

290 BGH GmbHR 94, 460, 462; ZIP 12, 1557; Gottwald/*Haas/Kolmann/Kurz*, Insolvenzrechts-Handbuch, § 90 Rn. 191.

291 BGHSt 37, 106, 125 f.; Scholz/*Schneider* 10. Aufl. § 43 Rn. 39; Gottwald/*Haas/Kolmann/Kurz*, Insolvenzrechts-Handbuch, § 90 Rn. 191.

292 Enger OLG Düsseldorf GmbHR 92, 675, 677.

293 BGH NJW 01, 304, 305; ähnl NZG 15, 85 Rn. 8; NZI 18, 708 Rn. 24; so auch OLG Karlsruhe ZInsO 18, 2138, 2141; Baumbach/Hueck/*Haas* Rn. 24; *Bork*/Schäfer Rn. 33; Hachenburg/*Ulmer* Rn. 38; Michalski/*Nerlich* Rn. 23 (zur Durchsetzung des Anspruchs); *Wicke* Rn. 19; *Fleck*, GmbHR 74, 224, 230; vgl. auch *Bitter*, ZInsO 10, 1505, 1512 f.; aA möglicherweise BGH NZI 09, 486 (Anspruch entsteht in dem Zeitpunkt, „… in dem die die Masse schmälernde Zahlung geleistet oder die schmälernde Maßnahme ergriffen worden ist…“).

294 AA wohl *Altmeppen*, ZIP 10, 1973, 1976; Gehrlein/Born/Simon/*Sandhaus* Rn. 38.

wird;[295] die zwischenzeitliche wirtschaftliche Erholung wirkt wie eine überholende Kausalität. Der Schutzzweck der Norm, zum Nachteil der Gesamtheit der Gläubiger eine Schmälerung der Insolvenzmasse zu verhindern, wird in einer Gesamtbetrachtung nicht berührt.[296] Rechtsdogmatisch ergibt sich daraus, dass der **Anspruch erst mit Insolvenzverfahrenseröffnung entsteht**[297] oder jedenfalls hierdurch aufschiebend bedingt ist.[298] Hierfür spricht auch die Art u. Weise der Anspruchsabwicklung (Übergang der Anfechtungsansprüche bzw. eines Quotenanspruchs).[299] Bedeutung hat die Frage der Anspruchsentstehung bspw. auch für etwaige Verfügungen der Gesellschaft zugunsten eines Dritten im Vorfeld der Verfahrenseröffnung (Grenze des § 91 InsO).[300]

58 Jedoch befürwortet der BGH – insoweit unvereinbar mit vorstehendem Ansatz – an anderen Stellen,[301] dass der Anspruch bereits im Moment der verbotswidrigen Zahlung entsteht, so dass nicht die Entstehung, sondern lediglich die Durchsetzbarkeit von einer Insolvenzverfahrenseröffnung abhängt.[302] Auf welcher Grundlage der Anspruch dann aber nachträglich erlöschen kann, wenn die Gesellschaft die materielle Insolvenz abwenden kann, bleibt offen.[303] Im Insolvenzgutachten darf der Anspruch mit dem Verkehrswert (Realisationswert) bilanziert werden.[304]

59 Die **Verfahrenseröffnung** kann **substituiert** werden. S. 1 gilt nach hM jedenfalls in den Fällen der **Abweisung eines Insolvenzantrags mangels Mas-**

---

295 Ebenso Baumbach/Hueck/*Haas* Rn. 25; Rowedder/*M. Schmidt-Leithoff/Schneider* Rn. 20.

296 IErg wie hier auch Baumbach/Hueck/*Schulze-Osterloh*, 18. Aufl., Rn. 78; Baumbach/Hueck/*Haas* Rn. 25; *Bork*/Schäfer Rn. 33; Henssler/Strohn/*Arnold* Rn. 24; Rowedder/*Schmidt-Leithoff* Rn. 26; Ulmer/*Casper* Rn. 128; aA wohl *Poertzgen*, Organhaftung, S. 220.

297 Ebenso Baumbach/Hueck/*Haas* Rn. 24 ff. (mit Hinweis auf die Alternative des durch Verfahrenseröffnung aufschiebend bedingt entstehenden Anspruchs); Henssler/Strohn/*Arnold* Rn. 37, 51; MüKoGmbHG/*Müller* Rn. 146; Rowedder/*M. Schmidt-Leithoff/Schneider* Rn. 20; *Siemon/Klein*, ZInsO 12, 2009, 2013; ebenso zur Insolvenzanfechtung BGHZ 101, 286, 288 = NJW 87, 2821; ZIP 04, 1653, 1654; Bork/*Jacoby*, HdbInsAnf, Kap. 12 Rn. 9; aA BGH 10, 2107 Rn. 13; *Brünkmans*, ZInsO 11, 2167, 2171 ff.; *Schmidt/Poertzgen*, NZI 13, 369, 370.

298 Rowedder/*M. Schmidt-Leithoff/Schneider* Rn. 20; iErg auch Ulmer/*Casper* Rn. 128 (Anspruch bis zur Verfahrenseröffnung „gehemmt"). – Zur Parallelproblematik des anfechtungsrechtlichen Rückgewähranspruchs BGHZ 15, 333, 337 = NJW 55, 259; Kübler/Prütting/Bork/*Paulus* § 146 Rn. 6; MKInsO/*Kirchhof/Piekenbrock*, § 143 Rn. 14; aA *Hölzle*, GmbHR 07, 729, 732 (auflösend bedingt mit Wegfall des Insolvenzgrundes).

299 Baumbach/Hueck/*Haas* Rn. 25.

300 Vgl. hierzu *Haas*, FS Wimmer, 2017, S. 243, 245 ff.

301 BGH NZI 09, 486 Rn. 20 (II. ZS zum Verjährungsbeginn); ZIP 10, 2107 Rn. 13 f. (IX. ZS zur Berechnung der Vergütung des vorläufigen Insolvenzverwalters); ferner DB 12, 968 Rn. 22; NZG 15, 998 Rn. 29; OLG München GmbHR 18, 177, 178; zust. Lutter/Hommelhoff/*Kleindiek* Rn. 41; *Brünkmans*, ZInsO 11, 2167, 2172.

302 Krit. OLG Karlsruhe ZInsO 18, 2138, 2142.

303 Zutr. Baumbach/Hueck/*Haas* Rn. 25.

304 BGH ZIP 07, 1330 Rn. 10; 10, 2107 Rn. 17; krit. hierzu *Haas*, FS Hopt, 10, S. 703, 703 ff.

se (§ 26 InsO),[305] unabhängig davon, ob der Gutachter oder vorläufige Insolvenzverwalter den Anspruch gem. S. 1 übersehen, inhaltlich unzutr oder als nicht werthaltig bewertet hat. Dem steht es wertungsmäßig gleich, wenn die Gesellschaft fälschlicherweise **wegen Vermögenslosigkeit im Handelsregister gelöscht** wird (§ 60 I Nr. 7 iVm § 394 FamFG).[306]

8. Erstattungspflicht als Rechtsfolge

a) **Aktivlegitimation. Gläubiger** u. Inhaber des Erstattungsanspruchs ist die **Gesellschaft,**[307] auch wenn die Vorschrift dem Interesse der Gesamtheit der Gläubiger dient. Es handelt sich also um eine bloße **Innenhaftung.**[308] 60

aa) **Eröffnung eines Insolvenzverfahrens.** Im Fall der Eröffnung eines Insolvenzverfahrens macht der Insolvenzverwalter den Anspruch geltend (§§ 35, 80 InsO).[309] Hat er Erfolg, kommt das Geleistete allen Gläubigern zugute; eine Sondermasse muss der Insolvenzverwalter nicht bilden.[310] Die **Aktivlegitimation** besteht auch im Falle einer Masseunzulänglichkeit, selbst wenn die Erstattung nur den Alt- u. Neumassegläubigern, nicht aber den Insolvenzgläubigern zugute kommt. Der Geschäftsführer kann nicht davon profitieren, dass er das Schuldnervermögen besonders gemindert hat.[311] Ob der Insolvenzverwalter den Anspruch zur Vermeidung einer persönlichen Haftung gem. § 60 InsO verfolgt, liegt in seinem Ermessen, welches der Zweck des Insolvenzverfahrens begrenzt.[312] Bei **Eigenverwaltung (§§ 270 ff. InsO)** liegt es nahe, entspr. § 280 InsO die Geltendmachung des Anspruchs dem Sachwalter zu übertragen u. die Befugnis nicht dem Geschäftsführer zu belassen.[313] 61

bb) **Außerhalb eines Insolvenzverfahrens.** Außerhalb eines Insolvenzverfahrens (bei – scheinbarer – Masselosigkeit) können Gläubiger der Gesellschaft den Anspruch der Gesellschaft pfänden u. sich überweisen lassen (§ 835 ZPO).[314] Die Pfändbarkeit (u damit die Abtretbarkeit, vgl. § 400 BGB) hängt nicht von der Vollwertigkeit des Anspruchs des Gesellschafts- 62

305 BGH NJW 01, 304, 305; Baumbach/Hueck/*Schulze-Osterloh* Rn. 82; Lutter/Hommelhoff/*Kleindiek* Rn. 41; Michalski/*Nerlich* Rn. 23; Roth/*Altmeppen* Rn. 9; Scholz/*K Schmidt* Rn. 72.
306 *Bitter*, ZInsO 10, 1505, 1513.
307 Baumbach/Hueck/*Haas* Rn. 21; Roth/*Altmeppen* Rn. 8.
308 Zutr. *Bork*/Schäfer Rn. 25.
309 BGH GmbHR 00, 1149, 1150; Lutter/Hommelhoff/*Kleindiek* Rn. 42; Ulmer/*Casper* Rn. 129.
310 Scholz/*K Schmidt* Rn. 71.
311 Gottwald/*Haas/Kolmann/Kurz*, Insolvenzrechts-Handbuch, § 90 Rn. 602.
312 Baumbach/Hueck/*Haas* Rn. 21; *Bork*, ZIP 05, 1120, 1121; *Kreft*, FS K Schmidt, 09, S. 965, 967.
313 Baumbach/Hueck/*Haas* Rn. 28 a; MüKoGmbHG/*Müller* Rn. 173; Rowedder/*M. Schmidt-Leithoff/Schneider* Rn. 52; *Buchalik/Hiebert*, ZInsO 14, 1423, 1429.
314 BGH NJW 01, 304, 305; GmbHR 15, 79 Rn. 9; OLG Düsseldorf BeckRS 10, 12145; Lutter/Hommelhoff/*Kleindiek* Rn. 42; Roth/*Altmeppen* Rn. 9; *Schmidt*, GmbHR 00, 1225 ff.

gläubigers ab.[315] Anzuerkennen ist ferner in Anlehnung an §§ 62 II, 93 V, 117 V, 309 IV 3, 310 IV, 317 IV, 318 IV AktG die direkte Anspruchsverfolgung durch die Gläubiger ohne den Umweg über die Zwangsvollstreckung in das Gesellschaftsvermögen (**Gläubigerverfolgungsrecht**).[316] Dass in solchen Ausnahmefällen iErg möglicherweise[317] keine gleichmäßige Gläubigerbefriedigung stattfindet, schließt die Haftung wegen Masseschmälerung nicht aus; der Gesellschaftsgläubiger kann auf den Anspruch in voller Höhe zugreifen.[318]

63 b) **Anspruchsinhalt.** Der Anspruch richtet sich inhaltlich auf **Erstattung** der entgg. § 64 geleisteten Zahlungen, also entweder auf Geldleistung[319] oder bei anderen als „Geldzahlungen" auf **Wertersatz,**[320] im Umfang der eingetretenen Masseschmälerung nach Maßgabe der Ausführungen unter → Rn. 25 ff.[321] Jede einzelne verbotswidrige Zahlung führt also nach dem **Grds der Einzelbetrachtung** zu einer eigenständigen Erstattungspflicht, so dass es zu einer **Anspruchshäufung** kommt.[322] Der Insolvenzverwalter kann den Anspruch aus § 64 bis zur Grenze der Insolvenzweckwidrigkeit[323] **abtreten;**[324] § 9 b I steht weder in direkter noch in entspr. Anwendung entgegen.[325]

64 Die Hauptleistung ist erst ab Verzug zu verzinsen (§§ 286, 288 BGB). Mangels deliktischer Natur der Anspruchsgrundlage findet § 849 BGB keine Anwendung.[326] Unentbehrlich ist ferner eine Mahnung; § 286 II Nr. 4 BGB gilt nicht.[327] Da der Geschäftsführer nicht Empfänger der Zahlung war, kommt auch eine analoge Anwendung der § 143 I 2 InsO iVm

315 Baumbach/Hueck/*Haas* Rn. 22; aA BGH NJW 70, 469, 470; 92, 2229; OLG Köln ZIP 89, 174, 175. – Zur Pfändbarkeit von Einlageforderungen vgl. auch Rowedder/*Pentz* § 19 Rn. 255 f.; Roth/*Altmeppen* § 19 Rn. 16 f.; *Berger*, ZZP 94, 13; *K Schmidt*, ZHR 157 (93), 291; *Vollmer*, GmbHR 98, 579, 580; *Konzen*, FS Ulmer, 03, S. 323, 340 f.

316 Baumbach/Hueck/*Haas* Rn. 23; Roth/*Altmeppen* Rn. 9; idS nunmehr zur Anspruchsverfolgung ggü. Nachtragsliquidator BGH NZG 18, 625 Rn. 40 ff.; zurückhaltend Lutter/Hommelhoff/*Kleindiek* Rn. 42.

317 Sofern kein Insolvenzverfahren über das Vermögen der Gesellschaft eröffnet wird.

318 BGH NJW 01, 304; Baumbach/Hueck/*Haas* Rn. 23; *Altmeppen*, ZIP 01, 2201, 2210; *Pape*, ZInsO 01, 397, 403; krit. Ulmer/*Casper* Rn. 129.

319 Baumbach/Hueck/*Haas* Rn. 108; Ulmer/*Casper* Rn. 128.

320 *Bork*/Schäfer Rn. 27; Rowedder/*M. Schmidt-Leithoff/Schneider* Rn. 48; Ulmer/*Casper* Rn. 128.

321 BGH NJW 74, 1088, 1089; OLG Hamm GmbHR 93, 584, 585; OLG Brandenburg GmbHR 02, 910, 911; Baumbach/Hueck/*Haas* Rn. 108; Rowedder/*M. Schmidt-Leithoff/Schneider* Rn. 48; *Fleck*, GmbHR 74, 224, 231; aA *Schulze-Osterloh*, FS Bezzenberger, 00, S. 415, 423 ff.

322 BGHZ 146, 264, 275 = NJW 01, 1280; ZIP 07, 1006 Rn. 8 f.; *Bork*/Schäfer Rn. 28; diese Einzelbetrachtung wird von *K Schmidt*, NZG 15, 129, 131, als „Kardinalmangel" der Masseschmälerungshaftung bezeichnet.

323 Vgl. BGH NZI 18, 708 Rn. 13 ff.

324 Zu den Folgefragen bei der Haftungsabwicklung vgl. Baumbach/Hueck/*Haas* Rn. 21 b; *ders.*, FS Wimmer, 2018, S. 243, 253 ff.

325 BGH NZI 18, 708 Rn. 19 ff.; Baumbach/Hueck/*Haas* Rn. 21 a f.

326 Dazu BGH ZIP 08, 417.

327 BGH ZIP 08, 455, 456.

§§ 819 I, 291 S. 1, 288 I 2 BGB mangels Vergleichbarkeit nicht in Betracht.[328]

Der Erstattungsanspruch besteht **in ungekürzter Höhe**, also ohne Abzug des Betrages, den dier Gläubiger ansonsten aus der Insolvenzmasse als Quote erhalten hätten.[329] Andernfalls würde die spätere Abwicklung der Insolvenzmasse vorweggenommen, obwohl die Höhe der letztlichen Quote noch gar nicht feststehen kann.[330] Neben dieser Unpraktikabilität sprechen auch Sinn u. Zweck des S. 1 gegen einen Vorteilsausgleich im Umfang der Insolvenzquote.[331] 65

Ob eine in die Masse geflossene **Gegenleistung** zu berücksichtigen ist, hat der BGH zunächst offengelassen. Richtigerweise muss eine Kürzung vorgenommen werden, soweit die Gegenleistung **in unmittelbarem Zusammenhang in die Masse floss** (→ Rn. 35 ff.). Hierfür trifft den Anspruchsgegner die volle Darlegungs- u. Beweislast, weil diese Kompensation einer Anspruchserfüllung entspricht. Somit ist zugunsten des Anspruchstellers zunächst zu vermuten, dass in Höhe der Zahlung eine Masseschmälerung eintrat.[332] 66

c) Gegenrechte des Normadressaten. aa) Insolvenzanfechtung. Hat der Insolvenzverwalter bereits erfolgreich einen anfechtungsrechtlichen Rückgewähranspruch zugunsten der Insolvenzmasse geltend gemacht, schließt dies aufgrund des sog. **Massebereicherungsverbots** (→ Rn. 71) eine Anspruchsverfolgung gem. S. 1 aus. Umgekehrt steht der Insolvenzmasse kein anfechtungsrechtlicher Rückgewähranspruch gegen den vor Verfahrenseröffnung befriedigten Gläubiger mehr zu, wenn u. soweit die Masse im Wege des Anspruchs gem. S. 1 aufgefüllt wurde.[333] 67

Bestehende Insolvenzanfechtungsmöglichkeiten berühren den Anspruch aus S. 1 jedoch nicht.[334] Der Insolvenzverwalter muss also im Verhältnis zum Geschäftsführer[335] nicht zunächst versuchen, die Masse im Wege der §§ 129 ff., 143 InsO wieder aufzufüllen; er hat vielmehr ein **Wahlrecht** zwischen der Insolvenzanfechtung u. der Masseschmälerung.[336] Er kann auch beide Ansprüche parallel verfolgen,[337] solange nicht die Masseschmälerung durch Erfüllung von einem der beiden Ansprüche aufgehoben wurde. An- 68

328 BGHZ 171, 38; ZIP 08, 455.
329 BGHZ 146, 264, 278 f. = NJW 01, 1280; vgl. auch BGHZ 171, 46 = ZIP 07, 676 (zum Neugläubigerschaden); 07, 1501 Rn. 6; Baumbach/Hueck/*Haas* Rn. 111; *Bork*/Schäfer Rn. 29; Rowedder/*M. Schmidt-Leithoff/Schneider* Rn. 50; Ulmer/*Casper* Rn. 130.
330 Roth/*Altmeppen* Rn. 22.
331 BGHZ 146, 264, 278 f. = NJW 01, 1280; OLG Celle ZIP 07, 2210, 2211; OLG Jena ZIP 02, 986, 987; Baumbach/Hueck/*Haas* Rn. 111.
332 BGH NJW 74, 1088, 1089; OLG Celle NJW-RR 95, 558; Rowedder/*M. Schmidt-Leithoff/Schneider* Rn. 48; iErg auch Ulmer/*Casper* Rn. 128.
333 Zust. *Flöther/Korb*, ZIP 12, 2333, 2336.
334 BGHZ 131, 325, 328 = NJW 96, 850; ZIP 03, 1005, 1007; 16, 364 Rn. 23; Baumbach/Hueck/*Haas* Rn. 109; Lutter/Hommelhoff/*Kleindiek* Rn. 43.
335 Mangels ihm ggü. bestehenden Pflichten gemäß § 60 InsO; vgl. BGH NZI 16, 580 Rn. 14.
336 Vgl. BGHZ 131, 325, 328 = NJW 96, 850; BGHZ 146, 264, 278 f. = NJW 01, 1280; Kübler/Prütting/Bork/*Noack*, InsO-GesR, Rn. 331.
337 Rowedder/*M. Schmidt-Leithoff/Schneider* Rn. 49; Ulmer/*Casper* Rn. 131.

fechtungsgegner u. Haftungsadressat des S. 1 haften nebeneinander, ohne Gesamtschuldner zu sein.[338] Dies gilt entspr. für das Verhältnis der Masseschmälerungshaftung zu Rückforderungsansprüchen der Gesellschaft gem. § 31.[339] Die anfechtungsrechtliche Rückgewähr seitens des Dritten (vgl. § 143 InsO) kompensiert die Zahlung, steht also mit ihr im unmittelbaren Zusammenhang (→ Rn. 36).[340]

69 Der Haftungsadressat des S. 1 hat **kein Leistungsverweigerungsrecht** in Bezug auf die Insolvenzanfechtungsmöglichkeit.[341] Er kann lediglich verlangen, dass ihm in entspr. Anwendung des § 255 BGB Zug um Zug gegen Zahlung etwaige Anfechtungsrückgewähransprüche der Insolvenzmasse abgetreten werden.[342] Aus Kostengründen (§§ 92 ff. ZPO) mag es ratsam sein, von vornherein die Verurteilung Zug um Zug gegen Abtretung der etwaigen Anfechtungsansprüche zu beantragen. Der Anfechtungsanspruch gem. § 143 InsO ist abtretbar.[343] Im wirtschaftlichen Ergebnis wird somit das Risiko der erfolgreichen Insolvenzanfechtung von der Insolvenzmasse auf den Haftungsadressaten des S. 1 verlagert. Aus prozesstaktischen u. Kostengründen wird empfohlen, lediglich die Masseschmälerungshaftung gerichtlich geltend zu machen.[344]

70 Versäumnis der Anfechtungsfrist (§ 146 InsO) steht nicht entgg. u. führt auch nicht zu einer Kürzung des Anspruchs aus S. 1.[345] Eine solche Versäumnis betrifft vielmehr den Innenausgleich (analog § 426 BGB) zwischen Insolvenzverwalter (Haftung gem. § 60 InsO) u. Haftungsadressat nach S. 1.[346] Eine insolvenztypische Pflicht des Insolvenzverwalter ggü. dem Geschäftsführer, Anfechtungsansprüche geltend zu machen, besteht allerdings nicht.

71 **bb) Quotenvorbehalt.** Der Haftungsadressat des S. 1 muss nach Erfüllung seiner Verpflichtung jedoch im wirtschaftlichen Ergebnis den Rang u. die Höhe der Forderung desjenigen Gläubigers erhalten, den er entgg. dem Zahlungsverbot des S. 1 befriedigt hat, sofern er nicht einen Anfechtungsrückgewähranspruch oder einen anderen Erstattungsanspruch der Masse

---

338 BGH ZIP 03, 1005, 1007; OLG Oldenburg GmbHR 04, 1014; Baumbach/Hueck/*Haas* Rn. 109 f.

339 Scholz/*K Schmidt* Rn. 70.

340 BGH NZG 15, 998 Rn. 30; 149 Rn. 9.

341 BGHZ 131, 325, 328 = NJW 96, 850; OLG Oldenburg GmbHR 04, 1014, 1015; Baumbach/Hueck/*Haas* Rn. 109; Rowedder/*M. Schmidt-Leithoff/Schneider* Rn. 49; *Glöckner*, JZ 97, 623, 627; aA OLG Hamm GmbHR 93, 584, 585.

342 Vgl. BGHZ 146, 264, 278 f. = NJW 01, 1280; ZIP 13, 1251 Rn. 3 ff.; 11, 422 Rn. 30; OLG Oldenburg GmbHR 04, 1014, 1015; OLG Schleswig ZIP 03, 856, 858 ff.; Baumbach/Hueck/*Haas* Rn. 110; Lutter/Hommelhoff/*Kleindiek* Rn. 43; Roth/*Altmeppen* Rn. 24; *Glöckner*, JZ 97, 623; *Müller*, ZIP 96, 1153, 1156; *Strohn*, NZG 11, 1161, 1167.

343 BGH ZInsO 11, 1154; 13, 441 Rn. 10; *Gerhardt/Kreft*, Insolvenzanfechtung, Rn. 249 ff.; Gottwald/*Huber*, Insolvenzrechts-Handbuch, 3. Aufl., § 51 Rn. 2; *Gerhardt*, FS K Schmidt, 09, S. 457, 466 f.

344 *Flöther/Korb*, ZIP 12, 2333, 2336 f.

345 BGHZ 131, 325, 328 ff. = NJW 96, 850; *Bork*/Schäfer Rn. 30; Roth/*Altmeppen* Rn. 25; *Cadmus*, KTS 15, 143, 152 ff.

346 Roth/*Altmeppen* Rn. 25; *Flöther/Korb*, ZIP 12, 2333, 2335; unzutreffend deshalb *Poertzgen*, ZInsO 18, 1357: Mitverschulden des Verwalters gem. § 254 BGB.

gegen den Gläubiger abgetreten bekommt (§ 255 BGB analog).[347] Andernfalls würde die Gesamtheit der übrigen Gläubiger durch die Masseschmälerungshaftung besser gestellt, als wenn es überhaupt keinen Verstoß gegen das Zahlungsverbot des S. 1 gegeben hätte (**Massebereicherungsverbot**).[348] Die denkbare Lösung, dass sich der Erstattungsanspruch um die Insolvenzquote verringert, hat die hM zu Recht verworfen (→ Rn. 65).

Da der Dritte infolge der Zahlung jedoch im Regelfall keinen Anspruch ge- 72
gen die Gesellschaft mehr hat, kann er auch nicht analog § 255 BGB abgetreten werden. Es ist vielmehr ein Ergebnis zu schaffen, als wenn der ursprüngliche Anspruch des Gläubigers aufleben würde, nunmehr jedoch in der Person des Haftungsadressaten als neuer Gläubiger.[349] Als Rechtsgrundlage liegt insoweit eine **entspr. Anwendung des § 144 I InsO** nahe.[350] Den Vorbehalt dieses Verfolgungsrechts nach Erstattung an die Masse hat das Gericht vAw in das Zahlungsurteil gegen den Haftungsadressaten aufzunehmen.[351]

cc) **Aufrechnung.** Sofern der Anspruch aus S. 1 bereits vor Verfahrenser- 73
öffnung entstehen sollte (vgl. → Rn. 57), könnte der Geschäftsführer gegen den Erstattungsanspruch grds. mit Gegenforderungen gegen die Gesellschaft aus der Zeit vor Verfahrenseröffnung aufrechnen (vgl. § 94 InsO), es sei denn, dass die Aufrechnung im Insolvenzverfahren ausgeschlossen ist (vgl. §§ 95, 96 InsO). Der praktisch wichtigste Fall der unzulässigen Aufrechnung dürfte sich aus einer in anfechtbarer Weise entstandenen Aufrechnungslage (vgl. § 96 I Nr. 3 InsO) ergeben.[352] Durch die Aufrechnungsmöglichkeit würde jedoch die den Gläubigern zur Befriedigung stehende Insolvenzmasse gerade nicht wieder aufgefüllt. Zutr. erscheint daher ein generelles Aufrechnungsverbot im Hinblick auf sog. Altforderungen.[353] Grds. möglich bleibt eine Aufrechnung mit nach Verfahrenseröffnung entstehenden Forderungen (sog. Masseforderungen).

347 BGH ZIP 11, 422 Rn. 30; 05, 1550 f.; BGHZ 146, 264 = NJW 01, 1280; OLG Schleswig GmbHR 05, 1615; OLG Hamburg GmbHR 07, 1036, 1040.

348 Baumbach/Hueck/*Haas* Rn. 111.

349 BGHZ 146, 264, 278 f. = NJW 01, 1280; OLG Celle ZIP 07, 2210, 2211; OLG Jena ZIP 02, 986, 987; Baumbach/Hueck/*Haas* Rn. 111; Scholz/*K Schmidt* Rn. 67. – Zu den Sonderproblemen der Haftungsabwicklung bei Abtretung des Anspruchs gem. § 64 Satz 1 s. Baumbach/Hueck/*Haas* Rn. 21 b.

350 Baumbach/Hueck/*Haas* Rn. 112; *ders.*, FS G Fischer, 08, S. 209, 212 ff.; *ders.*, NG 04, 737, 743; zust. Lutter/Hommelhoff/*Kleindiek* Rn. 46; Rowedder/*M. Schmidt-Leithoff/Schneider* Rn. 49; aA *Bangha-Szabo*, KTS 15, 165, 173.

351 BGH NZG 13, 395 Rn. 3; ZIP 11, 422 Rn. 30; 08, 72 Rn. 9; BGH GmbHR 05, 1187 unter Klarstellung der Entscheidung BGHZ 146, 264, 279 = NJW 01, 1280; OLG Schleswig GmbHR 03, 716; 05, 1615; OLG Oldenburg GmbHR 04, 1014; Baumbach/Hueck/*Schulze-Osterloh*, 18. Aufl., Rn. 84; Lutter/Hommelhoff/*Kleindiek* Rn. 46; Roth/*Altmeppen* Rn. 23; Ulmer/*Casper* Rn. 130; krit. OLG Hamburg GmbHR 07, 1036; zust. nur für den Fall des § 259 ZPO Baumbach/Hueck/*Haas* Rn. 112.

352 Vgl. hierzu BGH ZIP 14, 22 Rn. 12.

353 IdS MüKoGmbHG/*Müller* Rn. 167; Roth/*Altmeppen* Rn. 25, 36: generelles Aufrechnungsverbot wegen fehlender Disponibilität im Gläubigerinteresse, ähnl dem Aufrechnungsverbot bei Ansprüchen aus Einlagenrückgewähr, vgl. BGH ZIP 06, 1488 Rn. 9; offenlassend BGH ZIP 14, 22 Rn. 12.

74 d) **Ausgleich unter mehreren Geschäftsführern.** Sind die Tatbestandsmerkmale in Ansehung derselben Zahlung bei mehreren Geschäftsführern erfüllt, haften sie als Gesamtschuldner.[354] Der Innenausgleich bestimmt sich nach § 426 BGB.

75 e) **Verjährung, Verzicht u. Vergleich.** Gem. Verweisung des S. 4 auf § 43 IV **verjährt** der Anspruch nach S. 1 nach 5 Jahren, unabhängig von subjektiven Elementen.[355] Wann die Verjährungsfrist **beginnt,** hängt letztlich von der Frage ab, mit welchem dieser Zeitpunkte der Anspruch entsteht (vgl. § 200 S. 1 BGB; s. → Rn. 57). Nach der wohl hM soll bei verschiedenen verbotswidrigen Zahlungen **mit** Vornahme einer jeden Zahlung[356] eine eigene Verjährungsfrist beginnen.[357] Nach der hier vertretenen Gegenansicht beginnt die Verjährung jedoch **einheitlich entweder mit dem Zeitpunkt der Verfahrenseröffnung bzw. der Abweisung mangels Masse** (→ Rn. 57 f.).[358] Die Verjährungsvorschrift ist auf die Innenhaftung des Geschäftsführers ggü. der Gesellschaft begrenzt; angesichts der allg. Verjährungsvorschriften ist sie mangels Regelungslücke nicht analogiefähig.[359]

76 Auf den Anspruch kann die Gesellschaft allenfalls in äußerst engen Grenzen **verzichten,** bspw. iR eines Vergleichs u. zur Abwendung einer Insolvenz des Haftungsadressaten (S 4 iVm §§ 43 III 2, 9 b I).[360] Dies in Kombination mit dem Insolvenzzweck entspricht im Ausgangspunkt auch dem rechtlichen Rahmen für einen **Vergleich mit dem Insolvenzverwalter** (dazu auch → vor § 64 Rn. 251 f.).[361] Dabei muss den Insolvenzverwaltern ein gewisser Ermessensspielraum eingeräumt werden, um eine notwendige Kooperation mit den Geschäftsführern – über den Rahmen der §§ 97, 101 InsO hinausgehend – nicht durch die Anspruchsverfolgung gem. § 64 torpedieren zu müssen. Umgekehrt hängt die Geltendmachung des Anspruchs weder inner- noch außerhalb eines Insolvenzverfahrens von einem Beschluss der Gesellschafterversammlung ab; § 46 Nr. 8 findet mangels Dispositionsbefugnis der Gesellschafter keine Anwendung.[362]

---

354 *Bork*/Schäfer Rn. 36.
355 Roth/*Altmeppen* Rn. 35; Ulmer/*Casper* Rn. 133.
356 BGH NZI 15, 817 Rn. 29; ZIP 10, 2107 Rn. 16; NZI 09, 486 Rn. 20; NJW 09, 68 Rn. 14; LG Waldshut-Tiengen NJW-RR 96, 105; MüKoGmbHG/*Müller* Rn. 172; Lutter/Hommelhoff/*Kleindiek* Rn. 41; Scholz/*K Schmidt* Rn. 72; Ulmer/*Casper* Rn. 133; *Wicke* Rn. 24.
357 BGH ZIP 10, 2107 Rn. 16; NZI 09, 486 Rn. 20; ZIP 08, 2217 Rn. 13 f.; unklar BGH NZI 14, 114.
358 Ebenso Baumbach/Hueck/*Haas* Rn. 41; *ders.*, NZI 09, 489 f.; Henssler/Strohn/*Arnold* Rn. 24; Rowedder/*M. Schmidt-Leithoff/Schneider* Rn. 54.
359 BGH ZIP 11, 1007 Rn. 17 ff.
360 Scholz/*K Schmidt* Rn. 74 f.
361 BGH NZI 18, 708 Rn. 24 ff.; Baumbach/Hueck/*Haas* Rn. 40 a; Rowedder/*M. Schmidt-Leithoff/Schneider* Rn. 54; zur Parallelproblematik bei der Insolvenzanfechtung *Kreft*, FS *K Schmidt*, 09, S. 965, 966 ff.
362 Baumbach/Hueck/*Haas* Rn. 41; Ulmer/*Hüffer* § 46 Rn. 95 (zu Kapitalerhaltungsansprüchen); wohl aA Michalski/*Römermann* § 46 Rn. 424.

9. Prozessuales

a) **Zuständigkeit.** Die Masseschmälerungshaftung stellt – wie die parallel gelagerte Insolvenzanfechtung – ein Annexverfahren[363] zum Insolvenzverfahren iSv Art. 3, 6 EuInsVO bzw. Art. 1 I lit. b EuGVVO dar.[364] Im Anwendungsbereich der EuInsVO liegt die **internationale Entscheidungszuständigkeit** für in Deutschland eröffnete Insolvenzverfahren nach hier vertretener Ansicht gem. Art. 3, 6 EuInsVO somit bei den deutschen Gerichten, selbst wenn der Anspruchsgegner seinen Wohnsitz/gewöhnlichen Aufenthalt außerhalb des Geltungsbereichs der EuInsVO hat.[365] Dies gilt zweifellos für deutsche Hauptinsolvenzverfahren,[366] aber ebenso für isolierte Partikular- oder Sekundärinsolvenzverfahren, wenn der Geschäftsführer den Mittelpunkt seiner hauptsächlichen Interessen in Deutschland hat (vgl. Art. 2 lit. g EuInsVO). Diese internationale Entscheidungszuständigkeit unterliegt nicht der Parteidisposition.[367] Im Falle der **Anspruchsgrundlagenkonkurrenz** eröffnet Art. 6 II EuInsVO 2015 die Möglichkeit, sowohl die Masseschmälerungshaftung als auch eine andere zivil- oder handelsrechtliche Klage am Wohnort des Beklagten zu erheben.[368] Im Falle einer **Ablehnungsentscheidung gem. § 26 InsO** findet ein Liquidationsverfahren statt, welches nicht vom Anwendungsbereich des Art. 1 II lit. b EuGVVO ausgenommen ist.[369] Neben dem allg. Gerichtsstand der EuGVVO steht dann wahlweise der Vertragsgerichtsstand des Art. 7 Nr. 1 EuGVVO offen.[370] 77

Das Verfahren kann entweder beim **örtlich zuständigen** Gericht (zur **sachlichen Zuständigkeit** §§ 23, 70 I GVG) am Wohnsitz des (faktischen) Geschäftsführers (§§ 12, 13 ZPO) oder am Sitz der Gesellschaft als Erfül- 78

363 Dazu EuGH RIW 79, 273, 274.

364 EuGH NZG 15, 154 Rn. 177 ff. – Zur Insolvenzanfechtung s. EuGH ZIP 09, 427 f.; zu dem Vorabentscheidungsverfahren s. BGH NZI 07, 538 ff. mwN; vgl. Gottwald/*Kolmann/Keller*, Insolvenzrechts-Handbuch, § 129 Rn. 107 ff., 114; zu § 64 *Haas*, NZG 10, 495 ff. (auch zu masselosen Insolvenz); Baumbach/Hueck/*ders.* Rn. 34; *Wais*, IPRax 11, 138, 139 f.; offen OLG Köln ZInsO 11, 2199, 2200; aA OLG Karlsruhe ZInsO 10, 1499, 1500 (für Art. 5 Nr. 3 EuGVVO); für Art. 2 I oder Art. 5 Nr. 1 lit. a EuGVVO indes OLG Düsseldorf IPRax 11, 176, 177 f.; *Bork*/Schäfer Rn. 41; vgl. auch BGH ZIP 14, 1986 Rn. 3.

365 EuGH NZG 15, 254 Rn. 30 ff.; offengelassen von BGH ZIP 14, 1986 Rn. 5 ff.

366 Ebenso *Bork*/Schäfer Rn. 41; die Entscheidung des EuGH ZIP 09, 427 f. zur EuInsVO 2000 bezieht sich nur auf die entspr. Geltung des Art. 3 I EuInsVO.

367 EuGH NZI 18, 994 Rn. 36 ff. (zur Anfechtungsklage); Baumbach/Hueck/*Haas* Rn. 33 ff.; *Mankowski*, NZI 12, 52 mwN zur Gegenansicht. – Zu sog. Torpedo-Klagen (neg Feststellungsklage des Geschäftsführers in einem anderen Staat als dem der Verfahrenseröffnung entgg. Art. 6 EuInsVO) s. Baumbach/Hueck/*Haas* Rn. 37. – Zur Schiedsfähigkeit von Ansprüchen gem. § 64 *Haas/Hossfeld*, FS U. H. Schneider, 11, S. 407, 413 ff.

368 Vgl. Erwägungsgrund 35 zur EuInsVO 2015.

369 EuGH ZIP 15, 196 Rn. 25.

370 So OLG München DStR 01, 363; nunmehr auch Baumbach/Hueck/*Haas* Rn. 38; *Bork*/Schäfer Rn. 41; MüKoGmbHG/*Müller* Rn. 176; aA (für Deliktsgerichtsstand des Art. 7 Nr. 3 EuGVVO) OLG Karlsruhe ZIP 10, 2123, 2124; *Haas*, NZG 10, 495, 497; offen BGH NZI 14, 881 Rn. 3 (zum LugÜ); OLG Köln ZIP 12, 1000. – Zur Abgrenzung beider Gerichtsstände EuGH ZIP 15, 2340 ff. („Holterman Ferho Exploitatie ua").

lungsort des Anspruchs (§ 29 I ZPO)[371] durchgeführt werden,[372] hilfsweise – falls bei internationaler Entscheidungszuständigkeit nach autonomem Recht keine anderen Gerichtsstände in Betracht kommen – auch am Gerichtsstand des Insolvenzverwalters gem. § 19 a ZPO analog.[373] Der besondere deliktische Gerichtsstand ist nicht eröffnet (→ Rn. 5 f.). Für die Geschäftsverteilung bei Gericht gilt § 95 I Nr. 4 a GVG, so dass der Kläger, auch gegen einen faktischen Geschäftsführer, Verhandlung bei der Kammer für Handelssachen (§ 96 I GVG) beantragen kann.[374] Grds. ist Leistungsklage zu erheben.[375]

79 b) **Darlegungs- u. Beweislast.** Der Anspruchsteller muss **darlegen u. beweisen,** dass der Anspruchsgegner zum Kreis der Haftungsadressaten gehört, eine Zahlung iSv S. 1 vorliegt (aufgeschlüsselt nach Höhe, Empfänger, Leistungszeit),[376] diese dem Anspruchsgegner zuzurechnen ist u. dass die Gesellschaft bei Zahlung – zB unter Berufung auf die Buchhaltungsdaten[377] – zahlungsunfähig (hierzu → vor § 64 Rn. 75 ff.) oder überschuldet (hierzu sowie zur Nachweisführung mittels Handelsbilanz → vor § 64 Rn. 23 ff.) war.[378] Kann eine materielle Insolvenz zu einem relativ nahen Zeitpunkt[379] vor Durchführung der Zahlung nachgewiesen werden, ist wegen der andauernden Verletzung der Insolvenzantragspflicht (Dauerdelikt) der Fortbestand der materiellen Insolvenz zu vermuten.[380] Demnach trägt der Anspruchsgegner die Darlegungs- u. Beweislast dafür, dass sie zwischenzeitlich entfiel.[381]

80 Dem Anspruchsgegner obliegt es generell, die vermutete Pflichwidrigkeit (→ Rn. 43 ff.)[382] bzw. das vermutete Verschulden (→ Rn. 54)[383] zu widerlegen, etwa auch die fehlende Erkennbarkeit der materiellen Insolvenz (→ Rn. 53), sowie die Voraussetzungen einer Exkulpation gem. S. 2 vorzutragen.[384] Ferner trägt er die Darlegungs- u. Beweislast für die in die Masse

---

371 OLG München DStR 01, 363 (zum Vertragsgerichtsstand der EuGVVO); Baumbach/Hueck/*Haas* Rn. 38; *Bork*/Schäfer Rn. 40; MüKoGmbHG/*Müller* Rn. 175; aA*Haas*, NZG 10, 495, 496; Zöller/*Vollkommer*, ZPO, § 29 Rn. 25 („Handelsgesellschaft und GbR"); wohl auch OLG Stuttgart BeckRS 15, 19637.

372 Vgl. auch § 22 ZPO idF des MoMiG.

373 BGH ZIP 09, 1287, 1288 (zur Insolvenzanfechtung); *Mock*, ZInsO 09, 471 ff.

374 OLG Stuttgart ZInsO 05, 47 f.

375 Klagemuster bei *Priebe*, ZInsO 14, 1681, 1686, 1688 ff.

376 *Bitter*, ZInsO 10, 1505, 1517.

377 Vgl. hierzu BGH NZG 18, 343 Rn. 17; DStR 16, 923 Rn. 25.

378 BGH ZIP 09, 956 Rn. 14; 09, 1220 Rn. 9; 11, 1007 Rn. 9; Baumbach/Hueck/*Haas* Rn. 113 ff.; Rowedder/*M. Schmidt-Leithoff/Schneider* Rn. 46.

379 Vgl. hierzu BGH ZIP 07, 1060 Rn. 15; 11, 1007 Rn. 10; 12, 1557 Rn. 19.

380 BGH ZIP 07, 676, 677; 07, 1060 Rn. 15; 11, 1007 Rn. 10; 12, 1557 Rn. 19; OLG München GmbHR 19, 236, 237; 18, 368, 369; Baumbach/Hueck/*Haas* Rn. 118; *Arends/Möller*, GmbHR 08, 169, 170.

381 BGH ZIP 07, 1060, 1062.

382 Vgl. BGH NJW 74, 1088, 1089; 00, 668, 669; Rowedder/*M. Schmidt-Leithoff/Schneider* Rn. 47.

383 Rowedder/*M. Schmidt-Leithoff/Schneider* Rn. 47.

384 BGHZ 143, 184, 185 = NJW 00, 668; BGHZ 146, 264 = NJW 01,1280; ZIP 07, 1265, 1266; 09, 1468 Rn. 13; 10, 2400 Rn. 14; OLG Celle GmbHR 08, 1034, 1035; OLG Hamburg GmbHR 07, 1036, 1038; OLG Schleswig ZInsO 07, 948, 950; OLG Düsseldorf GmbHR 93, 159, 160; *Strohn*, NZG 11, 1161, 1162.

geflossene Gegenleistung u. deren Wert (→ Rn. 39, 66).[385] Dabei sind die Grundsätze der sekundären Behauptungslast anwendbar. Somit geht es zB zulasten des Geschäftsführers, wenn es an einer ordnungsgemäßen Finanzplanung oder sonstiger Dokumentation mangelt.[386]

10. Weitere Anspruchsgrundlagen

Mit dem Anspruch gem. S. 1 konkurrieren Ansprüche aus §§ 43 II, III, 71 IV, sofern die Handlung gerade auch ggü. der Gesellschaft pflichtwidrig war,[387] etwa bei Zahlungen aus dem Stammkapital entgg. § 30 I (vgl. § 43 III). Zeitlich früher knüpft eine Haftung gem. § 43 II wegen pflichtwidriger Unterlassung geeigneter Sanierungsmaßnahmen an. Zum Verhältnis zur Insolvenzverschleppungshaftung gem. § 823 II BGB iVm § 15 a InsO s. → Rn. 7 ff. Denkbar ist zudem eine Haftung in den Fällen eines Eingehungsbetrugs (§ 823 II BGB iVm §§ 263, 265 b StGB)[388] sowie nach § 311 III 2 BGB (cic) bei besonders in Anspruch genommenem Vertrauen. 81

III. Insolvenzverursachungshaftung (S 3)

Schrifttum

Altmeppen, Die rätselhafte Haftung von Geschäftsleitern für insolvenzbegründende „Zahlungen" an Gesellschafter, Festschrift Uwe Hüffer, 2010, S. 1; *Böcker/Poertzgen*, Kausalität und Verschulden beim künftigen § 64 Satz 3 GmbHG, WM 2007, 1203; *Bormann*, Kapitalerhaltung bei Aktiengesellschaft und GmbH nach dem Referentenentwurf zum MoMiG, DB 2006, 2616; *Brand*, § 64 Satz 3 GmbHG im Spannungsfeld von aufsteigenden Kreditsicherheiten, ZIP 2012, 1010; *Cahn*, Das richterliche Verbot der Kreditvergabe an Gesellschafter und seine Folgen, Der Konzern 2004, 235; *ders*, Das Zahlungsverbot nach § 92 Abs. 2 Satz 3 AktG – aktien- und konzernrechtliche Aspekte des neuen Liquiditätsschutzes, Der Konzern 2009, 7; *Casper*, Insolvenzverschleppungs- und Insolvenzverursachungshaftung des Geschäftsführers und der Gesellschaft, in: Goette/Habersack (Hrsg), Das MoMiG in Wissenschaft und Praxis, 2009, Kap 6, Rn 6.41 ff; *Demisch/Reichardt*, Gesellschafterdarlehen und Auszahlungssperre – Handhabung des § 64 Satz 3 GmbHG in der Konzernpraxis, InsVZ 2010, 236; *Desch*, Haftung des Geschäftsführers einer GmbH nach § 64 S. 3 GmbHG bei Rückzahlung von Gesellschafterdarlehen, BB 2010, 2586; *Engert*, Solvenzanforderungen als gesetzliche Ausschüttungssperre bei Kapitalgesellschaften, ZHR 170 (2006), 296; *Gesmann-Nuissl*, Quo vadis GmbH? – Zum Entwurf des Gesetzes zur Modernisierung des GmbH-Rechts und zur Bekämpfung von Missbräuchen (MoMiG), WM 2006, 1756; *Greulich/Bunnemann*, Geschäftsführungshaftung für zur Zahlungsunfähigkeit führende Zahlungen an die Gesellschafter nach § 64 Abs. 2 Satz 3 GmbHG-RefE – Solvenztest im deutschen Recht?, NZG 2006, 681; *Greulich/Rau*, Zur partiellen Insolvenzverursachungshaftung des GmbH-Geschäftsführers nach § 64 Satz 3 GmbHG-RegE, NZG 2008, 284; *Haas*, Aktuelle Fragen zur Krisenhaftung des GmbH-Geschäftsführers, GmbHR 2010, 1; *ders*, Gewährt die Haftungsnorm in § 64 S. 3 GmbHG ein Leistungsverweigerungsrecht?, DStR 2010, 1991; *Hirte*, Neuregelungen mit Bezug zum gesellschaftsrechtlichen Gläubigerschutz und im Insolvenzrecht durch das MoMiG, ZInsO 2008, 689; *Hölzle*, Gesellschafterfremdfinanzierung und Kapitalerhaltung im Regierungsentwurf des MoMiG, GmbHR 2007, 729; *Kleindiek*, Geschäftsführerhaftung nach der GmbH-Reform, FS K Schmidt, 2009, S. 893; *ders*, Die Geschäftsführerhaftung nach § 64 S. 3 – eine Zwischenbilanz, GWR 2010, 75; *Knof*, Die neue Insolvenz-

---

385 Zust. Rowedder/*M. Schmidt-Leithoff/Schneider* Rn. 47.

386 Zur sekundären Behauptungslast s. BGH ZIP 08, 625, 627; zu § 64 s. BGH ZIP 07, 1060 Rn. 14; ZInsO 12, 648 Rn. 16 *Bork*/Schäfer Rn. 44; *Knof*, DStR 07, 1580, 1585.

387 *Bork*/Schäfer Rn. 37; Ulmer/*Casper* Rn. 134.

388 Zu den zusätzlichen Risiken einer Strafbarkeit wegen Untreue *Weiß*, GmbHR 11, 350, 351 ff.

verursachungshaftung nach § 64 Satz 3 RegE-GmbHG, DStR 2007, 1536 (Teil 1); *ders*, DStR 2007, 1580 (Teil 2); *Mahler*, Verstoß gegen § 64 S. 3 GmbHG bei „Upstream-Securities", GmbHR 2012, 504; *Müller*, Der Geschäftsführer der GmbH und das Gesellschafterdarlehen in der Krise, liber amicorum Winter, 2011, S. 487; *Niesert/Hohler*, Die Haftung des Geschäftsführers für die Rückzahlung von Gesellschafterdarlehen und ähnliche Leistungen – zugleich ein Beitrag zur Auslegung des § 64 S. 3 GmbHG, NZI 2009, 345; *Poertzgen*, Neues zur Insolvenzverschleppungshaftung – der Regierungsentwurf des MoMiG, NZI 2008, 9; *ders*, Die künftige Insolvenzverschleppungshaftung nach dem MoMiG, NZI 2007, 15; *ders/Meyer*, Aktuelle Probleme des § 64 Satz 3 GmbHG, ZInsO 2012, 249; *K Schmidt*, GmbH-Reform auf Kosten der Geschäftsführer?, GmbHR 2008, 449; *Seulen/Osterloh*, Die Haftung des Geschäftsführers für Zahlungen an den Gesellschafter – zur Reichweite von § 64 Satz 3 GmbHG, ZInsO 2010, 881; *Spliedt*, MoMiG in der Insolvenz – ein Sanierungsversuch, ZIP 2009, 149; *Strohn*, Existenzvernichtungshaftung, §§ 30, 31, 43 und § 64 S. 3 GmbHG, ZHR 179 (2009), 589.

1. Allgemeines

82 a) **Normzweck, Rechtsnatur.** Gem. dem neu durch das MoMiG eingeführten S. 3 hat der Geschäftsführer[389] an die Gesellschafter geleistete Zahlungen zu erstatten, wenn hierdurch die Zahlungsunfähigkeit der Gesellschaft herbeigeführt wurde. Nur dieser Fall ist aus der ex-post-Sicht Gegenstand der Gesetzesformulierung. Ihr Sinngehalt steckt jedoch in dem zugrunde **liegenden faktischen Zahlungsverbot aus der ex-ante-Sicht** (s. → Rn. 110).[390] Dieses Zahlungsverbot, zugleich eine insolvenzbezogene Organpflicht,[391] hat allerdings nicht zur Folge, fällige Gesellschafterforderungen iR einer Zahlungsunfähigkeitsprüfung gem. § 17 InsO außen vor lassen zu können (s. → vor § 64 Rn. 91). Mit S. 3 hat der Gesetzgeber ein zusätzliches Instrument des Gläubigerschutzes (durch Minimierung des Insolvenzverursachungsrisikos) eingefügt.[392] Das Zahlungsverbot des S. 3 darf als zwingendes Recht weder durch Satzungsbestimmungen noch durch Gesellschafterbeschlüsse beschränkt werden.[393]

83 Die Vorschrift ergänzt das Ausschüttungsverbot des § 30 I[394] sowie das Insolvenzanfechtungsrecht gem. §§ 129 ff., insbes. § 135 InsO;[395] sie ist jeweils neben den genannten Vorschriften anwendbar. Ihr geht es jedoch nicht um den Kapitalerhalt oder eine bilanzielle Betrachtungsweise (wie bei § 30), sondern sie soll – in Ergänzung zur Existenzvernichtungshaftung

---

389 Krit. zu dieser Haftungsverlagerung zB *Hirte*, ZInsO 08, 689, 698; *Poertzgen*, NZI 09, 9, 11; *ders.*, NZI 07, 15, 16; *K Schmidt*, GmbHR 08, 449, 453 f.

390 Scholz/*K Schmidt* Rn. 78, 82; Hessler/Strohn/*Arnold* Rn. 65 (beschränkt auf den engen Anwendungsbereich des Satz 3); aA Baumbach/Hueck/*Haas* Rn. 142 ff.; *ders.*, DStR 10, 1991 ff.

391 Scholz/*K Schmidt* Rn. 80.

392 *Bork*/Schäfer Rn. 46; Ulmer/*Casper* Rn. 136.

393 BGH DStR 12, 2608 Rn. 18; Baumbach/Hueck/*Haas* Rn. 122.

394 *Hirte*, ZInsO 08, 689, 697; *Hölzle*, GmbHR 07, 729, 731; *J Roth*, GmbHR 08, 1184, 1190; krit. zum Nebeneinander der Haftungsinstitute *Böcker/Poertzgen*, WM 07, 1203, 1205. – Zum lückenhaften Gläubigerschutz durch diese Vorschrift vgl. Baumbach/Hueck/*Haas* Rn. 7; Ulmer/*Casper* Rn. 136; *Haas*, Reform des gesellschaftsrechtlichen Gläubigerschutzes, E 128 ff.; *Greulich/Bunnemann*, NZG 06, 681, 682.

395 BT-Drs. 16/6140, S. 46; *Bork*/Schäfer Rn. 48.

gem. § 826 BGB[396] – in Anlehnung an das Prinzip des Solvenztests[397] vor einer Ausplünderung der Gesellschaft durch die Gesellschafter schützen[398] bzw. Verlagerungen von Vermögenswerten an die Gesellschafter im Vorfeld der Insolvenz entgegenwirken.[399] Die Vorschrift soll zudem Missbräuchen durch *leveraged finance*-Praktiken bei Unternehmensakquisitionen vorbeugen, wenn dem Unternehmen die Schulden- u. Zinslast in Ansehung der Kaufpreiszahlungsverpflichtung des Gesellschafters aufgebürdet werden.[400] Ihre Zielrichtung ist der konkrete Liquiditätserhalt, damit die Gesellschaft weiterhin die Verbindlichkeiten ggü. ihren Gläubigern bei Fälligkeit bedienen kann.[401] Dementspr ist der Anwendungsbereich der Vorschrift zeitlich dem aus S. 1 abgeleiteten Zahlungsverbot vorgelagert.[402]

In gewissem Maße stützt die Vorschrift den auch in § 199 S. 2 InsO sowie 84
§ 73 I zum Ausdruck kommenden Gedanken, dass das Gesellschaftsvermögen vorrangig der Gläubigerbefriedigung dient.[403] Demzufolge setzt auch der Anspruch gem. S. 3 die Eröffnung eines Insolvenzverfahrens bzw. eine Ablehnungsentscheidung gem. § 26 InsO voraus (→ Rn. 57 ff.).[404] S. 3 erfasst anders als die genannten Vorschriften nicht nur die mitgliedschaftlichen Ansprüche der Gesellschafter, sondern auch deren Drittforderungen sowie Gesellschafterdarlehen (vgl. § 39 I Nr. 5 InsO).

Aus S. 3 leitet sich ein weiteres **Element einer fortlaufenden Selbstüberprü-** 85
fungspflicht ab (dazu → vor § 64 Rn. 11 ff.). Ihr können die Geschäftsführer nämlich nur durch eine andauernde Überwachung u. Gegenüberstellung der im jeweiligen Zeitabschnitt voraussichtlich eingehenden Zahlungen/liquiden Mittel u. der fällig werdenden Zahlungspflichten auf der Grundlage eines ordnungsgemäß erstellten Finanz- u. Liquiditätsplans nachkommen.[405] Dabei darf keine relevante Unterdeckung auftreten (→ vor § 64 Rn. 100).

Ihrem weiten Schutzzweck wird die Norm allerdings kaum gerecht, wenn 86
die Tatbestandsmerkmale in Anlehnung an die Masseschmälerungshaftung des S. 1 ausgelegt werden. Dies zeigt sich insbes. an dem Kausalitätserfordernis sowie am Zahlungsbegriff (→ Rn. 93, 102 f.).

---

396 BT-Drs. 16/6140, S. 46; BGH NJW 09, 3666; Ulmer/*Casper* Rn. 137.

397 Ulmer/*Casper* Rn. 137; *ders.*, in Goette/Habersack, Das MoMiG in Wissenschaft und Praxis, Rn. 6.42; *Böcker/Poertzgen*, WM 07, 1203, 1205; *Greulich/Bunnemann*, NZG 06, 681; *Hirte*, ZInsO 08, 689, 697; *Hölzle*, GmbHR 07, 729, 730; *Knof*, DStR 07, 1536, 1537; *Kleindiek*, FS K Schmidt, 09, S. 893, 902.

398 *Seibert*, ZIP 06, 1157, 1167; näher *Kleindiek*, FS K Schmidt, 09, S. 893, 900 ff.; ähnl Roth/*Altmeppen* Rn. 71.

399 S. BegrRegE MoMiG, BT-Drs. 16/6140, S. 46 f.

400 *Seibert*, ZIP 96, 1157, 1167 (zum RefE MoMiG).

401 *Knof*, DStR 07, 1536, 1537.

402 Baumbach/Hueck/*Haas* Rn. 122; Lutter/Hommelhoff/*Kleindiek* Rn. 47; *Greulich/Rau*, NZG 08, 284, 287; *Spliedt*, ZIP 09, 149, 160.

403 Baumbach/Hueck/*Haas* Rn. 7.

404 Baumbach/Hueck/*Haas* Rn. 26; aA wohl *Poertzgen*, WM 07, 1203, 1208.

405 Ebenso Baumbach/Hueck/*Haas* Rn. 138; *Bork*/Schäfer Rn. 48; Ulmer/*Casper* Rn. 137; vgl. auch *Knof*, DStR 07, 1536, 1538; zur Selbstprüfungspflicht bei Cashpool-Anbindung *Willemsen/Rechel*, GmbHR 10, 349, 352 f.

87 b) **Qualifikation.** Nach seiner Rechtsnatur handelt es sich bei S. 3 – wie bei S. 1 – um einen **Anspruch eigener Art.**[406] Eine Teilnahmehaftung Dritter gem. § 830 BGB scheidet aus.

88 Die Zielrichtung des Gläubigerschutzes rechtfertigt international-privatrechtlich eine **insolvenzrechtliche Qualifikation,**[407] auch wenn im nationalen Recht die Ausgestaltung – anders als die Insolvenzantragspflicht des § 15 a InsO – nicht rechtsformübergreifend erfolgte. Die Vorschrift ist als Teil des deutschen Insolvenzstatuts damit auch anwendbar auf **Gesellschaften ausländischen Rechts,** die mit der deutschen GmbH funktionell vergleichbar sind (zB englische *limited*),[408] sofern deutsche Gerichte für die Eröffnung eines Insolvenzverfahrens über die ausländische Gesellschaft international zuständig sind (Art. 3 EuInsVO bzw. § 3 InsO analog).

2. Normadressaten

89 Das Zahlungsverbot richtet sich an jeden einzelnen von mehreren, im Zeitpunkt der Zahlung amtierenden **Geschäftsführern,** unabhängig von der Ressortaufteilung.[409] Normadressaten sind auch **faktische Geschäftsführer** (→ vor § 64 Rn. 134 ff.), ferner die **Liquidatoren** (§ 71 IV).[410]

90 Die **Gesellschafter** machen sich ggf. gem. §§ 30, 31[411] oder nach den Grundsätzen der Existenzvernichtungshaftung gem. § 826 BGB haftbar u. unterliegen im Insolvenzverfahren ggf. Anfechtungsrückgewähransprüchen (§§ 143, 129 ff. InsO). Da S. 3 aber anders als die Erstattungspflicht nach S. 1 oder die Insolvenzantragspflicht (§ 15 a III InsO) nicht an eine bereits vorliegende materielle Insolvenz anknüpft, können Gesellschafter auch bei Führungslosigkeit nicht zu Normadressaten des S. 3 werden.[412] **Aufsichtsratsmitglieder** haften wegen einer Verletzung ihrer Aufsichtspflichten (§§ 116, 92 f. AktG iVm § 52), nicht aber gem. S. 3.[413]

3. Zahlungen u. sonstige Vermögensschmälerungen

91 Da S. 3 die Liquidität der Gesellschaft u. nicht das Vermögen schützt, erfasst die Vorschrift jede Art von Zahlung u. **Liquiditätsbeeinträchtigung** einschl. Zahlungen an einen Cashpool,[414] u. nicht nur solche, die unter den Voraussetzungen des § 30 verbotene Ausschüttungen wären oder der Insolvenzanfechtung gem. § 135 InsO unterlägen. Der Begriff der Zahlung

---

406 Baumbach/Hueck/*Haas* Rn. 12; Henssler/Strohn/*Arnold* Rn. 43; Lutter/Hommelhoff/*Kleindiek* Rn. 47; *Wicke* Rn. 26; *Böcker/Poertzgen*, WM 07, 1203, 1208; *Knof*, DStR 07, 1580, 1584; *Kleindiek*, FS K Schmidt, 09, S. 893, 901.
407 Baumbach/Hueck/*Haas* Rn. 53; Henssler/Strohn/*Arnold* Rn. 47; MüKoGmbHG/*Müller* Rn. 181; Ulmer/*Casper* Rn. 35; aA Scholz/*K Schmidt* Rn. 80.
408 BT-Drs. 16/6140, S. 46; *Bork*/Schäfer Rn. 47; Roth/*Altmeppen* Rn. 72; Ulmer/*Casper* Rn. 35, 136; *Desch*, BB 10, 2586, 2588; *Römermann*, NZI 08, 641; aA Scholz/*K Schmidt*, Rn. 80; *Schall* S. 206.
409 *Meyer/Poertzgen*, ZInsO 12, 249, 250.
410 *Kleindiek*, GWR 10, 75.
411 Vgl. aber *Strohn*, ZHR 173 (09), 589, 594: Haftung analog § 31 auf Rückgewähr des unter Verstoß gegen § 64 S. 3 Geleisteten.
412 Ebenso Lutter/Hommelhoff/*Kleindiek* Rn. 50.
413 BGH ZIP 09, 860, 861 f.; OLG Brandenburg ZIP 09, 866; Lutter/Hommelhoff/*Kleindiek* Rn. 50, 6, 9.
414 *Willemsen/Rechel*, GmbHR 10, 329, 351.

iSv S. 3 entspricht also im Ausgangspunkt demjenigen des S. 1.[415] Demgem. stellen **Geldleistungen u. sonstige Leistungen mit Geldwert**[416] Zahlungen dar, die die Liquidität der Gesellschaft zulasten der Gesellschaftergläubiger mindern.[417] Liquiditätswirksame (nur diese!) Gegenleistungen sind jedoch anzurechnen (→ Rn. 101).[418] Nicht nur Geldzahlungen, Auf- u. Verrechnungen sowie Leistungen an Erfüllungs Statt (vgl. → Rn. 28) fallen darunter, sondern ferner die Verfügung über sonstiges Vermögen durch Übertragung oder Belastung (Sicherheitenbestellung),[419] selbst wenn es sich dabei nicht um kurzfristig, sondern nur außerhalb der 3-Wochen-Frist des § 15 a InsO liquidierbares Vermögen handelt (vgl. zur Bedeutung iRd Zahlungsunfähigkeits-Prüfung → vor § 64 Rn. 95 f.).[420] Denn die Gesellschaft mindert insoweit (mittelbar) ihre künftige Liquidität, weil diese Vermögenswerte nicht mehr als Beleihobjekt zur Verfügung stehen.[421] Die von einem Dritten auf Rechnung der Gesellschaft geleistete Zahlung kann ebenfalls eine solche iSv S. 3 sein.

Der Schutzzweck der Norm wird ausnahmsweise nicht berührt, wenn im Zeitpunkt der Sicherheitenbestellung zugunsten einer Gesellschafterverbindlichkeit bzw. bei Finanzierungsgewährung[422] die Inanspruchname der Gesellschaftssicherheit sehr unwahrscheinlich u./oder der Rückgriffsanspruch vollwertig u. jederzeit liquidierbar ist.[423] Umgekehrt liegt jedoch eine Zahlung vor, wenn bereits bei Bestellung der Sicherheit eine Inanspruchnahme wahrscheinlich ist u. kein (liquider) Rückgriffsanspruch in gleicher Höhe besteht.[424] Zur Kausalität s. → Rn. 100. 92

Auch kann das Unterlassen der Geltendmachung einer Forderung einer Zahlung gleichzustellen sein.[425] Allein die **Begründung von Verbindlichkeiten**, einschl. der Übernahme von Personalsicherheiten für Schulden eines Gesellschafters (Bürgschaft, Garantie, Schuldbeitritt), soll nach hM indes nicht als Zahlung gelten, da S. 3 nur Minderungen des Aktivvermögens er- 93

---

415 BT-Drs. 16/6140, S. 46 f.; Baumbach/Hueck/*Haas* Rn. 125; *Bork*/Schäfer Rn. 49; Ulmer/*Casper* Rn. 139; *Hirte*, ZInsO 08, 689, 697; *Knof*, DStR 07, 1536, 1537; wohl auch *Niesert/Hohler*, NZI 09, 346, 349.

416 So BT-Drs. 16/6140, S. 46; offenlassend BGH DStR 12, 2608 Rn. 13.

417 *Bork*/Schäfer Rn. 50; Lutter/Hommelhoff/*Kleindiek* Rn. 51; *Wicke* Rn. 27.

418 Ulmer/*Casper* Rn. 139; *Gesmann-Nuissl*, WM 06, 1756, 1763.

419 Lutter/Hommelhoff/*Kleindiek* Rn. 51; *Greulich/Bunnemann*, NZG 06, 681, 684; *Knof*, DStR 07, 1536, 1538; *Cahn*, Der Konzern 09, 7, 9 ff. (zu § 92 II 3 AktG nF).

420 AA Baumbach/Hueck/*Haas* Rn. 127 (vom Schutzzweck des S. 3 nicht erfasst).

421 *Bitter*, ZInsO 10, 1505, 1518; *Haas*, GmbHR 10, 1, 5 f.; aA *Kono*, GmbHR 10, 230, 235 f.

422 Baumbach/Hueck/*Haas* Rn. 128; *Bork*/Schäfer Rn. 50.

423 *Bork*/Schäfer Rn. 50; *Wicke* Rn. 27; *Knof*, DStR 07, 1536, 1538; *Greulich/Bunnemann*, NZG 06, 681, 684; *Niesert/Hohler*, NZI 09, 345, 349.

424 *Bork*/Schäfer Rn. 50; Henssler/Strohn/*Arnold* Rn. 55; *Wicke* Rn. 27; *Greulich/Bunnemann*, NZG 06, 681, 685; weiter MüKoGmbHG/*Müller* Rn. 182 (Wahrscheinlichkeit der Inanspruchnahme irrelevant); enger *Brand*, ZIP 12, 1010, 1012 ff. (nur Sicherheitenbestellung mit einhergehendem Liquiditätsverlust); *Mahler*, GmbHR 12, 504.

425 Baumbach/Hueck/*Haas* Rn. 128; *Bork*/Schäfer Rn. 50; Henssler/Strohn/*Arnold* Rn. 52; Rowedder/*M. Schmidt-Leithoff/Schneider* Rn. 61; *Greulich/Bunnemann*, NZG 06, 681, 684; zurückhaltender Ulmer/*Casper* Rn. 139 f.; aA MüKo-GmbHG/*Müller* Rn. 182.

fasst.[426] Anders verhält es sich jedoch bzgl. der späteren Erfüllung der Verpflichtung aus der Personalsicherheit; sie stellt unstr. eine Zahlung dar. Insbes. aus dieser Einschränkung, die an die Identität des Zahlungsbegriffs in § 64 anknüpft, folgt eine erhebliche Beschränkung des Anwendungsbereichs des S. 3 (s. → Rn. 102 f.).[427]

94 Wie iRd Masseschmälerungshaftung gem. S. 1 gilt auch hier eine **wirtschaftliche Betrachtungsweise,** so dass ein aus verschiedenen Einzelvorgängen bestehender (einheitlicher) Zahlungsvorgang zusammengefasst werden muss. Für Zahlungsvorgänge iR eines konzerninternen Cashpools kommt es somit nicht auf jede einzelne Zahlung an, sondern auf die Veränderung des Gesamtsaldos (Zeitraum- statt Zeitpunktbetrachtung).[428]

95 Die Zahlung muss dem Normadressaten **zurechenbar** sein. Insoweit gelten die Ausführungen unter → Rn. 41 f. entspr. Zur Vermeidung von Schutzlücken muss als Zahlung auch die Nichtgeltendmachung von Erstattungsansprüchen gelten, wenn ein Gesellschafter „in die Kasse" griff.[429]

4. Gesellschafter als Zahlungsempfänger

96 Bei S. 3 geht es um die Zahlung an einen Gesellschafter. Ein Kleinbeteiligtenprivileg (vgl. § 39 V InsO) gibt es insoweit nicht,[430] ebenso wenig wie ein Sanierungsprivileg. Die Gesellschaftereigenschaft muss grds. im Zeitpunkt der Zahlung bestehen.[431] Erfasst sind in Anlehnung an § 30 I aber auch Zahlungen an denjenigen, der Gesellschafter war, als der Rechtsgrund für die Zahlung gelegt wurde.[432]

97 Der unmittelbaren Zahlung an einen Gesellschafter ist eine solche gleichzustellen, welche die Gesellschaft **für Rechnung des Gesellschafters** an einen Dritten oder auch an einen früheren Gesellschafter leistet, selbst wenn der Dritte die Forderung des Gesellschafters gegen die Gesellschaft gepfändet haben sollte (§§ 829, 835 ZPO). Es genügt, dass der Gesellschafter mittelbar von der Zahlung profitiert, wie es sich zB bei der Erfüllung einer Verpflichtung aus Bürgschaft, Schuldbeitritt zugunsten einer Gesellschafterverbindlichkeit verhält.[433] Die Vorschrift erfasst ferner Zahlungen an Dritte, die aufgrund **wirtschaftlicher Einheit** oder eines sonstigen **qualifizierten Näheverhältnisses**[434] einem Gesellschafter entsprechen (vgl. § 32 a III 1 aF,

---

426 *Bork*/Schäfer Rn. 50; Ulmer/*Casper* Rn. 139; *Wicke* Rn. 28; *Knof*, DStR 07, 1536, 1538.
427 Vgl. auch *Seulen/Osterloh*, ZInsO 10, 881, 884.
428 Ebenso Baumbach/Hueck/*Haas* Rn. 124.
429 Weitergehend Baumbach/Hueck/*Haas* Rn. 123 (bereits Dulden des Zugriffs eine Zahlung); aA Gehrlein/Born/Simon/*Sandhaus* Rn. 53.
430 Rowedder/*M. Schmidt-Leithoff/Schneider* Rn. 60; vorsichtiger Lutter/Hommelhoff/*Kleindiek* Rn. 52.
431 *Bork*/Schäfer Rn. 49; Baumbach/Hueck/*Haas* Rn. 130.
432 Baumbach/Hueck/*Haas* Rn. 130; Gehrlein/Born/Simon/*Sandhaus* Rn. 59; MüKo-GmbHG/*Müller* Rn. 186; Rowedder/*M. Schmidt-Leithoff/Schneider* Rn. 60; Ulmer/*Casper* Rn. 141.
433 *Poertzgen/Meyer*, ZInsO 12, 249, 255.
434 Ulmer/*Casper* Rn. 141.

§ 39 I Nr. 5 InsO),[435] zB Leistungen an Nießbraucher, nahestehende Personen, Mittels- u. Strohmänner, Treugeber oder an verbundene Unternehmen im Konzernverbund,[436] zB iR des konzerninternen Leistungsaustauschs oder beim Cash Pooling.[437]

Ob die Zahlung einen mitgliedschaftlichen oder schuldrechtlichen **Rechtsgrund** hat, spielt keine Rolle;[438] S. 3 gilt auch bei rechtsgrundlosen Zahlungen. Damit fallen Gewinnausschüttungen ebenso wie verdeckte Ausschüttungen, Entgeltzahlungen für geleistete Dienste, Rückzahlung von Gesellschafterdarlehen, aber auch Entgeltzahlungen für Nutzungsüberlassungen (vgl. § 135 III InsO) iGrds gleichermaßen in den Anwendungsbereich des S. 3.[439] 98

5. Herbeiführung von Zahlungsunfähigkeit

a) **Zahlungsunfähigkeit.** Die Gesellschaft muss zu einem späteren Zeitpunkt objektiv zahlungsunfähig (§ 17 InsO; dazu → vor § 64 Rn. 75 ff.) geworden sein, auch wenn ein Insolvenzverfahren wegen eines anderen Insolvenzgrundes eröffnet wird.[440] IRd Prüfung der Zahlungsunfähigkeit sind auch **fällige u. durchsetzbare Gesellschafterforderungen** zu berücksichtigen, ohne dass dabei das aus S. 3 abgeleitete Leistungsverweigerungsrecht (s. → Rn. 110) dem entgegensteht.[441] Die Eröffnung eines Insolvenzverfahrens stellt kein Tatbestandsmerkmal dar. Überschuldung (§ 19 InsO) oder drohende Zahlungsunfähigkeit (§ 18 InsO) stehen der Zahlungsunfähigkeit vor dem Hintergrund, dass es bei der Vorschrift um Liquiditätsschutz geht, nicht gleich.[442] Praktisch wird es jedoch häufig vorkommen, dass die Gesellschaft im Zeitpunkt der Zahlung bereits überschuldet war (Haftung nach S. 1). Gelingt die Sanierung, scheidet eine Haftung gem. S. 3 aus.[443] 99

---

435 Baumbach/Hueck/*Haas* Rn. 130; *Bork*/Schäfer Rn. 50; Lutter/Hommelhoff/*Kleindiek* Rn. 53; Ulmer/*Casper* Rn. 141; *ders.*, in Goette/Habersack, Das MoMiG in Wissenschaft und Praxis, Rn. 6.43; *Drescher*, Rn. 768; *K Schmidt*, in K Schmidt/Uhlenbruck, GmbH in der Krise, Rn. 11.160; *Gehrlein*, Der Konzern 07, 771, 795; *Greulich/Bunnemann*, NZG 06, 681, 685; *Knof*, DStR 07, 1536, 1538; *Poertzgen*, ZInsO 10, 785, 788; *Seulen/Osterloh*, ZInsO 10, 881, 883 f.

436 Ulmer/*Casper* Rn. 141; *Greulich/Bunnemann*, NZG 06, 681, 685; *Knof*, DStR 07, 1536, 1538; *Cahn*, Der Konzern 09, 7, 12 (für § 93 II 3 AktG nF).

437 Lutter/Hommelhoff/*Kleindiek* Rn. 53; *Bitter*, ZInsO 10, 1505, 1519; *Poertzgen/Meyer*, ZInsO 12, 249, 252; *Saenger/Koch*, GmbHR 10, 113; *Willemsen/Rechel*, GmbHR 10, 349 ff.

438 Differenzierend insoweit *Cahn*, Der Konzern 09, 7, 11 f. (für § 92 II 3 AktG nF); wie hier Lutter/Hommelhoff/*Kleindiek* Rn. 52; Rowedder/*M. Schmidt-Leithoff/Schneider* Rn. 62.

439 IErg ebenso Lutter/Hommelhoff/*Kleindiek* Rn. 52; Rowedder/*M. Schmidt-Leithoff/Schneider* Rn. 62; Scholz/*K Schmidt* Rn. 93 (allerdings für Privilegierung gem. S. 2).

440 Scholz/*K Schmidt* Rn. 96 f.

441 BGH DStR 12, 2608 Rn. 9 ff.; OLG München DZWiR 10, 437; *Desch*, BB 10, 2586; *Winstel/Skauradszun*, GmbHR 11, 185, 186 f.

442 Baumbach/Hueck/*Haas* Rn. 131; Lutter/Hommelhoff/*Kleindiek* Rn. 54; MüKo-GmbHG/*Müller* Rn. 189; Scholz/*K Schmidt* Rn. 96; *Bitter*, ZInsO 10, 1505, 1519; *Seulen/Osterloh*, ZInsO 10, 881, 882; aA Ulmer/*Casper* Rn. 147 (für analoge Anwendung bei Überschuldung).

443 *Bitter*, ZInsO 10, 1505, 1519.

100 b) **Ursachenzusammenhang.** Die Zahlung muss die Zahlungsunfähigkeit unmittelbar verursacht haben.[444] Dies geht über eine bloße Äquivalenz iS einer *conditio sine qua non*, die in Verkettung mit anderen Umständen die Zahlungsunfähigkeit „herbeiführt“,[445] hinaus.[446] Gemeint ist, dass die Zahlung nicht hinweg gedacht werden kann, ohne dass die konkrete Zahlungsunfähigkeit zu dem konkreten Zeitpunkt entfiele. Die Zahlung muss andererseits nicht monokausal für die Zahlungsunfähigkeit sein,[447] weil andernfalls der Zweck der Vorschrift kaum erreicht würde.[448] Die Zahlungsunfähigkeit muss weder sofort eintreten,[449] noch soll S. 3 dem Geschäftsführer das allg. Insolvenzrisiko aufbürden, welches insbes. auf unvorhersehbaren Ereignissen (zB Liquiditätsmangel durch überraschenden Zahlungsausfall eines Drittschuldners) beruht.[450] Vielmehr muss sich – in Annäherung an die Kriterien der Adäquanztheorie[451] – bereits im Zeitpunkt der Zahlung **unter normalem Verlauf der Dinge aus der Sicht des ordnungsgemäßen Geschäftsmanns abzeichnen**, dass infolge dieser Zahlung[452] die Gesellschaft künftig über einen Zeitraum von drei Wochen hinweg nicht mehr über die notwendigen liquiden Mittel verfügt, um mind. 90 vom Hundert ihrer jeweiligen Verbindlichkeiten bei Fälligkeit erfüllen zu können. Notwendig ist somit ein **enger sachlicher u. zeitlicher Zusammenhang,**[453] bei welchem sich in der objektiven[454] ex-ante-Sicht die Zahlung nach **überw. Wahrscheinlichkeit** (mehr als 50 vom Hundert)[455] als eine **„Weichenstellung ins Aus“** darstellt.[456] Dies macht eine (Solvenz-) Prognose erforderlich. Dabei genügt der typische Geschehensablauf, wonach eine Ertragskrise in eine Überschuldung mündet, die sich in der anschließenden Liquiditätskrise zu einer (zunächst drohenden) Zahlungsunfähigkeit verdichtet, nicht.[457] Den **Prognosezeitraum** hat der Gesetzgeber

---

444 *Kleindiek*, FS K Schmidt, 09, S. 893, 902 ff.
445 So noch die Formulierung des RefE.
446 BT-Drs. 16/6140, S. 46; *Bork*/Schäfer Rn. 54; Ulmer/*Casper* Rn. 148; *Wicke* Rn. 29; *Knof*, DStR 07, 1536, 1539 ff.
447 Missverständlich BT-Drs. 16/6140, S. 46.
448 So auch Gehrlein/Born/Simon/*Sandhaus* Rn. 69; *Spliedt*, ZIP 09, 149, 160.
449 BT-Drs. 16/6140, S. 46 f.
450 Baumbach/Hueck/*Haas* Rn. 133; *Wicke* Rn. 29; *Böcker/Poertzgen*, WM 07, 1203, 1207.
451 BGH NJW 02, 2232, 2233; Baumbach/Hueck/*Haas* Rn. 134; *Bork*/Schäfer Rn. 54; *Wicke* Rn. 29; Ulmer/*Casper* Rn. 148; *ders.*, in Goette/Habersack, Das MoMiG in Wissenschaft und Praxis, Rn. 6.45; *Böcker/Poertzgen*, WM 07, 1203, 1207 f.; *Gehrlein*, Der Konzern 07, 771, 795; *Knof*, DStR 07, 1536, 1539; *Niesert/Hohler*, NZI 09, 345, 350.
452 Weitergehend Ulmer/*Casper* Rn. 149.
453 *Bork*/Schäfer Rn. 53; aA OLG Celle DStR 13, 55; MüKoGmbHG/*Müller* Rn. 193: zeitlicher Zusammenhang nicht zwingend.
454 BegrRegE, BT-Drs. 16/6140, S. 46.
455 Henssler/Strohn/*Arnold* Rn. 59; Lutter/Hommelhoff/*Kleindiek* Rn. 63; *Wicke* Rn. 29; *Greulich/Bunnemann*, NZG 06, 681, 685; *Knof*, DStR 07, 1536, 1540; 1580, 1581; *Spliedt*, ZIP 09, 149, 160; weitergehend MüKoGmbHG/Müller Rn. 193: „an Sicherheit grenzende Wahrscheinlichkeit“; ähnl *Müller*, liber amicorum M Winter, 11, S. 489, 497: 95 %.
456 IErg ähnl Lutter/Hommelhoff/*Kleindiek* Rn. 63 (Zahlungsunfähigkeit die „unausweichliche Folge“ der Leistung); *Greulich/Bunnemann*, NZG 06, 681, 685.
457 Zutr. Lutter/Hommelhoff/*Kleindiek* Rn. 63; *Greulich/Rau*, NZG 08, 284, 288; aA *Hölzle*, GmbHR 07, 729, 731.

nicht konkretisiert. Nach hier vertretener Ansicht wird er dadurch bestimmt, dass eine Wahrscheinlichkeitsbeurteilung auf einer plausiblen, realistischen Grundlage ohne Annahmen „ins Blaue hinein" möglich bleiben muss.[458] Damit gilt als Referenzzeitraum – ähnl einer *going-concern*-Bewertung – das laufende u. das künftige Geschäftsjahr,[459] wobei Abweichungen im Einzelfall sinnvoll u. geboten sein können.[460] Denn maßgebend bleibt eine wertende Gesamtbetrachtung.[461] Der zeitliche Zusammenhang zwischen Zahlung u. Zahlungsunfähigkeit wird jedenfalls indiziert, wenn die Zahlungsunfähigkeit binnen sechs Monaten nach der Zahlung eintritt.[462] Indizwirkung iRd gerichtlichen Beweiswürdigung (§ 286 ZPO) sollte aber auch dem Eintritt der Zahlungsunfähigkeit binnen eines Jahres zukommen.[463] Ein gleichzeitiger Verstoß gegen § 30 ist nicht erforderlich.[464] Am Kausalitätserfordernis **fehlt** es, wenn die Zahlungsunfähigkeit **bereits durch das Fälligwerden eines einredefreien Anspruchs**, nicht erst durch dessen Erfüllung, herbeigeführt wird.[465] Denn insoweit handelt es sich um einen Fall gem. S. 1. Den Nachweis der Kausalität muss der Anspruchsteller führen, also iaR der Insolvenzverwalter.

c) **Berücksichtigung der Gegenleistung.** Die Zahlung erweist sich insoweit nicht als kausal für die Zahlungsunfähigkeit, als die Gesellschaft im Gegenzug **gleichwertige u. vor allem liquide Vermögenswerte** erhält.[466] Dies scheidet etwa bei sich „selbstverzehrenden" Zahlungen wie zB Miet- u. Pachtzahlungen aus.[467] Eine bilanzielle Vermögensbetrachtung hilft nicht, da es bei S. 3 allein um die Solvenz der Gesellschaft geht.[468] Auf Zahlung gerichtete Forderungen gelten für die Zahlungsunfähigkeit nur in eingeschränktem Maße als liquide Mittel, sonstige Vermögensgegenstände nur bei kurzfristiger Verwertbarkeit (hierzu → vor § 64 Rn. 95 f.). Stellt nur ein Teil der Gegenleistung Liquidität dar, beschränkt sich die Ersatzpflicht des Normadressaten gem. S. 3 auf die Höhe des nicht-liquiden Teils. Nur in zu- 101

458 Zutr. Lutter/Hommelhoff/*Kleindiek* Rn. 64.
459 *Bork*/Schäfer Rn. 55; zurückhaltend MüKoGmbHG/*Müller* Rn. 193; *Gehrlein*, Der Konzern 07, 771, 795; *Knof*, DStR 07, 1580, 1582; aA Henssler/Strohn/*Arnold* Rn. 59; Ulmer/*Casper* Rn. 149: nicht mehr als ein Jahr; noch enger wegen engen Anwendungsbereichs Lutter/Hommelhoff/*Kleindiek* Rn. 64.
460 Lutter/Hommelhoff/*Kleindiek* Rn. 64; Rowedder/*M. Schmidt-Leithoff/Schneider* Rn. 69; Ulmer/*Casper* Rn. 149.
461 Lutter/Hommelhoff//*Kleindiek* Rn. 64; Rowedder/*M. Schmidt-Leithoff/Schneider* Rn. 69.
462 Baumbach/Hueck/*Haas* Rn. 141.
463 *Bork*/Schäfer Rn. 53; Ulmer/*Casper* Rn. 152 (differenzierend nach Größenordnung u. branchenüblichen Finanzplanungsperioden); *ders.*, in Goette/Habersack, Das MoMiG in Wissenschaft u. Praxis, Rn. 6.45; weitergehend *Knof*, DStR 07, 1580, 1582 (laufendes u. Folgejahr); krit. ggü. starren Prognosezeiträumen Scholz/*K Schmidt* Rn. 99; Lutter/Hommelhoff/*Kleindiek* Rn. 64; MüKoGmbHG/*Müller* Rn. 193.
464 *Casper*, in Goette/Habersack, Das MoMiG in Wissenschaft und Praxis, Rn. 6.41; *Strohn*, ZInsO 09, 1417, 1412.
465 BGH DStR 12, 2608 Rn. 12; *Desch*, BB 10, 2586; *Strohn*, NZG 11, 1161, 1169.
466 BT-Drs. 16/6140, S. 46; Ulmer/*Casper* Rn. 139; *Wicke* Rn. 28; *Gesmann-Nuissl*, WM 06, 1756, 1763; *Greulich/Rau*, NZG 08, 284, 287; iErg ebenso Lutter/Hommelhoff/*Kleindiek* Rn. 51 (verneint insoweit jedoch bereits die „Zahlung").
467 Rowedder/*M. Schmidt-Leithoff/Schneider* Rn. 64.
468 Baumbach/Hueck/*Haas* Rn. 129; ähnl *Greulich/Rau*, NZG 08, 284, 287.

fälligem Zusammenhang mit der Zahlung stehende (potenzielle) Vorteile bleiben außerhalb einer entspr. Anwendung des S. 2 gänzlich außer Betracht.[469]

6. Zwischenergebnis, Stellungnahme

102 Aus dem Vorstehenden ergibt sich, dass die Vorschrift einen begrenzten Anwendungsbereich hat.[470] Nur in einem sehr geringen Umfang wird nämlich erst die Erfüllung des fälligen Anspruchs die Zahlungsunfähigkeit herbeiführen, nicht schon seine Existenz;[471] gemeint sind solche Fälle, in denen sich erst durch die Zahlung die Relation von liquiden Mitteln u. fälligen Verbindlichkeiten über die 10 %-Grenze hinausgehend verschlechtert[472] u. aus einer bislang unwesentlichen Deckungslücke eine wesentliche wird (s. → vor § 64 Rn. 100 ff.). Zudem sind insbes. Zahlungen auf nicht fällige Forderungen erfasst, auf verdeckte Ausschüttungen sowie auf mit einem qualifizierten Rangrücktritt versehene oder anderweitig nicht ernsthaft eingeforderte Forderungen, ferner die unter → Rn. 93 erwähnte Konstellation einer Sicherheitenbestellung. Hinzu kommt, u. darin liegt der praktisch vielleicht wichtigste Fall, die Konstellation, dass künftig fällig werdende Drittverbindlichkeiten nicht mehr bezahlt werden können, weil die hierfür erforderliche Liquidität zuvor, etwa zur Erfüllung einer fälligen Forderung, an den Gesellschafter floss.[473]

103 In der Literatur gibt es verschiedene Lösungsansätze, um den **Anwendungsbereich der Vorschrift** weiter **auszudehnen.**[474] Der Lösungsvorschlag, die Verbindlichkeiten ggü. bzw. zugunsten des Gesellschafters als fällige Verbindlichkeiten iR einer Zahlungsfähigkeitsprüfung auszunehmen oder gar einen eigenen haftungsrechtlichen Begriff der Zahlungsunfähigkeit einzuführen,[475] vermag allerdings nicht zu überzeugen.[476] Nach einer weiteren Meinung seien im Zahlungsunfähigkeitsstatus solche Verbindlichkeiten

469 Baumbach/Hueck/*Haas* Rn. 129; offenlassend *Greulich/Bunnemann*, NZG 06, 681, 686.

470 Hierzu BT-Drs. 16/6140, S. 47; sich darauf stützend BGH DStR 12, 2608 Rn. 13; zust. Lutter/Hommelhoff/*Kleindiek* Rn. 59 f.; *ders.*, GWR 10, 75, 76; Roth/*Altmeppen* Rn. 82 ff.; *Bitter*, ZInsO 10, 1505, 1519; *Seulen/Osterloh*, ZInsO 10, 881 ff.; *Spliedt*, ZIP 09, 149, 159; aA Scholz/*K Schmidt* Rn. 79; *Weiß*, GmbHR 11, 350, 355 f.

471 Noch weitergehend Roth/*Altmeppen* Rn. 83 f.; iErg auch Baumbach/Hueck/*Haas* Rn. 135.

472 BGH DStR 12, 2608 Rn. 13; *Desch*, BB 10, 2586; *Haas*, NZG 13, 41; *Strohn*, NZG 11, 1161, 1169; abl. Roth/*Altmeppen* Rn. 84; wiederum anders *Porzelt*, ZInsO 13, 2145, 2146: Fall des S. 1.

473 BGH DStR 12, 2608 Rn. 13; Lutter/Hommelhoff/*Kleindiek* Rn. 59 f.; *ders.*, GWR 10, 75, 76; *Müller*, Liber amicorum M Winter, 11, S. 487, 490 f.; dem BGH zust. *Brand*, NZG 12, 1374, 1375; *Nolting-Hauff/Greulich*, GmbHR 13, 169, 172; *Wenzler*, GmbHR 13, 33 f.; iErg auch *Knolle/Lojowsky*, NZI 13, 171, 172.

474 Abl. Lutter/Hommelhoff/*Kleindiek* Rn. 56 ff.

475 LG Berlin GmbHR 10, 201; MüKoGmbHG/*Müller* Rn. 190; *Dahl/Schmitz*, NZG 09, 567, 569; *Demisch/Reichardt*, InsVZ 10, 236, 237; Görg, FS Streck, 11, S. 823, 828; *Seulen/Osterloh*, ZInsO 10, 881, 884; *Spliedt*, ZIP 09, 149, 159 f.; dag zB *Desch*, BB 10, 2285, 2288; *Niesert/Hohler*, NZI 09, 345, 350; *Strohn*, NZG 11, 1161, 1168; *Willemsen/Rechel*, GmbHR 09, 349, 351; *Winstel/Skauradszun*, GmbHR 11, 185, 187.

476 *Desch*, BB 10, 2586, 2587 f.

– insbes. aus Gesellschafterdarlehen – als einredebehaftet gem. S. 3 iRd Zahlungsunfähigkeitsprüfung auszuscheiden, um dadurch der Vorschrift einen weiteren Anwendungsbereich einräumen zu können.[477] Dies ist abzulehnen.[478] Durch die Hintertüre würden die abgeschafften (vgl. § 30 I 3) Rechtsprechungsregeln des Eigenkapitalersatzrechts wieder eingeführt. Ferner ergäbe sich ein Wertungswiderspruch zu § 19 InsO, wonach Gesellschafterforderungen nur dann im Überschuldungsstatus nicht passiviert werden müssen, wenn der Gesellschafter einen Rangrücktritt erklärt hat. Schließlich würde diese Ansicht entgg. der Intention des Gesetzgebers zu einer Verzögerung einer Insolvenzantragspflicht wegen Zahlungsunfähigkeit führen.[479]

Anders verhält es sich jedoch, wenn entgegen der hM als „Zahlung“ iSd S. 3 auch die **Eingehung von „zerstörerischen“ Verbindlichkeiten** gelten würde.[480] Hierfür spricht die Bezugnahme auf den Rechtsbegriff der Zahlungsunfähigkeit, bei dem es gerade nicht nur auf die vorhandenen (liquiden u. liquidierbaren) Aktiva, sondern auf deren Verhältnis zu den fälligen Verbindlichkeiten ankommt. Dieser Sachzusammenhang rechtfertigt – allerdings entgg. der Intention des Gesetzgebers[481] – nach der hier vertretenen Ansicht eine andere Auslegung des Zahlungsbegriffs als iRd Masseschmälerungshaftung,[482] zu der die Vorschrift des S. 3 keinen weiteren inneren Bezug aufweist. Gem. dem Schutzzweck des S. 3 sind daher solche Vorgänge im Verhältnis zum Gesellschafter verdächtig, durch welche sich das Verhältnis der vorhandenen Liquidität zu den fälligen u. künftig fällig werdenden Verbindlichkeiten verschlechtert. Für die Prognoseprüfung (→ Rn. 100) ergibt sich, dass die Geschäftsführung unmittelbar oder mittelbar zugunsten der Gesellschafter wirkende Verbindlichkeiten nur eingehen darf, wenn sich die Gesellschaft ihre Erfüllung bei normalem Verlauf der Dinge auch wirtschaftlich leisten kann bzw. wenn die Gesellschaft unmittelbar eine entspr. Gegenleistung (→ Rn. 101) erhält. 104

7. Mangelnde Erkennbarkeit des Insolvenzeintritts/Exkulpation

a) Exkulpation nach S. 3. War auch bei Anwendung der Sorgfalt eines ordentlichen Geschäftsmanns nicht erkennbar, dass die Zahlung zur Zahlungsunfähigkeit führen musste, ist die Haftung gem. S. 3 ausgeschlossen. Es geht insoweit um das **Verschulden; Fahrlässigkeit**, insbes. hins. der Erkennbarkeit der eintretenden Zahlungsunfähigkeit, genügt.[483] Verschulden wird widerleglich vermutet (arg „es sei denn“). Die Abgrenzung zum ob- 105

477 So aber *Dahl/Schmitz*, NZG 09, 567, 570; *Demisch/Reichardt*, InsVZ 10, 236, 237; *Poertzgen/Meyer*, ZInsO 12, 249, 254 f.
478 Wie hier Roth/*Altmeppen* Rn. 82 ff.; vgl. auch OLG München BB 10, 1880.
479 Lutter/Hommelhoff/*Kleindiek* Rn. 58; *Desch*, BB 10, 2586, 2587 f.; *Winstel/Skauradszun*, GmbHR 11, 185, 187.
480 Zutr. Baumbach/Hueck/*Haas* Rn. 136; zust. *Bitter*, ZInsO 10, 1505, 1519; ferner *Brand*, ZIP 12, 1010, 1013 (für Sicherheitenbestellung); *Seulen/Osterloh*, ZInsO 10, 881, 884; aA BGH DStR 12, 2608 Rn. 10 ff.; Lutter/Hommelhoff/*Kleindiek* Rn. 58; MüKoGmbHG/*Müller* Rn. 182; Scholz/*K Schmidt* Rn. 88; Ulmer/*Casper* Rn. 139; *Desch*, BB 10, 2586, 2588 f.; *Strohn*, NZG 11, 1161, 1168.
481 BT-Drs. 16/6140, S. 46; hierauf hinweisend Lutter/Hommelhoff/*Kleindiek* Rn. 58.
482 Abl. BGH DStR 12, 2608 Rn. 10 ff.
483 *Casper*, in Goette/Habersack, Das MoMiG in Wissenschaft und Praxis, Rn. 6.47.

jektiven Kausalitätserfordernis („führen musste") ist im Einzelfall schwierig, weil letztlich identische Kriterien gelten.[484] Es gelten die Ausführungen unter → Rn. 79 f. mit nachfolgender Maßgabe entspr.

106 Eine Gesellschafterweisung hat keine exkulpierende Wirkung für den Geschäftsführer.[485] Eine erfolgreiche Exkulpation muss ausscheiden, wenn sich der Normadressat nicht um die Liquiditätslage bzw. den Cash Flow der Gesellschaft gekümmert hat u. er bspw. trotz bestehender Krisenanzeichen keinen Zahlungsplan aufgestellt hat.[486] Die Exkulpation kann letztlich nur gelingen, wenn die Prognose, welche keinen Eintritt einer Zahlungsunfähigkeit vorsah, ihrerseits nach den für einen ordentlichen Geschäftsmann geltenden Regeln erstellt wurde.[487] Diese sind maßgeblich, nicht die subjektiv-individuellen Möglichkeiten des Geschäftsführers.[488]

107 **b) Keine Pflichtwidrigkeit gem. S. 2.** Die Regelung des S. 2 gilt trotz des unklaren Wortlautes auch im Anwendungsbereich des S. 3.[489] Wenn schon die Zahlung nach Eintritt der materiellen Insolvenz entschuldigt werden kann, dann muss dies erst recht für Zahlungen gelten, die die materielle Insolvenz/Zahlungsunfähigkeit herbeiführen mussten. Die Ausführungen unter → Rn. 43 ff. gelten entspr. Das Zahlungsverbot darf insbes. einer erfolgversprechenden Sanierung nicht im Wege stehen.[490]

108 Praktische Relevanz erlangt die Frage etwa für Nutzungsüberlassungen iSv § 135 III InsO. Zahlungen zum Erhalt von betriebsnotwendigen Vermögensgegenständen für die Gesellschaft können haftungsfrei sein. Ebenso kann die Gesamtbetrachtung eines Cashpools eine Zahlung als nicht pflichtwidrig erscheinen lassen.[491]

8. Rechtsfolge

109 **a) Erstattungspflicht.** Die Normadressaten sind zum Ersatz der geleisteten Zahlungen bzw. ihres ungekürzten Wertes ggü. der Gesellschaft als Anspruchsinhaber verpflichtet. Der Anspruch besteht unabhängig von einem Schadenseintritt[492] u. er ist der Höhe nach begrenzt auf die tatsächlichen Zahlungen als Maximalbetrag. In entspr. Anwendung des § 255 BGB sind dem Normadressaten gegen Erstattung Zug um Zug etwaige Ansprüche der Gesellschaft gegen den Zahlungsempfänger (zB aus §§ 30, 31 (sofern die Zahlungen auch gegen das Stammkapital gehen), §§ 129 ff. InsO, § 812

484 Zutr. Lutter/Hommelhoff/*Kleindiek* Rn. 65.
485 BT-Drs. 16/6140, S. 47; BGH DStR 12, 2608 Rn. 18; *Bork*/Schäfer Rn. 57; *Knof*, DStR 07, 1536, 1538.
486 Vgl. Lutter/Hommelhoff/*Kleindiek* Rn. 66.
487 IErg ähnl Henssler/Strohn/*Arnold* Rn. 61; *Poertzgen/Meyer*, ZInsO 12, 249, 256.
488 Lutter/Hommelhoff/*Kleindiek* Rn. 65.
489 Baumbach/Hueck/*Haas* Rn. 137; zust. Lutter/Hommelhoff/*Kleindiek* Rn. 67; *ders.*, GWR 10, 75, 77; MüKoGmbHG/*Müller* Rn. 188; aA Henssler/Strohn/*Arnold* Rn. 62; Ulmer/*Casper* Rn. 152; *Poertzgen/Meyer*, ZInsO 12, 249, 256 f.
490 *Bork*/Schäfer Rn. 60; *Knof*, DStR 07, 1580, 1584.
491 Dazu *Greulich/Rau*, NZG 08, 284, 287; *Willemsen/Rechel*, GmbHR 10, 349 ff.; Rowedder/*M. Schmidt-Leithoff/Schneider* Rn. 68.
492 *Kleindiek*, FS K Schmidt, 09, S. 893, 901.

BGB, § 826 BGB (Existenzvernichtungshaftung)) abzutreten.[493] Die Gesellschaft bzw. der Insolvenzverwalter haben ein Wahlrecht, welchen von mehreren Ansprüchen sie verfolgen wollen. Mehrere Normadressaten haften gesamtschuldnerisch. Bei Ablehnung der Insolvenzverfahrenseröffnung mangels Masse kann ein Gläubiger den Anspruch pfänden.[494] Die Ausführungen unter → Rn. 62 gelten entspr.

b) Leistungsverweigerungsrecht der Gesellschaft? In dem aus ex-post-Sicht als Anspruchsgrundlage formulierten Gesetzestext des S. 3 steckt nach hM ein **verdecktes Leistungsverweigerungsrecht für die Gesellschaft** u. sogar eine Leistungsverweigerungspflicht (Auszahlungsverbot) für den Normadressaten (s. → Rn. 82).[495] Begehrt der Gesellschafter vom Geschäftsführer Zahlungen, welche sich die Gesellschaft liquiditätsmäßig voraussichtlich nicht leisten kann, kann u. muss sich der Geschäftsführer hiergegen zur Wehr setzen dürfen. Trotz einer Einrede der Gesellschaft soll die entspr. Gesellschafterforderungen im Liquiditätsstatus gem. § 17 InsO berücksichtigt werden (s. → vor § 64 Rn. 91).[496] 110

Abw. Gesellschafterbeschlüsse haben weder exkulpierende noch bindende Wirkung für den Normadressaten;[497] sie sind unbeachtlich. Hins. der Zahlung stellt S. 3 allerdings – ähnl wie § 30 – kein Verbotsgesetz iSv § 134 BGB dar.[498] 111

9. Darlegungs- u. Beweislast

Der Anspruchsteller trägt für alle anspruchsbegründenden Merkmale des S. 3 einschl. der Kausalität die Darlegungs- u. Beweislast.[499] Bzgl. der Kausalität gilt richtiger Ansicht nach aber eine Beweiserleichterung im Hinblick auf die maximal binnen eines Jahres vor Antragstellung an die Gesellschafter geleisteten Zahlungen.[500] Je enger Zahlungszeitpunkt u. Antragstellung beieinander liegen, desto stärker ist die Vermutungswirkung. Zulasten des Geschäftsführers sind ferner die Grundsätze der sekundären Be- 112

493 Baumbach/Hueck/*Haas* Rn. 140; *Bork*/Schäfer Rn. 61; *Wicke* Rn. 34; *Greulich/Bunnemann*, NZG 06, 681, 686; zu den Anspruchskonkurrenzen *Kleindiek*, FS K Schmidt, 09, S. 893, 901.

494 *Bork*/Schäfer Rn. 62; *Wicke* Rn. 26; *Bitter*, ZInsO 10, 1505, 1518.

495 BGH DStR 12, 2608 Rn. 18; OLG Stuttgart ZIP 09, 1864; LG Berlin GmbHR 10, 201 ff.; Lutter/Hommelhoff/*Kleindiek* Rn. 60; MüKoGmbHG/*Müller* Rn. 197; *Wicke* Rn. 26; *Bayer/Graff*, DStR 06, 1654, 1656; *Bormann/Ulrichs*, GmbHR Sonderheft MoMiG 08, 37, 49 f.; *Demisch/Reichardt*, InsVZ 10, 236, 239; *Desch*, BB 10, 2586, 2589 f.; *Gehrlein*, BB 08, 846, 849; *Kahlert*, DStR 10, 227, 229; *Spliedt*, ZIP 09, 149, 159 f.; *Winstel/Skauradszun*, GmbHR 11, 185, 187; einschränkend Henssler/Strohn/*Arnold* Rn. 78; aA wohl BGH NZG 11, 789; OLG München ZIP 11, 225, 226; 10, 1236, 1237 f.; Baumbach/Hueck/*Haas* Rn. 143; *ders.*, DStR 10, 1991, 1992 ff.; *ders.*, NZG 13, 41, 45 ff.; *Bork*/Schäfer Rn. 65; Gehrlein/Born/Simon/*Sandhaus* Rn. 77; Roth/*Altmeppen* Rn. 87; *Müller*, Liber amicorum M Winter, 11, S. 487, 491 ff.; *Knolle/Lojowsky*, NZI 13, 171, 172; *Weiß*, GmbHR 11, 350, 356 f.

496 Henssler/Strohn/*Arnold* Rn. 65; Lutter/Hommelhoff/*Kleindiek* Rn. 58.

497 BT-Drs. 16/6140, S. 47; BGH DStR 12, 2608 Rn. 18; Ulmer/*Casper* Rn. 154; *Knof*, DStR 07, 1536, 1538.

498 Scholz/*K Schmidt* Rn. 83, 107.

499 *Bork*/Schäfer Rn. 57; *Wicke* Rn. 32.

500 Gehrlein/Born/Simon/*Sandhaus* Rn. 69; vgl. Ulmer/*Casper* Rn. 152; aA Baumbach/Hueck/*Haas* Rn. 141 (6 Monate).

hauptungslast anzuwenden, wenn es zB an einer ordnungsgemäßen Finanzplanung oder Dokumentation mangelt.[501]

113 Dem Normadressaten/Anspruchsgegner obliegt der Nachweis der Exkulpation u. dass die Gesellschaft einen gleichwertigen, liquiden Vermögensgegenstand erhalten hat. Soweit Beweiserleichterungen zugunsten der Gesellschaft bzw. des Insolvenzverwalters bei der Kausalität gelten, muss der Geschäftsführer behaupten u. darlegen, dass die Zahlungen nicht zu einer Zahlungsunfähigkeit geführt haben.

10. Verfahren, Verjährung, Verzicht u. Vergleich

114 Die Ausführungen unter → Rn. 75 f. gelten für den Anspruch aus S. 3 entspr.

11. Verhältnis zu anderen Vorschriften

115 Die Haftung des Geschäftsführers etc aus S. 3 konkurriert mit derjenigen aus § 43 I u. II,[502] mit der Vorsatz- bzw. Existenzvernichtungshaftung gem. §§ 826, 830 BGB,[503] zudem mit § 823 II BGB iVm §§ 266, 283 f. StGB[504] sowie mit §§ 30, 31.[505] Der Insolvenzverwalter kann wahlweise Anfechtungsansprüche (§§ 129 ff. InsO) durchsetzen.

12. Übergangsvorschrift

116 Das MoMiG enthält keine Übergangsvorschrift, ab wann S. 3 gilt. Entspr. dem Normanknüpfungsmerkmal der „Zahlung" kommt es darauf an, ob der entspr. Zeitpunkt vor Inkrafttreten der Vorschriften lag (dann unanwendbar) oder danach. Dieses Ergebnis lässt sich auch aus einer entspr. Anwendung des Art. 103 d S. 2 EGInsO ableiten.[506]

13. Kapitalgesellschaft & Co KG

117 Insoweit gilt § 130 a I 3 iVm § 177 a HGB, auch wenn die Komplementär-Gesellschaft eine Gesellschaft ausländischen Rechts ist.[507]

§ 65 Anmeldung und Eintragung der Auflösung

(1) [1]Die Auflösung der Gesellschaft ist zur Eintragung in das Handelsregister anzumelden. [2]Dies gilt nicht in den Fällen der Eröffnung oder der Ablehnung der Eröffnung des Insolvenzverfahrens und der gerichtlichen Fest-

---

501 Baumbach/Hueck/*Haas* Rn. 141; *Bork*/Schäfer Rn. 57.
502 *Grigoleit/Rieder* Rn. 302; *Poertzgen/Meyer*, ZInsO 12, 249, 257 (auch zu § 43 III).
503 BGH ZInsO 09, 1912 ff.; Lutter/Hommelhoff/*Kleindiek* Rn. 47; *ders.*, FS K Schmidt, 09, S. 893, 901; *Bitter*, ZInsO 10, 1505, 1524; *Strohn*, ZInsO 08, 706, 708; krit. *ders.*, ZInsO 09, 1417, 1422; s. auch *Goette*, Einführung, Rn. 70; vgl. auch *Schneider*, GmbHR 11, 85 (Existenzvernichtung Sonderdelikt).
504 OLG Stuttgart ZInsO 09, 1712, 1714 f.; Henssler/Strohn/*Arnold* Rn. 68; *Mahler*, GmbHR 12, 504, 506 f.; *Weiß*, GmbHR 11, 350, 356 ff.
505 *Bork*/Schäfer Rn. 64; Ulmer/*Casper* Rn. 136.
506 OLG Schleswig ZIP 10, 516, 517.
507 Scholz/*K Schmidt* Rn. 86.

stellung eines Mangels des Gesellschaftsvertrags. [3]In diesen Fällen hat das Gericht die Auflösung und ihren Grund von Amts wegen einzutragen. [4]Im Falle der Löschung der Gesellschaft (§ 60 Abs. 1 Nr. 7) entfällt die Eintragung der Auflösung.

(2) [1]Die Auflösung ist von den Liquidatoren in den Gesellschaftsblättern bekanntzumachen. [2]Durch die Bekanntmachung sind zugleich die Gläubiger der Gesellschaft aufzufordern, sich bei derselben zu melden.

I. Normzweck

1 § 65 regelt das Verfahren der Anmeldung der Auflösung zum Handelsregister sowie die Eintragung. Abs. 1 betrifft die tatsächliche Anmeldung u. Eintragung, Abs. 2 regelt das Verfahren des Gläubigeraufrufs.

2 Die Vorschrift wurde mehrmals geändert u. neu gefasst, erstmals durch Gesetz v. 15.8.69 (BGBl. I, S. 1146), ergänzt durch die Novellierung von 1980 u. wiederum geändert durch das Gesetz v. 18.12.91 (BGBl. I, S. 2206), ferner durch die EGInsO v. 5.10.94 (BGBl. I, S. 2911), das JKommG v. 1.4.05 (BGBl. I, S. 837), das MoMiG v. 23.10.08 (BGBl. I, S. 2026) sowie das ARUG v. 30.7.09 (BGBl. I, S. 2479).

II. Inhalt

1. Anmeldung, Eintragung und Bekanntmachung (Abs. 1)

3 **a) Anmeldung. aa) Anmeldepflicht.** Grds. ist jede Art der Auflösung anzumelden: Eine Eintragung vAw findet nicht statt. Es besteht **Anmeldepflicht.**

4 Eine **Ausn** gilt lediglich für die in Abs. 1 explizit aufgeführten Fälle der Auflösung wegen Eröffnung des Insolvenzverfahrens (§ 60 I Nr. 4),[1] der Ablehnung der Eröffnung des Insolvenzverfahrens (§ 60 I Nr. 5)[2] u. der gerichtlichen Feststellung eines Mangels des Gesellschaftsvertrages (§ 60 I Nr. 6 iVm § 399 IV FamFG).[3] In diesen Fällen hat das Registergericht die Eintragung der Auflösung **vAw** einzutragen.

5 Gleiches gilt in den nicht gesellschaftsrechtlich zuzuordnenden Sonderfällen der Auflösung aufgrund besonderer behördlicher Anordnung gem. **§ 38 KWG** (Auflösung durch Anordnung der BaFin)[4] sowie gem. **§§ 7, 17**

1 Dort Rn. 31 ff.
2 Dort Rn. 35 ff.
3 Dort Rn. 38.
4 Dazu § 62 Rn. 10.

VereinsG (Auflösung durch Verbot nach dem Vereinsgesetz).[5] Von diesen beiden Fällen zu unterscheiden sind jedoch die Auflösungsfälle durch verwaltungsrechtliche Anordnung gem. § 62: Auch hier bedarf es grds. der Anmeldung der Auflösung zum Handelsregister, eine Eintragung vAw erfolgt auch in diesem Falle nicht.[6]

6 Ferner entfällt die Anmeldung gem. **Abs. 1 S. 4** bei Löschung wegen Vermögenslosigkeit (§ 60 I Nr. 7). Es kommt hier eigentlich entgg des Wortlauts nicht zur Auflösung, sondern direkt zur Löschung der Gesellschaft nach § 74 I 2.[7]

7 Die Anmeldung selbst ist grds. **deklaratorisch**. Nur für den Fall, dass ein Auflösungsbeschluss zugleich eine Satzungsänderung beinhaltet, wird er erst mit Eintragung der Satzungsänderung im Handelsregister wirksam u. entfaltet damit ausnahmsweise konstitutive Wirkung.[8]

8 **bb) Gegenstand der Anmeldung.** Gegenstand der Anmeldung ist die **Auflösung** selbst sowie der **Auflösungsgrund** (Beschluss, Zeitablauf, Rechtskraft eines auflösenden Urteils, statutarische Auflösung). Bei der Eintragung wird der Auflösungsgrund mit Ausn. der insolvenzbegründeten Auflösungen gem. Abs. 1 S. 3 regelmäßig nicht benannt.[9] Angemeldet werden regelmäßig gleichzeitig die Liquidatoren u. ihre Vertretungsmacht, § 67 (s. dort).

9 Wird eine aufgelöste Gesellschaft **fortgesetzt**, ist die Fortsetzung ebenfalls zum Handelsregister anzumelden. Strittig ist, ob die Fortsetzung auch dann anzumelden ist, wenn noch nicht einmal die Auflösung angemeldet u. eingetragen worden war. Im Hinblick auf den Vertrauensschutz des § 15 I HGB wird teils die Anmeldung der Fortsetzung der Gesellschaft, u. zwar zusammen mit der gleichzeitigen Anmeldung der vorausgegangenen Auflösung zumindest in den Fällen gefordert, in denen die Auflösung irgendwie nach außen gedrungen war.[10] Die hA hält die Anmeldung in diesem Fall jedoch dag eher für verwirrend u. daher für nicht erforderlich.[11]

10 **cc) Anmeldepflichtige Personen.** Weder § 65 noch eine sonstige Vorschrift des GmbHG regelt, wer die Auflösung anzumelden hat; insbes. ist dem Gesetz nicht zu entnehmen, ob dies (noch) der Geschäftsführer oder (schon) der Liquidator ist. Aus § 78 lässt sich indes nur entnehmen, dass die vertretungsberechtigte Zahl der Vertretungsorgane genügt. Freilich ist in der Praxis diese Streitfrage oftmals unerheblich, da idR der Geschäftsführer auch der Liquidator der Gesellschaft ist. Für die übrigen Fälle gilt: Anmeldeberechtigt u. -verpflichtet ist das jeweilige gesetzliche Vertretungsorgan. Ob dies der Geschäftsführer oder der Liquidator ist, hängt von der Art der Auflösung ab: Wirkt die Eintragung (wie in den meisten Fällen) deklaratorisch, ist die Auflösung bereits eingetreten (zB mit Auflösungsbeschluss

5 Dazu § 62 Rn. 10.
6 § 62 Rn. 11.
7 § 60 Rn. 52 u. Scholz/*K Schmidt* Rn. 22.
8 Ganz hM, Nachweise bei § 60 Rn. 20.
9 Scholz/*K Schmidt* Rn. 4; Ulmer/*Paura* Rn. 4; Michalski/*Nerlich* Rn. 2.
10 Scholz/*K Schmidt* Rn. 5.
11 Baumbach/Hueck/*Haas* Rn. 6 u. 20; Rowedder/Schmidt-Leithoff/*Gesell* Rn. 12; Ulmer/*Paura* Rn. 10 f.; BeckOK/*Lorscheider* Rn. 2 b.

oder mit Zeitablauf), so dass zuständig nicht mehr der Geschäftsführer, sondern nur noch der Liquidator sein kann. Anders verhält es sich nur in den Fällen, in denen die Auflösung konstitutiv wirkt (zB Satzungsänderung): Hier bedarf es zwingend der Anmeldung durch den Geschäftsführer.[12]

Ist der Geschäftsführer oder der Liquidator vor der Anmeldung bereits ausgeschieden, ist er nicht mehr zur Anmeldung berechtigt. Notfalls ist mangels vorhandenen gesetzlichen Vertreters eine Notbestellung beim Handelsregister analog § 29 BGB zu beantragen.[13] 11

dd) Form und Frist der Anmeldung. Die Anmeldung hat unverzüglich (ohne schuldhaftes Zögern) nach Vorliegen des Auflösungsgrundes zu erfolgen. Das Gesetz selbst bestimmt zwar keine **Frist**, der Verkehrsschutz erfordert aber eine zügige Vorgehensweise.[14] Ein gewisser Spielraum soll hierbei jedoch entspr. der konkreten Belange der Gesellschaft u. der Gesellschafter bestehen.[15] 12

Ein Ordnungszwang der Anmeldung findet durch Festsetzung von Zwangsgeld statt.

Die Anmeldung hat in **öffentlich beglaubigter Form elektronisch** zu erfolgen, § 12 I HGB. Einzureichen ist sie beim Registergericht des Sitzes der Gesellschaft. Beizufügen sind Unterlagen, aus denen sich der Auflösungsgrund ergibt, zB Gesellschafterbeschluss über Auflösung, Urteil mit Rechtskraftvermerk, bestandskräftiger Verwaltungsakt. Ergibt sich der Auflösungsgrund direkt aus der Satzung, genügt ein Hinweis auf diese. Das Registergericht hat eine eigenständige Ermittlungspflicht nach § 26 FamFG u. hat ggf. die notwendigen Unterlagen anzufordern.[16] 13

b) Eintragung und Bekanntmachung. Die Auflösung wird im Handelsregister eingetragen. Der Auflösungszeitpunkt wird nicht genannt, die Eintragung darf aber nicht vor Wirksamwerden der Auflösung (zB bei Zeitablauf) erfolgen. Der Auflösungsgrund muss nicht, aber sollte in der Eintragung genannt werden. Im Fall der Auflösung nach § 60 Nr. 4, 5 u. 6 ist er zu nennen (Abs. 1 S. 3). Die Eintragung ist in Spalte 6 von Abt B einzutragen (§ 43 Nr. 6 b dd HRV). 14

Die Bekanntmachung erfolg in üblicher Weise, § 10 HGB. Sie ersetzt nicht die Bekanntmachung durch die Liquidatoren iSd Abs. 2. 15

Ist die Eintragung erfolgt, aber unrichtig, weil die Gesellschaft in Wirklichkeit gar nicht aufgelöst war, kann sie auf Antrag gelöscht werden.[17] 16

2. Bekanntmachung mit Gläubigeraufgebot (Abs. 2)

a) Allgemeines. Die Bekanntmachung der Auflösung durch das Registergericht nach § 10 HGB ist von der Pflicht der Liquidatoren, die Auflösung in 17

12 BayObLG GmbHR 94, 478, 479; OLG Hamm GmbHR 07, 762; Roth/*Altmeppen* Rn. 6; Lutter/Hommelhoff/*Kleindieck* Rn. 2.
13 Scholz/*K Schmidt* Rn. 7.
14 Ulmer/*Paura* Rn. 7.
15 RGZ 145, 99; BeckOK/*Lorscheider* Rn. 4.
16 Michalski/*Nerlich* Rn. 13.
17 Näher Scholz/*K Schmidt* Rn. 10.

den Gesellschaftsblättern bekanntzumachen, zu unterscheiden. Bis zum Inkrafttreten des ARUG 2009 musste die Bekanntmachung u. Gläubigeraufruf dreimalig erfolgen, seitdem genügt sie **einmalig.** Der Normzweck der Bekanntmachung zielt auf Information der Gläubiger ab, um diesen die Möglichkeit zu geben, sich vor der Verteilung des Vermögens u. endgültigen Löschung zu befriedigen.

18 Die Bekanntmachung muss grds. in allen Fällen der Auflösung erfolgen. Abs. 2 gilt allerdings **nicht** bei Auflösung aufgrund Eröffnung eines Insolvenzverfahrens (§ 60 I Nr. 4): Hier erfolgt die öffentliche Aufforderung der Gläubiger durch den Insolvenzverwalter zur Anmeldung ihrer Forderungen bei ihm u. nicht bei der Gesellschaft.[18] Auch bei Erlöschen der Gesellschaft nach § 60 I Nr. 7 entfällt die Bekanntmachung nach § 65 II.[19]

19 **b) Form und Inhalt der Bekanntmachung.** Bekanntzumachen ist durch die **Liquidatoren.** Eine **Frist** ist gesetzlich nicht vorgeschrieben, die Bekanntmachung hat jedoch wie die Anmeldung unverzüglich zu erfolgen (→ Rn. 12). Ein **Registerzwang** findet zwar nicht statt, allerdings beginnt die Frist des Sperrjahres nach § 73 I erst nach Bekanntmachung: Unterbleibt sie also oder erfolgt sie verspätet, kann umso später erst mit der Verteilung des Gesellschaftsvermögens begonnen werden, so dass die Bekanntmachung in erster Linie im eigenen Interesse der Gesellschafter liegt. Bei Verzögerung machen sie die Liquidatoren uU der Gesellschaft ggü schadensersatzpflichtig, sofern ein – regelmäßig wohl eher fehlender – Schaden vorhanden ist (§§ 43 I, II, 71 IV).[20]

20 **Inhalt** der Bekanntmachung ist zum einen die Tatsache der Auflösung selbst (Abs. 2 S. 1), zum anderen sind die Gläubiger aufzufordern, sich bei der Gesellschaft zu melden (Abs. 2 S. 2), wobei beides **gleichzeitig** erfolgen muss.

21 Die Bekanntmachung hat in den **Gesellschaftsblättern** zu erfolgen (§ 12). Nach § 12 1 ist zwingendes Gesellschaftsblatt der elektronische Bundesanzeiger. Sieht die Satzung daneben andere Blätter vor, muss die Bekanntmachung auch dort erfolgen, s. Kommentierung bei § 12. Eine individualisierte Aufforderung einzelner oder bestimmter Gläubiger ist nicht erforderlich.[21]

§ 66 Liquidatoren

(1) In den Fällen der Auflösung außer dem Fall des Insolvenzverfahrens erfolgt die Liquidation durch die Geschäftsführer, wenn nicht dieselbe durch den Gesellschaftsvertrag oder durch Beschluß der Gesellschafter anderen Personen übertragen wird.

---

18 FG Sachsen-Anhalt Urt v. 20.4.11, BeckLSK 12, 270137.
19 Scholz/*K Schmidt* Rn. 12; Baumbach/Hueck/*Haas* Rn. 17; Rowedder/Schmidt-Leithoff/*Gesell* Rn. 10; Ulmer/*Paura* Rn. 36.
20 Scholz/*K Schmidt* Rn. 16 f.
21 Ulmer/*Paura* Rn. 42; Roth/*Altmeppen* Rn. 42.

(2) Auf Antrag von Gesellschaftern, deren Geschäftsanteile zusammen mindestens dem zehnten Teil des Stammkapitals entsprechen, kann aus wichtigen Gründen die Bestellung von Liquidatoren durch das Gericht erfolgen.

(3) [1]Die Abberufung von Liquidatoren kann durch das Gericht unter derselben Voraussetzung wie die Bestellung stattfinden. [2]Liquidatoren, welche nicht vom Gericht ernannt sind, können auch durch Beschluß der Gesellschafter vor Ablauf des Zeitraums, für welchen sie bestellt sind, abberufen werden.

(4) Für die Auswahl der Liquidatoren findet § 6 Abs. 2 Satz 2 und 3 entsprechende Anwendung.

(5) [1]Ist die Gesellschaft durch Löschung wegen Vermögenslosigkeit aufgelöst, so findet eine Liquidation nur statt, wenn sich nach der Löschung herausstellt, daß Vermögen vorhanden ist, das der Verteilung unterliegt. [2]Die Liquidatoren sind auf Antrag eines Beteiligten durch das Gericht zu ernennen.

Schrifttum

Altmeppen, Verwertung von Ansprüchen der gelöschten GmbH gegen Gesellschafter und Geschäftsführer im Einvernehmen zwischen Nachtragsliquidator und Gläubiger, ZIP 2017, 497; *Bokelmann*, Der Prozess gegen eine im Handelsregister gelöschte GmbH, NJW 1977, 1130; *Buchner*, Amtslöschung, Nachtragsliquidation und masselose Insolvenz von Kapitalgesellschaften, 1988; *Eller*, Liquidation der GmbH, 2009; *ders*, Die Liquidation der GmbH in Grundzügen, SteuK 2012, 367; *Geißler*, Die Stellung und Funktion des GmbH-Geschäftsführers als Liquidator bei einem mangels Masse abgewiesenen Insolvenzanrag, LSK 2018, 42816683; *Heinemann*, Entwicklung im Registerverfahrensrecht (Teil II), FGPrax 2015, 49; *Hilverken/von Rosenberg*, Liquidation – Rechtliche Grundlagen und Erfahrungen aus der Praxis, ZfB-Ergänzungsheft 2/2003, 127; *Hofmann*, Zur Liquidation einer GmbH, GmbHR 1976, 229; *Jooß*, Die erloschene Limited, GWR 2010, 340; *Kühn*, Die Versicherung juristischer Personen als Abwickler von Kapitalgesellschaften, NZG 2012, 731; *Lange*, „Verschollene" Beteiligte bei der GmbH – eine Herausforderung für die Beurkundungspraxis, notar 2017, 28; *Meyer*, Abberufung und Kündigung des Liquidators einer GmbH, GmbHR 1998, 1018; *Neumann*, Die Bestellung eines Nachtragsliquidators für Personenhandelsgesellschaften, NZG 2015, 1018; *Passarge*, Besondere Rechtsformen in der Liquidation, NZG 2010, 646; *ders/Torwegge*, Die GmbH in der Liquidation, 2014; *Reymann*, Die Vertretungsbefugnis der Liquidatoren bei der GmbH, GmbHR 2009, 176; *K. Schmidt*, Liquidationszweck und Vertretungsmacht der Liquidatoren, AcP 174 (1974), 55; *ders*, Ultra-vires-Doktrin: lebendig oder tot?, AcP 184 (1984), 529; *Schulz*, Die masselose Liquidation der GmbH, 1986; *Vallender*, Auflösung und Löschung der GmbH, NZG 1998, 249; *Wachter*, Amtsniederlegung von GmbH-Geschäftsführern, GmbHR 2001, 1129; *Wälzholz*, Die Vertretung der GmbH im Liquidationsstadium, GmbHR 2002, 305.

I. Überblick

1. Allgemeines

1 Mit der Vorschrift beginnen die Bestimmungen zum Liquidationsverfahren (§§ 66–74), dessen Durchführung sie den Liquidatoren anstelle der Geschäftsführer zuweist u. deren Bestellung, Qualifikation u. Abberufung sie regelt. Die Insolvenzrechtsreform (Art. 48 Nr. 9, 110 I EGInsO) passte zum 1.1.99 den Abs. 1 sprachlich an („Insolvenzverfahren") u. fügte Abs. 5 für den aufgehobenen § 2 III LöschG ein. Den durch Novelle 1980 eingeführten u. durch § 33 BtG vom 12.9.90[1] geänderten Abs. 4 modifizierte das MoMiG vom 23.10.08,[2] welches auch die amtliche Überschrift ergänzte. Das FGG-Reformgesetz vom 17.12.08[3] hob in Abs. 2 den Hinweis auf § 7 I mit Wirkung zum 1.9.2009 auf.

2. Anwendungsbereich

2 Die Liquidationsvorschriften gem. §§ 66 ff. gelangen grds. in allen Fällen der Auflösung der Gesellschaft (§ 60) und zwingend im Interesse der Gläubigerbefriedigung[4] zur Anwendung. Kein Liquidationsverfahren findet statt bei Insolvenz (§ 60 I Nr. 4). Die Haftungsverwirklichung unterliegt dann den Vorschriften der InsO (vgl. § 199 S. 2), es sei denn, dass das Insolvenzgericht die Verfahrenseröffnung mangels Masse ablehnt (§ 60 I Nr. 5 iVm § 26 InsO) oder das eröffnete Insolvenzverfahren später einstellt.[5] In solchen Konstellationen ist eine Liquidation zwar denkbar, jedoch wird es praktisch regelmäßig zu einer Löschung der Gesellschaft wegen Vermögenslosigkeit (§ 60 I Nr. 7 iVm § 394 FamFG; → § 60 Rn. 42 f.) kommen.[6] Ein Liquidationsverfahren entfällt auch hier mangels verteilungsfähigen Vermögens; anders jedoch, wenn sich nachträglich verteilbares Vermögen der Gesellschaft findet (§ 66 V).[7] Da die Gesellschaft in dieser Konstellation schon im Handelsregister gelöscht ist, handelt es sich um

---

1 BGBl. 02 I, S. 2023.
2 BGBl. 08 I, S. 2026.
3 BGBl. 08 I, S. 2586.
4 Baumbach/Hueck/*Haas* Rn. 2.
5 BGH NZI 15, 775 (§ 60 I Nr. 4 ist abschließend); OLG Zweibrücken ZIP 09, 1954, 1955; MüKoGmbHG/*Müller* Rn. 3 (zur Einstellung mangels Masse).
6 Zu den Anforderungen an die vorherige Mitteilung u. Anhörung bei Absicht der Löschung wegen Vermögenslosigkeit s. OLG Köln GmbHR 11, 596 entgg. KG GmbHR 06, 821. – Zur Löschung der bereits vollzogenen Löschung wegen Vermögenslosigkeit vgl. OLG Düsseldorf GmbHR 12, 1305 (nur bei Verletzung wesentlicher Verfahrensvorschriften); BeckOK/*Lorscheider* Rn. 3.
7 OLG Köln DB 76, 1572; GmbHR 93, 823, 824; OLG Düsseldorf FGPrax 15, 207.

einen Sonderfall der Nachtragsliquidation, allerdings eine erstmalige Liquidation (s. → § 74 Rn. 46).[8]

Die §§ 66 ff. gelten für die GmbH, für die Freiberufler-GmbH[9] sowie für die UG (haftungsbeschränkt).[10] Da auch die **Vor-Gesellschaft** eine körperschaftliche Struktur aufweist, finden die Liquidationsbestimmungen der GmbH entspr. Anwendung, sofern sie passen u. nicht unmittelbar auf die Eintragung als Entstehungstatbestand der juristischen Person abstellen.[11] Ihre Geschäftsführer eignen sich somit als sog. geborene Liquidatoren. Die vor Abschluss des notariellen Gesellschaftsvertrages tätige **Vorgründungsgesellschaft** stellt hingg. eine Personen(handels)gesellschaft dar. Sie unterliegt ebenso wie die Vorgesellschaft, die nach gescheiterter Gründung anstelle der sofortigen Abwicklung die Geschäftstätigkeit fortsetzt, den Liquidationsvorschriften der §§ 730 ff. BGB, §§ 145 ff. HGB.[12] 3

Die Abwicklung richtet sich nach § 13 VereinsG, wenn die Gesellschaft gem. §§ 3, 17 Nr. 1 VereinsG verboten wurde.[13] Wird ein Kredit- oder Finanzdienstleistungsinstitut durch Entscheidung der Bundesanstalt für Finanzdienstleistungsaufsicht (BaFin) aufgelöst (§ 38 I 1, 2 KWG), kann die BaFin allg. Weisungen für die Abwicklung erlassen (§ 38 II 1 KWG). 4

Aus einer etwaigen steuerrechtlichen Anerkennung einer GmbH als gemeinnützig (§§ 51 ff. AO) ergeben sich gesellschaftsrechtlich keine Abweichungen ggü. den §§ 66 ff.; stimmen die Satzungsregelungen zum Liquidationserlös nicht mit den steuerrechtlichen Vorgaben (§ 55 I Nr. 4 AO) überein, kann die Liquidation zu einer rückwirkenden Aberkennung der Gemeinnützigkeit u. gem. § 61 III AO zu einer Behandlung als voll steuerpflichtige Körperschaft führen.[14] 5

3. Überblick zum Verfahrensablauf

Es ist sachgerecht, die im Verlauf eines Liquidationsverfahrens erforderlichen Maßnahmen nach Möglichkeit im Vorhinein zu planen.[15] In der **Vorbereitungsphase** bietet es sich an, Klarheit über die Person des Liquidators u. die Konditionen seiner Tätigkeit, ferner über Zeitplan, Liquidationsziel- u. -konzept (einschl. der arbeitsrechtlichen Auswirkungen) sowie ggf. dessen Finanzierung zu erzielen u. die Schlussbilanz der werbenden Gesellschaft zum Tag der Auflösung vorzubereiten. 6

8 MüKoGmbHG/*Müller* Rn. 78; OLG Düsseldorf ZIP 13, 887.
9 S. hierzu *Passarge*, NZG 10, 646, 647.
10 Lutter/Hommelhoff/*Kleindiek* Rn. 1.
11 BGHZ 169, 270; NJW 08, 2441; BAG NJW 63, 680, 681; Baumbach/Hueck/*Haas* Rn. 3; Lutter/Hommelhoff/*Kleindiek* Rn. 1; MüKoGmbHG/*Müller* Rn. 6; Roth/*Altmeppen* Rn. 2; Michalski/*Nerlich* Rn. 6; *Passarge/Torwegge* Rn. 224; anders noch BGHZ 51, 30, 34; OLG Dresden GmbHR 98, 1182.
12 MüKoGmbHG/*Müller* Rn. 6 (für die sog. unechte Vor-GmbH); Roth/*Altmeppen* Rn. 2.
13 Baumbach/Hueck/*Haas* Rn. 2.
14 Näheres hierzu *Passarge*, NZG 10, 650 mwN.
15 Zum Verfahrensablauf *Passarge/Torwegge* Rn. 336; *Eller*, Die Liquidation der GmbH in Grundzügen, SteuK 12, 367 ff.; zur Entscheidungsfindung insbesondere bei start-ups *Hilverkens/von Rosenberg*, ZfB-Erg 2/2003, 127.

7 In der mit Verwirklichung des Auflösungsgrundes beginnenden **Eröffnungsphase** sind im Bedarfsfall die Liquidatoren zu bestellen u. wie die Auflösung zur Eintragung im Handelsregister anzumelden. Frühzeitig sollten ferner die Geschäftsbriefe angepasst, die Auflösung mitsamt Gläubigeraufruf in den Gesellschaftsblättern bekannt gemacht u. die Liquidationseröffnungsbilanz (§ 71 I) erstellt werden.

8 Während der **Abwicklungsphase** werden nach Maßgabe des Liquidationskonzepts die laufenden Geschäfte beendet u. die Gläubiger aus dem vorhandenen Vermögen befriedigt. Für jedes Geschäftsjahr der Abwicklung ist ein Liquidationsjahresabschluss (Bilanz/GuV/Anhang) mit Lagebericht zu erstellen, zu veröffentlichen u. ggf. zu prüfen.

9 Die Liquidation endet (**Schlussphase**) mit Erstellung der Liquidationsschlussbilanz, Verteilung des verbliebenen Vermögens an die Gesellschafter, Regelung der Aufbewahrung der Bücher (sofern noch nicht vorher entschieden) u. Anmeldung zum Handelsregister, woraufhin die Gesellschaft gelöscht wird. Ggf. findet eine Nachtragsliquidation statt.

II. Liquidatoren

1. Aufgabe

10 Im Liquidationsverfahren treten die Liquidatoren zum Zwecke der Abwicklung nach näherer Maßgabe der §§ 66 ff., 70 ff. als ein besonderes, gesetzlich vorgeschriebenes **Geschäftsführungs- u. Vertretungsorgan** der GmbH an die Stelle der Geschäftsführer.[16] IE s. Erl. zu § 70.

2. Amtseignung (Abs. 4)

11 Als Liquidator geeignet ist zunächst jede voll geschäftsfähige **natürliche Person.**[17] Sie kann Gesellschafter sein, muss es aber nicht (§ 6 III 1 analog). Ausländische Staatsangehörigkeit steht nicht entgegen. **Untauglich** sind solche Personen, bei denen eines der in § 6 II 2, 3 genannten **Bestellungshindernisse** vorliegt (s. Erl. zu § 6). Die Notwendigkeit der vollen, uneingeschränkten Geschäftsfähigkeit, die bis zur Feststellung des Gegenteils vermutet wird,[18] ergibt sich aus einem Erst-Recht-Schluss zu § 6 II 2 Nr. 1, wonach bereits der Einwilligungsvorbehalt (§ 1903 BGB) bei einem Betreuten einen Ausschlussgrund darstellt.[19] Ein gem. § 70 a StGB zur Bewährung ausgesetztes Berufsverbot steht vorbehaltlich § 6 II 2 Nr. 2 dem Liquidatorenamt nicht entgegen.[20] Ihre **Amtseignung** haben die nicht gerichtlich bestellten Liquidatoren iRd Anmeldung **zu versichern** (s. → § 67 Rn. 12 f.).

---

16 Baumbach/Hueck/*Haas* Rn. 4; Lutter/Hommelhoff/*Kleindiek* Rn. 1; Roth/*Altmeppen* Rn. 3.
17 Zum Anwaltsnotar (Genehmigungserfordernis nach § 8 III Nr. 1 BNotO) KG DNotZ 99, 523 ff.; MüKoGmbHG/*Müller* Rn. 7; Ulmer/*Paura* Rn. 7.
18 OLG Köln GmbHR 03, 360, 361.
19 RegBegr. BT-Drs. 16/6140, S. 47; Roth/*Altmeppen* Rn. 13.
20 Baumbach/Hueck/*Haas* Rn. 5 a; BeckOK/*Lorscheider* Rn. 4; Rowedder/Schmidt-Leithoff/*Schaal* § 82 Rn. 74.

Da Abs. 4 nicht auf § 6 II 1 verweist, können **juristische Personen** des öffentlichen Rechts[21] oder des Privatrechts,[22] u. zwar insbes. auch EU-Auslandskapitalgesellschaften, ebenfalls das Liquidatorenamt ausüben,[23] nicht aber Behörden.[24] Geeignet sind ferner die **Personenhandelsgesellschaft**[25] sowie die Partnerschaftsgesellschaft.[26] Die vertretungsberechtigten Organmitglieder/Gesellschafter dürfen ihrerseits zur Vermeidung von Umgehungen ebenfalls keinen der vorgenannten Hinderungsgründe verwirklichen.[27] Die **GbR** kann trotz ihrer anerkannten Rechtsfähigkeit[28] demggü. den notwendigen Publizitätserfordernissen im Hinblick auf die Vertretungsverhältnisse während der Liquidation nicht genügen und ist daher nicht für das Amt geeignet.[29] 12

Besteht von Anfang an ein **Bestellungshindernis**, ist die Bestellung zum Liquidator gem. § 134 BGB unwirksam.[30] Tritt ein solcher Fall später ein, endet das Amt automatisch, ohne dass es weiterer Handlungen bedürfte. Die Gesellschaft wird hierdurch nicht rechtsschutzlos, da ein Notliquidator bestellt werden kann.[31] 13

3. Weitere Qualifikationsmerkmale, Anzahl

Ob ein im Gesellschaftsvertrag geregeltes Anforderungsprofil bzgl. des Geschäftsführers Auswirkung auf das Liquidatorenamt für gekorene Liquidatoren (→ Rn. 21 ff.) hat, ist eine Auslegungsfrage. Der Gesellschaftsvertrag kann spezielle Qualifikationsmerkmale für das Liquidatorenamt vorsehen.[32] Gewünschte Abweichungen hiervon bedingen eine Satzungsänderung; eine qualifizierte Beschlussmehrheit genügt nicht.[33] 14

Eine gesetzliche Verpflichtung, mehr als einen Liquidator zu bestellen, besteht bei Gesellschaften im Anwendungsbereich des **MitbestG** oder des **MontanMitbestG** (Mitbestimmung u. somit Arbeitsdirektor auch im Ab- 15

21 Gehrlein/Born/Simon/*Beckmann/Hofmann* Rn. 28; MüKoGmbHG/*Müller* Rn. 8; Ulmer/*Paura* Rn. 12.
22 Hachenburg/*Hohner* Rn. 6; Scholz/*K Schmidt* Rn. 3 a; MüKoGmbHG/*Müller* Rn. 8 (va Treuhandgesellschaften).
23 Roth/*Altmeppen* Rn. 12.
24 Hachenburg/*Hohner* Rn. 6; MüKoGmbHG/*Müller* Rn. 8; Roth/*Altmeppen* Rn. 12; Rowedder/Schmidt-Leithoff/*Gesell* Rn. 8.
25 OLG Dresden OLGR 98, 1; Lutter/Hommelhoff/*Kleindiek* Rn. 1; Roth/*Altmeppen* Rn. 12; Rowedder/Schmidt-Leithoff/*Gesell* Rn. 8; Scholz/*K Schmidt* Rn. 3 a.
26 MüKoGmbHG/*Müller* Rn. 9.
27 Bork/Schäfer/*Servatius* Rn. 9; Lutter/Hommelhoff/*Kleindiek* Rn. 1; aA für Kapitalgesellschaften deutschen Rechts *Kühn*, NZG 12, 731, 732 unter Hinweis auf § 6 II bzw. § 76 III AktG.
28 BGHZ 146, 341.
29 Baumbach/Hueck/*Haas* Rn. 7; BeckOK/*Lorscheider* Rn. 6; Henssler/Strohn/*Büteröwe* Rn. 16 ff.; Scholz/*K Schmidt* Rn. 3 a (ggf. Handelsregistereintragung gem. § 105 II HGB); Ulmer/*Paura* Rn. 13; aA MüKoGmbHG/*Müller* Rn. 9; Roth/*Altmeppen* Rn. 12.
30 BayObLG NJW-RR 90, 52, 53; Michalski/*Nerlich* Rn. 13; MüKoGmbHG/*Müller* Rn. 7.
31 BayObLG NJW-RR 88, 98, 99; Hessischer VGH GmbHR 91, 426 (Ls.); MüKoGmbHG/*Müller* Rn. 7; *Passarge/Torwegge* Rn. 256.
32 Roth/*Altmeppen* Rn. 9; zum Konflikt zwischen Berufs- und Gesellschaftsrecht bei einer Freiberufler-GmbH s. *Passarge*, NZG 10, 646, 647 ff.
33 Baumbach/Hueck/*Haas* Rn. 14; Roth/*Altmeppen* Rn. 27.

wicklungsstadium).[34] Auch § 68 verlangt iÜ nicht, dass mehr als ein Liquidator bestellt sein muss. Vielmehr gilt § 6 I entspr., wobei der Gesellschaftsvertrag oder die Gesellschafterversammlung die Anzahl notwendiger Liquidatoren festlegen können. Enthält der Gesellschaftsvertrag eine Regelungslücke zur Anzahl von Liquidatoren, können iZw[35] die Bestimmungen über Geschäftsführer herangezogen werden.[36] Um die festgelegte erforderliche Anzahl zu erreichen, müssen die Gesellschafter im Bedarfsfall zusätzliche Liquidatoren bestellen oder auch abberufen.

16 Gesellschaftsvertragliche Bestimmungen zur Anzahl oder zu Qualifikationsmerkmalen haben für eine gerichtliche Bestellung gem. Abs. 2 (→ Rn. 30 ff.) keine Bindungswirkung.[37] Das Gericht bestimmt mittelbar durch die Personenauswahl die Qualifikation sowie die Zahl der Liquidatoren.[38]

17 Bei der Abwicklung eines **Kredit- oder Finanzdienstleistungsinstituts** kann die BaFin die Bestellung von mind. zwei Liquidatoren verlangen, wenn die Voraussetzungen des § 33 I Nr. 5 KWG vorliegen.[39]

III. Bestellung (Abs. 1, 2)

1. Durch die Gesellschaft

18 a) **Amtskontinuität – geborener Liquidator.** Gem. dem gesetzlichen Regelfall der **Amtskontinuität** (Abs. 1 Hs. 1) führen die zuletzt amtierenden Geschäftsführer ihr Amt als Liquidatoren kraft Gesetz fort (**sog. geborene Liquidatoren**), solange nicht andere Liquidatoren bestellt sind.[40] Eines gesonderten Bestell- oder Erklärungsaktes bedarf es hierzu nicht.[41] An die Stelle der Geschäftsführer-Befugnisse treten die sich aus §§ 66 ff. ergebenden Rechte u. Pflichten eines Liquidators. Zur **Vertretungsmacht** → § 68 Rn. 2 ff. Das Liquidatorenamt beginnt mit dem Eintritt des Auflösungsgrundes, sofern ein Liquidationsverfahren stattfindet. Soweit nichts Abw bestimmt ist, wird auch der Arbeitsdirektor einer mitbestimmten Gesellschaft geborener Liquidator.[42] Stellvertretende Geschäftsführer (§ 44) zäh-

34 Offenlassend Roth/*Altmeppen* Rn. 11; bejahend Baumbach/Hueck/*Haas* Rn. 8; Bork/Schäfer/*Servatius* Rn. 3; MüKoGmbHG/*Müller* Rn. 10; Ulmer/*Paura* Rn. 15; zurückhaltend Scholz/*K Schmidt* Rn. 32.
35 Vorrangig Auslegungsfrage, vgl. Hachenburg/*Hohner* Rn. 7; Scholz/*K Schmidt* Rn. 2 a.
36 MüKoGmbHG/*Müller* Rn. 11; Ulmer/*Paura* Rn. 14, OLG Frankfurt NZG 99, 833.
37 MüKoGmbHG/*Müller* Rn. 11; Rowedder/Schmidt-Leithoff/*Gesell* Rn. 11; einschränkend Hachenburg/*Hohner* Rn. 7.
38 Michalski/*Nerlich* Rn. 19; Ulmer/*Paura* Rn. 14; einschränkend Hachenburg/*Hohner* Rn. 7.
39 MüKoGmbHG/*Müller* Rn. 10.
40 BFH DStRE 01, 1373; KG JW 39, 1166; OLG Saarbrücken GmbHR 01, 580; BeckOK/*Lorscheider* Rn. 8; Hachenburg/*Hohner* Rn. 8; Lutter/Hommelhoff/*Kleindiek* Rn. 2; *Passarge/Torwegge* Rn. 260; Roth/*Altmeppen* Rn. 4, 14; Scholz/*K Schmidt* Rn. 4.
41 MüKoGmbHG/*Müller* Rn. 12; LG Bremen ZIP 94, 1186.
42 Michalski/*Nerlich* Rn. 23; MüKoGmbHG/*Müller* Rn. 10, 50; *Passarge/Torwegge* Rn. 261.

len ebenfalls zu den geborenen Liquidatoren, allerdings in ihrer Funktion beschränkt auf die Stellvertretung.[43]

Enthält der **Anstellungsvertrag** des Geschäftsführers keine anderslautende Regelung, ist der Geschäftsführer **grds. verpflichtet**, seine Tätigkeit mit dem nunmehr geänderten Zweck der Abwicklung fortzusetzen.[44] Bei einem Verstoß hiergegen macht er sich ggf. schadensersatzpflichtig.[45] Im Einzelfall kann die Tätigkeit als Liquidator jedoch unzumutbar sein u. zur Kündigung aus wichtigem Grund berechtigen, etwa bei Geschäftsführern mit reiner Managementfunktion.[46] 19

Der frühere Geschäftsführer wird nicht dadurch zum geborenen Liquidator, dass ein gesellschaftsvertraglich oder durch Beschluss bestellter Liquidator sein Amt nicht antritt bzw. später wegfällt.[47] Der Grundsatz der Amtskontinuität gilt insoweit nicht. Er findet ebenso keine Anwendung in der Nachtragsliquidation (einschl. derjenigen gem. § 66 V), die stets die gerichtliche Neubestellung eines Liquidators verlangt.[48] Wurden die bisherigen Geschäftsführer nicht zu Ersatzliquidatoren bestellt, kann bis zur Bestellung eines Liquidators eine Führungslosigkeit eintreten, während derer die Gesellschafter oder der Aufsichtsrat die Gesellschaft vertreten (§§ 69, 35 I 2). 20

b) Gekorener Liquidator. Die Gesellschafter können bereits **in der Satzung** andere Personen als die Geschäftsführer zum Liquidator berufen (**sog. gekorene Liquidatoren**).[49] Diese müssen bestimmt oder zumindest bestimmbar, zB durch Anknüpfen an die Inhaberschaft eines bestimmten Amtes oder einer bestimmten Funktion im Zeitpunkt des Auflösungsfalles, sein.[50] Andernfalls sind die Geschäftsführer geborene Liquidatoren. Die Satzung kann einem Gesellschafter ferner ein Sonderrecht auf das Liquidatorenamt einräumen, welches nur aus wichtigem Grund oder mit dessen Zustimmung entzogen werden darf.[51] 21

Gekorene Liquidatoren können zusätzlich oder alternativ zu geborenen Liquidatoren berufen werden. In beiden Konstellationen wird die Bestellung **mit Eintritt des Auflösungsfalls wirksam**, sofern der Berufene die Bestellung – zumindest konkludent – annimmt.[52] 22

Bei alternativer Bestellung setzen die bisherigen Geschäftsführer ihr Amt nicht als Liquidatoren fort, sondern scheiden aus. Allerdings kann der 23

43 MüKoGmbHG/*Müller* Rn. 12.
44 BeckOK/*Lorscheider* Rn. 27.
45 MüKoGmbHG/*Müller* Rn. 15; Roth/*Altmeppen* Rn. 18.
46 Baumbach/Hueck/*Haas* Rn. 12; MüKoGmbHG/*Müller* Rn. 15; Ulmer/*Paura* Rn. 73; Roth/*Altmeppen* Rn. 18.
47 LG Frankenthal GmbHR 96, 131; BeckOK/*Lorscheider* Rn. 11; MüKoGmbHG/*Müller* Rn. 14; Ulmer/*Paura* Rn. 19.
48 *Bokelmann*, NJW 77, 1130, 1131 f.; MüKoGmbHG/*Müller* Rn. 13.
49 Teilw. ebenfalls als geborene Liquidatoren bezeichnet, zB Lutter/Hommelhoff/*Kleindiek* Rn. 3; LG Bremen ZIP 94, 1186; Gehrlein/Born/*Simon* Rn. 9.
50 *Hofmann*, GmbHR 76, 229; Lutter/Hommelhoff/*Kleindiek* Rn. 3; MüKoGmbHG/*Müller* Rn. 16; Roth/*Altmeppen* Rn. 21.
51 BGH GmbHR 82, 129, 130 (zum Geschäftsführer); Lutter/Hommelhoff/*Kleindiek* Rn. 4; MüKoGmbHG/*Müller* Rn. 17; Rowedder/Schmidt-Leithoff/*Gesell* Rn. 22, 26; Scholz/*K Schmidt* Rn. 44.
52 BayObLGZ 96, Nr. 32; Roth/*Altmeppen* Rn. 23.

Rechtsverkehr durch § 15 I HGB iVm § 67 sowie durch die Regeln der **Anscheins- u. Duldungsvollmacht** geschützt sein.[53] Die Geschäftsführer scheiden selbst dann aus, wenn ein gekorener Liquidator sein Amt ablehnt bzw. nicht antritt.[54] Die Gesellschaft wird ggf. führungslos (§§ 69, 35 I 2). Die Gesellschafterversammlung muss zur Erreichung einer vertretungsbefugten Anzahl andere Liquidatoren bestellen, notfalls das Gericht. Die Satzung kann insbes. für solche Fälle ersatzweise einen stellvertretenden Liquidator berufen (§§ 69, 44).[55]

24 Gegen Abs. 1 verstößt es nach hM, im Gesellschaftsvertrag die Bestellung der Liquidatoren anderen Organen außer der Gesellschafterversammlung, zB dem Aufsichtsrat, Beirat oder Dritten, zu übertragen.[56]

25 c) **Gesellschafterbeschluss.** Die Gesellschafter können **durch Beschluss** gem. §§ 47 ff. Liquidatoren bestellen (Abs. 1 Hs. 2). Weil die Gesellschafter auch gekorene Liquidatoren jederzeit gem. Abs. 3 S. 2 frei abberufen können, dürfen sie sich bei der Personenauswahl sogar in Widerspruch zu den Bestimmungen des Gesellschaftsvertrages zu einem gekorenen Liquidator setzen oder hiervon abweichen.[57] Ein gesellschaftsvertragliches Sonderrecht darf nur aus wichtigem Grund übergangen bzw. entzogen werden.[58] Können sich die Gesellschafter nicht auf die Bestellung eines Liquidators bzw. die konkrete Person einigen, kommt eine gerichtliche Bestellung in Betracht.[59]

26 Der Beschluss muss den Liquidator eindeutig iSd Bestimmtheitsgrundsatzes benennen. Im Grundsatz genügt **einfache Stimmenmehrheit.**[60] Stimmberechtigt ist auch der für das künftige Liquidatorenamt ausgewählte Mitgesellschafter. An statuarische Qualifikationsmerkmale oder Beschlussmodalitäten, zB qualifizierte Mehrheiten, bleiben die Gesellschafter jedoch vorbehaltlich einer Satzungsänderung gebunden.[61] IZw gelten die statuarischen Regelungen über die Geschäftsführer- auch für die Liquidatorenbestellung.[62]

▶ Die Gesellschaft ist mit Wirkung zum ... aufgelöst. Der bisherige Geschäftsführer ... ist nicht mehr Geschäftsführer. Zu Liquidatoren werden bestellt: ...

---

53 OLG Koblenz NJW-RR 91, 808, 809; LG Frankenthal GmbHR 96, 131; Roth/*Altmeppen* Rn. 5, 23.
54 Wohl aA MüKoGmbHG/*Müller* Rn. 14: IZw bleiben bisherige Geschäftsführer bis zur Wahl im Amt.
55 Baumbach/Hueck/*Haas* Rn. 10; MüKoGmbHG/*Müller* Rn. 16.
56 RGZ 145, 99, 104; Baumbach/Hueck/*Haas* Rn. 13, 15; Lutter/Hommelhoff/*Kleindiek* Rn. 4; Michalski/*Nerlich* Rn. 26; Rowedder/Schmidt-Leithoff/*Gesell* Rn. 7; Roth/*Altmeppen* Rn. 22; *Wicke* Rn. 3; *Passarge/Torwegge* Rn. 264; aA Gehrlein/Born/Simon/*Beckmann/Hofmann* Rn. 8; MüKoGmbHG/*Müller* Rn. 26; Scholz/*K Schmidt* Rn. 10; Ulmer/*Paura* Rn. 23 (jew Hinweis auf §§ 69, 46 Nr. 5); Bork/Schäfer/*Servatius* Rn. 6; SystPrKomm/*Grziwotz* Rn. 10.
57 Hachenburg/*Hohner* Rn. 17, 20; Lutter/Hommelhoff/*Kleindiek* Rn. 4; MüKoGmbHG/*Müller* Rn. 18; Scholz/*K Schmidt* Rn. 8; Roth/*Altmeppen* Rn. 25.
58 MüKoGmbHG/*Müller* Rn. 20; Scholz/*K Schmidt* Rn. 8; Ulmer/*Paura* Rn. 57.
59 OLG Düsseldorf NZG 19, 580.
60 BeckOK/*Lorscheider* Rn. 12.
61 Bork/Schäfer/*Servatius* Rn. 6; Roth/*Altmeppen* Rn. 27.
62 OLG Frankfurt NZG 99, 833, 834; MüKoGmbHG/*Müller* Rn. 20.

Jeder von ihnen vertritt stets einzeln und ist befugt, die Gesellschaft bei Rechtsgeschäften mit sich im eigenen Namen oder als Vertreter eines Dritten uneingeschränkt zu vertreten (Befreiung von den Beschränkungen des § 181 BGB). Die Bücher und Schriften der Gesellschaft werden nach Beendigung der Liquidation durch ... verwahrt, der sich hierzu bereit erklärt. ◄

Die Personalhoheit über die Liquidatoren bleibt auch im Anwendungsbereich des MitbestG bzw. des Montan-MitbestG, wo der Aufsichtsrat den Arbeitsdirektor bestellt, bei der Gesellschafterversammlung. § 265 VI AktG ist nicht entspr. anwendbar.[63] 27

Das Liquidatorenamt **beginnt** erst, wenn die Bestellung ggü. dem Bestellten erklärt wird u. dieser das Amt auch konkludent angenommen hat.[64] Gem. dem Grundsatz der Amtskontinuität rücken die bisherigen Geschäftsführer bis zur Bestellung eines anderen Liquidators durch die Gesellschafterversammlung in dieses Amt ein.[65] IZw enthält ein solcher Gesellschafterbeschluss die (konkludente) Abberufung der bisherigen Geschäftsführer/Liquidatoren gem. Abs. 3 S. 2. Selbst wenn der Beschluss nicht hinreichend bestimmt oder unerkannt nichtig sein sollte, endet das Amt des geborenen Liquidators nicht.[66] Allerdings kann sich aus den konkreten Umständen ergeben, dass der Liquidator sein Amt konkludent niedergelegt hat. 28

Die Gesellschafter sind auch nach Einfügung des § 35 I 2 nicht verpflichtet, einen Liquidator zu bestellen. Wer für die Bestellung eines Notliquidators (§§ 29, 48 BGB) einen Vergütungsvorschuss zahlen muss, hat somit zwar gegen die Gesellschaft einen Erstattungsanspruch, nicht aber gegen die Gesellschafter.[67] 29

2. Gerichtliche Bestellung (Abs. 2)

a) **Antrag.** Die gerichtliche Bestellung dient dem **Minderheitenschutz** (s. § 50 I). Sie gilt auch für die aufgelöste Vor-GmbH[68] u. setzt einen **Antrag** von Gesellschaftern voraus, deren Geschäftsanteile zusammen mind. dem zehnten Teil des Stammkapitals entsprechen, unabhängig von der Höhe des damit verbundenen Stimmrechts.[69] Die Satzung darf dieses Quorum zwar zugunsten der Gesellschafter unterschreiten, aber die Hürden nicht erhöhen.[70] Zulässig ist auch die Bestimmung der Antragsbefugnis für jeden 30

63 Bork/Schäfer/*Servatius* Rn. 7; Roth/*Altmeppen* Rn. 26; Ulmer/*Paura* Rn. 24; unklar Rowedder/Schmidt-Leithoff/*Gesell* Rn. 6 mit Fn. 17 u. Rn. 25.
64 BGHZ 52, 316, 321; Michalski/*Nerlich* Rn. 28; *Passarge/Torwegge* Rn. 267.
65 Michalski/*Nerlich* Rn. 28.
66 MüKoGmbHG/*Müller* Rn. 23.
67 MüKoGmbHG/*Müller* Rn. 19; für die Bestellung eines Geschäftsführers BGH NJW 85, 637.
68 Baumbach/Hueck/*Haas* Rn. 18; Lutter/Hommelhoff/*Kleindiek* Rn. 5; Scholz/*K Schmidt* § 11 Rn. 56; Ulmer/*Paura* Rn. 6; aA noch BGHZ 51, 30, 34; überholt durch BGH NJW 98, 1079, 1080.
69 Lutter/Hommelhoff/*Kleindiek* Rn. 5; MüKoGmbHG/*Müller* Rn. 28; OLG Düsseldorf NZG 19, 580.
70 BeckOK/*Lorscheider* Rn. 14; Lutter/Hommelhoff/*Kleindiek* Rn. 5; MüKoGmbHG/*Müller* Rn. 28; Roth/*Altmeppen* Rn. 31; *Passarge/Torwegge* Rn. 269.

einzelnen Gesellschafter.[71] Dritte, insbes. Gläubiger, haben kein Antragsrecht (vgl. aber → Rn. 36).[72]

31 b) **Wichtiger Grund.** Ein wichtiger Grund liegt vor, wenn der **bestehende Zustand die Interessen der Beteiligten,** insbes. der Minderheit, **unzumutbar beeinträchtigt** u. die **Abwägung der Belange der Beteiligten** (auch Gläubiger u. Arbeitnehmer) an einer geordneten Beendigung der GmbH eine **gerichtliche Bestellung eines Liquidators erforderlich** erscheinen lässt.[73] Unter dem Aspekt der bevorstehenden Beendigung sind auch Interessen der Gesellschafter, Gesellschaft und mit ihr verbundene Interessen von zB Arbeitnehmern zu berücksichtigen;[74] die Interessen der Gesellschaft sind wegen der bevorstehenden Beendigung eher nachrangig.[75] Auf Verschulden kommt es nicht an.[76] Begründete Zweifel an der Unparteilichkeit des Liquidators,[77] aber auch an seiner Fähigkeit zu einer ordnungsgemäßen Geschäftsführung u. Abwicklung[78] sowie erhebliche Konflikte unter den Liquidatoren oder zwischen Liquidatoren u. Gesellschaftern[79] stellen regelmäßig einen wichtigen Grund dar; ferner, wenn notwendige Liquidatoren fehlen u. mit ihrer baldigen Bestellung bzw. einer Lösung im Verfahren nach Abs. 1 nicht zu rechnen ist.[80] Ein Notliquidator gem. §§ 29, 48 BGB macht die gerichtliche Bestellung gem. Abs. 2 weder hinfällig, noch kann die Notliquidation diese ersetzen.[81] Der Antrag auf Neubestellung wird regelmäßig mit dem Abberufungsantrag gem. Abs. 3 S. 1 verbunden (Antragshäufung; s. auch → Rn. 40 ff.).[82]

32 c) **Entscheidung.** Liegt ein wichtiger Grund vor (revisible Rechtsfrage),[83] ist das **Gericht zur Bestellung verpflichtet.**[84] In seinem Ermessen stehen jedoch die Auswahl der Personen, ihre Anzahl sowie die Festlegung der Vertretungsbefugnis.[85] An die Vorstellungen des Antragstellers insoweit oder

71 Lutter/Hommelhoff/*Kleindiek* Rn. 5; *Passarge/Torwegge* Rn. 269; Ulmer/*Paura* Rn. 33.
72 Gehrlein/Born/Simon/*Beckmann/Hofmann* Rn. 12; Ulmer/*Paura* Rn. 34; BeckOK/*Lorscheider* Rn. 14.
73 BeckOK/*Lorscheider* Rn. 15; Roth/*Altmeppen* Rn. 33.
74 Roth/*Altmeppen* Rn. 35; BeckOK/*Lorscheider* Rn. 15.
75 Lutter/Hommelhoff/*Kleindiek* Rn. 5.
76 KG GmbHR 05, 1613, 1615; BayObLG GmbHR 96, 129, 130; MüKoGmbHG/*Müller* Rn. 35; Ulmer/*Paura* Rn. 42.
77 BayObLG GmbHR 96, 129, 130; NJW 55, 1678 (Verfolgung eigennütziger Zwecke); OLG Köln GmbHR 03, 360, 362.
78 Dazu OLG Düsseldorf GmbHR 02, 68; KG GmbHR 05, 1613, 1615.
79 Michalski/*Nerlich* Rn. 41 ff.; zurückhaltend MüKoGmbHG/*Müller* Rn. 34.
80 MüKoGmbHG/*Müller* Rn. 32; vgl. Bork/Schäfer/*Servatius* Rn. 16 (Bestellung nach Abs. 2 ist subsidiär).
81 BayObLG GmbHR 87, 306, 307.
82 BayObLG GmbHR 96, 129, 130; Baumbach/Hueck/*Haas* Rn. 20; Michalski/*Nerlich* Rn. 44; MüKoGmbHG/*Müller* Rn. 33; Scholz/*K Schmidt* Rn. 14, 18.
83 BayObLG GmbHR 69, 152, 153; Rowedder/Schmidt-Leithoff/*Gesell* Rn. 14.
84 BayObLG GmbHR 87, 306, 307; 96, 129, 130; OLG Frankfurt GmbHR 18, 1070; Hachenburg/*Hohner* Rn. 32; Rowedder/Schmidt-Leithoff/*Gesell* Rn. 10, 14; *Passarge/Torwegge* Rn. 270.
85 BayObLG NJW-RR 90, 52, 53; Michalski/*Nerlich* Rn. 40; MüKoGmbHG/*Müller* Rn. 41, 42; Scholz/*K Schmidt* Rn. 22, 24.

an die statuarischen Bestimmungen ist das Gericht nicht gebunden.[86] Es hat jedoch vAw (§ 26 FamFG) sicherzustellen, dass keine Bestellungshindernisse gem. § 6 II 2 u. 3 vorliegen; andernfalls ist die Entscheidung unwirksam.[87] Soweit nicht das Gericht andere Befugnisse festlegt, hat der gerichtlich bestellte Liquidator die Rechtsposition eines solchen gem. Abs. 1. Erst mit der zeitlich nach dem Beschluss erfolgten Annahme **beginnt** das Amt, soweit das Gericht keinen späteren Zeitpunkt festlegt.[88] Zur Annahme des Amts ist der gerichtlich bestellte Liquidator nicht verpflichtet.[89] Zur Handelsregistereintragung s. § 67 Abs. 4.

d) Zuständigkeit, Verfahren, Rechtsmittel. Entscheidungen gem. Abs. 2 u. 3 betreffen einen Gegenstand des „unternehmensrechtlichen Verfahrens" iSv § 375 Nr. 6 FamFG. Vorbehaltlich etwaiger Rechtsverordnungen zur Zuständigkeitskonzentration (§ 376 II FamFG) entscheidet sachlich das **AG** (§ 376 FamFG, § 23 a I Nr. 2, II Nr. 4 GVG) u. funktionell mangels Richtervorbehalt nach § 17 Nr. 2 lit. a RPflG der **Rechtspfleger** (§ 3 Nr. 2 d RPflG).[90] Die ausschließliche örtliche Zuständigkeit liegt beim AG, in dessen Bezirk ein LG seinen u. die Gesellschaft ihren Sitz hat (§ 377 FamFG). 33

Die Gesellschaft ist als Antragsgegner am Verfahren **zu beteiligen**, ebenso Mitgesellschafter des Antragstellers.[91] Das Gericht ist bzgl. Vorliegen eines wichtigen Grunds zur Ermittlung vAw verpflichtet (§ 26 FamFG) u. **entscheidet** durch einen zu begründenden (§ 38 FamFG) **Beschluss**. Hiergegen steht den durch die Entscheidung in ihren Rechten Beeinträchtigten die **Beschwerde** beim OLG gem. §§ 402 I, 58 ff. FamFG, § 119 I Nr. 1 b GVG offen, die beim Ausgangsgericht (§ 64 I FamFG) binnen eines Monats ab Bekanntgabe[92] (§ 63 I FamFG) einzulegen ist. Beschwerdebefugt sind bei ablehnender Entscheidung die Antragsteller (vorbehaltlich der 10%-Grenze),[93] bei stattgebender Entscheidung die Gesellschaft selbst[94] sowie nach wohl hM jeder einzelne Gesellschafter.[95] Der bestellte Liquidator ist als solcher nicht beschwerdebefugt, da er die Bestellung ablehnen kann.[96] Ge- 34

86 Bork/Schäfer/*Servatius* Rn. 18; MüKoGmbHG/*Müller* Rn. 41; Roth/*Altmeppen* Rn. 37.
87 BayObLG NJW-RR 90, 52, 53.
88 Ähnl Baumbach/Hueck/*Haas* Rn. 21.
89 Vgl. hierzu BayObLG GmbHR 96, 859; OLG München GmbHR 08, 821, 824; MüKoGmbHG/*Müller* Rn. 43; Scholz/*K Schmidt* Rn. 6, 22.
90 OLG Frankfurt NJW-RR 93, 932, 933; MüKoGmbHG/*Müller* Rn. 37, 86; *Jänig/Leißring* ZIP 10, 110, 112 f.; aA Voraufl; Baumbach/Hueck/*Haas* Rn. 21 unter Hinweis auf OLG Schleswig NZG 00, 317 (betrifft Sonderfall der Nachtragsliquidation).
91 BayObLG GmbHR 87, 306, 307; NJW-RR 90, 52, 53; Hachenburg/*Hohner* Rn. 35; Roth/*Altmeppen* Rn. 38.
92 MüKoGmbHG/*Müller* Rn. 45.
93 Henssler/Strohn/*Büteröwe* Rn. 26; Baumbach/Hueck/*Haas* Rn. 22.
94 BayObLG NJW-RR 90, 52, 53; GmbHR 96, 859, 860; Rowedder/Schmidt-Leithoff/*Gesell* Rn. 12; zweifelnd Scholz/*K Schmidt* Rn. 23.
95 OLG Düsseldorf NZG 98, 853; KG GmbHR 12, 216; offengelassen BayObLG GmbHR 96, 859, 860; Lutter/Hommelhoff/*Kleindiek* Rn. 6; MüKoGmbHG/*Müller* Rn. 47; Scholz/*K Schmidt* Rn. 23; Ulmer/*Paura* Rn. 46; einschränkend BayObLG WM 84, 809 (Beschwerdeführer muss mehr als 10 % des Stammkapitals auf sich vereinigen).
96 BayObLG GmbHR 96, 859, 860; OLG München GmbHR 08, 821; Hachenburg/*Hohner* Rn. 36 MüKoGmbHG/*Müller* Rn. 47.

gen die Beschwerdeentscheidung steht die **Rechtsbeschwerde** (§§ 70 ff. FamFG) beim BGH offen,[97] wenn sie zugelassen ist. Bei Nichtzulassungsbeschwerde bleibt die Anhörungsrüge einziger Rechtsbehelf.[98]

3. Gerichtliche Bestellung in sonstigen Fällen

35 Anders als die Bestellung gem. Abs. 2, die Liquidation gem. § 66 V in den Fällen der Löschung wegen Vermögenslosigkeit gem. § 60 I Nr. 7, § 394 I FamFG sowie die Nachtragsliquidation (s. → § 74 Rn. 33 ff.) ist die **Notbestellung gem. §§ 29, 48 I BGB analog** eine nur vorläufige Maßnahme des Amtsgerichts am Sitz der Gesellschaft (§ 4 a) in dringenden Fällen, wenn und soweit die Handlungsunfähigkeit der Gesellschaft nicht anders rechtzeitig behoben werden kann.[99] Hat die Gesellschaft keinen Liquidator, erfolgt die Passivvertretung gem. § 35 I 2, II 2 durch jeden Gesellschafter, so dass insoweit die Dringlichkeit für eine Notbestellung häufig entfällt.

36 **Antragsberechtigt** sind (ehemalige) Geschäftsführer, Liquidatoren, Gesellschafter u. jeder Gesellschaftsgläubiger.[100] Eine Bindung des Gerichts (funktionelle Zuständigkeit des Rechtspflegers, § 3 Nr. 2 lit. d RPflG) bzgl. der Person des Notliquidators besteht trotz einer Pflicht, den Gesellschaftern die Möglichkeit einer Stellungnahme zu geben,[101] nicht;[102] jedoch hat das Gericht einen Unparteiischen zu bestellen.[103] Der einstweilige Charakter gebietet häufig inhaltliche Beschränkungen der Geschäftsführungsbefugnis (zur Vertretungsmacht s. § 37 II 1) oder zeitliche Befristungen.[104] Gegen die Entscheidung ist die **befristete Beschwerde** (§§ 58 ff. FamFG statthaft. Das Amt des Notliquidatores endet automatisch, sobald der Mangel behoben ist, also insbes. mit der Bestellung ordentlicher Liquidatoren.[105] Notliquidation steht der gerichtlichen Bestellung gem. Abs. 2 nicht entgg.[106]

37 Einen Sonderfall der gerichtlichen Liquidatorenbestellung regelt § 38 II 2, 3 KWG. Bei einer durch Abwicklungsanordnung der BaFin aufgelösten Gesellschaft, die Bankgeschäfte betreibt oder Finanzdienstleistungen erbringt, bestellt das Registergericht auf Antrag der BaFin nach eigenem Ermessen Liquidatoren, wenn eine auf Tatsachen gestützte Vermutung dafür

---

97 Lutter/Hommelhoff/*Kleindiek* Rn. 6; MüKoGmbHG/*Müller* Rn. 49; Scholz/*K Schmidt* Rn. 23.
98 MüKoGmbHG/*Müller* Rn. 49; Baumbach/Hueck/*Haas* Rn. 22.
99 BayObLG BB 76, 998; OLG München GmbHR 05, 1431, 1432; vgl. *Konzen*, FS Ulmer, 03, S. 323, 334 f. (für masselose Liquidation); Lutter/Hommelhoff/*Kleindiek* Rn. 7; Michalski/*Nerlich* Rn. 53; Scholz/*K Schmidt* Rn. 33 f.; *Passarge/Torwegge* Rn. 276.
100 OLG Köln GmbHR 08, 103; Baumbach/Hueck/*Haas* Rn. 33 mwN; MüKoGmbHG/*Müller* Rn. 54.
101 OLG München GmbHR 05, 1431, 1432.
102 OLG München GmbHR 05, 1431, 1433.
103 BayObLG GmbHR 96, 859; Baumbach/Hueck/*Haas* Rn. 33; MüKoGmbHG/*Müller* Rn. 57; *Passarge/Torwegge* Rn. 279.
104 Bork/Schäfer/*Servatius* Rn. 24; MüKoGmbHG/*Müller* Rn. 58 (zum Wirkungskreis).
105 OLG Köln GmbHR 08, 103; OLG München GmbHR 05, 1431, 1432; BayObLG GmbHR 87, 306, 307; MüKoGmbHG/*Müller* Rn. 60.
106 BayObLG GmbHR 87, 306, 307; MüKoGmbHG/*Müller* Rn. 53.

spricht, dass die bisher verantwortlichen Personen für eine ordnungsgemäße Abwicklung keine Gewähr bieten.[107] Hiergegen steht binnen Monatsfrist die Beschwerde offen (§ 38 II 3 KWG, § 63 FamFG). Liegen die Voraussetzungen des § 33 I Nr. 5 KWG vor, kann die BaFin auf Bestellung von mind. zwei Liquidatoren hinwirken.[108] Sachlich zuständig ist das Amtsgericht gem. § 375 Nr. 11 FamFG iVm § 23 a I Nr. 2, II Nr. 4 GVG.[109]

4. Anstellungsvertrag

Für den **geborenen Liquidator** gilt sein Geschäftsführer-Anstellungsvertrag mit den bisherigen Konditionen weiter.[110] Der Vertrag endet spätestens mit Beendigung der Liquidation (§ 74).[111] Den Anstellungsvertrag mit dem **gekorenen oder durch Gesellschafterversammlung bestellten Liquidator** schließt die Gesellschafterversammlung ab (§§ 69 I, 46 Nr. 5).[112] Hier empfiehlt sich gleiche Sorgfalt wie beim Geschäftsführer-Anstellungsvertrag. Ohne gesonderte Vereinbarung ist die übliche Vergütung (§ 612 II BGB) geschuldet.[113] Diese orientiert sich wegen Vergleichbarkeit der Tätigkeit an derjenigen des Insolvenzverwalters[114] sowie an dem bisherigen Gehalt des Geschäftsführers. 38

Kann sich der gerichtlich bestellte Liquidator (Abs. 2) nicht vertraglich anderweitig mit der Gesellschaft über die Konditionen einigen, besteht ein **gesetzlicher Auslagenersatz- u. Vergütungsanspruch,** den das Gericht analog § 265 IV AktG auf Antrag festsetzt, ohne dass das Gericht den konkreten Inhalt eines Anstellungsvertrages verfügen kann.[115] 39

IV. Beendigung des Liquidatorenamts

1. Abberufung (Abs. 3)

a) Durch gerichtliche Entscheidung (Abs. 3 S. 1). Geborene, gekorene, durch Gesellschafterversammlung berufene Liquidatoren u. solche mit statuarischem Sonderrecht können gleichermaßen abberufen werden. Das Abberufungsverfahren entspricht dem bei Bestellung (→ Rn. 33 f.) u. endet mit der gerichtlichen Entscheidung durch Beschluss. Die Abberufung als solche wird mit Bekanntmachung ggü. dem Betroffenen wirksam (§ 41 FamFG).[116] Die Eintragung im Handelsregister hat lediglich deklaratorische Wirkung. 40

---

107 Baumbach/Hueck/*Haas* Rn. 36.
108 Baumbach/Hueck/*Haas* Rn. 8.
109 Baumbach/Hueck/*Haas* Rn. 36; Rohwedder/Schmidt-Leithoff/*Gesell* Rn. 17.
110 Lutter/Hommelhoff/*Kleindiek* Rn. 9; zust. MüKoGmbHG/*Müller* Rn. 72.
111 KG GmbHR 98, 1039, 1040; *Meyer*, GmbHR 98, 1018, 1019.
112 OLG Stuttgart GmbHR 10, 46, 47; Baumbach/Hueck/*Haas* Rn. 17.
113 BGH NZG 05, 890; *Passarge/Torwegge* Rn. 285; MüKoGmbHG/*Müller* Rn. 73.
114 Baumbach/Hueck/*Haas* Rn. 17 Fn. 52.
115 BeckOK/*Lorscheider* Rn. 28; Hachenburg/*Hohner* Rn. 56; Lutter/Hommelhoff/*Kleindiek* Rn. 9; Michalski/*Nerlich* Rn. 76; MüKoGmbHG/*Müller* Rn. 74; Roth/*Altmeppen* Rn. 42; Ulmer/*Paura* Rn. 75; Rowedder/Schmidt-Leithoff/*Gesell* Rn. 24; aA *Hofmann*, GmbHR 76, 229, 231. – Zur Vergütung des Rechtsanwalts als Liquidator (§ 1 II 1 RVG) BGH ZIP 05, 1738; BGHZ 139, 309; OLG München NZG 98, 906; zur Vergütungskürzung bei vorzeitiger Abberufung OLG Köln OLGR 97, 283.
116 Baumbach/Hueck/*Haas* Rn. 26; aA MüKoGmbHG/*Müller* Rn. 68.

41 Zur Abberufung gem. Abs. 3 bedarf es in formeller Hinsicht eines **Antrags** der Gesellschafter unter Beachtung des **Quorums** von zehn vom Hundert des Stammkapitals (→ Rn. 30) sowie materiellrechtlich eines **wichtigen Grundes.**[117] Wichtige Gründe (s. zunächst → Rn. 31) sind ferner grobe Pflichtverletzungen, wenn sie insbes. den Abwicklungszweck gefährden[118] sowie dem Abwicklungszweck widerstreitende Eigeninteressen des Liquidators.[119] Auf Verschulden kommt es ebensowenig wie auf Eintragung an.[120] Haben die Gesellschafter zusätzliche Liquidatoren bestellt, kann sich daraus ein wichtiger Grund zur Abberufung eines gerichtlich bestellten Liquidators ergeben. Entfällt die Amtseignung, endet das Amt automatisch, ohne dass es einer zusätzlichen Abberufung aus wichtigem Grund bedarf.[121] Korrekturen von Buchungsfehlern erst im Jahresabschluss, Verzicht auf einen erläuternden Bericht zur Eröffnungsbilanz oder eines Lageberichts bei einer kleinen GmbH genügen für sich nicht.

42 **Beschwerdebefugt** sind je nach Beschwer der Antragsteller, die Gesellschaft u. der abberufene Liquidator, uU auch die Gesellschafter.[122] Eine Abberufung durch einstweilige Verfügung ist nicht möglich, wohl aber eine Suspendierung bis zur Entscheidung in der Hauptsache.[123]

43 **b) Durch Gesellschafterbeschluss (Abs. 3 S. 2).** Die Gesellschafterversammlung kann durch Beschluss mit **grds. einfacher Mehrheit** einen **nicht gerichtlich bestellten Liquidator** jederzeit abberufen. Der Betroffene darf als Gesellschafter über seine Abberufung, nicht aber über eine damit ggf. verbundene Entlastung (§ 47 IV) mitstimmen.[124] Auch der Alleingesellschafter kann sich als Liquidator abberufen.[125] Ein wichtiger Grund muss, sofern kein statuarisches Sonderrecht wider Willen[126] des Betroffenen kassiert wird, nicht vorliegen u. darf anders als nach § 38 II wegen der besonderen Interessenlage im Abwicklungsstadium nach wohl hM auch nicht im Gesellschaftsvertrag verlangt werden.[127] Zulässig sind jedoch Regeln über die Beschlussfassung, wie bspw. qualifizierte Mehrheitserfordernisse. Auf **andere Organe** darf die Gesellschafterversammlung die Abberufungskompe-

117 OLG Düsseldorf NZG 98, 853; BayObLG GmbHR 87, 306; MüKoGmbHG/*Müller* Rn. 64.

118 OLG Köln ZIP 03, 573, 575 (zum Nachtragsliquidator).

119 KG NZG 05, 934 (zum Nachtragsliquidator); BayObLG NJW-RR 98, 470.

120 OLG Frankfurt GmbHR 06, 493; LG Mainz Rpfleger 05, 244; BayObLG GmbHR 96, 129, 130; Roth/*Altmeppen* Rn. 44; Baumbach/Hueck/*Haas* Rn. 25.

121 OLG Köln NZG 03, 341; BayObLG BB 87, 1625, 1627; aA scheinbar Bork/Schäfer/*Servatius* Rn. 29.

122 KG GmbHR 05, 1613, 1614; OLG Köln GmbHR 03, 360, 361; OLG Düsseldorf NZG 98, 853; MüKoGmbHG/*Müller* Rn. 66.

123 Lutter/Hommelhoff/*Kleindiek* Rn. 11; MüKoGmbHG/*Müller* Rn. 67; Roth/*Altmeppen* Rn. 50.

124 Hachenburg/*Hohner* Rn. 46; Scholz/*K Schmidt* Rn. 43; einschränkend MüKoGmbHG/*Müller* Rn. 62.

125 Baumbach/Hueck/*Haas* Rn. 24; MüKoGmbHG/*Müller* Rn. 62.

126 Dazu Gehrlein/Born /Simon/*Beckmann/Hofmann* Rn. 19; Scholz/*K Schmidt* Rn. 44; MüKoGmbHG/*Müller* Rn. 63 mwN.

127 KG GmbHR 98, 1029; Lutter/Hommelhoff/*Kleindiek* Rn. 11; Roth/*Altmeppen* Rn. 47; *Meyer*, GmbHR 98, 1018; aA Scholz/*K Schmidt* Rn. 44; Ulmer/*Paura* Rn. 57; Baumbach/Hueck/*Haas* Rn. 24; differenzierend MüKoGmbHG/*Müller* Rn. 63.

tenz **nicht übertragen** (vgl. → Rn. 24).[128] Die Abberufung wird mit Zugang beim Betroffenen wirksam (§ 130 BGB).[129]

44 Den gerichtlich bestellten Liquidator kann nur das Gericht selbst auf Antrag eines Berechtigten abberufen. Das Gericht hat zu prüfen, ob die Rechtfertigung für den von ihm bestellten Liquidator zwischenzeitlich etwa durch Bestellung eines zusätzlichen Liquidators per Gesellschaftsbeschluss entfallen ist, u. ggf. dem Antrag stattzugeben.[130]

2. Amtsniederlegung

45 Der Liquidator kann, sofern der Gesellschaftsvertrag nichts Abweichendes regelt, sein Amt **jederzeit u. ohne wichtigen Grund** durch einseitige Erklärung niederlegen.[131] Dadurch verliert er die Geschäftsführungs- u. Vertretungsbefugnis. Amtsniederlegung zur Unzeit birgt Risiko der Schadensersatzpflicht.[132] **Erklärungsgegner** ist die Gesellschaft, vertreten durch die zuständigen Organe. Dies sind entweder die verbleibenden Mit-Liquidatoren,[133] für den letzten/einzigen Liquidator die Gesellschafter[134] (§ 35 I 2, II 2) sowie im Falle des Einmann-Gesellschafter-Liquidators u. für gerichtlich bestellte Liquidatoren (Abs. 2) zusätzlich das Registergericht.[135] Der Verlust aller Liquidatoren führt zum Verlust der **Prozessfähigkeit**[136] der Gesellschaft (vgl. → § 74 Rn. 39).

Hinweis: Für die Amtsniederlegung empfiehlt sich Schriftform. Eine beglaubigte Abschrift hiervon sowie ein Nachweis des Zugangs (Empfangsbestätigung) sollten der Anmeldung der Amtsniederlegung zum Handelsregister beigefügt werden.

3. Amtsbeendigung in anderer Weise

46 Das Liquidatorenamt **endet** ferner durch Tod, durch späteren Eintritt eines Bestellungshindernisses (→ Rn. 11 ff.), mit einem zulässigen Fortsetzungsbeschluss der Gesellschafter u. auch dadurch, dass die Gesellschaft im Handelsregister gelöscht wird, selbst wenn die Gesellschaft noch Vermögen haben oder sonstiger Abwicklungsbedarf bestehen sollte. Beim geborenen

---

128 Baumbach/Hueck/*Haas* Rn. 24; Hachenburg/*Hohner* Rn. 47; Michalski/*Nerlich* Rn. 64; *Passarge/Torwegge* Rn. 299.
129 BeckOK/*Lorscheider* Rn. 23; Michalski/*Nerlich* Rn. 65.
130 Roth/*Altmeppen* Rn. 47; Ulmer/*Paura* Rn. 60, 63.
131 BayObLG GmbHR 94, 259, 260; OLG Köln GmbHR 83, 304; BeckOK/*Lorscheider* Rn. 20; Baumbach/Hueck/*Haas* Rn. 31; Hachenburg/*Hohner* Rn. 54; Lutter/Hommelhoff/*Kleindiek* Rn. 10; MüKoGmbHG/*Müller* Rn. 69; Rowedder/Schmidt-Leithoff/*Gesell* Rn. 30; Scholz/*K Schmidt* Rn. 51.
132 Baumbach/Hueck/*Haas* Rn. 29; MüKoGmbHG/*Müller* Rn. 69 mwN, insbes. zu anderslautender Rspr.
133 MüKoGmbHG/*Müller* Rn. 70.
134 BeckOK/*Lorscheider* Rn. 20.
135 BGH GmbHR 93, 508; BayObLG GmbHR 94, 259, 260; BeckOK/*Lorscheider* Rn. 21; Baumbach/Hueck/*Haas* Rn. 30; Henssler/Strohn/*Büteröwe* Rn. 13; Lutter/Hommelhoff/*Kleindiek* Rn. 10; MüKoGmbHG/*Müller* Rn. 71; Roth/*Altmeppen* Rn. 52 (jeweils mit Unterschieden im Detail).
136 OLG Hamm GmbHR 97, 1155; zur Führungslosigkeit vgl. BGH GmbHR 11, 83 ff.; ergänzend BGH NZG 15, 952.

Liquidator gilt eine Befristung der organschaftlichen Stellung als Geschäftsführer iZw auch für das Liquidatorenamt.[137]

4. Auswirkung auf Anstellungsvertrag

47 Die vorzeitige Abberufung des Liquidators berührt das Anstellungsverhältnis grds. nicht.[138] Sie kann jedoch einen wichtigen Grund (§ 626 BGB) zur Kündigung darstellen; dies ist insbes. bei gerichtlicher Abberufung anzunehmen.[139] Eine konkludente Kündigung liegt in der Abberufung regelmäßig nicht, dies ist aber Auslegungsfrage.[140] Ebenso kann sich die Amtsniederlegung durch den Liquidator im Wege der Auslegung als eine stillschweigende Kündigung des Anstellungsvertrages darstellen. Nach den Umständen des Einzelfalls richtet sich, ob die Kündigungsfristen des § 622 BGB analog gelten oder § 626 BGB (Kündigung mit sofortiger Wirkung). Letzterer Fall kommt in Betracht, wenn die Abwicklungstätigkeit nebenbei erfolgte, zB neben einer anwaltlichen Tätigkeit.[141]

5. Nachwirkende Treuepflicht

48 Grds. kann sich der Liquidator bei der Übergabe der Geschäfte an einen Nachfolger auf eine schlichte Übergabe der Unterlagen beschränken. Aufgrund der nachwirkenden Treuepflicht muss er jedoch auf dringend zu erledigende Aufgaben u. für die Gesellschaft besonders wichtige Aufgaben ausdrücklich hinweisen, sofern davon auszugehen ist, dass der Nachfolger nicht ausreichend Zeit haben dürfte, um die entsprechenden Informationen in den Unterlagen der Gesellschaft zu finden. Andernfalls macht er sich schadensersatzpflichtig.[142]

V. Nachtragsliquidation

49 Abs. 5 betrifft als Nachfolgevorschrift des aufgehobenen § 2 III LöschG einen gesetzlich geregelten Sonderfall der Nachtragsliquidation, wenn bislang keine Liquidation stattfand, jedoch nach Löschung im Handelsregister bei irrtümlicher Auflösung wegen Vermögenslosigkeit gem. § 60 I Nr. 7 noch verteilbares Vermögen auftaucht.[143] Die Regelung gilt entspr. bei der Löschung einer *Limited* englischen Rechts für die sog. verbleibende Restgesellschaft.[144] Einer solchen Nachtragsliquidation analog § 273 IV AktG geht die Liquidation nach Abs. 5 vor,[145] Sie ist auch nach erfolgter Liquidation möglich, wenn noch Abwicklungshandlungen vorzunehmen sind

137 MüKoGmbHG/*Müller* Rn. 13.
138 BeckOK/*Lorscheider* Rn. 26; Henssler/Strohn/*Büteröwe* Rn. 31.
139 Baumbach/Hueck/*Haas* Rn. 28; Lutter/Hommelhoff/*Kleindiek* Rn. 12; MüKoGmbHG/*Müller* Rn. 75.
140 OLG Rostock NZG 99, 216 (nur bei hinreichend deutlicher Erklärung); MüKoGmbHG/*Müller* Rn. 75 (wenn Abwicklung untergeordnete Nebentätigkeit); aA BGH BB 68, 230; KG GmbHR 98, 1039; *Meyer*, GmbHR 98, 1018.
141 Lutter/Hommelhoff/*Kleindiek* Rn. 12; MünchHdbGmbH/*Weitbrecht* § 63 Rn. 16.
142 BGH DB 12, 968 Rn. 13 (zur AG).
143 *K Schmidt*, GmbHR 94, 829, 831; Ulmer/*Paura* Rn. 79. – Zur Bestellung eines Prozesspflegers gem. § 57 ZPO in dieser Situation BAG NJW 08, 603.
144 FG Münster GmbHR 11, 1225; OLG Jena ZIP 07, 1709.
145 BayObLG BB 84, 446, 447 (zu § 2 III LöschG); Baumbach/Hueck/*Haas* Rn. 37; MüKoGmbHG/*Müller* Rn. 52.

oder neue Vermögensgegenstände auftauchten.[146] Dazu jeweils → § 74 Rn. 33 ff., 46 ff.

VI. GmbH & Co KG

50 Liquidatoren der KG sind gem. § 146 I 1 HGB sämtliche Kommanditisten gemeinsam mit den Geschäftsführern der Komplementär-GmbH, sofern der Gesellschaftsvertrag nichts Abw bestimmt. Sinnvoll mag erscheinen, der Komplementär-GmbH oder ihren Geschäftsführern die Liquidation zu übertragen.[147] Für die körperschaftlich verfasste GmbH & Co KG sowie die Kapitalanlagegesellschaft soll es dafür nicht einmal einer ausdrücklichen Regelung im Gesellschaftsvertrag bedürfen.[148] Dies soll ferner für die personenidentische GmbH & Co KG gelten.[149] Die Notbestellung eines Liquidators (§§ 29, 48 I BGB) bei der Komplementär-GmbH kann auch der Kommanditist beantragen. Bei PublikumsKG soll § 146 I HGB hingegen abbedungen sein, dh die Geschäftsführung erfolgt durch die GmbH/deren Vertreter.[150]

§ 67 Anmeldung der Liquidatoren

(1) Die ersten Liquidatoren sowie ihre Vertretungsbefugnis sind durch die Geschäftsführer, jeder Wechsel der Liquidatoren und jede Änderung ihrer Vertretungsbefugnis sind durch die Liquidatoren zur Eintragung in das Handelsregister anzumelden.

(2) Der Anmeldung sind die Urkunden über die Bestellung der Liquidatoren oder über die Änderung in den Personen derselben in Urschrift oder öffentlich beglaubigter Abschrift beizufügen.

(3) [1]In der Anmeldung haben die Liquidatoren zu versichern, daß keine Umstände vorliegen, die ihrer Bestellung nach § 66 Abs. 4 in Verbindung mit § 6 Abs. 2 Satz 2 Nr. 2 und 3 sowie Satz 3 entgegenstehen, und daß sie über ihre unbeschränkte Auskunftspflicht gegenüber dem Gericht belehrt worden sind. [2]§ 8 Abs. 3 Satz 2 ist anzuwenden.

(4) Die Eintragung der gerichtlichen Ernennung oder Abberufung der Liquidatoren geschieht von Amts wegen.

Schrifttum

Gustavus, Handelsregisteranmeldungen, 7. Aufl 2009; *Jeep/Wiedemann*, Die Praxis der elektronischen Registeranmeldung, NJW 2007, 2439; *Krafka/Willer*, Registerrecht, 8. Aufl 2010; *Kühn*, Die Versicherung juristischer Personen als Abwickler von Kapitalge-

146 OLG Düsseldorf GmbHR 15, 816 (bei substantiiert dargelegter, werthaltiger Forderung gegen ehemaligen geschäftsführenden Alleingesellschafter).

147 OLG Düsseldorf GmbHR 15, 939 (zur Auswahl des Nachtragsliquidators für die Komplementär-GmbH einer GmbH & Co KG).

148 Scholz/*K Schmidt* Rn. 59; Ebenroth/Boujong/Joost/Strohn/*Henze*, HGB § 177 a Anh. A Rn. 287.

149 Scholz/*K Schmidt* Rn. 59; Ebenroth/Boujong/Joost/Strohn/*Henze*, HGB § 177 a Anh. A Rn. 288; aA MüKoGmbHG/*Müller* Rn. 91.

150 MüKoGmbHG/*Müller* Rn. 91; Roth/*Altmeppen* Rn. 55; Scholz/*K Schmidt* Rn. 59; OLG Düsseldorf NZG 16, 584, 585 zur Vertretungg einer aufgelösten GmbH & Co. KG in Liquidationsphase.

sellschaften, NZG 2012, 731; *Pfeifer*, Die Handelsregisteranmeldung des GmbH-Liquidators, RPfleger 2008, 408; *Sikora/Schwab*, Das EHKG in der notariellen Praxis, MittBayNot 2007, 1; *Wachter*, GmbHR 2007, 878. Weiteres Schrifttum bei § 66.

I. Allgemeines

1 Da die Liquidatoren in der Zeit zwischen Auflösung u. Beendigung Organvertreter der Gesellschaft sind, muss der Rechtsverkehr ihre Person u. ihre Befugnisse (Umfang u. Art der Vertretungsmacht) dem Handelsregister entnehmen können. Die Vorschrift regelt daher eine **Anmeldepflicht** bzw. **Eintragung vAw** sowie ihren Inhalt u. korreliert mit den §§ 6, 8, 39 bei Geschäftsführern. Abs. 2 wurde durch das EHUG vom 10.11.06[1] geändert u. der vormalige Abs. 5 (Unterschriftenprobe) aufgehoben. Das ARUG vom 30.7.09[2] modifizierte den Abs. 3.

II. Anmeldepflicht (Abs. 1, 4)

2 Die Vorschrift ist in allen Fällen einer Liquidation anwendbar, somit grds. auch dann, wenn ein Insolvenzverfahren mangels Masse nicht eröffnet (§ 60 I Nr. 5)[3] sowie wenn zugleich die Beendigung der Gesellschaft u. das Erlöschen der Firma[4] angemeldet werden. Die **Anmeldepflicht entfällt,** wenn die Gesellschaft wegen Vermögenslosigkeit gem. § 60 I Nr. 7 iVm § 394 FamFG vAw gelöscht wird, ferner bei Eröffnung des Insolvenzverfahrens. Für die Liquidation der Vorgesellschaft gilt § 67, der eine Eintragung des Rechtsträgers im Handelsregister voraussetzt, nicht.[5]

3 **Adressat der Anmeldepflicht** sind die jeweils amtierenden Liquidatoren als organschaftliche Vertreter der Gesellschaft (§ 78), oder, wenn Liquidator eine juristische Person ist, deren Organe bzw. gesetzliche Vertreter.[6] Ggf. ist ein Notliquidator gem. §§ 29, 48 I BGB analog zu bestellen.[7]

4 Sofern es keine anderweitig[8] bestellten Liquidatoren gibt, trifft die **erstmalige Anmeldepflicht** nach Auflösung grds. die **bisherigen Geschäftsführer,** allerdings in ihrer Eigenschaft **als geborene Liquidatoren** gem. § 66 I

1 BGBl. 06 I, S. 2553.
2 BGBl. 09 I, S. 2479.
3 Dazu BayObLG NJW-RR 88, 98; OLG Köln NZG 03, 340; *Ziegler*, RPfl 87, 287, 288 (keine Amtseintragung); MüKoGmbHG/*Müller* Rn. 6.
4 BayObLG WM 82, 1288, 1290; 1291, 1292; Lutter/Hommelhoff/*Kleindiek* Rn. 2.
5 BayObLG WM 82, 1288, 1290; MüKoGmbHG/*Müller* Rn. 6; Roth/*Altmeppen* Rn. 7; Scholz/*K Schmidt* Rn. 2; aA Bork/Schäfer/*Servatius* Rn. 3.
6 BeckOK/*Lorscheider* Rn. 2; Gehrlein/Born/Simon/Brünkmann/*Hofmann* Rn. 9; *Kühn*, NZG 12, 731, 732.
7 Hachenburg/*Hohner* Rn. 11; Rowedder/Schmidt-Leithoff/*Gesell* Rn. 3; Scholz/*K Schmidt* Rn. 8.
8 Zu deren Anmeldepflicht vgl. OLG Oldenburg GmbHR 05, 367, 368.

Hs. 1.[9] Denn die Vertretungsbefugnis als Geschäftsführer endet mit der Auflösung automatisch; Abs. 1 wollte keine Ausn. hierzu schaffen.[10] Die Geschäftsführer setzen also nicht ihr altes Amt fort, sondern beginnen ein neues. Etwas anderes gilt nur, wenn der Auflösungsbeschluss zugleich die Satzung ändert u. gem. § 54 III erst später wirksam wird. Bis dahin bleiben die Geschäftsführer im Amt u. melden in dieser Eigenschaft an.[11] Einer Anmeldung durch die geborenen Liquidatoren bedarf es sogar dann, wenn ihre Anzahl sowie Art u. Umfang der Vertretungsmacht sich inhaltlich ggü. der bisherigen Geschäftsführerfunktion nicht ändern.[12]

Anmeldepflichtig ist auch **jede spätere Veränderung**, insbes. in der Person 5 der Liquidatoren zB durch Abberufung, Neubestellung, Amtsniederlegung oder Tod, ferner eine Veränderung bei Art u. Umfang der Vertretungsmacht, die Beendigung der Liquidation oder auch die Beendigung des Liquidatorenamts wegen Fortsetzung der Gesellschaft.[13] Ein ausgeschiedener Liquidator kann von der Gesellschaft die Anmeldung verlangen, dass sein Amt erlosch.[14] Eigene Anmeldungsbefugnis hat er nach Verlust des Amts nicht mehr, selbst wenn es keine weiteren Liquidatoren mehr gibt. Daher wird teilweise empfohlen, die Niederlegung unter aufschiebender Bedingung zu erklären.[15]

Gerichtlich bestellte Liquidatoren u. durch das Gericht veranlasste Verän- 6 derungen im Liquidatorenamt werden gem. Abs. 4 vAw eingetragen.[16] Dies gilt auch für Not- und Nachtragsliquidatoren.[17]

Die Liquidatoren müssen die Anmeldepflicht **in vertretungsberechtigter 7 Zahl**[18] ggü. dem AG am statuarischen Sitz (§ 23 a I, II Nr. 3 GVG, §§ 374 Nr. 1, 376, 377 FamFG) erfüllen. Beim Antrag auf Eintragung im Handelsregister können sie sich vertreten lassen, insbes. durch einen Notar (§ 378 FamFG), wegen des Charakters als Verfahrenserklärung nicht aber bei der Anmeldung selbst.[19] Das Registergericht kann die Anmeldung gem. § 79, § 14 HGB mittels Zwangsgeld erzwingen,[20] es sei denn, dass die Anmeldung per einstweiliger Verfügung untersagt ist.[21] Die Gesellschaft, vertreten durch die Gesellschafter (§ 46 Nr. 8) kann auf Mitwirkung klagen, wobei sich die Vollstreckung nach § 894 ZPO richtet.[22]

9 BeckOK/*Lorscheider* Rn. 2; BGH ZIP 07, 1367 Rn. 11.
10 BayObLG NJW-RR 88, 98; GmbHR 94, 478; OLG Oldenburg GmbHR 05, 367; Lutter/Hommelhoff/*Kleindiek* Rn. 2; MüKoGmbHG/*Müller* Rn. 5.
11 BayObLG GmbHR 94, 478; Lutter/Hommelhoff/*Kleindiek* Rn. 2; MüKoGmbHG/*Müller* Rn. 5; Roth/*Altmeppen* Rn. 6.
12 Lutter/Hommelhoff/*Kleindiek* Rn. 2.
13 Lutter/Hommelhoff/*Kleindiek* Rn. 4.
14 MüKoGmbHG/*Müller* Rn. 7; Scholz/*K Schmidt* Rn. 8.
15 OLG Jena GmbHR 17, 1047; OLG Zweibrücken GmbHR 99, 479; Bork/Schäfer/*Servatius* Rn. 3; MüKoGmbHG/*Müller* Rn. 7.
16 Lutter/Hommelhoff/*Kleindiek* Rn. 6.
17 OLG Bremen NZG 16, 626, 627.
18 Roth/*Altmeppen* Rn. 5 (e contrario § 78 S. 2); Michalski/*Nerlich* Rn. 11; MüKoGmbHG/*Müller* Rn. 8; Scholz/*K Schmidt* Rn. 8.
19 Lutter/Hommelhoff/*Kleindiek* Rn. 5.
20 Michalski/*Nerlich* Rn. 14; MüKoGmbHG/*Müller* Rn. 10; Scholz/*K Schmidt* Rn. 13; Ulmer/*Paura* Rn. 11.
21 MüKoGmbHG/*Müller* Rn. 10 mwN.
22 Bork/Schäfer/*Servatius* Rn. 13.

Hinweis: Die Anmeldung wird zweckmäßiger Weise mit derjenigen gem. § 65 verbunden.[23]

III. Inhalt und Anlagen

1. Inhalt

8 **Anzumelden sind** Familienname, Vorname, Geburtsdatum u. Wohnort (nicht: Privatanschrift) aller Liquidatoren (§ 43 Nr. 4 b HRV), die generelle Vertretungsregelung für ein mehrköpfiges Organ (selbst wenn der vorgesehene *einzige* Liquidator notwendiger Weise einzelvertretungsberechtigt ist),[24] die konkrete Vertretungsbefugnis des einzelnen Liquidators[25] u. etwaige Befreiungen von den Beschränkungen des § 181 BGB.[26] Ergeben sich die Angaben aus der Satzung, genügt in der Anmeldung eine Verweisung hierauf, ohne dass es einer weiteren Erklärung mit entspr. Versicherung über eine abw. Bestellung bedarf.[27]

9 Anzumelden sind ferner der Grund der Bestellung sowie in entspr. Anwendung des § 39 I[28] die Beendigung der Befugnis derjenigen, die anlässlich der Auflösung nicht mehr Geschäftsführer sind (selbst im Fall des § 66 I Hs. 1).[29] Notfalls enthält die Anmeldung der ersten Liquidatoren stillschweigend die Erklärung, dass die Vertretungsbefugnis der bisherigen Geschäftsführer erloschen ist.[30]

▶ Durch Beschluss der Gesellschafterversammlung vom ... ist die Gesellschaft aufgelöst. Die Vertretungsbefugnis der bisherigen Geschäftsführer ist erloschen.

Die allgemeine Vertretungsregel lautet: Ist nur ein Liquidator bestellt, so vertritt dieser die Gesellschaft alleine. Sind mehrere Liquidatoren bestellt, so wird die Gesellschaft durch zwei Liquidatoren gemeinsam oder durch einen Liquidator gemeinsam mit einem Prokuristen vertreten.

Zum Liquidator wurde mit Wirkung zum ... Herr ..., geboren am ..., wohnhaft ... bestellt.

Er vertritt stets einzeln und ist berechtigt, als Liquidator Rechtsgeschäfte mit sich selbst oder mit sich als Vertreter Dritter abzuschließen (Befreiung von den Beschränkungen des § 181 BGB). ◀

---

23 Zur kostenrechtlichen Behandlung BGH NZG 17, 28 (Notarkosten); OLG Oldenburg MittBayNot 05, 71.

24 BGH NZG 07, 595; BayObLG GmbHR 94, 478, 479; OLG Dresden GmbHR 05, 1310; OLG München MittBayNot 11, 161; Gehrlein/Born/Simon/Brünkmann/*Hofmann* Rn. 7; MüKoGmbHG/*Müller* Rn. 4; Roth/*Altmeppen* Rn. 3; Ulmer/*Paura* Rn. 5; *Reymann*, GmbHR 09, 176, 177; *Wachter*, GmbHR 07, 878; aA OLG Hamm GmbHR 05, 1308; Scholz/*K Schmidt* Rn. 3.

25 BGH NZG 07, 595; Lutter/Hommelhoff/*Kleindiek* Rn. 9; Hachenburg/*Hohner* Rn. 4; Michalski/*Nerlich* Rn. 9; wohl aA MüKoGmbHG/*Müller* Rn. 4 jedoch mit Ausn. bei bestehender Sonderregelung.

26 Baumbach/Hueck/*Haas* Rn. 3; MüKoGmbHG/*Müller* Rn. 4; Rowedder/Schmidt-Leithoff/*Gesell* Rn. 2.

27 LG Bremen ZIP 94, 1186; Lutter/Hommelhoff/*Kleindiek* Rn. 7; aA OLG Hamm GmbHR 88, 66; 05, 1308; Scholz/*K Schmidt* Rn. 3; SystPrKomm/*Grziwotz* Rn. 8.

28 Baumbach/Hueck/*Haas* Rn. 4.

29 OLG Köln GmbHR 85, 23, 24; Roth/*Altmeppen* Rn. 4.

30 BayObLG GmbHR 94, 480, 481; einschränkend auf die Erklärung gekorener Liquidatoren Roth/*Altmeppen* Rn. 4; so auch MüKoGmbHG/*Müller* Rn. 6; aA Lutter/Hommelhoff/*Kleindiek* Rn. 5.

Bei **Veränderungen** ist deren Inhalt anzumelden. Eine zwingende Notwendigkeit, auch den Zeitpunkt der Veränderung anzugeben, besteht nicht, weil durch dessen Eintragung ein bestehender Vertrauensschutz ohnehin nicht rückwirkend beseitigt werden könnte.[31] 10

2. Form

Anmeldungen zum Handelsregister erfolgen **elektronisch in öffentlich beglaubigter Form** (§ 12 I HGB iVm § 129 BGB, § 39 a BeurkG).[32] Mit Wegfall des § 13 c HGB ist eine Anmeldung mit entsprechend vielen Stücken bei Bestehen etwaiger inländischer Zweigniederlassungen nicht (mehr) erforderlich,[33] sie sollte jedoch zeitnah erklärt sein. 11

3. Versicherungen und Anlagen (Abs. 2, 3)

Jeder[34] **Liquidator,** nicht nur die Anmeldenden, bei juristischen Personen oder Personenhandelsgesellschaften als Liquidatoren deren gesetzliche Vertreter,[35] muss sich gem. Abs. 3 (vgl. §§ 8 III, 39 III) in der Anmeldung u. somit in öffentlich beglaubigter Form zu etwaigen **Bestellungshindernissen** iSv § 6 II 2 Nr. 2 u. 3, 3 (nicht: § 6 II 2 Nr. 1) erklären.[36] Die früher hM verlangte insoweit, dass sich die Erklärung konkret auf jedes einzelne Bestellungshindernis bezieht.[37] Der BGH folgte dieser Ansicht jedoch nicht; er lässt auch eine pauschale Verneinung und allgemeine Floskeln (…"noch nie wegen einer Straftat verurteilt"…) genügen.[38] Der Liquidator muss ferner versichern, dass er entspr. § 53 II BZRG über seine uneingeschränkte Auskunftspflicht insoweit, die auch nicht in das polizeiliche Führungszeugnis aufgenommene Verurteilungen erfasst (vgl. § 32 II–IV BZRG), belehrt wurde. Diese Belehrung nimmt in der Praxis regelmäßig der die Anmeldung beglaubigende Notar vor, ggf. ein anderer Notar.[39] Falschangaben sind gem. § 82 I Nr. 5 strafbar. Die Versicherung bezweckt einerseits, dem Registergericht die Prüfung zu erleichtern, ob ein Bestellhindernis vorliegt.[40] Andererseits wird die Einholung einer Auskunft beim Bundeszentralregister überflüssig.[41] 12

---

31 Michalski/*Nerlich* Rn. 8; Scholz/*K Schmidt* Rn. 4.
32 Zu Einzelheiten *Jeep/Wiedemann*, NJW 07, 2439; *Sikora/Schwab*, MittBayNot 07, 1; MüKoGmbHG/*Müller* Rn. 9.
33 MüKoGmbHG/*Müller* Rn. 9; OLG Karlsruhe NJW-RR 15, 420 mit Formulierungshilfe.
34 Baumbach/Hueck/*Haas* Rn. 11; BeckOK/*Lorscheider* Rn. 6; Henssler/Strohn/*Büteröwe* Rn. 9; Scholz/*K Schmidt* Rn. 12; krit. Bork/Schäfer/*Servatius* Rn. 15.
35 Gehrlein/Born/Simon/Brünkman/*Hofmann* Rn. 20; Ulmer/*Paura* Rn. 16.
36 Zum Bestellungshindernis „Berufsverbot" OLG Frankfurt GmbHR 15, 863.
37 OLG München NZG 09, 717, 719; Nachw. ferner bei BGH NZG 10, 829, 830 Rn. 10.
38 BGH NZG 10, 829, 830; anders noch OLG München NZG 09, 717, 719; BayObLG BB 84, 238; MüKoGmbHG/*Müller* Rn. 18; vgl. auch OLG Schleswig NZG 15, 232: Wiedergabe des Gesetzeswortlauts bei Versicherung des Liquidators unzureichend *Weiß*, GmbHR 13, 1076, 1081 f.
39 LG Bremen GmbHR 99, 865; SystPrKomm/*Grziwotz* Rn. 6.
40 Zur Prüfungspflicht bei einer GmbH oder AG als Liquidator *Kühn*, NZG 12, 731, 732.
41 OLG München ZIP 09, 1320, 1321; Baumbach/Hueck/*Haas* Rn. 10; MüKoGmbHG/*Müller* Rn. 18.

▶ Der neue Liquidator versichert:
- Ich bin von dem beglaubigenden Notar über die unbeschränkte Auskunftspflicht nach § 53 Abs. 2 des Gesetzes über das Zentralregister und das Erziehungsregister belehrt worden.
- Mir ist gegenwärtig weder durch gerichtliches Urteil noch durch vollziehbare Entscheidung der Verwaltungsbehörde die Ausübung eines Berufes, Berufszweiges, Gewerbes oder Gewerbezweiges untersagt.
- Ich bin in den letzten fünf Jahren weder im Inland noch im Ausland rechtskräftig wegen einer vorsätzlichen Straftat der Insolvenzverschleppung nach den § 15 a Abs. 4 InsO, Insolvenzstraftaten nach den §§ 283–283 d StGB, falsche Angaben nach § 82 GmbHG und § 399 AktG, unrichtige Darstellung nach § 400 AktG, § 331 HGB, § 313 UmwG oder § 17 PubG oder nach den §§ 263, 263 a, 264, 264 a, 265 b, 266 und 266 a StGB (Betrug, Computerbetrug, Subventionsbetrug, Kapitalanlagebetrug, Kreditbetrug, Untreue und Vorenthalten und Veruntreuen von Arbeitsentgelt) verurteilt worden. Mir ist bekannt, dass in die Frist die Zeit nicht eingerechnet wird, in welcher der Täter auf behördliche Anordnung in einer Anstalt verwahrt worden ist. ◀

13 **Gerichtlich bestellte Liquidatoren** müssen die Versicherung nach hM nicht abgeben; das Gericht hat die betr. Tatsachen zuvor vAw (§ 26 FamFG) zu prüfen u. veranlasst die erforderliche Eintragung im Handelsregister.[42] Die Pflicht, die Versicherung abzugeben, trifft jedoch **alle nicht gerichtlich bestellten Liquidatoren**, auch die vorherigen Geschäftsführer als geborene Liquidatoren.[43] Eine Verweisung auf ihre frühere Versicherung als Geschäftsführer genügt nicht, da sie ein neues Amt antreten.[44] Bei juristischen Personen oder Personenhandelsgesellschaften als Liquidator richtet sich die Verpflichtung, die Versicherung abzugeben, an ihre gesetzlichen Vertreter.[45]

14 Die Unterschriftsprobe (Abs. 5 aF) entfiel mit der Umstellung auf das elektronische Handelsregister. In Urschrift oder öffentlich beglaubigter Abschrift sind jedoch die Nachweisurkunden über Person der Liquidatoren, ihre Vertretungsbefugnis, ihre Bestellung bzw. Abberufung u. eingetretene Veränderungen beizulegen, zB Satzung, Protokoll des Gesellschafterbeschlusses, Amtsniederlegung, Sterbeurkunde im Todesfall (vgl. § 39 II).[46] Eine Versicherung, dass die Gesellschafterversammlung keinen anderen als den durch Satzung gekorenen Liquidator bestellt hat, kann nicht verlangt werden.[47]

---

42 BayObLG BB 87, 1625, 1626; Baumbach/Hueck/*Haas* Rn. 14 f.; Lutter/Hommelhoff/*Kleindiek* Rn. 8; aA Bork/Schäfer/*Servatius* Rn. 17; Hachenburg/*Hohner* Rn. 15; Michalski/*Nerlich* Rn. 15; Rowedder/Schmidt-Leithoff/*Gesell* § 66 Rn. 20; Scholz/*K Schmidt* Rn. 12 (Abgabe im Bestellungsverfahren; insoweit auch strafbewehrt).
43 BayObLG WM 82, 1288, 1290; 1291, 1292; MüKoGmbHG/*Müller* Rn. 21, 22; Roth/*Altmeppen* Rn. 11; Ulmer/*Paura* Rn. 16.
44 Baumbach/Hueck/*Haas* Rn. 11; Lutter/Hommelhoff/*Kleindiek* Rn. 8; MüKoGmbHG/*Müller* Rn. 22; einschränkend BayObLG BB 87, 1625, 1626; Scholz/*K Schmidt* Rn. 12.
45 Baumbach/Hueck/*Haas* Rn. 11; MüKoGmbHG/*Müller* Rn. 22.
46 Henssler/Strohn/*Büteröwe* Rn. 8; MüKoGmbHG/*Müller* Rn. 14.
47 LG Bremen ZIP 94, 1186; Hachenburg/*Hohner* Rn. 12; tw str. Lutter/Hommelhoff/*Kleindiek* Rn. 7; MüKoGmbHG/*Müller* Rn. 13; Roth/*Altmeppen* Rn. 12; Ulmer/*Paura* Rn. 16; aA Baumbach/Hueck/*Haas* Rn. 9; Michalski/*Nerlich* Rn. 10; Scholz/*K Schmidt* Rn. 11.

IV. Eintragung und Bekanntmachung

Das **Registergericht** trägt die Liquidatoren mit ihrem Namen (Vorname, Familienname), Geburtsdatum u. Wohnort ein (§ 43 Nr. 4 HRV), ferner die abstrakte Vertretungsregelung nebst Änderungen[48] sowie die konkrete Vertretungsbefugnis, nicht aber den Zeitpunkt der Bestellung oder einer Veränderung. Für die **registerrechtliche Bekanntmachung** gelten §§ 10, 11 HGB. Zur Mitteilung an die Beteiligten vgl. § 383 I FamFG. Geringfügige Abwicklungstätigkeit eines Nachtragsliquidators ist im Ermessen des Registergerichts nicht eintragungspflichtig.[49] 15

Der **Gutglaubensschutz** bei unterlassener Eintragung u. unrichtiger Bekanntmachung richtet sich nach § 15 I, III HGB. Wurde zwar die Auflösung, nicht aber der Liquidator eingetragen, gelten die Geschäftsführer im Verhältnis zu gutgläubigen Dritten als geborene Liquidatoren, selbst wenn ihr Amt mit der Auflösung geendet haben sollte u. dies aus dem zum Registergericht eingereichten Gesellschaftsvertrag ersichtlich wäre.[50] Die Eintragung muss trotz § 15 II HGB einer etwaigen **Rechtsscheinvollmacht des bisherigen Geschäftsführers** nicht zwingend entgegenstehen, wenn die Gesellschaft entspr. Anknüpfungspunkte bietet.[51] Die Wirkungen des § 15 HGB gelten auch für (unterlassene) Eintragungen gem. Abs. 4. 16

Für die Wirksamkeit der Bestellung oder Abberufung oder einer Veränderung im Liquidatorenamt spielt die Eintragung keine Rolle; sie hat insoweit lediglich **deklaratorischen Charakter.**[52] 17

V. Kosten

Mit Inkrafttreten des Gerichts- und Notarkostengesetzes (GNotKG) am 1.8.13 ist die Kostenordnung (KostO) abgelöst worden. Der **Geschäftswert** der Anmeldung bestimmt sich nach § 67 I Nr. 1 GNotKG iVm § 375 Nr. 6 FamFG u. beträgt 60.000 EUR. Zu beachten: nur ein Beurkundungsgegenstand bei gleichzeitiger Anmeldung der Auflösung KG, Abberufung Geschäftsführer und Bestellung Liquidator.[53] Die Kosten der Eintragung des Liquidators im Handelsregister bestimmen sich nach § 3 II GNotKG iVm Anl 1 GNotKG, soweit Gebühren nicht aufgrund einer Rechtsverordnung nach § 58 I GNotKG erhoben werden. Hinzu kommen die **Kosten der Bekanntmachung.**[54] 18

VI. GmbH & Co KG

Für die Komplementär-GmbH bleibt es bei § 67. Die KG unterliegt jedoch § 148 HGB, wonach jeweils sämtliche Gesellschafter die Liquidatoren sowie etwaige Veränderungen zum Handelsregister anzumelden haben. Der *Gesellschaftsvertrag sollte* zweckmäßigerweise regeln, dass alle Handelsre- 19

48 BGH GmbHR 07, 877; MüKoGmbHG/*Müller* Rn. 4: auch beim Einzelliquidator.
49 OLG München ZIP 10, 2204 mwN.
50 IdS auch Roth/*Altmeppen* Rn. 8; MüKoGmbHG/*Müller* Rn. 24.
51 OLG Koblenz NJW-RR 91, 808, 809; Roth/*Altmeppen* Rn. 9; § 66 Rn. 5 mwN.
52 OLG Köln BB 84, 1066, 1067; BeckOK/*Lorscheider* Rn. 8; Scholz/*K. Schmidt* Rn. 5; *Wicke* Rn. 4.
53 OLG Hamm NZG 17, 465.
54 Überblick bei www.bundesanzeiger.de.

gisteranmeldungen durch die Komplementär-GmbH als Vertreter aller Gesellschafter erfolgen.[55] Für die Publikum-KG darf man dies auch ohne explizite gesellschaftsvertragliche Regelung als gewollt annehmen.[56] Eine analoge Anwendung des § 67 anstelle des sperrigen § 148 HGB kommt mangels Regelungslücke nicht in Betracht.[57]

§ 68 Zeichnung der Liquidatoren

(1) [1]Die Liquidatoren haben in der bei ihrer Bestellung bestimmten Form ihre Willenserklärungen kundzugeben und für die Gesellschaft zu zeichnen. [2]Ist nichts darüber bestimmt, so muß die Erklärung und Zeichnung durch sämtliche Liquidatoren erfolgen.

(2) Die Zeichnungen geschehen in der Weise, daß die Liquidatoren der bisherigen, nunmehr als Liquidationsfirma zu bezeichnenden Firma ihre Namensunterschrift beifügen.

Schrifttum

Geißler, Die Gesellschafterrechte in der Liquidation der GmbH, DZWiR 2013, 1; *Hofmann*, Die Liquidation der GmbH, GmbHR 1987, 229; *Reymann*, Die Vertretungsbefugnis der Liquidatoren bei der GmbH, GmbHR 2009, 176; *Terner*, Die Befreiung des GmbH-Liquidators von den Beschränkungen des § 181 BGB, DStR 2017, 160; Wälzholz, Die Vertretung der GmbH im Liquidationsstadium, GmbHR 2002, 305.

I. Allgemeines

1 **Regelungsgegenstand** der unglücklich formulierten Vorschrift ist in Abs. 1 die **organschaftliche Vertretungsbefugnis der Liquidatoren** (s. § 70 zur Geschäftsführungsbefugnis) u. in Abs. 2 die Firmenergänzung im Abwicklungsstadium. Der Gesetzgeber hat die Vorschrift trotz der bisherigen Parallelität nicht entspr. den Deregulierungen zu § 35 durch das MoMiG angepasst.

II. Vertretungsbefugnis (Abs. 1 S. 2)

1. Gesetzlicher Regelfall der Gesamtvertretung

2 Abs. 1 betrifft die **Außenvertretung der GmbH.** S. 2 bestimmt für die Abgabe von Willenserklärungen der GmbH die **Gesamtvertretung/gemeinschaftliche Vertretung** durch alle Liquidatoren (Kollegialprinzip) zum **dispositi-**

55 Ebenroth/Boujong/Joost/*Hillmann*, HGB, § 148 Rn. 3; MüKoHGB/*K Schmidt* § 148 Rn. 4; MüKoGmbHG/*Müller* Rn. 25; Scholz/*K Schmidt* Rn. 18.
56 MüKoGmbHG/*Müller* Rn. 25; Scholz/*K Schmidt* Rn. 18; Ulmer/*Paura* Rn. 20.
57 Scholz/*K Schmidt* Rn. 18.

ven gesetzlichen Regelfall, der gleichermaßen für geborene wie gekorene Liquidatoren gilt. Die Liquidatoren können sich aber auch iR von § 68 rechtsgeschäftlich untereinander wechselseitig bevollmächtigen u. nachträglich Genehmigungen erteilen.[1] Auch die Gesellschafterversammlung kann Handeln ohne Vertretungsmacht genehmigen.[2] Der **einzige vorgesehene Liquidator** vertritt die Gesellschaft allein.[3] Wollen die Gesellschafter keinen weiteren Liquidator bestellen, müssen sie alternativ zu § 68 für den Fall eines mehrköpfigen Organs auch keine abstrakte Vertretungsregelung schaffen.[4]

Der letzte von mehreren gesamtvertretungsberechtigten Liquidatoren erlangt durch Wegfall der übrigen keine Einzelvertretungsmacht,[5] so dass ein weiterer Liquidator bestellt oder die Vertretungsregelung geändert werden muss, sofern die Statuten nicht dem letztverbleibenden Liquidator Einzelvertretungsmacht einräumen.[6] Erteilte **Prozessvollmachten** bleiben analog § 86 ZPO bestehen.[7] 3

Für **Passivvertretungen u. Zustellungen** (§ 170 III ZPO) ist jeder einzelne Liquidator einzelvertretungsberechtigt (§ 35 II 2 analog in Bezug auf § 69),[8] wobei Erklärungen bzw. Zustellungen an die im Handelsregister eingetragene Geschäftsanschrift gerichtet werden können (§ 35 II 3 analog).[9] Diese Regelung ist weder für die Gesellschafter noch für das Gericht dispositiv.[10] Auch das Wissen nur eines Liquidators muss sich die Gesellschaft zurechnen lassen (§ 166 BGB).[11] 4

Hat die Gesellschaft keinen Liquidator, ist sie **führungslos** u. wird beim Empfang von Willenserklärungen u. bei Zustellungen durch die Gesellschafter vertreten (§ 35 I 2),[12] ggf. auch durch einen Zustellungsempfänger (§ 10 II 2), ferner durch Prokuristen und Handlungsbevollmächtigte iR ihrer Vertretungsbefugnisse. 5

1 Baumbach/Hueck/*Haas* Rn. 2; Lutter/Hommelhoff/*Kleindiek* Rn. 2; MüKoGmbHG/*Müller* Rn. 2; Scholz/*K Schmidt* Rn. 4.
2 Baumbach/Hueck/*Haas* Rn. 2; MüKoGmbHG/*Müller* Rn. 2; Scholz/*K Schmidt* Rn. 4.
3 Lutter/Hommelhoff/*Kleindiek* Rn. 2; MüKoGmbHG/*Müller* Rn. 3.
4 OLG Hamm GmbHR 05, 1308, 1309; MüKoGmbHG/*Müller* § 67 Rn. 4; Roth/*Altmeppen* § 67 Rn. 3; Ulmer/*Paura* § 67 Rn. 3.
5 BGHZ 121, 263, 264; OLG Hamburg GmbHR 88, 67, 67; OLG Frankfurt GmbHR 88, 68 f.; Lutter/Hommelhoff/*Kleindiek* Rn. 3; MüKoGmbHG/*Müller* Rn. 3; Scholz/*K Schmidt* Rn. 4; Ulmer/*Paura* Rn. 10; einschränkend Roth/*Altmeppen* Rn. 7: nur, wenn Einzelvertretungsmacht generell unerwünscht, iZw jedoch Einzelvertretungsbefugnis des letzten Liquidators.
6 BGH ZIP 07, 1406.
7 BGH GmbHR 93, 508, 509; OLG Stuttgart BeckRS 08, 25378 zur Gesamtvertretung.
8 Lutter/Hommelhoff/*Kleindiek* Rn. 2; MüKoGmbHG/*Müller* Rn. 14; Roth/*Altmeppen* Rn. 2; Scholz/*K Schmidt* Rn. 7.
9 Zur Zulässigkeit eines c/o-Zusatzes in der Geschäftsanschrift OLG Hamm NZG 15, 833; erneut OLG Hamm NZG 16, 386.
10 Baumbach/Hueck/*Haas* Rn. 3; MüKoGmbHG/*Müller* Rn. 14; Scholz/*K Schmidt* Rn. 7.
11 Lutter/Hommelhoff/*Kleindiek* Rn. 5; Hachenbach/*Hohner* Rn. 12.
12 MüKoGmbHG/*Müller* Rn. 15; *Wicke* Rn. 1; Ulmer/*Paura* Rn. 13.

2. Abweichungen durch Satzung/Gesellschafterbeschluss

6 Die **Satzung** kann die Vertretungsmacht **abw. Vom gesetzlichen Regelfall** festlegen. Einzelvertretungsmacht aller Liquidatoren oder nur für einzelne, Gesamtvertretungsmacht je zweier, unechte oder gemischte Gesamtvertretungsmacht mit einem Prokuristen, den es auch in der Liquidation geben kann,[13] sind somit möglich.[14] Als organschaftlicher Vertreter darf der Liquidator jedoch nicht an die Mitwirkung eines Prokuristen gebunden sein, sondern lediglich der Prokurist an die Mitwirkung des Liquidators.[15] Die statuarischen Vertretungsregelungen für den Liquidator treten mit dem Auflösungsfall in Kraft.[16]

7 Die **vorherigen Geschäftsführer-Regelungen** zum Umfang der Vertretungsmacht gelten für den geborenen Liquidator nur dann automatisch weiter, wenn sie **satzungsgemäß** – ggf. mittels Auslegung – **auch im Liquidationsfall anwendbar** sein sollen. Andernfalls bleibt es nach hM bei dem Leitbild der Gesamtvertretung gem. § 68 I 2, welches nicht nach geborenen oder gekorenen Liquidatoren differenziert.[17] Die durch die Auflösung bedingte Zweckänderung der Gesellschaft u. die im Liquidationsverfahren neue Ausbalancierung von Gläubiger- u. Gesellschafterinteressen stehen der Vermutung entgg, dass die bisherigen Regeln auch in der Liquidation uneingeschränkt anwendbar bleiben. Wünschen die Gesellschafter eine solche Fortgeltung, ist ihnen eine Satzungsregelung oder zumindest eine entspr. Beschlussfassung anlässlich des Auflösungsfalls zumutbar. Die Amtskontinuität hat somit **keine Kompetenzkontinuität** zur Folge.[18] Die Geschäftsführer-Bestimmungen gelten auch nicht für den gekorenen Liquidator.[19]

8 Die Gesellschafterversammlung kann die **Vertretungsbefugnis** jederzeit u. somit auch nachträglich[20] **durch Gesellschafterbeschluss** gestalten.[21] Hierfür sprechen das Abberufungsrecht gem. § 66 III 2 u. die ggü. § 35 II 1 („es sei denn, der Gesellschaftsvertrag …") deutlich weitergehende Formulierung des § 68 I 2 („ist nichts anderes bestimmt"). Ein statuarisches Sonder-

---

13 Nunmehr allgM, vgl. Baumbach/Hueck/*Haas* Rn. 8; Lutter/Hommelhoff/*Kleindiek* Rn. 2; MüKoGmbHG/*Müller* Rn. 4, 13; Scholz/*K Schmidt* Rn. 6.

14 Lutter/Hommelhoff/*Kleindiek* Rn. 2; MüKoGmbHG/*Müller* Rn. 4; Roth/*Altmeppen* Rn. 8.

15 Baumbach/Hueck/*Haas* Rn. 8; Michalski/*Nerlich* Rn. 12; MüKoGmbHG/*Müller* Rn. 13; Rowedder/Schmidt-Leithoff/*Gesell* Rn. 5; Scholz/*K Schmidt* Rn. 6.

16 Roth/*Altmeppen* § 66 Rn. 23.

17 BGH ZIP 09, 34, 35; BayObLG GmbHR 97, 176, 177; OLG Frankfurt ZIP 12, 1076, 1078; OLG Düsseldorf GmbHR 89, 465, 466; OLG Rostock NZG 04, 288; Baumbach/Hueck/*Haas* Rn. 4; Hachenburg/*Hohner* Rn. 7, 9; Lutter/Hommelhoff/*Kleindiek* Rn. 2; MüKoGmbHG/*Müller* Rn. 6; Rowedder/Schmidt-Leithoff/*Gesell* Rn. 3; *Reymann*, GmbHR 09, 176; aA OLG Saarbrücken OLGRep 01, 227; BayObLG GmbHR 94, 478, 479; Roth/*Altmeppen* § 66 Rn. 15; Scholz/*K Schmidt* Rn. 5.

18 MüKoGmbHG/*Müller* Rn. 5; Scholz/*K Schmidt* Rn. 5.

19 Baumbach/Hueck/*Haas* Rn. 4; Michalski/*Nerlich* § 67 Rn. 10; Rowedder/Schmidt-Leithoff/*Gesell* Rn. 3; Scholz/*K Schmidt* Rn. 5; diff. *Wälzholz*, GmbHR 02, 305, 306.

20 BGH ZIP 09, 34, 35; Hachenburg/*Hohner* Rn. 6; Michalski/*Nerlich* Rn. 7; MüKoGmbHG/*Müller* Rn. 8; *Reymann*, GmbHR 09, 176, 177.

21 BeckOK/*Lorscheider* Rn. 5; Lutter/Hommelhoff/*Kleindiek* Rn. 2; MüKoGmbHG/*Müller* Rn. 6, 8; Roth/*Altmeppen* Rn. 9.

recht darf jedoch nur aus wichtigem Grund oder mit Zustimmung des Betroffenen abw. Gestaltet werden.

Für diese Beschlussfassung genügt vorbehaltlich eines anderen statuarischen Mehrheitserfordernisses **einfache Mehrheit.**[22] 9

§ 66 III 2 trägt hingg. Nicht, dass die Gesellschafterversammlung mit einfacher Mehrheit von bestehenden statuarischen Vertretungsregelungen dauerhaft abweicht, sondern rechtfertigt insofern nach wohl hM **allenfalls eine Sonderregelung im Einzelfall.**[23] Darüber hinausgehend ist zumindest eine satzungsändernde Mehrheit gem. den Grundsätzen zu satzungsdurchbrechenden Beschlüssen (hierzu → § 53 Rn. 19 ff.) zu verlangen.[24] Einer Satzungsänderung bedarf es, wenn die statuarische Regelung generell beseitigt werden soll.[25] 10

Anders als die eigentliche Bestellung (s. dazu → § 66 Rn. 24) darf die Bestimmung der Vertretungsmacht auf andere Organe (zB Aufsichtsrat, Beirat oder Verwaltungsrat) übertragen werden.[26] 11

3. Sachlicher Umfang

Die Vertretungsmacht der Liquidatoren ist nicht durch den Liquidationszweck begrenzt, sondern wie beim Geschäftsführer nach heute hM **inhaltlich unbeschränkt u. unbeschränkbar** (vgl. §§ 70, 71 IV, 37).[27] Allerdings liegt zum Schutz der Gesellschaft die Anwendung der Grundsätze über den **Missbrauch der Vertretungsmacht** besonders nahe, wenn dem Geschäftspartner die Abwicklung bekannt gemacht ist (vgl. Abs. 2).[28] **Verstöße** gegen den Liquidationszweck können Ersatzansprüche der GmbH gegen den Liquidator zur Folge haben (§§ 71, 37, 43). 12

4. Befreiung von Beschränkungen des § 181 BGB

Auch die Liquidatoren als organschaftliche Vertreter der Gesellschaft unterliegen den **Beschränkungen des § 181 BGB**, können davon jedoch befreit werden.[29] Die einem Geschäftsführer erteilte Befreiung, ob in der Sat- 13

22 Baumbach/Hueck/*Haas* Rn. 5; MüKoGmbHG/*Müller* Rn. 9; OLG München MittBayNot 11, 161, 162 (lässt konkludente Beschlussfassung genügen).

23 BGH ZIP 09, 34, 35; Baumbach/Hueck/*Haas* Rn. 5; Scholz/*K Schmidt* Rn. 5 a; Ulmer/*Paura* Rn. 5 f.; aA Lutter/Hommelhoff/*Kleindiek* Rn. 2; MüKoGmbHG/*Müller* Rn. 9; Rowedder/Schmidt-Leithoff/*Gesell* Rn. 4 (jew auch dauerhafte Abweichung); strenger Roth/*Altmeppen* Rn. 10, 12 (nicht einmal Einzelfallregelung).

24 Roth/*Altmeppen* Rn. 10, 12; Scholz/*K Schmidt* Rn. 5 f.; Ulmer/*Paura* Rn. 5 f.; aA Baumbach/Hueck/*Haas* Rn. 5; Lutter/Hommelhoff/*Kleindiek* Rn. 2; MüKoGmbHG/*Müller* Rn. 9 (jeweils einfache Mehrheit ausreichend).

25 Roth/*Altmeppen* Rn. 12.

26 Baumbach/Hueck/*Haas* Rn. 7; MüKoGmbHG/*Müller* Rn. 11; Ulmer/*Paura* Rn. 8; einschränkend (Grenzen des § 269 III 2 AktG analog) Rowedder/Schmidt-Leithoff/*Gesell* Rn. 4.

27 BeckOK/*Lorscheider* Rn. 2; Roth/*Altmeppen* Rn. 2; BGHZ 36, 207 zu Vertretungsmacht im Prozess über Auflösungsbeschluss; Scholz/*K Schmidt* § 70 Rn. 3; aA Lutter/Hommelhoff/*Kleindiek* Rn. 5 mwN.

28 Lutter/Hommelhoff/*Kleindiek* Rn. 5; *Schmidt*, AcP 174 (74), 55, 68 f. u. 184 (84), 529, 534 ff.; BGH ZIP 84, 312; MüKoHGB/*K Schmidt* § 149 Rn. 52.

29 BeckOK/*Lorscheider* Rn. 2, 7; ausführlich*Terner*, DStR 17, 160; OLG Köln ZIP 17, 79; aA OLG Zweibrücken GmbHR 11, 1209.

zung oder durch Gesellschafterbeschluss[30] auf der Grundlage einer statuarischen Ermächtigung, gilt nach hM nicht für Liquidatoren,[31] ob geborene, gekorene oder durch Gesellschafterbeschluss bestellte. Denn Geschäftsführer u. Liquidator haben unterschiedliche Aufgaben. Die Gesellschafter müssen somit anlässlich der Auflösung über eine etwaige **Befreiung des Liquidators gesondert** u. vorbehaltlich anderslautender Satzungsregelung mit einfacher Mehrheit[32] **entscheiden**, sofern sich eine solche Befreiung für den Liquidator noch nicht aus der Satzung ergibt. Eine bzgl. des Geschäftsführers bestehende **Ermächtigungsgrundlage** im Gesellschaftsvertrag gilt iZw (§§ 133, 157, 242 BGB) auch für den Liquidator,[33] ist aber wegen der Risikoanfälligkeit einer Befreiung in dieser Phase des Unternehmens auch **erforderlich** für Rechtssicherheit und Rechtsklarheit.[34] Dies gilt auch für den Einmann-Gesellschafter-Liquidator, für den eine Befreiung ebenfalls eine Ermächtigung im Gesellschaftsvertrag voraussetzt.[35] Satzungsänderungen sind auch während der Liquidation zulässig. Fazit für die Praxis: Aufnahme einer Regelung in die Satzung, wonach die Befreiung auch auf den Liquidator Anwendung findet (sofern gewollt).

5. Gerichtlich bestellte Liquidatoren

14 Ein gerichtlich bestellter Liquidator (§ 66 II), einschl. der Not- (§§ 29, 48 BGB analog) sowie Nachtragsliquidator (§ 66 V, 273 IV AktG analog) leitet Art u. Umfang seiner **Vertretungsbefugnis primär aus der gerichtlichen Entscheidung** ab.[36] Das Gericht kann von den Festlegungen der Gesellschafter hierzu – ob in der Satzung oder in einem Beschluss – abweichen u. die Vertretung nach eigenem Ermessen regeln, sie etwa im Einzelfall aus wichtigem Grund als milderes Mittel (vgl. § 66 III) modifizieren. Die Gesellschafter können einen solchen Liquidator weder abberufen, noch dürfen sie seine Kompetenzen durch Gesellschafterbeschluss beschneiden.[37] Unterlässt das Gericht, die Vertretungsbefugnis festzulegen, richtet sie sich

30 OLG Rostock NZG 04, 288 f.; aA *Altmeppen*, NJW 95, 1182 ff.
31 BGH ZIP 09, 34, 35; OLG Frankfurt ZIP 12, 1076, 1078; OLG Karlsruhe NZG 08, 236; OLG Zweibrücken GmbHR 99, 237; OLG Hamm GmbHR 97, 553; 11, 432; OLG Rostock NZG 04, 288; BayObLG GmbHR 97, 176, 177; Bork/Schäfer/*Servatius* Rn. 6; Lutter/Hommelhoff/*Kleindiek* Rn. 4; MüKoGmbHG/*Müller* Rn. 7; aA für geborenen Liquidator wohl BFHE 195, 516; Baumbach/Hueck/*Haas* Rn. 4; Michalski/*Nerlich* Rn. 11; Roth/*Altmeppen* Rn. 5; ferner § 66 Rn. 16; Rowedder/Schmidt-Leithoff/*Gesell* § 66 Rn. 3; Scholz/*K Schmidt* Rn. 5 a; Ulmer/*Paura* Rn. 9.
32 BayObLG GmbHR 96, 56; MüKoGmbHG/*Müller* Rn. 7, 10; OLG Düsseldorf GmbHR 17, 36.
33 BayObLG GmbHR 96, 56; Michalski/*Nerlich* Rn. 11; aA MüKoGmbHG/*Müller* Rn. 10 (nur bei Ein-Personen-GmbH); *Terner*, DStR 17, 160.
34 OLG Frankfurt ZIP 12, 1076, 1078; BayObLG GmbHR 85, 392; OLG Düsseldorf GmbHR 89, 465; OLG Zweibrücken GmbHR 11, 1209, 1210; Lutter/Hommelhoff/*Kleindiek* Rn. 4; Scholz/*K Schmidt* Rn. 5 a; *Wälzholz*, GmbHR 02, 305, 306 f.; ebenso nunmehr Baumbach/Hueck/*Haas* Rn. 5; aA MüKoGmbHG/Müller Rn. 7, 8; wohl auch OLG München MittBayNot 11, 161, 162.
35 Baumbach/Hueck/*Haas* Rn. 5; MüKoGmbHG/*Müller* Rn. 10.
36 Hachenburg/*Hohner* Rn. 11; *Wicke* Rn. 4.
37 Baumbach/Hueck/*Haas* Rn. 9; Lutter/Hommelhoff/*Kleindiek* Rn. 3; Ulmer/*Paura* Rn. 11.

nach den gesellschaftsvertraglichen Bestimmungen, sofern diese ausdrücklich für einen Liquidator gelten, iÜ nach den gesetzlichen Vorschriften.[38]

III. Zeichnung (Abs. 2)

Ab Wirksamkeit der Auflösung bleibt die Firma der GmbH u. der UG (haftungsbeschränkt) zwar bestehen, muss jedoch zum Schutz des Rechtsverkehrs einen **zusätzlichen Hinweis auf die Abwicklung** (wie zB „i.L.", „in Liq" oder „in Liquidation") enthalten. „I.A." wird gemeinhin als „im Auftrag" verstanden u. eignet sich wegen seiner Mehrdeutigkeit nicht.[39] Die Firma (s. § 4) unterliegt weiterhin dem bisherigen firmen-, namens-, wettbewerbs- u. markenrechtlichen Schutz, ändert sich also durch die Abwicklung nicht[40] u. kann auch veräußert werden.[41] 15

Die Liquidatoren sollen der so ergänzten Firma ihre **Namensunterschrift** beifügen (Abs. 2). Handschriftliche Zeichnung wird nicht verlangt.[42] Maßgebend für eine wirksame Vertretung ist aber letztlich, ob nach den allg. Auslegungskriterien (Empfängerhorizont) das Handeln der Liquidatoren der Gesellschaft zuzurechnen ist (§§ 164 ff. BGB).[43] 16

Voraussetzung für eine wirksame Vertretung ist der Zusatz nicht.[44] Tritt die Gesellschaft ohne Hinweis auf das Abwicklungsstadium auf u. vermittelt den Eindruck, weiterhin werbend tätig zu sein, bleibt das Rechtsgeschäft also **wirksam.** Dies berechtigt den Geschäftspartner jedoch uU (vgl. aber § 65 iVm § 15 II HGB) zu einer **Anfechtung** wegen Irrtums über eine verkehrswesentliche Eigenschaft gem. § 119 II BGB,[45] ggf. auch nach § 123 BGB.[46] 17

Denkbar ist im Schadensfalle auch eine **Vertrauenshaftung** der Gesellschaft aus §§ 280 I, 311 III BGB,[47] für die die Liquidatoren der Gesellschaft ggü. verantwortlich sind (§§ 71 IV, 43 I, II).[48] Eine Inanspruchnahme persönlichen Vertrauens durch den Liquidator, die eine unmittelbare Haftung im Außenverhältnis begründete, wird jedoch regelmäßig nicht in Betracht kommen.[49] Entgg. einer verbreiteten Ansicht stellt Abs. 2 keine bloße Ordnungsvorschrift dar, sondern bringt das **berechtigte Interesse an der Offen-** 18

---

38 BGH ZIP 09, 34, 35; Baumbach/Hueck/*Haas* Rn. 9; MüKoGmbHG/*Müller* Rn. 12; Ulmer/*Paura* Rn. 11.
39 MüKoGmbHG/*Müller* Rn. 18; Roth/*Altmeppen* Rn. 14; Ulmer/*Paura* Rn. 15; aA Baumbach/Hueck/*Haas* Rn. 11; Heybrock/*Löffler* Rn. 11.
40 Baumbach/Hueck/*Haas* Rn. 11.
41 Lutter/Hommelhoff/*Kleindiek* Rn. 6.
42 Hachenburg/*Hohner* Rn. 14; Michalski/*Nerlich* Rn. 15; MüKoGmbHG/*Müller* Rn. 17.
43 Hachenburg/*Hohner* Rn. 14; Lutter/Hommelhoff/*Kleindiek* Rn. 7; Michalski/*Nerlich* Rn. 16; Scholz/*K Schmidt* Rn. 9; MüKoGmbHG/*Müller* Rn. 19.
44 Roth/*Altmeppen* Rn. 15; MüKoGmbHG/*Müller* Rn. 19 mwN.
45 BeckOK/*Lorscheider* Rn. 9; Hachenburg/*Hohner* Rn. 16; Heybrock/*Löffler* Rn. 12; Scholz/*K Schmidt* Rn. 9; MüKoGmbHG/*Müller* Rn. 20; Ulmer/*Paura* Rn. 16.
46 Baumbach/Hueck/*Haas* Rn. 13; Lutter/Hommelhoff/*Kleindiek* Rn. 6 (Hinweis auf § 263 StGB); Michalski/*Nerlich* Rn. 19; MüKoGmbHG/*Müller* Rn. 20.
47 Henssler/Strohn/*Büteröwe* Rn. 11; Michalski/*Nerlich* Rn. 20; Roth/*Altmeppen* Rn. 17; Lutter/Hommelhoff/*Kleindiek* Rn. 6; Ulmer/*Paura* Rn. 17.
48 Baumbach/Hueck/*Haas* Rn. 13; Michalski/*Nerlich* Rn. 20; Rowedder/Schmidt-Leithoff/*Gesell* Rn. 10; Scholz/*K Schmidt* Rn. 12.
49 MüKoGmbHG/*Müller* Rn. 21; zweifelnd Roth/*Altmeppen* Rn. 18.

legung der Abwicklung zum Ausdruck. Die Bestimmung schützt damit auch die Individualinteressen der (potenziellen) Geschäftspartner iSv § 823 II BGB.[50] Deliktische Schädigungen durch den Liquidator muss sich die Gesellschaft gem. § 31 BGB zurechnen lassen. Ein Zusammenhang zwischen Pflichtverletzung u. Schaden wird idR nur mit Schwierigkeiten darzulegen u. zu beweisen sein.

19 Ggü. der Gesellschaft haften die Liquidatoren nach §§ 43, 71 IV. Hierauf können die Gläubiger auch unmittelbar per Pfändung und Überweisung des Anspruchs der Gesellschaft zugreifen (**Gläubigerverfolgungsrecht**; → § 72 Rn. 21).[51]

IV. GmbH & Co KG

20 Für die Liquidatoren der KG gilt der inhaltlich dem Abs. 2 weitgehend entspr. § 153 II HGB.[52]

§ 69 Rechtsverhältnisse von Gesellschaft und Gesellschaftern

(1) Bis zur Beendigung der Liquidation kommen ungeachtet der Auflösung der Gesellschaft in bezug auf die Rechtsverhältnisse derselben und der Gesellschafter die Vorschriften des zweiten und dritten Abschnitts zur Anwendung, soweit sich aus den Bestimmungen des gegenwärtigen Abschnitts und aus dem Wesen der Liquidation nicht ein anderes ergibt.

(2) Der Gerichtsstand, welchen die Gesellschaft zur Zeit ihrer Auflösung hatte, bleibt bis zur vollzogenen Verteilung des Vermögens bestehen.

Schrifttum

Böcker, Konkretisierung der Grundsätze der Haftung bei wirtschaftlicher Neugründung, DZWIR 2014, 389; *Geißler*, Die Gesellschafterrechte in der Liquidation der GmbH, DZWIR 2013, 1; *Müller*, Einziehung von Forderungen gegen die Gesellschafter in der Liquidation der GmbH, DB 2003, 1939.

50 OLG Naumburg OLGR 00, 482; OLG Stuttgart NJW-RR 86, 836; OLG Frankfurt GmbHR 92, 537, 538; 98, 789; Baumbach/Hueck/*Haas* Rn. 13; Bork/Schäfer/*Servatius* Rn. 10; Heybrock/*Löffler* Rn. 12; Henssler/Strohn/*Büteröwe* Rn. 11; Michalski/*Nerlich* Rn. 21; MüKoGmbHG/*Müller* Rn. 21; Roth/*Altmeppen* Rn. 19; Rowedder/Schmidt-Leithoff/*Gesell* Rn. 10; Scholz/*K Schmidt* Rn. 13; nunmehr auch Lutter/Hommelhoff/*Kleindiek* Rn. 6; aA Ulmer/*Paura* Rn. 19; unklar *Wicke* Rn. 6.

51 MüKoGmbHG/*Müller* Rn. 20; Roth/*Altmeppen* Rn. 17.

52 Baumbach/*Hopt*, HGB, § 153 Rn. 1 mwN; Roth/*Altmeppen* Rn. 21.

I. Allgemeines

Die aufgelöste GmbH bzw. UG (haftungsbeschränkt) ist **mit der werbenden Gesellschaft rechtlich identisch,**[1] also im Außenverhältnis weiterhin rechts-, partei-,[2] delikts- (vgl. § 31 BGB) u. grundbuchfähig, auch wenn sich ihr Zweck ändert.[3] Gewerbliche Schutzrechte u. Vertragsverhältnisse bleiben in der Auflösung bestehen, u. Prozesse werden fortgeführt (vgl. aber §§ 241, 246 ZPO). Abs. 1 betrifft durch eine zentrale Verweisungsvorschrift das Innenleben der Gesellschaft. Abs. 2 regelt mit Außenwirkung den allgemeinen Gerichtsstand der Gesellschaft während der Liquidation iSd § 17 ZPO. 1

II. Anwendbare und nicht anwendbare Vorschriften des GmbHG (Abs. 1)

1. Grundsatz

Im Innern der Gesellschaft sollen die bisherigen Bestimmungen weiterhin u. vorbehaltlich der Sonderregelungen gem. §§ 66–74 gelten (zB §§ 66, 68, 70 iU zu §§ 6, 35, 46 Nr. 5; § 67 III 1 iU zu § 8 III 1; § 71 V iU zu § 35 a; § 71 I iU zu § 42 a).[4] Bestimmungen des Ersten, Vierten u. Sechsten Abschnitts gehören nach allgM ebenfalls dazu (vgl. § 264 III AktG).[5] Da sich aber der Zweck („Wesen") der Gesellschaft mit der Auflösung ändert u. nunmehr auf die Durchführung der Liquidation u. die baldige Beendigung der Gesellschaft richtet, unterliegen die für werbende Gesellschaften geltenden Vorschriften im Hinblick auf das Abwicklungsziel Einschränkungen, die zu Modifikationen führen.[6] Diese Regeln gelten auch für die Vor-GmbH.[7] 2

2. Einzelfälle

a) **Vorschriften der §§ 1–12.** Aus dem Ersten Abschnitt (§§ 1–12) sind anzuwenden: § 3 II bzgl. **Neben- u. Sonderleistungspflichten;**[8] §§ 4, 4 a[9] vorbehaltlich § 68 II, so dass **Firmenänderung** u. **Sitzverlegungen** insbes. Zur Erleichterung der Abwicklung[10] möglich bleiben. Eine inländische Geschäftsanschrift muss weiterhin angegeben werden (§ 10 I 1). Zu **Satzungsänderungen** → Rn. 12. Ansprüche aus §§ 9, 9 a sowie aus **Unterbilanzhaf-** 3

1 BGH ZInsO 06, 260, 261 (zur Vertretung der liquidierten Gesellschaft in der Insolvenz); VG Gießen ZIP 05, 2074, 2075; Baumbach/Hueck/*Haas* Rn. 1; Lutter/Hommelhoff/*Kleindiek* Rn. 1; MüKoGmbHG/*Müller* Rn. 1; Scholz/*K Schmidt* Rn. 1; Ulmer/*Paura* Rn. 1.

2 OLG Koblenz GmbHR 91, 315.

3 OLG Köln GmbHR 85, 23, 24; Roth/*Altmeppen* Rn. 1.

4 OLG Karlsruhe BeckRS 12, 05996 zur Fortgeltung gesellschaftsvertraglicher Schiedsklauseln.

5 Bork/Schäfer/*Servatius* Rn. 1, 2; Lutter/Hommelhoff/*Kleindiek* Rn. 3; MüKo-GmbHG/*Müller* Rn. 1; Roth/*Altmeppen* Rn. 2.

6 *Hofmann*, GmbHR 76, 229, 233; MüKoGmbHG/*Müller* Rn. 2; Scholz/*K Schmidt* Rn. 9.

7 BGH GmbHR 08, 654.

8 Baumbach/Hueck/*Haas* Rn. 2; BeckOK/*Lorscheider* Rn. 2; einschränkend MüKo-GmbHG/*Müller* Rn. 4; Scholz/*K Schmidt* Rn. 12.

9 Hierzu und zur Firmenbestattung KG ZIP 11, 1566, 1567; Henssler/Strohn/*Büteröwe* Rn. 3; zur Neugründung in Liquidation BGH NZG 14, 264.

10 Dazu BayObLG GmbHR 95, 532, 533; FG Bremen BeckRS 17, 135075 (zur werbenden Tätigkeit).

tung bestehen fort u. sind vom Liquidator zu realisieren.[11] § 66 IV verweist zudem auf § 6 II 2 u. 3 u. § 67 III auf § 8 III 2. § 9 b bleibt in der Abwicklung anwendbar.[12] § 12 gilt für Bekanntmachungen gem. § 65 II. IÜ unanwendbar.[13]

4 **b) Vorschriften der §§ 13–34.** Die meisten Vorschriften des Zweiten Abschnitts (§§ 13–34) sind auch in der Liquidation anwendbar. Dies gilt uneingeschränkt für die §§ 13–18.[14]

5 **Offene Resteinlagen** (§§ 19–25) müssen die Gesellschafter leisten, sofern sie nicht darlegen u. beweisen können, dass dies zur Befriedigung der Gläubiger u. zu einer gleichmäßigen Verteilung unter den Gesellschaftern (§ 72) nicht erforderlich ist (vgl. → § 70 Rn. 20).[15] Einlageversprechen werden mit der Zahlungsaufforderung durch den Liquidator u. auch ohne Gesellschafterbeschluss (§ 46 Nr. 2) **fällig**; abw. Fälligkeitsvereinbarungen in der Satzung setzen sich ggü. dem vorrangigen Gläubigerbefriedigungsinteresse in der Liquidation nicht durch.[16] Der Gleichbehandlungsgrundsatz (§ 19 I) gilt auch in der Liquidation, steht aber sachlichen Differenzierungskriterien nicht entgg.[17] Das **Erlass- u. Aufrechnungsverbot** des § 19 II 1 bzw. 2 u. die daraus abgeleiteten Auswirkungen bzgl. Abtretbarkeit u. Pfändbarkeit der Einlageforderung (s. Erl. zu § 19) gelten im Grundsatz auch in der Abwicklung.[18] Die Liquidatoren sind an Abreden zwischen der Gesellschaft u. dem Gesellschafter aus dem Zeitraum vor der Auflösung bzgl. verdeckter Sacheinlagen (§ 19 IV) u. über das Hin- u. Herzahlen (§ 19 V) gebunden, die somit vollzogen werden müssen.[19] Ein vereinbartes Agio kann der Liquidator ebenfalls einfordern.[20] Das **Kaduzierungsverfahren** der §§ 21 ff. gilt auch in der Abwicklung.[21]

6 Im Hinblick auf die §§ 26–28 gilt: **Nachschüsse**, die bereits vor der Auflösung beschlossen waren, werden wie offene Resteinlagen behandelt (→ Rn. 5).[22] Nach der Auflösung ist es unproblematisch, der Gläubigerbefriedigung dienende Nachschüsse einzufordern.[23] Eine Einforderung als zu-

11 Baumbach/Hueck/*Haas* Rn. 2; BeckOK/*Lorscheider* Rn. 2; Lutter/Hommelhoff/*Kleindiek* Rn. 4; Michalski/*Nerlich* Rn. 16 f.; MüKoGmbHG/*Müller* Rn. 11; Scholz/*K Schmidt* Rn. 18; Ulmer/*Paura* Rn. 16.

12 Michalski/*Nerlich* Rn. 17; Scholz/*K Schmidt* Rn. 18.

13 Lutter/Hommelhoff/*Kleindiek* Rn. 4.

14 BeckOK/*Lorscheider* Rn. 3, Baumbach/Hueck/*Haas* Rn. 3.

15 RG JW 1899, 305, 306; Lutter/Hommelhoff/*Kleindiek* Rn. 5; MüKoGmbHG/*Müller* Rn. 15 (Leistungsverweigerungsrecht gem. § 242 BGB); Roth/*Altmeppen* Rn. 3, 4.

16 RGZ 138, 106, 111; Hachenburg/*Hohner* Rn. 20; Roth/*Altmeppen* Rn. 8; *Wicke* Rn. 2.

17 Lutter/Hommelhoff/*Kleindiek* Rn. 5; MüKoGmbHG/*Müller* Rn. 16; Scholz/*K Schmidt* Rn. 23.

18 Auch zur Ausn. vgl. RGZ 149, 293, 298; BGH NJW 63, 102; 68, 398, 399 f.; 92, 2229 f.; Baumbach/Hueck/*Haas* Rn. 4; Michalski/*Nerlich* Rn. 29; Scholz/*K Schmidt* Rn. 24.

19 MüKoGmbHG/*Müller* Rn. 16; Scholz/*K Schmidt* Rn. 25; Michalski/*Nerlich* Rn. 31.

20 Vgl. BGH GmbHR 08, 147.

21 BGH NJW 78, 424 (für Publikums-KG); Baumbach/Hueck/*Haas* Rn. 4; Michalski/*Nerlich* Rn. 32.

22 Hachenburg/*Hohner* Rn. 23; Lutter/Hommelhoff/*Kleindiek* Rn. 6.

23 Baumbach/Hueck/*Haas* Rn. 5; MüKoGmbHG/*Müller* Rn. 18.

sätzliches Betriebskapital setzt jedoch voraus, dass dies im Einklang mit dem Liquidationskonzept steht, um bspw. anfallende Verluste bis zu einer geplanten Gesamtveräußerung zu finanzieren oder eine Insolvenz abzuwenden.[24]

Für § 29 bleibt neben den Sonderregelungen der §§ 72, 73 zur Erlösverteilung kein Raum.[25] Ein vor der Auflösung gefasster **Ergebnisverwendungsbeschluss** begründet jedoch eine eigenständige Forderung der Gesellschafter in den Grenzen des § 30.[26] Nach der Auflösung sind Gewinnverwendungsbeschlüsse, bspw. bei unterschiedlichen Verteilungsmaßstäben, über das der Auflösung vorangegangene Geschäftsjahr zulässig, nicht aber deren Ausführungen entgg. § 73.[27] Im Verhältnis zur Liquidationsquote bildet der Gewinnanteil somit im praktischen Ergebnis einen eigenständigen Rechnungsposten.[28] 7

Die §§ 30–32 zum Schutz der Erhaltung des Stammkapitals sind unter Berücksichtigung des § 73 anzuwenden u. bewirken gemeinsam eine vollständige Ausschüttungssperre, bevor nicht die Voraussetzungen einer Vermögensverteilung gem. §§ 72, 73 erfüllt sind.[29] Ansprüche wegen eines Verstoßes gegen das Auszahlungsverbot bleiben unberührt. Ungeachtet dessen können sich die Gesellschafter während der Liquidation gem. § 826 BGB wegen Existenzvernichtung haftbar machen.[30] 8

Einziehung bzw. entgeltlicher **Erwerb eigener Anteile** gem. §§ 33, 34 sind zwar zulässig.[31] Durch die Zahlung des Entgelts dürfen die Ausschüttungssperre des § 73 u. das in § 72 implizierte Gebot einer zeitlichen Gleichbehandlung der Gesellschafter nicht umgangen werden.[32] Diese Vorschriften überlagern daher den Anspruch auf Abfindungszahlung bzw. auf den Erwerbspreis und erlauben keine Verrechnung mit Anspruch auf Leistung der für Liquidationszwecke benötigten Einlage. 9

c) **Vorschriften der §§ 35–52.** Abs. 1 erklärt die Vorschriften des Dritten Abschnitts, insbes. die Rechte u. Pflichten der Geschäftsführer (§§ 35–44) sowie die Befugnisse der Gesellschafter (§§ 45–52; vgl. auch → § 70 Rn. 3 ff.), für unmittelbar anwendbar. Diese werden teilw. durch die Son- 10

24 Einschränkend Michalski/*Nerlich* Rn. 35; Scholz/*K Schmidt* Rn. 27; großzügiger Rowedder/Schmidt-Leithoff/*Gesell* Rn. 9.

25 RGZ 85, 43, 45; Hachenburg/*Hohner* Rn. 24; Heybrock/*Löffler* Rn. 5; Michalski/*Nerlich* Rn. 36; MüKoGmbHG/*Müller* Rn. 19; Roth/*Altmeppen* Rn. 6; Ulmer/*Paura* Rn. 31.

26 BeckOK/*Lorscheider* Rn. 5; Gehrlein/Born/Simon/Brünkmans/*Hofmann* Rn. 11; Hachenburg/*Hohner* Rn. 24; Rowedder/Schmidt-Leithoff/*Gesell* Rn. 9; Ulmer/*Paura* Rn. 32; zurückhaltend Scholz/*K Schmidt* Rn. 28.

27 RGZ 85, 43; Bork/Schäfer/*Servatius* Rn. 15; Baumbach/Hueck/*Haas* Rn. 6.

28 Henssler/Strohn/*Büteröwe* Rn. 6; MüKoGmbHG/*Müller* Rn. 21; Ulmer/*Paura* Rn. 33.

29 Baumbach/Hueck/*Haas* Rn. 7; Michalski/*Nerlich* Rn. 40; MüKoGmbHG/*Müller* Rn. 22; Scholz/*K Schmidt* Rn. 29.

30 BGH GmbHR 09, 601 (Sanitary); BGH ZIP 12, 1071; BeckRS 18, 20313 (zum Zahlungsanspruch auf rückständige Einlageraten iRd Liquidation einer GmbH & Co. KG); Lutter/Hommelhoff/*Kleindiek* Rn. 8.

31 Zur Einziehung RGZ 125, 114.

32 BeckOK/*Lorscheider* Rn. 9; Hachenburg/*Hohner* Rn. 28 f.; Lutter/Hommelhoff/*Kleindiek* Rn. 9; Scholz/*K Schmidt* Rn. 31; Ulmer/*Paura* Rn. 36 f.

derregelungen der §§ 66 ff. verdrängt oder ergänzt: ZB § 71 modifiziert das **Rechnungslegungsrecht** gem. §§ 41–42 a; § 71 II 1 ersetzt § 46 Nr. 1; die Bestellung u. Abberufung der Liquidatoren richtet sich nach § 66, fällt also – anders als die Entlastung – nicht in den alleinigen Verantwortungsbereich der Gesellschafterversammlung gem. § 46 Nr. 5; §§ 38, 39 werden ersetzt durch §§ 66 III, 67; die Einberufungspflicht gem. § 49 III entfällt, da Sanierungs- u. insbes. Kapitalerhöhungsmaßnahmen in der Abwicklungsphase nicht erwartet werden können.[33] § 71 IV enthält zudem eine eigene Verweisung auf § 43 I, II, IV. Über § 69 gilt auch § 43 III.[34]

11 Der Liquidationszweck gebietet etwa, dass die **Gesellschafterversammlung die Hoheit über die Gewinnverwendung** (§ 46 Nr. 1) **oder über offene Gesellschaftereinlagen verliert** (§ 46 Nr. 2). Einsichts- u. Auskunftsrechte (§§ 51 a, b) gelten ebenso fort wie Regelungen zum Aufsichtsrat (§ 52), der allerdings Liquidatoren weder bestellen noch abberufen darf (s. → § 66 Rn. 24, 43).[35]

12 **d) Vorschriften der §§ 53 ff.** Die Liquidation steht **Satzungsänderungen** gem. §§ 53 ff. im Grundsatz nicht entgg,[36] doch verlangt der Liquidationszweck sachliche Einschränkungen.[37] Hierbei empfiehlt sich jedoch ein großzügiger Maßstab, da sich die wahren Motive der Gesellschafter nur schwer ergründen lassen.[38] **Änderungen des Unternehmensgegenstandes** während der Liquidation werden grds. für unzulässig angesehen.[39] Der Erleichterung der Abwicklung dienende Maßnahmen, auch wenn sie die Organisationsstruktur der Gesellschaft betreffen, sind jedoch zulässig. Durch eine auch in der Liquidation zulässige Sitzverlegung (§ 4 a) kann sich die Gesellschaft nicht den Zustellungsregeln des § 35 entziehen.[40] **Kapitalerhöhungen** sind trotz der Nicht-Erwähnung des Liquidators in § 82 I Nr. 3 ausnahmsweise zulässig, wenn sie insbesondere mit einem Fortsetzungsbeschluss einhergehen oder der Durchführung der Liquidation, insbes. der Gläubigerbefriedigung, dienen.[41] Der Minderheitenschutz wird grds. durch das Bezugsrecht sowie durch die **Treuepflicht** gewahrt, die vor einer Verschiebung der Teilhabequoten in Bezug auf das Liquidationsguthaben schützt.[42] Eine vor der Auflösung beschlossene Kapitalerhöhung kann, so-

---

33 Hachenburg/*Hohner* Rn. 54; Michalski/*Nerlich* Rn. 51; MüKoGmbHG/*Müller* Rn. 49; Rowedder/Schmidt-Leithoff/*Gesell* Rn. 15; Scholz/*K Schmidt* Rn. 32 ff.

34 Baumbach/Hueck/*Haas* Rn. 17; Michalski/*Nerlich* Rn. 46.

35 Lutter/Hommelhoff/*Kleindiek* Rn. 12.

36 RGZ 107, 31, 33; BayObLG GmbHR 95, 532, 533; NJW-RR 87, 1175, 1177; OLG Frankfurt NJW 74, 463; KG Berlin NJW-RR 18, 1378; Lutter/Hommelhoff/*Kleindiek* Rn. 13; MüKoGmbHG/*Müller* Rn. 49; Roth/*Altmeppen* Rn. 9; Scholz/*K Schmidt* Rn. 41; Ulmer/*Paura* Rn. 66 ff.

37 BeckOK/*Lorscheider* Rn. 14.

38 Baumbach/Hueck/*Haas* Rn. 20; Michalski/*Nerlich* Rn. 54; MüKoGmbHG/*Müller* Rn. 49.

39 Baumbach/Hueck/*Haas* Rn. 23 (anders für Fortsetzungsbeschluss); so auch MüKoGmbHG/*Müller* Rn. 50; Michalski/*Nerlich* Rn. 56.

40 Roth/*Altmeppen* Rn. 12; *Peterhoff*, DZWiR 08, 359; KG Berlin NJW-RR 18, 1378.

41 BayObLG GmbHR 95, 532, 533; Hachenburg/*Hohner* Rn. 61; Lutter/Hommelhoff/*Kleindiek* Rn. 13; MüKoGmbHG/*Müller* Rn. 51; Rowedder/Schmidt-Leithoff/*Gesell* Rn. 18; Roth/*Altmeppen* Rn. 10; Ulmer/*Paura* Rn. 68.

42 Bork/Schäfer/*Servatius* Rn. 27.

fern der Beschluss nicht eindeutig nur für die nicht aufgelöste Gesellschaft gelten soll, so auszulegen sein, dass sie in der Abwicklung nicht mehr durchgeführt werden soll.[43] Bei **Kapitalherabsetzungen** bedarf es nachvollziehbarer Gründe u. es muss dem Registergericht ggü. zusätzlich nachgewiesen werden, dass die Gläubigerschutzbestimmungen, insbes. §§ 65 II, 73, beachtet worden sind.[44] Eine vereinfachte Kapitalherabsetzung nach §§ 58 a ff. wird nur iVm einer Kapitalerhöhung (**Kapitalschnitt**) als Sanierungsmaßnahme zur Fortsetzung der Gesellschaft oder zur Vorbereitung eines Fortsetzungsbeschlusses in Betracht kommen.[45]

e) **Gesellschafterliche Treuepflicht.** Am Liquidationszweck orientiert sich auch die nicht ausdrücklich geregelte **Treuepflicht** unter den Gesellschaftern und ggü. der Gesellschaft, die mit gewissen Abschwächungen während der Liquidation gilt.[46] Deren Inhalt u. Intensität können sich infolge des geänderten Gesellschaftszwecks jedoch wandeln.[47] Dies kann eine etwaige Mitwirkungspflicht für Satzungsänderungen oder einen Fortsetzungsbeschluss einschränken. Der Liquidationszweck kann ferner statuarische Sonder- u. Minderheitenrechte entfallen lassen.[48] Das Wettbewerbsverbot als Ausfluss der Treuepflicht kann nur fortgelten, soweit sich Wettbewerb negativ auf das Abwicklungsergebnis auswirken würde (vgl. § 268 III AktG).[49] Diese Vorschrift gilt analog auch für den Nicht-Gesellschafter-Liquidator. 13

3. GmbH & Co KG

Vgl. §§ 145 ff., 156 HGB.[50] 14

III. Gerichtsstand (Abs. 2)

Während der Liquidation bleibt der **bisherige allg. Gerichtsstand des Sitzes** im Zeitpunkt der Auflösung, § 17 ZPO, bestehen, auch wenn die Gesellschaft (zulässiger Weise) während der Liquidation durch Satzungsänderung 15

---

43 Baumbach/Hueck/*Haas* Rn. 21; Hachenburg/*Hohner* Rn. 60; abw. Bork/Schäfer/*Servatius* Rn. 28 (Durchführung, sobald die Gesellschafter Anteile übernommen haben).
44 Dazu OLG Frankfurt NJW 74, 463 f. (zu steuerrechtlichen Aspekten); Baumbach/Hueck/*Haas* Rn. 22; MüKoGmbHG/*Müller* Rn. 52; Roth/*Altmeppen* Rn. 11; Scholz/*K Schmidt* Rn. 42; Ulmer/*Paura* Rn. 70; aA Lutter/Hommelhoff/*Kleindiek* Rn. 13.
45 MüKoGmbHG/*Müller* Rn. 52; Scholz/*K Schmidt* Rn. 42; Bork/Schäfer/*Servatius* Rn. 29.
46 BGHZ 76, 352; Rowedder/Schmidt-Leithoff/*Gesell* Rn. 22; MüKoGmbHG/*Müller* Rn. 5; Roth/*Altmeppen* Rn. 13; Scholz/*K Schmidt* Rn. 3, 8; zur Eingehung neuer Gesellschafterverpflichtungen vgl. OLG Hamm GmbHR 78, 271; allgemein zu Stimmrechtsausübungsfreiheit und Treuepflicht BGH NZG 16, 780 Rn. 13 ff. (Media-Saturn); dazu *Paefgen* ZIP 16, 2283.
47 BGH GmbHR 87, 349; Baumbach/Hueck/*Haas* Rn. 3; MüKoGmbHG/*Müller* Rn. 5; Ulmer/*Paura* Rn. 10.
48 OLG Hamm GmbHR 79, 141, 142.
49 Baumbach/Hueck/*Haas* Rn. 3; Hachenburg/*Hohner* Rn. 20 ff.; MüKoGmbHG/*Müller* Rn. 6; Rowedder/Schmidt-Leithoff/*Gesell* Rn. 22; Ulmer/*Paura* Rn. 10; *Büteröwe* GWR 09, 288 zum Wettbewerbsverbot vor und während der Insolvenz.
50 S. dazu Baumbach/*Hopt*, HGB, § 156 Rn. 2 ff.

(§ 4 a) ihren Sitz verlegt u. einen neuen allg. Gerichtsstand begründet.[51] Dies dient insbesondere dem Gläubigerschutz durch Bestimmung eines allgemeinen Gerichtsstands, selbst wenn der Verwaltungsort nicht mehr feststellbar ist. Solange die Gesellschaft Zweigniederlassungen hat, kann sie dort gem. § 21 ZPO verklagt werden, Abs. 2 kommt dann nicht zum Tragen..[52]

§ 70 Aufgaben der Liquidatoren

[1]Die Liquidatoren haben die laufenden Geschäfte zu beendigen, die Verpflichtungen der aufgelösten Gesellschaft zu erfüllen, die Forderungen derselben einzuziehen und das Vermögen der Gesellschaft in Geld umzusetzen; sie haben die Gesellschaft gerichtlich und außergerichtlich zu vertreten. [2]Zur Beendigung schwebender Geschäfte können die Liquidatoren auch neue Geschäfte eingehen.

Schrifttum

Böcker, Konkretisierung der Grundsätze der Haftung bei wirtschaftlicher Neugründung – Aus einem alten Mantel wird ein neues Wams – Schnittmuster des BGH, DZWIR 2014, 389; *Eller*, Liquidation der GmbH, 2009; *Geißler*, Die Gesellschafterrechte in der Liquidation der GmbH, DZWiR 2013, 1; *Fischer*, Die Durchsetzung des Betriebsrentenanspruchs gegen die liquidierte GmbH, NJOZ 2014, 1601; *Hofmann*, Zur Liquidation einer GmbH (II), GmbHR 1976, 258; *Konzen*, Der Gläubigerschutz bei Liquidation der masselosen GmbH, in: FS Ulmer, 2003, S. 323; *Meyer*, Liquidatorenkompetenzen und Gesellschafterkompetenzen in der aufgelösten GmbH, 1996; *Müller*, Einziehung von Forderungen gegen die Gesellschafter in der Liquidation der GmbH, DB 2003, 1939; *Passarge*, Pensionsverbindlichkeiten bei der GmbH-Liquidation – tatsächlich ein unüberwindbares Hindernis? GmbHR 2007, 701; *ders/Torwegge*, Die GmbH in der Liquidation, 2014; *Reymann*, Die Vertretungsbefugnis der Liquidatoren bei der GmbH, GmbHR 2009, 176; *Schulz*, Die masselose Liquidation der GmbH, 1986; *Wolf*, Vorbelastungshaftung der GmbH-Gesellschafter bei wirtschaftlicher Neugründung in der Liquidationsphase, Beck-RS 2014, 03469.

Speziell zu steuerrechtlichen Pflichten: *Leibner/Plump*, Die steuerlichen Pflichten des Liquidators einer GmbH, GmbHR 2003, 996; *Müller*, Die steuerrechtliche Haftung des GmbH-Geschäftsführers, GmbHR 1984, 45; *Neu*, Die Liquidationsbesteuerung der GmbH, GmbHR 2000, 57; *Peetz*, Haftung des GmbH-Liquidators für ausstehende Steuererklärungen, GmbHR 2002, 1008; *Seppelt*, Gesellschafterdarlehen mit Rangrücktritt in der Liquidationsschlussbilanz, BB 2010, 1395.

---

51 Lutter/Hommelhoff/*Kleindiek* Rn. 15; MüKoGmbHG/*Müller* Rn. 54; Roth/*Altmeppen* Rn. 16 ff.; Scholz/*K Schmidt* Rn. 41.

52 Baumbach/Hueck/*Haas* Rn. 26; BeckOK/*Lorscheider* Rn. 16 a; Lutter/Hommelhoff/*Kleindiek* Rn. 15; MüKoGmbHG/*Müller* Rn. 54.

I. Überblick

1 Die seit 1892 unveränderte Vorschrift enthält Regelungen zur Vertretungsmacht u. zur Geschäftsführungsbefugnis in der Abwicklungsphase. Über die Aufgaben der Liquidatoren umschreibt sie den Liquidationszweck der Beendigung aller Rechtsverhältnisse sowie der Vermögensversilberung, um den Erlös nach Maßgabe der §§ 72, 73 verteilen zu können. Rechte u. Pflichten der Liquidatoren werden in § 71 näher geregelt u. ergeben sich zudem aus §§ 65 I u. II, 67, 74.

II. Vertretungsmacht (S. 1 Hs. 2)

2 Die **Vertretungsmacht** der Liquidatoren ist im Verhältnis zu Dritten **unbeschränkt u. unbeschränkbar.** Dies folgt bereits aus §§ 69, 37 II. Nach hM bleibt der Umfang der Vertretungsmacht im Außenverhältnis auch vom Liquidationszweck unbeeinträchtigt.[1] Grenzen ergeben sich allerdings aus den Grundsätzen über den Missbrauch der Vertretungsmacht (vgl. → § 68 Rn. 12).[2] S. zu den Vertretungsregelungen ferner → § 68 Rn. 2 ff.

III. Geschäftsführungsbefugnis

1. Verhältnis zu anderen Organen

3 Das Liquidationsverfahren lässt die **Organisationsstruktur** der Gesellschaft unberührt. Die Gesellschafterversammlung sowie ein etwaiger Aufsichtsrat bleiben im Amt u. behalten ihre Aufgaben u. Befugnisse zumindest dem Grundsatz nach im bisherigen Umfang bei.[3] Die **Richtlinienkompetenz** liegt im Innenverhältnis grds. weiterhin bei **der Gesellschafterversammlung** mit ihrer bisherigen Weisungsbefugnis (§ 37 I) ggü. der Geschäftsführung, die das Gesetz während der Abwicklung in § 70 den Liquidatoren zuweist.[4] Diese sind der Gesellschaft ggü. zur ordnungsgemäßen Abwicklung verpflichtet. Über deren Entlastung entscheidet die Gesellschafterversammlung (§ 71 II).

2. Bindung an den Liquidationszweck

4 Die Ausgestaltung des Liquidatorenamts, insbes. die Vorschriften zur Bestellung u. Abberufung (§ 66), zeigen jedoch, dass Liquidatoren im Vergleich zu den Geschäftsführern eine **Sonderstellung mit besonderen Rech-**

---

1 OLG Stuttgart ZIP 86, 647, 648; LG Köln DNotZ 80, 422, 423; Baumbach/Hueck/*Haas* Rn. 2; Hachenburg/*Hohner* Rn. 23 ff.; Michalski/*Nerlich* Rn. 36 ff.; MüKo-GmbHG/*Müller* Rn. 1, 3; Roth/*Altmeppen* Rn. 24.
2 Hachenburg/*Hohner* Rn. 26; Michalski/*Nerlich* Rn. 40; MüKoGmbHG/*Müller* Rn. 4; Roth/*Altmeppen* § 68 Rn. 3; Scholz/*K Schmidt* Rn. 3.
3 Lutter/Hommelhoff/*Kleindiek* Rn. 7; Überblick bei *Geißler,* DZWIR 13, 1 ff.
4 BeckOK/*Lorscheider* Rn. 3.

ten u. Pflichten haben.[5] Diese sind dem Liquidationszweck u. den Gläubigerinteressen geschuldet, deren primäre Befriedigung (im Vergleich zu den Gesellschaftern, vgl. §§ 72, 73) in der Liquidation Ziel sein soll. Damit beschränkt sich die Geschäftsführungsbefugnis der Liquidatoren dem Grundsatz nach auf den **Liquidationszweck** u. verpflichtet sie gleichermaßen hierauf.[6]

5 Der in den §§ 66 ff. zum Ausdruck kommende Liquidationszweck besteht in der möglichst raschen, reibungslosen Abwicklung der Vermögensverhältnisse der Gesellschaft, wobei innerhalb einer angemessenen Zeit ein bestmöglicher Verwertungserlös erzielt werden soll. Insoweit besteht ein Spannungsverhältnis zwischen einerseits der Gefahr, dass eine baldige Verwertung eine Verschleuderung des Vermögens bewirkt. Andererseits sind die Chancen einer besseren Verwertung in einem größeren Zeitfenster den ggf. zunehmenden Verwertungsrisiken u. wegen längerer Dauer höheren Kosten ggü. zu stellen, die zudem das Gesellschaftsvermögen länger binden.[7]

6 Maßnahmen, die dem Liquidationszweck nach dem gesetzlichen Leitbild zuwider laufen würden, zB der Abschluss von Rechtsgeschäften, die zwar die Verwertungsaussicht steigern, jedoch eine Abwicklung verzögern oder werbende Tätigkeit mit sich bringen, sollten die Liquidatoren mit der Gesellschafterversammlung abstimmen (§§ 71 IV, 49 I, II).[8] Eine **gesetzlich ungeregelte Vorlagepflicht** besteht, wenn die Liquidationsstrategie geändert werden soll oder wenn Maßnahmen eine Fortsetzung der Gesellschaft vorbereiten sollen.[9] Notwendig ist eine Entscheidung der Gesellschafterversammlung ferner, wenn Sachwerte verteilt werden sollen (→ § 72 Rn. 15).[10]

3. Weisungsfreier Bereich

7 Im Grundsatz kann die Gesellschafterversammlung als oberstes Entscheidungsorgan den Liquidatoren **generelle oder einzelfallbezogene Weisungen** erteilen (§ 37 I), wie sie ihre Aufgaben erledigen sollen.[11] Solche Regelungen kann ferner der Gesellschaftsvertrag enthalten.[12] Sie konkretisieren den Pflichtenkatalog der Liquidatoren.[13]

8 Der Liquidationszweck setzt jedoch dort **Grenzen**, wo **gläubigerschützende Verfahrensregeln** entggstehen (va § 73)[14] oder die im Liquidationsverfah-

---

5 Roth/*Altmeppen* Rn. 4.
6 Lutter/Hommelhoff/*Kleindiek* Rn. 3; Roth/*Altmeppen* Rn. 5.
7 Lutter/Hommelhoff/*Kleindiek* Rn. 6.
8 Roth/*Altmeppen* Rn. 8; hnl Lutter/Hommelhoff/*Kleindiek* Rn. 7; Scholz/*K Schmidt* Rn. 6.
9 MüKoGmbHG/*Müller* Rn. 8; ähnl Roth/*Altmeppen* Rn. 8; Scholz/*K Schmidt* Rn. 6.
10 MüKoGmbHG/*Müller* Rn. 15; Rowedder/Schmidt-Leithoff/*Gesell* Rn. 20; Scholz/*K Schmidt* Rn. 6.
11 Baumbach/Hueck/*Haas* Rn. 12; MüKoGmbHG/*Müller* Rn. 7; Roth/*Altmeppen* Rn. 3.
12 MüKoGmbHG/*Müller* Rn. 7 (Frage der Auslegung).
13 Zu Zustimmungsvorbehalten zugunsten der Gesellschafterversammlung in der Liquidation vgl. OLG Hamburg GmbHR 92, 609.
14 Roth/*Altmeppen* Rn. 13.

ren geltende Verteilungsreihenfolge missachtet würde (dazu → Rn. 23 ff.). Aus diesem Grund sind auch Weisungen des Inhalts unbeachtlich, dass die Liquidatoren bestimmte Ansprüche gegen die Gesellschafter nicht verfolgen dürfen, wenn gerade die Durchsetzung solcher Ansprüche im Interesse der Gläubigerbefriedigung notwendig ist, zB bei Stammeinlagen, deren Einzug entgg. § 46 Nr. 2 nicht einmal einen Gesellschafterbeschluss verlangt.[15] Insoweit besteht eine Art **weisungsfreier Bereich**, in welchem die Liquidatoren aus eigener Machtbefugnis handeln können u. müssen u. in welchen die Gesellschafterversammlung nicht hinein bestimmen darf.[16]

Liquidatoren können sich, wenn sie sich auf konträre Weisungen der Gesellschafterversammlung stützen, nicht entlasten bzw. nicht wirksam von ihrer Haftung befreit werden (§§ 73 III 2 iVm § 43 III 3). 9

4. Beschlüsse der Gesellschafterversammlung

Die Gesellschafterversammlung beschließt grds. mit einfacher oder einer abw. statuarischen **Mehrheit**. Die Regelungen für Satzungsänderungen bleiben in der Liquidation unberührt. Maßnahmen, die iErg auf eine **vorübergehende Fortsetzung** der Gesellschaft hinauslaufen, bedürfen einer qualifizierten Mehrheit.[17] Verkürzt eine geplante Abwicklung offensichtlich die Verteilungsmasse, müssen die Benachteiligten **zustimmen**,[18] ebenso in Fällen, in denen die Gesellschafter, ohne dass es statuarische Sonderrechte gibt, ungleich behandelt werden. 10

5. Vorgehensweise/Liquidationskonzept

Ordnungsgemäßer Abwicklung entspricht es, zu Beginn des Liquidationsverfahrens zunächst die **Vermögensverhältnisse zu sichten** (vgl. § 71) u. die erforderlichen **Notmaßnahmen** zu ergreifen, um einen Schaden von der Gesellschaft abzuwenden. Hierunter fallen bspw. die Entrichtung fälliger Patent- u. sonstiger Registergebühren für gewerbliche Schutzrechte der Gesellschaft, die andernfalls verfallen könnten, die Verhinderung des Verjährungseintritts oder Maßnahmen in (laufenden) Verfahren bzw. Rechtsstreitigkeiten, um für die Gesellschaft ungünstige (rechtskräftige) Entscheidungen abzuwehren (zB Widerspruch/Einspruch in verwaltungs-/steuerrechtlichen Angelegenheiten oder die Verhinderung eines Versäumnisurteils). 11

Parallel hierzu oder im Anschluss daran sollten die Liquidatoren gem. dem zuvor (→ Rn. 4 ff.) geschilderten Liquidationszweck und ihrer in §§ 69 I, 43 I enthaltenen Verpflichtung **Leitlinien** für die Abwicklung **iSe Liquidationskonzepts**[19] (u die in der Umsetzung jeweils erforderlichen Maßnahmen) entwickeln u. hierüber einschl. der maßgeblichen Prioritäten innerhalb des 12

15 Baumbach/Hueck/*Haas*, § 69 Rn. 4; Lutter/Hommelhoff/*Kleindiek* Rn. 12; *Müller*, DB 03, 1939; BeckOK/*Lorscheider* Rn. 3.

16 Ggf. wichtiger Grund einer Amtsniederlegung, so MüKoGmbHG/*Müller* Rn. 7; Roth/*Altmeppen* Rn. 10.

17 Ähnl Lutter/Hommelhoff/*Kleindiek* Rn. 7; Rowedder/Schmidt-Leithoff/*Gesell* Rn. 9; Scholz/*K Schmidt* Rn. 16.

18 Baumbach/Hueck/*Haas* Rn. 12; Scholz/*K Schmidt* Rn. 6.

19 *Goette*, GmbH, § 10 Rn. 48; *Peetz*, GmbHR 07, 858, 859; König/*Ballhorn* NZFam 16, 1084 (zu Neuregelung Unternehmensbewertung im Zugewinnausgleich nach IDWS-13).

Konzepts mit der Gesellschafterversammlung als oberstes Entscheidungsorgan Einvernehmen erzielen.[20]

13 Frühzeitige Festlegung des Liquidationskonzepts ist dringend zu empfehlen. Letztlich entscheidet das Liquidationskonzept auch über die **Bewertungsansätze** in der binnen drei Monaten aufzustellenden **Liquidationseröffnungsbilanz** (s. → § 71 Rn. 15).

14 Für das Liquidationskonzept kommen im Kern **drei alternative Grundströmungen** in Betracht:[21] (1) Unternehmensveräußerung als Ganzes; insoweit wird eine vorübergehende Fortsetzung der werbenden Tätigkeit unvermeidbar sein, um den besonderen Anforderungen eines Verkaufsprozesses (Investorenansprache, Due Diligence, Verhandlungsphase etc) angemessen Rechnung zu tragen; (2) Verwertung von Unternehmensteilen als bestehende Einheiten (Filettierung) u. Teilstilllegungen; auch insoweit ist eine werbende Tätigkeit erforderlich, jedoch müssen zusätzlich für die Filettierung interne Maßnahmen ergriffen werden (zB arbeitsrechtliche u. organisatorische Aufteilung in Teilbetriebe); (3) Ausproduktion, Betriebseinstellung u. anschließende Einzelverwertung. Der ordnungsgemäß handelnde Liquidator wird dem Einzelfall u. dem jeweiligen Marktumfeld gerecht werdende Mischformen, Kombinations- u. Auffanglösungen von vornherein berücksichtigen.

15 Das mit der Gesellschafterversammlung abgestimmte Liquidationskonzept gibt zugleich die Stoßrichtung der zu ergreifenden Maßnahmen vor u. entscheidet über ihre **Zulässigkeit** und den **Zeitpunkt** der jeweils zu ergreifenden Maßnahmen. Zulässig sind diejenigen Maßnahmen, die zur Erreichung des mit dem Liquidationskonzept verfolgten Ziels **kaufmännisch vertretbar** sind.[22] Insoweit müssen die Liquidatoren nach **pflichtgemäßem Ermessen** mit der **Sorgfalt eines ordentlichen Geschäftsmanns** handeln. (Konkretisierende) Entscheidungen der Gesellschafterversammlung können sie jederzeit einholen. Zur **Vorlagepflicht** → Rn. 6.

IV. Aufgaben im Einzelnen

1. Abwicklung laufender Geschäfte

16 Gemeint ist, dass die Liquidatoren nach Maßgabe des Liquidationskonzepts den **Geschäftsbetrieb** der Gesellschaft **einstellen** und laufende Geschäfte hierzu beenden sollen. Hierunter fallen bestehende (einmalige) Austauschverträge ebenso wie Dauerschuldverhältnisse oder Prozesse u. Rechtsstreitigkeiten (bereits rechtshängige Prozesse sind fortzuführen)[23] auch öffentlich-rechtlicher Art.[24] **Vertragsbeziehungen** sind im Grundsatz gem. der bestehenden Vereinbarung zu **beenden**. Dies kann durch schlichte wechselseitige Erfüllung u. ggf. gerichtliche Durchsetzung der Rechtsposi-

20 Scholz/*K Schmidt* Rn. 16 mwN; Roth/*Altmeppen* Rn. 7 f.
21 Zum Folgenden Lutter/Hommelhoff/*Kleindiek* Rn. 4; *Wicke* Rn. 3 ff.; Michalski/*Nerlich* Rn. 17, 18.
22 Zutr. Lutter/Hommelhoff/*Kleindiek* Rn. 6.
23 BeckOK/*Lorscheider* Rn. 8 mwN; Bork/Schäfer/*Servatius* Rn. 6; Michalski/*Nerlich* Rn. 15.
24 OVG Lüneburg NuR 98, 663 zu betriebsgebundenen Genehmigungen; BayObLG OLGE 28, 365 f.

tionen, im Wege einer Aufhebungsvereinbarung, durch Beendigungskündigung oder in anderer Weise geschehen, die mit dem Liquidationskonzept in Einklang steht. Dieses entscheidet auch über den Zeitpunkt der Beendigung. Wenn der Gesamtzweck der Liquidation nicht für eine vorübergehende Zeit dafür spricht, bestimmte Rechtsbeziehungen aufrecht zu erhalten, sollte die Beendigung unverzüglich erfolgen. Schwebende **Prozesse** sind fortzuführen.[25] Eine vor der Auflösung erteilte Prozessvollmacht (§ 86 ZPO) wirkt weiter u. schließt eine Unterbrechung nach § 246 I ZPO aus.[26]

2. Eingehung neuer Geschäfte

Der unscharfe Wortlaut des S. 2 meint insbes. die **rechtsgeschäftliche Begründung neuer Verbindlichkeiten.** Dies ist über den durch S. 2 bestimmten Umfang hinausgehend zulässig, also auch unabhängig von schwebenden Rechtsverhältnissen. Die Eingehung neuer Verbindlichkeiten muss aber objektiv **dem Endzweck der Liquidation**, eine rasche Vermögensverteilung und Vollbeendigung der Gesellschaft zu fördern, **dienlich** u. subjektiv diesem Ziel verpflichtet sein.[27] Dabei ist den Liquidatoren ein Ermessensspielraum einzuräumen.[28] Je nach Liquidationskonzept können auch umfangreiche Neugeschäfte getätigt werden oder sogar geboten sein, etwa die Begründung neuer Arbeitsverhältnisse[29] oder uU sogar Kreditaufnahmen, wenn sie die Liquidation bzw. Abwicklung der Gesellschaft fördern.[30] Dies wird regelmäßig der Fall sein, wenn wegen einer beabsichtigten Unternehmensveräußerung im Ganzen der Geschäftsbetrieb aufrecht erhalten bleiben muss u. die Gesellschaft weiterhin werbend tätig wird[31] oder wenn die Fortführung übermäßige Abwicklungsverluste vermeidet.[32] 17

Neugeschäfte dürfen aber **nicht auf eine Fortsetzung der Gesellschaft hinauslaufen**, wenn deren Voraussetzungen nicht erfüllt sind.[33] So verhielte es sich ggf. beim Beitritt zu einer werbenden Gesellschaft,[34] es sei denn, dass die Abwicklung zB wegen langfristiger Pensionsverbindlichkeiten ohnehin dauern würde.[35] Die Regelung betrifft nur das Innenverhältnis, nicht die 18

25 Hachenburg/*Hohner* Rn. 5; Michalski/*Nerlich* Rn. 15; MüKoGmbHG/*Müller* Rn. 9 mwN; Scholz/*K Schmidt* Rn. 7.
26 BGHZ 121, 263, 265; Baumbach/Hueck/*Haas* Rn. 4; ferner Henssler/Strohn/*Büteröwe* Rn. 10; MüKoGmbHG/*Müller* Rn. 9; jeweils zur Unterbrechung gem. § 241 ZPO, falls es keinen Prozessbevollmächtigten gibt.
27 RGZ 72, 236; 135, 376; 146, 376, 378; Baumbach/Hueck/*Haas* Rn. 10; Bork/Schäfer/*Servatius* Rn. 14; Michalski/*Nerlich* Rn. 15 ff., 33; Lutter/Hommelhoff/*Kleindiek* Rn. 16; MüKoGmbHG/*Müller* Rn. 21; Roth/*Altmeppen* Rn. 5; Scholz/*K Schmidt* Rn. 16; Ulmer/*Paura* Rn. 26.
28 *Passarge/Torwegge* Rn. 342; Michalski/*Nerlich* Rn. 17; Roth/*Altmeppen* Rn. 5.
29 Scholz/*K Schmidt* Rn. 16; *Passarge/Torwegge* Rn. 342.
30 Vgl. OLG Karlsruhe GmbHR 60, 24 (Unzulässigkeit eines kreditfinanzierten Grundstückserwerbs); einschränkend MüKoGmbHG/*Müller* Rn. 21; Bork/Schäfer/*Servatius* Rn. 14.
31 Gehrlein/Born/Simon/Brünkmans/*Hofmann* Rn. 22; Lutter/Hommelhoff/*Kleindiek* Rn. 16; Scholz/*K Schmidt* Rn. 16.
32 Hachenburg/*Hohner* Rn. 6; Rowedder/Schmidt-Leithoff/*Gesell* Rn. 8; Scholz/*K Schmidt* Rn. 7.
33 LG Köln DNotZ 80, 422, 423; Rowedder/Schmidt-Leithoff/*Gesell* Rn. 9; Scholz/*K Schmidt* Rn. 16.
34 KGJ 21, 256, 259; Scholz/*K Schmidt* Rn. 16.
35 Dazu LG Köln DNotZ 80, 422, 423.

Wirksamkeit der Verpflichtung im Verhältnis zu Dritten. Im Zweifelsfall empfiehlt es sich, einen zustimmenden Gesellschafterbeschluss einzuholen.[36]

3. Einziehung von Forderungen

19 Die Liquidatoren müssen **Forderungen** aus laufender Geschäftstätigkeit der Gesellschaft einschl. der bestehenden Nebenansprüche (Verzugszinsen) **realisieren.** Neben dem Forderungseinzug kann als Verwertungsalternative eine Veräußerung oder auch eine Aufrechnung in Betracht kommen,[37] wobei die Liquidatoren die zweckmäßigste Verwertungsvariante nach kaufmännischem Ermessen wählen. Der zu erwartende Abschlag muss jedoch mit dem Liquidationskonzept vereinbar sein. Eine **Ausbuchung von nicht realisierbaren Forderungen** nach allg. kaufmännischen Grundsätzen bleibt auch in der Liquidation zulässig.

20 Ebenso sind **gesellschaftsrechtliche Forderungen** ggü. den Geschäftsführern[38] sowie ggü. den Gesellschaftern, bspw. aus offenen Einlageverpflichtungen oder wegen einer Vorbelastungshaftung oder aus § 31, iRd durch den Liquidationszweck Erforderlichen (s. → § 69 Rn. 5 u. → § 72 Rn. 7; auch zu ungleichmäßig eingezahlten Einlagen) durchzusetzen.[39] Auch Verfügungen über diese Ansprüche der Gesellschaft sind zulässig, wenn alle Gläubiger zustimmen oder befriedigt sind.[40] Der in Anspruch genommene zahlungsunwillige Gesellschafter trägt die volle Darlegungs- u. Beweislast, dass der Liquidationszweck die Begleichung seiner Verbindlichkeit nicht verlangt (dolo-agit-Einwand).[41] Eine Auf-/Verrechnung mit dem künftigen, lediglich potenziellen Anteil des Gesellschafters am Liquidationsüberschuss scheidet aus.[42]

4. Umsetzung des Vermögens in Geld

21 Zulässig u. häufig wegen der Pflicht zur bestmöglichen Verwertung geboten ist die **Veräußerung des Unternehmens im Ganzen.** Dies bedarf ggf. notarieller Beurkundung gem. § 311 b III BGB.[43] Ob der Erwerber die bestehenden Verbindlichkeiten (unter Anrechnung auf den Kaufpreis) ganz oder

36 Baumbach/Hueck/*Haas* Rn. 10; für qualifizierte Mehrheit Lutter/Hommelhoff/*Kleindiek* Rn. 7.
37 Heybrock/*Löffler* Rn. 11; Michalski/*Nerlich* Rn. 24; MüKoGmbHG/*Müller* Rn. 13; vgl. auch Rowedder/Schmidt-Leithoff/*Gesell* Rn. 13; *Passarge/Torwegge* Rn. 349; *Altmeppen* ZIP 17, 497 (zur Verwertung von Ansprüchen der gelöschten GmbH gegen Gesellschafter u. Geschäftsführer).
38 BGH NJW 01, 304 (Anspruch aus § 64 II 1 aF); Baumbach/Hueck/*Haas* Rn. 7.
39 BGH NJW 70, 469, 470; ZIP 12, 532 Rn. 12; ZIP 18, 721 Rn. 58 ff.; *Konzen*, FS Ulmer, 03, S. 323, 335 ff.; *Müller*, DB 03, 1939; MüKoGmbHG/*Müller* Rn. 14.
40 RGZ 149, 293, 298; BGH NJW 68, 398, 399 f.; 92, 2229 f.; Baumbach/Hueck/*Fastrich* § 19 Rn. 42; Michalski/*Nerlich* § 69 Rn. 29.
41 RGZ 45, 155; Baumbach/Hueck/*Haas* Rn. 7; Bork/Schäfer/*Servatius* Rn. 11; Hachenburg/*Hohner* Rn. 13; MüKoGmbHG/*Müller* Rn. 14; Ulmer/*Paura* Rn. 16; *Goette*, GmbH, § 10 Rn. 49; MünchHdbGmbH/*Weitbrecht* § 63 Rn. 26; *Passarge/Torwegge* Rn. 354.
42 Lutter/Hommelhoff/*Kleindiek* Rn. 12.
43 MüKoGmbHG/*Müller* Rn. 16; Scholz/*K Schmidt* Rn. 14; Ulmer/*Paura* Rn. 19; aA *Kiem*, NJW 06, 2363; kritisch *Klöckner* DB 08, 1083 ff.; *Decker* NZG 18, 447: differenzierend unter Verweisung auf OLG Düsseldorf NZG 16, 589.

teilw. übernimmt, hängt vom Einzelfall ab. Stimmen die Gläubiger einer Schuld-/Vertragsübernahme durch den Erwerber zu, ohne dass es bei einer gesamtschuldnerischen Mithaftung der Gesellschaft bleibt, sind diese Gläubiger bei der Vermögensverteilung im Liquidationsverfahren nicht mehr zu berücksichtigen. Eine Haftung des Erwerbers im Außenverhältnis für bestehende Verbindlichkeiten kommt, auch wenn sie nicht übernommen werden, ferner gem. § 75 AO sowie § 25 HGB in Betracht. Die Veräußerung der Firma, nicht aber die Veräußerung des sonstigen Unternehmens,[44] erfordert die Zustimmung der Gesellschafter,[45] die im Anschluss die Satzung bzgl. der Firma ändern müssen (vgl. § 3 I Nr. 1).[46]

Beschränkungen der Verwertung können sich nach Maßgabe des Liquidationskonzepts aus dem Liquidationszweck ergeben. Die Gesellschafterversammlung kann bestimmen, dass eine Versilberung/Zerschlagung nur insoweit erfolgen soll, als dies zur Erfüllung aller Verbindlichkeiten notwendig ist. Verbleibendes Vermögen kann real geteilt, in eine Auffanggesellschaft eingebracht oder nach § 123 III UmwG zB als Sanierungsmaßnahme ausgegliedert werden.[47] Die Gesellschafter können als Liquidationsüberschuss Anteile an der Zielgesellschaft anstelle eines Barerlöses erhalten. Zu **Realteilung, Veräußerung u. Verteilung von Vermögensgegenständen** an die Gesellschafter → § 72 Rn. 15 f. 22

5. Erfüllung der Gesellschaftsverpflichtungen

Die **zentrale Aufgabe** der Liquidatoren besteht im Erfassen der Verbindlichkeiten, die bei Beginn ihres Amts bestehen, u. der Tilgung bei Fälligkeit zur Vermeidung eines Verzugsschadens. Dies gilt entspr. für die während der Abwicklung neu entstehenden Verbindlichkeiten. Für str. Gläubigerforderungen muss eine Rücklage als Sicherheit gebildet u. ggf. der Rechtsweg zur Klärung beschritten werden. Über die Erhebung der Einrede der Verjährung entscheiden die Liquidatoren nach eigenem Ermessen gem. den kaufmännischen Gepflogenheiten.[48] 23

Verfügt die Gesellschaft bei Fälligkeit nicht über ausreichend Barzahlungsmittel, müssen sich die Liquidatoren, wenn die Illiquidität zeitnah enden wird, um einen Aufschub der Fälligkeit oder zumindest um ein Stillhalten des jeweiligen Gläubigers bemühen, um Verzugsfolgen u. insbes. eine **Zahlungsunfähigkeit** im Rechtssinne (§ 17 II InsO) bzw. eine Überschuldung (§ 19 II InsO) zu vermeiden. Ein **Zahlungsplan** empfiehlt sich dringend, um frühzeitig auf eine etwaige Liquiditätsunterdeckung aufmerksam zu werden und gegensteuern zu können. 24

---

44 Hachenburg/*Hohner* Rn. 16; Roth/*Altmeppen* Rn. 6; Rowedder/Schmidt-Leithoff/*Gesell* Rn. 16; enger Michalski/*Nerlich* Rn. 27; Scholz/*K Schmidt* Rn. 14; aA Ulmer/*Paura* Rn. 19.

45 BeckOK/*Lorscheider* Rn. 13; Rowedder/Schmidt-Leithoff/*Gesell* Rn. 19.

46 Baumbach/Hueck/*Haas* Rn. 14; MüKoGmbHG/*Müller* Rn. 16.

47 BeckOK/*Lorscheider* Rn. 15; Lutter/Hommelhoff/*Kleindiek* Rn. 14; Scholz/*K Schmidt* Rn. 14.

48 Baumbach/Hueck/*Haas* Rn. 5; Hachenburg/*Hohner* § 73 Rn. 14; Ulmer/*Paura* Rn. 10.

25 Die Liquidatoren sind unmittelbar Normadressaten der **Insolvenzantragspflicht gem. § 15 a InsO.** Sorgfältig müssen sie fortlaufend eine etwaige materielle Insolvenz der Gesellschaft (zur Zahlungsunfähigkeit gem. § 17 II InsO → vor § 64 Rn. 75 ff.; zur Überschuldung gem. § 19 II InsO → vor § 64 Rn. 23 ff.) im Auge haben. Spätestens nach Ablauf von drei Wochen seit objektivem Bestehen der materiellen Insolvenz müssen sie Antrag auf Eröffnung des Insolvenzverfahrens bei Gericht stellen. Kündigt sich eine materielle Insolvenz an, müssen sie **frühzeitig die Gesellschafter informieren** u. ggf. Abwehrmaßnahmen vorschlagen, ggf. unter Änderung der bisherigen Liquidationsstrategie.

26 In der Abwicklungsphase müssen die Liquidatoren auch die allg. **Verpflichtungen ggü. Finanzverwaltung u. Sozialversicherungsträgern** erfüllen, also laufend bei Fälligkeit die angefallenen Verbindlichkeiten tilgen. Andernfalls riskieren sie die persönliche Haftung (§ 823 II BGB iVm § 266 a StGB bzw. §§ 34, 69 AO), bei Insolvenzeröffnung nach § 73 III 5 → § 73 Rn. 29 ff.

27 Das insolvenzrechtliche **Prinzip der Gläubigergleichbehandlung gilt** im gesellschaftsrechtlichen Liquidationsverfahren nach richtiger Ansicht **nicht**,[49] u. zwar auch nicht im Falle einer masselosen Liquidation (vgl. § 60 I Nr. 4, 5). Somit existiert im Liquidationsverfahren auch keine bestimmte Reihenfolge, in welcher die Liquidatoren die bekannten Gläubiger zu befriedigen haben. Über die angemessene **Tilgungsreihenfolge** entscheiden die Liquidatoren **nach pflichtgemäßem Ermessen.** In einem späteren Insolvenzverfahren unterliegen bevorzugte Befriedigungen während der Liquidation allerdings der Insolvenzanfechtung gem. §§ 129 ff. InsO; außerhalb der Insolvenz können Korrekturen bei Gläubigerungleichbehandlung bzw. -bevorzugung über das AnfG erfolgen.[50]

28 Nach der auch für **masselose Liquidationen** unzutr Rspr. des BFH[51] vermeiden die Liquidatoren allerdings eine persönliche Haftung gem. §§ 34, 69 AO dadurch, dass sie bei Vermögensinsuffizienz alle Gläubiger, insbes. den Fiskus, **quotal gleich befriedigen.** Eine solche Haftung soll nicht eintreten können, wenn aus Rechtsgründen eine Zahlung ausgeschlossen ist (weil zB der vorläufige Insolvenzverwalter seine rechtlich notwendige Zustimmung versagte) oder wenn die Gesellschaft nicht über hinreichende Mittel verfügte.[52] Unzutr ist jedoch die Annahme, bei masseloser Liquidation müssten Gläubiger außerhalb eines Insolvenzverfahrens quotal gleich

---

49 Sehr str, wie hier BGH NJW 01, 304, 305; Baumbach/Hueck/*Haas* Rn. 5; BeckOK/*Lorscheider* Rn. 9; Hachenburg/*Hohner* Rn. 11; § 73 Rn. 16; Michalski/*Nerlich* Rn. 35 zur Besonderheit Steuerschuld (§ 34 I AO); MüKoGmbHG/*Müller* Rn. 12; Roth/*Altmeppen* Rn. 14 f.; zurückhaltender ggü. Voraufl nunmehr Lutter/Hommelhoff/*Kleindiek* § 73 Rn. 8; abw. Bork/Schäfer/*Servatius* Rn. 9; Scholz/*K Schmidt* Rn. 10; § 73 Rn. 9; Ulmer/*Paura* Rn. 12 unter Hinweis auf den Sonderfall in BGHZ 53, 71, 74.

50 Ebenso Roth/*Altmeppen* Rn. 17; Baumbach/Hueck/*Haas* Rn. 5.

51 BFHE 146, 511, 512 f.; 143, 488, 490; BFHE 192, 249; dagegen Michalski/*Nerlich* Rn. 35 mwN.

52 BFHE 192, 249 BStBl II 01, 271 mwN; BFHE 141, 433, 448; 143, 488, 490; Scholz/*K Schmidt* Rn. 17.

bedient werden.[53] Ohne Insolvenzantragstellung darf die Tätigkeit nicht mehr fortgesetzt werden (vgl. § 15 a InsO). Eine Insolvenzverschleppungshaftung ggü. dem Fiskus oder den Sozialversicherungsträgern als Neugläubiger besteht nach hM nicht (s. → vor § 64 Rn. 236).

6. Verbindlichkeiten gegenüber Gesellschaftern

Zu den Gesellschaftsverbindlichkeiten zählen auch die vor der Auflösung entstandenen **Forderungen der Gesellschafter**; dies schließt nach Abschaffung des Auszahlungsverbots analog §§ 30, 31 aF für die sog. Rechtsprechungsregeln des Eigenkapitalersatzrechts seit Inkrafttreten des MoMiG ferner Darlehensrückzahlungsansprüche u. ihnen gleichgestellte Forderungen ein,[54] sofern nicht die Einreden gem. § 64 S. 3 oder § 30 entggstehen.[55] Der Auszahlungssperre gem. § 73 I unterliegt eine solche Gesellschafterforderung nicht.[56] Erfüllt werden können auch die **eigenen unstreitigen Forderungen der Liquidatoren** (§ 181 BGB).[57] Den Rangrücktritt für eine Gesellschafterforderung müssen die Liquidatoren beachten (vgl. → § 73 Rn. 4),[58] jedoch steht es ihnen grds. frei, den Rangrücktritt einvernehmlich mit dem Gesellschafter aufzuheben.[59] Im Falle eines sog. qualifizierten Rangrücktritts sind insoweit die besonderen Voraussetzungen zu beachten vor dem Hintergrund, dass der qualifizierte Rangrücktritt nach Auffassung des BGH eine verfügende Vertragsänderung mit Begründung einer Schutzwirkung zugunsten der Gläubigergesamtheit darstellt.[60] Nicht ausschließen lässt sich, dass die Aufhebung des Rangrücktritts, selbst wenn dies rechtswirksam wäre, sowie die Bezahlung ggf. einer Anfechtbarkeit (§ 133 InsO) in einem etwaigen Insolvenzverfahren unterliegt, selbst wenn zu diesem Zeitpunkt keine materielle Insolvenz bestanden haben mag. Der Rangrücktritt kann auch bestehen bleiben, ohne dass die subordinierte Verbindlichkeit die Beendigung der Liquidation hindert.[61] 29

Von der vorübergehenden **Ausschüttungssperre des § 73 erfasst** u. somit nachrangig zu befriedigen sind hingg. **alle Forderungen aus dem Gesellschaftsverhältnis** einschl. der nach dem Auflösungszeitpunkt angefallenen 30

53 Baumbach/Hueck/*Haas* Rn. 5; Michalski/*Nerlich* Rn. 23; MüKoGmbHG/*Müller* Rn. 12; Roth/*Altmeppen* Rn. 15; aA Bork/Schäfer/*Servatius* Rn. 9 (unter Hinweis auf RGZ 84, 125 u. den Gedanken der Gefahrengemeinschaft bei begrenzter Vorratsschuld).
54 Roth/*Altmeppen* Rn. 21; Michalski/*Nerlich* Rn. 20 ff.
55 Baumbach/Hueck/*Haas* Rn. 6.
56 Scholz/*K Schmidt* § 73 Rn. 2 b; aA Baumbach/Hueck/*Haas* Rn. 6.
57 MüKoGmbHG/*Müller* Rn. 10; Rowedder/Schmidt-Leithoff/*Gesell* Rn. 12; *Wicke* Rn. 4.
58 Baumbach/Hueck/*Haas* Rn. 6; Gehrlein/Born/Simon/Brünkmans/*Hofmann* Rn. 13.
59 Vgl. hierzu sowie zu den erforderlichen Voraussetzungen BGH NZI 15, 315 Rn. 35 ff., 42.
60 BGH ZIP 15, 568 Rn. 35 ff.; zustimmend und vertiefend *Bitter*, ZHR 17, 428 ff.; kritisch *Ekkenga* ZIP 17, 1493 ff.; *K. Schmidt*, ZIP 15, 901; BGH ZIP 19, 679 Rn. 24 aE; zu den steuerrechtlichen Folgen des qualifizierten Rangrücktitts vgl. *Oser*, DStR 17, 1889 ff.; FG Münster BeckRS 18, 28881 Rn. 69 f., 80 ff.
61 Vgl. *Seppelt*, BB 10, 1395, 1397 f.

Gewinne; an die Stelle eines Gewinnauszahlungsanspruchs tritt der Anspruch auf Vermögensverteilung (→ § 72 Rn. 1).[62]

7. Vermögensverwaltung

31 Sie kommt insbes. in Betracht, wenn nicht die gesamte Liquidität zur Erfüllung von Gesellschaftsverbindlichkeiten aufgebraucht wurde, aber die Voraussetzungen einer Ausschüttung an die Gesellschafter (§ 73) noch nicht vorliegen. Die Liquidatoren müssen daher mit der **Sorgfalt eines ordentlichen Geschäftsmanns** (§§ 71 IV, 43 I) für eine **zeitgerechte Anlage** sorgen.[63] Risikogeschäfte dürfen sie aber nur eingehen, wenn alle Gesellschafter damit einverstanden sind (→ Rn. 6).[64]

8. Abgabe eidesstattliche Versicherung

32 Zur Abgabe der eidesstattlichen Versicherung gem. § 899 ZPO bleiben die Liquidatoren auch dann noch verpflichtet, wenn ihr Amt endet.[65] Dies gilt selbst für den Fall, dass die Gesellschaft bereits im Handelsregister gelöscht worden sein sollte, die Liquidation tatsächlich aber noch nicht beendet ist (vgl. → § 74 Rn. 52). Nach Ladung können sich die Liquidatoren der eidesstattlichen Versicherungspflicht somit nicht durch Amtsniederlegung entziehen.[66]

V. Verletzung der Liquidatorenpflichten

33 Am Maßstab des „ordentlichen und gewissenhaften Liquidators" gemessene, schuldhafte Verletzungen der vorstehend umschriebenen Pflichten haben eine Schadensersatzpflicht gem. §§ 71 IV, 43 zur Folge[67] u. können zur Abberufung durch das Gericht führen (§ 66 III). Über die Geltendmachung von Ersatzansprüchen entscheidet die Gesellschafterversammlung (§ 46 Nr. 8).[68] Direktansprüche der Gesellschafter gegen den Liquidator bestehen nicht.[69]

§ 71 Eröffnungsbilanz; Rechte und Pflichten

(1) Die Liquidatoren haben für den Beginn der Liquidation eine Bilanz (Eröffnungsbilanz) und einen die Eröffnungsbilanz erläuternden Bericht sowie

---

62 RGZ 85, 43, 45; Baumbach/Hueck/*Haas* § 69 Rn. 6; BeckOK/*Lorscheider* Rn. 10; Rowedder/Schmidt-Leithoff/*Gesell* § 69 Rn. 9; § 72 Rn. 15; Roth/*Altmeppen* Rn. 20; Scholz/*K Schmidt* § 69 Rn. 28; BGH NJW 13, 2586 (Schadensersatz wg Beteiligungswertminderung bei Auflösung Gesellschaft durch Insolvenz).

63 Baumbach/Hueck/*Haas* Rn. 9; Gehrlein/Ekkenga/Simon/*Hofmann* Rn. 21; Heybrock/*Löffler* Rn. 14; Michalski/*Nerlich* Rn. 32; MünchHdbGmbH/*Weitbrecht* § 63 Rn. 30.

64 Lutter/Hommelhoff/*Kleindiek* Rn. 15; MüKoGmbHG/*Müller* Rn. 20.

65 OLG Köln ZIP 90, 1330 (auch zum Verhältnis zu ehemaligen Geschäftsführern).

66 OLG Zweibrücken DGVZ 90, 40, 41; Roth/*Altmeppen* § 66 Rn. 8.

67 BeckOK/*Lorscheider* Rn. 17 mwN.

68 BGHZ 28, 355, 357; *Hofmann*, GmbHR 76, 229, 234; Lutter/Hommelhoff/*Kleindiek* Rn. 17; anders bei masseloser Liquidation BGH ZIP 04, 1708, 1711.

69 Lutter/Hommelhoff/*Kleindiek* Rn. 17, wohl aber Anspruch eines übergangenen Gläubigers gegen Liquidator analog § 268 II, 93 V AktG, BGH NZI 18, 445.

für den Schluß eines jeden Jahres einen Jahresabschluß und einen Lagebericht aufzustellen.

(2) [1]Die Gesellschafter beschließen über die Feststellung der Eröffnungsbilanz und des Jahresabschlusses sowie über die Entlastung der Liquidatoren. [2]Auf die Eröffnungsbilanz und den erläuternden Bericht sind die Vorschriften über den Jahresabschluß entsprechend anzuwenden. [3]Vermögensgegenstände des Anlagevermögens sind jedoch wie Umlaufvermögen zu bewerten, soweit ihre Veräußerung innerhalb eines übersehbaren Zeitraums beabsichtigt ist oder diese Vermögensgegenstände nicht mehr dem Geschäftsbetrieb dienen; dies gilt auch für den Jahresabschluß.

(3) [1]Das Gericht kann von der Prüfung des Jahresabschlusses und des Lageberichts durch einen Abschlußprüfer befreien, wenn die Verhältnisse der Gesellschaft so überschaubar sind, daß eine Prüfung im Interesse der Gläubiger und der Gesellschafter nicht geboten erscheint. [2]Gegen die Entscheidung ist die Beschwerde zulässig.

(4) Im übrigen haben sie die aus §§ 37, 41, 43 Abs. 1, 2 und 4, § 49 Abs. 1 und 2, § 64 sich ergebenden Rechte und Pflichten der Geschäftsführer.

(5) Auf den Geschäftsbriefen ist anzugeben, dass sich die Gesellschaft in Liquidation befindet; im Übrigen gilt § 35 a entsprechend.

Schrifttum

Bohl/Schaumburg-Dickstein, in: Küting/Weber, Handbuch der Rechnungslegung, 5. Aufl Loseblatt, zu § 71 GmbHG; *Deubert/Förschle/Kropp*, Schlussbilanz der werbenden Gesellschaft kein Pflichtbestandteil der Rechnungslegung von Kapitalgesellschaft in Liquidation, DB 1994, 998; *dies*, Notwendigkeit der Schlussbilanz einer werbenden Gesellschaft und Zulässigkeit der Gewinnverwendung bei Abwicklung/Liquidation einer Kapitalgesellschaft, DStR 1992, 1523; *Eller*, Liquidation der GmbH, 2009; *Förschle/Deubert*, Entsprechende Anwendung allgemeiner Vorschriften über den Jahresabschluss in der Liquidations-Eröffnungsbilanz, DStR 1996, 1743; *dies*, Der Bestätigungsvermerk zur Abwicklungs-/Liquidations-Eröffnungsbilanz, WPg 1993, 397; *dies*, in: Budde/Förschle/Winkeljohann, Sonderbilanzen, 4. Aufl 2008; *Förster/Döring*, Die Liquidationsbilanz, 4. Aufl 2005; *Geist*, Die ordentliche Liquidation einer GmbH unter Einfluss von Mindestbesteuerung und steuerfreiem Sanierungsgewinn, GmbHR 2008, 969; *Heni*, Umgliederungen in Liquidations- und Insolvenzbilanzen, ZInsO 2008, 998; *Kind/Frank/Heinrich*, Die Pflicht zur Prüfung von Jahresabschluss und Lagebericht nach § 316 Abs. 1 Satz 1 HGB in der Insolvenz, NZI 2006, 205; *Kniebes*, Der Auftrag des Insolvenzverwalters auf Befreiung von der Jahresabschlussprüfung, ZInsO 2016, 1669; *Mohr*, Die Liquidation der GmbH. Hinweise zur rechtlichen, bilanziellen und steuerlichen Abwicklung, GmbH-StB 2007, 287; *Olbrich*, Der Grundsatz der Unternehmensfortführung in der Rechnungslegung der Kapitalgesellschaft bei Auflösung, DB 2005, 565; *Passarge/Torwegge*, Die GmbH in der Liquidation, 2014; *Peetz*, Haftung des GmbH-Liquidators für ausstehende Steuererklärungen, GmbHR 2002, 1008; *ders*, Handelsrechtliche Rechnungslegung der aufgelösten GmbH, GmbHR 2007, 858; *ders*. Fortsetzung einer GmbH in der Liquidation, GmbHR 2019, 326; *Rodewald*, Zu Wesen und Wirkung der Liquidations-Schlussbilanz für die GmbH, GmbHR 1994, 454; *Sarx*, Zur Abwicklungs-Rechnungslegung einer Kapitalgesellschaft, in: FS Forster, 1992, S. 547; *Scherrer/Heni*, Liquidations-Rechnungslegung, 3. Aufl 2009; *Winnefeld*, Handels- und Steuerbilanz, Rechtsformspezifisches Bilanzrecht, Bilanzielle Sonderfragen, Sonderbilanzen, IAS/US-GAAP, 5. Aufl. 2015; WP-Handbuch 2008, Bd II, 13. Aufl 2008.

I. Überblick

1 Durch das BiRiLiG[1] wurde Abs. 1 geändert u. Abs. 2 u. 3 neu eingefügt, Abs. 3 wurde durch das FGG-RG[2] modifiziert. Diese Vorschriften regeln nunmehr die Rechnungslegung der Gesellschaft im Abwicklungsstadium u. die damit zusammenhängenden Rechte u. Pflichten der Liquidatoren. Sinngem entsprechen sie § 270 AktG. Der seit 1892 unveränderte Text des nunmehrigen Abs. 4 enthält eine Ergänzung zu § 69. Abs. 5 wurde durch das 1. KoordinierungsG[3] eingefügt u. durch das MoMiG[4] neu gefasst.

II. Allgemeines zur Rechnungslegung in der Liquidation

2 In **zeitlicher Reihenfolge** lassen sich folgende zu erstellende Rechnungslegungswerke während der Liquidation unterscheiden: (i) Schlussbilanz der werbenden Gesellschaft; (ii) Liquidationseröffnungsbilanz; (iii) Liquidationsjahresbilanz(en); (iv) Liquidationsschlussbilanz.[5]

3 Die Rechnungslegungsvorschriften analog § 264 II 1 HGB in der Abwicklungsphase sollen unter Beachtung der **Grundsätze ordnungsgemäßer Buchführung** die tatsächlichen wirtschaftlichen Verhältnisse (Vermögens-, Finanz-, Ertragslage) der Gesellschaftzuverlässig widerspiegeln.[6] Auf den Stichtag hin informieren die Liquidationsbilanzen vergangenheitsbezogen nur über den jeweiligen Stand der Abwicklung wie eine periodische Erfolgsrechnung, können u. müssen aber nicht das zu erwartende Liquidati-

1 BGBl. 85 I, S. 2355.
2 BGBl. 08 I, S. 2586.
3 BGBl. 69 I, S. 1146.
4 BGBl. 08 I, S. 2026.
5 Roth/*Altmeppen* Rn. 4 ff.; MüKoGmbHG/*Müller* Rn. 7 (inkl. Schlussrechnung); Michalski/*Nerlich* Rn 43 ff.
6 Baumbach/Hueck/*Haas* Rn. 5, 7; MüKoGmbHG/*Müller* Rn. 7 mwN; Küting/Weber/*Bohl/Schaumburg-Dickstein* § 71 Rn. 11, 28.

onsergebnis prognostizieren.[7] Anders als reguläre Jahresabschlüsse **bezwecken** die Liquidationsbilanzen **nicht die Gewinnermittlung u. -verteilung.**[8] Dennoch gelten im Grundsatz die gesetzlichen Regelungen über den Jahresabschluss entspr., die liquidationsbedingt modifiziert werden. Zur Schlussbilanz der werbenden Gesellschaft → Rn. 7 ff.

Zugleich dienen die periodischen Liquidationsbilanzen der **Rechenschaftslegung** der hierzu persönlich verpflichteten Liquidatoren im Innenverhältnis zu den Gesellschaftern. Sie bezwecken, als Endziel die Vermögensverteilung zu ermöglichen u. unterliegen der Rechenschaftspflicht der Liquidatoren. Verbleiben auch neben den Angaben im Erläuternden Bericht gem. Abs. 1, im Anhang oder im Lagebericht Informationsdefizite, können die Gesellschafter im Einzelfall **Auskunft u. Einsichtnahme in die Bücher u. Schriften** gem. §§ 51 a, 51 b iVm § 69 verlangen. Ferner bringt die Weisungsgebundenheit der Liquidatoren im Verhältnis zu den Gesellschaftern u. ihre Organpflicht mit sich, dass **weitere Berichtspflichten** zur wirtschaftlichen Lage der Gesellschaft u. zum Stand der Abwicklung bestehen können, die zB die Vorlage von besonderen Finanz- oder Stilllegungsplänen erfordern.[9] Diese sind nicht unmittelbarer Regelungsgegenstand des § 71 u. unterliegen weder der Offenlegungs- noch der Prüfungspflicht.[10] Davon abgesehen besteht eine gesetzliche Verpflichtung der Liquidatoren ggü. den Gesellschaftern, eine Vermögensverteilungsbilanz aufzustellen u/oder einen Liquidationsplan vorzulegen, indes nicht.[11] 4

Durch die Auflösung der Gesellschaft bleiben die Vorschriften zur **Konzernrechnungslegung** unberührt. Insbes. endet die einheitliche Leitung mit der Auflösung der Muttergesellschaft nicht.[12] Eine konsolidierte Konzernliquidationseröffnungsbilanz müssen die Liquidatoren als Organe der Konzernmuttergesellschaft nicht erstellen, bleiben jedoch iÜ nach Maßgabe des § 290 I HGB zur Erstellung von Konzernabschlüssen u. -lageberichten verpflichtet (§§ 290 ff. HGB). Abs. 1 ergibt nichts Abw.[13] 5

Die Verpflichtung der Liquidatoren, während der Liquidation **laufend die Vermögensverhältnisse der Gesellschaft zu kontrollieren**, bei gegebenem Anlass das Vorliegen einer materiellen Insolvenz zu überprüfen u. **ggf. ein Insolvenzverfahren einzuleiten** (§ 15 a I InsO), bleibt unberührt.[14] Die für die Erstellung eines Liquiditätsstatus u. eines Finanzplans erforderlichen Unterlagen zwecks Prüfung bzw. Feststellung einer Zahlungsunfähigkeit gem. § 17 II InsO (→ vor § 64 Rn. 75 ff.), sollten sich aus der Buchhaltung 6

7 Baumbach/Hueck/*Haas* Rn. 7; Scholz/*K Schmidt* Rn. 6; aA *Jurowsky*, DStR 97, 1782, 1784; MüKoGmbHG/*Müller* Rn. 5.
8 Küting/Weber/*Bohl/Schaumburg-Dickstein* Rn. 28; MüKoGmbHG/*Müller* Rn. 5.
9 Scholz/*K Schmidt* Rn. 6, 31; Ulmer/*Paura* Rn. 6, 20.
10 Lutter/Hommelhoff/*Kleindiek* Rn. 11.
11 Baumbach/Hueck/*Haas* Rn. 8; MüKoGmbHG/*Müller* Rn. 8; *Scherrer/Heni*, S. 197 ff.; Küting/Weber/*Bohl/Schaumburg-Dickstein* Rn. 11.
12 Roth/*Altmeppen* Rn. 3; Scholz/*K Schmidt* Rn. 27; Budde/*Förschle*/Winkeljohann/*Deubert* T 375 ff.; teilw. abw. Küting/Weber/*Boh/Schaumburg-Dickstein* Rn. 33 ff.
13 MüKoGmbHG/*Müller* Rn. 9; Scholz/*K Schmidt* Rn. 27; Ulmer/*Paura* Rn. 16; nunmehr auch Rowedder/Schmidt-Leithoff/*Gesell* Rn. 13.
14 OLG Hamm NZG 02, 782 (zur Insolvenzantragspflicht vor dem MoMiG); Lutter/Hommelhoff/*Kleindiek* Rn. 11; Rowedder/Schmidt-Leithoff/*Gesell* Rn. 5, 22; Scholz/*K Schmidt* Rn. 33.

der Gesellschaft ergeben. Für die Ermittlung einer insolvenzrechtlichen Überschuldung (→ vor § 64 Rn. 23 ff.) haben die Liquidationsbilanzen allenfalls Indizwirkung. Bei Führungslosigkeit geht die Insolvenzantragspflicht (→ vor § 64 Rn. 175 ff.) auf die Gesellschafter über (§ 15 a III). In der Insolvenz überlagern §§ 153, 155 I 2 InsO die gesellschaftsrechtlichen Rechnungslegungsvorschriften.[15]

III. Schlussbilanz der werbenden Gesellschaft

1. Stichtag

7 Mit Auflösung wird aus der „werbenden" Gesellschaft eine Abwicklungsgesellschaft. In diesem Zeitpunkt **endet das laufende Geschäftsjahr**, ggf. als **Rumpfgeschäftsjahr,**[16] ohne dass deshalb die Satzung geändert werden muss.[17] Zugleich beginnt ein neuer Abrechnungszeitraum mit eigenen Regeln. Daher muss auf den **Stichtag der Auflösung**[18] eine Schlussbilanz der werbenden Gesellschaft mit GuV, Anhang u. Lagebericht **nach den allg. Regeln** erstellt werden.[19]

2. Verfahren

8 Zur **Aufstellung** binnen der 3-Monats-Frist des § 264 I 3 HGB sind die **Liquidatoren** verpflichtet, da das Amt der Geschäftsführer mit der Auflösung endete.[20] Grundlage ist eine Inventur (§§ 240 f. HGB). Die **Feststellung** obliegt der Gesellschafterversammlung (§ 46 Nr. 1). Es bietet sich ggf. an, in derselben Gesellschafterversammlung über die **Entlastung** der Geschäftsführer zu entscheiden (§ 46 Nr. 5).

9 Ggf. müssen nachträglich auch die **Jahresabschlüsse vergangener Geschäftsjahre** aufgestellt werden, sofern die Geschäftsführer diese Aufgabe nicht erledigt hatten.[21]

---

15 BGH ZIP 18, 1358 ff. zur Wirksamkeit der Bestellung eines Abschlussprüfers trotz zwischenzeitlicher Insolvenzeröffnung auch für frühere Geschäftsjahre; BGH ZIP 11, 1673 zur fehlenden Prüfungspflicht einer insolventen Gesellschaft; LG Bonn NZG 10, 193; *Grashoff*, NZI 08, 65.

16 BFHE 113, 112, 114; BayObLG GmbHR 94, 331; Baumbach/Hueck/*Haas* Rn. 2; Michalski/*Nerlich* Rn. 16 f.; MüKoGmbHG/*Müller* Rn. 11; Scholz/*K Schmidt* Rn. 8; Roth/*Altmeppen* Rn. 8; aA *Deubert/Förschle/Kropp*, DB 94, 998 ff.; *dies*, DStR 92, 1523, 1525.

17 Baumbach/Hueck/*Haas* Rn. 2; Lutter/Hommelhoff/*Kleindiek* Rn. 8; Scholz/*K Schmidt* Rn. 8.

18 BFHE 113, 112, 114; BayObLG GmbHR 94, 331, 332; *Deubert/Förschle/Kropp*, DB 94, 998 ff.; MüKoGmbHG/*Müller* Rn. 12 (zu dem der Auflösung vorangehenden Tag); Roth/*Altmeppen* Rn. 5.

19 So die hM, BFH BStBl II 74, 692, 693; BayObLG GmbHR 94, 331, 332; Kütting/Weber/*Bohl/Schamburg-Dickstein* Rn. 14; Hachenburg/*Hohner* Rn. 4; Lutter/Hommelhoff/*Kleindiek* Rn. 8; Michalski/*Nerlich* Rn. 16; MüKoGmbHG/*Müller* Rn. 12; *Passarge/Torwegge* Rn. 689; *Sarx*, FS Forster, 91, S. 547, 551; *Scherrer/Heni*, S. 25 ff.; aA *Förschle/Kropp/Deubert*, DStR 92, 1523 f.; *dies*, DB 94, 998 ff.

20 BayObLG GmbHR 90, 298, 299; MüKoGmbHG/*Müller* Rn. 13; *Passarge/Torwegge* Rn. 700; *Scherrer/Heni*, S. 26.

21 BayObLG GmbHR 90, 298, 299; Baumbach/Hueck/*Haas* Rn. 2.

3. Bilanzierungsgrundsätze

Die liquidationsrechtlichen Besonderheiten des Bilanzansatzes sowie der Bewertung gelten für die Schlussbilanz der werbenden Gesellschaft noch nicht. Die Bewertung kann nach hM noch unter dem **Grundsatz der Unternehmensfortführung** (§ 252 I Nr. 2 HGB) erfolgen mit der Konsequenz, dass durch die Auflösung bedingte Abschreibungen u. Korrekturen zum Nachteil der gewinnanteilberechtigten Nicht-Gesellschafter ebenso entfallen wie eine gewinnerhöhende Auflösung stiller Reserven.[22] 10

Wird die Gesellschaft **außerhalb der Regelungen der §§ 70 ff. still liquidiert**, bleibt für eine Bewertung nach den Grundsätzen der Unternehmensfortführung (§ 252 I Nr. 2 HGB) regelmäßig kein Raum.[23] 11

4. Entlastung, Tantiemen, Ergebnisverwendung

Die Schlussbilanz der werbenden Gesellschaft dient der Gesellschafterversammlung als Entscheidungsgrundlage für die von ihr zu erteilende Entlastung (§ 46 Nr. 5). Ebenso ist sie ggf. Bemessungsgrundlage für die Berechnung ergebnisabhängiger Tantiemen. 12

Während der Liquidation dürfen nur solche Gewinne ausgeschüttet werden, für welche bereits vor der Auflösung ein Gewinnverwendungsbeschluss gefasst war (Forderung der Gesellschafter, vgl. → § 70 Rn. 29). Dies kommt für etwaige Gewinne, die erst die Schlussbilanz der werbenden Gesellschaft ausweist, nicht in Betracht, auch wenn die Gesellschaft diese Gewinne bereits vor der Auflösung erwirtschaftet hat; die Ausschüttungssperre des § 73 gilt auch insoweit.[24] Entspr. Dividendenansprüche sind während der Liquidation unerfüllbar.[25] Zur Prüfungspflicht → Rn. 46 ff.; zur Offenlegung → Rn. 51 ff. 13

IV. Liquidationseröffnungsbilanz und erläuternder Bericht

1. Stichtag, Grundsatz der Bilanzidentität

Stichtag der Liquidationseröffnungsbilanz sowie des erläuternden Berichts ist jeweils der **Tag der materiellen Vollendung des Auflösungstatbestandes**, der im Regelfall schon vor der Eintragung im Handelsregister liegt.[26] Geringfügige Abweichungen von diesem Stichtag entbehren nicht nur der gesetzlichen Grundlage, sondern es besteht hierfür auch kein echtes praktisches Bedürfnis.[27] Die allgemeinen Inventurerleichterungen (ausgeweitete, 14

---

22 Baumbach/Hueck/*Haas* Rn. 3; Hachenburg/*Hohner* Rn. 4 f.; Michalski/*Nerlich* Rn. 17; MünchHdbGmbH/*Weitbrecht* § 63 Rn. 33; *Scherrer/Heni*, S. 28 f.; *Olbrich*, DB 05, 565, 567; aA WP-Handbuch 08, Rn. H 293; *Förster/Döring* Teil 2 Rn. 25 f.

23 Baumbach/Hueck/*Haas* Rn. 3; MüKoGmbHG/*Müller* Rn. 12.

24 Lutter/Hommelhoff/*Kleindiek* Rn. 8; Scholz/*K Schmidt* Rn. 9; Roth/*Altmeppen* Rn. 30.

25 Roth/*Altmeppen* Rn. 14 u. § 70 Rn. 20; Baumbach/Hueck/*Haas* § 69 Rn. 6.

26 BayObLG DB 94, 523; Lutter/Hommelhoff/*Kleindiek* Rn. 3; MüKoGmbHG/*Müller* Rn. 16; Ulmer/*Paura* Rn. 14; *Passarge/Torwegge* Rn. 699.

27 Baumbach/Hueck/*Haas* Rn. 14; Michalski/*Nerlich* Rn. 24; MüKoGmbHG/*Müller* Rn. 17; Rowedder/Schmidt-Leithoff/*Gesell* Rn. 9; Roth/*Altmeppen* Rn. 11; Scholz/*K Schmidt* Rn. 12.

vor- oder nachverlegte Stichtagsinventur) gelten auch für die Liquidationseröffnungsbilanz.[28]

15 Da die Liquidationseröffnungsbilanz eigenen Regeln bzgl. des Bewertungsansatzes folgt (→ Rn. 23 ff.), gilt im Verhältnis zur Schlussbilanz der werbenden Gesellschaft der **Grundsatz der Bilanzidentität nicht.**[29] Daraus kann sich theoretisch ergeben, dass die Liquidatoren auf den fast identischen Zeitpunkt zwei unterschiedliche Bilanzen erstellen. Beide Bilanzen können aber im Einzelfall inhaltsgleich sein, wenn nämlich die für die Liquidationseröffnungsbilanz geltenden Bilanzierungsregeln zum gleichen Ergebnis wie die Schlussbilanz der werbenden Gesellschaft führen. Auch in einem solchen Fall inhaltlicher Identität sind beide Bilanzen unterschiedlich zu bezeichnen.

2. Verfahren

16 a) **Aufstellung.** Die Verpflichtung, die Liquidationseröffnungsbilanz aufzustellen u. den erläuternden Bericht zu verfassen, ist eine **originäre u. höchstpersönliche Liquidatorenpflicht.**[30] Abs. 1 ist somit das Pendant zu § 264 I HGB, der den Geschäftsführern die Aufstellung des Jahresabschlusses der werbenden Gesellschaft überträgt. Die Liquidatoren dürfen sich von dritter Seite, insbes. Mitarbeitern der Gesellschaft, unterstützen lassen. Sie können die Letztverantwortlichkeit jedoch auch bei eigener fehlender Fachkenntnis weder auf Dritte verlagern,[31] noch von ihrer Aufstellungspflicht durch die Gesellschafter befreit werden.[32]

17 Verstoßen die Liquidatoren gegen die Aufstellungspflicht, machen sie sich ggü. Der Gesellschaft ersatzpflichtig (§§ 71 IV, 43 II). Die Strafvorschriften der §§ 283 I Nr. 7, VI, 283 a, 283 b I Nr. 3, III StGB gelten auch für Liquidatoren.[33]

18 b) **Frist.** Für die Aufstellung gilt, beginnend ab dem Zeitpunkt der Auflösung, die 3-Monats-Frist des § 264 I HGB. Im Grundsatz entspr. **Fristverlängerungen** sind je nach Lage des Einzelfalls bei kleinen Gesellschaften iRd § 264 I 4 HGB (um weitere 3 Monate) jedenfalls außerhalb einer Krise möglich (Abs. 2 S. 2), ohne dass die Ordnungsgemäßheit des Geschäfts-

---

28 Budde/*Förschle/Deubert* T Rn. 96 f.; MüKoGmbHG/*Müller* Rn. 17; *Scherrer/Heni*, S. 32.

29 Hachenburg/*Hohner* Rn. 7; Henssler/Strohn/*Büteröwe* Rn. 7; ähnl Roth/*Altmeppen* Rn. 15; *Förster/Döring* Teil 2 Rn. 15; *Scherrer/Heni*, S. 83 ff.

30 Baumbach/Hueck/*Haas* Rn. 11; Hachenburg/*Hohner* Rn. 7; *Förster/Döring* Teil 2 Rn. 27; MüKoGmbHG/*Müller* Rn. 6.

31 Lutter/Hommelhoff/*Kleindiek* Rn. 1; MüKoGmbHG/*Müller* Rn. 6.

32 OLG Stuttgart NJW-RR 95, 805, 806 (keine Befreiung selbst bei Nachtragsliquidation ohne Weiteres Vermögen); MüKoGmbHG/*Müller* Rn. 6; Rowedder/Schmidt-Leithoff/*Gesell* Rn. 7.

33 OLG Frankfurt BB 77, 312, 313; Baumbach/Hueck/*Haas* Rn. 11; MüKoGmbHG/*Müller* Rn. 6; Roth/*Altmeppen* Rn. 26.

gangs in Frage gestellt wäre.[34] Weitere Verlängerungen, selbst wenn sie in der Satzung vorgesehen sind, sind unzulässig u. in der Krise zweifelhaft.[35]

c) **Kosten.** Die **Kosten der Aufstellung** trägt die Gesellschaft. Verfügt sie nicht über ausreichend Mittel, so geht erst im Insolvenzverfahren die Rechnungslegungspflicht auf den Insolvenzverwalter über (§ 155 I 2 InsO), so dass die Liquidatoren – auch zur Vermeidung einer Insolvenzverschleppung sowie einer eigenen Kostentragungs- oder gar Schadensersatzpflicht – Insolvenzantrag stellen sollten. Andernfalls wird von ihnen wegen des öffentlich-rechtlichen Charakters der persönlichen Aufstellungspflicht verlangt, die Kosten aus dem Privatvermögen zu verauslagen.[36] Dem können sich die Liquidatoren auch durch Amtsniederlegung entziehen, die insoweit nicht rechtsmissbräuchlich sein kann.[37] Eine bereits entstandene Schadensersatzpflicht im Verhältnis zur Gesellschaft bleibt dadurch allerdings unberührt. 19

d) **Feststellung.** Die Feststellung der Liquidationseröffnungsbilanz erfolgt durch die **Gesellschafterversammlung** (Abs. 2 S. 1; § 46 Nr. 1). Für das Verfahren gilt § 42 a (hierzu → § 42 a Rn. 23 ff.), soweit die Satzung nichts Abw bestimmt. Bei inhaltlichen Mängeln des Feststellungsbeschlusses (zB erheblicher Verstoß gegen Bilanzierungsvorschriften) kommt eine Anfechtung des Gesellschafterbeschlusses nach allg. Regeln (analog § 243 AktG) in Betracht; eine entspr. Anwendung des § 257 I 2 AktG scheidet hingegen aus.[38] 20

Besteht ein Aufsichtsrat, gelten die allg. Regeln (§§ 42 a I 3, 52 I mit §§ 170, 171 AktG) auch in der Liquidation weiter. 21

3. Bilanzierungsgrundsätze

a) **Allgemeines.** Mit dem BilRiLG hat sich der Gesetzgeber gegen eine eigene Liquidationsbewertung aus Anlass der Auflösung entschieden.[39] Im Ausgangspunkt gelten für die Liquidationseröffnungsbilanz die **bisherigen Bilanzierungsgrundsätze zum Bilanzansatz u. zur Bewertung** u. die gleichen Vorschriften wie für den regulären Jahresabschluss (fortgeführte Erfolgsbilanz)[40] entspr. (Abs. 2 S. 2). Zu den diesbezüglichen Änderungen durch das BilMoG → § 42 Rn. 14. Von daher empfiehlt es sich, für die Li- 22

34 Hachenburg/*Hohner* Rn. 9; Lutter/Hommelhoff/*Kleindiek* Rn. 6; MüKoGmbHG/*Müller* Rn. 34; Rowedder/Schmidt-Leithoff/*Gesell* Rn. 7; *Wicke* Rn. 2; Küting/Weber/*Bohl/Schamburg-Dickstein* Rn. 15; Budde/*Förschle/Winkeljohann/Deubert* Rn. T 106; *Scherrer/Heni*, S. 52; aA Baumbach/Hueck/*Haas* Rn. 12.

35 MüKoGmbHG/*Müller* Rn. 34; Ulmer/*Paura* Rn. 15; Scholz/*K Schmidt* Rn. 13.

36 BFH BStBl II 95, 194, 196 (zum Konkursverwalter); FG Baden-Württemberg EFG 01, 542 (zu Steuererklärung); Baumbach/Hueck/*Haas* Rn. 11; Lutter/Hommelhoff/*Kleindiek* Rn. 1; *Passarge/Torwegge* Rn. 698; *Scherrer/Heni*, S. 30 f.; aA Roth/*Altmeppen* Rn. 1; *Peetz*, GmbHR 02, 1008, 1011 ff.

37 Bork/Schäfer/*Servatius* Rn. 8; Lutter/Hommelhoff/*Kleindiek* Rn. 1; Roth/*Altmeppen* Rn. 1; aA *Peetz*, GmbHR 02, 1008, 1013.

38 KG NZG 01, 845; Roth/*Altmeppen* Rn. 27.

39 Baumbach/Hueck/*Haas* Rn. 7 f.; Lutter/Hommelhoff/*Kleindiek* Rn. 1 f.; ausführlich zu Folge/Ausmaß des BilRiLG BeckOk/*Lorscheider* Rn. 1 c.1 – 1 c.8; zur vorherigen Rechtslage vgl. MüKoGmbHG/*Müller* Rn. 25; Rowedder/Schmidt-Leithoff/*Gesell* Rn. 10.

40 Scholz/*K Schmidt* Rn. 4, 6; Lutter/Hommelhoff/*Kleindiek* Rn. 2.

quidationseröffnungsbilanz die Gliederung der Jahresbilanz der werbenden Gesellschaft zu übernehmen. Dies gilt nach hM auch für die **Eigenkapitalgliederung**, die zunächst bis zum Ablauf des Sperrjahres (§ 73) fortzuschreiben ist.[41]

23 **b) Bilanzansatz. aa) Aktivseite.** Der originäre **Geschäfts- oder Firmenwert** darf auch im Liquidationsstadium nicht aktiviert werden.[42] Generell bleiben auch nach dem BilMoG nicht bilanzierungsfähige (vgl. § 248 II 2 HGB), **selbst geschaffene immaterielle Vermögensgegenstände** ohne Ansatz, auch wenn sie veräußerungsfähig sind.[43] Nicht von der Einschränkung des § 248 II 2 HGB erfasst sind selbst geschaffene Patente, Entwicklungskosten auf technische Verfahren sowie Software.[44] **Ansprüche aus schwebenden Geschäften** bleiben wie nach allg. Regeln unberücksichtigt, anders als geleistete **Anzahlungen**, deren Aktivierung die Neutralität des schwebenden Geschäfts sichern soll.[45] **Aktive Rechnungsabgrenzungsposten** können beibehalten werden. Sind Bilanzierungshilfen mit dem Abwicklungszweck unvereinbar, sind sie aufzulösen. Der Ansatz von Ansprüchen gegen Gesellschafter aus dem Gesellschaftsverhältnis unterliegt keinen Einschränkungen, unabhängig davon, wann entschieden werden kann, ob der Liquidationszweck ihre Einforderung überhaupt verlangt.[46]

24 Eine eigene **körperliche Bestandsaufnahme (Inventur)** für die Zwecke der Liquidationseröffnungsbilanz ist aus Rechtsgründen erforderlich,[47] sie entfällt jedoch praktisch, wenn u. soweit sie für die Schlussbilanz der werbenden Gesellschaft durchgeführt wird (§§ 241 f. HGB).

25 **bb) Passivseite. Rückstellungen** sind weiterhin nach allg. Grundsätzen nur iRd § 249 HGB zulässig u. geboten. Dies gilt in besonderer Weise und zwingend für künftige Abfindungsverpflichtungen zB aus einem **Sozialplan** sowie für die **künftigen Abwicklungskosten** und **drohende Verluste.**[48] Ein Passivierungswahlrecht für künftige **Pensionsverbindlichkeiten** entfällt, da ohne (Sicherstellung) deren Erfüllung die Liquidation nicht beendet werden

41 Hachenburg/Hohner Rn. 22; Michalski/*Nerlich* Rn. 55; MüKoGmbHG/*Müller* Rn. 19; Ulmer/*Paura* Rn. 31 f., 42 f.; Scholz/*K Schmidt* Rn. 21; *Peetz*, GmbHR 07, 858, 863; *Scherrer/Heni*, DStR 92, 802; *dies*, S. 72 ff.; Budde/*Förschel/Deubert*, T Rn. 235, 237; *Förster/Döring* Teil 2 Rn. 112; aA Küting/Weber/*Bohl/Schamburg-Dickstein* Rn. 24; *Winnefeld* N Rn. 755; Baumbach/Hueck/*Haas* Rn. 18 (Wahlrecht).

42 Hachenburg/*Hohner* Rn. 26;Lutter/Hommelhoff/*Kleindiek* Rn. 2; Scholz/*K Schmidt* Rn. 23; Küting/Weber/*Bohl/Schaumburg-Dickstein* Rn. 22; *Scherrer/Heni*, S. 57 ff.; *Passarge/Torwegge* Rn. 704; aA Baumbach/Hueck/*Haas* Rn. 17.

43 *Scherrer/Heni,* S. 59 f.; vgl. auch Scholz/*K Schmidt* Rn. 22 f.; *Peetz*, GmbHR 07, 858, 861; Budde/*Förschle*/Winkeljohann/*Deubert* T Rn. 115; MüKoGmbHG/*Müller* Rn. 21; aA Baumbach/Hueck/*Haas* Rn. 17; BayObLG GmbHR 90, 298, 299; MüKoGmbHG/*Müller* Rn. 13; *Passarge/Torwegge* Rn. 700; *Scherrer/Heni*, S. 26 für Ansatz eines Erinnerungswerts von 1,-EUR.

44 *Scherrer/Heni*, S. 59 f.

45 Baumbach/Hueck/*Haas* Rn. 17.

46 *Passarge/Torwegge* Rn. 704; Budde/*Förschle*/Winkeljohann/*Deubert* T Rn. 250; MüKoGmbHG/*Müller* Rn. 21; *Peetz*, GmbHR 07, 858, 862.

47 Roth/*Altmeppen* Rn. 20.

48 Baumbach/Hueck/*Haas* Rn. 18; MüKoGmbHG/*Müller* Rn. 22 (bzgl. zu erwartender Sozialplanverbindlichkeiten); Rowedder/Schmidt-Leithoff/*Gesell* Rn. 10.

kann; sie sind zwingend anzusetzen.[49] Ein Ansatz entfällt bei **Verbindlichkeiten aus schwebenden Geschäften**, anders als bei erhaltenen Anzahlungen.[50] Passive Rechnungsabgrenzungsposten bleiben grds. weiterhin bestehen, soweit sie erhaltene Anzahlungen neutralisieren.[51] Gesellschafterdarlehen sind in der Liquidationseröffnungsbilanz auch dann anzusetzen, wenn der Gesellschafter einen Rangrücktritt erklärt hat.

c) **Bewertung.** Für die Liquidationseröffnungsbilanz ist trotz des Abwicklungszwecks **grds. von einer Fortführung des Unternehmens** (§ 252 I Nr. 2 HGB) auszugehen, sofern nicht rechtliche oder tatsächliche Gründe entggstehen.[52] Eine Abkehr hiervon kommt in Betracht, wenn bereits konkrete Maßnahmen eingeleitet wurden, die Betriebstätigkeit im kommenden Geschäftsjahr endgültig einzustellen.[53] Denn dann erscheint die Annahme der Unternehmensfortführung nicht mehr gerechtfertigt. In diesem Rahmen eröffnet die „entsprechende" Anwendbarkeit gem. Abs. 2 S. 2 einen gewissen **Beurteilungsspielraum für den konkreten Einzelfall**, der ausnahmsweise Abweichungen vom Prinzip der Bewertungsstetigkeit bereits in der Liquidationseröffnungsbilanz gestattet.[54] Der Wegfall der Going-concern-Prämisse hat zur Folge, dass auf der Passivseite der Bilanz die in der Abwicklung ggf. neu entstehenden Verbindlichkeiten (Sozialplanverpflichtungen, Altlastenentsorgung, Vertragsstrafen) berücksichtigt werden müssen. 26

Auch im Abwicklungsstadium sind die Vermögensgegenstände u. Verbindlichkeiten **einzeln zu bewerten** (§ 252 I Nr. 3 HGB).[55] Das **Vorsichts-**, das **Realisations-** wie auch das **Imparitätsprinzip** finden als Ausprägung des Willkürverbots als Ausfluss des § 252 I 4 HGB weiterhin Anwendung.[56] Grds. dürfen nur tatsächlich realisierte Gewinne ausgewiesen werden,[57] auch wenn sicher erscheint, dass der künftige Veräußerungserlös über dem Buchwert liegt.[58] Hingegen müssen vorhersehbare Risiken oder Verluste 27

49 Hachenburg/*Hohner* Rn. 31; Rowedder/Schmidt-Leithoff/*Gesell* Rn. 10; Budde/*Förschle*/Winkeljohann/*Deubert* T Rn. 126, 129, 130.

50 Baumbach/Hueck/*Haas* Rn. 18 aE; Scholz/*K. Schmidt* Rn. 23.

51 Einzelheiten str, vgl. Baumbach/Hueck/*Haas* Rn. 18; Budde/*Förschle*/Winkeljohann/*Deubert* T Rn. 133; ohne Differenzierung Scholz/*K Schmidt* Rn. 23; *Sarx*, FS Forster, 92, S. 547, 555; aA *Peetz*, GmbHR 07, 858, 863.

52 KG NZG 01, 845, 846; Hachenburg/*Hohner* Rn. 23; Lutter/Hommelhoff/*Kleindiek* Rn. 2; Michalski/*Nerlich* Rn. 58; Roth/*Altmeppen* Rn. 20; Ulmer/*Paura* Rn. 33; *Scherrer/Heni*, S. 85 ff.; *Winnefeld* N Rn. 720; *Olbrich*, DB 05, 565, 567 ff.; aA Baumbach/Hueck/*Haas* Rn. 16; *Peetz*, GmbHR 07, 858, 863 ff.

53 *Scherrer/Heni*, S. 88 f.; aA Lutter/Hommelhoff/*Kleindiek* Rn. 2 (erst bei tatsächlicher Einstellung); Hachenburg/*Hohner* § 71 Rn. 21.

54 Ähnl Roth/*Altmeppen* Rn. 21; *Scherrer/Heni*, S. 88 f.

55 Scholz/*K Schmidt* Rn. 22; Ulmer/*Paura* Rn. 35; *Peetz*, GmbHR 07, 858, 861; Budde/*Förschle/Deubert* T Rn. 146, 149; *Scherrer/Heni*, S. 92 f.

56 Michalski/*Nerlich* Rn. 63; MüKoGmbHG/*Müller* Rn. 27; Scholz/*K Schmidt* Rn. 23; Ulmer/*Paura* Rn. 36 f.; Budde/*Förschle*/Winkeljohann//*Deubert* T Rn. 151; *Scherrer/Heni*, S. 92 f.; *Winnefeld* Rn. N 722; aA *Förster/Döring* Teil 3 Rn. 75 ff.

57 Baumbach/Hueck/*Haas* Rn. 15; Budde/*Förschle*/Winkeljohann/*Deubert* T Rn. 141, 147; MüKoGmbHG/*Müller* Rn. 27; *Scherrer/Heni*, S. 94 ff.; *Sarx*, FS Forster, 92, S. 547, 555.

58 Str, wie hier Baumbach/Hueck/*Haas* Rn. 15 (Ausn. iRd „entsprechenden" Anwendung denkbar).

bereits Berücksichtigung finden.[59] Diese Prinzipien gelten auch, wenn die Prämisse der Unternehmensfortführung (§ 252 I Nr. 2 HGB) entfiel.[60]

28 Für die Bewertung der Aktiva bestimmen stets u. durchgängig die **Anschaffungs- oder Herstellungskosten** den Höchstwert (§ 253 I 1 HGB). Zuschreibungen auf den Zeitwert, maximal bis zu den Anschaffungs- oder Herstellungskosten, sind nur iRd **Wertaufholungsgebots** gem. § 280 HGB und unter Beachtung des unverändert gültigen Anschaffungsprinzips zulässig (§ 253 V HGB).[61]

29 § 253 III 3, IV HGB zwingen selbst unter Annahme der Unternehmensfortführung zu einer Neubewertung u. ggf. zu außerplanmäßigen Abschreibungen, wenn sich der voraussichtliche Abschreibungs-/Nutzungszeitraum sowie der Veräußerungspreis geändert haben. Vorrang haben die Neubewertungsregeln des § 71 II 3.

30 Für die **Bewertung von Passivposten** (Rückstellungen u. Verbindlichkeiten) gelten im Abwicklungsstadium keine Besonderheiten ggü. den allg. Regeln.[62]

31 **d) Neubewertung gem. Abs. 2 S. 3.** Die Sonderregelung des § 71 II 3 **bezweckt,** die Darstellung der wirtschaftlichen Verhältnisse in der Rechnungslegung an den jeweiligen Stand der Abwicklung anzupassen.[63] Vermögensgegenstände als Teil des Anlagevermögens sind in zwei Fällen wie Umlaufvermögen zu bewerten und rechtfertigen eine Unterbewertung. Im ersten Fall ist der Zeitraum **„übersehbar"**, wenn die Veräußerung realisierbar ist u. innerhalb eines Jahres nach dem Bilanzstichtag erfolgen wird.[64] Wird die Veräußerung später stattfinden, sollte eine Neubewertung u. bilanzielle Umgliederung gem. § 71 II 3 zunächst unterbleiben u. auf einen späteren Zeitpunkt verschoben werden. Dennoch kann sich daraus Anpassungsbedarf für die Abschreibung ergeben (→ Rn. 29). Im zweiten Fall muss der Vermögensgegenstand bereits **aus dem laufenden Geschäftsbetrieb herausgenommen** sein (zB Stilllegung der Produktionseinheit) u. damit über die bloße Änderung der Zweckbestimmung gem. § 247 II HGB hinausgehen.[65] Die Verödung des Geschäftsbereichs steht dem gleich.[66]

32 Die Neubewertung bedeutet einerseits, dass der jeweilige Vermögensgegenstand auch bilanziell unter dem Gliederungspunkt „Umlaufvermögen" auszuweisen ist. Andererseits gilt iRd Bewertung das **Niederstwertgebot** des

59 MüKoGmbHG/*Müller* Rn. 27.
60 Scholz/*K Schmidt* Rn. 23; *Scherrer/Heni*, S. 86 ff.; Baumbach/Hueck/*Haas* Rn. 16.
61 Baumbach/Hueck/*Haas* Rn. 20; aA Lutter/Hommelhoff/*Kleindiek* Rn. 2 (Neubewertung zum Liquidationswert).
62 Baumbach/Hueck/*Haas* Rn. 21; Budde/*Förschle*/Winkeljohann/*Deubert* T Rn. 167, 125; MüKoGmbHG/*Müller* Rn. 22.
63 Rowedder/Schmidt-Leithoff/*Gesell* Rn. 11.
64 KG NZG 01, 845, 846; Baumbach/Hueck/*Haas* Rn. 20; *Förster/Döring* Teil 2 Rn. 104; Henssler/Strohn/*Büteröwe* Rn. 7; Lutter/Hommelhoff/*Kleindiek* Rn. 2; Rowedder/Schmidt-Leithoff/*Gesell* Rn. 11; Roth/*Altmeppen* Rn. 23; iE ähnl MüKoGmbHG/*Müller* Rn. 29: nur bei konkreter Veräußerungsabsicht u. manifestierten Vorbereitungshandlungen; aA Küting/Weber/*Bohl/Schaumburg-Dickstein* Rn. 17 (1–2 Jahre); Scholz/*K Schmidt* Rn. 24 (bis zu 2 Jahre).
65 Roth/*Altmeppen* Rn. 24; Rowedder/Schmidt-Leithoff/*Gesell* Rn. 10.
66 Scholz/*K Schmidt* Rn. 24.

§ 253 IV 2 HGB mit den ursprünglichen Anschaffungs- oder Herstellungskosten als Obergrenze. Liegen die Voraussetzungen des § 253 V HGB vor, müssen frühere Abschreibungen iSd Wertaufholungsgebot des § 280 I HGB aufgeholt werden.[67]

4. Erläuternder Bericht

Abs. 1 verlangt einen **erläuternden Bericht.** Dieser übernimmt die Funktionen, die der Anhang u. der Lagebericht iRd regulären Rechnungslegung erfüllen.[68] Die Verweisung des Abs. 2 S. 2 umfasst auch die §§ 284 ff., 289 HGB als Teil der „Vorschriften über den Jahresabschluss". Inhaltlich informiert der erläuternde Bericht über **Ansätze u. Bewertungsmethoden** sowie **konkrete Bewertungsmaßstäbe iSd § 284 II HGB.** Er begründet insbes. etwaige Unterschiede zur Schlussbilanz der werbenden Gesellschaft oder auch, warum u. inwieweit die Ansätze u. Bewertungsmethoden für die Liquidationseröffnungsbilanz übernommen wurden oder aber neue, andere Methodenansätze gewählt worden sind.[69] Ferner erläutert er eine Neubewertung gem. Abs. 2 S. 3. Dadurch verknüpft er die Erfolgsrechnung aus der Schlussbilanz der werbenden Gesellschaft mit den künftigen Abschlüssen der aufgelösten Gesellschaft. Es bietet sich ferner an, dass der erläuternde Bericht bereits die Grundlagen schafft für künftig iRd Liquidation zu erstellende Lageberichte u. sich somit an deren Strukturen orientiert.[70] Seine Besonderheit besteht darin, dass er zudem über den voraussichtlichen Verlauf der Liquidation, zu erwartende Kosten, für die keine Rückstellungen gebildet sind, sowie zumindest pauschal über einen etwaigen Verwertungserlös, also vorhandene stille Reserven,[71] u. damit letztlich über das zu erwartende Liquidationsergebnis informieren soll (vgl. § 289 I 4 HGB).[72] 33

Angaben zum vorangegangen Geschäftsjahr sowie zur GuV entfallen.[73] Eine **GuV** ist Bestandteil der Schlussbilanz der werbenden Gesellschaft, sie **entfällt** jedoch iRd Liquidationseröffnungsbilanz. 34

V. Liquidationsjahresbilanz(en)

1. Stichtag

Bilanzstichtag für die Liquidationsjahresbilanz ist jeweils der **Tag der Auflösung,** also der gleiche Stichtag wie für die Liquidationseröffnungsbi- 35

---

67 Baumbach/Hueck/*Haas* Rn. 20; MüKoGmbHG/*Müller* Rn. 32; Winkeljohann/*Förschle*/*Deubert* T Rn. 175 ff.

68 Baumbach/Hueck/*Haas* Rn. 22; MüKoGmbHG/*Müller* Rn. 33; Roth/*Altmeppen* Rn. 16; *Passarge/Torwegge* Rn. 715.

69 Hachenburg/*Hohner* Rn. 12; Budde/*Förschle*/Winkeljohann/*Deubert* T Rn. 187; *Scherrer/Heni*, S. 101 ff.

70 Baumbach/Hueck/*Haas* Rn. 22.

71 Scholz/*K Schmidt* Rn. 11; Ulmer/*Paura* Rn. 18; WP-Handbuch 08, Rn. H 292; Budde/Förschle/Winkeljohann/*Deubert* Rn. T 188; *Förster/Döring* Teil 2 Rn. 109; *Scherrer/Heni*, S. 102 ff.; MüKoGmbHG/*Müller* Rn. 33.

72 Lutter/Hommelhoff/*Kleindiek* Rn. 5; Baumbach/Hueck/*Haas* Rn. 22; MüKoGmbHG/*Müller* Rn. 33; Scholz/*K Schmidt* Rn. 11.

73 MüKoGmbHG/*Müller* Rn. 33; Rowedder/Schmidt-Leithoff/*Gesell* Rn. 12; Küting/Weber/*Bohl/Schamburg-Dickstein* Rn. 26; Budde/*Förschle*/Winkeljohann/*Deubert* T Rn. 186, 191.

lanz.[74] Satzung oder ein mit einfacher Mehrheit gefasster Beschluss[75] der Gesellschafterversammlung können einen anderen Stichtag festlegen oder den Liquidator zu einer Entscheidung hierüber ermächtigen. Ggf. muss Liquidations-Zwischenbilanz auf Beginn des Geschäftsjahres aufgestellt werden.[76] Ob allg. gehaltene Satzungsregelungen auch über das Liquidations-Geschäftsjahr entscheiden, ist Auslegungsfrage. Länger als ein Jahr darf die Abrechnungsperiode jedenfalls nicht dauern (§ 240 II 2 HGB).[77]

2. Bestandteile, Verfahren

36 Die Liquidationsjahresbilanz besteht nach allg. Regeln aus der Bilanz, der GuV, dem Liquidationsanhang u. dem Lagebericht (§§ 242 III, 264 HGB).[78] Abs. 1 enthält eine vorrangige Sonderregelung und überlagert damit § 264 I 4 HGB, so dass kleine Kapitalgesellschaften (§ 267 I HGB) im Liquidationsstadium einen Lagebericht erstellen müssen.[79] Zum **Inhalt des Lageberichts** kann auf die Ausführungen zum erläuternden Bericht (→ Rn. 33 f.) verwiesen werden, die auch hier entspr. gelten. Insbes. sollten im Anhang die jeweiligen Bilanzierungs- u. Bewertungsmethoden im Vergleich zur vorherigen Rechnungslegung iSd § 284 II 3 HGB[80] erläutert werden sowie im Lagebericht der **Stand** sowie der zu erwartende **künftige Verlauf** der Liquidation, wodurch das Bild der tatsächlichen Verhätnisse vermittelt werden soll.[81] Liquidatoren von Gesellschaften mit Kapitalmarktberührung müssen die Erklärung gem. § 289 I 5 HGB abgeben.[82]

37 Zum Verfahren gelten die Ausführungen unter → Rn. 16 ff. entspr.

---

74 OLG Frankfurt BB 77, 312, 313; Baumbach/Hueck/*Haas* Rn. 23; Henssler/Strohn/*Büteröwe* Rn. 8; Michalski/*Nerlich* Rn. 29 ff.; MüKoGmbHG/*Müller* Rn. 43; Rowedder/Schmidt-Leithoff/*Gesell* Rn. 13; Scholz/*K Schmidt* Rn. 18; *Eller* Rn. 207; *Passarge/Torwegge* Rn. 717; *Wicke* Rn. 4; aA Budde/*Förschle*/Winkeljohann/*Deubert* T Rn. 200 f.

75 Dazu Baumbach/Hueck/*Haas* Rn. 23; MüKoGmbHG/*Müller* Rn. 43; Rowedder/Schmidt-Leithoff/*Gesell* Rn. 13.

76 Baumbach/Hueck/*Haas* Rn. 23; MüKoGmbHG/*Müller* Rn. 43; Rowedder/Schmidt-Leithoff/*Gesell* Rn. 13.

77 BGH DStR 15,178; MüKoGmbHG/*Müller* Rn. 43; Scholz/*K Schmidt* Rn. 18; Ulmer/*Paura* Rn. 22.

78 OLG Stuttgart GmbHR 95, 595; Winkeljohann/Förschle/*Deubert* T Rn. 195; einschränkend *Peetz*, GmbHR 07, 858, 860.

79 OLG Düsseldorf NZG 02, 90, 91; Baumbach/Hueck/*Haas* Rn. 27; MüKoGmbHG/*Müller* Rn. 34; Roth/*Altmeppen* Rn. 18.

80 MüKoGmbHG/*Müller* Rn. 46; Rowedder/Schmidt-Leithoff/*Gesell* Rn. 16; Budde/*Förschle*/Winkeljohann/*Deubert* T Rn. 216; *Passarge/Torwegge* Rn. 720; *Scherrer/Heni*, S. 109 f.; aA Baumbach/Hueck/*Haas* Rn. 26 (nicht bzgl. Unterschieden ggü. der werbenden Gesellschaft, da bereits Teil des erläuternden Berichts).

81 MüKoGmbHG/*Müller* Rn. 47 (einschl. Verzögerungen ggü. ursprünglicher Planung); Rowedder/Schmidt-Leithoff/*Gesell* Rn. 16; Budde/*Förschle*/Winkeljohann/Deubert T Rn. 221; *Scherrer/Heni*, S. 110 f.

82 *Scherrer/Heni*, S. 111.

Ein **Jahresüberschuss/-fehlbetrag** wird wie üblich ausgewiesen u. jeweils auf neue Rechnung vorgetragen.[83] Eine **Gewinnausschüttung**erfolgt hingegen nicht.[84] 38

3. Bilanzierungsgrundsätze

Die allg. Regelungen über den Jahresabschluss gelten für die Liquidationsjahresbilanz(en) der aufgelösten Gesellschaft unmittelbar, allerdings mit liquidationsbedingten Modifikationen.[85] Abs. 2 S. 3 enthält in Hs. 2 eine klarstellende Sonderregelung, dass die Neubewertung u. Umgliederung von Vermögensgegenständen des Anlagevermögens auch in der Liquidationsjahresbilanz vorzunehmen ist.[86] 39

Sieht das Liquidationskonzept nicht einen Erhalt des Unternehmens als Ganzes zum Zwecke der Veräußerung vor, wird der Grundsatz der Unternehmensfortführung als Bewertungsregel kaum aufrecht zu erhalten sein. Dann sind alle iRd Abwicklung verwertbaren Vermögensgegenstände – einschl. der bereits abgeschriebenen – anzusetzen u. gem. den Ausführungen unter → Rn. 30 f. zu bewerten. 40

IÜ gilt das Gesagte zur Liquidationseröffnungsbilanz unter → Rn. 22 ff. auch hier entspr. Dabei ist generell darauf zu achten, dass die Ansätze u. Bewertung den jeweiligen Stand der Liquidation in zutr. Weise abbilden. 41

VI. Liquidationsschlussbilanz, Schlussrechnung

Eine gesetzliche Regelung für die Liquidationsschlussbilanz als Teil der externen (Unternehmens-) Rechnungslegung fehlt. Die in § 74 I erwähnte **„Schlussrechnung“** als Voraussetzung für die Anmeldung der Beendigung der Liquidation zum Handelsregister (vgl. auch § 273 AktG) dient lediglich der **internen Rechenschaftsverpflichtung** ggü. den Gesellschaftern (§ 259 BGB).[87] Darin sind zusammenfassend insbesondere Abwicklungsanfangsvermögen und -endvermögen gegenüberzustellen.[88] Jedoch entspricht es kaufmännischer Übung u. der Natur der Sache, bei Abwicklungsreife eine Bilanz über das zur Verteilung an die Gesellschafter stehende Vermögen aufzustellen.[89] Teilw. wird die Verpflichtung zur Erstellung eines Jahresabschlusses für das letzte (Rumpf-)Geschäftsjahr seit der letzten Liquidationsjahresbilanz bis zur Schlussverteilung aus der **öffentlich-rechtlichen Rechnungslegungspflicht** abgeleitet.[90] Inhaltlich ist die Schlussbilanz, zu der auch eine GuV sowie ein Anhang gehören, iZw als reine Vermögensbilanz 42

83 Scholz/*K Schmidt* Rn. 21; Ulmer/*Paura* Rn. 42; Küting/Weber/*Bohl/Schamburg-Dickstein* Rn. 24; Budde/*Förschle*/Winkeljohann/*Deubert* T Rn. 239; *Scherrer/Heni*, S. 75 f.

84 Roth/*Altmeppen* Rn. 19; Rowedder/Schmidt-Leithoff/*Gesell* Rn. 15.

85 MüKoGmbHG/*Müller* Rn. 42; BeckOK/*Deussen* Rn. 15.

86 *Peetz*, GmbHR 07, 858, 860 ff.; MüKoGmbHG/*Müller* Rn. 44.

87 MüKoGmbHG/*Müller* Rn. 50; Scholz/*K Schmidt* Rn. 35.

88 MüKoGmbHG/*Müller* Rn. 50; Ulmer/*Paura* Rn. 29; vgl. auch Baumbach/Hueck/*Haas* Rn. 29.

89 RGZ 34, 57 (für die AG); Scholz/*K Schmidt* Rn. 30; krit. Hachenburg/*Hohner* Rn. 20.

90 Baumbach/Hueck/*Haas* Rn. 28; Budde/*Förschle*/Winkeljohann/*Deubert* T 265; *Förster/Döring* Teil 2 Rn. 42 ff., 117 ff.; Lutter/Hommelhoff/*Kleindiek* Rn. 12; Roth/*Altmeppen* Rn. 33; Scholz/*K Schmidt* Rn. 30; Ulmer/*Paura* Rn. 29 ff. mwN.

anzusehen, wobei wegen der bevorstehenden Beendigung der Gesellschaft ein Lagebericht entbehrlich erscheint.[91]

43 Der richtige Zeitpunkt (= **Stichtag**) einer solchen Schlussbilanz ist der Vermögensstand unmittelbar vor der Schlussverteilung, nachdem alle Gläubiger der Gesellschaft befriedigt worden sind u. alle weiteren Verwaltungsaufwendungen etc zumindest der Höhe nach absehbar sind.[92] Noch nicht verwertete, in Natur verteilungsfähige Vermögensgegenstände des Gesellschaftsvermögens sind mit ihrem Verkehrswert zu erfassen. Für die noch zu erwartenden Kosten (für Gesellschafterversammlung, Löschungskosten, Vergütung der Liquidatoren, Steuern auf den Liquidationsgewinn etc) müssen die Liquidatoren Rückstellungen in der voraussichtlichen Höhe passivieren u. Rücklagen bilden. Sie sollten darauf achten, dass diese möglichst exakt sind u. reibungslos ein Zustand hergestellt werden kann, welcher der Beendigung der Liquidation entspricht (dazu → § 74 Rn. 4 ff.). Andernfalls muss ggf. eine gesonderte Schlussrechnung im Verhältnis zu den Gesellschaftern gelegt werden.[93] Zur Schlussrechnung → § 74 Rn. 12 f.

44 Die Schlussbilanz mit GuV u. Anhang als Teil der externen Rechnungslegung muss von den Gesellschaftern **festgestellt** werden.[94]

45 Mit der Schlussbilanz verbinden die Liquidatoren regelmäßig gem. den Vorgaben des Liquidationskonzepts entspr. Vorschläge an die Gesellschafter, wie die Verteilung des restlichen Vermögens erfolgt („**Verteilungsplan**"). Ein solcher Verteilungsplan ist jedoch nicht Bestandteil der Schlussbilanz.[95] Ferner kann der Liquidator die Schlussrechnung ergänzen per Schlusserklärung zum Eintritt der Vermögenslosigkeit.[96]

VII. Abschlussprüfung

1. Allgemeines

46 Die §§ 316 ff. HGB regeln die Abschlussprüfung. Gem. § 316 I HGB unterliegen mittlere u. große Kapitalgesellschaften iSv § 267 HGB der Prüfungspflicht. Die Unterscheidung nach Größenklassen ist auch für die Prüfungspflichtigkeit der aufgelösten GmbH maßgeblich.[97] Für die Abschlussprüfung gelten die allg. Regeln (§§ 316 ff. HGB).[98]

2. Befreiung von der Prüfungspflicht

47 Die Gesellschaft kann gem. Abs. 3 von der Prüfungspflicht befreit werden. Die Befreiungsmöglichkeit gilt nur für die Jahresabschlüsse u. die Lageberichte während der Abwicklung einschl. der Liquidations-Schlussbilanz mit

---

91 MüKoGmbHG/*Müller* Rn. 49; Lutter/Hommelhoff/*Kleindiek* Rn. 12; *Wicke* Rn. 5; Budde/*Förschle*/Winkeljohann/*Deubert* T Rn. 272.
92 Roth/*Altmeppen* Rn. 34; Ulmer/*Paura* Rn. 28.
93 Baumbach/Hueck/*Haas* Rn. 29; *Rodewald*, GmbHR 94, 454.
94 Lutter/Hommelhoff/*Kleindiek* Rn. 10; Budde/*Förschle*/Winkeljohann/*Deubert* T Rn. 273.
95 Lutter/Hommelhoff/*Kleindiek* Rn. 13; Rowedder/Schmidt-Leithoff/*Gesell* Rn. 26; aA Budde/*Förschle*/Winkeljohann/*Deubert* T 283.
96 BayOLG GmbHR 82, 274; Rowedder/Schmidt-Leithoff/*Gesell* Rn. 283.
97 Roth/*Altmeppen* Rn. 35; Scholz/*K Schmidt* Rn. 25; *Wicke* Rn. 6.
98 Baumbach/Hueck/*Haas* Rn. 30; Zum Bestätigungsvermerk bei Prüfung von Liquidationseröffnungsbilanzen IDW PH 9.400.5 Verlautbarungen 69. EL 02/19.

GuV u. Anhang,[99] aufgrund der Verweisung in Abs. 2 S. 2 ferner für die Liquidationseröffnungsbilanz sowie den erläuternden Bericht.[100] Eine Befreiung von der Prüfungspflicht scheidet jedoch aus im Hinblick auf die Schlussbilanz der werbenden Gesellschaft.[101]

Inhaltlich kommt die Befreiung bei mittleren Gesellschaften eher in Betracht als bei größeren, u. zwar umso eher, je weniger komplex die noch vorzunehmenden Abwicklungsmaßnahmen sind.[102] 48

Über die Befreiung entscheidet das AG am Sitz der Gesellschaft (§ 23 a I Nr. 2, II Nr. 4 GVG, §§ 375 Nr. 6, 376, 377 FamFG) auf Antrag der Gesellschaft, vertreten durch die Liquidatoren.[103] Gegen die ablehnende Entscheidung steht als Rechtsmittel die Beschwerde binnen 1 Monats (§ 61 I FamFG) zur Verfügung (§§ 402, 58 ff. FamFG). Gesellschafter u. Gläubiger[104] sind beschwerdeberechtigt bei Befreiung von der Prüfungspflicht. 49

Abs. 3 findet auch im Insolvenzverfahren[105] u. bzgl. der GmbH & Co KG[106] Anwendung unter Beibehaltung der gerichtlichen Zuständigkeit.[107] 50

VIII. Offenlegung

Die allg. Offenlegungspflichten der §§ 325 ff. HGB, ggf. mit den größenabhängigen Erleichterungen, gelten für (i) den letzten Abschluss der werbenden Gesellschaft, auch wenn er nur ein Rumpfgeschäftsjahr umfasst, ebenso (ii) die Liquidations-Eröffnungsbilanz, (iii) alle Liquidations-Jahresabschlüsse u. -Lageberichte, ferner (iv) die Liquidations-Schlussbilanz mit GuV, Anhang u. Lagebericht.[108] Offenlegung erfolgt jeweils durch elektronische Einreichung beim Betreiber des eBAnz (§ 325 HGB). 51

Von der Offenlegungspflicht kann nicht befreit werden.[109] In der Offenlegung ist jedoch eine etwaige Befreiung von der Abschlussprüfung gem. Abs. 3 zu vermerken.[110] 52

99 Ulmer/*Paura* Rn. 30; *Scherrer/Heni*, S. 112.
100 Scholz/*K Schmidt* Rn. 25; *Kind/Frank/Heinrich*, NZI 06, 205, 206.
101 OLG München NZG 2008, 229; OLG München GmbHR 05, 1434; 08, 323; Baumbach/Hueck/*Haas* Rn. 4; Roth/*Altmeppen* Rn. 39; Scholz/*K Schmidt* Rn. 8; Ulmer/*Paura* Rn. 11; aA LG Oldenburg NJW-RR 94, 609; *Kind/Frank/Heinrich*, NZI 06, 205, 207.
102 Roth/*Altmeppen* Rn. 36; iE ebenso MüKoGmbHG/*Müller* Rn. 39; OLG München ZIP 2008, 219 zur GmbH & Co. KG.
103 Scholz/*K Schmidt* Rn. 25; Budde/*Förschle*/Winkeljohann/*Deubert* T Rn. 318.
104 So die hM, zB Baumbach/Hueck/*Haas* Rn. 32; Scholz/*K Schmidt* Rn. 25; aA bzgl. Gesellschafter Roth/*Altmeppen* Rn. 38.
105 RegBegr. InsO BT-Drs. 12/2443, S. 172; OLG München NZG 08, 229; OLG Hamm ZInsO 07, 380, 381 f.; Baumbach/Hueck/*Haas* Rn. 32 mwN; Roth/*Altmeppen* Rn. 2; *Kind/Frank/Heinrich*, NZI 06, 205, 207; praktische Hinweise auf Basis der IDW-Rechnungslegungshinweise bei *Eisolt/Schmidt*, BB 09, 654 ff.; aA OLG München ZIP 05, 2068.
106 OLG München NZG 08, 229; GmbHR 05, 1434.
107 LG Paderborn ZIP 06, 2101; vgl. auch *Kind/Frank/Heinrich*, NZI 06, 205 ff.
108 Baumbach/Hueck/*Haas* Rn. 33 mwN.
109 KG GmbHR 03, 1357; krit. *Ries*, ZInsO 08, 536, 540 (zur Durchsetzbarkeit von Offenlegungspflichten und Ordnungsgeldbelehrung nach EHUG trotz Insolvenz); *Undritz/Zak/Vogel*, DZWiR 08, 353 (ebenso zur Offenlegungspflicht in der Insolvenz).
110 Roth/*Altmeppen* Rn. 37.

53 Die Offenlegungspflicht gilt auch in der Insolvenz. Jedoch zählt der Insolvenzverwalter nicht zu den Mitgliedern des vertretungsberechtigten Organs, so dass gegen ihn kein Ordnungsgeld (§ 335 HGB) verhängt werden kann.[111] So bleiben die bisherigen organschaftlichen Vertreter (Geschäftsführer, Liquidatoren) offenlegungsverpflichtet.[112]

54 Die Schlussrechnung der Liquidatoren (§ 74 I), auch wenn sie von der Liquidations-Schlussbilanz abweicht, ist nicht Bestandteil der öffentlich-rechtlichen Rechnungslegungspflicht u. muss daher nicht offen gelegt werden.[113]

IX. Rechte und Pflichten der Liquidatoren (Abs. 4)

55 Die Vorschrift **regelt** die Rechte u. Pflichten der Liquidatoren nur **unvollständig.** Die Erläuterungen zu § 69 müssen ergänzend herangezogen werden. Auf § 43 III wird in § 73 III für den praktisch wichtigsten Anwendungsfall verwiesen. §§ 68, 70 regeln die Vertretungsbefugnis (vgl. § 37 II). Weitere Pflichten ergeben sich aus § 15 a InsO (Insolvenzantragspflicht),[114] aus § 78 (Handelsregisteranmeldung) sowie aus § 82 I Nr. 5, II Nr. 2. § 85 stellt den Liquidator dem Geschäftsführer bzgl. der Verschwiegenheitsverpflichtung gleich. Generell lässt sich umgekehrt sagen, dass das Geschäftsführerrecht auch für den Liquidator gilt, jedoch modifiziert durch die Vermögensbindung (§ 73) u. den Liquidationszweck.[115]

56 Hieraus ergeben sich auch **Grenzen für das Weisungsrecht** der Gesellschafter (§ 37 I; → § 70 Rn. 7 ff.). Die Verpflichtung, ordnungsgemäß Buch zu führen (§ 41), setzen bereits Abs. 1 u. 2 voraus. Die Einberufung einer Gesellschafterversammlung bei Verlust des hälftigen Stammkapitals (§ 49 III) hält der Gesetzgeber neben der Verpflichtung gem. § 49 II für überflüssig. Die Strafbewehrung (§ 84) der Verpflichtung, einen solchen Kapitalverlust ggü. den Gesellschaftern anzuzeigen, entfällt für den Liquidator (vgl. → § 84 Rn. 11). Eine Masseschmälerungshaftung bei materieller Insolvenz sowie die erweiterte Geschäftsführerhaftung gem. § 64 S. 3 treffen auch die Liquidatoren (§ 64).

57 Der Gesellschaft sind die Liquidatoren gem. § 43 verantwortlich. Haftungsansprüche verjähren nach 5 Jahren seit Entstehung.[116] Ggü. den Gesellschaftergläubigern haften Liquidatoren gem. §§ 280 I, 311 III 2 BGB,[117] aber insbes. deliktisch gem. § 823 II BGB iVm gläubigerschützenden Straftatbeständen (§ 266 StGB) oder drittschützenden Sondervorschriften der §§ 66 ff. (dazu → § 68 Rn. 17 f.; → § 73 Rn. 27, 40).

---

111 *Stollenwerk/Krieg*, GmbHR 08, 575, 577 ff.; *Grashoff*, NZI 08, 65, 68; *Maus*, ZInsO 08, 5, 8 f.
112 Dazu LG Bonn ZIP 08, 1082, 1083; NZG 09, 392, 393 („Nullbilanz").
113 Scholz/*K Schmidt* Rn. 35; Budde/*Förschle*/Winkeljohann/*Deubert* T Rn. 346; MüKoGmbHG/*Müller* Rn. 50.
114 OLG Hamm NZG 02, 782; OLG Braunschweig NZI 03, 203, 204 f.
115 Roth/*Altmeppen* Rn. 44.
116 BGH GmbHR 71, 177.
117 OLG Dresden GmbHR 99, 238.

X. Geschäftsbriefe (Abs. 5)

S. Erl. zu § 35 a, zu ergänzen um den Liquidationstatbestand. Diese Verpflichtung gilt bereits ab Beginn der Liquidation. Den Zweck des zusätzlichen Hinweises erfüllt bereits die korrekte Verwendung der Liquidationsfirma (§ 68 II).[118] Das Registergericht kann die Befolgung mit Zwangsgeld durchsetzen (§ 79 I). 58

XI. Steuerrecht

1. Besteuerung der GmbH

a) **Körperschaftsteuer.** Die Auflösung ändert an der **Körperschaftsteuerpflicht** der GmbH als Steuersubjekt nichts.[119] Für den Besteuerungszeitraum ist das zum Ende des Liquidationszeitraums geltende Recht anzuwenden.[120] Besteuert wird jedoch nicht der Gewinn des jeweiligen Geschäftsjahres, sondern der **im gesamten Abwicklungszeitraum erzielte Liquidationsgewinn.**[121] Der Liquidationsgewinn ergibt sich nach § 11 II–VI KStG aus der Differenz zwischen dem Abwicklungs-Endvermögen u. dem Abwicklungs-Anfangsvermögen am Schluss des letzten (Rumpf-) Wirtschaftsjahres der aufgelösten Gesellschaft,[122] korrigiert um Einlagen u. Ausschüttungen, die herausgerechnet werden (Abschn. 46 KStR).[123] Die Finanzverwaltung kann nach jeweils 3 Jahren die Ermittlung u. Besteuerung des Liquidationsgewinns verlangen (§ 11 I–VI KStG).[124] 59

b) **Gewerbesteuer.** Auch während der Liquidationsphase unterliegt die GmbH der **Gewerbesteuerpflicht** nach § 2 II 1 GewStG (§ 4 I GewStDV). Der Gewerbeertrag wird für den gesamten Abwicklungszeitraum ermittelt u. auf die einzelnen Jahre dieses Zeitraums verteilt (§ 7 GewStG iVm § 11 I KStG, § 16 I GewStDV).[125] 60

2. Besteuerung der Gesellschafter

Der auf jeden Gesellschafter entfallende **Anteil am Liquidationsüberschuss** wird steuerrechtlich wie ein bei der Geschäftsanteilsveräußerung erzielter Veräußerungserlös behandelt, u. zwar unterschiedlich danach, ob der Gesellschafter die Beteiligung im Privat- (§ 17 EStG) oder im Betriebsvermögen (§§ 4, 5 EStG) hält. Der Besteuerung als Veräußerungsgewinn unterliegt der Überschuss der Rückzahlung über die ansatzfähigen Anschaf- 61

118 Hachenburg/*Hohner* Rn. 35; MüKoGmbHG/*Müller* Rn. 57; Rowedder/Schmidt-Leithoff/*Gesell* Rn. 31.
119 *Geist*, GmbHR 08, 969, 970; MüKoGmbHG/*Müller* Rn. 51; *Passarge/Torwegge* Rn. 733.
120 BFHE 217, 467; BFH, GmbHR 11, 1219.
121 MüKoGmbHG/*Müller* Rn. 51; *Passarge/Torwegge* Rn. 738 ff.; Blümich/*Pfirrmann* § 11 KStG Rn. 35.
122 Dazu BFH BStBl 74 II, 692, 693; 83 II, 433, 434. – Zum Wahlrecht der Finanzverwaltung s. R 51 I 3 KStR 04; dazu Blümich/*Hofmeister*, § 11 KStG Rn. 48; *Jünger*, BB 01, 69, 70 f. (zum Wahlrecht).
123 Einzelheiten BMF-Schreiben v. 26.8.03, DB 03, 1929; dazu *Dötsch/Pung*, DB 03, 1922; vgl. auch *Olbrich*, DStR 01, 1090; *Geist*, GmbHR 08, 969, 970; *Passarge/Torwegge* Rn. 743.
124 Näher *Gold*, GmbHR 07, 682; *Passarge/Torwegge* Rn. 740.
125 MüKoGmbHG/*Müller* Rn. 54; Baumbach/Hueck/*Haas* Rn. 39.

fungskosten.[126] Ein Auflösungsgewinn oder –verlust entsteht regelmäßig erst in dem Zeitpunkt, in dem die Liquidation abgeschlossen ist, sofern nicht ausnahmsweise schon zu einem früheren Zeitpunkt mit der Realisierung eines Gewinns/Verlusts gerechnet werden kann.[127]

§ 72 Vermögensverteilung

[1]Das Vermögen der Gesellschaft wird unter die Gesellschafter nach Verhältnis ihrer Geschäftsanteile verteilt. [2]Durch den Gesellschaftsvertrag kann ein anderes Verhältnis für die Verteilung bestimmt werden.

I. Überblick

1 Die Gesellschafter haben einen Anspruch, vorrangig als Leistung in Geld gegen die Gesellschaft auf das nach (Sicherstellung der) Erfüllung ihrer Verbindlichkeiten u. Ablauf des Sperrjahres (§ 73) noch vorhandene Restvermögen (Liquidationsguthaben) gem. dem Maßstab des § 72, sofern der Gesellschaftsvertrag nichts Abw regelt. Systematisch müsste die Vorschrift, deren Text seit 1892 nicht geändert wurde, hinter § 73 stehen.[1]

II. Verteilungsmasse

2 Verteilungsfähig ist das Restvermögen, welches nach Befriedigung aller bekannter u. im Verlaufe des Liquidationsverfahrens bekannt gewordener Gläubiger (vgl. § 73) verblieb. Der grds. auf Geldleistung gerichtete Anspruch kann nur mit Zustimmung der Gesellschafter durch Sachleistung erfüllt werden bzw. muss sich bereits aus dem Gesellschaftsvertrag ergeben.[2]

3 Zu den vorab zu begleichenden Verbindlichkeiten der Gesellschaft zählen auch die **Drittforderungen der Gesellschafter**, die nicht den mitgliedschaftlichen Regelungen unterliegen, sondern bei denen die Gesellschafter wie externe Dritte der Gesellschaft ggü. stehen.[3] Insoweit sind die Einschränkungen gem. §§ 72, 73 nicht anzuwenden. Die sich aus dem vormaligen Eigenkapitalersatzrecht gem. §§ 30, 31 aF analog ergebenden Bindungen entfielen mit Inkrafttreten des MoMiG. Somit zählen auch **Rückzahlungs-**

---

126 Ausf. *Passarge/Torwegge* Rn. 761 ff.; zu subordinierten Gesellschafterdarlehen in der Liquidationsbesteuerung s. *Seppelt*, BB 10, 1395, 1399 f.; zust. *Farle*, BB 12, 1507, 1508.

127 FG München GmbHR 12, 1323; BFH GmbHR 02, 439; 09, 385 (zu vorzeitigen Auflösungsverlusten).

1 Lutter/Hommelhoff/*Kleindiek* Rn. 1; MüKoGmbHG/*Müller* Rn. 1.

2 Rowedder/Schmidt-Leithoff/*Gesell* Rn. 7; Scholz/*K. Schmidt* Rn. 9; Michalski/*Nerlich* Rn. 14.

3 Lutter/Hommelhoff/*Kleindiek* Rn. 6.

verpflichtungen der Gesellschaft **aus Gesellschafterfinanzierungshilfen** zu solchen Drittforderungen. Zum Rangrücktritt → § 73 Rn. 4.

Herausgabeansprüche der Gesellschafter aus Anlass der Liquidation (vgl. § 732 BGB) haben mit der Anteilhabe am Liquidationsguthaben/Gesellschaftsvermögen iSv § 72 ebenfalls nichts zu tun u. sind vor seiner Verteilung zu erfüllen.[4] Hierunter fallen Ansprüche aus Rechtsbeziehungen wie Gebrauchs- oder Nutzungsüberlassungen bzgl. Gegenständen (Sachen oder Rechte), etwa hins. Betriebsgrundstück, gewerblicher Schutzrechte, die der Gesellschafter auf Grundlage eines Miet- oder Pachtvertrages oder gem. einer besonderen gesellschaftsvertraglichen Vereinbarung (keine Einbringung!) zur entgeltlichen oder unentgeltlichen Nutzung überlassen hat.[5] Sofern sich aus der jeweiligen Vereinbarung nichts Abw ergibt, können diese Ansprüche bereits in einem früheren Stadium der Liquidation befriedigt werden, sobald die Gesellschaft die Gegenstände nicht mehr benötigt. Denkbar sind Zurückbehaltungsrechte der Gesellschaft zB wegen rückständiger Einlageforderung.[6] Einschränkungen aufgrund **eigenkapitalersetzender Nutzungsüberlassung** ergeben sich nach Inkrafttreten des MoMiG nicht mehr, jedenfalls nicht außerhalb der Insolvenz (vgl. § 135 III InsO).[7] 4

Von den Drittforderungen **zu unterscheiden** sind Ansprüche der Gesellschafter, die ihren **Rechtsgrund im Gesellschaftsverhältnis** bzw. in der Mitgliedschaft haben, wie Vergütungen für Nebenleistungen, regelmäßige Sonderzahlungen oder gesellschaftsvertragliche Pflichtdarlehen.[8] Die Abgrenzung zu den vorgenannten Kategorien fällt im Einzelfall schwer. Solche Ansprüche dürfen die Verteilungsmasse zulasten der übrigen Gläubiger jedenfalls nicht mindern, sondern sind – als Verrechnungsposten – iR von § 72 zu berücksichtigen. Reicht die Masse nicht, sind sie anteilig nach dem Schlüssel des § 72 für den Liquidationsanteil zu kürzen.[9] 5

Ggf. sind noch **Rücklagen für künftige Verbindlichkeiten** wie anfallende Steuern u. Abgaben, Vergütungsansprüche des Liquidators oder Aufbewahrungskosten gem. § 74 zu bilden, welche die Verteilungsmasse mindern.[10] 6

Umgekehrt muss der Liquidator sorgfältig prüfen, ob er noch **rückständige Einlageleistungen** von den Gesellschaftern einfordern muss (s. → § 69 Rn. 5, → § 70 Rn. 20), um ein Liquidationsguthaben zu erhalten, aus welchem er die Gesellschafter zumindest quotal gleich bedienen kann. Dies ist nicht erforderlich, soweit aus dem Liquidationsguthaben zumindest die tatsächlich geleisteten Einlagen zurückgewährt werden können (vgl. § 271 III 7

4 BeckOK/*Lorscheider* Rn. 3; Lutter/Hommelhoff/*Kleindiek* Rn. 5; Michalski/*Nerlich* Rn. 16; Rowedder/Schmidt-Leithoff/*Gesell* Rn. 7; Scholz/*Schmidt* Rn. 13.
5 Roth/*Altmeppen* Rn. 8; Baumbach/Hueck/*Haas* Rn. 3; BeckOK/*Lorscheider* Rn. 3.
6 BGH NJW 81, 2802.
7 Baumbach/Hueck/*Haas* Rn. 23,§ 70 Rn. 8; *Wicke* Rn. 2.
8 Lutter/Hommelhoff/*Kleindiek* Rn. 7; Baumbach/Hueck/*Haas* Rn. 22.
9 Lutter/Hommelhoff/*Kleindiek* Rn. 7; Beck/OK/*Lorscheider* Rn. 2.
10 Lutter/Hommelhoff/*Kleindiek* Rn. 3.

AktG analog).[11] Im Bedarfsfall müssen einzelne Gesellschafter ihre rückständigen Einlageverpflichtungen zumindest insoweit erfüllen, damit die anderen Gesellschafter den ihnen gebührenden Anteil aus dem Liquidationsguthaben erhalten.[12] Wenn Einlagen im gleichen Verhältnis nicht erbracht wurden, kann alternativ der Mangel im Verhältnis der Geschäftsanteile verteilt werden.

8 Ein **Liquidationsfehlbetrag** wird nicht verteilt, weil eine Nachschusspflicht nicht besteht.[13] Natürlich steht es den Gesellschaftern frei, zur Abwendung eines Insolvenzverfahrens mit für sie ggf. weitreichenden Folgen (vgl. zB § 135 InsO) Fehlbeträge auszugleichen.

III. Verteilung

1. Gläubiger

9 **Vorrangig** bestimmt die **Satzung** den jeweils Begünstigten. Er muss nicht Gesellschafter, sondern kann auch ein Dritter sein (vgl. § 55 I Nr. 4 AO bei Gemeinnützigkeit).[14] Enthält die Satzung keine Regelung, steht das Liquidationsguthaben denjenigen, die im Zeitpunkt der Vermögensverteilung Gesellschafter sind (§ 16),[15] anteilsmäßig zu. Die **Pfändung des Geschäftsanteils** erfasst auch den Anspruch auf Anteil am Liquidationsüberschuss u. setzt sich ggü. einer etwaigen Vorausabtretung an einen Dritten vor Entstehen dieses Anspruchs (→ Rn. 13) durch.[16] Die Wirksamkeit solcher Vorausabtretungen des Anspruchs setzt ferner voraus, dass der Zedent bei Entstehen des Anspruchs noch Gesellschafter ist.[17]

10 **Satzungsänderungen** sind auch in der Liquidationsphase noch möglich, sogar für den Zeitraum vor der Liquidationsphase, zB bzgl. der Gewinnausschüttung.[18] Abweichungen zum Nachteil eines Gesellschafters oder andere Abweichungen der Modalitäten bedürfen jedoch der Zustimmung des betroffenen Gesellschafters,[19] anders als Änderungen zum Nachteil eines begünstigten Dritten, sofern ein Anspruch noch nicht rechtswirksam entstanden war.[20] Stimmen alle Gesellschafter zu, können die Gesellschafter bzgl. Anspruchsinhalt sowie Verteilungsschlüssel auf eine Satzungsänderung für die Zukunft verzichten u. Regelungen durch Gesellschafterbe-

---

11 Baumbach/Hueck/*Haas* Rn. 4; Lutter/Hommelhoff/*Kleindiek* Rn. 11; *Hofmann*, GmbHR 76, 258, 266; Michalski/*Nerlich* Rn. 21; Rowedder/Schmidt-Leithoff/*Gesell* Rn. 12; Roth/*Altmeppen* Rn. 10; iE auch Scholz/*K Schmidt* Rn. 13; Ulmer/*Paura* Rn. 7.

12 Baumbach/Hueck/*Haas* Rn. 4; Lutter/Hommelhoff/*Kleindiek* Rn. 11; Roth/*Altmeppen* Rn. 10; Scholz/*K Schmidt* Rn. 13.

13 MüKoGmbHG/*Müller* Rn. 2; Scholz/*K Schmidt* Rn. 22; SystPrKomm/*Grziwotz* Rn. 5.

14 MüKoGmbHG/*Müller* Rn. 5.

15 Baumbach/Hueck/*Haas* Rn. 8; Michalski/*Nerlich* Rn. 7; MüKoGmbHG/*Müller* Rn. 4; Scholz/*K Schmidt* Rn. 4; Ulmer/*Paura* Rn. 14; *Passarge/Torwegge* Rn. 567.

16 BGHZ 104, 351, 353; Michalski/*Nerlich* Rn. 6; MüKoGmbHG/*Müller* Rn. 4; Scholz/*K Schmidt* Rn. 3.

17 BGHZ 88, 205, 207 f.; Baumbach/Hueck/*Haas* Rn. 8; Hachenburg/*Hohner* Rn. 14.

18 BFH GmbHR 99, 429; FG Münster EFG 98, 902; BeckOK/*Lorscheider* Rn. 4.

19 BGHZ 14, 264; KG JW 37, 2979; Hachenburg/*Hohner* Rn. 11; Rowedder/Schmidt-Leithoff/*Gesell* Rn. 2; Roth/*Altmeppen* Rn. 4; enger: Baumbach/Hueck/*Haas* Rn. 2.

20 RGZ 169, 65, 82; Ulmer/*Paura* Rn. 11.

schluss treffen.[21] Bei Fortsetzung der Gesellschaft verlieren solche Beschlüsse allerdings automatisch ihre Wirkung.[22]

2. Verteilungsschlüssel

Die Satzung bestimmt vorrangig auch den Verteilungsschlüssel.[23] Die Gesellschafter können durch Beschluss einen anderen Maßstab mit Bindungswirkung für den Liquidator (§ 37 I) festlegen; insoweit gelten die gleichen Bedingungen wie für eine Satzungsänderung (inkl. Zustimmungserfordernis).[24] Dies dürfte im praktischen Ergebnis häufig auf Einstimmigkeit hinauslaufen.[25] 11

IÜ entscheidet das Verhältnis der Nennbeträge (§§ 3 I Nr. 4, 5 I–III) zueinander, nicht zum Stammkapital,[26] wobei eigene Geschäftsanteile der GmbH (vgl. → § 69 Rn. 9), ob erworben oder kaduziert, für die Verteilung als nicht existent betrachtet werden.[27] Auf den Wert einer ursprünglich geleisteten Sacheinlage kommt es daher ebenso nicht an.[28] Bei **nicht voll geleisteten Stammeinlagen** gelten die unter → Rn. 7 dargestellten Grundsätze. Wenn alle Beteiligten einverstanden sind, kann ein Ausgleich auch unmittelbar auf Gesellschafterebene stattfinden. Ein ausgeschiedener oder ausgeschlossener Gesellschafter, dessen Anteil noch nicht eingezogen oder abgetreten wurde, nimmt ebenfalls an der Verteilung des Liquidationsergebnisses teil, aber nur bis zur Höhe seines Auseinandersetzungsanspruchs.[29] 12

3. Anspruchsinhalt, Art der Verteilung

Der **Anspruch entsteht** erst u. ipso iure, wenn nach Befriedigung der Gläubiger oder Sicherheitsleistung hierfür noch verteilungsfähiges Restvermögen übrig bleibt.[30] Ein zusätzlicher Verteilungsbeschluss (analog dem Gewinnverwendungsbeschluss) ist nicht erforderlich. Der entstandene Anspruch als unentziehbares Vermögensrecht des Gesellschafters ist jedoch nicht vor Ablauf des Sperrjahres gem. § 73 I **fällig**[31] u. **verjährt** grds. nach 13

---

21 Hachenburg/*Hohner* Rn. 12; Michalski/*Nerlich* Rn. 4; Scholz/*K Schmidt* Rn. 2 f., 14.
22 Baumbach/Hueck/*Haas* Rn. 2.
23 BeckOK/*Lorscheider* Rn. 4; Roth/*Altmeppen* Rn. 4.
24 Baumbach/Hueck/*Haas* Rn. 2; Lutter/Hommelhoff/*Kleindiek* Rn. 11; Roth/*Altmeppen* Rn. 4.
25 SystPrKomm/*Grziwotz* Rn. 6.
26 Hachenburg/*Hohner* Rn. 16; Michalski/*Nerlich* Rn. 19; MüKoGmbHG/*Müller* Rn. 14; *Passarge/Torwegge* Rn. 569.
27 Baumbach/Hueck/*Haas* Rn. 5; BeckOK/*Lorscheider* Rn. 5; Hachenburg/*Hohner* § 71 Rn. 4; Lutter/Hommelhoff/*Kleindiek* Rn. 11; MüKoGmbHG/*Müller* Rn. 15; Roth/*Altmeppen* Rn. 2.
28 RG JW 13, 1040, 1041; Roth/*Altmeppen* Rn. 10; Scholz/*K Schmidt* Rn. 13.
29 Baumbach/Hueck/*Haas* Rn. 5; Hachenburg/*Hohner* Rn. 5; Michalski/*Nerlich* Rn. 24; MüKoGmbHG/*Müller* Rn. 15; Scholz/*K Schmidt* Rn. 13; Ulmer/*Paura* Rn. 5.
30 BGHZ 88, 205, 207; Lutter/Hommelhoff/*Kleindiek* Rn. 1; iErg auch Rowedder/Schmidt-Leithoff/*Gesell* Rn. 2 (Anspruch vom Gesetz vorausgesetzt); SystPrKomm/*Grziwotz* Rn. 3; aA Michalski/*Nerlich* Rn. 6: Entstehen erst mit Ablauf des Sperrjahres.
31 Baumbach/Hueck/*Haas* Rn. 2; Henssler/Strohn/*Büteröwe* Rn. 3; MüKoGmbHG/*Müller* Rn. 3.

3 Jahren (§§ 195, 199 BGB). Die Satzung kann diese Frist verlängern oder iRd Angemessenen ausnahmsweise verkürzen.[32] Sie kann sogar vorsehen, dass der Anspruch nach einer bestimmten Zeit untergeht (Ausschlussfrist).[33]

14 § 70 bestimmt, dass der Liquidator das Restvermögen der Gesellschaft zu Geld machen muss. Dementspr haben die Begünstigten/Gesellschafter, auch wenn sie eine Sacheinlage erbracht haben,[34] grds. einen Anspruch auf **Zahlung** ihres Anteils am Liquidationsguthaben **in Geld.**[35] **Anspruchsgegner** ist die durch den Liquidator vertretene Gesellschaft.[36] Der Gesellschafter-Liquidator kann an sich selbst leisten (§ 181 BGB).[37]

15 Die Satzung kann allerdings abweichend vom vorstehenden Grundsatz bestimmen, dass der Anspruch auf Beteiligung am Liquidationsguthaben durch Übertragung von Vermögensgegenständen erfüllt wird (§ 362 I BGB),[38] insbes. bzgl. der einstigen Sacheinlagen. Diese dürfte der Liquidator somit nur im Bedarfsfall „versilbern" (§ 70 I).[39] Besteht das Gesellschaftsvermögen aus völlig gleichen Gegenständen (zB Aktien desselben Unternehmens), liegt auf Anweisung der Gesellschafterversammlung auch eine Realteilung[40] durch den Liquidator gem. dem Rechtsgedanken des § 752 BGB nahe (dazu → § 70 Rn. 22). Soll die Art der Verteilung durch Gesellschafterbeschluss geregelt werden, bedarf es jeweils der Einstimmigkeit.[41] Ein solcher Beschluss bindet den Liquidator. Besonderheiten ergeben sich aus der gesellschaftsrechtlichen Treuepflicht.[42] Eine treuwidrig nicht abgegebene Ja-Stimme kann nicht hinzugedacht werden; insoweit bedarf es einer positiven Beschlussfeststellungsklage.[43]

16 Auch die Gesellschafter können iRd Vermögensverwertung **aus dem Gesellschaftsvermögen Gegenstände erwerben.** Unmittelbar hat dies mit § 72

---

32 Baumbach/Hueck/*Haas* Rn. 15; MüKoGmbHG/*Müller* Rn. 12; Roth/*Altmeppen* Rn. 3; Scholz/*K Schmidt* Rn. 18; aA Michalski/*Nerlich* Rn. 10 spät. Fristablauf nach 10 Jahren (199 III 1 BGB); Rowedder/Schmidt-Leithoff/*Gesell* Rn. 11 (Zustimmung aller Gesellschafter).

33 KG NJW 37, 2979, 2980; Baumbach/Hueck/*Haas* Rn. 16; MüKoGmbHG/*Müller* Rn. 11 f.; Roth/*Altmeppen* Rn. 3; Scholz/*K Schmidt* Rn. 19.

34 MüKoGmbHG/*Müller* Rn. 8; Rowedder/Schmidt-Leithoff/*Gesell* Rn. 7.

35 Baumbach/Hueck/*Haas* Rn. 3; Bork/Schäfer/*Servatius* Rn. 10; MüKoGmbHG/*Müller* Rn. 8; Roth/*Altmeppen* Rn. 6; Ulmer/*Paura* Rn. 16; *Passarge/Torwegge* Rn. 572.

36 BeckOK/*Lorscheider* Rn. 7.a; Hachenburg/*Hohner* Rn. 18; MüKoGmbHG/*Müller* Rn. 6; Rowedder/Schmidt-Leithoff/*Gesell* Rn. 6; Scholz/*K Schmidt* Rn. 6; Ulmer/*Paura* Rn. 18.

37 Lutter/Hommelhoff/*Kleindiek* Rn. 1; Michalski/*Nerlich* Rn. 11; MüKoGmbHG/*Müller* Rn. 6.

38 Baumbach/Hueck/*Haas* Rn. 11; MüKoGmbHG/*Müller* Rn. 9; Roth/*Altmeppen* Rn. 6.

39 Hachenburg/*Hohner* Rn. 16; Heybrock/*Löffler* Rn. 6; Lutter/Hommelhoff/*Kleindiek* Rn. 10 f.; *Hofmann*, GmbHR 76, 258, 264.

40 RGZ 62, 56, 58; 124, 279, 300; Scholz/*K Schmidt* Rn. 9; Ulmer/*Paura* Rn. 17.

41 Gehrlein/Ekkenga/Simon/*Hofmann* Rn. 13; Lutter/Hommelhoff/*Kleindiek* Rn. 10; Michalski/*Nerlich* Rn. 17; MüKoGmbHG/*Müller* Rn. 9; Roth/*Altmeppen* Rn. 4; Scholz/*K Schmidt* Rn. 15.

42 Vgl. allgemein BGH NZG 16, 780 Rn. 13 ff. (Media-Saturn) mwN; Michalski/Nerlich Rn. 17; Scholz/*K. Schmidt* Rn. 8 ff.

43 Vgl. hierzu Gottwald/Haas/*Kolmann*/*Kurz* § 92 Rn. 28 ff. mwN.

nichts zu tun, jedoch ergeben sich aus den zugrunde liegenden Wertungen Modifikationen: Der Liquidator muss zur Vermeidung einer persönlichen Haftung einen Kaufpreis erzielen, der dem objektiven Wert des jeweiligen Vermögensgegenstandes entspricht.[44] Zudem darf der Liquidator die Gesellschafter nicht ungleich behandeln.[45] In diesem engen Rahmen sind auch Vereinbarungen zwischen Liquidator u. Gesellschafter, den Kaufpreis mit dem Anteil am Liquidationsguthaben (teilw) zu verrechnen, oder gar Übertragungen von Vermögensgegenständen als Leistung an Erfüllungs Statt (§ 364 I BGB) möglich.[46] Die Einholung eines zustimmenden Gesellschafterbeschlusses ist gleichwohl ratsam.[47] Die Gesellschafter können aufgrund ihrer Treuepflicht bei berechtigtem Interesse d. Gesellschafters zur Zustimmung verpflichtet sein.[48]

Hinweis: Der Liquidator sollte solche Vereinbarungen bzw. Leistungen an Erfüllungs Statt unter den Vorbehalt der einstimmigen Zustimmung der Gesellschafterversammlung stellen.

4. Mängel der Verteilung

a) **Ausgleichsansprüche.** Hat ein Gesellschafter mehr erhalten, als ihm eigentlich zustünde, ist er **der Gesellschaft** ggü. **zur Herausgabe des Differenzbetrages** (§ 812 BGB iVm Treuepflicht) **verpflichtet.**[49] Auf die Ursache des Fehlers oder gar auf Verschulden kommt es dabei nicht an.[50] 17

Der **benachteiligte Gesellschafter** hat weiterhin einen **Anspruch gegen die Gesellschaft** auf den ihm zustehenden Anteil am Liquidationsguthaben.[51] Diesen kann er allerdings verlieren, wenn er sich nicht rechtzeitig gegen einen rechtswidrigen Verteilungsbeschluss der Gesellschafter zur Wehr setzt.[52] Hätte der Beschluss wegen Benachteiligung eines Gesellschafters dessen Zustimmung bedurft (→ Rn. 10 f.) u. fehlt eine solche Zustimmung, war der Beschluss schon deshalb unwirksam.[53] 18

Zudem hat er aufgrund der Treuepflicht einen **unmittelbaren Ausgleichsanspruch gegen den begünstigten Gesellschafter**, so dass er nicht zunächst gegen die Gesellschaft vorgehen u. in deren Ansprüche gegen den begünstig- 19

---

44 Vgl. zur „übertragenden Auflösung“ bzw. zum „kalten Squeeze out“ BVerfG ZIP 00, 1670 (Moto Meter); BGH ZIP 06, 2080 zum Squeeze out im Liquidationsstadium.

45 BGHZ 103, 184, 194 (zur AG); Lutter/Hommelhoff/*Kleindiek* § 70 Rn. 14; Rowedder/Schmidt-Leithoff/*Gesell* § 70 Rn. 17; *Meyer*, Liquidatorenkompetenzen, S. 63 ff. (verlangt entspr. § 162 InsO Gesellschafterbeschluss); ebenso Scholz/*K Schmidt* § 70 Rn. 14.

46 Dazu Baumbach/Hueck/*Haas* Rn. 11; Michalski/*Nerlich* Rn. 15, 17; Roth/*Altmeppen* Rn. 7; Scholz/*K Schmidt* Rn. 10.

47 Scholz/*K Schmidt* § 70 Rn. 14.

48 BGH NZG 16, 780 Rn. 13 ff.; Baumbach/Hueck/*Haas* Rn. 11; Bork/Schäfer/*Servatius* Rn. 11; Michalski/*Nerlich* Rn. 17; Scholz/*K Schmidt* Rn. 8 ff.

49 MüKoGmbHG/*Müller* Rn. 21; Roth/*Altmeppen* Rn. 11.

50 Scholz/*K Schmidt* Rn. 17.

51 Baumbach/Hueck/*Haas* Rn. 19; MüKoGmbHG/*Müller* Rn. 21; Ulmer/*Paura* Rn. 26.

52 Roth/*Altmeppen* Rn. 11; Ulmer/*Paura* Rn. 26.

53 Scholz/*K Schmidt* Rn. 15.

ten Gesellschafter vollstrecken (Pfändung und Einziehung) muss.[54] Allerdings muss der benachteiligte Gesellschafter sich auch insoweit rechtzeitig gegen einen rechtswidrigen Verteilungsbeschluss zur Wehr setzen.

20 Ferner kommen **Schadensersatzansprüche gegen die Gesellschafter** in Betracht, welche die Abwicklung in diesem Stadium schuldhaft verzögern oder vereiteln, zB durch Fortsetzung der Geschäftstätigkeit ohne einen entspr. Fortsetzungsbeschluss.[55] Das RG hatte demggü. im Wege einer objektiven Billigkeitskorrektur zugunsten einer Quotenanpassung entschieden.[56]

21 **b) Haftung des Liquidators.** Der Liquidator haftet ggü. der Gesellschaft gem. §§ 71 IV, 43,[57] ggü. den Gesellschaftern kommt im Einzelfall nur eine deliktsrechtliche Haftung (§§ 823 I, 826 BGB) in Betracht.[58] Den Gesellschaftern ist jedoch nicht zumutbar, zunächst gegen die (ggf. gelöschte) GmbH vorzugehen u. dann in deren Ansprüche gegen den Liquidator zu vollstrecken, so dass das aktienrechtliche **Gläubigerverfolgungsrecht** gem. §§ 268 II, 93 V AktG entspr. gilt.[59]

§ 73 Sperrjahr

(1) Die Verteilung darf nicht vor Tilgung oder Sicherstellung der Schulden der Gesellschaft und nicht vor Ablauf eines Jahres seit dem Tage vorgenommen werden, an welchem die Aufforderung an die Gläubiger (§ 65 Abs. 2) in den Gesellschaftsblättern erfolgt ist.

(2) [1]Meldet sich ein bekannter Gläubiger nicht, so ist der geschuldete Betrag, wenn die Berechtigung zur Hinterlegung vorhanden ist, für den Gläubiger zu hinterlegen. [2]Ist die Berichtigung einer Verbindlichkeit zur Zeit nicht ausführbar oder ist eine Verbindlichkeit streitig, so darf die Verteilung des Vermögens nur erfolgen, wenn dem Gläubiger Sicherheit geleistet ist.

(3) [1]Liquidatoren, welche diesen Vorschriften zuwiderhandeln, sind zum Ersatz der verteilten Beträge solidarisch verpflichtet. [2]Auf den Ersatzanspruch finden die Bestimmungen in § 43 Abs. 3 und 4 entsprechende Anwendung.

Schrifttum

Erle, Die Funktion des Sperrjahres in der Liquidation der GmbH, GmbHR 1998, 216; *Fietz/Fingerhut*, Die vorzeitige Löschung der GmbH – ein Schwarzes Loch für Liquida-

---

54 Baumbach/Hueck/*Haas* Rn. 21 (aus Gesellschaftsvertrag); Lutter/Hommelhoff/*Kleindiek* Rn. 12; Roth/*Altmeppen* Rn. 12; Scholz/*K Schmidt* Rn. 17; Ulmer/*Paura* Rn. 26.

55 Scholz/*K Schmidt* Rn. 16.

56 RGZ 81, 68, 71; Michalski/*Nerlich* Rn. 17; Lutter/Hommelhoff/*Kleindiek* Rn. 12; abl. Ulmer/*Paura* Rn. 13.

57 BeckOK/*Lorscheider* Rn. 9; Baumbach/Hueck/*Haas* Rn. 20.

58 Baumbach/Hueck/*Haas* Rn. 20; Henssler/Strohn/*Büteröwe* Rn. 8; MüKoGmbHG/*Müller* Rn. 22; Scholz/*K Schmidt* Rn. 17; Ulmer/*Paura* Rn. 25; abw. Gehrlein/Born/Simon/Brünkmans/*Hofmann* Rn. 19 (Haftung nach § 280 I BGB).

59 Vgl. BGH NZG 18, 625 (zum Gläubigerverfolgungsrecht); Roth/*Altmeppen* Rn. 13.

toren, GmbHR 2006, 960; *Fischer*, Der Betriebsrentenanspruch des Arbeitnehmers einer liquidierten GmbH, NZA 2014, 1126; *Leibner/Pump*, Die steuerlichen Pflichten des Liquidators einer GmbH, GmbHR 2003, 996; *Lennart*, Betriebsstilllegung und Liquidation: Handlungsbedarf auch für die betriebliche Altersvorsorge, BB 2015, 2423; *Schmidt*, Vorfinanzierung der Liquidationsquote im Einklang mit dem Ausschüttungssperrjahr, DB 1994, 2013; *Tavakoli/Eisenberg*, Die GmbH und ihre Verbindlichkeiten in der Liquidation, GmbHR 2018, 75; *Vomhof*, Die Haftung des Liquidators der GmbH, 1988.

I. Überblick

Das EHUG vom 10.11.06[1] u. zuletzt das ARUG vom 30.7.09[2] passten Abs. 1 im Anschluss an jeweilige Änderungen von § 65 II an. 1

Die Vorschrift ergänzt § 72 u. enthält zentrale Kernaussagen des Liquidationsverfahrens: Das Gesellschaftsvermögen soll gem. II zunächst der Befriedigung der bekannten Gläubiger dienen. Und zum Schutz unbekannter Gläubiger erhalten diese mind. ein Jahr Zeit, ihre Ansprüche ggü. der Gesellschaft geltend zu machen, bevor die Gesellschafter am Restvermögen teilhaben dürfen.

Schon daraus ergibt sich, dass die Vorschrift **zwingend** ist[3] u. dass vorzeitige Zahlungen an die Gesellschafter auch mit Einverständnis aller Gläubiger nicht erfolgen dürfen;[4] es könnte noch unbekannte Gläubiger geben. 2

---

1 BGBl. 06 I, S. 2553.
2 BGBl. 09 I, S. 2479.
3 BGH NJW 09, 2127, 2129; OLG Rostock GmbHR 96, 621, 622; Gehrlein/Born/Simon/Brünkmans/*Hofmann* Rn. 2; Heybrock/*Löffler* Rn. 2; MüKoGmbHG/*Müller* Rn. 1; zur Sachverhaltsgestaltung vor Auflösung *Erle*, GmbHR 98, 216, 219 f.
4 Baumbach/Hueck/*Haas* Rn. 2; Lutter/Hommelhoff/*Kleindiek* Rn. 1; MüKoGmbHG/*Müller* Rn. 1; Roth/*Altmeppen* Rn. 10; Ulmer/*Paura* Rn. 4; *Passarge/Torwegge* Rn. 575; *Hofmann*, GmbHR 76, 258, 266; abw. Bork/Schäfer/*Servatius* Rn. 3 (bei kurzfristigem Gewinn); *Erle*, GmbHR 98, 216, 221.

3 Bis die zwei Voraussetzungen des § 73 (Ablauf des Sperrjahres sowie (Sicherstellung der) Befriedigung der bekannten Gläubiger) erfüllt sind, bewirkt die Vorschrift somit zum Nachteil der Gesellschafter eine **totale Leistungssperre**, die noch über die Beschränkungen der §§ 30, 31 hinausgeht.[5] Sie erfasst **Vorabausschüttungen u. Vorfinanzierungen auf das Liquidationsguthaben** (vgl. § 72) ebenso wie alle Formen verdeckter Gewinnausschüttungen, Zahlungen aus vorhandenen Rücklagen u. nach ihrem Schutzzweck auch die Gewährung neuer Darlehen an Gesellschafter.[6] Risiken aus dem Vermögensbereich der Gesellschafter, mag ihre Realisierung noch so unwahrscheinlich sein, dürfen im Abwicklungsstadium nicht auf die Gesellschaftsgläubiger verlagert werden. Nach Eintritt der Voraussetzungen des § 73 entfällt die Schranke der §§ 30, 31 u. wird eine Verrechnung mit einer noch offenen Einlagepflicht gem. § 19 zulässig.[7]

4 Schon vorher darf der Liquidator jedoch die Drittforderungen der Gesellschafter erfüllen, zB – nach Inkrafttreten des MoMiG – Gesellschafterdarlehen zurückzahlen, soweit diese nicht einem sog. qualifizierten Rangrücktritt (§§ 19 II 3, 39 II InsO) unterworfen sind.[8] Zu den Drittforderungen zählen auch Dividendenansprüche, aber nur dann, sofern die Beschlussfassung über die Ergebnisverwendung bereits vor der Auflösung abgeschlossen war. Dem steht vorbehaltlich § 30 II eine vor der Auflösung beschlossene Rückerstattung von Nachschüssen gleich.[9] Insoweit gilt die Leistungssperre jeweils nicht.[10]

II. Voraussetzung einer Ausschüttung gem. § 72

1. Ablauf des Sperrjahres

5 Die **Leistungssperre beginnt** mit der Auflösung (letzte Bekanntmachung maßgeblich) u. **endet** ein Jahr nach dem Ablauf des Tages, an welchem die Aufforderung an die Gläubiger gem. § 65 II (dazu → § 65 Rn. 17 ff.) in den **Gesellschaftsblättern bekannt gemacht** wurde, so dass sie teilw. mehr als ein Jahr betragen kann.[11] Gesellschaftsblatt ist der elektronische Bundesanzeiger (§ 12). Vor Ablauf dieses Jahres werden Ansprüche der Gesellschafter auf Teilhabe am Liquidationsguthaben gem. § 72 nicht fällig. Der Ablauf des Sperrjahres befreit die Liquidatoren von der Leistungssperre im Verhältnis zu den Gesellschaftern nur, sofern zugleich alle bekannten Gläubiger befriedigt sind oder dies sichergestellt ist.

---

5 Baumbach/Hueck/*Haas* Rn. 2; BeckOK/*Lorscheider* Rn. 1; MüKoGmbHG/*Müller* Rn. 3 (Totales „Thesaurierungsgebot"); Hachenburg/*Hohner* Rn. 2; Michalski/*Nerlich* Rn. 4; Lutter/Hommelhoff/*Kleindiek* Rn. 1; Ulmer/*Paura* Rn. 3.

6 BGH NJW 09, 2127, 2129 (Sanitary zur Existenzvernichtungshaftung im Liquidationsstadium); Henssler/Strohn/*Büteröwe* Rn. 4; Lutter/Hommelhoff/*Kleindiek* Rn. 2; *Schmidt*, DB 94, 2013, 2015; *Sotiropoulos*, GmbHR 96, 653, 657; aA *Ehrle*, GmbHR 98, 216, 221 (bei gesicherter Bonität des Gesellschafters). Ebenso zum Cash-Pooling MüKoGmbHG/*Müller* Rn. 5.

7 RGZ 149, 394; 256, 23; Lutter/Hommelhoff/*Kleindiek* Rn. 3.

8 Zutr. MüKoGmbHG/*Müller* Rn. 4; zu den Anforderungen an einen Rangrücktritt vgl. BGH NZI 15, 315.

9 Baumbach/Hueck/*Haas* § 69 Rn. 7; Michalski/*Nerlich* § 69 Rn. 40; Rowedder/Schmidt-Leithoff/*Gesell* § 69 Rn. 10; Scholz/*K Schmidt* § 69 Rn. 27.

10 Lutter/Hommelhoff/*Kleindiek* Rn. 2; Roth/*Altmeppen* Rn. 11.

11 Lutter/Hommelhoff/*Kleindiek* Rn. 4; Rowedder/Schmidt-Leithoff/*Gesell* Rn. 3 ff.

Eine **Ausschlussfrist** ist das Sperrjahr nicht;[12] es bewirkt auch keine Stundung.[13] Auf Bestehen u. Durchsetzbarkeit von Forderungen der Gläubiger hat das Sperrjahr somit keinen Einfluss. Ansprüche der (unbekannten) Gläubiger können aber nach Ablauf des Sperrjahres uU verwirkt oder verjährt sein. 6

Im **Handelsregister** darf die Gesellschaft grds. nur nach Ablauf des Sperrjahres gelöscht werden. Darauf hat das Registergericht zu achten. Schon **vorher** ist auf Antrag gem. § 74 eine **Löschung ausnahmsweise** möglich, wenn das Gesellschaftsvermögen vollständig an die Gläubiger (nicht: die Gesellschafter) verteilt wurde und somit ein Fall des § 394 FamFG vorliegt.[14] In einer solchen Konstellation der eingetretenen **Vermögenslosigkeit** erfordert der Schutzzweck es nicht, das Sperrjahr abzuwarten.[15] 7

2. (Sicherstellung der) Befriedigung der bekannten Gläubiger

a) **Bekannte Gläubiger. Bekannte Verbindlichkeiten** der GmbH sind solche, die (i) die Gläubiger ggü. dem Liquidator gem. § 65 II 2 angemeldet haben, (ii) die der Liquidator während der Liquidation selbst begründet oder (iii) von denen er – wie in Abs. 2 S. 1 unterstellt – in anderer Weise, ggf. auch aus früherer Geschäftsführertätigkeit, positive Kenntnis erlangt hat.[16] Kenntnis bei einem von mehreren Liquidatoren ist ausreichend. 8

Nach hM steht die **schuldhafte Unkenntnis** („Kennenmüssen") eines Liquidators seiner positiven Kenntnis **nicht gleich.**[17] Im Kern geht es um das schutzwürdige Befriedigungsinteresse der Gläubiger, die nach Verteilung des Liquidationsguthabens leer auszugehen drohen im Verhältnis zu den Gesellschaftern und Liquidatoren (→ Rn. 44 f.). 9

Teilw. wird eine konkrete, detaillierte Kenntnis verlangt, die sich auf die Person/Identität des Gläubigers sowie Rechtsgrund, Inhalt, ungefähre Höhe u. Fälligkeit seiner Forderung erstrecken muss.[18] Nach einer weiteren Meinung genügt für positive Kenntnis, die Forderung dem Grunde u. dem wesentlichen Betrag nach zu kennen, ohne Rücksicht auf die Person des Gläubigers.[19] Die Gegenansicht will darauf abstellen, dass der Liquidator die Tatsachen kennt, aus denen sich dem Grunde nach die Möglichkeit einer Haftung der Gesellschaft ergibt, ohne dass es auf den Rechtsgrund, 10

12 RGZ 109, 387, 392; 124, 210, 213; BeckOK/*Lorscheider* Rn. 1; MüKoGmbHG/*Müller* Rn. 11; Roth/*Altmeppen* Rn. 12; zur Funktion *Ehrle*, GmbHR 98, 216 ff.

13 Hachenburg/*Hohner* Rn. 6; MüKoGmbHG/*Müller* Rn. 10; Rowedder/Schmidt-Leithoff/*Gesell* Rn. 3; Scholz/*K Schmidt* Rn. 3.

14 Zum noch nicht abgeschlossenen Besteuerungsverfahren vgl. OLG Jena GmbHR 15, 1093 sowie OLG Hamm NZG 15, 1159; Rowedder/Schmidt-Leithoff/*Gesell* Rn. 4.

15 OLG Köln NZG 05, 83; *Fietz/Fingerhuth*, GmbHR 06, 960; MüKoGmbHG/*Müller* Rn. 12; Scholz/*K Schmidt* Rn. 3.

16 Roth/*Altmeppen* Rn. 2; Baumbach/Hueck/*Haas* Rn. 6.

17 RGZ 92, 77, 80; Lutter/Hommelhoff/*Kleindiek* Rn. 5; Michalski/*Nerlich* Rn. 14; Scholz/*K Schmidt* Rn. 6; Ulmer/*Paura* Rn. 13; aA MüKoGmbHG/*Müller* Rn. 14 (Grundsatz der Wissenszurechnung in arbeitsteiligen Organisationen); Roth/*Altmeppen* Rn. 3; Hachenburg/*Hohner* Rn. 10.

18 RGZ 92, 80; JW 30, 2943; Lutter/Hommelhoff/*Kleindiek* Rn. 5.

19 MüKoGmbHG/*Müller* Rn. 13; Scholz/*K Schmidt* Rn. 6; Ulmer/*Paura* Rn. 11.

die Person des Gläubigers oder die Fälligkeit der Forderung ankommt.[20] Auf Basis dieser bekannten Tatsachen bestünden iRd Zumutbaren **Nachforschungspflichten** des Liquidators bis zur Klarheit über die Möglichkeit/Berechtigung einer Hinterlegung (§ 372 S. 2 BGB) oder Sicherheitsleistung, ggf. auch Aussetzung der Verteilung. Verstößt der Liquidator hiergegen, soll er auch für fahrlässige Unkenntnis unbekannter Gläubiger haften.[21]

11 **Stellungnahme:** Die letztgenannte Gegenansicht verkennt, dass der Gesetzgeber die unbekannten Gläubiger nur für eingeschränkt schutzwürdig hält. Aus §§ 65 II 2, 73 lässt sich ableiten, dass die Gläubiger durch rechtzeitige Anmeldung ihrer Ansprüche beim Liquidator („bekannt machen") es selbst in der Hand haben, den durch die Leistungssperre gem. § 73 vermittelten Schutz/Vorrang im Verhältnis zu den Gesellschaftern zu erlangen. Wer dies unterlässt, darf die sich daraus ergebenden Risiken nicht auf einen Dritten verlagern, indem er hofft, dieser (Liquidator) habe seine Arbeit nicht sorgfältig genug erledigt oder könne fehlende Kenntnis nicht hinreichend beweisen. Eine Nachforschungspflicht des Liquidators ist daher abzulehnen.

12 Bzgl. des Detaillierungsgrades notwendiger Kenntnis folgt bereits aus Abs. 2, dass der Liquidator mind. von solchen Tatsachen Kenntnis haben muss, die ihm ohne Weiteres eine Beurteilung ermöglichen, ob ihn zumindest eine Handlungspflicht zur Sicherheitsleistung/Sicherstellung trifft.[22] Auf die Person des Gläubigers kann es nicht ankommen, wenn der Liquidator mind. weiß, dass die Gesellschaft eine Verbindlichkeit hat. Str. u. derzeit nicht ausführbare Verbindlichkeiten gelten somit als bekannt.

13 Ob die Forderung des Gläubigers auch tatsächlich rechtswirksam besteht, muss nicht zweifelsfrei feststehen, sondern unterliegt einer eigenen Prüfung durch den Liquidator mit der üblichen Sorgfalt (§§ 71 IV, 43).[23] Unbeachtlich ist ferner der Zeitpunkt des Entstehens der Forderung.[24] Es ist Liquidatoren u. Gesellschaftern zumutbar, bei begründeten Zweifeln die notwendige Klärung zB durch **negative Feststellungsklage** herbeizuführen oder Sicherheit zu leisten, soweit sie Forderungen dem Grunde oder der Höhe nach für unbegründet halten (Abs. 2 S. 2).[25] Haben die Liquidatoren solche Maßnahmen veranlasst, kann die Liquidation nicht beendet werden.[26] Die Liquidatoren können aber auch auf solche Maßnahmen verzichten u. nach Eintritt der weiteren Voraussetzungen des § 73 mit der Verteilung beginnen, insbes. bei offensichtlich unbegründeten Forderungen.[27] Stellt sich ihre Annahme dann später als unzutr heraus, haften sie u. die Gesellschafter gem. den unter → Rn. 28 ff. dargestellten Grundsätzen. Eine Haftung

---

20 Roth/*Altmeppen* Rn. 3; zust. Baumbach/Hueck/*Haas* Rn. 6.
21 Roth/*Altmeppen* Rn. 3; teilw. str. RGZ 92, 77; Ulmer/*Paura* Rn. 13; Scholz/*K. Schmidt* Rn. 6.
22 Ähnl Baumbach/Hueck/*Haas* Rn. 6, 7.
23 RGZ 92, 77, 80; Scholz/*K Schmidt* Rn. 6; Ulmer/*Paura* Rn. 13.
24 Roth/*Altmeppen* Rn. 4; Rowedder/Schmidt-Leithoff/*Gesell* Rn. 9.
25 Roth/*Altmeppen* Rn. 3; Henssler/Strohn/*Büterowe* Rn. 8; Baumbach/Hueck/*Haas* Rn. 8.
26 BayObLG GmbHR 82, 274, 275; Lutter/Hommelhoff/*Kleindiek* Rn. 8.
27 Baumbach/Hueck/*Haas* Rn. 8; Rowedder/Schmidt-Leithoff/*Gesell* Rn. 9; Scholz/*K Schmidt* Rn. 12; aA *Niemeyer/König* MDR 14, 749 (753).

scheidet somit auch bei fehlender Erhebung der neg. Feststellungsklage aus, wenn sie bei der Fehleinschätzung kein Verschulden trifft, insbesondere wenn nach ihrer Prüfung zweifelfrei ein Anspruch unbegründet ist.[28]

b) **Maßgeblicher Zeitpunkt.** Als zeitlicher Bezugspunkt für die Kenntnis kommt es nicht auf den Ablauf des Sperrjahres, sondern auf den **Zeitpunkt der jeweiligen Vermögensverteilung** an die Gesellschafter an. Auch die nach Ablauf des Sperrjahres bekannt werdenden Gläubiger müssen befriedigt werden, solange Gesellschaftsvermögen vorhanden ist.[29] Andernfalls gelten die Ausführungen unter → Rn. 44ff. 14

Erlangen die Liquidatoren **während der Ausschüttung** des Restvermögens gem. § 72 **Kenntnis** von bislang unbekannten Gläubigern, müssen sie die **Verteilung sofort aussetzen.** Sie dürfen sie erst fortsetzen, wenn sie zu einem eindeutig negativen Prüfungsergebnis gelangt sind, die fragliche Forderung erfüllt oder hierfür Sicherheit geleistet wurde.[30] 15

c) **Gläubigerbefriedigung.** Bekannte, unstr., unbedingte, erfüllbare, fällige u. nicht verjährte Verbindlichkeiten hat der Liquidator in der geschuldeten Art u. Weise zu erfüllen (§ 362 BGB).[31] Dies gilt auch ggü. bekannten Gläubigern, die ihre Forderungen nicht angemeldet haben.[32] Abs. 2 S. 1 ist insoweit unscharf formuliert u. gewährt dem Liquidator ein Wahlrecht, statt zu erfüllen, zu hinterlegen.[33] 16

Eine Verpflichtung, die Gläubiger **anteilig gleich** oder **in einer bestimmten Reihenfolge** zu befriedigen, besteht nicht;[34] dies entspricht der hM auch für den Fall einer **masselosen Liquidation** (dazu auch → § 70 Rn. 27 f.). Um Verzugsfolgen zu vermeiden sowie aus Gründen der Übersichtlichkeit, insbes. hins. einer etwaigen Zahlungsunfähigkeit gem. § 17 InsO, bietet es sich jedoch an, die Forderungen nach Fälligkeit zu bedienen, ggf. in der Reihenfolge der Geltendmachung. Auch Leistung vor Fälligkeit ist möglich (vgl. § 271 II BGB), aber bei einer drohenden Vermögensinsuffizienz nicht empfehlenswert. 17

Der Liquidator kann auch außerhalb der von ihm gewählten Reihenfolge iR seines **kaufmännischen Beurteilungsspielraums**[35] für die weitere Abwicklung wichtige Verbindlichkeiten bedienen, auf die Einrede der Verjährung verzichten oder sogar im Einzelfall verjährte Forderungen erfüllen. Allerdings sollte er zur Vermeidung persönlicher Risiken mit der „Sorgfalt 18

---

28 MüKoGmbHG/*Müller* Rn. 25.
29 MüKoGmbHG/*Müller* Rn. 11; Roth/*Altmeppen* Rn. 4; Scholz/*K Schmidt* Rn. 13.
30 Heybrock/*Löffler* Rn. 7; Lutter/Hommelhoff/*Kleindiek* Rn. 4; Michalski/*Nerlich* Rn. 34; MüKoGmbHG/*Müller* Rn. 29; *Passarge/Torwegge* Rn. 591.
31 Hachenburg/*Hohner* Rn. 13; Rowedder/Schmidt-Leithoff/*Gesell* Rn. 6; *Passarge/Torwegge* Rn. 577.
32 Baumbach/Hueck/*Haas* Rn. 3; Roth/*Altmeppen* Rn. 5.
33 Lutter/Hommelhoff/*Kleindiek* Rn. 5; *Passarge/Torwegge* Rn. 580; Rowedder/Schmidt-Leithoff/*Gesell* Rn. 6.
34 BGHZ 53, 71, 74 = NJW 70, 469; Baumbach/Hueck/*Haas* Rn. 3; § 70 Rn. 5; BeckOK/*Lorscheider* Rn. 3; Heybrock/*Löffler* Rn. 10; Lutter/Hommelhoff/*Kleindiek* Rn. 8 (aber einschränkend); Roth/*Altmeppen* Rn. 5; Scholz/*K Schmidt* Rn. 9; Ulmer/*Paura* Rn. 18; *Konzen*, FS Ulmer, 03, S. 323, 346 ff.
35 Baumbach/Hueck/*Haas* Rn. 3; Scholz/*K Schmidt* Rn. 9; *Passarge/Torwegge* Rn. 578.

eines ordentlichen Geschäftsmannes" (§§ 71 IV, 43 I) handeln und insoweit die Zustimmung der Gesellschafterversammlung einholen.[36]

19 Für **Steuerschulden** u. **Arbeitnehmeranteile an der Sozialversicherung** gelten keine Besonderheiten. Sie sind wie andere Gesellschaftsverbindlichkeiten zu behandeln.[37] Für ihre Begleichung haftet der Liquidator allerdings auch persönlich (§§ 69, 34 AO; vgl. Erl. § 43) bzw. die Nichtabführung ist strafbewehrt (vgl. § 266 a StGB).[38] Erfahrungsgemäß werden diese Verbindlichkeiten daher vorrangig bedient. Müssen deshalb andere Gläubiger zurücktreten, indiziert dies eine bereits eingetretene materielle Insolvenz (Zahlungsunfähigkeit gem. § 17 II InsO).

20 Zur Vermeidung persönlicher Risiken sollte der Liquidator iRd Abwicklung laufend überprüfen, ob bei der Gesellschaft ein **Insolvenzeröffnungsgrund** gem. §§ 17 ff. InsO vorliegt u. sein Verhalten an dem sich aus §§ 64, 71 IV bzw. § 15 a InsO ergebenden Pflichtenprogramm ausrichten. Eine verbreitet empfohlene quotale Befriedigung (verhältnismäßige Teilzahlung) der Gläubiger[39] genügt dem nicht (vgl. dazu → § 70 Rn. 28). Bei lediglich teilweiser Befriedigung können sich die Gläubiger bis zur Insolvenzsperre (§ 89 InsO) mit Zwangsmaßnahmen behelfen.[40]

21 Der Liquidator muss jedoch rechtzeitig überprüfen, ob u. inwieweit er eine drohende Insolvenz – zB durch Tilgungsmoratorien mit den Gläubigern zur Beseitigung einer Zahlungsunfähigkeit – abwenden kann.

22 **d) Hinterlegung, Sicherstellung, Sicherheitsleistung.** In den anderen Fällen positiver Kenntnis muss der Liquidator beim AG des Leistungsorts (§§ 269, 270 BGB) **hinterlegen** (§§ 372 ff. BGB) oder **Sicherheit leisten** (§§ 232 ff. BGB), bevor die Verteilung beginnen darf. IÜ besteht zur Sicherheitsleistung keine Verpflichtung.[41]

23 Eine **Hinterlegung** – eher in Form der Sicherheitsleistung verbunden **mit dem Recht der Rücknahme** (§§ 376 I, 232 I, 233 BGB) – kommt zB in Betracht bei Gläubigerannahmeverzug,[42] unbekanntem Wohnort, unbekanntem Konto des Gläubigers oder auch bei Streitigkeiten über Inhaberschaft der Forderung.[43]Die Hinterlegung mit Erfüllungswirkung (§ 378 BGB) durch Verzicht zieht als Sicherheitsleistung gem. § 232 BGB ein Pfandrecht des Gläubigers nach § 233 BGB nach sich.[44]

24 **Sicherheitsleistung gem. §§ 232 ff. BGB** liegt hingg. nahe bei der Höhe oder dem Grunde nach bestrittenen Forderungen, noch nicht fälligen Forderungen, aufschiebend bedingten Verpflichtungen, bei nach Abschluss der

36 MüKoGmbHG/*Müller* Rn. 17 (uU auch Vorlagepflicht).
37 BayObLG GmbHR 82, 274, 275.
38 Baumbach/Hueck/*Haas* Rn. 25; Lutter/Hommelhoff/*Kleindiek* Rn. 18; Ulmer/*Paura* Rn. 50.
39 Etwa im Anschluss an BayObLG GmbHR 83, 274; vgl. auch Scholz/*K Schmidt* Rn. 9; *Konzen*, FS Ulmer, 03, S. 323, 346 ff. (allerdings für masselose Liquidation).
40 Rowedder/Schmidt-Leithoff/*Gesell* Rn. 11.
41 Hachenburg/*Hohner* Rn. 19; Rowedder/Schmidt-Leithoff/*Gesell* Rn. 13,17; Michalski/*Nerlich* Rn. 22; Scholz/*K Schmidt* Rn. 11.
42 BeckOK/*Lorscheider* Rn. 5; Scholz /*K Schmidt* Rn. 10.
43 MüKoGmbHG/*Müller* Rn. 26.
44 Michalski/*Nerlich* Rn. 25; Scholz/*K Schmidt* Rn. 10.

Liquidation entstehenden Verbindlichkeiten wie Steuerschulden u. Pensionsverbindlichkeiten oder bei unklarer Identität des Gläubigers.[45] Sicherungsmittel kann nach hM jede im Wirtschaftsleben gebräuchliche Sicherheit, auch die Bürgschaft einer Bank sein.[46] Jedoch muss sich kein Gläubiger eine Gesellschafter-Bürgschaft aufzwingen lassen.[47]

ZZt nicht ausführbare Verbindlichkeiten sind zB aufschiebend bedingte Verbindlichkeiten, von der Erfüllung von Zug-um-Zug-Leistungen des Vertragspartners abhängige Verbindlichkeiten sowie solche, bei denen die konkrete Person des Gläubigers nicht feststeht.[48] Hierunter fallen ferner nicht fällige u. wegen der Anpassungspflicht gem. § 16 BetrAVG der Höhe nach ungewisse **Pensionsverpflichtungen**. Gelingt keine individuelle Lösung mit den Begünstigten (grds. nur möglich bei Gesellschafter-Geschäftsführern u. bei gesetzlich nicht unverfallbaren Anwartschaften, vgl. § 3 BetrAVG) u. übernimmt auch kein neuer Arbeitgeber mit schuldbefreiender Wirkung die Pensionsverpflichtung (vgl. § 4 II Nr. 1 BetrAVG), scheidet ferner eine Übertragung der Pensionsverpflichtung auf ein Unternehmen der Lebensversicherung oder eine Pensionskasse aus (vgl. § 4 IV BetrAVG),- es bleibt nur Sicherheitsleistung auf der Grundlage einer versicherungsmathematischen Berechnung.[49] 25

Soweit nicht abw. vereinbart, haben die Gläubiger vor einer Vermögensverteilung an die Gesellschafter gem. § 72 **keinen einklagbaren Anspruch auf Sicherheitsleistung**, da die Sicherheitsleistung ein Gesellschaftsrecht, aber keine Pflicht ist.[50] 26

3. Vorläufiger Rechtsschutz

Ist eine Verteilung von Gesellschaftsvermögen an die Gesellschafter (§ 72), die nicht den Vorgaben des § 73 entspricht, zu befürchten oder erfolgt sie trotz Protests der Gläubiger weiter, können sich diese, auch diejenigen bestrittener Forderungen (vgl. Abs. 2 S. 2), im Wege des **vorläufigen Rechtsschutzes** bei Geldforderungen mittels dinglichem Arrest (§§ 916 ff. ZPO) zur Wehr setzen.[51] Unstr. besteht daneben die Möglichkeit, wegen eines **Unterlassungsanspruchs** aus § 823 II BGB iVm § 73 iVm § 1004 BGB analog **gegen die Liquidatoren persönlich** im Wege der einstweiligen Verfü- 27

45 BeckOK/*Lorscheider* Rn. 6; Scholz/*K Schmidt* Rn. 10.

46 Gehrlein/Born/Simon/Brünkmans/*Hofmann* Rn. 18; Hachenburg/*Hohner* Rn. 22; MüKoGmbHG/*Müller* Rn. 27; Roth/*Altmeppen* Rn. 6; Lutter/Hommelhoff/*Kleindiek* Rn. 7; *Passarge/Torwegge* Rn. 583.

47 Baumbach/Hueck/*Haas* Rn. 7; Michalski/*Nerlich* Rn. 21 ff., 25 ff.; MüKoGmbHG/*Müller* Rn. 27; Rowedder/Schmidt-Leithoff/*Gesell* Rn. 18; Scholz/*Schmidt* Rn. 11; aA Hachenburg/*Hohner* Rn. 22 (jeder taugliche Bürge ist subsidiär zu akzeptieren).

48 Baumbach/Hueck/*Haas* Rn. 7; Hachenburg/*Hohner* Rn. 23; Scholz/*Schmidt* Rn. 11.

49 BeckOK/*Lorscheider* Rn. 6; Lutter/Hommelhoff/*Kleindiek* Rn. 7; Baumbach/Hueck/*Haas* Rn. 7.

50 Rowedder/Schmidt-Leithoff/*Gesell* Rn. 17; Scholz/*K Schmidt* Rn. 11; Ulmer/*Paura* Rn. 31.

51 Hachenburg/*Hohner* Rn. 27; Heybrock/*Löffler* Rn. 21; Michalski/*Nerlich* Rn. 36; MüKoGmbHG/*Müller* Rn. 30 (zum Verfahren); Ulmer/*Paura* Rn. 33.

gung (§§ 935 ff. ZPO) vorzugehen u. die Verteilung zu verhindern.[52] Die wohl hM hält es darüber hinausgehend für zumindest zulässig, durch einstweilige Verfügung **alternativ**, aber nicht kumulativ **zum Arrest**, die Unterlassung der Verteilung **ggü. der Gesellschaft** (§ 1004 BGB analog) geltend zu machen.[53]

III. Folgen eines Verstoßes

28 Hat der Liquidator die sich aus § 73 ergebenden Handlungspflichten befolgt u. Gesellschaftsvermögen erst dann an die Gesellschafter verteilt, nachdem sowohl die einjährige Sperrfrist abgelaufen als auch die bekannten Gläubiger befriedigt waren bzw. dies sichergestellt war, bestehen weder gegen den Liquidator noch gegen die Gesellschafter etwaige Ansprüche der Gesellschaft oder der übergangenen (unbekannten) Gläubiger. In anderen Fällen kommen verschiedene Ansprüche in Betracht.

1. Ansprüche der Gesellschaft

29 **a) Gegen Liquidator (Abs. 3). aa) Anspruchsvoraussetzungen.** Der Anspruch der GmbH gegen den Liquidator setzt zunächst eine **objektive Verletzung** der sich aus § 73 ergebenden Pflichten voraus, also eine Verteilung des Liquidationsüberschusses, obwohl die Voraussetzungen des § 73 I und II nicht erfüllt waren.Mehrere Liquidatoren haften gesamtschuldnerisch (Abs. 3 iVm §§ 421 ff.- BGB).[54] Ein solcher Verstoß ergibt sich auch aus der Verteilung von Sachwerten an die Gesellschafter, insbesondere ohne vorherige Bekanntmachung (§ 65 II)[55] Hierfür muss ein Gläubiger mit einer dem Liquidator bekannten oder vor Abschluss der Verteilung bekannt gewordenen Forderung ausgefallen sein[56]

30 Die **Darlegungs- u. Beweislast** liegt beim Anspruchsinhaber, u. zwar auch im Hinblick auf die positive Kenntnis von der Existenz der Forderung. Nichtberücksichtigung eines fahrlässig unbekannten Gläubigers stellt keine objektive Pflichtverletzung iSv § 73 dar (s. → Rn. 9 ff.).[57] Insoweit liegt es jedoch nahe, die prozessualen **Grundsätze der sekundären Behauptungslast**[58] anzuwenden. Dem Liquidator als dem Sachnäheren ist es regelmäßig zuzumuten, durch nähere Angaben über die zu seinem Wahrnehmungsbereich gehörenden Verhältnisse insbes. zur Buchhaltung u. zu den Ge-

---

52 BeckOK/*Lorscheider* Rn. 8; Lutter/Hommelhoff/*Kleindiek* Rn. 10; MüKoGmbHG/*Müller* Rn. 31.

53 Lutter/Hommelhoff/*Kleindiek* Rn. 10; Michalski/*Nerlich* Rn. 37; Scholz/*K Schmidt* Rn. 15; *K Schmidt*, ZIP 81, 1, 5; *Passarge/Torwegge* Rn. 587; aA Baumbach/Hueck/*Haas* Rn. 11 (kein Unterlassungs-, sondern nur Erfüllungsanspruch gegen Gesellschaft); iE auch MüKoGmbHG/*Müller* Rn. 31 (mit Zweifeln zum Rechtsschutzinteresse); anders noch Hachenburg/*Hohner* Rn. 28.

54 BeckOK/*Lorscheider* Rn. 9; Hachenburg/*Hohner* Rn. 34; MüKoGmbHG/*Müller* Rn. 39; Scholz/*K. Schmidt* Rn. 27; Ulmer/*Paura* 42.

55 RG JW 30, 2685; OLG Hamburg ZIP 85, 1390; Baumbach/Hueck/*Haas* Rn. 12 mwN.

56 Baumbach/Hueck/*Haas* Rn. 12.

57 AA MüKoGmbHG/*Müller* Rn. 33, 14 (Grundsätze der Wissenszurechnung); Roth/*Altmeppen* Rn. 16, 3 f.

58 BGHZ 86, 23, 29; 100, 190, 196; 140, 156, 158 f.; 163, 209, 214; Zöller/*Greger*, ZPO, § 138 Rn. 8 b; Vor § 284 Rn. 34 ff.; Hk-ZPO/*Saenger* § 286 Rn. 93.

schäftsunterlagen der Gesellschaft dem Anspruchsinhaber eine prozessordnungsgemäße Darlegung zu ermöglichen. Der Liquidator muss die vorgetragenen Tatsachen, aus denen sich positive Kenntnis ergeben kann, somit substantiiert bestreiten,[59] andernfalls diese Tatsachen als zugestanden gelten (§ 138 III ZPO).

Weitere Tatbestandsvoraussetzung ist **Verschulden** (§§ 71 IV iVm 43 I), welches jedoch **vermutet** wird.[60] Der Liquidator muss also seine Sorgfalt und somit fehlendes Verschulden darlegen u. beweisen.[61] Dass er die Forderung für ungültig hielt, kann ihn exkulpieren, wenn er berechtigten Zweifeln nachging u. diese letztlich mit der gebotenen Sorgfalt ausräumen konnte (zB durch Einholung eines Rechtsgutachtens). **Weisungen der Gesellschafter**, gegen die Vorschrift zu verstoßen, **entlasten** den Liquidator **nicht** (Abs. 3 S. 2 iVm § 43 III 3).[62] 31

Von einem Gesellschafterbeschluss (§ 46 Nr. 8) hängt die Geltendmachung des Anspruchs nicht ab, zumal es um den bei einem Gläubiger entstandenen Schaden geht, der liquidiert werden soll.[63] 32

bb) Anspruchsinhalt. Der Anspruch richtet sich auf **Ersatz des rechtswidrig ausgeschütteten Betrages**, also des Schadens, der letztlich den bekannten, zu Unrecht übergangenen Gläubigern einer jeweils berechtigten Forderung durch die verbotene Auszahlung entstand. Somit entspricht der Geschädigte nicht dem Anspruchsinhaber. Eine Ausschüttung an die Gesellschafter vor Ablauf des Sperrjahres, nachdem zuvor alle Gläubiger befriedigt wurden, löst mangels Schadens keine Ersatzpflicht aus, auch wenn ein Verstoß gegen Abs. 1 vorliegt. Der Ersatzanspruch ist also **der Höhe nach durch die Forderung** des unberechtigt übergangenen Gläubigers sowie durch den zu Unrecht verteilten Betrag **begrenzt.**[64] Es handelt sich stets um einen auf **Geldzahlung** gerichteten Anspruch.[65] Er **verjährt** entspr. § 43 IV in 5 Jahren ab Vornahme der rechtswidrigen Handlung, also der Verteilung.[66] Ein **Verzicht oder Vergleich** ist allenfalls gem. Abs. 3 S. 2 iVm §§ 43 III 2, 9 b I 2 zulässig, also zur Abwendung eines Insolvenzverfahrens über das Vermögen des Liquidators. 33

Zur Geltendmachung des Anspruchs nach Löschung der Gesellschaft im Handelsregister muss ggf. (anders im Fall eines Direktanspruchs gem. → Rn. 42) eine **Nachtragsliquidation** zugunsten des übergangenen Gläubi- 34

59 BGH NJW-RR 2019, 467, 468; BGH NJW 2018, 68, 69; BGH NJW 08, 982, 984; BGHZ 163, 209.
60 Baumbach/Hueck/*Haas* Rn. 12; Lutter/Hommelhoff/*Kleindiek* Rn. 12; MüKo-GmbHG/*Müller* Rn. 34; Roth/*Altmeppen* Rn. 15; Ulmer/*Paura* Rn. 40.
61 Hachenburg/*Hohner* Rn. 34; Lutter/Hommelhoff/*Kleindiek* Rn. 12; MüKo-GmbHG/*Müller* Rn. 34; Scholz/*K Schmidt* Rn. 26; Ulmer/*Paura* Rn. 40.
62 Baumbach/Hueck/*Haas* Rn. 12; MüKoGmbHG/*Müller* Rn. 34; Roth/*Altmeppen* Rn. 17.
63 Baumbach/Hueck/*Haas* Rn. 13; Lutter/Hommelhoff/*Kleindiek* Rn. 12; Roth/*Altmeppen* Rn. 20; Scholz/*K Schmidt* Rn. 28; aA MüKoGmbHG/*Müller* Rn. 36; Ulmer/*Paura* Rn. 41; Rowedder/Schmidt-Leithoff/*Gesell* Rn. 28.
64 Bork/Schäfer/*Servatius* Rn. 14; Lutter/Hommelhoff/*Kleindiek* Rn. 12; iE auch Baumbach/Hueck/*Haas* Rn. 14 (nur auf Einwendung des Liquidators).
65 RG JW 30, 2685; Baumbach/Hueck/*Haas* Rn. 14.
66 Baumbach/Hueck/*Haas* Rn. 15; BeckOK/*Lorscheider* Rn. 9 b; MüKoGmbHG/*Müller* Rn. 41; Hachenburg/*Hohner* Rn. 35; Scholz/*K Schmidt* Rn. 30.

gers durchgeführt werden (dazu → § 74 Rn. 33 ff., 46 ff.).[67] Die Gesellschaft ist zu diesem Zeitpunkt als Anspruchsinhaberin noch nicht vermögenslos.

35 **b) Gegen Gesellschafter. aa) Dinglicher Herausgabeanspruch.** Herausgabeansprüche gem. §§ 985, 812 ff. BGB kommen in Betracht, wenn das zugeteilte Vermögen nicht dinglich wirksam aus dem Vermögen der GmbH ausschied. Im Regelfall ist dies nicht anzunehmen, da § 73 III die Vorschrift des § 134 BGB verdrängt und eine Nichtigkeit die Ausnahme ist.[68] Ein rechtsgeschäftlicher Übertragungsakt (dingliche Einigung) kann zB bei evidentem **Missbrauch der Vertretungsmacht** unwirksam sein, wenn der Gesellschafter weiß oder für ihn evident erkennbar ist, dass der Liquidator dabei gegen die Leistungssperre des § 73 verstößt, oder wenn gar Gesellschafter u. Liquidator kollusiv zusammen wirken (§§ 138, 826 BGB).[69]

36 **bb) Schuldrechtlicher Anspruch.** Ansonsten besteht jedenfalls eine **schuldrechtliche Verpflichtung zur Rückgewähr** des entgg. dem Schutzzweck des § 73 verteilten Vermögens, einschl. etwaiger Vorabausschüttungen.[70] Da § 73 die Kapitalerhaltung in der Liquidation vorschreibt, ergibt sich der Anspruch unmittelbar aus § 31 bei Eintritt einer Unterbilanz iSv § 30,[71] andernfalls **aus § 31 analog.**[72] Denn § 73 verschärft die Ausschüttungssperre des § 30. Ein bereicherungsrechtlicher Rückforderungsanspruch (mit Entreicherungseinwand des Gesellschafters gem. § 818 III BGB) besteht daneben nicht.[73]

37 **Mitgesellschafter** haften gem. § 31 III (analog). Der Anspruch darf **nicht erlassen** werden (§ 31 IV) u. **verjährt** (analog) § 31 V u. VI in 10 bzw. 5 Jahren. Er darf nur insoweit geltend gemacht werden, als dies zur Befriedigung der Gläubiger oder zur Gleichbehandlung der Gesellschafter erforderlich ist (zur Parallelproblematik der rückständigen Einlagepflicht → § 72

---

67 RGZ 92, 77, 83; 109, 387, 391; Hachenburg/*Hohner* Rn. 38; MüKoGmbHG/*Müller* Rn. 37; Scholz/*K Schmidt* Rn. 28.

68 Kein Fall der Nichtigkeit gem. § 134 BGB, vgl. BGHZ 136, 125, 129 f. (zu § 30); NJW 73, 1695 (zu § 73); Hachenburg/*Hohner* Rn. 45; Michalski/*Nerlich* Rn. 54; Rowedder/Schmidt-Leithoff/*Gesell* Rn. 33.

69 BGH NJW 73, 1695 f.; Baumbach/Hueck/*Haas* Rn. 17; Lutter/Hommelhoff/*Kleindiek* Rn. 11; MüKoGmbHG/*Müller* Rn. 46; Roth/*Altmeppen* Rn. 24; Scholz/*K Schmidt* Rn. 19.

70 BGH ZIP 09, 1111 (1114) zum Erstattungsanspruch wegen Verstoßes gegen Kapitalerhaltungsgebot gem.§ 31; Baumbach/Hueck/*Haas* Rn. 2, 17; MüKoGmbHG/*Müller* Rn. 47 ff.; Roth/*Altmeppen* Rn. 25; *K Schmidt*, DB 94, 2013 ff.; *Sotiropoulos*, GmbHR 96, 653, 657; aA *Erle*, GmbHR 98, 216 (für Lockerung § 73).

71 Baumbach/Hueck/*Haas* Rn. 17; Scholz/*K Schmidt* Rn. 19; Ulmer/*Paura* Rn. 52.

72 BGH DB 09, 1117, 1119; NZG 12, 667, 668 f.; Baumbach/Hueck/*Haas* Rn. 17; Michalski/*Nerlich* Rn. 56; MüKoGmbHG/*Müller* Rn. 47; Roth/*Altmeppen* Rn. 25 f.; Scholz/*K Schmidt* Rn. 19; Ulmer/*Paura* Rn. 52; aA noch RGZ 109, 387, 391; OLG Rostock GmbHR 96, 621 (§ 812 BGB).

73 Baumbach/Hueck/*Haas* Rn. 17; Lutter/Hommelhoff/*Kleindiek* Rn. 15; MüKoGmbHG/*Müller* Rn. 47; Scholz/ *K Schmidt* Rn. 19; *Wicke* Rn. 6; *Henze*, BB 99, 1623, 1625; offen Roth/*Altmeppen* Rn. 26; aA MünchHdbGmbH/*Weitbrecht* § 63 Rn. 54; *Hofmann*, GmbHR 76, 258, 265.

Rn. 7).[74] Seine Verfolgung setzt keine Beschlussfassung gem. § 46 Nr. 8 voraus.[75]

cc) **Vertragsrechtliche Anspruchsgrundlage.** Vorabausschüttungen auf das künftige Liquidationsguthaben verbietet § 73 zwar. Kommt es gleichwohl zu derartigen Leistungen, liegt ihnen in Anlehnung an die Behandlung von Vorabzahlungen auf den Jahresgewinn gem. § 29 die stillschweigende Abrede zugrunde, dass dem Empfänger auch tatsächlich ein entspr. Anteil am Liquidationsguthaben zusteht. Tritt diese Annahme jedoch nicht ein, ist der Gesellschafter auch vertragsrechtlich zur Rückgewähr verpflichtet.[76] Der Anspruch verjährt nach allg. Regeln (§§ 195 ff. BGB). 38

dd) **Deliktische Anspruchsgrundlage.** Der Gesellschafter haftet ggü. der Gesellschaft deliktsrechtlich gem. § 826 BGB (Innenhaftung), wenn er unter Verstoß gegen Abs. 1 in sittenwidriger Weise das im Interesse der Gesellschaftsgläubiger zweckgebundene Vermögen schädigt (Existenzvernichtungshaftung).[77] Zwischen dem Anspruch aus § 31 und der Existenzvernichtungshaftung besteht Anspruchskonkurrenz.[78] 39

2. Ansprüche des Gläubigers

a) **Gegen den Liquidator.** Nach bislang hM gewährt § 823 II BGB iVm § 73 als zentrale Gläubigerschutzvorschrift u. – anders als § 30 u. vergleichbar mit § 199 S. 2 InsO – als totale Ausschüttungssperre einen **deliktsrechtlichen Haftungsanspruch** des zu Unrecht übergangenen Gläubigers.[79] Dem ist der BGH nunmehr entgegengetreten und verneint den Charakter des § 73 als Schutzgesetz, der allein eine Pflicht des Liquidators ggü. der Gesellschaft begründe.[80] Stattdessen ergibt sich jedenfalls bei beendeter Liquidation der direkte Anspruch des Gläubigers gegenüber dem Liquidator aus einer entsprechenden Anwendung der §§ 268 II, 93 V AktG.[81] 40

b) **Gegen die Gesellschafter.** Unmittelbare **Ansprüche gegen die Gesellschafter,** insbes. aus §§ 31, 73, stehen den übergangenen Gläubigern nach 41

---

74 Lutter/Hommelhoff/*Kleindiek* Rn. 15; Scholz/*K Schmidt* Rn. 19.

75 OLG Rostock GmbHR 96, 621 (allerdings verfehlt für Bereicherungsanspruch); Hachenburg/*Hohner* Rn. 45; Roth/*Altmeppen* Rn. 28; Ulmer/*Paura* Rn. 54; offen *Wicke* Rn. 6.

76 BGH NZG 09, 659, 663; Baumbach/Hueck/*Haas* Rn. 17; Lutter/Hommelhoff/*Kleindiek* Rn. 15; MüKoGmbHG/*Müller* Rn. 48 (aufgrund stillschweigender Abrede).

77 BGH NJW 09, 2127; BGH NZG 12, 667 (Unter-Wert-Veräußerung an abhängige Gesellschaft); krit. u. für Beschränkung auf krasse Fälle planmäßiger Ausplünderung MüKoGmbHG/*Müller* Rn. 49.

78 BGHZ 173, 246 (Trihotel); 179, 344.

79 Baumbach/Hueck/*Haas* Rn. 22; Heybrock/*Löffler* Rn. 18; Michalski/*Nerlich* Rn. 61 ff.; Henssler/Strohn/*Büteröwe* Rn. 15; Lutter/Hommelhoff/*Kleindiek* Rn. 14; Scholz/*K Schmidt* Rn. 32; *Schmidt*, ZIP 81, 1, 8; Ulmer/*Paura* Rn. 48; *Wicke* Rn. 6; *Passarge/Torwegge* Rn. 612; *Haas*, WM 03, 1929, 1933; aA Bork/Schäfer/*Servatius* Rn. 15; Hachenburg/*Hohner* Rn. 40; MüKoGmbHG/*Müller* Rn. 43; Roth/*Altmeppen* Rn. 22 f. (nur mittelbarer Schutz; kein Bedürfnis neben eigenem Gläubigerverfolgungsrecht).

80 BGH NZG 18, 625 Rn. 15 ff.; so bereits Bork/Schäfer/*Servatius* Rn. 12; Hachenburg/*Hohner* Rn. 40; MüKoGmbHG/*Müller* Rn. 43 f.; Roth/*Altmeppen* Rn. 22 f.

81 BGH NZG 18, 625 Rn. 30 ff.

hM nicht zu.[82] Ein direkter Bereicherungsausgleichsanspruch (§ 812 BGB) scheitert an der fehlenden Unmittelbarkeit.[83] Mit Verneinung des Schutzgesetzcharakters des § 73 scheiden deliktsrechtliche Ansprüche gem. § 823 II BGB ebenfalls aus; es bleiben Ansprüche aus AnfG.[84]

42 c) **Gläubigerverfolgungsrecht.** Dem pflichtwidrig benachteiligten Gläubiger ist aber in Analogie zu §§ 93 V, 268 II AktG bzw. §§ 264 II, 62 II AktG ein **eigenes Verfolgungsrecht** hins. der der Gesellschaft gegen die Liquidatoren (§ 73 III)[85] bzw. gegen die Gesellschafter[86] zustehenden Ansprüche zuzubilligen, so dass er die Ansprüche der Gesellschaft bei deren masseloser Insolvenz oder Vermögenslosigkeit unmittelbar selbst geltend machen kann.[87] Dies gilt jedenfalls, wenn die Liquidation beendet und lediglich der Gläubiger vorhanden ist.[88] Er muss somit nicht zunächst gegen die GmbH einen Titel erwirken, aus welchem er im Wege eines Pfändungs- und Überweisungsbeschlusses in deren Ansprüche gegen die Genannten vollstrecken müsste. Dieses Verfolgungsrecht ist zumindest im Falle der beendeten Liquidation nicht **subsidiär** ggü. der Rechtsverfolgung durch die Gesellschaft selbst, um nicht dem Ziel der vereinfachten Gläubigerbefriedigung nach Löschung der GmbH zu widersprechen.[89] Dieser Begründung widerspricht es nicht, an der Subsidiarität des Gläubigerverfolgungsrechts festzuhalten, solange die Gesellschaft selbst die Ansprüche noch geltend machen kann. Die pflichtwidrige Verletzung steuerrechtlicher Pflichten führt zu einem direkten Anspruch gegen den Liquidator gem. §§ 34, 35 AO.

3. Regress im Innenverhältnis

43 Bestehen sowohl Ansprüche gegen die Liquidatoren wie gegen die Gesellschafter (sie haften nebeneinander gesamtschuldnerisch gem. § 426 BGB), haften intern (vgl. § 426 II BGB)[90] die Gesellschafter, die unter Verstoß gegen § 73 Leistungen erhalten haben, gem. § 31 (analog) in voller Höhe.[91] Die Liquidatoren haften jedoch analog § 31 VI ggü. denjenigen Gesell-

82 Scholz/*KSchmidt* Rn. 20; Ulmer/*Paura* Rn. 55; iE auch Baumbach/Hueck/*Haas* Rn. 18, 23 (allerdings über Anspruch aus § 31 iVm §§ 264 III, 62 II AktG analog).
83 BGHZ 136, 125; 179, 344 (Sanitary); Baumbach/Hueck/*Haas* Rn. 23; BeckOK/*Lorscheider* Rn. 13; Lutter/Hommelhoff/*Kleindiek* Rn. 15; MüKoGmbHG/*Müller* Rn. 55; Ulmer/*Paura* Rn. 55.
84 Baumbach/Hueck/*Haas* Rn. 23; Scholz/K Schmidt Rn. 20; *Passarge/Torwegge* Rn. 619; aA MüKoGmbHG/*Müller* Rn. 55.
85 BGH NZG 18, 625 Rn. 30 ff.; Lutter/Hommelhoff/*Kleindiek* Rn. 13; MüKoGmbHG/*Müller* Rn. 43; Roth/*Altmeppen* Rn. 21; ScholzK *Schmidt* Rn. 29.
86 Baumbach/Hueck/*Haas* Rn. 18, 23; Lutter/Hommelhoff/*Kleindiek* Rn. 13; Michalski/*Nerlich* Rn. 62; MüKoGmbHG/*Müller* Rn. 55; Roth/*Altmeppen* Rn. 29.
87 Baumbach/Hueck/*Haas* Rn. 13, 18, 23; Lutter/Hommelhoff/*Kleindiek* Rn. 13; Roth/*Altmeppen* Rn. 21; Scholz/*K Schmidt* Rn. 29; *Konzen*, FS Ulmer, 03, S. 323, 344.
88 BGH NZG 18, 625 Rn. 46.
89 BGH NZG 18, 625 Rn. 55.
90 Lutter/Hommelhoff/*Kleindiek* Rn. 17; Rowedder/Schmidt-Leithoff/*Gesell* Rn. 34; Roth/*Altmeppen* Rn. 32; Ulmer/*Paura* Rn. 57; *Vomhof*, S. 189; *Hofmann*, GmbHR 76, 258, 266; aA Hachenburg/*Hohner* Rn. 48.
91 Baumbach/Hueck/*Haas* Rn. 24; diff. Scholz/*K Schmidt* Rn. 35; Ulmer/*Paura* Rn. 57 (§ 426 analog).

schaftern, die – auch wenn sie nicht begünstigt waren – dennoch analog § 31 III in Anspruch genommen wurden.[92] Mehrere Liquidatoren haften intern nach Maßgabe der §§ 426, 254 BGB.

IV. Unbekannte Gläubiger

Wer sich nach der Auflösung der Gesellschaft u. dem Bekanntwerden der Abwicklung binnen des Sperrjahres nicht bei der Gesellschaft meldet (§ 65 II), riskiert, bei der Verteilung des Gesellschaftsvermögens iErg mit seinen Ansprüchen leer auszugehen.[93] Der Liquidator hat für Gläubiger, die ihm nicht bekannt sind (zur Kenntnis → Rn. 9 ff.), weder eine Rückstellung zu bilden noch Sicherheit zu leisten. Bis zur vollständigen Verteilung des Gesellschaftsvermögens an die Gesellschafter sind neu bekannt werdende Gläubiger stets zu berücksichtigen (→ Rn. 14 f.). Für ihre Forderungen bestehende Sicherheiten, insbes. Gesellschafterbürgschaften, erlöschen allerdings nicht (s. → § 74 Rn. 8), auch nicht nach Löschung der Gesellschaft im Handelsregister.[94] Dem Sicherungsgeber ggü. haften die (Mit-) Gesellschafter, soweit sie unter Berücksichtigung des übergangenen Gläubigers keine Ausschüttung erhalten hätten.[95] 44

Handelte der Liquidator gem. den Vorgaben der Abs. 1 u. 2 u. verteilte das Gesellschaftsvermögen vollständig an die Gesellschafter (§ 72), bestehen weder gegen ihn persönlich noch gegen die Gesellschafter Ersatzansprüche. Haben letztere einen Anteil am Liquidationsguthaben erhalten, sind sie zwar insoweit bereichert, aber weder rechtsgrundlos noch unmittelbar aus dem Vermögen des unbekannten Gläubigers. Damit scheiden bereicherungsrechtliche Ansprüche aus.[96] 45

Hinweis: Vor diesem Hintergrund ist jedem Gläubiger dringend anzuraten, seine Ansprüche binnen der Sperrfrist bei der Gesellschaft unmittelbar anzumelden u. dadurch „bekannt zu machen".

V. GmbH & Co KG

Ein Sperrjahr wie den Aufruf der Gläubiger sieht das Gesetz nicht vor. Für die aufgelöste Kompementär-GmbH gilt § 73, für die aufgelöste KG grds. § 155 HGB.[97] Daher könnte vorab aus dem KG-Vermögen gem. § 155 II HGB ausgeschüttet werden. Richtiger Ansicht nach muss bei der GmbH & Co KG § 73, der das Ausschüttungsverbot der analog anwendbaren §§ 30, 31[98] verschärft, ebenfalls entspr. angewendet werden.[99] 46

92 Roth/*Altmeppen* Rn. 33 sowie § 31 Rn. 23.
93 RGZ 124, 210, 214 f.; Baumbach/Hueck/*Haas* Rn. 9; Henssler/Strohn/*Büteröwe* Rn. 11; Lutter/Hommelhoff/*Kleindiek* Rn. 9; MüKoGmbHG/*Müller* Rn. 29; Scholz/*K Schmidt* Rn. 13, 18; MünchHdbGmbH/*Weitbrecht* § 63 Rn. 56; *Erle*, GmbHR 98, 216, 222; *Müller*, DB 03, 1939, 1940 f.
94 BGHZ 153, 337 (Bürgeneinwand § 768 BGB); Baumbach/Hueck/*Haas* § 74 Rn. 16; Lutter/Hommelhoff/*Kleindiek* § 74 Rn. 4.
95 BGHZ 153, 337; OLG Hamburg ZIP 85, 1390, 1391.
96 RGZ 92, 77, 83; 124, 210, 214; *Erle*, GmbHR 98, 216, 222; Lutter/Hommelhoff/*Kleindiek* Rn. 9; Rowedder/Schmidt-Leithoff/*Gesell* Rn. 24, 33 f.
97 MüKoGmbHG/*Müller* Rn. 61.
98 BGHZ 60, 324; 110, 342; MüKoGmbHG/*Müller* Rn. 62.
99 MüKoGmbHG/*Müller* Rn. 62; Scholz/*K Schmidt* Rn. 39 ff.; Ebenroth/Boujong/Joost/Strohn/*Henze*, HGB § 177 a Anh. A Rn. 293 ff.

§ 74 Schluss der Liquidation

(1) [1]Ist die Liquidation beendet und die Schlußrechnung gelegt, so haben die Liquidatoren den Schluß der Liquidation zur Eintragung in das Handelsregister anzumelden. [2]Die Gesellschaft ist zu löschen.

(2) [1]Nach Beendigung der Liquidation sind die Bücher und Schriften der Gesellschaft für die Dauer von zehn Jahren einem der Gesellschafter oder einem Dritten in Verwahrung zu geben. [2]Der Gesellschafter oder der Dritte wird in Ermangelung einer Bestimmung des Gesellschaftsvertrags oder eines Beschlusses der Gesellschafter durch das Gericht bestimmt.

(3) [1]Die Gesellschafter und deren Rechtsnachfolger sind zur Einsicht der Bücher und Schriften berechtigt. [2]Gläubiger der Gesellschaft können von dem Gericht zur Einsicht ermächtigt werden.

Schrifttum

Altmeppen, Verwertung von Ansprüchen der gelöschten GmbH gegen Gesellschafter und Geschäftsführer im Einvernehmen zwischen Nachtragsliquidator und Gläubiger, ZIP 2017, 497; *Bork*, Die als vermögenslos gelöschte GmbH im Prozess, JZ 1991, 841; *Buchner*, Amtslöschung, Nachtragsliquidation und masselose Insolvenz von Kapitalgesellschaften, 1988; *Farle*, Ertragsteuerliche Folgen der Liquidation einer Kapitalgesellschaft im Hinblick auf noch nicht erfüllte Verbindlichkeiten, BB 2012, 1507; *Galla*, Fortsetzung einer GmbH in Nachtragsliquidation, GmbHR 2006, 635; *Geißler*, Die Stellung und Funktion des GmbHG-Geschäftsführers als Liquidator bei einem mangels Mass abgewiesenen Insolvenzantrag, GmbHR 2018, 1048; *Heller*, Die vermögenslose GmbH, 1989; *Saenger*, Die im Handelsregister gelöschte GmbH im Prozess, GmbHR 1994, 300; *Schmelz*, Das Liquidationsrecht der GmbH, terra incognita?, NZG 2007, 135; *K Schmidt*, Löschung und Beendigung der GmbH, GmbHR 1988, 209; *Schulz*, Die masselose Liquidation der GmbH, 1986; *Vallender*, Auflösung und Löschung der GmbH, NZG 1998, 249.

I. Überblick

Die Vorschrift regelt in unvollständiger Weise das Verfahren, nachdem die Liquidation beendet wurde (Abs. 1), die anschließende Verwahrung der Gesellschaftsunterlagen (Abs. 2) u. Einsichtsrechte in diese (Abs. 3). Offene Fragen müssen in entspr. Anwendung des § 273 IV AktG[1] beantwortet werden, nachdem § 225 RegE GmbHG 1971/73 nicht Gesetz wurde. Abs. 2 u. 3 gelten auch bei Amtslöschung gem. § 394 I FamFG.[2] 1

Abs. 1 wurde eingefügt durch das Gesetz zur Durchführung der 11. gesellschaftsrechtlichen EG-Richtlinie.[3] Abs. 2 S. 2 u. Abs. 3 S. 2 hat das FGG-Reformgesetz[4] geändert; iÜ seit 1892 unverändert. 2

II. Registeranmeldung der Beendigung (Abs. 1)

Sie kann erfolgen, wenn die nachstehenden Voraussetzungen eingetreten sind. 3

1. Beendigung der Liquidation

Sie liegt vor, wenn **verteilbares Gesellschaftsvermögen nicht mehr vorhanden** ist, der Liquidator alle Liquidationsmaßnahmen erledigt hat u. auch **kein weiterer Abwicklungsbedarf** mehr besteht.[5] Sie ist nicht mit der Beendigung (= Erlöschen) der Gesellschaft identisch, jedoch deren notwendige Voraussetzung (dazu → Rn. 35). 4

a) **Kein verteilbares Vermögen vorhanden.** Die Gesellschaft darf nicht mehr über eigene Vermögensgegenstände verfügen; diese müssen verwertet, verteilt oder in anderer Weise aufgebraucht sein.[6] Die Beendigung setzt nicht voraus, dass die Gesellschaft alle Verbindlichkeiten mit ihren Mitteln getilgt hat.[7] Auch unbediente, **subordinierte Gesellschafterdarlehen** hindern die Beendigung der Liquidation nicht; ebenso wenig muss es deshalb zu einem Insolvenzverfahren kommen.[8] 5

Sämtliche Forderungen einschl. **Kostenerstattungsansprüche**[9] müssen verwertet sein, sofern sie nicht nach allg. kaufmännischen Grundsätzen wegen 6

1 BGHZ 53, 264; zur Publikums-KG in der Nachtragsliquidation vgl. BGH NJW 03, 2676; OLG Frankfurt GmbHR 15, 653; *Riehm*, NZG 03, 1054 ff.
2 OLG Oldenburg BB 83, 1434 (zu § 2 I LöschG); Baumbach/Hueck/*Haas* Rn. 1.
3 BGBl. 93 I, S. 1282.
4 BGBl. 08 I, S. 2586.
5 Baumbach/Hueck/Haas Rn. 2; BeckOK/*Lorscheider* Rn. 2; OLG Hamm NZG 01, 1040.
6 Zum Erfordernis einer Liquidationsabschlussbilanz bei zweifelhafter Vollbeendigung OLG Düsseldorf NZG 15, 1161.
7 OLG Jena BeckRS 15, 12375; Roth/*Altmeppen* Rn. 3.
8 *Seppelt*, BB 10, 1395, 1397 ff. (auch zu steuerrechtlichen Folgen); zust. *Farle*, BB 12, 1507, 1508.
9 BGH WM 86, 145 (zur Vermögenslosigkeit einer Genossenschaft); OLG Düsseldorf ZIP 04, 1956.

Wertlosigkeit ausgebucht wurden. Bei laufenden Aktivprozessen, deren Ansprüche auch realisierbar sind,[10] oder noch nicht aufgelösten Rücklagen für dem Grund oder der Höhe nach ungeklärte Verbindlichkeiten scheidet die Beendigung aus.[11]

7 Gleiches gilt für gebildete Rücklagen für iRd Beendigung anfallende Kosten, da sie ebenfalls verteilbares Vermögen darstellen. Ausnahmsweise hindern **Rücklagen für Register- u. Anmeldegebühren** aus pragmatischen Erwägungen heraus die Beendigung nicht.[12] Die zur Tilgung der Verwahrungskosten (Abs. 2) erforderlichen Mittel müssen jedoch endgültig aus dem Vermögen der Gesellschaft ausgeschieden sein (→ Rn. 27).[13]

8 **Akzessorische Sicherheiten eines Dritten** für Verbindlichkeiten der Gesellschaft betreffen, sofern nicht im Innenverhältnis durch Gesellschaftsvermögen abgesichert (zB Kontoverpfändung für eine Bankbürgschaft), Fremdvermögen u. stehen einer Beendigung der Liquidation nicht entgg. Nach Erlöschen der Gesellschaft (§ 74 I) hat der Gläubiger trotz der Akzessorietät eine selbstständige Forderung gegen den Dritten,[14] dem jedoch die aus dem Sicherungsmittel zustehenden Einreden erhalten bleiben.[15]

9 Unerheblich ist, ob der Liquidator bei der Verteilung gegen die sich aus §§ 72, 73 ergebenden Regelungen verstoßen u. sich deshalb schadensersatzpflichtig gemacht hat. Denn die Beendigung setzt keine rechtmäßige Vermögensverwendung oder -verteilung voraus.

10 Der Ablauf des Sperrjahres gem. § 73 stellt ebenfalls keine notwendige Bedingung dar,[16] doch im Regelfall wird die Liquidation vorher nicht beendet sein (zur Ausn. → § 73 Rn. 7).

11 **b) Erledigung aller Liquidationsmaßnahmen. Aktivprozesse** müssen beendet sein, ebenso **Passivprozesse,** auch wenn es um auf Zahlungen gerichtete Verbindlichkeiten der Gesellschaft geht.[17] Ferner müssen die Liquidatoren alle anderen iRd Liquidationsverfahrens ergriffenen **Maßnahmen zur Abwicklung der Vermögensverhältnisse** abgeschlossen u. erledigt haben. Hierzu zählen zB die Erteilung von Arbeitszeugnissen, Löschungserklärungen ggü. Grundbuchämtern u. Pflichten in steuerrechtlichen Verfahren.

---

10 Baumbach/Hueck/*Haas* Rn. 18; Henssler/Strohn/*Büterowe* Rn. 4.

11 BayObLG GmbHR 82, 274, 275; Lutter/Hommelhoff/*Kleindiek* Rn. 4; Baumbach/Hueck/*Haas* Rn. 2.

12 Lutter/Hommelhoff/*Kleindiek* Rn. 4; Michalski/*Nerlich* Rn. 5; Scholz/*K Schmidt* Rn. 1; SystPrKomm/*Grziwotz* Rn. 2.

13 Baumbach/Hueck/*Haas* Rn. 2; Michalski/*Nerlich* Rn. 5; Rowedder/Schmidt-Leithoff/*Gesell* Rn. 6; Scholz/*KSchmidt* Rn. 1.

14 BGHZ 82, 323, 326 f.; GmbHR 03, 417; KG NJW-RR 99, 1206, 1207 f.; MüKoGmbHG/*Müller* Rn. 34.

15 BGH GmbHR 03, 417 (zur Bürgschaftseinrede nach § 768 I 1 bei Untergang des Hauptschuldners infolge Vermögenslosigkeit); Lutter/Hommelhoff/*Kleindiek* Rn. 4.

16 OLG Köln NZG 05, 83, 84; iE ebenso Hachenburg/*Hohner* Rn. 2; Lutter/Hommelhoff/*Kleindiek* Rn. 3; Scholz/*K Schmidt* Rn. 1.

17 BVerwG NJW 11, 3671 (Simultaninsolvenz einer zweigliedrigen KG); BAG NJW 82, 1831; Baumbach/Hueck/*Haas* Rn. 2; BeckOK/*Lorscheider* Rn. 4; Lutter/Hommelhoff/*Kleindiek* Rn. 5; Roth/*Altmeppen* Rn. 3.

2. Schlussrechnung

Der Gesetzgeber verlangt in Abs. 1 eine **Schlussrechnungslegung** seitens des Liquidators, die sich, nachdem alle weiteren Maßnahmen abgeschlossen sind, an die Verteilung des verbliebenen Vermögens an die Gesellschafter (= Beendigung der Liquidation) anschließt u. vor der Handelsregisteranmeldung erfolgen muss. Dieser Rechenschaftszweck wird im Ansatz bereits durch die Schlussbilanz für das letzte (Rumpf-) Geschäftsjahr während der Liquidation erreicht.[18] Schlussrechnung iSd § 74 I liegt somit vor, wenn die Liquidatoren über die tatsächliche Umsetzung des Verteilungsplanes gem. Schlussbilanz berichten. Die **Verpflichtung**, Schlussrechnung zu legen, besteht **ggü. der Gesellschaft**; der einzelne Gesellschafter hat keinen Anspruch hierauf.[19] S. auch → § 71 Rn. 4. 12

Diese Schlussrechnung ist nicht Bestandteil der Rechnungslegung der Gesellschaft, sondern dient der **internen Rechenschaft** der Liquidatoren gem. § 259 BGB gegenüber den Gesellschaftern. Sie ist Grundlage der Entlastung. Wenn die Schlussverteilung am Stichtag der Schlussbilanz erfolgt u. darüberhinausgehend kein Rechnungslegungsinteresse besteht, kann die Schlussrechnung entfallen.[20] Die Vollbeendigung der Gesellschaft setzt eine Schlussrechnung nicht voraus.[21] 13

3. Veranlassung der Verwahrung gem. Abs. 2

Vor der Handelsregisteranmeldung gem. Abs. 1 sollte geregelt sein, wer **Bücher u. Schriften verwahrt.**[22] Die Liquidatoren müssen diese Unterlagen übergeben. Die gerichtliche Bestellung gem. Abs. 2 S. 2 dient als Auffangregelung. Zu Einzelheiten → Rn. 23 ff. 14

4. Schlussentlastung der Liquidatoren

Über die Schlussentlastung entscheidet die **Gesellschafterversammlung** entspr. §§ 46 Nr. 5, 71 II 1. Praktisch bietet sich eine Entlastung auf der Grundlage ihrer Rechnungslegung (→ Rn. 13) an. Die Liquidatoren haben jedoch – wie die Geschäftsführer – keinen einklagbaren Anspruch auf Entlastung, sie können sie lediglich beantragen.[23] Ist ein Gesellschafter mit der Entlastung nicht einverstanden, kann er den Entlastungsbeschluss anfechten.[24] Bei Abweichungen von ordnungsgemäßer Aufstellung kann die Abgabe einer eidestattlichen Versicherung gem. § 259 II BGB gefordert werden. 15

---

18 Lutter/Hommelhoff/*Kleindiek* Rn. 8; Scholz/*K Schmidt* Rn. 3; § 71 Rn. 35; Ulmer/*Paura* Rn. 8; weitergehend Baumbach/Hueck/*Haas* Rn. 3 (Identität).

19 OLG Stuttgart OLGE 42, 222; MüKoGmbHG/*Müller* Rn. 6 (aber Befugnis zur „actio pro socio"); Rowedder/Schmidt-Leithoff/*Gesell* Rn. 3; Scholz/*K Schmidt* Rn. 3; Ulmer/*Paura* Rn. 9.

20 Zum Ganzen Scholz/*K Schmidt* § 71 Rn. 35; Roth/*Altmeppen* Rn. 6.

21 KG JW 32, 2624; Hachenburg/*Hohner*, 7. Aufl., Rn. 21; Scholz/*K Schmidt* Rn. 3.

22 Baumbach/Hueck/*Haas* Rn. 6 ff.; Roth/*Altmeppen* Rn. 4.

23 Lutter/Hommelhoff/*Kleindiek* Rn. 8; MüKoGmbHG/*Müller* Rn. 7; Rowedder/Schmidt-Leithoff/*Gesell* Rn. 4; Roth/*Altmeppen* Rn. 11; Ulmer/*Paura* Rn. 10.

24 Rowedder/Schmidt-Leithoff/*Gesell* Rn. 4; Scholz/*K. Schmidt* Rn. 3.

5. Anmeldung zum Handelsregister

16 Die Liquidatoren müssen in vertretungsberechtigter Zahl[25] gem. § 78 die Beendigung der Liquidation u. das – erst mit Handelsregistereintragung eintretende (s. → Rn. 35) – Erlöschen der GmbH u. ihrer Firma (§ 74 I 2) zum Handelsregister anmelden. Notwendig ist eine elektronische Anmeldung in beglaubigter Form (§ 12 I HGB). Dass die Anmeldung der Löschung der Gesellschaft bzw. der Firma erfolgen muss, folgt aus §§ 31 II, 29 HGB. Anmeldung u. Eintragung sollten lauten:

▶ Die Liquidation ist beendet, die Gesellschaft und ihre Firma sind erloschen. ◀

17 Diese Anmeldung enthält stillschweigend die **gleichzeitige Niederlegung des Liquidatorenamts** bzw. Anmeldung dessen Beendigung.[26] Dies macht nach hM eine zusätzliche Anmeldung insoweit überflüssig, auch wenn die Beendigung des Liquidatorenamts eine Änderung iSv § 67 I darstellt.[27] Jedenfalls endet das Liquidatorenamt, wenn das Erlöschen der Gesellschaft in das Handelsregister eingetragen ist.[28]

18 Das Registergericht kann die **Anmeldung erzwingen** (§ 14 HGB). Es kann die Gesellschaft u. ihre Firma aber auch vAw gem. § 60 I Nr. 7 iVm § 394 FamFG im Handelsregister löschen, wenn es zB keinen Liquidator mehr gibt u. die Amtsbestellung eines neuen gem. §§ 29, 48 BGB unzweckmäßig erscheint.[29] Die Bekanntmachung der Handelsregistereintragung erfolgt stets vAw (§ 10 HGB). § 31 II 2 HGB ist neben § 74 I nicht anwendbar.[30]

Hinweis: Der Geschäftswert der Anmeldung der Beendigung beträgt grds. 60.000 EUR (§ 67 GNotKG, § 375 FamFG). Für die Eintragung der Löschung sowie die Beendigung der Liquidation fallen keine Gebühren an (Teil 2 Vorb 2, Abs. 4 des HaRegGebV). Eine Preisübersicht für die Kosten der Bekanntmachung ist unter www.bundesanzeiger.de erhältlich.

19 Das Registergericht kann im Eintragungsverfahren auf der Grundlage seiner **Amtsermittlungspflicht** (§ 26 FamFG)[31] verlangen, dass die Liquidatoren die Beendigung der Liquidation (→ Rn. 4 ff.) glaubhaft machen.[32] Dadurch sollen Nachtragsliquidationen von vornherein vermieden werden.

---

25 BeckOK/*Lorscheider* Rn. 7; Hachenburg/*Hohner* Rn. 19; MüKoGmbHG/*Müller* Rn. 8; Scholz/*K Schmidt* Rn. 5.

26 BGHZ 53, 264, 267 f.; BayObLG GmbHR 94, 259, 260; OLG Hamm GmbHR 97, 1155, 1156.

27 BGHZ 53, 264, 267 f.; BayObLG GmbHR 94, 259, 260; OLG Hamm GmbHR 01, 819, 821; Baumbach/Hueck/*Haas* Rn. 4; Hachenburg/*Hohner* Rn. 21; Michalski/*Nerlich* Rn. 12; aA *Buchberger*, RPfl 95, 25 f.

28 BGH GmbHR 94, 260, 261; VersR 91, 121; GRUR 91, 522, 523; OLG Hamm BB 96, 1029; OLG Koblenz ZIP 98, 967; Baumbach/Hueck/*Haas* Rn. 18; MüKoGmbHG/*Müller* Rn. 12; Roth/*Altmeppen* Rn. 8.

29 Baumbach/Hueck/*Haas* Rn. 5; Lutter/Hommelhoff/*Kleindiek* Rn. 11; Rowedder/Schmidt-Leithoff/*Gesell* Rn. 5.

30 MüKoGmbHG/*Müller* Rn. 11; Lutter/Hommelhoff/*Kleindiek* Rn. 11; Ulmer/*Paura* Rn. 13.

31 OLG Hamm NZI 01, 819; Hachenburg/*Hohner* Rn. 19; MüKoGmbHG/*Müller* Rn. 9; Scholz/*K Schmidt* Rn. 5.

32 Dazu *Fietz/Fingerhuth*, GmbHR 06, 960, 963 ff.

Den Vollzug der Verwahrung (Abs. 2) darf das Gericht nicht zu einer Eintragungsvoraussetzung erheben.[33]

6. Abgrenzung zur Nachtragsliquidation

Gehen die Beteiligten bei der Anmeldung fälschlich von einer Beendigung der Liquidation aus u. wird deshalb die Gesellschaft im Handelsregister (zu früh) gelöscht, muss eine Nachtragsliquidation stattfinden (s. → Rn. 33 ff.). 20

Stellt sich vor der Handelsregisteranmeldung überraschend heraus, dass im vorgenannten Sinne die Liquidation noch nicht beendet wurde, weil die Gesellschaft also entweder nicht vermögenslos ist oder noch Liquidationsmaßnahmen vorzunehmen bzw. zu erledigen sind, führen die Liquidatoren die bisherige Abwicklung fort. Insoweit handelt es sich nicht um eine Nachtragsliquidation (dazu → Rn. 46 ff.).[34] Gibt es die bisherigen Liquidatoren nicht mehr, sind neue zu bestellen. 21

III. Bücher und Schriften

1. Begriff

Bücher u. Schriften (vgl. § 51 a I) sind alle tatsächlich geführten Geschäftsbücher einschl. der Jahresabschlüsse, Buchhaltungsunterlagen, Sitzungsprotokolle u. sonstigen Urkunden- bzw. Datensammlungen, auch diejenigen aus der Abwicklung,[35] für welche die Aufbewahrungsfristen gem. § 257 IV, V HGB u. § 147 AO noch nicht abgelaufen sind.[36] Die Aufbewahrungspflicht gilt unabhängig von der Form der Speicherung (ob auf Papier, elektronisch oder in anderer Weise). 22

2. Verwahrung (Abs. 2)

a) Verwahrer. Dies kann ein Gesellschafter oder ein beliebiger Dritter (zB Steuerberater, Treuhandgesellschaft) sein.[37] Die Gesellschafter können ihn schon in der Satzung bestimmen oder dem Liquidator die Benennung überlassen.[38] Regelmäßig wird der Verwahrer jedoch durch einfachen Gesellschafterbeschluss festgelegt. Andernfalls bestimmt ihn das zuständige Registergericht (§ 23 a I Nr. 2, II Nr. 4 GVG; §§ 375 Nr. 6, 376, 377 FamFG). Das gerichtliche Verfahren richtet sich nach §§ 402, 1 ff. FamFG. Bestellt werden kann jeder, der nicht evident ungeeignet ist.[39] Antragsberechtigt ist jeder Liquidator, jeder Gesellschafter, jeder Gläubiger sowie der Insolvenz- 23

33 BayObLG NJW 68, 56 (keine Erzwingung durch Zwangsgeldfestsetzung); Baumbach/Hueck/*Haas* Rn. 5; MüKoGmbHG/*Müller* Rn. 10; Scholz/*K Schmidt* Rn. 5; Ulmer/*Paura* Rn. 12; aA Hachenburg/*Hohner* Rn. 19.
34 BeckOK/*Lorscheider* Rn. 16; Roth/*Altmeppen* Rn. 9.
35 BayObLG NJW 68, 56; Baumbach/Hueck/*Haas* Rn. 7; MüKoGmbHG/*Müller* Rn. 14.
36 BayObLG NJW 68, 56; Lutter/Hommelhoff/*Kleindiek* Rn. 12; MüKoGmbHG/*Müller* Rn. 14; Roth/*Altmeppen* Rn. 15.
37 Baumbach/Hueck/*Haas* Rn. 9; Henssler/Strohn/*Büteröwe* Rn. 18; MüKoGmbHG/*Müller* Rn. 16; Ulmer/*Paura* Rn. 19.
38 Hachenburg/*Hohner* Rn. 6; Michalski/*Nerlich* Rn. 20; MüKoGmbHG/*Müller* Rn. 17.
39 OLG Düsseldorf GmbHR 10, 817, 818.

verwalter der Gesellschaft.[40] Gegen seinen Willen kann der Verwahrer nicht bestimmt werden, auch nicht gerichtlich.[41]

24 Die Person des Verwahrers ist eine im Handelsregister eintragungsfähige, aber nicht eintragungspflichtige Tatsache. Die Mitteilung ggü. dem Registergericht empfiehlt sich wegen § 74 III 2 allemal.

Hinweis: Praktisch bietet es sich an, dass die Gesellschafterversammlung den Verwahrer bereits bestimmt, wenn sie die Auflösung beschließt. Die Person des Verwahrers wird dem Gericht üblicherweise im Zusammenhang mit der Anmeldung gem. § 74 I mitgeteilt.

25 **b) Verwahrungsfrist.** Die Verwahrungsfrist des Abs. 2 **beginnt** mit dem Tag der Übergabe an den Verwahrer u. beträgt 10 Jahre. Sie läuft unabhängig von einer ggf. längeren Aufbewahrungsfrist gem. § 257 IV, V HGB oder § 147 AO, die jeweils unberührt bleiben.[42] Bei späterer Nachtragsliquidation beginnt die Frist des Abs. 2 sodann erneut.[43]

26 **c) Übergabe der Bücher und Schriften.** Allein der Liquidator ist zur Übergabe berechtigt u. verpflichtet.[44] Er muss diese Pflicht vor der Registeranmeldung gem. § 74 I erfüllen. Sie kann allerdings nicht durch Zwangsgeld analog §§ 407 I, 273 II AktG, sondern lediglich durch Klage des Gesellschafters oder des Gläubigers durchgesetzt werden.[45] Ein Verstoß kann zudem eine Schadensersatzpflicht des Liquidators gegenüber der Gesellschaft zur Folge haben (§§ 71 IV, 43 II).[46] Strafbarkeit gem. §§ 283 I Nr. 6, 283 b I Nr. 2 StGB hängt von einer objektiven Strafbarkeitsbedingung der Zahlungseinstellung oder Insolvenzverfahrenseröffnung ab (§§ 283 VI, 283 b III StGB).[47]

27 **d) Kosten der Verwahrung.** Es empfiehlt sich, dass der Liquidator sie vorab aus der Liquidationsmasse entrichtet.[48] Hilfsweise kommt in Betracht, den zu erwartenden Betrag auf einem zweckgebundenen Treuhandkonto einzubehalten u. zB zeitanteilig zu entrichten.[49] Praktisch hätte die zweite Alternative deutliche Vorzüge (ua wegen Risiko der Insolvenz des Verwahrers wegen eines fehlkalkulierten Pauschalpreises), doch dürfte eine vollständige Erledigung der Liquidatorentätigkeit gem. der ersten Variante,

40 OLG Stuttgart BB 84, 2169; Baumbach/Hueck/*Haas* Rn. 9; Lutter/Hommelhoff/*Kleindiek* Rn. 14; MüKoGmbHG/*Müller* Rn. 18.
41 BeckOK/*Lorscheider* Rn. 12; Lutter/Hommelhoff/*Kleindiek* Rn. 14; MüKoGmbHG/*Müller* Rn. 19.
42 Baumbach/Hueck/*Haas* Rn. 8; Lutter/Hommelhoff/*Kleindiek* Rn. 13; MüKoGmbHG/*Müller* Rn. 15.
43 MüKoGmbHG/*Müller* Rn. 15; Roth/*Altmeppen* Rn. 13.
44 OLG Stuttgart NZG 99, 31, 33 (für die AG); Lutter/Hommelhoff/*Kleindiek* Rn. 15; Scholz/*K Schmidt* Rn. 29.
45 Henssler/Strohn/*Büteröwe* Rn. 17; BayObLG NJW 68, 56; Hachenburg/*Hohner* Rn. 3; MüKoGmbHG/*Müller* Rn. 21.
46 MüKoGmbHG/*Müller* Rn. 21; Roth/*Altmeppen* Rn. 14; Henssler/Strohn/*Büteröwe* Rn. 17.
47 Hierzu zurückhaltend Baumbach/Hueck/*Haas* Rn. 10 (lediglich bei sich anschließender Nachtragsliquidation); Scholz/*K Schmidt* Rn. 29.
48 Baumbach/Hueck/*Haas* Rn. 2, 11; Rowedder/Schmidt-Leithoff/*Gesell* Rn. 7, 9; Ulmer/*Paura* Rn. 22.
49 Michalski/*Nerlich* Rn. 22.

wenn iÜ kein verteilbares Vermögen mehr besteht, dem gesetzlichen Leitbild eher entsprechen.[50]

3. Einsichtsrecht (Abs. 3)

Das Einsichtsrecht in die Unterlagen der (beendeten) Gesellschaft steht denjenigen zu, die bei Beendigung Gesellschafter waren,[51] ferner deren Erben u. sonstigen Rechtsnachfolgern. 28

Frühere Gesellschafter, ehemalige Geschäftsführer sowie die Liquidatoren haben nur ein Einsichtsrecht analog § 810 BGB, etwa zur Abwehr von Schadensersatzforderungen oder bei einem sonstigen rechtlichen Interesse.[52] 29

Gläubiger haben kein Einsichtsrecht, es sei denn, das zuständige Registergericht (→ Rn. 23) ermächtigt sie im Verfahren gem. §§ 402, 1 ff. FamFG (Abs. 3 S. 2). Hierzu müssen die Gläubiger ein berechtigtes Interesse an der Einsichtnahme glaubhaft machen.[53] Es genügt im Regelfall, den iRd Liquidation nicht befriedigten Anspruch schlüssig darzulegen, ggf. auch Anhaltspunkte, warum dies auf einem Fehlverhalten beruhen könnte.[54] Auf eine Teilnahme des jeweiligen Gläubigers an der Liquidation kommt es nicht zwingend an.[55] Einer zeitlichen Beschränkung unterliegt das Einsichtsrecht nicht; ebenso besteht es unabhängig von einem möglicherweise verjährten Anspruch.[56] Bank- u. Steuergeheimnis oder die generelle Möglichkeit einer rechtsmissbräuchlichen Verwendung der Daten schließen die Einsichtnahme nicht von vornherein aus, jedoch kommt es auf eine Interessenabwägung im Einzelfall an.[57] Soll der Gesellschaft rechtliches Gehör gewährt werden (Art. 103 I GG), muss das Gericht hierzu ggf. einen Nachtragsliquidator bestellen; das Amt des früheren Liquidators lebt nicht wieder auf.[58] 30

Einsichtnahme muss der Verwahrer, nicht die Gesellschaft gewähren.[59] Sie hat grds. am Verwahrungsort zu zumutbaren Zeiten u. für angemessene 31

50 So auch Scholz/*K Schmidt* Rn. 31.
51 Baumbach/Hueck/*Haas* Rn. 13; Lutter/Hommelhoff/*Kleindiek* Rn. 16; Scholz/*K Schmidt* Rn. 35; Ulmer/*Paura* Rn. 24; aA Rowedder/Schmidt-Leithoff/*Gesell* Rn. 10; Roth/*Altmeppen* Rn. 16 (jew auch ehemalige Gesellschafter).
52 Baumbach/Hueck/*Haas* Rn. 13, 15; Lutter/Hommelhoff/*Kleindiek* Rn. 16; MüKoGmbHG/*Müller* Rn. 23; Roth/*Altmeppen* Rn. 18 (in Bezug auf ehemalige Geschäftsführer u. Liquidatoren); Scholz/*K Schmidt* Rn. 35; aA BeckOK/*Lorscheider* Rn. 13.a.
53 OLG Celle NZG 18, 265; KG JW 37, 2289; OLG Braunschweig GmbHR 93, 509; Baumbach/Hueck/*Haas* Rn. 14; BeckOK/*Lorscheider* Rn. 14; MüKoGmbHG/*Müller* Rn. 24; Ulmer/*Paura* Rn. 23, 25.
54 LG Köln ZIP 88, 1125, 1126 (zu verjährtem Anspruch); Roth/*Altmeppen* Rn. 17.
55 Baumbach/Hueck/*Haas* Rn. 14; Hachenburg/*Hohner* Rn. 11; MüKoGmbHG/*Müller* Rn. 24; Rowedder/Schmidt-Leithoff/*Gesell* Rn. 10; Scholz/*K Schmidt* Rn. 35; Ulmer/*Paura* Rn. 25.
56 LG Köln ZIP 88, 1125, 1126; MüKoGmbHG/*Müller* Rn. 24; Scholz/*K Schmidt* Rn. 35.
57 BayObLG GmbHR 03, 478, 479 f.; ähnl MüKoGmbHG/*Müller* Rn. 24; Roth/*Altmeppen* Rn. 16 (Bankgeheimnis tritt regelmäßig hinter Informationsrecht des Gläubigers zurück); insoweit aA Gehrlein/Born/Simon/Brünkmans/*Hofmann* Rn. 16.
58 OLG Hamm GmbHR 01, 819, 821; Baumbach/Hueck/*Haas* Rn. 14.
59 Lutter/Hommelhoff/*Kleindiek* Rn. 16; Rowedder/Schmidt-Leithoff/*Gesell* Rn. 11.

Dauer stattzufinden. Das Einsichtsrecht berechtigt, nach Belieben auch Notizen oder Kopien anzufertigen.[60] Die Überlassung von Unterlagen kann nicht verlangt werden. Die Berechtigten können sich auch durch Bevollmächtigte vertreten lassen u. Sachverständige beiziehen.[61]

32 Die Verpflichtung, Einsicht zu erteilen, können die durch Gerichtsbeschluss ermächtigten Einsichtsberechtigten ggü. dem Verwahrer durch Zwangsgeldfestsetzung (§ 35 FamFG)[62] oder im Wege der Vollstreckung durchsetzen (§ 95 FamFG iVm § 888 ZPO).[63] Nachzuweisen ist lediglich, dass der Antragsgegner die Unterlagen in Besitz hat.[64] Alternativ können sie den ordentlichen Klageweg beschreiten.[65] Dieser steht anderen, die sich nicht gem. Abs. 3 S. 2 als Gläubiger an das Registergericht wenden können (zB Gesellschaftern), als einziges Durchsetzungsmittel zur Verfügung.[66]

IV. Nachtragsliquidation

1. Grundlagen

33 **a) Beendigung der Gesellschaft.** Wann die GmbH u. die UG (haftungsbeschränkt) als Rechtssubjekt erlöschen, ist umstritten. Die früher hM vertrat, dass bereits die Vermögenslosigkeit zum Erlöschen der Gesellschaft u. der Firma führt, der Handelsregistereintragung nach § 31 II HGB u. ihrer Verlautbarung hingg. nur deklaratorische Bedeutung zukommt.[67]

34 Abw. wird vertreten, dass allein die Löschung im Handelsregister die Gesellschaft beendet.[68] Im Vergleich zur früher hM wird nach dieser Ansicht der Nachteil vermieden, dass ein Außenstehender die Vermögenslosigkeit nicht erkennen kann u. sie deshalb für den Rechtsverkehr als Beendigungs-Kriterium nicht taugt. Die konstitutive Handelsregistereintragung als Beendigungsvoraussetzung wird der allg. Bedeutung des Handelsregistereintrags auch für die GmbH (Formkaufmann, § 6 HGB) eher gerecht.[69] Als unpraktikabel erweist sich diese Meinung jedoch, wenn trotz Handelsregisterlöschung noch Vermögenswerte vorhanden sind. Diese sollen dem Gesamthandsvermögen der Gesellschafter oder einer teilrechtsfähigen Restgesellschaft zugeordnet werden.[70]

---

60 Hachenburg/*Hohner* Rn. 13; Michalski/*Nerlich* Rn. 27; MüKoGmbHG/*Müller* Rn. 26; Rowedder/Schmidt-Leithoff/*Gesell* Rn. 10; Scholz/*K Schmidt* Rn. 34.
61 Baumbach/Hueck/*Haas* Rn. 12; Lutter/Hommelhoff/*Kleindiek* Rn. 16.
62 BayObLG GmbHR 03, 478, 479 f.; Rowedder/Schmidt-Leithoff/*Gesell* Rn. 11; aA Scholz/*K Schmidt* Rn. 37.
63 KG JW 37, 2289; OLG Oldenburg GmbHR 83, 200; Baumbach/Hueck/*Haas* Rn. 14; differenzierend nach Einsichtsberechtigten MüKoGmbHG/*Müller* Rn. 27; Scholz/*K Schmidt* Rn. 37; Ulmer/*Paura* Rn. 27.
64 KG JW 37, 2289; Baumbach/Hueck/*Haas* Rn. 14.
65 Baumbach/Hueck/*Haas* Rn. 13; Hachenburg/*Hohner* Rn. 12; MüKoGmbHG/*Müller* Rn. 27; Scholz/*K Schmidt* Rn. 37.
66 Lutter/Hommelhoff/*Kleindiek* Rn. 16; MüKoGmbHG/*Müller* Rn. 27; Scholz/*K Schmidt* Rn. 37; *Passarge/Torwegge* Rn. 638; unentschieden Roth/*Altmeppen* Rn. 20.
67 RGZ 109, 387, 391; 149, 293, 297; BGHZ 48, 303, 307 (zur aufgelösten Partei);BAG NZA 03, 1049; OLG Stuttgart NJW 69, 1493.
68 *Buchner*, S. 105; Hachenburg/*Ulmer* Anh. § 60 Rn. 37; ähnl Hachenburg/*Hohner* Rn. 26; MKAkt/*Koch* § 262 Rn. 90 f.
69 Roth/*Altmeppen* § 65 Rn. 21 f.
70 Lutter/Hommelhoff/*Kleindiek* Rn. 7; dazu MüKoGmbHG/*Müller* Rn. 31.

Das neuere Schrifttum[71] u. die Rspr.[72] folgen aus den genannten Gründen zu Recht der sog. **Lehre vom Doppeltatbestand.** Hiernach setzt das Erlöschen der Gesellschaft zweierlei voraus: Zunächst muss die **Liquidation beendet** sein, dh es darf weder verteilungsfähiges Vermögen vorhanden sein noch sonstiger Abwicklungsbedarf bestehen.[73] Als konstitutives Element tritt die **Handelsregistereintragung der Löschung** hinzu. 35

Die vermögenslose u. liquidierte Gesellschaft existiert somit als Liquidationsgesellschaft noch vor der Löschung. Und sie besteht als Liquidationsgesellschaft nach der Löschung fort, solange sie noch Vermögen hat. Nur wenn die Gesellschaft vermögenslos ist u. kein weiterer Abwicklungsbedarf mehr besteht, wirkt die Handelsregistereintragung konstitutiv. Die **Organbeziehungen zwischen GmbH u. Liquidatoren** enden mit der Löschung in jedem Falle,[74] so dass zur Beseitigung der Handlungsunfähigkeit der Gesellschaft (Nachtrags-)Liquidatoren neu bestellt werden müssen.[75] Nach der Löschung kann die Gesellschaft neues Vermögen nicht mehr erwerben.[76] 36

Mit der Löschung verliert die Gesellschaft die Kaufmannseigenschaft (§ 6 HGB).[77] Zur Fortsetzungsfähigkeit als werbende Gesellschaft in diesem Stadium → § 60 Rn. 64 ff.; nach Abschluss des Verteilungsverfahrens iSv § 72 → § 60 Rn. 66; zur Auflösung nach § 60 I Nr. 7 → § 60 Rn. 42 ff. 37

b) Konsequenzen für Partei- und Prozessfähigkeit bei Nicht-Beendigung. aa) Aktivprozesse. Auch die im Handelsregister gelöschte, aber mangels Vermögenslosigkeit noch nicht erloschene/beendete Gesellschaft ist nach der Lehre vom Doppeltatbestand **parteifähig** für neue Aktivprozesse. Erforderlich ist jedoch die schlüssige Behauptung, noch über einen einklagbaren, durchsetzbaren u. die Kosten einer etwaigen Nachtragsliquidation nicht aufzehrenden (→ Rn. 49) Anspruch zu verfügen (**„qualifizierte Prozessvoraussetzung“**).[78] Einen Beweis hierüber muss die Gesellschaft iRd Zulässigkeit einer (neuen) Klage nicht führen (doppelt relevante Tatsache). Bei schlüssigem Vortrag wird die Parteifähigkeit bis zur rechtskräftigen Entscheidung über den behaupteten Anspruch (Frage der Begründetheit) 38

71 Grdlg. *Schmidt*, GmbHR 88, 209, 210; Baumbach/Hueck/*Haas* § 60 Rn. 6; Lutter/Hommelhoff/*Kleindiek* § 65 Rn. 10, § 74 Rn. 7; Michalski/*Nerlich* Rn. 31 ff.; MüKoGmbHG/*Müller* Rn. 32; Rowedder/Schmidt-Leithoff/*Gesell* Rn. 12; iErg auch Roth/*Altmeppen* § 65 Rn. 19; Scholz/*K Schmidt* Rn. 13 aE, § 60 Rn. 56; § 74 Rn. 14; Ulmer/*Casper* § 60 Rn. 97 ff.; Ulmer/*Paura* Rn. 32; *Erle*, GmbHR 97, 973, 981; *Schmelz*, NZG 07, 135.

72 BAG GmbHR 03, 1009, 1010; BFH GmbHR 00, 500; 12, 1320, 1321 Rn. 10; OLG Düsseldorf GmbHR 04, 572, 574; OLG Koblenz NZG 07, 431; OLG Celle GmbHR 08, 211.

73 Insoweit aA MüKoGmbHG/*Müller* Rn. 33; Ulmer/*Casper* § 60 Rn. 99; Ulmer/*Paura* Rn. 42; wie hier Roth/*Altmeppen* § 65 Rn. 25; *Uhlenbruck*, ZIP 96, 1641, 1648.

74 OLG Hamburg GmbHR 96, 860, 861; OLG München GmbHR 05, 1433, 1434.

75 BGH GmbHR 94, 260, 261; BFH NZI 15, 1030; KG NZG 16, 792; Roth/*Altmeppen* § 65 Rn. 23; Ulmer/*Paura* Rn. 46.

76 OVG Berlin GmbHR 93, 510, 511; Baumbach/Hueck/*Haas* § 60 Rn. 104; Roth/*Altmeppen* Rn. 21.

77 OLG Celle GmbHR 08, 211; KG NJW-RR 19, 98.

78 BGHZ 96, 151, 155 f.; GmbHR 94, 260; 11, 83 Rn. 22; KG NZG 16, 792;OLG Koblenz DB 07, 1972; KG DB 07, 851; Zöller/*Vollkommer*, ZPO § 50 Rn. 4 ff.; Stein/Jonas/*Jacoby*, ZPO § 50 Rn. 33.

unterstellt. Das Gericht prüft die Prozessunfähigkeit vAw nicht (nach § 56 I ZPO),[79] sondern nur auf Bestreiten einer Partei. Die gelöschte GmbH als gewillkürte Prozessstandschafterin kommt allerdings nicht in Betracht, um eine abgetretene Forderung zu verfolgen.[80]

39 **Prozessfähigkeit** bzw. Verfahrensfähigkeit in FamFG-Verfahren[81] erlangt die Gesellschaft durch ihre gesetzlichen Vertreter. Mit Löschung der Gesellschaft im Handelsregister endet die organschaftliche Vertretungsmacht von Geschäftsführern u. Liquidatoren. Die Gesellschaft wird damit (vorübergehend) prozessunfähig.[82] Ihre Handlungsfähigkeit u. die Prozessfähigkeit erhält sie lediglich durch einen **Nachtragsliquidator** zurück.[83] Vor Klageerhebung muss daher im Verfahren der Nachtragsliquidation (→ Rn. 53 ff.) schlüssig behauptet werden, dass die Gesellschaft noch nicht erloschen (beendet) ist, weil sie noch über Vermögen verfügt oder in anderer Weise Abwicklungsbedarf besteht.[84]

40 Während eines **laufenden Aktivprozesses** darf die Gesellschaft nicht gelöscht werden,[85] so dass die Bestellung eines Nachtragsliquidators zur Wiederherstellung der Handlungsfähigkeit ohne Weiteres zulässig u. auch erforderlich ist.[86] Im **Anwaltsprozess** gilt eine vor Handelsregisterlöschung erteilte Prozessvollmacht (§ 86 ZPO) weiter, so dass es durch eine versehentliche Löschung der Gesellschaft nicht zu einer Unterbrechung des Rechtsstreits kommt (§§ 241, 246 ZPO).[87] Die Vollmacht wirkt sogar weiter, wenn erst nach der Löschung Klage erhoben wird.[88] Geht es (nur) um die Anspruchsverfolgung, soll neben dem Prozessbevollmächtigten kein Nachtragsliquidator bestellt werden dürfen.[89] Das überzeugt nicht.

41 **bb) Passivprozesse.** In neuen **Passivprozessen** gegen eine im Handelsregister bereits gelöschte GmbH muss der Kläger vorbringen, dass u. inwieweit bei der Gesellschaft entweder noch Abwicklungsmaßnahmen erforderlich sind (zB Grundbuchberichtigungsanspruch, Zeugniserteilung etc),[90] oder er muss schlüssig behaupten, dass die Gesellschaft noch über Vermögens-

79 BAG GmbHR 03, 1009, 1011; BayObLG GmbHR 04, 1344, 1345; Lutter/Hommelhoff/*Kleindiek* Rn. 18; anders Rowedder/Schmidt-Leithoff/*Gesell* Rn. 15; vgl. auch BAG NJW 08, 604: Bestellung eines Prozesspflegers analog § 57 ZPO.
80 BAG GmbHR 02, 1199, 1201 f.
81 BayObLG ZIP 02, 1845 (zum FGG).
82 BGH NJW 94, 542; Hessisches FG EFG 98, 1144, 1145; Baumbach/Hueck/*Haas* Rn. 18.
83 BGH GmbHR 94, 260, 261; BFH GmbHR 01, 839; OLG Hamburg GmbHR 96, 860; OLG Koblenz ZIP 98, 967; Baumbach/Hueck/*Haas* Rn. 18; Roth/*Altmeppen* § 65 Rn. 27.
84 Roth/*Altmeppen* § 65 Rn. 37; MüKoGmbHG/*Müller* Rn. 37.
85 BGHZ 169, 270 (für die Vor-AG); NJW 08, 2441 (für die Vor-GmbH); Baumbach/Hueck/*Haas* Rn. 18.
86 Baumbach/Hueck/*Haas* Rn. 18; Roth/*Altmeppen* § 65 Rn. 28.
87 BGHZ 121, 263, 265; NJW 08, 2441 (zur Vor-GmbH); OLG Hamburg GmbHR 96, 860; Baumbach/Hueck/*Haas* Rn. 18.
88 BFH NJW-RR 01, 244; BGH NJW-RR 94, 542; BAG DB 03, 2659, 2660; NZG 02, 1175, 1176; Baumbach/Hueck/*Haas* Rn. 18.
89 BayObLG GmbHR 04, 1344, 1345; Roth/*Altmeppen* § 65 Rn. 29.
90 BAG NJW 08, 603; Baumbach/Hueck/*Haas* Rn. 19; Lutter/Hommelhoff/*Kleindiek* Rn. 19; Roth/*Altmeppen* § 65 Rn. 34.

gegenstände verfügt.[91] Andernfalls wäre die Klage wegen fehlender Parteifähigkeit der beklagten Gesellschaft unzulässig.[92] Eine darüber hinausgehende Glaubhaftmachung (§ 294 ZPO) vorhandener Vermögenswerte ist insoweit nicht notwendig.[93]

Für die Schlüssigkeit kann in neuen Prozessen jedenfalls nicht der Hinweis auf einen möglichen Kostenerstattungsanspruch als Vermögenswert genügen, falls der Kläger im Prozess gegen die Gesellschaft unterliegt.[94] Anders verhält es sich insoweit jedoch, wenn die Gesellschaft während des Prozesses im Handelsregister (versehentlich) gelöscht wurde.[95] Die plausible Darlegung eines etwaigen Schadensersatz- oder Regressanspruchs der Gesellschaft gegen ihre Geschäftsführer, Liquidatoren oder Gesellschafter reicht aus. 42

Da mit Handelsregisterlöschung keine organschaftliche Vertretungsmacht der Geschäftsführer/Liquidatoren mehr besteht (→ Rn. 39), liegt ein Fall der Führungslosigkeit (§ 35 I 2) vor. Die Klage kann den Gesellschaftern zugestellt werden, die ihrerseits die Bestellung eines Nachtragsliquidators veranlassen sollten. Schon der Kläger kann jedoch vor Klageerhebung die Bestellung eines Nachtragsliquidators beantragen (→ Rn. 58), um die Handlungs-/Prozessfähigkeit[96] der Gesellschaft zu gewährleisten.[97] 43

Da die Abwicklung von Passivprozessen eine notwendige Abwicklungsmaßnahme darstellt u. sich im Falle des Obsiegens ggf. ein Kostenerstattungsanspruch als Vermögensgegenstand ergeben kann, ist die **Löschung** der Gesellschaft **während eines Passivprozesses** ebenfalls unzulässig.[98] Die Bestellung eines Nachtragsliquidators für die gleichwohl gelöschte Gesellschaft ist ohne Weiteres zulässig.[99] 44

Die Ausführungen zum Fortbestand der Prozessvollmacht in Aktivprozessen (→ Rn. 40) gelten auch für Passivprozesse.[100] 45

---

91 BGH ZIP 15, 1334; BGHZ 48, 303, 307; GmbHR 94, 260; OLG Düsseldorf ZIP 15,1391.
92 OLG Bremen GmbHR 88, 445; OLG Oldenburg NJW-RR 96, 160, 161.
93 BAG GmbHR 03, 1009, 1010; Roth/*Altmeppen* § 65 Rn. 31; Scholz/*K Schmidt* Rn. 21; aA Baumbach/Hueck/*Haas* Rn. 19; Lutter/Hommelhoff/*Kleindiek* Rn. 20; Ulmer/*Paura* Rn. 35.
94 BGH ZIP 81, 1268; OLG Koblenz NZG 98, 637; OLG Zweibrücken GmbHR 04, 1472; Michalski/*Nerlich* Rn. 40; Roth/*Altmeppen* § 65 Rn. 32; Ulmer/*Paura* Rn. 35; aA MüKoGmbHG/*Müller* Rn. 37.
95 Roth/*Altmeppen* § 65 Rn. 32; OLG Hamm NZG 15, 953 (Eintragung der beendeten Liquidation einer GmbH nur bei abgeschlossenen Steuerverfahren).
96 Im FamFG-Verfahren die Verfahrensfähigkeit, vgl. BayObLG ZIP 02, 1845 (zum FGG).
97 Roth/*Altmeppen* § 65 Rn. 37; Scholz/*K. Schmidt* Rn. 21.
98 BGH GmbHR 94, 260; Baumbach/Hueck/*Haas* Rn. 19; Lutter/Hommelhoff/*Kleindiek* Rn. 18; Michalski/*Nerlich* Rn. 38; Roth/*Altmeppen* § 65 Rn. 35; Scholz/*K Schmidt* Rn. 17 a, 17 b.
99 Baumbach/Hueck/*Haas* Rn. 19.
100 BGH GmbHR 94, 260 f.; BAG GmbHR 03, 1009, 1011; BayObLG GmbHR 04, 1344, 1345.

2. Erforderlichkeit der Nachtragsliquidation

46 a) **Allgemeines.** Einen Spezialfall der Nachtragsliquidation enthält § 66 V für die zu Unrecht wegen Vermögenslosigkeit gem. § 60 I Nr. 7 iVm § 394 FamFG aufgelöste, im Handelsregister gelöschte Gesellschaft. Insoweit handelt es sich um eine erstmalige Liquidation.[101]

47 Im GmbHG ungeregelt blieb das Vorgehen, wenn die Beteiligten **irrig von einer Beendigung der Liquidation** (zu den Voraussetzungen → Rn. 4 ff.) **ausgingen u.** die Gesellschaft im Handelsregister gelöscht wurde. Insoweit bedarf es eines Rückgriffs auf den entspr. anwendbaren § 273 IV AktG.[102] Somit findet eine Nachtragsliquidation auch statt, wenn trotz Durchführung und formaler Beendigung bzw. Abschluss eines Liquidationsverfahrens entweder noch verteilbares Vermögen existiert oder sich die Notwendigkeit anderer, nicht vermögensbezogener Abwicklungsmaßnahmen ergibt.[103] Diese Regelungen gelten entsprechend für eine englische Ltd.[104] Hingegen findet § 66 V bei einer (Publikums-)Personengesellschaft (zB GmbH & Co. KG) keine Anwendung.[105]

48 b) **Verteilbares Vermögen.** In Betracht kommen **alle verwertbaren Vermögensgegenstände**, auch solche, welche die Gesellschaft im Wege der Anfechtung zurückerlangen kann oder welche nach Wegfall des Sicherungszwecks noch als Sicherheitsmittel dienen.[106] Praktischer Hauptanwendungsfall sind jedoch Forderungen der Gesellschaft gegen Liquidatoren u. (ehemalige) Geschäftsführer sowie gegen Gesellschafter. Dabei darf die Realisierung der Vermögensgegenstände, zB die prozessuale Durchsetzbarkeit einer Forderung, **nicht aussichtslos** sein, so dass verjährte u. in anderer Weise einredebehaftete Forderungen nicht ausreichen.[107] Ferner muss eine **konkrete Aussicht** bestehen, den Vermögensgegenstand **für die Gesellschaft einzuverleiben.** Soll der Nachtragsliquidator „verschwundene" Vermögensgegenstände verwerten, sind konkrete Hinweise notwendig, wo sich diese Vermögensgegenstände befinden u. wie sie für die Gesellschaft verwertbar werden. Vage Aussichten genügen nicht.[108] Zum etwaigen **Kostenerstattungsanspruch** → Rn. 42 u. 44.

---

101 OLG Jena ZInsO 07, 715, 717 (zu im Inland belegenem Vermögen einer im Register des Heimatstaates gelöschten Ltd.; *Passarge/Torwegge* Rn. 668.

102 BGHZ 53, 264, 266; OLG Koblenz ZIP 07, 2166; KG GmbHR 07, 542; Baumbach/Hueck/*Haas* § 60 Rn. 104 ff.; Hachenburg/*Hohner* Rn. 35; Lutter/Hommelhoff/*Kleindiek* Rn. 21; MüKoGmbHG/*Müller* Rn. 42; Rowedder/Schmidt-Leithoff/*Gesell* Rn. 18 ff.; Roth/Altmeppen Rn. 27; Scholz/*K Schmidt* Rn. 18 ff.; *Saenger*, GmbHR 94, 300, 305.

103 BAG NJW 08, 603; OLG München GmbHR 08, 821, 822; OLG München NZG 17, 1071 f.; OLG Köln GmbHR 93, 823 f.; OLG Hamm GmbHR 97, 75, 76; KG GmbHR 01, 252; Hachenburg/*Hohner* Rn. 33; Roth/*Altmeppen* Rn. 21; *Saenger*, GmbHR 94, 300, 302; *Passarge/Torwegge* Rn. 653.

104 BGH ZIP 17, 421; OLG Jena GmbHR 07, 1109; FG Münster GmbHR 11, 1225; Bork/Schäfer/*Servatius* § 66 Rn. 34.

105 BGH ZIP 11, 1865.

106 Dazu BAG NJW 03, 80, 81.

107 BayObLG ZIP 85, 33, 34; MüKoGmbHG/*Müller* Rn. 44; Scholz/*K Schmidt* Rn. 21; Ulmer/*Paura* Rn. 41.

108 OLG Frankfurt GmbHR 05, 1137; OLG Jena ZInsO 07, 716, 717; Michalski/*Nerlich* Rn. 50; *Passarge/Torwegge* Rn. 668.

Nach Verwertung des Vermögensgegenstandes muss stets ein Überschuss verbleiben, dh die Kosten der Nachtragsliquidation dürfen die Aktiva nicht aufzehren.[109] Kosten, die nur deshalb (ein ggf. zweites Mal) anfallen, weil der Liquidator die ihm obliegenden Pflichten noch nicht erfüllt bzw. schuldhaft verletzt hat, müssen im wirtschaftlichen Ergebnis jedoch außer Betracht bleiben, wenn u. soweit sie durch eine Forderung der Gesellschaft gegen den vormaligen Liquidator neutralisiert sind. 49

c) **Notwendigkeit von Abwicklungsmaßnahmen.** Gemeint sind solche **Maßnahmen**, die **außerhalb der für die Führungslosigkeit geltenden Regelungen** eine gesetzliche Vertretung der Gesellschaft erfordern, bspw. die Beseitigung formaler Rechtspositionen (Grundbuch, Patentregister etc),[110] die Wahrnehmung arbeitsrechtlicher Abwicklungsmaßnahmen (zB Zeugniserteilung),[111] aber auch die Vornahme einer bislang unterbliebenen Rechnungslegung.[112] Ein weiteres Beispiel sind anfechtbar erlangte Rechtspositionen: Der Nachtragsliquidator ist dann zur Rückgewähr bzw. Aufgabe dieser Rechtsposition durch zB Löschung im Grundbuch verpflichtet und seine Tätigkeit hierauf durch das Registergericht zu beschränken. 50

Notwendig ist die Nachtragsliquidation ferner **zur Wiederherstellung der Handlungsfähigkeit** nach einer versehentlichen Löschung während eines laufenden Aktiv- (→ Rn. 40) oder Passivprozesses (→ Rn. 44). Für die **Zustellung eines Steuerbescheids** mit Blick auf Haftungsansprüche gem. §§ 34, 69 AO gegen frühere organschaftliche Vertreter sind die Gesellschafter empfangsberechtigt (§ 35 I 2), so dass insoweit das Bedürfnis für eine Nachtragsliquidation entfallen sein dürfte;[113] anders aber, wenn es noch um die Erfüllung steuerrechtlicher Pflichten geht.[114]

Als **generelle Alternative** zu einem Nachtragsliquidator in solchen Fällen wird insbes. aus **Verhältnismäßigkeitsgründen** vorgeschlagen, einen **Prozesspfleger gem. § 57 ZPO**[115] zu bestellen oder analog § 74 II 2[116] bzw. analog § 1913 BGB[117] vorzugehen, deren Handeln u. Wissen ggf. einem noch folgenden Nachtragsliquidator zuzurechnen seien. Überzeugender erscheint jedoch das Konzept, es insoweit bei einem Nachtragsliquidator zu belassen u. dessen Aufgaben u. Pflichten an den geringen Umfang erforderlicher Tätigkeiten anzupassen.[118] Bei offensichtlich einziger Maßnahme oh- 51

109 Lutter/Hommelhoff/*Kleindiek* Rn. 20; MüKoGmbHG/*Müller* Rn. 44.
110 BAG NJW 08, 603; OLG Stuttgart NJW-RR 95, 805 f.; KG GmbHR 07, 543; OLG München GmbHR 08, 821, 822; Roth/*Altmeppen* Rn. 27.
111 KG GmbHR 01, 252; RPfleger 07, 398, 399.
112 OLG Stuttgart NJW-RR 95, 805, 806.
113 AA Baumbach/Hueck/*Haas* § 60 Rn. 105 mwN; zur früheren Rechtslage vgl. BayObLG BB 84, 446, 447; OLG München GmbHR 08, 821, 822; KG GmbHR 07, 542.
114 OLG Karlsruhe NJW-RR 90, 100 f.
115 BAG NJW 08, 603; BGHZ 105, 259, 262 (zum Anspruch auf Löschung einer Vormerkung); Baumbach/Hueck/*Haas* § 60 Rn. 105 a; *Galla*, GmbHR 06, 635, 637.
116 Scholz/ *Schmidt* § 60 Rn. 61; § 74 Rn. 20; zust. OLG Jena ZIP 07, 1571, 1573 (Entgegennahme eines Schriftstücks); Ulmer/*Casper* § 60 Rn. 75 u. 99.
117 Hachenburg/*Ulmer* Anh. § 60 Rn. 40.
118 Lutter/Hommelhoff/*Kleindiek* Rn. 19; vgl. BGH NJW 89, 220: § 273 IV AktG analog.

ne Relevanz für das Vermögen der Gesellschaft, die auch kurzfristig erledigt werden kann, erscheint es zB überflüssig, die Gesellschaft wieder in das Handelsregister einzutragen (vgl. → Rn. 71).

52 Zur **Abgabe einer eidesstattlichen Versicherung** bleiben trotz Löschung der Gesellschaft die ehemaligen Liquidatoren oder Geschäftsführer weiterhin zuständig (s. → § 70 Rn. 32). Ein Nachtragsliquidator muss nicht bestellt werden.[119]

3. Bestellung/Abberufung der Nachtragsliquidatoren

53 **a) Gerichtliche Bestellung/Abberufung.** Die Vertretungsmacht der bisherigen organschaftlichen Vertreter (Geschäftsführer, Liquidatoren) endet mit der Löschung der Gesellschaft im Handelsregister.[120] Die bisherigen Vertreter werden nicht ipso iure zu Nachtragsliquidatoren,[121] sondern hierzu bedarf es in analoger Anwendung der § 66 V 2, § 273 IV 1 AktG zwingend eines **richterlichen Bestellungsaktes,**[122] der wiederum einen **Antrag auf Bestellung** eines Nachtragsliquidators voraussetzt.

54 Ebenso entscheidet ausschließlich das Gericht über die **Abberufung** (§ 66 III analog: aus wichtigem Grund; → § 66 Rn. 41)[123] u. ggf. über einen neuen Nachtragsliquidator. Die Gesellschafter sollen nach hM den Nachtragsliquidator weder per Regelung in der Satzung noch in einer Gesellschafterversammlung bestellen oder abberufen können, so dass entspr. Bestimmungen oder Beschlüsse unwirksam sind.[124]

55 **Stellungnahme:** Das verdient Zustimmung, soweit sich als Folge der Nachtragsliquidation kein höherer Verteilungserlös für die Gesellschafter ergibt. Da die Nachtragsliquidation jedoch eine Fortsetzung der bisherigen Liquidation darstellt, deren Beendigung die Beteiligten fälschlich angenommen haben, ist das in anderen Fällen wegen der berührten vermögensrechtlichen Interessen der Gesellschafter bzgl. der Abberufung (u einer anschließenden Neubestellung) nicht überzeugend.[125] Entspr. gilt für die Nachtragsliquidation gem. § 66 V.

56 Liegen die Voraussetzungen einer Nachtragsliquidation vor, hat das Gericht nur bei der Auswahl der Person des Nachtragsliquidators Ermessensspielraum, nicht aber bei der Entscheidung über das „Ob" der Nachtragsliquidation.[126] Für die Auswahl des Nachtragsliquidators gelten § 66 IV

---

119 OLG Köln ZIP 90, 1339; MüKoGmbHG/*Müller* Rn. 47.
120 OLG Oldenburg GmbHR 05, 367, 368; BeckOK/*Lorscheider* Rn. 19; Rowedder/Schmidt-Leithoff/*Gesell* § 66 Rn. 3, 4.
121 BGHZ 53, 264; OLG Hamm NZG 01, 1040; OLG Koblenz NZG 07, 431, 432; KG GmbHR 01, 252 f.; 07, 542, 543; OLG München GmbHR 06, 91, 92.
122 OLG Koblenz NZG 07, 431, 432; OLG Frankfurt NJW-RR 00, 491; BGH NJW 89, 220; MüKoGmbHG/*Müller* Rn. 48.
123 OLG Köln ZIP 03, 573, 575.
124 BAG NZG 02, 1175, 1176; BayObLG ZIP 98, 421; OLG München GmbHR 05, 1433, 1434; OLG Koblenz DB 07, 1972; Baumbach/Hueck/*Haas* § 60 Rn. 106; § 66 Rn. 39; Lutter/Hommelhoff/*Kleindiek* Rn. 21; MüKoGmbHG/*Müller* Rn. 48, 49; Roth/*Altmeppen* Rn. 29.
125 So zutr. Scholz/*K Schmidt* Rn. 22.
126 BayObLG DB 04, 179, 180 f.; KG GmbHR 01, 252, 253; OLG München GmbHR 08, 821, 822.

iVm § 6 II 2 u. 3 entspr. Das Gericht kann den bestimmten Nachtragsliquidator nicht zur Übernahme verpflichten. Dieser kann das Amt annehmen oder ausschlagen.[127]

Die **funktionelle Zuständigkeit** liegt in erweiternder Auslegung des § 17 Nr. 2 lit. d RPflG beim Rechtspfleger[128] des zuständigen AG[129] am Sitz der Gesellschaft im unternehmensrechtlichen Verfahren (§ 23 a I Nr. 2, II Nr. 4 GVG; §§ 375 Nr. 6, 376 I, 377 I FamFG), nicht beim Richter (§ 17 Nr. 2 lit. b RPflG). Entscheidungen des Richters sind gleichwohl wirksam (§ 8 IV RPflG).[130] 57

b) Antragsbefugnis. Antragsberechtigt ist in entspr. Anwendung der § 66 V 2, § 273 IV 1 AktG jeder **„Beteiligte"**. Darunter fallen nicht (voll) befriedigte Gläubiger,[131] Gesellschafter, frühere Liquidatoren u. sonstige Dritte.[132] Sie müssen jeweils ein **berechtigtes Interesse** an der Nachtragsliquidation haben, zB wegen eines bislang unerfüllten Anspruchs gegen die Gesellschaft. Die Bestellung aufgrund eines unwirksamen Antrags bleibt wirksam.[133] 58

Insbes. der bei der Verteilung zu Unrecht übergangene Gläubiger kann den Liquidator alternativ direkt – ohne den Umweg über die Nachtragsliquidation – in Anspruch nehmen. Ein eigenes **Gläubigerverfolgungsrecht gegenüber dem Schuldner der GmbH** besteht ferner im Hinblick auf Forderungen der gelöschten Gesellschaft gegen ehemalige Geschäftsführer, Liquidatoren u. Gesellschafter.[134] Im Einzelfall mag es sich anbieten, diese Alternative zur Nachtragsliquidation zur Rechtsdurchsetzung zu wählen. Sie lässt die Antragsbefugnis für die Nachtragsliquidation jedoch nicht entfallen. 59

Ein (ehemaliger) Gesellschafter der gelöschten GmbH kann ferner Ansprüche der Gesellschaft gegen einen Mitgesellschafter im Wege der **actio pro socio** direkt einklagen.[135] Allerdings muss ein Nachtragsliquidator spätestens bestellt werden, wenn die Gesellschaft aus dem Urteil vollstrecken will.[136] 60

---

127 KG GmbHR 01, 252, 254; OLG München GmbHR 08, 821, 824; Lutter/Hommelhoff/*Kleindiek* Rn. 21.

128 MüKoGmbHG/*Müller* § 66 Rn. 37; Henssler/Strohn/*Büteröwe* § 66 Rn. 24; aA OLG Düsseldorf FGPrax 11, 158; Baumbach/Hueck/*Haas* § 60 Rn. 106; Scholz/*K. Schmidt* Rn. 22; Voraufl. (jeweils funktionelle Zuständigkeit des Richters).

129 BAG NZG 08, 270; OLG München GmbHR 05, 1433, 1434; MüKoGmbHG/*Müller* Rn. 57; Roth/*Altmeppen* Rn. 32.

130 OLG Frankfurt NZG 15, 626, 628; Roth/*Altmeppen* Rn. 30; MüKoGmbHG/*Müller* Rn. 48 f.

131 BGHZ 105, 259; OLG Köln GmbHR 93, 823, 824 (zur Grundstücksberichtigung); Roth/*Altmeppen* Rn. 31.

132 OLG Koblenz ZIP 07, 2166; OLG Frankfurt GmbHR 05, 1137; KG GmbHR 01, 252; OLG Köln GmbHR 93, 823 (jew für Gläubiger); MüKoGmbHG/*Müller* Rn. 48; *Passarge/Torwegge* Rn. 658.

133 KG NZG 99, 163, 165 (zur AG); Baumbach/Hueck/*Haas* § 66 Rn. 40.

134 BGH NZG 18, 625; Roth/*Altmeppen* Rn. 22.

135 BGH NJW 91, 1884, 1885; NZG 05, 216; Baumbach/Hueck/*Haas* § 60 Rn. 107; Lutter/Hommelhoff/*Kleindiek* Rn. 20; Roth/*Altmeppen* Rn. 40.

136 AG Limburg DGVZ 89, 191; Baumbach/Hueck/*Haas* § 60 Rn. 107; Lutter/Hommelhoff/*Kleindiek* Rn. 20; Roth/*Altmeppen* Rn. 39.

61 c) **Notwendiges Vorbringen, Vorschuss.** Der Antragsberechtigte muss die eine Nachtragsliquidation erfordernden Umstände sowie seine Antragsberechtigung (rechtliches Interesse) jeweils **schlüssig darlegen.**[137] Einfaches oder gar pauschales[138] Behaupten genügen insoweit nicht. Ob der Anspruch eines Gläubigers gegen die GmbH tatsächlich besteht, wird erst vor dem Prozessgericht entschieden, so dass die substantiierte Darlegung des eigenen Anspruchs ausreicht. Beispiel:

▶ Die ... GmbH wurde am .... im Handelsregister gelöscht. An dieser Gesellschaft bestand eine Beteiligung durch mich mit einem Geschäftsanteil iHv ... EUR (vgl. dem Gericht bereits vorliegende Gesellschafterliste).

Nach der erfolgten Löschung hat sich herausgestellt, dass noch weitere Liquidationsmaßnahmen erforderlich sind, weil noch verteilungsfähiges Vermögen vorhanden ist. So besteht noch eine offene Werklohnforderung gegen ... iHv ... gemäß Werkvertrag vom ..., welche gemäß dem beigefügten beglaubigten Auszug aus dem Grundbuch durch Sicherungshypothek an dem Grundstück mit der Fl.Nr. ... im Grundbuch des Amtsgerichts ... für ... Blatt ... gesichert ist. Einwendungen gegen die Forderung bestehen nicht. ... ◀

62 In der Gerichtspraxis wird häufig ein Vorschuss für die anfallenden Auslagen sowie die Vergütung des Nachtragsliquidators verlangt.[139] Kann der bisherige Liquidator zum Nachtragsliquidator bestellt werden u. geht es um die Erledigung einer Aufgabe, die versehentlich bei der bisherigen Amtsführung unterblieb, dürften Auslagen u. Vergütung jedoch sehr gering sein, wenn sie überhaupt anfallen. Soll eine andere Person bestellt werden, empfiehlt es sich, dem Gericht einen Vorschlag zu unterbreiten, auch wenn er das Gericht nicht binden kann.

63 d) **Rechtsmittel.** Bei einer **abweisenden Entscheidung** ist der **Antragsteller beschwerdebefugt.** Gibt das Gericht dem Liquidationsantrag statt, können **Gesellschafter, ehemalige Geschäftsführer oder Liquidatoren** u. Dritte, die nicht Antragsteller sind, keine Beschwerde gem. § 59 I FamFG im eigenen Namen einlegen,[140] es sei denn, der Antragsteller verfolgt mit der Bestellung eines Nachtragsliquidators evident eigennützige Zwecke.[141] Der gelöschten Gesellschaft steht jedenfalls keine Beschwerdebefugnis mit dem Argument zu, dass die vom Antragsteller behauptete Notwendigkeit einer Nachtragsliquidation nicht besteht u. sie deshalb bereits endgültig beendet/erloschen sei.[142] Da der bestellte Nachtragsliquidator das Amt ablehnen

137 OLG Celle GmbHR 97, 752 (zu § 2 III LöschG); BayObLG WPM 84, 159, 161; OLG Hamm DB 01, 2087; Roth/*Altmeppen* Rn. 24, 31; Scholz/*K Schmidt* Rn. 21; Ulmer/*Paura* Rn. 41.
138 KG GmbHR 07, 542 (zu unwirksamen Stammeinlageleistungen); OLG Frankfurt GmbHR 05, 1137.
139 Scholz/*K Schmidt* Rn. 22; Ulmer/*Paura* Rn. 45.
140 BGH ZIP 08, 620; OLG Düsseldorf NZG 15, 865; Baumbach/Hueck/*Haas* § 66 Rn. 40; MüKoGmbHG/*Müller* Rn. 50; Roth/*Altmeppen* Rn. 32; Scholz/*K Schmidt* Rn. 22; aA OLG München GmbHR 08, 821, 822.
141 KG NZG 05, 934.
142 Roth/*Altmeppen* Rn. 33; anders BayObLG ZIP 83, 938, 939; Ulmer/*Paura* Rn. 47.

kann, besteht für seine Beschwerdebefugnis keine Notwendigkeit.[143] Beispiel eines Bestellungsbeschlusses:

▶ Zum alleinvertretungsberechtigten Nachtragsliquidator wird bestellt: ... Die Bestellung berechtigt zu ... Die Bestellung ist vorläufig befristet bis: ... Eine Eintragung im Handelsregister erfolgt nicht. Der Nachtragsliquidator legitimiert sich durch den gerichtlichen Beschluss.

Gründe

Die Firma wurde im Handelsregister gelöscht. Im Zusammenhang mit der Bereinigung der für die gelöschte Gesellschaft ... eingetragenen Rechte war die Bestellung eines Nachtragsliquidators erforderlich.

...

Unterschrift ◀

64 Die frühere Streitfrage, ob die (unbefristete) einfache oder die fristgebundene sofortige Beschwerde (§ 273 V AktG analog; ggf. Wiedereinsetzung in den vorigen Stand) das zutr. Rechtsmittel sei,[144] hat sich mit Inkrafttreten des FamFG erledigt. Die nunmehr statthafte Beschwerde (§§ 59 II, 402 FamFG) muss **binnen Monatsfrist** (§ 63 FamFG) eingelegt werden. Diese Frist beginnt mit Zustellung der Ernennung nach § 41 I FamFG. Gegen eine ablehnende Beschwerdeentscheidung steht die **Rechtsbeschwerde** nach §§ 70 ff. FamFG offen.

4. Durchführung der Nachtragsliquidation

65 a) **Fortsetzung des alten Liquidationsverfahrens.** Nur die Liquidation nach § 66 V ist eine **erstmalige Liquidation.** Für sie gelten die allg. Regeln der §§ 68 ff.

66 In den **anderen Fällen** setzt der Nachtragsliquidator die bisherige Liquidation fort. Deren Eröffnungsakte (Gläubigeraufforderung, Eröffnungsbilanz) wirken weiter; das Sperrjahr des § 73 für eine etwaige Nachtragsverteilung beginnt nicht von neuem.[145]

67 IÜ gelten §§ 67 ff. auch für die Nachtragsliquidation, so dass der Nachtragsliquidator insbes. Rechnung legen u. bei Beendigung die unter → Rn. 4 ff. dargestellten Schritte vornehmen muss.[146]

68 Für die Vertretungsmacht des Nachtragsliquidators gelten die allg. Regeln, die das Gericht grds. nicht beschränken kann.[147] Allerdings kann das Gericht den **Abwicklungsauftrag** (Geschäftsführungsbefugnis) **von vornherein**

---

143 BayObLG GmbHR 96, 859, 860; aA OLG Hamm GmbHR 97, 75; Scholz/*K Schmidt* Rn. 22; einschränkend OLG Düsseldorf NZG 14, 230.
144 Dazu BGH NZG 08, 188; OLG München NZG 08, 555, 556; Lutter/Hommelhoff/*Kleindiek* Rn. 21 mwN.
145 MüKoGmbHG/*Müller* Rn. 53; Lutter/Hommelhoff/*Kleindiek* Rn. 22; aA OLG Hamm BB 87, 294.
146 Scholz/*K Schmidt* Rn. 23.
147 OLG Koblenz NZG 07, 431, 432; Roth/*Altmeppen* Rn. 36, 38; aA OLG München NZG 08, 555, 557 (ohne Vermögensbezug).

begrenzen. Eine solche Begrenzung ist **nicht eintragungspflichtig.**[148] Für Maßnahmen, die über die Beschränkung inhaltlich oder zeitlich hinausgehen, kann es einer Erweiterung/Neubestellung bedürfen.[149]

69 **b) Registereintragung.** Die Nachtragsliquidation hat im Grundsatz die Wiedereintragung der Gesellschaft im Handelsregister zur Folge, jedoch als Liquidationsgesellschaft.[150] Auch der Nachtragsliquidator wird grds. eingetragen.[151] Die Eintragung erfolgt vAw (§ 395 FamFG).[152]

70 **Kaufmannseigenschaft** erlangt die Gesellschaft hierdurch nicht mehr, da die Wiedereintragung allein den Zweck hat, die Abwicklung zu erleichtern. Aus diesem Grunde scheidet auch eine **Fortsetzung der Gesellschaft** im Falle einer Nachtragsliquidation analog § 273 IV AktG aus.[153] Auch im Falle des § 66 V, also einer bereits erfolgten Löschung der Gesellschaft, können die Gesellschafter wirksam die Fortsetzung nicht mehr beschließen, selbst wenn die Gesellschaft über schuldendeckendes Vermögen verfügt u. das Gesellschaftsvermögen noch nicht an die Gesellschafter verteilt wurde.[154]

71 Von der Wiedereintragung im Handelsregister sollte jedoch im überschaubaren Einzelfall (→ Rn. 51) aus pragmatischen Überlegungen, wenn der Zweck der Nachtragsliquidation es nicht erfordert, abgewichen werden.[155] Ganz überw. wird vertreten, dass ein von vornherein beschränkter Abwicklungsauftrag ohnehin nicht eintragungspflichtig sei.[156] Der Nachtragsliquidator kann den Vertretungsnachweis ggf. durch den ausgefertigten Bestellungsbeschluss führen.[157]

§ 75 Nichtigkeitsklage

(1) Enthält der Gesellschaftsvertrag keine Bestimmungen über die Höhe des Stammkapitals oder über den Gegenstand des Unternehmens oder sind die Bestimmungen des Gesellschaftsvertrags über den Gegenstand des Unternehmens nichtig, so kann jeder Gesellschafter, jeder Geschäftsführer

---

148 Ähnl Baumbach/Hueck/*Haas* § 60 Rn. 106; Roth/*Altmeppen* Rn. 38; Ulmer/*Paura* Rn. 51; BFH GmbHR 12, 1320, 1322; offen lassend OLG Düsseldorf GmbHR 11, 873; mit anderem konzeptionellen Ansatz Scholz/*K Schmidt* Rn. 23, 20 (überhaupt keine Nachtragsliquidation).
149 Vgl. OLG Düsseldorf GmbHR 11, 873, 874.
150 Roth/*Altmeppen* Rn. 39; Scholz/*K Schmidt* Rn. 23; Ulmer/*Paura* Rn. 49.
151 OLG München NZG 11, 38.
152 Michalski/*Nerlich* Rn. 59; Rowedder/Schmidt-Leithoff/*Gesell* Rn. 26; Ulmer/*Paura* Rn. 49 (zu § 142 FGG).
153 Lutter/Hommelhoff/*Kleindiek* Rn. 22; Roth/*Altmeppen* Rn. 39; aA Scholz/K Schmidt Rn. 23.
154 OLG Celle NZG 08, 271; RGZ 156, 23, 27 (für AG); Lutter/Hommelhoff/*Kleindiek* Rn. 23; § 60 Rn. 32; MüKoGmbHG/*Müller* § 66 Rn. 89; aA Roth/*Altmeppen* § 75 Rn. 65 f.; Scholz/*K Schmidt* § 66 Rn. 57 u. § 60 Rn. 99; Baumbach/Hueck/*Haas* § 66 Rn. 42; Michalski/*Nerlich* § 66 Rn. 106; Ulmer/*Paura* § 66 Rn. 89; *Galla*, GmbHR 06, 635, 638 ff.
155 OLG München NZG 11, 38; Lutter/Hommelhoff/*Kleindiek* Rn. 20.
156 BayObLG GmbHR 56, 76; Michalski/*Nerlich* Rn. 59; MüKoGmbHG/*Müller* Rn. 51; Rowedder/Schmidt-Leithoff/*Rasner* Rn. 26; Scholz/*K Schmidt* Rn. 23; Ulmer/*Paura* Rn. 49 (letztere auf Grundlage unterschiedlichen Konzepts).
157 OLG München NZG 11, 38.

und, wenn ein Aufsichtsrat bestellt ist, jedes Mitglied des Aufsichtsrats im Wege der Klage beantragen, daß die Gesellschaft für nichtig erklärt werde.

(2) Die Vorschriften der §§ 246 bis 248 des Aktiengesetzes finden entsprechende Anwendung.

I. Normzweck

Der Gesetzgeber hat eine GmbH[1] ab dem Zeitpunkt ihrer Eintragung in das Handelsregister mit einem erhöhten **Bestandsschutz** ausgestattet. Mängel des Gesellschaftsvertrags führen daher nur ausnahmsweise zu der **Nichtigkeit** einer eingetragenen GmbH. Der auch in der amtlichen Überschrift des Fünften Abschnitts verwendete Begriff der Nichtigkeit ist allerdings 1

1 Die nachfolgenden Ausführungen gelten in gleicher Weise für die UG.

gleich in mehrfacher Hinsicht unscharf u. missverständlich.[2] Denn iU zu den allg. Regeln über die Nichtigkeit eines Rechtsgeschäfts tritt bei Vorliegen eines der in Abs. 1 aufgeführten Nichtigkeitsgründe die Nichtigkeit der GmbH nicht von selbst kraft Gesetzes ein. Vielmehr bedarf es dazu einer Klage, zu deren Erhebung lediglich ein begrenzter Personenkreis berechtigt ist. Wird die GmbH durch rechtskräftiges Urt. für nichtig erklärt, bedeutet dies darüber hinaus nicht, dass sie von Anfang an oder mit sofortiger Wirkung als nicht existent zu behandeln ist, sondern führt lediglich dazu, dass sie mit Wirkung für die Zukunft aufgelöst wird. Bei den Nichtigkeitsgründen handelt es sich dementspr bei richtiger Betrachtung nur um weitere Auflösungsgründe u. bei der Nichtigkeitsklage nur um eine Auflösungsklage.[3] Statt von der Nichtigkeit kann daher allenfalls von der „Vernichtbarkeit mit der Rechtsfolge der Auflösung" gesprochen werden.[4]

2 § 75 ist im **Zusammenhang mit § 76 u. § 77** zu lesen. Während in § 75 geregelt ist, welche Mängel des Gesellschaftsvertrags die Nichtigkeit einer eingetragenen GmbH zur Folge haben können u. in welcher Form, nämlich ausschließlich durch Erhebung einer sog. Nichtigkeitsklage, sie geltend gemacht werden können, sind in § 77 die Rechtsfolgen eines dieser Klage stattgebenden Urt. aufgeführt. § 76 befasst sich mit der Frage, ob u. unter welchen Voraussetzungen diese Mängel geheilt werden können. Zu den Möglichkeiten des Registergerichts gem. §§ 397, 399 FamFG → Rn. 54 ff.

3 Der **Zweck** der §§ 75–77 besteht darin, die Gesellschafter sowie den Rechts- u. Geschäftsverkehr vor den Folgen zu schützen, die mit einer rückwirkenden Nichtigkeit der GmbH verbunden wären. Sobald die trotz des Mangels des Gesellschaftsvertrags mit der Eintragung entstandene GmbH in Vollzug gesetzt worden ist, ist eine Rückabwicklung mit Wirkung ex tunc nicht mehr ohne Weiteres möglich. Im Interesse der Gesellschafter bedarf es daher eines Wegs, um die Rechtsverhältnisse zwischen ihnen u. der Gesellschaft sowie untereinander angemessen zu entflechten. Darüber hinaus muss sich der Rechts- u. Geschäftsverkehr darauf verlassen können, dass die GmbH nur unter Beachtung der Gläubigerinteressen abgewickelt wird.[5] Diese Erwägungen, die bereits bei der Schaffung der Vorschriften maßgeblich waren[6] u. in § 77 II u. III ihren – allerdings nur rudimentären – Ausdruck gefunden haben, sind weiterhin gültig.

4 §§ 75–77 sind **nachträglich** durch Art. 11 Nr. XXII EGHGB vom 10.5.1897 **in das GmbHG eingefügt** worden. Dies geschah im Zusammenhang mit der Schaffung entsprechender Regelungen im Aktienrecht, die sich zunächst in §§ 309–311 HGB bzw. §§ 216–218 AktG 1937 fanden u. nunmehr in §§ 275–277 AktG enthalten sind. Im Zuge der Umsetzung der

---

2 Rowedder/Schmidt-Leithoff/*Baukelmann* Rn. 1; MüKoGmbHG/*Hillmann* Rn. 3; ausf. Roth/*Altmeppen* Rn. 2 ff.
3 Michalski/*Lieder* Rn. 2; Scholz/*Schmidt* Rn. 1; MüKoGmbHG/*Hillmann* Rn. 3.
4 Ulmer/*Paura* Rn. 1; aA Baumbach/Hueck/*Haas* § 77 Rn. 2: "reduzierte Form der Nichtigkeit".
5 Vgl. MKAktG/*Koch* § 275 Rn. 5.
6 Vgl. *Hahn/Mugdan*, Die gesammelten Materialien zu den Reichs-Justizgesetzen, Bd. VI, 1897, S. 435 u. 333 f.

Publizitätsrichtlinie[7] sind §§ 75 I, 76 neu gefasst worden. Dabei sind insbes. die zur Nichtigkeit einer eingetragenen GmbH führenden Mängel des Gesellschaftsvertrags erheblich eingeschränkt u. zu einem großen Teil in § 144 a FGG (= § 399 FamFG) verlagert worden. Abs. 2 ist durch Art. 12 JKomG vom 22.3.2005[8] an den Umstand angepasst worden, dass das Aktienrecht seit 1937 nicht mehr im HGB kodifiziert ist. Weder die GmbH-Novelle 1980 noch das MoMiG haben weitere Änderungen der §§ 75–77 gebracht.

Der **Anwendungsbereich** der §§ 75–77 ist auf die eingetragene GmbH beschränkt.[9] Vor Eintragung richten sich die Rechtsfolgen von Mängeln des Gesellschaftsvertrags danach, ob die Gesellschaft bereits in Vollzug gesetzt worden ist. Sofern dies nicht der Fall ist, gelten die allg. Vorschriften des BGB; andernfalls sind die Regeln über die fehlerhafte Gesellschaft heranzuziehen.[10] Nach Auflösung sind die §§ 75–77 anwendbar, sofern sie noch nicht gelöscht ist.[11] 5

Die **praktische Bedeutung** der §§ 75–77 ist aus verschiedenen Gründen gering.[12] Entscheidend dürfte sein, dass das Registergericht bereits die Eintragung der GmbH abzulehnen hat, wenn Bestimmungen, die gem. § 3 I zu dem Mindestinhalt des Gesellschaftsvertrags zählen, fehlen oder nichtig sind (§ 9c II Nr. 1), so dass bei den in Abs. 1 aufgeführten Mängeln des Gesellschaftsvertrags die GmbH von vornherein nicht eingetragen wird. Sollte bei der registergerichtlichen Prüfung ein solcher Mangel ausnahmsweise übersehen worden sein, wird das Registergericht idR auf einen entspr. Hinweis gem. §§ 397, 399 FamFG tätig werden. Den Vorschriften dürfte jedoch zumindest eine präventive Wirkung zukommen.[13] 6

II. Nichtigkeitsgründe

1. Abschließende Aufzählung (Abs. 1)

Gem. § 3 I muss der **Gesellschaftsvertrag** zwingend die Firma u. den Sitz (Nr. 1), den Unternehmensgegenstand (Nr. 2), den Betrag des Stammkapitals (Nr. 3) sowie die Zahl u. die Nennbeträge der von jedem Gesellschafter übernommenen Geschäftsanteile (Nr. 4) **enthalten.** Zu einer Nichtigkeit der GmbH kann jedoch nach Abs. 1 nur das Fehlen einer Bestimmung über den Unternehmensgegenstand (→ Rn. 13 f.) u. die Nichtigkeit einer solchen Bestimmung (→ Rn. 15 f.) sowie das Fehlen einer Bestimmung über die 7

7 Erste Richtlinie des Rates v. 9.3.1968 zur Koordinierung der Schutzbestimmungen, die in den Mitgliedstaaten den Gesellschaften iSd Art. 58 II des Vertrages im Interesse der Gesellschafter sowie Dritter vorgeschrieben sind, um diese Bestimmungen gleichwertig zu gestalten (68/151/EWG), ABl L 65 S. 8; umgesetzt durch das Gesetz zur Durchführung der Ersten Richtlinie des Rates der Europäischen Gemeinschaften zur Koordinierung des Gesellschaftsrechts v. 15.8.1969, BGBl. I S. 1146; vgl. *Habersack/Verse*, Europäisches Gesellschaftsrecht, 5. Aufl. 19, § 5.

8 BGBl. I, S. 837.

9 Baumbach/Hueck/*Haas* Rn. 4; Scholz/*Schmidt* Rn. 2; MüKoGmbHG/*Hillmann* Rn. 4.

10 Rowedder/Schmidt-Leithoff/*Baukelmann* Rn. 2; Scholz/*Schmidt* Rn. 5.

11 Baumbach/Hueck/*Haas* Rn. 4; Ulmer/*Paura* Rn. 6.

12 Vgl. dazu Ensthaler/Füller/Schmidt/*Müller* Rn. 3.

13 Baumbach/Hueck/*Haas* Rn. 2; Bartl/Bartl/Fichtelmann/Koch/Schlarb/Schmitt/*Koch* Rn. 1.

Höhe des Stammkapitals (→ Rn. 11 f.), dh ein Verstoß gegen § 3 I Nr. 2 u. 3, führen. Im Fall des § 3 I Nr. 3 ist allerdings – anders als bei § 3 I Nr. 2 – nur einer der beiden denkbaren Formen eines Verstoßes erfasst. Die Regelung der Nichtigkeitsgründe ist abschließend.[14]

8 In den in Abs. 1 nicht aufgeführten Fällen, dh bei der Nichtigkeit einer Bestimmung über die Höhe des Stammkapitals sowie bei einem Verstoß gegen § 3 I Nr. 1 u. 4, kann die GmbH folglich nicht – auch nicht unter Heranziehung von § 139 BGB[15] – gem. § 75 für nichtig erklärt werden. In diesen Fällen kann jedoch das Registergericht gem. § 399 FamFG tätig werden (→ Rn. 70). Ein sachlicher Grund für die unterschiedliche Behandlung der vorstehenden Verstöße gegen den Mindestinhalt des Gesellschaftsvertrags ist nicht ersichtlich.[16] Die unübersichtliche Rechtslage stellt sich im Überblick wie folgt dar:[17]

<table>
<tr><td rowspan="2">Firma u. Sitz
(§ 3 I Nr. 1)</td><td>Fehlen einer Bestimmung</td><td rowspan="2">Verfahren gem. § 399 FamFG</td></tr>
<tr><td>Nichtigkeit der Bestimmung</td></tr>
<tr><td rowspan="2">Unternehmensgegenstand
(§ 3 I Nr. 2)</td><td>Fehlen einer Bestimmung</td><td rowspan="2">Nichtigkeitsklage gem. § 75
Verfahren gem. § 397 FamFG</td></tr>
<tr><td>Nichtigkeit der Bestimmung</td></tr>
<tr><td rowspan="2">Stammkapital
(§ 3 I Nr. 3)</td><td>Fehlen einer Bestimmung</td><td>Nichtigkeitsklage gem. § 75
Verfahren gem. § 397 FamFG</td></tr>
<tr><td>Nichtigkeit der Bestimmung</td><td>Verfahren gem. § 399 FamFG</td></tr>
<tr><td rowspan="2">Stammeinlagen
(§ 3 I Nr. 4)</td><td>Fehlen einer Bestimmung</td><td rowspan="2">Verfahren gem. § 399 FamFG</td></tr>
<tr><td>Nichtigkeit der Bestimmung</td></tr>
</table>

9 Sind Bestimmungen des Gesellschaftsvertrags, die nicht unter § 3 I fallen, nichtig, bleibt dies ohne Auswirkungen auf den Bestand der GmbH.[18] Dies gilt selbst dann, wenn die Nichtigkeit sich gem. § 139 BGB auf den gesamten Gesellschaftsvertrag erstreckt.[19] Ein solcher Mangel kann bei fehlender

14 BGHZ 21, 378, 381; KG, Beschl. v. 14.11.2000 – 1 W 6828/99, juris Rn. 10; Bork/Schäfer/*Servatius* Rn. 7; Baumbach/Hueck/*Haas* Rn. 12. S. auch OLG Frankfurt, Beschl. v. 5.1.2000 – 20 W 456/99, juris Rn. 9, wonach die unzulässige Bestimmung des Gesellschaftsvertrags über den Sitz nicht ausreicht.
15 RGZ 128, 1, 5; Rowedder/Schmidt-Leithoff/*Baukelmann* Rn. 6.
16 Ebenso Baumbach/Hueck/*Haas* Rn. 6.
17 Vgl. auch Baumbach/Hueck/*Haas* Rn. 7 ff.; Scholz/*Schmidt* Rn. 8.
18 Rowedder/Schmidt-Leithoff/*Baukelmann* Rn. 7.
19 *Wicke* Rn. 4; Scholz/*Schmidt* Rn. 12.

Heilung allenfalls einen Austrittsgrund bilden oder eine Auflösungsklage gem. § 61 rechtfertigen.[20]

10 Mängel bei dem **Zustandekommen des Gesellschaftsvertrags**, zB Formmängel, stellen ebenso wenig wie Mängel in der Beitrittserklärung einzelner oder auch aller Gründungsgesellschafter, zB Geschäftsunfähigkeit oder Willensmängel, oder Mängel bei der Anmeldung einen Nichtigkeitsgrund dar.[21] Bei dem gänzlichen Fehlen einer Anmeldung durch die berechtigten Personen kommt jedoch ein Vorgehen des Registergerichts gem. § 395 FamFG in Betracht.[22]

2. Fehlen einer Bestimmung über die Höhe des Stammkapitals

11 Eine GmbH kann gem. Abs. 1 für nichtig erklärt werden, wenn der Gesellschaftsvertrag keine **Bestimmung über die Höhe des Stammkapitals** enthält. Dies ist der Fall, wenn eine diesbezügliche Regelung im Gesellschaftsvertrag überhaupt nicht vorhanden ist. Bei dem vollständigen Fehlen einer Bestimmung über die Höhe des Stammkapitals kann auch nicht das in § 5 I vorgesehene Mindeststammkapital als vereinbart angesehen werden.[23] Der Nichtigkeitsgrund ist ferner gegeben, wenn das Stammkapital seiner Höhe nach nicht genau bestimmt wird, sondern nur ein Rahmen vorgegeben u. die Festlegung einem Organ der GmbH bzw. einem Dritten überlassen wird.[24]

12 Ist dag das im Gesellschaftsvertrag angegebene **Stammkapital niedriger als das in § 5 I vorgesehene Mindeststammkapital**, führt dies nicht zur Nichtigkeit der GmbH, sondern nur zur Nichtigkeit der entspr. Bestimmung des Gesellschaftsvertrags.[25] Gleiches gilt, wenn das im Gesellschaftsvertrag angegebene Stammkapital entgegen § 5 III 2 nicht mit der Summe der Nennbeträge aller Geschäftsanteile übereinstimmt oder es entgg. § 5 II 1 bzw. § 1 EGGmbHG auf eine andere Währung als Euro bzw. DM lautet.[26] In diesen Fällen ist aber die Einleitung eines Verfahrens gem. § 399 FamFG möglich (→ Rn. 73).

3. Fehlen einer Bestimmung über den Unternehmensgegenstand

13 Eine GmbH kann gem. Abs. 1 auch dann für nichtig erklärt werden, wenn der Gesellschaftsvertrag keine Bestimmung über den Unternehmensgegenstand enthält. Erfasst wird lediglich der Fall, dass in dem Gesellschaftsvertrag überhaupt keine Aussage dazu getroffen wird.

14 Ist dag eine derartige Bestimmung vorhanden, genügt sie allerdings den von der hM in Anlehnung an § 23 III Nr. 2 AktG aufgestellten Anforde-

20 Rowedder/Schmidt-Leithoff/*Baukelmann* Rn. 7; MünchHdbGmbH/*Freitag* § 12 Rn. 13.
21 KG, Beschl. v. 14.11.2000 – 1 W 6828/99, juris Rn. 9 ff. (Unbeachtlichkeit einer etwaigen Geschäftsunfähigkeit des alleinigen Gründungsgesellschafters); Scholz/*Schmidt* Rn. 1, 6; Ulmer/*Paura* Rn. 7 ff.
22 Scholz/*Schmidt* Rn. 6; Ulmer/*Paura* Rn. 9.
23 Rowedder/Schmidt-Leithoff/*Baukelmann* Rn. 12; Scholz/*Schmidt* Rn. 10.
24 Baumbach/Hueck/*Haas* Rn. 13.
25 Rowedder/Schmidt-Leithoff/*Baukelmann* Rn. 12; Scholz/*Schmidt* Rn. 10; MüKo-GmbHG/*Hillmann* Rn. 9.
26 Ulmer/*Paura* Rn. 11.

rungen an die Konkretisierung des Unternehmensgegenstands nicht, liegt darin kein Nichtigkeitsgrund.[27]

4. Nichtigkeit der Bestimmung über den Unternehmensgegenstand

15 Schließlich kann eine GmbH gem. Abs. 1 für nichtig erklärt werden, wenn die in dem Gesellschaftsvertrag enthaltene Bestimmung über den **Unternehmensgegenstand nichtig** ist. Dies ist der Fall, wenn der Unternehmensgegenstand gegen ein gesetzliches Verbot oder die guten Sitten verstößt (§§ 134, 138 BGB).[28] Erforderlich ist, dass der Unternehmensgegenstand unmittelbar auf eine gesetzes- oder sittenwidrige Tätigkeit gerichtet ist.[29] Ob der Verstoß von Anfang an vorlag oder erst später durch Änderung des Gesellschaftsvertrags oder der Rechtslage entstanden ist, ist gleichgültig.[30] Nicht ausreichend ist dag, wenn nur der mit dem Unternehmensgegenstand nicht zusammenfallende Gesellschaftszweck gegen ein gesetzliches Verbot verstößt,[31] zB im Fall der Errichtung eines Gemeinschaftsunternehmens mit dem Ziel der Wettbewerbsbeschränkung.[32] Der Unternehmensgegenstand ist ferner nichtig, wenn er nur zum Schein vereinbart worden ist (§ 117 BGB),[33] zB im Fall der verdeckten Vorratsgründung.[34]

16 Liegt eine für die Tätigkeit der GmbH erforderliche **öffentlich-rechtliche Genehmigung** nicht vor, war vor Inkrafttreten des MoMiG umstr., ob dies der Nichtigkeit des Unternehmensgegenstands gleichzustellen ist.[35] Nachdem die fehlende Genehmigung aufgrund der Streichung des § 8 I Nr. 6 nunmehr kein Eintragungshindernis mehr darstellt, wird man darin auch keinen Nichtigkeitsgrund mehr erblicken können.[36] Gleiches gilt bei einem Abweichen des tatsächlichen von dem in dem Gesellschaftsvertrag vereinbarten **Unternehmensgegenstands.**[37] Denn letzterer wird dadurch nicht nachträglich nichtig.[38] Von Teilen des Schrifttums wird gleichwohl eine analoge Anwendung von § 75 mit der Begründung befürwortet, dass wegen des Interesses der Allgemeinheit an der zutr. Angabe des Unternehmensgegenstandes die gleichen Sanktionen wie bei einem nur zum Schein

---

27 KG KGJ 34 A, 149, 153; Baumbach/Hueck/*Haas* Rn. 14; Rowedder/Schmidt-Leithoff/*Baukelmann* Rn. 18; MüKoGmbHG/*Hillmann* Rn. 10.

28 *Wicke* Rn. 3; Ulmer/*Paura* Rn. 15.

29 Rowedder/Schmidt-Leithoff/*Baukelmann* Rn. 14; MüKoGmbHG/*Hillmann* Rn. 11.

30 Lutter/Hommelhoff/*Kleindiek* Rn. 3; Michalski/*Lieder* Rn. 22; aA BayObLG BB 82, 578.

31 Rowedder/Schmidt-Leithoff/*Baukelmann* Rn. 14; zur Abgrenzung von Unternehmensgegenstand u. Gesellschaftszweck vgl. § 1 Rn. 3 ff.

32 Michalski/*Lieder* Rn. 13; Rowedder/Schmidt-Leithoff/*Baukelmann* Rn. 14.

33 Baumbach/Hueck/*Haas* Rn. 15; Scholz/*Schmidt* Rn. 11; MüKoGmbHG/*Hillmann* Rn. 11.

34 MüKoGmbHG/*Hillmann* Rn. 11.

35 So OLG Zweibrücken GmbHR 95, 723, 724; Baumbach/Hueck/*Schulze-Osterloh*/*Zöllner* Rn. 15 (Voraufl); aA Rowedder/Schmidt-Leithoff/*Zimmermann* Rn. 15 (Voraufl).

36 BeckOK/*Trölitzsch* Rn. 5.2; ebenso Ensthaler/Füller/Schmidt/*Müller* Rn. 9; Heybrock/*Löffler* Rn. 5.

37 Roth/*Altmeppen* Rn. 12; Michalski/*Lieder* Rn. 17 ff.; Rowedder/Schmidt-Leithoff/*Baukelmann* Rn. 19; MüKoGmbHG/*Hillmann* Rn. 12; Ulmer/*Paura* Rn. 20.

38 Baumbach/Hueck/*Haas* Rn. 16; Scholz/*Schmidt* Rn. 11.

vereinbarten Unternehmensgegenstand erforderlich seien.[39] Allerdings besteht insoweit ein durchaus erheblicher wertungsmäßiger Unterschied. Eine Gleichstellung würde zudem zu Rechtsunsicherheit führen, weil ein Abweichen oftmals nicht eindeutig zu ermitteln sein dürfte.[40] Da den Gesellschaftern in einem solchen Fall Schadensersatzansprüche sowie Auflösungs- oder Austrittsrechte aus wichtigem Grund zustehen, sind sie ferner auch ohne eine Klagemöglichkeit gem. § 75 in ausreichendem Maße geschützt.[41] IÜ fehlt es für eine analoge Anwendung bereits an einer planwidrigen Regelungslücke.

III. Nichtigkeitsklage

Das Vorliegen eines Nichtigkeitsgrundes führt nicht dazu, dass die Nichtigkeit einer GmbH von selbst kraft Gesetzes eintritt. Sie muss vielmehr durch Erhebung einer Klage geltend gemacht werden. Bei dieser sog. Nichtigkeitsklage[42] handelt es sich um eine auf die Herbeiführung der Auflösung der GmbH gerichtete **Gestaltungsklage**; ihr Streitgegenstand ist damit trotz des von Abs. 1 vorgegebenen Tenors weder die Feststellung der Nichtigkeit der GmbH noch ihre Nichtigerklärung.[43] Die Nichtigkeitsklage ist nur rudimentär in Abs. 1 geregelt. IÜ sollen nach der wenig geglückten Verweisung in Abs. 2 die §§ 246–248 AktG Anwendung finden. Die Nichtigkeitsklage kann auch im Wege der Widerklage erhoben werden.[44] Dag kann die Nichtigkeit einem Anspruch (zB der GmbH gegen einen Gesellschafter auf Erbringung seiner Einlage) nicht im Wege der Einrede entgegengehalten werden.[45] Zur einstweiligen Verfügung u. zur Schiedsfähigkeit der Nichtigkeitsklage → Rn. 52 f. 17

1. Zulässigkeit

a) Zuständigkeit. Das **LG am Sitz der GmbH** ist für die Nichtigkeitsklage sachlich u. örtlich ausschließlich zuständig (Abs. 2 iVm § 246 III 1 AktG). Von der durch Abs. 2 iVm § 246 III 3, § 145 V 5 u. 6 AktG eröffneten Möglichkeit einer Zuständigkeitskonzentration haben einige Länder Gebrauch gemacht.[46] Sofern bei dem LG eine **Kammer für Handelssachen** gebildet ist, entscheidet diese an Stelle der Zivilkammer (Abs. 2 iVm § 246 III 2 AktG). Ein entspr. Antrag ist nicht erforderlich. 18

b) Aktivlegitimation. Die Nichtigkeitsklage kann nur von dem in Abs. 1 genannten Kreis von Personen erhoben werden. 19

Die Klagebefugnis steht zunächst jedem einzelnen **Gesellschafter** zu, sofern er in der zum Handelsregister eingereichten Liste der Gesellschafter einge- 20

39 Baumbach/Hueck/*Haas* Rn. 16; Lutter/Hommelhoff/*Kleindiek* Rn. 3.
40 So zu Recht BeckOK/*Trölitzsch* Rn. 5.3.
41 So zu Recht Michalski/*Lieder* Rn. 21.
42 Vgl. zu der Problematik des Begriffs Rn. 1.
43 Scholz/*Schmidt* Rn. 15; Ulmer/*Paura* Rn. 23; aA Baumbach/Hueck/*Haas* Rn. 17.
44 *Wicke* Rn. 5; Michalski/*Lieder* Rn. 23; MüKoGmbHG/*Hillmann* Rn. 13.
45 Baumbach/Hueck/*Haas* Rn. 17; MüKoGmbHG/*Hillmann* Rn. 13; Ulmer/*Paura* Rn. 21; aA Scholz/*Schmidt* Rn. 13.
46 So sind in NRW nach § 1 Konzentrations-VO UMAG v. 19.8.2008 (GV NRW S. 575) die LGe Düsseldorf, Dortmund u. Köln zuständig.

tragen ist (§§ 8 I Nr. 3, 16, 40).[47] Auf die Höhe der Beteiligung kommt es – anders als bei der Auflösungsklage nach § 61 – nicht an.[48] Ohne Bedeutung ist auch, ob der Gesellschafter seine Einlage erbracht hat oder ob er über ein Stimmrecht verfügt.[49] Dag ist ein Gesellschafter, der aus der GmbH ausgeschlossen oder dessen Geschäftsanteil eingezogen bzw. kaduziert worden ist, zur Erhebung der Klage nicht befugt.[50] Gleiches gilt für Treugeber, Nießbraucher u. Pfandgläubiger.[51] Steht der Geschäftsanteil mehreren Personen zu, müssen sie gem. § 18 in notwendiger Streitgenossenschaft nach § 62 ZPO klagen.[52]

21 Die Klagebefugnis steht darüber hinaus jedem – auch dem stellvertretenden[53] – **Geschäftsführer** zu, selbst dann, wenn er keine alleinige Vertretungsmacht hat.[54] Ob die anderen Geschäftsführer sich mehrheitlich dag ausgesprochen haben, ist unerheblich.[55]

22 Klagebefugt ist schließlich jedes **Mitglied des Aufsichtsrats**, unabhängig davon, ob es sich um einen obligatorischen oder fakultativen Aufsichtsrat handelt, u. auch gegen den Willen der anderen Mitglieder.[56] Gleiches gilt für Mitglieder von Gremien, die mit vergleichbaren Befugnissen wie ein Aufsichtsrat ausgestattet sind.[57] Dem Aufsichtsrat bzw. dem vergleichbaren Gremium als Organ steht dag keine Klagebefugnis zu.[58]

23 Sofern für eine Nichtigkeitsklage im Liquidationsstadium noch ein Rechtsschutzbedürfnis besteht (→ Rn. 34), kann sie von jedem Liquidator erhoben werden.[59]

24 **Andere** als die vorgenannten **Personen** sind **nicht klagebefugt.** Dies gilt sowohl für die Gläubiger der GmbH[60] als auch für die Mitglieder eines Beirats u. den Beirat als Organ.[61]

25 **Mehrere Kläger** sind **notwendige Streitgenossen** iSv § 62 ZPO, da das Rechtsverhältnis ihnen ggü. nur einheitlich festgestellt werden kann.[62]

47 Vgl. dazu MünchHdbGmbH/*Jasper*, § 24 Rn. 231 ff.
48 Roth/*Altmeppen* Rn. 20; Baumbach/Hueck/*Haas* Rn. 20; MüKoGmbHG/*Hillmann* Rn. 16.
49 Rowedder/Schmidt-Leithoff/*Baukelmann* Rn. 23.
50 Scholz/*Schmidt* Rn. 16; MüKoGmbHG/*Hillmann* Rn. 16; Ulmer/*Paura* Rn. 24.
51 Michalski/*Lieder* Rn. 24; Rowedder/Schmidt-Leithoff/*Baukelmann* Rn. 23; MüKoGmbHG/*Hillmann* Rn. 16.
52 Baumbach/Hueck/*Haas* Rn. 20; MüKoGmbHG/*Hillmann* Rn. 16; Scholz/*Schmidt* Rn. 16.
53 Rowedder/Schmidt-Leithoff/*Baukelmann* Rn. 23.
54 Rowedder/Schmidt-Leithoff/*Baukelmann* Rn. 23; MüKoGmbHG/*Hillmann* Rn. 17; Ulmer/*Paura* Rn. 24.
55 Baumbach/Hueck/*Haas* Rn. 21; MüKoGmbHG/*Hillmann* Rn. 17.
56 Baumbach/Hueck/*Haas* Rn. 22.
57 Baumbach/Hueck/*Haas* Rn. 22; aA MüKoGmbHG/*Hillmann* Rn. 18.
58 Rowedder/Schmidt-Leithoff/*Baukelmann* Rn. 23; MüKoGmbHG/*Hillmann* Rn. 18; Scholz/*Schmidt* Rn. 16.
59 Baumbach/Hueck/*Haas* Rn. 23; Michalski/*Lieder* Rn. 27.
60 Lutter/Hommelhoff/*Kleindiek* Rn. 2; Ulmer/*Paura* Rn. 24.
61 Rowedder/Schmidt-Leithoff/*Baukelmann* Rn. 23; Scholz/*Schmidt* Rn. 16; aA Lutter/Hommelhoff/*Kleindiek* Rn. 2.
62 Baumbach/Hueck/*Haas* Rn. 20; MüKoGmbHG/*Hillmann* Rn. 26.

c) **Passivlegitimation und Vertretung.** Die Nichtigkeitsklage ist gegen die **GmbH** zu richten (Abs. 2 iVm § 246 II 1 AktG). 26

Wird die Nichtigkeitsklage von einem Gesellschafter erhoben, wird die GmbH durch den oder die **Geschäftsführer** bzw. durch den oder die Liquidatoren, jeweils in vertretungsberechtigter Anzahl, u, falls ein Aufsichtsrat besteht, durch den **Aufsichtsrat**, u. zwar durch sämtliche Mitglieder, vertreten (Abs. 2 iVm § 246 II 2 AktG).[63] Dieses sog. Prinzip der Doppelvertretung wird bei der aktienrechtlichen Anfechtungsklage damit gerechtfertigt, dass der Vorstand andernfalls in der Lage sei, einen von der Mehrheit getragenen Beschluss gemeinsam mit dem Kläger zu Fall zu bringen.[64] Ob eine solche Gefahr in gleicher Weise auch bei der Nichtigkeitsklage besteht, dürfte zumindest zweifelhaft sein. Bei sog. Führungslosigkeit gilt § 35 I 2.[65] 27

Klagt dag ein Geschäftsführer, wird die GmbH allein durch den **Aufsichtsrat** vertreten (Abs. 2 iVm § 246 II 3 AktG), u. zwar wiederum durch sämtliche Mitglieder.[66] Ist ein Aufsichtsrat nicht vorhanden, können die Gesellschafter einen besonderen Vertreter analog § 46 Nr. 8 berufen. Geschieht dies nicht innerhalb eines angemessenen Zeitraums, ist von dem Prozessgericht gem. § 57 ZPO ein Prozesspfleger einzusetzen; alternativ kann das Registergericht gem. § 29 BGB analog einen Notgeschäftsführer bestellen.[67] 28

Klagt ein Aufsichtsratsmitglied, wird die GmbH allein durch die **Geschäftsführer** in vertretungsberechtigter Anzahl vertreten (Abs. 2 iVm § 246 II 3 AktG). Zulässig ist auch eine unechte Gesamtvertretung mit einem Prokuristen.[68] 29

d) **Klagefrist u. Verwirkung.** Obwohl Abs. 2 nach seinem Wortlaut auch auf § 246 I AktG[69] verweist, ist die Erhebung der Nichtigkeitsklage nicht an eine Frist von einem Monat gebunden.[70] Denn die §§ 272, 273 HGB 1897, auf die Abs. 2 bis zum 31.3.05 Bezug nahm, enthielten keine derartige Frist. Mit der Neufassung dieser Vorschrift durch das JKomG sollte, wie der Gesetzesbegründung zu entnehmen ist, lediglich eine redaktionelle Anpassung erreicht werden; eine Änderung der Rechtslage war dag nicht beabsichtigt.[71] Soweit zur Begründung darüber hinaus darauf verwiesen wird, dass ein Bedürfnis, bereits nach einer kurzen Zeit Rechtssicherheit zu schaffen, im Fall der Nichtigkeit einer GmbH nicht im gleichen Maße bestehe wie im Fall der Anfechtbarkeit von Beschlüssen der Hauptversamm- 30

63 Baumbach/Hueck/*Haas* Rn. 24; BeckOK/*Trölitzsch* Rn. 8.
64 BGHZ 32, 117; Hüffer/*Koch*, § 246 Rn. 30.
65 Scholz/*Schmidt* Rn. 17.
66 MünchHdbGmbH/*Freitag*, § 12 Rn. 62.
67 Rowedder/Schmidt-Leithoff/*Baukelmann* Rn. 24; MüKoGmbHG/*Hillmann* Rn. 24; Scholz/*Schmidt* Rn. 17.
68 MünchHdbGmbH/*Freitag/Riemenschneider*, § 12 Rn. 62.
69 Zu dessen Einordnung als materiellrechtliche Ausschlussfrist oder prozessuale Frist vgl. einerseits Hüffer/*Koch*, § 246 Rn. 20, andererseits Schmidt/Lutter/*Schwab*, § 246 Rn. 4.
70 Roth/*Altmeppen* Rn. 24; Baumbach/Hueck/*Haas* Rn. 26; Lutter/Hommelhoff/*Kleindiek* Rn. 2; MüKoGmbHG/*Hillmann* Rn. 20.
71 Begr. RegE JKomG, BT-Drs. 15/4067 S. 56.

lung einer Aktiengesellschaft,[72] erscheint dieses Argument auf den ersten Blick zweifelhaft. Denn eine möglichst rasche Klärung der Frage, ob die GmbH für nichtig zu erklären ist, dürfte im Interesse der Gesellschafter u. der Allgemeinheit in vielen Fällen geboten sein. Zu berücksichtigen ist allerdings, dass ein Amtslöschungsverfahren gem. § 397 FamFG vom Registergericht ohne zeitliche Beschränkung eingeleitet werden kann. Vor diesem Hintergrund wäre es nicht gerechtfertigt, eine Nichtigkeitsklage bereits nach dem Ablauf von einem Monat seit der Eintragung der GmbH in das Handelsregister als unzulässig oder unbegründet abzuweisen.

31 Aus dem gleichen Grund ist die Erhebung der Nichtigkeitsklage auch nicht in analoger Anwendung von § 275 III 1 AktG an eine Frist von 3 Jahren seit der Eintragung der GmbH in das Handelsregister gebunden.[73] IÜ fehlt es bereits an einer planwidrigen Regelungslücke.

32 IErg gilt damit für die Nichtigkeitsklage **keine Klagefrist.** Anstelle einer Klagefrist können jedoch ausnahmsweise die Grundsätze der **Verwirkung** herangezogen werden.[74] In einem solchen Fall kommt jedoch weiterhin ein Vorgehen des Registergerichts gem. § 397 FamFG in Betracht.[75]

33 e) **Aufforderung zur Beseitigung des Mangels.** Kann der Mangel nach § 76 geheilt werden, ist umstr., ob die Klage erst erhoben werden kann, nachdem die GmbH erfolglos zur Beseitigung des Mangels aufgefordert worden ist.[76] Ein solches Abmahnungserfordernis lässt sich dem GmbHG jedoch nicht entnehmen. Da die große GmbH-Reform 1969/1971 im Bundestag gescheitert ist, ist die dahin gehende Regelung des § 227 III RegE 1971 auch nicht Gesetz geworden. Eine analoge Anwendung von § 275 II AktG kommt mangels einer planwidrigen Regelungslücke nicht in Betracht. Zu beachten ist aber, dass die Erhebung einer Nichtigkeitsklage ggü. einer GmbH, deren Gesellschafter zu einer Heilung bereit sind, nach hM treuwidrig sein kann,[77] so dass es sich in der Praxis aus der Sicht eines Klägers empfehlen wird, die GmbH zur Beseitigung des Mangels aufzufordern, bevor er eine Nichtigkeitsklage anhängig macht.[78]

34 f) **Rechtsschutzbedürfnis.** Das Rechtsschutzbedürfnis für eine Nichtigkeitsklage fehlt bzw. entfällt nicht deshalb, weil ein Amtslöschungsverfahren gem. § 397 FamFG bereits eingeleitet worden ist bzw. im Laufe des Rechtsstreits eingeleitet wird.[79] In diesem Fall kann entweder die Nichtigkeitsklage gem. § 148 ZPO oder aber das Amtslöschungsverfahren gem. §§ 21,

72 Michalski/*Heyder* Rn. 13 (Voraufl).

73 Roth/*Altmeppen* Rn. 24; Lutter/Hommelhoff/*Kleindiek* Rn. 2; Michalski/*Lieder* Rn. 33; MüKoGmbHG/*Hillmann* Rn. 20; Ulmer/*Paura* Rn. 26; aA Baumbach/Hueck/*Haas* Rn. 26; Bork/Schäfer/*Servatius* Rn. 14; Scholz/*Schmidt* Rn. 19.

74 Lutter/Hommelhoff/*Kleindiek* Rn. 2; Ulmer/*Paura* Rn. 26.

75 Roth/*Altmeppen* Rn. 24; BeckOK/*Trölitzsch* Rn. 10.

76 Dafür Baumbach/Hueck/*Haas* Rn. 27; Scholz/*Schmidt* Rn. 20; dag BeckOK/*Trölitzsch* Rn. 10.1; Michalski/*Lieder* Rn. 34; Rowedder/Schmidt-Leithoff/*Baukelmann* Rn. 28; MüKoGmbHG/*Hillmann* Rn. 21; Ulmer/*Paura* Rn. 25; unklar Roth/*Altmeppen* Rn. 24.

77 Vgl. zB MüKoGmbHG/*Hillmann* Rn. 21; Ulmer/*Paura* Rn. 25.

78 IErg ebenso MünchHdbGmbH/*Freitag*, § 12 Rn. 64.

79 Baumbach/Hueck/*Haas* Rn. 17; BeckOK/*Trölitzsch* Rn. 11; MüKoGmbHG/*Hillmann* Rn. 46.

381 FamFG ausgesetzt werden.[80] Sofern das Amtslöschungsverfahren abgeschlossen und die Löschung der GmbH bereits erfolgt ist, fehlt dag das Rechtsschutzbedürfnis für eine Nichtigkeitsklage.[81] Auch ein wirksamer Beschluss zur Auflösung der GmbH führt idR zu einem Verlust des Rechtsschutzbedürfnisses.[82] Etwas anderes gilt jedoch zB dann, wenn von Seiten der Gesellschafter beabsichtigt ist, die GmbH fortzusetzen, ohne dass dabei zugleich auch der Nichtigkeitsgrund beseitigt wird.[83]

2. Begründetheit

Die Nichtigkeitsklage ist begründet, wenn einer der in Abs. 1 genannten Nichtigkeitsgründe gegeben und eine Heilung nicht erfolgt ist. Die Darlegungs- u. Beweislast dafür liegt auf Klägerseite.[84] 35

3. Verfahren und gerichtliche Entscheidung

Auf die Nichtigkeitsklage finden gem. Abs. 2 die Vorschriften der §§ 246–248 AktG entspr. Anwendung. Damit unterliegt sie ferner – anders als die registergerichtlichen Verfahren – den Vorschriften der ZPO. 36

a) Klageschrift u. Zustellung der Klage. Die Klageschrift hat die in § 253 II ZPO aufgeführten Angaben zu enthalten. Zu dem **notwendigen Inhalt** zählen die Bezeichnung des Gerichts, der Parteien u. des Klagegegenstands sowie ein bestimmter Antrag, der wie folgt lauten könnte: 37

► … wird beantragt, die im Handelsregister unter HR B … eingetragene … GmbH für nichtig zu erklären. ◄

Darüber hinaus sollte die Klageschrift auch die gem. § 253 III u. IV ZPO verlangten Angaben enthalten. Zu dem **fakultativen Inhalt** gehört insbes. auch die Bezeichnung der Vertreter der GmbH (§§ 253 IV, 130 Nr. 1 ZPO), dh der Geschäftsführer in vertretungsberechtigter Anzahl u. in den in → Rn. 27 genannten Fällen zusätzlich sämtlicher Mitglieder des Aufsichtsrats.[85] Da es sich um Soll-Vorschriften handelt, führt ein Verstoß jedoch nicht zur Unwirksamkeit der Klageerhebung.[86] 38

Es reicht aus, wenn die Klageschrift jeweils einem Mitglied von Geschäftsführung u. Aufsichtsrat **zugestellt** wird (§ 170 III ZPO).[87] 39

b) Bekanntmachung. Die Erhebung der Klage u. der Termin zur mündlichen Verhandlung sind von den Geschäftsführern unverzüglich in den Gesellschaftsblättern bekannt zu machen (Abs. 2 iVm § 246 IV AktG). Dies gilt unabhängig davon, ob die GmbH in dem Verfahren auch von den Geschäftsführern vertreten wird.[88] Durch die Bekanntmachung soll den übrigen klagebefugten Personen rechtliches Gehör gewährt werden. Ihnen soll Gelegenheit gegeben werden, sich frühzeitig durch einen Beitritt an dem 40

80 Michalski/*Lieder* Rn. 36; MüKoGmbHG/*Hillmann* Rn. 46; Scholz/*Schmidt* Rn. 16.
81 Baumbach/Hueck/*Haas* Rn. 17; Michalski/*Lieder* Rn. 36.
82 Michalski/*Lieder* Rn. 35; Scholz/*Schmidt* Rn. 3.
83 Michalski/*Lieder* Rn. 35; Scholz/*Schmidt* Rn. 3.
84 Henssler/Strohn/*Büteröwe* Rn. 22.
85 Rowedder/Schmidt-Leithoff/*Baukelmann* Rn. 27; Scholz/*Schmidt* Rn. 17.
86 Baumbach/Hueck/*Haas* Rn. 24; Michalski/*Lieder* Rn. 37.
87 BGHZ 32, 119; Ulmer/*Paura* Rn. 31.
88 Michalski/*Lieder* Rn. 38; MünchHdbGmbH/*Freitag*, § 12 Rn. 64.

Verfahren zu beteiligen. Dementspr kann bei der Anordnung eines schriftlichen Vorverfahrens gem. § 276 ZPO mit der Bekanntmachung nicht abgewartet werden, bis ein Termin zur mündlichen Verhandlung anberaumt worden ist. In einem solchen Fall müssen Erhebung der Klage u. Terminsbestimmung vielmehr gesondert bekannt gemacht werden.[89] Die Geschäftsführer können durch Festsetzung eines Zwangsgelds zur Bekanntmachung angehalten werden.[90] Eine darüber hinausgehende Benachrichtigung der übrigen klagebefugten Personen ist nicht erforderlich; dazu ist auch das Gericht nicht verpflichtet.[91]

41 c) **Verbindung.** Mehrere Klagen sind zu gemeinsamer Verhandlung u. Entscheidung zu verbinden.[92] Ob sich dies aus § 246 III 5 AktG oder § 249 II 1 AktG ergibt, ist zwar umstr., aber ohne praktische Relevanz.[93]

42 d) **Nebenintervention.** Der in Abs. 1 genannte Kreis von klagebefugten Personen kann einer erhobenen Nichtigkeitsklage im Wege der Nebenintervention beitreten. Allerdings ist dies gem. Abs. 2 iVm § 246 IV 2 AktG nur innerhalb eines Monats nach der Bekanntmachung der Erhebung der Klage möglich.[94]

43 e) **Urteil.** Bei dem einer Nichtigkeitsklage **stattgebenden Urt.** handelt es sich um ein Gestaltungsurteil, durch das die GmbH für nichtig erklärt wird. Der Tenor lautet dementspr:

▶ Die im Handelsregister unter HR B ... eingetragene ... GmbH wird für nichtig erklärt. ◀

44 Einem solchen Urt. kommt eine Wirkung inter omnes zu,[95] dh es wirkt für u. gegen alle Gesellschafter, Geschäftsführer u. Mitglieder des Aufsichtsrats, selbst wenn sie keine Nichtigkeitsklage erhoben hatten (Abs. 2 iVm § 248 I 1 AktG), sowie darüber hinaus für u. gegen jeden Dritten. Auch das Registergericht ist an das Urt. gebunden.[96] Mit Eintritt der Rechtskraft bewirkt das einer Nichtigkeitsklage stattgebende Urt. die Auflösung der GmbH, nicht deren Nichtigkeit.[97] Vgl. iÜ → § 77 Rn. 2.

45 Das **klageabweisende Urt.** wirkt dag nur inter partes.[98] Eine erneute Nichtigkeitsklage desselben oder derselben Kläger unter Berufung auf denselben

---

89 Michalski/*Lieder* Rn. 38; Rowedder/Schmidt-Leithoff/*Baukelmann* Rn. 30; MüKoGmbHG/*Hillmann* Rn. 27.
90 Roth/*Altmeppen* Rn. 25; Michalski/*Lieder* Rn. 38; MüKoGmbHG/*Hillmann* Rn. 27.
91 Ebenso wohl Scholz/*Schmidt* Rn. 17; aA Baumbach/Hueck/*Haas* Rn. 28; Michalski/*Lieder* Rn. 39.
92 Baumbach/Hueck/*Haas* Rn. 28; MüKoGmbHG/*Hillmann* Rn. 26; Ulmer/*Paura* Rn. 30.
93 Rowedder/Schmidt-Leithoff/*Baukelmann* Rn. 31 mN.
94 BeckOK/*Trölitzsch* Rn. 12.
95 Baumbach/Hueck/*Haas* Rn. 29; MüKoGmbHG/*Hillmann* Rn. 29; Scholz/*Schmidt* Rn. 21.
96 Michalski/*Lieder* Rn. 42; Scholz/*Schmidt* Rn. 21.
97 Lutter/Hommelhoff/*Kleindiek* Rn. 5; Michalski/*Lieder* Rn. 41; Scholz/*Schmidt* Rn. 21; Ulmer/*Paura* Rn. 34; aA Baumbach/Hueck/*Haas* Rn. 29; wohl auch BeckOK/*Trölitzsch* Rn. 13.
98 MüKoGmbHG/*Hillmann* Rn. 29; Scholz/*Schmidt* Rn. 21; Ulmer/*Paura* Rn. 34.

Nichtigkeitsgrund ist damit zwar unzulässig. Andere klagebefugte Personen können jedoch ohne Beschränkung Nichtigkeitsklage erheben.[99]

f) Einreichung zum und Eintragung in das Handelsregister. Ist der Nichtigkeitsklage stattgegeben worden, ist eine mit Rechtskraftzeugnis versehene Ausfertigung dieses Urt. unverzüglich nach Eintritt der Rechtskraft zum Handelsregister einzureichen (Abs. 2 iVm § 248 I 2 AktG). Dafür sind allerdings nicht mehr die Geschäftsführer, sondern bereits die Liquidatoren zuständig, weil die GmbH in diesem Fall mit Eintritt der Rechtskraft in das Liquidationsstadium übertritt.[100] Es empfiehlt sich daher, zugleich auch die Liquidatoren u. ihre Vertretungsbefugnis gem. § 67 I zum Handelsregister anzumelden.[101] Die Einreichung des Urt. kann durch Festsetzung von Zwangsgeld erzwungen werden.[102] 46

Umstr. ist, ob das Registergericht sodann die Eintragung der Nichtigkeit vAw (§ 275 IV 3 AktG analog) vornimmt[103] oder ob es dafür einer besonderen Anmeldung durch die Liquidatoren (§ 77 I iVm § 65 I) bedarf.[104] Aus Gründen der Vorsicht sollte in der Praxis stets eine Anmeldung vorgenommen werden.[105] Deren Wortlaut sollte dem Wortlaut der Eintragung entsprechen, die in Spalte 6 des Registerblatts (§ 43 Nr. 6 lit. b) dd) HRV) erfolgt: 47

► Die Gesellschaft ist mit Rechtskraft des Urteils des ... vom ... für nichtig erklärt worden und befindet sich daher mit Wirkung vom ...[106] im Auflösungsstadium. ◄

Die Eintragung, der nur eine deklaratorische Bedeutung zukommt,[107] ist durch das Registergericht gem. § 10 HGB bekanntzumachen.[108] 48

g) Schadensersatzpflicht bei unbegründeter Klage. § 273 II HGB 1897 sah vor, dass im Falle der Erhebung einer unbegründeten Nichtigkeitsklage die Kläger, denen eine „bösliche Handlungsweise“ zur Last fiel, der Gesellschaft als Gesamtschuldner auf Schadensersatz haften sollten. Spätestens mit der Neufassung des Abs. 2 kann eine Schadensersatzpflicht allein aus diesem Grund nicht mehr hergeleitet werden. Ein Schadensersatzanspruch kann sich jedoch bei Verletzung der Treuepflicht durch einen Gesellschafter bzw. der Amtspflichten durch ein Organmitglied aus § 280 I BGB oder bei vorsätzlicher sittenwidriger Schädigung aus § 826 BGB ergeben.[109] Ferner kommt eine Schadensersatzhaftung gem. § 945 ZPO in Betracht, wenn 49

---

99 Michalski/*Lieder* Rn. 45; Rowedder/Schmidt-Leithoff/*Baukelmann* Rn. 32.
100 Roth/*Altmeppen* Rn. 28; Baumbach/Hueck/*Haas* Rn. 31; MüKoGmbHG/*Hillmann* Rn. 30.
101 Michalski/*Lieder* Rn. 43.
102 Baumbach/Hueck/*Haas* Rn. 31; MüKoGmbHG/*Hillmann* Rn. 30.
103 Roth/*Altmeppen* Rn. 28; Baumbach/Hueck/*Haas* Rn. 32; MüKoGmbHG/*Hillmann* Rn. 31.
104 Lutter/Hommelhoff/*Kleindiek* Rn. 5; Rowedder/Schmidt-Leithoff/*Baukelmann* Rn. 34.
105 Ebenso BeckOK/*Trölitzsch* Rn. 14.
106 Hier ist das Datum des Eintritts der formellen Rechtskraft einzutragen; vgl. Baumbach/Hueck/*Haas* Rn. 32.
107 Rowedder/Schmidt-Leithoff/*Baukelmann* § 77 Rn. 3; Ulmer/*Paura* § 77 Rn. 2.
108 Roth/*Altmeppen* Rn. 28; Michalski/*Lieder* Rn. 44; MüKoGmbHG/*Hillmann* Rn. 31.
109 Baumbach/Hueck/*Haas* Rn. 35; MüKoGmbHG/*Hillmann* Rn. 33; Scholz/*Schmidt* Rn. 23.

eine einstweilige Verfügung (→ Rn. 52) zu Unrecht erwirkt u. vollzogen worden ist.[110]

4. Rechtsmittel

50 Die Zulässigkeit von Rechtsmitteln iRd Nichtigkeitsklage richtet sich nach den allg. zivilprozessualen Vorschriften.[111]

5. Streitwert und Kosten

51 Für die Bemessung des Streitwerts sind gem. Abs. 2 die Regelungen des § 247 AktG heranzuziehen. Den **Streitwert** bestimmt das Gericht folglich gem. § 247 I 1 AktG unter Berücksichtigung aller Umstände des Einzelfalls nach billigem Ermessen. Maßgeblich ist insbes. die Bedeutung der Sache für die Parteien. Bei einem Gesellschafter als Kläger dürfte daher grds. auf den Wert seines Geschäftsanteils abzustellen sein.[112] Im Fall der Klage eines Nichtgesellschafters kann auch § 247 I 2 AktG herangezogen werden.[113] In Betracht kommt ferner eine Streitwertspaltung gem. § 247 II AktG.[114] Die Verteilung der **Kosten** bestimmt sich nach §§ 91 ff. ZPO.

6. Einstweiliger Rechtsschutz

52 Eine eingetragene GmbH kann nicht im Wege der einstweiligen Verfügung für nichtig erklärt werden.[115] Darin würde eine unzulässige Vorwegnahme der Hauptsache liegen. Dag können nach der Erhebung einer Nichtigkeitsklage durch einstweilige Verfügung gem. §§ 938, 940 ZPO Regelungen getroffen werden, die erforderlich sind, um die auf eine Nichtigerklärung der GmbH folgende Auflösung zu sichern. So kann den Geschäftsführern eine damit unvereinbare Geschäftstätigkeit, zB die Veräußerung wesentlicher Vermögensteile, untersagt werden.[116]

7. Schiedsverfahren

53 Ob die Nichtigkeitsklage auch vor einem Schiedsgericht erhoben werden kann, war lange Zeit umstr.[117] Die Schiedsfähigkeit ist mit der inzwischen hM zu bejahen, da es sich um eine vermögensrechtliche Streitigkeit iSv § 1030 I ZPO handelt.[118] Erforderlich ist aber, dass die in dem Gesellschaftsvertrag enthaltene Schiedsvereinbarung den strengen Vorgaben des

---

110 MüKoGmbHG/*Hillmann* Rn. 33; Scholz/*Schmidt* Rn. 23; Ulmer/*Paura* Rn. 36.
111 Ulmer/*Paura* Rn. 29.
112 BeckOK/*Trölitzsch* Rn. 9.2; Michalski/*Lieder* Rn. 46; MüKoGmbHG/*Hillmann* Rn. 28.
113 Michalski/*Lieder* Rn. 46; Rowedder/Schmidt-Leithoff/*Baukelmann* Rn. 33; MüKoGmbHG/*Hillmann* Rn. 28.
114 Michalski/*Lieder* Rn. 46; MüKoGmbHG/*Hillmann* Rn. 28; Ulmer/*Paura* Rn. 33.
115 Baumbach/Hueck/*Haas* Rn. 34; Bork/Schäfer/*Servatius* Rn. 9; MüKoGmbHG/*Hillmann* Rn. 32.
116 Baumbach/Hueck/*Haas* Rn. 34; Rowedder/Schmidt-Leithoff/*Baukelmann* Rn. 35; MüKoGmbHG/*Hillmann* Rn. 32.
117 Abl. Hachenburg/*Hohner* Rn. 29; MünchHdbGmbH/*Freitag* § 12 Rn. 63; unentschieden Rowedder/Schmidt-Leithoff/*Baukelmann* Rn. 22.
118 Scholz/*Schmidt* Rn. 18; Ulmer/*Paura* Rn. 29.

BGH für die Konstituierung von Schiedsgerichten[119] genügt.[120] In der Praxis dürfte ein Schiedsverfahren zur Nichtigerklärung einer GmbH allerdings nur selten vorkommen, da es angesichts der neben der Nichtigkeitsklage zur Verfügung stehenden registergerichtlichen Verfahren keine Vorteile bietet.

8. Freigabeverfahren

Obwohl § 246 a AktG von der Verweisung in Abs. 2 nicht ausdrücklich 53a
ausgenommen ist, gibt es im Zusammenhang mit der Nichtigerklärung einer GmbH kein Freigabeverfahren,[121] da auf der Hand liegt, dass es nicht passt. Dies entspricht auch dem Willen des Gesetzgebers, wie ein Blick auf § 275 IV 1 AktG zeigt. Es ist jedoch versäumt worden, bei der Einführung des aktienrechtlichen Freigabeverfahrens durch das UMAG auch die Verweisung in Abs. 2 anzupassen.

IV. Amtslöschungs- und Amtsauflösungsverfahren

§ 397 FamFG Löschung nichtiger Gesellschaften und Genossenschaften 54

[1]Eine in das Handelsregister eingetragene Aktiengesellschaft oder Kommanditgesellschaft auf Aktien kann nach § 395 als nichtig gelöscht werden, wenn die Voraussetzungen vorliegen, unter denen nach den §§ 275 und 276 des Aktiengesetzes die Klage auf Nichtigerklärung erhoben werden kann. [2]Das Gleiche gilt für eine in das Handelsregister eingetragene Gesellschaft mit beschränkter Haftung, wenn die Voraussetzungen vorliegen, unter denen nach den §§ 75 und 76 des Gesetzes betreffend die Gesellschaften mit beschränkter Haftung die Nichtigkeitsklage erhoben werden kann, sowie für eine in das Genossenschaftsregister eingetragene Genossenschaft, wenn die Voraussetzungen vorliegen, unter denen nach den §§ 94 und 95 des Genossenschaftsgesetzes die Nichtigkeitsklage erhoben werden kann.

§ 399 FamFG Auflösung wegen Mangels der Satzung

(1) [1]Enthält die Satzung einer in das Handelsregister eingetragenen Aktiengesellschaft oder einer Kommanditgesellschaft auf Aktien eine der nach § 23 Abs. 3 Nr. 1, 4, 5 oder Nr. 6 des Aktiengesetzes wesentlichen Bestimmungen nicht oder ist eine dieser Bestimmungen oder die Bestimmung nach § 23 Abs. 3 Nr. 3 des Aktiengesetzes nichtig, hat das Registergericht die Gesellschaft von Amts wegen oder auf Antrag der berufsständischen Organe aufzufordern, innerhalb einer bestimmten Frist eine Satzungsänderung, die den Mangel der Satzung behebt, zur Eintragung in das Handelsregister anzumelden oder die Unterlassung durch Widerspruch gegen die Aufforderung zu rechtfertigen. [2]Das Gericht hat gleichzeitig darauf hinzuweisen, dass andernfalls ein nicht behobener Mangel im Sinne des Absatzes 2 festzustellen ist und dass die Gesellschaft dadurch nach § 262 Abs. 1 Nr. 5 oder § 289 Abs. 2 Nr. 2 des Aktiengesetzes aufgelöst wird.

(2) [1]Wird innerhalb der nach Absatz 1 bestimmten Frist weder der Aufforderung genügt noch Widerspruch erhoben oder ist ein Widerspruch zurückgewiesen worden, hat das Gericht den Mangel der Satzung festzustellen. [2]Die Feststellung kann mit der Zurückweisung des Widerspruchs verbunden werden. [3]Mit der Zurückweisung des Widerspruchs sind der Gesellschaft zugleich die Kosten des Widerspruchsverfahrens aufzuerlegen, soweit dies nicht unbillig ist.

---

119 BGHZ 132, 278 ff.; BGH NJW 09, 1962 ff.
120 MüKoGmbHG/*Hillmann* Rn. 23; Scholz/*Schmidt* Rn. 18; Ulmer/*Paura* Rn. 29.
121 Bork/Schäfer/*Servatius* Rn. 13.

(3) Der Beschluss, durch den eine Feststellung nach Absatz 2 getroffen, ein Antrag oder ein Widerspruch zurückgewiesen wird, ist mit der Beschwerde anfechtbar.

(4) Die Absätze 1 bis 3 gelten entsprechend, wenn der Gesellschaftsvertrag einer in das Handelsregister eingetragenen Gesellschaft mit beschränkter Haftung eine der nach § 3 Abs. 1 Nr. 1 oder Nr. 4 des Gesetzes betreffend die Gesellschaften mit beschränkter Haftung wesentlichen Bestimmungen nicht enthält oder eine dieser Bestimmungen oder die Bestimmung nach § 3 Abs. 1 Nr. 3 des Gesetzes betreffend die Gesellschaften mit beschränkter Haftung nichtig ist.

55 Parallel zu der Nichtigkeitsklage verfügt das Registergericht über verschiedene Möglichkeiten, um Mängel des Gesellschaftsvertrags einer eingetragenen GmbH zu **sanktionieren.** So kann es eine GmbH als nichtig löschen, wenn die Voraussetzungen vorliegen, unter denen nach §§ 75, 76 eine Nichtigkeitsklage erhoben werden kann. Der Terminus „Löschung" ist allerdings missverständlich; tatsächlich zielt das Verfahren ebenso wie die Nichtigkeitsklage nach § 75 nur auf die Auflösung der GmbH.[122] In den in § 399 IV FamFG genannten Fällen eines Verstoßes gegen § 3 hat es die GmbH zur Behebung des Mangels des Gesellschaftsvertrags aufzufordern. Sofern die GmbH innerhalb der gesetzten Frist weder der Aufforderung zur Anmeldung einer Änderung des Gesellschaftsvertrags nachkommt noch Widerspruch erhebt oder der Widerspruch zurückgewiesen wird, stellt das Registergericht den Mangel des Gesellschaftsvertrags durch Beschluss fest. Dieser Beschluss führt mit Eintritt der Rechtskraft zur Auflösung der GmbH gem. § 60 I Nr. 6.

1. Amtslöschungsverfahren gemäß § 397 FamFG (§ 144 I FGG aF)

56 a) **Voraussetzungen.** Die Löschung einer eingetragenen GmbH kommt nach § 397 S. 2 FamFG nur in Betracht, wenn ein Nichtigkeitsgrund iSv Abs. 1 vorliegt, dh wenn der Gesellschaftsvertrag keine Bestimmung über die Höhe des Stammkapitals oder über den Unternehmensgegenstand enthält oder wenn die Bestimmungen des Gesellschaftsvertrags über den Unternehmensgegenstand nichtig sind. Im Fall der Nichtigkeit der Bestimmung über die Höhe des Stammkapitals oder eines anderen Mangels des Gesellschaftsvertrags kommt dag lediglich ein Vorgehen gem. § 399 FamFG in Betracht.[123] Der Nichtigkeitsgrund darf nicht gem. § 76 geheilt worden sein.[124]

57 b) **Zuständigkeit.** Sachlich u. örtlich ausschließlich zuständig ist das **AG als Registergericht**, in dessen Bezirk sich der statutarische **Sitz der Gesellschaft** befindet (§ 23 a I Nr. 2 iVm II Nr. 3 GVG, § 377 I FamFG). Die funktionelle Zuständigkeit liegt grds. beim **Richter** (§ 17 Nr. 1 lit. e RPflG; vgl. aber § 19 I 1 Nr. 6 RPflG).

58 c) **Einleitung des Verfahrens.** Die Einleitung des Verfahrens erfolgt gem. § 397 iVm § 395 I 1 FamFG **vAw oder auf Antrag eines der** in § 380 I FamFG legaldefinierten **berufsständischen Organe.** Für die formellen Min-

122 S. Rn. 1; ausf. dazu Scholz/*Schmidt* Rn. 24.
123 Bumiller/*Harders* § 397 Rn. 4; Keidel/*Heinemann* § 397 Rn. 10 ausf. dazu Rn. 70 ff.
124 Bumiller/*Harders* § 397 Rn. 6; MKZPO/*Krafka* § 397 FamFG Rn. 12; MüKo-GmbHG/*Hillmann* Rn. 35; ausf. dazu § 76 Rn. 4 ff.

destanforderungen an einen solchen Antrag vgl. § 23 FamFG. „Anträge“ anderer Personen stellen lediglich Anregungen iSv § 24 FamFG dar.[125]

Vor der Einleitung des Verfahrens hat das Registergericht zu prüfen, ob der Gesellschaftsvertrag einen der in Abs. 1 aufgeführten Mängel aufweist, der bislang nicht gem. § 76 geheilt worden ist. Die dafür erforderlichen Tatsachen hat es gem. § 26 FamFG vAw zu ermitteln.[126] 59

Ist das Registergericht von dem Bestehen eines Nichtigkeitsgrundes nicht überzeugt, hat es, sofern ein Antrag vorliegt, diesen gem. § 395 III iVm § 393 III 1 FamFG durch Beschluss zurückzuweisen. Ist die Einleitung des Verfahrens lediglich angeregt worden, könnte es gem. § 24 II FamFG geboten sein, die betr. Person davon zu unterrichten, dass der Anregung nicht gefolgt wird. 60

Gelangt das Registergericht zu der Überzeugung, dass ein Nichtigkeitsgrund gegeben ist, nimmt die hM im Schrifttum zum FamFG unter Hinweis auf den Wortlaut des § 397 FamFG („kann“) an, dass Einleitung u. Durchführung des Verfahrens gleichwohl im pflichtgemäßen Ermessen des Registergerichts steht u. es folglich einer Abwägung im Einzelfall zwischen den durch den Mangel des Gesellschaftsvertrags gefährdeten Interessen u. der bei Löschung der GmbH uU drohenden Vernichtung erheblicher Werte bedarf.[127] Von der Einleitung eines Verfahrens kann dementspr abgesehen werden, wenn die GmbH lange Zeit unbeanstandet bestanden hat u. durch die Löschung nur wirtschaftlicher Schaden entstünde.[128] Die hM im Schrifttum zum GmbHG geht dag davon aus, dass dem Registergericht kein Ermessensspielraum zusteht u. auch ein überw. öffentliches Interesse an der Löschung der GmbH nicht besonders festzustellen ist.[129] 61

Die Einleitung des Verfahrens wird durch die **Anhängigkeit einer Nichtigkeitsklage** nicht gehindert. Allerdings kann das Registergericht davon bis zur rechtskräftigen Entscheidung der Nichtigkeitsklage absehen; alternativ kann es das Verfahren gem. §§ 21, 381 FamFG aussetzen.[130] Wird der Nichtigkeitsklage rechtskräftig stattgegeben, erledigt sich das Verfahren u. ist einzustellen.[131] 62

d) Beteiligte des Verfahrens. An dem Verfahren ist die **GmbH** gem. § 7 II Nr. 1 FamFG beteiligt.[132] Ferner sind die **berufsständischen Organe** im Falle eines eigenen Antrags gem. § 7 I FamFG, iÜ in dem durch § 380 II 63

---

125 Bassenge/Roth/*Walter* § 397 Rn. 7.
126 Bassenge/Roth/*Walter* § 397 Rn. 7; Schulte-Bunert/Weinreich/*Nedden-Boeger* § 395 Rn. 74 f.
127 Bassenge/Roth/*Walter* § 397 Rn. 7; Keidel/*Heinemann* § 397 Rn. 17; einschr. MKZPO/*Krafka* § 397 FamFG Rn. 13.
128 Bassenge/Roth/*Walter* § 397 Rn. 7; Bumiller/*Harders* § 397 Rn. 9; vgl. ferner Schulte-Bunert/Weinreich/*Nedden-Boeger* § 395 Rn. 78 ff.
129 Baumbach/Hueck/*Haas* Anh. § 77 Rn. 25; MüKoGmbHG/*Hillmann* Rn. 38; Scholz/*Schmidt* Rn. 26.
130 Baumbach/Hueck/*Haas* Anh. § 77 Rn. 25; Bork/Jacoby/Schwab/*Müther* § 397 Rn. 8.
131 Rowedder/Schmidt-Leithoff/*Baukelmann* Rn. 47; Scholz/*Schmidt* Rn. 29.
132 OLG Düsseldorf GmbHR 95, 593; MKZPO/*Krafka* § 397 FamFG Rn. 16; MüKoGmbHG/*Hillmann* Rn. 37.

FamFG vorgegebenen Umfang beteiligt.[133] Nicht beteiligt sind dag die zur Erhebung der Nichtigkeitsklage gem. Abs. 1 berechtigten Personen.[134]

64 e) **Ablauf des Verfahrens und gerichtliche Entscheidung.** Der Ablauf des Verfahrens richtet sich gem. § 397 S. 2 iVm S. 1 FamFG nach § 395 FamFG.

65 Das Registergericht hat die GmbH gem. § 395 II 1 FamFG von der beabsichtigten Löschung zu benachrichtigen. In dieser **Löschungsankündigung** ist zugleich eine angemessene Frist zur Einlegung eines Widerspruchs zu bestimmen. Über die Einzelheiten bzgl. der Einlegung der Widerspruchs ist entspr. § 39 FamFG zu belehren.[135] Anders als noch in § 144 III FGG aF vorgesehen, muss die zu bestimmende Frist nicht mehr mind. 3 Monate betragen; allerdings sollte sie einen Monat auch nicht unterschreiten.[136] Innerhalb der Frist, die gem. § 16 I FamFG mit der Bekanntgabe beginnt, deren Dauer sich gem. § 16 II FamFG iVm § 222 ZPO nach §§ 187–189 BGB berechnet u. die gem. § 16 II FamFG iVm § 224 II ZPO auf Antrag jederzeit verlängert werden kann, kann nicht nur Widerspruch eingelegt, sondern auch der Löschungsgrund, der in der Löschungsankündigung konkret zu bezeichnen ist,[137] im Wege der Heilung gem. § 76 beseitigt werden. Auf diese Möglichkeit hat das Registergericht gem. § 45 I HRV ausdrücklich hinzuweisen. Die Benachrichtigung erfolgt im Wege der Bekanntgabe gem. § 395 II 2 iVm § 394 II 1 u. 2 FamFG, dh gem. § 15 II 1 FamFG durch Zustellung iSv §§ 166–195 ZPO oder durch Aufgabe zur Post.

66 Zur Einlegung eines **Widerspruchs** gegen die beabsichtigte Löschung ist nur die GmbH berechtigt, für die gem. § 35 II 2 u. 3 die Geschäftsführer in vertretungsberechtigter Anzahl tätig werden.[138] Eine Bezeichnung als Widerspruch ist nicht erforderlich. Vielmehr ist ausreichend, wenn deutlich wird, dass die Löschung nicht akzeptiert wird.[139] An eine besondere Form ist der Widerspruch nicht gebunden; gem. § 25 I FamFG kann er schriftlich oder zur Niederschrift der Geschäftsstelle eingelegt werden. Der Widerspruch bedarf keiner Begründung.[140] Bei Versäumung der Widerspruchsfrist kann eine Wiedereinsetzung in den vorigen Stand in entspr. Anwendung von §§ 17–19 FamFG erfolgen.[141] IÜ hat das Registergericht auch bei einem verspäteten Widerspruch die vorgebrachten Gründe zu prüfen.[142] Über den Widerspruch entscheidet das Registergericht, nachdem es die zur Feststellung der entscheidungserheblichen Tatsachen evtl. noch erforderlichen weiteren Ermittlungen durchgeführt u. den Beteiligten rechtli-

---

133 Keidel/*Heinemann* § 397 Rn. 21.
134 Bassenge/Roth/*Walter* § 397 Rn. 8; Keidel/*Heinemann* § 397 Rn. 21; MüKoGmbHG/*Hillmann* Rn. 37.
135 Bassenge/Roth/*Walter* § 397 Rn. 9; Schulte-Bunert/Weinreich/*Nedden-Boeger* § 395 Rn. 94.
136 Keidel/*Heinemann* § 397 Rn. 22; MKZPO/*Krafka* § 397 FamFG Rn. 17; MüKoGmbHG/*Hillmann* Rn. 39; für Orientierung an § 144 III FGG aF Schulte-Bunert/Weinreich/*Nedden-Boeger* § 395 Rn. 90.
137 Keidel/*Heinemann* § 395 Rn. 33.
138 Ulmer/*Paura* Rn. 45.
139 Bassenge/Roth/*Walter* § 393 Rn. 10.
140 Keidel/*Heinemann* § 395 Rn. 37; MüKoGmbHG/*Hillmann* Rn. 41.
141 Keidel/*Heinemann* § 395 Rn. 39.
142 MüKoGmbHG/*Hillmann* Rn. 41; Ulmer/*Paura* Rn. 45.

ches Gehör gewährt hat, gem. § 395 III iVm § 393 III 1 FamFG durch einen Beschluss, der gem. § 38 III 1 FamFG zu begründen ist. Ist das Registergericht aufgrund der erneuten Prüfung von dem Vorliegen eines Nichtigkeitsgrundes nicht mehr überzeugt, lehnt es die Löschung ab. Andernfalls weist das Registergericht den Widerspruch zurück. Der weitere Beschlussinhalt ergibt sich aus §§ 38, 39 FamFG. Für die Bekanntgabe gilt § 41 FamFG.

Sofern kein Widerspruch erhoben oder der den Widerspruch zurückweisende Beschluss rechtskräftig geworden ist, erfolgt die Löschung der GmbH gem. § 395 I 2 FamFG durch **Eintragung eines sog. Löschungsvermerks im Handelsregister**, der die GmbH gem. § 45 II 1 HRV „als nichtig" bezeichnet. Der weitere Inhalt des Vermerks ergibt sich aus § 19 II 1 HRV. Die Eintragung wirkt konstitutiv.[143] Sie ist gem. §§ 384 I, 383 I FamFG bekannt zu geben u. gem. §§ 384 I, 383 II FamFG iVm § 10 HGB zu veröffentlichen. Die **Rechtsfolgen** entsprechen denen eines rechtskräftigen Nichtigkeitsurteils; es gilt § 77.[144] 67

f) **Rechtsmittel.** Der Beschluss, durch den der Antrag auf Einleitung des Verfahrens zurückgewiesen wird, ist ebenso wie der Beschluss über den Widerspruch gem. § 395 III iVm § 393 III 2 FamFG mit der **Beschwerde** gem. § 58 FamFG und ggf. mit der Rechtsbeschwerde gem. § 70 FamFG anfechtbar. Beschwerdeberechtigt ist die GmbH, sofern der Widerspruch zurückgewiesen wird, u. die berufsständischen Organe, sofern ein Antrag auf Einleitung des Verfahrens zurückgewiesen worden ist oder dem Widerspruch stattgegeben worden ist.[145] Gegen die Löschungsverfügung ist ein Rechtsmittel nicht vorgesehen.[146] Da die Löschung jedoch selbst eine Eintragung ist, kann sie ihrerseits gem. § 395 FamFG gelöscht werden.[147] Eine unzulässigerweise eingereichte Beschwerde wird als dahin gehende Anregung auszulegen sein.[148] Die Gesellschafter können zudem einen Heilungs- bzw. Fortsetzungsbeschluss fassen.[149] 68

g) **Kosten.** Eine Kostenentscheidung ergeht nur in dem in § 397 iVm §§ 395 III, 393 IV FamFG geregelten Fall. IÜ ergibt sich der Kostenschuldner aus § 2 KostO. Gerichtsgebühren fallen nur nach Maßgabe von § 88 KostO an.[150] Der Geschäftswert bestimmt sich nach §§ 88 II 3, 30 II KostO. 69

2. Amtsauflösungsverfahren gemäß § 399 FamFG (§ 144 a FGG aF)

a) **Voraussetzungen.** Die Auflösung einer eingetragenen GmbH setzt nach § 399 IV FamFG voraus, dass die Bestimmungen in dem Gesellschaftsvertrag über Firma u. Sitz der Gesellschaft (§ 3 I Nr. 1) bzw. über die Zahl u. 70

143 MKZPO/*Krafka* § 397 FamFG Rn. 20.
144 Baumbach/Hueck/*Haas* Anh. § 77 Rn. 29; Scholz/*Schmidt* Rn. 28.
145 Keidel/*Heinemann* § 397 Rn. 23, § 393 Rn. 26.
146 Baumbach/Hueck/*Haas* Anh. § 77 Rn. 28; aA Ulmer/*Paura* Rn. 48.
147 Keidel/*Heinemann* § 397 Rn. 26; MKZPO/*Krafka* § 397 FamFG Rn. 19.
148 Scholz/*Schmidt* Rn. 27.
149 Baumbach/Hueck/*Haas* Anh. § 77 Rn. 30; Scholz/*Schmidt* Rn. 27.
150 Vgl. iErg Keidel/*Heinemann* § 397 Rn. 27; Schulte-Bunert/Weinreich/*Nedden-Boeger* § 395 Rn. 139 ff.

Höhe der Nennbeträge der Geschäftsanteile, die jeder Gesellschafter gegen Einlage auf das Stammkapital (Stammeinlage) übernimmt (§ 3 I Nr. 4), fehlen oder eine dieser Bestimmung bzw. die Bestimmung über die Höhe des Stammkapitals (§ 3 I Nr. 3) nichtig ist. Ob die Nichtigkeit von Anfang besteht oder nachträglich eintritt, ist unerheblich.[151]

71 Die Anforderungen an die **Firma** einer GmbH sind insbes. § 4 sowie §§ 17 f. u. 30 HGB zu entnehmen; für die UG ist zudem § 5 a I zu beachten. Wird die Firma diesen Anforderungen nicht gerecht, ist die entspr. Bestimmung des Gesellschaftsvertrags nichtig.[152] Anstelle des Amtsauflösungsverfahrens kann das Registergericht die GmbH allerdings auch gem. § 392 FamFG zur Änderung der Firma anhalten.[153]

72 Nach § 4 a muss der **Sitz** einer GmbH im Inland liegen. Nach Inkrafttreten des MoMiG ist damit nurmehr der Satzungssitz gemeint.[154] Wird in der entspr. Bestimmung des Gesellschaftsvertrags daher ein Ort im Ausland als Sitz der GmbH festgelegt, ist diese nichtig. Gleiches gilt, wenn ein Doppelsitz für die GmbH vorgesehen ist.[155]

73 Die Bestimmung über die **Höhe des Stammkapitals** einer GmbH ist nichtig, wenn sie gegen die Vorgaben des § 5 verstößt. Ist daher das im Gesellschaftsvertrag angegebene Stammkapital niedriger als das in § 5 I vorgesehene Mindeststammkapital oder lautet es nicht, wie nach § 5 II 1 bzw. § 1 EGGmbHG erforderlich, auf volle Euro bzw. DM, ist § 399 FamFG einschlägig.[156]

74 Die Summe der **Nennbeträge der Geschäftsanteile**, die von den Gesellschaftern gegen Einlage auf das Stammkapital übernommen werden (Stammeinlagen), muss gem. § 5 III 2 genau dem Nennbetrag des Stammkapitals entsprechen. Wird gegen den darin zum Ausdruck kommenden Grundsatz der notwendigen Vollübernahme des Kapitals verstoßen, ist die entspr. Bestimmung im Gesellschaftsvertrag nichtig. Gleiches gilt, wenn die Nennbeträge entgegen § 5 II 1 bzw. § 1 EGGmbHG nicht auf volle Euro bzw. DM lauten.[157]

75 **b) Zuständigkeit.** Sachlich u. örtlich ausschließlich zuständig ist das **AG als Registergericht**, in dessen Bezirk sich der statutarische **Sitz der Gesellschaft** befindet (§ 23 a I Nr. 2 iVm II Nr. 3 GVG, § 377 I FamFG). Die funktionelle Zuständigkeit liegt grds. beim **Richter** (§ 17 Nr. 1 lit. e RPflG; vgl. aber § 19 I 1 Nr. 6 RPflG).

76 **c) Einleitung des Verfahrens.** Die Einleitung des Verfahrens erfolgt gem. § 399 IV iVm I 1 FamFG **vAw oder auf Antrag eines der** in § 380 I FamFG legaldefinierten **berufsständischen Organe**. Für die formellen Mindestanforderungen an einen solchen Antrag vgl. § 23 FamFG. „Anträge“ anderer

---

151 Schulte-Bunert/Weinreich/*Nedden-Boeger* § 399 Rn. 8; Bork/Jacoby/Schwab/*Müther* § 399 Rn. 3.
152 OLG Köln OLGZ 80, 309; MKZPO/*Krafka* § 399 FamFG Rn. 5.
153 BayObLG NJW-RR 89, 867; Keidel/*Heinemann* § 399 Rn. 10.
154 Baumbach/Hueck/*Fastrich*, § 4 a Rn. 1; Lutter/Hommelhoff/*Bayer*, § 4 a Rn. 1, 4.
155 Keidel/*Heinemann* § 399 Rn. 11.
156 Keidel/*Heinemann* § 399 Rn. 12; MKZPO/*Krafka* § 399 FamFG Rn. 7.
157 Keidel/*Heinemann* § 399 Rn. 13; MKZPO/*Krafka* § 399 FamFG Rn. 7.

Personen stellen wiederum lediglich Anregungen iSv § 24 FamFG dar.[158] IÜ kann auf die Ausführungen in → Rn. 59 ff. verwiesen werden.[159] Allerdings ist das Registergericht, sofern es davon überzeugt ist, dass ein in § 399 IV FamFG aufgeführter Mangel des Gesellschaftsvertrags vorliegt, verpflichtet, tätig zu werden. Ihm steht – anders als iRd § 397 FamFG – in Bezug auf die Einleitung u. Durchführung des Verfahrens unstr. **kein Ermessen zu.**[160]

d) **Beteiligte des Verfahrens.** Die Ausführungen in → Rn. 63 gelten entspr.[161] 77

e) **Ablauf des Verfahrens und gerichtliche Entscheidung.** Das Registergericht fordert die GmbH gem. § 399 IV iVm I 1 FamFG auf, innerhalb einer bestimmten Frist eine Änderung des Gesellschaftsvertrags, die den bei der Prüfung festgestellten Mangel behebt, zur Eintragung in das Handelsregister anzumelden oder die Unterlassung durch Widerspruch gegen die Aufforderung zu rechtfertigen. In der **Aufforderung,** für die eine besondere Form nicht vorgeschrieben ist,[162] muss der Mangel genau bezeichnet werden.[163] Über die Einzelheiten bzgl. der Einlegung der Widerspruchs ist entspr. § 39 FamFG zu belehren.[164] Zugleich ist die GmbH gem. § 399 IV iVm I 2 FamFG darauf hinzuweisen, dass andernfalls ein nicht behobener Mangel festzustellen ist, der gem. § 60 I Nr. 6 die Auflösung der GmbH bewirkt. Bei der Bestimmung der Frist, die gem. § 16 I FamFG mit der Bekanntgabe beginnt u. deren Dauer sich gem. § 16 II FamFG iVm § 222 ZPO nach §§ 187–189 BGB berechnet, ist zu berücksichtigen, dass ausreichend Zeit für die Änderung des Gesellschaftsvertrags in einer ordnungsgemäß einzuberufenden Gesellschafterversammlung sowie für die Eintragung im Handelsregister zur Verfügung stehen muss.[165] Die Frist wird daher jedenfalls nicht weniger als einen Monat betragen können.[166] Sie kann gem. § 16 II FamFG iVm § 224 II ZPO auf Antrag jederzeit verlängert werden. Die Aufforderung ist gem. § 15 I u. II FamFG bekannt zu geben.[167] 78

Gegen die Aufforderung kann gem. § 399 IV iVm I 1 FamFG nur die GmbH, für die die Geschäftsführer in vertretungsberechtigter Zahl tätig werden,[168] innerhalb der vom Registergericht bestimmten Frist **Widerspruch** einlegen. Mit der Beschwerde ist die Aufforderung dag nicht an- 79

158 Keidel/*Heinemann* § 399 Rn. 17; MKZPO/*Krafka* § 399 FamFG Rn. 11.
159 Vgl. auch Schulte-Bunert/Weinreich/*Nedden-Boeger* § 399 Rn. 20; MKZPO/*Krafka* § 399 FamFG Rn. 11.
160 BayObLG NJW-RR 89, 868; KG NJW-RR 91, 861; Bork/Jacoby/Schwab/*Müther* § 399 Rn. 4.
161 Vgl. auch Keidel/*Heinemann* § 399 Rn. 20; MKZPO/*Krafka* § 399 FamFG Rn. 15.
162 Schulte-Bunert/Weinreich/*Nedden-Boeger* § 399 Rn. 23.
163 Keidel/*Heinemann* § 399 Rn. 21; MKZPO/*Krafka* § 399 FamFG Rn. 13.
164 Keidel/*Heinemann* § 399 Rn. 21; Schulte-Bunert/Weinreich/*Nedden-Boeger* § 399 Rn. 30.
165 Keidel/*Heinemann* § 399 Rn. 22; Schulte-Bunert/Weinreich/*Nedden-Boeger* § 399 Rn. 27.
166 Ebenso MKZPO/*Krafka* § 399 FamFG Rn. 14; für 2–3 Monate Keidel/*Heinemann* § 399 Rn. 22; Schulte-Bunert/Weinreich/*Nedden-Boeger* § 399 Rn. 27.
167 Keidel/*Heinemann* § 399 Rn. 23; MKZPO/*Krafka* § 399 FamFG Rn. 15.
168 Bassenge/Roth/*Walter* § 399 Rn. 13; Keidel/*Heinemann* § 399 Rn. 26; aA Schulte-Bunert/Weinreich/*Nedden-Boeger* § 399 Rn. 27.

greifbar.[169] Eine Bezeichnung als Widerspruch ist nicht erforderlich. Vielmehr ist ausreichend, wenn deutlich wird, dass die Aufforderung für rechtswidrig gehalten wird.[170] An eine besondere Form ist der Widerspruch nicht gebunden; gem. § 25 I FamFG kann er schriftlich oder zur Niederschrift der Geschäftsstelle eingelegt werden. Einer Begründung bedarf er nicht.[171] Bei Versäumung der Widerspruchsfrist kann eine Wiedereinsetzung in den vorigen Stand in entspr. Anwendung von §§ 17–19 FamFG erfolgen.[172] IÜ muss auch ein verspäteter Widerspruch berücksichtigt werden, sofern der Beschluss gem. § 399 IV iVm II 1 FamFG noch nicht erlassen ist.[173] Über den Widerspruch entscheidet das Registergericht, nachdem es die zur Feststellung der entscheidungserheblichen Tatsachen evtl. noch erforderlichen weiteren Ermittlungen angestellt u. den Beteiligten rechtliches Gehör gewährt hat, durch Beschluss,[174] der gem. § 38 III 1 FamFG zu begründen ist. Ist das Registergericht weiterhin davon überzeugt, dass ein in § 399 IV FamFG aufgeführter Mangel des Gesellschaftsvertrags vorliegt, weist es den Widerspruch zurück. Andernfalls hebt es die Aufforderung zur Änderung des Gesellschaftsvertrags auf. Der weitere Beschlussinhalt ergibt sich aus §§ 38, 39 FamFG. Für die Bekanntgabe gilt § 41 FamFG.

80 Ist der Aufforderung innerhalb der bestimmten Frist nicht bzw. nicht in ausreichendem Maße nachgekommen oder kein Widerspruch eingelegt bzw. der eingelegte Widerspruch zurückgewiesen worden, hat das Registergericht gem. § 399 IV iVm II 1 FamFG den Mangel des Gesellschaftsvertrags durch Beschluss festzustellen. Ein Ermessensspielraum besteht insoweit nicht (→ Rn. 76). Die **Feststellung** kann gem. § 399 IV iVm II 2 FamFG mit der Zurückweisung des Widerspruchs verbunden werden. Das Registergericht ist daher nicht gezwungen, den Eintritt der Rechtskraft des den Widerspruch zurückweisenden Beschlusses abzuwarten.[175] Der weitere Beschlussinhalt ergibt sich aus §§ 38, 39 FamFG. Für die Bekanntgabe gilt § 41 FamFG.

81 Der Beschluss über die Feststellung des Mangels des Gesellschaftsvertrags bewirkt mit Eintritt der Rechtskraft gem. § 60 I Nr. 6 die Auflösung der GmbH; ihm kommt damit rechtsgestaltender Charakter zu.[176] Die Auflösung ist gem. § 65 I 2 u. 3 unter Angabe des Auflösungsgrunds von dem

169 Schulte-Bunert/Weinreich/*Nedden-Boeger* § 399 Rn. 34; Bork/Jacoby/Schwab/*Müther* § 399 Rn. 5.
170 Bassenge/Roth/*Walter* § 399 Rn. 11; Schulte-Bunert/Weinreich/*Nedden-Boeger* § 399 Rn. 35.
171 Keidel/*Heinemann* § 399 Rn. 24; Schulte-Bunert/Weinreich/*Nedden-Boeger* § 399 Rn. 36.
172 Keidel/*Heinemann* § 399 Rn. 27; MKZPO/*Krafka* § 399 FamFG Rn. 16; aA Bassenge/Roth/*Walter* § 399 Rn. 12.
173 Keidel/*Heinemann* § 399 Rn. 28; Schulte-Bunert/Weinreich/*Nedden-Boeger* § 399 Rn. 37.
174 Schulte-Bunert/Weinreich/*Nedden-Boeger* § 399 Rn. 39.
175 Bumiller/*Harders* § 399 Rn. 12; Keidel/*Heinemann* § 399 Rn. 31.
176 Keidel/*Heinemann* § 399 Rn. 35; MKZPO/*Krafka* § 399 FamFG Rn. 19.

Registergericht vAw in das **Handelsregister** einzutragen. Die Eintragung hat nur deklaratorische Bedeutung.[177]

f) **Rechtsmittel.** Der Beschluss, durch den der Antrag auf Einleitung des Verfahrens zurückgewiesen wird, ist ebenso wie der Beschluss über die Zurückweisung des Widerspruchs u. der Beschluss über die Feststellung des Mangels des Gesellschaftsvertrags gem. § 399 IV iVm III FamFG mit der Beschwerde gem. § 58 FamFG u. ggf. mit der Rechtsbeschwerde gem. § 70 FamFG anfechtbar. Beschwerdeberechtigt ist die GmbH, sofern der Widerspruch zurückgewiesen wird, u. die berufsständischen Organe, sofern ein Antrag auf Einleitung des Verfahrens zurückgewiesen worden ist oder dem Widerspruch stattgegeben worden ist.[178] Die Eintragung des Auflösungsvermerks ist gem. § 383 III FamFG nicht anfechtbar. Allerdings kann er seinerseits gem. § 395 FamFG gelöscht werden.[179] Die Gesellschafter können zudem die Fortsetzung der GmbH beschließen.[180] 82

g) **Kosten.** Eine Kostenentscheidung ergeht nur in dem in § 399 IV iVm II 3 FamFG geregelten Fall. IÜ ergibt sich der Kostenschuldner aus § 2 KostO. Gerichtsgebühren fallen nur nach Maßgabe von § 88 KostO an.[181] Der Geschäftswert bestimmt sich nach §§ 88 II 3, 30 II KostO. 83

§ 76 Heilung von Mängeln durch Gesellschafterbeschluss

Ein Mangel, der die Bestimmungen über den Gegenstand des Unternehmens betrifft, kann durch einstimmigen Beschluß der Gesellschafter geheilt werden.

I. Normzweck

§ 76 regelt die Frage, ob u. unter welchen Voraussetzungen die Nichtigkeitsgründe des § 75 I beseitigt werden können. Die ursprüngliche Fassung 1

177 Bumiller/*Harders* § 399 Rn. 14; Schulte-Bunert/Weinreich/*Nedden-Boeger* § 399 Rn. 57.
178 Keidel/*Heinemann* § 399 Rn. 33; MKZPO/*Krafka* § 399 FamFG Rn. 18.
179 Keidel/*Heinemann* § 399 Rn. 35; Schulte-Bunert/Weinreich/*Nedden-Boeger* § 399 Rn. 62 f.
180 Keidel/*Heinemann* § 399 Rn. 35; MKZPO/*Krafka* § 399 FamFG Rn. 20.
181 IErg Keidel/*Heinemann* § 399 Rn. 36; Schulte-Bunert/Weinreich/*Nedden-Boeger* § 399 Rn. 65 ff.

von § 76 wurde – wie auch § 75 – im Zuge der Umsetzung der Publizitätsrichtlinie geändert.[1]

II. Umfang der Heilung

2 Nach dem Wortlaut von § 76 sind einer Heilung nur die Mängel zugänglich, die die Bestimmungen über den Unternehmensgegenstand betreffen. Erfasst werden damit nur die Fälle, dass solche Bestimmungen fehlen oder nichtig sind (s. iErg → § 75 Rn. 13 f.,15 f.).

3 Ob darüber hinaus auch das Fehlen von Bestimmungen über die Höhe des Stammkapitals heilbar ist, ist umstr., nach richtiger Ansicht aber zu verneinen.[2] Der Wortlaut von § 76 ist eindeutig. Dadurch hat der Gesetzgeber unmissverständlich zu erkennen gegeben, dass der gesellschaftsvertraglichen Fixierung des Stammkapitals eine besondere Bedeutung zukommt, die eine Nachbesserung durch nachträgliche Änderung des Gesellschaftsvertrags ausschließt u. eine Neugründung erforderlich macht. Dieser Wille ist zu respektieren.[3]

III. Voraussetzungen der Heilung

4 Die Voraussetzungen der Heilung ergeben sich nicht allein aus § 76. Da es sich der Sache nach um eine Änderung des Gesellschaftsvertrags handelt (→ Rn. 6), kommen ergänzend insbes. die §§ 53, 54 zur Anwendung.[4] Zu beachten sind darüber hinaus ggf. zusätzliche Anforderungen, die der Gesellschaftsvertrag an einen satzungsändernden Beschluss stellt.[5]

1. „Einstimmiger Beschluss" der Gesellschafter

5 **a) Art der Beschlussfassung.** Erforderlich ist ein Beschluss der Gesellschafter, der nicht zwingend in einer **Gesellschafterversammlung** gefasst werden muss. Eine Beschlussfassung kann auch im **schriftlichen Verfahren** erfolgen.[6]

6 **b) Gegenstand des Beschlusses.** Gegenstand des Beschlusses ist eine **Änderung des Gesellschaftsvertrags**, da die fehlenden Bestimmungen über den Unternehmensgegenstand in den Gesellschaftsvertrag eingefügt oder die nichtigen Bestimmungen durch zulässige Bestimmungen ersetzt werden sollen.[7] Bei der Formulierung des Beschlusses ist darauf zu achten, den Unternehmensgegenstand so konkret zu bezeichnen, dass die interessierten Verkehrskreise erkennen können, in welchem Geschäftszweig u. in welcher Weise sich die GmbH betätigt.[8]

---

1 Vgl. § 75 Rn. 4 u. Fn. 7.
2 Rowedder/Schmidt-Leithoff/*Baukelmann* Rn. 5; BeckOK/*Trölitzsch* Rn. 1; MüKoGmbHG/*Hillmann* Rn. 2; aA Henssler/Strohn/*Büteröwe* Rn. 3; Roth/*Altmeppen* Rn. 3; Lutter/Hommelhoff/*Kleindiek* Rn. 1; Michalski/*Lieder* Rn. 5; Scholz/*Schmidt* Rn. 5; Ulmer/*Paura* Rn. 4.
3 So zu Recht MKAktG/*Koch*, § 276 Rn. 5.
4 Roth/*Altmeppen* Rn. 4; MüKoGmbHG/*Hillmann* Rn. 3; Scholz/*Schmidt* Rn. 6.
5 Scholz/*Schmidt* Rn. 6.
6 Baumbach/Hueck/*Zöllner/Noack* § 53 Rn. 55; Lutter/Hommelhoff/*Bayer* § 53 Rn. 12.
7 Rowedder/Schmidt-Leithoff/*Baukelmann* Rn. 6; Ulmer/*Paura* Rn. 5.
8 BayObLG NZG 03, 482; Ulmer/*Paura* Rn. 5.

c) **Einstimmigkeitserfordernis.** Der Beschluss muss „einstimmig" gefasst werden. Angesichts des insoweit eindeutigen Wortlauts ist eine satzungsändernde Mehrheit nicht ausreichend.[9] Aus dem Einstimmigkeitserfordernis folgt allerdings nicht, dass an dem Beschluss alle Gesellschafter mitwirken müssen oder dass der Beschluss von den mitwirkenden Gesellschaftern einstimmig gefasst werden muss.[10] Vielmehr ist gemeint, dass die Heilung im Ergebnis der **Zustimmung aller Gesellschafter** bedarf. Daher genügt es, wenn der Beschluss mit satzungsändernder Mehrheit, dh, sofern der Gesellschaftsvertrag keine andere Regelung enthält, gem. § 53 II 1 mit einer Mehrheit von drei Vierteln der abgegebenen Stimmen, gefasst wird u. die übrigen Gesellschafter ihm zustimmen.[11] Eine solche Zustimmung kann bereits vor der Beschlussfassung oder aber zu einem späteren Zeitpunkt erklärt werden.[12] Auch den Gesellschaftern, die zunächst gegen die Satzungsänderung gestimmt haben, ist eine nachträgliche Zustimmung nicht verwehrt.[13] 7

Eine Pflicht des Gesellschafters, an der Beschlussfassung mitzuwirken oder dem Beschluss zuzustimmen, kann sich ausnahmsweise aus der gesellschaftsrechtlichen Treuepflicht ergeben.[14] Dies dürfte insbes. in den Fällen anzunehmen sein, in denen der Gesellschafter an der Gründung beteiligt war u. es dabei lediglich infolge eines Versehens unterblieben ist, die Bestimmungen über den Unternehmensgegenstand, auf die sich die Gesellschafter geeinigt hatten, in den Gesellschaftsvertrag aufzunehmen. Sind dag die Bestimmungen über den Unternehmensgegenstand nichtig, wird man einen Gesellschafter idR nicht als verpflichtet ansehen können, einen anderen, aber zulässigen Unternehmensgegenstand zu akzeptieren.[15] 8

Die **Zustimmung der Geschäftsführer u/oder Aufsichtsratsmitglieder** zu dem Beschluss ist trotz der ihnen zustehenden Befugnis zur Erhebung einer Nichtigkeitsklage **nicht erforderlich.**[16] 9

d) **Notarielle Beurkundung.** Der Beschluss bedarf gem. § 53 II 1 der **notariellen Beurkundung.** Sofern der Beschluss nicht in einer Gesellschafterversammlung gefasst wird, sondern das schriftliche Verfahren gewählt wird (vgl. § 48 II), müssen die Stimmen zu Protokoll eines Notars abgegeben werden. Dies kann nacheinander zu Protokoll desselben Notars geschehen, aber auch zu Protokoll verschiedener Notare. Im letzteren Fall sind die Niederschriften einem Notar zu übermitteln, der sodann die Urkunde über die Beschlussfassung erstellt.[17] Auch die Zustimmungserklärungen der Ge- 10

9 So aber Bork/Schäfer/*Servatius* Rn. 2; Scholz/*Schmidt* Rn. 6; Ulmer/*Paura* Rn. 6 f.
10 So aber wohl Bartl/Bartl/Fichtelmann/Koch/Schlarb/Schmitt/*Koch* Rn. 2.
11 Baumbach/Hueck/*Haas* Rn. 7; Lutter/Hommelhoff/*Kleindiek* Rn. 2; MüKo-GmbHG/*Hillmann* Rn. 4.
12 Rowedder/Schmidt-Leithoff/*Baukelmann* Rn. 7.
13 Baumbach/Hueck/*Haas* Rn. 7.
14 Lutter/Hommelhoff/*Kleindiek* Rn. 2; Michalski/*Lieder* Rn. 11; MüKoGmbHG/*Hillmann* Rn. 7.
15 Ulmer/*Paura* Rn. 8.
16 Michalski/*Lieder* Rn. 10; BeckOK/*Trölitzsch* Rn. 3.2.
17 Baumbach/Hueck/*Zöllner* § 53 Rn. 39.

sellschafter, die an der Beschlussfassung nicht mitgewirkt haben, bedürfen der notariellen Beurkundung.[18]

11 e) **Ausschlussfrist.** Für die Heilung gibt es **keine Ausschlussfrist.**[19] Daher kann der Beschluss auch dann noch gefasst werden, wenn bereits eine Nichtigkeitsklage gem. § 75 anhängig oder die GmbH durch Urt. für nichtig erklärt ist (s. iÜ → Rn. 15).[20]

2. Weitere Voraussetzungen

12 a) **Anmeldung zum Handelsregister.** Die in dem Beschluss enthaltene Änderung des Gesellschaftsvertrags muss gem. § 54 I 1 zur Eintragung in das Handelsregister angemeldet werden. Die Anmeldung obliegt gem. § 78 den Geschäftsführern. Dies gilt auch dann, wenn sie eine Nichtigkeitsklage erhoben haben. Die Geschäftsführer müssen in vertretungsberechtigter Anzahl handeln. Sofern unechte Gesamtvertretung vorgesehen ist, kann die Anmeldung auch durch einen Geschäftsführer u. einen Prokuristen gemeinschaftlich bewirkt werden.[21] Die Anmeldung durch einen Bevollmächtigten ist zulässig, wenn diese Verfahrenshandlung ausdrücklich von der Vollmacht erfasst wird. Prokura, Handlungsvollmacht oder Generalvollmacht reichen demggü. nicht aus.[22] Die Vollmacht bedarf gem. § 12 I 2 HGB der öffentlichen Beglaubigung. Die Anmeldung ist gem. § 12 I 1 HGB elektronisch in öffentlich beglaubigter Form einzureichen (vgl. auch § 129 BGB; §§ 39, 40 BeurkG). Ihr sind die in § 54 I 2 genannten Unterlagen beizufügen. Die Anmeldung darf jedoch nicht global auf diese Urkunden, insbes. den Beschluss der Gesellschafter, Bezug nehmen, sondern muss die beschlossenen Änderungen des Gesellschaftsvertrags konkret bezeichnen.[23]

13 b) **Eintragung in das Handelsregister.** Das Registergericht ist zu einer Überprüfung der Anmeldung verpflichtet, die sich auf die formellen u. materiellen Eintragungsvoraussetzungen erstreckt.[24] Ergeben sich bei der Überprüfung keine Beanstandungen, verfügt es die Eintragung, die in Spalte 6 des Registerblatts erfolgt (§ 43 Nr. 6 lit. a) HRV). Die in dem Beschluss enthaltene Änderung des Gesellschaftsvertrags muss zwar nicht wörtlich wiedergegeben werden, aber konkret bezeichnet werden (→ Rn. 12). Da sie gem. § 54 III rechtliche Wirkung erst mit der Eintragung erlangt, kommt der Eintragung **konstitutive Wirkung** zu.[25]

14 c) **Bekanntmachung der Eintragung.** Die Bekanntmachung richtet sich nach § 10 HGB.

---

18 Henssler/Strohn/*Büteröwe* Rn. 6; Baumbach/Hueck/*Haas* Rn. 8; Lutter/Hommelhoff/*Kleindiek* Rn. 2; MüKoGmbHG/*Hillmann* Rn. 5; aA Rowedder/Schmidt-Leithoff/*Baukelmann* Rn. 7 (formlose Zustimmung); Hachenburg/*Hohner* Rn. 6 (schriftliche Zustimmung).
19 Roth/*Altmeppen* Rn. 8; MüKoGmbHG/*Hillmann* Rn. 8; Ulmer/*Paura* Rn. 9.
20 Michalski/*Lieder* Rn. 14; MüKoGmbHG/*Hillmann* Rn. 8.
21 Baumbach/Hueck/*Haas* § 78 Rn. 3; MünchHdbGmbH/*Marquardt* § 22 Rn. 49.
22 Baumbach/Hueck/*Haas* § 78 Rn. 4.
23 Baumbach/Hueck/*Zöllner* § 54 Rn. 6; Lutter/Hommelhoff/*Bayer* § 54 Rn. 5.
24 Vgl. dazu ausf. Oetker/*Preuß* § 8 Rn. 90 ff., 103 ff.
25 Ensthaler/Füller/Schmidt/*Müller* Rn. 2; Heybrock/*Löffler* Rn. 6.

IV. Rechtsfolgen der Heilung

15 Die Eintragung der Satzungsänderung in das Handelsregister bewirkt, dass der zur Nichtigkeit der GmbH führende Mangel des Gesellschaftsvertrags mit Wirkung ex nunc beseitigt wird u. damit eine Heilung eintritt.[26] Eine anhängige Nichtigkeitsklage ist, sofern sie nicht in der Hauptsache für erledigt erklärt wird, als unbegründet abzuweisen.[27] Ein bereits ergangenes, aber noch nicht rechtskräftiges Urt, durch das der Nichtigkeitsklage stattgegeben wird, kann durch Einlegung eines Rechtsmittels beseitigt werden.[28] Geschieht dies nicht, bewirkt das Urt. mit Eintritt der Rechtskraft trotz der Heilung die Auflösung der GmbH.[29] Der Beschluss gem. § 76 kann jedoch als Fortsetzungsbeschluss ausgelegt werden.[30] Gleiches gilt, wenn ein Beschluss gem. § 76 erst nach Eintritt der Rechtskraft eines der Nichtigkeitsklage stattgebenden Urt. gefasst oder in das Handelsregister eingetragen wird.[31] Allerdings darf mit der Verteilung des Vermögens noch nicht begonnen worden sein.[32]

§ 77 Wirkung der Nichtigkeit

(1) Ist die Nichtigkeit einer Gesellschaft in das Handelsregister eingetragen, so finden zum Zwecke der Abwicklung ihrer Verhältnisse die für den Fall der Auflösung geltenden Vorschriften entsprechende Anwendung.

(2) Die Wirksamkeit der im Namen der Gesellschaft mit Dritten vorgenommenen Rechtsgeschäfte wird durch die Nichtigkeit nicht berührt.

(3) Die Gesellschafter haben die versprochenen Einzahlungen zu leisten, soweit es zur Erfüllung der eingegangenen Verbindlichkeiten erforderlich ist.

I. Normzweck

1 § 77 regelt in seit 1892 unveränderter Fassung die Rechtsfolgen eines der Nichtigkeitsklage gem. § 75 stattgebenden rechtskräftigen Urt. In Abs. 1 wird auf die Vorschriften, die für den Fall der Auflösung gelten, dh die §§ 66 ff., verwiesen. Soweit eine nur entspr. Anwendung angeordnet ist, beruht dies auf der Vorstellung des Gesetzgebers, dass es sich bei der Nich-

26 BeckOK/*Trölitzsch* Rn. 5; MüKoGmbHG/*Hillmann* Rn. 9; Ulmer/*Paura* Rn. 11.
27 Baumbach/Hueck/*Haas* Rn. 12; BeckOK/*Trölitzsch* Rn. 5; MüKoGmbHG/*Hillmann* Rn. 9.
28 *Wicke* Rn. 1; Michalski/*Lieder* Rn. 15; MüKoGmbHG/*Hillmann* Rn. 9.
29 Baumbach/Hueck/*Haas* Rn. 12; BeckOK/*Trölitzsch* Rn. 5; MüKoGmbHG/*Hillmann* Rn. 9.
30 BeckOK/*Trölitzsch* Rn. 5.
31 Baumbach/Hueck/*Haas* Rn. 12.
32 Scholz/*Schmidt* Rn. 7.

tigkeit um einen von der Auflösung dogmatisch zu trennenden Fall handelt. Da dies jedoch nicht zutrifft (→ § 75 Rn. 1), ist die in Abs. 1 enthaltene Verweisung aus heutiger Sicht streng genommen überflüssig. Gleiches gilt für die in Abs. 2 u. 3 getroffenen Aussagen zur Wirksamkeit von Rechtsgeschäften u. zur Erfüllung von Einlagepflichten, da sie lediglich Grundsätze wiederholen, die iRd Liquidation ohnehin gelten.[1] IÜ behandeln sie nur einen Teil der Fragen, die sich bzgl. des Innen- u. Außenverhältnisses der GmbH stellen.

II. Abwicklung (Liquidation) der für nichtig erklärten GmbH

2 Mit der Rechtskraft eines der Nichtigkeitsklage gem. § 75 stattgebenden Urt, nicht erst mit der Eintragung der Nichtigkeit im Handelsregister, tritt die Auflösung der GmbH ein,[2] die aber noch nicht unmittelbar zu einem Erlöschen führt. Vielmehr besteht die GmbH mit geändertem Gesellschaftszweck fort, der allerdings nicht mehr auf die werbende Teilnahme am Wirtschaftsverkehr, sondern auf die Abwicklung des Gesellschaftsvermögens gerichtet ist.[3] Erst wenn die Abwicklung (Liquidation) vollständig abgeschlossen ist, ist die GmbH beendet u. kann im Handelsregister gelöscht werden.[4]

1. Außenverhältnis der GmbH

3 Bis zur Beendigung bleibt die für nichtig erklärte GmbH rechts- u. parteifähig.[5] Dementspr wird die Wirksamkeit der im Namen der GmbH mit Dritten vorgenommenen Rechtsgeschäfte durch die Nichtigerklärung nicht berührt (vgl. auch Abs. 2), selbst wenn diese Kenntnis von den Nichtigkeitsgründen des § 75 I hatten.[6] Unter den Voraussetzungen des § 70 S. 2 kann die GmbH sogar neue Rechtsgeschäfte eingehen. Vertreten wird sie dabei gem. § 68 I durch die Liquidatoren (→ Rn. 6). Ferner bleiben Verbindlichkeiten aus gesetzlichen Schuldverhältnissen bestehen; die Entstehung neuer solcher Verbindlichkeiten ist möglich.[7] Die Nichtigerklärung führt auch nicht zu einer Unterbrechung von Gerichtsverfahren.[8]

2. Innenverhältnis der GmbH

4 Die von den Gesellschaftern gefassten Beschlüsse bleiben wirksam, sofern sie nicht durch den Eintritt in die Liquidation gegenstandslos geworden sind.[9] Auch die Bestellung der Gesellschaftsorgane wird durch die Nichtigerklärung nicht berührt.[10]

---

1 Rowedder/Schmidt-Leithoff/*Baukelmann* Rn. 1; Ulmer/*Paura* Rn. 1.
2 Michalski/*Lieder* § 75 Rn. 41; Rowedder/Schmidt-Leithoff/*Baukelmann* § 75 Rn. 32.
3 Ensthaler/Füller/Schmidt/*Müller* Rn. 3.
4 *Karsten* § 6 Rn. 26 f.; MünchHdbGmbH/*Weitbrecht* § 62 Rn. 1.
5 Rowedder/Schmidt-Leithoff/*Baukelmann* Rn. 4; MüKoGmbHG/*Hillmann* Rn. 3; Scholz/*Schmidt* Rn. 1.
6 Michalski/*Lieder* Rn. 8; Rowedder/Schmidt-Leithoff/*Baukelmann* Rn. 5; MüKoGmbHG/*Hillmann* Rn. 4.
7 Scholz/*Schmidt* Rn. 4; ebenso Lutter/Hommelhoff/*Kleindiek* Rn. 2.
8 OLG Koblenz GmbHR 91, 315; Michalski/*Lieder* Rn. 7.
9 BeckOK/*Trölitzsch* Rn. 3; MüKoGmbHG/*Hillmann* Rn. 4; Ulmer/*Paura* Rn. 5.
10 Heybrock/*Löffler* Rn. 4; Rowedder/Schmidt-Leithoff/*Baukelmann* Rn. 5.

Die Gesellschafter sind ferner verpflichtet, die versprochenen Einzahlungen zu leisten, soweit dies zur Erfüllung der eingegangenen Verbindlichkeiten erforderlich ist. Der Wortlaut von Abs. 3 ist insofern ungenau, als Einlagen auch eingefordert werden können, soweit es der Zweck der Liquidation erfordert.[11] Dabei ist der allg. Gleichbehandlungsgrundsatz zu beachten.[12] Die Beweislast für die fehlende Erforderlichkeit der Einziehung der Einlageforderung liegt bei dem in Anspruch genommenen Gesellschafter.[13] 5

3. Ablauf der Liquidation

Die Liquidation der für nichtig erklärten GmbH erfolgt durch die bisherigen Geschäftsführer, sofern sie nicht durch den Gesellschaftsvertrag oder einen Beschluss der Gesellschafter anderen Personen übertragen worden ist (§ 66 I). Auf Antrag von Gesellschaftern, die über 10 % des Stammkapitals verfügen, kann das Gericht aus wichtigem Grund die Bestellung von Liquidatoren vornehmen (§ 66 II u. III). Die Liquidatoren sind anzumelden u. unter Angabe ihrer Vertretungsbefugnis in das Handelsregister einzutragen (§ 67). Ihre Aufgabe besteht darin, die GmbH abzuwickeln, dh die laufenden Geschäfte zu beenden, die Verpflichtungen der GmbH zu erfüllen, die Forderungen derselben einzuziehen u. das Vermögen der GmbH in Geld umzusetzen (§ 70 S. 1). Dazu sind sie berechtigt, die GmbH gerichtlich u. außergerichtlich zu vertreten (§ 70 S. 2). Das nach der Abwicklung verbleibende Vermögen haben sie nach Ablauf des Sperrjahrs unter den Gesellschaftern zu verteilen (§§ 72, 73). Sofern kein verteilbares Vermögen mehr vorhanden ist u. keine sonstigen Liquidationsmaßnahmen zu erledigen sind, haben die Liquidatoren in vertretungsberechtigter Zahl die Beendigung der Liquidation u. damit zugleich das Erlöschen der GmbH u. ihrer Firma elektronisch in beglaubigter Form zur Eintragung in das Handelsregister anzumelden (§ 74 I 1). Die GmbH wird sodann im Handelsregister gelöscht (§ 74 I 2). 6

III. Fortsetzung der für nichtig erklärten GmbH

Die für nichtig erklärte GmbH kann, sofern sie noch nicht vollbeendet ist u. die Verteilung des Gesellschaftsvermögens begonnen hat, durch Beschluss der Gesellschafter fortgesetzt werden, wenn zugleich auch der Nichtigkeitsgrund iSv § 75 I beseitigt wird.[14] 7

Abschnitt 6 Ordnungs-, Straf- und Bußgeldvorschriften

§ 78 Anmeldepflichtige

Die in diesem Gesetz vorgesehenen Anmeldungen zum Handelsregister sind durch die Geschäftsführer oder die Liquidatoren, die in § 7 Abs. 1, § 57 Abs. 1, § 57i Abs. 1, § 58 Abs. 1 Nr. 3 vorgesehenen Anmeldungen sind durch sämtliche Geschäftsführer zu bewirken.

---

11 BeckOK/*Trölitzsch* Rn. 4; Ulmer/*Paura* Rn. 6.
12 Michalski/*Lieder* Rn. 9; Rowedder/Schmidt-Leithoff/*Baukelmann* Rn. 6.
13 Baumbach/Hueck/*Haas* Rn. 5; MüKoGmbHG/*Hillmann* Rn. 5; Ulmer/*Paura* Rn. 6.
14 IErg BeckOK/*Trölitzsch* Rn. 5; Michalski/*Lieder* Rn. 10 f.

I. Normzweck

1 Geregelt wird die Zuständigkeit für die im GmbHG festgeschriebenen Anmeldepflichten zum Handelsregister. Die Vorschrift ist trotz des begrenzten Wortlauts auch auf in anderen Gesetzen geregelte Anmeldepflichten für die GmbH anwendbar, soweit keine Sonderregeln[1] bestehen. Die Anmeldung ist Verfahrenshandlung (aA organschaftlicher Akt)[2] u. keine Willenserklärung; §§ 116 ff. BGB finden teilw. analoge Anwendung.

II. Anmeldung und Anmeldepflicht

2 Der Antrag auf Eintragung einer eintragungsfähigen Tatsache an das zuständige Registergericht ist die Anmeldung. Im Regelfall setzt eine Registereintragung eine Anmeldung voraus. Eine Ausn. davon besteht für Tatsachen, die **vAw** einzutragen sind.[3] Bei Nichtigerklärung einer GmbH nach § 75 erfolgt die Eintragung nicht vAw, sondern aufgrund einer Anmeldung (str.); unter den Voraussetzung der §§ 75, 76 kann aber auch eine Löschung vAw nach § 397 FamFG erfolgen.

1. Öffentlich-rechtliche Anmeldepflicht

3 Es besteht eine öffentlich-rechtliche Anmeldepflicht für alle Anmeldungen mit **deklaratorischer Wirkung**, soweit diese nicht vAw (→ Rn. 2) einzutragen sind.[4] Eine Anmeldepflicht ergibt sich erst mit dem Entstehen der eintragungspflichtigen Tatsache. Die Anmeldung eines in der Zukunft liegenden Umstandes ist unwirksam.[5] Soweit eine Anmeldepflicht besteht, kann diese nach § 14 HGB mittels Zwangsgeld durchgesetzt werden, §§ 388 ff. FamFG. Die Sanktion richtet sich gegen die betroffenen Personen u. nicht gegen die Gesellschaft selbst. Soweit eine Eintragung **konstitutiv** wirkt, fehlt das öffentliche Interesse an der Eintragung, so dass keine öffentlich-rechtliche Anmeldepflicht besteht. Eine Zwangsgeldfestsetzung ist in diesen Fällen durch § 79 II ausgeschlossen. Für deutsche Niederlassungen ausländischer Kapitalgesellschaften, die einer GmbH entsprechen, bestehen verschiedene öffentlich-rechtliche Anmeldepflichten (§§ 13 e II, III, 13 g IV–VI HGB).

---

1 S. Rn. 8 für Sonderregeln im UmwG.
2 OLGZ Hamm 81, 419, 423; BayObLG GmbHR 00, 493, 494; Scholz/*Veil* § 7 Rn. 12; für organschaftlichen Akt Ulmer/*Casper* Rn. 3; wohl auch Lutter/Hommelhoff/*Bayer* § 7 Rn. 1.
3 Dazu §§ 60 I, 67 IV; § 17 HRV; §§ 395, 397, 398, 399 FamFG; § 32 I HGB.
4 BGHZ 205, 324 = NJW 89, 295, 299.
5 OLG Düsseldorf NJW-RR 00, 702.

2. Pflicht gegenüber der Gesellschaft

Neben der öffentlich-rechtlichen Anmeldepflicht sind die **Geschäftsführer u. Liquidatoren** aufgrund ihrer Organstellung nach § 43 ggü. der Gesellschaft zur ordnungsgemäßen Anmeldung verpflichtet. Dies gilt auch, wenn aufgrund der konstitutiven Wirkung einer Eintragung keine öffentlich-rechtliche Verpflichtung besteht. Diese Verpflichtung wird allerdings begrenzt durch das Weisungsrecht der Gesellschafter. Ein Verstoß kann zur **Haftung** nach §§ 43 II, 71 IV u. uU auch zur Abberufung aus wichtigem Grund nach §§ 38 II, 66 II, III führen. 4

3. Rechtsbehelfe

Die Gesellschaft kann die jeweiligen Organwalter auf Mitwirkung verklagen. Sie wird hierbei durch die Gesellschafter vertreten, § 46 Nr. 8. Die Anmeldung umfasst im Regelfall auch **höchstpersönliche Erklärungen**,[6] so dass die Zwangsvollstreckung nach § 888 I ZPO in Betracht kommt. Für § 894 I ZPO (auch iVm § 16 I HGB) besteht daneben kaum ein Anwendungsbereich. 5

III. Zuständige Personen

Zuständig für die Anmeldung sind grds. die **Geschäftsführer** als organschaftliche Vertreter der GmbH. Im Fall der Auflösung fällt die Zuständigkeit an die **Liquidatoren** (§§ 66 ff.). In den näher bezeichneten Sonderfällen ist die Anmeldung durch sämtliche Gesellschafter vorzunehmen (→ Rn. 8). 6

1. Regelfall

Maßgeblich ist die Stellung als Geschäftsführer zum Zeitpunkt der Erklärungsabgabe.[7] Die Mitwirkung von Prokuristen ist bei unechter Gesamtvertretung möglich. Die Zuständigkeit u. Befugnis endet mit dem Ausscheiden aus dem Amt (hM). Ein Geschäftsführer, der sein Amt wirksam niederlegt, kann dies somit grds. nicht mehr zum Register anmelden. Allerdings ist eine Niederlegung mit Wirkung zum Zeitpunkt der Eintragung möglich. 7

2. Sämtliche Geschäftsführer

In den in § 78 bezeichneten Sonderfällen ist die Anmeldung ausnahmsweise durch sämtliche Geschäftsführer – einschließlich der stellvertretenden Geschäftsführer (§ 44) – vorzunehmen (§§ 7 I, 57 I, 57i I, 58 I Nr. 3). Ähnl. Regelungen finden sich auch in §§ 160 I, 222 I 1, 265 S. 1, 278 I UmwG. 8

3. Stellvertretung

Stellvertretung bei der Anmeldung ist grds. zulässig, wobei die Vollmacht öffentlich zu beglaubigen ist (§ 12 I 2 HGB) u. sich auf die Aufgabe beziehen muss. Die Vollmacht besteht auch bei Änderung der Vertretungsrege- 9

6 §§ 8 II, III, 39 III, 57 II, 57i I 2, 58 I Nr. 4, 67 III.
7 BayObLG NJW-RR 04, 1039.

lung fort.[8] Prokura u. Handlungsvollmacht sind grds. nicht ausreichend.[9] Dasselbe gilt für die Generalvollmacht (str.). Soweit ausdrücklich die Vertretung der Gesellschaft durch sämtliche Geschäftsführer angeordnet wird (→ Rn. 8), scheidet Stellvertretung aus. Ist die Erklärungsabgabe strafbewehrt (s. § 82), muss der Bevollmächtige die öffentlich beglaubigte Erklärung des Betroffenen der Anmeldung anfügen.

4. Insolvenz

10 Mit Eröffnung des Insolvenzverfahrens (§ 32 HGB) wird § 78 insoweit eingeschränkt, als der **Insolvenzverwalter** für die Anmeldung der im Zusammenhang mit seiner Tätigkeit (§§ 80, 148, 159 InsO) entstehenden einzutragenden Umstände zuständig ist. § 78 bleibt daneben anwendbar, soweit die Insolvenzmasse nicht berührt ist.[10] Die Pflicht der Geschäftsführer zur Anmeldung einer Änderung der Geschäftsführungsverhältnisse oder der Geschäftsanschrift bleibt auch nach Insolvenzeröffnung bestehen. Es ist ihnen zuzumuten, die Kosten der Anmeldung auszulegen; jedenfalls können Sie sich nicht auf das Unvermögen der Insolvenzmasse berufen.[11] Zur Anmeldung der Abberufung u. Neubestellung von Geschäftsführern ist der Insolvenzverwalter daher nicht befugt.[12]

IV. Form

11 Die Anmeldung hat elektronisch zu erfolgen u. ist öffentlich zu beglaubigen, § 12 I, II HGB iVm § 129 BGB, §§ 1, 39, 39 a, 40 BeurkG. Bedingung u. Befristung sind unzulässig.[13] **Zuständig** ist das Registergericht (AG), in dessen Bezirk die GmbH ihren Sitz hat (§ 7 I). Die **Kosten** sind von der Gesellschaft zu tragen.

§ 79 Zwangsgelder

(1) [1]Geschäftsführer oder Liquidatoren, die §§ 35 a, 71 Abs. 5 nicht befolgen, sind hierzu vom Registergericht durch Festsetzung von Zwangsgeld anzuhalten; § 14 des Handelsgesetzbuchs bleibt unberührt. [2]Das einzelne Zwangsgeld darf den Betrag von fünftausend Euro nicht übersteigen.

(2) In Ansehung der in §§ 7, 54, 57 Abs. 1, § 58 Abs. 1 Nr. 3 bezeichneten Anmeldungen zum Handelsregister findet, soweit es sich um die Anmeldung zum Handelsregister des Sitzes der Gesellschaft handelt, eine Festsetzung von Zwangsgeld nach § 14 des Handelsgesetzbuchs nicht statt.

8 OLG Düsseldorf NZG 18, 381; OLG Hamm GmbHR 12, 903; Lutter/Hommelhof/*Kleindiek* Rn. 2.
9 BGH NJW 92, 975; OLG Düsseldorf ZIP 12, 969; OLG Karlsruhe NJW-RR 15, 94, vgl. aber auch KG ZIP 14, 270.
10 Dazu BayObLG NZG 04, 582; OLG Hamm NZG 17, 747 f.
11 OLG Hamm NZG 17, 747 f.
12 OLG Köln NJW-RR 01, 1417; OLG Rostock RPfl 03, 444; str.
13 BayObLG GmbHR 92, 672.

I. Normzweck

1 Geregelt wird in **Abs. 1** die Durchsetzung von Angabepflichten auf Geschäftsbriefen nach §§ 35 a, 71 V. Hier ist § 14 HGB (handelsrechtliche Zwangsgeldfestsetzungen) nicht anwendbar, der durch § 79 I nicht verdrängt, sondern ergänzt wird. Die Regelung stellt vielmehr klar, dass § 14 HGB auch für die GmbH Anwendung findet. Durch **Abs. 2** werden konstitutiv wirkende Anmeldungen wiederum vom Anwendungsbereich des § 14 HGB ausgenommen.

II. Rechtsnatur

2 Das Zwangsgeld ist von seiner Rechtsnatur her keine Strafe, sondern eine staatliche „Zwangs- und Beugemaßnahme" zur Rechtsdurchsetzung.[1] Die Androhung u. Festsetzung von Zwangsgeld erfordert daher kein Verschulden u. kann bis zur Rechtsbefolgung grds. beliebig oft wiederholt werden. Die **Höhe** eines einzelnen Zwangsgeldes darf 5.000 EUR nicht übersteigen. Die Anwendung anderer Bestimmungen (insbes. nach OWiG, StPO oder StGB) ist daneben ebenso ausgeschlossen wie eine Ersetzung durch Beugehaft.

III. Erzwingbare Pflichten (Abs. 1)

3 Die in §§ 35 a, 71 V geregelten **Angabepflichten auf Geschäftsbriefen** einer GmbH oder der deutschen Zweigniederlassung einer Auslands-GmbH sind vom zuständigen Registergericht durch die Festsetzung von Zwangsgeld durchzusetzen. Daneben findet § 14 HGB für die GmbH Anwendung. Unzulässig ist hingg. die Durchsetzung der Vorlage eines aktuellen Geschäftsbriefbogens einer Gesellschaft im Zwangsgeldverfahren.[2] Adressaten der Zwangsgeldfestsetzung sind die jeweils zuständigen Geschäftsführer oder Liquidatoren als Organwalter der GmbH.[3] Ein Verfahren gegen die Gesellschaft selbst ist nach der Norm nicht möglich.

IV. Zwangsgeldverfahren

4 Das Zwangsgeldverfahren ist in §§ 388 ff. FamFG geregelt.[4] Erlangt das Registergericht „glaubhafte Kenntnis" (§ 388 I FamFG) davon, dass ein Fall des § 79 I vorliegt, ist es zum Eingreifen verpflichtet.[5] Es besteht insoweit kein Ermessen. Allerdings ist eine Erinnerung vor Verfahrenseinleitung zulässig. Zur Durchsetzung mehrerer Verpflichtungen ist ein einheitli-

1 Vgl. Scholz/*Wicke* Rn. 11 ff.; Michalski/*Lieder* Rn. 2; Rowedder/*Baukelmann* Rn. 12.
2 OLG Frankfurt GmbHR 16, 366; Lutter/Hommelhof/*Kleindiek* Rn. 1.
3 Zur Zuständigkeit für Anmeldungen zum Handelsregister s. § 78 Rn. 6 ff.
4 Zum Verfahren allg. s. *Heinemann*, FGPrax 09, 1, 3 f.
5 Ebenso für §§ 14, 37 a IV, 125 a II HGB, § 5 II PartGG, §§ 407, 408 AktG, 316 II UmwG, § 12 EWIV-AusführungsG.

ches Verfahren möglich.[6] Das Gericht hat den Grundsatz der Verhältnismäßigkeit im Verfahren zu beachten.[7]

1. Adressaten

5 Das Zwangsgeldverfahren ist gegen die aktuellen Geschäftsführer oder Liquidatoren der GmbH zu richten, die als Organwalter für die Umsetzung zuständig sind (s. auch → § 78 Rn. 6 ff.). Ein Verfahren gegen die Gesellschafter oder die GmbH selbst ist nicht möglich. Bei juristischen Personen (die zum Liquidator bestellt werden können) ist es gegen deren gesetzliche Vertreter zu richten. Bei Zweigniederlassungen einer Auslands-GmbH ist das Zwangsgeldverfahren grds. gegen die Organwalter der GmbH zu richten.[8] Es setzt den Aufenthalt der betroffenen Personen im Inland voraus.[9]

2. Androhung

6 Das Registergericht ist vor Festsetzung eines Zwangsgeldes zur Androhung verpflichtet, §§ 388 I, 389 I FamFG. Die Androhung muss neben der eingeforderten Verpflichtung auch die Höhe des Zwangsgeldes u. die Frist konkret bestimmen. Die Zustellung richtet sich nach § 15 FamFG.

3. Festsetzung

7 Das Registergericht hat das angedrohte Zwangsgeld festzusetzen, wenn kein Einspruch eingelegt u. die Pflicht nicht erfüllt wurde. Die Festsetzung ist mit der Androhung eines neuen Zwangsgeldes zu verbinden, § 389 I FamFG. Die **Höhe** jedes einzelnen Zwangsgelds ist begrenzt auf 5.000 EUR (Abs. 1 S. 2). Zwangsgelder können gegen einzelne, einige oder alle Verpflichteten verhängt werden. Ein Zwangsgeld kann für jeden Einzelfall neu festgesetzt werden. Wurde die geforderte Handlung vorgenommen, darf unabhängig von einem etwaigen Fristablauf kein Zwangsgeld mehr festgesetzt werden, § 389 I FamFG. Bei Pflichterfüllung ist die Festsetzung aufzuheben u. die Vollstreckung einzustellen. Zur **Vollstreckung** s. § 1 I Nr. 3, IV JBeitrO iVm § 1 I Nr. 3, II–V EBAO.

4. Rechtsmittel

8 Gegen die Androhung ist ein **Einspruch** nach § 390 FamFG statthaftes Rechtsmittel. Das Registergericht hat auf die Möglichkeit eines Einspruchs hinzuweisen.[10] Gegen die Festsetzung eines Zwangsgeldes oder die Verwerfung des Einspruchs ist die **Beschwerde** zum OLG statthaft, § 391 I FamFG, § 119 I Nr. 1 lit. b GVG; **Rechtsbeschwerde** nach § 70 FamFG.

V. Rechtsbegründende Eintragungen (Abs. 2)

9 Soweit eine Eintragung konstitutiv wirkt, fehlt das öffentliche Interesse an der Eintragung, so dass keine öffentlich-rechtliche Anmeldepflicht besteht

6 BayObLGZ 67, 458, 463.
7 Roth/*Altmeppen* Rn. 3.
8 Zu Ausn. Scholz/*Wicke* Rn. 19 a.
9 BayObLGZ 78, 121, 127.
10 LG Stuttgart GmbHR 96, 456.

(→ § 78 Rn. 3). Eine Zwangsgeldfestsetzung ist in diesen Fällen[11] durch Abs. 2 grds. ausgeschlossen. Ist die Anmeldung zwar fehlerhaft, aber wirksam, können die Organwalter auch iRd Abs. 2 zur Berichtigung gezwungen werden.[12]

Eine **zivilrechtliche Anmeldeverpflichtung** der Organwalter zB ggü. der Gesellschaft (→ § 78 Rn. 4) bleibt von der Regelung unberührt. Für das Umwandlungsrecht enthält § 316 II UmwG eine ähnl. Vorschrift. Die Regelung des § 79 II findet für alle Eintragungen mit rechtsbegründender Wirkung grds. keine Anwendung.[13] 10

§ 80 (weggefallen)

§ 81 (weggefallen)

§ 81 a (aufgehoben)

Vorbemerkung vor §§ 82 ff.

Schrifttum

Achenbach/Ransiek/Rönnau (Hrsg.), Handbuch Wirtschaftsstrafrecht, 4. Aufl. 2015; *Bittmann*, Strafrecht und Gesellschaftsrecht, ZGR 2009, 931; *ders.*, Strafrechtliche Folgen des MoMiG, NStZ 2009,113; *Große Vorholt*, Wirtschaftsstrafrecht, 3. Aufl. 2013; *Kutzner*, Unternehmensstrafrecht, 2008; *Müller-Gugenberger*, GmbH-Strafrecht nach der Reform, GmbHR 2009, 578; *ders.* (Hrsg.), Wirtschaftsstrafrecht, 6. Aufl. 2015; *Wabnitz/Janovsky* (Hrsg.), Handbuch des Wirtschafts- und Steuerstrafrechts, 4. Aufl. 2014.

Die GmbH selbst ist als juristische Person im strafrechtlichen Sinne nicht schuldfähig. Bei Straftaten der Organe kann unter den Voraussetzungen des § 30 OWiG gegen die GmbH aber eine Geldbuße verhängt werden, die weder Geldstrafe noch Ordnungsgeld ist. Für die handelnden **natürlichen Personen** ist § 14 StGB („Handeln für einen anderen“) zu beachten. Neben den im GmbHG geregelten Straftatbeständen (§§ 82, 84 u. 85) sind insbes. die Insolvenzstraftaten (§§ 283 ff. StGB, Insolvenzverschleppung nach § 15 a IV InsO), Betrug (§ 263 StGB), Kreditbetrug (§ 265 b StGB), die Bilanzstraftaten (§ 331 ff. HGB) sowie Untreue (§ 266 StGB) für die GmbH relevant. Die Straftatbestände des GmbHG fungieren häufig als Auffangtatbestände, soweit schwerere Delikte nicht nachweisbar sind. 1

Die gesonderten Normen für Untreue u. Bankrott im GmbHG wurden bereits Ende der 1960er-Jahre in die allg. Strafnormen des StGB (Untreue etc) integriert. Eine weitere wesentliche Änderung stellten die 1985 aufgrund der EG-Bilanzrichtlinien eingeführten Straftatbestände der §§ 331 ff. HGB dar. Mit dem 2008 in Kraft getretenen **MoMiG**[1] sollte ua die Attraktivität der GmbH im Vergleich zu ausländischen haftungsbeschränkten Rechtsfor- 2

11 Erstanmeldung (§§ 7, 11 I), Satzungsänderung (§ 54) u. Kapitaländerung (§§ 57 I, 58 I Nr. 3).
12 Zu Ausn. vom Grundsatz des § 79 II: Scholz/*Wicke* Rn. 16 f.
13 Scholz/*Wicke* Rn. 14.
1 Gesetz zur Modernisierung des GmbH-Rechts und zur Bekämpfung von Missbräuchen (MoMiG), BGBl. I 08, S. 2026.

men erhöht werden. Um Chancengleichheit herzustellen, wurden deshalb Straftatbestände vielfach auf Unternehmen mit ausländischer Rechtsform ausgedehnt. Indes wurden die Strafvorschriften nicht grds. ausgeweitet, sondern teilw. reduziert u. in einigen Teilen erweitert. Insbes. wurde der Tatbestand der Insolvenzverschleppung (§ 84 I Nr. 2 aF) gestrichen[2] u. durch eine rechtsformübergreifende Insolvenzanmeldepflicht in § 15 a InsO für alle Gesellschaften ohne persönlich haftende natürliche Person ersetzt. Eine redaktionelle Anpassung wurde in § 82 I Nr. 1 vorgenommen. Ausgeweitet wurde der Tatbestand der Eignungstäuschung in § 82 I Nr. 5 durch die erhebliche Ausdehnung des Straftatenkatalogs in § 6 II Nr. 3 (iVm §§ 8 III, 39 III, 67 III). Weiterhin gilt § 82 I Nr. 5 nun auch für „Geschäftsleiter ausländischer juristischer Personen" u. Auslandstaten (§ 6 II 3). S. dazu auch die Übergangsregelung in Art. 3 II EGGmbHG.

§ 82 Falsche Angaben

(1) Mit Freiheitsstrafe bis zu drei Jahren oder mit Geldstrafe wird bestraft, wer

1. **als Gesellschafter oder als Geschäftsführer zum Zweck der Eintragung der Gesellschaft über die Übernahme der Geschäftsanteile, die Leistung der Einlagen, die Verwendung eingezahlter Beträge, über Sondervorteile, Gründungsaufwand und Sacheinlagen,**
2. **als Gesellschafter im Sachgründungsbericht,**
3. **als Geschäftsführer zum Zweck der Eintragung einer Erhöhung des Stammkapitals über die Zeichnung oder Einbringung des neuen Kapitals oder über Sacheinlagen,**
4. **als Geschäftsführer in der in § 57 i Abs. 1 Satz 2 vorgeschriebenen Erklärung oder**
5. **als Geschäftsführer einer Gesellschaft mit beschränkter Haftung oder als Geschäftsleiter einer ausländischen juristischen Person in der nach § 8 Abs. 3 Satz 1 oder § 39 Abs. 3 Satz 1 abzugebenden Versicherung oder als Liquidator in der nach § 67 Abs. 3 Satz 1 abzugebenden Versicherung**

falsche Angaben macht.

(2) Ebenso wird bestraft, wer

1. **als Geschäftsführer zum Zweck der Herabsetzung des Stammkapitals über die Befriedigung oder Sicherstellung der Gläubiger eine unwahre Versicherung abgibt oder**
2. **als Geschäftsführer, Liquidator, Mitglied eines Aufsichtsrats oder ähnlichen Organs in einer öffentlichen Mitteilung die Vermögenslage der Gesellschaft unwahr darstellt oder verschleiert, wenn die Tat nicht in § 331 Nr. 1 oder Nr. 1 a des Handelsgesetzbuchs mit Strafe bedroht ist.**

2 Ebenso die entspr. Regelungen in § 401 AktG u. § 148 GenG.

I. Normzweck

Die Norm regelt die Strafbarkeit bestimmter falscher Angaben, vornehmlich von Gesellschaftern u. Geschäftsführern im Hinblick auf die Kapitalstruktur der GmbH. Geschützt wird das Vertrauen der Öffentlichkeit in die Richtigkeit des Handelsregisters sowie sonst zur Vermögenslage abgegebener Erklärungen.[1] Durch das **MoMiG** wurden der Tatbestand des § 82 I Nr. 5 (Eignungstäuschung, → Rn. 25 ff.) ausgeweitet u. eine redaktionelle Anpassung des § 82 I Nr. 1 vorgenommen. Auch die Unternehmergesellschaft (§ 5 a) wird von § 82 erfasst. 1

II. Allgemeines

Die Straftatbestände nach § 82 stellen durchweg Tätigkeitsdelikte im Sinne abstrakter Gefährdungsdelikte dar, deren Verwirklichung weder einen Vermögensschaden noch einen Täuschungserfolg voraussetzt.[2] 2

Der **Täterkreis** ist jeweils auf die in den Tatbeständen genannten Personen beschränkt, also va Gesellschafter u. Geschäftsführer (echte Sonderdelikte), uU auch faktische Geschäftsführer,[3] weiterhin Liquidatoren. In Bezug auf eine GmbH & Co KG ist zu beachten, dass nur diejenigen der GmbH erfasst sind. Für Mitglieder von Aufsichtsorganen kann die Überwachungspflicht (§ 52 I iVm § 111 AktG) eine Garantenstellung begründen (Unterlassensstrafbarkeit, § 13 StGB).[4] Kein tauglicher Täter eines Vergehens nach § 82 I ist der Prokurist.[5] Andere als die in den Tatbeständen genannten Personen kommen als Täter nicht in Frage, können sich aber wegen **Teilnahme**, also Anstiftung u. Beihilfe, strafbar machen.[6] 3

Eine **Einwilligung** oder Weisung der Gesellschafter ist grds. unbeachtlich. Eine vorherige Abstimmung, zB im Aufsichtsrat, ändert auch für die dort Unterlegenen nichts an der Strafbarkeit einer nachfolgenden Handlung (für 4

---

1 BGH NZWiSt 17, 190, 195.
2 BGH NZWiSt 17, 190, 195; Roth/*Altmeppen* Rn. 2; Michalski/*Dannecker* Rn. 18 f.; Lutter/Hommelhof/*Kleindiek* Rn. 1; Rowedder/Schmidt-Leithoff/*Schaal* Rn. 6.
3 BGH NJW 00, 2285; s. auch *Schulz*, StraFo 03, 155; *Lindemann*, Jura 05, 305.
4 Scholz/*Tiedemann/Rönnau* Rn. 24, 31 f.
5 BGH NStZ-RR 10, 79.
6 Obligatorische Strafmilderung nach § 28 I StGB.

Mitglieder des Aufsichtsrats auch Unterlassen, → Rn. 3). Nur in besonderen Drucksituationen kann eine **Entschuldigung** nach § 35 StGB in Betracht kommen.[7]

5 Hins. der **Konkurrenzen** ist zu beachten, dass mehrere in einer Erklärung enthaltene Falschangaben nur eine strafbare Handlung darstellen (Handlungseinheit). Dies gilt bei einheitlichem Tatentschluss auch soweit sich mehrere Erklärungen auf eine Registereintragung beziehen. Angaben ggü. verschiedenen Registergerichten führen allerdings zu Tatmehrheit. Bei § 82 I Nr. 2 tritt eine etwaige Beihilfe des Gesellschafters zur Tat des Geschäftsführers nach § 82 I Nr. 1 als mitbestraft zurück. Ist der Gesellschafter selbst Täter nach Nr. 1, tritt Nr. 2 zurück. Soweit § 82 I Nr. 1 u. Nr. 5 nebeneinander verwirklicht werden, verdrängen sie sich nicht (dann Tateinheit, § 52 StGB). Tateinheit kommt weiterhin insbes. im Verhältnis zu §§ 156, 267 I 3. Alt, 271 StGB in Betracht.

6 Ein Strafantrag ist zur **Strafverfolgung** nicht erforderlich (Offizialdelikt). Dem geschützten Personenkreis steht ggü. der Staatsanwaltschaft ein Klageerzwingungsverfahren offen, §§ 172 ff. StPO. Gerichtlich zuständig ist die Wirtschaftsstrafkammer, § 74 c I Nr. 1 GVG.

7 Die Abgabe einer unrichtigen Versicherung ist mit Freiheitsstrafe bis zu 3 Jahren oder mit Geldstrafe bedroht. Der **Strafrahmen** ist identisch mit demjenigen für die falsche eidesstattliche Versicherung (§ 156 StGB). Die **Verjährungsfrist** beginnt mit Beendigung der Tat (hM) u. beträgt 5 Jahre (§ 78 III Nr. 4 StGB). Zur Verjährungsunterbrechung s. § 78 c StGB.

8 § 82 I Nr. 1 (Gründungsschwindel) ist **Schutzgesetz** iSd § 823 II BGB. Geschützt wird das Vertrauen in die Richtigkeit der gemachten Angaben (geschütztes Rechtsgut). Geschützter Personenkreis sind gegenwärtige u. mögliche zukünftige Gläubiger, zukünftige, jedoch nicht aktuelle Gesellschafter (hM),[8] iU zur hM im Aktienrecht aber nicht die Gesellschaft selbst.[9] Ob auch „das Interesse der Allgemeinheit an der Korrektheit der Registereintragung“ geschützt wird, ist zweifelhaft.[10] Subjektiv ist jedenfalls Kenntnis der Unrichtigkeit bzw. Unvollständigkeit der abgegebenen Erklärung erforderlich.[11] Eine Haftung nach § 823 II BGB kommt nur in Betracht, soweit Gläubiger oder künftige Gesellschafter durch Falschangaben einen Vermögensschaden erlitten haben. Kausalität besteht nur, wenn ein Geschädigter Kenntnis von der Angabe hatte oder die Gründung oder Kapitalerhöhung bei zutr. Angabe nicht eingetragen worden wäre.[12]

III. Tatbestände

9 Die Norm umfasst insg. **7 verschiedene Straftatbestände,** die jeweils unterschiedliche Tathandlungen unter Strafe stellen. Diese bilden Sanktionen für

7 Scholz/*Tiedemann/Rönnau* Rn. 192.
8 Ulmer/*Ransiek* Rn. 7; *Schlosser/Stephan-Wimmer*, GmbHR 19, 449, 454.
9 Lutter/Hommelhof/*Kleindiek* Rn. 31; *Schlosser/Stephan-Wimmer*, GmbHR 19, 449, 454; aA Ulmer/*Ransiek* Rn. 8.
10 So allerdings OLG München NJW-RR 88, 290; Michalski/*Dannecker* Rn. 12.
11 Michalski/*Dannecker* Rn. 24 ff.
12 Roth/*Altmeppen* Rn. 4; aA wohl OLG München NJW-RR 00, 1130.

die Verletzung von Pflichten aus dem GmbHG (Blankettnorm; str.).[13] Bei Auslegung außerstrafrechtlicher Elemente ist der strafrechtliche Bestimmtheitsgrundsatz (Art. 103 II GG) zu beachten.[14] Alle Tatbestände setzen Vorsatz iSv § 15 StGB voraus. Die fahrlässige Verwirklichung ist nicht möglich.[15] Daher führt die nicht stets verlässliche Abgrenzung von Tatbestands- u. Verbotsirrtums zur Entscheidung über eine Bestrafung, was rechtspolitisch zweifelhaft ist.[16]

1. Gründungsschwindel (Abs. 1 Nr. 1)

Der Tatbestand des Gründungsschwindels bezieht sich auf falsche Angaben iRd Gründung einer Gesellschaft. Erfasst werden Angaben nach § 8 I Nr. 1 über den Gesellschaftsvertrag, ferner die nach § 8 I Nr. 3–5 sowie die Versicherungen nach § 8 II. Die Norm ist schlichtes Tätigkeitsdelikt, → Rn. 2.[17] § 82 I Nr. 1 ist Schutzgesetz iSd § 823 II BGB, → Rn. 8. 10

a) **Tatbestand.** Die **Angaben** müssen **falsch** sein, zum Zwecke der Eintragung der Gesellschaft in das Handelsregister gemacht werden u. dem zuständigen Registergericht zugehen.[18] Das Verschweigen erheblicher Umstände führt zur falschen Äußerung, wobei für die Beurteilung der Richtigkeit der Eingang der Angabe beim Registergericht maßgeblich ist.[19] Der Eintragung dienen können ebenso freiwillige Angaben, nicht jedoch solche, die nach Eintragung erfolgen. Falsch sind Angaben, wenn Aussagen über Tatsachen u. Wertungen nach dem objektiven Empfängerhorizont nicht mit der Wirklichkeit übereinstimmen.[20] Auch unvollständige Angaben sind grds. falsch, soweit die nicht mitgeteilten Umstände den Inhalt der Aussage in rechtserheblicher Weise verändern würden.[21] Die Unterscheidung zwischen Einlage u. Geschäftsanteil entspricht § 3 I Nr. 4. Subjektiv ist Absicht im Hinblick auf die Eintragung („zum Zweck der") erforderlich. 11

Gegenstand der Angaben kann etwa die Übernahme von Geschäftsanteilen sein, wobei dies in den der Anmeldung nach § 8 I beizufügenden Unterlagen enthalten sein kann. Unrichtigkeit kann sich hins Höhe u. Art (Bar- oder Sacheinlage) von Einlage u. Person des Übernehmenden ergeben.[22] Die Richtigkeit von Angaben über die **Leistung der Einlagen** ist von der effektiven Leistung in das Gesellschaftsvermögen abhängig (s. § 19). Eine effektive Leistung hindert etwa eine Zahlung aus Gesellschaftsdarlehen,[23] wenn Verwendungsabsprachen Einwirkungsmöglichkeiten der Geschäfts- 12

13 Ebenso Baumbach/Hueck/*Beurskens* Rn. 1; Rowedder/Schmidt-Leithoff/*Schaal* Rn. 5; aA aber Scholz/*Tiedemann*/*Rönnau* Rn. 8 u. wohl auch Michalski/*Dannecker* Rn. 23.
14 BVerfGE 41, 314, 319; Baumbach/Hueck/*Beurskens* Rn. 1; *Rutkowsky*, BB 71, 1262, 1263.
15 Michalski/*Dannecker* Rn. 24; MüKoGmbHG/*Altenhain* Rn. 112.
16 Baumbach/Hueck/*Haas*, 21. Aufl. 17, Rn. 5.
17 AA Scholz/*Tiedemann*/*Rönnau* Rn. 17; Baumbach/Hueck/*Haas*, 21. Aufl. 17, Rn. 9.
18 Vgl. auch BGH GmbHR 16, 1088, 1089.
19 BGH NZWiSt 17, 190, 195; Roth/*Altmeppen* Rn. 6.
20 Scholz/*Tiedemann*/*Rönnau* Rn. 69; Michalski/*Dannecker* Rn. 86.
21 Baumbach/Hueck/*Beurskens* Rn. 14; s. aber Scholz/*Tiedemann*/*Rönnau* Rn. 72.
22 Scholz/*Tiedemann*/*Rönnau* Rn. 76, 80 ff.
23 BGHZ 28, 77 = NJW 58, 1351.

führer ausschließen,[24] u. auch eine Zahlung bei Vereinbarung sofortiger Rückzahlung.[25] Bei Zahlung an Dritte kommt eine effektive Leistung nur in Betracht, soweit eine vollwertige, liquide u. fällige Forderung gegen die Gesellschaft getilgt wird.[26] Bei Gründung einer Einmann-GmbH ist die äußere Erkennbarkeit der Leistung in ein Sondervermögen entscheidend.[27] Falsch können auch Angaben über die Verwendung eingezahlter Beiträge sein. Diese sind jedoch bereits in Angaben über die Leistung der Einlagen enthalten. Wegen der Beachtung des Gebotes tatbestandlicher Bestimmtheit ist die schuldrechtliche Bindung eingezahlter Beträge nicht anzugeben,[28] kann jedoch iRd Angaben über Leistung der Einlagen zu nennen sein. Die Angaben sind erforderlich, sobald die Verwendung der Einlagen durch Zahlung erfolgt.

13 **b) Verdeckte Sacheinlage.** Die strafrechtliche Beurteilung der verdeckten Sacheinlage bleibt auch nach dem **MoMiG** umstritten, wohingegen sie in § 19 IV eine zivilrechtliche Regelung erfahren hat.[29] Hierbei kommt es nicht zur Differenzhaftung, sondern zur Anrechnung des Wertes des Vermögensgegenstandes auf die Einlageschuld („Anrechnungslösung"), → § 19 Rn. 44 ff.[30] Die hM hatte zur früheren Rspr. (keine Erfüllung der Einlagepflicht u. Rückabwicklung) in Grenzen eine Strafbarkeit nach § 82 I Nr. 1 angenommen. Indes lässt sich den zivilrechtlichen Änderungen des § 19 IV keine veränderte gesetzgeberische Bewertung der strafrechtlichen Problematik entnehmen.

14 **Ausgangspunkt** der Überlegung muss sein, dass eine Angabe falsch ist, wenn eine Einlage nicht effektiv erbracht wurde.[31] Falsch ist jedenfalls die Versicherung nach § 8 II, wenn der Barwert der Einlage bei Gesellschaftsanmeldung bereits an den Gesellschafter zurückgeflossen ist. Da das Verfügungsgeschäft regelmäßig nach Gesellschaftsanmeldung erfolgen soll, ist die Frage praxisrelevant, wann insoweit Strafbarkeit vorliegen kann. Konkret geht es zum einen darum, ob eine Pflicht zur Mitteilung besteht, dass die Beteiligten eine Abrede iSv § 19 IV getroffen haben. Zum anderen ist zu klären, ob die geleistete Barzahlung, aus der nach Anmeldung der Ankauf des Sachgegenstandes erfolgen soll, eine Einlage zur freien Verfügbarkeit iSv § 8 II darstellt u. damit als solche erklärt werden kann.

15 Die wohl überwiegende Meinung bejaht Strafbarkeit, wenn nicht angegeben wird, dass aus der Bareinzahlung der Preis für einen der Gesellschaft gelieferten Vermögensgegenstand bezahlt werden soll.[32] Mit Blick auf das auf die Auslegung der Normen des GmbHG anzuwendende **Bestimmtheits-**

---

24 BGH NZWiSt 17, 190, 195.
25 Zu weiteren Beispielen Roth/*Altmeppen* Rn. 6.
26 BGH NZWiSt 17, 190, 195; nach aA ist allein entscheidend, ob die Zahlung auf Anweisung des Geschäftsführers erfolgt, vgl. Roth/*Altmeppen* Rn. 7.
27 BayObLG MittBayNot 94, 245, 246.
28 Michalski/*Dannecker* Rn. 109; Scholz/*Tiedemann*/*Rönnau* Rn. 98; aA Rowedder/Schmidt-Leithoff/*Schaal* Rn. 43.
29 Dazu *Maier-Reimer*/*Wenzel*, ZIP 09, 1185; *Pentz*, GmbHR 09, 126.
30 Ausf. Roth/*Altmeppen* § 19 Rn. 92 ff.
31 *Richter*, GmbHR 84, 113, 116; Lutter/Hommelhoff/*Kleindiek* Rn. 12.
32 Scholz/*Tiedemann*/*Rönnau* Rn. 92, 95 f.; zum Begriff der verdeckten Sacheinlage BGHZ 132, 133, 135.

gebot des Art. 103 II GG (→ Rn. 9) ist dieses Ergebnis aber nicht zwingend. Entscheidende Bedeutung hat die Frage, ob nach Sinn u. Zweck des § 19 IV aus einer Abrede im Normsinne eine rechtliche Verpflichtung zur vereinbarungsgemäßen Verwendung der Einlage folgt.[33]

Zu **unterscheiden** ist wie folgt: Soll strafbarkeitsbegründend als falsche „Angabe über die Leistung der Einlagen" das *Unterlassen* der Mitteilung über das Bestehen einer Abrede iSv § 19 IV sein, fehlt es an der für einen Straftatbestand erforderlichen Bestimmtheit. Aus §§ 82 I, 3, 19 IV lässt sich jedenfalls eine diesem Maßstab standhaltende Auslegung nicht herleiten.[34] Soll daran angeknüpft werden, wegen der Abrede nach § 19 IV sei die erklärte *freie Verfügbarkeit* über die Bareinlage unzutr, vermag dies eine Strafbarkeit ebenfalls nicht zu begründen. Denn erklärt wird nur die – wegen Unverbindlichkeit der Abrede zutr.[35] – Tatsache, im Zeitpunkt der Anmeldung frei über die Bareinlage verfügen zu können.[36] Auch mit der Angabe, die *Geld*einlagepflicht sei erfüllt, obwohl der Tatbestand einer verdeckten *Sach*einlage vorliegt, wird die Anmeldeversicherung nicht falsch.[37] Denn strafrechtlich führt das Vorliegen des Tatbestandes der verdeckten Sacheinlage nicht dazu, dass es sich um eine Sacheinlage handelt.[38] Daran ändert auch nichts, dass die zivilrechtliche Anrechnungslösung erst bei Eintragung greift, → § 19 Rn. 69. 16

Jede **darüber hinausgehende Interpretation** des Tatbestandsmerkmals, die an die geplante Verwendung der Geldmittel nach Gesellschaftsanmeldung anknüpft, ist mit Blick auf das Bestimmtheitsgebot abzulehnen. Dass die Beurteilung der Frage nach früherem Recht nicht wegweisend sein kann, belegt auch die Entstehungsgeschichte. Zum RegE, der insoweit eine ggü. der endgültigen Gesetzesfassung unveränderte Formulierung der Vorschrift enthält, wird ausgeführt, dass § 82 den Fall der Versicherung bei verdeckter Sacheinlage nicht aufgreife u. für diese Konstellation generell strafrechtliche Sanktionen unangemessen seien.[39] Zwar ist in der endgültigen Fassung des § 19 IV durch die Anrechnungslösung die verdeckte Sacheinlage ggü. der Erfüllungslösung im RegE (zivilrechtlich) stärker sanktioniert,[40] eine geänderte gesetzgeberische Bewertung der Strafbarkeitsproblematik lässt sich daraus – wie auch aus der gesamten Gesetzesbegründung – aber nicht entnehmen. Solange eine Klärung durch Rspr. oder Gesetzgeber aussteht, ist für den Geschäftsführer gleichwohl Vorsicht geboten.[41] Geht man dag von einer Änderung der Rechtslage durch § 19 IV aus, ist die Übergangsregelung des Art. 3 IV EGGmbHG zu beachten, → § 19 Rn. 136 f. 17

---

33 Dag. Roth/*Altmeppen* § 19 Rn. 81 f.
34 *Wälzholz*, GmbHR 08, 841, 845; Scholz/*Tiedemann/Rönnau* Rn. 92 ff.; aA *Bormann*, GmbHR 07, 897, 900; *Kleindiek*, FS K Schmidt, 09, S. 893, 898.
35 Zutr. Roth/*Altmeppen* Rn. 15.
36 Ebenso Roth/*Altmeppen* Rn. 15; gegen eine Strafbarkeit bei Verschweigen schuldrechtlicher Verwendungsabsprachen auch LG Koblenz ZIP 91, 1284, 1290.
37 So aber *Kleindiek*, FS K Schmidt, 09, S. 893, 898; Lutter/Hommelhoff/*Kleindiek* Rn. 12.
38 Baumbach/Hueck/*Beurskens* Rn. 13.
39 Begr. RegE MoMiG BT-Drs. 16/6140, S. 40; ebenso Roth/*Altmeppen* Rn. 16.
40 Begr. Rechtsausschuss BT-Drs. 16/9739, S. 56.
41 Roth/*Altmeppen* Rn. 17.

Insbes. in Berufungs- u. Revisionsverfahren kann dies wegen vormals weitgehend bejahter Strafbarkeit von Bedeutung sein.

18 c) **Hin- und Herzahlen.** § 19 V 2 ordnet ausdrücklich an, dass die Vereinbarung eines Hin- u. Herzahlens (→ § 19 Rn. 95 ff.) in der Anmeldung (§ 8) anzugeben ist. Eine insoweit falsche Angabe soll nach hM zur Strafbarkeit gem. § 82 I Nr. 1 führen.[42] Mit Blick auf das strafrechtliche Bestimmtheitsgebot ist auch dies letztlich nicht überzeugend. Sollte das Verschweigen einer zum Anmeldungszeitpunkt noch unverbindlichen Abrede des Hin- u. Herzahlens strafbarkeitsbegründend sein, hätte dies einer eindeutigen gesetzgeberischen Regelung bedurft. Gleiches gilt hins. der Erklärung der freien Verfügbarkeit der Bareinlage (→ Rn. 12).

19 d) **Täter.** Als Täter kommen neben Gesellschaftern u. Geschäftsführern auch faktische Geschäftsführer in Betracht (→ Rn. 3).[43] Teilw wird hierfür jedoch zumindest der äußere Anschein eines Bestellungsaktes für erforderlich gehalten.[44] Zweifelhaft ist die Einbeziehung der Gesellschafter in den Täterkreis, da diese zur Anmeldung der Gesellschaft nicht befugt sind. Ihre Einbeziehung in den Täterkreis ist sinnvoll, um mittelbare Falschangaben strafrechtlich würdigen zu können.[45] Diese Angaben müssen dem Registergericht jedenfalls zugehen. Strafbare Handlung kann nicht nur das Verfassen der Anmeldung u. das Erklären der Versicherung (§ 8 II), sondern auch das Einreichen der Unterlagen beim Registergericht sein.

2. Sachgründungsschwindel (Abs. 1 Nr. 2)

20 Unter Strafe gestellt ist auch die falsche Angabe im Sachgründungsbericht, wegen zahlreicher unbestimmter Rechtsbegriffe indes nur bei offensichtlich falscher Angabe.[46] Dessen Inhalt richtet sich nach § 5 IV 2. Er ist nach § 8 I Nr. 4 der Anmeldung beizufügen. Eine Anmeldung ist für die **Vollendung** der Tat allerdings nicht erforderlich. Insoweit reicht Zugang bei Dritten. **Täter** können nur Gesellschafter der GmbH sein. Das Einreichen eines falschen Sachgründungsberichts kann für Geschäftsführer aber unter § 82 I Nr. 1 fallen. → Rn. 3 zur Teilnahme.

3. Kapitalerhöhungsschwindel (Abs. 1 Nr. 3 und 4)

21 Die Tatbestände von Abs. 1 Nr. 3 u. 4 bestimmen die Strafbarkeit von falschen Angaben bei der Eintragung einer Kapitalerhöhung gegen Einlagen (Nr. 3, s. §§ 55 ff.) oder aus Gesellschaftsmitteln (Nr. 4, s. §§ 57 c ff.).

22 a) **Kapitalerhöhung gegen Einlage (Nr. 3).** Die **Tathandlung** entspricht derjenigen in § 82 I Nr. 1 (→ Rn. 10 ff.) in Bezug auf die Aufbringung des Stammkapitals. In Bezug auf die Versicherung, dass die eingebrachten Mittel endgültig zur freien Verfügung der Geschäftsführer in das Gesellschafts-

42 HM, Lutter/Hommelhoff/*Kleindiek* Rn. 12 aE; Ulmer/*Ransiek* Rn. 32 f.; Baumbach/Hueck/*Beurskens* Rn. 9; *Kleindiek*, FS K. Schmidt, 09, S. 893, 899; *Maier-Reimer/Wenzel*, ZIP 08, 1449, 1454; aA Roth/*Altmeppen* Rn. 15.
43 BGHSt 46, 62; Baumbach/Hueck/*Beurskens* Rn. 2 mwN, im Detail str.
44 Ulmer/*Ransiek* Rn. 11.
45 BayObLG NJW 94, 2967; Baumbach/Hueck/*Beurskens* Rn. 3.
46 Lutter/Hommelhoff/*Kleindiek* Rn. 17; Scholz/*Tiedemann*/*Rönnau* Rn. 128; unklar MüKoGmbHG/*Altenhain* Rn. 72, 75.

vermögen eingebracht wurden, bestehen die bereits zu § 82 I Nr. 1 beschriebenen Probleme, insbes. im Hinblick auf die verdeckte Sacheinlage (→ Rn. 13) u. ein vereinbartes Hin- u. Herzahlen (→ Rn. 18). **Subjektiv** ist Absicht im Hinblick auf die Eintragung („zum Zwecke der") erforderlich.

b) Kapitalerhöhung aus Gesellschaftsmitteln (Nr. 4). Die Norm stellt eine 23
falsche Erklärung nach § 57i I 2 unter Strafe. Sichergestellt werden soll, dass eine Kapitalerhöhung aus Mitteln der Gesellschaft nicht ohne dazu erforderliche Rücklagen eingetragen wird. Zu versichern ist, dass zwischen Bilanzstichtag u. Tag der Anmeldung keine der Kapitalerhöhung entgegenstehende Vermögensminderung eingetreten, die relevante Rücklage (§ 57d) also zum Zeitpunkt der Kapitalerhöhung noch vorhanden ist.[47] Der **subjektive Tatbestand** („nach ihrer Kenntnis") stellt auf das jeweilige Wissen der Geschäftsführer ab. Im Hinblick auf die Eintragung ist Absicht erforderlich (str.). Nicht ausreichend ist das pflichtwidrige Unterlassen von Nachforschungen, da Voraussetzung für § 82 die vorsätzliche Verwirklichung ist.[48]

c) **Täter.** Obwohl eine Kapitalerhöhung auch im Liquidationsstadium 24
möglich ist, können Täter nur (auch faktische) Geschäftsführer, nicht jedoch Liquidatoren der Gesellschaft sein.[49] Trotz insoweit offenbar vergleichbarer Interessenlage scheidet mit Blick auf den strafrechtlichen Charakter der Norm eine (täterbelastende) Analogie aus.[50]

4. Eignungstäuschung (Abs. 1 Nr. 5)

Der Tatbestand der Nr. 5 stellt auf falsche Versicherungen gem. §§ 8 III 1, 25
39 III 1 sowie 67 III 1 ab.[51] Die Verurteilung wegen bestimmter Straftatbestände begründet ein objektives Bestellungshindernis für einen Zeitraum von 5 Jahren (ab Rechtskraft des Urt u. ohne den Zeitraum einer etwaigen Freiheitsentziehung) u. macht eine Person für diesen Zeitraum ungeeignet, eine Tätigkeit als Geschäftsführer auszuüben (Amtsunwürdigkeit oder Inhabilität). Bei jeder Anmeldung zum Handelsregister ist als Eintragungsvoraussetzung eine eidesstattliche Versicherung der betroffenen Person abzugeben, nicht wegen der genannten Delikte verurteilt worden zu sein.[52] § 82 I Nr. 5 stellt die falsche Abgabe einer solchen Versicherung unter Strafe. Die entspr. Verurteilung eines Geschäftsführers führt automatisch zur Amtsbeendigung.[53] Die Eignungstäuschung ist auch für die AG strafbewehrt (§ 399 I Nr. 6 iVm §§ 76 III, 37 II AktG), nicht jedoch für die Genossenschaft. In der Literatur wird die Verfassungsmäßigkeit der Norm

47 Roth/*Altmeppen* Rn. 23.
48 Scholz/*Tiedemann/Rönnau* Rn. 141; Roth/*Altmeppen* Rn. 23; Michalski/*Dannecker* Rn. 183.
49 OLG Jena GmbHR 98, 1041; Scholz/*Tiedemann/Rönnau* Rn. 49.
50 OLG Jena GmbHR 98, 1041; Scholz/*Tiedemann/Rönnau* Rn. 49; Roth/*Altmeppen* Rn. 21.
51 KG GmbHR 15, 868.
52 §§ 8 III, 39 III, 67 III iVm mit dem Straftatenkatalog in § 6 II Nr. 3, vorausgesetzt ist immer eine Vorsatztat.
53 BGH GmbHR 91, 358.

wegen Verstoßes gegen das Übermaßverbot bestritten.[54] Nr. 5 ist kein Schutzgesetz iSv § 823 II BGB.

26 a) **Tatbestand.** Die Versicherung muss falsch sein u. dem Registergericht zugehen. Sie muss sich auch auf die Belehrung beziehen (§ 8 III). Eine unvollständige Versicherung ist insg. unrichtig. Wird allerdings keine Versicherung abgegeben, ist der Tatbestand der Norm nicht erfüllt.[55] Die Angabepflicht gilt auch bei Tilgungsreife oder bereits erfolgter Tilgung (§ 51 I BZRG). Ein nachträglich zur Bewährung ausgesetztes Berufsverbot (§ 70 a StGB) wird von der Angabepflicht nicht erfasst (str.). Subjektiv ist eine Eintragungsabsicht nicht erforderlich.[56] Soweit ein Täter von einem Schweigerecht ausgeht, liegt allenfalls ein Verbotsirrtum (§ 17 StGB) vor; nimmt er an, die Fristen des § 6 II 2 Nr. 2 u. S. 3 seien abgelaufen oder glaubt, der Unternehmensgegenstand der GmbH werde von seinem Berufsverbot nicht umfasst, handelt es sich um einen Tatbestandsirrtum iSv § 16 StGB.[57]

27 Der Tatbestand wurde durch die erhebliche Ausdehnung des Straftatenkatalogs in § 6 II 2 Nr. 3 (iVm §§ 8 III, 39 III, 67 III) iRd **MoMiG** erweitert. Zusätzlich zu den bereits zuvor genannten Insolvenzstraftaten (§§ 283–283 d StGB) wurden Insolvenzverschleppung nach § 15 a InsO, Falschangaben nach § 82 u. § 399 AktG, unrichtige Darstellungen nach § 400 AktG, § 331 HGB, § 313 UmwG u. § 17 PublG sowie verschiedene Vermögensdelikte[58] neu in den Straftatenkatalog aufgenommen. Durch § 6 II 3 wird der Katalog auf vergleichbare **Auslandstaten** ausgedehnt. Die Erweiterung der Bestellungshindernisse findet keine rückwirkende Anwendung, soweit der Geschäftsführer vor dem 01.11.08 sowohl bestellt als auch rechtskräftig verurteilt wurde, Art. 3 II EGGmbHG.[59] Weiterhin gilt § 82 I Nr. 5 auch für die Geschäftsleiter ausländischer Kapitalgesellschaften (zB engl. Ltd), um eine Umgehung der deutschen Vorschriften zu vermeiden.[60] Es besteht eine Konkurrenz zum ebenfalls erweiterten § 399 Nr. 6 AktG, die aber in der Praxis keine Bedeutung erlangen dürfte. Für die Anmeldung finden §§ 13 e III, 13 g II HGB Anwendung.

28 b) **Täter.** Mögliche Täter sind Geschäftsführer, Liquidatoren u. die Leiter ausländischer Kapitalgesellschaften (→ Rn. 27). Wird die Rolle des Liquidators nicht von einer natürlichen Person wahrgenommen, findet § 14 I StGB Anwendung. Die Erklärungsabgabe erfolgt in diesem Fall durch die Vertreter des Liquidators. → Rn. 3 zur Teilnahme.

54 Ulmer/*Ransiek* Rn. 102.
55 Ulmer/*Ransiek* Rn. 110.
56 Wohl hM; vgl. nur Michalski/*Dannecker* Rn. 204; aA Baumbach/Hueck/*Beurskens* Rn. 42.
57 Roth/*Altmeppen* Rn. 26; Scholz/*Tiedemann*/*Rönnau* Rn. 205.
58 §§ 263, 263 a, 264, 264 a, 265 b, 266, 266 a StGB. Voraussetzung ist, dass eine Freiheitsstrafe von mind. einem Jahr ausgesprochen wurde.
59 Dazu *Böttcher*/*Hasner*, GmbHR 09, 1321.
60 Baumbach/Hueck/*Beurskens* Rn. 38.

5. Kapitalherabsetzungsschwindel (Abs. 2 Nr. 1)

Forderungen von Gläubigern der Gesellschaft, die der Kapitalherabsetzung nicht zugestimmt haben, müssen befriedigt oder sichergestellt werden. Bei der Anmeldung der Kapitalmaßnahme ist hierüber eine Versicherung abzugeben, § 58 I Nr. 4. Die Norm stellt eine falsche Versicherung unter Strafe. § 82 II Nr. 1 findet auf § 58 a (vereinfachte Kapitalherabsetzung) keine Anwendung.[61] Die Norm ist Schutzgesetz iSd § 823 II BGB zugunsten der betroffenen Gläubiger.[62] 29

a) **Tatbestand.** Die Falschangabe muss iRd Versicherung nach § 58 I Nr. 4 erfolgen. Auch eine unvollständige Erklärung ist falsch (str.),[63] zB wenn der betroffene Gläubigerkreis nicht abschließend bestimmt war.[64] Vollendung erfolgt durch Zugang bei dem Registergericht. 30

Der Gläubigerkreis bestimmt sich objektiv nach dem Bestehen der Forderungen gegen die Gesellschaft. Bei **bestrittenen Forderungen** empfiehlt es sich für den Geschäftsführer, dem Registergericht ggü. aufzudecken, dass die Forderung nicht gesichert oder erfüllt wurde, oder trotz Bestreitens Sicherheit für die Forderung zu leisten. Bei Offenlegung kann allerdings eine Aussetzung der Eintragungsentscheidung nach § 381 FamFG erfolgen. Wird irrtümlich Nichtbestehen der Forderung angenommen, ist der objektive Tatbestand erfüllt.[65] Bei sorgfältiger Prüfung kann allenfalls ein Tatbestandsirrtum (§ 16 StGB) anzunehmen sein. 31

b) **Täter.** Täter können nur die Geschäftsführer der GmbH sein (→ Rn. 3). Liquidatoren können sich nach der Norm nicht strafbar machen (Analogieverbot). → Rn. 3 zur Teilnahme. 32

6. Geschäftslagetäuschung (Abs. 2 Nr. 2)

Mit der Geschäftslagetäuschung wird eine unwahre oder verschleiernde öffentliche Mitteilung über die Vermögenslage der Gesellschaft unter Strafe gestellt. Geschützt werden sollen die Vermögensinteressen von Gläubigern u. zukünftigen Gesellschaftern. 33

a) **Tatbestand.** Das Merkmal der **öffentlichen Mitteilung** verlangt, dass sich die Information an einen grds. unbegrenzten Personenkreis richtet oder allg. zugänglich ist. Von der Norm erfasst werden neben den üblichen Geschäftsangaben auch Registerakten (§ 9 HGB), nicht aber individuelle Auskünfte (§ 51 a) u. Mitteilungen in nicht öffentlichen Gesellschafterversammlungen.[66] Unklar ist die „Zugänglichkeit", wenn es an einer Zweckrichtung der Erklärung fehlt, zB wenn Gesellschafter Interna öffentlich ma- 34

---

61 Rowedder/Schmidt-Leithoff/*Schaal* Rn. 77; Baumbach/Hueck/*Beurskens* Rn. 44.
62 Roth/*Altmeppen* Rn. 28; MüKoGmbHG/*Altenhain* Rn. 9.
63 Roth/*Altmeppen* Rn. 29; Baumbach/Hueck/*Beurskens* Rn. 44; Rowedder/Schmidt-Leithoff/*Schaal* Rn. 79; aA Lutter/Hommelhoff/*Kleindiek* Rn. 22; diff. Scholz/*Tiedemann/Rönnau* Rn. 158 f.
64 Dies kann zB auf eine unzureichende Bekanntmachung (§ 58 I Nr. 1) oder fehlenden Fristablauf (Jahresfrist, § 58 I Nr. 3) zurückzuführen sein.
65 Scholz/*Tiedemann/Rönnau* Rn. 157; Roth/*Altmeppen* Rn. 30.
66 Anders wohl bei Mitteilung an die Gesellschafter einer Publikums-GmbH & Co. KG.

chen. Nach überwiegender u. zutr. Ansicht scheidet eine Strafbarkeit dann aus, da die Zweckrichtung der Mitteilung entscheidende Bedeutung hat.[67]

35 Der Begriff der **Vermögenslage** ist sehr weit gefasst u. umfasst neben der eigentlichen Bilanz mit Aktiva u. Passiva auch Kostenfaktoren, stille Reserven etc. Im Fall einer GmbH & Co. KG betrifft die Vermögenslage der KG unmittelbar die der GmbH (§§ 110, 161 II HGB) u. ist somit ebenfalls erfasst. **Unwahre Darstellung** oder **Verschleierung** meint jede Täuschung über die wahre Vermögenslage,[68] also auch eine zu negative Darstellung. Eine Verschleierung liegt bereits vor, wenn die Erkenntnis über die Vermögenssituation durch die Form der Darstellung behindert oder erschwert wird (Beweiserleichterung).[69]

36 **b) Täter.** Der Kreis möglicher Täter umfasst Geschäftsführer, Liquidatoren u. Mitglieder eines Aufsichtsrats oder ähnl. Organs sowie deren Stellvertreter (s. auch → Rn. 3). Ähnl. Organe sind zB Verwaltungsräte oder Beiräte; entscheidend ist die Vergleichbarkeit zum Aufsichtsrat, dh das Organ muss mit der Aufsicht betraut sein.[70] Die Äußerung muss in der jeweiligen Eigenschaft als Mitglied des Organs (Organwalter) abgegeben worden sein. Private Äußerungen werden von der Norm nicht erfasst.[71] → Rn. 3 zur Teilnahme.

37 **c) Verhältnis zu § 331 Nr. 1, Nr. 1 a HGB.** Soweit eine Strafbarkeit nach § 331 Nr. 1, Nr. 1 a HGB gegeben ist, tritt § 82 II Nr. 2 als subsidiär zurück. Mitteilungen im Lagebericht, der Eröffnungsbilanz oder im Jahresabschluss werden somit grds. nicht erfasst. Mitteilungen aus einer Zwischenbilanz oder der Bilanz eines Rumpfgeschäftsjahres werden von § 331 Nr. 1, Nr. 1 a HGB nicht verdrängt.[72] Auch können sich Mitglieder eines „ähnlichen Organs" (→ Rn. 36), die von § 331 Nr. 1, Nr. 1 a HGB nicht erfasst werden, nach § 82 II Nr. 2 strafbar machen.

§ 83 (weggefallen)

§ 84 Verletzung der Verlustanzeigepflicht

(1) Mit Freiheitsstrafe bis zu drei Jahren oder mit Geldstrafe wird bestraft, wer es als Geschäftsführer unterläßt, den Gesellschaftern einen Verlust in Höhe der Hälfte des Stammkapitals anzuzeigen.

(2) Handelt der Täter fahrlässig, so ist die Strafe Freiheitsstrafe bis zu einem Jahr oder Geldstrafe.

Schrifttum

Cavero, Zur strafrechtlichen Verantwortlichkeit des faktischen Geschäftsführers, in: FS Tiedemann, 2008, S. 299; *Fleischer*, Zur aktienrechtlichen Verantwortlichkeit faktischer Organe, AG 2004, 517; *Geißler*, Die Haftung des faktischen GmbH-Geschäfts-

67 Scholz/*Tiedemann/Rönnau* Rn. 166; Roth/*Altmeppen* Rn. 36.
68 Dazu iE Lutter/Hommelhoff/*Kleindiek* Rn. 28; Ulmer/*Ransiek* Rn. 136.
69 Roth/*Altmeppen* Rn. 32; Baumbach/Hueck/*Beurskens* Rn. 56.
70 Michalski/*Dannecker* Rn. 236.
71 HM, zur Abgrenzung Scholz/*Tiedemann/Rönnau* Rn. 185.
72 Roth/*Altmeppen* Rn. 37.

führers, GmbHR 2003, 1106; *Goltz/Klose*, Strafrechtliche Folgen des gezielten Ankaufs von Anteilen insolventer Gesellschaften mit beschränkter Haftung, NZI 2000, 108; *Hey/Regel*, Firmenbestatter – Strafrechtliche Würdigung eines neuen Phänomens, GmbHR 2000, 115; *Kühnberger*, Die Verlustanzeigebilanz – zu Recht kaum beachteter Schutz für Eigentümer?, DB 2000, 2077; *Maurer*, Strafbewehrte Handlungspflichten des GmbH-Geschäftsführers in der Krise, wistra 2003, 174; *Müller*, Der Verlust der Hälfte des Grund- oder Stammkapitals, ZGR 1985, 191; *Müller-Gugenberger*, GmbH-Strafrecht nach der Reform, GmbHR 2009, 578; *ders.*, Glanz und Elend des GmbH-Strafrechts, in: FS Tiedemann, 2008, S. 1003; *ders.* (Hrsg.), Wirtschaftsstrafrecht, 6. Aufl. 2015; *Pelz*, Strafrecht in Krise und Insolvenz, 2. Aufl. 2011; *Pfeiffer*, Unterlassen der Verlustanzeige und des Konkurs- und Vergleichsantrags nach § 84 GmbHG, in: FS Rowedder, 1994, S. 347; *Priester*, Verlustanzeige und Eigenkapitalersatz, ZGR 1999, 533; *Radtke*, Organ- und Vertreterhaftung aus strafrechtlicher Sicht, ZIP 2016, 1993; *Schäfer*, Zur strafrechtlichen Verantwortlichkeit des GmbH-Geschäftsführers, GmbHR 1993, 717 u. 780; *Schulz*, Der faktische Geschäftsführer als Täter der §§ 82, 84 GmbHG unter Berücksichtigung der Problematik des Strohmannes, StraFo 2003, 155; *Tsambikakis*, Aktuelles zum Strafrecht bei GmbH und GmbH & Co., GmbHR 2005, 331; *Wabnitz/Janovsky*, Handbuch des Wirtschafts- und Steuerstrafrechts, 4. Aufl. 2014; *Wessing*, Insolvenz und Strafrecht, Risiken des Beraters und des Insolvenzverwalters, NZI 2003, 1.

I. Überblick

Das MoMiG hat den früheren Abs. 1 Nr. 2 aufgehoben u. die Strafbarkeit der Insolvenzverschleppung rechtsformübergreifend in § 15 a IV, V InsO geregelt. Die in Abs. 1 verbliebene Anordnung der Strafbarkeit wegen Verletzung der Verlustanzeigepflicht stellt ein **echtes Unterlassungsdelikt**[1] u. ein **abstraktes Gefährdungsdelikt**[2] in der Form eines **Sonderdelikts**[3] dar. Die Straftat ist ein **Vergehen** (§ 12 II StGB). 1

Die Anzeigepflicht, deren Verletzung die Norm unter Strafe stellt, spielt im **gesellschaftsrechtlichen Frühwarnsystem** eine wichtige Rolle. Die Gesellschafter sollen frühzeitig über die wirtschaftliche Lage der Gesellschaft u. die etwaige Notwendigkeit, Sanierungsmaßnahmen einzuleiten, informiert werden. Denn der Kapitalverlust ist ein wesentliches Krisenindiz, auch wenn eine materielle Insolvenz noch lange nicht bevorstehen muss. Damit schützt die Vorschrift insbes. die **Vermögensinteressen der Gesellschafter** u. 2

1 Lutter/Hommelhoff/*Kleindiek* Rn. 1; Scholz/*Tiedemann/Rönnau* Rn. 7.
2 Lutter/Hommelhoff/*Kleindiek* Rn. 1; Scholz/*Tiedemann/Rönnau* Rn. 9 (zudem Verletzungsdelikt).
3 BGH NJW 60, 1677, 1678; MüKoGmbHG/*Altenhain* Rn. 4; Wabnitz/Janovsky/*Raum* Kap. 11 Rn. 94.

ist insoweit **Schutzgesetz iSv § 823 II BGB.**[4] Die überwiegende Meinung bejaht zudem den Schutzgesetzcharakter **zugunsten der Gesellschaft,**[5] aber **nicht zugunsten ihrer Gläubiger.**[6] Der Bedeutung der Anzeigepflicht für die Insolvenzprophylaxe wird die Strafbewehrung des § 84 praktisch nicht gerecht.[7]

3 Anders als bei der aktienrechtlichen Parallelvorschrift des § 401 AktG besteht die strafbewehrte Verlustanzeigepflicht des § 84 nach ihrem Wortlaut **unabhängig von einer etwaigen Einberufungspflicht** (§ 49 III). Ob darin angesichts der unterschiedlichen Strukturen zwischen AG u. GmbH eine bewusste Differenzierung liegt, lässt sich eindeutig weder bejahen noch verneinen. Rechtspolitisch macht es wegen der typischen Krisenanfälligkeit der GmbH jedenfalls Sinn, dass die Informationspflicht unabhängig von einer Bilanzierung (→ Rn. 18) u. von einer Einberufungspflicht besteht, so dass §§ 84 u. 49 III inhaltlich voneinander abgekoppelt sind.[8] Dogmatisch ist die Informationspflicht in § 43 I zu verorten.[9]

4 Auf die Vor-GmbH findet die Vorschrift keine Anwendung (Art. 103 II GG),[10] ebenso wenig auf Scheinauslandsgesellschaften.

II. Tauglicher Täter

1. Geschäftsführer

5 Die Verlustanzeigepflicht trifft jeden einzelnen, im Zeitpunkt der Tatbegehung rechtswirksam bestellten Geschäftsführer, **unabhängig von Handelsregistereintragung,**[11] **Vertretungsmacht u. interner Geschäftsaufteilung.**[12] Auch der wirksam bestellte Strohmann-Geschäftsführer ist tauglicher Täter.[13] Die Anzeige durch einen wirkt auch zugunsten der anderen Geschäftsführer.[14]

6 **Endet das Geschäftsführeramt,** zB durch Abberufung oder Amtsniederlegung, endet damit auch die Verlustanzeigepflicht,[15] ohne dass der Geschäftsführer verpflichtet wäre, seinen Nachfolger zur Verlustanzeige zu bewegen.[16] Auf eine ohnehin nur deklaratorische, fortbestehende Handelsregistereintragung als Geschäftsführer kommt es nicht an. Der Strafbarkeit

4 Hachenburg/*Kohlmann* Rn. 4; Lutter/Hommelhoff/*Kleindiek* Rn. 2; Roth/*Altmeppen* Rn. 11; Scholz/*Tiedemann/Rönnau* Rn. 5.

5 Baumbach/Hueck/*Beurskens* Rn. 15; Lutter/Hommelhoff/*Kleindiek* Rn. 2; Rowedder/Schmidt-Leithoff/*Schaal* Rn. 2; Scholz/*Tiedemann/Rönnau* Rn. 5; Ulmer/*Ransiek* Rn. 5; aA Roth/*Altmeppen* Rn. 11 (für Innenhaftung gem. § 43).

6 MüKoGmbHG/*Altenhain* Rn. 2; SystPrKomm/*Krumm* Rn. 1.

7 Scholz/*Tiedemann/Rönnau* Rn. 1; *Müller-Gugenberger*, FS Tiedemann, 08, S. 1003, 1021.

8 Lutter/Hommelhoff/*Kleindiek* Rn. 2; aA wohl Roth/*Altmeppen* Rn. 12; Scholz/*Tiedemann/Rönnau* Rn. 3.

9 Lutter/Hommelhoff/*Kleindiek* Rn. 2.

10 Baumbach/Hueck/*Beurskens* Rn. 1; Roth/*Altmeppen* Rn. 2 mwN.

11 Ulmer/*Ransiek* Vor § 82 Rn. 52.

12 *Lutter/Hommelhoff/Kleindiek* Rn. 5.

13 BGH NStZ 17, 149 zu § 266 a StGB; Michalski/*Dannecker* Rn. 27; Roth/*Altmeppen* Rn. 4; *Siegmann/Vogel*, ZIP 94, 1821; aA KG wistra 02, 313, 314 f.

14 Scholz/*Tiedemann/Rönnau* Rn. 15.

15 Michalski/*Dannecker* Rn. 32; SystPrKomm/*Krumm* Rn. 3.

16 Scholz/*Tiedemann/Rönnau* Rn. 29 ff.

wegen einer im Zeitpunkt der **Abberufung/Amtsniederlegung** vollendeten Tat iSv § 84 kann sich der Geschäftsführer nicht entziehen.[17]

2. Faktischer Geschäftsführer

Zivilrechtliche Mängel bei der Bestellung eines Geschäftsführers oder des Anstellungsvertrages sind strafrechtlich unbeachtlich[18] u. haben zur Folge, dass **auch der unwirksam bestellte Geschäftsführer**, der die ihm zugedachte Funktion tatsächlich ausübt, nach dem Sinn u. Zweck der Norm tauglicher Täter sein kann, ohne dass die Wortlautgrenze überschritten wird (Art. 103 II GG). Dies entspricht der nahezu einhelligen Meinung.[19] 7

Ob hingg auch der lediglich mit Einverständnis der Gesellschafter Tätige, der nicht einmal auf der Grundlage eines – wenn auch unwirksamen – Bestellaktes tätig ist, Täter iSv § 84 sein kann, ist umstritten. Die Rspr. legt iR einer Gesamtbetrachtung[20] eine sog. „faktische Betrachtungsweise"[21] zugrunde. Sie stellt dem bestellten Geschäftsführer denjenigen gleich, der ohne förmliche Bestellung mit Einverständnis der Gesellschafter bzw. der für die Geschäftsführer erforderlichen Mehrheit[22] die Geschäftsführung übernimmt und ausübt.[23] Zur weiteren Ausprägung verwendet sie Formeln wie „überragende Stellung",[24] „Übergewicht",[25] „Seele des Geschäfts", trifft „alle wichtigen Entscheidungen", „auf sämtliche Geschäftsvorgänge bestimmenden Einfluss".[26] Dies zielt rechtspolitisch darauf ab, die Allgemeinheit vor einer unredlichen Handhabung der Geschäftsführung einer GmbH zu schützen.[27] 8

Diesen Ansatz stellt die Lit.[28] **zunehmend u. mit Recht in Frage.** Das im Strafrecht geltende Analogieverbot (Art. 103 II GG) verlangt einen **klaren Begriffsinhalt** des „Geschäftsführers". Dieser ist offensichtlich nicht identisch, sondern enger als derjenige des „Geschäftsleiters" iSv § 82 I Nr. 5. Die von der Rspr. verwendeten Abgrenzungsformeln können der Konturie- 9

17 BGHSt 14, 280; Lutter/Hommelhoff/*Kleindiek* Rn. 5; Scholz/*Tiedemann/Rönnau* Rn. 30; MüKoGmbHG/*Altenhain* Rn. 8.
18 Roth/*Altmeppen* Rn. 5; Scholz/*Tiedemann/Rönnau* Rn. 18; Ulmer/*Ransiek* Vor § 82 Rn. 52; aA MüKoGmbHG/*Altenhain* Rn. 7 u. § 82 Rn. 27.
19 S. bereits BGH NJW 00, 2285 f. zu § 82. Ebenso Michalski/*Dannecker* Rn. 27; Roth/*Altmeppen* Rn. 5; Scholz/*Tiedemann/Rönnau* Rn. 18; Ulmer/*Ransiek* Vor § 82 Rn. 52 unter Hinweis auf § 14 III StGB.
20 BayObLG wistra 91, 195, 197.
21 BGHSt 21, 101, 103; 31, 118, 121; 46, 62, 64 f.; OLG Düsseldorf NJW 88, 3166.
22 OLG Karlsruhe NJW 06, 1364.
23 BGHSt 3, 32, 37; 6, 314, 316.
24 BGHSt 46, 62, 64 f. mwN.
25 BGH wistra 84, 178; wistra 90, 60.
26 BGHSt 31, 118, 120.
27 BGHSt 31, 118, 122; 46, 62, 65 f.; der Rspr. folgend zB *Fuhrmann*, FS Tröndle, 89, S. 139, 142 ff.; Erbs/Kohlhaas/*Schaal*, Strafrechtliche Nebengesetze, Bd. II G 131 § 84 Rn. 6; Rowedder/Schmidt-Leithoff/*Schaal* Rn. 10 f.; LK/*Schünemann*, StGB, § 14 Rn. 23, 27.
28 Baumbach/Hueck/*Beurskens* Rn. 2; Lutter/Hommelhoff/*Kleindiek* Rn. 7; Roth/*Altmeppen* Rn. 8 ff.; Scholz/*Tiedemann/Rönnau* Rn. 19 ff.; Ulmer/*Ransiek* Vor § 82 Rn. 60 ff.; *Wicke* § 82 Rn. 4; *Joerden*, JZ 01, 310 ff.; *Kiethe*, WM 07, 722, 724; *Tsambikakis*, GmbHR 05, 313, 333 f.

rung nicht genügen[29] u. finden auch in der abschließenden Regelung[30] des § 14 III StGB keine Stütze.[31]

10 Allerdings besteht – trotz § 15 a III InsO – weiterhin ein **praktisches u. rechtspolitisches Bedürfnis**, es für die Organpflicht des § 84 nicht allein bei dem förmlich bestellten Geschäftsführer zu belassen. Insoweit gilt es, die dem **Bestimmtheitsgebot** geschuldeten Kriterien herauszubilden, damit sich jemand selbst als Normadressat des § 84 verstehen muss. IdS kommt faktische Geschäftsführung zunächst nur in Betracht, wenn es **entweder überhaupt keinen förmlich bestellten Geschäftsführer** gibt oder wenn der bestellte Geschäftsführer in Wahrheit u. offensichtlich **nur Strohmann** ist. **Hinzukommen** muss, dass die Person **tatsächlich wie ein Geschäftsführer agiert**, insbes. im Außenverhältnis, u. nicht nur internen Einfluss auf die Geschäftsführung nimmt. **Schließlich** müssen die Gesellschafter **mehrheitlich über einen längeren Zeitraum mit der Wahrnehmung der Geschäftsführertätigkeit einverstanden** sein, so dass sich hieraus der dem Gesellschaftsrecht eigentlich fremde[32] Eindruck einer konkludenten Bestellung ergibt.[33]

3. Liquidator

11 Für den Liquidator **gilt § 84 nicht**.[34] Dies soll sich aus dem Umstand ergeben, dass den Liquidator keine Einberufungspflicht gem. § 49 III trifft (§ 71 IV), an welche die mit § 84 strafbewehrte Informationspflicht anknüpft.[35] Andererseits stellt der Gesetzgeber den Liquidator – anders als in den Parallelvorschriften der §§ 82 II Nr. 2, 85 – iRd § 84 dem Geschäftsführer nicht gleich.

4. Geschäftsführer der UG (haftungsbeschränkt)

12 § 5 a IV knüpft abw. von § 49 III die Einberufungspflicht nicht an den hälftigen Verlust des Stammkapitals, sondern an drohende Zahlungsunfähigkeit an. Die Verletzung einer Informationspflicht bei drohender Zahlungsunfähigkeit ist gem. § 84 nicht strafbewehrt (Art. 103 II GG).

13 Dann müsste § 84 auch für die UG (haftungsbeschränkt) gelten. Ein sinnvolles Ergebnis ist das jedoch nicht. Eine **teleologische Reduktion** des Anwendungsbereichs liegt insoweit vor dem Hintergrund des § 5 a IV nahe.[36]

---

29 Roth/*Altmeppen* Rn. 9.
30 Schönke/Schröder/*Perron/Eisele*, StGB, § 14 Rn. 42 f.
31 Roth/*Altmeppen* Rn. 8.
32 *K Schmidt*, FS Rebmann, 89, S. 419, 425; Roth/*Altmeppen* Rn. 5.
33 So Scholz/*Tiedemann/Rönnau* Rn. 21 ff.; vorsichtig folgend Roth/*Altmeppen* Rn. 10; aA MüKoGmbHG/*Altenhain* Rn. 6 u. § 82 Rn. 31.
34 MüKoGmbHG/*Altenhain* Rn. 6 u. § 82 Rn. 34 f.; Lutter/Hommelhoff/*Kleindiek* Rn. 3.
35 Lutter/Hommelhoff/*Kleindiek* Rn. 3.
36 IErg ebenso Baumbach/Hueck/*Beurskens* Rn. 1; Lutter/Hommelhoff/*Kleindiek* Rn. 3; Scholz/*Tiedemann/Rönnau* Rn. 1; *Müller-Gugenberger*, GmbHR 09, 578, 582.

5. Teilnehmer

Andere als Geschäftsführer u. Liquidatoren, insbes. Aufsichtsratsmitglieder, Prokuristen, leitende Angestellte oder Berater, können wegen des Sonderdeliktscharakters, sofern sie keine faktischen Geschäftsführer sind, lediglich **als Teilnehmer** bestraft werden (§§ 26, 27 StGB).[37] Dies setzt einen **eigenen vorsätzlichen Tatbeitrag** zu einer **vorsätzlichen rechtswidrigen Haupttat** des Täters voraus. An Teilnehmerstrafbarkeit ist insbes. in den Fällen der **Unternehmensbestattung** zu denken.[38] 14

Dritte können zudem eine **Garantenstellung** wegen einer eigenen gesellschaftsrechtlichen Verpflichtung zur Verlustanzeige innehaben. Die Untätigkeit in Kenntnis aller Umstände kann somit zu einer Beihilfestrafbarkeit durch Unterlassen führen.[39] 15

III. Verlust der Hälfte des Stammkapitals

Der unglücklich formulierte Wortlaut will die Situation beschreiben, in welcher das **Reinvermögen (Eigenkapital)** der Gesellschaft nach Auflösung von Kapital- u. Gewinnrücklagen **auf den Betrag des hälftigen Stammkapitals der Gesellschaft (§ 3 I Nr. 3) gesunken** ist.[40] Ob ein solcher Verlust vorliegt, bestimmt sich gem. den für die Jahresbilanz geltenden **Vorschriften des Handelsbilanzrechts,**[41] **regelmäßig** also auf der Grundlage der aus dem regulären Jahresabschluss fortgeschriebenen **Fortführungswerte** (§ 252 I **Nr. 2 HGB**)[42] u. jedenfalls nicht gem. den insolvenzrechtlichen Vorgaben des § 19 InsO. Rücklagen für eigene Anteile (§ 272 IV HGB) werden wegen Ungewissheit über deren Wert nicht aufgelöst.[43] 16

Liegen die Voraussetzungen einer Unternehmensfortführung nicht vor (§ 252 I Nr. 2 HGB), sind **Liquidationswerte** anzusetzen. **Wertaufholungen** bis zur Höhe der Anschaffungs- oder Herstellungskosten sind nach allg. Regeln (vgl. § 253 V HGB) vorzunehmen. **Stille Reserven** bleiben darüber hinausgehend außer Betracht.[44] Der Kapitalverlust sollte ein Alarmsignal sein, die **insolvenzrechtliche Überschuldung** sorgfältig im Auge zu haben (§§ 19, 15 a InsO). 17

Es gehört **nicht** zum objektiven Tatbestand des § 84, dass sich der Kapitalverlust aus dem **Jahresabschluss** oder einer **Zwischenbilanz** ergibt.[45] Nicht einmal eine schriftliche oder elektronische Gegenüberstellung von Vermögen u. Schulden kann **iSe ungeschriebenen Tatbestandsmerkmals** verlangt 18

---

37 BGHSt 14, 280; *Hey/Regel*, GmbHR 00, 115; *Wessing*, NZI 03, 1.
38 *Hey/Regel*, GmbHR 00, 115; *Goltz/Klose*, NZI 00, 108; *Wessing*, NZI 03, 1.
39 Hachenburg/*Kohlmann* Rn. 58; Müller-Gugenberger/*Richter*, Wirtschaftsstrafrecht, § 80 Rn. 30 ff.; SystPrKomm/*Krumm* Rn. 4.
40 Scholz/*Tiedemann/Rönnau* Rn. 32; Ulmer/*Ransiek* Rn. 11.
41 MüKoGmbHG/*Altenhain* Rn. 9; Scholz/*Tiedemann/Rönnau* Rn. 33.
42 Roth/*Altmeppen* Rn. 14; Rowedder/Schmidt-Leithoff/*Schaal* Rn. 14; Scholz/*Tiedemann/Rönnau* Rn. 32; *Priester*, ZGR 99, 533, 539.
43 Baumbach/Hueck/*Haas*, 21. Aufl. 17, Rn. 13.
44 Baumbach/Hueck/*Beurskens* Rn. 44; Michalski/*Dannecker* Rn. 42.
45 MüKoGmbHG/*Altenhain* Rn. 10; Michalski/*Dannecker* Rn. 44; Hachenburg/*Kohlmann* Rn. 19 ff.; Roth/*Altmeppen* Rn. 14; aA Scholz/*Tiedemann/Rönnau* Rn. 3 f., 38; Michalski/*Dannecker* Rn. 44.

werden, da die Vorschrift nicht auf § 49 III verweist.[46] Andernfalls würden diejenigen privilegiert, die eine Bilanzaufstellung unterlassen.[47] Der nicht bilanzierende Geschäftsführer handelt im Hinblick auf den Kapitalverlust möglicherweise bedingt vorsätzlich, im Regelfall jedenfalls bewusst fahrlässig.

IV. Unterlassen der unverzüglichen Verlustanzeige

1. Unverzüglich

19 Die Anzeigepflicht **entsteht** bereits mit dem **objektiven Verlust**, welcher das Stammkapital hälftig aufzehrt, ohne dass es auf die zusätzliche Kenntnis des Geschäftsführers[48] oder einen bilanziellen Verlustausweis[49] ankommt.[50] Der **lediglich absehbare**, aber noch nicht eingetretene **Verlust** löst noch keine Anzeigepflicht aus.[51] Strafbar macht sich der Täter, wenn er nicht unverzüglich, also ohne schuldhaftes Zögern, den Gesellschaftern den eingetretenen Verlust mitteilt. In zeitlich äußerst engen Grenzen bleibt es dem Geschäftsführer gestattet, eine **etwaige Kompensation des Verlusts abzuwarten**, sofern es hierfür konkrete u. greifbare Anhaltspunkte gibt.[52] Mit Ablauf dieses Zeitfensters, für das nicht mehr als sehr wenige Wochen zur Verfügung stehen können, ist die Tat auch **vollendet. Beendigung** tritt ein, wenn die Pflicht zum Handeln entfallen ist, also wenn entweder der Verlust beseitigt wird oder alle Gesellschafter von der Verlustsituation Kenntnis erlangt haben.[53] Eine verspätete Verlustanzeige hat lediglich iRd Strafzumessung Relevanz.[54]

20 Eine **bestimmte Form**, zB iRd Einberufung zur Gesellschafterversammlung, schreibt das Gesetz **nicht** vor; die Mitteilung kann **auch außerhalb der Gesellschafterversammlung** erfolgen, häufig durch eingeschriebenen Brief, fernmündlich oder in anderer geeigneter Weise, die den konkreten Umständen bei der Gesellschaft gerecht wird.[55] Es genügt die Mitteilung in einer alsbaldigen Gesellschafterversammlung, auch wenn der Geschäftsführer in der Einberufung noch nicht auf den Verlust hingewiesen hat.

21 Inhaltlich müssen die Gesellschafter **in verständlicher Weise** über die **Tatsache des Kapitalverlusts** informiert werden. Die Anzeigepflicht erfüllt bereits ihren Sinn, wenn auf die Notwendigkeit eines Sanierungsbedürfnisses hingewiesen wird, **ohne** dass die Gesellschafter über die **konkrete Verlusthöhe** informiert sein müssen.[56] Die bloße Übersendung einer Bilanz (mit Verlustausweis) genügt nur bei bilanzkundigen Gesellschaftern.

---

46 BT-Drs. 8/3908, S. 78; Baumbach/Hueck/*Haas* Rn. 14.
47 Baumbach/Hueck/*Beurskens* Rn. 5.
48 Dafür jedoch Hachenburg/*Kohlmann* Rn. 19; *Pfeiffer*, FS Rowedder, 94, S. 347, 354.
49 AA Scholz/*Tiedemann*/*Rönnau* Rn. 38.
50 Wie hier Baumbach/Hueck/*Haas* Rn. 15; MüKoGmbHG/*Altenhain* Rn. 13; Roth/*Altmeppen* Rn. 15; Rowedder/Schmidt-Leithoff/*Schaal* Rn. 18; SystPrKomm/*Krumm* Rn. 6; Ulmer/*Ransiek* Rn. 18, 20.
51 Hierzu Ulmer/*Ransiek* Rn. 12, 17.
52 Dag. Baumbach/Hueck/*Beurskens* Rn. 7; Michalski/*Dannecker* Rn. 48.
53 Michalski/*Dannecker* Rn. 52; MüKoGmbHG/*Altenhain* Rn. 24.
54 Scholz/*Tiedemann*/*Rönnau* Rn. 43.
55 Michalski/*Dannecker* Rn. 46; Scholz/*Tiedemann*/*Rönnau* Rn. 35.
56 Für Mitteilung der konkreten Höhe Scholz/*Tiedemann*/*Rönnau* Rn. 36, 39.

Grds. muss der Geschäftsführer ***alle* Gesellschafter** informieren; Mitteilung in einer ordnungsgemäß einberufenen Gesellschafterversammlung genügt. 22

2. Verzichtbarkeit

Da die frühzeitige Erkennbarkeit einer Krise wegen der typischerweise erhöhten Sanierungsfähigkeit **auch im öffentlichen Interesse** liegt u. der Verlust der Hälfte des Stammkapitals eine solche Krise indiziert, können die Gesellschafter auf die Verlustanzeige **nicht im Voraus verzichten**, auch nicht in der Satzung.[57] Der Geschäftsführer muss ihnen den Verlust mitteilen. Dies gilt auch, wenn sie an der finanziellen Situation der Gesellschaft kein Interesse haben sollten u. von vornherein u. pauschal jede Form eines Sanierungsbeitrages ausgeschlossen haben. Denn es lässt sich nicht ausschließen, dass die Gesellschafter ihre Meinung ändern. 23

Um seiner **Pflicht** zu genügen, **rechtzeitig Sanierungsmaßnahmen einzuleiten** (s. vor → § 64 Rn. 2 ff.), sollte der Geschäftsführer den Gesellschaftern zudem Maßnahmen vorschlagen, wie die Krise abgewendet werden kann. Es liegt dann an den Gesellschaftern, ob u. wie sie auf diese Vorschläge reagieren wollen. Eine Verpflichtung der Gesellschafter, tätig zu werden, besteht nicht. 24

Durch die Anzeige erhalten die Gesellschafter ferner Kenntnis, dass eine materielle Insolvenz bald bevorstehen könnte. Dies legt erhöhte Aufmerksamkeit u. ggf. Nachforschungspflichten nahe (vgl. § 15 a III InsO). 25

Die Anzeige verliert indes ihren Sinn u. Zweck u. wird somit überflüssig, wenn alle Gesellschafter **bereits vorher anderweitig Kenntnis** von dem Verlust erlangt haben.[58] Anders ausgedrückt ist die Unkenntnis der Gesellschafter ein ungeschriebenes Tatbestandsmerkmal.[59] 26

3. Subjektiver Tatbestand

In der Vorsatzvariante (Abs. 1) genügt bereits die billigende Inkaufnahme, dass die Hälfte des Stammkapitals der Gesellschaft aufgebraucht ist (**dolus eventualis**). Positive Kenntnis der die Verlustsituation begründenden Tatsachen oder auch eine zutr. Schlussfolgerung sind hingg nicht erforderlich.[60] Jedoch kann der Irrtum über die Relation zwischen Aktiva u. Passiva einen Vorsatz ausschließenden **Tatbestandsirrtum** (**§ 16 StGB**) bedeuten, mit der Folge einer Strafbarkeit wegen fahrlässiger Tatbegehung. Das praktische Problem der Abgrenzung zwischen Tatbestands- u. Verbotsirrtum wird dadurch entschärft.[61] 27

Fahrlässig handelt der Täter zB, wenn er sorgfalts- u. pflichtwidrig den Verlust nicht erkennt, irrig von einem wieder beseitigten Verlust ausgeht 28

---

57 Baumbach/Hueck/*Beurskens* Rn. 9; Hachenburg/*Kohlmann* Rn. 24; Lutter/Hommelhoff/*Kleindiek* Rn. 8; Ulmer/*Ransiek* Rn. 19; aA Roth/*Altmeppen* Rn. 16 f.; Scholz/*Tiedemann*/*Rönnau* Rn. 45 f.; SystPrKomm/*Krumm* Rn. 7.

58 Lutter/Hommelhoff/*Kleindiek* Rn. 8; Roth/*Altmeppen* Rn. 18; Rowedder/Schmidt-Leithoff/*Schaal* Rn. 19.

59 Scholz/*Tiedemann*/*Rönnau* Rn. 10, 44.

60 Roth/*Altmeppen* Rn. 19.

61 Baumbach/Hueck/*Haas*, 21. Aufl. 17, Rn. 6; Rowedder/Schmidt-Leithoff/*Schaal* Rn. 27.

oder die Anzeige vergisst. Auch die fahrlässige Tatbegehung entfällt nicht bei Unkenntnis des Verlusts.

V. Rechtswidrigkeit, Schuld

29 Die Unkenntnis der Anzeigepflicht stellt einen **Verbots-/Gebotsirrtum** (§ 17 StGB) dar, der **regelmäßig vermeidbar** ist.[62] Dies gilt auch für die Fehleinschätzung, dass zu erwartende künftige Gewinne die Anzeigepflicht entfallen lassen. Die Sorge, den eigenen Arbeitsplatz zu verlieren, kann die Verletzung der Anzeigepflicht weder rechtfertigen noch entschuldigen.[63]

VI. Strafe, Verjährung

30 Bei **Vorsatz** droht **Freiheitsstrafe bis 3 Jahre oder Geldstrafe**, bei **Fahrlässigkeit Freiheitsstrafe** von mind. einem Monat (§ 38 II StGB), **regelmäßig nicht unter 6 Monaten** (§ 47 I StGB) bis zu einem Jahr, **oder Geldstrafe.** Die Tat **verjährt** nach 5 Jahren (§ 78 III Nr. 4 StGB), **beginnend** mit Entfallen der Handlungspflicht, bei Fahrlässigkeit nach 3 Jahren (§ 78 III Nr. 5 StGB).[64]

VII. Konkurrenzen

31 **Tateinheit** (§ 52 StGB) kommt insbes. in Betracht mit Untreue (§ 266 StGB) ggü. der Gesellschaft, wenn die Unterlassung der Verlustanzeige einen Vermögensschaden für die GmbH herbeiführt.[65] Da die Erfüllung der Insolvenzantragspflicht (§ 15 a IV, V InsO) eine andere Handlung erfordert, ist von **Realkonkurrenz** (§ 53 StGB) auszugehen.[66]

§ 85 Verletzung der Geheimhaltungspflicht

(1) Mit Freiheitsstrafe bis zu einem Jahr oder mit Geldstrafe wird bestraft, wer ein Geheimnis der Gesellschaft, namentlich ein Betriebs- oder Geschäftsgeheimnis, das ihm in seiner Eigenschaft als Geschäftsführer, Mitglied des Aufsichtsrats oder Liquidator bekanntgeworden ist, unbefugt offenbart.

(2) [1]Handelt der Täter gegen Entgelt oder in der Absicht, sich oder einen anderen zu bereichern oder einen anderen zu schädigen, so ist die Strafe Freiheitsstrafe bis zu zwei Jahren oder Geldstrafe. [2]Ebenso wird bestraft, wer ein Geheimnis der in Absatz 1 bezeichneten Art, namentlich ein Betriebs- oder Geschäftsgeheimnis, das ihm unter den Voraussetzungen des Absatzes 1 bekanntgeworden ist, unbefugt verwertet.

(3) [1]Die Tat wird nur auf Antrag der Gesellschaft verfolgt. [2]Hat ein Geschäftsführer oder ein Liquidator die Tat begangen, so sind der Aufsichtsrat und, wenn kein Aufsichtsrat vorhanden ist, von den Gesellschaftern be-

---

62 Scholz/*Tiedemann/Rönnau* Rn. 50; Ulmer/*Ransiek* Rn. 18.
63 Anders bei zwingenden Ausnahmesituationen Scholz/*Tiedemann/Rönnau* Rn. 47 f.
64 BGHSt 28, 371, 380; Michalski/*Dannecker* Rn. 106 f.
65 Baumbach/Hueck/*Beurskens* Rn. 16.
66 MüKoGmbHG/*Altenhain* Rn. 25; Scholz/*Tiedemann/Rönnau* Rn. 55; Ulmer/*Ransiek* Rn. 21.

stellte besondere Vertreter antragsberechtigt. [3]Hat ein Mitglied des Aufsichtsrats die Tat begangen, so sind die Geschäftsführer oder die Liquidatoren antragsberechtigt.

Schrifttum

Haggeney/Hausmanns, Der Einfluss von Geheimhaltungsvereinbarungen auf die Informationsrechte des Aktionärs und des GmbH-Gesellschafters, NZG 2016, 814; *van Venrooy*, Das strafrechtliche Risiko des Geschäftsführers bei Verletzung von Geheimhaltungspflichten, GmbHR 1993, 609; *Volhard/Weber*, Gesellschaftsvertragliche Verschwiegenheits- und Offenbarungspflichten bei der Veräußerung von GmbH-Geschäftsanteilen, in: FS Semler, 1993, S. 387.

I. Normzweck

Die Norm regelt (ebenso wie im Aktienrecht § 404 AktG) die Strafbarkeit der Weitergabe oder Verwendung von **Betriebs- u. Geschäftsgeheimnissen.** Geschützt wird das materielle u. immaterielle Interesse der GmbH an der Geheimhaltung von Interna. Dem untergeordnet sind auch die Interessen der Gesellschafter (str.), nicht aber die der Gläubiger (str.).[1] Die Geheimhaltungspflicht ist nirgends eindeutig normiert, ergibt sich aber für Geschäftsführer u. Liquidatoren aus §§ 43 I, 71 IV, für Mitglieder des Aufsichtsrates aus § 52 I iVm §§ 116, 93 I 2 AktG. 1

II. Allgemeines

Der **Täterkreis** ist, wie sich aus Abs. 1 ergibt, auf Geschäftsführer, Liquidatoren u. Mitglieder des Aufsichtsrates beschränkt. Es handelt sich um ein echtes Sonderdelikt.[2] Dem Täter muss die Information iR seiner Organmitgliedschaft bekannt geworden sein.[3] Auch faktische Geschäftsführer kommen als Täter in Frage, soweit die faktische Funktionsübernahme durch das zur Bestellung berufene Organ geduldet wird (hM).[4] Die Tätereigenschaft (u Schweigepflicht) endet nicht mit dem Ausscheiden aus dem Organ.[5] Die Nachwirkung kann uU durch berechtigte Interessen der Betroffenen begrenzt werden, insbes. durch Verwertung von Kenntnissen in neuen Anstellungsverhältnissen oder bei selbstständiger Tätigkeit.[6] In Bezug auf eine GmbH & Co. KG ist zu beachten, dass nur Personen erfasst sind, die der GmbH zuzurechnen sind.[7] Für die potenzielle Tätereigenschaft von Mitgliedern des Aufsichtsrates ist unerheblich, ob dieser fakultativ oder gesetzlich vorgeschrieben ist (hM). Wird das (fakultative) Gremium anders 2

1 S. nur Michalski/*Dannecker* Rn. 8; Ulmer/*Ransiek* Rn. 5 ff.
2 Baumbach/Hueck/*Beurskens* Rn. 3; Lutter/Hommelhoff/*Kleindiek* Rn. 1.
3 BGH NJW 00, 1329, 1330; NJW 96, 2576; Baumbach/Hueck/*Haas* Rn. 12.
4 So etwa Baumbach/Hueck/*Beurskens* Rn. 2; aA aber Ulmer/*Ransiek* Rn. 11; zum Streitstand bereits oben § 84 Rn. 7 ff.
5 BGHZ 91, 6 = NJW 84, 2366, 2367; anders bei § 17 UWG.
6 *Kurz*, WiB 95, 414 mit Hinweis auf § 90 HGB.
7 Dahin tendiert wohl auch BGH NJW 00, 1329, 1330, auch wenn dies letztlich offenbleibt.

bezeichnet, kommt es darauf an, ob es materiell vollständig einem Aufsichtsrat entspricht (wohl hM).[8] Mitglieder eines „ähnlichen Gremiums" (vgl. § 82 II Nr. 2) kommen als Täter nicht in Frage.[9] Andere als die in den Tatbeständen genannten Personen kommen als Täter nicht in Frage, können sich aber wegen **Anstiftung** u. **Beihilfe** als Teilnehmer strafbar machen.[10]

3 Hins. der **Konkurrenzen** ist zu beachten, dass Offenbarung (Abs. 1) u. Verwertung (Abs. 2 S. 2) von Geheimnissen unabhängig voneinander möglich sind. Abhängig vom Tathergang handelt es sich dann um Tateinheit (§ 52 StGB) oder Tatmehrheit (§ 53 StGB). In Ausnahmefällen kann § 85 I hinter § 85 II 1 als mitbestrafte Vortat zurücktreten. Weil § 85 keine abschließende Regelung beinhaltet, bleiben § 23 GeschGehG (früher § 17 UWG) u. §§ 203, 204 StGB anwendbar; für Abschlussprüfer s. § 333 HGB. In seinem Anwendungsbereich ist § 85 aber ggü. §§ 203, 204 I StGB u. § 404 AktG spezieller, während § 23 GeschGehG neben § 85 (Idealkonkurrenz) anwendbar bleibt.[11] Im Hinblick auf den Gebrauch von Insiderinformationen ist § 85 II 2 grds. neben § 119 III WpHG anwendbar (str.),[12] der Tatbestand aber regelmäßig nicht erfüllt.

4 Ein **Strafantrag** ist für die Strafverfolgung erforderlich (Antragsdelikt, §§ 77 ff. StGB).[13] Die Antragsbefugnis ist in **Abs. 3** abschließend geregelt u. liegt bei dem jeweiligen Organ, nicht bei dessen Mitgliedern.[14] Bei mehreren Mitgliedern ist ein Mehrheitsbeschluss notwendig. Die Antragsfrist beträgt 3 Monate (§ 77 b I) u. beginnt mit Kenntnis von Tat u. Täter durch alle Mitglieder des befugten Organs. Zur Form s. § 158 II StPO. Die Möglichkeit der Rücknahme durch die zur Antragstellung berechtigten Personen bis zum rechtskräftigen Abschluss des Strafverfahrens regelt § 77 d I StGB.

5 Als **Strafrahmen** ist für den Geheimnisverrat eine Freiheitsstrafe von bis zu einem Jahr oder eine Geldstrafe vorgesehen. Der qualifizierte Geheimnisverrat u. die unbefugte Verwertung sind mit einer Freiheitsstrafe von bis zu 2 Jahren oder Geldstrafe bedroht. Die **Verjährungsfrist** beginnt mit der Beendigung der Tat (hM). Diese beträgt in den Fällen von § 85 II 1 u. § 85 II 2 (§ 78 III Nr. 4 StGB) u. bei § 85 I 3 Jahre (§ 78 III Nr. 5 StGB).

6 § 85 ist **Schutzgesetz** iSd § 823 II BGB. Weil das Interesse an der Geheimhaltung von GmbH-Interna geschützt ist, umfasst der geschützte Personenkreis jedenfalls die Gesellschaft, wohl auch die Gesellschafter,[15] nicht aber Arbeitnehmer der Gesellschaft. Als weitere Anspruchsgrundlage für die

8 Ebenso Roth/*Altmeppen* Rn. 2; Lutter/Hommelhoff/*Kleindiek* Rn. 2.
9 Baumbach/Hueck/*Beurskens* Rn. 4.
10 Dann obligatorische Strafmilderung nach § 28 I StGB, vgl. MüKoGmbHG/*Altenhain* Rn. 49.
11 Baumbach/Hueck/*Beurskens* Rn. 33 f.; MüKoGmbHG/*Altenhain* Rn. 53 f.; Ulmer/*Ransiek* Rn. 42 f.
12 MüKoGmbHG/*Altenhain* Rn. 54.
13 Baumbach/Hueck/*Beurskens* Rn. 23 ff.
14 § 77 IV StGB ist hier nicht anwendbar, Ulmer/*Ransiek* Rn. 40.
15 Scholz/*Tiedemann/Rönnau* Rn. 2; Michalski/*Dannecker* Rn. 12; aA aber Baumbach/Hueck/*Beurskens* Rn. 30; Lutter/Hommelhoff/*Kleindiek* Rn. 1.

Haftung ggü. der Gesellschaft kommt daneben §§ 43, 71 IV, 52 I iVm §§ 116, 93 AktG in Betracht.

III. Tatbestände

Die Norm enthält mit § 85 I (Offenbarung) u. § 85 II 2 (Verwertung) zwei Straftatbestände zum Geheimnisschutz der GmbH. § 85 II 1 ist Qualifikationstatbestand. Die Strafbarkeit erfordert (zumindest bedingten) **Vorsatz** in Bezug auf sämtliche objektiven Tatbestandsmerkmale.[16] 7

1. Geheimnisverrat (Abs. 1)

Der Tatbestand des § 85 I erfordert die unbefugte Offenbarung eines Geheimnisses der Gesellschaft durch ein Organmitglied.[17] Das entspricht der Regelung des § 203 StGB.[18] Als Zustimmung zur Geheimnisoffenbarung ggü. einer „Whistleblowing-Instanz" kann bereits deren Einrichtung zu werten sein.[19] Der Abtretung von Gehaltsansprüchen der Geschäftsführers steht § 85 (iVm § 134 BGB) nicht grds. entgegen.[20] 8

a) **Geheimnis** ist jede Tatsache, die nicht offenkundig, also nur einem begrenzten Kreis bekannt ist u. deren Geheimhaltung im objektiven Interesse der Gesellschaft liegt; relevant sind dabei va Betriebs- oder Geschäftsgeheimnisse (vgl. hierzu die Definition des § 2 Nr. 1 GeschGehG), die in Zusammenhang mit dem Betrieb der Gesellschaft stehen.[21] Die Kenntnis nur einzelner Außenstehender (etwa einzelner Kunden oder Lieferanten) begründet noch keine Offenkundigkeit.[22] Ob das Geheimnis einen materiellen oder immateriellen Wert hat, ist unerheblich.[23] Bei der GmbH & Co. KG sind Geheimnisse der KG grds. auch solche der Komplementär-GmbH.[24] 9

Ein objektives **Interesse** an der Geheimhaltung besteht, wenn der Gesellschaft bei Offenbarung ein materieller oder immaterieller Schaden droht.[25] Ob es auch eines **Geheimhaltungswillens** der Gesellschaft bedarf,[26] ist umstritten.[27] Dieser dürfte bei objektivem Geheimhaltungsinteresse regelmäßig vorliegen.[28] Jedenfalls kann Offenbarungswille das Geheimnis beseitigen oder doch zumindest die Unbefugtheit der Offenbarung.[29] Die Preisga- 10

16 Baumbach/Hueck/*Beurskens* Rn. 19: Lutter/Hommelhoff/*Kleindiek* Rn. 10.
17 Lutter/Hommelhoff/*Kleindiek* Rn. 8.
18 Zur Konkurrenz Rn. 3.
19 Dazu iE Scholz/*Tiedemann/Rönnau* Rn. 43.
20 BGH NJW 96, 2576; dazu *Goette*, DStR 96, 1295.
21 BGH NJW 96, 2576; Lutter/Hommelhoff/*Kleindiek* Rn. 3; Ulmer/*Ransiek* Rn. 18 f.
22 Baumbach/Hueck/*Haas*, 21. Aufl. 17, Rn. 8; MüKoGmbHG/*Altenhain* Rn. 13.
23 BGH NJW 96, 2576.
24 Scholz/*Tiedemann/Rönnau* Rn. 13; Baumbach/Hueck/*Beurskens* Rn. 11; aA wohl BGH NJW 00, 1329, 1330, letztlich aber offen gelassen.
25 BGH NJW 96, 2576; OLG Hamm GmbHR 88, 218; Baumbach/Hueck/*Beurskens* Rn. 7.
26 So Scholz/*Tiedemann/Rönnau* Rn. 22.
27 AA Lutter/Hommelhoff/*Kleindiek* Rn. 4; Baumbach/Hueck/*Beurskens* Rn. 7; Michalski/*Dannecker* Rn. 33; offen gelassen BGH NJW 96, 2576 f.; Roth/*Altmeppen* Rn. 7.
28 Ebenso Roth/*Altmeppen* Rn. 7; Ulmer/*Ransiek* Rn. 20.
29 Lutter/Hommelhoff/*Kleindiek* Rn. 4; Ulmer/*Ransiek* Rn. 21.

be iRe Due Diligence im Zusammenhang mit der Veräußerung eines Anteils erfordert die Zustimmung aller Gesellschafter (str.).[30] Ist hingg. die Gesellschaft an der Transaktion beteiligt, kann die Geschäftsführung bei Ausübung pflichtgemäßen Ermessens zu der Entscheidung gelangen, dass die Preisgabe zur Verfolgung des Gesellschaftszwecks erforderlich sei.[31]

11 b) Notwendig ist die **Offenbarung**, also die Kundgabe an einen Dritten, dem die Information bis dahin unbekannt war.[32] Die Bestätigung bei bis dahin bestehender Unsicherheit reicht aus,[33] grds. jedoch nicht die reine Ermöglichung der Kenntnisnahme (str.). Eine Schweigepflicht des Empfängers ist grds. unbeachtlich.[34] Soweit sich die Offenbarung aus dem normalen Geschäftsbetrieb ergibt, ist der Tatbestand nicht erfüllt.[35]

12 c) Eine Tatsache hört auf, Geheimnis zu sein, wenn die Gesellschaft ihren Willen zur Offenlegung, also ein **tatbestandsausschließendes Einverständnis** äußert. Dies kann auch konkludent erfolgen.[36] Über die Erteilung durch Geschäftsführer bzw. Liquidatoren hinaus wird teilw auch das Einverständnis der Gesellschafter verlangt.[37] Teilw. wird auch im Hinblick auf die Organzuständigkeit oder die Vereinbarkeit mit den objektiven Gesellschaftsinteressen differenziert.[38] Ein zusätzliches Erfordernis der Gesellschafterzustimmung wird allerdings von der überwiegenden Auffassung zu Recht verneint.[39] Subjektiv lässt die Vorstellung eines Einverständnisses der Gesellschafter den Vorsatz entfallen.

13 d) Umstritten ist die Einordnung u. Bedeutung des Merkmals **„unbefugt"** auf Ebene der Rechtwidrigkeit (hM)[40] oder des Tatbestands. Die **Rechtswidrigkeit** kann etwa durch eine mutmaßliche Einwilligung, gesetzliche Auskunftspflichten (etwa ggü. Finanzamt oder Betriebsrat)[41] oder eine prozessuale Aussagepflicht entfallen. Ein Zeugnisverweigerungsrecht muss jedoch geltend gemacht werden. Soweit die Gesellschafter den Willen zur Offenbarung geäußert haben, kann die Offenlegung bereits tatbestandlich

---

30 Lutter/Hommelhoff/*Kleindiek* Rn. 4 u. § 43 Rn. 21 mwN; Bork/Schäfer/*Roth* Rn. 6; BeckOK GmbHG/Dannecker/Müller Rn. 30 a; für ¾-Mehrheit Oppenländer, GmbHR 00, 535, 540; für einfache Mehrheit, bei der der Veräußerungswillige vom Stimmrecht ausgeschlossen ist, Baumbach/Hueck/*Beurskens* Rn. 14.

31 BeckOK GmbHG/Dannecker/Müller Rn. 30 a.

32 Lutter/Hommelhoff/*Kleindiek* Rn. 6; Ulmer/*Ransiek* Rn. 26.

33 Baumbach/Hueck/*Haas* Rn. 13; Scholz/*Tiedemann*/*Rönnau* Rn. 31.

34 BGHZ 116, 272 zu § 203 StGB.

35 HM, jedoch mit unterschiedlichen Begründungen, vgl. Roth/*Altmeppen* Rn. 6 u. *van Venrooy* GmbHR 93, 609, 611.

36 Michalski/*Dannecker* Rn. 36; Lutter/Hommelhoff/*Kleindiek* Rn. 4.

37 OLG Hamm GmbHR 88, 218, 219.

38 Roth/*Altmeppen* Rn. 9 ff.

39 Ulmer/*Ransiek* Rn. 32 f.; Scholz/*Tiedemann*/*Rönnau* Rn. 26. Für ein Erfordernis der Gesellschafterzustimmung hingg. OLG Hamm GmbHR 88, 218, 219; diff. Lutter/Hommelhoff/*Kleindiek* Rn. 4 (bei fehlendem Gesellschaftsinteresse Gesellschafterbeschluss erforderlich) u. Roth/*Altmeppen* Rn. 9.

40 Rowedder/Schmidt-Leithoff/*Schaal* Rn. 13 f.; Scholz/*Tiedemann*/*Rönnau* Rn. 34; Baumbach/Hueck/*Beurskens* Rn. 20; für die Einordnung stets auf der Tatbestandsebene aber Hachenburg/*Kohlmann* Rn. 44.

41 Bspw. auch presserechtliche Auskunftspflicht (dazu LG München JZ 07, 307 mit Anm. *Zieglmeier*), § 51 a oder § 320 HGB.

als nicht unbefugt angesehen[42] oder die Einordnung als „Geheimnis" abgelehnt werden (→ Rn. 12).

2. Qualifizierter Geheimnisverrat (Abs. 2 S. 1)

Wird der Geheimnisverrat gegen Entgelt oder mit Bereicherungs- oder Schädigungsabsicht begangen, liegt eine Qualifikation vor.[43] Das **Entgelt** (§ 11 I Nr. 9 StGB) muss vereinbart, nicht aber geleistet worden sein. Die Gegenleistung muss ein geldwerter Vorteil, aber nicht Geld sein. Immaterielle Vorteile genügen indes nicht.[44] Der Täter muss um des Entgelts Willen gehandelt haben. Die **Schädigungsabsicht** kann sich im Gegensatz zur **Bereicherungsabsicht** sowohl auf materielle als auch auf immaterielle Güter der GmbH beziehen.[45] **Bereicherungsabsicht** erfordert, dass seitens des Täters kein Anspruch auf den angestrebten Vermögensvorteil besteht, dieser also rechtswidrig ist. Schaden u. Bereicherung müssen zur Vollendung der Tat nicht eingetreten sein.[46] 14

3. Unbefugte Verwertung (Abs. 2 S. 2)

Der Tatbestand des Abs. 2 S. 2 ist keine Qualifikation zu § 85 I, sondern stellt (ebenso wie § 204 I StGB, zur Konkurrenz → Rn. 3) die unbefugte Verwertung eines ihm unter den Voraussetzungen des § 85 I bekannt gewordenen Geheimnisses unter Strafe. Tathandlung ist **jedes Verwenden zum ökonomischen Nutzen.**[47] Die übrigen Merkmale von Abs. 1, insbes. Täterkreis u. Zugang zur Information, müssen ebenso vorliegen. Soweit die Gesellschaft der Verwertung zustimmt, ist diese nicht „unbefugt".[48] Bei Zustimmung Einzelner, etwa eines Mitgeschäftsführers, liegt häufig mangels Vertretungsmacht (evidenter Missbrauch) keine wirksame Einwilligung vor. Bei der Verwertung scheidet die Annahme einer mutmaßlichen Einwilligung idR aus.[49] Subjektiv erfordert der Tatbestand **Bereicherungsabsicht**, die im Verwerten zwingend enthalten ist.[50] Soweit Gewinnerzielungsabsicht verlangt wird,[51] ist in der Sache kein Unterschied zur Bereicherungsabsicht erkennbar. Erfolgt die Verwertung zu anderen als wirtschaftlichen Zwecken, ist nicht Abs. 2 S. 2, sondern Abs. 2 S. 1 (unbefugtes Offenbaren) einschlägig.[52] Eine Entreicherung auf Seiten der Gesellschaft ist nicht erforderlich (hM).[53] 15

---

42 So Scholz/*Tiedemann*/*Rönnau* Rn. 34.
43 Lutter/Hommelhoff/*Kleindiek* Rn. 9.
44 Scholz/*Tiedemann*/*Rönnau* Rn. 50; Baumbach/Hueck/*Beurskens* Rn. 17.
45 HM, vgl. Roth/*Altmeppen* Rn. 21; Baumbach/Hueck/*Beurskens* Rn. 17; Scholz/*Tiedemann*/*Rönnau* Rn. 51 f.
46 Baumbach/Hueck/*Haas*, 21. Aufl. 17, Rn. 36; Michalski/*Dannecker* Rn. 68 f.
47 Baumbach/Hueck/*Beurskens* Rn. 18; Lutter/Hommelhoff/*Kleindiek* Rn. 7; Scholz/*Tiedemann*/*Rönnau* Rn. 29.
48 Zur dogmatischen Einordnung s. Rn. 13.
49 Roth/*Altmeppen* Rn. 23.
50 Roth/*Altmeppen* Rn. 22; ggü. Abs. 1 ist mit dem Unrechtsgehalt auch der Strafrahmen erhöht.
51 Ulmer/*Ransiek* Rn. 48; Scholz/*Tiedemann*/*Rönnau* Rn. 29.
52 Roth/*Altmeppen* Rn. 22; s. auch MüKoGmbHG/*Altenhain* Rn. 34.
53 Baumbach/Hueck/*Beurskens* Rn. 18; Rowedder/Schmidt-Leithoff/*Schaal* Rn. 18; Roth/*Altmeppen* Rn. 22; Scholz/*Tiedemann* Rn. 31.

§ 86 Verletzung der Pflichten bei Abschlussprüfungen

(1) Mit Freiheitsstrafe bis zu einem Jahr oder mit Geldstrafe wird bestraft, wer als Mitglied eines Aufsichtsrats oder als Mitglied eines Prüfungsausschusses einer Gesellschaft, die kapitalmarktorientiert im Sinne des § 264 d des Handelsgesetzbuchs, die CRR-Kreditinstitut im Sinne des § 1 Absatz 3 d Satz 1 des Kreditwesengesetzes, mit Ausnahme der in § 2 Absatz 1 Nummer 1 und 2 des Kreditwesengesetzes genannten Institute, oder die Versicherungsunternehmen ist im Sinne des Artikels 2 Absatz 1 der Richtlinie 91/674/EWG des Rates vom 19. Dezember 1991 über den Jahresabschluß und den konsolidierten Abschluß von Versicherungsunternehmen (ABl. L 374 vom 31.12.1991, S. 7), die zuletzt durch die Richtlinie 2006/46/EG (ABl. L 224 vom 16. 8.2006, S. 1) geändert worden ist,

1. eine in § 87 Absatz 1 bezeichnete Handlung begeht und dafür einen Vermögensvorteil erhält oder sich versprechen lässt oder
2. eine in § 87 Absatz 1 bezeichnete Handlung beharrlich wiederholt.

(2) Ebenso wird bestraft, wer als Mitglied eines Aufsichtsrats oder als Mitglied eines Prüfungsausschusses einer Gesellschaft, die kapitalmarktorientiert im Sinne des § 264 d des Handelsgesetzbuchs oder die CRR-Kreditinstitut ist im Sinne des § 1 Absatz 3 d Satz 1 des Kreditwesengesetzes, mit Ausnahme der in § 2 Absatz 1 Nummer 1 und 2 des Kreditwesengesetzes genannten Institute,

1. eine in § 87 Absatz 2 oder 3 bezeichnete Handlung begeht und dafür einen Vermögensvorteil erhält oder sich versprechen lässt oder
2. eine in § 87 Absatz 2 oder 3 bezeichnete Handlung beharrlich wiederholt.

I. Normzweck

1 Zum **System der Sanktionen** bei Verletzung prüfungsbezogener Pflichten der Mitglieder von Aufsichtsrat oder Prüfungsausschuss eines in der Rechtsform der GmbH betriebenen Unternehmens von öffentlichem Interesse vgl. zunächst → § 87 Rn. 1–6 u. dort auch die Hinweise zum Schrifttum.

2 Die § 333 a HGB nachgebildete **Strafnorm** des § 86 dient der Sanktionierung **besonders gravierender Verstöße** gegen die prüfungsbezogenen Pflichten der Mitglieder eines Aufsichtsrats oder Prüfungsausschusses eines in der Rechtsform der GmbH betriebenen Unternehmens von öffentlichem Interesse.[1] Zwar verpflichtet das Sanktionssystem des Art. 30 a I Abschlussprüfer-RL[2] nicht zur Einführung eines Straftatbestands, wohl aber nach lit. e dazu, die Möglichkeit eines vorübergehenden Berufsverbots vorzusehen. Ein solches lässt sich wegen einer Straftat des § 86 aber gerade

1 BT-Drs. 18/7219, S. 59.

2 RL 2014/56/EU des Europäischen Parlaments und des Rates v. 16.4.14 zur Änderung der RL 2006/43/EG über Abschlussprüfungen von Jahresabschlüssen und konsolidierten Abschlüssen, Abl L 158 v. 27.5.14, S. 196.

nach § 70 StGB anordnen, weshalb es keiner gesonderten Regelung eines Berufsverbots mehr bedurfte.[3]

II. Täterkreis

Zum möglichen Täterkreis des Straftatbestands vgl. → § 87 Rn. 3–6.[4] 3

III. Tatbestände

§ 86 baut auf die Ordnungswidrigkeitstatbestände des § 87 auf (zu deren Einzelheiten → § 87 Rn. 7 f.) u. verlangt zusätzlich zu den dort genannten Tathandlungen eine korruptive Handlung (Abs. 1 Nr. 1 u. Abs. 2 Nr. 1) oder beharrliche Wiederholung (Abs. 1 Nr. 2, Abs. 2 Nr. 2), um so die darin begründete **gesteigerte Gefährlichkeit** zu sanktionieren.[5] Da Gremienmitglieder von Versicherungsunternehmen nur von der Ordnungswidrigkeitenvorschrift des § 87 I erfasst werden,[6] kommt auch eine Strafbarkeit insoweit allein nach der korrespondierenden Norm § 86 I in Betracht. 4

1. Abs. 1 korrespondiert mit § 87 I u. stellt für **alle** dem Anwendungsbereich unterfallenden Unternehmen von öffentlichem Interesse (→ § 87 Rn. 4) ein entspr. Gremienmitglied (→ § 87 Rn. 5) unter Strafe, das eine in § 87 I bezeichnete Handlung 5

- begeht u. dafür einen **Vermögensvorteil** – also jede Leistung, auf die es keinen rechtlich begründeten Anspruch hat, insbes. ein Entgelt[7] – erhält oder sich versprechen lässt (**Nr. 1**), ohne dass es darauf ankäme, ob dieser später tatsächlich erlangt wird,[8] oder
- **beharrlich wiederholt** (**Nr. 2**), wovon auszugehen ist, wenn nach einem vorsätzlichen Verstoß erneut in einer Weise gehandelt wird, die eine Missachtung des Verbots oder Gleichgültigkeit erkennen lässt,[9] insbes. nachdem eine frühere Ordnungswidrigkeit bereits festgestellt worden ist.[10]

2. Abs. 2 korrespondiert mit **§ 87 II u. III.** Danach wird das entspr. Gremienmitglied (→ § 87 Rn. 5) einer kapitalmarktorientierten Gesellschaft oder eines CRR-Kreditinstituts, **nicht** aber ein solches eines Versicherungsunternehmens,[11] bestraft, das eine in § 87 II oder III bezeichnete Handlung 6

- begeht u. dafür einen **Vermögensvorteil** erhält oder sich versprechen lässt (**Nr. 1,** → Rn. 5) oder
- **beharrlich wiederholt** (**Nr. 2,** → Rn. 5).

---

3 *Blöink/Woodtli*, DK 16, 75, 85 f.; *Anders*, NZG 18, 961, 967.
4 S. dazu auch MüKoGmbHG/*Altenhain* Rn. 5–7.
5 *Anders*, NZG 18, 961, 967 f.; *Müller-Gugenberger*, ZWH 16, 181, 187: „qualifizierte Ordnungswidrigkeiten".
6 Dazu MüKoGmbHG/*Altenhain* Rn. 7.
7 MüKoGmbHG/*Altenhain* Rn. 10 f.; *Lanfermann/Maul*, BB 16, 363, 367; zu den in Betracht kommenden Vermögensvorteilen iE *Anders*, NZG 18, 961, 968.
8 *Anders*, NZG 18, 961, 968.
9 Vgl. etwa BGH NJW 10, 1680, 1681 zu § 238 I StGB.
10 S. insg. *Anders*, NZG 18, 961, 969; *Lanfermann/Maul*, BB 16, 363, 367 u. MüKoGmbHG/*Altenhain* Rn. 13.
11 Dazu MüKoGmbHG/*Altenhain* Rn. 7.

7 3. Die Vorschrift dient dem Schutz der Qualität der Abschlussprüfung,[12] weshalb eine etwaige Einwilligung seitens der Gesellschafter die **Rechtswidrigkeit** nicht entfallen lässt.[13]

8 4. Mangels anderweitiger Regelung (§ 15 StGB) setzt der **subjektive Tatbestand** vorsätzliches Handeln voraus.

IV. Strafrahmen

9 Als Sanktionen kommt eine **Freiheitsstrafe** bis zu einem Jahr oder eine **Geldstrafe** in Betracht.

§ 87 Bußgeldvorschriften

(1) Ordnungswidrig handelt, wer als Mitglied eines Aufsichtsrats oder als Mitglied eines Prüfungsausschusses einer Gesellschaft, die kapitalmarktorientiert im Sinne des § 264 d des Handelsgesetzbuchs, die CRR-Kreditinstitut im Sinne des § 1 Absatz 3 d Satz 1 des Kreditwesengesetzes, mit Ausnahme der in § 2 Absatz 1 Nummer 1 und 2 des Kreditwesengesetzes genannten Institute, oder die Versicherungsunternehmen ist im Sinne des Artikels 2 Absatz 1 der Richtlinie 91/674/EWG des Rates vom 19. Dezember 1991 über den Jahresabschluß und den konsolidierten Abschluß von Versicherungsunternehmen (ABl. L 374 vom 31.12.1991, S. 7), die zuletzt durch die Richtlinie 2006/46/EG (ABl. L 224 vom 16.8.2006, S. 1) geändert worden ist,

1. die Unabhängigkeit des Abschlussprüfers oder der Prüfungsgesellschaft nicht nach Maßgabe des Artikels 4 Absatz 3 Unterabsatz 2, des Artikels 5 Absatz 4 Unterabsatz 1 Satz 1 oder des Artikels 6 Absatz 2 der Verordnung (EU) Nr. 537/2014 des Europäischen Parlaments und des Rates vom 16. April 2014 über spezifische Anforderungen an die Abschlussprüfung bei Unternehmen von öffentlichem Interesse und zur Aufhebung des Beschlusses 2005/909/EG der Kommission (ABl. L 158 vom 27.5.2014, S. 77, L 170 vom 11.6.2014, S. 66) überwacht oder
2. eine Empfehlung für die Bestellung eines Abschlussprüfers oder einer Prüfungsgesellschaft vorlegt, die nicht auf einem Verlangen der Aufsichtsbehörde nach § 36 Absatz 1 Satz 2 des Versicherungsaufsichtsgesetzes beruht und
   a) die den Anforderungen nach Artikel 16 Absatz 2 Unterabsatz 2 oder 3 der Verordnung (EU) Nr. 537/2014 nicht entspricht oder
   b) der ein Auswahlverfahren nach Artikel 16 Absatz 3 Unterabsatz 1 der Verordnung (EU) Nr. 537/2014 nicht vorangegangen ist.

(2) Ordnungswidrig handelt, wer als Mitglied eines Aufsichtsrats, der einen Prüfungsausschuss nicht bestellt hat, einer Gesellschaft, die kapitalmarktorientiert im Sinne des § 264 d des Handelsgesetzbuchs oder die CRR-Kre-

12 Zu den geschützten Universalrechtsgütern zählt va die Funktionsfähigkeit des Binnenmarkts, die durch einen hohen Verbraucher- u. Anlegerschutz gewährleistet wird, MüKoGmbHG/*Altenhain* Rn. 2; dazu insbes. Erwägungsgründe 1–8 Abschlussprüfer-RL.

13 *Anders*, NZG 18, 961, 962, 966.

ditinstitut ist im Sinne des § 1 Absatz 3 d Satz 1 des Kreditwesengesetzes, mit Ausnahme der in § 2 Absatz 1 Nummer 1 und 2 des Kreditwesengesetzes genannten Institute, den Gesellschaftern einen Vorschlag für die Bestellung eines Abschlussprüfers oder einer Prüfungsgesellschaft vorlegt, der den Anforderungen nach Artikel 16 Absatz 5 Unterabsatz 1 der Verordnung (EU) Nr. 537/2014 nicht entspricht.

(3) Ordnungswidrig handelt, wer als Mitglied eines Aufsichtsrats, der einen Prüfungsausschuss bestellt hat, einer in Absatz 2 genannten Gesellschaft den Gesellschaftern einen Vorschlag für die Bestellung eines Abschlussprüfers oder einer Prüfungsgesellschaft vorlegt, der den Anforderungen nach Artikel 16 Absatz 5 Unterabsatz 1 oder Unterabsatz 2 Satz 1 oder Satz 2 der Verordnung (EU) Nr. 537/2014 nicht entspricht.

(4) Die Ordnungswidrigkeit kann mit einer Geldbuße bis zu fünfzigtausend Euro geahndet werden.

(5) Verwaltungsbehörde im Sinne des § 36 Absatz 1 Nummer 1 des Gesetzes über Ordnungswidrigkeiten ist bei CRR-Kreditinstituten im Sinne des § 1 Absatz 3 d Satz 1 des Kreditwesengesetzes, mit Ausnahme der in § 2 Absatz 1 Nummer 1 und 2 des Kreditwesengesetzes genannten Institute, und bei Versicherungsunternehmen im Sinne des Artikels 2 Absatz 1 der Richtlinie 91/674/EWG die Bundesanstalt für Finanzdienstleistungsaufsicht, im Übrigen das Bundesamt für Justiz.

Schrifttum zu §§ 86–88

Anders, Umsetzung prüfungsbezogener EU-Vorschriften durch das Abschlussprüfungsreformgesetz: Neue Straf- und Ordnungswidrigkeitentatbestände im GmbHG, NZG 2018, 961; *Blöink/Woodtli*, Reform der Abschlussprüfung: Die Umsetzung der prüfungsbezogenen Vorgaben im RegE eines Abschlussprüfungsreformgesetzes (AReG), DK 2016, 75; *Lanfermann/Maul*, Sanktionierung von Verstößen gegen prüfungsbezogene Aufsichtsratspflichten nach dem AReG-RegE, BB 2016, 363; *Müller-Gugenberger*, Neue Sanktionen im Abschlussprüferrecht – Die neuen wirtschaftsstrafrechtlichen Normen im Abschlussprüfungsreformgesetz (AReG), ZWH 2016, 181.

I. Normzweck

1 §§ 86–88 wurden mit dem Abschlussprüfungsreformgesetz (AReG)[1] zum 17.6.16 eingefügt. Dieses setzt die mit der Abschlussprüfer-RL[2] u. der Ab-

1 Art. 8 des Gesetzes zur Umsetzung der prüfungsbezogenen Regelungen der RL 2014/56/EU sowie zur Ausführung der entsprechenden Vorgaben der VO (EU) Nr. 537/2014 im Hinblick auf die Abschlussprüfung bei Unternehmen von öffentlichem Interesse v. 10.5.16, BGBl. I, S. 1142. Zur Gesetzesbegründung s. BT-Drs. 18/7219, S. 59 f.

2 RL 2014/56/EU des Europäischen Parlaments und des Rates v. 16.4.14 zur Änderung der RL 2006/43/EG über Abschlussprüfungen von Jahresabschlüssen und konsolidierten Abschlüssen, Abl L 158 v. 27.5.14, S. 196.

schlussprüfer-VO[3] neu gefassten europäischen Vorgaben um. Die ergänzten u. erweiterten **abschlussprüfungsbezogenen Sanktionsvorschriften** flankieren das im Handelsbilanzrecht angelegte Sonderregime[4] für **„Unternehmen von öffentlichem Interesse"**.[5] Sie beziehen sich (nur) auf prüfungsbezogene Pflichten von Prüfungsausschüssen u. erfassen Mitglieder von Aufsichtsräten bzw. Prüfungsausschussmitglieder.[6] Zentral ist der Bußgeldtatbestand des § 87, der durch den (vorangestellten) Straftatbestand des § 86 ergänzt wird. § 88 regelt lediglich die Übermittlung verhängter Sanktionen zur öffentlichen Bekanntmachung nach § 69 WPO.[7]

2 Der § 334 II a HGB nachgebildete **Ordnungswidrigkeitentatbestand des § 87** setzt Art. 30 I, 30 a I lit. f der Abschlussprüfer-RL um.[8] Der (vorangestellte) **Straftatbestand des § 86** baut auf dem Bußgeldtatbestand des § 87 auf u. sanktioniert die gesteigerte Gefährlichkeit einer korruptiven Handlung bzw. beharrlichen Wiederholung (zu den Einzelheiten → § 86 Rn. 4–6). § 86 u. § 87 I–III haben aufgrund des bei Versicherungsunternehmen bestehenden alternativen Systems der Abschlussprüferbestellung[9] mit dem Gesetz zur Umsetzung der Zweiten Zahlungsdienste-RL[10] zum 22.7.17 eine Anpassung erfahren.[11] Darüber hinausgehend ermöglicht § 56 OWiG den Ausspruch einer Verwarnung u. § 70 StGB die Verhängung eines **Berufsverbots.**[12] Weitgehend gleichlautende Tatbestände finden sich im HGB, PublG, AktG, GenG u. VAG.[13]

II. Täterkreis

3 Als Täter iSv §§ 86 u. 87 kommen nur **Mitglieder** von Prüfungsausschüssen oder Aufsichtsräten von **Unternehmen von öffentlichem Interesse** in der Rechtsform der GmbH in Betracht.

1. Unternehmen von öffentlichem Interesse

4 Der Anwendungsbereich ist Art. 2 Nr. 13 Abschlussprüfer-RL entspr. auf Prüfungspflichten beschränkt, die sich auf „Unternehmen von öffentlichem

3 VO (EU) Nr. 537/2014 des Europäischen Parlaments und des Rates v. 16.4.14 über spezifische Anforderungen an die Abschlussprüfung bei Unternehmen von öffentlichem Interesse und zur Aufhebung des Beschlusses 2005/909/EG der Kommission, ABl L 158 v. 27.5.14, S. 77.

4 *Blöink/Woodtli*, DK 16, 75, 76 f.

5 Insbes. kapitalmarktorientierte Gesellschaften iSv § 264 d HGB, bestimmte CRR-Kreditinstitute u. Versicherungsunternehmen, vgl. dazu → Rn. 4.

6 *Lanfermann/Maul*, BB 16, 363 f.

7 „Naming and Shaming", dazu *Blöink/Woodtli*, DK 16, 75, 85; *Anders*, NZG 18, 961 f.

8 BT-Drs. 18/7219, S. 59.

9 Dazu MüKoGmbHG/*Altenhain*, § 86 Rn. 7.

10 Art. 10 des Gesetzes v. 17.7.17, BGBl. I, S. 2446.

11 BT-Drs. 18/12568, S. 167.

12 Wegen der bereits bestehenden Regelung dieser in Art. 30 a I lit. a u. e der Abschlussprüfer-RL vorgesehenen Sanktionen wurde bei Erlass des AReG von einer gesonderten Umsetzung abgesehen, s. dazu *Blöink/Woodtli*, DK 16, 75, 85 f.

13 Dazu *Blöink/Woodtli*, DK 16, 75, 84 f. Fn. 95 (zu § 87), 105 (zu § 86) u. 107 (zu § 88).

Interesse“ in der Rechtsform der GmbH beziehen. Als solche nennt das Gesetz:[14]

- **kapitalmarktorientierte Unternehmen** iSv § 264 d;[15]
- **CRR[16]-Kreditinstitute** iSv § 1 III d S. 1 KWG mit Ausn. der in § 2 I Nr. 1 u. 2 KWG genannten Institute;[17]
- **Versicherungsunternehmen**, die unter Verweis auf die Versicherungsbilanz-RL[18] definiert werden,[19] aber nur im Zusammenhang mit § 86 I u. § 87 I, **nicht** aber von § 86 I u. § 87 II u. III erfasst werden.

Von der in der Abschlussprüfer-RL[20] weiterhin vorgesehenen Möglichkeit der Mitgliedstaaten, Unternehmen als solche von öffentlichem Interesse zu bestimmen, etwa wenn sie aufgrund der Art ihrer Tätigkeit, ihrer Größe oder der Zahl ihrer Mitarbeiter von erheblicher öffentlicher Bedeutung sind, hat der deutsche Gesetzgeber nicht Gebrauch gemacht.

2. Mitglieder von Aufsichtsrat oder Prüfungsausschuss

Der Täterkreis ist für §§ 87 u. 86 identisch.[21] Sanktioniert wird das Verhalten der Mitglieder von Aufsichtsräten oder Prüfungsausschüssen. Erfasst werden sowohl die Fälle, in denen ein § 100 V AktG genügender **Aufsichtsrat nach der Satzung** der Gesellschaft zu bestellen ist (§ 52 I), als auch die, in denen ein Aufsichtsrat **aufgrund** der gesetzlichen **Mitbestimmung** eingerichtet ist (§ 6 I MitbestG, § 3 I MontanMitbestG, § 1 I Nr. 3 S. 2 DrittelbG, § 18 II 1 KAGB).[22] Für Unternehmen von öffentlichem Interesse in der Rechtsform der GmbH mit Aufsichtsrat besteht letztlich die Wahlmöglichkeit, einen Prüfungsausschuss als Ausschuss des Aufsichtsrats zu bestellen oder dessen Aufgaben dem Aufsichtsrat als solchem zu übertragen.[23] 5

Sofern ein Unternehmen von öffentlichem Interesse über **keinen** Aufsichtsrat verfügt, weil dieser weder aufgrund der Satzung noch kraft Gesetzes erforderlich ist, unterfällt es § 324 HGB (ggf. iVm § 340 k V oder § 341 k IV 6

---

14 Zu den Einzelheiten *Anders*, NZG 18, 961, 962.

15 Entspr. Art. 2 Nr. 13 lit. a Abschlussprüfer-RL: Unternehmen, die unter das Recht eines Mitgliedstaats fallen, u. deren übertragbare Wertpapiere zum Handel auf einem geregelten Markt eines Mitgliedstaats iSv Art. 4 I Nr. 14 RL 2004/39/EG zugelassen sind.

16 In Anlehnung an die englischsprachige Abkürzung für die Kapitaladäquanz-VO (Capital Requirements Regulation – CRR), VO (EU) Nr. 575/2013 des Europäischen Parlaments und des Rates v. 26.6.13 über Aufsichtsanforderungen an Kreditinstitute und Wertpapierfirmen und zur Änderung der VO (EU) Nr. 646/2012, ABl L 176 v. 27.6.13, S. 1.

17 Entspr. Art. 2 Nr. 13 lit. b Abschlussprüfer-RL: Kreditinstitute iSd Art. 3 I Nr. 1 RL 2013/36/EU mit Ausn. der in Art. 2 jener RL genannten Kreditinstitute.

18 Art. 2 I RL 91/674/EWG des Rates v. 19.12.91 über den Jahresabschluß und den konsolidierten Abschluß von Versicherungsunternehmen, ABl L 374 v. 31.12.91, S. 7.

19 *Blöink/Woodtli*, DK 16, 75, 77.

20 Art. 2 Nr. 13 lit. d Abschlussprüfer-RL.

21 *Anders*, NZG 18, 961, 962.

22 BT-Drs. 18/7219, S. 59 f.

23 Zu den Einzelheiten, auch im Zusammenhang mit § 100 V AktG, *Anders*, NZG 18, 961, 962, 963; *Blöink/Woodtli*, DK 16, 75, 82 f.

HGB) u. damit den Ordnungswidrigkeitentatbeständen der §§ 334, 340 n oder § 341 n HGB.[24]

III. Tatbestände

7 1. Ordnungswidrig handelt nach **Abs. 1** ein entspr. Gremienmitglied (→ Rn. 5)

- eines **jeden** dem Anwendungsbereich unterfallenden Unternehmen von öffentlichem Interesse (→ Rn. 4), das die **Unabhängigkeit** des Abschlussprüfers oder der Prüfungsgesellschaft entgegen der Verpflichtungen der Abschlussprüfer-VO (Art. 4 III Unterabs. 2, Art. 5 IV Unterabs. 1 S. 1 oder Art. 6 II) – welche der Vermeidung von Interessenkonflikten dienen, die sich insbes. aus der Beziehung der Prüfer zum beauftragenden Unternehmen ergeben können[25] – **nicht überwacht**[26] (**Nr. 1**) oder
- eines **Versicherungsunternehmens** (→ Rn. 4), das eine **Empfehlung für die Bestellung** eines Abschlussprüfers oder einer Prüfungsgesellschaft vorlegt, die nicht auf einem Verlangen der Aufsichtsbehörde (§ 36 I 2 VAG) beruht u.
  - die entweder nicht den Anforderungen entspricht (**Nr. 2 a**), die sich aus Art. 16 II Unterabs. 2 u. 3 Abschlussprüfer-VO ergeben, oder
  - der ein Auswahlverfahren (nach Art. 16 III Unterabs. 1 Abschlussprüfer-VO) nicht vorangegangen ist (**Nr. 2 b**).[27]

8 2. **Abs. 2 u. 3** begründen die Ordnungswidrigkeit von **Aufsichtsratsmitgliedern** kapitalmarktorientierter Gesellschaften oder CRR-Kreditinstituten, **nicht** aber von Versicherungsunternehmen, die den Gesellschaftern einen nicht den Anforderungen entspr. **Vorschlag für die Bestellung** eines Abschlussprüfers oder einer Prüfungsgesellschaft vorlegen, wobei hins. der an einen solchen Vorschlag zu stellenden Anforderungen danach unterschieden wird, ob der Aufsichtsrat einen Prüfungsausschuss

- **nicht** bestellt (**Abs. 2**) hat – u. sich die Anforderungen nach Art. 16 V Unterabs. 1 der Abschlussprüfer-VO richten – oder
- **bestellt** (**Abs. 3**) hat – u. sich die Anforderungen sowohl nach Unterabs. 1 als auch des Unterabs. 2 S. 1 u. 2 des Art. 16 V Abschlussprüfer-VO richten.[28]

9 3. Die Ordnungswidrigkeit kann auch durch **Unterlassen** begangen werden (§ 8 OWiG).[29]

10 4. Mangels anderweitiger Regelung (§ 10 OWiG) setzt der **subjektive Tatbestand** vorsätzliches Handeln voraus, wobei bedingter Vorsatz ausreicht.[30]

---

24 BT-Drs. 18/7219, S. 60.
25 Dazu iE *Anders*, NZG 18, 961, 962, 964 f.
26 Ausf. MüKoGmbHG/*Altenhain* Rn. 7–10.
27 Zu Einzelheiten MüKoGmbHG/*Altenhain* Rn. 11–13; *Anders*, NZG 18, 961, 962, 965.
28 Ausf. MüKoGmbHG/*Altenhain* Rn. 14 f.; *Anders*, NZG 18, 961, 962, 965 f.
29 MüKoGmbHG/*Altenhain* Rn. 16.
30 MüKoGmbHG/*Altenhain* Rn. 17 (auch zum Irrtum); *Anders*, NZG 18, 961, 962, 966.

5. **Konkurrenzen.** Bei Vorliegen einer Straftat nach § 86 tritt die regelmäßig in Tateinheit mit verwirklichte Ordnungswidrigkeit nach § 87 zurück (§ 21 I 1 OWiG). 11

IV. Rechtsfolge, Abs. 4

Die Ordnungswidrigkeit kann mit einer **Geldbuße** bis zu 50.000 EUR geahndet werden.[31] 12

V. Sachliche Zuständigkeit, Abs. 5

Die Zuständigkeitsregelung des **Abs. 5** dient – wie die Parallelregelung in § 405 V AktG – einer Angleichung der Zuständigkeiten zur Verfolgung der prüfungsbezogenen Ordnungswidrigkeiten an die Regelungen in § 334 IV, § 340 n IV u. § 341 IV HGB.[32] Zuständige Verwaltungsbehörde iSv § 36 I Nr. 1 OWiG ist 13

- bei CRR-Kreditinstituten u. Versicherungsunternehmen die **BaFin** u.
- iÜ das **BfJ**.[33]

Anhang: Mustergesellschaftsvertrag

▶ § 1 FIRMA

Die Firma[1] der Gesellschaft lautet:

[...]

§ 2 SITZ

Der Sitz[2] der Gesellschaft ist [...].

§ 3 GEGENSTAND DES UNTERNEHMENS

Der Gegenstand des Unternehmens ist [...].

Die Gesellschaft ist befugt, gleichartige oder ähnliche Unternehmen zu erwerben, zu pachten, sich an solchen zu beteiligen, deren persönliche Haftung und Vertretung zu übernehmen, Betriebsstätten und Zweigniederlassungen im In- und Ausland zu errichten sowie alle Geschäfte zu betreiben, die geeignet sind, die Unternehmungen der Gesellschaft zu fördern.

§ 4 STAMMKAPITAL, GESELLSCHAFTER

1. Das Stammkapital der Gesellschaft beträgt
   25.000 EUR
   (fünfundzwanzigtausend Euro).[3]
   Es ist eingeteilt in fünfundzwanzigtausend Geschäftsanteile im Nennbetrag von jeweils 1 EUR.[4]

---

31 Zur Bemessung vgl. MüKoGmbHG/*Altenhain* Rn. 24.
32 BT-Drs. 18/7219, S. 60.
33 Zu ermittlungstechnischen Aspekten s. *Anders*, NZG 18, 961, 962, 966.
1 S. Erl. zu § 4.
2 S. Erl. zu § 4 a.
3 S. § 3 Rn. 20 f. u. § 5 Rn. 3 ff.
4 S. § 5 Rn. 10 ff.

2. Auf das Stammkapital übernehmen:[5]
   Herr [...]
   12.500 Geschäftsanteile im Nennbetrag von jeweils 1 EUR (lfd. Nrn. 1 bis 12.500), insgesamt also Geschäftsanteile im Gesamtnennbetrag von 12.500 EUR;
   Frau [...]
   8.000 Geschäftsanteile im Nennbetrag von jeweils 1 EUR (lfd. Nrn. 12.501 bis 20.500), insgesamt also Geschäftsanteile im Gesamtnennbetrag von 8.000 EUR;
   Herr [...]
   4.500 Geschäftsanteile im Nennbetrag von jeweils 1 EUR (lfd Nrn. 20.501 bis 25.000), insgesamt also Geschäftsanteile im Gesamtnennbetrag von 4.500 EUR.
3. Auf sämtliche übernommenen Geschäftsanteile sind Einlagen zum Nennbetrag in Geld zu leisten. Sie sind jeweils zur Hälfte sofort einzuzahlen. Über die Einforderung der restlichen Einlagen entscheidet die Gesellschafterversammlung. Sie werden mit Anforderung durch die Geschäftsführung fällig.[6]
4. Eine Zusammenlegung mehrerer Geschäftsanteile eines Gesellschafters ist durch Gesellschafterbeschluss zulässig, wenn der betroffene Gesellschafter zustimmt, die Einlagen auf die Geschäftsanteile voll geleistet sind, keine Nachschusspflicht besteht und die betroffenen Geschäftsanteile nicht unterschiedlich belastet sind oder unterschiedliche Rechte vermitteln.[7]
5. Die Kosten etwaiger Kapitalerhöhungen (Notar, Gericht, evtl. Genehmigungen, Anwalt, Steuerberater) werden von der Gesellschaft getragen, soweit dies nicht im Erhöhungsbeschluss anders geregelt wird.[8]

§ 5 VERTRETUNG

1. Die Gesellschaft hat einen oder mehrere Geschäftsführer. Ist nur ein Geschäftsführer bestellt, so vertritt er die Gesellschaft allein. Sind mehrere Geschäftsführer bestellt, so wird die Gesellschaft durch zwei Geschäftsführer gemeinsam oder durch einen Geschäftsführer zusammen mit einem Prokuristen vertreten.[9]
2. Die Gesellschafterversammlung kann auch bei mehreren Geschäftsführern einzelnen, mehreren oder allen Alleinvertretungsbefugnis erteilen. Sie kann Geschäftsführer von den Beschränkungen des § 181 BGB befreien.[10]
3. Vorstehende Regelung gilt auch für Liquidatoren. Wird die Gesellschaft nach § 66 Abs. 1 GmbHG von den bisherigen Geschäftsführern liquidiert, so besteht deren konkrete Vertretungsbefugnis auch als Liquidatoren fort.[11]

§ 6 GESCHÄFTSFÜHRUNG

Die Gesellschafter können in einer Geschäftsordnung für die Geschäftsführung festlegen, dass die Geschäftsführung für bestimmte Geschäfte und Maßnahmen, die über den gewöhnlichen Betrieb des Unternehmens der Gesellschaft hinausgehen, der vorherigen Einwilligung durch einen Beschluss der Gesellschafterver-

---

5 S. § 3 Rn. 22 ff. u. § 5 Rn. 10 ff.
6 S. § 7 Rn. 7 ff.
7 S. § 15 Rn. 21 f. u. § 46 Rn. 23 ff.
8 S. § § 56 a Rn. 9 ff.
9 S. § 35 Rn. 19 ff.
10 S. § 35 Rn. 31 ff.
11 S. § 66 Rn. 18 ff.

sammlung bedarf.[12] Die Geschäfte der Gesellschaft werden von den Geschäftsführern nach Maßgabe des Gesetzes, dieses Gesellschaftsvertrages, den Anstellungsverträgen, der Geschäftsordnung und den von der Gesellschafterversammlung im Allgemeinen oder im Einzelfall gegebenen Weisungen geführt.

§ 7 GESELLSCHAFTERVERSAMMLUNG

1. Die Gesellschafterversammlung ist das oberste Organ der Gesellschaft. Sie ist für alle Angelegenheiten der Gesellschaft zuständig, die nicht ausdrücklich einem anderen Organ durch Gesetz oder diesen Gesellschaftsvertrag überwiesen sind.[13] Die Gesellschafterversammlung findet grundsätzlich am Sitz der Gesellschaft oder am Sitz einer Tochtergesellschaft der Gesellschaft oder in einer politischen Gemeinde in Deutschland mit über 100.000 Einwohnern statt. Der Vorsitz der Versammlung wird von dem Gesellschafter bzw. dessen organschaftlichen Vertreter eingenommen, der die höchste Beteiligung am Stammkapital der Gesellschaft hält, soweit die Versammlung nichts Anderes beschließt.
2. Jede Gesellschafterversammlung ist durch die Geschäftsführung durch eingeschriebenen Brief, Telefax oder E-Mail an jeden Gesellschafter unter der der Gesellschaft zuletzt schriftlich bekanntgegebenen Anschrift mit einer Frist von mindestens 2 (in Worten: zwei) Wochen einzuberufen. Der Lauf der Frist beginnt mit dem der Aufgabe des eingeschriebenen Briefes bzw. der Absendung des Telefaxes oder der E-Mail folgenden Tag. Der Tag der Versammlung wird bei der Berechnung der Frist nicht mitgezählt.[14]
3. Mit Zustimmung aller Gesellschafter kann die Versammlung rechtswirksame Beschlüsse auch ohne Einhaltung der vorstehenden Formen und Fristen fassen, wenn sämtliche Gesellschafter anwesend oder vertreten sind und auf die Einhaltung der gesellschaftsvertraglich vorgesehenen Formen und Fristen verzichten.[15] In gleicher Weise können Beschlüsse auf brieflichem oder telefonischem Weg, per Telefax oder E-Mail gefasst werden, wenn sich alle Gesellschafter an der Beschlussfassung beteiligen und kein Gesellschafter der Art der Beschlussfassung widerspricht.[16] Formlos gefasste Beschlüsse sind den Gesellschaftern von der Geschäftsführung schriftlich zu bestätigen; Abs. 9 gilt sinngemäß.
4. Die Gesellschafterversammlung ist beschlussfähig, wenn mehr als 50 % des Stammkapitals vertreten sind. Kommt eine beschlussfähige Gesellschafterversammlung nicht zustande, so ist auf Verlangen der Geschäftsführung oder eines Gesellschafters eine neue Gesellschafterversammlung mit derselben Tagesordnung einzuberufen, die ohne Rücksicht auf die Höhe des vertretenen Stammkapitals beschlussfähig ist, wenn in der Einladung hierauf ausdrücklich hingewiesen wurde und die neue Gesellschafterversammlung nicht später als 6 (in Worten: sechs) Wochen nach der nicht beschlussfähigen Versammlung stattfindet; für die Einberufung gilt Abs. 2 entsprechend.
5. Die Beschlüsse der Gesellschafterversammlung werden, soweit das Gesetz oder dieser Gesellschaftsvertrag nicht eine andere Mehrheit vorschreiben, mit einfacher Mehrheit der abgegebenen Stimmen gefasst. Das Stimmrecht

12 S. § 37 Rn. 11 ff.
13 S. § 48 Rn. 2.
14 S. § 51 Rn. 10 ff.
15 S. § 51 Rn. 3 ff.
16 S. § 48 Rn. 18 ff.

richtet sich nach den Nennbeträgen der vertretenen Geschäftsanteile. Je EUR 1 (in Worten: Euro eins) eines Geschäftsanteils gewährt eine Stimme.

6. Steht ein Geschäftsanteil mehreren Personen gemeinschaftlich zu, so haben diese einen gemeinsamen Vertreter zu benennen, der das mit dem Geschäftsanteil verbundene Stimmrecht ausübt.
7. Die ordentliche Gesellschafterversammlung findet statt, sobald der Jahresabschluss erstellt ist. In der ordentlichen Gesellschafterversammlung ist Beschluss zu fassen über:
   a) Feststellung des Jahresabschlusses auf Vorschlag der Geschäftsführung;
   b) Verwendung des Bilanzgewinnes;
   c) Entlastung der Geschäftsführung;
   d) Beauftragung und Wahl des Abschlussprüfers,
   e) sonstige Punkte der Tagesordnung.
8. Außerordentliche Gesellschafterversammlungen sind einzuberufen, wenn
   a) die Geschäftsführung dies im Interesse der Gesellschaft für notwendig hält oder
   b) Gesellschafter die Einberufung verlangen, die zusammen mit mindestens 10 % am Stammkapital der Gesellschaft beteiligt sind.
9. Über jede Gesellschafterversammlung ist ein Protokoll anzufertigen.[17] Dieses soll enthalten:
   a) Tag, Ort und Zeit der Versammlung;
   b) Namen der anwesenden oder vertretenen Gesellschafter;
   c) Tagesordnung und Anträge;
   d) Ergebnis der Abstimmung sowie Wortlaut der gefassten Beschlüsse;
   e) Angaben über die Erledigung sonstiger Anträge.

   Das Protokoll ist vom Vorsitzenden der Gesellschafterversammlung zu unterzeichnen.
10. Gesellschaftern, die in der Gesellschafterversammlung weder anwesend noch vertreten waren, sind gefasste Beschlüsse unverzüglich durch Einwurfeinschreiben mitzuteilen. Ein Gesellschafter, der bei der Beschlussfassung selbst mitgewirkt hat oder zugegen war, kann einen Beschluss innerhalb einer Ausschlussfrist von einem Monat nach dem Tag der Beschlussfassung anfechten; für andere Gesellschafter beginnt diese Frist mit dem Tag der Erlangung der Kenntnis nach Satz 1 (Zugang des Versammlungsprotokolls bzw. des Gesellschafterbeschlusses beim Gesellschafter). Nach Ablauf der Ausschlussfrist gilt der Beschlussmangel als geheilt.[18]
11. Jeder Gesellschafter kann sich bei der Beschlussfassung durch einen anderen Gesellschafter oder durch einen zur Verschwiegenheit verpflichteten Angehörigen der rechts-, steuer- oder wirtschaftsberatenden Berufe (wie zB Rechtsanwälte, Steuerberater, Unternehmens- oder Beteiligungsberater) vertreten lassen. Vertreter haben sich durch schriftliche Vollmacht auszuweisen, wobei das Original zu den Akten der Gesellschaft nachzureichen ist.[19]

§ 8 GESCHÄFTSJAHR

Das Geschäftsjahr ist das Kalenderjahr.[20]

---

17 S. § 48 Rn. 11 ff.
18 S. § 47 Anhang Rn. 97 ff.
19 S. § 47 Rn. 16 ff.
20 S. § 53 Rn. 6.

§ 9 JAHRESABSCHLUSS, GEWINNVERTEILUNG

1. Für den Jahresabschluss, den Lagebericht und für die Pflicht zur Offenlegung dieser und der dazugehörigen Unterlagen gelten die gesetzlichen Vorschriften, insbesondere die §§ 238 ff. HGB.
2. Der Jahresabschluss und der Lagebericht können nach Wahl und auf Verlangen eines Gesellschafters sowie auf dessen Kosten durch einen Abschlussprüfer geprüft werden, soweit dies nicht bereits gesetzlich vorgeschrieben ist. Als Abschlussprüfer dürfen nur Wirtschaftsprüfer oder Wirtschaftsprüfungsgesellschaften bestellt werden. Im Übrigen finden die gesetzlichen Vorschriften für die Pflichtprüfung auf die freiwillige Prüfung entsprechend Anwendung.
3. Über die Verwendung des Jahresergebnisses entscheidet die Gesellschafterversammlung.[21]

§ 10 DAUER DER GESELLSCHAFT

Die Gesellschaft wird auf unbestimmte Zeit geschlossen.

§ 11 VERFÜGUNG ÜBER GESCHÄFTSANTEILE

Rechtsgeschäftliche Verfügungen jeglicher Art über Geschäftsanteile oder Teile daraus bedürfen zu ihrer Wirksamkeit eines vorherigen zustimmenden Beschlusses der Gesellschafterversammlung. Dies gilt auch für jede Begründung von Unterbeteiligungen, stillen Gesellschaften, Treuhandschaften, Beteiligungen am Gewinn und ähnlichen Rechtsverhältnissen. Der betroffene Gesellschafter ist dabei stimmberechtigt.[22]

§ 12 ÜBERNAHMERECHT

1. Beabsichtigt ein Gesellschafter, seinen Geschäftsanteil ganz oder teilweise zu veräußern, so hat er ihn zunächst den übrigen Gesellschaftern zum Erwerb anzubieten. Diese sind im Verhältnis ihrer Beteiligung am Stammkapital der Gesellschaft erwerbsberechtigt.[23]
   Ausgenommen hiervon sind Verfügungen zugunsten von anderen Gesellschaftern sowie den Ehegatten oder Abkömmlingen von Gesellschaftern.
2. Das Angebot hat schriftlich zu erfolgen und kann nur bis zum Ablauf eines Monats nach Zugang angenommen werden.
3. Soweit ein Gesellschafter das Angebot nicht annimmt, wächst die Annahmebefugnis den übrigen Gesellschaftern entsprechend dem Verhältnis ihrer Geschäftsanteile zu. Wenn bzw. soweit kein Gesellschafter von seinem Erwerbsrecht Gebrauch macht, wächst die Annahmebefugnis der Gesellschaft zu. Sie kann dabei einen Dritten als Ankaufsberechtigten benennen. Die durch Anwachsung erworbene Annahmebefugnis kann nur binnen 14 Tagen ab Kenntniserhalt ausgeübt werden.
4. Als Erwerbspreis ist der nach den Bestimmungen des § 15 der Satzung ermittelte Wert zugrunde zu legen. Ist ein beabsichtigter Kaufpreis niedriger als dieser Wert, ist Erwerbspreis der beabsichtigte Kaufpreis. Ist bei Nichtausübung des Erwerbsrechts ein dann tatsächlich vereinbarter Kaufpreis niedriger als der vorgenannte Erwerbspreis, so ist das Erwerbsangebot mit diesem Kaufpreis zu wiederholen.

21 S. § 29 Rn. 28 ff.
22 S. § 15 Rn. 71 ff.
23 S. § 3 Rn. 40 ff.

5. Soweit vorstehend etwas nicht ausdrücklich geregelt ist, gelten ergänzend die gesetzlichen Bestimmungen über Vorkaufsrechte.

§ 13 EINZIEHUNG VON GESCHÄFTSANTEILEN

1. Die Einziehung eines Geschäftsanteils eines Gesellschafters mit dessen Zustimmung ist zulässig.[24]
2. Die Einziehung des Geschäftsanteils eines Gesellschafters ohne dessen Zustimmung ist zulässig, wenn[25]
   a) der Geschäftsanteil von einem Gläubiger des Gesellschafters gepfändet oder sonst wie in den Geschäftsanteil vollstreckt wird und die Vollstreckungsmaßnahmen nicht innerhalb von 2 (in Worten: zwei) Monaten, spätestens aber bis zur Verwertung des Geschäftsanteils aufgehoben werden;
   b) über das Vermögen des Gesellschafters die vorläufige Insolvenzverwaltung angeordnet ist oder ein Insolvenzverfahren eröffnet oder die Eröffnung eines solchen Verfahrens mangels Masse abgelehnt wird oder der Gesellschafter die Richtigkeit seines Vermögensverzeichnisses an Eides Statt zu versichern hat;
   c) in der Person des Gesellschafters ein seine Ausschließung rechtfertigender Grund vorliegt;
   d) ein Gesellschafter seinen Austritt als Gesellschafter aus der Gesellschaft erklärt;
   e) der Gesellschafter gegen wesentliche Bestimmungen dieses Gesellschaftsvertrages verstößt;
   f) der Gesellschafter verstirbt.[26]
3. Steht ein Geschäftsanteil mehreren Berechtigten gemeinschaftlich zu, so ist die Einziehung auch zulässig, wenn die Voraussetzungen gem. vorstehendem Abs. 2 nur in der Person eines Mitberechtigten vorliegen.
4. Die Einziehung wird durch die Gesellschafterversammlung beschlossen. Dabei hat der betroffene Gesellschafter kein Stimmrecht. Die Geschäftsführung erklärt die Einziehung gegenüber dem betroffenen Gesellschafter. Einer gesonderten Erklärung bedarf es nicht, wenn der betreffende Gesellschafter bei der Beschlussfassung über die Einziehung anwesend ist.
5. Der ausscheidende Gesellschafter erhält eine Abfindung entsprechend § 15 dieses Vertrages.
6. Die Einziehung des Geschäftsanteils wird wirksam mit Mitteilung der Einziehung der Geschäftsführung bzw. Entbehrlichkeit der Mitteilung gemäß vorstehendem Abs. 4. Die Zahlung der in § 15 bestimmten Abfindung ist nicht Wirksamkeitsvorrausetzung der Einziehung.
7. Vom Zeitpunkt des Zugangs der Mitteilung über den Einziehungsbeschluss beim Gesellschafter (bzw. vom Zeitpunkt des Beschlusses an, wenn der betreffende Gesellschafter bei der Abstimmung anwesend ist) bis zur endgültigen Wirksamkeit der Einziehung ruht das Stimmrecht des betroffenen Gesell-

24 S. § 34 Rn. 25 ff.
25 S. § 34 Rn. 28 ff.
26 S. § 15 Rn. 17.

schafters. Dies gilt nicht, wenn es um Beschlussfassungen geht, die zum Wegfall der Abfindung führen können.

§ 14 ABTRETUNG STATT EINZIEHUNG

1. Soweit die Einziehung eines Geschäftsanteils zulässig ist, kann die Gesellschafterversammlung – ohne Stimmrecht des ausscheidenden Gesellschafters – stattdessen verlangen, dass der Geschäftsanteil an die Gesellschaft oder eine von ihr bezeichnete Person, bei der es sich um einen Gesellschafter handeln kann, abgetreten wird, und zwar auch dergestalt, dass der Geschäftsanteil teilweise eingezogen wird und im Übrigen an die Gesellschaft oder die von ihr bezeichnete Person abzutreten ist.
2. Soweit die Gesellschaft statt der Einziehung des Geschäftsanteils dessen Abtretung an sich oder eine von der Gesellschaft bezeichnete Person verlangt, gelten die Bestimmungen des § 15 entsprechend mit der Maßgabe, dass die Vergütung für den abzutretenden Geschäftsanteil von dem Erwerber des Geschäftsanteils geschuldet wird und die Gesellschaft für deren Zahlung wie ein Bürge haftet. § 30 Abs. 1 GmbHG bleibt unberührt.

§ 15 ABFINDUNG EINES GESELLSCHAFTERS

1. Der ausscheidende Gesellschafter erhält eine Abfindung.[27]
2. Die Abfindung besteht in den Fällen gem. § 13 Abs. 2 lit. a) bis e) in einem Gesamtbetrag in Höhe des Buchwerts (Stammkapital zuzüglich der offenen Rücklagen und eines etwaigen Bilanzgewinns bzw. abzüglich eines etwaigen Bilanzverlusts der Gesellschaft zum Stichtag), der dem Verhältnis des eingezogenen Geschäftsanteils zum Stammkapital entspricht. Stichtag ist der letzte Bilanzstichtag, der dem Einziehungsbeschluss vorausgeht. Stille Reserven oder ein Firmenwert werden nicht berücksichtigt.
3. Die Abfindung besteht in allen anderen Fällen in einem Gesamtbetrag in Höhe des Markt- bzw. Verkehrswertes der betroffenen Geschäftsanteile im Zeitpunkt des Ausscheidens. Der Verkehrswert ist als Ertragswert der Gesellschaft unter Zugrundelegung der von der Gesellschaft aus der Sicht desjenigen Zeitpunktes, zu dem der Verkehrswert ermittelt wird, nachhaltig erzielbaren Erträgen vor Zinsen und gewinnabhängigen Steuern zu ermitteln. Können sich die Beteiligten nicht auf den Verkehrswert der betroffenen Geschäftsanteile einigen, so ist dieser von einem von sämtlichen Beteiligten gemeinsam zu beauftragenden Wirtschaftsprüfer als Schiedsgutachter zu ermitteln, dessen Feststellungen für alle Beteiligten bindend sind. Der Schiedsgutachter hat vor Bestimmung des Verkehrswertes den Beteiligten Gelegenheit zur Äußerung zu geben. Ein Wirtschaftsprüfer, der als Prüfer für die Gesellschaft bestellt ist oder in einem Beratungsverhältnis zu ihr steht, darf nicht bestellt werden. Der Schiedsgutachter entscheidet auch über die Kosten seiner Inanspruchnahme entsprechend den Bestimmungen der §§ 91 ff. ZPO. Einigen sich die Beteiligten nicht innerhalb eines Monats ab dem Verlangen auch nur eines Beteiligten, die Ermittlung des Verkehrswertes durch einen Wirtschaftsprüfer durchführen zu lassen, auf die Person dieses Wirtschaftsprüfers, so ist dieser Wirtschaftsprüfer auf Antrag eines Beteiligten durch den Präsidenten der für die Gesellschaft zuständigen Industrie- und Handelskammer zu bestimmen.
4. Die Abfindung ist in 5 (fünf) gleichen Teilbeträgen zu entrichten. Der erste Teilbetrag ist 6 (sechs) Monate nach dem Ausscheiden des Gesellschafters zahlbar. Die folgenden Teilbeträge sind jeweils 1 (ein) Jahr nach Fälligkeit des

27 S. § 34 Rn. 40 ff.

vorausgehenden Teilbetrages zur Zahlung fällig. Die Gesellschaft ist jederzeit berechtigt, Zahlungen vor Fälligkeit zu leisten. Der jeweils offenstehende Teil der Einziehungsvergütung ist mit 3 %-Punkten über dem Basiszinssatz p.a. zu verzinsen. Die Zinsen sind jeweils mit den einzelnen Raten fällig.

5. Falls, soweit und solange Zahlungen gegen § 30 Abs. 1 GmbHG verstoßen würden, gelten Zahlungen auf den Hauptbetrag als zum vereinbarten Satz verzinslich gestundet, Zinszahlungen als unverzinslich gestundet.
6. Der ausscheidende Gesellschafter ist nicht berechtigt, von der Gesellschaft Sicherheitsleistungen für die jeweils ausstehenden Zahlungen einschließlich Zinsen zu verlangen.

§ 16 WETTBEWERBSVERBOT

Die Gesellschafter und die Geschäftsführer unterliegen keinem Wettbewerbsverbot. Eine Entschädigung ist hierfür nicht zu leisten.[28]

Es ist zulässig, in gesonderter schriftlicher Vereinbarung (insbesondere in Anstellungsverträgen der Geschäftsführer) im Einzelfall oder generell Wettbewerbsverbote zu vereinbaren.

§ 17 BEKANNTMACHUNGEN

Die Bekanntmachungen der Gesellschaft erfolgen nur im Bundesanzeiger.[29]

§ 18 SALVATORISCHE KLAUSEL

Sollten einzelne Bestimmungen dieser Satzung ganz oder teilweise unwirksam sein oder werden, so wird die Wirksamkeit der Satzung im Übrigen hierdurch nicht berührt. Die unwirksame, nichtige oder anfechtbare Bestimmung ist durch Satzungsänderung so zu ändern bzw. zu ergänzen, dass der damit verfolgte Zweck im Rahmen der gesetzlichen Bestimmungen soweit wie möglich erreicht wird. Dasselbe gilt bei Vorhandensein von Lücken.

§ 19 GRÜNDUNGSAUFWAND

Der Gründungsaufwand (Kosten für Notar und Gericht sowie evtl. Genehmigungen, Anwalt, Steuerberater) wird von der Gesellschaft bis zu einem Gesamtbetrag von 2.500 EUR übernommen. Ein darüber hinausgehender Gründungsaufwand wird von den Gesellschaftern im Verhältnis ihrer Gesellschaftsbeteiligungen getragen.[30] ◀

§ 88 Mitteilungen an die Abschlussprüferaufsichtsstelle

(1) Die nach § 87 Absatz 5 zuständige Verwaltungsbehörde übermittelt der Abschlussprüferaufsichtsstelle beim Bundesamt für Wirtschaft und Ausfuhrkontrolle alle Bußgeldentscheidungen nach § 87 Absatz 1 bis 3.

(2) In Strafverfahren, die eine Straftat nach § 86 zum Gegenstand haben, übermittelt die Staatsanwaltschaft im Falle der Erhebung der öffentlichen Klage der Abschlussprüferaufsichtsstelle die das Verfahren abschließende Entscheidung. Ist gegen die Entscheidung ein Rechtsmittel eingelegt wor-

28 S. § 3 Rn. 39 u. § 35 Rn. 70.
29 S. § 12 Rn. 5 ff.
30 S. § 5 Rn. 55 ff.

den, ist die Entscheidung unter Hinweis auf das eingelegte Rechtsmittel zu übermitteln.

I. Normzweck

Zum **System der Sanktionen** bei Verletzung prüfungsbezogener Pflichten der Mitglieder von Aufsichtsrat oder Prüfungsausschuss eines in der Rechtsform der GmbH betriebenen Unternehmens von öffentlichem Interesse vgl. zunächst → § 87 Rn. 1 u. dort auch die Hinweise zum Schrifttum. 1

Die § 335 c HGB nachgebildete Norm setzt Art. 30 I, 30 a I lit. b, 30 c u. 30 f. der Abschlussprüfer-RL[1] im Hinblick auf die in der Abschlussprüfer-VO[2] normierten prüfungsbezogenen Pflichten der Aufsichtsrats- u. Prüfungsausschussmitglieder eines in der Rechtsform der GmbH betriebenen Unternehmens von öffentlichem Interesse um.[3] Gegenstand der Regelung ist die **Information der Abschlussprüferaufsichtsstelle** APAS beim Bundesamt für Wirtschaft und Ausfuhrkontrolle (BAFA) über Bußgeldentscheidungen nach § 87 u. Entscheidungen in Strafverfahren nach § 86, also Strafbefehle u. Verurteilungen, nicht aber Einstellungsverfügungen.[4] 2

II. Tatbestände

1. **Bußgeldentscheidungen** nach § 87 I–III werden nach **Abs. 1** von der nach § 87 V zuständigen Verwaltungsbehörde (BfJ bzw. BaFin) der APAS übermittelt. 3

2. Ebenso übermittelt dieser die StA, soweit in einem **Strafverfahren** nach § 86 die öffentliche Klage erhoben wird, nach **Abs. 2** die das Verfahren abschließende Entscheidung, ggf. unter Hinweis auf ein etwa eingelegtes Rechtsmittel. 4

---

1 RL 2014/56/EU des Europäischen Parlaments und des Rates v. 16.4.14 zur Änderung der RL 2006/43/EG über Abschlussprüfungen von Jahresabschlüssen und konsolidierten Abschlüssen, Abl L 158 v. 27.5.14, S. 196.

2 VO (EU) Nr. 537/2014 des Europäischen Parlaments und des Rates v. 16.4.14 über spezifische Anforderungen an die Abschlussprüfung bei Unternehmen von öffentlichem Interesse und zur Aufhebung des Beschlusses 2005/909/EG der Kommission, ABl L 158 v. 27.5.14, S. 77.

3 BT-Drs. 18/7219, S. 60.

4 MüKoGmbHG/*Altenhain* Rn. 1; zu den Daten iE *Anders*, NZG 18, 961, 962, 970.

Stichwortverzeichnis

Fette Zahlen bezeichnen die Paragrafen, magere die Randnummern.